# CÓDIGO DE PROCESSO CIVIL COMENTADO

O GEN | Grupo Editorial Nacional – maior plataforma editorial brasileira no segmento científico, técnico e profissional – publica conteúdos nas áreas de concursos, ciências jurídicas, humanas, exatas, da saúde e sociais aplicadas, além de prover serviços direcionados à educação continuada.

As editoras que integram o GEN, das mais respeitadas no mercado editorial, construíram catálogos inigualáveis, com obras decisivas para a formação acadêmica e o aperfeiçoamento de várias gerações de profissionais e estudantes, tendo se tornado sinônimo de qualidade e seriedade.

A missão do GEN e dos núcleos de conteúdo que o compõem é prover a melhor informação científica e distribuí-la de maneira flexível e conveniente, a preços justos, gerando benefícios e servindo a autores, docentes, livreiros, funcionários, colaboradores e acionistas.

Nosso comportamento ético incondicional e nossa responsabilidade social e ambiental são reforçados pela natureza educacional de nossa atividade e dão sustentabilidade ao crescimento contínuo e à rentabilidade do grupo.

# LEONARDO CARNEIRO DA CUNHA

# CÓDIGO DE PROCESSO CIVIL COMENTADO

## Artigo por artigo

2ª edição revista, atualizada e ampliada

- O autor deste livro e a editora empenharam seus melhores esforços para assegurar que as informações e os procedimentos apresentados no texto estejam em acordo com os padrões aceitos à época da publicação, e todos os dados foram atualizados pelo autor até a data de fechamento do livro. Entretanto, tendo em conta a evolução das ciências, as atualizações legislativas, as mudanças regulamentares governamentais e o constante fluxo de novas informações sobre os temas que constam do livro, recomendamos enfaticamente que os leitores consultem sempre outras fontes fidedignas, de modo a se certificarem de que as informações contidas no texto estão corretas e de que não houve alterações nas recomendações ou na legislação regulamentadora.

- Fechamento desta edição: *26.12.2024*

- O Autor e a editora se empenharam para citar adequadamente e dar o devido crédito a todos os detentores de direitos autorais de qualquer material utilizado neste livro, dispondo-se a possíveis acertos posteriores caso, inadvertida e involuntariamente, a identificação de algum deles tenha sido omitida.

- Atendimento ao cliente: (11) 5080-0751 | faleconosco@grupogen.com.br

- Direitos exclusivos para a língua portuguesa
  *Copyright © 2025 by*
  **Editora Forense Ltda.**
  *Uma editora integrante do GEN | Grupo Editorial Nacional*
  Travessa do Ouvidor, 11 – Térreo e 6º andar
  Rio de Janeiro – RJ – 20040-040
  www.grupogen.com.br

- Reservados todos os direitos. É proibida a duplicação ou reprodução deste volume, no todo ou em parte, em quaisquer formas ou por quaisquer meios (eletrônico, mecânico, gravação, fotocópia, distribuição pela Internet ou outros), sem permissão, por escrito, da Editora Forense Ltda.

- Capa: Fabricio Vale

- **CIP-BRASIL. CATALOGAÇÃO NA PUBLICAÇÃO**
  **SINDICATO NACIONAL DOS EDITORES DE LIVROS, RJ**

  C978c
  2. ed.

  Cunha, Leonardo Carneiro da
  Código de processo civil comentado : artigo por artigo / Leonardo Carneiro da Cunha. - 2. ed. - Rio de Janeiro : Forense, 2025.
  1.784 p. ; 24 cm.

  Inclui bibliografia e índice
  ISBN 978-85-3099-460-0

  1. Brasil. [Código de Processo Civil (2015)]. 2. Processo civil - Brasil. 3. Direito processual civil - Brasil. I. Título.

  24-95539                    CDU: 347.91/.95(81)

  Meri Gleice Rodrigues de Souza - Bibliotecária - CRB-7/6439

  16/12/2024    19/12/2024

*A Tati, Pedrinho e Lulu, por tudo...*
*e, acima de tudo, por serem a fonte inesgotável de minha inspiração...*

# SOBRE O AUTOR

Advogado, árbitro, consultor jurídico e procurador do Estado de Pernambuco. Professor associado da Faculdade de Direito do Recife (UFPE), na qual obteve o título de mestre em Direito. Doutor em Direito pela Pontifícia Universidade Católica de São Paulo (PUC-SP), com pós-doutorado pela Universidade de Lisboa. Integrou a Comissão de Juristas composta para auxiliar a Câmara dos Deputados na revisão do Projeto do Código de Processo Civil de 2015.

# PREFÁCIO

Leonardo Carneiro da Cunha é um dos mais relevantes processualistas brasileiros da atualidade. Suas obras, todas muito importantes, acompanham-me desde que li sua dissertação de mestrado, acerca do interesse de agir para a ação declaratória. No entanto, foi lendo a versão comercial de sua tese de doutorado, *Jurisdição e Competência*, que comecei a perceber que nossos pensamentos coincidiam em muitos pontos realmente relevantes para a compreensão do sistema processual brasileiro.

Quando li sua obra-prima *A Fazenda Pública em Juízo*, que já é um clássico da literatura processual pátria, não me surpreendi. A essa altura, já nos tornáramos amigos, e eu tinha plena consciência de seu talento e de sua capacidade, como processualista, de tratar de temas tão árduos de forma absolutamente precisa. E, destaque-se, com um estilo de escrita que estimula o leitor, fenômeno raro nos textos jurídicos, e que sempre foi uma de minhas maiores preocupações.

Durante os trabalhos de elaboração do Código de Processo Civil de 2015, tornamo-nos ainda mais próximos, já que eu tive a elevada honra de integrar, com ele, a Comissão de Juristas que auxiliou a Câmara dos Deputados, sob a batuta do Deputado Sérgio Barradas Carneiro, no exame do projeto que resultaria no CPC. Ali trabalhamos incansavelmente, varando muitas madrugadas (ainda sem o auxílio dos aplicativos de mensagens), trocando *e-mails* e atuando afinados para tentar colaborar na elaboração do melhor Código de Processo Civil possível para o Brasil. Foi naquela época que Leonardo deixou de ser mais um dos tantos amigos que o Direito Processual me deu e passou a ser um dos meus interlocutores mais frequentes. Tanto que a ele (e a Fredie Didier Júnior, nosso parceiro constante de trabalho) dediquei um livro escrito nessa época, o *Manual do Mandado de Segurança*.

Muitos outros trabalhos do Leonardo poderiam aqui ser lembrados como bons exemplos de seu talento e de sua importância para o Direito Processual Civil dos nossos dias. Seu livro sobre Direito Processual Intertemporal, por exemplo, é a mais relevante obra escrita sobre o tema entre nós em meio século, desde o clássico livro sobre o tema de Galeno Lacerda. Mas agora Leonardo nos brinda com seu Código de Processo Civil Comentado. Escrito durante a pandemia que, graças à tecnologia, não nos afastou (ao contrário, arrisco dizer que desde março de 2020 nos falamos quase todos os dias, pelos menos por aplicativos de mensagens), Leonardo traz comentários a cada um dos dispositivos do CPC que ajudou a elaborar. E seu trabalho é não só fundamental, mas monumental.

Escrever comentários a cada um dos artigos de um Código de tanta complexidade exige um conhecimento completo da ciência processual. Afinal, nem todo mundo é capaz de discorrer sobre temas tão complexos e diferentes como intervenção de terceiros, negócios processuais, provas, coisa julgada, execução, incidente de resolução de demandas repetitivas. Em uma época na qual os estudiosos cada vez mais se especializam e passam a vida a tratar de um único tema, Leonardo mostra que pertence à essencial linhagem dos processualistas capazes de pensar sobre todos os temas do Direito Processual Civil. Junta-se, assim, definitivamente, aos maiores nomes da processualística brasileira de todas as épocas.

O novo livro do meu amigo Leonardo vem a lume para ser um livro de cabeceira. Daqueles que todos nós, estudiosos, mas também juristas práticos, que atuamos na Magistratura, na Advocacia (pública ou privada), na Defensoria Pública ou no Ministério Público, socorremo-nos sempre que temos uma dúvida. Trata-se de um livro útil. E, se é útil, então é bom. Afinal, livros jurídicos que não são úteis só servem para embelezar estantes. E bons livros são aqueles que saem da estante a todo momento, sendo folheados, lidos e relidos. Este é, sem qualquer sombra de dúvida, o destino deste livro que tenho a honra de prefaciar. E mais não devo dizer, já que de outro modo eu atrasaria o início da leitura desta obra que já é fundamental.

Encerro este prefácio agradecendo ao meu amigo Leonardo pela oportunidade que tive de conhecer este seu livro ainda no prelo e de ter podido com ele trocar ideias acerca de muitos dos temas relevantes do Direito Processual Civil brasileiro. Mas agradeço, principalmente, pela alegria de contar com sua perene amizade.

Itaipava, verão de 2023.

**Alexandre Freitas Câmara**

Doutor em Direito Processual (PUC-MG). Professor adjunto de Direito Processual Civil da Escola de Direito do Rio de Janeiro da Fundação Getúlio Vargas. Professor de Direito Processual Civil da Escola da Magistratura do Estado do Rio de Janeiro (EMERJ). Membro da Associação Internacional de Direito Processual, do Instituto Ibero-Americano de Direito Processual, do Instituto Brasileiro de Direito Processual e do Instituto Carioca de Processo Civil. Membro honorário da Associação Norte-Nordeste de Professores de Processo. Desembargador no Tribunal de Justiça do Estado do Rio de Janeiro.

# APRESENTAÇÃO

Eu poderia começar esta apresentação da mesma maneira que, há cerca de vinte anos, comecei o prefácio de outra obra do autor: *Foi com muita honra e satisfação que recebemos o convite para prefaciar este livro, porque, sem dúvida, trata-se de contribuição valiosa para a processualística de nosso país.*

Isso foi quando ele, então um jovem e promissor estudioso do Direito Processual Civil, lançou *O interesse de agir na ação declaratória*, fruto de sua dissertação de Mestrado na quase bicentenária Faculdade de Direito do Recife, de cuja banca eu participara.

Hoje, além de Mestre, Doutor, Pós-doutor, com inúmeros livros publicados, entre os quais o já clássico – como ressalta o amigo Alexandre Freitas Câmara – A Fazenda Pública em juízo, e o conceito firme de um dos grandes processualistas do Brasil absolutamente estabelecido, todas as promessas estão cumpridas.

Por isso, Leonardo José Ribeiro Coutinho Berardo Carneiro da Cunha, cujo currículo, hoje, é tão grande – e entenda-se essa palavra não apenas no sentido apenas da extensão, mas no de grandeza propriamente dita, de grandiosidade, vulto e importância – quanto seu nome, não precisa mais de apresentação, de sorte que só estou escrevendo esta para deixar registrado, preto no branco, e de público, nossa antiga e estreita amizade, e o prazer que me dá de participar de mais uma obra de sua lavra, de altíssima qualidade, que continuará contribuindo para a Ciência do Processo nacional.

Este Código de Processo Civil Comentado possui, entre muitas características que o leitor logo vai perceber, pelo menos dois diferenciais: em primeiro lugar, é feito por quem participou dos trabalhos de elaboração da lei processual, como integrante da Comissão de Juristas que auxiliou o Parlamento, e, portanto, conhece a norma íntima e profundamente, desde sua fase pré-natal. Em segundo lugar, pelas características que o tornam único dentre seus similares e que farão dele, quiçá, o mais útil e prático instrumento para consulta por estudantes e profissionais da área.

Entre essas peculiaridades, a principal, a meu ver, é que se trata de um instrumento monolítico, no sentido de que, se o sujeito procura um dispositivo, e este remete à Constituição, o texto desta está lá, ele não precisa ir buscá-lo noutra parte. Se é a outra lei, código ou consolidação, idem. Também se é estatuição constante de convenção internacional ou tratado. Até de regimento interno. Da mesma forma, se se tratar de uma súmula, vinculante ou não. De uma tese fixada em julgamento de recursos repetitivos. De um enunciado. De um precedente. E por aí vai.

Tudo transcrito na íntegra.

Eu não conheço nada igual.

Além do que, todos os dispositivos estão comentados. Não se comenta nada a voo de pássaro, por cima, por atacado. Não. Cada artigo, parágrafo, inciso e alínea.

Se uma jurisprudência é citada, está lá o trecho essencial. E não há citações doutrinárias, porque todas as referências consultadas pelo autor se acham relacionadas na vastíssima bibliografia que enfeixa o volume.

O autor diz esperar que seus comentários sejam úteis como ferramenta de pesquisa, estudo e trabalho. Eu tenho certeza. E acho até que, para os objetivos a que se propõe, provavelmente há de ser a melhor.

Brasília, março de 2023.

**Marcelo Navarro Ribeiro Dantas**
Mestre e Doutor em Direito. Professor de Cursos de Graduação
e Pós-graduação em Direito. Ministro do Superior Tribunal de Justiça.

# NOTA DO AUTOR À 2ª EDIÇÃO[1]

Recebi com muita alegria a notícia da editora da boa aceitação do público a este *CPC comentado*. Logo me apressei em atualizá-lo para a 2ª edição, pois houve importantes mudanças legislativas: *(a)* as Leis 14.620 e 14.711, ambas de 2023, que incluíram novos títulos executivos extrajudiciais no rol do art. 784; *(b)* a Lei 14.713, de 2023, que introduziu o art. 699-A, a exigir um contraditório prévio para casos de suspeita de abuso ou de violência familiar em ações de guarda; *(c)* a Lei 14.825/2024, que incluiu, no art. 54 da Lei 13.097/2015, um novo inciso para prever a averbação, mediante decisão judicial, de constrições judiciais em imóveis, inclusive as provenientes de ações de improbidade administrativa ou as oriundas de hipoteca judiciária; *(d)* a Lei 14.879, de 2024, criou requisito para o foro de eleição e passou a prever a figura do *foro aleatório*; *(e)* a Lei 14.833, de 2024, que introduziu um parágrafo único ao art. 499 para conferir ao réu o direito de, antes da conversão da obrigação específica em perdas e danos, cumpri-la; *(f)* a Lei 14.939, de 2024, que trata da comprovação de feriado local na interposição de recursos; *(g)* a Lei 14.976, de 2024, que manteve a competência dos Juizados Especiais Cíveis para as causas previstas no art. 275, II, do CPC de 1973; e *(h)* a Lei 15.040/2024, que instituiu o Marco Legal dos Seguros Privados.

Todas essas mudanças legislativas foram objeto de menção e de novos comentários.

Além disso, esta 2ª edição conta com indicação de novos precedentes, com menção a novas teses de repercussão geral e de temas de recursos repetitivos, bem como a novas resoluções do CNJ e a novos enunciados do Fórum Permanente de Processualistas Civis e aos das III Jornadas de Direito Processual Civil do Conselho da Justiça Federal.

Houve também a inclusão de referências a julgamentos de Ações Diretas de Inconstitucionalidade e a outros julgados importantes do STF e do STJ.

Agradeço a Bruno Ramos por me lembrar da necessidade de mencionar o julgamento da Ação Direta de Inconstitucionalidade 4.296, nos comentários ao art. 300, e a Carlos Jar pela ajuda na coleta de precedentes e de material normativo para atualização.

Espero que estes comentários continuem sendo úteis aos estudantes, doutrinadores, professores e demais profissionais do Direito, consistindo em ferramenta de pesquisa, de estudo e de trabalho.

Recife, dezembro de 2024.

**Leonardo Carneiro da Cunha**
www.leonardocarneirodacunha.com.br
https://ufpe.academia.edu/LeonardoCarneirodaCunha
Instagram: @l_c_cunha
Canal do Telegram: https://t.me/tcdp_ufpe

---

1 Este livro é também resultado do grupo de pesquisa "Teoria Contemporânea do Direito Processual", vinculado à Universidade Federal de Pernambuco, cadastrado no Diretório Nacional de Grupos de Pesquisa do CNPq no endereço dgp.cnpq.br/dgp/espelhogrupo/4344783989787184.

# NOTA DO AUTOR[2]

Este é um trabalho de muitos anos.

Depois que foi aprovado o atual Código de Processo Civil, passei a estudá-lo, fazendo anotações. Para preparar minhas aulas na faculdade, relia as anotações e as ampliava, acrescentando referências a enunciados de súmulas, a teses de repercussão geral e de temas repetitivos, a enunciados de fóruns e encontros.

Com o tempo, tais anotações intensificaram-se. Sempre que mostrava a um colega, a um professor ou a um amigo, todos diziam: você precisa publicar isso.

O resultado está aqui: um Código comentado. Todos os dispositivos têm comentários. Além de meus comentários, há indicação do dispositivo correspondente do CPC/1973, bem como de dispositivos que tratem do mesmo tema na Constituição, no Código Civil, no Código Penal, na CLT, no Código de Processo Penal, no Código Eleitoral, no Estatuto da OAB, no Estatuto da Criança e do Adolescente, na Lei de Improbidade Administrativa etc.

Ao lado das referências normativas, há transcrição das súmulas vinculantes, não vinculantes do STF, das súmulas do STJ, de teses fixadas nos temas de repercussão geral do STF e nos julgamentos de recursos repetitivos do STJ, dos enunciados do Fórum Permanente de Processualistas Civis, dos enunciados das Jornadas do Conselho da Justiça Federal, dos enunciados do Fórum Nacional do Poder Público, dos enunciados da ENFAM e, bem ainda, de precedentes do STJ e do STF.

Não há um dispositivo que não tenha sido comentado. O leitor terá, num único livro, todo o material disponível sobre cada dispositivo lido. Poderá, ao consultar os comentários, ter acesso a todo o conteúdo relativo a cada um dos artigos comentados. Ao longo dos comentários, não há citações doutrinárias. Todas as referências consultadas e utilizadas constam da bibliografia.

Um dos amigos a quem mostrei estes comentários aceitou fazer o prefácio. Aproveito para agradecer a meu caro amigo, o Professor Alexandre Freitas Câmara, pela generosidade de suas palavras, contidas no prefácio que fez para mim.

Agradeço a meus alunos e a todos os que integram e integraram meu grupo de pesquisa. Agradeço especialmente a Gustavo Azevedo, a Maria Gabriela Campos e a João Otávio Terceiro Neto, pelas diversas sugestões feitas ao longo de vários anos. Também agradeço a Filiph Góis e a Carlos Jar, pela grande ajuda na coleta de material, na troca de ideias e na revisão dos comentários.

Espero que estes comentários sejam úteis aos estudantes, estudiosos, professores e demais profissionais do Direito, consistindo em ferramenta de pesquisa, de estudo e de trabalho.

Recife, fevereiro de 2023.

**Leonardo Carneiro da Cunha**
www.leonardocarneirodacunha.com.br
https://ufpe.academia.edu/LeonardoCarneirodaCunha
Instagram: @l_c_cunha
Canal do Telegram: https://t.me/tcdp_ufpe

---

2    Este livro é também resultado do grupo de pesquisa "Teoria Contemporânea do Direito Processual", vinculado à Universidade Federal de Pernambuco, cadastrado no Diretório Nacional de Grupos de Pesquisa do CNPq no endereço dgp.cnpq.br/dgp/espelhogrupo/4344783989787184.

# ÍNDICE GERAL

| | |
|---|---|
| Sobre o autor | VII |
| Prefácio | IX |
| Apresentação | XI |
| Nota do autor à 2ª edição | XIII |
| Nota do autor | XV |
| Índice sistemático do CPC/2015 | XIX |
| Posfácio | 1743 |
| Referências bibliográficas | 1745 |

# ÍNDICE SISTEMÁTICO DO CPC/2015

## LEI Nº 13.105, DE 16 DE MARÇO DE 2015

### – PARTE GERAL –

### LIVRO I
### DAS NORMAS PROCESSUAIS CIVIS

#### TÍTULO ÚNICO
#### DAS NORMAS FUNDAMENTAIS
#### E DA APLICAÇÃO DAS NORMAS PROCESSUAIS

Capítulo I – Das Normas Fundamentais do Processo Civil (arts. 1º a 12) ........................... 2

Capítulo II – Da Aplicação das Normas Processuais (arts. 13 a 15)..................................... 38

### LIVRO II
### DA FUNÇÃO JURISDICIONAL

#### TÍTULO I
#### DA JURISDIÇÃO E DA AÇÃO

Arts. 16 a 20.................................................................................................................... 52

#### TÍTULO II
#### DOS LIMITES DA JURISDIÇÃO NACIONAL
#### E DA COOPERAÇÃO INTERNACIONAL

Capítulo I – Dos Limites da Jurisdição Nacional (arts. 21 a 25)..................................... 65

Capítulo II – Da Cooperação Internacional (arts. 26 a 41) ............................................ 73

    Seção I – Disposições Gerais (arts. 26 e 27)................................................................. 73

    Seção II – Do Auxílio Direto (arts. 28 a 34)................................................................. 77

    Seção III – Da Carta Rogatória (arts. 35 e 36) ........................................................... 80

    Seção IV – Disposições Comuns às Seções Anteriores (arts. 37 a 41) ........................... 82

#### TÍTULO III
#### DA COMPETÊNCIA INTERNA

Capítulo I – Da Competência (arts. 42 a 66) ................................................................. 84

    Seção I – Disposições Gerais (arts. 42 a 53)................................................................. 84

    Seção II – Da Modificação da Competência (arts. 54 a 63)........................................... 109

    Seção III – Da Incompetência (arts. 64 a 66)............................................................... 122

Capítulo II – Da Cooperação Nacional (arts. 67 a 69) ..................................................... 127

# LIVRO III
## DOS SUJEITOS DO PROCESSO

### TÍTULO I
### DAS PARTES E DOS PROCURADORES

| | |
|---|---|
| Capítulo I – Da Capacidade Processual (arts. 70 a 76) | 136 |
| Capítulo II – Dos Deveres das Partes e de Seus Procuradores (arts. 77 a 102) | 152 |
| Seção I – Dos Deveres (arts. 77 e 78) | 152 |
| Seção II – Da Responsabilidade das Partes por Dano Processual (arts. 79 a 81) | 156 |
| Seção III – Das Despesas, dos Honorários Advocatícios e das Multas (arts. 82 a 97) | 162 |
| Seção IV – Da Gratuidade da Justiça (arts. 98 a 102) | 211 |
| Capítulo III – Dos Procuradores (arts. 103 a 107) | 222 |
| Capítulo IV – Da Sucessão das Partes e dos Procuradores (arts. 108 a 112) | 236 |

### TÍTULO II
### DO LITISCONSÓRCIO

| | |
|---|---|
| Arts. 113 a 118 | 241 |

### TÍTULO III
### DA INTERVENÇÃO DE TERCEIROS

| | |
|---|---|
| Capítulo I – Da Assistência (arts. 119 a 124) | 251 |
| Seção I – Disposições Comuns (arts. 119 a 120) | 251 |
| Seção II – Da Assistência Simples (arts. 121 a 123) | 253 |
| Seção III – Da Assistência Litisconsorcial (art. 124) | 256 |
| Capítulo II – Da Denunciação da Lide (arts. 125 a 129) | 258 |
| Capítulo III – Do Chamamento ao Processo (arts. 130 a 132) | 264 |
| Capítulo IV – Do Incidente de Desconsideração da Personalidade Jurídica (arts. 133 a 137) | 268 |
| Capítulo V – Do *Amicus Curiae* (art. 138) | 279 |

### TÍTULO IV
### DO JUIZ E DOS AUXILIARES DA JUSTIÇA

| | |
|---|---|
| Capítulo I – Dos Poderes, dos Deveres e da Responsabilidade do Juiz (arts. 139 a 143) | 283 |
| Capítulo II – Dos Impedimentos e da Suspeição (arts. 144 a 148) | 296 |
| Capítulo III – Dos Auxiliares da Justiça (art. 149 a 175) | 316 |
| Seção I – Do Escrivão, do Chefe de Secretaria e do Oficial de Justiça (arts. 150 a 155) | 317 |
| Seção II – Do Perito (arts. 156 a 158) | 323 |
| Seção III – Do Depositário e do Administrador (arts. 159 a 161) | 327 |
| Seção IV – Do Intérprete e do Tradutor (arts. 162 a 164) | 330 |
| Seção V – Dos Conciliadores e Mediadores Judiciais (arts. 165 a 175) | 334 |

### TÍTULO V
### DO MINISTÉRIO PÚBLICO

| | |
|---|---|
| Arts. 176 a 181 | 350 |

# TÍTULO VI
## DA ADVOCACIA PÚBLICA

Arts. 182 a 184 ............................................................................................................... 366

# TÍTULO VII
## DA DEFENSORIA PÚBLICA

Arts. 185 a 187 ............................................................................................................... 371

# LIVRO IV
## DOS ATOS PROCESSUAIS

### TÍTULO I
### DA FORMA, DO TEMPO E DO LUGAR DOS ATOS PROCESSUAIS

Capítulo I – Da Forma dos Atos Processuais (arts. 188 a 211) ............................................. 380
  Seção I – Dos Atos em Geral (arts. 188 a 192)................................................................... 380
  Seção II – Da Prática Eletrônica de Atos Processuais (arts. 193 a 199)............................ 396
  Seção III – Dos Atos das Partes (arts. 200 a 202) ............................................................ 403
  Seção IV – Dos Pronunciamentos do Juiz (arts. 203 a 205)............................................ 406
  Seção V – Dos Atos do Escrivão ou do Chefe de Secretaria (arts. 206 a 211).................. 409
Capítulo II – Do Tempo e do Lugar dos Atos Processuais (arts. 212 a 217) ....................... 414
  Seção I – Do Tempo (arts. 212 a 216) ............................................................................... 414
  Seção II – Do Lugar (art. 217).......................................................................................... 420
Capítulo III – Dos Prazos (arts. 218 a 235)......................................................................... 422
  Seção I – Disposições Gerais (arts. 218 a 232).................................................................. 422
  Seção II – Da Verificação dos Prazos e das Penalidades (arts. 233 a 235) ....................... 442

### TÍTULO II
### DA COMUNICAÇÃO DOS ATOS PROCESSUAIS

Capítulo I – Disposições Gerais (arts. 236 e 237) ................................................................ 445
Capítulo II – Da Citação (arts. 238 a 259)............................................................................ 449
Capítulo III – Das Cartas (arts. 260 a 268) .......................................................................... 479
Capítulo IV – Das Intimações (arts. 269 a 275) ................................................................... 485

### TÍTULO III
### DAS NULIDADES

Arts. 276 a 283 ............................................................................................................... 494

### TÍTULO IV
### DA DISTRIBUIÇÃO E DO REGISTRO

Arts. 284 a 290 ............................................................................................................... 503

### TÍTULO V
### DO VALOR DA CAUSA

Arts. 291 a 293 ............................................................................................................... 511

# LIVRO V
## DA TUTELA PROVISÓRIA

### TÍTULO I
### DISPOSIÇÕES GERAIS

Arts. 294 a 299 ....................................................................................................... 520

### TÍTULO II
### DA TUTELA DE URGÊNCIA

Capítulo I – Disposições Gerais (arts. 300 a 302) ................................................. 527

Capítulo II – Do Procedimento da Tutela Antecipada Requerida em Caráter Antecedente (arts. 303 e 304) ........................................................................................ 532

Capítulo III – Do Procedimento da Tutela Cautelar Requerida em Caráter Antecedente (arts. 305 a 310) ........................................................................................... 537

### TÍTULO III
### DA TUTELA DA EVIDÊNCIA

Art. 311 ................................................................................................................... 542

# LIVRO VI
## DA FORMAÇÃO, DA SUSPENSÃO E DA EXTINÇÃO DO PROCESSO

### TÍTULO I
### DA FORMAÇÃO DO PROCESSO

Art. 312 ................................................................................................................... 548

### TÍTULO II
### DA SUSPENSÃO DO PROCESSO

Arts. 313 a 315 ....................................................................................................... 549

### TÍTULO III
### DA EXTINÇÃO DO PROCESSO

Arts. 316 e 317 ....................................................................................................... 558

## – Parte Especial –

# LIVRO I
## DO PROCESSO DE CONHECIMENTO
## E DO CUMPRIMENTO DE SENTENÇA

### TÍTULO I
### DO PROCEDIMENTO COMUM

Capítulo I – Disposições Gerais (art. 318) ............................................................ 560

Capítulo II – Da Petição Inicial (arts. 319 a 331) ................................................. 561

# ÍNDICE SISTEMÁTICO DO CPC/2015

Seção I – Dos Requisitos da Petição Inicial (arts. 319 a 321).................................... 561

Seção II – Do Pedido (arts. 322 a 329)................................................................... 570

Seção III – Do Indeferimento da Petição Inicial (arts. 330 e 331) ....................... 584

Capítulo III – Da Improcedência Liminar do Pedido (art. 332)................................. 589

Capítulo IV – Da Conversão Da Ação Individual em Ação Coletiva (art. 333) ......... 592

Capítulo V– Da Audiência de Conciliação ou de Mediação (arts. 334)..................... 593

Capítulo VI – Da Contestação (arts. 335 a 342).................................................... 598

Capítulo VII – Da Reconvenção (art. 343) ........................................................... 612

Capítulo VIII – Da Revelia (arts. 344 a 346)......................................................... 615

Capítulo IX – Das Providências Preliminares e do Saneamento (arts. 347 a 353) ... 621

Seção I – Da Não Incidência dos Efeitos da Revelia (arts. 348 e 349) ............... 621

Seção II – Do Fato Impeditivo, Modificativo ou Extintivo do Direito do Autor (art. 350)... 622

Seção III – Das Alegações do Réu (arts. 351 a 353) ........................................... 623

Capítulo X – Do Julgamento conforme o Estado do Processo (arts. 354 a 357)...... 624

Seção I – Da Extinção do Processo (art. 354) ..................................................... 624

Seção II – Do Julgamento Antecipado do Mérito (art. 355) .............................. 625

Seção III – Do Julgamento Antecipado Parcial do Mérito (art. 356)................. 626

Seção IV – Do Saneamento e da Organização do Processo (art. 357) ............... 629

Capítulo XI – Da Audiência de Instrução e Julgamento (arts. 358 a 368)............... 634

Capítulo XII – Das Provas (arts. 369 a 484)......................................................... 643

Seção I – Disposições Gerais (arts. 369 a 380).................................................. 643

Seção II – Da Produção Antecipada da Prova (arts. 381 a 383) ........................ 662

Seção III – Da Ata Notarial (art. 384) ................................................................ 670

Seção IV – Do Depoimento Pessoal (arts. 385 a 388)........................................ 672

Seção V – Da Confissão (arts. 389 a 395)........................................................... 675

Seção VI – Da Exibição de Documento ou Coisa (arts. 396 a 404) ................... 679

Seção VII – Da Prova Documental (arts. 405 a 438) .......................................... 687

Subseção I – Da Força Probante dos Documentos (arts. 405 a 429).............. 687

Subseção II – Da Arguição de Falsidade (arts. 430 a 433)............................. 706

Subseção III – Da Produção da Prova Documental (arts. 434 a 438).............. 708

Seção VIII – Dos Documentos Eletrônicos (arts. 439 a 441) ............................ 712

Seção IX – Da Prova Testemunhal (arts. 442 a 463) ......................................... 715

Subseção I – Da Admissibilidade e do Valor da Prova Testemunhal (arts. 442 a 449) ... 715

Subseção II – Da Produção da Prova Testemunhal (arts. 450 a 463)............. 725

Seção X – Da Prova Pericial (arts. 464 a 480) ................................................... 737

Seção XI – Da Inspeção Judicial (arts. 481 a 484) ............................................. 754

Capítulo XIII – Da Sentença e da Coisa Julgada (arts. 485 a 508)......................... 756

Seção I – Disposições Gerais (arts. 485 a 488)................................................... 756

Seção II – Dos Elementos e dos Efeitos da Sentença (arts. 489 a 495)............. 768

Seção III – Da Remessa Necessária (art. 496)................................................... 791

Seção IV – Do Julgamento das Ações Relativas às Prestações de Fazer, de Não Fazer e de Entregar Coisa (arts. 497 a 501)........................................................... 798

Seção V – Da Coisa Julgada (arts. 502 a 508) .................................................. 802

Capítulo XIV – Da Liquidação de Sentença (arts. 509 a 512)................................. 812

## TÍTULO II
### DO CUMPRIMENTO DA SENTENÇA

Capítulo I – Das Disposições Gerais (arts. 513 a 519)................................................................ 823

Capítulo II – Do Cumprimento Provisório da Sentença que Reconhece a Exigibilidade de Obrigação de Pagar Quantia Certa (arts. 520 a 522) ...................................................... 848

Capítulo III – Do Cumprimento Definitivo da Sentença que Reconhece a Exigibilidade de Obrigação de Pagar Quantia Certa (arts. 523 a 527) ................................................ 855

Capítulo IV – Do Cumprimento de Sentença que Reconheça a Exigibilidade de Obrigação de Prestar Alimentos (arts. 528 a 533)........................................................................ 874

Capítulo V – Do Cumprimento de Sentença que Reconheça a Exigibilidade de Obrigação de Pagar Quantia Certa pela Fazenda Pública (arts. 534 e 535)................................. 884

Capítulo VI – Do Cumprimento de Sentença que Reconheça a Exigibilidade de Obrigação de Fazer, de Não Fazer ou de Entregar Coisa (arts. 536 a 538)............................... 896

    Seção I – Do Cumprimento de Sentença que Reconheça a Exigibilidade de Obrigação de Fazer ou de Não Fazer (arts. 536 e 537)................................................................. 896

    Seção II – Do Cumprimento de Sentença que Reconheça a Exigibilidade de Obrigação de Entregar Coisa (art. 538)................................................................................. 907

## TÍTULO III
### DOS PROCEDIMENTOS ESPECIAIS

Capítulo I – Da Ação de Consignação em Pagamento (arts. 539 a 549)........................... 910

Capítulo II – Da Ação de Exigir Contas (arts. 550 a 553).................................................... 930

Capítulo III – Das Ações Possessórias (arts. 554 a 568)....................................................... 937

    Seção I – Disposições Gerais (arts. 554 a 559)...................................................................... 937

    Seção II – Da Manutenção e da Reintegração de Posse (arts. 560 a 566)........................ 949

    Seção III – Do Interdito Proibitório (arts. 567 e 568)........................................................ 956

Capítulo IV – Da Ação de Divisão e da Demarcação de Terras Particulares (arts. 569 a 598)................................................................................................................................... 957

    Seção I – Disposições Gerais (arts. 569 a 573)...................................................................... 957

    Seção II – Da Demarcação (arts. 574 a 587) .......................................................................... 961

    Seção III – Da Divisão (arts. 588 a 598) ................................................................................. 969

Capítulo V – Da Ação de Dissolução Parcial de Sociedade (arts. 599 a 609)................. 975

Capítulo VI – Do Inventário e da Partilha (arts. 610 a 673)................................................ 994

    Seção I – Disposições Gerais (arts. 610 a 614)..................................................................... 994

    Seção II – Da Legitimidade para Requerer o Inventário (arts. 615 e 616)...................... 1001

    Seção III – Do Inventariante e das Primeiras Declarações (art. 617 a 625)................... 1002

    Seção IV – Das Citações e das Impugnações (arts. 626 a 629)......................................... 1009

    Seção V – Da Avaliação e do Cálculo do Imposto (arts. 630 a 638)................................ 1012

    Seção VI – Das Colações (arts. 639 a 641) ............................................................................ 1018

    Seção VII – Do Pagamento das Dívidas (arts. 642 a 646)................................................. 1021

    Seção VIII – Da Partilha (arts. 647 a 658) ............................................................................ 1025

    Seção IX – Do Arrolamento (arts. 659 a 667) (arts. 668 a 673)........................................ 1032

    Seção X – Disposições Comuns a Todas as Seções (arts. 668 a 673) ............................... 1040

# ÍNDICE SISTEMÁTICO DO CPC/2015

Capítulo VII – Dos Embargos de Terceiro (arts. 674 a 681)................................................ 1045

Capítulo VIII – Da Oposição (arts. 682 a 686)................................................................. 1055

Capítulo IX – Da Habilitação (arts. 687 a 692) .............................................................. 1058

Capítulo X – Das Ações de Família (arts. 693 a 699)....................................................... 1063

Capítulo XI – Da Ação Monitória (arts. 700 a 702)......................................................... 1073

Capítulo XII – Da Homologação do Penhor Legal (arts. 703 a 706)................................. 1083

Capítulo XIII – Da Regulação de Avaria Grossa (arts. 707 a 711)................................... 1086

Capítulo XIV – Da Restauração de Autos (arts. 712 a 718)............................................. 1090

Capítulo XV – Dos Procedimentos de Jurisdição Voluntária (arts. 719 a 770) ................ 1095

    Seção I – Disposições Gerais (arts. 719 a 725)............................................................. 1095

    Seção II – Da Notificação e da Interpelação (arts. 726 a 729) ...................................... 1103

    Seção III – Da Alienação Judicial (art. 730).................................................................. 1105

    Seção IV – Do Divórcio e da Separação Consensuais, da Extinção Consensual de União Estável e da Alteração do Regime de Bens do Matrimônio (arts. 731 a 734) ................ 1107

    Seção V – Dos Testamentos e dos Codicilos (arts. 735 a 737)........................................ 1114

    Seção VI – Da Herança Jacente (arts. 738 a 743) ......................................................... 1119

    Seção VII – Dos Bens dos Ausentes (arts. 744 e 745).................................................... 1125

    Seção VIII – Das Coisas Vagas (art. 746) .................................................................... 1129

    Seção IX – Da Interdição (arts. 747 a 758) .................................................................. 1131

    Seção X – Disposições Comuns à Tutela e à Curatela (arts. 759 a 763) ......................... 1144

    Seção XI – Da Organização e da Fiscalização das Fundações (arts. 764 e 765)............... 1151

    Seção XII – Da Ratificação dos Protestos Marítimos e dos Processos Testemunháveis Formados a Bordo (arts. 766 a 770) ............................................................................. 1155

## LIVRO II
## DO PROCESSO DE EXECUÇÃO

### TÍTULO I
### DA EXECUÇÃO EM GERAL

Capítulo I – Disposições Gerais (arts. 771 a 777) .......................................................... 1160

Capítulo II – Das Partes (arts. 778 a 780)..................................................................... 1168

Capítulo III – Da Competência (arts. 781 e 782)........................................................... 1175

Capítulo IV – Dos Requisitos Necessários para Realizar Qualquer Execução (arts. 783 a 788)............................................................................................................................ 1181

    Seção I – Do Título Executivo (arts. 783 a 785) .......................................................... 1181

    Seção II – Da Exigibilidade da Obrigação (arts. 786 a 788).......................................... 1194

Capítulo V – Da Responsabilidade Patrimonial (arts. 789 a 796) ................................... 1196

### TÍTULO II
### DAS DIVERSAS ESPÉCIES DE EXECUÇÃO

Capítulo I – Disposições Gerais (arts. 797 a 805) .......................................................... 1219

Capítulo II – Da Execução para a Entrega de Coisa (arts. 806 a 813)............................. 1239

XXV

CÓDIGO DE PROCESSO CIVIL COMENTADO – *Leonardo Carneiro da Cunha*

Seção I – Da Entrega de Coisa Certa (arts. 806 a 810) ........................................................ 1239

Seção II – Da Entrega de Coisa Incerta (arts. 811 a 813) .................................................... 1246

Capítulo III – Da Execução das Obrigações de Fazer ou de Não Fazer (arts. 814 a 823).... 1247

Seção I – Disposições Comuns (art. 814)........................................................................... 1247

Seção II – Da Obrigação de Fazer (arts. 815 a 821) ......................................................... 1248

Seção III – Da Obrigação de Não Fazer (arts. 822 e 823).................................................. 1253

Capítulo IV – Da Execução por Quantia Certa (arts. 824 a 909) ......................................... 1254

Seção I – Disposições Gerais (arts. 824 a 826)................................................................. 1254

Seção II – Da Citação do Devedor e do Arresto (arts. 827 a 830)..................................... 1256

Seção III – Da Penhora, do Depósito e da Avaliação (arts. 831 a 875).............................. 1262

Subseção I – Do Objeto da Penhora (arts. 831 a 836)...................................................... 1262

Subseção II – Da Documentação da Penhora, de seu Registro e do Depósito (arts. 837 a 844).............................................................................................................................. 1283

Subseção III – Do Lugar de Realização da Penhora (arts. 845 e 846)............................... 1290

Subseção IV – Das Modificações da Penhora (arts. 847 a 853)........................................ 1292

Subseção V – Da Penhora de Dinheiro em Depósito ou em Aplicação Financeira (art. 854)................................................................................................................................. 1300

Subseção VI – Da Penhora de Créditos (arts. 855 a 860) ................................................. 1304

Subseção VII – Da Penhora das Quotas ou das Ações de Sociedades Personificadas (art. 861) ............................................................................................................................... 1309

Subseção VIII – Da Penhora de Empresa, de Outros Estabelecimentos e de Semoventes (arts. 862 a 865) .............................................................................................................. 1310

Subseção IX – Da Penhora de Percentual de Faturamento de Empresa (art. 866)........ 1313

Subseção X – Da Penhora de Frutos e Rendimentos de Coisa Móvel ou Imóvel (arts. 867 a 869) ............................................................................................................................... 1314

Subseção XI – Da Avaliação (arts. 870 a 875) ................................................................. 1316

Seção IV – Da Expropriação de Bens (arts. 876 a 903) .................................................... 1320

Subseção I – Da Adjudicação (arts. 876 a 878) ................................................................ 1320

Subseção II – Da Alienação (arts. 879 a 903)................................................................... 1325

Seção V – Da Satisfação do Crédito (arts. 904 a 909)....................................................... 1348

Capítulo V – Da Execução Contra a Fazenda Pública (art. 910) .......................................... 1353

Capítulo VI – Da Execução de Alimentos (arts. 911 a 913) ................................................. 1362

## TÍTULO III
### DOS EMBARGOS À EXECUÇÃO

Arts. 914 a 920 ..................................................................................................................... 1367

## TÍTULO IV
### DA SUSPENSÃO E DA EXTINÇÃO DO PROCESSO DE EXECUÇÃO

Capítulo I – Da Suspensão do Processo de Execução (arts. 921 a 923) ............................... 1381

Capítulo II – Da Extinção do Processo de Execução (arts. 924 e 925).................................. 1387

ÍNDICE SISTEMÁTICO DO CPC/2015

# LIVRO III
## DOS PROCESSOS NOS TRIBUNAIS E DOS MEIOS DE IMPUGNAÇÃO DAS DECISÕES JUDICIAIS

### TÍTULO I
#### DA ORDEM DOS PROCESSOS E DOS PROCESSOS DE COMPETÊNCIA ORIGINÁRIA DOS TRIBUNAIS

Capítulo I – Disposições Gerais (arts. 926 a 928) ................................................. 1392

Capítulo II – Da Ordem dos Processos no Tribunal (arts. 929 a 946) ................................ 1403

Capítulo III – Do Incidente de Assunção de Competência (art. 947).................................. 1439

Capítulo IV – Do Incidente de Arguição de Inconstitucionalidade (arts. 948 a 950)......... 1447

Capítulo V – Do Conflito de Competência (arts. 951 a 959) ....................................... 1451

Capítulo VI – Da Homologação de Decisão Estrangeira e da Concessão do *Exequatur* à Carta Rogatória (arts. 960 a 965)........................................................... 1459

Capítulo VII – Da Ação Rescisória (arts. 966 a 975)............................................... 1471

Capítulo VIII – Do Incidente de Resolução de Demandas Repetitivas (arts. 976 a 987) .... 1513

Capítulo IX – Da Reclamação (arts. 988 a 993)................................................... 1533

### TÍTULO II
#### DOS RECURSOS

Capítulo I – Disposições Gerais (arts. 994 a 1.008) ............................................... 1549

Capítulo II – Da Apelação (arts. 1.009 a 1.014)................................................... 1576

Capítulo III – Do Agravo de Instrumento (arts. 1.015 a 1.020).................................... 1592

Capítulo IV – Do Agravo Interno (art. 1.021)..................................................... 1611

Capítulo V – Dos Embargos de Declaração (art. 1.022 a 1.026).................................... 1616

Capítulo VI – Dos Recursos para o Supremo Tribunal Federal e para o Superior Tribunal de Justiça (arts. 1.027 a 1.044)............................................................ 1629

Seção I – Do Recurso Ordinário (arts. 1.027 e 1.028) ............................................. 1629

Seção II – Do Recurso Extraordinário e do Recurso Especial (arts. 1.029 a 1.041) ......... 1633

Subseção I – Disposições Gerais (arts. 1.029 a 1.035)............................................. 1633

Subseção II – Do Julgamento dos Recursos Extraordinário e Especial Repetitivos (arts. 1.036 a 1.041) ............................................................................ 1663

Seção III – Do Agravo em Recurso Especial e em Recurso Extraordinário (art. 1.042).. 1682

Seção IV – Dos Embargos de Divergência (arts. 1.043 e 1.044)................................... 1687

## LIVRO COMPLEMENTAR
### DISPOSIÇÕES FINAIS E TRANSITÓRIAS

Arts. 1.045 a 1.072 ................................................................................. 1696

# LEI Nº 13.105, DE 16 DE MARÇO DE 2015

Código de Processo Civil.

A PRESIDENTA DA REPÚBLICA, Faço saber que o Congresso Nacional decreta e eu sanciono a seguinte Lei:

## — Parte Geral —

### LIVRO I

# DAS NORMAS PROCESSUAIS CIVIS

# TÍTULO ÚNICO
# DAS NORMAS FUNDAMENTAIS E DA APLICAÇÃO DAS NORMAS PROCESSUAIS

# CAPÍTULO I
# DAS NORMAS FUNDAMENTAIS DO PROCESSO CIVIL

**Art. 1º** O processo civil será ordenado, disciplinado e interpretado conforme os valores e as normas fundamentais estabelecidos na Constituição da República Federativa do Brasil, observando-se as disposições deste Código.

▶ **1.** Sem correspondência no CPC/1973.

⚖ **JURISPRUDÊNCIA, ENUNCIADOS E SÚMULAS SELECIONADOS**

- **2.** **Enunciado 369 do FPPC.** *"O rol de normas fundamentais previsto no Capítulo I do Título Único do Livro I da Parte Geral do CPC não é exaustivo."*
- **3.** **Enunciado 370 do FPPC.** *"Norma processual fundamental pode ser regra ou princípio."*

🗐 **COMENTÁRIOS TEMÁTICOS**

**4.** **Abrangência do CPC.** O CPC regula os processos que veiculam pretensões individuais, não se destinando a tratar diretamente das ações coletivas. Estas têm um regime jurídico próprio, derivado da conjugação da Lei 4.717/1965, que regula a *ação popular,* com a Lei 7.347/1985, que disciplina a *ação civil pública,* além da *ação de improbidade administrativa,* regulada pela Lei 8.429/1992, bem como do *mandado de segurança coletivo* e das disposições processuais contidas no Código de Defesa do Consumidor, que formam o microssistema do direito processual coletivo.

**5.** **Demandas repetitivas.** Diante do fenômeno de litigiosidade em massa e das situações homogêneas, as demandas individuais são, muitas vezes, repetitivas, congestionando as vias judiciais. Tais demandas, embora repetitivas, são individuais. A disciplina legislativa destinada às causas individuais é insuficiente para regular as demandas repetitivas. Para estas, é preciso que se conceba um regime processual próprio, com dogmática específica, que se destine a dar-lhes solução prioritária, racional e uniforme. Tal regime é composto por várias regras, contidas neste CPC. Para fins deste CPC, o regime de causas repetitivas é composto pelo conjunto das regras que disciplinam o IRDR e os RE e REsp repetitivos (art. 928), sendo certo que o julgamento de casos repetitivos pode ter por objeto questão de direito material ou processual (art. 928, parágrafo único).

**6.** **Juizados Especiais.** A disciplina processual dos Juizados Especiais mantém-se em legislação própria. O sistema dos Juizados Especiais dos Estados e do Distrito Federal é formado pelos Juizados Especiais Cíveis, pelos Juizados Especiais Criminais e Juizados Especiais da Fazenda Pública. A par disso, há, ainda, os Juizados Especiais Federais, que cuidam de demandas propostas contra entes federais. Os Juizados Especiais Cíveis são regidos pela Lei 9.099/1995 e, subsidiariamente, pelo CPC. Os Juizados Especiais Federais são regidos pelo conjunto das regras contidas na Lei 9.099/1995 e na Lei 10.259/2001; aplica-se a Lei 10.259/2001 e, subsidiariamente, a Lei 9.099/1995 e o CPC. Por sua vez, os Juizados Especiais Estaduais da Fazenda Pública regem-se pela Lei 12.153/2009 e, subsidiariamente, pelo CPC, pela Lei 9.099/1995 e pela Lei 10.259/2001.

**7.** **O CPC e seus fundamentos.** Este é o primeiro CPC editado sob a vigência da CF/1988, inserindo-se no contexto do Estado Constitucional, que é, a um só tempo, Estado de direito e Estado democrático. O Estado de direito impõe observância aos princípios da legalidade, isonomia e segurança jurídica. O Estado democrático funda-se na liberdade e na participação. Esses são os fundamentos do CPC, que justificam várias das normas nele contidas.

**8.** **Normas fundamentais da CF e sua aplicação ao processo civil.** O processo civil deve ser estudado, ordenado, aplicado, disciplinado e interpretado a partir das normas contidas na Constituição Federal. O dispositivo encerra uma obviedade. Não somente as normas processuais, mas qualquer outra há de ser construída e interpretada de acordo com a Constituição da República. São várias as normas da Constituição que contemplam preceitos de ordem processual. As normas fundamentais constitucionais aplicam-se ao processo. O art. 1º refere-se a "normas" estabelecidas na Constituição. A expressão é adequada, abrangendo tanto regras quanto princípios constitucionais. *Norma* é gênero do qual são espécies as *regras* e os *princípios.* A Constituição contém tanto regras quanto princípios.

**9.** **Cabimento de recurso extraordinário.** Se o juiz ou tribunal não aplicar, nem interpretar as normas processuais conforme a Constituição,

LIVRO I · DAS NORMAS PROCESSUAIS CIVIS **Art. 2º**

haverá ofensa ao art. 1º, ou ao correspondente dispositivo constitucional, ou a ambos? Em outras palavras, caberá a interposição de recurso especial, de recurso extraordinário ou de ambos? Nesse caso, não cabe o recurso especial, mas apenas o extraordinário. Com efeito, *"se o dispositivo legal tido como violado não passa de mera reprodução de norma constitucional, que o absorve totalmente, é do STF a competência exclusiva para dispor sobre a temática controvertida"* (STJ, 2ª Turma, REsp 8.096/SP, rel. Min. José de Jesus Filho, *DJ* 13.10.1992, p. 17.669). No mesmo sentido: *"se a matéria tratada em lei federal é alçada a nível constitucional, o recurso próprio para alegar contrariedade à regra inserta em ambos os dispositivos (infraconstitucional e constitucional) é o extraordinário dirigido ao STF, e não o especial endereçado a esta Corte"* (STJ, 6ª Turma, REsp 44.498/PE, rel. Min. Adhemar Maciel, *DJ* 24.6.1996, p. 22.824). Não há controvérsia no âmbito da jurisprudência do STJ, sendo conveniente registrar que: *"A norma constitucional absorve o artigo de lei que a reproduz, atraindo a questão resultante da aplicação deste para o âmbito do recurso extraordinário perante o STF"* (STJ, 2ª Turma, AgRg no Ag 155.555/RJ, rel. Min. Ari Pargendler, *DJ* 6.10.1997, p. 49.964). Efetivamente, segundo entende o STJ, *"(...) não cabe o recurso especial, e sim o extraordinário, quando a norma infraconstitucional apontada como violada simplesmente reproduz uma norma constitucional"* (STJ, Corte Especial, EREsp 547.653/RJ, rel. Min. Teori Albino Zavascki, *DJe* 29.3.2011). Assim também: *"A análise de questão cujo deslinde reclama a apreciação de matéria de natureza constitucional é estranha ao âmbito de cabimento do recurso especial (artigos 102, inciso III, e 105, inciso III, da Constituição Federal)"* (STJ, 1ª Turma, AgRg no Ag 1.367.520/DF, rel. Min. Hamilton Carvalhido, *DJe* 15.3.2011).

**10. Conteúdo constitucional.** O conteúdo do art. 1º é constitucional. Violá-lo é violar a Constituição. Por isso, não cabe recurso especial por violação ao disposto no art. 1º do CPC, cabendo, isto sim, recurso extraordinário por afronta ao correspondente dispositivo que trate do direito fundamental não respeitado no caso concreto. De todo modo, se for interposto recurso especial, este não deverá ser inadmitido; cabe ao STJ, aplicando o disposto no art. 1.032, conceder prazo de quinze dias para que o recorrente converta seu recurso em extraordinário, demonstrando a existência de repercussão geral e manifestando-se sobre a questão constitucional. Em seguida, o recurso deve ser remetido ao STF.

**11. Valores constitucionais.** O dispositivo enuncia que o processo civil será ordenado, disciplinado e interpretado conforme os "valores" estabelecidos na Constituição da República. Valores não são normas. As normas têm caráter deontológico, enquanto valores ostentam caráter axiológico. Ao passo que as normas podem ser reduzidas a um conceito deôntico básico, que é o de dever ou de dever-ser, os valores reduzem-se ao conceito de bom. Os valores que eventualmente norteiam o sistema jurídico só têm significado prático se forem incorporados seletivamente a normas jurídicas, transformando-se a complexidade indeterminada (valorativa) em complexidade determinada (programada). A utilização, no art. 1º, do termo "valores" não é boa, pois poderia dar margem a decisionismos. Na verdade, o processo civil será ordenado, disciplinado e interpretado conforme as normas fundamentais estabelecidas na Constituição da República. Tais normas já incorporam os valores que são caros ao sistema brasileiro. O processo civil e, de resto, as decisões judiciais não devem basear-se em "valores", mas em "normas". Não é sem razão, aliás, que o art. 8º determina que o juiz deve observar a legalidade, que há de ser entendida como *juridicidade*, ou seja, deve o juiz observar todo o ordenamento jurídico, mais propriamente as *normas* que o compõem.

**12. Princípios e deveres a serem observados.** *"Sem dúvida, a prescrição axiológico-hermenêutica inequívoca do artigo 1º traz para o âmbito processual do status, das responsabilidades e da atuação dos magistrados princípios e deveres universalmente consagrados – como independência, integridade ou probidade, e imparcialidade. Neles convergem três núcleos deontológicos, mas também constitucionais e legais, associados a vasto e complexo repertório de padrões de comportamento de rigor e aceitação crescente, atualmente considerados pelas nações democráticas como imprescindíveis ao Estado de Direito e à própria noção de Justiça e, por isso mesmo, estrelas-guia da excelência judicial"* (STJ, 2.ª Turma, REsp 1.720.390/RS, rel. Min. Herman Benjamin, *DJe* 12.3.2019)

---

**Art. 2º** O processo começa por iniciativa da parte e se desenvolve por impulso oficial, salvo as exceções previstas em lei.

▶ **1. Correspondência no CPC/1973.** *"Art. 2º Nenhum juiz prestará a tutela jurisdicional senão quando a parte ou o interessado a requerer, nos termos e forma legais." "Art. 262. O processo civil* *começa por iniciativa da parte, mas se desenvolve por impulso oficial."*

### 📖 Legislação Correlata

**2. Lei 9.784/1999, art. 2º, parágrafo único, XII.** *"Parágrafo único. Nos processos administrativos serão observados, entre outros, os critérios de: (...) XII – impulsão, de ofício, do processo administrativo, sem prejuízo da atuação dos interessados".*

### ⚖ Jurisprudência, Enunciados e Súmulas Selecionados

• **3. Súmula STJ, 106.** *"Proposta a ação no prazo fixado para o seu exercício, a demora na citação, por motivos inerentes ao mecanismo da Justiça, não justifica o acolhimento da arguição de prescrição ou decadência."*

### 🗂 Comentários Temáticos

**4. Instauração e desenvolvimento do processo.** São tradicionais no sistema brasileiro as duas regras consagradas no art. 2º: a instauração do processo depende de iniciativa da parte, mas se desenvolve por impulso oficial.

**5. Instauração do processo por iniciativa da parte.** A primeira parte do dispositivo confirma a regra tradicional de que o processo começa por iniciativa da parte. É com o protocolo da petição inicial que se considera proposta a demanda, iniciando-se aí o processo (art. 312). Há quem chame essa regra de *princípio da inércia*. Há que prefira chamá-la de *princípio da demanda*. Embora seja tradicionalmente denominada de *princípio*, trata-se de uma regra que tem por fundamento o *"princípio" dispositivo* (é conhecida a diferença entre princípios e regras, que constituem normas jurídicas. O "princípio" dispositivo não é categoria normativa. Não se trata de princípio como norma, mas como fundamento de norma. Usa-se, aqui, a expressão no sentido mais tradicional. Quando se alude ao termo *princípio dispositivo* não se está dizendo que se trata de um princípio como norma, mas como fundamento de norma). A regra *da inércia* ou da *demanda* é consagrada, não apenas pelo art. 2º, mas também pelos arts. 141 e 492, que impedem ao juiz proferir sentença aquém, além ou fora dos limites do pedido e da causa de pedir.

**6. Exceções previstas em lei.** O dispositivo faz a ressalva de que haveria exceções previstas em lei, ou seja, haveria casos em que o próprio juiz

daria início ao processo. No CPC/1973, o art. 989 permitia que o juiz desse início ao processo de inventário. O art. 1.129 autorizava o magistrado a, de ofício, ordenar ao detentor de testamento que o exibisse em juízo, instaurando-se aí um processo de exibição de documento. O atual CPC não tem dispositivos equivalentes; não há mais essas exceções no sistema processual brasileiro.

**7. Instauração do cumprimento da sentença.** O cumprimento da sentença para pagamento de quantia certa, provisório ou definitivo, também depende de provocação da parte (art. 513, § 1º). Já no cumprimento da sentença que imponha prestação de fazer, não fazer ou de entregar coisa, não há necessidade de provocação da parte, podendo iniciar-se de ofício (arts. 536 e 538).

**8. Instauração de ofício de incidentes processuais.** O juiz ou tribunal pode dar início a incidentes processuais sem que haja provocação da parte. É o que ocorre no (a) incidente de arguição de inconstitucionalidade (art. 948); (b) conflito de competência (art. 951); (c) incidente de resolução de demandas repetitivas (art. 976).

**9. Desistência da ação.** Da mesma forma que a instauração do processo depende de iniciativa da parte, sua desistência também. A desistência é uma revogação da demanda, devendo ser expressamente manifestada pelo autor. A desistência da ação não produz efeitos imediatos, devendo ser homologada pelo juiz (art. 200, parágrafo único).

**10. Desenvolvimento do processo por impulso oficial.** O processo instaura-se por iniciativa da parte, mas se desenvolve por impulso oficial, sem precisar de novas provocações da parte.

**11. Impulso oficial e fase recursal.** A instauração de recurso depende também de provocação do interessado, não decorrendo do impulso oficial. Interposto o recurso, seu processamento, porém, desenvolve-se por impulso oficial, não sendo necessárias novas provocações do recorrente.

**12. Impulso oficial e abandono da causa por ambas as partes.** O processo desenvolve-se por impulso oficial, mas deve ser extinto, sem resolução do mérito, se "ficar parado durante mais de um ano por negligência das partes" (art. 485, II). O processo não precisa da manifestação constante das partes para ser impulsionado; impulsiona-se de ofício. Se, entretanto, ficar paralisado por mais de um ano, sem qualquer manifestação das partes, poderá ser extinto sem resolução do mérito, desde que sejam intimadas pessoalmente para suprir a falta, mas não o façam (art. 485, § 1º).

**LIVRO I · DAS NORMAS PROCESSUAIS CIVIS**   **Art. 2º**

**13. Impulso oficial e abandono da causa pelo autor.** O juiz deve impulsionar o processo, porém este será extinto quando, "por não promover os atos e as diligências que lhe incumbir, o autor abandonar a causa por mais de trinta dias" (art. 485, III), desde que, intimado pessoalmente, não supra a falta (art. 485, § 1º). O autor somente será intimado para manifestar interesse, se os atos e as diligências que lhe couberem forem realmente indispensáveis para o julgamento da causa, ou seja, se sua inércia efetivamente inviabiliza a análise do mérito. A advertência é importante, pois não se deve extinguir o processo sem resolução do mérito se a demora não for imputável ao autor. Também é importante a advertência em relação à *prescrição intercorrente*. O processo deve desenvolver-se por impulso oficial. Logo, se a paralisação do processo for imputada a deficiências do serviço judiciário, não se consuma a prescrição intercorrente. Esta somente se consuma, se a paralisação decorrer de ato que deveria ser praticado, mas não foi, pelo autor.

**14. Limitação negocial do impulso oficial.** O CPC contém diversas normas que prestigiam a autonomia da vontade das partes, permitindo que elas negociem sobre o processo, de modo mais evidente do que no CPC/1973. O autorregramento da vontade no processo é permitido, assegurado e respeitado. O atual CPC é estruturado de maneira a estimular a solução do conflito pela via que parecer mais adequada a cada caso, não erigindo a jurisdição como necessariamente a melhor opção para eliminar a disputa de interesses. É possível, nesse sentido, haver negócios processuais atípicos. Em razão da cláusula geral prevista no art. 190, as partes podem negociar regras processuais, convencionando sobre ônus, poderes, faculdades e deveres processuais, além de poderem, juntamente com o juiz, fixar o calendário processual. As partes podem, enfim, reestruturar negocialmente o processo. Nessa restruturação, as partes podem limitar o impulso oficial do juiz, estabelecendo a necessidade de provocações constantes ou de provocações específicas para determinados atos.

**15. Impulso oficial e desistência da ação.** O impulso oficial não impede que o autor desista da ação, acarretando, assim, a extinção do processo sem resolução do mérito (art. 485, VIII).

**16. Inércia argumentativa.** A *inércia* dos órgãos jurisdicionais para a *instauração* de processos não se confunde com a chamada *inércia argumentativa*. O julgador, ao seguir uma presunção, não precisa justificá-la ou fundamentá-la. Assim, por exemplo, as leis presumem-se

constitucionais. Não é necessário que o juiz, toda vez que aplique uma lei, afirme sua constitucionalidade ou a justifique. Eis aí o que se chama de *inércia argumentativa*. Se, entretanto, a norma for, a seu juízo, inconstitucional, deverá, então, demonstrar, justificar e fundamentar a inconstitucionalidade. Há, enfim, um forte ônus argumentativo para que se quebre a presunção de constitucionalidade. No recurso extraordinário, cabe ao recorrente, nas razões recursais, demonstrar a existência de repercussão geral. Se for interposto o recurso e este contiver um item ou tópico em que se afirme a repercussão geral, passa, então, a haver uma presunção de que há repercussão geral. Para afastar a presunção de repercussão geral, é preciso que dois terços dos ministros do STF justifiquem e fundamentem sua ausência. Nos termos do Regimento Interno do STF, cabe ao relator manifestar-se sobre a existência ou não de repercussão geral, submetendo a questão aos demais ministros por meio eletrônico, que terão o prazo de vinte dias para pronunciar-se. Passado o prazo sem manifestação, confirma-se a presunção de repercussão geral. Tem-se aí uma *inércia argumentativa*. O silêncio ou a manifestação tácita confirma a presunção já existente. A *inércia argumentativa* é de grande importância na aplicação de precedentes. Para seguir o precedente, basta ao juiz identificar seus fundamentos determinantes e demonstrar que o caso sob julgamento se ajusta àqueles fundamentos (art. 489, § 1º, V). Se, todavia, o juiz deixar de seguir o precedente, deverá desincumbir-se de um maior ônus argumentativo, demonstrando a existência de distinção no caso em julgamento ou a superação do entendimento firmado (art. 489, § 1º, VI). O esforço argumentativo para afastar ou superar um entendimento já firmado é muito maior do que simplesmente seguir a orientação já consolidada. Realmente, a modificação de enunciado de súmula, de jurisprudência pacificada ou da tese adotada em julgamento de casos repetitivos há de observar a necessidade de fundamentação adequada e específica, considerando os princípios da segurança jurídica, da proteção da confiança e da isonomia (art. 927, § 4º).

**17. Impulso oficial e suspensão do processo.** *"A suspensão convencional do processo, em regra, não pode ser obstado pelo juiz. A suspensão do processo, por obra das partes, obedece o prazo máximo de 6 (seis) meses, por isso que, superado este, retoma-se o curso do prazo processual. Efetuado o julgamento do recurso 8 (oito) meses após a suspensão, revelou-se atendido o pedido convencional, passando daí por diante a reger o*

5

processo as normas cogentes do CPC, dentre as quais, a que dispõe que o processo começa por iniciativa das partes mas se desenvolve por impulso oficial (arts. 262 c/c 265 do CPC)" (STJ, 1.ª Turma, REsp 617.722/MG, rel. Min. Luiz Fux, *DJ* 29.11.2004).

**Art. 3º** Não se excluirá da apreciação jurisdicional ameaça ou lesão a direito.

§ 1º É permitida a arbitragem, na forma da lei.

§ 2º O Estado promoverá, sempre que possível, a solução consensual dos conflitos.

§ 3º A conciliação, a mediação e outros métodos de solução consensual de conflitos deverão ser estimulados por juízes, advogados, defensores públicos e membros do Ministério Público, inclusive no curso do processo judicial.

▶ **1. Sem correspondência no CPC/1973**

## 🏛 LEGISLAÇÃO CORRELATA

**2. CF, art. 5º, XXXV.** *"Art. 5º (...) XXXV – a lei não excluirá da apreciação do Poder Judiciário lesão ou ameaça a direito."*

**3. Lei 9.307/1996.** *"Dispõe sobre a arbitragem."*

**4. Dec. 6.949/2009, art. 1º.** *"Art. 1º A Convenção sobre os Direitos das Pessoas com Deficiência e seu Protocolo Facultativo, apensos por cópia ao presente Decreto, serão executados e cumpridos tão inteiramente como neles se contém".*

**5. Lei 11.101/2005, art. 6º, § 9º.** *"§ 9º O processamento da recuperação judicial ou a decretação da falência não autoriza o administrador judicial a recusar a eficácia da convenção de arbitragem, não impedindo ou suspendendo a instauração de procedimento arbitral."*

**6. Lei 11.101/2005, art. 20-A.** *"Art. 20-A. A conciliação e a mediação deverão ser incentivadas em qualquer grau de jurisdição, inclusive no âmbito de recursos em segundo grau de jurisdição e nos Tribunais Superiores, e não implicarão a suspensão dos prazos previstos nesta Lei, salvo se houver consenso entre as partes em sentido contrário ou determinação judicial."*

**7. Lei 11.101/2005, art. 20-B.** *"Art. 20-B. Serão admitidas conciliações e mediações antecedentes ou incidentais aos processos de recuperação judicial, notadamente: I – nas fases pré-processual e processual de disputas entre os sócios e acionistas de sociedade em dificuldade ou em recuperação judicial, bem como nos litígios que envolverem credores não sujeitos à recuperação judicial, nos termos dos §§ 3º e 4º do art. 49 desta Lei, ou credores extraconcursais; II – em conflitos que envolverem concessionárias ou permissionárias de serviços públicos em recuperação judicial e órgãos reguladores ou entes públicos municipais, distritais, estaduais ou federais; III – na hipótese de haver créditos extraconcursais contra empresas em recuperação judicial durante período de vigência de estado de calamidade pública, a fim de permitir a continuidade da prestação de serviços essenciais; IV – na hipótese de negociação de dívidas e respectivas formas de pagamento entre a empresa em dificuldade e seus credores, em caráter antecedente ao ajuizamento de pedido de recuperação judicial."*

**8. Lei 11.101/2005, art. 20-B, § 2º.** *"§ 2º São vedadas a conciliação e a mediação sobre a natureza jurídica e a classificação de créditos, bem como sobre critérios de votação em assembleia-geral de credores."*

**9. Lei 11.101/2005, art. 22, I, j.** *"Art. 22. Ao administrador judicial compete, sob a fiscalização do juiz e do Comitê, além de outros deveres que esta Lei lhe impõe: I – na recuperação judicial e na falência: (...) j) estimular, sempre que possível, a conciliação, a mediação e outros métodos alternativos de solução de conflitos relacionados à recuperação judicial e à falência, respeitados os direitos de terceiros, na forma do § 3º do art. 3º da Lei 13.105, de 16 de março de 2015 (Código de Processo Civil)."*

**10. Convenção sobre os Direitos da Pessoa com Deficiência, art. 13.** *"Artigo 13 – Acesso à justiça. 1. Os Estados Partes assegurarão o efetivo acesso das pessoas com deficiência à justiça, em igualdade de condições com as demais pessoas, inclusive mediante a provisão de adaptações processuais adequadas à idade, a fim de facilitar o efetivo papel das pessoas com deficiência como participantes diretos ou indiretos, inclusive como testemunhas, em todos os procedimentos jurídicos, tais como investigações e outras etapas preliminares. 2. A fim de assegurar às pessoas com deficiência o efetivo acesso à justiça, os Estados Partes promoverão a capacitação apropriada daqueles que trabalham na área de administração da justiça, inclusive a polícia e os funcionários do sistema penitenciário."*

**11. Lei 13.140/2015.** *"Dispõe sobre a mediação como meio de solução de controvérsias entre particulares e sobre a autocomposição de conflitos no âmbito da administração pública."*

**12. Lei 13.966/2019, art. 7º, § 1º.** *"§ 1º As partes poderão eleger juízo arbitral para solução de controvérsias relacionadas ao contrato de franquia."*

**LIVRO I · DAS NORMAS PROCESSUAIS CIVIS** — **Art. 3º**

**13.** Dec. 10.025/2019, art. 13. *"Art. 13. A União e as entidades da administração pública federal serão representadas perante o juízo arbitral por membros dos órgãos da Advocacia-Geral da União, conforme as suas competências constitucionais e legais. § 1º As comunicações processuais dirigidas aos membros da Advocacia-Geral da União responsáveis pela representação da União ou das entidades da administração pública federal indireta deverão assegurar a sua ciência inequívoca. § 2º A União poderá intervir nas causas arbitrais de que trata este Decreto nas hipóteses previstas no art. 5º da Lei nº 9.469, de 1997."*

**14.** Res. 125/2010 do CNJ. *"Dispõe sobre a Política Judiciária Nacional de tratamento adequado dos conflitos de interesses no âmbito do Poder Judiciário e dá outras providências."*

**15.** Res. 406/2021 CNJ. *"Dispõe sobre a criação e o funcionamento do Núcleo de Mediação e Conciliação (Numec), no âmbito do Conselho Nacional de Justiça e dá outras providências."*

**16.** Recomendação 100/2021 do CNJ, art. 1º. *"Art. 1º Recomendar aos magistrados com atuação nas demandas envolvendo o direito à saúde que priorizem, sempre que possível, a solução consensual da controvérsia, por meio do uso da negociação, da conciliação ou da mediação".*

**17.** Recomendação 100/2021 do CNJ, art. 2º. *"Art. 2º Ao receber uma demanda envolvendo direito à saúde, poderá o magistrado designar um mediador capacitado em questões de saúde para realizar diálogo entre o solicitante e os prepostos ou gestores dos serviços de saúde, na busca de uma solução adequada e eficiente para o conflito."*

**18.** Resolução 790/2022 do STF, art. 1º. *"Art. 1º. Esta Resolução cria o Centro de Soluções Alternativas de Litígios do STF (CESAL/STF), integrado pelas seguintes unidades no âmbito da Presidência: I – Centro de Mediação e Conciliação (CMC/STF), disciplinado pela Resolução STF nº 697/2020; II – Centro de Cooperação Judiciária (CCJ/STF), disciplinado pela Resolução STF nº 775/2002; III – Centro de Coordenação e Apoio às Demandas Estruturais e Litígios Complexos (CADEC/STF), disciplinado no Capítulo seguinte."*

## ⚖ Jurisprudência, Enunciados e Súmulas Selecionados

- **19.** ADPF 156. *"Incompatibilidade da exigência de depósito prévio do valor correspondente à multa como condição de admissibilidade de recurso administrativo interposto junto à autoridade trabalhista (§ 1º do art. 636, da Consolidação das Leis do Trabalho) com a Cons-*

*tituição de 1988. Inobservância das garantias constitucionais do devido processo legal e da ampla defesa (art. 5º, incs. LIV e LV); do princípio da isonomia (art. 5º, caput); do direito de petição (art. 5º, inc. XXXIV), alínea a)."*

- **20.** ADI 6324. *"É constitucional a disposição do Conselho Nacional de Justiça que prevê a facultatividade de representação por advogado ou defensor público nos Centros Judiciários de Solução de Conflitos e Cidadania (CEJUSCs)"*

- **21.** Súmula Vinculante STF, 21. *"É inconstitucional a exigência de depósito ou arrolamento prévios de dinheiro ou bens para admissibilidade de recurso administrativo."*

- **22.** Súmula Vinculante STF, 28. *"É inconstitucional a exigência de depósito prévio como requisito de admissibilidade de ação judicial na qual se pretenda discutir a exigibilidade de crédito tributário."*

- **23.** Tema/Repercussão Geral 249 STF. *"É constitucional, pois foi devidamente recepcionado pela Constituição Federal de 1988, o procedimento de execução extrajudicial, previsto no Decreto-lei nº 70/66".*

- **24.** Tema/Repercussão Geral 350 STF. *"I – A concessão de benefícios previdenciários depende de requerimento do interessado, não se caracterizando ameaça ou lesão a direito antes de sua apreciação e indeferimento pelo INSS, ou se excedido o prazo legal para sua análise. É bem de ver, no entanto, que a exigência de prévio requerimento não se confunde com o exaurimento das vias administrativas; II – A exigência de prévio requerimento administrativo não deve prevalecer quando o entendimento da Administração for notória e reiteradamente contrário à postulação do segurado; III – Na hipótese de pretensão de revisão, restabelecimento ou manutenção de benefício anteriormente concedido, considerando que o INSS tem o dever legal de conceder a prestação mais vantajosa possível, o pedido poderá ser formulado diretamente em juízo – salvo se depender da análise de matéria de fato ainda não levada ao conhecimento da Administração –, uma vez que, nesses casos, a conduta do INSS já configura o não acolhimento ao menos tácito da pretensão; IV – Nas ações ajuizadas antes da conclusão do julgamento do RE 631.240/MG (03.09.2014) que não tenham sido instruídas por prova do prévio requerimento administrativo, nas hipóteses em que exigível, será observado o seguinte: (a) caso a ação tenha sido ajuizada no âmbito de Juizado Itinerante, a ausência de anterior pedido administrativo não deverá* implicar a extinção do feito; (b) caso o INSS já tenha apresentado contestação de mérito, está caracterizado o interesse em agir pela resistência à pretensão; e (c) as demais ações que não se enquadrem nos itens (a) e (b) serão sobrestadas e baixadas ao juiz de primeiro grau, que deverá intimar o autor a dar entrada no pedido administrativo em até 30 dias, sob pena de extinção do processo por falta de interesse em agir. Comprovada a postulação administrativa, o juiz intimará o INSS para se manifestar acerca do pedido em até 90 dias. Se o pedido for acolhido administrativamente ou não puder ter o seu mérito analisado devido a razões imputáveis ao próprio requerente, extingue-se a ação. Do contrário, estará caracterizado o interesse em agir e o feito deverá prosseguir; V – Em todos os casos acima – itens (a), (b) e (c) –, tanto a análise administrativa quanto a judicial deverão levar em conta a data do início da ação como data de entrada do requerimento, para todos os efeitos legais."

- 25. **Tema/Repercussão Geral 485 STF.** "Não compete ao Poder Judiciário substituir a banca examinadora para reexaminar o conteúdo das questões e os critérios de correção utilizados, salvo ocorrência de ilegalidade ou de inconstitucionalidade."

- 26. **Tema/Repercussão Geral 698 STF.** "1. A intervenção do Poder Judiciário em políticas públicas voltadas à realização de direitos fundamentais, em caso de ausência ou deficiência grave do serviço, não viola o princípio da separação dos poderes. 2. A decisão judicial, como regra, em lugar de determinar medidas pontuais, deve apontar as finalidades a serem alcançadas e determinar à Administração Pública que apresente um plano e/ou os meios adequados para alcançar o resultado. 3. No caso de serviços de saúde, o déficit de profissionais pode ser suprido por concurso público ou, por exemplo, pelo remanejamento de recursos humanos e pela contratação de organizações sociais (OS) e organizações da sociedade civil de interesse público (OSCIP)."

- 27. **Tema/Repercussão Geral 1120 STF.** "Em respeito ao princípio da separação dos poderes, previsto no art. 2º da Constituição Federal, quando não caracterizado o desrespeito às normas constitucionais, é defeso ao Poder Judiciário exercer o controle jurisdicional em relação à interpretação do sentido e do alcance de normas meramente regimentais das Casas Legislativas, por se tratar de matéria interna corporis."

- 28. **Súmula STF, 667.** "Viola a garantia constitucional de acesso à jurisdição a taxa judiciária calculada sem limite sobre o valor da causa."

- 29. **Enunciado 371 do FPPC.** "Os métodos de solução consensual de conflitos devem ser estimulados também nas instâncias recursais."

- 30. **Enunciado 485 do FPPC.** "É cabível a audiência de conciliação e mediação no processo de execução, na qual é admissível, entre outras coisas, a apresentação de plano de cumprimento da prestação."

- 31. **Enunciado 573 do FPPC.** "As Fazendas Públicas devem dar publicidade às hipóteses em que seus órgãos de Advocacia Pública estão autorizados a aceitar autocomposição."

- 32. **Enunciado 617 do FPPC.** "A mediação e a conciliação são compatíveis com o processo judicial de improbidade administrativa."

- 33. **Enunciado 618 do FPPC.** "A conciliação e a mediação são compatíveis com o processo de recuperação judicial."

- 34. **Enunciado 707 do FPPC.** "A atuação das serventias extrajudiciais, dos comitês de resolução de disputas (dispute boards) e dos Núcleos de Prática Jurídica vinculados às instituições de ensino superior também integra o sistema brasileiro de justiça multiportas."

- 35. **Enunciado 1 da I Jornada de Prevenção e Solução Extrajudicial de Litígios-CJF.** "A sentença arbitral não está sujeita à ação rescisória."

- 36. **Enunciado 2 da I Jornada de Prevenção e Solução Extrajudicial de Litígios-CJF.** "Ainda que não haja cláusula compromissória, a Administração Pública poderá celebrar compromisso arbitral."

- 37. **Enunciado 3 da I Jornada de Prevenção e Solução Extrajudicial de Litígios-CJF.** "A carta arbitral poderá ser processada diretamente pelo órgão do Poder Judiciário do foro onde se dará a efetivação da medida ou decisão."

- 38. **Enunciado 4 da I Jornada de Prevenção e Solução Extrajudicial de Litígios-CJF.** "Na arbitragem, cabe à Administração Pública promover a publicidade prevista no art. 2º, § 3º, da Lei n. 9.307/1996, observado o disposto na Lei n. 12.527/2011, podendo ser mitigada nos casos de sigilo previstos em lei, a juízo do árbitro."

- 39. **Enunciado 5 da I Jornada de Prevenção e Solução Extrajudicial de Litígios-CJF.** "A arguição de convenção de arbitragem pode ser promovida por petição simples, a qualquer momento antes do término do prazo da contestação, sem caracterizar preclusão das matérias de defesa, permitido ao magistrado suspender o processo até a resolução da questão."

**LIVRO I · DAS NORMAS PROCESSUAIS CIVIS** · **Art. 3º**

- **40. Enunciado 6 da I Jornada de Prevenção e Solução Extrajudicial de Litígios-CJF.** *"O processamento da recuperação judicial ou a decretação da falência não autoriza o administrador judicial a recusar a eficácia da convenção de arbitragem, não impede a instauração do procedimento arbitral, nem o suspende."*

- **41. Enunciado 7 da I Jornada de Prevenção e Solução Extrajudicial de Litígios-CJF.** *"Os árbitros ou instituições arbitrais não possuem legitimidade para figurar no polo passivo da ação prevista no art. 33, caput, e § 4º, da Lei 9.307/1996, no cumprimento de sentença arbitral e em tutelas de urgência."*

- **42. Enunciado 8 da I Jornada de Prevenção e Solução Extrajudicial de Litígios-CJF.** *"São vedadas às instituições de arbitragem e mediação a utilização de expressões, símbolos ou afins típicos ou privativos dos Poderes da República, bem como a emissão de carteiras de identificação para árbitros e mediadores."*

- **43. Enunciado 9 da I Jornada de Prevenção e Solução Extrajudicial de Litígios-CJF.** *"A sentença arbitral é hábil para inscrição, arquivamento, anotação, averbação ou registro em órgãos de registros públicos, independentemente de manifestação do Poder Judiciário."*

- **44. Enunciado 10 da I Jornada de Prevenção e Solução Extrajudicial de Litígios-CJF.** *"O pedido de declaração de nulidade da sentença arbitral formulado em impugnação ao cumprimento da sentença deve ser apresentado no prazo do art. 33 da Lei 9.307/1996."*

- **45. Enunciado 11 da I Jornada de Prevenção e Solução Extrajudicial de Litígios-CJF.** *"Nas arbitragens envolvendo a Administração Pública, é permitida a adoção das regras internacionais de comércio e/ou usos e costumes aplicáveis às respectivas áreas técnicas."*

- **46. Enunciado 12 da I Jornada de Prevenção e Solução Extrajudicial de Litígios-CJF.** *"A existência de cláusula compromissória não obsta a execução de título executivo extrajudicial, reservando-se à arbitragem o julgamento das matérias previstas no art. 917, incs. I e VI, do CPC/2015."*

- **47. Enunciado 13 da I Jornada de Prevenção e Solução Extrajudicial de Litígios-CJF.** *"Podem ser objeto de arbitragem relacionada à Administração Pública, dentre outros, litígios relativos: I – ao inadimplemento de obrigações contratuais por qualquer das partes; II – à recomposição do equilíbrio econômico-financeiro dos contratos, cláusulas financeiras e econômicas."*

## 🗐 COMENTÁRIOS TEMÁTICOS

**48. Previsão constitucional.** Art. 5º, XXXV: *"a lei não excluirá da apreciação do Poder Judiciário lesão ou ameaça a direito".* Tal norma não constou das Constituições Federais de 1824, 1891, 1934, nem na de 1937. O princípio da proteção jurisdicional somente veio a ser inserido na CF/1946, cujo art. 141, § 4º, assim dispunha: *"a lei não poderá excluir da apreciação do Poder Judiciário qualquer lesão de direito individual".* O texto normativo do qual se constrói esse princípio repetiu-se no art. 150, § 4º, da CF/1967 e no art. 153, § 4º, da EC 1/1969. A CF/1988 repetiu o referido texto normativo, inserindo a expressão "ameaça a direito" e suprimindo a locução "direito *individual*". Com isso, restou evidente que a lei, além de não poder excluir *lesão*, não poderá igualmente excluir *ameaça a direito* da apreciação jurisdicional. A supressão do termo "direito *individual*" teve, ademais, a clara finalidade de destacar a proteção conferida aos direitos difusos e coletivos.

**49. Destinatários do dispositivo.** A disposição dirige-se ao legislador e ao juiz. O dispositivo dirige-se ao legislador, proibindo-o de editar regra jurídica que permita a indiscutibilidade de decisão proferida em processo administrativo ou de ato praticado em inquérito, de modo a excluir a revisão da questão pelo Poder Judiciário. A lei não pode excluir da apreciação judicial as próprias leis ou quaisquer outras regras jurídicas, nem a defesa dos direitos individuais e coletivos que se fundem em normas constitucionais ou infraconstitucionais. De igual modo, o dispositivo destina-se ao juiz, sendo-lhe vedada a possibilidade de se eximir de responder ao pedido de tutela jurisdicional.

**50. Princípio da inafastabilidade do controle jurisdicional.** Do texto do dispositivo constrói-se o princípio da inafastabilidade do controle jurisdicional, que ostenta o significado exposto no item 3. É possível que o legislador não tenha imaginado determinado problema que se apresente, não estabelecendo a técnica processual adequada à sua solução. Nesse caso, cabe ao juiz encontrar a técnica processual idônea à proteção do direito material. A garantia da inafastabilidade do controle jurisdicional reclama sejam conferidos poderes ao juiz para suprir a omissão legislativa e conferir a devida proteção judicial. Não é sem razão que o art. 536 contém uma cláusula geral, permitindo que o juiz, ao aplicar seu § 1º, estabeleça a medida coercitiva adequada e suficiente à satisfação do direito

9

material. Tal poder é igualmente conferido ao juiz pelo art. 497.

**51. Princípio da inafastabilidade do controle jurisdicional e juízo de admissibilidade do processo.** A existência de requisitos de validade para o ajuizamento de uma demanda e para a prática dos demais atos processuais não se revela incompatível com o princípio da inafastabilidade do controle jurisdicional. Segundo o STF, *"As garantias constitucionais do direito de petição e da inafastabilidade da apreciação do Poder Judiciário, quando se trata de lesão ou ameaça a direito, reclamam, para o seu exercício, a observância do que preceitua o direito processual (art. 5º, XXXIV, a, e XXXV, da CF/1988)"* (STF, Pleno, Pet 4.556 AgR, rel. Min. Eros Grau, *DJe* 21.8.2009).

**52. Princípio do livre acesso à justiça.** Do dispositivo também se constrói o princípio do livre acesso à justiça. O acesso à justiça deve ser garantido, inclusive com a desoneração dos custos e despesas para os que não dispõem de recursos financeiros suficientes para sua cobertura. O custo do processo não deve, enfim, impedir o acesso às vias judiciais. O direito de ação é garantido, não apenas com a remoção de obstáculos financeiros, mas com a instituição de técnicas processuais adequadas à satisfação do alegado direito material.

**53. Propositura de demanda judicial e renúncia da via administrativa.** *"O direito constitucional de petição e o princípio da legalidade não implicam a necessidade de esgotamento da via administrativa para discussão judicial da validade de crédito inscrito em Dívida Ativa da Fazenda Pública. É constitucional o art. 38, parágrafo único, da Lei 6.830/1980 (Lei da Execução Fiscal – LEF), que dispõe que 'a propositura, pelo contribuinte, da ação prevista neste artigo [ações destinadas à discussão judicial da validade de crédito inscrito em dívida ativa] importa em renúncia ao poder de recorrer na esfera administrativa e desistência do recurso acaso interposto'"* (STF, Pleno, RE 233.582, rel. p/ ac. Min. Joaquim Barbosa, *DJe* 16.5.2008).

**54. Prejudicialidade da via administrativa pela propositura de demanda judicial.** *"(...) o ingresso na via judicial implica na impossibilidade da discussão do caso na esfera administrativa"* (STF, 1ª Turma, AI 258.703 AgR, rel. Min. Dias Toffoli, *DJe* 26.8.2011).

**55. Controle jurisdicional do mérito administrativo.** *".... o controle do Poder Judiciário em relação aos processos administrativos disciplinares, restringe-se ao exame do efetivo respeito aos princípios do contraditório, da ampla defesa e do devido processo legal, sendo vedado adentrar o mérito administrativo."* (STJ, 2ª Turma, RMS 69.971/BA, rel. Min. Herman Benjamin, *DJe* 28.3.2023).

**56. Princípio da efetividade.** O texto do dispositivo permite que dele se construa também a existência do princípio da efetividade. O direito de acesso à justiça não se concretiza apenas na facilitação do próprio acesso, mas na viabilização de uma solução eficiente, com a adoção das técnicas próprias à satisfação do direito material afirmado em juízo. Em razão da efetividade, deve-se perseguir a implementação prática das resoluções judiciais, com a necessidade de uma dogmática processual voltada para um processo de resultados concretos. É preciso haver instrumentos destinados a uma maior efetividade.

**57. Os *ADRs* e o sistema de justiça multiportas.** Costumam-se chamar de "meios alternativos de resolução de conflitos" a mediação, a conciliação e a arbitragem (*Alternative Dispute Resolution – ADR*). Estudos mais recentes demonstram que tais meios não seriam "alternativos", mas sim *integrados*, formando um modelo de sistema de justiça *multiportas*. Para cada tipo de controvérsia, seria adequada uma forma de solução, de modo que há casos em que a melhor solução há de ser obtida pela mediação, enquanto outros, pela conciliação, outros, pela arbitragem e, finalmente, os que se resolveriam pela decisão do juiz estatal. Há casos, então, em que o meio *alternativo* é que seria o da justiça estatal. A expressão *multiportas* decorre de uma metáfora: seria como se houvesse, no átrio do fórum, várias portas; a depender do problema apresentado, as partes seriam encaminhadas para a porta da mediação, ou da conciliação, ou da arbitragem, ou da própria justiça estatal.

**58. Arbitragem.** O dispositivo prevê que a arbitragem é permitida, na forma da lei. A arbitragem está atualmente prevista e regulada na Lei 9.307/1996. Tal diploma legal continua a reger a arbitragem. O processo arbitral submete-se a um microssistema jurídico, previsto naquela lei.

**59. Natureza jurisdicional da arbitragem.** Há, tradicionalmente, duas correntes doutrinárias: uma, considerando a arbitragem meio privado e alternativo de solução de controvérsias, enquanto a outra lhe atribui natureza jurisdicional. Prevalece o entendimento de que arbitragem ostenta cariz jurisdicional. É certo que o árbitro não tem poder de império, não podendo executar suas próprias sentenças. Essa circunstância – que, para alguns, afastaria a natureza jurisdicional da arbitragem – não lhe

## LIVRO I · DAS NORMAS PROCESSUAIS CIVIS — Art. 3º

retira a condição de atividade jurisdicional. Para o entendimento majoritário, deve-se distinguir o poder jurisdicional do poder de império, por ser possível que alguém disponha de jurisdição, embora despido do *imperium*. O árbitro é, pela legislação brasileira, juiz de direito e de fato, estando submetido às regras de impedimento e suspeição e estando equiparado aos servidores públicos para efeitos penais. É desnecessária a homologação judicial da sentença arbitral, que produz efeitos imediatamente. A sentença arbitral é título executivo judicial. As sentenças arbitrais estrangeiras podem ser reconhecidas e executadas. A sentença arbitral torna-se imutável e indiscutível pela coisa julgada material. Poderá ser invalidada, mas, decorrido o prazo de noventa dias para a ação anulatória, a coisa julgada torna-se soberana. Exatamente por causa disso tudo, a arbitragem ostenta natureza jurisdicional. Trata-se de jurisdição exercida por particulares, com autorização do Estado e em decorrência do exercício do direito fundamental de autorregramento da vontade.

**60. Natureza jurisdicional da arbitragem.** *"A atividade desenvolvida no âmbito da arbitragem tem natureza jurisdicional, sendo possível a existência de conflito de competência entre juízo estatal e câmara arbitral"* (STJ, 2ª Seção, CC 111.230/DF, rel. Min. Nancy Andrighi, *DJe* 3.4.2014).

**61. A arbitragem e o princípio da inafastabilidade do controle jurisdicional.** Em razão do art. 5º, XXXV, da CF, já se cogitou se a arbitragem não seria inconstitucional, pois estaria afastando da apreciação do Poder Judiciário a apreciação de determinada disputa entre duas partes. Ao apreciar determinado pedido de homologação de sentença arbitral estrangeira, o STF deparou-se com a necessidade de manifestar-se sobre a constitucionalidade da arbitragem, concluindo pela ausência de inconstitucionalidade. Segundo entendeu, não há inconstitucionalidade, pois a arbitragem é voluntária e decorre da livre manifestação de vontade de pessoas capazes em relação a direitos patrimoniais disponíveis (STF, Pleno, SE 5.206 AgR, rel. Min. Sepúlveda Pertence, *DJ* 30.4.2004, p. 29). A arbitragem, enfim, somente é constitucional, se for voluntária. Sendo obrigatória, ou seja, caso a lei imponha a arbitragem, será inconstitucional, por ofensa ao art. 5º, XXXV, da CF. Esta é a conclusão que se extrai do entendimento do STF, secundada pela maioria da doutrina brasileira.

**62. Regramentos da arbitragem.** *"Na linha da pacífica e atual jurisprudência desta Corte Superior, observa-se que, com a promulgação da Lei de Arbitragem, passaram a conviver, em* harmonia, *três regramentos de diferentes graus de especificidade: (I) a regra geral, que obriga a observância da arbitragem quando pactuada pelas partes; (II) a regra específica, aplicável a contratos de adesão genéricos, que restringe a eficácia da cláusula compromissória; e (III) a regra ainda mais específica, incidente sobre contratos sujeitos ao CDC, sejam eles de adesão ou não, impondo a nulidade de cláusula que determine a utilização compulsória da arbitragem, ainda que satisfeitos os requisitos do art. 4º, § 2º, da Lei nº 9.307/96"* (STJ, 2ª Seção. EREsp 1.636.889/MG, rel. Min. Nancy Andrighi, *DJe* 14.8.2023).

**63. Impossibilidade de arbitragem compulsória.** A MP 2.221/2001, inseriu um art. 30-F à Lei 4.591/1964, para impor arbitragem obrigatória aos litígios decorrentes de contratos de incorporação imobiliária. Em virtude da forte resistência da comunidade jurídica e do alta risco da proclamação de inconstitucionalidade, tal dispositivo veio a ser revogado expressamente pela Lei 10.931/2004. Só se admite, enfim, a arbitragem voluntária, sendo inconstitucional a obrigatória.

**64. Nulidade da cláusula compromissória em contrato de consumo.** *"É nula a cláusula de contrato de consumo que determina a utilização compulsória da arbitragem. 4. O ajuizamento, pelo consumidor, de ação perante o Poder Judiciário caracteriza a sua discordância em submeter-se ao juízo arbitral, não podendo prevalecer a cláusula que impõe a sua utilização"* (STJ, 2ª Seção, EREsp 1.636.889/MG, rel. Min. Nancy Andrighi, *DJe* 14.8.2023).

**65. Efeitos da convenção de arbitragem.** *"Como método alternativo de solução de litígios, o estabelecimento da convenção de arbitragem produz, de imediato, dois efeitos bem definidos. O primeiro, positivo, consiste na submissão das partes à via arbitral, para solver eventuais controvérsias advindas da relação contratual subjacente (em se tratando de cláusula compromissória). O segundo, negativo, refere-se à subtração do Poder Judiciário em conhecer do conflito de interesses que as partes, com esteio no princípio da autonomia da vontade, tenham reservado ao julgamento dos árbitros"* (STJ, 3ª Turma, REsp 1.699.855/RS, rel. Min. Marco Aurélio Bellizze, *DJe* 8.6.2021).

**66. Política pública de estímulo à solução consensual dos conflitos.** O § 2º do art. 3º constitui exemplo de legislação simbólica, enunciando uma declaração legal de instituição de uma política pública. O dispositivo ratifica a Resolução 125/2010, do CNJ, segundo a qual cabe aos órgãos judiciários oferecer mecanismos de solução de controvérsias, em especial os chamados meios consensuais, como a mediação e conciliação, além de prestar atendimento e orientação ao cidadão. Na implementação dessa política judiciária nacional, serão observadas a centralização das estruturas judiciárias, a adequada formação e treinamento de servidores, conciliadores e mediadores, bem como o acompanhamento estatístico específico. O CNJ auxiliará os tribunais na organização dos serviços de mediação e conciliação, podendo ser firmadas parcerias com entidades públicas e privadas. A política nacional instituída por essa resolução procura conferir tratamento adequado aos conflitos de interesses no âmbito do Poder Judiciário, preocupando-se com a qualidade dos serviços a serem oferecidos. Daí por que há regras explícitas sobre a capacitação dos mediadores e conciliadores. A disciplina contida na Resolução 125/2010 do CNJ denota que a conciliação e mediação devem ser organizadas com a finalidade não de solucionar a crise de morosidade da Justiça, mas como um método para se dar tratamento mais adequado aos conflitos de interesses que ocorrem na sociedade. Tais meios são *adequados* para solução de controvérsias. O problema é que, tradicionalmente, estabeleceu-se, no Brasil, um *excesso de litigância* ou uma *judicialização dos conflitos*, acarretando uma quantidade avassaladora de processos instaurados perante o Poder Judiciário. Só que, muitas vezes, a solução adjudicada pelo juiz estatal não é a mais adequada, com resultados insatisfatórios. É preciso estimular e orientar as pessoas a resolverem, por si próprias, seus conflitos, devendo o Judiciário, em algumas hipóteses, ser o meio *alternativo*.

**67. Princípio do estímulo da solução por autocomposição.** O § 2º do art. 3º dispõe que "*o Estado promoverá, sempre que possível, a solução consensual dos conflitos*". É possível construir daí a existência de um princípio do estímulo da solução por autocomposição, a orientar a atividade estatal na solução das disputas. Nem sempre será possível ou adequada a solução consensual. Daí o texto normativo valer-se da expressão "sempre que possível". Sendo possível, adequada ou recomendável, cumpre construir regras que contribuam para a obtenção da autocomposição.

**68. Regras que reforçam o objetivo de se buscar a melhor e mais adequada solução do conflito.** Embora sirva para regular a solução jurisdicional do conflito, o CPC reforça a necessidade de se buscar a melhor e a mais adequada solução do conflito, que pode não ser necessariamente obtida pela decisão judicial. A partir do princípio do estímulo à solução por autocomposição, foram estruturadas regras que contribuem para a consecução de tal finalidade. Há, então, um capítulo inteiro sobre a mediação e a conciliação (arts. 165 a 175), em cujo âmbito estimula-se a autocomposição no âmbito da própria Administração Pública, com a previsão de instalação de câmaras administrativas de conciliação (art. 174). Ademais, o procedimento comum foi estruturado de modo a conter uma etapa inicial destinada à tentativa de autocomposição (arts. 334 e 695). Permitem-se os negócios processuais atípicos (art. 190), bem como a homologação judicial de acordo extrajudicial de qualquer natureza (art. 515, III; art. 725, VIII) e, bem ainda, que se inclua, no acordo judicial, matéria estranha ao objeto litigioso do processo (art. 515, § 2º).

**69. Dever de estímulo à solução consensual do conflito.** O § 3º do art. 3º é uma norma promocional, aplicando-se tanto no âmbito judicial, como no extrajudicial. Caberá aos magistrados, advogados e membros do MP, inclusive no curso do processo judicial, estimular o uso da conciliação, mediação e demais mecanismos consensuais de resolução de conflitos (a exemplo da negociação direta), sendo dever do Estado promover a solução consensual dos conflitos. O Estado deverá *promover* o uso das *ADRs* e os profissionais da área jurídica deverão *estimular* o seu uso. Isso inclui um esforço de capacitação de pessoal, criação de estrutura física, esclarecimento da população e treinamento dos servidores e dos profissionais do meio jurídico em geral. Não apenas estimula o uso da *ADR* em âmbito judicial, mas também no âmbito extrajudicial, devendo ser conjugado com o art. 174, que estabelece que a União, os Estados, o Distrito Federal e os Municípios deverão criar câmaras de mediação e conciliação, com atribuições relacionadas à solução consensual de conflitos no âmbito administrativo. Assim, há a construção de um verdadeiro sistema de resolução de disputas, composto pelo Poder Judiciário e por instituições públicas e privadas dedicadas ao desenvolvimento de mediação, conciliação e arbitragem. Por outro lado, abrem-se novas possibilidades de atuação para as profissões jurídicas: os advogados e defensores públicos terão de oferecer aos seus clientes *opções* e *caminhos* possíveis para a solução do seu conflito, dentro do dever profissional de esclarecimento. A regra harmoniza-se com o disposto no arts. 139, V, 359 e 784, IV, todos deste CPC, bem como com o art. 2º, parágrafo único, VI, do Código de Ética da OAB e com o art. 4º, II, da LC 80, de 1994. Com efeito, o art. 139, V, reafirma o dever de estímulo à solução consensual, ao impor ao juiz a promoção, a qualquer tempo, da auto-composição, preferencialmente com auxílio de conciliadores e mediadores. O art. 784, IV, por sua vez, atribui a natureza de título executivo extrajudicial ao instrumento de acordo celebrado pelo Ministério Público, pela Defensoria Pública, pela Advocacia Pública, pelos advogados dos transatores ou por conciliador ou mediador credenciado pelo tribunal. Já o art. 2º, parágrafo único, V, do Código de Ética e Disciplina da OAB impõe ao advogado o dever ético de *"estimular a conciliação entre os litigantes, prevenindo, sempre que possível, a instauração de litígios".* É função institucional da Defensoria Pública, nos termos do art. 4º, II, da LC 80/1994, a promoção, em caráter prioritário, da solução extrajudicial dos litígios, visando à composição entre as pessoas em conflito de interesses, por meio de mediação, conciliação, arbitragem e demais técnicas de composição e administração de conflitos.

> **Art. 4º** As partes têm o direito de obter em prazo razoável a solução integral do mérito, incluída a atividade satisfativa.

▶ **1.** Sem correspondência no CPC/1973.

### ⚖ LEGISLAÇÃO CORRELATA

**2. CF, art. 5º, LXXVIII.** *"Art. 5º (...) LXXVIII – a todos, no âmbito judicial e administrativo, são assegurados a duração razoável do processo e os meios que garantam a celeridade de sua tramitação."*

### ⚖ JURISPRUDÊNCIA, ENUNCIADOS E SÚMULAS CORRESPONDENTES

- **3. Enunciado 278 do FPPC.** *"O CPC adota como princípio a sanabilidade dos atos processuais defeituosos."*
- **4. Enunciado 292 do FPPC.** *"Antes de indeferir a petição inicial, o juiz deve aplicar o disposto no art. 321."*
- **5. Enunciado 372 do FPPC.** *"O art. 4º tem aplicação em todas as fases e em todos os tipos de procedimento, inclusive em incidentes processuais e na instância recursal, impondo ao órgão jurisdicional viabilizar o saneamento de vícios para examinar o mérito, sempre que seja possível sua correção."*
- **6. Enunciado 373 do FPPC.** *"As partes devem cooperar entre si; devem atuar com ética e lealdade, agindo de modo a evitar a ocorrência de vícios que extingam o processo sem resolução*

*do mérito e cumprindo com deveres mútuos de esclarecimento e transparência."*
- **7. Enunciado 386 do FPPC.** *"A limitação do litisconsórcio facultativo multitudinário acarreta o desmembramento do processo."*
- **8. Enunciado 387 do FPPC.** *"A limitação do litisconsórcio multitudinário não é causa de extinção do processo."*
- **9. Enunciado 574 do FPPC.** *"A identificação de vício processual após a entrada em vigor do CPC de 2015 gera para o juiz o dever de oportunizar a regularização do vício, ainda que ele seja anterior."*
- **10. Enunciado 666 do FPPC.** *"O processo coletivo não deve ser extinto por falta de legitimidade quando um legitimado adequado assumir o polo ativo ou passivo da demanda."*
- **11. Enunciado 112 do FNPP.** *"É possível restringir a individualização do cumprimento de sentença em ações coletivas, nos casos em que se discutem direitos individuais homogêneos, quando os substituídos em ação coletiva são previamente identificados ou facilmente identificáveis, evitando-se decisões contraditórias."*

### 🗒 COMENTÁRIOS TEMÁTICOS

**12. Princípio da duração razoável do processo.** O dispositivo reproduz a previsão de que o processo deve ter duração razoável. Significa que um processo somente pode ser qualificado de devido, justo ou équo, se ostentar uma razoável duração. Aliás, passou a ser comum – tornando-se mesmo um *slogan* – dizer que um processo excessivamente demorado é um processo injusto, indevido, que não atende aos anseios do jurisdicionado, nem ao interesse público. O juiz e as partes, para que se atenda à exigência de duração razoável do processo, devem evitar e eliminar as dilações indevidas no curso do procedimento em contraditório, deixando de praticar atos inúteis, impertinentes e desnecessários. A necessidade de eliminar as dilações indevidas decorre do próprio devido processo legal, que garante um processo justo e efetivo. Em virtude de previsões contidas em convenções internacionais, as Constituições de vários países já preveem, expressamente, o princípio da duração razoável dos processos ou o princípio do processo sem dilações indevidas. O que se revelava implícito na cláusula do *due process of law* passou a figurar como texto explícito em vários diplomas constitucionais. Tal princípio tem em mira, substancialmente, a racionalização técnica dos mecanismos processuais e, igualmente, a economia da política judiciária, razão pela qual se impõe a adoção de meios (normativos ou instrumentais) que sejam oportunamente capazes de assegurar a máxima economia possível de atos, de recursos e de energia no exercício de direitos, poderes e deveres não somente no desenvolvimento do processo, mas também na administração da justiça. A duração razoável não significa celeridade, nem rapidez do processo. O processo há de ser adequado ao caso, com a realização de todos os atos necessários e suficientes à melhor solução possível. A depender do caso, é possível que haja uma demora maior, em respeito ao contraditório e às demais garantias fundamentais do processo. O importante é que não haja dilações indevidas. A duração do processo deve ser *razoável*, e não rápida, expedita, célere, urgente. É preciso ajustar o procedimento às peculiaridades do caso, mantendo sua duração *razoável*, ou seja, adequada e compatível com a complexidade do caso. Não é razoável que um caso simples tenha a mesma duração que um caso complexo.

**13. Duração razoável em causas repetitivas: precedentes.** A litigância de massa é uma realidade dos tempos atuais. É preciso adaptar as regras processuais a essa realidade, com a criação de mecanismos específicos que permitam um tratamento conjunto dos processos, bem como conceber instrumentos que possibilitem um tratamento diferencial de demandas repetitivas, de acordo com suas características. O CPC prevê o julgamento de casos repetitivos mediante *(a)* os RE e REsp repetitivos e *(b)* o IRDR (art. 928). Tais mecanismos acarretam a suspensão de todos os casos repetitivos até que seja fixada a tese pelo tribunal competente. Fixada a tese, todos os casos devem receber tratamento uniforme, simplificando, agilizando e uniformizando os julgamentos. As técnicas de aplicação de precedentes constituem, no tratamento das causas repetitivas, fator de duração razoável do processo. É preciso, para isso, que os órgãos jurisdicionais cumpram com os deveres de uniformidade, estabilidade, coerência e integridade (art. 926).

**14. Princípio da primazia do julgamento do mérito.** O texto do dispositivo estabelece que as partes têm direito de obter em prazo razoável "a solução integral do mérito". Além do princípio da duração razoável, pode-se construir do texto normativo também o princípio da primazia do julgamento do mérito, valendo dizer que as regras processuais que regem o processo civil brasileiro devem balizar-se pela preferência, pela precedência, pela prioridade, pelo primado da

análise ou do julgamento do mérito. O juiz deve, sempre que possível, superar os vícios, estimulando, viabilizando e permitindo sua correção ou sanação, a fim de que possa efetivamente examinar o mérito e resolver o conflito posto pelas partes. O princípio da primazia do exame do mérito abrange a instrumentalidade das formas, estimulando a correção ou sanação de vícios, bem como o aproveitamento dos atos processuais, com a colaboração mútua das partes e do juiz para que se viabilize a apreciação do mérito.

**15. Princípio da primazia do julgamento do mérito, o princípio da cooperação e o dever de prevenção.** A decisão de mérito a ser proferida no processo deve ser fruto de uma comunidade de trabalho entre o juiz e as partes, justamente porque, nos termos do art. 6º, *"todos os sujeitos do processo devem cooperar entre si para que se obtenha, em tempo razoável, decisão de mérito justa e efetiva"*. O processo deve ser cooperativo ou comparticipativo. Várias regras processuais são condições de aplicação do princípio da cooperação, entre as quais as que exigem o atendimento de deveres pelas partes e, igualmente, pelo juiz. Um dos deveres que se atribui ao juiz é o de *prevenção*, consistente no convite ao aperfeiçoamento pelas partes de suas petições ou alegações. O juiz deve prevenir as partes de eventuais vícios, defeitos, incorreções para que sejam sanados, a fim de possibilitar o exame do mérito e a solução da disputa posta ao seu crivo.

**16. Regras inspiradas no princípio da primazia do julgamento do mérito.** Há várias disposições espalhadas pelo CPC que consistem em condições de aplicação do princípio da precedência do julgamento do mérito. O juiz deve aplicá-las, a fim de viabilizar, tanto quanto possível, o exame do mérito, concretizando o dever de prevenção, decorrente do princípio da cooperação. Com efeito, incumbe ao juiz, de acordo com o art. 139, IX, *"determinar o suprimento de pressupostos processuais e o saneamento de outros vícios processuais"*. Segundo disposto no § 2º do art. 282, *"quando puder decidir o mérito a favor da parte a quem aproveite a decretação da nulidade, o juiz não a pronunciará nem mandará repetir o ato ou suprir-lhe a falta"*. Nos termos do art. 317, *"Antes de proferir decisão sem resolução de mérito, o juiz deverá conceder à parte oportunidade para, se possível, corrigir o vício"*. Nesse mesmo sentido, o § 2º do art. 319 dispõe que *"A petição inicial não será indeferida se, a despeito da falta de informações a que se refere o inciso II, for possível a citação do réu"*. Também nesse mesmo sentido, o art. 321 determina seja

**LIVRO I · DAS NORMAS PROCESSUAIS CIVIS** **Art. 4º**

ordenada a intimação do autor para emendar a petição inicial, corrigindo-lhe os defeitos e evitando-se, assim, o se indeferimento. O art. 338 permite a correção da ilegitimidade passiva *ad causam* alegada pelo réu na contestação. Já o art. 352 assim dispõe: *"verificando a existência de irregularidades ou de vícios sanáveis, o juiz determinará sua correção em prazo nunca superior a 30 (trinta) dias"*. O juiz deve, nos termos do § 1º do art. 485, determinar a intimação da parte para praticar os atos ou diligências que lhe cabe, evitando, assim, a extinção do processo sem resolução do mérito. Extinto o processo sem resolução do mérito, a apelação interposta pelo autor confere ao juiz o poder de retratar-se em cinco dias (art. 485, § 7º), com vistas ao exame do mérito. De acordo com o art. 488, *"Desde que possível, o juiz resolverá o mérito sempre que a decisão for favorável à parte a quem aproveitaria o pronunciamento nos termos do art. 485"*. No tribunal, o relator, antes de considerar inadmissível o recurso, concederá prazo de cinco dias ao recorrente para que seja sanado o vício ou complementada a documentação exigível (art. 932, parágrafo único). Também no tribunal, sendo constatada a ocorrência de vício sanável, inclusive o que possa ser conhecido de ofício, o relator determinará, nos termos do § 1º do art. 938, a realização ou a renovação do ato processual, no próprio tribunal ou em primeiro grau; cumprida a diligência, prossegue-se, sempre que possível, no julgamento do recurso. Postulada a rescisão de decisão substituída por decisão posterior, o autor será intimado para emendar a petição inicial, a fim de adequar o objeto da ação rescisória, daí se seguindo decisão de reconhecimento da incompetência do tribunal, com remessa dos autos ao tribunal competente para julgá-la (art. 968, § 5º, II). Tanto a insuficiência quanto a ausência do preparo não implicam deserção imediata, devendo a parte ser intimada para suprir ou efetuar seu recolhimento (art. 1.007, §§ 2º e 4º). Mesmo sendo caso de nulidade da sentença, o tribunal deve, se a causa estiver em condições de imediato julgamento, decidir desde logo o mérito (art. 1.013, § 3º, II e IV). O STF e o STJ poderão desconsiderar vício formal de recurso tempestivo ou determinar sua correção, desde que não o repute grave (art. 1.029, § 3º). Se o REsp versar sobre questão constitucional, o STJ, em vez de inadmiti-lo, deverá intimar o recorrente para que o adapte a RE, remetendo-o, em seguida, ao STF (art. 1.032). Por sua vez, se o STF considerar como reflexa a ofensa à Constituição afirmada no RE, haverá de remetê-lo ao STJ para que o julgue como REsp (art.

1.033). Todos esses são exemplos de regras que concretizam o princípio da precedência do julgamento do mérito.

**17. Princípio da efetividade.** O texto normativo contido no art. 4º também reforça a aplicação do princípio da efetividade, ao afirmar que as partes têm direito à solução integral do mérito, incluída a atividade satisfativa. Não basta que se profira uma sentença de mérito. É preciso que o direito, além de reconhecido, seja satisfeito, efetivado, cumprido. É preciso, enfim, que haja a efetiva entrega da prestação jurisdicional, com a implementação das medidas adequadas à plena satisfação do direito reconhecido.

**18. Direito fundamental à execução da sentença.** A atividade satisfativa deve ser compreendida como parcela indissociável do direito à tutela jurisdicional, pelo que se fortifica a concepção de que a execução de sentença é um direito fundamental. De nada adianta a mera certificação de uma situação jurídica de vantagem se ela não é efetivada na prestação jurisdicional. Nos casos de obrigações é pagar quantia, é apenas na fase de cumprimento que o credor conseguirá a tutela que buscou ao provocar a atividade jurisdicional. Por isso mesmo, o direito fundamental à efetividade alcança a execução de sentença, que deve ser prestada em tempo razoável. Deve-se reconhecer, como particularidade do direito fundamental à tutela jurisdicional, o direito fundamental à tutela executiva, o que gera reflexos na atuação do juiz: *(i)* os dispositivos normativos devem ser interpretados de modo a garantir a maior efetividade possível à execução, desde que respeitados outros direitos fundamentais; *(ii)* normas que imponham restrições excessivas à execução são inconstitucionais; *(iii)* quando inexistir normas que disciplinem a efetiva tutela executiva, ou quando as normas postas forem insuficientes, o magistrado deve tutelar a situação adequadamente, construindo norma consentânea com o princípio do acesso à justiça.

**19. Primazia do julgamento de mérito nos Tribunais Superiores.** *"Nos termos de precedente turmário, entretanto, em que vencida esta Relatora, é possível superar a análise dos pressupostos extrínsecos de admissibilidade dos recursos para enfrentar questões de fundo, em relação às quais exista tese de repercussão geral firmada por esta Suprema Corte, em observância ao princípio da primazia da solução de mérito (art. 4º do CPC)"* (STF, 1ª Turma, Rcl 37.643 AgR-segundo, rel. Min. Rosa Weber, *DJe* 06.12.2021).

**Art. 5º** Aquele que de qualquer forma participa do processo deve comportar-se de acordo com a boa-fé.

▶ **1. Correspondência no CPC/1973.** *"Art. 14. São deveres das partes e de todos aqueles que de qualquer forma participem do processo: (...) II – proceder com lealdade e boa-fé."*

## ⚖ Jurisprudência, Enunciados e Súmulas Selecionados

- **2. Enunciado 6 do FPPC.** *"O negócio jurídico processual não pode afastar os deveres inerentes à boa-fé e à cooperação."*
- **3. Enunciado 286 do FPPC.** *"Aplica-se o § 2º do art. 322 à interpretação de todos os atos postulatórios, inclusive da contestação e do recurso."*
- **4. Enunciado 374 do FPPC.** *"O art. 5º prevê a boa-fé objetiva."*
- **5. Enunciado 375 do FPPC.** *"O órgão jurisdicional também deve comportar-se de acordo com a boa-fé objetiva."*
- **6. Enunciado 376 do FPPC.** *"A vedação do comportamento contraditório aplica-se ao órgão jurisdicional."*
- **7. Enunciado 377 do FPPC.** *"A boa-fé objetiva impede que o julgador profira, sem motivar a alteração, decisões diferentes sobre uma mesma questão de direito aplicável às situações de fato análogas, ainda que em processos distintos."*
- **8. Enunciado 378 do FPPC.** *"A boa-fé processual orienta a interpretação da postulação e da sentença, permite a reprimenda do abuso de direito processual e das condutas dolosas de todos os sujeitos processuais e veda seus comportamentos contraditórios."*
- **9. Enunciado 407 do FPPC.** *"Nos negócios processuais, as partes e o juiz são obrigados a guardar nas tratativas, na conclusão e na execução do negócio o princípio da boa-fé."*
- **10. Enunciado 6 da I Jornada-CJF.** *"A verificação da violação à boa-fé objetiva dispensa a comprovação do animus do sujeito processual."*
- **11. Enunciado 170 da III Jornada-CJF.** *"A caracterização do abuso processual pode ocorrer por comportamentos ocorridos em único processo ou a partir de um conjunto de atos em inúmeros processos."*
- **12. Enunciado 62 do FNPP.** *"Enseja a condenação por litigância de má-fé do art. 81, CPC, a conduta da parte que apresenta, em processo judicial, documento relevante e pré-existente à causa, omitido durante a tramitação do processo administrativo fiscal."*

## 🗐 Comentários Temáticos

**13. Boa-fé.** É antiga a influência da boa-fé na formação dos institutos jurídicos. A boa-fé contém várias significações na dogmática jurídica. Algumas vezes, pode ser um estado subjetivo resultante do conhecimento de certas circunstâncias, podendo, outras vezes, referir-se à aquisição de determinados direitos, como o de perceber frutos.

**14. Boa-fé subjetiva e boa-fé objetiva.** Tradicionalmente, a boa-fé era examinada no seu aspecto subjetivo, relacionado com a *intenção* dos sujeitos de direito. A análise feita sobre a boa-fé tinha por base o psiquismo do sujeito que praticasse o ato jurídico, investigando-se sua consciência e vontade de praticar um ato contrário ao direito. Essa, contudo, consiste na chamada boa-fé *subjetiva*, também conhecida como *boa-fé crença*, fundada no voluntarismo e no individualismo, sendo contraposta à má-fé. Mais recentemente, a boa-fé passou também a ser considerada no aspecto *objetivo*, preocupando-se com o *comportamento* dos sujeitos de direito, evolvendo a prática de condutas probas, adequadas, coerentes, sem contradição, com um conteúdo ético mais acentuado. A boa-fé *objetiva* ou, simplesmente, *boa-fé lealdade*, relaciona-se com a lealdade, honestidade e probidade com a qual a pessoa mantém em seu comportamento. A boa-fé subjetiva é, enfim, uma qualidade reportada ao sujeito, opondo-se à boa-fé objetiva que traduz uma regra de comportamento.

**15. Princípio da boa-fé.** A boa-fé objetiva é considerada como norma, sendo, mais propriamente, um princípio. Em razão do princípio da boa-fé, a conduta há de ser coerente, e não contraditória, exigindo-se um conteúdo mais ético que evite a frustração de expectativas legítimas. Tal análise confinou-se, num momento inicial, no âmbito do direito privado, espraiando-se para o direito público, justamente porque a Administração Pública, de qualquer dos poderes, deve pautar-se pelo princípio da moralidade (CF, art. 37), que envolve a prática de condutas probas, adequadas, coerentes, sem contradição. A atividade administrativa há de se realizar por condutas com um conteúdo ético mais acentuado, não sendo compatível com a conduta contraditória, de modo a ser necessária a repressão ao *venire contra factum proprium*.

**16. Funções da boa-fé objetiva.** É conhecida a existência de três funções da boa-fé objetiva:

**LIVRO I · DAS NORMAS PROCESSUAIS CIVIS** **Art. 5º**

(a) função hermenêutica e integrativa; (b) função limitadora do exercício de direitos subjetivos; (c) função criadora de deveres jurídicos.

**17. Deveres secundários, anexos ou instrumentais.** A incidência do princípio da boa-fé, no direito obrigacional, fez surgir deveres secundários, anexos ou instrumentais, diversos do dever principal de cumprir a prestação. Alguns desses deveres perduram mesmo depois do adimplemento da obrigação principal. Os deveres anexos fundam-se na boa-fé. São deveres de indicação, de esclarecimento, de cooperação e de auxílio.

**18. Princípio da boa-fé processual.** Na esteira dos estudos desenvolvidos no âmbito do direito privado e ampliados para o direito público, deve-se considerar a boa-fé como norma a ser observada também no processo. É preciso que, no processo, haja a presença da boa-fé objetiva. Os sujeitos processuais devem atuar com lealdade e retidão, colaborando para a prolação, em tempo razoável, da decisão de mérito. Em razão da boa-fé objetiva, proíbe-se o comportamento contraditório, não se permitindo que o sujeito pratique um ato que contradiga uma conduta anterior.

**19. Fundamento constitucional do princípio da boa-fé processual.** O princípio da boa-fé processual tem fundamento constitucional. Para Brunela Vieira de Vicenzi, é o art. 3º, I, da CF, que estabelece como objetivo da República Federativa do Brasil a construção de uma sociedade livre, justa e solidária; do dever fundamental de solidariedade decorre o dever de agir com lealdade e não quebrar a confiança (*A boa-fé no processo civil.* São Paulo: Atlas, 2003. p. 163). Nelson Rosenvald entende que a boa-fé objetiva decorre da proteção constitucional à dignidade da pessoa humana, conferida pelo art. 1º, III, da CF (*Dignidade humana e boa-fé no Código Civil.* São Paulo: Saraiva, 2005. p. 186 e ss.). Para Menezes Cordeiro, agir de acordo com a boa-fé resulta do direito fundamental à igualdade (*Litigância de má-fé, abuso do direito de acção e culpa "in agendo".* Coimbra: Almedina, 2006. p. 51). Segundo Antonio do Passo Cabral, o fundamento da boa-fé processual é o princípio do contraditório (O contraditório como dever e a boa-fé processual objetiva. *Revista de Processo,* São Paulo, v. 126, p. 59-81, ago. 2005). Para o STF, o fundamento da boa-fé processual é o devido processo legal (STF, 2ª Turma, RE 464.963/GO, rel. Min. Gilmar Mendes, *DJ* 30.6.2006; STF, 2ª Turma, AI 529.733/RS, rel. Min. Gilmar Mendes, *DJ* 1º.12.2006 (MACÊDO, Lucas Buril de. A concretização direta da cláusula geral do devido processo legal processual no Supremo Tribunal

Federal e no Superior Tribunal de Justiça. *Revista de Processo,* São Paulo, v. 216, p. 395-396, fev. 2013). Para análise mais detalhada do tema: DIDIER JR., Fredie. *Fundamentos do princípio da cooperação no direito processual civil português.* Coimbra: Coimbra Editora, 2010. p. 86-90).

**20. Destinatários da norma.** A boa-fé é princípio direcionado a todos os sujeitos que de algum modo participem do processo. Não importa a qualidade do sujeito processual. Seja ele parcial, seja ele imparcial, deve respeitar a boa-fé, atuando com lealdade. Os deveres decorrentes da boa-fé objetiva devem ser observados por todos. Todos os que atuam no processo devem, enfim, observar o princípio da boa-fé, atuando com lealdade e com respeito à confiança legítima. Não somente as partes, mas também o juiz, o membro do Ministério Público, os auxiliares da justiça, enfim, todos devem atuar com boa-fé e lealdade processuais.

**21. Cláusula geral da boa-fé.** O disposto no art. 5º é uma *cláusula geral,* pois seu consequente normativo é indeterminado; cabe ao juiz ditar a consequência no caso concreto. "Boa-fé" é um exemplo de cláusula geral. O juiz vai construir a norma específica e *determinar* seu alcance no caso concreto, estabelecendo qual a consequência do seu descumprimento: invalidação do ato, sua desconsideração, imposição de uma multa ou outra sanção, enfim, a consequência será estabelecida, concretamente, pelo juiz.

**22. Aplicação da boa-fé e fundamentação adequada.** Quando o juiz aplica a boa-fé e estabelece seu consequente normativo, a decisão integra a norma jurídica abstrata. Nesse caso, a decisão constrói a norma concreta a partir da determinação ou concretização de conceito indeterminado contido no enunciado normativo. Para que esteja fundamentada, é preciso que o juiz explique o motivo concreto de sua incidência no caso. Não basta ao juiz dizer, por exemplo, que a situação está de acordo ou não com a boa-fé. Cumpre-lhe explicar o motivo concreto de haver ou não boa-fé. Na fundamentação da sentença, o juiz *especificará de que modo concretizou a boa-fé, sob pena de nulidade, por vício na motivação* (art. 489, § 1º, II).

**23. Boa-fé e interpretação.** O princípio da boa-fé desempenha uma função hermenêutica, servindo para interpretação de atos processuais. É por isso que a interpretação do pedido deve observar a boa-fé objetiva (art. 322, § 2º). De igual modo, a decisão deve ser interpretada em conformidade com o princípio da boa-fé (art. 489, § 3º). Além disso, o comportamento das partes, no processo ou fora dele, pode, de algum modo, influenciar o convencimento do juiz.

**24. Boa-fé e autonomia da vontade.** O comportamento leal, coerente e transparente, imposto pela boa-fé objetiva, deve ser observado em negócios celebrados em juízo. O princípio da boa-fé processual há de ser observado, não somente nos acordos ou transações sobre o objeto litigioso (art. 487, III, *b*), mas também nos negócios processuais (art. 190). Aplica-se o disposto no art. 422 do Código Civil.

**25. Boa-fé e proibição do *venire contra factum proprium*.** Do princípio da boa-fé deriva a vedação a comportamentos contraditórios, que consiste na chamada proibição do *venire contra factum proprium*. Não há uma proibição genérica a comportamentos contraditórios. É preciso que tenha havido uma conduta de um dos sujeitos que gerou, na mesma situação jurídica ou em situações jurídicas coligadas, uma expectativa legítima no outro sujeito, vindo tal expectativa a ser frustrada por uma segunda conduta. Esta última é, isoladamente considerada, lícita e conforme o direito, mas, uma vez ligada ao caso concreto, torna-se ilícita. Se esta última conduta contradiz à conduta anterior que causou expectativa legítima na parte contrária e lhe acarretou prejuízos, há de ser considerada ilícita. Há, no CPC, *venire contra factum proprium* quando a parte pede a invalidação de ato a cujo defeito deu causa (art. 276). Também constitui um *venire contra factum proprium*, "..., quando o juiz, indeferindo a produção de provas requerida, julga antecipadamente a lide, e a pretensão veiculada é considerada improcedente justamente porque a parte não comprovou suas alegações" (STJ, 1ª Turma, AgRg nos EDcl no REsp 1.136.780/SP, rel. Min. Luiz Fux, *DJe* 3.8.2010). Aplica-se também a proibição do *venire contra factum proprium* na vedação do recurso contra uma decisão que se aceitara (art. 1.000). Outro exemplo seria a impugnação da legitimidade ativa, já aceita em processo anterior.

**26. Vedação ao *venire contra factum proprium* no processo.** "*Em direito processual, é vedado às partes a adoção de comportamentos contraditórios (nemo venire contra factum proprium)*" (STJ, 6ª Turma, HC 206.706/RR, rel. Min. Og Fernandes, *DJe* 21.3.2012). "*A relação processual é pautada pelo princípio da boa-fé objetiva, da qual deriva o subprincípio da vedação do* venire contra factum proprium *(proibição de comportamentos contraditórios). Assim, diante de um tal comportamento sinuoso, não dado é reconhecer-se a nulidade*" (STJ, 6ª Turma, RHC

34.932/GO, rel. Min. Maria Thereza de Assis Moura, *DJe* 2.5.2014).

**27. *Venire contra factum proprium*.** "*Aplicação da 'teoria dos atos próprios', como concreção do princípio da boa-fé objetiva, sintetizada no brocardo latino 'venire contra factum proprium', segundo a qual ninguém é lícito pretender fazer valer um direito em contradição com a sua conduta anterior na mesma relação negocial*" (STJ, 3ª Turma, REsp 1.894.715/MS, rel. Min. Paulo de Tarso Sanseverino, *DJe* 20.11.2020).

**28. Comportamento contraditório: alteração do valor da causa após a sentença.** "*Se a parte autora indica, na petição inicial, valor da causa incompatível com o proveito econômico pretendido, não pode, após o acolhimento do pedido em sentença, postular a alteração da quantia por ela mesmo arbitrada, com o fim de majorar a base de cálculos de honorários de sucumbência, sob pena de lesão ao princípio da boa-fé processual, que veda comportamentos contraditórios.*" (STJ, 4ª Turma, AgInt no AREsp 1.901.349/GO, rel. Min. Raul Araújo, *DJe* 25.8.2023).

**29. Conteúdo da boa-fé.** O princípio da boa-fé processual é uma norma complexa, pois impõe a promoção de mais de um estado de coisas ao mesmo tempo: ele representa a combinação dos subprincípios da confiança e da lealdade.

**30. Confiança e lealdade.** A confiança, que se orienta para o futuro a partir da apreensão do presente, desempenha uma função de compreensão e redução da complexidade, pois restringe as possibilidades de ação do agente, exercendo influência sobre as suas decisões. Já a lealdade traduz um ideal de probidade processual; é a lealdade que veda o abuso de situações jurídicas processuais por desvio de finalidade. A configuração do denominado *abuso do processo* dá-se de maneira objetiva, sendo desnecessário perquirir o elemento subjetivo do agente. Também decorre da lealdade processual a proibição dos atos atentatórios à dignidade da justiça (*contempt of court*).

**31. Princípio da boa-fé e dever de lealdade.** O dever de lealdade é consequência do princípio da boa-fé processual. Tal dever é imputado a todos os sujeitos do processo. O órgão jurisdicional tem o dever de lealdade. As partes também. É por isso que as partes não podem litigar de má-fé (arts. 79 a 81).

**32. Boa-fé e proibição de abuso de direito processual.** O princípio da boa-fé proíbe o abuso de direito no processo. Daí o abuso do direito de recorrer ser hipótese de litigância de má-fé (art. 80, VII).

# LIVRO I · DAS NORMAS PROCESSUAIS CIVIS    Art. 6º

**33.** Boa-fé, expectativa legítima e admissão de recurso a partir de erro decorrente da manifestação do juiz. *"Segundo a jurisprudência desta Corte, é possível relevar o equívoco na interposição do recurso quando o jurisdicionado for induzido a erro pelo magistrado, aplicando-se o princípio da fungibilidade recursal. Precedentes. 2.1. Uma vez que o magistrado de piso proferiu decisão intitulada 'sentença', fazendo referência até mesmo ao 'trânsito em julgado' do ato jurisdicional, é cabível admitir o recurso de apelação como o competente agravo de instrumento"* (STJ, 4ª Turma, EDcl no AgInt no AREsp 1.593.214/SP, rel. Min. Marco Buzzi, *DJe* 16.12.2020).

**34.** Deveres decorrentes da boa-fé processual. Do princípio da boa-fé processual decorrem os deveres de cooperação entre os sujeitos do processo.

> **Art. 6º** Todos os sujeitos do processo devem cooperar entre si para que se obtenha, em tempo razoável, decisão de mérito justa e efetiva.

▶ **1.** Sem correspondência no CPC/1973.

## ⚖ Jurisprudência, Enunciados e Súmulas Selecionados

• **2.** Enunciado 6 do FPPC. *"O negócio jurídico processual não pode afastar os deveres inerentes à boa-fé e à cooperação."*

• **3.** Enunciado 106 do FPPC. *"Não se pode reconhecer a deserção do recurso, em processo trabalhista, quando houver recolhimento insuficiente das custas e do depósito recursal, ainda que ínfima a diferença, cabendo ao juiz determinar a sua complementação."*

• **4.** Enunciado 283 do FPPC. *"Aplicam-se os arts. 319, § 1º, 396 a 404 também quando o autor não dispuser de documentos indispensáveis à propositura da ação."*

• **5.** Enunciado 373 do FPPC. *"As partes devem cooperar entre si; devem atuar com ética e lealdade, agindo de modo a evitar a ocorrência de vícios que extingam o processo sem resolução do mérito e cumprindo com deveres mútuos de esclarecimento e transparência."*

• **6.** Enunciado 378 do FPPC. *"A boa-fé processual orienta a interpretação da postulação e da sentença, permite a reprimenda do abuso de direito processual e das condutas dolosas de todos os sujeitos processuais e veda seus comportamentos contraditórios."*

• **7.** Enunciado 433 do FPPC. *"Cabe à Administração Pública dar publicidade às suas orientações vinculantes, preferencialmente pela rede mundial de computadores."*

• **8.** Enunciado 518 do FPPC. *"Em caso de impossibilidade de obtenção ou de desconhecimento das informações relativas à qualificação da testemunha, a parte poderá requerer ao juiz providências necessárias para a sua obtenção, salvo em casos de inadmissibilidade da prova ou de abuso de direito."*

• **9.** Enunciado 519 do FPPC. *"Em caso de impossibilidade de obtenção ou de desconhecimento das informações relativas à qualificação da testemunha, a parte poderá requerer ao juiz providências necessárias para a sua obtenção, salvo em casos de inadmissibilidade da prova ou de abuso de direito."*

• **10.** Enunciado 550 do FPPC. *"A inexistência de repercussão geral da questão constitucional discutida no recurso extraordinário é vício insanável, não se aplicando o dever de prevenção de que trata o parágrafo único do art. 932, sem prejuízo do disposto no art. 1.033."*

• **11.** Enunciado 551 do FPPC. *"Cabe ao relator, antes de não conhecer do recurso por intempestividade, conceder o prazo de cinco dias úteis para que o recorrente prove qualquer causa de prorrogação, suspensão ou interrupção do prazo recursal a justificar a tempestividade do recurso."*

• **12.** Enunciado 619 do FPPC. *"O processo coletivo deverá respeitar as técnicas de ampliação do contraditório, como a realização de audiências públicas, a participação de amicus curiae e outros meios de participação."*

• **13.** Enunciado 657 do FPPC. *"O relator, antes de considerar inadmissível o incidente de resolução de demandas repetitivas, oportunizará a correção de vícios ou a complementação de informações."*

• **14.** Enunciado 676 do FPPC. *"A audiência de saneamento compartilhado é momento adequado para que o juiz e as partes deliberem sobre as especificidades do litígio coletivo, as questões fáticas e jurídicas controvertidas, as provas necessárias e as medidas que incrementem a representação dos membros do grupo."*

• **15.** Enunciado 95 da I Jornada-CJF. *"O juiz, antes de rejeitar liminarmente a impugnação ao cumprimento de sentença (art. 525, § 5º, do CPC), deve intimar o impugnante para sanar eventual vício, em observância ao dever processual de cooperação (art. 6º do CPC)."*

• **16.** Enunciado 170 da III Jornada-CJF. *"A caracterização do abuso processual pode ocorrer por comportamentos ocorridos em único* *processo ou a partir de um conjunto de atos em inúmeros processos."*

- **17. Enunciado 214 da III Jornada-CJF.** *"A pesquisa judicial no módulo CEP (Central de Escrituras e Procurações) da CENSEC (Central Notarial de Serviços Eletrônicos Compartilhados) não pode ser indeferida sob o fundamento de que o credor pode ter acesso às informações do órgão de maneira extrajudicial."*

- **18. Enunciado 220 da III Jornada-CJF.** *"É necessária a adoção de medidas para a cooperação do Estado e da sociedade civil na construção de soluções para a controvérsia estrutural, mediante participação dos potenciais atingidos e beneficiários da medida estruturante."*

- **19. Enunciado 221 da III Jornada-CJF.** *"A atuação dialógica e cooperativa do magistrado e demais sujeitos processuais é característica essencial do processo estrutural."*

- **20. Enunciado 62 do FNPP.** *""Enseja a condenação por litigância de má-fé do art. 81, CPC, a conduta da parte que apresenta, em processo judicial, documento relevante e pré-existente à causa, omitido durante a tramitação do processo administrativo fiscal."*

- **21. Enunciado 113 do FNPP.** *"As entidades de resolução de conflitos* (claim resolution facilities) *são admissíveis nas ações coletivas que envolvam o Poder Público, para dar cumprimento a negócios jurídicos e decisões judiciais."*

- **22. Enunciado 121 do FNPP.** *"A ausência de alegação das partes quanto às previsões dos artigos 20, 21, 22 e 23 da LINDB não impede sua aplicação pelo julgador, devendo as partes ser intimadas para manifestação específica, observados os arts. 6º (princípio da cooperação) e 10 (princípio da vedação da decisão surpresa) do CPC."*

## ▣ COMENTÁRIOS TEMÁTICOS

**23. Finalidade do processo judicial e deveres decorrentes do princípio da boa-fé.** O processo compõe-se de um conjunto de atos destinados a uma finalidade, que é a obtenção de uma sentença de mérito. O desenvolvimento desses atos, polarizado pela sentença de mérito, está condicionado por normas fundamentais. O princípio da boa-fé impõe deveres a serem cumpridos pelos sujeitos do processo, entre os quais se incluem os deveres de cooperação. As partes devem, então, cooperar para que sejam observadas as garantais fundamentais do processo (com o que se terá uma decisão justa); não devem provocar dilações indevidas, atuando com

boa-fé e com lealdade para que o processo tenha uma duração razoável e seja efetivo, conferindo solução adequada à disputa. A cooperação decorre da boa-fé. O art. 6º é um corolário do art. 5º. O conjunto de tais dispositivos contempla o dever de cooperação e, igualmente, os de boa-fé e lealdade processuais. As partes, o juiz (art. 139, II), os intervenientes, os auxiliares da justiça, enfim, todos devem cooperar entre si para que o processo realize sua função em prazo razoável.

**24. Deveres de cooperação.** Os deveres de cooperação podem ser divididos em deveres de *esclarecimento, lealdade* e de *proteção.* Há quem os divida em deveres de esclarecimento, prevenção, consulta e auxílio.

**25. Dever de esclarecimento.** O dever de esclarecimento aplica-se às partes (a petição inicial deve ser coerente e conter clareza, sob pena de inépcia – art. 330, § 1º, I a IV), bem como ao órgão jurisdicional, que deve esclarecer-se junto das partes a respeito das dúvidas que tenha sobre suas alegações, pedidos ou posições em juízo, com o objetivo de evitar decisões que se baseiem em premissas falsas ou equivocadas. Em razão do dever de esclarecimento, é possível haver interrogatório informal das partes, que não se confunde com o depoimento pessoal. Realmente, o juiz, para esclarecer-se melhor, pode determinar, a qualquer tempo, o comparecimento pessoal das partes, para inquiri-las sobre os fatos da causa, hipótese em que não incidirá a pena de confesso (art. 139, VIII). O juiz não deve apenas esclarecer-se junto das partes, tendo também o dever de esclarecer seus pronunciamentos para as partes, dever esse que se relaciona com um outro dever: o de fundamentar suas decisões. Enfim, o órgão jurisdicional tem o dever se esclarecer junto das partes e estas têm o dever de o esclarecer. Significa que o *dever de esclarecimento* é recíproco.

**26. Dever de prevenção.** Consiste no convite, feito pelo juiz ou tribunal, ao aperfeiçoamento pelas partes de suas petições ou alegações. Não se trata de um dever recíproco. É um dever do órgão jurisdicional para com as partes. O CPC, em diversos dispositivos (arts. 76, 317, 932, parágrafo único, 1.017, § 3º, 1.029, § 3º), concretiza o dever de prevenção, reforçando o modelo cooperativo adotado no sistema brasileiro.

**27. Dever de consulta.** O *dever de consulta* impõe ao juiz ou tribunal dar às partes a oportunidade de manifestação sobre qualquer questão de fato ou de direito. O juiz, antes de se pronunciar sobre qualquer questão, ainda que seja de conhecimento oficioso, deve dar oportunidade à prévia discussão pelas partes, evitando, desse modo, as chamadas "decisões surpresa". O dever de consulta está expressamente consagrado no art. 10.

**28. Dever de auxílio.** O órgão jurisdicional tem o *dever de auxiliar* as partes na eliminação ou superação de obstáculos ou dificuldades que impeçam o exercício de direitos ou faculdades ou, ainda, o cumprimento de ônus ou deveres processuais. Deve, portanto, o juiz providenciar a remoção de obstáculo à obtenção de um documento ou informação que seja indispensável para a prática de um ato processual. É o que ocorre, por exemplo, na hipótese prevista no § 1º do art. 319: *"Caso não disponha das informações previstas no inciso II, poderá o autor, na petição inicial, requerer ao juiz diligências necessárias a sua obtenção".*

**29. Sentido dogmático dos deveres de cooperação.** Cooperar entre si não é unir-se à parte contrária, ajudá-la, mostrar-lhe simpatia, contribuir para sua atuação. Não se está diante de um compadrio ou de uma reunião de amigos. O termo *cooperar* pode causar essa falsa impressão. É por isso que há quem critique a cooperação no processo, afirmando ser uma utopia, um surrealismo ou uma ingenuidade. Em crítica aos deveres de cooperação no processo, já se chegou a dizer que, *"quando os conflitos chegam a tribunal, estando as partes por via de regra em posições já extremadas, querendo cada uma delas, em termos estratégicos, uma decisão que lhe seja favorável, pretendemos rasurar ou iludir o antagonismo e fingimos que somos todos amigos, que o processo é um alegre passeio de jardim que as partes dão de mãos dadas, na companhia do juiz"* (MENDONÇA, Luís Correia de. O vírus autoritário. *Julgar.* Lisboa, n. 1, p. 90, 2007). Não é esse o sentido dogmático dos deveres de cooperação. Os deveres de cooperação surgiram no direito obrigacional, não eliminando a existência de interesses contrapostos entre os contratantes. Tais deveres destinam-se a regular melhor o comportamento dos sujeitos envolvidos, evitando abusos de direito e tornando mais leal e mais ética a busca pelo resultado a ser obtido com o processo, seja ele obrigacional, seja ele jurisdicional.

**30. Princípio da cooperação.** O dispositivo prevê o princípio da cooperação, que tem por fundamento os princípios do contraditório, da boa-fé processual e do devido processo legal. Tais princípios fazem o juiz também sujeito do contraditório. O princípio da cooperação consolidou-se a partir do redimensionamento do princípio do contraditório. A participação propiciada pelo contraditório serve não apenas para que cada litigante possa influenciar a decisão, mas também para viabilizar a colaboração das partes com o exercício da atividade jurisdicional. Em razão do contraditório, a atividade jurisdicional deve pautar-se num esquema dialógico, de modo a exigir que o juiz exerça a jurisdição com o auxílio das partes. A decisão judicial não deve ser fruto de um trabalho exclusivo do juiz, mas resultado de uma atividade conjunta, em que há interações constantes entre diversos sujeitos que atuam no processo. Às partes confere-se oportunidade de participar da formação da decisão do juiz, suportando as consequências desfavoráveis do próprio comportamento inerte e negligente. Em razão do princípio da cooperação, o juiz deixa de ser o autor único e solitário de suas decisões. A sentença e, de resto, as decisões judiciais passam a ser fruto de uma atividade conjunta. A aplicação do princípio da cooperação acarreta um redimensionamento da máxima *iura novit curia*, porquanto ao juiz cabe pronunciar-se sobre a norma jurídica a ser aplicada ao caso depois de realizar o necessário diálogo com as partes. Ao juiz cabe aplicar o direito ao caso concreto, mas se lhe impõe, antes de promover tal aplicação, *consultar* previamente as partes, colhendo suas manifestações a respeito do assunto. A cooperação impõe deveres para todos os intervenientes processuais, a fim de que se produza, no âmbito do processo civil, uma "eticização" semelhante à que já se obteve no direito material, com a consagração de cláusulas gerais como as da boa-fé e do abuso de direito. O princípio da cooperação destina-se, enfim, a transformar o processo civil numa "comunidade de trabalho", potencializando o franco diálogo entre todos os sujeitos processuais, a fim de se alcançar a solução mais adequada e justa ao caso concreto. O processo, diante disso, deve ser entendido como uma "comunidade de comunicação", desenvolvendo-se por um diálogo pelo qual se permite uma discussão a respeito de todos os aspectos de fato e de direito considerados relevantes para a decisão da causa. Ao longo de todo o procedimento, deve haver um debate, voltando-se também para o juiz e para todos os agentes estatais no processo. O art. 6º exige a cooperação de todos os sujeitos processuais entre si. Os deveres de cooperação devem estar presentes em todas as situações jurídicas que compõem o processo, seja entre autor e réu, seja entre autor e juiz, seja entre juiz e réu, seja entre juiz e perito, seja entre autor, juiz e réu etc. A necessidade de participação, que está presente na democracia contemporânea, constitui o fundamento do princípio da cooperação.

O princípio da cooperação consagra um novo modelo de processo, que é o processo típico do Estado Democrático de Direito.

**31. Modelo cooperativo de processo.** O princípio da cooperação estabelece como o processo civil deve estruturar-se no sistema brasileiro. A cooperação é um princípio que traz consigo um novo modelo de processo. O modelo cooperativo afasta-se da ideia liberal do processo, que tem um juiz passivo, responsável por arbitrar uma "luta" ou "guerra" entre as partes. O modelo cooperativo também se afasta da ideia de um processo autoritário, em que o juiz tem uma postura solipsista, com amplos poderes. Não se está diante de um processo cuja condução é determinada pela vontade das partes (processo dispositivo ou liberal), nem se está diante de uma condução inquisitorial do processo. O que há é uma condução cooperativa, com uma comunidade de trabalho, sem destaques para qualquer um dos sujeitos processuais. Há, em outras palavras, uma compartição. O processo é, enfim, cooperativo. A paridade ou isonomia existe no momento da investigação, do conhecimento, da atividade desenvolvida ao longo do procedimento. A decisão é do juiz, mas é fruto de atividade processual em cooperação. Daí dizer que há paridade na condução do processo, mas assimetria na decisão. O modelo cooperativo impõe deveres de condutas para todos os sujeitos processuais. As partes têm direitos, faculdades e ônus, mas também têm deveres a serem cumpridos. O juiz tem poderes processuais, mas também deveres ou poderes-deveres, que o fazem sujeito do contraditório.

**32. Cooperação processual e a utilização de sistemas informatizados.** *"A jurisprudência do Superior Tribunal de Justiça é no sentido de que incumbe ao Poder Judiciário promover a razoável duração do processo em consonância com o princípio da cooperação processual, além de impor medidas necessárias para a solução satisfatória do feito (arts. 4º, 6º e 139, IV, todos do CPC/2015), mediante a utilização de sistemas informatizados (sistemas Bacenjud, Renajud, Infojud, Serasajud etc.) ou a expedição de ofício para as consultas e constrições necessárias e suficientes. Dentre essas medidas inclui-se, efetivamente, a consulta junto à B3 S/A de informes acerca da existência, ou não, de títulos registrados em nome da parte executada e sob a custódia da BM&F BOVESPA e da CETIP"* (STJ, 2ª Turma, REsp 1.820.838/RS, rel. Min. Francisco Falcão, *DJe* 16.9.2019).

**Art. 7º** É assegurada às partes paridade de tratamento em relação ao exercício de direitos e faculdades processuais, aos meios de defesa, aos ônus, aos deveres e à aplicação de sanções processuais, competindo ao juiz zelar pelo efetivo contraditório.

▶ **1. Sem correspondência no CPC/1973.**

### 🏛 LEGISLAÇÃO CORRELATA

**2. CF, art. 5º, LV.** *"Art. 5º (...) LV – aos litigantes, em processo judicial ou administrativo, e aos acusados em geral são assegurados o contraditório e a ampla defesa, com os meios e recursos a ela inerentes."*

### ⚖ JURISPRUDÊNCIA, ENUNCIADOS E SÚMULAS SELECIONADOS

- **3. Enunciado 107 do FPPC.** *"O juiz pode, de ofício, dilatar o prazo para a parte se manifestar sobre a prova documental produzida."*
- **4. Enunciado 235 do FPPC.** *"Aplicam-se ao procedimento do mandado de segurança os arts. 7º, 9º e 10 do CPC."*
- **5. Enunciado 379 do FPPC.** *"O exercício dos poderes de direção do processo pelo juiz deve observar a paridade de armas das partes."*
- **6. Enunciado 667 do FPPC.** *"Admite-se a migração de polos nas ações coletivas, desde que compatível com o procedimento."*
- **7. Enunciado 756 do FPPC.** *"Deve-se observar o contraditório quanto aos dados e informações trazidos aos autos no controle concentrado de constitucionalidade, sobretudo para a qualificação argumentativa do debate."*
- **8. Enunciado 211 da III Jornada-CJF.** *"Antes de apreciar a defesa do executado lastreada no §3º do art. 854 do CPC, salvo hipótese de rejeição liminar, o juiz deve intimar o exequente para se manifestar, em cinco dias, sob pena de ofensa ao contraditório."*
- **9. Enunciado 83 do FNPP.** *"Nas demandas relativas a tratamento de saúde não incluso no rol do SUS, a perícia médica será sempre necessária, mesmo quando o processo, estiver instruído com os pareceres técnicos da câmara de saúde local, do NATS (CNJ) ou recomendações da CONITEC, inclusive no âmbito dos Juizados."*
- **10. Enunciado 84 do FNPP.** *"A tempestividade dos atos processuais no âmbito dos Juizados Especiais pode ser comprovada por qualquer meio idôneo, inclusive eletrônico."*

## LIVRO I · DAS NORMAS PROCESSUAIS CIVIS — Art. 8º

### ▣ COMENTÁRIOS TEMÁTICOS

**11. Abrangência do dispositivo.** O dispositivo contém duas partes. A primeira consagra a aplicação do princípio da igualdade no processo, assegurando às partes paridade de tratamento. Já a segunda impõe ao juiz o dever de zelar pelo efetivo contraditório, reequilibrando as desigualdades eventualmente existentes no processo. A disposição concretiza os princípios da igualdade e do contraditório.

**12. Igualdade formal e igualdade material.** A igualdade processual é assegurada na "paridade de armas" (igualdade formal) e no "equilíbrio processual" (igualdade material). O contraditório há de ser exercido pelas partes em igualdade de condições.

**13. Dever do juiz de assegurar a igualdade.** O dispositivo é complementado pelo texto do art. 139, I, segundo o qual cabe ao juiz assegurar às partes igualdade de tratamento. Ao juiz se impõe o dever de garantir a igualdade. O juiz deve conferir às partes igualdade de oportunidades, para que, exercendo o contraditório, possam ter a chance de tentar participar do seu convencimento, trazendo os elementos necessários e suficientes a demonstrar o acerto da respectiva tese ou defesa. Com isso, a imparcialidade é reforçada. A passividade do juiz, diante de uma situação de desequilíbrio ou de desigualdade processual, pode configurar uma parcialidade. Em casos assim, é preciso que o juiz intervenha para reequilibrar a situação, em reforço à sua imparcialidade.

**14. Dever do juiz de zelar pelo efetivo contraditório.** Ao juiz cabe garantir o "equilíbrio processual", procedendo a adequações em situações excepcionais, com vistas a assegurar a igualdade. Nesse sentido, o juiz deve, com fundamento no art. 139, VI, *"dilatar os prazos processuais"*, reequilibrando o contraditório em casos em que a parte contrária apresenta excessiva quantidade de documentos, sendo insuficiente o prazo legalmente previsto para sobre eles a parte manifestar-se.

**15. Tratamento desigual para desiguais.** Há regras, no processo, que se apresentam diferenciadas, com vistas a alcançar equilíbrio e adaptar-se às peculiaridades daquela parte que detém uma nota marcante e diferenciada em relação às demais. Daí por que se confere um curador ao réu preso revel, bem como ao réu revel citado por edital ou com hora certa, enquanto não for constituído advogado (art. 72, II). De igual modo, confere-se curador ao incapaz, se não tiver representante legal ou se os interesses deste colidirem com os daquele, enquanto durar a incapacidade (art. 72, I). Algumas pessoas não podem, por sua condição, ser citadas por via postal (art. 247, II, III e IV). Havendo interesse de incapaz, confere-se tratamento diferenciado, exigindo-se a intervenção obrigatória do Ministério Público como fiscal da ordem jurídica (art. 178, II), a quem se confere ônus e poderes para requerer diligências e provas que poderão beneficiar o incapaz (art. 179, II), com prazo em dobro para suas manifestações (art. 180). Nesse mesmo sentido, há regras especiais conferidas à Fazenda Pública, entre as quais sobressaem a remessa necessária (art. 496) e a prerrogativa de prazos diferenciados, com intimação pessoal (art. 183). Há regras especiais de competência territorial que se destinam a beneficiar vulneráveis (art. 53, I, II e III, *e*) e de tramitação prioritária de processos que tenham pessoas idosas ou portadores de doença grave como parte ou interessado (art. 1.048, I).

**16. Igualdade e o dever do tribunal de uniformizar sua jurisprudência.** O art. 926 estabelece o dever de os tribunais tutelarem a segurança jurídica, uniformizando sua jurisprudência e mantendo-a estável, íntegra e coerente. Além de concretizar a segurança jurídica, o dever de o tribunal uniformizar sua jurisprudência e observá-la constitui manifestação do princípio da igualdade. Em respeito à própria igualdade, o juiz ou tribunal, ao decidir caso peculiar ou que mereça solução diversa, poderá deixar de seguir o precedente, a súmula ou a jurisprudência firmada em torno do tema, desde que faça a distinção, demonstrando que o caso não se ajusta às razões determinantes que levaram à formação daquele entendimento (art. 489, § 1º, VI).

---

**Art. 8º** Ao aplicar o ordenamento jurídico, o juiz atenderá aos fins sociais e às exigências do bem comum, resguardando e promovendo a dignidade da pessoa humana e observando a proporcionalidade, a razoabilidade, a legalidade, a publicidade e a eficiência.

▶ **1. Sem correspondência no CPC/1973.**

### ⚖ LEGISLAÇÃO CORRELATA

**2. CF, art. 1º, III.** *"Art. 1º A República Federativa do Brasil, formada pela união indissolúvel dos Estados e Municípios e do Distrito Federal, constitui-se em Estado Democrático de Direito e tem como fundamentos: (...) III – a dignidade da pessoa humana".*

**3. CF, art. 37.** *"Art. 37. A administração pública direta e indireta de qualquer dos Poderes da União, dos Estados, do Distrito Federal e dos Municípios obedecerá aos princípios de legalidade, impessoalidade, moralidade, publicidade e eficiência e, também, ao seguinte: (...)."*

**4. LINDB, art. 5º.** *"Art. 5º Na aplicação da lei, o juiz atenderá aos fins sociais a que ela se dirige e às exigências do bem comum."*

**5. EOAB, art. 7º-A.** *"Art. 7º-A. São direitos da advogada: I – gestante: a) entrada em tribunais sem ser submetida a detectores de metais e aparelhos de raios X; b) reserva de vaga em garagens dos fóruns dos tribunais; II – lactante, adotante ou que der à luz, acesso a creche, onde houver, ou a local adequado ao atendimento das necessidades do bebê; III – gestante, lactante, adotante ou que der à luz, preferência na ordem das sustentações orais e das audiências a serem realizadas a cada dia, mediante comprovação de sua condição; IV – adotante ou que der à luz, suspensão de prazos processuais quando for a única patrona da causa, desde que haja notificação por escrito ao cliente. § 1º Os direitos previstos à advogada gestante ou lactante aplicam-se enquanto perdurar, respectivamente, o estado gravídico ou o período de amamentação. § 2º Os direitos assegurados nos incisos II e III deste artigo à advogada adotante ou que der à luz serão concedidos pelo prazo previsto no art. 392 do Decreto-lei nº 5.452, de 1º de maio de 1943 (Consolidação das Leis do Trabalho). § 3º O direito assegurado no inciso IV deste artigo à advogada adotante ou que der à luz será concedido pelo prazo previsto no § 6º do art. 313 da Lei nº 13.105, de 16 de março de 2015 (Código de Processo Civil)."*

## ⚖ JURISPRUDÊNCIA, ENUNCIADOS E SÚMULAS SELECIONADOS

- **6. Enunciado 106 do FPPC.** *"Não se pode reconhecer a deserção do recurso, em processo trabalhista, quando houver recolhimento insuficiente das custas e do depósito recursal, ainda que ínfima a diferença, cabendo ao juiz determinar a sua complementação."*
- **7. Enunciado 380 do FPPC.** *"A expressão 'ordenamento jurídico', empregada pelo Código de Processo Civil, contempla os precedentes vinculantes."*
- **8. Enunciado 396 do FPPC.** *"As medidas do inciso IV do art. 139 podem ser determinadas de ofício, observado o art. 8º."*
- **9. Enunciado 574 do FPPC.** *"A identificação de vício processual após a entrada em vigor do*

*CPC de 2015 gera para o juiz o dever de oportunizar a regularização do vício, ainda que ele seja anterior".*
- **10. Enunciado 620 do FPPC.** *"O ajuizamento e o julgamento de ações coletivas serão objeto da mais ampla e específica divulgação e publicidade."*
- **11. Enunciado 667 do FPPC.** *"Admite-se a migração de polos nas ações coletivas, desde que compatível com o procedimento."*

## 🗐 COMENTÁRIOS TEMÁTICOS

**12. Abrangência do dispositivo.** O enunciado normativo contém uma norma sobre interpretação, fornecendo diretivas aos intérpretes de *como* eles devem interpretar. Interpretar é um ato de atribuir sentido ao texto normativo. É possível que o legislador forneça critérios para a atividade interpretativa. Tome-se como exemplo o disposto no art. 5º da LINDB, que assim enuncia: *"Na aplicação da lei, o juiz atenderá aos fins sociais a que ela se dirige e às exigências do bem comum".* O art. 8º reproduziu esse enunciado normativo, substituindo o termo "lei" por "ordenamento jurídico". Há uma pretensão de atualidade no dispositivo. Além dessa substituição de *lei* por *ordenamento jurídico*, o dispositivo refere-se à dignidade da pessoa humana, bem como à proporcionalidade e à razoabilidade. No texto originário do anteprojeto, tal dispositivo também reproduzia os princípios a que alude o art. 37 da Constituição Federal. Durante a tramitação do projeto no Congresso Nacional, foram suprimidas as referências à impessoalidade e à moralidade, pois a impessoalidade já está contida na exigência de imparcialidade (inerente ao devido processo legal) e a moralidade insere-se no princípio da boa-fé processual, previsto no art. 5º. O art. 8º aglutina, no texto normativo, sintagmas e expressões de épocas diversas. Como dito, o art. 8º do CPC reproduz o art. 5º da LINDB, cujo teor tem sido objeto, ao longo dos tempos, de várias críticas. A doutrina converge em afirmar que o art. 5º da LINDB consagra a interpretação teleológica; os "fins sociais" denotam a finalidade a ser buscada na interpretação. Já o termo "bem comum" é anacrônico, contido num diploma legal editado em 1942, em pleno Estado Novo, não sendo compatível com a época contemporânea, nem com o conjunto das normas atualmente em vigor. As diversas normas consagradas no CPC conferem grande relevância à vontade e à atuação das partes no processo, a exemplo do princípio da boa-fé processual, do princípio da cooperação, das regras que concretizam o contraditório

**LIVRO I · DAS NORMAS PROCESSUAIS CIVIS** — Art. 8º

e do princípio do respeito ao autorregramento da vontade (art. 190). De todo modo, trata-se de regra de decisão, e não de regra de processo.

**13. Dignidade da pessoa humana.** O dispositivo exige do órgão julgador o resguardo e a promoção da dignidade da pessoa humana, que constitui um dos fundamentos da República e um direito fundamental. A dignidade da pessoa humana é desenvolvida pelos direitos fundamentais. Os direitos fundamentais são a própria concretização da dignidade humana. Cabe ao juiz *resguardar* a dignidade humana, aplicando-a adequadamente para impedir sua violação, não permitindo, por exemplo, depoimento sob tortura ou coação. Também lhe cabe *promover* a dignidade humana, por exemplo, conferir prioridade de tramitação processual a quem seja portador de doença grave que não conste do rol do art. 1.048, I. Ao promover a dignidade humana, o juiz interfere no processo. A promoção judicial da dignidade humana impõe fundamentação adequada e específica (art. 489, § 1º, I e II). Por ser a *liberdade* um direito fundamental que consiste numa das dimensões da dignidade humana, e por ter o CPC prestigiado a autonomia da vontade das partes (art. 190), a promoção judicial da dignidade humana encontra limite no exercício do poder de autorregramento processual das partes, que podem não querer aceitar um comportamento mais ativo do órgão julgador. A aplicação, no processo, da dignidade humana coincide com a aplicação do devido processo legal. Um processo devido, adequado, eficiente, justo, équo, é um processo que atende à dignidade humana, conferindo tratamento digno às partes e aos demais sujeitos processuais. Um processo em que se assegurem o contraditório, a boa-fé, a imparcialidade, a publicidade, a exigência de fundamentação e, enfim, que respeite as garantias fundamentais do processo atende à dignidade humana. Em vários dispositivos, o CPC preocupou-se com a dignidade humana. Assim, por exemplo, o disposto no art. 199, que assegura às pessoas com deficiência a acessibilidade aos meios eletrônicos de comunicação processual e aos sítios na rede mundial de computadores; de igual modo, a proibição de perguntas vexatórias à testemunha (art. 459, § 2º); bem como a impenhorabilidade de alguns bens (art. 833); e, bem ainda, a tramitação prioritária de processos que tenham como parte ou interveniente pessoa idosa ou portadora de doença grave (art. 1.048, I). Além desses e de outros exemplos aqui não citados, as hipóteses previstas no art. 244, que vedam a citação nas situações ali indicadas, destinam-se a resguardar a dignidade humana.

**14. Princípio da legalidade.** A clássica separação de poderes fez consolidar os princípios da legalidade e da reserva da lei, expressões que possuem, cada vez mais, um sentido diferente do seu significado originário. A legalidade determina que as situações jurídicas sejam estabelecidas mediante a lei, principal fonte do direito por muito tempo. Atualmente, é mais adequado utilizar a expressão *juridicidade,* em vez de *legalidade.* A lei não é *a* fonte do Direito, mas apenas *uma* delas. O Direito deve conformar-se ao *ordenamento jurídico,* tendo a Constituição como a principal fonte. A expressão "princípio da constitucionalidade" também é mais adequada do que "princípio da legalidade". Considerando que o ordenamento compõe-se da Constituição, das leis, de negócios jurídicos, de atos infralegais, o mais adequado mesmo seria o termo "princípio da juridicidade". O CPC, embora no art. 8º refira-se ao "princípio da legalidade", considera que o paradigma não é mais a lei, e sim o ordenamento jurídico. Não é sem razão que o art. 8º, ao reproduzir o art. 5º do Decreto-lei 4.657/1942, não utilizou a expressão "aplicar a lei", mas "aplicar o ordenamento jurídico". Em outros enunciados normativos, o CPC substituiu o termo "lei" por "ordem jurídica" ou "ordenamento jurídico". Enquanto o art. 6º do CPC/1973 previa que a substituição processual só seria possível se estivesse autorizada "por lei", o art. 18 do CPC/2015 utiliza-se da expressão "ordenamento jurídico". O art. 126 do CPC/1973 referia-se à lacuna ou obscuridade da "lei", ao passo que o art. 140 do CPC/2015 menciona a lacuna ou obscuridade do "ordenamento jurídico". O Ministério Público não é mais "fiscal da lei", passando a ser identificado como "fiscal da ordem jurídica". Não é mais cabível ação rescisória por violação à "literal disposição da lei", mas por violação à "norma jurídica". Quando o art. 8º alude a "princípio da legalidade", está a exigir, em verdade, que o juiz julgue em conformidade com o Direito, com o ordenamento jurídico, com o sistema normativo aplicável ao caso, devendo realizar o controle de constitucionalidade, e não aplicar lei inconstitucional. A observância ao princípio da legalidade não significa que a interpretação do texto normativo deva ser literal. Muitas vezes, a interpretação literal é a menos adequada ou a que não satisfaz a situação. Aliás, o art. 8º, ao determinar que o juiz atenda aos fins sociais e às exigências do bem comum, observando a proporcionalidade e a razoabilidade, impõe a interpretação teleológica ou finalística. Ademais, há normas sem texto; texto e norma não se confundem. Aplicar o princípio da legalidade não é seguir literalmente o texto normativo, mas aplicar o ordenamento jurídico, considerando todo o sistema, tudo demonstrado em decisão devidamente fundamentada (art. 489, § 1º). O princípio da legalidade também se escora na segurança jurídica, conferindo maior *previsibilidade* para casos que possam subsumir-se à norma previamente estabelecida, afastando arbitrariedades ou decisões tomadas ao exclusivo sabor de contingências ou vicissitudes pessoais do julgador. A segurança jurídica pressupõe a existência de uma regulamentação prévia, gerando certeza e previsibilidade. O juiz respeita o "princípio da legalidade" quando observa os precedentes judiciais e a jurisprudência dos tribunais. Os órgãos jurisdicionais têm o dever de decidir sempre levando em consideração os precedentes relacionados com a questão jurídica posta a julgamento, caso existam (art. 926). Deve haver o que se chama de *autorreferência*, que consiste num *dever específico de fundamentação*, a exigir dos órgãos jurisdicionais o diálogo com os precedentes que tratem do mesmo problema jurídico. Daí a exigência feita pelo art. 489, § 1º, V e VI. É possível pensar numa dimensão processual do princípio da legalidade ou no princípio da legalidade como norma processual. Os procedimentos seguem um traçado previsto em lei, com etapas bem definidas, com prazos previamente previstos, enfim, com tudo regulado em lei. A dimensão processual do princípio da legalidade coincide com o devido processo legal em seu aspecto processual. A dimensão processual da legalidade ou do devido processo legal não impede que o juiz adapte o procedimento à realidade. Muito pelo contrário. Sendo o devido processo legal uma cláusula geral, é permitido ao juiz ajustar o procedimento às peculiaridades do direito material, conferindo mais *eficiência* aos meios procedimentais postos à sua disposição. O princípio da eficiência reforça a possibilidade de adaptação procedimental.

**15. Distinção entre proporcionalidade e razoabilidade.** Ao aplicar o ordenamento jurídico, o juiz deve observar a proporcionalidade e a razoabilidade. A proporcionalidade é, frequentemente, encarada como simples sinônimo de razoabilidade, tanto pela doutrina como pela jurisprudência. Rigorosamente, proporcionalidade não é sinônimo de razoabilidade. O devido processo legal tornou-se, ao lado do princípio da isonomia, o principal instrumento de argumentação de que lançaram mão a doutrina e a jurisprudência no processo de transformação do

Direito Constitucional nos Estados Unidos da América. No final do século XIX, surgiu uma noção *substancial* do devido processo legal, que contempla o *princípio da razoabilidade*. No século XX, a partir do final da década de 30, o devido processo legal substantivo transfere seu foco das liberdades econômicas para os direitos fundamentais, transformando-se num poderoso instrumento de controle das normas editadas pelo Poder Legislativo. Esse aspecto substantivo do devido processo legal resulta do entendimento segundo o qual não basta a existência de um processo segundo a lei, pois o legislativo também deve se submeter a um dever de razoabilidade ao editar seus atos. É do devido processo legal que se extrai o princípio da razoabilidade, dirigindo-se ao legislador: não deve o legislador editar normas que contenham previsões absurdas, que destoem da razoabilidade. Caso isso ocorra, cabe ao Judiciário controlar o conteúdo da norma, tendo-a por inconstitucional, por afronta ao devido processo legal substancial, em cujo espectro se insere o princípio da razoabilidade. Com efeito, se determinada norma contiver previsão arbitrária ou caprichosa, restará violado o devido processo legal substantivo, mais precisamente o princípio da razoabilidade, que lhe é ínsito. Em outras palavras, o princípio da razoabilidade dirige-se ao legislador, exigindo que este, ao limitar direitos individuais, verifique a legitimidade dos *fins* da medida adotada, cabendo ao Judiciário examinar essa legitimidade. Essa noção foi absorvida pelo STF brasileiro, que concretiza o devido processo legal substancial de forma ampla e vaga, abrangendo a proibição de leis e decisões aberrantes da razão, bem como a necessidade de se examinar a proporcionalidade no conflito entre dois bens jurídicos. Em suma, desenvolveu-se uma noção substantiva da cláusula do devido processo legal, em contraste com uma noção originária meramente processual. Tudo leva a crer, a um primeiro exame, que não haveria distinção entre a proporcionalidade e a razoabilidade, consistindo num *mesmo* instrumento de limitação do poder estatal. A diferença entre eles residiria apenas nos fundamentos em que cada um se apoia. É exatamente por isso que despontam autores que não veem diferença entre a proporcionalidade e a razoabilidade, já que estariam destinados à mesma finalidade: coibir o arbítrio do Poder Público, invalidando leis e atos administrativos caprichosos, contrários à pauta de valores encampada pela Constituição. Para muitos, a proporcionalidade nada mais é do que o nome dado à razoabilidade pelos autores germânicos, não havendo, pois, qualquer distin-

**LIVRO I** · DAS NORMAS PROCESSUAIS CIVIS   **Art. 8º**

ção entre eles, a não ser a terminologia utilizada. Há, contudo, diferenças entre a razoabilidade e a proporcionalidade. A razoabilidade trata da legitimidade da *escolha* dos *fins* em nome dos quais o Estado irá agir, enquanto a proporcionalidade averigua se os *meios* são necessários, adequados e proporcionais aos fins já escolhidos. Em outras palavras, enquanto a proporcionalidade permite observar a mera relação meio-fim inerente à medida estatal, a razoabilidade considera a relação da medida estatal (já considerada proporcional) com as situações pessoais dos indivíduos por ela afetados. Na aplicação tanto da razoabilidade como da proporcionalidade há um juízo de ponderação. E a ponderação exige fundamentação detalhada, com a demonstração dos critérios utilizados, tal como exigido pelo art. 489, § 2º.

**16.** **Eficiência na Administração Judiciária e eficiência no processo judicial.** O art. 37 da Constituição Federal aplica-se à Administração Pública de *qualquer* dos Poderes. A administração dos órgãos que compõem o Poder Judiciário há de ser *eficiente*. É por isso que a promoção de juízes depende da *"aferição do merecimento conforme o desempenho e pelos critérios de produtividade e presteza no exercício da jurisdicional e pela frequência e aproveitamento em cursos oficiais ou reconhecidos de aperfeiçoamento"* (CF, art. 93, II, *c*). Também é por isso que deve haver *"cursos oficiais de preparação, aperfeiçoamento e promoção de magistrados, constituindo etapa obrigatória do processo de vitaliciamento a participação em curso oficial ou reconhecido por escola nacional de formação e aperfeiçoamento de magistrados"* (CF, art. 93, IV). A criação do CNJ, pela EC 45/2004, confirma essa dimensão do princípio da eficiência administrativa. Em tal dimensão, o princípio da eficiência constitui norma de Direito Administrativo, fundamentando as regras de gestão administrativa do Poder Judiciário. Ao lado dessa referida dimensão, há outra, que se aplica ao processo jurisdicional, exigindo que sua condução seja eficiente. Existe, então, o *princípio da eficiência processual*, previsto no art. 8º. É princípio que se relaciona com a *gestão do processo*. Por ser um princípio, a eficiência possibilita o balizamento e a construção ou reconstrução de regras pelo juiz que estabeleçam *meios* mais apropriados à solução da disputa posta a seu crivo, a fim de melhor gerir o procedimento que deve conduzir. É possível perceber a existência de, pelo menos, duas perspectivas de eficiência no sistema processual. A primeira relaciona-se com a velocidade dos procedimentos e a redução de custos, de sorte que, quanto mais barata e rápida a resolução dos

conflitos, maior eficiência seria obtida. Uma segunda perspectiva da eficiência relaciona-se com a qualidade das decisões e de sua fundamentação, conduzindo à necessidade de adoção de técnicas adequadas, corretas, justas e equânimes. Ambas as perspectivas são faces da mesma moeda, mas são vistas comumente como contraditórias, já que um processo rápido e barato pode acarretar decisões incompletas ou incorretas, enquanto a busca de uma decisão justa, correta e legítima exige um maior dispêndio de tempo e dinheiro. Tal situação costuma impor a escolha de uma das perspectivas da eficiência, com a exclusão da outra. A primeira perspectiva pode ser identificada como a *eficiência quantitativa*, denominando-se a segunda perspectiva de *eficiência qualitativa*.

**17.** **Eficiência qualitativa e eficiência quantitativa.** A *eficiência qualitativa* conduz não apenas à necessidade de técnicas processuais adequadas, corretas, justas e equânimes, mas também, e sobretudo, democráticas para aplicação do direito, exigindo-se uma atividade comparticipada entre o juiz e os demais sujeitos processuais. A chamada *eficiência quantitativa* confunde-se, na realidade, com o *princípio da duração razoável* e com o *princípio da economia processual*.

**18.** **Eficiência, economia processual e duração razoável do processo.** Numa perspectiva *quantitativa*, a eficiência confunde-se, realmente, com a economia processual e com a duração razoável do processo.

**19.** **Eficiência qualitativa.** O princípio da eficiência identifica-se com a chamada *eficiência qualitativa*.

**20.** **Eficiência e devido processo legal.** A *eficiência* é uma exigência do Estado Democrático de Direito, constituindo, ainda, corolário do devido processo legal. Como se sabe, o *devido processo legal* é uma cláusula geral constitucional e, como tal, ostenta significação semântica, daí se construindo o correlato princípio, que se concretiza com o estabelecimento de padrões de conduta ou *standards* necessários à revelação de um *processo adequado*. O devido processo legal não se cinge mais, no contexto contemporâneo, a um processo com fases detalhadamente descritas e com rígido procedimento, tampouco a um processo que se implemente na prática, ainda que de forma inadequada ou retardada. O devido processo legal, nesse contexto, há de ser capaz de flexibilizar-se, adaptar-se ou adequar-se às peculiaridades de cada situação concreta, prestando tutela jurisdicional diferenciada e sendo, enfim, *eficiente*. O devido processo legal conduz a um processo adequado e *eficiente*. Imagine que o juiz conceda uma tutela provisória para impor o cumprimento de uma obrigação de fazer personalíssima. Embora a norma seja *eficaz* (pois prevê a possibilidade de tutela antecipada que foi realmente concedida pelo juiz) e *efetiva* (pois veio a ser cumprida a medida imposta), este seu cumprimento deu-se depois de muito tempo, sendo *ineficiente*, porquanto o juiz determinou uma medida coercitiva inadequada ou inútil, não sendo criativo na aplicação do disposto no art. 139, IV. O meio executivo deve promover a execução de modo satisfatório.

**21. Eficiência, gestão do processo e adequação.** O princípio da eficiência está relacionado com a *gestão do processo* e com o princípio da adequação. O juiz, para livrar-se da rigidez procedimental e para ajustar o processo às particularidades do caso, deve adaptar o procedimento, mas deve fazê-lo de modo eficiente.

**22. Eficiência como diretriz interpretativa.** A *eficiência* deve, ainda, funcionar como diretriz interpretativa: os enunciados normativos da legislação processual devem ser interpretados de maneira a observar a eficiência, permitindo-se que se adotem técnicas atípicas ou, até mesmo, que se pratiquem negócios processuais.

**23. Publicidade no processo.** Os atos processuais devem ser públicos, pois processo devido é processo público. O direito fundamental à publicidade dos atos processuais está garantido no art. 5º, LX, da CF/1988. O art. 8º reforça essa exigência. O dispositivo determina que o juiz observe a publicidade, exigência que já é feita pelo art. 93, IX, da CF/1988. Há uma prodigalidade normativa na previsão da publicidade no processo. O art. 8º exige sua observância; os arts. 11, 26, III, 189 e 194 reforçam-na.

---

**Art. 9º** Não se proferirá decisão contra uma das partes sem que ela seja previamente ouvida.

Parágrafo único. O disposto no *caput* não se aplica:

I – à tutela provisória de urgência;

II – às hipóteses de tutela de evidência previstas no art. 311, incisos II e III;

III – à decisão prevista no art. 701.

---

▶ **1. Sem correspondência no CPC/1973.**

🏛 **LEGISLAÇÃO CORRELATA**

**2. IN 39/2016 do TST, art. 4º.** *"Art. 4º. Aplicam-se ao Processo do Trabalho as normas do CPC que regulam o princípio do contraditório, em especial os artigos 9º e 10, no que vedam a decisão surpresa. § 1º. Entende-se por 'decisão surpresa' a que, no julgamento final do mérito*

da causa, em qualquer grau de jurisdição, aplicar fundamento jurídico ou embasar-se em fato não submetido à audiência prévia de uma ou de ambas as partes. § 2º. Não se considera 'decisão surpresa' a que, à luz do ordenamento jurídico nacional e dos princípios que informam o Direito Processual do Trabalho, as partes tinham obrigação de prever, concernente às condições da ação, aos pressupostos de admissibilidade de recurso e aos pressupostos processuais, salvo disposição legal expressa em contrário."*

🔖 **JURISPRUDÊNCIA, ENUNCIADOS E SÚMULAS SELECIONADOS**

- **3. ADI 5.492.** *"Declarada a constitucionalidade da referência ao inc. II do art. 311 constante do art. 9º, parágrafo único, inc. II, da Lei nº 13.105, de 16 de março de 2015 (Código de Processo Civil)."*

- **4. Enunciado 108 do FPPC.** *"No processo do trabalho, não se proferirá decisão contra uma das partes, sem que esta seja previamente ouvida e oportunizada a produção de prova, bem como não se pode decidir com base em causa de pedir ou fundamento de fato ou de direito a respeito do qual não se tenha oportunizado manifestação das partes e a produção de prova, ainda que se trate de matéria apreciável de ofício."*

- **5. Enunciado 235 do FPPC.** *"Aplicam-se ao procedimento do mandado de segurança os arts. 7º, 9º e 10 do CPC."*

- **6. Enunciado 381 do FPPC.** *"É cabível réplica no procedimento de tutela cautelar requerida em caráter antecedente."*

- **7. Enunciado 635 do FPPC.** *"Antes de decidir sobre a conduta da parte no depoimento pessoal, deverá o magistrado submeter o tema a contraditório para evitar decisão surpresa."*

- **8. Enunciado 167 da III Jornada-CJF.** *"A garantia do contraditório aplica-se nos Juizados Especiais, inclusive nos federais, gerando a necessidade de intimação das partes acerca do laudo pericial antes de ser proferida a sentença."*

- **9. Enunciado 211 da III Jornada-CJF.** *"Antes de apreciar a defesa do executado lastreada no § 3º do art. 854 do CPC, salvo hipótese de rejeição liminar, o juiz deve intimar o exequente para se manifestar, em cinco dias, sob pena de ofensa ao contraditório."*

- **10. Enunciado 85 do FNPP.** *"A intimação para manifestação sobre os cálculos elaborados pelo juízo em fase de execução contra a Fazenda Pública deve preceder a expedição do requisitório de pagamento."*

## LIVRO I · DAS NORMAS PROCESSUAIS CIVIS — Art. 9º

### 📖 COMENTÁRIOS TEMÁTICOS

**11. Princípio do contraditório.** Desde o direito romano, o contraditório consiste no direito da parte de informação-reação no processo. A parte tem o direito de ser informada, sendo-lhe conferida oportunidade de reagir. Do Estado democrático extrai-se o princípio do devido processo legal. É necessária, portanto, obediência ao devido processo legal, daí se extraindo o princípio do contraditório, segundo o qual ninguém poderá ser atingido por uma decisão judicial, sem ter a possibilidade de influir na sua formação em igualdade de condições com a parte contrária. O contraditório compreende, entre outros, (a) o direito de ser ouvido e de poder influenciar com o convencimento do julgador; (b) o direito de acompanhar os atos processuais; (c) o direito de produzir provas; (d) o direito de ser informado regularmente dos atos praticados no processo; (e) o direito à motivação das decisões; (f) o direito de impugnar as decisões.

**12. O contraditório como direito de influência.** Além das garantias de ciência e de manifestação, o contraditório também consiste no direito de influência e dever colaborativo. O contraditório, nos tempos atuais, representa o direito de influir, a faculdade da parte de interferir no procedimento e condicionar eficazmente a atuação dos demais sujeitos do processo. O princípio do contraditório, no ambiente da cooperação, confere às partes o direito de influenciar o convencimento do juiz. Por isso que a parte deve ser ouvida antes de uma decisão contra si proferida (art. 9º), sendo vedada a prolação de decisão-surpresa (art. 10). Se as partes têm o direito de influência, o juiz tem o dever de consulta (art. 10) e o de examinar as alegações por elas apresentadas (art. 489, § 1º, IV).

**13. Regra que concretiza o princípio do contraditório.** O art. 9º consagra o direito da parte de ser ouvida antes de uma decisão proferida contra si. Esta é uma das regras que concretizam o princípio do contraditório. O dispositivo não consagra o princípio do contraditório, mas uma das regras que o concretizam. O art. 10 consagra outra, que a proibição de decisão-surpresa.

**14. Aplicação do dispositivo.** A regra prevista no art. 9º exige a oitiva prévia da parte para que se profira uma decisão que lhe seja *contrária*. Sendo a decisão *favorável*, não incide a regra, não havendo necessidade de ser ouvida a parte. Daí ser possível o indeferimento da petição inicial (art. 330), sem que haja prévia citação do réu. De igual modo, a improcedência liminar do pedido prescinde de citação ou de audiência prévia do réu (art. 332). O relator pode negar provimento ou não admitir o recurso sem intimação prévia do recorrido (art. 932, III e IV), mas somente lhe pode dar provimento "depois de facultada a apresentação de contrarrazões" (art. 932, V). Não há normalmente contrarrazões em embargos de declaração, a não ser que a decisão embargada possa ser modificada (art. 1.023, § 2º).

**15. Exceções à regra.** A regra que impõe a audiência prévia da parte adversa para que se proferida decisão contrária comporta algumas exceções previstas no próprio art. 9º. Nos casos de tutela provisória de urgência, a fim de atender à situação emergencial e garantir a efetividade da jurisdição, o juiz pode dispensar a oitiva prévia e conceder a medida, diferindo o contraditório para um momento posterior. Também pode ser protraído contraditório para um momento seguinte quando se o caso de se conceder tutela provisória de evidência que aplique tese firmada em julgamento de caso repetitivo ou quando se tratar de pedido reipercussório fundado em contrato de depósito (art. 311, parágrafo único). É, ainda, possível diferir o contraditório no caso de expedição de mandado para cumprimento da obrigação em ação monitória (arts. 701 e 702).

**16. Rol exemplificativo.** As exceções previstas no art. 9º constituem um rol exemplificativo. São casos em que o legislador, já se antecipando a uma ponderação de interesses que pudesse ser feita pelo juiz concretamente, faz prevalecer a efetividade em detrimento do contraditório prévio. Além dessas hipóteses, é possível que surja qualquer outra não imaginada pelo legislador que exija apreciação imediata, não havendo tempo para se instaurar o prévio contraditório, sob pena de suprimir do provimento jurisdicional a efetividade que dele possa resultar. Nesse caso, e para garantir a efetividade do comando judicial postulado, poderá o juiz, imediatamente, deferir o pedido formulado pela parte, dispensando o prévio contraditório.

**17. Outras exceções.** Afora as exceções previstas no próprio art. 9º, há outras previstas nos arts. 562 e 854. Realmente, segundo o art. 562, o juiz, caso a petição inicial esteja devidamente instruída, poderá, sem ouvir o réu, determinar a expedição de mandado liminar de manutenção ou de reintegração de posse. E, segundo o art. 854, *"para possibilitar a penhora de dinheiro em depósito ou em aplicação financeira, o juiz, a requerimento do exequente, sem dar ciência prévia do ato ao executado, determinará às instituições financeiras (...), que torne indisponíveis ativos financeiros existentes em nome do executado..."*.

29

**Art. 10.** O juiz não pode decidir, em grau algum de jurisdição, com base em fundamento a respeito do qual não se tenha dado às partes oportunidade de se manifestar, ainda que se trate de matéria sobre a qual deva decidir de ofício.

▶ **1. Sem correspondência no CPC/1973.**

## 🏛 LEGISLAÇÃO CORRELATA

**2. IN 39/2016 do TST, art. 4º.** *"Art. 4º Aplicam-se ao Processo do Trabalho as normas do CPC que regulam o princípio do contraditório, em especial os artigos 9º e 10, no que vedam a decisão surpresa. § 1º Entende-se por "decisão surpresa" a que, no julgamento final do mérito da causa, em qualquer grau de jurisdição, aplicar fundamento jurídico ou embasar-se em fato não submetido à audiência prévia de uma ou de ambas as partes. § 2º Não se considera 'decisão surpresa' a que, à luz do ordenamento jurídico nacional e dos princípios que informam o Direito Processual do Trabalho, as partes tinham obrigação de prever, concernente às condições da ação, aos pressupostos de admissibilidade de recurso e aos pressupostos processuais, salvo disposição legal expressa em contrário."*

**3. LEF, art. 40, § 4º.** *"Art. 40 (...) § 4º Se da decisão que ordenar o arquivamento tiver decorrido o prazo prescricional, o juiz, depois de ouvida a Fazenda Pública, poderá, de ofício, reconhecer a prescrição intercorrente e decretá-la de imediato."*

## ⚖ JURISPRUDÊNCIA, ENUNCIADOS E SÚMULAS SELECIONADOS

- **4. Enunciado 2 do FPPC.** *"Para a formação do precedente, somente podem ser usados argumentos submetidos ao contraditório."*
- **5. Enunciado 108 do FPPC.** *"No processo do trabalho, não se proferirá decisão contra uma das partes, sem que esta seja previamente ouvida e oportunizada a produção de prova, bem como não se pode decidir com base em causa de pedir ou fundamento de fato ou de direito a respeito do qual não se tenha oportunizado manifestação das partes e a produção de prova, ainda que se trate de matéria aplicável de ofício."*
- **6. Enunciado 109 do FPPC.** *"No processo do trabalho, quando juntadas novas provas ou alegado fato novo, deve o juiz conceder prazo, para a parte interessada se manifestar a respeito, sob pena de nulidade."*
- **7. Enunciado 235 do FPPC.** *"Aplicam-se ao procedimento do mandado de segurança os arts. 7º, 9º e 10 do CPC."*
- **8. Enunciado 259 do FPPC.** *"A decisão referida no parágrafo único do art. 190 depende de contraditório prévio."*
- **9. Enunciado 394 do FPPC.** *"As partes podem opor embargos de declaração para corrigir vício da decisão relativo aos argumentos trazidos pelo amicus curiae."*
- **10. Enunciado 458 do FPPC.** *"Para a aplicação, de ofício, de precedente vinculante, o órgão julgador deve intimar previamente as partes para que se manifestem sobre ele."*
- **11. Enunciado 459 do FPPC.** *"As normas sobre fundamentação adequada quanto à distinção e superação e sobre a observância somente dos argumentos submetidos ao contraditório são aplicáveis a todo o microssistema de formação dos precedentes."*
- **12. Enunciado 463 do FPPC.** *"Para a aplicação, de ofício, de precedente vinculante, o órgão julgador deve intimar previamente as partes para que se manifestem sobre ele."*
- **13. Enunciado 550 do FPPC.** *"A inexistência de repercussão geral da questão constitucional discutida no recurso extraordinário é vício insanável, não se aplicando o dever de prevenção de que trata o parágrafo único do art. 932, sem prejuízo do disposto no art. 1.033."*
- **14. Enunciado 551 do FPPC.** *"Cabe ao relator, antes de não conhecer do recurso por intempestividade, conceder o prazo de cinco dias úteis para que o recorrente prove qualquer causa de prorrogação, suspensão ou interrupção do prazo recursal a justificar a tempestividade do recurso."*
- **15. Enunciado 594 do FPPC.** *"O art. 933 incide no controle concentrado-abstrato de constitucionalidade."*
- **16. Enunciado 601 do FPPC.** *"Instaurado o incidente de arguição de inconstitucionalidade, as pessoas jurídicas de direito público responsáveis pela edição do ato normativo questionado deverão ser intimadas para que tenham ciência do teor do acórdão do órgão fracionário que o instaurou."*
- **17. Enunciado 632 do FPPC.** *"A redistribuição de ofício do ônus da prova deve ser precedida de contraditório."*
- **18. Enunciado 635 do FPPC.** *"Antes de decidir sobre a conduta da parte no depoimento pessoal, deverá o magistrado submeter o tema a contraditório para evitar decisão surpresa."*
- **19. Enunciado 657 do FPPC.** *"O relator, antes de considerar inadmissível o incidente de resolução de demandas repetitivas, oportunizará*

*a correção de vícios ou a complementação de informações."*

- **20.** **Enunciado 167 da III Jornada-CJF.** *"A garantia do contraditório aplica-se nos Juizados Especiais, inclusive nos federais, gerando a necessidade de intimação das partes acerca do laudo pericial antes de ser proferida a sentença."*
- **21.** **Enunciado 211 da III Jornada-CJF.** *"Antes de apreciar a defesa do executado lastreada no §3º do art. 854 do CPC, salvo hipótese de rejeição liminar, o juiz deve intimar o exequente para se manifestar, em cinco dias, sob pena de ofensa ao contraditório."*
- **22.** **Enunciado 85 do FNPP.** *"A intimação para manifestação sobre os cálculos elaborados pelo juízo em fase de execução contra a Fazenda Pública deve preceder a expedição do requisitório de pagamento."*
- **23.** **Enunciado 91 do FNPP.** *"A definição das medidas executivas contidas em decisões judiciais que disponham sobre a implementação de políticas públicas, bem como das consequências práticas delas decorrentes, pressupõe o respeito ao contraditório prévio e efetivo e à fundamentação específica."*
- **24.** **Enunciado 121 do FNPP.** *"A ausência de alegação das partes quanto às previsões dos artigos 20, 21, 22 e 23 da LINDB não impede sua aplicação pelo julgador, devendo as partes ser intimadas para manifestação específica, observados os arts. 6º (princípio da cooperação) e 10 (princípio da vedação da decisão surpresa) do CPC."*
- **25.** **Enunciado 1 da ENFAM.** *"Entende-se por 'fundamento' referido no art. 10 do CPC/2015 o substrato fático que orienta o pedido, e não o enquadramento jurídico atribuído pelas partes."*
- **26.** **Enunciado 2 da ENFAM.** *"Não ofende a regra do contraditório do art. 10 do CPC/2015, o pronunciamento jurisdicional que invoca princípio, quando a regra jurídica aplicada já debatida no curso do processo é emanação daquele princípio."*
- **27.** **Enunciado 3 da ENFAM.** *"É desnecessário ouvir as partes quando a manifestação não puder influenciar na solução da causa."*
- **28.** **Enunciado 4 da ENFAM.** *"Na declaração de incompetência absoluta não se aplica o disposto no art. 10, parte final, do CPC/2015."*
- **29.** **Enunciado 5 da ENFAM.** *"Não viola o art. 10 do CPC/2015 a decisão com base em elementos de fato documentados nos autos sob o contraditório."*
- **30.** **Enunciado 6 da ENFAM.** *"Não constitui julgamento surpresa o lastreado em funda-*

*mentos jurídicos, ainda que diversos dos apresentados pelas partes, desde que embasados em provas submetidas ao contraditório."*

## 🖹 COMENTÁRIOS TEMÁTICOS

**31.** **Dever de consulta e vedação à decisão-surpresa.** O dispositivo consagra o dever de consulta e proíbe a decisão-surpresa. Trata-se de regra de concretiza o princípio do contraditório. Para evitar decisões-surpresa, toda questão submetida a julgamento deve passar antes pelo contraditório. O juiz tem o dever de provocar, preventivamente, o contraditório das partes, ainda que se trate de uma questão que possa ser conhecida de ofício, ou de uma presunção simples. Se a questão não for submetida ao contraditório prévio, as partes serão surpreendidas com decisão que terá fundamento numa questão que não foi objeto de debate prévio, não lhes tendo sido dada oportunidade de participar do convencimento do juiz. A decisão, nesse caso, não será válida, haja vista a ausência de participação dos litigantes na sua elaboração. O contraditório há de ser prévio. Antes de proferir qualquer decisão, deve o julgador consultar previamente as partes, permitindo que estas contribuam com a formação de seu convencimento. Em virtude do art. 10, impõe-se a adoção de um contraditório *substancial*. O exercício pleno do contraditório não se limita à garantia de alegação oportuna e eficaz a respeito de fatos, implicando a possibilidade de ser ouvido *também* em matéria jurídica. É preciso observar o contraditório, a fim de evitar um "julgamento surpresa". E, para evitar "decisões surpresa", toda questão submetida a julgamento deve passar antes pelo contraditório.

**32.** **Decisão-surpresa.** *"A utilização pelo juiz de elementos estranhos ao que se debateu no processo produz o que a doutrina e os tribunais, especialmente os europeus, chamam de 'decisão-surpresa', considerada inadmissível, tendo em conta a compreensão atual do contraditório"* (STJ, 4ª Turma, REsp 1.909.451/SP, rel. Min. Luis Felipe Salomão, *DJe* 13.4.2021).

**33.** **Dever de cooperação.** O dispositivo explicita um dos deveres da cooperação, que é o dever de consulta. O juiz deve consultar as partes sobre qualquer fundamento de fato ou de direito que não tenha ainda sido objeto de debate ou de discussão entre elas. Só poderá haver decisão sobre qualquer fundamento se tiver havido prévia oportunidade para manifestação das partes.

**34.** **Direito de influência.** O juiz tem o dever de consultar as partes e estas têm do direito de o influenciar o seu convencimento. Daí por que o dever de consulta previsto no art. 10 está conectado com o dever de fundamentação específica e adequada (art. 489, § 1º). De nada adianta o juiz consultar as partes, mas não examinar suas manifestações, nem enfrentar suas alegações. É por isso que cabe ao juiz, ao decidir, analisar as manifestações das partes (art. 489, § 1º, IV), sob pena de nulidade da decisão.

**35. A antecedente previsão do art. 40, § 4º, da Lei 6.830/1980.** A regra do art. 10 não é novidade no sistema brasileiro. O § 4º do art. 40 da Lei 6.830/1980, que trata das execuções fiscais, assim dispõe: *"Se da decisão que ordenar o arquivamento tiver decorrido o prazo prescricional, o juiz, depois de ouvida a Fazenda Pública, poderá, de ofício, reconhecer a prescrição intercorrente e decretá-la de imediato"*. Na execução fiscal, permite-se ao juiz reconhecer de ofício a prescrição intercorrente, somente depois de ouvida previamente a Fazenda Pública. O contraditório deve, nesse caso, ser instalado para se oportunizar ao Poder Público demonstrar a eventual existência de alguma causa suspensiva ou interruptiva da prescrição e, enfim, para que se possa contribuir com o convencimento do magistrado, instaurando-se um diálogo entre parte e juiz, no que se assegura o contraditório. Tal art. 40 contém um § 5º que dispensa a prévia manifestação da Fazenda Pública, no caso de cobranças judiciais cujo valor seja inferior ao mínimo fixado por ato do Ministro de Estado da Fazenda. O legislador afasta, nessa hipótese, a aplicação do contraditório. A regra fez prevalecer, na espécie, a boa-fé objetiva ou a proibição de conduta contraditória. Se a própria União, por meio do Ministro da Fazenda, edita ato determinando que não deve haver execução fiscal até tal valor, não deve, então, ser intimada para manifestar-se sobre a prescrição. A razão da intimação e a obediência ao contraditório conduzem à possibilidade de haver manifestação contrária da União a respeito da decretação da prescrição. Noutros termos, o contraditório, aí, serve para que a União tenha chance de pedir o prosseguimento da execução, demonstrando não haver prescrição. Ora, se ela mesma não pretende executar, de acordo com anterior ato do Ministro da Fazenda, não poderá, então, pedir para prosseguir a execução ou se insurgir contra a possível prescrição. Na verdade, a lei, nessa situação, está fazendo prevalecer uma conduta anterior da própria União em detrimento de seu direito ao contraditório. Não há razão para instaurar o contraditório, se a própria União, em ato de seu Ministro da Fazenda, já manifestou não ser necessária execução fiscal até determinado valor. Trata-se da aplicação da proibição do *venire contra factum proprium*. Daí por que não há sentido em ouvir a Fazenda Nacional a respeito da prescrição nos casos de valor tido por ela mesma como insignificante para a cobrança judicial. Embora o dispositivo refira-se apenas a ato do Ministro da Fazenda, fazendo com que a regra relacione-se apenas à União, é certo que se aplica também a Estados, Distrito Federal e Municípios.

**36. Violação à vedação da decisão surpresa.** *"Não há que se falar em violação à vedação da decisão surpresa quando o julgador, examinando os fatos expostos na inicial, juntamente com o pedido e a causa de pedir, aplica o entendimento jurídico que considerada coerente para a causa. Precedente: AgInt no AREsp 1.468.820/MG, Rel. Min. Marco Aurélio Bellizze, Terceira Turma, DJe 27.09.2019"* (STJ, 3.ª Turma, AgInt nos EDcl no REsp 1.684.238/RN, rel. Min. Moura Ribeiro, DJe 1º.4.2020).

**37. Fundamentação jurídica *versus* Fundamentação legal.** *"Não há falar em decisão surpresa quando o magistrado, diante dos limites da causa de pedir, do pedido e do substrato fático delineado nos autos, realiza a tipificação jurídica da pretensão no ordenamento jurídico posto, aplicando a lei adequada à solução do conflito, ainda que as partes não a tenham invocado (iura novit curia) e independentemente de oitiva delas, até porque a lei deve ser do conhecimento de todos, não podendo ninguém se dizer surpreendido com a sua aplicação"* (STJ, 4.ª Turma, AgInt no AREsp 1.587.120/MG, rel. Min. Luis Felipe Salomão, DJe 2.4.2020).

**38. Inadmissibilidade do recurso especial e ausência de decisão surpresa.** *"Na linha da jurisprudência do STJ, a proibição da denominada decisão surpresa – que ofende o princípio previsto nos arts. 9º e 10 do CPC/2015 –, ao trazer questão nova, não aventada pelas partes em Juízo, não diz respeito aos requisitos de admissibilidade do Recurso Especial, previstos em lei e reiteradamente proclamados por este Tribunal, pois não há, neste caso, qualquer inovação no litígio ou adoção de fundamentos que seriam desconhecidos pelas partes, razão pela qual inexiste a alegada nulidade da decisão agravada, à míngua de intimação acerca dos fundamentos utilizados para o não conhecimento do Recurso Especial, que deixou de preencher os pressupostos constitucionais e legais do apelo"* (STJ, 2ª Turma, AgInt no AREsp 1.205.959/SP, rel. Min. Assusete Magalhães, DJe 25.9.2019).

**39. Poder de influência das partes no convencimento do julgador.** *"O princípio da coo-*

peração e também o da "não surpresa" previstos no art. 10 do NCPC – que são desdobramentos do devido processo legal –, permitem e possibilitam que os sujeitos processuais possam influir concretamente na formação do provimento jurisdicional, garantindo um processo mais justo e isonômico, motivo pelo qual não se pode admitir que a sentença se valha de fatos trazidos pelo Ministério Público local não conhecidos por elas e não submetidos ao contraditório, impondo-lhes notório prejuízo" (STJ, 3ª Turma, REsp 1.824.337/CE, rel. Min. Moura Ribeiro, *DJe* 13.12.2019).

**40. Necessidade de contraditório prévio.** "A proibição de decisão surpresa, com obediência ao princípio do contraditório, assegura às partes o direito de serem ouvidas de maneira antecipada sobre todas as questões relevantes do processo, ainda que passíveis de conhecimento de ofício pelo magistrado. O contraditório se manifesta pela bilateralidade do binômio ciência/influência. Um sem o outro esvazia o princípio. A inovação do art. 10 do CPC/2015 está em tornar objetivamente obrigatória a intimação das partes para que se manifestem previamente à decisão judicial. E a consequência da inobservância do dispositivo é a nulidade da decisão surpresa, ou decisão de terceira via, uma vez que fere a característica fundamental do novo modelo de processualística pautado na colaboração entre as partes e no diálogo com o julgador. O processo judicial contemporâneo não se faz com protagonismos e protagonistas, mas com equilíbrio na atuação das partes e do juiz de forma a que o feito seja conduzido cooperativamente pelos sujeitos processuais principais. A cooperação processual, cujo dever de consulta é uma das suas manifestações, é traço característico do CPC/2015. Encontra-se refletida no art. 10, bem como em diversos outros dispositivos espraiados pelo Código. (...) A negativa de efetividade ao art. 10 c/c art. 933 do CPC/2015 implica error in procedendo e nulidade do julgado, devendo a intimação antecedente ser procedida na instância de origem para permitir a participação dos titulares do direito discutido em juízo na formação do convencimento do julgador e, principalmente, assegurar a necessária correlação ou congruência entre o âmbito do diálogo desenvolvido pelos sujeitos processuais e o conteúdo da decisão prolatada" (STJ, 2ª Turma, REsp 1.676.027/PR, rel. Min. Herman Benjamin, *DJe* 11.10.2017).

**41. Decisão-surpresa sobre questão nova.** "A jurisprudência do STJ se firmou no sentido de que a proibição da denominada decisão surpresa – que ofende o princípio previsto no art. 10 do CPC/15 – refere-se à questão nova, não

aventada pelas partes em Juízo, sendo certo que, em última análise, tal instituto se traduz em uma garantia das partes de poder influir efetivamente no provimento jurisdicional e, por conseguinte, conferir máxima eficácia aos princípios do contraditório e da ampla defesa." (STJ, 4ª Turma, AgInt no AREsp 2.283.100/GO, rel. Min. Marco Buzzi, *DJe* 11.5.2023).

> **Art. 11.** Todos os julgamentos dos órgãos do Poder Judiciário serão públicos, e fundamentadas todas as decisões, sob pena de nulidade.
> Parágrafo único. Nos casos de segredo de justiça, pode ser autorizada a presença somente das partes, de seus advogados, de defensores públicos ou do Ministério Público.

▶ **1. Sem correspondência no CPC/1973.**

## 🗂 LEGISLAÇÃO CORRELATA

**2. CF, art. 93, IX.** "Art. 93. Lei complementar, de iniciativa do Supremo Tribunal Federal, disporá sobre o Estatuto da Magistratura, observados os seguintes princípios: (...) IX – todos os julgamentos dos órgãos do Poder Judiciário serão públicos, e fundamentadas todas as decisões, sob pena de nulidade, podendo a lei limitar a presença, em determinados atos, às próprias partes e a seus advogados, ou somente a estes, em casos nos quais a preservação do direito à intimidade do interessado no sigilo não prejudique o interesse público à informação."

**3.** *Lei 9.279/1996, art. 206.* "Art. 206. Na hipótese de serem reveladas, em juízo, para a defesa dos interesses de qualquer das partes, informações que se caracterizem como confidenciais, sejam segredo de indústria ou de comércio, deverá o juiz determinar que o processo prossiga em segredo de justiça, vedado o uso de tais informações também à outra parte para outras finalidades."

**4. Lei 13.146/2015, art. 80.** "Art. 80. Devem ser oferecidos todos os recursos de tecnologia assistiva disponíveis para que a pessoa com deficiência tenha garantido o acesso à justiça, sempre que figure em um dos polos da ação ou atue como testemunha, partícipe da lide posta em juízo, advogado, defensor público, magistrado ou membro do Ministério Público. Parágrafo único. A pessoa com deficiência tem garantido o acesso ao conteúdo de todos os atos processuais de seu interesse, inclusive no exercício da advocacia."

**5. Lei 14.289/2022, art. 2º, VI.** "Art. 2º É vedada a divulgação, pelos agentes públicos ou privados, de informações que permitam a identificação da condição de pessoa que vive com *infecção pelos vírus da imunodeficiência humana (HIV) e das hepatites crônicas (HBV e HCV) e de pessoa com hanseníase e com tuberculose, nos seguintes âmbitos: (...) VI – processos judiciais; (...) Parágrafo único. O sigilo profissional sobre a condição de pessoa que vive com infecção pelos vírus da imunodeficiência humana (HIV) e das hepatites crônicas (HBV e HCV) e de pessoa com hanseníase e com tuberculose somente poderá ser quebrado nos casos determinados por lei, por justa causa ou por autorização expressa da pessoa acometida ou, quando se tratar de criança, de seu responsável legal, mediante assinatura de termo de consentimento informado, observado o disposto no art. 11 da Lei nº 13.709, de 14 de agosto de 2018 (Lei Geral de Proteção de Dados Pessoais – LGPD).*"

**6. Lei 14.289/2022, art. 5º.** *"Art. 5º Nos inquéritos ou nos processos judiciais que tenham como parte pessoa que vive com infecção pelos vírus da imunodeficiência humana (HIV) e das hepatites crônicas (HBV e HCV) e pessoa com hanseníase e com tuberculose, devem ser providos os meios necessários para garantir o sigilo da informação sobre essa condição. § 1º Qualquer divulgação a respeito de fato objeto de investigação ou de julgamento não poderá fornecer informações que permitam a identificação de pessoa que vive com infecção pelos vírus da imunodeficiência humana (HIV) e das hepatites crônicas (HBV e HCV) e de pessoa com hanseníase e com tuberculose. § 2º Em julgamento que envolver pessoa que vive com infecção pelos vírus da imunodeficiência humana (HIV) e das hepatites crônicas (HBV e HCV) e pessoa com hanseníase e com tuberculose no qual não seja possível manter o sigilo sobre essa condição, o acesso às sessões somente será permitido às partes diretamente interessadas e aos respectivos advogados.*"

**7. Lei 14.289/2022, art. 6º.** *"Art. 6º O descumprimento das disposições desta Lei sujeita o agente público ou privado infrator às sanções previstas no art. 52 da Lei nº 13.709, de 14 de agosto de 2018, bem como às demais sanções administrativas cabíveis, e obriga-o a indenizar a vítima por danos materiais e morais, nos termos do art. 927 da Lei nº 10.406, de 10 de janeiro de 2002 (Código Civil). Parágrafo único. Nas situações em que for divulgada informação sobre a condição de pessoa que vive com infecção pelos vírus da imunodeficiência humana (HIV) e das hepatites crônicas (HBV e HCV) e de pessoa com hanseníase e com tuberculose por agentes que, por força de sua profissão ou do cargo que ocupam, estão obrigados à preservação do sigilo, e essa divulgação ficar caracterizada como intencional e com o intuito de causar dano ou ofensa, aplicar-se-ão em dobro: I – as penas pecuniárias ou de suspensão de atividades previstas no art. 52 da Lei nº 13.709, de 14 de agosto de 2018; II – as indenizações pelos danos morais causados à vítima.*"

**8. Resolução 121/2010 do CNJ, art. 1º.** *"Art. 1º A consulta aos dados básicos dos processos judiciais será disponibilizada na rede mundial de computadores (internet), assegurado o direito de acesso a informações processuais a toda e qualquer pessoa, independentemente de prévio cadastramento ou de demonstração e interesse. Parágrafo único. No caso de processo em sigilo ou segredo de justiça, não se aplica o disposto neste artigo.*"

**9. Resolução 121/ 2010 do CNJ, art. 3º.** *"Art. 3º O advogado cadastrado e habilitado nos autos, as partes cadastradas e o membro do Ministério Público cadastrado terão acesso a todo o conteúdo do processo eletrônico. § 1º Os sistemas devem possibilitar que advogados, procuradores e membros do Ministério Público cadastrados, mas não vinculados a processo previamente identificado, acessem automaticamente todos os atos e documentos processuais armazenados em meio eletrônico, desde que demonstrado interesse, para fins, apenas, de registro, salvo nos casos de processos em sigilo ou segredo de justiça. § 2º Deverá haver mecanismo que registre cada acesso previsto no parágrafo anterior.*"

**10. Res. 591/2024 CNJ, art. 3º.** *"Art. 3º Os julgamentos eletrônicos serão públicos, com acesso direto, em tempo real e disponíveis a qualquer pessoa, por meio do sítio eletrônico próprio designado pelo Tribunal. Parágrafo único. As sessões virtuais jurisdicionais serão realizadas em periodicidade a ser definida e previamente divulgada pelo órgão colegiado competente.*"

## ⚖ Jurisprudência, Enunciados e Súmulas Selecionados

- **11. Tema/Repercussão Geral 339 STF.** *"O art. 93, IX, da Constituição Federal exige que o acórdão ou decisão sejam fundamentados, ainda que sucintamente, sem determinar, contudo, o exame pormenorizado de cada uma das alegações ou provas.*"
- **12. Súmula STJ, 123.** *"A decisão que admite, ou não, o recurso especial deve ser fundamentada, com o exame dos seus pressupostos gerais e constitucionais.*"
- **13. Enunciado 620 do FPPC.** *"O ajuizamento e o julgamento de ações coletivas serão*

**LIVRO I · DAS NORMAS PROCESSUAIS CIVIS**   **Art. 12**

*objeto da mais ampla e específica divulgação e publicidade."*

- **14. Enunciado 699 do FPPC.** *"Aplicam-se o art. 11 e o § 1º do art. 489 à decisão que aprecia o pedido de expedição do mandado monitório."*
- **15. Enunciado 732 do FPPC.** *"O relatório e os votos proferidos nos julgamentos no Plenário Virtual dos Tribunais Superiores devem ser publicizados em tempo real."*
- **16. Enunciado 188 da III Jornada-CJF.** *"Os votos proferidos nos julgamentos virtuais dos tribunais devem ser publicizados em tempo real, à medida que forem sendo disponibilizados pelos julgadores."*
- **17. Enunciado 91 do FNPP.** *"A definição das medidas executivas contidas em decisões judiciais que disponham sobre a implementação de políticas públicas, bem como das consequências práticas delas decorrentes, pressupõe o respeito ao contraditório prévio e efetivo e à fundamentação específica."*
- **18. Enunciado 92 do FNPP.** *"A fundamentação da decisão judicial deve conter manifestação expressa e específica a respeito das alegações feitas pela Administração Pública acerca dos obstáculos, das dificuldades reais e das exigências jurídicas suportados na implementação de políticas públicas."*

### 🗒 COMENTÁRIOS TEMÁTICOS

**19. Abrangência do dispositivo.** O dispositivo reforça o princípio da publicidade e a regra da motivação das decisões judiciais, reproduzindo a disposição constitucional. Conquanto previsto no CPC, o enunciado normativo é constitucional. O descumprimento da publicidade ou da motivação acarreta ofensa ao art. 93, IX, da CF, e não a dispositivos da legislação processual. Estes apenas reproduzem a norma constitucional.

**20. Princípio da publicidade.** O dispositivo reproduz o texto constitucional, acrescentando, no elenco dos que estão autorizados a participar em processos que correm em segredo de justiça, uma menção aos defensores públicos e ao Ministério Público que atuem no caso. Rigorosamente, não há novidade; o acréscimo apenas esclarece o acesso aos atos processuais de quem atua no caso. O princípio da publicidade está previsto no texto constitucional e é reproduzido em diversos dispositivos do CPC. O art. 8º exige sua observância, o que é reforçado nos arts. 11 e 189. Na cooperação jurídica internacional, deve-se observar a publicidade processual, exceto

nas hipóteses de sigilo previstas na legislação brasileira ou na do Estado requerente (art. 26, III). Os sistemas de automação processual devem, segundo o art. 194, respeitar a publicidade dos atos. E nem poderia ser diferente, pois a publicidade há de ser respeitada, independentemente da plataforma adotada para a prática dos atos processuais: sejam os autos de papel, sejam virtuais.

**21. Regra fundamental da motivação.** Todas as decisões judiciais devem ser fundamentadas. O dever de fundamentação é exigência do devido processo legal, decorrendo do princípio do contraditório. Daí a imbricação entre o dever de fundamentação, o dever de consulta e a vedação à decisão-surpresa (arts. 9º e 10). A concretização da regra constitucional da motivação é, em nível infraconstitucional, feita no art. 489, com detalhamento e explicitação do que não se considera como fundamentação adequada. A falta de motivação adequada acarreta invalidade da decisão.

**22. Inércia argumentativa.** A regra fundamental da motivação relaciona-se com a ideia de inércia argumentativa mencionada nos comentários ao art. 2º.

> **Art. 12.** Os juízes e os tribunais atenderão, preferencialmente, à ordem cronológica de conclusão para proferir sentença ou acórdão.
>
> § 1º A lista de processos aptos a julgamento deverá estar permanentemente à disposição para consulta pública em cartório e na rede mundial de computadores.
>
> § 2º Estão excluídos da regra do *caput*:
>
> I – as sentenças proferidas em audiência, homologatórias de acordo ou de improcedência liminar do pedido;
>
> II – o julgamento de processos em bloco para aplicação de tese jurídica firmada em julgamento de casos repetitivos;
>
> III – o julgamento de recursos repetitivos ou de incidente de resolução de demandas repetitivas;
>
> IV – as decisões proferidas com base nos arts. 485 e 932;
>
> V – o julgamento de embargos de declaração;
>
> VI – o julgamento de agravo interno;
>
> VII – as preferências legais e as metas estabelecidas pelo Conselho Nacional de Justiça;
>
> VIII – os processos criminais, nos órgãos jurisdicionais que tenham competência penal;
>
> IX – a causa que exija urgência no julgamento, assim reconhecida por decisão fundamentada.

§ 3º Após elaboração de lista própria, respeitar-se-á a ordem cronológica das conclusões entre as preferências legais.

§ 4º Após a inclusão do processo na lista de que trata o § 1º, o requerimento formulado pela parte não altera a ordem cronológica para a decisão, exceto quando implicar a reabertura da instrução ou a conversão do julgamento em diligência.

§ 5º Decidido o requerimento previsto no § 4º, o processo retornará à mesma posição em que anteriormente se encontrava na lista.

§ 6º Ocupará o primeiro lugar na lista prevista no § 1º ou, conforme o caso, no § 3º, o processo que:

I – que tiver sua sentença ou acordão anulado, salvo quando houver necessidade de realização de diligência ou de complementação da instrução;

II – se enquadrar na hipótese do art. 1.040, inciso II .

▶ **1. Sem correspondência no CPC/1973.**

## 🏛 Legislação Correlata

**2. Lei 9.507/1997, art. 19.** *"Art. 19. Os processos de habeas data terão prioridade sobre todos os atos judiciais, exceto habeas corpus e mandado de segurança. Na instância superior, deverão ser levados a julgamento na primeira sessão que se seguir à data em que, feita a distribuição, forem conclusos ao relator."*

**3. Lei 12.016/2009, art. 20.** *"Art. 20. Os processos de mandado de segurança e os respectivos recursos terão prioridade sobre todos os atos judiciais, salvo* habeas corpus.*"*

## ⚖ Jurisprudência, Enunciados e Súmulas Selecionados

- **4. Enunciado 382 do FPPC.** *"No juízo onde houver cumulação de competência de processos dos juizados especiais com outros procedimentos diversos, o juiz poderá organizar duas listas cronológicas autônomas, uma para os processos dos juizados especiais e outra para os demais processos."*

- **5. Enunciado 486 do FPPC.** *"A inobservância da ordem cronológica dos julgamentos não implica, por si, a invalidade do ato decisório."*

- **6. Enunciado 32 da ENFAM.** *"O rol do art. 12, § 2º, do CPC/2015 é exemplificativo, de modo que o juiz poderá, fundamentadamente, proferir sentença ou acordão fora da ordem cronológica de conclusão, desde que preservadas a moralidade, a publicidade, a impessoalidade e a eficiência na gestão da unidade judiciária."*

- **7. Enunciado 33 da ENFAM.** *"A urgência referida no art. 12, § 2º, IX, do CPC/2015 é diversa da necessária para a concessão de tutelas provisórias de urgência, estando autorizada, portanto, a prolação de sentenças e acórdãos fora da ordem cronológica de conclusão, em virtude de particularidades gerenciais da unidade judicial, em decisão devidamente fundamentada."*

- **8.Enunciado 34 da ENFAM.** *"A violação das regras dos arts. 12 e 153 do CPC/2015 não é causa de nulidade dos atos praticados no processo decidido/cumprido fora da ordem cronológica, tampouco caracteriza, por si só, parcialidade do julgador ou do serventuário."*

## 🗒 Comentários Temáticos

**9. Ordem cronológica e princípio da igualdade.** A ordem cronológica prevista no dispositivo concretiza o princípio republicano da igualdade, adotando critério objetivo para o julgamento dos processos judiciais.

**10. Ordem cronológica e princípio da impessoalidade.** O princípio da impessoalidade, previsto no art. 37 da CF, aplica-se à Administração Pública de todos os Poderes. A previsão de uma ordem cronológica de julgamento concretiza o princípio da impessoalidade na rotina administrativa dos órgãos jurisdicionais.

**11. Ordem cronológica e duração razoável do processo.** A previsão de ordem cronológica dos julgamentos concretiza, de igual modo, o princípio da duração razoável do processo, evitando prolongamento indefinido para julgamento de processos conclusos há muito tempo.

**12. Aplicabilidade da regra apenas para sentenças.** Os juízes devem observar a ordem cronológica de conclusão apenas para proferir sentenças. A regra não se aplica a decisões interlocutórias. Desse modo, não é necessário haver ordem cronológica para apreciação de pedidos de tutela provisória, de urgência ou de evidência (art. 294), nem para a prolação de decisão parcial de mérito (art. 356), que é, na definição do art. 203, §§ 1º e 2º, uma decisão interlocutória.

**13. Aplicabilidade da regra para acórdãos.** O dispositivo estabelece que os tribunais devem obedecer à ordem cronológica para proferir acórdão. Da mesma forma que a ordem cronológica somente se aplica para a prolação de sentença, deve ser observada nos tribunais apenas para acórdãos que encerrem o procedimento no tribunal. E assim há de ser, em razão da necessária simetria com a primeira instância, garantindo-se unidade e coerência sistêmicas. Não se sujeita à ordem cronológica, por exemplo, acórdão que concede ou nega liminar em ADI, ADC ou ADPF; não há julgamento final nessas hipóteses. É possível, ainda, que, em qualquer outra ação ou em algum recurso, o relator conceda a liminar, submetendo-a em seguida ao colegiado para referendo, vindo a ser proferido acórdão que ratifique ou não a medida. Tal acórdão pode ser proferido sem que tenha havido observância à ordem cronológica. Assim, quando o dispositivo enuncia que os tribunais devem obedecer à ordem cronológica para proferir acórdão, está a referir-se a acórdão final, e não a acórdãos proferidos durante o procedimento da ação, do incidente, da remessa necessária ou do recurso.

**14. Conclusão do processo como parâmetro para a ordem cronológica.** O critério adotado para a ordem cronológica é a conclusão do processo para julgamento final. Como se sabe, conclusão é o ato praticado pela secretaria ou unidade judiciária que certifica estar o processo pronto para o pronunciamento do juiz. Toda a atividade de secretaria foi concluída, sendo os autos encaminhados ao juiz para decisão. A regra estabelece que o juiz deve julgar de acordo com a ordem cronológica de conclusão, sendo aplicada a qualquer tipo de processo, eletrônico ou não. Na primeira instância, é a conclusão para a prolação de sentença; nos tribunais, a conclusão para acórdão. Rigorosamente, o *julgamento* difere do *acórdão*. O *julgamento* antecede o *acórdão*. Colhidos os votos dos integrantes do órgão julgador, haverá o *julgamento*, que será, posteriormente, reduzido a escrito, recebendo, então, a denominação de *acórdão*. O *acórdão* é, enfim, a materialização do *julgamento*, consistindo na redução a escrito da solução dada pelos integrantes do colegiado. Nos termos do art. 204, o acórdão é o julgamento colegiado proferido pelos tribunais. A decisão colegiada proferida por tribunal recebe a denominação de acórdão. É nesse sentido que o art. 12 refere-se a acórdão. A ordem cronológica deve considerar a conclusão para o *julgamento colegiado*, e não para a lavratura do acórdão, que é a documentação do que foi julgado. A lavratura do acórdão ocorre depois do julgamento. Só que a ordem cronológica é para o julgamento. De acordo com o art. 931, uma vez distribuídos, os autos serão de imediato conclusos ao relator, que, em trinta dias, depois de elaborar o voto, restitui-los-á, com relatório, à secretaria. É essa conclusão que deve servir de parâmetro para a ordem cronológica. A lista de ordem cronológica há de ser elaborada com base nessa conclusão. Ocorre, porém, que tal regra, contida no art. 931, aplica-se aos recursos que já chegam no tribunal com todo o procedimento consumado. É o caso da apelação, do recurso ordinário, do recurso especial e do recurso extraordinário. O agravo de instrumento, o conflito de competência, as ações originárias e outros casos devem ser processados no tribunal; a conclusão para julgamento não é feita logo após a distribuição. Depois de todo o processamento, é que haverá a conclusão para julgamento, passando, então, o caso a integrar a lista de ordem cronológica prevista no art. 12.

**15. Ordem cronológica de conclusão e ordem da pauta de julgamento.** O disposto no art. 12 trata da ordem cronológica de conclusão para acórdão. Essa ordem cronológica aplica-se ao gabinete de cada relator; não se confunde com a ordem da pauta de julgamento. A lista prevista no art. 12 deve ser feita a partir da conclusão ao relator para elaboração de relatório e do voto. Elaborados o relatório e o voto, o relator pedirá inclusão em pauta ao presidente do órgão julgador (art. 934). Feita a inclusão em pauta pelo presidente, os recursos, a remessa necessária e as causas de competência originária serão julgados pela ordem prevista no art. 936: primeiro, aqueles em que houver sustentação oral, observada a ordem dos requerimentos; depois, os que tiverem pedido de preferência apresentado até o início da sessão de julgamento; em seguida, os que tenham tido julgamento iniciado em sessão anterior e, por fim, os demais, na ordem da pauta.

**16. Primeira lista a ser observada no início de vigência do CPC.** O parâmetro para a ordem cronológica é a conclusão para proferir sentença ou acórdão. No início de vigência do Código, é preciso observar o que dispõe o § 5º do seu art. 1.046: *"a primeira lista de processos para julgamento em ordem cronológica observará a antiguidade da distribuição entre os já conclusos na data da entrada em vigor deste Código".* Ao órgão julgador cabe reunir os processos conclusos e elaborar a lista de ordem cronológica pela antiguidade da distribuição.

**17. Divulgação e publicidade da ordem cronológica.** O órgão jurisdicional deve manter disponível a lista cronológica da ordem de conclusão, divulgando-a em cartório e garantindo-lhe ampla publicidade, inclusive na rede mundial de computadores. A divulgação e a publicidade dessas informações são fundamentais para viabilizar transparência e controle do cumprimento da regra.

**18. Requerimento formulado após a inclusão do processo na lista.** Elaborada a lista de ordem cronológica, eventual requerimento feito por qualquer das partes ao juiz ou relator não retira o processo da lista nem altera a ordem cronológica. A regra evita a conduta da parte que tente impedir o julgamento com a apresentação de qualquer requerimento após a inclusão do processo na lista. O requerimento acarreta a retirada do processo da lista ou alterar a ordem cronológica se implicar a reabertura da instrução ou a conversão do julgamento em diligência.

**19. Fato superveniente alegado ou conhecido após a inclusão do processo na lista.** O requerimento previsto no § 4º do art. 12 pode consistir na alegação de um fato superveniente que deve ser levado em conta pelo órgão julgador. Tal fato superveniente também pode ser constatado de ofício pelo juiz ou tribunal (art. 493). Alegado ou conhecido de ofício, cabe ao juiz determinar a intimação das partes para manifestarem-se sobre o fato superveniente, em razão do contraditório e da vedação à decisão-surpresa (arts. 9º e 10). Constatada a sua ocorrência durante o procedimento de um recurso, aplica-se o disposto no art. 933: o relator intimará as partes para que se manifestem no prazo de cinco dias. Se a constatação ocorrer durante a sessão de julgamento, este será imediatamente suspenso a fim de que as partes se manifestem especificamente. Se a constatação se der em vista dos autos, deverá a questão ser encaminhada ao relator, que determinará a intimação das partes para manifestarem-se sobre o fato superveniente, sendo, em seguida, feita nova inclusão em pauta para prosseguimento do julgamento. Em qualquer dessas hipóteses, o julgamento é, como se percebe, convertido em diligência, devendo o processo ser retirado da lista de ordem cronológica para que se ultime o contraditório e, então, seja feita nova conclusão para julgamento, perdendo o processo seu lugar na lista de ordem cronológica.

**20. Exceções à regra.** A regra da ordem cronológica é excepcionada no § 2º do dispositivo. Tais exceções concretizam o próprio princípio da isonomia, tendo ainda por fundamento o princípio da eficiência e, numa perspectiva inversa, o da duração razoável do processo. Há situações que merecem tratamento prioritário, devendo ser excluídas da ordem cronológica.

**21. Hipóteses de exclusão da regra: tipos legais.** As exceções estão descritas ou ordenadas no § 2º, e não conceituadas ou classificadas. O legislador exprimiu-se numa dimensão tipológica ou ordenatória, valendo-se de *tipos legais*.

Os tipos consistem em modelos, exemplos, paradigmas, *standards*. A aplicação dessas exceções deve levar em conta o pensamento tipológico, com aproximação, graduação e analogia. As hipóteses que se encaixem no mesmo tipo ou que sejam semelhantes, devem ser aproximadas, receber a devida graduação e submeter-se ao mesmo tratamento normativo. O modo de operar do tipo é tipológico-comparativo, funcionando com base na *semelhança*: o objeto é "mais ou menos" o tipo, assemelhando-se a ele. A análise do caso perante o tipo é comparativa, feita por semelhança, consistindo num processo analógico. A comparação pressupõe um critério de igualdade ou desigualdade. É a *isonomia* que vai estabelecer se o caso se ajusta ao tipo e se merece receber o tratamento normativo a ele destinado. Os enunciados normativos a respeito das exceções à ordem cronológica constituem *tipos*, funcionando com base na semelhança, por não possuírem elementos normativos rígidos ou determinados com rigor. Não há, nesses casos, uma descrição rigorosa, rígida, exaustiva, minuciosa do tipo, enquadrando-se na hipótese legal todos aqueles que se assemelhem à previsão normativa.

# CAPÍTULO II
## DA APLICAÇÃO DAS NORMAS PROCESSUAIS

**Art. 13.** A jurisdição civil será regida pelas normas processuais brasileiras, ressalvadas as disposições específicas previstas em tratados, convenções ou acordos internacionais de que o Brasil seja parte.

▶ **1.** Sem correspondência no CPC/1973.

## 🔲 LEGISLAÇÃO CORRELATA

**2. CPP, art. 1º.** *"Art. 1º O processo penal reger-se-á, em todo o território brasileiro, por este Código, ressalvados: I – os tratados, as convenções e regras de direito internacional; II – as prerrogativas constitucionais do Presidente da República, dos ministros de Estado, nos crimes conexos com os do Presidente da República, e dos ministros do Supremo Tribunal Federal, nos crimes de responsabilidade; III – os processos da competência da Justiça Militar; IV – os processos da competência do tribunal especial; V – os processos por crimes de imprensa. Parágrafo único. Aplicar-se-á, entretanto, este Código aos processos referidos nos nºs.*

# LIVRO I · DAS NORMAS PROCESSUAIS CIVIS — Art. 13

*IV e V, quando as leis especiais que os regulam não dispuserem de modo diverso."*

## ⚖ JURISPRUDÊNCIA, ENUNCIADOS E SÚMULAS SELECIONADOS

- **3. ADI 5.534.** *"O Supremo Tribunal Federal reconhece a natureza processual das normas que regulamentam o procedimento de execução das obrigações de pequeno valor, por versarem sobre os atos necessários para que a Fazenda Pública cumpra o julgado exequendo. Precedentes: RE 632.550-AgR, Primeira Turma, da minha relatoria, DJe de 14.05.2012; RE 293.231, Segunda Turma, Rel. Min. Maurício Corrêa, DJ de 1º.06.2001). A norma do art. 535, § 3º, inciso II, do Código de Processo Civil detém natureza nitidamente processual, a atrair a competência privativa da União para dispor sobre tema (art. 22, inciso I, da Constituição de 1988)."*

## ▣ COMENTÁRIOS TEMÁTICOS

**4. Norma jurídica processual.** É a que se destina a estruturar e a regular um processo ou alguns de seus atos, servindo, ainda, para disciplinar situações jurídicas processuais, tais como direitos, deveres, poderes, faculdades, ônus e sujeições processuais.

**5. Fontes.** A atividade jurisdicional é regulada por diversas normas que integram o ordenamento jurídico. Há, portanto, diversas fontes normativas destinadas a regular a atividade jurisdicional e o processo civil.

**6. Constituição.** Existem diversas normas constitucionais que regulam a atividade jurisdicional e o processo civil. A Constituição é, então, fonte normativa do processo civil, prevendo, por exemplo, o devido processo legal, o princípio do contraditório e o da ampla defesa, o da publicidade dos atos processuais, o da fundamentação das decisões judiciais, a regra da proibição de provas ilícitas, a garantia do juiz natural, entre tantas outras.

**7. Convenções ou acordos internacionais.** Os tratados, as convenções e os acordos internacionais são fontes de normas processuais, havendo, por exemplo, normas fundamentais do processo previstas no Pacto de San Jose da Costa Rica, ou normas que facilitam a prática de atos processuais, como as que estão no Protocolo de Las Leñas, firmado no âmbito do Mercosul, dos quais o Brasil é signatário.

**8. Lei federal.** A lei federal é a principal fonte de normas processuais, pois compete privativa-

mente à União legislar sobre o direito processual (CF, art. 22, I). Não é por outro motivo, aliás, que o CPC é uma lei federal, consistindo na principal e mais importante fonte de normas processuais.

**9. Lei estadual.** Compete, concorrentemente, à União e aos Estados legislar sobre procedimentos em matéria processual (CF, art. 24, XI). Se, de um lado, cabe à União legislar, privativamente, sobre direito processual (CF, art. 22, I), os Estados podem, por outro lado, legislar sobre procedimentos em matéria processual (CF, art. 24, XI). No ponto, é relevante distinguir processo de procedimento. Essa é uma distinção tormentosa na doutrina. Mais recentemente, tem sido bem difícil fazer essa distinção, pois prevalece o entendimento segundo o qual o processo é procedimento em contraditório. A distinção, então, é bem tênue. Seja como for, pode-se considerar que a lei federal é a principal fonte de normas processuais, podendo a lei estadual complementá-la, suprindo-lhe omissões ou detalhando rotinas procedimentais ou burocráticas, que se compatibilizem com a realidade local.

**10. Medidas provisórias.** Não podem ser fontes de normas processuais (CF, art. 62, § 1º, I, *b*). Essa proibição surgiu com a EC 32/2001, antes da qual poderia haver medida provisória que versasse sobre direito processual. As medidas provisórias que tratam de direito processual editadas anteriormente à EC 32/2001 continuam em vigor indefinidamente, até serem convertidas em lei (EC 32/2001, art. 2º). Tome-se como exemplo a MP 2.180-35/2001, ainda em vigor, na qual há diversas normas processuais.

**11. Regimentos internos.** Os tribunais exercem, privativamente, a atividade legislativa de editar seus regimentos internos (CF, art. 96, I, *a*) e, neles, dispor sobre a competência e o funcionamento de seus órgãos administrativos e jurisdicionais. Os regimentos internos dos tribunais são, portanto, fonte de norma processual.

**12. Resoluções.** O CNJ e os tribunais editam resoluções, que disciplinam procedimentos em matéria processual. Há resoluções de tribunais que disciplinam o horário de funcionamento de seus órgãos, a forma como se realizam os protocolos, o compartilhamento de competências e a cooperação judiciária nacional etc. Também há resoluções do CNJ que são fontes de normas processuais. Assim, por exemplo, a Resolução 236/2016 do CNJ regulamenta, no âmbito do Poder Judiciário, procedimentos relativos à alienação judicial por meio eletrônico. Sua Resolução 345/2020 institui o "Juízo 100% digital". Já a sua Resolução 202/2015 regulamenta o pedido de vista nos processos jurisdicionais e administrativos no âmbito do Poder Judiciário. Há outras tantas resoluções do CNJ que constituem fontes de normas processuais.

**13. Precedentes.** Os precedentes são fontes do Direito. Na verdade, são fontes de segundo grau, pois produzem Direito a partir da interpretação de outras fontes, tendo, por isso, mais densidade e concretude do que as normas constitucionais e legais.

**14. Negócios jurídicos processuais.** As partes podem celebrar negócios processuais para disciplinar o procedimento ou para dispor sobre situações jurídicas processuais (art. 190). É possível, até mesmo, que as partes, juntamente com o juiz, fixem um calendário para a prática dos atos processuais (art. 191). Os negócios jurídicos processuais são, enfim, fontes de norma processual.

**15. Costume.** O costume também é fonte de normas processuais. Há rotinas burocráticas, usos e costumes que se consolidam e se tornam fonte de direito processual.

**16. Pluralidade de fontes.** Há uma pluralidade de fontes no direito processual, sendo necessário que se estabeleça um diálogo das diversas fontes do direito processual, a fim de se garantir integridade e coerência da jurisprudência dos tribunais (art. 926).

> **Art. 14.** A norma processual não retroagirá e será aplicável imediatamente aos processos em curso, respeitados os atos processuais praticados e as situações jurídicas consolidadas sob a vigência da norma revogada.

▶ **1. Correspondência no CPC/1973.** *"Art. 1.211. Este Código regerá o processo civil em todo o território brasileiro. Ao entrar em vigor, suas disposições aplicar-se-ão desde logo aos processos pendentes."*

🗒 **Legislação Correlata**

**2. LINDB, art. 6º.** *"Art. 6º A Lei em vigor terá efeito imediato e geral, respeitados o ato jurídico perfeito, o direito adquirido e a coisa julgada."*

**3. CPP, art. 2º.** *"Art. 2º A lei processual penal aplicar-se-á desde logo, sem prejuízo da validade dos atos realizados sob a vigência da lei anterior."*

⚖ **Jurisprudência, Enunciados e Súmulas Selecionados**

• **4. Tema/Repetitivo 420 STJ.** *"Não se comportam no âmbito normativo do art. 741, parágrafo único, do CPC [1973], as senten-*

*ças que tenham reconhecido o direito a diferenças de correção monetária das contas do FGTS, contrariando o precedente do STF a respeito (RE 226.855-7, Min. Moreira Alves, RTJ 174:916-1006). É que, para reconhecer legítima, nos meses que indicou, a incidência da correção monetária pelos índices aplicados pela gestora do Fundo (a Caixa Econômica Federal), o STF não declarou a inconstitucionalidade de qualquer norma, nem mesmo mediante as técnicas de interpretação conforme a Constituição ou sem redução de texto. Resolveu, isto sim, uma questão de direito intertemporal (a de saber qual das normas infraconstitucionais – a antiga ou a nova – deveria ser aplicada para calcular a correção monetária das contas do FGTS nos citados meses) e a deliberação tomada se fez com base na aplicação direta de normas constitucionais, nomeadamente a que trata da irretroatividade da lei, em garantia do direito adquirido (art. 5º, XXXVI)."*

• **5. Tema/Repetitivo 450 STJ.** *"O § 2º do art. 6º da Lei n. 9.469/1997, que obriga à repartição dos honorários advocatícios, é inaplicável a acordos ou transações celebrados em data anterior à sua vigência."*

• **6. Súmula STJ, 485.** *"A Lei de Arbitragem aplica-se aos contratos que contenham cláusula arbitral, ainda que celebrados antes da sua edição."*

• **7. Súmula STJ, 487.** *"O parágrafo único do art. 741 do CPC não se aplica às sentenças transitadas em julgado em data anterior à da sua vigência."*

• **8. Súmula STJ, 488.** *"O § 2º do art. 6º da Lei n. 9.469/1997, que obriga à repartição dos honorários advocatícios, é inaplicável a acordos ou transações celebrados em data anterior à sua vigência."*

• **9. Enunciado administrativo 1 do STJ.** *"O Plenário do STJ, em sessão administrativa em que se interpretou o art. 1.045 do novo Código de Processo Civil, decidiu, por unanimidade, que o Código de Processo Civil aprovado pela Lei n. 13.105/2015, entrará em vigor no dia 18 de março de 2016."*

• **10. Enunciado administrativo n. 2 do STJ.** *"Aos recursos interpostos com fundamento no CPC/1973 (relativos a decisões publicadas até 17 de março de 2016) devem ser exigidos os requisitos de admissibilidade na forma nele prevista, com as interpretações dadas, até então, pela jurisprudência do Superior Tribunal de Justiça."*

## LIVRO I · DAS NORMAS PROCESSUAIS CIVIS — Art. 14

- **11. Enunciado administrativo 3 do STJ.** *"Aos recursos interpostos com fundamento no CPC/2015 (relativos a decisões publicadas a partir de 18 de março de 2016) serão exigidos os requisitos de admissibilidade recursal na forma do novo CPC."*

- **12. Enunciado administrativo 4 do STJ.** *"Nos feitos de competência civil originária e recursal do STJ, os atos processuais que vierem a ser praticados por julgadores, partes, Ministério Público, procuradores, serventuários e auxiliares da Justiça a partir de 18 de março de 2016, deverão observar os novos procedimentos trazidos pelo CPC/2015, sem prejuízo do disposto em legislação processual especial."*

- **13. Enunciado administrativo 5 do STJ.** *"Nos recursos tempestivos interpostos com fundamento no CPC/1973 (relativos a decisões publicadas até 17 de março de 2016), não caberá a abertura de prazo prevista no art. 932, parágrafo único, c/c o art. 1.029, § 3º, do novo CPC."*

- **14. Enunciado administrativo 6 do STJ.** *"Nos recursos tempestivos interpostos com fundamento no CPC/2015 (relativos a decisões publicadas a partir de 18 de março de 2016), somente será concedido o prazo previsto no art. 932, parágrafo único, c/c o art. 1.029, § 3º, do novo CPC para que a parte sane vício estritamente formal."*

- **15. Enunciado administrativo 7 do STJ.** *"Somente nos recursos interpostos contra decisão publicada a partir de 18 de março de 2016, será possível o arbitramento de honorários sucumbenciais recursais, na forma do art. 85, § 11, do novo CPC."*

- **16. Enunciado 476 do FPPC.** *"Independentemente da data de intimação, o direito ao recurso contra as decisões unipessoais nasce com a publicação em cartório, secretaria do juízo ou inserção nos autos eletrônicos da decisão a ser impugnada, o que primeiro ocorrer, ou, ainda, nas decisões proferidas em primeira instância, será da prolação de decisão em audiência."*

- **17. Enunciado 616 do FPPC.** *"Independentemente da data de intimação ou disponibilização de seu inteiro teor, o direito ao recurso contra as decisões colegiadas nasce na data em que proclamado o resultado da sessão de julgamento."*

- **18. Enunciado 746 do FPPC.** *"A revogação do capítulo III do Decreto-lei n. 70/1966 não induz a extinção da execução iniciada antes da vigência da Lei n. 14.711/2023."*

### ▣ COMENTÁRIOS TEMÁTICOS

**19. Irretroatividade das leis.** A CF, em seu art. 5º, XXXVI, regrou a proibição de restrição do ato jurídico perfeito, do direito adquirido e da coisa julgada. A regra é inflexível. A nova lei não pode desfazer o ato jurídico perfeito, nem o direito adquirido, nem a coisa julgada. Qualquer que seja a natureza da lei, o ato jurídico perfeito, o direito adquirido e a coisa julgada estão preservados. Nem mesmo razões de ordem pública podem superar a rigidez estabelecida pela CF. Qualquer lei nova também está sujeita à exigência constitucional de irretroatividade, com exceção das normas penais (CF, art. 5º, XL). O art. 5º, XXXVI, da CF aplica-se a toda e qualquer lei infraconstitucional, sem qualquer distinção. Independentemente de ser lei de direito público ou de direito privado, de ser lei de ordem pública ou lei dispositiva, de ser de direito material ou de direito processual, não importa: não é possível qualquer tipo de retroatividade, nem a máxima, nem a média, nem a mínima. Ressalvada a hipótese do Direito Penal (CF, art. 5º, XL), vale, em qualquer caso, a norma segundo a qual a lei nova não pode ter efeitos retroativos (critério objetivo), nem violar direitos adquiridos (critério subjetivo).

**20. Retroatividades máxima, média e mínima.** As leis têm efeito geral e imediato, aplicando-se, desde logo, para todos que se insiram na sua abrangência. As leis são editadas para reger fatos futuros, que ainda vão ocorrer. Em razão do art. 5º, XXXVI, da CF, as leis não podem retroagir, não podem ter aplicação retroativa, não podem, enfim, ter efeitos retro-operantes. É, em outras palavras, vedada a retroatividade das leis no sistema brasileiro. Há, na verdade, 3 (três) tipos de retroatividade: a máxima, a média e a mínima. A retroatividade máxima ocorre quando a lei nova desfaz o ato já praticado; a média, quando a nova lei disciplina, integralmente, os efeitos do ato já praticado, alcançando, inclusive, aqueles pendentes; a mínima, quando a lei nova colhe efeitos futuros de ato já praticado.

**21. Vedação a qualquer retroatividade.** No sistema brasileiro, em razão da previsão constitucional de irretroatividade das leis, nenhuma das retroatividades é admitida. Assim, praticado um ato, a nova lei não pode atingi-lo, não podendo também alcançar os seus efeitos, pendentes ou futuros.

**22. Mudança constitucional.** Quando se trata de mudança constitucional, com o advento de uma nova Constituição (decorrente do exercício do poder constituinte originário), as novas normas constitucionais têm efeito imediato, alcançando os efeitos futuros de fatos passados (retroatividade mínima), mas não desconstitui os fatos já consumados no passado (retroatividade máxima). A eficácia imediata da Constituição só alcança os efeitos futuros de fatos passados (retroatividade mínima), não colhendo os fatos consumados no passado (retroatividade máxima). Os dispositivos constitucionais têm vigência imediata, alcançando os efeitos futuros de fatos passados (retroatividade mínima). Em geral, não alcançam os fatos consumados no passado nem seus efeitos já produzidos. É possível, porém, que haja previsão expressa para alcançar fatos já consumados ou efeitos já produzidos de fatos anteriores (retroatividades máxima e média). Somente uma nova Constituição Federal pode produzir retroatividade mínima. Já uma nova Constituição Estadual está sujeita à vedação do art. 5º, XXXVI, da CF, não podendo a aplicação imediata de suas normas alcançar qualquer ato, nem efeitos já produzidos, pendentes ou futuros. Em outras palavras, as normas de uma nova Constituição Estadual não podem acarretar qualquer retroatividade, nem mesmo a mínima.

**23. Sujeição de toda e qualquer lei.** Qualquer lei nova também está sujeita à exigência constitucional de irretroatividade. O art. 5º, XXXVI, da CF aplica-se a toda e qualquer lei infraconstitucional, com exceção da lei penal mais benéfica (CF, art. 5º, XL). Independentemente de ser lei de direito público ou de direito privado, de ser lei de ordem pública ou lei dispositiva, de ser de direito material ou de direito processual, não importa: não é possível qualquer tipo de retroatividade, nem a máxima, nem a média, nem a mínima.

**24. Aplicação a toda e qualquer lei.** *"Se a lei alcançar os efeitos futuros de contratos celebrados anteriormente a ela, será essa lei retroativa (retroatividade mínima) porque vai interferir na causa, que e um ato ou fato ocorrido no passado. O disposto no art. 5º, XXXVI, da Constituição Federal se aplica a toda e qualquer lei infraconstitucional, sem qualquer distinção entre lei de direito público e lei de direito privado, ou entre lei de ordem pública e lei dispositiva"* (STF, Pleno, ADI 493, rel. Min. Moreira Alves, *DJ* 04.09.1992, p. 14.089).

**25. Retroatividade benéfica da lei penal.** A CF, no inciso XL do seu art. 5º, autoriza a retroatividade da lei penal mais benéfica. Abstraída essa hipótese, que é prevista no próprio texto constitucional, não se admite retroatividade de leis no sistema brasileiro.

**26. Lei interpretativa.** Tradicionalmente, diz-se que a lei interpretativa é retroativa, não violando a disposição constitucional que garante a irretroatividade da lei.

**27. Sistemas de direito intertemporal no processo.** Costuma-se dizer que as normas processuais têm incidência imediata, o que não se confunde com aplicação retroativa. Esta não se admite. Aliás, a irretroatividade das leis constitui norma constitucional, erigida à condição de garantia individual, exatamente porque a lei não prejudicará o direito adquirido, o ato jurídico perfeito e a coisa julgada (CF, art. 5º, XXXVI). As normas processuais provêm para o futuro, disciplinando atos processuais que irão ser realizados. Aplica-se, como se vê, o princípio *tempus regit actum*. Os atos processuais já realizados, bem como os seus efeitos, na conformidade da lei anterior, permanecem eficazes. No âmbito do direito processual, uma lei nova não se aplica a processos findos, sendo igualmente certa sua aplicação aos processos instaurados em sua vigência, ou seja, aos processos a serem iniciados quando já em vigor a lei. Em outras palavras, a nova lei processual tem *eficácia imediata*, não atingindo *atos processuais* já praticados, mas incidindo sobre aqueles que ainda haverão de ser realizados. Toda a problemática está na incidência da lei nova aos processos pendentes. A respeito desse tema, existem 3 sistemas que disciplinam a aplicação da lei processual no tempo.

**28. Sistema da unidade processual.** O processo é integrado por um conjunto de atos destinados a uma finalidade, que é a obtenção da sentença de mérito. Pelo sistema da unidade processual, o processo deve ser regido, integralmente, por uma só lei. Assim, iniciado o processo, irá regê-lo a lei em vigor no momento da propositura, não sofrendo a incidência de qualquer lei superveniente. O sistema da unidade processual desdobra-se em 2 (dois) outros: o que estabelece ser aplicável integralmente a lei anterior ou a lei atual. Embora o primeiro funde-se num suposto direito adquirido pelas partes de continuarem conduzindo o processo segundo as normas que o viram começar, é certo que não pode haver direito adquirido a formas processuais. Já o segundo esbarra na vedação de retroatividade da lei nova, não sendo possível desconsiderar os atos processuais já praticados ao tempo da lei antiga. Por essa razão, costuma-se afirmar que o sistema da unidade caracteriza-se por ser o processo regido pela lei do momento em que foi proposta a demanda e ir assim até o final, ou seja, qualquer lei superveniente não atinge o processo em curso. Tal sistema é adotado em algumas hipóteses. A aplicação da lei antiga deve perdurar integralmente para reger o processo quando a nova lei não apresenta forma compatível com os atos já realizados ou quando suprime todas as formas que estruturavam o processo pendente.

**29. Sistema das fases processuais.** O processo é dividido em fases, mais ou menos separadas ou concentradas. Cada fase pode ser considerada isoladamente, como uma *unidade processual*. Tais fases são a postulatória, a instrutória, a decisória, a recursal e a de cumprimento da sentença. A lei regula toda uma fase. Cada fase é regida pela lei em vigor no momento em que ela teve início. Esse é o sistema das fases processuais, no qual se consideram as fases do processo (postulatória, instrutória, decisória, recursal e cumprimento da sentença) e cada uma constitui uma unidade processual. Nesse caso, sobrevindo uma nova lei, ela só incide a partir da próxima fase; a fase em curso mantém-se regida pela lei antiga. Desse modo, iniciada a fase postulatória, esta seria regulada pela lei então vigente, não vindo a ser atingida por leis supervenientes, que somente incidiram, naquele processo, a partir do início da nova fase. Assim, por exemplo, instaurado processo sob a vigência da lei *x*, a superveniência da lei *y* não altera a forma da contestação a ser apresentada, pois esta insere-se na fase postulatória. É preciso aguardar o encerramento da fase postulatória para que se faça incidir a nova lei.

**30. Sistema do isolamento dos atos processuais.** O sistema do isolamento dos atos processuais considera cada ato processual isoladamente, devendo ser regido pela lei em vigor no momento de sua prática. Isoladamente considerado, o ato processual deve sempre ser praticado de acordo com a lei em vigor ao tempo de sua realização. Por esse sistema, não se consideram as fases do processo, mas cada ato isoladamente. Não importa em que fase se encontre o processo. O ato deve atender aos termos da lei em vigor no momento de sua prática. Na verdade, pelo sistema do isolamento dos atos processuais, não é possível a lei nova retroagir para alcançar ato já praticado ou efeito dele decorrente; a lei nova só alcança os próximos atos a serem praticados no processo.

**31. Direito intertemporal no CPC/2015.** O CPC/2015, ao tratar da sua aplicação no tempo, mais propriamente nos seus arts. 14 e 1.046, adotou o sistema do isolamento dos atos processuais. Logo, cada ato deve ser considerado isoladamente, aplicando-se, para cada um, a lei em vigor no momento de sua prática. Há, porém, alguns dispositivos específicos que excepcionam a adoção do sistema do isolamento dos atos processuais para alguns temas específicos. Em alguns

casos, como no § 1º do art. 1.046, foi adotado o sistema da unidade processual: o procedimento sumário, pendente quando da entrada em vigor do CPC/2015, deve reger-se pelas normas contidas no CPC/1973 até a sentença. As normas do CPC revogado têm sua eficácia postergada em relação aos procedimentos sumários instaurados e ainda não sentenciados até o início de vigência do novo Código. De igual modo, aquele mesmo § 1º do art. 1.046 estabelece que as normas do CPC/1973 relativas aos procedimentos especiais que foram revogados continuam aplicáveis aos processos, submetidos àqueles ritos, que estejam pendentes, ou seja, aos processos instaurados e ainda não sentenciados até antes do início de vigência do CPC/2015. As normas do antigo CPC têm sua eficácia postergada em relação aos procedimentos especiais revogados, mas instaurados e ainda não sentenciados até o início de vigência do novo Código. A preocupação, nesses casos, foi com a proteção do contraditório e da segurança jurídica, tutelando a confiança legítima das partes. Mesmo não havendo direito adquirido, o legislador atentou para a tutela da confiança, com o que preservou a segurança jurídica e resguardou o contraditório. Em razão da previsão constitucional de irretroatividade das leis, nenhuma retroatividade é admitida. Assim, praticado um ato, a nova lei não pode atingi-lo, não podendo também alcançar os seus efeitos, pendentes ou futuros.

**32. Direito intertemporal e cumprimento de sentença.** *"No caso concreto, embora a sentença exequenda tenha sido proferida na vigência do CPC/1973, o cumprimento de sentença iniciou-se na vigência do CPC/2015, razão pela qual é aplicável a nova legislação. Assim, considerando que a agravante foi intimada e não efetuou o pagamento voluntário, o débito deve ser acrescido de multa de dez por cento e, também, de honorários de advogado de dez por cento (art. 523, § 1º, do CPC/2015)"* (STJ, 2ª Turma, REsp 1.815.762/SP, rel. Min. Mauro Campbell Marques, *DJe* 07.11.2019).

**33. Direito intertemporal e recursos.** *"a lei em vigor no momento da prolação da sentença regula os recursos cabíveis contra ela, bem como sua sujeição ao duplo grau obrigatório, repelindo-se a retroatividade da norma nova. (...) Em tais condições, não é possível a aplicação retroativa da lei nova, para regulamentar atos processuais prévios à data de sua entrada em vigor. Tratando-se de recursos ou remessa oficial, a regra geral é de que eles são regidos pela lei vigente à época da decisão recorrida"* (STJ, 2ª Turma, REsp 1.689.664/RN, rel. Min. Herman Benjamin, *DJe* 16.10.2017).

**34. Direito intertemporal e honorários sucumbenciais.** *"Em homenagem à natureza processual material e com o escopo de preservar os princípios do direito adquirido, da segurança jurídica e da não surpresa, as normas sobre honorários advocatícios de sucumbência não devem ser alcançadas pela lei processual nova. 2. A sentença (ou o ato jurisdicional equivalente, na competência originária dos tribunais), como ato processual que qualifica o nascedouro do direito à percepção dos honorários advocatícios, deve ser considerada o marco temporal para a aplicação das regras fixadas pelo CPC/2015. 3. Assim, se o capítulo acessório da sentença, referente aos honorários sucumbenciais, foi prolatado em consonância com o CPC/1973, serão aplicadas essas regras até o trânsito em julgado. Por outro lado, nos casos de sentença proferida a partir do dia 18.03.2016, as normas do novel diploma processual relativas a honorários sucumbenciais é que serão utilizadas"* (STJ, Corte Especial, EAREsp 1.255.986/PR, rel. Min. Luis Felipe Salomão, *DJe* 06.05.2019).

**35. Cumprimento de sentença. Prazo para pagamento voluntário transcorrido na vigência do CPC/1973. Impugnação ao cumprimento de sentença oferecida na vigência do CPC/2015.** *"Descabimento da aplicação da norma do art. 525 do CPC/2015 ao caso dos autos, pois o novo marco temporal do prazo (fim do prazo para pagamento voluntário) ocorreu na vigência do CPC/1973, o que conduziria a uma indevida aplicação retroativa do CPC/2015. 5. Inviabilidade, por sua vez, de aplicação do CPC/1973 ao caso dos autos, pois a impugnação, sendo fato futuro, deveria ser regida pela lei nova ('tempus regit actum'). 6. Existência de conexidade entre os prazos para pagamento voluntário e para impugnação ao cumprimento de sentença, tanto na vigência do CPC/1973 quanto na vigência do CPC/2015, fato que impede a simples aplicação da técnica do isolamento dos atos processuais na espécie. Doutrina sobre o tema. 7. Necessidade de compatibilização das leis aplicáveis mediante a exigência de intimação específica para impugnação ao cumprimento de sentença em hipóteses como a dos autos. 8. Aplicação ao caso do Enunciado 525 do Fórum Permanente de Processualistas Civil, assim redigido: 'Após a entrada em vigor do CPC/2015, o juiz deve intimar o executado para apresentar impugnação ao cumprimento de sentença, em quinze dias, ainda que sem depósito, penhora ou caução, caso tenha transcorrido o prazo para cumprimento espontâneo da obrigação na vigência do CPC/1973 e não tenha àquele tempo garantido o juízo' (sem grifos no original). 9. Caso concreto em que não houve intimação es-*

*pecífica para a impugnação ao cumprimento de sentença, tornando tempestiva, portanto, a impugnação apresentada antecipadamente (cf. art. 218, § 4º, do CPC/2015)"* (STJ, 3ª Turma, REsp 1.833.935/RJ, rel. Min. Paulo de Tarso Sanseverino, *DJe* 11.05.2020).

**36. Embargos de divergência interpostos na vigência do CPC/1973.** *"O acórdão embargado de fls 746/750 foi publicado na vigência do CPC/1973. Desse modo, as alterações relativas à admissibilidade dos embargos de divergência introduzidas pelo novo CPC/2015 não têm aplicação ao caso dos autos, em observância à regra de direito intertemporal prevista no artigo 14 da nova Lei Adjetiva Civil"* (STJ, Corte Especial, EDcl no AgRg nos EREsp 1.534.908/SP, rel. Min. Sérgio Kukina, *DJe* 05.08.2016).

**37. Direito intertemporal relativo aos embargos infringentes.** *"Para a aferição da possibilidade de utilização de recurso suprimido ou cujas hipóteses de admissibilidade foram restringidas, a lei a ser aplicada é aquela vigente quando surge para a parte o direito subjetivo ao recurso, ou seja, a partir da emissão do provimento judicial a ser impugnado. 2. No caso dos embargos infringentes, o que se visa impugnar é precipuamente o acórdão proferido em sede de apelação, nascendo, nesse momento, para a parte, o direito de interpor o recurso, razão pela qual este deve ser o marco temporal considerado para fins de definir qual será a legislação aplicada à espécie. 3. O fato de terem sido opostos embargos de declaração, julgados após a alteração da lei processual, a qual restringiu as hipóteses de cabimento dos embargos infringentes, não tem o condão de extirpar da parte o direito constituído a interpor o aludido recurso, que se perfectibilizou no momento do julgamento da apelação. 4. Proferido o julgamento da apelação sob a égide da redação primitiva do art. 530 do Código de Processo Civil [de 1973], aos embargos infringentes aplicam-se as normas então vigentes"* (STJ, Corte Especial, AgRg no AgRg no AgRg nos EREsp 1.114.110/SC, rel. Min. Og Fernandes, *DJe* 08.04.2014).

> **Art. 15.** Na ausência de normas que regulem processos eleitorais, trabalhistas ou administrativos, as disposições deste Código lhes serão aplicadas supletiva e subsidiariamente.

▶ **1. Sem correspondência no CPC/1973.**

### 🕮 LEGISLAÇÃO CORRELATA

**2. CLT, art. 769.** *"Art. 769. Nos casos omissos, o direito processual comum será fonte subsidiária do* *direito processual do trabalho, exceto naquilo em que for incompatível com as normas deste Título."*

**3. CLT, art. 896-B.** "Art. 896-B. Aplicam-se ao recurso de revista, no que couber, as normas da Lei 5.869, de 11 de janeiro de 1973 (Código de Processo Civil), relativas ao julgamento dos recursos extraordinário e especial repetitivos."

**4. LINDB, art. 6º, § 2º.** *"A lei nova, que estabeleça disposições gerais ou especiais a par das já existentes, não revoga nem modifica a lei anterior."*

**5. LEF, art. 1º.** *"Art. 1º A execução judicial para cobrança da Dívida Ativa da União, dos Estados, do Distrito Federal, dos Municípios e respectivas autarquias será regida por esta Lei e, subsidiariamente, pelo Código de Processo Civil."*

**6. Lei 11.101/2005, art. 189, § 1º, I.** *"Art. 189. Aplica-se, no que couber, aos procedimentos previstos nesta Lei, o disposto na Lei nº 13.105, de 16 de março de 2015 (Código de Processo Civil), desde que não seja incompatível com os princípios desta Lei. § 1º Para os fins do disposto nesta Lei: I – todos os prazos nela previstos ou que dela decorram serão contados em dias corridos; (...)."*

**7. IN 39/2016 do TST, art. 1º.** *"Art. 1º Aplica-se o Código de Processo Civil, subsidiária e supletivamente, ao Processo do Trabalho, em caso de omissão e desde que haja compatibilidade com as normas e princípios do Direito Processual do Trabalho, na forma dos arts. 769 e 889 da CLT e do art. 15 da Lei nº 13.105, de 17.03.2015. § 1º Observar-se-á, em todo caso, o princípio da irrecorribilidade em separado das decisões interlocutórias, de conformidade com o art. 893, § 1º da CLT e Súmula nº 214 do TST. § 2º O prazo para interpor e contra-arrazoar todos os recursos trabalhistas, inclusive agravo interno e agravo regimental, é de oito dias (art. 6º da Lei nº 5.584/70 e art. 893 da CLT), exceto embargos de declaração (CLT, art. 897-A)."*

**8. IN 39/2016 do TST, art. 2º.** *"Art. 2º Sem prejuízo de outros, não se aplicam ao Processo do Trabalho, em razão de inexistência de omissão ou por incompatibilidade, os seguintes preceitos do Código de Processo Civil: I – art. 63 (modificação da competência territorial e eleição de foro); II – art. 190 e parágrafo único (negociação processual); III – art. 219 (contagem de prazos em dias úteis); IV – art. 334 (audiência de conciliação ou de mediação); V – art. 335 (prazo para contestação); VI – art. 362, III (adiamento da audiência em razão de atraso injustificado superior a 30 minutos); VII – art. 373, §§ 3º e 4º (distribuição diversa do ônus da prova por convenção das partes); VIII – (Revogado pela Instrução Normativa n. 41, editada pela Resolução n. 221, de 21 de junho*

*de 2018); IX – art. 942 e parágrafos (prosseguimento de julgamento não unânime de apelação); X – art. 944 (notas taquigráficas para substituir acórdão); XI – art. 1010, § 3º (desnecessidade de o juízo a quo exercer controle de admissibilidade na apelação); XII – arts. 1043 e 1044 (embargos de divergência); XIII – art. 1070 (prazo para interposição de agravo)."*

**9. IN 39/2016 do TST, art. 3º.** *"Art. 3º Sem prejuízo de outros, aplicam-se ao Processo do Trabalho, em face de omissão e compatibilidade, os preceitos do Código de Processo Civil que regulam os seguintes temas: I – art. 76, §§ 1º e 2º (saneamento de incapacidade processual ou de irregularidade de representação); II – art. 138 e parágrafos (amicus curiae); III – art. 139, exceto a parte final do inciso V (poderes, deveres e responsabilidades do juiz); IV – art. 292, V (valor pretendido na ação indenizatória, inclusive a fundada em dano moral); V – art. 292, § 3º (correção de ofício do valor da causa); VI – arts. 294 a 311 (tutela provisória); VII – art. 373, §§ 1º e 2º (distribuição dinâmica do ônus da prova); VIII – art. 485, § 7º (juízo de retratação no recurso ordinário); IX – art. 489 (fundamentação da sentença); X – art. 139 e parágrafos (remessa necessária); XI – arts. 497 a 501 (tutela específica); XII – arts. 536 a 538 (cumprimento de sentença que reconheça a exigibilidade de obrigação de fazer, de não fazer ou de entregar coisa); XIII – arts. 789 a 796 (responsabilidade patrimonial); XIV – art. 805 e parágrafo único (obrigação de o executado indicar outros meios mais eficazes e menos onerosos para promover a execução); XV – art. 833, incisos e parágrafos (bens impenhoráveis); XVI – art. 835, incisos e §§ 1º e 2º (ordem preferencial de penhora); XVII – art. 836, §§ 1º e 2º (procedimento quando não encontrados bens penhoráveis); XVIII – art. 841, §§ 1º e 2º (intimação da penhora);"*

**10. Res. 23.478/2016 do TSE.** *"Estabelece diretrizes gerais para a aplicação da Lei nº 13.105, de 16 de março de 2015 – Novo Código de Processo Civil –, no âmbito da Justiça Eleitoral."*

## ⚖ JURISPRUDÊNCIA, ENUNCIADOS E SÚMULAS SELECIONADOS

- **11. ADI 5.492.** *"Declarada a constitucionalidade da expressão 'administrativos' constante do art. 15 da Lei nº 13.105, de 16 de março de 2015 (Código de Processo Civil)."*
- **12. Enunciado 108 do FPPC.** *"No processo do trabalho, não se proferirá decisão contra uma das partes, sem que esta seja previamente*

ouvida e oportunizada a produção de prova, bem como não se pode decidir com base em causa de pedir ou fundamento de fato ou de direito a respeito do qual não se tenha oportunizado manifestação das partes e a produção de prova, ainda que se trate de matéria apreciável de ofício".

- **13. Enunciado 109 do FPPC.** *"No processo do trabalho, quando juntadas novas provas ou alegado fato novo, deve o juiz conceder prazo, para a parte interessada se manifestar a respeito, sob pena de nulidade."*
- **14. Enunciado 112 do FPPC.** *"No processo do trabalho, se a transação ocorrer antes da sentença, as partes ficam dispensadas do pagamento das custas processuais, se houver."*
- **15. Enunciado 124 do FPPC.** *"A desconsideração da personalidade jurídica no processo do trabalho deve ser processada na forma dos arts. 133 a 137."*
- **16. Enunciado 126 do FPPC.** *"No processo do trabalho, da decisão que resolve o incidente de desconsideração da personalidade jurídica na fase de execução cabe agravo de petição, dispensado o preparo."*
- **17. Enunciado 131 do FPPC.** *"Aplica-se ao processo do trabalho o disposto no art. 190 no que se refere à flexibilidade do procedimento por proposta das partes, inclusive quanto aos prazos."*
- **18. Enunciado 139 do FPPC.** *"No processo do trabalho, é requisito da petição inicial a indicação do endereço, eletrônico ou não, do advogado, cabendo-lhe atualizá-lo, sempre que houver mudança, sob pena de se considerar válida a intimação encaminhada para o endereço informado nos autos."*
- **19. Enunciado 145 do FPPC.** *"No processo do trabalho, é requisito da inicial a indicação do número no cadastro de pessoas físicas ou no cadastro nacional de pessoas jurídicas, bem como os endereços eletrônicos do autor e do réu, aplicando-se as regras do novo Código de Processo Civil a respeito da falta de informações pertinentes ou quando elas tornarem impossível ou excessivamente oneroso o acesso à justiça."*
- **20. Enunciado 151 do FPPC.** *"Na Justiça do Trabalho, as pautas devem ser preparadas com intervalo mínimo de uma hora entre as audiências designadas para instrução do feito. Para as audiências para simples tentativa de conciliação, deve ser respeitado o intervalo mínimo de vinte minutos."*
- **21. Enunciado 167 do FPPC.** *"Os tribunais regionais do trabalho estão vinculados aos enunciados de suas próprias súmulas e aos seus precedentes em incidente de assunção de competência ou de resolução de demandas repetitivas."*
- **22. Enunciado 171 do FPPC.** *"Os juízes e tribunais regionais do trabalho estão vinculados aos precedentes do TST em incidente de assunção de competência em matéria infraconstitucional relativa ao direito e ao processo do trabalho, bem como às suas súmulas".*
- **23. Enunciado 250 do FPPC.** *"Admite-se a intervenção do amicus curiae nas causas trabalhistas, na forma do art. 138, sempre que o juiz ou relator vislumbrar a relevância da matéria, a especificidade do tema objeto da demanda ou a repercussão geral da controvérsia, a fim de obter uma decisão respaldada na pluralidade do debate e, portanto, mais democrática."*
- **24. Enunciado 266 do FPPC.** *"Aplica-se o art. 218, § 4º, ao processo do trabalho, não se considerando extemporâneo ou intempestivo o ato realizado antes do termo inicial do prazo."*
- **25. Enunciado 270 do FPPC.** *"Aplica-se ao processo do trabalho o art. 224, § 1º."*
- **26. Enunciado 294 do FPPC.** *"O julgamento liminar de improcedência, disciplinado no art. 333, salvo com relação ao § 1º, se aplica ao processo do trabalho quando contrariar: a) enunciado de súmula ou de Orientação Jurisprudencial do TST; b) acórdão proferido pelo TST em julgamento de recursos de revista repetitivos; c) entendimento firmado em resolução de demandas repetitivas."*
- **27. Enunciado 302 do FPPC.** *"Aplica-se o art. 373, §§ 1º e 2º, ao processo do trabalho, autorizando a distribuição dinâmica do ônus da prova diante de peculiaridades da causa relacionadas à impossibilidade ou à excessiva dificuldade da parte de cumprir o seu encargo probatório, ou, ainda, à maior facilidade de obtenção da prova do fato contrário. O juiz poderá, assim, atribuir o ônus da prova de modo diverso, desde que de forma fundamentada, preferencialmente antes da instrução e necessariamente antes da sentença, permitindo à parte se desincumbir do ônus que lhe foi atribuído."*
- **28. Enunciado 304 do FPPC.** *"As decisões judiciais trabalhistas, sejam elas interlocutórias, sentenças ou acórdãos, devem observar integralmente o disposto no art. 489, sobretudo o seu § 1º, sob pena de se reputarem não fundamentadas e, por conseguinte, nulas."*

**LIVRO I · DAS NORMAS PROCESSUAIS CIVIS** **Art. 15**

- **29.** **Enunciado 325 do FPPC.** *"A modificação de entendimento sedimentado pelos tribunais trabalhistas deve observar a sistemática prevista no art. 927, devendo se desincumbir do ônus argumentativo mediante fundamentação adequada e específica, modulando, quando necessário, os efeitos da decisão que supera o entendimento anterior."*

- **30.** **Enunciado 326 do FPPC.** *"O órgão jurisdicional trabalhista pode afastar a aplicação do precedente vinculante quando houver distinção entre o caso sob julgamento e o paradigma, desde que demonstre, fundamentadamente, tratar-se de situação particularizada por hipótese fática distinta, a impor solução jurídica diversa."*

- **31.** **Enunciado 329 do FPPC.** *"Na execução trabalhista deve ser preservada a quota parte de bem indivisível do coproprietário ou do cônjuge alheio à execução, sendo-lhe assegurado o direito de preferência na arrematação do bem em igualdade de condições."*

- **32.** **Enunciado 330 do FPPC.** *"Na Justiça do trabalho, o juiz pode deferir a aquisição parcelada do bem penhorado em sede de execução, na forma do art. 895 e seus parágrafos."*

- **33.** **Enunciado 331 do FPPC.** *"O pagamento da dívida objeto de execução trabalhista fundada em título extrajudicial pode ser requerido pelo executado nos moldes do art. 916."*

- **34.** **Enunciado 332 do FPPC.** *"Considera-se vício sanável, tipificado no art. 938, § 1º, a apresentação da procuração e da guia de custas ou depósito recursal em cópia, cumprindo ao relator assinalar prazo para a parte renovar o ato processual com a juntada dos originais."*

- **35.** **Enunciado 333 do FPPC.** *"Em se tratando de guia de custas e depósito recursal inseridos no sistema eletrônico, estando o arquivo corrompido, impedido de ser executado ou de ser lido, deverá o relator assegurar a possibilidade de sanar o vício, nos termos do art. 938, § 1º."*

- **36.** **Enunciado 335 do FPPC.** *"O incidente de assunção de competência se aplica ao processo do trabalho."*

- **37.** **Enunciado 347 do FPPC.** *"Aplica-se ao processo do trabalho o incidente de resolução de demandas repetitivas, devendo ser instaurado quando houver efetiva repetição de processos que contenham controvérsia sobre a mesma questão de direito."*

- **38.** **Enunciado 350 do FPPC.** *"Cabe reclamação, na Justiça do Trabalho, da parte interessada ou do Ministério Público, nas hipóteses previstas no art. 988, visando a preservar a competência do tribunal e garantir a autoridade das suas decisões e do precedente firmado em julgamento de casos repetitivos."*

- **39.** **Enunciado 352 do FPPC.** *"É permitida a desistência do recurso de revista repetitivo, mesmo quando eleito como representativo da controvérsia, sem necessidade de anuência da parte adversa ou dos litisconsortes; a desistência, contudo, não impede a análise da questão jurídica objeto de julgamento do recurso repetitivo."*

- **40.** **Enunciado 353 do FPPC.** *"No processo do trabalho, o equívoco no preenchimento da guia de custas ou de depósito recursal não implicará a aplicação da pena de deserção, cabendo ao relator, na hipótese de dúvida quanto ao recolhimento, intimar o recorrente para sanar o vício no prazo de cinco dias."*

- **41.** **Enunciado 2 da I Jornada-CJF.** *"As disposições do CPC aplicam-se supletiva e subsidiariamente às Leis n. 9.099/1995, 10.259/2001 e 12.153/2009, desde que não sejam incompatíveis com as regras e princípios dessas Leis."*

- **42.** **Enunciado 3 da I Jornada-CJF.** *"As disposições do CPC aplicam-se supletiva e subsidiariamente ao Código de Processo Penal, no que não forem incompatíveis com esta Lei."*

- **43.** **Enunciado 116 da II Jornada-CJF.** *"Aplica-se o art. 219 do CPC na contagem dos prazos processuais previstos na Lei n. 6.830/1980."*

- **44.** **Enunciado 44 do FNPP.** *"A incidência do CPC no processo administrativo estadual, distrital ou municipal depende de expressa opção da legislação da respectiva unidade federada."*

- **45.** **Enunciado 61 do FNPP.** *"A expressão "ausência de normas" do art. 15 do CPC deve ser interpretada, em âmbito federal, não apenas como a inexistência de lei que regule o processo administrativo, como também a ausência de colisão entre o CPC e a norma específica."*

- **46.** **Enunciado 93 do FNPP.** *"Não se operam os efeitos da revelia no caso de não comparecimento de advogado público ou preposto à audiência trabalhista."*

- **47.** **Enunciado 161 do FONAJE.** *"Considerado o princípio da especialidade, o CPC/2015 somente terá aplicação ao Sistema dos Juizados Especiais nos casos de expressa e específica remissão ou na hipótese de compatibilidade com os critérios previstos no art. 2º da Lei 9.099/1995."*

### ▣ COMENTÁRIOS TEMÁTICOS

**48.** **Unidade do ordenamento jurídico.** O Direito tem diversas fontes. Há a Constituição, as leis, os regulamentos, os negócios jurídicos, enfim, há uma série de fontes que integram ou compõem o ordenamento jurídico. O Direito deve ser observado a partir de todo o ordenamento, e não a partir de uma lei específica. Nesse sentido, o direito processual civil é regulado não apenas pelo CPC, mas também por diversas outras fontes normativas (art. 13).

**49. Texto e norma.** Texto e norma não se confundem. A norma jurídica não é resultado direto do enunciado legal, nem da soma de enunciados. Do texto ou enunciado normativo decorre a norma. A norma é fruto da interpretação que se faz do texto.

**50. Texto, norma e interpretação.** A interpretação é o ato ou a atividade que consiste na determinação daquilo que terá sido compreendido de um texto. A finalidade da interpretação é obter o *significado*, que, por sua vez, é o que se compreende de um texto ou enunciado. Interpreta-se para ter-se o *significado* do texto. Obtido o *significado* do enunciado, tem-se a sua *compreensão*. Da interpretação de textos normativos extraem-se ou constroem-se normas jurídicas. O texto, uma vez interpretado, faz surgir a norma. Logo, a norma é fruto da interpretação que se faz do texto. O CPC/2015 contém alguns textos normativos com a mesma redação de textos normativos contidos no CPC/1973. A identidade dos textos não significa que as normas serão as mesmas, pois sua interpretação parte de contextos diferentes. Os textos contidos no CPC/2015 devem ser interpretados no contexto do sistema nele contido.

**51. Normas substanciais e normas processuais.** Existem normas que regulam as diversas situações jurídicas dos sujeitos de direito e existem as que estruturam e regulam os procedimentos e as situações jurídicas processuais. Aquelas são as normas substanciais; estas, as processuais.

**52. Normas heterotópicas.** Uma norma não é processual simplesmente por estar inserida no CPC ou em uma lei destinada a regular o processo, nem uma norma será substancial só porque está contida num Código que versa sobre o direito material ou em lei específica que trate de tema de direito material. O que qualifica a norma é seu conteúdo. Há, por isso, normas heterotópicas, que são aquelas que, a despeito do conteúdo, estão inseridas num Código ou lei com outro conteúdo. O Código Civil pode, por exemplo, conter normas processuais e o CPC, normas substanciais. Nesse caso, tais normas são chamadas de heterotópicas.

**53. Norma geral e norma especial.** A normas processual, assim como qualquer norma jurídica, pode ser geral ou especial. A norma é geral quando é dotada de universalidade em relação aos destinatários e sua abstração relaciona-se com a indeterminação do comando normativo. Por sua vez, o atributo da especialidade decorre de um juízo de comparação entre 2 normas. Isoladamente, nenhuma norma é geral ou especial. Os conceitos de geral e especial são transitórios e mutáveis. Geral e especial são atributos relacionais: a norma será geral ou especial, a depender do paradigma examinado. É geral a regra que prevê a citação por meio eletrônico ou por via postal, sendo especial a que trata da citação por edital. É mais comum, aplicando-se universalmente, a regra geral. A especial é menos comum, destinando-se a situações especiais. As normas processuais penais, trabalhistas e eleitorais são especiais em relação às do processo civil.

**54. Regularidade e excepcionalidade.** A noção de regularidade e excepcionalidade exige a realização de um juízo de comparação, feito a partir de uma unidade comum do tema. O juízo comparativo é feito em relação aos suportes fáticos de duas normas distintas. Na norma excepcional, está o suporte fático da norma regular, acrescido de notas de especificidade. Até aqui, não se distinguem as diferenças, de um lado, entre norma geral e norma especial e, de outro lado, entre norma regular e norma excepcional. A norma especial é específica em relação à geral; a excepcional também é específica em relação à regular. Há, porém, um detalhe: na norma excepcional, os efeitos são completamente diversos dos da norma regular, não havendo entre eles qualquer elemento comum. Em outras palavras, são absolutamente distintos os consequentes normativos da norma regular e da norma excepcional.

**55. Generalidade, especialidade e residualidade.** A norma geral é aplicada de modo mais amplo e extenso, revelando sua universalidade, sempre superior ao espaço de aplicação da norma especial, que se destina a disciplinar uma classe mais específica de casos. Assim, por exemplo, o processo civil aplica-se à generalidade dos casos que tramitam na Justiça Estadual e na Justiça Federal. Já as normas do processo eleitoral são especiais, pois se restringem ao âmbito da Justiça Eleitoral. De igual modo, as normas do processo trabalhista são especiais, pois restritas à Justiça do Trabalho. A especialização de normas é, contudo, um processo de derivação. É possível haver uma maior especialização dentro do âmbito da especialidade. Assim, por exemplo, há normas gerais

**LIVRO I · DAS NORMAS PROCESSUAIS CIVIS** **Art. 15**

no âmbito especial do processo eleitoral, que caracterizam o procedimento comum eleitoral, mas, por outro lado, há também procedimentos especiais eleitorais, aumentando os níveis sucessivos de especialização. De igual modo, há normas que regulam procedimento comum trabalhista e, por sua vez, há normas que tratam dos procedimentos especiais trabalhistas. Nesse cenário de sucessiva especialização, há a residualidade: se a situação é a mais especial, ela será regulada pelas normas mais específicas; se a situação estiver no âmbito geral da especialidade, será regida pelas normas especiais. Não se encaixando em qualquer situação especial, o caso será regulado, residualmente, pelas normas gerais. A ampliação de especialidades ou de normas especiais faz aumentar o âmbito de residualidade, aplicando-se as normas gerais quando não houver qualquer elemento especial que atraia a aplicação das normas especiais ou excepcionais.

**56.** **Temporalidade e especialidade.** As normas especiais não se confundem com as temporárias. É temporária a norma que tem período de vigência certo. A especialidade, por sua vez, diz respeito ao conteúdo da norma, às notas diferenciais apresentadas por sua estrutura normativa, em comparação com a norma geral.

**57.** **Multiplicidade de fontes normativas.** O mesmo procedimento ou a mesma situação jurídica processual pode ser regulada, a um só tempo, por normas constitucionais, infraconstitucionais, regimentais, por resoluções do CNJ ou do tribunal competente, por negócios jurídicos processuais e por outras fontes normativas. Há, enfim, uma multiplicidade de fontes normativas, a exigir do intérprete o esforço de identificar sua múltipla incidência e a eventual existência de conflitos normativos a serem eliminados no caso concreto, fazendo prevalecer a norma superior perante a inferior, a posterior diante da anterior e a especial ante a geral. No caso de conflito entre princípios, é preciso explicitar e adotar o critério adequado de prevalência de um perante o outro (art. 489, § 2º). A regra processual é, enfim, construída para o caso concreto a partir da interpretação de diversos textos normativos que se complementam ou que sirvam de base conceitual um do outro. Nesse contexto, sobressai a teoria do diálogo das fontes, que pressupõe a existência de disposições normativas com incidência simultânea, todas servindo à construção da norma jurídica aplicável ao caso concreto.

**58.** **Incidência e aplicação da norma processual.** Ocorrido o fato previsto no enunciado normativo, a norma jurídica incide; nesse caso, tem-se o fenômeno a incidência da norma, que pressupõe a existência do texto normativo e da ocorrência do fato nele previsto. Já a aplicação da norma é ato humano que efetiva a eficácia da norma. O CPC incide no processo civil e, supletiva e subsidiariamente, no processo administrativo, eleitoral, trabalhista, entre outros, cabendo ao juiz aplicá-lo nos casos concretos e de acordo com as respectivas peculiaridades.

**59.** **Aplicação direta.** Ocorre quando há a incidência da norma ao fato nela previsto. Assim, ocorrido o fato, aplica-se a norma.

**60.** **Aplicação subsidiária.** Quando ocorre o fato, mas ele não está previsto no enunciado normativo, diz-se que há omissão normativa. Nesse caso, aplica-se subsidiariamente uma norma prevista para um fato semelhante ou parecido.

**61.** **Aplicação supletiva.** A ocorrência de um fato pode acarretar a incidência de mais de uma norma. Diferentemente da aplicação subsidiária, que pressupõe a existência de uma omissão normativa ou de uma lacuna num dado subsistema, a aplicação supletiva indica a presença de um texto normativo específico para aquele fato, ao qual se une(m) uma ou mais previsões normativas, tudo a permitir a construção de uma melhor ou mais adequada norma jurídica para aquela situação. Não é dado ao intérprete, porém, a pretexto de aplicar supletivamente determinado texto normativo, desprezar, desconsiderar, contrariar ou negar vigência ao que já está previsto no ordenamento para o caso. É possível aplicar mais de um enunciado normativo na construção da regra, o que não significa afastar o que existe, sob o pretexto da aplicação supletiva.

**62.** **Relação entre o CPC e outras leis processuais.** Tradicionalmente, diz-se que um Código contém normas gerais, cabendo à legislação extravagante regular as situações especiais ou excepcionais. Atualmente, não é isso que ocorre necessariamente. Há regras gerais fora do Código, contidas em leis esparsas; no Código, há regras de exceção ou regras especiais, que afastam, no caso concreto, a regra geral contida na lei extravagante. Daí a importância do diálogo das fontes para permitir a aplicação adequada das diversas normas contidas no ordenamento jurídico. O CPC aplica-se direta, subsidiária ou supletivamente a outros processos ou procedimentos não regulados especificamente por ele mesmo ou regidos por outras leis. O atual CPC tem um conteúdo multidisciplinar, tratando de cooperação judiciária internacional, contendo regras relativas ao controle de constitucionalidade, excepcionando regra geral dos Juizados Especiais Cíveis e disciplinando temas da arbitragem.

49

**63. Aplicação direta, subsidiária e supletiva aos processos administrativo, do trabalho, eleitoral e penal.** O CPC aplica-se diretamente aos processos civis em geral, mas também contém regras de aplicação direta (e não subsidiária ou supletiva) relativas ao controle de constitucionalidade, quando, por exemplo, regula a modulação de efeitos no controle difuso (art. 525, § 13; art. 535, § 6º). No âmbito dos Juizados Especiais Cíveis, não se admite a intervenção de terceiros (Lei 9.099/1995, art. 10). Tal regra, que é geral nos Juizados, é excepcionada no CPC (art. 1.062). Nesse caso, o CPC contém regra de exceção. A arbitragem é regida por lei própria (Lei 9.307/1996). Há, porém, normas no CPC que se aplicam diretamente à arbitragem. Não se trata de aplicação subsidiária ou supletiva, mas de aplicação direta: o CPC disciplina, diretamente, a carta arbitral (art. 189, IV; art. 237, IV; art. 260, § 3º; art. 267), prevê a regra da competência-competência do árbitro (art. 485, VII) e a renúncia à arbitragem a partir de uma omissão negocial (art. 337, § 6º). O CPC aplica-se, subsidiária e supletivamente, ao processo administrativo, ao processo do trabalho, ao processo eleitoral, ao processo penal, havendo um diálogo das fontes entre os diversos diplomas normativos processuais.

LIVRO II

# DA FUNÇÃO JURISDICIONAL

# TÍTULO I
# DA JURISDIÇÃO E DA AÇÃO

**Art. 16.** A jurisdição civil é exercida pelos juízes e pelos tribunais em todo o território nacional, conforme as disposições deste Código.

▶ **1. Correspondência no CPC/1973.** *"Art. 1º A jurisdição civil, contenciosa e voluntária, é exercida pelos juízes, em todo o território nacional, conforme as disposições que este Código estabelece."*

## 🏛 LEGISLAÇÃO CORRELATA

**2. CF, art. 5º, XXXVII.** *"XXXVII – não haverá juízo ou tribunal de exceção."*

**3. CF, art. 5º, LIII.** *"LIII – ninguém será processado nem sentenciado senão pela autoridade competente."*

**4. CF, art. 92.** *"Art. 92. São órgãos do Poder Judiciário: I – o Supremo Tribunal Federal; I-A o Conselho Nacional de Justiça; II – o Superior Tribunal de Justiça; II-A – o Tribunal Superior do Trabalho; III – os Tribunais Regionais Federais e Juízes Federais; IV – os Tribunais e Juízes do Trabalho; V – os Tribunais e Juízes Eleitorais; VI – os Tribunais e Juízes Militares; VII – os Tribunais e Juízes dos Estados e do Distrito Federal e Territórios. § 1º O Supremo Tribunal Federal, o Conselho Nacional de Justiça e os Tribunais Superiores têm sede na Capital Federal. § 2º O Supremo Tribunal Federal e os Tribunais Superiores têm jurisdição em todo o território nacional."*

## 📖 COMENTÁRIOS TEMÁTICOS

**5. Funções estatais.** O Estado exerce as funções de legislar, administrar e julgar. Existem, assim, as funções legislativa, administrativa e jurisdicional.

**6. Jurisdição.** A jurisdição é uma função típica, porém, não exclusiva, do Estado. O árbitro ou tribunal arbitral também exerce jurisdição.

**7. Característica da jurisdição.** Para Chiovenda, a jurisdição se caracteriza por ser uma atividade substitutiva: o juiz, em substituição à vontade das partes, faz aplicar a norma, tal como ela tivesse sido cumprida espontaneamente. Já para Carnelutti, o que caracteriza a jurisdição é a lide, ou seja, a existência de um conflito de interesses resistido; a jurisdição é a atividade que compõe as lides. Por fim, Allorio entende que a jurisdição caracteriza-se por ser a única atividade estatal que se torna indiscutível e imutável,

valendo dizer que a característica da jurisdição seria a coisa julgada.

**8. Características da jurisdição.** A jurisdição não tem um só característica. Há vários elementos que, reunidos, a caracterizam. A jurisdição é *provocada*, de forma que a atividade jurisdicional é inerte, não podendo o órgão julgador dar início ao processo de ofício, sem que o interessado solicite ou requeira a providência desejada. Daí por que a atividade jurisdicional deve ser congruente: o julgador deve decidir de acordo com o que foi narrado e requerido pelo interessado. Além disso, a jurisdição é *desinteressada*, devendo o órgão julgador atuar com independência e imparcialidade. A jurisdição também é *instrumental*, servindo como meio para solucionar disputas e fazer aplicar o direito ao caso concreto. É, ainda, atividade *substitutiva*, pois o julgador posiciona-se no lugar das partes para solucionar a disputa; o conflito, a disputa, a pendência é capturada pelo julgador, que, em substituição aos interessados, efetiva o direito. A jurisdição não é uma atividade de composição de lides. Nem sempre haverá uma lide (assim entendida como conflito de interesses qualificado por uma pretensão resistida); a lide não é elemento essencial à jurisdição, mas apenas acidental. Há demandas preventivas, demandas necessárias (a anulação do casamento, por exemplo, depende de decisão judicial, não havendo, necessariamente, a exigência de uma pretensão resistida), demandas relacionadas a direitos da personalidade, demandas que se destinam a obter apenas uma autorização judicial etc. A atividade jurisdicional é heterocompositiva, cabendo ao julgador impor uma solução, por um resultado adjudicado, por força do qual se reconhece que alguém tem razão ou merece proteção frente a outrem. Embora existam pronunciamentos jurisdicionais não submetidos à *coisa julgada*, a atividade jurisdicional é a única apta a tornar-se imutável e indiscutível.

**9. Jurisdição.** Todo juiz, regularmente investido em sua função, exerce jurisdição. Costuma-se dizer que a competência é o limite da jurisdição, constituindo uma parcela de poder que se atribui ao órgão para sua atuação. O termo limite ou parcela pode ser mal compreendido, sendo recomendável evitar sua utilização. A competência não confere parte de um poder, deixando de conferir a outra parte. As regras de competência conferem as condições para a oportunidade em que o órgão pode exercer todo o poder, e não parcela dele. Todos os juízes têm jurisdição, mas nem todos terão competência para processar e julgar determinado caso.

**LIVRO II** · DA FUNÇÃO JURISDICIONAL — **Art. 16**

**10. A jurisdição como uma espécie de capacidade jurídica.** No plano judicial, a competência pressupõe a jurisdição. Não havendo jurisdição, não há que se falar em competência. A jurisdição está para a competência na mesma correlação em que se encontram, na teoria geral do direito, a capacidade e a legitimidade. Assim, a jurisdição subsome-se à figura da capacidade, enquadrando-se, por sua vez, a competência no conceito de legitimidade, na exata medida em que esta última importa na idoneidade do órgão judicial diante do confronto com o objeto concreto do processo. Ao se conferir a determinado órgão a jurisdição ou o poder jurisdicional, está-se outorgando-lhe o *poder ou aptidão genérica* para resolver litígios. Todos que exercem jurisdição têm, portanto, o poder de julgar, mas, *diante do* objeto litigioso, da pessoa envolvida, da função exercida, do território ou do valor envolvido, aquele órgão específico poderá não ter legitimidade – ou seja, competência – para solucionar aquele conflito. O órgão jurisdicional que detém competência é legítimo para atuar, podendo legitimamente e sem objeção exercer a jurisdição.

**11. Princípios da jurisdição.** A jurisdição é regulada por princípios fundamentais: o do juiz natural, o da investidura, o da improrrogabilidade, o da indeclinabilidade, o da unidade e o da inércia.

**12. Princípio do juiz natural.** Qualquer noção intuitiva que se tenha da garantia do juiz natural conduz à ideia de que, em razão dela, não se permite a criação de juízos extraordinários ou de tribunais de exceção, nem a instituição de juízo *post factum*, havendo necessidade de os critérios de competência estarem abstrata e genericamente predeterminados em lei. O juízo deve ser instituído *antes* do fato a ser julgado. A isso acresce que não se pode criar uma competência especial *ex post facto*, nem mesmo para o juiz já instituído. O direito ao juiz natural supõe que o processo se decida pelo juiz *predeterminado* pela lei. Na verdade, a garantia do juiz natural contém 3 significados: a necessidade de o julgador ser pré-constituído, e não constituído *post factum*; a inderrogabilidade e indisponibilidade da competência; e a proibição de juízes extraordinários e especiais. O alcance do juiz natural desdobra-se em 3 garantias, que consistem na proibição: *(a)* do poder de comissão; *(b)* do poder de evocação; e *(c)* do poder de atribuição. O poder de comissão é a possibilidade de criação de tribunais extraordinários, de exceção, criados *ad hoc* ou após a realização do ato ou fato que deu origem à demanda judicial. Considerando que a garantia do juiz natural proíbe o poder de

comissão, resta evidente que se afigura inconstitucional a constituição de tribunais transitórios e arbitrários, concebidos para julgar casos específicos. No sistema constitucional brasileiro, a garantia do juiz natural tem esse alcance (CF, art. 5º, XXXVII). A vedação de juízo ou tribunal de exceção não alcança as justiças especializadas ou órgãos com competência específica, definida pela matéria ou pela função, pois eles são pré-constituídos, de forma permanente e orgânica. As justiças especializadas, longe de constituírem juízos ou tribunais de exceção, existem para julgar casos relacionados com determinadas matérias ou com a denominada prerrogativa de função; não consistem em poder de comissão, por não serem criadas especificamente para casos concretos já ocorridos. As justiças especializadas não se confundem com tribunais de exceção, porque são compostas de órgãos prefixados para o julgamento da generalidade de casos que se encartem na previsão da norma que as criou e as concebeu. Por sua vez, o poder de evocação equivale à possibilidade de modificações de competência por critérios discricionários ou por influência direta do Poder Executivo. Tal poder, em razão da garantia do juiz natural, é vedado. A competência deve ser predeterminada, não sendo fixada casuisticamente em cada processo. Os órgãos do Judiciário, definidos na Constituição, dispõem de competência, não podendo ser suprimidas ao sabor de contingências pessoais ou de vicissitudes momentâneas. As autoridades judiciárias são aquelas previstas no texto constitucional, restando vedado à legislação infraconstitucional conferir poder jurisdicional a juízes e tribunais não previstos na Constituição. Consequentemente, não se permite, por exemplo, que haja modificações arbitrárias ou discricionárias de competência, nem se admitindo igualmente que o Poder Executivo estabeleça ou manipule mecanismos de substituições de juízes. Pela proibição do poder de evocação, mantém-se a independência do Judiciário, proibindo-se que qualquer autoridade desprovida de jurisdição ou, ainda, de competência judicial avoque causas pendentes, determine seu sobrestamento ou faça reviver processos findos. Assegura-se, então, que o processamento e o julgamento de qualquer caso devem ser atribuídos a um juízo competente. Finalmente, o poder de atribuição significa a criação de juízos ou tribunais especiais. O juiz natural vedaria, então, o poder de atribuição, ou seja, não estaria permitida a criação de juízos especiais. O juiz natural não contempla, no direito brasileiro, essa vertente. Aliás, a própria Constituição prevê juízos especializados em matérias específicas, atribuindo a alguns tribunais competências em razão da função, da matéria ou da hierarquia. O juiz natural pode ser traduzido, em suma, como: (a) exigência de *determinabilidade;* (b) garantia de *justiça material;* (c) *fixação da competência;* e (d) observância das determinações de procedimento referentes à *divisão funcional interna.* A exigência de determinabilidade consiste na prévia individualização dos juízes por meio de leis gerais. Por sua vez, a garantia de justiça material relaciona-se com a independência e imparcialidade dos juízes. Já a fixação da competência deve operar-se por critérios objetivos previstos em lei.

**13. Princípio da investidura.** A jurisdição somente pode ser exercida por quem foi dela regularmente investido. Os juízes são investidos mediante o provimento de cargos previamente criados para o exercício da função jurisdicional. Já os árbitros são investidos pelas partes, mediante assinatura do termo de arbitragem. Somente depois da investidura é que o julgador passa a exercer jurisdição.

**14. Princípio da inércia.** O acesso à justiça é amplamente garantido (CF, art. 5º, XXXV), mas é preciso que haja provocação para que o órgão jurisdicional atue. A atividade jurisdicional é inerte, não devendo, em princípio, ser iniciado o processo de ofício, sem que haja provocação da parte interessada (CPC, art. 2º).

**15. Princípio da indeclinabilidade.** O órgão julgador devidamente investido na função, uma vez provocado, não pode recusar a prestação da tutela jurisdicional.

**16. Princípio da unidade.** A jurisdição é una e indivisível.

**17. Espécies de jurisdição.** Embora seja una e indivisível, a jurisdição é objeto de classificação, para fins didáticos e melhor ordenação e organização gerencial, estrutural e administrativa.

**18. Jurisdição comum e jurisdição especial.** A jurisdição pode ser dividida de acordo com os órgãos que a exercem. Há, no sistema judiciário brasileiro, órgãos especializados em determinadas matérias: trabalhista, eleitoral e militar. Os juízos trabalhistas, os juízos eleitorais e os juízos militares exercem jurisdição especial. Já a jurisdição comum, que examina todas as demais matérias, é exercida pela Justiça Estadual e pela Justiça Federal, subdividindo-se em jurisdição civil e jurisdição penal.

**19. Jurisdição civil e jurisdição penal.** A jurisdição comum pode ser dividida em civil e penal. A jurisdição penal destina-se à apuração de crimes e contravenções penais para impor ou não punição aos acusados. Já a civil é residual, é a jurisdição não penal ou extrapenal, abrangendo os processos que abranjam discussões de direito constitucional, administrativo, civil, empresarial, ambiental, tributário etc.

**20. Jurisdição individual e jurisdição coletiva.** As pretensões formuladas em juízo podem ser individuais ou coletivas. O processo individual provoca o exercício da jurisdição individual e o coletivo provoca a jurisdição coletiva.

**21. Jurisdição contenciosa e jurisdição voluntária.** A jurisdição propriamente dita é a contenciosa, enquanto a voluntária é considerada, pela maioria da doutrina, como atividade administrativa, sendo uma mera administração pública de interesses particulares. A contenciosa reúne todas as características da jurisdição, enquanto a voluntária, para a maioria da doutrina, não tem as características da jurisdição.

**22. Jurisdição voluntária.** A maioria da doutrina entende que a jurisdição voluntária consiste na administração pública de interesses particulares, não configurando atividade jurisdicional, por não haver substitutividade. Em vez de partes, haveria interessados. Em vez de processo, haveria simples procedimento, não produzindo coisa julgada. Na verdade, a jurisdição voluntária assim se caracteriza por compreender atos autorizativos, homologatórios ou constitutivos de direitos. Em outras palavras, existem atos jurídicos que somente podem ser praticados por particulares, sob a supervisão, fiscalização, chancela ou autorização do Poder Judiciário. Daí ser necessária uma autorização, uma homologação ou uma atividade constitutiva. Essa é, em suma, a característica da jurisdição voluntária, que se destina à "administração de interesses particulares", como se diz largamente no âmbito doutrinário. Embora a maioria negue-lhe a natureza jurisdicional, trata-se de verdadeira jurisdição, caracterizada apenas pelo tipo de atividades específicas nela realizadas.

**23. Instância *versus* grau de jurisdição.** É relevante distinguir instância de grau de jurisdição. As instâncias são as parcelas da estrutura hierárquica do Poder Judiciário. É expressão relacionada com a organização judiciária. Os juízes de primeira instância, em regra, exercem o primeiro grau de jurisdição. Os tribunais de segunda instância, em regra, exercem o segundo grau de jurisdição e os tribunais superiores exercem, em regra, o grau excepcional de jurisdição. Há, porém, casos em que o primeiro grau de jurisdição é exercido por um tribunal de segunda instância ou por um tribunal superior. O fato de um órgão de instância superior exercer

LIVRO II · DA FUNÇÃO JURISDICIONAL **Art. 17**

o primeiro grau de jurisdição não faz dele um órgão de primeira instância. As divisões em instâncias são estanques e referem-se, como dito, à organização judiciária. Já a jurisdição pode ser dividida em inferior ou superior, podendo ser exercida em primeiro grau, em segundo grau ou em grau excepcional.

> **Art. 17.** Para postular em juízo é necessário ter interesse e legitimidade.

▶ **1. Correspondência no CPC/1973.** *"Art. 3º Para propor ou contestar ação é necessário ter interesse e legitimidade."*

## 🔲 Legislação Correlata

**2. CF, art. 5º, XXXV.** *"XXXV – a lei não excluirá da apreciação do Poder Judiciário lesão ou ameaça a direito."*

**3. CF, art. 217, § 1º.** *"§ 1º O Poder Judiciário só admitirá ações relativas à disciplina e às competições desportivas após esgotarem-se as instâncias da justiça desportiva, regulada em lei."*

## ⚖ Jurisprudência, Enunciados e Súmulas Selecionados

- **4. Tema/Repercussão Geral 82 STF.** *"I – A previsão estatutária genérica não é suficiente para legitimar a atuação, em Juízo, de associações na defesa de direitos dos filiados, sendo indispensável autorização expressa, ainda que deliberada em assembleia, nos termos do artigo 5º, inciso XXI, da Constituição Federal; II – As balizas subjetivas do título judicial, formalizado em ação proposta por associação, são definidas pela representação no processo de conhecimento, limitada a execução aos associados apontados na inicial."*

- **5. Tema/Repercussão Geral 262 STF.** *"O Ministério Público é parte legítima para ajuizamento de ação civil pública que vise o fornecimento de remédios a portadores de certa doença."*

- **6. Tema/Repercussão Geral 350 STF.** *"I – A concessão de benefícios previdenciários depende de requerimento do interessado, não se caracterizando ameaça ou lesão a direito antes de sua apreciação e indeferimento pelo INSS, ou se excedido o prazo legal para sua análise. É bem de ver, no entanto, que a exigência de prévio requerimento não se confunde com o exaurimento das vias administrativas; II – A exigência de prévio requerimento administrati-*

vo não deve prevalecer quando o entendimento da Administração for notória e reiteradamente contrário à postulação do segurado; III – Na hipótese de pretensão de revisão, restabelecimento ou manutenção de benefício anteriormente concedido, considerando que o INSS tem o dever legal de conceder a prestação mais vantajosa possível, o pedido poderá ser formulado diretamente em juízo – salvo se depender da análise de matéria de fato ainda não levada ao conhecimento da Administração –, uma vez que, nesses casos, a conduta do INSS já configura o não acolhimento ao menos tácito da pretensão; IV – Nas ações ajuizadas antes da conclusão do julgamento do RE 631.240/MG (03.09.2014) que não tenham sido instruídas por prova do prévio requerimento administrativo, nas hipóteses em que exigível, será observado o seguinte: (a) caso a ação tenha sido ajuizada no âmbito de Juizado Itinerante, a ausência de anterior pedido administrativo não deverá implicar a extinção do feito; (b) caso o INSS já tenha apresentado contestação de mérito, está caracterizado o interesse em agir pela resistência à pretensão; e (c) as demais ações que não se enquadrem nos itens (a) e (b) serão sobrestadas e baixadas ao juiz de primeiro grau, que deverá intimar o autor a dar entrada no pedido administrativo em até 30 dias, sob pena de extinção do processo por falta de interesse em agir. Comprovada a postulação administrativa, o juiz intimará o INSS para se manifestar acerca do pedido em até 90 dias. Se o pedido for acolhido administrativamente ou não puder ter o seu mérito analisado devido a razões imputáveis ao próprio requerente, extingue-se a ação. Do contrário, estará caracterizado o interesse em agir e o feito deverá prosseguir; V – Em todos os casos acima – itens (a), (b) e (c) –, tanto a análise administrativa quanto a judicial deverão levar em conta a data do início da ação como data de entrada do requerimento, para todos os efeitos legais."*

- **7. Tema/Repercussão Geral 471 STF.** *"Com fundamento no art. 127 da Constituição Federal, o Ministério Público está legitimado a promover a tutela coletiva de direitos individuais homogêneos, mesmo de natureza disponível, quando a lesão a tais direitos, visualizada em seu conjunto, em forma coletiva e impessoal, transcender a esfera de interesses puramente particulares, passando a comprometer relevantes interesses sociais."*

- **8. Tema/Repercussão Geral 607 STF.** *"A Defensoria Pública tem legitimidade para a propositura de ação civil pública que vise a promover* a tutela judicial de direitos difusos ou coletivos de que sejam titulares, em tese, pessoas necessitadas."

• **9. Tema/Repercussão Geral 642 STF.** "*O Município prejudicado é o legitimado para a execução de crédito decorrente de multa aplicada por Tribunal de Contas estadual a agente público municipal, em razão de danos causados ao erário municipal.*"

• **10. Tema/Repercussão Geral 858 STF.** "*I – O trânsito em julgado de sentença condenatória proferida em sede de ação desapropriatória não obsta a propositura de Ação Civil Pública em defesa do patrimônio público, para discutir a dominialidade do bem expropriado, ainda que já se tenha expirado o prazo para a Ação Rescisória; II – Em sede de Ação de Desapropriação, os honorários sucumbenciais só serão devidos caso haja devido pagamento da indenização aos expropriados.*"

• **11. Tema/Repercussão Geral 946 STF.** "*Os Ministérios Públicos dos Estados e do Distrito Federal têm legitimidade para propor e atuar em recursos e meios de impugnação de decisões judiciais em trâmite no STF e no STJ, oriundos de processos de sua atribuição, sem prejuízo da atuação do Ministério Público Federal.*"

• **12. Súmula STF, 365.** "*Pessoa jurídica não tem legitimidade para propor ação popular.*"

• **13. Súmula STF, 510.** "*Praticado o ato por autoridade, no exercício de competência delegada, contra ela cabe o mandado de segurança ou a medida judicial.*"

• **14. Súmula STF, 614.** "*Somente o Procurador-Geral da Justiça tem legitimidade para propor ação direta interventiva por inconstitucionalidade de Lei Municipal.*"

• **15. Súmula STF, 629.** "*A impetração de mandado de segurança coletivo por entidade de classe em favor dos associados independe da autorização destes.*"

• **16. Súmula STF, 630.** "*A entidade de classe tem legitimação para o mandado de segurança ainda quando a pretensão veiculada interesse apenas a uma parte da respectiva categoria.*"

• **17. Tema/Repetitivo 39 STJ.** "*A mera existência de ação tendo por objeto a declaração de nulidade de registro imobiliário não é suficiente para se concluir pela ilegitimidade ativa daquele que, com base nesse mesmo registro, ajuíza ação reivindicatória.*"

• **18. Tema/Repetitivo 42 STJ.** "*Falta ao autor interesse de agir para a ação em que postula a obtenção de documentos com dados societários,*

se não logra demonstrar haver apresentado requerimento formal à ré nesse sentido."

• **19. Tema/Repetitivo 43 STJ.** "*A comprovação do pagamento do 'custo do serviço' referente ao fornecimento de certidão de assentamentos constantes dos livros da companhia é requisito de procedibilidade da ação de exibição de documentos ajuizada em face da sociedade anônima.*"

• **20. Tema/Repetitivo 193 STJ.** "*Os Estados da Federação são partes legítimas para figurar no polo passivo das ações propostas por servidores públicos estaduais, que visam o reconhecimento do direito à isenção ou à repetição do indébito relativo ao imposto de renda retido na fonte*".

• **21. Tema/Repetitivo 648 STJ.** "*A propositura de ação cautelar de exibição de documentos bancários (cópias e segunda via de documentos) é cabível como medida preparatória a fim de instruir a ação principal, bastando a demonstração da existência de relação jurídica entre as partes, a comprovação de prévio pedido à instituição financeira não atendido em prazo razoável, e o pagamento do custo do serviço conforme previsão contratual e normatização da autoridade monetária.*"

• **22. Tema/Repetitivo 766 STJ.** "*O Ministério Público é parte legítima para pleitear tratamento médico ou entrega de medicamentos nas demandas de saúde propostas contra os entes federativos, mesmo quando se tratar de feitos contendo beneficiários individualizados, porque se refere a direitos individuais indisponíveis, na forma do art. 1º da Lei n. 8.625/1993 (Lei Orgânica Nacional do Ministério Público).*"

• **23. Tema/Repetitivo 948 STJ.** "*Em ação civil pública proposta por Associação, na condição de substituta processual de consumidores, possuem legitimidade para a liquidação e execução da sentença todos os beneficiados pela procedência do pedido, independentemente de serem filiados à Associação promovente.*"

• **24. Súmula STJ, 389.** "*A comprovação do pagamento do custo do serviço referente ao fornecimento de certidão de assentamentos constantes dos livros da companhia é requisito de procedibilidade da ação de exibição de documentos ajuizada em face da sociedade anônima.*"

• **25. Súmula STJ, 447.** "*Os Estados e o Distrito Federal são partes legítimas na ação de restituição de imposto de renda retido na fonte proposta por seus servidores.*"

# LIVRO II · DA FUNÇÃO JURISDICIONAL — Art. 17

- **26. Súmula STJ, 452.** *"A extinção das ações de pequeno valor é faculdade da Administração Federal, vedada a atuação judicial de ofício."*
- **27. Súmula STJ, 506.** *"A Anatel não é parte legítima nas demandas entre a concessionária e o usuário de telefonia decorrentes de relação contratual."*
- **28. Súmula STJ, 637.** *"O ente público detém legitimidade e interesse para intervir, incidentalmente, na ação possessória entre particulares, podendo deduzir qualquer matéria defensiva, inclusive, se for o caso, o domínio."*
- **29. Súmula STJ, 642.** *"O direito à indenização por danos morais transmite com o falecimento do titular, possuindo os herdeiros da vítima legitimidade ativa para ajuizar ou prosseguir na ação indenizatória."*
- **30. Súmula TST, 286.** *"A legitimidade do sindicato para propor ação de cumprimento estende-se também à observância de acordo ou de convenção coletivos."*
- **31. Enunciado 118 do FNPP.** *"O mandado de segurança não se afigura como via adequada para discutir responsabilidade tributária quando a questão demandar dilação probatória."*
- **32. Enunciado 7 da I Jornada de Prevenção e Solução Extrajudicial de Litígios-CJF.** *"Os árbitros ou instituições arbitrais não possuem legitimidade para figurar no polo passivo da ação prevista no art. 33, caput, e § 4º, da Lei 9.307/1996, no cumprimento de sentença arbitral e em tutelas de urgência."*

## 📖 COMENTÁRIOS TEMÁTICOS

**33. Teoria da asserção.** O interesse de agir e a legitimidade para a causa devem ser examinados *in statu assertionis*, ou seja, considerando-se apenas as alegações contidas nas petições apresentadas em juízo. As dificuldades em separar, em alguns casos, o interesse de agir e a legitimidade para a causa das questões de mérito fizeram com que se concebesse a *teoria da asserção*, com a adoção de um *método* de distinção: se a questão se examina *in statu assertionis*, trata-se de uma questão de admissibilidade da demanda, mas se se exige a análise das provas, então a questão passa a ser de mérito. A *teoria da asserção* ou *prospettazione* foi concebida para que se pudesse distinguir as questões de admissibilidade da demanda daquelas que dizem respeito ao mérito.

**34. Interesse de agir e teoria da asserção.** *"A jurisprudência do STJ está consolidada no sentido da aplicação da teoria da asserção, segundo a qual o interesse de agir deve ser avaliado* in status

assertionis, *quer dizer, tal como apresentado na petição inicial"* (STJ, 3ª Turma, AgInt no REsp 1.841.683/SP, rel. Min. Nancy Andrighi, *DJe* 24.09.2020).

**35. Interesse de agir.** O interesse de agir consiste na conjugação da necessidade e utilidade da tutela jurisdicional. A medida judicial pretendida há de ser necessária, ou seja, não há mais outro meio, senão o judicial, para solucionar a disputa havida entre as partes. Ademais, é preciso que seja útil, conferindo alguma vantagem ou melhorando a situação da parte. O interesse de agir deve ser analisado *prospectivamente*, de forma que estará presente, se a parte, com a medida postulada, vier a obter vantagem ou passar a posicionar-se em situação melhor do que a que se encontra. Se a providência pleiteada piorar sua situação ou mantê-la da mesma forma, não há utilidade, não havendo interesse de agir. O interesse de agir apresenta-se a partir da alegação da parte de que há uma *ameaça* ou uma *lesão* a direito.

**36. Interesse de agir e as ações necessárias.** Há direitos que somente podem ser realizados em juízo. Nesses casos, as ações judiciais são necessárias, somente sendo a pretensão alcançada por intermédio do Poder Judiciário. É o caso da interdição, das ações de anulações de negócios jurídicos, da ação rescisória de decisão transitada em julgado, entre outras. Em tais hipóteses de ações necessárias, o interesse de agir está sempre presente.

**37. Interesse de agir e esgotamento prévio das instâncias administrativas.** Para propor uma demanda judicial, não é necessário o prévio esgotamento as instâncias administrativas, ressalvado os casos em que se exige a prévia manifestação da justiça desportiva (CF, art. 217, § 1º). Há casos, porém, em que se exige um requerimento prévio, para que se possa ter exigibilidade e acionabilidade, tal como ocorre em algumas ações previdenciárias (*vide* Tema/Repercussão Geral 350 STF) ou em casos de seguro obrigatório do SPVAT (Lei Complementar 207/2024, art. 3º).

**38. Requerimento administrativo e configuração de interesse de agir.** *"A Primeira Seção do STJ, no julgamento do REsp 1369834/SP, Rel. Min. Benedito Gonçalves, alinhando ao entendimento firmado pelo STF no RE 631240/MG, Rel. Min. Roberto Barroso, estabeleceu que o indeferimento do requerimento administrativo de benefício previdenciário é requisito para configurar o interesse de agir processual"* (STJ, 2ª Turma, AgRg no AREsp 334.357/PA, rel. Min. Humberto Martins, *DJe* 03.02.2015).

**39. Interesse de agir e prévio requerimento administrativo.** "*1. Exige-se requerimento administrativo prévio ao ajuizamento da ação para fins de caracterizar o interesse de agir. 2. O Supremo Tribunal Federal, ao modular os efeitos do paradigma (Tema 350), fixou a orientação de que, nas ações ajuizadas até 3 de setembro de 2014, a existência de contestação presume o interesse de agir pela resistência à pretensão. 3. Embora a repercussão geral se refira a benefícios previdenciários, a Segunda Turma estendeu tal exigência aos pedidos formulados à Secretaria da Receita Federal concernentes às contribuições previdenciárias. 4. Utilizando-se do mesmo raciocínio jurídico, afasta-se a falta de interesse processual da parte autora afirmada pela instância ordinária, uma vez que o pedido foi contestado pela União, estando a questão relacionada aos requisitos necessários à fruição da imunidade atrelada à procedência ou não da ação*" (STJ, 2ª Turma, AgInt no REsp 1.652.049/SC, rel. Min. Og Fernandes, *DJe* 06.09.2019).

**40. Necessidade de prévio requerimento administrativo.** "*Nos termos do Recurso Especial Repetitivo 982.133/RS, configura falta interesse de agir, nas ações objetivando a exibição de documentos com dados societários, quando não houver comprovação de prévio requerimento administrativo e do pagamento pelo custo do serviço*" (STJ, 3ª Turma, AgInt nos EDcl no REsp 1.777.116/PR, rel. Min. Moura Ribeiro, *DJe* 04.09.2019).

**41. Interesse de agir nas ações declaratórias.** O objetivo da ação declaratória é a obtenção de certeza ou segurança quanto à existência ou inexistência de relação jurídica, ou, ainda, quanto à autenticidade ou falsidade de documento (art. 19). Seu interesse de agir decorre da necessidade e da utilidade em se obter tal certeza ou segurança. No caso da ação declaratória, mesmo que o direito já tenha sido violado, a sentença irá representar um proveito para autor, na medida em que conferirá certeza quanto à relação jurídica ou ao documento, situação que não existia antes do ingresso em juízo. Por conferir uma situação mais vantajosa do que aquela existente antes do ingresso em juízo, qual seja, a certeza, será útil a ação declaratória, havendo interesse de agir no seu manejo (art. 20).

**42. Legitimidade de parte.** A legitimidade de parte consiste na *pertinência subjetiva* da demanda ou numa aptidão subjetiva para a prática dos atos processuais e, de resto, para a própria formulação da pretensão à tutela jurídica. Na Teoria Geral do Direito, a legitimidade ou legitimação permite que alguém possa agir em *certa situação* e perante outra pessoa determinada. Em outras palavras, legitimidade é um *estar em face de*. Enfim, a legitimidade ou legitimação consiste na aptidão *específica* para a prática de determinado ato, diante de uma situação jurídica e perante dada pessoa. A legitimidade é uma pertinência, que consiste numa qualificação jurídica ou qualificação normativa. A legitimidade de parte é conferida a quem se diz titular do direito ou da obrigação, podendo ser conferida por lei a quem não desfrute de tal qualidade.

**43. Parte e legitimidade de parte.** Parte é quem está no processo como autor ou réu, identificando-se com os sujeitos da relação processual e não se confundindo com os sujeitos que integram a relação de direito material. A parte pode ser legítima ou não. A parte ilegítima só deixa de ser parte quando, reconhecida sua ilegitimidade, for excluída do processo. Até lá, será parte.

**44. Legitimidade passiva e teoria da asserção.** "*A conclusão da Tribunal a quo está em conformidade com o entendimento desta Corte Superior de que, segundo a teoria da asserção, as condições da ação, entre elas a legitimidade passiva, devem ser aferidas a partir das afirmações deduzidas na petição inicial*" (STJ, 4ª Turma, AgInt no AREsp 1.666.090/RJ, rel. Min. Raul Araújo, *DJe* 21.10.2020).

**45. Tipos de legitimidade.** A legitimidade pode ser ordinária (art. 17) ou extraordinária (art. 18).

**46. Legitimidade ordinária.** Não se devem confundir as partes – que são sujeitos da relação processual – com os sujeitos da relação material controvertida. Quando coincidem, estará caracterizada a legitimidade *ad causam*. Assim como não se devem confundir os sujeitos da relação material com os da processual, estes não devem, igualmente, ser confundidos com os sujeitos da ação. Na realidade, existem 3 tipos diferentes de sujeitos a serem considerados: os que integram a relação de direito material, os da relação de direito processual e os que detêm a titularidade da ação. Quando todas essas qualidades coincidem, estar-se-á diante de um caso de legitimidade ordinária, pois a parte será, igualmente, titular da ação e sujeito da relação de direito material controvertida.

**47. Legitimidade ordinária como questão de mérito.** A legitimidade ordinária é reflexo do direito material, sendo questão de mérito. Se o juiz conclui pela falta de legitimidade ordinária, o que está a decidir, em verdade, é pela ausência de titularidade do direito invocado, denegando a postulação formulada: declara não ter razão o autor, por não ser titular do direito; profere, enfim, sentença de improcedência.

**LIVRO II · DA FUNÇÃO JURISDICIONAL** **Art. 18**

**48. Interesse e legitimidade para a causa e para os atos.** Para propor e contestar a demanda, é necessário ter interesse e legitimidade. Também é necessária a presença do interesse e da legitimidade para a prática de qualquer ato processual. Não basta ter legitimidade e interesse para propor e contestar, é preciso também os ter para recorrer, para requerer a produção de prova, para impugnar testemunhas, para alegar impedimento e suspeição do juiz ou de outro sujeito imparcial do processo. O sujeito pode ter legitimidade e interesse para propor a demanda, mas não os ter para recorrer ou para praticar um ato processual específico. Enfim, é preciso ter interesse e legitimidade não só para a causa (*ad causam*), mas também para cada ato processual (*ad actum*).

**49. Legitimidade do Ministério Público para promover a tutela coletiva de direitos individuais homogêneos disponíveis.** *"O Ministério Público possui legitimidade para promover a tutela coletiva de direitos individuais homogêneos, mesmo que de natureza disponível, desde que o interesse jurídico tutelado possua relevante natureza social"* (STJ, 4ª Turma, REsp 1.585.794/MG, rel. Min. Antonio Carlos Ferreira, *DJe* 1º.10.2021).

**50. Desnecessidade de abertura de sucessão provisória para instauração da sucessão definitiva.** *"3. Apenas a regra do art. 37 do CC/2002 pressupõe a existência da sucessão provisória como condição para a abertura da sucessão definitiva, ao passo que a regra do art. 38 do CC/2002, por sua vez, é hipótese autônoma de abertura da sucessão definitiva, de forma direta e independentemente da existência, ou não, de sucessão provisória. 4. A possibilidade de abertura da sucessão definitiva se presentes os requisitos do art. 38 do CC/2002 decorre do fato de ser absolutamente presumível a morte do autor da herança diante da presença, cumulativa, das circunstâncias legalmente instituídas – que teria o autor da herança 80 anos ao tempo do requerimento e que tenha ele desaparecido há pelo menos 5 anos"* (STJ, 3ª Turma, REsp 1.924.451/SP, rel. Min. Nancy Andrighi, *DJe* 22.10.2021).

**51. Desnecessidade de autorização de associados para propositura de ação civil pública nos casos de substituição processual.** *"O STF, no julgamento do RE n. 573.232/SC, fixou a tese segundo a qual é necessária a apresentação de ata de assembleia específica, com autorização dos associados para o ajuizamento da ação, ou autorização individual para esse fim, sempre que a associação, em prol dos interesses de seus associados, atuar na qualidade de representante processual. Aqui, a atuação das associações se deu na qualidade de representantes, em ação coletiva de rito ordinário. 6. Inaplicável à hipótese a tese firmada pelo STF, pois, como dito, a Suprema Corte tratou, naquele julgamento, exclusivamente das ações coletivas ajuizadas, sob o rito ordinário, por associação quando atua como representante processual dos associados, segundo a regra prevista no art. 5º, XXI, da CF, hipótese em que se faz necessária, para a propositura da ação coletiva, a apresentação de procuração específica dos associados, ou concedida pela Assembleia Geral convocada para esse fim, bem como lista nominal dos associados representados. 7. Na presente demanda, a atuação da entidade autora deu-se, de forma inequívoca, no campo da substituição processual, sendo desnecessária a apresentação nominal do rol de seus filiados para ajuizamento da ação. 8. Nesses termos, tem-se que as associações instituídas na forma do art. 82, IV, do CDC estão legitimadas para propositura de ação civil pública em defesa de interesses individuais homogêneos, não necessitando para tanto de autorização dos associados. Por se tratar do regime de substituição processual, a autorização para a defesa do interesse coletivo em sentido amplo é estabelecida na definição dos objetivos institucionais, no próprio ato de criação da associação, não sendo necessária nova autorização ou deliberação assemblear"* (STJ, 2ª Seção, REsp 1.325.857/RS, rel. Min. Luis Felipe Salomão, *DJe* 1º.02.2022).

---

**Art. 18.** Ninguém poderá pleitear direito alheio em nome próprio, salvo quando autorizado pelo ordenamento jurídico.
Parágrafo único. Havendo substituição processual, o substituído poderá intervir como assistente litisconsorcial.

---

▶ **1. Correspondência no CPC/1973.** *"Art. 6º Ninguém poderá pleitear, em nome próprio, direito alheio, salvo quando autorizado por lei."*

## ⚖ Legislação Correlata

**2. CPC, art. 996, parágrafo único.** *"Parágrafo único. Cumpre ao terceiro demonstrar a possibilidade de a decisão sobre a relação jurídica submetida à apreciação judicial atingir direito de que se afirme titular ou que possa discutir em juízo como substituto processual."*

**3. CDC, art. 81.** *"Art. 81. A defesa dos interesses e direitos dos consumidores e das vítimas poderá ser exercida em juízo individualmente, ou a título coletivo. Parágrafo único. A defesa coletiva será exercida quando se tratar de: I – interesses ou direitos difusos, assim entendidos,*

59

*para efeitos deste código, os transindividuais, de natureza indivisível, de que sejam titulares pessoas indeterminadas e ligadas por circunstâncias de fato; II – interesses ou direitos coletivos, assim entendidos, para efeitos deste código, os transindividuais, de natureza indivisível de que seja titular grupo, categoria ou classe de pessoas ligadas entre si ou com a parte contrária por uma relação jurídica base; III – interesses ou direitos individuais homogêneos, assim entendidos os decorrentes de origem comum."*

**4. CDC, art. 82.** *"Art. 82. Para os fins do art. 81, parágrafo único, são legitimados concorrentemente: I – o Ministério Público, II – a União, os Estados, os Municípios e o Distrito Federal; III – as entidades e órgãos da Administração Pública, direta ou indireta, ainda que sem personalidade jurídica, especificamente destinados à defesa dos interesses e direitos protegidos por este código; IV – as associações legalmente constituídas há pelo menos um ano e que incluam entre seus fins institucionais a defesa dos interesses e direitos protegidos por este código, dispensada a autorização assemblear. § 1º. O requisito da pré-constituição pode ser dispensado pelo juiz, nas ações previstas nos arts. 91 e seguintes, quando haja manifesto interesse social evidenciado pela dimensão ou característica do dano, ou pela relevância do bem jurídico a ser protegido."*

**5. ECA, art. 201, III.** *"Art. 201. Compete ao Ministério Público: (...) III – promover e acompanhar as ações de alimentos e os procedimentos de suspensão e destituição do poder familiar, nomeação e remoção de tutores, curadores e guardiães, bem como oficiar em todos os demais procedimentos da competência da Justiça da Infância e da Juventude."*

## ⚖ Jurisprudência, Enunciados e Súmulas Selecionados

- **6. Tema/Repetitivo 649 STJ.** *"A pessoa jurídica não tem legitimidade para interpor recurso no interesse do sócio."*
- **7. Tema/Repetitivo 766 STJ.** *"O Ministério Público é parte legítima para pleitear tratamento médico ou entrega de medicamentos nas demandas de saúde propostas contra os entes federativos, mesmo quando se tratar de feitos contendo beneficiários individualizados, porque se refere a direitos individuais indisponíveis, na forma do art. 1º da Lei n. 8.625/1993 (Lei Orgânica Nacional do Ministério Público)."*
- **8. Enunciado 110 do FPPC.** *"Havendo substituição processual, e sendo possível identificar*

*o substituído, o juiz deve determinar a intimação deste último para, querendo, integrar o processo."*

- **9. Enunciado 487 do FPPC.** *"No mandado de segurança, havendo substituição processual, o substituído poderá ser assistente litisconsorcial do impetrante que o substituiu."*
- **10. Enunciado 667 do FPPC.** *"Admite-se a migração de polos nas ações coletivas, desde que compatível com o procedimento."*
- **11. Enunciado 2 do FNPP.** *"A Fazenda Pública possui legitimidade extraordinária para discutir, recorrer e executar os honorários sucumbenciais nos processos em que seja parte."*

## 🗐 Comentários Temáticos

**12. Legitimidade extraordinária.** Há casos em que o sujeito da relação de direito processual não é o mesmo da relação de direito material, e, mesmo assim, detém legitimidade para a causa. Isso porque figura como titular do direito de ação. Nesses casos, a parte (sujeito da relação de direito processual) coincide com o sujeito que detém a titularidade do direito de ação. O que existe, em tais casos, é a coincidência entre a qualidade de parte e a de titular do direito de ação, não coincidindo com o sujeito que integra a relação de direito material. A parte – que, nesses casos, é também o titular da ação – estará pleiteando, em nome próprio, direito alheio. Ainda assim, será considerada parte legítima. Sua legitimidade, na espécie, não é ordinária, mas extraordinária, somente decorrendo de autorização contida no ordenamento jurídico. Na legitimidade extraordinária ou substituição processual, o titular do direito de ação não se afirma titular do direito material discutido no processo.

**13. Legitimidade extraordinária e substituição processual.** A legitimidade extraordinária também pode ser denominada substituição processual. O legitimado extraordinário é o substituto processual: aquele que, em nome próprio, postula ou defende direito alheio.

**14. Substituto e substituído processual.** O substituto processual é o legitimado extraordinário; é o que está, no processo, em nome próprio, postulando direito alheio. O substituído é, por sua vez, aquele a quem se atribui a titularidade do direito, que está sendo postulado pelo substituto.

**15. Fonte normativa da legitimidade extraordinária.** A legitimidade extraordinária deve estar autorizada no ordenamento jurídico. Sua fonte normativa pode ser a Constituição, a lei ou um negócio jurídico. Neste último caso, os

LIVRO II · DA FUNÇÃO JURISDICIONAL — Art. 18

sujeitos podem convencionar legitimidade extraordinária, prevendo-a em negócios jurídicos.

**16. Substituição processual *versus* sucessão processual.** A substituição processual não se confunde com a sucessão processual. A substituição processual é a legitimidade extraordinário, ocorrendo quando alguém, autorizado pelo ordenamento jurídico, postula em nome próprio direito alheio. Já a sucessão processual ocorre quando um sujeito sucede outro no processo, assumindo sua posição processual. A sucessão pode dar-se *mortis causa* ou *inter vivos,* ou seja, uma parte pode ser sucedida por outra por ter falecido ou por algum fato jurídico que implique a sucessão.

**17. Regime jurídico da substituição processual.** O Código não contém um regramento específico sobre a substituição processual. Diante dessa omissão, é adequado estender à substituição processual o regramento previsto para a assistência simples. É que o assistente simples ostenta a condição de substituto processual do assistido (art. 121, parágrafo único). Há, normativamente, no atual CPC, uma relação de identidade entre a assistência simples e a substituição processual. Se o assistente é substituto processual do assistido, pela coerência sistêmica, o substituto processual também é um assistente simples, mesmo, às vezes, o assistido (substituído) encontrando-se ausente do processo. Para que se adquira a condição de assistente, é preciso ser terceiro e ter interesse jurídico na solução do processo. Em razão disso, e diante da identidade entre assistente simples e substituto processual, o terceiro que tenha interesse jurídico pode propor uma demanda, na condição de substituto processual, para a defesa do direito do substituído, a fim de preservar a integridade de suas situações jurídicas. Diante da omissão do titular do direito, o terceiro juridicamente interessado pode agir na sua condição de substituto processual. Qualquer espécie de omissão do assistido (substituído) pode justificar a atuação do assistente como substituto processual (art. 121, parágrafo único). Pode o substituto processual intervir e atuar no processo em face de *qualquer omissão* do substituído. A omissão do titular do direito como pressuposto para o surgimento da legitimidade para intervir poderá ser *incidental,* materializada no curso do procedimento, mas também agora, a partir do atual CPC, *pré-processual,* isto é, antes da propositura da demanda em que a eventual intervenção do assistente simples se justificaria. A expressão "de qualquer outro modo" omisso o "assistido" (leia-se também o "substituído") é suficientemente ampla para abranger omissões pré-processuais, de modo especial a inércia ou omissão em demandar. Se o titular de um direito deixa de propor a ação destinada a certificá-lo ou realizá-lo e, com essa omissão, atinge ou pode atingir direitos subjetivos de outrem, o terceiro juridicamente interessado (alcançado do ponto de vista jurídico com essa conduta omissiva) poderá demandar, na condição de substituto processual do titular do direito.

**18. Legitimidade extraordinária como questão de admissibilidade.** Embora a legitimidade extraordinária esteja relacionada com a relação material, sendo estabelecida em razão do nexo existente entre as relações jurídicas de titularidade do legitimado ordinário e do extraordinário, não constitui uma questão de mérito. Se o substituto processual não dispõe de legitimidade, a sentença que assim o reconhece não denega o direito do substituído. Quando o juiz reconhece a ilegitimidade *ad causam* do substituto processual, não está a rejeitar o reconhecimento do direito do substituído; está, apenas, a observar que, naquele caso, o sujeito não está autorizado a, em nome próprio, postular direito alheio. Significa, então, que a legitimidade extraordinária é uma questão de admissibilidade do processo, e não de mérito.

**19. Ausência de legitimidade extraordinária e primazia da decisão de mérito.** A falta de legitimidade extraordinária conduz à extinção do processo sem resolução do mérito. Em razão do princípio da primazia da decisão de mérito (art. 4º), o juiz deve, sempre que possível, em vez de extinguir o processo, proceder à sucessão processual, excluindo aquele que se apresentou como legitimado extraordinário por um outro que tenha legitimidade, ordinária ou extraordinária.

**20. Legitimidade extraordinária passiva.** A legitimidade extraordinária, embora estudada frequentemente em relação ao polo ativo, também pode ocorrer no polo passivo.

**21. Reconvenção em caso de substituição processual.** É possível a reconvenção proposta por réu em demanda ajuizada por substituto processual, se este também tiver legitimidade extraordinária passiva (art. 343, § 6º).

**22. Substituto como parte.** O substituto processual ou legitimado extraordinário atua, em nome próprio, na defesa de direito alheio. Ele atua, no processo, na condição de parte, e não de representante. Está, portanto, submetido ao regime jurídica da parte.

**23. Poderes de disposição.** O substituto processual tem todos os poderes para atuar no processo, não tendo, em regra, poder para dispor sobre o direito material do substituído.

**24. Intervenção do substituído no processo.** O substituído tem o direito de intervir no processo conduzido pelo substituto, na qualidade de assistente litisconsorcial.

**25. Intervenção do substituto no processo.** Por ser titular do direito de ação, o substituto processual pode intervir, como assistente litisconsorcial, nas causas em que o substituído seja parte.

**26. Recurso pelo substituto.** Em processo de que faça parte o substituído, o substituto pode interpor recurso de terceiro (art. 996, parágrafo único).

**27. Imparcialidade do julgador.** A imparcialidade do julgador deve ser aferida tanto em relação ao substituto como ao substituído. Logo, não pode o juiz ser, por exemplo, nem parente próximo nem amigo íntimo ou inimigo capital do substituto ou do substituído.

**28. Substituição processual *versus* representação.** A substituição processual não se confunde com a representação. Na substituição, o substituto é parte; ele postula, em nome próprio, direito alheio. Na representação, o representante não é parte; ele postula, em nome alheio, o direito alheio; ele apenas representa a parte; a parte é o representado, e não do representante.

**29. Defensor público e sua condição de representante, e não de substituto processual.** "(...) o defensor público não atua na qualidade de substituto processual, mas de representante processual" (STJ, 5ª Turma, AgRg no AREsp 959.615/ES, rel. Min. Reynaldo Soares da Fonseca, *DJe* 28.10.2016).

---

> **Art. 19.** O interesse do autor pode limitar-se à declaração:
>
> I – da existência, da inexistência ou do modo de ser de uma relação jurídica;
>
> II – da autenticidade ou da falsidade de documento.

▶ **1. Correspondência no CPC/1973.** *"Art. 4º O interesse do autor pode limitar-se à declaração: I – da existência ou da inexistência de relação jurídica; II – da autenticidade ou falsidade de documento."*

## ⚖ Jurisprudência, Enunciados e Súmulas Selecionados

• **2. Súmula STF, 258.** *"É admissível reconvenção em ação declaratória."*

• **3. Súmula STJ, 181.** *"É admissível ação declaratória, visando a obter a certeza quanto à exata interpretação de cláusula contratual."*

• **4. Súmula STJ, 242.** *"Cabe ação declaratória para reconhecimento de tempo de serviço para fins previdenciários."*

• **5. Enunciado 111 do FPPC.** *"Persiste o interesse no ajuizamento de ação declaratória quanto à questão prejudicial incidental."*

• **6. Enunciado 437 do FPPC.** *"A coisa julgada sobre questão prejudicial incidental se limita à existência, inexistência ou modo de ser de situação jurídica, e à autenticidade ou falsidade de documento."*

• **7. Enunciado 35 da I Jornada-CJF.** *"Considerando os princípios do acesso à justiça e da segurança jurídica, persiste o interesse de agir na propositura de ação declaratória a respeito da questão prejudicial incidental, a ser distribuída por dependência da ação preexistente, inexistindo litispendência entre ambas as demandas (arts. 329 e 503, § 1º, do CPC)."*

## ▣ Comentários Temáticos

**8. Objeto da ação declaratória.** A ação declaratória tem por objeto a obtenção de certeza da existência ou inexistência de relação jurídica ou, ainda, da autenticidade ou falsidade de documento.

**9. Outras ações declaratórias.** O objeto da ação declaratória não se restringe ao disposto no art. 19. São igualmente declaratórias, por exemplo, a ação de consignação em pagamento e a ação de demarcação de terras particulares. Também o é a ação declaratória de constitucionalidade, proposta diretamente no STF.

**10. Relação jurídica.** A ação declaratória é cabível para se obter a certeza da existência, da inexistência ou, até mesmo, do modo de ser de uma relação jurídica. A ação declaratória pode versar sobre toda a relação jurídica ou somente sobre uma parte dela.

**11. Inadmissibilidade de ação declaratória genérica e abstrata.** "(...) não cabe ação declaratória de cunho genérico e abstrato, ou seja, que não demonstra, efetivamente, a repercussão do provimento jurisdicional almejado na esfera jurídica do autor" (STJ, 1ª Seção, AgRg nos EREsp 1.188.875/MG, rel. Min. Benedito Gonçalves, *DJe* 17.05.2011).

**12. Natureza da relação jurídica.** A ação declaratória é cabível para que se reconheça a existência ou inexistência de qualquer relação jurídica, seja de direito público, seja de

**LIVRO II · DA FUNÇÃO JURISDICIONAL** Art. 19

direito privado, seja de direito material, seja de direito processual.

**13. Legitimidade de irmãos unilaterais para propor ação declaratória de reconhecimento de parentesco com irmão pré-morta.** *"Os irmãos unilaterais possuem legitimidade ativa para propor ação declaratória de reconhecimento de parentesco natural com irmã pré-morta, ainda que a relação paterno-filial com o pai comum, também pré-morto, não tenha sido reconhecida em vida, pois a ação veicula alegado direito próprio, autônomo e personalíssimo em ver reconhecida a existência da relação jurídica familiar e, eventualmente, concorrer na sucessão da irmã falecida"* (STJ, 3ª Turma, REsp 1.892.941/SP, rel. Min. Nancy Andrighi, *DJe* 08.06.2021).

**14. Modo de ser da relação jurídica.** É admissível a ação declaratória destinada a obter interpretação de cláusula contratual, a cujo respeito divergem as partes integrantes do negócio jurídico. Ao interpretar a cláusula, o órgão jurisdicional declara o modo de ser da relação jurídica, conferindo certeza a uma peculiaridade que influi no seu desenvolvimento e, até mesmo, no cumprimento de prestações que decorram do negócio jurídico.

**15. Relação jurídica atual.** *"A declaração de existência ou de inexistência de relação jurídica deve versar sobre uma situação atual, já verificada, e não sobre situação futura e hipotética"* (STJ, 3ª Turma, REsp 1.750.925/RJ, rel. p/ ac. Min. Ricardo Villas Bôas Cueva, *DJe* 10.10.2019).

**16. Questões de fato.** Ressalvados os casos de autenticidade ou falsidade de documento, a ação declaratória não serve para obter certeza jurídica sobre questões de fato, ainda que o fato seja relevante em termos jurídicos.

**17. Interesse de agir *versus* interesse substancial.** *"É cabível a ação declaratória no caso em exame, pois a pretensão do autor era ver declarada a inexistência de débito perante o ente federado. Na linha da jurisprudência do STJ, não se confunde o interesse processual com o interesse substancial, este de ordem material, referente ao próprio mérito da controvérsia, e aquele de natureza instrumental, relacionado à necessidade de obter, por meio da tutela judicial, a proteção do interesse substancial"* (STJ, 4ª Turma, AgRg no AREsp 594.650/GO, rel. Min. Antonio Carlos Ferreira, *DJe* 1º.2.2016).

**18. Autenticidade ou falsidade de documento.** A ação declaratória é cabível para obter a certeza sobre a autenticidade ou falsidade de documento.

**19. Autenticidade.** A autenticidade relaciona-se com a autoria: por autenticidade se entende a certeza de que o documento provém do autor nele indicado. A indicação, no documento, de quem seja seu autor não é suficiente para que ele seja considerado autêntico. A subscrição e a assinatura denotam a aparente autenticidade, que pode não ser verdadeira. A autenticidade decorre da identidade de seu autor com o autor que se indica no próprio documento, valendo dizer que se afere a autenticidade pela coincidência entre a autoria aparente e a real. Somente quando se comprova que o autor da subscrição e da assinatura é o autor real do documento, haverá autenticidade.

**20. Autenticidade e veracidade do conteúdo do documento.** A autenticidade do documento – como objeto da ação declaratória – não diz respeito à veracidade das declarações nele inseridas. Mesmo que tais declarações não sejam verdadeiras ou resultem de vícios de consentimento, o documento não deixará de ser autêntico, se realmente tiver como autor a pessoa nele indicada. O objetivo da ação declaratória é reconhecer se é real a autoria aparente, ou seja, se realmente é o autor do documento aquele que o subscreveu e assinou.

**21. Falsidade do documento.** A ação declaratória serve para obter a certeza quanto à falsidade material do documento. A declaração judicial de falsidade do documento não pode alcançar a verificação de falsidade ideológica ou intelectual. Nesse caso, o que cabe é uma ação anulatória ou desconstitutiva, e não declaratória. Nos casos de falsidade ideológica, não é o documento que é falso, mas o seu conteúdo; a falsidade é da declaração, e não do documento.

**22. Validade de atos ou negócios jurídicos.** As questões relativas à *validade* de atos ou negócios jurídicos não se inserem no objeto da ação declaratória. Suas hipóteses de cabimento dizem respeito à *existência* ou *inexistência* de relação jurídica, estando os reconhecimentos de *nulidade* e *anulabilidade* relegados para as ações constitutivas. Logo, não é possível o uso da ação declaratória para se obter o reconhecimento da nulidade ou anulabilidade de um ato ou negócio jurídico.

**23. Nulidade absoluta.** Há antigo entendimento que afirma ser passível a ação declaratória o reconhecimento da nulidade absoluta. Como o ato ou negócio jurídico contaminado por nulidade absoluta não produz efeitos, e porque a relação jurídica é um efeito do ato ou negócio jurídico, talvez seja adequado dizer que cabe a ação declaratória para que se reconheça a ausência de relação jurídica em razão da nulidade absoluta. Nesse caso, em vez de se desconstituir uma relação formada entre a partes. (ação anulatória), declara-se que nunca foi formada. (ação declaratória). Seja como for, num caso ou noutro, não há prazo prescricional.

**24. Imprescritibilidade da pretensão declaratória.** *"A jurisprudência do Superior Tribunal de Justiça encontra-se consolidada no sentido de que, em se tratando de negócio jurídico alegadamente nulo, por simulação, não há sujeição aos prazos prescricionais"* (STJ, 3ª Turma, AgInt no REsp 1.577.931/GO, rel. Min. Paulo de Tarso Sanseverino, *DJe* 05.09.2018). *"A única pretensão da parte é a declaração de nulidade do contrato de sociedade por conta de participação, caracterizando-se, portanto, como ação puramente declaratória, a qual, nos termos da jurisprudência desta Corte Superior, não se submete a prazo prescricional"* (STJ, 3ª Turma, AgInt no AREsp 1.556.722/MG, rel. Min. Marco Aurélio Bellizze, *DJe* 13.03.2020).

---

**Art. 20.** É admissível a ação meramente declaratória, ainda que tenha ocorrido a violação do direito.

---

▸ **1. Correspondência no CPC/1973.** *"Art. 4º (...). Parágrafo único. É admissível a ação declaratória, ainda que tenha ocorrido a violação do direito."*

## ⚖ JURISPRUDÊNCIA, ENUNCIADOS E SÚMULAS SELECIONADOS

• **2. Súmula STF, 258.** *"É admissível reconvenção em ação declaratória."*

## 🗏 COMENTÁRIOS TEMÁTICOS

**3. Objetivo da ação declaratória.** A ação declaratória tem por finalidade eliminar a incerteza quanto à existência, inexistência ou modo de ser de uma relação jurídica e, igualmente, quanto à autenticidade ou falsidade de documento.

**4. Ação declaratória e violação de direito.** A ação declaratória é cabível, mesmo quando já esteja violado o direito do autor. Violado o direito, o sujeito tem a opção de propor a ação declaratória para obter a certeza da existência da relação jurídica ou ajuizar, desde logo, a demanda condenatória, com vistas a compelir o devedor ao cumprimento da obrigação assumida.

**5. Termo inicial da prescrição da pretensão condenatória quando há prévia ação declaratória.** *"O critério para a fixação do termo inicial do prazo prescricional como o momento da violação do direito subjetivo foi aprimorado em sede jurisprudencial, com a adoção da teoria da actio nata, segundo a qual o prazo deve ter início a partir do conhecimento, por parte da vítima, da violação ou da lesão ao direito subjetivo. 3. Não basta o efetivo conhecimento da lesão a direito ou a interesse, pois é igualmente necessária a ausência de qualquer condição que impeça o pleno exercício da pretensão. Precedentes desta Corte. Sendo assim, a pendência do julgamento de ação declaratória em que se discute a ilegalidade da conduta constitui empecilho ao início da fluência da prescrição da pretensão indenizatória amparada nesse ato. 4. Ao aguardar o julgamento da ação declaratória para propor a ação de indenização, a vítima exteriorizou sua confiança no Poder Judiciário, a qual foi elevada à categoria de princípio no CPC/2015, em função de sua relevância"* (STJ, 3ª Turma, REsp 1.494.482/SP, rel. p/ ac. Min. Nancy Andrighi, *DJe* 18.12.2020).

**6. Ação declaratória *versus* ação condenatória.** Ao conferir certeza à existência ou inexistência de uma relação jurídica, ou, ainda, à autenticidade ou falsidade de um documento, a sentença declaratória de procedência contém um preceito normativo, emitido pelo juiz, conferindo certeza à declaração prestada, com força de coisa julgada. Por sua vez, a ação condenatória objetiva, além da declaração do direito da parte, impor ao réu o cumprimento de uma obrigação de pagar, de dar ou de fazer ou não fazer, exortando-o ao atendimento espontâneo da determinação judicial, sob pena de ter contra si proferidos atos materiais de apropriação e expropriação do seu patrimônio, conducentes à satisfação integral do débito, além das medidas coercitivas voltadas ao cumprimento da obrigação específica. Enquanto a tutela declaratória realiza-se com a prolação da sentença que, contendo um juízo meramente declaratório, é revestida pela coisa julgada material, a condenatória não se satisfaz com a obtenção de certeza quanto à existência do direito, servindo, isto sim, para impor ao demandado uma prestação, no intuito de que a situação lamentada possa vir a ser efetivamente remediada.

**7. Executividade da sentença declaratória.** *"Tem eficácia executiva a sentença declaratória que traz definição integral da norma jurídica individualizada. Não há razão alguma, lógica ou jurídica, para submetê-la, antes da execução, a um segundo juízo de certificação, até porque a nova sentença não poderia chegar a resultado diferente do da anterior, sob pena de comprome-*

*LIVRO II • DA FUNÇÃO JURISDICIONAL* **Art. 21**

timento da garantia da coisa julgada, assegurada constitucionalmente. E instaurar um processo de cognição sem oferecer às partes e ao juiz outra alternativa de resultado que não um, já prefixado, representaria atividade meramente burocrática e desnecessária, que poderia receber qualquer outro qualificativo, menos o de jurisdicional" (STJ, 1ª Turma, REsp 588.202/PR, rel. Min. Teori Albino Zavascki, *DJ* 25.02.2004, p. 123).

# TÍTULO II
## DOS LIMITES DA JURISDIÇÃO NACIONAL E DA COOPERAÇÃO INTERNACIONAL

## CAPÍTULO I
### DOS LIMITES DA JURISDIÇÃO NACIONAL

**Art. 21.** Compete à autoridade judiciária brasileira processar e julgar as ações em que:

I – o réu, qualquer que seja a sua nacionalidade, estiver domiciliado no Brasil;

II – no Brasil tiver de ser cumprida a obrigação;

III – o fundamento seja fato ocorrido ou ato praticado no Brasil.

Parágrafo único. Para o fim do disposto no inciso I, considera-se domiciliada no Brasil a pessoa jurídica estrangeira que nele tiver agência, filial ou sucursal.

▶ **1. Correspondência no CPC/1973.** *"Art. 88. É competente a autoridade judiciária brasileira quando: I – o réu, qualquer que seja a sua nacionalidade, estiver domiciliado no Brasil; II – no Brasil tiver de ser cumprida a obrigação; III – a ação se originar de fato ocorrido ou de ato praticado no Brasil. Parágrafo único. Para o fim do disposto no nº 1, reputa-se domiciliada no Brasil a pessoa jurídica estrangeira que aqui tiver agência, filial ou sucursal."*

## 🔖 LEGISLAÇÃO Correlata

**2. CC, art. 70.** *"Art. 70. O domicílio da pessoa natural é o lugar onde ela estabelece sua residência com ânimo definitivo."*

**3. CC, art. 71.** *"Art. 71. Se, porém, a pessoa natural tiver diversas residências, onde, alternadamente, viva, considerar-se-á domicílio seu qualquer delas."*

**4. CC, art. 72.** *"Art. 72. É também domicílio da pessoa natural, quanto às relações concernentes à profissão, o lugar onde esta é exercida. Parágrafo único. Se a pessoa exercer profissão em lugares diversos, cada um deles constituirá domicílio. para as relações que lhe corresponderem."*

**5. CC, art. 73.** *"Art. 73. Ter-se-á por domicílio da pessoa natural, que não tenha residência habitual, o lugar onde for encontrada."*

**6. CC, art. 74.** *"Art. 74. Muda-se o domicílio, transferindo a residência, com a intenção manifesta de o mudar. Parágrafo único. A prova da intenção resultará do que declarar a pessoa às municipalidades dos lugares, que deixa, e para onde vai, ou, se tais declarações não fizer, da própria mudança, com as circunstâncias que a acompanharem."*

**7. CC, art. 75.** *"Art. 75. Quanto às pessoas jurídicas, o domicílio é: I – da União, o Distrito Federal; II – dos Estados e Territórios, as respectivas capitais; III – do Município, o lugar onde funcione a administração municipal; IV – das demais pessoas jurídicas, o lugar onde funcionarem as respectivas diretorias e administrações, ou onde elegerem domicílio especial no seu estatuto ou atos constitutivos. § 1º Tendo a pessoa jurídica diversos estabelecimentos em lugares diferentes, cada um deles será considerado domicílio para os atos nele praticados. § 2º Se a administração, ou diretoria, tiver a sede no estrangeiro, haver-se-á por domicílio da pessoa jurídica, no tocante às obrigações contraídas por cada uma das suas agências, o lugar do estabelecimento, sito no Brasil, a que ela corresponder."*

**8. CC, art. 76.** *"Art. 76. Têm domicílio necessário o incapaz, o servidor público, o militar, o marítimo e o preso. Parágrafo único. O domicílio do incapaz é o do seu representante ou assistente; o do servidor público, o lugar em que exercer permanentemente suas funções; o do militar, onde servir, e, sendo da Marinha ou da Aeronáutica, a sede do comando a que se encontrar imediatamente subordinado; o do marítimo, onde o navio estiver matriculado; e o do preso, o lugar em que cumprir a sentença."*

**9. CC, art. 77.** *"Art. 77. O agente diplomático do Brasil, que, citado no estrangeiro, alegar extraterritorialidade sem designar onde tem, no país, o seu domicílio, poderá ser demandado no Distrito Federal ou no último ponto do território brasileiro onde o teve."*

**10. CC, art. 78.** *"Art. 78. Nos contratos escritos, poderão os contratantes especificar domicílio onde se exercitem e cumpram os direitos e obrigações deles resultantes."*

65

**11. LINDB, art. 9º.** *"Art. 9º Para qualificar e reger as obrigações, aplicar-se-á a lei do país em que se constituírem. § 1º Destinando-se a obrigação a ser executada no Brasil e dependendo de forma essencial, será esta observada, admitidas as peculiaridades da lei estrangeira quanto aos requisitos extrínsecos do ato. § 2º A obrigação resultante do contrato reputa-se constituída no lugar em que residir o proponente."*

**12. LINDB, art. 12.** *"Art. 12. É competente a autoridade judiciária brasileira, quando for o réu domiciliado no Brasil ou aqui tiver de ser cumprida a obrigação. § 1º Só à autoridade judiciária brasileira compete conhecer das ações relativas a imóveis situados no Brasil. § 2º A autoridade judiciária brasileira cumprirá, concedido o exequatur e segundo a forma estabelecida pele lei brasileira, as diligências deprecadas por autoridade estrangeira competente, observando a lei desta, quanto ao objeto das diligências."*

**13. Dec. 18.871/1929.** *"Promulga a Convenção de direito internacional privado, de Havana."*

**14. Dec. 2.095/1996.** *"Promulga o Protocolo de Buenos Aires sobre Jurisdição Internacional em Matéria Contratual, concluído em Buenos Aires, em 5 de agosto de 1994."*

## ⚖ JURISPRUDÊNCIA, ENUNCIADOS E SÚMULAS SELECIONADOS

- **15. Súmula STF, 363.** *"A pessoa jurídica de direito privado pode ser demandada no domicílio da agência, ou estabelecimento, em que se praticou o ato."*

## 🗒 COMENTÁRIOS TEMÁTICOS

**16. Competência internacional concorrente.** As hipóteses relacionadas no dispositivo podem ser processadas e julgadas por juízos e tribunais brasileiros, mas também podem ser processadas e julgadas por juízos e tribunais estrangeiros. São casos de competência concorrente.

**17. Incompetência internacional.** A competência internacional concorrente do juiz brasileiro depende da presença de alguma das hipóteses previstas nos arts. 21 e 22, mas também de um requisito negativo: a inexistência de competência internacional exclusiva de juiz estrangeiro. Se o caso for de competência exclusiva de outro país, a sentença aqui proferida será inútil e inexequível, devendo o juiz brasileiro recusar a demanda.

**18. *Forum shopping*.** O *forum shopping* consiste na busca, entre as jurisdições com competência concorrente para solucionar determinada disputa, daquela em que o autor ou as partes acreditam ser possível a obtenção de decisão mais favorável aos seus interesses, devido à lei aplicável ou em razão de normas que prevejam a prática de atos processuais mais ágeis, menos burocráticos ou mais eficientes.

**19. *Forum non conveniens*.** Para evitar eventual abuso de direito na adoção do *forum shopping*, é possível adotar a prática do *forum non conveniens*, que consiste na recusa da demanda judicial, quando reconhecida a existência de outra jurisdição internacional concorrente, mais adequada aos interesses das partes e à efetividade do direito.

**20. Sentença estrangeira.** Nesses casos de competência internacional concorrente, a justiça estrangeira pode processar e julgar a causa. Proferida a sentença estrangeira, ela somente produzirá efeitos no território brasileiro se for homologada pelo STJ. Enquanto não homologada pelo STJ, a sentença estrangeira não é eficaz no território brasileiro.

**21. Homologação de sentença estrangeira.** A sentença estrangeira, nos casos de competência internacional concorrente, deve ser homologada pelo STJ, desde que atendidos os requisitos exigidos pelo art. 963.

**22. Execução da sentença estrangeira.** Homologada a sentença estrangeira pelo STJ, sua execução deve ser processada perante um juiz federal de primeira instância (CF, art. 109, X).

**23. Hipóteses de competência da justiça brasileira.** A ação pode ser proposta no Brasil, se o réu, qualquer que seja sua nacionalidade, estiver domiciliado no Brasil, ou, quando, no Brasil, tiver de ser cumprida a obrigação, ou, ainda, quando o fundamento da demanda seja um fato ocorrido ou um ato praticado no Brasil.

**24. Réu domiciliado no Brasil.** Se o réu aqui mantiver domicílio, a ação pode ser proposta no Brasil. Não importa sua nacionalidade. Brasileiro ou estrangeiro, se o réu for domiciliado no Brasil, aqui pode ser proposta a demanda judicial. Nesse caso, o fato pode ter ocorrido no estrangeiro ou a obrigação deve ser também no estrangeiro cumprida, mas se o réu mantiver domicílio no Brasil, a justiça brasileira pode processar e julgar a causa. Não basta a residência no Brasil; é preciso que o réu seja aqui domiciliado. Se, porém, não tiver domicílio certo, mas aqui for residente, a ação poderá, então, ser proposta no Brasil. O domicílio do réu não prevalece, todavia, quando para a causa houver competência exclusiva de juiz estrangeiro. A previsão normativa refere-se a *réu*, não alcançando *executado*. Significa que a

LIVRO II · DA FUNÇÃO JURISDICIONAL **Art. 22**

previsão diz respeito a processo de conhecimento, e não a processo de execução: o domicílio do executado no país não é ponto de ligação suficiente para determinar a competência do juiz brasileiro, porque o processo de execução é da competência do juiz do país onde se situam os bens a serem constritos, alienados ou entregues. Não importa o domicílio do autor; é o domicílio do réu que atrai a competência da justiça brasileira. O domicílio do autor somente é relevante, quando se tratar de ação de alimentos (art. 22, I, *a*) ou se for uma ação proposta por um consumidor (art. 22, II).

**25. No Brasil, tiver de ser cumprida a obrigação.** Se a obrigação tiver de ser cumprida no Brasil, pode a justiça brasileira processar e julgar a causa, mesmo que o réu não mantenha domicílio aqui no Brasil. Não importa onde a obrigação foi contraída; o que importa é que deva ser cumprida no Brasil. Ainda que a obrigação tenha sido constituída no estrangeiro, a demanda judicial pode ser proposta no Brasil se aqui tiver de ser cumprida a obrigação.

**26. Fato ocorrido ou ato praticado no Brasil.** Se o fato ocorreu no Brasil ou o ato foi aqui praticado, a demanda judicial pode ser proposta na justiça brasileira. Nessa hipótese, não importa a nacionalidade das partes nem o local de seus domicílios. Assim, por exemplo, se um italiano, que mora na Itália, estava aqui de férias e alugou em carro, vindo a atropelar um uruguaio, que mora no Uruguai, mas estava também no Brasil de férias, a demanda pode ser proposta na justiça brasileira, pois o fato ocorreu no território brasileiro.

**27. Filial, agência ou sucursal no Brasil.** A pessoa jurídica que tenha, no Brasil, agência, filial ou sucursal considera-se aqui domiciliada. Para que a demanda judicial possa ser proposta no Brasil, é preciso, porém, que o ato ou fato que lhe deu origem tenha vinculação com o país. Caso, por exemplo, uma empresa italiana, que tenha filial no Brasil, venha a ser demandada por um ato ou fato ocorrido na Inglaterra ou na própria Itália, não haverá competência da justiça brasileira, pois não haverá qualquer elemento de conexão com o Brasil que possa justificar essa sua competência. Não basta, então, a pessoa jurídica ter agência, filial ou sucursal no Brasil. Para que haja competência da justiça brasileira, é preciso haver algum elemento de ligação com a causa de pedir da demanda judicial.

---

**Art. 22.** Compete, ainda, à autoridade judiciária brasileira processar e julgar as ações:

I – de alimentos, quando:

a) o credor tiver domicílio ou residência no Brasil;

b) o réu mantiver vínculos no Brasil, tais como posse ou propriedade de bens, recebimento de renda ou obtenção de benefícios econômicos;

II – decorrentes de relações de consumo, quando o consumidor tiver domicílio ou residência no Brasil;

III – em que as partes, expressa ou tacitamente, se submeterem à jurisdição nacional.

▶ **1.** Sem correspondência no CPC/1973.

## 🏛 LEGISLAÇÃO CORRELATA

**2. CC, art. 70.** "*Art. 70. O domicílio da pessoa natural é o lugar onde ela estabelece sua residência com ânimo definitivo.*"

**3. CDC, art. 93.** "*Art. 93. Ressalvada a competência da Justiça Federal, é competente para a causa a justiça local: I – no foro do lugar onde ocorreu ou deva ocorrer o dano, quando de âmbito local; II – no foro da Capital do Estado ou no do Distrito Federal, para os danos de âmbito nacional ou regional, aplicando-se as regras do Código de Processo Civil aos casos de competência concorrente.*"

**4. CDC, art. 101, I.** "*Art. 101. Na ação de responsabilidade civil do fornecedor de produtos e serviços, sem prejuízo do disposto nos Capítulos I e II deste título, serão observadas as seguintes normas: I – a ação pode ser proposta no domicílio do autor.*"

**5. Lei 5.478/1968.** "*Dispõe sobre ação de alimentos e dá outras providências.*"

**6. Dec. 2.428/1997, art. 1º.** "*Art. 1º A Convenção Interamericana sobre Obrigação Alimentar concluída em Montevidéu, em 15 de julho de 1989, apensa por cópia ao presente Decreto, deverá ser cumprida tão inteiramente como nela se contém.*"

**7. Convenção Interamericana sobre obrigação alimentar, art. 8º.** "*Competência na Esfera Internacional. Artigo 8. Têm competência, na esfera internacional, para conhecer das reclamações de alimentos, a critério do credor: a) o juiz ou autoridade do Estado de domicílio ou residência habitual do credor; b) o juiz ou autoridade do Estado de domicílio ou residência habitual do devedor; c) o juiz ou autoridade do Estado com o qual o devedor mantiver vínculos pessoais, tais como posse de bens, recebimento de renda ou obtenção de benefícios econômicos. Sem prejuízo do disposto neste artigo, serão consideradas igualmente competentes as autoridades judiciárias ou administrativas de outros Estados, desde que o*

**Art. 22** CÓDIGO DE PROCESSO CIVIL COMENTADO – *Leonardo Carneiro da Cunha*

demandado no processo tenha comparecido sem objetar a competência."

**8. Protocolo de Santa Maria (MERCOSUL) art. 4º.** *"Artigo 4º. Regra Geral. 1. Terão jurisdição nas demandas ajuizadas pelo consumidor, que versem sobre relações de consumo, os juízes ou tribunais do Estado em cujo território esteja domiciliado o consumidor. 2. O fornecedor de bens ou serviços poderá demandar contra o consumidor perante o juiz ou tribunal do domicílio deste."*

**9. Dec. 9.176/2017, art. 1º.** *"Art. 1º Ficam promulgados a Convenção sobre a Cobrança Internacional de Alimentos para Crianças e Outros Membros da Família e o Protocolo sobre a Lei Aplicável às Obrigações de Prestar Alimentos, firmados em Haia, em 23 de novembro de 2007, anexos a este Decreto, com reserva ao Artigo 20, § 1º, alínea 'e', e ao Artigo 30, § 1º, com fundamento, respectivamente, no Artigo 20, § 2º, e no Artigo 30, § 8º, e realização da declaração que trata o Artigo 3º, § 2º, todos da Convenção."*

## ⚖ JURISPRUDÊNCIA, ENUNCIADOS E SÚMULAS SELECIONADOS

- **10. Tema/Repercussão Geral 947 STF.** *"O organismo internacional que tenha garantida a imunidade de jurisdição em tratado firmado pelo Brasil e internalizado na ordem jurídica brasileira não pode ser demandado em juízo, salvo em caso de renúncia expressa a essa imunidade."*

## 🗐 COMENTÁRIOS TEMÁTICOS

**11. Competência internacional concorrente.** Os casos mencionados no dispositivo também são de competência internacional concorrente, podendo as respectivas demandas ser processadas e julgadas por juízos e tribunais brasileiros e igualmente por juízos e tribunais estrangeiros.

**12. Hipóteses.** A competência internacional concorrente prevista no art. 22 é determinada por três critérios: *(a)* matéria objeto da demanda; *(b)* vulnerabilidade da parte; e *(c)* autonomia da vontade.

**13. Ação de alimentos.** Os critérios para a fixação da competência concorrente do juiz brasileiro, para as ações de alimentos, não são cumulativos: considera-se o domicílio ou residência do credor ou alimentando em território nacional ou, então, os vínculos do devedor ou alimentante com o território nacional, quando aqui mantiver a posse de bens, recebimento de renda ou quando aqui obtenha benefícios econômicos.

Nessa última hipótese, o devedor de alimentos deve ter ligação com o foro doméstico por vínculos jurídicos objetivos e estáveis no tempo e no espaço, e nunca por relações transitórias ou por meras expectativas de direito, sob pena de o juiz brasileiro ter sua competência estabelecida por critério de jurisdição transitório ou pontual (*tag jurisdiction*), o que não seria adequado no âmbito do contencioso internacional privado.

**14. Credor, e não autor.** O juiz brasileiro é competente para ações em que o credor de alimentos tenha domicílio no Brasil. O enunciado normativo utiliza a expressão *credor*, e não *autor*. É da competência do juiz brasileiro qualquer ação em que o credor de alimentos seja parte. Pode ser uma ação em que ele cobre os alimentos, mas também pode ser uma ação, proposta pelo devedor, para obter a exoneração dos alimentos. Nesse caso, tendo o credor domicílio no Brasil, o juiz brasileiro tem competência para processar e julgar a causa.

**15. Justiça Estadual *versus* Justiça Federal.** No caso em que o credor de alimentos mantiver domicílio no Brasil e o devedor, em outro país, a ação de alimentos será de competência da Justiça Estadual. Diversamente, se o credor for domiciliado no estrangeiro e o devedor, no Brasil, a competência para processar e julgar a ação de alimentos será da Justiça Federal (Lei 5.478/1965, art. 26), pois a causa será fundada em tratado (CF, art. 109, III). Homologada pelo STJ sentença estrangeira condenatória de alimentos, sua execução será processada na Justiça Federal de primeira instância (CF, art. 109, X). Havendo acordo internacional que dispense a homologação da sentença estrangeira de alimentos, esta será diretamente executada na Justiça Estadual, sem prévia homologação pelo STJ.

**16. Partes sem domicílio no Brasil.** A previsão da alínea *b* do inciso I do art. 22 refere-se aos casos em que nenhuma das partes, na ação de alimentos, tenha domicílio no Brasil. Se o alimentando for domiciliado no Brasil, o juiz brasileiro é competente, em virtude da alínea *a* do mesmo inciso I do art. 22. Se o alimentante for aqui domiciliado, a competência do juiz brasileiro decorre do inciso I do art. 21.

**17. Alimentos provisórios.** Também compete concorrentemente ao juiz brasileiro ordenar, por tutela de urgência, alimentos provisórios ao alimentando domiciliado ou residente no Brasil.

**18. Ações fundadas em relações de consumo.** A justiça brasileira tem competência concorrente para apreciar ações fundadas em litígios de consumo com conexão internacional. O juiz brasileiro é competente para as ações que têm o consumidor como autor ou como réu, desde que tenha ele residência ou domicílio no Brasil. A competência não se restringe aos casos em que consumidor seja autor, alcançando também aqueles casos em que o consumidor se apresente como réu.

**19. Proteção da parte presumivelmente mais fraca.** A fixação da competência concorrente do juiz brasileiro presume a dificuldade que teria o autor de ajuizar sua demanda apenas no foro estrangeiro onde o réu tenha domicílio ou residência.

**20. Sentença estrangeira e sua homologação.** Também nesses casos de competência internacional concorrente, proferida a sentença estrangeira, ela somente será eficaz no território brasileiro se for homologada pelo STJ. A homologação da sentença estrangeira depende do preenchimento dos requisitos exigidos pelo art. 963.

**21. Execução pela Justiça Federal.** Homologada a sentença estrangeira pelo STJ, sua execução será feita por um juiz federal de primeira instância (CF, art. 109, X).

**22. Foro de eleição internacional.** As partes podem, expressa ou tacitamente, optar pelo foro brasileiro, a ele submetendo a demanda relacionada a matérias de sua competência concorrente. Por meio de pacto expresso, as partes podem convencionar que suas controvérsias serão submetidas aos tribunais brasileiros, ou essa submissão pode ser tácita: o autor propõe a demanda no Brasil, e o réu não alega incompetência. O foro brasileiro não pode, todavia, ser eleito nos casos de competência exclusiva do juiz estrangeiro. Ainda que o réu não suscite a incompetência, deverá o juiz brasileiro deixar de apreciar a controvérsia, quando o caso for de competência exclusiva de juiz estrangeiro, sob pena de sua decisão final ser inútil, já que não poderá produzir efeitos lá no país que detém a competência exclusiva.

**23. Prevalência da cláusula de eleição de foro e impossibilidade da aplicação da teoria do *forum non conveniens*.** "5. Havendo previsão *contratual escrita e livremente pactuada entre as partes, elegendo a jurisdição brasileira como competente para a solução de eventuais conflitos, deve ela ser plenamente observada. 6. Restrita aceitação da doutrina do forum non conveniens pelos países que adotam o sistema do* civil law, *não havendo no ordenamento jurídico brasileiro norma específica capaz de permitir tal prática*" (STJ, 3ª Turma, REsp 1.633.275/SC, rel. Min. Ricardo Villas Bôas Cueva, *DJe* 14.11.2016).

**Art. 23.** Compete à autoridade judiciária brasileira, com exclusão de qualquer outra:

I – conhecer de ações relativas a imóveis situados no Brasil;

II – em matéria de sucessão hereditária, proceder à confirmação de testamento particular e ao inventário e à partilha de bens situados no Brasil, ainda que o autor da herança seja de nacionalidade estrangeira ou tenha domicílio fora do território nacional:

III – em divórcio, separação judicial ou dissolução de união estável, proceder à partilha de bens situados no Brasil, ainda que o titular seja de nacionalidade estrangeira ou tenha domicílio fora do território nacional.

▶ **1. Correspondência no CPC/1973.** *"Art. 89. Compete à autoridade judiciária brasileira, com exclusão de qualquer outra: I – conhecer de ações relativas a imóveis situados no Brasil; II – proceder a inventário e partilha de bens, situados no Brasil, ainda que o autor da herança seja estrangeiro e tenha residido fora do território nacional."*

🕮 **LEGISLAÇÃO CORRELATA**

**2. LINDB, art. 10.** *"Art. 10. A sucessão por morte ou por ausência obedece à lei do país em que domiciliado o defunto ou o desaparecido, qualquer que seja a natureza e a situação dos bens. § 1º A sucessão de bens de estrangeiros, situados no País, será regulada pela lei brasileira em benefício do cônjuge ou dos filhos brasileiros, ou de quem os represente, sempre que não lhes seja mais favorável a lei pessoal do de cujus. § 2º A lei do domicílio do herdeiro ou legatário regula a capacidade para suceder."*

**3. LINDB, art. 12.** *"Art. 12. É competente a autoridade judiciária brasileira, quando for o réu domiciliado no Brasil ou aqui tiver de ser cumprida a obrigação. § 1º Só à autoridade judiciária brasileira compete conhecer das ações relativas a imóveis situados no Brasil. § 2º A autoridade judiciária brasileira cumprirá, concedido o exequatur e segundo a forma estabelecida pele lei brasileira, as diligências deprecadas por autoridade estrangeira competente, observando a lei desta, quanto ao objeto das diligências."*

▤ **COMENTÁRIOS TEMÁTICOS**

**4. Competência internacional exclusiva.** O dispositivo relaciona as hipóteses em que a competência da justiça brasileira é exclusiva. Nesses casos, não se admite a atuação de juízos ou tribunais estrangeiros.

**5. Sentença estrangeira e impossibilidade de sua homologação.** Proferida sentença estrangeira num desses casos relacionados no dispositivo, será ineficaz, não produzindo qualquer efeito no território brasileiro. Não será possível homologar a sentença estrangeira, pois só a justiça brasileira tem competência para processar e julgar esses casos. Os juízes e tribunais estrangeiros não têm competência; logo, não é possível homologar a sentença estrangeira, pois proferida por autoridade incompetente (art. 963, I).

**6. Elemento da soberania nacional.** Nos casos de competência internacional exclusiva, há um elemento em comum: as demandas dizem respeito a imóveis situados no Brasil. Os imóveis situados no Brasil integram o território nacional e o território é um dos elementos da soberania. Por isso, não é possível que juízes ou tribunais estrangeiros tratem de elemento da soberania nacional, não podendo decidir acerca de bens situados no território brasileiro.

**7. Ações reais ou pessoais sobre imóveis.** A exclusividade da jurisdição brasileira em relação a bens situados no Brasil abrange tanto as ações reais como as pessoais sobre imóveis. É, portanto, da competência exclusiva do juiz brasileiro processar e julgar os processos judiciais em que se discuta a propriedade, a posse, direito de vizinhança, abrangendo, igualmente, as ações de despejo, de resolução de compra e venda de imóvel, as ações reipercussórias, enfim, todas as ações que versam sobre imóveis situados no Brasil devem ser processadas e julgadas pela Justiça brasileira.

**8. Falência.** A jurisdição brasileira é exclusiva relativamente às pretensões que envolvam os bens situados no território nacional. Assim, a sentença estrangeira de falência é passível de homologação quanto à organização do quadro de credores, à arrecadação de bens móveis etc.), não produzindo efeitos no tocante aos bens imóveis situados no território brasileiro. É exclusiva, então, a jurisdição brasileira para decretar a falência do empresário estrangeiro com filial e patrimônio imobiliário no Brasil.

**9. Patrimônio com ativos no Brasil.** A competência do juiz brasileiro também é exclusiva em casos de partilha de bens situados no Brasil. Assim, a partilha de bens situados no Brasil em inventário, testamento particular, divórcio, separação judicial ou dissolução de união estável deve ser feita perante a Justiça brasileira, pois diz respeito a patrimônio integrado ao ambiente brasileiro, compondo o território e a ordem econômica nacional.

**10. Demanda sobre marca. Competência concorrente, e não exclusiva.** *"Marca é bem móvel imaterial protegido mediante registro, que integra o estabelecimento empresarial e não se confunde com bens imóveis, razão pela qual não se aplica o art. 23, I, do novo Código de Processo Civil"* (STJ, Corte Especial, AgRg nos EDcl na CR 9.874/EX, rel. Min. Francisco Falcão, j. 15.06.2016, *DJe* 28.06.2016).

**11. Impossibilidade de foro de eleição internacional.** Não se admite foro de eleição internacional nesses casos de competência internacional exclusiva da justiça brasileira, previstos no art. 23 (art. 25, § 1º).

> **Art. 24.** A ação proposta perante tribunal estrangeiro não induz litispendência e não obsta a que a autoridade judiciária brasileira conheça da mesma causa e das que lhe são conexas, ressalvadas as disposições em contrário de tratados internacionais e acordos bilaterais em vigor no Brasil.
>
> Parágrafo único. A pendência de causa perante a jurisdição brasileira não impede a homologação de sentença judicial estrangeira quando exigida para produzir efeitos no Brasil.

▶ **1. Correspondência no CPC/1973.** *"Art. 90. A ação intentada perante tribunal estrangeiro não induz litispendência, nem obsta a que a autoridade judiciária brasileira conheça da mesma causa e das que lhe são conexas."*

### 🏛 LEGISLAÇÃO CORRELATA

**2. CF, art. 105, I, "i".** *"Art. 105. Compete ao Superior Tribunal de Justiça: I – processar e julgar, originariamente: (...) i) a homologação de sentenças estrangeiras e a concessão de exequatur às cartas rogatórias."*

**3. Dec. 18.871/1929, art. 394.** *"Art. 394. A litispendência, por motivo de pleito em outro Estado contratante poderá ser alegada em matéria cível, quando a sentença, proferida em um deles, deva produzir no outro os efeitos de coisa julgada."* Signatários: Repúblicas do Peru, Uruguai, Panamá, Equador, México, Salvador, Guatemala, Nicarágua, Bolívia, Venezuela, Colômbia, Honduras, Costa Rica, Chile, Brasil, Argentina, Paraguai, Haiti, República Dominicana, Estados Unidos da América e Cuba.*

### 🗉 COMENTÁRIOS TEMÁTICOS

**4. Conceito e acepções do termo litispendência.** O termo litispendência tem dois significados diferentes: *(a)* pendência da causa, litígio pendente de julgamento ou a fluência da causa em juízo. Assim, enquanto pendente o litígio, há litispendência; *(b)* a repropositura de demanda idêntica, acarretando sua invalidade, em razão da presença de um pressuposto processual negativo (art. 337, VI, §§ 1º a 3º). No primeiro sentido, a litispendência (pendência do litígio) constitui o primeiro efeito da demanda. O segundo sentido atribuído ao termo constitui, em verdade, uma *consequência* da litispendência, sendo denominada tal consequência pelo art. 337 também de litispendência. Realmente, a litispendência impede a propositura e o prosseguimento de outra demanda idêntica. Havendo duas causas idênticas em curso, configura-se a litispendência nessa segunda acepção do termo. Nesta hipótese, há, na realidade, apenas uma causa só, que deu origem a dois processos. Para eliminar essa inconveniente duplicidade, é necessário fazer cessar um dos dois processos, extinguindo-o sem resolução do mérito. Naquele primeiro sentido, indicando a existência de uma lide pendente, diz-se que há litispendência *em gênero,* sendo considerada num sentido amplo e estático, revelando-se um *estado processual.* No segundo sentido, para destacar os problemas que surgem quando uma mesma causa é proposta posteriormente perante outro ou o mesmo juízo, diz-se que há litispendência *em espécie,* sendo considerada num sentido restrito e dinâmico. A litispendência *em gênero* é, pois, uma consequência direta da instauração da demanda.

**5.** Surgimento da litispendência. Com a propositura da demanda, já passa a haver a pendência do litígio, ou seja, surge a *litispendência.* Enquanto não se realizar a citação válida, a litispendência existe apenas para o autor. Com a citação, o réu passa a integrar a relação processual, a partir de quando também se terá litispendência relativamente ao réu. De fato, ao ser proposta a demanda, o processo já existe para o autor, somente sendo produzidos para o réu os efeitos mencionados no art. 240 depois que for validamente citado (art. 312). Proposta a demanda, já existe processo, havendo pendência do litígio relativamente ao autor. Nesse momento, a relação jurídica processual já existe, somente produzindo efeitos para o réu depois de citado. Com a citação válida, os efeitos da demanda produzem-se para o réu, havendo, a partir daí, pendência do litígio também em relação a ele. A litispendência inicia-se com a propositura da demanda perante o órgão jurisdicional, e não com sua aceitação pelo juiz ou com a citação do réu. A propositura da demanda dá origem à litispendência, ou seja, a litispendência nasce da propositura da demanda. Em outras palavras, a demanda é o ato que dá início ao processo e lhe determina a pendência.

**6.** Litispendência entre ação estrangeira e ação proposta no Brasil. A propositura de uma ação perante um Estado estrangeiro acarreta a pendência do litígio (litispendência no primeiro sentido do termo). Tal pendência não impede, porém, que se proponha idêntica demanda no Brasil, pois a demanda estrangeira não induz litispendência (no segundo sentido do termo) relativamente à justiça brasileira, ou seja, uma demanda proposta no estrangeiro não impede sua repropositura no Brasil. Na verdade, o que se impede é que o juiz brasileiro acolha a alegação, por qualquer das partes, da pendência da demanda no juízo estrangeiro com as mesmas partes, causas de pedir e pedido (art. 337, VI) e, então, extinguir o processo sem resolução do mérito (art. 485, V). A instauração de processo no estrangeiro não impede a propositura de outro idêntico no Brasil.

**7.** Conexão entre demanda estrangeira e demanda no Brasil. Se houver conexão entre uma demanda proposta na justiça estrangeira e outra em curso no Brasil, não há como reunir os processos. Por isso, a pendência da causa no estrangeiro não impede que demanda conexa tramite paralelamente na justiça brasileira.

**8.** Tratados internacionais ou acordos bilaterais. É possível que o art. 24, por tratado internacional ou acordo bilateral em vigor no Brasil, seja desconsiderado ou derrogado. Nesse caso, a propositura de uma demanda na justiça estrangeira impede sua repropositura na justiça brasileira. Em outras palavras, um tratado internacional ou um acordo bilateral de que seja signatário o Brasil pode prever que a propositura de uma demanda na justiça de país igualmente signatário do tratado ou do acordo induza litispendência para a justiça brasileira. Em tal hipótese, não será possível propor a demanda na justiça brasileira, se houver idêntica demanda já em curso na justiça estrangeira.

**9.** Homologação de sentença estrangeira mesmo quando pendente causa no Brasil. A pendência de causa no Brasil não impede a homologação de sentença estrangeira, a não ser que se trata de hipótese de competência exclusiva da justiça brasileira, ou seja, a não ser que se trate de um dos casos previstos no art. 23. A homologação da sentença estrangeira, mesmo havendo causa pendente na justiça brasileira, somente é possível nos casos de competência internacional concorrente (arts. 21 e 22). Nos casos de competência exclusiva da justiça brasileira (art. 23), não se homologa a sentença estrangeira (art. 964).

## ⚖ Jurisprudência, Enunciados e Súmulas Selecionados

- **10.** **Competência internacional concorrente e litispendência.** *"A competência internacional concorrente, prevista no art. 88, III, do Código de Processo Civil de 1973, não induz a litispendência, podendo a Justiça estrangeira julgar igualmente os casos a ela submetidos. Eventual concorrência entre sentença proferida pelo Judiciário brasileiro e a sentença estrangeira homologada pelo STJ, sobre a mesma questão, deve ser resolvida pela prevalência da que transitar em julgado em primeiro lugar. Ademais, ainda que se analisasse o presente pedido de homologação à luz do Código de Processo Civil de 2015, este também trata a matéria como de competência internacional concorrente, conforme previsão do art. 21, III, mantida, no art. 24, a regra segundo a qual a ação proposta perante tribunal estrangeiro "não induz litispendência e não obsta a que a autoridade judiciária brasileira conheça da mesma causa e das que lhe são conexas, ressalvadas as disposições em contrário de tratados internacionais e acordos bilaterais em vigor no Brasil"* (STJ, Corte Especial, SEC 16.121/EX, rel. Min. Raul Araújo, j. 15.05.2019, *DJe* 27.05.2019).

- **11.** **Superveniência de decisão brasileira cujo conteúdo contraria a sentença estrangeira.** *"(...) 3. O Brasil adotou sistema que prevê ser de jurisdição internacional concorrente com a estrangeira, e não exclusiva, o conhecimento das questões relacionadas à guarda de menores e à alimentos, de modo que o simples ajuizamento de uma ação judicial no Brasil não inviabiliza, por si só, a homologação da sentença estrangeira que versou sobre as mesmas matérias. Precedentes. 4. Conquanto haja julgados desta Corte no sentido de ser admissível a homologação de sentença estrangeira cujo conteúdo contrarie uma decisão judicial brasileira sobre a mesma questão, condicionando-se a sua eficácia e exequibilidade a ulterior verificação daquela que primeiro transitou em julgado ou à consideração do juízo em que tramitará a execução, é certo que a superveniência de decisão proferida pelo Poder Judiciário do Brasil sobre tema que também fora examinado na sentença estrangeira é causa de improcedência da ação de homologação*

da sentença estrangeira, quer seja porque as sentenças relacionadas à guarda de menores ou a alimentos não transitam em julgado propriamente ditas, havendo a presunção de que a decisão mais recente é aquela que retrata mais fielmente a situação atual do menor e o seu melhor interesse, quer seja porque relegar a solução da controvérsia somente para o momento da execução geraria severas incompatibilidades procedimentais quanto a competência, a disparidade de fases processuais e a reunião e conexão de processos. 5. A mera pendência de ação judicial no Brasil não impede a homologação da sentença estrangeira; mas a existência de decisão judicial proferida no Brasil contrária ao conteúdo da sentença estrangeira impede a sua homologação. 6. Pedido de homologação de sentença estrangeira julgado improcedente"* (STJ, Corte Especial, HDE 1.396/EX, rel. Min. Nancy Andrighi, *DJe* 26.09.2019).

> **Art. 25.** Não compete à autoridade judiciária brasileira o processamento e o julgamento da ação quando houver cláusula de eleição de foro exclusivo estrangeiro em contrato internacional, arguida pelo réu na contestação.
>
> § 1º Não se aplica o disposto no *caput* às hipóteses de competência internacional exclusiva previstas neste Capítulo.
>
> § 2º Aplica-se à hipótese do *caput* o art. 63, §§ 1º a 4º.

▶ **1.** Sem correspondência no CPC/1973.

## 🏛 Legislação Correlata

**2.** **Lei 13.966/2019, art. 7º, II.** *"Art. 7º Os contratos de franquia obedecerão às seguintes condições: (...) II – os contratos de franquia internacional serão escritos originalmente em língua portuguesa ou terão tradução certificada para a língua portuguesa custeada pelo franqueador, e os contratantes poderão optar, no contrato, pelo foro de um de seus países de domicílio."*

**3.** **Dec. 2.095/1996, art. 1º.** *"Art. 1º O Protocolo de Buenos Aires sobre Jurisdição Internacional em Matéria Contratual, assinado em Buenos Aires, em 5 de agosto de 1994, apenso por cópia ao presente Decreto, deverá ser executado e cumprido tão inteiramente como nele se contém."*

**4.** **Protocolo de Buenos Aires sobre Jurisdição Internacional em Matéria Contratual, art. 4º.** *"Artigo 4. 1. Nos conflitos que decorram dos contratos internacionais em matéria civil ou comercial serão competentes os tribunais do*

*Estado-Parte em cuja jurisdição os contratantes tenham acordado submeter-se por escrito, sempre que tal ajuste não tenha sido obtido de forma abusiva. 2. Pode-se acordar, igualmente, a eleição de tribunais arbitrais."*

### ☰ COMENTÁRIOS TEMÁTICOS

**5. Princípio da autonomia da vontade.** O dispositivo prestigia o princípio da autonomia da vontade em litígios decorrentes de contratos internacionais.

**6. Eleição de foro internacional.** Por meio de acordos ou cláusulas de eleição de foro, as partes escolhem tribunais judiciais estatais como competentes para controvérsias decorrentes do negócio jurídico entre elas firmado.

**7. Competência internacional exclusiva.** As partes podem convencionar a competência exclusiva de um juízo estrangeiro, afastando a competência da justiça brasileira para a controvérsia que surgir entre elas.

**8. Matéria não cognoscível de ofício.** Se, a despeito do foro de eleição internacional exclusivo, for proposta a demanda no Brasil, o juiz brasileiro não pode examinar, de ofício, a cláusula, devendo o réu invocá-la e alegar a incompetência. Caso haja, porém, abusividade na cláusula, poderá o juiz, de ofício, reputá-la ineficaz (art. 63, § 3º) e extinguir o processo sem resolução do mérito.

**9. Prorrogação da competência.** Se o réu não invocar a cláusula de eleição de foro estrangeiro e não alegar a incompetência do juiz brasileiro, este passará a ser competente. Nesse caso, a cláusula de eleição de foro não produzirá efeitos. Haverá prorrogação da competência: o juiz brasileiro, que seria incompetente, passa a ser competente.

**10. Alegação de abusividade da cláusula pelo autor.** Invocada a cláusula de eleição internacional pelo réu em sua contestação, o autor pode, ao sobre ela pronunciar-se, alegar sua abusividade, sob pena de preclusão. Diante da alegação do autor, o juiz pode reconhecer a abusividade da cláusula, reputá-la ineficaz e admitir sua competência para processar e julgar a causa.

**11. Impossibilidade de afastar a competência exclusiva.** As partes não podem afastar a competência exclusiva do juiz brasileiro. Nos casos de competência exclusiva da justiça brasileira (art. 23), as partes não podem escolher juízes estrangeiros ou atribuir competência à justiça de outros países para a solução de sua disputa.

## CAPÍTULO II
## DA COOPERAÇÃO INTERNACIONAL

### Seção I
### Disposições Gerais

**Art. 26.** A cooperação jurídica internacional será regida por tratado de que o Brasil faz parte e observará:

I – o respeito às garantias do devido processo legal no Estado requerente;

II – a igualdade de tratamento entre nacionais e estrangeiros, residentes ou não no Brasil, em relação ao acesso à justiça e à tramitação dos processos, assegurando-se assistência judiciária aos necessitados;

III – a publicidade processual, exceto nas hipóteses de sigilo previstas na legislação brasileira ou na do Estado requerente;

IV – a existência de autoridade central para recepção e transmissão dos pedidos de cooperação;

V – a espontaneidade na transmissão de informações a autoridades estrangeiras.

§ 1º Na ausência de tratado, a cooperação jurídica internacional poderá realizar-se com base em reciprocidade, manifestada por via diplomática.

§ 2º Não se exigirá a reciprocidade referida no § 1º para homologação de sentença estrangeira.

§ 3º Na cooperação jurídica internacional não será admitida a prática de atos que contrariem ou que produzam resultados incompatíveis com as normas fundamentais que regem o Estado brasileiro.

§ 4º O Ministério da Justiça exercerá as funções de autoridade central na ausência de designação específica.

▶ **1. Sem correspondência no CPC/1973.**

### ☷ LEGISLAÇÃO CORRELATA

**2. CF, art. 4º, IX.** *"Art. 4º A República Federativa do Brasil rege-se nas suas relações internacionais pelos seguintes princípios: (...) IX – cooperação entre os povos para o progresso da humanidade."*

**3. Dec. 19.841/1945, art. 1º.** *"Art. 1º Fica promulgada a Carta das Nações Unidas apensa por cópia ao presente decreto, da qual faz parte integrante o anexo Estatuto da Corte Internacional de Justiça, assinada em São Francisco, a 26 de junho de 1945."*

**4. Carta das Nações Unidas, art. 1(3).** "*Artigo 1. Os propósitos das Nações unidas são: (...) 3. Conseguir uma cooperação internacional para resolver os problemas internacionais de caráter econômico, social, cultural ou humanitário, e para promover e estimular o respeito aos direitos humanos e às liberdades fundamentais para todos, sem distinção de raça, sexo, língua ou religião.*"

**5. LINDB, art. 17.** "*Art. 17. As leis, atos e sentenças de outro país, bem como quaisquer declarações de vontade, não terão eficácia no Brasil, quando ofenderem a soberania nacional, a ordem pública e os bons costumes.*"

## ⚖ Jurisprudência, Enunciados e Súmulas Selecionados

- **6. Enunciado 27 do FPPC.** "*Não compete ao juízo estatal revisar o mérito da medida ou decisão arbitral cuja efetivação se requer por meio da carta arbitral, salvo nos casos do § 3º do art. 26 do CPC.*"

## ▣ Comentários Temáticos

**7. Cooperação jurídica internacional.** A cooperação jurídica internacional, que é objeto constante de tratados internacionais, dá-se pelo reconhecimento recíproco dos negócios privados, qualquer que seja o local da contratação, pela uniformidade de tratamento jurídico e, principalmente, pela colaboração entre jurisdições e as autoridades administrativas de diferentes países. A cooperação jurídica é uma das mais significativas manifestações do contencioso internacional, aproximando Estados, organizações internacionais, redes de tribunais, governos e autoridades administrativas em objetivos comuns de acesso à justiça pelos cidadãos, indivíduos, famílias e empresas.

**8. Mecanismos.** Os mecanismos de cooperação jurídica internacional desdobram-se em cooperação e assistência administrativa e jurisdicional entre o Estado brasileiro e outros Estados e organizações internacionais.

**9. Princípios.** O art. 26 estabelece os princípios gerais para a cooperação jurídica internacional, abrangendo tanto os casos em que o Brasil seja o requerente como os em que ele seja o requerido. Tais princípios, que se destinam a preservar os direitos fundamentais dos jurisdicionados, pressupõem o compartilhamento e a colaboração da atividade jurisdicional para solução de disputas em escala transnacional.

**10. Respeito ao devido processo legal.** A cooperação jurídica internacional deve observar as garantias do devido processo legal no Estado requerente, ou seja, de atender ao conjunto de disposições que lhe conferem a feição geralmente aceita: o direito de ser citado, a oportunidade de ser ouvido pelo juiz natural, a motivação da decisão etc.

**11. Igualdade de tratamento.** O princípio da não discriminação entre brasileiros e estrangeiros, inclusive os não residentes no Brasil, é projetado para o plano da cooperação jurídica internacional. Não deve haver tratamento discriminatório; todos devem ser tratados igualmente, oferecendo-se, inclusive, assistência judiciária aos necessitados, inclusive os estrangeiros, mesmo os não residentes.

**12. Publicidade.** A cooperação jurídica internacional deve observar o princípio da publicidade, ressalvadas as hipóteses de sigilo previstas na legislação brasileira ou na do Estado requerente. Quando o interesse público ou social assim o exigir, deve ser restringida a publicidade.

**13. Autoridade central.** O dispositivo prestigia a autoridade central como instituição de cooperação. As solicitações de auxílio direto são encaminhadas pelo órgão estrangeiro às autoridades centrais (art. 29). As autoridades centrais são os órgãos de interlocução, tramitação e comunicação de atos e pedidos de cooperação e assistência jurisdicional e administrativa, estabelecidos em tratados, por designação dos Estados. Há vários órgãos, no Brasil, investidos dessa função em tratados e convenções de cooperação jurídica internacional, designados por decretos do Poder Executivo: o Ministério das Relações Exteriores, o Ministério da Justiça, a Advocacia-Geral da União, a Secretaria de Direitos Humanos da Presidência da República e o Ministério Público Federal. As atribuições da autoridade central variam de acordo com o regime de cooperação jurídica internacional estabelecido.

**14. Atribuição subsidiária.** Na ausência de designação específica, a autoridade central será o Ministério da Justiça (art. 26, § 4º).

**15. Tramitação direta.** Embora o art. 26 prestigie a autoridade central, nada impede que, em casos específicos, se prefira a tramitação pelos canais diplomáticos. É possível que haja acordo internacional ou legislação recíproca entre os países envolvidos para admitir a tramitação direta de pedidos de cooperação jurídica internacional entre as autoridades requerente e requerida.

**LIVRO II** · DA FUNÇÃO JURISDICIONAL | **Art. 27**

**16. Informação espontânea.** A cooperação jurídica internacional deve ser otimizada por informação espontânea. A transmissão espontânea de informações consiste em mecanismo de cooperação jurídica internacional utilizado para dar conhecimento à autoridade estrangeira, sem solicitação desta, a respeito de fatos relevantes, negócios ou ilícitos praticados no país noticiante, no país noticiado ou em terceiro Estado, que sejam de interesse da jurisdição do país destinatário do comunicado. O Brasil deve otimizar a cooperação por informação espontânea, devendo igualmente admitir o recebimento de cooperação por informação espontânea.

**17. Reciprocidade.** A reciprocidade é o fundamento alternativo aos tratados internacionais para a prestação de cooperação jurídica internacional, devendo manifestar-se por via diplomática.

**18. Dispensa da reciprocidade para homologação de sentença estrangeira.** O ordenamento brasileiro, no tocante à homologação de sentença estrangeira, adota, tradicionalmente, o sistema da delibação, valendo dizer que não se examina o mérito da sentença estrangeira; presentes os requisitos formais, ela deve ser homologada. Não se aplica o regime de reciprocidade para homologação de sentença estrangeira: ainda que não tenha havido homologação de sentença brasileira no Estado estrangeiro, a sentença lá proferida será aqui homologada, se preenchidos os requisitos formais para sua homologação.

**19. Ordem pública.** Devem ser recusados os pedidos de cooperação que atentem contra as normas fundamentais que regem o Estado brasileiro. De igual modo, as autoridades brasileiras não devem solicitar ou aproveitar cooperação jurídica internacional quando houver contrariedade às normas fundamentais que regem o Estado brasileiro. É preciso, em outras palavras, resguardar a ordem pública nacional.

---

**Art. 27.** A cooperação jurídica internacional terá por objeto:

I – citação, intimação e notificação judicial e extrajudicial;

II – colheita de provas e obtenção de informações;

III – homologação e cumprimento de decisão;

IV – concessão de medida judicial de urgência;

V – assistência jurídica internacional;

VI – qualquer outra medida judicial ou extrajudicial não proibida pela lei brasileira.

▶ **1. Sem correspondência no CPC/1973.**

---

## ⚖ LEGISLAÇÃO CORRELATA

**2. Dec. 2.626/1998, art. 1º.** *"Art. 1º O Protocolo de Medidas Cautelares, concluído em Ouro Preto, em 16 de dezembro de 1994, será executado e cumprido tão inteiramente como nele se contém."*

**3. Protocolo de medidas cautelares, concluído em Ouro Preto, art. 2º.** *"Artigo 2º A medida cautelar poderá ser solicitada em processos ordinários, de execução, especiais ou extraordinários, de natureza civil, comercial, trabalhista e em processos penais, quanto à reparação civil."*

**4. Protocolo de medidas cautelares, concluído em Ouro Preto, art. 3º.** *"Artigo 3º Admitir-se-ão medidas cautelares preparatórias, incidentais de uma ação principal e as que garantam a execução de uma sentença."*

**5. Dec. 3.810/2001, art. 1º.** *"Art. 1º O Acordo de Assistência Judiciária em Matéria Penal entre o Governo da República Federativa do Brasil e o Governo dos Estados Unidos da América, celebrado em Brasília, em 14 de outubro de 1997, e corrigido por troca de Notas em 15 de fevereiro de 2001, apenso por cópia ao presente Decreto, será executado e cumprido tão inteiramente como nele se contém."*

**6. Acordo de assistência em matéria penal entre Brasil e EUA, art. 1º.** *"1. As Partes se obrigam a prestar assistência mútua, nos termos do presente Acordo, em matéria de investigação, inquérito, ação penal, prevenção de crimes e processos relacionados a delitos de natureza criminal. 2. A assistência incluirá: a) tomada de depoimentos ou declarações de pessoas; b) fornecimento de documentos, registros e bens; c) localização ou identificação de pessoas (físicas ou jurídicas) ou bens; d) entrega de documentos; e) transferência de pessoas sob custódia para prestar depoimento ou outros fins; f) execução de pedidos de busca e apreensão; g) assistência em procedimentos relacionados a imobilização e confisco de bens, restituição, cobrança de multas; e h) qualquer outra forma de assistência não proibida pelas leis do Estado Requerido. 3. A assistência será prestada ainda que o fato sujeito a investigação, inquérito ou ação penal não seja punível na legislação de ambos os Estados. 4. As Partes reconhecem a especial importância de combater graves atividades criminais, incluindo lavagem de dinheiro e tráfico ilícito de armas de fogo, munições e explosivos. Sem limitar o alcance da assistência prevista neste Artigo, as Partes devem prestar assistência mútua sobre essas atividades, nos termos deste Acordo. 5. O presente Acordo destina-se tão somente à assistência judiciária mútua entre as Partes. Seus dispositivos não darão direito a qualquer indiví-*

duo de obter, suprimir ou excluir qualquer prova ou impedir que uma solicitação seja atendida."

**7. Acordo de assistência em matéria penal entre Brasil e EUA, art. 2º.** *"1. Cada Parte designará uma Autoridade Central para enviar e receber solicitações em observância ao presente Acordo. 2. Para a República Federativa do Brasil, a Autoridade Central será o Ministério da Justiça. No caso dos Estados Unidos da América, a Autoridade Central será o Procurador-Geral ou pessoa por ele designada. 3. As Autoridades Centrais se comunicarão diretamente para as finalidades estipuladas neste Acordo."*

**8. Dec. 6.747/2009, art. 1º.** *"Art. 1º O Tratado de Assistência Mútua em Matéria Penal entre o Governo da República Federativa do Brasil e o Governo do Canadá, celebrado em Brasília, em 27 de janeiro de 1995, apenso por cópia ao presente Decreto, será executado e cumprido tão inteiramente como nele se contém."*

**9. Tratado de assistência mútua em matéria penal entre Brasil e Canadá, art. 1º.** *"1. Os Estados Contratantes deverão, no âmbito do presente Tratado, prestar assistência mútua em matéria penal na medida mais ampla possível. 2. Para os fins do parágrafo 1 deste artigo, será considerada assistência mútua qualquer assistência prestada pelo Estado requerido em relação a investigações ou processos judiciais no Estado requerente relativos a uma matéria penal, independentemente do fato da assistência ser solicitada ou dever ser prestada por um tribunal ou alguma outra autoridade. 3. Para os fins do parágrafo 1 deste artigo, matéria penal refere-se a investigações ou processos judiciais relativos a qualquer crime previsto por uma lei de um dos Estados Contratantes. 4. O termo 'matéria penal' incluirá ainda investigações ou processos judiciais relativos a crimes relacionados com tributação em geral, taxas alfandegárias e transferência internacional de capitais ou pagamentos. 5. A assistência incluirá: a) tomada de depoimentos e obtenção de declarações de pessoas; b) fornecimento de informações, documentos e outros registros, inclusive registros criminais, registros judiciais e registros governamentais; c) localização de pessoas e objetos, inclusive a identificação dos mesmos; d) busca e apreensão; e) entrega de bens, inclusive empréstimo de provas materiais; f) tornar disponíveis pessoas detidas e outras para fornecer provas ou auxiliar investigações; g) transmissão de documentos, inclusive documentos visando ao comparecimento de pessoas em juízo; h) medidas para localizar, bloquear e confiscar produtos oriundos de crime; e i) outras formas de assistência coerentes com os objetivos do presente Tratado."*

**10. Dec. 9.734/2019, art. 1º.** *"Art. 1º Fica promulgado o texto da Convenção Relativa à Citação, Intimação e Notificação no Estrangeiro de Documentos Judiciais e Extrajudiciais em Matéria Civil e Comercial, firmada na Haia, em 15 de novembro de 1965, com reserva aos Artigo 8º e Artigo 10, anexo a este Decreto. Parágrafo único. Em relação à reserva a que se refere o caput, a República Federativa do Brasil se opõe ao uso dos métodos de transmissão de documentos judiciais e extrajudiciais previstos nos Artigo 8º e Artigo 10 da Convenção."*

**11. Dec. 9.734/2019, art. 2º.** *"Art. 2º Para fins do disposto no texto da Convenção Relativa à Citação, Intimação e Notificação no Estrangeiro de Documentos Judiciais e Extrajudiciais em Matéria Civil e Comercial, a República Federativa do Brasil apresenta declarações em relação aos Artigos 2º, 5º, 6º e 7º da Convenção. § 1º Em relação ao Artigo 2º da Convenção, fica designado o Ministério da Justiça e Segurança Pública como Autoridade Central. § 2º Em relação ao Artigo 5º, parágrafo 3º e ao Artigo 7º, parágrafo 2º, da Convenção, os documentos que serão objeto serão objeto de citação, intimação e notificação transmitidos à Autoridade Central deverão ser acompanhados de tradução para a língua portuguesa. § 3º O disposto no § 2º não se aplica ao modelo de formulário de solicitação anexo ao texto da Convenção, a que se refere o parágrafo 1º do Artigo 7º da Convenção. § 4º Em relação ao Artigo 6º da Convenção, quando a República Federativa do Brasil for o Estado requerido, o certificado expedido de acordo com o modelo anexo à Convenção será firmado pelo juiz competente ou pela Autoridade Central a que se refere o § 1º, designada nos termos do disposto no Artigo 2º da Convenção."*

**12. Convenção relativa à citação, intimação e notificação no estrangeiro de documentos judiciais e extrajudiciais em matéria cível e comercial, art. 1º.** *"Artigo 1º A presente Convenção aplicar-se-á, em matéria civil ou comercial, em todos os casos em que um documento judicial ou extrajudicial deva ser transmitido ao exterior para ser objeto de citação, intimação ou notificação. Esta Convenção não se aplicará quando o endereço do destinatário da citação, intimação ou notificação for desconhecido."*

**13. Convenção relativa à citação, intimação e notificação no estrangeiro de documentos judiciais e extrajudiciais em matéria cível e comercial, art. 2º.** *"Artigo 2º Cada Estado Contratante designará uma Autoridade Central que assumirá o encargo de receber as solicitações de citação, intimação ou notificação provenientes de*

LIVRO II · DA FUNÇÃO JURISDICIONAL    **Art. 28**

*outros Estados Contratantes e proceder de acordo com o disposto nos artigos 3º a 6º. Cada Estado organizará sua Autoridade Central nos termos de sua própria legislação."*

**14. Convenção relativa à citação, intimação e notificação no estrangeiro de documentos judiciais e extrajudiciais em matéria cível e comercial, art. 3º.** *"Artigo 3º A autoridade ou agente judiciário competente, de acordo com a legislação do Estado de origem dos documentos, encaminhará à Autoridade Central do Estado requerido uma solicitação de acordo com o modelo anexo à presente Convenção, sem a necessidade de qualquer legalização dos documentos ou de outra formalidade equivalente. O documento objeto da citação, intimação ou notificação, ou a sua cópia, deverá ser anexado à solicitação. A solicitação, assim como tal documento, deverá ser fornecida em duplicata."*

⚖ **Jurisprudência, Enunciados e Súmulas Selecionados**

• **15. Cooperação jurídica internacional para acesso a HD criptografado.** *"É juridicamente possível, sem violação de nenhuma norma do ordenamento jurídico, a utilização de cooperação internacional para viabilizar o acesso ao conteúdo de HD criptografado. Acordo de cooperação entre Brasil e Estados Unidos da América regulamentado pelo Decreto 3.810/2001. Observadas as regras estabelecidas no acordo, considera-se lícita a prova"* (STJ, 6ª Turma, RMS 49.349/RJ, rel. Min. Rogerio Schietti Cruz, *DJe* 02.03.2021).

▣ **Comentários Temáticos**

**16. Objeto da cooperação jurídica internacional.** A cooperação jurídica internacional pode ter como objeto atos de comunicação processual, notificações extrajudiciais, obtenção e produção de provas, levantamento de informações e homologação e cumprimento de decisões.

**17. Medidas de urgência.** A cooperação jurídica internacional pode ter por objeto a concessão de medidas de urgência. O art. 27 e os demais dispositivos do CPC que tratam da cooperação jurídica internacional não estabelecem, entretanto, requisitos específicos para a concessão de medidas de urgência. A medida de urgência estrangeira pode ser cumprida no Brasil sem precisar ser homologada (art. 962), bastando a concessão de um *exequatur* (art. 515, IX). Cabe o exame dos requisitos para sua

concessão à autoridade jurisdicional prolatora da decisão estrangeira (art. 962, § 3º).

**18. Rol exemplificativo.** Os atos previstos no art. 27 são meramente exemplificativos. A cooperação jurídica internacional pode ter por objeto qualquer medida judicial ou extrajudicial não proibida pela lei brasileira.

## Seção II
## Do Auxílio Direto

**Art. 28.** Cabe auxílio direto quando a medida não decorrer diretamente de decisão de autoridade jurisdicional estrangeira a ser submetida a juízo de delibação no Brasil.

▶ **1. Sem correspondência no CPC/1973.**

▣ **Comentários Temáticos**

**2. Juízo de delibação.** O sistema de delibação dispensa o exame do mérito da decisão estrangeira, exigindo-se a presença de requisitos formais para sua homologação.

**3. Auxílio direto.** No auxílio direto, não há necessidade de homologação de decisão estrangeira. A medida é adotada diretamente, não decorrendo de decisão estrangeira. Não há, no auxílio direto, pedido de execução de decisão judicial estrangeira. Por isso, não há juízo de delibação, não sendo necessário que o Judiciário brasileiro faça exame de regularidade ou de preenchimento de requisitos formais. O Estado estrangeiro, no auxílio direto, não pretende executar uma decisão, mas já apresenta uma pretensão a ser diretamente satisfeita, judicial ou extrajudicialmente.

⚖ **Jurisprudência, Enunciados e Súmulas Selecionados**

• **4. Possibilidade de auxílio direto.** *"A jurisprudência do Superior Tribunal de Justiça e a do Supremo Tribunal Federal admitem a cooperação jurídica internacional mediante auxílio direto. 3. É possível o cumprimento direto pela autoridade central de pedido de cooperação jurídica internacional que dispense juízo de delibação na Justiça brasileira e que tenha como objeto qualquer medida judicial ou extrajudicial não proibida pela legislação brasileira"* (STJ, Corte Especial, AgRg na Rcl 39.223/DF, rel. Min. João Otávio de Noronha, *DJe* 31.08.2020).

77

- **5. Carta rogatória *versus* auxílio direto.** *"Na carta rogatória passiva, há decisão judicial oriunda da Justiça rogante que precisa ser executada e cumprida no Estado rogado, cabendo ao Superior Tribunal de Justiça o juízo de delibação, sem, contudo, adentrar-se no mérito da decisão oriunda do País estrangeiro. No auxílio direto passivo, há um pedido de assistência do Estado alienígena diretamente ao Estado rogado, para que este preste as informações solicitadas ou provoque a Justiça Federal para julgar a providência requerida (medidas acautelatórias), conforme o caso concreto. Tudo isso, baseado em Acordo ou Tratado Internacional de cooperação"* (STJ, 6ª Turma, RHC 97.334/RJ, rel. Min. Laurita Vaz, *DJe* 22.05.2020).

**Art. 29.** A solicitação de auxílio direto será encaminhada pelo órgão estrangeiro interessado à autoridade central, cabendo ao Estado requerente assegurar a autenticidade e a clareza do pedido.

▶ **1.** Sem correspondência no CPC/1973.

### COMENTÁRIOS TEMÁTICOS

**2. Autoridade central.** A solicitação de auxílio direto deve ser encaminhada à autoridade central (art. 26, IV). As autoridades centrais são os órgãos de interlocução, tramitação e comunicação de atos e pedidos de cooperação e assistência jurisdicional e administrativa, estabelecidos em tratados, por designação dos Estados. Há vários órgãos, no Brasil, investidos dessa função em tratados e convenções de cooperação jurídica internacional, designados por decretos do Poder Executivo: o Ministério das Relações Exteriores, o Ministério da Justiça, a Advocacia-Geral da União, a Secretaria de Direitos Humanos da Presidência da República e o Ministério Público Federal. As atribuições da autoridade central variam de acordo com o regime de cooperação jurídica internacional estabelecido.

**3. Atribuição supletiva.** Na ausência de designação específica, a autoridade central será o Ministério da Justiça (art. 26, § 4º).

**4. Autenticidade e clareza do pedido.** Para atender à solicitação de auxílio direto, a autoridade central brasileira pode pedir ao Estado requerente que assegure a autenticidade e a clareza do seu pedido.

**Art. 30.** Além dos casos previstos em tratados de que o Brasil faz parte, o auxílio direto terá os seguintes objetos:

I – obtenção e prestação de informações sobre o ordenamento jurídico e sobre processos administrativos ou jurisdicionais findos ou em curso;

II – colheita de provas, salvo se a medida for adotada em processo, em curso no estrangeiro, de competência exclusiva de autoridade judiciária brasileira;

III – qualquer outra medida judicial ou extrajudicial não proibida pela lei brasileira.

▶ **1.** Sem correspondência no CPC/1973.

### COMENTÁRIOS TEMÁTICOS

**2. Objeto do auxílio direto.** O auxílio direto pode ter como objeto obtenção e produção de provas, levantamento de informações e qualquer outra medida judicial ou extrajudicial não proibida pela lei brasileira.

**3. Obtenção e prestação de informações.** O auxílio direto pode ter por objeto 2 tipos de informações: a) sobre o ordenamento jurídico brasileiro, abrangendo não só simples dados legislativos, mas também o conteúdo de doutrina, de jurisprudência e de interpretação dominante; b) sobre processos administrativos ou judiciais em andamento ou já encerrados.

**4. Competência internacional exclusiva brasileira.** Se o caso for de competência exclusiva da justiça brasileira (art. 23), não será possível o auxílio direto para a colheita de provas destinada a processo que tramite no estrangeiro. Nesse caso, o Brasil não prestará cooperação probatória, já que a prova destina-se a processo que só pode ser julgado pela justiça brasileira.

**5. Rol exemplificativo.** O auxílio direto pode ter por objeto não apenas os atos previstos no art. 30, cujo rol é meramente exemplificativo. O rol é, na verdade, duplamente exemplificativo, pois outros atos podem estar previstos em tratado ou, nos termos do seu inciso III, o auxílio direto pode ter por objeto qualquer medida judicial ou extrajudicial não proibida pela lei brasileira.

**Art. 31.** A autoridade central brasileira comunicar-se-á diretamente com suas congêneres e, se necessário, com outros órgãos estrangeiros responsáveis pela tramitação e pela execução de pedidos de cooperação enviados e recebidos pelo Estado brasileiro, respeitadas disposições específicas constantes de tratado.

▶ **1.** Sem correspondência no CPC/1973.

**LIVRO II** · DA FUNÇÃO JURISDICIONAL · **Art. 34**

## 🗐 Comentários Temáticos

**2. Comunicação direta.** A autoridade central brasileira pode comunicar-se diretamente com sua correspondente autoridade central estrangeira nos mecanismos de cooperação jurídica internacional mediante auxílio direto, podendo recorrer a outros órgãos estrangeiros responsáveis pela tramitação e pela execução de pedidos enviados e recebidos pelo Estado brasileiro, de acordo com os tratados celebrados.

**3. Finalidade da comunicação direta.** A comunicação direta tem por finalidade eliminar inconvenientes na tramitação de solicitações de cooperação internacional, evitando juízo de delibação, *exequatur* e outras medidas mais burocráticas.

**4. Auxílios ativo e passivo.** A comunicação direta entre autoridades centrais pode dizer respeito a tramitação de pedidos ativos e passivos.

**5. Auxílio ativo.** Diz-se ativo o auxílio quando o pedido é formulado pelo Brasil.

**6. Auxílio passivo.** O auxílio será passivo quando o Brasil for o Estado requerido ou receptor do ato de cooperação solicitado pelo Estado estrangeiro mediante sua autoridade central.

> **Art. 32.** No caso de auxílio direto para a prática de atos que, segundo a lei brasileira, não necessitem de prestação jurisdicional, a autoridade central adotará as providências necessárias para seu cumprimento.

▶ **1. Sem correspondência no CPC/1973.**

## 🗐 Comentários Temáticos

**2. Dispositivo autorizativo.** A disposição normativa permite que a autoridade central brasileira providencie o cumprimento de pedidos de auxílio direto que não exijam prestação jurisdicional. Por ser uma disposição autorizativa, amplia a liberdade de atuação da autoridade central nesses casos em que não se necessite da prestação jurisdicional.

**3. Providências para cumprimento.** O dispositivo não impõe à autoridade central que ela mesma proveja ou atenda, diretamente, o pedido. Em situações nas quais a autoridade central não disponha de meios nem de competência interna para executar o ato em cumprimento ao pedido de auxílio direto, deverá acionar o órgão competente para tanto. Entre as "providências necessárias para seu cumprimento", está o encaminhamento ao órgão competente, com solicitação de presteza no atendimento.

**4. Observância das normas fundamentais.** Na adoção de providências para o cumprimento da solicitação de auxílio direto, a autoridade central e os órgãos internos que com ela contribuam devem observar as normas fundamentais do sistema brasileiro (art. 26, § 3º), sendo inadmissível, para atendimento da solicitação de cooperação internacional, o desrespeito a tais normas.

> **Art. 33.** Recebido o pedido de auxílio direto passivo, a autoridade central o encaminhará à Advocacia-Geral da União, que requererá em juízo a medida solicitada.
>
> Parágrafo único. O Ministério Público requererá em juízo a medida solicitada quando for autoridade central.

▶ **1. Sem correspondência no CPC/1973.**

## 🗐 Comentários Temáticos

**2. Auxílio passivo.** O auxílio será passivo quando o Brasil for o Estado requerido ou receptor do ato de cooperação solicitado pelo Estado estrangeiro mediante sua autoridade central.

**3. Abrangência do dispositivo.** A atribuição de competência à AGU pelo dispositivo restringe-se à cooperação jurídica internacional no âmbito civil, não contemplando atuação em matéria penal. Em casos penais, há de ser observada a competência constitucional do Ministério Público (CF, art. 129, I).

**4. Competência da AGU.** Os requerimentos ou postulações judiciais decorrentes de cooperação jurídica internacional, no âmbito civil, são feitos, geralmente, pela AGU.

**5. Competência do Ministério Público.** Ao Ministério Público atribui-se a legitimidade para atuar em juízo, a fim de concretizar o pedido de cooperação internacional, quando ele for a autoridade central.

> **Art. 34.** Compete ao juízo federal do lugar em que deva ser executada a medida apreciar pedido de auxílio direto passivo que demande prestação de atividade jurisdicional.

▶ **1. Sem correspondência no CPC/1973.**

## 🖽 Legislação Correlata

**2. CF, art. 109, I.** *"Art. 109. Aos juízes federais compete processar e julgar: I – as causas em que a União, entidade autárquica ou empresa pública federal forem interessadas na condição de autoras,*

## Art. 35

rés, assistentes ou oponentes, exceto as de falência, as de acidentes de trabalho e as sujeitas à Justiça Eleitoral e à Justiça do Trabalho."

**3. CF, art. 109, X.** *"Art. 109. Aos juízes federais compete processar e julgar: (...) X – os crimes de ingresso ou permanência irregular de estrangeiro, a execução de carta rogatória, após o 'exequatur', e de sentença estrangeira, após a homologação, as causas referentes à nacionalidade, inclusive a respectiva opção, e à naturalização; (...)"*

### COMENTÁRIOS TEMÁTICOS

**4. Competência da Justiça Federal.** O pedido de auxílio direto passivo deve ser formulado, processado e julgado na Justiça Federal de primeira instância, por 2 motivos: a) o requerente será ou a AGU ou o Ministério Público Federal, ambos órgãos da União, atraindo a competência da Justiça Federal (CF, art. 109, I); b) há um paralelismo, no tocante à competência, entre o pedido de auxílio direto e as demais medidas de cooperação jurídica internacional (CF, art. 109, X).

### JURISPRUDÊNCIA, ENUNCIADOS E SÚMULAS SELECIONADOS

• **5. Competência da Justiça Federal em causa proposta pelo Ministério Público Federal.** *"Esta Corte Superior 'firmou o entendimento de que a presença do Ministério Público Federal, órgão da União, na relação jurídica processual como autor faz competente a Justiça Federal para o processo e julgamento da ação (competência ratione personae)' (AgInt no AREsp 981.381/SP, rel. Min. Napoleão Nunes Maia Filho, DJe 14.06.2018)"* (STJ, 2ª Turma, AgInt no REsp 1.785.635/CE, rel. Min. Herman Benjamin, *DJe* 13.04.2021).

## Seção III
## Da Carta Rogatória

**Art. 35.** (VETADO).

▶ **1. Sem correspondência no CPC/1973.**

### COMENTÁRIOS TEMÁTICOS

**2. Teor do dispositivo vetado.** *"Art. 35. Dar--se-á por meio de carta rogatória o pedido de cooperação entre órgão jurisdicional brasileiro e órgão jurisdicional estrangeiro para prática de ato de citação, intimação, notificação judicial,*

colheita de provas, obtenção de informações e de cumprimento de decisão interlocutória, sempre que o ato estrangeiro constituir decisão a ser executada no Brasil".

**3. Razões do veto.** *"Entendeu-se que o dispositivo impõe que determinados atos sejam praticados exclusivamente por meio de carta rogatória, o que afetaria a celeridade e efetividade da cooperação jurídica internacional que, nesses casos, poderia ser processada pela via do auxílio direto."*

**Art. 36.** O procedimento da carta rogatória perante o Superior Tribunal de Justiça é de jurisdição contenciosa e deve assegurar às partes as garantias do devido processo legal.

§ 1º A defesa restringir-se-á à discussão quanto ao atendimento dos requisitos para que o pronunciamento judicial estrangeiro produza efeitos no Brasil.

§ 2º Em qualquer hipótese, é vedada a revisão do mérito do pronunciamento judicial estrangeiro pela autoridade judiciária brasileira.

▶ **1. Correspondência no CPC/1973.** *"Art. 211. A concessão de exequibilidade às cartas rogatórias das justiças estrangeiras obedecerá ao disposto no Regimento Interno do Supremo Tribunal Federal."*

### LEGISLAÇÃO CORRELATA

**2. CF, art. 105, I, "i".** *"Art. 105. Compete ao Superior Tribunal de Justiça: I – processar e julgar, originariamente: (...) i) a homologação de sentenças estrangeiras e a concessão de exequatur às cartas rogatórias."*

**3. Dec. 9.734/2019, art. 1º.** *"Art. 1º Fica promulgado o texto da Convenção Relativa à Citação, Intimação e Notificação no Estrangeiro de Documentos Judiciais e Extrajudiciais em Matéria Civil e Comercial, firmada na Haia, em 15 de novembro de 1965, com reserva aos Artigo 8º e Artigo 10, anexo a este Decreto. Parágrafo único. Em relação à reserva a que se refere o caput, a República Federativa do Brasil se opõe ao uso dos métodos de transmissão de documentos judiciais e extrajudiciais previstos nos Artigo 8º e Artigo 10 da Convenção."*

**4. Dec. 9.734/2019, art. 2º.** *"Art. 2º Para fins do disposto no texto da Convenção Relativa à Citação, Intimação e Notificação no Estrangeiro de Documentos Judiciais e Extrajudiciais em Matéria Civil e Comercial, a República Federativa do Brasil apresenta declarações em relação aos Artigos 2º, 5º, 6º e 7º da Convenção. § 1º Em relação ao Artigo 2º da Convenção, fica designado o Ministério*

**LIVRO II · DA FUNÇÃO JURISDICIONAL** — Art. 36

da Justiça e Segurança Pública como Autoridade Central. § 2º Em relação ao Artigo 5º, parágrafo 3º e ao Artigo 7º, parágrafo 2º, da Convenção, os documentos que serão objeto serão objeto de citação, intimação e notificação transmitidos à Autoridade Central deverão ser acompanhados de tradução para a língua portuguesa. § 3º O disposto no § 2º não se aplica ao modelo de formulário de solicitação anexo ao texto da Convenção, a que se refere o parágrafo 1º do Artigo 7º da Convenção. § 4º Em relação ao Artigo 6º da Convenção, quando a República Federativa do Brasil for o Estado requerido, o certificado expedido de acordo com o modelo anexo à Convenção será firmado pelo juiz competente ou pela Autoridade Central a que se refere o § 1º, designada nos termos do disposto no Artigo 2º da Convenção."

**5. Convenção relativa à citação, intimação e notificação no estrangeiro de documentos judiciais e extrajudiciais em matéria cível e comercial, art. 1º.** *"Artigo 1º A presente Convenção aplicar-se-á, em matéria civil ou comercial, em todos os casos em que um documento judicial ou extrajudicial deva ser transmitido ao exterior para ser objeto de citação, intimação ou notificação. Esta Convenção não se aplicará quando o endereço do destinatário da citação, intimação ou notificação for desconhecido."*

**6. Convenção relativa à citação, intimação e notificação no estrangeiro de documentos judiciais e extrajudiciais em matéria cível e comercial, art. 2º.** *"Artigo 2º Cada Estado Contratante designará uma Autoridade Central que assumirá o encargo de receber as solicitações de citação, intimação ou notificação provenientes de outros Estados Contratantes e proceder de acordo com o disposto nos artigos 3º a 6º. Cada Estado organizará sua Autoridade Central nos termos de sua própria legislação."*

**7. Convenção relativa à citação, intimação e notificação no estrangeiro de documentos judiciais e extrajudiciais em matéria cível e comercial, art. 3º.** *"Artigo 3º A autoridade ou agente judiciário competente, de acordo com a legislação do Estado de origem dos documentos, encaminhará à Autoridade Central do Estado requerido uma solicitação de acordo com o modelo anexo à presente Convenção, sem a necessidade de qualquer legalização dos documentos ou de outra formalidade equivalente. O documento objeto da citação, intimação ou notificação, ou a sua cópia, deverá ser anexado à solicitação. A solicitação, assim como tal documento, deverá ser fornecida em duplicata."*

## ⚖ JURISPRUDÊNCIA, ENUNCIADOS E SÚMULAS SELECIONADOS

- **8. Legitimidade do requerente.** *"Não configura ofensa ao art. 3º da Convenção Relativa à Citação e à Notificação no Estrangeiro dos Actos Judiciais e Extrajudiciais em Matéria Civil e Comercial, promulgada pelo Decreto 9.734, de 20 de março de 2019, quando, de acordo com o Departamento de Recuperação de Ativos e Cooperação Jurídica Internacional, do Ministério da Justiça, o remetente em questão está autorizado a enviar cartas rogatórias"* (STJ, Corte Especial, AgInt nos EDcl na CR 14.948/EX, rel. Min. Humberto Martins, *DJe* 16.11.2020).

## 🖹 COMENTÁRIOS TEMÁTICOS

**9. *Exequatur.*** As cartas rogatórias, para serem cumpridas no Brasil, devem ter o *exequatur* concedido pelo STJ. A expressão *exequatur* significa "cumpra-se" ou "execute-se". É, em outras palavras, uma autorização dada por um órgão nacional para que se cumpra diligência solicitada por autoridade estrangeira. A concessão de *exequatur* às cartas rogatórias é dada, no Brasil, pelo STJ.

**10. Carta rogatória enviada por via diplomática.** *"A jurisprudência da Corte Especial é no sentido de que, nas cartas rogatórias encaminhadas por via diplomática, são dispensáveis a tradução oficial, a chancela consular e a apresentação de instrumento de mandato, diante da autenticidade presumida dos documentos"* (STJ, Corte Especial, AgRg na CR 15.053/EX, rel. Min. Humberto Martins, *DJe* 26.11.2020).

**11. Defesa em *exequatur*.** *"A defesa em exequatur deve limitar-se à análise da autenticidade dos documentos, à inteligência da decisão e à observância dos requisitos previstos no Regimento Interno do STJ"* (AgInt na CR 15.005/EX, rel. Min. Humberto Martins, *DJe* 26.11.2020).

**12. Execução de carta rogatória após o *exequatur*.** Concedido o *exequatur*, a carta rogatória será executada por um juízo federal de primeira instância (CF, art. 109, I).

**13. Instrução suficiente à compreensão da controvérsia.** *"A carta rogatória para a concessão do exequatur não precisa estar acompanhada de todos os documentos existentes na petição inicial e de detalhes do processo em curso, mas de peças suficientes para a compreensão da controvérsia. A alegação de absoluta falta de elementos e indícios* *mínimos que comprovem as alegações constantes da peça inicial configura tese de defesa a ser aduzida perante o juízo rogante"* (STJ, Corte Especial, AgInt na CR 15.632/EX, rel. Min. Humberto Martins, *DJe* 11.03.2021).

**14. Intimação postal.** *"É possível intimação prévia por via postal, ainda que recebida por terceiros"* (STJ, Corte Especial, AgRg na CR 15.242/EX, rel. Min. Humberto Martins, *DJe* 26.11.2020).

**15. Intimação recebida por terceiro.** *"O Superior Tribunal de Justiça entende que o recebimento de intimação por terceiros no endereço da interessada não constitui prejuízo à defesa"* (STJ, Corte Especial, AgRg na CR 15.491/EX, rel. Min. Humberto Martins, *DJe* 2.12.2020).

**16. Carta rogatória *versus* auxílio direto.** *"1. Na carta rogatória passiva, há decisão judicial oriunda da Justiça rogante que precisa ser executada e cumprida no Estado rogado, cabendo ao Superior Tribunal de Justiça o juízo de delibação, sem, contudo, adentrar-se no mérito da decisão oriunda do País estrangeiro. No auxílio direto passivo, há um pedido de assistência do Estado alienígena diretamente ao Estado rogado, para que este preste as informações solicitadas ou provoque a Justiça Federal para julgar a providência requerida (medidas acautelatórias), conforme o caso concreto. Tudo isso, baseado em Acordo ou Tratado Internacional de cooperação"* (STJ, 6ª Turma, RHC 97.334/RJ, rel. Min. Laurita Vaz, *DJe* 22.05.2020).

## Seção IV
## Disposições Comuns às Seções Anteriores

**Art. 37.** O pedido de cooperação jurídica internacional oriundo de autoridade brasileira competente será encaminhado à autoridade central para posterior envio ao Estado requerido para lhe dar andamento.

▶ **1.** Sem correspondência no CPC/1973.

### 🗐 COMENTÁRIOS TEMÁTICOS

**2. Cooperação ativa.** Diz-se ativa a cooperação internacional quando o pedido é formulado pelo Brasil.

**3. Procedimento.** Os pedidos de cooperação ativa devem ser encaminhados ao Estado requerida pela autoridade central brasileira.

**4. Autoridade central brasileira.** Na cooperação jurídica internacional, deve haver uma autoridade central para recepção e transmissão dos pedidos de cooperação (art. 26, IV). Da mesma forma que o pedido de auxílio direto passivo é encaminhado pelo órgão estrangeiro à autoridade central brasileira (art. 29), esta encaminha à autoridade central estrangeira o pedido de cooperação ativa (art. 37). Há vários órgãos, no Brasil, investidos dessa função em tratados e convenções de cooperação jurídica internacional, designados por decretos do Poder Executivo: o Ministério das Relações Exteriores, o Ministério da Justiça, a Advocacia-Geral da União, a Secretaria de Direitos Humanos da Presidência da República e o Ministério Público Federal. As atribuições da autoridade central variam de acordo com o regime de cooperação jurídica internacional estabelecido. Na ausência de designação específica, a autoridade central será o Ministério da Justiça (art. 26, § 4º).

**5. Comunicação direta.** A autoridade central brasileira pode comunicar-se diretamente com a autoridade central estrangeira, quando o ordenamento jurídico do Estado estrangeiro assim o permitir.

**Art. 38.** O pedido de cooperação oriundo de autoridade brasileira competente e os documentos anexos que o instruem serão encaminhados à autoridade central, acompanhados de tradução para a língua oficial do Estado requerido.

▶ **1.** Sem correspondência no CPC/1973.

### 🗐 LEGISLAÇÃO CORRELATA

**2. Dec. 2.022/1996, art. 1º.** *"Art. 1º O Protocolo Adicional à Convenção Interamericana sobre Cartas Rogatórias, assinado em Montevidéu, em 8 de maio de 1979, apenso por cópia ao presente Decreto, deverá ser executado e cumprido tão inteiramente como nele se contém."*

**3. Protocolo Adicional à Convenção Interamericana sobre Cartas Rogatórias, art. 3º(a).** *"Artigo 3. Elaboração das Cartas Rogatórias. As cartas rogatórias serão elaboradas em formulários impressos nos quatro idiomas oficiais da Organização dos Estados Americanos ou nos idiomas dos Estados requerente e requerido, de acordo com o Modelo A do Anexo deste Protocolo. As cartas rogatórias deverão ser acompanhadas de: a) cópia da petição com que se tiver iniciado o procedimento no qual se expede a carta rogatória, bem como sua tradução para o idioma do Estado Parte requerido;"*

# LIVRO II · DA FUNÇÃO JURISDICIONAL — Art. 41

## ☷ Comentários Temáticos

**4. Tradução.** Os pedidos de cooperação ativa devem ser traduzidos para o idioma do Estado estrangeiro requerido.

**5. Uso da língua inglesa.** Quando o idioma do Estado estrangeiro requerido é bem específico e pouco falado no mundo, tem-se admitido que a solicitação do pedido de cooperação seja traduzida para o inglês. Nesse caso, em prol da eficiência, da facilitação e da fluidez no trâmite dos atos de cooperação internacional, deve-se afastar a exigência do art. 38 e fazer a tradução para a língua inglesa. Se o Estado estrangeiro admite a tradução para o inglês, a autoridade central brasileira poderá fazê-lo.

---

**Art. 39.** O pedido passivo de cooperação jurídica internacional será recusado se configurar manifesta ofensa à ordem pública.

---

▸ **1. Sem correspondência no CPC/1973.**

## ☷ Legislação Correlata

**2. CPC, art. 963, VI.** *"Art. 963. Constituem requisitos indispensáveis à homologação da decisão: (...) VI – não conter manifesta ofensa à ordem pública."*

**3. LINDB, art. 17.** *"Art. 17. As leis, atos e sentenças de outro país, bem como quaisquer declarações de vontade, não terão eficácia no Brasil, quando ofenderem a soberania nacional, a ordem pública e os bons costumes."*

## ☷ Comentários Temáticos

**4. Ordem pública.** O dispositivo reproduz a previsão já contida no § 3º do art. 26. Devem ser recusados os pedidos de cooperação que atentem contra as normas fundamentais que regem o Estado brasileiro. No mesmo sentido, não se homologa, no Brasil, sentença estrangeira que contenha manifesta ofensa à ordem pública, ou seja, que atente contra as normas fundamentais que regem o Estado brasileiro (art. 963, VI).

---

**Art. 40.** A cooperação jurídica internacional para execução de decisão estrangeira dar-se-á por meio de carta rogatória ou de ação de homologação de sentença estrangeira, de acordo com o art. 960.

---

▸ **1. Sem correspondência no CPC/1973.**

## ☷ Legislação Correlata

**2. CF, art. 105, I, *i*.** *"Art. 105. Compete ao Superior Tribunal de Justiça: I – processar e julgar, originariamente: (...) i) a homologação de sentenças estrangeiras e a concessão de exequatur às cartas rogatórias."*

**3. RISTJ, art. 216-O, § 1º.** *"§ 1º Será concedido exequatur à carta rogatória que tiver por objeto atos decisórios ou não decisórios."*

## ☷ Comentários Temáticos

**4. Decisão judicial estrangeira.** O dispositivo refere-se à cooperação jurídica internacional para execução de decisão judicial estrangeira. Não se refere a decisões administrativas ou. de outra natureza, mas apenas a decisões judiciais.

**5. Carta rogatória ou homologação.** A cooperação jurídica internacional para execução de decisão judicial estrangeira é feita por carta rogatória ou por homologação pelo Superior Tribunal de Justiça.

---

**Art. 41.** Considera-se autêntico o documento que instruir pedido de cooperação jurídica internacional, inclusive tradução para a língua portuguesa, quando encaminhado ao Estado brasileiro por meio de autoridade central ou por via diplomática, dispensando-se ajuramentação, autenticação ou qualquer procedimento de legalização.

Parágrafo único. O disposto no *caput* não impede, quando necessária, a aplicação pelo Estado brasileiro do princípio da reciprocidade de tratamento.

---

▸ **1. Sem correspondência no CPC/1973.**

## ☷ Comentários Temáticos

**2. Presunção de autenticidade.** O dispositivo estabelece presunção de autenticidade a documento que instrua pedido de cooperação internacional passiva, quando for encaminhado ao Estado brasileiro por autoridade central estrangeira ou pela via diplomática. Nesse caso, dispensam-se a autenticação, a ajuramentação para tradução (tradução oficial), a chancela consular e o instrumento de mandato.

**3. Presunção de autenticidade de documentos enviados pela via diplomática.** *"Diante da autenticidade presumida dos documentos que instruem as cartas rogatórias passivas, as quais são encaminhadas pela via diplomática, são dispensáveis a tradução oficial, a chancela consular e a apresentação de instrumento de mandato"* (STJ,

Corte Especial, AgInt na CR 14.548/EX, rel. Min. João Otávio de Noronha, *DJe* 16.04.2020).

**4. Princípio da reciprocidade.** Se o Estado estrangeiro for exigente e não presumir autênticos os documentos brasileiros, reclamando a respectiva notarização, o Estado brasileiro poderá ser igualmente exigente, aplicando o princípio da reciprocidade.

# TÍTULO III
# DA COMPETÊNCIA INTERNA

## CAPÍTULO I
## DA COMPETÊNCIA

### Seção I
### Disposições Gerais

> **Art. 42.** As causas cíveis serão processadas e decididas pelo juiz nos limites de sua competência, ressalvado às partes o direito de instituir juízo arbitral, na forma da lei.

▶ **1. Correspondência no CPC/1973.** *"Art. 86. As causas cíveis serão processadas e decididas, ou simplesmente decididas, pelos órgãos jurisdicionais, nos limites de sua competência, ressalvada às partes a faculdade de instituírem juízo arbitral."*

## 🏛 LEGISLAÇÃO CORRELATA

**2. Lei 9.307/1996, art. 1º.** *"Art. 1º As pessoas capazes de contratar poderão valer-se da arbitragem para dirimir litígios relativos a direitos patrimoniais disponíveis. § 1º A administração pública direta e indireta poderá utilizar-se da arbitragem para dirimir conflitos relativos a direitos patrimoniais disponíveis. § 2º A autoridade ou o órgão competente da administração pública direta para a celebração de convenção de arbitragem é a mesma para a realização de acordos ou transações."*

## ⚖ JURISPRUDÊNCIA, ENUNCIADOS E SÚMULAS SELECIONADOS

• **3. Súmula TST, 454.** *"Compete à Justiça do Trabalho a execução, de ofício, da contribuição referente ao Seguro de Acidente de Trabalho (SAT), que tem natureza de contribuição para a seguridade social (arts. 114, VIII, e 195, I, "a", da CF), pois se destina ao financiamento de benefícios relativos à incapacidade do empregado decorrente de infortúnio no trabalho (arts. 11 e 22 da Lei nº 8.212/1991)."*

## 🗎 COMENTÁRIOS TEMÁTICOS

**4. Competência.** Costuma-se dizer que a competência é o limite ou a fração ou a medida da jurisdição. É preciso, contudo, ressalvar essa afirmação: o exercício da função jurisdicional é cometido não apenas a um único órgão, mas a vários deles; cada um é investido pela lei das mesmas atribuições, devendo atuar de acordo com os critérios previamente fixados. A competência estabelece quando cada órgão deve exercer tais atribuições, que são as mesmas para todos. A função jurisdicional tem, enfim, seu exercício distribuído entre vários órgãos, sendo certo que tal distribuição é feita de maneira a que cada um possa exercer essa função jurisdicional, distribuição essa chamada de competência. O exercício da jurisdição é legítimo, quando realizado dentro dos limites da competência própria do órgão, sendo arbitrário e ilegítimo, se desborda de tais limites.

**5. Arbitragem.** As partes interessadas podem submeter a solução de seus litígios ao juízo arbitral mediante convenção de arbitragem, assim entendida a cláusula compromissória e o compromisso arbitral. Pela cláusula compromissória, as partes *comprometem-se* a submeter a controvérsia a um juízo arbitral. Por sua vez, o compromisso arbitral é a convenção pela qual as partes *já submetem* a controvérsia a um juízo arbitral. A arbitragem pode ser de direito ou de equidade, a critério das partes, que poderão escolher as regras de direito que serão aplicadas, ou convencionar que o julgamento se realize com base nos princípios gerais do direito, nos usos e costumes e nas regras internacionais de comércio.

> **Art. 43.** Determina-se a competência no momento do registro ou da distribuição da petição inicial, sendo irrelevantes as modificações do estado de fato ou de direito ocorridas posteriormente, salvo quando suprimirem órgão judiciário ou alterarem a competência absoluta.

▶ **1. Correspondência no CPC/1973.** *"Art. 87. Determina-se a competência no momento em que a ação é proposta. São irrelevantes as modificações do estado de fato ou de direito ocorridas posteriormente, salvo quando suprimirem o órgão judiciário ou alterarem a competência em razão da matéria ou da hierarquia."*

# LIVRO II · DA FUNÇÃO JURISDICIONAL — Art. 43

## ⚖ Jurisprudência, Enunciados e Súmulas Selecionados

- **2. Tema/IAC 10 STJ.** *"Tese A) Prevalecem sobre quaisquer outras normas locais, primárias ou secundárias, legislativas ou administrativas, as seguintes competências de foro: i) em regra, do local do dano, para ação civil pública (art. 2º da Lei n. 7.347/1985); ii) ressalvada a competência da Justiça Federal, em ações coletivas, do local onde ocorreu ou deva ocorrer o dano de impacto restrito, ou da capital do estado, se os danos forem regionais ou nacionais, submetendo-se ainda os casos à regra geral do CPC, em havendo competência concorrente (art. 93, I e II, do CDC). Tese B) São absolutas as competências: i) da Vara da Infância e da Juventude do local onde ocorreu ou deva ocorrer a ação ou a omissão, para as causas individuais ou coletivas arroladas no ECA, inclusive sobre educação e saúde, ressalvadas a competência da Justiça Federal e a competência originária dos tribunais superiores (arts. 148, IV, e 209 da Lei n. 8.069/1990; e Tese n. 1.058/STJ); ii) do local de domicílio do idoso nas causas individuais ou coletivas versando sobre serviços de saúde, assistência social ou atendimento especializado ao idoso portador de deficiência, limitação incapacitante ou doença infectocontagiosa, ressalvadas a competência da Justiça Federal e a competência originária dos tribunais superiores (arts. 79 e 80 da Lei n. 10.741/2003 e 53, III, e, do CPC/2015); iii) do Juizado Especial da Fazenda Pública, nos foros em que tenha sido instalado, para as causas da sua alçada e matéria (art. 2º, § 4º, da Lei n. 12.153/2009); iv) nas hipóteses do item (iii), faculta-se ao autor optar livremente pelo manejo de seu pleito contra o estado no foro de seu domicílio, no do fato ou ato ensejador da demanda, no de situação da coisa litigiosa ou, ainda, na capital do estado, observada a competência absoluta do Juizado, se existente no local de opção (art. 52, parágrafo único, do CPC/2015, c/c o art. 2º, § 4º, da Lei n. 12.153/2009). Tese C) A instalação de vara especializada não altera a competência prevista em lei ou na Constituição Federal, nos termos da Súmula n. 206/STJ ('A existência de vara privativa, instituída por lei estadual, não altera a competência territorial resultante das leis de processo.'). A previsão se estende às competências definidas no presente IAC n. 10/STJ. Tese D) A Resolução n. 9/2019/TJMT é ilegal e inaplicável quanto à criação de competência exclusiva em comarca arbitrariamente eleita em desconformidade com as regras processuais, especificamente quando determina a redistribuição desses feitos, se ajuizados em comarcas diversas da 1ª Vara Especializada da Fazenda Pública da Comarca de Várzea Grande/MT. Em consequência: i) fica vedada a redistribuição à 1ª Vara Especializada da Fazenda Pública da Comarca de Várzea Grande/MT dos feitos propostos ou em tramitação em comarcas diversas ou em juizados especiais da referida comarca ou de outra comarca, cujo fundamento, expresso ou implícito, seja a Resolução n. 9/2019/TJMT ou normativo similar; ii) os feitos já redistribuídos à 1ª Vara Especializada de Várzea Grande/MT com fundamento nessa norma deverão ser devolvidos aos juízos de origem, salvo se as partes, previamente intimadas, concordarem expressamente em manter o processamento do feito no referido foro; iii) no que tange aos processos já ajuizados – ou que venham a ser ajuizados – pelas partes originalmente na 1ª Vara Especializada da Fazenda Pública da Comarca de Várzea Grande/MT, poderão prosseguir normalmente no referido juízo; iv) não se aplicam as previsões dos itens (ii) e (iii) aos feitos de competência absoluta, ou seja: de competência dos Juizados Especiais da Fazenda, das Varas da Infância e da Juventude ou do domicílio do idoso, nos termos da Tese B deste IAC n. 10/STJ."*

- **3. Súmula STJ, 58.** *"Proposta a execução fiscal, a posterior mudança de domicílio do executado não desloca a competência já fixada."*

- **4. Súmula STJ, 206.** *"A existência de vara privativa, instituída por lei estadual, não altera a competência territorial resultante das leis de processo."*

- **5. Súmula STJ, 365.** *"A intervenção da União como sucessora da Rede Ferroviária Federal S/A (RFFSA) desloca a competência para a Justiça Federal ainda que a sentença tenha sido proferida por Juízo estadual."*

- **6. Súmula STJ, 367.** *"A competência estabelecida pela EC n. 45/2004 não altera os processos já sentenciados."*

- **7. Enunciado 479 do FPPC.** *"As novas regras de competência relativa previstas no CPC de 2015 não afetam os processos cujas petições iniciais foram protocoladas na vigência do CPC/73."*

## 📖 Comentários Temáticos

**8. Perpetuatio iurisdicionis.** A *perpetuatio iurisdictionis* é um efeito da propositura da demanda, que torna imutáveis os critérios definidores da competência do juízo. Ela impõe a inalterabilidade da competência, a qual, uma vez firmada, deve prevalecer durante todo o curso do processo. O que se torna inalterável é o *juízo*, e não o *juiz* que o encarna. Proposta a demanda, a competência judicial permanece insensível a mudanças supervenientes das circunstâncias que lhe determinaram, porque a competência deve existir no momento da propositura da demanda. A *perpetuatio iurisdictionis* visa a assegurar estabilidade ao processo.

**9. Abrangência.** A *perpetuatio iurisdictionis* opera em todos os tipos de processo, produzindo-se, até mesmo, nos procedimentos de jurisdição voluntária, pois se trata de regra ampla, aplicando-se de forma genérica.

**10. Requisitos.** Proposta a demanda, opera-se a *perpetuatio iurisdictionis*, desde que o juízo seja, no momento da propositura, competente. Sendo incompetente o juízo, no momento da propositura da demanda, não se opera a *perpetuatio iurisdictionis*. A simples propositura da demanda já acarreta a *perpetuatio jurisdictionis*, independentemente de haver admissibilidade ou de a demanda ser fundada ou infundada. A demanda em si mesma, uma vez proposta, já produz a *perpetuatio jurisdictionis*. Proposta a demanda, já se desencadeia a atividade jurisdicional do Estado, provocando a litispendência e todos os efeitos dela decorrentes, aí incluída a *perpetuatio jurisdictionis*.

**11. Juízo incompetente e *perpetuatio iurisdictionis*.** Se, no momento da propositura, o juízo era incompetente, não se produz a *perpetuatio iurisdictionis*. Na hipótese de sobrevir competência ao juízo incompetente, não se aplica a regra da *perpetuatio iurisdictionis*. No momento da propositura da demanda, não havia competência. Deveria, em razão da *perpetuatio iurisdictionis*, ser tida como irrelevante a modificação no estado de fato ou de direito, prevalecendo o momento da propositura e sendo reconhecida a incompetência do juízo. Em tal circunstância, aplica-se não a *perpetuatio iurisdictionis*, mas sim o princípio da economia processual, fazendo com que prevaleça a competência adquirida e atribuindo eficácia saneadora à mudança do estado de fato que sobreveio no curso do procedimento. Ao juízo que não era competente confere-se competência. Se essa competência, que não existia no início, sobrevém no curso do processo, não será mais reconhecida a incompetência; o juízo passou a ser competente. A rigorosa aplicação da *perpetuatio iurisdictionis* deveria conduzir a negar relevância a qualquer modificação que influenciasse a determinação

da competência. Logo, sendo, no momento da propositura da demanda, incompetente o juízo, haveria de ser pronunciada sua incompetência, ainda que tivesse havido modificação posterior que lhe tenha conferido competência. A competência superveniente ocorre quando o juízo, que era, no momento da propositura da demanda, absolutamente incompetente, torna-se absolutamente competente diante do advento de nova disciplina normativa que lhe atribui a competência que não tinha, desde que ainda não decretada a incompetência. Se, quando do advento da norma que conferiu competência, o juízo já declinara de sua competência, não há razão para que o processo retorne a ele. Também ocorre a competência superveniente quando, sendo, no momento da propositura da demanda, relativamente incompetente o juízo, vem a tornar-se competente ante a falta de alegação de incompetência. Sendo competente o juízo ou tornando-se competente, opera-se a *perpetuatio iurisdictionis*, não se alterando a competência em virtude de modificações supervenientes na situação de fato ou de direito.

**12. O momento determinante da *perpetuatio iurisdictionis*.** A competência se determina pelas circunstâncias existentes no momento da propositura da demanda. E é exatamente nesse momento que se produz a *perpetuatio jurisdictionis*, independentemente de ser fundada ou infundada, admissível ou inadmissível a demanda. Considera-se proposta a demanda quando a petição inicial for protocolada (art. 312). Nesse momento, produz-se a *perpetuatio iurisdictionis*.

**13. A *perpetuatio iurisdictionis*, a desistência da ação e outras hipóteses de extinção do processo sem resolução do mérito.** Proposta a demanda, surge o estado de litispendência. O processo se instaurou, seguindo até o seu desfecho. No curso do procedimento, o autor pode desistir da ação. Promovida a desistência da ação por advogado com poderes específicos (art. 105), esta somente irá produzir efeitos depois de homologada pelo juiz (art. 200, parágrafo único), por meio de sentença terminativa (art. 485, VIII), que irá permitir ao autor propor novamente a demanda (art. 486). A repropositura da demanda deverá ser atribuída ao mesmo juízo que homologara a desistência da ação, ainda que a parte renove a demanda em litisconsórcio com outros autores ou que sejam alterados os réus (art. 286, II). Na verdade, o art. 286, II, *estende* a eficácia da *perpetuatio jurisdictionis*, devendo a repropositura da demanda ser feita perante aquele mesmo juízo que proferiu a sentença extintiva do processo sem resolução do

**LIVRO II · DA FUNÇÃO JURISDICIONAL** **Art. 43**

mérito, repercutindo na cessação da *perpetuatio jurisdictionis*. Se, porém, o juízo que extinguiu o processo sem resolução do mérito for suprimido da organização judiciária ou vier a ter sua competência material ou funcional modificada, aplica-se, ao caso, a mesma regra contida na parte final do art. 43.

**14.** **Cessação da *perpetuatio iurisdictionis*.** O estado de litispendência ou de lide pendente somente se encerra com o trânsito em julgado. O estado de litispendência começa com a propositura da demanda, estendendo-se durante toda tramitação do processo e encerrando-se com a sentença. Caso seja interposto recurso da sentença, o estado de litispendência se prolonga até o trânsito em julgado. Sendo certo que a *perpetuatio jurisdictionis* é um efeito processual da litispendência, encerrando-se o estado de lide pendente opera-se, igualmente, a cessação da *perpetuatio jurisdictionis*. No sistema brasileiro, quando o processo se extingue sem resolução do mérito, a *perpetuatio jurisdictionis* se mantém: deve a demanda ser reproposta ao *mesmo* juízo (art. 286, II), a não ser que este tenha sido suprimido da organização judiciária ou passe a ter sua competência absoluta modificada. Pode-se dizer, então, que, no sistema brasileiro, a *perpetuatio jurisdictionis* somente cessa com a sentença de mérito transitada em julgado ou, em outras palavras, a *perpetuatio jurisdictionis* cessa com a coisa julgada material.

**15.** **Conteúdo da *perpetuatio iurisdictionis*.** A regra da *perpetuatio jurisdictionis* aplica-se indistintamente, seja por resguardar os critérios considerados de fato, seja por resguardar os assim ditos critérios jurídicos. A modificação de qualquer situação, circunstância ou estado de fato que sirva para fixação da competência não repercute nos processos em curso. Assim, não somente a modificação da residência ou do domicílio do réu, mas igualmente a da cidadania, da nacionalidade ou a mudança do domicílio eleito não repercute no processo em curso. De igual modo, a superveniência de norma modificadora dos critérios de competência não repercute em processo formado por demanda proposta anteriormente, prevalecendo os critérios que fixaram, no momento da propositura, a competência. As mudanças legislativas não alteram a competência fixada no momento da propositura, não somente em razão da *perpetuatio jurisdictionis*, mas igualmente em virtude da aplicação do princípio da irretroatividade das leis, a não ser que se trate de mudança de competência absoluta.

**16.** **Fundamento da *perpetuatio iurisdictionis*.** A *perpetuatio jurisdictionis* decorre da necessidade de serem evitados danos às partes com a mudança superveniente dos critérios que, no momento da propositura da demanda, definiram a competência. Sua justificativa é uma questão de conveniência e de estabilidade. Daí ter fundamento na segurança jurídica, no princípio da eficiência e no princípio da duração razoável do processo.

**17.** **Natureza jurídica da *perpetuatio iurisdictionis*.** A *perpetuatio jurisdictionis* consiste num efeito processual da litispendência, imutabilizando as circunstâncias que definiram a competência do juízo. A *perpetuatio jurisdictionis* constitui uma regra, aplicando-se a casos específicos de alterações do estado de fato ou de direito para proibir que tais alterações tenham repercussão na competência já fixada no momento da propositura da demanda. A *perpetuatio jurisdictionis* é, enfim, uma regra, e não um princípio, devendo ser aplicada como tal.

**18.** **Supressão do órgão judiciário.** A *perpetuatio jurisdictionis* cede em favor de lei superveniente que suprima o órgão judiciário. As modificações normativas que suprimirem o órgão judiciário afastam a aplicação da regra da *perpetuatio jurisdictionis*. Essa exceção é óbvia e necessária, pois decorre de uma impossibilidade de fato: não existindo mais o órgão, não há mais atuação sua, não devendo persistir a *perpetuatio jurisdictionis*. Essa exceção à regra da *perpetuatio jurisdictionis* somente se aplica com a supressão *total* do órgão judiciário.

**19.** **Modificações de competência absoluta.** Não se aplica a *perpetuatio jurisdictionis*, quando for alterada a competência absoluta, seja ela material, funcional, hierárquica, *ratione personae* e, até mesmo, nos casos em que a competência territorial e a aquela fixada em razão do valor da causa são absolutas.

**20.** **Desmembramento de comarca.** Quando ocorre apenas supressão *parcial* ou perda parcial de competência absoluta, também não prevalece a regra da *perpetuatio jurisdictionis*. Se, todavia, sobrevier perda parcial de competência relativa, aí incide a regra da *perpetuatio jurisdictionis*, não atingindo os processos em curso. A perda parcial de competência, não raramente, decorre de um desmembramento de comarca.

**21.** **Competência federal delegada (CF, art. 109, § 3º).** Em causas previdenciárias, o juiz estadual exercer competência federal, estando seus atos sujeitos ao controle do TRF respectivo. Ele é considerado, no caso concreto, um juízo federal. A delegação do exercício da competência federal deixa de existir quando, naquele foro, for

87

instalada vara federal. Proposta demanda no juízo estadual, o qual, no caso, exerce competência federal, opera-se a *perpetuatio jurisdictionis*. A superveniente instalação de vara federal afasta, contudo, a aplicação da *perpetuatio jurisdictionis*, fazendo com que os processos que ali tramitavam sejam, desde logo, encaminhados à vara federal instalada.

**22.** **Mudança de competência absoluta e os recursos.** Operada a mudança na competência absoluta, os processos em andamento são atingidos. A mudança de competência absoluta não altera a competência para a apreciação dos recursos, salvo quando modificada a competência recursal. Se a competência para o julgamento do recurso não se alterou, continua a ser o mesmo tribunal o que deve apreciar e julgar o meio impugnativo contra a decisão. A competência para o recurso decorre da proveniência da decisão recorrida.

**23.** **Alteração na competência recursal.** A competência recursal se fixa de forma automática: uma vez determinado o juízo competente para processar e julgar a causa na primeira instância, já se sabe, imediatamente, que órgão vai conhecer, em segunda instância, a causa. Em razão disso, poderia parecer, à primeira vista, que proposta a demanda e produzida a *perpetuatio jurisdictionis*, esta se aplicaria igualmente no âmbito recursal. Alterada a competência recursal, as novas regras somente se aplicam aos processos em que ainda não proferida a decisão. Se já houver decisão proferida, a mudança não atinge o processo em andamento, devendo o tribunal que era competente continuar com a atribuição de apreciar e julgar o recurso. O direito ao recurso confere, igualmente, o "direito à competência" do tribunal. Se a propositura da demanda constitui o momento em que se fixa a *perpetuatio jurisdictionis* para o juízo de primeira instância, é a prolação da decisão a ser atacada pelo recurso o marco produtor da *perpetuatio jurisdictionis* no âmbito recursal.

**24.** **Criação de novo tribunal.** A *perpetuatio jurisdictionis*, no âmbito recursal, somente se produz a partir do momento em que se adquire o direito ao recurso, ou seja, a partir do momento em que proferida a decisão de que se pretende recorrer. Se, quando criado o tribunal, a decisão já havia sido proferida ou já havia sido interposto o recurso, cabe ao tribunal antigo apreciá-lo e julgá-lo. Diversamente, se, quando criado o tribunal, ainda não havia decisão nem recurso interposto, esse novo tribunal é que deverá julgar o recurso que venha a ser eventualmente interposto. Se, contudo, for extinto o tribunal,

aplica-se, então, a exceção contida no próprio art. 43: a ação, o incidente, o recurso ou o meio de impugnação passam para a competência do tribunal que assumiu as funções daquele que fora extinto.

**25.** **Mudança de competência interna nos tribunais.** Quando se estabelece que cabe a determinado tribunal processar e julgar, originariamente, uma causa ou apreciar dado recurso ou meio de impugnação, a competência é do tribunal: o órgão que, internamente, deve apreciar será o "porta-voz" do tribunal; será, no caso concreto, o tribunal manifestando-se. O órgão do tribunal que tem, pelo seu regimento, competência para apreciar e julgar o caso detém competência funcional ou material; absoluta, portanto. A modificação de competência interna em tribunal constitui uma alteração na competência absoluta, afastando a aplicação da *perpetuatio jurisdictionis*. A mudança de competência interna dos tribunais atinge os recursos e processos em andamento, sem que prevaleça, no particular, a aplicação da regra da *perpetuatio jurisdictionis*.

**26.** **Mudança de competência decorrente da exclusão ou inclusão da Fazenda Pública no processo.** A exclusão ou inclusão da Fazenda Pública no processo – com exceção dos casos de intervenção anômala e de *amicus curiae* – acarreta a modificação de competência, deixando de prevalecer a regra da *perpetuatio iurisdictionis*. Nesses casos, a *perpetuatio iurisdictionis* deixa de ser aplicada, em virtude de um fator superveniente, consistente na inclusão ou exclusão de um dos sujeitos processuais.

**27.** **Conexão e continência na *perpetuatio iurisdictionis*.** A *perpetuatio iurisdictionis* pode ser afastada pela conexão ou continência. A competência relativa pode alterar-se em razão da conexão e da continência. Os processos devem ser reunidos ao juízo prevento, afastando-se a *perpetuatio iurisdictionis*.

**28.** **A *perpetuatio iurisdictionis* e a execução de alimentos.** A competência para a ação de alimentos é do juízo do foro do domicílio ou residência do alimentando (art. 53, II), ainda que cumulada com ação de investigação de paternidade (Súmula 1, STJ). Proferida sentença de procedência na ação de alimentos, a execução ou o cumprimento de sentença deve processar-se perante o mesmo juízo que decidiu a causa em primeiro grau de jurisdição (CPC, art. 516, II). Alterada a residência ou o domicílio do alimentando depois da sentença, modifica-se a competência do juízo da execução.

**LIVRO II · DA FUNÇÃO JURISDICIONAL** **Art. 44**

**29. A *perpetuatio iurisdictionis* e as ações de recuperação judicial e falência.** A competência do juízo falimentar é absoluta, além de universal. O foro competente é o do principal estabelecimento do devedor. Alterado o local do principal estabelecimento do devedor, afasta-se a *perpetuatio jurisdictionis* para atingir o processo em curso. Sendo certo que a competência para a ação de falência é absoluta, a alteração do principal estabelecimento do devedor atinge o processo em curso para modificar a competência.

> **Art. 44.** Obedecidos os limites estabelecidos pela Constituição Federal, a competência é determinada pelas normas previstas neste Código ou em legislação especial, pelas normas de organização judiciária e, ainda, no que couber, pelas constituições dos Estados.

▶ **1. Correspondência no CPC/1973.** *"Art. 93. Regem a competência dos tribunais as normas da Constituição da República e de organização judiciária. A competência funcional dos juízes de primeiro grau é disciplinada neste Código."*

## ⚖ JURISPRUDÊNCIA, ENUNCIADOS E SÚMULAS SELECIONADOS

- **2. ADI 4412.** *"Nos termos do artigo 102, I, r, da Constituição Federal (CF), é competência exclusiva do Supremo Tribunal Federal (STF) processar e julgar, originariamente, todas as ações ajuizadas contra decisões do Conselho Nacional de Justiça (CNJ) e do Conselho Nacional do Ministério Público (CNMP) proferidas no exercício de suas competências constitucionais, respectivamente, previstas nos artigos 103-B, § 4º, e 130-A, § 2º, da CF."*
- **3. Súmula Vinculante STF, 22.** *"A Justiça do Trabalho é competente para processar e julgar as ações de indenização por danos morais e patrimoniais decorrentes de acidente de trabalho propostas por empregado contra empregador, inclusive aquelas que ainda não possuíam sentença de mérito em primeiro grau quando da promulgação da Emenda Constitucional nº 45/04."*
- **4. Súmula Vinculante STF, 23.** *"A Justiça do Trabalho é competente para processar e julgar ação possessória ajuizada em decorrência do exercício do direito de greve pelos trabalhadores da iniciativa privada."*
- **5. Súmula Vinculante STF, 27.** *"Compete à Justiça estadual julgar causas entre consumidor e concessionária de serviço público de telefonia,*

*quando a ANATEL não seja litisconsorte passiva necessária, assistente, nem opoente."*
- **6. Súmula Vinculante STF, 53.** *"A competência da Justiça do Trabalho prevista no art. 114, VIII, da Constituição Federal alcança a execução de ofício das contribuições previdenciárias relativas ao objeto da condenação constante das sentenças que proferir e acordos por ela homologados."*
- **7. Tema/Repercussão Geral 17 STF.** *"Compete à Justiça estadual julgar causas entre consumidor e concessionária de serviço público de telefonia, quando a ANATEL não seja litisconsorte passiva necessária, assistente, nem opoente."*
- **8. Tema/Repercussão Geral 36 STF.** *"A competência da Justiça do Trabalho prevista no art. 114, VIII, da Constituição Federal alcança somente a execução das contribuições previdenciárias relativas ao objeto da condenação constante das sentenças que proferir, não abrangida a execução de contribuições previdenciárias atinentes ao vínculo de trabalho reconhecido na decisão, mas sem condenação ou acordo quanto ao pagamento das verbas salariais que lhe possam servir como base de cálculo."*
- **9. Tema/Repercussão Geral 43 STF.** *"Compete à Justiça comum processar e julgar causas instauradas entre o Poder Público e seus servidores submetidos a regime especial disciplinado por lei local editada antes da Constituição Federal de 1988, com fundamento no artigo 106 da Constituição de 1967, na redação que lhe deu a Emenda Constitucional 1/1969."*
- **10. Tema/Repercussão Geral 90 STF.** *"Compete ao juízo comum falimentar processar e julgar a execução de créditos trabalhistas no caso de empresa em fase de recuperação judicial."*
- **11. Tema/Repercussão Geral 128 STF.** *"Cabe ao respectivo Tribunal Regional Federal dirimir conflitos de competência entre Juizado Especial e Juízo Federal de primeira instância que pertençam a uma mesma Seção Judiciária."*
- **12. Tema/Repercussão Geral 149 STF.** *"Compete à Justiça comum o julgamento de conflito de interesses a envolver a incidência de contribuição previdenciária, considerada a complementação de proventos."*
- **13. Tema/Repercussão Geral 159 STF.** *"Compete às Turmas Recursais o julgamento de mandado de segurança utilizado como substitutivo recursal contra decisão de juiz federal no exercício de jurisdição do Juizado Especial Federal."*
- **14. Tema/Repercussão Geral 190 STF.** *"Compete à Justiça comum o processamento de*

demandas ajuizadas contra entidades privadas de previdência com o propósito de obter complementação de aposentadoria, mantendo-se na Justiça Federal do Trabalho, até o trânsito em julgado e correspondente execução, todas as causas dessa espécie em que houver sido proferida sentença de mérito até 20.02.2013."

- **15.** Tema/Repercussão Geral 242 STF. *"Compete à Justiça do Trabalho processar e julgar as ações de indenização por danos morais e patrimoniais decorrentes de acidentes de trabalho propostas por empregado contra empregador, inclusive as propostas pelos sucessores do trabalhador falecido, salvo quando a sentença de mérito for anterior à promulgação da EC nº 45/04, hipótese em que, até o trânsito em julgado e a sua execução, a competência continuará a ser da Justiça Comum."*
- **16.** Tema/Repercussão Geral 258 STF. *"Compete à Justiça Federal processar e julgar ações em que a Ordem dos Advogados do Brasil, quer mediante o Conselho Federal, quer seccional, figure na relação processual."*
- **17.** Tema/Repercussão Geral 414 STF. *"Compete à Justiça Comum Estadual julgar as ações acidentárias que, propostas pelo segurado contra o Instituto Nacional do Seguro Social (INSS), visem à prestação de benefícios relativos à acidente do trabalho."*
- **18.** Tema/Repercussão Geral 453 STF. *"O foro especial por prerrogativa de função não se estende a magistrados aposentados."*
- **19.** Tema/Repercussão Geral 505 STF. *"A Justiça do Trabalho é competente para executar, de ofício, as contribuições previstas no artigo 195, incisos I, alínea a, e II, da Carta da República, relativamente a títulos executivos judiciais por si formalizados em data anterior à promulgação da Emenda Constitucional nº 20/1998."*
- **20.** Tema/Repercussão Geral 544 STF. *"A justiça comum, federal ou estadual, é competente para julgar a abusividade de greve de servidores públicos celetistas da Administração pública direta, autarquias e fundações públicas."*
- **21.** Tema/Repercussão Geral 550 STF. *"Preenchidos os requisitos dispostos na Lei 4.886/65, compete à Justiça Comum o julgamento de processos envolvendo relação jurídica entre representante e representada comerciais, uma vez que não há relação de trabalho entre as partes."*
- **22.** Tema/Repercussão Geral 572 STF. *"Compete à Justiça comum estadual processar e julgar causas alusivas à parcela do imposto de renda retido na fonte pertencente ao Estado-membro, porque ausente o interesse da União."*
- **23.** Tema/Repercussão Geral 606 STF. *"A natureza do ato de demissão de empregado público é constitucional-administrativa e não trabalhista, o que atrai a competência da Justiça comum para julgar a questão. A concessão de aposentadoria aos empregados públicos inviabiliza a permanência no emprego, nos termos do art. 37, § 14, da CRFB, salvo para as aposentadorias concedidas pelo Regime Geral de Previdência Social até a data de entrada em vigor da Emenda Constitucional nº 103/19, nos termos do que dispõe seu art. 6º."*
- **24.** Tema/Repercussão Geral 722 STF. *"Compete à justiça federal comum processar e julgar mandado de segurança quando a autoridade apontada como coatora for autoridade federal, considerando-se como tal também os dirigentes de pessoa jurídica de direito privado investidos de delegação concedida pela União."*
- **25.** Tema/Repercussão Geral 727 STF. *"Compete ao Supremo Tribunal Federal julgar mandado de injunção referente à omissão quanto à edição da lei complementar prevista no art. 40, § 4º, da Constituição de 1988."*
- **26.** Tema/Repercussão Geral 820 STF. *"A competência prevista no § 3º do artigo 109 da Constituição Federal, da Justiça comum, pressupõe inexistência de Vara Federal na Comarca do domicílio do segurado."*
- **27.** Tema/Repercussão Geral 853 STF. *"Compete à Justiça do Trabalho processar e julgar demandas visando a obter prestações de natureza trabalhista, ajuizadas contra órgãos da Administração Pública por servidores que ingressaram em seus quadros, sem concurso público, antes do advento da CF/88, sob regime da Consolidação das Leis do Trabalho – CLT."*
- **28.** Tema/Repercussão Geral 859 STF. *"A insolvência civil está entre as exceções da parte final do artigo 109, I, da Constituição da República, para fins de definição da competência da Justiça Federal."*
- **29.** Tema/Repercussão Geral 928 STF. *"Compete à Justiça do Trabalho processar e julgar ações relativas às verbas trabalhistas referentes ao período em que o servidor mantinha vínculo celetista com a Administração, antes da transposição para o regime estatutário."*
- **30.** Tema/Repercussão Geral 992 STF. *"Compete à Justiça comum processar e julgar controvérsias relacionadas à fase pré-contratual de seleção e de admissão de pessoal e eventual nulidade do certame em face da Administração Pública, direta e indireta, nas*

**LIVRO II · DA FUNÇÃO JURISDICIONAL** — **Art. 44**

hipóteses em que adotado o regime celetista de contratação de pessoal."

- **31. Tema/Repercussão Geral 994 STF.** "Compete à Justiça comum processar e julgar demandas em que se discute o recolhimento e o repasse de contribuição sindical de servidores públicos regidos pelo regime estatutário."

- **32. Tema/Repercussão Geral 1.075 STF.** "I – É inconstitucional a redação do art. 16 da Lei 7.347/1985, alterada pela Lei 9.494/1997, sendo repristinada sua redação original. II – Em se tratando de ação civil pública de efeitos nacionais ou regionais, a competência deve observar o art. 93, II, da Lei 8.078/1990 (Código de Defesa do Consumidor). III – Ajuizadas múltiplas ações civis públicas de âmbito nacional ou regional e fixada a competência nos termos do item II, firma-se a prevenção do juízo que primeiro conheceu de uma delas, para o julgamento de todas as demandas conexas."

- **33. Tema/Repercussão Geral 1.092 STF.** "Compete à Justiça comum processar e julgar causas sobre complementação de aposentadoria instituída por lei cujo pagamento seja, originariamente ou por sucessão, da responsabilidade da Administração Pública direta ou indireta, por derivar essa responsabilidade de relação jurídico-administrativa."

- **34. Tema/Repercussão Geral 1.154 STF.** "Compete à Justiça Federal processar e julgar feitos em que se discuta controvérsia relativa à expedição de diploma de conclusão de curso superior realizado em instituição privada de ensino que integre o Sistema Federal de Ensino, mesmo que a pretensão se limite ao pagamento de indenização."

- **35. Tema/Repercussão Geral 1.166 STF.** "Compete à Justiça do Trabalho processar e julgar causas ajuizadas contra o empregador nas quais se pretenda o reconhecimento de verbas de natureza trabalhista e os reflexos nas respectivas contribuições para a entidade de previdência privada a ele vinculada."

- **36. Súmula STF, 235.** "É competente para a ação de acidente do trabalho a Justiça cível comum, inclusive em segunda instância, ainda que seja parte autarquia seguradora."

- **37. Súmula STF, 248.** "É competente, originariamente, o Supremo Tribunal Federal, para mandado de segurança contra ato do Tribunal de Contas da União."

- **38. Súmula STF, 330.** "O Supremo Tribunal Federal não é competente para conhecer de mandado de segurança contra atos dos Tribunais de Justiça dos Estados."

- **39. Súmula STF, 433.** "É competente o Tribunal Regional do Trabalho para julgar mandado de segurança contra ato de seu presidente em execução de sentença trabalhista."

- **40. Súmula STF, 501.** "Compete à Justiça ordinária estadual o processo e o julgamento, em ambas as instâncias, das causas de acidente do trabalho, ainda que promovidas contra a União, suas autarquias, empresas públicas ou sociedades de economia mista."

- **41. Súmula STF, 503.** "A dúvida, suscitada por particular, sobre o direito de tributar, manifestado por dois Estados, não configura litígio da competência originária do Supremo Tribunal Federal."

- **42. Súmula STF, 508.** "Compete à Justiça Estadual, em ambas as instâncias, processar e julgar as causas em que for parte o Banco do Brasil S.A."

- **43. Súmula STF, 516.** "O Serviço Social da Indústria – S. E. S. I. – está sujeito à jurisdição da Justiça Estadual."

- **44. Súmula STF, 517.** "As sociedades de economia mista só têm foro na Justiça Federal, quando a União intervém como assistente ou opoente."

- **45. Súmula STF, 555.** "É competente o Tribunal de Justiça para julgar conflito de jurisdição entre Juiz de Direito do Estado e a Justiça Militar local."

- **46. Súmula STF, 556.** "É competente a Justiça comum para julgar as causas em que é parte sociedade de economia mista."

- **47. Súmula STF, 623.** "Não gera por si só a competência originária do Supremo Tribunal Federal para conhecer do mandado de segurança com base no art. 102, I, n, da Constituição, dirigir-se o pedido contra deliberação administrativa do tribunal de origem, da qual haja participado a maioria ou a totalidade de seus membros."

- **48. Súmula STF, 624.** "Não compete ao Supremo Tribunal Federal conhecer originariamente de mandado de segurança contra atos de outros tribunais."

- **49. Súmula STF, 736.** "Compete à Justiça do Trabalho julgar as ações que tenham como causa de pedir o descumprimento de normas trabalhistas relativas à segurança, higiene e saúde dos trabalhadores."

- **50. Tema/IAC 5 STJ.** "Compete à Justiça comum julgar as demandas relativas a plano de saúde de autogestão empresarial, exceto quando o benefício for instituído por meio de convenção coletiva ou acordo coletivo de *trabalho, hipótese em que a competência será da Justiça do Trabalho, ainda que figure como parte trabalhador aposentado ou dependente do trabalhador."*

- **51. Tema/IAC 10 STJ.** *"Tese A) Prevalecem sobre quaisquer outras normas locais, primárias ou secundárias, legislativas ou administrativas, as seguintes competências de foro: i) em regra, do local do dano, para ação civil pública (art. 2º da Lei n. 7.347/1985); ii) ressalvada a competência da Justiça Federal, em ações coletivas, do local onde ocorreu ou deva ocorrer o dano de impacto restrito, ou da capital do estado, se os danos forem regionais ou nacionais, submetendo-se ainda os casos à regra geral do CPC, em havendo competência concorrente (art. 93, I e II, do CDC). Tese B) São absolutas as competências: i) da Vara da Infância e da Juventude do local onde ocorreu ou deva ocorrer a ação ou a omissão, para as causas individuais ou coletivas arroladas no ECA, inclusive sobre educação e saúde, ressalvadas a competência da Justiça Federal e a competência originária dos tribunais superiores (arts. 148, IV, e 209 da Lei n. 8.069/1990; e Tese n. 1.058/STJ); ii) do local de domicílio do idoso nas causas individuais ou coletivas versando sobre serviços de saúde, assistência social ou atendimento especializado ao idoso portador de deficiência, limitação incapacitante ou doença infectocontagiosa, ressalvadas a competência da Justiça Federal e a competência originária dos tribunais superiores (arts. 79 e 80 da Lei n. 10.741/2003 e 53, III, e, do CPC/2015); iii) do Juizado Especial da Fazenda Pública, nos foros em que tenha sido instalado, para as causas da sua alçada e matéria (art. 2º, § 4º, da Lei n. 12.153/2009); iv) nas hipóteses do item (iii), faculta-se ao autor optar livremente pelo manejo de seu pleito contra o estado no foro de seu domicílio, no do fato ou ato ensejador da demanda, no de situação da coisa litigiosa ou, ainda, na capital do estado, observada a competência absoluta do Juizado, se existente no local de opção (art. 52, parágrafo único, do CPC/2015, c/c o art. 2º, § 4º, da Lei n. 12.153/2009). Tese C) A instalação de vara especializada não altera a competência prevista em lei ou na Constituição Federal, nos termos da Súmula n. 206/STJ ('A existência de vara privativa, instituída por lei estadual, não altera a competência territorial resultante das leis de processo.'). A previsão se estende às competências definidas no presente IAC n. 10/STJ. Tese D) A Resolução n. 9/2019/TJMT é ilegal e inaplicável quanto à criação de competência exclusiva em comarca arbitrariamente eleita em desconformidade com as regras processuais, especificamente quando determina a redistribuição desses feitos, se ajuizados em comarcas diversas da 1ª Vara Especializada da Fazenda Pública da Comarca de Várzea Grande/MT. Em consequência: i) fica vedada a redistribuição à 1ª Vara Especializada da Fazenda Pública da Comarca de Várzea Grande/MT dos feitos propostos ou em tramitação em comarcas diversas ou em juizados especiais da referida comarca ou de outra comarca, cujo fundamento, expresso ou implícito, seja a Resolução n. 9/2019/TJMT ou normativo similar; ii) os feitos já redistribuídos à 1ª Vara Especializada de Várzea Grande/MT com fundamento nessa norma deverão ser devolvidos aos juízos de origem, salvo se as partes, previamente intimadas, concordarem expressamente em manter o processamento do feito no referido foro; iii) no que tange aos processos já ajuizados – ou que venham a ser ajuizados – pelas partes originalmente na 1ª Vara Especializada da Fazenda Pública da Comarca de Várzea Grande/MT, poderão prosseguir normalmente no referido juízo; iv) não se aplicam as previsões dos itens (ii) e (iii) aos feitos de competência absoluta, ou seja: de competência dos Juizados Especiais da Fazenda, das Varas da Infância e da Juventude ou do domicílio do idoso, nos termos da Tese B deste IAC n. 10/STJ."*

- **52. Tema/Repetitivo 172 STJ.** *"Demanda envolvendo questões referentes ao empréstimo compulsório sobre energia elétrica proposta unicamente contra a Eletrobrás, perante a justiça estadual. (...) O pedido de intervenção da União realizado após a prolação da sentença enseja tão somente o deslocamento do processo para o Tribunal Regional Federal, para que examine o requerimento de ingresso na lide e prossiga (se for o caso) seu julgamento, sem a automática anulação da sentença proferida pelo juízo estadual."*

- **53. Tema/Repetitivo 539 STJ.** *"Compete à Justiça Estadual processar e julgar litígios instaurados entre entidade de previdência privada e participante de seu plano de benefícios."*

- **54. Tema/Repetitivo 584 STJ.** *"Em se tratando de demanda em que se discute a ausência/obstáculo de credenciamento da instituição de ensino superior pelo Ministério da Educação como condição de expedição de diploma aos estudantes, é inegável a presença de interesse jurídico da União, razão pela qual deve a competência ser atribuída à Justiça Federal, nos termos do art. 109, I, da Constituição Federal de 1988."*

**LIVRO II · DA FUNÇÃO JURISDICIONAL** **Art. 44**

- **55. Tema/Repetitivo 693 STJ.** *"A competência para processar e julgar as demandas que têm por objeto obrigações decorrentes dos contratos de planos de previdência privada firmados com a Fundação Rede Ferroviária de Seguridade Social (REFER) é da Justiça Estadual."*
- **56. Tema/Repetitivo 794 STJ.** *"É competente o Juízo do local em que situada a sede da entidade organizadora de campeonato esportivo de caráter nacional para todos os processos de ações ajuizadas em vários Juízos e Juizados Especiais, situados em lugares diversos do país, questionando a mesma matéria central, relativa à validade e à execução de decisões da Justiça Desportiva, visto que a entidade esportiva de caráter nacional, responsável, individual ou conjuntamente com quaisquer outras entidades, pela organização (no caso, a CBF), deve, necessariamente, inclusive por decisão de ofício, integrar o polo passivo das demandas, sob pena de não vir ela ser ela atingida pelos efeitos subjetivos da coisa julgada, e de tornar-se o julgado desprovido de efetividade."*
- **57. Tema/Repetitivo 976 STJ.** *"A competência para processar e julgar demandas cíveis com pedidos ilíquidos contra massa falida, quando em litisconsórcio passivo com pessoa jurídica de direito público, é do juízo cível no qual for proposta a ação de conhecimento, competente para julgar ações contra a Fazenda Pública, de acordo as respectivas normas de organização judiciária."*
- **58. Tema/Repetitivo 1.029 STJ.** *"Não é possível propor nos Juizados Especiais da Fazenda Pública a execução de título executivo formado em Ação Coletiva que tramitou sob o rito ordinário, assim como impor o rito sumaríssimo da Lei 12.153/2009 ao juízo comum da execução."*
- **59. Súmula STJ, 1.** *"O foro do domicílio ou da residência do alimentando é o competente para a ação de investigação de paternidade, quando cumulada com a de alimentos."*
- **60. Súmula STJ, 4.** *"Compete à Justiça Estadual julgar causa decorrente do processo eleitoral sindical."*
- **61. Súmula STJ, 15.** *"Compete à Justiça Estadual processar e julgar os litígios decorrentes de acidente do trabalho."*
- **62. Súmula STJ, 32.** *"Compete à Justiça Federal processar justificações judiciais destinadas a instruir pedidos perante entidades que nela tem exclusividade de foro, ressalvada a aplicação do art. 15, II da Lei 5.010/66."*
- **63. Súmula STJ, 34.** *"Compete à Justiça Estadual processar e julgar causa relativa à men-*

salidade escolar, cobrada por estabelecimento particular de ensino."*
- **64. Súmula STJ, 41.** *"O Superior Tribunal de Justiça não tem competência para processar e julgar, originariamente, mandado de segurança contra ato de outros Tribunais ou dos respectivos órgãos."*
- **65. Súmula STJ, 42.** *"Compete a Justiça comum Estadual processar e julgar as causas cíveis em que é parte sociedade de economia mista e os crimes praticados em seu detrimento."*
- **66. Súmula STJ, 55.** *"Tribunal Regional Federal não é competente para julgar recurso de decisão proferida por Juiz Estadual não investido de jurisdição federal."*
- **67. Súmula STJ, 66.** *"Compete à Justiça Federal processar e julgar execução fiscal promovida por conselheiro de fiscalização profissional."*
- **68. Súmula STJ, 82.** *"Compete à Justiça Federal, excluídas as reclamações trabalhistas, processar e julgar os feitos relativos à movimentação do FGTS."*
- **69. Súmula STJ, 137.** *"Compete à Justiça comum Estadual processar e julgar ação de servidor público municipal, pleiteando direitos relativos ao vínculo estatutário."*
- **70. Súmula STJ, 161.** *"É da competência da Justiça Estadual autorizar o levantamento dos valores relativos ao PIS/PASEP e FGTS, em decorrência do falecimento do titular da conta."*
- **71. Súmula STJ, 170.** *"Compete ao juízo onde primeiro for intentada a ação envolvendo acumulação de pedidos, trabalhista e estatutário, decidi-la nos limites da sua jurisdição, sem prejuízo do ajuizamento de nova causa, com o pedido remanescente, no juízo próprio."*
- **72. Súmula STJ, 173.** *"Compete à Justiça Federal processar e julgar o pedido de reintegração em cargo público federal, ainda que o servidor tenha sido dispensado antes da instituição do regime jurídico único."*
- **73. Súmula STJ, 177.** *"O Superior Tribunal de Justiça é incompetente para processar e julgar, originariamente, mandado de segurança contra ato de órgão colegiado presidido por Ministro de Estado."*
- **74. Súmula STJ, 206.** *"A existência de vara privativa, instituída por Lei Estadual, não altera a competência territorial resultante das leis de processo."*
- **75. Súmula STJ, 218.** *"Compete à Justiça dos Estados processar e julgar ação de servidor estadual decorrente de direitos e vantagens estatutárias no exercício de cargo em comissão."*

- **76. Súmula STJ, 238.** *"A avaliação da indenização devida ao proprietário do solo, em razão de alvará de pesquisa mineral, é processado no Juízo Estadual da situação do imóvel."*

- **77. Súmula STJ, 324.** *"Compete à Justiça Federal processar e julgar ações de que participa a Fundação Habitacional do Exército, equiparada à entidade autárquica federal, supervisionada pelo Ministério do Exército."*

- **78. Súmula STJ, 349.** *"Compete à Justiça Federal ou aos juízes com competência delegada o julgamento das execuções fiscais de contribuições devidas pelo empregador ao FGTS."*

- **79. Súmula STJ, 363.** *"Compete à Justiça estadual processar e julgar a ação de cobrança ajuizada por profissional liberal contra cliente."*

- **80. Súmula STJ, 365.** *"A intervenção da União como sucessora da Rede Ferroviária Federal S/A (RFFSA) desloca a competência para a Justiça Federal ainda que a sentença tenha sido proferida por Juízo estadual."*

- **81. Súmula STJ, 367.** *"A competência estabelecida pela EC n. 45/2004 não alcança os processos já sentenciados."*

- **82. Súmula STJ, 368.** *"Compete à Justiça comum estadual processar e julgar os pedidos de retificação de dados cadastrais da Justiça Eleitoral."*

- **83. Súmula STJ, 374.** *"Compete à Justiça Eleitoral processar e julgar a ação para anular débito decorrente de multa eleitoral."*

- **84. Súmula STJ, 376.** *"Compete a turma recursal processar e julgar o mandado de segurança contra ato de juizado especial."*

- **85. Súmula STJ, 383.** *"A competência para processar e julgar as ações conexas de interesse de menor é, em princípio, do foro do domicílio do detentor de sua guarda."*

- **86. Súmula STJ, 428.** *"Compete ao Tribunal Regional Federal decidir os conflitos de competência entre juizado especial federal e juízo federal da mesma seção judiciária."*

- **87. Súmula STJ, 505.** *"A competência para processar e julgar as demandas que têm por objeto obrigações decorrentes dos contratos de planos de previdência privada firmados com a Fundação Rede Ferroviária de Seguridade Social – REFER é da Justiça estadual."*

- **88. Súmula STJ, 553.** *"Nos casos de empréstimo compulsório sobre o consumo de energia elétrica, é competente a Justiça estadual para o julgamento de demanda proposta exclusivamente contra a Eletrobrás. Requerida a intervenção da União no feito após a prolação de sentença pelo juízo estadual, os autos devem ser remetidos ao Tribunal Regional Federal competente para o julgamento da apelação se deferida a intervenção."*

- **89. Súmula STJ, 570.** *"Compete à Justiça Federal o processo e julgamento de demanda em que se discute a ausência de ou o obstáculo ao credenciamento de instituição particular de ensino superior no Ministério da Educação como condição de expedição de diploma de ensino a distância aos estudantes."*

- **90. Súmula TST, 19.** *"A Justiça do Trabalho é competente para apreciar reclamação de empregado que tenha por objeto direito fundado em quadro de carreira."*

- **91. Súmula TST, 71.** *"A alçada é fixada pelo valor dado à causa na data de seu ajuizamento, desde que não impugnado, sendo inalterável no curso do processo."*

- **92. Súmula TST, 189.** *"A Justiça do Trabalho é competente para declarar a abusividade, ou não, da greve."*

- **93. Súmula TST, 300.** *"Compete à Justiça do Trabalho processar e julgar ações ajuizadas por empregados em face de empregadores relativas ao cadastramento no Programa de Integração Social (PIS)."*

- **94. Súmula TST, 389.** *"I – Inscreve-se na competência material da Justiça do Trabalho a lide entre empregado e empregador tendo por objeto indenização pelo não-fornecimento das guias do seguro-desemprego. II – O não fornecimento pelo empregador da guia necessária para o recebimento do seguro-desemprego dá origem ao direito à indenização."*

- **95. Súmula TST, 392.** *"Nos termos do art. 114, inc. VI, da Constituição da República, a Justiça do Trabalho é competente para processar e julgar ações de indenização por dano moral e material, decorrentes da relação de trabalho, inclusive as oriundas de acidente de trabalho e doenças a ele equiparadas, ainda que propostas pelos dependentes ou sucessores do trabalhador falecido."*

- **96. Enunciado 236 do FPPC.** *"O art. 44 não estabelece uma ordem de prevalência, mas apenas elenca as fontes normativas sobre competência, devendo ser observado o art. 125, § 1º, da Constituição Federal."*

- **97. Enunciado 1 do FONAJE.** *"O exercício do direito de ação no Juizado Especial Cível é facultativo para o autor".*

- **98. Enunciado 62 do FONAJE.** *"Cabe exclusivamente às Turmas Recursais conhecer e julgar o mandado de segurança e o habeas corpus*

**LIVRO II · DA FUNÇÃO JURISDICIONAL** **Art. 45**

*impetrados em face de atos judiciais oriundos dos Juizados Especiais."*

- **99. Enunciado 70 do FONAJE.** *"As ações nas quais se discute a ilegalidade de juros não são complexas para o fim de fixação da competência dos Juizados Especiais, exceto quando exigirem perícia contábil."*
- **100.** **Enunciado 133 do FONAJE.** *"O valor de alçada de 60 salários mínimos previsto no artigo 2º da Lei 12.153/09, não se aplica aos Juizados Especiais Cíveis, cujo limite permanece em 40 salários mínimos."*

## ▣ COMENTÁRIOS TEMÁTICOS

**101. Princípios da tipicidade e da indisponibilidade de competências.** Não há competência sem texto normativo, seja ele constitucional ou legal. A fonte da competência é, portanto, normativa. Em matéria de competência, identificam-se dois importantes princípios, a saber: (a) o princípio da indisponibilidade de competências e (b) o princípio da tipicidade de competências. Em razão do princípio da tipicidade, as competências dos órgãos constitucionais são apenas as expressamente previstas na Constituição. De acordo com o princípio da indisponibilidade, as competências constitucionalmente fixadas não podem ser transferidas para órgãos diferentes daqueles a quem a Constituição as atribuiu.

**102. Competência explícita e competência implícita.** As competências são, em regra, explícitas, sendo expressamente previstas no texto normativo. Há casos, porém, de competência implícita, quando a previsão não se encarta na literalidade do texto normativo. Em casos assim, a interpretação sistemática se impõe, entendendo-se haver competência implícita para preencher lacunas normativas ou para permitir ao órgão que, no exercício de suas competências, possa também realizar atos destinados à preparação e formação de decisões. Tome-se como exemplo o art. 102, I, *n*, da CF, segundo o qual compete ao STF processar e julgar a ação em que todos os membros da magistratura sejam direta ou indiretamente interessados, e aquela em que mais da metade dos membros do tribunal de origem estejam impedidos ou sejam direta ou indiretamente interessados. O texto constitucional alude, apenas, à "ação". Pode ocorrer, entretanto, de a causa chegar ao tribunal local em grau de recurso, vindo a ser reconhecido o impedimento ou a suspeição de mais da metade dos membros do tribunal no âmbito da apelação. Nesse caso, a apelação será julgada pelo STF. Embora a Constituição Federal refira-se, ape-

nas, à "ação", nela está implicitamente incluída também a referência à "apelação".

**103. Fontes normativas da competência.** A competência pode ser prevista na Constituição Federal, em leis federais, nas Constituições Estaduais, em leis locais e também em regimentos internos dos tribunais.

**104. Regimentos internos dos tribunais.** Cabe *privativamente* aos tribunais elaborar seus regimentos internos, dispondo sobre a competência e o funcionamento dos respectivos órgãos jurisdicionais e administrativos (CF, art. 96, I, *a*). A legislação infraconstitucional pode indicar o tribunal competente, seguindo as regras já traçadas pela CF. O legislador deve apontar qual o tribunal competente, não estabelecendo qual o órgão interno do tribunal que deva realizar determinado julgamento. Se o órgão julgador, num determinado tribunal, é uma câmara cível, um grupo de câmaras, a corte especial ou o plenário, isso há de ser definido pelo seu respectivo regimento interno. O que importa é que o tribunal seja aquele previsto na CF, a não ser em casos especificamente previstos no próprio texto constitucional, como na hipótese da regra de reserva de plenário: somente o plenário ou o órgão especial é que pode decretar, incidentemente, a inconstitucionalidade de lei ou tratado (CF, art. 97). É *privativa* do tribunal a competência para legislar sobre as atribuições de seus órgãos internos, não sendo possível ao legislador tratar desse assunto. A competência funcional dos juízos e tribunais é regida pelas normas da CF, das Constituições dos Estados e de organização judiciária. Tais diplomas normativos atribuem competência aos tribunais, mas a estes cabe privativamente definir a competência de seus órgãos internos.

**105. Competência para julgar ações de indenização decorrentes de relação laboral.** *"A Justiça do Trabalho é competente para processar e julgar ações de indenização por dano moral e material, decorrentes da relação laboral, inclusive as oriundas de acidente de trabalho e doenças a ele equiparadas, ainda que propostas pelos dependentes ou sucessores do falecido"* (STJ, 2ª Seção, CC 176.418/SP, rel. Min. Marco Buzzi, *DJe* 29.11.2021).

> **Art. 45.** Tramitando o processo perante outro juízo, os autos serão remetidos ao juízo federal competente se nele intervier a União, suas empresas públicas, entidades autárquicas e fundações, ou conselho de fiscalização de atividade

profissional, na qualidade de parte ou de terceiro interveniente, exceto as ações:

I – de recuperação judicial, falência, insolvência civil e acidente de trabalho;

II – sujeitas à justiça eleitoral e à justiça do trabalho.

§ 1º Os autos não serão remetidos se houver pedido cuja apreciação seja de competência do juízo perante o qual foi proposta a ação.

§ 2º Na hipótese do § 1º, o juiz, ao não admitir a cumulação de pedidos em razão da incompetência para apreciar qualquer deles, não examinará o mérito daquele em que exista interesse da União, de suas entidades autárquicas ou de suas empresas públicas.

§ 3º O juízo federal restituirá os autos ao juízo estadual sem suscitar conflito se o ente federal cuja presença ensejou a remessa for excluído do processo.

▶ **1. Correspondência no CPC/1973.** *"Art. 99. (...) Parágrafo único. Correndo o processo perante outro juiz, serão os autos remetidos ao juiz competente da Capital do Estado ou Território, tanto que neles intervenha uma das entidades mencionadas neste artigo. Excetuam-se: I – o processo de insolvência; II – os casos previstos em lei."*

## 🕮 Legislação Correlata

**2. CF, art. 109, I.** *"Art. 109. Aos juízes federais compete processar e julgar: I- as causas em que a União, entidade autárquica ou empresa pública federal forem interessadas na condição de autoras, rés, assistentes ou oponentes, exceto as de falência, as de acidentes de trabalho e as sujeitas à Justiça Eleitoral e a Justiça do Trabalho."*

**3. CF, art. 109, § 3º.** *"(...) § 3º Lei poderá autorizar que as causas de competência da Justiça Federal em que forem parte instituição de previdência social e segurado possam ser processadas e julgadas na justiça estadual quando a comarca do domicílio do segurado não for sede de vara federal."*

## ⚖ Jurisprudência, Enunciados e Súmulas Selecionados

- **4. Tema/Repercussão Geral 17 STF.** *"Compete à Justiça estadual julgar causas entre consumidor e concessionária de serviço público de telefonia, quando a ANATEL não seja litisconsorte passiva necessária, assistente, nem opoente."*
- **5. Tema/Repercussão Geral 1.011 STF.** *"1) Considerando que, a partir da MP 513/2010*

*(que originou a Lei 12.409/2011 e suas alterações posteriores, MP 633/2013 e Lei 13.000/2014), a CEF passou a ser administradora do FCVS, é aplicável o art. 1º da MP 513/2010 aos processos em trâmite na data de sua entrada em vigor (26.11.2010): 1.1.) sem sentença de mérito (na fase de conhecimento), devendo os autos ser remetidos à Justiça Federal para análise do preenchimento dos requisitos legais acerca do interesse da CEF ou da União, caso haja provocação nesse sentido de quaisquer das partes ou intervenientes e respeitado o § 4º do art. 1º-A da Lei 12.409/2011; e 1.2) com sentença de mérito (na fase de conhecimento), podendo a União e/ou a CEF intervir na causa na defesa do FCVS, de forma espontânea ou provocada, no estágio em que se encontre, em qualquer tempo e grau de jurisdição, nos termos do parágrafo único do art. 5º da Lei 9.469/1997, devendo o feito continuar tramitando na Justiça Comum Estadual até o exaurimento do cumprimento de sentença; e 2) Após 26.11.2010, é da Justiça Federal a competência para o processamento e julgamento das causas em que se discute contrato de seguro vinculado à apólice pública, na qual a CEF atue em defesa do FCVS, devendo haver o deslocamento do feito para aquele ramo judiciário a partir do momento em que a referida empresa pública federal ou a União, de forma espontânea ou provocada, indique o interesse em intervir na causa, observado o § 4º do art. 64 do CPC e/ou o § 4º do art. 1º-A da Lei 12.409/2011."*

- **6. Súmula STF, 235.** *"É competente para a ação de acidente do trabalho a Justiça cível comum, inclusive em segunda instância, ainda que seja parte autarquia seguradora."*
- **7. Tema/Repetitivo 539 STJ.** *"Compete à Justiça Estadual processar e julgar litígios instaurados entre entidade de previdência privada e participante de seu plano de benefícios".*
- **8. Súmula STJ, 11.** *"A presença da União ou de qualquer de seus entes, na ação de usucapião especial, não afasta a competência do foro da situação do imóvel."*
- **9. Súmula STJ, 150.** *"Compete à Justiça Federal decidir sobre a existência de interesse jurídico que justifique a presença, no processo, da União, suas autarquias ou empresas públicas."*
- **10. Súmula STJ, 170.** *"Compete ao juízo onde for intentada a ação de acumulação de pedidos, trabalhistas e estatutário, decidi-la nos limites da sua jurisdição, sem prejuízo do ajuizamento de nova causa, com pedido remanescente, no juízo próprio".*

# LIVRO II · DA FUNÇÃO JURISDICIONAL — Art. 45

- **11. Súmula STJ, 224.** *"Excluído do feito o ente federal, cuja presença levara o Juiz Estadual a declinar da competência, deve o Juiz Federal restituir os autos e não suscitar conflito."*
- **12. Súmula STJ, 254.** *"A decisão do Juízo Federal que exclui da relação processual ente federal não pode ser reexaminada no Juízo Estadual."*
- **13. Súmula STJ, 270.** *"O protesto pela preferência de crédito, apresentado por ente federal em execução que tramita na Justiça Estadual, não desloca a competência para a Justiça Federal."*

## 🖹 COMENTÁRIOS TEMÁTICOS

**14. Alteração das partes e competência *ratione personae*.** A alteração das partes não implica, em princípio, modificação da competência. Acontece, porém, que a competência do juiz pode depender da presença de determinadas pessoas no processo. É o que se verifica na chamada competência *ratione personae*, fixada em razão da pessoa que participa do processo.

**15. Competência absoluta.** A competência *ratione personae* é absoluta.

**16. Competência da Justiça Federal.** Figurando a União, uma autarquia federal ou uma empresa pública federal como autora ou ré, a competência para processar e julgar a causa é da Justiça Federal. De igual modo, sendo União ou qualquer outro ente federal *assistente* ou *opoente* na causa, passa a competência a ser atribuída à Justiça Federal, a não ser que se trate de falência, insolvência, recuperação judicial ou acidente do trabalho. As causas eleitorais e trabalhistas tramitam nas suas Justiças especializadas.

**17. Agências reguladoras.** As agências reguladoras da União ostentam a natureza de autarquias especiais, devendo os processos em que figurem como autores, rés ou intervenientes tramitar na Justiça Federal.

**18. Conselhos profissionais.** Os conselhos profissionais são entes federais que fiscalizam e controlam o exercício das profissões. As demandas em que figurem como autores, réus ou intervenientes devem também ser processadas na Justiça Federal.

**19. Ingresso de ente federal no processo e afastamento da *perpetuatio iurisdictionis*.** Numa demanda em curso na Justiça Estadual, tendo como partes pessoas jurídicas de direito privado que não ostentem a natureza de Fazenda Pública Federal nem seja uma empresa pública federal, o ingresso da União ou de um ente federal, como parte ou interveniente, deve deslocar a causa para a Justiça Federal. Uma circunstância superveniente – o ingresso da União ou de outro ente federal no processo – terá o condão de modificar a competência inicialmente firmada, não prevalecendo a regra da *perpetuatio iurisdictionis* (art. 43), exatamente porque, em tal situação, há alteração na competência absoluta: o juízo estadual não tem competência *ratione personae*, passando a causa a ser processada e julgada pela Justiça Federal.

**20. Outras Fazendas Públicas.** A regra do art. 43 também se aplica relativamente ao ingresso no processo – como parte ou interveniente – de um Estado, Município, autarquia estadual ou municipal, ou, ainda, empresa pública estadual ou municipal, fazendo com que os autos sejam encaminhados ao juízo de uma das Varas da Fazenda Pública.

**21. Intervenção anômala.** O parágrafo único do art. 5º da Lei 9.469/1997 permite que as pessoas jurídicas de direito público intervenham no processo, em razão de potenciais efeitos reflexos, diretos ou indiretos, de natureza econômica, da eventual decisão que vier a ser proferida na causa. Trata-se de uma intervenção de terceiro fundada, não no interesse jurídico, mas num simples interesse econômico. A tal intervenção dá-se o nome de *intervenção anômala*. A Fazenda Pública, ao intervir com base no referido dispositivo, não adquire a condição de parte; seu ingresso não decorra de um interesse jurídico, mas sim de um mero interesse econômico, ainda que reflexo ou indireto. Assim, quando há o ingresso da Fazenda Pública no processo pela intervenção anômala, não há modificação de competência. No caso da União ou de outra pessoa jurídica de direito público federal, a modificação da competência para a Justiça Federal ocorre apenas quando ela figurar na demanda como autora, ré, assistente ou opoente (CF, art. 109, I). De igual modo, quando um Estado, um Município ou outra pessoa jurídica de direito público estadual ou municipal ingressa no processo como mero interveniente anômalo não há modificação de competência, não devendo a causa passar a tramitar numa das Varas da Fazenda Pública.

**22. Intervenção anômala e modificação de competência.** De acordo com o parágrafo único do art. 5º da Lei 9.469/1997, somente há modificação de competência, quando a pessoa jurídica de direito público interpõe recurso. Nesse caso, a Fazenda Pública adquire a condição de parte, havendo modificação de competência.

**23. *Amicus curiae*.** A presença da União ou de outro ente federal como amicus curiae não altera a competência, não havendo deslocamento do processo para a Justiça Federal (art. 138, § 1º).

**24. Exclusão da União ou de ente público federal do processo.** Se a União ou uma autarquia federal ou uma empresa pública federal for excluída do processo, seja por ilegitimidade, seja por desistência da ação apenas em relação a ela, prosseguindo o processo quanto a outro(s) litisconsorte(s), seja por qualquer outra razão, haverá modificação de competência, se não permanecer mais nenhum outro ente que detenha a mesma prerrogativa de foro. Assim, por exemplo, proposta demanda em face da União e de uma pessoa jurídica de direito privado, em litisconsórcio passivo facultativo. Em virtude da presença da União, esse processo deve ter curso na Justiça Federal. A exclusão da União fará com que a Justiça Federal deixe de manter competência para processar e julgar a causa, passando a competência a ser da Justiça Estadual.

**25. Improcedência do pedido em relação à União ou ao ente público federal.** Se for proposta uma demanda contra a União ou uma autarquia federal ou uma empresa pública federal e, igualmente, contra outra pessoa de direito privado, em litisconsórcio passivo, vindo, ao final, a ser julgado procedente o pedido formulado contra esta última e improcedente no tocante ao ente federal, não há modificação de competência. Nessa hipótese, não há exclusão do ente público, que não deixou de ostentar a condição de parte. Apenas, porque foi rejeitado o pedido contra ele formulado, restou vitoriosa. Isso não acarreta modificação de competência. Só há mudança na competência quando o ente federal for excluído do processo. Se, diversamente, não for excluído do processo, vindo a ser julgado improcedente o pedido contra si formulado, não há modificação de competência.

---

**Art. 46.** A ação fundada em direito pessoal ou em direito real sobre bens móveis será proposta, em regra, no foro de domicílio do réu.

§ 1º Tendo mais de um domicílio, o réu será demandado no foro de qualquer deles.

§ 2º Sendo incerto ou desconhecido o domicílio do réu, ele poderá ser demandado onde for encontrado ou no foro de domicílio do autor.

§ 3º Quando o réu não tiver domicílio ou residência no Brasil, a ação será proposta no foro de domicílio do autor, e, se este também residir fora do Brasil, a ação será proposta em qualquer foro.

§ 4º Havendo 2 (dois) ou mais réus com diferentes domicílios, serão demandados no foro de qualquer deles, à escolha do autor.

§ 5º A execução fiscal será proposta no foro de domicílio do réu, no de sua residência ou no do lugar onde for encontrado.

▶ **1. Correspondência no CPC/1973.** *"Art. 94. A ação fundada em direito pessoal e a ação fundada em direito real sobre bens móveis serão propostas, em regra, no foro do domicílio do réu. § 1º Tendo mais de um domicílio, o réu será demandado no foro de qualquer deles. § 2º Sendo incerto ou desconhecido o domicílio do réu, ele será demandado onde for encontrado ou no foro do domicílio do autor. § 3º Quando o réu não tiver domicílio nem residência no Brasil, a ação será proposta no foro do domicílio do autor. Se este também residir fora do Brasil, a ação será proposta em qualquer foro. § 4º Havendo dois ou mais réus, com diferentes domicílios, serão demandados no foro de qualquer deles, à escolha do autor." "Art. 578. A execução fiscal (art. 585, VI) será proposta no foro do domicílio do réu; se não o tiver, no de sua residência ou no do lugar onde for encontrado. Parágrafo único. Na execução fiscal, a Fazenda Pública poderá escolher o foro de qualquer um dos devedores, quando houver mais de um, ou o foro de qualquer dos domicílios do réu; a ação poderá ainda ser proposta no foro do lugar em que se praticou o ato ou ocorreu o fato que deu origem à dívida, embora nele não mais resida o réu, ou, ainda, no foro da situação dos bens, quando a dívida deles se originar."*

**⊞ LEGISLAÇÃO CORRELATA**

**2. CC, art. 70.** *"Art. 70. O domicílio da pessoa natural é o lugar onde ela estabelece sua residência com ânimo definitivo."*

**3. CC, art. 71.** *"Art. 71. Se, porém, a pessoa natural tiver diversas residências, onde, alternadamente, viva, considerar-se-á domicílio seu qualquer delas."*

**4. CC, art. 73.** *"Art. 73. Ter-se-á por domicílio da pessoa natural, que não tenha residência habitual, o lugar onde for encontrada."*

**5. LINDB, art. 7º, § 8º.** *"Art. 7º (...) § 8º Quando a pessoa não tiver domicílio, considerar-se-á domiciliada no lugar de sua residência ou naquele em que se encontre."*

**6. LINDB, art. 12.** *"Art. 12. É competente a autoridade judiciária brasileira, quando for o réu domiciliado no Brasil ou aqui tiver de ser cumprida a obrigação. § 1º Só à autoridade judiciária brasileira compete conhecer das ações relativas a imóveis situados no Brasil. § 2º A autoridade judiciária brasileira cumprirá, concedido o exequatur e segundo a forma estabelecida pele lei brasileira,* *as diligências deprecadas por autoridade estrangeira competente, observando a lei desta, quanto ao objeto das diligências."*

**7.** **Lei 13.043/2014, art. 114, IX,** *que revogou o art. 15, I, Lei 5.010/66, retirando do juízo estatal a possibilidade de processar execução fiscal federal, caso não haja vara federal na cidade.*

## ⚖ JURISPRUDÊNCIA, ENUNCIADOS E SÚMULAS SELECIONADOS

- **8.** **ADIs 5.492 e 5.737.** *"É inconstitucional a regra de competência que permita que os entes subnacionais sejam demandados perante qualquer comarca do país, devendo a fixação do foro restringir-se aos seus respectivos limites territoriais."*
- **9.** **Tema/Repercussão Geral 1.204 STF.** *"A aplicação do art. 46, § 5º, do CPC deve ficar restrita aos limites do território de cada ente subnacional ou ao local de ocorrência do fato gerador."*
- **10.** **Tema/Repetitivo 317 STJ.** *"O devedor não tem assegurado o direito de ser executado no foro de seu domicílio, salvo se nenhuma das espécies do parágrafo único se verificar."*
- **11.** **Tema/Repetitivo 606 STJ.** *"Em ação de cobrança objetivando indenização decorrente de Seguro Obrigatório de Danos Pessoais Causados por Veículos Automotores de Vias Terrestres – DPVAT, constitui faculdade do autor escolher entre os seguintes foros para ajuizamento da ação: o do local do acidente ou o do seu domicílio (parágrafo único do art. 100 do Código de Processo Civil); bem como, ainda, o do domicílio do réu (art. 94 do mesmo Diploma)."*
- **12.** **Súmula STJ, 58.** *"Proposta a execução fiscal, a posterior mudança de domicílio do executado não desloca a competência já fixada."*
- **13.** **Súmula STJ, 540.** *"Na ação de cobrança do seguro DPVAT, constitui faculdade do autor escolher entre os foros do seu domicílio, do local do acidente ou ainda do domicílio do réu."*

## 🗐 COMENTÁRIOS TEMÁTICOS

**14.** **Competência territorial.** O art. 46 trata do foro comum ou geral. Há também foros especiais previstos no CPC e em leis esparsas. A competência de foro é territorial.

**15.** **Foro comum ou geral.** O foro comum ou geral para as causas não sujeitas a foro especial é o do domicílio do réu (art. 46). Essa regra aplica-se, de igual modo, às pessoas jurídicas (art. 53,

III, *a*). Qualquer réu tem, em princípio, o direito de ser demandado na comarca ou seção judiciária em que é domiciliado, a não ser que haja regra especial que preveja competência diversa.

**16.** **Foros subsidiários ou supletivos.** Quando o domicílio do réu for múltiplo, incerto ou ignorado, há foros subsidiários ou supletivos. No caso de ter mais de um domicílio, o réu pode ser demandado em qualquer um deles. Sendo incerto ou desconhecido o seu domicílio do réu, a competência desloca-se (a) ou para o local onde for encontrado (b) ou para o foro do domicílio do autor. Se o réu for domiciliado no estrangeiro, e não tiver residência no Brasil, mas houver competência internacional da Justiça brasileira (arts. 21, II e II, e 22), o foro competente será o do autor. Caso este também resida fora do Brasil, a ação pode ser proposta em qualquer foro, observadas as normas sobre a competência interna da Justiça brasileira. Tratando-se de ação real imobiliária, a competência será do foro da situação da coisa (art. 47). Se forem vários os réus e diversos os seus domicílios, o autor pode propor sua demanda no foro de qualquer um deles.

**17.** **Foros especiais.** Ao lado do foro geral ou comum do art. 46, há foros especiais para (a) ações reais imobiliárias (art. 47); (b) inventários e partilhas, arrecadação, cumprimento de disposições de última vontade e ações contra o espólio (art. 48); (c) ações contra o ausente (art. 49); (d) ações em que a União for parte ou interveniente (art. 51); (e) ações de anulação de casamento, divórcio, separação, reconhecimento ou dissolução de união estável, alimentos (art. 53, I e II); (f) ações relativas a obrigações com lugar determinado para cumprimento (art. 53, III); (g) ações de reparação de dano e ações contra administrador ou gestor de negócios alheios (art. 53, IV).

**18.** **Competência relativa.** A competência do foro comum é relativa, podendo ser alterada por vontade das partes. Se não for observada, o juiz não pode controlar de ofício, devendo aguardar impugnação do réu ou do Ministério Público, no caso em que este pode arguir a incompetência relativa. Proposta a demanda em foro diverso do comum, e não havendo arguição de incompetência, haverá prorrogação: o foro incompetente torna-se competente.

**19.** **Foro de eleição.** Sendo a competência relativa, poderá haver foro de eleição (art. 63).

**20.** **Competência para execução fiscal.** A competência para processar e julgar a execução fiscal será do juízo do foro do domicílio do devedor, do de sua residência ou do lugar onde for encontrado.

**21. Competência relativa para a execução fiscal.** Caso a execução fiscal seja proposta perante juízo do foro onde o devedor não mantenha domicílio, haverá incompetência. Tal incompetência, contudo, é relativa, não devendo ser reconhecida de ofício pelo juiz. Somente poderá haver reconhecimento da incompetência se houver alegação pelo executado. Não havendo alegação de incompetência, estará prorrogada a competência: o juiz, que era incompetente, torna-se competente.

**22. *Perpetuatio iurisdictionis* na execução fiscal.** Se, no momento da propositura da execução fiscal, o devedor mantinha domicílio naquele foro, mas, antes de ser citado, transfere domicílio para outro local, em outro foro, tal circunstância não altera a competência, em virtude da regra da *perpetuatio jurisdictionis* (art. 43).

**23. Interpretação conforme a CF.** O § 5º do art. 46 deve ser interpretado conforme a Constituição. Não devem os Estados ajuizar execuções fiscais no domicílio do executado, se for situado em outra unidade da Federação, mesmo que o fato gerador tenha ocorrido nos limites do território do Estado exequente. A exigência de contraditório efetivo e a auto-organização federativa impõem uma interpretação conforme do § 5º do art. 46. A União tem a prerrogativa de ser, via de regra, julgada pelos juízes e tribunais federais. Simetricamente, cada Estado-membro tem a prerrogativa de ser processado e julgado por seu respectivo Judiciário local. Cada Estado-membro deve submeter-se ao controle judicial de seus juízes e tribunais. Uma demanda proposta contra um Estado-membro há de ser julgada por um juiz daquele mesmo Estado, sendo suas decisões revistas pelo respectivo tribunal. O conjunto de inúmeras normas contidas no ordenamento jurídico brasileiro conforma-se à ideia federativa. Permitir que uma demanda seja proposta contra um Estado-membro no âmbito da Justiça de outro Estado-membro esgarça o pacto federativo, não sendo constitucionalmente adequado. O amplo e irrestrito acesso à justiça arrosta o pacto federativo. O § 5º do art. 46 deve ser interpretado conforme a Constituição, para que se defina que os Estados devem ajuizar execuções fiscais no foro do domicílio do executado, desde que este esteja situado dentro do território do Estado.

**24. Reunião de execuções fiscal contra o mesmo devedor.** Nos termos do art. 28 da Lei 6.830/1980, *"o juiz, a requerimento das partes, poderá, por conveniência da unidade da garantia da* execução, ordenar a reunião de processos contra o mesmo devedor"*. Nesse caso, os processos serão redistribuídos ao juízo da primeira distribuição. Essa regra busca racionalizar o procedimento de várias execuções propostas contra o mesmo devedor, reunindo todas elas a um único juízo, inspirando-se no princípio da eficiência e assemelhando-se ao contido no art. 113, III, que permite a formação de litisconsórcio quando houver mera afinidade de questões por um ponto comum de fato ou de direito. A exemplo do que sucede com o litisconsórcio facultativo, em que o juiz pode, com base no § 1º do art. 113, limitar a presença das partes, quando dificultar a defesa ou comprometer a rápida solução do litígio, a reunião de execuções, com base no art. 28 da Lei 6.830/1980, pode ser rejeitada pelo juiz.

**25. Competência para execução fiscal e a superveniência de falência ou de recuperação judicial.** As execuções de natureza fiscal não são suspensas pelo deferimento da recuperação judicial (Lei 11.101/2005, art. 6º, § 7º-B). O deferimento da recuperação judicial não suspende a execução fiscal, mas cabe ao juízo da recuperação judicial determinar a substituição dos atos de constrição que recaiam sobre bens de capital essenciais à manutenção da atividade empresarial até o encerramento da recuperação judicial. A substituição da constrição deve ser implementada mediante cooperação jurisdicional, na forma do art. 69. O juiz da recuperação, em ato concertado com o juiz da execução fiscal, determinará a substituição do bem penhorado, observada a forma menos gravosa para a empresa recuperanda (Lei 11.101/2005, art. 6º, § 7º-B). Estando em curso uma execução fiscal, e sobrevindo a decretação da falência do devedor, a Fazenda Pública credora deve apresentar ao juízo da falência ou ao administrador judicial, a depender do momento processual, a relação completa de seus créditos inscritos em dívida ativa, acompanhada dos cálculos, da classificação e das informações sobre a situação atual. Na verdade, o juiz da falência deve instaurar, de ofício, para cada Fazenda Pública credora, incidente de classificação de crédito público e determinará a sua intimação eletrônica para que, no prazo de 30 dias, apresente a referida relação completo de seus créditos inscritos em dívida ativa. A depender da fase processual em que se encontre a falência, a Fazenda Pública apresentará a relação ao juiz ou ao administrador judicial (Lei 11.101/2005, art. 7º-A). Os créditos não definitivamente constituídos, não inscritos em dívida ativa ou com exigibilidade suspensa poderão ser informados em momento posterior

(Lei 11.101/2005, art. 7º-A, § 2º). Instaurado o referido incidente e apresentada a relação de créditos pela Fazenda Pública, a execução fiscal permanecerá suspensa até o encerramento da falência, sem prejuízo da possibilidade de prosseguimento contra os corresponsáveis (Lei 11.101/2005, art. 7º-A, § 4º, V). Em tal incidente, não haverá condenação em honorários de sucumbência (Lei 11.101/2005, art. 7º-A, § 8º). Não apresentada a relação de créditos pela Fazenda Pública, o incidente será arquivado e ela, Fazenda Pública, poderá requerer o desarquivamento e apresentar pedido de habilitação ou de reserva de crédito (Lei 11.101/2005, art. 7º-A, § 5º). Se não houver a instauração do referido incidente, a execução fiscal prossegue. Nesse caso, mantém-se a eventual penhora realizada anteriormente à quebra, realizando-se o leilão. O produto da alienação deve, contudo, ser repassado ao juízo da falência para apuração das preferências. Com a decretação da falência, a execução fiscal não sofre solução de continuidade, prosseguindo com a realização de leilão. Não se permite à Fazenda Pública, entretanto, adjudicar o bem penhorado, pois aí não será possível a apuração das preferências. É possível, mesmo com a falência decretada, haver arrematação, destinando-se o produto da venda ao juízo falimentar. Não é possível, todavia, a adjudicação do bem penhorado.

**26. Competência para ajuizamento de execuções fiscais.** *"O Código de Processo Civil de 2015, em seu art. 46, § 5º, assegura à Fazenda Pública a faculdade de propor a execução fiscal "no foro de domicílio do réu, no de sua residência ou no lugar onde for encontrado", não havendo preferência de competência territorial entre eles"* (STJ, 1ª Turma, REsp 1.893.489/PR, rel. Min. Gurgel de Faria, *DJe* 23.09.2021).

---

**Art. 47.** Para as ações fundadas em direito real sobre imóveis é competente o foro de situação da coisa.

§ 1º O autor pode optar pelo foro de domicílio do réu ou pelo foro de eleição se o litígio não recair sobre direito de propriedade, vizinhança, servidão, divisão e demarcação de terras e de nunciação de obra nova.

§ 2º A ação possessória imobiliária será proposta no foro de situação da coisa, cujo juízo tem competência absoluta.

---

▶ **1. Correspondência no CPC/1973.** *"Art. 95. Nas ações fundadas em direito real sobre imóveis é competente o foro da situação da coisa. Pode o autor, entretanto, optar pelo foro do domicílio ou de eleição, não recaindo o litígio sobre direito de propriedade, vizinhança, servidão, posse, divisão e demarcação de terras e nunciação de obra nova."*

### 🗐 LEGISLAÇÃO CORRELATA

**2. Dec.-lei 3.365/1941, art. 11.** *Art. 11. A ação, quando a União for autora, será proposta no Distrito Federal ou no foro da Capital do Estado onde for domiciliado o réu, perante o juízo privativo, se houver; sendo outro o autor, no foro da situação dos bens."*

**3. Lei 6.766/1979, art. 48.** *"Art. 48. O foro competente para os procedimentos judiciais previstos nesta Lei será o da comarca da situação do lote".*

### ⚖ JURISPRUDÊNCIA, ENUNCIADOS E SÚMULAS SELECIONADOS

- **4. Súmula Vinculante STF, 23.** *"A Justiça do Trabalho é competente para processar e julgar ação possessória ajuizada em decorrência do exercício do direito de greve pelos trabalhadores da iniciativa privada."*
- **5. Súmula STJ, 11.** *"A presença da União ou de qualquer de seus entes, na ação de usucapião especial, não afasta a competência do foro da situação do imóvel."*

### 🗎 COMENTÁRIOS TEMÁTICOS

**6. Ações fundadas em direito real sobre imóveis.** O dispositivo refere-se apenas às ações fundadas em *direito real* sobre imóveis, estabelecendo que, nesse caso, a competência será do foro da situação da coisa (*forum rei sitae*). Ações *fundadas em direito real* não são a mesma coisa que *ações reais*. Uma *ação real* sobre imóvel envolve um imóvel, podendo fundar-se num direito pessoal ou num direito real. Ações *fundadas em direito real* sobre imóveis não são o mesmo que *ações sobre bens imóveis* ou sobre *direitos reais* sobre imóveis alheios. O dispositivo abrange apenas as ações que tenham por fundamento direitos reais sobre imóveis, ou seja, ações que se baseiem na propriedade, na superfície, nas servidões, no usufruto, enfim, em direitos reais.

**7. Abrangência do dispositivo.** O art. 47 abrange as ações fundadas em direito real sobre imóveis. Não estão abrangidas pelo dispositivo as ações reais fundadas em direito pessoal, nem as ações pessoais. Por isso, o dispositivo não abrange as ações relativas a imóveis fundadas em direitos pessoais, a exemplo daquelas que decorrem da locação e do comodato. O dispositivo também não abrange as ações que visam a anular compromisso de compra e venda ou a ação de adjudicação compulsória, que tem por finalidade obter o cumprimento de uma obrigação de fazer. Estas últimas são ações fundadas em direito pessoal, devendo ser propostas no foro do domicílio do réu.

**8. Opção pelo foro do domicílio do réu ou pelo de eleição.** Não recaindo o litígio sobre direito de propriedade, vizinhança, servidão, divisão e demarcação de terras e de nunciação de obra nova, a competência será relativa. Logo, poderá haver foro de eleição, podendo o autor optar, ainda, pelo foro do domicílio do réu.

**9. Competência absoluta.** Se o litígio versar sobre direito de propriedade, vizinhança, servidão, divisão e demarcação de terras e de nunciação de obra nova, a competência será a do foro da situação da coisa. Tal competência é absoluta, não podendo ser modificada, nem prorrogada. Não é possível, portanto, haver, nesses casos, cláusula de eleição de foro, não sendo, ademais, alterável a competência por conexão ou continência. Nos termos do art. 54, somente a competência relativa pode modificar-se pela conexão ou pela continência. A eleição de foro também não será possível, nessas hipóteses em que o litígio versar sobre direito de propriedade, vizinhança, servidão, divisão e demarcação de terras e de nunciação de obra nova.

**10. Competência para as ações possessórias.** As ações possessórias não estão fundadas em direito real. A posse, que é o seu fundamento, não é direito, nem mesmo pessoal. Trata-se de um simples fato. A posse é um fato jurídico *stricto sensu*. O princípio da conservação do fato (*quieta non movere*) justifica a proteção possessória. A proteção possessória é um dos efeitos da posse, como fato jurídico que é. Mesmo sendo um fato, a posse dá origem às ações possessórias que são ações reais, mas não são ações fundadas em direito real. Embora não sejam ações fundadas em direito real, as possessórias foram contempladas no dispositivo, por força do § 2º. Assim, as ações possessórias devem ser propostas no foro da situação do bem, sendo a competência absoluta, de sorte que não pode ser modificada.

**11. Ação de imissão de posse.** A ação de imissão de posse é petitória, mas não tem por fundamento o domínio ou qualquer direito real. Seu fundamento é o *direito à posse*, que pode originar-se de uma relação jurídica obrigacional. Nesse caso, a competência será do foro do domicílio do réu, e não do *forum rei sitae*. O negócio jurídico do qual possa surgir a pretensão à imissão na posse nem sempre se funda em direito real. Não se fundando, a competência será a do art. 46 (domicílio do réu). Se, diversamente, o fundamento for um direito real, aí haverá de incidir o art. 47, sendo a competência do foro da situação do bem.

**12. Ações relativas ao parcelamento do solo urbano.** As ações judiciais relativas a parcelamento do solo urbano devem ser propostas no foro da situação do lote (Lei 6.766/1979, art. 48).

**13. Competência para as ações de despejo.** Nas ações de despejo, a competência é do foro do lugar da situação do imóvel, salvo se outro houver sido eleito no contrato (Lei 8.245/1991, art. 58, I). Observa-se que a competência, nas ações de despejo, é relativa, já que pode ser modificada, admitindo-se eleição de foro. Tal regra somente se aplica aos despejos relativos a locações regidas pela Lei 8.245/1991. Há, entretanto, locações que são regidas pelo Código Civil (as de imóveis de propriedade da União, dos Estados e dos Municípios, de suas autarquias e fundações públicas; as de vagas autônomas de garagem ou de espaços para estacionamento de veículos; as de espaços destinados à publicidade; as de *apart*-hotéis e hotéis, além do arrendamento mercantil – Lei 8.245/1991, art. 1º). Nesses casos de locações regidas pelo Código Civil, aplica-se a regra geral do art. 46: a competência será do domicílio do réu, tratando-se de competência relativa, que pode ser modificada por cláusula de eleição de foro e por conexão ou continência.

**14. Competência para as demais ações decorrentes de contrato de locação.** Estando o contrato de locação regulado pela Lei 8.245/1991, além do despejo, as demais ações (consignação em pagamento, revisionais de aluguel e renovatórias de locação) sujeitam-se também à competência do foro da situação do imóvel, salvo se outro houver sido eleito no contrato (Lei 8.245/1991, art. 58, I). A competência é relativa, modificável por cláusula de eleição de foro e por conexão ou continência.

**15. Ação relativa a imóvel situado em mais de uma comarca.** *"Se o imóvel se achar situado em mais de um Estado, comarca, seção ou subseção judiciária, a competência territorial do juízo prevento estender-se-á sobre a totalidade do imóvel"* (art. 60).

**16. Ação de desapropriação.** A desapropriação somente pode ser proposta, processada e julgada por um juízo estadual ou federal. Juízes do trabalho, juízes eleitorais, juízes militares não processam e julgam demandas de desapropriação. Cabe aos juízes estaduais e federais processar e julgar esses tipos de demanda. Se a desapropriação for proposta pela União ou por outro ente federal, ou caso haja interesse jurídico de um deles, a competência será da Justiça Federal de primeira instância (CF, art. 109, I). A desapropriação que não tenha a União ou outro ente federal como parte, nem haja interesse jurídico de qualquer um deles, será processada e julgada por um juízo estadual.

**17. Ação de desapropriação e intervenção da União ou de outro ente federal.** Proposta a desapropriação na Justiça Estadual, a superveniente intervenção da União ou de outro ente federal deve deslocar a competência para a Justiça Federal, não prevalecendo, na espécie, a regra da *perpetuatio jurisdictionis* (art. 43).

**18. Ação de desapropriação como ação real. Foro da situação do bem.** A demanda de desapropriação deve ser proposta no foro da situação do bem a ser desapropriado. Por ser considerada ação real imobiliária, a desapropriação deve processar-se no foro da situação do bem, sendo ali mesmo julgada (art. 47). Essa regra de competência – que fixa o *forum rei sitae* como o local para processamento e julgamento da desapropriação – está prevista não somente no art. 47, mas também no art. 11 do Decreto-lei 3.365/1941. Se o imóvel situar-se em mais de um foro, comarca ou Estado, a competência será definida pela prevenção, estendendo-se sobre a totalidade do imóvel (art. 60).

---

**Art. 48.** O foro de domicílio do autor da herança, no Brasil, é o competente para o inventário, a partilha, a arrecadação, o cumprimento de disposições de última vontade, a impugnação ou anulação de partilha extrajudicial e para todas as ações em que o espólio for réu, ainda que o óbito tenha ocorrido no estrangeiro.

Parágrafo único. Se o autor da herança não possuía domicílio certo, é competente:

I – o foro de situação dos bens imóveis;

II – havendo bens imóveis em foros diferentes, qualquer destes;

III – não havendo bens imóveis, o foro do local de qualquer dos bens do espólio.

---

▶ **1. Correspondência no CPC/1973.** *"Art. 96. O foro do domicílio do autor da herança, no Brasil, é o competente para o inventário, a partilha, a arrecadação, o cumprimento de disposições de última vontade e todas as ações em que o espólio for réu, ainda que o óbito tenha ocorrido no estrangeiro. Parágrafo único. É, porém, competente o foro: I – da situação dos bens, se o autor da herança não possuía domicílio certo; II – do*

lugar em que ocorreu o óbito se o autor da herança não tinha domicílio certo e possuía bens em lugares diferentes."*

## 🏛 LEGISLAÇÃO CORRELATA

**2. CC, art. 1.785.** *"Art. 1.785. A sucessão abre-se no lugar do último domicílio do falecido.*

**3. CC, art. 1.819.** *"Art. 1.819. Falecendo alguém sem deixar testamento nem herdeiro legítimo notoriamente conhecido, os bens da herança, depois de arrecadados, ficarão sob a guarda e administração de um curador, até a sua entrega ao sucessor devidamente habilitado ou à declaração de sua vacância."*

**4. Res. 35/2007 do CNJ, art. 1º.** *Art. 1º Para a lavratura dos atos notariais relacionados a inventário, partilha, separação consensual, divórcio consensual e extinção consensual de união estável por via administrativa, é livre a escolha do tabelião de notas, não se aplicando as regras de competência do Código de Processo Civil.*

**5. Res. 35/2007 do CNJ, art. 2º.** *"Art. 2º É facultada aos interessados a opção pela via judicial ou extrajudicial; podendo ser solicitada, a qualquer momento, a suspensão, pelo prazo de 30 dias, ou a desistência da via judicial, para promoção da via extrajudicial."*

## 🗐 COMENTÁRIOS TEMÁTICOS

**6. Competência exclusiva da Justiça brasileira.** É exclusiva do juiz brasileiro a competência para inventário e partilha de bens situados no Brasil (art. 23, II).

**7. Inventário e Justiça Federal.** *"A simples qualidade de credora do de cujus, embora autorize a União a habilitar seu crédito contra o espólio, não tem o condão de transferir a competência para o processamento do inventário para a Justiça Federal, não se aplicando, ao caso, o art. 109, I, da Constituição Federal"* (STJ, 2.ª Seção, CC 62.082/MS, rel. Min. Sidnei Beneti, *DJe* 02.08.2010).

**8. Foro competente.** O inventário e a partilha de bens, a arrecadação da herança, a execução dos testamentos e codicilos, a impugnação ou anulação de partilha extrajudicial devem ser processadas no foro onde o autor da herança (*de cujus*) mantinha seu último domicílio no Brasil.

**9. Óbito no estrangeiro.** Ainda que o autor da herança tenha falecido no estrangeiro, a competência para processar e julgar o inventário e a partilha de bens, a arrecadação da herança, a execução dos testamentos e codicilos, a impugnação ou anulação de partilha extrajudicial é do foro de seu último domicílio no Brasil.

**10. Ausência de domicílio certo no Brasil.** Se o falecido não tinha domicílio no Brasil ou caso haja incerteza a respeito do seu domicílio, o foro competente o foro competente será o da situação dos seus imóveis, ou seja, será o do local onde ficam os imóveis por ele deixados. Se os imóveis estiverem situados em diversos foros no Brasil, a competência será de qualquer deles. Na hipótese de o falecido não ter deixado qualquer bem imóvel, a competência será, então, do foro do local de qualquer dos bens do espólio.

**11. Universalidade do foro do inventário.** É universal o foro do inventário: além do processo sucessório, atrai para si todas as ações em que o espólio seja réu. Para que haja um *vis attractiva* do foro, é preciso que o procedimento sucessório ainda esteja em curso. Não incide a regra, se o processo de inventário já estiver encerrado com decisão transitada em julgado. A universalidade do foro, enfim, pressupõe litispendência, ou seja, lide pendente, processo em curso, procedimento em andamento.

**12. Competência de foro, e não de juízo.** A competência prevista no art. 48 é de foro, e não de juízo. A universalidade é do foro, e não do juízo. O que se exige é que as ações contra o espólio sejam propostas no mesmo foro do inventário, e não no mesmo juízo. O juízo do inventário não é necessariamente competente para as ações propostas contra o espólio. Nas comarcas com diversas varas de igual competência, qualquer uma delas pode processar e julgar ações contra o espólio.

**13. Competência territorial.** A competência prevista no art. 48 é territorial, sendo, por isso, relativa. Logo, o inventário ou o processo sucessório instaurado em foro diverso não pode ser rejeitado de ofício pelo juiz. Se não houver impugnação, haverá prorrogação da competência: o juízo incompetente tornar-se-á competente.

**14. Ações reais imobiliárias contra o espólio.** A ação real imobiliária proposta contra o espólio deve ser proposta no foro da situação do imóvel (art. 47), e não no do inventário. É absoluta a competência do foro da situação da coisa para ações reais imobiliárias.

**15. Ação de desapropriação contra o espólio.** A ação de desapropriação proposta contra o espólio deve ser processada e julgada no foro da situação de bem a ser desapropriado (Dec.-lei 3.365/1941, art. 11).

**16. Ação de desapropriação proposta contra espólio pela União.** É da Seção Judiciário da Justiça Federal do foro do inventário a competência para processar e julgar a ação de desapropriação proposta contra o espólio (Dec.-lei 3.365/1941, art. 11).

**17. Ações propostas pelo espólio.** Se o espólio for autor, não há a atração do foro universal do inventário. Aplicam-se as regras gerais de competência: domicílio do réu para ações obrigacionais ou reais sobre móveis (art. 46), situação da coisa para ações reais imobiliárias (art. 47) ou alguma outra regra especial que incida no caso.

> **Art. 49.** A ação em que o ausente for réu será proposta no foro de seu último domicílio, também competente para a arrecadação, o inventário, a partilha e o cumprimento de disposições testamentárias.

▶ **1. Correspondência no CPC/1973.** *"Art. 97. As ações em que o ausente for réu correm no foro de seu último domicílio, que é também o competente para a arrecadação, o inventário, a partilha e o cumprimento de disposições testamentárias."*

## 🏛 LEGISLAÇÃO CORRELATA

**2. CC, art. 22.** *"Art. 22. Desaparecendo uma pessoa do seu domicílio sem dela haver notícia, se não houver deixado representante ou procurador a quem caiba administrar-lhe os bens, o juiz, a requerimento de qualquer interessado ou do Ministério Público, declarará a ausência, e nomear-lhe-á curador."*

**3. CC, art. 23.** *"Art. 23. Também declarará a ausência, e se nomeará curador, quando o ausente deixar mandatário que não queira ou não possa exercer ou continuar o mandato, ou se os seus poderes forem insuficientes."*

**4. CPC, art. 744.** *"Art. 744. Declarada a ausência nos casos previstos em lei, o juiz mandará arrecadar os bens do ausente e nomear-lhes-á na forma estabelecida na Seção VI, observando-se o disposto em lei."*

## 📖 COMENTÁRIOS TEMÁTICOS

**5. Ações em que o ausente for réu.** É do foro de último domicílio do ausente a competência para a ação em que ele for réu, bem como para a arrecadação, o inventário, a partilha e o cumprimento de disposições testamentárias.

**6. Ações propostas pelo ausente.** A competência para as ações propostas pelo curador do ausente segue a regra geral do art. 46, devendo ser propostas no foro do domicílio do réu ou,

# LIVRO II · DA FUNÇÃO JURISDICIONAL
## Art. 51

havendo regra especial, esta deve ser observada (foro do local do fato etc.).

**7. Ações reais imobiliárias.** As ações reais imobiliárias propostas pelo curador do ausente ou que tenham o ausente como réu são propostas no foro da situação da coisa. Por ser absoluta (art. 47), a competência do foro da situação da coisa prevalece sobre a do último domicílio do ausente (art. 49).

> **Art. 50.** A ação em que o incapaz for réu será proposta no foro de domicílio de seu representante ou assistente.

▶ **1. Correspondência no CPC/1973.** *"Art. 98. A ação em que o incapaz for réu se processará no foro do domicílio de seu representante."*

### ⚖ LEGISLAÇÃO CORRELATA

**2. CC, art. 76.** *"Art. 76. Têm domicílio necessário o incapaz, o servidor público, o militar, o marítimo e o preso. Parágrafo único. O domicílio do incapaz é o do seu representante ou assistente; o do servidor público, o lugar em que exercer permanentemente suas funções; o do militar, onde servir, e, sendo da Marinha ou da Aeronáutica, a sede do comando a que se encontrar imediatamente subordinado; o do marítimo, onde o navio estiver matriculado; e o do preso, o lugar em que cumprir a sentença."*

**3. LINDB, art. 7º, § 7º.** *"§ 7º Salvo o caso de abandono, o domicílio do chefe da família estende-se ao outro cônjuge e aos filhos não emancipados, e o do tutor ou curador aos incapazes sob sua guarda."*

### ⚖ JURISPRUDÊNCIA, ENUNCIADOS E SÚMULAS SELECIONADOS

- **4. Súmula STJ, 1.** *"O foro do domicílio ou da residência do alimentando é o competente para a ação de investigação de paternidade, quando cumulada com a de alimentos."*
- **5. Foro comum.** O foro comum ou geral para as causas não sujeitas a foro especial é o do domicílio do réu (art. 46). Essa regra aplica-se, de igual modo, às pessoas jurídicas (art. 53, III). Qualquer réu tem, em princípio, o direito de ser demandado na comarca ou seção judiciária em que é domiciliado, a não ser que haja regra especial que preveja competência diversa. A demanda proposta contra o incapaz deve ser processada e julgada no foro do domicílio de seu representante ou assistente. Não há qualquer especialidade nessa regra; ela

insere-se no foro comum, pois o domicílio do incapaz é o de seu representante (CC, art. 76, parágrafo único).

> **Art. 51.** É competente o foro de domicílio do réu para as causas em que seja autora a União. Parágrafo único. Se a União for a demandada, a ação poderá ser proposta no foro de domicílio do autor, no de ocorrência do ato ou fato que originou a demanda, no de situação da coisa ou no Distrito Federal.

▶ **1. Correspondência no CPC/1973.** *"Art. 99. O foro da Capital do Estado ou do Território é competente: I – para as causas em que a União for autora, ré ou interveniente; II – para as causas em que o Território for autor, réu ou interveniente. Parágrafo único. (...)."*

### ⚖ LEGISLAÇÃO CORRELATA

**2. CF, art. 109, §§ 1º e 2º.** *"Art. 109. (...) § 1º. As causas em que a União for autora serão aforadas na seção judiciária onde tiver domicílio a outra parte. § 2º. As causas intentadas contra a União poderão ser aforadas na seção judiciária em que for domiciliado o autor, naquela onde houver ocorrido o ato ou fato que deu origem à demanda ou onde esteja situada a coisa, ou, ainda, no Distrito Federal."*

### ⚖ JURISPRUDÊNCIA, ENUNCIADOS E SÚMULAS SELECIONADOS

- **3. Tema/Repercussão Geral 374 STF.** *"A regra prevista no § 2º do art. 109 da Constituição Federal também se aplica às ações movidas em face de autarquias federais."*
- **4. Súmula STF, 689.** *"O segurado pode ajuizar ação contra a instituição previdenciária perante o juízo federal do seu domicílio ou nas varas federais da Capital do Estado-Membro."*

### 🗒 COMENTÁRIOS TEMÁTICOS

**5. Ações propostas pela União.** Quando a União for autora, a ação deve ser proposta perante a Justiça Federal, no foro da Seção Judiciária do domicílio do réu.

**6. Ações propostas contra a União.** Sendo a União ré, a ação pode ser proposta (a) no Distrito Federal; (b) na Seção Judiciária do domicílio do autor; (c) na Seção Judiciária onde houver ocorrido o ato ou fato que originou a demanda; (d). na Seção Judiciária onde se situar a coisa litigiosa.

**Art. 52** CÓDIGO DE PROCESSO CIVIL COMENTADO – *Leonardo Carneiro da Cunha*

**7. Regra aplicável a autarquias federais.** *"I – A faculdade atribuída ao autor quanto à escolha do foro competente entre os indicados no art. 109, § 2º, da Constituição Federal para julgar as ações propostas contra a União tem por escopo facilitar o acesso ao Poder Judiciário àqueles que se encontram afastados das sedes das autarquias. II – Em situação semelhante à da União, as autarquias federais possuem representação em todo o território nacional. III – As autarquias federais gozam, de maneira geral, dos mesmos privilégios e vantagens processuais concedidas ao ente político a que pertencem. (...) V – A jurisprudência do Supremo Tribunal Federal tem decidido pela incidência do disposto no art. 109, § 2º, da Constituição Federal às autarquias federais"* (STF, Pleno, RE 627.709, rel. Ricardo Lewandowski, *DJe* 30.10.2014).

**8. Intervenção da União.** Se a União passa a ser autora, ré, assistente ou opoente em processo pendente entre particulares, há deslocamento para a Justiça Federal (CF, art. 109, I). Os autos devem ser remetidos ao juízo federal competente, logo após a intervenção da União (art. 45).

**9. Processos de insolvência, falência, recuperação judicial e acidente do trabalho.** A presença da União não para a Justiça Federal, nos processos de falência, recuperação judicial, insolvência civil e acidente do trabalho, nem nos casos de competência privativa da Justiça eleitoral e da Justiça do Trabalho (CF, 109, I; CPC, art. 45, I e II).

**10. Intervenção anômala e *amicus curiae*.** A intervenção da anômala da União (Lei 9.469/1997, art. 5º), bem como sua intervenção como *amicus curiae* (art. 138, § 1º) não alteram a competência, deixando de provocar a remessa dos autos à Justiça Federal.

> **Art. 52.** É competente o foro de domicílio do réu para as causas em que seja autor Estado ou o Distrito Federal.
> Parágrafo único. Se Estado ou o Distrito Federal for o demandado, a ação poderá ser proposta no foro de domicílio do autor, no de ocorrência do ato ou fato que originou a demanda, no de situação da coisa ou na capital do respectivo ente federado.

▶ **1. Sem correspondência no CPC/1973.**

⚖ **JURISPRUDÊNCIA, ENUNCIADOS E SÚMULAS SELECIONADOS**

• **2. ADIs 5.492 e 5.737.** *"É inconstitucional a regra de competência que permita que os*

*entes subnacionais sejam demandados perante qualquer comarca do país, devendo a fixação do foro restringir-se aos seus respectivos limites territoriais."*

• **3. Súmula STJ, 206.** *"A existência de vara privativa, instituída por Lei Estadual, não altera a competência territorial resultante das leis de processo."*

▣ **COMENTÁRIOS TEMÁTICOS**

**4. Ações propostas pelo Estado ou DF.** Quando o Estado ou o DF for autor, a ação deve ser proposta no foro do domicílio do réu.

**5. Ações propostas contra o Estado ou o DF.** Sendo o Estado ou o DF réu, a ação pode ser proposta (a) na capital do Estado ou no próprio Distrito Federal, respectivamente; (b) no foro do domicílio do autor; (c) no foro onde houver ocorrido o ato ou fato que originou a demanda; (d) no foro onde se situar a coisa litigiosa.

**6. A Justiça estadual e o pacto federativo.** A divisão de poderes no ambiente federativo identifica-se pela presença, na esfera federal, da Justiça Federal, do Congresso Nacional e da Presidência da República. Essa mesma estrutura existe, simetricamente, no âmbito dos Estados; neles, há os Tribunais de Justiça, as Assembleias Legislativas e a figura do Governador do Estado. A União tem a prerrogativa de ser, via de regra, julgada pelos juízes e tribunais federais. Simetricamente, cada Estado-membro tem a prerrogativa de ser processado e julgado por seu respectivo Judiciário local. Cada Estado-membro deve submeter-se ao controle judicial de seus juízes e tribunais. O conjunto de inúmeras normas contidas no ordenamento jurídico brasileiro conforma-se à ideia federativa. Permitir que uma demanda seja proposta contra um Estado-membro no âmbito da Justiça de outro Estado-membro esgarça o pacto federativo, não sendo constitucionalmente adequado.

**7. Interpretação conforme a CF.** O parágrafo único do art. 52 deve ser interpretado conforme a Constituição, para que se permita que o autor proponha sua demanda judicial no foro do seu domicílio, desde que este seja esteja situado *dentro* do território do Estado. Na verdade, o parágrafo único do art. 52 é inconstitucional, mas a interpretação conforme preserva o texto e evita sua exclusão total do sistema, compatibilizando o acesso à justiça com o pacto federativo e o contraditório efetivo.

**LIVRO II · DA FUNÇÃO JURISDICIONAL** **Art. 53**

**Art. 53.** É competente o foro:

I – para a ação de divórcio, separação, anulação de casamento e reconhecimento ou dissolução de união estável:

a) de domicílio do guardião de filho incapaz;

b) do último domicílio do casal, caso não haja filho incapaz;

c) de domicílio do réu, se nenhuma das partes residir no antigo domicílio do casal;

d) de domicílio da vítima de violência doméstica e familiar, nos termos da Lei 11.340, de 7 de agosto de 2006 (Lei Maria da Penha);

II – de domicílio ou residência do alimentando, para a ação em que se pedem alimentos;

III – do lugar:

a) onde está a sede, para a ação em que for ré pessoa jurídica;

b) onde se acha agência ou sucursal, quanto às obrigações que a pessoa jurídica contraiu;

c) onde exerce suas atividades, para a ação em que for ré sociedade ou associação sem personalidade jurídica;

d) onde a obrigação deve ser satisfeita, para a ação em que se lhe exigir o cumprimento;

e) de residência do idoso, para a causa que verse sobre direito previsto no respectivo estatuto;

f) da sede da serventia notarial ou de registro, para a ação de reparação de dano por ato praticado em razão do ofício;

IV – do lugar do ato ou fato para a ação:

a) de reparação de dano;

b) em que for réu administrador ou gestor de negócios alheios;

V – de domicílio do autor ou do local do fato, para a ação de reparação de dano sofrido em razão de delito ou acidente de veículos, inclusive aeronaves.

▶ **1. Correspondência no CPC/1973.** *"Art. 100. É competente o foro: I – da residência da mulher, para a ação de separação dos cônjuges e a conversão desta em divórcio, e para a anulação de casamento; II – do domicílio ou da residência do alimentando, para a ação em que se pedem alimentos; III – do domicílio do devedor, para a ação de anulação de títulos extraviados ou destruídos; IV – do lugar: a) onde está a sede, para a ação em que for ré a pessoa jurídica; b) onde se acha a agência ou sucursal, quanto às obrigações que ela contraiu; c) onde exerce sua atividade principal, para a ação em que for ré a sociedade, que carece de personalidade jurídica; d) onde a obrigação deve ser satisfeita, para a ação em que se lhe exigir o cumprimento; V – do lugar do ato*

*ou fato: a) para a ação de reparação do dano; b) para a ação em que for réu o administrador ou gestor de negócios alheios. Parágrafo único. Nas ações de reparação do dano sofrido em razão de delito ou acidente de veículos, será competente o foro do domicílio do autor ou do local do fato."*

## ⚖ LEGISLAÇÃO CORRELATA

**2. CC, art. 75.** *"Art. 75. Quanto às pessoas jurídicas, o domicílio é: I – da União, o Distrito Federal; II – dos Estados e Territórios, as respectivas capitais; III – do Município, o lugar onde funcione a administração municipal; IV – das demais pessoas jurídicas, o lugar onde funcionarem as respectivas diretorias e administrações, ou onde elegerem domicílio especial no seu estatuto ou atos constitutivos. § 1º Tendo a pessoa jurídica diversos estabelecimentos em lugares diferentes, cada um deles será considerado domicílio para os atos nele praticados. § 2º Se a administração, ou diretoria, tiver a sede no estrangeiro, haver-se-á por domicílio da pessoa jurídica, no tocante às obrigações contraídas por cada uma das suas agências, o lugar do estabelecimento, sito no Brasil, a que ela corresponder."*

**3. CC, art. 78.** *"Art. 78. Nos contratos escritos, poderão os contratantes especificar domicílio onde se exercitem e cumpram os direitos e obrigações deles resultantes."*

**4. CC, art. 327.** *"Art. 327. Efetuar-se-á o pagamento no domicílio do devedor, salvo se as partes convencionarem diversamente, ou se o contrário resultar da lei, da natureza da obrigação ou das circunstâncias. Parágrafo único. Designados dois ou mais lugares, cabe ao credor escolher entre eles."*

**5. CDC, art. 101.** *"Art. 101. Na ação de responsabilidade civil do fornecedor de produtos e serviços, sem prejuízo do disposto nos Capítulos I e II deste título, serão observadas as seguintes normas: I – a ação pode ser proposta no domicílio do autor; II – o réu que houver contratado seguro de responsabilidade poderá chamar ao processo o segurador, vedada a integração do contraditório pelo Instituto de Resseguros do Brasil. Nesta hipótese, a sentença que julgar procedente o pedido condenará o réu nos termos do art. 80 do Código de Processo Civil. Se o réu houver sido declarado falido, o síndico será intimado a informar a existência de seguro de responsabilidade, facultando-se, em caso afirmativo, o ajuizamento de ação de indenização diretamente contra o segurador, vedada a denunciação da lide ao Instituto de Resseguros do Brasil e dispensado o litisconsórcio obrigatório com este."*

**6. Lei 10.741/2003, art. 80.** "*Art. 80. As ações previstas neste Capítulo serão propostas no foro do domicílio da pessoa idosa, cujo juízo terá competência absoluta para processar a causa, ressalvadas as competências da Justiça Federal e a competência originária dos Tribunais Superiores.*"

**7. Lei 4.886/1965, art. 39.** "*Art. 39. Para julgamento das controvérsias que surgirem entre representante e representado é competente a Justiça Comum e o foro do domicílio do representante, aplicando-se o procedimento sumaríssimo previsto no art. 275 do Código de Processo Civil, ressalvada a competência do Juizado de Pequenas Causas.*"

## ⚖ JURISPRUDÊNCIA, ENUNCIADOS E SÚMULAS SELECIONADOS

- **8. Súmula STF, 363.** "*A pessoa jurídica de direito privado pode ser demandada no domicílio da agência, ou estabelecimento, em que se praticou o ato.*"
- **9. Tema/Repetitivo 606 STJ.** "*Em ação de cobrança objetivando indenização decorrente de Seguro Obrigatório de Danos Pessoais Causados por Veículos Automotores de Vias Terrestres – DPVAT, constitui faculdade do autor escolher entre os seguintes foros para ajuizamento da ação: o do local do acidente ou o do seu domicílio (parágrafo único do art. 100 do Código de Processo Civil [1973]); bem como, ainda, o do domicílio do réu (art. 94 do mesmo Diploma).*"
- **10. Tema/Repetitivo 794 STJ.** "*É competente o Juízo do local em que situada a sede da entidade organizadora de campeonato esportivo de caráter nacional para todos os processos de ações ajuizadas em vários Juízos e Juizados Especiais, situados em lugares diversos do país, questionando a mesma matéria central, relativa à validade e à execução de decisões da Justiça Desportiva, visto que a entidade esportiva de caráter nacional, responsável, individual ou conjuntamente com quaisquer outras entidades, pela organização (no caso, a CBF), deve, necessariamente, inclusive por decisão de ofício, integrar o polo passivo das demandas, sob pena de não vir ela ser atingida pelos efeitos subjetivos da coisa julgada, e de tornar-se o julgado desprovido de efetividade.*"
- **11. Súmula STJ, 1.** "*O foro do domicílio ou da residência do alimentando é o competente para a ação de investigação de paternidade, quando cumulada com a de alimentos.*"
- **12. Súmula STJ, 206.** "*A existência de vara privativa, instituída por Lei Estadual, não*

altera a competência territorial resultante das leis de processo.*"
- **13. Súmula STJ, 540.** "*Na ação de cobrança do seguro DPVAT, constitui faculdade do autor escolher entre os foros do seu domicílio, do local do acidente ou ainda do domicílio do réu.*"
- **14. Enunciado 108 da II Jornada-CJF.** "*A competência prevista nas alíneas do art. 53, I, do CPC não é de foros concorrentes, mas de foros subsidiários*".
- **15. Enunciado 160 da III Jornada-CJF.** "*A competência para julgamento de ações que envolvam violação aos direitos da personalidade, quando os atos ilícitos são praticados pela internet, é do foro do domicílio da vítima.*"
- **16. Enunciado 163 da III Jornada-CJF.** "*O foro de domicílio da vítima de violência doméstica tem prioridade para a ação de divórcio, separação, anulação de casamento e reconhecimento ou dissolução de união estável.*"
- **17. Enunciado 229 da III Jornada-CJF.** "*Para definição de competência em processo coletivo, deve-se entender como dano: (I) local: aquele que atinja uma cidade ou, atingindo mais de uma, não atinja a capital; (II) regional: aquele que atinja mais de uma cidade, sendo uma delas a capital.*"

## 🗎 COMENTÁRIOS TEMÁTICOS

**18. Foro comum e foros especiais.** O art. 53 contém a previsão de foro comum e, igualmente, de foros especiais. O foro da sede da pessoa jurídica para as causas em que ele for ré é comum, seguindo a mesma regra do art. 46. Por sua vez, são especiais os foros para as ações de anulação de casamento, divórcio, separação, reconhecimento ou dissolução de união estável, alimentos (art. 53, I e II), para as ações relativas a obrigações com lugar determinado para cumprimento (art. 53, III), para as ações de reparação de dano e ações contra administrador ou gestor de negócios alheios (art. 53, IV) e para as ações de reparação de danos (art. 53, V).

**19. Prevalência do foro especial.** O foro especial prevalece sobre o comum.

**20. Local do cumprimento da obrigação (art. 53, III, d).** A relevância jurídica do local do pagamento depende de a dívida ser quesível ou portável, repercutindo na mora e, portanto, na incidência de juros e no específico regime dos riscos. O lugar do pagamento é relevante para definição da competência para ação em que se o exige. O local do pagamento é o domicílio do devedor, salvo se as partes convencionarem

**LIVRO II · DA FUNÇÃO JURISDICIONAL** **Art. 54**

diversamente, ou se o contrário resultar da lei, da natureza da obrigação ou das circunstâncias (CC, art. 327). Em razão da natureza da obrigação, o local do pagamento pode variar muito. O local do cumprimento da obrigação será o lugar do domicílio do devedor, a não ser que (a) a lei dispunha diferentemente; (b) considerada a natureza da obrigação, outro for o local; (c) pelas circunstâncias do negócio, resultar o contrário; (d) as partes convencionarem diferentemente.

**21. Ação de cobrança de honorários contratuais.** *"A competência territorial para a ação de arbitramento de honorários deve ser definida pelo local em que a obrigação deve ou deva ser cumprida"* (STJ, 2ª Seção, EAg 1.186.386/SP, rel. Min. Sidnei Beneti, *DJe* 16.02.2012).

**22. Ação condenatória.** *"A competência para julgar ação que busca a prolação de sentença de cunho condenatório é a do foro do lugar em que a obrigação deve – ou deveria – ser satisfeita"* (STJ, 3ª Turma, AgRg no AREsp 602.150/RS, rel. Min. Ricardo Villas Bôas Cueva, *DJe* 11.09.2015).

**23. Foro para reparação do dano: norma específica.** *"A regra do art. 54, IV, do CPC, que trata do foro competente para a reparação do dano – o local do ato ilícito – é norma específica em relação às do art. 53, III, do mesmo diploma – domicílio da pessoa jurídica – e sobre esta deve prevalecer"* (STJ, 4ª Turma, AgInt no REsp 1.686.393/MG, rel. Min. Maria Isabel Gallotti, *DJe* 11.09.2018).

**24. Ação de indenização por acidente de helicóptero.** *"Nas ações de reparação de dano em razão de acidente de veículo, conforme prevê a atual legislação processual civil, será competente o foro do domicílio do autor ou do local do fato, sem prejuízo da regra geral, devendo a expressão "veículo" ser interpretada de maneira mais ampla, incluindo aeronaves, e não somente veículos de via terrestre"* (STJ, 4ª Turma, AgInt no REsp 1.512.184/RS, rel. Min. Maria Isabel Gallotti, *DJe* 15.10.2018).

## Seção II
## Da Modificação da Competência

**Art. 54.** A competência relativa poderá modificar-se pela conexão ou pela continência, observado o disposto nesta Seção.

▶ **1. Correspondência no CPC/1973.** *"Art. 102. A competência, em razão do valor e do território, poderá modificar-se pela conexão ou continência, observado o disposto nos artigos seguintes."*

⚖ **LEGISLAÇÃO CORRELATA**

**2. Lei 10.741/2003, art. 80.** *"Art. 80. As ações previstas neste Capítulo serão propostas no foro do domicílio da pessoa idosa, cujo juízo terá competência absoluta para processar a causa, ressalvadas as competências da Justiça Federal e a competência originária dos Tribunais Superiores."*

⚖ **JURISPRUDÊNCIA, ENUNCIADOS E SÚMULAS SELECIONADOS**

• **3. Enunciado 68 do FONAJE.** *"Somente se admite conexão em Juizado Especial Cível quando as ações puderem submeter-se à sistemática da Lei 9099/95."*

• **4. Competência absoluta e competência relativa.** Será absoluta a competência, quando não puder ser alterada ou prorrogada. A competência relativa, por sua vez, assim se qualifica, quando puder ser modificada ou prorrogada. A modificação da competência opera-se por vontade das partes (art. 63) ou por critérios legais (art. 54).

• **5. Critérios de fixação da competência relativa.** As competências fixadas em razão do território e do valor da causa são relativas. A competência territorial é relativa, excetuando-se, entre outras, as hipóteses do art. 47 do CPC: nas ações reais imobiliárias, a demanda deve ser proposta no foro da situação da coisa. Essa é uma competência territorial que, porém, é absoluta

• **6. Foro para recuperação judicial ou falência.** A competência para homologar o plano de recuperação extrajudicial, deferir a recuperação judicial ou decretar a falência é territorial, sendo competente o juízo do local do principal estabelecimento do devedor ou da filial de empresa que tenha sede fora do Brasil (Lei 11.101/2005, art. 3º). Embora territorial, a competência é, nesse caso, absoluta.

• **7. Competência pelo valor da causa.** A competência fixada em razão do valor da causa é relativa, mas é possível que seja, excepcionalmente, tida como absoluta. É o caso dos Juizados Especiais Cíveis Federais: sua competência é fixada até o valor de 60 salários mínimos, sendo, porém, absoluta (Lei 10.259/2001, art. 3º, § 3º). De igual modo, competência dos Juizados da Fazenda Pública é para casos de até 60 salários mínimos, mas é absoluta (Lei 12.153/2009, art. 2º, § 4º).

• **8. Modificações da competência.** Só a competência relativa pode ser modificada. A modifi-

109

cação da competência, também denominada prorrogação da competência, opera-se por vontade das partes (art. 63) ou por critérios leais (art. 54). Quando são critérios legais que modificam a competência, afirma-se que se trata de prorrogação necessária ou legal. A prorrogação necessária ou legal é aquela que se verifica nos casos expressos em lei, que são a conexão e a continência. Nem a conexão nem a continência são critérios de *determinação*, mas sim de *modificação* da competência. A definição de conexão está no art. 55 e a de continência, no art. 56.

**Art. 55.** Reputam-se conexas 2 (duas) ou mais ações quando lhes for comum o pedido ou a causa de pedir.

§ 1º Os processos de ações conexas serão reunidos para decisão conjunta, salvo se um deles já houver sido sentenciado.

§ 2º Aplica-se o disposto no caput:

I – à execução de título extrajudicial e à ação de conhecimento relativa ao mesmo ato jurídico;

II – às execuções fundadas no mesmo título executivo.

§ 3º Serão reunidos para julgamento conjunto os processos que possam gerar risco de prolação de decisões conflitantes ou contraditórias caso decididos separadamente, mesmo sem conexão entre eles.

▶ **1. Correspondência no CPC/1973.** *"Art. 103. Reputam-se conexas duas ou mais ações, quando lhes for comum o objeto ou a causa de pedir". "Art. 105. Havendo conexão ou continência, o juiz, de ofício ou a requerimento de qualquer das partes, pode ordenar a reunião de ações propostas em separado, a fim de que sejam decididas simultaneamente."*

## ⚖ Jurisprudência, Enunciados e Súmulas Selecionados

- **2. Tema/Repercussão Geral 1.075 STF.** *"I – É inconstitucional a redação do art. 16 da Lei 7.347/1985, alterada pela Lei 9.494/1997, sendo repristinada sua redação original. II – Em se tratando de ação civil pública de efeitos nacionais ou regionais, a competência deve observar o art. 93, II, da Lei 8.078/1990 (Código de Defesa do Consumidor). III – Ajuizadas múltiplas ações civis públicas de âmbito nacional ou regional e fixada a competência nos termos do item II, firma-se a prevenção do juízo que primeiro conheceu de uma delas, para o julgamento de todas as demandas conexas."*

- **3. Tema/Repetitivo 392 STJ.** *"A reunião de processos contra o mesmo devedor, por conveniência da unidade da garantia da execução, nos termos do art. 28 da Lei 6.830/80, é uma faculdade outorgada ao juiz, e não um dever."*

- **4. Súmula STJ, 515.** *"A reunião de execuções fiscais contra o mesmo devedor constitui faculdade do Juiz."*

- **5. Súmula STJ, 235.** *"A conexão não determina a reunião dos processos, se um deles já foi julgado."*

- **6. Súmula STJ, 383.** *"A competência para processar e julgar as ações conexas de interesse de menor é, em princípio, do foro do domicílio do detentor de sua guarda."*

- **7. Enunciado 237 do FPPC.** *"O rol do art. 55, § 2º, I e II, é exemplificativo."*

- **8. Enunciado 630 do FPPC.** *"A necessidade de julgamento simultâneo de causas conexas ou em que há continência não impede a prolação de decisões parciais."*

- **9. Enunciado 73 do FONAJE.** *"As causas de competência dos Juizados Especiais em que forem comuns o objeto ou a causa de pedir poderão ser reunidas para efeito de instrução, se necessária, e julgamento."*

## 🗐 Comentários Temáticos

**10. Conexão.** A conexão identifica-se como relação entre ações, causas, pretensões ou demandas, não havendo divergência sobre o tema; a divergência que existe repousa na caracterização, na configuração, na delimitação da conexão, é dizer, em estabelecer quando ela efetivamente se verifica, mas é inegável que a conexão identifica-se com uma ligação entre ações, demandas, causas ou pretensões.

**11. Conexão *versus* litispendência.** A conexão é, em geral, uma relação entre duas ou mais causas contemporaneamente pendentes perante o mesmo juízo ou perante juízos diversos, caracterizando-se por tais causas terem em comum um ou mais elementos – não todos os elementos de identificação da demanda: a identificação total caracteriza a litispendência –, a justificar o processamento e o julgamento conjuntos (*simultaneus processus*), com a modificação da competência.

**12. Modificação da competência relativa.** Em virtude da conexão, e havendo a reunião de causas, opera-se a alteração da competência por imposição da lei. Assim, torna-se competente ape-

**LIVRO II · DA FUNÇÃO JURISDICIONAL**  **Art. 55**

nas um dos órgãos jurisdicionais. A competência relativa pode, então, ser modificada pela conexão. A conexão não altera a competência absoluta. Apenas a competência relativa é que se modifica pela conexão, mercê da reunião das causas.

**13. Elementos da demanda.** A demanda tem 3 elementos: partes, causa de pedir e pedido.

**14. Importância do estudo dos elementos da demanda.** A finalidade prático-teórica do estudo dos elementos da ação consiste na identificação e individualização de cada demanda. É pelos elementos da ação que uma demanda se diferencia da outra. A identificação de uma demanda relaciona-se com a presença dos três elementos. Alterando-se um deles, já se terá uma outra demanda. A presença dos 3 elementos é relevante para caracterização da *litispendência* e da *coisa julgada*. Uma demanda será idêntica à outra quando forem igualmente idênticos os seus três elementos, caracterizando a chamada *tríplice identidade* (CPC, art. 337, § 2º). Havendo, entre 2 demandas, diferença em relação a qualquer um dos elementos, já não serão idênticas, tratando-se de demandas distintas. O estudo dos elementos da demanda também é relevante para identificar a configuração da *conexão* (CPC, art. 55) e da *continência* (CPC, art. 56), repercutindo na definição da *competência* do juízo. É que a competência se define pelo conjunto da causa de pedir e do pedido. Os elementos da demanda também são importantes para a definição do procedimento a ser adotado, repercutindo, ainda, na fixação do valor da causa. É a conjugação dos três elementos (partes, causa de pedir e pedido) que identifica e individualiza uma ação ou demanda.

**15. Caracterização da conexão.** O termo conexão significa ligação, nexo, junção, união, coerência, analogia entre coisas diferentes. Assim, quando se diz que existe conexão entre 2 demandas, está-se a dizer que há, entre elas, ligação, nexo. Causas conexas são aquelas que possuem alguns elementos comuns e alguns diversos, devendo, por essa razão, ser julgadas conjuntamente. Quando coincidem os elementos de várias demandas há, entre elas, identidade, caracterizando a litispendência ou a coisa julgada. Se, porém, há coincidência em, pelo menos, um e, no máximo, em dois de tais elementos (nunca nos três), diz-se que entre as diferentes demandas há conexão. Daí se infere que haveria, entre 2 demandas, conexão, quando coincidissem, em ambas, as partes ou a *causa petendi* ou o pedido. Também haveria conexão quando, em ambas as demandas, houvesse coincidência entre 2 elementos, ou seja, quando coincidissem, em ambas, as

partes e a causa de pedir ou as partes e o pedido ou a causa de pedir e o pedido. Coincidindo, em ambas as demandas, todos os elementos, haveria, então, litispendência, e não conexão.

**16. Conexão subjetiva, objetiva e mista.** A conexão pode ser subjetiva, objetiva e mista. É *subjetiva* quando as demandas têm idênticos sujeitos, mas distintos objetos e causas de pedir. Quando são idênticos o objeto ou a *causa petendi*, mas não os sujeitos, a conexão é *objetiva*, sendo *mista*, quando os sujeitos e o objeto ou a causa de pedir são os mesmos, restando como elemento diverso um destes dois últimos.

**17. Conexão no processo civil brasileiro.** No direito brasileiro, não existe a chamada conexão subjetiva, aquela que se estabelece pela identidade de partes. O art. 55, ao definir a conexão, não alude a partes, referindo-se a objeto e a causa de pedir: no sistema processual brasileiro, somente se verifica a conexão objetiva. A conexão ocorre quando for comum, em 2 demandas, a causa de pedir ou o objeto. Configura-se a conexão quando, em 2 demandas, o fato constitutivo for o mesmo ou quando a relação jurídica for a mesma. Se, em ambas as causas, discute-se a mesma matéria, invocando-se as mesmas normas jurídicas, não há conexão, se cada uma disser respeito a relações jurídicas diversas ou a fatos constitutivos diferentes. Não é a norma invocada ou a matéria versada na demanda que deve ser comum nas demandas, mas a causa de pedir, ou seja, os fatos constitutivos ou a relação jurídica existente entre as partes. Pode haver conexão, ainda, pelo objeto. O objeto é o pedido, que se divide em imediato e mediato. O objeto capaz de acarretar a conexão é o mediato. Logo, se as demandas versam sobre o mesmo bem, há conexão entre elas, ainda que uma seja, por exemplo, condenatória e a outra, declaratória. Se, além de as demandas referirem-se ao mesmo bem, tiverem o mesmo pedido imediato, haverá também, e com maior razão, conexão.

**18. Conexão por prejudicialidade.** Havendo 2 demandas em curso, em que, numa, o objeto é prejudicial de outra, há, entre elas, verdadeira *conexão* pela causa de pedir ou, como queira, conexão por prejudicialidade. Toda vez em que há prejudicialidade, existe conexão. As demandas devem, nesse caso, ser reunidas pela conexão.

**19. Conexão e reunião de processos.** Quando duas ou mais causas têm em comum alguns elementos, é conveniente decidi-las simultaneamente, reunindo-as no mesmo juízo, seja por economia ou eficiência processual, seja para evitar o perigo de decisões contraditórias, se alguma delas fosse julgada por um juízo diverso em momentos distintos. A conexão não se confunde com a reunião de processos. A conexão *acarreta* a reunião de processos, mas pode haver conexão sem que os processos sejam reunidos, quando, por exemplo, já tiver havido sentença num deles. Também pode haver reunião de processos sem que haja rigorosamente uma conexão, quando houver risco de decisões conflitantes.

**20. A conexão como meio de modificação da competência.** Havendo conexão, poderá haver a reunião das causas num mesmo juízo, modificando-se a competência: um deles "perderá" sua competência em favor do outro. Este último passará a ser o competente para julgar ambas as causas. Se as demandas estiverem no mesmo juízo, basta reuni-las para processamento e julgamento conjunto. Se cada uma estiver num juízo diverso, haverão de ser reunidas perante o mesmo juízo, em razão da prevenção. Enquanto não houver tal reunião, ambos os juízos são competentes. Não há incompetência. A conexão provoca a reunião de demandas, com a consequente modificação de competência: um deles perderá sua competência em favor do outro. Antes disso, porém, ambos são competentes. Configurada a conexão, as causas são reunidas. Reunidas as causas, ocorre o que se chama de *conexão sucessiva* ou *ulterior*, que consiste na cumulação de ações para serem processadas simultaneamente e julgadas na mesma sentença, em *simultaneus processus*.

**21. Tempo da reunião de processos.** A reunião das causas pela conexão deve ocorrer antes de ser proferida a sentença. Se já houver sentença em um dos processos, não há mais como ser ultimada a reunião dos processos.

**22. Conexão entre processo de conhecimento e processo de execução.** Há conexão entre uma execução e uma ação autônoma. Tal conexão resulta da prejudicialidade desta última em relação àquela. A conexão diz respeito tanto a processos de conhecimento como a processos de execução; pode haver conexão entre ação de conhecimento e execução. Há, na execução, um *resultado prático* que pode ser incompatível com a decisão a ser tomada no processo de conhecimento. É certo, enfim, que há conexão entre a execução e uma ação autônoma que lhe seja prejudicial.

**23. Prejudicialidade externa.** A conexão modifica apenas a competência relativa, não tendo o condão de alterar a competência absoluta. Então, se o juízo detiver competência privativa para a execução, não deverá haver reunião dos processos de conhecimento e execução. Nesse caso, haverá prejudicialidade externa, a ensejar

a suspensão da execução, até o julgamento da ação autônoma (art. 313, V, *a*), a fim de se evitar a ocorrência de decisões conflitantes, hipótese aplicável à execução (art. 921, I).

**24. Caracterização de conflito de competência depende de oposição concreta.** *"a caracterização de conflito de competência perante esta Corte de Justiça pressupõe a materialização da oposição concreta do Juízo da execução fiscal à efetiva deliberação do Juízo da recuperação judicial a respeito do ato constritivo"* (STJ, 2ª Seção, CC 181.190/AC, rel. Min. Marco Aurélio Bellizze, *DJe* 07.12.2021).

---

**Art. 56.** Dá-se a continência entre 2 (duas) ou mais ações quando houver identidade quanto às partes e à causa de pedir, mas o pedido de uma, por ser mais amplo, abrange o das demais.

► **1. Correspondência no CPC/1973.** *"Art. 104. Dá-se a continência entre duas ou mais ações sempre que há identidade quanto às partes e à causa de pedir, mas o objeto de uma, por ser mais amplo, abrange o das outras."*

⚖ **Jurisprudência, Enunciados e Súmulas Selecionados**

• **2. Súmula STJ, 489.** *"Reconhecida a continência, devem ser reunidas na Justiça Federal as ações civis públicas propostas nesta e na Justiça estadual."*

▣ **Comentários Temáticos**

**3. Continência.** A continência é uma espécie de conexão. Para que haja continência, é preciso que, nas demandas em curso, as partes sejam idênticas, sendo também idênticas as causas de pedir. Se são idênticas as causas de pedir, já há conexão. Daí se dizer que a continência é uma espécie de conexão. A única diferença que há entre as demandas em curso é quantitativa no pedido: o pedido de uma é mais amplo que o da outra, de forma a abrangê-lo. Enfim, há continência quando forem idênticas as partes e as causas de pedir, sendo o pedido, numa demanda, mais amplo que o da outra, de forma a abrangê-lo.

---

**Art. 57.** Quando houver continência e a ação continente tiver sido proposta anteriormente, no processo relativo à ação contida será proferida sentença sem resolução de mérito, caso contrário, as ações serão necessariamente reunidas.

► **1. Sem correspondência no CPC/1973.**

## LIVRO II · DA FUNÇÃO JURISDICIONAL — Art. 58

### ⚖ Jurisprudência, Enunciados e Súmulas Selecionados

- **2. Súmula STJ, 489.** "*Reconhecida a continência, devem ser reunidas na Justiça Federal as ações civis públicas propostas nesta e na Justiça Estadual.*"
- **3. Enunciado 630 do FPPC.** "*A necessidade de julgamento simultâneo de causas conexas ou em que há continência não impede a prolação de decisões parciais.*"

### ▣ Comentários Temáticos

**4. Ação continente e ação contida.** Na continência, as duas demandas têm as mesmas partes e as mesmas causas de pedir. A diferença está apenas no pedido: o pedido de uma abrange (ação continente) o da outra (ação contida). Em outras palavras, uma ação está contida na outra.

**5. Continência *versus* litispendência.** A continência se avizinha da litispendência, com a qual coincide relativamente à identidade de partes e causas de pedir, dela se diferenciando apenas porque o pedido deve ser quantitativamente diverso, de sorte que a demanda representada num processo resulte contida na outra, que deu origem a outro processo.

**6. Caracterização da litispendência: conexão ou litispendência parcial.** A continência, para se concretizar, exige identidade de partes e de causas de pedir. A diferença é, apenas, quantitativa em relação ao pedido, exatamente porque o pedido de uma demanda é mais amplo que o da outra, de modo a abrangê-lo. É clássico o exemplo doutrinário de uma ação proposta por "A" contra "B" postulando a cobrança de *uma* prestação devida em razão do contrato "x". Há continência entre essa demanda e outra em que "A" postula em face de "B" o cumprimento de *todo* o contrato "x", inclusive daquela prestação. Esta prestação está englobada no pedido que postula o cumprimento de todo o contrato. Em tal hipótese, se o juiz que processar a demanda pela qual se cobra *uma* única prestação (ação contida) for prevento, haverá *conexão* com a outra demanda cujo objeto é a *totalidade* do contrato (ação continente). Caso a prevenção seja do juízo a quem tocar o processamento da demanda relativa a *todo* o contrato (ação continente), haverá *litispendência* em relação à demanda que versa apenas sobre *uma* prestação (ação contida), já que as partes serão as mesmas, sendo igualmente idênticas as causas de pedir e os pedidos.

---

**Art. 58.** A reunião das ações propostas em separado far-se-á no juízo prevento, onde serão decididas simultaneamente.

▶ **1. Correspondência no CPC/1973.** "*Art. 105. Havendo conexão ou continência, o juiz, de ofício ou a requerimento de qualquer das partes, pode ordenar a reunião de ações propostas em separado, a fim de que sejam decididas simultaneamente.*" "*Art. 106. Correndo em separado ações conexas perante juízes que têm a mesma competência territorial, considera-se prevento aquele que despachou em primeiro lugar.*"

### ⚖ Jurisprudência, Enunciados e Súmulas Selecionados

- **2. Enunciado 630 do FPPC.** "*A necessidade de julgamento simultâneo de causas conexas ou em que há continência não impede a prolação de decisões parciais.*"

### ▣ Comentários Temáticos

**3. Reunião de causas ao juízo prevento.** Havendo conexão ou continência, poderá haver prorrogação de competência, na medida em que as causas podem ser reunidas a um único juízo, que passará a ser o único competente para julgá-las. O juízo que passará a deter a competência para julgar as causas é o prevento. O registro ou, quando houver mais de um juízo igualmente competente, a distribuição torna o juízo prevento (art. 59). Desse modo, havendo conexão ou continência, as demandas devem ser reunidas para o juízo prevento. A prevenção consiste na fixação da competência de um juízo em face do outro, quando ambos forem igualmente competentes. Em outras palavras, a prevenção é uma preferência conferida a um dos juízos competentes para o julgamento das causas conexas. Rigorosamente, a prevenção não constitui uma forma de determinação da competência, sendo, isto sim, um modo de fixação de uma competência já previamente determinada, tendo em vista um dado foro.

**4. Distribuição por dependência ou reunião posterior.** Diante da propositura de uma demanda num juízo competente para processá-la e julgá-la, o ajuizamento de uma nova demanda que com aquela seja conexa poderá ensejar 2 situações diferentes: (a) ser, desde logo, distribuída por dependência àquela primeira já em curso (art. 286, I); ou (b) ser submetida à livre distribuição e, a partir daí, sujeitar-se à regra geral de prevenção, sendo remetidos os autos ao juízo prevento (arts. 58 e 59). A conexão e a continência permitem a distribuição por dependência ou a reunião dos processos.

**5. Litisconsórcio fundado na conexão.** O litisconsórcio pode fundar-se na conexão de causas (art. 113, II). Nesse caso, as demandas são reunidas na própria petição inicial. Se uma demanda fosse proposta num juízo e a outra, que lhe é conexa, fosse ajuizada perante outro juízo, ambas seriam reunidas ao juízo prevento (art. 59). Também poderia a segunda demanda poderia ser distribuída por dependência à primeira (art. 286, I). Em vez de haver reunião ou distribuição por dependência, as demandas já podem ser reunidas na própria petição inicial. A conexão é fundamento do litisconsórcio e é, de igual modo, causa de modificação de competência. A prevenção é um efeito decorrente do registro ou da distribuição da petição inicial, independentemente de haver ou não outra demanda em curso. Registrada ou distribuída a petição inicial, há prevenção. E, havendo litisconsórcio fundado na conexão, a competência foi prorrogada (art. 54) para o juízo, que, não custa repetir, está prevento com o registro ou a distribuição da petição inicial (art. 59).

**6. Prevalência da conexão sobre a eleição de foro.** *"(...), em consonância com precedentes do Superior Tribunal de Justiça, o foro de eleição cede lugar àquele prevento por força da conexão, em face da prevalência do interesse público"* (STJ, 4ª Turma, AgRg no AREsp 43.051/PR, rel. Min. Raul Araújo, *DJe* 03.12.2015).

> **Art. 59.** O registro ou a distribuição da petição inicial torna prevento o juízo.

▶ **1. Correspondência no CPC/1973.** *"Art. 106. Correndo em separado ações conexas perante juízes que têm a mesma competência territorial, considera-se prevento aquele que despachou em primeiro lugar."*

### ▦ Legislação Correlata

**2. Lei. 4.717/1965, art. 5º, § 3º.** *"§ 3º A propositura da ação prevenirá a jurisdição do juízo para todas as ações, que forem posteriormente intentadas contra as mesmas partes e sob os mesmos fundamentos."*

**3. Lei 7.347/1985, art. 2º, parágrafo único.** *"Parágrafo único. A propositura da ação prevenirá a jurisdição do juízo para todas as ações posteriormente intentadas que possuam a mesma causa de pedir ou o mesmo objeto."*

**4. Lei 11.101/2005, art. 6º, § 8º.** *"§ 8º A distribuição do pedido de falência ou de recuperação judicial ou a homologação de recuperação extrajudicial previne a jurisdição para qualquer outro pedido de falência, de recuperação judicial ou de homologação de recuperação extrajudicial relativo ao mesmo devedor."*

### ▤ Comentários Temáticos

**5. Registro dos processos judiciais.** Todos os processos estão sujeitos a registro, devendo ser distribuídos onde houver mais de um juiz (art. 284). Ao ser registrado, o processo passa a ter uma numeração própria que o identifica e o individualiza.

**6. Prevenção do juízo.** O registro ou, quando houver mais de um juízo igualmente competente, a distribuição produz um importante efeito, que é a *prevenção* do juízo. A prevenção é efeito do registro ou da distribuição tanto para o autor como para o réu. Antes, porém, de haver o registro e a distribuição, há o protocolo. O processo se forma mediante o protocolo da petição inicial (art. 312). Embora o simples protocolo já faça surgir o processo, a prevenção só se produz com o registro ou a distribuição. Para que se produza a prevenção, não basta o protocolo da petição inicial; é preciso que haja seu posterior registro ou, havendo mais de um juízo competente, sua subsequente distribuição.

**7. Prevenção nos tribunais.** No âmbito dos tribunais, *"o primeiro recurso protocolado"* tornará prevento o relator (art. 930, parágrafo único). Nos tribunais, é o *protocolo*, e não o registro ou a distribuição que acarreta a prevenção. O registro deve, porém, ser feito no mesmo dia da apresentação da petição ou da chegada dos autos ao tribunal. Registrados os autos, cabe à secretaria ordená-los para distribuição *imediata* (CF, art. 93, XV; CPC, art. 929).

**8. Momento determinante da *perpetuatio jurisdictionis*.** Na primeira instância, o protocolo, o registro e a distribuição são atos diversos, podendo ocorrer em momentos diferentes. A competência é determinada no momento do registro ou da distribuição da petição inicial (art. 43). A fixação da competência é efeito do registro da petição inicial ou, se houver necessidade de distribuição, é efeito desta. Para que se produza a *perpetuatio jurisdictionis*, não basta o protocolo da petição inicial; é preciso que haja seu posterior registro ou, havendo mais de um juízo competente, sua subsequente distribuição. A petição inicial é submetida a protocolo, quando, então, se con-

# LIVRO II · DA FUNÇÃO JURISDICIONAL — Art. 61

sidera proposta a demanda. Feito o protocolo, deve-se realizar o registro. Em seguida, e sendo necessária, realiza-se a distribuição. Não é suficiente, para que se determine a competência, o simples protocolo.

> **Art. 60.** Se o imóvel se achar situado em mais de um Estado, comarca, seção ou subseção judiciária, a competência territorial do juízo prevento estender-se-á sobre a totalidade do imóvel.

▶ **1. Correspondência no CPC/1973.** *"Art. 107. Se o imóvel se achar situado em mais de um Estado ou comarca, determinar-se-á o foro pela prevenção, estendendo-se a competência sobre a totalidade do imóvel."*

## 🗐 COMENTÁRIOS TEMÁTICOS

**2. Forum rei sitae.** As ações reais imobiliárias devem ser processadas e julgadas no foro da situação do bem (art. 47).

**3. Imóvel situado em mais de uma comarca ou seção judiciária.** Quando o imóvel se situa em mais de uma comarca ou seção judiciária, o foro de cada uma delas seria competente para a ação na parte do imóvel localizada em seu território. Seria, porém, inconveniente que se fragmentasse a ação em mais de uma; uma para cada foro. Por isso, todos os foros são competentes. Proposta a ação em qualquer um, sua competência estende-se a todo o imóvel.

**4. Regra da prevenção.** Se o imóvel se situar em mais de uma comarca ou seção judiciária, a competência será de qualquer um daqueles foros onde ele se localiza. A competência será definida pela prevenção, estendendo-se sobre a totalidade do imóvel. Assim, proposta a demanda em qualquer um dos foros, o juízo fica prevento e sua competência territorial estende-se sobre a totalidade do imóvel. Qualquer outra ação proposta, ainda que diga respeito à parcela do imóvel situada no outro foro, será distribuída ao juízo prevento.

**5. Eficácia da decisão.** A decisão do juiz alcança todo o imóvel, inclusive a parcela que se localiza em outra comarca ou seção judiciária. O juízo praticará todos os atos relativos a toda extensão do imóvel, sem precisar expedir cartas precatórias. Os auxiliares da justiça atuarão na parte do imóvel situada na outra comarca ou seção judiciária como se atuassem na sua.

**6. Imóvel situado em mais de um Estado.** A regra se aplica a imóveis que se situam em mais de um Estado. O juiz de um Estado poderá, nesse caso, decidir sobre parcela do território de outro Estado. Não há ofensa ao pacto federativo, pois os Estados-membros não são soberanos, embora sejam autônomos. O disposto no art. 61 não é incompatível com o federalismo.

> **Art. 61.** A ação acessória será proposta no juízo competente para a ação principal.

▶ **1. Correspondência no CPC/1973.** *"Art. 108. A ação acessória será proposta perante o juiz competente para a ação principal."*

## 🗐 COMENTÁRIOS TEMÁTICOS

**2. Conceito de acessoriedade.** Acessoriedade é a qualidade do que é acessório. Por sua vez, acessório é o que se junta ao principal, que lhe é suplementar, adicional, anexo, secundário, que dele decorre. Assim, principal e acessório são atributos relacionais: algo é acessório em relação a outra coisa. O acessório depende ou decorre do principal, sendo-lhe secundário, anexo ou adicional.

**3. Ação principal e ação acessória.** A relação entre duas ações pode ser de acessoriedade. Uma pode ser principal e a outra, acessória. A ação acessória destina-se a complementar a principal ou pode dela decorrer, assumir uma posição secundária, sendo considerada acessória em relação a ela. A ação acessória pressupõe a existência da principal. O vínculo entre elas pode resultar do mesmo título, como há entre a ação para cobrar a dívida principal e a que se destina a cobrar os respectivos juros (nesse caso, a acessoriedade decore da conexão por dependência do mesmo título). O vínculo entre elas pode também se dar por uma circunstância processual, como na ação proposta pelo advogado para cobrar honorários de sucumbência não fixados pelo juiz em sentença favorável a seu cliente (art. 85, § 18). Não tendo havido fixação de honorários de sucumbência, o advogado pode propor uma ação autônoma para cobrá-los. Nesse caso, será uma ação acessória.

**4. Conexão por acessoriedade.** A relação entre a ação principal e a acessória é de conexão. Há entre elas uma conexão. A acessoriedade é uma modalidade de conexão.

**5. Competência para a ação acessória.** Seguindo a lógica tradicional segundo a qual "o acessório segue a sorte do principal", o foro competente para a ação acessória é o mesmo da ação principal.

**6. Casos em que o dispositivo não se aplica.** A regra prevista no art. 61 não se aplica em casos em que a competência para a ação acessória for absoluta. Numa ação proposta entre dois particulares na Justiça Estadual, o juiz determina a apreensão de um bem da União. Esta, por sua vez, propõe embargos de terceiro. Os embargos de terceiro, embora sejam ação acessória, devem ser propostos na Justiça Federal, por ter a União como uma das partes (CF, art. 109, I). Nesse caso, a ação principal mantém-se na Justiça Estadual, enquanto a acessória, na Federal. A execução fiscal, por exemplo, proposta pelo Estado ou pela União para cobrar custas ou taxa judiciária não paga por *A* em ação que propôs contra *B* numa vara cível, será proposta, respectivamente, numa vara de fazenda pública ou na Justiça Federal.

**7. Exemplos de ações acessórias.** São ações acessórias, por exemplo: (a) a destinada a cobrar juros, sendo a principal a que se destina a cobrar o valor da dívida; (b) os protestos, notificações e interpelações em relação a ações obrigacionais ou, até mesmo, reais; (c) a ação de habilitação (arts. 687 a 692); (d) a ação de restauração de autos (arts. 712 a 718); (e) a ação de cobrança de honorários sucumbenciais, não fixados na sentença do processo principal; (f) a ação de embargos de terceiro; (g) a ação de oposição.

**8. Tempo na propositura da ação acessória.** A ação acessória pode ser proposta antes, durante ou depois da ação principal. Se a ação principal já estiver em curso, a acessória será proposta por dependência ao mesmo juízo. Não havendo ainda ação principal em curso, a ação acessória será proposta em observância às mesmas regras para a principal, ficando o juízo prevento para esta última.

> **Art. 62.** A competência determinada em razão da matéria, da pessoa ou da função é inderrogável por convenção das partes.

▶ **1. Correspondência no CPC/1973.** *"Art. 111. A competência em razão da matéria e da hierarquia é inderrogável por convenção das partes; mas estas podem modificar a competência em razão do valor e do território, elegendo foro onde serão propostas as ações oriundas de direitos e obrigações (...)."*

### 🏛 Legislação Correlata

**2. CC, art. 78.** *"Art. 78. Nos contratos escritos, poderão os contratantes especificar domicílio onde se exercitem e cumpram os direitos e obrigações deles resultantes."*

### ⚖ Jurisprudência, Enunciados e Súmulas Selecionados

- **3. Súmula STF, 335.** *"É válida a cláusula de eleição do foro para os processos oriundos do contrato."*
- **4. Enunciado 479 do FPPC.** *"As novas regras de competência relativa previstas no CPC de 2015 não afetam os processos cujas petições iniciais foram protocoladas na vigência do CPC/73."*

### 🗐 Comentários Temáticos

**5. Competência absoluta.** A competência pode ser absoluta ou relativa. Será absoluta a competência, quando não puder ser alterada ou prorrogada. A competência relativa, por sua vez, assim se qualifica, quando puder ser modificada ou prorrogada. São absolutas as competências fixadas em razão de critérios de natureza, pessoal, material e funcional. As competências fixadas em razão do território e do valor da causa são, por sua vez, relativas.

**6. Competência territorial absoluta.** A competência territorial é, em regra, relativa, mas o legislador pode atribuir-lhe natureza absoluta. Nesses casos em que é absoluta, a competência territorial é inderrogável.

**7. Competência para as ações reais imobiliárias.** Nas ações reais imobiliárias, a demanda deve ser proposta no foro da situação da coisa (art. 47). Essa é uma competência territorial que, porém, é absoluta.

**8. Competência para recuperação judicial e falência.** A competência para homologar o plano de recuperação extrajudicial, deferir a recuperação judicial ou decretar a falência é territorial, sendo competente o juízo do local do principal estabelecimento do devedor ou da filial de empresa que tenha sede fora do Brasil. Embora territorial, a competência é, nesse caso, absoluta.

**9. Competência para ações coletivas.** Nas ações coletivas, a competência territorial é absoluta.

**10. Competência pelo valor da causa.** A competência fixada em razão do valor da causa é relativa, mas é possível que seja, excepcionalmente, tida como absoluta. É o que sucede no âmbito dos Juizados Especiais Cíveis Federais: sua competência é fixada até o valor de 60 salários mínimos, sendo, porém, absoluta (Lei 10.259/2001, art. 3°, § 3°). De igual modo, a competência dos Juizados da Fazenda Pública

# LIVRO II · DA FUNÇÃO JURISDICIONAL — Art. 63

é fixada no valor de até 60 salários mínimos, mas é absoluta (Lei 12.153/2009, art. 2º, § 4º).

**11. Inconstitucionalidade de norma de Constituição Estadual que estende foro por prerrogativa de função.** "*3. A jurisprudência do Supremo Tribunal Federal evoluiu no que diz respeito à possibilidade de concessão de foro por prerrogativa de função pelo constituinte estadual, passando a declarar a inconstitucionalidade de expressões de constituições estaduais que ampliam o foro por prerrogativa de função a autoridades diversas das estabelecidas pela Constituição Federal*" (STF, ADI 6.515, rel. Min. Roberto Barroso, DJ 16.09.2021).

---

**Art. 63.** As partes podem modificar a competência em razão do valor e do território, elegendo foro onde será proposta ação oriunda de direitos e obrigações.

§ 1º A eleição de foro somente produz efeito quando constar de instrumento escrito, aludir expressamente a determinado negócio jurídico e guardar pertinência com o domicílio ou a residência de uma das partes ou com o local da obrigação, ressalvada a pactuação consumerista, quando favorável ao consumidor.

§ 2º O foro contratual obriga os herdeiros e sucessores das partes.

§ 3º Antes da citação, a cláusula de eleição de foro, se abusiva, pode ser reputada ineficaz de ofício pelo juiz, que determinará a remessa dos autos ao juízo do foro de domicílio do réu.

§ 4º Citado, incumbe ao réu alegar a abusividade da cláusula de eleição de foro na contestação, sob pena de preclusão.

§ 5º O ajuizamento de ação em juízo aleatório, entendido como aquele sem vínculo com o domicílio ou a residência da parte ou com o negócio jurídico discutido na demanda, constitui prática abusiva que justifica a declinação de competência de ofício.

---

▶ **1. Correspondência no CPC/1973.** "*Art. 111. A competência em razão da matéria e da hierarquia é inderrogável por convenção das partes; mas estas podem modificar a competência em razão do valor e do território, elegendo foro onde serão propostas as ações oriundas de direitos e obrigações. § 1º O acordo, porém, só produz efeito, quando constar de contrato escrito e aludir expressamente a determinado negócio jurídico. § 2º O foro contratual obriga os herdeiros e sucessores das partes.*" "*Art. 112. Argui-se, por meio de exceção, a incompetência relativa. Parágrafo único. A nulidade da cláusula de eleição de foro, em con-*trato de adesão, pode ser declarada de ofício pelo juiz, que declinará de competência para o juízo de domicílio do réu.*"

## 📖 LEGISLAÇÃO CORRELATA

**2. CC, art. 78.** "*Art. 78. Nos contratos escritos, poderão os contratantes especificar domicílio onde se exercitem e cumpram os direitos e obrigações deles resultantes.*"

## 📜 JURISPRUDÊNCIA, ENUNCIADOS E SÚMULAS SELECIONADOS

- **3. Súmula STF, 335.** "*É válida a cláusula de eleição do foro para os processos oriundos do contrato.*"
- **4. Súmula STJ, 33.** "*A incompetência relativa não pode ser declarada de ofício.*"
- **5. Enunciado 668 do FPPC.** "*A convenção de arbitragem e a cláusula de eleição de foro para os atos que necessitem da participação do Poder Judiciário não se excluem, ainda que inseridas em um mesmo instrumento contratual.*"
- **6. Enunciado 37 da ENFAM.** "*São nulas, por ilicitude do objeto, as convenções processuais que violem as garantias constitucionais do processo, tais como as que: a) autorizem o uso de prova ilícita; b) limitem a publicidade do processo para além das hipóteses expressamente previstas em lei; c) modifiquem o regime de competência absoluta; e d) dispensem o dever de motivação.*"
- **7. Enunciado 39 da ENFAM.** "*Não é válida convenção pré-processual oral.*"

## 📋 COMENTÁRIOS TEMÁTICOS

**8. Competência relativa.** A competência territorial, em regra, é relativa, podendo ser derrogada, não somente por conexão ou continência (CPC, art. 54), mas igualmente por escolha das partes envolvidas.

**9. Foro de eleição.** A competência territorial pode estar prevista em contrato. As partes podem modificar a competência territorial, elegendo foro onde serão propostas as ações oriundas de direitos e obrigações.

**10. Referência a negócio(s) determinado(s).** A convenção firmada pelas partes para derrogar a competência territorial deve referir-se a um ou mais negócios jurídicos determinados e constar de instrumento escrito. Nesse pacto, há renúncia expressa do foro próprio, designando-se outro ao qual as partes devem submeter-se.

117

**11. Formalidade.** A convenção para eleição do foro deve ser escrita e referir-se a negócio específico. No mais, a eleição do foro não contém formalidade própria, podendo constar do próprio instrumento contratual, no início, no preâmbulo, como uma das cláusulas ou como desfecho do negócio; pode, ainda, constar de termo à parte, celebrado concomitantemente com o contrato ou posteriormente.

**12. Alteração do § 1º do art. 63 pela Lei 14.879/2024.** Além de constar de instrumento escrito e aludir a determinado negócio jurídico, a eleição de foro, a partir da mudança levada a efeito no dispositivo legal, deve guardar pertinência com o domicílio ou a residência de qualquer das partes ou com o local da obrigação.

**13. Impossibilidade de exame de ofício pelo juiz.** O foro escolhido contratualmente pelas partes, ainda que esteja em desacordo com os limites impostos pelo § 1º do art. 63, não pode ser afastado de ofício pelo juiz, prorrogando-se em caso de silêncio do réu.

**14. Retrocesso legislativo.** Com a alteração promovida pela Lei 14.879/2024, ficam prejudicadas práticas consolidadas há muito no tráfego comercial, como a de eleger um foro neutro, distinto dos domicílios de ambas as partes e do local de cumprimento das obrigações contratuais. Há um inegável retrocesso, afetando um instituto de tradição milenar.

**15. Inconstitucionalidade da alteração – ofensa à liberdade contratual.** A eleição de foro é um negócio jurídico; as partes gozam de autonomia para celebrar negócios jurídicos, como um componente relevante do direito constitucional de liberdade (CF, art. 5º, *caput*).

**16. Inconstitucionalidade por falta de razoabilidade da mudança.** Há, pelo menos, 27 anos, o Congresso Nacional vem ampliando o protagonismo dos contratantes no regramento de meios de solução de disputas emergentes de negócios jurídicos. Essa tendência iniciou-se com a Lei 9.307/1996, que dispõe sobre a arbitragem. Até mesmo no direito público, a partir da exigência de uma Administração Pública eficiente (CF, art. 37), é possível perceber uma ampliação gradativa, ao longo dos anos, de manifestações de consensualidade administrativa no Direito brasileiro. De igual modo, o ambiente da consensualidade tem sido incrementado no Direito Penal, no Direito Processual e, em geral, no Direito Público. Com efeito, existem a desapropriação amigável, a colaboração premiada, a transação penal e a suspensão condicional do processo, a autocomposição nos processos que tramitam nos Juizados Especiais Federais e nos Juizados Especiais da Fazenda Pública, os acordos de leniência, além do próprio incremento das Parcerias Público-Privadas. A legislação que trata das agências reguladoras outorga-lhes poder para dirimir, no âmbito administrativo, as divergências entre concessionárias, permissionárias, autorizatárias etc. O art. 26 da LINDB, ao prever que a autoridade administrativa, para eliminar irregularidades, incerteza jurídica ou situações contenciosas na aplicação do direito público, inclusive no caso de expedição de licença, pode celebrar compromisso com os interessados, contém disposição de caráter geral que se destina a conferir dosagem democrática ao Direito Administrativo brasileiro, ao permitir que a Administração – de qualquer de suas esferas políticas – incorpore o consenso na tomada de suas decisões. A alteração levada a efeito no § 1º o art. 63 representa um retrocesso de décadas, movendo-se a favor da rigidez formal e da impossibilidade de adaptação do procedimento pelas partes, contrariando todo o movimento legislativo de décadas, que valoriza a autonomia da vontade e a flexibilidade procedimental.

**17. Inconstitucionalidade por inadequação e ineficácia da mudança legislativa.** Atualmente, as partes não precisam de regras legais expressas para flexibilizar o procedimento. Com apoio nos arts. 190 e 200, as partes não ficam presas às convenções que estejam expressamente disciplinadas em lei. Ainda que não existisse o art. 63, as partes poderiam eleger o foro ou celebrar convenções sobre a competência, baseando-se naqueles dispositivos gerais.

**18. Inconstitucionalidade por ofensa ao princípio da isonomia.** O art. 63 foi alterado, mas se mantiveram sem mudança os arts. 25 (foro de eleição internacional) e 781, I (foro de eleição para a fase de execução de títulos extrajudiciais). Alterar a disciplina do foro de eleição para contratos nacionais, e não o fazer para os internacionais acarreta situação de inadmissível desigualdade, que os contratantes brasileiros têm menos direitos e prerrogativas processuais que os estrangeiros. Daí a inconstitucionalidade, por ofensa à isonomia (CF, art. 5º, I).

**19. Direito intertemporal.** Admitida sua constitucionalidade, o novo requisito de eficácia da eleição de foro só pode alcançar os contratos celebrados depois do início de vigência da lei que o inseriu no § 1º do art. 63. A novidade normativa não pode retroagir para alcançar contratos celebrados anteriormente. As cláusulas de eleição de foro firmadas antes da novidade legislativa mantêm-se sem serem atingidas pela

**LIVRO II · DA FUNÇÃO JURISDICIONAL** **Art. 63**

mudança legislativa. Quando for proposta alguma demanda relativa a direitos e obrigações decorrentes de contrato firmado antes da novidade legislativa, esta não pode incidir no caso, sob pena de inadmissível retroatividade.

**20. Ato jurídico perfeito.** A cláusula de eleição de foro só produz efeitos quando proposta demanda judicial relativa ao contrato em que ela se insere. Tal contrato consiste num ato jurídico perfeito com efeito pendente, a ser produzido quando da propositura da respectiva demanda judicial. A eleição de foro é um efeito pendente, que se produz com a propositura da respectiva demanda. Uma mudança legislativa que altere os requisitos de uma cláusula de eleição de foro não pode atingir um contrato já celebrado, que é um ato jurídico perfeito, ainda que não tenha sido proposta a respectiva demanda, sob pena de retroatividade média, expressamente inadmitida no ordenamento jurídico brasileiro.

**21. Direito adquirido.** As partes, quando elegem contratualmente o foro, renunciam àquele previsto em lei ou criam um foro concorrente ao legalmente estabelecido. O contrato, que é um *ato jurídico perfeito*, produz o efeito de criar o direito ao foro competente, fazendo surgir um *direito adquirido*. O direito intertemporal no âmbito da eleição de foro exige que se observe o momento da celebração do correspondente cláusula. Celebrado o negócio, a parte já tem direito àquele foro; a parte ainda não pode propor sua demanda judicial, porque não há o conflito de interesses resistido ou a disputa a ser solucionada. Uma vez surgida a disputa, poderá ser exercido o direito que fora anteriormente adquirido. Celebrado o contrato, qualquer um dos contratantes pode *exercer* o seu direito de demanda no foro escolhido, quando surgir eventual disputa, pendência, controvérsia entre eles. É o que dispõe o § 2º do artigo 6º da LINDB, ao enunciar que se consideram adquiridos assim os direitos que o seu titular, ou alguém por ele, *possa exercer,* como aqueles cujo começo do exercício tenha condição preestabelecida inalterável, a arbítrio de outrem. O direito de demandar no foro eleito está, com a celebração do contrato, adquirido e poderá ser exercido quando surgir uma ameaça ou lesão que configure o interesse de agir na propositura daquela demanda.

**22. Inaplicabilidade da novidade aos processos em curso.** Se surge uma nova previsão normativa, a criar um requisito para a eleição de foro, este somente será exigido a partir dos contratos celebrados após o início de sua vigência, não alcançando os contratos anteriormente celebrados, ainda que não tenham sido propostas as respectivas demandas. A novidade normativa, com muito mais razão, também não se aplica aos processos em curso, instaurados no foro eleito livremente pelas partes. A previsão contida no § 1º do art. 63 tem como marco temporal a data da eleição do foro ou da celebração do contrato que contenha a cláusula de eleição do foro, sob pena de operar inadmissível e odiável retroatividade. O marco temporal é a data da eleição do foro, e não a data da propositura da demanda judicial ou a de qualquer outro ato processual subsequente.

**23. Inaplicabilidade da novidade aos contratos anteriores.** Quem elegeu consensualmente o foro antes da mudança na redação do § 1º do art. 63 não pode ser apanhado pela exigência de pertinência da cláusula com o domicílio ou residência de uma das partes ou com o local do cumprimento da obrigação, pois isso configura uma inadmissível retroatividade, atentando contra o ato jurídico perfeito e o direito adquirido. Enfim, e reforçando, o novo requisito para eleição do foro deve somente passar a ser exigido para os contratos celebrados depois do início de vigência da lei que o inseriu no § 1º do art.63.

**24. Foro de eleição e competência relativa.** Apesar das restrições impostas pela Lei 14.879/2024, a competência territorial continua a ostentar natureza relativa, ressalvadas as demandas reais imobiliárias, para as quais é absolutamente competente o foro de situação da coisa (art. 47). Mesmo nestas últimas, a competência somente é absoluta se o pedido principal disser respeito à posse, à propriedade ou a outro direito real imobiliário.

**25. Foro concorrente ou eleição de foro exclusivo.** O foro de eleição concorre com aquele previsto em lei, facultando-se a propositura da demanda em qualquer um dos foros. As partes podem, entretanto, eleger foro exclusivo, renunciando a qualquer outro, sendo necessário, para isso, que haja previsão expressa e inequívoca nesse sentido.

**26. Foro de eleição *versus* foro do contrato.** O foro de eleição pode coincidir ou não com o foro do local do cumprimento do contrato ou com o foro do local da celebração do contrato. O foro de eleição é um foro contratual. O problema é que o termo foro contratual é, frequentemente, identificado como foro do local da celebração do contrato. É preciso, então, deixar claro, quando se utiliza o termo foro contratual, para que não haja dúvida se se está a fazer referência ao foro de eleição ou ao do cumprimento do contrato. O § 2º do art. 63 usa o termo "foro contratual" como sinônimo de "foro de eleição". Tradicio-

119

nalmente, no direito luso-brasileiro, o foro do contrato é o lugar em que se celebra o contrato ou onde alguém se obriga a responder. O foro do contrato é o competente para as causas que resultam de obrigações previstas no contrato, sendo também o do lugar onde se celebrou o negócio.

**27. Eleição de foro em negócio unilateral.** É possível a inserção de cláusula de eleição de foro em negócio jurídico unilateral, a exemplo da promessa de recompensa e, igualmente, de títulos nominativos ou ao portador.

**28. Objeto.** O foro de eleição apenas é competente para as causas concernentes a direitos e obrigações que resultem do contrato.

**29. Herdeiros e sucessores.** O foro contratual ou de eleição obriga os herdeiros e sucessores das partes, ainda que se trate de negócio jurídico unilateral.

**30. Terceiros.** Os terceiros – alheios ao negócio – não ficam sujeitos à cláusula de eleição de foro.

**31. Estipulação em favor de terceiro.** Na estipulação em favor de terceiro, este fica sujeito às condições e normas do contrato, se a ele anuir, desde que o estipulante não o inove (CC, art. 436, parágrafo único). O terceiro, sob tais circunstâncias, é atingido pela eficácia da cláusula de eleição de foro.

**32. Negócio processual prévio.** Os pactos ou convenções que estabeleçam o foro competente para dirimir os litígios havidos entre as partes devem ser celebrados antes da propositura da demanda, exatamente porque a competência se fixa no momento da propositura (art. 43).

**33. O foro de eleição e o princípio do juiz natural.** O foro de eleição, que é uma das convenções processuais mais antigas do mundo, não atenta contra o princípio do juiz natural, pois as partes pré-definem o foro onde tramitarão os processos judiciais relativos aos direitos e obrigações decorrentes do contrato celebrado. Não há escolha do juízo, mas do foro competente.

**34. O foro de eleição e a competência do art. 47.** A cláusula de eleição de foro somente serve para modificar competência relativa, não se destinando para alteração de competência absoluta. A competência para as demandas reais imobiliárias é a do foro do local da coisa (*forum rei sitae*): embora territorial, é uma competência absoluta, improrrogável, não podendo o autor optar pelo foro de eleição, se o litígio recair sobre direito de propriedade, vizinhança, servidão, posse, divisão e demarcação de terras e nunciação de obra nova. Caso o direito real imobiliário consista em mera decorrência de outro pedido

– este, sim, principal – aí a competência não é absoluta, podendo haver cláusula de eleição de foro. Assim, ajuizada, por exemplo, ação de anulação de contrato de promessa de compra e venda, a reivindicação do imóvel constitui apenas uma consequência da pretendida anulação. Nesse caso, a competência é territorial relativa, podendo ser regulada em cláusula de eleição de foro.

**35. Foro de eleição em contrato de consumo.** Considerando que as normas contidas no Código de Defesa do Consumidor são de ordem pública (CDC, art. 1º), costuma-se afirmar que a competência fixada em favor do consumidor é absoluta, sendo inderrogável e improrrogável, cabendo ao juiz reconhecer de ofício sua incompetência. Embora sejam de ordem pública as normas consumeristas, aplicam-se ao processo que verse sobre direito do consumidor as regras do CPC, sobretudo aquelas que se referem à competência (CDC, art. 90). Significa, então, que a competência territorial é, mesmo nas demandas de consumo, relativa, podendo ser derrogada e prorrogada por vontade das partes. A competência territorial, mesmo nas demandas de consumo, pode ser objeto de cláusula de eleição de foro.

**36. Abusividade da cláusula de eleição de foro.** Nos contratos de consumo, é possível a cláusula de eleição de foro, desde que não seja abusiva, isto é, desde que não inviabilize o acesso do consumidor ao Poder Judiciário, nem gere um manifesto desequilíbrio entre as partes, tornando excessivamente onerosa para o consumidor a busca da prestação jurisdicional. A cláusula de eleição de foro inserida em contrato de adesão é, em princípio, válida e eficaz, salvo se considerada abusiva. E a abusividade ocorre: (a) se, no momento da celebração, a parte aderente não dispunha de intelecção suficiente para compreender o sentido e as consequências da estipulação contratual; ou (b) se da prevalência de tal estipulação resultar inviabilidade ou especial dificuldade de acesso ao Judiciário; ou, ainda, (c) se se tratar de contrato de obrigatória adesão, assim entendido o que tenha por objeto produto ou serviço fornecido com exclusividade por determinada empresa.

**37. Reconhecimento da abusividade pelo juiz.** O juiz examina, de ofício, a abusividade da cláusula de eleição de foro. Reconhecida a abusividade da cláusula, o juízo irá, consequentemente, declarar sua ineficácia e reconhecer a incompetência territorial. Na verdade, o magistrado não conhece de ofício da incompetência relativa. O que ele conhece de ofício é o vício da cláusula abusiva de eleição de foro. Como consequência da declaração dessa ineficácia,

**LIVRO II · DA FUNÇÃO JURISDICIONAL** **Art. 63**

haverá de declinar de sua competência para determinar a remessa dos autos ao juízo competente. Na verdade, ao magistrado cabe declarar tal ineficácia apenas quando o consumidor for réu e a demanda não tiver sido proposta no foro de seu domicílio, porque a referida cláusula estabelece como competente outro foro distante desse seu domicílio.

**38. Alegação da abusividade pelo consumidor réu.** Proposta a demanda contra um consumidor em foro distante do seu domicílio, o juiz somente deve aplicar o § 3º do art. 63, se for evidente alguma vulnerabilidade ou hipossuficiência que lhe dificulte ou inviabilize a defesa em local distante do foro de seu domicílio. Caso o juiz não reconheça de ofício a ineficácia da cláusula de eleição de foro, caberá ao réu alegar a abusividade. Não declarada, de ofício pelo juiz, a ineficácia da cláusula de eleição de foro e não havendo alegação de sua abusividade pelo réu consumidor, haverá preclusão. A cláusula de eleição de foro – que era ineficaz, por ser abusiva – passa a ser admitida como eficaz. Ao réu se permite apresentar sua contestação no foro de seu próprio domicílio, devendo ela ser remetida ao foro onde se encontra a demanda. (art. 340). Não alegada a abusividade da cláusula pelo réu, haverá preclusão, não podendo nem o juiz mais examinar de ofício a matéria nem o réu consumidor alegar a incompetência.

**39. Ação proposta pelo consumidor.** Quando o consumidor for autor, não se aplica o § 3º do art. 63, devendo incidir apenas quando ele for réu e a demanda – seguindo a previsão contratual – tiver sido proposta em foro distante daquele onde ele está domiciliado. Tratando-se de demanda que tem o consumidor como autor, incide a Súmula 33 do STJ: ao juiz não é dado conhecer de ofício de sua incompetência relativa, não lhe cabendo analisar a existência de cláusula de eleição de foro.

**40. Invalidade da cláusula de eleição de foro.** *"1. A jurisprudência desta Corte preconiza que, via de regra, para que se declare a invalidade de cláusula de eleição de foro, é necessária a presença conjunta de, ao menos, três requisitos: a) que a cláusula seja aposta em contrato de adesão; b) que o aderente seja reconhecido como pessoa hipossuficiente (de forma técnica, econômica ou jurídica); e c) que isso acarrete ao aderente dificuldade de acesso à Justiça. 2. Ademais, a mera desigualdade de porte econômico entre as partes proponente e aderente não caracteriza automática hipossuficiência econômica ensejadora do afastamento do dispositivo contratual de eleição*

*de foro"* (STJ, 2ª Seção, EREsp 1.707.526/PA, rel. Min. Raul Araújo, *DJe* 1º.06.2020).

**41. Validade de cláusula de eleição de foro em contrato de adesão de compra e venda de imóvel.** *"3. A alteração da competência territorial por contrato de adesão, por si só, não permite inferir pela nulidade da cláusula, devendo, para tanto, concorrer a abusividade ou a ilegalidade. 4. Apesar da proteção contratual do consumidor estabelecida pelo CDC, o benefício do foro privilegiado estampado no art. 101, I, do CPC não resulta, per se, em nulidade absoluta das cláusulas de eleição de foro estabelecidas contratualmente. 5. O STJ possui entendimento no sentido de que a cláusula que estipula a eleição de foro em contrato de adesão, só poderá ser considerada inválida quando demonstrada a hipossuficiência ou a dificuldade de acesso da parte ao Poder Judiciário. 6. Nesta perspectiva, a situação de hipossuficiência de uma das partes, por sua manifesta excepcionalidade, deve ser demonstrada com dados concretos em que se verifique o prejuízo processual para alguma delas. 7. A condição de consumidor, considerada isoladamente, não gera presunção de hipossuficiência a fim de repelir a aplicação da cláusula de derrogação da competência territorial quando convencionada, ainda que em contrato de adesão"* (STJ, 3ª Turma, REsp 1.675.012/SP, rel. Min. Nancy Andrighi, *DJe* 14.08.2017).

**42. Requisitos para a decretação de nulidade de cláusula de eleição de foro.** *"Nos termos da jurisprudência desta Corte, para o reconhecimento da nulidade da cláusula de eleição de foro é imprescindível a constatação de especial dificuldade de acesso à Justiça ou hipossuficiência da parte"* (STJ, 3ª Turma, AgInt no AREsp 1.836.682/PR, rel. Min. Moura Ribeiro, *DJe* 23.09.2021).

**43. Foro aleatório.** O § 5º do art. 63 inaugura uma figura processual, chamada "foro aleatório", identificado como o que não se relaciona com o domicílio ou a residência das partes ou com o negócio discutido na demanda. O foro aleatório é aquele escolhido abusivamente pelo autor, prejudicando a defesa do réu.

**44. *Forum shopping.*** Quando há a previsão de foros concorrentes, o autor pode optar por um dos foros competentes, exercitando o que se chama de forum shopping. A escolha do foro competente é um direito potestativo do autor. Não raramente, o autor escolhe o foro que reputa mais favorável ou conveniente a seus interesses.

**45. Foro aleatório como restrição ao *forum shopping.*** O § 5º visa a restringir a prática do *forum shopping,* impedindo abusos na escolha pelo autor entre os foros concorrentes.

**46. Boa-fé.** O exercício do direito potestativo de escolha de um dos foros concorrentes deve atender às exigências do princípio da boa-fé (art. 5º). Não é possível que a escolha seja abusiva. O abuso de direito consiste no exercício do direito contrário à boa-fé.

**47. Competência adequada.** Processo adequado é, entre outros atributos, aquele que se desenvolve perante um juízo adequadamente competente. A exigência de uma competência adequada resulta da aplicação dos princípios do devido processo legal, da adequação e da boa-fé, daí decorrendo o princípio da competência adequada.

**48. *Forum non conveniens*.** Em virtude dos princípios do devido processo legal, da adequação, da boa-fé e da competência adequada, o *forum shopping* deve ser examinado de modo a impedir o abuso do autor na escolha do foro competente. Uma escolha abusiva deve ser reprimida, aplicando-se uma regra de temperamento conhecida como *forum non conveniens*: o juízo considera que seu foro não é conveniente, por não ser adequado ao caso, e determina a remessa dos autos ao outro juízo competente, do foro concorrente.

**49. Foro aleatório como *forum non conveniens*.** O § 5º do art. 63, ao tratar do "foro aleatório", prevê a prática do *forum non conveniens*, que consiste na recusa da demanda judicial, quando reconhecida a existência de outro foro concorrente, mais adequado aos interesses das partes e à efetividade do direito.

**50. Caráter abusivo do foro aleatório.** O foro aleatório é considerado como abusivo. Sendo assim, sua identificação deve acarretar o reconhecimento da incompetência do foro pelo juízo, que deverá determinar a remessa dos autos a um outro foro competente, que seja mais adequado ao caso.

**51. Foro aleatório e foro de eleição.** O § 5º do art. 63 disciplina as hipóteses de escolha abusiva do autor entre os foros concorrentes, entre os quais pode ou não estar incluído o foro de eleição. Isso porque o foro de eleição, em regra, concorre com aquele previsto em lei, podendo as partes, contudo, eleger foro exclusivo, renunciando a qualquer outro, sendo necessário, para isso, que haja previsão expressa e inequívoca no instrumento contratual.

**52. Distinção entre o § 1º e o § 5º.** A distinção entre as hipóteses reguladas pelos §§ 1º e 5º do art. 63 permite concluir que a declinação da competência de ofício só é admissível nos casos em que se configurar o abuso na escolha entre os foros concorrentes pelo autor. A violação aos limites previstos no § 1º do art. 63 pela convenção de eleição de foro, por si só, não autoriza a declinação da competência de ofício. A declinação da competência de ofício só é cabível excepcionalmente, quando caracterizado o abuso de direito pelo autor na escolha entre os foros concorrentes (§ 5º), ou, ainda, quando reputada abusiva a própria cláusula de eleição de foro (§ 3º). Em ambas as situações, exige-se fundamentação específica, com a indicação dos motivos concretos caracterizadores da abusividade (art. 489, § 1º, II).

**53. Reconhecimento de ofício do foro aleatório e preclusão.** À hipótese do foro aleatório aplicam-se os §§ 3º e 4º do art. 63: o juiz deve reconhecer a abusividade de ofício, ao examinar a petição inicial. Não o fazendo, o réu poderá alegá-la em contestação. Se, porém, o juiz não reconhecer de ofício a abusividade da escolha do foro e o réu não a alegar, haverá preclusão, não podendo mais ser declinada a competência. Para que haja coerência e unidade sistêmicas, os §§ 3º e 4º do art. 63 aplicam-se à hipótese do seu § 5º.

## Seção III
## Da Incompetência

**Art. 64.** A incompetência, absoluta ou relativa, será alegada como questão preliminar de contestação.

§ 1º A incompetência absoluta pode ser alegada em qualquer tempo e grau de jurisdição e deve ser declarada de ofício.

§ 2º Após manifestação da parte contrária, o juiz decidirá imediatamente a alegação de incompetência.

§ 3º Caso a alegação de incompetência seja acolhida, os autos serão remetidos ao juízo competente.

§ 4º Salvo decisão judicial em sentido contrário, conservar-se-ão os efeitos de decisão proferida pelo juízo incompetente até que outra seja proferida, se for o caso, pelo juízo competente.

▶ **1. Correspondência no CPC/1973.** *"Art. 112. Argui-se, por meio de exceção, a incompetência relativa. Parágrafo único. A nulidade da cláusula de eleição de foro, em contrato de adesão, pode ser declarada de ofício pelo juiz, que declinará de competência para o juízo de domicílio do réu." "Art. 113. A incompetência absoluta deve ser declarada de ofício e pode ser alegada, em qualquer tempo e grau de jurisdição, independentemente* *de exceção. § 1º Não sendo, porém, deduzida no prazo da contestação, ou na primeira oportunidade em que lhe couber falar nos autos, a parte responderá integralmente pelas custas. § 2º Declarada a incompetência absoluta, somente os atos decisórios serão nulos, remetendo-se os autos ao juiz competente."*

## 📖 LEGISLAÇÃO CORRELATA

**2. Lei 9.099/1995, art. 51, III.** *"Art. 51. Extingue-se o processo, além dos casos previstos em lei: (...) III – quando for reconhecida a incompetência territorial."*

## ⚖ JURISPRUDÊNCIA, ENUNCIADOS E SÚMULAS SELECIONADOS

- **3. Súmula STJ, 33.** *"A incompetência relativa não pode ser declarada de ofício."*
- **4. Enunciado 238 do FPPC.** *"O aproveitamento dos efeitos de decisão proferida por juízo incompetente aplica-se tanto à competência absoluta quanto à relativa."*
- **5. Enunciado 488 do FPPC.** *"No mandado de segurança, havendo equivocada indicação da autoridade coatora, o impetrante deve ser intimado para emendar a petição inicial e, caso haja alteração de competência, o juiz remeterá os autos ao juízo competente."*
- **6. Enunciado 686 do FPPC.** *"Aplicam-se os arts. 64, § 4º, 188 e 277 à hipótese de ato de cooperação que interfira na competência de qualquer dos juízos cooperantes."*
- **7. Enunciado 124 da II Jornada-CJF.** *"Não há preclusão consumativa do direito de apresentar contestação, se o réu se manifesta, antes da data da audiência de conciliação, pela incompetência do juízo."*
- **8. Enunciado 4 da ENFAM.** *"Na declaração de incompetência absoluta não se aplica o disposto no art. 10, parte final, do CPC/2015."*
- **9. Enunciado 89 do FONAJE.** *"A incompetência territorial pode ser reconhecida de ofício no sistema de juizados especiais cíveis."*

## 🗐 COMENTÁRIOS TEMÁTICOS

**10. Alegação de incompetência.** Tanto a incompetência relativa como a absoluta devem ser alegadas em preliminar da contestação pelo réu (art. 337, II).

**11. Incompetência absoluta.** Ao juiz cumpre verificar de ofício a incompetência absoluta, podendo qualquer das partes alegá-la. Ao réu cabe suscitá-la em preliminar da contestação. Não alegada a incompetência absoluta na contestação ou na primeira oportunidade em que lhe couber falar nos autos, poderá o réu argui-la posteriormente, em qualquer tempo e grau de jurisdição.

**12. Incompetência relativa.** A incompetência relativa deve ser alegada, não cabendo ao juiz reconhecê-la de ofício. Tal alegação há de ser feita pelo réu, em preliminar de contestação. Havendo alegação tempestiva, cabe ao juiz examinar se está ou não presente o vício da incompetência relativa. Não alegada a incompetência relativa, haverá prorrogação de competência: o juízo incompetente torna-se competente (art. 65).

**13. Alegação de incompetência.** Alegada a incompetência por uma das partes, a outra deve ser intimada para manifestar-se. É preciso que se instaure o contraditório a respeito do tema (art. 9º). Ainda que se trate de incompetência absoluta – matéria cognoscível de ofício –, deve o juiz instaurar o contraditório (art. 10). Se o réu alega incompetência, absoluta ou relativa, em sua contestação, o autor deve ser intimado para manifestar-se (art. 351). Escoado o prazo para manifestação do autor, o juiz deve já decidir sobre sua competência (art. 64, § 2º).

**14. Competência-competência.** O juízo tem a competência para decidir sobre sua competência. Essa é uma competência básica e própria de qualquer órgão jurisdicional: decidir sobre sua própria competência.

**15. Exame da competência.** A apreciação da competência pelo juiz deve preceder à análise das demais questões processuais e de mérito. A única questão que antecede o exame da competência é a imparcialidade: cabe ao juiz verificar, primeiramente, se é impedido ou suspeito. Caso seja, deverá reconhecer sua parcialidade, remetendo os autos ao seu substituto, que deve examinar a competência do órgão. Assentada a imparcialidade do juiz, a este cumpre examinar a competência. Não havendo competência, não deverá examinar mais nenhuma questão, determinando a remessa dos autos ao juízo competente ou extinguindo o processo, a depender da consequência prevista no ordenamento.

**16. Reconhecimento da incompetência.** A falta de competência, no plano interno, não acarreta a extinção do processo, ensejando, apenas, a remessa dos autos ao órgão competente, a não ser que o juiz entenda incompetente a Justiça brasileira, no plano internacional, hipótese em que extinguirá o processo. Enfim, a incompetência é, via de regra, reconhecida por uma decisão interlocutória, consistindo em questão dilatória, por não implicar a extinção do processo, mas sim a remessa dos autos ao juízo competente.

**17. Reconhecimento da incompetência nos Juizados Especiais Cíveis.** No direito brasileiro, o reconhecimento da incompetência acarreta, geralmente e por tradição, a remessa dos autos ao juízo competente. Nos Juizados Especiais Cíveis, o reconhecimento da incompetência territorial é, diversamente, feito por sentença, acarretando a extinção do processo sem exame do mérito (Lei 9.099/1995, art. 51, III).

**18.** *Translatio iudicii* **e o aproveitamento dos atos decisórios mesmo com o reconhecimento da incompetência absoluta.** Tradicionalmente, sempre se entendeu que todos os atos processuais e a sentença dada por juízo incompetente seriam nulos. Não há mais esse rigor nem essa consequência de anulação automática das decisões proferidos pelo juízo que se declara incompetente. Reconhecida *qualquer* incompetência, os autos devem ser remetidos ao juízo competente, com o aproveitamento de todos os atos processuais, aí incluídos os decisórios, salvo se houver decisão em sentido contrário. Adotou-se a ideia da *translatio iudicii,* em virtude da qual, não somente devem ser aproveitados os atos praticados no processo pelo juízo incompetente, como também devem ser preservados os efeitos materiais e processuais da demanda. A *translatio iudicii,* que decorre dos princípios da efetividade, da duração razoável do processo, da eficiência e do aproveitamento dos atos processuais, contém o fundamento para que se preservem os efeitos materiais e processuais da demanda. Proclamada a incompetência absoluta, aproveitam-se todos os atos, inclusive os decisórios, salvo se houver decisão expressa em sentido contrário.

---

> **Art. 65.** Prorrogar-se-á a competência relativa se o réu não alegar a incompetência em preliminar de contestação.
>
> Parágrafo único. A incompetência relativa pode ser alegada pelo Ministério Público nas causas em que atuar.

▶ **1. Correspondência no CPC/1973.** *"Art. 114. Prorrogar-se-á a competência se dela o juiz não declinar na forma do parágrafo único do art. 112 desta Lei ou o réu não opuser exceção declinatória nos casos e prazos legais."*

## ⚖ Jurisprudência, Enunciados e Súmulas Selecionados

• **2. Súmula STJ, 33.** *"A incompetência relativa não pode ser declarada de ofício."*

• **3. Enunciado 89 do FONAJE.** *"A incompetência territorial pode ser reconhecida de ofício no sistema de juizados especiais cíveis."*

## ▣ Comentários Temáticos

**4. Alegação de incompetência relativa pelo réu.** A incompetência relativa deve ser alegada em preliminar da contestação (art. 337, II). A incompetência relativa exige provocação. Somente o réu é quem pode alegar a incompetência relativa. Ao autor não se franqueia essa possibilidade, detendo apenas o réu legitimidade para alegar.

**5. Alegação pelo Ministério Público.** Ao Ministério Público, que atue como réu, confere-se legitimidade para arguir a incompetência relativa. Quando atua como fiscal da ordem jurídica, falta-lhe legitimidade para alegar a incompetência relativa, a não ser quando sua intervenção se dê em razão da presença de incapaz ou em virtude de algum direito indisponível.

**6. Impossibilidade de alegação de incompetência relativa pelo Ministério Público na ação popular.** Na ação popular, não pode Ministério Público alegar a incompetência relativa, pois lhe é vedada a defesa do réu (Lei 4.717/1965, art. 6º, § 4º).

**7. Legitimidade do Ministério Público para alegar incompetência relativa.** *"O Ministério Público, quando atua no processo como custos legis, o que acontece em inventário no qual haja menor interessado, tem legitimidade para arguir a incompetência relativa do juízo. Para tanto, deve demonstrar prejuízo para o incapaz. Não demonstrado o prejuízo tal legitimidade não se manifesta"* (STJ, 3ª Turma, REsp 630.968/DF, rel. Min. Humberto Gomes de Barros, *DJ* 14.05.2007, p. 280).

**8. Inércia do réu e prorrogação da competência.** A consequência inevitável da omissão do demandado que não alega incompetência relativa é a perpetuação da competência do juízo a quem o autor se dirigiu. Assim, o juízo, que era incompetente, passa a ser competente. Diz-se que, nesse caso, ocorre derrogação da competência relativa, resultante do comportamento processual da parte: o réu se abstém de excepcionar a incompetência do juízo. Não alegada a incompetência relativa, haverá prorrogação. Ocorrerá, de igual modo, a prorrogação da competência, se o réu, contestando antecipadamente, ou seja, em prazo inferior a 15 dias, alegar a incompetência relativa posteriormente, ainda que dentro desses mesmos 15 dias. Contestar, sem alegar a incompetência, implica aceitação do foro, com sua consequente prorrogação.

**LIVRO II · DA FUNÇÃO JURISDICIONAL** — **Art. 66**

**9. Inércia do réu na cautelar antecedente.** Na cautelar antecedente, o réu deve alegar, em contestação, a incompetência relativa (art. 306). Não o fazendo, haverá prorrogação, que se estende para o pedido principal (art. 308)..

**10. Incompetência relativa superveniente.** Não há incompetência relativa superveniente. Não alegada a incompetência a tempo e modo, haverá prorrogação de competência: o juízo, que era incompetente, torna-se competente. Não é possível ao autor alegar incompetência relativa no momento inicial; não se admite, igualmente, sua alegação posterior, quando já prorrogada a competência. Apresentada contestação sem alegação de incompetência relativa, não poderá o réu alegá-la posteriormente.

**11. Alegação pelo executado.** A incompetência relativa do juízo da execução é matéria a ser alegada nos embargos do executado (art. 917, V). No cumprimento de sentença, é matéria de impugnação (art. 525, § 1º, VI). A Fazenda Pública, no cumprimento de sentença contra ela intentado, também alega incompetência relativa em impugnação (art. 535, V). Não alegada a incompetência relativa na execução ou no cumprimento de sentença, haverá preclusão e prorrogação da competência: o foro incompetente passa a ser competente.

---

**Art. 66.** Há conflito de competência quando:

I – 2 (dois) ou mais juízes se declaram competentes;

II – 2 (dois) ou mais juízes se consideram incompetentes, atribuindo um ao outro a competência;

III – entre 2 (dois) ou mais juízes surge controvérsia acerca da reunião ou separação de processos.

Parágrafo único. O juiz que não acolher a competência declinada deverá suscitar o conflito, salvo se a atribuir a outro juízo.

---

▶ **1. Correspondência no CPC/1973.** *"Art. 115. Há conflito de competência: I – quando dois ou mais juízes se declaram competentes; II – quando dois ou mais juízes se consideram incompetentes; III – quando entre dois ou mais juízes surge controvérsia acerca da reunião ou separação de processos."*

## 🏛 LEGISLAÇÃO CORRELATA

**2. CF, art. 102, I, o.** *"Art. 102. Compete ao Supremo Tribunal Federal, precipuamente, a guarda da Constituição, cabendo-lhe: I – processar e julgar, originariamente: (...) o) os conflitos de competência entre o Superior Tribunal de Justiça*

e quaisquer tribunais, entre Tribunais Superiores, ou entre estes e qualquer outro tribunal."

**3. CF, art. 105, I, d.** *"Art. 105. Compete ao Superior Tribunal de Justiça: I – processa e julgar, originariamente: (...) d) os conflitos de competência entre quaisquer tribunais, ressalvado o disposto no art. 102, I, 'o', bem como entre tribunal e juízes a ele não vinculados e entre juízes vinculados a tribunais diversos."*

**4. CF, art. 108, I, e.** *"Art. 108. Compete aos Tribunais Regionais Federais: I – processor e julgar, originariamente: (...) e) os conflitos de competência entre juízes federais vinculados ao Tribunal."*

**5. CF, art. 114, V.** *"Art. 114. Compete à Justiça do Trabalho processar e julgar: (...) V – os conflitos de competência entre órgãos com jurisdição trabalhista, ressalvado o disposto no art. 102, I, o."*

**6. Código Eleitoral, art. 22, I, b.** *"Art. 22. Compete ao Tribunal Superior: I – Processar e julgar originariamente: (...) b) os conflitos de jurisdição entre Tribunais Regionais e juízes eleitorais de Estados diferentes."*

**7. Código Eleitoral, art. 29, I, b.** *"Art. 29. Compete aos Tribunais Regionais: I – processar e julgar, originariamente: (...) b) os conflitos de jurisdição entre juízes eleitorais do respectivo Estado."*

**8. CPPM, art. 114.** *"Art. 114. O conflito será suscitado perante o Superior Tribunal Militar pelos auditores ou os Conselhos de Justiça, sob a forma de representação, e pelas partes interessadas, sob a de requerimento, fundamentados e acompanhados dos documentos comprobatórios. Quando negativo o conflito, poderá ser suscitado nos próprios autos do processo. Parágrafo único. O conflito suscitado pelo Superior Tribunal Militar será regulado no seu Regimento Interno."*

## ⚖ JURISPRUDÊNCIA, ENUNCIADOS E SÚMULAS SELECIONADOS

- **9. Tema/Repercussão Geral 128 STF.** *"Cabe ao respectivo Tribunal Regional Federal dirimir conflitos de competência entre Juizado Especial e Juízo Federal de primeira instância que pertençam a uma mesma Seção Judiciária."*
- **10. Súmula STJ, 3.** *"Compete ao Tribunal Regional Federal dirimir conflito de competência verificado, na respectiva região, entre juiz federal e juiz estadual investido de jurisdição federal."*
- **11. Súmula STJ, 59.** *"Não há conflito de competência se já existe sentença com trânsito em julgado, proferida por um dos juízos conflitantes."*

- **12. Súmula STJ, 180.** *"Na lide trabalhista, compete ao Tribunal Regional do Trabalho dirimir conflito de competência verificado, na respectiva região, entre Juiz Estadual e Junta de Conciliação e Julgamento."*
- **13. Súmula STJ, 225.** *"Compete ao Tribunal Regional do Trabalho apreciar recurso contra sentença proferida por órgão de primeiro grau da Justiça Trabalhista, ainda que para declarar-lhe a nulidade em virtude de incompetência."*
- **14. Súmula STJ, 236.** *"Não compete ao Superior Tribunal de Justiça dirimir conflitos de competência entre juízes trabalhistas vinculados a Tribunais Regionais do Trabalho diversos."*
- **15. Súmula STJ, 428.** *"Compete ao Tribunal Regional Federal decidir os conflitos de competência entre juizado especial federal e juízo federal da mesma seção judiciária."*
- **16. Súmula TST, 420.** *"Não se configura conflito de competência entre Tribunal Regional do Trabalho e Vara do Trabalho a ele vinculada."*
- **17. Enunciado 91 do FONAJE.** *"O conflito de competência entre juízes de Juizados Especiais vinculados à mesma Turma Recursal será decidido por esta. Inexistindo tal vinculação, será decidido pela Turma Recursal para a qual for distribuído".*

### ▣ Comentários Temáticos

**18. Conflito de jurisdição, conflito de competência e conflito de atribuições.** O conflito de *jurisdição* instala-se no âmbito internacional, entre Estados soberanos diversos. O conflito de *competência* existe entre autoridades no exercício da atividade jurisdicional. Já conflito de *atribuições* dá-se entre autoridades administrativas ou, ainda, entre autoridades administrativas e jurisdicionais.

**19. Conflito de competência.** Quando dois ou mais juízes se pretendam competentes para a mesma causa, ou quando dois ou mais juízes se afirmem incompetentes para a mesma causa, há um conflito de competência. É instrumento que decorre da necessidade de se garantir a observância das regras sobre competência, a fim de que não ocorra sua violação ou para que, havendo violação, esta seja corrigida.

**20. Conflito de competência preventivo.** Não é possível conflito de competência preventivo ou antes de existir o processo em curso. Só é possível haver conflito de competência depois de instaurado o processo. Antes disso, o conflito é virtual, potencial, não existindo ainda.

**21. Conflito de competência depois de julgada a causa.** Não é possível conflito de competência depois de julgada a causa, tendo o juízo já exaurido sua função. O conflito não é meio hábil para reforma da sentença. De igual modo, não cabe o conflito se já transitada em julgado a sentença ou uma delas. Se já houve trânsito em julgado, e há incompetência absoluta, é possível que caiba ação rescisória (art. 966, II), mas não conflito de competência.

**22. Espécies de conflito de competência.** O conflito de competência pode ser positivo ou negativo. Será positivo quando dois ou mais juízes se declaram competentes. Será negativo quando dois ou mais juízes se consideram incompetentes, atribuindo um ao outro a competência. Também há conflito de competência quando entre dois ou mais juízes surge controvérsia acerca da reunião ou separação de processos. Se um juiz entende que outro é prevento ou que as causas devem ser reunidas por conexão ou por continência, mas o outro discorda, há, então, conflito de competência.

**23. Conflito de competência nos casos de compartilhamento de competências.** É possível haver as polêmicas ou discordâncias quanto ao compartilhamento de competências entre juízes por atos concertados. O § 2º do art. 69 prevê a possibilidade de os juízos compartilharem competências por atos concertados. O conflito de competência pode ser um instrumento de controle dos atos concertados que compartilham competências entre juízos.

**24. Objeto do conflito de competência.** *"O conflito positivo de competência ocorre não apenas quando dois ou mais Juízos se declaram competentes para o julgamento da mesma causa, mas também quando proferem decisões incompatíveis entre si acerca do mesmo objeto"* (STJ, 2ª Seção, CC 168.000/AL, rel. Min. Ricardo Villas Bôas Cueva, j. 11.12.2019, *DJe* 16.12.2019).

**25. Conflito de competência entre juízo estatal e juízo arbitral.** O juízo arbitral exerce, segundo entendimento prevalecente, jurisdição. Pode haver conflito de competência entre juízo arbitral e juízo estatal. Nesse caso, o conflito há de ser resolvido pelo STJ. Realmente, segundo entendimento ali firmado, *"a atividade desenvolvida no âmbito da arbitragem tem natureza jurisdicional, sendo possível a existência de conflito de competência entre juízo estatal e câmara arbitral"* (STJ, 2ª Seção, CC 111.230/DF, rel. Min. Nancy Andrighi, j. 08.05.2013, *DJe* 03.04.2014). No mesmo sentido: STJ, 1ª Seção, AgInt no CC 156.133/BA, rel. Min. Gurgel de Faria, j. 22.08.2018, *DJe* 21.09.2018. É, enfim, ponto incontroverso que *"(...) compete ao Superior Tribunal de Justiça dirimir conflito de competência entre Juízo arbitral e órgão jurisdicional estatal, partindo-se, naturalmente, do pressuposto de que a atividade desenvolvida no âmbito da arbitragem possui natureza jurisdicional"* (STJ, 2ª Seção, CC 150.830/PA, rel. Min. Marco Aurélio Bellizze, j. 10.10.2018, *DJe* 16.10.2018). Ainda nesse sentido: *"A jurisprudência desta Corte se firmou no sentido de que é possível, diante da conclusão de que a atividade arbitral tem natureza jurisdicional, que exista conflito de competência entre Juízo arbitral e órgão do Poder Judiciário, cabendo ao Superior Tribunal de Justiça seu julgamento"* (STJ, 2ª Seção, CC 148.932/RJ, rel. Min. Ricardo Villas Bôas Cueva, *DJe* 1º.02.2018).

**26. Conflito entre Câmaras Arbitrais diversas.** *"Em se tratando da interpretação de cláusula de compromisso arbitral constante de contrato de compra e venda, o conflito de competência supostamente ocorrido entre câmaras de arbitragem deve ser dirimido no Juízo de primeiro grau, por envolver incidente que não se insere na competência do Superior Tribunal de Justiça, conforme os pressupostos e alcance do art. 105, I, alínea 'd', da Constituição Federal"* (STJ, 2ª Seção, CC 113.260/SP, rel. Min. Nancy Andrighi, *DJe* 07.04.2011).

**27. Competência para processar e julgar o conflito de competência.** O conflito de competência deve ser processado e julgado por tribunal. Não existe conflito de competência que se processe e seja julgado em primeira instância. Sempre é um tribunal que deve processar e julgar um conflito de competência. Quando o conflito se instaura entre juízos vinculados ao mesmo tribunal, será esse tribunal que irá processar e julgar o conflito de competência. O conflito de competência entre juízes do trabalho vinculados ao mesmo TRT é por este julgado. Ao TST cabe julgar os conflitos de competência entre juízes do trabalho vinculados a TRTs diversos. O conflito de competência entre juízes eleitorais vinculados a TREs diversos é julgado pelo TSE. Ao respectivo TRE cabe julgar os conflitos entre juízes eleitorais a ele vinculados. O conflito entre auditores ou conselhos de justiça militares é julgado pelo STM. Se os juízos estiverem vinculados a tribunais diversos, o conflito há de ser julgado pelo Superior Tribunal de Justiça (CF, art. 105, I, *d*). Ao Supremo Tribunal Federal cabe processar e julgar o conflito de competência entre tribunais superiores ou entre um deles e qualquer outro órgão jurisdicional (CF, art. 102, I, *o*).

# CAPÍTULO II
# DA COOPERAÇÃO NACIONAL

**Art. 67.** Aos órgãos do Poder Judiciário, estadual ou federal, especializado ou comum, em todas as instâncias e graus de jurisdição, inclusive aos tribunais superiores, incumbe o dever de recíproca cooperação, por meio de seus magistrados e servidores.

▶ **1. Sem correspondência no CPC/1973.**

🏛 **LEGISLAÇÃO CORRELATA**

**2. Res. 350/2020 do CNJ, art. 1º.** *"Art. 1º Esta Resolução dispõe sobre a cooperação judiciária nacional, para a realização de atividades administrativas e para o exercício das funções jurisdicionais, abrangendo as seguintes dimensões: I – a cooperação ativa, passiva e simultânea entre os órgãos do Poder Judiciário, no âmbito das respectivas competências, observados o princípio do juiz natural e as atribuições administrativas (arts. 67 a 69, CPC); e II – a cooperação interinstitucional entre os órgãos do Poder Judiciário e outras instituições e entidades, integrantes ou não do sistema de justiça, que possam, direta ou indiretamente, contribuir para a administração da justiça."*

**3. Res. 350/2020 do CNJ, art. 2º.** *"Art. 2º Aos órgãos do Poder Judiciário, estadual ou federal, especializado ou comum, em todas as instâncias e graus de jurisdição, inclusive aos tribunais superiores, incumbe o dever de recíproca cooperação, por meio de seus magistrados e servidores, a fim de incrementar mutuamente a eficiência de suas atividades."*

**4. Res. 350/2020 do CNJ, art. 3º.** *"Art. 3º Os juízos poderão formular entre si pedidos de cooperação para a prática de qualquer ato processual, intimando-se as partes do processo."*

**5. Res. 421/2021 CNJ, art. 1º.** *"Art. 1º. Esta resolução dispõe sobre a cooperação judiciária nacional em matéria de arbitragem. Parágrafo único. Aplicam-se as diretrizes estabelecidas pela Resolução CNJ no 350/2020 à cooperação judiciária nacional em matéria de arbitragem."*

**6. Res. 460/2022 CNJ, art. 9º.** *"Art. 9º. A cooperação judiciária alcança a prática de qualquer ato processual independentemente de competência por matéria ou territorial, consoante arts. 67 a 69 do Código de Processo Civil."*

**7. Res. 460/2022 CNJ, art. 10.** *"Art. 10. Para viabilização da cooperação judiciária na itine-*

*rância, poderão ser criados Centros de Serviços Cooperados da Justiça Itinerante, dele participando os segmentos de justiça estadual, federal e do trabalho e com abrangência nos limites dos estados e Distrito Federal ou no território de jurisdição das comarcas ou subseções judiciárias. Parágrafo único. A estrutura material e o corpo funcional dos Centros previstos no caput deste artigo serão obtidos por meio de compartilhamento de recursos entre os órgãos do Judiciário envolvidos."*

## ⚖ Jurisprudência, Enunciados e Súmulas Selecionados

- **8. Enunciado 669 do FPPC.** *"O regimento interno pode regulamentar a cooperação entre órgãos do tribunal."*
- **9. Enunciado 670 do FPPC.** *"A cooperação judiciária pode efetivar-se pela prática de atos de natureza administrativa ou jurisdicional."*
- **10. Enunciado 219 da III Jornada-CJF.** *"A previsão contida no inciso III do art. 772 do CPC autoriza a realização de atos executivos típicos ou atípicos de busca e localização patrimonial, por meio de cooperação judiciária interinstitucional."*
- **11. Enunciado 231 da III Jornada-CJF.** *"A cooperação interinstitucional é uma forma de consecução dos processos estruturais e deve ser sempre estimulada."*

## 🗐 Comentários Temáticos

**12. Cooperação judiciária.** A cooperação judiciária pode operar-se no plano internacional ou no âmbito nacional.

**13. Cooperação judiciária internacional.** A cooperação internacional tem por objeto a citação, intimação, notificação judicial e extrajudicial, colheita de provas e obtenção de informações, homologação e cumprimento de decisão, concessão de medida judicial de urgência, assistência jurídica internacional e qualquer outra medida judicial ou extrajudicial não proibida pela lei brasileira (art. 27). A cooperação internacional pode ser feita por auxílio direto (arts. 28 e 34) ou por carta rogatória (art. 36).

**14. Cooperação judiciária nacional.** No âmbito nacional, aos órgãos do Poder Judiciário, estadual ou federal, especializado ou comum, em todas as instâncias e graus de jurisdição, inclusive aos tribunais superiores, incumbe o dever de recíproca cooperação, por meio de seus magistrados e servidores art. 67). A cooperação entre os órgãos internos do Poder Judiciário nacional pode realizar-se entre órgãos jurisdicionais de seus diferentes ramos (art. 69, § 3º).

**15. Fundamentos da cooperação judiciária nacional.** O dever de recíproca cooperação entre magistrados e servidores decorre dos princípios da cooperação e da eficiência.

**16. Dimensões da cooperação judiciária nacional.** A cooperação entre órgãos do Poder Judiciário, no âmbito de suas respectivas competências, pode ser ativa, passiva ou simultânea.

**17. Cooperação interinstitucional.** É possível que a cooperação se faça entre órgãos do Poder Judiciário e outras instituições e entidades, integrantes ou não do sistema de justiça, que possam, direta ou indiretamente, contribuir para a administração da justiça.

**18. Cooperação entre órgãos jurisdicionais para tutela de direito de adolescentes.** *"6- É admissível que o juízo da comarca do domicílio do adolescente, competente em virtude da regra do art. 147 do ECA, ao julgar o pedido de autorização judicial de participação em espetáculo público, que estabeleça previamente diretrizes mínimas para a participação do adolescente em atividade que se desenvolve de maneira contínua, fixando, após a oitiva dos pais e do Ministério Público, os parâmetros adequados para a realização da atividade profissional pela pessoa em formação. 7. Além da regra impositiva do art. 147 do ECA, a fixação da competência do juízo da comarca do domicílio do adolescente para a concessão de autorização judicial que permita a apresentação em espetáculos públicos decorre da proximidade e do conhecimento existente entre o juízo e a entidade familiar e da necessidade de fixação de critérios uniformes para a concessão da autorização. 8. O hipotético prejuízo decorrente da concentração da competência do juízo da comarca do domicílio do adolescente para autorizar a participação em espetáculos públicos, em especial em comarcas distintas, pode ser drasticamente reduzido, até mesmo eliminado, mediante o uso adequado do instituto da cooperação judiciária nacional (arts. 67 a 69 do CPC/2015), que permite, de maneira simplificada e pela via do auxílio direto, o cumprimento de providências e o atendimento de solicitações entre juízos distintos"* (STJ, 3ª Turma, REsp 1.947.740/PR, rel. Min. Nancy Andrighi, *DJe* 08.10.2021).

**Art. 68.** Os juízos poderão formular entre si pedido de cooperação para prática de qualquer ato processual.

▶ **1. Sem correspondência no CPC/1973.**

**LIVRO II · DA FUNÇÃO JURISDICIONAL** **Art. 69**

## ⚖ Legislação Correlata

**2. Res. 350/2020 do CNJ, art. 5º.** *"Art. 5º A cooperação judiciária nacional: I – pode ser realizada entre órgãos jurisdicionais de diferentes ramos do Poder Judiciário; II – pode ser instrumentalizada por auxílio direto, atos concertados, atos conjuntos e outros instrumentos adequados; III – deve ser documentada nos autos, observadas as garantias fundamentais do processo; IV – deve ser realizada de forma fundamentada, objetiva e imparcial; e V – deve ser comunicada às partes do processo. Parágrafo único. As cartas de ordem e precatória seguirão o regime previsto no Código de Processo Civil."*

## ⚖ Jurisprudência, Enunciados e Súmulas Selecionados

- **3. Enunciado 669 do FPPC.** *"O regimento interno pode regulamentar a cooperação entre órgãos do tribunal."*
- **4. Enunciado 670 do FPPC.** *"A cooperação judiciária pode efetivar-se pela prática de atos de natureza administrativa ou jurisdicional."*
- **5. Enunciado 164 da III Jornada-CJF.** *"É permitido ato concertado entre juízos para resolver questões referentes à validade de penhoras sobre o mesmo bem realizadas em execuções diversas, ainda que propostas em juízos de competências distintas."*

## 🖥 Comentários Temáticos

**6. Amplitude da cooperação judiciária nacional.** A cooperação judiciária nacional tem objeto amplo, podendo concretizar-se para a prática de qualquer ato processual.

**7. O objeto do pedido de cooperação interjudicial.** Não há objeto predefinido para a cooperação judiciária nacional. Os juízos podem formular entre si pedido de cooperação para a prática de qualquer ato processual, que, por sua vez, pode ser executado sob diversas formas (art. 69). O pedido de cooperação interjudicial abrange a prática de todo e qualquer ato processual, aí incluídos tanto os de natureza instrutória como os de natureza decisória.

**8. Cooperação entre órgãos jurisdicionais para tutela de direito de adolescentes.** *"6. É admissível que o juízo da comarca do domicílio do adolescente, competente em virtude da regra do art. 147 do ECA, ao julgar o pedido de autorização judicial de participação em espetáculo público, que estabeleça previamente diretrizes mínimas para a participação do adolescente em atividade que se desenvolve de maneira contínua, fixando, após a oitiva dos pais e do Ministério Público, os parâmetros adequados para a realização da atividade profissional pela pessoa em formação. 7. Além da regra impositiva do art. 147 do ECA, a fixação da competência do juízo da comarca do domicílio do adolescente para a concessão de autorização judicial que permita a apresentação em espetáculos públicos decorre da proximidade e do conhecimento existente entre o juízo e a entidade familiar e da necessidade de fixação de critérios uniformes para a concessão da autorização. 8. O hipotético prejuízo decorrente da concentração da competência do juízo da comarca do domicílio do adolescente para autorizar a participação em espetáculos públicos, em especial em comarcas distintas, pode ser drasticamente reduzido, até mesmo eliminado, mediante o uso adequado do instituto da cooperação judiciária nacional (arts. 67 a 69 do CPC/2015), que permite, de maneira simplificada e pela via do auxílio direto, o cumprimento de providências e o atendimento de solicitações entre juízos distintos"* (STJ, 3ª Turma, REsp 1.947.740/PR, rel. Min. Nancy Andrighi, DJe 08.10.2021).

---

**Art. 69.** O pedido de cooperação jurisdicional deve ser prontamente atendido, prescinde de forma específica e pode ser executado como:

I – auxílio direto;

II – reunião ou apensamento de processos;

III – prestação de informações;

IV – atos concertados entre os juízes cooperantes.

§ 1º As cartas de ordem, precatória e arbitral seguirão o regime previsto neste Código.

§ 2º Os atos concertados entre os juízes cooperantes poderão consistir, além de outros, no estabelecimento de procedimento para:

I – a prática de citação, intimação ou notificação de ato;

II – a obtenção e apresentação de provas e a coleta de depoimentos;

III – a efetivação de tutela provisória;

IV – a efetivação de medidas e providências para recuperação e preservação de empresas;

V – a facilitação de habilitação de créditos na falência e na recuperação judicial;

VI – a centralização de processos repetitivos;

VII – a execução de decisão jurisdicional.

§ 3º O pedido de cooperação judiciária pode ser realizado entre órgãos jurisdicionais de diferentes ramos do Poder Judiciário.

▶ **1. Sem correspondência no CPC/1973.**

## 🏛 Legislação Correlata

**2. Lei 9.784/1999, art. 49-A.** *"Art. 49-A. No âmbito da Administração Pública federal, as decisões administrativas que exijam a participação de 3 (três) ou mais setores, órgãos ou entidades poderão ser tomadas mediante decisão coordenada, sempre que: I – for justificável pela relevância da matéria; e II – houver discordância que prejudique a celeridade do processo administrativo decisório. § 1º Para os fins desta Lei, considera-se decisão coordenada a instância de natureza interinstitucional ou intersetorial que atua de forma compartilhada com a finalidade de simplificar o processo administrativo mediante participação concomitante de todas as autoridades e agentes decisórios e dos responsáveis pela instrução técnico-jurídica, observada a natureza do objeto e a compatibilidade do procedimento e de sua formalização com a legislação pertinente. § 2º (VETADO). § 3º (VETADO). § 4º A decisão coordenada não exclui a responsabilidade originária de cada órgão ou autoridade envolvida. § 5º A decisão coordenada obedecerá aos princípios da legalidade, da eficiência e da transparência, com utilização, sempre que necessário, da simplificação do procedimento e da concentração das instâncias decisórias. § 6º Não se aplica a decisão coordenada aos processos administrativos: I – de licitação; II – relacionados ao poder sancionador; ou III – em que estejam envolvidas autoridades de Poderes distintos."*

**3. Lei 9.784/1999, art. 49-F.** *"Art. 49-F. Eventual dissenso na solução do objeto da decisão coordenada deverá ser manifestado durante as reuniões, de forma fundamentada, acompanhado das propostas de solução e de alteração necessárias para a resolução da questão. Parágrafo único. Não poderá ser arguida matéria estranha ao objeto da convocação."*

**4. Lei 11.101/2005, art. 6º, § 7º-B.** *"Art. 6º (...) § 7º-B. O disposto nos incisos I, II e III do caput deste artigo não se aplica às execuções fiscais, admitida, todavia, a competência do juízo da recuperação judicial para determinar a substituição dos atos de constrição que recaiam sobre bens de capital essenciais à manutenção da atividade empresarial até o encerramento da recuperação judicial, a qual será implementada mediante a cooperação jurisdicional, na forma do art. 69 da Lei nº 13.105, de 16 de março de 2015 (Código de Processo Civil), observado o disposto no art. 805 do referido Código.»*

**5. Res. 350/2020 do CNJ.** Estabelece diretrizes e procedimentos sobre a cooperação judiciá-ria nacional entre os órgãos do Poder Judiciário e outras instituições e entidades.

## ⚖ Jurisprudência, Enunciados e Súmulas Selecionados

- **6. Enunciado 4 do FPPC.** *"A carta arbitral tramitará e será processada no Poder Judiciário de acordo com o regime previsto no Código de Processo Civil, respeitada a legislação aplicável."*

- **7. Enunciado 5 do FPPC.** *"O pedido de cooperação poderá ser realizado também entre tribunais arbitrais ou árbitros(as) e o Poder Judiciário."*

- **8. Enunciado 669 do FPPC.** *"O regimento interno pode regulamentar a cooperação entre órgãos do tribunal."*

- **9. Enunciado 670 do FPPC.** *"A cooperação judiciária pode efetivar-se pela prática de atos de natureza administrativa ou jurisdicional."*

- **10. Enunciado 671 do FPPC.** *"O inciso II do § 2º do art. 69 autoriza a produção única de prova comum a diversos processos, assegurada a participação dos interessados."*

- **11. Enunciado 686 do FPPC.** *"Aplicam-se os arts. 64, § 4º, 188 e 277 à hipótese de ato de cooperação que interfira na competência de qualquer dos juízos cooperantes."*

- **12. Enunciado 687 do FPPC.** *"A dispensa legal de forma específica para os atos de cooperação judiciária não afasta o dever de sua documentação nos autos do processo."*

- **13. Enunciado 688 do FPPC.** *"Por ato de cooperação judiciária, admite-se a definição de um juízo para a penhora, avaliação ou expropriação de bens de um mesmo devedor que figure como executado em diversos processos, inclusive que tramitem em juízos de competências distintas."*

- **14. Enunciado 695 do FPPC.** *"A suspensão do julgamento da causa de que trata o art. 377 é aplicável ao requerimento de produção de prova ou de verificação de determinado fato veiculado por qualquer meio de cooperação judiciária."*

- **15. Enunciado 733 do FPPC.** *"Se o juízo solicitado constatar que o pedido de cooperação não reúne os elementos suficientes, deverá, antes de recusá-lo, estabelecer interação com o juízo solicitante, preferencialmente por meio eletrônico, como forma de possibilitar o aproveitamento do ato."*

- **16. Enunciado 164 da III Jornada-CJF.** *"É permitido ato concertado entre juízos para*

**LIVRO II · DA FUNÇÃO JURISDICIONAL**  **Art. 69**

*resolver questões referentes à validade de penhoras sobre o mesmo bem realizadas em execuções diversas, ainda que propostas em juízos de competências distintas."*

### ▣ Comentários Temáticos

**17. Auxílio direto.** A cooperação judiciária nacional pode se dar sem a interferência de outros órgãos ou autoridades, fazendo-se por auxílio direto. O auxílio direto, comum no âmbito da cooperação internacional, pode servir como instrumento de cooperação nacional entre órgãos jurisdicionais e órgãos administrativos do próprio Poder Judiciário. O auxílio direto, que é um mecanismo informal e ágil de cooperação judiciária nacional, independe de prévia distribuição e pode ser utilizado ainda que o foro do juízo solicitante e o do solicitado sejam o mesmo; trata-se de um instrumento de cooperação desvinculado do critério territorial.

**18. Reunião ou apensamento de processos.** A reunião de processos pode ocorrer nos casos de conexão (art. 55), de continência (art. 56) e nos casos em que, mesmo sem conexão, haja risco de decisões conflituantes (art. 55, § 3º). Já o apensamento destina-se a reunir processos para tramitação simultânea, mas sem autuação conjunta: cada processo mantém sua própria numeração. O apensamento é recomendado para situações em que o motivo da reunião é precário, facilitando posterior desapensamento, como nos casos, por exemplo, de embargos à execução. A reunião de processos decorrente da conexão (art. 55) ou da continência (art. 56) acarreta julgamento conjunto ou simultâneo. Já a reunião ou apensamento de processos como instrumento de cooperação (art. 69, II) não implica, necessariamente, julgamento conjunto ou simultâneo. Nesse último caso, a reunião ou o apensamento pode ser temporário, destinando-se apenas à prática de um ato processual específico. Assim, é possível, por exemplo, reunir ou apensar processos para produção de prova que seja de interesse comum em ambos os processos, ainda que os órgãos tenham competências absolutas diversas (juízo cível e juízo criminal; juízo estadual e juízo federal) e não haja conexão, continência ou risco de decisão conflitante.

**19. Prestação de informações.** A prestação de informações, que deve se dar sem maiores formalidades, é uma forma de cooperação, que facilita as interações interjudiciais, permitindo que os órgãos jurisdicionais tenham livre acesso para disponibilizarem e obterem reciprocamente informações relevantes para o processamento e julgamento de processos judiciais.

**20. Atos concertados.** Os atos concertados são formas de cooperação estabelecidas de comum acordo entre os juízes cooperantes. Os atos concertados entre os juízes cooperantes podem consistir, além de outros, no estabelecimento de procedimento para a prática de citação, intimação ou notificação do ato, a efetivação de tutela provisória, a centralização de processos repetitivos, a execução de decisão jurisdicional. Os juízes podem atuar conjunta ou sucessivamente, ou seja, podem praticar atos conjuntos ou atos sucessivos, compartilhando a competência para processar e julgar a causa. Assim, os juízes podem agir conjuntamente ou repartir suas funções, cabendo a um deles ordenar, controlar e comandar os atos de comunicação processual, enquanto o outro pode cuidar da instrução probatória. A um terceiro pode ser atribuída a função de decidir a pretensão formulada pela parte autora. O estabelecimento de atos concertados entre juízos mostra-se adequado para a condução de processos complexos ou que envolvam questões repetitivas.

**21. Rol exemplificativo.** A competência pode ser compartilhada por meio de atos concertados. O § 2º do art. 69 contém um rol exemplificativo de atos concertados. Assim, os juízes podem estabelecer procedimento para a obtenção e apresentação de provas, para efetivação de tutela provisória, para execução de decisões judiciais, para centralização de processos repetitivos. O procedimento estabelecido pelos juízes pode consistir na divisão de tarefas num mesmo processo. O acerto feito entre eles deve ser divulgado junto às partes. Pode, por exemplo, um ficar responsável pelas comunicações processuais, outro pela instrução processual e um terceiro pela decisão final. Haverá, nesse exemplo, uma repartição de competências entre os juízos.

**22. Cooperação nos processos de falência e de recuperação judicial.** Nos processos de falência e de recuperação judicial, há amplo espaço para a cooperação judiciária. A comunicação entre o juízo da falência e da recuperação com outros órgãos é fundamental, sendo conveniente e, até mesmo, necessária a prática de diversos atos de cooperação.

**23. As interações entre árbitro e juiz.** A atividade do árbitro precisa do apoio do Judiciário. Ao Judiciário cabe cooperação com o árbitro e controlar sua atividade. A cooperação judiciária nacional envolve a prática de atos entre árbitro e juiz. A relação entre juiz e árbitro é de complementariedade e de cooperação. Para que a

131

arbitragem seja eficiente e efetiva, é preciso que haja interação com o Poder Judiciário, cabendo a este ministrar-lhe medidas de apoio e controle em todas as suas fases (pré-arbitral, arbitral e pós-arbitral). Na fase pré-arbitral, o Judiciário coopera com o exame de tutela provisória pré-arbitral (Lei 9.307/1996, art. 22-A), a fim de garantir o resultado útil da arbitragem. Também na fase pré-arbitral, o Judiciário coopera para a instalação da arbitragem, quando, havendo cláusula compromissória vazia, uma das partes resiste a firmar o compromisso (Lei 9.307/1996, art. 7º). Durante a arbitragem, o tribunal arbitral pode solicitar medidas de apoio ao Poder Judiciário, necessárias à prática de atos processuais (Lei 9.307/1996, art. 22-C), requerendo à autoridade judiciária a condução da testemunha renitente para depor no procedimento arbitral (Lei 9.307/1996, art. 22, § 2º). Na fase pós-arbitral, o Judiciário é quem executa a sentença do árbitro e quem a controla, julgando a ação anulatória contra ela proposta (Lei 9.307/1996, art. 33).

**24. Causas repetitivas.** O julgamento de causas repetitivas faz-se por IRDR e por recursos repetitivos (art. 928, I e II), tendo por objeto questão de direito material ou processual (art. 928, parágrafo único). Se a repetição for de questão de fato, não cabem o IRDR nem os recursos repetitivos, mas é possível concertar atos para estabelecer procedimento destinado à centralização de processos repetitivos. Os atos concertados de centralização de processos repetitivos compõem, portanto, os meios destinados a processar e julgar as causas repetitivas.

**25. Modificação de competências.** A cooperação interjudicial tem reflexos diretos sobre o sistema de competências. Há casos em que a cooperação pode acarretar modificação da competência, a exemplo do que ocorre nas hipóteses de reunião ou apensamento de processos e nas de centralização de processos repetitivos. Esses casos revelam a flexibilização e a adaptabilidade das competências no sistema atual. A mudança de competência pode ser, inclusive, temporária e unicamente para a prática de um determinado ato processual conjunto, como uma audiência ou uma perícia.

**26. Compartilhamento de competências e princípio da eficiência.** Em matéria de cooperação judiciária nacional, é possível haver delegação e compartilhamento de competências, para que outro juízo possa praticar atos processuais destinados a processar, instruir, comunicar, julgar, contribuindo para um processo mais eficiente. A eficiência administrativa (CF, art. 37) inspirou a eficiência processual (art. 8º).

O compartilhamento de competência por atos concertados dos juízes concretiza o princípio da eficiência. Para gerir melhor o processo, torná-lo mais ágil, mais efetivo e ter, ao final, uma decisão mais justa e melhor tecnicamente, o concerto de atos, mediante compartilhamento de competências, é uma medida recomendada e permitida (art. 69, § 2º). O ato concertado pode servir, inclusive, para modificação de competência, a fim de se ter ganho de eficiência. É possível, por exemplo, haver a "centralização de processos repetitivos" como objeto do ato concertado. Assim, para garantir eficiência e evitar violações à segurança jurídica e à isonomia, os processos repetitivos podem ser centralizados num único juízo, sobretudo quando o litigante habitual for a mesma pessoa. Nesse caso, em vez de diversas contestações, audiências e atos idênticos sucessivamente reproduzidos, tudo pode ser feito de forma unificada, com a reunião ou centralização de processos. Há, enfim, uma hipótese de modificação de competência prevista para que se garanta maior eficiência.

**27. O compartilhamento de competências como meio para prevenir, evitar ou solucionar conflitos de competência.** A cooperação judiciária destina-se a concretizar a eficiência processual. Os juízes devem compartilhar competências, a fim de se ter mais eficiência no processo em que praticam atos concertados. Os atos conjuntos ou concertados servem para compartilhar competências, evitando, assim, que haja conflito de competência. É possível, porém, que não se compartilhem competências e seja, então, suscitado o conflito entre os juízos (art. 66). No curso do conflito de competência, o relator ou o próprio colegiado pode convocar os juízos em conflito para que ajustem, concertem ou compartilhem suas competências. O conflito de competência também pode servir de palco adequado para que os juízos compartilhem suas competências, eliminando-o. A possibilidade de competência compartilhada por atos concertados impacta na solução do conflito de competência. Se é possível que mais de um juiz passe, por atos concertados, a atuar no mesmo processo e se tal compartilhamento tem por finalidade a eficiência processual, é possível que, nessa atuação conjunta, elimine-se o conflito de competência instaurado entre os juízos. O tribunal competente para apreciar e julgar o conflito de competência pode, então, durante o processamento do conflito, convocar os juízos para que realizem o compartilhamento e passem a atuar de forma concertada.

**LIVRO II** · DA FUNÇÃO JURISDICIONAL · **Art. 69**

**28.** **Cooperação entre órgãos jurisdicionais para tutela de direito de adolescentes.** "6. É admissível que o juízo da comarca do domicílio do adolescente, competente em virtude da regra do art. 147 do ECA, ao julgar o pedido de autorização judicial de participação em espetáculo público, que estabeleça previamente diretrizes mínimas para a participação do adolescente em atividade que se desenvolve de maneira contínua, fixando, após a oitiva dos pais e do Ministério Público, os parâmetros adequados para a realização da atividade profissional pela pessoa em formação. 7. Além da regra impositiva do art. 147 do ECA, a fixação da competência do juízo da comarca do domicílio do adolescente para a concessão de autorização judicial que permita a apresentação em espetáculos públicos decorre da proximidade e do conhecimento existente entre o juízo e a entidade familiar e da necessidade de fixação de critérios uniformes para a concessão da autorização. 8. O hipotético prejuízo decorrente da concentração da competência do juízo da comarca do domicílio do adolescente para autorizar a participação em espetáculos públicos, em especial em comarcas distintas, pode ser drasticamente reduzido, até mesmo eliminado, mediante o uso adequado do instituto da cooperação judiciária nacional (arts. 67 a 69, do CPC/2015), que permite, de maneira simplificada e pela via do auxílio direto, o cumprimento de providências e o atendimento de solicitações entre juízos distintos" (STJ, 3ª Turma, REsp 1.947.740/PR, rel. Min. Nancy Andrighi, DJe 08.10.2021).

**29.** **Ato concertado como pressuposto para caracterização de conflito de competência entre os juízos fiscal e recuperacional.** "A partir da vigência da Lei n. 14.112/2020, com aplicação aos processos em trâmite (afinal se trata de regra processual que cuida de questão afeta à competência), não se pode mais reputar configurado conflito de competência perante esta Corte de Justiça pelo só fato de o Juízo da recuperação ainda não ter deliberado sobre a constrição judicial determinada no feito executivo fiscal, em razão justamente de não ter a questão sido, até então, a ele submetida. 1.1 A submissão da cons-

trição judicial ao Juízo da recuperação judicial, para que este promova o juízo de controle sobre o ato constritivo, pode ser feita naturalmente, de ofício, pelo Juízo da execução fiscal, em atenção à propugnada cooperação entre os Juízos. O § 7ª-B do art. 6º da Lei n. 11.101/2005 apenas faz remissão ao art. 69 do CPC/2015, cuja redação estipula que a cooperação judicial prescinde de forma específica. E, em seu § 2º, inciso IV, estabelece que "os atos concertados entre os juízos cooperantes poderão consistir, além de outros, no estabelecimento de procedimento para a efetivação de medidas e providências para recuperação e preservação de empresas". 1.2 Caso o Juízo da execução fiscal assim não proceda, tem-se de todo prematuro falar-se em configuração de conflito de competência perante esta Corte de Justiça, a pretexto, em verdade, de obter o sobrestamento da execução fiscal liminarmente. Não há, por ora, nesse quadro, nenhuma usurpação da competência, a ensejar a caracterização de conflito perante este Superior Tribunal. A inação do Juízo da execução fiscal – como um "não ato" que é – não pode, por si, ser considerada idônea a fustigar a competência do Juízo recuperacional ainda nem sequer exercida. 1.3 Na hipótese de o Juízo da execução fiscal não submeter, de ofício, o ato constritivo ao Juízo da recuperação judicial, deve a recuperanda instar o Juízo da execução fiscal a fazê-lo ou levar diretamente a questão ao Juízo da recuperação judicial, que deverá exercer seu juízo de controle sobre o ato constritivo, se tiver elementos para tanto, valendo-se, de igual modo, se reputar necessário, da cooperação judicial preconizada no art. 69 do CPC/2015. 2. De acordo com a orientação da Segunda Seção do STJ, firmada por ocasião do julgamento do CC 181.190/AC, a caracterização de conflito de competência perante esta Corte de Justiça pressupõe a materialização da oposição concreta do Juízo da execução fiscal à efetiva deliberação do Juízo da recuperação judicial a respeito do ato constritivo, circunstância não verificada na hipótese dos autos" (STJ, 2ª Seção, AgInt no CC 181.733/PE, rel. Min. Marco Aurélio Bellizze, DJe 18.03.2022).

LIVRO III

# DOS SUJEITOS DO PROCESSO

# TÍTULO I
# DAS PARTES E DOS PROCURADORES

## CAPÍTULO I
## DA CAPACIDADE PROCESSUAL

**Art. 70.** Toda pessoa que se encontre no exercício de seus direitos tem capacidade para estar em juízo.

▶ **1. Correspondência no CPC/1973.** *"Art. 7º Toda pessoa que se acha no exercício dos seus direitos tem capacidade para estar em juízo."*

🏛 **LEGISLAÇÃO CORRELATA**

**2. CC, art. 2º.** *"Art. 2º A personalidade civil da pessoa começa do nascimento com vida; mas a lei põe a salvo, desde a concepção, os direitos do nascituro."*

**3. CC, art. 3º.** *"Art. 3º São absolutamente incapazes de exercer pessoalmente os atos da vida civil os menores de 16 (dezesseis) anos."*

**4. CC, art. 4º.** *"Art. 4º São incapazes, relativamente a certos atos ou à maneira de os exercer: I – os maiores de dezesseis e menores de dezoito anos; II – os ébrios habituais e os viciados em tóxico; III – aqueles que, por causa transitória ou permanente, não puderem exprimir sua vontade; IV – os pródigos. Parágrafo único. A capacidade dos indígenas será regulada por legislação especial."*

**5. CC, art. 45.** *"Art. 45. Começa a existência legal das pessoas jurídicas de direito privado com a inscrição do ato constitutivo no respectivo registro, precedida, quando necessário, de autorização ou aprovação do Poder Executivo, averbando-se no registro todas as alterações por que passar o ato constitutivo."*

**6. EOAB, art. 15, § 1º.** *"Art. 15. (...) § 1º A sociedade de advogados e a sociedade unipessoal de advocacia adquirem personalidade jurídica com o registro aprovado dos seus atos constitutivos no Conselho Seccional da OAB em cuja base territorial tiver sede."*

**7. ECA, art. 21.** *"Art. 21. O poder familiar será exercido, em igualdade de condições, pelo pai e pela mãe, na forma do que dispuser a legislação civil, assegurado a qualquer deles o direito de, em caso de discordância, recorrer à autoridade judiciária competente para a solução da divergência."*

**8. Lei 9.099/1995, art. 8º, § 2º.** *"§ 2º O maior de dezoito anos poderá ser autor, independentemente de assistência, inclusive para fins de conciliação."*

**9. Lei 6.001/1973, art. 7º.** *"Art. 7º Os índios e as comunidades indígenas ainda não integrados à comunhão nacional ficam sujeito ao regime tutelar estabelecido nesta Lei. § 1º Ao regime tutelar estabelecido nesta Lei aplicam-se no que couber, os princípios e normas da tutela de direito comum, independendo, todavia, o exercício da tutela da especialização de bens imóveis em hipoteca legal, bem como da prestação de caução real ou fidejussória. § 2º Incumbe a tutela à União, que a exercerá através do competente órgão federal de assistência aos silvícolas."*

**10. Lei 6.001/1973, art. 8º.** *"Art. 8º São nulos os atos praticados entre o índio não integrado e qualquer pessoa estranha à comunidade indígena quando não tenha havido assistência do órgão tutelar competente. Parágrafo único. Não se aplica a regra deste artigo no caso em que o índio revele consciência e conhecimento do ato praticado, desde que não lhe seja prejudicial, e da extensão dos seus efeitos."*

**11. Lei 6.001/1973, art. 9º.** *"Art. 9º Qualquer índio poderá requerer ao Juiz competente a sua liberação do regime tutelar previsto nesta Lei, investindo-se na plenitude da capacidade civil, desde que preencha os requisitos seguintes: I – idade mínima de 21 anos; II – conhecimento da língua portuguesa; III – habilitação para o exercício de atividade útil, na comunhão nacional; IV – razoável compreensão dos usos e costumes da comunhão nacional. Parágrafo único. O Juiz decidirá após instrução sumária, ouvidos o órgão de assistência ao índio e o Ministério Público, transcrita a sentença concessiva no registro civil."*

**12. Lei 6.001/1973, art. 10.** *"Art. 10. Satisfeitos os requisitos do artigo anterior e a pedido escrito do interessado, o órgão de assistência poderá reconhecer ao índio, mediante declaração formal, a condição de integrado, cessando toda restrição à capacidade, desde que, homologado judicialmente o ato, seja inscrito no registro civil."*

**13. Lei 6.001/1973, art. 11.** *"Art. 11. Mediante decreto do Presidente da República, poderá ser declarada a emancipação da comunidade indígena e de seus membros, quanto ao regime tutelar estabelecido em lei, desde que requerida pela maioria dos membros do grupo e comprovada, em inquérito realizado pelo órgão federal competente, a sua plena integração na comunhão nacional. Parágrafo único. Para os efeitos do disposto neste artigo, exigir-se-á o preenchimento, pelos requerentes, dos requisitos estabelecidos no artigo 9º."*

**14. Dec. 6.949/2009, art. 1º.** *"Art. 1º A Convenção sobre os Direitos das Pessoas com Deficiência e seu Protocolo Facultativo, apensos por cópia ao presente Decreto, serão executados e cumpridos tão inteiramente como neles se contém."*

**15. Convenção sobre os direitos das pessoas com deficiência, art. 13.** *"Artigo 13. Acesso à justiça. 1. Os Estados Partes assegurarão o efetivo acesso das pessoas com deficiência à justiça, em igualdade de condições com as demais pessoas, inclusive mediante a provisão de adaptações processuais adequadas à idade, a fim de facilitar o efetivo papel das pessoas com deficiência como participantes diretos ou indiretos, inclusive como testemunhas, em todos os procedimentos jurídicos, tais como investigações e outras etapas preliminares. 2. A fim de assegurar às pessoas com deficiência o efetivo acesso à justiça, os Estados Partes promoverão a capacitação apropriada daqueles que trabalham na área de administração da justiça, inclusive a polícia e os funcionários do sistema penitenciário."*

## ⚖ JURISPRUDÊNCIA, ENUNCIADOS E SÚMULAS SELECIONADOS

- **16. Súmula STJ, 525.** *"A Câmara de Vereadores não possui personalidade jurídica, apenas personalidade judiciária, somente podendo demandar em juízo para defender os seus direitos institucionais."*

## 🗐 COMENTÁRIOS TEMÁTICOS

**17. Conceito de parte.** O conceito mais elementar e difundido de parte é o que a identifica como o sujeito que, no processo, formula o pedido ou tem o pedido contra si formulado, ocupando o polo ativo ou o polo passivo da demanda. Parte, em outras palavras, seria o autor ou o réu do processo. O terceiro interveniente adquire a condição de parte, assumindo a posição de autor ou de réu e titularizando situações jurídicas processuais (ônus, deveres, direitos, faculdades, poderes processuais e outras situações jurídicas ativas ou passivas).

**18. Personalidade jurídica *versus* capacidade jurídica.** A doutrina tradicional entende que os entes despersonalizados não detêm capacidade jurídica, não devendo, portanto, revestir-se da condição de parte em processos judiciais. Para tal doutrina tradicional, somente aqueles entes previstos no art. 75 é que poderiam ser parte, pois, embora desprovidos de personalidade jurídica, teriam a chamada personalidade judiciária. Na verdade, a falta de personalidade

jurídica não conduz, necessariamente, à ausência de capacidade. Embora se afirme que a capacidade seja um elemento da personalidade, nem sempre que haja capacidade deve existir, necessariamente, personalidade. Em algumas hipóteses, o legislador entende desnecessário atribuir personalidade a alguns entes, mas lhes assegura capacidade jurídica e processual. Tais entes não são pessoas, mas são sujeitos de direito, podendo ser titulares de poderes, deveres, direitos, ônus e faculdades, de índole material ou processual. Há, então, sujeitos de direito que não são pessoas, mas se lhes atribui capacidade jurídica. Isso poderia causar a impressão de que haveria "pesos" ou "graus" de personalidade. O que se percebe, entretanto, é que a personalidade jurídica não sofre variações: ou o sujeito a tem ou não a tem; ou ele é ou não é pessoa. De igual modo, não há meia capacidade. Não se pode dizer que o sujeito tenha capacidade para determinados atos, não a detendo para outros. Ou se tem, ou não se tem capacidade jurídica.

**19. Capacidade jurídica.** A pessoa ou o sujeito de direito tem capacidade jurídica, que é a capacidade para adquirir direitos e contrair obrigações. Nem sempre, contudo, a pessoa tem capacidade para exercer, sozinha, sua aptidão de adquirir direitos e contrair obrigações. Nesse caso, o sujeito tem a capacidade jurídica, mas não dispõe, total ou parcialmente, da capacidade de fato ou de exercício, que também é chamada de capacidade de ação; diz-se, então, que a pessoa é absoluta ou relativamente incapaz. Essa incapacidade pode ser complementada pela representação ou assistência: os absolutamente incapazes devem ser representados, enquanto os relativamente incapazes, assistidos. Quando a pessoa tem capacidade para, por si mesma, adquirir direitos e contrair obrigações, diz-se que ela é plenamente capaz; nesse caso, está presente o somatório das capacidades jurídica e de fato. A capacidade jurídica, como se vê, é a aptidão para adquirir direitos e contrair obrigações. Já a capacidade de fato é a aptidão para o *exercício* de comportamentos regulados juridicamente.

**20. Capacidade de ser parte.** A capacidade de ser parte corresponde à capacidade de ter direitos, ou melhor, à capacidade de adquirir direitos e contrair obrigações. Toda pessoa natural tem, por isso, capacidade de ser parte, não importando a idade, estado mental, sexo, nacionalidade, estado civil. Também têm capacidade de ser parte as pessoas jurídicas e os entes despersonalizados que podem adquirir direitos e contrair obrigações. A lei atribui capacidade ao nascituro, ao espólio e a outros entes. Órgãos públicos despersonalizados podem adquirir direitos e contrair obrigações. Todos eles podem ser parte em processo judicial.

**21. Capacidade de estar em juízo.** A capacidade de estar em juízo equivale à capacidade de fato, de exercício, de exercer direitos pessoalmente, por si só. Se o sujeito for absoluta ou relativamente incapaz, terá capacidade de estar em juízo, caso esteja devidamente representado ou assistido na forma da lei (art. 71).

**22. Capacidade *versus* legitimidade.** A legitimidade é uma qualidade que se agrega ao exercício do poder. A legitimidade equivale a uma qualidade agregada ao agente, decorrente de uma situação de fato, para que ele possa exercer direitos, poderes, ônus ou faculdades. Pode a legitimidade ser definida como a *pertinência* ao atuante de uma relação jurídica. A legitimidade consiste numa aptidão subjetiva para a prática de atos jurídicos. Nesse ponto, identifica-se com a capacidade de exercício, pois ambas constituem uma aptidão subjetiva para a prática de atos jurídicos. Não obstante haver tal semelhança, a legitimidade não se confunde com a capacidade de agir. A capacidade é atributo de uma pessoa ou de um sujeito de direito, que poderá, em razão dela, adquirir direitos e contrair obrigações. Diversamente, a legitimidade ou legitimação permite que alguém possa agir em *certa situação* e perante outra pessoa determinada. Em outras palavras, capacidade é um *ser*; legitimidade, um *estar em face de*. Enfim, a capacidade é a aptidão *genérica* para a prática de atos jurídicos, ao passo que a legitimidade ou legitimação consiste na aptidão *específica* para a prática de determinado ato, diante de uma situação jurídica e perante dada pessoa. A legitimidade é uma pertinência, que consiste numa qualificação jurídica ou qualificação normativa. O proprietário, por exemplo, tem legitimidade para alienar seu bem. A pessoa que não ostenta a condição de proprietário tem capacidade para os atos da vida civil, mas não pode vender o bem, justamente por não ser proprietária. Nesse caso, aquele que não é proprietário está desprovido de legitimidade para a prática do ato. Diz-se, então, que o ilegítimo é *terceiro*, alheio ao objeto ou à respectiva situação jurídica. Logo, a capacidade não se confunde com a legitimidade, justamente por haver situações em que pode existir a capacidade, embora não sobressaia a presença da legitimidade. A capacidade é sempre plena, não se restringindo. Se o sujeito for incapaz, poderá suprir sua incapacidade pela representação ou assistência. Havendo, todavia, restrição à prática de atos jurídicos em função de uma situação do sujeito relativamente ao objeto, tal restrição concerne à legitimidade, e não à capacidade. A legitimidade, enfim, é essencialmente *limitada*, exatamente por decorrer da situação jurídica do sujeito em face de um objeto do ato jurídico. É por isso que legitimidade não tem a amplitude que caracteriza a capacidade.

**23. Capacidade do Ministério Público de estar em juízo.** *"Não obstante despido de personalidade jurídica, porque é órgão ou complexo de órgãos estatais, a capacidade ou personalidade judiciária do Ministério lhe é inerente – porque instrumento essencial de sua atuação – e não se pode dissolver na personalidade jurídica do Estado, tanto que a ele frequentemente se contrapõe em juízo; se, para a defesa de suas atribuições finalísticas, os Tribunais têm assentado o cabimento do mandado de segurança, este igualmente deve ser posto a serviço da salvaguarda dos predicados da autonomia e da independência do Ministério Público, que constituem, na Constituição, meios necessários ao bom desempenho de suas funções institucionais"* (STF, Pleno, MS 21.239/DF, rel. Min. Sepúlveda Pertence, *DJ* 23.04.1993, p. 6.920).

**24. Pressuposto processual.** A capacidade processual é pressuposto de validade do processo. Sua ausência impede o exame do mérito. Não suprido o defeito, o juiz deve extinguir o processo sem resolução do mérito (art. 485, IV), a não ser que possa julgar favoravelmente ao adversário (art. 488).

**25. Capacidade de estar em juízo de sociedade empresária em liquidação.** *"1. Inocorrência de perda da capacidade para estar em juízo da sociedade empresária em liquidação. 2. Possibilidade de ajuizamento de ação mesmo após o registro do distrato. 3. Caso concreto em que o acórdão recorrido reconheceu não se ter chegado ao fim do processo de liquidação da sociedade empresária. 4. Em sendo transmissível a obrigação cuja prestação se postula na demanda, quando a pessoa jurídica figura como autora da ação a sua extinção no curso da demanda equipara-se à morte da pessoa natural (art. 43 do CPC/1973), decorrendo daí a sucessão dos seus sócios, e não a extinção do processo"* (STJ, 3ª Turma, AgInt nos EDcl no REsp 1.716.079/RJ, rel. Min. Paulo de Tarso Sanseverino, *DJe* 02.08.2019).

**26. Atos praticados pelo antigo titular do cartório.** *"(...) As serventias extrajudiciais, 'conquanto não detentoras de personalidade jurídica, ostentam a qualidade de parte no sentido processual, ad instar do que ocorre com o espólio, a massa falida etc., de modo que tem capacidade para estar em juízo'. 3. Não responde o titular do*

**LIVRO III ·** DOS SUJEITOS DO PROCESSO    **Art. 71**

*Cartório de Registro de Imóveis por atos lesivos praticados por seu antecessor, pois sua responsabilidade pessoal apenas se inicia a partir da delegação, não havendo sucessão empresarial"* (STJ, 3ª Turma, REsp 1.340.805/PE, rel. Min. Paulo de Tarso Sanseverino, *DJe* 10.06.2019).

> **Art. 71.** O incapaz será representado ou assistido por seus pais, por tutor ou por curador, na forma da lei.

▶ **1. Correspondência no CPC/1973.** *"Art. 8º Os incapazes serão representados ou assistidos por seus pais, tutores ou curadores, na forma da lei civil."*

## ⚖ LEGISLAÇÃO CORRELATA

**2. ECA, art. 21.** *"Art. 21. O poder familiar será exercido, em igualdade de condições, pelo pai e pela mãe, na forma do que dispuser a legislação civil, assegurado a qualquer deles o direito de, em caso de discordância, recorrer à autoridade judiciária competente para a solução da divergência."*

**3. CC, art. 22.** *"Art. 22. Desaparecendo uma pessoa do seu domicílio sem dela haver notícia, se não houver deixado representante ou procurador a quem caiba administrar-lhe os bens, o juiz, a requerimento de qualquer interessado ou do Ministério Público, declarará a ausência, e nomear-lhe-á curador."*

**4. CC, art. 1.630.** *"Art. 1.630. Os filhos estão sujeitos ao poder família, enquanto menores."*

**5. CC, art. 1.631.** *"Art. 1.631. Durante o casamento e a união estável, compete o poder familiar aos pais; na falta ou impedimento de um deles, o outro o exercerá com exclusividade."*

**6. CC, art. 1.634, VII.** *"Art. 1.634. Compete a ambos os pais, qualquer que seja a sua situação conjugal, o pleno exercício do poder familiar, que consiste em, quanto aos filhos: (...) VII – representá-los judicial e extrajudicialmente até os 16 (dezesseis) anos, nos atos da vida civil, e assisti-los, após essa idade, nos atos em que forem partes, suprindo-lhes o consentimento."*

**7. CC, art. 1.690.** *"Art. 1.690. Compete aos pais, e na falta de um deles ao outro, com exclusividade, representar os filhos menores de dezesseis anos, bem como assisti-los até completarem a maioridade ou serem emancipados."*

**8. CC, art. 1.747, I.** *"Art. 1.747. Compete mais ao tutor: I – representar o menor, até os dezesseis anos, nos atos da vida civil, e assisti-lo, após essa idade, nos atos em que for parte."*

**9. CC, art. 1.748, V.** *"Art. 1.748. Compete também ao tutor, com autorização do juiz: (...) V – propor em juízo as ações, ou nelas assistir o menor, e promover todas as diligências a bem deste, assim como defendê-lo nos pleitos contra ele movidos. Parágrafo único. No caso de falta de autorização, a eficácia de ato do tutor depende da aprovação ulterior do juiz."*

**10. CC, art. 1.781.** *"Art. 1.781. As regras a respeito do exercício da tutela aplicam-se ao da curatela, com a restrição do art. 1.772 e as desta Seção."*

**11. Lei 13.146/2015, art. 6º.** *"Art. 6º A deficiência não afeta a plena capacidade civil da pessoa, inclusive para: (...)."*

**12. Lei 13.146/2015, art. 84.** *"Art. 84. A pessoa com deficiência tem assegurado o direito ao exercício de sua capacidade legal em igualdade de condições com as demais pessoas."*

## 🗐 COMENTÁRIOS TEMÁTICOS

**13. Capacidade de estar em juízo do incapaz.** O incapaz não pode estar, sozinho, no processo, não tendo capacidade de praticar, por si só, atos processuais. Precisa, então, estar representado ou assistido por seu representante, na forma da lei civil. O absolutamente incapaz deve ser representado por seus pais, por seu tutor ou por quem detenha o poder familiar. Já o relativamente incapaz deve ser assistido por seus pais, por seu curador ou por quem detenha o poder familiar.

**14. Poder familiar.** Os filhos menores estão sujeitos ao poder familiar (CC, art. 1.630). O poder familiar compete, conjuntamente, aos pais; na falta ou impedimento de um deles, o outro o exercerá com exclusividade (CC, art. 1.631). Cabe a ambos os pais, qualquer que seja a situação conjugal, pleno exercício do poder familiar, que consiste, quanto aos filhos, entre outras coisas, em representá-los judicialmente até os 16 anos, e assisti-los, após essa idade, nos atos em que forem parte, suprindo-lhes o consentimento (CC, art. 1.634, VII). O divórcio e a dissolução da união estável não alteram as relações entre pais e filhos, não pondo fim ao poder familiar (CC, art. 1.632).

**15. A representação pelos pais, em conjunto, ou, separadamente.** *"A representação processual de menor impúbere pode ser exercida em conjunto pelos genitores, ou então, separadamente, por cada um deles, ressalvadas as hipóteses de destituição do poder familiar, ausência ou de potencial conflito de*

139

**Art. 72** CÓDIGO DE PROCESSO CIVIL COMENTADO – *Leonardo Carneiro da Cunha*

*interesses"* (STJ, 4ª Turma, REsp 1.462.840/MG, rel. Min. Maria Isabel Gallotti, *DJe* 21.5.2024).

**16. Divergência entre os pais.** Se os pais divergirem quanto ao poder familiar, é possível recorrer ao juiz para a solução do desacordo (CC, art. 1.631, parágrafo único), cabendo ao juiz avaliar a conveniência e os riscos da propositura de uma demanda judicial, caso não haja consenso entre os pais a esse respeito.

**17. Incapaz sem representante.** Se o incapaz não tiver representante, não terá capacidade de estar em juízo. Ao incapaz que não tenha representante, o juiz nomear-lhe-á um curador especial (art. 72, I), conferindo-se-lhe, assim, capacidade de estar em juízo.

**18. Colisão de interesses do incapaz e de seu representante.** Se os interesses do representante do incapaz colidirem com os deste, o juiz também deve nomear ao incapaz um curador especial (art. 72, I).

**19. Sanação da falta de capacidade de estar em juízo.** Verificada a incapacidade processual, o juiz suspenderá o processo e designará prazo razoável para que seja sanado o vício (art. 76). Sanado o vício, o incapaz passará a ter capacidade de estar em juízo. Não sanado, haverá uma das implicações previstas nos §§ 1º e 2º do art. 76.

> **Art. 72.** O juiz nomeará curador especial ao:
> I – incapaz, se não tiver representante legal ou se os interesses deste colidirem com os daquele, enquanto durar a incapacidade;
> II – réu preso revel, bem como ao réu revel citado por edital ou com hora certa, enquanto não for constituído advogado.
> Parágrafo único. A curatela especial será exercida pela Defensoria Pública, nos termos da lei.

▶ **1. Correspondência no CPC/1973.** *"Art. 9º O juiz dará curador especial: I – ao incapaz, se não tiver representante legal, ou se os interesses deste colidirem com os daquele; II – ao réu preso, bem como ao revel citado por edital ou com hora certa. Parágrafo único. Nas comarcas onde houver representante judicial de incapazes ou de ausentes, a este competirá a função de curador especial."*

🏛 **Legislação Correlata**

**2. CC, art. 3º.** *"Art. 3º São absolutamente incapazes de exercer pessoalmente os atos da vida civil os menores de 16 (dezesseis) anos."*

**3. CC, art. 4º.** *"Art. 4º São incapazes, relativamente a certos atos ou à maneira de os exercer: I – os maiores de dezesseis e menores de dezoito anos;*

*II – os ébrios habituais e os viciados em tóxico; III – aqueles que, por causa transitória ou permanente, não puderem exprimir sua vontade; IV – os pródigos. Parágrafo único. A capacidade dos indígenas será regulada por legislação especial."*

**4. CC, art. 1.692.** *"Art. 1.692. Sempre que no exercício do poder familiar colidir o interesse dos pais com o do filho, a requerimento deste ou do Ministério Público o juiz lhe dará curador especial."*

**5. CPP, art. 33.** *"Art. 33. Se o ofendido for menor de 18 anos, ou mentalmente enfermo, ou retardado mental, e não tiver representante legal, ou colidirem os interesses deste com os daquele, o direito de queixa poderá ser exercido por curador especial, nomeado, de ofício ou a requerimento do Ministério Público, pelo juiz competente para o processo penal."*

**6. LC 80/1994, art. 4º, XVI.** *"Art. 4º São funções institucionais da Defensoria Pública, dentre outras: (...) XVI – exercer a curadoria especial nos casos previstos em lei;"*

🔖 **Jurisprudência, Enunciados e Súmulas Selecionados**

- **7. Tema/Repetitivo 182 STJ.** *"É dispensado o curador especial de oferecer garantia ao Juízo para opor embargos à execução."*
- **8. Súmula STJ, 196.** *"Ao executado que, citado por edital ou por hora certa, permanecer revel, será nomeado curador especial, com legitimidade para apresentação de embargos."*

📋 **Comentários Temáticos**

**9. Curatela especial.** O juiz deve, em alguns casos, dar à parte um representante especial para atuar em seu nome apenas no curso do processo. Trata-se do curador especial, cuja nomeação deve ser determinada em alguns casos de incapacidade e de revelia.

**10. Conceito de curador especial.** O curador especial não é parte, mas um representante processual que visa a garantir um mínimo de contraditório; tem, por isso, o dever de defender o curatelado.

**11. Curatela especial ao incapaz.** Se o incapaz não tiver representante legal, ou se houver colisão entre o interesse deste com o daquele, o juiz deve nomear-lhe um curador especial para o processo em curso, enquanto durar a incapacidade.

**12. Curatela especial ao réu revel.** Ao réu preso revel, bem como ao réu revel citado por edital ou com hora certa, deve o juiz nomear curador especial, enquanto não for constituído advogado que o represente no processo. A nomeação ocorre depois de transcorrido o prazo de contestação sem defesa do réu. Cessa a intervenção do curador especial a partir de quando o revel passe a ser representando no processo por advogado. Mesmo preso ou citado fictamente, o réu poderá ter comparecido e contestado mediante advogado por ele constituído, caso em que não será necessária a nomeação do curador especial pelo juiz.

**13.** **Curatela especial na ratificação dos protestos marítimos e nos processos testemunháveis formados a bordo.** A ausência de interessados na audiência designada pelo juiz implica a nomeação de curador especial (art. 769).

**14.** **Curatela especial na execução.** Se o executado, citado por edital ou com hora certa, não comparece, nem paga, nem se manifesta, deve o juiz nomear-lhe curador especial, devido ao art. 72, II, que se aplica ao processo de execução.

**15.** **Curatela especial na execução fiscal.** O disposto no art. 72, II, aplica-se à execução fiscal, cumprindo ao juiz, sob pena de invalidade dos atos processuais, nomear curador especial para o executado que, citado por edital ou com hora certa, não comparece nem se manifesta nos autos.

**16.** **Desnecessidade de garantia do juízo para embargos à execução fiscal ajuizados pela defensoria pública como curadora especial.** *"(...), seria um contrassenso admitir a legitimidade do curador especial para a oposição de embargos, mas exigir que, por iniciativa própria, garantisse o juízo em nome do réu revel, mormente em se tratando de defensoria pública, na medida em que consubstanciaria desproporcional embaraço ao exercício do que se constitui um múnus público, com nítido propósito de se garantir o direito ao contraditório e à ampla defesa"* (STJ, 2ª Turma, AgInt no REsp 1.781.045/MG, rel. Min. Assusete Magalhães, *DJe* 25.09.2020).

**17.** **Invalidade por falta de nomeação.** O juiz deve nomear curador especial nos casos exigidos pela lei. A ausência de nomeação é causa de nulidade dos atos processuais, a não ser que não haja prejuízo.

**18.** **Função da Defensoria Pública.** A curatela especial é exercida pela Defensoria Pública. A Defensoria Pública tem a *função típica* de prestar assistência jurídica aos necessitados, representando-os em processos judiciais e administrativos. Ao lado disso, tem algumas *funções atípicas*, entre as quais se inclui a de atuar como *curador especial,* nos casos previstos em lei. Neste último

caso, a Defensoria Pública atuará *independentemente* da condição de necessitado do assistido.

**19.** **Curadoria especial *versus* hipossuficiência do curatelado.** *"Na hipótese de revelia, a nomeação de curador especial não faz presumir a hipossuficiência do curatelado para fins de concessão da gratuidade da justiça. De outro lado, em observância aos princípios constitucionais da ampla defesa e do contraditório, os atos processuais praticados pelo curador especial (advogado dativo ou defensoria pública) – inclusive a interposição de recursos – estão dispensados do prévio pagamento das despesas, que serão custeadas pela parte vencida ao término do processo, conforme o art. 91, 'caput', do CPC/2015"* (STJ, 4ª Turma, AgInt no AREsp 1.701.054/SC, rel. Min. Antonio Carlos Ferreira, *DJe* 26.10.2020).

**20.** **Curadoria especial em Tribunais Superiores.** À Defensoria Pública da União compete atuar nos Tribunais Superiores. Assim, num procedimento de homologação de sentença estrangeira, que tramite no Superior Tribunal de Justiça, havendo necessidade de curador especial, tal função será exercida pela Defensoria Pública da União.

**21.** **Ausência de defensor público.** Na ausência de defensor público, o juiz nomeará, como curador especial, um estranho, de preferência advogado. Não sendo o curador advogado regularmente inscrito na OAB, deverá constituir um para atuar em seu nome no processo.

**22.** **Impossibilidade de o Ministério Público atuar como curador especial.** *"5. Considerando que a atuação do Ministério Público, enquanto fiscal da ordem jurídica na ação de interdição da qual não é o autor, impede que ele atue, simultaneamente, como defensor do curatelando; que a legislação prevê a nomeação de curador especial ao incapaz, para garantir a tutela dos seus próprios interesses e necessidades; e que a curadoria especial é função atípica e exclusiva da Defensoria Pública; forçoso reconhecer a falta de atribuição do Parquet para funcionar nos autos como defensor da curatelanda. 6. A inexistência, em determinada comarca, de órgão da Defensoria Pública do Estado para exercer a curadoria especial deve ser suprida segundo as normas locais que regulamentam a sua organização e o seu funcionamento e, na impossibilidade de tal suprimento, há de ser designado advogado dativo"* (STJ, 3ª Turma, REsp 1.824.208/BA, rel. Min. Nancy Andrighi, *DJe* 13.12.2019).

**23.** **Curador especial *versus* Ministério Pública em ação de interdição.** *"O entendimento pacífico desta Corte Superior é no sentido de que* nos procedimentos de interdição não ajuizados pelo Ministério Público, cabe ao órgão ministerial defender os interesses do interditando e a designação de curador especial pressupõe a presença de conflito de interesses entre o incapaz e o representante legal, o que não é o caso dos autos" (STJ, 4ª Turma, AgInt no AREsp 1.470.628/BA, rel. Min. Marco Buzzi, *DJe* 03.02.2020).

**24.** *Munus* **processual.** O curador especial tem o *munus* de agir efetivamente em defesa do curatelado. Desse modo, se o curador não contestar, deverá o juiz nomear outro que apresente a defesa do réu.

**25. Defesa por negativa geral.** O curador especial não está sujeito ao ônus da impugnação especificada dos fatos (art. 341, parágrafo único), podendo, portanto, apresentar defesa por negativa geral.

**26. Reconvenção.** *"O curador especial tem legitimidade para propor reconvenção em favor de réu revel citado por edital (art. 9º, II, do CPC/1973), poder que se encontra inserido no amplo conceito de defesa"* (STJ, 4ª Turma, AgInt no REsp 1.212.824/DF, rel. Min. Maria Isabel Gallotti, *DJe* 2.10.2019).

**27. Desistência da demanda.** O autor não pode desistir da demanda sem o consentimento do curador especial, se este já houver apresentado sua contestação (art. 485, § 4º).

**28. Desnecessidade de preparo no recurso interposto por curador especial.** *"(...) o recurso interposto pela Defensoria Pública, na qualidade de curadora especial, está dispensado do pagamento de preparo"* (STJ, 1ª Seção, EAREsp 983.839/RJ, rel. Min. Napoleão Nunes Maia Filho, *DJe* 04.06.2020).

---

**Art. 73.** O cônjuge necessitará do consentimento do outro para propor ação que verse sobre direito real imobiliário, salvo quando casados sob o regime de separação absoluta de bens.

§ 1º Ambos os cônjuges serão necessariamente citados para a ação:

I – que verse sobre direito real imobiliário, salvo quando casados sob o regime de separação absoluta de bens;

II – resultante de fato que diga respeito a ambos os cônjuges ou de ato praticado por eles;

III – fundada em dívida contraída por um dos cônjuges a bem da família;

IV – que tenha por objeto o reconhecimento, a constituição ou a extinção de ônus sobre imóvel de um ou de ambos os cônjuges.

§ 2º Nas ações possessórias, a participação do cônjuge do autor ou do réu somente é indispensável nas hipóteses de compose ou de ato por ambos praticado.

§ 3º Aplica-se o disposto neste artigo à união estável comprovada nos autos.

▶ **1. Correspondência no CPC/1973.** *"Art. 10. O cônjuge somente necessitará do consentimento do outro para propor ações que versem sobre direitos reais imobiliários. § 1º Ambos os cônjuges serão necessariamente citados para as ações: I – que versem sobre direitos reais imobiliários; II – resultantes de fatos que digam respeito a ambos os cônjuges ou de atos praticados por eles; III – fundadas em dívidas contraídas pelo marido a bem da família, mas cuja execução tenha de recair sobre o produto do trabalho da mulher ou os seus bens reservados; IV – que tenham por objeto o reconhecimento, a constituição ou a extinção de ônus sobre imóveis de um ou de ambos os cônjuges. § 2º Nas ações possessórias, a participação do cônjuge do autor ou do réu somente é indispensável nos casos de compose ou de ato por ambos praticados."*

## 🏛 LEGISLAÇÃO CORRELATA

**2. CF, art. 226, § 5º.** *"§ 5º Os direitos e deveres referentes à sociedade conjugal são exercidos igualmente pelo homem e pela mulher."*

**3. CC, art. 220.** *"Art. 220. A anuência ou a autorização de outrem, necessária à validade de um ato, provar-se-á do mesmo modo que este, e constará, sempre que se possa, do próprio instrumento."*

**4. CC, art. 1.225.** *"Art. 1.225. São direitos reais: I – a propriedade; II – a superfície; III – as servidões; IV – o usufruto; V – o uso; VI – a habitação; VII – o direito do promitente comprador do imóvel; VIII – o penhor; IX – a hipoteca; X – a anticrese. XI – a concessão de uso especial para fins de moradia; XII – a concessão de direito real de uso; e XIII – a laje."*

**5. CC, art. 1.641.** *"Art. 1.641. É obrigatório o regime da separação de bens no casamento: I – das pessoas que o contraírem com inobservância das causas suspensivas da celebração do casamento; II – da pessoa maior de 70 (setenta) anos; III – de todos os que dependerem, para casar, de suprimento judicial."*

**6. CC, art. 1.643.** *"Art. 1.643. Podem os cônjuges, independentemente de autorização um do outro: I – comprar, ainda a crédito, as coisas necessárias à economia doméstica; II – obter, por*

# LIVRO III · DOS SUJEITOS DO PROCESSO — Art. 73

*empréstimo, as quantias que a aquisição dessas coisas possa exigir."*

**7. CC, art. 1.644.** *"Art. 1.644. As dívidas contraídas para os fins do artigo antecedente obrigam solidariamente ambos os cônjuges."*

**8. CC, art. 1.647, II.** *"Art. 1.647. Ressalvado o disposto no art. 1.648, nenhum dos cônjuges pode, sem autorização do outro, exceto no regime da separação absoluta: (...) II – pleitear, como autor ou réu, acerca desses bens ou direitos;"*

**9. CC, art. 1.687.** *"Art. 1.687. Estipulada a separação de bens, estes permanecerão sob a administração exclusiva de cada um dos cônjuges, que os poderá livremente alienar ou gravar de ônus real."*

**10. CC, art. 1.688.** *"Art. 1.688. Ambos os cônjuges são obrigados a contribuir para as despesas do casal na proporção dos rendimentos de seu trabalho e de seus bens, salvo estipulação em contrário no pacto antenupcial."*

**11. Prov. 37/2014 CNJ, art. 1º.** *"Art. 1º É facultativo o registro da união estável prevista nos artigos 1.723 a 1.727 do Código Civil, mantida entre o homem e a mulher, ou entre duas pessoas do mesmo sexo."*

## ⚖ JURISPRUDÊNCIA, ENUNCIADOS E SÚMULAS SELECIONADOS

- **12. Súmula STJ, 332.** *"A fiança prestada sem autorização de um dos cônjuges implica a ineficácia total da garantia."*

## 🗐 COMENTÁRIOS TEMÁTICOS

**13. Implicação do casamento no processo civil.** Do casamento decorrem várias implicações no processo civil. A mais conhecida é a necessidade de integração da capacidade e da formação do litisconsórcio passivo necessário em algumas hipóteses. Por diversas vezes, o casamento gera inúmeras limitações na conduta processual da parte que é casada, seja na imprescindibilidade de uma autorização, seja na necessária formação de um litisconsórcio passivo.

**14. União estável.** As regras que impõem a aplicação de restrições gerais à atuação dos cônjuges estendem-se à união estável comprovada nos autos.

**15. Integração da capacidade processual.** A pessoa natural absolutamente capaz está habilitada a praticar todos os atos da vida civil, podendo adquirir direitos e contrair obrigações. Apesar da plena capacidade, há casos em que se exige a intervenção conjunta de outra pessoa. É

o que ocorre com as pessoas casadas em ações reais imobiliárias. Nesses casos, a capacidade é limitada, integrando-se pela participação do cônjuge. O estado civil da pessoa natural interfere na sua capacidade processual: o casamento e a união estável, nas ações reais imobiliárias, provocam limitação bilateral aos consortes maiores e capazes.

**16. Finalidade da limitação da capacidade.** A finalidade de limitar a capacidade dos cônjuges ou companheiros em ações reais imobiliárias consiste na proteção ao patrimônio familiar.

**17. Ações reais imobiliárias.** A exigência de consentimento do cônjuge ou companheiro e de formação de litisconsórcio passivo necessário só existem em ações reais imobiliárias. É preciso, portanto, que se trate de imóvel, e não de móvel ou semovente. O fundamento da demanda deve ser um direito real. Se o seu fundamento for um direito obrigacional, não se aplicam as exigências.

**18. Ação de imissão de posse.** A participação do cônjuge é dispensada na ação de imissão de posse, por não se tratar de demanda real imobiliária: não se funda em direito real imobiliário nem é uma ação possessória. Seu fundamento é de direito obrigacional.

**19. Ação de despejo.** A ação de despejo não é real imobiliária; seu fundamento é de direito obrigacional. Logo, é dispensada a participação do cônjuge na ação de despejo de imóvel.

**20. Regime de separação absoluta de bens.** Não se aplica a exigência de consentimento do cônjuge nem da formação do litisconsórcio passivo necessário entre ambos quando o regime do casamento for de separação absoluta de bens, que pode ser legal (CC, art. 1.641), convencional (CC, arts. 1.687 e 1.688) ou decorrente da participação final dos aquestos, quando presente o pacto antenupcial (CC, arts. 1.672 a 1.686).

**21. Ausência de litisconsórcio ativo necessário.** Para propor demanda real imobiliária, o sujeito casado – ou em união estável – deve contar apenas com a autorização do seu cônjuge ou companheiro. A autorização é suficiente para integração a capacidade, não sendo necessária a formação de um litisconsórcio ativo. Nesse caso, o cônjuge ou companheiro que prestou seu consentimento não será parte; será terceiro no processo. Embora não seja necessário o litisconsórcio, bastando a apresentação de um consentimento, é possível que ambos proponham a demanda, em litisconsórcio ativo facultativo.

**22. Prova do consentimento.** O consentimento do cônjuge ou companheiro pode ser comprovado por qualquer meio. Não há uma

143

forma solene ou expressamente exigida. É possível, até mesmo, que o consentimento conste da própria petição inicial, mediante subscrição do cônjuge ou companheiro (CC, art. 220). O consentimento pode se dar pela assinatura do cônjuge ou companheiro na procuração conferida ao advogado ou num instrumento especificamente firmado com essa finalidade, que acompanhe a petição inicial.

**23. Litisconsórcio passivo necessário.** A ação real imobiliária proposta contra alguém casada ou em união estável deve ser igualmente proposta contra seu cônjuge ou companheiro. Há, em tal hipótese, litisconsórcio passivo necessário.

**24. Ações possessórias.** O consentimento para a propositura ou a formação de litisconsórcio passivo necessário só se impõe, na ação possessória, se houver composse ou se o ato for por ambos praticado. Nessa hipótese, não há exigência de litisconsórcio ativo necessário, sendo suficiente o consentimento do outro cônjuge. O litisconsórcio só será necessário no polo passivo, quando ambos tiverem praticado o ato ou quando for caso de composse. O consentimento é suficiente, não sendo necessário o litisconsórcio ativo, mas é possível que ambos proponham a demanda em litisconsórcio ativo facultativo. Se a posse for de apenas um dos cônjuges ou companheiros ou se só um deles praticou o ato, não há necessidade de consentimento para a propositura nem de formação de litisconsórcio passivo necessário.

**25. Intimação do cônjuge na penhora.** Se o executado for casado e for penhorado bem imóvel, seu cônjuge deve ser intimado da penhora (art. 842), salvo se houver separação absoluta de bens.

**26. Invalidade processual.** A falta de consentimento do cônjuge ou do companheiro para a ação real imobiliária acarreta invalidade dos atos processuais. Não formado o litisconsórcio passivo necessário, haverá invalidade dos atos processuais em relação aos que participaram do processo e ineficácia para o cônjuge ou companheiro não citado (art. 115).

**27. Sanação do vício.** A falta do consentimento do cônjuge ou companheiro configura ausência de capacidade processual, que pode ser sanada (art. 76). Não tendo havido formação de litisconsórcio passivo necessário, o juiz determinará ao autor que requeira a citação do cônjuge ou companheiro do réu, dentro do prazo que lhe assinar, sob pena de extinção do processo sem resolução do mérito (art. 115, parágrafo único).

**28. Necessidade de citação do cônjuge do herdeiro na ação de anulação de partilha que possa acarretar perda do imóvel.** *"No caso de a anulação de partilha acarretar a perda de imóvel já registrado em nome de herdeiro casado sob o regime de comunhão universal de bens, a citação do cônjuge é indispensável, tratando-se de hipótese de litisconsórcio necessário"* (STJ, 3ª Turma, REsp 1.706.999/SP, rel. Min. Ricardo Villas Bôas Cueva, *DJe* 1º.03.2021).

> **Art. 74.** O consentimento previsto no art. 73 pode ser suprido judicialmente quando for negado por um dos cônjuges sem justo motivo, ou quando lhe seja impossível concedê-lo.
>
> Parágrafo único. A falta de consentimento, quando necessário e não suprido pelo juiz, invalida o processo.

▶ **1. Correspondência no CPC/1973.** *"Art. 11. A autorização do marido e a outorga da mulher podem suprir-se judicialmente, quando um cônjuge a recuse ao outro sem justo motivo, ou lhe seja impossível dá-la. Parágrafo único. A falta, não suprida pelo juiz, da autorização ou da outorga, quando necessária, invalida o processo."*

## 🏛 Legislação Correlata

**2. CC, art. 1.647, II.** *"Art. 1.647. Ressalvado o disposto no art. 1.648, nenhum dos cônjuges pode, sem autorização do outro, exceto no regime da separação absoluta: (...) II – pleitear, como autor ou réu, acerca desses bens ou direitos;"*

**3. CC, art. 1.648.** *"Art. 1.648. Cabe ao juiz, nos casos do artigo antecedente, suprir a outorga, quando um dos cônjuges a denegue sem motivo justo, ou lhe seja impossível concedê-la."*

**4. CC, art. 1.649.** *"Art. 1.649. A falta de autorização, não suprida pelo juiz, quando necessária (art. 1.647), tornará anulável o ato praticado, podendo o outro cônjuge pleitear-lhe a anulação, até dois anos depois de terminada a sociedade conjugal. Parágrafo único. A aprovação torna válido o ato, desde que feita por instrumento público, ou particular, autenticado."*

**5. CC, art. 1.650.** *"Art. 1.650. A decretação de invalidade dos atos praticados sem outorga, sem consentimento, ou sem suprimento do juiz, só poderá ser demandada pelo cônjuge a quem cabia concedê-la, ou por seus herdeiros."*

## 📄 Comentários Temáticos

**6. Suprimento judicial do consentimento.** Se o cônjuge não pode conceder ou se recusa, sem

**LIVRO III · DOS SUJEITOS DO PROCESSO** — **Art. 75**

justo motivo, a conceder o seu consentimento para que o outro cônjuge proponha ação que verse sobre direito real imobiliário, admite-se suprimento judicial do seu consentimento.

**7. Impossibilidade do consentimento.** A falta de consentimento do cônjuge pode decorrer de uma impossibilidade, decorrente de um problema físico ou de saúde, de um isolamento, de sua ausência.

**8. Justo motivo.** A recusa do cônjuge deve ser justa, fundamentada, com manifestação de preocupação de preservação patrimonial ou de higidez na relação familiar. O suprimento do consentimento deve ser dado quando não houver justo motivo para a recusa do cônjuge.

**9. Jurisdição voluntária.** O suprimento judicial do consentimento deve ser obtido por meio de procedimento comum de jurisdição voluntária (arts. 719 a 724).

**10. Competência.** A ação para suprimento do consentimento, por ser acessória à ação real imobiliária, deve ser proposta perante o mesmo juízo desta última (art. 61), a não ser que haja, na lei de organização judiciária, juízo especial para tal fim.

**11. Curador especial.** Se o cônjuge cujo consentimento é impossível de obter por estar desaparecido ou ausente for citado por edital e vier a ser revel, ser-lhe-á nomeado curador especial (art. 72, II).

**12. Intervenção do Ministério Público.** O Ministério Público somente deve intervir nos casos de previstos no art. 178. O suprimento do consentimento, por si só, não exige sua intervenção (art. 721).

**13. Invalidade do processo.** Se não houver o consentimento do cônjuge nem seu suprimento judicial, o autor não terá capacidade para a ação real imobiliária, sendo inválidos os atos processuais, a exigir a extinção do processo sem resolução do mérito.

---

**Art. 75.** Serão representados em juízo, ativa e passivamente:

I – a União, pela Advocacia-Geral da União, diretamente ou mediante órgão vinculado;

II – o Estado e o Distrito Federal, por seus procuradores;

III – o Município, por seu prefeito, procurador ou Associação de Representação de Municípios, quando expressamente autorizada;

IV – a autarquia e a fundação de direito público, por quem a lei do ente federado designar;

V – a massa falida, pelo administrador judicial;

VI – a herança jacente ou vacante, por seu curador;

VII – o espólio, pelo inventariante;

VIII – a pessoa jurídica, por quem os respectivos atos constitutivos designarem ou, não havendo essa designação, por seus diretores;

IX – a sociedade e a associação irregulares e outros entes organizados sem personalidade jurídica, pela pessoa a quem couber a administração de seus bens;

X – a pessoa jurídica estrangeira, pelo gerente, representante ou administrador de sua filial, agência ou sucursal aberta ou instalada no Brasil;

XI – o condomínio, pelo administrador ou síndico.

§ 1º Quando o inventariante for dativo, os sucessores do falecido serão intimados no processo no qual o espólio seja parte.

§ 2º A sociedade ou associação sem personalidade jurídica não poderá opor a irregularidade de sua constituição quando demandada.

§ 3º O gerente de filial ou agência presume-se autorizado pela pessoa jurídica estrangeira a receber citação para qualquer processo.

§ 4º Os Estados e o Distrito Federal poderão ajustar compromisso recíproco para prática de ato processual por seus procuradores em favor de outro ente federado, mediante convênio firmado pelas respectivas procuradorias.

§ 5º A representação judicial do Município pela Associação de Representação de Municípios somente poderá ocorrer em questões de interesse comum dos Municípios associados e dependerá de autorização do respectivo chefe do Poder Executivo municipal, com indicação específica do direito ou da obrigação a ser objeto das medidas judiciais.

▶ **1. Correspondência no CPC/1973.** *"Art. 12. Serão representados em juízo, ativa e passivamente: I – a União, os Estados, o Distrito Federal e os Territórios, por seus procuradores; II – o Município, por seu Prefeito ou procurador; III – a massa falida, pelo síndico; IV – a herança jacente ou vacante, por seu curador; V – o espólio, pelo inventariante; VI – as pessoas jurídicas, por quem os respectivos estatutos designarem, ou, não os designando, por seus diretores; VII – as sociedades sem personalidade jurídica, pela pessoa a quem couber a administração dos seus bens; VIII – a pessoa jurídica estrangeira, pelo gerente, representante ou administrador de sua filial, agência ou sucursal aberta ou instalada no Brasil (art. 88, parágrafo único); IX – o condomínio, pelo administrador ou pelo síndico. § 1º Quando o inventariante for dativo, todos os herdeiros e sucessores do falecido serão autores ou réus nas ações em que o espólio* *for parte. § 2° As sociedades sem personalidade jurídica, quando demandadas, não poderão opor a irregularidade de sua constituição. § 3° O gerente da filial ou agência presume-se autorizado, pela pessoa jurídica estrangeira, a receber citação inicial para o processo de conhecimento, de execução, cautelar e especial."*

## 🏛 LEGISLAÇÃO CORRELATA

**2. CF, art. 131.** *"Art. 131. A Advocacia-Geral da União é a instituição que, diretamente ou através de órgão vinculado, representa a União, judicial e extrajudicialmente, cabendo-lhe, nos termos da lei complementar que dispuser sobre sua organização e funcionamento, as atividades de consultoria e assessoramento jurídico do Poder Executivo."*

**3. CF, art. 131, § 3°.** *"§ 3° Na execução da dívida ativa de natureza tributária, a representação da União cabe à Procuradoria-Geral da Fazenda Nacional, observado o disposto em lei."*

**4. CF, art. 132.** *"Art. 132. Os Procuradores dos Estados e do Distrito Federal, organizados em carreira, na qual o ingresso dependerá de concurso público de provas e títulos, com a participação da Ordem dos Advogados do Brasil em todas as suas fases, exercerão a representação judicial e a consultoria jurídica das respectivas unidades federadas."*

**5. LC 73/1993, art. 1°.** *"Art. 1° A Advocacia-Geral da União é a instituição que representa a União judicial e extrajudicialmente. Parágrafo único. À Advocacia-Geral da União cabem as atividades de consultoria e assessoramento jurídicos ao Poder Executivo, nos termos desta Lei Complementar."*

**6. LC 73/1993, art. 12.** *"Art. 12. À Procuradoria-Geral da Fazenda Nacional, órgão administrativamente subordinado ao titular do Ministério da Fazenda, compete especialmente: (...) V – representar a União nas causas de natureza fiscal. Parágrafo único – São consideradas causas de natureza fiscal as relativas a: I – tributos de competência da União, inclusive infrações à legislação tributária; II – empréstimos compulsórios; III – apreensão de mercadorias, nacionais ou estrangeiras; IV – decisões de órgãos do contencioso administrativo fiscal; V – benefícios e isenções fiscais; VI – créditos e estímulos fiscais à exportação; VII – responsabilidade tributária de transportadores e agentes marítimos; VIII – incidentes processuais suscitados em ações de natureza fiscal."*

**7. CC, art. 1.991.** *"Art. 1.991. Desde a assinatura do compromisso até a homologação da partilha, a administração da herança será exercida pelo inventariante."*

**8. EOAB, art. 28, I.** *"Art. 28. A advocacia é incompatível, mesmo em causa própria, com as seguintes atividades: I – chefe do Poder Executivo e membros da Mesa do Poder Legislativo e seus substitutos legais;"*

**9. Lei 4.591/1964, art. 22, § 1°, a.** *"§ 1° Compete ao síndico: a) representar ativa e passivamente, o condomínio, em juízo ou fora dele, e praticar os atos de defesa dos interesses comuns, nos limites das atribuições conferidas por esta Lei ou pela Convenção;"*

**10. Lei 11.101/2005, art. 21.** *"Art. 21. O administrador judicial será profissional idôneo, preferencialmente advogado, economista, administrador de empresas ou contador, ou pessoa jurídica especializada. Parágrafo único. Se o administrador judicial nomeado for pessoa jurídica, declarar-se-á, no termo de que trata o art. 33 desta Lei, o nome de profissional responsável pela condução do processo de falência ou de recuperação judicial, que não poderá ser substituído sem autorização do juiz."*

**11. Lei 11.101/2005, art. 22, III, n.** *"Art. 22. Ao administrador judicial compete, sob a fiscalização do juiz e do Comitê, além de outros deveres que esta Lei lhe impõe: (...) III – na falência: (...) n) representar a massa falida em juízo, contratando, se necessário, advogado, cujos honorários serão previamente ajustados e aprovados pelo Comitê de Credores."*

## ⚖ JURISPRUDÊNCIA, ENUNCIADOS E SÚMULAS SELECIONADOS

- **12. ADI 5.737.** *"Declarada a constitucionalidade do art. 75, § 4°, da Lei n° 13.105, de 16 de março de 2015 (Código de Processo Civil)."*
- **13. Súmula STF, 644.** *"Ao titular do cargo de procurador de autarquia não se exige a apresentação de instrumento de mandato para representá-la em juízo."*
- **14. Súmula STJ, 525.** *"A Câmara de Vereadores não possui personalidade jurídica, apenas personalidade judiciária, somente podendo demandar em juízo para defender os seus direitos institucionais."*
- **15. Súmula TST, 436.** *"I – A União, Estados, Municípios e Distrito Federal, suas autarquias e fundações públicas, quando representadas em juízo, ativa e passivamente, por seus procuradores, estão dispensadas da juntada de instru-*

*mento de mandato e de comprovação do ato de nomeação. II – Para os efeitos do item anterior, é essencial que o signatário ao menos declare-se exercente do cargo de procurador, não bastando a indicação do número de inscrição na Ordem dos Advogados do Brasil".*

- **16. Enunciado 383 do FPPC.** *"As autarquias e fundações de direito público estaduais e distritais também poderão ajustar compromisso recíproco para prática de ato processual por seus procuradores em favor de outro ente federado, mediante convênio firmado pelas respectivas procuradorias."*

- **17. Enunciado 172 da III Jornada-CJF.** *"Aplica-se o § 4º do art. 75 do CPC aos municípios que tiverem procuradoria regularmente constituída."*

- **18. Enunciado 226 da III Jornada-CJF.** *"A atuação processual das comunidades indígenas, quilombolas ou populações tradicionais, para a tutela coletiva de seus direitos, poderá ser feita por suas lideranças, entidades representativas ou associações culturais, ainda que não formalmente ou regularmente pré-constituídas."*

### ▣ Comentários Temáticos

**19. Representação e presentação.** A capacidade de estar em juízo configura-se quando o sujeito pode, por si só, fazer-se presente no processo. Sendo incapaz, deve estar representado. As pessoas jurídicas, de direito público ou de direito privado, fazem-se presentes em juízo por meio de seus órgãos; os atos de seus órgãos são atos seus. Assim, enquanto a representação serve para suprir uma incapacidade, a presentação é a presença da pessoa jurídica pelo órgão que, concretamente, age, fazendo-a presente. As pessoas jurídicas, por serem capazes, não são representadas, mas presentadas pelos órgãos indicados em seus estatutos, contratos sociais ou leis de regência.

**20. Fazenda Pública.** As pessoas jurídicas de direito público (União, Estados, Municípios, Distrito Federal, autarquias e fundações públicas) integram o conceito de Fazenda Pública.

**21. A capacidade postulatória e a Fazenda Pública.** A presentação judicial da Fazenda Pública é feita, via de regra, por procuradores judiciais, que são titulares de cargos públicos privativos de advogados regularmente inscritos na OAB, detendo, portanto, capacidade postulatória. Como a presentação decorre da lei, é prescindível a juntada de procuração, de forma

que os procuradores presentam a Fazenda Pública sem necessidade de haver procuração; a presentação decorre do vínculo legal mantido entre a Administração Pública e o procurador.

**22. Advocacia Pública.** Os membros da *advocacia pública* são advogados, a quem se confere a *capacidade postulatória*, ou seja, a possibilidade de postulação a qualquer órgão do Poder Judiciário. A Advocacia Pública é um *órgão* da Fazenda Pública. Então, o advogado público quando atua perante os órgãos do Poder Judiciário é a Fazenda Pública *presente* em juízo. A Fazenda Pública se faz *presente* em juízo por seus procuradores. Incumbe à Advocacia Pública defender e promover os interesses públicos da União, dos Estados, do Distrito Federal e dos Municípios, por meio da presentação judicial, em todos os âmbitos federativos, das pessoas jurídicas de direito público que integram a Administração direta e indireta (art. 182). Cada pessoa jurídica de direito público tem sua própria representação.

**23. A União e sua presentação judicial.** A Advocacia-Geral da União é a instituição que, diretamente ou mediante algum órgão vinculado, presenta judicialmente a União.

**24. Procuradoria da Fazenda Nacional.** Na execução de sua dívida ativa de caráter tributário e nas demais causas de natureza fiscal, a União é presentada pela Procuradoria-Geral da Fazenda Nacional. São consideradas causas de natureza fiscal as relativas a: a) tributos de competência da União, inclusive infrações à legislação tributária; b) empréstimos compulsórios; c) apreensão de mercadorias, nacionais ou estrangeiras; d) decisões de órgãos do contencioso administrativo fiscal; e) benefícios e isenções fiscais; f) créditos e estímulos fiscais à exportação; g) responsabilidade tributária de transportadores e agentes marítimos; h) incidentes processuais suscitados em ações de natureza fiscal. Além disso, cabe à Procuradoria-Geral da Fazenda Nacional executar as dívidas do FGTS, as multas por infração à CLT, questões relativas ao Imposto Territorial Rural – ITR – e multas penais não pagas.

**25. Estados e sua presentação judicial.** Os Estados são presentados judicialmente pelos procuradores dos Estados, organizados em carreira, na qual o ingresso depende de concurso público de provas e títulos, com a participação da OAB em todas as suas fases. Os procuradores do Estado integram a Procuradoria-Geral do Estado, órgão componente da Administração Pública direta estadual.

**26. Municípios e sua presentação judicial.** Os Municípios são presentados em juízo pela

Advocacia Pública (art. 182). Não obstante a previsão do art. 182, o art. 75, III mantém uma regra antiga no sistema brasileiro, ao dispor que o Município será presentado em juízo, ativa e passivamente, por seu prefeito ou procurador. Ao lado dos procuradores, conferiu-se igualmente aos prefeitos a representação dos Municípios em juízo. Em princípio, a representação do Município em juízo é atribuída ao prefeito. Tal presentação somente se fará por procurador se a lei local criar esse cargo, com função expressa de representação do ente político. Em alguns Municípios de pequeno porte, não há o cargo de procurador judicial, devendo, nessas hipóteses, a representação ser confiada ao prefeito, que poderá constituir advogado, outorgando-lhe poderes mediante procuração a ser exigida em juízo. Não é possível ao prefeito, ainda que seja advogado regularmente inscrito na OAB, promover, ele mesmo, a defesa dos interesses do Município. A função de Chefe do Poder Executivo é *incompatível* com o exercício da advocacia, estando suprimida, enquanto durar o mandato eletivo, a capacidade postulatória (EOAB, art. 28, I). Logo, o prefeito pode receber citação, mas deverá constituir advogado para representar o Município, caso não haja cargo próprio de procurador judicial.

**27. Associação de Representação de Municípios.** O art. 75, III, dispõe que o Município será presentado em juízo, ativa e passivamente, por seu prefeito ou procurador. A Lei 14.341/2022 dispõe sobre a Associação de Representação de Municípios, para a realização de objetivos de interesse comum de caráter político-representativo, técnico, científico, educacional, cultural e social. Os Municípios podem organizar-se, para fins não econômicos, em associação (Lei 14.341/2022, art. 2º). O art. 75, III foi alterado pela Lei 14.341/2022, para prever que o Município pode ser representado por seu advogado público, pelo prefeito ou por *"Associação de Representação de Municípios, quando expressamente autorizada"*. Aliás, as Associações de Representação de Municípios podem *"postular em juízo, em ações individuais ou coletivas, na defesa de interesse dos Municípios filiados, na qualidade de parte, terceiro interessado ou amicus curiae, quando receberem autorização individual expressa e específica do chefe do Poder Executivo"* (Lei 14.341/2022, art. 3º, V). O estatuto das Associações de Representação dos Municípios deve conter, sob pena de nulidade, *"os critérios para, em assuntos de interesse comum, autorizar a associação a representar os entes da Federação associados perante outras esferas de governo, e a promover, judicial e extrajudicialmente, os interesses dos Municípios associados"* (Lei 14.341/2022, art. 5º, VII). A representação judicial do Município pela Associação só pode ocorrer em questões de interesse comum dos Municípios associados e dependerá de autorização do respectivo chefe do Poder Executivo municipal, com indicação específica do direito ou da obrigação a ser objeto das medidas judiciais.

**28. Associação de representação de Municípios *versus* consórcio público.** Os entes federativos podem formar consórcio público, nos termos da Lei 11.107/2005. O consórcio pode constituir uma associação pública ou uma pessoa jurídica de direito privado (Lei 11.107/2005, art. 1º, § 1º). O consórcio público pode ser constituído apenas por Municípios (Lei 11.107/2005, art. 4º, § 1º, I), formando um ente público interfederativo, que passa a integrar a administração pública indireta de todos os Municípios filiados. Nesse caso, quando o consórcio for constituído como associação pública, será uma pessoa jurídica de direito público, integrando o conceito de Fazenda Pública e gozando de todas as prerrogativas processuais que lhe são inerentes. A Associação de Representação de Municípios, por sua vez, é pessoa jurídica de direito privado, não gozando das prerrogativas de direito material e de direito processual asseguradas aos Municípios (Lei 14.341/2022, art. 12).

**29. Distrito Federal e sua presentação judicial.** O Distrito Federal é presentado em juízo por sua Procuradoria-Geral, que é equiparada, para todos os efeitos, às Secretarias de Estado, tendo por finalidade exercer a advocacia pública.

**30. Autarquias, fundações públicas e sua presentação judicial.** A presentação judicial das autarquias e fundações públicas é feita, respectivamente, nos termos da lei que as criar e da lei que autorize sua criação. As autarquias e as fundações de direito público são presentadas em juízo, ativa e passivamente, "por quem a lei do ente federado designar". Desse modo, conforme estabelecido pelas normas criadoras, a presentação pode ser confiada ao seu dirigente máximo ou a procuradores (chamados de procuradores autárquicos ou de procuradores de fundações, respectivamente), caso sejam criados tais cargos no âmbito interno das autarquias e fundações, com a função expressa de presentá-las em juízo. Se, na lei criadora da autarquia ou fundação, não houver regra expressa nem se tiver criado, respectivamente, o cargo de procurador autárquico ou de procurador da fundação, deve-se entender que a presentação foi atribuída ao dirigente máximo, a quem se deve dirigir a

**LIVRO III** · DOS SUJEITOS DO PROCESSO  **Art. 75**

citação inicial para que constitua, por procuração, advogado para acompanhar a demanda. É frequente, contudo, que, no caso de autarquias ou fundações estaduais, seja atribuída sua representação aos procuradores do Estado, os quais, além de presentar o Estado, detêm igualmente a presentação das autarquias e/ou fundações estaduais. A situação ocorre, igualmente, quanto aos Municípios e suas autarquias e fundações. No âmbito federal, as autarquias e fundações dispõem de quadro próprio de procuradores federais. O Banco Central do Brasil, diante da legislação própria, ficou de fora dessa regra, mantendo quadro próprio de procuradores autárquicos, não se confundindo nem pertencendo à categoria dos procuradores federais.

**31. Os órgãos legislativos e sua presentação judicial.** Os advogados públicos presentam as pessoas jurídicas de direito público, estando, entretanto, ligados ao Poder Executivo. Tem sido crescente a criação de cargos de Procuradores das Assembleias Legislativas e das Câmaras Municipais. Em outras palavras, há também advogados públicos ligados ao Poder Legislativo. Os Procuradores das Assembleias Legislativas e os Procuradores das Câmaras Municipais prestam consultoria e assessoria jurídica a tais órgãos parlamentares. Ademais, presentam-nos em juízo. No desempenho da presentação judicial do Poder Legislativo, cabe, por exemplo, às suas Procuradorias prestar informações em favor das respectivas Mesas Diretoras nos mandados de segurança que ataquem atos por elas praticados, além de elaborar as informações a serem prestadas na defesa da constitucionalidade de dispositivos da Constituição do Estado, de leis locais ou de resoluções, quando questionados em Ação Direta de Inconstitucionalidade perante o STF ou o Tribunal de Justiça do Estado. Sabe-se que as Câmaras Municipais e as Assembleias Legislativas são entes despersonalizados, constituindo, respectivamente, órgãos dos Municípios e dos Estados. A falta de personalidade jurídica não conduz, necessariamente, à ausência de capacidade. Tais entes podem, por exemplo, impetrar mandado de segurança para o resguardo de prerrogativas institucionais, podendo, ademais, realizar concurso público para preenchimento de vagas em seus quadros funcionais, além de poder – e dever – realizar licitações para a aquisição de bens e serviços. Enfim, a Assembleia Legislativa e a Câmara Municipal detêm capacidade jurídica. Muitas vezes, as demandas são propostas pelo ou em face do Estado ou do Município, e não por ou em face de órgãos legislativos ou entes despersonalizados que os integram, não porque a

esses órgãos falte capacidade jurídica. Não é isso. Tais órgãos têm, impõe-se reafirmar, capacidade jurídica. O que eles não têm – na grande maioria das demandas – é *legitimidade* para figurar no polo ativo ou no polo passivo da causa.

**32. Convênio para a prática de ato processual por procurador de outro ente federativo.** Os Estados são presentados em juízo pelos seus procuradores. Cada Estado tem um corpo de procuradores que o presentam em juízo. O Distrito Federal tem, igualmente, seus procuradores. É possível, porém, que os procuradores de um Estado pratiquem atos em favor de outro Estado ou do Distrito Federal. De igual modo, os procuradores do Distrito Federal podem praticar atos em favor de outro Estado. Para isso, é preciso que haja a celebração de convênio entre as respectivas procuradorias. Embora o dispositivo refira-se apenas a Estados e ao Distrito Federal, é possível aplicá-lo de modo a abranger também as autarquias e fundações estaduais, permitindo que uma autarquia estadual possa firmar convênio com outra autarquia estadual, a fim de manter compromisso recíproco de atuação em juízo. O mencionado convênio é um negócio jurídico processual.

**33. Massa falida.** Decretada a falência de alguém, o juiz nomeia um administrador judicial, que é um auxiliar da justiça. Entre as várias funções do administrador judicial, destaca-se a de representar judicialmente a massa falida. A massa falida é, enfim, representada em juízo pelo administrador judicial.

**34. Herança jacente ou vacante.** Quando alguém morre sem deixar testamento nem herdeiro notoriamente conhecido, a herança será considerada *jacente*. Nesse caso, os bens da herança, depois de arrecadados, ficarão sob a guarda e administração de um curador. (CC, art. 1.819). Sobrevindo habilitação de algum herdeiro, os bens serão a ele transmitidos, deixando de existir a herança jacente. Se, porém, forem praticadas as diligências de arrecadação e ultimado o inventário, sem que haja herdeiro habilitado, a herança será declarada *vacante* (CC, art. 1.820). Nesse caso, a herança, que era *jacente*, tornar-se *vacante*. Enquanto a *jacente* tem caráter transitório, a *vacante*, definitivo. Tanto a herança jacente como a vacante são representadas em juízo por seu curador.

**35. Espólio.** O espólio é representado em juízo por seu inventariante. Quando o inventariante for dativo, os herdeiros necessários devem ser intimados para tomarem ciência da existência do processo. Nesse caso, os herdeiros não são partes nem litisconsortes do espólio. A parte é o espólio e seu representante, o inventariante. Apenas se exige que, em caso de inventariança dativa, todos os herdeiros necessários sejam intimados para que saibam da existência do processo instaurado por ou contra o espólio.

**36. Condomínio.** O condomínio é representado em juízo por seu síndico.

**37. Pessoas jurídicas de direito privado.** As pessoas jurídicas de direito privado devem ser inscritas no respectivo registro. A partir daí, começam a existir legalmente (CC, art. 45). Em seu contrato ou estatuto social, há a indicação de seus órgãos competentes para agir em juízo. A pessoa jurídica é presentada em juízo pelo órgão indicado em seu contrato ou estatuto social. Se o estatuto ou contrato social for omisso, sua presentação deve ser atribuída a qualquer um de seus diretores ou sócio gerente.

**38. Pessoa jurídica estrangeira.** A pessoa jurídica estrangeira é presentada em juízo pelo gerente, representante ou administrador de sua filial, agência ou sucursal mantida no Brasil. O gerente de filial ou agência de pessoa jurídica estrangeira aparenta ter poderes para receber citação. Há uma presunção legal de que ele está autorizado pela pessoa jurídica estrangeira a receber citação para qualquer processo. Tal presunção é absoluta, pois concretiza a garantia constitucional de amplo acesso à justiça.

**39. Regularidade de representação processual de pessoa jurídica estrangeira. Mandatário** "2. *Em regra, a representação processual de pessoa jurídica estrangeira é exercida por gerente, representante ou administrador de sua filial, agência ou sucursal aberta ou instalada no Brasil (art. 12, VIII, do CPC/1973 e art. 75, X, do CPC/2015). Contudo, inexistindo filial, agência ou sucursal, em território nacional, aplica-se a regra geral, a fim de ser a pessoa jurídica estrangeira representada 'por quem os respectivos estatutos designarem, ou, não os designando, por seus diretores' (art. 12, VI, CPC/1973 e art. 75, VIII, CPC/2015). 3. A ausência de exigência legal expressa para juntada dos atos constitutivos, não obsta a exigência judicial, quando imprescindível para demonstrar a regular condição de representante legal, especialmente quando suscitada dúvida razoável pela parte contrária. 4. A outorga de procuração pública perante oficial de notas em território nacional pressupõe, por força de lei, a comprovação da identidade, capacidade e legitimidade dos signatários para a prática do ato (art. 215, § 1º, do CC/2002). 5. O reconhecimento de fé pública aos documentos lavrados perante o notário e o registrador, conjugada à exigência prévia da comprovação da condição* de representante legal, afastam a necessidade de nova comprovação perante o Poder Judiciário, salvo se contestada a própria validade do ato cartorário. 6. A Convenção sobre a Eliminação da Exigência de Legalização dos Documentos Públicos Estrangeiros – Convenção da Apostila da Haia, internalizada por meio do Decreto n. 8.660/2016, desburocratizou as exigências para validade de documentos públicos oriundos de outros Estados signatários, substituindo a legalização pela apostila e impondo à Justiça brasileira o reconhecimento desses documentos, atribuindo--lhes o mesmo valor probatório legalmente previsto para os instrumentos públicos lavrados em território nacional. 7. Contudo, o valor probante desses documentos não tem o condão de afastar as exigências legais de capacidade e legitimidade, de modo que não tendo sido exigida a comprovação da condição de representante legal pela autoridade competente estrangeira, a regularidade da representação poderá ser objeto de dúvida e, portanto, se sujeitar à necessidade de comprovação judicial"* (STJ, 3ª Turma, REsp 1.845.712/PR, rel. Min. Marco Aurélio Bellizze, *DJe* 3.12.2020).

**40. Sociedade e associação irregulares.** As sociedades ou associações irregulares, desprovidas de personalidade jurídica, são representadas em juízo por quem administra seus bens. Não se permite que a sociedade ou associação invoque sua irregularidade como óbice ou como fator de sua falta de capacidade de estar em juízo. Tal postura é contrária à boa-fé objetiva. Isso não impede, evidentemente, que se alegue irregularidade na representação, que não se confunde com a irregularidade de constituição. Se o sujeito que comparecer como representante da sociedade ou associação não administrar seus bens, não poderá representá-la; sua representação deve ser realizada por quem administra seus bens.

**41. Rol exemplificativo.** O rol do art. 75 é exemplificativo. Há outros entes ou órgãos despersonalizados que podem estar em juízo, devendo, todos eles, ser representados por quem administra seus bens ou por quem a lei determina. Assim, por exemplo, o Ministério Público é representado em juízo por seu Procurador-Geral, os órgãos de defesa do consumidor, por quem a lei ou o ato normativo de regência indicar etc.

---

**Art. 76.** Verificada a incapacidade processual ou a irregularidade da representação da parte, o juiz suspenderá o processo e designará prazo razoável para que seja sanado o vício.

§ 1º Descumprida a determinação, caso o processo esteja na instância originária:

## LIVRO III · DOS SUJEITOS DO PROCESSO — Art. 76

I – o processo será extinto, se a providência couber ao autor;

II – o réu será considerado revel, se a providência lhe couber;

III – o terceiro será considerado revel ou excluído do processo, dependendo do polo em que se encontre.

§ 2º Descumprida a determinação em fase recursal perante tribunal de justiça, tribunal regional federal ou tribunal superior, o relator:

I – não conhecerá do recurso, se a providência couber ao recorrente;

II – determinará o desentranhamento das contrarrazões, se a providência couber ao recorrido.

▶ **1. Correspondência no CPC/1973.** *"Art. 13. Verificando a incapacidade processual ou a irregularidade da representação das partes, o juiz, suspendendo o processo, marcará prazo razoável para ser sanado o defeito. Não sendo cumprido o despacho dentro do prazo, se a providência couber: I – ao autor, o juiz decretará a nulidade do processo; II – ao réu, reputar-se-á revel; III – ao terceiro, será excluído do processo."*

## ⚖ JURISPRUDÊNCIA, ENUNCIADOS E SÚMULAS SELECIONADOS

- **2. Súmula TST, 383.** *"I – É inadmissível recurso firmado por advogado sem procuração juntada aos autos até o momento da sua interposição, salvo mandato tácito. Em caráter excepcional (art. 104 do CPC de 2015), admite-se que o advogado, independentemente de intimação, exiba a procuração no prazo de 5 (cinco) dias após a interposição do recurso, prorrogável por igual período mediante despacho do juiz. Caso não a exiba, considera-se ineficaz o ato praticado e não se conhece do recurso. II – Verificada a irregularidade de representação da parte em fase recursal, em procuração ou substabelecimento já constante dos autos, o relator ou o órgão competente para julgamento do recurso designará prazo de 5 (cinco) dias para que seja sanado o vício. Descumprida a determinação, o relator não conhecerá do recurso, se a providência couber ao recorrente, ou determinará o desentranhamento das contrarrazões, se a providência couber ao recorrido (art. 76, § 2º, do CPC de 2015)."*

- **3. Súmula TST, 395.** *"I – Válido é o instrumento de mandato com prazo determinado que contém cláusula estabelecendo a prevalência dos poderes para atuar até o final da demanda (§ 4º do art. 105 do CPC de 2015). II – Se há*

previsão, no instrumento de mandato, de prazo para sua juntada, o mandato só tem validade se anexado ao processo o respectivo instrumento no aludido prazo. III – São válidos os atos praticados pelo substabelecido, ainda que não haja, no mandato, poderes expressos para substabelecer (art. 667, e parágrafos, do Código Civil de 2002). IV – Configura-se a irregularidade de representação se o substabelecimento é anterior à outorga passada ao substabelecente. V – Verificada a irregularidade de representação nas hipóteses dos itens II e IV, deve o juiz suspender o processo e designar prazo razoável para que seja sanado o vício, ainda que em instância recursal (art. 76 do CPC de 2015)."*

- **4. Súmula TST, 456.** *"I – É inválido o instrumento de mandato firmado em nome de pessoa jurídica que não contenha, pelo menos, o nome do outorgante e do signatário da procuração, pois estes dados constituem elementos que os individualizam. II – Verificada a irregularidade de representação da parte na instância originária, o juiz designará prazo de 5 (cinco) dias para que seja sanado o vício. Descumprida a determinação, extinguirá o processo, sem resolução de mérito, se a providência couber ao reclamante, ou considerará revel o reclamado, se a providência lhe couber (art. 76, § 1º, do CPC de 2015). III – Caso a irregularidade de representação da parte seja constatada em fase recursal, o relator designará prazo de 5 (cinco) dias para que seja sanado o vício. Descumprida a determinação, o relator não conhecerá do recurso, se a providência couber ao recorrente, ou determinará o desentranhamento das contrarrazões, se a providência couber ao recorrido (art. 76, § 2º, do CPC de 2015)."*

- **5. Enunciado 83 do FPPC.** *"Fica superado o enunciado 115 da súmula do STJ após a entrada em vigor do CPC ('Na instância especial é inexistente recurso interposto por advogado sem procuração nos autos')."*

## 🖥 COMENTÁRIOS TEMÁTICOS

**6. Abrangência do dispositivo.** O art. 76 aplica-se aos casos de falta de representação do incapaz (art. 71), aos de falta de consentimento (art. 73), aos de irregularidade de representação da pessoa jurídica (art. 75) e, bem ainda, aos de falta de procuração para o advogado (art. 104).

**7. Vício sanável.** Em todos os casos de ausência de capacidade ou regularidade de representação da parte, o vício é sanável. O juiz deve suspender o processo e fixar prazo para que a parte regularize sua representação.

151

**8. Matéria cognoscível de ofício.** A ausência de capacidade ou a irregularidade de representação é matéria cognoscível de ofício. Cabe ao juiz verificar e determinar a correção do vício, evitando a extinção do processo sem resolução do mérito.

**9. Primazia do julgamento do mérito.** O dispositivo concretiza o princípio da primazia do julgamento do mérito (art. 4º), devendo o juiz evitar a extinção do processo e determinar a sanação da irregularidade.

**10. Extinção do processo.** O processo somente será extinto se a irregularidade for do autor e este, intimado, não a regularizar. Ainda assim, o processo não será extinto, se o mérito for favorável ao réu (art. 488).

**11. Litisconsórcio ativo.** Se a irregularidade na representação for de apenas um dos litisconsortes, cabe a este regularizar. Não o fazendo, será excluído do processo; não é caso de extinção do processo sem resolução do mérito, mas só de exclusão do litisconsorte.

**12. Revelia.** A falta de regularização da representação do réu implica seja ele considerado revel. Se, porém, ele for incapaz, a revelia não produzirá, necessariamente, seu efeito material, não sendo considerados verdadeiros os fatos alegados pelo autor (art. 345, II).

**13. Incapacidade do terceiro.** A intervenção de terceiro faz, geralmente, com que o terceiro se torne parte. Se o terceiro adquiriu a condição de autor, é incapaz ou não tem representação regular, mas não a regulariza, deverá ser excluído do processo. Diversamente, se adquiriu a qualidade de réu, será considerado revel. No caso da assistência simples, o assistente será substituto processual da parte se esta for revel. Nesse caso, se o assistente incapaz ou com representação irregular não a regulariza, será igualmente considerado revel. Fora dessa hipótese, a solução é excluir o assistente simples, se ele não regularizar sua representação.

**14. Situação no âmbito recursal.** A incapacidade ou irregularidade de representação pode ser o mérito do recurso: a parte não está regularmente representada no processo desde o início e, no recurso, a parte contrária pede a anulação da decisão ou a extinção do processo. Nesse caso, se não houver a regularização, o recurso será provido para anular a decisão recorrida ou extinguir o processo ou reputar revel a parte ou excluí-la do processo. Regularizado o vício, o recurso deverá ser rejeitado ou desprovido. Se, por outro lado, o mérito do recurso não tratar disso, mas a parte recorrente não estiver devidamente representado no recurso e, intimada para regularizar, não o fizer, o relator ou o colegiado deve inadmitir o recurso, dele não conhecendo, caso a irregularidade seja do recorrente; se a irregularidade for do recorrido e este, mesmo intimado, não sanar a irregularidade, deverão ser desentranhadas as suas contrarrazões.

**15. Inadmissibilidade do recurso por ausência de regularidade da representação.** *"A ausência de regularização da representação processual acarreta o não conhecimento do recurso"* (STJ, AgRg no AREsp 1.824.953/MS, rel. Min. João Otávio de Noronha, *DJe* 19.04.2021).

**16. Necessidade de procuração nos recursos ao STJ.** *"A dispensa da juntada de procuração em processos eletrônicos, prevista no art. 1.017, § 5º, do CPC/2015, não se estende ao recurso especial ou ao agravo contra a sua inadmissibilidade, porquanto a aplicação do referido dispositivo é específica da classe processual 'agravo de instrumento'"* (STJ, 3ª Turma, AgInt nos EDcl no AREsp 1.704.046/SP, rel. Min. Marco Aurélio Bellizze, *DJe* 03.03.2021).

**17. Dispensa de intimação para regularização da representação processual.** *"A renúncia de mandato regularmente comunicada pelo patrono ao seu constituinte, na forma do art. 112 do CPC de 2015, dispensa a determinação judicial para intimação da parte objetivando a regularização da representação processual nos autos, sendo seu ônus a constituição de novo advogado"* (STJ, 4ª Turma, AgInt nos EDcl no AREsp 1.323.747/SP, rel. Min. Luis Felipe Salomão, *DJe* 02.02.2021).

# CAPÍTULO II

## DOS DEVERES DAS PARTES E DE SEUS PROCURADORES

### Seção I

### Dos Deveres

**Art. 77.** Além de outros previstos neste Código, são deveres das partes, de seus procuradores e de todos aqueles que de qualquer forma participem do processo:

I – expor os fatos em juízo conforme a verdade;

II – não formular pretensão ou de apresentar defesa quando cientes de que são destituídas de fundamento;

**LIVRO III · DOS SUJEITOS DO PROCESSO** **Art. 77**

III – não produzir provas e não praticar atos inúteis ou desnecessários à declaração ou à defesa do direito;

IV – cumprir com exatidão as decisões jurisdicionais, de natureza provisória ou final, e não criar embaraços à sua efetivação;

V – declinar, no primeiro momento que lhes couber falar nos autos, o endereço residencial ou profissional onde receberão intimações, atualizando essa informação sempre que ocorrer qualquer modificação temporária ou definitiva;

VI – não praticar inovação ilegal no estado de fato de bem ou direito litigioso;

VII – informar e manter atualizados seus dados cadastrais perante os órgãos do Poder Judiciário e, no caso do § 6º do art. 246 deste Código, da Administração Tributária, para recebimento de citações e intimações.

§ 1º Nas hipóteses dos incisos IV e VI, o juiz advertirá qualquer das pessoas mencionadas no caput de que sua conduta poderá ser punida como ato atentatório à dignidade da justiça.

§ 2º A violação ao disposto nos incisos IV e VI constitui ato atentatório à dignidade da justiça, devendo o juiz, sem prejuízo das sanções criminais, civis e processuais cabíveis, aplicar ao responsável multa de até vinte por cento do valor da causa, de acordo com a gravidade da conduta.

§ 3º Não sendo paga no prazo a ser fixado pelo juiz, a multa prevista no § 2º será inscrita como dívida ativa da União ou do Estado após o trânsito em julgado da decisão que a fixou, e sua execução observará o procedimento da execução fiscal, revertendo-se aos fundos previstos no art. 97.

§ 4º A multa estabelecida no § 2º poderá ser fixada independentemente da incidência das previstas nos arts. 523, § 1º, e 536, § 1º.

§ 5º Quando o valor da causa for irrisório ou inestimável, a multa prevista no § 2º poderá ser fixada em até 10 (dez) vezes o valor do salário mínimo.

§ 6º Aos advogados públicos ou privados e aos membros da Defensoria Pública e do Ministério Público não se aplica o disposto nos §§ 2º a 5º, devendo eventual responsabilidade disciplinar ser apurada pelo respectivo órgão de classe ou corregedoria, ao qual o juiz oficiará.

§ 7º Reconhecida violação ao disposto no inciso VI, o juiz determinará o restabelecimento do estado anterior, podendo, ainda, proibir a parte de falar nos autos até a purgação do atentado, sem prejuízo da aplicação do § 2º.

§ 8º O representante judicial da parte não pode ser compelido a cumprir decisão em seu lugar.

▶ **1. Correspondência no CPC/1973.** *"Art. 14. São deveres das partes e de todos aqueles que de qualquer forma participam do processo: I – expor os fatos em juízo conforme a verdade; II – proceder com lealdade e boa-fé; III – não formular pretensões, nem alegar defesa, cientes de que são destituídas de fundamento; IV – não produzir provas, nem praticar atos inúteis ou desnecessários à declaração ou defesa do direito. V –cumprir com exatidão os provimentos mandamentais e não criar embaraços à efetivação de provimentos judiciais, de natureza antecipatória ou final. Parágrafo único. Ressalvados os advogados que se sujeitam exclusivamente aos estatutos da OAB, a violação do disposto no inciso V deste artigo constitui ato atentatório ao exercício da jurisdição, podendo o juiz, sem prejuízo das sanções criminais, civis e processuais cabíveis, aplicar ao responsável multa em montante a ser fixado de acordo com a gravidade da conduta e não superior a vinte por cento do valor da causa; não sendo paga no prazo estabelecido, contado do trânsito em julgado da decisão final da causa, a multa será inscrita sempre como dívida ativa da União ou do Estado."*

🏛 **LEGISLAÇÃO CORRELATA**

**2. Recomendação 159/2024 CNJ, art. 1º.** *"Art. 1º. Recomendar aos(às) juízes(as) e tribunais que adotem medidas para identificar, tratar e sobretudo prevenir a litigância abusiva, entendida como o desvio ou manifesto excesso dos limites impostos pela finalidade social, jurídica, política e/ou econômica do direito de acesso ao Poder Judiciário, inclusive no polo passivo, comprometendo a capacidade de prestação jurisdicional e o acesso à Justiça. Parágrafo único. Para a caracterização do gênero 'litigância abusiva', devem ser consideradas como espécies as condutas ou demandas sem lastro, temerárias, artificiais, procrastinatórias, frívolas, fraudulentas, desnecessariamente fracionadas, configuradoras de assédio processual ou violadoras do dever de mitigação de prejuízos, entre outras, as quais, conforme sua extensão e impactos, podem constituir litigância predatória."*

⚖ **JURISPRUDÊNCIA, ENUNCIADOS E SÚMULAS SELECIONADOS**

• **3. Enunciado 678 do FPPC.** *"É lícita a imposição de multa por ato atentatório à dignidade da justiça, em caso de descumprimento injustificado por terceiro da ordem de informar ao juiz os fatos e as circunstâncias de que tenha conhecimento ou de exibir coisa ou documento que esteja em seu poder."*

- **4. Enunciado 170 da III Jornada-CJF.** *"A caracterização do abuso processual pode ocorrer por comportamentos ocorridos em único processo ou a partir de um conjunto de atos em inúmeros processos."*

## ▣ COMENTÁRIOS TEMÁTICOS

**5. Boa-fé processual.** Uma das normas fundamentais mais importantes do sistema processual é o princípio da boa-fé (art. 5º). A condução do processo depende da conduta proba e leal dos sujeitos processuais. A probidade e a lealdade processuais decorrem do princípio da boa-fé.

**6. Sujeitos processuais.** Todos os sujeitos processuais devem agir com probidade e lealdade processuais, aí incluídas as partes, os terceiros, o juiz, o membro do Ministério Público, os advogados, públicos e privados, os defensores públicos e os auxiliares do juízo.

**7. Deveres.** Todos os sujeitos processuais estão sujeitos ao cumprimento dos deveres decorrentes da boa-fé. O art. 77 relaciona uma série de condutas a serem seguidas pelos sujeitos processuais.

**8. Litigância de má-fé.** O descumprimento de deveres previstos no art. 77 pode configurar litigância de má-fé, cujos atos específicos estão relacionados no art. 80.

**9. Ato atentatório à dignidade da jurisdição.** O descumprimento de alguns dos deveres previstos no art. 77 pode configurar um atentado à dignidade da jurisdição (art. 77, IV e VI). Nesses casos, justifica-se a imposição de multa de até 20% do valor da causa. Quando o valor da causa for inexpressivo, o juiz poderá fixar a multa em até 10 salários mínimos. A multa não se confunde com as demais sanções civis, penais e processuais que possam ser aplicadas.

**10. Necessidade de dolo ou culpa para multa por ato atentatório à dignidade da jurisdição.** *"A aplicação de multa por ato atentatório à dignidade da justiça (também denominado de contempt of court) pressupõe a presença de conduta dolosa ou culposa do agente"* (STJ, 3ª Turma, REsp 1.823.926/MG, rel. Min. Nancy Andrighi, DJe 16.09.2020).

**11. Inscrição em dívida ativa.** A falta de pagamento da multa imposta pela prática de ato atentatório à dignidade da justiça no prazo fixado pelo juiz acarreta a inscrição do valor em dívida ativa da União ou do Estado. A inscrição em dívida ativa somente poderá ocorrer depois do trânsito em julgado da decisão que fixou a multa.

**12. Destinação.** Os valores inscritos em dívida ativa e executados pela União ou pelo Estado serão revertidos para os fundos de modernização do Poder Judiciário (art. 97).

**13. Multa *versus* medidas executivas.** A multa por ato atentatório não se confunde com as medidas executivas indiretas que podem ser aplicadas para induzir ou forçar o cumprimento de decisão judicial (arts. 139, VI, 523, § 1º, e 536, § 1º). A multa e as medidas executivas podem, até mesmo, ser cumuladas (art. 77, § 4º).

**14. Possibilidade de cumulação com astreintes.** *"4. A multa por ato atentatório à dignidade da justiça (art. 77, § 2º, do CPC/2015) é específica para as hipóteses de violação de dever processual, dentre eles o dever de cumprir com exatidão as decisões judiciais de caráter mandamental e o de não criar embaraços à efetivação dos provimentos judiciais, seja de natureza antecipatória ou final (art. 77, inciso IV), com claras raízes no instituto do* contempt of court *de larga utilização no sistema da* common law. *Referida multa possui natureza tipicamente sancionatória pelo descumprimento de dever processual de obediência às decisões judiciais e consequente ofensa ao princípio da efetividade processual. 5. A multa diária (art. 536, § 1º, do CPC/2015) apresenta caráter eminentemente coercitivo, e não sancionatório ou punitivo. 6. A multa por ato atentatório à dignidade da justiça e a multa diária (astreintes) possuem naturezas jurídicas distintas, de modo que podem coexistir perfeitamente. 7. O Código de Processo Civil de 2015 passou a prever expressamente a possibilidade de cumulação das multas no seu art. 77, § 4º"* (STJ, 3ª Turma, REsp 1.815.621/SP, rel. Min. Ricardo Villas Bôas Cueva, DJe 1º.10.2021).

**15. Repressão e sanção.** O descumprimento de deveres impostos aos sujeitos processuais pode ser punido e reprimido. Tanto a conduta ilícita praticada contra o órgão jurisdicional (ato atentatório à dignidade da justiça) como a praticada contra a parte (litigância de má-fé) são punidas com multa (arts. 77, § 2º, e 81). A multa fixada pelo juiz deve ser imposta em decisão fundamentada, com análise da gravidade da conduta; o valor deve ser proporcional e adequado para reprimi-la.

**16. Advertência.** Antes de aplicar a sanção, o juiz pode advertir os sujeitos processuais, a fim de prevenir a prática do ato ou de permitir sua reconsideração.

**17. Ressalva.** A multa não pode ser imposta aos advogados, públicos ou privados, nem ao membro do Ministério Público ou ao defensor público (art. 77, § 6º). O representante judicial da parte não pode ser compelido a cumprir a ordem em seu lugar (art. 77, § 8º).

**18. Impossibilidade de impor multa ao advogado.** *"Viola a autoridade do julgado na ADI 2.652/DF a aplicação de multa processual ao advogado, o qual não figura como parte ou como interveniente na ação"* (STF, 2ª Turma, Rcl 18.885 AgR, rel. p/ ac. rel. Min. Dias Toffoli, *DJe* 22.3.2018).

**19. Dever de verdade.** A finalidade do processo judicial não é alcançar a verdade, mas solucionar a disputa havida entre as partes. Sem embargo disso, há um dever de verdade no processo, que impede a procrastinação de atos processuais e coíbe o seu uso como instrumento destinado a criar inverdades. O dever de verdade nos atos processuais é uma manifestação de repúdio à mentira no processo.

**20. Ainda o dever de verdade.** O inciso I do art. 77, na mesma linha do sistema alemão, estabelece o dever de verdade na relação processual. Não se admite o uso do direito de ação com o fim de prejudicar alguém. Não se admite, em outras palavras, o abuso do direito de demandar. Todos os deveres do art. 77 poderiam ser resumidos num só: o dever geral da verdade, a partir do qual decorrem os deveres de cooperação, lealdade e probidade. É plenamente lícito que a parte tente convencer o juiz e apresente sua versão; o que não se admite é que a parte, de modo intencional, distorça os fatos jurídicos que fundamentam sua pretensão ou sua defesa (art. 77, I e II). As partes não devem criar incidentes ou fases processuais desnecessárias, praticando atos que prolonguem, indevida e injustificadamente, a marcha processual (art. 77, III). Proíbe-se, enfim, o abuso de direito processual. É vedado, ainda, o descumprimento de ordem provisória ou final, proibindo-se a criação de embaraços ou obstáculos maliciosos ao cumprimento de provimentos jurisdicionais (art. 77, IV). A probidade e a lealdade processuais não permitem a omissão proposital de informações sobre dados pessoais próprios ou mesmo daqueles que irão participar do processo; a proposital informação errônea de dados consiste numa forma de abuso de direito (art. 77, V).

**21. Atentado.** O atentado é um ilícito processual, consistente em inovação ilegal ou abusiva no estado de fato, no curso do processo. O atentado configura conduta desleal e atentatória à dignidade da justiça, porque provoca riscos de julgamento equivocado. Por isso, não se deve praticar inovação ilegal no estado de fato de bem ou direito litigioso (art. 77, VI). Além da multa, a parte que não purgar o atentado ficará proibida de falar nos autos, até que se restabeleça a situação normal (art. 77, § 7º).

**22. Rol exemplificativo.** É meramente exemplificativo o rol dos deveres previstos no art. 77; todos decorrem da boa-fé e do dever geral da verdade no processo. Qualquer conduta que viole tal dever há de ser reprimida com advertência, acarretando o dever de indenizar a parte prejudicada (art. 79).

> **Art. 78.** É vedado às partes, a seus procuradores, aos juízes, aos membros do Ministério Público e da Defensoria Pública e a qualquer pessoa que participe do processo empregar expressões ofensivas nos escritos apresentados.
> § 1º Quando expressões ou condutas ofensivas forem manifestadas oral ou presencialmente, o juiz advertirá o ofensor de que não as deve usar ou repetir, sob pena de lhe ser cassada a palavra.
> § 2º De ofício ou a requerimento do ofendido, o juiz determinará que as expressões ofensivas sejam riscadas e, a requerimento do ofendido, determinará a expedição de certidão com inteiro teor das expressões ofensivas e a colocará à disposição da parte interessada.

▶ **1. Correspondência no CPC/1973.** *"Art. 15. É defeso às partes e seus advogados empregar expressões injuriosas nos escritos apresentados no processo, cabendo ao juiz, de ofício ou a requerimento do ofendido, mandar riscá-las. Parágrafo único. Quando as expressões injuriosas forem proferidas em defesa oral, o juiz advertirá o advogado que não as use, sob pena de lhe ser cassada a palavra."*

## 🏛 LEGISLAÇÃO CORRELATA

**2. CF, art. 133.** *"Art. 133. O advogado é indispensável à administração da justiça, sendo inviolável por seus atos e manifestações no exercício da profissão, nos limites da lei."*

**3. CP, art. 142, I.** *"Art. 142. Não constituem injúria ou difamação punível: I – a ofensa irrogada em juízo, na discussão da causa, pela parte ou por seu procurador;"*

## ⚖ JURISPRUDÊNCIA, ENUNCIADOS E SÚMULAS SELECIONADOS

- **4. ADI 1.127.** *"II. A imunidade profissional é indispensável para que o advogado possa exercer condigna e amplamente seu múnus público. (...) VIII – A imunidade profissional do advo-*

*gado não compreende do desacato, pois conflita com a autoridade do magistrado na condução da atividade jurisdicional."*

## 📋 Comentários Temáticos

**5. Expressões ofensivas.** Todos os sujeitos processuais, além de terem de agir com boa-fé (art. 5º) e cooperação (art. 6º), devem expor-se com urbanidade, serenidade e elegância. É vedado o emprego de expressões ofensivas, seja de forma oral, seja por escrito. Em manifestações por escrito, em audiência, em sustentação oral, o sujeito processual deve expressar-se adequadamente, sem valer-se do uso de expressões ofensivas.

**6. Destinatários da regra.** A proibição do emprego de expressões ofensivas dirige-se a todos os sujeitos do processo, aí incluídos os advogados, as partes, o juiz, o membro do Ministério Público, da Defensoria Pública, da Advocacia Pública, os auxiliares do juízo e todos que, enfim, participem do processo. Os advogados em suas petições, o juiz em suas decisões, o perito em seu lado, o assistente técnico em seu parecer, enfim, cada sujeito deve, em suas manifestações, expressar-se adequadamente, não empregando expressões ofensivas ou desrespeitosas.

**7. Sanção.** Quando o emprego da expressão ofensiva ocorrer em manifestação oral (audiência, sustentação oral), a sanção prevista é a cassação da palavra. Se ocorre em manifestação escrita, a sanção prevista é que a expressão ofensiva seja riscada. A sanção independe de requerimento, podendo ser determinada de ofício pelo juiz.

**8. Advertência.** Nas manifestações orais, o emprego da expressão ofensiva implica, antes, a advertência ao ofensor de que não a deve usar ou repetir. Não atendida a advertência, deve-se, então, aplicar a sanção de cassar a palavra.

**9. Imunidade judiciária.** O advogado não pode ser punido pelas manifestações que fizer em defesa de seu cliente, mas os excessos devem ser controlados, não sendo absoluta sua imunidade profissional. Embora desfrute dessa imunidade judiciária, o emprego de expressões ofensivas acarreta sanção processual: a cassação de sua palavra em manifestação oral, antecedida de advertência, e a determinação de que sejam riscadas as expressões utilizadas.

**10. Certidão.** A requerimento da parte interessada, é possível expedir-se certidão com inteiro teor das expressões ofensivas a ser entregue ao ofendido para a adoção de medidas cabíveis.

# Seção II
# Da Responsabilidade das Partes por Dano Processual

**Art. 79.** Responde por perdas e danos aquele que litigar de má-fé como autor, réu ou interveniente.

▶ **1. Correspondência no CPC/1973.** *"Art. 16. Responde por perdas e danos aquele que pleitear de má-fé como autor, réu ou interveniente."*

## 📖 Legislação Correlata

**2. CLT, art. 793-A.** *"Art. 793-A. Responde por perdas e danos aquele que litigar de má-fé como reclamante, reclamado ou interveniente."*

## 📋 Comentários Temáticos

**3. Responsabilidade por dano processual.** Quem age de má-fé deve ser responsabilizado pelas perdas e danos que causar a um dos sujeitos do processo. As partes, litisconsortes ou intervenientes sujeitam-se à eventual condenação por perdas e danos.

**4. Perdas e danos.** As perdas e danos consistem em 3 elementos: os prejuízos sofridos, os honorários de advogado e as despesas efetuadas pela parte lesada (art. 81).

**5. Desnecessidade de ação autônoma.** A indenização por perdas e danos poderá ser determinada no próprio processo, sendo desnecessário propor ação autônoma para tanto. É imprescindível, entretanto, para que haja a indenização, que se comprovem os danos ou prejuízos, pois não se indenizam danos meramente imagináveis. Tais danos devem ocorrer no processo, constituindo danos endoprocessuais. Os que se verificarem fora do processo, ou seja, os que são extraprocessuais, haverão de ser indenizados em ação autônoma, não tendo por fundamento os arts. 79 e 81, mas sim as normas de direito material, a exemplo dos arts. 186, 927 e 940 do CC.

**6. Multa.** Além da indenização, o litigante de má-fé sujeita-se à multa prevista no art. 81.

**7. Titular dos valores.** Essas condenações – perdas e danos e multa – revertem em benefício da parte contrária (art. 96). A parte que se prejudicou o ato de litigância de má-fé pelo seu adversário deverá beneficiar-se com o pagamento de quantias que cubram os danos processuais, além de auferir o resultado da multa imposta pelo juiz.

**LIVRO III · DOS SUJEITOS DO PROCESSO** **Art. 80**

**8. Abrangência.** O dispositivo aplica-se às partes e aos intervenientes de todo e qualquer processo judicial, seja de jurisdição voluntária, seja de jurisdição contenciosa.

**9. Limitação subjetiva.** A regra dirige-se às partes e aos intervenientes, não alcançando os advogados. Os advogados não podem ser condenados a indenizar qualquer das partes ou a pagar-lhe multa. O defensor público também não pode ser condenado, estando sua responsabilidade disciplina no art. 187.

**10. *Amicus curiae*.** O *amicus curiae* é interveniente, estando abrangido pela previsão do art. 79.

**11. Beneficiário da gratuidade da justiça.** O beneficiário da justiça gratuita está abrangido pela previsão do art. 79, podendo ser condenado a indenizar a parte contrário por perdas e danos.

**12. Arrematante e credores.** O arrematante, o credor hipotecário que adjudica e os credores que penhoram idêntico bem e formulam suas pretensões no concurso especial (art. 909) são intervenientes para os efeitos do art. 79.

**13. Ministério Público.** A prática de ato de litigância de má-fé pelo Ministério Público acarreta a condenação do Estado ou da União, caso se trate, respectivamente, do Ministério Público Estadual ou Federal (CF, art. 37, § 6º). O membro do Ministério Público só será responsabilizado de modo regressivo, em caso de dolo ou fraude (art. 181).

**14. Juiz.** A responsabilidade do juiz está prevista no art. 143, não estando abrangida no art. 79.

**15. Resultado do processo.** A condenação em indenização por perdas e danos decorrente da litigância de má-fé não se desfaz com o resultado final favorável à parte que foi condenada. Em outras palavras, o vitorioso no processo pode, embora vitorioso, ser condenado a pagar indenização por perdas e danos em razão da prática de ato de litigância de má-fé. A responsabilidade por dano processual independe do resultado.

**Art. 80.** Considera-se litigante de má-fé aquele que:

I – deduzir pretensão ou defesa contra texto expresso de lei ou fato incontroverso;

II – alterar a verdade dos fatos;

III – usar do processo para conseguir objetivo ilegal;

IV – opuser resistência injustificada ao andamento do processo;

V – proceder de modo temerário em qualquer incidente ou ato do processo;

VI – provocar incidente manifestamente infundado;

VII – interpuser recurso com intuito manifestamente protelatório.

▶ **1. Correspondência no CPC/1973.** *"Art. 17. Reputa-se litigante de má-fé aquele que: I – deduzir pretensão ou defesa contra texto expresso de lei ou fato incontroverso; II – alterar a verdade dos fatos; III – usar do processo para conseguir objetivo ilegal; IV – opuser resistência injustificada ao andamento do processo; V – proceder de modo temerário em qualquer incidente ou ato do processo; VI – provocar incidentes manifestamente infundados; VII – interpuser recurso com intuito manifestamente protelatório."*

🔲 **LEGISLAÇÃO CORRELATA**

**2. CLT, art. 793-B.** *"Art. 793-B. Considera-se litigante de má-fé aquele que: I – deduzir pretensão ou defesa contra texto expresso de lei ou fato incontroverso; II – alterar a verdade dos fatos; III – usar do processo para conseguir objetivo ilegal; IV – opuser resistência injustificada ao andamento do processo; V – proceder de modo temerário em qualquer incidente ou ato do processo; VI – provocar incidente manifestamente infundado; VII – interpuser recurso com intuito manifestamente protelatório."*

⚖ **JURISPRUDÊNCIA, ENUNCIADOS E SÚMULAS SELECIONADOS**

- **3. Tema/Repetitivo 507 STJ.** *"A multa prevista no artigo 538, parágrafo único, do Código de Processo Civil tem caráter eminentemente administrativo – punindo conduta que ofende a dignidade do tribunal e a função pública do processo –, sendo possível sua cumulação com a sanção prevista nos artigos 17, VII e 18, § 2º, do Código de Processo Civil, de natureza reparatória."*

- **4. Súmula STJ, 98.** *"Embargos de declaração manifestados com notório propósito de prequestionamento não têm caráter protelatório."*

- **5. Enunciado 148 da I Jornada-CJF.** *"A reiteração pelo exequente ou executado de matérias já preclusas pode ensejar a aplicação de multa por conduta contrária à boa-fé."*

- **6. Enunciado 161 da III Jornada-CJF.** *"Considera-se litigante de má-fé, nos termos do art. 80 do CPC, aquele que menciona em suas manifestações precedente inexistente."*

157

- **7. Enunciado 170 da III Jornada-CJF.** *"A caracterização do abuso processual pode ocorrer por comportamentos ocorridos em único processo ou a partir de um conjunto de atos em inúmeros processos."*
- **8. Enunciado 62 do FNPP.** *"Enseja a condenação por litigância de má-fé do art. 81, CPC, a conduta da parte que apresenta, em processo judicial, documento relevante e pré-existente à causa, omitido durante a tramitação do processo administrativo fiscal."*

## ▣ Comentários Temáticos

**9. Má-fé.** A má-fé é o antônimo da boa-fé subjetiva, que não é nem princípio nem regra, sendo apenas elemento do suporte fático de regra jurídica. As características de individuação da má-fé conduzem à incidência das regras legais concernentes à pesquisa sobre a subjetividade, sobre o estado de fato nomeado como "estar de má-fé" ou "agir de má-fé". Com base em dados empíricos, afere-se se está presente ou não o estado de crença (psicológica) vivenciada pelo sujeito que pratica o ato considerado de má-fé.

**10. Boa-fé objetiva.** As hipóteses de litigância de má-fé, descritas no art. 80, não devem ser compreendidas isoladamente, mas à luz da boa-fé objetiva. Isso acarreta uma releitura do papel da intenção do sujeito processual na configuração do ilícito, pois, tradicionalmente, a litigância de má-fé sempre esteve ligada à ideia de boa-fé subjetiva.

**11. Configuração da litigância de má-fé.** Costuma-se dizer que a má-fé não se presume, devendo ser comprovada. Quando, porém, o Direito explicitamente confere relevância jurídica à existência de má-fé, ela se presume. Há regras de natureza preventiva, que, em determinadas situações, vedam categoricamente alguns tipos de conduta. É o que ocorre com o art. 80, que cataloga atos que configuram litigância de má-fé. Assim, interpor, por exemplo, um recurso protelatório configura litigância de má-fé, independentemente da real intenção ou do estado de crença da parte.

**12. Deduzir pretensão contra texto expresso de lei.** O texto da lei não possui sentido único. Texto e norma não se confundem. A norma é o resultado da interpretação que se faz do texto. O enunciado normativo pode permitir mais de uma interpretação. A parte pode valer-se de uma das possíveis interpretações. O art. 80, I, somente deve ser aplicado quando a parte ou o interveniente deduzir alegações desprovidas de fundamentação séria ou quando despreze o conteúdo semântico mínimo do texto, defendendo interpretação aberrante, absurda. Nesse caso, também é importante considerar a tradição do direito, os precedentes e o entendimento que a doutrina e os tribunais têm manifestado, ao longo do tempo, a respeito do tema.

**13. Deduzir pretensão contra súmula vinculante ou precedente obrigatório.** A parte que deduz pretensão contra súmula vinculante ou precedente obrigatório, sem apresentar uma distinção ou a necessidade de ser promovida uma superação do entendimento, pratica ato de litigância de má-fé. Precedente é norma e deduzir pretensão contra precedente obrigatório consiste em deduzir pretensão contra norma expressa.

**14. Deduzir pretensão contra fato incontroverso.** Não dependem de prova os fatos afirmados por uma parte e confessados pela parte contrária (art. 374, II), bem como os admitidos no processo como incontroversos (art. 374, III). Tais fatos já se consideram provados, por serem incontroversos. Se, a despeito da incontrovérsia, a parte insiste em afirmar o contrário do que já está provado, estará a litigar de má-fé.

**15. Alterar a verdade dos fatos.** Quando a parte ou o interveniente afirma, propositadamente, inexistir fato existente ou afirma a existência de fato inexistente ou apresenta versão mentirosa para fato verdadeiro está a alterar a verdade dos fatos, agindo de má-fé e violando o dever geral de verdade. Apresentar sua versão dos fatos não é alterar a verdade dos fatos. A alteração da verdade dos fatos ocorre quando se mente ou se afirma existir fato inexistente ou vice-versa. Não há litigância de má-fé quando a parte desconhece o fato ou o interpreta erroneamente, mas quando o altera propositada ou indesculpavelmente.

**16. Objetivo ilegal.** A parte que, unilateralmente, vale-se do processo para conseguir objetivo ilegal pratica ato de litigância de má-fé, devendo ser punida com multa e condenada a indenizar a parte contrária pelos prejuízos por esta suportados. Se o ato destinado a obter objetivo ilegal for bilateral, ou, seja, for praticado por ambas as partes, a hipótese será de processo simulado (art. 142), a ensejar a extinção do processo e, até mesmo, a rescisão da decisão de mérito por ação rescisória (art. 966, III).

**17. Opor resistência injustificada ao andamento do processo.** A resistência injustificada ao andamento do processo pode verificar-se pela provocação de incidente manifestamente infundado, pela interposição de recurso protelatório ou pela prática de outros atos que causam

**LIVRO III** · DOS SUJEITOS DO PROCESSO **Art. 80**

dilações indevidas ou atrasos injustificados ao curso do procedimento. Algumas hipóteses do art. 80 configuram detalhamento do seu inciso IV. Resiste injustificadamente ao andamento do processo aquele que atravanca ou obstrui o desenvolvimento da sequência dos atos processuais, agindo de modo anticooperativo, contrariamente ao art. 6º.

**18. Proceder de modo temerário em qualquer incidente ou ato do processo.** Aquele que conduz o processo com imprudência age de modo temerário, reproduzindo a mesma demanda diversas vezes a um só tempo, juntando inúmeros documentos, repetidas vezes, no processo, formulando requerimentos sem a observância das garantias fundamentais. Em todos esses casos, há nítida litigância de má fé.

**19. Provocar incidente manifestamente infundado.** A instauração de incidente sem qualquer possibilidade de êxito, porque destituído de fundamentação, configura ato de litigância de má-fé. O termo "incidente" utilizado no dispositivo é amplo, alcançando o incidente processual, a ação incidental, pedidos formulados ao longo do procedimento, alegação de suspeição e impedimento sem qualquer fundamento, entre outros.

**20. Interpor recurso protelatório.** Quando a parte interpõe recurso incabível ou destituído de qualquer fundamento, com o nítido propósito de protelar ou retardar o andamento do processo, sem a mais mínima possibilidade de êxito, está a praticar ato de litigância de má-fé.

**21. Recurso com intuito manifestamente protelatório.** *"A litigância de má-fé, passível de ensejar a aplicação da multa e indenização, configura-se quando houver insistência injustificável da parte na utilização e reiteração indevida de recursos manifestamente protelatórios"* (STJ, Corte Especial, EDcl nos EDcl no AgInt nos EAREsp 1.257.672/SP, rel. Min. Felix Fischer, *DJe* 18.12.2020).

**22. Interposição de recurso cabível.** *"A jurisprudência do Superior Tribunal de Justiça estabelece que a interposição de recursos cabíveis não acarreta a imposição de multa por litigância de má-fé à parte adversa, ainda que com argumentos reiteradamente refutados ou sem alegação de fundamento novo"* (STJ, 3ª Turma, AgInt no REsp 1.842.170/CE, rel. Min. Ricardo Villas Bôas Cueva, *DJe* 12.02.2021).

**23. Condutas do art. 77.** O descumprimento de algumas condutas prescritas no art. 77 caracterizam ato de litigância de má-fé. Cabe à parte ou ao interveniente "expor os fatos em juízo conforme a verdade" (art. 77, I). Se não o fizer, age de modo a "alterar a verdade dos fatos" (art. 80, II), praticando ato de litigância de má-fé. A parte ou o interveniente deve "cumprir com exatidão as decisões jurisdicionais, de natureza provisória ou final, e não criar embaraços à sua efetivação" (art. 77, IV). Para não cumprir decisões jurisdicionais e criar embaraços à sua efetivação, a parte ou o interveniente pode opor "resistência injustificada ao andamento do processo" (art. 80, IV), "proceder de modo temerário em qualquer incidente ou ato do processo" (art. 80, V), "provocar incidente manifestamente infundado" (art. 80, VI) ou "interpor recurso com intuito manifestamente protelatório" (art. 80, VII), agindo de má-fé.

**24. Rol taxativo.** A má-fé é pressuposto para a reparação das perdas e danos suportados pela parte (art. 79). As perdas e danos consistem em 3 elementos: os prejuízos sofridos, os honorários de advogado e as despesas efetuadas pela parte lesada (art. 81). Além das perdas e danos, há também a multa por litigância de má-fé (art. 81). Para que se imponha a multa, é preciso que a conduta seja tipificada. Logo, o rol do art. 80, no tocante à imposição de multa, é taxativo. Outras condutas não previstas no art. 80 podem configurar má-fé para efeito de perdas e danos, pois o abuso de direito é um ilícito (CC, art. 187) e acarreta o dever de indenizar.

**25. Elemento subjetivo.** *"Segundo entendimento do Superior Tribunal de Justiça, para aplicação da multa por litigância de má-fé, há necessidade de verificação do elemento subjetivo, consistente no dolo ou culpa grave da parte"* (STJ, 4ª Turma, AgInt no AREsp 1.709.471/MS, rel. Min. Raul Araújo, *DJe* 23.02.2021).

**26. Litigância de má-fé e exigência da comprovação do dolo.** *"A aplicação da penalidade por litigância de má-fé exige a comprovação do dolo da parte, ou seja, da intenção de obstrução do trâmite regular do processo ou de causar prejuízo à parte contrária, o que não ocorre na hipótese em exame"* (STJ, 4ª Turma, AgInt no AREsp 1.509.223/MG, rel. Min. Raul Araújo, *DJe* 24.10.2019).

**27. Demonstração de prejuízo.** *"Para a configuração da litigância de má-fé (arts. 80 e 81 do Código de Processo Civil/2015) é preciso estar caracterizada a culpa grave ou o dolo do recorrente, não podendo ser presumida a atitude maliciosa. Além disso, devem-se demonstrar os prejuízos decorrentes do comportamento da parte adversa"* (STJ, 2ª Turma, EDcl no AgInt no AREsp 1.620.540/PR, rel. Min. Herman Benjamin, *DJe* 12.11.2020).

**28. Ônus da prova.** *"A má-fé não pode ser presumida, sendo necessária a comprovação do dolo da parte, ou seja, da intenção de obstrução do trâmite regular do processo, nos termos do art. 17 do Código de Processo Civil de 1973"* (STJ, 4ª Turma, AgInt no AREsp 1.634.405/SP, rel. Min. Raul Araújo, *DJe* 1º.02.2021).

**29. Resultado do processo.** A vitória no processo não elimina a conduta de litigância de má-fé configurada ao logo do procedimento. A parte pode ter praticado um ato de litigância de má-fé, mas ser vitoriosa ao final. Sua vitória não elimina sua conduta nem desfaz a multa que lhe tenha sido imposta. O litigante de má-fé pode ser o autor, o réu, o exequente, o executado, um interveniente, independentemente do resultado da demanda.

**30. Fundamentação.** A decisão que reconhece a litigância de má-fé deve estar devidamente fundamentada, justificando a razão pela qual a parte deve ser considerada litigante de má-fé.

**31. Impossibilidade de condenação nos casos de recusa a exame de DNA.** *"Não é admissível a condenação em litigância de má-fé pelo simples fato de haver negativa do suposto pai em se submeter ao exame de DNA, pois a resistência em fornecer material genético para a prova pericial possui, como regra, consequência específica ditada pela jurisprudência (Súmula 301/STJ) e pelo direito positivo (art. 2º-A, § 1º, da Lei 8.560/1992, incluído pela Lei 12.004/2009): a presunção relativa de paternidade"* (STJ, 3ª Turma, REsp 1.893.978/MT, rel. Min. Nancy Andrighi, *DJe* 29.11.2021).

---

**Art. 81.** De ofício ou a requerimento, o juiz condenará o litigante de má-fé a pagar multa, que deverá ser superior a um por cento e inferior a dez por cento do valor corrigido da causa, a indenizar a parte contrária pelos prejuízos que esta sofreu e a arcar com os honorários advocatícios e com todas as despesas que efetuou.

§ 1º Quando forem 2 (dois) ou mais os litigantes de má-fé, o juiz condenará cada um na proporção de seu respectivo interesse na causa ou solidariamente aqueles que se coligaram para lesar a parte contrária.

§ 2º Quando o valor da causa for irrisório ou inestimável, a multa poderá ser fixada em até 10 (dez) vezes o valor do salário mínimo.

§ 3º O valor da indenização será fixado pelo juiz ou, caso não seja possível mensurá-lo, liquidado por arbitramento ou pelo procedimento comum, nos próprios autos.

---

▶ **1. Correspondência no CPC/1973.** *"Art. 18. O juiz ou tribunal, de ofício ou a requerimento, condenará o litigante de má-fé a pagar multa não excedente a um por cento sobre o valor da causa e a indenizar a parte contrária dos prejuízos que esta sofreu, mais os honorários advocatícios e todas as despesas que efetuou. § 1º Quando forem dois ou mais os litigantes de má-fé, o juiz condenará cada um na proporção do seu respectivo interesse na causa, ou solidariamente aqueles que se coligaram para lesar a parte contrária. § 2º O valor da indenização será desde logo fixado pelo juiz, em quantia não superior a 20% (vinte por cento) sobre o valor da causa, ou liquidado por arbitramento."*

## ⚖ LEGISLAÇÃO CORRELATA

**2. CF, art. 7º, IV.** *"Art. 7º São direitos dos trabalhadores urbanos e rurais, além de outros que visem à melhoria de sua condição social: (...) IV – salário mínimo, fixado em lei, nacionalmente unificado, capaz de atender a suas necessidades vitais básicas e às de sua família com moradia, alimentação, educação, saúde, lazer, vestuário, higiene, transporte e previdência social, com reajustes periódicos que lhe preservem o poder aquisitivo, sendo vedada sua vinculação para qualquer fim."*

**3. CC, art. 940.** *"Art. 940. Aquele que demandar por dívida já paga, no todo ou em parte, sem ressalvar as quantias recebidas ou pedir mais do que for devido, ficará obrigado a pagar ao devedor, no primeiro caso, o dobro do que houver cobrado e, no segundo, o equivalente do que dele exigir, salvo se houver prescrição."*

**4. EOAB, art. 32.** *"Art. 32. O advogado é responsável pelos atos que, no exercício profissional, praticar com dolo ou culpa. Parágrafo único. Em caso de lide temerária, o advogado será solidariamente responsável com seu cliente, desde que coligado com este para lesar a parte contrária, o que será apurado em ação própria."*

**5. CLT, art. 793-C.** *"Art. 793-C. De ofício ou a requerimento, o juízo condenará o litigante de má-fé a pagar multa, que deverá ser superior a 1% (um por cento) e inferior a 10% (dez por cento) do valor corrigido da causa, a indenizar a parte contrária pelos prejuízos que esta sofreu e a arcar com os honorários advocatícios e com todas as despesas que efetuou. § 1º Quando forem dois ou mais os litigantes de má-fé, o juízo condenará cada um na proporção de seu respectivo interesse na causa ou solidariamente aqueles que se coligaram para lesar a parte contrária. § 2º Quando o valor da causa for irrisório ou inestimável, a multa poderá ser fixada em até duas vezes o li-*

*mite máximo dos benefícios do Regime Geral de Previdência Social. § 3º O valor da indenização será fixado pelo juízo ou, caso não seja possível mensurá-lo, liquidado por arbitramento ou pelo procedimento comum, nos próprios autos."*

**6. CLT, art. 793-D.** *"Art. 793-D. Aplica-se a multa prevista no art. 793-C desta Consolidação à testemunha que intencionalmente alterar a verdade dos fatos ou omitir fatos essenciais ao julgamento da causa. Parágrafo único. A execução da multa prevista neste artigo dar-se-á nos mesmos autos."*

**7. Lei 4.717/1965, art. 13.** *"Art. 13. A sentença que, apreciando o fundamento de direito do pedido, julgar a lide manifestamente temerária, condenará o autor ao pagamento do décuplo das custas."*

**8. Lei 7.347/1985, art. 18.** *"Art. 18. Nas ações de que trata esta lei, não haverá adiantamento de custas, emolumentos, honorários periciais e quaisquer outras despesas, nem condenação da associação autora, salvo comprovada má-fé, em honorários de advogado, custas e despesas processuais."*

**9. Lei 8.078/1990, art. 87.** *"Art. 87. Nas ações coletivas de que trata este código não haverá adiantamento de custas, emolumentos, honorários periciais e quaisquer outras despesas, nem condenação da associação autora, salvo comprovada má-fé, em honorários de advogados, custas e despesas processuais. Parágrafo único. Em caso de litigância de má-fé, a associação autora e os diretores responsáveis pela propositura da ação serão solidariamente condenados em honorários advocatícios e ao décuplo das custas, sem prejuízo da responsabilidade por perdas e danos."*

## ⚖ JURISPRUDÊNCIA, ENUNCIADOS E SÚMULAS SELECIONADOS

- **10. Enunciado 490 do FPPC.** *"São admissíveis os seguintes negócios processuais, entre outros: pacto de inexecução parcial ou total de multa coercitiva; pacto de alteração de ordem de penhora; pré-indicação de bem penhorável preferencial (art. 848, II); pré-fixação de indenização por dano processual prevista nos arts. 81, § 3º, 520, inc. I, 297, parágrafo único (cláusula penal processual); negócio de anuência prévia para aditamento ou alteração do pedido ou da causa de pedir até o saneamento (art. 329, inc. II)."*

- **11. Enunciado 148 da I Jornada-CJF.** *"A reiteração pelo exequente ou executado de matérias já preclusas pode ensejar a aplicação de multa por conduta contrária à boa-fé."*

- **12. Enunciado 62 do FNPP.** *"Enseja a condenação por litigância de má-fé do art. 81, CPC, a conduta da parte que apresenta, em processo judicial, documento relevante e pré-existente à causa, omitido durante a tramitação do processo administrativo fiscal."*

## 🗐 COMENTÁRIOS TEMÁTICOS

**13. Indenização e multa.** A prática de ato de litigância de má-fé sujeita o infrator à condenação ao pagamento de indenização por perdas e danos e multa.

**14. Titular das multas por litigância de má-fé.** As multas por litigância de má-fé são revertidas em favor da parte contrária (art. 96). O titular da multa pode, então, ser o autor ou réu, o exequente ou o executado. Qualquer um que pratique ato de litigância de má-fé pode ser condenado ao pagamento de multa, cujo valor reverte em favor da parte contrária.

**15. Cobrança das multas e das indenizações processuais.** O valor das multas e das indenizações processuais pode ser executado nos próprios autos do processo (art. 777).

**16. Litigância de má-fé e gratuidade da justiça.** O benefício da gratuidade da justiça não está liberado para a prática de atos de litigância de má-fé. Se praticar ato de litigância de má-fé, será punido com a multa do art. 81. Aliás, a concessão da gratuidade da justiça não afasta o dever de o beneficiário pagar, ao final, as multas processuais que lhe sejam impostas (art. 98, § 4º).

**17. Contraditório.** Antes de considerar a parte ou o interveniente litigante de má-fé e de impor-lhe condenação no pagamento de multa, o juiz deve instaurar o contraditório, viabilizando defesa a esse respeito.

**18. Multa e sua imposição de ofício.** A imposição da multa não depende de provocação da parte, devendo ser imposta de ofício pelo juiz ou tribunal.

**19. Multa e seu valor.** Praticado o ato de litigância de má-fé, deve o juiz ou tribunal, justificando fundamentadamente que assim é considerado, condenar a parte ou o interveniente a pagar à parte contrária multa não excedente de 10% sobre o valor atualizado da causa. Se, porém, o valor da causa for irrisório ou simbólico, não haverá efetividade na multa, não servindo para reprimir a conduta protelatória ou abusiva. Nesse caso, deve a multa ser fixada em até 10 vezes o salário mínimo.

**20. Fixação da multa em salários mínimos.** O salário mínimo não pode ser utilizado como indexador financeiro, já que é vedada sua vinculação para qualquer fim (CF, art. 7º, IV). Se o valor da causa for irrisório ou inestimável, a multa deve ser fixada em salários mínimos. Para que não se contrarie a vedação constitucional, o valor do salário mínimo deve ser o vigente no momento da decisão que fixa a multa, sendo corrigido, a partir de então, pelos índices oficiais de correção monetária. O valor do salário mínimo é o vigente no momento da prolação da decisão que fixar a multa.

**21. Constitucionalidade da condenação em salários mínimos.** *"A jurisprudência desta Corte admite a possibilidade de condenação em salários mínimos, desde que a atualização seja feita de acordo com índices oficiais de correção monetária"* (STF, 1ª Turma, AI 603.843 AgR, rel. Min. Ricardo Lewandowski, *DJe* 23.05.2008).

**22. Multa pela interposição de agravo interno.** O reconhecimento, em decisão unânime e devidamente fundamentada, da manifesta inadmissibilidade ou improcedência do agravo interno enseja a condenação do agravante a pagar ao agravado multa fixada entre 1% e 5% do valor atualizado da causa (art. 1.021, § 4º). Em tal hipótese, não se aplica o percentual previsto no art. 81, mas o do § 4º do art. 1.021. A multa fixada em razão de agravo interno protelatório é de até 5% sobre o valor da causa corrigido monetariamente. Caso, todavia, o valor da causa seja irrisório, deve ser aplicado o § 2º do art. 81, sendo fixada a multa em até 10 vezes o salário mínimo. Os §§ do art. 81 são plenamente compatíveis com o agravo interno manifestamente inadmissível ou improcedente, não sendo afastados pela disciplina do art. 1.021.

**23. Multa pela interposição de embargos de declaração protelatórios.** A multa imposta à parte que opõe embargos de declaração manifestamente protelatórios está prevista no § 2º do art. 1.026, e não no art. 81. A diferença entre os dispositivos está nos percentuais aplicados. A multa fixada em razão de embargos de declaração protelatórios é de até 2% sobre o valor da causa corrigido monetariamente. Se, porém, o valor da causa for irrisório, deve ser aplicado o § 2º do art. 81, sendo a multa fixada em até 10 vezes o salário mínimo. Os §§ do art. 81 são plenamente compatíveis com os embargos de declaração manifestamente protelatórios, não sendo afastados pela disciplina do art. 1.026, que, a propósito, não trata disso. São, portanto, conciliáveis os dispositivos.

**24. Multa *versus* indenização.** O ato de litigância de má-fé enseja a condenação da parte em multa e em indenização pelos prejuízos suportados pela parte contrária. A multa é medida punitiva, não dependendo de comprovação de prejuízo ou de dano processual. Diversamente, a indenização depende da demonstração e comprovação de prejuízo. Se o prejuízo não estiver evidente, deverá ser demonstrado em liquidação de sentença.

**25. Desnecessidade de comprovação do prejuízo.** *"É desnecessária a comprovação do prejuízo para que haja condenação ao pagamento da indenização prevista no artigo 18, caput e § 2º, do Código de Processo Civil [de 1973], decorrente da litigância de má-fé"* (STJ, Corte Especial, EREsp 1.133.262/ES, rel. Min. Luis Felipe Salomão, *DJe* 04.08.2015).

**26. Desnecessidade de comprovação de dano processual para fixação de multa.** *"1. O dano processual não é pressuposto para a aplicação da multa por litigância de má-fé a que alude o art. 18 do CPC/1973, que configura mera sanção processual, aplicável inclusive de ofício, e que não tem por finalidade indenizar a parte adversa. 2. Caso concreto em que se afirmou no acórdão recorrido que a conduta do recorrente foi de má-fé por ter instaurado incidente infundado e temerário, não tendo se limitado ao mero exercício do direito de recorrer, mas tendo incidido em diversas das condutas elencadas no art. 17 do CPC/1973 (art. 80 do CPC/2015)"* (STJ, 3ª Turma, REsp 1.628.065/MG, rel. p/ ac. Min. Paulo de Tarso Sanseverino, *DJe* 4.4.2017).

**27. Litigância de má-fé e aplicação da multa do art. 940 do Código Civil.** *"O reconhecimento da litigância de má-fé (previsto no artigo 17 do CPC/1973) não importa na aplicação automática da penalidade prevista no artigo 940 do Código Civil, visto que tais dispositivos destinam-se à proteção e à eficácia de objetos jurídicos diversos"* (STJ, 3ª Turma, AgRg no AREsp 684.907/SP, rel. Min. Ricardo Villas Bôas Cueva, *DJe* 4.11.2016).

## Seção III
## Das Despesas, dos Honorários Advocatícios e das Multas

**Art. 82.** Salvo as disposições concernentes à gratuidade da justiça, incumbe às partes prover as despesas dos atos que realizarem ou requererem no processo, antecipando-lhes o pagamento, desde o início até a sentença final

**LIVRO III** · DOS SUJEITOS DO PROCESSO **Art. 82**

ou, na execução, até a plena satisfação do direito reconhecido no título.

§ 1º Incumbe ao autor adiantar as despesas relativas a ato cuja realização o juiz determinar de ofício ou a requerimento do Ministério Público, quando sua intervenção ocorrer como fiscal da ordem jurídica.

§ 2º A sentença condenará o vencido a pagar ao vencedor as despesas que antecipou.

▶ **1. Correspondência no CPC/1973.** *"Art. 19. Salvo as disposições concernentes à justiça gratuita, cabe às partes prover as despesas dos atos que realizam ou requerem no processo, antecipando-lhes o pagamento desde o início até sentença final; e bem ainda, na execução, até a plena satisfação do direito declarado pela sentença. § 1º O pagamento de que trata este artigo será feito por ocasião de cada ato processual. § 2º Compete ao autor adiantar as despesas relativas a atos, cuja realização o juiz determinar de ofício ou a requerimento do Ministério Público." "Art. 20. A sentença condenará o vencido a pagar ao vencedor as despesas que antecipou e os honorários advocatícios. Esta verba honorária será devida, também, nos casos em que o advogado funcionar em causa própria."*

## ⚖ LEGISLAÇÃO CORRELATA

**2. CF, art. 5º, LXXIII.** *"Art. 5º (...) LXXIII – qualquer cidadão é parte legítima para propor ação popular que vise a anular ato lesivo ao patrimônio público ou de entidade de que o Estado participe, à moralidade administrativa, ao meio ambiente e ao patrimônio histórico e cultural, ficando o autor, salvo comprovada má-fé, isento de custas judiciais e do ônus da sucumbência."*

**3. CPP, art. 394-A, § 1º. "**§ 1º. Os processos que apurem violência contra a mulher independerão do pagamento de custas, taxas ou despesas processuais, salvo em caso de má-fé. "

**4. CDC, art. 87.** *"Art. 87. Nas ações coletivas de que trata este código não haverá adiantamento de custas, emolumentos, honorários periciais e quaisquer outras despesas, nem condenação da associação autora, salvo comprovada má-fé, em honorários de advogados, custas e despesas processuais."*

**5. Dec.-lei 3.365/1941, art. 30.** *"Art. 30. As custas serão pagas pelo autor se o réu aceitar o preço oferecido; em caso contrário, pelo vencido, ou em proporção, na forma da lei."*

**6. Lei 6.830/1980, art. 39.** *"Art. 39. A Fazenda Pública não está sujeita ao pagamento de custas e emolumentos. A prática dos atos judiciais de seu*

*interesse independerá de preparo ou de prévio depósito. Parágrafo Único. Se vencida, a Fazenda Pública ressarcirá o valor das despesas feitas pela parte contrária."*

**7. Lei 7.347/1985, art. 18.** *"Art. 18. Nas ações de que trata esta lei, não haverá adiantamento de custas, emolumentos, honorários periciais e quaisquer outras despesas, nem condenação da associação autora, salvo comprovada má-fé, em honorários de advogado, custas e despesas processuais."*

**8. Lei 8.213/1991, art. 129, II, parágrafo único.** *"Art. 129. Os litígios e medidas cautelares relativos a acidentes do trabalho serão apreciados: (...) II – na via judicial, pela Justiça dos Estados e do Distrito Federal, segundo o rito sumaríssimo, inclusive durante as férias forenses, mediante petição instruída pela prova de efetiva notificação do evento à Previdência Social, através de Comunicação de Acidente do Trabalho–CAT. Parágrafo único. O procedimento judicial de que trata o inciso II deste artigo é isento do pagamento de quaisquer custas e de verbas relativas à sucumbência."*

**9. Lei 9.265/1996, art. 1º.** *"Art. 1º São gratuitos os atos necessários ao exercício da cidadania, assim considerados: I – os que capacitam o cidadão ao exercício da soberania popular, a que se reporta o art. 14 da Constituição; II – aqueles referentes ao alistamento militar; III – os pedidos de informações ao poder público, em todos os seus âmbitos, objetivando a instrução de defesa ou a denúncia de irregularidades administrativas na órbita pública; IV – as ações de impugnação de mandato eletivo por abuso do poder econômico, corrupção ou fraude; V – quaisquer requerimentos ou petições que visem as garantias individuais e a defesa do interesse público. VI – o registro civil de nascimento e o assento de óbito, bem como a primeira certidão respectiva. VII – o requerimento e a emissão de documento de identificação específico, ou segunda via, para pessoa com transtorno do espectro autista."*

**10. Lei 9.289/1996, art. 1º.** *"Art. 1º As custas devidas à União, na Justiça Federal de primeiro e segundo graus, são cobradas de acordo com as normas estabelecidas nesta Lei. § 1º Rege-se pela legislação estadual respectiva a cobrança de custas nas causas ajuizadas perante a Justiça Estadual, no exercício da jurisdição federal. § 2º As custas previstas nas tabelas anexas não excluem as despesas estabelecidas na legislação processual não disciplinadas por esta Lei."*

**11. Lei 9.289/1996, art. 4º.** *"Art. 4º São isentos de pagamento de custas: I – a União, os Estados, os Municípios, os Territórios Federais, o Distrito*

163

*Federal e as respectivas autarquias e fundações; II – os que provarem insuficiência de recursos e os beneficiários da assistência judiciária gratuita; III – o Ministério Público; IV – os autores nas ações populares, nas ações civis públicas e nas ações coletivas de que trata o Código de Defesa do Consumidor, ressalvada a hipótese de litigância de má-fé. Parágrafo único. A isenção prevista neste artigo não alcança as entidades fiscalizadoras do exercício profissional, nem exime as pessoas jurídicas referidas no inciso I da obrigação de reembolsar as despesas judiciais feitas pela parte vencedora."*

**12. Lei 9.289/1996, art. 5º.** *"Art. 5º Não são devidas custas nos processos de habeas corpus e habeas data."*

**13. Lei 9.289/1996, art. 7º.** *"Art. 7º A reconvenção e os embargos à execução não se sujeitam ao pagamento de custas."*

**14. Lei 9.289/1996, art. 9º.** *"Art. 9º Em caso de incompetência, redistribuído o feito a outro juiz federal, não haverá novo pagamento de custas, nem haverá restituição quando se declinar da competência para outros órgãos jurisdicionais."*

**15. Res. 127/2011 CNJ, art. 1º.** *"Art. 1º Recomenda-se aos Tribunais que destinem, sob rubrica específica, parte do seu orçamento ao pagamento de honorários de perito, tradutor ou intérprete, quando, nos processos de natureza cível, à parte sucumbente no objeto da perícia for deferido o benefício da justiça gratuita."*

## ⚖ JURISPRUDÊNCIA, ENUNCIADOS E SÚMULAS SELECIONADOS

- **16. Súmula Vinculante STF, 28.** *"É inconstitucional a exigência de depósito prévio como requisito de admissibilidade de ação judicial na qual se pretenda discutir a exigibilidade de crédito tributário."*

- **17. Súmula STF, 236.** *"Em ação de acidente do trabalho, a autarquia seguradora não tem isenção de custas."*

- **18. Súmula STF, 667.** *"Viola a garantia constitucional de acesso à jurisdição a taxa judiciária calculada sem limite sobre o valor da causa."*

- **19. Tema/Repetitivo 182 STJ.** *"É dispensado o curador especial de oferecer garantia ao Juízo para opor embargos à execução."*

- **20. Tema/Repetitivo 343 STJ.** *"Nas ações em que representa o FGTS, a CEF, quando sucumbente, não está isenta de reembolsar as custas antecipadas pela parte vencedora."*

- **21. Tema/Repetitivo 396 STJ.** *"Ainda que a execução fiscal tenha sido ajuizada na Justiça Federal (o que afasta a incidência da norma*

*inserta no artigo 1º, § 1º, da Lei 9.289/96), cabe à Fazenda Pública Federal adiantar as despesas com o transporte/condução/deslocamento dos oficiais de justiça necessárias ao cumprimento da carta precatória de penhora e avaliação de bens (processada na Justiça Estadual), por força do princípio hermenêutico ubi eadem ratio ibi eadem legis dispositio."*

- **22. Tema/Repetitivo 671 STJ.** *"Na liquidação por cálculos do credor, descabe transferir do exequente para o executado o ônus do pagamento de honorários devidos ao perito que elabora a memória de cálculos."*

- **23. Tema/Repetitivo 672 STJ.** *"Se o credor for beneficiário da gratuidade da justiça, pode-se determinar a elaboração dos cálculos pela contadoria judicial."*

- **24. Tema/Repetitivo 871 STJ.** *"Na fase autônoma de liquidação de sentença (por arbitramento ou por artigos), incumbe ao devedor a antecipação dos honorários periciais."*

- **25. Súmula STJ, 178.** *"O INSS não goza de isenção do pagamento de custas e emolumentos, nas ações acidentárias e de benefícios, propostas na Justiça Estadual."*

- **26. Súmula STJ, 190.** *"Na execução fiscal, processada perante a Justiça Estadual, cumpre à Fazenda Pública antecipar o numerário destinado ao custeio das despesas com o transporte dos oficiais de justiça."*

- **27. Súmula STJ, 232.** *"A Fazenda Pública, quando parte no processo, fica sujeita à exigência do depósito prévio dos honorários do perito."*

- **28. Súmula STJ, 462.** *"Nas ações em que representa o FGTS, a CEF, quando sucumbente, não está isenta de reembolsar as custas antecipadas pela parte vencedora."*

- **29. Súmula STJ, 483.** *"O INSS não está obrigado a efetuar depósito prévio do preparo por gozar das prerrogativas e privilégios da Fazenda Pública."*

- **30. Súmula TST, 25.** *"I – A parte vencedora na primeira instância, se vencida na segunda, está obrigada, independentemente de intimação, a pagar as custas fixadas na sentença originária, das quais ficara isenta a parte então vencida; II – No caso de inversão do ônus da sucumbência em segundo grau, sem acréscimo ou atualização do valor das custas e se estas já foram devidamente recolhidas, descabe um novo pagamento pela parte vencida, ao recorrer. Deverá ao final, se sucumbente, reembolsar a quantia; III – Não caracteriza deserção a hipótese em que, acrescido o valor da condenação, não houve fixação ou cálculo do valor*

**LIVRO III · DOS SUJEITOS DO PROCESSO    Art. 82**

*devido a título de custas e tampouco intimação da parte para o preparo do recurso, devendo ser as custas pagas ao final; IV – O reembolso das custas à parte vencedora faz-se necessário mesmo na hipótese em que a parte vencida for pessoa isenta do seu pagamento, nos termos do art. 790-A, parágrafo único, da CLT.”*

- **31. Súmula TST, 86.** *“Não ocorre deserção de recurso da massa falida por falta de pagamento de custas ou de depósito do valor da condenação. Esse privilégio, todavia, não se aplica à empresa em liquidação extrajudicial.”*
- **32. Súmula TST, 128.** *“I – É ônus da parte recorrente efetuar o depósito legal, integralmente, em relação a cada novo recurso interposto, sob pena de deserção. Atingido o valor da condenação, nenhum depósito mais é exigido para qualquer recurso. III – Havendo condenação solidária de duas ou mais empresas, o depósito recursal efetuado por uma delas aproveita as demais, quando a empresa que efetuou o depósito não pleiteia sua exclusão da lide.”*
- **33. Súmula TST, 161.** *“Se não há condenação a pagamento em pecúnia, descabe o depósito de que tratam os §§ 1º e 2º do art. 899 da CLT.”*
- **34. Súmula TST, 341.** *“A indicação do perito assistente é faculdade da parte, a qual deve responder pelos respectivos honorários, ainda que vencedora no objeto da perícia.”*

### ▣ Comentários Temáticos

**35. Pagamento de despesas no processo.** Cabe às partes prover as despesas dos atos que realizarem ou requererem no processo, antecipando-lhes o pagamento desde o início até a sentença final. Ressalvadas as causas relativas à justiça gratuita, a parte, ao requerer a diligência ou a prática de qualquer ato processual, deve antecipar-lhe o pagamento.

**36. Conceito de despesa.** O termo *despesa* constitui o gênero do qual decorrem 3 espécies: (a) custas, (b) emolumentos, (c) despesas em sentido estrito.

**37. Custas.** As custas destinam-se a remunerar a prestação da atividade jurisdicional, desenvolvida pelo Estado-juiz por meio de suas serventias e cartórios;

**38. Emolumentos.** Os emolumentos destinam-se a remunerar os serviços prestados pelos serventuários de cartórios ou serventias não oficializados, remunerados pelo valor dos serviços desenvolvidos, e não pelos cofres públicos.

**39. Despesas em sentido estrito.** As despesas em sentido estrito destinam-se a remunerar

terceiras pessoas acionadas pelo aparelho judicial, no desenvolvimento da atividade do Estado-juiz. Nesse sentido, os honorários do perito e o transporte do oficial de justiça constituem, por exemplo, despesas em sentido estrito.

**40. Natureza tributária das custas e dos emolumentos.** As custas e os emolumentos judiciais ostentam natureza tributária, constituindo, mais precisamente, uma taxa destinada a remunerar um serviço público posto à disposição dos jurisdicionados. E, constituindo a prestação jurisdicional um serviço público específico de considerável importância posto à disposição das partes, incumbe a estas arcar com as correspondentes custas, que são, em verdade, taxas. Daí estarem sujeitas ao princípio constitucional da legalidade, tendo seus valores fixados em lei específica.

**41. Ainda a natureza tributária das custas e dos emolumentos.** *“A jurisprudência do Supremo Tribunal Federal firmou orientação no sentido de que as custas judiciais e os emolumentos concernentes aos serviços notariais e registrais possuem natureza tributária, qualificando-se como taxas remuneratórias de serviços públicos, sujeitando-se, em consequência, quer no que concerne à sua instituição e majoração, quer no que se refere à sua exigibilidade, ao regime jurídico-constitucional pertinente a essa especial modalidade de tributo vinculado, notadamente aos princípios fundamentais que proclamam, dentre outras, as garantias essenciais (a) da reserva de competência impositiva, (b) da legalidade, (c) da isonomia e (d) da anterioridade”* (STF, ADI 1.378 MC, rel. Min. Celso de Mello, *DJ* 30.05.1997, p. 23.175).

**42. Destinação das custas e dos emolumentos.** O produto da arrecadação das custas e emolumentos judiciais é, respectivamente, destinado à serventia judicial (que é o próprio Judiciário) e ao serventuário do cartório não oficializado.

**43. Necessidade de fixação de limites mínimo e máximo para custas e emolumentos.** *“O Supremo Tribunal Federal firmou entendimento no sentido de que a utilização do valor da causa como critério para o cálculo do tributo não é justificativa para a inconstitucionalidade, desde que sejam estipulados limites mínimo e máximo, além de uma alíquota razoável. A fixação de custas judiciais sem limite máximo ofende o princípio da inafastabilidade da jurisdição (CRFB, art. 5º, XXXV)”* (STF, Pleno, ADI 2.211, rel. Min. Gilmar Mendes, *DJe* 04.10.2019).

**44. Causalidade, reparação integral e interpretação da sentença.** *“É adequada a inclusão dos honorários periciais em conta de liquidação quando o dispositivo da sentença com trânsito* em julgado condena o vencido, genericamente, ao pagamento de custas processuais. 4. Aquele que vence não deve sofrer prejuízo por causa do processo. 5. Surpreender o vencedor da ação com a obrigação de arcar com os honorários periciais apenas e tão somente porque a sentença condenava o vencido genericamente ao pagamento de 'custas' e não 'despesas' representa medida contrária ao princípio da sucumbência e até mesmo à própria noção da máxima eficiência da tutela jurisdicional justa" (STJ, 3ª Turma, REsp 1.519.445/RJ, rel. Min. Nancy Andrighi, *DJe* 1º.02.2018).

**Art. 83.** O autor, brasileiro ou estrangeiro, que residir fora do Brasil ou deixar de residir no país ao longo da tramitação de processo prestará caução suficiente ao pagamento das custas e dos honorários de advogado da parte contrária nas ações que propuser, se não tiver no Brasil bens imóveis que lhes assegurem o pagamento.

§ 1º Não se exigirá a caução de que trata o *caput*:

I – quando houver dispensa prevista em acordo ou tratado internacional de que o Brasil faz parte;

II – na execução fundada em título extrajudicial e no cumprimento de sentença;

III – na reconvenção.

§ 2º Verificando-se no trâmite do processo que se desfalcou a garantia, poderá o interessado exigir reforço da caução, justificando seu pedido com a indicação da depreciação do bem dado em garantia e a importância do reforço que pretende obter.

▶ **1. Correspondência no CPC/1973.** *"Art. 835. O autor, nacional ou estrangeiro, que residir fora do Brasil ou dele se ausentar na pendência da demanda, prestará, nas ações que intentar, caução suficiente às custas e honorários de advogado da parte contrária, se não tiver no Brasil bens imóveis que lhes assegurem o pagamento." "Art. 836. Não se exigirá, porém, a caução, de que trata o artigo antecedente: I – na execução fundada em título extrajudicial; II – na reconvenção." "Art. 837. Verificando-se no curso do processo que se desfalcou a garantia, poderá o interessado exigir reforço da caução. Na petição inicial, o requerente justificará o pedido, indicando a depreciação do bem dado em garantia e a importância do reforço que pretende obter."*

## 🏛 LEGISLAÇÃO CORRELATA

**2. Dec. 2.067/1996, art. 1º.** *"Art. 1º O Protocolo de Cooperação e Assistência Jurisdicional em Matéria Civil, Comercial, Trabalhista e Adminis-* trativa, assinado em Las Lenãs, em 27 de junho de 1992, apenso por cópia ao presente Decreto, deverá ser executado e cumprido tão inteiramente como nele se contém."

**3. Protocolo de Las Leñas, art. 3.** *"Artigo 3. Os cidadãos e os residentes permanentes de um dos Estados Partes gozarão, nas mesmas condições dos cidadãos e residentes permanentes do outro Estado Parte, do livre acesso à jurisdição desse Estado para a defesa de seus direitos e interesses. O Parágrafo anterior aplicar-se-á às pessoas jurídicas constituídas, autorizadas ou registradas conforme as leis de qualquer dos Estados Partes."*

**4. Protocolo de Las Leñas, art. 4.** *"Artigo 4. Nenhuma caução ou depósito, qualquer que seja sua denominação, poderá ser imposta em razão da qualidade de nacional, cidadão ou residente permanente ou habitual de outro Estado Parte. O parágrafo antecedente aplicar-se-á às pessoas jurídicas constituídas, autorizadas ou registradas conforme as leis de qualquer dos Estados Partes."*

**5. Dec. 6.891/2009, art. 1º.** *"Art. 1º O Acordo de Cooperação e Assistência Jurisdicional em Matéria Civil, Comercial, Trabalhista e Administrativa entre os Estados Partes do Mercosul, a República da Bolívia e a República do Chile, apenso por cópia ao presente Decreto, será executado e cumprido tão inteiramente como nele se contém."*

**6. Acordo de cooperação e assistência jurisdicional em matéria civil, comercial, trabalhista e administrativa entre os Estados-Partes do Mercosul e a República da Bolívia e a República do Chile (Acordo de Buenos Aires), art. 3.** *"Artigo 3. Os nacionais, os cidadãos e os residentes permanentes ou habituais de um dos Estados Partes gozarão, nas mesmas condições dos nacionais, cidadãos e residentes permanentes ou habituais de outro Estado Parte, do livre acesso à jurisdição desse Estado para a defesa de seus direitos e interesses. O parágrafo anterior aplicar-se-á às pessoas jurídicas constituídas, autorizadas ou registradas de acordo com as leis de qualquer dos Estados Partes."*

**7. Acordo de cooperação e assistência jurisdicional em matéria civil, comercial, trabalhista e administrativa entre os Estados-Partes do Mercosul e a República da Bolívia e a República do Chile. (Acordo de Buenos Aires), art. 4.** *"Artigo 4. Nenhuma caução ou depósito, qualquer que seja sua denominação, poderá ser imposta em razão da qualidade de nacional, cidadão ou residente permanente ou habitual de outro Estado Parte. O parágrafo precedente aplicar-se-á às pessoas jurídicas constituídas, autorizadas* *ou registradas conforme as leis de qualquer dos Estados Partes."*

**8. Lei 11.101/2005, art. 97, § 2º.** *"Art. 97. (...) § 2º O credor que não tiver domicílio no Brasil deverá prestar caução relativa às custas e ao pagamento da indenização de que trata o art. 101 desta Lei."*

## ⚖ JURISPRUDÊNCIA, ENUNCIADOS E SÚMULAS SELECIONADOS

• **9. Enunciado 4 da I Jornada-CJF.** *"A entrada em vigor de acordo ou tratado internacional que estabeleça dispensa da caução prevista no art. 83, § 1º, inc. I, do CPC, implica a liberação da caução previamente imposta."*

## 🖥 COMENTÁRIOS TEMÁTICOS

**10. Abrangência do dispositivo.** O art. 83 aplica-se ao autor, independentemente de sua nacionalidade. Pode ser nacional ou estrangeiro. A hipótese normativa ou o suporte fático do texto é duplo: (a) a falta de residência no Brasil e (b) a ausência de bens imóveis no Brasil que assegurem o pagamento das custas e dos honorários de advogado. Se o nacional ou estrangeiro, que aqui não resida, não tiver bens imóveis no Brasil que assegurem tal pagamento, deverá, para propor sua demanda judicial, oferecer caução necessária e suficiente à cobertura dos valores correspondentes a custas e honorários de advogado.

**11. Irrelevância da nacionalidade.** O art. 83 não exige a caução de quem apenas é estrangeiro. Não importa sua nacionalidade. O brasileiro ou o estrangeiro poderá sujeitar-se à caução. O que faz incidir a norma não é a condição de nacional ou estrangeiro; é a ausência de residência no território nacional e a falta de bens imóveis situados no Brasil que garantam o pagamento das custas e dos honorários do advogado da parte contrária.

**12. Espécies de caução.** A caução a ser prestada pode ser real ou fidejussória. A real consiste no oferecimento de um bem (imóvel, móvel ou semovente) em garantia. Por sua vez, a fidejussória, também chamada *garantia pessoal*, caracteriza-se pela garantia ofertada por alguém, que assume a responsabilidade de pagar pelo obrigado.

**13. Destinatário da exigência.** A caução deve ser prestada pelo autor, nacional ou estrangeiro, que não resida no Brasil nem tenha imóveis aqui. A exigência não se destina ao réu; somente ao autor. Por isso, é inexigível em caso de reconvenção.

**14. Pressuposto processual.** A caução exigida pelo art. 83 consiste num pressuposto processual, devendo ser, por isso, oferecida no momento da propositura da demanda. Não prestada a caução quando do ajuizamento da demanda, é possível ser exigida a qualquer momento, sob pena de extinção do processo sem resolução do mérito.

**15. Preliminar de contestação.** A falta de caução é matéria que deve ser alegada em preliminar de contestação (art. 337, XII). Sendo pressuposto processual, deve ser conhecida de ofício pelo juiz (art. 337, § 5º). Não alegada em contestação, pode ser suscitada depois pelo réu (art. 342, II).

**16. Ausência de prestação de caução e falta de nulidade em caso de vitória do autor.** *"A jurisprudência desta Corte Superior vem admitindo a relativização da norma que prevê prestação de caução para que empresa estrangeira litigue no país. Na hipótese, a autora (empresa estrangeira) vem obtendo êxito em sua pretensão, sendo que as despesas processuais serão custeados pela parte contrária"* (STJ, 3ª Turma, AgInt no REsp 1.664.304/SP, rel. Min. Ricardo Villas Bôas Cueva, *DJe* 21.09.2017).

**17. Reforço da caução.** Se, não obstante oferecida a caução, esta se tornar insuficiente durante o trâmite do processo, o interessado poderá exigir seu reforço, comprovando a depreciação do bem dado em garantia e a necessidade do reforço, com demonstração de quanto deve ser o valor do reforço a ser exigido à parte autora.

**18. Prestação de caução por empresa estrangeira.** *"O sistema processual brasileiro, por cautela, exige a prestação de caução para a empresa estrangeira litigar no Brasil, se não dispuser de bens suficientes para suportar os ônus de eventual sucumbência (...). Na verdade, é uma espécie de fiança processual para 'não tornar melhor a sorte dos que demandam no Brasil, residindo fora, ou dele retirando-se, pendente a lide', pois, se tal não se estabelecesse, o autor, nessas condições, perdendo a ação, estaria incólume aos prejuízos causados ao demandado"* (STJ, 3ª Turma, AgInt no REsp 1.792.974/PR, rel. Min. Moura Ribeiro, *DJe* 21.08.2019).

**19. Inexigibilidade da caução.** A caução não deve ser exigida quando for dispensada em acordo ou tratado internacional de que o Brasil seja parte. No cumprimento de sentença e na execução fundada em título extrajudicial, o exequente, ainda que não mantenha residência no Brasil e não possua bens aqui, não precisa prestar caução. Como seu direito já está reconhecido em título executivo, pretendendo apenas efetivá-lo ou

**Art. 84** CÓDIGO DE PROCESSO CIVIL COMENTADO – *Leonardo Carneiro da Cunha*

satisfazê-lo, não convém dele exigir a prestação de caução. Também não se exige caução para ajuizamento de reconvenção, que é uma resposta do réu. A exigência de caução é feita apenas a quem figure como autor. Ao réu não se exige a prestação de caução, mesmo quando proponha reconvenção, não seja residente no Brasil e aqui não tenha bem imóvel.

**20. Gratuidade da justiça.** Se o autor for beneficiário da justiça gratuita, não precisará prestar a caução exigida no art. 83, mesmo que não resida no Brasil e aqui não tenha imóveis.

**21. (In)aplicabilidade a estrangeiros de países do Mercosul, da Bolívia e do Chile.** A exigência de caução não se aplica a qualquer estrangeiro de um dos países integrantes do Mercosul, da Bolívia e do Chile, pois não estaria sujeito a essa exigência, em virtude do que consta do Protocolo de Las Leñas e, igualmente, do Acordo de Buenos Aires. Os referidos instrumentos normativos garantem igualdade de tratamento. As exigências que são feitas ao nacional serão as mesmas feitas ao estrangeiro integrante do Mercosul, da Bolívia e do Chile. Não deve haver mudança de tratamento apenas em razão da nacionalidade ou da residência da parte. É irrelevante que a parte seja um estrangeiro ou residente num dos países do Mercosul, da Bolívia e do Chile, pois seu tratamento será idêntico ao brasileiro ou residente no Brasil. O que se convencionou no Protocolo de Las Leñas e no Acordo de Buenos Aires foi conferir aos cidadãos e residentes permanentes de um dos Estados-Partes as mesmas condições dos cidadãos e residentes do outro Estado-Parte. A partir da norma do Protocolo de Las Leñas e do Acordo de Buenos Aires, não se poderia deixar de exigir caução a um brasileiro (ou de qualquer outra nacionalidade) residente no Brasil e exigir caução a um argentino (ou de qualquer outra nacionalidade) residente na Argentina ou em outro Estado-Parte. Isso porque devem ser observadas as mesmas condições entre residentes, sendo que o art. 83 faz uma diferença ao se referir apenas à residência no Brasil. Para que esteja conforme ao Protocolo de Las Leñas e, igualmente, ao Acordo de Buenos Aires, o art. 83 deve ser lido como se dissesse, ao lado de "Brasil", também "e qualquer outro país integrante do Mercosul, Bolívia e Chile". Em outras palavras, residir no Brasil, para fins do art. 83, interpretado em conjunto com o Protocolo de Las Leñas e com o Acordo de Buenos Aires, equivale, em termos de acesso à justiça, a residir em qualquer Estado integrante do Mercosul, na Bolívia ou no Chile. Para que se exija caução, o sujeito deve não residir no Brasil ou em qualquer dos Estados-Partes e, igualmente, não ter bens imóveis no Brasil ou em qualquer dos Estados-Partes. Assim, se o sujeito for argentino, mas residir no Chile e tiver bem imóvel na Bolívia, não precisará prestar caução. Se for um paraguaio, que resida no Paraguai e lá mantenha imóvel, não precisará prestar caução. Enfim, onde se lê, no dispositivo, "Brasil", deve-se considerar "Brasil, qualquer outro país do Mercosul, Bolívia ou Chile".

**22. Alcance da regra.** A regra do art. 83 não cria tratamento diferente para estrangeiro, que é o que o Protocolo de Las Leñas e o Acordo de Buenos Aires objetivam evitar. A regra, na verdade, aplica-se a todos, nacionais ou estrangeiros. Há, nela, igualdade de tratamento. Assim, se o estrangeiro ou residente num dos países do Mercosul ou da Bolívia e Chile não mantém bens imóveis situados no Brasil que garantam o pagamento de custas e honorários de advogado, deverá prestar caução para propor sua demanda judicial aqui na Justiça brasileira. De igual modo, o brasileiro que não resida ou deixar de residir no Brasil – e não tenha aqui imóveis que garantam a cobertura das referidas despesas – também deverá prestar caução. É evidente o tratamento isonômico, não havendo discriminação por causa da nacionalidade.

> **Art. 84.** As despesas abrangem as custas dos atos do processo, a indenização de viagem, a remuneração do assistente técnico e a diária de testemunha.

▶ **1. Correspondência no CPC/1973.** *"Art. 20. (...) § 2º As despesas abrangem não só as custas dos atos do processo, como também a indenização de viagem, diária de testemunha e remuneração do assistente técnico."*

## 🗅 COMENTÁRIOS TEMÁTICOS

**2. Conceito de despesa.** O termo *despesa* constitui o gênero do qual decorrem 3 espécies: (a) custas, (b) emolumentos, (c) despesas em sentido estrito.

**3. Custas.** As custas destinam-se a remunerar a prestação da atividade jurisdicional, desenvolvida pelo Estado-juiz por meio de suas serventias e cartórios.

**4. Natureza tributária das custas.** *"Ajuizamento da petição inicial forma relação jurídica processual linear. A citação tem o condão de triangulizá-la com produção de efeitos para o polo passivo da demanda. 2. As custas judiciais têm natureza jurídica taxa. Portanto, as custas repre-*

## LIVRO III · DOS SUJEITOS DO PROCESSO — Art. 85

*sentam um tributo. A aparente confusão ocorre por algumas legislações estaduais utilizarem o termo genérico 'custas', outro, porém, empregarem duas rubricas: custas e taxa judiciária. 3. As custas podem ser cobradas pelo serviço público efetivamente prestado ou colocado à disposição do contribuinte. Ao se ajuizar determinada demanda, dá-se início ao processo. O encerramento desse processo exige a prestação do serviço público judicial, ainda que não se analise o mérito da causa. 4. Com o ajuizamento de novos embargos à execução fiscal, novas custas judiciais devem ser recolhidas"* (STJ, 2ª Turma, REsp 1.893.966/SP, rel. Min. Og Fernandes, *DJe* 17.06.2021).

**5. Emolumentos.** Os emolumentos destinam-se a remunerar os serviços prestados pelos serventuários de cartórios ou serventias não oficializados, remunerados pelo valor dos serviços desenvolvidos, e não pelos cofres públicos.

**6. Despesas em sentido estrito.** As despesas em sentido estrito destinam-se a remunerar terceiras pessoas acionadas pelo aparelho judicial, no desenvolvimento da atividade do Estado-juiz. Nesse sentido, os honorários do perito e o transporte do oficial de justiça constituem, por exemplo, despesas em sentido estrito.

**7. Rol exemplificativo.** O rol despesas do art. 84 é exemplificativo. As despesas abrangem custas, emolumentos e todos os gastos despendidos por pessoas que tiveram de atuar no processo, a requerimento das partes ou por determinação do juiz.

**8. Diária de testemunha.** A testemunha pode requerer ao juiz o pagamento da despesa que efetuou para comparecimento à audiência, devendo a parte pagá-la logo for arbitrada ou depositá-la no prazo de 3 dias (art. 462).

### ⚖ JURISPRUDÊNCIA, ENUNCIADOS E SÚMULAS SELECIONADOS

- **9. Laudo extrajudicial.** *"É entendimento desta Corte que os valores despendidos pelo vencedor com a confecção de laudo extrajudicial, mediante a contratação de perito de sua confiança, não são considerados despesas processuais"* (STJ, 3ª Turma, AgInt no AREsp 1.299.400/RJ, rel. Min. Marco Aurélio Bellizze, *DJe* 05.09.2018).

---

**Art. 85.** A sentença condenará o vencido a pagar honorários ao advogado do vencedor.

§ 1º São devidos honorários advocatícios na reconvenção, no cumprimento de sentença, provisório ou definitivo, na execução, resistida ou não, e nos recursos interpostos, cumulativamente.

§ 2º Os honorários serão fixados entre o mínimo de dez e o máximo de vinte por cento sobre o valor da condenação, do proveito econômico obtido ou, não sendo possível mensurá-lo, sobre o valor atualizado da causa, atendidos:

I – o grau de zelo do profissional;

II – o lugar de prestação do serviço;

III – a natureza e a importância da causa;

IV – o trabalho realizado pelo advogado e o tempo exigido para o seu serviço.

§ 3º Nas causas em que a Fazenda Pública for parte, a fixação dos honorários observará os critérios estabelecidos nos incisos I a IV do § 2º e os seguintes percentuais:

I – mínimo de dez e máximo de vinte por cento sobre o valor da condenação ou do proveito econômico obtido até 200 (duzentos) salários mínimos;

II – mínimo de oito e máximo de dez por cento sobre o valor da condenação ou do proveito econômico obtido acima de 200 (duzentos) salários mínimos até 2.000 (dois mil) salários mínimos;

III – mínimo de cinco e máximo de oito por cento sobre o valor da condenação ou do proveito econômico obtido acima de 2.000 (dois mil) salários mínimos até 20.000 (vinte mil) salários mínimos;

IV – mínimo de três e máximo de cinco por cento sobre o valor da condenação ou do proveito econômico obtido acima de 20.000 (vinte mil) salários mínimos até 100.000 (cem mil) salários mínimos;

V – mínimo de um e máximo de três por cento sobre o valor da condenação ou do proveito econômico obtido acima de 100.000 (cem mil) salários mínimos.

§ 4º Em qualquer das hipóteses do § 3º:

I – os percentuais previstos nos incisos I a V devem ser aplicados desde logo, quando for líquida a sentença;

II – não sendo líquida a sentença, a definição do percentual, nos termos previstos nos incisos I a V, somente ocorrerá quando liquidado o julgado;

III – não havendo condenação principal ou não sendo possível mensurar o proveito econômico obtido, a condenação em honorários dar-se-á sobre o valor atualizado da causa;

IV – será considerado o salário mínimo vigente quando prolatada sentença líquida ou o que estiver em vigor na data da decisão de liquidação.

§ 5º Quando, conforme o caso, a condenação contra a Fazenda Pública ou o benefício econômico obtido pelo vencedor ou o valor da causa for superior ao valor previsto no inciso I do § 3º, a fixação do percentual de honorários deve observar a faixa inicial e, naquilo que a exceder, a faixa subsequente, e assim sucessivamente.

§ 6º Os limites e critérios previstos nos §§ 2º e 3º aplicam-se independentemente de qual seja o conteúdo da decisão, inclusive aos casos de improcedência ou de sentença sem resolução de mérito.

§ 6º-A. Quando o valor da condenação ou do proveito econômico obtido ou o valor atualizado da causa for líquido ou liquidável, para fins de fixação dos honorários advocatícios, nos termos dos §§ 2º e 3º, é proibida a apreciação equitativa, salvo nas hipóteses expressamente previstas no § 8º deste artigo.

§ 7º Não serão devidos honorários no cumprimento de sentença contra a Fazenda Pública que enseje expedição de precatório, desde que não tenha sido impugnada.

§ 8º Nas causas em que for inestimável ou irrisório o proveito econômico ou, ainda, quando o valor da causa for muito baixo, o juiz fixará o valor dos honorários por apreciação equitativa, observando o disposto nos incisos do § 2º.

§ 8º-A. Na hipótese do § 8º deste artigo, para fins de fixação equitativa de honorários sucumbenciais, o juiz deverá observar os valores recomendados pelo Conselho Seccional da Ordem dos Advogados do Brasil a título de honorários advocatícios ou o limite mínimo de 10% (dez por cento) estabelecido no § 2º deste artigo, aplicando-se o que for maior.

§ 9º Na ação de indenização por ato ilícito contra pessoa, o percentual de honorários incidirá sobre a soma das prestações vencidas acrescida de 12 (doze) prestações vincendas.

§ 10. Nos casos de perda do objeto, os honorários serão devidos por quem deu causa ao processo.

§ 11. O tribunal, ao julgar recurso, majorará os honorários fixados anteriormente levando em conta o trabalho adicional realizado em grau recursal, observando, conforme o caso, o disposto nos §§ 2º a 6º, sendo vedado ao tribunal, no cômputo geral da fixação de honorários devidos ao advogado do vencedor, ultrapassar os respectivos limites estabelecidos nos §§ 2º e 3º para a fase de conhecimento.

§ 12. Os honorários referidos no § 11 são cumuláveis com multas e outras sanções processuais, inclusive as previstas no art. 77.

§ 13. As verbas de sucumbência arbitradas em embargos à execução rejeitados ou julgados improcedentes e em fase de cumprimento de sentença serão acrescidas no valor do débito principal, para todos os efeitos legais.

§ 14. Os honorários constituem direito do advogado e têm natureza alimentar, com os mesmos privilégios dos créditos oriundos da legislação do trabalho, sendo vedada a compensação em caso de sucumbência parcial.

§ 15. O advogado pode requerer que o pagamento dos honorários que lhe caibam seja efetuado em favor da sociedade de advogados que integra na qualidade de sócio, aplicando-se à hipótese o disposto no § 14.

§ 16. Quando os honorários forem fixados em quantia certa, os juros moratórios incidirão a partir da data do trânsito em julgado da decisão.

§ 17. Os honorários serão devidos quando o advogado atuar em causa própria.

§ 18. Caso a decisão transitada em julgado seja omissa quanto ao direito aos honorários ou ao seu valor, é cabível ação autônoma para sua definição e cobrança.

§ 19. Os advogados públicos perceberão honorários de sucumbência, nos termos da lei.

§ 20. O disposto nos §§ 2º, 3º, 4º, 5º, 6º, 6º-A, 8º, 8º-A, 9º e 10 deste artigo aplica-se aos honorários fixados por arbitramento judicial.

▶ **1. Correspondência no CPC/1973.** *"Art. 20. A sentença condenará o vencido a pagar ao vencedor as despesas que antecipou e os honorários advocatícios. Esta verba honorária será devida, também, nos casos em que o advogado funcionar em causa própria. § 1º O juiz, ao decidir qualquer incidente ou recurso, condenará nas despesas o vencido. (...) § 3º Os honorários serão fixados entre o mínimo de dez por cento (10%) e o máximo de vinte por cento (20%) sobre o valor da condenação, atendidos: a) o grau de zelo do profissional; b) o lugar de prestação do serviço; c) a natureza e importância da causa, o trabalho realizado pelo advogado e o tempo exigido para o seu serviço. § 4º Nas causas de pequeno valor, nas de valor inestimável, naquelas em que não houver condenação ou for vencida a Fazenda Pública, e nas execuções, embargadas ou não, os honorários serão fixados consoante apreciação equitativa do juiz, atendidas as normas das alíneas a, b e c do parágrafo anterior. § 5º Nas ações de indenização por ato ilícito contra pessoa, o valor da condenação será a soma das prestações vencidas com o capital necessário a produzir a renda correspondente às prestações vincendas (art. 602), podendo estas ser pagas, também mensalmente, na forma do § 2º do referido art. 602, inclusive em consignação na folha de pagamentos do devedor."*

**LIVRO III · DOS SUJEITOS DO PROCESSO** — **Art. 85**

## ⚖ Legislação Correlata

**2. EOAB, art. 23.** *"Art. 23. Os honorários incluídos na condenação, por arbitramento ou sucumbência, pertencem ao advogado, tendo este direito autônomo para executar a sentença nesta parte, podendo requerer que o precatório, quando necessário, seja expedido em seu favor."*

**3. EOAB, art. 26.** *"Art. 26. O advogado substabelecido, com reserva de poderes, não pode cobrar honorários sem a intervenção daquele que lhe conferiu o substabelecimento. Parágrafo único. O disposto no caput deste artigo não se aplica na hipótese de o advogado substabelecido, com reservas de poderes, possuir contrato celebrado com o cliente."*

**4. CLT, art. 791-A.** *"Art. 791-A. Ao advogado, ainda que atue em causa própria, serão devidos honorários de sucumbência, fixados entre o mínimo de 5% (cinco por cento) e o máximo de 15% (quinze por cento) sobre o valor que resultar da liquidação da sentença, do proveito econômico obtido ou, não sendo possível mensurá-lo, sobre o valor atualizado da causa. § 1º Os honorários são devidos também nas ações contra a Fazenda Pública e nas ações em que a parte estiver assistida ou substituída pelo sindicato de sua categoria. § 2º Ao fixar os honorários, o juízo observará: I – o grau de zelo do profissional; II – o lugar de prestação do serviço; III – a natureza e a importância da causa; IV – o trabalho realizado pelo advogado e o tempo exigido para o seu serviço. § 3º Na hipótese de procedência parcial, o juízo arbitrará honorários de sucumbência recíproca, vedada a compensação entre os honorários. § 4º Vencido o beneficiário da justiça gratuita, desde que não tenha obtido em juízo, ainda que em outro processo, créditos capazes de suportar a despesa, as obrigações decorrentes de sua sucumbência ficarão sob condição suspensiva de exigibilidade e somente poderão ser executadas se, nos dois anos subsequentes ao trânsito em julgado da decisão que as certificou, o credor demonstrar que deixou de existir a situação de insuficiência de recursos que justificou a concessão de gratuidade, extinguindo-se, passado esse prazo, tais obrigações do beneficiário. § 5º São devidos honorários de sucumbência na reconvenção."*

**5. Decreto-lei 3.365/1941, art. 27, § 1º.** *"Art. 27. (...) § 1º A sentença que fixar o valor da indenização quando este for superior ao preço oferecido condenará o desapropriante a pagar honorários do advogado, que serão fixados entre meio e cinco por cento do valor da diferença, observado o disposto no § 4º do art. 20 do Código de Processo Civil".*

**6. LC 76/1993, art. 19.** *"Art. 19. As despesas judiciais e os honorários do advogado e do perito constituem encargos do sucumbente, assim entendido o expropriado, se o valor da indenização for igual ou inferior ao preço oferecido, ou o expropriante, na hipótese de valor superior ao preço oferecido. § 1º. Os honorários do advogado do expropriado serão fixados em até vinte por cento sobre a diferença entre o preço oferecido e o valor da indenização."*

**7. LC 80/1994, art. 4º, XXI.** *"Art. 4º São funções institucionais da Defensoria Pública, dentre outras: (...) XXI – executar e receber as verbas sucumbenciais decorrentes de sua atuação, inclusive quando devidas por quaisquer entes públicos, destinando-as a fundos geridos pela Defensoria Pública e destinados, exclusivamente, ao aparelhamento da Defensoria Pública e à capacitação profissional de seus membros e servidores;"*

**8. Lei das S.A., art. 246, § 2º.** *"§ 2º A sociedade controladora, se condenada, além de reparar o dano e arcar com as custas, pagará honorários de advogado de 20% (vinte por cento) e prêmio de 5% (cinco por cento) ao autor da ação, calculados sobre o valor da indenização."*

**9. Lei 9.099/1995, art. 55.** *"Art. 55. A sentença de primeiro grau não condenará o vencido em custas e honorários de advogado, ressalvados os casos de litigância de má-fé. Em segundo grau, o recorrente, vencido, pagará as custas e honorários de advogado, que serão fixados entre dez por cento e vinte por cento do valor de condenação ou, não havendo condenação, do valor corrigido da causa."*

**10. Lei 9.494/1997, art. 1º-D.** *"Art. 1º-D. Não serão devidos honorários advocatícios pela Fazenda Pública nas execuções não embargadas."*

**11. Lei 10.522/2002, art. 19, § 1º, I.** *"§ 1º. Nas matérias de que trata este artigo, o Procurador da Fazenda Nacional que atuar no feito deverá, expressamente: I – reconhecer a procedência do pedido, quando citado para apresentar resposta, inclusive em embargos à execução fiscal e exceções de pré-executividade, hipóteses em que não haverá condenação em honorários;"*

**12. Lei 10.522/2002, art. 37-A, § 1º.** *"§ 1º Os créditos inscritos em Dívida Ativa serão acrescidos de encargo legal, substitutivo da condenação do devedor em honorários advocatícios, calculado nos termos e na forma da legislação aplicável à Dívida Ativa da União."*

**13. Lei 11.101/2005, art. 7º-A, § 8º.** *"Art. 7º-A. Na falência, após realizadas as intimações e publicado o edital, conforme previsto, respectivamente, no inciso XIII do caput e no § 1º do art. 99 desta Lei, o juiz instaurará, de ofício,*

171

*para cada Fazenda Pública credora, incidente de classificação de crédito público e determinará a sua intimação eletrônica para que, no prazo de 30 (trinta) dias, apresente diretamente ao administrador judicial ou em juízo, a depender do momento processual, a relação completa de seus créditos inscritos em dívida ativa, acompanhada dos cálculos, da classificação e das informações sobre a situação atual. (...) § 8º Não haverá condenação em honorários de sucumbência no incidente de que trata este artigo."*

**14. Lei 12.016/2009, art. 25.** *"Art. 25. Não cabem, no processo de mandado de segurança, a interposição de embargos infringentes e a condenação ao pagamento dos honorários advocatícios, sem prejuízo da aplicação de sanções no caso de litigância de má-fé."*

**15. Lei 13.327/2016, art. 29.** *"Art. 29. Os honorários advocatícios de sucumbência das causas em que forem parte a União, as autarquias e as fundações públicas federais pertencem originariamente aos ocupantes dos cargos de que trata este Capítulo. Parágrafo único. Os honorários não integram o subsídio e não servirão como base de cálculo para adicional, gratificação ou qualquer outra vantagem pecuniária".*

**16. Lei 13.327/2016, art. 30.** *"Art. 30. Os honorários advocatícios de sucumbência incluem: I – o total do produto dos honorários de sucumbência recebidos nas ações judiciais em que forem parte a União, as autarquias e as fundações públicas federais; II – até 75% (setenta e cinco por cento) do produto do encargo legal acrescido aos débitos inscritos na dívida ativa da União, previsto no art. 1º do Decreto-lei 1.025, de 21 de outubro de 1969; III – o total do produto do encargo legal acrescido aos créditos das autarquias e das fundações públicas federais inscritos na dívida ativa da União, nos termos do § 1º do art. 37-A da Lei 10.522, de 19 de julho de 2002. Parágrafo único. O recolhimento dos valore mencionados nos incisos do caput será realizado por meio de documentos de arrecadação oficiais."*

**17. Lei 13.898/2019, art. 102-A.** *"Art. 102-A. Para fins de incidência do limite de que trata o inciso XI do art. 37 da Constituição, serão considerados os pagamentos efetuados a título de honorários advocatícios de sucumbência."*

## ⚖ Jurisprudência, Enunciados e Súmulas Selecionados

- **18. ADI 2.332.** *"Por unanimidade, e nos termos do voto do Relator, declarar a constitucionalidade da estipulação de parâmetros mínimo e máximo para a concessão de honorários advocatícios previstos no § 1º do artigo 27 do Decreto-lei 3.365/41 e declarar a inconstitucionalidade da expressão 'não podendo os honorários ultrapassar R$ 151.000,00 (cento e cinquenta e um mil reais)."*

- **19. ADPF 597; ADIs 6.135, 6.159 e 6.162.** *"É constitucional o pagamento de honorários sucumbenciais aos advogados públicos, observando-se, porém, o limite remuneratório previsto no art. 37, XI, da Constituição."*

- **20. Súmula Vinculante STF, 47.** *"Os honorários advocatícios incluídos na condenação ou destacados do montante principal devido ao credor consubstanciam verba de natureza alimentar cuja satisfação ocorrerá com a expedição de precatório ou requisição de pequeno valor, observada ordem especial restrita aos créditos dessa natureza."*

- **21. Tema/Repercussão Geral 18 STF.** *"Os honorários advocatícios incluídos na condenação ou destacados do montante principal devido ao credor consubstanciam verba de natureza alimentar cuja satisfação ocorrerá com a expedição de precatório ou requisição de pequeno valor, observada ordem especial restrita aos créditos dessa natureza."*

- **22. Tema/Repercussão Geral 116 STF.** *"É inconstitucional o art. 29-C da Lei 8.036/1990, introduzido pelo art. 9º da MP 2.164-41/2001, que veda a condenação em honorários advocatícios nas ações entre o FGTS e os titulares de contas vinculadas, bem como naquelas em que figuram os respectivos representantes ou substitutos processuais."*

- **23. Tema/Repercussão Geral 305 STF.** *"Compete à Justiça comum estadual processar e julgar as ações de cobrança ou os feitos executivos de honorários advocatícios arbitrados em favor de advogado dativo em ações cíveis e criminais."*

- **24. Tema/Repercussão Geral 858 STF.** *"I – O trânsito em julgado de sentença condenatória proferida em sede de ação desapropriatória não obsta a propositura de Ação Civil Pública em defesa do patrimônio público, para discutir a dominialidade do bem expropriado, ainda que já se tenha expirado o prazo para a Ação Rescisória; II – Em sede de Ação de Desapropriação, os honorários sucumbenciais só serão devidos caso haja devido pagamento da indenização aos expropriados."*

- **25. Tema/Repercussão Geral 1.002 STF.** *"1. É devido o pagamento de honorários sucumbenciais à Defensoria Pública, quando representa parte vencedora em demanda ajuizada*

**LIVRO III · DOS SUJEITOS DO PROCESSO** — **Art. 85**

*contra qualquer ente público, inclusive aquele que integra; 2. O valor recebido a título de honorários sucumbenciais deve ser destinado, exclusivamente, ao aparelhamento das Defensorias Públicas, vedado o seu rateio entre os membros da instituição."*

- **26. Tema/Repercussão Geral 1.142 STF.** *"Os honorários advocatícios constituem crédito único e indivisível, de modo que o fracionamento da execução de honorários advocatícios sucumbenciais fixados em ação coletiva contra a Fazenda Pública, proporcionalmente às execuções individuais de cada beneficiário, viola o § 8º do artigo 100 da Constituição Federal."*

- **27. Tema/Repercussão Geral 1.256 STF.** *"1. É inconstitucional o emprego de verbas do FUNDEF/FUNDEB para pagamento de honorários advocatícios contratuais. 2. É possível utilização dos juros de mora inseridos na condenação relativa a repasses de verba do FUNDEF, para pagamento dos honorários contratuais."*

- **28. Súmula STF, 234.** *"São devidos honorários de advogado em ação de acidente do trabalho julgada procedente."*

- **29. Súmula STF, 256.** *"É dispensável pedido expresso para condenação do réu em honorários, com fundamento nos arts. 63 ou 64 do Cód. de Proc. Civil."*

- **30. Súmula STF, 257.** *"São cabíveis honorários de advogado na ação regressiva do segurador contra o causador do dano."*

- **31. Súmula STF, 378.** *"Na indenização por desapropriação incluem-se honorários do advogado do expropriado."*

- **32. Súmula STF, 389.** *"Salvo limite legal, a fixação de honorários de advogado, em complemento da condenação, depende das circunstâncias da causa, não dando lugar a recurso extraordinário."*

- **33. Súmula STF, 450.** *"São devidos honorários de advogado sempre que vencedor o beneficiário de justiça gratuita."*

- **34. Súmula STF, 512.** *"Não cabe condenação em honorários de advogado na ação de mandado de segurança."*

- **35. Súmula STF, 616.** *"É permitida a cumulação da multa contratual com os honorários de advogado, após o advento do Código de Processo Civil vigente."*

- **36. Súmula STF, 617.** *"A base de cálculo dos honorários de advogado em desapropriação é a diferença entre a oferta e a indenização, corrigidas ambas monetariamente."*

- **37. Tema/Repetitivo 2 STJ.** *"Comprovada a validade do ato de cessão dos honorários advocatícios sucumbenciais, realizado por escritura pública, bem como discriminado no precatório o valor devido a título da respectiva verba advocatícia, deve-se reconhecer a legitimidade do cessionário para se habilitar no crédito consignado no precatório."*

- **38. Tema/Repetitivo 128 STJ.** *"Os honorários advocatícios não são devidos à Defensoria Pública quando ela atua contra a pessoa jurídica de direito público à qual pertença."*

- **39. Tema/Repetitivo 129 STJ.** *"Reconhece-se à Defensoria Pública o direito ao recebimento dos honorários advocatícios se a atuação se dá em face de ente federativo diverso do qual é parte integrante."*

- **40. Tema/Repetitivo 143 STJ.** *"Em casos de extinção de execução fiscal em virtude de cancelamento de débito pela exequente, define a necessidade de se perquirir quem deu causa à demanda a fim de imputar-lhe o ônus pelo pagamento dos honorários advocatícios."*

- **41. Tema/Repetitivo 152 STJ.** *"Para efeito de apuração de sucumbência, em demanda que tem por objeto a atualização monetária de valores depositados em contas vinculadas do FGTS, 'deve-se levar em conta o quantitativo de pedidos (isoladamente considerados) que foram deferidos em contraposição aos indeferidos, sendo irrelevante o somatório dos índices'."*

- **42. Tema/Repetitivo 175 STJ.** *"Seja porque o art. 530 do CPC não faz restrição quanto à natureza da matéria objeto dos embargos infringentes – apenas exige que a sentença de mérito tenha sido reformada em grau de apelação por maioria de votos –, seja porque o capítulo da sentença que trata dos honorários é de mérito, embora acessório e dependente, devem ser admitidos os embargos infringentes para discutir verba de sucumbência."*

- **43. Tema/Repetitivo 184 STJ.** *"O valor dos honorários advocatícios em sede de desapropriação deve respeitar os limites impostos pelo artigo 27, § 1º, do Decreto-lei 3.365/41 – qual seja: entre 0,5% e 5% da diferença entre o valor proposto inicialmente pelo imóvel e a indenização imposta judicialmente."*

- **44. Tema/Repetitivo 347 STJ.** *"Nas demandas de cunho declaratório, até por inexistir condenação pecuniária que possa servir de base de cálculo, os honorários devem ser fixados com referência no valor da causa ou em montante fixo."*

- **45. Tema/Repetitivo 400 STJ.** *"A condenação, em honorários advocatícios, do contribuinte, que formula pedido de desistência dos embargos à execução fiscal de créditos tributários da Fazenda Nacional, para fins de adesão a programa de parcelamento fiscal, configura inadmissível bis in idem, tendo em vista o encargo estipulado no Decreto-lei 1.025/69."*
- **46. Tema/Repetitivo 407 STJ.** *"São cabíveis honorários advocatícios em fase de cumprimento de sentença, haja ou não impugnação, depois de escoado o prazo para pagamento voluntário a que alude o art. 475-J do CPC, que somente se inicia após a intimação do advogado, com a baixa dos autos e a aposição do 'cumpra-se'."*
- **47. Tema/Repetitivo 408 STJ.** *"Não são cabíveis honorários advocatícios pela rejeição da impugnação ao cumprimento de sentença."*
- **48. Tema/Repetitivo 409 STJ.** *"Em caso de sucesso da impugnação, com extinção do feito mediante sentença (art. 475-M, § 3º), revela-se que quem deu causa ao procedimento de cumprimento de sentença foi o exequente, devendo ele arcar com as verbas advocatícias."*
- **49. Tema/Repetitivo 410 STJ.** *"O acolhimento ainda que parcial da impugnação gerará o arbitramento dos honorários, que serão fixados nos termos do art. 20, § 4º, do CPC, do mesmo modo que o acolhimento parcial da exceção de pré-executividade, porquanto, nessa hipótese, há extinção também parcial da execução."*
- **50. Tema/Repetitivo 421 STJ.** *"É possível a condenação da Fazenda Pública ao pagamento de honorários advocatícios em decorrência da extinção da Execução Fiscal pelo acolhimento de Exceção de Pré-Executividade."*
- **51. Tema/Repetitivo 433 STJ.** *"Não são devidos honorários advocatícios à Defensoria Pública quando ela atua contra pessoa jurídica de direito público integrante da mesma Fazenda Pública."*
- **52. Tema/Repetitivo 441 STJ.** *"A condenação em montante inferior ao postulado na inicial não afasta a sucumbência mínima, de modo que não se redistribuem os ônus da sucumbência."*
- **53. Tema/Repetitivo 450 STJ.** *"O § 2º do art. 6º da Lei n. 9.469/1997, que obriga à repartição dos honorários advocatícios, é inaplicável a acordos ou transações celebrados em data anterior à sua vigência."*
- **54. Tema/Repetitivo 459 STJ.** *"O recurso adesivo pode ser interposto pelo autor da demanda indenizatória, julgada procedente, quando arbitrado, a título de danos morais, valor inferior ao que era almejado, uma vez configurado o interesse recursal do demandante em ver majorada a condenação, hipótese caracterizadora de sucumbência material."*
- **55. Tema/Repetitivo 506 STJ.** *"Hipótese de ocorrência da preclusão lógica a que se refere o legislador no art. 503 do CPC, segundo o qual 'A parte, que aceitar expressa ou tacitamente a sentença ou a decisão, não poderá recorrer'. Isso porque, apesar da expressa postulação de arbitramento dos honorários na inicial da execução de sentença, não houve pronunciamento do magistrado por ocasião do despacho citatório, sobrevindo petição dos recorridos em momento posterior à citação apenas para postular a retenção do valor dos honorários contratuais, sem reiteração da verba de sucumbência. (...) Ainda que não se trate propriamente de ação autônoma, por compreensão extensiva, incide o enunciado da Súmula 453/STJ quando a parte exequente reitera o pedido formulado na inicial da execução – a fim de arbitrar os honorários advocatícios sucumbenciais – após o pagamento da execução e o consequente arquivamento do feito."*
- **56. Tema/Repetitivo 587 STJ.** *"a) Os embargos do devedor são ação de conhecimento incidental à execução, razão porque os honorários advocatícios podem ser fixados em cada uma das duas ações, de forma relativamente autônoma, respeitando-se os limites de repercussão recíproca entre elas, desde que a cumulação da verba honorária não exceda o limite máximo previsto no § 3º do art. 20 do CPC/1973. b) Inexistência de reciprocidade das obrigações ou de bilateralidade de créditos: ausência dos pressupostos do instituto da compensação (art. 368 do Código Civil). Impossibilidade de se compensarem os honorários fixados em embargos à execução com aqueles fixados na própria ação de execução."*
- **57. Tema/Repetitivo 608 STJ.** *"Não há impedimento constitucional, ou mesmo legal, para que os honorários advocatícios, quando não excederem ao valor limite, possam ser executados mediante RPV, ainda que o crédito dito 'principal' observe o regime dos precatórios."*
- **58. Tema/Repetitivo 633 STJ.** *"O artigo 6º, § 1º, da Lei nº 11.941, de 2009, só dispensou dos honorários advocatícios o sujeito passivo que desistir de ação judicial em que requeira 'o restabelecimento de sua opção ou a sua reinclusão em outros parcelamentos'. Nas demais hipóteses, à míngua de disposição legal em sentido contrário, aplica-se o artigo 26, caput,*

do *Código de Processo Civil, que determina o pagamento dos honorários advocatícios pela parte que desistiu do feito.*"

- **59.** **Tema/Repetitivo 637 STJ.** "*I – os créditos resultantes de honorários advocatícios têm natureza alimentar e equiparam-se aos trabalhistas para efeito de habilitação em falência, seja pela regência do Decreto-lei n. 7.661/1945, seja pela forma prevista na Lei n. 11.101/2005, observado o limite de valor previsto no artigo 83, inciso I, do referido Diploma legal. II – são créditos extraconcursais os honorários de advogado resultantes de trabalhos prestados à massa falida, depois do decreto de falência, nos termos dos arts. 84 e 149 da Lei n. 11.101/2005.*"

- **60.** **Tema/Repetitivo 721 STJ.** "*A renúncia ao valor excedente ao previsto no art. 87 do ADCT, manifestada após a propositura da demanda executiva, não autoriza o arbitramento dos honorários, porquanto, à luz do princípio da causalidade, a Fazenda Pública não provocou a instauração da Execução, uma vez que se revelava inicialmente impositiva a observância do art. 730 CPC, segundo a sistemática do pagamento de precatórios. Como não foram opostos Embargos à Execução, tem, portanto, plena aplicação o art. 1º-D da Lei 9.494/1997.*"

- **61.** **Tema/Repetitivo 872 STJ.** "*Nos Embargos de Terceiro cujo pedido foi acolhido para desconstituir a constrição judicial, os honorários advocatícios serão arbitrados com base no princípio da causalidade, responsabilizando-se o atual proprietário (embargante), se este não atualizou os dados cadastrais. Os encargos de sucumbência serão suportados pela parte embargada, porém, na hipótese em que esta, depois de tomar ciência da transmissão do bem, apresentar ou insistir na impugnação ou recurso para manter a penhora sobre o bem cujo domínio foi transferido para terceiro.*"

- **62.** **Tema/Repetitivo 961 STJ.** "*Observado o princípio da causalidade, é cabível a fixação de honorários advocatícios, em exceção de pré-executividade, quando o sócio é excluído do polo passivo da execução fiscal, que não é extinta.*"

- **63.** **Tema/Repetitivo 969 STJ.** "*O encargo do DL n. 1.025/1969 tem as mesmas preferências do crédito tributário devendo, por isso, ser classificado, na falência, na ordem estabelecida pelo art. 83, III, da Lei n. 11.101/2005.*"

- **64.** **Tema/Repetitivo 973 STJ.** "*O art. 85, § 7º, do CPC/2015 não afasta a aplicação do entendimento consolidado na Súmula 345 do STJ, de modo que são devidos honorários advocatícios nos procedimentos individuais de* cumprimento de sentença decorrente de ação coletiva, ainda que não impugnados e promovidos em litisconsórcio.*"

- **65.** **Tema/Repetitivo 984 STJ.** "*1ª) As tabelas de honorários elaboradas unilateralmente pelos Conselhos Seccionais da OAB não vinculam o magistrado no momento de arbitrar o valor da remuneração a que faz jus o defensor dativo que atua no processo penal; servem como referência para o estabelecimento de valor que seja justo e que reflita o labor despendido pelo advogado; 2ª) Nas hipóteses em que o juiz da causa considerar desproporcional a quantia indicada na tabela da OAB em relação aos esforços despendidos pelo defensor dativo para os atos processuais praticados, poderá, motivadamente, arbitrar outro valor; 3ª) São, porém, vinculativas, quanto aos valores estabelecidos para os atos praticados por defensor dativo, as tabelas produzidas mediante acordo entre o Poder Público, a Defensoria Pública e a seccional da OAB. 4ª) Dado o disposto no art. 105, parágrafo único, II, da Constituição da República, possui caráter vinculante a Tabela de Honorários da Justiça Federal, assim como tabelas similares instituídas, eventualmente, pelos órgãos competentes das Justiças dos Estados e do Distrito Federal, na forma dos arts 96, I, e 125, § 1º, parte final, da Constituição da República.*"

- **66.** **Tese/Repetitivo 1.050 STJ.** "*O eventual pagamento de benefício previdenciário na via administrativa, seja ele total ou parcial, após a citação válida, não tem o condão de alterar a base de cálculo para os honorários advocatícios fixados na ação de conhecimento e será composta pela totalidade dos valores devidos.*"

- **67.** **Tese/Repetitivo 1.059 STJ.** "*A majoração dos honorários de sucumbência prevista no art. 85, § 11, do CPC pressupõe que o recurso tenha sido integralmente desprovido ou não conhecido pelo tribunal, monocraticamente ou pelo órgão colegiado competente. Não se aplica o art. 85, § 11, do CPC em caso de provimento total ou parcial do recurso, ainda que mínima a alteração do resultado do julgamento e limitada a consectários da condenação.*"

- **68.** **Tese/Repetitivo 1.076 STJ.** "*i) A fixação dos honorários por apreciação equitativa não é permitida quando os valores da condenação, da causa ou o proveito econômico da demanda forem elevados. É obrigatória nesses casos a observância dos percentuais previstos nos §§ 2º ou 3º do artigo 85 do CPC – a depender da presença da Fazenda Pública na lide –, os quais serão subsequentemente calculados sobre* o valor: *(a) da condenação; ou (b) do proveito econômico obtido; ou (c) do valor atualizado da causa. ii) Apenas se admite arbitramento de honorários por equidade quando, havendo ou não condenação: (a) o proveito econômico obtido pelo vencedor for inestimável ou irrisório; ou (b) o valor da causa for muito baixo."*

- **69. Tese/Repetitivo 1.105 STJ.** *"Continua eficaz e aplicável o conteúdo da Súmula 111/STJ (com a redação modificada em 2006), mesmo após a vigência do CPC/2015, no que tange à fixação de honorários advocatícios."*

- **70. Tema/Repetitivo 1.153 STJ.** *"A verba honorária sucumbencial, a despeito da sua natureza alimentar, não se enquadra na exceção prevista no § 2º do art. 833 do CPC/2015 (penhora para pagamento de prestação alimentícia)."*

- **71. Tema/Repetitivo 1.190 STJ.** *"Na ausência de impugnação à pretensão executória, não são devidos honorários advocatícios sucumbenciais em cumprimento de sentença contra a Fazenda Pública, ainda que o crédito esteja submetido a pagamento por meio de Requisição de Pequeno Valor - RPV."*

- **72. Tema/Repetitivo 1.229 STJ.** *"À luz do princípio da causalidade, não cabe fixação de honorários advocatícios quando a exceção de pré-executividade é acolhida para extinguir a execução fiscal em razão do reconhecimento da prescrição intercorrente, prevista no art. 40 da Lei n. 6.830/1980."*

- **73. Súmula STJ, 14.** *"Arbitrados os honorários advocatícios em percentual sobre o valor da causa, a correção monetária incide a partir do respectivo ajuizamento."*

- **74. Súmula STJ, 105.** *"Na ação de mandado de segurança não se admite condenação em honorários advocatícios."*

- **75. Súmula STJ, 110.** *"A isenção do pagamento de honorários advocatícios, nas ações acidentárias, é restrita ao segurado."*

- **76. Súmula STJ, 111.** *"Os honorários advocatícios, nas ações previdenciárias, não incidem sobre as prestações vencidas após a sentença."*

- **77. Súmula STJ, 131.** *"Nas ações de desapropriação incluem-se no cálculo da verba advocatícia as parcelas relativas aos juros compensatórios e moratórios, devidamente corrigidas."*

- **78. Súmula STJ, 141.** *"Os honorários de advogado em desapropriação direta são calculados sobre a diferença entre a indenização e a oferta, corrigidas monetariamente."*

- **79. Súmula STJ, 153.** *"A desistência da execução fiscal, após o oferecimento dos embargos, não exime o exequente dos encargos da sucumbência."*

- **80. Súmula STJ, 201.** *"Os honorários advocatícios não podem ser fixados em salários mínimos."*

- **81. Súmula STJ, 303.** *"Em embargos de terceiro, quem deu causa à constrição indevida deve arcar com os honorários advocatícios."*

- **82. Súmula STJ, 325.** *"A remessa oficial devolve ao Tribunal o reexame de todas as parcelas da condenação suportadas pela Fazenda Pública, inclusive dos honorários de advogado."*

- **83. Súmula STJ, 326.** *"Na ação de indenização por dano moral, a condenação em montante inferior ao postulado na inicial não implica sucumbência recíproca."*

- **84. Súmula STJ, 345.** *"São devidos honorários advocatícios pela Fazenda Pública nas execuções individuais de sentença proferida em ações coletivas, ainda que não embargadas."*

- **85. Súmula STJ, 453.** *"Os honorários sucumbenciais, quando omitidos em decisão transitada em julgado, não podem ser cobrados em execução ou em ação própria."*

- **86. Súmula STJ, 488.** *"O § 2º do art. 6º da Lei n. 9.469/1997, que obriga à repartição dos honorários advocatícios, é inaplicável a acordos ou transações celebrados em data anterior à sua vigência."*

- **87. Súmula STJ, 517.** *"São devidos honorários advocatícios no cumprimento de sentença, haja ou não impugnação, depois de escoado o prazo para pagamento voluntário, que se inicia após a intimação do advogado da parte executada."*

- **88. Súmula STJ, 519.** *"Na hipótese de rejeição da impugnação ao cumprimento de sentença, não são cabíveis honorários advocatícios."*

- **89. Enunciado Administrativo 7 STJ.** *"Somente nos recursos interpostos contra decisão publicada a partir de 18 de março de 2016, será possível o arbitramento de honorários sucumbenciais recursais, na forma do art. 85, § 11, do novo CPC.*

- **90. Súmula TST, 219.** *"I – Na Justiça do Trabalho, a condenação ao pagamento de honorários advocatícios não decorre pura e simplesmente da sucumbência, devendo a parte, concomitantemente: a) estar assistida por sindicato da categoria profissional; b) comprovar a percepção de salário inferior ao dobro do salário mínimo ou encontrar-se em situação econômica que não lhe permita demandar sem prejuízo do próprio sustento ou da respectiva família. (art.14, § 1º, da Lei nº 5.584/1970). (ex-OJ nº 305da SBDI-I). II – É cabível a condenação ao*

**LIVRO III · DOS SUJEITOS DO PROCESSO** Art. 85

*pagamento de honorários advocatícios em ação rescisória no processo trabalhista. III – São devidos os honorários advocatícios nas causas em que o ente sindical figure como substituto processual e nas lides que não derivem da relação de emprego. IV – Na ação rescisória e nas lides que não derivem de relação de emprego, a responsabilidade pelo pagamento dos honorários advocatícios da sucumbência submete-se à disciplina do Código de Processo Civil (arts. 85, 86, 87 e 90). V – Em caso de assistência judiciária sindical ou de substituição processual sindical, excetuados os processos em que a Fazenda Pública for parte, os honorários advocatícios são devidos entre o mínimo de dez e o máximo de vinte por cento sobre o valor da condenação, do proveito econômico obtido ou, não sendo possível mensurá-lo, sobre o valor atualizado da causa (CPC de 2015, art. 85, § 2º). VI – Nas causas em que a Fazenda Pública for parte, aplicar-se-ão os percentuais específicos de honorários advocatícios contemplados no Código de Processo Civil."*

- **91.** **Enunciado 7 do FPPC.** *"O pedido, quando omitido em decisão judicial transitada em julgado, pode ser objeto de ação autônoma."*

- **92.** **Enunciado 8 do FPPC.** *"Fica superado o enunciado 453 da súmula do STJ após a entrada em vigor do CPC ('Os honorários sucumbenciais, quando omitidos em decisão transitada em julgado, não podem ser cobrados em execução ou em ação própria')."*

- **93.** **Enunciado 122 do FPPC.** *"Vencido o denunciante na ação principal e não tendo havido resistência à denunciação da lide, não cabe a condenação do denunciado nas verbas de sucumbência."*

- **94.** **Enunciado 240 do FPPC.** *"São devidos honorários nas execuções fundadas em título executivo extrajudicial contra a Fazenda Pública, a serem arbitrados na forma do § 3º do art. 85."*

- **95.** **Enunciado 241 do FPPC.** *"Os honorários de sucumbência recursal serão somados aos honorários pela sucumbência em primeiro grau, observados os limites legais."*

- **96.** **Enunciado 242 do FPPC.** *"Os honorários de sucumbência recursal são devidos em decisão unipessoal ou colegiada."*

- **97.** **Enunciado 243 do FPPC.** *"No caso de provimento do recurso de apelação, o tribunal redistribuirá os honorários fixados em primeiro grau e arbitrará os honorários de sucumbência recursal."*

- **98.** **Enunciado 244 do FPPC.** *"Ficam superados o enunciado 306 da súmula do STJ ('Os*

*honorários advocatícios devem ser compensados quando houver sucumbência recíproca, assegurado o direito autônomo do advogado à execução do saldo sem excluir a legitimidade da própria parte') e a tese firmada no REsp Repetitivo n. 963.528/PR, após a entrada em vigor do CPC, pela expressa impossibilidade de compensação."*

- **99.** **Enunciado 384 do FPPC.** *"A lei regulamentadora não poderá suprimir a titularidade e o direito à percepção dos honorários de sucumbência dos advogados públicos."*

- **100.** **Enunciado 450 do FPPC.** *"Aplica-se a regra decorrente do art. 827, § 2º, ao cumprimento de sentença".*

- **101.** **Enunciado 451 do FPPC.** *"A regra decorrente do caput e do § 1º do art. 827 aplica-se às execuções fundadas em título executivo extrajudicial de obrigação de fazer, não fazer e entrega de coisa."*

- **102.** **Enunciado 621 do FPPC.** *"Ao cumprimento de sentença do capítulo relativo aos honorários advocatícios, aplicam-se as hipóteses de penhora previstas no § 2º do art. 833, em razão da sua natureza alimentar."*

- **103.** **Enunciado 661 do FPPC.** *"É cabível a fixação de honorários advocatícios na reclamação, atendidos os critérios legais."*

- **104.** **Enunciado 5 da I Jornada-CJF.** *"Ao proferir decisão parcial de mérito ou decisão parcial fundada no art. 485 do CPC, condenar-se-á proporcionalmente o vencido a pagar honorários ao advogado do vencedor, nos termos do art. 85 do CPC."*

- **105.** **Enunciado 6 da I Jornada-CJF.** *"A fixação dos honorários de sucumbência por apreciação equitativa só é cabível nas hipóteses previstas no § 8º do art. 85 do CPC."*

- **106.** **Enunciado 7 da I Jornada-CJF.** *"A ausência de resposta ao recurso pela parte contrária, por si só, não tem o condão de afastar a aplicação do disposto no art. 85, § 11, do CPC."*

- **107.** **Enunciado 8 da I Jornada-CJF.** *"Não cabe majoração de honorários advocatícios em agravo de instrumento, salvo se interposto contra decisão interlocutória que tenha fixado honorários na origem, respeitados os limites estabelecidos no art. 85, §§ 2º, 3º e 8º, do CPC."*

- **108.** **Enunciado 105 da I Jornada-CJF.** *"As hipóteses de penhora do art. 833, § 2º, do CPC aplicam-se ao cumprimento da sentença ou à execução de título extrajudicial relativo a honorários advocatícios, em razão de sua natureza alimentar."*

- **109. Enunciado 109 da II Jornada-CJF.** *"Na hipótese de cumulação alternativa, acolhido integralmente um dos pedidos, a sucumbência deve ser suportada pelo réu."*
- **110. Enunciado 118 da II Jornada-CJF.** *"É cabível a fixação de honorários advocatícios na ação de produção antecipada de provas na hipótese de resistência da parte requerida na produção da prova."*
- **111. Enunciado 159 da III Jornada-CJF.** *"É incabível a condenação sucumbencial do litisdenunciado quando não houver resistência ao pedido de denunciação."*
- **112. Enunciado 2 do FNPP.** *"A Fazenda Pública possui legitimidade extraordinária para discutir, recorrer e executar os honorários sucumbenciais nos processos em que seja parte."*
- **113. Enunciado 3 do FNPP.** *"Nos processos em que a Fazenda Pública for parte, em caso de improcedência do pedido, os honorários advocatícios devem ser fixados, em regra, sobre o proveito econômico obtido pelo vencedor."*
- **114. Enunciado 4 do FNPP.** *"A majoração dos honorários de sucumbência, prevista no § 11 do art. 85 do CPC, não se aplica ao julgamento da remessa necessária."*
- **115. Enunciado 50 do FNPP.** *"Não serão devidos honorários no cumprimento de sentença não impugnado sempre que houver descentralização ao judiciário das dotações orçamentárias destinadas ao pagamento de requisições de pequeno valor."*
- **116. Enunciado 65 do FNPP.** *"O Código de Processo Civil não derrogou o regime de encargo-legal, quando previsto em lei, considerando o princípio da especialidade."*
- **117. Enunciado 86 do FNPP.** *"Compete aos Juizados Especiais Federais ou da Fazenda Pública executar os honorários advocatícios ou multas por conta de decisões por eles proferidas."*
- **118. Enunciado 87 do FNPP.** *"Nos Juizados Especiais Federais ou da Fazenda Pública são devidos honorários advocatícios no caso de não conhecimento do recurso inominado."*
- **119 Enunciado 14 da ENFAM.** *"Em caso de sucumbência recíproca, deverá ser considerada proveito econômico do réu, para fins do art. 85, § 2º, do CPC/2015, a diferença entre o que foi pleiteado pelo autor e o que foi concedido, inclusive no que se refere às condenações por danos morais."*
- **120. Enunciado 15 da ENFAM.** *"Nas execuções fiscais ou naquelas fundadas em título extrajudicial promovidas contra a Fazenda Pú-*blica, a fixação dos honorários deverá observar os parâmetros do art. 85, § 3º, do CPC/2015."*
- **121. Enunciado 16 da ENFAM.** *"Não é possível majorar os honorários na hipótese de interposição de recurso no mesmo grau de jurisdição (art. 85, § 11, do CPC/2015)."*
- **122. Enunciado 17 da ENFAM.** *"Para apuração do 'valor atualizado da causa' a que se refere o art. 85, § 2º, do CPC/2015, deverão ser utilizados os índices previstos no programa de atualização financeira do CNJ a que faz referência o art. 509, § 3º."*
- **123. Enunciado 51 da ENFAM.** *"A majoração de honorários advocatícios prevista no art. 827, § 2º, do CPC/2015 não é aplicável à impugnação ao cumprimento de sentença."*

## ▣ Comentários Temáticos

**124. Dos honorários do advogado e suas espécies.** Existem três modalidades de honorários advocatícios, a saber: (a) os honorários convencionados; (b) os honorários fixados por arbitramento judicial; e (c) os honorários de sucumbência (EOAB, art. 22). Os honorários convencionados são os contratuais, aqueles contratados entre cliente e advogado, a serem pagos por prestação de serviço de consultoria, de atuação extrajudicial ou de atuação judicial. Na falta de estipulação entre cliente e advogado, os honorários podem ser arbitrados pelo juiz; nesse caso, chamam-se honorários fixados por arbitramento judicial. Quanto aos honorários de sucumbência, são aqueles estabelecidos pelo juiz em sentença judicial, a serem pagos pela parte vencida num processo judicial: a parte vencida arca com os honorários do advogado da parte vencedora.

**125. Espécie prevista no art. 85.** O art. 85 do CPC trata dos honorários de sucumbência.

**126. Direito do advogado.** Os honorários de sucumbência pertencem ao advogado, tendo este direito autônomo para executar a sentença nessa parte. Ainda quando atue em causa própria, o advogado é titular do direito a honorários.

**127. Honorários de sucumbência: relação jurídica entre a parte e o advogado do seu adversário.** *"A relação jurídica se estabelece entre a parte litigante e o causídico do ex adverso, diferentemente do que ocorre nos honorários advocatícios convencionais – ou contratuais –, em que a relação jurídica se estabelece entre a parte e o patrono que constitui"* (STJ, 4ª Turma, AgInt no AREsp 1.495.369/MS, rel. Min. Luis Felipe Salomão, *DJe* 16.10.2020).

# LIVRO III · DOS SUJEITOS DO PROCESSO — Art. 85

**128.** **Legitimidade da parte para executar os honorários de sucumbência.** Os honorários incluídos na condenação judicial pertencem ao advogado, tendo ele direito autônomo para executar a sentença nessa parte. Embora seja do advogado a legitimidade para executar a sentença nessa parte, a parte vencedora no processo judicial pode, igualmente, executar a sentença. Existe, então, uma legitimidade concorrente entre a parte e o seu advogado para o cumprimento de sentença no tocante aos honorários de sucumbência.

**129.** **Execução dos honorários de sucumbência pelo advogado substabelecido e necessidade de intervenção do advogado substabelecente.** *"O advogado que atua no processo de conhecimento como substabelecido, com reserva de poderes, não possui legitimidade para postular, sem a intervenção do substabelecente, os honorários de sucumbência, ainda que tenha firmado contrato de prestação de serviços com o vencedor da ação na fase de cumprimento da sentença"* (STJ, 3ª Turma, REsp 1.214.790/SP, rel. Min. Ricardo Villas Bôas Cueva, *DJe* 23.04.2015).

**130.** **Necessidade de intervenção do advogado substabelecente, mesmo quando o substabelecido tenha sido o único a assinar as peças.** *"O fato de o advogado substabelecido ser o único a peticionar pelo cliente nos autos não tem o condão de excepcionar a regra do art. 26 da Lei 8.906/1994. A assinatura das peças não atesta que o signatário foi o único a atuar no processo, sendo comum a existência de atividades paralelas, como reuniões, pesquisas e revisões, que podem ter sido realizadas por outros profissionais nomeados pelo cliente e que compõem o trabalho como um todo, participando da verba honorária"* (STJ, 3ª Turma, REsp 1.374.573/MG, rel. Min. Nancy Andrighi, *DJe* 28.03.2014).

**131.** **Legitimidade concorrente.** *"A jurisprudência do STJ é tranquila no sentido de que, apesar de os honorários advocatícios constituírem direito autônomo do advogado, não se exclui da parte a legitimidade concorrente para discuti-los"* (STJ, 2ª Turma, REsp 1.777.628/SE, rel. Min. Herman Benjamin, j. 21.02.2019, *DJe* 11.03.2019).

**132.** **Legitimidade recursal concorrente.** *"A própria parte, seja na vigência do CPC de 1973, inclusive após o reconhecimento do direito autônomo dos advogados sobre a verba honorária, ou mesmo na vigência do CPC de 2015, pode interpor, concorrentemente com o titular da verba honorária, recurso acerca dos honorários de advogado"* (STJ, 3ª Turma, REsp 1.776.425/SP, rel. Min. Paulo de Tarso Sanseverino, *DJe* 11.06.2021).

**133.** **Pagamento à sociedade de advogados.** O advogado pode requerer que o pagamento dos honorários seja efetuado em favor da sociedade de advogados que integra na qualidade de sócio. É preciso, contudo, que a procuração outorgada faça menção à sociedade, e não apenas aos advogados pertencentes aos seus quadros (EOAB, art. 15, § 3º). Se o instrumento de procuração não indicar o nome da sociedade à qual integra o advogado, a sociedade não possuirá legitimidade para levantar ou executar os honorários. O serviço não se considera prestado pela sociedade, quando não há menção a ela na procuração.

**134.** **Falta de menção à sociedade na procuração.** *"Nos termos do art. 15, § 3º, da Lei 8.906/1994, 'as procurações devem ser outorgadas individualmente aos advogados e indicar a sociedade de que façam parte'. Assim, entende-se, como serviço prestado unicamente pelo advogado, o caso em que a procuração não contém nenhuma referência à sociedade"* (STJ, 2ª Turma, AgRg no REsp 1.438.262/PI, rel. Min. Humberto Martins, j. 17.11.2015, *DJe* 24.11.2015).

**135.** **Ilegitimidade da sociedade de advogados.** *"Na forma do art. 15, § 3º, da Lei 8.906, de 1994, 'as procurações devem ser outorgadas individualmente aos advogados e indicar a sociedade de que façam parte'; se a procuração deixar de indicar o nome da sociedade de que o profissional faz parte, presume-se que a causa tenha sido aceita em nome próprio, e nesse caso o precatório deve ser extraído em benefício do advogado, individualmente"* (STJ, AgRg no Prc 769/DF, rel. Min. Ari Pargendler, *DJe* 23.03.2009).

**136.** **Ainda a ilegitimidade da sociedade de advogados.** *"A jurisprudência do Superior Tribunal de Justiça é firme no sentido da ilegitimidade da sociedade de advogados para executar os honorários advocatícios se a procuração deixar de indicar o nome da sociedade"* (STJ, 2ª Turma, AgInt no REsp 1.710.975/RS, rel. Min. Francisco Falcão, *DJe* 02.12.2020).

**137.** **Natureza alimentar.** Os honorários constituem direito do advogado e têm natureza alimentar, com os mesmos privilégios dos créditos oriundos da legislação do trabalho.

**138.** **Crédito preferencial.** *"O entendimento jurisprudencial do Superior Tribunal de Justiça é firme no sentido de que o crédito decorrente de honorários advocatícios tem natureza alimentar e trabalhista, preferindo ao crédito tributário em concurso de credores"* (STJ, 3ª Turma, AgInt no AREsp 1.728.823/SP, rel. Min. Ricardo Villas Bôas Cueva, *DJe* 18.05.2021).

179

**139. Vedação à compensação.** É vedada a compensação dos honorários em caso de sucumbência parcial. Sendo os honorários direito do advogado, não é possível a compensação em caso de sucumbência parcial, pois as figuras do credor e do devedor não coincidem reciprocamente: o autor é devedor do advogado do réu, e o réu é devedor do advogado do autor.

**140. Honorários fixados sob a vigência do CPC/1973 e compensação independentemente de determinação na sentença.** *"É a lei do tempo (tempus regit actum) que rege o rateio dos honorários advocatícios. A lei vigente quando os ônus sucumbenciais foram fixados era o Código de Processo Civil de 1973, sendo, assim, plenamente aplicável a compensação prevista no art. 21. 3. O direito à compensação de honorários advocatícios sucumbenciais, tal como previsto no CPC de 1973, não depende de menção expressa no título judicial, nem de permissão expressa do juiz. A ausência de expressa referência à compensação, na decisão judicial, não significa não possa ocorrer, nos termos peremptórios do art. 21. 4. Segundo a invocada regra processual, sendo cada litigante em parte vencedor e vencido, serão recíproca e proporcionalmente distribuídos e compensados entre eles os honorários e as despesas. Ao empregar o termo 'serão' e não a expressão 'poderão ser', a norma se faz impositiva, independente do que diga o título judicial sob execução"* (STJ, 4ª Turma, AgInt nos EDcl no REsp 1.576.240/SP, rel. p/ ac. Min. Raul Araújo, *DJe* 9.9.2021).

**141. Impossibilidade de, na hipótese de sucumbência recíproca, cada parte ser condenada a arcar com os honorários sucumbenciais do seu próprio advogado.** *"Sob a égide do novo CPC, não mais se aplica o entendimento firmado nesta Corte no sentido de que '[o]s honorários advocatícios devem ser compensados quando houver sucumbência recíproca, assegurado o direito autônomo do advogado à execução do saldo sem excluir a legitimidade da própria parte' (Súmula 306/STJ). 6. Em se tratando de honorários sucumbenciais, se estabelece uma relação jurídica própria entre a parte sucumbente (devedora) e o advogado da parte contrária (credor), tendo por objeto o pagamento da verba honorária (prestação). Não há, pois, quanto aos honorários sucumbenciais, relação jurídica entre a parte sucumbente e o seu próprio advogado. 7. Nos termos do art. 85, caput, do CPC/2015, estabelecido o grau de sucumbência recíproca entre os litigantes, a parte autora deverá arcar com os honorários sucumbenciais do advogado do réu e este com os honorários sucumbenciais do advogado do autor. Não é lícito, portanto, na hipótese*

*de sucumbência recíproca, a condenação de cada parte ao pagamento de honorários sucumbenciais de seus próprios advogados, sob pena de, indiretamente, se chancelar a compensação vedada expressamente pela lei e de se produzir situações inadmissíveis do ponto de vista lógico-jurídico e sistemático."* (STJ, 3ª Turma, REsp 2.082.582/RJ, rel. Min. Nancy Andrighi, *DJe* 20.6.2024).

**142. Ausência de preferência dos honorários de sucumbência sobre o crédito principal do cliente do advogado.** *"Os honorários advocatícios sucumbenciais constituem direito do advogado, possuem natureza alimentar e são considerados créditos privilegiados, equiparados aos créditos oriundos da legislação trabalhista para efeito de habilitação em falência, concordata, concurso de credores, insolvência civil e liquidação extrajudicial. Precedentes. 6. A despeito disso, é de particular relevância e especificidade a questão relacionada à possibilidade de o crédito decorrente dos honorários advocatícios sucumbenciais preferir o crédito titularizado pela parte vencedora e que foi representada, no processo, ainda que por determinado período, pela sociedade de advogados credora. 7. Não há concurso singular de credores entre o advogado titular da verba honorária sucumbencial e o seu cliente titular da condenação principal, uma vez que é elemento essencial do concurso a ausência de relação jurídica material entre os credores, exigindo-se, ao revés, que haja independência e autonomia entre as execuções até o momento em que um deles obtenha valor hábil a satisfazê-la, no todo ou em parte, quando os demais credores poderão ingressar no processo alheio e estabelecer concorrência com aquele que havia obtido êxito na perseguição do patrimônio do devedor. Doutrina. 8. De outro lado, não pode o advogado, que atuou na defesa dos interesses da parte vencedora, preferir ao crédito principal por ela obtido porque a relação de acessoriedade entre os honorários sucumbenciais e a condenação principal a ser recebida pela parte é determinante para que se reconheça que os honorários sucumbenciais, nessa específica hipótese em que há concorrência com a condenação principal, deverão, em verdade, seguir a sorte e a natureza do crédito titularizado pela parte vencedora. 9. Em suma, o crédito decorrente de honorários advocatícios sucumbenciais titularizado pelo advogado não é capaz de estabelecer relação de preferência ou de exclusão em relação ao crédito principal titularizado por seu cliente porque, segundo a máxima chiovendiana, o processo deve dar, na medida do possível, a quem tem um direito, tudo aquilo e exatamente aquilo que tem direito de conseguir, de modo que a parte, titular do direito*

**LIVRO III · DOS SUJEITOS DO PROCESSO** — **Art. 85**

*material, não pode deixar de obter a satisfação de seu crédito em razão de crédito constituído por acessoriedade ao principal e titularizado por quem apenas a representou em juízo no processo em que reconhecido o direito. 10. Hipótese em que, inclusive, é inaplicável a regra do art. 908, § 2º, do CPC/2015, pois a perseguição dos valores devidos pelo executado, que culminou com a penhora e posterior alienação judicial do bem cujo produto se disputa, iniciou-se conjuntamente pela vencedora e pelo advogado, tendo sido a penhora para a satisfação de ambos os créditos sido realizada na constância da atuação do recorrente como representante processual do recorrido"* (STJ, 3ª Turma, REsp 1.890.615/SP, rel. Min. Nancy Andrighi, *DJe* 19.08.2021).

**143. Honorários para advogados públicos.** Os honorários de sucumbência constituem direito autônomo dos advogados. Tal direito também pertence ao advogado público. Para que os advogados públicos percebam os honorários de sucumbência, é preciso que haja uma lei regulamentando a divisão, os valores, os detalhes do recebimento por cada um deles no âmbito da respectiva procuradoria. A simples previsão do § 19 do art. 85 não é suficiente para que os advogados públicos percebam os honorários. É necessária a edição de lei própria regulamentando sua percepção pelos advogados públicos. A lei a ser editada não pode, todavia, suprimir esse direito nem subtrair sua titularidade.

**144. Honorários dos advogados públicos federais.** No âmbito federal, a Lei 13.327/2016 regulamentou o direito dos advogados públicos aos honorários de sucumbência. Seu art. 27 relaciona as carreiras jurídicas, vindo seu art. 29 a dispor que os honorários de sucumbência pertencem originariamente aos ocupantes dos cargos daquelas carreiras. Por sua vez, seu art. 30 estabelece que os honorários de sucumbência devidos aos advogados públicos federais incluem o total do produto dos honorários de sucumbência recebidos nas ações judiciais em que forem parte a União, as autarquias e as fundações públicas federais, até 75% do produto do "encargo legal" acrescido aos débitos inscritos na dívida ativa da União, previsto no art. 1º do Decreto-lei 1.025/1969, e o total do produto do "encargo legal" acrescido aos créditos das autarquias e das fundações públicas federais inscritos na dívida ativa da União, nos termos do § 1º do art. 37-A da Lei 10.522/2002.

**145. Legitimidade da Fazenda Pública.** Embora os honorários pertençam ao advogado público, a Fazenda Pública possui legitimidade extraordinária para discutir, recorrer e executar os honorários de sucumbência nos processos em que seja parte.

**146. Verba integrante do patrimônio público do ente administrativo. Apesar do § 19 do art. 85, o STJ, estranhamente,** tem entendido que os honorários de sucumbência integram o patrimônio público do ente administrativo, não sendo direito autônomo do advogado público (STJ, 4ª Turma, AgInt nos EDcl no REsp 1.442.005/SP, Rel. Min. Luis Felipe Salomão, *DJe* 12.5.2020). *No mesmo sentido:* STJ, 1ª Turma, AgInt no AREsp 1.038.431/SP, Rel. Min. Napoleão Nunes Maia Filho, *DJe* 10.5.2019; STJ, 2ª Turma, AgInt no AREsp 2.330.769/RS, Rel. Min. Herman Benjamin, *DJe* 18.12.2023; STJ, 1ª Turma, AgInt no REsp 1.987.162/PR, Rel. Min. Gurgel de Faria, *DJe* 2.10.2023.

**147. Compensação dos honorários do advogado público com o do particular.** *"compensação de parte do precatório com a verba honorária devida ao ente público em impugnação de cumprimento de sentença julgada procedente, pois os honorários de sucumbência não constituem direito autônomo do procurador judicial, visto que integram o patrimônio público da entidade, sendo possível a compensação com o crédito previsto no título"* (STJ, 2ª Turma, AgInt nos EDcl no REsp 1.907.197/SC, Rel. Min. Og Fernandes, *DJe* 2.6.2021). *No mesmo sentido:* STJ, 2ª Turma, AgInt no REsp 1.718.785/PE, Rel. Min. Francisco Falcão, *DJe* 28.10.2020; STJ, 2ª Turma, RCD no REsp 1.861.943/DF, Rel. Min. Og Fernandes, *DJe* 26.10.2021.

**148. Os honorários e a causalidade.** A responsabilidade pelo pagamento dos honorários advocatícios não depende da comprovação de culpa ou dolo da parte vencida. Ao *vencido* cabe arcar com os honorários de sucumbência. Na maioria das vezes, a parte vencida é quem deve arcar com os honorários sucumbenciais. E isso porque foi o vencido quem deu *causa* ao ajuizamento da demanda. Numa ação de cobrança, por exemplo, não fosse o inadimplemento do devedor, o credor não teria intentado a demanda. A *resistência* do réu em atender à pretensão do autor *causou* o ingresso deste em juízo. Daí por que, vindo a ser *vencido* na causa, o réu deverá arcar com os ônus processuais. Caso, porém, venha a ser julgado improcedente o pedido do autor, ficará evidenciado que este deu *causa* indevidamente ao feito, pois não dispunha do direito que alegava. A derrota constitui um forte indício de ter sido o vencido o *causador* daquela demanda. Enfim, os honorários de sucumbência decorrem da aplicação da *regra da causalidade*. Em princípio, é a parte vencida quem arca com os honorários de sucumbência, por ter sido quem deu *causa* ao ajuizamento da demanda. Há casos, porém, em que, mesmo vitoriosa, a parte pode ser condenada na verba honorária, em virtude da própria *causalidade*, isto é, deve arcar com os honorários de sucumbência aquele que deu causa ao ajuizamento da demanda ou à sua extinção. Com efeito, tome-se como exemplo a hipótese em que, proposta ação de consignação em pagamento, o credor contesta alegando insuficiência da quantia ofertada e consignada. O autor, reconhecendo a insuficiência, complementa o depósito, razão pela qual o juiz, na sentença, julgará seu pedido procedente, declarando a extinção da obrigação pelo pagamento por consignação. Nesse caso, embora julgado procedente o pedido, não se pode negar que a recusa original do credor em receber o pagamento era justa, o que significa dizer que foi o devedor quem deu causa à instauração do processo. Logo, apesar de vencedor, o devedor terá de arcar com os honorários de sucumbência. O fundamento da condenação nos honorários sucumbenciais é o dado objetivo da derrota. Não basta, contudo, a derrota. É preciso que a parte tenha dado *causa* ao ajuizamento da demanda.

**149. Honorários e litigância responsável.** *"A questão de honorários não pode ser encarada como simples remuneração do causídico, mas também como questão de política judiciária, demonstrando para a parte sucumbente que a litigância impensada e, às vezes, irresponsável tem um custo. Honorários insignificantes e irrisórios, na verdade, constituem um incentivo a essa litigância desenfreada que toma conta da Justiça brasileira, tendo em vista que não traz nenhum ônus maior à parte, em especial àquelas que, como a autora/embargada, já possuem em seu quadro advogados, não tendo gasto nenhum com a contratação de causídicos para a propositura de ações fadadas ao insucesso"* (STJ, 3ª Seção, EDcl na AR 3.570/RS, rel. Min. Sebastião Reis Júnior, *DJe* 17.06.2014). No mesmo sentido: *"A verba honorária não é simples remuneração do causídico; deve ser também considerada uma questão de política judiciária a fim de demonstrar à parte sucumbente que a litigância impensada e, às vezes, irresponsável gera um custo"* (STJ, 3ª Turma, REsp 1.260.772/MG, rel. Min. João Otávio de Noronha, *DJe* 16.03.2015).

**150. Ausência de causalidade em caso de prescrição intercorrente.** *"A jurisprudência desta Corte entende que, em face do princípio da causalidade, não se justifica a imposição de sucumbência ao exequente, frustrado em seu direito de crédito, em razão de prescrição intercorrente. Isso porque quem deu causa ao ajuizamento da execução foi o devedor que não cumpriu a obrigação de satisfazer dívida líquida e certa"* (STJ, 4ª Turma, AgInt no AREsp 1.714.099/SC, rel. Min. Maria Isabel Gallotti, *DJe* 19.03.2021).

**151. Reconhecimento da prescrição intercorrente e ausência de honorários.** *"A jurisprudência desta Corte pacificou-se em relação à aplicação do princípio da causalidade para o arbitramento de honorários advocatícios quando da extinção do processo em razão do reconhecimento da prescrição intercorrente (art. 85, § 10, do CPC/2015). 4. Todavia, após a alteração promovida pela Lei 14.195/2021, publicada em 26.08.2021, faz-se necessário rever tal posicionamento, uma vez que o § 5º do art. 921 do CPC/2015 dispõe expressamente que não serão imputados quaisquer ônus às partes quando reconhecida referida prescrição. 5. Nas hipóteses em que extinto o processo com resolução do mérito, em razão do reconhecimento da prescrição intercorrente, é de ser reconhecida a ausência de ônus às partes, a importar condenação nenhuma em custas e honorários sucumbenciais. 6. A legislação que versa sobre honorários advocatícios possui natureza híbrida (material-processual), de modo que o marco temporal para a aplicação das novas regras sucumbenciais deve ser a data de prolação da sentença (ou ato jurisdicional equivalente, quando diante de processo de competência originária de Tribunal). 7. Hipótese em que a sentença extinguiu o processo em 04.10.2021, ante o reconhecimento da prescrição intercorrente, e o executado/recorrente foi condenado ao pagamento de honorários sucumbenciais, quando do julgamento da apelação do exequente/recorrido"* (STJ, 3ª Turma, REsp 2.025.303/DF, rel. Min. Nancy Andrighi, *DJe* 11.11.2022).

**152. Honorários e perda de objeto.** Sobrevindo perda superveniente de interesse de agir ou, no jargão forense, havendo *perda de objeto*, aplica-se, de igual modo, a causalidade. Se o réu deu causa à propositura da demanda, tendo, de igual modo, dado causa à perda superveniente do objeto, é ele quem arca com os ônus da sucumbência. Essa é a situação mais frequente. O processo será extinto sem resolução do mérito; formalmente, o autor será o vencido, mas quem deu causa ao processo foi o réu, devendo este arcar com os honorários de sucumbência. É preciso examinar quem deu causa ao ajuizamento ou à extinção do processo. A derrota não será suficiente, sendo necessário examinar a causalidade.

**153. Perda de objeto causada por terceiro.** É possível que a perda superveniente de objeto decorra de fato de terceiro. Em outras palavras,

**LIVRO III · DOS SUJEITOS DO PROCESSO**   **Art. 85**

o processo pode ser extinto por um fato de terceiro. Terá sido ele o causador da extinção do processo. Pela causalidade, não se pode atribuir responsabilidade pela sucumbência nem ao autor nem ao réu. As regras de litigância responsável, decorrentes da segurança jurídica, secundam tal conclusão. Não há quem responda pelos honorários de sucumbência. Se uma das partes deu causa à perda de objeto do processo, é ela quem deve arcar com os honorários; por outro lado, se a causa da perda do objeto é decorrente de fato de terceiro ou, até mesmo, de fato da natureza, nenhuma das partes arcará com os honorários sucumbenciais. E nem poderia ser diferente, por dois simples motivos: *a)* se nenhuma delas deu causa à extinção do processo, nenhuma delas deverá arcar com os honorários sucumbenciais; e, *b)* a perda de objeto implica a extinção do processo *sem* resolução de mérito, não havendo qualquer sentido em impor ao Poder Judiciário investigar ou avançar no mérito do processo, apenas para verificar quem teria razão e, então, fixar honorários advocatícios.

**154.** **Fato superveniente de terceiro e ausência de honorários.** *"... não são devidos os honorários, se o processo foi extinto por fato superveniente a que o autor não deu causa"* (STJ, 1ª Turma, REsp 86.085/SP, rel. Min. Nilson Naves, *DJ* 13.4.1998; STJ, 1ª Turma, REsp 513.845/RS, rel. Min. Teori Albino Zavascki, *DJ* 18.4.2005). Noutros termos, *"pelo princípio da causalidade, não haverá condenação de honorários quando extinta a ação por perda de objeto por fato superveniente causado por terceiro"* (STJ, 2ª Turma, REsp 626.325/AL, rel. Min. Castro Meira, *DJ* 9.8.2004; STJ, 2ª Turma, AgRg no Ag 858.468/SP, rel. Min. Herman Benjamin, *DJe* 17.10.2008; STJ, 2ª Turma, REsp 94.696/MG, rel. Min. Castro Meira, *DJ* 21.3.2005). No mesmo sentido: *"ocorrendo situação superveniente, acarretadora da perda do objeto, não imputável às partes, inexiste sucumbência e, portanto, não há falar em condenação nos honorários advocatícios"* (STJ, 5ª Turma, REsp 403.560/RN, rel. Min. Arnaldo Esteves Lima, *DJ* 19.9.2005). Também no mesmo sentido: *"A situação versada nos autos demonstra que é inviável imputar a uma ou a outra parte a responsabilidade pelos ônus sucumbenciais, mostrando-se adequado que cada uma das partes suporte os encargos relativos aos honorários advocatícios e às custas processuais, rateando o quantum estabelecido pela sentença"* (STJ, 3ª Turma, REsp 1.641.160/RJ, rel. Min. Nancy Andrighi, *DJe* 21.3.2017).

**155.** **Beneficiário da justiça gratuita.** Ainda que o vencido seja beneficiário da justiça gratuita, deverá ser condenado ao pagamento dos honorários sucumbenciais. O benefício da justiça gratuita não afasta a necessidade da condenação nos ônus da sucumbência. Restando vencido, deverá ser condenado no pagamento dos honorários sucumbenciais, devendo a parte vencedora aguardar, até cinco anos, a melhoria da situação financeira do vencido, a fim de poder executá-lo. Não havendo melhoria financeira do vencido (beneficiário da justiça gratuita), durante aquele período de cinco anos, estará prescrita a pretensão para exigir o pagamento dos honorários de sucumbência (art. 98, §§ 2º e 3º).

**156.** **Julgamento da causa.** A condenação nos ônus da sucumbência ocorre, apenas, quando se julga a *causa*. São devidos honorários na reconvenção, no cumprimento de sentença, provisório ou definitivo, na execução, resistida ou não, e nos recursos interpostos, cumulativamente.

**157.** **Honorários advocatícios na reconvenção.** *"Conquanto a reconvenção seja processada em conjunto, e no caso concreto tenha-se registrado o caráter singelo da demanda, o tempo exigido para o serviço e o exíguo tempo da causa, é certo que o art. 85, § 1º, do Código de Processo Civil afirma expressamente serem devidos honorários advocatícios na reconvenção"* (STJ, 4.ª Turma, AgInt no AREsp 1.569.399/SP, rel. Min. Maria Isabel Gallotti, *DJe* 21.05.2020).

**158.** *Habeas data.* *"Não é cabível a condenação em honorários advocatícios em ação de habeas data, porquanto aplica-se, no que couber, as normas do mandado de segurança, enquanto não editada legislação específica (art. 24, parágrafo único, da Lei n. 8.038/1990 e art. 25 da Lei n. 12.016/2009)"* (STJ, 1ª Turma, AgInt no AgInt no AREsp 1.708.899/RJ, rel. Min. Gurgel de Faria, *DJe* 19.10.2021).

**159.** **Honorários advocatícios no julgamento antecipado parcial do mérito, omissão em sua fixação e ação autônoma para obtê-los.** *"É verdade que os arts. 85, caput e 90, caput, do CPC/2015, referem-se exclusivamente à sentença. Nada obstante, o próprio § 1º, do art. 90, determina que se a renúncia, a desistência, ou o reconhecimento for parcial, as despesas e os honorários serão proporcionais à parcela reconhecida, à qual se renunciou ou da qual se desistiu. Ademais, a decisão que julga antecipadamente parcela do mérito, com fundamento no art. 487 do CPC/2015, tem conteúdo de sentença e há grande probabilidade de que essa decisão transite em julgado antes da sentença final, a qual irá julgar os demais pedidos ou parcelas do pedido. Dessa forma, caso a decisão que analisou parcialmente o mérito tenha sido omissa, o ad-*

vogado não poderá postular que os honorários sejam fixados na futura sentença, mas terá que propor a ação autônoma prevista no art. 85, § 18, do CPC/2015. Assim, a decisão antecipada parcial do mérito deve fixar honorários em favor do patrono da parte vencedora, tendo por base a parcela da pretensão decidida antecipadamente. Vale dizer, os honorários advocatícios deverão ser proporcionais ao pedido ou parcela do pedido julgado nos termos do art. 356 do CPC/2015" (STJ, 3ª Turma, REsp 1.845.542/PR, rel. Min. Nancy Andrighi, *DJe* 14.05.2021).

**160. Ausência de honorários no julgamento de incidente.** *"Não é cabível a condenação em honorários advocatícios em incidente processual, ressalvados os casos excepcionais"* (STJ, 3ª Turma, REsp 1.845.536/SC, rel. p/ ac. Min. Marco Aurélio Bellizze, *DJe* 9.6.2020).

**161. Honorários no incidente de desconsideração da personalidade jurídica.** *"Tratando-se de incidente de desconsideração da personalidade jurídica, o descabimento da condenação nos ônus sucumbenciais decorre da ausência de previsão legal excepcional, sendo irrelevante se apurar quem deu causa ou foi sucumbente no julgamento final do incidente"* (STJ, 3ª Turma, REsp 1.845.536/SC, rel. p/ ac. Min. Marco Aurélio Bellizze, *DJe* 9.6.2020).

**162. Indeferimento de IDPJ e honorários de sucumbência.** *"O fator determinante para a condenação ao pagamento de honorários advocatícios não pode ser estabelecido a partir de critérios meramente procedimentais, devendo ser observado o êxito obtido pelo advogado mediante o trabalho desenvolvido. 2. O CPC de 2015 superou o dogma da unicidade de julgamento, prevendo expressamente as decisões de resolução parcial do mérito, sendo consequência natural a fixação de honorários de sucumbência. 3. Apesar da denominação utilizada pelo legislador, o procedimento de desconsideração da personalidade jurídico tem natureza jurídica de demanda incidental, com partes, causa de pedir e pedido. 4. O indeferimento do pedido de desconsideração da personalidade jurídica, tendo como resultado a não inclusão do sócio (ou da empresa) no polo passivo da lide, dá ensejo à fixação de verba honorária em favor do advogado de quem foi indevidamente chamado a litigar em juízo"* (STJ, 3ª Turma, REsp 1.925.959/SP, rel. p/ ac. Min. Ricardo Villas Bôas Cueva, *DJe* 22.9.2023).

**163. Valor dos honorários e critérios para sua fixação.** O valor dos honorários advocatícios deve ser fixado entre 10% e 20% sobre o montante da *condenação, do proveito econômico obtido ou,* não sendo possível mensurá-lo, sobre o valor atualizado da causa. Ao estimar o valor dos honorários, o juiz deve levar em conta o grau de zelo do advogado, o lugar da prestação do serviço, a natureza e a importância da causa, o trabalho realizado pelo advogado e o tempo exigido para o seu serviço. Sendo a causa desnuda de complexidade, o percentual a ser fixado deve ser menor, quando se compara a causa com outra demanda que exigiu um maior esforço profissional. Os limites de 10% e de 20% aplicam-se independentemente de qual seja o conteúdo da decisão, inclusive aos casos de improcedência e de extinção sem resolução do mérito.

**164. Hipóteses de fixação em percentuais menores.** O valor dos honorários de sucumbência deve ser fixado, em regra, entre 10% e 20%, mas há hipóteses em que o percentual é inferior a 10%. Sucedido o réu por requerimento do autor, depois de alegada a ilegitimidade passiva em contestação, o autor pagará honorários ao advogado do réu excluído, que serão fixados entre 3% e 5% do valor da causa (art. 338, parágrafo único). Se o réu, na ação monitória, cumprir espontaneamente a obrigação no prazo de quinze dias fixado pelo juiz, os honorários do advogado do autor serão de 5% do valor atribuído à causa (art. 701).

**165. Pagamento dos honorários de sucumbência pela metade do valor.** Numa ação de conhecimento, se o réu reconhecer a procedência do pedido e, simultaneamente, cumprir integralmente a prestação reconhecida, os honorários do advogado do autor serão reduzidos pela metade (art. 90, § 4º). Na execução fundada em título extrajudicial, se houver pagamento integral pelo executado no prazo de três dias, o valor dos honorários do advogado do exequente será reduzido pela metade (art. 827, § 1º).

**166. Manutenção da Súmula 326 STJ. A superveniência do atual CPC não superou, segundo entende o STJ, o enunciado 326 de sua súmula de jurisprudência. Isso porque a** *"(...) ratio decidendi dos precedentes da Súmula 326/STJ é clara no sentido de que, nos casos de indenização por danos morais, fixado o valor indenizatório menor do que o indicado na inicial, não se pode, para fins de arbitramento de sucumbência, incidir no paradoxo de impor à vítima o pagamento de honorários advocatícios superiores ao deferido a título indenizatório"* (STJ, 2ª Turma, AgInt no REsp 1.710.637/GO, rel. Min. Herman Benjamin, *DJe* 23.11.2018).

**167. Fixação em salários mínimos.** Os honorários de sucumbência não devem ser fixados em salários mínimos.

**168. Ordem de preferência dos critérios para fixação dos honorários de sucumbência.** *"(...) 5. A expressiva redação legal impõe concluir: (5.1) que o § 2º do referido art. 85 veicula a regra geral, de aplicação obrigatória, de que os honorários advocatícios sucumbenciais devem ser fixados no patamar de dez a vinte por cento, subsequentemente calculados sobre o valor: (I) da condenação; ou (II) do proveito econômico obtido; ou (III) do valor atualizado da causa; (5.2) que o § 8º do art. 85 transmite regra excepcional, de aplicação subsidiária, em que se permite a fixação dos honorários sucumbenciais por equidade, para as hipóteses em que, havendo ou não condenação: (I) o proveito econômico obtido pelo vencedor for inestimável ou irrisório; ou (II) o valor da causa for muito baixo"* (STJ, 2ª Seção, REsp 1.746.072/PR, rel. p/ ac. Min. Raul Araújo, *DJe* 29.3.2019).

**169. Fixação dos honorários por apreciação equitativa.** *"(...) o § 8º do art. 85 transmite regra excepcional, de aplicação subsidiária, em que se permite a fixação dos honorários sucumbenciais por equidade, para as hipóteses em que, havendo ou não condenação: (I) o proveito econômico obtido pelo vencedor for inestimável ou irrisório; ou (II) o valor da causa for muito baixo"* (STJ, 2ª Seção, REsp 1.746.072/PR, rel. p/ ac. Min. Raul Araújo, *DJe* 29.3.2019).

**170. Excepcionalidade da fixação dos honorários por equidade.** A fixação de honorários por equidade é residual e excepcional, só podendo ser feita em casos de valores irrisórios ou muito baixos. Quando o valor da condenação ou do proveito econômico obtido ou o valor atualizado da causa for líquido ou liquidável, mas não for irrisório, é proibida da apreciação equitativa do valor dos honorários de sucumbência (art. 85, § 6º-A).

**171. Base de cálculo dos honorários e coisa julgada.** *"A jurisprudência do Superior Tribunal de Justiça consagra orientação no sentido de que a definição da base de cálculo dos honorários advocatícios sujeita-se aos efeitos da coisa julgada"* (STJ, 3ª Turma, REsp 1.613.672/RJ, rel. Min. Marco Aurélio Bellizze, *DJe* 23.2.2017).

**172. Valor dos honorários e critérios para sua fixação nas causas em que a Fazenda Pública for parte.** Quando a Fazenda Pública for parte no processo, os honorários serão fixados consoante *os percentuais indicados em uma lista contida nos diversos incisos do § 3º do art. 85*, atendidos os critérios do seu § 2º. Tais percentuais aplicam-se em todos os casos em que a Fazenda Pública seja parte, autora, ré ou interveniente, seja ela vitoriosa ou vencida. Sendo líquida a sentença, esses percentuais devem ser aplicados desde logo. Se ilíquida, os percentuais somente serão aplicados depois de ultimada a liquidação da sentença. Os percentuais devem incidir sobre o valor da condenação. Não havendo condenação, a fixação deve ser feita com base no proveito econômico obtido pelo vencedor. Não havendo condenação e não sendo possível mensurar o proveito econômico obtido, o valor dos honorários deve ser fixado sobre o valor atualizado da causa. Quando a condenação, o benefício econômico obtido pelo vencedor ou o valor da causa, conforme o caso, for superior a duzentos salários mínimos (que é o limite do inciso I do § 3º), a fixação do percentual de honorários deve observar a faixa inicial e, no que exceder, a faixa subsequente, e assim sucessivamente (art. 85, § 5º). Assim, se, por exemplo, o valor da condenação, do benefício econômico obtido pelo vencedor ou o valor da causa for de cem salários mínimos, os honorários devem ser fixados entre 10% e 20%, aplicando-se o inciso I do § 3º. Se, todavia, o valor da condenação, do benefício econômico ou da causa for, por exemplo, de trezentos salários mínimos, o valor dos honorários será fixado entre 10% e 20% sobre duzentos salários mínimos, ao que se acresce a fixação entre 8% e 10% sobre cem salários mínimos. Tome-se como exemplo um caso em que o valor da condenação, do benefício econômico obtido ou o valor da causa seja equivalente a duzentos mil salários mínimos. Nesse caso, os honorários terão seu valor fixado da seguinte forma: entre 10% e 20% sobre duzentos salários mínimos, ao que se acresce a fixação entre 8% e 10% sobre mil e oitocentos salários mínimos, adicionado da fixação entre 5% e 8% sobre dezoito mil salários mínimos. Daí se adiciona mais uma fixação entre 3% e 5% sobre (oitenta mil) salários mínimos, somando-se mais outra fixação entre 1% e 3% sobre cem mil salários mínimos. Os percentuais serão logo aplicados, quando a sentença for líquida. Sendo ela ilíquida, sua aplicação só se dará quando ultimada a liquidação. Será considerado o salário mínimo vigente no momento da sentença líquida ou o que estiver em vigor na data da decisão de liquidação. Os limites previstos no § 3º aplicam-se em qualquer caso, independentemente de qual seja o conteúdo da decisão, inclusive àqueles de improcedência ou de sentença sem resolução do mérito.

**173. Ações previdenciárias.** Nas demandas previdenciárias, a Fazenda Pública deve ser condenada, se vencida, em honorários de sucumbência, atendidas as regras contidas no § 3º. O valor dos honorários, fixados de acordo com a lista de percentuais incidentes sobre o valor da condenação, não deverá, contudo, incidir sobre o montante correspondente às prestações vincendas; devem incidir somente sobre as prestações vencidas até a sentença.

**174. Fixação por equidade.** Nas causas em que for inestimável ou irrisório o proveito econômico ou, ainda, quando o valor da causa for muito baixo, o juiz fixará o valor dos honorários por apreciação equitativa, observando os critérios relacionados no § 2º. A depender dos elementos concretos da demanda, e diante de uma *apreciação equitativa* que leve em conta os critérios contidos no § 2º, poderão os honorários ser estabelecidos num valor fixo, sendo, de um lado, suficiente para bem remunerar o trabalho desenvolvido pelo advogado e, de outro lado, apto a não gerar um impacto significativo no Erário (no caso da Fazenda Pública) ou no patrimônio do vencido (no caso do particular). A fixação por equidade é excepcional, sendo apenas permitida quando o proveito econômico for inestimável ou irrisório. E, nos termos do parágrafo único do art. 140, "o juiz decidirá por equidade nos casos previstos em lei". O parágrafo único do art. 140 contém uma *norma de habilitação*, assim denominada por *habilitar* o órgão para o exercício de uma função específica e tipificada. É norma que contém uma atribuição de poder. Toda atribuição de poder ou de competência representa, a um só tempo, uma *autorização* e uma *limitação*. A norma autoriza a decisão por equidade e, ao mesmo tempo, impõe uma limitação, no sentido de que, quando não autorizado expressamente, o uso da equidade está expressamente vedado. No caso dos honorários de sucumbência, sua fixação por equidade só está autorizada quando o proveito econômico for inestimável ou irrisório ou quando o valor da causa for muito baixo. Não se autoriza seu uso para os casos de valores muito altos ou expressivos. Na verdade, em tais casos, justamente por não está autorizado, está vedado o uso da equidade.

**175. Vedação à fixação equitativa como regra geral.** *"Este Superior Tribunal adota o posicionamento segundo o qual, na vigência do CPC/2015, a fixação dos honorários advocatícios com base na apreciação equitativa, prevista no § 8º do artigo 85, é cabível apenas nas causas em que for inestimável ou irrisório o proveito econômico, ou ainda, quando o valor da causa for muito baixo"* (STJ, 1ª Turma, AgInt no REsp 1.893.026/RS, rel. Min. Regina Helena Costa, *DJe* 11.2.2021).

**176. Fixação por equidade somente em casos de valor irrisório.** *"O Código de Processo Civil de 2015, em seu art. 85, dedicou amplo capítulo*

*aos honorários advocatícios, estabelecendo novos parâmetros objetivos para a sua fixação, com a estipulação de percentuais mínimos e máximos sobre a dimensão econômica da demanda (§ 2º), inclusive nas causas envolvendo a Fazenda Pública (§ 3º), de modo que, na maioria dos casos, a avaliação subjetiva dos critérios legais a serem observados pelo magistrado servirá apenas para que ele possa justificar o percentual escolhido dentro do intervalo permitido. 4. Nesse novo regime, a fixação dos honorários advocatícios mediante juízo de equidade ficou reservada para as causas 'em que for inestimável ou irrisório o proveito econômico ou, ainda, quando o valor da causa for muito baixo' (art. 85, § 8º)"* (STJ, 1ª Turma, AgInt no REsp 1.850.553/PR, rel. Min. Gurgel de Faria, *DJe* 6.5.2021).

**177. Critérios para fixação do valor dos honorários por equidade.** Nas causas em que for inestimável ou irrisório o proveito econômico ou, ainda, quando o valor da causa for muito baixo, o juiz fixará o valor dos honorários por apreciação equitativa, observando os critérios relacionados no § 2º do art. 85 (art. 85, § 8º). Para fixar os honorários por equidade, o juiz deverá observar os valores recomendados pelo Conselho Federal da OAB ou o limite mínimo de 10% estabelecido no § 2º do art. 85, o que for maior (art. 85, § 8º-A). O § 8º-A do art. 85 não prevê critérios ou diretrizes para a fixação do valor dos honorários. Na verdade, os critérios objetivos ali estabelecidos afastariam a apreciação equitativa do juiz, que adotaria o maior valor: ou o equivalente a 10% do valor da causa ou o montante recomendado pela OAB. O juiz deve fixar o valor dos honorários entre 10% e 20% sobre o valor da condenação. Não havendo condenação, o juiz o fixará entre 10% e 20% sobre o proveito econômico. Não sendo caso de condenação nem havendo proveito econômico, o juiz deve, então, fixar os honorários entre 10% e 20% sobre o valor da causa, mas se este for irrisório, deverá fixá-los por equidade. Não faz sentido o juiz fixar, por equidade, o valor dos honorários em 10% sobre o valor da causa, pois este já é irrisório. O § 8º-A do art. 85 prevê, porém, que, em caso de equidade, o juiz deve considerar a recomendação feita pelo Conselho Federal da OAB ou fixar o limite mínimo de 10% estabelecido no § 2º do art. 85. A referência ao § 2º do art. 85 é inadequada, pois, se é para fixar por equidade, é porque não houve condenação, não há proveito econômico e o valor da causa é irrisório. Fixar no mínimo de 10% sobre o valor da causa é insuficiente, inadequado, irrisório, devendo ser estabelecido um valor equânime. Há de prevalecer o que for maior: a recomendação da OAB ou o equivalente a 10% sobre o valor da causa. O juiz, ao fixar os honorários por equidade, não pode estabelecer um valor inferior ao maior deles: a recomendação da OAB ou os 10% sobre o valor da causa. O juiz não pode fixar menos que o maior dessas referências, mas pode, evidentemente, estabelecer um montante acima disso.

**178. O § 8º-A do art. 85 e sua interpretação.** A melhor forma de interpretar o § 8º-A do art. 85 é entender que está ali a previsão de um piso ou diretriz mínima. Ao fixar os honorários por equidade, o juiz não pode estabelecer um valor que seja inferior ao recomendado pelo Conselho Federal da OAB nem ao mínimo de 10% sobre o valor da causa. Se a recomendação da OAB for maior, não se pode fixar menos do que ela estabelece. Se os 10% sobre o valor da causa superar a recomendação da OAB, o juiz não pode, na apreciação equitativa, fixar menos que isso.

**179. Fixação proporcional no caso de exclusão de litisconsorte passivo.** *"Conforme precedentes desta Casa, na hipótese de exclusão de apenas um dos litisconsortes da lide, o juiz não está obrigado a fixar, em seu benefício, honorários advocatícios sucumbenciais mínimos de 10% sobre o valor da causa – devendo a verba ser arbitrada de forma proporcional"* (STJ, 4ª Turma, AgInt nos EDcl no REsp 2.065.876/SP, rel. Min. Marco Buzzi, *DJe* 26.9.2024).

**180. Honorários fixados por equidade na homologação de sentença estrangeira.** *"Em pedido de homologação de decisão estrangeira, contestado pela própria parte requerida, a verba honorária sucumbencial deve ser estabelecida por apreciação equitativa, nos termos do § 8º do art. 85 do CPC de 2015, com observância dos critérios dos incisos do § 2º do mesmo art. 85. Dentre os critérios legais indicados, a serem atendidos pelo julgador, apenas o constante do inciso III refere imediatamente à causa em que proferida a decisão, sendo, assim, fator endoprocessual, dotado de aspecto objetivo prevalente, enquanto os demais critérios são de avaliação preponderantemente subjetiva (incisos I e IV) ou até exógena ao processo (inciso II). 7. Desse modo, ao arbitrar, por apreciação equitativa, os honorários advocatícios sucumbenciais, não pode o julgador deixar de atentar para a natureza e a importância da causa, levando em consideração a natureza, existencial ou patrimonial, da relação jurídica subjacente nela discutida, objeto do acertamento buscado na decisão estrangeira a ser homologada. Com isso, obterá também parâmetro acerca da importância da causa. 8. Por relação jurídica de natureza existencial, deve-se entender aquelas nas quais os aspectos de ordem moral, em regra, superam os de cunho material. Por isso, a importância da causa para as partes não estará propriamente em expressões econômicas nela acaso envolvidas, mas sobretudo nos valores existenciais emergentes. Já a relação jurídica de natureza patrimonial refere, comumente, a objetivos econômicos e financeiros relacionados com o propósito das partes de auferir lucro, característico dos empresários e das empresas atuantes nas atividades econômicas de produção ou circulação de bens e serviços. Para estes sujeitos, a importância de uma ação judicial é, em regra, proporcional aos valores envolvidos na disputa, ficando os aspectos morais num plano secundário, inferior ou até irrelevante. 9. Assim, o estabelecimento, por equidade, de honorários advocatícios sucumbenciais nas homologações de decisão estrangeira contestada, conforme a natureza predominante da relação jurídica considerada, observará: a) nas causas de cunho existencial, poderão ser fixados sem maiores incursões nos eventuais valores apenas reflexamente debatidos, por não estar a causa diretamente relacionada a valores monetários, mas sobretudo morais; b) nas causas de índole patrimonial, serão fixados levando em conta, entre outros critérios, os valores envolvidos no litígio, por serem estes indicativos objetivos e inegáveis da importância da causa para os litigantes. 10. Não se confunda, porém, a utilização do valor da causa como mero critério para arbitramento, minimamente objetivo, de honorários sucumbenciais por equidade, conforme o discutido § 8º do art. 85, com a adoção do valor da causa como base de cálculo para apuração, aí sim inteiramente objetiva, dos honorários de sucumbência, de acordo com a previsão do § 2º do mesmo art. 85 do CPC. São coisas bem diferentes. 11. Na espécie, tem-se relação jurídica de natureza patrimonial, de maneira que a fixação da verba honorária, por equidade, nesta demanda, deve levar em consideração o vultoso valor econômico atribuído à causa, decorrente da natureza desta e indicativo da importância da demanda para ambos os litigantes"* (STJ, Corte Especial, HDE 1.809/EX, rel. Min. Raul Araújo, *DJe* 14.06.2021).

**181. Condenação em obrigação de fazer e de pagar indenização por danos morais.** *"Em casos semelhantes, mas na fase de conhecimento, a jurisprudência desta Corte definiu que, nas 'sentenças que reconheçam o direito à cobertura de tratamento médico e ao recebimento de indenização por danos morais, os honorários advocatícios sucumbenciais incidem sobre as condenações ao pagamento de quantia certa e à obrigação de fazer'* (EAREsp n. 198.124/RS, relator Ministro

*Ricardo Villas Bôas Cueva, Segunda Seção, julgado em 27/4/2022, DJe de 11/5/2022)*" (STJ, 4ª Turma, AgInt no AREsp 1.759.571/MS, rel. Min. Antonio Carlos Ferreira, *DJe* 23.5.2024).

**182. Honorários no cumprimento definitivo da sentença que impõe obrigação de pagar quantia certa.** Condenado ao pagamento de quantia certa ou já fixada em liquidação, cabe ao devedor efetuar o pagamento no prazo de quinze dias, depois de intimado a partir de requerimento formulado pelo credor. Não efetuado o pagamento nesse prazo, o valor da condenação será acrescido de multa de dez por cento e, igualmente, de honorários de advogado de dez por cento (art. 523, § 1º). Os honorários de advogado, no cumprimento de sentença, são fixados pela lei; o percentual é fixo, de dez por cento. Sua incidência é automática, decorrente do escoamento do prazo para pagamento: não realizado o pagamento, há causalidade, a justificar a incidência de dez por cento, a título de honorários de advogado. A previsão de percentual fixo afasta a possibilidade de qualquer fixação judicial; é ilegal o juiz fixar percentual inferior ou superior. A base de cálculo sobre a qual incidem os honorários é o valor da dívida, sem a multa de dez por cento, constante do demonstrativo discriminado e atualizado do crédito, que instrui o requerimento do exequente (art. 524, I a VI). Se houver pagamento parcial, a multa e os honorários incidem, nesse mesmo percentual fixo de dez por cento, sobre o restante (art. 523, § 2º).

**183. Honorários no cumprimento provisório da sentença que impõe obrigação de pagar quantia certa.** Há honorários no cumprimento provisório de sentença. Ao receber o requerimento de cumprimento provisório da sentença, o juiz deve determinar que o executado seja intimado para depositar o valor no prazo de quinze dias, sob pena de multa de dez por cento e dos honorários de dez por cento. As regras sobre honorários, previstas para o cumprimento definitivo da sentença, aplicam-se igualmente ao cumprimento provisório.

**184. Honorários no acolhimento e na rejeição da impugnação.** Os honorários, no cumprimento de sentença, são fixos, em valor equivalente a 10% da dívida. Passado o prazo para o pagamento, incidem os honorários, tendo, desde logo, início o prazo para impugnação do executado. Apresentada a impugnação e vindo ela a ser acolhida para extinguir a execução, haverá inversão da sucumbência, devendo ser fixados honorários em favor do executado. O juiz, ao despachar a petição inicial da execução fundada em título executivo extrajudicial, *"fixará, de plano, os honorários advocatícios de dez por cento, a serem pagos pelo executado"* (art. 827), sendo certo que *"o valor dos honorários poderá ser elevado até vinte por cento, quando rejeitados os embargos à execução"* (art. 827, § 2º). Essa elevação do valor deve ocorrer não somente quando os embargos forem rejeitados, mas também quando inadmitidos. O art. 523, § 1º, que se refere ao cumprimento de sentença, contém disposição semelhante à do art. 827, dispondo que os honorários incidem, à razão de dez por cento, se não houver o pagamento no prazo de 15 dias. Não há, entretanto, dispositivo expresso que contenha, relativamente ao cumprimento de sentença, a mesma dicção do § 2º do art. 827, qual seja, a de permitir ao juiz elevar o valor dos honorários de advogado, em virtude da rejeição da impugnação. É razoável admitir que o art. 827, § 2º deve ser igualmente aplicado aos casos de rejeição da impugnação ao cumprimento de sentença, por força do disposto no art. 513, *caput*, segundo o qual as normas relativas ao processo de execução fundado em título extrajudicial aplicam-se, no que couber, ao cumprimento de sentença. Não há razão para distinguir uma hipótese da outra. A finalidade da majoração dos honorários é remunerar o trabalho adicional do advogado do exequente, além de decorrer da causalidade, consistente na resistência infundada do executado. Não há razão para se aplicar a norma à rejeição dos embargos à execução, e não a aplicar à rejeição da impugnação ao cumprimento de sentença. Aliás, o § 13 do art. 85, ao mencionar a fase de cumprimento de sentença, reforça a interpretação segundo a qual a rejeição da impugnação implica elevação da verba honorária, que passa, para todos os efeitos, a integrar o valor executado. Assim, acolhida a impugnação, há inversão dos honorários. Rejeitada que seja, deve haver majoração dos honorários devidos ao advogado do exequente, incialmente fixados em dez por cento, até o limite de vinte por cento do valor da execução, sem incidência sobre a multa do art. 523, § 1º. Por esses motivos, a Súmula STJ, 519 (*"Na hipótese de rejeição da impugnação ao cumprimento de sentença, não são cabíveis honorários advocatícios."*), editada antes do início de vigência do atual CPC precisa ser revista, para que se admitam honorários advocatícios também no caso de rejeição da impugnação ao cumprimento de sentença.

**185. Honorários no acolhimento parcial da impugnação para reduzir o valor executado.** *"Conquanto haja divergência acerca da natureza* *jurídica da impugnação ao cumprimento de sentença, o art. 85, § 1º, do CPC/2015, ao prever que são cabíveis honorários na fase de cumprimento, engloba também a impugnação ofertada nessa fase procedimental, especialmente na hipótese em que acolhida a impugnação para reduzir o valor executado. 7. Não há óbice à resolução parcial da impugnação ao cumprimento de sentença e, na parte decidida, que sejam fixados honorários advocatícios em decorrência do acolhimento da impugnação naquele particular"* (STJ, 3ª Turma, REsp 1.819.613/RJ, rel. Min. Nancy Andrighi, *DJe* 18.9.2020).

**186. Acolhimento parcial da impugnação. Honorários por equidade.** *"O Superior Tribunal de Justiça possui entendimento no sentido de ser possível a fixação dos honorários advocatícios com base na equidade nos casos em que há o acolhimento parcial de impugnação ao cumprimento de sentença ou exceção de pré-executividade, entretanto, sem extinguir a execução"* (STJ, 3ª Turma, AgInt no REsp 1.861.435/RS, rel. Min. Ricardo Villas Bôas Cueva, *DJe* 28.9.2020).

**187. Rejeição da impugnação e ausência de honorários de sucumbência.** *"Nos termos do entendimento sedimentado em sede de recurso repetitivo (REsp 1.134.186/RS, representativo de controvérsia na forma do art. 543-C, do CPC/1973 – tema 408) a rejeição da impugnação ao cumprimento de sentença não enseja a condenação em honorários advocatícios (Súmula 519 do STJ). 1.1 Em que pese tal pronunciamento tenha sido estabelecido sob a égide do diploma processual civil revogado, a deliberação se mantém, também, para contendas estabelecidas no âmbito do NCPC, porquanto a impugnação ao cumprimento de sentença (seja ela definitiva ou provisória) não enseja o início de novo procedimento, visto que atrelada à própria abertura do cumprimento de sentença em si, o qual já admite, por força do art. 85, § 1º, do NCPC a fixação de honorários advocatícios"* (STJ, 4ª Turma, AgInt no AREsp 1.747.288/MT, rel. Min. Marco Buzzi, *DJe* 28.5.2021).

**188. Honorários no cumprimento da sentença que impõe obrigação de fazer, não fazer ou entregar coisa.** No cumprimento de sentença que reconheça a exigibilidade de obrigação de fazer, não fazer ou entregar coisa, também há fixação de honorários para o advogado do exequente. Embora as regras sobre honorários relacionem-se com o cumprimento de sentença que reconheça a exigibilidade de obrigação de pagar quantia certa, não há razão para afastar sua incidência no cumprimento de sentenças que reconheçam a exigibilidade de outros tipos de obrigações. Assim, a regra relativa aos honorá-

rios de advogado no cumprimento de sentença aplica-se, igualmente, ao cumprimento da sentença que imponha obrigação de fazer, não fazer ou entregar coisa.

**189. Honorários na execução fundada em título extrajudicial.** Na execução fundada em título extrajudicial, o juiz, ao despachar a petição inicial, já fixa os honorários do advogado do exequente em 10%, a serem pagos pelo executado (art. 827). No caso de integral pagamento da dívida executada no prazo de três dias, o valor dos honorários advocatícios será reduzido pela metade (art. 827, § 1º). Sobrevindo embargos, a sentença que os rejeitar ou os inadmitir poderá elevar o valor até 20% (art. 827, § 2º). Nesse caso, haverá a *soma* das duas verbas de sucumbência, cujo resultado não poderá ser superior aos vinte por cento limitados no § 2º do art. 85. Não havendo embargos, aquela fixação inicial de 10% pode ser mantida ou, até mesmo, majorada, caso o processamento da execução tenha acarretado trabalho adicional que justifique a elevação do valor, considerados os critérios estabelecidos no § 2º do art. 85 (art. 827, § 2º). Essa majoração, no caso de não haver embargos, é feita pelo juiz mediante decisão interlocutória. O valor dessa elevação dos honorários passa a integrar o valor da execução. Dessa decisão interlocutória cabe agravo de instrumento (art. 1.015, parágrafo único). Se, porém, houver embargos e estes vierem a ser acolhidos para extinguir a execução, haverá inversão da sucumbência, devendo o exequente ser condenado a pagar os honorários do advogado do executado. A fixação dos honorários iniciais, em 10%, é desfeita, havendo uma inversão: agora é o exequente quem deve pagar honorários ao advogado do executado.

**190. Dispensa de honorários quando não impugnado o cumprimento de sentença contra a Fazenda Pública.** São devidos honorários no cumprimento da sentença, provisório ou definitivo, e na execução, embargada ou não. Se o executado for a Fazenda Pública, há uma ressalva a ser destacada. Quando o cumprimento da sentença resulta na expedição de precatório, somente serão devidos honorários se a Fazenda Pública apresentar impugnação. Somente há condenação da Fazenda Pública ao pagamento de honorários na impugnação, não havendo fixação de honorários no cumprimento da sentença. Então, não havendo impugnação, não haverá honorários a serem despendidos pela Fazenda Pública, salvo aqueles já constantes do título executivo. Nem poderia ser diferente, visto que o pagamento de uma condenação judicial há de ser feito mediante precatório. Logo, a execução intentada contra a Fazenda Pública não decorre da resistência desta em não pagar o valor constante da sentença, mas sim da necessidade de se obedecer à ordem cronológica de inscrição dos precatórios. Como o regime de precatórios é o meio normal de satisfação da pretensão, não há insatisfação nem causalidade, afastando-se, bem por isso, a exigência de fixação de honorários no cumprimento de sentença não impugnado. Se a execução não se submete à sistemática do precatório, é possível haver pagamento voluntário pela Fazenda Pública, já que não há exigência constitucional de observância da ordem cronológica para os créditos de pequeno valor. Não havendo pagamento voluntário, a Fazenda Pública pode ser acionada por um cumprimento de sentença. A dispensa do precatório não desobriga a fase de cumprimento de sentença. Havendo cumprimento de sentença de obrigação de pequeno valor, em vez de se expedir o precatório, expede-se, ao final, a ordem de pagamento. Nesse caso, ajuizado o cumprimento de sentença, venha ou não a ser impugnado, haverá fixação de honorários a serem pagos pela Fazenda Pública. Ainda que não tenha sido pleiteada a verba honorária, esta é cabível no cumprimento de sentença de pequeno valor proposto contra a Fazenda Pública.

**191. Renúncia do valor excedente. Conversão em RPV. Honorários.** Caso o cumprimento da sentença se submeta a precatório, é possível ao autor renunciar ao valor excedente, a fim de receber por meio de Requisição de Pequeno Valor – RPV –, evitando o precatório. Nessa situação, haverá honorários na execução, ainda que não haja impugnação. Para que ocorra, é preciso que a renúncia seja feita antes da propositura do cumprimento de sentença, ou seja, o exequente já propõe o cumprimento de sentença com valor pequeno, requerendo a expedição da RPV. Se, porém, for proposto cumprimento de sentença de valor alto, com requerimento de expedição de precatório, mas, no curso do processo, o exequente renuncia ao excedente para receber seu crédito por RPV, não serão devidos honorários de sucumbência. A renúncia ao valor excedente, manifestada após a propositura do cumprimento de sentença, não autoriza o arbitramento dos honorários, pois a Fazenda Pública não provocou a instauração do cumprimento da sentença, não havendo causalidade que justifique os honorários de advogado.

**192. Honorários na execução fundada em título extrajudicial contra a Fazenda Pública.** É possível a execução fundada em título extrajudicial em face da Fazenda Pública (art. 910).

Nesse caso, a depender do montante executado, será expedido precatório ou requisição de pequeno valor. Ainda que seja caso de precatório, haverá honorários na execução fundada em título extrajudicial que não seja embargada. Em outras palavras, o § 7º do art. 85 *não* se aplica às execuções fundadas em título executivo extrajudicial, somente guardando pertinência com os cumprimentos de sentença que não sejam impugnados. Aliás, é do próprio texto do § 7º que se extrai essa conclusão: ali há expressa menção a cumprimento de sentença e a ausência de impugnação, estando de fora da previsão a execução fundada em título extrajudicial e os embargos à execução. Quando se propõe uma demanda de conhecimento contra o Poder Público e este é condenado ao pagamento de uma quantia, não há previsão orçamentária nem rubrica específica para a satisfação da obrigação reconhecida na sentença. Se a obrigação não for de pequeno valor, é necessária a expedição de precatório para que se proceda à previsão orçamentária e seja, então, realizado o pagamento nos termos do art. 100 da CF. Não há causalidade, ou seja, o Poder Público não dá causa à execução, exatamente porque não pode pagar espontaneamente o valor a que foi condenado, somente devendo fazê-lo mediante precatório, obedecida a ordem cronológica de inscrição, a não ser que se trate de pequena quantia a ser adimplida por requisição de pequeno valor. Diversamente, quando há um título executivo extrajudicial que imponha ao Poder Público o pagamento de quantia certa, já há previsão orçamentária e rubrica específica para pagamento. Ao firmar o contrato ou subscrever o documento que se encaixa na previsão contida no art. 784, a Fazenda Pública já assumiu a dívida. Se não paga no prazo ajustado, está a dar causa ao ajuizamento da execução. Em razão da causalidade, haverá honorários na execução fundada em título extrajudicial, ainda que não embargada e mesmo que seja necessária a expedição do precatório. Não se aplicam, portanto, o § 7º do art. 85 nem o art. 1º-D da Lei 9.494/1997 nas execuções fundadas em título extrajudicial que não sejam embargadas.

**193. Honorários em execução fiscal.** Nos cumprimentos de sentença que tenham a Fazenda Pública como *executada* e que acarretem a expedição de precatório, não haverá condenação em honorários sucumbenciais, caso não haja apresentação de impugnação. O § 7º do art. 85 *não* se aplica às execuções fiscais, pois não se trata de cumprimento de sentença ajuizado em face da Fazenda Pública.

**LIVRO III · DOS SUJEITOS DO PROCESSO**

**Art. 85**

**194. Honorários na execução fiscal de Dívida Ativa da União.** Sobre os honorários na execução fiscal de Dívida Ativa da União, o panorama legislativo é o seguinte: a) até 1969, admitia-se participação de servidores no produto da execução da Dívida Ativa da União; b) em 1969, o Decreto-lei 1.025 excluiu essa participação e passou a exigir do executado o pagamento de uma "taxa" de 20%, a ser revertida para o Tesouro da União; c) sobreveio o CPC/1973, ampliando, em relação ao CPC/1939, as hipóteses de condenação em honorários de sucumbência; d) em 1978, o Decreto-lei 1.645 veio dizer que o "encargo" de 20% substitui a condenação do devedor em honorários de advogado, mantendo a destinação do valor ao Tesouro; e) em 2002, a Lei 10.522 trouxe disposição semelhante à do Decreto-lei 1.645/1978, estabelecendo que o "encargo" de 20% substitui os honorários de advogado nas execuções da Dívida Ativa das autarquias e fundações públicas federais. Então, na execução fiscal proposta pela União e, igualmente, naquelas indicadas pelas autarquias e fundações federais, o valor dos honorários de advogado, embora chamados de outro nome ("taxa", "encargo"), passou a ser, por força desses diplomas normativos, de 20%. Tais diplomas normativos estabeleciam que os honorários eram destinados aos cofres públicos da União, por ser uma receita sua. Essa previsão foi revogada. Os honorários de sucumbência constituem direito autônomo dos advogados (art. 85, § 19). A Lei 13.327/2016 regulamentou o direito dos advogados públicos federais aos honorários de sucumbência. Seu art. 30 estabelece que os honorários de sucumbência devidos aos advogados públicos federais incluem o total do produto dos honorários de sucumbência recebidos nas ações judiciais em que forem parte a União, as autarquias e as fundações públicas federais, até 75% do produto do "encargo legal" acrescido aos débitos inscritos na dívida ativa da União, previsto no art. 1º do Decreto-lei 1.025/1969 e o total do produto do "encargo legal" acrescido aos créditos das autarquias e das fundações públicas federais inscritos na dívida ativa da União, nos termos do § 1º do art. 37-A da Lei 10.522/2002.

**195. Inconstitucionalização dos honorários de 20% nas execuções fiscais da União.** Os honorários, na execução fiscal proposta pela União, são de 20% sobre o valor em execução. Isso afronta a razoabilidade, especialmente o dever de congruência, que exige a harmonização das normas com suas condições externas de aplicação (isto é, com a realidade com base em que foram editadas). Se já era difícil admitir a recepção da "taxa" de que trata o Decreto-lei 1.025/1969 à luz do art. 145 da CF, é ainda mais difícil admitir que, sendo apenas um nome diferente que se dá aos honorários sucumbenciais devidos aos advogados públicos federais na execução da Dívida Ativa da União, possa ela justificar a aplicação de percentual fixo, de 20%, em lugar dos percentuais estabelecidos no § 3º do art. 85. Essa "taxa" (*rectius*: honorários sucumbenciais) foi criada num outro momento histórico, quando não havia sequer, como regra, a condenação do vencido ao pagamento de honorários sucumbenciais (CPC/1939). Em 1978, passou a, expressamente, substituir os honorários, num momento histórico em que eles deveriam ser fixados segundo juízo de equidade do magistrado (CPC/1973, art. 20, § 4º). O art. 85, § 3º, estabelece objetivamente o modo como se deve fixar a verba honorária nas causas que envolvem a Fazenda Pública. Um encargo que, sob o nome de "taxa", seja fixado em 20% e tenha grande parte do seu produto destinado aos advogados públicos federais, sob o nome de honorários sucumbenciais, é, sem dúvida, uma forma de *burlar* o atual contexto, marcado pelo mencionado art. 85, § 3º. A regra não é razoável, tampouco é isonômica, porque a mesma regra não se aplica àquele que litiga contra o ente público, de modo que, para um mesmo fato jurídico (sucumbência), há, sem motivo justificador aparente, duas saídas legislativas possíveis: o advogado particular cujo cliente vence demanda contra a União recebe honorários segundo as regras do art. 85, § 3º, mas o seu cliente, se derrotado, pagará, sempre, 20% a título de "taxa", nos termos do Decreto-lei 1.025/1969. No momento em que se criou a "taxa" ou o "encargo" de 20% nas execuções fiscais federais, não havia um regime jurídico de honorários de sucumbência. Com o CPC/1973, passou a haver um regime jurídico de honorários, mas não existia uma disciplina própria e específica para os honorários envolvendo o Poder Público. O advento do atual CPC fez surgir um regime próprio para as demandas que têm a Fazenda Pública como parte. A execução fiscal, porém, ficou de fora desse regime, ofendendo a isonomia. A disciplina contida nos diversos diplomas legais para os honorários de sucumbência nas execuções fiscais federais tornou-se inconstitucional; houve uma *inconstitucionalização* da regra, por ferir a igualdade, justamente por não ser possível que, na execução, processo mais simples, o percentual de honorários seja bem maior, e sem qualquer gradação, que aqueles fixados em vários outros casos, mais complexos. Não reconhecida essa *inconstitucionalização*, e a se admitir que o valor dos honorários de advogado nas execuções fiscais ainda se mantivesse em 20%, seria imperioso, por aplicação do princípio da isonomia, considerar que a Fazenda Pública Federal, quando extinta a execução por acolhimento de embargos ou de simples petição, também estaria sujeita ao pagamento de honorários de advogado, à razão de 20% do valor executado.

**196. Honorários nas execuções fiscais propostas pelos Estados, Distrito Federal, Municípios e autarquias e fundações estaduais, distritais e municipais.** Os honorários, quando a Fazenda Pública for parte no processo, serão fixados consoante os percentuais indicados na lista contida *nos diversos incisos do § 3º do art. 85. Tais percentuais aplicam-se em todos os casos em que a Fazenda Pública seja parte, autora, ré ou interveniente, seja ela vitoriosa ou vencida. Eles também se aplicam às execuções fiscais propostas por Estados, Distrito Federal, Municípios e autarquias e fundações estaduais, distritais e municipais.*

**197. Honorários nos cumprimentos de sentença de obrigações de fazer, não fazer e entregar coisa contra a Fazenda. Pública.** O § 7º só se aplicam aos cumprimentos de sentença por quantia certa propostos em face da Fazenda Pública. Tratando-se de cumprimento de sentença de obrigação de fazer, não fazer e entregar coisa, não há submissão ao regime de precatórios, de maneira que, nesses tipos de cumprimento de sentença, haverá fixação de honorários.

**198. Honorários e execução de sentença coletiva contra a Fazenda Pública.** No caso das execuções de sentenças coletivas, deve haver honorários na *liquidação*, que é outra demanda cognitiva. Após a liquidação, sobrevém o cumprimento de sentença, no qual *não* há honorários, aplicando-se o disposto no § 7º do art. 85, salvo se se tratar de execução sem precatório. Se houver necessidade de precatório, *não* há honorários, exatamente por *não* haver causalidade, a não ser que seja ajuizada impugnação que venha a ser rejeitada.

**199. Cabimento de recurso especial para rever critério de fixação dos honorários de sucumbência: matéria de direito.** *"A questão concernente à definição do critério legal para fixação dos honorários advocatícios de sucumbência – possibilidade, ou não, de arbitramento à luz do art. 85, § 8º, do CPC/2015 – é exclusivamente de direito, cujo deslinde prescinde do reexame de matéria fática"* (STJ, 1ª Turma, AgInt no AgInt no REsp 1.772.952/SP, rel. Min. Sérgio Kukina, *DJe* 22.8.2019).

**200. Revisão do valor dos honorários advocatícios em recurso especial.** *"A revisão dos honorários sucumbenciais implica o revolvimento de matéria fático-probatória, salvo quando os honorários se revelem irrisórios ou exorbitantes, por se distanciarem dos critérios legais e dos padrões da razoabilidade"* (STJ, 3ª Turma, AgInt no REsp 1.894.530/MT, rel. Min. Moura Ribeiro, *DJe* 8.2.2021).

**201. Sucumbência recursal.** Se o sujeito der causa a uma demanda originária, deverá arcar com os honorários de sucumbência. Se, de igual modo, der causa a uma demanda recursal, deverá arcar com a majoração dos honorários. O valor dos honorários recursais soma-se aos honorários anteriormente fixados. Assim, vencida numa demanda, a parte deve sujeitar-se ao pagamento de honorários sucumbenciais para o advogado da parte contrária. Nessa hipótese, caso recorra e seu recurso não seja, ao final, acolhido, deverá, então, haver uma majoração específica no valor dos honorários de sucumbência. A inadmissibilidade ou a rejeição do recurso implica, objetivamente, uma consequência específica, correspondente ao aumento do percentual dos honorários de sucumbência.

**202. Honorários recursais e decisões isoladas ou colegiadas.** A sucumbência recursal, com majoração dos honorários já fixados, ocorre tanto no julgamento por decisão isolada do relator como por decisão proferida pelo colegiado.

**203. Honorários recursais e valor total dos honorários.** O valor total dos honorários, aí incluída a parcela acrescida com o julgamento do recurso, não deve superar o equivalente a 20% do valor da condenação, do proveito econômico obtido ou, não sendo possível mensurá-lo, do valor atualizado da causa. Tal limite aplica-se a cada fase do processo: os honorários devem ser fixados até 20% na fase de conhecimento e até 20% na fase de cumprimento da sentença. Se, por exemplo, o juiz fixou os honorários em 10% e a parte vencida recorre, tendo seu recurso sido rejeitado, a verba honorária pode ser majorada para 20%. Nesse caso, qualquer outro recurso não pode mais implicar majoração do valor, pois já se alcançou o limite máximo de 20%. Mas é possível que o juiz fixe os honorários em 10% e, em razão do desprovimento do recurso da parte vencida, o tribunal majore os honorários para 15%. Se houver outro recurso (um recurso especial ou extraordinário, por exemplo) que venha também a ser rejeitado, os honorários podem, ainda, ser majorados até 20%. Caso, entretanto, o juiz, ao julgar a causa, já fixe os honorários de sucumbência em 20%,

**LIVRO III · DOS SUJEITOS DO PROCESSO** **Art. 85**

já se terá, desde logo, alcançado o limite máximo, não sendo mais possível haver qualquer majoração: os recursos sucessivos que venham a ser interpostos não podem mais, nesse último exemplo, implicar aumento ou majoração no valor dos honorários de sucumbência, pois já fixado no limite máximo.

**204. Honorários recursais em caso de sucumbência recíproca.** *"A sucumbência recíproca, por si só, não afasta a condenação em honorários advocatícios de sucumbência, tampouco impede a sua majoração em sede recursal com base no art. 85, § 11, do Código de Processo Civil de 2015"* (STJ, 4ª Turma, AgInt no AREsp 1.495.369/MS, rel. Min. Luis Felipe Salomão, *DJe* 16.10.2020).

**205. Honorários recursais e Fazenda Pública.** No caso de demanda que envolva o Poder Público, devem ser observados os limites das faixas previstas no § 3º na fase de conhecimento e, igualmente, na fase de cumprimento da sentença.

**206. Honorários recursais e desnecessidade de pedido.** A majoração dos honorários em virtude do julgamento de um recurso não depende de pedido. Não tendo os honorários alcançado o limite máximo, o tribunal, ao inadmitir ou desprover o recurso, deve aumentar o seu valor.

**207. Honorários recursais e ausência de contrarrazões.** Mesmo que não sejam apresentadas contrarrazões, haverá sucumbência recursal se o recurso for inadmitido ou rejeitado, desde que o recorrido tenha advogado constituído e tenha sido intimado para apresentá-las. Assim como há honorários de sucumbência em casos de revelia com advogado constituído, também há honorários recursais em casos de recurso não respondido. Se, porém, o recurso for rejeitado liminarmente pelo relator, sem que tenha havido intimação do advogado para apresentar contrarrazões, não há honorários recursais. A situação é a mesma da improcedência liminar do pedido na primeira instância: quando o juiz profere sentença de improcedência liminar, não há condenação em honorários, pois não houve advogado constituído pelo réu, o qual, aliás, nem foi citado. Os honorários de sucumbência consistem em direito do advogado: se este atua no processo, ainda que não tenha praticado algum ato importante ou decisivo, terá direito aos honorários, desde que haja causalidade da parte contrária. A inércia ou falta da prática de algum ato contribui para a definição do percentual aplicável ou fixação do valor, mas não afasta a condenação em honorários, pois estes decorrem da causalidade.

**208. Honorários recursais em caso de desistência do recurso.** A desistência do recurso implica majoração de honorários de sucumbência ao recorrente desistente (arts. 85, § 11, e 90). Terá havido causalidade: o recurso foi interposto, dando causa a uma nova etapa procedimental, com nova atividade jurisdicional. É preciso, porém, que tenha havido condenação em honorários na decisão recorrida. A desistência implica extinção do procedimento recursal, com aumento dos honorários já impostos pelo juízo que proferiu a decisão recorrida. Nesse ponto, há uma semelhança entre a desistência do processo e a desistência do recurso: quem desiste arca com os custos da desistência, aí incluídos os honorários de sucumbência.

**209. Honorários recursais e necessidade de condenação prévia na decisão recorrida.** Só há honorários recursais se houver condenação de honorários na decisão recorrida. Assim, não cabe, por exemplo, sucumbência recursal em agravo de instrumento interposto contra decisão que versa sobre tutela provisória, mas cabe em agravo de instrumento interposto contra decisão que versa sobre o mérito da causa. A sucumbência recursal consiste em majoração de honorários já fixados. Não se pode majorar o que não existe. Não fixados honorários pela instância de origem, não há honorários recursais.

**210. Ausência de honorários recursais.** *"Não devem ser majorados os honorários recursais na instância excepcional quando não foram fixados na origem"* (STJ, 4ª Turma, AgInt no AREsp 1.317.371/PR, rel. Min. Antonio Carlos Ferreira, *DJe* 1º.4.2020).

**211. Honorários recursais em mandado de segurança.** No processo de mandado de segurança, não cabe condenação em honorários de sucumbência (Lei 12.016/2009, art. 25). Se não há condenação em honorários, não pode haver sua majoração em sede recursal. Daí a ausência de honorários recursais no mandado de segurança.

**212. Honorários na reclamação.** *"Quando angularizada a relação processual instaurada pelo ajuizamento da reclamação, é cabível a fixação de honorários de sucumbência, na linha do entendimento do Supremo Tribunal Federal (Rcl 24.417 AgR/SP e Rcl 24.464 AgR/RS) e da jurisprudência deste Tribunal Superior"* (STJ, 2ª Seção, EDcl na DESIS no AgInt na Rcl 37.445/DF, rel. Min. Luis Felipe Salomão, *DJe* 18.2.2020).

**213. Honorários recursais e novo grau de jurisdição.** *"A majoração de honorários advocatícios prevista no artigo 85, § 11, do Código de Processo Civil de 2015 tem aplicação quando* *houver a instauração de novo grau de recurso, e não a cada recurso interposto no mesmo grau de jurisdição"* (STJ, 4ª Turma, EDcl no AgInt no AREsp 722.872/CE, rel. Min. Maria Isabel Gallotti, *DJe* 2.4.2020).

**214. Honorários recursais em embargos de declaração.** No julgamento de embargos de declaração, não há majoração de honorários anteriormente fixados. Os honorários recursais pressupõem que o recurso seja dirigido a um órgão de instância hierarquicamente superior. Julgado o recurso pelo mesmo órgão julgador, não há honorários recursais. Opostos embargos de declaração contra decisão interlocutória ou contra sentença, não há sucumbência recursal, não havendo, de igual modo e em virtude da simetria, sucumbência recursal em embargos de declaração opostos contra decisão isolada do relator ou contra acórdão.

**215. Ausência de honorários recursais nos embargos de declaração.** O julgamento de embargos de declaração não acarreta condenação em honorários recursais (art. 85, § 11).

**216. Honorários recursais em agravo interno.** Não há, no julgamento do agravo interno, majoração de honorários anteriormente fixados. Quando o relator inadmite ou nega provimento ao recurso por decisão isolada, ele já aplica o § 11 do art. 85 e majora os honorários de sucumbência fixados pelo juiz contra a parte. Rejeitado o agravo interno, o colegiado apenas confirma a decisão do relator, não incidindo novamente o § 11. O relator, ao decidir, antecipa provável entendimento do colegiado. Este, ao ser provocado pelo agravo interno, confirma ou não a decisão do relator. Ao confirmar, mantém o que o relator decidiu, inclusive na parte relativa aos honorários sucumbenciais recursais. Não há outra majoração, pois foi determinada pelo relator em sua decisão isolada. Se, porém, o relator, ao inadmitir ou rejeitar o recurso, não aumenta os honorários, tal majoração deve ser feita no julgamento do agravo interno. Ou a majoração se faz na decisão do relator, ou na decisão colegiada que a confirma. O que não deve é haver dupla majoração num mesmo recurso.

**217. Ausência de honorários recursais no agravo interno.** *"A Corte Especial deste Superior Tribunal assentou entendimento segundo o qual não cabe a fixação de honorários recursais em razão do desprovimento de Agravo Interno, uma vez que referida insurgência não inaugura novo grau recursal"* (STJ, 1ª Turma, EDcl no AgInt no AREsp 1.411.220/RJ, rel. Min. Sérgio Kukina, *DJe* 02.09.2019). *"Não cabe a condenação ao pagamento de honorários advocatícios recursais no âmbito do agravo interno, conforme os critérios definidos pela Terceira Turma deste Tribunal Superior, no precedente mencionado em tópico anterior"* (STJ, 3ª Turma, AgInt no AREsp 1.570.399/SP, rel. Min. Marco Aurélio Bellizze, *DJe* 13.3.2020).

**218. Preclusão, por falta de alegação da omissão na primeira oportunidade.** *"A jurisprudência deste Tribunal Superior firmou-se no sentido de que a parte deve alegar na primeira oportunidade eventual omissão sobre a fixação de honorários recursais, não sendo cabível o pedido em embargos de declaração no agravo interno do agravo em recurso especial"* (STJ, 3ª Turma, EDcl no AgInt no AREsp 1.347.639/SP, rel. Min. Marco Aurélio Bellizze, *DJe* 12.2.2021).

**219. Honorários recursais nos embargos de divergência.** O julgamento de embargos de divergência pode acarretar majoração de honorários de sucumbência.

**220. Honorários recursais nos embargos de divergência.** *"Esta Corte, recentemente, passou a considerar devida a fixação de honorários advocatícios recursais no caso de interposição de embargos de divergência, por inaugurar nova via recursal, de competência de órgão julgador diverso. Precedentes: AgInt nos EDv nos EAREsp 425.767/RJ, Rel. Min. Felix Fisher, Corte Especial, DJe 02.08.2019; AgInt nos EDv nos EAREsp 873.208/SP, Rel. Min. Raul Araújo, Corte Especial, DJe 14.06.2019; AgInt nos EAREsp 724.082/RS, Rel. Min. Francisco Falcão, Corte Especial, DJe 23.05.2019"* (STJ, 1ª Seção, EDcl nos EAREsp 1.069.681/RS, rel. Min. Benedito Gonçalves, *DJe* 2.4.2020).

**221. Honorários recursais em remessa necessária.** No julgamento da remessa necessária, pode haver sucumbência recursal (partindo-se da premissa aqui adotada, segundo a qual a remessa necessária é recurso), mas não deve haver majoração dos honorários de sucumbência, por não haver causalidade apta a acarretá-la. Logo, não se aplica o § 11 no julgamento da remessa necessária. A majoração dos honorários só se dá no âmbito dos recursos voluntários, não se aplicando nos recursos de ofício, por não haver causalidade nesses últimos.

**222. Honorários recursais e multa por litigância de má-fé.** O tribunal, ao rejeitar o recurso, pode majorar o valor dos honorários de sucumbência. Tal majoração não impede que sejam impostas multas por litigância de má-fé, nem outras sanções processuais. Isso porque a majoração dos honorários não constitui uma punição, não sendo exigida a comprovação de culpa ou dolo; decorre simplesmente da rejeição do recurso em casos em que a fixação dos honorários de sucumbência tenha sido inferior a 20% sobre o valor da condenação ou do direito discutido. Aplicam-se, na verdade, as mesmas regras tradicionais dos honorários de sucumbência, sendo uma condenação objetiva: é irrelevante se o recurso é ou não protelatório, se parte teve alguma intenção ou não de prejudicar etc.

**223. Honorários recursais e provimento do recurso.** A sucumbência recursal, com a majoração dos honorários já fixados, somente ocorre quando o recurso for inadmitido ou rejeitado, mantida a decisão recorrida. Se, porém, o recurso for conhecido e provido para reformar a decisão, o que há é a *inversão* da sucumbência: a condenação inverte-se, não havendo honorários recursais.

**224. Honorários recursais e direito intertemporal.** O § 11 do art. 85 somente deve ser aplicado aos casos em que o recurso for interposto a partir do início de sua vigência, não se aplicando aos recursos já interpostos ou pendentes de julgamento. Trata-se de regra de decisão, e não de regra processual. Como regra de decisão, somente pode aplicar-se a fatos posteriores ao início de sua vigência. E a base da verba honorária é a causalidade, que decorre da interposição do recurso. Os honorários de sucumbência recursal consistem num efeito da interposição do recurso. O ato de recorrer contém a *causalidade* que acarreta a majoração dos honorários quando o recurso for inadmitido ou rejeitado. Aplicar a lei nova constitui, nesse caso, uma retroatividade, proibida pelo texto constitucional. Logo, não se aplica o disposto no § 11 aos recursos pendentes de julgamento ou interpostos sob a vigência do CPC/1973. O marco temporal para a aplicação da lei é a interposição do recurso, e não seu julgamento.

**225. Honorários recursais nos Juizados Especiais.** Nos Juizados Especiais, não há condenação de honorários no primeiro grau de jurisdição. Só há condenação em honorários, se o recurso interposto pela parte vencida for rejeitado. Em outras palavras, a fixação de honorários sucumbenciais, no âmbito dos Juizados Especiais, exige dupla sucumbência: é preciso que a parte seja sucumbente no primeiro e no segundo graus de jurisdição.

**226. Honorários sucumbenciais e submissão ou não ao plano de recuperação judicial.** *"3. Em exegese lógica e sistemática, se a sentença que arbitrou os honorários sucumbenciais se deu posteriormente ao pedido de recuperação judicial, o crédito que dali emana, necessariamente, nascerá com natureza extraconcursal, já que, nos termos*

*do art. 49, caput da Lei 11.101/2005, sujeitam-se ao plano de soerguimento os créditos existentes na data do pedido de recuperação judicial, ainda que não vencidos, e não os posteriores. Por outro lado, se a sentença que arbitrou os honorários advocatícios for anterior ao pedido recuperacional, o crédito dali decorrente deverá ser tido como concursal, devendo ser habilitado e pago nos termos do plano de recuperação judicial. 4. Na hipótese, a sentença que fixou os honorários advocatícios foi prolatada após o pedido de recuperação judicial e, por conseguinte, em se tratando de crédito constituído posteriormente ao pleito recuperacional, tal verba não deverá se submeter aos seus efeitos, ressalvando-se o controle dos atos expropriatórios pelo juízo universal"* (STJ, 2ª Seção, REsp 1.841.960/SP, rel. p/ ac. Min. Luis Felipe Salomão, *DJe* 13.4.2020).

**227. Incidência de juros nos honorários de sucumbência.** Quando os honorários forem fixados em valor certo, os juros somente incidirão a partir do trânsito em julgado. Isso não quer dizer, porém, que, no caso de honorários fixados por um percentual sobre o valor da condenação, os juros incidam a partir de outro momento. No valor da condenação, já se computam juros. Os honorários fixados em percentual não podem contemplar juros, sob pena de dupla incidência dos encargos moratórios. Em outras palavras, se a condenação principal estiver atualizada, nela incidem juros. Se, porém, os honorários forem fixados em valor certo, não equivalendo a um percentual sobre outro valor, aí os juros incidem a partir do trânsito em julgado, momento em que se tornam exigíveis.

**228. Juros moratórios em ação de arbitramento de honorários advocatícios.** *"Os juros moratórios fluem a partir da citação do devedor em ação de arbitramento de honorários sucumbenciais, caso não haja a constituição da mora em momento anterior, conforme redação dos arts. 405 do Código Civil e 240 do Código de Processo Civil de 2015. 3. A iliquidez da obrigação não é capaz de deslocar o termo inicial dos juros moratórios para a data da intimação do cumprimento de sentença"* (STJ, 3ª Turma, AgInt no REsp 1.752.562/SP, rel. Min. Ricardo Villas Bôas Cueva, *DJe* 19.3.2020).

**229. Ausência de sucumbência quando crédito tributário é pago antes da citação na execução fiscal.** *"Não cabimento de condenação em honorários da parte executada para pagamento do débito executado em momento posterior ao ajuizamento e anterior à citação, em decorrência da leitura complementar dos princípios da sucumbência e da causalidade, e porque antes* da citação não houve a triangularização da demanda. 7. Evidentemente, a causalidade impede também que a Fazenda Pública seja condenada em honorários pelo pagamento anterior à citação e após o ajuizamento, uma vez que, no momento da propositura da demanda, o débito inscrito estava ativo. Nesse caso, portanto, tem-se uma hipótese de ausência de responsabilidade pelo pagamento de honorários" (STJ, 2ª Turma, REsp 1.927.469/PE, rel. Min. Og Fernandes, *DJe* 13.9.2021).

**230. Fixação de honorários na hipótese de desistência da ação após a citação do réu, mas antes de sua contestação.** "*3. O art. 1.040, § 2º, do CPC/2015, que trata de hipótese específica de desistência do autor antes da contestação sem pagamento de honorários advocatícios, somente se aplica dentro do microssistema do recurso especial repetitivo. 4. O autor responde pelo pagamento de honorários advocatícios se o pedido de desistência tiver sido protocolizado após a ocorrência da citação, ainda que em data anterior ao oferecimento da contestação*" (STJ, 3ª Turma, REsp 1.819.876/SP, rel. Min. Ricardo Villas Bôas Cueva, *DJe* 8.10.2021).

**231. Fixação de honorários na hipótese de desistência da ação após a contestação.** "*Os honorários advocatícios em caso desistência da ação ocorrida após a citação devem observar a regra geral prevista no § 2º do art. 85 do CPC/2015, somente sendo possível utilizar o critério de equidade quando o proveito econômico for irrisório ou inestimável ou o valor da causa for muito baixo. 5. Para fins da aplicação do § 8º do art. 85 do CPC/2015, o termo inestimável refere-se a causas sem proveito econômico imediato, e não a demandas de elevado valor*" (STJ, 3ª Turma, REsp 1.734.911/DF, rel. Min. Ricardo Villas Bôas Cueva, *DJe* 17.9.2021).

**232. Fixação de honorários na hipótese de renegociação de dívida no curso de execução fundada em cédula de crédito rural.** "*Ante o disposto no art. 12 da Lei 13.340/2016, a extinção da execução em virtude da renegociação de dívida fundada em cédula de crédito rural não impõe à parte executada o dever de arcar com as custas processuais e os honorários advocatícios em favor dos patronos da parte exequente*" (STJ, 3ª Turma, REsp 1.930.865/TO, rel. Min. Nancy Andrighi, *DJe* 25.6.2021).

**233. Honorários em favor do Ministério Público em ação civil pública.** "*Em relação à questão dos honorários advocatícios, ao julgar essas ações, esta Corte entendeu que, por critério de simetria, não é cabível a condenação do réu em ação civil pública ao pagamento de honorários advocatícios em favor do Ministério Público*"

(STJ, 2ª Turma, AgInt no REsp 1.358.439/RJ, rel. Min. Og Fernandes, *DJe* 10.9.2021).

**234. Honorários e desprovimento parcial do recurso.** "*É inadmissível a fixação de honorários recursais em favor do advogado do vencedor na hipótese em que a apelação do vencido somente foi provida para reduzir o valor da condenação, tendo em vista que o art. 85, § 11, do CPC/2015, interpretado à luz da jurisprudência desta Corte, exige a inadmissão ou o desprovimento integral do recurso como condição para a fixação da referida verba*" (STJ, 3ª Turma, REsp 1.954.472/RJ, rel. Min. Nancy Andrighi, *DJe* 8.10.2021).

**235. Honorários recursais e cumulação simples subjetiva.** "*A melhor interpretação da regra do art. 85, § 11, do CPC/2015, à luz da jurisprudência desta Corte, é no sentido de que, na hipótese de cumulação simples e subjetiva de pedidos, o provimento do recurso que apenas atinja o pedido formulado por um dos litisconsortes facultativos simples não impede a fixação de honorários recursais em relação aos pedidos autônomos formulados pelos demais litisconsortes e que se mantiveram absolutamente intactos após o julgamento*" (STJ, 3ª Turma, REsp 1.954.472/RJ, rel. Min. Nancy Andrighi, *DJe* 8.10.2021).

**236. Honorários de sucumbência em causa de valor certo.** "*O CPC/2015 tornou mais objetivo o processo de determinação da verba sucumbencial, restringindo a subjetividade do julgador e remetendo-o aos critérios previstos no art. 85 do diploma processual, aos quais deve se submeter o caso concreto, na ordem de preferência estabelecida nos parágrafos desse artigo*" (STF, 1ª Turma, ARE 1.367.266 ED-AgR, rel. Min. Alexandre de Moraes, *DJe* 28.4.2022).

**237. Ação de arbitramento de honorários.** "*Enquanto a ação de cobrança de honorários funda-se na existência de acordo prévio acerca dos honorários advocatícios, a ação de arbitramento de honorários está prevista no art. 22, § 2º, do Estatuto da OAB para a hipótese de ausência de estipulação quanto aos honorários. Desse modo, ajuizada ação de cobrança de honorários com base na existência de convenção a respeito do seu valor, não é dado ao juiz proceder ao arbitramento dos honorários, sob pena de proferir decisão extra petita*" (STJ, 3ª Turma, REsp 1.989.089 / MT, rel. Min. Nancy Andrighi, *DJe* 28.4.2022).

**238. Honorários de sucumbência nas ações de indenização por dano moral decorrente da negativa de tratamento médico.** "*Nas sentenças que reconheçam o direito à cobertura de tratamento médico e ao recebimento de indenização por danos morais, os honorários advocatícios* *sucumbenciais incidem sobre as condenações ao pagamento de quantia certa e à obrigação de fazer"* (STJ, 2ª Seção, EAREsp 198.124/RS, rel. Min. Ricardo Villas Bôas Cueva, *DJe* 11.5.2022).

**239. Não aplicação do princípio da simetria utilizado em benefício do réu na hipótese de a ACP ter sido ajuizada por associação de natureza privada.** *"Esta Corte Superior perfilha o entendimento de que não cabe a condenação em honorários advocatícios do requerido em ação civil pública, quando inexistente má-fé, assim como ocorre com a parte autora, por força da norma contida no artigo 18 da Lei 7.345/1985, estendo à União o entendimento outrora fixado em favor do Ministério Público (EAREsp 962.250/SP). 5. Não obstante, é possível verificar que a hipótese em epígrafe possui uma particularidade: diferentemente de a ação civil pública ter sido ajuizada pela União ou pelo Ministério Público, aqui foi proposta por associação privada, de modo que é imprescindível verificar se o princípio da simetria na condenação das custas e dos honorários advocatícios também se estende a tais entidades. (...) 8. Evidentemente, não se aplica às ações civil públicas propostas por associações e fundações privadas o princípio da primazia na condenação do réu nas custas e nos honorários advocatícios, pois, do contrário, barrado estaria, de fato, um dos objetivos mais nobres e festejados da Lei 7.347/1985, qual seja viabilizar e ampliar o acesso à justiça para a sociedade civil organizada"* (STJ, 3ª Turma, REsp 1.974.436/RJ, rel. Min. Nancy Andrighi, *DJe* 25.3.2022).

**240. Honorários advocatícios sucumbenciais na hipótese de pluralidade de vencedores.** *"A regra do art. 1.005 do CPC/2015 não se aplica apenas às hipóteses de litisconsórcio unitário, mas, também, a quaisquer outras hipóteses em que a ausência de tratamento igualitário entre as partes gere uma situação injustificável, insustentável ou aberrante. (...) 5. A regra da proporcionalidade (art. 87 do CPC/2015) também se aplica nos casos em que há vencedores plúrimos. Assim, e em observância aos critérios para a justa remuneração do advogado fixados no art. 85, § 2º, do CPC/2015, na hipótese de litisconsórcio na parte vencedora ou que não deu causa ao processo ou incidente, os honorários advocatícios de sucumbência devidos aos advogados de cada litisconsorte devem ser fixados de forma proporcional ao respectivo proveito econômico obtido ou prejuízo econômico evitado pelos seus clientes. Precedentes. 6. Excepcionalmente, a fim de evitar manifesto e comprovado enriquecimento sem causa por parte de um dos advogados, admite-se a flexibilização da regra de divisão proporcional, podendo*

*o patrono em questão ser excluído da divisão ou apenas receber uma cota-parte menor, sendo imprescindível, para o adequado rateio, a observância dos critérios previstos nos incisos I a IV do art. 85, § 2º, do CPC/2015. 7. O recebimento, pelo advogado da parte que não recorreu, de proporção de honorários sucumbenciais equivalente ao patrono do litisconsorte que interpôs o recurso e obteve provimento, caracteriza enriquecimento sem causa"* (STJ, 3ª Turma, REsp 1.960.747/RJ, rel. Min. Nancy Andrighi, *DJe* 5.5.2022).

**241. Honorários e decisão interlocutória proferida na vigência do CPC/1973.** *"Pronunciada a prescrição de pretensões indenizatórias por meio de decisão interlocutória proferida na vigência do CPC/1973, na constância do qual não era cabível a fixação de honorários advocatícios, descabe cogitar de sucumbência recíproca, circunstância a ser aferida apenas por ocasião da prolação da sentença, momento em que já havia sido reduzido o objeto litigioso e no qual o único pedido ainda pendente de decisão foi julgado procedente"* (STJ, 3ª Turma, REsp 1.893.978/MT, rel. Min. Nancy Andrighi, *DJe* 29.11.2021).

**242. Redução do objeto litigioso do processo e fixação dos honorários por equidade.** *"Se, no curso do processo, houver a redução do objeto litigioso em virtude do acolhimento da prescrição de pretensões indenizatórias que serviram de base para a atribuição do valor à causa, remanescendo, para julgamento em sentença, apenas pretensão relativa ao estado da pessoa e ao direito de família, os honorários advocatícios devem ser fixados equitativamente, com base no art. 85, § 8º, do CPC/2015, pois o pedido a ser julgado não possui proveito econômico estimável"* (STJ, 3ª Turma, REsp 1.893.978/MT, rel. Min. Nancy Andrighi, *DJe* 29.11.2021).

**243. Impossibilidade de alteração da base de cálculo na fase de execução.** *"A base de cálculo da verba honorária é insuscetível de modificação na execução ou na fase de cumprimento da sentença, sob pena de ofensa à coisa julgada"* (STJ, 2ª Seção, AR 5.869/MS, rel. Min. Ricardo Villas Bôas Cueva, *DJe* 4.2.2022).

**244. Possibilidade de pactuação de honorários no bojo da procuração.** *"Não se pode recusar valor jurídico aos pactos celebrados entre os ora recorrentes e os seus patronos, inclusive quanto à remuneração prometida a estes últimos, ainda que essa cláusula econômica se encontre no bojo dos próprios instrumentos de mandato, é dizer, no corpo das respectivas procurações, como incontroversamente ocorrido no caso em exame, sob pena de se ferir a autonomia da vontade por eles* *manifestada*" (STJ, 1ª Turma, REsp 1.818.107/RJ, rel. Min. Sérgio Kukina, *DJe* 9.2.2022).

**245. Estabilização da tutela antecipada antecedente.** "*O art. 304, caput, do CPC/2015 trata de tutela de natureza monitória em sentido amplo, visto que permite a concessão da medida pleiteada em juízo de cognição sumária, tornando-se desnecessária a instauração do procedimento ordinário, desde que o demandado não interponha o recurso cabível. 4. Os honorários advocatícios são arbitrados em 5% (cinco por cento) sobre o valor dado à causa no caso de estabilização de tutela antecedente, por força da aplicação do art. 701, caput, do CPC/2015*" (STJ, 3ª Turma, REsp 1.895.663/PR, rel. Min. Ricardo Villas Bôas Cueva, *DJe* 16.12.2021).

**246. Impossibilidade de arbitramento de honorários recursais em caso de desistência do recurso.** "*Segundo entendimento da Corte Especial do STJ, é devida a majoração da verba honorária sucumbencial, na forma do art. 85, § 11 do Código Fux, quando estiverem presentes os seguintes requisitos, simultaneamente: (i) decisão recorrida publicada a partir de 18.03.2016, quando entrou em vigor o novo Código de Processo Civil; (ii) recurso não conhecido integralmente ou desprovido, monocraticamente, ou pelo órgão colegiado competente; (iii) condenação em honorários advocatícios desde a origem no feito em que interposto o recurso; (iv) não terem sido atingidos na origem os limites previstos nos §§ 2º e 3º do art. 85 do Código Fux; (v) não é exigível a comprovação de trabalho adicional do Advogado do recorrido no grau recursal, tratando apenas de critério de quantificação da verba. Precedente: AgInt nos EAREsp. 762.075/MT, Rel. Min. Felix Fischer, Rel. p/ Acórdão Min. Herman Benjamin, DJe 07.03.2019. 2. No presente caso, ainda que o Recurso Especial tenha sido interposto já na vigência do novo Código de Processo Civil, não houve o seu julgamento nesta instância superior, visto que apresentado pedido de desistência pela parte recorrente, devidamente homologado por esta Relatoria (fls. 384). Logo, não há falar em fixação de honorários recursais, nos termos do art. 85, § 11, do Código Fux*" (STJ, 1ª Turma, AgInt nos EDcl no REsp 1.774.402/RJ, rel. Min. Napoleão Nunes Maia Filho, *DJe* 14.12.2020).

**247. Ausência de autonomia dos honorários recursais.** "*Os honorários recursais, previstos no § 11 do art. 85 do Código de Processo Civil, não têm autonomia nem existência independente da sucumbência fixada na origem e representam um acréscimo ao ônus estabelecido previamente. Na hipótese de descabimento ou de ausência de fixação anterior – como na espécie*

*dos autos –, a sua incidência é indevida*" (STF, 2ª Turma, AgRg no RE c/ Ag 1.328.472/RJ, rel. Min. Nunes Marques, *DJe* 10.1.2022).

> **Art. 86.** Se cada litigante for, em parte, vencedor e vencido, serão proporcionalmente distribuídas entre eles as despesas.
> Parágrafo único. Se um litigante sucumbir em parte mínima do pedido, o outro responderá, por inteiro, pelas despesas e pelos honorários.

▶ **1. Correspondência no CPC/1973.** "*Art. 21. Se cada litigante for em parte vencedor e vencido, serão recíproca e proporcionalmente distribuídos e compensados entre eles os honorários e as despesas. Parágrafo único. Se um litigante decair de parte mínima do pedido, o outro responderá, por inteiro, pelas despesas e honorários.*"

## ⚖ Jurisprudência, Enunciados e Súmulas Selecionados

- **2. Súmula STJ, 326.** "*Na ação de indenização por dano moral, a condenação em montante inferior ao postulado na inicial não implica sucumbência recíproca.*"
- **3. Enunciado 244 do FPPC.** "*Ficam superados o enunciado 306 da súmula do STJ ('Os honorários advocatícios devem ser compensados quando houver sucumbência recíproca, assegurado o direito autônomo do advogado à execução do saldo sem excluir a legitimidade da própria parte') e a tese firmada no REsp Repetitivo n. 963.528/PR, após a entrada em vigor do CPC, pela expressa impossibilidade de compensação.*"

## ▣ Comentários Temáticos

**4. Sucumbência recíproca e repartição dos custos do processo.** A sucumbência recíproca acarreta a distribuição proporcional dos custos do processo com as partes. Cada parte arca com as despesas e com os honorários de advogado, na proporção de sua respectiva derrota. Assim, se a parte obteve metade do seu êxito, ela ganhou 50% e perdeu 50%; nesse caso, arcará com metade das despesas do processo. Se ganhou 70% e perdeu 30%, arcará com 30% das despesas, cabendo ao seu adversário suportar 70% dos gastos havidos no processo.

**5. Sucumbência mínima.** Se a sucumbência da parte for mínima, ela não arca com qualquer despesa do processo, cabendo à parte contrária suportar a integralidade dos custos. A sucum-

# LIVRO III · DOS SUJEITOS DO PROCESSO — Art. 86

bência mínima equivale à vitória substancial, afastando da parte vitoriosa a responsabilidade pelos custos do processo.

**6. Honorários advocatícios e sucumbência recíproca.** Em caso de sucumbência recíproca, cada parte será condenada a pagar os honorários do advogado da parte contrária. Se, por exemplo, A demanda B e pede sua condenação a pagar-lhe R$ 10 mil, mas, ao final, só obtém R$ 5 mil, deverá pagar honorários ao advogado de B sobre R$ 5 mil, enquanto este deverá pagar honorários ao advogado de A sobre os outros R$ 5 mil que perdeu.

**7. Vedação à compensação.** É vedada a compensação dos honorários em caso de sucumbência parcial (art. 85, § 14). Sendo os honorários direito do advogado, não é possível a compensação em caso de sucumbência parcial, pois as figuras do credor e do devedor não coincidem reciprocamente: o autor é devedor do advogado do réu, e o réu é devedor do advogado do autor.

**8. Sucumbência e cumulação de pedidos.** Formulados pedidos cumulados (art. 327), o acolhimento de um e a rejeição de outro configura sucumbência recíproca, devendo as partes responder proporcionalmente pelas despesas e honorários de advogado.

**9. Possibilidade de fixação de honorários em diferentes bases na sucumbência recíproca.** O credor dos honorários de sucumbência é o advogado, e não a parte por ele representada. Por isso, em caso de sucumbência recíproca, não pode haver compensação de honorários (art. 85, § 14). A relação jurídica, no caso de honorários de sucumbência, estabelece-se entre a parte e o advogado da parte contrária. Logo, em caso de sucumbência recíproca, a base de cálculo na fixação dos honorários para cada advogado não é, necessariamente, a mesma. Também por isso, não se pode afirmar que cada parte arca, em caso de sucumbência recíproca, com os honorários de seu próprio advogado. É possível, enfim, que os honorários de sucumbência sejam fixados com diferentes bases de cálculo. Assim, por exemplo, proposta uma demanda em que se pede a condenação do réu ao pagamento de R$ 100 mil, mas o juiz julga procedente só R$ 30 mil, o advogado do autor terá direito a honorários em percentual fixado sobre R$ 30 mil, enquanto o do réu, sobre R$ 70 mil.

**10. Distribuição dos ônus honorários sucumbenciais na sucumbência recíproca.** *"No caso de sucumbência recíproca os honorários e ônus decorrentes devem ser distribuídos adequadamente, levando em consideração o grau de êxito de cada um dos envolvidos. Ademais, honorários sucumbenciais devem possuir como base de cálculo o valor da condenação ou o proveito econômico obtido (e não o pretendido) ou o valor atualizado da causa, devendo ser analisado a situação jurídica e o efetivo êxito de cada uma das partes envolvidas"* (STJ, 4ª Turma, AgInt no AgInt no AREsp 1.397.224/SP, rel. Min. Luis Felipe Salomão, DJe 26.10.2020).

**11. Honorários recursais em caso de sucumbência recíproca.** *"A sucumbência recíproca, por si só, não afasta a condenação em honorários advocatícios de sucumbência, tampouco impede a sua majoração em sede recursal com base no art. 85, § 11, do Código de Processo Civil de 2015"* (STJ, 4ª Turma, AgInt no AREsp 1.495.369/MS, rel. Min. Luis Felipe Salomão, DJe 16.10.2020).

**12. Sucumbência na cumulação imprópria de pedidos.** É possível que o autor formule mais de um pedido, mas apenas um pode ser acolhido (art. 326). Nesse caso, diz-se que a cumulação é imprópria: há mais de um pedido formulado, mas só um pode ser acolhido. A cumulação imprópria pode ser subsidiária ou eventual (art. 326, *caput*); pode também ser alternativa (art. 326, parágrafo único). No caso de cumulação subsidiária ou eventual, o autor só será totalmente sucumbente se o juiz rejeitar ambos os pedidos. Se rejeitar o principal e acolher o subsidiário, haverá sucumbência recíproca, devendo ser fixados, proporcionalmente, honorários para o advogado do autor e para o advogado do réu, não podendo haver compensação (art. 85, § 14); cada um receberá sua parte. A cumulação alternativa (art. 326, parágrafo único) não se confunde com o pedido alternativo (art. 325). O pedido alternativo veicula pretensão fundada em obrigação alternativa, enquanto a cumulação alternativa é uma cumulação imprópria: o autor pede dois pedidos, mas somente poderá lograr êxito num deles. O autor formula mais de um pedido para que seja acolhido só um deles. Acolhido qualquer pedido, o autor é vitorioso integralmente, devendo o réu responder pelos ônus da sucumbência. A sucumbência do réu foi total; o autor obteve o que pediu. Não há ordem preferência entre os pedidos; o acolhimento de qualquer um deles consiste na procedência integral da postulação.

**13. Acolhimento de um dos pedidos na cumulação alternativa e ausência sucumbência recíproca.** *"É firme a jurisprudência do STJ no sentido de que não ocorre a sucumbência recíproca, em havendo o provimento, em sua totalidade, de um dos pedidos alternativos"* (STJ, 4ª Turma, AgInt no AREsp 1.766.427/PR, rel. Min. Raul Araújo, DJe 7.4.2021).

199

**14. Sucumbência recíproca em caso de cumulação subsidiária ou eventual.** "A Corte Especial/STJ, ao analisar os EREsp 616.918/MG (Rel. Min. Castro Meira, sessão ordinária de 2 de agosto de 2010), firmou entendimento no sentido de que: 1) em se tratando de cumulação alternativa, hipótese em que não há hierarquia entre os pedidos, que são excludentes entre si, o acolhimento de qualquer deles satisfaz por completo a pretensão do autor, não lhe ensejando interesse em recorrer, o que impõe que os ônus sucumbenciais sejam suportados exclusivamente pelo réu; 2) tratando-se de cumulação subsidiária de pedidos, caso em que há hierarquia entre os pedidos, havendo rejeição do pedido principal e acolhimento do pedido subsidiário, surge para o autor o interesse em recorrer da decisão, sendo que tal circunstância evidencia que o autor sucumbiu em parte de sua pretensão, o que impõe que ambas as partes suportem os ônus sucumbenciais" (STJ, 2ª Turma, REsp 1.158.754/RS, rel. Min. Mauro Campbell Marques, DJe 30.9.2010).

**15. Sucumbência em caso de dano moral.** A condenação em valor inferior ao postulado a título de indenização por danos morais não acarreta sucumbência recíproca. Em caso de cumulação de pedidos de indenização por danos materiais e danos morais, a sucumbência recíproca será verificada apenas na parte relativa aos danos materiais. Proposta, por exemplo, uma demanda em que se pede indenização por danos morais e materiais no valor de R$ 50 mil para cada dano, e vindo a sentença a fixar R$ 10 mil de danos materiais e R$ 20 mil de danos morais, o advogado do autor terá direito a honorários em percentual fixado sobre R$ 30 mil, enquanto o do réu, sobre R$ 40 mil. A perda, no tocante aos danos morais, não é considerada, não se computando na base de cálculo para a fixação dos honorários do advogado do réu.

**16. Dano moral e ausência de sucumbência recíproca.** "1. O STJ editou a Súmula 326/STJ com o seguinte teor: Na ação de indenização por dano moral, a condenação em montante inferior ao postulado na inicial não implica sucumbência recíproca. 2. A ratio decidendi dos precedentes da Súmula 326/STJ é clara no sentido de que, nos casos de indenização por danos morais, fixado o valor indenizatório menor do que o indicado na inicial, não se pode, para fins de arbitramento de sucumbência, incidir no paradoxo de impor à vítima o pagamento de honorários advocatícios superiores ao deferido a título indenizatório" (STJ, 4ª Turma, AgInt no REsp 1.710.637/GO, rel. Min. Herman Benjamin, DJe 23.11.2018).

**17. Indenização por danos morais e materiais e ausência de sucumbência recíproca.** "A indenização por danos morais e materiais fixada em montante inferior ao pedido não configura sucumbência recíproca, pois o valor deduzido na petição inicial é meramente estimativo" (STJ, 3ª Turma, AgInt no AgInt no AREsp 1.546.407/SP, rel. Min. Ricardo Villas Bôas Cueva, DJe 26.5.2020).

**18. Redução do valor da indenização por dano moral e ausência de sucumbência recíproca.** "Redução do valor arbitrado a título de dano moral, tendo em vista seu elevado valor e a ausência de registro de qualquer evento excepcional a respeito do abalo à imagem pelo uso indevido da marca. 5. A interpretação lógico-sistemática dos pedidos formulados na inicial em face das peculiaridades em que desenvolvida a relação de transferência da marca envolvida na discussão afasta a alegação de sucumbência recíproca, eis que os pedidos formulados pelas autoras foram julgados procedentes, havendo sucumbência mínima" (STJ, 4ª Turma, REsp 1.179.048/SC, rel. Min. Maria Isabel Gallotti, DJe 23.4.2021).

**19. Acolhimento de pedido de alimentos em valor menor e ausência de sucumbência recíproca.** "Julgado procedente o pedido de alimentos, ainda que em valor menor do que aquele pleiteado na petição inicial, não há que se falar em sucumbência recíproca, mas, sim, em condenação do réu ao pagamento integral das custas e honorários sucumbenciais" (STJ, 2ª Seção, REsp 1.861.560/DF, rel. Min. Nancy Andrighi, DJe 2.3.2021).

---

**Art. 87.** Concorrendo diversos autores ou diversos réus, os vencidos respondem proporcionalmente pelas despesas e pelos honorários.

§ 1º A sentença deverá distribuir entre os litisconsortes, de forma expressa, a responsabilidade proporcional pelo pagamento das verbas previstas no *caput*.

§ 2º Se a distribuição de que trata o § 1º não for feita, os vencidos responderão solidariamente pelas despesas e pelos honorários.

▶ **1. Correspondência no CPC/1973.** "Art. 23. Concorrendo diversos autores ou diversos réus, os vencidos respondem pelas despesas e honorários em proporção."

## 🗐 LEGISLAÇÃO CORRELATA

**2. CC, art. 264.** "Art. 264. Há solidariedade, quando na mesma obrigação concorre mais de um credor, ou mais de um devedor, cada um com direito, ou obrigado, à dívida toda."

**LIVRO III · DOS SUJEITOS DO PROCESSO**

**Art. 89**

**3. CC, art. 265.** *"Art. 265. A solidariedade não se presume; resulta da lei ou da vontade das partes."*

### 🖥 COMENTÁRIOS TEMÁTICOS

**4. Litisconsórcio.** Quando houver litisconsórcio, a sucumbência deve ser distribuída de modo específico em relação a cada um dos litisconsortes. Para tanto, o juiz deverá considerar os critérios previstos no § 2º do art. 85 e o grau de causalidade de cada litisconsorte, dividindo entre eles a responsabilidade pelo pagamento das despesas e dos honorários de sucumbência.

**5. Solidariedade.** Se o juiz não realizar a divisão, todos os vencidos serão solidariamente responsáveis pelas despesas e honorários de sucumbência.

**6. Assistente litisconsorcial.** O assistente litisconsorcial é considerado litisconsorte do assistido (art. 124). Logo, aplica-se ao assistente litisconsorcial o art. 87, e não o art. 94. Vale dizer que o juiz deve distribuir entre o assistente litisconsorcial e o assistido, de forma expressa, a responsabilidade proporcional pelo pagamento das despesas e dos honorários de sucumbência. Não o fazendo, eles responderão solidariamente pelas despesas e honorários de sucumbência.

### ⚖ JURISPRUDÊNCIA, ENUNCIADOS E SÚMULAS SELECIONADOS

- **7. Responsabilidade proporcional ao grau de resistência apresentado.** *"É cabível a distribuição proporcional da responsabilidade pelo pagamento das despesas e dos honorários entre as partes integrantes do mesmo polo vencido, que deve observar a atividade e o grau de resistência demonstrada por cada um dos litisconsortes em relação à pretensão autoral"* (STJ, 3ª Turma, REsp 1.893.978/MT, rel. Min. Nancy Andrighi, *DJe* 29.11.2021).

**Art. 88.** Nos procedimentos de jurisdição voluntária, as despesas serão adiantadas pelo requerente e rateadas entre os interessados.

▸ **1. Correspondência no CPC/1973.** *"Art. 24. Nos procedimentos de jurisdição voluntária, as despesas serão adiantadas pelo requerente, mas rateadas entre os interessados."*

### 🖥 COMENTÁRIOS TEMÁTICOS

**2. Jurisdição voluntária.** Na jurisdição voluntária, as partes atuam em convergência de vontades, não havendo espaço para sucumbência. Logo, as despesas serão adiantadas pelo requerente e rateadas ao final entre os interessados que tenham participado do processo; cada parte deve arcar com os honorários de seus respectivos advogados.

**3. Instauração de ofício ou a requerimento do Ministério Público.** Instaurado o procedimento de jurisdição voluntária a requerimento do Ministério Público ou de ofício pelo juiz, a responsabilidade pelo adiantamento das despesas não será do requerente, devendo ser proporcionalmente atribuído aos interessados.

### ⚖ JURISPRUDÊNCIA, ENUNCIADOS E SÚMULAS SELECIONADOS

- **4. Existência de litigiosidade.** *"Esta Corte Superior já proclamou que, em procedimento de jurisdição voluntária, a existência de litigiosidade excepciona a regra de não cabimento de condenação em honorários advocatícios"* (STJ, 3ª Turma, AgInt no AREsp 1.562.651/SP, rel. Min. Moura Ribeiro, *DJe* 13.5.2021).

**Art. 89.** Nos juízos divisórios, não havendo litígio, os interessados pagarão as despesas proporcionalmente a seus quinhões.

▸ **1. Correspondência no CPC/1973.** *"Art. 25. Nos juízos divisórios, não havendo litígio, os interessados pagarão as despesas proporcionalmente aos seus quinhões."*

### 🏛 LEGISLAÇÃO CORRELATA

**2. CC, art. 1.320.** *"Art. 1.320. A todo tempo será lícito ao condômino exigir a divisão da coisa comum, respondendo o quinhão de cada um pela sua parte nas despesas da divisão."*

### 🖥 COMENTÁRIOS TEMÁTICOS

**3. Juízos divisórios.** Os juízos divisórios são identificados por 3 ações clássicas de origem romana: a ação de divisão, a ação de demarcação e a ação de inventário. Em todas elas, o que se pede é a identificação do quinhão.

**4. Solução extrajudicial.** A partilha ou divisão de bens pode ser obtida pela via extrajudicial, mediante escritura pública.

**5. Ação divisória necessária e ausência de divergência ou litígio.** Há casos em que, mesmo havendo consenso, é necessária a propositura da ação divisória, a exemplo do inventário quando presente pessoa capaz ou quando haja testamento a ser aberto (art. 610). Nesse caso, não havendo qualquer litígio ou divergência entre as partes quanto à divisão ou partilha de bens, as despesas serão suportadas de modo proporcional, ou seja, cada um pagará as despesas proporcionalmente a seu respectivo quinhão (art. 89).

**6. Juízo divisório e existência de litígio.** Se, no juízo divisório, houver litígio ou divergência entre as partes, serão aplicadas as regras gerais de responsabilidade pela sucumbência, devendo arcar com as despesas quem deu causa ao processo ou o vencido.

> **Art. 90.** Proferida sentença com fundamento em desistência, em renúncia ou em reconhecimento do pedido, as despesas e os honorários serão pagos pela parte que desistiu, renunciou ou reconheceu.
>
> § 1º Sendo parcial a desistência, a renúncia ou o reconhecimento, a responsabilidade pelas despesas e pelos honorários será proporcional à parcela reconhecida, à qual se renunciou ou da qual se desistiu.
>
> § 2º Havendo transação e nada tendo as partes disposto quanto às despesas, estas serão divididas igualmente.
>
> § 3º Se a transação ocorrer antes da sentença, as partes ficam dispensadas do pagamento das custas processuais remanescentes, se houver.
>
> § 4º Se o réu reconhecer a procedência do pedido e, simultaneamente, cumprir integralmente a prestação reconhecida, os honorários serão reduzidos pela metade.

▶ **1. Correspondência no CPC/1973.** *"Art. 26. Se o processo terminar por desistência ou reconhecimento do pedido, as despesas e os honorários serão pagos pela parte que desistiu ou reconheceu. § 1º Sendo parcial a desistência ou o reconhecimento, a responsabilidade pelas despesas e honorários será proporcional à parte de que se desistiu ou que se reconheceu. § 2º Havendo transação e nada tendo as partes disposto quanto às despesas, estas serão divididas igualmente."*

🏛 **LEGISLAÇÃO CORRELATA**

**2. Lei 9.469/1997, art. 1º, § 5º.** *"§ 5º Na transação ou acordo celebrado diretamente pela parte ou por intermédio de procurador para extinguir ou encerrar processo judicial, inclusive os casos de extensão administrativa de pagamentos postulados em juízo, as partes poderão definir a responsabilidade de cada uma pelo pagamento dos honorários dos respectivos advogados."*

⚖ **JURISPRUDÊNCIA, ENUNCIADOS E SÚMULAS SELECIONADOS**

- **3. Tema/Repetitivo 450 STJ.** *"O § 2º do art. 6º da Lei n. 9.469/1997, que obriga à repartição dos honorários advocatícios, é inaplicável a acordos ou transações celebrados em data anterior à sua vigência."*
- **4. Súmula STJ, 153.** *"A desistência da execução fiscal, após o oferecimento dos embargos, não exime o exequente dos encargos da sucumbência."*
- **5. Súmula STJ, 488.** *"O § 2º do art. 6º da Lei n. 9.469/1997, que obriga à repartição dos honorários advocatícios, é inaplicável a acordos ou transações celebrados em data anterior à sua vigência."*
- **6. Enunciado 112 do FPPC.** *"No processo do trabalho, se a transação ocorrer antes da sentença, as partes ficam dispensadas do pagamento das custas processuais, se houver."*
- **7. Enunciado 114 do FNPP.** *"A necessária submissão ao procedimento de ofício requisitório não é obstáculo para a aplicação do benefício do art. 90, § 4º, do CPC no que se refere ao reconhecimento do pedido pelo Poder Público."*
- **8. Enunciado 9 da I Jornada-CJF.** *"Aplica-se o art. 90, § 4º, do CPC ao reconhecimento da procedência do pedido feito pela Fazenda Pública nas ações relativas às prestações de fazer e de não fazer."*
- **9. Enunciado 166 da III Jornada-CJF.** *"Aplica-se o benefício do § 4º do art. 90 do CPC quando a exequente concordar com a exceção de pré-executividade apresentada e, de imediato, pedir a extinção do feito executivo."*

📝 **COMENTÁRIOS TEMÁTICOS**

**10. Desistência.** O autor pode desistir do processo unilateralmente até a apresentação de contestação (art. 485, § 4º). Nesse caso, havendo desistência, não será condenado em honorários de sucumbência, a não ser que fique evidente que o réu já constituíra advogado e este já tenha desenvolvido um trabalho que mereça ser remunerado. Se o réu já tiver contestado e concordado com a desistência, o juiz irá homologá-la (art. 200, parágrafo único) e extinguir o processo sem resolução do mérito (art. 485, VIII), condenando o desistente nas despesas e nos honorários de sucumbência (art. 90). Em casos repetitivos, publicado o acórdão paradigma, o autor pode desistir da ação, independentemente de concordância do réu, mesmo que já apresentada

# LIVRO III · DOS SUJEITOS DO PROCESSO — Art. 90

contestação (art. 1.040, § 3º), mas arcará com as custas e os honorários (art. 90), salvo se não apresentada ainda contestação (art. 1.040, § 2º).

**11. Desistência e honorários em favor do advogado do réu.** *"(...), de acordo com a orientação deste Superior Tribunal, qualquer modalidade de resistência oposta à pretensão deduzida em juízo ensejará a condenação da parte autora em honorários advocatícios, ainda que seu pedido de desistência tenha sido formulado e homologado antes da citação do demandado, haja vista que a referida verba tem por fato gerador o esforço laboral desenvolvido pelo procurador da parte adversa"* (STJ, 3ª Turma, AgInt no REsp 1.874.815/AC, rel. Min. Sérgio Kukina, *DJe* 25.3.2021).

**12. Desistência antes da citação do réu.** *"A regra do art. 90 do Código de Processo Civil (o qual preceitua que a desistência da ação não exonera a parte autora do pagamento das custas e despesas processuais) não se aplica à hipótese em que o não pagamento do encargo é exteriorizado por meio da desistência da ação, antes da citação do réu, situação para a qual a lei processual prevê consequência jurídica própria, relativa ao cancelamento da distribuição, estabelecida no art. 290 do Código de Processo Civil (in verbis: 'será cancelada a distribuição do feito se a parte, intimada na pessoa de seu advogado, não realizar o pagamento das custas e despesas de ingresso em 15 (quinze) dias'). Precedente da Primeira Turma do STJ (ut AREsp 1.442.134/SP, Relator Ministro Gurgel de Faria, julgado em 17.11.2020, DJe de 17.12.2020), in totum aplicável à hipótese dos autos"* (STJ, 3ª Turma, REsp 2.016.021/MG, rel. p/ ac. Min. Marco Aurélio Bellizze, *DJe* 24.11.2022).

**13. Autocomposição.** A autocomposição é estimulada, devendo, sempre que possível, ser adotada (art. 3º), com o auxílio, inclusive, de conciliadores e mediadores. A autocomposição, no processo, pode dar-se pela transação, que, homologada pelo juiz, acarreta a extinção do processo com resolução do mérito (art. 487, III, *b*). Também já autocomposição quando o juiz renuncia ao direito sobre o qual se funda seu pedido ou quando o réu reconhece a procedência do pedido do autor. Nesses casos, há uma solução unilateral: uma das partes autocompõe a disputa, o juiz homologa a renúncia ou o reconhecimento e extingue o processo sem resolução do mérito (art. 487, III, *a* e *c*).

**14. Ônus de sucumbência na autocomposição.** No caso de renúncia ao direito sobre o qual se funda o pedido ou no caso de reconhecimento da procedência do pedido, a parte que renunciou ou reconheceu será responsável pelo pagamento das despesas e dos honorários de sucumbência. Na transação, as partes podem dispor sobre a responsabilidade pelas despesas e pelos honorários. Se não o fizerem, tudo será repartido igualmente.

**15. Negócio processual sobre os custos da litigância.** As partes podem, antes ou durante o processo, celebrar negócio jurídico sobre o custo do processo (art. 190). O contrato processual sobre custos pode referir-se a qualquer verba devida no processo ou em razão dele. As partes podem convencionar a redistribuição da obrigação pelo pagamento das custas, mas o contribuinte não pode deixar de responder pelo pagamento do tributo, caso seja cobrado pela Administração Tributária (CTN, art. 123). Poderá pagar e cobrar, regressivamente, da outra parte que se obrigou pelo pagamento, mas não pode invocar junto ao Poder Público o contrato processual que atribuiu o pagamento à outra parte. As outras despesas podem ser dispostas livremente entre as partes, mediante transação (art. 90, § 2º). As partes não podem dispor sobre honorários de sucumbência, sem que os advogados concordem. É possível que as partes transfiram, total ou parcialmente, os custos do processo para sujeitos que não integrem o processo ou que não façam parte da relação jurídica material a que se refira o processo. É o que ocorre nos contratos de seguro processual. A seguradora assume a responsabilidade, devendo o devedor, posteriormente, ressarci-la. Além do seguro processual, é possível haver contrato de financiamento processual (*third-party funding*), por meio do qual um investidor assume os custos da litigância, com a contrapartida de participação no resultado do sucesso do financiado. Muitas vezes, quem assume o custo do processo é o próprio advogado da parte, ao estabelecer com ela um pacto de *quota litis*.

**16. Discordância do advogado.** Em caso de transação, não é possível ao advogado impedir seu cliente de celebrá-la por não concordar com o valor ajustado, que poderia influenciar os seus honorários. O interesse em um valor maior de honorários não pode estorvar, dificultar ou impedir a solução da disputa. A pretensão do advogado por maiores honorários deve ser exercida em ação autônoma de arbitramento de honorários.

**17. Acordo entre as partes e honorários de sucumbência.** *"A orientação do Superior Tribunal de Justiça é no sentido de que 'a celebração de acordo entre as partes, sem a anuência do advogado, não atinge os honorários fixados em sentença'* (AgRg no REsp 1.305.114/RJ, Rel. Min. Ari Pargendler, Primeira Turma, DJe 26.08.2013). Precedentes: AgRg no REsp 1.221.726/MA, Rel.

*Min. Humberto Martins, Segunda Turma, DJe 02.05.2013; AgRg no REsp 1.190.796/MG, Rel. Min. Jorge Mussi, Quinta Turma, DJe 28.02.2011; REsp 1.217.947/SC, Rel. Min. Castro Meira, Segunda Turma, DJe 13.06.2011"* (STJ, 2ª Turma, EDcl no AgInt no REsp 1.531.341/PR, rel. Min. Og Fernandes, *DJe* 3.8.2021).

**18. Autocomposição parcial.** A desistência, a renúncia e o reconhecimento parciais são homologados por decisão interlocutória (art. 354, parágrafo único), devendo as despesas e os honorários incidir apenas sobre a parcela renunciada ou reconhecida (art. 90, § 1º).

**19. Honorários na renúncia e no reconhecimento parciais.** *"É verdade que os arts. 85, caput, e 90, caput, do CPC/2015, referem-se exclusivamente à sentença. Nada obstante, o próprio § 1º, do art. 90, determina que se a renúncia, a desistência, ou o reconhecimento for parcial, as despesas e os honorários serão proporcionais à parcela reconhecida, à qual se renunciou ou da qual se desistiu. Ademais, a decisão que julga antecipadamente parcela do mérito, com fundamento no art. 487 do CPC/2015, tem conteúdo de sentença e há grande probabilidade de que essa decisão transite em julgado antes da sentença final, a qual irá julgar os demais pedidos ou parcelas do pedido"* (STJ, 3ª Turma, REsp 1.845.542/PR, rel. Min. Nancy Andrighi, *DJe* 14.5.2021).

**20. Transação antes da sentença e dispensa das custas remanescentes.** Celebrada transação antes da sentença, as partes são dispensadas das custas remanescentes. Desse modo, o cálculo das custas levará em conta os atos processuais praticados até a homologação da transação (art. 90, § 3º).

**21. Redução dos honorários.** Quando o reconhecimento da procedência do pedido for acompanhado do cumprimento imediato da prestação exigida, os honorários de sucumbência serão reduzidos pela metade (art. 90, § 4º). Há, aí, um incentivo legal ao cumprimento imediato da prestação, pois, caso o réu o faça, terá a redução, pela metade, de sua condenação em honorários.

**22. Cumprimento de sentença contra a Fazenda Pública.** *"Em sede de cumprimento de sentença contra a Fazenda Pública não tem aplicabilidade o disposto no art. 90, § 4º, do Código de Processo Civil/2015, uma vez que há previsão específica de isenção de honorários em caso de ausência de impugnação, qual seja, o § 7º do art. 85 do mesmo diploma legal. Precedente: REsp 1.691.843/RS, Relator Ministro Og Fernandes, Segunda Turma, DJe 17.02.2020"* (STJ, 1ª Turma,

AgInt nos EDcl no REsp 1.767.600/RS, rel. Min. Benedito Gonçalves, *DJe* 10.9.2020).

> **Art. 91.** As despesas dos atos processuais praticados a requerimento da Fazenda Pública, do Ministério Público ou da Defensoria Pública serão pagas ao final pelo vencido.
> § 1º As perícias requeridas pela Fazenda Pública, pelo Ministério Público ou pela Defensoria Pública poderão ser realizadas por entidade pública ou, havendo previsão orçamentária, ter os valores adiantados por aquele que requerer a prova.
> § 2º Não havendo previsão orçamentária no exercício financeiro para adiantamento dos honorários periciais, eles serão pagos no exercício seguinte ou ao final, pelo vencido, caso o processo se encerre antes do adiantamento a ser feito pelo ente público.

▶ **1. Correspondência no CPC/1973.** *"Art. 27. As despesas dos atos processuais, efetuados a requerimento do Ministério Público ou da Fazenda Pública, serão pagas a final pelo vencido."*

## 🏛 LEGISLAÇÃO CORRELATA

**2. Lei 6.830/1980, art. 39.** *"Art. 39. A Fazenda Pública não está sujeita ao pagamento de custas e emolumentos. A prática dos atos judiciais de seu interesse independerá de preparo ou de prévio depósito. Parágrafo Único. Se vencida, a Fazenda Pública ressarcirá o valor das despesas feitas pela parte contrária."*

**3. Lei 7.347/1985, art. 18.** *"Art. 18. Nas ações de que trata esta lei, não haverá adiantamento de custas, emolumentos, honorários periciais e quaisquer outras despesas, nem condenação da associação autora, salvo comprovada má-fé, em honorários de advogado, custas e despesas processuais."*

**4. Lei 9.028/1995, art. 24-A.** *"Art. 24-A. A União, suas autarquias e fundações, são isentas de custas e emolumentos e demais taxas judiciárias, bem como de depósito prévio e multa em ação rescisória, em quaisquer foros e instâncias. Parágrafo único. Aplica-se o disposto neste artigo a todos os processos administrativos e judiciais em que for parte o Fundo de Garantia do Tempo de Serviço – FGTS, seja no polo ativo ou passivo, extensiva a isenção à pessoa jurídica que o representar em Juízo ou fora dele."*

**5. Lei 9.289/1996, art. 4º.** *"Art. 4º São isentos de pagamento de custas: I – a União, os Estados, os Municípios, os Territórios Federais, o Distrito Federal e as respectivas autarquias e fundações;*

*II – os que provarem insuficiência de recursos e os beneficiários da assistência judiciária gratuita; III – o Ministério Público; IV – os autores nas ações populares, nas ações civis públicas e nas ações coletivas de que trata o Código de Defesa do Consumidor, ressalvada a hipótese de litigância de má-fé. Parágrafo único. A isenção prevista neste artigo não alcança as entidades fiscalizadoras do exercício profissional, nem exime as pessoas jurídicas referidas no inciso I da obrigação de reembolsar as despesas judiciais feitas pela parte vencedora.”*

## ⚖ Jurisprudência, Enunciados e Súmulas Selecionados

- **6. Súmula STF, 236.** *“Em ação de acidente do trabalho, a autarquia seguradora não tem isenção de custas.”*
- **7. Tema/Repetitivo 396 STJ.** *“Ainda que a execução fiscal tenha sido ajuizada na Justiça Federal (o que afasta a incidência da norma inserta no artigo 1º, § 1º, da Lei 9.289/96), cabe à Fazenda Pública Federal adiantar as despesas com o transporte/condução/deslocamento dos oficiais de justiça necessárias ao cumprimento da carta precatória de penhora e avaliação de bens (processada na Justiça Estadual), por força do princípio hermenêutico* ubi eadem ratio ibi eadem legis dispositio.*”*
- **8. Tema/Repetitivo 510 STJ.** *“Não é possível se exigir do Ministério Público o adiantamento de honorários periciais em ações civis públicas. Ocorre que a referida isenção conferida ao Ministério Público em relação ao adiantamento dos honorários periciais não pode obrigar que o perito exerça seu ofício gratuitamente, tampouco transferir ao réu o encargo de financiar ações contra ele movidas. Dessa forma, considera-se aplicável, por analogia, a Súmula n. 232 desta Corte Superior ('A Fazenda Pública, quando parte no processo, fica sujeita à exigência do depósito prévio dos honorários do perito'), a determinar que a Fazenda Pública ao qual se acha vinculado o Parquet arque com tais despesas.”*
- **9. Tema/Repetitivo 1.001 STJ.** *“A teor dos arts. 27 e 511, § 1º, do revogado CPC/1973 (arts. 91 e 1.007, § 1º, do vigente CPC/15), o Instituto Nacional do Seguro Social – INSS, nos recursos de competência dos Tribunais de Justiça, está dispensado do prévio pagamento do porte de remessa e de retorno, enquanto parcela integrante do preparo, devendo recolher o respectivo valor somente ao final da demanda, acaso vencido.”*
- **10. Tema/Repetitivo 1.044 STJ.** *“Nas ações de acidente de trabalho, os honorários periciais,*

*adiantados pelo INSS, constituirão despesa a cargo do Estado, nos casos em que sucumbente a parte autora, beneficiária da isenção de ônus sucumbenciais, prevista no parágrafo único do artigo 129 da Lei 8.213/1991.”*
- **11. Tema/Repetitivo 1.054 STJ.** *“A teor do art. 39 da Lei 6.830/80, a fazenda pública exequente, no âmbito das execuções fiscais, está dispensada de promover o adiantamento de custas relativas ao ato citatório, devendo recolher o respectivo valor somente ao final da demanda, acaso resulte vencida.”*
- **12. Súmula STJ, 178.** *“O INSS não goza de isenção do pagamento de custas e emolumentos, nas ações acidentárias e de benefícios, propostas na Justiça Estadual.”*
- **13. Súmula STJ, 190.** *“Na execução fiscal, processada perante a Justiça Estadual, cumpre à Fazenda Pública antecipar o numerário destinado ao custeio das despesas com o transporte dos oficiais de justiça.”*
- **14. Súmula STJ, 232.** *“A Fazenda Pública, quando parte no processo, fica sujeita à exigência do depósito prévio dos honorários do perito.”*
- **15. Súmula STJ, 483.** *“O INSS não está obrigado a efetuar depósito prévio do preparo por gozar das prerrogativas e privilégios da Fazenda Pública.”*
- **16. Súmula TST, 25.** *“I – A parte vencedora na primeira instância, se vencida na segunda, está obrigada, independentemente de intimação, a pagar as custas fixadas na sentença originária, das quais ficara isenta a parte então vencida; II – No caso de inversão do ônus da sucumbência em segundo grau, sem acréscimo ou atualização do valor das custas e se estas já foram devidamente recolhidas, descabe um novo pagamento pela parte vencida, ao recorrer. Deverá ao final, se sucumbente, reembolsar a quantia; III – Não caracteriza deserção a hipótese em que, acrescido o valor da condenação, não houve fixação ou cálculo do valor devido a título de custas e tampouco intimação da parte para o preparo do recurso, devendo ser as custas pagas ao final; IV – O reembolso das custas à parte vencedora faz-se necessário mesmo na hipótese em que a parte vencida for pessoa isenta do seu pagamento, nos termos do art. 790-A, parágrafo único, da CLT.”*

## 🖩 Comentários Temáticos

**17. Alcance do art. 91.** O art. 91 refere-se a *despesas*, estabelecendo que elas somente serão pagas pela Fazenda Pública, pelo Ministério Público e pela Defensoria Pública ao final, se vencidas. O termo *despesa* abrange as *custas*, os *emolumentos* e as *despesas em sentido estrito*. As custas e os emolumentos – cuja natureza tributária é reconhecida pelo STF – constituem receita pública, não se devendo exigir da Fazenda Pública, do Ministério Público nem da Defensoria Pública o pagamento a tal título. Por sua vez, as *despesas em sentido estrito* consistem na remuneração de terceiras pessoas, que devem ser remuneradas pelos seus serviços, não sendo legítimo que laborem sem contraprestação ou assuma gastos por atuarem num processo judicial; é o caso, por exemplo, do perito, do transportador, do oficial de Justiça etc. Significa, então, que a Fazenda Pública, o Ministério Público e a Defensoria Pública estão dispensados do pagamento de custas e emolumentos, não estando liberados do dispêndio com as *despesas em sentido estrito*, de que são exemplos os honorários do perito, o transporte externo do oficial de Justiça e a postagem de comunicações processuais (essas duas últimas despesas são, bastas vezes, custeadas pelo próprio Judiciário, em convênio com empresas prestadoras de serviço, cujo pagamento decorre do volume de arrecadação das custas judiciais, ou mediante atividade do próprio Estado, quando, por exemplo, o transporte externo do oficial de Justiça é feito por veículo oficial, com combustível custeado pela própria Administração Pública. Nesses casos, não se deve exigir o pagamento de despesas judiciais pela Fazenda Pública, pelo Ministério Público ou pela Defensoria Pública, quando estes se apresentam em juízo).

**18. Pagamento ao final.** As custas e os emolumentos, devidos em razão de atos processuais praticados a requerimento da Fazenda Pública, do Ministério Público ou da Defensoria Pública, serão pagos ao final, pelo vencido.

**19. Antecipação do pagamento pelo adversário.** Cabe ao adversário da Fazenda Pública, do Ministério Público ou da Defensoria Pública arcar com as despesas dos atos que requerer, podendo vir a ser ressarcido do que despender, caso reste vitorioso ao final. A Fazenda Pública, o Ministério Público e a Defensoria Pública somente irão efetuar o dispêndio da importância concernente a custas e emolumentos, quando vencidos ou derrotados na demanda.

**20. Adiantamento dos honorários do perito.** *"O oficial de justiça e o perito não estão obrigados a custear, em favor da Fazenda Pública, as despesas necessárias para a execução dos atos*

*judiciais"* (STJ, 1ª Turma, REsp 238.596/RN, rel. Min. Garcia Vieira, *DJ* 08.03.2000, p. 88).

**21. Adiantamento de despesas com oficial de justiça.** *"No entendimento desta Corte, é inviável a imposição, ao serventuário, de obrigação não prevista em lei, mesmo que em benefício do ente estatal. É dever da Fazenda efetuar o depósito prévio da diligência do Oficial de Justiça"* (STJ, 2ª Turma, AREsp 1.733.796/SP, rel. Min. Herman Benjamin, *DJe* 14.4.2021).

**22. Dispensa de adiantamento de custas para a Fazenda Pública em execuções fiscais.** *"A teor do art. 39 da Lei 6.830/1980, a fazenda pública exequente, no âmbito das execuções fiscais, está dispensada de promover o adiantamento de custas relativas ao ato citatório, devendo recolher o respectivo valor somente ao final da demanda, acaso resulte vencida"* (STJ, 1ª Seção, REsp 1.858.965/SP, rel. Min. Sérgio Kukina, *DJe* 1º.10.2021)

> **Art. 92.** Quando, a requerimento do réu, o juiz proferir sentença sem resolver o mérito, o autor não poderá propor novamente a ação sem pagar ou depositar em cartório as despesas e os honorários a que foi condenado.

▶ **1. Correspondência no CPC/1973.** *"Art. 28. Quando, a requerimento do réu, o juiz declarar extinto o processo sem julgar o mérito (art. 267, § 2º), o autor não poderá intentar de novo a ação, sem pagar ou depositar em cartório as despesas e os honorários, em que foi condenado."*

⚖ **JURISPRUDÊNCIA, ENUNCIADOS E SÚMULAS SELECIONADOS**

• **2. Súmula STJ, 240.** *"A extinção do processo, por abandono da causa pelo autor, depende de requerimento do réu."*

▣ **COMENTÁRIOS TEMÁTICOS**

**3. Extinção por abandono da causa.** O processo pode ser extinto sem resolução do mérito, quando houver abandono da causa pelo autor (art. 485, III). A extinção, nesse caso, depende de requerimento do réu.

**4. Requisito para repropositura.** Extinto o processo sem resolução do mérito, a requerimento do réu, por abandono da causa pelo autor, a repropositura da demanda estará sujeita ao pagamento das despesas e dos honorários, sob pena de indeferimento da petição inicial. O fato deve ser certificado pelo distribuidor, sem prejuízo de o réu alegar em preliminar da contestação.

**LIVRO III · DOS SUJEITOS DO PROCESSO** **Art. 95**

**Art. 93.** As despesas de atos adiados ou cuja repetição for necessária ficarão a cargo da parte, do auxiliar da justiça, do órgão do Ministério Público ou da Defensoria Pública ou do juiz que, sem justo motivo, houver dado causa ao adiamento ou à repetição.

▶ **1. Correspondência no CPC/1973.** *"Art. 29. As despesas dos atos, que forem adiados ou tiverem de repetir-se, ficarão a cargo da parte, do serventuário, do órgão do Ministério Público ou do juiz que, sem justo motivo, houver dado causa ao adiamento ou à repetição."*

## ▣ COMENTÁRIOS TEMÁTICOS

**2. Causalidade.** Se o ato for aditado ou repetido, as despesas acrescidas com o adiamento ou com a repetição devem ser custeadas por quem lhes deu causa.

**3. Responsabilidade.** A responsabilidade pelas despesas adicionais surge em dois casos: pelo adiamento ou por repetição de atos, abrangendo os gastos com os atos que tiverem de ser adiados ou repetidos.

**4. Motivo.** Só haverá responsabilidade pelas despesas adicionais se o adiamento ou a repetição ocorrerem sem motivo justo.

**5. Abrangência subjetiva.** A regra atinge a parte, o auxiliar da justiça, o representante do Ministério Público, o defensor público e o juiz.

**6. Descumprimento de prazo pelo serventuário da justiça.** O serventuário que excede, sem motivo legítimo, os prazos estabelecidos em lei, poderá ser punido em processo administrativo regular (art. 233). Se esse descumprimento de prazo acarretar adiamento de ato processual, o servidor deverá arcar com os custos adicionais daí decorrentes.

**7. Ausência de testemunha na audiência.** A testemunha que, intimada, deixar de comparecer à audiência, sem motivo justificado, será conduzida e responderá pelas despesas do adiamento (art. 455, § 5º).

**Art. 94.** Se o assistido for vencido, o assistente será condenado ao pagamento das custas em proporção à atividade que houver exercido no processo.

▶ **1. Correspondência no CPC/1973.** *"Art. 32. Se o assistido ficar vencido, o assistente será condenado nas custas em proporção à atividade que houver exercido no processo."*

## ▣ COMENTÁRIOS TEMÁTICOS

**2. Abrangência do dispositivo.** O assistente assume o processo na fase em que se encontra (art. 119, parágrafo único), auxiliando o assistido. Sua atuação pode acrescer gastos no processo. Logo, vencido o assistido, o assistente será condenado ao pagamento das custas a que deu lugar sua intervenção; sua condenação há de ser feita, enfim, na proporção de sua atuação. O assistente não responde por honorários de sucumbência; apenas por custas ou despesas acrescidas com sua atuação.

**3. Assistência litisconsorcial.** O assistente litisconsorcial é considerado litisconsorte do assistido (art. 124), devendo-lhe aplicar-se o art. 87, e não o art. 94. Diferentemente do simples, o assistente litisconsorcial responde por honorários de sucumbência. O juiz deve, então, distribuir entre o assistente litisconsorcial e o assistido, de forma expressa, a responsabilidade proporcional pelo pagamento das despesas e dos honorários de sucumbência. Não o fazendo, eles responderão solidariamente pelas despesas e honorários de sucumbência.

**Art. 95.** Cada parte adiantará a remuneração do assistente técnico que houver indicado, sendo a do perito adiantada pela parte que houver requerido a perícia ou rateada quando a perícia for determinada de ofício ou requerida por ambas as partes.

§ 1º O juiz poderá determinar que a parte responsável pelo pagamento dos honorários do perito deposite em juízo o valor correspondente.

§ 2º A quantia recolhida em depósito bancário à ordem do juízo será corrigida monetariamente e paga de acordo com o art. 465, § 4º.

§ 3º Quando o pagamento da perícia for de responsabilidade de beneficiário de gratuidade da justiça, ela poderá ser:

I – custeada com recursos alocados no orçamento do ente público e realizada por servidor do Poder Judiciário ou por órgão público conveniado;

II – paga com recursos alocados no orçamento da União, do Estado ou do Distrito Federal, no caso de ser realizada por particular, hipótese em que o valor será fixado conforme tabela do tribunal respectivo ou, em caso de sua omissão, do Conselho Nacional de Justiça.

§ 4º Na hipótese do § 3º, o juiz, após o trânsito em julgado da decisão final, oficiará a Fazenda Pública para que promova, contra quem tiver sido condenado ao pagamento das despesas processuais, a execução dos valores gastos com a perícia particular ou com a utilização de servidor público ou da estrutura de órgão público, observando-se, caso o responsável pelo pagamento das despesas seja beneficiário de gratuidade da justiça, o disposto no art. 98, § 2º.

§ 5º Para fins de aplicação do § 3º, é vedada a utilização de recursos do fundo de custeio da Defensoria Pública.

▶ **1. Correspondência no CPC/1973.** *"Art. 33. Cada parte pagará a remuneração do assistente técnico que houver indicado; a do perito será paga pela parte que houver requerido o exame, ou pelo autor, quando requerido por ambas as partes ou determinado de ofício pelo juiz. Parágrafo único. O juiz poderá determinar que a parte responsável pelo pagamento dos honorários do perito deposite em juízo o valor correspondente a essa remuneração. O numerário, recolhido em depósito bancário à ordem do juízo e com correção monetária, será entregue ao perito após a apresentação do laudo, facultada a sua liberação parcial, quando necessária."*

## 🏛 Legislação Correlata

**2. CLT, art. 790-B, §§ 1º, 2º e 3º.** *"§ 1º Ao fixar o valor dos honorários periciais, o juízo deverá respeitar o limite máximo estabelecido pelo Conselho Superior da Justiça do Trabalho. § 2º O juízo poderá deferir parcelamento dos honorários periciais. § 3º O juízo não poderá exigir adiantamento de valores para realização de perícias."*

**3. Lei 7.347/1985, art. 18.** *"Art. 18. Nas ações de que trata esta lei, não haverá adiantamento de custas, emolumentos, honorários periciais e quaisquer outras despesas, nem condenação da associação autora, salvo comprovada má-fé, em honorários de advogado, custas e despesas processuais."*

**4. Lei 10.259/2001, art. 12, § 1º.** *"§ 1º Os honorários do técnico serão antecipados à conta de verba orçamentária do respectivo Tribunal e, quando vencida na causa a entidade pública, seu valor será incluído na ordem de pagamento a ser feita em favor do Tribunal."*

**5. Lei 13.876/2019, art. 1º.** *"Art. 1º O ônus pelos encargos relativos ao pagamento dos honorários periciais referentes às perícias judiciais realizadas em ações em que o Instituto Nacional do Seguro Social (INSS) figure como parte e se discuta a concessão de benefícios assistenciais à pessoa com deficiência ou benefícios previdenciários decorrentes de incapacidade laboral ficará a cargo do vencido, nos termos da legislação processual civil, em especial do § 3º do art. 98 da Lei nº 13.105, de 16 de março de 2015 (Código de Processo Civil). § 1º Aplica-se o disposto no caput deste artigo aos processos que tramitam na Justiça Estadual, no exercício da competência delegada pela Justiça Federal. § 2º Ato conjunto do Conselho da Justiça Federal e do Ministério da Economia fixará os valores dos honorários periciais e os procedimentos necessários ao cumprimento do disposto neste artigo. § 3º (Revogado). § 4º O pagamento dos honorários periciais limita-se a 1 (uma) perícia médica por processo judicial, e, excepcionalmente, caso determinado por instâncias superiores do Poder Judiciário, outra perícia poderá ser realizada."*

**6. Res. 232/2016 CNJ, art. 1º.** *"Art. 1º Os valores a serem pagos pelos serviços de perícia de responsabilidade de beneficiário da gratuidade da justiça são os fixados na Tabela constante do Anexo desta Resolução, na hipótese do art. 95, § 3º, II, do Código de Processo Civil."*

**7. Res. 232/2016 CNJ, art. 2º.** *"Art. 2º O magistrado, em decisão fundamentada, arbitrará os honorários do profissional ou do órgão nomeado para prestar os serviços nos termos desta Resolução, observando-se, em cada caso: I – a complexidade da matéria; II – o grau de zelo e de especialização do profissional ou do órgão; III – o lugar e o tempo exigidos para a prestação do serviço; IV – as peculiaridades regionais. § 1º O pagamento dos valores de que trata este artigo e do referente à perícia de responsabilidade de beneficiário da gratuidade da justiça será efetuado com recursos alocados no orçamento da União, do Estado ou do Distrito Federal. § 2º Quando o valor dos honorários for fixado em montante superior aos definidos em tabela oficial, seu pagamento, a ser realizado pelos cofres públicos, estará limitado àqueles valores estabelecidos pelo Tribunal ou, na sua falta, pelo CNJ, conforme anexo. § 3º Em sendo o beneficiário da justiça gratuita vencedor na demanda, a parte contrária, caso não seja beneficiária da assistência judiciária, deverá arcar com o pagamento integral dos honorários periciais arbitrados. § 4º O juiz, ao fixar os honorários, poderá ultrapassar o limite fixado na tabela em até 5 (cinco) vezes, desde que de forma fundamentada. § 5º Os valores constantes da tabela anexa serão reajustados, anualmente, no mês de janeiro, pela variação do IPCA-E."*

**8. Res. 232/2016 CNJ, art. 2º-A.** *"Art. 2º-A O arbitramento dos honorários relativos à perícia antropológica ocorrerá por decisão fundamentada e observará os requisitos, parâmetros e diretrizes previstos nas Resoluções CNJ nº 287/2019, nº 299/2019 e nº 454/2022, para os processos judiciais envolvendo direitos de pessoas, comunidades* *ou povos indígenas. § 1º A autoridade judicial apreciará proposta de honorários elaborada pelo perito ou pela perita, que conterá a sua qualificação completa e plano de trabalho que descreva a complexidade do caso, as peculiaridades regionais, o cronograma de atividades a serem desenvolvidas, o tempo dedicado para atividades de campo e de escritório e a previsão dos custos necessários, inclusive com o eventual deslocamento. § 2º A proposta de honorários apresentada poderá ser excepcionalmente aditada por decisão fundamentada da autoridade judicial, a pedido do perito ou da perita, diante de informações posteriores que demonstrem a impossibilidade de conclusão do trabalho conforme o plano inicialmente previsto. § 3º O arbitramento dos honorários necessários à perícia antropológica compreenderá os custos com deslocamento acrescidos dos valores da totalidade das diárias necessárias, conforme o plano de trabalho aprovado pela autoridade judicial. § 4º As diárias serão arbitradas conforme a qualificação do perito ou da perita e observarão, como limite individual máximo, o montante das diárias devidas aos magistrados e magistradas e, como mínimo, o montante das diárias devidas aos servidores de nível superior, do respectivo tribunal."*

### ⚖ Jurisprudência, Enunciados e Súmulas Selecionados

**9. Tema/Repetitivo 671 STJ.** *"Na liquidação por cálculos do credor, descabe transferir do exequente para o executado o ônus do pagamento de honorários devidos ao perito que elabora a memória de cálculos."*

**10. Tema/Repetitivo 1.044, STJ.** *"Nas ações de acidente de trabalho, os honorários periciais, adiantados pelo INSS, constituirão despesa a cargo do Estado, nos casos em que sucumbente a parte autora, beneficiária da isenção de ônus sucumbenciais, prevista no parágrafo único do art. 129 da Lei 8.213/91."*

**11. Súmula STJ, 232.** *"A Fazenda Pública, quando parte no processo, fica sujeita à exigência do depósito prévio dos honorários do perito."*

**12. Súmula TST, 341.** *"A indicação do perito assistente é faculdade da parte, a qual deve responder pelos respectivos honorários, ainda que vencedora no objeto da perícia."*

**13. Súmula TST, 457.** *"A União é responsável pelo pagamento dos honorários de perito quando a parte sucumbente no objeto da perícia for beneficiária da assistência judiciária gratuita, observado o procedimento disposto nos arts. 1º, 2º e*

*5º da Resolução nº 66/2010 do Conselho Superior da Justiça do Trabalho – CSJT."*

**14. Enunciado 622 do FPPC.** *"A execução prevista no § 4º do art. 95 também está sujeita à condição suspensiva de exigibilidade prevista no § 3º do art. 98."*

### 🖳 Comentários Temáticos

**15. Honorários dos assistentes técnicos.** Cada parte deve adiantar a remuneração de seu respectivo assistente técnico, devendo ser ressarcida ao final pelo vencido (art. 82, § 2º).

**16. Honorários do perito.** Os honorários periciais devem ser adiantados pela parte que requereu a perícia. Seu valor será igualmente rateado pelas partes, quando a perícia tiver sido determinada pelo juiz de ofício ou requerida conjuntamente por ambas as partes. O art. 95 excepciona a regra geral do art. 82, § 1º, segundo a qual é do autor a responsabilidade pelo adiantamento do custeio das despesas dos atos determinados de ofício pelo juiz ou requeridos pelo Ministério Público como fiscal da ordem jurídica.

**17. Honorários provisórios e honorários definitivos.** O juiz pode arbitrar honorários periciais provisórios ou definitivos. Estes arcam com toda remuneração e não podem ser revistos, enquanto aqueles destinam-se apenas a parte da remuneração, podendo ter seu valor reavaliado depois da entrega do laudo e da apresentação de esclarecimentos eventualmente solicitados.

**18. Depósito imediato dos honorários periciais.** O juiz pode determinar o depósito imediato dos honorários periciais, cujo valor será entregue ao perito a apresentação do laudo, podendo autorizar que o perito levante até 50% antes da realização da perícia (art. 465, § 4º). Autorizado o levantamento de parte dos honorários, o restante só será entregue ao perito depois da apresentação do laudo e dos esclarecimentos eventualmente solicitados.

**19. Negócio jurídico sobre honorários do perito.** As partes, antes ou durante o processo, podem convencionar diversamente sobre a responsabilidade pelo pagamento dos honorários do perito, podendo uma delas assumir o ônus integral ou repartirem de forma diversa da prevista em lei.

**20. Gratuidade da justiça.** O beneficiário da justiça gratuita está isento de custas e despesas processuais, aí incluídas as despesas relativas à perícia (art. 98, § 1º, V, VI e VII). Nesses casos, a perícia poderá ser custeada com recursos

# Art. 96 CÓDIGO DE PROCESSO CIVIL COMENTADO – *Leonardo Carneiro da Cunha*

alocados no orçamento do ente público e realizada por servidor do Poder Judiciário ou por órgão público conveniado, ou poderá ser paga com recursos alocados no orçamento da União, do Estado ou do Distrito Federal, no caso de ser realizada por particular, hipótese em que o valor será fixado conforme tabela do tribunal respectivo ou, em caso de sua omissão, do CNJ.

**21. Limitação da responsabilidade do ente público à tabela do CNJ.** *"A responsabilidade do Estado pelo custeio dos honorários de perito nos casos de assistência judiciária gratuita está limitada pelo art. 95, § 2º, do Código de Processo Civil, bem como pela Resolução do Conselho Nacional de Justiça – CNJ 232/2016, que estabelecem a aplicação da tabela de honorários do respectivo Tribunal ou, na ausência, da tabela do Conselho Nacional de Justiça. 2. A limitação diz respeito unicamente à responsabilidade financeira do Estado, que não retira a responsabilidade do sucumbente quanto a eventual verba honorária remanescente, sendo aplicada a suspensão legal do crédito nos termos da lei (art. 98, §§ 2º e 3º, do Código de Processo Civil)"* (STJ, 4ª Turma, RMS 61.105/MS, rel. Min. Maria Isabel Gallotti, *DJe* 13.12.2019).

**22. Gratuidade e sucumbência.** A gratuidade da justiça não afasta a responsabilidade do seu beneficiário pelas verbas de sucumbência (art. 98, § 2º).

**23. Fazenda Pública, Ministério Público e Defensoria Pública.** O art. 95 não menciona a Fazenda Pública, o Ministério Público nem a Defensoria Pública, pois as perícias por estes requeridas devem ser custeadas na forma dos §§ do art. 91.

**24. Vedação de recursos da Defensoria Pública.** A Defensoria Pública goza de autonomia administrativa, podendo apresentar sua proposta orçamentária (CF, art. 134, § 2º). Seu orçamento não pode, contudo, ser comprometido com o custeio de perícias judiciais.

**25. Descabimento de agravo de instrumento contra decisão relativa ao custeio de honorários periciais.** *"Cumpre destacar que a conclusão adotada na origem está em consonância com a jurisprudência desta Corte Superior, no sentido de que as pretensões voltadas contra a atribuição de encargos referentes ao custeio da prova não são passíveis de discussão pela via do agravo de instrumento, circunstância que atrai a aplicação da Súmula 83/STJ (AREsp 1.584.425/RS, Rel. Min. Maria Isabel Gallotti, publicada em 21.11.2019)"* (STJ, 4ª Turma, AgInt no REsp 1.846.088/RJ, rel. Min. Antonio Carlos Ferreira, *DJe* 09.12.2020).

**26. Descabimento de mandado de segurança contra adiantamento de honorários periciais.** *"IV. A jurisprudência do STJ é assente no sentido de que o Mandado de Segurança contra ato judicial é medida excepcional, admissível somente nas hipóteses em que se verifica de plano decisão teratológica, ilegal ou abusiva, contra a qual não caiba recurso com efeito suspensivo. V. No caso, ainda que o ato judicial tido como coator não seja impugnável mediante Agravo de Instrumento, em consonância com o previsto no art. 1.015 do CPC/2015, as questões decididas na fase de conhecimento que não comportarem o referido recurso não são cobertas pela preclusão e devem ser suscitadas em preliminar de apelação ou nas contrarrazões, na forma do art. 1.009, § 1º, do CPC/2015. VI. A tese firmada, em sede de recurso representativo da controvérsia, no sentido de que 'o rol do art. 1.015 do CPC é de taxatividade mitigada, por isso admite a interposição de agravo de instrumento quando verificada a urgência decorrente da inutilidade do julgamento da questão no recurso de apelação' (STJ, REsp 1.696.396/MT, Rel. Ministra Nancy Andrighi, Corte Especial, DJe de 19.12.2018), não altera o entendimento expendido, na decisão agravada, uma vez que, no presente caso, não se verifica prejuízo, pelo reexame da questão no recurso de apelação. Indemonstrada, na hipótese, decisão judicial teratológica ou flagrantemente ilegal"* (STJ, 2ª Turma, AgInt no RMS 61.596/MS, rel. Min. Assusete Magalhães, *DJe* 22.09.2020).

**Art. 96.** O valor das sanções impostas ao litigante de má-fé reverterá em benefício da parte contrária, e o valor das sanções impostas aos serventuários pertencerá ao Estado ou à União.

▶ **1. Correspondência no CPC/1973.** *"Art. 35. As sanções impostas às partes em consequência de má-fé serão contadas como custas e reverterão em benefício da parte contrária; as impostas aos serventuários pertencerão ao Estado."*

## COMENTÁRIOS TEMÁTICOS

**2. Sanção.** O litigante de má-fé sujeita-se à multa prevista no art. 81.

**3. Titular dos valores.** A condenação da parte em multa por litigância de má-fé reverte em benefício da parte contrária (art. 96). A parte que se prejudicou o ato de litigância de má-fé pelo seu adversário deverá auferir o resultado da multa imposta pelo juiz.

**4. Sanções impostas aos serventuários.** As multas impostas aos serventuários da justiça re-

## LIVRO III · DOS SUJEITOS DO PROCESSO — Art. 98

vertem em favor do Estado, se o processo tramita na Justiça Estadual, ou à União, se o processo tramita na Justiça Federal, do Trabalho, Eleitoral ou Militar.

> **Art. 97.** A União e os Estados podem criar fundos de modernização do Poder Judiciário, aos quais serão revertidos os valores das sanções pecuniárias processuais destinadas à União e aos Estados, e outras verbas previstas em lei.

▶ **1. Sem correspondência no CPC/1973.**

### 🖳 COMENTÁRIOS TEMÁTICOS

**2. Atos atentatórios à dignidade da justiça.** Os atos atentatórios à dignidade da justiça (art. 77, IV e VI) são punidos com a imposição de multa processual de até 20% do valor da causa. Quando o valor da causa for inexpressivo, o juiz poderá fixar a multa em até 10 salários mínimos (art. 77, §§ 2º e 5º). O valor da multa deve ser proporcional e adequado para reprimir a conduta.

**3. Inscrição em dívida ativa.** A falta de pagamento da multa imposta pela prática de ato atentatório à dignidade da justiça no prazo fixado pelo juiz acarreta a inscrição do valor em dívida ativa da União ou do Estado. A inscrição em dívida ativa somente poderá ocorrer depois do trânsito em julgado da decisão que fixou a multa.

**4. Destinação.** Os valores inscritos em dívida ativa e executados pela União ou pelo Estado serão revertidos para os fundos de modernização do Poder Judiciário (art. 97). Além das multas impostas pela conduta atentatória à dignidade da justiça, os fundos poderão ser compostos por outros valores, a serem previstos em lei.

### ⚖ JURISPRUDÊNCIA, ENUNCIADOS E SÚMULAS SELECIONADOS

• **5. Impossibilidade de repasse do valor do fundo ao Poder Executivo.** *"1. Os recursos de fundos especiais, a exemplo do Fundo Especial de Reaparelhamento e Modernização do Poder Judiciário, possuem destinação específica ou estão vinculados à finalidade definida na lei que o institui. 2. Diante disso, dar outra destinação aos recursos desse fundo, ou usar tais recursos com objetivos outros, como para pagamento de despesas públicas ordinárias do Poder Executivo Estadual, configura desvio de finalidade e viola a Constituição Federal, a Lei de Responsabilidade Fiscal, a Lei Federal 4.320/1964 e a Lei Estadual 12.986/1996"* (CNJ, 6ª Sessão

Virtual, PP 0004331-64.2014.2.00.0000, rel. Cons. Carlos Eduardo Dias, j. 23.02.2016).

## Seção IV
## Da Gratuidade da Justiça

> **Art. 98.** A pessoa natural ou jurídica, brasileira ou estrangeira, com insuficiência de recursos para pagar as custas, as despesas processuais e os honorários advocatícios tem direito à gratuidade da justiça, na forma da lei.
>
> § 1º A gratuidade da justiça compreende:
> I – as taxas ou as custas judiciais;
> II – os selos postais;
> III – as despesas com publicação na imprensa oficial, dispensando-se a publicação em outros meios;
> IV – a indenização devida à testemunha que, quando empregada, receberá do empregador salário integral, como se em serviço estivesse;
> V – as despesas com a realização de exame de código genético – DNA e de outros exames considerados essenciais;
> VI – os honorários do advogado e do perito e a remuneração do intérprete ou do tradutor nomeado para apresentação de versão em português de documento redigido em língua estrangeira;
> VII – o custo com a elaboração de memória de cálculo, quando exigida para instauração da execução;
> VIII – os depósitos previstos em lei para interposição de recurso, para propositura de ação e para a prática de outros atos processuais inerentes ao exercício da ampla defesa e do contraditório;
> IX – os emolumentos devidos a notários ou registradores em decorrência da prática de registro, averbação ou qualquer outro ato notarial necessário à efetivação de decisão judicial ou à continuidade de processo judicial no qual o benefício tenha sido concedido.
>
> § 2º A concessão de gratuidade não afasta a responsabilidade do beneficiário pelas despesas processuais e pelos honorários advocatícios decorrentes de sua sucumbência.
>
> § 3º Vencido o beneficiário, as obrigações decorrentes de sua sucumbência ficarão sob condição suspensiva de exigibilidade e somente poderão ser executadas se, nos 5 (cinco) anos subsequentes ao trânsito em julgado da decisão que as certificou, o credor demonstrar que deixou de existir a situação de insuficiência de recursos que justificou a concessão de gratuidade, extin-

guindo-se, passado esse prazo, tais obrigações do beneficiário.

§ 4º A concessão de gratuidade não afasta o dever de o beneficiário pagar, ao final, as multas processuais que lhe sejam impostas.

§ 5º A gratuidade poderá ser concedida em relação a algum ou a todos os atos processuais, ou consistir na redução percentual de despesas processuais que o beneficiário tiver de adiantar no curso do procedimento.

§ 6º Conforme o caso, o juiz poderá conceder direito ao parcelamento de despesas processuais que o beneficiário tiver de adiantar no curso do procedimento.

§ 7º Aplica-se o disposto no art. 95, §§ 3º a 5º, ao custeio dos emolumentos previstos no § 1º, inciso IX, do presente artigo, observada a tabela e as condições da lei estadual ou distrital respectiva.

§ 8º Na hipótese do § 1º, inciso IX, havendo dúvida fundada quanto ao preenchimento atual dos pressupostos para a concessão de gratuidade, o notário ou registrador, após praticar o ato, pode requerer, ao juízo competente para decidir questões notariais ou registrais, a revogação total ou parcial do benefício ou a sua substituição pelo parcelamento de que trata o § 6º deste artigo, caso em que o beneficiário será citado para, em 15 (quinze) dias, manifestar-se sobre esse requerimento.

▶ **1. Sem correspondência no CPC/1973.**

## 🏛 Legislação Correlata

**2. CF, art. 5º, XXXV.** *"XXXV – a lei não excluirá da apreciação do Poder Judiciário lesão ou ameaça a direito;"*

**3. CF, art. 5º, LXXIV.** *"LXXIV – o Estado prestará assistência jurídica integral e gratuita aos que comprovarem insuficiência de recursos."*

**4. CF, art. 134.** *"Art. 134. A Defensoria Pública é instituição permanente, essencial à função jurisdicional do Estado, incumbindo-lhe, como expressão e instrumento do regime democrático, fundamentalmente, a orientação jurídica, a promoção dos direitos humanos e a defesa, em todos os graus, judicial e extrajudicial, dos direitos individuais e coletivos, de forma integral e gratuita, aos necessitados, na forma do inciso LXXIV do art. 5º desta Constituição Federal."*

**5. CDC, art. 5º, I.** *"Art. 5º Para a execução da Política Nacional das Relações de Consumo, contará o poder público com os seguintes instrumentos, entre outros: I – manutenção de assistência jurídica, integral e gratuita para o consumidor carente."*

**6. Lei 1.060/1950, art. 1º.** *"Art. 1º Os poderes públicos federal e estadual, independente da colaboração que possam receber dos municípios e da Ordem dos Advogados do Brasil – OAB, concederão assistência judiciária aos necessitados nos termos da presente Lei."*

**7. CPC, art. 1.072, III.** *"Art. 1.072. Revogam-se: (...) III – os arts. 2º, 3º, 4º, 6º, 7º, 11, 12 e 17 da Lei nº 1.060, de 5 de fevereiro de 1950."*

**8. Lei 1.060/1950, art. 9º.** *"Art. 9º Os benefícios da assistência judiciária compreendem todos os atos do processo até decisão final do litígio, em todas as instâncias."*

**9. Lei 1.060/1950, art. 13.** *"Art. 13. Se o assistido puder atender, em parte, as despesas do processo, o Juiz mandará pagar as custas que serão rateadas entre os que tiverem direito ao seu recebimento."*

**10. Lei 8.212/1991, art. 68-A.** *"Art. 68-A. A lavratura de procuração pública e a emissão de sua primeira via para fins exclusivos de recebimento de benefícios previdenciários ou assistenciais administrados pelo INSS são isentas do pagamento das custas e dos emolumentos."*

**11. Lei 9.099/1995, art. 9º, § 1º.** *"§ 1º Sendo facultativa a assistência, se uma das partes comparecer assistida por advogado, ou se o réu for pessoa jurídica ou firma individual, terá a outra parte, se quiser, assistência judiciária prestada por órgão instituído junto ao Juizado Especial, na forma da lei local."*

**12. Lei 10.257/2001, art. 12, § 2º.** *"Art. 12. São partes legítimas para a propositura da ação de usucapião especial urbana: (...) § 2º O autor terá os benefícios da justiça e da assistência judiciária gratuita, inclusive perante o cartório de registro de imóveis."*

**13. Res. 35/2007 CNJ, art. 6º.** *"Art. 6º A gratuidade prevista na norma adjetiva compreende as escrituras de inventário, partilha, separação e divórcio consensuais."*

**14. Res. 35/2007 CNJ, art. 7º.** *"Art. 7º Para a obtenção da gratuidade pontuada nesta norma, basta a simples declaração dos interessados de que não possuem condições de arcar com os emolumentos, ainda que as partes estejam assistidas por advogado constituído."*

## ⚖ Jurisprudência, Enunciados e Súmulas Selecionados

• **15. Súmula STF, 223.** *"Concedida isenção de custas ao empregado, por elas não responde o sindicato que o representa em juízo."*

**LIVRO III · DOS SUJEITOS DO PROCESSO** **Art. 98**

- **16. Tema/Repetitivo 672 STJ.** *"Se o credor for beneficiário da gratuidade da justiça, pode-se determinar a elaboração dos cálculos pela contadoria judicial."*

- **17. Tema/Repetitivo 1.044, STJ.** *"Nas ações de acidente de trabalho, os honorários periciais, adiantados pelo INSS, constituirão despesa a cargo do Estado, nos casos em que sucumbente a parte autora, beneficiária da isenção de ônus sucumbenciais, prevista no parágrafo único do art. 129 da Lei 8.213/91."*

- **18. Súmula STJ, 481.** *"Faz jus ao benefício da justiça gratuita a pessoa jurídica com ou sem fins lucrativos que demonstrar sua impossibilidade de arcar com os encargos processuais."*

- **19. Súmula TST, 86.** *"Não ocorre deserção de recurso da massa falida por falta de pagamento de custas ou de depósito do valor da condenação. Esse privilégio, todavia, não se aplica à empresa em liquidação extrajudicial."*

- **20. Enunciado 113 do FPPC.** *"Na Justiça do Trabalho, o empregador pode ser beneficiário da gratuidade da justiça, na forma do art. 98."*

- **21. Enunciado 385 do FPPC.** *"Havendo risco de perecimento do direito, o poder do juiz de exigir do autor a comprovação dos pressupostos legais para a concessão da gratuidade não o desincumbe do dever de apreciar, desde logo, o pedido liminar de tutela de urgência."*

- **22. Enunciado 612 do FPPC.** *"Cabe agravo de instrumento contra decisão interlocutória que, apreciando pedido de concessão integral da gratuidade da Justiça, defere a redução percentual ou o parcelamento de despesas processuais."*

- **23. Enunciado 622 do FPPC.** *"A execução prevista no § 4º do art. 95 também está sujeita à condição suspensiva de exigibilidade prevista no § 3º do art. 98."*

- **24. Enunciado 623 do FPPC.** *"O deferimento de gratuidade de justiça não afasta a imposição de multas processuais, mas apenas dispensa sua exigência como condição para interposição de recursos."*

- **25. Enunciado 624 do FPPC.** *"As regras que dispõem sobre a gratuidade da justiça e sua impugnação são aplicáveis ao procedimento de mediação e conciliação judicial."*

- **26. Enunciado 171 da III Jornada-CJF.** *"O rol do § 1º do art. 98 do CPC é meramente exemplificativo, podendo englobar outras isenções, desde que sejam necessárias para garantir o acesso à justiça ao destinatário da gratuidade de justiça."*

## ▣ COMENTÁRIOS TEMÁTICOS

**27. Acesso à justiça e assistência jurídica integral.** O custo do processo é um obstáculo sério, que cotidianamente impede o acesso à ordem jurídica, na medida em que segrega aqueles que não têm recursos financeiros suficientes para arcar com os custos de um processo judicial, tampouco têm como contratar profissional habilitado a postular em juízo, em seu nome. Para transpor esse óbice financeiro, o Estado garante ao cidadão carente de recursos econômicos os meios necessários para o livre acesso à justiça.

**28. Justiça gratuita, assistência judiciária e assistência jurídica.** Os conceitos de justiça gratuita, de assistência judiciária e de assistência jurídica são distintos: *(a)* justiça gratuita, ou benefício da gratuidade, ou ainda gratuidade judiciária, consiste na dispensa da parte do adiantamento de todas as despesas, judiciais ou não, diretamente vinculadas ao processo; *(b)* assistência judiciária é o patrocínio gratuito da causa por advogado público (ex.: defensor público) ou particular (entidades conveniadas ou não com o Poder Público, por exemplo, os núcleos de prática jurídica das faculdades de direito); *(c)* assistência jurídica compreende, além do que já foi dito, a prestação de serviços jurídicos extrajudiciais (por exemplo, a distribuição, por órgão do Estado, de cartilha contendo os direitos básicos do consumidor); trata-se de direito bem abrangente.

**29. Institutos distintos.** A justiça gratuita, a assistência judiciária e a assistência jurídica são institutos distintos. O deferimento de um deles não condiciona nem está condicionado ao deferimento do outro. O fato de a parte não estar assistida por defensor público não a impede de pleitear e ter deferido o benefício da gratuidade. Por isso, a representação por advogado particular não pode ser tomada como prova da capacidade financeira da parte, a impedir a concessão do mencionado benefício. Basta pensar na possibilidade de o advogado ter sido contratado para receber remuneração apenas em caso de êxito na demanda, ou mesmo de atuar na causa por caridade.

**30. A assistência judiciária como função a ser exercida primordialmente pela Defensoria Pública.** Se o acesso à justiça constitui uma garantia fundamental (CF, art. 5º, XXXV), cumpre ao Estado prestar assistência jurídica integral e gratuita aos que comprovarem insuficiência de recursos (CF, art. 5º, LXXIV). É nesse contexto que se insere a Defensoria Pública (CF, art. 134). Os defensores públicos são, exatamente, os advogados públicos oferecidos pelo Estado a pessoas carentes. Eles integram esse importante órgão estatal: a Defensoria Pública.

**31. Inexistência de exclusividade.** *"De acordo com o entendimento desta Corte e também do Supremo Tribunal Federal, a Defensoria Pública não detém a exclusividade do exercício de defesa daqueles que não têm meios financeiros para contratar advogado, assim como não existe direito subjetivo do acusado de ser defendido pela Defensoria Pública"* (STJ, 6ª Turma, AgRg no RHC 113.707/BA, rel. Min. Nefi Cordeiro, *DJe* 04.02.2020).

**32. Hipossuficiência não presumida.** *"Esta Corte Superior de Justiça firmou entendimento no sentido de que a simples circunstância do patrocínio da causa pela Defensoria Pública não faz presumir a hipossuficiência econômica do representado, não podendo ser presumida a concessão da gratuidade de justiça. Precedentes"* (STJ, 4ª Turma, AgInt no AREsp 1.517.705/PE, rel. Min. Marco Buzzi, *DJe* 03.02.2020).

**33. Núcleo de Prática Jurídica.** *"O patrocínio da causa pela Defensoria Pública, ou, no caso, por Núcleo de Prática Jurídica não implica, automaticamente, na concessão dos benefícios da assistência judiciária gratuita, sendo indispensável o preenchimento dos requisitos previstos em lei"* (STJ, 5ª Turma, AgRg no AREsp 729.768/DF, rel. Min. Reynaldo Soares da Fonseca, *DJe* 30.4.2018).

**34. Custos e litigância temerária.** Os custos e os riscos financeiros do processo contribuem para a litigância temerária. Dispensar as partes de custos e riscos financeiros aumentaria exponencialmente o número de litígios, por estimular demandas temerárias.

**35. Modalidades de gratuidade da justiça.** O benefício da gratuidade compreende as seguintes modalidades: *(a)* isenção total: o beneficiário libera-se de todo o custo do processo (art. 98, § 1º, I a IX); *(b)* isenção parcial: o beneficiário goza da gratuidade em relação a algum dos atos processuais, como os honorários do perito ou a publicação de um edital (art. 98, § 5º, primeira parte); *(c)* isenção remissória: o beneficiário tem reduzidas percentualmente as despesas processuais; não há redução em relação a um ato específico do processos, mas a todos eles, ficando o saldo postergado para o fim do processo (art. 98, § 5º, *in fine*); *(d)* isenção diferida: diferimento ou parcelamento do valor das despesas processuais (art. 98, § 6º).

**36. Objeto da gratuidade.** O benefício da gratuidade consiste em isentar o beneficiário do dever de antecipar as despesas dos atos processuais que deve praticar. Assim, a gratuidade abrange a dispensa do pagamento de *(a)* taxas e custas judiciais; *(b)* despesas postais; *(c)* despesas com a extração de cópias; *(d)* publicações de atos no Diário Oficial, dispensados por outros meios (art. 98, § 1º, III); *(e)* indenizações devidas às testemunhas, compreendendo a condução, a estada e a hospedagem (arts. 98, § 1º, IV, e 462); *(f)* despesas periciais e remuneração dos auxiliares do juízo (art. 98, § 1º, V, VI e VII); *(g)* os honorários do advogado, salvo acerto em contrário; *(h)* depósito para ajuizamento da ação rescisória (arts. 98, § 1º, VIII, e 968, II); *(i)* depósito do valor da multa aplicada em caso de embargos de declaração protelatórios (arts. 98, § 1º, VIII, e 1.026, § 3º); *(j)* o pagamento ou depósito da sucumbência do processo anterior, extinto sem resolução do mérito (arts. 98, § 1º, VIII, e 92).

**37. Caução do art. 83.** O autor, nacional ou estrangeiro, que não resida no Brasil e aqui não tenha imóveis, terá de prestar caução para propor sua demanda judicial. Se, porém, for beneficiário da gratuidade da justiça, não precisará prestar caução.

**38. Sucumbência do beneficiário da justiça gratuita.** *"Os efeitos da concessão da gratuidade judiciária não incluem a isenção da responsabilidade do beneficiário pelas despesas processuais e pelos honorários decorrentes da sua sucumbência, apenas a sua exigibilidade ficando suspensa por cinco anos, contados do trânsito em julgado, e condicionada à demonstração pelo credor de que deixou de existir a situação de insuficiência de recursos. Inteligência do art. 98, §§ 2º e 3º, do CPC/2015"* (STJ, 2ª Turma, EDcl no AREsp 1.422.681/ES, rel. Min. Mauro Campbell Marques, *DJe* 21.05.2019).

**39. Memória de cálculo para o cumprimento de sentença.** Se o exequente for beneficiário da justiça gratuita, pode pedir que o seu demonstrativo (art. 524) seja elaborado por contabilista judicial (arts. 95, § 3º, I, e 98, § 1º, VII).

**40. Direito à elaboração de cálculos pela contadoria judicial.** *"Esta Corte consolidou jurisprudência no sentido de que o beneficiário da assistência judiciária gratuita tem direito à elaboração de cálculos pela Contadoria Judicial, independentemente de sua complexidade"* (STJ, 2ª Turma, REsp 1.725.731/RS, rel. Min. Og Fernandes, *DJe* 07.11.2019).

**41. Despesas extraprocessuais.** O benefício da gratuidade abrange as despesas cuja causa não seja atos processuais, mas sua efetivação ou em decorrência do resultado do processo.

Nesse sentido, a gratuidade compreende os emolumentos devidos a notários e registradores em decorrência da prática de registro, averbação ou qualquer outro ato notarial necessário à efetivação de decisão judicial ou à continuidade de processo judicial no qual o benefício tenha sido concedido.

**42.** **Gratuidade na usucapião especial urbana.** *"O art. 12, § 2º, da Lei 10.257/2001 – que assegura aos autores da ação de usucapião especial urbana os benefícios da justiça e da assistência judiciária, incluindo-se aí as despesas perante o cartório de registro imobiliário – deve ser interpretado em conjunto e harmonia com as disposições da Lei 1.060/1950 e, a partir de 18 de março de 2016, do Código de Processo Civil de 2015"* (STJ, 3ª Turma, REsp 1.517.822/SP, rel. Min. Ricardo Villas Bôas Cueva, *DJe* 24.2.2017).

**43.** **Certidão da Junta Comercial.** *"A gratuidade da justiça abrange a isenção do recolhimento das custas e despesas elencadas no art. 98, § 1º, do CPC/2015, além de outros valores previstos em normas esparsas do diploma processual. Os emolumentos devidos à Juntas Comerciais não estão contemplados nesse rol e os serviços por elas desempenhados não se confundem com aqueles prestados pelos notários e registradores de imóveis, de modo que não é possível aplicar, por analogia, o disposto no art. 98, § 1º, IX, do CPC/2015. Ademais, as isenções de preços de serviços das Juntas Comerciais se restringem às hipóteses legais (art. 55, § 1º, da Lei nº 8.934/1994). 5. A parte que pretender a obtenção de certidão emitida por Junta Comercial deverá fazer o requerimento diretamente à entidade. Poderá haver a dispensa no pagamento dos emolumentos devidos, se preenchidos os pressupostos exigidos para a concessão de eventual isenção prevista em lei do respectivo Estado. Não cabe ao Poder Judiciário, como regra geral, substituir a parte autora nas diligências que lhe são cabíveis para obter determinada prestação jurisdicional. A requisição judicial não se revela necessária, à medida em que não se trata de informação resguardada por sigilo ou, por outra razão, restrita a terceiro, cuidando-se de dados disponíveis ao público em geral (art. 29 da Lei nº 8.934/1994)"* (STJ, 3ª Turma, REsp 2.060.489/MG, rel. Min. Nancy Andrighi, *DJe* 23.6.2023).

**44.** **Suscitação de dúvida.** O notário ou registrador pode suscitar dúvida ao juiz: após praticar o ato, existindo dúvida fundada quanto aos pressupostos da gratuidade, seja em relação à pessoa natural, seja em relação à pessoa jurídica, pode requerer ao juiz a revogação total ou parcial da gratuidade ou o parcelamento do pagamento dos emolumentos. Antes de decidir a esse respeito, o juiz deve instaurar o contraditório, determinando a citação do beneficiário, no procedimento de dúvida, para que se manifeste sobre o requerimento do notário ou registrador.

**45.** **Beneficiário da gratuidade.** O beneficiário da gratuidade pode ser pessoa natural ou jurídica, nacional ou estrangeira.

**46. Multas processuais.** A concessão da gratuidade não afasta o dever de o beneficiário pagar, ao final, as multas processuais que lhe sejam impostas. As multas por litigância de má-fé são revertidas em favor da parte contrária (art. 96). As multas por ato atentatório à dignidade da justiça, que podem ser fixadas independentemente da incidência das previstas nos arts. 523, § 1º, e 536, § 1º (art. 77, § 4º), e da incidência dos honorários recursais (art. 85, § 12), são revertidas em favor do exequente e exigíveis nos próprios autos do processo (arts. 774, parágrafo único, e 777).

> **Art. 99.** O pedido de gratuidade da justiça pode ser formulado na petição inicial, na contestação, na petição para ingresso de terceiro no processo ou em recurso.
>
> § 1º Se superveniente à primeira manifestação da parte na instância, o pedido poderá ser formulado por petição simples, nos autos do próprio processo, e não suspenderá seu curso.
>
> § 2º O juiz somente poderá indeferir o pedido se houver nos autos elementos que evidenciem a falta dos pressupostos legais para a concessão de gratuidade, devendo, antes de indeferir o pedido, determinar à parte a comprovação do preenchimento dos referidos pressupostos.
>
> § 3º Presume-se verdadeira a alegação de insuficiência deduzida exclusivamente por pessoa natural.
>
> § 4º A assistência do requerente por advogado particular não impede a concessão de gratuidade da justiça.
>
> § 5º Na hipótese do § 4º, o recurso que verse exclusivamente sobre valor de honorários de sucumbência fixados em favor do advogado de beneficiário estará sujeito a preparo, salvo se o próprio advogado demonstrar que tem direito à gratuidade.
>
> § 6º O direito à gratuidade da justiça é pessoal, não se estendendo a litisconsorte ou a sucessor do beneficiário, salvo requerimento e deferimento expressos.
>
> § 7º Requerida a concessão de gratuidade da justiça em recurso, o recorrente estará dispen-

sado de comprovar o recolhimento do preparo, incumbindo ao relator, neste caso, apreciar o requerimento e, se indeferi-lo, fixar prazo para realização do recolhimento.

▶ **1. Sem correspondência no CPC/1973.**

## 🏛 LEGISLAÇÃO CORRELATA

**2. Lei 1.060/1950, art. 5º.** *"Art. 5º O juiz, se não tiver fundadas razões para indeferir o pedido, deverá julgá-lo de plano, motivando ou não o deferimento dentro do prazo de setenta e duas horas. § 1º Deferido o pedido, o juiz determinará que o serviço de assistência judiciária, organizado e mantido pelo Estado, onde houver, indique, no prazo de dois dias úteis o advogado que patrocinará a causa do necessitado. § 2º Se no Estado não houver serviço de assistência judiciária, por ele mantido, caberá a indicação à Ordem dos Advogados, por suas Seções Estaduais, ou Subseções Municipais. § 3º Nos municípios em que não existirem subseções da Ordem dos Advogados do Brasil. o próprio juiz fará a nomeação do advogado que patrocinará a causa do necessitado. § 4º Será preferido para a defesa da causa o advogado que o interessado indicar e que declare aceitar o encargo. § 5º Nos Estados onde a Assistência Judiciária seja organizada e por eles mantida, o Defensor Público, ou quem exerça cargo equivalente, será intimado pessoalmente de todos os atos do processo, em ambas as Instâncias, contando-se-lhes em dobro todos os prazos."*

**3. Lei 1.060/1950, art. 10.** *"Art. 10. São individuais e concedidos em cada caso ocorrente os benefícios de assistência judiciária, que se não transmitem ao cessionário de direito e se extinguem pela morte do beneficiário, podendo, entretanto, ser concedidos aos herdeiros que continuarem a demanda e que necessitarem de tais favores, na forma estabelecida nesta Lei."*

## ⚖ JURISPRUDÊNCIA, ENUNCIADOS E SÚMULAS SELECIONADOS

- **4. Súmula STJ, 481.** *"Faz jus ao benefício da justiça gratuita a pessoa jurídica com ou sem fins lucrativos que demonstrar sua impossibilidade de arcar com os encargos processuais."*
- **5. Súmula TST, 86.** *"Não ocorre deserção de recurso da massa falida por falta de pagamento de custas ou de depósito do valor da condenação. Esse privilégio, todavia, não se aplica à empresa em liquidação extrajudicial."*
- **6. Súmula TST, 463.** *"I – A partir de 26.06.2017, para a concessão da assistência*

*judiciária gratuita à pessoa natural, basta a declaração de hipossuficiência econômica firmada pela parte ou por seu advogado, desde que munido de procuração com poderes específicos para esse fim (art. 105 do CPC de 2015); II – No caso de pessoa jurídica, não basta a mera declaração: é necessária a demonstração cabal de impossibilidade de a parte arcar com as despesas do processo."*

- **7. Enunciado 245 do FPPC.** *"O fato de a parte, pessoa natural ou jurídica, estar assistida por advogado particular não impede a concessão da justiça gratuita na Justiça do Trabalho."*
- **8. Enunciado 246 do FPPC.** *"Dispensa-se o preparo do recurso quando houver pedido de justiça gratuita em sede recursal, consoante art. 99, § 6º, aplicável ao processo do trabalho. Se o pedido for indeferido, deve ser fixado prazo para o recorrente realizar o recolhimento."*
- **9. Enunciado 385 do FPPC.** *"Havendo risco de perecimento do direito, o poder do juiz de exigir do autor a comprovação dos pressupostos legais para a concessão da gratuidade não o desincumbe do dever de apreciar, desde logo, o pedido liminar de tutela de urgência."*
- **10. Enunciado 612 do FPPC.** *"Cabe agravo de instrumento contra decisão interlocutória que, apreciando pedido de concessão integral da gratuidade da Justiça, defere a redução percentual ou o parcelamento de despesas processuais."*
- **11. Enunciado 613 do FPPC.** *"A interposição do agravo interno prolonga a dispensa provisória de adiantamento de despesa processual de que trata o § 7º do art. 99, sendo desnecessário postular a tutela provisória recursal."*
- **12. Enunciado 228 da III Jornada-CJF.** *"É possível a declaração formal da condição de vulnerabilidade processual da parte ou dos membros do grupo nos processos judiciais coletivos ou estruturais, de ofício ou mediante requerimento, explicitando, na decisão que a declarar, a aplicação de institutos processuais voltados à igualdade entre as partes."*

## 🗎 COMENTÁRIOS TEMÁTICOS

**13. Pressupostos para concessão da gratuidade à pessoa natural.** A pessoa natural não precisa comprovar sua necessidade, nem apresentar receitas e despesas; basta alegar a insuficiência de recursos para o custeio das despesas processuais.

**14. Declaração.** A pessoa natural deve firmar declaração de hipossuficiência ou outorgar poderes especiais ao advogado para fazer em seu nome (art. 105).

**LIVRO III • DOS SUJEITOS DO PROCESSO** — **Art. 99**

**15. Presunção.** *"Nos termos do § 3º do art. 99 do CPC/2015, presume-se verdadeira a alegação de insuficiência deduzida exclusivamente por pessoa natural. Pedido de gratuidade da justiça deferido. Conforme a jurisprudência desta Corte Superior, os efeitos da concessão da referida benesse são 'ex nunc', ou seja, não retroagem"* (STJ, 4ª Turma, AgInt no AREsp 1.512.909/RJ, rel. Min. Antonio Carlos Ferreira, DJe 28.02.2020).

**16. Elementos contrários que afastam a presunção.** *"A jurisprudência firmada no âmbito desta eg. Corte de Justiça delineia que o benefício da assistência judiciária gratuita pode ser indeferido quando o magistrado se convencer, com base nos elementos acostados aos autos, de que não se trata de hipótese de miserabilidade jurídica"* (STJ, 4ª Turma, AgInt no AREsp 1.503.631/RS, rel. Min. Raul Araújo, DJe 03.03.2020).

**17. Pedido expresso.** *"É vedada a concessão ex officio do benefício de assistência judiciária gratuita pelo magistrado, caso não haja pedido expresso da parte"* (STJ, 1ª Turma, AgInt no REsp 1.815.625/RJ, rel. Min. Napoleão Nunes Maia Filho, DJe 17.6.2020).

**18. Concessão dos benefícios da justiça gratuita ao espólio.** *"A jurisprudência do STJ admite a concessão dos benefícios da justiça gratuita ao espólio, quando demonstrada sua hipossuficiência. Não demonstrada, indefere-se o pedido"* (STJ, 4ª Turma, AgInt no REsp 1.350.533/DF, rel. Min. Antonio Carlos Ferreira, DJe 14.10.2019).

**19. Critérios para concessão da gratuidade.** *"(...), o Sodalício a quo, ao estabelecer que apenas fazem jus aos benefícios da justiça gratuita aqueles que possuem renda ao limite de isenção do Imposto de Renda da Pessoa Física, dissentiu da jurisprudência do STJ, que afasta a utilização de critérios exclusivamente objetivos para a concessão do benefício da Assistência Judiciária Gratuita, devendo ser efetuada avaliação concreta da possibilidade econômica de a parte postulante arcar com os ônus processuais"* (STJ, 2ª Turma, REsp 1.846.232/RJ, rel. Min. Herman Benjamin, DJe 19.12.2019).

**20. Pressupostos da concessão da gratuidade à pessoa jurídica.** A pessoa jurídica pode ter deferido para si o benefício da gratuidade, desde que comprove sua situação financeira e, então, sua impossibilidade de arcar com os custos do processo. Não se exige que a pessoa jurídica seja desprovida de finalidade lucrativa: com ou sem fins lucrativos, é possível deferir o benefício da gratuidade da justiça à pessoa jurídica, caso comprovada sua dificuldade financeira. Não importam os recursos de seus sócios;

o que interessa é a situação da pessoa jurídica, que deve comprovar crise no seu fluxo de caixa.

**21. Concessão de gratuidade a sindicato.** *"O acórdão recorrido não destoa do entendimento desta Corte, segundo o qual a concessão do deferimento da gratuidade de justiça a sindicatos, ainda que sem fins lucrativos, depende da comprovação da hipossuficiência, o que, no caso, não foi cumprido pelos recorrentes"* (STJ, 2ª Turma, AgInt no REsp 1.406.179/RS, rel. Min. Og Fernandes, DJe 05.12.2017).

**22. Pessoa jurídica em liquidação extrajudicial ou falência.** *"O direito à gratuidade da justiça da pessoa jurídica, ainda que em regime de liquidação extrajudicial ou de falência, depende de demonstração de sua impossibilidade de arcar com os encargos processuais, o que não ficou afigurado na espécie"* (STJ, 4ª Turma, AgInt no REsp 1671536/SC, rel. Min. Marco Buzzi, DJe 17.10.2018).

**23. Pressupostos para pessoas jurídicas e para pessoas naturais.** *"2. A concessão do benefício da gratuidade de justiça à pessoa jurídica está condicionada à prova da hipossuficiência, conforme o preceito da Súmula 481 deste Superior Tribunal. No caso, o Tribunal de origem entendeu que a pessoa jurídica (devedora principal) não comprovou sua incapacidade financeira de arcar com as despesas do processo. 3. Para as pessoas físicas, a simples declaração de pobreza tem presunção juris tantum, bastando, a princípio, o simples requerimento, sem nenhuma comprovação prévia, para que lhes seja concedida a assistência judiciária gratuita. Na hipótese, a Corte estadual não apresentou justificativa concreta para afastar a presunção de hipossuficiência alegada pelos sócios/garantidores da devedora principal"* (STJ, 4ª Turma, AgInt no AREsp 1.647.231/SP, rel. Min. Raul Araújo, DJe 25.06.2020).

**24. Forma da postulação.** A pessoa, natural ou jurídica, independentemente da nacionalidade, requererá o benefício da gratuidade por ocasião do primeiro ato processual a ser por ela praticado: *(a)* o autor, na petição inicial; *(b)* o réu, na contestação; *(c)* o terceiro, na sua primeira manifestação. Se a necessidade for superveniente, o benefício pode ser requerido por simples petição, nos autos do próprio processo, sem que suspenda o seu curso. O interessado também pode requerer o benefício da gratuidade no recurso que interpuser.

**25. Advogado integrante de núcleo de prática jurídica.** *"O advogado integrante de Núcleo de Prática Jurídica, no que tange aos poderes de representação em juízo, não está dispensado de*

217

*apresentar procuração ou ato de nomeação apud acta, haja vista que somente é equiparado à Defensoria Pública quanto à intimação pessoal dos atos processuais"* (STJ, 5ª Turma, AgRg no AREsp 1.199.054/DF, rel. Min. Joel Ilan Paciornik, *DJe* 20.6.2018).

**26. Eficácia da decisão que defere a gratuidade.** *"A jurisprudência deste Superior Tribunal dispõe no sentido de que, uma vez concedida a gratuidade da justiça, tal benesse conserva-se em todas as instâncias e para todos os atos do processo, salvo se expressamente revogada"* (STJ, 3ª Turma, AgInt no AREsp 1.137.758/SP, rel. Min. Marco Aurélio Bellizze, *DJe* 8.5.2020).

**27. Limitação aos atos de um mesmo processo.** *"A assistência judiciária gratuita limita-se aos atos de um mesmo processo, não alcançando, entretanto, outras ações próprias e autônomas porventura ajuizadas. Nestes casos, o benefício deve ser requerido na petição inicial de cada ação, nos termos do art. 99, caput, do CPC"* (STJ, 4ª Turma, AgInt nos EDcl no AREsp 1.554.379/SP, rel. Min. Luis Felipe Salomão, *DJe* 18.02.2020).

**28. Requerimento no recurso.** O pedido de gratuidade da justiça pode ser formulado no próprio recurso (art. 99). Nesse caso, o recorrente estará dispensado de comprovar o recolhimento do preparo, incumbindo ao relator apreciar o requerimento e, se indeferi-lo, fixar prazo para realização do recolhimento (art. 99, § 7º). A decisão que concede o benefício da gratuidade é eficaz em todas as instâncias, sem necessidade de renovação do requerimento a cada novo recurso que venha a ser interposto. Em outras palavras, a decisão permanece até a sua revogação por outra em sentido contrário.

**29. Direito personalíssimo.** O direito à gratuidade é personalíssimo, não se estendendo a litisconsorte nem sucessores do beneficiário. Deferido o benefício, ele restringe-se ao seu próprio beneficiário, não se estendendo a litisconsortes. Se os litisconsortes necessitam da gratuidade, devem também pedir o benefício. Vindo o beneficiário a falecer, seus herdeiros ou sucessores não se mantêm com o benefício. O benefício cessa com o falecimento do beneficiário. Se os herdeiros ou sucessores também necessitam do benefício, devem requerê-lo expressamente.

**30. Ação proposta por menor e situação financeira do seu representante.** *"3. O direito ao benefício da gratuidade de justiça possui natureza individual e personalíssima, não podendo ser automaticamente estendido a quem não preencha os pressupostos legais para a sua concessão e, por idêntica razão, não se pode exigir que os pressupos-*

*tos legais que autorizam a concessão do benefício sejam preenchidos por pessoa distinta da parte, como o seu representante legal. 4. Em se tratando de menores representados pelos seus pais, haverá sempre um forte vínculo entre a situação desses dois diferentes sujeitos de direitos e obrigações, sobretudo em razão da incapacidade civil e econômica do próprio menor, o que não significa dizer, todavia, que se deva automaticamente examinar o direito à gratuidade a que poderia fazer jus o menor à luz da situação financeira de seus pais. 5. A interpretação que melhor equaliza a tensão entre a natureza personalíssima do direito à gratuidade e a notória incapacidade econômica do menor consiste em aplicar, inicialmente, a regra do art. 99, § 3º, do novo CPC, deferindo-se o benefício ao menor em razão da presunção de sua insuficiência de recursos, ressalvada a possibilidade de o réu demonstrar, com base no art. 99, § 2º, do novo CPC, a posteriori, a ausência dos pressupostos legais que justificam a gratuidade, o que privilegia, a um só tempo, os princípios da inafastabilidade da jurisdição e do contraditório. 6. É igualmente imprescindível que se considere a natureza do direito material que é objeto da ação em que se pleiteia a gratuidade da justiça e, nesse contexto, não há dúvida de que não pode existir restrição injustificada ao exercício do direito de ação em que se busque o adimplemento de obrigação de natureza alimentar. 7. O fato de o representante legal das partes possuir atividade remunerada e o elevado valor da obrigação alimentar que é objeto da execução não podem, por si só, servir de empeço à concessão da gratuidade de justiça aos menores credores dos alimentos"* (STJ, 3ª Turma, REsp 1.807.216/SP, rel. Min. Nancy Andrighi, *DJe* 6.2.2020).

**31. Situação financeira do menor versus situação financeira de seu representante legal.** *"O direito ao benefício da gratuidade de justiça possui natureza individual e personalíssima, não podendo ser automaticamente estendido a quem não preencha os pressupostos legais para a sua concessão e, por idêntica razão, não se pode exigir que os pressupostos legais que autorizam a concessão do benefício sejam preenchidos por pessoa distinta da parte, como o seu representante legal. 4. Em se tratando de menores representados pelos seus pais, haverá sempre um forte vínculo entre a situação desses dois diferentes sujeitos de direitos e obrigações, sobretudo em razão da incapacidade civil e econômica do próprio menor, o que não significa dizer, todavia, que se deva automaticamente examinar o direito à gratuidade a que poderia fazer jus o menor à luz da situação financeira de seus pais. 5. Em se tratando*

**LIVRO III · DOS SUJEITOS DO PROCESSO** **Art. 99**

*de direito à gratuidade de justiça pleiteado por menor, é apropriado que, inicialmente, incida a regra do art. 99, § 3º, do CPC/2015, deferindo-se o benefício ao menor em razão da presunção de insuficiência de recursos decorrente de sua alegação. Fica ressalvada, entretanto, a possibilidade de o réu demonstrar, com base no art. 99, § 2º, do CPC/2015, a ausência dos pressupostos legais que justificam a concessão gratuidade, pleiteando, em razão disso, a revogação do benefício"* (STJ, 3ª Turma, REsp 2.055.363/MG, rel. Min. Nancy Andrighi, *DJe* 23.6.2023).

**32. Irretroatividade da decisão que defere a gratuidade.** *"A jurisprudência desta Corte é pacífica no sentido de que o benefício da gratuidade judiciária não tem efeito retroativo, de modo que a sua concessão posterior à interposição do recurso não tem o condão de isentar a parte do recolhimento do respectivo preparo"* (STJ, 3ª Turma, AgInt nos EDcl no AREsp 1.490.706/SP, rel. Min. Nancy Andrighi, *DJe* 5.12.2019). *"Esta Corte possui entendimento de que os efeitos da concessão da gratuidade da justiça não são retroativos"* (STJ, 3ª Turma, AgInt no AREsp 1.718.508/ES, rel. Min. Nancy Andrighi, *DJe* 27.11.2020).

**33. Recurso que versa sobre honorários de sucumbência em caso de gratuidade da justiça.** *"Nos termos do art. 99, § 5º, do CPC/2015, o recurso que verse exclusivamente sobre valor de honorários de sucumbência fixados em favor do advogado de beneficiário da justiça gratuita estará sujeito a preparo, salvo se o próprio advogado demonstrar que tem direito à gratuidade. Assim, constatada a inexistência do recolhimento do preparo recursal, caberá ao relator intimar o interessado para que faça seu recolhimento, em dobro, ou demonstre que também faz jus ao benefício"* (STJ, 3ª Turma, AgInt no AREsp 1.398.425/SP, rel. Min. Marco Aurélio Bellizze, *DJe* 22.03.2019). *"Sendo pessoal o direito à gratuidade da justiça, "o recurso que verse exclusivamente sobre valor de honorários de sucumbência fixados em favor do advogado de beneficiário estará sujeito a preparo, salvo se o próprio advogado demonstrar que tem direito à gratuidade (art. 99, §§ 4º 5º e 6º do CPC/2015)"* (STJ, 4ª Turma, AgInt no AREsp 1.330.266/SP, rel. Min. Maria Isabel Gallotti, *DJe* 8.4.2019).

**34. Advogado dativo.** *"2. O artigo 99, § 5º, do CPC/2015 estabelece que, na hipótese do § 4º (assistido representado por advogado particular), o recurso que verse exclusivamente sobre valor de honorários de sucumbência fixados em favor do advogado de beneficiário estará sujeito a preparo, salvo se o próprio advogado demonstrar que tem direito à gratuidade. 3. In casu, o patrono da*

*parte é advogado dativo, isto é, exerce o papel de defensor por indicação da Justiça. Portanto, não se trata de advogado particular escolhido e contratado pela parte. Assim, o dispositivo transcrito não se aplica ao presente caso, uma vez que é claro ao vedar a gratuidade, sem os requisitos legais, ao advogado particular, não fazendo menção a advogado dativo. 4. A jurisprudência do STJ é tranquila no sentido de que, apesar de os honorários advocatícios constituírem direito autônomo do advogado, não se exclui da parte a legitimidade concorrente para discuti-los, não ocorrendo deserção se ela litiga sob o pálio da gratuidade da justiça"* (STJ, 2ª Turma, REsp 1.777.628/SE, rel. Min. Herman Benjamin, *DJe* 11.3.2019).

**35. Extensão da gratuidade a todos os atos do processo.** *"A jurisprudência deste Superior Tribunal dispõe no sentido de que, uma vez concedida a gratuidade da justiça, tal benesse conserva-se em todas as instâncias e para todos os atos do processo, salvo se expressamente revogada"* (STJ, 3ª Turma, AgInt no AREsp 1.137.758/SP, rel. Min. Marco Aurélio Bellizze, *DJe* 8.5.2020).

**36. Deferimento tácito da gratuidade.** *"A Corte Especial do STJ assenta que se presume 'o deferimento do pedido de assistência judiciária gratuita não expressamente indeferido por decisão fundamentada, inclusive na instância especial. (...) A ausência de manifestação do Judiciário quanto ao pedido de assistência judiciária gratuita leva à conclusão de seu deferimento tácito, a autorizar a interposição do recurso cabível sem o correspondente preparo' (AgRg nos EAREsp 440.971/RS, Rel. Ministro Raul Araújo, Corte Especial, julgado em 03.02.2016, DJe 17.03.2016)"* (STJ, 3ª Turma, AgInt no AREsp 1.137.758/SP, rel. Min. Marco Aurélio Bellizze, *DJe* 8.5.2020).

**37. Recolhimento das custas: ato incompatível com o pedido de gratuidade.** *"No Superior Tribunal de Justiça, já se decidiu que, ao recolher as custas depois de postular a assistência judiciária gratuita, a parte acaba por renunciar ao benefício"* (STJ, 3ª Turma, AgInt nos EDcl no RMS 60.936/SP, rel. Min. Moura Ribeiro, *DJe* 23.4.2020).

**38. Pedido de justiça gratuita formulado por empresário individual (art.99).** *"Assim, para a concessão do benefício da gratuidade de Justiça aos microempreendedores individuais e empresários individuais, em princípio, basta a mera afirmação de penúria financeira, ficando salvaguardada à parte adversa a possibilidade de impugnar o deferimento da benesse, bem como ao magistrado, para formar sua convicção, solicitar a apresentação de documentos que considere necessários, notadamente quando o pleito* *é realizado quando já no curso do procedimento judicial"* (STJ, 4ª Turma, REsp 1.899.342/SP, rel. Min. Marco Buzzi, *DJe* 29.4.2022).

> **Art. 100.** Deferido o pedido, a parte contrária poderá oferecer impugnação na contestação, na réplica, nas contrarrazões de recurso ou, nos casos de pedido superveniente ou formulado por terceiro, por meio de petição simples, a ser apresentada no prazo de 15 (quinze) dias, nos autos do próprio processo, sem suspensão de seu curso.
>
> Parágrafo único. Revogado o benefício, a parte arcará com as despesas processuais que tiver deixado de adiantar e pagará, em caso de má-fé, até o décuplo de seu valor a título de multa, que será revertida em benefício da Fazenda Pública estadual ou federal e poderá ser inscrita em dívida ativa.

▶ **1. Correspondência no CPC/1973.**

## 🏛 Legislação Correlata

**2. Lei 1.060/1950, art. 8º.** *"Art. 8º Ocorrendo as circunstâncias mencionadas no artigo anterior, poderá o juiz, ex-offício, decretar a revogação dos benefícios, ouvida a parte interessada dentro de quarenta e oito horas improrrogáveis."*

## 📖 Comentários Temáticos

**3. Impugnação ao deferimento da gratuidade.** Deferido o pedido de gratuidade, a parte contrária pode oferecer impugnação, sem suspensão do processo. Se o juiz defere o pedido feito na petição inicial, ao réu cabe alegar na contestação (art. 337, XIII). Deferido o pedido de gratuidade feito pelo réu em contestação, o autor pode impugnar na réplica (art. 351).

**4. Requerimento feito em recurso.** O pedido de gratuidade da justiça pode ser formulado no próprio recurso (art. 99). Nesse caso, o recorrido deve apresentar sua impugnação em contrarrazões (art. 100).

**5. Pedido superveniente.** Apresentado pedido superveniente de gratuidade, a parte contrária pode impugnar em 15 dias, nos próprios autos, sem suspensão do processo.

**6. Necessidade de fato novo para revogação da gratuidade.** *"A jurisprudência do STJ é no sentido que o benefício da assistência judiciária compreende todos os atos do processo, em todas as instâncias, até decisão final do litígio, a menos que seja revogado. Tal revogação deve estar calcada em fato novo que altere a hipossuficiência*

*da parte, o que não é o caso dos autos"* (STJ, 2ª Turma, REsp 1.774.660/RJ, rel. Min. Herman Benjamin, *DJe* 11.10.2019). *"De acordo com a jurisprudência do STJ, é possível a revogação do benefício da gratuidade de justiça quando provada a inexistência ou desaparecimento do estado de hipossuficiência"* (STJ, 4ª Turma, AgInt no AREsp 1.564.850/MG, rel. Min. Marco Buzzi, *DJe* 4.3.2020).

**7. Efeitos da revogação da gratuidade.** Revogado o benefício, o sujeito que até então se beneficiou da gratuidade deverá pagar as despesas de que ficara isento e, ainda, reconhecida sua má-fé, a respectiva multa no valor equivalente ao décuplo do valor dessas despesas.

**8. Titular da multa.** Geralmente, as multas por litigância de má-fé são revertidas em favor da parte contrária (art. 96). Reconhecida a má-fé no pedido de gratuidade da justiça, a parte será condenada ao pagamento de multa em favor da União (se o processo tramitar na Justiça Federal ou do Trabalho) ou do Estado (se o processo tramitar na Justiça Estadual).

> **Art. 101.** Contra a decisão que indeferir a gratuidade ou a que acolher pedido de sua revogação caberá agravo de instrumento, exceto quando a questão for resolvida na sentença, contra a qual caberá apelação.
>
> § 1º O recorrente estará dispensado do recolhimento de custas até decisão do relator sobre a questão, preliminarmente ao julgamento do recurso.
>
> § 2º Confirmada a denegação ou a revogação da gratuidade, o relator ou o órgão colegiado determinará ao recorrente o recolhimento das custas processuais, no prazo de 5 (cinco) dias, sob pena de não conhecimento do recurso.

▶ **1. Sem correspondência no CPC/1973.**

## 📖 Comentários Temáticos

**2. Decisão que defere a gratuidade da justiça.** Deferido o pedido, a parte contrária pode oferecer impugnação, sem suspensão do processo (art. 100). Se o juiz acolhe a impugnação para revogar a gratuidade, caberá agravo de instrumento (art. 1.015, V), a não ser que a questão seja revolvida na sentença, contra a qual caberá apelação (art. 1.009, § 3º).

**3. Decisão que defere a gratuidade em termos diversos do pedido.** O art. 98, § 5º, permite a concessão modulada do benefício da gratuidade: em relação a algum ato ou apenas reduzindo

## LIVRO III · DOS SUJEITOS DO PROCESSO — Art. 102

o percentual da despesa a ser adiantada. Assim, é agravável a decisão que: *(a)* defere benefício modulado, quando a parte o pleiteou integralmente – situação que se equipara à decisão de indeferimento; *(b)* converte o benefício integral em modulado, de ofício ou mediante provocação da parte ou de terceiro – situação que se equipara à decisão de revogação. Em ambos os casos, a decisão que modula o benefício pode ser impugnada por agravo de instrumento *pelo beneficiário*; não, porém, pelo impugnante, se a decisão decorre de impugnação sua. A regra confere ao *beneficiário* uma impugnação imediata.

**4. Decisão que indefere a gratuidade da justiça.** A parte ou o interessado que não disponha de recursos para custear as despesas do processo pode pedir o deferimento da gratuidade da justiça. Se o juiz indeferir o pedido cabe agravo de instrumento (art. 1.015, V).

**5. Indeferimento da impugnação.** É irrecorrível, de imediato, a decisão que indefere a impugnação à gratuidade da justiça. O agravo de instrumento somente é cabível se for indeferida a gratuidade, total ou parcialmente, ou se vier a ser revogado o benefício anteriormente deferido (art. 1.015, V). Indeferida a impugnação para manter o benefício concedido, não cabe agravo de instrumento, devendo a decisão ser impugnada em apelação ou contrarrazões de apelação (art. 1.009, § 1º).

### ⚖ Jurisprudência, Enunciados e Súmulas Selecionados

- **6. Recurso contra decisão que, após a início de vigência do CPC/2015, acolhe ou rejeita incidente de impugnação à gratuidade instaurado em autos apartados na vigência do CPC/1973.** *"É cabível agravo de instrumento contra o provimento jurisdicional que, após a entrada em vigor do Código de Processo Civil de 2015, acolhe ou rejeita incidente de impugnação à gratuidade de justiça instaurado em autos apartados na vigência do regramento anterior"* (STJ, 3ª Turma, AgInt no REsp 1.751.114/MG, rel. Min. Ricardo Villas Bôas Cueva, *DJe* 1º.7.2019).
- **7. Dispensa de preparo.** *"É desnecessário o preparo do recurso cujo mérito discute o próprio direito ao benefício da assistência judiciária gratuita. Não há lógica em se exigir que o recorrente primeiro recolha o que afirma não poder pagar para só depois a Corte decidir se faz jus ou não ao benefício"* (STJ, Corte Especial, AgRg nos EREsp 1.222.355/MG, rel. Min. Raul Araújo, *DJe* 25.11.2015).
- **8. Recorribilidade da decisão do relator que indefere gratuidade e desnecessidade de prévio preparo enquanto não resolvida a questão da gratuidade.** *"O pronunciamento do relator que defere ou indefere a gratuidade de justiça requerida em sede recursal tem natureza de decisão interlocutória, uma vez que soluciona uma questão incidente, não se tratando de mero ato que visa a impulsionar o andamento do processo. Em razão disso, é impugnável via agravo interno (art. 1.021 do CPC/2015). 5. Interposto agravo interno contra a decisão que indefere o benefício da gratuidade de justiça, o preparo não é exigível enquanto não confirmado o indeferimento pelo órgão colegiado. Não há lógica em se exigir que o recorrente primeiro pague o que afirma não poder pagar para só depois a Corte decidir se ele realmente precisa ou não do benefício. Essa solução é a que melhor se coaduna com o disposto no art. 101, § 2º, do CPC/2015 e com o direito fundamental de acesso à justiça aos economicamente hipossuficientes (art. 5º, XXXV e, da CF/88), o princípio da primazia do mérito (arts. 4º e 6º do CPC/2015) e o direito ao julgamento colegiado"* (STJ, 3ª Turma, REsp 2.087.484/SP, rel. Min. Nancy Andrighi, *DJe* 9.10.2023).

---

**Art. 102.** Sobrevindo o trânsito em julgado de decisão que revoga a gratuidade, a parte deverá efetuar o recolhimento de todas as despesas de cujo adiantamento foi dispensada, inclusive as relativas ao recurso interposto, se houver, no prazo fixado pelo juiz, sem prejuízo de aplicação das sanções previstas em lei.

Parágrafo único. Não efetuado o recolhimento, o processo será extinto sem resolução de mérito, tratando-se do autor, e, nos demais casos, não poderá ser deferida a realização de nenhum ato ou diligência requerida pela parte enquanto não efetuado o depósito.

---

▶ **1. Sem correspondência no CPC/1973.**

### 🏛 Legislação Correlata

**2. Lei 6.969/1981, art. 6º.** *"Art. 6º O autor da ação de usucapião especial terá, se o pedir, o benefício da assistência judiciária gratuita, inclusive para o Registro de Imóveis. Parágrafo único. Provado que o autor tinha situação econômica bastante para pagar as custas do processo e os honorários de advogado, sem prejuízo do sustento* *próprio e da família, o juiz lhe ordenará que pague, com correção monetária, o valor das isenções concedidas, ficando suspensa a transcrição da sentença até o pagamento devido."*

## ▣ Comentários Temáticos

**3. Pagamento das despesas e multas.** Com a revogação da gratuidade anteriormente deferida, a parte terá de pagar todas as despesas de que ficara isenta. Além disso, deve arcar com multa em favor da União ou do Estado, caso comprovada litigância de má-fé (art. 100).

**4. Consequências do inadimplemento.** Não pagas as despesas, o processo será extinto sem resolução do mérito, caso a gratuidade tenha sido deferida, e depois revogada, ao autor. Revogada a gratuidade deferida ao réu ou a terceiro interessado, caso não seja efetuado o pagamento das despesas, não poderá ser deferida a realização de qualquer ato por ele praticado, enquanto não efetuado o pagamento.

## ⚖ Jurisprudência, Enunciados e Súmulas Selecionados

• **5. Revogação da gratuidade e não pagamento das custas e do depósito prévio. Irrelevância da prática de atos posteriores que impulsionaram o processo.** *"No caso, houve a revogação da assistência judiciária gratuita em relação a alguns autores e foi acolhida a impugnação ao valor da causa, ocasião em que se determinou a intimação da parte interessada para, no prazo de cinco dias, comprovar recolhimento das custas e do depósito de 5% (cinco por cento) sobre o valor atualizado da causa. 2. O recolhimento do depósito previsto no art. 968, II, do CPC constitui pressuposto de constituição e desenvolvimento válido da ação rescisória, tratando-se de matéria de ordem pública. Logo, tendo havido intimação da parte para regularizar o referido recolhimento, o descumprimento dessa determinação acarreta o indeferimento da inicial e a extinção do feito sem resolução do mérito. 3. A superveniência de despacho reconhecendo que o feito comporta julgamento antecipado e determinando a intimação das partes para a apresentação de alegações finais não dispensou os recorrentes da realização do referido depósito, tampouco lhes conferiu uma nova oportunidade de intimação para que promovessem o mencionado recolhimento, mormente porque houve a manutenção do benefício da gratuidade judiciária em relação a um dos autores da demanda. 4. Não há*

*se falar de violação do princípio da contraditório, tampouco do postulado da não surpresa, pois a decisão exarada por esta Corte Superior, expressamente, determinou a regularização do depósito no prazo de cinco dias, sob pena de indeferimento da inicial. Portanto, tendo a parte sido devidamente intimada da referida decisão e deixado de promover a diligência judicial que lhe caberia, está correta a decisão agravada"* (STJ, 1ª Seção, AgInt na AR 6.206/PE, rel. Min. Og Fernandes, *DJe* 5.8.2020).

# CAPÍTULO III
# DOS PROCURADORES

> **Art. 103.** A parte será representada em juízo por advogado regularmente inscrito na Ordem dos Advogados do Brasil.
> Parágrafo único. É lícito à parte postular em causa própria quando tiver habilitação legal.

▶ **1. Correspondência no CPC/1973.** *"Art. 36. A parte será representada em juízo por advogado legalmente habilitado. Ser-lhe-á lícito, no entanto, postular em causa própria, quando tiver habilitação legal ou, não a tendo, no caso de falta de advogado no lugar ou recusa ou impedimento dos que houver."*

## ▦ Legislação Correlata

**2. CF, art. 133.** *"Art. 133. O advogado é indispensável à administração da justiça, sendo inviolável por seus atos e manifestações no exercício da profissão, nos limites da lei."*

**3. CPP, art. 654.** *"Art. 654. O habeas corpus poderá ser impetrado por qualquer pessoa, em seu favor ou de outrem, bem como pelo Ministério Público."*

**4. CC, art. 654.** *"Art. 654. Todas as pessoas capazes são aptas para dar procuração mediante instrumento particular, que valerá desde que tenha a assinatura do outorgante."*

**5. CC, art. 692.** *"Art. 692. O mandato judicial fica subordinado às normas que lhe dizem respeito, constantes da legislação processual, e, supletivamente, às estabelecidas neste Código."*

**6. CLT, art. 791.** *"Art. 791. Os empregados e os empregadores poderão reclamar pessoalmente perante a Justiça do Trabalho e acompanhar as suas reclamações até o final. § 1º Nos dissídios individuais os empregados e empregadores poderão fazer-se representar por intermédio do sindicato, advogado, solicitador, ou provisionado, inscrito* na *Ordem dos Advogados do Brasil. § 2º Nos dissídios coletivos é facultada aos interessados a assistência por advogado. § 3º A constituição de procurador com poderes para o foro em geral poderá ser efetivada, mediante simples registro em ata de audiência, a requerimento verbal do advogado interessado, com anuência da parte representada."*

**7. EOAB, art. 1º.** *"Art. 1º São atividades privativas de advocacia: I – a postulação a órgão do Poder Judiciário e aos juizados especiais; II – as atividades de consultoria, assessoria e direção jurídicas."*

**8. EOAB, art. 4º.** *"Art. 4º São nulos os atos privativos de advogado praticados por pessoa não inscrita na OAB, sem prejuízo das sanções civis, penais e administrativas. Parágrafo único. São também nulos os atos praticados por advogado impedido – no âmbito do impedimento – suspenso, licenciado ou que passar a exercer atividade incompatível com a advocacia."*

**9. LC 80/1994, art. 4º, § 6º.** *"§ 6º A capacidade postulatória do Defensor Público decorre exclusivamente de sua nomeação e posse no cargo público."*

**10. Lei 5.478/1968, art. 2º.** *"Art. 2º O credor, pessoalmente, ou por intermédio de advogado, dirigir-se-á ao juiz competente, qualificando-se, e exporá suas necessidades, provando, apenas o parentesco ou a obrigação de alimentar do devedor, indicando seu nome e sobrenome, residência ou local de trabalho, profissão e naturalidade, quanto ganha aproximadamente ou os recursos de que dispõe."*

**11. Lei 6.367/1976, art. 13.** *"Art. 13. Para pleitear direitos decorrentes desta lei, não é obrigatória a constituição de advogado."*

**12. Lei 9.099/1995, art. 9º.** *"Art. 9º Nas causas de valor até vinte salários mínimos, as partes comparecerão pessoalmente, podendo ser assistidas por advogado; nas de valor superior, a assistência é obrigatória. § 1º Sendo facultativa a assistência, se uma das partes comparecer assistida por advogado, ou se o réu for pessoa jurídica ou firma individual, terá a outra parte, se quiser, assistência judiciária prestada por órgão instituído junto ao Juizado Especial, na forma da lei local. § 2º O Juiz alertará as partes da conveniência do patrocínio por advogado, quando a causa o recomendar. § 3º O mandato ao advogado poderá ser verbal, salvo quanto aos poderes especiais. § 4º O réu, sendo pessoa jurídica ou titular de firma individual, poderá ser representado por preposto credenciado, munido de carta de preposição com* poderes para transigir, sem haver necessidade de vínculo empregatício."*

**13. Lei 9.099/1995, art. 41, § 2º.** *"§ 2º No recurso, as partes serão obrigatoriamente representadas por advogado."*

**14. Lei 10.259/2001, art. 10.** *"Art. 10. As partes poderão designer, por escrito, representantes para a causa, advogado ou não."*

**15. Lei 11.340/2006, art. 19.** *"Art. 19. As medidas protetivas de urgência poderão ser concedidas pelo juiz, a requerimento do Ministério Público ou a pedido da ofendida. § 1º As medidas protetivas de urgência poderão ser concedidas de imediato, independentemente de audiência das partes e de manifestação do Ministério Público, devendo este ser prontamente comunicado. § 2º As medidas protetivas de urgência serão aplicadas isolada ou cumulativamente, e poderão ser substituídas a qualquer tempo por outras de maior eficácia, sempre que os direitos reconhecidos nesta Lei forem ameaçados ou violados. § 3º Poderá o juiz, a requerimento do Ministério Público ou a pedido da ofendida, conceder novas medidas protetivas de urgência ou rever aquelas já concedidas, se entender necessário à proteção da ofendida, de seus familiares e de seu patrimônio, ouvido o Ministério Público."*

**16. Lei 11.340/2006, art. 27.** *"Art. 27. Em todos os atos processuais, cíveis e criminais, a mulher em situação de violência doméstica e familiar deverá estar acompanhada de advogado, ressalvado o previsto no art. 19 desta Lei."*

## ⚖ JURISPRUDÊNCIA, ENUNCIADOS E SÚMULAS SELECIONADOS

- **17. Tema/Repercussão Geral 1.074 STF.** *"É inconstitucional a exigência de inscrição do Defensor Público nos quadros da Ordem dos Advogados do Brasil."*

- **18. ADI 1.127.** *"I – O advogado é indispensável à administração da Justiça. Sua presença, contudo, pode ser dispensada em certos atos jurisdicionais."*

- **19. ADI 1.539.** *"1. Juizado Especial. Lei 9099/1995, artigo 9º. Faculdade conferida à parte para demandar ou defender-se pessoalmente em juízo, sem assistência de advogado. Ofensa à Constituição Federal. Inexistência. Não é absoluta a assistência do profissional da advocacia em juízo, podendo a lei prever situações em que é prescindível a indicação de advogado, dados os princípios da oralidade e da informalidade adotados pela norma para tornar mais célere e menos oneroso o acesso* à justiça. Precedentes. 2. Lei 9099/1995. Fixação da competência dos juízos especiais civis tendo como parâmetro o valor dado à causa. Razoabilidade da lei, que possibilita o acesso do cidadão ao judiciário de forma simples, rápida e efetiva, sem maiores despesas e entraves burocráticos" (STF, Pleno, ADI 1.539, rel. Min. Maurício Corrêa, DJ 05.12.2003, p. 17).

- **20. ADI 3.168.** *"É constitucional o art. 10 da Lei 10.259/2001, que faculta às partes a designação de representantes para a causa, advogados ou não, no âmbito dos juizados especiais federais. No que se refere aos processos de natureza cível, o Supremo Tribunal Federal já firmou o entendimento de que a imprescindibilidade de advogado é relativa, podendo, portanto, ser afastada pela lei em relação aos juizados especiais. Precedentes. Perante os juizados especiais federais, em processos de natureza cível, as partes podem comparecer pessoalmente em juízo ou designar representante, advogado ou não, desde que a causa não ultrapasse o valor de sessenta salários mínimos (art. 3º da Lei 10.259/2001) e sem prejuízo da aplicação subsidiária integral dos parágrafos do art. 9º da Lei 9.099/1995. Já quanto aos processos de natureza criminal, em homenagem ao princípio da ampla defesa, é imperativo que o réu compareça ao processo devidamente acompanhado de profissional habilitado a oferecer-lhe defesa técnica de qualidade, ou seja, de advogado devidamente inscrito nos quadros da Ordem dos Advogados do Brasil ou defensor público. Aplicação subsidiária do art. 68, III, da Lei 9.099/1995. Interpretação conforme, para excluir do âmbito de incidência do art. 10 da Lei 10.259/2001 os feitos de competência dos juizados especiais criminais da Justiça Federal"* (STF, Pleno, ADI 3.168, rel. Min. Joaquim Barbosa, DJe 03.08.2007).
- **21. ADI 3.541.** *"A vedação do exercício da atividade de advocacia por aqueles que desempenham, direta ou indiretamente, serviço de caráter policial, prevista no art. 28, inciso V, da Lei nº 8.906/1994, não se presta para fazer qualquer distinção qualificativa entre a atividade policial e a advocacia. Cada qual presta serviços imensamente relevantes no âmbito social, havendo, inclusive, previsão expressa na Carta Magna a respeito dessas atividades. O que pretendeu o legislador foi estabelecer cláusula de incompatibilidade de exercício simultâneo das referidas atividades, por entendê-lo prejudicial ao cumprimento das respectivas funções."*
- **22. ADI 4.403.** *"O art. 14, § 2º, da Lei n. 12.016/2009, conferiu legitimidade recursal,* não capacidade postulatória, à autoridade coatora, não havendo, pois, ofensa ao art. 133 da CRFB" (STF, Pleno, ADI 4.403, rel. Edson Fachin, DJe 09.09.2019).
- **23. Tema/Repercussão Geral 1074 STF.** *"É inconstitucional a exigência de inscrição do Defensor Público nos quadros da Ordem dos Advogados do Brasil."*
- **24. Tema/repetitivo 1028 do STJ.** *"O exercício da advocacia, mesmo em causa própria, é incompatível com as atividades desempenhadas por servidor ocupante de cargo público de agente de trânsito, nos termos do art. 28, V, da Lei 8.906/94."*
- **25. Constitucionalidade da exigência prévia do exame da OAB.** *"O Exame de Ordem, inicialmente previsto no art. 48, inciso III, da Lei 4.215/1963 e hoje no art. 84 da Lei 8.906/1994, no que a atuação profissional repercute no campo de interesse de terceiros, mostra-se consentâneo com a Constituição Federal, que remete às qualificações previstas em lei"* (STF, Pleno, RE 603.583, rel. Min. Marco Aurélio, DJe 25.05.2012).

## ▣ COMENTÁRIOS TEMÁTICOS

**26. Capacidade postulatória.** A postulação em juízo exige qualificação técnica. Essa qualificação é detida pelos advogados. A prática de atos postulatórios exige, além da capacidade processual, a capacidade técnica, denominada capacidade postulatória. Por isso, a postulação em juízo deve ser feita por advogado, que é o profissional habilitado a exercer a prática de atos processuais. A capacidade postulatória é pressuposto de atuação processual, por meio da qual se dá a manifestação adequada em processo judicial. É o advogado quem detém a capacidade postulatória. A capacidade postulatória abrange a capacidade de pedir e de responder.

**27. Relativamente incapaz.** O estagiário da advocacia é, no tocante à capacidade postulatória, relativamente incapaz: pode praticar atos privativos da advocacia, desde que assistido por advogado. Há atos que podem ser praticados pelo estagiário sem assistência de um advogado: retirar e devolver autos em cartório, assinando a respectiva carga; obter certidões de peças ou autos de processos em curso ou findos; assinar petições de juntada de documentos nos processos judiciais ou administrativos.

**28. Ato praticado apenas por estagiário.** *"Pacífico o entendimento jurisprudencial do STJ no sentido de que, a despeito da regularidade* da inscrição de estagiário, perante a Ordem dos Advogados do Brasil, seus atos só terão validade quando praticados em conjunto e sob supervisão de profissional inscrito e habilitado para tal fim. Exegese do art. 3º, § 2º, da Lei 8.906/1994" (STJ, 2ª Turma, EDcl no AgRg no AREsp 92.254/AL, rel. Min. Assusete Magalhães, *DJe* 24.11.2014).

**29. Constituição de advogado.** Se a parte não é advogado, precisa constituir um que a represente em juízo, suprindo sua falta de capacidade postulatória.

**30. Direito de petição e exigência de advogado. Prevalência da CF frente a tratados internacionais.** *"A posse da capacidade postulatória constitui pressuposto processual subjetivo referente à parte. Sem que esta titularize o 'jus postulandi', torna-se inviável a válida constituição da própria relação processual, o que faz incidir a norma inscrita no art. 267, IV, do CPC [de 1973], gerando, em consequência, como necessário efeito de ordem jurídica, a extinção do processo, sem resolução de mérito. Ninguém, ordinariamente, pode postular em juízo sem a assistência de Advogado, a quem compete, nos termos da lei, o exercício do 'jus postulandi'. O Advogado constitui profissional indispensável à administração da Justiça (CF, art. 133), tornando-se necessária a sua intervenção na prática de atos que lhe são privativos (Lei 8.906/1994, art. 1º). São nulos de pleno direito os atos processuais, que, privativos de Advogado, venham a ser praticados por quem não dispõe de capacidade postulatória. (...) O direito de petição qualifica-se como prerrogativa de extração constitucional assegurada à generalidade das pessoas pela Carta Política (art. 5º, XXXIV, 'a'). Traduz direito público subjetivo de índole essencialmente democrática. O direito de petição, contudo, não assegura, por si só, a possibilidade de o interessado – que não dispõe de capacidade postulatória – ingressar em juízo, para, independentemente de Advogado, litigar em nome próprio ou como representante de terceiros. Precedentes. Supremacia da Constituição da República sobre todos os tratados internacionais. O exercício do 'treaty-making power', pelo Estado brasileiro, está sujeito à observância das limitações jurídicas emergentes do texto constitucional. Os tratados celebrados pelo Brasil estão subordinados à autoridade normativa da Constituição da República. Nenhum valor jurídico terá o tratado internacional, que, incorporado ao sistema de direito positivo interno, transgredir, formal ou materialmente, o texto da Carta Política. Precedentes. A questão pertinente aos tratados internacionais de direitos humanos: Art. 5º, § 2º (que instituiu cláusula geral de recepção das convenções internacionais em matéria de direitos da pessoa humana) e § 3º, da Constituição da República. Hierarquia constitucional das cláusulas inscritas em tratados internacionais de direitos humanos (posição do Relator)"* (STF, Pleno, MI 772 AgR, rel. Min. Celso de Mello, *DJe* 20.3.2009).

**31. Advocacia Pública e capacidade postulatória.** Os advogados públicos devem estar inscritos na OAB, detendo, portanto, *capacidade postulatória,* com a possibilidade de postulação a qualquer órgão do Poder Judiciário, já que detêm os poderes gerais para o foro.

**32. Advogado em causa própria.** Sendo advogado, a parte pode agir em causa própria, não precisando constituir um advogado que a represente em juízo. Nada impede, porém, que a parte, mesmo sendo advogado, constitua um colega que a represente no processo judicial.

**33. Sociedade de advogados como parte e necessidade de representação por advogado.** *"Segundo entendimento desta Corte, a sociedade de advogados, pessoa jurídica de direito privado, e, portanto, com personalidade jurídica distinta dos sócios que a integram, deve ser representada em juízo por advogado, devidamente constituído por procuração nos autos, não se tratando, pois, de hipótese de postulação em causa própria. Precedentes"* (STJ, 3ª Turma, AgInt no AREsp 1.122.473/RJ, rel. Min. Marco Aurélio Bellizze, *DJe* 13.2.2020).

**34. Capacidade postulatória do membro do Ministério Público.** O membro do Ministério Público, no desempenho de suas funções, seja como parte, seja como fiscal da ordem jurídica, tem capacidade postulatória. Não a tem se estiver, no processo, como parte, e não como membro do Ministério Público. Assim, por exemplo, um promotor de justiça ou um procurador da República que tenha comprado um carro e pretenda acionar a concessionária por um defeito de fábrica, deve constituir um advogado, não podendo atuar diretamente, pois não tem capacidade postulatória. Só tem capacidade postulatória quando atua como membro do Ministério Público, sendo o Ministério Público *presente* em juízo, e não quando está como pessoa natural ou sujeito de direito postulando algo seu.

**35. Capacidade postulatória de quem não é advogado.** Só o advogado é quem detém capacidade postulatória. Há, porém, casos em que todos dispõem de capacidade postulatória, não precisando ser advogado. É o que ocorre nos Juizados Especiais Cíveis, nas causas de até 20 salários mínimos, bem como no processo do trabalho, nos Juizados Especiais Federais e nos

# Art. 104

CÓDIGO DE PROCESSO CIVIL COMENTADO – *Leonardo Carneiro da Cunha*

Juizados Especiais da Fazenda Pública, salvo se houver necessidade de interpor recurso, quando, então, será necessária a representação por advogado. Qualquer um pode impetrar *habeas corpus*, não precisando ser advogado. Em outras palavras, todos têm capacidade jurídica para impetração de *habeas corpus*, seja em favor de si mesmo, seja em favor de outrem. Costuma-se dizer que, nesses casos, a capacidade postulatória é dispensada. Na verdade, não se dispensa a capacidade postulatória; ela é, nesses casos, conferida a todos: todos os sujeitos de direito detêm-na.

**36. Autor da ação de alimentos.** O autor da ação de alimentos pode formular a postulação inicial sem a presença de advogado (Lei 5.478/1968, art. 2º).

**37. Capacidade postulatória da mulher vítima de violência doméstica e familiar.** A vítima de violência doméstica e familiar tem capacidade postulatória para requerer medidas protetivas de urgência. Para postular tais medidas, não precisa estar representada ou acompanhada de advogado ou defensor público (Lei 11.340/2006, arts. 19, *caput* e § 1º, e 27). A capacidade postulatória é deferida à mulher apenas para postular as medidas protetivas de urgência, não se lhe permitindo prosseguir em processo judicial. A partir daí, o juiz deve determinar a integração da capacidade postulatória da autora, com a constituição de um advogado ou a designação de um defensor público (Lei 11.340/2006, art. 18, II).

> **Art. 104.** O advogado não será admitido a postular em juízo sem procuração, salvo para evitar preclusão, decadência ou prescrição, ou para praticar ato considerado urgente.
>
> § 1º Nas hipóteses previstas no *caput*, o advogado deverá, independentemente de caução, exibir a procuração no prazo de 15 (quinze) dias, prorrogável por igual período por despacho do juiz.
>
> § 2º O ato não ratificado será considerado ineficaz relativamente àquele em cujo nome foi praticado, respondendo o advogado pelas despesas e por perdas e danos.

▶ **1. Correspondência no CPC/1973.** *"Art. 37. Sem instrumento de mandato, o advogado não será admitido a procurar em juízo. Poderá, todavia, em nome da parte, intentar ação, a fim de evitar decadência ou prescrição, bem como intervir, no processo, para praticar atos reputados urgentes. Nestes casos, o advogado se obrigará, independentemente de caução, a exibir o instrumento de mandato no prazo de 15 (quinze) dias, prorrogável até outros 15 (quinze), por despacho*

do juiz. Parágrafo único. Os atos, não ratificados no prazo, serão havidos por inexistentes, respondendo o advogado por despesas e perdas e danos."

## 🏛 LEGISLAÇÃO CORRELATA

**2. CC, art. 116.** *"Art. 116. A manifestação de vontade pelo representante, nos limites de seus poderes, produz efeitos em relação ao representado."*

**3. CC, art. 662.** *"Art. 662. Os atos praticados por quem não tenha mandato, ou o tenha sem poderes suficientes, são ineficazes em relação àquele em cujo nome foram praticados, salvo se este os ratificar. Parágrafo único. A ratificação há de ser expressa, ou resultar de ato inequívoco, e retroagirá à data do ato."*

**4. EOAB, art. 5º.** *"Art. 5º O advogado postula, em juízo ou fora dele, fazendo prova do mandato. § 1º O advogado, afirmando urgência, pode atuar sem procuração, obrigando-se a apresentá-la no prazo de quinze dias, prorrogável por igual período."*

**5. Lei 1.060/1950, art. 16.** *"Art. 16. Se o advogado, ao comparecer em juízo, não exibir o instrumento do mandato outorgado pelo assistido, o juiz determinará que se exarem na ata da audiência os termos da referida outorga. Parágrafo único. O instrumento de mandato não será exigido, quando a parte for representada em juízo por advogado integrante de entidade de direito público incumbido na forma da lei, de prestação de assistência judiciária gratuita, ressalvados: a) os atos previstos no art. 38 do Código de Processo Civil; b) o requerimento de abertura de inquérito por crime de ação privada, a proposição de ação penal privada ou o oferecimento de representação por crime de ação pública condicionada."*

**6. Lei 9.469/1997, art. 9º.** *"Art. 9º A representação judicial das autarquias e fundações públicas por seus procuradores ou advogados, ocupantes de cargos efetivos dos respectivos quadros, independe da apresentação do instrumento de mandato."*

## ⚖ JURISPRUDÊNCIA, ENUNCIADOS E SÚMULAS SELECIONADOS

- **7. Súmula STF, 644.** *"Ao titular do cargo de procurador de autarquia não se exige a apresentação de instrumento de mandato para representá-la em juízo."*

- **8. Súmula STJ, 115.** *"Na instância especial é inexistente recurso interposto por advogado sem procuração nos autos."*

- **9. Súmula TST, 383.** *"I – É inadmissível recurso firmado por advogado sem procuração jun-*

*tada aos autos até o momento da sua interposição, salvo mandato tácito. Em caráter excepcional (art. 104 do CPC de 2015), admite-se que o advogado, independentemente de intimação, exiba a procuração no prazo de 5 (cinco) dias após a interposição do recurso, prorrogável por igual período mediante despacho do juiz. Caso não a exiba, considera-se ineficaz o ato praticado e não se conhece do recurso. II – Verificada a irregularidade de representação da parte em fase recursal, em procuração ou substabelecimento já constante dos autos, o relator ou o órgão competente para julgamento do recurso designará prazo de 5 (cinco) dias para que seja sanado o vício. Descumprida a determinação, o relator não conhecerá do recurso, se a providência couber ao recorrente, ou determinará o desentranhamento das contrarrazões, se a providência couber ao recorrido (art. 76, § 2º, do CPC de 2015)."*

- **10. Enunciado 83 do FPPC.** *"Fica superado o enunciado 115 da súmula do STJ após a entrada em vigor do CPC ('Na instância especial é inexistente recurso interposto por advogado sem procuração nos autos')."*

## 🗐 Comentários Temáticos

**11. Necessidade de procuração.** A parte será representada por advogado (art. 103), mediante procuração escrita (art. 104), elaborada por instrumento público ou particular, que poderá conter poderes gerais (*ad judicia*) ou gerais e especiais (*ad judicia et extra*).

**12. Procuração para estagiário que vem a se tornar advogado.** *"A posterior graduação do estagiário e consequente registro na Ordem dos Advogados habilita-o a praticar todos os atos inerentes a profissão, independentemente de novo mandato"* (STJ, 4ª Turma, REsp 114.534/SC, rel. Min. Ruy Rosado de Aguiar, *DJ* 19.05.1997, p. 20.641). *"O estagiário é um advogado em potencial, de modo que o mandato conjunto confere-lhe todos os poderes outorgados pelo constituinte, podendo exercer alguns desde logo, e outros a partir da titulação exigida"* (STJ, 3ª Turma, REsp 147.206/PR, rel. Min. Ari Pargendler, *DJ* 29.11.1999, p. 158). *"O instrumento de mandato, conferido a estagiário, possibilita a sua atuação como advogado no feito, após a sua graduação e inscrição nos quadros da OAB, sem que haja necessidade de que lhe seja outorgada nova procuração"* (STJ, 2ª Turma, AgRg no Ag 613.422/SP, rel. Min. Eliana Calmon, *DJ* 28.2.2005, p. 292).

**13. Dispensa de procuração para o advogado público.** O Advogado Público representa a Fazenda Pública independentemente de procuração. Como a representação decorre da lei, é dispensável a juntada de procuração. O vínculo mantido entre a Fazenda Pública e o advogado público resulta da lei, e não de negócio jurídico. A representação é legal. Daí ser desnecessária a exibição de procuração.

**14. Dispensa de procuração para o defensor público.** O Defensor Público representa a parte independentemente de procuração, salvo nos casos em que se exigem poderes especiais (LC 80/1994, arts. 44, XI, 89, XI, e 128, XI; CPC, art. 287, II).

**15. Ausência de procuração.** O advogado deve exigir a procuração. A petição inicial deve vir acompanhada de procuração. A procuração é dispensada apenas em casos de urgência (art. 104), se a parte estiver representa pela Defensoria Pública ou se a representação decorrer diretamente da CF ou da lei (art. 287).

**16. Urgência.** Em casos urgentes, admite-se que o advogado postule pela parte sem procuração, a fim de evitar perecimento do direito. Com efeito, para evitar decadência, prescrição, preclusão ou para pleitear medida urgente, o advogado pode postular pela parte sem procuração, devendo, independentemente de caução, exibi-la no prazo de 15 dias, prorrogável por igual período por despacho do juiz.

**17. Vício sanável.** A ausência de procuração é um vício é sanável. Se, mesmo ultrapassado o prazo de 15 dias e a prorrogação dada pelo juiz, a procuração não for, ainda assim, juntada, o juiz deve suspender o processo e fixar prazo para que a parte regularize sua representação (art. 76).

**18. Matéria cognoscível de ofício.** A ausência de procuração é matéria cognoscível de ofício. Cabe ao juiz verificar e determinar a correção do vício, evitando a extinção do processo sem resolução do mérito.

**19. Ineficácia dos atos.** Se, ultrapassados todos os prazos, o advogado, ainda assim, não exibir a procuração, os atos por ele praticados serão considerados ineficazes e ele deverá responder por perdas e danos, caso a parte tenha se prejudicado. O processo terá existido, os atos terão existido, mas haverá ineficácia. O advogado terá, em nome próprio, postulado direito alheio, sem autorização normativa para isso, respondendo pelos danos causados à parte. A falta de procuração ou de poderes do procurador acarreta ineficácia do ato relativamente ao representado, e não invalidade do ato praticado. O ato praticado por quem não tenha poderes é ineficaz em relação à parte, que, entretanto, pode ratificá-lo. A hipótese não é, pois, de inexistência ou nulidade, mas de ineficácia.

**20. Extinção do processo.** O processo somente será extinto se a irregularidade for do autor e este, intimado, não a regularizar (art. 76). Ainda assim, o processo não será extinto, se o mérito for favorável ao réu (art. 488).

**21. Revelia.** Se for o advogado do réu que não tiver apresentado a procuração, este será considerado revel (art. 76), pois os atos praticados são ineficazes, podendo o advogado responder por perdas e danos.

**22. Terceiro.** Caso o advogado do terceiro interveniente, mesmo instado a tanto, não exiba a procuração, este será excluído do processo ou será reconhecida sua revelia.

**23. Falta de procuração no recurso e ausência de regularização.** *"Diante da não regularização do vício da representação processual no prazo legal, após a parte ser intimada, os recursos subscritos por advogado sem procuração nos autos são considerados ineficazes, por força da norma do art. 104, § 2º, do CPC/2015, não merecendo ser conhecidos (art. 76, § 2º, I, do CPC/2015). 2. A juntada de cópia do andamento processual ou demais informações disponibilizadas pela internet não supre a irregularidade da cadeia processual. 5. A mera indicação dos nomes dos advogados no andamento processual não se confunde com a aferição da regularidade da cadeia de substabelecimentos, análise feita pelo juízo em momento distinto do simples cadastro da peça recursal no sistema"* (STJ, 4ª Turma, AgInt no AREsp 1.622.605/TO, rel. Min. Luis Felipe Salomão, DJe 18.12.2020).

---

**Art. 105.** A procuração geral para o foro, outorgada por instrumento público ou particular assinado pela parte, habilita o advogado a praticar todos os atos do processo, exceto receber citação, confessar, reconhecer a procedência do pedido, transigir, desistir, renunciar ao direito sobre o qual se funda a ação, receber, dar quitação, firmar compromisso e assinar declaração de hipossuficiência econômica, que devem constar de cláusula específica.

§ 1º A procuração pode ser assinada digitalmente, na forma da lei.

§ 2º A procuração deverá conter o nome do advogado, seu número de inscrição na Ordem dos Advogados do Brasil e endereço completo.

§ 3º Se o outorgado integrar sociedade de advogados, a procuração também deverá conter o nome dessa, seu número de registro na Ordem dos Advogados do Brasil e endereço completo.

§ 4º Salvo disposição expressa em sentido contrário constante do próprio instrumento, a procuração outorgada na fase de conhecimento é eficaz para todas as fases do processo, inclusive para o cumprimento de sentença.

▶ **1. Correspondência no CPC/1973.** *"Art. 38. A procuração geral para o foro, conferida por instrumento público, ou particular assinado pela parte, habilita o advogado a praticar todos os atos do processo, salvo para receber citação inicial, confessar, reconhecer a procedência do pedido, transigir, desistir, renunciar ao direito sobre que se funda a ação, receber, dar quitação e firmar compromisso. Parágrafo único. A procuração pode ser assinada digitalmente com base em certificado emitido por Autoridade Certificadora credenciada, na forma da lei específica."*

## 🏛 LEGISLAÇÃO CORRELATA

**2. CPP, art. 98.** *"Art. 98. Quando qualquer das partes pretender recusar o juiz, deverá fazê-lo em petição assinada por ela própria ou por procurador com poderes especiais, aduzindo as suas razões acompanhadas de prova documental ou do rol de testemunhas."*

**3. CC, art. 654.** *"Art. 654. Todas as pessoas capazes são aptas para dar procuração mediante instrumento particular, que valerá desde que tenha a assinatura do outorgante. § 1º O instrumento particular deve conter a indicação do lugar onde foi passado, a qualificação do outorgante e do outorgado, a data e o objetivo da outorga com a designação e a extensão dos poderes conferidos. § 2º O terceiro com quem o mandatário tratar poderá exigir que a procuração traga a firma reconhecida."*

**4. CC, art. 692.** *"Art. 692. O mandato judicial fica subordinado às normas que lhe dizem respeito, constantes da legislação processual, e, supletivamente, às estabelecidas neste Código."*

**5. EOAB, art. 5º, § 2º.** *"§ 2º A procuração para o foro em geral habilita o advogado a praticar todos os atos judiciais, em qualquer juízo ou instância, salvo os que exijam poderes especiais."*

## ⚖ JURISPRUDÊNCIA, ENUNCIADOS E SÚMULAS SELECIONADOS

- **6. Súmula STJ, 644.** *"O núcleo de prática jurídica deve apresentar o instrumento de mandato quando constituído pelo réu hipossuficiente, salvo nas hipóteses em que é nomeado pelo juízo."*
- **7. Súmula TST, 395.** *"I – Válido é o instrumento de mandato com prazo determinado que*

**LIVRO III · DOS SUJEITOS DO PROCESSO** **Art. 105**

contém cláusula estabelecendo a prevalência dos poderes para atuar até o final da demanda (§ 4º do art. 105 do CPC de 2015). II – Se há previsão, no instrumento de mandato, de prazo para sua juntada, o mandato só tem validade se anexado ao processo o respectivo instrumento no aludido prazo. III – São válidos os atos praticados pelo substabelecido, ainda que não haja, no mandato, poderes expressos para substabelecer (art. 667, e parágrafos, do Código Civil de 2002). IV – Configura-se a irregularidade de representação se o substabelecimento é anterior à outorga passada ao substabelecente. V – Verificada a irregularidade de representação nas hipóteses dos itens II e IV, deve o juiz suspender o processo e designar prazo razoável para que seja sanado o vício, ainda que em instância recursal (art. 76 do CPC de 2015)."

- **8.** **Súmula TST, 456.** "I – É inválido o instrumento de mandato firmado em nome de pessoa jurídica que não contenha, pelo menos, o nome do outorgante e do signatário da procuração, pois estes dados constituem elementos que os individualizam. II – Verificada a irregularidade de representação da parte na instância originária, o juiz designará prazo de 5 (cinco) dias para que seja sanado o vício. Descumprida a determinação, extinguirá o processo, sem resolução de mérito, se a providência couber ao reclamante, ou considerará revel o reclamado, se a providência lhe couber (art. 76, § 1º, do CPC de 2015). III – Caso a irregularidade de representação da parte seja constatada em fase recursal, o relator designará prazo de 5 (cinco) dias para que seja sanado o vício. Descumprida a determinação, o relator não conhecerá do recurso, se a providência couber ao recorrente, ou determinará o desentranhamento das contrarrazões, se a providência couber ao recorrido (art. 76, § 2º, do CPC de 2015)."

- **9.** **Súmula TST, 463.** "I – A partir de 26.06.2017, para a concessão da assistência judiciária gratuita à pessoa natural, basta a declaração de hipossuficiência econômica firmada pela parte ou por seu advogado, desde que munido de procuração com poderes específicos para esse fim (art. 105 do CPC de 2015); II – No caso de pessoa jurídica, não basta a mera declaração: é necessária a demonstração cabal de impossibilidade de a parte arcar com as despesas do processo."

- **10.** **Enunciado 114 do FPPC.** "A celebração de negócio jurídico processual, pelo advogado em nome da parte, exige a outorga de poder especial."

## ▣ COMENTÁRIOS TEMÁTICOS

**11.** **Procuração judicial e seus poderes.** A procuração outorgada ao advogado poderá conter poderes gerais (ad judicia) ou gerais e especiais (ad judicia et extra).

**12.** **Poderes gerais.** Os poderes gerais para o foro permitem que o advogado pratique todos os atos postulatórios, podendo pedir, responder, formular requerimentos, recorrer, responder a recurso etc.

**13.** **Fases do procedimento.** A procuração com poderes gerais para o foro permite que advogado pratique atos postulatórios não somente na fase de conhecimento, mas na de cumprimento de sentença também. Em outras palavras, a procuração habilita o advogado para atuar em todas as fases do processo, inclusive no âmbito recursal, a não ser que haja ressalva ou limitação expressa na própria procuração.

**14.** **Necessidade de procuração específica para a ação rescisória.** "A jurisprudência desta Corte firmou-se no sentido de não admitir a juntada de cópia do instrumento de mandato conferido ao causídico na ação anterior, em que foi prolatada a decisão rescindenda, para a representação processual do autor na rescisória" (STJ, 4ª Turma, AgRg nos EDcl no REsp 1.197.927/MG, rel. Min. Raul Araújo, DJe 16.09.2015). "A jurisprudência desta Corte Superior e do Supremo Tribunal Federal é pacífica no sentido de que a ação rescisória reclama a juntada de procuração específica e atualizada, não sendo suficiente a apresentação da cópia do instrumento outorgado na ação originária" (STJ, 3ª Seção, AgRg na AR 3.255/SP, rel. Min. Jorge Mussi, DJe 28.2.2018).

**15.** **Inadmissibilidade de cópia da procuração da ação originária para a ação rescisória.** "A ação rescisória, por se tratar de demanda de caráter excepcional (uma vez que tem por escopo a desconstituição de decisão já acobertada pelo manto da coisa julgada), há de ser postulada por representante processual devidamente amparado por mandato judicial que lhe confira poderes específicos para tanto. 2. Em se tratando de ação autônoma, o mandato originário não se estende à proposição de ação rescisória. Os efeitos das procurações outorgadas se exaurem com o encerramento definitivo daquele processo. 3. Exigência que não constitui formalismo extremo, mas cautela que, além de condizente com a natureza especial e autônoma da ação rescisória, visa resguardar os interesses dos próprios autores" (STF, Pleno, AR 2196 AgR, rel. Min. Dias Toffoli, Pleno, DJe 2.9.2010).

229

**16. Poderes especiais.** Os poderes gerais não abrangem atos específicos, que exigem poderes especiais: receber citação, confessar, reconhecer a procedência do pedido, transigir, desistir, renunciar ao direito sobre o qual se funda a ação, receber, dar quitação, firmar compromisso e assinar declaração de hipossuficiência econômica. Tais atos somente podem ser praticados pelo advogado se forem expressamente mencionados na procuração.

**17. Rol exaustivo.** Os atos que exigem poderes específicos constam de rol exaustivo, e não exemplificativo, pois se trata regra restritiva de direito.

**18. Substabelecimento.** Não se exige poder especial para substabelecimento. O advogado pode substabelecer, com ou sem reservas, a outro advogado os poderes que lhe foram outorgados pela parte.

**19. Requisitos da procuração.** A procuração deve conter o nome do advogado, seu número de inscrição na OAB e seu endereço completo. Cabe ao advogado, ao longo do procedimento, informar mudanças no seu endereço, sob pena de serem válidas e eficazes as que forem feitas ao endereço constante da procuração. A procuração também deve conter o nome, o endereço e o número de registro na OAB da sociedade de advogados da qual faça parte o advogado.

**20. Instrumento público ou particular.** A procuração para o advogado pode ser feita por instrumento público ou particular.

**21. Reconhecimento de firma.** Não é necessário reconhecimento de firma do subscritor da procuração outorgada a advogado para atuar em juízo. A procuração, tenha ou não poderes especiais, deve conter a assinatura da parte que será representada pelo advogado, não sendo necessário que se reconheça essa assinatura por tabelião ou notário.

**22. Assinatura digital.** A procuração outorgada ao advogado pode ser assinada digitalmente, nos termos da lei.

**23. Não configuração de comparecimento espontâneo.** *"A Corte Especial do Superior Tribunal de Justiça, recentemente, reafirmou o entendimento de que, 'em regra, o peticionamento nos autos por advogado destituído de poderes especiais para receber citação não configura comparecimento espontâneo apto a suprir tal necessidade' (EREsp 1.709.915/CE, Rel. Ministro Og Fernandes, Corte Especial, julgado em 1º.08.2018, DJe de 09.08.2018)"* (STJ, 4ª Turma, AgInt nos EDcl no REsp 1.777.654/MG, rel. Min. Raul Araújo, DJe 11.9.2019).

**24. Comparecimento espontâneo e dispensa da citação.** *"Nos termos da jurisprudência do STJ, a citação pode ser suprida pelo comparecimento espontâneo da parte requerida, se verificado ato que configure ciência inequívoca acerca da demanda. Além disso, tem-se por caracterizado o comparecimento espontâneo quando da juntada de instrumento de mandato com poderes para receber citação ou, ainda, com cláusula de poderes gerais de foro"* (STJ, 4ª Turma, AgInt no AREsp 1.649.819/SP, rel. Min. Luis Felipe Salomão, DJe 22.9.2020).

**25. Ausência de poderes específicos para receber citação e apresentação de defesa.** *"A despeito da inexistência de poderes específicos para receber citação na procuração, o comparecimento do advogado da parte em juízo, supre o ato citatório quando vise à prática de defesa"* (STJ, 3ª Turma, EDcl nos EDcl no AgInt no REsp 1.812.535/MS, rel. Min. Nancy Andrighi, DJe 24.9.2020).

**26. Ainda sobre o comparecimento espontâneo.** *"Consoante a jurisprudência deste Tribunal Superior, a citação pode ser suprida pelo comparecimento espontâneo do requerido, o qual estará configurado caso verificado ato que configure ciência inequívoca acerca da demanda. 1.1 Entende-se por caracterizado o comparecimento espontâneo ante a juntada de instrumento de mandato com poderes para receber citação ou, ainda, com cláusula de poderes gerais de foro, na hipótese em que não haja prejuízo ao réu. Precedentes. 1.2. No caso em tela, foi juntada procuração por causídico sem poderes para receber citação e, ainda, não foi apresentado defesa, de modo que não é possível considerar configurado o comparecimento espontâneo, impondo-se a nulidade da sentença"* (STJ, 4ª Turma, AgInt nos EDcl no AREsp 919.785/SP, rel. Min. Marco Buzzi, DJe 12.11.2018).

**27. Poderes especiais para receber e dar quitação e expedição de alvará em nome dos advogados.** *"Alguns atos processuais somente podem ser praticados pelo advogado que tem poderes especiais para tanto. São eles: receber citação, confessar, reconhecer a procedência do pedido, transigir, desistir, renunciar, receber e dar quitação, firmar compromisso e assinar declaração de hipossuficiência econômica (art. 105 do CPC/2015). Vale dizer que, para tais atos, é imprescindível menção expressa no instrumento de procuração. 4. O causídico constituído com poderes especiais para receber e dar quitação 'tem direito inviolável à expedição de alvará em seu nome, a fim de levantar depósitos judiciais e extrajudiciais' (AgRg no Ag 425.731/PR). Trata-*

**LIVRO III · DOS SUJEITOS DO PROCESSO** · **Art. 106**

-se de um poder-dever resultante do art. 105 do CPC/2015 e do art. 5º, § 2º, da Lei 8.906/1994. Outrossim, a negativa desse direito ao advogado implica a ineficácia da vontade da parte manifestada expressamente no instrumento do mandato" (STJ, 3ª Turma, REsp 1.885.209/MG, rel. Min. Nancy Andrighi, *DJe* 14.5.2021).

**28.** **Necessidade de poderes especiais na procuração para adjudicação de bem penhorado.** O advogado do exequente, para requerer a adjudicação, precisa dispor de poderes especiais contidos na procuração. A adjudicação é técnica de pagamento ao exequente. É necessário, por isso, que a seu advogado tenha sido outorgado poder especial para tanto (art. 105). Aliás, um dos poderes especiais exigidos pelo art. 105 é o de "receber e dar quitação". A satisfação do crédito faz-se pela adjudicação do bem penhorado (art. 904); é um recebimento. É preciso que haja poder especial na procuração. Esse mesmo poder deve ser exigido quando o legitimado a adjudicar não seja o exequente. É que se trata da aquisição de um bem, um negócio jurídico, para cuja celebração a simples outorga de "poderes gerais para o foro" revela-se insuficiente.

**29.** **Necessidade de poderes específicos na procuração para arguir suspeição no processo penal.** *"1. O art. 98 do Código de Processo Penal exige manifestação da vontade da parte interessada na recusa do magistrado por suspeição por meio da subscrição da petição pela própria parte interessada ou, quando representada em juízo, por meio de procuração com poderes especiais. 2. O defensor público atua na qualidade de representante processual e ainda que independa de mandato para o foro em geral (ex vi art. 128, inc. XI, da LC 80/1994), deve juntar procuração sempre que a lei exigir poderes especiais"* (STJ, 6ª Turma, REsp 1.431.043/MG, rel. Min. Maria Thereza de Assis Moura, *DJe* 27.4.2015).

**30.** **Desnecessidade de poderes específicos na procuração para arguir suspeição no processo civil.** *"A procuração para o foro em geral habilita o advogado a formular exceção de suspeição"* (STJ, 4ª Turma, REsp 110.641/MS, rel. Min. Fontes de Alencar, *DJ* 9.3.1998, p. 117). *"O art. 38 do Código de Processo Civil* [de 1973, equivalente ao art. 105 do CPC/2015] *não exige poderes especiais ao procurador da parte para arguir a exceção de suspeição"* (STJ, 4ª Turma, REsp 225.181/PR, rel. Min. Barros Monteiro, *DJ* 21.8.2000, p. 143). *"Segundo a dicção do artigo 38 do CPC* [de 1973, equivalente ao art. 105 do CPC/2015], *a regra geral é de que a procuração 'habilita o advogado a praticar todos os atos do processo', sendo que as exceções constam expres-* samente na parte final dessa norma e dentre elas não se encontra a exigência de poderes especiais para arguir a exceção de suspeição" (STJ, 2ª Turma, REsp 595.522/DF, rel. Min. Castro Meira, *DJ* 7.11.2005, p. 196). *No mesmo sentido:* STJ, 2ª Turma, REsp 1.233.727/SP, rel. Min. Mauro Campbell Marques, *DJe* 5.5.2011).

**31.** **Validade de intimação de penhora feita a advogado cuja procuração exclui expressamente poderes para essa finalidade.** *"O poder de receber intimação está incluso, na verdade, nos poderes gerais para o foro e não há previsão no art. 105 do CPC/2015 quanto à possibilidade de o outorgante restringir tais poderes por meio de cláusula especial. Pelo contrário, com os poderes concedidos na procuração geral para o foro, entende-se que o procurador constituído pode praticar todo e qualquer ato do processo, exceto aqueles mencionados na parte final do art. 105 do CPC/2015. Logo, todas as intimações ocorridas no curso do processo, inclusive a intimação da penhora, podem ser recebidas pelo patrono constituído nos autos"* (STJ, 3ª Turma, REsp 1.904.872/PR, rel. Min. Nancy Andrighi, *DJe* 28.9.2021).

**32.** **Possibilidade de pactuação de honorários no bojo da procuração.** *"Não se pode recusar valor jurídico aos pactos celebrados entre os ora recorrentes e os seus patronos, inclusive quanto à remuneração prometida a estes últimos, ainda que essa cláusula econômica se encontre no bojo dos próprios instrumentos de mandato, é dizer, no corpo das respectivas procurações, como incontroversamente ocorrido no caso em exame, sob pena de se ferir a autonomia da vontade por eles manifestada"* (STJ, 1ª Turma, REsp 1.818.107/RJ, rel. Min. Sérgio Kukina, *DJe* 9.2.2022).

> **Art. 106.** Quando postular em causa própria, incumbe ao advogado:
>
> I – declarar, na petição inicial ou na contestação, o endereço, seu número de inscrição na Ordem dos Advogados do Brasil e o nome da sociedade de advogados da qual participa, para o recebimento de intimações;
>
> II – comunicar ao juízo qualquer mudança de endereço.
>
> § 1º Se o advogado descumprir o disposto no inciso I, o juiz ordenará que se supra a omissão, no prazo de 5 (cinco) dias, antes de determinar a citação do réu, sob pena de indeferimento da petição.
>
> § 2º Se o advogado infringir o previsto no inciso II, serão consideradas válidas as intimações enviadas por carta registrada ou meio eletrônico ao endereço constante dos autos.

**Art. 107** CÓDIGO DE PROCESSO CIVIL COMENTADO – *Leonardo Carneiro da Cunha*

▶ **1. Correspondência no CPC/1973.** *"Art. 39. Compete ao advogado, ou à parte quando postular em causa própria: I – declarar, na petição inicial ou na contestação, o endereço em que receberá intimação; II – comunicar ao escrivão do processo qualquer mudança de endereço. Parágrafo único. Se o advogado não cumprir o disposto no n o I deste artigo, o juiz, antes de determinar a citação do réu, mandará que se supra a omissão no prazo de 48 (quarenta e oito) horas, sob pena de indeferimento da petição; se infringir o previsto no n o II, reputar-se-ão válidas as intimações enviadas, em carta registrada, para o endereço constante dos autos."*

## ⚖ JURISPRUDÊNCIA, ENUNCIADOS E SÚMULAS SELECIONADOS

• **2. Enunciado 425 do FPPC.** *"Ocorrendo simultaneamente as hipóteses dos art. 106, § 1º, e art. 321, caput, o prazo de emenda será único e de quinze dias."*

## ▣ COMENTÁRIOS TEMÁTICOS

**3. Postulação em causa própria.** Se o autor estiver postulando em causa própria, a petição inicial deve conter um outro requisito, que é o seu endereço profissional, seu número de inscrição na OAB e, se for o caso, o nome da sociedade de advogados que integra, a fim de viabilizar as intimações (arts. 77, V, e 106). Não cumprida a exigência, o juiz determinará a intimação do autor para que apresente tais informações, sob pena de indeferimento da petição inicial (art. 106, § 1º). Qualquer modificação no seu endereço deve ser comunicada ao juiz pelo autor, sendo válidas, se não houver tal comunicação, as intimações encaminhadas ao endereço indicado na petição inicial (art. 106, § 2º).

**4. Prazo para emenda ou complementação da petição inicial.** A petição inicial deve ser emendada ou complementada no prazo de 5 dias, a fim de que o autor cumpra as exigências do inciso I do art. 106. Na contagem de tal prazo, computam-se apenas os dias úteis (art. 219).

**5. Prazos diferentes: unificação ou ampliação.** É possível que o juiz determine ao autor, advogado em causa própria, que complemente sua petição inicial para atender à exigência prevista no inciso I do art. 106. Quando postular em causa própria, incumbe ao advogado declarar, na petição inicial, o endereço, seu número de inscrição na OAB e o nome da sociedade de advogados da qual participa, para o recebimento de intimações. Se não for cumprida essa exigên-

cia, deverá ser intimado o autor para emendar a petição inicial no prazo de 5 dias (art. 106, § 1º). Há, então, prazos diversos para a emenda da petição inicial. Em geral, o prazo é de 15 dias (art. 321), mas, na hipótese do desatendimento ao inciso I do art. 106, será de 5 dias. É possível que ocorra simultaneamente as hipóteses do § 1º do art. 106 e do art. 321, ou seja, é possível que o autor, advogado em causa própria, não tenha atendido ao comando do inciso I do art. 106, bem como haja algum outro defeito em sua petição inicial. Nesse caso, há 2 emendas a serem feitas: uma no prazo de 5 dias e outra, no de 15 dias. Para melhor eficiência e gestão do processo, em situações como essa, é razoável entender que o prazo é único e de 15 dias. O juiz deve, nessa hipótese, determinar o cumprimento das exigências em prazo único de 15 dias. Também é possível que amplie esse prazo, caso se revele, no caso concreto, insuficiente. Ao juiz é conferido o poder de dilatar os prazos processuais, adequando-os às necessidades do conflito de modo a conferir maior efetividade à tutela do direito (art. 139, VI).

**6. Prazo não peremptório.** O prazo para a emenda ou complementação da petição inicial é considerado, tradicionalmente, não peremptório, podendo ser flexibilizado pelo juiz. Se, determinada a emenda ou complementação da petição inicial, o autor não a realizou adequadamente ou o juiz veio a detectar imperfeição até então não observada, deve haver nova determinação de emenda ou complementação, tudo com a finalidade de se alcançar o julgamento de mérito, em obediência ao princípio da primazia do julgamento de mérito.

---

**Art. 107.** O advogado tem direito a:

I – examinar, em cartório de fórum e secretaria de tribunal, mesmo sem procuração, autos de qualquer processo, independentemente da fase de tramitação, assegurados a obtenção de cópias e o registro de anotações, salvo na hipótese de segredo de justiça, nas quais apenas o advogado constituído terá acesso aos autos;

II – requerer, como procurador, vista dos autos de qualquer processo, pelo prazo de 5 (cinco) dias;

III – retirar os autos do cartório ou da secretaria, pelo prazo legal, sempre que neles lhe couber falar por determinação do juiz, nos casos previstos em lei.

§ 1º Ao receber os autos, o advogado assinará carga em livro ou documento próprio.

§ 2º Sendo o prazo comum às partes, os procuradores poderão retirar os autos somente em

# LIVRO III · DOS SUJEITOS DO PROCESSO — Art. 107

conjunto ou mediante prévio ajuste, por petição nos autos.

§ 3º Na hipótese do § 2º, é lícito ao procurador retirar os autos para obtenção de cópias, pelo prazo de 2 (duas) a 6 (seis) horas, independentemente de ajuste e sem prejuízo da continuidade do prazo.

§ 4º O procurador perderá no mesmo processo o direito a que se refere o § 3º se não devolver os autos tempestivamente, salvo se o prazo for prorrogado pelo juiz.

§ 5º O disposto no inciso I do *caput* deste artigo aplica-se integralmente a processos eletrônicos.

▶ **1. Correspondência no CPC/1973.** *"Art. 40. O advogado tem direito de: I – examinar, em cartório de justiça e secretaria de tribunal, autos de qualquer processo, salvo o disposto no art. 155; II – requerer, como procurador, vista dos autos de qualquer processo pelo prazo de 5 (cinco) dias; III – retirar os autos do cartório ou secretaria, pelo prazo legal, sempre que lhe competir falar neles por determinação do juiz, nos casos previstos em lei. § 1º Ao receber os autos, o advogado assinará carga no livro competente. § 2º Sendo comum às partes o prazo, só em conjunto ou mediante prévio ajuste por petição nos autos, poderão os seus procuradores retirar os autos, ressalvada a obtenção de cópias para a qual cada procurador poderá retirá-los pelo prazo de 1 (uma) hora independentemente de ajuste."*

## 🔲 Legislação Correlata

**2. EOAB, art. 7º.** *"Art. 7º São direitos do advogado: I – exercer, com liberdade, a profissão em todo o território nacional; II – a inviolabilidade de seu escritório ou local de trabalho, bem como de seus instrumentos de trabalho, de sua correspondência escrita, eletrônica, telefônica e telemática, desde que relativas ao exercício da advocacia; III – comunicar-se com seus clientes, pessoal e reservadamente, mesmo sem procuração, quando estes se acharem presos, detidos ou recolhidos em estabelecimentos civis ou militares, ainda que considerados incomunicáveis; IV – ter a presença de representante da OAB, quando preso em flagrante, por motivo ligado ao exercício da advocacia, para lavratura do auto respectivo, sob pena de nulidade e, nos demais casos, a comunicação expressa à seccional da OAB; V – não ser recolhido preso, antes de sentença transitada em julgado, senão em sala de Estado Maior, com instalações e comodidades condignas, e, na sua falta, em prisão domiciliar; VI – ingressar livremente: a) nas salas de sessões dos tribunais, mesmo além dos cancelos que separam a parte reservada aos magistrados; b) nas salas e dependências de audiências, secretarias, cartórios, ofícios de justiça, serviços notariais e de registro, e, no caso de delegacias e prisões, mesmo fora da hora de expediente e independentemente da presença de seus titulares; c) em qualquer edifício ou recinto em que funcione repartição judicial ou outro serviço público onde o advogado deva praticar ato ou colher prova ou informação útil ao exercício da atividade profissional, dentro do expediente ou fora dele, e ser atendido, desde que se ache presente qualquer servidor ou empregado; d) em qualquer assembleia ou reunião de que participe ou possa participar o seu cliente, ou perante a qual este deva comparecer, desde que munido de poderes especiais; VII – permanecer sentado ou em pé e retirar-se de quaisquer locais indicados no inciso anterior, independentemente de licença; VIII – dirigir-se diretamente aos magistrados nas salas e gabinetes de trabalho, independentemente de horário previamente marcado ou outra condição, observando-se a ordem de chegada; X – usar da palavra, pela ordem, em qualquer juízo ou tribunal, mediante intervenção sumária, para esclarecer equívoco ou dúvida surgida em relação a fatos, documentos ou afirmações que influam no julgamento, bem como para replicar acusação ou censura que lhe forem feitas; XI – reclamar, verbalmente ou por escrito, perante qualquer juízo, tribunal ou autoridade, contra a inobservância de preceito de lei, regulamento ou regimento; XII – falar, sentado ou em pé, em juízo, tribunal ou órgão de deliberação coletiva da Administração Pública ou do Poder Legislativo; XIII – examinar, em qualquer órgão dos Poderes Judiciário e Legislativo, ou da Administração Pública em geral, autos de processos findos ou em andamento, mesmo sem procuração, quando não estiverem sujeitos a sigilo ou segredo de justiça, assegurada a obtenção de cópias, com possibilidade de tomar apontamentos; XIV – examinar, em qualquer instituição responsável por conduzir investigação, mesmo sem procuração, autos de flagrante e de investigações de qualquer natureza, findos ou em andamento, ainda que conclusos à autoridade, podendo copiar peças e tomar apontamentos, em meio físico ou digital; XV – ter vista dos processos judiciais ou administrativos de qualquer natureza, em cartório ou na repartição competente, ou retirá-los pelos prazos legais; XVI – retirar autos de processos findos, mesmo sem procuração, pelo prazo de dez dias; XVII – ser publicamente desagravado, quando ofendido no exercício da profissão ou em razão dela; XVIII – usar os símbolos privativos da profissão de advogado;*

*XIX – recusar-se a depor como testemunha em processo no qual funcionou ou deva funcionar, ou sobre fato relacionado com pessoa de quem seja ou foi advogado, mesmo quando autorizado ou solicitado pelo constituinte, bem como sobre fato que constitua sigilo profissional; XX – retirar-se do recinto onde se encontre aguardando pregão para ato judicial, após trinta minutos do horário designado e ao qual ainda não tenha comparecido a autoridade que deva presidir a ele, mediante comunicação protocolizada em juízo. XXI – assistir a seus clientes investigados durante a apuração de infrações, sob pena de nulidade absoluta do respectivo interrogatório ou depoimento e, subsequentemente, de todos os elementos investigatórios e probatórios dele decorrentes ou derivados, direta ou indiretamente, podendo, inclusive, no curso da respectiva apuração: a) apresentar razões e quesitos; § 1º Não se aplica o disposto nos incisos XV e XVI: 1) aos processos sob regime de segredo de justiça; 2) quando existirem nos autos documentos originais de difícil restauração ou ocorrer circunstância relevante que justifique a permanência dos autos no cartório, secretaria ou repartição, reconhecida pela autoridade em despacho motivado, proferido de ofício, mediante representação ou a requerimento da parte interessada; 3) até o encerramento do processo, ao advogado que houver deixado de devolver os respectivos autos no prazo legal, e só o fizer depois de intimado. § 2º O advogado tem imunidade profissional, não constituindo injúria, difamação puníveis qualquer manifestação de sua parte, no exercício de sua atividade, em juízo ou fora dele, sem prejuízo das sanções disciplinares perante a OAB, pelos excessos que cometer. § 3º O advogado somente poderá ser preso em flagrante, por motivo de exercício da profissão, em caso de crime inafiançável, observado o disposto no inciso IV deste artigo. § 4º O Poder Judiciário e o Poder Executivo devem instalar, em todos os juizados, fóruns, tribunais, delegacias de polícia e presídios, salas especiais permanentes para os advogados, com uso assegurados à OAB. § 5º No caso de ofensa a inscrito na OAB, no exercício da profissão ou de cargo ou função de órgão da OAB, o conselho competente deve promover o desagravo público do ofendido, sem prejuízo da responsabilidade criminal em que incorrer o infrator. § 6º Presentes indícios de autoria e materialidade da prática de crime por parte de advogado, a autoridade judiciária competente poderá decretar a quebra da inviolabilidade de que trata o inciso II do caput deste artigo, em decisão motivada, expedindo mandado de busca e apreensão, específico e pormenorizado, a ser cumprido na presença de representante da OAB, sendo, em qualquer hipótese, vedada a utilização dos documentos, das mídias e dos objetos pertencentes a clientes do advogado averiguado, bem como dos demais instrumentos de trabalho que contenham informações sobre clientes. § 7º A ressalva constante do § 6º deste artigo não se estende a clientes do advogado averiguado que estejam sendo formalmente investigados como seus partícipes ou coautores pela prática do mesmo crime que deu causa à quebra da inviolabilidade. § 10. Nos autos sujeitos a sigilo, deve o advogado apresentar procuração para o exercício dos direitos de que trata o inciso XIV. § 11. No caso previsto no inciso XIV, a autoridade competente poderá delimitar o acesso do advogado aos elementos de prova relacionados a diligências em andamento e ainda não documentados nos autos, quando houver risco de comprometimento da eficiência, da eficácia ou da finalidade das diligências. § 12. A inobservância aos direitos estabelecidos no inciso XIV, o fornecimento incompleto de autos ou o fornecimento de autos em que houve a retirada de peças já incluídas no caderno investigativo implicará responsabilização criminal e funcional por abuso de autoridade do responsável que impedir o acesso do advogado com o intuito de prejudicar o exercício da defesa, sem prejuízo do direito subjetivo do advogado de requerer acesso aos autos ao juiz competente. § 13. O disposto nos incisos XIII e XIV do caput deste artigo aplica-se integralmente a processos e a procedimentos eletrônicos, ressalvado o disposto nos §§ 10 e 11 deste artigo."*

**3. EOAB, art. 7º-A.** *"Art. 7º-A. São direitos da advogada: I – gestante: a) entrada em tribunais sem ser submetida a detectores de metais e aparelhos de raios X; b) reserva de vaga em garagens dos fóruns dos tribunais; II – lactante, adotante ou que der à luz, acesso a creche, onde houver, ou a local adequado ao atendimento das necessidades do bebê; III – gestante, lactante, adotante ou que der à luz, preferência na ordem das sustentações orais e das audiências a serem realizadas a cada dia, mediante comprovação de sua condição; IV – adotante ou que der à luz, suspensão de prazos processuais quando for a única patrona da causa, desde que haja notificação por escrito ao cliente. § 1º Os direitos previstos à advogada gestante ou lactante aplicam-se enquanto perdurar, respectivamente, o estado gravídico ou o período de amamentação. § 2º Os direitos assegurados nos incisos II e III deste artigo à advogada adotante ou que der à luz serão concedidos pelo prazo previsto no art. 392 do Decreto-lei nº 5.452, de 1º de maio de 1943 (Consolidação das Leis do Trabalho). § 3º O direito assegurado no inciso IV deste artigo à advogada adotante ou que der*

**LIVRO III · DOS SUJEITOS DO PROCESSO** **Art. 107**

*à luz será concedido pelo prazo previsto no § 6º do art. 313 da Lei nº 13.105, de 16 de março de 2015 (Código de Processo Civil).”*

**4. Lei 11.419/2006, art. 11, §§ 6º e 7º.** *“Art. 11. (...) § 6º Os documentos digitalizados juntados em processo eletrônico estarão disponíveis para acesso por meio da rede externa pelas respectivas partes processuais, pelos advogados, independentemente de procuração nos autos, pelos membros do Ministério Público e pelos magistrados, sem prejuízo da possibilidade de visualização nas secretarias dos órgãos julgadores, à exceção daqueles que tramitarem em segredo de justiça. § 7º Os sistemas de informações pertinentes a processos eletrônicos devem possibilitar que advogados, procuradores e membros do Ministério Público cadastrados, mas não vinculados a processo previamente identificado, acessem automaticamente todos os atos e documentos processuais armazenados em meio eletrônico, desde que demonstrado interesse para fins apenas de registro, salvo nos casos de processos em segredo de justiça.”*

## ⚖ Jurisprudência, Enunciados e Súmulas Selecionados

- **5. ADI 1.127.** *“I – O advogado é indispensável à administração da Justiça. Sua presença, contudo, pode ser dispensada em certos atos jurisdicionais. II – A imunidade profissional é indispensável para que o advogado possa exercer condigna e amplamente seu múnus público. III – A inviolabilidade do escritório ou do local de trabalho é consectário da inviolabilidade assegurada ao advogado no exercício profissional. IV – A presença de representante da OAB em caso de prisão em flagrante de advogado constitui garantia da inviolabilidade da atuação profissional. A cominação de nulidade da prisão, caso não se faça a comunicação, configura sanção para tornar efetiva a norma. V – A prisão do advogado em sala de Estado Maior é garantia suficiente para que fique provisoriamente detido em condições compatíveis com o seu múnus público. VI – A administração de estabelecimentos prisionais e congêneres constitui uma prerrogativa indelegável do Estado. VII – A sustentação oral pelo advogado, após o voto do Relator, afronta o devido processo legal, além de poder causar tumulto processual, uma vez que o contraditório se estabelece entre as partes. VIII – A imunidade profissional do advogado não compreende o desacato, pois conflita com a autoridade do magistrado na condução da atividade jurisdicional. IX – O múnus cons-*

*titucional exercido pelo advogado justifica a garantia de somente ser preso em flagrante e na hipótese de crime inafiançável. X – O controle das salas especiais para advogados é prerrogativa da Administração forense. XI – A incompatibilidade com o exercício da advocacia não alcança os juízes eleitorais e seus suplentes, em face da composição da Justiça eleitoral estabelecida na Constituição. XII – A requisição de cópias de peças e documentos a qualquer tribunal, magistrado, cartório ou órgão da Administração Pública direta, indireta ou fundacional pelos Presidentes do Conselho da OAB e das Subseções deve ser motivada, compatível com as finalidades da lei e precedida, ainda, do recolhimento dos respectivos custos, não sendo possível a requisição de documentos cobertos pelo sigilo.”*

- **6. Súmula Vinculante STF, 14.** *“É direito do defensor, no interesse do representado, ter acesso amplo aos elementos de prova que, já documentados em procedimento investigatório realizado por órgão com competência de polícia judiciária, digam respeito ao exercício do direito de defesa.”*

## 🗊 Comentários Temáticos

**7. Direitos ou prerrogativas.** O dispositivo trata indistintamente de direitos e prerrogativas dos advogados. Prerrogativas são gênero das quais os direitos são espécies. Prerrogativa profissional significa direito exclusivo e indispensável ao exercício de determinada profissão no interesse social. Ter acesso a autos, examiná-los, consultá-los e retirá-los do cartório são direitos do advogado, indispensáveis para o exercício de sua profissão, configurando condições legais para o desempenho de seu múnus público.

**8. Acesso aos autos.** O acesso aos autos de processos pendentes ou findos, inclusive os de natureza eletrônica, é direito inviolável do advogado, indispensável para que possa exercer livremente sua profissão, no interesse de seus clientes. Do direito de acesso aos autos decorrem o direito de vista e retirada dos autos ativos e o direito de exame a autos ativos e o direito de retirada de autos findos.

**9. Direito de vistas.** O direito de vistas dos autos pressupõe que o advogado tenha sido regularmente constituído, por meio de procuração, pois inclui o direito de retirá-los e o dever de devolvê-los no prazo legal. O direito de retirada, sem procuração, é exclusivamente admitido para os autos de processos findos.

235

**10. Prazo comum.** Sendo o prazo comum às partes, os advogados poderão retirar os autos somente em conjunto ou mediante prévio ajuste, por petição nos autos. Há, nesse caso, um negócio processual para retirada dos autos.

**11. Carga rápida.** Não havendo ajuste entre os advogados, cada um pode retirar os autos para obtenção de cópias pelo prazo de 2 a 6 horas. Se os autos não foram devolvidos no prazo, o advogado perde, no processo, o direito a essa "carga rápida" de 2 a 6 horas.

**12. Direito de exame.** O direito de exame dos autos é prerrogativa de todos os advogados, para que possam ter acesso a autos ativos, sem fazer prova de procuração, sobretudo para conhecer seu conteúdo, antes de aceitar ou rejeitar o patrocínio da causa. O direito de exame não inclui o direito de retirada dos autos de cartório, salvo se for necessária a obtenção de cópia de documentos neles contidos que não estejam protegidos por sigilo legal ou por segredo de justiça, quando não for possível obtê-las no próprio cartório. Para o exame, o advogado pode fazer anotações, copiar ou fotocopiar os processos ou parte deles, inclusive os eletrônicos.

# CAPÍTULO IV
## DA SUCESSÃO DAS PARTES E DOS PROCURADORES

> **Art. 108.** No curso do processo, somente é lícita a sucessão voluntária das partes nos casos expressos em lei.

▶ **1. Correspondência no CPC/1973.** *"Art. 41. Só é permitida, no curso do processo, a substituição voluntária das partes nos casos expressos em lei."*

🗒 **Comentários Temáticos**

**2. Sucessão processual.** A sucessão processual ocorre quando há alteração subjetiva superveniente do processo em curso, tanto no polo ativo como no passivo.

**3. Sucessão *mortis causa* ou *inter vivos*.** A sucessão processual pode decorrer da morte da parte ou de um fato entre vivos, tais como *(a)* alienação de coisa litigiosa a título singular (art. 109); *(b)* sucessão, a título universal, de pessoa jurídica por negócio jurídico (dissolução total, fusão ou incorporação), por sentença (falência ou dissolução total) ou por lei (sucessão ou incorporação de pessoas jurídicas de direito público).

**4. Sucessão de processual *versus* substituição processual.** A sucessão processual não se confunde com a substituição processual. Esta ocorre quando alguém, em nome próprio, postula direito alheio (art. 18): na substituição processual, a parte não é titular do direito material, embora seja titular do direito de ação. A substituição processual é uma legitimidade extraordinária para a causa. Por sua vez, a sucessão processual é a mudança, a troca, a alteração de uma parte por outra; na sucessão processual, há a extromissão de uma parte, com o ingresso de outra em seu lugar.

**5. Sucessão de partes e sucessão de advogados.** A sucessão processual pode ocorrer quanto à parte ou em relação ao advogado.

**6. Sucessão voluntária e sucessão involuntária.** A sucessão pode ser voluntária, quando se dá em razão de ato voluntário, e involuntária, nos casos de morte (art. 111).

**7. Sucessão voluntária das partes.** A sucessão voluntária das partes pode ocorrer nas hipóteses previstas em lei. Assim, pode haver sucessão voluntária de parte, nos casos de alienação de bem ou de direito litigioso (art. 109) e nos casos em que o réu indica a parte legítima e o autor aceita (arts. 338 e 339). Enquanto não citado o réu, o autor pode requerer a mudança, passando a demandar contra outro réu, em vez daquele originariamente indicado na petição inicial.

**8. Sucessão voluntária do advogado.** A sucessão voluntária do advogado por ocorrer nos casos de revogação (art. 111) ou de renúncia (art. 112) ao mandato judicial.

> **Art. 109.** A alienação da coisa ou do direito litigioso por ato entre vivos, a título particular, não altera a legitimidade das partes.
>
> § 1º O adquirente ou cessionário não poderá ingressar em juízo, sucedendo o alienante ou cedente, sem que o consinta a parte contrária.
>
> § 2º O adquirente ou cessionário poderá intervir no processo como assistente litisconsorcial do alienante ou cedente.
>
> § 3º Estendem-se os efeitos da sentença proferida entre as partes originárias ao adquirente ou cessionário.

▶ **1. Correspondência no CPC/1973.** *"Art. 42. A alienação da coisa ou do direito litigioso, a título particular, por ato entre vivos, não altera a legitimidade das partes. § 1º O adquirente ou o cessionário não poderá ingressar em juízo, substituindo o alienante, ou o cedente, sem que o consinta a parte contrária. § 2º O adquirente ou o cessionário poderá, no entanto, intervir no processo, assistindo o alienante ou o cedente.*

**LIVRO III · DOS SUJEITOS DO PROCESSO**

**Art. 109**

*§ 3º A sentença, proferida entre as partes originárias, estende os seus efeitos ao adquirente ou ao cessionário."*

## ⚖ Jurisprudência, Enunciados e Súmulas Selecionados

- **2. Enunciado 115 do FPPC.** *"O negócio jurídico celebrado nos termos do art. 190 obriga herdeiros e sucessores."*

## ▣ Comentários Temáticos

**3. Litigiosidade.** A citação válida faz litigiosa a coisa. A coisa se torna litigiosa para o réu, com a citação válida. Para o autor, ela já é litigiosa com a simples propositura da demanda (art. 312).

**4. Momentos a partir dos quais se considera litigioso o bem ou o direito em disputa.** *"Segundo a doutrina especializada, o bem ou direito se torna litigioso com a litispendência, ou seja, com a lide pendente. 6. A lide é considerada pendente, para o autor, com a propositura da ação e, para o réu, com a citação válida. 7. Para o adquirente, o momento em que o bem ou direito é considerado litigioso varia de acordo com a posição ocupada pela parte na relação jurídica processual que sucederia. 8. Não há falar em extensão dos efeitos da coisa julgada ao adquirente se o bem é adquirido por terceiro de boa-fé antes de configurada a litigiosidade"* (STJ, 3ª Turma, AgInt no AREsp 1.293.353/DF, rel. Min. Ricardo Villas Bôas Cueva, *DJe* 6.12.2018).

**5. Alienação de bem ou direito não litigioso.** Se alienada a coisa ou o direito sobre o qual recai o litígio *antes* de realizada a citação válida, o réu *deixa* de ter legitimidade passiva *ad causam*, não devendo mais responder pela coisa ou pelo direito que está sendo disputado em juízo; deverá, nesse caso, ser extinto o processo sem resolução do mérito, cabendo ao autor intentar a ação, desta feita contra o atual titular do bem ou direito. Em vez de o processo ser extinto, pode o réu indicar a parte legítima e, então, haver a sucessão de partes (art. 338).

**6. Alienação de bem ou direito litigioso.** Se a venda se efetivar *após* a citação válida, caracteriza-se, então, alienação de coisa litigiosa, não se alterando a legitimidade das partes (art. 109, *caput*). O réu, que é o alienante, continua com legitimidade para a causa, mantendo-se, igualmente, a legitimidade do autor. As partes mantêm-se legítimas. O alienante ou cedente continua a ser parte legítima para a causa, se

bem que já não integre mais a relação jurídica de direito material deduzida no feito.

**7. Substituição processual.** A partir da alienação do bem ou direito litigioso, passa o alienante ou cedente a atuar como substituto processual do adquirente ou cessionário, postulando, em nome próprio, direito alheio (art. 18). O direito defendido pelo alienante ou cedente passou a ser do adquirente ou cessionário. Bem por isso, *"estendem-se os efeitos da sentença proferida entre as partes originárias ao adquirente ou cessionário"* (art. 109, § 3º).

**8. Sucessão *inter vivos*.** A sucessão *inter vivos* opera-se, quando se efetiva a alienação de coisa ou direito litigioso. O adquirente do bem ou direito litigioso pode suceder o alienante, havendo a extromissão deste e o ingresso daquele no processo. Assim, sai e entra o outro, desde que o adversário do alienante consinta com essa mudança ou sucessão de partes.

**9. Assistência litisconsorcial.** Se o adversário do alienante não concordar com a sucessão de partes, o adquirente pode atuar, no processo, como assistente litisconsorcial do alienante.

**10. Validade e ineficácia da alienação.** Não sendo alterada a legitimidade das partes, ficando o adquirente ou cessionário atingido pelos efeitos da coisa julgada, a alienação da coisa ou direito litigioso é existente e válida, sendo, apenas, ineficaz no plano processual.

**11. Sucessão e extromissão do alienante.** O art. 109 prevê a sucessão de partes, com o ingresso do adquirente e a extromissão do alienante.

**12. Direito do alienante de permanecer no processo como assistente simples.** Embora o art. 109 preveja, como regra, a extromissão do alienante, ele pode manter-se no processo, já que poderá responder perante o adquirente, se vencido. Ressalvados os casos em que o alienante não se responsabiliza pela existência ou pela titularidade do direito alienado, como na doação (CC, art. 552), ele pode permanecer no processo, como assistente simples do sucessor, com interesse na manutenção da alienação, a fim de evitar a sua responsabilização perante o adquirente. Logo, a depender da relação de direito material existente entre eles, a sucessão processual do alienante pelo adquirente pode, em vez da extromissão do sucedido, acarretar a transformação da sua posição processual.

**13. Direito do alienante de permanecer no processo como litisconsorte do adquirente.** Em vez de ser excluído do processo com o ingresso do adquirente, o alienante pode nele permanecer como seu litisconsorte, a depender da relação

237

de direito material. Se, por exemplo, só parte do direito litigioso foi alienado, o ingresso do adquirente não exclui o alienante; ambos passam a figurar como litisconsortes. Tome-se, ainda, o exemplo de constituição de hipoteca sobre o bem litigioso, caso em que o alienante conserva parte dos poderes inerentes à propriedade (CC, art. 1.228), transferindo apenas o uso e a fruição para o adquirente. Nessa hipótese, o ingresso do adquirente não exclui o alienante; eles passam a figurar como litisconsortes no processo.

**14. Concordância do adversário do alienante.** Para que haja a sucessão de partes, o art. 109 exige a aquiescência do adversário do alienante.

**15. Contraditório para o alienante.** Além da concordância do seu adversário, o alienante também precisa ser intimado para manifestar-se e justificar se, a depender do caso, pretende permanecer no processo como litisconsorte ou como assistente simples do sucessor ou, ainda, se pretende ser excluído para que se consolida a sucessão processual.

> **Art. 110.** Ocorrendo a morte de qualquer das partes, dar-se-á a sucessão pelo seu espólio ou pelos seus sucessores, observado o disposto no art. 313, §§ 1º e 2º.

▶ **1. Correspondência no CPC/1973.** *"Art. 43. Ocorrendo a morte de qualquer das partes, dar-se-á a substituição pelo seu espólio ou pelos seus sucessores, observado o disposto no art. 265".*

⚖ **Jurisprudência, Enunciados e Súmulas Selecionados**

- **2. Enunciado 115 do FPPC.** *"O negócio jurídico celebrado nos termos do art. 190 obriga herdeiros e sucessores."*
- **3. Súmula STJ, 642.** *"O direito à indenização por danos morais transmite com o falecimento do titular, possuindo os herdeiros da vítima legitimidade ativa para ajuizar ou prosseguir na ação indenizatória."*

🗐 **Comentários Temáticos**

**4. Sucessão *mortis causa* ou *inter vivos*.** A sucessão processual pode decorrer da morte da parte.

**5. Falecimento antes da propositura da demanda.** *"(...) a sucessão processual não pode ser adotada quando o falecimento do autor acontece antes do ajuizamento da demanda, devendo o processo ser extinto, sem resolução do mérito, haja vista a ausência de capacidade de o 'de cujus' ser parte"* (STJ, 3ª Turma, AgInt no REsp 1.763.995/PR, rel. Min. Paulo de Tarso Sanseverino, *DJe* 11.03.2021).

**6. Momento da sucessão.** Se a morte ocorreu antes de o processo existir, não há sucessão processual, pois não existe ainda o processo judicial. Nesse caso, o sucessor terá legitimidade superveniente, já ingressando no processo como autor ou réu. Também não há sucessão processual em casos de processo findo. A sucessão processual *mortis causa* ocorre em processo pendente, em curso, em andamento.

**7. Sucessão *mortis causa* e transmissibilidade do direito.** A sucessão *mortis causa* só é possível se o direito for transmissível. Em caso de direito transmissível, falecida a parte, o processo é suspenso para que se dê a habilitação de seu espólio ou herdeiros. Diversamente, sendo o direito intransmissível, não há suspensão do processo para que se realize a habilitação; o que há é a extinção do processo sem resolução do mérito (art. 485, IX). Quando, enfim, o direito for personalíssimo e, por isso, intransmissível, a morte da parte acarreta a extinção do processo, não havendo sucessão de parte.

**8. Falecimento do autor popular.** Se o autor, na ação popular, vier a falecer, deve ser aplicado o disposto no art. 9º da Lei 4.717/1965, sendo publicados editais e assegurando-se a qualquer cidadão, bem como ao representante do Ministério Público, dentro do prazo de 90 dias da última publicação, promover o prosseguimento da demanda.

**9. Ciência da morte da parte.** O juiz pode tomar conhecimento do falecimento de uma das partes do processo por três formas: *(a)* por simples notícia de qualquer sujeito do processo ou de terceiro; *(b)* pelos meios de comunicação (imprensa, mídias sociais, obituários etc.); *(c)* pela petição que requer, desde já, a habilitação (arts. 687 a 692).

**10. Suspensão do processo.** O falecimento da parte acarreta a imediata suspensão do processo (art. 313, I). A suspensão do processo não é, porém, automática; depende de ato judicial. Ocorrendo a causa da suspensão, deve o juiz determinar seja o processo suspenso. Ao suspender o processo pela morte da parte, o juiz deverá fazê-lo retroativamente, pois a causa da suspensão é a morte, e não o despacho do juiz que declara a suspensão do processo. O processo deve ser suspenso no exato momento em que ocorre o fato. Assim, a declaração judicial

# LIVRO III · DOS SUJEITOS DO PROCESSO — Art. 111

de que o processo está suspenso produz efeitos *ex tunc,* retroagindo para a data da ocorrência do fato que ensejou a suspensão, que, no caso, será a morte de uma das partes.

**11. Suspensão do processo retroativamente à data do óbito da parte.** *"Consoante a doutrina e a jurisprudência, ocorrendo a morte de uma das partes, a suspensão do processo é imediata, reputando-se inválidos os atos praticados após o evento, com exceção daqueles de natureza urgente, que não possam esperar a conclusão da habilitação, embora seja possível a ratificação pelos sucessores. IV – A suspensão do processo opera-se retroativamente, com efeitos ex tunc, porquanto é meramente declaratório o reconhecimento do evento morte, a partir de quando a parte ficou privada da faculdade de exercer plenamente sua defesa, não podendo ser prejudicada pela não comunicação imediata do fato ao juiz"* (STJ, 1ª Turma, REsp 1.657.663/PE, rel. Min. Regina Helena Costa, *DJe* 17.8.2017).

**12. Comunicação tardia do óbito e ausência de suspensão do processo.** *"A jurisprudência desta Casa entende que a ausência de suspensão do processo nos casos de falecimento da parte configura nulidade relativa, exigindo-se, para a invalidação dos atos processuais posteriores, que seja demonstrado o efetivo prejuízo"* (STJ, 3ª Turma, AgInt no AREsp 1.662.634/MT, rel. Min. Marco Aurélio Bellizze, *DJe* 21.9.2020).

**13. Habilitação.** Havendo a morte de uma das partes, deve-se promover a habilitação do espólio ou dos herdeiros (arts. 687 a 692). A habilitação pode ser *espontânea* (art. 688, II) ou *provocada* (art. 688, I). A habilitação será feita nos próprios autos, desde que a prova documental seja suficiente. Se, porém, for necessária a produção de outras provas, será necessária uma autuação em apenso, sendo a habilitação feita em apartado (art. 691).

**14. Sucessão pelo espólio ou pelos herdeiros.** Com o falecimento da parte, abre-se sua sucessão, devendo-se instaurar o processo de inventário ou ser realizado o inventário extrajudicial. Enquanto não se ultima o inventário nem se efetiva a partilha de bens, o falecido deve ser sucedido no processo por seu espólio. Somente quando o inventário for encerrado e houver a partilha para cada herdeiro é que cada um, respeitados os limites da herança, pode suceder o falecido nos processos judiciais.

**15. Espólio ou herdeiros.** *"A jurisprudência desta Corte Superior de Justiça é no sentido de que, nos termos do art. 110 do Código de Processo Civil, ocorrendo a morte de qualquer das partes,* *dar-se-á a substituição dela pelo seu espólio ou sucessores. (...) Apesar de o dispositivo referir que a substituição pode ocorrer alternativamente 'pelo espólio ou pelos seus sucessores', entende-se que será dada preferência à substituição pelo espólio, havendo a habilitação dos herdeiros em caso de inexistência de patrimônio sujeito à abertura de inventário"* (STJ, 2ª Turma, REsp 1.803.787/PR, rel. Min. Herman Benjamin, *DJe* 1º.7.2019).

**16. Sucessão pelo espólio na execução.** *"Enquanto não aberto o inventário e realizada a partilha de bens, o espólio responde pelas dívidas do falecido, nos termos dos arts. 1.997, caput, do CC/2002 e 597 do CPC/1973 (art. 796 do CPC/2015). Nesse contexto, os herdeiros não têm legitimidade para figurar no polo passivo da ação de cobrança de cotas condominiais relativas a imóvel pertencente à falecida"* (STJ, 4ª Turma, AgInt no AREsp 1.699.005/SP, rel. Min. Raul Araújo, *DJe* 1º.2.2021).

---

**Art. 111.** A parte que revogar o mandato outorgado a seu advogado constituirá, no mesmo ato, outro que assuma o patrocínio da causa. Parágrafo único. Não sendo constituído novo procurador no prazo de 15 (quinze) dias, observar-se-á o disposto no art. 76.

---

▶ **1. Correspondência no CPC/1973.** *"Art. 44. A parte, que revogar o mandato outorgado ao seu advogado, no mesmo ato constituirá outro que assuma o patrocínio da causa."*

## 🏛 LEGISLAÇÃO CORRELATA

**2. CC, art. 682, I.** *"Art. 682. Cessa o mandato: I – pela revogação ou pela renúncia;"*

**3. Código de Ética e Disciplina da OAB, art. 17.** *"Art. 17. A revogação do mandato judicial por vontade do cliente não o desobriga do pagamento das verbas honorárias contratadas, assim como não retira o direito do advogado de receber o quanto lhe seja devido em eventual verba honorária de sucumbência, calculada proporcionalmente em face do serviço efetivamente prestado."*

**4. Revogação do mandato judicial.** A parte pode revogar a procuração outorgada ao seu advogado. A revogação pode dar-se a qualquer momento.

**5. Direito potestativo.** A revogação é ato unilateral da parte, que tem o direito de revogar o mandato, sem precisar de esclarecer o motivo nem de obter concordância do advogado.

**6. Multa pela revogação ao mandato.** *"Não é possível a estipulação de multa no contrato*

# Art. 112

**CÓDIGO DE PROCESSO CIVIL COMENTADO –** *Leonardo Carneiro da Cunha*

*de honorários para as hipóteses de renúncia ou revogação unilateral do mandato do advogado, independentemente de motivação, respeitado o direito de recebimento dos honorários proporcionais ao serviço prestado"* (STJ, 4ª Turma, REsp 1.346.171/PR, rel. Min. Luis Felipe Salomão, *DJe* 07.11.2016). No mesmo sentido: STJ, 3ª Turma, REsp 1.882.117/MS, rel. Min. Nancy Andrighi, *DJe* 12.11.2020.

**7. Revogação implícita ou tática.** A juntada aos autos de nova procuração, outorgada a outro advogado, sem ressalva da anterior, consiste numa revogação tácita ou implícita. *"Há revogação tácita de mandato com a constituição de novo procurador sem ressalva do instrumento procuratório anterior"* (STJ, 2ª Turma, RMS 23.672/MG, rel. Min. Mauro Campbell Marques, *DJe* 21.6.2011).

**8. Ausência de revogação tácita em virtude de outros elementos contidos nos autos: interpretação dos atos processuais.** *"Não se desconhece o entendimento firmado do âmbito deste Superior Tribunal de Justiça no sentido de que a outorga de nova procuração sem ressalva do instrumento procuratório anterior caracteriza revogação tácita de mandato, obrigando o Tribunal a retificar a autuação do feito. 2. A presunção de revogação pode ser colocada em confronto com outras particularidades existentes no caso concreto, de modo que, se da análise dos atos praticados durante o deslinde processual ficar constatada a ausência do intuito de proceder à revogação de mandato anterior, devem ser considerados plenamente vigentes os poderes constantes das procurações previamente acostadas aos autos. 3. Segundo o arcabouço fático delineado no acórdão, restou claramente demonstrada a ausência do desígnio de revogar os poderes outorgados ao advogado anteriormente constituído nos autos"* (STJ, 1ª Turma, AgInt no REsp 1.578.990/MG, rel. Min. Sérgio Kukina, *DJe* 10.8.2018).

**9. Prazo para constituição de novo advogado.** Revogado o mandato de seu advogado, a parte tem o prazo de 15 dias para constituir outro. Não cumprido o prazo, o processo será suspenso para que a parte constitua outro advogado no prazo a ser assinalado pelo juiz, sob pena das consequências previstas no art. 76.

---

**Art. 112.** O advogado poderá renunciar ao mandato a qualquer tempo, provando, na forma prevista neste Código, que comunicou a renúncia ao mandante, a fim de que este nomeie sucessor.

§ 1º Durante os 10 (dez) dias seguintes, o advogado continuará a representar o mandante, desde que necessário para lhe evitar prejuízo

§ 2º Dispensa-se a comunicação referida no *caput* quando a procuração tiver sido outorgada a vários advogados e a parte continuar representada por outro, apesar da renúncia.

▶ **1. Correspondência no CPC/1973.** *"Art. 45. O advogado poderá, a qualquer tempo, renunciar ao mandato, provando que cientificou o mandante a fim de que este nomeie substituto. Durante os 10 (dez) dias seguintes, o advogado continuará a representar o mandante, desde que necessário para lhe evitar prejuízo."*

## ⚖ LEGISLAÇÃO CORRELATA

**2. CC, art. 682, I.** *"Art. 682. Cessa o mandato: I – pela revogação ou pela renúncia;"*

**3. CC, art. 668.** *"Art. 688. A renúncia do mandato será comunicada ao mandante, que, se for prejudicado pela sua inoportunidade, ou pela falta de tempo, a fim de prover à substituição do procurador, será indenizado pelo mandatário, salvo se este provar que não podia continuar no mandato sem prejuízo considerável, e que não lhe era dado substabelecer."*

**4. EOAB, art. 5º, § 3º.** *"§ 3º O advogado que renunciar ao mandato continuará, durante os dez dias seguintes à notificação da renúncia, a representar o mandante, salvo se for substituído antes do término desse prazo."*

**5. Código de Ética e Disciplina da OAB, art. 16.** *"Art. 16. A renúncia ao patrocínio deve ser feita sem menção do motivo que a determinou, fazendo cessar a responsabilidade profissional pelo acompanhamento da causa, uma vez decorrido o prazo previsto em lei (EAOAB, art. 5º, § 3º). § 1º A renúncia ao mandato não exclui responsabilidade por danos eventualmente causados ao cliente ou a terceiros. § 2º O advogado não será responsabilizado por omissão do cliente quanto a documento ou informação que lhe devesse fornecer para a prática oportuna de ato processual do seu interesse."*

**6. Código de Ética e Disciplina da OAB, art. 26, § 1º.** *"§ 1º O substabelecimento do mandato sem reservas de poderes exige o prévio e inequívoco conhecimento do cliente."*

## ▣ COMENTÁRIOS TEMÁTICOS

**7. Renúncia ao mandato judicial.** O advogado pode renunciar ao mandato judicial sempre que julgar conveniente ou por imposição ética.

**8. Direito potestativo.** A renúncia é ato unilateral do advogado, que tem o direito de renunciar ao mandato, sem precisar de esclarecer o motivo nem de obter concordância do seu cliente.

**9. Multa pela renúncia ao mandato.** *"Não é possível a estipulação de multa no contrato de honorários para as hipóteses de renúncia ou revogação unilateral do mandato do advogado, independentemente de motivação, respeitado o direito de recebimento dos honorários proporcionais ao serviço prestado"* (STJ, 4ª Turma, REsp 1.346.171/PR, rel. Min. Luis Felipe Salomão, *DJe* 7.11.2016). No mesmo sentido: STJ, 3ª Turma, REsp 1.882.117/MS, rel. Min. Nancy Andrighi, *DJe* 12.11.2020.

**10. Consumação da renúncia.** A renúncia consuma-se quando regularmente comunicada à parte, por qualquer meio idôneo: carta com AR, documento com ciência firmada pela parte, notificação judicial ou extrajudicial etc.

**11. Dispensa da comunicação.** A comunicação da renúncia do advogado ao mandato judicial é dispensada quando a procuração tiver sido outorgada a vários advogados e a parte continuar representada por outro, apesar da renúncia.

**12. Renúncia genérica.** Não se admite renúncia genérica, caso haja mais de uma causa do cliente sob patrocínio do advogado; cabe a este indicar, expressamente, a qual(is) processo(s) renuncia.

**13. Permanência por 10 dias.** O advogado deve permanecer no pleno exercício do mandato durante 10 dias após a renúncia. Tal prazo é necessário para que a parte possa substitui-lo. O advogado pode desobrigar-se antes do encerramento de tal prazo, se for antes substituído por outro advogado ou não houver necessidade de sua permanência para evitar prejuízo à parte.

⚖ Jurisprudência, Enunciados e Súmulas Selecionados

- **14. Substabelecimento, sem reserva de poderes, equivale à renúncia ao mandato.** *"(...), consoante a melhor doutrina, o substabelecimento sem reservas caracteriza renúncia à representação judicial (Pontes de Miranda, Serpa Lopes, Orlando Gomes, Clóvis Bevilacqua)"* (STJ, 1ª Turma, REsp 713.367/SP, rel. Min. Luiz Fux, *DJ* 27.06.2005, p. 273); *"(...) o substabelecimento, sem reserva de poderes, caracteriza renúncia ao poder de representar em juízo (REsp 713.367/SP, 1ª Turma, Rel. Min. Luiz Fux, DJ de 27.06.2005; AgRg nos EREsp 36.319/GO, Corte Especial, Rel. Min.*

*Dias Trindade, DJ de 08.05.1995)"* (STJ, 2ª Turma, REsp 1.207.216/SP, rel. Min. Mauro Campbell Marques, *DJe* 03.02.2011); *"O substabelecimento sem reserva de poderes, por si só, importa renúncia ao mandato judicial, sendo desnecessária manifestação expressa do substabelecente no sentido de que deixará de representar o outorgante"* (STJ, 6ª Turma, HC 326.861/SP, rel. Min. Ericson Maranho – Des. Conv. TJSP, *DJe* 7.12.2015).

- **15. Renúncia como ato personalíssimo, não extensível a outros advogados.** *"Havendo vários advogados, na procuração outorgada pelo impetrante, a renúncia ou mesmo o substabelecimento, sem reserva de poderes, feito apenas por um dos advogados, não implica, necessariamente, a destituição dos poderes de todos os outros patronos"* (STJ, 1ª Seção, AgInt no MS 15.538/DF, rel. Min. Assusete Magalhães, *DJe* 4.5.2020).

- **16. Dispensa de intimação para regularização da representação processual.** *"A renúncia de mandato regularmente comunicada pelo patrono ao seu constituinte, na forma do art. 112 do CPC de 2015, dispensa a determinação judicial para intimação da parte objetivando a regularização da representação processual nos autos, sendo seu ônus a constituição de novo advogado"* (STJ, 4ª Turma, AgInt nos EDcl no AREsp 1.323.747/SP, rel. Min. Luis Felipe Salomão, *DJe* 2.2.2021).

# TÍTULO II
# DO LITISCONSÓRCIO

**Art. 113.** Duas ou mais pessoas podem litigar, no mesmo processo, em conjunto, ativa ou passivamente, quando:

I – entre elas houver comunhão de direitos ou de obrigações relativamente à lide;

II – entre as causas houver conexão pelo pedido ou pela causa de pedir;

III – ocorrer afinidade de questões por ponto comum de fato ou de direito.

§ 1º O juiz poderá limitar o litisconsórcio facultativo quanto ao número de litigantes na fase de conhecimento, na liquidação de sentença ou na execução, quando este comprometer a rápida solução do litígio ou dificultar a defesa ou o cumprimento da sentença.

§ 2º O requerimento de limitação interrompe o prazo para manifestação ou resposta, que recomeçará da intimação da decisão que o solucionar.

**Art. 113** CÓDIGO DE PROCESSO CIVIL COMENTADO – *Leonardo Carneiro da Cunha*

▶ **1. Correspondência no CPC/1973.** *"Art. 46. Duas ou mais pessoas podem litigar, no mesmo processo, em conjunto, ativa ou passivamente, quando: I – entre elas houver comunhão de direitos ou de obrigações relativamente à lide; II – os direitos ou as obrigações derivarem do mesmo fundamento de fato ou de direito; III – entre as causas houver conexão pelo objeto ou pela causa de pedir; IV – ocorrer afinidade de questões por um ponto comum de fato ou de direito. Parágrafo único. O juiz poderá limitar o litisconsórcio facultativo quanto ao número de litigantes, quando este comprometer a rápida solução do litígio ou dificultar a defesa. O pedido de limitação interrompe o prazo para resposta, que recomeça da intimação da decisão."*

🏛 **LEGISLAÇÃO CORRELATA**

**2. Lei 9.099/1995, art. 10.** *"Art. 10. Não se admitirá, no processo, qualquer forma de intervenção de terceiro nem de assistência. Admitir-se-á o litisconsórcio."*

**3. Lei 12.016/2009, art. 10, § 2º.** *"§ 2º O ingresso de litisconsorte ativo não será admitido após o despacho da petição inicial."*

**4. Lei 12.016/2009, art. 24.** *"Art. 24. Aplicam-se ao mandado de segurança os arts. 46 a 49 da Lei nº 5.869, de 11 de janeiro de 1973 – Código de Processo Civil."*

⚖ **JURISPRUDÊNCIA, ENUNCIADOS E SÚMULAS SELECIONADOS**

• **5. Enunciado 10 do FPPC.** *"Em caso de desmembramento do litisconsórcio multitudinário, a interrupção da prescrição retroagirá à data de propositura da demanda original."*

• **6. Enunciado 116 do FPPC.** *"Quando a formação do litisconsórcio multitudinário for prejudicial à defesa, o juiz poderá substituir a sua limitação pela ampliação de prazos, sem prejuízo da possibilidade de desmembramento na fase de cumprimento de sentença."*

• **7. Enunciado 117 do FPPC.** *"Em caso de desmembramento do litisconsórcio multitudinário ativo, os efeitos mencionados no art. 240 são considerados produzidos desde o protocolo originário da petição inicial."*

• **8. Enunciado 386 do FPPC.** *"A limitação do litisconsórcio facultativo multitudinário acarreta o desmembramento do processo."*

• **9. Enunciado 387 do FPPC.** *"A limitação do litisconsórcio multitudinário não é causa de extinção do processo."*

📝 **COMENTÁRIOS TEMÁTICOS**

**10. Litisconsórcio.** O litisconsórcio é uma técnica processual por meio da qual mais de uma parte pode figurar no polo ativo ou passivo da demanda, podendo haver mais de uma parte em ambos os polos.

**11. Cumulação de pretensões.** A pluralidade de partes no mesmo polo da demanda não implica, necessariamente, cumulação de pretensões. Há casos de litisconsórcio em que há também cumulação de pretensões, por exemplo, diferentes contribuintes insurgem-se contra determinada exigência fiscal (art. 113, III); cada um poderia propor sua demanda própria, mas também podem litisconsorciar-se e propor demanda única. Nesse caso, haverá litisconsórcio e, igualmente, cumulação de pretensões. Quando, por exemplo, o Ministério Público propõe anulação de invalidação do casamento, deverá fazê-lo contra ambos os cônjuges. Nesse caso, há litisconsórcio, mas não há cumulação de pretensões: a pretensão é uma só, exercida, necessariamente, contra 2 pessoas no mesmo polo da demanda.

**12. Litisconsorte.** Chama-se litisconsorte quem está em litisconsórcio com outra pessoa. Se, num processo, houver, por exemplo, dois autores, serão dois litisconsortes ativos.

**13. Litisconsórcio ativo, passivo e misto.** Quando mais de uma pessoa agrupam-se no polo ativo da demanda, o litisconsórcio é ativo. É passivo no caso de haver mais de um réu. E é misto quando houver, a um só tempo, mais de um autor e mais de um réu.

**14. Litisconsórcio inicial e litisconsórcio ulterior.** O litisconsórcio pode ser formado desde o início, quando o autor, em sua petição inicial, já indicar mais de um autor, mais de um réu ou mais de um autor e mais de um réu ao mesmo tempo. Nesse caso, o litisconsórcio é inicial. O litisconsórcio pode, diversamente, ser formado posteriormente, não estando mencionado na petição inicial. Nessa hipótese, diz-se que o litisconsórcio é ulterior.

**15. Litisconsórcio facultativo.** O litisconsórcio pode ser classificado quanto à obrigatoriedade de sua formação: pode, então, ser facultativo ou necessário. O autor tem a faculdade de formar o litisconsórcio nas hipóteses autorizadas legalmente (art. 113). Em sua petição inicial, pode haver mais de um autor ou o autor pode dirigir sua petição inicial contra mais de um réu, requerendo a citação de todos eles. Também podem, no mesmo processo, vários litisconsortes ativos litigar contra vários litisconsortes passivos. Em princípio, o juiz não deve interferir nessa escolha,

**LIVRO III ·** DOS SUJEITOS DO PROCESSO **Art. 113**

a não ser que o caso não permita efetivamente a formação de litisconsórcio. De igual modo, o réu não pode recusar o litisconsórcio.

**16.** **Litisconsórcio multitudinário.** Em caso de litisconsórcio facultativo, é possível que se forme uma multidão de litisconsortes, caracterizando o chamado litisconsórcio multitudinário. A grande quantidade de litisconsortes pode dificultar a defesa, que teria de examinar a situação de cada um deles e não conseguir desincumbir-se adequadamente do ônus da impugnação especificada dos fatos (art. 341), atentando contra a ampla defesa. Em tal hipótese, o réu pode pedir ao juiz que limite a presença de litisconsortes no processo.

**17.** **Interrupção do prazo para resposta.** O pedido do réu interrompe o prazo para sua defesa, independentemente de o juiz acolhê-lo ou rejeitá-lo. O simples protocolo da petição requerendo a limitação do litisconsórcio já é suficiente para interromper o prazo para resposta do réu. Deferida a limitação, é preciso aguardar o desmembramento para que se intime o réu, a fim de ter início seu prazo.

**18.** **Litisconsórcio necessário.** A formação do litisconsórcio pode ser imperativa, por exigência legal ou pela natureza da relação jurídica, não havendo poder de escolha. O litisconsórcio será, então, necessário e deve ser formado.

**19.** **Litisconsórcio unitário e litisconsórcio simples.** O litisconsórcio será unitário quando a situação jurídica for incindível, devendo o juiz decidir o mérito de modo uniforme para todos os litisconsortes (art. 116). O litisconsórcio unitário não se confunde com o necessário. É possível que o litisconsórcio seja unitário e facultativo ou unitário e necessário. Já o litisconsórcio simples (também chamado de comum) caracteriza-se pela ausência de incindibilidade ou unitariedade na situação jurídica em que se inserem as partes. Cada litisconsorte é considerado um litigante distinto em suas relações com a parte contrária.

**20.** **Comunhão de direitos e obrigações.** O litisconsórcio pode formar-se por comunhão de interesses, por exemplo, quando os condôminos do mesmo bem se juntam para proteção do bem comum, ou quando um credor propõe a mesma demanda contra seus devedores solidários, ou, ainda, quando os credores solidários propõem, conjuntamente, a mesma demanda contra seu devedor.

**21.** **Conexão.** Havendo demandas conexas entre si, podem ser reunidas ao juízo prevento (art. 55, § 1º). Em vez de proporem demandas

autônomas que, depois, seriam reunidas, os interessados podem reunir ambas as demandas desde logo, formando-se o litisconsórcio. A conexão entre as demandas justifica o litisconsórcio ativo, passivo ou misto. O litisconsórcio é justificado pela existência de conexão entre as demandas. Há cúmulo de demandas. A cumulação é objetiva e subjetiva. Se *A* propusesse sua demanda sozinho em face de *B*, vindo a ser distribuída ao juízo *x*, a posterior demanda proposta por *C* em face de *B* seria distribuída por dependência àquele mesmo juízo (art. 286, I). Em vez de serem propostas demandas autônomas para serem depois reunidas ao juízo prevento, já se propõe uma só em litisconsórcio: *A* e *C* demandam contra *B* (art. 113, II). A conexão é fundamento do litisconsórcio.

**22.** **Litisconsórcio fundado na conexão e alteração da competência.** A conexão também é causa de modificação de competência. A prevenção é um efeito decorrente do registro ou da distribuição da petição inicial, independentemente de haver ou não outra demanda em curso (art. 59). Registrada ou distribuída a petição inicial, há prevenção (art. 59). E, havendo litisconsórcio fundado na conexão, a competência foi prorrogada (art. 54) para o juízo, que está prevento com o registro ou a distribuição da petição inicial (art. 59). Em vez de se distribuírem 2 demandas para que fossem reunidas ao juízo prevento, forma-se o litisconsórcio e propõem-se conjuntamente ambas as demandas. A conexão – que altera a competência relativa – permite a reunião das demandas no mesmo processo, perante o mesmo juízo.

**23.** **Afinidade de interesses.** O litisconsórcio pode formar-se por afinidade de questões por um ponto comum de fato ou de direito. Costuma-se dizer que esse é um litisconsórcio "impróprio", porque fundado numa "conexão imprópria", quando a decisão das causas depender da resolução, total ou parcial, de questões idênticas. Nesse caso, há cumulação objetiva de demandas. O litisconsórcio, por isso, não pode ser unitário, sempre facultativo e simples. A simples afinidade de interesses não é causa de modificação da competência, pois não se caracteriza como uma conexão (art. 55). Logo, o réu pode alegar incompetência, a fim de que seja desfeito o litisconsórcio.

**24.** **Litisconsórcio sucessivo ou subsidiário.** O autor pode formular mais de um pedido em ordem sucessiva ou subsidiária, de modo que o acolhimento do segundo pedido depende do prévio acolhimento do primeiro. A cumulação sucessiva de pedidos pode ocasionar um litis-

243

consórcio igualmente sucessivo: cada litisconsorte formula um pedido, mas o pedido de um só pode ser acolhido se o do outro for anteriormente deferido. Imagine-se que *A* vende o objeto *x* a *B*. Aquele, porém, cede seu crédito a *C*, que cria obstáculos ao recebimento do valor. Pode, então, *B* propor uma ação contra *A* e, igualmente, contra *C*, postulando contra este último uma consignação em pagamento e adjudicação compulsória contra aquele. Nesse caso, o acolhimento da adjudicação compulsória depende do prévio acolhimento da consignação em pagamento. Se *B* propusesse ações autônomas, uma ação contra *C* e a outra *A*, poderiam ser reunidas por conexão (art. 55, § 1º). A conexão também é fundamento para formação do litisconsórcio (art. 113, II). Logo, pode haver o litisconsórcio, mas ele será, nesse caso, subsidiário ou sucessivo: o pedido formulado contra um litisconsorte depende do prévio acolhimento do pedido formulado contra o outro litisconsorte.

**25. Litisconsórcio eventual.** O autor pode formular mais de um pedido em ordem subsidiária, a fim de que o juiz conheça do posterior, quando não acolher o anterior (art. 326, *caput*). A cumulação é eventual: formula-se o primeiro pedido; se ele não for acolhido, o segundo, então, será examinado. A cumulação, nessa hipótese, é imprópria, pois o autor, embora formule mais de um pedido, não poderá ter um deles acolhido. A cumulação eventual de pedidos pode acarretar a formação de um litisconsórcio igualmente eventual. O primeiro pedido pode ser dirigido contra um réu. Não sendo possível acolhê-lo, deverá, então, ser examinado um segundo, formulado contra outro réu. É o que ocorre quando se formula um pedido condenatório contra um réu e um de desconsideração da personalidade jurídica contra outro (art. 134, § 2º). Também é o que ocorre na denunciação da lide formulada pelo autor (art. 127): o autor propõe a demanda contra o réu e, caso não obtenha resultado favorável, pede que seja ressarcido pelo denunciado. Este segundo pedido somente será apreciado, se o primeiro for rejeitado.

**26. Admissibilidade do litisconsórcio eventual.** *"Desde que atendidos os requisitos genéricos previstos no art. 46 do CPC [de 1973] e não haja incompatibilidade absoluta de competência e procedimento, é viável o ajuizamento conjunto de ações conexas pela causa de pedir com pedidos sucessivos contra réus diversos, hipótese cognominada litisconsórcio eventual"* (STJ, 2ª Turma, REsp 727.233/SP, rel. Min. Castro Meira, *DJe* 23.4.2009).

**27. Litisconsórcio alternativo.** O autor pode formular mais de um pedido, alternativamente, para que o juiz acolha apenas um deles (art. 326, parágrafo único). A cumulação, nesse caso, é imprópria, pois, embora formulados mais de um pedido, só será possível ser acolhido um deles. Na cumulação alternativa, o autor não expressa qualquer preferência, satisfazendo-se com o acolhimento de qualquer um dos pedidos. É possível, em caso de cumulação alternativa, haver um litisconsórcio facultativo, quando cada pedido seja dirigido a um réu diverso. O autor poderia ter formulado um pedido contra um réu numa demanda autônoma, propondo outra demanda autônoma contra o outro réu. Havendo conexão entre as demandas, os processos seriam reunidos ao juízo prevento (art. 55, § 1º). O litisconsórcio pode ser formado pela conexão (art. 113, II), já reunindo ambas as demandas no mesmo processo, sem manifestação de qualquer preferência, de modo que o autor estará satisfeito com o acolhimento de qualquer um dos pedidos. Exemplo conhecido de litisconsórcio alternativo é o da consignação em pagamento fundado na dúvida a quem pagar (art. 547).

**28. Litisconsórcio no mandado de segurança.** É possível o litisconsórcio no mandado de segurança (Lei 12.016/2009, art. 24). Desde que presente uma das hipóteses do art. 113 do CPC, será possível o litisconsórcio facultativo no mandado de segurança. Quanto ao litisconsórcio necessário, também será possível quando alguma lei assim o determinar ou quando da decisão final puder advir alteração na posição jurídica do beneficiário (CPC, art. 114; Lei 12.016/2009, art. 24).

**29. Cumprimento de sentença de ação coletiva relativa a direitos individuais homogêneos.** *"6. Na fase de cumprimento de sentença de ação coletiva relativa a direitos individuais homogêneos não se está mais diante de uma atuação uniforme do substituto processual em prol dos substituídos, mas de uma demanda em que é necessária a individualização de cada um dos beneficiários do título judicial, bem como dos respectivos créditos. 7. Assim, é possível a limitação do número de substituídos em cada cumprimento de sentença, por aplicação extensiva do art. 113, § 1º, do CPC. 8. Em que pese ao referido dispositivo se referir apenas a litisconsortes, é fato que o Código de Ritos não disciplina o procedimento específico das ações coletivas. Assim, não é correto afastar a incidência desse preceito normativo simplesmente por não haver referência expressa ao instituto da substituição processual. Ademais, o próprio CDC, em seu art. 90, prevê a aplicação*

**LIVRO III** · DOS SUJEITOS DO PROCESSO **Art. 114**

*supletiva do Código de Processo Civil"* (STJ, 2ª Turma, REsp 1.947.661/RS, rel. Min. Og Fernandes, *DJe* 14.10.2021).

> **Art. 114.** O litisconsórcio será necessário por disposição de lei ou quando, pela natureza da relação jurídica controvertida, a eficácia da sentença depender da citação de todos que devam ser litisconsortes.

▶ **1. Correspondência no CPC/1973.** *"Art. 47. Há litisconsórcio necessário, quando, por disposição de lei ou pela natureza da relação jurídica, o juiz tiver de decidir a lide de modo uniforme para todas as partes; caso em que a eficácia da sentença dependerá da citação de todos os litisconsortes no processo. Parágrafo único. (...)"*

### 🗌 LEGISLAÇÃO CORRELATA

**2. Lei 4.717/1965, art. 6º, § 1º.** *"Art. 6º A ação será proposta contra as pessoas públicas ou privadas e as entidades referidas no art. 1º, contra as autoridades, funcionários ou administradores que houverem autorizado, aprovado, ratificado ou praticado o ato impugnado, ou que, por omissas, tiverem dado oportunidade à lesão, e contra os beneficiários diretos do mesmo. § 1º Se não houver benefício direto do ato lesivo, ou se for ele indeterminado ou desconhecido, a ação será proposta somente contra as outras pessoas indicadas neste artigo."*

**3. Lei 6.404/1976, art. 159, § 4º.** *"Art. 159. Compete à companhia, mediante prévia deliberação da assembleia-geral, a ação de responsabilidade civil contra o administrador, pelos prejuízos causados ao seu patrimônio. (...) § 4º Se a assembleia deliberar não promover a ação, poderá ela ser proposta por acionistas que representem 5% (cinco por cento), pelo menos, do capital social."*

**4. Lei 6.969/1981, art. 5º, § 2º.** *"Art. 5º Adotar-se-á, na ação de usucapião especial, o procedimento sumaríssimo, assegurada a preferência à sua instrução e julgamento. (...) § 2º O autor requererá também a citação pessoal daquele em cujo nome esteja transcrito o imóvel usucapiendo, bem como dos confinantes e, por edital, dos réus ausentes, incertos e desconhecidos, na forma do art. 232 do Código de Processo Civil, valendo a citação para todos os atos do processo."*

### ⚖ JURISPRUDÊNCIA, ENUNCIADOS E SÚMULAS SELECIONADOS

• **5. Tema/Repercussão Geral 1004 STF.** *"Em ação civil pública proposta pelo Ministério Público do Trabalho em face de empresa estatal, com o propósito de invalidar a contratação irregular de pessoal, não é cabível o ingresso, no polo passivo da causa, de todos os empregados atingidos, mas é indispensável sua representação pelo sindicato da categoria."*

• **6. Súmula STF, 631.** *"Extingue-se o processo de mandado de segurança se o impetrante não promove, no prazo assinado, a citação do litisconsorte passivo necessário."*

• **7. Súmula TST, 406.** *"I – O litisconsórcio, na ação rescisória, é necessário em relação ao polo passivo da demanda, porque supõe uma comunidade de direitos ou de obrigações que não admite solução díspar para os litisconsortes, em face da indivisibilidade do objeto. Já em relação ao polo ativo, o litisconsórcio é facultativo, uma vez que a aglutinação de autores se faz por conveniência e não pela necessidade decorrente da natureza do litígio, pois não se pode condicionar o exercício do direito individual de um dos litigantes no processo originário à anuência dos demais para retomar a lide. II – O Sindicato, substituto processual e autor da reclamação trabalhista, em cujos autos fora proferida a decisão rescindenda, possui legitimidade para figurar como réu na ação rescisória, sendo descabida a exigência de citação de todos os empregados substituídos, porquanto inexistente litisconsórcio passivo necessário."*

### 🗌 COMENTÁRIOS TEMÁTICOS

**8. Litisconsórcio necessário.** Quando sua formação for obrigatória, o litisconsórcio será necessário. A obrigatoriedade pode resultar de imposição legal ou da natureza da relação jurídica discutida no caso.

**9. Legitimidade dos litisconsortes.** No litisconsórcio necessário, a legitimidade dos litisconsortes é conjunta ou complexa. A legitimidade ordinária de cada litisconsorte depende da dos demais, só se completando com o concurso de todos os legitimados.

**10. Litisconsórcio necessário por disposição de lei.** O litisconsórcio será necessário quando assim o impuser expressamente alguma disposição legal. É o caso, por exemplo, do litisconsórcio entre todos os envolvidos no ato impugnado na ação popular (Lei 4.717/1965, art. 6º, § 1º), do litisconsórcio entre cônjuges (art. 73, § 1º), do litisconsórcio na oposição (art. 682), na demarcação de terras (art. 574) e na ação de usucapião de imóveis (art. 246, § 3º).

**11. Litisconsórcio necessário pela natureza da relação jurídica.** Há situações jurídicas que são incindíveis, não sendo possível demandar apenas contra um dos envolvidos, devendo todos ser citados. O litisconsórcio necessário não se confunde com o unitário, mas, quando o litisconsórcio for unitário passivo, será, em regra, necessário. Essa é uma imposição do princípio do contraditório. Imagine-se, por exemplo, uma ação de anulação de casamento proposta pelo Ministério Público. Se acolhido o pedido, o casamento há de ser desfeito para ambos os cônjuges, não podendo ser desfeito para um e não o ser para o outro. Há uma incindibilidade. Não existem situações diversas, que estejam cumuladas por comunhão de direitos ou obrigações, por conexão ou por afinidade. A situação jurídica é uma só: o casamento envolve ambos os cônjuges. Há uma unitariedade que impõe o litisconsórcio entre os cônjuges.

**12. Litisconsórcio necessário *versus* litisconsórcio unitário.** O litisconsórcio unitário não se confunde com o necessário. O litisconsórcio unitário passivo é, em regra, necessário. Há, porém, casos de litisconsórcio passivo unitário facultativo, por exemplo, o formado entre o réu-alienante de coisa litigiosa e seu adquirente (art. 109, § 2º). O litisconsórcio ativo unitário é, geralmente, facultativo, que é, por exemplo, o caso da ação reivindicatória da coisa comum proposta por um dos condôminos (CC, art. 1.314).

**13. Mandado de segurança e inexistência de litisconsórcio passivo necessário entre a autoridade impetrada e a pessoa jurídica da qual faz parte.** No mandado de segurança, a parte que integra o polo passivo da relação processual é a pessoa jurídica de direito público, *presentada* por uma autoridade. Daí ser *desnecessária* a formação de litisconsórcio entre a autoridade e a pessoa jurídica de direito público. Não há litisconsórcio passivo necessário entre a autoridade e a pessoa jurídica. Esta última é apenas intimada para, querendo, intervir na causa, o que pode ocorrer a qualquer momento ou fase do processo, respeitadas as etapas já alcançadas pela preclusão.

**14. Ausência de litisconsórcio passivo necessário entre a autoridade impetrada e a pessoa jurídica da qual faz parte.** *"Este Tribunal Superior tem entendimento pela não formação de litisconsórcio passivo, em mandado de segurança, entre a autoridade apontada como coatora e o ente federado ou entidade de direito público ao qual é vinculada, porquanto aquela atua como substituto processual. 3. Se não há razão para o reconhecimento de eventual litisconsórcio entre a*

*parte impetrada e a pessoa jurídica à qual está vinculada, muito menos haverá para a inclusão no feito de entidade pública não relacionada com as atribuições da autoridade nem mesmo integrante da relação jurídico-tributária controvertida"* (STJ, 1ª Turma, REsp 1.632.302/SC, rel. Min. Gurgel de Faria, *DJe* 24.9.2019).

**15. Litisconsórcio ativo necessário.** Não existe litisconsórcio ativo necessário, porque não se pode condicionar o direito de ação à participação dos demais colegitimados. Por sua vez, estes não podem ser obrigados a demanda contra a própria vontade. Exigir o litisconsórcio ativo necessário ofenderia o direito fundamental de acesso à justiça (CF, art. 5º, XXXV). Aliás, o art. 115, parágrafo único, determina a sanação da falta de litisconsorte *passivo* necessário.

**16. Litisconsórcio ativo unitário, mas não necessário.** *"O litisconsórcio ativo para impetração da ação mandamental, apesar de unitário, é facultativo, não exigindo a presença de todos os herdeiros interessados no polo ativo do mandado de segurança"* (STJ, 3ª Turma, RMS 60.048/DF, rel. Min. Paulo de Tarso Sanseverino, *DJe* 8.6.2020).

**17. Intervenção *iussu iudicis*.** Em demanda proposta por apenas um autor, que poderia ter sido proposta em litisconsórcio unitário com outros legitimados, cabe ao juiz determinar a intimação destes últimos para que tomem ciência do processo e, se desejarem, integrem a relação processual. É o que se chama de intervenção *iussu iudicis*.

**18. Ação de dissolução de S/A e litisconsórcio necessário ativo.** *"A titularidade de 5% do capital social da companhia, em ações de dissolução proposta com base no art. 206 da Lei das S.A., é condição a ser preenchida na data da propositura da demanda, sendo irrelevantes as alterações nesse percentual ocorridas no curso do processo. Na hipótese dos autos, a desistência de um dos litigantes não poderia prejudicar os demais. Sendo necessário o litisconsórcio formado por ocasião da propositura da ação, o consentimento dado pelo autor no início do processo não pode ser revogado em seu curso. A desistência só pode ser admitida caso subscrita por todos os autores"* (STJ, 3.ª Turma, REsp 408.122/PR, rel. p/ ac. Min. Nancy Andrighi, *DJ* 27.11.2006).

**19. Revisão de contrato do SFH e litisconsórcio necessário ativo.** *"O litisconsórcio ativo necessário entre os mutuários em questão é fenômeno que busca preservar a harmonização dos julgados e o princípio da segurança jurídica. Além disso, promove a economia processual, que*

# LIVRO III · DOS SUJEITOS DO PROCESSO — Art. 115

é um dos fins a que se presta o próprio instituto em evidência, na linha do moderno processo civil que prima por resultados. 5. Reconhecido o litisconsórcio ativo necessário, o juiz deve determinar a intimação daqueles que, como autores, são titulares da mesma relação jurídica deduzida em juízo" (STJ, 3ª Turma, REsp 1.222.822/PR, rel. Min. Ricardo Villas Bôas Cueva, *DJe* 30.9.2014).

**20.** **Interesse conjunto de Município e da União e litisconsórcio necessário ativo.** *"Havendo o Município ajuizado ação de revisão que objetiva reparar eventual irregularidade verificada em procedimento licitatório, e demonstrado o potencial risco de malversação de verbas oriundas da Administração Federal, é inteiramente legal e desejável que a União, por intermédio de sua ampla e eficaz estrutura jurídica, integre-se à lide, juntamente com o Município, no atingimento de finalidade pública de tão expressiva relevância, qual seja, a de preservação do patrimônio comum e de defesa da legalidade e transparência dos atos praticados pela Administração. 3. Manifestamente evidenciada, in casu, a qualidade de litisconsorte necessário ativo da União"* (STJ, 1ª Turma, REsp 716.986/PR, rel. Min. José Delgado, *DJ* 27.6.2005).

**21.** **Conflito de interesses entre proprietários de imóveis limítrofes.** *"Controvérsia acerca da necessidade de formação de litisconsórcio passivo necessário com proprietários do imóvel em ação de demolição de obras realizadas no imóvel. 1.3. Caso em que a diminuição do patrimônio do recorrente é consequência natural da efetivação da decisão judicial que impôs a obrigação de demolir as benfeitorias e acessões erigidas ilicitamente. 1.4. Na condição de coproprietário, o recorrente sofrerá os efeitos da sentença, o que não é suficiente para caracterizar o litisconsórcio necessário, até porque o direito de propriedade permanecerá intocado. 1.5. Trata-se de efeito reflexo da sentença, o que, a depender da intensidade, justifica o ingresso de terceiro no processo, como interessado, mas sem imposição de litisconsórcio passivo"* (STJ, 3ª Turma, REsp 1.721.472/DF, rel. Min. Paulo de Tarso Sanseverino, *DJe* 25.6.2021).

**22.** **Necessidade de citação do cônjuge do herdeiro na ação de anulação de partilha que possa acarretar perda do imóvel.** *"No caso de a anulação de partilha acarretar a perda de imóvel já registrado em nome de herdeiro casado sob o regime de comunhão universal de bens, a citação do cônjuge é indispensável, tratando-se de hipótese de litisconsórcio necessário"* (STJ, 3ª Turma, REsp 1.706.999/SP, rel. Min. Ricardo Villas Bôas Cueva, *DJe* 1º.3.2021).

---

**Art. 115.** A sentença de mérito, quando proferida sem a integração do contraditório, será:

I – nula, se a decisão deveria ser uniforme em relação a todos que deveriam ter integrado o processo;

II – ineficaz, nos outros casos, apenas para os que não foram citados.

Parágrafo único. Nos casos de litisconsórcio passivo necessário, o juiz determinará ao autor que requeira a citação de todos que devam ser litisconsortes, dentro do prazo que assinar, sob pena de extinção do processo.

▶ **1.** **Correspondência no CPC/1973.** *"Art. 47 (...) Parágrafo único. O juiz ordenará ao autor que promova a citação de todos os litisconsortes necessários, dentro do prazo que assinar, sob pena de declarar extinto o processo."*

## ⚖ JURISPRUDÊNCIA, ENUNCIADOS E SÚMULAS SELECIONADOS

- **2.** **Súmula STF, 631.** *"Extingue-se o processo de mandado de segurança se o impetrante não promove, no prazo assinado, a citação do litisconsorte passivo necessário."*

- **3.** **Enunciado 11 do FPPC.** *"O litisconsorte unitário, integrado ao processo a partir da fase instrutória, tem direito de especificar, pedir e produzir provas, sem prejuízo daquelas já produzidas, sobre as quais o interveniente tem o ônus de se manifestar na primeira oportunidade em que falar no processo."*

- **4.** **Enunciado 110 do FPPC.** *"Havendo substituição processual, e sendo possível identificar o substituído, o juiz deve determinar a intimação deste último para, querendo, integrar o processo."*

- **5.** **Enunciado 118 do FPPC.** *"O litisconsorte unitário ativo pode optar por ingressar no processo no polo ativo ou passivo ou, ainda, adotar outra postura que atenda aos seus interesses."*

- **6.** **Enunciado 638 do FPPC.** *"A formação de coisa julgada sobre questão prejudicial incidental, cuja resolução como principal exigiria a formação de litisconsórcio necessário unitário, pressupõe contraditório efetivo por todos os legitimados, observada a parte final do art. 506."*

## 📋 COMENTÁRIOS TEMÁTICOS

**7.** **Regularização do litisconsórcio necessário.** Constatando ser caso de litisconsórcio necessário, deverá o juiz determinar seja intimado o autor para, dentro do prazo que assinar, promover a citação do(s) litisconsorte(s) necessário(s), sob pena de extinção do processo (art. 115, parágrafo único).

**8. Impossibilidade de citação de ofício.** Não é possível ao juiz ordenar a citação do litisconsorte passivo necessário de ofício, devendo determinar a intimação do autor para que este promova a citação. A citação não deve ser determinada de ofício, sem que haja requerimento do autor. E nem poderia ser diferente, pois ninguém é obrigado a litigar contra quem não queira. Imagine-se, por exemplo, que deva ser citado, como litisconsorte necessário, alguém contra quem o autor não tenha intenção de litigar, por não lhe ser conveniente ou oportuno, pessoal, profissional ou comercialmente; pode ser, até mesmo, que o autor prefira desistir da causa ou ver extinto o processo a ter que postular contra aquela pessoa. Daí ser indispensável aguardar o requerimento do autor para que possa ser determinada a citação do litisconsorte necessário, não devendo o juiz fazê-lo de ofício.

**9. Ausência de citação de litisconsorte necessário: ineficácia e nulidade.** Sendo caso de litisconsórcio necessário, a eficácia da sentença depende da citação de todos os litisconsortes no processo (art. 114). A ausência ou nulidade de citação não torna inexistente ou nulo o processo. O que ocorre é que os efeitos decorrentes da citação (art. 240) não se produzem em relação ao réu, deixando este de integrar a relação processual contida naquele processo já existente. Tais efeitos são, entretanto, produzidos, normalmente, em relação ao autor (art. 312). Significa que a falta de citação acarreta, apenas, *ineficácia* da sentença em relação àquele que não participou do processo, nem foi citado para integrá-lo na condição de litisconsorte passivo necessário. Ademais, haverá nulidade da sentença, pois proferida contra quem não pôde exercer o contraditório.

**10. Falta de prejuízo.** Se a sentença julgar improcedente o pedido do autor, não houve prejuízo ao réu não citado, não devendo ser anulados os atos processuais, pois só se anula se presente o prejuízo. Em caso de improcedência, não deverá ser anulada a sentença, que irá produzir coisa julgada.

**11. Litisconsórcio necessário unitário e litisconsórcio necessário simples.** O litisconsórcio necessário pode ser unitário ou simples. Será unitário quando a sentença tiver que, forçosamente, tratar os litisconsortes de maneira uniforme (art. 116), sendo simples quando puder, em princípio, conferir-lhes tratamento diferente. Se o litisconsórcio for necessário unitário, a ausência de qualquer litisconsorte acarretará a nulidade da sentença, não sendo aproveitada nem mesmo em relação ao litisconsorte que fora citado (imagine-se, por exemplo, uma sentença que anulou um ato administrativo; não há como ser anulado o ato para a Administração Pública, e não ser para o particular que dele se beneficiou e que não fora citado). Caso o litisconsórcio seja necessário simples, embora devam todos participar da relação processual, cada litisconsorte considera-se parte autônoma, devendo cada um ser encarado de maneira independente em suas relações uns com os outros e com a parte contrária, não se beneficiando nem se prejudicando nenhum deles com os atos ou omissões dos outros (art. 117). Nesta última hipótese, a eficácia da sentença atinge apenas aqueles litisconsortes que participaram do processo, sendo ineficaz no tocante àqueles que não foram citados para integrar o processo.

**12. Sentença de improcedência.** Em qualquer hipótese, caso a sentença seja de improcedência, não há que se proclamar qualquer nulidade, dada a ausência de prejuízo. Efetivamente, caso não se tenha ultimado a citação do litisconsorte necessário, cumpre aplicar, no ponto, as normas relativas às invalidades processuais. Incide, na espécie, o princípio do aproveitamento dos atos processuais e aquele segundo o qual não se deve proclamar a nulidade na ausência de prejuízo (arts. 277, 282, §§ 1º e 2º, 283, parágrafo único).

**13. Situações possíveis.** Deixando de ser citado o litisconsorte passivo necessário: *(a)* se o litisconsórcio for unitário, haverá nulidade da sentença (art. 115, I); *(b)* se o litisconsórcio for simples, a eficácia da sentença atinge apenas aqueles litisconsortes que participaram do processo, não atingindo aqueles que não foram citados para integrar o processo (art. 115, II); *(c)* as hipóteses referidas nas letras *a* e *b* ocorrem, apenas, quando a sentença tiver julgado procedente o pedido do autor. Tratando-se de sentença de improcedência, não se deve reconhecer, por falta de prejuízo, a nulidade decorrente da falta de citação do litisconsorte passivo necessário. O processo existe e deve ser aproveitado, produzindo coisa julgada contra o autor, o qual fica impedido de renovar a demanda.

---

**Art. 116.** O litisconsórcio será unitário quando, pela natureza da relação jurídica, o juiz tiver de decidir o mérito de modo uniforme para todos os litisconsortes.

▶ **1. Correspondência no CPC/1973.** *"Art. 47. Há litisconsórcio necessário, quando, por disposição de lei ou pela natureza da relação jurídica,* *o juiz tiver de decidir a lide de modo uniforme para todas as partes; caso em que a eficácia da sentença dependerá da citação de todos os litisconsortes no processo."*

## ⚖ Jurisprudência, Enunciados e Súmulas Selecionados

- **2. Enunciado 11 do FPPC.** *"O litisconsorte unitário, integrado ao processo a partir da fase instrutória, tem direito de especificar, pedir e produzir provas, sem prejuízo daquelas já produzidas, sobre as quais o interveniente tem o ônus de se manifestar na primeira oportunidade em que falar no processo."*
- **3. Enunciado 118 do FPPC.** *"O litisconsorte unitário ativo pode optar por ingressar no processo no polo ativo ou passivo ou, ainda, adotar outra postura que atenda aos seus interesses."*
- **4. Enunciado 119 do FPPC.** *"Em caso de relação jurídica plurilateral que envolva diversos titulares do mesmo direito, o juiz deve convocar, por edital, os litisconsortes unitários ativos incertos e indeterminados (art. 259, III), cabendo-lhe, na hipótese de dificuldade de formação do litisconsórcio, oficiar ao Ministério Público, à Defensoria Pública ou a outro legitimado para que possa propor a ação coletiva."*

## ▣ Comentários Temáticos

**5. Litisconsórcio unitário.** O litisconsórcio será unitário quando a situação jurídica for incindível, devendo o juiz decidir o mérito de modo uniforme para todos os litisconsortes. O litisconsórcio unitário, que pode ser ativo ou passivo, não se confunde com o necessário. É possível que o litisconsórcio seja unitário e facultativo ou unitário e necessário. A unitariedade relaciona-se com a necessidade de tratamento uniforme para todos os que estão no mesmo polo da demanda. A unitariedade depende da análise do caso concreto, a fim de que se possa verificar se há realmente incindibilidade na situação jurídica deduzida em juízo.

**6. Recurso e litisconsórcio unitário.** *"Tratando-se a hipótese dos autos de litisconsórcio unitário, em que há uma relação jurídica única ou incindível e a necessidade de uniformidade de decisão para todos os litisconsortes, aplica-se a regra geral prevista no art. 1.005 do CPC, que dispõe que 'o recurso interposto por um dos litisconsortes a todos aproveita, salvo se distintos ou opostos a seus interesses'"* (STJ, 4ª Turma, AgInt

no REsp 1.795.855/RS, rel. Min. Luis Felipe Salomão, *DJe* 7.6.2021).

**7. Litisconsórcio unitário e incindibilidade da situação jurídica.** Quando a situação jurídica deduzida no processo for incindível, o litisconsórcio, simples ou necessário, será unitário. No litisconsórcio unitário, os litisconsortes são considerados como parte única, como se fossem uma só pessoa. Lembre-se do exemplo da ação de anulação de casamento proposta pelo Ministério Público contra ambos os cônjuges. O litisconsórcio aí é unitário e, por isso, não é possível considerar os réus separada ou isoladamente.

> **Art. 117.** Os litisconsortes serão considerados, em suas relações com a parte adversa, como litigantes distintos, exceto no litisconsórcio unitário, caso em que os atos e as omissões de um não prejudicarão os outros, mas os poderão beneficiar.

▶ **1. Correspondência no CPC/1973.** *"Art. 48. Salvo disposição em contrário, os litisconsortes serão considerados, em suas relações com a parte adversa, como litigantes distintos; os atos e as omissões de um não prejudicarão nem beneficiarão os outros."*

## ⚖ Jurisprudência, Enunciados e Súmulas Selecionados

- **2. Enunciado 584 do FPPC.** *"É possível que um litisconsorte requeira o depoimento pessoal do outro."*

## ▣ Comentários Temáticos

**3. Tratamento dos litisconsortes.** Os litisconsortes são considerados, em suas relações com a parte adversa, como litigantes distintos. Os atos e omissões de um não prejudicam nem beneficiam os demais. No litisconsórcio unitário, os atos e omissões de um não prejudicam os outros, mas podem beneficiá-los.

**4. Autonomia dos litisconsortes.** *"Em relação ao litisconsórcio simples, de acordo com o art. 117 do Código de Processo Civil de 2015, vigora o princípio da autonomia dos litisconsortes, segundo o qual os réus ou autores integrantes do mesmo polo da ação, devem ser tratados como partes distintas em suas relações com a parte adversa, de modo que, no curso do processo, podem apresentar situações jurídico-processuais diferentes, se assim determinarem as decisões judiciais proferidas para cada um deles"* (STJ, 1ª Turma,

AgInt na Pet 12.096/SC, rel. Min. Regina Helena Costa, *DJe* 1º.3.2019).

**5. Efeitos prejudiciais.** Em qualquer litisconsórcio, a conduta de um não pode prejudicar o outro litisconsorte.

**6. Desistência da ação e tipos diversos de litisconsórcio.** *"No litisconsórcio necessário, diante da indispensabilidade da presença de todos os titulares do direito material para a eficácia da sentença, a desistência em relação a um dos réus demanda a anuência dos demais litisconsortes passivos. Precedentes. 5. No litisconsórcio facultativo, todavia, segundo o art. 117 do CPC/2015, os litisconsortes serão considerados litigantes distintos em suas relações com a parte adversa, de forma que a extinção da ação em relação a um deles, pela desistência, não depende do consentimento dos demais réus, pois não influencia o curso do processo"* (STJ, 3ª Turma, REsp 1.739.718/SC, rel. Min. Nancy Andrighi, *DJe* 4.12.2020).

**7. Litisconsórcio simples.** No litisconsórcio simples, os litisconsortes são tratados como partes distintas; os atos de um não beneficiam nem prejudicam o outro. Assim, se um litisconsorte confessa ou reconhece a procedência do pedido, tal ato não produz efeitos ao outro litisconsorte. Se um contesta ou recorre, o ato não beneficia nem prejudica o outro litisconsorte.

**8. Litisconsórcio unitário.** No litisconsórcio unitário, os atos de disposição de vontade só são eficazes se todos o praticarem ou concordarem. Assim, a transação, a renúncia ao direito sobre o qual se funda a ação, o reconhecimento da procedência do pedido, a confissão, todos esses atos somente serão eficazes se todos os litisconsortes consentirem. Em razão da necessidade de tratamento uniforme, a contestação, o recurso e os atos processuais praticados por um aproveitam o outro litisconsorte.

**9. Interdependência de litisconsortes.** *"O princípio da interdependência entre litisconsortes, ainda que unitário, não autoriza que os atos prejudiciais de um dos consortes prejudique os demais"* (STJ, Corte Especial, 1.091.710/PR, rel. Min. Luiz Fux, *DJe* 25.3.2011).

**10. Recurso e litisconsórcio.** O recurso interposto por um dos litisconsortes a todos aproveita, salvo se distintos ou opostos os seus interesses (art. 1.005). A regra somente se aplica ao litisconsórcio unitário. No litisconsórcio simples, aplica-se a regra da *personalidade do recurso*: sua interposição produz efeitos apenas para o recorrente. No litisconsórcio unitário, o recurso interposto por apenas um dos litisconsortes a todos aproveita. Há, aí, uma extensão subjetiva dos efeitos do recurso aos litisconsortes omissos, em razão da uniformidade na disciplina da situação litigiosa.

**11. Recurso e solidariedade passiva.** O recurso interposto por um devedor solidário estende os seus efeitos aos demais (art. 1.005, parágrafo único), quando tratar de defesa comum: isso ocorrerá mesmo não sendo unitário o litisconsórcio, pois a solidariedade pode implicar litisconsórcio unitário ou simples, a depender da divisibilidade ou não do bem jurídico envolvido (CC, arts. 257 a 263).

**12. Litisconsórcio unitário e recurso interposto por um dos litisconsortes.** *"Tratando-se a hipótese dos autos de litisconsórcio unitário, em que há uma relação jurídica única ou incindível e a necessidade de uniformidade de decisão para todos os litisconsortes, aplica-se a regra geral prevista no art. 1.005 do CPC, que dispõe que 'o recurso interposto por um dos litisconsortes a todos aproveita, salvo se distintos ou opostos a seus interesses'"* (STJ, 4ª Turma, AgInt no REsp 1.795.855/RS, rel. Min. Luis Felipe Salomão, *DJe* 7.6.2021).

**13. Litisconsórcio e contestação.** Em caso de litisconsórcio passivo, a revelia não produzirá seu efeito material se algum réu tiver contestado tempestividade e impugnado especificadamente os fatos alegados pelo autor em sua petição inicial (art. 345, I). Impugnado o fato por qualquer réu, ele não foi admitido, não se tornou incontroverso, não se presumindo verdadeiro. Não importa qual o tipo de litisconsórcio: impugnado o fato por qualquer réu, não é possível presumi-lo verdadeiro, pois há uma controvérsia a seu respeito.

**14. Confissão do litisconsorte.** A confissão de um litisconsorte é ineficaz relativamente aos demais, qualquer que seja a natureza do litisconsórcio (art. 391). No litisconsórcio unitário, a confissão só produz efeitos se todos confessarem. Em caso de litisconsórcio simples, a confissão feita por um litisconsorte não produz efeito em relação aos demais.

**15. Litisconsórcio e provas.** Com exceção da confissão prestada por um litisconsorte, as provas apresentadas por qualquer um deles podem beneficiar e também prejudicar os demais, exatamente porque as provas são do juízo, sendo irrelevante a quem coube a iniciativa probatória. De acordo com o princípio da comunhão da prova, uma vez produzida, a prova passa a pertencer ao processo, independentemente de quem a produziu (art. 371).

**LIVRO III · DOS SUJEITOS DO PROCESSO**  **Art. 119**

**Art. 118.** Cada litisconsorte tem o direito de promover o andamento do processo, e todos devem ser intimados dos respectivos atos.

▶ **1. Correspondência no CPC/1973.** *"Art. 49. Cada litisconsorte tem o direito de promover o andamento do processo e todos devem ser intimados dos respectivos atos."*

### 🖹 Comentários Temáticos

**2. Litisconsórcio e autonomia para praticar atos.** Qualquer litisconsorte, independentemente do tipo de litisconsórcio, pode praticar atos que impulsionem o processo. Embora, no litisconsórcio unitário, as partes sejam consideradas como *parte única,* qualquer um dos litisconsortes pode praticar atos que acelerem o andamento do processo. Não é necessário aguardar a confluência de atos praticados por todos eles. Mesmo quando só um promova o andamento do processo, todos devem ser intimados dos atos do processo.

## TÍTULO III
## DA INTERVENÇÃO DE TERCEIROS

## CAPÍTULO I
## DA ASSISTÊNCIA

## Seção I
## Disposições Comuns

**Art. 119.** Pendendo causa entre 2 (duas) ou mais pessoas, o terceiro juridicamente interessado em que a sentença seja favorável a uma delas poderá intervir no processo para assisti-la.
Parágrafo único. A assistência será admitida em qualquer procedimento e em todos os graus de jurisdição, recebendo o assistente o processo no estado em que se encontre.

▶ **1. Correspondência no CPC/1973.** *"Art. 50. Pendendo uma causa entre duas ou mais pessoas, o terceiro, que tiver interesse jurídico em que a sentença seja favorável a uma delas, poderá intervir no processo para assisti-la. Parágrafo único. A assistência tem lugar em qualquer dos tipos de procedimento e em todos os graus de jurisdição; mas o assistente recebe o processo no estado em que se encontra."*

### 🖹 Legislação Correlata

**2. CPC, art. 752, § 3º.** *"§ 3º Caso o interditando não constitua advogado, o seu cônjuge, companheiro ou qualquer parente sucessível poderá intervir como assistente."*

**3. CPP, art. 268.** *"Art. 268. Em todos os termos da ação pública, poderá intervir, como assistente do Ministério Público, o ofendido ou seu representante legal, ou, na falta, qualquer das pessoas mencionadas no Art. 31."*

**4. CPP, art. 269.** *"Art. 269. O assistente será admitido enquanto não passar em julgado a sentença e receberá a causa no estado em que se achar."*

**5. CPP, art. 270.** *"Art. 270. O corréu no mesmo processo não poderá intervir como assistente do Ministério Público."*

**6. EOAB, art. 49, parágrafo único.** *"Parágrafo único. As autoridades mencionadas no caput deste artigo têm, ainda, legitimidade para intervir, inclusive como assistentes, nos inquéritos e processos em que sejam indiciados, acusados ou ofendidos os inscritos na OAB."*

**7. Lei 9.099/1995, art. 10.** *"Art. 10. Não se admitirá, no processo, qualquer forma de intervenção de terceiro nem de assistência. Admitir-se-á o litisconsórcio."*

**8. Lei 9.469/1997, art. 5º.** *"Art. 5º A União poderá intervir nas causas em que figurarem, como autoras ou rés, autarquias, fundações públicas, sociedades de economia mista e empresas públicas federais. Parágrafo único. As pessoas jurídicas de direito público poderão, nas causas cuja decisão possa ter reflexos, ainda que indiretos, de natureza econômica, intervir, independentemente da demonstração de interesse jurídico, para esclarecer questões de fato e de direito, podendo juntar documentos e memoriais reputados úteis ao exame da matéria e, se for o caso, recorrer, hipótese em que, para fins de deslocamento de competência, serão consideradas partes."*

**9. Lei 9.868/1999, art. 7º.** *"Art. 7º Não se admitirá intervenção de terceiros no processo de ação direta de inconstitucionalidade."*

### ⚖ Jurisprudência, Enunciados e Súmulas Selecionados

• **10. Súmula TST, 82.** *"A intervenção assistencial, simples ou adesiva, só é admissível se demonstrado o interesse jurídico e não o meramente econômico."*

• **11. Enunciado 388 do FPPC.** *"O assistente simples pode requerer a intervenção de* amicus curiae."*

**12. Enunciado 487 do FPPC.** *"No mandado de segurança, havendo substituição processual, o substituído poderá ser assistente litisconsorcial do impetrante que o substituiu."*

## 🗐 COMENTÁRIOS TEMÁTICOS

**13. Intervenção espontânea.** A assistência é uma intervenção de terceiro espontânea. O terceiro não é citado ou convocado a vir ao processo; ele pede para ser admitido.

**14. Intervenção *ad coadjuvandum*.** A assistência é uma intervenção de terceiro *ad coadjuvandum*: o terceiro ingresso em processo pendente para ajudar uma das partes.

**15. Interesse jurídico.** O terceiro, para ser admitido como assistente, precisa demonstrar ter interesse jurídico em que a decisão do processo seja favorável à parte que pretende auxiliar. Não basta o interesse meramente econômico, afetivo ou moral. O interesse deve ser jurídico, valendo dizer que a decisão que eventualmente seja contrária ao assistido possa atingir a esfera jurídica do terceiro.

**16. Interesse institucional.** O terceiro pode ser admitido como assistente, quando houver interesse institucional na vitória do assistido. É o caso, por exemplo, da intervenção do Ministério Público em causa envolvendo um de seus membros, em que se discute o exercício de alguma prerrogativa institucional. Também é o caso da OAB intervir em causas em que se discutam prerrogativas dos advogados. Há um interesse institucional na observância e preservação das prerrogativas institucionais ou profissionais.

**17. Prazo.** O terceiro pode requerer sua admissão no processo a qualquer momento, enquanto estiver pendente o processo, ou seja, enquanto não houver o trânsito em julgado.

**18. Preclusão.** O terceiro pode ser admitido no processo a qualquer momento, em qualquer grau de jurisdição, mas assume o processo na fase em que se encontra. O seu comparecimento posterior não acarreta a repetição de atos praticados, devido à preclusão. Não é possível ao assistente praticar atos relativos a momentos já alcançados pela preclusão. Sua atuação será prospectiva, e não retroativa.

**19. Procedimentos.** A assistência é cabível em qualquer procedimento. Também se admite a assistência no processo de execução. Não se admite assistência na ação direta de inconstitucionalidade nem nos Juizados Especiais Cíveis. O STF e o STJ também não a admitem no mandado de segurança.

**20. Espécies de assistência.** A assistência pode ser simples ou litisconsorcial. Enquanto o assistente litisconsorcial atua com autonomia, figurando como litisconsorte da parte, o simples deve agir apenas como auxiliar do assistido, não podendo praticar atos que sejam incompatíveis com a vontade deste, ou que a contrariem.

**21. Assistência *versus* recurso de terceiro.** A assistência não se confunde com o recurso de terceiro. Assim como a assistência, o recurso de terceiro é uma intervenção de terceiro espontânea: o terceiro, atingido pela decisão, dela recorre; tem, portanto, interesse jurídico de recorrer da decisão. O recurso de terceiro, assim como a assistência, é uma intervenção de terceiro *ad coadjuvandum*, ou seja, o terceiro ingressa no processo para ajudar uma das partes. Quem poderia ser assistente, mas não é, pode interpor recurso de terceiro. O recurso de terceiro também pode ser interposto pelo sujeito que deveria ser litisconsorte necessário, porém não foi citado, ou por quem poderia ser assistente litisconsorcial, mas ainda não interveio.

**22. Não cabimento da assistência em *habeas corpus*.** *"Segundo a jurisprudência desta Corte, o requerimento para intervir no* habeas corpus *como assistente – simples ou litisconsorcial – não encontra amparo no ordenamento jurídico, seja porque o* writ *não se enquadra entre os tipos de procedimentos previstos pelo CPC, seja porque essa forma de intervenção no processo não está prevista no CPP, no art. 23 da Lei 8.038/1990, nem nas normas regimentais pertinentes (arts. 201 e seguintes do RISTJ)"* (STJ, 3ª Turma, HC 692.000/PE, rel. Min. Nancy Andrighi, *DJe* 21.10.2021).

> **Art. 120.** Não havendo impugnação no prazo de 15 (quinze) dias, o pedido do assistente será deferido, salvo se for caso de rejeição liminar.
> Parágrafo único. Se qualquer parte alegar que falta ao requerente interesse jurídico para intervir, o juiz decidirá o incidente, sem suspensão do processo.

▶ **1. Correspondência no CPC/1973.** *"Art. 51. Não havendo impugnação dentro de 5 (cinco) dias, o pedido do assistente será deferido. Se qualquer das partes alegar, no entanto, que falece ao assistente interesse jurídico para intervir a bem do assistido, o juiz: I – determinar, sem suspensão do processo, o desentranhamento da petição e da impugnação, a fim de serem autuadas em apenso; II – autorizará a produção de provas; III – decidirá, dentro de 5 (cinco) dias, o incidente."*

**LIVRO III · DOS SUJEITOS DO PROCESSO** **Art. 121**

## 🗏 COMENTÁRIOS TEMÁTICOS

**2. Interesse jurídico.** A assistência depende da demonstração de interesse jurídico. Para que se admita a assistência, o terceiro deve demonstrar ter interesse jurídico em que a decisão do processo seja favorável à parte que almeja auxiliar.

**3. Impugnação.** Qualquer das partes originárias pode alegar que falta ao terceiro interesse jurídico para intervir.

**4. Controle judicial.** O controle judicial do pedido de assistência está na avaliação da presença ou não do interesse jurídico do terceiro no resultado da causa.

**5. Desnecessidade suspensão do processo.** Apresentada impugnação ao pedido do terceiro, o juiz deve decidir, sem suspensão do processo.

**6. Intervenção negociada.** O juiz deve indeferir o pedido do terceiro para figurar como assistente, ainda que haja concordância das partes originárias, se não houver interesse jurídico. A assistência é uma intervenção típica, que tem seu requisito legalmente estabelecido: a presença de um interesse jurídico, a ser demonstrado e preenchido pelo requerente. Se, porém, as partes concordam com o ingresso do terceiro, poderá ser admitida uma intervenção de terceiros atípica. É possível, enfim, uma intervenção negociada, decorrente de convenção entre as partes (art. 190), a fim de ampliar o debate e a cooperação judicial, concretizando a ideia de participação democrática no processo civil, bastando, para isso, a anuência das partes.

**7. Intervenção *iussu iudicis*.** A assistência é uma intervenção de terceiro espontânea: o terceiro *pede* para ser admitido no processo. Em alguns casos, entretanto, o juiz pode convocar o terceiro que tem interesse jurídico para participar do processo. Essa convocação, conhecida como intervenção *iussu iudicis*, insere-se no ambiente democrático, ampliando a participação e o diálogo no processo judicial. A intervenção *iussu iudicis* caracteriza-se por ser determinada de ofício pelo magistrado. Diante do contexto e das peculiaridades do caso, poderá o juiz determinar a intimação de um terceiro que tenha interesse jurídico na causa, para que dela, se quiser, participe como assistente.

**8. Assistência provocada.** Além da intervenção *iussu iudicis*, é possível que a assistência seja provocada por requerimento de uma das partes do processo. É muito comum defender essa hipótese na produção antecipada de provas (art. 382, § 1º) e nos casos de evicção, quando não cabível a denunciação da lide. O atual CPC reforça a possibilidade da assistência provocada, pois

estrutura o processo num ambiente de cooperação em que se estimula e se viabiliza o debate democrático, ampliando a participação das partes e de todos aqueles que tenham interesse no resultado da demanda proposta perante o juiz.

## Seção II
## Da Assistência Simples

> **Art. 121.** O assistente simples atuará como auxiliar da parte principal, exercerá os mesmos poderes e sujeitar-se-á aos mesmos ônus processuais que o assistido.
>
> Parágrafo único. Sendo revel ou, de qualquer outro modo, omisso o assistido, o assistente será considerado seu substituto processual.

▶ **1. Correspondência no CPC/1973.** *"Art. 52. O assistente atuará como auxiliar da parte principal, exercerá os mesmos poderes e sujeitar-se-á aos mesmos ônus processuais que o assistido. Parágrafo único. Sendo revel o assistido, o assistente será considerado seu gestor de negócios."*

## ⚖ JURISPRUDÊNCIA, ENUNCIADOS E SÚMULAS SELECIONADOS

• **2. Enunciado 501 do FPPC.** *"A tutela antecipada concedida em caráter antecedente não se estabilizará quando for interposto recurso pelo assistente simples, salvo se houver manifestação expressa do réu em sentido contrário."*

## 🗏 COMENTÁRIOS TEMÁTICOS

**3. Assistência simples.** Na assistência simples, o terceiro não é titular da relação jurídica deduzida no processo. Ele se afirma titular de relação jurídica conexa à que está sendo discutida e que pode ser atingida pela sentença. O terceiro tem interesse jurídico de auxiliar o assistido, justamente porque sua relação jurídica pode ser afetada pelo julgamento da causa. É o caso, por exemplo, do sublocat**ário**, que tem interesse jurídico de auxiliar o locatário numa ação de despejo contra este proposta pelo locador. A decretação do despejo irá atingir a relação jurídica que mantém com o locatário.

**4. Poderes do assistente simples.** O assistente simples deve agir apenas como auxiliar do assistido, não podendo praticar atos que sejam incompatíveis com a vontade deste, ou que a contrariem. O assistente simples tem, enfim, seus poderes limitados à vontade contrária do assistido.

**5. Legitimado extraordinário.** O assistente simples é um legitimado extraordinário do assistido, exatamente porque atua, em nome próprio, na defesa de direito alheio. O assistente simples, em outras palavras, ajuda o assistido, atuando em nome próprio. Como o assistente simples submete-se à vontade do assistido, sua legitimidade extraordinária é *subordinada*, valendo dizer que a presença do titular do direito controvertido é indispensável à regularidade do contraditório.

**6. Assistente simples e atos-fatos do assistido.** A revelia do assistido não impede a atuação do assistente simples. Não apenas a revelia, mas também qualquer outra omissão, não afetam a atuação do assistente simples. E isso porque a contumácia é um *ato-fato*, não sendo relevante a vontade da parte. O assistente simples tem sua atuação limitada à vontade do assistido. O ato-fato independe da vontade. Não se avalia a vontade. Não interessa qual foi a intenção ou vontade da parte. O que se tem como relevante é a prática do ato. A contumácia das partes é um grande exemplo de ato-fato processual. Não importa qual tenha sido a vontade da parte; o importante é que não houve a prática do ato, daí sendo produzidos efeitos no processo. Por isso a revelia é um ato-fato. Não importa a vontade. A previsão legal de revelia não exige que haja uma vontade de ser revel. Logo, a atuação do assistente não contraria qualquer vontade do assistido. Em virtude disso, o assistente pode atuar, em nome próprio, na defesa do assistido, ainda que ele seja revel. Esse, na verdade, é o seu papel: ajudar o assistido. Se o assistido deixa de recorrer (e não importa sua vontade), o recurso do assistente evitará a preclusão.

**7. Assistente simples e atos ou omissões negociais do assistido.** Não é, entretanto, toda e qualquer omissão ou inércia que se caracteriza como ato-fato. Há omissões negociais. Quando a omissão for negocial, aí o assistente não pode atuar, pois estará contrariando a vontade do assistido. Se o assistido expressamente tiver manifestado a vontade de não recorrer, renunciando ao recurso ou desistindo do recurso já interposto, o recurso do assistente não poderá, efetivamente, ser conhecido, pois a atuação do assistente simples fica vinculada à manifestação de vontade do assistido. Nesse caso, houve efetivamente a prática de um ato processual (ou melhor, de um negócio jurídico processual): o assistido expressamente renunciou ou desistiu. A simples inércia ou omissão na interposição do recurso constitui situação diversa: aqui há um ato-fato, sendo irrelevante a vontade, não sendo adequado afirmar que houve contradição de vontades ou que se atentou contra a vontade do assistido. A renúncia tácita à convenção de arbitragem (art. 337, § 6º) é uma omissão negocial, não podendo o assistente contrariar a vontade do assistido.

**8. Omissões contumaciais e omissões negociais.** Há dois tipos de omissão no processo: *(a)* a omissão contumacial e *(b)* a omissão negocial. Quando a omissão do assistido for contumacial, o assistente simples pode atuar livremente, auxiliando-o na defesa de seu direito. Sendo, porém, negocial a omissão, não se permite ao assistente simples contrariar a vontade do assistido. As condutas omissivas a que se refere o parágrafo único do art. 121 não são as negociais; são as contumaciais. O dispositivo refere-se a *revelia* e a outras omissões que tenham a mesma natureza dela, ou seja, o referido enunciado normativo alude à omissão que é *ato-fato*, não alcançando a omissão que seja negocial.

**9. Substituto processual.** Uma vez admitido, o assistente torna-se um verdadeiro substituto processual; será alguém que atuará no processo, em nome próprio, na defesa de direito do assistido. Há aí uma legitimação extraordinária subordinada. Há, normativamente, no atual CPC, uma relação de identidade entre a assistência simples e a substituição processual. Se o assistente é substituto processual do assistido, pela coerência sistêmica, o substituto processual também é um assistente simples, mesmo, às vezes, o assistido (substituído) encontrando-se ausente do processo.

**10. Inadmissibilidade da assistência simples no mandado de segurança.** "*É majoritário o entendimento dos Tribunais Superiores no sentido de que não cabe ingresso de terceiro na qualidade de assistência simples em mandado de segurança*" (STJ, 1ª Seção, AgRg no MS 15.484/DF, rel. Min. Mauro Campbell Marques, *DJe* 1º.02.2013). "*A jurisprudência desta Corte já se manifestou no sentido de que o rito mandamental não comporta o ingresso posterior de assistentes ou de demais intervenientes, nos termos do § 2º do art. 10 da Lei 12.016/2009*" (STJ, 1ª Turma, AgInt na PET no RMS 45.475/DF, rel. Min. Benedito Gonçalves, *DJe* 7.12.2016).

**11. Assistência simples no mandado de segurança.** O STJ não admite a assistência no mandado de segurança, porque o art. 19 da Lei 1.533/1951 (cujo teor foi reproduzido no art. 24 da Lei 12.016/2009) faz menção, apenas, ao litisconsórcio e, ainda, por não lhe parecer compatível a assistência com o procedimento do mandado de segurança. De tal entendimento não diverge a orientação do STF. O entendimento jurisprudencial parte de premissa anacrônica,

# LIVRO III · DOS SUJEITOS DO PROCESSO — Art. 122

não mais aplicável atualmente; parte-se do paradigma da lei e da sua autossuficiência. Segundo entendem o STF e o STJ, a lei do mandado de segurança seria autossuficiente, somente atraindo a aplicação do CPC de modo subsidiário, em casos de omissão. O paradigma atual é, porém, o do ordenamento jurídico, e não o da lei. As leis se completam e se complementam. O Código não tem mais completude, mas tem centralidade. Suas normas orientam as situações previstas em outras leis. Não se pode considerar que haja leis autossuficientes. Há um diálogo de fontes, devendo as disposições normativas complementar-se. A falta de previsão, na lei do mandado de segurança, da assistência não é motivo suficiente para afastar de seu âmbito tal intervenção de terceiro. Uma vez admitido, o assistente torna-se um verdadeiro substituto processual; será alguém que atuará no processo, em nome próprio, na defesa de direito do assistido. Há aí uma legitimação extraordinária subordinada. Há, normativamente, no atual CPC, uma relação de identidade entre a assistência simples e a substituição processual. Se o assistente é substituto processual do assistido, pela coerência sistêmica, o substituto processual também é um assistente simples, mesmo, às vezes, o assistido (substituído) encontrando-se ausente do processo. Para que se adquira a condição de assistente, é preciso ser terceiro e ter interesse jurídico na solução do processo. Em razão disso, e diante da identidade entre assistente simples e substituto processual, o terceiro que tenha interesse jurídico pode propor uma demanda, na condição de substituto processual, para a defesa do direito do substituído, a fim de preservar a integridade de suas situações jurídicas. Diante da omissão do titular do direito, o terceiro juridicamente interessado pode agir na sua condição de substituto processual. Imagine-se que alguém tem seu direito líquido e certo ameaçado ou violado por um ato ilegal ou abusivo de uma autoridade pública. Só que se mantém inerte na impetração do mandado de segurança. Poderia, então, o terceiro juridicamente interessado impetrar o *writ* em seu próprio nome, na defesa do direito daquele que se mantém inerte? Qualquer espécie de omissão do assistido (substituído) pode justificar a atuação do assistente como substituto processual. A omissão do titular do direito como pressuposto para o surgimento da legitimidade para intervir poderá ser *incidental*, materializada no curso do procedimento, mas também agora, a partir do atual CPC, *pré-processual*, isto é, antes da propositura da demanda em que a eventual intervenção do assistente simples se justificaria.

A expressão "de qualquer outro modo" omisso o "assistido" (leia-se também o "substituído") é suficientemente ampla para abranger omissões pré-processuais, de modo especial a inércia ou omissão em demandar. Conforme dispõe o art. 3º da Lei 12.016/2009, "O titular de direito líquido e certo decorrente de direito, em condições idênticas, de terceiro poderá impetrar mandado de segurança a favor do direito originário, se o seu titular não o fizer, no prazo de 30 (trinta) dias, quando notificado judicialmente". E, de acordo com seu parágrafo único, "O exercício do direito previsto no *caput* deste artigo submete-se ao prazo fixado no art. 23 desta Lei, contado da notificação". Tal dispositivo prevê uma legitimidade extraordinária subsidiária. É exatamente essa a hipótese da assistência simples: o parágrafo único do art. 121 do CPC estabelece uma legitimidade extraordinária subsidiária em caráter amplo e geral, possibilitando que todo terceiro juridicamente interessado aja, como substituto processual, em face da omissão do titular de um direito. Por razões de unidade, integridade e coerência sistêmicas, se o terceiro pode impetrar mandado de segurança na omissão de seu titular (Lei 12.016/2009, art. 3º), também pode ingressar como assistente simples no mandado de segurança. O Código atual viabiliza, enfim, a assistência no mandado de segurança, devendo ser revisto o entendimento jurisprudencial que a inadmite.

> **Art. 122.** A assistência simples não obsta a que a parte principal reconheça a procedência do pedido, desista da ação, renuncie ao direito sobre o que se funda a ação ou transija sobre direitos controvertidos.

▶ **1. Correspondência no CPC/1973.** *"Art. 53. A assistência não obsta a que a parte principal reconheça a procedência do pedido, desista da ação ou transija sobre direitos controvertidos; casos em que, terminado o processo, cessa a intervenção do assistente."*

## ⚖ JURISPRUDÊNCIA, ENUNCIADOS E SÚMULAS SELECIONADOS

• **2. Enunciado 389 do FPPC.** *"As hipóteses previstas no art. 122 são meramente exemplificativas."*

## ▣ COMENTÁRIOS TEMÁTICOS

**3. Poderes do assistente simples.** Não pode o assistente simples impedir que o assistido pratique atos de disposição de vontade, como reconhecer a procedência do pedido, transigir, desistir da ação ou do recurso, renunciar à ação ou ao recurso. O assistente simples tem, enfim, seus poderes limitados à vontade contrária do assistido.

**4. Comportamentos negociais do assistido.** A atuação do assistente simples está subordinada aos atos negociais do assistido. O assistente simples fica submetido à vontade do assistido.

**5. Rol exemplificativo.** A enumeração feita no art. 122 é meramente exemplificativa. Qualquer comportamento negocial do assistido vincula o assistente.

**6. Legitimidade extraordinária subordinada.** O assistente simples é um legitimado extraordinário do assistido, exatamente porque atua, em nome próprio, na defesa de direito alheio. O assistente simples, em outras palavras, ajuda o assistido, atuando em nome próprio. Como o assistente simples submete-se à vontade do assistido, sua legitimidade extraordinária é *subordinada*, valendo dizer que a presença do titular do direito controvertido é indispensável à regularidade do contraditório.

> **Art. 123.** Transitada em julgado a sentença no processo em que interveio o assistente, este não poderá, em processo posterior, discutir a justiça da decisão, salvo se alegar e provar que:
>
> I – pelo estado em que recebeu o processo ou pelas declarações e pelos atos do assistido, foi impedido de produzir provas suscetíveis de influir na sentença;
>
> II – desconhecia a existência de alegações ou de provas das quais o assistido, por dolo ou culpa, não se valeu.

▶ **1. Correspondência no CPC/1973.** *"Art. 55. Transitada em julgado a sentença, na causa em que interveio o assistente, este não poderá, em processo posterior, discutir a justiça da decisão, salvo se alegar e provar que: I – pelo estado em que recebera o processo, ou pelas declarações e atos do assistido, fora impedido de produzir provas suscetíveis de influir na sentença; desconhecia a existência de alegações ou de provas, de que o assistido, por dolo ou culpa, não se valeu."*

☐ **Comentários Temáticos**

**2. Efeito da intervenção ao assistente simples.** O efeito da intervenção produz-se relativamente ao assistente simples, não se aplicando

ao assistente litisconsorcial. O assistente simples há de sofrer apenas influência da sentença, sujeitando-se ao efeito da intervenção, mas não à coisa julgada. Por sua vez, ao assistente litisconsorcial não se aplica o efeito da intervenção, mas sim o regime da coisa julgada, já que este é um litisconsorte unitário do assistido.

**3. Corolário da efetiva participação.** O efeito da intervenção decorre da *efetiva* participação do assistente simples. Tanto isso é verdade que poderá ser afastado tal efeito quando o assistente demonstrar que não pôde ter participação efetiva, seja porque assumiu o processo numa fase avançada, seja porque o assistido deixou de, por dolo ou culpa, apresentar elementos importantes para sua vitória. A bem da verdade, o efeito da intervenção é corolário do contraditório substancial, resultando, repita-se, da *efetiva* participação do assistente, que só pode sofrer os efeitos da decisão para cuja construção contribuiu.

**4. Efeito da intervenção** *versus* **coisa julgada.** O efeito da intervenção não se confunde com a coisa julgada. A coisa julgada não alcança, em regra, a fundamentação da sentença (art. 503) e pode ser desfeita por ação rescisória (art. 966). A eficácia da intervenção alcança a fundamentação, pois o assistente submete-se à justiça da decisão, podendo ser afastada mais facilmente (art. 123, I e II).

## Seção III
## Da Assistência Litisconsorcial

> **Art. 124.** Considera-se litisconsorte da parte principal o assistente sempre que a sentença influir na relação jurídica entre ele e o adversário do assistido.

▶ **1. Correspondência no CPC/1973.** *"Art. 54. Considera-se litisconsorte da parte principal o assistente, toda vez que a sentença houver de influir na relação jurídica entre ele e o adversário do assistido. Parágrafo único. Aplica-se ao assistente litisconsorcial, quanto ao pedido de intervenção, sua impugnação e julgamento do incidente, o disposto no art. 51."*

☐ **Legislação Correlata**

**2. Lei 12.016/2009, art. 10.** *"Art. 10. (...) § 2º O ingresso de litisconsorte ativo não será admitido após o despacho da petição inicial."*

## LIVRO III · DOS SUJEITOS DO PROCESSO — Art. 124

### ⚖ Jurisprudência, Enunciados e Súmulas Selecionados

- **3. Enunciado 11 do FPPC.** *"O litisconsorte unitário, integrado ao processo a partir da fase instrutória, tem direito de especificar, pedir e produzir provas, sem prejuízo daquelas já produzidas, sobre as quais o interveniente tem o ônus de se manifestar na primeira oportunidade em que falar no processo."*

### 📋 Comentários Temáticos

**4. Impropriedades do dispositivo.** O art. 124 dispõe que se considera litisconsorte da *"parte principal"* o assistente sempre que a sentença influir na relação jurídica entre ele e o adversário do assistido. O enunciado normativo contém deficiências redacionais, por dispor que o interveniente deve ser considerado "como se fora" um litisconsorte, naturalmente sem ser, pois nele há referência à "parte *principal*", dando a entender que o interveniente seria parte *secundária*. Tal redação poderia reforçar a ideia de que o assistente litisconsorcial não se torna litisconsorte; seria assistente, auxiliar ou parte *secundária*. Os exemplos de assistência litisconsorcial denotam que o terceiro, ainda que não ingresse em juízo e não participe do processo, será alcançado pela coisa julgada. Os casos de assistência litisconsorcial são aqueles em que a situação jurídica litigiosa envolve ou pertence a pessoas que não estejam fazendo parte do processo, como nos casos de substituição processual, nos do litisconsórcio unitário facultativo e, ainda, na hipótese de alienação de bem ou de direito litigioso. Nesses casos, o terceiro, mesmo que não participe do processo, será alcançado pela coisa julgada.

**5. Assistência litisconsorcial.** O assistente torna-se litisconsorte unitário do assistido, quando integrar a relação jurídica deduzida em juízo. Na assistência litisconsorcial, o assistido e o assistente são, na verdade, litisconsortes, submetidos a um regime de unitariedade. Há, na verdade, um litisconsórcio unitário facultativo ulterior.

**6. Titular ou cotitular do direito.** O assistente litisconsorcial pode afirmar-se titular da relação jurídica discutida, sendo o assistido seu substituto processual, por exemplo, no caso da alienação de bem litigioso (art. 109, § 2º), ou pode afirmar-se cotitular da relação jurídica discutida, por exemplo, quando o condômino intervém em ação proposta pelo outro condômino. O terceiro pode, ainda, ser colegitimado para propor a demanda e pedir, então, para ser admitido como assistente litisconsorcial: é o caso, por exemplo, de um legitimado para propor ação coletiva em processo coletivo proposto por outro legitimado.

**7. Litisconsórcio unitário facultativo ulterior.** O assistente litisconsorcial é um litisconsorte facultativo ulterior. É um litisconsorte que ingressa posteriormente no processo, de forma espontânea, exercendo todos os direitos, poderes e faculdades de uma parte e sujeitando-se aos ônus e deveres processuais de uma parte. É por isso que a intervenção de um colegitimado no processo faz-se mediante a assistência litisconsorcial (art. 18, parágrafo único).

**8. Poderes do assistente litisconsorcial.** Justamente por ser um litisconsorte seu, o assistente litisconsorcial não está sujeito à vontade da parte originária. Para que o assistido renuncie, desista, transacione, o assistente litisconsorcial precisa concordar. Se não concordar, pode prosseguir e praticar os atos processuais a seu cargo, não sendo atingido pelos atos praticados por seu litisconsorte. Qualquer omissão da parte originária, seja ela negocial ou não, é irrelevante, não interferindo na atuação do assistente litisconsorcial, pois este não tem seus poderes limitados à vontade do seu litisconsorte. Não há qualquer espécie de subordinação.

**9. Inadmissibilidade da assistência litisconsorcial no mandado de segurança.** *"A Suprema Corte já fixou entendimento de que o rito do mandado de segurança é incompatível com a intervenção de terceiros, ainda que na modalidade de assistência litisconsorcial"* (STJ, 1ª Turma, AgInt nos EDcl no RMS 52.066/BA, rel. Min. Gurgel de Faria, *DJe* 07.06.2018). *"(...) o rito procedimental do mandado de segurança é incompatível com a intervenção de terceiros, ex vi do art. 24 da Lei 12.016/2009, ainda que na modalidade de assistência litisconsorcial, na forma da jurisprudência remansosa do Supremo Tribunal Federal"* (STF, 1ª Turma, MS 32.074/DF, rel. Min. Luiz Fux, *DJe* 5.11.2014).

**10. Assistência litisconsorcial no mandado de segurança.** Tanto o STF como o STJ não admitem qualquer tipo de assistência, nem mesmo a litisconsorcial. Não há razão para deixar de admitir a assistência litisconsorcial no mandado de segurança. Há, neste, hipóteses de substituição processual previstas no § 3º do art. 1º, bem como no art. 3º, ambos da Lei 12.016, de 2009. O substituído processual, nos termos do art. 18 do CPC, pode participar do processo como assistente litisconsorcial do substituto. Essa regra é perfeitamente aplicável ao mandado de segurança, podendo até mesmo o juiz determinar, de ofício, a intimação do substituído para, querendo, intervir no processo. Aliás, a assistência litisconsorcial é um litisconsórcio ulterior. Sendo admissível o litisconsórcio no mandado de segurança (Lei 12.016/2009, art. 24), é possível também a assistência litisconsorcial.

# CAPÍTULO II
## DA DENUNCIAÇÃO DA LIDE

**Art. 125.** É admissível a denunciação da lide, promovida por qualquer das partes:

I – ao alienante imediato, no processo relativo à coisa cujo domínio foi transferido ao denunciante, a fim de que possa exercer os direitos que da evicção lhe resultam;

II – àquele que estiver obrigado, por lei ou pelo contrato, a indenizar, em ação regressiva, o prejuízo de quem for vencido no processo.

§ 1º O direito regressivo será exercido por ação autônoma quando a denunciação da lide for indeferida, deixar de ser promovida ou não for permitida.

§ 2º Admite-se uma única denunciação sucessiva, promovida pelo denunciado, contra seu antecessor imediato na cadeia dominial ou quem seja responsável por indenizá-lo, não podendo o denunciado sucessivo promover nova denunciação, hipótese em que eventual direito de regresso será exercido por ação autônoma.

▶ **1. Correspondência no CPC/1973.** *"Art. 70. A denunciação da lide é obrigatória: I – ao alienante, na ação em que terceiro reivindica a coisa, cujo domínio foi transferido à parte, a fim de que esta possa exercer o direito que da evicção lhe resulta; II – ao proprietário ou ao possuidor indireto quando, por força de obrigação ou direito, em casos como o do usufrutuário, do credor pignoratício, do locatário, o réu, citado em nome próprio, exerça a posse direta da coisa demandada; III – àquele que estiver obrigado, pela lei ou pelo contrato, a indenizar, em ação regressiva, o prejuízo do que perder a demanda."*

## 📖 Legislação Correlata

**2. CDC, art. 13.** *"Art. 13. O comerciante é igualmente responsável, nos termos do artigo anterior, quando: I – o fabricante, o construtor, o produtor ou o importador não puderem ser identificados; II – o produto for fornecido sem identificação clara do seu fabricante, produtor, construtor ou importador; III – não conservar adequadamente os produtos perecíveis. Parágrafo*

único. *Aquele que efetivar o pagamento ao prejudicado poderá exercer o direito de regresso contra os demais responsáveis, segundo sua participação na causação do evento danoso."*

**3. CDC, art. 88.** *"Art. 88. Na hipótese do art. 13, parágrafo único deste código, a ação de regresso poderá ser ajuizada em processo autônomo, facultada a possibilidade de prosseguir-se nos mesmos autos, vedada a denunciação da lide."*

## 🔎 Jurisprudência, Enunciados e Súmulas Selecionados

• **4. Tema/Repetitivo 469 STJ.** *"Em ação de reparação de danos movida em face do segurado, a Seguradora denunciada pode ser condenada direta e solidariamente junto com este a pagar a indenização devida à vítima, nos limites contratados na apólice."*

• **5. Súmula STJ, 529.** *"No seguro de responsabilidade civil facultativo, não cabe o ajuizamento de ação pelo terceiro prejudicado direta e exclusivamente em face da seguradora do apontado causador do dano."*

• **6. Súmula STJ, 537.** *"Em ação de reparação de danos, a seguradora denunciada, se aceitar a denunciação ou contestar o pedido do autor, pode ser condenada, direta e solidariamente junto com o segurado, ao pagamento da indenização devida à vítima, nos limites contratados na apólice."*

• **7. Enunciado 120 do FPPC.** *"A ausência de denunciação da lide gera apenas a preclusão do direito de a parte promovê-la, sendo possível ação autônoma de regresso."*

• **8. Enunciado 121 do FPPC.** *"O cumprimento da sentença diretamente contra o denunciado é admissível em qualquer hipótese de denunciação da lide fundada no inciso II do art. 125."*

## 📝 Comentários Temáticos

**9. Intervenção de terceiro provocada.** A denunciação da lide é uma intervenção de terceiro *provocada*. É uma forma de intervenção de terceiros que, uma vez instaurada, gera a formação de um *cúmulo* de demandas no *mesmo* processo: de um lado, a demanda havida entre autor e réu; de outro lado, a demanda existente entre denunciante e denunciado.

**10. Inadmissibilidade da denunciação da lide em demanda declaratória.** *"Não cabe denunciação da lide em demanda em que se busca a declaração de inexigibilidade de débito, porque no caso não haverá condenação que pudes-*

**LIVRO III · DOS SUJEITOS DO PROCESSO** **Art. 125**

*se justificar a inclusão de uma nova lide dentro daquela principal. Doutrina sobre o tema"* (STJ, 3ª Turma, REsp 1.763.709/RS, rel. Min. Moura Ribeiro, *DJe* 27.4.2023).

**11. Natureza jurídica da denunciação da lide.** *"A denunciação da lide é intervenção de terceiros com natureza jurídica de ação, cuja pretensão está associada ao direito de regresso, não ensejando, porém, a formação de outro processo, e sim de duas demandas que serão decididas por uma mesma sentença. O mote de sua existência é justamente permitir, com arrimo no princípio da economia processual, que o titular do direito exerça, no mesmo processo em que demandado, a sua pretensão ressarcitória (ação de garantia)"* (STJ, 4ª Turma, REsp 1.338.907/RJ, rel. Min. Luis Felipe Salomão, *DJe* 04.08.2020).

**12. Ausência de obrigatoriedade da denunciação da lide.** A denunciação da lide não é obrigatória (art. 125, § 1º). Sua ausência não deve implicar a perda do direito de regresso, podendo a parte prejudicada propor ação autônoma para ressarcir-se. A denunciação da lide é apenas uma opção posta à disposição da parte interessada. É, portanto, um ônus, e não um dever, de sorte que, se não denunciar a lide, a parte fica impedida apenas de exercer seu direito de regresso no próprio processo, não lhe sendo vetada a possibilidade de fazê-lo autonomamente. A falta de denunciação da lide acarreta apenas a preclusão do direito de se utilizar de tal intervenção de terceiro, não havendo perda do direito de regresso, que poderá ser exercido posteriormente, em ação autônoma.

**13. Falta de obrigatoriedade.** *"O Código de Processo Civil de 2015, ao contrário do Código anterior, não prevê a obrigatoriedade da denunciação da lide em nenhuma de suas hipóteses. Ao contrário, assegura o exercício do direito de regresso por ação autônoma quando indeferida, não promovida ou proibida (CPC/2015, art. 125, caput, e § 1º)"* (STJ, 4ª Turma, AgInt no AREsp 1.575.808/SP, rel. Min. Raul Araújo, *DJe* 16.06.2021). *"Em virtude dos princípios da economia processual e da celeridade, a denunciação da lide não é medida que se impõe obrigatoriamente"* (STJ, 4ª Turma, AgInt no AREsp 1.567.675/RJ, rel. Min. Maria Isabel Gallotti, *DJe* 5.6.2020).

**14. Obrigatoriedade da denunciação da lide.** *"A jurisprudência do Superior Tribunal de Justiça é no sentido de que a denunciação da lide somente se torna obrigatória quando a omissão da parte implicar perda do seu direito de regresso"* (STJ, 3ª Turma, REsp 2.068.654/PA, rel. Min. Nancy Andrighi, *DJe* 15.9.2023).

**15. Legitimidade.** O autor ou o réu pode provocar a denunciação da lide, requerendo a citação do terceiro para integrar o processo. Na verdade, a denunciação da lide é uma demanda proposta pelo autor ou pelo réu; por meio dela, o autor ou o réu exercita o direito de ação e propõe uma demanda contra o terceiro.

**16. Denunciação da lide requerida por um réu contra o outro.** *"Nada obsta a denunciação da lide requerida por um réu contra outro, porque somente assim se instaura entre eles a lide simultânea assecuratória do direito regressivamente postulado"* (STJ, 3ª Turma, REsp 1.670.232/SP, rel. Min. Nancy Andrighi, *DJe* 18.10.2018).

**17. Demanda incidental.** A denunciação da lide é uma demanda incidente, pois, em razão dela, não se forma um novo processo. É uma demanda em processo já existente. Proposta a denunciação da lide, surge uma ampliação objetiva do processo, passando a haver nele 2 demandas: *(a)* a principal ou originária e *(b)* a incidental (que é a denunciação da lide).

**18. Evicção.** A denunciação da lide cabe quando houver *evicção (art. 125, I)*. Esta – a evicção – consiste na perda da coisa determinada por sentença judicial, em virtude de vício anterior à sua alienação, sendo-lhe garantido o direito de ressarcimento contra quem lhe transferiu o bem. A perda do bem pode decorrer de uma ação reivindicatória e, igualmente, de qualquer outro tipo de demanda, tal como a ação declaratória, a possessória, a ação de usucapião e quaisquer outras em que haja perda ou limitação da posse ou do domínio da coisa.

**19. Caracterização da evicção.** *"Sendo dever do alienante transmitir ao adquirente o direito sem vícios não consentidos, caracteriza-se a evicção na hipótese de inclusão de gravame capaz de impedir a transferência livre e desembaraçada do bem"* (STJ, 3ª Turma, REsp 1.713.096/SP, rel. Min. Nancy Andrighi, *DJe* 23.02.2018).

**20. Obrigação de regresso por lei ou contrato.** Uma das partes originárias pode oferecer denunciação da lide àquele que estiver obrigado, por lei ou contrato, a indenizar o denunciante, em ação regressiva, pelo prejuízo que lhe causar a perda da demanda (art. 125, II). A denunciação da lide, nessa hipótese, só é admissível nos casos de garantia automática decorrente de lei ou de contrato; deve a lei ou o contrato assegurar *previamente* à parte o direito de regresso. Simples obrigação de repasse de verbas, sem expressa previsão de direito de regresso, não autoriza a denunciação da lide.

259

**21. Cumprimento de sentença contra o denunciado.** Nas hipóteses de denunciação da lide pelo inciso II do art. 125, aplica-se o parágrafo único do art. 128, podendo o cumprimento de sentença ser intentado diretamente contra o denunciado.

**22. Os princípios da eficiência e da duração razoável como balizas para a denunciação da lide.** O fundamento da denunciação da lide é a eficiência, evitando-se que a parte, após o término da demanda originária, na qual resulte derrotada, tenha que ingressar com uma demanda regressiva contra o sujeito que está obrigado a lhe ressarcir regressivamente. Atende-se, assim, ao princípio da eficiência no processo. Pela denunciação da lide, há uma reunião de duas ou mais demandas em um mesmo processo, sendo resolvidas conjuntamente, com base numa única instrução. A eficiência deve, porém, ser ponderada com a duração razoável do processo. Não se deve admitir a denunciação da lide quando ela provocar uma demora para além do razoável no processo. Se da denunciação ocorrer a necessidade de uma instrução que não se realizaria, não haverá a almejada duração razoável do processo, sendo incabível. Assim, se a demanda do autor tiver fundamento de fato ou de direito que prescinda de uma instrução, não será cabível a denunciação da lide, se o fundamento desta gerar a necessidade de uma instrução. É que, não fosse a denunciação da lide, não haveria razão para proceder à atividade instrutória.

**23. Inadmissibilidade da denunciação da lide quando ofende a eficiência ou economia processual.** *"A denunciação da lide, como modalidade de intervenção de terceiros, busca atender aos princípios da economia e da presteza na entrega da prestação jurisdicional, não devendo ser prestigiada quando o deferimento for apto a subverter exatamente os valores tutelados pelo instituto"* (STJ, 4ª Turma, AgInt no REsp 1.863.500/ CE, rel. Min. Luis Felipe Salomão, *DJe* 1º.7.2021).

**24. Denunciação da lide pela Fazenda Pública.** Questiona-se se a Fazenda Pública, em ação indenizatória contra ela movida, poderia, com fundamento nos arts. 37, § 6º, da CF e 125, II, do CPC, denunciar a lide ao agente público causador do dano. É que, geralmente, ações indenizatórias propostas em face da Fazenda Pública fundam-se em sua responsabilidade objetiva, ao passo que a demanda regressiva desta em face de seu agente público tem fundamento em culpa ou dolo. Haveria, então, um elemento novo a impedir a instauração da denunciação da lide pela Fazenda Pública. Realmente, sendo objetiva a responsabilidade da Fazenda Pública, não caberia a denunciação da lide, pois o direito de regresso estaria fundado em responsabilidade subjetiva, havendo, em tal hipótese, agregação de elemento novo à causa de pedir, causando a necessidade de uma instrução não exigida inicialmente. Não são raros, todavia, os casos em que a responsabilidade da Fazenda Pública pode ser subjetiva, sendo necessária a comprovação de culpa pela parte demandante: é o que ocorre nas hipóteses de *omissão* da Administração. Pode suceder, igualmente, de a demanda ajuizada em face da Fazenda Pública invocar, como fundamento, um ato culposo ou doloso do agente público. Imagine-se, por exemplo, uma demanda indenizatória, fundada numa alegada tortura cometida por agentes policiais. Nesse caso, haverá, desde o início, a necessidade de comprovar a tortura, ato culposo ou doloso que irá fundamentar, da mesma forma, a denunciação da lide, cuja instauração não vai gerar a agregação de elemento novo no processo nem desencadear a necessidade de uma instrução que, inicialmente, seria desnecessária. Nesses casos, *não* se aplica o entendimento restritivo de que, sendo a responsabilidade objetiva, não caberia a denunciação da lide, caso o direito de regresso fosse fundado em responsabilidade subjetiva, pois haveria agregação de elemento novo à causa de pedir, causando a necessidade de uma instrução não exigida inicialmente. Na verdade, nessas hipóteses aventadas, o próprio demandante funda sua pretensão na responsabilidade subjetiva da Fazenda Pública, seja em razão de uma atividade omissiva, seja por atribuir ao agente público a prática de ilegalidade ou abuso de poder que demonstraria, ao menos em tese, uma culpa ou um dolo, a ensejar o direito de regresso pela Fazenda Pública. Nessas hipóteses, a denunciação da lide não irá trazer elementos novos aos autos; os elementos – utilizados para a denunciação – foram, todos eles, trazidos pelo próprio demandante em sua petição inicial. Assim, em razão do princípio da duração razoável do processo e dada a evidência de que não haveria o acréscimo de qualquer elemento novo à demanda, é admissível a denunciação da lide pela Fazenda Pública nos exemplos de responsabilidade subjetiva desta. Diversamente, se a denunciação da lide pela Fazenda Pública provocar a agregação de elemento novo, não se fundando nos elementos que já estiverem na causa e gerar a necessidade de uma instrução que, de início, seria dispensável, não será, então, cabível a denunciação.

**25. Fungibilidade entre denunciação da lide e chamamento ao processo.** *"A aplicação*

**LIVRO III · DOS SUJEITOS DO PROCESSO** **Art. 126**

do princípio da fungibilidade entre as modalidades de intervenção de terceiros não configura determinação de ofício da intervenção, pois houve pedido da parte interessada para trazer o terceiro ao processo" (STJ, 3ª Turma, REsp 1.453.887/RJ, rel. Min. João Otávio de Noronha, *DJe* 9.5.2016).

**26. Denunciação sucessiva.** Somente se admite uma denunciação sucessiva. O denunciado sucessivo não pode promover nova denunciação, só podendo exercer seu direito de regresso contra outrem por meio de ação própria, em processo autônomo.

**27. Inviabilidade da denunciação da lide à seguradora sem a presença do segurado.** *"O entendimento jurisprudencial firmado no Superior Tribunal de Justiça através da Súmula 529/STJ manifesta-se no sentido de reconhecer a impossibilidade de terceiro prejudicado ingressar com pedido de denunciação da lide à seguradora quando o segurado não tiver integrado a relação processual"* (STJ, 3ª Turma, AgInt no AREsp 1.559.077/RJ, rel. Min. Marco Aurélio Bellizze, *DJe* 6.4.2020).

**28. Inviabilidade da denunciação da lide para se atribuir responsabilidade a terceiro.** *"A jurisprudência do Superior Tribunal de Justiça orienta-se no sentido de que é inadmissível a denunciação da lide com o objetivo de transferir responsabilidade exclusivamente a terceiro"* (STJ, 3ª Turma, AgInt no AREsp 1.577.584/RJ, rel. Min. Ricardo Villas Bôas Cueva, *DJe* 17.11.2020).

**29. Inadmissibilidade da denunciação da lide em demandas de consumo.** *"Em se tratando de relação de consumo, descabe a denunciação da lide, nos termos do artigo 88 do Código de Defesa do Consumidor"* (STJ, 4ª Turma, AgInt no AREsp 1.299.259/RJ, rel. Min. Marco Buzzi, *DJe* 19.11.2019). *"A vedação à denunciação da lide prevista no art. 88 do Código de Defesa do Consumidor não se restringe à responsabilidade de comerciante por fato do produto (art. 13 do CDC), sendo aplicável também nas demais hipóteses de responsabilidade civil por acidentes de consumo (arts. 12 e 14 do CDC)"* (STJ, 4ª Turma, AgInt no AREsp 1.640.821/ES, rel. Min. Raul Araújo, *DJe* 16.11.2020). *"O entendimento desta Corte Superior é de que, em se tratando de relação de consumo, descabe a denunciação da lide, nos termos do art. 88 do Código de Defesa do Consumidor."* (STJ, 3ª Turma, AgInt no AREsp 2.344.836/SP, rel. Min. Marco Aurélio Bellizze, *DJe* 30.8.2023).

**30. Impossibilidade de denunciação da lide em caso de erro médico.** *"Consoante a jurisprudência deste STJ, aplica-se o Código de Defesa do Consumidor aos serviços médicos, inclusive quanto à impossibilidade de denunciação da lide, consoante previsto no art. 88 do CDC"* (STJ, 4ª Turma, AgInt no AREsp 1.630.070/SP, rel. Min. Antonio Carlos Ferreira, *DJe* 14.6.2021).

**31. Admissibilidade de denunciação da lide em ação possessória.** *"Considerando a existência de ações, distintas e sucessivas, ainda que no mesmo processo, inexiste impedimento para que a denunciação da lide seja exercida em demanda possessória. Não há que se confundir os institutos de direito material e de direito processual. Desse modo, em um primeiro momento, a ação possessória tramitará entre autor ou réu e denunciante, por meio da qual, no exame de seu mérito, se discutirá tão somente a proteção conferida à posse e não se poderá alegar domínio. Ato contínuo, decidida a demanda de maneira contrária aos interesses do denunciante, passar-se-á ao julgamento da ação regressiva entre denunciante e denunciado, por meio da qual se poderá alegar domínio e demais questões relativas a eventual indenização pela evicção"* (STJ, 3ª Turma, REsp 2.001.443/MT, rel. Min. Nancy Andrighi, *DJe* 21.8.2023).

**32. Inadmissibilidade de denunciação da lide em execução.** *"Este Superior Tribunal tem se posicionado no sentido de não ser cabível intervenção de terceiros em fase de execução"* (STJ, 4ª Turma, AgInt nos EDcl no REsp 1.999.943/GO, rel. Min. Marco Buzzi, *DJe* 15.6.2023).

> **Art. 126.** A citação do denunciado será requerida na petição inicial, se o denunciante for autor, ou na contestação, se o denunciante for réu, devendo ser realizada na forma e nos prazos previstos no art. 131.

▶ **1. Correspondência no CPC/1973.** *"Art. 71. A citação do denunciado será requerida, juntamente com a do réu, se o denunciante for o autor; e, no prazo para contestar, se o denunciante for o réu."*

### ⊞ COMENTÁRIOS TEMÁTICOS

**2. Denunciação da lide promovida pelo autor.** A denunciação da lide promovida pelo autor deve ser requerida na própria petição inicial, formando-se entre o réu e o denunciado um litisconsórcio eventual (art. 127). Rigorosamente, a denunciação da lide promovida pelo autor não é uma intervenção de terceiro. Terceiro é quem não é parte. A intervenção de terceiro faz com o que o terceiro venha ao processo. O denunciado é parte. A petição inicial já o indica como parte. Há uma cumulação de demandas, sendo uma delas uma ação conde-

261

natória eventual: o pedido formulado contra o denunciado só será apreciado se o autor não for vitorioso contra o réu.

**3. Denunciação da lide promovida pelo réu.** A denunciação da lide promovida pelo réu deve ser requerida na contestação. A denunciação não deve ser requerida no prazo da contestação, mas na própria contestação. O réu contesta e, nela, denuncia o terceiro à lide. Aqui, diferentemente da denunciação promovida pelo autor, há uma verdadeira intervenção de terceiro.

**4. Falhas no requerimento de denunciação da lide e primazia do julgamento do mérito.** "*A denunciação da lide, em sua delimitação moderna, tem a função de adicionar ao processo uma nova lide conexa e, assim, atender ao princípio da economia dos atos processuais e evitar sentenças contraditórias, consistindo em mero ônus à parte que, se não a promove, fica impossibilitada de discutir, em um mesmo processo, a obrigação do denunciado de ressarcimento dos prejuízos que venha a sofrer na hipótese de ser vencido na demanda principal. 10. O processo é instrumento para a realização do direito material, razão pela qual, se o denunciado reconhece sua condição de garantidor do eventual prejuízo, não há razões práticas para que se exija que, em virtude de defeitos meramente formais na articulação da denunciação da lide, o denunciante se veja obrigado a ajuizar uma ação autônoma de regresso em desfavor do denunciado. Precedente. 11. Na presente hipótese, tendo a recorrida reconhecido sua condição de garantidora, o Tribunal de origem agiu em descompasso com os princípios da primazia do julgamento de mérito e da instrumentalidade das formas ao reconhecer de ofício de vício formal do oferecimento da denunciação da lide e anular todos os atos processuais praticados*" (STJ, 3ª Turma, REsp 1.874.600/RJ, rel. Min. Nancy Andrighi, *DJe* 11.03.2021).

**5. Agravo de instrumento.** Da decisão que deferir ou indeferir a denunciação da lide cabe agravo de instrumento (art. 1.015, IX).

---

**Art. 127.** Feita a denunciação pelo autor, o denunciado poderá assumir a posição de litisconsorte do denunciante e acrescentar novos argumentos à petição inicial, procedendo-se em seguida à citação do réu.

▶ **1. Correspondência no CPC/1973.** "*Art. 74. Feita a denunciação pelo autor, o denunciado, comparecendo, assumirá a posição de litisconsorte do denunciante e poderá aditar a petição inicial, procedendo-se em seguida à citação do réu.*"

---

## ☰ COMENTÁRIOS TEMÁTICOS

**2. Ordem de citações.** Requerida a denunciação da lide pelo autor, será feita, em primeiro lugar, a citação do denunciado. Somente depois de escoado o prazo para manifestação do denunciado, será, então, feita a citação do réu.

**3. Resposta do denunciado.** Citado, o denunciado poderá: (*a*) defender-se da pretensão formulada contra si pelo autor; (*b*) assumir a posição de "litisconsorte ativo do autor", quando, então, poderá aditar a petição inicial para adicionar novos argumentos ou apresentar novas provas; (*c*) manter-se inerte, sendo revel na demanda regressiva.

**4. Assistência simples.** O art. 127 dispõe que o denunciado pode assumir a posição de "litisconsorte ativo do autor". Não há, na verdade, um litisconsórcio entre autor e denunciado. O denunciado pode agregar novos argumentos, auxiliando o autor em sua petição inicial. Não pode, todavia, formular pedido contra o réu, até porque não tem relação jurídica com ele. O denunciado tem interesse jurídico na vitória do autor, pois, sendo o autor vitorioso, ele não será condenado a ressarci-lo, já que a denunciação da lide é uma demanda regressiva, de condenação eventual. O denunciado, como se percebe pelo modo de sua atuação, é assistente simples do autor, e não seu litisconsorte. O denunciado atua em auxílio ao autor, assumindo a condição de seu substituto processual em casos de omissão do autor (art. 121, parágrafo único). Por ser assistente simples do autor, o denunciado não pode agir contra sua vontade, não obstando, por exemplo, uma renúncia, uma desistência ou uma transação por ele celebrada (art. 122).

**5. Denunciação da lide pelo autor e ausência de responsabilidade do denunciado para com o réu.** "*O litisdenunciado do autor, se for o caso, somente responde pelos danos experimentados pelo denunciante (o autor), na hipótese de improcedência do pedido, não remanescendo qualquer responsabilidade regressiva para com o réu, sucumbente na ação, em caso de procedência*" (STJ, 4ª Turma, REsp 567.273/RO, rel. Min. Luis Felipe Salomão, *DJe* 13.4.2011).

**6. Litisconsórcio eventual.** Quando o autor promove a denunciação da lide, forma-se entre o réu e o denunciado um litisconsórcio eventual: o autor propõe a demanda contra o réu e, caso não obtenha resultado favorável, pede que seja ressarcido pelo denunciado. Este segundo pedido somente será apreciado, se o primeiro for rejeitado.

**LIVRO III · DOS SUJEITOS DO PROCESSO** **Art. 129**

**Art. 128.** Feita a denunciação pelo réu:

I – se o denunciado contestar o pedido formulado pelo autor, o processo prosseguirá tendo, na ação principal, em litisconsórcio, denunciante e denunciado;

II – se o denunciado for revel, o denunciante pode deixar de prosseguir com sua defesa, eventualmente oferecida, e abster-se de recorrer, restringindo sua atuação à ação regressiva;

III – se o denunciado confessar os fatos alegados pelo autor na ação principal, o denunciante poderá prosseguir com sua defesa ou, aderindo a tal reconhecimento, pedir apenas a procedência da ação de regresso.

Parágrafo único. Procedente o pedido da ação principal, pode o autor, se for o caso, requerer o cumprimento da sentença também contra o denunciado, nos limites da condenação deste na ação regressiva.

▶ **1. Correspondência no CPC/1973.** *"Art. 75. Feita a denunciação pelo réu: I – se o denunciado a aceitar e contestar o pedido, o processo prosseguirá entre o autor, de um lado, e de outro, como litisconsortes, o denunciante e o denunciado; II – se o denunciado for revel, ou comparecer apenas para negar a qualidade que lhe foi atribuída, cumprirá ao denunciante prosseguir na defesa até final; III – se o denunciado confessar os fatos alegados pelo autor, poderá o denunciante prosseguir na defesa."*

⚖ **JURISPRUDÊNCIA, ENUNCIADOS E SÚMULAS SELECIONADOS**

- **2. Tema/Repetitivo 469 STJ.** *"Em ação de reparação de danos movida em face do segurado, a Seguradora denunciada pode ser condenada direta e solidariamente junto com este a pagar a indenização devida à vítima, nos limites contratados na apólice."*

- **3. Súmula STJ, 529.** *"No seguro de responsabilidade civil facultativo, não cabe o ajuizamento de ação pelo terceiro prejudicado direta e exclusivamente em face da seguradora do apontado causador do dano."*

- **4. Súmula STJ, 537.** *"Em ação de reparação de danos, a seguradora denunciada, se aceitar a denunciação ou contestar o pedido do autor, pode ser condenada, direta e solidariamente junto com o segurado, ao pagamento da indenização devida à vítima, nos limites contratados na apólice."*

- **5. Enunciado 121 do FPPC.** *"O cumprimento da sentença diretamente contra o denunciado é*

*admissível em qualquer hipótese de denunciação da lide fundada no inciso II do art. 125."*

🗐 **COMENTÁRIOS TEMÁTICOS**

**6. Procedimento da denunciação da lide requerida pelo réu.** Requerida a denunciação da lide pelo réu na contestação, o denunciado será citado, podendo *(a)* contestar o pedido formulado pelo autor; *(b)* manter-se inerte; *(c)* confessar os fatos alegados pelo autor da ação principal.

**7. Assistência simples.** Embora o art. 128, I, preveja que o denunciado, ao contestar o pedido do autor, tornar-se litisconsorte do réu, é bem de ver que o denunciado não tem qualquer relação jurídica com o autor. Sua relação é com o réu. Ele tem interesse jurídico na vitória do réu, pois, se o réu se sagrar vencedor, estará prejudicada a demanda regressiva. Na verdade, o denunciado é assistente simples do réu, e não seu litisconsorte.

**8. Revelia do denunciado.** Caso o denunciado não conteste o pedido formulado pelo autor, o réu, que é o denunciante, pode deixar de prosseguir com sua defesa já apresentada e até deixar de recorrer, restringindo sua atuação à demanda regressiva.

**9. Confissão.** Se o denunciado confessar os fatos alegados pelo autor da ação principal, o réu, que é o denunciante, pode prosseguir na sua defesa, pois aquela confissão é ineficaz para ele, não podendo prejudicá-lo. Pode, porém, o réu aderir à confissão do denunciado, hipótese em que poderá restringir-se a pedir a procedência da ação regressiva.

**10. Cumprimento de sentença contra o denunciado.** Nas hipóteses de denunciação da lide pelo inciso II do art. 125, aplica-se o parágrafo único do art. 128, podendo o cumprimento de sentença ser intentado diretamente contra o denunciado. Nesse caso, há uma execução *per saltum*: o autor pode executar diretamente o denunciado, respeitando-se os limites da condenação. Na verdade, a sentença terá condenado o réu ao pagar ao autor e o denunciado a ressarcir ao réu. Em vez de o autor executar o réu e este executar, regressivamente, o denunciado, permite-se que o autor execute diretamente o denunciado.

**Art. 129.** Se o denunciante for vencido na ação principal, o juiz passará ao julgamento da denunciação da lide.

Parágrafo único. Se o denunciante for vencedor, a ação de denunciação não terá o seu pedido

263

# Art. 130

examinado, sem prejuízo da condenação do denunciante ao pagamento das verbas de sucumbência em favor do denunciado.

▶ **1. Correspondência no CPC/1973.** *"Art. 76. A sentença, que julgar procedente a ação, declarará, conforme o caso, o direito do evicto, ou a responsabilidade por perdas e danos, valendo como título executivo."*

## ⚖ JURISPRUDÊNCIA, ENUNCIADOS E SÚMULAS SELECIONADOS

• **2. Enunciado 122 do FPPC.** *"Vencido o denunciante na ação principal e não tendo havido resistência à denunciação da lide, não cabe a condenação do denunciado nas verbas de sucumbência."*

• **3. Enunciado 159 da III Jornada-CJF.** *"É incabível a condenação sucumbencial do litisdenunciado quando não houver resistência ao pedido de denunciação."*

## ▣ COMENTÁRIOS TEMÁTICOS

**4. Demanda regressiva.** A denunciação da lide consiste numa demanda regressiva. Por meio dela, o denunciante pretende ressarcir-se do denunciado. Por isso, a demanda instaurada com a denunciação da lide é subsidiária àquela originalmente proposta.

**5. Ação condenatória eventual.** A denunciação da lide, consiste numa ação condenatória eventual: o denunciante pede a condenação do denunciado a ressarcir-lhe, *na eventualidade* de ele, denunciante, restar sucumbente na demanda originária ou principal (art. 129). Em regra, a denunciação da lide tem fundamento no direito de regresso, em razão do qual aquele que vier a sofrer alguma condenação, derrota, perda ou prejuízo poderá, posteriormente, obter o ressarcimento do terceiro, que, por algum motivo, desponta como seu garante.

**6. Prejudicialidade.** A demanda principal é prejudicial à denunciação da lide. Vencido o denunciante, será julgada a denunciação. Se, porém, o denunciante for vencedor, estará prejudicada a demanda regressiva, não sendo necessário examiná-la.

**7. Honorários e causalidade.** Prejudicada a análise da denunciação da lide, por ter sido vitorioso o denunciante, haverá, ainda assim, condenação deste ao pagar os honorários do advogado do denunciado, pois terá causalidade a ensejá-la.

# CAPÍTULO III
# DO CHAMAMENTO AO PROCESSO

**Art. 130.** É admissível o chamamento ao processo, requerido pelo réu:

I – do afiançado, na ação em que o fiador for réu;

II – dos demais fiadores, na ação proposta contra um ou alguns deles;

III – dos demais devedores solidários, quando o credor exigir de um ou de alguns o pagamento da dívida comum.

▶ **1. Correspondência no CPC/1973.** *"Art. 77. É admissível o chamamento ao processo: I – do devedor, na ação em que o fiador for réu; II – dos outros fiadores, quando para a ação for citado apenas um deles; III – de todos os devedores solidários, quando o credor exigir de um ou de alguns deles, parcial ou totalmente, a dívida comum."*

## ▥ LEGISLAÇÃO CORRELATA

**2. CC, art. 275.** *"Art. 275. O credor tem direito a exigir e receber de um ou de alguns dos devedores, parcial ou totalmente, a dívida comum; se o pagamento tiver sido parcial, todos os demais devedores continuam obrigados solidariamente pelo resto. Parágrafo único. Não importará renúncia da solidariedade a propositura de ação pelo credor contra um ou alguns dos devedores."*

**3. CC, art. 827.** *"Art. 827. O fiador demandado pelo pagamento da dívida tem direito a exigir, até a contestação da lide, que sejam primeiro executados os bens do devedor. Parágrafo único. O fiador que alegar o benefício de ordem, a que se refere este artigo, deve nomear bens do devedor, sitos no mesmo município, livres e desembargados, quantos bastem para solver o débito."*

**4. CC, art. 829.** *"Art. 829. A fiança conjuntamente prestada a um só débito por mais de uma pessoa importa o compromisso de solidariedade entre elas, se declaradamente não se reservarem o benefício de divisão. Parágrafo único. Estipulado este benefício, cada fiador responde unicamente pela parte que, em proporção, lhe couber no pagamento."*

**5. CC, art. 831.** *"Art. 831. O fiador que pagar integralmente a dívida fica sub-rogado nos direitos do credor; mas só poderá demandar a cada um dos outros fiadores pela respectiva quota. Parágrafo único. A parte do fiador insolvente distribuir-se-á pelos outros."*

**6. CC, art. 1.698.** *"Art. 1.698. Se o parente, que deve alimentos em primeiro lugar, não estiver em condições de suportar totalmente o encargo,*

**LIVRO III · DOS SUJEITOS DO PROCESSO** **Art. 130**

*serão chamados a concorrer os de grau imediato; sendo várias as pessoas obrigadas a prestar alimentos, todas devem concorrer na proporção dos respectivos recursos, e, intentada ação contra uma delas, poderão as demais ser chamadas a integrar a lide."*

**7. CDC, art. 101.** *"Art. 101. Na ação de responsabilidade civil do fornecedor de produtos e serviços, sem prejuízo do disposto nos Capítulos I e II deste título, serão observadas as seguintes normas: I – a ação pode ser proposta no domicílio do autor; II – o réu que houver contratado seguro de responsabilidade poderá chamar ao processo o segurador, vedada a denunciação da lide ao Instituto de Resseguros do Brasil e dispensado o litisconsórcio obrigatório com este."*

## ⚖ Jurisprudência, Enunciados e Súmulas Selecionados

- **8. Tema/Repetitivo 315 STJ.** *"A parte autora pode eleger apenas um dos devedores solidários para figurar no polo passivo da demanda. (...) A possibilidade de escolha de um dos devedores solidários afasta a figura do litisconsórcio compulsório ou necessário."*

- **9. Tema/Repetitivo 686 STJ.** *"O chamamento ao processo da União com base no art. 77, III, do CPC, nas demandas propostas contra os demais entes federativos responsáveis para o fornecimento de medicamentos ou prestação de serviços de saúde, não é impositivo, mostrando-se inadequado opor obstáculo inútil à garantia fundamental do cidadão à saúde."*

## ▣ Comentários Temáticos

**10. Intervenção provocada.** O chamamento ao processo é uma intervenção provocada, e não espontânea. O terceiro é citado para vir ao processo, não ingressando nele espontaneamente.

**11. Legitimidade.** O chamamento ao processo deve ser requerido pelo réu em sua contestação.

**12. Ampliação subjetiva.** O chamamento ao processo provoca uma ampliação subjetiva do processo: o ingresso do chamado no processo forma um litisconsórcio passivo ulterior, que pode ser comum, no caso de obrigação divisível, ou unitário, quando a obrigação for indivisível.

**13. Facultatividade do chamamento ao processo.** *"Embora, em regra, o devedor possa requerer a intervenção dos demais coobrigados solidários na lide em que figure isoladamente como réu, por meio do chamamento ao processo, essa*

*intervenção é facultativa e seu não exercício não impede o direito de regresso previsto no art. 283 do CC/2002"* (STJ, 3ª Turma, REsp 1.739.718/SC, rel. Min. Nancy Andrighi, *DJe* 04.12.2020).

**14. Prazo em dobro.** Com o chamamento ao processo, forma-se um litisconsórcio passivo. Se os litisconsortes tiverem diferentes procuradores, de escritórios distintos, suas manifestações irão submeter-se a prazos em dobro (art. 229). Não há prazo em dobro para os litisconsortes quando o processo tramita em autos eletrônicos (art. 229, § 2º).

**15. Processo de conhecimento.** O chamamento ao processo somente é cabível em processo de conhecimento, não sendo admissível no cumprimento de sentença ou no processo de execução.

**16. Demanda condenatória.** O chamamento ao processo é admissível em demanda condenatória.

**17. Cabimento ao chamamento ao processo apenas para casos de obrigação de pagar quantia.** *"O chamamento ao processo, previsto no art. 77, III, do CPC[de 1973], é típico de obrigações solidárias de pagar quantia. Trata-se de excepcional formação de litisconsórcio passivo facultativo promovida pelo demandado, que não comporta interpretação extensiva para alcançar prestação de entrega de coisa certa, cuja satisfação efetiva inadmite divisão. Precedentes: (AgRg no REsp 1.009.622/SC, Rel. Min. Herman Benjamin, Segunda Turma, julgado em 03.08.2010, DJe 14.09.2010), (REsp 1.125.537/SC, Rel. Min. Teori Albino Zavascki, Primeira Turma, julgado em 16.03.2010, DJe 24.03.2010)"* (STJ, 2ª Turma, AgRg no REsp 1.249.125/SC, rel. Min. Humberto Martins, *DJe* 21.6.2011).

**18. Inadmissibilidade do chamamento ao processo em caso de obrigação de entregar coisa.** *"Incabível o instituto de intervenção de terceiros denominado chamamento ao processo, previsto no art. 77, III, do CPC, (típico de obrigações solidárias de pagar quantia), por se tratar de excepcional formação de litisconsórcio facultativo para entrega de coisa certa (fornecimento de medicamentos), cuja satisfação não comporta divisão"* (STJ, 1ª Turma, AgInt no REsp 1.617.502/PI, rel. Min. Regina Helena Costa, *DJe* 2.8.2017).

**19. Demanda contra o fiador.** Proposta demanda condenatória contra o fiador, este pode requerer o chamamento ao processo do afiançado.

**20. Fiador e benefício de ordem.** O fiador demandado pelo pagamento da dívida tem direito a exigir, até a contestação, que, em caso

265

de condenação, sejam, na execução, excutidos primeiramente os bens do afiançado. Esse é o denominado benefício de ordem, haja vista ser subsidiária a responsabilidade do fiador à do afiançado. O chamamento ao processo é o instrumento previsto em lei para que o fiador possa exercer o benefício de ordem. Se o fiador, demandado pelo pagamento da dívida, não promover o chamamento ao processo do afiançado, perderá o benefício de ordem, não podendo, na execução, postular que sejam, em primeiro lugar, excutidos os bens deste último.

**21. Solidariedade.** O chamamento ao processo é admissível em casos de solidariedade. O credor, em caso de solidariedade passiva, pode cobrar toda a dívida contra apenas um dos devedores solidários (CC, art. 275). O chamamento ao processo mitiga esse direito e permite ao réu que promova ampliação subjetiva do processo, com o ingresso no polo passivo da demanda do outro devedor solidário.

**22. Chamamento ao processo e responsabilidade solidária.** *"De acordo com a jurisprudência desta Corte, 'O chamamento ao processo é admissível quando o chamado responder solidariamente com o réu pelo direito que o autor reclama (art. 77, III, do CPC[de 1973])' (REsp 960.763/RS, rel. Min. Humberto Gomes de Barros, DJ 31.10.2007)"* (STJ, 4ª Turma, AgInt no REsp 1.450.136/SP, rel. Min. Luis Felipe Salomão, *DJe* 26.8.2020).

**23. Produção antecipada de provas.** Se, na produção antecipada de provas, houver caráter contencioso e a prova a ser produzida puder repercutir em relação jurídica obrigacional, é possível o chamamento ao processo de algum devedor solidário (art. 382, § 2º).

**24. Demandas de consumo.** O chamamento ao processo também é possível em demandas de consumo (CDC, art. 101, II).

**25. Ação de alimentos (CC, art. 1.698).** A obrigação de alimentos não é solidária. Não é possível exigir-se o pagamento de toda a dívida alimentar de um dos devedores. Cada obrigado deve responder de acordo com suas possibilidades financeiras. Cada um tem uma dívida distinta. Cada um paga sua obrigação, nos limites de sua possibilidade, não podendo voltar-se, regressivamente, contra os outros. Assim, proposta a ação de alimentos contra um réu, este, demonstrando que sua possibilidade financeira não cobre todo valor postulado, é possível chamar ao processo outros devedores. Não há, no caso, solidariedade nem direito de regresso. Logo, não é caso nem de chamamen-

to ao processo nem de denunciação à lide. O ingresso do terceiro não beneficia o réu. Se ele é parente e pode pagar, o juiz fixará o valor da parte que lhe cabe contribuir com o sustento do autor. Caso haja outro devedor na mesma classe que também possua condições de arcar com os alimentos, esta circunstância será apresentada como argumento de defesa, cabendo ao autor demonstrar que esse outro devedor comum não reúne condições de pagamento. Diversamente, o autor pode requerer a citação desse outro devedor comum, formando-se, por provocação do autor, um litisconsórcio passivo facultativo ulterior simples.

**26. Fungibilidade entre denunciação da lide e chamamento ao processo.** *"A aplicação do princípio da fungibilidade entre as modalidades de intervenção de terceiros não configura determinação de ofício da intervenção, pois houve pedido da parte interessada para trazer o terceiro ao processo"* (STJ, 3ª Turma, REsp 1.453.887/RJ, rel. Min. João Otávio de Noronha, *DJe* 9.5.2016).

**27. Chamamento sucessivo.** Não há vedação legal ao chamamento sucessivo. Assim, se o réu chama ao processo um devedor solidário, este pode promover o chamamento de outro devedor solidário.

**28. Denunciação da lide pelo chamado.** Promovido o chamamento ao processo, o chamado pode requerer a denunciação da lide de um terceiro, a fim de poder exercer contra ele o direito de regresso de que disponha.

**29. Inviabilidade do chamamento ao processo nas demandas de consumo.** *"O Código de Defesa do Consumidor, em atenção ao princípio da adaptabilidade do procedimento às necessidades da causa e preocupado em garantir a efetividade da tutela do consumidor em juízo, veda o chamamento ao processo em ações como a dos autos (AgInt no REsp 1388081/SP, Rel. Ministro Luis Felipe Salomão, Quarta Turma, julgado em 21.09.2017, DJe 29.09.2017)"* (STJ, 4ª Turma, AgInt no AREsp 1.644.216/PR, rel. Min. Luis Felipe Salomão, *DJe* 26.8.2020).

**30. Inadmissibilidade do chamamento ao processo nas demandas judiciais para fornecimento de medicamentos.** *"É firme a jurisprudência deste STJ pela inviabilidade do chamamento ao processo de outro Ente Federado, nas demandas relativas ao fornecimento de medicamentos ou de tratamento de saúde, por se tratar de responsabilidade solidária, cabendo ao cidadão a escolha contra quem pretende demandar"* (STJ, 1ª Turma, AgInt no REsp 1.606.349/PI, rel. Min. Napoleão Nunes Maia Filho, *DJe* 18.12.2020).

**LIVRO III · DOS SUJEITOS DO PROCESSO** — Art. 132

**31. Demanda judicial para fornecimento de medicamentos contra o Estado e inviabilidade do chamamento ao processo da União.** "*O Supremo Tribunal Federal firmou entendimento no sentido de que o chamamento ao processo da União pelo Estado revela-se medida meramente protelatória que não traz nenhuma utilidade ao processo, além de atrasar a resolução do feito, revelando-se meio inconstitucional para evitar o acesso aos remédios necessários para o restabelecimento da saúde da recorrida. (...) Em regra, a parte pode incluir no polo passivo qualquer um dos entes, isoladamente ou conjuntamente. Contudo, existe uma exceção: se o indivíduo estiver pleiteando o fornecimento de um medicamento que ainda não foi aprovado pela ANVISA, quando terá que ajuizar a ação necessariamente contra a União, o que não é o caso dos autos*" (STJ, 1ª Seção, AgInt no CC 174.746/SC, rel. Min. Regina Helena Costa, *DJe* 23.4.2021).

**Art. 131.** A citação daqueles que devam figurar em litisconsórcio passivo será requerida pelo réu na contestação e deve ser promovida no prazo de 30 (trinta) dias, sob pena de ficar sem efeito o chamamento.
Parágrafo único. Se o chamado residir em outra comarca, seção ou subseção judiciárias, ou em lugar incerto, o prazo será de 2 (dois) meses.

▶ **1. Correspondência no CPC/1973.** "*Art. 78. Para que o juiz declare, na mesma sentença, as responsabilidades dos obrigados, a que se refere o artigo antecedente, o réu requererá, no prazo para contestar, a citação do chamado.*" "*Art. 79. O juiz suspenderá o processo, mandando observar, quanto à citação e aos prazos, o disposto nos arts. 72 e 74.*"

🖹 **COMENTÁRIOS TEMÁTICOS**

**2. Momento para requerimento.** O chamamento ao processo deve ser requerido pelo réu em sua contestação.

**3. Preclusão.** Não requerido o chamamento ao processo pelo réu na contestação, haverá preclusão, podendo o réu propor demanda autônoma contra os possíveis chamados para postular devendo eventual direito que afirme ter contra eles.

**4. Agravo de instrumento.** A decisão que deferir ou indeferir o chamamento ao processo pode ser atacada por agravo de instrumento (art. 1.015, IX).

**5. Prazos.** O réu deve promover a citação dos chamados no prazo de 30 dias, se os chamados residirem ou mantiverem domicílio na mesma comarca, ou, se em comarca diversa, em 2 meses, sob pena de ficar sem efeito o chamamento. Promover a citação não é efetivá-la. Cabe ao réu requerê-la e viabilizar sua realização, fornecendo endereço e elementos necessário para instruir a carta ou o mandado de citação.

**Art. 132.** A sentença de procedência valerá como título executivo em favor do réu que satisfizer a dívida, a fim de que possa exigi-la, por inteiro, do devedor principal, ou, de cada um dos codevedores, a sua quota, na proporção que lhes tocar.

▶ **1. Correspondência no CPC/1973.** "*Art. 80. A sentença, que julgar procedente a ação, condenando os devedores, valerá como título executivo, em favor do que satisfizer a dívida, para exigi-la, por inteiro, do devedor principal, ou de cada um dos codevedores a sua quota, na proporção que lhes tocar.*"

⚖ **LEGISLAÇÃO CORRELATA**

**2. CC, art. 283.** "*Art. 283. O devedor que satisfez a dívida por inteiro tem direito a exigir de cada um dos codevedores a sua quota, dividindo-se igualmente por todos a do insolvente, se o houver, presumindo-se iguais, no débito, as partes de todos os codevedores.*"

**3. CC, art. 284.** "*Art. 284. No caso de rateio entre os codevedores, contribuirão também os exonerados da solidariedade pelo credor, pela parte que na obrigação incumbia ao insolvente.*"

**4. CC, art. 285.** "*Art. 285. Se a dívida solidária interessar exclusivamente a um dos devedores, responderá este por toda ela para com aquele que pagar.*"

**5. CC, art. 831.** "*Art. 831. O fiador que pagar integralmente a dívida fica sub-rogado nos direitos do credor; mas só poderá demandar a cada um dos outros fiadores pela respectiva quota. Parágrafo único. A parte do fiador insolvente distribuir-se-á pelos outros.*"

🖹 **COMENTÁRIOS TEMÁTICOS**

**6. Título executivo.** Julgado procedente o pedido condenatório, o autor pode promover o cumprimento de sentença contra qualquer um dos réus, já que há solidariedade passiva.

**7. Benefício de ordem.** Se o fiador, demandado na ação condenatória, requereu o chamamento ao processo do afiançado, poderá, no cumprimento de sentença, exercer o benefício de ordem e requerer que sejam, primeiro, excutidos os bens deste último.

**8. Execução regressiva.** A sentença também será título executivo para que o fiador execute o afiançado ou para que o devedor solidário execute sua cota parte do outro devedor solidário, caso tenha pago o valor da condenação.

# CAPÍTULO IV
## DO INCIDENTE DE DESCONSIDERAÇÃO DA PERSONALIDADE JURÍDICA

**Art. 133.** O incidente de desconsideração da personalidade jurídica será instaurado a pedido da parte ou do Ministério Público, quando lhe couber intervir no processo.

§ 1º O pedido de desconsideração da personalidade jurídica observará os pressupostos previstos em lei.

§ 2º Aplica-se o disposto neste Capítulo à hipótese de desconsideração inversa da personalidade jurídica.

▶ **1. Sem correspondência no CPC/1973.**

## 📖 LEGISLAÇÃO CORRELATA

**2. CC, art. 50.** *"Art. 50. Em caso de abuso da personalidade jurídica, caracterizado pelo desvio de finalidade ou pela confusão patrimonial, pode o juiz, a requerimento da parte, ou do Ministério Público quando lhe couber intervir no processo, desconsiderá-la para que os efeitos de certas e determinadas relações de obrigações sejam estendidos aos bens particulares de administradores ou de sócios da pessoa jurídica beneficiados direta ou indiretamente pelo abuso. § 1º Para os fins do disposto neste artigo, desvio de finalidade é a utilização da pessoa jurídica com o propósito de lesar credores e para a prática de atos ilícitos de qualquer natureza. § 2º Entende-se por confusão patrimonial a ausência de separação de fato entre os patrimônios, caracterizada por: I – cumprimento repetitivo pela sociedade de obrigações do sócio ou do administrador ou vice-versa; II – transferência de ativos ou de passivos sem efetivas contraprestações, exceto os de valor proporcionalmente insignificante; e III – outros atos de descumprimento da autonomia patrimonial. § 3º O disposto no caput e nos §§ 1º e 2º deste artigo também se aplica à extensão das obrigações de sócios ou de administradores à pessoa jurídica. § 4º A mera existência de grupo econômico sem a presença dos requisitos de que trata o* caput

*deste artigo não autoriza a desconsideração da personalidade da pessoa jurídica. § 5º Não constitui desvio de finalidade a mera expansão ou a alteração da finalidade original da atividade econômica específica da pessoa jurídica.»*

**3. CDC, art. 28.** *"Art. 28. O juiz poderá desconsiderar a personalidade jurídica da sociedade quando, em detrimento do consumidor, houver abuso de direito, excesso de poder, infração da lei, fato ou ato ilícito ou violação dos estatutos ou contrato social. § 1º A desconsideração também será efetivada quando houver falência, estado de insolvência, encerramento ou inatividade da pessoa jurídica provocados por má administração. § 2º As sociedades integrantes dos grupos societários e as sociedades controladas, são subsidiariamente responsáveis pelas obrigações decorrentes deste código. § 3º As sociedades consorciadas são solidariamente responsáveis pelas obrigações decorrentes deste código. § 4º As sociedades coligadas só responderão por culpa. § 5º Também poderá ser desconsiderada a pessoa jurídica sempre que sua personalidade for, de alguma forma, obstáculo ao ressarcimento de prejuízos causados aos consumidores."*

**4. Lei 9.605/1998, art. 4º.** *"Art. 4º Poderá ser desconsiderada a pessoa jurídica sempre que sua personalidade for obstáculo ao ressarcimento de prejuízos causados à qualidade do meio ambiente."*

**5. Lei 9.847/1999, art. 18, § 3º.** *"§ 3º Poderá ser desconsiderada a personalidade jurídica da sociedade sempre que esta constituir obstáculo ao ressarcimento de prejuízos causados ao abastecimento nacional de combustíveis ou ao Sistema Nacional de Estoques de Combustíveis."*

**6. Lei 11.101/2005, art. 82-A.** *"Art. 82-A. É vedada a extensão da falência ou de seus efeitos, no todo ou em parte, aos sócios de responsabilidade limitada, aos controladores e aos administradores da sociedade falida, admitida, contudo, a desconsideração da personalidade jurídica. Parágrafo único. A desconsideração da personalidade jurídica da sociedade falida, para fins de responsabilização de terceiros, grupo, sócio ou administrador por obrigação desta, somente pode ser decretada pelo juízo falimentar com a observância do art. 50 da Lei nº 10.406, de 10 de janeiro de 2002 (Código Civil) e dos arts. 133, 134, 135, 136 e 137 da Lei nº 13.105, de 16 de março de 2015 (Código de Processo Civil), não aplicada a suspensão de que trata o § 3º do art. 134 da Lei nº 13.105, de 16 de março de 2015 (Código de Processo Civil)."*

**7. Lei 12.529/2011, art. 34.** *"Art. 34. A personalidade jurídica do responsável por infração* *da ordem econômica poderá ser desconsiderada quando houver da parte deste abuso de direito, excesso de poder, infração da lei, fato ou ato ilícito ou violação dos estatutos ou contrato social. Parágrafo único. A desconsideração também será efetivada quando houver falência, estado de insolvência, encerramento ou inatividade da pessoa jurídica provocados por má administração.”*

**8.** **Lei 12.846/2013, art. 14.** *“Art. 14. A personalidade jurídica poderá ser desconsiderada sempre que utilizada com abuso do direito para facilitar, encobrir ou dissimular a prática dos atos ilícitos previstos nesta Lei ou para provocar confusão patrimonial, sendo estendidos todos os efeitos das sanções aplicadas à pessoa jurídica aos seus administradores e sócios com poderes de administração, observados o contraditório e a ampla defesa.”*

**9.** **IN. 39/2016 do TST, art. 6º.** *“Art. 6º Aplica-se ao Processo do Trabalho o incidente de desconsideração da personalidade jurídica regulado no Código de Processo Civil (arts. 133 a 137), assegurada a iniciativa também do juiz do trabalho na fase de execução (CLT, art. 878). § 1º Da decisão interlocutória que acolher ou rejeitar o incidente: I – na fase de cognição, não cabe recurso de imediato, na forma do art. 893, § 1º da CLT; II – na fase de execução, cabe agravo de petição, independentemente de garantia do juízo; III – cabe agravo interno se proferida pelo Relator, em incidente instaurado originariamente no tribunal (CPC, art. 932, inciso VI). § 2º A instauração do incidente suspenderá o processo, sem prejuízo de concessão da tutela de urgência de natureza cautelar de que trata o art. 301 do CPC.”*

## ⚖ Jurisprudência, Enunciados e Súmulas Selecionados

- **10.** **Tema/Repetitivo 630 STJ.** *“Em execução fiscal de dívida ativa tributária ou não-tributária, dissolvida irregularmente a empresa, está legitimado o redirecionamento ao sócio-gerente.”*
- **11.** **Súmula STJ, 435.** *“Presume-se dissolvida irregularmente a empresa que deixar de funcionar no seu domicílio fiscal, sem comunicação aos órgãos competentes, legitimando o redirecionamento da execução fiscal para o sócio-gerente.”*
- **12.** **Enunciado 123 do FPPC.** *“É desnecessária a intervenção do Ministério Público, como fiscal da ordem jurídica, no incidente de desconsideração da personalidade jurídica, salvo nos*

*casos em que deva intervir obrigatoriamente, previstos no art. 178.”*
- **13.** **Enunciado 124 do FPPC.** *“A desconsideração da personalidade jurídica no processo do trabalho deve ser processada na forma dos arts. 133 a 137.”*
- **14.** **Enunciado 247 do FPPC.** *“Aplica-se o incidente de desconsideração da personalidade jurídica no processo falimentar.”*
- **15.** **Enunciado 529 do FPPC.** *“As averbações previstas nos arts. 799, IX e 828 são aplicáveis ao cumprimento de sentença.”*
- **16.** **Enunciado 11 da I Jornada-CJF.** *“Aplica-se o disposto nos arts. 133 a 137 do CPC às hipóteses de desconsideração indireta e expansiva da personalidade jurídica.”*
- **17.** **Enunciado 168 da III Jornada-CJF.** *“Salvo nos casos de competência originária dos tribunais, o incidente de desconsideração da personalidade jurídica deve ser instaurado em primeiro grau.”*
- **18.** **Enunciado 53 da ENFAM.** *“O redirecionamento da execução fiscal para o sócio-gerente prescinde do incidente de desconsideração da personalidade jurídica previsto no art. 133 do CPC/2015.”*

## 🗐 Comentários Temáticos

**19. Responsabilidade patrimonial.** É o patrimônio do devedor ou do responsável que pode ser objeto da atividade executiva do Estado (arts. 789 e 790). Significa que só o patrimônio, e não a pessoa, submete-se à execução. Inadimplida a prestação, o patrimônio do devedor e de terceiros previstos em lei *responderão* pelo seu cumprimento, mediante execução forçada.

**20. Responsabilidade patrimonial primária e secundária.** O vínculo obrigacional contém o débito e a responsabilidade, identificando-se, aí, dois tipos de responsabilidade patrimonial: a primária e a secundária. A responsabilidade primária é a que recai sobre bens do devedor obrigado (arts. 789 e 790, I, III, V e VI). Por sua vez, a responsabilidade secundária incide sobre bens de terceiro não obrigado, quando a responsabilidade se desprende da obrigação e vai sobre ele recair (art. 790, II, IV e VII). A responsabilidade secundária (de terceiros) não exclui a responsabilidade primária (do devedor principal). No processo obrigacional, ocorrido o inadimplemento, serão responsáveis o devedor principal (cuja responsabilidade é primária) e eventual terceiro previsto em lei (cuja responsabilidade é secundária).

**21. Desconsideração da personalidade jurídica.** A desconsideração é permitida nos casos em que a personalidade jurídica e patrimônio autônomo de sociedades regularmente constituídas são utilizados, de forma abusiva ou fraudulenta, pelos seus sócios, para satisfazer seus interesses ou obter vantagens particulares. Nos casos de desconsideração da personalidade jurídica, também se submetem à execução os bens do responsável (o sócio ou, se desconsideração inversa, a sociedade). A desconsideração da personalidade jurídica obrigatoriamente deverá ocorrer por incidente previsto nos arts. 133 a 137, que poderá ser instaurado em qualquer fase do processo de conhecimento, no cumprimento da sentença e na execução de título extrajudicial (art. 134). Não se deve falar em desconsideração da personalidade jurídica quando o sócio já for responsável pela dívida societária, de acordo com o regime de responsabilidade patrimonial do tipo de sociedade de que faz parte, mas se impõe a utilização, por analogia, do procedimento do incidente de desconsideração da personalidade jurídica (arts. 133 a 137) para assegurar o contraditório prévio nessas situações.

**22. Consequências.** A desconsideração não implica a invalidação ou a desconstituição da personalidade jurídica. Ao desconsiderar a personalidade jurídica, o juiz proclama, especificamente para determinado caso, a suspensão da eficácia da separação patrimonial decorrente personalidade jurídica própria da sociedade.

**23. Requisitos para a desconsideração da personalidade jurídica.** *"A desconsideração da personalidade jurídica não visa à sua anulação, mas somente objetiva desconsiderar, no caso concreto, dentro de seus limites, a pessoa jurídica, em relação às pessoas ou bens que atrás dela se escondem, com a declaração de sua ineficácia para determinados efeitos, prosseguindo, todavia, incólume para seus outros fins legítimos. 2. O CPC/2015 inovou no assunto prevendo e regulamentando procedimento próprio para a operacionalização do instituto de inquestionável relevância social e instrumental, que colabora com a recuperação de crédito, combate à fraude, fortalecendo a segurança do mercado, em razão do acréscimo de garantias aos credores, apresentando como modalidade de intervenção de terceiros (arts. 133 a 137) 3. Nos termos do novo regramento, o pedido de desconsideração não inaugura ação autônoma, mas se instaura incidentalmente, podendo ter início nas fases de conhecimento, cumprimento de sentença e executiva, opção, inclusive, há muito admitida pela jurisprudência, tendo a normatização empreendida pelo novo diploma o mérito*

*de revestir de segurança jurídica a questão. 4. Os pressupostos da desconsideração da personalidade jurídica continuam a ser estabelecidos por normas de direito material, cuidando o diploma processual tão somente da disciplina do procedimento. Assim, os requisitos da desconsideração variarão de acordo com a natureza da causa, seguindo-se, entretanto, em todos os casos, o rito procedimental proposto pelo diploma processual. 6. Nas causas em que a relação jurídica subjacente ao processo for cível-empresarial, a desconsideração da personalidade da pessoa jurídica será regulada pelo art. 50 do Código Civil, nos casos de abuso da personalidade jurídica, caracterizado pelo desvio de finalidade, ou pela confusão patrimonial. 7. A inexistência ou não localização de bens da pessoa jurídica não é condição para a instauração do procedimento que objetiva a desconsideração, por não ser sequer requisito para aquela declaração, já que imprescindível a demonstração específica da prática objetiva de desvio de finalidade ou de confusão patrimonial"* (STJ, 4ª Turma, REsp 1.729.554/SP, rel. Min. Luis Felipe Salomão, *DJe* 6.6.2018).

**24. Hipóteses.** As hipóteses de desconsideração da personalidade jurídicas estão previstas em diversas leis. É tema de direito material. O que o CPC regula é o procedimento para que se concretize a desconsideração, que consiste no chamado incidente de desconsideração da personalidade jurídica.

**25. Ausência dos requisitos do art. 50 do CC.** *"A desconsideração da personalidade jurídica é medida de caráter excepcional que somente pode ser decretada após a análise, no caso concreto, da existência de vícios que configurem abuso de direito, caracterizado por desvio de finalidade ou confusão patrimonial, requisitos que não se presumem em casos de mera insolvência"* (STJ, 4ª Turma, AgInt nos EDcl no REsp 1.699.542/MG, rel. Min. Luis Felipe Salomão, *DJe* 4.3.2022).

**26. Teoria maior.** Pela teoria maior, apenas em situações específicas seria admitida a desconsideração da personalidade jurídica. A teoria maior abrange 2 teorias: a subjetiva e a objetiva. Pela subjetiva, seria necessária, para a desconsideração, a demonstração de culpa atribuível ao sócio (fraude ou abuso, por exemplo). Em razão da teoria objetiva, a desconsideração decorreria de desvio de função da personalidade jurídica, independentemente da culpa (confusão patrimonial, por exemplo). O art. 50 do CC contemplou ambas as teorias que explicam a teoria maior: é possível desconsiderar a personalidade jurídica tanto em caso de abuso

**LIVRO III · DOS SUJEITOS DO PROCESSO** **Art. 133**

(teoria subjetiva) como em caso de confusão patrimonial (teoria objetiva).

**27. Aplicação da teoria maior.** *"Para fins de aplicação da Teoria Maior da desconsideração da personalidade jurídica (art. 50 do CC/2002), exige-se a comprovação de abuso caracterizado pelo desvio de finalidade (ato intencional dos sócios com intuito de fraudar terceiros) ou confusão patrimonial, requisitos que não se presumem mesmo em casos de dissolução irregular ou de insolvência da sociedade empresária"* (STJ, 3ª Turma, REsp 1.686.162/SP, rel. Min. Ricardo Villas Bôas Cueva, *DJe* 3.12.2019. *No mesmo sentido:* STJ, 3ª Turma, AgInt no AREsp 1.679.434/SP, rel. Min. Ricardo Villas Bôas Cueva, *DJe* 28.9.2020).

**28. Teoria menor.** De acordo com a teoria menor, a desconsideração da personalidade jurídica independe da verificação de requisitos específicos, bastando a insuficiência dos bens sociais e a solvência de qualquer um dos sócios para satisfazer a dívida. Tal teoria foi consagrada no art. 28 do CDC, no art. 4º da Lei 9.605/1998 e no art. 18, § 3º, da Lei 9.847/1999.

**29. Aplicação da teoria menor.** *"Esta Corte tem entendimento de que a teoria menor da desconsideração se justifica pela comprovação da insolvência da pessoa jurídica para o pagamento de suas obrigações, má administração da empresa ou pelo mero fato de a personalidade jurídica representar um obstáculo ao ressarcimento de prejuízos causados aos consumidores, nos termos do art. 28, § 5º, do CDC"* (STJ, 3ª Turma, AgInt no AREsp 1.825.577/RJ, rel. Min. Moura Ribeiro, *DJe* 26.8.2021).

**30. Teoria menor não atinge administrador não sócio da empresa.** *"Para fins de aplicação da Teoria Menor da desconsideração da personalidade jurídica (art. 28, § 5º, do CDC), basta que o consumidor demonstre o estado de insolvência do fornecedor ou o fato de a personalidade jurídica representar um obstáculo ao ressarcimento dos prejuízos causados. 3. A despeito de não exigir prova de abuso ou fraude para fins de aplicação da Teoria Menor da desconsideração da personalidade jurídica, tampouco de confusão patrimonial, o § 5º do art. 28 do CDC não dá margem para admitir a responsabilização pessoal de quem não integra o quadro societário da empresa, ainda que nela atue como gestor"* (STJ, 3ª Turma, REsp 1.862.557/DF, rel. Min. Ricardo Villas Bôas Cueva, *DJe* 21.6.2021).

**31. Teoria maior *versus* teoria menor.** *"A teoria maior da desconsideração, regra geral no sistema jurídico brasileiro, não pode ser aplicada com a mera demonstração de estar a pessoa jurídica insolvente para o cumprimento de suas obrigações. Exige-se, aqui, para além da prova de insolvência, ou a demonstração de desvio de finalidade (teoria subjetiva da desconsideração), ou a demonstração de confusão patrimonial (teoria objetiva da desconsideração). A teoria menor da desconsideração, acolhida em nosso ordenamento jurídico excepcionalmente no Direito do Consumidor e no Direito Ambiental, incide com a mera prova de insolvência da pessoa jurídica para o pagamento de suas obrigações, independentemente da existência de desvio de finalidade ou de confusão patrimonial. Para a teoria menor, o risco empresarial normal às atividades econômicas não pode ser suportado pelo terceiro que contratou com a pessoa jurídica, mas pelos sócios e/ou administradores desta, ainda que estes demonstrem conduta administrativa proba, isto é, mesmo que não exista qualquer prova capaz de identificar conduta culposa ou dolosa por parte dos sócios e/ou administradores da pessoa jurídica. – A aplicação da teoria menor da desconsideração às relações de consumo está calcada na exegese autônoma do § 5º do art. 28, do CDC, porquanto a incidência desse dispositivo não se subordina à demonstração dos requisitos previstos no* caput *do artigo indicado, mas apenas à prova de causar, a mera existência da pessoa jurídica, obstáculo ao ressarcimento de prejuízos causados aos consumidores"* (STJ, REsp 279.273/SP, rel. p/ ac. Min. Nancy Andrighi, *DJ* 29.3.2004, p. 230).

**32. Teoria maior como regra geral e excepcionalidade da teoria menor.** *"A mudança de endereço da empresa executada associada à inexistência de bens capazes de satisfazer o crédito pleiteado pelo exequente não constituem motivos suficientes para a desconsideração da sua personalidade jurídica. A regra geral adotada no ordenamento jurídico brasileiro é aquela prevista no art. 50 do CC/2002, que consagra a Teoria Maior da Desconsideração, tanto na sua vertente subjetiva quanto na objetiva. Salvo em situações excepcionais previstas em leis especiais, somente é possível a desconsideração da personalidade jurídica quando verificado o desvio de finalidade (Teoria Maior Subjetiva da Desconsideração), caracterizado pelo ato intencional dos sócios de fraudar terceiros com o uso abusivo da personalidade jurídica, ou quando evidenciada a confusão patrimonial (Teoria Maior Objetiva da Desconsideração), demonstrada pela inexistência, no campo dos fatos, de separação entre o patrimônio da pessoa jurídica e os de seus sócios"* (STJ, 3ª Turma, REsp 970.635/SP, rel. Min. Nancy Andrighi, *DJe* 1º.12.2009).

**33. Teoria menor e ausência de responsabilidade do administrador não sócio.** *"Para fins de aplicação da Teoria Menor da desconsideração da personalidade jurídica (art. 28, § 5º, do CDC), basta que o consumidor demonstre o estado de insolvência do fornecedor ou o fato de a personalidade jurídica representar um obstáculo ao ressarcimento dos prejuízos causados. 3. A despeito de não exigir prova de abuso ou fraude para fins de aplicação da Teoria Menor da desconsideração da personalidade jurídica, tampouco de confusão patrimonial, o § 5º do art. 28 do CDC não dá margem para admitir a responsabilização pessoal de quem não integra o quadro societário da empresa, ainda que nela atue como gestor"* (STJ, 3ª Turma, REsp 1.862.557/DF, rel. Min. Ricardo Villas Bôas Cueva, *DJe* 21.6.2021).

**34. Confusão patrimonial.** A confusão patrimonial, por ser um estado de promiscuidade patrimonial, causa a subutilização ou a falta de utilização dos ativos da empresa em sua atividade produtiva. A confusão patrimonial provoca o desvio de bens de sua função produtiva, causando prejuízos aos credores, que deixam de contar com a presença de bens suficientes à garantia de seus créditos. A personalidade jurídica é técnica de separação patrimonial, que existe em razão do direito de garantia dos terceiros, mas também técnica que garante a função de produção. Por isso, os credores possuem a legítima expectativa de que a empresa empregue seus ativos apenas no exercício do seu objeto. A separação do patrimônio deve ser efetiva e reconhecível externamente, além de documentada em livros contábeis próprios da pessoa jurídica. As transferências patrimoniais devem ser feitas formalmente, de acordo com as normas previstas para isso. A liquidação e a extinção das sociedades devem ser regulares, atendendo às previsões normativas. O desvirtuamento da estrutura societária pode configurar confusão patrimonial. Normalmente, a confusão patrimonial é situação de fato que autoriza a desconsideração da personalidade jurídica. Se houver promiscuidade patrimonial que desvie o atendimento à finalidade da empresa e cause prejuízo a credores, é possível que se desconsidere a personalidade jurídica, afastando-se a autonomia patrimonial e responsabilizando os sócios por dívidas da sociedade ou a sociedade por dívidas do sócio ou, em casos de grupos econômicos, uma sociedade por dívidas de outra integrante do mesmo grupo. A desconsideração da personalidade jurídica depende da verificação do dano (insuficiência patrimonial) e do abuso da personalidade jurídica (numa das suas possíveis vertentes: desvio

de finalidade, confusão patrimonial, dissolução irregular, subcapitalização e fraude).

**35. Confusão patrimonial *versus* confusão de esferas.** É fundamental diferenciar a *(i)* confusão patrimonial da *(ii)* confusão de esferas, pois são institutos essencialmente distintos, que irradiam efeitos jurídicos igualmente diferentes. A confusão patrimonial é descrita como o estado de promiscuidade existente entre os patrimônios de duas pessoas, hipótese em que os seus patrimônios aparecem confundidos ou misturados (CC, art. 50, § 2º). A confusão patrimonial é, então, a *antítese* da separação patrimonial. Por sua vez, a confusão de esferas não pressupõe a promiscuidade patrimonial, mas a impossibilidade de reconhecer se um determinado ato é imputável a uma pessoa ou a outra. É o caso de sociedades com nomes praticamente idênticos, da coincidência de administradores, da verificação de sedes sociais no mesmo endereço, entre outras circunstâncias que geram uma situação de aparência, propensa a criar confiança nos terceiros, mas contrária à realidade.

**36. Desconsideração da personalidade jurídica *versus* teria da aparência.** Contrariamente à confusão patrimonial, a confusão de esferas não pressupõe a promiscuidade patrimonial, mas a impossibilidade de reconhecer se determinado ato é imputável a uma pessoa ou a outra. Enquanto a confusão patrimonial está ligada à *mistura efetiva dos patrimônios*, a confusão de esferas está ligada a uma *situação de aparência*. A confusão de esferas pode ser combatida com a teoria da aparência e responsabilidade civil pelo dano causado, diferentemente do que se dá no caso de confusão patrimonial, que se combate com a desconsideração da personalidade jurídica.

**37. Incidente de desconsideração da personalidade jurídica.** A desconsideração da personalidade jurídica deve ser realizada no incidente instaurado especificamente com essa finalidade.

**38. Natureza jurídica.** O IDPJ é uma intervenção de terceiro *provocada*. É uma forma de intervenção de terceiros que, uma vez instaurada, gera a formação de um *cúmulo* de demandas no *mesmo* processo: de um lado, a demanda havida entre o credor e a sociedade; de outro lado, a demanda existente entre aquele mesmo credor e o sócio (no caso da desconsideração inversa, há uma inversão: de um lado, uma demanda entre o credor e o sócio e, de outro lado, uma demanda entre o credor e a sociedade). O IDPJ é uma demanda incidente, pois, em razão dela, não se forma um novo processo. É uma demanda em processo já existente. Instaurado o IDPJ, surge uma ampliação objetiva do processo, passando a haver nele duas demandas: *(a)* a principal ou originária e *(b)* a incidental (que é o IDPJ).

**39. Legitimidade para instauração do incidente.** O credor é o legitimado ativo para o IDPJ. Além de legitimidade, ele tem igualmente interesse de agir. Qualquer outra parte do processo que tenha interesse jurídico na desconsideração pode também requerer a instauração do IDPJ.

**40. Legitimidade do Ministério Público.** Quando atua como parte, o Ministério Público tem, evidentemente, legitimidade para requerer a instauração do IDPJ. Também quando atua como fiscal da ordem jurídica, o Ministério tem legitimidade para requerer a instauração do IDPJ.

**41. Desconsideração incidental no processo falimentar.** *"Conforme orientação jurisprudencial consolidada, uma vez verificada a ocorrência de fraude e confusão patrimonial entre a falida e outras empresas, é possível a desconsideração das personalidades jurídicas incidentalmente no processo falimentar, independentemente de ação própria (anulatória ou revocatória), inclusive com o objetivo de arrecadar bens das sociedades empresariais envolvidas na fraude reconhecida pelas instâncias ordinárias. Precedentes. 5. A desconsideração da personalidade jurídica, quando preenchidos os seus requisitos, pode ser requerida a qualquer tempo, não se submetendo, à míngua de previsão legal, a prazos decadenciais ou prescricionais"* (STJ, 3ª Turma, REsp 1.686.123/SC, rel. Min. Ricardo Villas Bôas Cueva, *DJe* 31.3.2022).

**42. Instauração de ofício.** O juiz não pode instaurar o IDPJ de ofício, sendo necessário o requerimento da parte interessada.

**43. Processo do trabalho.** A execução trabalhista é promovida pelas partes, mas se permite sua instauração de ofício pelo juiz nos casos em que as partes não estiveram representadas por advogado (CLT, art. 878). Por causa disso, admite-se a instauração do IDPJ de ofício pelo juiz trabalhista (IN TST 39/2016, art. 6º).

**44. Incidente de desconsideração da personalidade jurídica na execução fiscal.** *"A instauração do incidente de desconsideração da personalidade jurídica – IDPJ, em sede de execução fiscal, para a cobrança de crédito tributário, revela-se excepcionalmente cabível diante da: (i) relação de complementariedade entre a LEF e o CPC/2015, e não de especialidade excludente; e (ii) previsão expressa do art. 134 do CPC quanto ao cabimento do incidente nas execuções fundadas em títulos executivos extrajudiciais. III – O IDPJ mostra-se viável quando uma das partes na ação executiva pretende que o crédito seja cobrado de quem não figure na CDA e não exista demonstração efetiva da responsabilidade tributária em sentido estrito, assim entendida aquela fundada nos arts. 134 e 135 do CTN"* (STJ, 1ª Turma, AgInt no REsp 1.963.566/SP, rel. Min. Regina Helena Costa, *DJe* 17.2.2022).

**45. Desnecessidade do incidente na execução fiscal.** *"Na forma da jurisprudência, 'há verdadeira incompatibilidade entre a instauração do incidente de desconsideração da personalidade jurídica e o regime jurídico da execução fiscal, considerando que deve ser afastada a aplicação da lei geral – Código de Processo Civil –, considerando que o regime jurídico da lei especial – Lei de Execução Fiscal –, não comporta a apresentação de defesa sem prévia garantia do juízo, nem a automática suspensão do processo, conforme a previsão do art. 134, § 3º, do CPC/2015'"* (STJ, 2ª Turma, AgInt nos EDcl no REsp 1.861.880/SE, rel. Min. Og Fernandes, *DJe* 19.4.2021).

**46. Desconsideração inversa.** A desconsideração inversa ou invertida destina-se a responsabilizar a sociedade pelas dívidas contraídas por seus sócios, tendo como requisito o abuso da personalidade jurídica, caracterizado pelo desvio de finalidade ou pela confusão patrimonial (teoria maior). Tal desconsideração deve ser feita também pelo procedimento do IDPJ.

**47. Possibilidade de desconsideração inversa.** *"A desconsideração inversa da personalidade jurídica caracteriza-se pelo afastamento da autonomia patrimonial da sociedade para, contrariamente do que ocorre na desconsideração da personalidade propriamente dita, atingir o ente coletivo e seu patrimônio social, de modo a responsabilizar a pessoa jurídica por obrigações do sócio controlador. 4. É possível a desconsideração inversa da personalidade jurídica sempre que o cônjuge ou companheiro empresário valer-se de pessoa jurídica por ele controlada, ou de interposta pessoa física, a fim de subtrair do outro cônjuge ou companheiro direitos oriundos da sociedade afetiva"* (STJ, 3ª Turma, REsp 1.236.916/RS, rel. Min. Nancy Andrighi, *DJe* 28.10.2013).

**48. Descabimento de honorários de sucumbência.** *"Não é cabível a condenação em honorários advocatícios em incidente processual, ressalvados os casos excepcionais. Precedentes. 2. Tratando-se de incidente de desconsideração da personalidade jurídica, o descabimento da condenação nos ônus sucumbenciais decorre da ausência de previsão legal excepcional, sendo irrelevante se apurar quem deu causa ou foi sucumbente no julgamento final do incidente"* (STJ, 3ª Turma,

REsp 1.845.536/SC, rel. p/ ac. Min. Marco Aurélio Bellizze, *DJe* 9.6.2020).

**49. Indeferimento de IDPJ e honorários de sucumbência.** *"O fator determinante para a condenação ao pagamento de honorários advocatícios não pode ser estabelecido a partir de critérios meramente procedimentais, devendo ser observado o êxito obtido pelo advogado mediante o trabalho desenvolvido. 2. O CPC de 2015 superou o dogma da unicidade de julgamento, prevendo expressamente as decisões de resolução parcial do mérito, sendo consequência natural a fixação de honorários de sucumbência. 3. Apesar da denominação utilizada pelo legislador, o procedimento de desconsideração da personalidade jurídica tem natureza jurídica de demanda incidental, com partes, causa de pedir e pedido. 4. O indeferimento do pedido de desconsideração da personalidade jurídica, tendo como resultado a não inclusão do sócio (ou da empresa) no polo passivo da lide, dá ensejo à fixação de verba honorária em favor do advogado de quem foi indevidamente chamado a litigar em juízo"* (STJ, 3ª Turma, REsp 1.925.959/SP, rel. p/ ac. Min. Ricardo Villas Bôas Cueva, *DJe* 22.9.2023).

**50. Necessidade de IDPJ para desconsideração da personalidade de EIRELI.** *"Na hipótese de indícios de abuso da autonomia patrimonial, a personalidade jurídica da EIRELI pode ser desconsiderada, de modo a atingir os bens particulares do empresário individual para a satisfação de dívidas contraídas pela pessoa jurídica. Também se admite a desconsideração da personalidade jurídica de maneira inversa, quando se constatar a utilização abusiva, pelo empresário individual, da blindagem patrimonial conferida à EIRELI, como forma de ocultar seus bens pessoais. 7. Em uma ou em outra situação, todavia, é imprescindível a instauração do incidente de desconsideração da personalidade jurídica de que tratam os arts. 133 e seguintes do CPC/2015, de modo a permitir a inclusão do novo sujeito no processo – o empresário individual ou a EIRELI –, atingido em seu patrimônio em decorrência da medida"* (STJ, 3ª Turma, REsp 1.874.256/SP, rel. Min. Nancy Andrighi, *DJe* 19.8.2021).

**51. Desconsideração da personalidade jurídica e direito intertemporal.** *"A aplicação do incidente da desconsideração da personalidade jurídica, nos termos previstos no art. 133 do CPC/2015, não é exigível ao presente caso, pois a decisão que procedeu à desconsideração da executada originária foi proferida em meados de 2014, isto é, enquanto vigente o CPC/1973"* (STJ, 3ª Turma, REsp 1.954.015/PE, rel. Min. Nancy Andrighi, *DJe* 03.11.2021).

**52. Desconsideração da personalidade jurídica não atinge herdeiro de sócio minoritário que não participou de fraude.** *"A desconsideração da personalidade jurídica, em regra, deve atingir somente os sócios administradores ou que comprovadamente contribuíram para a prática dos atos caracterizadores do abuso da personalidade jurídica. 5. No caso dos autos, deve ser afastada a responsabilidade da herdeira do sócio minoritário, sem poderes de administração, que não contribuiu para a prática dos atos fraudulentos"* (STJ, 3ª Turma, REsp 1.861.306/SP, rel. Min. Ricardo Villas Bôas Cueva, *DJe* 8.2.2021).

**53. Sem prova de culpa, desconsideração não atinge membro de conselho fiscal.** *"Para fins de aplicação da Teoria Menor da desconsideração da personalidade jurídica (art. 28, § 5º, do CDC), basta que o consumidor demonstre o estado de insolvência do fornecedor ou o fato de a personalidade jurídica representar um obstáculo ao ressarcimento dos prejuízos causados. 2. A despeito de não se exigir prova de abuso ou fraude para fins de aplicação da Teoria Menor da desconsideração da personalidade jurídica, tampouco de confusão patrimonial, o § 5º do art. 28 do CDC não dá margem para admitir a responsabilização pessoal de quem jamais atuou como gestor da empresa. 3. A desconsideração da personalidade jurídica de uma sociedade cooperativa, ainda que com fundamento no art. 28, § 5º, do CDC (Teoria Menor), não pode atingir o patrimônio pessoal de membros do Conselho Fiscal sem que que haja a mínima presença de indícios de que estes contribuíram, ao menos culposamente, e com desvio de função, para a prática de atos de administração"* (STJ, 3ª Turma, REsp 1.766.093/SP, rel. p/ ac. Min. Ricardo Villas Bôas Cueva, *DJe* 28.11.2019).

**54. O encerramento das atividades ou a dissolução, ainda que irregulares, da sociedade não são causas, por si só, para a desconsideração da personalidade jurídica.** *"A criação teórica da pessoa jurídica foi avanço que permitiu o desenvolvimento da atividade econômica, ensejando a limitação dos riscos do empreendedor ao patrimônio destacado para tal fim. Abusos no uso da personalidade jurídica justificaram, em lenta evolução jurisprudencial, posteriormente incorporada ao direito positivo brasileiro, a tipificação de hipóteses em que se autoriza o levantamento do véu da personalidade jurídica para atingir o patrimônio de sócios que dela dolosamente se prevaleceram para finalidades ilícitas. Tratando-se de regra de exceção, de restrição ao princípio da autonomia patrimonial da pessoa jurídica, a interpretação que melhor se coaduna com o art. 50* do *Código Civil é a que relega sua aplicação a casos extremos, em que a pessoa jurídica tenha sido instrumento para fins fraudulentos, configurado mediante o desvio da finalidade institucional ou a confusão patrimonial. 2. O encerramento das atividades ou dissolução, ainda que irregulares, da sociedade não são causas, por si só, para a desconsideração da personalidade jurídica, nos termos do Código Civil"* (STJ, 2ª Seção, EREsp 1.306.553/SC, rel. Min. Maria Isabel Gallotti, DJe 12.12.2014).

> **Art. 134.** O incidente de desconsideração é cabível em todas as fases do processo de conhecimento, no cumprimento de sentença e na execução fundada em título executivo extrajudicial.
>
> § 1º A instauração do incidente será imediatamente comunicada ao distribuidor para as anotações devidas.
>
> § 2º Dispensa-se a instauração do incidente se a desconsideração da personalidade jurídica for requerida na petição inicial, hipótese em que será citado o sócio ou a pessoa jurídica.
>
> § 3º A instauração do incidente suspenderá o processo, salvo na hipótese do § 2º.
>
> § 4º O requerimento deve demonstrar o preenchimento dos pressupostos legais específicos para desconsideração da personalidade jurídica.

▶ **1. Sem correspondência no CPC/1973.**

⚖ **Legislação Correlata**

**2. CPC, art. 1.062.** *"Art. 1.062. O incidente de desconsideração da personalidade jurídica aplica-se ao processo de competência dos juizados especiais."*

**3. CLT, art. 855-A.** *"Art. 855-A. Aplica-se ao processo do trabalho o incidente de desconsideração da personalidade jurídica previsto nos arts. 133 a 137 da Lei nº 13.105, de 16 de março de 2015 – Código de Processo Civil. § 1º Da decisão interlocutória que acolher ou rejeitar o incidente: I – na fase de cognição, não cabe recurso de imediato, na forma do § 1º do art. 893 desta Consolidação; II – na fase de execução, cabe agravo de petição, independentemente de garantia do juízo; III – cabe agravo interno se proferida pelo relator em incidente instaurado originariamente no tribunal. § 2º A instauração do incidente suspenderá o processo, sem prejuízo de concessão da tutela de urgência de natureza cautelar de que trata o art. 301 da Lei nº 13.105, de 16 de março de 2015 (Código de Processo Civil)."*

**4. CC, art. 50.** *"Art. 50. Em caso de abuso da personalidade jurídica, caracterizado pelo desvio de finalidade ou pela confusão patrimonial, pode o juiz, a requerimento da parte, ou do Ministério Público quando lhe couber intervir no processo, desconsiderá-la para que os efeitos de certas e determinadas relações de obrigações sejam estendidos aos bens particulares de administradores ou de sócios da pessoa jurídica beneficiados direta ou indiretamente pelo abuso. § 1º Para os fins do disposto neste artigo, desvio de finalidade é a utilização da pessoa jurídica com o propósito de lesar credores e para a prática de atos ilícitos de qualquer natureza. § 2º Entende-se por confusão patrimonial a ausência de separação de fato entre os patrimônios, caracterizada por: I – cumprimento repetitivo pela sociedade de obrigações do sócio ou do administrador ou vice-versa; II – transferência de ativos ou de passivos sem efetivas contraprestações, exceto os de valor proporcionalmente insignificante; e III – outros atos de descumprimento da autonomia patrimonial. § 3º O disposto no caput e nos §§ 1º e 2º deste artigo também se aplica à extensão das obrigações de sócios ou de administradores à pessoa jurídica. § 4º A mera existência de grupo econômico sem a presença dos requisitos de que trata o caput deste artigo não autoriza a desconsideração da personalidade da pessoa jurídica. § 5º Não constitui desvio de finalidade a mera expansão ou a alteração da finalidade original da atividade econômica específica da pessoa jurídica."*

**5. CDC, art. 28 e § 5º.** *"Art. 28. O juiz poderá desconsiderar a personalidade jurídica da sociedade quando, em detrimento do consumidor, houver abuso de direito, excesso de poder, infração da lei, fato ou ato ilícito ou violação dos estatutos ou contrato social. A desconsideração também será efetivada quando houver falência, estado de insolvência, encerramento ou inatividade da pessoa jurídica provocados por má administração. (...) § 5º Também poderá ser desconsiderada a pessoa jurídica sempre que sua personalidade for, de alguma forma, obstáculo ao ressarcimento de prejuízos causados aos consumidores."*

**6. Lei 9.605/1998, art. 4º.** *"Art. 4º Poderá ser desconsiderada a pessoa jurídica sempre que sua personalidade for obstáculo ao ressarcimento de prejuízos causados à qualidade do meio ambiente."*

**7. Lei 9.847/1999, art. 18, § 3º.** *"Art. 18. Os fornecedores e transportadores de petróleo, gás natural, seus derivados e biocombustíveis respondem solidariamente pelos vícios de qualidade e quantidade, inclusive aqueles decorrentes da disparidade com as indicações constantes do recipiente, da embalagem ou rotulagem, que os* *tornem impróprios ou inadequados ao consumo a que se destinam ou lhes diminuam o valor. (...) § 3º Poderá ser desconsiderada a personalidade jurídica da sociedade sempre que esta constituir obstáculo ao ressarcimento de prejuízos causados ao abastecimento nacional de combustíveis ou ao Sistema Nacional de Estoques de Combustíveis."*

**8. Lei 11.101/2005, art. 82-A, parágrafo único.** *"Parágrafo único. A desconsideração da personalidade jurídica da sociedade falida, para fins de responsabilização de terceiros, grupo, sócio ou administrador por obrigação desta, somente pode ser decretada pelo juízo falimentar com a observância do art. 50 da Lei nº 10.406, de 10 de janeiro de 2002 (Código Civil) e dos arts. 133, 134, 135, 136 e 137 da Lei nº 13.105, de 16 de março de 2015 (Código de Processo Civil), não aplicada a suspensão de que trata o § 3º do art. 134 da Lei nº 13.105, de 16 de março de 2015 (Código de Processo Civil)."*

## ⚖ Jurisprudência, Enunciados e Súmulas Selecionados

- **9. Enunciado 125 do FPPC.** *"Aplica-se o incidente de desconsideração da personalidade jurídica no processo falimentar."*
- **10. Enunciado 126 do FPPC.** *"No processo do trabalho, da decisão que resolve o incidente de desconsideração da personalidade jurídica na fase de execução cabe agravo de petição, dispensado o preparo."*
- **11. Enunciado 248 do FPPC.** *"Quando a desconsideração da personalidade jurídica for requerida na petição inicial, constitui ônus do sócio ou da pessoa jurídica, na contestação, impugnar não somente a própria desconsideração, mas também os demais pontos da causa."*
- **12. Enunciado 529 do FPPC.** *"As averbações previstas nos arts. 799, IX e 828 são aplicáveis ao cumprimento de sentença."*
- **13. Enunciado 11 da I Jornada-CJF.** *"Aplica-se o disposto nos arts. 133 a 137 do CPC às hipóteses de desconsideração indireta e expansiva da personalidade jurídica."*
- **14. Enunciado 110 da II Jornada-CJF.** *"A instauração do incidente de desconsideração da personalidade jurídica não suspenderá a tramitação do processo de execução e do cumprimento de sentença em face dos executados originários."*
- **15. Enunciado 111 da II Jornada-CJF.** *"O incidente de desconsideração da personalidade jurídica pode ser aplicado ao processo falimentar."*

- **16. Enunciado 66 do FNPP.** *"O incidente de desconsideração da personalidade jurídica previsto no CPC é incompatível com o rito da execução fiscal."*

## ▣ Comentários Temáticos

**17. Requisitos.** A parte ou o Ministério Público, ao requerer a instauração do IDPJ, deve indicar, precisamente, a hipótese concreta e os requisitos legais para a desconsideração. Não se deve admitir um pedido genérico, sem a demonstração específica dos requisitos necessários e suficiente para a desconsideração da personalidade jurídica.

**18. Formulação na petição inicial.** O autor da ação pode, em sua petição inicial, já requerer a desconsideração da personalidade jurídica, requerendo a citação da sociedade e do sócio. Nesse caso, não haverá suspensão do processo (art. 134, § 3º), nem instauração do IDPJ.

**19. Litisconsórcio eventual.** O requerimento de desconsideração da personalidade jurídica na petição inicial configura uma cumulação eventual de pedidos, acarretando a formação de um litisconsórcio igualmente eventual. O primeiro pedido pode ser dirigido contra um réu. Não sendo possível acolhê-lo, deverá, então, ser examinado um segundo, formulado contra outro réu. É exatamente o que ocorre quando se formula um pedido condenatório contra um réu e um de desconsideração da personalidade jurídica contra outro (art. 134, § 2º).

**20. Competência.** O IDPJ deve ser instaurado perante o mesmo juízo da causa principal. Apenas em casos de competência originária do tribunal, o incidente pode ser proposto diretamente na própria corte (art. 61) para decisão do relator (art. 932, VI). Se o juiz já proferiu sentença e o processo encontra-se no tribunal para julgamento da apelação, o IDPJ deve ser instaurado no primeiro grau, perante o mesmo juízo que julgou o pedido principal.

**21. Momento.** O IDPJ pode ser proposto em qualquer momento do processo, seja na fase de conhecimento, seja na fase de cumprimento da sentença.

**22. Execução.** O IDPJ pode ser instaurado em qualquer momento do processo de execução fundada em título extrajudicial.

**23. Admissão.** Ao examinar o requerimento de IDPJ, o juiz deve admiti-lo ou não. Se verificar que é a pretensão é manifestamente incabível, já deve inadmitir o incidente desde logo.

**LIVRO III · DOS SUJEITOS DO PROCESSO** **Art. 136**

**24. Recurso.** Da decisão que admite ou inadmite o IDPJ, cabe agravo de instrumento (art. 1.015, IX).

**25. Suspensão do processo.** A instauração do IDPJ suspende o processo (art. 134, § 3º). Tal previsão deve ser interpretada restritivamente, devendo ser promovida uma interpretação conforme o devido processo legal, a eficiência e a duração razoável do processo. O IDPJ não deve provocar a suspensão integral do processo. Na fase de conhecimento, a suspensão deve alcançar apenas os potenciais atingidos com a eventual desconsideração, prosseguindo contra os réus originários. Aliás, é recomendável, até para se garantir maior eficiência, que a atividade probatória seja conjunta, não sendo alcançada pela suspensão do processo. No cumprimento de sentença e no processo de execução, a suspensão deve alcançar apenas os atos executivos contra o terceiro interveniente, devendo o procedimento prosseguir em relação aos executados originários, inclusive com a prática de atos constritivos.

**26. Desnecessidade de autuação própria.** O IDPJ não exige autuação própria. Sempre que a autuação própria ou o apensamento é necessário, o CPC assim o exige. E assim o faz nos seus arts. 146, § 1º, 509, § 1º, 512, 531, § 1º, 553, 623, parágrafo único, 642, § 1º, 676, 691, 702, § 7º, 828, § 5º, 914, § 1º. No caso do IDPJ, não há exigência de autuação em apartado ou em apenso. Logo, não se deve fazer essa exigência, nem há autorização legal para que ela seja feita.

**27. Comunicação ao distribuidor.** O incidente é instaurado nos próprios autos do processo em curso, sendo apenas sua instauração comunicada imediatamente ao distribuidor para as anotações devidas. Tal comunicado deve ser feito desde logo, não se aguardando a admissão do incidente pelo juiz.

**28. Situações de urgência.** É possível, no IDPJ, a concessão de tutela provisória, de natureza cautelar ou satisfativa, de urgência ou de evidência. Assim, admite-se, por exemplo, a constrição cautelar de bens do terceiro, enquanto pende de análise o IDPJ, se houver risco concreto de esvaziamento patrimonial, a frustrar e a tornar inútil ou inefetivo o resultado final do julgamento do IDPJ.

---

**Art. 135.** Instaurado o incidente, o sócio ou a pessoa jurídica será citado para manifestar-se e requerer as provas cabíveis no prazo de 15 (quinze) dias.

▶ **1. Sem correspondência no CPC/1973.**

---

⚖ **JURISPRUDÊNCIA, ENUNCIADOS E SÚMULAS SELECIONADOS**

- **2. Enunciado 11 da I Jornada-CJF.** *"Aplica-se o disposto nos arts. 133 a 137 do CPC às hipóteses de desconsideração indireta e expansiva da personalidade jurídica."*
- **3. Enunciado 67 do FNPP.** *"Em execução fiscal, os embargos do devedor são a via adequada à defesa do executado incluído em litisconsórcio passivo ulterior, em razão de corresponsabilização."*
- **4. Enunciado 52 da ENFAM.** *"A citação a que se refere o art. 792, § 3º, do CPC/2015 (fraude à execução) é a do executado originário, e não aquela prevista para o incidente de desconsideração da personalidade jurídica (art. 135 do CPC/2015)."*

📖 **COMENTÁRIOS TEMÁTICOS**

**5. Contraditório.** O IDPJ é uma importante intervenção de terceiros, pois viabiliza o contraditório para o sócio (ou para a sociedade, no caso da desconsideração inversa) que é demandado pela parte que pretende responsabilizá-lo.

**6. Citação.** O terceiro será citado para defender-se no IDPJ e requerer a produção de provas.

**7. Defesa.** A defesa do sócio ou da pessoa jurídica deve ser apresentada no prazo de 15 dias, podendo demonstrar tanto a ausência dos requisitos para a desconsideração como reforçar a defesa do réu e atacar a pretensão originária do autor. Em outras palavras, a defesa pode impugnar a demanda incidental de desconsideração e, bem assim, a demanda principal proposta contra o réu originário.

**8. Embargos de terceiro.** Se for desconsiderada a personalidade jurídica sem instauração do IDPJ, cabem embargos de terceiro (art. 674, § 2º, III). Assim, se o terceiro sofre constrição patrimonial sem que tenha havido IDPJ, poderá promover os referidos embargos, a fim de afastar a constrição.

**9. Saneamento e organização do processo.** Se forem necessárias provas além das documentais já produzidas, o juiz deve sanear e organizar o processo antes de determinar sua produção (art. 357).

---

**Art. 136.** Concluída a instrução, se necessária, o incidente será resolvido por decisão interlocutória.

Parágrafo único. Se a decisão for proferida pelo relator, cabe agravo interno.

▶ **1. Sem correspondência no CPC/1973.**

---

277

## Art. 137

**CÓDIGO DE PROCESSO CIVIL COMENTADO – *Leonardo Carneiro da Cunha***

### ⚖ Jurisprudência, Enunciados e Súmulas Selecionados

- **2. Enunciado 390 do FPPC.** *"Resolvida a desconsideração da personalidade jurídica na sentença, caberá apelação."*
- **3. Enunciado 11 da I Jornada-CJF.** *"Aplica-se o disposto nos arts. 133 a 137 do CPC às hipóteses de desconsideração indireta e expansiva da personalidade jurídica."*
- **4. Enunciado 168 da III Jornada-CJF.** *"Salvo nos casos de competência originária dos tribunais, o incidente de desconsideração da personalidade jurídica deve ser instaurado em primeiro grau."*

### 🗎 Comentários Temáticos

**5. Conclusão da instrução.** Produzidas as provas relativas ao pedido de desconsideração, o juiz já julga o incidente, por meio de uma decisão interlocutória.

**6. Julgamento antecipado do mérito.** O IDPJ pode ser julgado sem necessidade de instrução probatória. A prova documental pode ser suficiente ou a matéria de fato pode ser incontroversa; pode, enfim, haver julgamento antecipado do mérito no IDPJ (art. 355).

**7. Extinção sem resolução do mérito.** O IDPJ pode ser extinto sem resolução do mérito, quando estiver presente qualquer das hipóteses do art. 485. A parte que requereu sua instauração pode não ter legitimidade ou interesse, pode ter desistido, pode haver litispendência, enfim, por qualquer das hipóteses do art. 485, é possível extinguir o IDPJ.

**8. Decisão interlocutória.** O juiz profere decisão interlocutória quando julga o IDPJ antes da demanda principal.

**9. Sentença.** Se o pedido de desconsideração da personalidade jurídica for julgado juntamente com o pedido principal, tem-se uma sentença.

**10. Recurso.** Julgado o IDPJ por decisão interlocutória, cabe agravo de instrumento (art. 1.015, IV). Julgado por sentença, cabe apelação (art. 1.009).

**11. Decisão de relator.** Se o IDPJ for processado originariamente num tribunal, será julgado pelo relator (art. 932, VI), cabendo agravo interno de sua decisão (art. 1.021).

---

**Art. 137.** Acolhido o pedido de desconsideração, a alienação ou a oneração de bens, havida em fraude de execução, será ineficaz em relação ao requerente.

▸ **1. Sem correspondência no CPC/1973.**

### 🗎 Legislação Correlata

**2. CTN, art. 185.** *"Art. 185. Presume-se fraudulenta a alienação ou oneração de bens ou rendas, ou seu começo, por sujeito passivo em débito para com a Fazenda Pública, por crédito tributário regularmente inscrito como dívida ativa. Parágrafo único. O disposto neste artigo não se aplica na hipótese de terem sido reservados, pelo devedor, bens ou rendas suficientes ao total pagamento da dívida inscrita."*

### ⚖ Jurisprudência, Enunciados e Súmulas Selecionados

- **3. Enunciado 11 da I Jornada-CJF.** *"Aplica-se o disposto nos arts. 133 a 137 do CPC às hipóteses de desconsideração indireta e expansiva da personalidade jurídica."*

### 🗎 Comentários Temáticos

**4. Ônus da sucumbência.** O juiz, ao julgar o IDPJ, deve condenar o vencido no pagamento das custas e dos honorários do advogado do vencedor. Há, no IDPJ, causalidade, apta a acarretar a condenação nos ônus da sucumbência. O STJ, ao julgar o EREsp 1.366.014/SP, entendeu que o § 1º do art. 20 do CPC/1973 não permite, por ausência de previsão, a incidência de honorários de sucumbência em incidente processual. Tal precedente aplicou disposição do antigo CPC, ora revogado, não se aplicando ao IDPJ, pois este consiste numa demanda incidental, contendo causalidade. O precedente aplica-se para incidentes, como alegação de impedimento ou de suspensão, pedido de tutela provisória, e não para demandas incidentais.

**5. Causalidade.** *"O princípio da causalidade orienta que a sucumbência ficará a cargo daquele que deu causa à instauração da demanda ou do incidente"* (STJ, 4ª Turma, AgInt no AREsp 466.997/RJ, rel. Min. Maria Isabel Gallotti, *DJe* 24.10.2018).

**6. Honorários no incidente de desconsideração da personalidade jurídica.** *"Tratando-se de incidente de desconsideração da personalidade jurídica, o descabimento da condenação nos ônus sucumbenciais decorre da ausência de previsão legal excepcional, sendo irrelevante se apurar quem deu causa ou foi sucumbente no* *julgamento final do incidente"* (STJ, 3ª Turma, REsp 1.845.536/SC, rel. p/ ac. Min. Marco Aurélio Bellizze, *DJe* 9.6.2020).

**7. Indeferimento de IDPJ e honorários de sucumbência.** *"O fator determinante para a condenação ao pagamento de honorários advocatícios não pode ser estabelecido a partir de critérios meramente procedimentais, devendo ser observado o êxito obtido pelo advogado mediante o trabalho desenvolvido. 2. O CPC de 2015 superou o dogma da unicidade de julgamento, prevendo expressamente as decisões de resolução parcial do mérito, sendo consequência natural a fixação de honorários de sucumbência. 3. Apesar da denominação utilizada pelo legislador, o procedimento de desconsideração da personalidade jurídico tem natureza jurídica de demanda incidental, com partes, causa de pedir e pedido. 4. O indeferimento do pedido de desconsideração da personalidade jurídica, tendo como resultado a não inclusão do sócio (ou da empresa) no polo passivo da lide, dá ensejo à fixação de verba honorária em favor do advogado de quem foi indevidamente chamado a litigar em juízo"* (STJ, 3ª Turma, REsp 1.925.959/SP, rel. p/ ac. Min. Ricardo Villas Bôas Cueva, *DJe* 22.9.2023).

**8. Coisa julgada.** A decisão que julga o mérito do IDPJ produz coisa julgada material.

**9. Ação rescisória.** Transitada em julgado a decisão de mérito do IDPJ, é possível a propositura de ação rescisória para desfazê-la, desde que presente alguma hipótese de rescindibilidade (art. 966).

**10. Fraude à execução.** A citação induz litispendência para o réu (art. 240); para o autor já há litispendência desde a propositura da demanda (art. 312). A citação do réu deixa-o ciente da demanda proposta que o possa levar a futura execução. Por isso, a partir da citação, os atos de diminuição patrimonial que o reduzam ou possam reduzi-lo à insolvência serão considerados fraudulentos. Se, todavia, houver prova de que o devedor sabia da pendência do processo antes da sua citação, os desfalques patrimoniais anteriores a ela, mas posteriores à propositura da demanda, também deverão ser considerados fraudulentos. Essa ciência se presume, em especial, quando a execução já houver sido averbada no registro de bens (art. 828). A situação é a mesma no contexto do IDPJ: a fraude à execução se verifica a partir da citação da parte cuja personalidade se pretende desconsiderar, presumindo-se que, a partir de então, chegaria ao sócio (ou à sociedade, se a desconsideração for inversa) a informação da

pendência do processo e da potencialidade do incidente (art. 792, § 3º).

**11. Terceiros de boa-fé.** Considerar a fraude à execução desde a citação do réu originário, e não a partir da citação do terceiro no IDPJ, pode causar um grande problema sob a perspectiva da segurança jurídica. É possível que essa retroação eficacial surpreenda terceiros que eventualmente tenham negociado com o sócio depois da citação da sociedade, mas antes da decisão de processamento do pedido de desconsideração. Aliás, a anotação do nome dos sócios junto ao distribuidor só ocorrerá com a instauração do incidente (art. 134, § 1º). É preciso, então, observar a situação concreta para evitar danos a terceiros de boa-fé, que obtiveram certidões e não souberam nem foram informados de qualquer demanda, principal ou incidental, contra o sócio ou a pessoa jurídica que lhe alienara o bem.

## CAPÍTULO V
## DO *AMICUS CURIAE*

> **Art. 138.** O juiz ou o relator, considerando a relevância da matéria, a especificidade do tema objeto da demanda ou a repercussão social da controvérsia, poderá, por decisão irrecorrível, de ofício ou a requerimento das partes ou de quem pretenda manifestar-se, solicitar ou admitir a participação de pessoa natural ou jurídica, órgão ou entidade especializada, com representatividade adequada, no prazo de 15 (quinze) dias de sua intimação.
>
> § 1º A intervenção de que trata o *caput* não implica alteração de competência nem autoriza a interposição de recursos, ressalvadas a oposição de embargos de declaração e a hipótese do § 3º.
>
> § 2º Caberá ao juiz ou ao relator, na decisão que solicitar ou admitir a intervenção, definir os poderes do *amicus curiae*.
>
> § 3º O *amicus curiae* pode recorrer da decisão que julgar o incidente de resolução de demandas repetitivas.

▶ **1. Sem correspondência no CPC/1973.**

🏛 **LEGISLAÇÃO CORRELATA**

**2. Lei 6.385/1976, art. 31.** *"Art. 31. Nos processos judiciários que tenham por objetivo matéria incluída na competência da Comissão de Valores Mobiliários, será esta sempre intimada para, querendo, oferecer parecer ou prestar esclarecimentos, no prazo de quinze dias a contar da* intimação. § 1º A intimação far-se-á, logo após a contestação, por mandado ou por carta com aviso de recebimento, conforme a Comissão tenha, ou não, sede ou representação na comarca em que tenha sido proposta a ação. § 2º Se a Comissão oferecer parecer ou prestar esclarecimentos, será intimada de todos os atos processuais subsequentes, pelo jornal oficial que publica expedientes forense ou por carta com aviso de recebimento, nos termos do parágrafo anterior. § 3º A comissão é atribuída legitimidade para interpor recursos, quando as partes não o fizeram. § 4º O prazo para os efeitos do parágrafo anterior começará a correr, independentemente de nova intimação, no dia imediato àquele em que findar o das partes."

**3. Lei 9.469/1997, art. 5º.** "Art. 5º A União poderá intervir nas causas em que figurarem, como autoras ou rés, autarquias, fundações públicas, sociedades de economia mista e empresas públicas federais. Parágrafo único. As pessoas jurídicas de direito público poderão, nas causas cuja decisão possa ter reflexos, ainda que indiretos, de natureza econômica, intervir, independentemente da demonstração de interesse jurídico, para esclarecer questões de fato e de direito, podendo juntar documentos e memoriais reputados úteis ao exame da matéria e, se for o caso, recorrer, hipótese em que, para fins de deslocamento de competência, serão consideradas partes."

**4. Lei 9.868/1999, art. 7º, § 2º.** "§ 2º O relator, considerando a relevância da matéria e a representatividade dos postulantes, poderá, por despacho irrecorrível, admitir, observado o prazo fixado no parágrafo anterior, a manifestação de outros órgãos ou entidades."

**5. Lei 9.882/1999, art. 6º, § 1º.** "§ 1º Se entender necessário, poderá o relator ouvir as partes nos processos que ensejaram a arguição, requisitar informações adicionais, designar perito ou comissão de peritos para que emita parecer sobre a questão, ou ainda, fixar data para declarações, em audiência pública, de pessoas com experiência e autoridade na matéria."

**6. Lei 10.259/2001, art. 14, § 7º.** "§ 7º Se necessário, o relator pedirá informações ao Presidente da Turma Recursal ou Coordenador da Turma de Uniformização e ouvirá o Ministério Público, no prazo de cinco dias. Eventuais interessados, ainda que não sejam partes no processo, poderão se manifestar, no prazo de trinta dias."

**7. Lei 11.417/2006, art. 3, § 2º.** "§ 2º No procedimento de edição, revisão ou cancelamento de enunciado da súmula vinculante, o relator poderá admitir, por decisão irrecorrível, a manifestação de terceiros na questão, nos termos do Regimento Interno do Supremo Tribunal Federal."

**8. Lei 12.529/2011, art. 118.** "Art. 118. Nos processos judiciais em que se discuta a aplicação desta Lei, o Cade deverá ser intimado para, querendo, intervir no feito na qualidade de assistente."

**9. Dec. 10.025/2019, art. 13.** "Art. 13. A União e as entidades da administração pública federal serão representadas perante o juízo arbitral por membros dos órgãos da Advocacia-Geral da União, conforme as suas competências constitucionais e legais. § 1º As comunicações processuais dirigidas aos membros da Advocacia-Geral da União responsáveis pela representação da União ou das entidades da administração pública federal indireta deverão assegurar a sua ciência inequívoca. § 2º A União poderá intervir nas causas arbitrais de que trata este Decreto nas hipóteses previstas no art. 5º da Lei nº 9.469, de 1997."

**10. CLT, art. 896-C, § 8º.** "§ 8º O relator poderá admitir manifestação de pessoa, órgão ou entidade com interesse na controvérsia, inclusive como assistente simples, na forma da Lei nº 5.869, de 11 de janeiro de 1973 (Código de Processo Civil)."

**11. EDs na ADI 2.921.** "A jurisprudência deste Supremo Tribunal Federal consolidou-se no sentido de serem incabíveis recursos interpostos por terceiros nos processos objetivos de controle de constitucionalidade, nesses incluídos aqueles que ingressam nos autos na qualidade de amicus curiae, ou seja, colaboradores que trazem aos autos informações ou dados técnicos, se assim entender necessário o Relator. Esse entendimento está mantido após a entrada em vigor do Código de Processo Civil de 2015 cujo permissivo legal genérico do § 1º do art. 138 não tem prevalência sobre a disciplina especial da Lei n. 9.868/99."

**12. Enunciado 127 do FPPC.** "A representatividade adequada exigida do amicus curiae não pressupõe a concordância unânime daqueles a quem representa."

**13. Enunciado 128 do FPPC.** "No processo em que há intervenção do amicus curiae, a decisão deve enfrentar as alegações por ele apresentadas, nos termos do inciso IV do § 1º do art. 489."

**14. Enunciado 249 do FPPC.** "A intervenção do amicus curiae é cabível no mandado de segurança."

**15. Enunciado 250 do FPPC.** "Admite-se a intervenção do amicus curiae nas causas trabalhistas, na forma do art. 138, sempre que o juiz ou relator vislumbrar a relevância da matéria, a especificidade do tema objeto da demanda ou a

**LIVRO III · DOS SUJEITOS DO PROCESSO** **Art. 138**

*repercussão geral da controvérsia, a fim de obter uma decisão respaldada na pluralidade do debate e, portanto, mais democrática."*

**16.** **Enunciado 388 do FPPC.** *"O assistente simples pode requerer a intervenção de* amicus curiae."

**17.** **Enunciado 391 do FPPC.** *"O* amicus curiae *pode recorrer da decisão que julgar recursos repetitivos."*

**18.** **Enunciado 392 do FPPC.** *"As partes não podem estabelecer, em convenção processual, a vedação da participação do* amicus curiae."

**19.** **Enunciado 393 do FPPC.** *"É cabível a intervenção de* amicus curiae *no procedimento de edição, revisão e cancelamento de enunciados de súmula pelos tribunais."*

**20.** **Enunciado 394 do FPPC.** *"As partes podem opor embargos de declaração para corrigir vício da decisão relativo aos argumentos trazidos pelo* amicus curiae."

**21.** **Enunciado 395 do FPPC.** *"Os requisitos objetivos exigidos para a intervenção do* amicus curiae *são alternativos."*

**22.** **Enunciado 460 do FPPC.** *"O microssistema de aplicação e formação dos precedentes deverá respeitar as técnicas de ampliação do contraditório para amadurecimento da tese, como a realização de audiências públicas prévias e participação de* amicus curiae."

**23.** **Enunciado 575 do FPPC.** *"Verificada a relevância da matéria, a repercussão social da controvérsia ou a especificidade do tema objeto da demanda, o juiz poderá promover a ampla divulgação do processo, inclusive por meio dos cadastros eletrônicos dos tribunais e do Conselho Nacional de Justiça, para incentivar a participação de mais sujeitos na qualidade de* amicus curiae."

**24.** **Enunciado 619 do FPPC.** *"O processo coletivo deverá respeitar as técnicas de ampliação do contraditório, como a realização de audiências públicas, a participação de* amicus curiae *e outros meios de participação."*

**25.** **Enunciado 659 do FPPC.** *"O relator do julgamento de casos repetitivos e do incidente de assunção de competência tem o dever de zelar pelo equilíbrio do contraditório, por exemplo solicitando a participação, na condição de* amicus curiae, *de pessoas, órgãos ou entidades capazes de sustentar diferentes pontos de vista."*

**26.** **Enunciado 690 do FPPC.** *"A 'representatividade adequada' do* amicus curiae *não pressupõe legitimidade extraordinária."*

**27.** **Enunciado 12 da I Jornada-CJF.** *"É cabível a intervenção de* amicus curiae *(art. 138 do CPC) no procedimento do Mandado de Injunção (Lei n. 13.300/2016)."*

**28.** **Enunciado 82 da I Jornada-CJF.** *"Quando houver pluralidade de pedidos de admissão de* amicus curiae, *o relator deve observar, como critério para definição daqueles que serão admitidos, o equilíbrio na representatividade dos diversos interesses jurídicos contrapostos no litígio, velando, assim, pelo respeito à amplitude do contraditório, paridade de tratamento e isonomia entre todos os potencialmente atingidos pela decisão."*

**29.** **Enunciado 169 da III Jornada-CJF.** *"A Defensoria Pública pode ser admitida como* custos vulnerabilis *sempre que do julgamento puder resultar formação de precedente com impacto potencial no direito de pessoas necessitadas."*

**30.** **Enunciado 202 da III Jornada-CJF.** *"No microssistema de julgamento de causas repetitivas, o controle da legitimidade para intervenção deve ocorrer a partir da análise: a) da contribuição argumentativa; b) da representatividade dos membros do grupo; e c) do grau de interesse na controvérsia."*

**31.** **Enunciado 207 da III Jornada-CJF.** *"Nos processos em que houver intervenção de* amicus curiae, *deve-se garantir o efetivo diálogo processual e, por consequência, constar na fundamentação da decisão proferida a adequada manifestação acerca dos argumentos por ele trazidos."*

**32.** **Enunciado 55 do FNPP.** *"É cabível a sustentação oral pelas pessoas jurídicas de direito público quando intervierem na forma do art. 5º, parágrafo único, da Lei nº 9.469/97."*

**33.** **Enunciado 122 do FNPP.** *"A intervenção anômala não se confunde com a intervenção da Fazenda Pública como* amicus curiae, *pois lá se exige interesse econômico, ainda que indireto, enquanto a intervenção como* amicus curiae *exige interesse institucional."*

**34.** **Enunciado 36 da ENFAM.** *"A regra do art. 190 do CPC/2015 não autoriza às partes a celebração de negócios jurídicos processuais atípicos que afetem poderes e deveres do juiz, tais como os que: a) limitem seus poderes de instrução ou de sanção à litigância ímproba; b) subtraiam do Estado/juiz o controle da legitimidade das partes ou do ingresso de* amicus curiae; *c) introduzam novas hipóteses de recorribilidade, de rescisória ou de sustentação oral não previstas em lei; d) estipulem o julgamento do conflito com base em lei diversa da nacional vigente; e e) estabeleçam prioridade de julgamento não prevista em lei."*

281

## 📖 Comentários Temáticos

**35. Amicus curiae.** O *amicus curiae* pode ser uma pessoa natural ou jurídica, órgão ou entidade privada ou pública, que desempenha atividades relacionadas com o tema a ser examinado pelo juízo ou tribunal e que goze de representação adequada. Sua atuação tem a finalidade de apresentar argumentos, dados ou elementos que contribuam para a prolação de uma melhor decisão, permitindo ao tribunal examinar, adequadamente, todas as nuances da questão, ponderando vários pontos de vista.

**36. Neutralidade ou interesse no resultado.** O estudo relativo ao *amicus curiae* releva que se trata de um terceiro que, originariamente, sempre teve um ânimo de *neutralidade*, mas sua evolução ao longo dos tempos demonstra que aquela figura *neutra* e *imparcial* vem se transformando numa figura *interessada* e *parcial*.

**37. Interesse institucional.** O *amicus curiae* tem interesse *institucional* de contribuir com a decisão a ser proferida pelo órgão julgador, seja porque sua atividade está relacionada com o assunto a ser examinado, seja porque desenvolve estudos sobre o tema. O *amicus curiae* tem o interesse de ver aquela sua *opinião, ideologia, posição, orientação* ser acolhida pelo juiz, pois se trata de ideia estudada, pesquisada e defendida no âmbito de sua atuação institucional. O interesse do *amicus curiae* é de ver a decisão ser proferida com os *fundamentos técnicos* que lhe parecem mais apropriados, independentemente de quem seja o autor ou o réu, não lhe importando quem deva ser o vencedor.

**38. Observância do contraditório.** O *amicus curiae* tem interesse de a decisão ter determinado conteúdo. Por isso, deve-lhe ser concedida a possibilidade de participar no processo de sua formação, sendo-lhe reconhecido o direito de ser ouvido, a fim de poder influenciar o julgador e ajudá-lo na elaboração do conteúdo da decisão, contribuindo para a definição de sua *ratio decidendi*.

**39. Dever do juiz de examinar as alegações ou fundamentos apresentados pela *amicus curiae* e cabimento de embargos de declaração.** Para o *amicus curiae*, o vencedor deve ser aquela tese que coincide com sua opinião ou orientação. Por isso que, no processo em que haja intervenção do *amicus curiae*, o juiz deve examinar as alegações por ele apresentadas, sob pena de caracterizar-se omissão, a ensejar embargos de declaração a serem opostos pelo próprio *amicus* ou por qualquer uma das partes do processo.

**40. Irrecorribilidade da decisão que admite o *amicus curiae*.** É irrecorrível a decisão que admite ou defere a intervenção do *amicus curiae*.

**41. Recorribilidade da decisão que inadmite ou indefere a intervenção do *amicus curiae*.** O *amicus curiae* pode recorrer da decisão que *não* admita a sua intervenção. Isso porque o *caput* do art. 138 considera irrecorrível apenas a decisão que *admite* a sua intervenção.

**42. Recursos pelo *amicus curiae*.** O *amicus curiae* não pode, em regra, recorrer (art. 138, § 1º). Há, porém, ao menos, duas exceções: garante-se a ele o direito de opor embargos de declaração (art. 138, § 1º, *fine*) e o de recorrer da decisão que julgar o IRDR (art. 138, § 3º; arts. 976 e ss.). Em razão da existência de um microssistema de julgamento de casos repetitivos (art. 928), a permissão de interposição de recursos deve estender-se, também, ao julgamento de *recursos especiais ou extraordinários repetitivos*.

**43. Legitimidade recursal subsidiária da CVM.** A Comissão de Valores Mobiliários – CVM, quando atua no processo na qualidade de *amicus curiae*, tem legitimidade recursal. De acordo com o § 3º do art. 31 da Lei 6.385/1976, *"à comissão é atribuída legitimidade para interpor recursos, quando as partes não o fizerem"*. Trata-se de uma legitimidade recursal subsidiária.

**44. *Amicus curiae versus* intervenção anômala.** A Fazenda Pública, quando intervém com fundamento no parágrafo único do art. 5º da Lei 9.469/1997, tem atuação bem limitada, podendo apenas esclarecer questões e apresentar documentos e memoriais; pode, ainda, recorrer, quando, então, passa a poder praticar todos os atos no âmbito recursal, podendo, por isso mesmo, realizar sustentação oral no julgamento perante o tribunal. O *amicus curiae*, por sua vez, tem seus poderes estabelecidos pelo juiz (art. 138, § 2º). Na intervenção anômala, a Fazenda Pública pode interpor recurso de qualquer decisão. Já o *amicus curiae* não pode, em regra, recorrer (art. 138, § 1º), ressalvadas hipóteses específicas destacadas no item anterior. A intervenção do parágrafo único do art. 5º da Lei 9.469/1997 é *espontânea*: a Fazenda Pública comparece e requer sua admissão como interveniente. Por sua vez, o ingresso do *amicus curiae* pode ser espontâneo ou provocado. O terceiro, que pretenda atuar como *amicus*, pode comparecer espontaneamente ou sua participação pode ser solicitada pelo juiz, por uma das partes, pelo Ministério Público ou, até mesmo, por um assistente simples. A intervenção anômala serve a um interesse econômico do Poder Público, enquanto o *amicus curiae* é figura que se

LIVRO III · DOS SUJEITOS DO PROCESSO **Art. 139**

relaciona com a formação de precedentes e com o reforço do contraditório. Não há limitação quanto ao cabimento da intervenção anômala, nem quanto ao cabimento do *amicus curiae* no âmbito da Justiça do Trabalho. Tanto a intervenção da Fazenda Pública, fundada no parágrafo único do art. 5º da Lei 9.469/1997, como a intervenção do *amicus curiae* não alteram a competência do juízo.

# TÍTULO IV
## DO JUIZ E DOS AUXILIARES DA JUSTIÇA

## CAPÍTULO I
### DOS PODERES, DOS DEVERES E DA RESPONSABILIDADE DO JUIZ

**Art. 139.** O juiz dirigirá o processo conforme as disposições deste Código, incumbindo-lhe:
I – assegurar às partes igualdade de tratamento;
II – velar pela duração razoável do processo;
III – prevenir ou reprimir qualquer ato contrário à dignidade da justiça e indeferir postulações meramente protelatórias;
IV – determinar todas as medidas indutivas, coercitivas, mandamentais ou sub-rogatórias necessárias para assegurar o cumprimento de ordem judicial, inclusive nas ações que tenham por objeto prestação pecuniária;
V – promover, a qualquer tempo, a autocomposição, preferencialmente com auxílio de conciliadores e mediadores judiciais;
VI – dilatar os prazos processuais e alterar a ordem de produção dos meios de prova, adequando-os às necessidades do conflito de modo a conferir maior efetividade à tutela do direito;
VII – exercer o poder de polícia, requisitando, quando necessário, força policial, além da segurança interna dos fóruns e tribunais;
VIII – determinar, a qualquer tempo, o comparecimento pessoal das partes, para inquiri-las sobre os fatos da causa, hipótese em que não incidirá a pena de confesso;
IX – determinar o suprimento de pressupostos processuais e o saneamento de outros vícios processuais;
X – quando se deparar com diversas demandas individuais repetitivas, oficiar o Ministério Público, a Defensoria Pública e, na medida do possível, outros legitimados a que se referem o

art. 5º da Lei nº 7.347, de 24 de julho de 1985, e o art. 82 da Lei nº 8.078, de 11 de setembro de 1990, para, se for o caso, promover a propositura da ação coletiva respectiva.
Parágrafo único. A dilação de prazos prevista no inciso VI somente pode ser determinada antes de encerrado o prazo regular.

▶ **1. Correspondência no CPC/1973.** *"Art. 125. O juiz dirigirá o processo conforme as disposições deste Código, competindo-lhe: I – assegurar às partes igualdade de tratamento; II – velar pela rápida solução do litígio; III – prevenir ou reprimir qualquer ato contrário à dignidade da Justiça; IV – tentar, a qualquer tempo, conciliar as partes." "Art. 342. O juiz pode, de ofício, em qualquer estado do processo, determinar o comparecimento pessoal das partes, a fim de interrogá-las sobre os fatos da causa." "Art. 461. (...) § 5º Para a efetivação da tutela específica ou a obtenção do resultado prático equivalente, poderá o juiz, de ofício ou a requerimento, determinar as medidas necessárias, tais como a imposição de multa por tempo de atraso, busca e apreensão, remoção de pessoas e coisas, desfazimento de obras e impedimento de atividade nociva, se necessário com requisição de força policial."*

🏛 **Legislação Correlata**

**2. CF, art. 5º, LXXVIII.** *"LXXVIII – a todos, no âmbito judicial e administrativo, são assegurados a razoável duração do processo e os meios que garantam a celeridade de sua tramitação."*

**3. CDC, art. 82.** *"Art. 82. Para os fins do art. 81, parágrafo único, são legitimados concorrentemente: I – o Ministério Público, II – a União, os Estados, os Municípios e o Distrito Federal; III – as entidades e órgãos da Administração Pública, direta ou indireta, ainda que sem personalidade jurídica, especificamente destinados à defesa dos interesses e direitos protegidos por este código; IV – as associações legalmente constituídas há pelo menos um ano e que incluam entre seus fins institucionais a defesa dos interesses e direitos protegidos por este código, dispensada a autorização assemblear. § 1º. O requisito da pré-constituição pode ser dispensado pelo juiz, nas ações previstas nos arts. 91 e seguintes, quando haja manifesto interesse social evidenciado pela dimensão ou característica do dano, ou pela relevância do bem jurídico a ser protegido."*

**4. CDC, art. 84.** *"Art. 84. Na ação que tenha por objeto o cumprimento da obrigação de fazer ou não fazer, o juiz concederá a tutela específica da obrigação ou determinará providências que* asegurem o resultado prático equivalente ao do adimplemento. § 1º A conversão da obrigação em perdas e danos somente será admissível se por elas optar o autor ou se impossível a tutela específica ou a obtenção do resultado prático correspondente. § 2º A indenização por perdas e danos se fará sem prejuízo da multa (art. 287, do Código de Processo Civil). § 3º Sendo relevante o fundamento da demanda e havendo justificado receio de ineficácia do provimento final, é lícito ao juiz conceder a tutela liminarmente ou após justificação prévia, citado o réu. § 4º O juiz poderá, na hipótese do § 3º ou na sentença, impor multa diária ao réu, independentemente de pedido do autor, se for suficiente ou compatível com a obrigação, fixando prazo razoável para o cumprimento do preceito. § 5º Para a tutela específica ou para a obtenção do resultado prático equivalente, poderá o juiz determinar as medidas necessárias, tais como busca e apreensão, remoção de coisas e pessoas, desfazimento de obra, impedimento de atividade nociva, além de requisição de força policial."

**5. Lei 7.347/1985, art. 5º.** "Art. 5º Têm legitimidade para propor a ação principal e a ação cautelar: I – o Ministério Público; II – a Defensoria Pública; III – a União, os Estados, o Distrito Federal e os Municípios; IV – a autarquia, empresa pública, fundação ou sociedade de economia mista; V – a associação que, concomitantemente: a) esteja constituída há pelo menos 1 (um) ano nos termos da lei civil; b) inclua, entre suas finalidades institucionais, a proteção ao patrimônio público e social, ao meio ambiente, ao consumidor, à ordem econômica, à livre concorrência, aos direitos de grupos raciais, étnicos ou religiosos ou ao patrimônio artístico, estético, histórico, turístico e paisagístico. § 1º O Ministério Público, se não intervier no processo como parte, atuará obrigatoriamente como fiscal da lei. § 2º Fica facultado ao Poder Público e a outras associações legitimadas nos termos deste artigo habilitar-se como litisconsortes de qualquer das partes. § 3º Em caso de desistência infundada ou abandono da ação por associação legitimada, o Ministério Público ou outro legitimado assumirá a titularidade ativa. § 4º O requisito da pré-constituição poderá ser dispensado pelo juiz, quando haja manifesto interesse social evidenciado pela dimensão ou característica do dano, ou pela relevância do bem jurídico a ser protegido. § 5º Admitir-se-á o litisconsórcio facultativo entre os Ministérios Públicos da União, do Distrito Federal e dos Estados na defesa dos interesses e direitos de que cuida esta lei. § 6º Os órgãos públicos legitimados poderão tomar dos interessados compromisso de ajustamento de sua conduta às exigências legais,

mediante cominações, que terá eficácia de título executivo extrajudicial."

**6. Lei 7.347/1985, art. 7º.** "Art. 7º Se, no exercício de suas funções, os juízes e tribunais tiverem conhecimento de fatos que possam ensejar a propositura da ação civil, remeterão peças ao Ministério Público para as providências cabíveis."

**7. LOMAN, art. 35.** "Art. 35. São deveres do magistrado: I – Cumprir e fazer cumprir, com independência, serenidade e exatidão, as disposições legais e os atos de ofício; II – não exceder injustificadamente os prazos para sentenciar ou despachar; III – determinar as providências necessárias para que os atos processuais se realizem nos prazos legais; IV – tratar com urbanidade as partes, os membros do Ministério Público, os advogados, as testemunhas, os funcionários e auxiliares da Justiça, e atender aos que o procurarem, a qualquer momento, quanto se trate de providência que reclame e possibilite solução de urgência. V – residir na sede da Comarca salvo autorização do órgão disciplinar a que estiver subordinado; VI – comparecer pontualmente à hora de iniciar-se o expediente ou a sessão, e não se ausentar injustificadamente antes de seu término; VII – exercer assídua fiscalização sobre os subordinados, especialmente no que se refere à cobrança de custas e emolumentos, embora não haja reclamação das partes; VIII – manter conduta irrepreensível na vida pública e particular."

**8. Lei 12.529/2011, art. 102.** "Art. 102. O Juiz decretará a intervenção na empresa quando necessária para permitir a execução específica, nomeando o interventor. Parágrafo único. A decisão que determinar a intervenção deverá ser fundamentada e indicará, clara e precisamente, as providências a serem tomadas pelo interventor nomeado."

**9. ADI 5.941.** "A aplicação concreta das medidas atípicas previstas no artigo 139, inciso IV, do CPC, é válida, desde que não avance sobre direitos fundamentais e observe os princípios da proporcionalidade e razoabilidade."

**10. Tema/Repetitivo 1.026 do STJ.** "O art. 782, § 3º do CPC é aplicável às execuções fiscais, devendo o magistrado deferir o requerimento de inclusão do nome do executado em cadastros de inadimplentes, preferencialmente pelo sistema SERASAJUD, independentemente do esgotamento prévio de outras medidas executivas, salvo se vislumbrar alguma dúvida razoável à existência do direito ao crédito previsto na Certidão de Dívida Ativa – CDA."

**11. Enunciado 12 do FPPC.** "A aplicação das medidas atípicas sub-rogatórias e coercitivas

**LIVRO III ·** DOS SUJEITOS DO PROCESSO    **Art. 139**

*é cabível em qualquer obrigação no cumprimento de sentença ou execução de título executivo extrajudicial. Essas medidas, contudo, serão aplicadas de forma subsidiária às medidas tipificadas, com observação do contraditório, ainda que diferido, e por meio de decisão à luz do art. 489, § 1º, I e II."*

**12.** **Enunciado 107 do FPPC.** *"O juiz pode, de ofício, dilatar o prazo para a parte se manifestar sobre a prova documental produzida."*

**13.** **Enunciado 116 do FPPC.** *"Quando a formação do litisconsórcio multitudinário for prejudicial à defesa, o juiz poderá substituir a sua limitação pela ampliação de prazos, sem prejuízo da possibilidade de desmembramento na fase de cumprimento de sentença."*

**14.** **Enunciado 129 do FPPC.** *"A autorização legal para ampliação de prazos pelo juiz não se presta a afastar preclusão temporal já consumada."*

**15.** **Enunciado 139 do FPPC.** *"No processo do trabalho, é requisito da petição inicial a indicação do endereço, eletrônico ou não, do advogado, cabendo-lhe atualizá-lo, sempre que houver mudança, sob pena de se considerar válida a intimação encaminhada para o endereço informado nos autos."*

**16.** **Enunciado 179 do FPPC.** *"O prazo de cinco dias para prestar caução pode ser dilatado, nos termos do art. 139, inciso VI."*

**17.** **Enunciado 251 do FPPC.** *"O inciso VI do art. 139 do CPC aplica-se ao processo de improbidade administrativa."*

**18.** **Enunciado 396 do FPPC.** *"As medidas do inciso IV do art. 139 podem ser determinadas de ofício, observado o art. 8º."*

**19.** **Enunciado 444 do FPPC.** *"Para o processo de execução de título extrajudicial de obrigação de não fazer, não é necessário propor a ação de conhecimento para que o juiz possa aplicar as normas decorrentes dos arts. 536 e 537."*

**20.** **Enunciado 485 do FPPC.** *"É cabível conciliação ou mediação no processo de execução, no cumprimento de sentença e na liquidação de sentença, em que será admissível a apresentação de plano de cumprimento da prestação."*

**21.** **Enunciado 525 do FPPC.** *"A produção do resultado prático equivalente pode ser determinada por decisão proferida na fase de conhecimento."*

**22.** **Enunciado 581 do FPPC.** *"O poder de dilação do prazo, previsto no inciso VI do art. 139 e no inciso I do § 1º do art. 303, abrange a fixação do termo final para aditar o pedido inicial posteriormente ao prazo para recorrer da tutela antecipada antecedente."*

**23.** **Enunciado 618 do FPPC.** *"A conciliação e a mediação são compatíveis com o processo de recuperação judicial."*

**24.** **Enunciado 645 do FPPC.** *"Ao relator se conferem os poderes e os deveres do art. 139."*

**25.** **Enunciado 658 do FPPC.** *"O dever de comunicação previsto no inciso X do art. 139 não impede nem condiciona que o juiz suscite a instauração de incidente de resolução de demandas repetitivas nos termos do inciso I do art. 977."*

**26.** **Enunciado 666 do FPPC.** *"O processo coletivo não deve ser extinto por falta de legitimidade quando um legitimado adequado assumir o polo ativo ou passivo da demanda."*

**27.** **Enunciado 673 do FPPC.** *"A presença do ente público em juízo não impede, por si, a designação da audiência do art. 334."*

**28.** **Enunciado 734 do FPPC.** *"As medidas atípicas do art. 139, IV, CPC, aplicam-se à pretensão ressarcitória no processo da ação de improbidade administrativa."*

**29.** **Enunciado 735 do FPPC.** *"O inciso IV do art. 139 do CPC é aplicável aos processos recuperacionais e falimentares."*

**30.** **Enunciado 736 do FPPC.** *"É admissível negócio jurídico entre credor e devedor para estabelecer a aplicação prioritária de medidas atípicas."*

**31.** **Enunciado 755 do FPPC.** *"É cabível a produção de prova no controle concentrado de constitucionalidade."*

**32.** **Enunciado 13 da I Jornada-CJF.** *"O art. 139, VI, do CPC autoriza o deslocamento para o futuro do termo inicial do prazo."*

**33.** **Enunciado 162 da III Jornada-CJF.** *"São cabíveis medidas indutivas, coercitivas e mandamentais visando a compelir o devedor a transferir criptoativos ou saldos em criptoativos que lhe pertençam para endereço público que venha a ser indicado por ordem judicial."*

**34.** **Enunciado 223 da III Jornada-CJF.** *"A ampla divulgação prevista no art. 94 do CDC, além de realizada por publicação de edital no órgão oficial, pode também se valer de diferentes meios e canais de comunicação, conforme as peculiaridades do caso concreto."*

**35.** **Enunciado 233 da III Jornada-CJF.** *"No processo estrutural, o papel do juiz não se limita a proferir decisões impositivas, mas também a diagnosticar o problema estrutural a partir da complexidade da situação que gerou a demanda e identificar as possibilidades jurídicas de atuação do Poder Judiciário para contribuir para um projeto de reestruturação."*

285

**36. Enunciado 5 do FNPP.** *"A dilação de prazos processuais prevista no art. 139, VI do CPC é compatível com o mandado de segurança."*

**37. Enunciado 19 do FNPP.** *"A possibilidade de inclusão do nome do executado em cadastros de inadimplentes por determinação judicial é aplicável à execução fiscal."*

**38. Enunciado 51 do FNPP.** *"O bloqueio ou sequestro de verbas públicas enquanto medida atípica somente é admitido após o esgotamento dos meios hábeis a forçar a Administração ao cumprimento de obrigação."*

**39. Enunciado 113 do FNPP.** *"As entidades de resolução de conflitos* (claim resolution facilities) *são admissíveis nas ações coletivas que envolvam o Poder Público, para dar cumprimento a negócios jurídicos e decisões judiciais."*

**40. Enunciado 35 da ENFAM.** *"Além das situações em que a flexibilização do procedimento é autorizada pelo art. 139, VI, do CPC/2015, pode o juiz, de ofício, preservada a previsibilidade do rito, adaptá-lo às especificidades da causa, observadas as garantias fundamentais do processo."*

**41. Enunciado 48 da ENFAM.** *"O art. 139, IV, do CPC/2015 traduz um poder geral de efetivação, permitindo a aplicação de medidas atípicas para garantir o cumprimento de qualquer ordem judicial, inclusive no âmbito do cumprimento de sentença e no processo de execução baseado em títulos extrajudiciais."*

## ▣ COMENTÁRIOS TEMÁTICOS

**42. Situações jurídicas titularizadas pelo juiz.** O juiz, no processo, titulariza situações jurídicas processuais, como poderes (situações jurídicas ativas) e deveres e responsabilidades (situações jurídicas passivas).

**43. Poderes, deveres e responsabilidade do juiz.** Aos órgãos do Estado – aí incluídos os juízes – conferem-se poderes, que constituem manifestação ou concretização de capacidades. Tais poderes são exercidos, levando-se em conta uma *finalidade*. Para atingir tal finalidade, cada órgão desempenha funções próprias. Para exercer suas funções e atingir as suas finalidades, o juiz deve cumprir deveres que lhe são impostos pelo ordenamento jurídico. Se agir com dolo ou fraude, deve responder pelos seus atos regressivamente perante o Estado.

**44. Cooperação.** O juiz deve agir em cooperação com as partes e com os demais sujeitos do processo (art. 6º). Há uma simetria entre partes, advogados e juiz, que atuam em conjunto para que o processo seja efetivo e tenha duração ra-

zoável, com a solução da disputa e a efetivação do direito reconhecido.

**45. Condução do processo.** Embora haja simetria na atuação cooperativa do juiz com as partes e seus advogados, é ele quem conduz o processo, determinando a prática de atos necessários e suficientes à finalidade de dar solução à disputa.

**46. Estímulo à autocomposição.** O juiz deve estimular as partes a obterem solução consensual.

**47. Paridade de armas.** O juiz deve conduzir o processo, conferindo às partes igualdade de oportunidades e lhes assegurando a paridade de armas.

**48. Poder de polícia.** O juiz, na condução do processo, exerce o poder de polícia, impondo a ordem e o respeito às normas fundamentais do processo e ao ritmo dos atos a serem praticados em sequência. Nesse sentido, cabe ao juiz prevenir ou reprimir qualquer ato contrário à dignidade da justiça e impor o cumprimento de suas ordens e determinações.

**49. Duração razoável do processo.** O juiz deve contribuir para a duração razoável do processo, indeferindo as postulações meramente protelatórias.

**50. Interrogatório informal.** O juiz tem o poder de determinar a intimação das partes para o interrogatório formal (art. 139, VIII). Nele, o juiz, sem a finalidade de provocar a confissão das partes, resolve convocá-las para que esclareçam melhor os fatos narrados na fase postulatória. O dever de esclarecimento, que decorre da cooperação (art. 6º), exige do juiz que ele se esclareça junto às partes, para melhor compreender a situação posta a seu exame. O interrogatório informal pode ser determinado em qualquer fase do processo, inclusive no âmbito recursal.

**51. Atipicidade dos meios executivos.** O art. 139, IV, o art. 297 e o § 1º do art. 536, conjugados, garantem a atipicidade dos meios executivos na efetivação das obrigações em geral. O inciso IV do art. 139 usa as expressões "medidas mandamentais, indutivas e coercitivas"; todas elas são, rigorosamente, a mesma coisa. São meios de execução indireta do comando judicial. Já as medidas sub-rogatórias são meios de execução direta da decisão.

**52. Cláusula geral processual.** O art. 139, IV, é uma cláusula geral processual, pois seu consequente normativo é indeterminado; cabe ao juiz ditar a consequência no caso concreto. O juiz vai construir a norma específica e *determinar* seu alcance na hipótese submetida a seu crivo, estabelecendo qual a medida ou o meio

**LIVRO III · DOS SUJEITOS DO PROCESSO** | **Art. 139**

executivo a ser adotado. Quando o juiz aplica o dispositivo e estabelece seu consequente normativo, a decisão integra a norma jurídica abstrata. Para que esteja fundamentada, é preciso que o juiz explique o motivo concreto de sua incidência no caso. Não basta ao juiz dizer, por exemplo, que o meio executivo é uma multa ou uma determinação restrição a direitos. Cumpre-lhe explicar o motivo concreto de escolher essa ou aquela medida executiva, respeitado o contraditório prévio. Na fundamentação da sentença, o juiz, respeitado o contraditório, *especificará de que modo concretizou a norma, sob pena de nulidade, por vício na motivação* (art. 489, § 1º, II).

**53. Proporcionalidade e menor onerosidade.** As medidas executivas, impostas com fundamento no art. 139, IV, devem ser adequadas ao atingimento do resultado buscado (adequação), causando a menor restrição possível ao executado (necessidade) e atendendo aos interesses em conflito, com a ponderação das vantagens e das desvantagens por ela produzidas (proporcionalidade).

**54. Meios coercitivos ou sub-rogatórios.** O art. 139, IV, autoriza o uso de meios de execução direta ou indireta. A execução direta, ou por sub-rogação, pode viabilizar-se pelo *desapossamento*, pela *transformação* (quando um terceiro pratica a conduta que deveria ser praticada pelo executado, cabendo a este arcar com o pagamento do correspondente custo) ou pela *expropriação* (adjudicação, alienação judicial ou apropriação de frutos e rendimentos de empresa ou de estabelecimentos e de outros bens – arts. 867-869). Já a execução indireta por ser patrimonial (multa, por exemplo) ou pessoal (prisão civil do devedor de alimentos). O estímulo ao cumprimento da prestação pode dar-se pelo *temor* (multa coercitiva, prisão civil do devedor de alimentos etc.) ou pelo *incentivo* (dispensa de custas – art. 701, § 1º – ou redução, pela metade, dos honorários do advogado – art. 827, § 1º).

**55. Âmbito de incidência do art. 139, IV.** Aplica-se a qualquer atividade executiva, seja fundada em título executivo judicial (provisória ou definitiva), seja fundada em título executivo extrajudicial, seja para efetivar prestação pecuniária, seja para efetivar prestação de fazer, não fazer ou dar coisa distinta de dinheiro.

**56. Necessidade de exame das circunstâncias do caso concreto.** A aplicação das medidas executivas atípicas (art. 139, IV) deve levar em conta as peculiaridades do caso concreto, não devendo ser feita de modo abstrato, afirmando-se que cabe, em tese, tal ou qual medida. Tudo depende das circunstâncias concretas do caso.

**57. Medidas atípicas na improbidade administrativa e necessidade de examinar o caso concreto.** *"O Tribunal de origem adota o entendimento de que a apreensão do passaporte e a suspensão da CNH do devedor são meios executivos que não encontram suporte no art. 139, IV, do CPC/2015. (...) 5. No acórdão recorrido se afirma que o referido artigo 139, IV, do CPC/2015 contraria o princípio da menor onerosidade (...). Há no Superior Tribunal de Justiça julgados favoráveis à possibilidade da adoção das chamadas medidas atípicas no âmbito da execução, desde que preenchidos certos requisitos. Nesse sentido: 'O propósito recursal é definir se a suspensão da carteira nacional de habilitação e a retenção do passaporte do devedor de obrigação de pagar quantia são medidas viáveis de serem adotadas pelo juiz condutor do processo executivo [...] O Código de Processo Civil de 2015, a fim de garantir maior celeridade e efetividade ao processo, positivou regra segundo a qual incumbe ao juiz determinar todas as medidas indutivas, coercitivas, mandamentais ou sub-rogatórias necessárias para assegurar o cumprimento de ordem judicial, inclusive nas ações que tenham por objeto prestação pecuniária (art. 139, IV).' (REsp 1.788.950/MT, Rel. Ministra Nancy Andrighi, Terceira Turma, DJe 26.04.2019). Na mesma esteira: AgInt no REsp 1.837.309/SP, Relator Min. Paulo de Tarso Sanseverino, Terceira Turma, DJe 13.02.2020; REsp 1.894.170/RS, Relatora Min. Nancy Andrighi, Terceira Turma, DJe 12.11.2020. 12. Há, também, decisão da Primeira Turma que indefere as medidas atípicas, mas mediante expressa referência aos fatos da causa. (...) 13. Além de fazer referência aos fatos da causa – coisa que o Tribunal de origem não fez, pois considerou não razoáveis e desproporcionais as medidas em abstrato –, essa última decisão, da Primeira Turma, foi proferida em Execução Fiscal. Aqui, diversamente, trata-se de cumprimento de sentença proferida em Ação por Improbidade Administrativa, demanda que busca reprimir o enriquecimento ilícito, as lesões ao erário e a ofensa aos princípios da Administração Pública. 14. Inadmissíveis manobras para escapar da execução das sanções pecuniárias impostas pelo Estado, sob pena de as condutas contrárias à moralidade administrativa ficarem sem resposta. Ora, se o entendimento desta Corte – conforme a jurisprudência supradestacada – é o de que são cabíveis medidas executivas atípicas para a satisfação de obrigações de cunho estritamente patrimonial, com muito mais razão elas devem ser admitidas em casos em que*

287

*o cumprimento da sentença se dá para tutelar a moralidade e o patrimônio público. Superada a questão da impossibilidade de adoção de medidas executivas atípicas de cunho não patrimonial pela jurisprudência desta Corte (premissa equivocada do acórdão recorrido), não há como não considerar o interesse público, na satisfação da obrigação, importante componente para definir o cabimento (ou não) delas à luz do caso concreto. 15. Não ocorre, portanto – ao menos do modo abstrato como analisado o caso na origem –, ofensa à proporcionalidade ou à razoabilidade pela adoção de medidas não patrimoniais para o cumprimento da sentença. Parâmetros. 16. Os parâmetros construídos pela Terceira Turma para a aplicação das medidas executivas atípicas encontram largo amparo na doutrina e se revelam adequados também ao cumprimento de sentença proferida em Ação por Improbidade. 17. Conforme tem preconizado a Terceira Turma, 'A adoção de meios executivos atípicos é cabível desde que, verificando-se a existência de indícios de que o devedor possua patrimônio expropriável, tais medidas sejam adotadas de modo subsidiário, por meio de decisão que contenha fundamentação adequada às especificidades da hipótese concreta, com observância do contraditório substancial e do postulado da proporcionalidade' (REsp 1.788.950/MT, rel. Min. Nancy Andrighi, Terceira Turma, DJe 26.04.2019). 18. Consigne-se que a observância da proporcionalidade não deve ser feita em abstrato, a não ser que as instâncias ordinárias expressamente declarem inconstitucional o artigo 139, IV, do CPC/2015. Não sendo o caso, as balizas da proporcionalidade devem ser observadas com referência ao caso concreto, nas hipóteses em que as medidas atípicas se revelem excessivamente gravosas e causem, por exemplo, prejuízo ao exercício da profissão"* (STJ, 2ª Turma, REsp 1.929.230/MT, rel. Min. Herman Benjamin, DJe 1º.7.2021).

**58. Subsidiariedade da atipicidade do art. 139, IV, na execução por quantia certa.** A execução para pagamento de quantia deve observar, primeiramente, a tipicidade dos meios executivos (penhora, adjudicação, arrematação etc.), sendo permitido, subsidiariamente, o uso de meios atípicos de execução. As medidas executivas atípicas não podem, na execução por quantia, ser utilizadas diretamente para forçar o cumprimento da obrigação pecuniária, mas podem ser utilizadas diretamente para forçar o executado ou o terceiro a cumprir seus deveres processuais. Desse modo, é possível, por exemplo, a fixação de multa coercitiva, na execução por quantia, como medida atípica, para forçar o executado ou o terceiro a cumprir os seus deveres processuais. Não se admite, porém, a fixação de multa como medida atípica para a efetivação de prestação pecuniária, na execução para pagamento de quantia.

**59. Não adstrição ao pedido e determinação de ofício.** No caso do art. 139, IV, o juiz não está adstrito ao pedido da parte na escolha e imposição de medida executiva atípica, podendo agir até mesmo de ofício, ressalvada, em todos os casos, a existência de negócio processual em sentido diverso.

**60. Possibilidade de alteração da medida.** O juiz pode, de ofício ou a requerimento da parte interessada, alterar a medida executiva imposta com fundamento no art. 139, IV, quando se mostrar ineficiente para a efetivação da decisão judicial ou quando se mostrar excessiva para a obtenção do resultado almejado.

**61. Impossibilidade de medida atípica no lugar da típica.** A lei exige que algumas medidas típicas sejam requeridas pela parte. Tomem-se alguns exemplos: a) a prisão civil do devedor de alimentos (art. 528, § 3º); b) o bloqueio de ativos financeiros (art. 854); c) a inclusão do nome do executado em cadastros de inadimplentes (art. 782, § 3º); d) a constituição de capital na execução de alimentos indenizativos (art. 533). Nesses casos, como a lei exige a provocação da parte, tais medidas não podem ser determinadas pelo juiz de ofício e em outros casos, de modo atípico.

**62. Suspensão da CNH do devedor e apreensão de seu passaporte.** *"(...) o STJ tem reconhecido que tanto a medida de suspensão da Carteira Nacional de Habilitação quanto a de apreensão do passaporte do devedor recalcitrante não estão, em abstrato e de modo geral, obstadas de serem adotadas pelo juiz condutor do processo executivo, devendo, contudo, observar-se o preenchimento dos pressupostos ora assentados"* (STJ, 3ª Turma, REsp 1.782.418/RJ, rel. Min. Nancy Andrighi, DJe 26.04.2019).

**63. Inadmissibilidade de HC contra suspensão da CNH.** *"Nos termos da jurisprudência deste Superior Tribunal de Justiça, a suspensão da Carteira Nacional de Habilitação não configura, por si só, ofensa direta e imediata à liberdade de locomoção do paciente, razão pela qual não pode ser impugnada por habeas corpus"* (STJ, 4ª Turma, AgInt no HC 711.185/SP, rel. Min. Maria Isabel Gallotti, DJe 27.4.2023).

**64. Prisão civil como medida atípica.** Não é possível a utilização da prisão civil como medida executiva na execução por quantia, à exceção da execução de alimentos.

**65. Possibilidade de consulta ao CCS-Bacen nos procedimentos cíveis.** *"O Cadastro de Clientes do Sistema Financeiro Nacional (CCS) é um sistema de informações de natureza cadastral, que tem por objeto os relacionamentos mantidos pelas instituições participantes com os seus correntistas ou clientes, mas não congrega dados relativos a valor, movimentação financeira ou saldos de contas e aplicações. 5. Em suma, o mencionado cadastro contém as seguintes informações sobre o relacionamento dos clientes ou correntistas com as instituições do Sistema Financeiro Nacional: a) identificação do cliente e de seus representantes legais e procuradores; b) instituições financeiras em que o cliente mantém seus ativos ou investimentos; e c) datas de início e, se houver, de fim de relacionamento. 6. O CCS-Bacen, portanto, ostenta natureza meramente cadastral. Não implica constrição, mas sim subsídio à eventual constrição, e funciona como meio para o atingimento de um fim, que poderá ser a penhora de ativos financeiros por meio do BacenJud. 7. Em outras palavras, o acesso às informações do CCS serve como medida que poderá subsidiar futura constrição, alargando a margem de pesquisa por ativos. Não se mostra razoável, assim, permitir a realização de medida constritiva por meio do BacenJud e negar a pesquisa exploratória em cadastro meramente informativo, como é o caso do CCS. Precedente. 8. Dessa forma, não há qualquer impedimento à consulta ao CCS-Bacen nos procedimentos cíveis, devendo ser considerado como apenas mais um mecanismo à disposição do credor na busca para satisfazer o seu crédito"* (STJ, 3ª Turma, REsp 1.938.665/SP, rel. Min. Nancy Andrighi, *DJe* 03.11.2021).

**66. Aplicação do art. 139, IV para compelir terceiro ao fornecimento de material genérico para exame de DNA.** *"A impossibilidade de condução do investigado 'debaixo de vara' para a coleta de material genético necessário ao exame de DNA não implica a impossibilidade de adoção das medidas indutivas, coercitivas e mandamentais autorizadas pelo art. 139, IV, do novo CPC, com o propósito de dobrar a sua renitência, que deverão ser adotadas, sobretudo, nas hipóteses em que não se possa desde logo aplicar a presunção contida na Súmula 301/STJ ou quando se observar a existência de postura anticooperativa de que resulte o non liquet instrutório em desfavor de quem adota postura cooperativa, pois, maior do que o direito de um filho de ter um pai, é o direito de um filho de saber quem é o seu pai. 5. Aplicam-se aos terceiros que possam fornecer material genético para a realização do novo exame de DNA as mesmas diretrizes anteriormente formuladas, pois, a despeito de não serem legitimados passivos para responder à ação investigatória (legitimação* ad processum*), são eles legitimados para a prática de determinados e específicos atos processuais (legitimação* ad actum*), observando-se, por analogia, o procedimento em contraditório delineado nos arts. 401 a 404, do novo CPC, que, inclusive, preveem a possibilidade de adoção de medidas indutivas, coercitivas, sub-rogatórias ou mandamentais ao terceiro que se encontra na posse de documento ou coisa que deva ser exibida"* (STJ, 2ª Seção, Rcl 37.521/SP, rel. Min. Nancy Andrighi, *DJe* 5.6.2020).

**67. Quebra de sigilo bancário e medidas executivas atípicas.** *"O sigilo bancário constitui direito fundamental implícito, derivado da inviolabilidade da intimidade (art. 5º, X, da CF/1988) e do sigilo de dados (art. 5º, XII, da CF/1988), integrando, por conseguinte, os direitos da personalidade, de forma que somente é passível de mitigação – dada a sua relatividade –, quando dotada de proporcionalidade a limitação imposta. 5. Sobre o tema, adveio a Lei Complementar 105, de 10.01.2001, a fim de regulamentar a flexibilização do referido direito fundamental, estabelecendo que, a despeito do dever de conservação do sigilo pela instituição financeira das 'suas operações ativas e passivas e serviços prestados' (art. 1º), esse sigilo pode ser afastado, excepcionalmente, para a apuração de qualquer ilícito criminal (art. 1º, § 4º), bem como de determinadas infrações administrativas (art. 7º) e condutas que ensejem a abertura e/ou instrução de procedimento administrativo fiscal (art. 6º). 6. Nessa perspectiva, considerando o texto constitucional acima mencionado e a LC 105/2001, assenta-se que o abrandamento do dever de sigilo bancário revela-se possível quando ostentar o propósito de salvaguardar o interesse público, não se afigurando cabível, ao revés, para a satisfação de interesse nitidamente particular, sobretudo quando não caracterizar nenhuma medida indutiva, coercitiva, mandamental ou sub-rogatória, como estabelece o art. 139, IV, do CPC/2015, como na hipótese. 7. Portanto, a quebra de sigilo bancário destinada tão somente à satisfação do crédito exequendo (visando à tutela de um direito patrimonial disponível, isto é, um interesse eminentemente privado) constitui mitigação desproporcional desse direito fundamental – que decorre dos direitos constitucionais à inviolabilidade da intimidade (art. 5º, X, da CF/1988) e do sigilo de dados (art. 5º, XII, da CF/1988) –, mostrando-se, nesses termos, descabida a sua utilização como medida executiva* *atípica*" (STJ, 3ª Turma, REsp 1.951.176/SP, rel. Min. Marco Aurélio Bellizze, *DJe* 28.10.2021).

**68. Princípio da adaptabilidade ou da adequação formal.** Se o procedimento for inadequado a conferir a máxima efetividade ao direito material, cumpre ao juiz adaptá-lo às peculiaridades do caso concreto. No atual CPC, as partes podem adequar o procedimento à realidade do caso concreto, mediante a celebração de negócios jurídicos processuais (art. 190). Independentemente da celebração de negócios processuais, o juiz deve adotar a tramitação processual adequada às especificidades da causa e adaptar o conteúdo e a forma dos atos processuais ao fim que visam atingir, assegurando um processo equitativo.

**69. Adequação formal e eficiência.** O princípio da adequação formal deve ser aplicado em consonância com o princípio da eficiência, de sorte que ao juiz cabe empregar o mínimo de atividade para atingir o máximo de resultado possível, afastando a prática de atos processuais inúteis.

**70. Respeito aos demais princípios.** A flexibilização procedimental, operada a partir da aplicação da norma que permite ao juiz adequar formalmente o processo ao caso concreto, deve respeitar os demais princípios do processo, sobretudo o da igualdade das partes e o do contraditório. Ao adequar formalmente o processo ao caso concreto, o juiz não deve adotar procedimento que subtraia a igualdade de condições a serem conferidas às partes, suprimindo de uma delas a oportunidade de praticar algum ato indispensável. De igual modo, há de ser respeitado o contraditório. E, em obediência ao princípio da cooperação, cabe ao juiz o dever de consulta, intimando as partes para que se manifestem previamente sobre a adequação formal a ser levada a cabo no caso concreto.

**71. Poderes de adaptabilidade procedimental do juiz.** No CPC, são encontradas algumas regras que estabelecem específicos poderes de adaptação para o magistrado, como a previsão do seu art. 139, VI, que determina incumbir ao juiz dilatar os prazos processuais e alterar a ordem de produção dos meios de prova, adequando-os às necessidades do conflito de modo a conferir maior efetividade à tutela do direito.

**72. Fundamento constitucional A adequação formal é extraída do texto constitucional.** Ao assegurar a inafastabilidade do controle jurisdicional (CF, art. 5º, XXXV, disposição que é reproduzida no art. 3º do CPC), a CF está a garantir o direito ao processo. E o processo deve ser *adequado* à realidade do direito material, valendo dizer que o procedimento previsto em lei para determinado processo deve atender às finalidades e à natureza do direito tutelado. Daí se falar em *tutelas diferenciadas,* devendo haver um processo apto a garantir aquele direito específico, mediante regras processuais que lhe sejam apropriadas. É preciso, enfim, haver uma *adequação* do processo às particularidades do caso concreto. Para que a tutela jurisdicional seja efetiva, concretizada pela exigência de um *devido processo legal,* é preciso que haja *adequação.* O princípio da adequação é extraído, então, da garantia de *inafastabilidade do controle jurisdicional* e, igualmente, da cláusula do *devido processo legal.* O *devido processo legal,* previsto no art. 5º, LIV, da CF, constitui uma cláusula geral, dela podendo o juiz extrair princípios e regras que lhe permitam adaptar o procedimento ao direito material.

**73. Princípio da adequação formal *versus* princípio da legalidade das formas.** O princípio da adequação formal rompe com o tradicional princípio da legalidade das formas, cuja finalidade é conferir maior garantia e certeza às partes. Diante da adequação formal, é possível ajustar o procedimento ao caso concreto.

> **Art. 140.** O juiz não se exime de decidir sob a alegação de lacuna ou obscuridade do ordenamento jurídico.
> Parágrafo único. O juiz só decidirá por equidade nos casos previstos em lei.

▶ **1. Correspondência no CPC/1973.** *"Art. 126. O juiz não se exime de sentenciar ou despachar alegando lacuna ou obscuridade da lei. No julgamento da lide caber-lhe-á aplicar as normas legais; não as havendo, recorrerá à analogia, aos costumes e aos princípios gerais de direito." "Art. 127. O juiz só decidirá por equidade nos casos previstos em lei."*

📖 **LEGISLAÇÃO CORRELATA**

**2. LINDB, art. 4º.** *"Art. 4º Quando a lei for omissa, o juiz decidirá o caso de acordo com a analogia, os costumes e os princípios gerais de direito."*

**3. LINDB, art. 5º.** *"Art. 5º Na aplicação da lei, o juiz atenderá aos fins sociais a que ela se dirige e às exigências do bem comum."*

**4. CTN, art. 108, IV.** *"Art. 108. Na ausência de disposição expressa, a autoridade competente para aplicar a legislação tributária utilizará sucessivamente, na ordem indicada: (...) IV – a equidade."*

# LIVRO III · DOS SUJEITOS DO PROCESSO — Art. 140

**5. Lei 9.307/1996, art. 2º.** *"Art. 2º A arbitragem poderá ser de direito ou de equidade, a critério das partes. § 1º Poderão as partes escolher, livremente, as regras de direito que serão aplicadas na arbitragem, desde que não haja violação aos bons costumes e à ordem pública. § 2º Poderão, também, as partes convencionar que a arbitragem se realize com base nos princípios gerais de direito, nos usos e costumes e nas regras internacionais de comércio. § 3º A arbitragem que envolva a administração pública será sempre de direito e respeitará o princípio da publicidade."*

## ▣ COMENTÁRIOS TEMÁTICOS

**6. Princípio da indeclinabilidade da jurisdição ou da vedação ao *non liquet*.** A indeclinabilidade, também conhecida como vedação ao *non liquet*, é um dos princípios clássicos da jurisdição. Em razão de tal princípio, o juiz não pode se eximir de julgar sob a alegação de lacuna ou obscuridade do ordenamento jurídico.

**7. *Non liquet*.** É uma expressão advinda do Direito Romano que se aplicava aos casos em que o juiz não encontrava resposta para julgar o caso e, por isso, deixava de apreciá-lo. Do latim *non liquere*, que significa "não está claro", a expressão é a redução de um pequeno trecho da expressão *iuravi mihi non liquere, atque ita iudicatu illo solutus sum*, significando o juramento de que a causa não estava clara, de modo a ficar o juiz desobrigado de tomar uma decisão. Ao declarar o *non liquet*, o juiz romano eximia-se da obrigação de julgar o caso no qual a solução não era nítida. Atualmente, consolidou-se o entendimento segundo o qual o juiz não se exime de julgar, alegando lacuna ou obscuridade da lei, não sendo possível recorrer ao *non liquet*.

**8. Hipóteses autorizadas de *non liquet*.** O juiz não pode deixar de julgar, ao argumento de que não tem resposta no ordenamento que permita a solução da controvérsia. Há, porém, casos autorizados no ordenamento jurídico de *non liquet*, ou seja, o juiz não julga o mérito. É o que ocorre nas hipóteses do art. 485, quando o juiz extingue o processo sem resolução do mérito ou no caso de sentença de improcedência por insuficiência de provas (Lei 7.347/1985, art. 16; Lei 4.717/1965, art. 18; CDC, art. 103, I) ou, ainda, quando o STF deixa de apreciar o recurso extraordinário por falta de repercussão geral ou quando o STJ deixa de examinar o recurso especial por ausência de relevância da questão federal. Nesses casos todos, o órgão julgador utiliza-se do *non liquet*, com respaldo em autorização normativa. Rigorosamente, não são casos de *non liquet*, pois não se deixa de julgar por ausência de solução oferecida pelo ordenamento jurídico, mas há, de algum modo, uma recusa a julgar o caso, ou porque não se preencheu um pressuposto processual, ou porque não se produziu prova ou porque não se atendeu a um requisito do recurso. Tais hipóteses são permitidas; o que não se admite é simplesmente deixar de julgar, por não saber apresentar uma solução ao caso.

**9. Integridade e completude do ordenamento.** A vedação ao *non liquet* está ligada à integridade e completude do ordenamento. A solução a disputas deve ser obtida no ordenamento jurídico como um todo, a partir da CF, das leis, dos atos infralegais, dos negócios jurídicos, enfim, das diversas fontes do Direito.

**10. Princípio da indeclinabilidade da jurisdição *versus* princípio da inafastabilidade do controle jurisdicional.** O princípio da indeclinabilidade não se confunde com o da inafastabilidade. Cada um tem seu conteúdo normativo, sendo capazes de subsistirem sem a presença do outro. O princípio da inafastabilidade do controle jurisdicional, também chamado de princípio do acesso à justiça, decorre do art. 5º, XXXV, da CF. O acesso à justiça é um direito fundamental que consiste numa "promessa-síntese" de todas as demais garantias constitucionais, pois ter acesso à justiça é, igualmente, ter direito de não ser processado nem sentenciado senão pela autoridade competente, bem como ao devido processo legal, ao contraditório, à ampla defesa e a todas as demais garantias constitucionais. Em razão do princípio da inafastabilidade, é vedado à lei excluir, em regra, a alegação de lesão ou ameaça a direito da apreciação jurisdicional. Já a indeclinabilidade relaciona-se com a ideia de o juiz dever julgar essa alegação, ainda que o ordenamento não lhe apresente resposta ou seja lacunoso ou obscuro, hipótese em que deverá colmatar a lacuna e julgar a causa. Assim, é possível haver, no mesmo sistema, indeclinabilidade sem inafastabilidade ou vice-versa.

**11. Relativização do princípio da indeclinabilidade da jurisdição.** O Judiciário pode não ser o melhor local para a solução de determinada disputa. Em virtude da teoria das capacidades institucionais, o caso pode ser mais bem resolvido por outro órgão diverso do Judiciário. Assim, por exemplo, o CADE, o CARF, o TCU, a ANATEL ou outro órgão pode ser mais bem capacitado para resolver a questão, que se revela técnica e está conforme a especialidade do CADE, do CARF, do TCU, da ANATEL ou de outro órgão específico. Em casos assim, poderia ser autorizado o *non liquet* e o juiz extinguir o processo ou determinar que os autos fosse encaminhados a esse órgão especializado. Alternativamente, poderia ser celebrada uma cooperação interinstitucional entre o Judiciário e o órgão especializado para que haja compartilhamento de competências ou a prática de atos concertados, a fim de melhor solucionar o caso, juntando os conhecimentos, as experiências e as *expertises* de todos os órgãos envolvidos na solução da causa.

**12. Inafastabilidade do controle jurisdicional e teoria das capacidades institucionais.** Mesmo havendo órgãos específicos e técnicos, nenhuma alegação a lesão ou a ameaça de direito pode ser afastada do controle jurisdicional, a não ser que haja consenso entre as partes envolvidas, que podem escolher outro meio de solução de disputas diverso da jurisdição estatal.

**13. Equidade.** A equidade é um termo polissêmico, situando-se há muito tempo na tradição jurídica ocidental. Desde a Grécia antiga que se adota a expressão, significando o que é justo, razoável ou adequado. Com a influência da cultura cristã, o termo equidade aproximou-se da ideia de misericórdia, de benevolência e de ato de perdão. Na contemporaneidade, a equidade passou a ser excepcional, assumindo um conteúdo mais relacionado com o julgamento conforme o bem comum. Sua aplicação excepcional é confirmada pelo parágrafo único do art. 140 do CPC. Por sua vez, o CTN apresenta a equidade como o quarto modo de colmatação de lacunas (CTN, art. 108, IV).

**14. Julgamento por equidade e julgamento com equidade.** A equidade tem distintas funções, tendo seu significado variado ao longo de muitos séculos. Entre os diversos significados, cumpre distinguir o julgamento *por* equidade do julgamento *com* equidade.

**15. Julgamento *por* equidade.** O julgamento por equidade é excepcional e se constitui em decisão fundada no bom senso, no senso de justiça; julgar por equidade é aplicar a justiça ao caso concreto sem referência à legislação vigente. Esse modo de julgamento é adotado quando previsto em lei (CPC, art. 723, parágrafo único), quando assim pactuado (Lei 9.307/1996, art. 2º) e no caso de omissão legislativa (CTN, art. 108, IV). O uso da equidade é expressamente proibido quando dele resultar a dispensa de tributo devido (CTN, art. 108, § 2º).

**16. Equidade como manifestação de misericórdia.** Um dos aspectos da equidade é a sua aplicação como manifestação de misericórdia. Nesse sentido, o Direito Penal prevê a extin-

ção da punibilidade pelo perdão judicial (CP, art. 107, IX). Nos termos do art. 121, § 5º, do Código Penal: *"Na hipótese de homicídio culposo, o juiz poderá deixar de aplicar a pena, se as circunstâncias da infração atingirem o próprio agente de forma tão grave que a sanção penal se torne desnecessária."* Esse é um exemplo de afastamento da punição, quando os efeitos do ato já recaíram pesadamente sobre o infrator. Também se aplica a equidade como manifestação de misericórdia quando o infrator busca corrigir seu erro, a exemplo da extinção da punibilidade pelo pagamento do tributo sonegado (Lei 10.684/2003, art. 9º, § 2º). No Direito Privado, a teoria do adimplemento substancial é outro exemplo de manifestação equitativa relacionada à tolerância de um erro. A impontualidade do contratante quando já estiver próximo ao cumprimento integral da obrigação é tolerada para evitar a solução gravosa da resolução contratual. Nesse caso, não se trata de perdoar o que falta pagar, mas de afastar todos os efeitos da mora, permitindo que o inadimplente corrija sua conduta e regularize a pendência.

**17. Julgamento *com* equidade.** Enquanto o julgamento *por* equidade é excepcional, o julgamento *com* equidade deve ocorrer sempre. Ao interpretar o texto normativo, o julgador deve levar em conta o contexto em que se insere, a razoabilidade, o bem comum, a proporcionalidade, a ideia de justiça, o bom senso, construindo a norma não apenas a partir da literalidade do texto. Ao interpretar o texto, o julgador deve considerar os valores do momento e o contexto em que se insere a situação submetida à sua análise. O julgamento *com* equidade é o que observa o fluxo do tempo e a adequação dos termos legais à realidade do momento. O juiz deve, enfim, observar o art. 5º da LINDB e o art. 8º do CPC.

**18. Equidade, razoabilidade e proporcionalidade.** O juiz, ao julgar, deve observar os princípios da razoabilidade e da proporcionalidade (art. 8º). Isso quer dizer que o julgamento *com* equidade é o julgamento que observa a razoabilidade e a proporcionalidade. A equidade, nesse sentido, equivale ao princípio da razoabilidade, configurando norma jurídica.

---

**Art. 141.** O juiz decidirá o mérito nos limites propostos pelas partes, sendo-lhe vedado conhecer de questões não suscitadas a cujo respeito a lei exige iniciativa da parte.

▶ **1. Correspondência no CPC/1973.** *"Art. 128. O juiz decidirá a lide nos limites em que foi pro-*

*posta, sendo-lhe defeso conhecer de questões, não suscitadas, a cujo respeito a lei exige a iniciativa da parte."*

## ⚖ Jurisprudência, Enunciados e Súmulas Selecionados

- **2.** Tema Repetitivo 36 STJ. *"Nos contratos bancários, é vedado ao julgador conhecer, de ofício, da abusividade das cláusulas."*
- **3.** Tema/Repetitivo 235 STJ. *"A correção monetária é matéria de ordem pública, integrando o pedido de forma implícita, razão pela qual sua inclusão ex officio, pelo juiz ou tribunal, não caracteriza julgamento extra ou ultra petita, hipótese em que prescindível o princípio da congruência entre o pedido e a decisão judicial."*
- **4.** Tema/Repetitivo 742 STJ. *"É nula, por configurar julgamento extra petita, a decisão que condena a parte ré, de ofício, em ação individual, ao pagamento de indenização a título de danos sociais em favor de terceiro estranho à lide."*
- **5. Súmula STJ, 381.** *"Nos contratos bancários, é vedado ao julgador conhecer, de ofício, da abusividade das cláusulas."*

## 🗏 Comentários Temáticos

**6. Princípio da demanda.** O juiz somente pode agir se for provocado, decidindo exatamente o que tiver sido pedido pelo autor. O processo instaura-se por iniciativa da parte (art. 2º), a quem cabe apresentar sua causa de pedir e formular seu pedido.

**7. Congruência ou adstrição do juiz ao pedido.** A petição inicial deve atender aos requisitos contidos no art. 319, entre os quais se encontra o pedido com suas especificações (inciso IV). O pedido é o mais importante requisito da petição inicial, pois ele consiste no seu núcleo, na pretensão deduzida pelo autor. O juiz deve decidir o mérito nos limites propostos pelas partes (art. 141), sendo-lhe vedado proferir sentença *extra* ou *ultra petita* (art. 492). Pela *regra da congruência* ou da *correlação entre a sentença e a demanda* (arts. 141 e 492), não se franqueia ao julgador conceder à parte autora *mais* (*ultra petita*) quando sua petição inicial, correta e adequadamente interpretada, refere-se a *menos*. A sentença há de resolver a causa dentro dos limites subjetivos e objetivos da demanda proposta (art. 141), sendo-lhe vedado conceder ao autor mais (*ultra petita*), ou bem diverso (*extra petita*) do pedido (art. 492).

**8. Concretização do contraditório.** A congruência ou adstrição do juiz ao pedido decorre da garantia constitucional do contraditório. Ainda que os arts. 141 e 492 não existissem, não seria possível ao juiz proferir sentença que destoasse do pedido ou além do que foi pedido. Isso porque o princípio do contraditório tem um *conteúdo mínimo*, sendo necessário observar o que foi postulado, pois é contra o pedido formulado que o réu apresenta sua defesa, desenvolvendo toda sua atividade processual em razão do que foi pedido. Ao juiz não é dado desbordar dos limites do pedido, sob pena de comprometer a efetividade da garantia constitucional do contraditório. Julgar além do que se pediu surpreende o réu com um resultado do qual não se defendeu. Ao julgar *diferentemente* do que se pediu ou de deferir *mais* do que se pediu, o juiz atua de ofício, decidindo sem a imprescindível iniciativa da parte, ao arrepio do art. 2º. O julgamento *extra* ou *ultra petita* atenta contra a garantia constitucional do contraditório, pois configura uma situação de surpresa: o réu é surpreendido com decisão que concede ao autor algo *diverso* (*extra petita*) ou *mais* (*ultra petita*) do que ele pediu.

**9. Pedidos implícitos.** A decisão judicial não deve ser *extra*, nem *ultra petita*, mas deve ser *plena*, ou seja, deve examinar *todos* os pedidos, inclusive os *implícitos*. O pedido deve ser certo, valendo dizer que deve ser expresso. Em outras palavras, não se admitem pedidos implícitos, mas existem, no sistema brasileiro, alguns pedidos implícitos, quais sejam, os juros legais, a correção monetária e as verbas de sucumbência, inclusive os honorários de advogado (art. 322, § 1º). Também se consideram incluídas no pedido as prestações sucessivas vencidas após o ajuizamento da demanda, independentemente de declaração expressa do autor (art. 323). A sentença há de abranger tais pedidos implícitos, sem que isso implique julgamento *ultra petita*. Pelo contrário, se a sentença não os apreciar, será incompleta e omissa, caracterizando-se como uma sentença *citra* ou *infra petita*.

**10. Decisão certa.** A sentença (e, de resto, qualquer decisão judicial) deve ser *certa*, ou seja, deve *expressamente* decidir ou *manifestar* inequivocamente a conclusão a que se chegou. A decisão deve expressar que não examina o pedido por estar presente alguma hipótese prevista no art. 485, ou que o acolhe ou rejeita. Se o pedido deve ser certo (art. 322), a decisão que o analisa também o há de ser. Ainda que o pedido se refira a uma relação jurídica condicional, a decisão deve ser certa.

**11. Questões cognoscíveis de ofício.** O juiz deve agir por provocação da parte interessada, mas há questões que ele pode apreciar de ofício, independentemente de alegação da parte (art. 63, § 3º; art. 64, § 1º; art. 78, § 2º; art. 81; art. 138; art. 190, parágrafo único; art. 337, § 5º). Em todos esses casos, o juiz, mesmo podendo agir de ofício, deve exercer o dever de consulta e instaurar o contraditório para que as partes se manifestem previamente sobre a questão, evitando, assim, decisão surpresa (art. 10).

> **Art. 142.** Convencendo-se, pelas circunstâncias, de que autor e réu se serviram do processo para praticar ato simulado ou conseguir fim vedado por lei, o juiz proferirá decisão que impeça os objetivos das partes, aplicando, de ofício, as penalidades da litigância de má-fé.

► **1. Correspondência no CPC/1973.** *"Art. 129. Convencendo-se, pelas circunstâncias da causa, de que autor e réu se serviram do processo para praticar ato simulado ou conseguir fim proibido por lei, o juiz proferirá sentença que obste aos objetivos das partes."*

## 🏛 LEGISLAÇÃO CORRELATA

**2. CC, art. 166, VI.** *"Art. 166. É nulo o negócio jurídico quando: (...) VI – tiver por objetivo fraudar lei imperativa."*

**3. CC, art. 167.** *"Art. 167. É nulo o negócio jurídico simulado, mas subsistirá o que se dissimulou, se válido for na substância e na forma. § 1º Haverá simulação nos negócios jurídicos quando: I – aparentarem conferir ou transmitir direitos a pessoas diversas daquelas às quais realmente se conferem, ou transmitem; II – contiverem declaração, confissão, condição ou cláusula não verdadeira; III – os instrumentos particulares forem antedatados, ou pós-datados. § 2º Ressalvam-se os direitos de terceiros de boa-fé em face dos contraentes do negócio jurídico simulado."*

**4. Recomendação 159/2024 CNJ, art. 1º.** *"Art. 1º. Recomendar aos(às) juízes(as) e tribunais que adotem medidas para identificar, tratar e sobretudo prevenir a litigância abusiva, entendida como o desvio ou manifesto excesso dos limites impostos pela finalidade social, jurídica, política e/ou econômica do direito de acesso ao Poder Judiciário, inclusive no polo passivo, comprometendo a capacidade de prestação jurisdicional e o acesso à Justiça. Parágrafo único. Para a caracterização do gênero 'litigância abusiva', devem ser consideradas como espécies as condutas ou demandas sem lastro, temerárias, artificiais, procrastinató-* rias, frívolas, fraudulentas, desnecessariamente fracionadas, configuradoras de assédio processual ou violadoras do dever de mitigação de prejuízos, entre outras, as quais, conforme sua extensão e impactos, podem constituir litigância predatória."*

## ⚖ JURISPRUDÊNCIA, ENUNCIADOS E SÚMULAS SELECIONADOS

• **5. Enunciado 410 do FPPC.** *"Aplica-se o Art. 142 do CPC ao controle de validade dos negócios jurídicos processuais."*

## 📖 COMENTÁRIOS TEMÁTICOS

**6. Processo simulado e processo fraudulento.** O dispositivo coíbe o processo simulado e o processo fraudulento. Processo simulado difere de processo fraudulento, mas o CPC os trata igualmente, pois ambos são comportamentos ilícitos praticados pelas partes, que devem ser combatidos.

**7. Necessidade de atos conjuntos.** Tanto o processo simulado como o fraudulento caracterizam-se pela parte de atos conjuntos de ambas as partes, mesmo que beneficiem apenas uma delas.

**8. Finalidades.** Na simulação, o propósito é lesar terceiros. Na fraude à lei, infringir a ordem pública.

**9. Processo simulado.** Nele, as partes não têm a intenção de aproveitar-se do resultado da postulação, nem interesse na produção dos efeitos do processo, pretendendo apenas prejudicar terceiros.

**10. Processo fraudulento.** Nele, as partes querem o resultado, que é vedado pela lei. O objetivo é conferir aparência de licitude para uma ilicitude.

**11. Cláusula geral.** O art. 142 contém uma cláusula geral, pois o consequente normativo é indeterminado. Diante de um processo simulado ou fraudulento, o juiz proferir decisão "que impeça os objetivos das partes". A depender o caso concreto, o juiz pode extinguir o processo, pode suspendê-lo ou pode proferir alguma decisão que impeça efetivamente a concretização dos objetivos das partes. Não há uma consequência prefixada no texto normativo, cabendo ao juiz determinar, concretamente, a que seja mais adequada. Normalmente, a consequência é extinguir o processo sem resolução do mérito, mas nada impede que, no caso concreto, o juiz adote outra solução adequada a impedir a prática do ilícito.

**12. Sanção.** Instaurar processo simulado ou fraudulento é um comportamento ilícito que

LIVRO III · DOS SUJEITOS DO PROCESSO — **Art. 143**

deve ser punido. O juiz deve punir as partes com as penas da litigância de má-fé, impondo-lhes multa de até 10% do valor da causa e condenando-as a indenizar o prejudicado (art. 81).

---

**Art. 143.** O juiz responderá, civil e regressivamente, por perdas e danos quando:

I – no exercício de suas funções, proceder com dolo ou fraude;

II – recusar, omitir ou retardar, sem justo motivo, providência que deva ordenar de ofício ou a requerimento da parte.

Parágrafo único. As hipóteses previstas no inciso II somente serão verificadas depois que a parte requerer ao juiz que determine a providência e o requerimento não for apreciado no prazo de 10 (dez) dias.

---

▶ **1. Correspondência no CPC/1973.** *"Art. 133. Responderá por perdas e danos o juiz, quando: I – no exercício de suas funções, proceder com dolo ou fraude; II – recusar, omitir ou retardar, sem justo motivo, providência que deva ordenar de ofício, ou a requerimento da parte. Parágrafo único. Reputar-se-ão verificadas as hipóteses previstas no nº II só depois que a parte, por intermédio do escrivão, requerer ao juiz que determine a providência e este não lhe atender o pedido dentro de 10 (dez) dias."*

## ⚖️ LEGISLAÇÃO CORRELATA

**2. CF, art. 5º, LXXV.** *"Art. 5º (...) LXXV – o Estado indenizará o condenado por erro judiciário, assim como o que ficar preso além do tempo fixado na sentença;"*

**3. CF, art. 37, § 6º.** *"§ 6º As pessoas jurídicas de direito público e as de direito privado prestadoras de serviços públicos responderão pelos danos que seus agentes, nessa qualidade, causarem a terceiros, assegurado o direito de regresso contra o responsável nos casos de dolo ou culpa."*

**4. LOMAN, art. 49.** *"Art. 49. Responderá por perdas e danos o magistrado, quando: I – no exercício de suas funções, proceder com dolo ou fraude; II – recusar, omitir ou retardar, sem justo motivo, providência que deva ordenar o ofício, ou a requerimento das partes. Parágrafo único. Reputar-se-ão verificadas as hipóteses previstas no inciso II somente depois que a parte, por intermédio do Escrivão, requerer ao magistrado que determine a providência, e este não lhe atender o pedido dentro de dez dias."*

**5. CC, art. 1.744.** *"Art. 1.744. A responsabilidade do juiz será: I – direta e pessoal, quando*

*não tiver nomeado o tutor, ou não o houver feito oportunamente; II – subsidiária, quando não tiver exigido garantia legal do tutor, nem o removido, tanto que se tornou suspeito."*

## 🗒 COMENTÁRIOS TEMÁTICOS

**6. Responsabilidade civil do Estado.** A responsabilidade civil do Estado é, em geral, objetiva. Não são raros, todavia, os casos em que a responsabilidade da Fazenda Pública pode ser subjetiva, sendo necessária a comprovação de culpa pela parte autora: é o que ocorre nas hipóteses de *omissão* da Administração.

**7. Responsabilidade objetiva e responsabilidade subjetiva.** *"A responsabilidade civil das pessoas jurídicas de direito público pelos atos ilícitos causados por seus agentes é objetiva, com base no risco administrativo, ou seja, pode ser abrandada ou excluída diante da culpa da vítima, mas se tratando de ato omissivo do Poder Público a responsabilidade passa a ser subjetiva, exigindo dolo ou culpa, numa de suas três vertentes, negligência, imperícia ou imprudência, não sendo, entretanto, necessário individualizá-la"* (STF, 2ª Turma, RE 179.147-1/SP, Rel. Min. Carlos Velloso, *DJ* 27.02.1998). *No mesmo sentido:* STF, 1ª Turma, RE 633.138 AgR, Rel. Min. Luiz Fux, *DJe* 21.09.2012.

**8. Responsabilidade civil do Estado por ato do juiz.** A atividade jurisdicional é exercida com interpretação de textos normativos. A atuação do juiz não acarreta responsabilidade objetiva, mas subjetiva. É preciso comprovar que o juiz agiu com dolo ou fraude para que o Estado pode responsabilizar pelo seu ato e indenizar a parte lesada. Se, porém, for comprovado o erro judiciário ou o excesso de prisão, a responsabilidade do Estado será objetiva (CF, art. 5º, LXXV).

**9. Necessidade de comprovação de dolo ou fraude.** *"Em benefício da própria sociedade, não se pode cogitar de responsabilidade objetiva do juiz pelas decisões tomadas no curso de um processo judicial. Se os juízes tivessem de decidir sob uma espada ameaçando-os de responsabilidade pessoal em caso de erro, as decisões não seriam tomadas com liberdade para aplicar o Direito aos fatos. 11. O art. 133, I, do CPC/1973, em norma reproduzida pelo art. 143, I, do CPC/2015, e, em especial, o art. 49, I, da Lei Orgânica da Magistratura Nacional – Loman (LC 35/1979), estabelecem a responsabilidade pessoal do magistrado apenas quando ele proceder com dolo ou fraude. 12. 'A independência de que devem gozar os juízes e as garantias que precisam ter, para julgar sem receio, estariam irremediavelmente postas em xeque se eles houvessem de ressarcir os danos pro-*

venientes de seus erros. E mais: ficariam os juízes permanentemente expostos ao descontentamento da parte vencida e o foro se transformaria no repositório de ações civis contra eles. Para corrigir sentença errada bastam recursos; o prejuízo por ela causado é consequência natural da falibilidade humana; essa possibilidade de erro é fato da Natureza, não é ato do juiz' (Hélio Tornaghi, Comentários ao Código de Processo Civil, vol. I, Editora Forense, pág. 409, citado no RE 219.117, STF, relator Min. Ilmar Galvão, Primeira Turma, DJ 29.10.99). 13. O proceder doloso ou fraudulento do juiz deverá estar devidamente provado nos autos, de maneira a convencer o julgador de que houve não simplesmente decisões equivocadas, mas conduta impregnada de elemento subjetivo negativo. Se a decisão é errada, teratológica até, mas o juiz não agiu com dolo ou fraude, não pode ser responsabilizado pessoalmente. Em benefício dos jurisdicionados, que não podem ter seus casos decididos por julgadores tolhidos pelo medo. Para decisões simplesmente erradas, o sistema prevê múltiplos recursos" (STJ, 2ª Turma, REsp 1.221.997/AM, rel. Min. Herman Benjamin, DJe 5.2.2018).

**10. Responsabilidade civil do juiz.** O juiz responde, em casos de dolo ou fraude, perante a própria Administração Pública, e não diretamente perante o particular, o administrado ou o jurisdicionado.

**11. Responsabilidade regressiva.** O juiz somente pode ser demandado regressivamente pelo Poder Público, não devendo ser civilmente responsabilizado de forma direta. Se houver ação de responsabilidade civil diretamente contra a juiz, haverá ilegitimidade passiva *ad causam*, pois sua responsabilidade civil é apenas regressiva.

**12. Responsabilidade subjetiva e regressiva do juiz.** "*A responsabilidade pessoal do magistrado é apenas subjetiva e regressiva. É dizer, conforme o art. 143 do CPC/2015, o juiz responderá, apenas regressivamente, quando no exercício de suas funções, proceder com dolo ou fraude; ou recusar, omitir ou retardar, sem justo motivo, providência que deva ordenar de ofício ou a requerimento da parte. Assim, primeiramente, deveria ser condenado o ente estatal, para, somente então, o agente público ser condenado (Tema 940/STF)*" (STJ, 2ª Turma, AgInt no RMS 68.088/SP, rel. Min. Francisco Falcão, DJe 31.08.2022).

**13. Cabimento de denunciação da lide.** Proposta demanda de indenização contra a Fazenda Pública, esta poderá, em caso de culpa ou dolo, acionar regressivamente o advogado público. A ação de regresso pode ser intentada autonomamente, ou mediante denunciação da lide (art. 125, II).

## ⚖ Jurisprudência, Enunciados e Súmulas Selecionados

- **14. Garantia constitucional mínima.** "*O art. 5º, LXXV, da Constituição: é uma garantia, um mínimo, que nem impede a lei, nem impede eventuais construções doutrinárias que venham a reconhecer a responsabilidade do Estado em hipóteses que não a de erro judiciário stricto sensu, mas de evidente falta objetiva do serviço público da Justiça*" (STF, 1ª Turma, RE 505.393, rel. Min. Sepúlveda Pertence, *DJe* 05.10.2007, p. 25).

# CAPÍTULO II
# DOS IMPEDIMENTOS E DA SUSPEIÇÃO

**Art. 144.** Há impedimento do juiz, sendo-lhe vedado exercer suas funções no processo:

I – em que interveio como mandatário da parte, oficiou como perito, funcionou como membro do Ministério Público ou prestou depoimento como testemunha;

II – de que conheceu em outro grau de jurisdição, tendo proferido decisão;

III – quando nele estiver postulando, como defensor público, advogado ou membro do Ministério Público, seu cônjuge ou companheiro, ou qualquer parente, consanguíneo ou afim, em linha reta ou colateral, até o terceiro grau, inclusive;

IV – quando for parte no processo ele próprio, seu cônjuge ou companheiro, ou parente, consanguíneo ou afim, em linha reta ou colateral, até o terceiro grau, inclusive;

V – quando for sócio ou membro de direção ou de administração de pessoa jurídica parte no processo;

VI – quando for herdeiro presuntivo, donatário ou empregador de qualquer das partes;

VII – em que figure como parte instituição de ensino com a qual tenha relação de emprego ou decorrente de contrato de prestação de serviços;

VIII – em que figure como parte cliente do escritório de advocacia de seu cônjuge, companheiro ou parente, consanguíneo ou afim, em linha reta ou colateral, até o terceiro grau, inclusive, mesmo que patrocinado por advogado de outro escritório;

IX – quando promover ação contra a parte ou seu advogado.

**LIVRO III · DOS SUJEITOS DO PROCESSO** **Art. 144**

§ 1º Na hipótese do inciso III, o impedimento só se verifica quando o defensor público, o advogado ou o membro do Ministério Público já integrava o processo antes do início da atividade judicante do juiz.

§ 2º É vedada a criação de fato superveniente a fim de caracterizar impedimento do juiz.

§ 3º O impedimento previsto no inciso III também se verifica no caso de mandato conferido a membro de escritório de advocacia que tenha em seus quadros advogado que individualmente ostente a condição nele prevista, mesmo que não intervenha diretamente no processo.

▶ **1. Correspondência no CPC/1973.** *"Art. 134. É defeso ao juiz exercer as suas funções no processo contencioso ou voluntário: I – de que for parte; II – em que interveio como mandatário da parte, oficiou como perito, funcionou como órgão do Ministério Público, ou prestou depoimento como testemunha; III – que conheceu em primeiro grau de jurisdição, tendo-lhe proferido sentença ou decisão; IV – quando nele estiver postulando, como advogado da parte, o seu cônjuge ou qualquer parente seu, consanguíneo ou afim, em linha reta; ou na linha colateral até o segundo grau; V – quando cônjuge, parente, consanguíneo ou afim, de alguma das partes, em linha reta ou, na colateral, até o terceiro grau; VI – quando for órgão de direção ou de administração de pessoa jurídica, parte na causa. Parágrafo único. No caso do nº IV, o impedimento só se verifica quando o advogado já estava exercendo o patrocínio da causa; é, porém, vedado ao advogado pleitear no processo, a fim de criar o impedimento do juiz." "Art. 135. Reputa-se fundada a suspeição de parcialidade do juiz, quando: I – amigo íntimo ou inimigo capital de qualquer das partes; II – alguma das partes for credora ou devedora do juiz, de seu cônjuge ou de parentes destes, em linha reta ou na colateral até o terceiro grau; III – herdeiro presuntivo, donatário ou empregador de alguma das partes; IV – receber dádivas antes ou depois de iniciado o processo; aconselhar alguma das partes acerca do objeto da causa, ou subministrar meios para atender às despesas do litígio; V – interessado no julgamento da causa em favor de uma das partes. Parágrafo único. Poderá ainda o juiz declarar-se suspeito por motivo íntimo."*

### ⚖ LEGISLAÇÃO CORRELATA

**2. CF, art. 5º, LIII.** *"LIII – ninguém será processado nem sentenciado senão pela autoridade competente;"*

**3. CF, art. 5º, LIV.** *"LIV – ninguém será privado da liberdade ou de seus bens sem o devido processo legal;"*

**4. Convenção europeia dos direitos do homem, art. 6º.** *"Artigo 6º (Direito a um processo equitativo) 1. Qualquer pessoa tem direito a que a sua causa seja examinada, equitativa e publicamente, num prazo razoável por um tribunal independente e imparcial, estabelecido pela lei, o qual decidirá, quer sobre a determinação dos seus direitos e obrigações de carácter civil, quer sobre o fundamento de qualquer acusação em matéria penal dirigida contra ela. O julgamento deve ser público, mas o acesso à sala de audiências pode ser proibido à imprensa ou ao público durante a totalidade ou parte do processo, quando a bem da moralidade, da ordem pública ou da segurança nacional numa sociedade democrática, quando os interesses de menores ou a protecção da vida privada das partes no processo o exigirem, ou, na medida julgada estritamente necessária pelo tribunal, quando, em circunstâncias especiais, a publicidade pudesse ser prejudicial para os interesses da justiça."*

**5. Convenção americana de direitos humanos, art. 8º.** *"Artigo 8. Garantias Judiciais. 1. Toda pessoa tem direito a ser ouvida, com as devidas garantias e dentro de um prazo razoável, por um juiz ou tribunal competente, independente e imparcial, estabelecido anteriormente por lei, na apuração de qualquer acusação penal formulada contra ela, ou para que se determinem seus direitos ou obrigações de natureza civil, trabalhista, fiscal ou de qualquer outra natureza."*

**6. Carta africana de direitos humanos e dos povos, art. 7º.** *"Artigo 7º 1. "Toda pessoa tem o direito a que sua causa seja apreciada. Esse direito compreende: (...) d) o direito de ser julgado em um prazo razoável por um tribunal imparcial."*

**7. Princípios da conduta judicial de Bangalore.** Os valores que informam esses princípios são: a) independência; b) imparcialidade; c) integridade; d) idoneidade; e) igualdade; f) competência e diligência.

**8. LC 35/1979, art. 35, I.** *"Art. 35. São deveres do magistrado: I – cumprir e fazer cumprir, com independência, serenidade e exatidão, as disposições legais e os atos de ofício."*

**9. LC 35/1979, art. 36, III.** *"Art. 36. É vedado ao magistrado: (...) III – manifestar, por qualquer meio de comunicação, opinião sobre processo pendente de julgamento, seu ou de outrem, ou juízo depreciativo sobre despachos, votos ou sentenças, de órgãos judiciais, ressalvada a crítica nos autos e em obras técnicas ou no exercício do magistério."*

**10. CPP, art. 252.** *"Art. 252. O juiz não poderá exercer jurisdição no processo em que: I – tiver funcionado seu cônjuge ou parente, consanguíneo ou afim, em linha reta ou colateral até o terceiro grau, inclusive, como defensor ou advogado, órgão do Ministério Público, autoridade policial, auxiliar da justiça ou perito; II – ele próprio houver desempenhado qualquer dessas funções ou servido como testemunha; III – tiver funcionado como juiz de outra instância, pronunciando-se, de fato ou de direito, sobre a questão; IV – ele próprio ou seu cônjuge ou parente, consanguíneo ou afim em linha reta ou colateral até o terceiro grau, inclusive, for parte ou diretamente interessado no feito."*

**11. CPP, art. 253.** *"Art. 253. Nos juízos coletivos, não poderão servir no mesmo processo os juízes que forem entre si parentes, consanguíneos ou afins, em linha reta ou colateral até o terceiro grau, inclusive."*

**12. CPP, art. 255.** *"Art. 255. O impedimento ou suspeição decorrente de parentesco por afinidade cessará pela dissolução do casamento que lhe tiver dado causa, salvo sobrevindo descendentes; mas, ainda que dissolvido o casamento sem descendentes, não funcionará como juiz o sogro, o padrasto, o cunhado, o genro ou enteado de quem for parte no processo."*

**13. CC, art. 1.594.** *"Art. 1.594. Contam-se, na linha reta, os graus de parentesco pelo número de gerações, e, na colateral, também pelo número delas, subindo de um dos parentes até ao ascendente comum, e descendo até encontrar o outro parente."*

**14. CC, art. 1.595.** *"Art. 1.595. Cada cônjuge ou companheiro é aliado aos parentes do outro pelo vínculo da afinidade. § 1º O parentesco por afinidade limita-se aos ascendentes, aos descendentes e aos irmãos do cônjuge ou companheiro. § 2º Na linha reta, a afinidade não se extingue com a dissolução do casamento ou da união estável."*

**15. Lei 8.112/1990, art. 150.** *"Art. 150. A Comissão exercerá suas atividades com independência e imparcialidade, assegurado o sigilo necessário à elucidação do fato ou exigido pelo interesse da administração."*

**16. Lei 9.307/1996, art. 14.** *"Art. 14. Estão impedidos de funcionar como árbitros as pessoas que tenham, com as partes ou com o litígio que lhes for submetido, algumas das relações que caracterizam os casos de impedimento ou suspeição de juízes, aplicando-se lhes, no que couber, os mesmos deveres e responsabilidades, conforme previsto no Código de Processo Civil. § 1º As pessoas indicadas para funcionar como árbitro têm o dever de revelar, antes da aceitação da função,* qualquer fato que denote dúvida justificada quanto à sua imparcialidade e independência. § 2º O árbitro somente poderá ser recusado por motivo ocorrido após sua nomeação. Poderá, entretanto, ser recusado por motivo anterior à sua nomeação, quando: a) não for nomeado, diretamente, pela parte; ou b) o motivo para a recusa do árbitro for conhecido posteriormente à sua nomeação."*

**17. Lei 9.784/1999, art. 18.** *"Art. 18. É impedido de atuar em processo administrativo o servidor ou autoridade que: I – tenha interesse direto ou indireto na matéria; II – tenha participado ou venha a participar como perito, testemunha ou representante, ou se tais situações ocorrem quanto ao cônjuge, companheiro ou parente e afins até o terceiro grau; III – esteja litigando judicial ou administrativamente com o interessado ou respectivo cônjuge ou companheiro."*

**18. RISTF, art. 277, parágrafo único.** *"Parágrafo único. Não estão impedidos os Ministros que, no Tribunal Superior Eleitoral, tenham funcionado no mesmo processo ou no processo originário, os quais devem ser excluídos, se possível, da distribuição."*

**19. Res. 7/2005 do CNJ, art. 1º.** *"Art. 1º É vedada a prática de nepotismo no âmbito de todos os órgãos do Poder Judiciário, sendo nulos os atos assim caracterizados."*

**20. Res. 60/2008 do CNJ.** *Institui o Código de Ética da Magistratura Nacional.*

**21. Res. 200/2015 do CNJ, art. 1º.** *"Art. 1º Nos termos do disposto no art. 134, IV, do Código de Processo Civil de 1973 e outras leis processuais, o magistrado está impedido de exercer funções judicantes ou administrativas nos processos em que estiver postulando, como advogado da parte, o seu cônjuge, companheiro ou qualquer parente, consanguíneo ou afim, em linha reta; ou na linha colateral até o grau estabelecido em lei. Parágrafo único. O impedimento se configura não só quando o advogado está constituído nos autos, mas também quando integra ou exerce suas atividades no mesmo escritório de advocacia do respectivo patrono, como sócio, associado, colaborador ou empregado, ou mantenha vínculo profissional, ainda que esporadicamente, com a pessoa física ou jurídica prestadora de serviços advocatícios."*

## ⚖ JURISPRUDÊNCIA, ENUNCIADOS E SÚMULAS SELECIONADOS

• **22. ADC 12.** *"Os condicionamentos impostos pela Resolução nº 07/05, do CNJ, não atentam contra a liberdade de prover e desprover cargos em comissão e funções de confiança. As restri-*

# LIVRO III · DOS SUJEITOS DO PROCESSO — Art. 144

*ções constantes do ato resolutivo são, no rigor dos termos, as mesmas já impostas pela Constituição de 1988, dedutíveis dos republicanos princípios da impessoalidade, da eficiência, da igualdade e da moralidade."*

- **23. ADI 5.953.** *"O Tribunal, por maioria, julgou procedente a presente ação direta, declarando-se a inconstitucionalidade do inciso VIII do art. 144 da Lei 13.105, de 16 de março de 2015, Código de Processo Civil (CPC)".*
- **24. Súmula STF, 72.** *"No julgamento de questão constitucional, vinculada a decisão do Tribunal Superior Eleitoral, não estão impedidos os Ministros do Supremo Tribunal Federal que ali tenham funcionado no mesmo processo, ou no processo originário."*
- **25. Súmula STF, 252.** *"Na ação rescisória, não estão impedidos juízes que participaram do julgamento rescindendo."*
- **26. Enunciado 489 do FPPC.** *"Observado o dever de revelação, as partes celebrantes de convenção de arbitragem podem afastar, de comum acordo, de forma expressa e por escrito, hipótese de impedimento ou suspeição do árbitro."*

## ▣ COMENTÁRIOS TEMÁTICOS

**27. Imparcialidade e devido processo legal.** A exigência de imparcialidade do juiz impõe que o processo seja apreciado por magistrado investido de autoridade jurisdicional, devendo resolver o conflito submetido ao seu crivo sem quaisquer pressões ou influências, sujeitando-se apenas à lei, ou melhor, ao ordenamento jurídico, composto que é por regras e princípios. O direito ao devido processo legal deve estar acompanhado de uma eficiente garantia estrutural, que assegure, a um só tempo, a independência, o desinteresse na causa e a imparcialidade do juiz, de vital importância, em toda sociedade moderna e democrática. A garantia da imparcialidade do juiz reclama a coexistência de três condições: a) independência; b) autoridade; c) responsabilidade. Para que se garanta a imparcialidade, é preciso que o juiz seja *independente*, situando-se além dos poderes políticos e dos grupos de pressão que pretendam influenciar suas decisões. De igual modo, é preciso que haja *autoridade*, para que as decisões tomadas não revistam o matiz de meros adornos ou simples obras acadêmicas ou doutrinárias, devendo ser efetivamente cumpridas, efetivadas ou executadas; daí a relevância atual que se confere ao chamado *princípio da efetividade*. Finalmente, é preciso que se estabeleça *responsabilidade*, evi-

tando-se que o poder jurisdicional não constitua expressão de autoritarismo.

**28. Imparcialidade e juiz natural.** A garantia do juiz natural exige que haja uma autoridade imparcial e pré-constituída em relação ao processo. O direito à tutela jurisdicional exige a imparcialidade do juiz que há de conhecer e satisfazer a pretensão. Não existe justiça sem independência e imparcialidade do juiz. A garantia do juiz natural mantém um liame estreito com a necessidade de imparcialidade do juiz. A salvaguarda da imparcialidade constitui a justificativa de uma série de institutos, entre os quais desponta a garantia do juiz natural. Em outras palavras, o juiz natural decorre da imparcialidade; esta é a razão de ser do juiz natural. A garantia do juiz natural impõe a necessidade de se conferir imparcialidade à atuação judicial, com suporte na segurança jurídica.

**29. Imparcialidade e independência.** A imparcialidade exige a independência do juiz. A independência do juiz constitui garantia de uma justiça não subordinada a interesses políticos contingentes, assegurando-lhe a desejável imparcialidade. O juiz deve ser independente não somente diante do Poder Executivo, mas também diante do próprio Poder Judiciário, deixando de se submeter a pressões corporativas ou institucionais. No intuito de assegurar a imparcialidade do juiz, conferindo-lhe independência, a Constituição, em seu art. 95, outorga uma série de prerrogativas aos magistrados, quais sejam: (a) a *vitaliciedade*, que, na primeira instância, somente se adquire após dois anos de efetivo serviço judicial; (b) a *inamovibilidade*, salvo por motivo de interesse público; (c) a *irredutibilidade de subsídios*, não devendo haver decesso remuneratório, com as ressalvas expressamente indicadas no próprio texto constitucional. Ainda no intuito de assegurar a imparcialidade do juiz, o mesmo art. 95 da Constituição veda aos magistrados: (a) o exercício de outro cargo ou função, salvo uma de magistério; (b) o recebimento, a qualquer título ou pretexto, de custas ou participação em processo; (c) a dedicação à atividade político-partidária; (d) o recebimento, a qualquer título ou pretexto, de auxílios ou contribuições de pessoas físicas, entidades públicas ou privadas, ressalvadas as exceções previstas em lei; (e) o exercício da advocacia e, uma vez aposentado ou exonerado, é defeso ao juiz exercer a advocacia no juízo ou tribunal do qual se afastou, antes de decorridos três anos do afastamento por aposentadoria ou exoneração.

**30. Imparcialidade e impessoalidade.** A imparcialidade impõe impessoalidade. A impessoalidade é reflexo da imparcialidade do Estado. Por isso, ao juiz cabe conferir tratamento isonômico às partes (arts. 7º e 139, I).

**31. Deveres dedutíveis da impessoalidade.** A impessoalidade impõe o cumprimento dos deveres de objetividade, imparcialidade, neutralidade e transparência.

**32. Impessoalidade como imparcialidade.** Impessoal significa não se referir ou não se dirigir a uma pessoa em particular, mas às pessoas em geral. A impessoalidade abrange a imparcialidade, haja vista exigir uma atuação desinteressada, isenta e objetivamente orientada.

**33. Imparcialidade e impartialidade.** A imparcialidade não se confunde com a impartialidade. Enquanto a imparcialidade consiste na isenção de ânimo para o julgamento, na indiferença à vitória de qualquer uma das partes, no afastamento do juiz em relação aos interesses em disputa, na, enfim, alheação, a impartialidade diz respeito à repartição de tarefas no processo, a depender da função do sujeito processual. O juiz deve ser um *terceiro* em relação às partes, responsável por solucionar a disputa, de sorte a não poder exercer função típica das partes. Há, no modelo cooperativo de processo (art. 6º), uma divisão de tarefas, não cabendo ao juiz praticar atos típicos de outros sujeitos do processo. Ao juiz cabe conduzir o processo, examinar as questões que lhe foram submetidas e julgar a pretensão formulada; cabe-lhe exercer suas funções, não devendo atuar no lugar das partes, do Ministério Público ou de qualquer outro sujeito processual. A impartialidade exclui da atuação do juiz a atuação de qualquer função das partes ou de qualquer outro sujeito processual. Por isso, não lhe cabe propor a demanda, nem contestar a pretensão, nem interpor recurso, nem realizar exame, vistoria ou avaliação, nem, enfim, praticar qualquer ato que seja atribuído a outro sujeito do processo.

**34. Imparcialidade e isonomia.** O dever de imparcialidade proíbe a disparidade de tratamento, impondo que as partes sejam tratadas com isonomia, sem diferença de oportunidades, com paridade de armas, sem distinção de qualquer natureza. A imparcialidade do juiz garante a isonomia processual. O magistrado que não confere audiência a ambas as partes e, de resto, não cumpre o primado do contraditório já terá, somente por isso, cometido uma parcialidade, por não haver investigado senão a metade do que poderia verificar.

**35. Imparcialidade e transparência.** A transparência é pressuposto para a imparcialidade, pois é fator que viabiliza a participação dos sujeitos do processo. A transparência é assegurada pela publicidade do processo, pelo dever de fundamentação expressa das decisões judiciais, pela participação dos sujeitos processuais na prática dos atos do processo, pelo direito de informação assegurado às partes e pelo direito de acesso a todo o conteúdo dos autos do processo. Por meio de um comportamento transparente, o juiz concretiza a imparcialidade. Agir com transparência significa agir com clareza, objetividade e uniformidade nos procedimentos, permitindo o conhecimento de suas fases e dos critérios adotados na avaliação dos fatos e no exame das questões discutidas entre as partes.

**36. Princípio da imparcialidade, Estado Democrático de Direito, presunções absolutas de parcialidade e impossibilidade de interpretação extensiva.** *"O fundamento axiológico da exceção de suspeição é o princípio da imparcialidade, valor que constitui, por um lado, pressuposto processual de validade da relação jurídica e, por outro, atributo do magistrado na análise de cada causa sob sua tutela jurisdicional, que lhe exige distanciamento das partes, é dizer, nenhum vínculo social, familiar ou emocional com elas. Significa possuir simpatia senão pelo processo e pelas normas que o regem e que reclamam a materialização do direito. A imparcialidade manifesta, sob a ótica processual, valores do Estado Democrático de Direito e emprega, porque resultado de um processo legal, a decisão devida e justa ao caso concreto. 3. As hipóteses de impedimento são presunções legais absolutas de parcialidade, pois apontam relações entre o suspeito/impedido e o núcleo do processo (causa objetiva), imperativamente repelidas pela lei (CPP, arts. 252, 253, 254 e 258), de forma clara e objetiva. Ocorrida, pois, a subsunção às hipóteses legais, restará prejudicada, ope legis, a condição de atuação imparcial pelo membro do Parquet. 4. A consolidada jurisprudência dos Tribunais Superiores sustenta que as hipóteses causadoras de impedimento/suspeição, constantes nos arts. 252, 253 e 258 do Código de Processo Penal, são taxativas, não sendo viável interpretação extensiva e analógica, sob pena de se criar judicialmente nova causa de impedimento não prevista em lei, o que vulneraria a separação dos poderes e, por consequência, cercearia inconstitucionalmente a atuação válida do magistrado ou mesmo do promotor. 5. Hipótese em que o Tribunal de origem, ao concluir pela suspeição do Magistrado prolator da decisão de rejeição da denúncia por já ter externado 'o seu posicionamento sobre o mérito da imputação', incorreu em interpretação extensiva da legislação de regência,*

**LIVRO III · DOS SUJEITOS DO PROCESSO** **Art. 144**

*criando, assim, nova causa de impedimento não prevista em lei, o que não deve prosperar"* (STJ, 5ª Turma, HC 478.645/RJ, rel. Min. Ribeiro Dantas, *DJe* 4.6.2019).

**37. Imparcialidade, as heurísticas e os vieses cognitivos.** Heurísticas são atalhos mentais ou regras empíricas utilizadas para facilitar a tomada de decisão. Embora úteis em diversas situações, as heurísticas podem conduzir o julgador a erros sistemáticos, identificados como vieses cognitivos. O viés cognitivo é um atalho mental que leva a desvios de racionalidade e lógica. A utilização de heurísticas pode, enfim, gerar vieses nas decisões. Um viés de decisão é uma tendência sistemática de violar os axiomas da racionalidade ampla. Diversos estudos demonstram a existência de desvios sistemáticos de racionalidade na atividade decisória, denotando a interferência de intuições nos julgamentos. Tais estudos sugerem a adoção de técnicas de neutralização dos vieses cognitivos, como manter, no mesmo processo, um juiz que aprecie o pedido de tutela provisória e um outro que profira a decisão final, ou um juiz instrutor e um juiz decisor, ou a impossibilidade de o juiz da sentença anulada voltar a apreciar a mesma causa, ou a participação das partes, junto com o juiz, na construção da decisão de saneamento e organização do processo. Adotadas essas práticas, eliminam-se alguns vieses cognitivos, ampliando-se o grau de imparcialidade do julgador.

**38. Dever de aparentar imparcialidade.** *"Em 2008, para garantir os pilares dorsais da independência, da integridade e da imparcialidade do magistrado, com evidente propósito de preservar e fortalecer a autoridade, a respeitabilidade e a confiança no Poder Judiciário como um todo, o Conselho Nacional de Justiça – CNJ editou o Código de Ética da Magistratura Nacional. Dispõe ele ser 'fundamental para a magistratura brasileira cultivar princípios éticos, pois lhe cabe também função educativa e exemplar de cidadania em face dos demais grupos sociais'* (Preâmbulo, grifo adicionado). *Acrescenta que, para ser considerado realmente imparcial, deve o magistrado evitar 'todo o tipo de comportamento que possa refletir favoritismo, predisposição ou preconceito'* (art. 8º). *6. Na mesma linha, em 2006, o Conselho Econômico e Social das Nações Unidas adotou a Resolução 2006/1923, referendando os 'Princípios básicos para o fortalecimento da conduta judicial'* (Princípios de Bangalore de Conduta Judicial, redigidos e aprovados originalmente em 2001 pelo 'Grupo Judicial de Fortalecimento Judiciário'). *7. Segundo a Declaração de Bangalore, 'a confiança do público no sistema judicial, na autoridade moral e na integridade do Judiciário é de suma importância em uma sociedade democrática moderna' e que é 'essencial que juízes, individual e coletivamente ... esforcem-se em realçar e manter a confiança no sistema judicial'* (Preâmbulo, grifo acrescentado). *Prevê, ademais, que 'um juiz não só deverá ser isento de conexões inapropriadas ..., mas deve também parecer livre delas, para um observador sensato'* (Princípio 1.3, grifo adicionado). *E arremata, no ponto que interessa às questões aqui debatidas: 'Um juiz deve considerar-se suspeito ou impedido de participar em qualquer caso em que não é habilitado a decidir o problema imparcialmente ou naqueles em que pode parecer a um observador sensato como não habilitado a decidir imparcialmente'* (Princípio 2.5, grifo adicionado). *8. Não é diferente o Código Ibero-Americano de Ética Judicial ao estabelecer que 'o Juiz deve evitar toda a aparência de tratamento preferencial ou especial com os advogados e com os processáveis, proveniente da sua própria conduta ou da dos outros integrantes da repartição judicial'* (art. 13, grifo adicionado) *e que 'é proibido que o Juiz e os outros membros da repartição judicial recebam presentes ou benefícios – de toda a índole – que sejam injustificados sob a perspectiva de um observador razoável'* (art.14, grifo adicionado). *E, finalmente: 'O Juiz tem o dever de promover na sociedade uma atitude, racionalmente fundada, de respeito e confiança para com a administração de justiça'* (art. 43, grifo acrescentado). *9. Assim, inevitável que esse mosaico de valores, princípios, responsabilidades e expectativas – partilhado pela comunidade das nações democráticas e, em decorrência, matéria-prima do arcabouço deontológico da magistratura ideal – informe a interpretação que se venha a conferir aos arts. 144 e 145 do novo CPC. Por esse enfoque, o standard aplicável deixaria de ser de autoavaliação subjetiva do juiz e assumiria conformação de aparência exterior objetiva, isto é, aquela que toma por base a 'confiança do público' ou de um 'observador sensato'. Em outras palavras, a aferição de impedimento e suspeição, a partir do texto da lei, haveria de levar em conta, além do realmente ser, o parecer ser aos olhos e impressões da coletividade de jurisdicionados. Em suma, não se cuidaria de juízo de realidade interna (ótica individual do juiz), mas, sim, de juízo de aparência externa de realidade (ótica da coletividade de jurisdicionados)"* (STJ, 2ª Turma, REsp 1.720.390/RS, rel. Min. Herman Benjamin, *DJe* 12.3.2019).

**39. Imparcialidade da autoridade judiciária.** A imparcialidade é a primeira e mais importante qualidade de um juiz. O juiz deve ser imparcial, não sendo impedido nem suspeito. As causas de impedimento estão previstas nos arts. 144 e 147, enquanto as de suspeição, no art. 145.

**40. Hipóteses de impedimento.** O art. 144 relaciona os casos de impedimento do juiz. O impedimento consiste numa proibição dirigida ao juiz de funcionar nas causas em que se verificam as circunstâncias relacionadas no art. 144.

**41. Gravidade do vício.** As hipóteses de impedimento são consideradas relevantes, sérias e graves, a ponto de sobreviverem até mesmo após o trânsito em julgado da decisão proferida por juiz impedido, dando ensejo ao cabimento de ação rescisória (art. 966, II).

**42. Tipos de processo.** O afastamento do juiz impedido é imposto em qualquer tipo de processo, seja os de jurisdição voluntária, seja os de jurisdição contenciosa.

**43. Hipóteses taxativas e interpretação restritiva.** *"Nos termos da iterativa jurisprudência do Superior Tribunal de Justiça, as hipóteses de suspeição são taxativas e devem ser interpretadas restritivamente, de modo a não comprometer a independência funcional do magistrado. 4. A contratação de prestação de serviços advocatícios por magistrado, mormente se o vínculo já se extinguiu antes mesmo do ajuizamento do processo em que o causídico atua e no qual se alega a existência de favorecimento, não está entre as causas de suspeição do artigo 145 do Código de Processo Civil de 2015"* (STJ, 3ª Turma, REsp 1.783.015/AM, rel. Min. Ricardo Villas Bôas Cueva, *DJe* 18.5.2020).

**44. Causas de impedimento. Rol taxativo.** *"Importante registrar, ademais, que, tanto no Supremo Tribunal Federal quanto no Superior Tribunal de Justiça, prevalece o entendimento no sentido de que o rol de causas de impedimento do julgador é taxativo, não sendo possível a 'criação pela via da interpretação' (RHC 105.791/SP, Relatora Ministra Cármen Lúcia, Segunda Turma, DJe 1º.02.2013)' (HC 477.943/PR, Relator Ministro Joel Ilan Paciornik, Quinta Turma, julgado em 26.03.2019, DJe 03.04.2019)"* (STJ, 5ª Turma, AgRg no REsp 1.857.774/RS, rel. Min. Reynaldo Soares da Fonseca, *DJe* 30.6.2020).

**45. Hipóteses taxativas.** *"O art. 144 do estatuto processual estampa as hipóteses taxativas de impedimento, vedando, por presunção legal objetiva, a atuação do magistrado nesses casos"* (STJ, 1ª Seção, AgInt na ExImp n. 23/DF, rel. Min. Regina Helena Costa, *DJe* 30.6.2022).

**46. Presunção de parcialidade.** Os casos de impedimento constantes do art. 144 contêm presunção de parcialidade, estando todos eles fundados em fatos objetivos, de fácil comprovação, não dependendo do sentimento do juiz em relação às partes do processo, nem de haver efetivo interesse dele no resultado da demanda.

**47. Intervenção anterior com outra função.** O juiz é impedido de atuar no processo quando tiver nele atuado como mandatário da parte, como perito, como órgão do Ministério Público ou como testemunha. O impedimento depende do tipo de participação que o juiz teve no mesmo processo com outra função. Se tiver atuado como mandatário da parte ou como membro do Ministério Público, seu impedimento decorre da circunstância de ter propugnado pela vitória de uma das partes. Se atuou como membro do Ministério Público, mas apenas emitiu uma manifestação, afirmando não haver interesse de atuar no caso, ou apenas foi intimado sem manifestar-se, não há impedimento. A expressão mandatário, utilizada no texto normativo, abrange tanto o advogado como o preposto, o procurador ou o representante legal. Se tiver atuado como testemunha ou perito, e não propugnado por determinada solução da causa, terá sido desinteressado; nesse caso, não há impedimento. Caso, porém, o juiz deva decidir com base no que ele depôs como testemunha ou concluiu como perito, estará, na verdade, a julgar com apoio em seu conhecimento particular dos fatos, o que é vedado; nesse caso, haverá impedimento. A atuação anterior do juiz como chefe de secretaria, escrivão, oficial de justiça, distribuidor, contador não o torna impedido, a não ser tenha, por exemplo, efetuado, como oficial de justiça uma citação com hora certa e a validade da citação seja questionada pela parte ou tenha atuado como chefe de secretaria, e uma certidão que emitira seja impugnada pela parte; nesses casos, o juiz não pode decidir a questão contra sua atuação anterior.

**48. Juiz arrolado como testemunha.** Se tiver sido testemunha no processo, o juiz não poderá nele atuar. No caso de já ser juiz do caso e vier a ser arrolado como testemunha, o juiz deve reconhecer seu impedimento e afastar-se do caso (art. 452, I).

**49. Julgamento anterior no mesmo processo.** O julgador não deve atuar, no mesmo processo, em diversos graus de jurisdição. Por isso, é impedido de atuar, como relator ou vogal, no recurso interposto de decisão proferida no mesmo processo judicial no qual já tenha proferido decisão; não basta a prolação de despacho ou a prática de atos de mero impulso. Para que haja impedimento, é preciso que o ato tenha conteúdo decisório, sendo uma decisão interlocutória ou uma sentença, independentemente de o conteúdo ser ou não de mérito. O impedimento ocorre quando o juiz, no mesmo processo, atua em outro grau de jurisdição. Se, por exemplo, um juiz for convocado a atuar, em substituição, no tribunal, e participar do julgamento de um agravo de instrumento, estará impedido de atuar no mesmo processo em primeira instância. Um desembargador não está impedido de atuar em embargos de declaração contra decisão por ele proferida ou em agravo interno contra uma decisão sua, pois, nesses casos, o grau de jurisdição é o mesmo; o impedimento ocorre na atuação em outro, e não no mesmo, grau de jurisdição.

**50. Ausência de impedimento pela prática de atos não caracterizados como sentença ou decisão.** *"Não padece de nulidade o julgamento da Apelação do qual tenha participado Desembargador que, como juiz de primeiro grau de jurisdição, não praticou atos caracterizados como sentença ou decisão"* (STJ, 2ª Turma, REsp 1.834.544/AM, rel. Min. Herman Benjamin, *DJe* 11.10.2019).

**51. Decisão que influencie o juízo do magistrado.** A decisão a que se refere o inciso II *"há de ser entendida como aquela com potencial jurídico para, de algum modo, influenciar o juízo do julgador, vinculando-o, em maior ou menor grau, à tese eventualmente submetida à sua apreciação"* (STJ, 4ª Turma, REsp 782.558/ES, rel. Min. João Otávio de Noronha, *DJe* 17.8.2009).

**52. Atos ordinários.** *"A participação no julgamento em segundo grau do magistrado que atuou na instância inicial só gera impedimento se o julgador proferiu atos com natureza decisória. Despachos meramente ordinatórios, em que o juiz não se vincula a qualquer tese minimamente influenciadora do resultado da causa, não possuem esse condão"* (STJ, 2ª Tuma, REsp 1.378.952/RJ, rel. Min. Og Fernandes, *DJe* 14.5.2018).

**53. Sanação do impedimento com confirmação do resultado em embargos de declaração.** *"A participação de Desembargadora tida por impedida no julgamento dos embargos de declaração, no caso, não acarreta a nulidade do julgamento, seja porque o respectivo voto foi desinfluente para o resultado do apelo – diante da rejeição unânime dos aclaratórios – seja porque o posicionamento da Corte estadual foi mantido por ocasião da análise de segundos embargos de declaração opostos pela ora recorrente"* (STJ, 2ª Turma, REsp 1.512.361/BA, rel. Min. Og Fernandes, *DJe* 22.9.2017).

**54. Ausência de impedimento para juízo de admissibilidade de recurso extraordinário.** *"O ministro que participou do julgamento do recurso especial não está impedido para atuar no âmbito da admissibilidade do recurso extraordinário. Em-*

*bargos de declaração acolhidos sem efeitos infringentes"* (STJ, Corte Especial, EDcl no AgRg no RE no AgRg nos EAREsp 680.850/RJ, rel. Min. Humberto Martins, *DJe* 28.11.2017).

**55. Parentesco, casamento ou união estável com o advogado, o defensor público ou o membro o Ministério Público.** O juiz é impedido de atuar no processo, quando nele postular, como advogado, defensor público ou membro do Ministério Público, seu cônjuge ou companheiro, ou qualquer parente até o 3º grau. Se o juiz for, então, casado ou mantiver união estável, aí incluída a homoafetiva, com o representante da parte ou o membro do Ministério Público, será impedido de atuar no processo. A menção a advogado, no art. 144, III, abrange tanto o advogado privado como o advogado público. Não há razão para distinguir um do outro na regra de impedimento. Em todos esses casos, o perigo de parcialidade decorre das relações de parentesco entre o juiz e o representante da parte ou o membro do Ministério Público. O impedimento também existe quando o advogado, o defensor público ou o membro do Ministério Público for parente do juiz na linha colateral, por afinidade ou por consanguinidade, até o 3º grau. Assim, estará impedido o juiz, se o advogado, o defensor público ou o membro do Ministério Público for seu pai, sua mãe, seu avô, sua avó, seu bisavô, sua bisavó, seu filho, sua filha, seu neto, sua neta, seu bisneto, sua bisneta, seu irmão, sua irmã, seu tio, sua tia, seu sobrinho, sua sobrinha, seu sogro, sua sogra, sua nora, seu genro, seu padrasto, sua madrasta, seu enteado, sua enteada, seu cunhado, sua cunhada, seu concunhado ou sua concunhada.

**56. Parentesco por adoção.** Se o parentesco do juiz com o advogado, o defensor público ou o membro do Ministério Público decorrer de adoção deste por aquele ou vice-versa, o impedimento deve limitar-se a essa pessoa, não alcançando os parentes naturais do adotado. Isso porque o impedimento só se refere ao parentesco natural, por consanguinidade ou por afinidade, e não ao parentesco civil, que é o da adoção (CC, art. 1.593). A adoção cria um vínculo familiar entre adotante e adotado, passando este a ser filho daquele e desligando-o do vínculo com seus pais e parentes consanguíneos, exceto quanto aos impedimentos matrimoniais. O juiz será impedido se o advogado, o defensor público ou o membro do Ministério Público for descendente do adotado, porque eles são também descendentes do adotante. O mesmo ocorre quanto aos cônjuges desses descendentes, que são parentes, por afinidade, do adotante.

**57. Extinção do parentesco por afinidade.** Na linha reta, a afinidade não se extingue com a dissolução do casamento ou da união estável (CC, art. 1.595, § 2º), mas, na linha colateral, ocorre a extinção. Apesar da falta de disposição no CPC sobre o tema, esse fato não repercute no impedimento. A morte, por exemplo, não extingue a relação de afinidade para efeito de eliminar o impedimento. Os motivos que configuram o impedimento não desaparecem com a extinção da afinidade. O falecimento do irmão ou do cônjuge não elimina a afeição que normalmente liga ou une os cunhados.

**58. Juiz que for parte no processo.** O juiz não pode atuar no processo em que ele é parte. Essa vedação é antiga, tradicional e inerente ao devido processo legal e ao Estado Democrático de Direito, pois ninguém deve ser juiz em causa própria. A vedação alcança tanto o juiz que já era parte no processo como o que veio a tornar-se parte posteriormente. A vedação também alcança o processo em que o juiz atue como interveniente, inclusive assistente. Atuar num processo em que funciona como parte afeta não só a imparcialidade do juiz como também sua imparcialidade. O juiz não deve, no mesmo processo, exercer funções típicas de outros sujeitos processuais. Por isso, o juiz é impedido quando for testemunha no processo

**59. Parentesco, casamento ou união estável com a parte.** O juiz é impedido de atuar no processo, quando nele postular, como parte, seu cônjuge ou companheiro, ou qualquer parente até o 3º grau. A união homoafetiva deve ser considerada incluída na menção a companheiro, pois não há razão para qualquer distinção na regra. O impedimento também existe quando parte for parente do juiz na linha colateral, por afinidade ou por consanguinidade, até o 3º grau. Assim, estará impedido o juiz, se a parte for seu pai, sua mãe, seu avô, sua avó, seu bisavô, sua bisavó, seu filho, sua filha, seu neto, sua neta, seu bisneto, sua bisneta, seu irmão, sua irmã, seu tio, sua tia, seu sobrinho, sua sobrinha, seu sogro, sua sogra, sua nora, seu genro, seu padrasto, sua madrasta, seu enteado, sua enteada, seu cunhado, sua cunhada, seu concunhado ou sua concunhada.

**60. Interveniente.** Também haverá impedimento se o juiz for cônjuge, companheiro ou parente, até o 3º grau, de um terceiro interveniente, aí incluído o assistente. O interveniente é um sujeito parcial e as mesmas razões que causam o impedimento do juiz quando o sujeito for parte aplicam-se para o terceiro interveniente, inclusive o assistente.

**61. Pessoa jurídica como parte.** Se a parte for pessoa jurídica, o impedimento existirá, se o juiz for cônjuge, companheiro ou parente, até o 3º grau, do seu presidente, vice-presidente, diretor, gerente, administrador, sócio, representante legal ou voluntário.

**62. Juiz sócio ou membro de direção ou de administração de pessoa jurídica.** Ao juiz é vedado *"o desempenho de função de direção administrativa ou técnica de estabelecimento de ensino"* (LOMAN, art. 26, § 1º). Também lhe é vedado *"I – exercer o comércio ou participar de sociedade comercial, inclusive de economia mista, exceto como acionista ou quotista; II – exercer cargo de direção ou técnico de sociedade civil, associação ou fundação, de qualquer natureza ou finalidade, salvo de associações de classe, e sem remuneração"* (LOMAN, art. 36). O juiz, como se percebe, pode ser sócio de sociedades empresariais, só podendo exercer cargo de direção de associações de classe. Se uma pessoa jurídica da qual for sócio ou se a entidade de classe que o tenha como diretor ou técnico for parte, ele estará impedido de atuar no respectivo processo. Sua ligação com a pessoa jurídica, nesses casos, subtrai-lhe sua imparcialidade, sendo, portanto, impedido de atuar como juiz.

**63. Herdeiro presuntivo.** O juiz é impedido de atuar no processo que tenha como parte alguém de quem ele seja herdeiro presuntivo. O herdeiro presuntivo é a pessoa que normalmente deve herdar de outra. A regra abrange tanto o herdeiro legítimo como o testamentário. Enquanto este é o que herda por nomeação em testamento, aquele é o que recebe em consequência do parentesco. Algumas das hipóteses em que o juiz seja herdeiro presuntivo já estão abrangidas no inciso IV: se for, por exemplo, parte no processo seu pai ou sua mãe, ele já é impedido pelo parentesco; também o será por ser herdeiro presuntivo. O juiz pode ser, porém, parente em 4º grau da parte. Nesse caso, não há impedimento por parentesco, mas ele pode ser herdeiro presuntivo desse seu parente (CC, art. 1.839), o que lhe causará impedimento. Não haverá impedimento se houver testamento que exclua o juiz da herança. O juiz também será impedido se for legatário presuntivo da parte. As mesmas razões do impedimento para caso de herança presumida aplicam-se para o legado.

**64. Donatário da parte.** O recebimento pelo juiz de doação de uma das partes é motivo de seu impedimento. A doação revela a existência de proximidade de afeição e tende a criar sentimento de gratidão por quem a recebe, eliminando a imparcialidade para examinar um litígio

**LIVRO III** · DOS SUJEITOS DO PROCESSO **Art. 144**

ou disputa que envolva o doador. Presentes de pequeno valor, que não tragam um sentimento de gratidão, não devem ser considerados como doação para efeito de caracterizar impedimento, mas pode configurar eventualmente a existência de amizade íntima, a identificar uma suspeição (art. 145, I). Se o juiz recebe presente, não da parte, mas de outra pessoa que tenha interesse no processo, o caso é de suspeição (art. 145, II).

**65. Empregador da parte.** O fato de o juiz ser empregador da parte leva ao seu impedimento. A relação de emprego aproxima o contato entre as partes, gerando empatia e afeição e eliminando a imparcialidade. Por isso, o juiz não pode atuar num processo em que seja parte um empregado seu.

**66. Instituição privada de ensino.** O juiz é impedido de atuar em processo no qual figure como parte instituição privada de ensino na qual ele seja professor. Independentemente de seu vínculo ser empregatício ou de prestação de serviços, ele será impedido, não podendo atuar no processo que tenha a instituição privada de ensino como parte. Isso porque não há estabilidade na sua relação com a instituição, que pode despedi-lo ou romper com ele o vínculo, mediante o exercício de um direito potestativo. Não há impedimento do juiz que seja professor em universidade pública para atuar em processo no qual ela seja parte. É que, nesse caso, há estabilidade, não podendo haver desligamento do professor mediante o exercício de direito potestativo. É por isso que o inciso VII refere-se apenas a instituição privada de ensino. A regra não alcança, portanto, as universidades públicas.

**67. Cliente de escritório de advocacia de cônjuge, companheiro ou parente.** O juiz é impedido de atuar em processo no qual figure como parte cliente do escritório de advocacia de seu cônjuge, companheiro ou parente até o 3º grau, mesmo que patrocinado por advogado de outro escritório. A previsão é inconstitucional, por conter um exagero, pois é possível que o cônjuge, companheiro ou parente do juiz não atue no caso, não atenda aquele cliente, seja de uma área consultiva do escritório, mas, ainda assim, haveria o impedimento, pois, segundo o dispositivo, o juiz não poderia atuar, mesmo que o caso fosse patrocinado por advogado de outro escritório ou mesmo que seu cônjuge, companheiro ou parente não atue diretamente. A finalidade do dispositivo é evitar interferências externas, feitas fora do ambiente do processo. Há uma desarrazoada presunção de falta de imparcialidade.

**68. ADI 5.953.** O inciso VIII teve sua inconstitucionalidade proclamada pelo STF no julgamento de procedência da ADI 5.953.

**69. Litígio entre o juiz e a parte ou seu advogado.** O juiz é impedido para julgar o processo que tenha como parte ou advogado alguém contra quem ele propôs alguma demanda judicial. Não há distinção prevista na lei. O impedimento existirá, seja no caso de o juiz ter proposto demanda civil ou demanda penal de iniciativa privada. Também haverá impedimento se o juiz tiver instaurado arbitragem contra a parte ou seu advogado. Embora a arbitragem seja confidencial, é uma demanda que envolve o juiz e a parte ou o advogado do processo por ele conduzido. Por isso, há impedimento. Ao juiz falta aparência razoável de imparcialidade. Não é, com efeito, razoável exigir isenção do juiz que litiga contra a parte ou seu advogado. O impedimento, nesse caso, ocorre não somente na situação em que o juiz propõe a demanda, mas também quando ele é demandado. Apesar de o dispositivo legal usar a expressão "quando promover ação", a interpretação excessivamente restritiva, destinada a considerar o impedimento só nos casos em que o juiz for autor da ação, e não também nos casos em que ele for réu, é inadequada, indevida, irrazoável, pois a ausência de imparcialidade aflora, com muito mais vigor, quando o sujeito for réu do que nos casos em que ele for autor.

**70. Taxatividade *versus* interpretação extensiva.** "*(...), equivocado confundir taxatividade com interpretação literal do conteúdo dos arts. 144 e 145 do CPC. Na exegese do art. 144, IX, do CPC, deve-se prestigiar a ratio, e não a textualidade do dispositivo, o que em nada significa adoção de hermenêutica extensiva. Embora use as expressões "parte" e "advogado", na verdade o art. 144, IX, do CPC se destina a impedir a atuação de Juiz em contenda judicial ou administrativa, passada ou presente, com quem integre a relação processual ou oficie no processo em qualquer dos polos. Não custa lembrar que a exceção de impedimento, diante da gravidade da ofensa real ou abstrata à imagem pública de isenção judicial, carrega presunção absoluta e dispensa, portanto, prova acerca da efetiva parcialidade ou não do Magistrado*" (STJ, 2ª Turma, REsp 1.881.175/MA, rel. Min. Herman Benjamin, *DJe* 4.4.2023).

**71. Ação penal entre o juiz e a parte ou seu advogado.** "*Embora tanto o impedimento, quanto também a suspeição, representem a quebra de neutralidade e de imparcialidade do julgador, a preexistência de ações penais envolvendo, de um lado, o juiz, e de outro lado, a parte ou o seu ad-*

vogado, é causa típica de impedimento (art. 144, IX, do CPC/15) e não de suspeição (art. 145, I, do CPC/15). 3- O impedimento para que o juiz atue em processo no qual a parte ou o advogado seja também réu de uma ação judicial por ele proposta se justifica porque as desavenças pessoais do juiz com as referidas pessoas podem comprometer a indispensável isenção no julgamento da causa, bem como para evitar que exista a possibilidade de manipulação do resultado de modo a favorecer o julgador no processo que o envolve como parte. 4- Não é lícito ao juiz presidir nenhum processo que envolva a parte ou advogado com quem litiga, na medida em que se trata de impedimento absoluto, pois ligado às partes ou seus representantes, razão pela qual existe a real possibilidade de comprometimento da neutralidade e da imparcialidade em relação a quaisquer causas que porventura os envolvam" (STJ, 3ª Turma, HC 762.105/SP, rel. Min. Nancy Andrighi, *DJe* 28.10.2022).

**72. Causas repetitivas.** Para as causas repetitivas, é preciso que se conceba um regime processual próprio, com dogmática específica, que se destine a dar-lhes solução prioritária, racional e uniforme. O art. 928 prevê instrumentos para julgamento de casos repetitivos. Sua finalidade relaciona-se com a gestão dos casos, acarretando a formação de precedentes obrigatórios. Além de disponibilizar instrumentos de gestão de casos e formação de precedentes obrigatórios, também é preciso conceber uma dogmática própria, com interpretação adequada dos enunciados normativos para que se adaptem à realidade das demandas repetitivas. Imagine-se, por exemplo, que o juiz proferiu, em bloco, sentença idêntica para 500 casos que tramitavam em sua vara, aplicando, para todos eles, um precedente obrigatório do STJ. Num deles, seu irmão era parte. Não parece razoável reconhecer seu impedimento e anular a sentença proferida, pois ele aplicou, em bloco, um precedente a diversos casos repetitivos, não atuando de forma específica apenas no caso do irmão, sem isenção e com a imparcialidade comprometida. Outro exemplo: imagine que o juiz firmou contrato de seguro saúde com o plano de saúde X. A prestação mensal a que se obrigou o juiz aumentou substancialmente. Por isso, o juiz propôs ação contra X para reduzir o valor da mensalidade que ele paga. Pode o juiz processar e julgar ações propostas contra X? E se a ação envolver assunto diverso daquele da ação proposta pelo juiz, ele pode processá-la e julgá-la (for, por exemplo, uma ação de despejo)? E outras ações propostas contra outros planos de saúde que envolvam a mesma discussão de aumento abusivo de mensalidades? Pode o juiz processá-

las e julgá-las? Perceba que o inciso IX foi concebido para casos individuais, específicos, sem a conjuntura da litigiosidade repetitiva. O dispositivo talvez mereça uma interpretação adequada, que o ajuste aos casos de demandas repetitivas.

**73. Observância da boa-fé.** A parte não deve provocar o impedimento do juiz, praticando atos ou forjando situações que o tornem impedido. Tal postura atenta contra a boa-fé e impede que se configure o impedimento. Por isso, "é vedada a criação de fato superveniente a fim de caracterizar impedimento do juiz" (art. 144, § 2º).

**74. Ingresso posterior do defensor público, do advogado ou do membro do Ministério Público na demanda.** O juiz está impedido de exercer suas funções no processo, quando nele estiver postulando, como membro do Ministério Público, como defensor público ou como advogado da parte, o seu cônjuge ou qualquer parente seu, consanguíneo ou afim, em linha reta; ou na linha colateral até o 3º grau. O juiz somente está impedido se seu cônjuge, companheiro ou parente já atuava desde o início da demanda. Se, contudo, o cônjuge, companheiro ou parente do juiz passa, posteriormente, a atuar no processo, a fim de criar seu impedimento, quem está impedido de atuar, na verdade, é o advogado, o defensor público ou o membro do Ministério Público, e não o juiz.

**75. Necessidade de demonstração de efetivo prejuízo e aplicação da instrumentalidade das formas.** O exame dos casos de impedimento e suspeição deve ser feito a partir da aplicação da instrumentalidade das formas, sendo necessário demonstrar prejuízo advindo da participação do julgador. As causas de impedimento são objetivas, mas é preciso demonstrar efetivo prejuízo. Não deve prevalecer a forma em detrimento do conteúdo.

**76. Aplicação do princípio da instrumentalidade das formas.** "(...) *o Superior Tribunal de Justiça, ao julgar controvérsias que versam sobre impedimentos de juízes e desembargadores, tem adotado postura tendente a primar pela aplicação do princípio da instrumentalidade das formas, bem como pela exigência de demonstração do prejuízo advindo da participação de magistrados parentes no julgamento do mesmo processo, em atenção ao princípio pas de nullité sans grief, o que não ocorreu na espécie*" (STJ, 2ª Turma, REsp 1.834.544/AM, rel. Min. Herman Benjamin, *DJe* 11.10.2019).

**77. Necessidade de demonstração de efetivo prejuízo, ainda que se entenda que as causas de suspeição estão num rol exemplificativo.**

**LIVRO III · DOS SUJEITOS DO PROCESSO** — **Art. 145**

*"Quanto às hipóteses de suspeição, ainda que sejam consideradas como rol exemplificativo, é imperativa a demonstração de efetivo prejuízo à imparcialidade do julgador, situação que, no caso dos autos, demandaria o revolvimento dos fatos e das provas, o que é vedado pelo enunciado n. 7 da Súmula do Superior Tribunal de Justiça"* (STJ, 5ª Turma, AgRg no REsp 1.857.774/RS, rel. Min. Reynaldo Soares da Fonseca, *DJe* 30.06.2020).

---

**Art. 145.** Há suspeição do juiz:

I – amigo íntimo ou inimigo de qualquer das partes ou de seus advogados;

II – que receber presentes de pessoas que tiverem interesse na causa antes ou depois de iniciado o processo, que aconselhar alguma das partes acerca do objeto da causa ou que subministrar meios para atender às despesas do litígio;

III – quando qualquer das partes for sua credora ou devedora, de seu cônjuge ou companheiro ou de parentes destes, em linha reta até o terceiro grau, inclusive;

IV – interessado no julgamento do processo em favor de qualquer das partes.

§ 1º Poderá o juiz declarar-se suspeito por motivo de foro íntimo, sem necessidade de declarar suas razões.

§ 2º Será ilegítima a alegação de suspeição quando:

I – houver sido provocada por quem a alega;

II – a parte que a alega houver praticado ato que signifique manifesta aceitação do arguido.

---

▶ **1. Correspondência no CPC/1973.** *"Art. 135. Reputa-se fundada a suspeição de parcialidade do juiz, quando: I – amigo íntimo ou inimigo capital de qualquer das partes; II – alguma das partes for credora ou devedora do juiz, de seu cônjuge ou de parentes destes, em linha reta ou na colateral até o terceiro grau; III – herdeiro presuntivo, donatário ou empregador de alguma das partes; IV – receber dádivas antes ou depois de iniciado o processo; aconselhar alguma das partes acerca do objeto da causa, ou subministrar meios para atender às despesas do litígio; V – interessado no julgamento da causa em favor de uma das partes. Parágrafo único. Poderá ainda o juiz declarar-se suspeito por motivo íntimo."*

### 📖 Legislação Correlata

**2. CPP, art. 254.** *"Art. 254. O juiz dar-se-á por suspeito, e, se não o fizer, poderá ser recusado por qualquer das partes: I – se for amigo íntimo ou inimigo capital de qualquer deles; II – se ele, seu* cônjuge, ascendente ou descendente, estiver respondendo a processo por fato análogo, sobre cujo caráter criminoso haja controvérsia; III – se ele, seu cônjuge, ou parente, consanguíneo, ou afim, até o terceiro grau, inclusive, sustentar demanda ou responder a processo que tenha de ser julgado por qualquer das partes; IV – se tiver aconselhado qualquer das partes; V – se for credor ou devedor, tutor ou curador, de qualquer das partes; VI – se for sócio, acionista ou administrador de sociedade interessada no processo."

**3. CPP, art. 255.** *"Art. 255. O impedimento ou suspeição decorrente de parentesco por afinidade cessará pela dissolução do casamento que lhe tiver dado causa, salvo sobrevindo descendentes; mas, ainda que dissolvido o casamento sem descendentes, não funcionará como juiz o sogro, o padrasto, o cunhado, o genro ou enteado de quem for parte no processo."*

**4. CPP, art. 256.** *"Art. 256. A suspeição não poderá ser declarada nem reconhecida, quando a parte injuriar o juiz ou de propósito der motivo para criá-la."*

**5. Lei 9.784/1999, art. 20.** *"Art. 20. Pode ser arguida a suspeição de autoridade ou servidor que tenha amizade íntima ou inimizade notória com algum dos interessados ou com os respectivos cônjuges, companheiros, parentes e afins até o terceiro grau."*

### ⚖ Jurisprudência, Enunciados e Súmulas Selecionados

• **6. Enunciado 489 do FPPC.** *"Observado o dever de revelação, as partes celebrantes de convenção de arbitragem podem afastar, de comum acordo, de forma expressa e por escrito, hipótese de impedimento ou suspeição do árbitro."*

### 🗐 Comentários Temáticos

**7. Suspeição.** As hipóteses de suspeição de parcialidade do juiz estão relacionadas no art. 145. Se o juiz se enquadrar em qualquer dessas hipóteses, deverá abster-se de atuar no processo. Caso o juiz não se abstenha, a parte pode arguir sua suspeição e requerer seu afastamento. A suspeição, diferentemente do impedimento, deixará de produzir qualquer efeito negativo na validade do processo, se não for reconhecida de ofício pelo juiz nem for arguida pela parte interessada. Por isso, não cabe ação rescisória em caso de suspeição; só em caso de impedimento (art. 966, II).

**8. Necessidade de indicação da hipótese legal.** *"Deve ser rejeitada a exceção de suspeição que não indica nenhuma das hipóteses legais do art. 145 do Código de Processo Civil de 2015 (taxatividade do incidente)"* (STJ, 2ª Seção, AgInt na ExSusp 198/PE, rel. Min. Marco Aurélio Bellizze, *DJe* 20.03.2020).

**9. Amizade íntima com a parte.** O juiz é suspeito para atuar no processo quando for amigo íntimo de qualquer das partes. Para que se configure a suspeição, é preciso que haja a efetiva existência de fortes laços de amizade. Não é qualquer amizade que configura a suspeição, mas a que se qualifique como íntima. A simples amizade ou simpatia do juiz para com a parte não é suficiente para caracterizar suspeição. O elemento afetivo deve ser forte o suficiente para afastar a imparcialidade ou isenção do juiz. O fato de o juiz seguir ou ser seguido pela parte em redes sociais ou em grupo de conversa rápida não é suficiente para caracterizar a intimidade da amizade. A amizade íntima é a decorrente da convivência frequente, com conversas diuturnas, familiaridade no tratamento, constante prestação de favores recíprocos, compartilhamento de momentos em viagens, encontros, refeições e manifestações de acentuada afeição. Não é possível estabelecer aprioristicamente os sinais característicos da amizade íntima, sendo necessário examinar as circunstâncias concretas que denotem a proximidade estreita entre o juiz e a parte. Não somente a amizade, mas também a relação de maior intensidade amorosa configura amizade íntima e acarreta falta de imparcialidade do juiz para atuar no processo.

**10. Amizade íntima com o advogado.** Também pode haver suspeição do juiz em caso de amizade íntima com o advogado de qualquer das partes. Cumpre, porém, observar que o termo *amizade íntima* deve ser interpretado de modo diferente na relação do juiz com o advogado. A relação do juiz com uma das partes não tem a mesma intensidade da que ele estabelece com o advogado. É que juízes, advogados, promotores, defensores públicos, oficiais de justiça, entre outros que exercem profissões jurídicas, convivem com proximidade, frequentam ou frequentaram cursos juntos, eventos jurídicos. Não existe uma formação universitária para cada uma das profissões jurídicas. A formação é a mesma, sendo comum a todos eles. Esse convívio forja, inevitavelmente, relações de proximidade entre juízes, advogados, defensores públicos, membros do Ministério Público, que os aproximam profissionalmente e em ambientes de reuniões acadêmicas, redes sociais, eventos, congressos, seminários. Enfim, a relação de proximidade dos profissionais da área jurídica é mais intensa que a relação entre o juiz e uma das partes que não integra o ambiente jurídico. Por isso, o *standard* exigido para cada um dos casos de suspeição não é o mesmo. Para que se configure a amizade íntima entre o juiz e o advogado, não basta que sejam professores na mesma instituição de ensino, não basta que frequentem os mesmos ambientes profissionais, não bastam que almocem com alguma frequência, não basta que tenham sido colega de faculdade ou de algum curso específico ou de pós-graduação. A análise depende dos elementos do caso concreto. A relação de amizade entre o juiz e o advogado da parte deve ser de intimidade, de troca de confidências recíprocas, de convívio familiar, com intensidade bem maior do que aquela amizade íntima que se verifica entre o juiz e uma das partes.

**11. Inimizade.** Haverá suspeição do juiz se ele for inimigo de qualquer das partes ou de seu advogado. Para que se configure a suspeição, não basta a simples antipatia; é preciso que haja inimizade; é preciso que haja grave desentendimento entre o juiz e a parte ou entre o juiz e o advogado da parte. A existência de litígio judicial entre o juiz e a parte ou entre o juiz e o advogado da parte é causa de impedimento (art. 144, IX), não configurando inimizade para fins de suspeição. A disputa judicial pode ser tão intensa, a ponto de causar uma inimizade entre eles, mas nem é preciso cogitar da suspeição, pois já há impedimento expressamente previsto em lei. A existência de representações da parte ou do advogado contra o juiz pode ser um forte indício de inimizade, a caracterizar a suspeição, mas isso não acarreta a automática suspeição, pois não se deve admitir a provocação de expedientes destinados a afastar o juiz da causa, transformando-se em instrumentos de escolha de juízes. A boa-fé (art. 5º) impede o comportamento destinado a provocar a suspeição do juiz, a fim de afastá-lo do processo (art. 145, § 2º).

**12. Necessidade de comprovação.** *"A suspeição do magistrado – e, por extensão, a do perito (art. 280 do CPP) – deve ser comprovada de forma concreta e objetiva, por meio da demonstração de comportamento parcial que vise beneficiar ou prejudicar uma das partes do processo"* (STJ, 5ª Turma, AgRg no AREsp 1.713.116/PI, rel. Min. João Otávio de Noronha, *DJe* 08.08.2022).

**13. Hipóteses taxativas. Advogado de uma das partes que fora advogado do juiz: ausência de suspeição.** *"Nos termos da iterativa jurisprudência do Superior Tribunal de Justiça, as hipóteses de suspeição são taxativas e devem ser interpreta-*

**LIVRO III · DOS SUJEITOS DO PROCESSO**

**Art. 145**

*das restritivamente, de modo a não comprometer a independência funcional do magistrado. 4. A contratação de prestação de serviços advocatícios por magistrado, mormente se o vínculo já se extinguiu antes mesmo do ajuizamento do processo em que o causídico atua e no qual se alega a existência de favorecimento, não está entre as causas de suspeição do artigo 145 do Código de Processo Civil de 2015. 5. Não se mostra suficiente para comprovar a existência de amizade íntima entre o juiz e o advogado de uma das partes o fato de o causídico ter prestado em momento anterior serviços de advocacia para o magistrado"* (STJ, 3ª Turma, REsp 1.783.015/AM, rel. Min. Ricardo Villas Bôas Cueva, *DJe* 18.5.2020).

**14. Recebimento de presentes.** É suspeito o juiz que recebe presentes de pessoas que tiverem interesse na causa antes ou depois de iniciado o processo. O juiz que recebe doação de uma das partes é impedido (art. 144, VI). Se, porém, o presente lhe for dado não por uma das partes, mas por alguém que tenha interesse na causa antes ou depois de iniciado o processo, haverá suspeição (art. 145, II). É preciso avaliar concretamente se o presente foi dado por causa da demanda e se tem valor suficiente para afastar a imparcialidade do juiz.

**15. Aconselhamento sobre a causa.** O juiz será suspeito se tiver aconselhado uma das partes sobre o objeto do processo. O juiz que aconselha a parte a propor uma demanda, o que alegar, como se portar, como se defender, toma posição prévia sobre o direito em disputa, vinculando sua opinião e tornando-se parcial. Por isso, é suspeito. O aconselhamento que acarreta a suspeição do juiz é aquele prestado para determinada causa, concretamente, para pessoa certa. Não abrange a opinião doutrinária exposta em livro, em artigos científicos, em palestra ou conferência, que tenha analisado, abstratamente, um problema jurídico. Mesmo que tenha dado exemplo bem similar ao da causa, o juiz não se torna suspeito, pois não aconselhou direta e concretamente a parte; apenas apresentou opinião doutrinária sobre o problema jurídico hipotético.

**16. Manifestação pública sobre tese jurídica e ausência de suspeição.** *"A manifestação pública e in abstracto sobre as teses jurídicas insertas nos feitos em que atuou não enseja a declaração de suspeição de parcialidade do magistrado (ut, REsp 1685373/PA, Rel. Ministra Regina Helena Costa, DJe 20.08.2018)"* (STJ, 5ª Turma, AgRg no AREsp 1.510.169/PR, rel. Min. Reynaldo Soares da Fonseca, *DJe* 12.11.2019).

**17. Subministração de meios para a demanda.** Se o juiz subministra meios para atender às despesas do litígio, está a revelar interesse na causa, não sendo imparcial. Será, por isso mesmo, suspeito para atuar no processo. Mesmo que o fornecimento de meios seja para atender apenas parcialmente as despesas do processo, há suspeição. Subministrar meios para atender às despesas do litígio significa financiar a causa. Ainda que o faça por fins caridosos, o juiz não pode atuar no processo, por ter sua imparcialidade comprometida; será, então, suspeito.

**18. Credor ou devedor da parte.** É suspeito o juiz quando alguma das partes for credora ou devedora dele, de seu cônjuge ou companheiro ou de parentes deles, em linha reta até o 3º grau. O motivo da suspeição é evidente. Se o juiz, ou as pessoas a ele ligadas, for credor da parte, pode haver interesse em sua vitória, a fim de garantir ou aumentar seu patrimônio e, com isso, assegurar-se o recebimento do crédito. Sendo devedor, pode agir em favor da parte, na expectativa de receber tolerância ou tratamento mais benevolente quanto à dívida existente. A circunstância, enfim, de ser credor ou devedor da parte compromete a imparcialidade do juiz, caracterizando sua suspeição.

**19. Juiz interessado na causa.** Não é imparcial, sendo, portanto, suspeito, o juiz que tem interesse na causa. O enunciado normativo não qualifica o interesse nem esclarece a que tipo de interesse está a se referir. O termo *interesse*, contido no dispositivo, não se confunde com o termo *direito*. Se o juiz tiver direito disputado na causa, o caso será de impedimento (art. 144, I). O interesse meramente intelectual não é suficiente para configurar a suspeição do juiz: se ele manifestou, academicamente, determinado entendimento, isso não o afasta do processo. Se, igualmente, o juiz já manifestou algum entendimento jurídico em outro processo, isso não o torna necessariamente suspeito. O interesse que o torna suspeito é o que se relaciona diretamente com a vitória de uma das partes: se houver interesse na vitória de uma das partes, haverá suspeição. O exame há de ser casuístico, dependendo dos detalhes do caso concreto. Se o juiz já manifestou preferência ideológica intensa em favor de uma das teses, ou já defendeu publicamente uma das partes, essa intensidade de seu interesse pode configurar sua suspeição. Posicionamentos que revelem prejulgamento e comprometam o devido processo legal também caracterizam interesse na causa, acarretando suspeição do juiz.

**20. Prova induvidosa.** *"Para o acolhimento de suspeição fundada no inciso V do art. 135 do CPC[de 1973], é necessária prova induvidosa*

309

da aventada parcialidade do juiz, não servindo a tanto a mera circunstância de ter havido julgamento antecipado da lide e o vulto da condenação" (STJ, 3ª Turma, REsp 1.424.164/SC, rel. Min. João Otávio de Noronha, *DJe* 16.4.2015).

**21. Tipo de interesse do juiz na causa.** *"O Código de Processo Civil utiliza-se de forma genérica para a caracterização desta hipótese de suspeição, não especificando qual seria efetivamente o tipo de interesse que acarretaria na quebra do dever de imparcialidade trazida pela suspeição. Não obstante, de acordo com a doutrina processual civil, faz-se necessária uma interpretação do referido dispositivo de forma sistemática e teleológica a fim de que a sua amplitude não venha a desvirtuar a sua aplicação no caso em concreto, em prejuízo dos direitos e garantias fundamentais processuais que assistem os litigantes. 3. Neste mesmo sentido, este Sodalício, inclusive por meio de sua Corte Especial, já firmou entendimento de que o reconhecimento da suspeição, por significar o afastamento do juiz natural da causa, exige que fique evidenciado um prévio comprometimento do julgador para decidir o processo em determinada direção, a fim de favorecer ou prejudicar uma das partes, situação inocorrente na espécie. 4. Além disso, as hipóteses previstas no referido dispositivo legal são taxativas e devem ser interpretadas de foram restritiva, sob o ônus de comprometer a garantia da independência funcional que assiste à autoridade jurisdicional no desempenho de suas funções. 5. O Código de Processo Civil não prevê hipótese de suspeição/imparcialidade fundada na circunstância de o Juiz responder a processo por ato semelhante (como alegada pela parte ora recorrente)"* (STJ, 2ª Turma, REsp 1.340.594/MT, rel. Min. Mauro Campbell Marques, *DJe* 19.3.2014).

**22. Motivo de foro íntimo.** O juiz pode, espontaneamente, declarar-se suspeito para atuar no processo por motivo de foro íntimo. Para proteger a intimidade do juiz, que está assegurada constitucionalmente (CF, art. 5º, X), a lei dispensa a fundamentação judicial para essa declaração de suspeição, afastando essa exigência prevista na Constituição no inciso IX de seu art. 93. Exigir a fundamentação poderia expor, desnecessariamente, o juiz e sua intimidade, fazendo com que tivesse de revelar, publicamente, detalhes de sua vida privada.

**23. Boa-fé.** Atenta contra a boa-fé a conduta da parte destinada a provocar situações de suspeição do juiz, não devendo ser admitida.

**Art. 146.** No prazo de 15 (quinze) dias, a contar do conhecimento do fato, a parte alegará o impedimento ou a suspeição, em petição específica dirigida ao juiz do processo, na qual indicará o fundamento da recusa, podendo instruí-la com documentos em que se fundar a alegação e com rol de testemunhas.

§ 1º Se reconhecer o impedimento ou a suspeição ao receber a petição, o juiz ordenará imediatamente a remessa dos autos a seu substituto legal, caso contrário, determinará a autuação em apartado da petição e, no prazo de 15 (quinze) dias, apresentará suas razões, acompanhadas de documentos e de rol de testemunhas, se houver, ordenando a remessa do incidente ao tribunal.

§ 2º Distribuído o incidente, o relator deverá declarar os seus efeitos, sendo que, se o incidente for recebido:

I – sem efeito suspensivo, o processo voltará a correr;

II – com efeito suspensivo, o processo permanecerá suspenso até o julgamento do incidente.

§ 3º Enquanto não for declarado o efeito em que é recebido o incidente ou quando este for recebido com efeito suspensivo, a tutela de urgência será requerida ao substituto legal.

§ 4º Verificando que a alegação de impedimento ou de suspeição é improcedente, o tribunal rejeitá-la-á.

§ 5º Acolhida a alegação, tratando-se de impedimento ou de manifesta suspeição, o tribunal condenará o juiz nas custas e remeterá os autos ao seu substituto legal, podendo o juiz recorrer da decisão.

§ 6º Reconhecido o impedimento ou a suspeição, o tribunal fixará o momento a partir do qual o juiz não poderia ter atuado.

§ 7º O tribunal decretará a nulidade dos atos do juiz, se praticados quando já presente o motivo de impedimento ou de suspeição.

▶ **1. Correspondência no CPC/1973.** *"Art. 304. É lícito a qualquer das partes arguir, por meio de exceção, a incompetência (art. 112), o impedimento (art. 134) ou a suspeição (art. 135)." "Art. 305. Este direito pode ser exercido em qualquer tempo, ou grau de jurisdição, cabendo à parte oferecer exceção, no prazo de quinze (15) dias, contado do fato que ocasionou a incompetência, o impedimento ou a suspeição." "Art. 312. A parte oferecerá a exceção de impedimento ou de suspeição, especificando o motivo da recusa (arts. 134 e 135). A petição, dirigida ao juiz da causa, poderá ser instruída com documentos em que o excipiente fundar a alegação e conterá o rol de testemunhas." "Art. 313. Despachando a petição, o juiz, se reconhecer o impedimento ou a suspeição,* *ordenará a remessa dos autos ao seu substituto legal; em caso contrário, dentro de 10 (dez) dias, dará as suas razões, acompanhadas de documentos e de rol de testemunhas, se houver, ordenando a remessa dos autos ao tribunal." "Art. 314. Verificando que a exceção não tem fundamento legal, o tribunal determinará o seu arquivamento; no caso contrário condenará o juiz nas custas, mandando remeter os autos ao seu substituto legal."*

### 🔲 Legislação Correlata

**2. CPP, art. 98.** *"Art. 98. Quando qualquer das partes pretender recusar o juiz, deverá fazê-lo em petição assinada por ela própria ou por procurador com poderes especiais, aduzindo as suas razões acompanhadas de prova documental ou do rol de testemunhas."*

**3. CPP, art. 101.** *"Art. 101. Julgada procedente a suspeição, ficarão nulos os atos do processo principal, pagando o juiz as custas, no caso de erro inescusável; rejeitada, evidenciando-se a malícia do excipiente, a este será imposta a multa de duzentos mil-réis a dois contos de réis."*

**4. LINDB, art. 21.** *"Art. 21. A decisão que, nas esferas administrativa, controladora ou judicial, decretar a invalidação de ato, contrato, ajuste, processo ou norma administrativa deverá indicar de modo expresso suas consequências jurídicas e administrativas. Parágrafo único. A decisão a que se refere o* caput *deste artigo deverá, quando for o caso, indicar as condições para que a regularização ocorra de modo proporcional e equânime e sem prejuízo aos interesses gerais, não se podendo impor aos sujeitos atingidos ônus ou perdas que, em função das peculiaridades do caso, sejam anormais ou excessivos."*

**5. RISTF, arts. 277-287.** *Regulam o procedimento de arguição de suspeição e impedimento no STF.*

**6. RISTJ, arts. 272-282.** *Regulam o procedimento de arguição de suspeição e impedimento no STJ.*

### 🔲 Comentários Temáticos

**7. Alegação de impedimento ou suspeição.** A parcialidade, em suas duas modalidades, deve ser arguida pelo interessado por meio de petição específica dirigida ao juiz do processo, com indicação do fundamento da recusa, com os documentos em que se fundar a alegação e com o rol de testemunhas. A alegação não consiste num item ou capítulo da contestação; deve ser feita em petição específica.

**8. Partes no incidente.** A arguição de impedimento ou suspeição instaura um incidente no processo. No incidente, são partes o excipiente, que arguiu a parcialidade, e o excepto, cuja imparcialidade foi questionada.

**9. Capacidade postulatória.** O excipiente, se não for advogado e não tiver capacidade postulatória, deve arguir o impedimento ou a suspeição por meio de advogado regularmente constituído. O juiz que não admitir sua parcialidade oferecerá suas razões sem precisar constituir advogado. Ao juiz é conferida capacidade postulatória para defender-se da alegação de parcialidade. Para recorrer da decisão do tribunal, o juiz precisará, porém, constituir advogado, pois não dispõe de capacidade postulatória para tanto.

**10. Desnecessidade de poderes específicos na procuração para arguir suspeição no processo civil.** *"A procuração para o foro em geral habilita o advogado a formular exceção de suspeição"* (STJ, 4ª Turma, REsp 110.641/MS, rel. Min. Fontes de Alencar, *DJ* 09.03.1998, p. 117). *"O art. 38 do Código de Processo Civil* [de 1973, equivalente ao art. 105 do CPC/2015] *não exige poderes especiais ao procurador da parte para arguir a exceção de suspeição"* (STJ, 4ª Turma, REsp 225.181/PR, rel. Min. Barros Monteiro, *DJ* 21.08.2000, p. 143). *"Segundo a dicção do artigo 38 do CPC* [de 1973, equivalente ao art. 105 do CPC/2015], *a regra geral é de que a procuração 'habilita o advogado a praticar todos os atos do processo', sendo que as exceções constam expressamente na parte final dessa norma e dentre elas não se encontra a exigência de poderes especiais para arguir a exceção de suspeição"* (STJ, 2ª Turma, REsp 595.522/DF, rel. Min. Castro Meira, *DJ* 07.11.2005, p. 196). *No mesmo sentido:* STJ, 2ª Turma, REsp 1.233.727/SP, rel. Min. Mauro Campbell Marques, *DJe* 05.05.2011.

**11. Necessidade de poderes específicos na procuração para arguir suspeição no processo penal.** *"1. O artigo 98 do Código de Processo Penal exige manifestação da vontade da parte interessada na recusa do magistrado por suspeição por meio da subscrição da petição pela própria parte interessada ou, quando representada em juízo, por meio de procuração com poderes especiais. 2. O defensor público atua na qualidade de representante processual e ainda que independa de mandato para o foro em geral (ex vi art. 128, inc. XI, da LC 80/1994), deve juntar procuração sempre que a lei exigir poderes especiais"* (STJ, 6ª Turma, REsp 1.431.043/MG, rel. Min. Maria Thereza de Assis Moura, *DJe* 27.04.2015).

**12. Alegação em apelação.** Se o impedimento ou a suspeição for verificado após a prolação

311

da sentença, a alegação pode ser feita na apelação. Observe-se que o prazo é de quinze dias, a contar do conhecimento do fato. Se o juiz prolator da sentença não for o que conduziu o processo, mas for impedido ou suspeito, as partes só tomarão conhecimento quando forem intimados da sentença. O prazo de quinze dias para arguir o impedimento ou a suspeição coincidirá exatamente com o prazo da apelação, sendo esta a oportunidade para que se questione a imparcialidade do julgador. Ao receber a apelação, o juiz terá a oportunidade de oferecer suas razões. É preciso, todavia, observar se o órgão que decide sobre o impedimento ou a suspeição é o mesmo que tem competência para julgar a apelação. Se for, tudo deve ser julgado conjuntamente. Se não houver essa coincidência de competências, deve o processo ser encaminhado ao órgão competente para examinar o impedimento ou a suspeição. Reconhecida a parcialidade do juiz, a sentença será anulada, devendo os autos retornar à primeira instância. Não reconhecida, os autos seguirão ao órgão competente para julgar a apelação.

**13. Alegação de impedimento em embargos de declaração.** *"As alegações trazidas nas razões dos embargos não se coadunam com a via processual eleita. Isso porque, nos termos do art. 146 do Código de Processo Civil, a alegação de impedimento do órgão julgador deve ser deduzida por meio de petição específica (e não na via dos presentes embargos de declaração)"* (STJ, Corte Especial, EDcl no AgRg no RE no AgRg nos EAREsp 680.850/RJ, rel. Min. Humberto Martins, *DJe* 28.11.2017).

**14. Alegação em tribunal.** A alegação de impedimento ou suspeição do relator ou de outro membro do tribunal deve observar as regras procedimentais contidas em seu respectivo regimento interno, observadas as diretrizes gerais do CPC: a alegação é dirigida ao próprio arguido, que pode reconhecer sua parcialidade. Não reconhecida, oferecerá suas razões, devendo o incidente ser julgado por outro órgão, indicado pelo regimento interno. O próprio arguido só julga para acolher; se não concorda, passa a ser parte no incidente, não o julgando.

**15. Arguição de impedimento ou suspeição de todo o tribunal ou de sua maioria absoluta.** Se o interessado argui o impedimento ou a suspeição de todo o tribunal ou de sua maioria absoluta, cabe ao STF julgar a arguição e, se a acolher, assumir a competência para julgar o caso (CF, art. 102, I, *n*). A arguição deve ser feita no próprio tribunal. Se este a acolher, remete os autos ao STF para processar e julgar a causa. Se o tribunal não acolher a arguição, dará suas razões e encaminhará o incidente ao STF. Reconhecida a parcialidade do tribunal pelo STF, este assume a competência para processar e julgar a causa.

**16. Finalidade da alegação.** O reconhecimento do impedimento ou da suspeição determina a substituição do juiz por seu substituto legal e pode tornar nulos os atos decisórios por ele praticados no curso do processo.

**17. Prazo.** O interessado tem o prazo de quinze dias, a contar do conhecimento do fato que dá causa à parcialidade, para suscitá-la. Tal prazo é contado em dias úteis (art. 219). O Ministério Público (art. 180), a Fazenda Pública (art. 183), a Defensoria Pública (art. 186) e o litisconsorte com procurador diferente, integrante de outro escritório, no processo em autos de papel (art. 229), têm prazo em dobro para arguir o impedimento ou a suspeição do juiz.

**18. Submissão ou não à preclusão.** *"A regra do impedimento, quando dirigida ao magistrado, conforme previsão dos arts. 134 e 136 do CPC/1973, atuais 144 e 147 do CPC/2015, trata de matéria de ordem pública, gerando nulidade absoluta que pode ser alegada mesmo após o trânsito em julgado, em ação rescisória. II – Embora se apliquem os mesmos motivos de impedimento e de suspeição do juiz ao membro do parquet, ao serventuário da justiça, ao perito, aos assistentes técnicos e ao intérprete, a alegação de impedimento, para esses sujeitos do processo, deve ser realizada na primeira oportunidade em que couber à parte falar nos autos, sob pena de preclusão, em conformidade com a previsão contida nos arts. 138, § 1º, e 245 do CPC/1973. Precedente: REsp 876.942/MT, Rel. Ministro Herman Benjamin,* DJe *31.08.2009"* (STJ, 2ª Turma, AREsp 1.010.211/MG, rel. Min. Francisco Falcão, *DJe* 13.6.2017).

**19. Alegação até o julgamento e preclusão.** *"É pacífica a jurisprudência desta Corte no sentido de que a exceção de impedimento deve ser oposta antes do julgamento do recurso pelo órgão colegiado, sob pena de preclusão, sendo, portanto, inadmissível que essa discussão venha a ser suscitada somente em embargos de declaração"* (STJ, 2ª Seção, EDcl no AgRg na PET na Rcl 22.564/MS, rel. Min. Marco Aurélio Bellizze, *DJe* 18.8.2016). *"(...), este Tribunal Superior firmou a orientação segundo a qual as exceções de impedimento e suspeição devem ser opostas antes do julgamento colegiado do recurso"* (STJ, 1ª Seção, AgInt na ExImp 23/DF, rel. Min. Regina Helena Costa, *DJe* 30.6.2022).

**LIVRO III · DOS SUJEITOS DO PROCESSO**

**Art. 146**

**20. Suspensão do processo.** A arguição de impedimento ou suspeição do juiz suspende o processo (art. 313, III). Não suspende o processo a arguição de impedimento ou suspeição do membro do Ministério Público, de auxiliar da justiça ou de qualquer outro sujeito imparcial do processo (art. 148, § 2º).

**21. Suspensão dos prazos.** Suspenso o processo pela arguição de impedimento ou suspeição do juiz, os prazos eventualmente em curso também se suspendem (art. 221). Em outras palavras, os prazos também se suspendem nas mesmas hipóteses de suspensão do processo, previstas no art. 313, entre as quais está a arguição de impedimento ou suspeição do juiz.

**22. Contestação.** A arguição de impedimento ou suspeição suspende o processo e, igualmente, os prazos em curso. O réu pode oferecer arguição de impedimento ou suspeição sem contestação; não há exigência de apresentação simultânea. Oferecida apenas a arguição de impedimento ou suspeição, o prazo para contestação ficará suspenso, sendo restituído ao réu o tempo restante depois de julgado o incidente.

**23. Duração da suspensão.** Arguido o impedimento ou a suspeição do juiz, o processo fica suspenso. Reconhecida pelo próprio juiz sua parcialidade, os autos serão remetidos ao seu substituto legal. Ao receber os autos, o substituto deve comunicar as partes para que, então, cesse a suspensão e o processo passe a tramitar regularmente. Se, porém, o juiz entender-se imparcial, apresentará suas razões e remeterá a arguição ao tribunal. O processo mantém-se suspenso. Chegando no tribunal, o relator deve manter ou não suspenso o processo. Mantido, o processo ficará suspenso até o julgamento do incidente. Do contrário, o processo deixa de se manter suspenso e prosseguirá perante o juiz arguido, voltando a atuar até a decisão final do incidente.

**24. Tutela provisória de urgência.** Enquanto não for declarado o efeito em que é recebido o incidente ou quando este for recebido com efeito suspensivo, a tutela de urgência será requerida ao substituto legal.

**25. Irrecorribilidade da decisão que não reconhece o impedimento ou suspeição.** *"Diante da inexistência de caráter decisório, não cabe recurso contra decisão do magistrado que, com base na parte final do art. 313 do CPC/1973, não reconhece o seu impedimento ou suspeição, limitando-se a dar as suas razões para tanto, a determinar a suspensão do feita e a remessa do incidente ao órgão julgador competente"* (STJ, 2ª Turma, AgRg no AREsp 498.432/PB, rel. Min. Mauro Campbell, *DJe* 23.5.2016).

**26. Irrecorribilidade da decisão do juiz que admite sua parcialidade.** Não se admite recurso da decisão do juiz que reconhece sua parcialidade. Ninguém pode querer um julgador que já reconheceu sua parcialidade. Assim, é inadmissível, nesse caso, o recurso.

**27. Recorribilidade da decisão do tribunal.** A decisão do juiz que reconhece sua parcialidade é irrecorrível, mas é recorrível a decisão do tribunal que julga o incidente de arguição de impedimento ou de suspeição. Se houver decisão do relator, cabe agravo interno (art. 1.021). Proferido um acórdão, cabe recurso especial ou extraordinário, a depender da matéria prequestionada. Para que caiba o recurso extraordinário, é necessária, ainda, que haja repercussão geral demonstrada.

**28. Legitimidade para recorrer.** Rejeitada a arguição de impedimento ou suspeição, o excipiente tem legitimidade para recorrer. Se acolhida, o juiz terá legitimidade para interpor recurso, devendo fazer-se representar por advogado. Não tem legitimidade o adversário do excipiente, por não ser parte no incidente.

**29. Legitimidade e interesse recursal do juiz.** *"O juiz, apesar de não participar como parte ou terceiro prejudicado da relação jurídica de direito material é sujeito do processo e figura como parte no incidente de suspeição, por defender de forma parcial direitos e interesses próprios, possuindo, portanto, interesse jurídico e legitimidade recursal para impugnar, via recurso, a decisão que julga procedente a exceção de suspeição, ainda que não lhe seja atribuído o pagamento de custas e honorários advocatícios"* (STJ, 4ª Turma, REsp 1.237.996/SP, rel. Min. Marco Buzzi, *DJe* 3.11.2020).

**30. Decretação expressa da invalidade e dever de especificação dos atos a serem invalidados.** O § 7º do art. 146 estabelece que o tribunal *"decretará a nulidade dos atos do juiz, se praticados quando já presentes o motivo de impedimento ou de suspeição"*. A previsão alinha-se com o quanto previsto no art. 282 do CPC e no art. 21 da LINDB. Qualquer invalidade, cominada ou não, tem de ter a expressa decretação do órgão julgador, pois o ato judicial que invalida é constitutivo negativo. Decretada a invalidade, o órgão julgador deve especificar quais atos são por ela atingidos. Tal exigência é corolário da regra da causalidade, prevista no art. 281. O dever de especificar os atos processuais que são alcançados pela invalidade é fundamental para que o próprio órgão julga-

313

## Art. 147 — CÓDIGO DE PROCESSO CIVIL COMENTADO – *Leonardo Carneiro da Cunha*

dor possa determinar as técnicas de reparação da invalidade. Especificados os atos que são alcançados pela invalidade, todos eles desaparecem, sendo seus efeitos desfeitos. Os novos atos a serem repetidos ou retificados assumem o lugar dos anteriores, que desapareceram com a decretação da invalidade.

**31. Eficácia externa da decisão sobre impedimento ou suspeição.** O impedimento ou a suspeição é o objeto de um incidente específico, sendo seu mérito. A decisão a seu respeito é uma decisão de mérito. A decisão dessa questão torna-se indiscutível não apenas para o processo em que proferida, mas também para os outros, em que se repita a mesma situação. Mantidas as mesmas circunstâncias de fato e de direito, a primeira decisão deve ser observada, no mesmo ou em outros processos. Se, porém, houver mudança nas circunstâncias de fato ou de direito (o juiz perdeu o vínculo que mantinha com a parte ou com o advogado, por exemplo, ou sobreveio lei que eliminou aquela causa de impedimento ou de suspeição), a decisão não deverá mais ser observada, submetendo-se à cláusula *rebus sic stantibus*.

> **Art. 147.** Quando 2 (dois) ou mais juízes forem parentes, consanguíneos ou afins, em linha reta ou colateral, até o terceiro grau, inclusive, o primeiro que conhecer do processo impede que o outro nele atue, caso em que o segundo se escusará, remetendo os autos ao seu substituto legal.

▶ **1. Correspondência no CPC/1973.** *"Art. 136. Quando dois ou mais juízes forem parentes, consanguíneos ou afins, em linha reta e no segundo grau na linha colateral, o primeiro, que conhecer da causa no tribunal, impede que o outro participe do julgamento; caso em que o segundo se escusará, remetendo o processo ao seu substituto legal."*

## LEGISLAÇÃO TEMÁTICA

**2. CC, art. 1.594.** *"Art. 1.594. Contam-se, na linha reta, os graus de parentesco pelo número de gerações, e, na colateral, também pelo número delas, subindo de um dos parentes até ao ascendente comum, e descendo até encontrar o outro parente."*

**3. CC, art. 1.595.** *"Art. 1.595. Cada cônjuge ou companheiro é aliado aos parentes do outro pelo vínculo da afinidade. § 1º parentesco por afinidade limita-se aos ascendentes, aos descendentes e aos irmãos do cônjuge ou companheiro. § 2º Na linha reta, a afinidade não se extingue com a dissolução do casamento ou da união estável."*

## COMENTÁRIOS TEMÁTICOS

**4. Parentesco entre juízes.** Quando dois ou mais juízes, *independentemente se de mesmo grau de jurisdição ou não* – forem parentes, consanguíneos ou afins, em linha reta ou colateral, até o terceiro grau, inclusive, o primeiro que conhecer do processo torna impedido o outro que nele atue. Assim, se um juiz de primeira instância atuar num processo, seu parente, que atue no respectivo tribunal, estará impedido. De igual modo, se dois ou mais julgadores integrarem o mesmo tribunal, a atuação de um torna os demais impedidos para atuar no mesmo processo. A regra justifica-se pelo risco de enviesamento cognitivo ou de falta de isenção: os julgadores sucessivos, que sejam parentes do primeiro julgador, podem não se sentir inteiramente isentos para tomarem decisões naquele mesmo processo.

**5. Atuação do juiz parente.** O dispositivo determina que o primeiro julgador *"que conhecer do processo"* impede que o outro nele atue. Para que haja o impedimento, não basta a simples participação no processo. É preciso *"dele conhecer"*, ou seja, tomar decisões, posicionar-se. O simples impulsionamento do processo, sem a prolação de decisão, não causa o impedimento dos demais julgadores parentes.

## JURISPRUDÊNCIA, ENUNCIADOS E SÚMULAS SELECIONADOS

• **6. Ausência de impedimento do julgador quando seu cônjuge participa de julgamento de recurso anterior no mesmo processo.** *"4. Na hipótese, a Corte local reconheceu a ausência de impedimento do desembargador, que atuou como revisor no julgamento da apelação, tendo em vista a ausência da prática de atos anteriores, por parte de seu cônjuge, que pudessem influenciar o julgamento do recurso. 5. Com efeito, a atuação da desembargadora nos autos da ação declaratória ajuizada pelo recorrente, cingiu-se à extinção do agravo de instrumento interposto contra decisão que indeferiu o pleito de antecipação dos efeitos da tutela, tendo em vista a sua superveniente perda de objeto, uma vez que já prolatada sentença nos autos. 6. Não houve qualquer pronunciamento sobre o mérito da questão, ou qualquer manifestação que pudesse influenciar o julgamento do mérito da causa, apreciado quando do julgamento da apelação, motivo pelo qual há de se manter a rejeição à exceção de impedimento oposta"* (STJ, 3ª Turma, REsp 1.673.327/SC, rel. Min. Nancy Andrighi, *DJe* 15.9.2017).

314

**LIVRO III** · DOS SUJEITOS DO PROCESSO **Art. 148**

**Art. 148.** Aplicam-se os motivos de impedimento e de suspeição:

I – ao membro do Ministério Público;

II – aos auxiliares da justiça;

III – aos demais sujeitos imparciais do processo.

§ 1º A parte interessada deverá arguir o impedimento ou a suspeição, em petição fundamentada e devidamente instruída, na primeira oportunidade em que lhe couber falar nos autos.

§ 2º O juiz mandará processar o incidente em separado e sem suspensão do processo, ouvindo o arguido no prazo de 15 (quinze) dias e facultando a produção de prova, quando necessária.

§ 3º Nos tribunais, a arguição a que se refere o § 1º será disciplinada pelo regimento interno.

§ 4º O disposto nos §§ 1º e 2º não se aplica à arguição de impedimento ou de suspeição de testemunha.

▶ **1. Correspondência no CPC/1973.** *"Art. 138. Aplicam-se também os motivos de impedimento e de suspeição: I – ao órgão do Ministério Público, quando não for parte, e, sendo parte, nos casos previstos nos ns. I a IV do art. 135; II – ao serventuário de justiça; III – ao perito; IV – ao intérprete. § 1º A parte interessada deverá arguir o impedimento ou a suspeição, em petição fundamentada e devidamente instruída, na primeira oportunidade em que lhe couber falar nos autos; o juiz mandará processar o incidente em separado e sem suspensão da causa, ouvindo o arguido no prazo de 5 (cinco) dias, facultando a prova quando necessária e julgando o pedido. § 2º Nos tribunais caberá ao relator processar e julgar o incidente."*

🏛 **Legislação Correlata**

**2. CPP, art. 258.** *"Art. 258. Os órgãos do Ministério Público não funcionarão nos processos em que o juiz ou qualquer das partes for seu cônjuge, ou parente, consanguíneo ou afim, em linha reta ou colateral, até o terceiro grau, inclusive, e a eles se estendem, no que lhes for aplicável, as prescrições relativas à suspeição e aos impedimentos dos juízes."*

⚖ **Jurisprudência, Enunciados e Súmulas Selecionados**

• **3. Súmula STJ, 234.** *"A participação de membro do Ministério Público na fase investigatória criminal não acarreta o seu impedimento ou suspeição para o oferecimento da denúncia."*

▣ **Comentários Temáticos**

**4. Participação do membro do Ministério Público em inquérito civil.** A atuação do membro do Ministério Público em inquérito civil não o torna impedido para que ele mesmo ajuíze ação civil pública. A *ratio* contida o enunciado 234 da Súmula do STJ também se aplica no âmbito civil. Se a atuação do membro do Ministério Público na fase investigatória criminal não o impede de oferecer a denúncia criminal, pelas mesmas razões sua participação no inquérito civil não o impede de propor a ação civil pública.

**5. Inaplicabilidade do dispositivo para testemunha.** O §§ 1º e 2º do art. 148 regulam o procedimento da arguição de impedimento e suspeição contra o membro do Ministério Público, os auxiliares da justiça e outros sujeitos imparciais do processo. Tal procedimento não se aplica para arguição de impedimento ou suspeição de testemunhas. A arguição de suspeição ou impedimento de testemunha faz-se de modo especial, pelo incidente da contradita, nos termos do art. 457, § 1º. Daí a ressalva contida no § 4º do art. 148.

**6. Ausência de suspensão do processo.** O processo somente é suspenso quando se argui o impedimento ou a suspeição do juiz (art. 313, III). A arguição de impedimento ou suspeição de membro do Ministro Público, de auxiliar da justiça ou de outro sujeito imparcial não suspende o processo.

**7. Submissão ou não à preclusão.** *"I – A regra do impedimento, quando dirigida ao magistrado, conforme previsão dos arts. 134 e 136 do CPC/1973, atuais 144 e 147 do CPC/2015, trata de matéria de ordem pública, gerando nulidade absoluta que pode ser alegada mesmo após o trânsito em julgado, em ação rescisória. II – Embora se apliquem os mesmos motivos de impedimento e de suspeição do juiz ao membro do parquet, ao serventuário da justiça, ao perito, aos assistentes técnicos e ao intérprete, a alegação de impedimento, para esses sujeitos do processo, deve ser realizada na primeira oportunidade em que couber à parte falar nos autos, sob pena de preclusão, em conformidade com a previsão contida nos arts. 138, § 1º, e 245 do CPC/1973. Precedente: REsp 876.942/MT, Rel. Ministro Herman Benjamin, DJe 31.08.2009"* (STJ, 2ª Turma, AREsp 1.010.211/MG, rel. Min. Francisco Falcão, DJe 13.6.2017).

**8. Competência para julgar o incidente.** Arguida a parcialidade do membro do Ministério Público, de auxiliar da justiça ou de outro

315

sujeito imparcial do processo, compete ao juiz da causa julgar a arguição.

**9. Recurso.** Da decisão que julgar a arguição, o interessado pode recorrer na apelação ou nas contrarrazões de apelação (art. 1.009, § 1º). A arguição de impedimento ou suspeição do membro do Ministério Público, de auxiliar da justiça ou de outro sujeito imparcial do processo não suspende o processo. Pode, então, o juiz julgá-la na sentença. Nesse caso, a apelação poderá tratar do tema. O juiz pode, todavia, julgá-la antes da sentença. Ao fazê-lo, estará a proferir uma decisão interlocutória, que não é agravável (art. 1.015), devendo ser atacada em apelação ou em contrarrazões de apelação (art. 1.009, § 1º), a não ser que se trate de uma liquidação de sentença, de um cumprimento de sentença, de um processo de inventário e partilha ou de uma execução fundada em título extrajudicial. Em qualquer desses casos, caberá agravo de instrumento (art. 1.015, parágrafo único).

**10. Incidente no tribunal.** Se o incidente for instaurado em tribunal, cumpre observar as regras contidas no respectivo regimento interno.

## CAPÍTULO III
## DOS AUXILIARES DA JUSTIÇA

> **Art. 149.** São auxiliares da Justiça, além de outros cujas atribuições sejam determinadas pelas normas de organização judiciária, o escrivão, o chefe de secretaria, o oficial de justiça, o perito, o depositário, o administrador, o intérprete, o tradutor, o mediador, o conciliador judicial, o partidor, o distribuidor, o contabilista e o regulador de avarias.

▶ **1. Correspondência no CPC/1973.** *"Art. 139. São auxiliares do juízo, além de outros, cujas atribuições são determinadas pelas normas de organização judiciária, o escrivão, o oficial de justiça, o perito, o depositário, o administrador e o intérprete."*

🏛 **LEGISLAÇÃO CORRELATA**

**2. Lei 5.010/1966, art. 36.** *"Art. 36. Os quadros de Pessoal dos serviços auxiliares da Justiça Federal compor-se-ão dos seguintes cargos: I – Chefe de Secretaria; II – Oficial Judiciário; III – Distribuidor; IV – Contador; V – Distribuidor-Contador; VI – Depositário-avaliador-Leiloeiro; VII – Au-*

*xiliar Judiciário; VIII – Oficial de Justiça; IX – Porteiro; X – Auxiliar de Portaria; XI – Servente."*

**3. Lei 9.099/1995, art. 7º.** *"Art. 7º Os conciliadores e Juízes leigos são auxiliares da Justiça, recrutados, os primeiros, preferencialmente, entre os bacharéis em Direito, e os segundos, entre advogados com mais de cinco anos de experiência. Parágrafo único. Os Juízes leigos ficarão impedidos de exercer a advocacia perante os Juizados Especiais, enquanto no desempenho de suas funções."*

**4. Lei 13.146/2015, art. 79, § 1º.** *"§ 1º A fim de garantir a atuação da pessoa com deficiência em todo o processo judicial, o poder público deve capacitar os membros e os servidores que atuam no Poder Judiciário, no Ministério Público, na Defensoria Pública, nos órgãos de segurança pública e no sistema penitenciário quanto aos direitos da pessoa com deficiência."*

🗒 **COMENTÁRIOS TEMÁTICOS**

**5. Auxiliares da justiça.** No desenvolvimento da atividade jurisdicional, há sujeitos que auxiliam o juízo dentro e fora do processo. Tais sujeitos são os auxiliares da justiça. O órgão jurisdicional não é composto apenas pelo juiz, mas também pelos auxiliares da justiça.

**6. Auxiliares permanentes e eventuais.** Os auxiliares da justiça podem ser permanentes ou eventuais. Os permanentes são aqueles que integram os quadros funcionais do Poder Judiciário. Por sua vez, os eventuais são terceiros que eventualmente auxiliam o juízo. Os permanentes recebem salário ou emolumentos, enquanto os eventuais são remunerados por honorários estabelecidos pelo juiz da causa. São auxiliares permanentes o escrivão ou chefe de secretaria e o oficial de justiça. São auxiliares eventuais o perito, o depositário, o administrador, o intérprete, o tradutor, o regulador de avarias, entre outros. O mediador, o conciliador, o distribuidor, o partidor ou o contabilista pode ser permanente ou eventual: se houver o cargo efetivo na estrutura da justiça, será permanente; se não houver, e o juiz o nomeie ocasionalmente para o processo, será eventual.

**7. Rol exemplificativo.** O art. 149 contém um rol exemplificativo, podendo haver outros auxiliares da justiça, conforme previsão nas normas de organização judiciária.

**8. Juiz leigo e assessor.** O juiz leigo e o assessor são auxiliares da justiça, presentes em diversas unidades jurisdicionais para auxiliar o juiz na sua atividade jurisdicional.

**LIVRO III · DOS SUJEITOS DO PROCESSO** — **Art. 151**

## Seção I
## Do Escrivão, do Chefe de Secretaria e do Oficial de Justiça

**Art. 150.** Em cada juízo haverá um ou mais ofícios de justiça, cujas atribuições serão determinadas pelas normas de organização judiciária.

▶ **1. Correspondência no CPC/1973.** *"Art. 140. Em cada juízo haverá um ou mais ofícios de justiça, cujas atribuições são determinadas pelas normas de organização judiciária."*

🗏 **COMENTÁRIOS TEMÁTICOS**

**2. Juízo.** Juízo ou vara é a unidade jurisdicional, não se confundindo com o juiz. O juiz é o principal elemento do juízo, não lhe sendo, porém, o único. Também integram o juízo o escrivão, o chefe de secretaria e o oficial de justiça. Há outros auxiliares da justiça, como o distribuidor, o contabilista, o partidor, os quais nas comarcas em que há mais de um juízo ou vara, servem a todos. O juiz é, porém, o núcleo do juízo ou vara.

**3. Ofício.** O ofício ou cartório é o setor onde ficam os serventuários da justiça, auxiliando o juiz para movimentação e desenvolvimento dos processos.

**4. Juízo *versus* ofício de justiça.** Juízo ou vara é o órgão ou a unidade jurisdicional em que o juiz atua. Em determinada comarca, pode haver uma única vara ou diversas varas, divididas por matéria: varas cíveis, varas de família, varas de Fazenda Pública etc. Já o ofício de justiça é o cartório da vara ou o setor onde trabalham os serventuários da justiça, que ajudam o juiz no andamento dos processos. Uma vara pode ter um cartório próprio ou mais de um a ela vinculados. Também é possível dividir a vara por seções ou por turnos diversos.

**Art. 151.** Em cada comarca, seção ou subseção judiciária haverá, no mínimo, tantos oficiais de justiça quantos sejam os juízos.

▶ **1. Sem correspondência no CPC/1973.**

🗏 **LEGISLAÇÃO CORRELATA**

**2. CF, art. 98, I.** *"Art. 98. A União, no Distrito Federal e nos Territórios, e os Estados criarão: I – juizados especiais, providos por juízes togados, ou togados e leigos, competentes para a conciliação,*

*o julgamento e a execução de causas cíveis de menor complexidade e infrações penais de menor potencial ofensivo, mediante os procedimentos oral e sumaríssimo, permitidos, nas hipóteses previstas em lei, a transação e o julgamento de recursos por turmas de juízes de primeiro grau."*

**3. CF, art. 110.** *"Art. 110. Cada Estado, bem como o Distrito Federal, constituirá uma seção judiciária que terá por sede a respectiva Capital, e varas localizadas segundo o estabelecido em lei. Parágrafo único. Nos Territórios Federais, a jurisdição e as atribuições cometidas aos juízes federais caberão aos juízes da justiça local, na forma da lei."*

🗏 **COMENTÁRIOS TEMÁTICOS**

**4. Unidades jurisdicionais.** A Justiça Federal e a Justiça dos Estados são divididas em unidades jurisdicionais, denominadas, naquela, de seção ou subseção judiciária e, nesta, de comarca.

**5. Foro: comarca, seção e subseção judiciária.** Tanto na Justiça Federal como na dos Estados, os foros são divididos em unidades menores chamadas varas. O foro é a base territorial sobre a qual determinado órgão jurisdicional exerce sua atividade. Em primeira instância, as seções judiciárias são unidades territoriais da Justiça Federal nas capitais dos Estados (CF, art. 110). No interior dos Estados, a Justiça Federal é organizada em unidades jurisdicionais chamadas de subseções. A Justiça dos Estados é dividida em unidades jurisdicionais chamadas de comarcas. Enfim, comarca é o foro ou delimitação territorial dos juízes estaduais, enquanto a seção judiciária é a delimitação territorial dos juízes federais nas capitas dos Estados e a subseção judiciária é o foro federal em município do interior.

**6. Juízo: vara ou juizado.** Os foros (comarcas, seções ou subseções judiciárias) são divididos em unidades jurisdicionais menores, chamadas de juízo ou vara, que é exatamente o local onde o juiz exerce suas funções, com o auxílio dos serventuários da justiça. Já os juizados especiais são órgãos competentes para a conciliação, o julgamento e a execução de causas cíveis de menor complexidade (CF, art. 98, I). O juizado é também uma divisão da jurisdição nas comarcas, seções ou subseções judiciárias. O foro pode ter vários juízos, ou seja, pode ter varas e juizados.

**7. Foro *versus* fórum.** O foro é a base territorial de determinado órgão jurisdicional, podendo ser uma comarca, uma seção judiciária ou uma subseção judiciária. Por sua vez, o fórum é o prédio ou a construção destinada ao funcionamento físico dos juízos (varas ou juizados) de

317

determinado foro (comarca, seção judiciária ou subseção judiciária).

**8. Oficiais de justiça.** Em cada juízo (vara ou juizado), deve existir, ao menos, um oficial de justiça. É possível haver mais de um oficial de justiça em cada juízo, mas deve, ao menos, haver um por juízo.

**9. Correlação numérica mínima.** O art. 151, sem correspondente no CPC/1973, estabelece uma correlação numérica mínima entre os juízos ou varas existentes na comarca, seção ou subseção judiciária e os oficiais de justiça nela existentes. Com isso, evitam-se a criação e a instalação de juízos em número superior ao de oficiais de justiça à disposição da comarca, seção ou subseção judiciária, não acarretando, assim, sobrecarga para o servidor titular daquele cargo, que é relevante para o bom desempenho das atividades jurisdicionais.

**10. Diligência com 2 oficiais de justiça.** Expedida, pelo juiz da execução, ordem de arrombamento, o mandado deve ser cumprido por 2 oficiais de justiça (art. 846, § 1º). A exigência de 2 oficiais de justiça para cumprimento da ordem de arrombamento pode causar um problema prática, se, no juízo, só houver apenas um.

**11. Inconstitucionalidade parcial do dispositivo.** O dispositivo estabelece uma correlação mínima entre o número de juízos e o de oficiais de justiça, tratando de organização judiciária. Sendo o Código uma lei federal, essa previsão é adequada à Justiça Federal. Logo, no âmbito da Justiça Federal, há de se respeitar essa correlação mínima entre o número de juízos e o de oficiais de justiça. Não é possível, porém, impor essa correlação mínima a juízos estaduais, em razão da incidência do pacto federativo. Uma lei federal não pode tratar de organização judiciária dos Estados. A lei de organização judiciária dos Estados tem natureza estadual, com iniciativa do tribunal de justiça (CF, art. 125, I). Esse, portanto, é um tema que deve ser tratado por cada ente federativo, não cabendo à lei federal disciplinar competências locais, internas e funcionais de juízos estaduais. Ao lado disso, é relevante observar a questão orçamentária, não podendo uma lei federal tratar do número de servidores públicos do Poder Judiciário estadual; essa matéria é reservada ao sistema orçamentário de cada Estado. É possível, porém, que a lei de organização judiciária do Estado adote a regra prevista no CPC para essa finalidade, preservando o pacto federativo. Nesse caso, o Estado, exercendo sua autonomia federativa, elege a regra presente no CPC para disciplinar o tema.

**Art. 152.** Incumbe ao escrivão ou ao chefe de secretaria:

I – redigir, na forma legal, os ofícios, os mandados, as cartas precatórias e os demais atos que pertençam ao seu ofício;

II – efetivar as ordens judiciais, realizar citações e intimações, bem como praticar todos os demais atos que lhe forem atribuídos pelas normas de organização judiciária;

III – comparecer às audiências ou, não podendo fazê-lo, designar servidor para substituí-lo;

IV – manter sob sua guarda e responsabilidade os autos, não permitindo que saiam do cartório, exceto:

a) quando tenham de seguir à conclusão do juiz;

b) com vista a procurador, à Defensoria Pública, ao Ministério Público ou à Fazenda Pública;

c) quando devam ser remetidos ao contabilista ou ao partidor;

d) quando forem remetidos a outro juízo em razão da modificação da competência;

V – fornecer certidão de qualquer ato ou termo do processo, independentemente de despacho, observadas as disposições referentes ao segredo de justiça;

VI – praticar, de ofício, os atos meramente ordinatórios.

§ 1º O juiz titular editará ato a fim de regulamentar a atribuição prevista no inciso VI.

§ 2º No impedimento do escrivão ou chefe de secretaria, o juiz convocará substituto e, não o havendo, nomeará pessoa idônea para o ato.

▶ **1. Correspondência no CPC/1973.** *"Art. 141. Incumbe ao escrivão: I – redigir, em forma legal, os ofícios, mandados, cartas precatórias e mais atos que pertencem ao seu ofício; II – executar as ordens judiciais, promovendo citações e intimações, bem como praticando todos os demais atos, que lhe forem atribuídos pelas normas de organização judiciária; III – comparecer às audiências, ou, não podendo fazê-lo, designar para substituí-lo escrevente juramentado, de preferência datilógrafo ou taquígrafo; IV – ter, sob sua guarda e responsabilidade, os autos, não permitindo que saiam de cartório, exceto: a) quando tenham de subir à conclusão do juiz; b) com vista aos procuradores, ao Ministério Público ou à Fazenda Pública; c) quando devam ser remetidos ao contador ou ao partidor; d) quando, modificando-se a competência, forem transferidos a outro juízo; V – dar, independentemente de despacho, certidão de qualquer ato ou termo do processo, observado o disposto no art. 155."* *"Art. 142. No impedimento do escrivão, o juiz* *convocar-lhe-á o substituto, e, não o havendo, nomeará pessoa idônea para o ato."*

### 🔲 Legislação Correlata

**2. CF, art. 93, XIV.** *"XIV – os servidores receberão delegação para a prática de atos de administração e atos de mero expediente sem caráter decisório;"*

**3. Lei 5.010/1966, art. 40.** *"Art. 40. O Chefe de Secretaria, em suas licenças, férias e impedimentos será substituído pelo Oficial Judiciário designado pelo Juiz."*

**4. Lei 5.010/1966, art. 41.** *"Art. 41. À Secretaria compete: I – receber e autuar petições, movimentar feitos, guardar e conservar processos e demais papéis que transitarem pelas Varas; II – protocolar e registrar os feitos, e fazer anotações sobre seu andamento; III – registrar as sentenças em livro próprio; IV – remeter à Instância Superior os processos em grau de recurso; V – preparar o expediente para despachos e audiências; VI – exibir os processos para consulta pelos advogados e prestar informações sobre os feitos e seu andamento; VII – expedir certidões extraídas de autos, livros, fichas e demais papéis sob sua guarda; VIII – enviar despachos e demais atos judiciais para publicação oficial; IX – realizar diligências determinadas pelos Juízes e Corregedores; X – fazer a conta e a selagem correspondentes às custas dos processos, bem assim quaisquer cálculos previstos em lei; XI – efetuar a liquidação dos julgados, na execução de sentença, quando for o caso; XII – receber em depósito, guardar e avaliar bens penhorados ou apreendidos por determinação judicial; XIII – expedir guias para o recolhimento à repartição competente de quantias devidas à Fazenda Pública; XIV – realizar praças ou leilões judiciais; XV – fornecer dados para estatísticas; XVI – cadastrar o material permanente da Vara respectiva; XVII – executar quaisquer atos determinados pelo Conselho da Justiça Federal, Corregedor-Geral, Diretor do Foro ou Juiz da Vara."*

### ⚖ Jurisprudência, Enunciados e Súmulas Selecionados

• **5. Enunciado 130 do FPPC.** *"A obtenção da certidão prevista no art. 828 independe de decisão judicial."*

### 🗐 Comentários Temáticos

**6. Escrivão ou chefe de secretaria.** O escrivão, denominado chefe de secretaria na Justiça Federal (Lei 5.010/1966, art. 36, I), é responsável pela documentação dos atos processuais, inclusive em audiência, pelos atos de comunicação realizados de forma documental, pela guarda e conservação dos autos judiciais, pelo fornecimento de certidões e pela prática de atos meramente ordinatórios. Ele é o principal auxiliar do juiz na condução do procedimento e na documentação dos atos processuais.

**7. Rol exemplificativo.** Embora o art. 152 relacione 6 atribuições ao escrivão ou chefe de secretaria, esse rol é meramente exemplificativo, podendo o escrivão ou chefe de secretaria assumir outras funções previstas em leis de organização judiciária ou que lhe sejam delegadas pelo juiz.

**8. Redação de atos.** Cabe ao escrivão ou chefe de secretaria redigir diversos tipos de atos processuais, como ofícios, mandados e cartas precatórias. Os ofícios destinam-se a veicular comunicações entre autoridades, devendo ser redigidos com observância de formalidades protocolares. Já os mandados prestam-se a documentar ordens do juiz, devendo ser redigidos de forma objetiva e clara, a fim de permitir a compreensão pelos seus destinatários. Por sua vez, as cartas precatórias concretizam a cooperação judiciária e o compartilhamento de atos entre juízos de foros diversos.

**9. Efetivação de ordens judiciais.** Ao escrivão ou chefe de secretaria cabe efetivar as ordens judiciais. A execução das ordens judiciais é, na verdade, uma incumbência do oficial de justiça (art. 154, II). Nos casos em que cabe ao oficial de justiça executar ordem judicial, ao escrivão ou chefe de secretaria cabe intermediar ou contribuir para essa execução, redigindo o ofício ou o mandado respectivo. Quando a efetivação da ordem judicial dispensar a atuação do oficial de justiça, podendo ser cumprida no próprio juízo ou não sendo necessária qualquer diligência fora da sede do juízo, será o escrivão ou chefe de secretaria que a realizará.

**10. Realização de citações e intimações.** Se o citando comparecer em juízo, o escrivão ou chefe de secretaria pode realizar sua citação ali mesmo no cartório da vara (art. 246, § 1º-A, III). Se a parte ou o advogado estiver presente em cartório, o escrivão ou chefe de secretaria também pode realizar a intimação diretamente (art. 274).

**11. Elaboração de cartas e mandados.** No caso de citação por via postal, ao escrivão ou chefe de secretaria cabe remeter ao citando cópias da petição inicial e do despacho do juiz e comunicará o prazo para resposta, o endereço do juízo e o respectivo cartório (art. 248). A carta será registrada para entrega ao citando, exigindo-lhe o carteiro, ao fazer a entrega, que assine o recibo (art. 248, § 1º). Sendo inviável a intimação por meio eletrônico e não houver na localidade publicação em órgão oficial, caberá ao escrivão ou chefe de escrivão intimar de todos os atos do processo os advogados das partes, pessoalmente, se tiverem domicílio na sede do juízo, ou por carta registrada, com aviso de recebimento, quando forem domiciliados fora do juízo (art. 273). No caso de citação ou intimação por oficial de justiça, cabe ao escrivão ou chefe de secretaria elaborar o mandado de citação ou de intimação.

**12. Comparecimento às audiências.** Ao escrivão ou chefe de secretaria cabe comparecer às audiências, a fim de documentar os atos orais lá praticados. Não podendo comparecer, deverá designar outro servidor que compareça à audiência e documente os atos orais que forem lá praticados.

**13. Guarda dos autos.** O escrivão ou chefe de secretaria é o guardião dos autos dos processos judiciais que tramitem no juízo. É de sua responsabilidade zelar pela integridade e manutenção dos autos em cartório, para que qualquer pessoa possa ter-lhes acesso. Em razão do princípio da publicidade, o escrivão ou chefe de secretaria deve viabilizar o acesso dos autos indistintamente a qualquer pessoa, devendo restringir tal acesso apenas nos casos de segredo de justiça. Os autos podem ser retirados do cartório ou do juízo, provisória ou definitivamente, nos casos previstos em lei, mediante documentação de sua retirada e de sua devolução. Esse controle deve ser feito pelo escrivão ou chefe de secretaria.

**14. Fornecer certidões de qualquer ato ou termo do processo.** Ao escrivão ou chefe de secretaria cabe, independentemente de despacho ou autorização judicial prévia, fornecer certidão que ateste qualquer ato ou termo do processo. As certidões devem ser fornecidas a qualquer um que as peça, independentemente de ser parte ou de ter interesse jurídico no processo. Nos casos que tramitam em segredo de justiça, as certidões devem ser emitidas apenas às partes e a seus procuradores (art. 189, § 1º). Ainda nos casos de segredo de justiça, o terceiro que demonstrar interesse jurídico pode requerer ao juiz certidão do dispositivo da sentença, bem como de inventário e de partilha resultantes de divórcio ou separação (art. 189, § 2º).

**15. Atos meramente ordinatórios.** Ao escrivão ou chefe de secretaria cabe a prática de atos meramente ordinatórios, que são aqueles que, por. não terem caráter decisório, podem ser praticados de ofício por serventuários da justiça (CF, art. 93, XIV), por delegação do juiz (art. 152, § 1º), que poderá revê-los (art. 203, § 4º).

**16. Impossibilidade de atuação.** Se o escrivão ou chefe de secretaria não puder praticar o ato ou atuar no processo, deverá ser convocado um substituto para seu lugar.

**17. Impedimento e suspensão do escrivão ou chefe de secretaria.** Os motivos de impedimento e suspeição são aplicáveis ao escrivão ou chefe de secretaria (art. 148, II). A parte interessada deve arguir o impedimento ou a suspeição, em petição fundamentada e devidamente instruída, na primeira oportunidade em que lhe couber falar nos autos (art. 148, § 1º). Arguido o impedimento ou a suspeição do escrivão ou chefe de secretaria, o juiz mandará processar o incidente em separado e sem suspensão do processo, ouvindo o arguido no prazo de 15 dias, facultando, quando necessária, a produção de prova (art. 148, § 2º). Acolhida a arguição, o escrivão ou chefe de secretaria ficará proibido de atuar naquele processo e será substituído por outro serventuário.

**Art. 153.** O escrivão ou o chefe de secretaria atenderá, preferencialmente, à ordem cronológica de recebimento para publicação e efetivação dos pronunciamentos judiciais.

§ 1º A lista de processos recebidos deverá ser disponibilizada, de forma permanente, para consulta pública.

§ 2º Estão excluídos da regra do *caput*:

I – os atos urgentes, assim reconhecidos pelo juiz no pronunciamento judicial a ser efetivado;

II – as preferências legais.

§ 3º Após elaboração de lista própria, respeitar-se-ão a ordem cronológica de recebimento entre os atos urgentes e as preferências legais.

§ 4º A parte que se considerar preterida na ordem cronológica poderá reclamar, nos próprios autos, ao juiz do processo, que requisitará informações ao servidor, a serem prestadas no prazo de 2 (dois) dias.

§ 5º Constatada a preterição, o juiz determinará o imediato cumprimento do ato e a instauração de processo administrativo disciplinar contra o servidor.

► **1. Sem correspondência no CPC/1973.**

# LIVRO III · DOS SUJEITOS DO PROCESSO — Art. 154

### ⚖ Jurisprudência, Enunciados e Súmulas Selecionados

- **2. Enunciado 14 da I Jornada-CJF.** *"A ordem cronológica do art. 153 do CPC não será renovada quando houver equívoco atribuível ao Poder Judiciário no cumprimento de despacho ou decisão."*
- **3. Enunciado 34 da ENFAM.** *"A violação das regras dos arts. 12 e 153 do CPC/2015 não é causa de nulidade dos atos praticados no processo decidido/cumprido fora da ordem cronológica, tampouco caracteriza, por si só, parcialidade do julgador ou do serventuário."*

### ▤ Comentários Temáticos

**4. Complemento à regra do art. 12.** O juiz deve, preferencialmente, proferir sentença de acordo com a ordem cronológica de conclusão (art. 12). De nada adiantaria o juiz observar essa ordem cronológica, mas o escrivão ou chefe de secretaria cumprir as ordens judiciais em outra ordem. Por isso, o art. 153 prevê também uma ordem cronológica para os atos do escrivão ou chefe de secretaria.

**5. Ordem cronológica e princípio da igualdade.** A ordem cronológica prevista no dispositivo concretiza o princípio republicano da igualdade, adotando critério objetivo para a atuação do escrivão ou chefe de secretaria.

**6. Ordem cronológica e princípio da impessoalidade.** O princípio da impessoalidade, previsto no art. 37 da CF, aplica-se à Administração Pública de todos os Poderes. A previsão de uma ordem cronológica de atuação do escrivão ou chefe de secretaria concretiza o princípio da impessoalidade na rotina administrativa dos órgãos jurisdicionais.

**7. Ordem cronológica e duração razoável do processo.** A previsão de ordem cronológica dos atos do escrivão ou chefe de secretaria concretiza, de igual modo, o princípio da duração razoável do processo, evitando prolongamento indefinido para movimentação do processo e desenvolvimento dos atos cartorários do processo.

**8. Divulgação e publicidade da ordem cronológica.** O órgão jurisdicional deve manter disponível a lista de processos para consulta pública, divulgando-a em cartório e garantindo-lhe ampla publicidade, inclusive na rede mundial de computadores. A divulgação e a publicidade dessas informações são fundamentais para viabilizar transparência e controle do cumprimento da regra.

**9. Exceções.** As urgências e as preferências legais estão excluídas da ordem cronológica dos atos do escrivão ou chefe de secretaria. Entre os atos urgentes e as preferências legais, há ordem cronológica a ser observada.

**10. Reclamação.** A parte que se sentir preterida pelo escrivão ou chefe de secretaria pode reclamar ao juiz a desobediência à ordem cronológica. Acolhida a reclamação, o juiz determinará a prática imediata do ato e a instauração de procedimento administrativo disciplinar contra o serventuário.

---

**Art. 154.** Incumbe ao oficial de justiça:

I – fazer pessoalmente citações, prisões, penhoras, arrestos e demais diligências próprias do seu ofício, sempre que possível na presença de 2 (duas) testemunhas, certificando no mandado o ocorrido, com menção ao lugar, ao dia e à hora;

II – executar as ordens do juiz a que estiver subordinado;

III – entregar o mandado em cartório após seu cumprimento;

IV – auxiliar o juiz na manutenção da ordem;

V – efetuar avaliações, quando for o caso;

VI – certificar, em mandado, proposta de autocomposição apresentada por qualquer das partes, na ocasião de realização de ato de comunicação que lhe couber.

Parágrafo único. Certificada a proposta de autocomposição prevista no inciso VI, o juiz ordenará a intimação da parte contrária para manifestar-se, no prazo de 5 (cinco) dias, sem prejuízo do andamento regular do processo, entendendo-se o silêncio como recusa.

---

▶ **1. Correspondência no CPC/1973.** *"Art. 143. Incumbe ao oficial de justiça: I – fazer pessoalmente as citações, prisões, penhoras, arrestos e mais diligências próprias do seu ofício, certificando no mandado o ocorrido, com menção de lugar, dia e hora. A diligência, sempre que possível, realizar-se-á na presença de duas testemunhas; II – executar as ordens do juiz a que estiver subordinado; III – entregar, em cartório, o mandado, logo depois de cumprido; IV – estar presente às audiências e coadjuvar o juiz na manutenção da ordem. V – efetuar avaliações."*

### ⚖ Jurisprudência, Enunciados e Súmulas Selecionados

- **2. Tema/Repetitivo 396 STJ.** *"Ainda que a execução fiscal tenha sido ajuizada na Justiça Federal (o que afasta a incidência da norma* *inserta no artigo 1º, § 1º, da Lei 9.289/96), cabe à Fazenda Pública Federal adiantar as despesas com o transporte/condução/deslocamento dos oficiais de justiça necessárias ao cumprimento da carta precatória de penhora e avaliação de bens (processada na Justiça Estadual), por força do princípio hermenêutico ubi eadem ratio ibi eadem legis dispositio."*

## 🗐 Comentários Temáticos

**3. Atribuições do oficial de justiça.** A atividade do oficial de justiça realiza-se, normalmente, fora da sede do juízo. Cabe-lhe efetivar atos de comunicação processual, executar ordens do juiz, efetuar avaliações, entre outras diligências.

**4. Rol exemplificativo.** As atribuições relacionadas no art. 154 são meramente exemplificativas. Ao oficial de justiça cabe promover diligências externas, em cumprimento às determinações do juiz, documentadas em ofícios ou mandados elaborados pelo escrivão ou chefe de secretaria.

**5. Entrega do mandado em cartório.** Cabe ao oficial de justiça a entrega em cartório do mandado efetivamente cumprido. O mandado precisa ser juntado aos autos para que o juízo tenha ciência do que efetivamente ocorreu, para que possa ter início a contagem de prazo para prática de algum ato postulatório ou recursal, para que a parte que não participou do ato possa dele tomar ciência e, ainda, para que se viabilize alguma alegação de vício formal no mandado ou na diligência efetivada pelo oficial de justiça.

**6. Limites territoriais.** O oficial de justiça pratica seus atos nos limites da comarca, da seção ou da subseção em que atua. Se a ato tiver de ser realizado fora desses domínios de atuação do oficial de justiça, será necessária a expedição de uma carta precatória para que o juízo deprecado determine seu cumprimento, a ser realizado por um oficial de justiça a ele subordinado.

**7. Comarcas contíguas.** Nas comarcas contíguas de fácil comunicação e nas que se situem na mesma região metropolitana, o oficial de justiça, ele mesmo, sem necessidade de expedição de carta precatória, deve realizar o ato em qualquer delas (art. 255).

**8. Atos processuais em comarcas contíguas e nas que se situem na mesma região metropolitana.** O oficial de justiça poderá cumprir os atos de comunicação ou de constrição determinados pelo juiz em comarcas contíguas ou nas que se situem na mesma região metropolitana. Aliás, no processo de execução, pode o oficial de justiça cumprir diligências em comarcas contíguas ou que integrem a mesma região metropolitana: é possível efetuar penhoras e quaisquer outros atos executivos (art. 782, § 1º).

**9. Desnecessidade de carta precatória.** Se o oficial de justiça pode efetuar atos nas comarcas contíguas que se situem na mesma região metropolitana, não é necessária a expedição de carta precatória para sua realização.

**10. Avaliações.** Cabe ao oficial de justiça avaliar o bem penhorado no cumprimento de sentença ou na execução fundada em título executivo extrajudicial (art. 870). Se forem, porém, necessários conhecimentos especializados de que o oficial de justiça não disponha, o juiz deve nomear avaliador (art. 870, parágrafo único). Feita pelo oficial de justiça, a avaliação constará de vistoria e de laudo anexados ao auto de penhora (art. 872).

**11. Certificação de proposta de autocomposição.** Incumbe ao oficial de justiça certificar, em mandado, proposta de autocomposição apresentada por qualquer das partes, na ocasião da efetivação do ato de comunicação processual que lhe couber. Tal incumbência conferida ao oficial de justiça reforça o prestígio que o CPC dá à solução consensual. Não é adequado ao oficial de justiça forçar ou exigir a apresentação de uma proposta, mas é certo que há aí um espaço para que ele esclareça à parte a possibilidade de ela oferecer uma proposta, que talvez não fizesse, caso não fosse por ele esclarecida. Feita a proposta, o oficial de justiça fazer constar seus termos do mandado, devendo o juiz determinar a intimação da parte para que se manifeste em 5 dias, sem deixar de dar sequência regular ao procedimento. O silêncio da parte contrária caracteriza recusa da proposta. Nesse caso, só a manifestação expressa configura aceitação (CC, art. 111).

**12. Intimação pessoal.** A intimação prevista no parágrafo único deve ser pessoal, devendo ser dirigida à própria parte, e não a seu advogado, não paralisando o curso do procedimento. Assim, por exemplo, se a proposta foi feita pelo citando, o autor será intimado pessoalmente para manifestar-se sobre ela, sem prejuízo de já começar a correr o prazo para a contestação, iniciado a partir da juntada aos autos do mandado de citação.

**13. Arrombamento.** Expedida ordem de arrombamento pelo juiz, o mandado deverá ser cumprido por 2 oficiais de justiça (art. 846, § 1º).

# LIVRO III · DOS SUJEITOS DO PROCESSO — Art. 156

**Art. 155.** O escrivão, o chefe de secretaria e o oficial de justiça são responsáveis, civil e regressivamente, quando:

I – sem justo motivo, se recusarem a cumprir no prazo os atos impostos pela lei ou pelo juiz a que estão subordinados;

II – praticarem ato nulo com dolo ou culpa.

▶ **1. Correspondência no CPC/1973.** *"Art. 144. O escrivão e o oficial de justiça são civilmente responsáveis: I – quando, sem justo motivo, se recusarem a cumprir, dentro do prazo, os atos que lhes impõe a lei, ou os que o juiz, a que estão subordinados, lhes comete; II – quando praticarem ato nulo com dolo ou culpa."*

## ⚖ LEGISLAÇÃO CORRELATA

**2. CF, art. 37, § 6º.** *"Art. 37. (...) § 6º As pessoas jurídicas de direito público e as de direito privado prestadoras de serviços públicos responderão pelos danos que seus agentes, nessa qualidade, causarem a terceiros, assegurado o direito de regresso contra o responsável nos casos de dolo ou culpa".*

## ⚖ JURISPRUDÊNCIA, ENUNCIADOS E SÚMULAS SELECIONADOS

• **3. Tema/Repercussão Geral 940 STF.** *"A teor do disposto no art. 37, § 6º, da Constituição Federal, a ação por danos causados por agente público deve ser ajuizada contra o Estado ou a pessoa jurídica de direito privado prestadora de serviço público, sendo parte ilegítima para a ação o autor do ato, assegurado o direito de regresso contra o responsável nos casos de dolo ou culpa."*

## 🗒 COMENTÁRIOS TEMÁTICOS

**4. Responsabilidade civil do escrivão, chefe de secretaria e do oficial de justiça.** O escrivão, chefe de secretaria e oficial de justiça respondem, em casos de recusa injustificada ou de nulidade com dolo ou culpa, perante a própria Administração Pública, e não diretamente perante o jurisdicionado.

**5. Auxiliares permanentes.** O escrivão, o chefe de secretaria e o oficial de justiça são auxiliares permanentes da justiça, pois integram os quadros funcionais do Poder Judiciário; são, enfim, servidores públicos.

**6. Entendimento do STF.** Ao julgar o RE 327.904/SP, o STF entendeu que o art. 37, § 6º, da CF, garante ao particular a propositura de demanda em face da Fazenda Pública, com fundamento em responsabilidade objetiva, assegurando, por outro lado, a irresponsabilidade do servidor público diante do particular; o servidor, segundo entendimento firmado pelo STF em tal precedente, responde apenas perante o Poder Público em caso de culpa ou dolo, não devendo a demanda ser intentada contra o servidor, mas apenas em face da Fazenda Pública. Tal entendimento veio a ser reafirmado pelo STF no julgamento do RE 344.133/PE.

**7. Responsabilidade regressiva.** O art. 155 reproduz, no tocante ao escrivão, chefe de secretaria e oficial de justiça, o entendimento do STF sobre o art. 37, § 6º, da CF, de modo que qualquer um deles somente pode ser demandado regressivamente pelo Poder Público, não devendo ser civilmente responsabilizado de forma direta. Se houver ação de responsabilidade civil diretamente contra escrivão, chefe de secretaria ou oficial de justiça, haverá ilegitimidade passiva *ad causam*, pois sua responsabilidade civil é apenas regressiva.

**8. Cabimento de denunciação da lide.** Proposta demanda de indenização em face da Administração Pública, esta poderá, em caso de culpa ou dolo, acionar regressivamente o escrivão, chefe de secretaria ou oficial de justiça. A ação de regresso pode ser intentada autonomamente, ou mediante denunciação da lide (art. 125, II).

## Seção II
## Do Perito

**Art. 156.** O juiz será assistido por perito quando a prova do fato depender de conhecimento técnico ou científico.

§ 1º Os peritos serão nomeados entre os profissionais legalmente habilitados e os órgãos técnicos ou científicos devidamente inscritos em cadastro mantido pelo tribunal ao qual o juiz está vinculado.

§ 2º Para formação do cadastro, os tribunais devem realizar consulta pública, por meio de divulgação na rede mundial de computadores ou em jornais de grande circulação, além de consulta direta a universidades, a conselhos de classe, ao Ministério Público, à Defensoria Pública e à Ordem dos Advogados do Brasil, para a indicação de profissionais ou de órgãos técnicos interessados.

§ 3º Os tribunais realizarão avaliações e reavaliações periódicas para manutenção do cadastro, considerando a formação profissional, a atualização do conhecimento e a experiência dos peritos interessados.

§ 4º Para verificação de eventual impedimento ou motivo de suspeição, nos termos dos arts. 148 e 467, o órgão técnico ou científico nomeado para realização da perícia informará ao juiz os nomes e os dados de qualificação dos profissionais que participarão da atividade.

§ 5º Na localidade onde não houver inscrito no cadastro disponibilizado pelo tribunal, a nomeação do perito é de livre escolha pelo juiz e deverá recair sobre profissional ou órgão técnico ou científico comprovadamente detentor do conhecimento necessário à realização da perícia.

▶ **1. Correspondência no CPC/1973.** *"Art. 145. Quando a prova do fato depender de conhecimento técnico ou científico, o juiz será assistido por perito, segundo o disposto no art. 421. § 1º Os peritos serão escolhidos entre profissionais de nível universitário, devidamente inscritos no órgão de classe competente, respeitado o disposto no Capítulo VI, seção VII, deste Código. § 2º Os peritos comprovarão sua especialidade na matéria sobre que deverão opinar, mediante certidão do órgão profissional em que estiverem inscritos. § 3º Nas localidades onde não houver profissionais qualificados que preencham os requisitos dos parágrafos anteriores, a indicação dos peritos será de livre escolha do juiz."*

## 🏛 Legislação Correlata

**2. CPP, art. 112.** *"Art. 112. O juiz, o órgão do Ministério Público, os serventuários ou funcionários de justiça e os peritos ou intérpretes abster-se-ão de servir no processo, quando houver incompatibilidade ou impedimento legal, que declararão nos autos. Se não se der a abstenção, a incompatibilidade ou impedimento poderá ser arguido pelas partes, seguindo-se o processo estabelecido para a exceção de suspeição."*

**3. CPP, art. 275.** *"Art. 275. O perito, ainda quando não oficial, estará sujeito à disciplina judiciária."*

**4. CPP, art. 276.** *"Art. 276. As partes não intervirão na nomeação do perito."*

**5. CPP, art. 279.** *"Art. 279. Não poderão ser peritos: I – os que estiverem sujeitos à interdição de direito mencionada nos ns. I e IV do art. 69 do Código Penal; II – os que tiverem prestado depoimento no processo ou opinado anteriormente sobre o objeto da perícia; III – os analfabetos e os menores de 21 anos. c) não der o laudo, ou concorrer para que a perícia não seja feita, nos prazos estabelecidos."*

**6. CPP, art. 280.** *"Art. 280. É extensivo aos peritos, no que lhes for aplicável, o disposto sobre suspeição dos juízes."*

**7. CPP, art. 281.** *"Art. 281. Os intérpretes são, para todos os efeitos, equiparados aos peritos."*

**8. Res. 233/2016 do CNJ.** Dispõe sobre a criação de cadastro de profissionais e órgãos técnicos ou científicos no âmbito da Justiça de primeiro e segundo graus.

## ⚖ Jurisprudência, Enunciados e Súmulas Selecionados

- **9. Tema/Repetitivo 510 STJ.** *"Não é possível se exigir do Ministério Público o adiantamento de honorários periciais em ações civis públicas. Ocorre que a referida isenção conferida ao Ministério Público em relação ao adiantamento dos honorários periciais não pode obrigar que o perito exerça seu ofício gratuitamente, tampouco transferir ao réu o encargo de financiar ações contra ele movidas. Dessa forma, considera-se aplicável, por analogia, a Súmula n. 232 desta Corte Superior ('A Fazenda Pública, quando parte no processo, fica sujeita à exigência do depósito prévio dos honorários do perito'), a determinar que a Fazenda Pública ao qual se acha vinculado o Parquet arque com tais despesas."*

- **10. Súmula STJ, 190.** *"Na execução fiscal, processada perante a Justiça Estadual, cumpre à Fazenda Pública antecipar o numerário destinado ao custeio das despesas com o transporte dos oficiais de justiça."*

- **11. Súmula STJ, 232.** *"A Fazenda Pública, quando parte no processo, fica sujeita à exigência do depósito prévio dos honorários do perito."*

## 📄 Comentários Temáticos

**12. Perito.** O perito é um importante auxiliar da justiça, assistindo o juiz quando a prova do fato depender de conhecimento técnico ou científico. Quando a prova do fato depender de conhecimento especial, o juiz nomeará um perito, que irá realizar uma avaliação, um exame ou uma vistoria (art. 464). Não sendo necessária a utilização de conhecimento técnico ou científico, o juiz não deve nomear um perito para auxiliá-lo. Ainda que o juiz possua o conhecimento especializado exigido para a compreensão da controvérsia, deve nomear perito para auxiliá-lo, pois não é possível que se valha de conhecimento próprio especializado não jurídico, sob pena de ofensa ao contraditório.

**LIVRO III · DOS SUJEITOS DO PROCESSO** **Art. 157**

**13. Auxiliar do juízo.** *"Quando a prova dos fatos debatidos na lide depender de conhecimento técnico ou científico o juiz será necessariamente assistido por um ou mais peritos, ou seja, profissionais de nível universitário, dotados de especialidade na matéria sobre a qual deverão opinar, realizando exame, vistoria ou avaliação, na condição de auxiliares do juízo"* (STJ, 4ª Turma, REsp 1.175.317/RJ, rel. Min. Raul Araújo, *DJe* 26.3.2014).

**14. Nomeação do perito.** Ao juiz cabe nomear o perito, escolhendo-o entre os que integram lista elaborada pelo tribunal e disponibilizada na secretaria do juízo. Se na comarca, seção ou subseção judiciária profissional inscrito no cadastro disponibilizado pelo tribunal, a nomeação do perito será feita por livre escolha do juiz, devendo ser nomeado alguém com conhecimento necessário à realização da perícia.

**15. Cadastro do tribunal.** O tribunal deve formar um cadastro de peritos, mediante prévia consulta a conselhos profissionais, universidades, Ministério Público, OAB, entre outros. O juiz deve nomear perito que integre essa lista elaborada pelo tribunal. Com isso, garante-se uma escolha adequada, permitindo que o juiz nomeie profissional capacitado para a atividade a ser exercida no processo.

**16. Autenticidade ou falsidade de documento ou perícia médico-legal.** Quando a perícia tiver por objeto a autenticidade ou falsidade de documento ou for de natureza médico-legal, o juiz deve nomear, preferencialmente, um dos técnicos dos estabelecimentos oficiais especializados (art. 478). Nesse caso, o juiz não se serve do cadastro do tribunal, mas requisita a perícia aos estabelecimentos oficiais especializados. O art. 156 é, em tal hipótese, excepcionado pelo art. 478.

**17. Especialidade médica.** *"A jurisprudência desta Corte perfilha entendimento no sentido de que a pertinência da especialidade médica, em regra, não consubstancia pressuposto de validade da prova pericial, de forma que o perito médico nomeado é quem deve escusar-se do encargo, caso não se julgue apto à realização do laudo solicitado"* (STJ, 2ª Turma, AgInt nos EDcl no AREsp 1.696.733/SP, rel. Min. Mauro Campbell Marques, *DJe* 18.3.2021).

**18. Escolha consensual do perito.** As partes podem, de comum acordo, escolher o perito, indicando-o ao juiz mediante requerimento conjunto ou uma pode requerer e a outra, intimada para manifestar-se, concordar. (art. 471). É possível, enfim, um negócio jurídico processual para a escolha do perito, podendo as partes optar por alguém de sua mútua confiança ou por alguém de notórias qualidades profissionais.

**19. Submissão às regras do impedimento e da suspeição.** O perito é um auxiliar da justiça (art. 149). Logo, os motivos de impedimento (art. 144) e os de suspeição (art. 145) a ele se aplicam (art. 148, II). A parte interessada deve arguir o impedimento ou a suspeição, em petição fundamentada e devidamente instruída, na primeira oportunidade em que lhe couber falar nos autos (art. 148, § 1º). Arguido o impedimento ou a suspeição do perito, o juiz mandará processar o incidente em separado e sem suspensão do processo, ouvindo o arguido no prazo de 15 dias, facultando, quando necessária, a produção de prova (art. 148, § 2º). Acolhida a arguição, o perito ficará proibido de atuar naquele processo e será substituído por outro.

**20. Pessoa jurídica, órgão técnico ou científico.** O juiz pode nomear como perito uma pessoa jurídica ou um órgão técnico ou científico, devidamente inscrito no cadastro mantido no tribunal. Nomeado, o órgão técnico ou científico deverá informar o nome e os dados do profissional, integrante de seus quadros, que irá realizar a vistoria, o exame ou a avaliação, a fim de que o juiz e as partes possam verificar a existência de eventual impedimento ou suspeição.

> **Art. 157.** O perito tem o dever de cumprir o ofício no prazo que lhe designar o juiz, empregando toda sua diligência, podendo escusar-se do encargo alegando motivo legítimo.
>
> § 1º A escusa será apresentada no prazo de 15 (quinze) dias, contado da intimação, da suspeição ou do impedimento supervenientes, sob pena de renúncia ao direito a alegá-la.
>
> § 2º Será organizada lista de peritos na vara ou na secretaria, com disponibilização dos documentos exigidos para habilitação à consulta de interessados, para que a nomeação seja distribuída de modo equitativo, observadas a capacidade técnica e a área de conhecimento.

▶ **1. Correspondência no CPC/1973.** *"Art. 146. O perito tem o dever de cumprir o ofício, no prazo que lhe assina a lei, empregando toda a sua diligência; pode, todavia, escusar-se do encargo alegando motivo legítimo. Parágrafo único. A escusa será apresentada dentro de 5 (cinco) dias, contados da intimação ou do impedimento superveniente, sob pena de se reputar renunciado o direito a alegá-la (art. 423)."*

# Art. 158
CÓDIGO DE PROCESSO CIVIL COMENTADO – *Leonardo Carneiro da Cunha*

## 🏛 LEGISLAÇÃO CORRELATA

**2. CPP, art. 277.** *"Art. 277. O perito nomeado pela autoridade será obrigado a aceitar o encargo, sob pena de multa de cem a quinhentos mil-réis, salvo escusa atendível. Parágrafo único. Incorrerá na mesma multa o perito que, sem justa causa, provada imediatamente: a) deixar de acudir à intimação ou ao chamado da autoridade; b) não comparecer no dia e local designados para o exame."*

**3. CPP, art. 278.** *"Art. 278. No caso de não comparecimento do perito, sem justa causa, a autoridade poderá determinar a sua condução."*

**4. Lei 1.060/1950, art. 14.** *"Art. 14. Os profissionais liberais designados para o desempenho do encargo de defensor ou de perito, conforme o caso, salvo justo motivo previsto em lei ou, na sua omissão, a critério da autoridade judiciária competente, são obrigados ao respectivo cumprimento, sob pena de multa de Cr$ 1.000,00 (mil cruzeiros) a Cr$ 10.000,00 (dez mil cruzeiros), sujeita ao reajustamento estabelecido na Lei nº 6.205, de 29 de abril de 1975, sem prejuízo de sanção disciplinar cabível. § 1º Na falta de indicação pela assistência ou pela própria parte, o juiz solicitará a do órgão de classe respectivo. § 2º A multa prevista neste artigo reverterá em benefício do profissional que assumir o encargo na causa."*

## 🗒 COMENTÁRIOS TEMÁTICOS

**5. Diligência.** O perito tem o dever de cumprir o ofício na forma determinada pelo juiz, empregando toda sua diligência. Se deixar de cumprir o seu encargo, o perito pode ser substituído por outro (art. 468, II). Nesse caso, o juiz comunicará a ocorrência à corporação profissional respectiva, podendo impor multa ao perito (art. 468, § 1º). O perito que vier a ser substituído por não cumprir seu encargo deve restituir o que recebeu pelo trabalho realizado, sob pena de ficar impedido de atuar como perito judicial pelo prazo de 5 anos (art. 468, § 2º) e de ser executado pela parte que tiver realizado o adiantamento dos seus honorários (art. 468, § 3º).

**6. Prazo.** O perito deve realizar o exame, a vistoria ou a avaliação e apresentar o laudo no prazo fixado pelo juiz (art. 157). Poderá pedir prorrogação, podendo o juiz deferir-lhe prazo adicional correspondente à metade do originariamente fixado (art. 476).

**7. Escusa.** O perito pode escusar-se do encargo alegando motivo legítimo ou por impe-

dimento ou suspeição (art. 467). A escusa deve ser apresentada no prazo de 15 dias, contado da intimação, da suspeição ou do impedimento supervenientes, sob pena de renúncia ao direito a alegá-la. O juiz, ao aceitar a escusa, nomeará outro perito.

**8. Lista de peritos.** Os peritos serão nomeados entre os profissionais inscritos em cadastro mantido pelo tribunal ao qual o juiz está vinculado. Na vara ou secretaria do juízo, deve ser organizada lista de peritos, com disponibilização dos documentos exigidos para habilitação à consulta de interessados.

**9. Intérprete ou tradutor.** O disposto no art. 157 aplica-se ao intérprete e ao tradutor (art. 164). Logo, o tradutor ou o intérprete tem o dever de cumprir o ofício na forma determinada pelo juiz, empregando toda sua diligência, podendo escusar-se do encargo alegando motivo legítimo. A escusa deve ser apresentada no prazo de 15 dias, contado da intimação, da suspeição ou do impedimento supervenientes, sob pena de renúncia ao direito a alegá-la. Na vara ou secretaria do juízo, deve ser organizada lista de tradutores e intérpretes, com disponibilização dos documentos exigidos para habilitação à consulta de interessados.

> **Art. 158.** O perito que, por dolo ou culpa, prestar informações inverídicas responderá pelos prejuízos que causar à parte e ficará inabilitado para atuar em outras perícias no prazo de 2 (dois) a 5 (cinco) anos, independentemente das demais sanções previstas em lei, devendo o juiz comunicar o fato ao respectivo órgão de classe para adoção das medidas que entender cabíveis.

▶ **1. Correspondência no CPC/1973.** *"Art. 147. O perito que, por dolo ou culpa, prestar informações inverídicas, responderá pelos prejuízos que causar à parte, ficará inabilitado, por 2 (dois) anos, a funcionar em outras perícias e incorrerá na sanção que a lei penal estabelecer."*

## 🏛 LEGISLAÇÃO CORRELATA

**2. CP, art. 342.** *"Art. 342. Fazer afirmação falsa, ou negar ou calar a verdade como testemunha, perito, contador, tradutor ou intérprete em processo judicial, ou administrativo, inquérito policial, ou em juízo arbitral: Pena – reclusão, de 2 (dois) a 4 (quatro) anos, e multa. § 1º As penas aumentam-se de um sexto a um terço, se o crime é praticado mediante suborno ou se cometido com o fim de obter prova destinada a*

LIVRO III · DOS SUJEITOS DO PROCESSO — **Art. 159**

*produzir efeito em processo penal, ou em processo civil em que for parte entidade da administração pública direta ou indireta. § 2º O fato deixa de ser punível se, antes da sentença no processo em que ocorreu o ilícito, o agente se retrata ou declara a verdade."*

### ▣ COMENTÁRIOS TEMÁTICOS

**3. Dever de verdade.** Todos aqueles que de qualquer forma participam do processo têm o dever de verdade (art. 77, I). O dever de verdade nos atos processuais é uma manifestação de repúdio à mentira no processo. O perito, como sujeito do processo, tem também o dever de verdade.

**4. Responsabilidade.** O perito, na qualidade de auxiliares da justiça (art. 149) deve agir com imparcialidade, lealdade e boa-fé, não fazendo declaração falsa no laudo pericial, sob pena da prática de crime (CP, art. 342), que pode o afastar de suas atividades (CP, art. 47, I e II), inviabilizando sua atuação enquanto perdurar a restrição do direito.

**5. Responsabilidade civil.** O perito que presta informações inverídicas tem o dever de indenizar a parte prejudicada.

**6. Responsabilidade subjetiva.** O perito somente deve ser responsabilizado se tiver atuado com culpa ou dolo. Sua responsabilidade é, portanto, subjetiva, e não objetiva.

**7. Sanção criminal.** Comete crime de falsa perícia o perito que, em processo judicial, faz afirmação falsa, ou nega ou cala a verdade (CP, art. 342).

**8. Sanção administrativa.** O descumprimento do dever de verdade pelo perito acarreta sua inabilitação para atuar em outras perícias no prazo de dois a cinco anos, podendo ser punido pelo seu órgão de classe, ao qual deve o juiz comunicar o fato.

**9. Contraditório.** As sanções impostas ao perito dependem de regular procedimento, que respeite o contraditório, a ampla defesa e o devido processo legal.

**10. Intérprete ou tradutor.** O disposto no art. 158 aplica-se ao intérprete e ao tradutor (art. 164). Logo, se o tradutor ou intérprete prestar informações inverídicas em processo judicial, responderá pelos prejuízos que causar à parte e ficará inabilitado para atuar em outras traduções e interpretações no prazo de 2 a 5 anos, devendo o juiz comunicar o fato ao respectivo órgão de classe para adoção de medidas que entender cabíveis.

## Seção III
## Do Depositário e do Administrador

> **Art. 159.** A guarda e a conservação de bens penhorados, arrestados, sequestrados ou arrecadados serão confiadas a depositário ou a administrador, não dispondo a lei de outro modo.

▶ **1. Correspondência no CPC/1973.** *"Art. 148. A guarda e conservação de bens penhorados, arrestados, sequestrados ou arrecadados serão confiadas a depositário ou a administrador, não dispondo a lei de outro modo."*

### ⚖ JURISPRUDÊNCIA, ENUNCIADOS E SÚMULAS SELECIONADOS

- **2. Tema/Repetitivo 369 STJ.** *"A correção monetária dos depósitos judiciais deve incluir os expurgos inflacionários."*
- **3. Tema/Repetitivo 623 STJ.** *"A discussão quanto à aplicação dos juros e correção monetária nos depósitos judiciais independe de ação específica contra o banco depositário."*
- **4. Súmula STJ, 179.** *"O estabelecimento de crédito que recebe dinheiro, em depósito judicial, responde pelo pagamento da correção monetária relativa aos valores recolhidos."*
- **5. Súmula STJ, 271.** *"A correção monetária dos depósitos judiciais independe de ação específica contra o banco depositário."*

### ▣ COMENTÁRIOS TEMÁTICOS

**6. Depositário.** O depositário é o auxiliar do juízo a quem se confere a função de guarda e conservação de bens por ordem judicial, por exemplo, nos casos de arresto, penhora, sequestro e arrecadação.

**7. Administrador.** O administrador é o auxiliar do juízo a quem se confere a função de praticar, em determinado bem ou estabelecimento, atos de gestão sob determinação judicial, por exemplo, ocorre na penhora sobre frutos e rendimentos. Ao administrador cabe, não apenas guardar e restituir a coisa (como o depositário), mas também gerir o bem ou o estabelecimento, apresentando ao juiz plano de gestão e cumprindo-o de acordo com o que vier a ser homologado pelo juiz.

**8. Rol exemplificativo.** O art. 159 menciona o arresto, a penhora, o sequestro e a arrecadação. Esse rol é exemplificativo. Ao depositário ou administrador cabe guardar e conservar qualquer

327

bem que tenha sido apreendido judicialmente ou objeto de constrição judicial.

**9. Escolha consensual do depositário ou administrador.** As partes podem, de comum acordo, escolher o depositário ou administrador e ajustar a forma de administração, cabendo ao juiz homologar por despacho a indicação (art. 862, § 2º).

**10. Ressalva legal.** O art. 159 contém uma ressalva no final, prevendo que a guarda e conservação de bens apreendidos ou constritos judicialmente podem ser confiadas a auxiliares diversos do depositário ou administrador. É o que ocorre, por exemplo, com o depósito de dinheiro e metais preciosos, cuja guarda e conservação é confiada a estabelecimento de créditos (art. 840, I).

**11. Depósito.** O depósito se concretiza com a entrega da coisa ao depositário.

**12. Depósito voluntário *versus* depósito judicial.** O depositário ou administrador são sujeitos de um depósito judicial, que não se confunde com o depósito voluntário. O depósito voluntário é um contrato por meio do qual o depositário recebe um objeto móvel, para guardar, até que o depositante o reclame (CC, art. 627); o contrato de depósito é gratuito, exceto se houver convenção em contrário, se resultante de atividade negocial ou se o depositário o praticar por profissão (CC, art. 628). Por sua vez, o depósito judicial decorre de ordem judicial e acarreta uma relação jurídica de direito público; é, enfim, um ato processual que se efetiva na entrega provisória de um bem apreendido ou constrito judicialmente a um terceiro para sua guarda e conservação.

> **Art. 160.** Por seu trabalho o depositário ou o administrador perceberá remuneração que o juiz fixará levando em conta a situação dos bens, ao tempo do serviço e às dificuldades de sua execução.
>
> Parágrafo único. O juiz poderá nomear um ou mais prepostos por indicação do depositário ou do administrador.

▶ **1. Correspondência no CPC/1973.** *"Art. 149. O depositário ou administrador perceberá, por seu trabalho, remuneração que o juiz fixará, atendendo à situação dos bens, ao tempo do serviço e às dificuldades de sua execução. Parágrafo único. O juiz poderá nomear, por indicação do depositário ou do administrador, um ou mais prepostos."*

## ▣ Comentários Temáticos

**2. Auxiliares eventuais.** O depositário e o administrador são auxiliares da justiça eventuais, pois são terceiros que eventualmente auxiliam o juízo, sendo remunerados por honorários arbitrados pelo juiz da causa.

**3. Remuneração do depositário ou administrador.** O depositário ou administrador tem sua remuneração estabelecida pelo juiz, que, a propósito, deve levar em conta alguns critérios: *(a)* situação dos bens; *(b)* tempo estimado do trabalho; e, *(c)* dificuldades de execução da atividade. Além desses critérios previstos no art. 160, o juiz, para fixar a remuneração do depositário ou administrador, deve considerar também o valor da coisa depositada, que revela sua importância e impacta no grau de responsabilidade e de atenção do serventuário.

**4. Reembolso de despesas.** A remuneração do depositário ou administrador não engloba o desembolsos de despesas que ele venha a ter para o desempenho de sua função. Além de seus honorários, o serventuário faz jus também ao reembolso de despesas que tiver, a exemplo de locação de garagem ou depósito, despesas com higienização, entre outras.

**5. Auxiliares permanentes.** O art. 160 parte do pressuposto que o depositário ou administrador é um auxiliar eventual da justiça, sendo nomeado episodicamente para um ou outro caso em que se faça necessária sua atuação. É possível, porém, que, na estrutura da Justiça de algum Estado, haja o cargo de depositário público, caso em que ele será um auxiliar permanente, ou seja, um servidor público, que já recebe salário para desempenhar essa atividade. Em tal hipótese, não se aplica o art. 160 e o juiz não deve estabelecer honorários para o depositário. Em razão do princípio federativo, o Estado pode, em sua Justiça própria, criar cargos específicos e haver lá auxiliar da justiça permanente. Embora o CPC trate o depositário ou administrador como auxiliar eventual da justiça, qualquer Estado pode considerá-lo um auxiliar permanente, que receba salário mensal, deixando, então, de ser aplicado o art. 160. Logo, o art. 160 só se aplica quando o depositário ou administrador for um auxiliar eventual da justiça, isto é, quando a atividade for exercida por um terceiro, e não por um servidor público que já desempenhe essa função.

**6. Negócio jurídico processual.** As partes podem, por negócio jurídico processual, convencionar sobre a remuneração do depositário ou do administrador e sobre quem deve pagar-lhe, afastando do juiz a atribuição de, com base no

LIVRO III · DOS SUJEITOS DO PROCESSO  **Art. 161**

art. 160, arbitrar o valor dos seus honorários. Também é possível que se convencione que uma das partes seja o depositário ou administrador (o executado, por exemplo, pode ser o depositário do bem penhorado na execução). Nesse caso, o juiz também não aplica o art. 160 e não fixa honorários para o depositário ou administrador, já que ele será uma das partes do processo.

> **Art. 161.** O depositário ou o administrador responde pelos prejuízos que, por dolo ou culpa, causar à parte, perdendo a remuneração que lhe foi arbitrada, mas tem o direito a haver o que legitimamente despendeu no exercício do encargo.
> Parágrafo único. O depositário infiel responde civilmente pelos prejuízos causados, sem prejuízo de sua responsabilidade penal e da imposição de sanção por ato atentatório à dignidade da justiça.

▶ **1. Correspondência no CPC/1973.** *"Art. 150. O depositário ou o administrador responde pelos prejuízos que, por dolo ou culpa, causar à parte, perdendo a remuneração que lhe foi arbitrada; mas tem o direito a haver o que legitimamente despendeu no exercício do encargo."*

## 🖳 LEGISLAÇÃO CORRELATA

**2. CF, art. 5º, LXVII.** *"LXVII – não haverá prisão civil por dívida, salvo a do responsável pelo inadimplemento voluntário e inescusável de obrigação alimentícia e a do depositário infiel;"*

**3. CP, art. 168, § 1º, II.** *"Art. 168. Apropriar-se de coisa alheia móvel, de que tem a posse ou a detenção: Pena – reclusão, de um a quatro anos, e multa. Aumento de pena § 1º A pena é aumentada de um terço, quando o agente recebeu a coisa: I – em depósito necessário; II – na qualidade de tutor, curador, síndico, liquidatário, inventariante, testamenteiro ou depositário judicial; III – em razão de ofício, emprego ou profissão."*

## ⚖ JURISPRUDÊNCIA, ENUNCIADOS E SÚMULAS SELECIONADOS

- **4. Súmula Vinculante STF, 25.** *"É ilícita a prisão civil de depositário infiel, qualquer que seja a modalidade do depósito."*
- **5. Tema/Repercussão Geral 60 STF.** *"É ilícita a prisão civil de depositário infiel, qualquer que seja a modalidade de depósito."*
- **6. Tema/Repetitivo 220 STJ.** *"Descabe a prisão civil do depositário judicial infiel."*

- **7. Súmula STJ, 419.** *"Descabe a prisão civil do depositário judicial infiel."*
- **8. Enunciado 68 do FNPP.** *"A responsabilidade do depositário infiel, prevista no art. 161, parágrafo único, do CPC, aplica-se à execução fiscal."*

## 🗐 COMENTÁRIOS TEMÁTICOS

**9. Ilícito processual.** O depositário ou administrador que não cumpre com seu dever comete um ilícito processual.

**10. Sanções.** O ilícito do depositário ou administrador acarreta três consequências possíveis: *(a)* dever de reparar os prejuízos suportados pela parte; *(b)* perda do direito à remuneração que lhe foi arbitrada pelo juiz; *(c)* configuração de ato atentatório à dignidade da jurisdição, sem cominação, porém, de punição por tal transgressão.

**11. Responsabilidade do depositário ou administrador.** O depositário ou administrador responde pelo prejuízo suportado pela parte.

**12. Responsabilidade subjetiva.** A responsabilidade do depositário e do administrador é subjetiva, ou seja, depende de culpa ou dolo. Sem que haja comprovação de culpa ou dolo, não se pode responsabilizar o depositário ou o administrador.

**13. Perda de remuneração.** Além da indenização à parte prejudicada, o depositário ou administrador que tiver agido com culpa ou dolo perde a remuneração que lhe foi arbitrada pelo juiz.

**14. Ressarcimento das despesas.** A perda da remuneração que lhe foi arbitrada não elimina o direito do depositário ou administrador de ser ressarcido das despesas que efetuou no exercício de sua função. Tal ressarcimento é necessário para evitar prejuízo ao depositário ou administrador ou seu empobrecimento sem causa.

**15. Outras sanções.** Além de responder pelos prejuízos causados à parte e de perder a remuneração que lhe fora arbitrada, o depositário ou administrador pode suportar outras sanções de natureza penal, processual e administrativa, a depender das circunstâncias do caso concreto.

**16. Depositário infiel.** É considerado depositário infiel o que não devolve o bem depositado quando assim ordenado pelo juiz, sendo, nesse caso, cabível a determinação de busca e apreensão do bem.

**17. *Astreintes* e depositário infiel.** Não é cabível a imposição de *astreintes* contra o depositário infiel, por não ser parte no processo.

329

**18. Inadmissibilidade de *astreintes* contra depositário infiel.** "É cediço que a aplicação de *astreintes* configura decorrência natural do descumprimento de uma obrigação de fazer ou não fazer, ou da que tenha por objeto a entrega de coisa, quando o responsável pelo inadimplemento figure como réu na ação principal, o que não é o caso dos autos, em que a lide originária versava sobre obtenção de benefício previdenciário junto ao INSS, em nada se confundindo com a posterior e incidental determinação imposta ao Banco do Brasil, no sentido de que retificasse os dados sobre liberação de valores feita no interesse do Escritório de Advocacia ora recorrente" (STJ, 1ª Turma, REsp 1.408.422/PR, rel. Min. Sérgio Kukina, *DJe* 16.10.2020).

**19. Prisão civil.** É indevida a prisão civil do depositário infiel.

## Seção IV
## Do Intérprete e do Tradutor

> **Art. 162.** O juiz nomeará intérprete ou tradutor quando necessário para:
>
> I – traduzir documento redigido em língua estrangeira;
>
> II – verter para o português as declarações das partes e das testemunhas que não conhecerem o idioma nacional;
>
> III – realizar a interpretação simultânea dos depoimentos das partes e testemunhas com deficiência auditiva que se comuniquem por meio da Língua Brasileira de Sinais, ou equivalente, quando assim for solicitado.

▶ **1. Correspondência no CPC/1973.** "*Art. 151. O juiz nomeará intérprete toda vez que o repute necessário para: I – analisar documento de entendimento duvidoso, redigido em língua estrangeira; II – verter em português as declarações das partes e das testemunhas que não conhecerem o idioma nacional; III – traduzir a linguagem mímica dos surdos-mudos, que não puderem transmitir a sua vontade por escrito.*"

## 🏛 LEGISLAÇÃO TEMÁTICA

**2. CF, art. 13.** "*Art. 13. A língua portuguesa é o idioma oficial da República Federativa do Brasil.*"

**3. CC, art. 224.** "*Art. 224. Os documentos redigidos em língua estrangeira serão traduzidos para o português para ter efeitos legais no País.*"

**4. CC, art. 1.871.** "*Art. 1.871. O testamento pode ser escrito em língua nacional ou estrangeira, pelo próprio testador, ou por outrem, a seu rogo.*"

**5. CC, art. 1.880.** "*Art. 1.880. O testamento particular pode ser escrito em língua estrangeira, contanto que as testemunhas a compreendam.*"

**6. CLT, art. 819.** "*Art. 819. O depoimento das partes e testemunhas que não souberem falar a língua nacional será feito por meio de intérprete nomeado pelo juiz ou presidente. § 1º Proceder-se-á da forma indicada neste artigo, quando se tratar de surdo-mudo, ou de mudo que não saiba escrever. § 2º As despesas decorrentes do disposto neste artigo correrão por conta da parte sucumbente, salvo se beneficiária de justiça gratuita.*"

**7. CPP, art. 193.** "*Art. 193. Quando o interrogando não falar a língua nacional, o interrogatório será feito por meio de intérprete.*"

**8. CPP, art. 281.** "*Art. 281. Os intérpretes são, para todos os efeitos, equiparados aos peritos.*"

**9. Lei 9.610/1998, art. 7º, XI.** "*Art. 7º São obras intelectuais protegidas as criações do espírito, expressas por qualquer meio ou fixadas em qualquer suporte, tangível ou intangível, conhecido ou que se invente no futuro, tais como: (...) XI – as adaptações, traduções e outras transformações de obras originais, apresentadas como criação intelectual nova.*"

**10. Lei 10.098/2000, art. 18.** "*Art. 18. O Poder Público implementará a formação de profissionais intérpretes de escrita em braile, linguagem de sinais e de guias-intérpretes, para facilitar qualquer tipo de comunicação direta à pessoa portadora de deficiência sensorial e com dificuldade de comunicação.*"

**11. Lei. 10.436/2002, art. 1º.** "*Art. 1º É reconhecida como meio legal de comunicação e expressão a Língua Brasileira de Sinais – Libras e outros recursos de expressão a ela associados. Parágrafo único. Entende-se como Língua Brasileira de Sinais – Libras a forma de comunicação e expressão, em que o sistema linguístico de natureza visual-motora, com estrutura gramatical própria, constituem um sistema linguístico de transmissão de ideias e fatos, oriundos de comunidades de pessoas surdas do Brasil.*"

**12. Lei. 10.436/2002, art. 4º.** "*Art. 4º O sistema educacional federal e os sistemas educacionais estaduais, municipais e do Distrito Federal devem garantir a inclusão nos cursos de formação de Educação Especial, de Fonoaudiologia e de Magistério, em seus níveis médio e superior, do ensino da Língua Brasileira de Sinais – Libras, como parte integrante dos Parâmetros Curriculares Nacionais – PCNs, conforme legislação vigente.*"

**LIVRO III · DOS SUJEITOS DO PROCESSO**

**Art. 162**

*Parágrafo único. A Língua Brasileira de Sinais – Libras não poderá substituir a modalidade escrita da língua portuguesa."*

**13. Dec. 5.626/2005, art. 17.** *"Art. 17. A formação do tradutor e intérprete de Libras – Língua Portuguesa deve efetivar-se por meio de curso superior de Tradução e Interpretação, com habilitação em Libras – Língua Portuguesa."*

**14. Lei 14.195/2021, art. 22.** *"Art. 22. São requisitos para o exercício da profissão de tradutor e intérprete público: I – ter capacidade civil; II – ter formação em curso superior completo em qualquer área do conhecimento; III – ser brasileiro ou estrangeiro residente no País; IV – ser aprovado em concurso para aferição de aptidão; V – não estar enquadrado nas hipóteses de inelegibilidade previstas na alínea e do inciso I do* caput *do art. 1º da Lei Complementar nº 64, de 18 de maio de 1990; e VI – ter registro na junta comercial do local de seu domicílio ou de atuação mais frequente. Parágrafo único. A exigência do concurso previsto no inciso IV do* caput *deste artigo poderá ser dispensada àqueles que obtiverem grau de excelência em exames nacionais e internacionais de proficiência, nos termos do regulamento do Departamento Nacional de Registro Empresarial e Integração da Secretaria de Governo Digital da Secretaria Especial de Desburocratização, Gestão e Governo Digital do Ministério da Economia."*

**15. Lei 14.195/2021, art. 23.** *"Art. 23. O tradutor e intérprete público poderá habilitar-se e registrar-se para um ou mais idiomas estrangeiros ou, ainda, em Língua Brasileira de Sinais (Libras)."*

**16. Lei 14.195/2021, art. 24.** *"Art. 24. O cumprimento do disposto no art. 22 desta Lei habilita o tradutor e intérprete público a atuar em qualquer Estado e no Distrito Federal e a manter inscrição apenas no local de seu domicílio ou de atuação mais frequente."*

**17. Lei 14.195/2021, art. 26.** *"Art. 26. São atividades privativas do tradutor e intérprete público: I – traduzir qualquer documento que tenha de ser apresentado em outro idioma perante pessoa jurídica de direito público interno ou perante serviços notariais e de registro de notas ou de títulos e documentos; II – realizar traduções oficiais, quando exigido por lei; III – interpretar e verter verbalmente perante ente público a manifestação de pessoa que não domine a língua portuguesa se não houver agente público apto a realizar a atividade ou se for exigido por lei específica; IV – transcrever, traduzir ou verter mídia eletrônica de áudio ou vídeo, em outro idioma, certificada por ato notarial; e V – realizar, quando solicitados pela autoridade competente, os* exames necessários à verificação da exatidão de qualquer tradução que tenha sido arguida como incompleta, imprecisa, errada ou fraudulenta. Parágrafo único. O disposto no* caput *deste artigo não impede: I – a designação pela autoridade competente de tradutor e intérprete público ad hoc no caso de inexistência, de impedimento ou de indisponibilidade de tradutor e intérprete público habilitado para o idioma; e II – a realização da atividade por agente público: a) ocupante de cargo ou emprego com atribuições relacionadas com a atividade de tradutor ou intérprete; ou b) com condições de realizar traduções e interpretações simples e correlatas com as atribuições de seu cargo ou emprego."*

**18. Lei 14.195/2021, art. 27.** *"Art. 27. Presumem-se fiéis e exatas as traduções realizadas por tradutor e intérprete público. § 1º Nenhuma tradução terá fé pública se não for realizada por tradutor e intérprete público, exceto as traduções: I – feitas por corretores de navios, em sua área de atuação; II – relativas aos manifestos e documentos que as embarcações estrangeiras tiverem de apresentar para despacho aduaneiro; III – feitas por agente público com cargo ou emprego de tradutor ou intérprete ou que sejam inerentes às atividades do cargo ou emprego; e IV – enquadradas nas hipóteses previstas em ato do Poder Executivo federal. § 2º A presunção de que trata o* caput *deste artigo não afasta: I – a obrigação de o documento na língua original acompanhar a sua respectiva tradução; e II – a possibilidade de ente público ou qualquer interessado impugnar, nos termos estabelecidos nas normas de processo administrativo ou de processo judicial aplicáveis ao caso concreto, a fidedignidade ou a exatidão da tradução."*

**19. Res. 127/2011 do CNJ.** Dispõe sobre o pagamento de honorários de perito, tradutor e intérprete, em casos de beneficiários da justiça gratuita, no âmbito da Justiça de primeiro e segundo graus.

### 🗐 COMENTÁRIOS TEMÁTICOS

**20. Uso obrigatório da língua portuguesa.** A língua portuguesa é o idioma oficial da República Federativa do Brasil (CF, art. 13). A atividade jurisdicional estatal é uma atividade oficial, que deve, portanto, ser exercida em língua portuguesa. É obrigatório, em todos os atos e termos do processo, o uso da língua portuguesa (CPC, art. 192). O uso da língua portuguesa é obrigatório nas petições, contestação, arrazoados, despachos, decisões, nos documentos apresentados para a comprovação das alegações e nos termos lavrados pelo escrivão ou chefe de secretaria.

**21. Intérprete e tradutor.** O intérprete e o tradutor são auxiliares da justiça (art. 149) que contribuem para que o juiz, as partes e seus advogados possam compreender a linguagem utilizada no processo judicial.

**22. Funções.** As funções do intérprete e o tradutor são diversas, pois a atuação de cada um deles destina-se a instrumentos linguísticos diferentes.

**23. Tradutor.** O tradutor responsabiliza-se por verter de uma língua para outra o conteúdo de documentos, textos, papéis, livros, escritos em geral. No processo judicial, ao tradutor incumbe verter para o português documentos escritos em outro idioma (art. 162, I). O tradutor precisa não só ser fluente na língua estrangeira, mas também ter domínio da terminologia própria e das convenções linguísticas empregadas na elaboração do documento ou do material a ser traduzido.

**24. Intérprete.** O intérprete encarrega-se de verter de uma língua para outra os discursos, as reuniões e as videoconferências. Ao intérprete cabe, no processo judicial, permitir que todos compreendam depoimentos, testemunhos, manifestações orais de partes, testemunhas, especialistas, *amicus curiae* que se expressem em língua estrangeira (art. 162, II). Também cabe ao intérprete esclarecer o conteúdo de documentos com símbolos arqueológicos, hieróglifos, bem como facilitar a comunicação na própria língua portuguesa, quando haja dificuldade de sua compreensão falada, quando, por exemplo, de pessoa que tenha dificuldades motora de fala, mas capacidade de se comunicar com complementação de outros meios e, bem ainda, auxiliar no entendimento de depoimentos ou testemunhos de pessoas que falam o português de outro modo, como em Portugal e nos países africanos de língua portuguesa, que se valem de sotaque e expressões diferentes do português falado no Brasil ou de indígenas.

**25. Tradutor e intérprete de Libras.** Se a parte, a testemunha ou quem precise ser ouvido em juízo tiver deficiência auditiva, o juiz deve nomear um tradutor ou intérprete de Libras – Língua Brasileira de Sinais – Libras, para que se viabilize a comunicação e a compreensão recíproca entre o deficiente e os demais sujeitos do processo.

**26. Possibilidade de cumulação do cargo de intérprete e tradutor de Libras com o de professor.** *"As disposições do Decreto 5.626/2005 somam-se aos preceitos da Lei 12.319/2010 para* evidenciar que o exercício da profissão de tradutor e intérprete de Libras exige conhecimentos técnicos e específicos relativos a um sistema linguístico próprio, totalmente diferente da Língua Portuguesa, mas a esta associada para fins de viabilizar a comunicação com pessoas portadoras de deficiência, conduzindo à inexistência de vedação para cumulação do cargo de professor com a de tradutor e intérprete de Libras, dada a natureza técnica do cargo"* (STJ, 2ª Turma, REsp 1.569.547/RN, rel. Min. Humberto Martins, *DJe* 2.2.2016).

**27. Gratuidade da justiça.** Se a parte interessada for beneficiária da justiça gratuita, estará liberada do dispêndio com a remuneração do tradutor e do intérprete, pois a gratuidade da justiça também compreende a remuneração do intérprete ou do tradutor nomeado para apresentação de versão em português de documento redigido em língua estrangeira (art. 98, § 1º, VI).

**28. Tradutor no procedimento especial de ratificação dos protestos marítimos e nos processos testemunháveis formados a bordo.** O art. 768 estabelece que o juiz deverá ouvir, sob compromisso a ser prestado no mesmo dia, o comandante e as testemunhas em número mínimo de duas e máximo de quatro, que deverão comparecer ao ato independentemente de intimação. Tratando-se de estrangeiro que não domine a língua portuguesa, o autor deverá fazer-se acompanhar por tradutor, que prestará compromisso em audiência. Caso o autor não se faça acompanhar por tradutor, o juiz deverá nomear outro que preste compromisso em audiência.

**29. Dispensa do tradutor. Instrumentalidade das formas.** A dispensabilidade da tradução juramentada de documento redigido em língua estrangeira deve ser avaliada em razão dos elementos concretos contidos nos autos, da finalidade essencial do ato e da ausência de prejuízo para as partes ou para o processo.

**30. Petição inicial acompanhada de documento em língua estrangeira sem tradução. Oportunidade de sanação do vício.** Apresentado documento estrangeiro com a petição inicial sem tradução, deve ser determinada sua emenda para que se providencie a tradução.

---

**Art. 163.** Não pode ser intérprete ou tradutor quem:

I – não tiver a livre administração de seus bens;

II – for arrolado como testemunha ou atuar como perito no processo;

III – estiver inabilitado para o exercício da profissão por sentença penal condenatória, enquanto durarem seus efeitos.

**LIVRO III · DOS SUJEITOS DO PROCESSO** — **Art. 163**

▶ **1. Correspondência no CPC/1973.** *"Art. 152. Não pode ser intérprete quem: I – não tiver a livre administração dos seus bens; II – for arrolado como testemunha ou serve como perito no processo; III – estiver inabilitado ao exercício da profissão por sentença penal condenatória, enquanto durar o seu efeito."*

## ⚖ Legislação Correlata

**2. CC, art. 3º.** *"Art. 3º São absolutamente incapazes de exercer pessoalmente os atos da vida civil os menores de 16 (dezesseis) anos."*

**3. CC, art. 4º.** *"Art. 4º São incapazes, relativamente a certos atos ou à maneira de os exercer: I – os maiores de dezesseis e menores de dezoito anos; II – os ébrios habituais e os viciados em tóxico; III – aqueles que, por causa transitória ou permanente, não puderem exprimir sua vontade; IV – os pródigos. Parágrafo único. A capacidade dos indígenas será regulada por legislação especial."*

**4. CPC/1973, art. 752.** *"Declarada a insolvência, o devedor perde o direito de administrar os seus bens e de dispor deles, até a liquidação total da massa."*

**5. Lei 8.429/1992, art. 7º.** *"Art. 7º Se houver indícios de ato de improbidade, a autoridade que conhecer dos fatos representará ao Ministério Público competente, para as providências necessárias."*

**6. CP, art. 47, I e II.** *"Art. 47. As penas de interdição temporária de direitos são: I – proibição do exercício de cargo, função ou atividade pública, bem como de mandato eletivo; II – proibição do exercício de profissão, atividade ou ofício que dependam de habilitação especial, de licença ou autorização do poder público."*

**7. CP, art. 342.** *"Art. 342. Fazer afirmação falsa, ou negar ou calar a verdade como testemunha, perito, contador, tradutor ou intérprete em processo judicial, ou administrativo, inquérito policial, ou em juízo arbitral: Pena – reclusão, de 2 (dois) a 4 (quatro) anos, e multa."*

**8. Lei 14.195/2021, art. 22.** *"Art. 22. São requisitos para o exercício da profissão de tradutor e intérprete público: I – ter capacidade civil; II – ter formação em curso superior completo em qualquer área do conhecimento; III – ser brasileiro ou estrangeiro residente no País; IV – ser aprovado em concurso para aferição de aptidão; V – não estar enquadrado nas hipóteses de inelegibilidade previstas na alínea e do inciso I do caput do art. 1º da Lei Complementar nº 64, de 18 de maio de 1990; e VI – ter registro na junta comercial do local de seu domicílio ou de atuação mais fre-*

*quente. Parágrafo único. A exigência do concurso previsto no inciso IV do caput deste artigo poderá ser dispensada àqueles que obtiverem grau de excelência em exames nacionais e internacionais de proficiência, nos termos do regulamento do Departamento Nacional de Registro Empresarial e Integração da Secretaria de Governo Digital da Secretaria Especial de Desburocratização, Gestão e Governo Digital do Ministério da Economia."*

**9. Lei 14.195/2021, art. 28.** *"Art. 28. O tradutor e intérprete público que realizar tradução incompleta, imprecisa, errada ou fraudulenta estará sujeito, além de eventual responsabilização civil e criminal, às seguintes sanções: I – advertência; II – suspensão do registro por até 1 (um) ano; e III – cassação do registro, vedada nova habilitação em prazo inferior a 15 (quinze) anos. Parágrafo único. Para a dosimetria da pena, deverão ser consideradas: I – as punições recebidas pelo tradutor e intérprete público nos últimos 10 (dez) anos; II – a existência ou não de má-fé; e III – a gravidade do erro ou a configuração de culpa grave."*

**10. Lei 14.195/2021, art. 29.** *"Art. 29. O processo administrativo contra o tradutor e intérprete público seguirá o disposto na Lei nº 9.784, de 29 de janeiro de 1999."*

**11. Lei 14.195/2021, art. 30.** *"Art. 30. O processo administrativo será processado e julgado pela junta comercial do Estado ou do Distrito Federal no qual o tradutor e intérprete público estiver inscrito. Parágrafo único. Caberá recurso da decisão da junta comercial ao Diretor do Departamento Nacional de Registro Empresarial e Integração da Secretaria de Governo Digital da Secretaria Especial de Desburocratização, Gestão e Governo Digital do Ministério da Economia, que decidirá em última instância."*

## ▣ Comentários Temáticos

**12. Limitações ao exercício do ofício.** O intérprete e o tradutor sujeitam-se às limitações que possam interferir no exercício de suas funções.

**13. Incapacidade.** Para que se possa exercer a função de intérprete ou tradutor, é preciso que se esteja na livre administração de seus bens, não sendo absoluta (CC, art. 3º) ou relativamente incapaz (CC, art. 4º). Não se deve ter a insolvência civil declarada, pois o insolvente perde o direito de administrar seus bens e deles dispor (CPC/2015, art. 1.052; CPC/1973, art. 752).

**14. Testemunha ou perito no processo.** Se o sujeito já foi arrolado como testemunha ou atuar como perito no processo, não poderá nele funcionar como intérprete ou tradutor. A previsão contida no inciso II do art. 163 reafirma o impedimento já previsto no inciso I do art. 144.

**15. Submissão às regras do impedimento e da suspeição.** O tradutor e o intérprete são auxiliares da justiça (art. 149). Logo, os motivos de impedimento (art. 144) e os de suspeição (art. 145) a eles se aplicam (art. 148, II).

**16. Inabilitação por decisão penal condenatória.** Se o tradutor ou intérprete cometer o crime de fazer afirmação falsa, ou negar ou calar a verdade em processo judicial, administrativo, inquérito policial ou em juízo arbitral, pode sofrer pena de reclusão de 2 a 4 anos, além de multa (CP, art. 342). A pena privativa de liberdade pode, nesse caso, ser substituída por uma restritiva de direito (CP, art. 44), que pode ser a interdição temporária de direito (CP, art. 43, V), ficando impedido de atuar como tradutor ou intérprete (CP, art. 47, I e II), enquanto durarem os efeitos da sentença penal condenatória (CPC, art. 163, III).

**17. Inabilitação por decisão em processo civil.** Não é só a inabilitação decorrente de sentença penal condenatória que impede o sujeito de atuar como tradutor ou intérprete. Se o tradutor ou intérprete prestar informações inverídicas em processo judicial, responderá pelos prejuízos que causar à parte e ficará inabilitado para atuar em outras traduções e interpretações no prazo de dois a cinco anos, devendo o juiz comunicar o fato ao respectivo órgão de classe para adoção de medidas que entender cabíveis (art. 158). Tal regra, aplicável ao perito, é igualmente aplicável ao tradutor e ao intérprete (art. 164).

> **Art. 164.** O intérprete ou tradutor, oficial ou não, é obrigado a desempenhar seu ofício, aplicando-se-lhe o disposto nos arts. 157 e 158.

▶ **1. Correspondência no CPC/1973.** *"Art. 153. O intérprete, oficial ou não, é obrigado a prestar o seu ofício, aplicando-se-lhe o disposto nos arts. 146 e 147."*

## 🔳 LEGISLAÇÃO CORRELATA

**2. CPP, art. 281.** *"Art. 281. Os intérpretes são, para todos os efeitos, equiparados aos peritos."*

## 🔲 COMENTÁRIOS TEMÁTICOS

**3. Responsabilidade.** O tradutor e o intérprete, na qualidade de auxiliares da justiça (art. 149) devem agir com imparcialidade, lealdade e boa-fé, não fazendo declaração falsa na tradução ou interpretação, sob pena da prática de crime (CP, art. 342), que pode os afastar de suas atividades de tradutor e intérprete (CP, art. 47, I e II), inviabilizando sua atuação enquanto perdurar a restrição do direito (CPC, art. 163, III).

**4. Diligência e escusa.** O tradutor ou o intérprete tem o dever de cumprir o ofício na forma determinada pelo juiz, empregando toda sua diligência, podendo escusar-se do encargo alegando motivo legítimo (art. 157). A escusa deve ser apresentada no prazo de 15 dias, contado da intimação, da suspeição ou do impedimento supervenientes, sob pena de renúncia ao direito a alegá-la (art. 157, § 1°).

**5. Lista de tradutores e intérpretes.** Na vara ou secretaria do juízo, deve ser organizada lista de tradutores e intérpretes, com disponibilização dos documentos exigidos para habilitação à consulta de interessados (art. 157, § 2°).

**6. Escolha consensual do tradutor ou intérprete.** As partes podem, de comum acordo, escolher o tradutor ou o intérprete, indicando-o ao juiz mediante requerimento conjunto ou uma pode requerer e a outra, intimada para manifestar-se, concordar. É possível, enfim, um negócio jurídico processual para a escolha do tradutor ou intérprete, podendo as partes optar por alguém de sua mútua confiança ou por alguém de notórias qualidades profissionais.

**7. Inabilitação para atuar como tradutor ou intérprete.** Não pode ser intérprete ou tradutor quem estiver inabilitado para o exercício da profissão por sentença penal condenatória, enquanto durarem seus efeitos (art. 163, III). De igual modo, se o tradutor ou intérprete prestar informações inverídicas em processo judicial, responderá pelos prejuízos que causar à parte e ficará inabilitado para atuar em outras traduções e interpretações no prazo de 2 a 5 anos, devendo o juiz comunicar o fato ao respectivo órgão de classe para adoção de medidas que entender cabíveis (art. 158).

**8. Contraditório.** As sanções impostas ao tradutor ou intérprete (art. 158) dependem de regular procedimento, que respeite o contraditório, a ampla defesa e o devido processo legal.

## Seção V
## Dos Conciliadores e Mediadores Judiciais

> **Art. 165.** Os tribunais criarão centros judiciários de solução consensual de conflitos, responsáveis pela realização de sessões e audiências de conciliação e mediação e pelo desenvolvimento

de programas destinados a auxiliar, orientar e estimular a autocomposição.

§ 1º A composição e a organização dos centros serão definidas pelo respectivo tribunal, observadas as normas do Conselho Nacional de Justiça.

§ 2º O conciliador, que atuará preferencialmente nos casos em que não houver vínculo anterior entre as partes, poderá sugerir soluções para o litígio, sendo vedada a utilização de qualquer tipo de constrangimento ou intimidação para que as partes conciliem.

§ 3º O mediador, que atuará preferencialmente nos casos em que houver vínculo anterior entre as partes, auxiliará aos interessados a compreender as questões e os interesses em conflito, de modo que eles possam, pelo restabelecimento da comunicação, identificar, por si próprios, soluções consensuais que gerem benefícios mútuos.

▶ **1. Sem correspondência no CPC/1973.**

## ⚖ Legislação Correlata

**2. Lei 13.140/2015, art. 1º, parágrafo único.** *"Art. 1º Esta Lei dispõe sobre a mediação como meio de solução de controvérsias entre particulares e sobre a autocomposição de conflitos no âmbito da administração pública. Parágrafo único. Considera-se mediação a atividade técnica exercida por terceiro imparcial sem poder decisório, que, escolhido ou aceito pelas partes, as auxilia e estimula a identificar ou desenvolver soluções consensuais para a controvérsia."*

**3. Lei 13.140/2015, art. 4º, § 1º.** *"Art. 4º O mediador será designado pelo tribunal ou escolhido pelas partes. § 1º O mediador conduzirá o procedimento de comunicação entre as partes, buscando o entendimento e o consenso e facilitando a resolução do conflito."*

**4. Lei 13.140/2015, art. 19.** *"Art. 19. No desempenho de sua função, o mediador poderá reunir-se com as partes, em conjunto ou separadamente, bem como solicitar das partes as informações que entender necessárias para facilitar o entendimento entre aquelas."*

**5. Lei 13.140/2015, art. 24.** *"Art. 24. Os tribunais criarão centros judiciários de solução consensual de conflitos, responsáveis pela realização de sessões e audiências de conciliação e mediação, pré-processuais e processuais, e pelo desenvolvimento de programas destinados a auxiliar, orientar e estimular a autocomposição."*

**6. Res. 697/2020 do STF, art. 1º.** *"Art. 1º Fica criado o Centro de Mediação e Conciliação (CMC), que será responsável pela realização de acordos no Supremo Tribunal Federal."*

**7. IN 39/2016 do TST, art. 14.** *"Art. 14. Não se aplica ao Processo do Trabalho o art. 165 do CPC, salvo nos conflitos coletivos de natureza econômica (Constituição Federal, art. 114, §§ 1º e 2º)."*

## ⚖ Jurisprudência, Enunciados e Súmulas Selecionados

- **8. ADI 6.324.** *"É constitucional a disposição do Conselho Nacional de Justiça que prevê a facultatividade de representação por advogado ou defensor público nos Centros Judiciários de Solução de Conflitos e Cidadania (CEJUSCs)."*
- **9. Tema/Repercussão Geral 541 STF.** *"(...) 2 – É obrigatória a participação do Poder Público em mediação instaurada pelos órgãos classistas das carreiras de segurança pública, nos termos do art. 165 do CPC, para vocalização dos interesses da categoria."*
- **10. Enunciado 187 do FPPC.** *"No emprego de esforços para a solução consensual do litígio familiar, são vedadas iniciativas que gerem constrangimento ou que sejam intimidatórias para que as partes obtenham autocomposição."*
- **11. Enunciado 371 do FPPC.** *"Os métodos de solução consensual de conflitos devem ser estimulados também nas instâncias recursais."*
- **12. Enunciado 397 do FPPC.** *"A estrutura para autocomposição, nos Juizados Especiais, deverá contar com a conciliação e a mediação, cujos profissionais devem ter formação específica nos moldes da Resolução n. 125 do Conselho Nacional de Justiça."*

## 🖹 Comentários Temáticos

**13. Conciliação e mediação: noções gerais.** A conciliação e a mediação constituem técnicas que se destinam a viabilizar a autocomposição de disputas ou litígios. Nelas, um terceiro intervém, contribuindo para que as partes componham por si mesmas a disputa que há entre elas. A conciliação e a mediação não se confundem com a arbitragem. Esta é um meio de heterocomposição. O árbitro, assim como o juiz, decide a causa que lhe é submetida. Na conciliação e na mediação, o terceiro é convocado, não para decidir, mas para contribuir com as partes, a fim de que estas, por si, cheguem a uma solução, mediante autocomposição.

**14. Definição legal de mediação.** O parágrafo único do art. 1º da Lei 13.140, de 2015, definiu a mediação como *"a atividade técnica exercida por terceiro imparcial sem poder decisório, que, escolhido ou aceito pelas partes, as auxilia e esti-*

*mula a identificar ou desenvolver soluções consensuais para a controvérsia"*. O texto normativo faz constar da definição elementos como "terceiro imparcial", "sem poder decisório", que "auxilia e estimula" as partes "a identificar ou desenvolver soluções consensuais para a controvérsia". O mediador, como se percebe, é um facilitador do diálogo: as partes envolvidas são por ele auxiliadas em sua comunicação para que possam encontrar respostas adequadas ao impasse que encontram na solução de sua disputa.

**15. Atividade técnica.** A mediação é uma atividade técnica, devendo ser realizada por pessoa habilitada a tanto, independentemente de sua formação anterior. O mediador não precisa, necessariamente, ter formação jurídica, mas deve ter habilidade para exercer a atividade e deve, ainda, gozar da confiança mútua das partes.

**16. Capacitação.** A mediação é atividade que pode ser exercida por profissionais das mais diferentes áreas, sendo, a depender do caso, até mesmo recomendável a participação de dois ou mais mediadores, de diferentes áreas ou formações acadêmicas, que possam contribuir para a busca do consenso entre as partes. É preciso, porém, que sejam todas capacitadas a exercerem a atividade de mediação.

**17. Diplomas legais.** A Lei 13.140, de 2015, trata da mediação e da atividade do mediador, disciplinando tanto a mediação judicial como a extrajudicial. Já o CPC menciona tanto a conciliação como a mediação, traçando diferenças entre elas. Em virtude da previsão contida no CPC, é preciso verificar quais as diferenças normativas estabelecidas entre a mediação e a conciliação.

**18. Mediação.** A mediação é medida mais adequada aos casos em que tiver havido vínculo anterior entre as partes, a exemplo do que ocorre em matéria societária e de direito de família. O mediador não sugere qualquer solução para o conflito. Sua função é a de auxiliar os interessados a compreender as questões e os interesses em conflito, de modo que eles possam, pelo restabelecimento da comunicação, identificar, por si próprios, soluções consensuais que gerem benefícios mútuos. Para tanto, o mediador vale-se de técnicas próprias, com diálogo, paciência, simplicidade e constante esclarecimento.

**19. Conciliação.** O conciliador deve atuar preferencialmente nos casos em que não tenha havido vínculo anterior entre as partes, por exemplo, em acidentes de veículo ou em casos de danos extrapatrimoniais em geral. O conciliador pode sugerir soluções para o litígio,

sendo vedada a utilização de qualquer tipo de constrangimento ou intimidação para que as partes concilizem.

**20. Sugestões.** Cotejando-se o § 1º com o § 2º, ambos do art. 165 do CPC, tem-se a impressão de que o mediador não sugere qualquer solução para o conflito; só quem poderia fazer sugestões seria o conciliador. Ocorre, porém, que o inciso III do § 1º do art. 30 da Lei 13.140, de 2015, menciona a *"manifestação de aceitação de proposta de acordo apresentada pelo mediador"*, numa clara indicação de que o mediador pode também fazer sugestões ou apresentar proposta de acordo para as partes se autocomporem.

**21. Técnicas adotadas.** A legislação brasileira é a única a fazer essa diferença entre mediador e conciliador. Na verdade, a diferença estaria nas técnicas utilizadas. Só que a intermediação de uma autocomposição usa técnicas variadas, a depender da postura das partes envolvidas, do grau de mágoas recíprocas entre elas, do nível de conhecimento que têm, do perfil psicológico, a revelar a existência de maior ou menor ansiedade na solução do problema etc. Em casos em que haja vínculo anterior, é natural haver mágoas ou maiores sentimentos envolvidos, mas as técnicas destinadas a eliminar essas mágoas e angústias ou a diminuir sentimentos recíprocos de repulsa e animosidade podem ser utilizadas também em casos em que não se verifique vínculo anterior entre as partes, mas estas têm perfil psicológico que exige a adoção daquelas técnicas. Tudo está, portanto, a depender do tipo de problema e, sobretudo, do perfil dos envolvidos na disputa. De todo modo, não há como recusar a existência de textos normativos que impõem a diferença entre a mediação e a conciliação, estabelecendo diversas técnicas contributivas para a obtenção da autocomposição.

**22. Aplicação da Lei 13.140/2015.** A Lei 13.140/2015 trata apenas da mediação, não mencionando a conciliação. Suas regras devem aplicar-se igualmente à conciliação, pois as diferenças entre mediação e conciliação não são tão acentuadas, variando a adoção de algumas técnicas, a depender das pessoas envolvidas e do objeto da disputa havida entre elas.

---

**Art. 166.** A conciliação e a mediação são informadas pelos princípios da independência, da imparcialidade, da autonomia da vontade, da confidencialidade, da oralidade, da informalidade e da decisão informada.

§ 1º A confidencialidade estende-se a todas as informações produzidas no curso do pro-

LIVRO III · DOS SUJEITOS DO PROCESSO — **Art. 166**

cedimento, cujo teor não poderá ser utilizado para fim diverso daquele previsto por expressa deliberação das partes.

§ 2º Em razão do dever de sigilo, inerente às suas funções, o conciliador e o mediador, assim como os membros de suas equipes, não poderão divulgar ou depor acerca de fatos ou elementos oriundos da conciliação ou da mediação.

§ 3º Admite-se a aplicação de técnicas negociais, com o objetivo de proporcionar ambiente favorável à autocomposição.

§ 4º A mediação e a conciliação serão regidas conforme a livre autonomia dos interessados, inclusive no que diz respeito à definição das regras procedimentais.

▶ **1. Sem correspondência no CPC/1973.**

## 🖉 LEGISLAÇÃO CORRELATA

**2. Lei 13.140/2015, art. 2º.** *"Art. 2º A mediação será orientada pelos seguintes princípios: I – imparcialidade do mediador; II – isonomia entre as partes; III – oralidade; IV – informalidade; V – autonomia da vontade das partes; VI – busca do consenso; VII – confidencialidade; VIII – boa-fé."*

**3. Lei 13.140/2015, art. 14.** *"Art. 14. No início da primeira reunião de mediação, e sempre que julgar necessário, o mediador deverá alertar as partes acerca das regras de confidencialidade aplicáveis ao procedimento."*

**4. Lei 13.140/2015, art. 30.** *"Art. 30. Toda e qualquer informação relativa ao procedimento de mediação será confidencial em relação a terceiros, não podendo ser revelada sequer em processo arbitral ou judicial salvo se as partes expressamente decidirem de forma diversa ou quando sua divulgação for exigida por lei ou necessária para cumprimento de acordo obtido pela mediação. § 1º O dever de confidencialidade aplica-se ao mediador, às partes, a seus prepostos, advogados, assessores técnicos e a outras pessoas de sua confiança que tenham, direta ou indiretamente, participado do procedimento de mediação, alcançando: I – declaração, opinião, sugestão, promessa ou proposta formulada por uma parte à outra na busca de entendimento para o conflito; II – reconhecimento de fato por qualquer das partes no curso do procedimento de mediação; III – manifestação de aceitação de proposta de acordo apresentada pelo mediador; IV – documento preparado unicamente para os fins do procedimento de mediação. § 2º A prova apresentada em desacordo com o disposto neste artigo não será admitida em processo arbitral ou judicial. § 3º Não está abrigada pela regra de confidencialidade a informação relati-*va à ocorrência de crime de ação pública. § 4º A regra da confidencialidade não afasta o dever de as pessoas discriminadas no caput prestarem informações à administração tributária após o termo final da mediação, aplicando-se aos seus servidores a obrigação de manterem sigilo das informações compartilhadas nos termos do art. 198 da Lei nº 5.172, de 25 de outubro de 1966 – Código Tributário Nacional."*

**5. Lei 13.140/2015, art. 31.** *"Art. 31. Será confidencial a informação prestada por uma parte em sessão privada, não podendo o mediador revelá-la às demais, exceto se expressamente autorizado."*

**6. Res. 697/2020 do STF, art. 8º.** *"Art. 8º O coordenador, o mediador, o conciliador, as partes, seus advogados, membros do Ministério Público e Defensoria Pública, assistentes técnicos e demais envolvidos, direta ou indiretamente, nas atividades conciliatórias, encontram-se submetidos à cláusula de confidencialidade, devendo guardar sigilo a respeito do que for dito, exibido ou debatido na sessão, de modo a não permitir que tais ocorrências sejam consideradas para outros fins que não os da tentativa de conciliação."*

## ⚖ JURISPRUDÊNCIA, ENUNCIADOS E SÚMULAS SELECIONADOS

- **7. Enunciado 187 do FPPC.** *"No emprego de esforços para a solução consensual do litígio familiar, são vedadas iniciativas que gerem constrangimento ou que sejam intimidatórias para que as partes obtenham autocomposição."*
- **8. Enunciado 576 do FPPC.** *"Admite-se a solução parcial do conflito em audiência de conciliação ou mediação."*
- **9. Enunciado 577 do FPPC.** *"A realização de sessões adicionais de conciliação ou mediação depende da concordância de ambas as partes."*
- **10. Enunciado 618 do FPPC.** *"A conciliação e a mediação são compatíveis com o processo de recuperação judicial."*
- **11. Enunciado 6 do FNPP.** *"A confidencialidade na mediação com a Administração Pública observará os limites da lei de acesso à informação."*
- **12. Enunciado 56 do FNPP.** *"Nas atas das sessões de conciliação e mediação, somente serão registradas as informações expressamente autorizadas por todas as partes."*
- **13. Enunciado 62 do FNPP.** *"O conciliador e o mediador deverão advertir os presentes, no início da sessão ou audiência, da extensão do princípio da confidencialidade a todos os participantes do ato."*

337

## ☰ Comentários Temáticos

**14. Normas próprias da mediação e da conciliação.** O dispositivo ora comentado trata das normas que orientam a atuação do mediador. Tais normas são complementadas e reforçadas pelas do art. 2º da Lei 13.140, de 2015. Assim, conjugando-se o art. 166 do CPC com o art. 2º da Lei 13.140, de 2015, observa-se que a atuação do mediador há de ser conduzida pelos princípios da independência, da imparcialidade, da isonomia entre as partes, da oralidade, da informalidade, da autonomia da vontade das partes, da busca do consenso, da confidencialidade, da boa-fé e da decisão informada.

**15. Código de Ética.** Além da conjugação de tais dispositivos, convém destacar que o anexo III da Resolução 125, de 2010, do CNJ institui o Código de Ética dos conciliadores e mediadores judiciais, atribuindo-lhes o dever de observância aos princípios da confidencialidade, decisão informada, competência, imparcialidade, independência e autonomia, respeito à ordem pública e às leis vigentes, empoderamento e validação.

**16. Postura do conciliador e do mediador.** Todos esses princípios orientam a atividade de mediação e conciliação, estabelecendo balizas a indicar a adoção de uma postura que tranquilize os envolvidos. Cabe ao conciliador ou mediador demonstrar que é natural, comum e normal a ocorrência de conflitos numa sociedade, devendo ser encarada igualmente como natural, comum e normal a busca consensual por uma solução. As partes devem buscar a melhor solução possível e, muitas vezes, é no consenso que se obtém uma boa e justa composição.

**17. Ausência de inevitabilidade.** A atividade de mediação não é jurisdicional. Logo, não há a *inevitabilidade* existente na atividade jurisdicional. É por isso que o § 2º do art. 2º da Lei 13.140, de 2015, dispõe que *"ninguém será obrigado a permanecer em procedimento de mediação".*

**18. Princípio da independência.** Para bem desempenhar suas funções, o mediador ou conciliador deve atuar com independência, sem submissão hierárquica a algum órgão ou autoridade. A atuação do mediador submete-se às normas contidas no ordenamento, não estando dependente de qualquer autoridade ou órgão de controle. O conciliador ou mediador deve atuar com liberdade, sem sofrer qualquer pressão interna ou externa, sendo-lhe permitido recusar, suspender ou interromper a sessão se ausentes as condições necessárias para seu bom desenvolvimento, bem como recusar redigir acordo ilegal ou inexequível. A independência do mediador

não permite que ele desrespeite a autonomia da vontade das partes. O mediador ou conciliador deve atuar com independência, mas há de respeitar a autonomia da vontade das partes, inclusive no tocante à definição das regras procedimentais (art. 166, § 4º). Cabe ao mediador ou conciliador estabelecer a quantidade de sessões necessárias à tentativa de autocomposição, fixando-lhe as regras a serem aplicadas. Só não pode contrariar a autonomia da vontade das partes. Se estas escolherem regras diversas e optarem por uma quantidade diferente de sessões, o mediador ou conciliador deve respeitar. Ressalvada a autonomia da vontade das partes, a atuação do mediador ou conciliador é independente, cabendo-lhe adotar o procedimento necessário e suficiente à tentativa da autocomposição. Tal independência não se confunde com poder, nem com coerção. Não deve o mediador ou conciliador coagir, forçar, obrigar as partes a celebrarem, a todo custo, um negócio jurídico que solucione o impasse havido entre elas. Cabe-lhe conduzir o procedimento, mas a liberdade das partes é que prevalecerá em última análise, sendo delas a decisão de firmarem ou não o negócio que irá dar solução à disputa.

**19. Princípio da imparcialidade.** O conciliador ou mediador deve ser imparcial diante dos envolvidos, não podendo ter interesse no resultado em favor de qualquer deles. A aplicação de técnicas negociais pelo conciliador ou mediador, com o objetivo de proporcionar ambiente favorável à autocomposição, não ofende o dever de imparcialidade. O conciliador ou mediador deve atuar com a adoção das técnicas adequadas à obtenção da autocomposição, passando, assim, segurança às partes envolvidas. Os arts. 144 e 145 do CPC, que tratam das hipóteses de impedimento e suspeição do juiz, aplicam-se ao mediador e ao conciliador (Lei 13.140/2015, art. 5º). Tal regra concretiza o princípio da imparcialidade. O mediador ou conciliador não deve apresentar qualquer motivo de impedimento ou de suspeição. A concretização do princípio da imparcialidade exige, ainda, que o mediador ou conciliador revele às partes, antes da aceitação da função, qualquer fato ou circunstância que possa suscitar dúvida justificada em relação à sua isenção para mediar o conflito. Ao mediador ou conciliador cumpre tal dever de revelação, podendo, em tal oportunidade, ser recusado por qualquer das partes (Lei 13.140/2015, art. 5º, parágrafo único). Ao conciliador ou mediador cabe agir com ausência de favoritismo, preferência ou preconceito, assegurando que valores e conceitos pessoais não interfiram no resultado do trabalho,

LIVRO III · DOS SUJEITOS DO PROCESSO **Art. 166**

compreendendo a realidade dos envolvidos no conflito e jamais aceitando qualquer espécie de favor ou presente.

**20. Princípio da isonomia entre as partes.** Se o mediador ou conciliador deve observar a imparcialidade, deve, de igual modo, observar a isonomia entre as partes. A prática da isonomia pelo conciliador ou mediador está bastante relacionada com sua imparcialidade. O mediador ou conciliador imparcial atua de modo equilibrado, enquanto o parcial favorece uma das partes. A preocupação com a imparcialidade do conciliador ou mediador tem, em última análise, a finalidade de garantir às partes um tratamento isonômico necessário para que se obtenha uma autocomposição adequada e que solucione, satisfatoriamente, a disputa havida entre elas. O conciliador ou mediador, ao atuar para facilitar a obtenção da autocomposição, deve praticar e preservar a igualdade entre as partes. Cabe-lhe, não apenas agir com igualdade em relação às partes, mas também, e sobretudo, neutralizar desigualdades, atuando para compensar fraquezas apresentadas por uma delas, tais como pobreza, desinformação, carências psicológicas ou afetivas, deficiência cultural etc. Ao neutralizar ou diminuir desigualdades, o conciliador ou mediador promove a igualdade substancial, reequilibrando a posição das partes no procedimento destinado à obtenção da autocomposição. É exatamente por isso que o conciliador ou mediador deve conduzir-se observando a igualdade entre as partes.

**21. Princípio da oralidade.** O princípio da oralidade é informativo do procedimento de mediação ou conciliação, aplicando-se para estabelecer a comunicação entre o mediador ou o conciliador e as partes envolvidas. Desse modo, há prevalência das manifestações verbais sobre as escritas, destacando-se a proximidade do mediador ou conciliador com as questões, as angústias, as mágoas e as discussões havidas entre as partes. Já que o conciliador ou mediador deve conduzir as partes à tentativa de uma autocomposição, a presença delas em sessão de mediação é muito importante. É possível, porém, que o clima entre as partes esteja tão acirrado que a presença delas pode, num primeiro momento, impedir ou dificultar a obtenção de autocomposição. Nesse caso, é possível que as reuniões sejam feitas separadamente (Lei 13.140/2015, art. 19). Além da possibilidade de reuniões separadas com cada uma das partes, é possível que estas, em virtude do alto grau de acirramento entre elas, façam-se presentes por representantes, que negociarão com o conciliador ou mediador. Havendo maior aproximação entre as partes, podem, em outras sessões, reunir-se conjuntamente com o conciliador ou mediador. A presença das partes é relevante para o procedimento da mediação ou de conciliação. A presença de representantes ou a apresentação de manifestação escrita não aproxima as partes, cabendo ao mediador ou conciliador aproximá-las para que realizem a autocomposição. É possível, como dito, que a presença não seja adequada, hipótese em que as reuniões devem ser feitas separadamente com cada uma delas ou que se façam por seus representantes. Ao mediador ou conciliador cabe envidar esforços para que haja a recomendável aproximação. A busca do consenso pode, de qualquer modo, ser feita por reuniões separadas com cada uma delas, mas sempre respeitada a oralidade. As reuniões do mediador com as partes são muito importantes e concretizam o princípio da oralidade.

**22. Provas orais.** A oralidade contribui para a produção de provas orais, como depoimentos e apresentação de documentos que os confirmem. Tais provas, produzidas perante o mediador ou o conciliador, não podem ser utilizadas na eventual disputa judicial que sobrevier e que envolva as mesmas partes. A mediação ou conciliação é regida pela confidencialidade, não devendo ser divulgados ou publicizados os depoimentos ou conversas realizadas nas sessões de mediação.

**23. Princípio da informalidade.** A conciliação ou mediação deve realizar-se em ambiente informal, leve, com linguagem simples e de fácil compreensão, sem roupas solenes ou símbolos que inibam os interessados, transmitindo-lhes conforto e confiança, com respeito à oralidade e ao diálogo entre todos. É nesse ambiente que cabe ao conciliador ou mediador tranquilizar os envolvidos, demonstrando que é normal haver um conflito, devendo ser igualmente normal resolvê-lo da melhor forma possível. As atividades jurídicas são, tradicionalmente, solenes, cheias de simbolismo, com observância de rituais. Os meios de solução de disputas tendem a seguir essa tradição, com uso de sua linguagem técnica e difícil para os leigos e as partes em geral. Para facilitar a compreensão dos envolvidos, o conciliador ou mediador deve adotar linguagem simples e deixar de exigir formalidades, cabendo-lhe atuar em ambiente simples, sem pompa, sem símbolos que inibam as partes e sem imposição de trajes formais ou desconfortáveis. Além de adotar linguagem simples, o conciliador ou mediador há de respeitar a linguagem popular, não corrigindo as partes e fazendo-se compreender do que dizem, sem restringi-las, inibi-las ou

339

causar-lhes desconforto ou constrangimento. É preciso que todos estejam bem à vontade para falar, ouvir, ponderar, refletir, voltar a falar e a ouvir. A simplicidade e a informalidade devem marcar as sessões de mediação ou conciliação.

**24.** **Princípio da autonomia da vontade.** A autonomia da vontade deve ser respeitada, reservando-se um espaço destinado para que os interessados possam decidir assuntos de seu interesse e construir a solução do seu conflito, sob a coordenação do conciliador ou mediador, cuja intervenção deve facilitar o restabelecimento da comunicação entre eles. Não deve o conciliador ou mediador impor procedimento, condições ou propostas que não agradem as partes ou com as quais elas não estejam de acordo. É preciso respeitar a vontade das partes, que podem, até mesmo, não querer *"permanecer em procedimento de mediação"* (Lei 13.140/2015, art. 2º, § 2º). A autonomia da vontade também é norma que rege o procedimento da mediação ou conciliação. Cabe ao conciliador ou mediador respeitar os diferentes pontos de vista dos envolvidos, assegurando-lhes que cheguem a uma decisão voluntária, e não coercitiva, com liberdade para tomar as próprias decisões durante ou ao final do processo e de interrompê-lo a qualquer momento.

**25.** **Princípio da busca do consenso.** A mediação ou conciliação é uma negociação intermediada por um terceiro (mediador ou conciliador), cuja atividade se destina a contribuir com as partes para que busquem o consenso, para que resolvam, por si, a disputa em que estão envolvidos. Todas as pessoas são negociadores. Diariamente, todos negociam. Quando um casal escolhe um restaurante para jantar ou decide a hora em que os filhos devem deitar-se para dormir, quando um empregado discute um aumento com o chefe, enfim, há negociação em várias situações diárias. A negociação, em todos esses casos, destina-se a uma decisão consensual, a uma solução conjunta. Pode-se definir a negociação como um processo de resolução de conflitos mediante o qual uma ou ambas as partes modificam suas exigências até alcançarem compromisso aceitável para ambas. Na mediação ou conciliação, tal negociação é intermediada por um terceiro imparcial, que é o mediador ou conciliador. A definição de negociação, sua realização e suas técnicas aplicam-se a qualquer meio de autocomposição. Tanto na mediação como na conciliação há negociação: chega-se ao consenso final pelo diálogo. A negociação pode seguir modelos diversos. Há, nesse sentido, a negociação competitiva e a negociação cooperativa.

A diferença entre tais modelos está no resultado pretendido e na atitude assumida para o alcançar. A tendência atual é a de que tentar conciliar ambas as perspectivas, com momentos, durante o processo negocial, de cooperação e momentos de competição. E, nesse sentido, cabe ao conciliador ou mediador atuar com a finalidade de buscar o consenso e a melhor solução possível para ambas as partes. Ao conciliador ou mediador se impõe valorizar a *negociação cooperativa*, evitando que as partes valham-se da *negociação competitiva*, pois se foca no resultado, separando as pessoas do problema a ser solucionado. O conciliador ou mediador atua como condutor do procedimento para que se obtenha consenso e a melhor solução possível para ambas as partes. Aliás, o conciliador ou mediador há de ser imparcial, não tendo compromisso direto com o êxito de qualquer uma das partes. Seu compromisso é com a obtenção do consenso entre as partes, atuando com imparcialidade e respeitando a autonomia de vontade delas.

**26.** **Princípio da confidencialidade.** As partes precisam estar à vontade para expor todos seus dramas, objetivos, expectativas, confiando no conciliador ou no mediador a condução segura, discreta e serena dos trabalhos destinados à obtenção de uma autocomposição. A confidencialidade *"estende-se a todas as informações produzidas no curso do procedimento, cujo teor não poderá ser utilizado para fim diverso daquele previsto por expressa deliberação das partes"* (art. 166, § 1º). O que for narrado, conversado, discutido mantém-se em sigilo, não podendo ser divulgado pelo conciliador ou mediador, nem utilizado por qualquer das partes como argumento ou defesa em eventual disputa judicial posterior, caso frustradas as tentativas de autocomposição pelas partes. O conciliador e o mediador têm dever de sigilo, não podendo, inclusive, divulgar ou depor em juízo, seja como parte, seja como testemunha, sobre o que lhe foi confidenciado nas sessões realizadas com as partes. O dever de sigilo estende-se aos membros das equipes do conciliador ou mediador. No início da primeira reunião de conciliação ou mediação, o conciliador ou mediador deve alertar as partes acerca das regras de confidencialidade aplicáveis ao procedimento (Lei 13.140/2015, art. 14). As partes podem estabelecer *para quais fins* poderão ser utilizadas as informações produzidas no esforço de resolução consensual. Como regra, os profissionais envolvidos nos processos de negociação não podem revelar nenhuma informação a que tenham tido acesso, nem podem depor sobre o conteúdo das discussões, ressalvada, evidente-

LIVRO III · DOS SUJEITOS DO PROCESSO **Art. 166**

mente, a comunicação com o seu advogado. A confidencialidade existe, inclusive, *em face do julgador* (Lei 13.140/2015, art. 30). Os mecanismos consensuais pressupõem um maior poder e participação das partes sobre o seu próprio conflito. De espectadores do debate elas passam a atoras da resolução. A solução negocial pressupõe uma franqueza que passa, muitas vezes, pela admissão de que a outra parte também tem razão. Não há necessidade de um vencedor e um perdedor. O resultado e a solução precisam ser aceitáveis para ambas as partes. Isso passa, em muitas situações, pela admissão de culpa, pela contemplação das oportunidades, pela revisão dos fatos a partir da visão do outro. Não há resolução consensual de disputa sem diálogo. Não é possível, entretanto, haver diálogo franco se o que for dito durante os debates puder ser utilizado como prova em processo judicial ou arbitral. É por isso também que o CPC estabelece, como regra, que o juiz não participa das audiências ou encontros de mediação ou conciliação, para que não fique influenciado pelas tratativas das partes. Não há franqueza no debate perante quem poderá vir a decidir impositivamente o caso. Com essa preocupação, o CPC fomenta o acompanhamento do processo de solução amigável por um profissional especificamente capacitado para tanto: o mediador ou o conciliador. O princípio da confidencialidade é de fundamental importância para a mediação. Não é exagero dizer que ele, se não for o mais importante, é um dos mais relevantes. As partes precisam ter a garantia de que podem negociar e dialogar abertamente sobre o conflito, sem o receio de prejudicar a sua estratégia jurídica para uma posterior fase litigiosa. Daí a importância da *confidencialidade em face do julgador*.

**27. Dever de confidencialidade.** A confidencialidade do processo de resolução consensual de disputa em face do julgador pressupõe a impossibilidade de utilização do conteúdo e informações produzidas no esforço de resolução. Por isso, o § 1º do art. 30 da Lei 13.140, de 2015, estende o dever de confidencialidade às partes, a seus prepostos, advogados, assessores técnicas e a outras pessoas de sua confiança que tenham, direta ou indiretamente, participado do procedimento de mediação. A depender da situação, é preferível que o advogado da disputa judicial não seja o mesmo que atuou na mediação, pois, em razão do dever de confidencialidade, a defesa judicial fique comprometida.

**28. Prova ilícita.** Uma importante faceta da confidencialidade nos meios consensuais de disputas é a impossibilidade de qualquer mate-

rial produzido no esforço de resolução amigável ser utilizado em uma posterior fase do processo submetido à análise do juiz. É inválida a prova produzida durante as negociações frustradas das partes, tenha ou não havido a presença de um terceiro facilitador do diálogo. É inadmissível, por isso mesmo, o uso, como prova, de qualquer correspondência trocada pelas partes com o claro objetivo de negociar uma solução consensual para um litígio. No sistema brasileiro, as correspondências trocadas entre as partes com o intuito de negociar uma solução consensual consistem em provas ilícitas, pois violam a boa-fé objetiva, quebrando a confiança que uma parte depositou na outra. O devido processo legal impõe que haja lealdade e boa-fé comportamental entre as partes. Logo, a quebra da confiança e a apresentação de documento utilizado com a específica finalidade de tentar uma autocomposição não se compatibilizam com a boa-fé e a lealdade processuais, maculando o devido processo legal. É por isso que se tem aí uma prova ilícita. Tudo isso está confirmado no § 1º do art. 30 da Lei 13.140, de 2015, que atribui confidencialidade à mediação, estendendo-a a declarações, correspondências, manifestações, reconhecimentos e provas produzidas no procedimento de mediação. Aliás, o § 2º do mesmo dispositivo assim dispõe: *"a prova apresentada em desacordo com o disposto neste artigo não será admitida em processo arbitral ou judicial"*.

**29. Princípio da boa-fé.** A conciliação ou mediação há de ser orientada pelo princípio da boa-fé. O princípio da boa-fé consiste na boa-fé *objetiva*, ou, simplesmente, *boa-fé lealdade*. Em razão do princípio da boa-fé, a conduta há de ser coerente, e não contraditória, exigindo-se um conteúdo mais ético que evite a frustração de expectativas legítimas. A boa-fé é princípio direcionado a todos os sujeitos que participem do procedimento da conciliação ou mediação. O conciliador ou mediador, as partes e seus eventuais representantes devem, todos eles, respeitar a boa-fé, atuando com lealdade. Todos devem, enfim, observar o princípio da boa-fé, atuando com lealdade e com respeito à confiança legítima. O comportamento leal, coerente e transparente, imposto pela boa-fé objetiva, deve ser observado em negócios ou pactos de autocomposição (CC, art. 422). Do princípio da boa-fé deriva a vedação a comportamentos contraditórios, que consiste na chamada proibição do *venire contra factum proprium*. Não há uma proibição genérica a comportamentos contraditórios. É preciso que tenha havido uma conduta de um dos sujeitos que gerou, na mesma situação ju-

341

rídica ou em situações jurídicas coligadas, uma expectativa legítima no outro sujeito, vindo tal expectativa a ser frustrada por uma segunda conduta. Esta última é, isoladamente considerada, lícita e conforme o direito, mas, uma vez ligada ao caso concreto, torna-se ilícita. Se esta última conduta contradiz à conduta anterior que causou expectativa legítima na parte contrária e lhe acarretou prejuízos, há de ser considerada ilícita. O dever de lealdade é consequência do princípio da boa-fé. Tal dever é imputado a todos os sujeitos do procedimento de conciliação ou mediação: o conciliador ou mediador, as partes e seus eventuais representantes. Assim, todos devem agir com transparência, lealdade e sem condutas contraditórias.

**30. Princípio da decisão informada.** Pelo princípio da decisão informada, os interessados devem receber informações quantitativas e qualitativas sobre a composição que podem realizar, sendo advertidas das possíveis implicações e dos riscos a serem assumidos. É necessário que os interessados sejam bem informados para que não sejam surpreendidos por qualquer consequência inesperada da solução pela qual venham a optar. Tal princípio decorre do da boa-fé. É preciso que haja transparência, sendo as partes informadas de como deve ser a condução do procedimento, bem como das vantagens, desvantagens, riscos e implicações da mediação e da autocomposição que se busca obter.

**31. Princípio da informalidade.** Tudo deve realizar-se em ambiente informal, leve, com linguagem simples e de fácil compreensão, sem roupas solenes ou símbolos que inibam os interessados, transmitindo-lhes conforto e confiança, com respeito à oralidade e ao diálogo entre todos. É nesse ambiente que cabe ao conciliar ou mediador tranquilizar os envolvidos, demonstrando que é normal haver um conflito, devendo ser igualmente normal resolvê-lo da melhor forma possível.

**32. Observância da cláusula de mediação.** As partes devem comparecer à primeira reunião de mediação, se houver, no contrato entre elas celebrado, cláusula de mediação. Marcada a data para a primeira reunião, a mediação considera-se instituída (Lei 13.140, de 2015, art. 17). A cláusula de mediação é vinculante, devendo ser respeitada pelas partes. Embora devam comparecer à primeira reunião de mediação, as partes não são obrigadas a permanecer em procedimento de mediação. Isso porque prevalece a autonomia da vontade. É por isso que *"Iniciada a mediação, as reuniões posteriores com a presença das partes somente poderão ser marcadas com a*

*sua anuência"* (Lei 13.140/2015, art. 18). Como ninguém é obrigado a manter-se no procedimento de mediação, as reuniões posteriores à primeira somente poderão ser marcadas com a anuência das partes.

**33. Cláusula escalonada.** É possível que o contrato contenha cláusula escalonada, prevendo que, antes mesmo de um processo arbitral ou judicial, as partes submetam-se, por certo período, a um procedimento de mediação. Nesse caso, se, a despeito de haver essa previsão, qualquer das partes propuser ação arbitral ou judicial, cabe ao árbitro ou ao juiz determinar a suspensão do processo para que se realize e se ultime o procedimento de mediação (Lei 13.140/2015, art. 23).

**34. Suspensão do processo.** As partes poderão submeter-se à mediação, ainda que haja processo arbitral ou judicial em curso, hipótese em que requererão ao juiz ou ao árbitro a suspensão do processo por prazo suficiente para a solução consensual do litígio (Lei 13.140/2015, art. 16). É irrecorrível a decisão que suspende o processo nos termos requeridos de comum acordo pelas partes (Lei 13.140/2015, art. 16, § 1º). Com efeito, se as próprias partes requerem a suspensão do processo para que se submetam à mediação, não é conduta compatível com a boa-fé a interposição de recurso contra a decisão que acolhe tal requerimento. Constitui, em outras palavras, um *venire contra factum proprium* a parte requerer a suspensão do processo e, posteriormente, recorrer da decisão que, em acolhimento a tal requerimento, determina a suspensão do processo.

---

**Art. 167.** Os conciliadores, os mediadores e as câmaras privadas de conciliação e mediação serão inscritos em cadastro nacional e em cadastro de tribunal de justiça ou de tribunal regional federal, que manterá registro de profissionais habilitados, com indicação de sua área profissional.

§ 1º Preenchendo o requisito da capacitação mínima, por meio de curso realizado por entidade credenciada, conforme parâmetro curricular definido pelo Conselho Nacional de Justiça em conjunto com o Ministério da Justiça, o conciliador ou o mediador, com o respectivo certificado, poderá requerer sua inscrição no cadastro nacional e no cadastro de tribunal de justiça ou de tribunal regional federal.

§ 2º Efetivado o registro, que poderá ser precedido de concurso público, o tribunal remeterá ao diretor do foro da comarca, seção ou subseção judiciária onde atuará o conciliador ou o mediador os dados necessários para que seu

# LIVRO III · DOS SUJEITOS DO PROCESSO — Art. 167

nome passe a constar da respectiva lista, a ser observada na distribuição alternada e aleatória, respeitado o princípio da igualdade dentro da mesma área de atuação profissional.

§ 3º Do credenciamento das câmaras e do cadastro de conciliadores e mediadores constarão todos os dados relevantes para a sua atuação, tais como o número de processos de que participou, o sucesso ou insucesso da atividade, a matéria sobre a qual versou a controvérsia, bem como outros dados que o tribunal julgar relevantes.

§ 4º Os dados colhidos na forma do § 3º serão classificados sistematicamente pelo tribunal, que os publicará, ao menos anualmente, para conhecimento da população e para fins estatísticos e de avaliação da conciliação, da mediação, das câmaras privadas de conciliação e de mediação, dos conciliadores e dos mediadores.

§ 5º Os conciliadores e mediadores judiciais cadastrados na forma do *caput*, se advogados, estarão impedidos de exercer a advocacia nos juízos em que desempenhem suas funções.

§ 6º O tribunal poderá optar pela criação de quadro próprio de conciliadores e mediadores, a ser preenchido por concurso público de provas e títulos, observadas as disposições deste Capítulo.

▶ **1. Sem correspondência no CPC/1973.**

## 🏛 LEGISLAÇÃO CORRELATA

**2. Lei 13.140/2015, art. 11.** *"Art. 11. Poderá atuar como mediador judicial a pessoa capaz, graduada há pelo menos dois anos em curso de ensino superior de instituição reconhecida pelo Ministério da Educação e que tenha obtido capacitação em escola ou instituição de formação de mediadores, reconhecida pela Escola Nacional de Formação e Aperfeiçoamento de Magistrados – ENFAM ou pelos tribunais, observados os requisitos mínimos estabelecidos pelo Conselho Nacional de Justiça em conjunto com o Ministério da Justiça."*

**3. Lei 13.140/2015, art. 12.** *"Art. 12. Os tribunais criarão e manterão cadastros atualizados dos mediadores habilitados e autorizados a atuar em mediação judicial. § 1º A inscrição no cadastro de mediadores judiciais será requerida pelo interessado ao tribunal com jurisdição na área em que pretenda exercer a mediação. § 2º Os tribunais regulamentarão o processo de inscrição e desligamento de seus mediadores."*

**4. Lei 13.140/2015, art. 15.** *"Art. 15. A requerimento das partes ou do mediador, e com anuência daquelas, poderão ser admitidos outros mediadores para funcionarem no mesmo procedi-* mento, quando isso for recomendável em razão da natureza e da complexidade do conflito."

**5. Lei 13.140/2015, art. 25.** *"Art. 25. Na mediação judicial, os mediadores não estarão sujeitos à prévia aceitação das partes, observado o disposto no art. 5º desta Lei."*

**6. Res. 697/2020 do STF, art. 7º.** *"Art. 7º Poderão atuar como mediadores e/conciliadores, de forma voluntária e não remunerada: I – Ministros aposentados; II – magistrados, membros do Ministério Público, advogados e defensores públicos aposentados; III – servidores do Poder Judiciário; IV – advogados. § 1º Todos os mediadores e/ou conciliadores firmarão termo de ausência de conflito de interesse e compromisso de bem desenvolver suas atividades, na forma da Lei 9.608, de 18 de fevereiro de 1998, sob as penas da Lei (...)"*

**7. Res. 125/2010 do CNJ.** Dispõe sobre a Política Judiciária Nacional de tratamento adequado dos conflitos de interesses no âmbito do Poder Judiciário e dá outras providências.

## ⚖ JURISPRUDÊNCIA, ENUNCIADOS E SÚMULAS SELECIONADOS

- **8. Enunciado 625 do FPPC.** *"O sucesso ou insucesso da mediação ou da conciliação não deve ser apurado apenas em função da celebração de acordo."*

- **9. Enunciado 57 da ENFAM.** *"O cadastro dos conciliadores, mediadores e câmaras privadas deve ser realizado nos núcleos estaduais ou regionais de conciliação (Núcleos Permanentes de Métodos Consensuais de Solução de Conflitos – NUPEMEC), que atuarão como órgãos de gestão do sistema de autocomposição."*

- **10. Enunciado 58 da ENFAM.** *"As escolas judiciais e da magistratura têm autonomia para formação de conciliadores e mediadores, observados os requisitos mínimos estabelecidos pelo CNJ."*

- **11. Enunciado 59 da ENFAM.** *"O conciliador ou mediador não cadastrado no tribunal, escolhido na forma do § 1º do art. 168 do CPC/2015, deverá preencher o requisito de capacitação mínima previsto no § 1º do art. 167."*

- **12. Enunciado 60 da ENFAM.** *"À sociedade de advogados a que pertença o conciliador ou mediador aplicam-se os impedimentos de que tratam os arts. 167, § 5º, e 172 do CPC/2015."*

- **13. Enunciado 40 do FONAJE.** *"O conciliador ou juiz leigo não está incompatibilizado nem impedido de exercer a advocacia, exceto perante o próprio Juizado Especial em que atue ou se pertencer aos quadros do Poder Judiciário."*

343

## Art. 168

CÓDIGO DE PROCESSO CIVIL COMENTADO – *Leonardo Carneiro da Cunha*

### ▣ Comentários Temáticos

**14. Mediadores e conciliadores extrajudiciais.** Nas mediações ou conciliações extrajudiciais, os mediadores ou conciliadores devem ser capacitados e gozar da confiança mútua das partes, não sendo necessário seu registro em cadastro de mediadores do Tribunal ou de Câmara de Mediação aceita pelos Tribunais.

**15. Mediadores e conciliadores judiciais.** Os mediadores ou conciliadores judiciais precisam estar inscritos em cadastro nacional e em cadastro do tribunal, preenchendo requisito de capacitação mínima, por meio de curso realizado por entidade credenciada nos termos definidos pelo CNJ. E, segundo exigência do art. 11 da Lei 13.140, de 2015, o mediador judicial deve, ainda, ser graduado há, pelo menos, 2 anos em curso de ensino superior.

**16. Distribuição dos casos aos mediadores ou conciliadores judiciais.** Não havendo escolha consensual do mediador ou conciliador (art. 168), a distribuição será feita alternada e aleatoriamente aos integrantes da lista da comarca, da seção ou da subseção judiciária.

**17. Auxiliares permanentes e eventuais.** Os auxiliares da justiça podem ser permanentes ou eventuais. Os permanentes são aqueles que integram os quadros funcionais do Poder Judiciário. Por sua vez, os eventuais são terceiros que eventualmente auxiliam o juízo. Essa classificação aplica-se, igualmente, aos conciliadores e mediadores.

**18. Conciliares e mediadores permanentes.** Os conciliadores e mediadores permanentes são servidores públicos que recebem salário ou emolumentos, titularizando cargos públicos mediante prévia aprovação em concursos públicos de provas e títulos.

**19. Transparência.** Os dados relevantes sobre a atividade dos conciliadores e mediadores devem ser colhidos e publicados periodicamente para fins de estatística e avaliação, atendendo à transparência e ao controle de suas funções.

**20. Estatística.** É preciso ter cuidado com estatísticas sobre o número de autocomposições obtidas. O trabalho do conciliador e do mediador será realmente bem medido não pela quantidade de autocomposições realizadas, mas pelo grau de satisfação das partes envolvidas, com a ausência de recorrência conflitual.

> **Art. 168.** As partes podem escolher, de comum acordo, o conciliador, o mediador ou a câmara privada de conciliação e de mediação.

§ 1º O conciliador ou mediador escolhido pelas partes poderá ou não estar cadastrado no tribunal.

§ 2º Inexistindo acordo quanto à escolha do mediador ou conciliador, haverá distribuição entre aqueles cadastrados no registro do tribunal, observada a respectiva formação.

§ 3º Sempre que recomendável, haverá a designação de mais de um mediador ou conciliador.

▶ **1. Sem correspondência no CPC/1973.**

### ▦ Legislação Correlata

**2. Res. 125/2010 do CNJ, art. 8º, § 9º.** *"Art. 8º Os tribunais deverão criar os Centros Judiciários de Solução de Conflitos e Cidadania (Centros ou Cejuscs), unidades do Poder Judiciário, preferencialmente, responsáveis pela realização ou gestão das sessões e audiências de conciliação e mediação que estejam a cargo de conciliadores e mediadores, bem como pelo atendimento e orientação ao cidadão. (...) § 9º Para o efeito de estatística referido no art. 167, § 4º, do Código de Processo Civil de 2015, os Tribunais disponibilizarão às partes a opção de avaliar câmaras, conciliadores e mediadores, segundo parâmetros estabelecidos pelo Comitê Gestor da Conciliação."*

### ⚖ Jurisprudência, Enunciados e Súmulas Selecionados

- **3. Enunciado 618 do FPPC.** *"A conciliação e a mediação são compatíveis com o processo de recuperação judicial."*
- **4. Enunciado 59 da ENFAM.** *"O conciliador ou mediador não cadastrado no tribunal, escolhido na forma do § 1º do art. 168 do CPC/2015, deverá preencher o requisito de capacitação mínima previsto no § 1º do art. 167."*

### ▣ Comentários Temáticos

**5. Escolha consensual do mediador ou conciliador.** As partes têm a garantia de, mesmo na mediação judicial, poderem escolher um mediador de sua confiança, ainda que não esteja cadastrado no tribunal.

**6. Negócio processual.** A escolha consensual do mediador ou conciliador é um negócio jurídico processual celebrado entre as partes.

**7. Ausência de consenso.** Não havendo consenso sobre quem deva ser o mediador, haverá, então, distribuição do caso entre os que estão cadastrados junto ao tribunal.

LIVRO III · DOS SUJEITOS DO PROCESSO **Art. 169**

**8. Mais de um mediador ou conciliador.** A conciliação ou a mediação é atividade que pode ser exercida por profissionais das mais diferentes áreas, sendo, a depender do caso, até mesmo recomendável a participação de dois ou mais conciliadores ou mediadores, de diferentes áreas ou formações acadêmicas, que possam contribuir para a busca do consenso entre as partes.

> **Art. 169.** Ressalvada a hipótese do art. 167, § 6º, o conciliador e o mediador receberão pelo seu trabalho remuneração prevista em tabela fixada pelo tribunal, conforme parâmetros estabelecidos pelo Conselho Nacional de Justiça.
>
> § 1º A mediação e a conciliação podem ser realizadas como trabalho voluntário, observada a legislação pertinente e a regulamentação do tribunal.
>
> § 2º Os tribunais determinarão o percentual de audiências não remuneradas que deverão ser suportadas pelas câmaras privadas de conciliação e mediação, com o fim de atender aos processos em que deferida gratuidade da justiça, como contrapartida de seu credenciamento.

▶ **1. Sem correspondência no CPC/1973.**

🔲 **Legislação Correlata**

**2. Lei 9.608/1998, art. 1º.** *"Art. 1º Considera-se serviço voluntário, para os fins desta Lei, a atividade não remunerada prestada por pessoa física a entidade pública de qualquer natureza ou a instituição privada de fins não lucrativos que tenha objetivos cívicos, culturais, educacionais, científicos, recreativos ou de assistência à pessoa. Parágrafo único. O serviço voluntário não gera vínculo empregatício, nem obrigação de natureza trabalhista previdenciária ou afim."*

**3. Lei 9.608/1998, art. 2º.** *"Art. 2º O serviço voluntário será exercido mediante a celebração de termo de adesão entre a entidade, pública ou privada, e o prestador do serviço voluntário, dele devendo constar o objeto e as condições de seu exercício."*

**4. Lei 9.608/1998, art. 3º.** *"Art. 3º O prestador do serviço voluntário poderá ser ressarcido pelas despesas que comprovadamente realizar no desempenho das atividades voluntárias. Parágrafo único. As despesas a serem ressarcidas deverão estar expressamente autorizadas pela entidade a que for prestado o serviço voluntário."*

**5. Lei 13.140/2015, art. 13.** *"Art. 13. A remuneração devida aos mediadores judiciais será fixada pelos tribunais e custeada pelas partes, observado o disposto no § 2º do art. 4º desta Lei."*

**6. Res. 125/2010 do CNJ, art. 6º, XI.** *"Art. 6º Para o desenvolvimento da rede referida no art. 5º desta Resolução, caberá ao Conselho Nacional de Justiça: (...) XI – criar parâmetros de remuneração de mediadores, nos termos do art. 169 do Código de Processo Civil de 2015."*

**7. Res. 125/2010 do CNJ, art. 7º, VIII e § 5º.** *"Art. 7º Os Tribunais deverão criar, no prazo de 30 dias a contar da publicação desta Resolução, Núcleos Permanentes de Métodos Consensuais de Solução de Conflitos (Núcleos), coordenados por magistrados e compostos por magistrados da ativa ou aposentados e servidores, preferencialmente atuantes na área, com as seguintes atribuições, entre outras: (...) VIII – regulamentar, se for o caso, a remuneração de conciliadores e mediadores, nos termos do art. 169 do Código de Processo Civil de 2015, combinado com o art. 13 da Lei nº 13.140, de 26 de junho de 2015 (Lei de Mediação). (...) § 5º Nos termos do art. 169, § 1º, do Código de Processo Civil de 2015, a mediação e a conciliação poderão ser realizadas como trabalho voluntário."*

**8. Res. 125/2010 do CNJ, art. 12-D.** *"Art. 12-D. Os Tribunais determinarão o percentual de audiências não remuneradas que deverão ser suportadas pelas Câmaras Privadas de Conciliação e Mediação, com o fim de atender aos processos em que foi deferida a gratuidade da justiça, como contrapartida de seu credenciamento, nos termos do art. 169, § 2º, do Código de Processo Civil de 2015, respeitados os parâmetros definidos pela Comissão Permanente de Solução Adequada de Conflitos ad referendum do Plenário."*

**9. Res. 125/2010 do CNJ, art. 12-E.** *"Art. 12-E. As Câmaras Privadas de Mediação e Conciliação e os demais órgãos cadastrados ficam sujeitos à avaliação prevista no art. 8º, § 9º, desta Resolução. Parágrafo único. A avaliação deverá refletir a média aritmética de todos os mediadores e conciliadores avaliados, inclusive daqueles que atuaram voluntariamente, nos termos do art. 169, § 2º, do Código de Processo Civil de 2015."*

**10. Res. 271/ 2018 do CNJ.** (Fixa parâmetros de remuneração a ser paga aos conciliadores e mediadores judiciais, nos termos do disposto no art. 169 do Código de Processo Civil – Lei 13.105/2015 – e no art. 13 da Lei de Mediação – Lei 13.140/2015).

🔲 **Comentários Temáticos**

**11. Remuneração de conciliadores e mediadores.** Os conciliadores e mediadores precisam ser remunerados.

**12. Conciliadores e mediadores permanentes.** Se, no tribunal, houver cargos de mediação e conciliador (art. 167, § 6º), eles já serão remunerados por seus salários ou emolumentos.

**13. Conciliadores e mediadores eventuais.** A remuneração dos conciliadores e mediadores judiciais que não sejam servidores públicos será fixada pelo próprio tribunal, observadas as diretrizes estabelecidas pelo CNJ.

**14. Trabalho voluntário.** Admite-se o trabalho voluntário de conciliadores e mediadores em formação, mediante convênio com escolas de capacitação.

**15. Atuação *pro bono*.** As câmaras privadas de mediação ou conciliação devem disponibilizar, para atendimento aos beneficiários da gratuidade da justiça, um número de conciliações e mediação que não sejam cobradas, correspondente a um percentual do total de procedimentos por elas realizados.

---

**Art. 170.** No caso de impedimento, o conciliador ou mediador o comunicará imediatamente, de preferência por meio eletrônico, e devolverá os autos ao juiz do processo ou ao coordenador do centro judiciário de solução de conflitos, devendo este realizar nova distribuição.

Parágrafo único. Se a causa de impedimento for apurada quando já iniciado o procedimento, a atividade será interrompida, lavrando-se ata com relatório do ocorrido e solicitação de distribuição para novo conciliador ou mediador.

► **1. Sem correspondência no CPC/1973.**

### 🏛 Legislação Correlata

**2. Lei 13.140/2015, art. 5º.** *"Art. 5º Aplicam-se ao mediador as mesmas hipóteses legais de impedimento e suspeição do juiz."*

**3. Lei 13.140/2015, art. 7º.** *"Art. 7º O mediador não poderá atuar como árbitro nem funcionar como testemunha em processos judiciais ou arbitrais pertinentes a conflito em que tenha atuado como mediador."*

### 🗉 Comentários Temáticos

**4. Submissão às regras do impedimento e da suspeição.** O conciliador ou mediador é um auxiliar da justiça (art. 149). Logo, os motivos de impedimento (art. 144) e os de suspeição (art. 145) a ele se aplicam (art. 148, II).

**5. Abrangência do dispositivo.** O art. 170 refere-se apenas a impedimento, mas é evidente

que também deve ser aplicado para os casos de suspeição do conciliador ou mediador.

**6. Escusa.** O conciliador ou mediador deve escusar-se da função, se houver impedimento ou suspeição. A escusa deve ser apresentada imediata ou supervenientemente, devendo ser designado outro conciliador ou mediador para conduzir a conciliação ou mediação.

**7. Arguição de impedimento ou suspeição.** A parte interessada deve arguir o impedimento ou a suspeição, em petição fundamentada e devidamente instruída, na primeira oportunidade em que lhe couber falar nos autos (art. 148, § 1º). Arguido o impedimento ou a suspeição do conciliador ou mediador, o juiz mandará processar o incidente em separado e sem suspensão do processo, ouvindo o arguido no prazo de 15 dias, facultando, quando necessária, a produção de prova (art. 148, § 2º). Acolhida a arguição, o conciliador ou mediador será substituído por outro.

---

**Art. 171.** No caso de impossibilidade temporária do exercício da função, o conciliador ou mediador informará o fato ao centro, preferencialmente por meio eletrônico, para que, durante o período em que perdurar a impossibilidade, não haja novas distribuições.

► **1. Sem correspondência no CPC/1973.**

### 🗉 Comentários Temáticos

**2. Impossibilidade temporária de atuação.** O mediador ou conciliador pode apresentar uma impossibilidade temporária de atuação, quando, por exemplo, estiver com sobrecarga de trabalho, ou com questões pessoais que exijam sua atenção, ou estiver afastado para realização de um curso.

**3. Informação da impossibilidade.** Nesses casos de impossibilidade temporária de atuação, o mediador ou conciliador deve informar o fato ao centro de mediação ou conciliação, preferencialmente por meio eletrônico.

**4. Solicitação.** Ao informar sua impossibilidade temporária de atuação, o mediador ou conciliador deve solicitar que, durante esse período de impossibilidade, não lhe sejam feitas novas distribuições.

---

**Art. 172.** O conciliador e o mediador ficam impedidos, pelo prazo de 1 (um) ano, contado do término da última audiência em que atuaram, de assessorar, representar ou patrocinar qualquer das partes.

► **1. Sem correspondência no CPC/1973.**

**LIVRO III · DOS SUJEITOS DO PROCESSO** — **Art. 174**

## 🏛 Legislação Correlata

**2. Lei 13.140/2015, art. 6º.** *"Art. 6º O mediador fica impedido, pelo prazo de um ano, contado do término da última audiência em que atuou, de assessorar, representar ou patrocinar qualquer das partes."*

**3. Lei 13.140/2015, art. 7º.** *"Art. 7º O mediador não poderá atuar como árbitro nem funcionar como testemunha em processos judiciais ou arbitrais pertinentes a conflito em que tenha atuado como mediador."*

**4. Res. 125/2010 do CNJ, art. 7º, § 7º.** *"§ 7º Nos termos do art. 172 do Código de Processo Civil de 2015, o conciliador e o mediador ficam impedidos, pelo prazo de 1 (um) ano, contado do término da última audiência em que atuaram, de assessorar, representar ou patrocinar qualquer das partes."*

## ⚖ Jurisprudência, Enunciados e Súmulas Selecionados

- **5. Enunciado 60 da ENFAM.** *"À sociedade de advogados a que pertença o conciliador ou mediador aplicam-se os impedimentos de que tratam os arts. 167, § 5º, e 172 do CPC/2015."*

## ▣ Comentários Temáticos

**6. Proibição de atuação.** O mediador ou conciliador é proibido atuar, durante o período de um ano, em favor de qualquer das partes. Se o mediador ou conciliar for advogado, não poderá, nesse mesmo período de um ano, assessorar ou representar qualquer das partes, não podendo patrocinar qualquer causa delas. Se o mediador ou conciliador exercer outra profissão, não poderá assessorar qualquer das partes, ainda que seja em atividade extrajudicial.

**7. Dever ético.** A proibição contém um dever ético, que amplia a garantia de imparcialidade e impede enviesamentos, favorecimentos, captação de clientela ou atuação que pretenda agradar ou seduzir qualquer das partes para posterior assessoramento, representação ou patrocínio profissional.

**8. Proibição de ser árbitro ou testemunha.** O conciliador ou mediador não poderá atuar como árbitro nem funcionar como testemunha em processos judiciais ou arbitrais relativos a conflito em que tenha atuado como conciliador ou mediador (Lei 13.140/2015, art. 7º).

**Art. 173.** Será excluído do cadastro de conciliadores e mediadores aquele que:

I – agir com dolo ou culpa na condução da conciliação ou da mediação sob sua responsabilidade ou violar qualquer dos deveres decorrentes do art. 166, §§ 1º e 2º;

II – atuar em procedimento de mediação ou conciliação, apesar de impedido ou suspeito.

§ 1º Os casos previstos neste artigo serão apurados em processo administrativo.

§ 2º O juiz do processo ou o juiz coordenador do centro de conciliação e mediação, se houver, verificando atuação inadequada do mediador ou conciliador, poderá afastá-lo de suas atividades por até 180 (cento e oitenta) dias, por decisão fundamentada, informando o fato imediatamente ao tribunal para instauração do respectivo processo administrativo.

▶ **1. Sem correspondência no CPC/1973.**

## ▣ Comentários Temáticos

**2. Dever de respeito ao sigilo.** O conciliador ou mediador tem o dever de sigilo, não podendo divulgar ou depor sobre fatos ou elementos oriundos da conciliação ou mediação. Todas as informações produzidas no curso do procedimento de conciliação ou mediação não poderão ser utilizadas para fim diverso do previsto por expressa deliberação das partes.

**3. Dever de imparcialidade.** O conciliador ou mediador, na qualidade de auxiliares da justiça (art. 149), deve agir com imparcialidade, recusando atuar quando for impedido ou suspeito.

**4. Responsabilidade subjetiva.** O conciliador ou mediador somente deve ser responsabilizado se tiver atuado com culpa ou dolo. Sua responsabilidade é, portanto, subjetiva, e não objetiva.

**5. Sanção administrativa.** O descumprimento do dever de respeito ao sigilo ou de imparcialidade acarreta sua exclusão do cadastro de conciliadores e mediadores.

**6. Contraditório.** A sanção imposta ao conciliador ou mediador depende de regular procedimento, que respeite o contraditório, a ampla defesa e o devido processo legal.

**Art. 174.** A União, os Estados, o Distrito Federal e os Municípios criarão câmaras de mediação e conciliação, com atribuições relacionadas à solução consensual de conflitos no âmbito administrativo, tais como:

I – dirimir conflitos envolvendo órgãos e entidades da administração pública;

## Art. 174 — CÓDIGO DE PROCESSO CIVIL COMENTADO – *Leonardo Carneiro da Cunha*

II – avaliar a admissibilidade dos pedidos de resolução de conflitos, por meio de conciliação, no âmbito da administração pública;

III – promover, quando couber, a celebração de termo de ajustamento de conduta.

▶ **1. Sem correspondência no CPC/1973.**

### 🗒 LEGISLAÇÃO CORRELATA

**2. LINDB, art. 26.** *"Art.26. Para eliminar irregularidade, incerteza jurídica ou situação contenciosa na aplicação do direito público, inclusive no caso de expedição de licença, a autoridade administrativa poderá, após oitiva do órgão jurídico e, quando for o caso, após realização de consulta pública, e presentes razões de relevante interesse geral, celebrar compromisso com os interessados, observada a legislação aplicável, o qual só produzirá efeitos a partir de sua publicação oficial. § 1º O compromisso referido no caput deste artigo: I – buscará solução jurídica proporcional, equânime, eficiente e compatível com os interesses gerais; II – (VETADO); III – não poderá conferir desoneração permanente de dever ou condicionamento de direito reconhecidos por orientação geral; IV – deverá prever com clareza as obrigações das partes, o prazo para seu cumprimento e as sanções aplicáveis em caso de descumprimento."*

**3. Lei 13.140/2015, art. 32.** *"Art. 32. A União, os Estados, o Distrito Federal e os Municípios poderão criar câmaras de prevenção e resolução administrativa de conflitos, no âmbito dos respectivos órgãos da Advocacia Pública, onde houver, com competência para: I – dirimir conflitos entre órgãos e entidades da administração pública; II – avaliar a admissibilidade dos pedidos de resolução de conflitos, por meio de composição, no caso de controvérsia entre particular e pessoa jurídica de direito público; III – promover, quando couber, a celebração de termo de ajustamento de conduta. § 1º O modo de composição e funcionamento das câmaras de que trata o caput será estabelecido em regulamento de cada ente federado. § 2º A submissão do conflito às câmaras de que trata o caput é facultativa e será cabível apenas nos casos previstos no regulamento do respectivo ente federado. § 3º Se houver consenso entre as partes, o acordo será reduzido a termo e constituirá título executivo extrajudicial. § 4º Não se incluem na competência dos órgãos mencionados no caput deste artigo as controvérsias que somente possam ser resolvidas por atos ou concessão de direitos sujeitos a autorização do Poder Legislativo. § 5º Compreendem-se na competência das câmaras de que trata o caput a prevenção e a resolução de conflitos que envolvam equilíbrio econômico-financeiro de contratos celebrados pela administração com particulares."*

**4. Lei 13.140/2015, art. 34.** *"Art. 34. A instauração de procedimento administrativo para a resolução consensual de conflito no âmbito da administração pública suspende a prescrição. § 1º Considera-se instaurado o procedimento quando o órgão ou entidade pública emitir juízo de admissibilidade, retroagindo a suspensão da prescrição à data de formalização do pedido de resolução consensual do conflito. § 2º Em se tratando de matéria tributária, a suspensão da prescrição deverá observar o disposto na Lei nº 5.172, de 25 de outubro de 1966 – Código Tributário Nacional."*

### ⚖ JURISPRUDÊNCIA, ENUNCIADOS E SÚMULAS SELECIONADOS

- **5. Enunciado 398 do FPPC.** *"As câmaras de mediação e conciliação têm competência para realização da conciliação e da mediação, no âmbito administrativo, de conflitos judiciais e extrajudiciais."*

- **6. Enunciado 37 do FNPP.** *"A suspensão da prescrição prevista no art. 34 da Lei 13.140/2015 ocorre independentemente do juízo positivo de admissibilidade".* **9. Enunciado 94 do FNPP.** *"Nas câmaras administrativas, é dever do conciliador/mediador conduzir o procedimento de modo que as partes tenham acesso à informação sobre quaisquer questões que possam interferir na resolução do conflito, bem como registrar as providências adotadas a esse respeito."*

- **7. Enunciado 95 do FNPP.** *"Em atenção ao princípio da eficiência administrativa, ao recusar o convite para participar de processo conciliatório, o ente público deverá declinar os motivos pelos quais o faz."*

- **8. Enunciado 96 do FNPP.** *"O exame de juridicidade das propostas de acordo deverá ser realizado pela câmara administrativa antes de firmado o Termo de Conciliação."*

- **9. Enunciado 113 do FNPP.** *"As entidades de resolução de conflitos (claim resolution facilities) são admissíveis nas ações coletivas que envolvam o Poder Público, para dar cumprimento a negócios jurídicos e decisões judiciais."*

- **10. Enunciado 123 do FNPP.** *"A efetividade dos ideais de eficiência e economicidade na solução consensual de conflitos na Administração Pública exige a criação das câmaras previstas no art. 32 da Lei n. 13.140/15."*

**LIVRO III · DOS SUJEITOS DO PROCESSO** · **Art. 175**

- **11. Enunciado 130 do FNPP.** *"O art. 26 da LINDB prevê cláusula geral estimuladora da adoção de meios consensuais pelo Poder Público e, para sua aplicação efetiva e objetiva, recomenda-se a produção de repositório público de jurisprudência administrativa."*
- **12. Enunciado 131 do FNPP.** *"Deve o Poder Público desenvolver procedimentos internos hábeis a identificar casos para sugerir a aplicação dos meios consensuais de conflito."*

## 🗐 COMENTÁRIOS TEMÁTICOS

**13. Criação de câmaras públicas de mediação e conciliação.** A União, os Estados, o Distrito Federal e os Municípios devem criar câmaras de mediação e conciliação, com atribuições relacionadas à solução consensual de conflitos no âmbito administrativo. Tais câmaras devem contribuir para solucionar conflitos envolvendo órgãos e entidades da Administração Pública, aí incluídos conflitos internos dentro da própria Administração. De igual modo, as câmaras de conciliação e mediação podem avaliar a admissibilidade dos pedidos de resolução de conflitos, por meio de conciliação, no âmbito da própria Administração Pública.

**14. Termo de ajustamento de conduta.** Também é possível que as referidas câmaras promovam a celebração de termo de ajustamento de conduta. Os termos de ajustamento de conduta, que têm sido celebrados no âmbito dos direitos difusos e coletivos, podem ser um bom instrumento de negociação em qualquer situação conflituosa, conduzida pelas câmaras de conciliação e mediação da Administração Pública.

**15. Princípio da eficiência.** O princípio da eficiência exige que se criem câmaras de mediação, pois garantem maior economia, menos dispêndio e adequação na solução de disputas.

**16. Regulamento da câmara.** Criada a câmara pelo ente público, seu regulamento deve indicar quais casos podem ser submetidos à mediação. A submissão do conflito à câmara é facultativa e somente será cabível nos casos previstos no seu regulamento.

**17. Recusa justificada.** O ente público deve justificar os motivos pelos quais recusa o convite para participar do procedimento de mediação ou de conciliação.

**18. Procedimento de câmaras privadas enquanto não criada a câmara pública.** A Fazenda Pública pode utilizar o procedimento previsto para a mediação com particulares, até que seja criada sua câmara de mediação (Lei 13.140/2015,

art. 33). Enquanto não criadas as câmaras de prevenção e resolução administrativa de conflitos, as disputas podem ser resolvidas mediante procedimento de mediação, com marcação de reunião inicial, quando, então, será considerada instaurada a mediação.

**19. Mediação coletiva.** É possível a instauração, de ofício ou por provocação, de procedimento de mediação coletiva de conflitos concernentes à prestação de serviços públicos (Lei 13.140/2015, art. 33, parágrafo único).

**20. Suspensão da prescrição.** A instauração de procedimento administrativo para resolução consensual do conflito no âmbito da Administração Pública – assim considerada quando o órgão ou entidade pública emitir juízo de admissibilidade – suspende a prescrição (Lei 13.140/2015, art. 34), independentemente de seu juízo positivo de admissibilidade. O que importa é o juízo de admissibilidade. Seja ele negativo, seja positivo, uma vez emitido, haverá suspensão da prescrição da pretensão a ser exercida contra a Fazenda Pública. A suspensão da prescrição retroage à data da formalização do pedido de resolução consensual do conflito (Lei 13.140/2015, art. 34, § 1º).

> **Art. 175.** As disposições desta Seção não excluem outras formas de conciliação e mediação extrajudiciais vinculadas a órgãos institucionais ou realizadas por intermédio de profissionais independentes, que poderão ser regulamentadas por lei específica.
>
> Parágrafo único. Os dispositivos desta Seção aplicam-se, no que couber, às câmaras privadas de conciliação e mediação.

▶ **1. Sem correspondência no CPC/1973.**

## 🗒 LEGISLAÇÃO CORRELATA

**2. Lei 13.140/2015, art. 21.** *"Art. 21. O convite para iniciar o procedimento de mediação extrajudicial poderá ser feito por qualquer meio de comunicação e deverá estipular o escopo proposto para a negociação, a data e o local da primeira reunião. Parágrafo único. O convite formulado por uma parte à outra considerar-se-á rejeitado se não for respondido em até trinta dias da data de seu recebimento."*

**3. Lei 13.140/2015, art. 22.** *"Art. 22. A previsão contratual de mediação deverá conter, no mínimo: I – prazo mínimo e máximo para a realização da primeira reunião de mediação, contado a partir da data de recebimento do convite; II – local da primeira reunião de mediação;*

349

III – *critérios de escolha do mediador ou equipe de mediação; IV – penalidade em caso de não comparecimento da parte convidada à primeira reunião de mediação. § 1º A previsão contratual pode substituir a especificação dos itens acima enumerados pela indicação de regulamento, publicado por instituição idônea prestadora de serviços de mediação, no qual constem critérios claros para a escolha do mediador e realização da primeira reunião de mediação. § 2º Não havendo previsão contratual completa, deverão ser observados os seguintes critérios para a realização da primeira reunião de mediação: I – prazo mínimo de dez dias úteis e prazo máximo de três meses, contados a partir do recebimento do convite; II – local adequado a uma reunião que possa envolver informações confidenciais; III – lista de cinco nomes, informações de contato e referências profissionais de mediadores capacitados; a parte convidada poderá escolher, expressamente, qualquer um dos cinco mediadores e, caso a parte convidada não se manifeste, considerar-se-á aceito o primeiro nome da lista; IV – o não comparecimento da parte convidada à primeira reunião de mediação acarretará a assunção por parte desta de cinquenta por cento das custas e honorários sucumbenciais caso venha a ser vencedora em procedimento arbitral ou judicial posterior, que envolva o escopo da mediação para a qual foi convidada. § 3º Nos litígios decorrentes de contratos comerciais ou societários que não contenham cláusula de mediação, o mediador extrajudicial somente cobrará por seus serviços caso as partes decidam assinar o termo inicial de mediação e permanecer, voluntariamente, no procedimento de mediação.”*

**4. Lei 13.140/2015, art. 23.** *“Art. 23. Se, em previsão contratual de cláusula de mediação, as partes se comprometerem a não iniciar procedimento arbitral ou processo judicial durante certo prazo ou até o implemento de determinada condição, o árbitro ou o juiz suspenderá o curso da arbitragem ou da ação pelo prazo previamente acordado ou até o implemento dessa condição. Parágrafo único. O disposto no caput não se aplica às medidas de urgência em que o acesso ao Poder Judiciário seja necessário para evitar o perecimento de direito.”*

## ⚖ Jurisprudência, Enunciados e Súmulas Selecionados

- **5. Enunciado 397 do FPPC.** *“A estrutura para autocomposição, nos Juizados Especiais, deverá contar com a conciliação e a mediação.”*

## ▣ Comentários Temáticos

**6. Mediação ou conciliação extrajudiciais.** A mediação ou conciliação pode ser extrajudicial, realizada por profissionais independentes ou por instituições privadas. Na mediação ou conciliação extrajudicial, o medidor ou conciliador não precisa estar cadastrado no CNJ ou no tribunal.

**7. Normas aplicáveis.** As normas relativas à mediação e à conciliação, especialmente os princípios previstos no art. 166 do CPC e no art. 2º da Lei 13.140/2015, aplicam-se às câmaras privadas de mediação e conciliação, que devem zelar pelo respeito à confidencialidade das conversas, informações, dados e documentos oriundos da conciliação e mediação, bem como à imparcialidade do mediador ou conciliador e, bem ainda, pela observância de todos aqueles outros princípios.

# TÍTULO V
# DO MINISTÉRIO PÚBLICO

**Art. 176.** O Ministério Público atuará na defesa da ordem jurídica, do regime democrático e dos interesses e direitos sociais e individuais indisponíveis.

▶ **1. Sem correspondência no CPC/1973.**

## ▦ Legislação Correlata

**2. CF, art. 127.** *“Art. 127. O Ministério Público é instituição permanente, essencial à função jurisdicional do Estado, incumbindo-lhe a defesa da ordem jurídica, do regime democrático e dos interesses sociais e individuais indisponíveis. § 1º São princípios institucionais do Ministério Público a unidade, a indivisibilidade e a independência funcional. § 2º Ao Ministério Público é assegurada autonomia funcional e administrativa, podendo, observado o disposto no art. 169, propor ao Poder Legislativo a criação e extinção de seus cargos e serviços auxiliares, provendo-os por concurso público de provas ou de provas e títulos, a política remuneratória e os planos de carreira; a lei disporá sobre sua organização e funcionamento. § 3º O Ministério Público elaborará sua proposta orçamentária dentro dos limites estabelecidos na lei de diretrizes orçamentárias. § 4º Se o Ministério Público não encaminhar a respectiva proposta orçamentária dentro do prazo estabelecido na lei de diretrizes orçamentárias, o Poder Executivo considerará, para fins de consolidação da proposta orçamentária anual, os valores aprovados na lei*

**LIVRO III · DOS SUJEITOS DO PROCESSO** **Art. 176**

orçamentária vigente, ajustados de acordo com os limites estipulados na forma do § 3º. § 5º Se a proposta orçamentária de que trata este artigo for encaminhada em desacordo com os limites estipulados na forma do § 3º, o Poder Executivo procederá aos ajustes necessários para fins de consolidação da proposta orçamentária anual. § 6º Durante a execução orçamentária do exercício, não poderá haver a realização de despesas ou a assunção de obrigações que extrapolem os limites estabelecidos na lei de diretrizes orçamentárias, exceto se previamente autorizadas, mediante a abertura de créditos suplementares ou especiais."

**3. LONMP, art. 1º.** "Art. 1º O Ministério Público é instituição permanente, essencial à função jurisdicional do Estado, incumbindo-lhe a defesa da ordem jurídica, do regime democrático e dos interesses sociais e individuais indisponíveis. Parágrafo único. São princípios institucionais do Ministério Público a unidade, a indivisibilidade e a independência funcional."

**4. LONMP, art. 25.** "Art. 25. Além das funções previstas nas Constituições Federal e Estadual, na Lei Orgânica e em outras leis, incumbe, ainda, ao Ministério Público: I – propor ação de inconstitucionalidade de leis ou atos normativos estaduais ou municipais, em face à Constituição Estadual; II – promover a representação de inconstitucionalidade para efeito de intervenção do Estado nos Municípios; III – promover, privativamente, a ação penal pública, na forma da lei; IV – promover o inquérito civil e a ação civil pública, na forma da lei: a) para a proteção, prevenção e reparação dos danos causados ao meio ambiente, ao consumidor, aos bens e direitos de valor artístico, estético, histórico, turístico e paisagístico, e a outros interesses difusos, coletivos e individuais indisponíveis e homogêneos; b) para a anulação ou declaração de nulidade de atos lesivos ao patrimônio público ou à moralidade administrativa do Estado ou de Município, de suas administrações indiretas ou fundacionais ou de entidades privadas de que participem; V – manifestar-se nos processos em que sua presença seja obrigatória por lei e, ainda, sempre que cabível a intervenção, para assegurar o exercício de suas funções institucionais, não importando a fase ou grau de jurisdição em que se encontrem os processos; VI – exercer a fiscalização dos estabelecimentos prisionais e dos que abriguem idosos, menores, incapazes ou pessoas portadoras de deficiência; VII – deliberar sobre a participação em organismos estatais de defesa do meio ambiente, neste compreendido o do trabalho, do consumidor, de política penal e penitenciária e outros afetos à sua área de atuação; VIII – ingressar em juízo, de ofício, para responsabilizar

os gestores do dinheiro público condenados por tribunais e conselhos de contas; IX – interpor recursos ao Supremo Tribunal Federal e ao Superior Tribunal de Justiça; X – (Vetado); XI – (Vetado). Parágrafo único. É vedado o exercício das funções do Ministério Público a pessoas a ele estranhas, sob pena de nulidade do ato praticado."

**5. LONMP, art. 26.** "Art. 26. No exercício de suas funções, o Ministério Público poderá: I – instaurar inquéritos civis e outras medidas e procedimentos administrativos pertinentes e, para instruí-los: a) expedir notificações para colher depoimento ou esclarecimentos e, em caso de não comparecimento injustificado, requisitar condução coercitiva, inclusive pela Polícia Civil ou Militar, ressalvadas as prerrogativas previstas em lei; b) requisitar informações, exames periciais e documentos de autoridades federais, estaduais e municipais, bem como dos órgãos e entidades da administração direta, indireta ou fundacional, de qualquer dos Poderes da União, dos Estados, do Distrito Federal e dos Municípios; c) promover inspeções e diligências investigatórias junto às autoridades, órgãos e entidades a que se refere a alínea anterior; II – requisitar informações e documentos a entidades privadas, para instruir procedimentos ou processo em que oficie; III – requisitar à autoridade competente a instauração de sindicância ou procedimento administrativo cabível; IV – requisitar diligências investigatórias e a instauração de inquérito policial e de inquérito policial militar, observado o disposto no art. 129, inciso VIII, da Constituição Federal, podendo acompanhá-los; V – praticar atos administrativos executórios, de caráter preparatório; VI – dar publicidade dos procedimentos administrativos não disciplinares que instaurar e das medidas adotadas; VII – sugerir ao Poder competente a edição de normas e a alteração da legislação em vigor, bem como a adoção de medidas propostas, destinadas à prevenção e controle da criminalidade; VIII – manifestar-se em qualquer fase dos processos, acolhendo solicitação do juiz, da parte ou por sua iniciativa, quando entender existente interesse em causa que justifique a intervenção. § 1º As notificações e requisições previstas neste artigo, quando tiverem como destinatários o Governador do Estado, os membros do Poder Legislativo e os desembargadores, serão encaminhadas pelo Procurador-Geral de Justiça. § 2º O membro do Ministério Público será responsável pelo uso indevido das informações e documentos que requisitar, inclusive nas hipóteses legais de sigilo. § 3º Serão cumpridas gratuitamente as requisições feitas pelo Ministério Público às autoridades, órgãos e entidades da Administração Pública direta, *indireta ou fundacional, de qualquer dos Poderes da União, dos Estados, do Distrito Federal e dos Municípios. § 4º A falta ao trabalho, em virtude de atendimento à notificação ou requisição, na forma do inciso I deste artigo, não autoriza desconto de vencimentos ou salário, considerando-se de efetivo exercício, para todos os efeitos, mediante comprovação escrita do membro do Ministério Público. § 5º Toda representação ou petição formulada ao Ministério Público será distribuída entre os membros da instituição que tenham atribuições para apreciá-la, observados os critérios fixados pelo Colégio de Procuradores."*

**6. LONMP, art. 27.** *"Art. 27. Cabe ao Ministério Público exercer a defesa dos direitos assegurados nas Constituições Federal e Estadual, sempre que se cuidar de garantir-lhe o respeito: I – pelos poderes estaduais ou municipais; II – pelos órgãos da Administração Pública Estadual ou Municipal, direta ou indireta; III – pelos concessionários e permissionários de serviço público estadual ou municipal; IV – por entidades que exerçam outra função delegada do Estado ou do Município ou executem serviço de relevância pública. Parágrafo único. No exercício das atribuições a que se refere este artigo, cabe ao Ministério Público, entre outras providências: I – receber notícias de irregularidades, petições ou reclamações de qualquer natureza, promover as apurações cabíveis que lhes sejam próprias e dar-lhes as soluções adequadas; II – zelar pela celeridade e racionalização dos procedimentos administrativos; III – dar andamento, no prazo de trinta dias, às notícias de irregularidades, petições ou reclamações referidas no inciso I; IV – promover audiências públicas e emitir relatórios, anual ou especiais, e recomendações dirigidas aos órgãos e entidades mencionadas no caput deste artigo, requisitando ao destinatário sua divulgação adequada e imediata, assim como resposta por escrito."*

**7. LONMP, art. 29.** *"Art. 29. Além das atribuições previstas nas Constituições Federal e Estadual, na Lei Orgânica e em outras leis, compete ao Procurador-Geral de Justiça: I – representar aos Tribunais locais por inconstitucionalidade de leis ou atos normativos estaduais ou municipais, em face da Constituição Estadual; II – representar para fins de intervenção do Estado no Município, com o objetivo de assegurar a observância de princípios indicados na Constituição Estadual ou prover a execução de lei, de ordem ou de decisão judicial; III – representar o Ministério Público nas sessões plenárias dos Tribunais; IV – (Vetado); V – ajuizar ação penal de competência originária dos Tribunais, nela oficiando; VI – oficiar nos processos de competência originária dos Tribu-*

*nais, nos limites estabelecidos na Lei Orgânica; VII – determinar o arquivamento de representação, notícia de crime, peças de informação, conclusão de comissões parlamentares de inquérito ou inquérito policial, nas hipóteses de suas atribuições legais; VIII – exercer as atribuições do art. 129, II e III, da Constituição Federal, quando a autoridade reclamada for o Governador do Estado, o Presidente da Assembleia Legislativa ou os Presidentes de Tribunais, bem como quando contra estes, por ato praticado em razão de suas funções, deva ser ajuizada a competente ação; IX – delegar a membro do Ministério Público suas funções de órgão de execução."*

**8. LONMP, art. 32.** *"Art. 32. Além de outras funções cometidas nas Constituições Federal e Estadual, na Lei Orgânica e demais leis, compete aos Promotores de Justiça, dentro de suas esferas de atribuições: I – impetrar habeas-corpus e mandado de segurança e requerer correição parcial, inclusive perante os Tribunais locais competentes; II – atender a qualquer do povo, tomando as providências cabíveis; III – oficiar perante à Justiça Eleitoral de primeira instância, com as atribuições do Ministério Público Eleitoral previstas na Lei Orgânica do Ministério Público da União que forem pertinentes, além de outras estabelecidas na legislação eleitoral e partidária."*

**9. ECA, art. 200.** *"Art. 200. As funções do Ministério Público previstas nesta Lei serão exercidas nos termos da respectiva lei orgânica."*

**10. ECA, art. 201, III, IV, V, VIII, IX, X, XI, §§ 2º, 3º, 4º e 5º.** *"Art. 201. Compete ao Ministério Público: (...) III – promover e acompanhar as ações de alimentos e os procedimentos de suspensão e destituição do poder familiar, nomeação e remoção de tutores, curadores e guardiães, bem como oficiar em todos os demais procedimentos da competência da Justiça da Infância e da Juventude; IV – promover, de ofício ou por solicitação dos interessados, a especialização e a inscrição de hipoteca legal e a prestação de contas dos tutores, curadores e quaisquer administradores de bens de crianças e adolescentes nas hipóteses do art. 98; V – promover o inquérito civil e a ação civil pública para a proteção dos interesses individuais, difusos ou coletivos relativos à infância e à adolescência, inclusive os definidos no art. 220, § 3º inciso II, da Constituição Federal; (...) VIII – zelar pelo efetivo respeito aos direitos e garantias legais assegurados às crianças e adolescentes, promovendo as medidas judiciais e extrajudiciais cabíveis; IX – impetrar mandado de segurança, de injunção e habeas corpus, em qualquer juízo, instância ou tribunal, na defesa dos interesses sociais e individuais indisponíveis afetos à criança e* ao adolescente; X – representar ao juízo visando à aplicação de penalidade por infrações cometidas contra as normas de proteção à infância e à juventude, sem prejuízo da promoção da responsabilidade civil e penal do infrator, quando cabível; XI – inspecionar as entidades públicas e particulares de atendimento e os programas de que trata esta Lei, adotando de pronto as medidas administrativas ou judiciais necessárias à remoção de irregularidades porventura verificadas; (...) § 2º As atribuições constantes deste artigo não excluem outras, desde que compatíveis com a finalidade do Ministério Público. § 3º O representante do Ministério Público, no exercício de suas funções, terá livre acesso a todo local onde se encontre criança ou adolescente. § 4º O representante do Ministério Público será responsável pelo uso indevido das informações e documentos que requisitar, nas hipóteses legais de sigilo. § 5º Para o exercício da atribuição de que trata o inciso VIII deste artigo, poderá o representante do Ministério Público: a) reduzir a termo as declarações do reclamante, instaurando o competente procedimento, sob sua presidência; b) entender-se diretamente com a pessoa ou autoridade reclamada, em dia, local e horário previamente notificados ou acertados; c) efetuar recomendações visando à melhoria dos serviços públicos e de relevância pública afetos à criança e ao adolescente, fixando prazo razoável para sua perfeita adequação."

**11.** **ECA, art. 202.** *"Art. 202. Nos processos e procedimentos em que não for parte, atuará obrigatoriamente o Ministério Público na defesa dos direitos e interesses de que cuida esta Lei, hipótese em que terá vista dos autos depois das partes, podendo juntar documentos e requerer diligências, usando os recursos cabíveis."*

**12.** **Estatuto da Pessoa Idosa, art. 73.** *"Art. 73. As funções do Ministério Público, previstas nesta Lei, serão exercidas nos termos da respectiva Lei Orgânica."*

**13.** **Estatuto da Pessoa Idosa, art. 74, I, II, III, IV, VII, VIII, e § 2º.** *"Art. 74. Compete ao Ministério Público: I – instaurar o inquérito civil e a ação civil pública para a proteção dos direitos e interesses difusos ou coletivos, individuais indisponíveis e individuais homogêneos da pessoa idosa; II – promover e acompanhar as ações de alimentos, de interdição total ou parcial, de designação de curador especial, em circunstâncias que justifiquem a medida e oficiar em todos os feitos em que se discutam os direitos das pessoas idosas em condições de risco; III – atuar como substituto processual da pessoa idosa em situação de risco, conforme o disposto no art. 43 desta Lei; IV – promover a revogação de instrumento pro-*

*curatório da pessoa idosa, nas hipóteses previstas no art. 43 desta Lei, quando necessário ou o interesse público justificar; VIII – inspecionar as entidades públicas e particulares de atendimento e os programas de que trata esta Lei, adotando de pronto as medidas administrativas ou judiciais necessárias à remoção de irregularidades porventura verificadas; (...) § 2º As atribuições constantes deste artigo não excluem outras, desde que compatíveis com a finalidade e atribuições do Ministério Público."*

**14.** **Estatuto da Pessoa Idosa, art. 75.** *"Art. 75. Nos processos e procedimentos em que não for parte, atuará obrigatoriamente o Ministério Público na defesa dos direitos e interesses de que cuida esta Lei, hipóteses em que terá vista dos autos depois das partes, podendo juntar documentos, requerer diligências e produção de outras provas, usando os recursos cabíveis."*

**15.** **Lei 4.717/1965, art. 6º, § 4º.** *"§ 4º O Ministério Público acompanhará a ação, cabendo-lhe apressar a produção da prova e promover a responsabilidade, civil ou criminal, dos que nela incidirem, sendo-lhe vedado, em qualquer hipótese, assumir a defesa do ato impugnado ou dos seus autores."*

**16.** **Lei 4.717/1965, art. 9º.** *"Art. 9º Se o autor desistir da ação ou der motiva à absolvição da instância, serão publicados editais nos prazos e condições previstos no art. 7º, inciso II, ficando assegurado a qualquer cidadão, bem como ao representante do Ministério Público, dentro do prazo de 90 (noventa) dias da última publicação feita, promover o prosseguimento da ação."*

**17.** **Lei 7.347/1985, art. 5º, I, §§ 1º e 5º.** *"Art. 5º Têm legitimidade para propor a ação principal e a ação cautelar: I – o Ministério Público; (...) § 1º O Ministério Público, se não intervier no processo como parte, atuará obrigatoriamente como fiscal da lei. (...) § 5º Admitir-se-á o litisconsórcio facultativo entre os Ministérios Públicos da União, do Distrito Federal e dos Estados na defesa dos interesses e direitos de que cuida esta lei."*

**18.** **Lei 7.853/1989, art. 3º.** *"Art. 3º As medidas judiciais destinadas à proteção de interesses coletivos, difusos, individuais homogêneos e individuais indisponíveis da pessoa com deficiência poderão ser propostas pelo Ministério Público, pela Defensoria Pública, pela União, pelos Estados, pelos Municípios, pelo Distrito Federal, por associação constituída há mais de 1 (um) ano, nos termos da lei civil, por autarquia, por empresa pública e por fundação ou sociedade de economia mista que inclua, entre suas finalidades institucionais, a proteção dos interesses e a promoção de direitos* da pessoa com deficiência. § 1º Para instruir a inicial, o interessado poderá requerer às autoridades competentes as certidões e informações que julgar necessárias. § 2º As certidões e informações a que se refere o parágrafo anterior deverão ser fornecidas dentro de 15 (quinze) dias da entrega, sob recibo, dos respectivos requerimentos, e só poderão se utilizadas para a instrução da ação civil. § 3º Somente nos casos em que o interesse público, devidamente justificado, impuser sigilo, poderá ser negada certidão ou informação. § 4º Ocorrendo a hipótese do parágrafo anterior, a ação poderá ser proposta desacompanhada das certidões ou informações negadas, cabendo ao juiz, após apreciar os motivos do indeferimento, e, salvo quando se tratar de razão de segurança nacional, requisitar umas e outras; feita a requisição, o processo correrá em segredo de justiça, que cessará com o trânsito em julgado da sentença. § 5º Fica facultado aos demais legitimados ativos habilitarem-se como litisconsortes nas ações propostas por qualquer deles. § 6º Em caso de desistência ou abandono da ação, qualquer dos colegitimados pode assumir a titularidade ativa."

**19. Lei 7.853/1989, art. 5º.** *"Art. 5º O Ministério Público intervirá obrigatoriamente nas ações públicas, coletivas ou individuais, em que se discutam interesses relacionados à deficiência das pessoas."*

**20. Lei 8.429/1992, art. 16.** *"Na ação por improbidade administrativa poderá ser formulado, em caráter antecedente ou incidente, pedido de indisponibilidade de bens dos réus, a fim de garantir a integral recomposição do erário ou do acréscimo patrimonial resultante de enriquecimento ilícito."*

**21. Lei 8.429/1992, art. 17.** *"Art. 17 A ação para a aplicação das sanções de que trata esta Lei será proposta pelo Ministério Público e seguirá o procedimento comum previsto na Lei nº 13.105, de 16 de março de 2015 (Código de Processo Civil), salvo o disposto nesta Lei."*

## ⚖ Jurisprudência, Enunciados e Súmulas Selecionados

• **22. Súmula STJ, 601.** *"O Ministério Público tem legitimidade ativa para atuar na defesa de direitos difusos, coletivos e individuais homogêneos dos consumidores, ainda que decorrentes da prestação de serviço público."*

• **23. Enunciado 119 do FPPC.** *"Em caso de relação jurídica plurilateral que envolva diversos titulares do mesmo direito, o juiz deve convocar, por edital, os litisconsortes unitários*

ativos incertos e indeterminados (art. 259, III), cabendo-lhe, na hipótese de dificuldade de formação do litisconsórcio, oficiar o Ministério Público, a Defensoria Pública ou outro legitimado para que possa requerer a conversão da ação individual em coletiva (art. 333)".

## 🗏 Comentários Temáticos

**24. Atribuições constitucionais do Ministério Público.** Em decorrência de suas atribuições constitucionais, a participação do Ministério Público no processo civil somente se justifica nos casos em que há interesse público, social ou individual indisponível em discussão (CF, art. 127).

**25. Funções institucionais do Ministério Público.** O Ministério Público atua como uma *instituição independente, autônoma e preparada para assegurar a efetivação dos direitos fundamentais, da ordem jurídica e do regime democrático*, além de defender direitos de liberdade ou sociais, direitos individuais ou coletivos.

**26. Controle de constitucionalidade.** O Ministério Público dispõe de legitimidade ativa para as ações de controle concentrado de constitucionalidade concentrado, atuando com independência funcional interna, garantida aos órgãos de execução, e independência externa, em relação aos demais Poderes.

**27. Instituição essencial à justiça.** O Ministério Público é instituição essencial à justiça, atuando para garantir a ordem jurídica, o regime democrático e os direitos sociais e individuais indisponíveis, tendo o dever de zelar pelo efetivo respeito dos Poderes Públicos e dos serviços de relevância pública e dos direitos assegurados na Constituição.

**28. Dinamicidade da posição do Ministério Público no processo.** *"O órgão ministerial presenta o Estado ao titularizar um interesse manifestamente distinto daqueles naturalmente defendidos no processo por autor e réu, não se submetendo a critérios discricionários. 5. A posição processual do Parquet é dinâmica e deve ser compreendida como um poder-dever em função do plexo de competências determinadas pela legislação de regência e pela Carta Constitucional"* (STJ, 3ª Turma, REsp 1.664.554/SP, rel. Min. Ricardo Villas Bôas Cueva, *DJe* 15.2.2019).

**29. Entes públicos.** Ao Ministério Público é vedada a representação judicial e consultoria jurídica de entidades públicas.

**30. Instrumentos e medidas.** Para exercer suas funções, o Ministério Público dispõe de importantes instrumentos e medidas judiciais

**LIVRO III** · DOS SUJEITOS DO PROCESSO **Art. 176**

e extrajudiciais, tais como o inquérito civil, a ação civil pública, o controle de constitucionalidade, a proteção do patrimônio público e social, do meio ambiente e de outros interesses difusos e coletivos.

**31. O Ministério Público como parte e como fiscal da ordem jurídica.** O Ministério Público pode atuar, no processo civil, como parte ou como fiscal da ordem jurídica. Quando atua como parte, exerce o direito de ação nos casos previstos no ordenamento, tendo, no processo, os mesmos poderes e ônus que as partes. Sua intervenção, como fiscal da ordem jurídica, opera-se nas hipóteses do art. 178.

**32. Legitimidade do Ministério Público estadual para atuar nos tribunais superiores.** *"O Plenário do Supremo Tribunal Federal, na QO no RE 593.727/MG, Rel. Min. Cezar Peluso, 21.06.2012, em inequívoca evolução jurisprudencial, proclamou a legitimidade do Ministério Público Estadual para atuar diretamente no âmbito da Corte Constitucional nos processos em que figurar como parte e estabeleceu, entre outras, as seguintes premissas (Informativo 671/STF): a) em matéria de regras gerais e diretrizes, o PGR poderia desempenhar no Supremo Tribunal Federal dois papéis simultâneos, o de fiscal da lei e o de parte; b) nas hipóteses que o Ministério Público da União (MPU) figurar como parte no processo, por qualquer dos seus ramos, somente o Procurador-Geral da República (PGR) poderia oficiar perante o Supremo Tribunal Federal, o qual encarnaria os interesses confiados pela lei e pela constituição ao referido órgão; c) nos demais casos, o Ministério Público Federal exerceria, evidentemente, a função de fiscal da lei e, nessa última condição, a sua manifestação não poderia pré-excluir a das partes, sob pena de ofensa ao contraditório; d) A Lei Complementar federal 75/1993 somente teria incidência no âmbito do Ministério Público da União (MPU), sob pena de cassar-se a autonomia dos Ministérios Públicos estaduais que estariam na dependência, para promover e defender interesse em juízo, da aprovação do Ministério Público Federal; e) a Constituição Federal distinguiu 'a Lei Orgânica do MPU (LC 75/1993) – típica lei federal –, da Lei Orgânica Nacional (Lei 8.625/1993), que se aplicaria em matéria de regras gerais e diretrizes, a todos os Ministérios Públicos estaduais'; f) a Resolução 469/2011 do Supremo Tribunal Federal determina a intimação pessoal do Ministério Público estadual nos processos em que figurar como parte; g) não existiria subordinação jurídico-institucional que submetesse o Ministério Público dos estados à chefia do Ministério Público da União (MPU),*

*instituição que a Constituição teria definido como chefe o Procurador-Geral da República (PGR); h) não são raras as hipóteses em que seriam possíveis situações processuais que estabelecessem posições antagônicas entre o Ministério Público da União e o Ministério Público estadual e, em diversos momentos, o parquet federal, por meio do Procurador-Geral da República (PGR), teria se manifestado de maneira contrária ao recurso interposto pelo parquet estadual; i) a privação do titular do Parquet Estadual para figurar na causa e expor as razões de sua tese consubstanciaria exclusão de um dos sujeitos da relação processual; j) a tese firmada pelo Supremo Tribunal Federal 'denotaria constructo que a própria práxis demonstrara necessário, uma vez que existiriam órgãos autônomos os quais traduziriam pretensões realmente independentes, de modo que poderia ocorrer eventual cúmulo de argumentos'. 2. Recentemente, o Pretório Excelso reafirmou que 'Os Ministérios Públicos estaduais não estão vinculados nem subordinados, no plano processual, administrativo e/ou institucional, à Chefia do Ministério Público da União, o que lhes confere ampla possibilidade de atuação autônoma nos processos em que forem partes, inclusive perante os Tribunais Superiores' (excerto da ementa da ACO 2.351 AgR, Relator(a): Min. LUIZ FUX, Primeira Turma, julgado em 10.02.2015, acórdão eletrônico DJe-042 divulg. 04.03.2015, public. 05.03.2015). 3. A Corte Especial deste Tribunal Superior também reformulou seu entendimento no julgamento do EREsp 1.327.573/RJ, Corte Especial, Rel. Min. Ari Pargendler, Rel. p/ Acórdão Ministra Nancy Andrighi, DJe de 27.02.2015. No mesmo sentido, a orientação pacífica desta Corte Superior: EREsp 1201491/RJ, Corte Especial, Rel. Min. Benedito Gonçalves, DJe de 12.06.2015; EDcl nos EDcl no RHC 34.498/RS, 5ª Turma, Rel. Min. Jorge Mussi, DJe de 03.02.2015; AgRg no REsp 1323236/RN, 2ª Turma, Rel. Min. Herman Benjamin, DJe de 28.11.2014; AgRg nos EREsp 1256973/RS, 3ª Seção, Rel. Min. Laurita Vaz, Rel. p/ Acórdão Min. Rogerio Schietti Cruz, DJe de 06.11.2014; AgRg nos EDcl no REsp 1.262.864/BA, 3ª Turma, Rel. Min. Paulo de Tarso Sanseverino, DJe de 22.05.2014; EDcl no AgRg no REsp 1380585/DF, 6ª Turma, Rel. Min. Assusete Magalhães, DJe de 11.03.2014; EDcl no AgRg no REsp 1326532/DF, 6ª Turma, Rel. Min. Sebastião Reis Júnior, DJe de 13.12.2013; EDcl no AgRg no AgRg no AREsp 194.892/RJ, Rel. Ministro Mauro Campbell Marques, Primeira Seção, julgado em 12.06.2013, DJe de 1º.07.2013. 4. O Ministério Público Estadual, nos processos em que figurar como parte e que tramitam no Superior Tribunal de Justiça,*

355

possui legitimidade para exercer todos os meios inerentes à defesa de sua pretensão. A função de fiscal da lei no âmbito deste Tribunal Superior será exercida exclusivamente pelo Ministério Público Federal, por meio dos Subprocuradores-Gerais da República designados pelo Procurador-Geral da República" (STJ, Corte Especial, EREsp 1.236.822/PR, rel. Min. Mauro Campbell Marques, *DJe* 5.2.2016).

**33. Legitimidade do Ministério Público para questionar honorários abusivos em ações previdenciárias.** "O Ministério Público possui legitimidade para propor ação civil pública que trate de contrato de honorários advocatícios abusivos quando houver litigantes hipossuficientes e repercussão social que transcenda a esfera dos interesses particulares" (STJ, 3ª Turma, REsp 2.079.440/RO, rel. Min. Nancy Andrighi, *DJe* 1º.3.2024).

> **Art. 177.** O Ministério Público exercerá o direito de ação em conformidade com suas atribuições constitucionais.

▶ **1. Correspondência no CPC/1973.** "*Art. 81. O Ministério Público exercerá o direito de ação nos casos previstos em lei, cabendo-lhe, no processo, os mesmos poderes e ônus que às partes.*"

## 🏛 Legislação Correlata

**2. CF, art. 129.** "*Art. 129. São funções institucionais do Ministério Público: I – promover, privativamente, a ação penal pública, na forma da lei; II – zelar pelo efetivo respeito dos Poderes Públicos e dos serviços de relevância pública aos direitos assegurados nesta Constituição, promovendo as medidas necessárias a sua garantia; III – promover o inquérito civil e a ação civil pública, para a proteção do patrimônio público e social, do meio ambiente e de outros interesses difusos e coletivos; IV – promover a ação de inconstitucionalidade ou representação para fins de intervenção da União e dos Estados, nos casos previstos nesta Constituição; V – defender judicialmente os direitos e interesses das populações indígenas; VI – expedir notificações nos procedimentos administrativos de sua competência, requisitando informações e documentos para instruí-los, na forma da lei complementar respectiva; VII – exercer o controle externo da atividade policial, na forma da lei complementar mencionada no artigo anterior; VIII – requisitar diligências investigatórias e a instauração de inquérito policial, indicados os fundamentos jurídicos de suas manifestações processuais; IX – exercer outras funções que lhe forem conferidas, desde que compatíveis com sua finalidade, sendo-lhe vedada a representação judicial e a consultoria jurídica de entidades públicas. § 1º A legitimação do Ministério Público para as ações civis previstas neste artigo não impede a de terceiros, nas mesmas hipóteses, segundo o disposto nesta Constituição e na lei. § 2º As funções do Ministério Público só podem ser exercidas por integrantes da carreira, que deverão residir na comarca da respectiva lotação, salvo autorização do chefe da instituição. § 3º O ingresso na carreira do Ministério Público far-se-á mediante concurso público de provas e títulos, assegurada a participação da Ordem dos Advogados do Brasil em sua realização, exigindo-se do bacharel em direito, no mínimo, três anos de atividade jurídica e observando-se, nas nomeações, a ordem de classificação. § 4º Aplica-se ao Ministério Público, no que couber, o disposto no art. 93. § 5º A distribuição de processos no Ministério Público será imediata.*"

**3. CPC/1939, art. 670.** "*Art. 670. A sociedade civil com personalidade jurídica, que promover atividade ilícita ou imoral, será dissolvida por ação direta, mediante denúncia de qualquer do povo, ou do órgão do Ministério Público.*"

**4. CC, art. 1.549.** "*Art. 1.549. A decretação de nulidade de casamento, pelos motivos previstos no artigo antecedente, pode ser promovida mediante ação direta, por qualquer interessado, ou pelo Ministério Público.*"

**5. CC, art. 1.033.** "*Art. 1.033. Dissolve-se a sociedade quando ocorrer: (...) V – a extinção, na forma da lei, de autorização para funcionar.*"

**6. CC, art. 1.037.** "*Art. 1.037. Ocorrendo a hipótese prevista no inciso V do art. 1.033, o Ministério Público, tão logo lhe comunique a autoridade competente, promoverá a liquidação judicial da sociedade, se os administradores não o tiverem feito nos trinta dias seguintes à perda da autorização, ou se o sócio não houver exercido a faculdade assegurada no parágrafo único do artigo antecedente. Parágrafo único. Caso o Ministério Público não promova a liquidação judicial da sociedade nos quinze dias subsequentes ao recebimento da comunicação, a autoridade competente para conceder a autorização nomeará interventor com poderes para requerer a medida e administrar a sociedade até que seja nomeado o liquidante.*"

**7. CC, art. 1.549.** "*Art. 1.549. A decretação de nulidade de casamento, pelos motivos previstos no artigo antecedente, pode ser promovida mediante ação direta, por qualquer interessado, ou pelo Ministério Público.*"

**LIVRO III · DOS SUJEITOS DO PROCESSO** · **Art. 177**

**8.** CPP, art. 40. *"Art. 40. Quando, em autos ou papéis de que conhecerem, os juízes ou tribunais verificarem a existência de crime de ação pública, remeterão ao Ministério Público as cópias e os documentos necessários ao oferecimento da denúncia."*

**9.** CPP, art. 68. *"Art. 68. Quando o titular do direito à reparação do dano for pobre (art. 32, §§ 1º e 2º), a execução da sentença condenatória (art. 63) ou a ação civil (art. 64) será promovida, a seu requerimento, pelo Ministério Público."*

**10.** CPP, art. 127. *"Art. 127. O juiz, de ofício, a requerimento do Ministério Público ou do ofendido, ou mediante representação da autoridade policial, poderá ordenar o sequestro, em qualquer fase do processo ou ainda antes de oferecida a denúncia ou queixa."*

**11.** CPP, art. 142. *"Art. 142. Caberá ao Ministério Público promover as medidas estabelecidas nos arts. 134 e 137, se houver interesse da Fazenda Pública, ou se o ofendido for pobre e o requerer."*

**12.** CDC, art. 82. *"Art. 82. Para os fins do art. 81, parágrafo único, são legitimados concorrentemente: I – o Ministério Público;"*

**13.** ECA, art. 201. *"Art. 201. Compete ao Ministério Público: I – conceder a remissão como forma de exclusão do processo; II – promover e acompanhar os procedimentos relativos às infrações atribuídas a adolescentes; III – promover e acompanhar as ações de alimentos e os procedimentos de suspensão e destituição do poder familiar , nomeação e remoção de tutores, curadores e guardiães, bem como oficiar em todos os demais procedimentos da competência da Justiça da Infância e da Juventude; IV – promover, de ofício ou por solicitação dos interessados, a especialização e a inscrição de hipoteca legal e a prestação de contas dos tutores, curadores e quaisquer administradores de bens de crianças e adolescentes nas hipóteses do art. 98; V – promover o inquérito civil e a ação civil pública para a proteção dos interesses individuais, difusos ou coletivos relativos à infância e à adolescência, inclusive os definidos no art. 220, § 3º inciso II, da Constituição Federal; VI – instaurar procedimentos administrativos e, para instruí-los: a) expedir notificações para colher depoimentos ou esclarecimentos e, em caso de não comparecimento injustificado, requisitar condução coercitiva, inclusive pela polícia civil ou militar; b) requisitar informações, exames, perícias e documentos de autoridades municipais, estaduais e federais, da administração direta ou indireta, bem como promover inspeções e diligências investigatórias; c) requisitar informações e documentos a particulares e instituições privadas;*

*VII – instaurar sindicâncias, requisitar diligências investigatórias e determinar a instauração de inquérito policial, para apuração de ilícitos ou infrações às normas de proteção à infância e à juventude; VIII – zelar pelo efetivo respeito aos direitos e garantias legais assegurados às crianças e adolescentes, promovendo as medidas judiciais e extrajudiciais cabíveis; IX – impetrar mandado de segurança, de injunção e habeas corpus, em qualquer juízo, instância ou tribunal, na defesa dos interesses sociais e individuais indisponíveis afetos à criança e ao adolescente; X – representar ao juízo visando à aplicação de penalidade por infrações cometidas contra as normas de proteção à infância e à juventude, sem prejuízo da promoção da responsabilidade civil e penal do infrator, quando cabível; XI – inspecionar as entidades públicas e particulares de atendimento e os programas de que trata esta Lei, adotando de pronto as medidas administrativas ou judiciais necessárias à remoção de irregularidades porventura verificadas; XII – requisitar força policial, bem como a colaboração dos serviços médicos, hospitalares, educacionais e de assistência social, públicos ou privados, para o desempenho de suas atribuições. § 1º A legitimação do Ministério Público para as ações cíveis previstas neste artigo não impede a de terceiros, nas mesmas hipóteses, segundo dispuserem a Constituição e esta Lei. § 2º As atribuições constantes deste artigo não excluem outras, desde que compatíveis com a finalidade do Ministério Público. § 3º O representante do Ministério Público, no exercício de suas funções, terá livre acesso a todo local onde se encontre criança ou adolescente. § 4º O representante do Ministério Público será responsável pelo uso indevido das informações e documentos que requisitar, nas hipóteses legais de sigilo. § 5º Para o exercício da atribuição de que trata o inciso VIII deste artigo, poderá o representante do Ministério Público: a) reduzir a termo as declarações do reclamante, instaurando o competente procedimento, sob sua presidência; b) entender-se diretamente com a pessoa ou autoridade reclamada, em dia, local e horário previamente notificados ou acertados; c) efetuar recomendações visando à melhoria dos serviços públicos e de relevância pública afetos à criança e ao adolescente, fixando prazo razoável para sua perfeita adequação."*

**14.** Lei 4.717/1965, art. 9º. *"Art. 9º Se o autor desistir da ação ou der motiva à absolvição da instância, serão publicados editais nos prazos e condições previstos no art. 7º, inciso II, ficando assegurado a qualquer cidadão, bem como ao representante do Ministério Público, dentro do prazo* *de 90 (noventa) dias da última publicação feita, promover o prosseguimento da ação."*

**15.** Lei 7.347/1985, art. 5°, I, §§ 3° e 5°. *"Art. 5° Têm legitimidade para propor a ação principal e a ação cautelar: I – o Ministério Público; (...) § 3° Em caso de desistência infundada ou abandono da ação por associação legitimada, o Ministério Público ou outro legitimado assumirá a titularidade ativa. (...) § 5° Admitir-se-á o litisconsórcio facultativo entre os Ministérios Públicos da União, do Distrito Federal e dos Estados na defesa dos interesses e direitos de que cuida esta lei."*

**16.** Lei 7.853/1989, art. 3°. *"Art. 3° As medidas judiciais destinadas à proteção de interesses coletivos, difusos, individuais homogêneos e individuais indisponíveis da pessoa com deficiência poderão ser propostas pelo Ministério Público, pela Defensoria Pública, pela União, pelos Estados, pelos Municípios, pelo Distrito Federal, por associação constituída há mais de 1 (um) ano, nos termos da lei civil, por autarquia, por empresa pública e por fundação ou sociedade de economia mista que inclua, entre suas finalidades institucionais, a proteção dos interesses e a promoção de direitos da pessoa com deficiência."*

**17.** Lei 7.853/1989, art. 6°. *"Art. 6° O Ministério Público poderá instaurar, sob sua presidência, inquérito civil, ou requisitar, de qualquer pessoa física ou jurídica, pública ou particular, certidões, informações, exame ou perícias, no prazo que assinalar, não inferior a 10 (dez) dias úteis. § 1° Esgotadas as diligências, caso se convença o órgão do Ministério Público da inexistência de elementos para a propositura de ação civil, promoverá fundamentadamente o arquivamento do inquérito civil, ou das peças informativas. Neste caso, deverá remeter a reexame os autos ou as respectivas peças, em 3 (três) dias, ao Conselho Superior do Ministério Público, que os examinará, deliberando a respeito, conforme dispuser seu Regimento. § 2° Se a promoção do arquivamento for reformada, o Conselho Superior do Ministério Público designará desde logo outro órgão do Ministério Público para o ajuizamento da ação."*

**18.** Lei 8.429/1992, art. 17. *"Art. 17. A ação para a aplicação das sanções de que trata esta Lei será proposta pelo Ministério Público e seguirá o procedimento comum previsto na Lei n° 13.105, de 16 de março de 2015 (Código de Processo Civil), salvo o disposto nesta Lei."*

**19.** Lei 11.101/2005, art. 19. *"Art. 19. O administrador judicial, o Comitê, qualquer credor ou o representante do Ministério Público poderá, até o encerramento da recuperação judicial ou da falência, observado, no que couber, o proce-*

*dimento ordinário previsto no Código de Processo Civil, pedir a exclusão, outra classificação ou a retificação de qualquer crédito, nos casos de descoberta de falsidade, dolo, simulação, fraude, erro essencial ou, ainda, documentos ignorados na época do julgamento do crédito ou da inclusão no quadro-geral de credores. § 1° A ação prevista neste artigo será proposta exclusivamente perante o juízo da recuperação judicial ou da falência ou, nas hipóteses previstas no art. 6°, §§ 1° e 2°, desta Lei, perante o juízo que tenha originariamente reconhecido o crédito. § 2° Proposta a ação de que trata este artigo, o pagamento ao titular do crédito por ela atingido somente poderá ser realizado mediante a prestação de caução no mesmo valor do crédito questionado."*

**20.** Lei 11.101/2005, art. 30, § 2°. *"Art. 30. Não poderá integrar o Comitê ou exercer as funções de administrador judicial quem, nos últimos 5 (cinco) anos, no exercício do cargo de administrador judicial ou de membro do Comitê em falência ou recuperação judicial anterior, foi destituído, deixou de prestar contas dentro dos prazos legais ou teve a prestação de contas desaprovada. (...) § 2° O devedor, qualquer credor ou o Ministério Público poderá requerer ao juiz a substituição do administrador judicial ou dos membros do Comitê nomeados em desobediência aos preceitos desta Lei."*

**21.** Lei 11.101/2005, art. 132. *"Art. 132. A ação revocatória, de que trata o art. 130 desta Lei, deverá ser proposta pelo administrador judicial, por qualquer credor ou pelo Ministério Público no prazo de 3 (três) anos contado da decretação da falência."*

**22.** Lei 11.101/2005, art. 187. *"Art. 187. Intimado da sentença que decreta a falência ou concede a recuperação judicial, o Ministério Público, verificando a ocorrência de qualquer crime previsto nesta Lei, promoverá imediatamente a competente ação penal ou, se entender necessário, requisitará a abertura de inquérito policial. § 1° O prazo para oferecimento da denúncia regula-se pelo art. 46 do Decreto-lei n° 3.689, de 3 de outubro de 1941 – Código de Processo Penal, salvo se o Ministério Público, estando o réu solto ou afiançado, decidir aguardar a apresentação da exposição circunstanciada de que trata o art. 186 desta Lei, devendo, em seguida, oferecer a denúncia em 15 (quinze) dias. § 2° Em qualquer fase processual, surgindo indícios da prática dos crimes previstos nesta Lei, o juiz da falência ou da recuperação judicial ou da recuperação extrajudicial cientificará o Ministério Público."*

**LIVRO III · DOS SUJEITOS DO PROCESSO** **Art. 177**

## ⚖ Jurisprudência, Enunciados e Súmulas Selecionados

- **23. Tema/Repercussão Geral 56 STF.** *"O Ministério Público tem legitimidade para propor ação civil pública com o objetivo de anular Termo de Acordo de Regime Especial — TARE firmado entre o Poder Público e contribuinte, em face da legitimação ad causam que o texto constitucional lhe confere para defender o erário."*
- **24. Tema/Repercussão Geral 262 STF.** *"O Ministério Público é parte legítima para ajuizamento de ação civil pública que vise o fornecimento de remédios a portadores de certa doença."*
- **25. Tema/Repercussão Geral 471 STF.** *"Com fundamento no art. 127 da Constituição Federal, o Ministério Público está legitimado a promover a tutela coletiva de direitos individuais homogêneos, mesmo de natureza disponível, quando a lesão a tais direitos, visualizada em seu conjunto, em forma coletiva e impessoal, transcender a esfera de interesses puramente particulares, passando a comprometer relevantes interesses sociais."*
- **26. Tema/Repercussão Geral 561 STF.** *"O Ministério Público é parte legítima para o ajuizamento de ação coletiva que visa anular ato administrativo de aposentadoria que importe em lesão ao patrimônio público."*
- **27. Tema/Repercussão Geral 645 STF.** *"O Ministério Público não possui legitimidade ativa ad causam para, em ação civil pública, deduzir em juízo pretensão de natureza tributária em defesa dos contribuintes, que vise questionar a constitucionalidade/legalidade de tributo."*
- **28. Tema/Repercussão Geral 850 STF.** *"O Ministério Público tem legitimidade para a propositura de ação civil pública em defesa de direitos sociais relacionados ao FGTS."*
- **29. Tema/Repercussão Geral 946 STF.** *"Os Ministérios Públicos dos Estados e do Distrito Federal têm legitimidade para propor e atuar em recursos e meios de impugnação de decisões judiciais em trâmite no STF e no STJ, oriundos de processos de sua atribuição, sem prejuízo da atuação do Ministério Público Federal."*
- **30. Tema/Repercussão Geral 1.044 STF.** *"O Ministério Público de Contas não tem legitimidade para impetrar mandado de segurança em face de acórdão do Tribunal de Contas perante o qual atua."*
- **31. Súmula STF, 643.** *"O Ministério Público tem legitimidade para promover ação civil*

pública cujo fundamento seja a ilegalidade de reajuste de mensalidades escolares."

- **32. Tema/Repetitivo 717 STJ.** *"O Ministério Público tem legitimidade ativa para ajuizar ação de alimentos em proveito de criança ou adolescente. A legitimidade do Ministério Público independe do exercício do poder familiar dos pais, ou de o menor se encontrar nas situações de risco descritas no art. 98 do Estatuto da Criança e do Adolescente, ou de quaisquer outros questionamentos acerca da existência ou eficiência da Defensoria Pública na comarca."*
- **33. Tema/Repetitivo 766 STJ.** *"O Ministério Público é parte legítima para pleitear tratamento médico ou entrega de medicamentos nas demandas de saúde propostas contra os entes federativos, mesmo quando se tratar de feitos contendo beneficiários individualizados, porque se refere a direitos individuais indisponíveis, na forma do art. 1º da Lei n. 8.625/1993 (Lei Orgânica Nacional do Ministério Público)."*
- **34. Súmula STJ, 329.** *"O Ministério Público tem legitimidade para propor ação civil pública em defesa do patrimônio público."*
- **35. Súmula STJ, 594.** *"O Ministério Público tem legitimidade ativa para ajuizar ação de alimentos em proveito de criança ou adolescente independentemente do exercício do poder familiar dos pais, ou do fato de o menor se encontrar nas situações de risco descritas no art. 98 do Estatuto da Criança e do Adolescente, ou de quaisquer outros questionamentos acerca da existência ou eficiência da Defensoria Pública na comarca."*
- **36. Enunciado 116 de Direito Civil-CJF:** *"O Ministério Público, por força do art. 1.815 do novo Código Civil, desde que presente o interesse público, tem legitimidade para promover ação visando à declaração da indignidade de herdeiro ou legatário."*

## 📖 Comentários Temáticos

**37. Legitimidade para propor ações.** Ao Ministério Público confere-se legitimidade para propor demandas judiciais em defesa de direitos difusos, coletivos, individuais indisponíveis e individuais homogêneos.

**38. Substituição processual.** Quando a Constituição confere legitimidade ao Ministério Público para defesa de direitos individuais indisponíveis, está a atribui-lhe a condição de substituto processual para, em nome próprio, postular o direito indisponível de seu respectivo titular.

359

**39. Defesa de prerrogativas institucionais.** O Ministério Público tem legitimidade para defender, em juízo, suas prerrogativas institucionais.

**40. Legitimidade do Ministério Público para propor ação civil *ex delicto*.** O Ministério Público dispõe de legitimidade para propor ação civil *ex delicto* em favor daquele sujeito carente de recursos financeiros (CPP, art. 68). Tal legitimidade não é mais compatível com a CF, pois essa passou a ser uma atribuição da Defensoria Pública. A inconstitucionalidade dessa legitimidade conferida ao Ministério Público é, porém, progressiva: somente nos lugares onde já houver instalação e organizada a Defensoria Pública é que o Ministério Público deixa de ter legitimidade. Se, no local, ainda não há Defensoria Pública, mantém-se a legitimidade do Ministério Público.

**41. Inconstitucionalidade progressiva da legitimidade ativa do Ministério Público para ação civil *ex delicto*.** *"Legitimidade. Ação 'ex delicto'. Ministério Público. Defensoria Pública. Art. 68 do Código de Processo Penal. Carta da República de 1988. A teor do disposto no art. 134 da Constituição Federal, cabe à Defensoria Pública, instituição essencial à função jurisdicional do Estado, a orientação e a defesa, em todos os graus, dos necessitados, na forma do art. 5º, LXXIV, da Carta, estando restrita a atuação do Ministério Público, no campo dos interesses sociais e individuais, àqueles indisponíveis (parte final do art. 127 da Constituição Federal). Inconstitucionalidade progressiva. Viabilização do exercício de direito assegurado constitucionalmente. Assistência jurídica e judiciária dos necessitados. Subsistência temporária da legitimação do Ministério Público. Ao Estado, no que assegurado constitucionalmente certo direito, cumpre viabilizar o respectivo exercício. Enquanto não criada por lei, organizada – e, portanto, preenchidos os cargos próprios, na unidade da Federação – a Defensoria Pública, permanece em vigor o art. 68 do Código de Processo Penal, estando o Ministério Público legitimado para a ação de ressarcimento nele prevista. Irrelevância de a assistência vir sendo prestada por órgão da Procuradoria-Geral do Estado, em face de não lhe competir, constitucionalmente, a defesa daqueles que não possam demandar, contratando diretamente profissional da advocacia, sem prejuízo do próprio sustento"* (STF, Pleno, RE 135.328, rel. Min. Marco Aurélio, *DJ* 20.4.2001, p. 137).

**42. Ação civil *ex delicto* e norma ainda constitucional.** *"Ministério Público. Ação civil ex delicto. Código de Processo Penal, art. 68. Norma ainda constitucional. Estágio intermediário, de* caráter transitório, entre a situação de constitucionalidade e o estado de inconstitucionalidade. A questão das situações constitucionais imperfeitas. Subsistência, no Estado de São Paulo, do art. 68 do CPP, até que seja instituída e regularmente organizada a defensoria pública local"* (STF, 2ª Turma, RE 341.717 AgR, rel. Min. Celso de Mello, *DJe* 5.3.2010).

> **Art. 178.** O Ministério Público será intimado para, no prazo de 30 (trinta) dias, intervir como fiscal da ordem jurídica nas hipóteses previstas em lei ou na Constituição Federal e nos processos que envolvam:
>
> I – interesse público ou social;
>
> II – interesse de incapaz;
>
> III – litígios coletivos pela posse de terra rural ou urbana.
>
> Parágrafo único. A participação da Fazenda Pública não configura, por si só, hipótese de intervenção do Ministério Público.

▶ **1. Correspondência no CPC/1973.** *"Art. 82. Compete ao Ministério Público intervir: I – nas causas em que há interesses de incapazes; II – nas causas concernentes ao estado da pessoa, pátrio poder, tutela, curatela, interdição, casamento, declaração de ausência e disposições de última vontade; III – nas ações que envolvam litígios coletivos pela posse da terra rural e nas demais causas em que há interesse público evidenciado pela natureza da lide ou qualidade da parte."*

## 🏛 LEGISLAÇÃO CORRELATA

**2. LC 75/1993, art. 6º, XV.** *"Art. 6º Compete ao Ministério Público da União: (...) XV – manifestar-se em qualquer fase dos processos, acolhendo solicitação do juiz ou por sua iniciativa, quando entender existente interesse em causa que justifique a intervenção;"*

**3. LC 76/1993, art. 18, § 2º.** *"Art. 18. As ações concernentes à desapropriação de imóvel rural, por interesse social, para fins de reforma agrária, têm caráter preferencial e prejudicial em relação a outras ações referentes ao imóvel expropriando, e independem do pagamento de preparo ou de emolumentos. (...) § 2º O Ministério Público Federal intervirá, obrigatoriamente, após a manifestação das partes, antes de cada decisão manifestada no processo, em qualquer instância."*

**4. LONMP, art. 26, VIII.** *"Art. 26. No exercício de suas funções, o Ministério Público poderá: (...) VIII – manifestar-se em qualquer fase dos processos, acolhendo solicitação do juiz, da parte* *ou por sua iniciativa, quando entender existente interesse em causa que justifique a intervenção."*

**5. ECA, art. 201, XIII.** *"Art. 201. Compete ao Ministério Público: (...) XIII – intervir, quando não for parte, nas causas cíveis e criminais decorrentes de violência doméstica e familiar contra a criança e o adolescente."*

**6. Estatuto da Pessoa Idosa, art. 75.** *"Art. 75. Nos processos e procedimentos em que não for parte, atuará obrigatoriamente o Ministério Público na defesa dos direitos e interesses de que cuida esta Lei, hipóteses em que terá vista dos autos depois das partes, podendo juntar documentos, requerer diligências e produção de outras provas, usando os recursos cabíveis."*

**7. Lei 7.853/1989, art. 5º.** *"Art. 5º O Ministério Público intervirá obrigatoriamente nas ações públicas, coletivas ou individuais, em que se discutam interesses relacionados à deficiência das pessoas."*

**8. Lei 11.101/2005, art. 167-A, § 5º.** *"Art. 167-A. Este Capítulo disciplina a insolvência transnacional, com o objetivo de proporcionar mecanismos efetivos para: (...)§ 5º O Ministério Público intervirá nos processos de que trata este Capítulo."*

**9. Lei 12.016/2009, art. 12.** *"Art. 12. Findo o prazo a que se refere o inciso I do caput do art. 7º desta Lei, o juiz ouvirá o representante do Ministério Público, que opinará, dentro do prazo improrrogável de 10 (dez) dias. Parágrafo único. Com ou sem o parecer do Ministério Público, os autos serão conclusos ao juiz, para a decisão, a qual deverá ser necessariamente proferida em 30 (trinta) dias."*

**10. ECA, art. 201, XIII.** *"Art. 201. Compete ao Ministério Público: (...) XIII – intervir, quando não for parte, nas causas cíveis e criminais decorrentes de violência doméstica e familiar contra a criança e o adolescente."*

## ⚖ Jurisprudência, Enunciados e Súmulas Selecionados

- **11. Tema/Repetitivo 717 STJ.** *"O Ministério Público tem legitimidade ativa para ajuizar ação de alimentos em proveito de criança ou adolescente. A legitimidade do Ministério Público independe do exercício do poder familiar dos pais, ou de o menor se encontrar nas situações de risco descritas no art. 98 do Estatuto da Criança e do Adolescente, ou de quaisquer outros questionamentos acerca da existência ou eficiência da Defensoria Pública na comarca."*

- **12. Súmula STJ, 99.** *"O Ministério Público tem legitimidade para recorrer no processo em que oficiou como fiscal da lei, ainda que não haja recurso da parte."*

- **13. Súmula STJ, 189.** *"É desnecessária a intervenção do Ministério Público nas execuções fiscais."*

- **14. Súmula STJ, 226.** *"O Ministério Público tem legitimidade para recorrer na ação de acidente do trabalho, ainda que o segurado esteja assistido por advogado."*

- **15. Súmula STJ, 594.** *"O Ministério Público tem legitimidade ativa para ajuizar ação de alimentos em proveito de criança ou adolescente independentemente do exercício do poder familiar dos pais, ou do fato de o menor se encontrar nas situações de risco descritas no art. 98 do Estatuto da Criança e do Adolescente, ou de quaisquer outros questionamentos acerca da existência ou eficiência da Defensoria Pública na comarca."*

- **16. Súmula STJ, 601.** *"O Ministério Público tem legitimidade ativa para atuar na defesa de direitos difusos, coletivos e individuais homogêneos dos consumidores, ainda que decorrentes da prestação de serviço público."*

- **17. Enunciado 123 do FPPC.** *"É desnecessária a intervenção do Ministério Público, como fiscal da ordem jurídica, no incidente de desconsideração da personalidade jurídica, salvo nos casos em que deva intervir obrigatoriamente, previstos no art. 178".*

- **18. Enunciado 254 do FPPC.** *"É inválida a convenção para excluir a intervenção do Ministério Público como fiscal da ordem jurídica."*

- **19. Enunciado 112 da II Jornada-CJF.** *"A intervenção do Ministério Público como fiscal da ordem jurídica não inviabiliza a celebração de negócios processuais."*

- **20. Enunciado 177 da III Jornada-CJF.** *"No procedimento de alteração de regime de bens, a intimação do Ministério Público prevista no art. 734, §1º, do CPC somente se dará nos casos dos arts. 178 e 721 do CPC."*

- **21. Enunciado 116 da Jornada de Direito Civil-CJF.** *"O Ministério Público, por força do art. 1.815 do novo Código Civil, desde que presente o interesse público, tem legitimidade para promover ação visando à declaração da indignidade de herdeiro ou legatário."*

## 🗎 Comentários Temáticos

**22. Intervenção do Ministério Público.** O Ministério Público deve intervir, como fiscal da ordem jurídica, nos casos previstos no art. 178.

**23. Interesse público ou social.** O Ministério Público deve intervir nos processos em que houver interesse público ou social. A previsão contém um comando vago, sendo impreciso ou indeterminado o conceito de "interesse público ou social", a ser delimitado em cada caso concreto. A que interesse público ou social a disposição faz referência? Não é dos incapazes, pois a esse se refere o inciso II do art. 178. De igual modo, não é o relativo aos litígios coletivos pela posse de terra rural ou urbana, já que mencionado no inciso III do art. 178. Também não é necessariamente o da Fazenda Pública, já que seus procuradores já têm a incumbência de defendê-la. Aliás, a participação da Fazenda Pública não configura, por si só, hipótese de intervenção do Ministério Público (art. 178, parágrafo único). Seja como for, sempre que houver no processo interesses da coletividade, interesses transindividuais ou relativos a direitos indisponíveis, o Ministério Público deve intervir.

**24. Interesse público individual ou coletivo.** O interesse público pode ser individual ou coletivo. Para que o Ministério Público intervenha, o interesse individual deve ser indisponível.

**25. Definição do que seja interesse público ou social.** Cabe ao Ministério Público definir se há interesse público ou social para sua intervenção. Assim, se o juiz, por exemplo, determinar a intimação do Ministério Público para que intervenha no processo, este pode manifestar-se pela ausência de interesse público ou social e deixar de manifestar-se.

**26. Interesse pessoal e patrimonial: ausência de intervenção obrigatória do Ministério Público.** *"O processo em apreço não encerra hipótese de intervenção obrigatória do Ministério Público, pois a demanda, tal como delimitada pela petição inicial, não veicula matéria que possa repercutir no interesse público ou social, nem trata de litígio coletivo de posse de terra rural ou urbana. O direito invocado é de natureza pessoal e estritamente patrimonial, residindo a causa de pedir no fato de terem os autores pago pelo terreno e não o terem recebido, porque o imóvel foi alvo de negociação paralela entre os réus. 9. Não fazem parte do objeto da demanda as questões relativas ao parcelamento irregular do solo, à existência de irregularidades na lavratura da escritura pública ou a violações da legislação ambiental, questões estas que foram ventiladas exclusivamente por um dos corréus em sua contestação, sem a apresentação, todavia, de pedido reconvencional"* (STJ, 3ª Turma, REsp 1.714.925/CE, rel. Min. Nancy Andrighi, *DJe* 14.9.2018).

**27. Interesse de incapaz.** O Ministério Público deve intervir no processo que tenha um incapaz como autor, réu ou interveniente (assistente, denunciado ou chamado). A presença de qualquer incapaz, seja a incapacidade absoluta (CC, art. 3º), seja ela relativa (CC, art. 4º), exige a intervenção do Ministério Público. Nesse caso, o Ministério Público intervém para eliminar eventual desequilíbrio de forças e comprometimento do contraditório do incapaz. O Ministério Público não pode, todavia, agir contra a ordem jurídica e defender o incapaz em casos de postulações indevidas. Cabe ao Ministério Público atuar para fiscalizar a observância do ordenamento jurídico e combater violações que prejudiquem o incapaz. Não deve defender o incapaz em postulações indevidas ou antijurídicas. Também lhe cabe fiscalizar o cumprimento das normas fundamentais do processo e assegurar que garantias processuais sejam observadas.

**28. Intervenção do Ministério Público em caso de incapaz.** *"A intervenção do Ministério Público, nos processos que envolvam interesse de incapaz, se motiva e, ao mesmo tempo, se justifica na possibilidade de desequilíbrio da relação jurídica e no eventual comprometimento do contraditório em função da existência da parte vulnerável"* (STJ, 4ª Turma, REsp 1.694.984/MS, rel. Min. Luis Felipe Salomão, *DJe* 1º.02.2018). *"A intervenção do Ministério Público, nos processos que envolvam interesse de incapaz, se justifica na possibilidade de desequilíbrio da relação jurídica e no eventual comprometimento do contraditório em função da existência de parte vulnerável (CPC/1973, art. 82, I c/c o art. 246)"* (STJ, 3ª Turma, REsp 1.738.619/RS, rel. Min. Marco Aurélio Bellizze, *DJe* 31.8.2018).

**29. Interesse de incapaz.** *"Para que haja a necessária intervenção do Ministério Público, nos termos do art. 178, II, do CPC/2015, não basta que apenas interesses indiretos ou mediatos do incapaz sejam potencialmente atingidos, na medida em que deve o incapaz, além de ser parte ou interveniente do processo, ser também potencialmente interessado em razão de direito próprio, mas não em virtude de direito alegadamente existente de seus genitores"* (STJ, 3ª Turma, REsp 1.963.885/MG, rel. Min. Nancy Andrighi, *DJe* 5.5.2022).

**30. Ausência de intervenção do Ministério Público em caso de incapaz.** *"Esta Corte firmou o entendimento de que é necessária a demonstração de prejuízo para que seja acolhida a nulidade por falta de intimação do Ministério Público, em razão da existência de interesse de incapaz"* (STJ, 3ª Turma, REsp 1.679.588/DF, rel. Min. Moura Ribeiro, *DJe* 14.8.2017). *"(...) a ausência de in-*

# LIVRO III · DOS SUJEITOS DO PROCESSO — Art. 179

*tervenção do Ministério Público nos processos que envolvam interesse de incapaz não implica automaticamente a nulidade do julgado, sendo imprescindível a demonstração de prejuízo"* (STJ, 3ª Turma, AgInt no REsp 1.705.385/SP, rel. Min. Ricardo Villas Bôas Cueva, *DJe* 17.10.2019).

**31. Ausência injustificada do Ministério Público em audiência para homologação de acordo de alimentos.** *"A inércia do Ministério Público em atuar em audiência de conciliação quando devidamente intimado não impõe a nulidade de acordo celebrado entre as partes e homologado em juízo, especialmente na ausência de demonstração de prejuízo"* (STJ, 3ª Turma, REsp 1.831.660/MA, rel. Min. Ricardo Villas Bôas Cueva, *DJe* 13.12.2019).

**32. Interesse reflexo de menores.** *"A simples possibilidade de os menores virem a ser atingidos pelas consequências fáticas oriundas da ação de reintegração de posse não justifica a intervenção no Ministério Público no feito como custos legis. No caso, o interesse dos menores é meramente reflexo. Não são partes ou intervenientes no processo, tampouco compuseram qualquer relação negocial. Concretamente, não evidenciado o interesse público pela qualidade das partes, a atuação do Ministério Pública importaria na defesa de direito disponível, de pessoa maior, capaz e com advogado constituído, situação não albergada pela lei"* (STJ, 3ª Turma, REsp 1.243.425/RS, rel. Min. Ricardo Villas Bôas Cueva, *DJe* 3.9.2015).

**33. Litígios pela posse coletiva de terra rural ou urbana.** O Ministério Público deve intervir nos litígios pela posse coletiva de terra rural ou urbana. Não é qualquer disputa possessória que reclama a intervenção do Ministério Público. A intervenção do Ministério Público é obrigatória em conflitos possessórios que ultrapassam a esfera pessoal de direitos, assumindo contornos sociais, que atrai, na verdade, a presença de um interesse social ou coletivo. O Ministério Público deve participar das disputas possessórias de grandes proporções, que põem em risco a ordem, a tranquilidade, a segurança, sendo, nesses casos, fundamental a sua intervenção.

**34. Ministério Público como parte e desnecessidade de sua intervenção.** *"(...), nos termos do princípio da unidade, o Ministério Público é uno enquanto instituição, razão pela qual, uma vez figurando como parte do processo, é dispensada a sua presença como fiscal da lei"* (STJ, 4ª Turma, REsp 1.156.021/RS, rel. Min. Marco Buzzi, *DJe* 5.5.2014).

---

**Art. 179.** Nos casos de intervenção como fiscal da ordem jurídica, o Ministério Público:

I – terá vista dos autos depois das partes, sendo intimado de todos os atos do processo;

II – poderá produzir provas, requerer as medidas processuais pertinentes e recorrer.

---

▶ **1. Correspondência no CPC/1973.** *"Art. 83. Intervindo como fiscal da lei, o Ministério Público: I – terá vista dos autos depois das partes, sendo intimado de todos os atos do processo; II – poderá juntar documentos e certidões, produzir prova em audiência e requerer medidas ou diligências necessárias ao descobrimento da verdade."*

## ⚖ LEGISLAÇÃO CORRELATA

**2. Lei 4.717/1965, art. 6º, § 4º.** *"§ 4º O Ministério Público acompanhará a ação, cabendo-lhe apressar a produção da prova e promover a responsabilidade, civil ou criminal, dos que nela incidirem, sendo-lhe vedado, em qualquer hipótese, assumir a defesa do ato impugnado ou dos seus autores."*

## ⚖ JURISPRUDÊNCIA, ENUNCIADOS E SÚMULAS SELECIONADOS

- **3. Súmula STJ, 99.** *"O Ministério Público tem legitimidade para recorrer no processo em que oficiou como fiscal da lei, ainda que não haja recurso da parte."*
- **4. Enunciado 467 do FPPC.** *"O Ministério Público deve ser obrigatoriamente intimado no incidente de assunção de competência."*

## 🗐 COMENTÁRIOS TEMÁTICOS

**5. Intimações e vistas.** Quando intervém como fiscal da ordem jurídica, o Ministério Público deve ser intimado de todos os atos do processo, tendo vista depois das partes. O Ministério Público manifesta-se sempre depois das partes. Quando atua como fiscal da ordem jurídica, o Ministério Público manifesta-se depois das partes (art. 179, I). É sempre o último a falar. É por isso que, na audiência de instrução de julgamento, por exemplo, o juiz dá a palavra ao advogado do autor e ao do réu para, somente depois, dar ao membro do Ministério Público (art. 364).

**6. Intimação pessoal.** A intimação do Ministério Público é pessoal (art. 180), fazendo-se por carga, remessa ou meio eletrônico (art. 183, § 1º).

**7. Produção de provas e requerimento de medidas processuais.** O Ministério Público, para cumprir fielmente sua função de bem fiscalizar

# Art. 180

o cumprimento do ordenamento jurídico, pode produzir provas no processo, bem como requerer as medidas processuais adequadas ao caso. A possibilidade de o Ministério Público requerer a produção de provas decorre também de outros dispositivos contidos no CPC (arts. 91, § 1º, 362, § 2º, 455, § 4º, IV, 473, IV).

**8. Alegação de incompetência relativa.** A incompetência relativa pode ser alegada pelo Ministério Público nas causas em que atuar (art. 65, parágrafo único). Na ação popular, não pode Ministério Público alegar a incompetência relativa, pois lhe é vedada a defesa do réu (Lei 4.717/1965, art. 6º, § 4º).

**9. Incidente de desconsideração da personalidade jurídica.** O Ministério Público pode requerer a instauração de incidente de desconsideração da personalidade jurídica (art. 133).

**10. Representação contra juiz ou relator.** O Ministério Público pode representar ao corregedor do tribunal ou ao CNJ contra juiz ou relator que injustificadamente exceda os prazos previstos em lei, regulamento ou regimento interno (art. 235).

**11. Interposição de recurso.** O Ministério Público pode recorrer na qualidade de parte ou de fiscal da ordem jurídica. A legitimação recursal como fiscal da ordem jurídica é concorrente com a das partes, mas é primária, ou seja, independe do comportamento delas.

**12. Legitimidade recursal do Ministério Público em processo de recuperação judicial.** *"A interpretação conjunta da regra do art. 52, V, da LFRE – que determina a intimação do Ministério Público acerca da decisão que defere o processamento da recuperação judicial – e daquela constante no art. 179, II, do CPC/2015 – que autoriza, expressamente, a interposição de recurso pelo órgão ministerial quando a este incumbir intervir como fiscal da ordem jurídica – evidencia a legitimidade recursal do* Parquet *na hipótese concreta. 6. Ademais, verifica-se estar plenamente justificada a interposição do recurso pelo MP como decorrência de sua atuação como fiscal da ordem jurídica, pois é seu papel institucional zelar, em nome do interesse público (função social da empresa), para que não sejam constituídos créditos capazes de inviabilizar a consecução do plano de soerguimento"* (STJ, 3ª Turma, REsp 1.884.860/RJ, rel. Min. Nancy Andrighi, *DJe* 29.10.2020).

---

**Art. 180.** O Ministério Público gozará de prazo em dobro para manifestar-se nos autos, que terá início a partir de sua intimação pessoal, nos termos do art. 183, § 1º.

§ 1º Findo o prazo para manifestação do Ministério Público sem o oferecimento de parecer, o juiz requisitará os autos e dará andamento ao processo.

§ 2º Não se aplica o benefício da contagem em dobro quando a lei estabelecer, de forma expressa, prazo próprio para o Ministério Público.

▶ **1. Correspondência no CPC/1973.** *"Art. 188. Computar-se-á em quádruplo o prazo para contestar e em dobro para recorrer quando a parte for a Fazenda Pública ou o Ministério Público." "Art. 236. No Distrito Federal e nas Capitais dos Estados e dos Territórios, consideram-se feitas as intimações pela só publicação dos atos no órgão oficial. (...) § 2º A intimação do Ministério Público, em qualquer caso será feita pessoalmente."*

## 🏛 LEGISLAÇÃO CORRELATA

**2. LONMP, art. 41, IV.** *"Art. 41. Constituem prerrogativas dos membros do Ministério Público, no exercício de sua função, além de outras previstas na Lei Orgânica: (...) IV – receber intimação pessoal em qualquer processo e grau de jurisdição, através da entrega dos autos com vista."*

**3. ECA, art. 152, § 2º.** *"§ 2º Os prazos estabelecidos nesta Lei e aplicáveis aos seus procedimentos são contados em dias corridos, excluído o dia do começo e incluído o dia do vencimento, vedado o prazo em dobro para a Fazenda Pública e o Ministério Público."*

**4. ECA, art. 203.** *"Art. 203. A intimação do Ministério Público, em qualquer caso, será feita pessoalmente."*

**5. Estatuto da Pessoa Idosa, art. 76.** *"Art. 76. A intimação do Ministério Público, em qualquer caso, será feita pessoalmente."*

## ⚖ JURISPRUDÊNCIA, ENUNCIADOS E SÚMULAS SELECIONADOS

• **6. Tema/Repetitivo 959 STJ.** *"O termo inicial da contagem do prazo para impugnar decisão judicial é, para o Ministério Público, a data da entrega dos autos na repartição administrativa do órgão, sendo irrelevante que a intimação pessoal tenha se dado em audiência, em cartório ou por mandado."*

• **7. Súmula STJ, 116.** *"A Fazenda Pública e o Ministério Público têm prazo em dobro para interpor agravo regimental no Superior Tribunal de Justiça."*

• **8. Enunciado 399 do FPPC.** *"Os arts. 180 e 183 somente se aplicam aos prazos que se ini-*

**LIVRO III · DOS SUJEITOS DO PROCESSO** **Art. 181**

*ciarem na vigência do CPC de 2015, aplicando--se a regulamentação anterior aos prazos iniciados sob a vigência do CPC de 1973."*

## ▣ Comentários Temáticos

**9. Prerrogativas do Ministério Público.** O Ministério Público, quando atua como parte ou como fiscal da ordem jurídica, dispõe de prazos em dobro para suas manifestações, devendo ser intimado pessoalmente.

**10. Procedimentos do ECA.** Nos procedimentos regulados no ECA, tanto os das ações individuais como os das coletivas, o Ministério Público não goza de prazo em dobro, sendo lá os prazos, ademais, contados em dias corridos (ECA, art. 152, § 2º).

**11. Contagem em dias úteis.** Na contagem de prazos em dias, mesmo contados em dobro, computar-se-ão somente os úteis (art. 219).

**12. Prazos próprios.** O prazo em dobro não se aplica a prazos próprios para o Ministério Público, a exemplo do prazo de 10 dias para manifestação no mandado de segurança (Lei 12.016/2009, art. 12).

**13. Intimação pessoal.** A intimação do Ministério Público é pessoal, fazendo-se por carga, remessa ou meio eletrônico. O meio eletrônico é o preferencial (art. 270). A retirada dos autos ou da secretaria pelo Ministério Público implica intimação de qualquer decisão contida no processo, ainda que pendente de publicação (art. 272, § 6º).

**14. Publicação no Diário da Justiça.** A intimação pessoal não dispensa a publicação da decisão no Diário da Justiça eletrônico, que há de ser feita em atenção ao princípio da publicidade (CF, art. 93, IX; CPC, arts. 8º, 11, 189 e 205, § 3º). A publicação no órgão oficial é meio de intimação (art. 272) inaplicável ao Ministério Público. Os membros do Ministério Público são intimados pessoalmente, por carga, remessa ou meio eletrônico.

**15. Prazos preclusivos.** Os prazos para o Ministério Público, seja como parte, seja como fiscal da ordem jurídica, são preclusivos. Não havendo manifestação dentro do prazo, haverá preclusão e o processo deverá prosseguir.

**16. Intervenção obrigatória.** Quando obrigatória a intervenção do Ministério Público como fiscal da ordem jurídica, é suficiente sua intimação, não sendo necessária sua efetiva manifestação. Suas manifestações devem ser realizadas nos prazos legais, que são improrrogáveis. Intimado o Ministério Público, a exigência de sua intervenção obrigatória estará atendida. Se, a despeito de intimado, não se manifestar, não haverá nulidade. A exigência legal estará atendida com sua intimação, não sendo necessária sua efetiva manifestação.

> **Art. 181.** O membro do Ministério Público será civil e regressivamente responsável quando agir com dolo ou fraude no exercício de suas funções.

▶ **1. Correspondência no CPC/1973.** *"Art. 85. O órgão do Ministério Público será civilmente responsável quando, no exercício de suas funções, proceder com dolo ou fraude."*

## ▣ Comentários Temáticos

**2. Responsabilidade civil do membro do Ministério Público.** O membro do Ministério Público responde, em casos de dolo ou fraude, perante a própria Administração Pública, e não diretamente perante o particular, o administrado ou o jurisdicionado.

**3. Entendimento do STF.** Ao julgar o RE 327.904/SP, o STF entendeu que o art. 37, § 6º, da CF, garante ao particular a propositura de demanda em face da Administração Pública, com fundamento em responsabilidade objetiva, assegurando, por outro lado, a irresponsabilidade do servidor público diante do particular; o servidor, segundo entendimento firmado pelo STF em tal precedente, responde apenas perante o Poder Público em caso de culpa ou dolo, não devendo a demanda ser intentada contra o servidor, mas apenas em face da Fazenda Pública. Tal entendimento veio a ser reafirmado pelo STF no julgamento do RE 344.133/PE.

**4. Responsabilidade regressiva.** O art. 181 reproduz, no tocante aos membros do Ministério Público, o entendimento do STF sobre o art. 37, § 6º, da CF, de modo que o membro do Ministério Público somente pode ser demandado regressivamente pelo Poder Público, não devendo ser civilmente responsabilizado de forma direta. Se houver ação de responsabilidade civil diretamente contra o membro do Ministério Público, haverá ilegitimidade passiva *ad causam,* pois sua responsabilidade civil é apenas regressiva.

**5. Cabimento de denunciação da lide.** Proposta demanda de indenização em face da Administração Pública, esta poderá, em caso de dolo ou fraude, acionar regressivamente o membro do Ministério Público. A ação de regresso pode ser intentada autonomamente, ou mediante denunciação da lide (art. 125, II).

# TÍTULO VI
# DA ADVOCACIA PÚBLICA

**Art. 182.** Incumbe à Advocacia Pública, na forma da lei, defender e promover os interesses públicos da União, dos Estados, do Distrito Federal e dos Municípios, por meio da representação judicial, em todos os âmbitos federativos, das pessoas jurídicas de direito público que integram a administração direta e indireta.

▶ **1. Sem correspondência no CPC/1973.**

## 🖩 Legislação Correlata

**2. CF, art. 131.** *"Art. 131. A Advocacia-Geral da União é a instituição que, diretamente ou através de órgão vinculado, representa a União, judicial e extrajudicialmente, cabendo-lhe, nos termos da lei complementar que dispuser sobre sua organização e funcionamento, as atividades de consultoria e assessoramento jurídico do Poder Executivo. § 1º A Advocacia-Geral da União tem por chefe o Advogado-Geral da União, de livre nomeação pelo Presidente da República dentre cidadãos maiores de trinta e cinco anos, de notável saber jurídico e reputação ilibada. § 2º O ingresso nas classes iniciais das carreiras da instituição de que trata este artigo far-se-á mediante concurso público de provas e títulos. § 3º Na execução da dívida ativa de natureza tributária, a representação da União cabe à Procuradoria-Geral da Fazenda Nacional, observado o disposto em lei."*

**3. CF, art. 132.** *"Art. 132. Os Procuradores dos Estados e do Distrito Federal, organizados em carreira, na qual o ingresso dependerá de concurso público de provas e títulos, com a participação da Ordem dos Advogados do Brasil tem todas as suas fases, exercerão a representação judicial e a consultoria jurídica das respectivas unidades federadas. Parágrafo único. Aos procuradores referidos neste artigo é assegurada estabilidade após três anos de efetivo exercício, mediante avaliação de desempenho perante os órgãos próprios, após relatório circunstanciado das corregedorias."*

## 🗐 Comentários Temáticos

**4. A representação judicial da Fazenda Pública.** A Fazenda Pública, que compreende a União, os Estados, os Municípios, o Distrito Federal e suas autarquias e fundações, é representada em juízo pelos integrantes da Advocacia Pública. Os advogados ou procuradores públicos são titulares de cargos públicos privativos de advogados regularmente inscritos na OAB. Os advogados públicos são mais do que advogados da Fazenda Pública; são seus representantes judiciais. Constituem *órgão* da Fazenda Pública. O advogado público quando atua perante os órgãos do Poder Judiciário é a Fazenda Pública *presente* em juízo. A Fazenda Pública se faz *presente* em juízo por seus procuradores ou advogados públicos.

**5. As agências reguladoras e a Advocacia Pública.** As agências têm natureza autárquica. São autarquias especiais. Logo, estão abrangidas no conceito de Fazenda Pública, sendo representadas em juízo pela Advocacia Pública.

**6. As sociedades de economia mista e as empresas públicas.** Estão excluídas do conceito de Fazenda Pública, pois são pessoas jurídicas de direito privado, e não de direito público. Não são, por isso, representadas pela Advocacia Pública, mas por advogados privados.

**7. Instituição essencial à Justiça.** A Advocacia Pública é instituição essencial à Justiça, com a mesma dignidade e importância que o MP, a DP e a Advocacia.

**8. Advocacia Pública e capacidade postulatória.** Os advogados públicos devem estar inscritos na OAB, detendo, portanto, *capacidade postulatória*, com a possibilidade de postulação a qualquer órgão do Poder Judiciário, já que detêm os poderes gerais para o foro.

**9. Dispensa de procuração.** O Advogado Público representa a Fazenda Pública independentemente de procuração. Como a representação decorre da lei, é prescindível a juntada de procuração. O vínculo mantido entre a Fazenda Pública e o advogado público resulta da lei, e não de negócio jurídico. A representação é legal. Daí ser desnecessária a exibição de procuração.

**10. A União e sua representação judicial.** A União é representada em juízo pela Advocacia-Geral da União. Se a causa ostentar natureza tributária ou fiscal, ou se se tratar de execução fiscal, a União será representada pela Procuradoria da Fazenda Nacional.

**11. A Advocacia-Geral da União.** É a instituição que, diretamente ou mediante algum órgão vinculado, representa judicialmente a União. Cabem à AGU as atividades de consultoria e assessoramento jurídico ao Poder Executivo, nos termos da LC nº 73/1993. A AGU compreende (a) o Advogado-Geral da União, (b) a Procuradoria-Geral da União e a da Fazenda Nacional, (c) a Consultoria-Geral da União, (d) o Conselho Superior da Advocacia-Geral da União, (e) a Corregedoria-Geral da Advocacia da União,

**LIVRO III · DOS SUJEITOS DO PROCESSO** **Art. 182**

(f) as Procuradorias Regionais da União e as da Fazenda Nacional, e (g) as Procuradorias da União e as da Fazenda Nacional nos Estados e no Distrito Federal e as Procuradorias Seccionais destas. Subordina-se diretamente ao Advogado-Geral da União, além do seu gabinete e dos órgãos consultivos, a Procuradoria-Geral da União. A Procuradoria-Geral da Fazenda Nacional subordina-se, técnica e juridicamente, ao Advogado-Geral da União. Desse modo, são membros da Advocacia-Geral da União: o Advogado-Geral da União, o Procurador-Geral da União, o Procurador-Geral da Fazenda Nacional, os Procuradores Regionais, os Procuradores-Chefes, os Procuradores Seccionais, os Advogados da União, os Procuradores da Fazenda Nacional, os Assistentes Jurídicos e os demais membros previstos no § 5º do art. 2º da LC nº 73/1993.

**12. Advogado-Geral da União.** A ele compete representar a União perante o STF, cabendo-lhe, ainda, desistir, transigir, acordar e firmar compromisso nas ações de interesse da União, nos termos da Lei 9.469/1997. Essas incumbências de desistir e praticar demais atos de disposição de vontade podem ser delegadas pelo Advogado--Geral da União ao Procurador-Geral da União. Embora o Advogado-Geral tenha a atribuição específica de representar a União perante o STF, é-lhe facultado representá-la junto a qualquer juízo ou tribunal.

**13. Procuradoria-Geral da União.** Subordinada direta e imediatamente ao Advogado-Geral, tem a incumbência de representar judicialmente a União perante os tribunais superiores. O Advogado-Geral representa judicialmente a União junto ao STF, ficando essa representação conferida ao Procurador-Geral perante os demais tribunais superiores. Conquanto o Procurador--Geral represente judicialmente a União perante os Tribunais Superiores, a lei lhe franqueia tal representação perante os demais tribunais e, igualmente, perante a primeira instância da Justiça Federal.

**14. Procuradorias Regionais da União.** Nos tribunais – que não sejam superiores – a representação judicial da União é conferida às Procuradorias Regionais da União. Embora as Procuradorias Regionais atuem perante os demais tribunais que não sejam superiores, é-lhes facultado representar a União igualmente junto à primeira instância da Justiça Federal.

**15. Procuradorias da União.** Reserva-se às Procuradorias da União, organizadas em cada Estado e no Distrito Federal, a representação

judicial da União perante a primeira instância da Justiça Federal, comum e especializada.

**16. Procuradoria-Geral Federal.** Também vinculada à AGU, compete-lhe a representação judicial e extrajudicial das autarquias e fundações públicas federais. As autarquias e fundações federais dispõem de quadro próprio de procuradores federais. Só que o art. 11-A da Lei 9.028/1995, acrescido pela MP 2.180-35/2001, autorizou a AGU a assumir, por suas Procuradorias, temporária e excepcionalmente, a representação judicial de autarquias ou fundações públicas nas hipóteses de (a) ausência de procurador ou advogado e (b) impedimento dos integrantes do órgão jurídico. Tal representação judicial extraordinária poderá ocorrer por solicitação do dirigente da entidade ou por iniciativa do Advogado-Geral da União. A MP 2.180-35/2001 acrescentou um anexo V à referida Lei 9.028/1995, contendo a relação de várias autarquias e fundações federais, cuja representação judicial passou a ser feita, diretamente, pelos órgãos próprios da AGU, permanecendo os órgãos jurídicos daquelas entidades responsáveis pelas respectivas atividades de consultoria e assessoramento jurídicos. Pela Lei 10.480/2002, foi criada a PGF, à qual se assegurou autonomia administrativa e financeira, vinculada à AGU, incumbindo a esta última a sua supervisão. À PGF compete a representação judicial e extrajudicial das autarquias e fundações públicas federais, as respectivas atividades de consultoria e assessoramento jurídicos, a apuração da liquidez e certeza dos créditos, de qualquer natureza, inerentes às suas atividades, inscrevendo-se em dívida ativa, para fins de cobrança amigável ou judicial. Integram a PGF as Procuradorias, Departamentos Jurídicos, Consultorias Jurídicas ou Assessorias Jurídicas das autarquias e fundações federais, como órgãos de execução desta, mantidas as suas atuais competências. A representação judicial exercida pela AGU na forma dos arts. 11-A e 11-B da Lei 9.028/1995, acrescentados pela MP 2.180-35/2001, poderá ser gradualmente assumida pela PGF, conforme ato do Advogado-Geral da União. Logo, as autarquias e fundações federais devem, gradativamente, ser representadas pelos procuradores federais, que integram a PGF, vinculada à AGU.

**17. Procurador-Geral Federal.** Nomeado pelo Presidente da República, mediante indicação do Advogado-Geral da União, ao Procurador-Geral compete exercer a representação das autarquias e fundações federais junto ao STF e aos Tribunais Superiores, nada impedindo, contudo, que atue perante qualquer outro juízo

367

ou tribunal. O Procurador-Geral pode delegar essa representação junto ao STF e aos tribunais superiores aos Procuradores-Gerais ou Chefes de Procuradorias, Departamentos, Consultorias ou Assessorias Jurídicas de autarquias e fundações federais.

**18. Procuradoria do Banco Central do Brasil.** O Banco Central do Brasil, diante da legislação própria, mantém quadro próprio de procuradores autárquicos, não se confundindo nem pertencendo à categoria dos procuradores federais.

**19. Procuradoria-Geral da FUNAI.** A Procuradoria-Geral da FUNAI é responsável pelas atividades judiciais que, de interesse individual ou coletivo dos índios, não se confundam com a representação judicial da União. Na hipótese de coexistirem, em determinada demanda, interesses da União e de índios, a Procuradoria-Geral da FUNAI ingressará no feito juntamente com a Procuradoria da AGU.

**20. Representação das agências reguladoras.** As agências reguladoras ostentam natureza de *autarquias especiais,* aplicando-se-lhes, portanto, todas essas regras pertinentes às autarquias. São, portanto, representadas pelos procuradores federais.

**21. Procuradoria-Geral da Fazenda Nacional.** Na execução de sua dívida ativa de caráter tributário e nas demais causas de natureza fiscal, a União é representada pela PGFN. São consideradas causas de natureza fiscal as relativas a: (a) tributos de competência da União, inclusive infrações à legislação tributária; (b) empréstimos compulsórios; (c) apreensão de mercadorias, nacionais ou estrangeiras; (d) decisões de órgãos do contencioso administrativo fiscal; (e) benefícios e isenções fiscais; (f) créditos e estímulos fiscais à exportação; (g) responsabilidade tributária de transportadores e agentes marítimos; (h) incidentes processuais suscitados em ações de natureza fiscal. Cabe à PGFN executar as dívidas do FGTS, as multas por infração à CLT e questões relativas ao ITR. À PFN incumbe inscrever os créditos fiscais em dívida ativa, cabendo-lhe igualmente promover a execução de tais créditos. As decisões do TCU que condenem algum administrador público ou ordenador de despesa ao pagamento de multas ou ressarcimento de valores públicos constituem título executivo, a embasar execução proposta pela AGU, e não pela PFN. É que tal título executivo não é objeto de inscrição em dívida, nem se confunde com a certidão de dívida ativa, não viabilizando a propositura de execução fiscal.

**22. Estados e sua representação judicial.** Os Estados são representados judicialmente pelos procuradores dos Estados, organizados em carreira, na qual o ingresso depende de concurso público de provas e títulos, com a participação da OAB em todas as suas fases. Os procuradores do Estado integram a Procuradoria-Geral do Estado, órgão componente da Administração Pública direta estadual. Diferentemente do que sucede com a União, os Estados não têm sua representação dividida entre advogados e procuradores da Fazenda. A representação dos Estados é cometida aos procuradores de Estado, cabendo a divisão, por matérias ou tarefas, ao âmbito interno de organização administrativa das Procuradorias, sem que tal divisão repercuta na representação judicial do Estado.

**23. Distrito Federal e sua representação judicial.** O Distrito Federal é representado em juízo por sua Procuradoria-Geral, que é equiparada, para todos os efeitos, às Secretarias de Estado, tendo por finalidade exercer a advocacia pública, cabendo-lhe, ainda, prestar a orientação normativa e a supervisão técnica do sistema jurídico do Distrito Federal. A PRG/DF é uma instituição de natureza permanente, essencial à Justiça e à Administração, competindo-lhe a representação judicial e a consultoria jurídica do Distrito Federal, como atribuições privativas dos respectivos procuradores, na forma do art. 132 da CF.

**24. Municípios e sua representação judicial.** Os Municípios são representados em juízo por seu prefeito ou procurador (art. 75, III). Em princípio, a representação do Município em juízo é atribuída ao prefeito. Tal representação somente se fará por procurador se a lei local criar esse cargo, com função expressa de representação do ente político. Em alguns Municípios de pequeno porte, não há o cargo de procurador judicial, devendo, nessas hipóteses, a representação ser confiada ao prefeito, que poderá constituir advogado, outorgando-lhe poderes mediante procuração a ser exigida em juízo. Não é possível ao prefeito, ainda que seja advogado regularmente inscrito na OAB, promover, ele mesmo, a defesa dos interesses do Município. É que, segundo o art. 28, I, do Estatuto da OAB, a função de Chefe do Poder Executivo é *incompatível* com o exercício da advocacia, estando suprimida, enquanto durar o mandato eletivo, a capacidade postulatória. Logo, o prefeito pode receber citação, mas deverá constituir advogado para representar o Município, caso não haja cargo próprio de procurador judicial.

# LIVRO III · DOS SUJEITOS DO PROCESSO — Art. 183

**25. Autarquias, fundações públicas e sua representação judicial.** A representação judicial das autarquias e fundações públicas é feita, respectivamente, nos termos da lei que as criar e da lei que autorize sua criação. Desse modo, conforme estabelecido pelas normas criadoras, a representação pode ser confiada ao seu dirigente máximo ou a procuradores (chamados de procuradores autárquicos ou de procuradores de fundações, respectivamente), caso sejam criados tais cargos no âmbito interno das autarquias e fundações, com a função expressa de representá-las em juízo. Se, na lei criadora da autarquia ou fundação, não houver regra expressa nem se tiver criado, respectivamente, o cargo de procurador autárquico ou de procurador da fundação, deve-se entender que a representação foi atribuída ao dirigente máximo, a quem se deve dirigir a citação inicial para que constitua, por procuração, advogado para acompanhar a demanda. É frequente, contudo, que, no caso de autarquias ou fundações estaduais, seja atribuída sua representação aos procuradores do Estado, os quais, além de representar o Estado, detêm igualmente a representação das autarquias e fundações estaduais. A situação ocorre, igualmente, quanto aos Municípios e suas autarquias e fundações. No âmbito federal, as autarquias e fundações dispõem de quadro próprio de procuradores federais, cabendo, para mais detalhes, rever o que consta dos itens 10.6 a 10.10 *supra*.

**26. Os órgãos legislativos e sua representação judicial.** Há também advogados públicos ligados ao Poder Legislativo. Os Procuradores das Assembleias Legislativas e os Procuradores das Câmaras Municipais prestam consultoria e assessoria jurídica a tais órgãos parlamentares. Ademais, representam-nos em juízo. No desempenho da representação judicial do Poder Legislativo, cabe, por exemplo, às suas Procuradorias prestar informações em favor das respectivas Mesas Diretoras nos mandados de segurança que ataquem atos por elas praticados, além de elaborar as informações a serem prestadas na defesa da constitucionalidade de dispositivos da Constituição do Estado, de leis locais ou de resoluções, quando questionados em Ação Direta de Inconstitucionalidade perante o STF ou o Tribunal de Justiça do Estado.

---

**Art. 183.** A União, os Estados, o Distrito Federal, os Municípios e suas respectivas autarquias e fundações de direito público gozarão de prazo em dobro para todas as suas manifestações processuais, cuja contagem terá início a partir da intimação pessoal.

§ 1º A intimação pessoal far-se-á por carga, remessa ou meio eletrônico.

§ 2º Não se aplica o benefício da contagem em dobro quando a lei estabelecer, de forma expressa, prazo próprio para o ente público.

▶ **1. Correspondência no CPC/1973.** *"Art. 188. Computar-se-á em quádruplo o prazo para contestar e em dobro para recorrer quando a parte for a Fazenda Pública ou o Ministério Público."*

## 🔧 LEGISLAÇÃO CORRELATA

**2. Lei 6.001/1973, art. 61.** *"Art. 61. São extensivos aos interesses do Patrimônio Indígena os privilégios da Fazenda Pública, quanto à impenhorabilidade de bens, rendas e serviços, ações especiais, prazos processuais, juros e custas."*

**3. LEF, art. 17.** *"Art. 17. Recebidos os embargos, o Juiz mandará intimar a Fazenda, para impugná-los no prazo de 30 (trinta) dias, designando, em seguida, audiência de instrução e julgamento. Parágrafo único. Não se realizará audiência, se os embargos versarem sobre matéria de direito, ou, sendo de direito e de fato, a prova for exclusivamente documental, caso em que o Juiz proferirá a sentença no prazo de 30 (trinta) dias."*

**4. Lei 10.259/2001, art. 9º.** *"Art. 9º Não haverá prazo diferenciado para a prática de qualquer ato processual pelas pessoas jurídicas de direito público, inclusive a interposição de recursos, devendo a citação para audiência de conciliação ser efetuada com antecedência mínima de trinta dias."*

**5. Lei 10.910/2004, art. 17.** *"Art. 17. Nos processos em que atuem em razão das atribuições de seus cargos, os ocupantes dos cargos das carreiras de Procurador Federal e de Procurador do Banco Central do Brasil serão intimados e notificados pessoalmente."*

**6. Lei 12.016/2009, art. 7º.** *"Art. 7º Ao despachar a inicial, o juiz ordenará: I – que se notifique o coator do conteúdo da petição inicial, enviando-lhe a segunda via apresentada com as cópias dos documentos, a fim de que, no prazo de 10 (dez) dias, preste as informações; II – que se dê ciência do feito ao órgão de representação judicial da pessoa jurídica interessada, enviando-lhe cópia da inicial sem documentos, para que, querendo, ingresse no feito;"*

## ⚖ JURISPRUDÊNCIA, ENUNCIADOS E SÚMULAS SELECIONADOS

- **7. Tema/Repercussão Geral 549 STF.** *"A prerrogativa processual da Fazenda Pública*

*Federal de receber intimações pessoais, nos termos do art. 17 da Lei 10.910/2004, não tem aplicação no âmbito do procedimento dos Juizados Especiais Federais."*

- **8. Tema/Repetitivo 231 STJ.** *"Os Procuradores Federais e os Procuradores do Banco Central, consoante preconizado no art. 17 da Lei 10.910, de 15 de julho de 2004, têm como prerrogativa o recebimento da intimação pessoal."*
- **9. Súmula STJ, 116.** *"A Fazenda Pública e o Ministério Público têm prazo em dobro para interpor agravo regimental no Superior Tribunal de Justiça."*
- **10. Enunciado 399 do FPPC.** *"Os arts. 180 e 183 somente se aplicam aos prazos que se iniciarem na vigência do CPC de 2015, aplicando-se a regulamentação anterior aos prazos iniciados sob a vigência do CPC de 1973."*
- **11. Enunciado 400 do FPPC.** *"O art. 183 se aplica aos processos que tramitam em autos eletrônicos."*
- **12. Enunciado 401 do FPPC.** *"Para fins de contagem de prazo da Fazenda Pública nos processos que tramitam em autos eletrônicos, não se considera como intimação pessoal a publicação pelo Diário da Justiça Eletrônico."*
- **13. Enunciado 578 do FPPC.** *"Em razão da previsão especial do § 1º do art. 183, estabelecendo a intimação pessoal da Fazenda Pública por carga, remessa ou meio eletrônico, a ela não se aplica o disposto no § 1º do art. 269."*
- **14. Enunciado 7 do FNPP.** *"A prerrogativa de intimação pessoal da Fazenda Pública aplica-se a todos os casos em que ela participe do processo, como parte, interessada ou amicus curiae."*
- **15. Enunciado 8 do FNPP.** *"A intimação por meio eletrônico a que se refere o § 1º do art. 183 do CPC não se realiza por Diário da Justiça eletrônico, nem por e-mail."*
- **16. Enunciado 28 do FNPP.** *"Nos processos físicos, a intimação pessoal somente se realiza por carga ou remessa dos autos, sendo nula a intimação realizada por outros meios, inclusive por meio eletrônico."*
- **17. Enunciado 29 do FNPP.** *"Aplica-se a intimação pessoal nos processos que tramitam sob o procedimento dos juizados especiais, conforme o art. 183, § 1º, do CPC."*
- **18. Enunciado 53 do FNPP.** *"Os prazos comuns fixados pelo juiz devem ser contados em dobro para a fazenda pública."*
- **19. Enunciado 97 do FNPP.** *"É cabível a celebração de negócio jurídico processual pela Advocacia Pública que disponha sobre a contagem de prazos processuais."*
- **20. Enunciado 124 do FNPP.** *"Aplica-se o prazo em dobro para os recursos utilizados pela Fazenda Pública nas suspensões de liminares coletivas."*

## ▣ COMENTÁRIOS TEMÁTICOS

**21. Prazo em dobro.** O prazo, relativamente à Fazenda Pública, é contado em dobro para todas as manifestações. Assim, o prazo para contestar, para recorrer, para apresentar contrarrazões, para, enfim, falar nos autos é sempre em dobro.

**22. Procedimentos do ECA.** Nos procedimentos regulados no ECA, tanto os das ações individuais como os das coletivas, a Fazenda Pública não goza de prazo em dobro, sendo lá os prazos, ademais, contados em dias corridos (ECA, art. 152, § 2º).

**23. Contagem em dias úteis.** Na contagem de prazos em dias, mesmo contados em dobro, computar-se-ão somente os úteis (art. 219).

**24. Prazos próprios.** O prazo em dobro não se aplica a prazos próprios para o ente público, a exemplo do prazo de trinta dias para impugnar o cumprimento da sentença (art. 535), do prazo de quinze dias para informar o valor dos bens de raiz descritos nas primeiras declarações (art. 629) e do prazo de trinta dias para embargar a execução (art. 910).

**25. Intimação pessoal.** A intimação da União, dos Estados, do Distrito Federal, dos Municípios e de suas autarquias e fundações faz-se perante o órgão da Advocacia Pública responsável por sua representação (art. 269, § 3º). A intimação é pessoal, fazendo-se por carga, remessa ou meio eletrônico. O meio eletrônico é o preferencial (arts. 246, §§ 1º e 2º, 270 e 1.050. A retirada dos autos ou da secretaria pela Advocacia Pública implica intimação de qualquer decisão contida no processo, ainda que pendente de publicação (art. 272, § 6º).

**26. Publicação no Diário da Justiça.** A intimação pessoal não dispensa a publicação da decisão no Diário da Justiça eletrônico, que há de ser feita em atenção ao princípio da publicidade (CF, art. 93, IX; CPC, arts. 8º, 11, 189 e 205, § 3º). A publicação no órgão oficial é meio de intimação (art. 272) inaplicável à Advocacia Pública. Os advogados públicos são intimados pessoalmente, por carga, remessa ou meio eletrônico.

## LIVRO III · DOS SUJEITOS DO PROCESSO — Art. 185

**Art. 184.** O membro da Advocacia Pública será civil e regressivamente responsável quando agir com dolo ou fraude no exercício de suas funções.

▶ **1. Sem correspondência no CPC/1973.**

### ⚖ LEGISLAÇÃO CORRELATA

**2. CF, art. 37, § 6º.** *"Art. 37. (...) § 6º As pessoas jurídicas de direito público e as de direito privado prestadoras de serviços públicos responderão pelos danos que seus agentes, nessa qualidade, causarem a terceiros, assegurado o direito de regresso contra o responsável nos casos de dolo ou culpa."*

### ⚖ JURISPRUDÊNCIA, ENUNCIADOS E SÚMULAS SELECIONADOS

- **3. Tema/Repercussão Geral 940 STF.** *"A teor do disposto no art. 37, § 6º, da Constituição Federal, a ação por danos causados por agente público deve ser ajuizada contra o Estado ou a pessoa jurídica de direito privado prestadora de serviço público, sendo parte ilegítima para a ação o autor do ato, assegurado o direito de regresso contra o responsável nos casos de dolo ou culpa."*

### 🖺 COMENTÁRIOS TEMÁTICOS

**4. Responsabilidade civil do advogado público.** O advogado público responde, em casos de dolo ou culpa, perante a própria Administração Pública, e não diretamente perante o particular, o administrado ou o jurisdicionado.

**5. Entendimento do STF.** Ao julgar o RE 327.904/SP, o STF entendeu que o art. 37, § 6º, da CF, garante ao particular a propositura de demanda em face da Fazenda Pública, com fundamento em responsabilidade objetiva, assegurando, por outro lado, a irresponsabilidade do servidor público diante do particular; o servidor, segundo entendimento firmado pelo STF em tal precedente, responde apenas perante o Poder Público em caso de culpa ou dolo, não devendo a demanda ser intentada contra o servidor, mas apenas em face da Fazenda Pública. Tal entendimento veio a ser reafirmado pelo STF no julgamento do RE 344.133/PE.

**6. Responsabilidade regressiva.** O art. 184 reproduz, no tocante aos advogados públicos, o entendimento do STF sobre o art. 37, § 6º, da CF, de modo que o membro da Fazenda Pública somente pode ser demandado regressivamente pelo Poder Público, não devendo ser civilmente

responsabilizado de forma direta. Se houver ação de responsabilidade civil diretamente contra ao membro da Fazenda Pública, haverá ilegitimidade passiva *ad causam*, pois sua responsabilidade civil é apenas regressiva.

**7. Cabimento de denunciação da lide.** Proposta demanda de indenização em face da Fazenda Pública, esta poderá, em caso de culpa ou dolo, acionar regressivamente o advogado público. A ação de regresso pode ser intentada autonomamente, ou mediante denunciação da lide (art. 125, II).

# TÍTULO VII
# DA DEFENSORIA PÚBLICA

**Art. 185.** A Defensoria Pública exercerá a orientação jurídica, a promoção dos direitos humanos e a defesa dos direitos individuais e coletivos dos necessitados, em todos os graus, de forma integral e gratuita.

▶ **1. Sem correspondência no CPC/1973.**

### ⚖ LEGISLAÇÃO CORRELATA

**2. CF, art. 134.** *"Art. 134. A Defensoria Pública é instituição essencial à função jurisdicional do Estado, incumbindo-lhe a orientação jurídica e a defesa, em todos os graus, dos necessitados, na forma do art. 5º, LXXIV. § 1º Lei Complementar organizará a Defensoria Pública da União e do Distrito Federal e dos Territórios e prescreverá normas gerais para sua organização nos Estados, em cargos de carreira, providos, na classe inicial, mediante concurso público de provas e títulos, assegurada a seus integrantes a garantia da inamovibilidade e vedado o exercício da advocacia fora das atribuições institucionais. § 2º Às Defensorias Públicas Estaduais são asseguradas autonomia funcional e administrativa e a iniciativa de sua proposta orçamentária dentro dos limites estabelecidos na lei de diretrizes orçamentárias e subordinação ao disposto no art. 99, § 2º. § 3º Aplica-se o disposto no § 2º às Defensorias Públicas da União e do Distrito Federal."*

**3. LC 80/1994, art. 1º.** *"Art. 1º A Defensoria Pública é instituição permanente, essencial à função jurisdicional do Estado, incumbindo-lhe, como expressão e instrumento do regime democrático, fundamentalmente, a orientação jurídica, a promoção dos direitos humanos e a defesa, em todos os graus, judicial e extrajudicial, dos direitos individuais e coletivos, de forma integral* *e gratuita, aos necessitados, assim considerados na forma do inciso LXXIV do art. 5º da Constituição Federal."*

## ⚖ Jurisprudência, Enunciados e Súmulas Selecionados

- **4. Tema/Repercussão Geral 607 STF.** *"A Defensoria Pública tem legitimidade para a propositura de ação civil pública que vise a promover a tutela judicial de direitos difusos ou coletivos de que sejam titulares, em tese, pessoas necessitadas."*

- **5. Tema/Repercussão Geral 1.074 STF.** *"É inconstitucional a exigência de inscrição do Defensor Público nos quadros da Ordem dos Advogados do Brasil."*

- **6. Tema/Repetitivo 128 STJ.** *"Os honorários advocatícios não são devidos à Defensoria Pública quando ela atua contra a pessoa jurídica de direito público à qual pertença."*

- **7. Tema/Repetitivo 129 STJ.** *"Reconhece-se à Defensoria Pública o direito ao recebimento dos honorários advocatícios se a atuação se dá em face de ente federativo diverso do qual é parte integrante."*

## 🖥 Comentários Temáticos

**8. Justiça gratuita, assistência judiciária e assistência jurídica: conceitos.** (a) *justiça gratuita*, ou *benefício da gratuidade*, ou ainda *gratuidade judiciaria*, consiste na dispensa da parte do adiantamento de todas as despesas, judiciais ou não, diretamente vinculadas ao processo; (b) *assistência judiciária* é o patrocínio gratuito da causa por advogado público (ex.: defensor público) ou particular (entidades conveniadas ou não com o Poder Público, por exemplo, os núcleos de prática jurídica das faculdades de direito); (c) *assistência jurídica* compreende, não só a prestação de serviços jurídicos judiciais, mas também os extrajudiciais (por exemplo, a distribuição, por órgão do Estado, de cartilha contendo os direitos básicos do consumidor).

**9. Institutos distintos.** A justiça gratuita, a assistência judiciária e a assistência jurídica são institutos distintos, de modo que o deferimento de um deles não condiciona, nem está condicionado, ao deferimento do outro. Por exemplo: o fato de a parte não estar assistida por defensor público não a impede de pleitear e ter deferido o benefício da gratuidade. Por isso, a representação por advogado particular não pode ser tomada como prova da capacidade financeira da parte,

a impedir a concessão do mencionado benefício. Basta pensar na possibilidade de o advogado ter sido contratado para receber remuneração apenas em caso de êxito na demanda, ou mesmo de estar atuando na causa por caridade.

**10. Prestação de serviços pela Defensoria Pública.** Presta tanto a *assistência judiciária* como a *assistência jurídica*.

**11. Instituição essencial à Justiça.** A Defensoria Pública é instituição essencial à Justiça, com a mesma dignidade e importância que o Ministério Público, a Advocacia Pública e a Advocacia.

**12. Abrangência.** A Defensoria Pública abrange (a) a Defensoria Pública da União, (b) a Defensoria Pública do Distrito Federal e dos Territórios e (c) as Defensorias Públicas dos Estados. Seus princípios institucionais são a unidade, a indivisibilidade e a independência funcional.

**13. A Defensoria Pública da União e do Distrito Federal.** A Defensoria Pública abrange, dentre outras, a Defensoria Pública da União, que compreende (a) a Defensoria Pública-Geral da União, (b) a Subdefensoria Pública-Geral da União, (c) o Conselho Superior da Defensoria Pública da União, (d) a Corregedoria-Geral da Defensoria Pública da União, (e) as Defensorias Públicas da União nos Estados, no Distrito Federal e nos Territórios, (f) os Núcleos da Defensoria Pública da União e (g) os Defensores Públicos da União nos Estados, no Distrito Federal e nos Territórios.

**14. Atuação da Defensoria Pública da União.** A DPU atua nos Estados e no Distrito Federal junto às Justiças Federal, do Trabalho, Eleitoral, Militar, bem como aos Tribunais Superiores e instâncias administrativas da União. Se, por exemplo, alguém demanda na Justiça do Trabalho, mas não dispõe de condições de contratar advogado particular, poderá ser representado por um DPU. Tome-se, ainda, como exemplo um inquérito administrativo instaurado contra um servidor federal. Caso este não reúna condições para contratar um advogado particular, poderá contar com o apoio técnico da DPU, que irá apresentar sua defesa e acompanhar os atos instrutórios, podendo, ainda, interpor recursos em seu favor.

**15. Convênios.** À Defensoria Pública da União se confere o poder de firmar convênios com as Defensorias dos Estados e do Distrito Federal, para que estas, em seu nome, atuem junto aos órgãos de primeiro e segundo graus de jurisdição, no desempenho de suas funções. Trata-se de uma delegação de competência, que reforça a unidade e indivisibilidade da DP.

**LIVRO III · DOS SUJEITOS DO PROCESSO** — **Art. 185**

**16. Atuação perante o STF e os Tribunais Superiores.** É a Defensoria Pública da União que atua nos Tribunais Superiores.

**17. Funções típicas.** A Defensoria Pública tem a *função típica* de prestar assistência jurídica aos necessitados, representando-os em processos judiciais e administrativos.

**18. Funções atípicas.** A Defensoria Pública tem a *função atípica* de promover, extrajudicialmente, a conciliação entre as partes em conflito de interesses. E a transação que for por ela referendada constitui título executivo extrajudicial (art. 784, IV), inclusive quando celebrada com pessoa jurídica de direito público (LC 80/1994, art. 4º, § 4º), podendo lastrear uma ação de execução. A Defensoria Pública tem, igualmente, a *função atípica* de atuar como *curador especial,* nos casos previstos em lei (art. 72, parágrafo único). Neste último caso, a Defensoria Pública atuará *independentemente* da condição de necessitado do assistido. Outra hipótese de função *atípica* é a atribuição de legitimidade ao Defensor Público-Geral da União para pedir a edição, a revisão ou o cancelamento de enunciado de súmula vinculante (Lei 11.417/2006, art. 3º, VI).

**19. Capacidade postulatória.** *"A capacidade postulatória do Defensor Público decorre exclusivamente de sua nomeação e posse no cargo público"* (LC 80/1994, art. 4º, § 6º).

**20. Curador especial na homologação de sentença estrangeira.** Num procedimento de homologação de sentença estrangeira, que tramite no STJ, havendo necessidade de curador especial, tal função será exercida pela Defensoria Pública da União, por lhe competir atuar nos Tribunais Superiores.

**21. Dispensa de procuração.** O Defensor Público representa a parte independentemente de procuração, salvo nos casos em que se exigem poderes especiais (LC 80/1994, arts. 44, XI, 89, XI e 128, XI; CPC, art. 287, II).

**22. A inconstitucionalidade progressiva da legitimidade ativa do Ministério Público nas ações civis *ex delicto*; gradativa assunção da legitimidade pela Defensoria Pública.** Praticado um crime, a vítima tem direito a uma indenização, podendo propor a correlata ação civil em face do autor do ilícito, conhecida como ação civil *ex delicto.* Nos termos do art. 68 do CPP, quando o titular do direito à reparação do dano for pobre, a ação civil será promovida, a seu requerimento, pelo Ministério Público. Eis uma modalidade de assistência judiciária exercida pelo Ministério Público. A Constituição veda ao Ministério Público o exercício da advocacia (CF, art. 128, § 5º, II, *b*). Por sua vez, atribui à Defensoria Pública a função de prestar assistência jurídica e judiciária aos necessitados (CF, art. 134). Só que, em muitos Estados e, até mesmo no âmbito da União, a Defensoria Pública ainda não tem uma organização adequada. Há lugares onde ainda não existe Defensoria Pública efetivamente instalada. Nessas hipóteses, o Ministério Público ainda mantém legitimidade. Onde, diversamente, já há instalação e devida organização da Defensoria Pública, não há mais legitimidade do Ministério Público para o ajuizamento das ações civis *ex delicto.* É o que o STF chama de *inconstitucionalidade progressiva:* à medida que forem sendo instaladas e organizadas as Defensorias Públicas, o Ministério Público vai perdendo sua legitimidade. Enquanto não instalada e organizada a Defensoria Pública, o Ministério Público mantém a legitimidade ativa para a ação civil *ex delicto.*

**23. O exercício das funções de defensor público mesmo contra pessoas jurídicas de direito público.** O Defensor Público, nos termos do § 2º do art. 4º da LC 80/1994, exerce suas funções inclusive contra as pessoas jurídicas de direito público. Ao representar alguém desprovido de recursos, o Defensor Público pode intentar qualquer demanda judicial, ainda que o réu seja uma pessoa jurídica de direito público. A circunstância de o defensor ser um servidor público não o impede de exercer suas funções em demanda intentada em face de entes públicos ou, até mesmo, da pessoa jurídica da qual faz parte. Um Defensor Público da União pode representar alguém numa demanda proposta em face da União, da mesma forma que um Defensor Público do Estado pode representar alguém em demanda intentada em face do respectivo Estado. Nesses casos, não há limitação na atividade do Defensor Público. Apenas, porque ocorre confusão (CC, art. 381), não é possível, quando a parte vencedora estiver representada pela Defensoria Pública estadual, haver a condenação do Estado ao pagamento da verba advocatícia. De igual modo, estando a parte vencedora representada pela Defensoria Pública da União, não é possível haver a condenação da União ao pagamento da verba advocatícia. Sendo a Defensoria Pública um órgão da respectiva pessoa jurídica de direito público, esta não deve ser condenada a pagar a si mesma, sendo impossível impor-lhe o pagamento das verbas de sucumbência.

**24. Legitimidade para a propositura de ações coletivas.** A Defensoria Pública pode propor ação civil pública (Lei 7.347/1985, art. 5º, II). Para que seja legitimada adequada para o processo coletivo, é preciso que haja *pertinência temática*, ou seja, a demanda coletiva deve corresponder ao interesse de uma coletividade composta por pessoas necessitadas. Não deve, entretanto, a coletividade ser composta exclusivamente por pessoas necessitadas. Na defesa de um direito difuso, não há como fazer essa limitação.

**25. Litisconsórcio facultativo na ação coletiva.** É possível o litisconsórcio facultativo entre Defensorias Públicas diversas, por serem todas colegitimadas à ação coletiva.

**26. Termo de ajustamento de conduta.** A Defensoria Pública pode celebrar Termo de Ajustamento de Conduta (Lei 7.347/1985, art. 5º, § 6º).

**27. Inquérito civil.** A Defensoria Pública não tem legitimidade para a instauração do *inquérito civil público*, por ser procedimento investigatório exclusivo do Ministério Público.

**28. Representação processual da Defensoria Pública para defesa de interesses institucionais.** *"A Defensoria Pública tem a garantia de estar em juízo para defesa de suas prerrogativas e funções institucionais, não se mostrando necessário, nessa hipótese, que sua representação judicial fique a cargo da Advocacia-Geral da União"* (STF, Pleno, SL 866 AgR, rel. Min. Dias Toffoli, *DJe* 2.10.2019).

> **Art. 186.** A Defensoria Pública gozará de prazo em dobro para todas as suas manifestações processuais.
>
> § 1º O prazo tem início com a intimação pessoal do defensor público, nos termos do art. 183, § 1º.
>
> § 2º A requerimento da Defensoria Pública, o juiz determinará a intimação pessoal da parte patrocinada quando o ato processual depender de providência ou informação que somente por ela possa ser realizada ou prestada.
>
> § 3º O disposto no *caput* aplica-se aos escritórios de prática jurídica das faculdades de Direito reconhecidas na forma da lei e às entidades que prestam assistência jurídica gratuita em razão de convênios firmados com a Defensoria Pública.
>
> § 4º Não se aplica o benefício da contagem em dobro quando a lei estabelecer, de forma expressa, prazo próprio para a Defensoria Pública.

▶ **1. Sem correspondência no CPC/1973.**

## 🏛 LEGISLAÇÃO CORRELATA

**2.** LC 80/1994, art. 44, I. *"Art. 44. São prerrogativas dos membros da Defensoria Pública da União: I – receber, inclusive quando necessário, mediante entrega dos autos com vista, intimação*

*pessoal em qualquer processo e grau de jurisdição ou instância administrativa, contando-se-lhes em dobro todos os prazos."*

**3.** LC 80/1994, art. 89, I. *"Art. 89. São prerrogativas dos membros da Defensoria Pública do Distrito Federal e dos Territórios: I – receber, inclusive quando necessário, mediante entrega dos autos com vista, intimação pessoal em qualquer processo e grau de jurisdição ou instância administrativa, contando-se-lhes em dobro todos os prazos."*

**4.** LC 80/1994, art. 128, I. *"Art. 128. São prerrogativas dos membros da Defensoria Pública do Estado, dentre outras que a lei local estabelecer: I – receber, inclusive quando necessário, mediante entrega dos autos com vista, intimação pessoal em qualquer processo e grau de jurisdição ou instância administrativa, contando-se-lhes em dobro todos os prazos."*

**5.** ECA, art. 152, § 2º. *"§ 2º Os prazos estabelecidos nesta Lei e aplicáveis aos seus procedimentos são contados em dias corridos, excluído o dia do começo e incluído o dia do vencimento, vedado o prazo em dobro para a Fazenda Pública e o Ministério Público."*

**6.** Lei 1.060/1950, art. 5º, § 5º. *"§ 5º Nos Estados onde a Assistência Judiciária seja organizada e por eles mantida, o Defensor Público, ou quem exerça cargo equivalente, será intimado pessoalmente de todos os atos do processo, em ambas as Instâncias, contando-se-lhes em dobro todos os prazos."*

**7.** Res. 62/2009 do CNJ, art. 1º. *"Art. 1º Os tribunais, diretamente ou mediante convênio de cooperação celebrado com a Defensoria Pública da União, dos Estados ou do Distrito Federal, implementarão meios de cadastramento, preferencialmente informatizados, de advogados voluntários interessados na prestação de assistência jurídica sem contraprestação pecuniária do assistido ou do Estado, a qualquer título. § 1º No ato de cadastramento, o advogado fornecerá os seguintes dados obrigatórios, em Formulário próprio, assinado por este e declarando-se ciente das condições em que será prestada a assistência jurídica: I – a regular inscrição junto a Ordem dos Advogados do Brasil OAB; II – a ausência de penalidade disciplinar imposta pela OAB, impeditiva do exercício da profissão; III – a indicação do endereço profissional, endereço eletrônico e telefone, bem como o número do respectivo CPF. § 2º O pedido de exclusão ou de suspensão do cadastro, formulado pelo advogado voluntário, não a desonera de seus deveres perante os assistidos que já lhe tenham sido encaminhados, devendo prosseguir atuando* *nos feitos correspondentes, na mesma condição de advogado voluntário, até que eventual renúncia produza efeitos, na forma da lei."*

**8. Res. 62/2009 do CNJ, art. 2º.** *"Art. 2º É vedado ao advogado voluntário apresentar-se, em qualquer circunstância, sob o título de defensor público, ou utilizar expressões assemelhadas, inclusive em petições, que possam induzir a conclusão de se tratar de ocupante de cargo público ou ainda de integrante de entidade Pública oficial."*

**9. Res. 62/2009 do CNJ, art. 6º.** *"Art. 6º Os tribunais poderão firmar, na forma da lei, convênios ou termos de cooperação com instituições de ensino para viabilizar a prestação de assistência jurídica voluntária, em espaços para atendimento ao público destinado e estruturado pelo Poder Judiciário ou pelas próprias instituições. § 1º Na hipótese prevista no caput, a assistência jurídica voluntária poderá ser prestada por estagiários, sob a supervisão de advogados orientadores contratados pela instituição de ensino. § 2º Os estagiários e os orientadores a que se refere o parágrafo anterior somente serão admitidos ao serviço voluntário de assistência jurídica, na forma desta Resolução, se comprovar a inscrição e situação regulares na Ordem dos Advogados do Brasil. § 3º Os acadêmicos ainda não inscritos na Ordem dos Advogados do Brasil poderão prestar auxílio operacional aos estagiários e orientadores. § 4º Os convênios preverão a obrigatoriedade do cadastramento prévia dos orientadores, nos termos do artigo 1º. § 5º Aplica-se aos orientadores de estágio o disposto nos artigos 2º, 3º e 4º. § 5º Aplica-se aos orientadores de estágio o disposto nos artigos 2º, 3º e 4º."*

## ⚖ Jurisprudência, Enunciados e Súmulas Selecionados

- **10. Tema/Repercussão Geral 1002.** *"1. É devido o pagamento de honorários sucumbenciais à Defensoria Pública, quando representa parte vencedora em demanda ajuizada contra qualquer ente público, inclusive aquele que integra; 2. O valor recebido a título de honorários sucumbenciais deve ser destinado, exclusivamente, ao aparelhamento das Defensorias Públicas, vedado o seu rateio entre os membros da instituição."*
- **11. Súmula STJ, 644.** *"O núcleo de prática jurídica deve apresentar o instrumento de mandato quando constituído pelo réu hipossuficiente, salvo nas hipóteses em que é nomeado pelo juízo."*

- **12. Enunciado 626 do FPPC.** *"O requerimento previsto no § 2º do art. 186, formulado pela Defensoria Pública ou pelas entidades mencionadas no § 3º do art. 186, constitui justa causa para os fins do § 2º do art. 223, quanto ao prazo em curso."*
- **13. Enunciado 15 da I Jornada-CJF.** *"Aplicam-se às entidades referidas no § 3º do art. 186 do CPC as regras sobre intimação pessoal das partes e suas testemunhas (art.186, § 2º; art. 455, § 4º, IV; art. 513, § 2º, II e art. 876, § 1º, II)."*
- **14. Enunciado 90 da I Jornada-CJF.** *"Conta-se em dobro o prazo do art. 525 do CPC nos casos em que o devedor é assistido pela Defensoria Pública."*

## ▣ Comentários Temáticos

**15. Prazo em dobro.** O prazo, relativamente à Defensoria Pública, é contado em dobro para todas as manifestações. Assim, o prazo para contestar, para recorrer, para apresentar contrarrazões, para, enfim, falar nos autos é sempre em dobro. O prazo é contado em dobro até mesmo para o ajuizamento de embargos à execução.

**16. Prazo para embargos à execução fiscal.** *"A disciplina da contagem em dobro do prazo aos defensores públicos aplica-se aos embargos à execução fiscal, uma vez que as normas que conferem essa prerrogativa – Lei 1.060/1950 e Lei Complementar 80/1994 – não fazem qualquer ressalva a respeito"* (STJ, 2ª Turma, REsp 1.100.811/PR, rel. Min. Castro Meira, *DJe* 27.05.2009).

**17. Prazo em dobro para cumprimento da decisão.** *"Conforme a jurisprudência do STJ, a prerrogativa da contagem em dobro dos prazos visa a compensar as peculiares condições enfrentadas pelos profissionais que atuam nos serviços de assistência judiciária do Estado, que 'enfrentam deficiências de material, pessoal e grande volume de processos' (REsp 1.106.213/SP, Rel. Min. Nancy Andrighi, Terceira Turma. julgado em 25.10.2011) 4. Em caso análogo, no qual se discutia o cumprimento, pela parte, de decisão judicial sobre purgação da mora, esta Corte superior decidiu ser cabível a contagem em dobro dos prazos para parte assistida pela Defensoria Pública. (REsp 249.788/RJ, Rel. Ministro Fernando Gonçalves, Sexta Turma, julgado em 22.08.2000, DJ 11.09.2000) 5. Na hipótese de parte beneficiária da assistência judiciária integral e gratuita, a prerrogativa da contagem em dobro dos prazos, prevista no art. 5º, § 5º, da Lei 1.060/1950, aplica-se tam-*

bém ao lapso temporal previsto no art. 475-J do CPC/1973, correspondente ao art. 523 caput e § 1º do CPC/2015, sendo, portanto, tempestivo o cumprimento de sentença, ainda que parcial, quando realizado em menos de 30 (trinta) dias" (STJ, 4.ª Turma, REsp 1.261.856/DF, rel. Min. Marco Buzzi, *DJe* 29.11.2016).

**18. Procedimentos do ECA.** Nos procedimentos regulados no ECA, os prazos são contados em dias corridos, não havendo benefício da dobra para o Ministério Público nem para a Fazenda Pública (ECA, art. 152, § 2º). O ECA contém regra de exceção quanto ao Ministério Público e à Fazenda Pública. Tal regra de exceção não abrange a Defensoria Pública, mantendo-se, então, a regra geral de prazo em dobro (CPC, art. 186; LC 80/1994, arts. 44, I, 89, I, e 128, I). Assim, nos procedimentos do ECA, os prazos para a Defensoria Pública são contados em dobro e computam-se em dias corridos. O prazo para recorrer, normalmente de 10 dias (ECA, art. 198, II), é, para a Defensoria Pública, de 20 dias, contados de forma corrida.

**19. Prazo em dobro nos procedimentos do ECA.** *"Com o advento da Lei n. 13.509/2017, que introduziu o § 2º ao art. 152 do ECA, passou-se a vedar a contagem do prazo em dobro, nos procedimentos regidos por aquele estatuto, à Fazenda Pública e ao Ministério Público, havendo um silêncio eloquente do legislador, no que concerne à Defensoria Pública, em relação à qual se mantém a regra do art. 186, caput, do CPC/2015, de benefício do prazo em dobro, por aplicação subsidiária desse diploma processual, conforme previsão do art. 152, caput, do ECA. 2. Ademais, o art. 198, II, do ECA não atribui prazo próprio à Defensoria Pública para a interposição de recursos nos procedimentos disciplinados naquele normativo, não se aplicando o disposto no art. 186, § 4º, do CPC/2015, que afasta o benefício legal do prazo em dobro, quando a lei estabelecer expressamente prazo próprio à respectiva instituição. 3. Portanto, nos procedimentos vinculados à Justiça da Infância e da Juventude regidos pelo ECA, os prazos para manifestação da Defensoria Pública contar-se-ão em dobro e em dias corridos, nos termos dos arts. 152, caput e § 2º, do ECA e do art. 186, caput, do CPC/2015, de modo que o prazo recursal de 10 (dez) dias previsto no art. 198, II, do ECA será, na verdade, de 20 (vinte) dias corridos para a Defensoria Pública."* (STJ, 3ª Turma, REsp 2.042.708/DF, rel. Min. Marco Aurélio Bellizze, *DJe* 28.8.2023).

**20. Prazo em dobro no processo penal.** *"O prazo para interposição de agravo regimental em processo penal é de 5 dias, contado em dobro para a Defensoria Pública, mesmo após a entrada em vigor da Lei 13.105/2015"* (STJ, 5ª Turma, AgRg AREsp 2.096.738/MG, rel. Min. João Otávio de Noronha, *DJe* 08.08.2022).

**21. Escritórios de prática jurídica de faculdades.** *"(…), a partir da entrada em vigor do art. 186, § 3º, do CPC/2015, a prerrogativa de prazo em dobro para as manifestações processuais também se aplica aos escritórios de prática jurídica de instituições privadas de ensino superior"* (STJ, Corte Especial, REsp 1.986.064/RS, rel. Min. Nancy Andrighi, *DJe* 8.6.2022).

**22. Intimação pessoal.** A intimação da Defensoria Pública é pessoal, fazendo-se por carga, remessa ou meio eletrônico. O meio eletrônico é o preferencial (arts. 246, §§ 1º e 2º, 270 e 1.050). A retirada dos autos ou da secretaria pela Defensoria Pública implica intimação de qualquer decisão contida no processo, ainda que pendente de publicação (art. 272, § 6º).

**23. Publicação no Diário da Justiça.** A intimação pessoal não dispensa a publicação da decisão no Diário da Justiça eletrônico, que há de ser feita em atenção ao princípio da publicidade (CF, art. 93, IX; CPC, arts. 8º, 11, 189 e 205, § 3º). A publicação no órgão oficial é meio de intimação (art. 272) inaplicável à Defensoria Pública. Os defensores públicos são intimados pessoalmente, por carga, remessa ou meio eletrônico.

**24. Intimação pessoal para o defensor dativo.** *"A interpretação literal das regras contidas do art. 186, caput, § 2º e § 3º, do CPC/2015, autorizaria a conclusão de apenas a prerrogativa de cômputo em dobro dos prazos prevista no caput seria extensível ao defensor dativo, mas não a prerrogativa de requerer a intimação pessoal da parte assistida quando o ato processual depender de providência ou informação o que somente por ela possa ser realizada ou prestada. 3. Esse conjunto de regras, todavia, deve ser interpretado de modo sistemático e à luz de sua finalidade, a fim de se averiguar se há razão jurídica plausível para que se trate a Defensoria Pública e o defensor dativo de maneira anti-isonômica. 4. Dado que o defensor dativo atua em locais em que não há Defensoria Pública instalada, cumprindo o quase altruísta papel de garantir efetivo e amplo acesso à justiça aqueles mais necessitados, é correto afirmar que as mesmas dificuldades de comunicação e de obtenção de informações, dados e documentos, experimentadas pela Defensoria Pública e que justificaram a criação do art. 186, § 2º, do*

# LIVRO III · DOS SUJEITOS DO PROCESSO — Art. 187

*CPC/2015, são igualmente frequentes em relação ao defensor dativo. 5. É igualmente razoável concluir que a altíssima demanda recebida pela Defensoria Pública, que pressiona a instituição a tratar de muito mais causas do que efetivamente teria capacidade de receber, também se verifica quanto ao defensor dativo, especialmente porque se trata de profissional remunerado de maneira módica e que, em virtude disso, naturalmente precisa assumir uma quantidade significativa de causas para que obtenha uma remuneração digna e compatível. 6. A interpretação literal e restritiva da regra em exame, a fim de excluir do seu âmbito de incidência o defensor dativo, prejudicará justamente o assistido necessitado que a regra pretendeu tutelar, ceifando a possibilidade de, pessoalmente intimado, cumprir determinações e fornecer subsídios, em homenagem ao acesso à justiça, ao contraditório e à ampla defesa, razão pela qual deve ser admitida a extensão da prerrogativa conferida à Defensoria Pública no art. 186, § 2º, do CPC/2015, também ao defensor dativo nomeado em virtude de convênio celebrado entre a OAB e a Defensoria"* (STJ, 3ª Turma, RMS 64.894/SP, rel. Min. Nancy Andrighi, *DJe* 9.8.2021).

**25. Dispensa de preparo no recurso interposto pela Defensoria Pública como curadora especial.** *"Tendo em vista os princípios do contraditório e da ampla defesa, o recurso interposto pela Defensoria Pública, na qualidade de curadora especial, está dispensado do pagamento de preparo"* (STJ, Corte Especial, EAREsp 978.895/SP, rel. Min. Maria Thereza de Assis Moura, *DJe* 4.2.2019).

---

**Art. 187.** O membro da Defensoria Pública será civil e regressivamente responsável quando agir com dolo ou fraude no exercício de suas funções.

▶ **1. Sem correspondência no CPC/1973.**

## 🗐 LEGISLAÇÃO CORRELATA

**2. CF, art. 37, § 6º.** *"§ 6º. As pessoas jurídicas de direito público e as de direito privado prestadoras de serviços públicos responderão pelos danos que seus agentes, nessa qualidade, causarem a terceiros, assegurado o direito de regresso contra o responsável nos casos de dolo ou culpa".*

## ⚖ JURISPRUDÊNCIA, ENUNCIADOS E SÚMULAS SELECIONADOS

• **3. Tema/Repercussão Geral 940 STF.** *"A teor do disposto no art. 37, § 6º, da Constituição Federal, a ação por danos causados por agente público deve ser ajuizada contra o Estado ou a pessoa jurídica de direito privado prestadora de serviço público, sendo parte ilegítima para a ação o autor do ato, assegurado o direito de regresso contra o responsável nos casos de dolo ou culpa."*

## 🗐 COMENTÁRIOS TEMÁTICOS

**4. Entendimento do STF sobre o art. 37, § 6º, CF.** Ao julgar o RE 327.904/SP, o STF entendeu que o art. 37, § 6º, da CF, garante ao particular a propositura de demanda em face da Fazenda Pública, com fundamento em responsabilidade objetiva, assegurando, por outro lado, a irresponsabilidade do servidor público diante do particular; o servidor, segundo entendimento firmado pelo STF em tal precedente, responde apenas perante o Poder Público em caso de culpa ou dolo, não devendo a demanda ser intentada contra o servidor, mas apenas em face da Fazenda Pública. Tal entendimento veio a ser reafirmado pelo STF no julgamento do RE 344.133/PE.

**5. Responsabilidade regressiva.** O dispositivo ora comentado reproduz, no tocante aos Defensores Públicos, o entendimento do STF sobre o art. 37, § 6º, da CF, de modo que o membro da DP somente pode ser demandado regressivamente pelo Poder Público, não devendo ser civilmente responsabilizado de forma direta. Se houver ação de responsabilidade civil diretamente contra ao membro da DP, haverá ilegitimidade passiva *ad causam,* pois sua responsabilidade civil é apenas regressiva. Ele responde, em casos de dolo ou culpa, perante a própria Administração Pública, e não diretamente perante o particular, o administrado ou o jurisdicionado.

**6. Cabimento de denunciação da lide.** Proposta demanda de indenização em face da Fazenda Pública, esta poderá, em caso de culpa ou dolo, acionar regressivamente o membro da Defensoria Pública. A ação de regresso pode ser intentada autonomamente, ou mediante denunciação da lide (art. 125, II).

LIVRO IV
# DOS ATOS PROCESSUAIS

# TÍTULO I
# DA FORMA, DO TEMPO E DO LUGAR DOS ATOS PROCESSUAIS

## CAPÍTULO I
## DA FORMA DOS ATOS PROCESSUAIS

### Seção I
### Dos Atos em Geral

**Art. 188.** Os atos e os termos processuais independem de forma determinada, salvo quando a lei expressamente a exigir, considerando-se válidos os que, realizados de outro modo, lhe preencham a finalidade essencial.

▶ **1. Correspondência no CPC/1973.** *"Art. 154. Os atos e termos processuais não dependem de forma determinada senão quando a lei expressamente a exigir, reputando-se válidos os que, realizados de outro modo, lhe preencham a finalidade essencial."*

## ⚖ JURISPRUDÊNCIA, ENUNCIADOS E SÚMULAS SELECIONADOS

• **2. Enunciado 686 do FPPC.** *"Aplicam-se os arts. 64 § 4º, 188 e 277 à hipótese de ato de cooperação que interfira na competência de qualquer dos juízos cooperantes."*

## ▣ COMENTÁRIOS TEMÁTICOS

**3. Forma dos atos processuais.** Os atos e termos processuais não dependem de forma determinada senão quando a lei expressamente a exigir. Não há, enfim, fórmulas rígidas, sacramentais a serem seguidas. Existem, entretanto, exigências formais a serem seguidas, que conferem segurança e previsibilidade para a atuação das partes. Os principais atos do processo sujeitam-se a formas previstas em lei. A petição inicial, a citação, a contestação, a sentença são atos que devem atender a uma formalidade, preenchendo requisitos exigidos legalmente. A legalidade e a exigência de observância à forma prevista em lei são aspectos do devido processo legal. Não há, entretanto, um modelo de formalismo rígido ou de reserva legal rigorosa. O formalismo é atenuado.

**4. Instrumentalidade das formas.** Dos textos dos arts. 188 e 277 constrói-se o princípio da ins-

trumentalidade das formas, permitindo que se aproveitem atos processuais defeituosos quando atingirem seus objetivos. Se o ato for praticado sem observância das formas, mas atingir sua finalidade, não há razão para invalidá-lo; deve ser aproveitado. A finalidade do ato processual é atingida quando a parte a quem aproveita o reconhecimento do defeito ou o juiz tem condições de exercer o poder que a lei lhes reserva no trato do procedimento sucessivo ao ato viciado. Se, por exemplo, o réu apresenta contestação (pôde praticar tal ato), atingiu-se a finalidade da citação, não devendo ser reconhecida sua invalidade, ainda que realizada ao arrepio dos requisitos legais. O princípio da instrumentalidade das formas acarreta a construção de regras que exigem maior esforço argumentativo do juiz para proclamar invalidades. A invalidade de atos processuais deve ser decretada por decisão com uma fundamentação mais acentuada.

**5. Adequação formal ou adaptação procedimental.** Os atos processuais seguem uma forma mínima. O princípio da legalidade processual impõe observância ao procedimento estabelecido em lei. Se, porém, o procedimento for inadequado a conferir a *máxima efetividade* ao direito material, cumpre ao juiz adaptá-lo às peculiaridades do caso concreto. Eis aí o que se chama de princípio da adequação formal ou da adaptação procedimental. Tal princípio deve ser aplicado em consonância com o da eficiência (art. 8º), cabendo ao juiz empregar o mínimo de atividade para atingir o máximo de resultado possível, afastando a prática de atos processuais inúteis.

**6. Vício de forma e contraditório.** Os vícios de forma podem acarretar a proclamação de invalidades. É preciso, porém, que se respeite o contraditório, dando-se oportunidade às partes para se manifestarem sobre os eventuais vícios existentes nos atos processuais, momento em que poderão saná-los, evitando-se a proclamação da invalidade. Ainda que se trate de vício cognoscível de ofício, a proclamação da invalidade não deve ser feita sem a prévia manifestação das partes. Não se permite a prolação de decisão-surpresa (art. 10).

**7. Princípio da primazia do exame do mérito, princípio da cooperação e dever de prevenção.** O juiz deve, sempre que possível, superar os vícios, estimulando, viabilizando e permitindo sua correção ou sanação, a fim de que possa efetivamente examinar o mérito e resolver o conflito posto pelas partes. O princípio da primazia do exame do mérito (art. 4º) abrange a instrumentalidade das formas, esti-

# LIVRO IV · DOS ATOS PROCESSUAIS

## Art. 189

mulando a correção ou sanação de vícios, bem como o aproveitamento dos atos processuais, com a colaboração mútua das partes e do juiz para que se viabilize a apreciação do mérito. A decisão de mérito a ser proferida no processo deve ser fruto de uma comunidade de trabalho entre o juiz e as partes (art. 6º). O juiz deve prevenir as partes de eventuais vícios, defeitos, incorreções para que sejam sanados, a fim de possibilitar o exame do mérito e a solução da disputa posta ao seu crivo.

**8. Invalidade, inércia argumentativa e ônus argumentativo.** A invalidade deve ser considerada como medida excepcional no processo. Não é necessário que o juiz, toda vez que pratique um ato ou verifique um ato processual praticado, afirme sua validade ou a justifique. Na prática dos atos processuais ou na sua análise, prevalece a *inércia argumentativa*. Não é preciso que o juiz sempre afirme a validade do ato. Basta praticá-lo ou dar sequência ao procedimento; há, enfim, uma *inércia argumentativa*. Se, entretanto, for necessário proclamar a invalidade, o juiz deverá, então, demonstrar, justificar e fundamentar a invalidade. Há, enfim, um forte ônus argumentativo para que se proclame a invalidade de um ato processual.

---

**Art. 189.** Os atos processuais são públicos, todavia tramitam em segredo de justiça os processos:

I – em que o exija o interesse público ou social;

II – que versem sobre casamento, separação de corpos, divórcio, separação, união estável, filiação, alimentos e guarda de crianças e adolescentes;

III – em que constem dados protegidos pelo direito constitucional à intimidade;

IV – que versem sobre arbitragem, inclusive sobre cumprimento de carta arbitral, desde que a confidencialidade estipulada na arbitragem seja comprovada perante o juízo.

§ 1º O direito de consultar os autos de processo que tramite em segredo de justiça e de pedir certidões de seus atos é restrito às partes e aos seus procuradores.

§ 2º O terceiro que demonstrar interesse jurídico pode requerer ao juiz certidão do dispositivo da sentença, bem como de inventário e de partilha resultantes de divórcio ou separação.

---

▶ **1. Correspondência no CPC/1973.** *"Art. 155. Os atos processuais são públicos. Correm, todavia, em segredo de justiça os processos: I – em que o exigir o interesse público; II – que dizem respeito a casamento, filiação, separação dos cônjuges, conversão desta em divórcio, alimentos e guarda de* menores. *Parágrafo único. O direito de consultar os autos e de pedir certidões de seus atos é restrito às partes e a seus procuradores. O terceiro, que demonstrar interesse jurídico, pode requerer ao juiz certidão do dispositivo da sentença, bem como se inventário e partilha resultante do desquite."*

## 📑 LEGISLAÇÃO CORRELATA

**2. CF, art. 5º, LX.** *"LX – A lei só poderá restringir a publicidade dos atos processuais quando a defesa da intimidade ou o interesse social o exigirem."*

**3. CC, art. 1.705.** *"Art. 1.705. Para obter alimentos, o filho havido fora do casamento pode acionar o genitor, sendo facultado ao juiz determinar, a pedido de qualquer das partes, que a ação se processe em segredo de justiça."*

**4. CPC, arts. 8º, 11, 26, III, 189 e 194.** Há uma prodigalidade normativa na previsão da publicidade no processo. Além do art. 93, IX, da CF/1988, também exigem sua observância os arts. 8º, 11, 26, III, 189 e 194, todos do CPC.

**5. EOAB, art. 7º, XIII.** *"Art. 7º São direitos do advogado: (...) XIII – examinar, em qualquer órgão dos Poderes Judiciário e Legislativo, ou da Administração Pública em geral, autos de processos findos ou em andamento, mesmo sem procuração, quando não estiverem sujeitos a sigilo ou segredo de justiça, assegurada a obtenção de cópias, com possibilidade de tomar apontamentos."*

**6. Lei 9.279/1996, art. 206.** *"Art. 206. Na hipótese de serem reveladas, em juízo, para a defesa dos interesses de qualquer das partes, informações que se caracterizem como confidenciais, sejam segredo de indústria ou de comércio, deverá o juiz determinar que o processo prossiga em segredo de justiça, vedado o uso de tais informações também à outra parte para outras finalidades."*

**7. Lei 9.307/1996, art. 2º, § 3º.** *"§ 3º A arbitragem que envolva a administração pública será sempre de direito e respeitará o princípio da publicidade."*

**8. Lei 11.419/2006, art. 11, § 6º.** *"§ 6º Os documentos digitalizados juntados em processo eletrônico estarão disponíveis para acesso por meio da rede externa pelas respectivas partes processuais, pelos advogados, independentemente de procuração nos autos, pelos membros do Ministério Público e pelos magistrados, sem prejuízo da possibilidade de visualização nas secretarias dos órgãos julgadores, à exceção daqueles que tramitarem em segredo de justiça."*

**9. Lei 13.146/2015, art. 80.** "Art. 80. Devem ser oferecidos todos os recursos de tecnologia assistiva disponíveis para que a pessoa com deficiência tenha garantido o acesso à justiça, sempre que figure em um dos polos da ação ou atue como testemunha, partícipe da lide posta em juízo, advogado, defensor público, magistrado ou membro do Ministério Público. Parágrafo único. A pessoa com deficiência tem garantido o acesso ao conteúdo de todos os atos processuais de seu interesse, inclusive no exercício da advocacia."

**10. Lei 14.289/2022, art. 2º, VI.** "Art. 2º É vedada a divulgação, pelos agentes públicos ou privados, de informações que permitam a identificação da condição de pessoa que vive com infecção pelos vírus da imunodeficiência humana (HIV) e das hepatites crônicas (HBV e HCV) e de pessoa com hanseníase e com tuberculose, nos seguintes âmbitos: (...) VI – processos judiciais; (...) Parágrafo único. O sigilo profissional sobre a condição de pessoa que vive com infecção pelos vírus da imunodeficiência humana (HIV) e das hepatites crônicas (HBV e HCV) e de pessoa com hanseníase e com tuberculose somente poderá ser quebrado nos casos determinados por lei, por justa causa ou por autorização expressa da pessoa acometida ou, quando se tratar de criança, de seu responsável legal, mediante assinatura de termo de consentimento informado, observado o disposto no art. 11 da Lei nº 13.709, de 14 de agosto de 2018 (Lei Geral de Proteção de Dados Pessoais – LGPD)."

**11. Lei 14.289/2022, art. 5º.** "Art. 5º Nos inquéritos ou nos processos judiciais que tenham como parte pessoa que vive com infecção pelos vírus da imunodeficiência humana (HIV) e das hepatites crônicas (HBV e HCV) e pessoa com hanseníase e com tuberculose, devem ser providos os meios necessários para garantir o sigilo da informação sobre essa condição. § 1º Qualquer divulgação a respeito de fato objeto de investigação ou de julgamento não poderá fornecer informações que permitam a identificação de pessoa que vive com infecção pelos vírus da imunodeficiência humana (HIV) e das hepatites crônicas (HBV e HCV) e de pessoa com hanseníase e com tuberculose. § 2º Em julgamento que envolver pessoa que vive com infecção pelos vírus da imunodeficiência humana (HIV) e das hepatites crônicas (HBV e HCV) e pessoa com hanseníase e com tuberculose no qual não seja possível manter o sigilo sobre essa condição, o acesso às sessões somente será permitido às partes diretamente interessadas e aos respectivos advogados."

**12. Lei 14.289/2022, art. 6º.** "Art. 6º O descumprimento das disposições desta Lei sujeita o agente público ou privado infrator às sanções previstas no art. 52 da Lei nº 13.709, de 14 de agosto de 2018, bem como às demais sanções administrativas cabíveis, e obriga-o a indenizar a vítima por danos materiais e morais, nos termos do art. 927 da Lei nº 10.406, de 10 de janeiro de 2002 (Código Civil). Parágrafo único. Nas situações em que for divulgada informação sobre a condição de pessoa que vive com infecção pelos vírus da imunodeficiência humana (HIV) e das hepatites crônicas (HBV e HCV) e de pessoa com hanseníase e com tuberculose por agentes que, por força de sua profissão ou do cargo que ocupam, estão obrigados à preservação do sigilo, e essa divulgação ficar caracterizada como intencional e com o intuito de causar dano ou ofensa, aplicar-se-ão em dobro: I – as penas pecuniárias ou de suspensão de atividades previstas no art. 52 da Lei nº 13.709, de 14 de agosto de 2018; II – as indenizações pelos danos morais causados à vítima."

**13. Res. 121/2010 do CNJ.** Dispõe sobre a divulgação de dados processuais eletrônicos na rede mundial de computadores, expedição de certidões judiciais e dá outras providências.

**14. Res. 421/2021 CNJ, art. 4º.** "Art. 4º Desde que a confidencialidade do procedimento arbitral seja comprovada, os pedidos de cooperação judiciária entre juízos arbitrais e órgãos do Poder Judiciário deverão observar o segredo de justiça, na forma prevista no artigo 189, IV, do Código de Processo Civil, e no artigo 22-C, parágrafo único, da Lei de Arbitragem."

**15. Res. 591/2024 CNJ, art. 3º.** "Art. 3º Os julgamentos eletrônicos serão públicos, com acesso direto, em tempo real e disponíveis a qualquer pessoa, por meio do sítio eletrônico próprio designado pelo Tribunal. Parágrafo único. As sessões virtuais jurisdicionais serão realizadas em periodicidade a ser definida e previamente divulgada pelo órgão colegiado competente."

## ⚖ Jurisprudência, Enunciados e Súmulas Selecionados

- **16. Súmula Vinculante STF, 14.** "É direito do defensor, no interesse do representado, ter acesso amplo aos elementos de prova que, já documentados em procedimento investigatório realizado por órgão com competência de polícia judiciária, digam respeito ao exercício do direito de defesa."

- **17. Tema/Repetitivo 590 do STJ.** "As informações sigilosas das partes devem ser juntadas aos autos do processo que correrá em segredo de justiça, não sendo admitido o arquivamento em apartado."

**LIVRO IV · DOS ATOS PROCESSUAIS** · **Art. 189**

- **18. Enunciado 13 do FPPC.** *"O disposto no inciso IV do art. 189 abrange todo e qualquer ato judicial relacionado à arbitragem, desde que a confidencialidade seja comprovada perante o Poder Judiciário, ressalvada em qualquer caso a divulgação das decisões, preservada a identidade das partes e os fatos da causa que as identifiquem."*
- **19. Enunciado 15 do FPPC.** *"As arbitragens que envolvem a Administração Pública respeitarão o princípio da publicidade, observadas as exceções legais (vide art. 2º, § 3º, da Lei n. 9.307/1996, com a redação da Lei n. 13.129/2015)."*
- **20. Enunciado 128 do FONAJE.** *"Além dos casos de segredo de justiça e sigilo judicial, os documentos digitalizados em processo eletrônico somente serão disponibilizados aos sujeitos processuais, vedado o acesso a consulta pública fora da secretaria do juizado."*
- **21. Enunciado 4 da I Jornada de Prevenção e Solução Extrajudicial de Litígios-CJF.** *"Na arbitragem, cabe à Administração Pública promover a publicidade prevista no art. 2º, § 3º, da Lei n. 9.307/1996, observado o disposto na Lei n. 12.527/2011, podendo ser mitigada nos casos de sigilo previstos em lei, a juízo do árbitro."*

### 🗐 COMENTÁRIOS TEMÁTICOS

**22. Princípio da publicidade.** O dispositivo reforça o princípio da publicidade e lhe confere densidade normativa. A publicidade dos atos processuais é uma exigência constitucional, pois se insere na cláusula do devido processo legal.

**23. Dimensões da publicidade.** A publicidade processual tem duas dimensões: (a) *interna*: publicidade para as partes contra juízos arbitrários e secretos (nesse sentido, é conteúdo do devido processo legal, como instrumento a favor da imparcialidade e independência do órgão jurisdicional); (b) *externa*: publicidade para os terceiros (nesse sentido, permite o controle da opinião pública sobre os serviços da justiça).

**24. Segredo de justiça.** A publicidade *interna* não pode ser restringida. Já a *externa* pode. É possível a restrição (e não a eliminação) da publicidade *externa*. Os casos de segredo de justiça são, portanto, casos de restrição da publicidade *externa* dos atos processuais. Essa restrição concretiza o direito fundamental à intimidade e à privacidade. Há, ainda, casos em que o interesse público ou social está a exigir a restrição à publicidade *externa*.

**25. Processos que versem sobre casamento, separação de corpos, divórcio, união estável, filiação, alimentos e guarda de crianças e adolescentes.** A hipótese prevista no inciso II do art. 189 é *objetiva*: nos processos que versem sobre casamento, separação de corpos, divórcio, união estável, filiação, alimentos e guarda de crianças e adolescentes, haverá segredo de justiça, ou seja, haverá automática restrição à publicidade externa dos atos processuais, devendo da autuação constar a referência ao segredo de justiça.

**26. Interesse público ou social e proteção à intimidade.** As hipóteses enunciadas nos incisos I e III do art. 189 contemplam *termos indeterminados*, devendo, sempre que o exigir o interesse público ou social, ou nos casos de que constarem dados protegidos pelo direito constitucional à intimidade, ser determinada a tramitação sob segredo de justiça. Assim, por exemplo, apresentadas movimentações financeiras ou bancárias de uma das partes no processo, o juiz deve, em proteção ao sigilo bancário, determinar o segredo de justiça, a fim de que terceiros ou pessoas estranhas ao processo não tenham acesso a esses dados, protegidos constitucionalmente. De igual modo, numa demanda indenizatória em que se precise exibir fotos íntimas da parte ou alguma deformidade física sua que a exponha, o segredo de justiça deve ser decretado, a fim de preservar sua intimidade, evitando exposição pública desnecessária ou ofensiva. Contrariamente à hipótese do inciso II, em que o segredo de justiça é automático, decorrendo da natureza da demanda proposta, nos casos dos seus incisos I e III, o segredo de justiça deve ser determinado por decisão judicial. Estabelecido o segredo de justiça, tal restrição será anotada na autuação do processo.

**27. Defesa da intimidade.** *"O pedido de concessão de segredo de justiça deve ser autorizado quando houver necessidade de defesa da intimidade"* (STJ, 3ª Turma, AgInt no AgInt no AREsp 2.182.753/SP, rel. Min. Ricardo Villas Bôas Cueva, *DJe* 10.5.2023**).

**28. Fundamentação.** O juiz, nos casos dos incisos I e III, emprega conceitos indeterminados, determina seus significados, fazendo incidir o consequente normativo previsto no texto legal: haverá segredo de justiça. A decisão deve estar fundamentada. Na fundamentação da decisão, o juiz *especificará de que modo concretizou esses critérios, que são conceitos jurídicos indeterminados*, no estabelecimento do segredo de justiça, *sob pena de nulidade, por vício na motivação* (art. 489, § 1º, II). Não é suficiente apenas dizer: "considerado o interesse público ou social ou considerados aos dados protegidos pelo direito

383

constitucional à intimidade, determino o segredo de justiça neste processo". É necessário explicar, concretamente, a presença de tais critérios legais para a determinação do segredo de justiça.

**29. Publicidade no processo arbitral.** É comum que o processo arbitral seja sigiloso. Não é, porém, inerente ao processo arbitral a confidencialidade, mas tem sido comum que as partes assim estabeleçam. O sigilo do processo arbitral, que se restringe à publicidade *externa*, concretiza o direito fundamental à preservação da intimidade. Se tiver havido estipulação pelas partes de confidencialidade na arbitragem, haverá segredo de justiça no processo judicial que verse sobre ela, inclusive em cartas arbitrais.

**30. Arbitragem com o Poder Público.** A arbitragem que envolva o Poder Público não pode ser sigilosa, nem confidencial (Lei 9.307/1996, art. 2º, § 3º). No processo judicial que verse sobre arbitragem que envolva o Poder Público, não deve haver segredo de justiça.

**31. Sujeitos autorizados a participar em casos de segredo de justiça.** O dispositivo confere às partes e a seus procuradores o direito de consultar os autos de processo que tramite em segredo de justiça; garante-se a irrestrita publicidade *interna*. Além das partes e de seus procuradores, também estão autorizados a participar de processo em segredo de justiça os defensores públicos e os membros do Ministério Público (art. 11, parágrafo único).

**32. Acesso aos autos em processo que tramita em segredo de justiça.** *"De acordo com o art. 189, §§ 1º e 2º, do CPC, sem a demonstração de interesse jurídico na causa, é vedada ao terceiro a consulta aos autos que tramitam em segredo de justiça, cabendo-lhe apenas o direito de requerer certidão"* (STJ, 2ª Turma, AgInt no REsp 1708238/SP, rel. Min. Herman Benjamin, DJe 09.09.2020).

**33. Terceiro e interesse jurídico em obter certidão.** O terceiro que demonstrar interesse jurídico pode requerer ao juiz certidão do dispositivo da sentença, bem como de inventário e partilha resultante de divórcio ou separação, abrandando-se, assim, a restrição à publicidade *externa* que decorre do segredo de justiça.

**34. Princípio da publicidade e motivação das decisões judiciais.** O princípio da publicidade está relacionado com a regra da motivação das decisões. A publicidade permite que se tenha acesso ao conteúdo das decisões, garantindo a participação no seu controle. O processo pode acarretar a emissão de um precedente que se aplique a casos atuais e futuros. Todos os sujeitos que tenham situações jurídicas semelhantes têm interesse de conhecer o conteúdo da decisão cujo fundamento possa aplicar-se a seu caso. Por isso, os tribunais têm o dever de conferir publicidade a seus precedentes (art. 927, § 5º). A motivação das decisões – que podem tornar-se precedentes para casos atuais e futuros – precisam ser divulgadas, tornadas públicas, acessíveis a todos. Daí a relação entre publicidade e fundamentação.

---

**Art. 190.** Versando o processo sobre direitos que admitam autocomposição, é lícito às partes plenamente capazes estipular mudanças no procedimento para ajustá-lo às especificidades da causa e convencionar sobre os seus ônus, poderes, faculdades e deveres processuais, antes ou durante o processo.

Parágrafo único. De ofício ou a requerimento, o juiz controlará a validade das convenções previstas neste artigo, recusando-lhes aplicação somente nos casos de nulidade ou de inserção abusiva em contrato de adesão ou em que alguma parte se encontre em manifesta situação de vulnerabilidade.

▶ **1. Sem correspondência no CPC/1973.**

## 🏛 LEGISLAÇÃO CORRELATA

**2. LINDB, art. 26.** *"Art. 26. Para eliminar irregularidade, incerteza jurídica ou situação contenciosa na aplicação do direito público, inclusive no caso de expedição de licença, a autoridade administrativa poderá, após oitiva do órgão jurídico e, quando for o caso, após realização de consulta pública, e presentes razões de relevante interesse geral, celebrar compromisso com os interessados, observada a legislação aplicável, o qual só produzirá efeitos a partir de sua publicação oficial. § 1º O compromisso referido no caput deste artigo: I – buscará solução jurídica proporcional, equânime, eficiente e compatível com os interesses gerais; II – (VETADO); III – não poderá conferir desoneração permanente de dever ou condicionamento de direito reconhecidos por orientação geral; IV – deverá prever com clareza as obrigações das partes, o prazo para seu cumprimento e as sanções aplicáveis em caso de descumprimento."*

**3. LINDB, art. 27, § 2º.** *"Art. 27. A decisão do processo, nas esferas administrativa, controladora ou judicial, poderá impor compensação por benefícios indevidos ou prejuízos anormais ou injustos resultantes do processo ou da conduta dos envolvidos. (...) § 2º Para prevenir ou regular a compensação, poderá ser celebrado compromisso processual entre os envolvidos."*

**LIVRO IV · DOS ATOS PROCESSUAIS** — **Art. 190**

**4. CP, art. 116, IV.** *"Art. 116. Antes de passar em julgado a sentença final, a prescrição não corre: (...) IV – enquanto não cumprido ou não rescindido o acordo de não persecução penal."*

**5. CPP, art. 3º-B, XVII.** *"Art. 3º-B. O juiz das garantias é responsável pelo controle da legalidade da investigação criminal e pela salvaguarda dos direitos individuais cuja franquia tenha sido reservada à autorização prévia do Poder Judiciário, competindo-lhe especialmente: (...) XVII – decidir sobre a homologação de acordo de não persecução penal ou dos de colaboração premiada, quando formalizados durante a investigação."*

**6. CPP, art. 28-A.** *"Art. 28-A. Não sendo caso de arquivamento e tendo o investigado confessado formal e circunstancialmente a prática de infração penal sem violência ou grave ameaça e com pena mínima inferior a 4 (quatro) anos, o Ministério Público poderá propor acordo de não persecução penal, desde que necessário e suficiente para reprovação e prevenção do crime, mediante as seguintes condições ajustadas cumulativa e alternativamente: I – reparar o dano ou restituir a coisa à vítima, exceto na impossibilidade de fazê-lo; II – renunciar voluntariamente a bens e direitos indicados pelo Ministério Público como instrumentos, produto ou proveito do crime; III – prestar serviço à comunidade ou a entidades públicas por período correspondente à pena mínima cominada ao delito diminuída de um a dois terços, em local a ser indicado pelo juízo da execução, na forma do art. 46 do Decreto-lei nº 2.848, de 7 de dezembro de 1940 (Código Penal); IV – pagar prestação pecuniária, a ser estipulada nos termos do art. 45 do Decreto-lei nº 2.848, de 7 de dezembro de 1940 (Código Penal), a entidade pública ou de interesse social, a ser indicada pelo juízo da execução, que tenha, preferencialmente, como função proteger bens jurídicos iguais ou semelhantes aos aparentemente lesados pelo delito; ou V – cumprir, por prazo determinado, outra condição indicada pelo Ministério Público, desde que proporcional e compatível com a infração penal imputada. § 1º Para aferição da pena mínima cominada ao delito a que se refere o caput deste artigo, serão consideradas as causas de aumento e diminuição aplicáveis ao caso concreto. § 2º O disposto no caput deste artigo não se aplica nas seguintes hipóteses: I – se for cabível transação penal de competência dos Juizados Especiais Criminais, nos termos da lei; II – se o investigado for reincidente ou se houver elementos probatórios que indiquem conduta criminal habitual, reiterada ou profissional, exceto se insignificantes as infrações penais pretéritas; III – ter sido o agente beneficiado nos 5 (cinco) anos anteriores ao cometimento da infração, em acordo de não persecução penal, transação penal ou suspensão condicional do processo; e IV – nos crimes praticados no âmbito de violência doméstica ou familiar, ou praticados contra a mulher por razões da condição de sexo feminino, em favor do agressor. § 3º O acordo de não persecução penal será formalizado por escrito e será firmado pelo membro do Ministério Público, pelo investigado e por seu defensor. § 4º Para a homologação do acordo de não persecução penal, será realizada audiência na qual o juiz deverá verificar a sua voluntariedade, por meio da oitiva do investigado na presença do seu defensor, e sua legalidade. § 5º Se o juiz considerar inadequadas, insuficientes ou abusivas as condições dispostas no acordo de não persecução penal, devolverá os autos ao Ministério Público para que seja reformulada a proposta de acordo, com concordância do investigado e seu defensor. § 6º Homologado judicialmente o acordo de não persecução penal, o juiz devolverá os autos ao Ministério Público para que inicie sua execução perante o juízo de execução penal. § 7º O juiz poderá recusar homologação à proposta que não atender aos requisitos legais ou quando não for realizada a adequação a que se refere o § 5º deste artigo. § 8º Recusada a homologação, o juiz devolverá os autos ao Ministério Público para a análise da necessidade de complementação das investigações ou o oferecimento da denúncia. § 9º A vítima será intimada da homologação do acordo de não persecução penal e de seu descumprimento. § 10. Descumpridas quaisquer das condições estipuladas no acordo de não persecução penal, o Ministério Público deverá comunicar ao juízo, para fins de sua rescisão e posterior oferecimento de denúncia. § 11. O descumprimento do acordo de não persecução penal pelo investigado também poderá ser utilizado pelo Ministério Público como justificativa para o eventual não oferecimento de suspensão condicional do processo. § 12. A celebração e o cumprimento do acordo de não persecução penal não constarão de certidão de antecedentes criminais, exceto para os fins previstos no inciso III do § 2º deste artigo. § 13. Cumprido integralmente o acordo de não persecução penal, o juízo competente decretará a extinção de punibilidade. § 14. No caso de recusa, por parte do Ministério Público, em propor o acordo de não persecução penal, o investigado poderá requerer a remessa dos autos a órgão superior, na forma do art. 28 deste Código."*

**7. CPP, art. 581, XXV.** *"Art. 581. Caberá recurso, no sentido estrito, da decisão, despacho ou sentença: (...) XXV – que recusar homologação à proposta de acordo de não persecução penal, previsto no art. 28-A desta Lei."*

**9. Lei 8.429/1992, art. 17, § 10-A.** *"§ 10-A. Havendo a possibilidade de solução consensual, poderão as partes requerer ao juiz a interrupção do prazo para a contestação, por prazo não superior a 90 (noventa) dias."*

**10. Lei 10.522/2002, art. 19, §§ 12 e 13.** *"Art. 19. Fica a Procuradoria-Geral da Fazenda Nacional dispensada de contestar, de oferecer contrarrazões e de interpor recursos, e fica autorizada a desistir de recursos já interpostos, desde que inexista outro fundamento relevante, na hipótese em que a ação ou a decisão judicial ou administrativa versar sobre: (...) § 12. Os órgãos do Poder Judiciário e as unidades da Procuradoria-Geral da Fazenda Nacional poderá, de comum acordo, realizar mutirões para análise do enquadramento de processos ou de recursos nas hipóteses previstas neste artigo e celebrar negócios processuais com fundamento no disposto no art. 190 da Lei nº 13.105, de 16 de março de 2015 (Código de Processo Civil). § 13. Sem prejuízo do disposto no § 12 deste artigo, a Procuradoria-Geral da Fazenda Nacional regulamentará a celebração de negócios jurídicos em seu âmbito de atuação, inclusive na cobrança administrativa ou judicial da dívida ativa da União."*

**11. Lei 11.101/2005, art. 189, § 2º.** *"§ 2º Para os fins do disposto no art. 190 da Lei nº 13.105, de 16 de março de 2015 (Código de Processo Civil), a manifestação de vontade do devedor será expressa e a dos credores será obtida por maioria, na forma prevista no art. 42 desta Lei."*

**12. Lei 13.988/2020, art. 3º, V.** *"Art. 3º A proposta de transação deverá expor os meios para a extinção dos créditos nela contemplados e estará condicionada, no mínimo, à assunção pelo devedor dos compromissos de: (...) V – renunciar a quaisquer alegações de direito, atuais ou futuras, sobre as quais se fundem ações judiciais, inclusive as coletivas, ou recursos que tenham por objeto dos créditos incluídos na transação, por meio de requerimento de extinção do respectivo processo com resolução de mérito, nos termos da alínea c do inciso III do caput do art. 487 da Lei nº 13.105, de 16 de março de 2015 (Código de Processo Civil)."*

**13. Lei 13.988/2020, art. 3º, § 1º.** *"§ 1º A proposta de transação deferida importa em aceitação plena e irretratável de todas as condições estabelecidas nesta Lei e em sua regulamentação, de modo a constituir confissão irrevogável e irretratável dos créditos abrangidos pela transação, nos termos dos arts. 389 a 395 da Lei nº 13.105, de 16 de março de 2015 (Código de Processo Civil)."*

**14. Lei 13.988/2020, art. 11, III.** *"Art. 11. A transação poderá contemplar os seguintes benefícios: (...) III – o oferecimento, a substituição ou a alienação de garantias e de constrições."*

**15. Res. 460/2022 CNJ, art.7º.** *"Art. 7º Para o fim de se garantir celeridade à tramitação processual, nos processos judiciais relativos aos Serviços da Justiça Itinerante, será fomentada a celebração de negócios jurídicos processuais (Código de Processo Civil, art. 190), sempre respeitando as garantias do contraditório, da ampla defesa e do devido processo legal."*

**16. Res. 118/2014 do CNMP.** Dispõe sobre a Política Nacional de Incentivo à Autocomposição no âmbito do Ministério Público.

## ⚖ JURISPRUDÊNCIA, ENUNCIADOS E SÚMULAS SELECIONADOS

- **17. Enunciado 6 do FPPC.** *"O negócio jurídico processual não pode afastar os deveres inerentes à boa-fé e à cooperação."*

- **18. Enunciado 16 do FPPC.** *"O controle dos requisitos objetivos e subjetivos de validade da convenção de procedimento deve ser conjugado com a regra segundo a qual não há invalidade do ato sem prejuízo."*

- **19. Enunciado 17 do FPPC.** *"As partes podem, no negócio processual, estabelecer outros deveres e sanções para o caso do descumprimento da convenção."*

- **20. Enunciado 18 do FPPC.** *"Há indício de vulnerabilidade quando a parte celebra acordo de procedimento sem assistência técnico--jurídica."*

- **21. Enunciado 19 do FPPC.** *"São admissíveis os seguintes negócios processuais, dentre outros: pacto de impenhorabilidade, acordo de ampliação de prazos das partes de qualquer natureza, acordo de rateio de despesas processuais, dispensa consensual de assistente técnico, acordo para retirar o efeito suspensivo de recurso15, acordo para não promover execução provisória; pacto de mediação ou conciliação extrajudicial prévia obrigatória, inclusive com a correlata previsão de exclusão da audiência de conciliação ou de mediação prevista no art. 334; pacto de exclusão contratual da audiência de conciliação ou de mediação prevista no art. 334; pacto de disponibilização prévia de documentação (pacto de disclosure), inclusive com estipulação de sanção negocial, sem prejuízo de medidas coercitivas, mandamentais, sub-rogatórias ou indutivas; previsão de meios alternativos de comunicação das partes entre si;*

**LIVRO IV** · DOS ATOS PROCESSUAIS    **Art. 190**

acordo de produção antecipada de prova; a escolha consensual de depositário-administrador no caso do art. 866; convenção que permita a presença da parte contrária no decorrer da colheita de depoimento pessoal."

- **22. Enunciado 20 do FPPC.** *"Não são admissíveis os seguintes negócios bilaterais, dentre outros: acordo para modificação da competência absoluta, acordo para supressão da primeira instância, acordo para afastar motivos de impedimento do juiz, acordo para criação de novas espécies recursais, acordo para ampliação das hipóteses de cabimento de recursos."*
- **23. Enunciado 21 do FPPC.** *"São admissíveis os seguintes negócios, dentre outros: acordo para realização de sustentação oral, acordo para ampliação do tempo de sustentação oral, julgamento antecipado do mérito convencional, convenção sobre prova, redução de prazos processuais."*
- **24. Enunciado 115 do FPPC.** *"O negócio jurídico celebrado nos termos do art. 190 obriga herdeiros e sucessores."*
- **25. Enunciado 131 do FPPC.** *"Aplica-se ao processo do trabalho o disposto no art. 190 no que se refere à flexibilidade do procedimento por proposta das partes, inclusive quanto aos prazos."*
- **26. Enunciado 132 do FPPC.** *"Além dos defeitos processuais, os vícios da vontade e os vícios sociais podem dar ensejo à invalidação dos negócios jurídicos atípicos do art. 190."*
- **27. Enunciado 133 do FPPC.** *"Salvo nos casos expressamente previstos em lei, os negócios processuais do caput do art. 190 não dependem de homologação judicial."*
- **28. Enunciado 134 do FPPC.** *"Negócio jurídico processual pode ser invalidado parcialmente."*
- **29. Enunciado 135 do FPPC.** *"A indisponibilidade do direito material não impede, por si só, a celebração de negócio jurídico processual."*
- **30. Enunciado 252 do FPPC.** *"O descumprimento de uma convenção processual válida é matéria cujo conhecimento depende de requerimento."*
- **31. Enunciado 253 do FPPC.** *"O Ministério Público pode celebrar negócio processual quando atua como parte."*
- **32. Enunciado 254 do FPPC.** *"É inválida a convenção para excluir a intervenção do Ministério Público como fiscal da ordem jurídica."*
- **33. Enunciado 255 do FPPC.** *"É admissível a celebração de convenção processual coletiva."*

- **34. Enunciado 256 do FPPC.** *"A Fazenda Pública pode celebrar negócio jurídico processual."*
- **35. Enunciado 257 do FPPC.** *"O art. 190 autoriza que as partes tanto estipulem mudanças do procedimento quanto convencionem sobre os seus ônus, poderes, faculdades e deveres processuais."*
- **36. Enunciado 258 do FPPC.** *"As partes podem convencionar sobre seus ônus, poderes, faculdades e deveres processuais, ainda que essa convenção não importe ajustes às especificidades da causa."*
- **37. Enunciado 259 do FPPC.** *"A decisão referida no parágrafo único do art. 190 depende do contraditório prévio."*
- **38. Enunciado 260 do FPPC.** *"A homologação, pelo juiz, da convenção processual, quando está prevista em lei, corresponde a uma condição de eficácia do negócio."*
- **39. Enunciado 261 do FPPC.** *"O art. 200 aplica-se tanto aos negócios unilaterais quanto aos bilaterais, incluindo as convenções processuais do art. 190."*
- **40. Enunciado 262 do FPPC.** *"É admissível negócio processual para dispensar caução no cumprimento provisório de sentença."*
- **41. Enunciado 392 do FPPC.** *"As partes não podem estabelecer, em convenção processual, a vedação da participação do amicus curiae."*
- **42. Enunciado 402 do FPPC.** *"A eficácia dos negócios processuais para quem deles não fez parte depende de sua anuência, quando lhe puder causar prejuízo."*
- **43. Enunciado 403 do FPPC.** *"A validade do negócio jurídico processual, requer agente capaz, objeto lícito, possível e determinado ou determinável e forma prescrita ou não defesa em lei."*
- **44. Enunciado 404 do FPPC.** *"Nos negócios processuais, atender-se-á mais à intenção consubstanciada na manifestação de vontade do que ao sentido literal da linguagem."*
- **45. Enunciado 405 do FPPC.** *"Os negócios jurídicos processuais devem ser interpretados conforme a boa-fé e os usos do lugar de sua celebração."*
- **46. Enunciado 406 do FPPC.** *"Os negócios jurídicos processuais benéficos e a renúncia a direitos processuais interpretam-se estritamente."*
- **47. Enunciado 407 do FPPC.** *"Nos negócios processuais, as partes e o juiz são obrigados a guardar nas tratativas, na conclusão e na execução do negócio o princípio da boa-fé."*

**48. Enunciado 408 do FPPC.** *"Quando houver no contrato de adesão negócio jurídico processual com previsões ambíguas ou contraditórias, dever-se-á adotar a interpretação mais favorável ao aderente."*

**49. Enunciado 409 do FPPC.** *"A convenção processual é autônoma em relação ao negócio em que estiver inserta, de tal sorte que a invalidade deste não implica necessariamente a invalidade da convenção processual."*

**50. Enunciado 410 do FPPC.** *"Aplica-se o art. 142 do CPC ao controle de validade dos negócios jurídicos processuais."*

**51. Enunciado 411 do FPPC.** *"O negócio processual pode ser distratado."*

**52. Enunciado 412 do FPPC.** *"A aplicação de negócio processual em determinado processo judicial não impede, necessariamente, que da decisão do caso possa vir a ser formado precedente."*

**53. Enunciado 413 do FPPC.** *"O negócio jurídico processual pode ser celebrado no sistema dos juizados especiais, desde que observado o conjunto dos princípios que o orienta, ficando sujeito a controle judicial na forma do parágrafo único do art. 190 do CPC."*

**54. Enunciado 490 do FPPC.** *"São admissíveis os seguintes negócios processuais, entre outros: pacto de inexecução parcial ou total de multa coercitiva; pacto de alteração de ordem de penhora; pré-indicação de bem penhorável preferencial (art. 848, II); pré-fixação de indenização por dano processual prevista nos arts. 81, § 3º, 520, inc. I, 297, parágrafo único (cláusula penal processual); negócio de anuência prévia para aditamento ou alteração do pedido ou da causa de pedir até o saneamento (art. 329, inc. II)."*

**55. Enunciado 491 do FPPC.** *"É possível negócio jurídico processual que estipule mudanças no procedimento das intervenções de terceiros, observada a necessidade de anuência do terceiro quando lhe puder causar prejuízo."*

**56. Enunciado 492 do FPPC.** *"O pacto antenupcial e o contrato de convivência podem conter negócios processuais."*

**57. Enunciado 493 do FPPC.** *"O negócio processual celebrado ao tempo do CPC/1973 é aplicável após o início da vigência do CPC/2015."*

**58. Enunciado 494 do FPPC.** *"A admissibilidade de autocomposição não é requisito para o calendário processual."*

**59. Enunciado 569 do FPPC.** *"O art. 1.047 não impede convenções processuais em matéria probatória, ainda que relativas a provas requeridas ou determinadas sob vigência do CPC/1973."*

**60. Enunciado 579 do FPPC.** *"Admite-se o negócio processual que estabeleça a contagem dos prazos processuais dos negociantes em dias corridos."*

**61. Enunciado 580 do FPPC.** *"É admissível o negócio processual estabelecendo que a alegação de existência de convenção de arbitragem será feita por simples petição, com a interrupção ou suspensão do prazo para contestação."*

**62. Enunciado 628 do FPPC.** *"As partes podem celebrar negócios jurídicos processuais na audiência de conciliação ou mediação."*

**63. Enunciado 16 da I Jornada-CJF.** *"As disposições previstas nos arts. 190 e 191 do CPC poderão aplicar-se aos procedimentos previstos nas leis que tratam dos juizados especiais, desde que não ofendam os princípios e regras previstos nas Leis n. 9.099/1995, 10.259/2001 e 12.153/2009."*

**64. Enunciado 17 da I Jornada-CJF.** *"A Fazenda Pública pode celebrar convenção processual, nos termos do art. 190 do CPC."*

**65. Enunciado 18 da I Jornada-CJF.** *"A convenção processual pode ser celebrada em pacto antenupcial ou em contrato de convivência, nos termos do art. 190 do CPC."*

**66. Enunciado 112 da II Jornada-CJF.** *"A intervenção do Ministério Público como fiscal da ordem jurídica não inviabiliza a celebração de negócios jurídicos processuais."*

**67. Enunciado 113 da II Jornada-CJF.** *"As disposições previstas nos arts. 190 e 191 do CPC poderão ser aplicadas ao procedimento de recuperação judicial."*

**68. Enunciado 114 da II Jornada-CJF.** *"Os entes despersonalizados podem celebrar negócios jurídicos processuais."*

**69. Enunciado 115 da II Jornada-CJF.** *"O negócio jurídico processual somente se submeterá à homologação quando expressamente exigido em norma jurídica, admitindo-se, em todo caso, o controle de validade da convenção."*

**70. Enunciado 128 da II Jornada-CJF.** *"Exceto quando reconhecida sua nulidade, a convenção das partes sobre o ônus da prova afasta a redistribuição por parte do juiz."*

**71. Enunciado 152 da II Jornada-CJF.** *"O pacto de impenhorabilidade (arts. 190, 200 e 833, I) produz efeitos entre as partes, não alcançando terceiros."*

**LIVRO IV · DOS ATOS PROCESSUAIS** **Art. 190**

**72.** **Enunciado 153 da II Jornada-CJF.** *"A penhorabilidade dos bens, observados os critérios do art. 190, do CPC, pode ser objeto de convenção processual das partes."*

**73. Enunciado 9 do FNPP.** *"A cláusula geral de negócio processual é aplicável à execução fiscal."*

**74. Enunciado 30 do FNPP:** *"É cabível a celebração de negócio jurídico processual pela Fazenda Pública que disponha sobre formas de intimação pessoal."*

**75. Enunciado 97 do FNPP:** *"É cabível a celebração de negócio jurídico processual pela Advocacia Pública que disponha sobre a contagem de prazos processuais."*

**76. Enunciado 98 do FNPP:** *"Não é necessário autorização legislativa específica para que os advogados públicos possam celebrar negócios processuais, ficando vinculados aos parâmetros legais e aos administrativos eventualmente fixados pelos respectivos órgãos de direção."*

**77. Enunciado 99 do FNPP:** *"A eficácia de negócio jurídico processual celebrado pela Advocacia Pública não está sujeita à prévia homologação pelo Poder Judiciário, salvo disposição legal expressa em sentido contrário."*

**78. Enunciado 100 do FNPP:** *"É possível a celebração de negócio jurídico processual versando sobre os meios de efetivação de políticas públicas em juízo."*

**79. Enunciado 125 do FNPP.** *"É possível a realização de transações e negócios jurídicos processuais em ações coletivas, inclusive nas hipóteses em que exista irregularidade, incerteza jurídica ou situação contenciosa na aplicação do direito público."*

**80. Enunciado 36 da ENFAM:** *"A regra do art. 190 do CPC/2015 não autoriza às partes a celebração de negócios jurídicos processuais atípicos que afetem poderes e deveres do juiz, tais como os que: a) limitem seus poderes de instrução ou de sanção à litigância ímproba; b) subtraiam do Estado/juiz o controle da legitimidade das partes ou do ingresso de amicus curiae; c) introduzam novas hipóteses de recorribilidade, de rescisória ou de sustentação oral não previstas em lei; d) estipulem o julgamento do conflito com base em lei diversa da nacional vigente; e) estabeleçam prioridade de julgamento não prevista em lei."*

**81. Enunciado 37 da ENFAM:** *"São nulas, por ilicitude do objeto, as convenções processuais que violem as garantias constitucionais do processo, tais como as que: a) autorizem o uso de prova ilícita; b) limitem a publicidade do processo para além das hipóteses expressamente previstas em lei; c) modifiquem o regime de competência absoluta; e d) dispensem o dever de motivação."*

**82. Enunciado 38 da ENFAM:** *"Somente as partes absolutamente capazes podem celebrar convenção pré-processual atípica (arts. 190 e 191 do CPC/2015)."*

**83. Enunciado 39 da ENFAM:** *"Não é válida convenção pré-processual oral (art. 4º, § 1º, da Lei n. 9.307/1996 e 63, § 1º, do CPC/2015)."*

**84. Enunciado 41 da ENFAM:** *"Por compor a estrutura do julgamento, a ampliação do prazo de sustentação oral não poderá ser objeto de negócio jurídico entre as partes."*

### ▣ COMENTÁRIOS TEMÁTICOS

**85. A cláusula geral de negociação processual.** O art. 190 encerra uma cláusula geral de negociação processual, que permite a celebração de negócios jurídicos processuais *atípicos*.

**86. Negócios jurídicos unilaterais e bilaterais.** Os negócios jurídicos processuais podem ser unilaterais ou bilaterais. São unilaterais, por exemplo, a renúncia e a desistência. Os negócios jurídicos bilaterais costumam ser divididos em *contratos* e *acordos* ou *convenções*. Enquanto, nos *contratos*, as vontades dizem respeito a interesses contrapostos, nos *acordos* ou *convenções*, há um interesse comum. Não se nega a existência de contratos processuais, mas são bem mais frequentes os exemplos de acordos ou convenções processuais. Os negócios sobre os custos do processo são contratos, pois os interesses das partes são antagônicos.

**87. Negócios bilaterais atípicos.** As partes podem convencionar sobre situações jurídicas processuais, ou seja, sobre direitos, deveres, poderes, ônus e faculdades processuais, estipulando regras sobre o procedimento ou, até mesmo, derrogando normas processuais. É possível que haja negócios jurídicos bilaterais atípicos, celebrados entre autor e réu.

**88. Negócios jurídicos processuais atípicos plurilaterais (celebrados pelas partes com o juiz).** É possível um negócio processual plurilateral, celebrado entre autor, réu e juiz. Tome-se como exemplo a execução negociada de políticas públicas em juízo. O calendário processual (art. 191) também é um negócio celebrado entre autor, réu e juiz.

**89. Momento da celebração do negócio.** O negócio processual pode ser celebrado a qualquer momento, antes ou durante o processo.

389

**90. Requisitos de validade dos negócios processuais.** Os negócios processuais devem (a) ser celebrados por pessoas capazes, (b) possuir objeto lícito e (c) observar forma prescrita ou não vedada por lei (Código Civil, art. 104).Em princípio, não há forma específica para os negócios processuais, podendo ser celebrados por instrumento público ou particular, sem formalidade essencial imposta por lei.

**91. Capacidade para celebração do negócio processual.** Para celebração de negócio processual, é preciso que as partes sejam plenamente capazes. A capacidade aqui é a processual. Ainda que o negócio processual seja celebrado fora ou antes do processo, aplicam-se as normas processuais; é preciso que haja capacidade processual.

**92. A Fazenda Pública como sujeito do negócio processual.** A Fazenda Pública é parte em processo judicial, podendo praticar atos negociais no processo. A Fazenda Pública pode celebrar convenção processual para suspender o processo (art. 313, II), para adiar uma audiência (art. 362, I), para definir a forma de liquidação da sentença (art. 509, I), entre tantos outros exemplos. Não há vedação legal à celebração de negócios processuais pela Fazenda Pública. A indisponibilidade do interesse público não deve ser invocada como impedimento à celebração de negócio processual pela Fazenda Pública. É possível, até mesmo, haver negócios processuais para fortalecer situações jurídicas processuais do ente público. A indisponibilidade do direito material não implica necessária indisponibilidade do direito processual. Mesmo quando os interesses em disputa sejam indisponíveis, há margem para a celebração de convenções ou acordos processuais, por exemplo, a eleição de foro, a suspensão do processo, a dilação de prazos e a redistribuição do ônus da prova.

**93. O Ministério Público como sujeito do negócio processual.** O Ministério Público pode celebrar negócio jurídico processual. O negócio processual pode ser celebrado no âmbito de uma investigação, pode estar inserido num Termo de Ajustamento de Conduta ou, até mesmo, num processo judicial de que seja parte o Ministério Público. A propósito, o Conselho Nacional do Ministério Público editou a Resolução 118/2014, que dispõe sobre a Política Nacional de Incentivo à Autocomposição no âmbito do Ministério Público.

**94. Situação de vulnerabilidade.** A vulnerabilidade é um estado inerente de risco, uma situação permanente ou provisória, individual ou coletiva, que fragiliza ou enfraquece o sujeito de direitos, desequilibrando a relação jurídica. A vulnerabilidade consiste num método ou numa técnica adequada para a aplicação das regras de proteção do mais fraco, que objetivam proteger e reequilibrar as situações, com fundamento na igualdade. O incapaz é presumidamente vulnerável. Há quem seja capaz, porém vulnerável. Costuma-se atribuir essa condição de vulnerável ao consumidor, ao idoso e ao trabalhador. É preciso, todavia, constatar *concretamente* a existência da vulnerabilidade. O juiz, de ofício ou a requerimento, controlará a validade das convenções processuais, recusando-lhe aplicação nos casos em que alguma parte se encontre em manifesta situação de vulnerabilidade. Para que seja invalidado o negócio, é preciso que a vulnerabilidade seja *manifesta*, ou seja, é preciso que a vulnerabilidade tenha atingido a formação do negócio jurídico, desequilibrando-o. Não é vedada a celebração de negócio processual por um consumidor, por um idoso ou por um trabalhador. Ao juiz cabe, em tais hipóteses, examinar o caso e verificar se a negociação foi feita em condições de igualdade. Não havendo desigualdade ou desequilíbrio, o negócio é válido. Do contrário, ou seja, caso haja desequilíbrio, o juiz recusará eficácia ao negócio. Não existe vulnerabilidade por presunção. O sujeito é considerado vulnerável a partir do exame concreto do caso, considerando-se a relação estabelecida entre ele ou o direito litigioso e a outra parte.

**95. Negócio processual em contrato de adesão.** Não se veda, prévia e genericamente, o negócio processual em contrato de adesão. Em tese, é possível, cabendo apenas ao juiz controlar a validade da respectiva cláusula, recusando-lhe aplicação somente nos casos de *abusividade*. A simples circunstância de o contrato ser de adesão não é suficiente para se ter como nula ou ineficaz a cláusula que disponha sobre procedimento ou sobre regras processuais. É preciso, para que o juiz recuse-lhe aplicação, a evidência de uma abusividade, quando há excessiva oneração de uma das partes, demonstrada e comprovada concretamente. A invalidade do negócio processual depende, de todo modo, da observância do contraditório, a fim de evitar decisão-surpresa (art. 10).

**96. Forma.** É livre a forma do negócio jurídico processual atípico. Não há qualquer exigência de forma específica. O negócio processual pode ser escrito ou verbal, podendo ser celebrado oralmente tanto em procedimentos informais e simplificados, a exemplo daqueles que tramitam nos Juizados Especiais, como em audiência realizada no procedimento comum. O negócio processual pode ser autônomo ou constar de

**LIVRO IV · DOS ATOS PROCESSUAIS** **Art. 190**

um outro instrumento, podendo, por exemplo, estar inserido num acordo de acionistas, num contrato de locação ou, até mesmo, num pacto antenupcial ou em contrato de convivência.

**97. Objeto do negócio.** O negócio processual pode estipular mudanças no procedimento ou criar, modificar e extinguir situações jurídicas processuais. Há, portanto, dois objetos possíveis: mudanças no procedimento ou convenção sobre ônus, poderes, faculdades e deveres processuais.

**98. Negócio para adiamento de audiência.** *"A audiência pode ser adiada por convenção das partes, o que configura um autêntico negócio jurídico processual e consagra um direito subjetivo dos litigantes, sendo prescindível a homologação judicial para sua eficácia"* (STJ, 3ª Turma, REsp 1.524.130/PR, rel. Min. Marco Aurélio Bellizze, *DJe* 06.12.2019).

**99. Eficácia dos negócios processuais atípicos.** Os negócios processuais atípicos seguem a regra geral do art. 200: não dependem de homologação judicial; produzem efeitos imediatos. Há negócios que dependem de homologação prévia do juiz, como a desistência da demanda (art. 200, parágrafo único) e a organização consensual do processo (art. 357, § 2º). Em tais hipóteses, o negócio só produz efeitos depois de homologado. A homologação, nesses casos, é uma condição legal de eficácia do negócio. Essas são, porém, hipóteses excepcionais. Em geral, para que os negócios processuais produzam efeitos, a homologação ou o deferimento pelo magistrado não são necessários. Uma vez celebrados, produzem efeitos imediatos.

**100. Revogabilidade dos negócios processuais atípicos.** Os negócios processuais atípicos produzem efeitos imediatos. Sendo o negócio *bilateral*, aplica-se a regra da geral da irrevogabilidade da declaração de vontade, a não ser que haja expressa previsão legal, no próprio negócio ou por novo negócio, omissivo ou comissivo. Enfim, o negócio processual atípico previsto no art. 190 é irrevogável. É possível, evidentemente, que as partes celebrem distrato processual, pois as mesmas vontades que o celebraram são aptas a desfazê-lo.

**101. Descumprimento do negócio processual atípico.** O negócio jurídico processual pode ter por objeto o procedimento ou situações jurídicas processuais. Descumprido um negócio processual, é preciso verificar seu objeto. Se ele trata do procedimento, o juiz deve examinar, de ofício, a inadimplência negocial. Quando, por exemplo, as partes convencionam prazos diferenciados, o juiz deve examinar seu cum-

primento, a fim de aferir a tempestividade dos atos processuais e dar a sequência adequada ao procedimento. Caso, porém, o negócio processual trate de situações jurídicas processuais, a parte prejudicada deve alegar e solicitar ao juiz as providências necessárias e suficientes ao seu cumprimento. Não é possível ao juiz reconhecer de ofício o descumprimento de um negócio processual que verse sobre situações processuais. É por isso que o juiz não conhece de ofício de uma convenção de arbitragem, nem de uma incompetência relativa (art. 337, § 5º), negócios jurídicos típicos. O negócio jurídico atípico que trate de situações jurídicas processuais (direitos, deveres, poderes, ônus, sujeições e faculdades) não deve também ter seu descumprimento observado de ofício pelo juiz. Se uma parte não o cumpre e a outra nada alega, há aí uma omissão negocial, com revogação implícita do negócio. Caso, por exemplo, as partes convencionem a irrecorribilidade de uma decisão judicial, mas, ainda assim, a parte vencida recorrer, não poderá o órgão jurisdicional inadmitir o recurso, a não ser se a parte vencedora alegar; no silêncio desta, o recurso deverá ser admitido, sendo desconsiderado o negócio processual.

**102. Negociação processual e princípio da boa-fé.** Durante toda a fase de negociação processual, aplica-se o princípio da boa-fé processual. Nas tratativas, na celebração e na execução do negócio processual deve ser respeitada a boa-fé.

**103. Interpretação dos negócios processuais.** Os negócios processuais interpretam-se de acordo com as normas gerais de interpretação dos negócios jurídicos em geral. Assim, deve-se atender mais à intenção consubstanciada no negócio do que ao sentido literal da linguagem (Código Civil, art. 112). Os negócios processuais devem ser interpretados conforme a boa-fé e os usos do lugar de sua celebração (Código Civil, art. 113). Nos negócios jurídicos em que apenas uma das partes se obriga, enquanto a outra se benefícia (os chamados negócios *benéficos*), a interpretação há de ser restritiva (Código Civil, art. 114). Por isso, a *renúncia* e a *desistência* interpretam-se restritivamente. No contrato de adesão, se houver cláusulas ambíguas ou contraditórias, adota-se a interpretação mais favorável ao aderente (Código Civil, art. 423).

**104. Negócios processuais coletivos.** É possível a celebração de negócios processuais coletivos, por exemplo, os firmados entre o INSS e órgãos do Poder Judiciário para que, em causas repetitivas, o modelo da contestação já fique registrado em cartório, devendo ser sempre

391

utilizada, somente havendo alteração quando houver alguma peculiaridade na demanda proposta pela parte autora, ou aquele firmado entre a OAB e órgãos do Poder Judiciário para estabelecer suspensão de prazos durante algum período de greve, de dificuldade ou de mutirão de conciliação.

**105. Negócios processuais atípicos na execução.** O processo de execução rege-se por normas próprias, sendo-lhe aplicável a Parte Geral do CPC, desde que não haja incompatibilidade. Além de receber a aplicação de normas da Parte Geral, o processo de execução também é regido, subsidiariamente, pelas normas do processo de conhecimento, desde que não haja incompatibilidade. O art. 190 é perfeitamente aplicável ao processo de execução, sendo com ele perfeitamente cabível. Há diversos negócios processuais *típicos* na execução. Além da desistência da execução ou de medida executiva (art. 775), há o foro de eleição (art. 781, I), o pacto de impenhorabilidade (art. 833, I), a escolha do executado como depositário do bem penhorado (art. 840, § 2º), o acordo de avaliação do bem penhorado (art. 871, I), a suspensão negocial da execução (arts. 921, 313, II, e 922), entre tantos outros. Ao lado dos negócios processuais *típicos,* existem negócios processuais *atípicos* na execução.

**106. Negócios sobre os custos da litigância.** As partes podem, antes ou durante o processo, celebrar negócio jurídico sobre o custo do processo. As despesas processuais abrangem despesas variadas, abarcando as custas dos atos do processo, a indenização de viagem, a remuneração do assistente técnico e a diária de testemunha (art. 84). Os honorários de advogado, embora componham o custo do processo, não estão abrangidos no conceito de *despesas*, tendo um tratamento próprio no CPC. Os negócios sobre os custos do processo não alteram o procedimento, mas estabelecem obrigações entre as partes; versam sobre situações jurídicas. Assim, não podem ser conhecidos de ofício pelo juiz, dependendo de alegação dos interessados. Se não forem invocados até a sentença, não serão conhecidos pelo juiz, que irá, por isso mesmo, decidir sobre os custos do processo na forma prevista na lei. O contrato processual sobre custos pode referir-se a qualquer verba devida no processo ou em razão dele. As partes podem convencionar a redistribuição da obrigação pelo pagamento das custas, mas o contribuinte não pode deixar de responder pelo pagamento do tributo, caso seja cobrado pela Administração Tributária (CTN, art. 123). Poderá pagar e cobrar, regressivamente, da outra parte que se obrigou pelo pagamento, mas não pode invocar junto ao Poder Público o contrato processual que atribuiu o pagamento à outra parte. As outras despesas podem ser dispostas livremente entre as partes, mediante transação (art. 90, § 2º). As partes não podem dispor sobre honorários de sucumbência, sem que os advogados concordem. É possível que as partes transfiram, total ou parcialmente, os custos do processo para sujeitos que não integrem o processo ou que não façam parte da relação jurídica material a que se refira o processo. É o que ocorre nos contratos de seguro processual. O art. 848, parágrafo único, do CPC prevê que a penhora pode ser substituída por "seguro garantia judicial", contrato por meio do qual o devedor resguarda seu interesse de não sofrer atos de constrição de bens. A seguradora assume a responsabilidade, devendo o devedor, posteriormente, ressarci-la. O art. 835, § 2º, equipara o seguro garantia judicial a dinheiro na ordem de preferência estabelecida legalmente. Além do seguro processual, é possível haver contrato de financiamento processual (*third-party funding*), por meio do qual um investidor assume os custos da litigância, com a contrapartida de participação no resultado do sucesso do financiado. Muitas vezes, quem assume o custo do processo é o próprio advogado da parte, ao estabelecer com ela um pacto de *quota litis.*

**107. Acordo de não persecução cível.** "*A Lei 13.964/2019, de 24 de dezembro de 2019, alterou o § 1º do art. 17 da Lei 8.429/1992, o qual passou a prever a possibilidade de acordo de não persecução cível no âmbito da ação de improbidade administrativa*" (STJ, 1.ª Turma, Acordo no AREsp 1.314.581/SP, rel. Min. Benedito Gonçalves, *DJe* 1º.03.2021).

**108. Negócios sobre sustentação oral no Tribunal do Júri.** "*4. Esta Corte Superior possui o entendimento de que, diante das peculiaridades do Tribunal do Júri, o fato de ter havido sustentação oral em plenário por tempo reduzido não implica, necessariamente, a conclusão de que o réu esteve indefeso. 5. Não obstante, nada impede que, no início da sessão de julgamento, mediante acordo entre as partes, seja estabelecida uma divisão de tempo que melhor se ajuste às peculiaridades do caso em questão*" (STJ, 6ª Turma, HC 703.912/RS, rel. Min. Rogerio Schietti Cruz, *DJe* 30.11.2021).

**109. Poderes do juiz para controlar negócios processuais.** "*Embora existissem negócios jurídicos processuais típicos no CPC/1973, é correto afirmar que inova o CPC/2015 ao prever uma cláusula geral de negociação por meio da qual se concedem às partes mais poderes para convencionar sobre matéria processual, modificando*

# LIVRO IV · DOS ATOS PROCESSUAIS

## Art. 191

*substancialmente a disciplina legal sobre o tema, especialmente porque se passa a admitir a celebração de negócios processuais não especificados na legislação, isto é, atípicos. 4. O novo CPC, pois, pretende melhor equilibrar a constante e histórica tensão entre os antagônicos fenômenos do contratualismo e do publicismo processual, de modo a permitir uma maior participação e contribuição das partes para a obtenção da tutela jurisdicional efetiva, célere e justa, sem despir o juiz, todavia, de uma gama suficientemente ampla de poderes essenciais para que se atinja esse resultado, o que inclui, evidentemente, a possibilidade do controle de validade dos referidos acordos pelo Poder Judiciário, que poderá negar a sua aplicação, por exemplo, se houver nulidade. 5. Dentre os poderes atribuídos ao juiz para o controle dos negócios jurídicos processuais celebrados entre as partes está o de delimitar precisamente o seu objeto e abrangência, cabendo-lhe decotar, quando necessário, as questões que não foram expressamente pactuadas pelas partes e que, por isso mesmo, não podem ser subtraídas do exame do Poder Judiciário"* (STJ, 3ª Turma, REsp 1.738.656/RJ, rel. Min. Nancy Andrighi, *DJe* 05.12.2019).

**110. Requisitos para a decretação de nulidade de cláusula de eleição de foro.** *"Nos termos da jurisprudência desta Corte, para o reconhecimento da nulidade da cláusula de eleição de foro é imprescindível a constatação de especial dificuldade de acesso à Justiça ou hipossuficiência da parte"* (STJ, 3ª Turma, AgInt no AREsp 1.836.682/PR, rel. Min. Moura Ribeiro, *DJe* 23.09.2021).

**111. O juiz e os negócios processuais atípicos.** *"(...) o juiz nunca foi, não é tampouco poderá ser sujeito de negócio jurídico material ou processual que lhe seja dado conhecer no exercício da judicatura, especialmente porque os negócios jurídicos processuais atípicos autorizados pelo novo CPC são apenas os bilaterais, isto é, àqueles celebrados entre os sujeitos processuais parciais. 9. A interpretação acerca do objeto e da abrangência do negócio deve ser restritiva, de modo a não subtrair do Poder Judiciário o exame de questões relacionadas ao direito material ou processual que obviamente desbordem do objeto convencionado entre os litigantes, sob pena de ferir de morte o art. 5º, XXXV, da Constituição Federal e do art. 3º, caput, do novo CPC"* (STJ, 3ª Turma, REsp 1.738.656/RJ, rel. Min. Nancy Andrighi, *DJe* 05.12.2019).

---

**Art. 191.** De comum acordo, o juiz e as partes podem fixar calendário para a prática dos atos processuais, quando for o caso.

§ 1º O calendário vincula as partes e o juiz, e os prazos nele previstos somente serão modificados em casos excepcionais, devidamente justificados.
§ 2º Dispensa-se a intimação das partes para a prática de ato processual ou a realização de audiência cujas datas tiverem sido designadas no calendário.

▶ **1. Sem correspondência no CPC/1973.**

## ⚖ JURISPRUDÊNCIA, ENUNCIADOS E SÚMULAS SELECIONADOS

- **2. Enunciado 299 do FPPC.** *"O juiz pode designar audiência também (ou só) com objetivo de ajustar com as partes a fixação de calendário para fase de instrução e decisão."*
- **3. Enunciado 413 do FPPC.** *"O negócio jurídico processual pode ser celebrado no sistema dos juizados especiais, desde que observado o conjunto dos princípios que o orienta, ficando sujeito a controle judicial na forma do parágrafo único do art. 190 do CPC."*
- **4. Enunciado 414 do FPPC.** *"O disposto no § 1º do artigo 191 refere-se ao juízo."*
- **5. Enunciado 494 do FPPC.** *"A admissibilidade de autocomposição não é requisito para o calendário processual."*
- **6. Enunciado 628 do FPPC.** *"As partes podem celebrar negócios jurídicos processuais na audiência de conciliação ou mediação."*
- **7. Enunciado 16 da I Jornada-CJF.** *"As disposições previstas nos arts. 190 e 191 do CPC poderão aplicar-se aos procedimentos previstos nas leis que tratam dos juizados especiais, desde que não ofendam os princípios e regras previstos nas Leis n. 9.099/1995, 10.259/2001 e 12.153/2009."*
- **8. Enunciado 113 da II Jornada-CJF.** *"As disposições previstas nos arts. 190 e 191 do CPC poderão ser aplicadas ao procedimento de recuperação judicial."*
- **9. Enunciado 10 do FNPP.** *"É possível a calendarização dos atos processuais em sede de execução fiscal e embargos."*
- **10. Enunciado 52 do FNPP.** *"O órgão de direção da advocacia pública pode estabelecer parâmetros para a fixação de calendário processual."*
- **11. Enunciado 100 do FNPP.** *"É possível a celebração de negócio jurídico processual versando sobre os meios de efetivação de políticas públicas em juízo."*
- **12. Enunciado 38 da ENFAM.** *"Somente as partes absolutamente capazes podem celebrar*

*convenção pré-processual atípica (arts. 190 e 191 do CPC/2015)."*

- **13. Enunciado 123 do FONAJE.** *"O art. 191 do CPC não se aplica aos processos cíveis que tramitam perante o Juizado Especial."*

## ▣ COMENTÁRIOS TEMÁTICOS

**14. Calendário processual.** As partes, juntamente com o juiz, podem calendarizar o procedimento, fixando datas para a realização dos atos processuais, que ficam todos agendados. É um negócio processual plurilateral típico, celebrado entre juiz, autor e réu, bem como, se houver, intervenientes.

**15. Finalidade do calendário processual.** O calendário permite às partes conhecer a possível duração do processo, com previsão cronológica do momento em que deve ser proferida a sentença. Além de instrumento destinado a acelerar o processo, o calendário processual é técnica que serve à organização e à previsibilidade do processo. A dispensa da intimação das partes é a principal finalidade do calendário processual.

**16. Calendário processual e duração razoável do processo.** A celebração do calendário processual contribui para concretização do princípio da duração razoável, evitando indefinição das datas para a prática dos atos sucessivos no processo. O calendário processual agiliza o curso do procedimento, na medida em que contribui para eliminar os chamados *tempos mortos* do processo. Celebrado o calendário, serão dispensadas as intimações ou publicações sucessivas dos atos processuais, eliminando uma série de atos cartorários: o término de um prazo para uma das partes já faz iniciar, desde logo, um outro prazo, destinado à outra parte. A instituição do calendário num processo civil é, efetivamente, fator de grande ganho de tempo, conspirando em favor da duração razoável.

**17. Atos sujeitos ao calendário processual.** O calendário processual normalmente se relaciona com a prática de atos instrutórios. Além dos atos instrutórios, é também possível estabelecer o calendário processual para a prática de atos postulatórios, a exemplo das razões finais, bem como para a prática de atos decisórios e executivos.

**18. Momento de definição do calendário.** O calendário pode ser estabelecido em qualquer etapa do procedimento, embora seja mais factível ou provável que se celebre na fase de organização e saneamento do processo (art. 357), a fim de se agendarem os atos instrutórios. É possível,

de todo modo, que o juiz designe uma audiência apenas para negociar com as partes a fixação do calendário, organizando melhor a realização dos futuros atos processuais.

**19. Impossibilidade de imposição do calendário.** O calendário processual é sempre negocial; não pode ser imposto pelo juiz. É negócio jurídico processual plurilateral, sendo necessário acordo de, pelo menos, três vontades: a do autor, a do réu e a do juiz. Se houver intervenientes, estes também devem integrar o negócio processual que fixa o calendário.

**20. Dispensa de intimação.** Estabelecido o calendário, dispensa-se a intimação das partes para a prática dos atos processuais que já foram agendados. Também não é mais necessária qualquer intimação para as audiências cujas datas tiverem sido agendadas no calendário.

**21. Calendário processual e ordem cronológica de julgamento.** Os juízes devem, preferencialmente, observar a ordem cronológica de conclusão para proferir sentenças (art. 12). Não é possível fixar, no calendário, uma data para a prolação da sentença sem observância da ordem cronológica, pois isso atinge terceiros que aguardam, na fila formada a partir das conclusões, as sentenças de seus processos. A compatibilização dessas regras pode operar-se de duas maneiras: (a) ou bem se entende que a sentença não é ato que possa ser inserido no calendário processual; (b) ou, no calendário, fica estabelecido que a sentença será proferida em audiência especificamente designada para tanto, com sua data já fixada no próprio calendário. É que a sentença proferida em audiência exclui-se da ordem cronológica (art. 12, § 2º, I). Esta última hipótese não parece adequada, havendo o risco de se considerar como uma fraude à lei. Adotada a ordem cronológica como meio de gestão, não será possível incluir a sentença no calendário.

**22. Calendário na prova pericial (art. 357, § 8º).** O calendário previsto no § 8º do art. 357, para a prova pericial, não se confunde com o calendário processual previsto no art. 191. Enquanto este último é fixado, de comum acordo, entre o juiz e as partes para quaisquer atos processuais e, uma vez estabelecido, vincula todos, dispensando as intimações dos atos agendados, o calendário da prova pericial é imposto pelo juiz, não dispensando as intimações. A prova pericial pode, todavia, integrar o calendário processual estabelecido, de comum acordo, entre o juiz e as partes, nos termos do art. 191; nessa hipótese, a prova pericial seria mais um ato a integrar o calendário processual.

# LIVRO IV · DOS ATOS PROCESSUAIS — Art. 192

**Art. 192.** Em todos os atos e termos do processo é obrigatório o uso da língua portuguesa.

Parágrafo único. O documento redigido em língua estrangeira somente poderá ser juntado aos autos quando acompanhado de versão para a língua portuguesa tramitada por via diplomática ou pela autoridade central, ou firmada por tradutor juramentado.

▶ **1. Correspondência no CPC/1973.** *"Art. 156. Em todos os atos e termos do processo é obrigatório o uso do vernáculo." "Art. 157. Só poderá ser junto aos autos documento redigido em língua estrangeira, quando acompanhado de versão em vernáculo, firmada por tradutor juramentado."*

## ⚖ Legislação Correlata

**2. CF, art. 13.** *"Art. 13. A língua portuguesa é o idioma oficial da República Federativa do Brasil (...)."*

**3. CC, art. 224.** *"Art. 224. Os documentos redigidos em língua estrangeira serão traduzidos para o português para ter efeitos legais no País."*

**4. Protocolo de Las Leñas (promulgado pelo Dec. 2.067/1996), arts. 26 e 27.** *"Artigo 26 Os documentos emanados de autoridades jurisdicionais ou outras autoridades de um dos Estados Partes, assim como as escrituras públicas e os documentos que certifiquem a validade, a data e a veracidade da assinatura ou a conformidade com o original, e que sejam tramitados por intermédio da Autoridade Central, ficam isentos de toda legalização, certificação ou formalidade análoga quando devam ser apresentados no território do outro Estado Parte." "Artigo 27 Cada Estado Parte remeterá, por intermédio da Autoridade Central, a pedido de outro Estado Parte e para fins exclusivamente públicos, os traslados ou certidões dos assentos dos registros de estado civil, sem nenhum custo."*

## ⚖ Jurisprudência, Enunciados e Súmulas Selecionados

• **5. Súmula STF, 259.** *"Para produzir efeito em juízo não é necessária a inscrição, no Registro Público, de documentos de procedência estrangeira, autenticados por via consular."*

## 🖹 Comentários Temáticos

**6. Uso obrigatório da língua portuguesa.** A língua portuguesa é o idioma oficial da República Federativa do Brasil (CF, art. 13). A atividade jurisdicional estatal é uma atividade oficial, que deve, portanto, ser exercida em língua portuguesa. É obrigatório, em todos os atos e termos do processo, o uso da língua portuguesa. O uso da língua portuguesa é obrigatório nas petições, contestação, arrazoados, despachos, decisões, nos documentos apresentados para a comprovação das alegações e nos termos lavrados pelo escrivão ou chefe de secretaria.

**7. Referência ou citação à doutrina estrangeira.** A referência ou citação de doutrina em outro idioma não viola a exigência feita no art. 192, desde que tal referência ou citação esteja conjugada com embasamento claro e suficiente na língua portuguesa.

**8. Negócio processual para afastar o uso da língua portuguesa. Impossibilidade.** Não é possível que as partes celebrem um negócio processual em que estabeleçam que determinados atos ou documentos sejam praticados em língua estrangeira, pois a língua portuguesa é o idioma oficial da República Federativa do Brasil (CF, art. 13), além de ser necessário, para que se cumpram as exigências de publicidade e fundamentação.

**9. Juntada de documento redigido em língua estrangeira.** A juntada aos autos de documento redigido em língua estrangeira somente pode realizar-se quando acompanhada de versão para a língua portuguesa tramitada por via diplomática ou pela autoridade central, ou firmada por tradutor juramentado. Considera-se autêntico o documento que instruir pedido de cooperação jurídica internacional, inclusive tradução para a língua portuguesa, quando encaminhado ao Estado brasileiro por meio de autoridade central ou por via diplomática, dispensando-se a juramentação, autenticação ou qualquer procedimento de legalização (art. 41).

**10. Nomeação de tradutor.** Se o ato for praticado em língua estrangeira, deve o juiz nomear um tradutor, que é um dos auxiliares da justiça (art. 149). O juiz, deve nomear intérprete ou tradutor quando necessário para traduzir documento redigido em língua estrangeira, para verter para o português as declarações das partes e das testemunhas que não conhecem o idioma nacional ou para realizar a interpretação simultânea dos depoimentos das partes e testemunhas com deficiência auditiva que se comuniquem por meio da Língua Brasileira de Sinais, ou equivalente, quando assim for solicitado.

**11. Gratuidade da justiça.** Se a parte interessada for beneficiária da justiça gratuita, estará liberada do dispêndio com a remuneração do tradutor, pois a gratuidade da justiça também compreende a remuneração do intérprete ou do tradutor nomeado para apresentação de versão em português de documento redigido em língua estrangeira (art. 98, § 1º, VI).

**12. Tradutor no procedimento especial de ratificação dos protestos marítimos e nos processos testemunháveis formados a bordo.** O art. 768 estabelece que o juiz deverá ouvir, sob compromisso a ser prestado no mesmo dia, o comandante e as testemunhas em número mínimo de duas e máximo de quatro, que deverão comparecer ao ato independentemente de intimação. Tratando-se de estrangeiros que não dominem a língua portuguesa, o autor deverá fazer-se acompanhar por tradutor, que prestará compromisso em audiência. Caso o autor não se faça acompanhar por tradutor, o juiz deverá nomear outro que preste compromisso em audiência.

**13. Dispensa do tradutor. Instrumentalidade das formas.** A dispensabilidade da tradução juramentada de documento redigido em língua estrangeira deve ser avaliada em razão dos elementos concretos contidos nos autos, da finalidade essencial do ato e da ausência de prejuízo para as partes ou para o processo.

**14. Petição inicial acompanhada de documento em língua estrangeira sem tradução. Oportunidade de sanação do vício.** Apresentado documento estrangeiro com a petição inicial sem tradução, deve ser determinada sua emenda para que se providencie a tradução.

## Seção II
## Da Prática Eletrônica de Atos Processuais

> **Art. 193.** Os atos processuais podem ser total ou parcialmente digitais, de forma a permitir que sejam produzidos, comunicados, armazenados e validados por meio eletrônico, na forma da lei.
> Parágrafo único. O disposto nesta Seção aplica-se, no que for cabível, à prática de atos notariais e de registro.

▶ **1. Correspondência no CPC/1973.** *"Art. 154. (...) Parágrafo único. Os tribunais, no âmbito da respectiva jurisdição, poderão disciplinar a prática e a comunicação oficial dos atos processuais por meios eletrônicos, atendidos os requisitos de autenticidade, integridade, validade jurídica e interoperabilidade da Infraestrutura de Chaves Públicas Brasileira – ICP – Brasil."*

## 🖳 LEGISLAÇÃO CORRELATA

**2. Lei 11.419/2006, art. 8º.** *"Art. 8º Os órgãos do Poder Judiciário poderão desenvolver sistemas eletrônicos de processamento de ações judiciais por meio de autos total ou parcialmente digitais, utilizando, preferencialmente, a rede mundial de computadores e acesso por meio de redes internas e externas."*

**3. Lei 9.800/1999.** Permite às partes a utilização de sistema de transmissão de dados para a prática de atos processuais.

**4. Res. 591/2024 CNJ, art. 1º.** *"Art. 1º Esta Resolução estabelece requisitos mínimos para a realização de sessões de julgamento eletrônico no Poder Judiciário. Parágrafo único. Para os fins desta Resolução, entende-se por sessão de julgamento eletrônico aquela ocorrida em ambiente virtual de forma assíncrona."*

**5. Res. 591/2024 CNJ, art. 2º.** *"Art. 2º Todos os processos jurisdicionais e administrativos em trâmite em órgãos colegiados poderão, a critério do relator, ser submetidos a julgamento eletrônico. Parágrafo único. O Regimento Interno do Tribunal ou Conselho poderá excepcionar a admissibilidade de julgamento eletrônico para determinados recursos, incidentes ou classes processuais."*

## ⚖ JURISPRUDÊNCIA, ENUNCIADOS E SÚMULAS SELECIONADOS

- **6. Enunciado 84 do FNPP.** *"A tempestividade dos atos processuais no âmbito dos Juizados Especiais pode ser comprovada por qualquer meio idôneo, inclusive eletrônico."*

- **7. Enunciado 88 do FNPP.** *"A pedido da Fazenda Pública, o Poder Judiciário deve realizar auditoria nos sistemas eletrônicos dos Juizados Especiais Federais ou Estaduais e da Fazenda Pública Estadual, sempre que se verificar divergência entre datas de intimações ou citações eletrônicas nos mencionados sistemas."*

- **8. Enunciado 89 do FNPP.** *"Nos autos eletrônicos, a ocorrência de falha técnica ou indisponibilidade do sistema que impossibilite a prática de atos processuais deverá ser certificada."*

## 🗈 COMENTÁRIOS TEMÁTICOS

**9. Prática eletrônica dos atos processuais.** O ato processual pode ser praticado por *meio* digital. Também pode ser digital a forma como o ato é *apresentado* ao órgão jurisdicional ou como é autuado. Os meios de comunicação processual

# LIVRO IV · DOS ATOS PROCESSUAIS — Art. 194

também podem ser digitais. O armazenamento e a validação dos atos podem, de igual modo, ser digitais. Os atos processuais podem ser produzidos, comunicados, armazenados e validados por meio eletrônico.

**10. Prática eletrônica "na forma da lei".** A prática eletrônica dos atos processuais há de ser feita na forma da lei. A informatização do processo judicial já está regulada pela Lei 11.419/2006, cujos dispositivos devem ser aplicados conjuntamente às normas contidas no Código de Processo Civil.

**11. Nomenclatura.** As expressões "digitais" e "eletrônico", embora representem conceitos distintos, são utilizadas indiscriminadamente nos referidos dispositivos legais. O ato processual pode ser praticado por qualquer das duas formas, seja digital, seja eletrônica, sendo existente, válido e eficaz. A tecnologia há de ser utilizada para aperfeiçoamento da forma como os atos são praticados. O processo eletrônico é mero suporte, consistindo numa plataforma mais ágil para a prática dos atos processuais.

**12. Autos do processo.** Os *autos* podem ser total ou parcialmente digitais, permitindo que abranjam tanto *atos* representados por papel como atos representados por arquivos digitais. Nesse sentido, o § 1º do art. 209 alude a "processo total ou parcialmente documentado em autos eletrônicos". O art. 943 autoriza o uso de meio eletrônico para assinar "os votos, os acórdãos e os demais atos processuais", que devem ser impressos para serem juntados em autos não eletrônicos.

**13. Atos processuais total ou parcialmente eletrônicos.** O processo pode ser todo eletrônico ou pode tramitar em autos de papel, tendo neles a prática de alguns atos eletrônicos, como intimações e demais comunicações processuais, por exemplo. A prática eletrônica de atos processuais não existe apenas no processo eletrônico. É possível, num processo não eletrônico, a prática de processuais eletrônicos. A Lei 11.419/2006 já previa as intimações eletrônicas, que podem ser realizadas em processos eletrônicos ou não. Seu art. 8º já estabelecia que os autos podem ser, total ou parcialmente, eletrônicos. A prática eletrônica de atos processuais deve ser feita, preferencialmente, pela rede mundial de computadores – Internet.

**14. Rol exemplificativo de ações.** Os atos processuais podem ser "produzidos, comunicados, armazenados e validados" por meio eletrônico. Esse é um rol meramente exemplificativo. Todas as ações relacionadas com a prática de atos pro-

cessuais estão autorizadas a serem realizadas por meio eletrônico, na forma da lei. É permitida a substituição de meios não eletrônicos, preponderantemente o papel, por meios digitais para a prática de atos processuais em geral. A prática de atos eletrônicos permite um ganho considerável de rendimento, atendendo ao princípio da eficiência na gestão dos processos judiciais.

**15. O sentido da expressão "validar".** O termo "validados" não está, na disposição legal, num sentido jurídico-dogmático, mas num sentido técnico-informático. No jargão técnico dos profissionais da informática ou da tecnologia da informação, *validação* é a ação de testar a conformidade de programas, bases de dados ou arquivos. No texto normativo, tal como empregado, pode ser compreendido como *conferidos*, de modo que "validar" aí é "conferir". Os atos processuais podem ser conferidos, confirmados, checados eletronicamente. Validar, no texto do art. 193, não tem o sentido da qualidade do ato jurídico que preenche requisitos legais.

**16. Atos notariais e de registro.** Os serviços notariais e de registro destinam-se a garantir a publicidade, autenticidade, segurança e eficácia dos atos jurídicos, sendo prestados, mediante delegação, pelo notário, tabelião e registrador, profissionais do direito, dotados de fé pública. Os serviços notariais e de registro são prestados, de modo adequado e eficiente, em local de fácil acesso ao público, que ofereça segurança para o arquivamento dos livros e documentos. Os meios digitais e eletrônicos contribuem para o atendimento de tais finalidades, devendo ser utilizados para a prática de atos notariais e registrais.

**17. Responsabilidade da parte pelo envio regular da petição.** "*Nos termos da jurisprudência deste Superior Tribunal de Justiça, o envio regular da petição é de responsabilidade exclusiva da parte que utiliza o sistema de processamento eletrônico, de modo que a sua incompletude inviabiliza o conhecimento do recurso, não sendo possível a sua regularização posterior*" (STJ, Corte Especial, AgInt nos EAREsp 148.586/RS, rel. Min. Mauro Campbell Marques, *DJe* 11.10.2016). No mesmo sentido: STJ, 4ª Turma, EDcl no AgInt nos EDcl no AREsp 178.790/RS, rel. Min. Maria Isabel Gallotti, *DJe* 20.04.2018.

---

**Art. 194.** Os sistemas de automação processual respeitarão a publicidade dos atos, o acesso e a participação das partes e de seus procuradores, inclusive nas audiências e sessões de julgamento, observadas as garantias da disponibilidade, independência da plataforma computacional,

# Art. 194

CÓDIGO DE PROCESSO CIVIL COMENTADO – *Leonardo Carneiro da Cunha*

acessibilidade e interoperabilidade dos sistemas, serviços, dados e informações que o Poder Judiciário administre no exercício de suas funções.

▶ **1. Sem correspondência no CPC/1973.**

## 🏛 LEGISLAÇÃO CORRELATA

**2. Lei 11.419/2006, art. 11, § 6º.** "*§ 6º Os documentos digitalizados juntados em processo eletrônico somente estarão disponíveis para acesso por meio da rede externa para suas respectivas partes processuais e para o Ministério Público, respeitado o disposto em lei para as situações de sigilo e de segredo de justiça.*"

**3. Res. 121/2010 do CNJ.** Dispõe sobre a divulgação de dados processuais eletrônicos na rede mundial de computadores, expedição de certidões judiciais e dá outras providências.

## ⚖ JURISPRUDÊNCIA, ENUNCIADOS E SÚMULAS SELECIONADOS

- **4. Enunciado 263 do FPPC.** "*A mera juntada de decisão aos autos eletrônicos não necessariamente lhe confere publicidade em relação a terceiros.*"
- **5. Enunciado 264 do FPPC.** "*Salvo hipóteses de segredo de justiça, nos processos em que se realizem intimações exclusivamente por portal eletrônico, deve ser garantida ampla publicidade aos autos eletrônicos, assegurado o acesso a qualquer um.*"
- **6. Enunciado 265 do FPPC.** "*É possível haver documentos transitoriamente confidenciais no processo eletrônico.*"
- **7. Enunciado 89 do FNPP.** "*Nos autos eletrônicos, a ocorrência de falha técnica ou indisponibilidade do sistema que impossibilite a prática de atos processuais deverá ser certificada.*"

## 🗎 COMENTÁRIOS TEMÁTICOS

**8. Destinatários da norma.** O dispositivo destina-se ao administrador judicial, que deverá zelar para que o programa adotado pelo Poder Judiciário atenda a essas exigências e tenha funcionalidade adequada e suficiente para permitir que possam ser perfeitamente aplicadas as garantias fundamentais do processo. Embora a norma se destine precipuamente a administradores judiciais, é inegável que ela tem reflexos no processo. Não observada a publicidade, poderá haver invalidade ou consequências a serem observadas pelo juiz no caso concreto. É possível que, por deficiência do sistema, a parte não te-

nha acesso ao conteúdo dos autos, ou não tome ciência da prática de um ato ou da prolação de uma decisão, ou, até mesmo, não consiga praticar o ato. Em hipóteses como essa, pode-se desconsiderar a preclusão e restituir o prazo eventualmente perdido ou permitir a prática do ato pelo meio não eletrônico (art. 223, § 2º), vindo a ser posteriormente digitalizado e inserido aos autos.

**9. Respeito aos direitos fundamentais.** A prática eletrônica de atos processuais não pode acarretar desrespeito às normas fundamentais do processo.

**10. Princípio da publicidade.** Os atos processuais devem ser públicos, pois processo devido é processo público. É indiferente se os autos são eletrônicos ou não. Em qualquer processo judicial, a publicidade deve ser respeitada, a não ser que seja caso de segredo de justiça.

**11. Princípio do contraditório.** Os sistemas de automação processual respeitarão o acesso e a participação das partes e de seus procuradores, inclusive nas audiências e sessões de julgamento. É preciso garantir o contraditório no processo eletrônico. Contraditório é *participação*. E, para participar, é preciso ter acesso ao processo, ao seu conteúdo, aos atos nele praticados, às decisões nele proferidas etc. Os sistemas de automação processual não devem impedir ou dificultar o acesso ao processo, devendo, ao contrário, ampliar a facilitação de acesso aos autos pelas partes e seus procuradores.

**12. Vedação a surpresas.** O respeito ao contraditório impõe que se proíbam surpresas. Não somente as decisões-surpresa devem ser coibidas, mas também a mudança repentina das regras procedimentais adotadas no caso. Logo, o modo de operação do sistema não pode ser alterado repentinamente, sem prévio e suficiente aviso, com explicação adequada de como operar o novo sistema adotado. O descumprimento dessa exigência pode impedir a prática do ato processual, devendo ser considerado justa causa a impedir a preclusão e a justificar a restituição do prazo à parte prejudicada.

**13. Audiências e sessões de julgamento.** Partes e procuradores devem ter, em tais ocasiões, irrestrito acesso aos atos ali praticados, devendo-lhes ser disponibilizado o inteiro teor dos autos digitais. O acesso aos depoimentos deve ser direto e imediato, a fim de facilitar a manifestação na audiência ou na sessão de julgamento, sobretudo em caso de razões finais. O art. 367, § 5º, estabelece que a audiência poderá ser integralmente gravada em imagem e em áudio, em meio digital ou analógico, *desde que*

# LIVRO IV · DOS ATOS PROCESSUAIS — Art. 195

assegure o *rápido* acesso das partes e dos órgãos julgadores. O acesso há de ser rápido, a fim de não prejudicar nem comprometer o contraditório nem a ampla defesa.

**14. Conceitos técnico-informáticos.** O dispositivo utiliza conceitos e expressões próprios da informática. Devem ser observadas as garantias da disponibilidade, independência da plataforma computacional, acessibilidade e interoperabilidade dos sistemas, serviços, dados e informações que o Poder Judiciário administre.

**15. Disponibilidade.** É a qualidade de sistemas que funcionam ininterruptamente, que trabalham, no jargão informático, em regime de 24 por 7 por 365, ou seja, operam 24 horas por dia, 7 dias por semana, durante todos os 365 dias do ano. Enfim, *disponível* é o sistema que, ao longo de um ano, sofre apenas alguns poucos momentos ou picos de indisponibilidade, ou seja, ao longo de um ano, sofre poucas quedas em alguns minutos ou algumas horas. A garantia de disponibilidade é relevante e produz efeitos jurídicos no processo. Nos termos do § 2º do art. 10 da Lei 11.419/2006, se o sistema do Poder Judiciário tornar-se indisponível por motivo técnico, o prazo fica automaticamente prorrogado para o primeiro dia útil seguinte à resolução do problema. Nesse mesmo sentido, o § 1º do art. 224 do CPC dispõe que *"os dias do começo e do vencimento do prazo serão protraídos para o primeiro dia útil seguinte, se (...) houver indisponibilidade da comunicação eletrônica"*.

**16. Independência da plataforma computacional.** Os sistemas informáticos judiciais devem seguir padrões gerais de comunicação comumente utilizados na Internet, para acesso remoto das partes, procuradores e demais interessados, não importando o tipo de sistema operacional, *hardware* ou *software* que eles utilizem. Qualquer mecanismo que possa acessar à Internet deve poder, sem outras instalações ou configurações, comunicar-se com os sistemas informáticos judiciais, examinar os autos e apresentar, remotamente, petições, defesas, recursos e quaisquer manifestações.

**17. Interoperabilidade.** Os sistemas devem poder comunicar-se entre si, trocar arquivos e acessar seu teor. Daí a necessidade de serem usados padrões abertos, tal como preveem o art. 14 da Lei 11.419/2006, e o art. 195 do CPC. Não se deve exigir das partes, de seus procuradores ou de quem deseje acessar o sistema informático judicial a aquisição ou instalação de componentes específicos. Qualquer componente que permita acesso à Internet deve ser igualmente acessível ao sistema judicial.

**18. Acessibilidade.** É facilitação do uso do sistema informático judicial por pessoas portadoras de necessidades especiais, garantia que é reforçada pelo disposto no art. 199. Aos portadores de necessidades especiais, sobretudo as deficiências de visão, deve ser assegurado o uso do sistema informático judicial, com acesso facilitado.

> **Art. 195.** O registro de ato processual eletrônico deverá ser feito em padrões abertos, que atenderão aos requisitos de autenticidade, integridade, temporalidade, não repúdio, conservação e, nos casos que tramitem em segredo de justiça, confidencialidade, observada a infraestrutura de chaves públicas unificada nacionalmente, nos termos da lei.

▶ **1. Sem correspondência no CPC/1973.**

## 🏛 LEGISLAÇÃO CORRELATA

**2. Lei 11.419/2006, art. 14.** *"Art. 14. Os sistemas a serem desenvolvidos pelos órgãos do Poder Judiciário deverão usar, preferencialmente, programas com código aberto, acessíveis ininterruptamente por meio da rede mundial de computadores, priorizando-se a sua padronização."*

**3. Res. 591/2024 CNJ, art. 3º.** *"Art. 3º Os julgamentos eletrônicos serão públicos, com acesso direto, em tempo real e disponíveis a qualquer pessoa, por meio do sítio eletrônico próprio designado pelo Tribunal. Parágrafo único. As sessões virtuais jurisdicionais serão realizadas em periodicidade a ser definida e previamente divulgada pelo órgão colegiado competente."*

## 🗐 COMENTÁRIOS TEMÁTICOS

**4. Conceitos técnico-informáticos.** A partir de conceitos técnico-informáticos, alguns relacionados com a segurança da informação, o dispositivo destina-se a definir o modo de ser dos sistemas processuais eletrônicos. O termo "registro do ato processual" refere-se não apenas a registros marginais, como fichas de acompanhamento ou outras formas de gestão e controle, mas também à autuação digital. É que o dispositivo menciona padrões abertos, o que leva ao uso de assinaturas digitais, aludindo, ainda, a autenticidade e integridade e a segredo de justiça. A referência a tudo isso conduz necessariamente ao registro que se relacione com a autuação digital.

**4.1. Autenticidade.** Exige-se a assinatura eletrônica para que se comprove que o subscritor do ato é realmente seu autor.

**4.2. Integridade.** Expressão importada da literatura informática, mais propriamente da segurança da informação, que se apresenta como antônimo de *falsidade*. O documento íntegro é o documento verdadeiro, que não contenha falsidade.

**4.3. Ato processual autêntico e íntegro.** É aquele não adulterado, cuja autoria é verdadeira.

**4.4. Não repúdio.** Relaciona-se com relaciona com a criptografia e a assinatura digital. Significa higidez da assinatura digital, a partir da conferência de algoritmos de determinada chave pública com a correspondente chave privada.

**4.5. Temporalidade.** É o tempo de permanência de um ato ou documento num arquivo.

**5. Sentido geral do dispositivo.** O padrão aberto a ser utilizado deve permitir a atribuição do ato eletrônico à determinada pessoa (autenticidade), que as informações constantes do registro não foram alteradas indevidamente (integridade), com a garantia de identificação da data e hora em que os eventos são realizados (temporalidade), evitando ainda que o responsável pelo ato possa negar a sua prática (não repúdio).

**6. Certificação digital e a infraestrutura de chaves públicas – ICP-Brasil.** A opção pelo uso dos padrões abertos assegura que quaisquer outros sistemas possam comunicar-se, sem dificuldade, com os sistemas judiciais, permitindo a compreensão de suas informações, independentemente da plataforma computacional utilizada pelos outros sujeitos, contribuindo, assim, para sua interoperabilidade e acessibilidade. A certificação digital é requisito de validade do ato processual eletrônico.

**7. Confidencialidade e segredo de justiça.** O princípio da publicidade impõe que se permita o acesso irrestrito de todos aos atos processuais. Há casos de segredo de justiça (art. 189). Em tais casos, o acesso à informação deve ser limitado às partes e seus procuradores (art. 189, § 1º). O segredo de justiça é, porém, exceção.

> **Art. 196.** Compete ao Conselho Nacional de Justiça e, supletivamente, aos tribunais, regulamentar a prática e a comunicação oficial de atos processuais por meio eletrônico e velar pela compatibilidade dos sistemas, disciplinando a incorporação progressiva de novos avanços tecnológicos e editando, para esse fim, os atos que forem necessários, respeitadas as normas fundamentais deste Código.

▶ **1. Sem correspondência no CPC/1973.**

**🗐 Legislação Correlata**

**2. Lei 11.419/2006.** Dispõe sobre a informatização do processo judicial.

**3. Res. 185/2013 do CNJ.** Institui o Sistema Processo Judicial Eletrônico – PJe como sistema de processamento de informações e prática de atos processuais e estabelece os parâmetros para sua implementação e funcionamento.

**4. Res. 91/2009 do CNJ.** Institui o Modelo de Requisitos para Sistemas Informatizados de Gestão de Processos e Documentos do Poder Judiciário e disciplina a obrigatoriedade da sua utilização no desenvolvimento e manutenção de sistemas informatizados para as atividades judiciárias e administrativas no âmbito do Poder Judiciário.

**🗐 Comentários Temáticos**

**5. Princípio da legalidade e poder regulamentar do CNJ e dos tribunais.** O CNJ e os tribunais têm apenas poder regulamentar, e não o de editar normas processuais, que acarretem situações jurídicas processuais, ou seja, que gerem direitos, deveres, ônus, poderes, sujeições e faculdades processuais. De igual modo, o CNJ e os tribunais não dispõem de competência para estabelecer procedimentos a serem observados no processo judicial, o que deve ser feito por lei federal, com alterações convencionadas pelas partes mediante negócios processuais.

**6. Regulamentação do uso da informática pelo Poder Judiciário.** Não cabe ao CNJ, nem aos tribunais legislar em matéria processual. Assim, por exemplo, a citação por meio eletrônico está prevista no CPC e deve ser regulamentada por lei (art. 246, V), não cabendo ao CNJ nem aos tribunais realizar essa regulamentação. É possível ao CNJ e aos tribunais regulamentar o uso de sistemas informáticos dentro de sua estrutura, buscando a padronização de regras e rotinas operacionais, ainda que os sistemas não sejam idênticos. A regulamentação a ser feita pelo Poder Judiciário concerne à administração do órgão judicial, não podendo criar, modificar ou extinguir direitos, deveres, poderes, ônus, sujeições e faculdades processuais. Para isso, exige-se previsão legal.

> **Art. 197.** Os tribunais divulgarão as informações constantes de seu sistema de automação em página própria na rede mundial de computadores, gozando a divulgação de presunção de veracidade e confiabilidade.

# LIVRO IV · DOS ATOS PROCESSUAIS

## Art. 198

Parágrafo único. Nos casos de problema técnico do sistema e de erro ou omissão do auxiliar da justiça responsável pelo registro dos andamentos, poderá ser configurada a justa causa prevista no art. 223, *caput* e § 1º.

▶ **1. Sem correspondência no CPC/1973.**

### 🗎 Legislação Correlata

**2. Lei 11.419/2006, art. 10, § 2º.** *"Art. 10 (...) § 2º No caso do § 1º deste artigo, se o Sistema do Poder Judiciário se tornar indisponível por motivo técnico, o prazo fica automaticamente prorrogado para o primeiro dia útil seguinte à resolução do problema."*

### ⚖ Jurisprudência, Enunciados e Súmulas Selecionados

- **3. Enunciado 88 do FNPP.** *"A pedido da Fazenda Pública, o Poder Judiciário deve realizar auditoria nos sistemas eletrônicos dos Juizados Especiais Federais ou Estaduais e da Fazenda Pública Estadual, sempre que se verificar divergência entre datas de intimações ou citações eletrônicas nos mencionados sistemas."*
- **4. Enunciado 89 do FNPP.** *"Nos autos eletrônicos, a ocorrência de falha técnica ou indisponibilidade do sistema que impossibilite a prática de atos processuais deverá ser certificada."*

### 🖵 Comentários Temáticos

**5. Informações constantes dos sites dos tribunais. Presunção de veracidade e confiabilidade.** As informações prestadas pelos tribunais, em seus sistemas de automação em página própria mantida na Internet, devem ser consideradas autênticas, verdadeiras e confiáveis. Se determinada informação foi ali postada, ela pode – e deve – ser utilizada no processo judicial como elemento comprobatório do fato a que alude a própria informação. Qualquer informação contida no *site* do tribunal sobre o andamento do processo deve ser levada em conta. A constatação de eventual erro não pode prejudicar a parte, o advogado, o usuário do sistema ou quem quer que precise e tenha confiado naquela informação.

**6. Eficácia probatória da informação contida no site do tribunal.** Tais informações podem ser apresentadas em juízo, a fim de instruírem petições, defesas, recursos e quaisquer manifestações, comprovando a alegação ali utilizada. Elas gozam de presunção de veracidade e confiabilidade.

**7. Divulgação de decisão judicial e fluência do prazo.** A divulgação de decisão judicial no sistema de automação em página própria do tribunal mantida na Internet ou na informação no andamento do processo eletrônico não equivale a uma intimação, nem faz ter início a contagem do prazo para a prática de qualquer ato processual. A simples divulgação da decisão não consiste numa intimação, nem em marco temporal para contagem de prazo.

**8. Problema técnico como justa causa impedir reconhecimento de preclusão.** Problemas técnicos no sistema, erro e omissão de informações configuram justa causa para que não se configure a preclusão, não ocasionando a perda do prazo que, a depender da hipótese, poderá ser restituído à parte que se prejudicou com o problema, o erro ou a omissão.

**9. Presunção de veracidade e confiabilidade das informações divulgadas pelos sistemas dos tribunais.** *"As informações divulgadas pelo sistema de automação dos tribunais gozam de presunção de veracidade e confiabilidade, haja vista a legítima expectativa criada no advogado, devendo-se preservar a sua boa-fé e confiança na informação que foi divulgada. É de se ter, por outro lado, que, para fins de justa causa, a dúvida deve ser razoável"* (STJ, 4ª Turma, AgInt no REsp 1.694.174/TO, rel. Min. Luis Felipe Salomão, *DJe* 11.09.2018). No mesmo sentido: *"5. Deve-se levar em conta que as informações divulgadas pelos sistemas de automação dos tribunais gozam de presunção de veracidade e confiabilidade, haja vista a legítima expectativa criada no advogado, devendo-se preservar a sua boa-fé e confiança na informação que foi divulgada. 6. No caso em apreço, verifica-se que a parte recorrida, lastreada em errônea informação emitida pelo próprio Sodalício estadual, interpôs a apelação um dia após o prazo legal, o que não configura erro grosseiro a ponto de afastar a regra do art. 197 do CPC/2015"* (STJ, 4ª Turma, AgInt no AREsp 1.510.350/MS, rel. Min. Luis Felipe Salomão, *DJe* 08.11.2019).

**Art. 198.** As unidades do Poder Judiciário deverão manter gratuitamente, à disposição dos interessados, equipamentos necessários à prática de atos processuais e à consulta e ao acesso ao sistema e aos documentos dele constantes.

Parágrafo único. Será admitida a prática de atos por meio não eletrônico no local onde não estiverem disponibilizados os equipamentos previstos no *caput*.

▶ **1. Sem correspondência no CPC/1973.**

## LEGISLAÇÃO CORRELATA

**2. Lei 11.419/2006, art. 10, § 3º.** *"Art. 10 (...) § 3º Os órgãos do Poder Judiciário deverão manter equipamentos de digitalização e de acesso à rede mundial de computadores à disposição dos interessados para distribuição de peças processuais."*

**3. Recomendação 101/2021 do CNJ.** *Recomenda aos tribunais brasileiros a adoção de medidas específicas para o fim de garantir o acesso à Justiça aos excluídos digitais.*

**4. Res. 508/2023 CNJ.** *Dispõe sobre a instalação de Pontos de Inclusão Digital (PID) pelo Poder Judiciário.*

## COMENTÁRIOS TEMÁTICOS

**5. Dever de disponibilizar, gratuitamente, equipamentos para prática eletrônica de atos processuais.** Ao implantar o processo eletrônico e obrigar sua adoção, o Poder Judiciário assume, por outro lado, o dever de disponibilizar, gratuitamente, aos interessados equipamentos necessários à prática de atos processuais, bem como à consulta e ao acesso ao sistema e aos documentos dele constantes. Nem todas as pessoas têm condições materiais e financeiras de manter, às suas próprias expensas, equipamentos que permitam acesso à Internet e ao sistema de automação processual. Para que o usuário dos serviços jurisdicionais possa utilizar esses equipamentos, não é necessário que comprove efetiva necessidade ou impossibilidade de utilização de equipamentos próprios. Qualquer um que precise utilizar os equipamentos deve tê-los à sua disposição nas unidades do Poder Judiciário.

**6. Admissão da prática de atos processuais por meio não eletrônico.** Se determinada unidade do Poder Judiciário não disponibilizar, gratuitamente, ao interessado equipamentos para a prática eletrônica de atos processuais, deverá permitir que ele assim o faça por meio não eletrônico, viabilizando, assim, o pleno acesso à justiça. Os portadores de necessidades especiais que não consigam, em razão de sua deficiência, consumar a prática eletrônica de atos processuais por insuficiência do sistema ou por falta de acessibilidade compatível com sua deficiência, poderão praticar os atos processuais por meio não eletrônico. Não sendo disponibilizados, gratuitamente, os equipamentos para a prática eletrônica dos atos processuais, a parte terá o direito de apresentar petição em papel, que deverá ser recebida pelo protocolo da respectiva unidade jurisdicional.

**Art. 199.** As unidades do Poder Judiciário assegurarão às pessoas com deficiência acessibilidade aos seus sítios na rede mundial de computadores, ao meio eletrônico de prática de atos judiciais, à comunicação eletrônica dos atos processuais e à assinatura eletrônica.

▶ **1. Sem correspondência no CPC/1973.**

## LEGISLAÇÃO CORRELATA

**2. Lei 13.146/2015, art. 80.** *"Art. 80. Devem ser oferecidos todos os recursos de tecnologia assistiva disponíveis para que a pessoa com deficiência tenha garantido o acesso à justiça, sempre que figure em um dos polos da ação ou atue como testemunha, partícipe da lide posta em juízo, advogado, defensor público, magistrado ou membro do Ministério Público. Parágrafo único. A pessoa com deficiência tem garantido o acesso ao conteúdo de todos os atos processuais de seu interesse, inclusive no exercício da advocacia."*

## COMENTÁRIOS TEMÁTICOS

**3. Acesso à justiça, igualdade, dignidade humana, contraditório e acessibilidade de pessoas com necessidades especiais.** A acessibilidade permite eliminar restrições de acesso à justiça, garantindo a amplitude que se lhe deve conferir. Sem restrição e com acessibilidade, os portadores de necessidades especiais têm o acesso à justiça ampliado e assegurado. Ao assegurar a acessibilidade, o dispositivo zela pelo efetivo contraditório, reequilibrando as desigualdades eventualmente existentes no processo. A disposição concretiza os princípios da igualdade e do contraditório. Para quem tem deficiência física, o processo eletrônico é, enfim, naturalmente benéfico e inclusivo. De onde estiver, em frente ao seu computador ou a outro dispositivo que permita acesso à Internet, a parte ou seu advogado pode consultar os autos do processo, apresentar petições, defesas, recursos ou manifestações, efetuar pesquisas de legislação, de doutrina e de jurisprudência e, ainda, realizar audiências ou sustentações orais por videoconferência ou outro recurso tecnológico de transmissão de sons e imagens em tempo real (art. 236, § 3º).

**4. Objeto específico do dispositivo: pessoas com deficiência de visão.** Os órgãos do Poder Judiciário devem assegurar às pessoas com dificuldades de visão acessibilidade aos seus sítios mantidos na Internet, ao meio eletrônico de prática de atos judiciais, à comunicação eletrônica dos atos processuais e à assinatura

## LIVRO IV · DOS ATOS PROCESSUAIS — Art. 200

eletrônica. Devem utilizar tecnologias de leitura por voz sintetizada, aliadas a *softwares* leitores (*screen readers* ou leitores de tela), permitindo que a informação dos sítios seja toda oferecida em formato texto, a fim de evitar palavras inseridas em imagens, não identificadas pelo leitor automático.

**5. Assinaturas digitais e usuários deficientes visuais e auditivos.** Todos os usuários devem utilizar, obrigatoriamente, a assinatura digital com a certificação digital, que contém um nível de segurança bem maior na autenticidade digital, quando comparado ao simples credenciamento ou cadastramento com *login* e senha. É preciso que se aperfeiçoe o sistema para permitir aos usuários portadores de necessidade visual ou auditiva o pleno acesso ao conteúdo do processo eletrônico, com possibilidade de assinatura eletrônica, certificada digitalmente.

### Seção III
### Dos Atos das Partes

**Art. 200.** Os atos das partes consistentes em declarações unilaterais ou bilaterais de vontade produzem imediatamente a constituição, modificação ou extinção de direitos processuais.
Parágrafo único. A desistência da ação só produzirá efeitos após homologação judicial.

▶ **1. Correspondência no CPC/1973.** *"Art. 158. Os atos das partes, consistentes em declarações unilaterais de vontade, produzem imediatamente a constituição, a modificação ou a extinção de direitos processuais. Parágrafo único. A desistência da ação só produzirá efeito depois de homologada por sentença."*

### ⚖ Jurisprudência, Enunciados e Súmulas Selecionados

• **2. Enunciado 133 do FPPC.** *"Salvo nos casos expressamente previstos em lei, os negócios processuais do* caput *do art. 190 não dependem de homologação judicial."*

• **3. Enunciado 260 do FPPC.** *"A homologação, pelo juiz, da convenção processual, quando prevista em lei, corresponde a uma condição de eficácia do negócio."*

• **4. Enunciado 261 do FPPC.** *"O art. 200 aplica-se tanto aos negócios unilaterais quanto aos bilaterais, incluindo as convenções processuais do art. 190."*

• **5. Enunciado 495 do FPPC.** *"O distrato do negócio processual homologado por exigência legal depende de homologação."*

• **6. Enunciado 115 da II Jornada-CJF.** *"O negócio jurídico processual somente se submeterá à homologação quando expressamente exigido em norma jurídica, admitindo-se, em todo caso, o controle da validade da convenção."*

• **7. Enunciado 152 da II Jornada-CJF.** *"O pacto de impenhorabilidade (arts. 190, 200 e 833, I) produz efeitos entre as partes, não alcançando terceiros."*

• **8. Enunciado 100 do FNPP.** *"É possível a celebração de negócio jurídico processual versando sobre os meios de efetivação de políticas públicas em juízo."*

### ▣ Comentários Temáticos

**9. Eficácia dos atos e negócios processuais.** Os atos e negócios processuais produzem efeitos imediatos, sem necessidade de homologação pelo juiz. O juiz não precisa, em regra, participar do ato ou do negócio para que este produza efeitos.

**10. Direitos e situações jurídicas processuais.** Um ato ou negócio que produz efeitos no processo cria, modifica ou extingue direitos processuais, mas também cria, modifica ou extingue faculdades, poderes, deveres e ônus. Em outras palavras, o ato ou negócio processual produz situações jurídicas processuais; esses efeitos são, em regra, imediatos, não carecendo do concurso da vontade do juiz, nem da homologação por ele.

**11. Manifestações unilaterais ou bilaterais de vontade.** Os atos e negócios praticados pelas partes podem ser *unilaterais* ou *bilaterais*. São *unilaterais* os atos ou negócios da parte que independem da concordância da parte contrária. Já os *bilaterais* assim se identificam, quando, para serem praticados pela parte, dependem da confluência da manifestação de vontade da parte contrária, a exemplo do que sucede com a *transação*.

**12. A desistência da ação.** A desistência da ação é um negócio jurídico processual. Para ser manifestada, é preciso que o advogado do autor detenha poderes especiais para tanto (art. 105). A desistência da ação há de ser homologada pelo juiz (art. 200, parágrafo único) para que produza seu efeito de extinguir o processo sem resolução do mérito (art. 485, VIII). Enquanto não apresentada a contestação, o autor poderá, unilateralmente, desistir da ação (art. 485, § 4º). A partir de tal momento, ou seja, depois

**Art. 201** CÓDIGO DE PROCESSO CIVIL COMENTADO – *Leonardo Carneiro da Cunha*

da contestação do réu, o autor somente poderá desistir da ação, se contar com a concordância daquele. O negócio é unilateral, ainda que o réu já tenha sido citado, mas ainda não apresentado contestação. Uma vez apresentada contestação, o autor somente poderá desistir da ação, caso o réu com ela manifeste sua concordância. Vale dizer que, depois desse momento, o negócio, que era unilateral, passa a ser bilateral, exigindo a confluência das manifestações de vontade do autor e do réu. Na hipótese de ainda não ter escoado todo o prazo para contestação, mas já tendo ela sido apresentada, a desistência da ação deverá contar com a concordância do réu, sob pena de não poder ser homologada pelo juiz. Não é necessário contar com a concordância do réu para a desistência da ação, na eventualidade de haver *revelia*. Apenas se exige a aquiescência do réu quanto à desistência da ação, caso ele tenha efetivamente oferecido contestação no prazo legal. Homologada a desistência da ação, sua extinção não atinge a reconvenção intentada pelo réu, que deve prosseguir normalmente (art. 343, § 2º).

**13. Outros negócios processuais que devem ser homologados.** A autocomposição ou transação, para produzir o efeito de extinguir o processo, há de ser homologada pelo juiz (arts. 334, § 11, 487, III, *b*). O saneamento consensual também deve ser homologado pelo juiz (art. 357, § 2º). O reconhecimento da procedência do pedido (art. 487, III, *a*) e a renúncia à pretensão (art. 487, III, *c*) são, igualmente, negócios que precisam ser homologados para produzirem efeitos processuais.

**14. Desistência do recurso: eficácia imediata.** Contrariamente à desistência da ação, a desistência do recurso não depende de homologação judicial. Manifestada desistência do recurso, seus efeitos são produzidos imediatamente. A desistência consiste na revogação do ato praticado anteriormente. Desistir do recurso é revogar a manifestação de vontade estratificada no ato de interposição do recurso. Com a desistência do recurso, o tribunal não pode mais julgá-lo, por deixar de existir.

**15. Desistência da ação ou do recurso em IRDR.** Instaurado IRDR, a desistência da correspondente ação ou recurso não impede o exame do mérito do incidente (art. 976, § 1º).

**16. Desistência de recurso repetitivo.** O julgamento de casos repetitivos abrange o IRDR e os Recursos Repetitivos (art. 928). Logo, o § 1º do art. 976 também se aplica aos recursos repetitivos, ou seja, havendo desistência do recurso escolhido para julgamento por amostragem, o tribunal deverá, ainda assim, fixar a tese a ser aplicada a todos os demais que ficaram sobrestados aguardando a definição do entendimento pelo tribunal superior.

**17. Impossibilidade de arrependimento unilateral da transação.** *"Uma vez concluída a transação, impossível é a qualquer das partes o arrependimento unilateral, mesmo que ainda não tenha sido homologado o acordo em Juízo. Ultimado o ajuste de vontade, por instrumento particular ou público, inclusive por termo nos autos, as suas cláusulas ou condições obrigam definitivamente os contraentes, de sorte que sua rescisão só se torna possível 'por dolo, coação, ou erro essencial quanto à pessoa ou coisa controversa' (Código Civil de 2002, art. 849; CC de 1916, art. 1.030)"* (STJ, 4ª Turma, REsp 1.558.015/PR, rel. Min. Luis Felipe Salomão, *DJe* 23.10.2017).

---

**Art. 201.** As partes poderão exigir recibo de petições, arrazoados, papéis e documentos que entregarem em cartório.

▶ **1. Correspondência no CPC/1973.** *"Art. 160. Poderão as partes exigir recibo de petições, arrazoados, papéis e documentos que entregarem em cartório."*

### 🏛 LEGISLAÇÃO CORRELATA

**2. Lei 11.419/2006, art. 10.** *"Art. 10. A distribuição da petição inicial e a juntada da contestação, dos recursos e das petições em geral, todos em formato digital, nos autos de processo eletrônico, podem ser feitas diretamente pelos advogados públicos e provados, sem necessidade da intervenção do cartório ou secretaria judicial, situação em que a autuação deverá se dar de forma automática, fornecendo-se recibo eletrônico de protocolo. (...)"*

**3. Recibo.** As partes têm direito de exigir recibo de petições, arrazoados, recursos, documentos e papéis que apresentem em juízo. O recibo é eletrônico ou é fornecido pelo encarregado de recepcionar as petições no setor de protocolo.

**4. Prática de atos processuais por fac-símile.** A Lei 9.800/1999 permite às partes a utilização de sistema de transmissão de dados e imagens tipo fac-símile ou similar, para a prática de atos processuais que dependam de petição escrita. A apresentação de petições por fac-símile – e de seu original em até cinco dias – deve ser comprovada por recibo do protocolo. O recibo da apresentação por fac-símile é emitido pelo próprio telefone ou máquina de envio, enquanto o do original pelo setor de protocolo.

**LIVRO IV · DOS ATOS PROCESSUAIS    Art. 202**

**5. Processo eletrônico.** A juntada de petições, nos autos de processo eletrônico, é feita diretamente pelos advogados. O sistema fornece recibo eletrônico do protocolo (Lei 11.419/2006, art. 10).

**6. Devolução dos autos.** Ao restituir os autos, o procurador, o defensor público, o membro do Ministério Público ou da Fazenda Pública tem o direito de exigir o recibo da sua entrega ou devolução. O art. 201 também se aplica à devolução dos autos que saíram com vista.

> **Art. 202.** É vedado lançar nos autos cotas marginais ou interlineares, as quais o juiz mandará riscar, impondo a quem as escrever multa correspondente à metade do salário-mínimo.

▶ **1. Correspondência no CPC/1973.** *"Art. 161. É defeso lançar, nos autos, cotas marginais ou interlineares; o juiz mandará riscá-las, impondo a quem as escrever multa correspondente à metade do salário mínimo vigente na sede do juízo."*

## ⚖ LEGISLAÇÃO CORRELATA

**2. LC 80/1994, art. 44, IX.** *"Art. 44. São prerrogativas dos membros da Defensoria Pública da União: (...) IX – manifestar-se em autos administrativos ou judiciais por meio de cota."*

**3. LC 80/1994, art. 89, IX.** *"Art. 89. São prerrogativas dos membros da Defensoria Pública do Distrito Federal e dos Territórios: (...) IX – manifestar-se em autos administrativos ou judiciais por meio de cota."*

**4. LC 80/1994, art. 128, IX.** *"Art. 128. São prerrogativas dos membros da Defensoria Pública do Estado, dentre outras que a lei local estabelecer: (...) IX – manifestar-se em autos administrativos ou judiciais por meio de cota."*

## ▣ COMENTÁRIOS TEMÁTICOS

**5. Cotas marginais e interlineares.** Cota consiste numa breve anotação, apontamento, comentário, glosa, citação, que se registra junto a outro escrito, ao lado, um pouco acima ou abaixo. Cotas ou notas marginais lançadas nos autos são anotações ou observações manuscritas feitas na margem de folha constante dos autos do processo judicial. Já as cotas ou notas interlineares são as anotações ou observações manuscritas lançadas no corpo de folha constante dos autos do processo judicial, entre parágrafos ou entre linhas de parágrafos.

**6. Finalidade do dispositivo.** Evitar o comprometimento da documentação dos autos, ga-

rantindo-lhe a fidelidade do que foi praticado. A forma dos atos processuais deve ser escorreita, não dando margem a dubiedades ou incertezas.

**7. Anotações nos autos.** *"O ato de inserir qualquer anotação nos autos, quando não for aberta vista ao advogado, será inserida na denominação de 'cota marginal' ou 'interlinear'. Quando constatadas, devem ser riscadas dos autos por determinação do magistrado, além de ser aplicada multa àquele que as houver lançado"* (STJ, 2ª Turma, REsp 708.441/RS, rel. Min. Castro Meira, *DJ* 20.03.2006, p. 243).

**8. Destinatário da proibição.** A regra dirige-se às partes, aos advogados, membros do Ministério Público, da Advocacia Pública, da Defensoria Pública, além de intervenientes e auxiliares da justiça. Enfim, todos aqueles que podem manifestar-se e apresentar petições, manifestações ou formular requerimentos ao juiz estão proibidos de lançar nos autos cotas marginais e interlineares.

**9. Processo eletrônico.** A regra não incide no processo eletrônico, pois é com ele incompatível. Não há como lançar, no processo eletrônico, cotas marginais ou interlineares.

**10. Manifestação manuscrita.** O dispositivo não proíbe a manifestação manuscrita da parte por meio de seu advogado. Só não permite que se lancem notas ou cotas marginais ou interlineares em petições ou manifestações já constantes dos autos.

**11. Manifestação direta nos autos.** *"A norma proibitiva de que trata o art. 161 do CPC [de 1973], segundo a qual é defeso lançar, nos autos, cotas marginais ou interlineares, não veda aos advogados a possibilidade de se pronunciarem diretamente nos autos quando lhes for aberta vista. O objetivo da norma alcança apenas as anotações e os comentários de qualquer extensão ou natureza introduzidos nos autos fora do lugar ou da oportunidade admissíveis, que, por configurarem abusos, deva o juiz coibir"* (STJ, 1ª Turma, REsp 793.964/ES, rel. Min. Luiz Fux, *DJe* 24.04.2008).

**12. Realce e notas de rodapé.** O dispositivo não veda a inserção no texto de realces e notas de rodapé. O que não se admite é a inserção posterior, por cotas marginais, interlineares ou interpolações no texto.

**13. Riscada das cotas marginais ou interlineares.** Lançadas nos autos cotas marginais ou interlineares, o juiz, de ofício ou a requerimento do interessado ou da parte no processo, deve mandar riscá-las de modo que fiquem ilegíveis, garantindo-se, assim, a higidez e a segurança dos atos processuais.

**14. Multa.** Ao mandar riscar as contas marginais ou interlineares, o juiz deve também condenar quem as lançou numa multa cujo valor será por ele fixado em montante equivalente à metade do salário mínimo. A multa somente pode ser imposta "a quem as escrever". Se não há a comprovação de quem o fez, não se pode impor a multa por presunção a todos os advogados da parte.

**15. Beneficiário da multa.** A multa imposta a uma das partes deve ser revertida em favor da outra. Praticado o ato por um terceiro, um perito ou outro auxiliar da justiça, a multa que lhe for imposta reverterá em favor do Estado (se o processo tramitar na Justiça Estadual) ou da União (se o processo tramitar na Justiça Federal ou do Trabalho). Aplica-se, aqui, o art. 96.

## Seção IV
## Dos Pronunciamentos do Juiz

**Art. 203.** Os pronunciamentos do juiz consistirão em sentenças, decisões interlocutórias e despachos.

§ 1º Ressalvadas as disposições expressas dos procedimentos especiais, sentença é o pronunciamento por meio do qual o juiz, com fundamento nos arts. 485 e 487, põe fim à fase cognitiva do procedimento comum, bem como extingue a execução.

§ 2º Decisão interlocutória é todo pronunciamento judicial de natureza decisória que não se enquadre no § 1º.

§ 3º São despachos todos os demais pronunciamentos do juiz praticados no processo, de ofício ou a requerimento da parte.

§ 4º Os atos meramente ordinatórios, como a juntada e a vista obrigatória, independem de despacho, devendo ser praticados de ofício pelo servidor e revistos pelo juiz quando necessário.

▶ **1. Correspondência no CPC/1973.** *"Art. 162. Os atos do juiz consistirão em sentenças, decisões interlocutórias e despachos. § 1º Sentença é o ato do juiz que implica alguma das situações previstas nos arts. 267 e 269 desta Lei. § 2º Decisão interlocutória é o ato pelo qual o juiz, no curso do processo, resolve questão incidente. § 3º São despachos todos os demais atos do juiz praticados no processo, de ofício ou a requerimento da parte, a cujo respeito a lei não estabelece outra forma. § 4º Os atos meramente ordinatórios, como a juntada e a vista obrigatória, independem de despacho, devendo ser praticados de ofício pelo servidor e revistos pelo juiz quando necessários."*

## 🔲 Legislação Correlata

**2. CF, art. 93, XIV.** *"Art. 93. (...) XIV – os servidores receberão delegação para a prática de atos de administração e atos de mero expediente sem caráter decisório."*

## ⚖ Jurisprudência, Enunciados e Súmulas Selecionados

- **3. Enunciado 103 do FPPC.** *"A decisão parcial proferida no curso do processo com fundamento no art. 487, I, sujeita-se a recurso de agravo de instrumento."*
- **4. Enunciado 216 da III Jornada-CJF.** *"Na hipótese de o acolhimento da impugnação acarretar a extinção do cumprimento de sentença, a natureza jurídica da decisão é sentença e o recurso cabível é apelação; caso o acolhimento não impedir a continuidade dos atos executivos, trata-se de decisão interlocutória sujeita a agravo de instrumento (art. 1.015, parágrafo único, do CPC)."*
- **5. Enunciado 143 do FONAJE.** *"A decisão que põe fim aos embargos à execução de título judicial ou extrajudicial é sentença, contra a qual cabe apenas recurso inominado."*

## 🔲 Comentários Temáticos

**6. Norma interpretativa.** O legislador editou definições legislativas, já antecipando o significado que se deve atribuir a cada pronunciamento do juiz e estabelecendo o que é sentença, o que é decisão interlocutória, o que é despacho e o que são atos meramente ordinatórios.

**7. Importância das definições dos pronunciamentos do juiz.** A importância da definição dos pronunciamentos do juiz relaciona-se com o cabimento do recurso adequado. Da sentença cabe apelação (art. 1.009). De algumas decisões interlocutórias cabe agravo de instrumento (art. 1.015). As decisões interlocutórias que não são passíveis de agravo de instrumento devem ser impugnadas na apelação pelo vencido ou, nas contrarrazões da apelação, pelo vencedor (art. 1.009, § 1º). Já os despachos são irrecorríveis (art. 1.001), não sendo igualmente recorríveis os atos meramente ordinatórios.

**8. Definição da sentença.** O pronunciamento do juiz, para ser sentença, há de aglutinar os seguintes fatores: (a) encaixar-se numa das hipóteses do art. 485 ou 487 e (b) pôr fim à fase cognitiva do procedimento comum ou, se se tratar de uma execução, extingui-la. Não basta que a decisão tenha por fundamento uma das hipóteses do art. 485 ou do art. 487. É preciso, ainda, que encerre a fase de conhecimento ou extinga a execução. Uma decisão interlocutória, uma decisão de relator ou um acórdão pode ter por fundamento uma hipótese do art. 485 ou do art. 487, mas não é sentença, exatamente porque não tem o efeito de encerramento do procedimento em primeira instância. O pronunciamento do juiz que, com fundamento no art. 485 ou no art. 487, encerra uma fase procedimental é sentença, ainda que não se trate de procedimento comum. O que o dispositivo destaca é que há procedimentos especiais estruturados em mais de uma fase, podendo cada uma delas ser encerrada por uma sentença. Veja-se, por exemplo, o procedimento de exigir contas, no qual há duas sentenças: a que decide sobre a existência do direito de exigir contas (art. 550, § 5º) e a que decide sobre as contas prestadas (art. 552). Também há duas sentenças no procedimento de demarcação de terras: a que determina o traçado da linha demarcanda (art. 581) e a que homologa a demarcação (art. 587). A prolação de mais de uma sentença é fenômeno que se verifica igualmente no procedimento comum. Proferida sentença condenatória, a fase de cumprimento encerra-se por nova sentença. Além disso, a prolação de uma sentença ilíquida exige a instauração de uma fase de liquidação, que se encerrará por nova sentença. Não existe, portanto, mais de um conceito de sentença. Independentemente de o procedimento ser comum ou especial, a sentença é o pronunciamento do juiz de primeira instância que, com fundamento no art. 485 ou no art. 487, encerra uma fase do processo, seja ela de conhecimento, seja ela executiva ou de cumprimento. Cada fase será extinta por uma sentença. A fase de conhecimento, a fase de liquidação e a fase de cumprimento são todas elas, extintas por uma sentença. É possível, então, que um mesmo processo contenha até três sentenças. Ao acolher ou rejeitar o pedido, o juiz profere sentença, encerrando a fase de conhecimento. Ainda que seja ilíquida a decisão, esta será uma sentença. Não é sem razão, aliás, que o art. 354 dispõe que, "ocorrendo qualquer das hipóteses previstas nos arts. 485 e 487, incisos II e III, o juiz proferirá *sentença*". E seu art. 509 afirma que haverá liquidação quando a *sentença* condenar ao pagamento de quantia ilíquida. A iliquidez não transforma a sentença em decisão interlocutória. Será, de um jeito ou de outro, uma sentença. A liquidação pelo procedimento comum dá origem a *outro* procedimento comum, não sendo uma continuação do *mesmo* procedimento comum. São duas fases, dois procedimentos, no mesmo processo. Cada fase encerra-se por uma sentença.

A sentença ilíquida é sentença do mesmo jeito; não muda sua natureza. Dela cabe apelação. O § 1º do art. 203 refere-se ao encerramento da fase de conhecimento. A liquidação é outra fase, também de conhecimento, encerrando-se por nova sentença, da qual cabe apelação. Das decisões interlocutórias proferidas na liquidação cabe agravo de instrumento. Melhor dizendo: todas as interlocutórias proferidas na fase de liquidação – ou, se for o caso, no processo de liquidação – são agraváveis, nos termos do parágrafo único do art. 1.015.

**9. Definição de decisão interlocutória.** É residual: o que não for sentença é decisão interlocutória. Se o pronunciamento judicial tem conteúdo decisório e não se encaixa na definição do § 1º do art. 203, é, então, uma decisão interlocutória. Ainda que tenha por fundamento uma das hipóteses do art. 485 ou do art. 487, o pronunciamento do juiz não será sentença se não puser termo a uma fase procedimental; será, então, decisão interlocutória. É decisão interlocutória o ato do juiz que exclui um litisconsorte, ou que reconhece a prescrição ou decadência de apenas um dos pedidos, prosseguindo o procedimento quanto ao mais. A decisão parcial de mérito (art. 356) é também uma decisão interlocutória. Tal pronunciamento, por não extinguir o processo, é uma decisão interlocutória, que pode já acarretar uma execução imediata, independentemente de caução (art. 356, § 2º).

**10. Conceitos de sentença e de decisão interlocutória.** *"O CPC/2015 modificou substancialmente os conceitos de sentença e de decisão interlocutória, caracterizando-se a sentença pela cumulação dos critérios finalístico ('põe fim à fase cognitiva do procedimento comum') e substancial ('fundamento nos arts. 485 e 487') e caracterizando-se a decisão interlocutória pelo critério residual ('todo pronunciamento judicial de natureza decisória que não seja sentença')"* (STJ, 3ª Turma, REsp 1.746.337/RS, rel. Min. Nancy Andrighi, *DJe* 12.04.2019).

**11. Definição de despacho.** Todos os pronunciamentos do juiz praticados no curso do procedimento que não possuem carga decisória e, portanto, são insuscetíveis de causar gravame a qualquer das partes são despachos. Limitam-se a impulsionar o procedimento, praticáveis de ofício ou em razão de requerimento.

**12. Atos meramente ordinatórios.** Os atos meramente ordinatórios caracterizam-se pelo seu automatismo, sendo, por isso mesmo, confiados à secretaria judiciária; livra-se o juiz da atividade puramente burocrática, aliviando-o do expediente mecânico de alguns atos.

**13. Elementos das decisões.** A sentença e a decisão interlocutória devem ter os elementos previstos no art. 489, cumprindo ao juiz observar o disposto no seu § 1º.

> **Art. 204.** Acórdão é o julgamento colegiado proferido pelos tribunais.

▶ **1. Correspondência no CPC/1973.** *"Art. 163. Recebe a denominação de acórdão o julgamento proferido pelos tribunais."*

### ▣ COMENTÁRIOS TEMÁTICOS

**2. Pronunciamentos nos tribunais.** Há, nos tribunais, decisões singulares e decisões colegiadas. As decisões singulares são tomadas pelo relator de cada causa, nas hipóteses descritas no art. 932. Já as decisões colegiadas são os acórdãos.

**3. Acórdão.** O art. 204 enuncia que o julgamento colegiado proferido pelos tribunais recebe a denominação de acórdão. Na verdade, o *julgamento* difere do *acórdão*. O *julgamento* antecede o *acórdão*. Colhidos os votos dos integrantes do órgão julgador, haverá o *julgamento*, que será, posteriormente, reduzido a escrito, recebendo, então, a denominação de *acórdão*. O *acórdão* é a materialização do *julgamento*, consistindo na redução a escrito da solução dada pelos integrantes do colegiado. Feita a ressalva, pode-se dizer que a decisão colegiada proferida por tribunal recebe a denominação de acordão. Independentemente do conteúdo, aquela decisão colegiada será um acórdão. O acórdão pode corresponder a uma sentença ou a uma decisão interlocutória.

**4. Elementos do acórdão.** Os elementos essenciais do acórdão estão previstos no art. 489, quais sejam, o relatório, os fundamentos e o dispositivo.

**5. As ementas nos acórdãos.** Além de relatório, fundamentação e dispositivo, o acórdão deve, igualmente, conter ementa (art. 943, § 1º).

### ⚖ JURISPRUDÊNCIA, ENUNCIADOS E SÚMULAS SELECIONADOS

- **6. Impossibilidade de pedido de reconsideração contra acórdão.** *"Na linha da assente jurisprudência desta Corte, não é possível o manejo de pedido de reconsideração contra acórdão, ante a ausência de previsão legal ou regimental (precedentes desta Corte)"* (STJ, 6ª Turma, RCD no AgRg no AREsp 1.807.144/ DF, rel. Min. Antonio Saldanha Palheiro, *DJe* 07.06.2021).

> **Art. 205.** Os despachos, as decisões, as sentenças e os acórdãos serão redigidos, datados e assinados pelos juízes.
>
> § 1º Quando os pronunciamentos previstos no *caput* forem proferidos oralmente, o servidor os documentará, submetendo-os aos juízes para revisão e assinatura.
>
> § 2º A assinatura dos juízes, em todos os graus de jurisdição, pode ser feita eletronicamente, na forma da lei.
>
> § 3º Os despachos, as decisões interlocutórias, o dispositivo das sentenças e a ementa dos acórdãos serão publicados no Diário de Justiça Eletrônico.

▶ **1. Correspondência no CPC/1973.** *"Art. 164. Os despachos, decisões, sentenças e acórdãos serão redigidos, datados e assinados pelos juízes. Quando forem proferidos, verbalmente, o taquígrafo ou o datilógrafo os registrará, submetendo-os aos juízes para revisão e assinatura. Parágrafo único. A assinatura dos juízes, em todos os graus de jurisdição, pode ser feita eletronicamente, na forma da lei."*

### ⚖ LEGISLAÇÃO CORRELATA

**2. Lei 11.419/2006, art. 1º, § 2º, III.** *"Art. 1º (...) § 2º Para o disposto nesta Lei, considera-se: (...) III – assinatura eletrônica as seguintes formas de identificação inequívoca do signatário: a) assinatura digital baseada em certificado digital emitido por Autoridade Certificadora credenciada, na forma de lei específica; b) mediante cadastro de usuário no Poder Judiciário, conforme disciplinado pelos órgãos respectivos."*

**3. Res. 455/2022 do CNJ, art. 11.** *"Art. 11. O Diário de Justiça Eletrônico Nacional (DJEN), originalmente criado pela Resolução CNJ nº 234/2016, passa a ser regulamentado pelo presente ato normativo, constitui a plataforma de editais do CNJ e o instrumento de publicação dos atos judiciais dos órgãos do Poder Judiciário. § 1º O DJEN pode ser utilizado como instrumento para publicação das decisões proferidas em processos administrativos de competência das corregedorias ou em processos administrativos disciplinares (PAD) instaurados contra magistrados, servidores ou agentes delegados do foro extrajudicial. § 2º A publicação no DJEN substitui qualquer outro meio de publicação oficial, para fins de intimação, à exceção dos casos em que a lei exija vista ou intimação pessoal, que serão realizadas por meio do Domicílio Judicial Eletrônico, previsto no art. 14 desta Resolução, nos termos do art. 5º da Lei nº 11.419/2006. § 3º Nos casos em que a lei não exigir vista ou intimação pessoal, os* *prazos processuais serão contados a partir da publicação no DJEN, na forma do art. 224, §§ 1º e 2º, do CPC, possuindo valor meramente informacional a eventual concomitância de intimação ou comunicação por outros meios."*

**4. Res. 455/2022 do CNJ, art. 13.** *"Art. 13. Serão objeto de publicação no DJEN: I – o conteúdo dos despachos, das decisões interlocutórias, do dispositivo das sentenças e da ementa dos acórdãos, conforme previsão do § 3º do art. 205 do CPC/2015; II – as intimações destinadas aos advogados nos sistemas de processo judicial eletrônico, cuja ciência não exija vista ou intimação pessoal; III – a lista de distribuição prevista no parágrafo único do art. 285 do CPC/2015; IV – os atos destinados à plataforma de editais do CNJ, nos termos do CPC/2015; e V – os demais atos, cuja publicação esteja prevista na lei processual, nos regimentos internos e nas disposições normativas dos tribunais e conselhos."*

**5. Res. 455/2022 do CNJ, art. 14.** *"Art. 14. O conteúdo das publicações incluídas no DJEN deverá ser assinado digitalmente."*

**6. Res. 591/2024 CNJ, art. 11.** *"Art. 11. As atas referentes aos julgamentos das sessões virtuais serão publicadas no Diário de Justiça Eletrônico e conterão a proclamação final ou parcial do julgamento."*

### 🗏 Comentários Temáticos

**7. Enunciado 665 do FPPC.** *"A negativa de seguimento ou sobrestamento de recurso especial ou extraordinário, ao fundamento de que a questão de direito já foi ou está selecionada para julgamento de recursos sob o rito dos repetitivos, não pode ser feita via carimbo ou outra forma automatizada nem por pessoa não investida no cargo de magistrado."*

**8. Documentação dos pronunciamentos judiciais.** Os provimentos judiciais podem ser exarados por escrito ou verbalmente. Todos devem ser registrados por escrito. Se proferidos oralmente, os provimentos judiciais são registrados por servidor e, então, conferidos, revistos e assinados pelo julgador. Para registro e documentação dos provimentos proferidos oralmente, é lícito o uso da taquigrafia, da estenotipia ou de outro método idôneo em qualquer juízo ou tribunal (art. 210).

**9. Indicação da data.** Os provimentos jurisdicionais devem ser datados. A data não é, todavia, essencial à validade do ato. Omitida a data, considera-se realizado o ato no dia em que os autos foram devolvidos pelo juiz à secretaria.

Quanto aos acórdãos, não se considera a data de sua lavratura, mas a do julgamento.

**10. Assinatura.** Os atos judiciais devem conter assinatura. A exigência visa assegurar a autenticidade do ato judicial. Ainda que o julgamento seja proferido verbalmente, reduzido a escrito, é preciso que haja assinatura, que deve se dar em suporte físico. Admite-se a assinatura digital, na forma da Lei 11.419/2006. O ato judicial que não contém assinatura é inexistente.

**11. Inexistência do ato judicial sem assinatura.** *"3. Impossibilidade de atribuição de eficácia de título executivo judicial à sentença sem assinatura juiz, homologando o acordo de separação consensual, por se tratar de ato inexistente. Possibilidade, porém, de reconhecimento do acordo celebrado pelas partes em audiência, com a anuência do Ministério Público no respectivo termo, da eficácia de título executivo extrajudicial, na forma do art. 585, II, do CPC"* (STJ, 3ª Turma, REsp 858.270/MS, rel. Min. Paulo de Tarso Sanseverino, *DJe* 28.03.2011).

**12. Publicidade dos pronunciamentos judiciais.** Em razão da exigência de publicidade (CF, art. 93, IX; CPC, arts. 8º, 11 e 189), os pronunciamentos judiciais devem ser veiculados no Diário da Justiça eletrônico, permitindo o conhecimento geral das decisões tomadas e o registro do entendimento firmado pelos órgãos jurisdicionais. A publicação da decisão no Diário da Justiça eletrônico pode ter por finalidade também a intimação das partes (art. 231, VII e art. 272). Ainda que a intimação seja eletrônica (que é o meio preferencial – art. 270) ou se realize por qualquer outro meio relacionado no art. 231, é preciso que haja a veiculação da decisão no Diário da Justiça eletrônico, a fim de cumprir com as exigências da publicidade.

## Seção V
## Dos Atos do Escrivão ou do Chefe de Secretaria

**Art. 206.** Ao receber a petição inicial de processo, o escrivão ou o chefe de secretaria a autuará, mencionando o juízo, a natureza do processo, o número de seu registro, os nomes das partes e a data de seu início, e procederá do mesmo modo em relação aos volumes em formação.

► **1. Correspondência no CPC/1973.** *"Art. 166. Ao receber a petição inicial de qualquer processo, o escrivão a autuará, mencionando o juízo, a natureza do feito, o número de seu registro, os* *nomes das partes e a data do seu início; e procederá do mesmo modo quanto aos volumes que se forem formando.*"

## 🔲 LEGISLAÇÃO CORRELATA

**2. Lei 11.419/2006, art. 10.** "*Art. 10. A distribuição da petição inicial e a juntada da contestação, dos recursos e das petições em geral, todos em formato digital, nos autos de processo eletrônico, podem ser feitas diretamente pelos advogados públicos e provados, sem necessidade da intervenção do cartório ou secretaria judicial, situação em que a autuação deverá se dar de forma automática, fornecendo-se recibo eletrônico de protocolo (...).*"

**3. Res. 185/2013 do CNJ, art. 22, §§ 1º e 2º.** "*Art. 22. A distribuição da petição inicial e a juntada da resposta, dos recursos e das petições em geral, todos em formato digital, nos autos de processo eletrônico serão feitas diretamente por aquele que tenha capacidade postulatória, sem necessidade da intervenção da secretaria judicial, situação em que a autuação ocorrerá de forma automática, mediante recibo eletrônico de protocolo, disponível permanentemente para guarda do peticionante § 1º No caso de petição inicial, o sistema fornecerá, imediatamente após o envio, juntamente com a comprovação de recebimento, informações sobre o número atribuído ao processo, o Órgão Julgador para o qual foi distribuída a ação e, se for o caso, a data da audiência inicial, designada automaticamente, seu local e horário de realização, dos quais será o autor imediatamente intimado. § 2º Os dados da autuação automática poderão ser conferidos pela unidade judiciária, que procederá a sua alteração em caso de desconformidade com os documentos apresentados, de tudo ficando registro no sistema.*"

## 🔲 COMENTÁRIOS TEMÁTICOS

**4. Registro dos processos judiciais.** Todos os processos estão sujeitos a registro, devendo ser distribuídos onde houver mais de um juiz (art. 284). Ao ser registrado, o processo passa a ter uma numeração própria que o identifica e o individualiza. O registro é feito em livro próprio ou em sistema de dados informatizado, devendo dele constar a natureza da causa, o número do processo gerado a partir do registro, os nomes das partes e a data do ajuizamento. Havendo intervenção de terceiro, reconvenção ou outra hipótese de ampliação objetiva do processo, o juiz, de ofício, mandará proceder à respectiva anotação no registro pelo distribuidor (art. 286, parágrafo único; art. 134, § 1º).

**5. Autuação.** Cabe ao escrivão ou chefe de secretaria *autuar* a petição inicial, ou seja, colocar-lhe uma capa e nela lançar os dados identificadores do processo. De igual modo, constam da capa os nomes dos advogados das partes e informações adicionais, que indiquem, por exemplo, alguma prioridade legal de tramitação, ou se o processo tramita sob segredo de justiça, ou se é caso de intervenção obrigatória do Ministério Público. Tudo o que for direcionado àquele processo, tal como petições, documentos, contestação, decisões, passa a compor o conteúdo daquela capa, formando um volume denominado *autos*. Os autos contêm todo o conjunto de atos que compõem o processo.

**6. Novos volumes.** É comum haver normas de organização judiciária que limitam o número de folhas para os autos. Alcançado esse número, deve-se formar novo volume, que será também autuado, de cuja capa devem constar todos os dados já indicados na capa do primeiro volume, *mais* a indicação do número do volume, a data do último ato processual e o número da última folha do anterior. Cada volume novo não é considerado novos autos. Os autos compõem-se do conjunto de volumes que vão se formando. Os autos podem restringir-se a um só volume ou compor-se de mais de um volume.

**7. Autuação de incidentes.** Há incidentes processuais que se sujeitam à autuação própria, cabendo ao escrivão ou chefe de secretaria realizá-la. É o que ocorre, por exemplo, com a petição em que se alega impedimento ou suspeição (art. 146, § 1º) e com o incidente de remoção do inventariante (art. 623, parágrafo único). Quando parciais, os embargos à ação monitória podem, a critério do juiz, ser autuados em apartado (art. 702, § 7º).

**8. Autuação de processo eletrônico.** Os dados para registro do processo são, no processo eletrônico, preenchidos diretamente pelos advogados públicos e privados, sem necessidade de intervenção do cartório ou da secretaria judicial. Em tal hipótese, a autuação é feita automaticamente.

**9. Processo eletrônico remetido a juízo que não tenha sistema compatível.** Em virtude de uma incompetência reconhecida ou em razão da interposição de um recurso, os autos devem ser remetidos de um juízo ou órgão jurisdicional a outro. Assim ocorrendo, se os autos eletrônicos forem remetidos a outro juízo ou a um tribunal que não disponha de sistema compatível, deverão ser impressos em papel e autuados na forma dos arts. 206 a 208 do CPC (Lei 11.419/2006, art. 12, § 2º). Feita a autuação, o processo seguirá a

LIVRO IV • DOS ATOS PROCESSUAIS

**Art. 208**

tramitação legalmente estabelecida para os processos em autos de papel.

**10. Apensamento.** Os autos podem ser compostos de mais de um volume. Quando isso ocorrer, os volumes são anexados uns nos outros. Tal anexação é chamada de *apensamento*. O apensamento também ocorre nos casos de conexão (art. 55, § 1º), de continência (art. 57, *in fine*), dos embargos à execução (art. 914, § 1º), dos embargos à ação monitória quando autuados em apartado (art. 702, § 7º). A prestação de contas do inventariante, do tutor, do curador, do depositário e de outro administrador será prestada em apenso aos autos do processo em que tiver sido nomeado (art. 553). O incidente de remoção de inventariante corre em apenso aos autos do inventário (art. 623, parágrafo único). O pedido de pagamento das dívidas vencidas e exigíveis pelos credores do espólio ao juízo do inventário deve ser autuado em apenso aos autos do processo de inventário (art. 642, § 1º). A oposição deve ser apensada aos autos da ação principal (art. 685). Quando impugnada a habilitação e sendo necessária instrução probatória, o pedido será autuado em apenso (art. 691). Julgada a restauração dos autos e aparecendo os autos originais, neles se prosseguirá, sendo-lhes apensados os autos da restauração (art. 716, parágrafo único). O pedido de levantamento da curatela deve ser apensado aos autos do processo de interdição (art. 756, § 1º).

---

**Art. 207.** O escrivão ou o chefe de secretaria numerará e rubricará todas as folhas dos autos. Parágrafo único. À parte, ao procurador, ao membro do Ministério Público, ao defensor público e aos auxiliares da justiça é facultado rubricar as folhas correspondentes aos atos em que intervierem.

---

▶ **1. Correspondência no CPC/1973.** *"Art. 167. O escrivão numerará e rubricará todas as folhas dos autos, procedendo da mesma forma quanto aos suplementares. Parágrafo único. Às partes, aos advogados, aos órgãos do Ministério Público, aos peritos e às testemunhas é facultado rubricar as folhas correspondentes aos atos em que intervieram."*

📖 **COMENTÁRIOS TEMÁTICOS**

**2. Numeração das folhas.** Cabe ao escrivão ou chefe de secretaria numerar e rubricar todas as folhas dos autos. A numeração deve ser feita em cada folha. Se for praticado algum ato no verso, é preciso que se repita o número da folha, seguido da expressão *verso*. A numeração das folhas dos autos tem por finalidade conferir-lhe uma

sequência adequada, firme e correta, de maneira a se perceber se houve eventualmente acréscimo ou subtração indevida de algumas delas.

**3. Normas internas.** A numeração das folhas dos autos é objeto de regulamentação em normas internas editadas pelos tribunais e órgãos jurisdicionais, a fim de se disciplinar melhor os detalhes da numeração, explicitando como devem ser corrigidos eventuais erros na numeração, em que parte da folha deve ser lançada a numeração, se a tarefa deve ser executada por meio mecânico, qual deve ser o procedimento em caso de desentranhamento de peças ou documentos etc.

**4. Numeração de folhas dos autos em processo eletrônico.** No processo eletrônico, as folhas também devem ser numeradas.

**5. Rubrica das folhas.** Além de numerá-las, o escrivão ou chefe de secretaria deve rubricar as folhas dos autos do processo. Todas as folhas devem ser rubricadas, inclusive a que contenha ato praticado pelo próprio escrivão ou chefe de secretaria. O objetivo da exigência é conferir segurança e confiabilidade aos atos processuais e documentos que forem inseridos nos autos. A rubrica confere autenticidade à numeração de cada folha.

**6. Rubrica pelos demais sujeitos do processo.** As partes, os advogados, o órgão do Ministério Público, o defensor público, os peritos, as testemunhas e os demais auxiliares da justiça podem também rubricar as folhas dos atos em que intervierem. O objetivo é reputar autêntica a respectiva documentação, dificultando a substituição de uma folha por outra.

**7. Rubrica no processo eletrônico.** No processo eletrônico, não há rigorosamente uma rubrica. O que há é o registro, ou a assinatura, ou uma certificação digital que ateste a apresentação e a juntada do documento ou da petição, com a indicação do número de cada folha. O sistema eletrônico tem sua forma própria de conferir autenticidade, oferecendo segurança e confiabilidade. O termo de audiência dispensa a rubrica do juiz, quando for registrado por meio eletrônico (art. 367, § 1º).

---

**Art. 208.** Os termos de juntada, vista, conclusão e outros semelhantes constarão de notas datadas e rubricadas pelo escrivão ou pelo chefe de secretaria.

---

▶ **1. Correspondência no CPC/1973.** *"Art. 168. Os termos de juntada, vista, conclusão e outros semelhantes constarão de notas datadas e rubricadas pelo escrivão."*

411

## COMENTÁRIOS TEMÁTICOS

**2. Os termos relativos à movimentação processual.** Ao escrivão ou chefe de secretaria incumbe manter os autos sob sua guarda e responsabilidade (art. 152, IV). Também lhe cabe lavrar os diversos termos relativos à movimentação processual, todos constantes de notas por ele datadas e rubricadas.

**3. Termo de juntada.** Todas as petições, atos, papéis e documentos devem ser juntados aos autos pelo escrivão ou chefe de secretaria. Ao fazê-lo, deve lavrar o *termo de juntada*, a ser por ele datado, rubricado, com indicação da natureza da petição, do ato, do papel ou documento. Não se lavra termo de juntada relativamente aos pronunciamentos do juiz, nem às cotas lançadas em folhas dos autos, nem aos atos praticados pelo próprio escrivão ou chefe de secretaria. O termo de juntada deve ser lavrado quando o escrivão ou chefe de secretaria faz inserir nos autos petições e requerimentos, ofícios recebidos, cartas e mandados cumpridos, avisos de recebimento, laudos periciais, entre outros.

**4. Termo de vista.** Durante o curso do processo, os advogados (Lei 8.906/1994, art. 7º, XV) e o Ministério Público (art. 179, I), podem ter vista dos autos. Havendo questões complexas de fato ou de direito, o debate, após o encerramento da instrução, pode ser substituído por razões finais escritas, assegurada vista dos autos às partes e ao Ministério Público (art. 364, § 2º). Nesses casos e em todos os outros, cabe ao escrivão ou chefe da secretaria dar vista dos autos ao procurador, à Defensoria Pública, ao Ministério Público ou à Fazenda Pública (art. 152, IV, *b*), bem como praticar, de ofício, os atos ordinatórios. A vista obrigatória é um ato meramente ordinatório (art. 203, § 4º), de competência do escrivão ou chefe de secretaria (art. 152, VI). Ao fazê-lo, cabe-lhe registrar e atestar a vista dos autos, lavrando termo específico a constar dos autos.

**5. Termos de remessa e de recebimento.** Toda a documentação do trâmite processual é registrada por termos de remessa e de recebimento. Remetidos os autos ao contabilista ou ao partidor, a outro juízo ou órgão jurisdicional ou, até mesmo, internamente entre setores da mesma unidade judiciária, cabe ao escrivão ou chefe de secretaria lavrar o *termo de remessa*, assim como, em caso de recebimento, cabe a ele lavrar o *termo de recebimento*.

**6. Termo de conclusão.** Sempre que o prosseguimento do processo depender de algum pronunciamento do juiz, o escrivão ou chefe de secretaria lavrará *termo de conclusão*, isto é, quando todos os atos a cargo da secretaria estiverem concluídos, o escrivão ou chefe de secretaria lavra termo de conclusão, atestando que os autos foram encaminhados ao juiz para deliberação.

**7. Termo de data.** Devolvidos os autos pelo juiz com despacho, decisão ou sentença, o escrivão ou chefe de secretaria deve lavrar o *termo de data*, no qual registra o dia em que o pronunciamento do juiz tornou-se público ou foi publicado em cartório ou secretaria; é esse, aliás, o sentido do termo "publicada a sentença" do art. 494.

**8. Certidões.** Ao escrivão ou chefe de secretaria cabe, não apenas lavrar os termos de juntada, de vista, de remessa e de recebimento, de conclusão e de data, mas também fornecer certidões (art. 152, V).

**9. Data e rubrica.** Os termos e as certidões devem ser datados e rubricados pelo escrivão ou chefe de secretaria, a fim de que se atestem sua data e sua autenticidade.

**Art. 209.** Os atos e os termos do processo serão assinados pelas pessoas que neles intervierem, todavia, quando essas não puderem ou não quiserem firmá-los, o escrivão ou o chefe de secretaria certificará a ocorrência.

§ 1º Quando se tratar de processo total ou parcialmente documentado em autos eletrônicos, os atos processuais praticados na presença do juiz poderão ser produzidos e armazenados de modo integralmente digital em arquivo eletrônico inviolável, na forma da lei, mediante registro em termo, que será assinado digitalmente pelo juiz e pelo escrivão ou chefe de secretaria, bem como pelos advogados das partes.

§ 2º Na hipótese do § 1º, eventuais contradições na transcrição deverão ser suscitadas oralmente no momento de realização do ato, sob pena de preclusão, devendo o juiz decidir de plano e ordenar o registro, no termo, da alegação e da decisão.

▶ **1. Correspondência no CPC/1973.** *"Art. 169. Os atos e termos do processo serão datilografados ou escritos com tinta escura e indelével, assinando-os as pessoas que neles intervieram. Quando estas não puderem ou não quiserem firmá-los, o escrivão certificará, nos autos, a ocorrência. § 1º É vedado usar abreviaturas. § 2º Quando se tratar de processo total ou parcialmente eletrônico, os atos processuais praticados na presença do juiz poderão ser produzidos e armazenados de modo integralmente digital em arquivo eletrônico*

# LIVRO IV · DOS ATOS PROCESSUAIS

## Art. 211

*inviolável, na forma da lei, mediante registro em termo que será assinado digitalmente pelo juiz e pelo escrivão ou chefe de secretaria, bem como pelos advogados das partes. § 3º No caso do § 2º deste artigo, eventuais contradições na transcrição deverão ser suscitadas oralmente no momento da realização do ato, sob pena de preclusão, devendo o juiz decidir de plano, registrando-se a alegação e a decisão no termo."*

### ▣ COMENTÁRIOS TEMÁTICOS

**2. Assinatura nos atos e termos do processo.** Os atos, processos e os termos documentados pelo escrivão ou chefe de secretaria serão assinados por todos os que neles intervieram, a fim de garantir sua autenticidade. Não sendo possível ou não havendo vontade de assinar, cabe ao escrivão ou chefe de secretaria certificar o fato nos autos, independentemente da presença de testemunhas. Porque o escrivão ou chefe de secretaria goza de fé pública, sua certificação não exige a subscrição por testemunhas.

**3. Forma digital.** No processo total ou parcialmente eletrônico, os atos praticados na presença do juiz poderão ser produzidos e armazenados de modo integralmente digital em arquivo eletrônico inviolável, na forma da Lei 11.419/2006, mediante registro em termo que será assinado digitalmente pelo juiz e pelo escrivão ou chefe de secretaria, bem como pelos advogados das partes, ou pelo defensor público, se a parte estiver por ele representada. Se for caso de intervenção do Ministério Público, estando este presente ao ato, também deverá assinar o termo digitalmente. Eventuais contradições na transcrição deverão ser suscitadas oralmente no momento de realização do ato, sob pena de preclusão, devendo o juiz decidir de plano e ordenar o registro da alegação e da decisão no termo. Dessa decisão a parte, se houver suscitado oralmente a contradição, pode insurgir-se quando da apelação ou de suas contrarrazões, nos termos do § 1º do art. 1.009 do CPC. Se a parte não tiver suscitado a eventual contradição no momento de realização do ato, haverá preclusão, não podendo impugnar na apelação ou nas suas contrarrazões.

> **Art. 210.** É lícito o uso da taquigrafia, da estenotipia ou de outro método idôneo em qualquer juízo ou tribunal.

▶ **1. Correspondência no CPC/1973.** *"Art. 170. É lícito o uso da taquigrafia, da estenotipia, ou de outro método idôneo, em qualquer juízo ou tribunal."*

### ▣ COMENTÁRIOS TEMÁTICOS

**2. Documentação de atos processuais.** Os atos processuais – aí incluídos os pronunciamentos dos órgãos jurisdicionais – podem ser praticados verbalmente, hipótese em que se faz necessária sua reprodução e documentação. Para reprodução dos atos verbais, é tradicional o uso da taquigrafia. É permitido também qualquer outro método idôneo para reproduzir e documentar atos verbais praticados no processo, desde que se revelem seguros e confiáveis.

**3. Assinatura do respectivo termo.** Reproduzido o ato verbal, será lavrado respectivo termo a ser rubricado pelo juiz, cabendo-lhe ainda assinar, juntamente ao membro do Ministério Público e escrivão ou chefe de secretaria (art. 367, §§ 1º e 2º). Quando digitado ou registrado por taquigrafia, estenotipia ou outro método idôneo de documentação, o depoimento será assinado pelo juiz, pelo depoente e pelos procuradores (art. 460, § 1º). O juiz não precisa rubricar o termo, quando este for registrado por meio eletrônico (art. 367, § 1º; art. 460, § 3º).

**4. Gravação e filmagem de atos processuais.** Os atos orais nos tribunais são geralmente gravados. As partes e os advogados podem igualmente gravar atos orais em fita magnética, em meio eletrônico ou em qualquer mídia apropriada. Em razão do princípio da publicidade dos atos processuais, nada impede que também seja filmado o ato processual. A filmagem do ato processual é o meio mais idôneo de documentação, pois registra som e imagem. O depoimento de testemunhas pode ser documentado por meio de gravação (art. 460). A audiência de instrução e julgamento poderá ser integralmente gravada em imagem e em áudio, em meio digital ou analógico, desde que assegure o rápido acesso das partes e dos órgãos julgadores (art. 367, § 5º). Tal gravação da audiência de instrução e julgamento pode ser realizada diretamente por qualquer das partes, independentemente de autorização judicial (art. 367, § 6º).

> **Art. 211.** Não se admitem nos atos e termos processuais espaços em branco, salvo os que forem inutilizados, assim como entrelinhas, emendas ou rasuras, exceto quando expressamente ressalvadas.

▶ **1. Correspondência no CPC/1973.** *"Art. 171. Não se admitem, nos atos e termos, espaços em branco, bem como entrelinhas, emendas ou rasuras, salvo se aqueles forem inutilizados e estas expressamente ressalvadas."*

## ⊟ Comentários Temáticos

**2. Conteúdo do dispositivo.** Relaciona-se com a documentação dos atos processuais, estabelecendo que ela deve ser feita com cuidado, com esmero, sendo escriturada de forma escorreita. Sua finalidade é evitar o comprometimento da documentação dos autos, garantindo-lhe a fidelidade do que foi praticado. Os espaços em branco devem ser inutilizados e as emendas ou rasuras, ressalvadas.

**3. Processo eletrônico.** A regra não incide no processo eletrônico, pois é com ele incompatível. Não há como praticar, no processo eletrônico, rasuras, emendas ou entrelinhas.

**4. Certidão rasurada.** É falsa a certidão quando constatada rasura destinada a adulterar-lhe a data.

# CAPÍTULO II
# DO TEMPO E DO LUGAR
# DOS ATOS PROCESSUAIS

## Seção I
## Do Tempo

> **Art. 212.** Os atos processuais serão realizados em dias úteis, das 6 (seis) às 20 (vinte) horas.
>
> § 1º Serão concluídos após as 20 (vinte) horas os atos iniciados antes, quando o adiamento prejudicar a diligência ou causar grave dano.
>
> § 2º Independentemente de autorização judicial, as citações, intimações e penhoras poderão realizar-se no período de férias forenses, onde as houver, e nos feriados ou dias úteis fora do horário estabelecido neste artigo, observado o disposto no art. 5º, inciso XI, da Constituição Federal.
>
> § 3º Quando o ato tiver de ser praticado por meio de petição em autos não eletrônicos, essa deverá ser protocolada no horário de funcionamento do fórum ou tribunal, conforme o disposto na lei de organização judiciária local.

▶ **1. Correspondência no CPC/1973.** *"Art. 172. Os atos processuais realizar-se-ão em dias úteis, das 6 (seis) às 20 (vinte) horas. § 1º Serão, todavia, concluídos depois das 20 (vinte) horas os atos iniciados antes, quando o adiamento prejudicar a diligência ou causar grave dano. § 2º A citação e a penhora poderão, em casos excepcionais, e mediante autorização expressa do juiz, realizar-se em domingos e feriados, ou nos dias úteis, fora*

*do horário estabelecido neste artigo, observado o disposto no art. 5º, inciso XI, da Constituição Federal. § 3º Quando o ato tiver que ser praticado em determinado prazo, por meio de petição, esta deverá ser apresentada no protocolo, dentro do horário de expediente, nos termos da lei de organização judiciária local."*

## ⚖ Jurisprudência, Enunciados e Súmulas Selecionados

- **2. Enunciado 415 do FPPC.** *"Os prazos processuais no sistema dos Juizados Especiais são contados em dias úteis."*

## ⊟ Comentários Temáticos

**3. Prática dos atos em dias úteis.** Os atos processuais realizam-se em dias úteis. O conceito de dia útil é residual: o que não for feriado, é dia útil. O art. 216 estabelece o que se considera, para efeito forense, feriado. O que não for feriado será, então, dia útil.

**4. Atos que se realizam em férias e em feriados.** As citações, intimações e penhoras realizam-se nas férias, onde as houver, e nos feriados. Também se pode conceder, nas férias e em feriados, a tutela de urgência (art. 214).

**5. Horário para a prática dos atos processuais.** Os atos processuais realizam-se nos dias úteis, das seis às vinte horas. Esse horário não se confunde com o de expediente das unidades judiciárias e do protocolo. À lei de organização judiciária cabe fixar o horário de funcionamento do protocolo do fórum e do tribunal. Os atos praticados mediante petição em autos não eletrônicos submetem-se ao horário do protocolo. Os outros atos, como perícia, inspeção judicial, leilão, entre outros que não se submetem ao protocolo, devem realizar-se entre seis e vinte horas.

**6. Desrespeito ao expediente disciplinado em ato local.** *"Este Superior Tribunal consagra entendimento jurisprudencial no sentido de que é intempestivo o recurso interposto no último dia do prazo, após o horário de encerramento do expediente forense que foi regulamentado pela legislação local"* (STJ, 1ª Turma, AgInt no AREsp 1.428.747/RS, rel. Min. Sérgio Kukina, DJe 15.08.2019).

**7. Atos que se realizam fora do horário.** As citações, intimações e penhoras realizam-se a qualquer hora do dia, independentemente de autorização judicial. A citação de uma casa de espetáculo ou de uma boate é feita, quase sempre, em horário que extrapola o limite das seis às vintes horas, muitas vezes em dias que não são úteis. Enfim, as citações, intimações e penhoras fazem-se a qualquer dia, em qualquer horário, devendo-se apenas observar o disposto no art. 5º, XI, da CF, segundo o qual a casa é asilo inviolável do indivíduo, ninguém nela podendo penetrar sem consentimento do morador, salvo em caso de flagrante delito ou desastre, ou para prestar socorro, ou, durante o dia, por determinação judicial. Então, se a citação, intimação ou penhora for feita na casa da parte ou do interessado, haverá de ser feita durante o dia.

**8. Ato praticado após encerramento do horário de expediente.** Ainda que esteja funcionando o protocolo, o ato a ele submetido será intempestivo se praticado após o encerramento do seu horário.

**9. Impossibilidade de flexibilização do horário do protocolo para aferição da tempestividade.** *"(...) 3. Em se tratando de autos não eletrônicos, a lei é expressa ao fixar que a petição deverá ser protocolada no horário de funcionamento do fórum ou tribunal, conforme o disposto na lei de organização judiciária local. É impositiva a observância do expediente forense para certificar a tempestividade do ato processual praticado. (...) 5. Aceitar o argumento de que o protocolo foi realizado 'só poucos minutos após o horário previsto' abre margem a uma zona de penumbra e indeterminação passível de ser solucionada apenas por compreensões subjetivas e arbitrárias sobre qual tempo viria a ser razoável para admitir o ato processual praticado. 6. Na hipótese, escusar a parte que não logrou protocolar sua petição física no horário do expediente forense não significa valorizar a instrumentalidade das formas, antes disso, representa indesejado tratamento diferenciado em situações de certeza justificada na instituição da regra jurídica"* (STJ, 3ª Turma, REsp 1.628.506/SC, rel. Min. Nancy Andrighi, *DJe* 26.09.2019).

**10. Horário para a entrega de petição nos Correios.** A apresentação de petição ou a prática de ato processual nos Correios, em horário que ultrapassa o do protocolo, caracteriza sua intempestividade.

**11. Horário para a prática dos atos processuais por** *fac-símile*. A apresentação de petições, recursos ou documentos por fac-símile somente contém eficácia, caso a transmissão seja de boa qualidade e desde que os originais cheguem ao juízo ou tribunal em até cinco dias depois do vencimento do prazo. Os atos não sujeitos a prazo, como a juntada de um documento ou o pedido de provimento liminar ou antecipatório, podem igualmente ser praticados via *fac-símile*,

exigindo-se que o original chegue ao juízo ou tribunal até cinco dias depois da transmissão (Lei 9.800/1999). A transmissão da petição por fac-símile deve ocorrer dentro do horário do expediente do protocolo, sob pena de intempestividade. Ainda que o aparelho de fac-símile esteja funcionando e recepcione a petição, é preciso que se observe o horário do protocolo.

**12. Horário para a prática eletrônica de ato processual.** A prática eletrônica de ato processual pode ocorrer em qualquer horário até as vinte e quatro horas do último dia do prazo (art. 213).

**13. Possibilidade de conclusão dos atos iniciados.** Os atos já iniciados devem ser concluídos depois das vinte horas, quando o adiamento ou sua interrupção prejudicar a diligência ou causar grave dano. Assim, por exemplo, iniciado um julgamento antes das vinte horas, deve prosseguir para ser concluído, com vistas a não prejudicar sua conclusão. De igual modo, iniciado um arresto ou uma busca e apreensão antes das vinte horas, deve prosseguir para ser concluído, sob pena de ficar prejudicado. Iniciada a inquirição de uma testemunha antes das vinte horas, deve prosseguir mesmo após o horário, a fim de não prejudicar a conclusão do ato.

> **Art. 213.** A prática eletrônica de ato processual pode ocorrer em qualquer horário até as 24 (vinte e quatro) horas do último dia do prazo.
> Parágrafo único. O horário vigente no juízo perante o qual o ato deve ser praticado será considerado para fins de atendimento do prazo.

▶ **1. Sem correspondência no CPC/1973.**

📖 **Legislação Correlata**

**2. Lei 11.419/2006, art. 3º, parágrafo único.** *"Art. 3º Consideram-se realizados os atos processuais por meio eletrônico no dia e hora do seu envio ao sistema do Poder Judiciário, do que deverá ser fornecido protocolo eletrônico. Parágrafo único. Quando a petição eletrônica for enviada para atender prazo processual, serão consideradas tempestivas as transmitidas até as 24 (vinte e quatro) horas do seu último dia."*

**3. Lei 11.419/2006, art. 10, §§ 1º e 2º.** *"Art. 10. A distribuição da petição inicial e a juntada da contestação, dos recursos e das petições em geral, todos em formato digital, nos autos de processo eletrônico, podem ser feitas diretamente pelos advogados públicos e privados, sem necessidade da intervenção do cartório ou secretaria judicial, situação em que a autuação deverá se dar de forma automática, fornecendo-se recibo eletrônico de* protocolo. § 1º Quando o ato processual tiver que ser praticado em determinado prazo, por meio de petição eletrônica, serão considerados tempestivos os efetivados até as 24 (vinte e quatro) horas do último dia. § 2º No caso do § 1º deste artigo, se o Sistema do Poder Judiciário se tornar indisponível por motivo técnico, o prazo fica automaticamente prorrogado para o primeiro dia útil seguinte à resolução do problema (...)."

**4. Res. 185/2013 do CNJ, art. 8º.** "Art. 8º O PJe estará disponível 24 (vinte e quatro) horas por dia, ininterruptamente, ressalvados os períodos de manutenção do sistema. Parágrafo único. As manutenções programadas do sistema serão sempre informadas com antecedência e realizadas, preferencialmente, entre 0h de sábado e 22h de domingo, ou entre 0h e 6h dos demais dias da semana."

**5. Res. 185/2013 do CNJ, art. 9º.** "Art. 9º Considera-se indisponibilidade do sistema PJe a falta de oferta ao público externo, diretamente ou por meio de webservice, de qualquer dos seguintes serviços: I – consulta aos autos digitais; II – transmissão eletrônica de atos processuais; ou III – acesso a citações, intimações ou notificações eletrônicas. § 1º Não caracterizam indisponibilidade as falhas de transmissão de dados entre as estações de trabalho do público externo e a rede de comunicação pública, assim como a impossibilidade técnica que decorra de falhas nos equipamentos ou programas dos usuários. § 2º É de responsabilidade do usuário: I – o acesso ao seu provedor da internet e a configuração do computador utilizado nas transmissões eletrônicas; II – o acompanhamento do regular recebimento das petições e documentos transmitidos eletronicamente; III – a aquisição, por si ou pela instituição ao qual está vinculado, do certificado digital, padrão ICP-Brasil, emitido por Autoridade Certificadora credenciada, e respectivo dispositivo criptográfico portátil."

**6. Res. 185/2013 do CNJ, art. 10.** "Art. 10. A indisponibilidade definida no artigo anterior será aferida por sistema de auditoria fornecido pelo Conselho Nacional de Justiça ou por órgão a quem este atribuir tal responsabilidade. § 1º Os sistemas de auditoria verificarão a disponibilidade externa dos serviços referidos no art. 8º a intervalos de tempo não superiores a 5 (cinco) minutos. § 2º Toda indisponibilidade do sistema PJe será registrada em relatório de interrupções de funcionamento acessível ao público no sítio do Tribunal e dos Conselhos, devendo conter, pelo menos, as seguintes informações: I – data, hora e minuto de início da indisponibilidade; II – data, hora e minuto de término da indisponibilidade;

e III – serviços que ficaram indisponíveis. § 3º O relatório de interrupção, assinado digitalmente e com efeito de certidão, estará acessível preferencialmente em tempo real ou, no máximo, até às 12h do dia seguinte ao da indisponibilidade."

**7. Res. 185/2013 do CNJ, art. 11.** "Art. 11. Os prazos que vencerem no dia da ocorrência de indisponibilidade de quaisquer dos serviços referidos no art. 8º serão prorrogados para o dia útil seguinte, quando: I – a indisponibilidade for superior a 60 (sessenta) minutos, ininterruptos ou não, se ocorrida entre 6h00 e 23h00; ou II – ocorrer indisponibilidade entre 23h00 e 24h00. § 1º As indisponibilidades ocorridas entre 0h00 e 6h00 dos dias de expediente forense e as ocorridas em feriados e finais de semana, a qualquer hora, não produzirão o efeito do caput. § 2º Os prazos fixados em hora ou minuto serão prorrogados até às 24h00 do dia útil seguinte quando: I – ocorrer indisponibilidade superior a 60 (sessenta) minutos, ininterruptos ou não, nas últimas 24 (vinte e quatro) horas do prazo; ou II – ocorrer indisponibilidade nos 60 (sessenta) minutos anteriores ao seu término. § 3º A prorrogação de que trata este artigo será feita automaticamente pelo sistema PJe."

**8. Res. 185/2013 do CNJ, art. 12.** "Art. 12. A indisponibilidade previamente programada produzirá as consequências previstas em lei e na presente Resolução e será ostensivamente comunicada ao público externo com, pelo menos, 5 (cinco) dias de antecedência."

## 🗅 COMENTÁRIOS TEMÁTICOS

**9. Aplicação supletiva da Lei 11.419/2006.** A prática eletrônica de atos processuais rege-se pelas disposições contidas nos arts. 193 a 199 e, igualmente, pelas disposições da Lei 11.419/2006.

**10. Prática de atos eletrônicos e fuso horário.** O horário a ser observado é o do juízo perante o qual o ato deve ser praticado. Se o sujeito encontrar-se fisicamente em outro lugar com fuso horário diverso, não é o horário do local em que ele se encontra que deve ser considerado, mas o horário do juízo perante o qual o ato deve ser praticado. Assim, por exemplo, se o sujeito estiver fisicamente no Rio Branco/AC, cujo fuso horário é de duas horas a menos que o de Brasília/DF, mas o ato processual deva ser praticado em São Paulo/SP, que mantém o mesmo fuso de Brasília/DF, deve ser observado o horário do juízo, que se localiza em São Paulo, e não o horário onde se encontra a parte ou o advogado, em Rio Branco/AC. Diversamente, se o sujeito estiver em Porto Alegre/RS, que mantém o mesmo fuso horário de Brasília/DF, mas precisa praticar ato num processo que tramite em Campo Grande/MS, cujo fuso é de uma hora a menos que o de Brasília/DF, deverá considerar o horário de Campo Grande/MS, onde se situa o juízo.

**11. Prática de atos eletrônicos e hora de verão.** O Decreto 6.558/2008 instituiu a hora de versão em parte do território nacional. A partir de zero hora do terceiro domingo de outubro de cada ano, até zero hora do terceiro domingo do mês de fevereiro do ano subsequente, nos Estados do Rio Grande do Sul, Santa Catarina, Paraná, São Paulo, Rio de Janeiro, Espírito Santo, Minas Gerais, Goiás, Mato Grosso, Mato Grosso do Sul e no Distrito Federal, fica instituída a hora de verão, adiantada em sessenta minutos em relação à hora legal. No ano em que houver coincidência entre o domingo previsto para o término da hora de verão e o domingo de carnaval, o encerramento da hora de verão dar-se-á no domingo seguinte. Nesse período, há um aumento nas diferenças de fuso horário no país. Assim, quem estiver em qualquer lugar, por exemplo, da Região Nordeste, estará sempre uma hora a menos que o horário de Brasília/DF. Logo, se o sujeito estiver em Salvador/BA, mas precisa praticar um ato num processo que tramita em Belo Horizonte/MG, deverá considerar o horário deste último, adiantado em sessenta minutos. Diversamente, se o sujeito estiver fisicamente no Rio de Janeiro/RJ e pretende praticar um ato num processo que tramite no Recife/PE, deverá considerar o horário deste último, atrasado em sessenta minutos relativamente àquele, pois não há, como dito, hora de verão na Região Nordeste do Brasil. Enfim, o horário a ser observado é o do juízo perante o qual o ato deva ser praticado.

**12. Encerramento da hora de verão.** O Decreto 9.772/2019 encerrou a hora de verão no território nacional, não havendo mais os fusos horários diversos previstos no Decreto 6.558/2008 e em suas posteriores alterações.

---

**Art. 214.** Durante as férias forenses e nos feriados, não se praticarão atos processuais, excetuando-se:

I – os atos previstos no art. 212, § 2º;

II – a tutela de urgência.

▶ **1. Correspondência no CPC/1973.** *"Art. 173. Durante as férias e nos feriados não se praticarão atos processuais. Excetuam-se: I – a produção antecipada de provas (art. 846); II – a citação, a fim de evitar o perecimento de direito; e bem assim*

*o arresto, o sequestro, a penhora, a arrecadação, a busca e apreensão, o depósito, a prisão, a separação de corpos, a abertura de testamento, os embargos de terceiro, a nunciação de obra nova e outros atos análogos. Parágrafo único. O prazo para a resposta do réu só começará a correr no primeiro dia útil seguinte ao feriado ou às férias."*

### 📖 LEGISLAÇÃO CORRELATA

**2. CF, art. 93, XII.** *"Art. 93. Lei complementar, de iniciativa do Supremo Tribunal Federal, disporá sobre o Estatuto da Magistratura, observados os seguintes princípios: (...) XII a atividade jurisdicional será ininterrupta, sendo vedado férias coletivas nos juízos e tribunais de segundo grau, funcionando, nos dias em que não houver expediente forense normal, juízes em plantão permanente."*

**3. LOMAN, art. 66, § 1º.** *"Art. 66. Os magistrados terão direito a férias anuais, por sessenta dias, coletivas ou individuais. § 1º Os membros dos Tribunais, salvo os dos Tribunais Regionais do Trabalho, que terão férias individuais, gozarão de férias coletivas, nos períodos de 2 a 31 de janeiro e de 2 a 31 de julho. Os Juízes de primeiro grau gozarão de férias coletivas ou individuais, conforme dispuser a lei (...)."*

**4. Lei 13.188/2015, art. 9º, parágrafo único.** *"Art. 9º O juiz prolatará a sentença no prazo máximo de 30 (trinta) dias, contado do ajuizamento da ação, salvo na hipótese de conversão do pedido em reparação por perdas e danos. Parágrafo único. As ações judiciais destinadas a garantir a efetividade do direito de resposta ou retificação previsto nesta Lei processam-se durante as férias forenses e não se suspendem pela superveniência delas."*

**5. RISTF, art. 78.** *"Art. 78. O ano judiciário no Tribunal divide-se em dois períodos, recaindo as férias em janeiro e julho. § 1º Constituem recesso os feriados forenses compreendidos entre os dias 20 de dezembro e 6 de janeiro, inclusive. § 2º Sem prejuízo do disposto no inciso VIII do art. 13 e inciso V-A do art. 21, suspendem-se os trabalhos do Tribunal durante o recesso e as férias, bem como nos sábados, domingos, feriados e nos dias em que o Tribunal o determinar."*

**6. RISTJ, art. 81.** *"Art. 81. O ano judiciário no Tribunal divide-se em dois períodos, recaindo as férias dos Ministros nos períodos de 2 a 31 de janeiro e de 2 a 31 de julho. § 1º O Tribunal iniciará e encerrará seus trabalhos, respectivamente, no primeiro e no último dia útil de cada período, com a realização de sessão da Corte Especial. § 2º Além dos fixados em lei, serão feriados no Tribunal: I – os dias compreendidos no período* *de 20 de dezembro a 6 de janeiro; II – os dias da Semana Santa, compreendidos desde a quarta-feira até o domingo de Páscoa; III – os dias de segunda e terça-feira de carnaval; IV – os dias 11 de agosto, 1º e 2 de novembro e 8 de dezembro."*

## COMENTÁRIOS TEMÁTICOS

**7. Férias coletivas.** Não há férias coletivas na primeira e segunda instâncias. Só há férias coletivas nos tribunais superiores, nos períodos de 2 a 31 de janeiro e de 2 a 31 de julho.

**8. Recesso.** Na Justiça Federal, a Lei 5.010/1966, estabelece um *recesso* entre o dia 20 de dezembro e o dia 6 de janeiro (art. 62, I). Este é um período que se equipara ao das férias, não havendo prática de atos processuais, salvo as citações, intimações e penhoras, bem como a tutela de urgência e aqueles praticados nos processos referidos no art. 215. O recesso previsto no art. 62, I, da Lei 5.010/1966 aplica-se também para os tribunais superiores.

**9. Feriados.** As férias não se confundem com os feriados. Para efeito forense, são feriados os sábados, os domingos, os dias declarados por lei e os dias em que não haja expediente forense (art. 216).

**10. Atos processuais em férias e feriados.** Não se contam prazos durante os feriados. Na contagem de prazos em dias, computam-se apenas os úteis (art. 219). Não é incomum haver a sequência de feriados consecutivos. Nesse caso, não se contam dias de feriados, computando-se somente os dias úteis. Nas férias, não se praticam atos processuais, salvo as citações, intimações e penhoras, bem como a tutela de urgência e os atos dos procedimentos relacionados no art. 215. Não se pratica, nas férias, tutela de evidência; só a de urgência. Logo, não há contagem de prazos. Rigorosamente, as férias ocorrem em dias úteis. Se houvesse prática de atos processuais nas férias, os prazos correriam normalmente. Como, porém, não se praticam atos nas férias, não há prazos a serem observados. Durante as férias, podem ser praticados os atos de citação, intimação e penhora, bem como a tutela antecipada e os dos processos mencionados no art. 215. Nesses casos, correm prazos nos dias úteis. Não há suspensão de prazos nas férias, pois só se computam prazos em dias úteis e não há prática de atos nas férias. Nos casos em que se permite a prática de atos nas férias, os prazos são computados apenas nos dias úteis.

**11. Ineficácia dos atos praticados nas férias.** Não se praticam atos processuais nas férias, ressalvados aqueles expressamente previstos em lei.

Se o ato for praticado nas férias sem se encaixar na ressalva legal, não haverá inexistência ou nulidade. Conquanto não se deva praticar atos processuais nas férias, não há qualquer vício se o ato for ali praticado, devendo-se considerar que o ato restou praticado após o término das férias. O ato processual praticado durante as férias é ineficaz, somente produzindo efeito após o seu término. O ato é existente e válido, desde que atendidos os pressupostos de sua constituição e os requisitos de validade. Apenas, porque praticado durante as férias, não produz efeito, enquanto estas perdurar.

**12. Suspensão dos prazos de 20 de dezembro a 20 de janeiro.** O art. 220 dispõe que se suspende o curso do prazo processual nos dias compreendidos entre 20 de dezembro e 20 de janeiro, inclusive. Não há mais férias coletivas nas primeira e segunda instâncias, mas são suspensos os prazos durante o período de 20 de dezembro a 20 de janeiro. Nesse período, ressalvados o recesso da Justiça Federal (aplicável aos tribunais superiores), os recessos locais, os feriados e as férias individuais, os juízes, membros do Ministério Público, da Defensoria Pública e da Advocacia Pública, bem como os auxiliares da Justiça exercem normalmente suas atribuições, praticando atos processuais. Os atos, enfim, são realizados normalmente. Apenas não correm prazos. Os que já tiveram início antes ficam suspensos, voltando a correr pelo período sobejante a partir do primeiro dia útil após o dia 20 de janeiro. Durante esse período de suspensão do prazo, também não se realizam audiências, nem sessões de julgamento.

**13. Prorrogação do prazo para ajuizamento de ação rescisória.** Quando expirar durante as férias, o prazo para ajuizamento da ação rescisória prorroga-se até o primeiro dia útil imediatamente subsequente (art. 975, § 1º).

> **Art. 215.** Processam-se durante as férias forenses, onde as houver, e não se suspendem pela superveniência delas:
>
> I – os procedimentos de jurisdição voluntária e os necessários à conservação de direitos, quando puderem ser prejudicados pelo adiamento;
>
> II – ação de alimentos e os processos de nomeação ou remoção de tutor e curador;
>
> III – os processos que a lei determinar.

▶ **1. Correspondência no CPC/1973.** *"Art. 174. Processam-se durante as férias e não se suspendem pela superveniência delas: I – os atos de jurisdição voluntária bem como os necessários à conservação*

**LIVRO IV · DOS ATOS PROCESSUAIS**  **Art. 216**

*de direitos, quando possam ser prejudicados pelo adiamento; II – as causas de alimentos provisionais, de dação ou remoção de tutores e curadores, bem como as mencionadas no art. 275; III – todas as causas que a lei federal determinar."*

### 📑 LEGISLAÇÃO CORRELATA

**2. Lei 6.338/1976, art. 1º.** *"Art. 1º A ações relativas à reclamação de direitos decorrentes da Lei nº 5.316, de 14 de setembro de 1967, processar-se-ão durante as férias forenses e não se suspenderão pela superveniência delas, de conformidade com o disposto no art. 174, III, do Código de Processo Civil."*

### 📑 COMENTÁRIOS TEMÁTICOS

**3. Suspensão do processo.** O processo suspende-se nas hipóteses descritas nos art. 313 e 315. Tratando-se de execução, os casos de suspensão constam previstos no art. 921. Durante a suspensão do processo, é vedada a prática de qualquer ato processual; poderá, contudo, o juiz determinar a realização de atos urgentes, a fim de evitar dano irreparável (art. 314). Quando suspenso o processo por uma das hipóteses previstas no art. 313, os prazos também se suspendem (art. 221). As demais causas de suspensão do processo não suspendem os prazos. Os prazos somente se suspendem nas hipóteses previstas nos arts. 220 e 221. Durante as férias, não se praticam atos processuais (art. 214), salvos os atos previstos no § 2º do art. 212, a tutela de urgência e os atos dos procedimentos relacionados no art. 215. Uma vez suspenso o processo, os prazos em curso não se suspendem, salvo nas hipóteses do art. 313 e dos arts. 220 e 221. A superveniência das férias suspende os processos, mas não suspende os prazos em curso. A suspensão do processo não é causa de suspensão de prazos em curso, a não ser nas hipóteses do art. 313, não estando ali previstas as férias. Durante as férias, há expediente forense, havendo, portanto, dias úteis, continuando a computar os dias úteis dos prazos já iniciados antes de sua superveniência.

**4. Processos que tramitam nas férias.** O art. 215 destaca as causas que tramitam nas férias, não havendo suspensão do processo em razão de sua superveniência. O recesso equipara-se, para todos os efeitos, às férias. Logo, os casos destacados no art. 215 também não se suspendem pela superveniência de um recesso forense. Abstraídos esses casos, o processo suspende-se com a superveniência do recesso. No recesso,

não há expediente forense, não havendo dias úteis durante seu período. Significa, então, que os prazos não correm no recesso, pois somente se computam na sua contagem os dias úteis (art. 219).

> **Art. 216.** Além dos declarados em lei, são feriados, para efeito forense, os sábados, os domingos e os dias em que não haja expediente forense.

▶ **1. Correspondência no CPC/1973.** *"Art. 175. São feriados, para efeito forense, os domingos e os dias declarados por lei."*

### 📑 LEGISLAÇÃO CORRELATA

**2. Lei 9.093/1995, art. 1º.** *"Art. 1º São feriados civis: I – os declarados em lei federal; II – a data magna do Estado fixada em lei estadual. III – os dias do início e do término do ano do centenário de fundação do Município, fixados em lei municipal."*

**3. Lei 662/1949, art. 1º.** *"Art. 1º São feriados nacionais os dias 1º de janeiro, 21 de abril, 1º de maio, 7 de setembro, 2 de novembro, 15 de novembro e 25 de dezembro."*

**4. Lei 662/1949, art. 3º.** *"Art. 3º Os chamados 'pontos facultativos', que os Estados, Distrito Federal ou os Municípios decretarem, não suspenderão as horas normais do ensino, nem prejudicarão os atos da vida forense, dos tabeliães e dos cartórios de registro."*

**5. Lei 1.408/1951, art. 5º.** *"Art. 5º Não haverá expediente no Foro e nos ofícios de justiça, no 'Dia da Justiça', nos feriados nacionais, na terça-feira de Carnaval, na Sexta-feira Santa, e nos dias que a Lei estadual designar."*

**6. Lei 5.010/1966, art. 62.** *"Art. 62. Além dos fixados em lei, serão feriados na Justiça Federal, inclusive nos Tribunais Superiores: I – os dias compreendidos entre 20 de dezembro e 6 de janeiro, inclusive; II – os dias da Semana Santa, compreendidos entre a quarta-feira e o Domingo de Páscoa; III – os dias de segunda e terça-feira de Carnaval; IV – os dias 11 de agosto, 1º e 2 de novembro e 8 de dezembro."*

**7. RISTF, art. 78, § 2º.** *Art. 78 (...) § 2º Sem prejuízo do disposto no inciso VIII do art. 13 e inciso V-A do art. 21, suspendem-se os trabalhos do Tribunal durante o recesso e as férias, bem como nos sábados, domingos, feriados e nos dias em que o Tribunal o determinar."*

**8. RISTJ, art. 83.** *"Art. 83. Suspendem-se as atividades judicantes do Tribunal nos feriados, nas férias coletivas e nos dias em que o Tribunal* *o determinar. § 1º Nas hipóteses previstas neste artigo, poderá o Presidente ou seu substituto legal decidir pedidos de liminar em mandado de segurança e habeas corpus, determinar liberdade provisória ou sustação de ordem de prisão, e demais medidas que reclamem urgência. § 2º Os Ministros indicarão seu endereço para eventual convocação durante as férias."*

## ⚖ JURISPRUDÊNCIA, ENUNCIADOS E SÚMULAS SELECIONADOS

- **9. Enunciado 66 da I Jornada-CJF.** *"Admite-se a correção da falta de comprovação do feriado local ou da suspensão do expediente forense, posteriormente à interposição do recurso, com fundamento no art. 932, parágrafo único, do CPC."*

## 🗐 COMENTÁRIOS TEMÁTICOS

**10. Previsão legal.** Somente são feriados aqueles assim declarados por lei. Não são feriados *pontos facultativos* ou determinações episódicas de fechamento do fórum ou do tribunal. Esses são considerados dias úteis. Embora sejam rigorosamente dias úteis, deve ser aplicado o disposto nos arts. 1º e 2º da Lei 1.408/1951: "Art. 1º *Sempre que, por motivo de ordem pública, se fizer necessário o fechamento do* Fôro, de edifícios anexos ou de quaisquer dependências do serviço judiciário ou o respectivo expediente tiver de ser encerrado antes da hora legal, observar-se-á o seguinte: a) os prazos serão restituídos aos interessados na medida que houverem sido atingidos pela providência tomada; b) as audiências, que ficarem prejudicadas, serão realizadas em outro dia mediante designação da autoridade competente. Art. 2º *O fechamento extraordinário do* Fôro e dos edifícios anexos e as demais medidas, a que se refere o art. 1º, *poderão ser determinados pelo Presidente dos Tribunais de Justiça, nas Comarcas onde êsses* tribunais tiverem a sede e pelos juízes de Direito nas respectivas Comarcas".

**11. Feriados.** São feriados os sábados, os domingos, os dias declarados por lei e os dias em que não haja expediente forense. A Lei 9.093/1995 trata dos feriados civis e religiosos, nesses termos: "Art. 1º São feriados civis: I – os declarados em lei federal; II – a data magna do Estado fixada em lei estadual; III – os dias do início e do término do ano do centenário de fundação do Município fixados em lei municipal. Art. 2º São feriados religiosos os dias de guarda, declarados em lei municipal e em número não superior a quatro, neste incluída a Sexta-Feira da Paixão." São feriados nacionais os dias 1º de janeiro, 21 de abril, 1º de maio, 7 de setembro, 2 de novembro, 15 de novembro e 25 de dezembro (Lei 662/1949, art. 1º, com redação dada pela Lei 10.607/2002). Também é feriado nacional o dia 12 de outubro (Lei 6.802/1980). Nos termos do art. 5º da Lei 1.408/1951, não há expediente forense no "Dia da Justiça", que é o dia 8 de dezembro, bem como na terça-feira de Carnaval, na Sexta-feira Santa e nos dias que a lei estadual designar. Além do recesso de 20 de dezembro a 6 de janeiro e dos feriados previstos em outras leis, também são feriados na Justiça Federal os dias da Semana Santa, compreendidos entre a quarta-feira e o Domingo de Páscoa, os dias de segunda e terça-feira de Carnaval, os dias 11 de agosto, 1 e 2 de novembro e 8 de dezembro (Lei 5.010/1966, art. 62, II a IV). A quarta-feira de cinzas é dia útil (STJ, REsp 1.410.764/MT, 2.ª Turma, rel. Min. Herman Benjamin, *DJe* 22.10.2013). O dia em que não houver expediente forense será considerado feriado, não sendo computado na contagem dos prazos.

**12. Atos processuais em feriados.** Não se praticam atos processuais nos feriados, excetuadas urgências e os atos previstos no art. 212, § 2º (art. 214). Na contagem de prazos em dias, não se consideram feriados; computam-se apenas os úteis (art. 219). Os atos processuais, nos termos do art. 212, realizam-se em dias úteis. As citações, intimações e penhoras podem, porém, realizar-se nos feriados, independentemente de autorização judicial específica (art. 212, § 2º).

**13. Comprovação de feriado local na interposição de recurso.** No ato de interposição do recurso, o recorrente comprovará a ocorrência de feriado local (art. 1.003, § 6º). Não comprovada a ocorrência do feriado local, incumbe ao relator conceder prazo de cinco dias ao recorrente para que o faço (art. 932, parágrafo único).

**14. Prorrogação do prazo para ajuizamento de ação rescisória.** Quando expirar em feriado, o prazo para ajuizamento da ação rescisória prorroga-se até o primeiro dia útil imediatamente subsequente (art. 975, § 1º).

### Seção II

### Do Lugar

**Art. 217.** Os atos processuais realizar-se-ão ordinariamente na sede do juízo, ou, excepcionalmente, em outro lugar em razão de deferência, de interesse da justiça, da natureza do ato ou de obstáculo arguido pelo interessado e acolhido pelo juiz.

**LIVRO IV · DOS ATOS PROCESSUAIS** **Art. 217**

▶ **1. Correspondência no CPC/1973.** *"Art. 176. Os atos processuais realizam-se de ordinário na sede do juízo. Podem, todavia, efetuar-se em outro lugar, em razão de deferência, de interesse da justiça, ou de obstáculo arguido pelo interessado e acolhido pelo juiz."*

## 🏛 LEGISLAÇÃO CORRELATA

**2. LOMAN, art. 33, I.** *"Art. 33. São prerrogativas do magistrado: I – ser ouvido como testemunha em dia, hora e local previamente ajustados com a autoridade ou Juiz de instância igual ou inferior (...)."*

**3. LONMP, art. 40, I.** *"Art. 40. Constituem prerrogativas dos membros do Ministério Público, além de outras previstas na Lei Orgânica: I – ser ouvido, como testemunha ou ofendido, em qualquer processo ou inquérito, em dia, hora e local previamente ajustados com o Juiz ou a autoridade competente (...)."*

## 🗐 COMENTÁRIOS TEMÁTICOS

**4. Lugar da prática dos atos processuais.** Em regra, os atos processuais realizam-se na sede do juízo, ou seja, no local onde ficam as instalações do cartório judicial ou da unidade jurisdicional, onde o juiz e os servidores cumprem seu expediente. Em segunda instância, os atos processuais realizam-se, ordinariamente, na sede do tribunal, no prédio onde se situam as secretarias e as sessões. De igual modo, nos tribunais superiores, os atos realizam-se em suas respectivas sedes. É possível que o mesmo juízo tenha mais de uma sede, ou seja, que tenha dois ou mais lugares para o exercício de atos processuais diferentes, como ocorre em alguns tribunais em que algumas sessões realizam-se num prédio e outras, em prédio distinto, ou a secretaria fica num prédio, o gabinete em outro e as sessões realizam-se num terceiro lugar.

**5. Lugar para oitiva de testemunhas.** O art. 449, seguindo a regra geral do art. 217, dispõe que as testemunhas devem ser ouvidas na sede do juízo.

**6. Atos realizados fora da sede do juízo.** Os atos processuais realizam-se *ordinariamente* na sede do juízo, mas é possível que haja exceções. Pela sua própria natureza, para atender ao acesso à justiça, em razão de deferência, em virtude de interesse da justiça ou de obstáculo arguido pelo interessado e acolhido pelo juiz, alguns atos podem realizar-se fora da sede do juízo. É o caso das citações, notificações, intimações, penhoras, arrestos, sequestros, buscas e apreensões, prisões e atos praticados, em geral, pelo oficial de justiça. Também se realizam fora da sede do juízo os atos praticados por cartas de ordem, precatórias e rogatórias, que devam ser realizados em outro juízo, comarca, Estado ou país.

**7. Atos realizados fora da sede do juízo em razão de deferência.** A inquirição das autoridades relacionadas no art. 454 pode ser feita em sua residência ou onde exercem sua função. Os juízes e membros do Ministério Público não incluídos no rol do art. 454 também têm a prerrogativa de serem ouvidos em local fora da sede do juízo (LOMAN, art. 33, I; Lei 8.625/1993, art. 40, I)).

**8. Atos realizados fora da sede do juízo em razão de interesse da justiça.** É o que ocorre com as perícias e as inspeções judiciais. É mais simples, econômico, produtivo e eficiente realizar tais atos fora da sede do juízo.

**9. Atos praticados fora da sede do juízo, em razão de algum obstáculo arguido pelo interessado e acolhido pelo juiz.** É o que ocorre, por exemplo, com a arguição de pessoa enferma ou impossibilitada de se locomover ou de se deslocar até a sede do juízo (arts. 449, parágrafo único, e 751, § 1º).

**10. Justiça itinerante.** Os Tribunais Regionais Federais (CF, art. 107, § 2º), os Tribunais Regionais do Trabalho (CF, art. 115, § 1º) e os Tribunais de Justiça (CF, art. 125, § 7º) devem instalar a justiça itinerante, com a realização de audiências e demais funções da atividade jurisdicional, nos limites territoriais da respectiva competência, servindo-se de equipamentos públicos e comunitários. No caso da justiça itinerante, os atos processuais – aí incluídas audiências – realizam-se fora da sede do juízo.

**11. Descentralização de tribunais e câmaras regionais.** Os Tribunais Regionais Federais (CF, art. 107, § 3º), os Tribunais Regionais do Trabalho (CF, art. 115, § 2º) e os Tribunais de Justiça (CF, art. 125, § 6º) podem funcionar descentralizadamente, constituindo Câmaras regionais, a fim de assegurar o pleno acesso do jurisdicionado à justiça em todas as fases do processo. Os atos processuais praticados pelas Câmaras regionais realizam-se fora da sede do juízo, constituindo uma exceção à regra geral.

**12. Descumprimento da regra.** Se o ato for praticado fora da sede do juízo sem que haja uma das exceções à regra, será irregular. Somente deverá ser decretada a invalidade, se houver prejuízo (art. 282, § 1º). Se o ato, mesmo realizado fora da sede do juízo, alcançar a finalidade, não deve ser invalidado (art. 277).

## CAPÍTULO III
## DOS PRAZOS

### Seção I
### Disposições Gerais

**Art. 218.** Os atos processuais serão realizados nos prazos prescritos em lei.

§ 1º Quando a lei for omissa, o juiz determinará os prazos em consideração à complexidade do ato.

§ 2º Quando a lei ou o juiz não determinar prazo, as intimações somente obrigarão a comparecimento após decorridas 48 (quarenta e oito) horas.

§ 3º Inexistindo preceito legal ou prazo determinado pelo juiz, será de 5 (cinco) dias o prazo para a prática de ato processual a cargo da parte.

§ 4º Será considerado tempestivo o ato praticado antes do termo inicial do prazo.

▶ **1. Correspondência no CPC/1973.** *"Art. 177. Os atos processuais realizar-se-ão nos prazos prescritos em lei. Quando esta for omissa, o juiz determinará os prazos, tendo em conta a complexidade da causa." "Art. 185. Não havendo preceito legal nem assinação pelo juiz, será de 5 (cinco) dias o prazo para a prática de ato processual a cargo da parte". "Art. 192. Quando a lei não marcar outro prazo, as intimações somente obrigarão a comparecimento depois de decorridas 24 (vinte e quatro) horas."*

### ⚖ JURISPRUDÊNCIA, ENUNCIADOS E SÚMULAS SELECIONADOS

- **2. Tema/Repetitivo 1.040, STJ.** *"Na ação de busca e apreensão de que trata o Decreto-lei nº 911/1969, a análise da contestação somente deve ocorrer após a execução da medida liminar."*

- **3. Enunciado 22 do FPPC.** *"O Tribunal não poderá julgar extemporâneo ou intempestivo recurso, na instância ordinária ou na extraordinária, interposto antes da abertura do prazo."*

- **4. Enunciado 23 do FPPC.** *"Fica superado o enunciado 418 da súmula do STJ após a entrada em vigor do CPC ('É inadmissível o recurso especial interposto antes da publicação do acórdão dos embargos de declaração, sem posterior ratificação')."*

- **5. Enunciado 107 do FPPC.** *"O juiz pode, de ofício, dilatar o prazo para a parte se manifestar sobre a prova documental produzida."*

- **6. Enunciado 266 do FPPC.** *"Aplica-se o art. 218, § 4º, ao processo do trabalho, não se considerando extemporâneo ou intempestivo o ato realizado antes do termo inicial do prazo."*

- **7. Enunciado 267 do FPPC.** *"Os prazos processuais iniciados antes da vigência do CPC serão integralmente regulados pelo regime revogado."*

- **8. Enunciado 84 do FNPP.** *"A tempestividade dos atos processuais no âmbito dos Juizados Especiais pode ser comprovada por qualquer meio idôneo, inclusive eletrônico."*

### ▣ COMENTÁRIOS TEMÁTICOS

**9. Prazos próprios e impróprios.** *Próprios* são os prazos fixados para as partes e para o membro do Ministério Público, pois de sua desobediência decorrem consequências de ordem processual, tal como a *preclusão*. Já os *impróprios* são os prazos fixados em lei como mero parâmetro a ser seguido, sem que de sua inobservância exsurja qualquer tipo de preclusão. Seus destinatários são, via de regra, os juízes e serventuários da justiça. A prática do ato além do prazo impróprio fixado não conduz à preclusão temporal, não acarretando qualquer ineficácia ou invalidade.

**10. Prazos legais.** Os atos processuais realizam-se nos prazos prescritos em *lei*. Os prazos legais destinam-se à grande maioria dos atos no processo.

**11. Alteração de prazos legais.** Os prazos podem ser dilatados pelo juiz (art. 139, VI), com vistas a zelar pelo efetivo contraditório (art. 7º). As partes podem ampliar prazos por convenção entre elas, celebrada antes ou durante o prazo (art. 190). O juiz, com a anuência de ambas as partes, pode reduzir prazos peremptórios (art. 222, § 1º).

**12. Prazos judiciais.** Sendo a lei omissa, o *juiz* deve fixar o prazo, tendo em conta a complexidade do ato (art. 218, § 1º), e não da causa. Mesmo que a causa seja simples, mas se o ato a ser praticado apresenta alguma complexidade, o juiz há de levar isso em conta na estipulação do prazo. Não havendo previsão legal quanto ao prazo a ser cumprido para a prática de determinado ato, cabe ao juiz estabelecê-lo. É possível, ainda, que a própria lei explicite que, no caso específico, deverá o juiz indicar um prazo a ser cumprido, a exemplo do que ocorre na hipótese do art. 76. Há casos em que a lei não fixa o prazo, atribuindo ao *juiz* essa tarefa, mas estabelece *limites* dentro dos quais o prazo deverá

# LIVRO IV · DOS ATOS PROCESSUAIS — Art. 219

ser estabelecido. É o que ocorre, por exemplo, com o prazo do *edital*, devendo, de acordo com o art. 257, III, o juiz determinar o prazo, que variará entre vinte e sessenta dias, ou no caso da *ação rescisória*, em que o art. 970 estabelece que o relator fixará o prazo entre o mínimo de quinze e o máximo de trinta dias.

**13. Natureza do ato que estabelece prazo.** A fixação de prazo pelo juiz encerra conteúdo de decisão interlocutória, podendo ensejar a impugnação na apelação (art. 1.009, § 1º). Nesse caso, não cabe agravo de instrumento, pois a hipótese não se insere na previsão do art. 1.015 do CPC. Se o prazo fixado for mínimo ou, diversamente, muito extenso, havendo prejuízo para a parte, é possível haver impugnação na apelação (art. 1.009, § 1º).

**14. Prazo em caso de omissão legal e judicial.** Sendo a lei omissa e não havendo fixação de prazo pelo juiz, o ato deve ser realizado no lapso temporal de 5 dias.

**15. Prazo para comparecimento.** Se nem a lei nem o juiz estabelece o prazo, as intimações somente obrigarão a comparecimento após decorridas 48 horas. Assim, a parte somente deve, por exemplo, comparecer a uma audiência se for intimada com antecedência de, pelo menos, 48 horas. Sendo o prazo em horas, ele é contado minuto a minuto (CC, art. 132, § 4º). Se a intimação ocorrer por Diário da Justiça, considera-se feita no primeiro minuto do expediente forense. Caso se realize mediante carta, o serventuário deverá indicar a hora exata da sua juntada aos autos. Não havendo indicação da hora, considera-se a juntada no momento de encerramento do expediente forense.

**16. Prazos convencionais.** Há prazos que são fixados, de comum acordo, pelas partes, a exemplo do que sucede com a suspensão do processo por iniciativa das partes (art. 313, II), hipótese em que, ao requererem a suspensão do curso do procedimento, podem estabelecer o prazo em que irá durar dita suspensão, desde que não ultrapasse o período total de seis meses (art. 313, § 4º).

**17. Tempestividade do ato processual prematuro.** O ato processual praticado *antes* do início do prazo é tempestivo (art. 218, § 4º). Qualquer ato, defesa, recurso ou manifestação pode ser praticado antes do início do prazo. Realizar o ato antes do início do prazo contribui para acelerar o andamento do processo, antecipando um momento que somente iria ocorrer mais adiante. Daí ser chamado de *prazo aceleratório*, que contribui para a duração razoável do processo.

> **Art. 219.** Na contagem de prazo em dias, estabelecido por lei ou pelo juiz, computar-se-ão somente os dias úteis.
>
> Parágrafo único. O disposto neste artigo aplica-se somente aos prazos processuais.

▶ **1. Sem correspondência no CPC/1973.**

## 🗝 LEGISLAÇÃO CORRELATA

**2. CC, art. 132.** *"Art. 132. (...) § 3º Os prazos de meses e anos expiram no dia de igual número do de início, ou no imediato, se faltar exata correspondência. § 4º Os prazos fixados por hora contar-se-ão de minuto a minuto."*

**3. CPP, art. 798.** *"Art. 798. Todos os prazos correrão em cartório e serão contínuos e peremptórios, não se interrompendo por férias, domingo ou dia feriado (...)."*

**4. ECA, art. 152, § 2º.** *"Art. 152. (...) § 2º Os prazos estabelecidos nesta Lei e aplicáveis aos seus procedimentos são contados em dias corridos, excluído o dia do começo e incluído o dia do vencimento, vedado o prazo em dobro para a Fazenda Pública e o Ministério Público."*

**5. Lei 9.099/1995, art. 12-A.** *"Art. 12-A. Na contagem de prazo em dias, estabelecido por lei ou pelo juiz, para a prática de qualquer ato processual, inclusive para a interposição de recursos, computar-se-ão somente os dias úteis."*

**6. Lei 11.101/2005, art. 189, § 1º, I.** *"Art. 189. Aplica-se, no que couber, aos procedimentos previstos nesta Lei, o disposto na Lei nº 13.105, de 16 de março de 2015 (Código de Processo Civil), desde que não seja incompatível com os princípios desta Lei. § 1º Para todos os fins do disposto nesta Lei: I – todos os prazos nela previstos ou que dela decorram serão contados em dias corridos."*

## 🕮 JURISPRUDÊNCIA, ENUNCIADOS E SÚMULAS SELECIONADOS

- **7. Súmula STF, 310.** *"Quando a intimação tiver lugar na sexta-feira, ou a publicação com efeito de intimação for feita nesse dia, o prazo judicial terá início na segunda-feira imediata, salvo se não houver expediente, caso em que começará no primeiro dia útil que se seguir."*

- **8. Súmula TST, 1.** *"Quando a intimação tiver lugar na sexta-feira, ou a publicação com efeito de intimação for feita nesse dia, o prazo judicial será contado da segunda-feira imediata, inclusive, salvo se não houver expediente, caso em que fluirá no dia útil que se seguir."*

- **9. Súmula TST, 262.** *"I – Intimada ou notifica-da a parte no sábado, o início do prazo se dará no primeiro dia útil imediato e a contagem, no subsequente. II – O recesso forense e as férias coletivas dos Ministros do Tribunal Superior do Trabalho suspendem os prazos recursais."*
- **10. Enunciado 268 do FPPC.** *"A regra de contagem de prazos em dias úteis só se aplica aos prazos iniciados após a vigência do Novo Código."*
- **11. Enunciado 415 do FPPC.** *"Os prazos processuais no sistema dos Juizados Especiais são contados em dias úteis."*
- **12. Enunciado 416 do FPPC.** *"A contagem do prazo processual em dias úteis prevista no art. 219 aplica-se aos Juizados Especiais Cíveis, Federais e da Fazenda Pública."*
- **13. Enunciado 477 do FPPC.** *"Publicada em cartório ou inserida nos autos eletrônicos a decisão que julga embargos de declaração sob a vigência do CPC de 2015, computar-se-ão apenas os dias úteis no prazo para o recurso subsequente, ainda que a decisão embargada tenha sido proferida ao tempo do CPC de 1973, tendo em vista a interrupção do prazo prevista no art. 1.026."*
- **14. Enunciado 579 do FPPC.** *"Admite-se o negócio processual que estabeleça a contagem dos prazos processuais dos negociantes em dias corridos."*
- **15. Enunciado 19 da I Jornada-CJF.** *"O prazo em dias úteis previsto no art. 219 do CPC aplica-se também aos procedimentos regidos pelas Leis n. 9.099/1995, 10.259/2001 e 12.153/2009."*
- **16. Enunciado 20 da I Jornada-CJF.** *"Aplica-se o art. 219 do CPC na contagem do prazo para oposição de embargos à execução fiscal previsto no art. 16 da Lei n. 6.830/1980."*
- **17. Enunciado 89 da I Jornada-CJF.** *"Conta-se em dias úteis o prazo do caput do art. 523 do CPC."*
- **18. Enunciado 116 da II Jornada-CJF.** *"Aplica-se o art. 219 do CPC na contagem dos prazos processuais previstos na Lei n. 6.830/1980."*
- **19. Enunciado 132 da II Jornada-CJF.** *"O prazo para apresentação de embargos de terceiro tem natureza processual e deve ser contado em dias úteis."*
- **20. Enunciado 146 da II Jornada-CJF.** *"O prazo de 3 (três) dias previsto pelo art. 528 do CPC conta-se em dias úteis e na forma dos incisos do art. 231 do CPC, não se aplicando seu § 3º."*
- **21. Enunciado 165 da III Jornada-CJF.** *"Conta-se em dias úteis o prazo do caput do art. 308 do CPC."*
- **22. Enunciado 11 do FNPP.** *"Os prazos processuais no mandado de segurança são contados em dias úteis, inclusive para as informações da autoridade coatora."*
- **23. Enunciado 31 do FNPP.** *"A contagem dos prazos processuais em dias úteis se aplica aos processos judiciais regulados em legislação extravagante, inclusive juizados especiais, salvo disposição legal em sentido contrário."*
- **24. Enunciado 49 do FNPP.** *"Os prazos nos processos de execução fiscal serão contados em dias úteis."*
- **25. Enunciado 45 da ENFAM.** *"A contagem dos prazos em dias úteis (art. 219 do CPC/2015) aplica-se ao sistema de juizados especiais."*

## ▣ COMENTÁRIOS TEMÁTICOS

**26. Contagem de prazos em dias úteis.** Na contagem do prazo em dias, computam-se apenas os dias úteis, seja o prazo legal, seja ele judicial.

**27. Prazos superiores a trinta dias.** É curioso perceber que, com exceção do inciso III do seu art. 257, o CPC não prevê prazo superior a trinta dias. Os prazos superiores a trinta dias são fixados em meses, talvez para que não se estendam muito, já que, na contagem dos prazos em dias, só se computam os úteis. O § 3º do art. 173 prevê um prazo de cento e oitenta dias, mas não é um prazo processual, destinado à prática de um ato num processo judicial em curso. Logo, na sua contagem, não são computados apenas os dias úteis.

**28. Prazos processuais.** A regra de contagem de prazos em dias úteis aplica-se apenas aos prazos processuais, ou seja, àqueles prazos para prática de atos *dentro* do processo, sendo *nele* contados. O prazo que tem início, desenvolve-se e encerra-se no processo é um prazo processual, sofrendo, inclusive, a incidência do disposto no art. 313 e suspendendo-se se ocorrer uma das hipóteses ali previstas. Não importa se o *ato* a ser praticado é processual ou material; o que importa é que o *prazo* seja processual, vale dizer, que inicie, corra e termine no processo. O que há de ser processual é o *prazo*, e não o *ato* a ser praticado.

**29. Prazos no processo penal.** *"A jurisprudência desta Corte Superior é no sentido de que a contagem dos prazos processuais em matéria penal deve recair sobre os dias corridos e não considerar* *apenas os dias úteis. Prevalece, no caso, a regra do art. 798 do CPP, em detrimento do art. 219 do novo CPC"* (STJ, 5ª Turma, AgRg no AREsp 1.575.258/PB, rel. Min. Reynaldo Soares da Fonseca, *DJe* 22.11.2019). *"1. A analogia constitui meio de integração do direito, de modo que a aplicação, no processo penal, de regras contidas no Código de Processo Civil pressupõe a existência de lacuna normativa. 2. Inexistência de lacuna, tendo em vista que o art. 798 do Código de Processo Penal estabelece a continuidade da contagem de prazos processuais, afastando-se, inclusive pelo Princípio da Especialidade, a possibilidade de incidência analógica de regra processual civil que computa tão somente dias úteis para essa finalidade"* (STF, Pleno, Rcl 23.045 ED-AgR, rel. Edson Fachin, *DJe* 11.03.2020).

**30.** **Prazos nas ações previstas no ECA.** Nos procedimentos regulados pelo ECA, em favor de crianças e adolescentes, os prazos são contados em dias corridos, e não em dias úteis (ECA, art. 152, § 2º).

**31.** **Prazos na recuperação judicial e na falência.** O disposto no art. 219 não se aplica aos processos de falência e recuperação judicial (Lei 11.101/2005, art. 189, § 1º, I, na redação dada pela Lei 14.112/2020). Na falência e na recuperação judicial, todos os prazos são contados em dias corridos, e não em dias úteis.

**32.** **Contagem do prazo para pagamento da integralidade da dívida no Dec.-lei 911/1969.** *"9. Como o pedido da ação de busca e apreensão é (i) reipersecutório e (ii) declaratório da consolidação da propriedade (seja pela procedência, seja pela perda de objeto), o pagamento da integralidade da dívida, previsto no art. 3º, § 2º, do Decreto-lei 911/1969 é ato jurídico não processual, pois não se relaciona a ato que deve ser praticado no, em razão do ou para o processo, haja vista não interferir na relação processual ou mesmo na sucessão de fases do procedimento da ação de busca e apreensão. 10. O prazo para pagamento art. 3º, § 2º, do Decreto-lei 911/1969 deve ser considerado de direito material, não se sujeitando, assim, à contagem em dias úteis, prevista no art. 219, caput, do CPC/2015"* (STJ, 3ª Turma, REsp 1.770.863/PR, rel. Min. Nancy Andrighi, *DJe* 15.06.2020).

**33.** **Prazo para impetração de mandado de segurança.** A contagem do prazo em dias úteis somente se aplica aos prazos processuais, ou seja, àqueles que são praticados no processo, tendo sua contagem computada *dentro* de um processo já existente. Desse modo, o prazo para impetração do mandado de segurança não é processual, não sendo computado apenas nos dias úteis. Os cento e vinte dias para sua impetração devem ser corridos.

**34.** **Contagem do prazo para impetração do mandado de segurança.** *"O prazo para a impetração do mandado de segurança é decadencial e, como tal, não possui natureza de prazo processual. Trata-se de prazo contado em dias corridos e não apenas nos dias úteis, sendo inaplicável a regra do art. 219 do CPC"* (STJ, 4ª Turma, AgInt nos EDcl no RMS 58.440/RJ, rel. Min. Maria Isabel Gallotti, *DJe* 19.12.2019).

**35.** **Mandado de segurança contra ato judicial.** O prazo para o mandado de segurança contra ato judicial é processual, pois é contado *dentro* de um processo em curso. O mandado de segurança ataca um ato processual do juiz, tendo seu prazo ali contado. Nesse caso, somente se computam os dias úteis.

**36.** **Negócio processual sobre a contagem dos prazos.** Computam-se, na contagem dos prazos, somente os dias úteis. Nada impede, porém, que as partes estabeleçam, por negócio processual (art. 190), que o prazo seja contado em dias corridos, afastando a regra do art. 219.

**37.** **Inaplicabilidade ao prazo para intimação tácita por meio eletrônico.** No processo eletrônico, as intimações são feitas por meio eletrônico em portal próprio, sendo realizada no dia em que o intimando efetivar a consulta eletrônica ao teor da intimação, ou quando decorrido o prazo de dez dias corridos, contados da data do envio da intimação (Lei 11.419/2006, art. 5º, §§ 1º a 3º). Feita a intimação, considera-se o primeiro dia do prazo "o dia útil seguinte à consulta ao teor da citação ou da intimação ou ao término do prazo para que a consulta se dê, quando a citação ou a intimação for eletrônica" (art. 231, V). A contagem desse prazo de dez dias é corrida, e não apenas em dias úteis. Se bem que seja um prazo processual, o § 3º do art. 5º da Lei 11.419/2006, menciona expressamente que o prazo será de dez dias *corridos*. Há, ali, então, uma regra especial, que excepciona a aplicação da regra geral do art. 219.

**38.** **Prazo para apresentação dos originais da peça transmitida por *fac-símile*.** *"1. É intempestivo o recurso interposto via fac-símile, quando o original não foi apresentado no prazo previsto no art. 2º da Lei 9.800/1999, o qual deve ser contado de forma contínua. 2. Conforme jurisprudência desta Corte 'o art. 2º da Lei 9.800/1999 impõe o dever de ser juntado o original do recurso enviado por fax em até 5 (cinco) dias. Não obstante o CPC/2015 determine que os prazos processuais serão contados em dias úteis, aquela lei é especial* *e prevê prazo específico para o procedimento, devendo o quinquídio ser contado em dias corridos' (AgInt no AREsp n.1.046.954/SC, Rel. Min. Marco Aurélio Bellizze, DJe de 03.08.2017)" (STJ, 1ª Turma, AgInt no AREsp 1.412.179/MS, rel. Min. Benedito Gonçalves, DJe 20.11.2019).*

**39. Inaplicabilidade a prazos de suspensão.** A regra contida no art. 219 aplica-se para a contagem de prazos destinados à prática de atos. Não se aplica aos prazos de suspensão. A suspensão do processo ou dos prazos é um momento de crise no processo, um momento excepcional, de inatividade, de impossibilidade de prática do ato. O processo suspende-se nas hipóteses previstas no art. 313. Naquelas hipóteses, não há prática de atos. A contagem do art. 219 refere-se à prática de atos. A suspensão é exatamente o oposto: não há prática de atos. Por isso, os prazos de suspensão previstos nos §§ 6º e 7º do art. 313 são corridos, e não computados apenas em dias úteis. Também por isso, o prazo de suspensão de cento e oitenta dias das ações executivas contra o devedor em recuperação judicial (Lei 11.101/2005, art. 6º, § 4º) é corrido, não se computando apenas os dias úteis.

**40. Convenção processual sobre a contagem de prazo de suspensão.** As partes podem convencionar que, no período de suspensão do processo ou de prazos, a contagem seja só em dias úteis. Assim, por exemplo, o processo pode ser suspenso pela convenção das partes (art. 313, II) e elas, na própria convenção, podem estabelecer que o prazo de suspensão deve ser computado apenas em dias úteis.

**41. Prazo para constituição de novo procurador.** A morte do procurador é causa de suspensão do processo (art. 313, I), mas a parte deve constituir novo mandatário no prazo de quinze dias (art. 313, § 3º). Esse é um prazo para a prática de ato processual. Logo, na sua contagem, computam-se apenas os dias úteis.

---

**Art. 220.** Suspende-se o curso do prazo processual nos dias compreendidos entre 20 de dezembro e 20 de janeiro, inclusive.

§ 1º Ressalvadas as férias individuais e os feriados instituídos por lei, os juízes, os membros do Ministério Público, da Defensoria Pública e da Advocacia Pública e os auxiliares da Justiça exercerão suas atribuições durante o período previsto no *caput*.

§ 2º Durante a suspensão do prazo, não se realizarão audiências nem sessões de julgamento.

▶ **1. Sem correspondência no CPC/1973.**

---

## 📖 LEGISLAÇÃO CORRELATA

**2. CLT, art. 775-A.** *"Art. 775-A. Suspende-se o curso do prazo processual nos dias compreendidos entre 20 de dezembro e 20 de janeiro, inclusive. § 1º Ressalvadas as férias individuais e os feriados instituídos por lei, os juízes, os membros do Ministério Público, da Defensoria Pública e da Advocacia Pública e os auxiliares da Justiça exercerão suas atribuições durante o período previsto no caput deste artigo. § 2º Durante a suspensão do prazo, não se realizarão audiências nem sessões de julgamento."*

**3. CPP, art. 798-A.** *"Art. 798-A. Suspende-se o curso do prazo processual nos dias compreendidos entre 20 de dezembro e 20 de janeiro, inclusive, salvo nos seguintes casos: I – que envolvam réus presos, nos processos vinculados a essas prisões; II – nos procedimentos regidos pela Lei nº 11.340, de 7 de agosto de 2006 (Lei Maria da Penha); III – nas medidas consideradas urgentes, mediante despacho fundamentado do juízo competente. Parágrafo único. Durante o período a que se refere o caput deste artigo, fica vedada a realização de audiências e de sessões de julgamento, salvo nas hipóteses dos incisos I, II e III do caput deste artigo."*

**4. Res. 244/2016 do CNJ, art. 1º.** *"Art. 1º Os Tribunais de Justiça dos Estados poderão suspender o expediente forense, configurando o recesso judiciário no período de 20 de dezembro a 6 de janeiro, garantindo atendimento aos casos urgentes, novos ou em curso, por meio de sistema de plantões. Parágrafo único. Os tribunais regulamentarão o funcionamento de plantões judiciários, de modo a garantir o caráter ininterrupto da atividade jurisdicional, com ampla divulgação e fiscalização pelos canais competentes, observados os termos da Resolução CNJ 71, de 31 de março de 2005."*

**5. Res. 244/2016 do CNJ, art. 2º.** *"Art. 2º O recesso judiciário importa em suspensão não apenas do expediente forense, mas, igualmente, dos prazos processuais e da publicação de acórdãos, sentenças e decisões, bem como da intimação de partes ou de advogados, na primeira e segunda instâncias, exceto com relação às medidas consideradas urgentes. § 1º O período equivalente ao recesso para os órgãos do Poder Judiciário da União corresponde ao feriado previsto no inciso I do art. 62 da Lei 5.010/66, devendo também ser observado o sistema de plantão. § 2º A suspensão prevista no caput não obsta a prática de ato processual necessário à preservação de direitos e de natureza urgente."*

**6. Res. 244/2016 do CNJ, art. 3º.** *"Art. 3º Será suspensa a contagem dos prazos processuais em*

**LIVRO IV · DOS ATOS PROCESSUAIS**  **Art. 221**

*todos os órgãos do Poder Judiciário, inclusive da União, entre 20 de dezembro a 20 de janeiro, período no qual não serão realizadas audiências e sessões de julgamento, como previsto no art. 220 do Código de Processo Civil, independentemente da fixação ou não do recesso judiciário previsto no artigo 1º desta Resolução. Parágrafo único. O expediente forense será executado normalmente no período de 7 a 20 de janeiro, inclusive, mesmo com a suspensão de prazos, audiências e sessões, com o exercício, por magistrados e servidores, de suas atribuições regulares, ressalvadas férias individuais e feriados, a teor do § 2º do art. 220 do Código de Processo Civil."*

## ⚖ Jurisprudência, Enunciados e Súmulas Selecionados

- **7.** **Enunciado 269 do FPPC.** *"A suspensão de prazos de 20 de dezembro a 20 de janeiro é aplicável aos Juizados Especiais".*
- **8.** **Enunciado 21 da I Jornada-CJF.** *"A suspensão dos prazos processuais prevista no* caput *do art. 220 do CPC estende-se ao Ministério Público, à Defensoria Pública e à Advocacia Pública".*
- **9.** **Enunciado 32 do FNPP.** *A suspensão dos prazos processuais do período de 20 de dezembro a 20 de janeiro aplica-se à advocacia pública, sem prejuízo das demais atribuições administrativas do órgão.*

## 🖳 Comentários Temáticos

**10. Suspensão dos prazos de 20 de dezembro a 20 de janeiro.** São suspensos os prazos durante o período de 20 de dezembro a 20 de janeiro. Nesse período, ressalvados o recesso da Justiça Federal (aplicável aos tribunais superiores), os recessos locais, os feriados e as férias individuais, os juízes, membros do Ministério Público, da Defensoria Pública e da Advocacia Pública, bem como os auxiliares da Justiça, exercem normalmente suas atribuições, praticando atos processuais. Os atos são realizados normalmente. Apenas não correm prazos. Os que já tiveram início antes ficam suspensos, voltando a correr pelo período sobejante a partir do primeiro dia útil após o dia 20 de janeiro.

**11. Suspensão de audiências e sessões de julgamento.** Durante esse período de suspensão do prazo, também não se realizam audiências nem sessões de julgamento.

**12. Prazo previsto no art. 935 do CPC.** O prazo previsto no art. 935, que é um prazo mínimo de cinco dias entre a data de publicação da pauta e a da sessão de julgamento no tribunal, também se suspende no período de 20 de dezembro a 20 de janeiro.

**13. Ressalva contida no dispositivo.** O dispositivo ressalva os juízes, os membros do Ministério Público, da Defensoria Pública e da Advocacia Pública, bem como os auxiliares da Justiça. Todos eles exercem suas atividades normais no período compreendido entre 20 de dezembro e 20 de janeiro, ressalvadas as férias individuais de alguns deles. Então, a suspensão prevista no art. 220 não alcança os prazos da Fazenda Pública, do Ministério Público e da Defensoria Pública, que correm normalmente no período ali mencionado, ressalvados o recesso da Justiça Federal e os feriados existentes dentro do período.

> **Art. 221.** Suspende-se o curso do prazo por obstáculo criado em detrimento da parte ou ocorrendo qualquer das hipóteses do art. 313, devendo o prazo ser restituído por tempo igual ao que faltava para sua complementação.
> Parágrafo único. Suspendem-se os prazos durante a execução de programa instituído pelo Poder Judiciário para promover a autocomposição, incumbindo aos tribunais especificar, com antecedência, a duração dos trabalhos.

▸ **1. Correspondência no CPC/1973.** *"Art. 180. Suspende-se também o curso do prazo por obstáculo criado pela parte ou ocorrendo qualquer das hipóteses do art. 265, I e III; casos em que o prazo será restituído por tempo igual ao que faltava para a sua complementação."*

## 🖳 Comentários Temáticos

**2. Eventos supervenientes ao termo inicial do prazo.** Em hipóteses expressamente previstas em lei, o curso do prazo pode ser interrompido ou suspenso. Quando há interrupção, restitui-se à parte o prazo por inteiro, desconsiderando o lapso temporal já decorrido. Já no caso de suspensão, a parte terá o restante do prazo que faltava antes do evento suspensivo, não lhe sendo restituído o período já consumido. Há hipóteses de interrupção dos prazos processuais, a exemplo daquela prevista nos arts. 113, § 2º, 1.004 e 1.026. O art. 221 trata de hipóteses de suspensão, e não de interrupção, de prazos. Além de se valer do termo "suspende-se", estabelece que, cessada a hipótese suspensiva, deve "o prazo ser restituído por tempo igual ao que faltava para sua complementação".

427

**3. Hipóteses de suspensão dos prazos.** Os prazos estão suspensos de 20 de dezembro a 20 de janeiro (art. 220). Além dessa hipótese, o prazo se suspende por obstáculo criado em detrimento da parte. Os prazos também se suspendem nas mesmas hipóteses de suspensão do processo (art. 313). Não é, porém, sempre que a suspensão do processo acarreta suspensão do prazo. A morte da parte ou de seu advogado suspende, normalmente, o prazo processual, mas, se o prazo for para interposição de recurso, ele é interrompido, e não suspenso (art. 1.004). Ocorrendo motivo de força maior, o processo é suspenso (art. 313, VI), mas essa não é causa de suspensão do prazo. O evento de força maior caracteriza-se como *justa causa*, a justificar a fixação de um novo prazo pelo juiz para a prática do ato (art. 223, § 2º), sendo motivo para interromper o prazo recursal (art. 1.004), podendo ainda acarretar sua prorrogação por período superior a dois meses, quando a força maior for causada por calamidade pública (art. 222, § 2º).

**4. Conclusão dos autos como obstáculo judicial.** *"A conclusão dos autos ao juiz, durante o transcurso do prazo hábil à interposição do apelo, constitui obstáculo judicial, que impede o exercício do direito de recorrer"* (STJ, 4ª Turma, AgRg no REsp 1.119.410/RS, rel. Min. Marco Buzzi, *DJe* 07.03.2012). *"No caso, o processo foi concluso ao juiz no último dia do prazo para interpor a apelação, o que impediu o exercício do direito de recorrer da agravada. Em tal circunstância, o prazo deve ser restituído por tempo igual ao que faltava para sua complementação"* (STJ, 4ª Turma, AgRg no REsp 1.356.627/SP, rel. Min. Antonio Carlos Ferreira, *DJe* 10.02.2016).

**5. Obstáculo em desfavor da parte, no processo eletrônico.** No âmbito do processo eletrônico, problemas técnicos do sistema não constituem obstáculo apto a acarretar a suspensão do processo. Na verdade, problemas técnicos do sistema caracterizam-se como *justa causa* a impedir a preclusão prevista no art. 223 (art. 197, parágrafo único). Nessa hipótese, não haverá suspensão do prazo, mas sua restituição para que a parte possa praticá-lo.

**6. Suspensão dos prazos durante execução de programa para promover a autocomposição.** A Resolução 125, de 2010, do CNJ dispõe sobre a *política judiciária nacional de tratamento adequado dos conflitos de interesses no âmbito do Poder Judiciário.* Nos seus termos, cabe aos órgãos judiciários oferecer mecanismos de solução de controvérsias, em especial os chamados meios consensuais, como a mediação e conciliação, além de prestar atendimento e orientação ao cidadão. Na implementação dessa política judiciária nacional, serão observadas a centralização das estruturas judiciárias, a adequada formação e treinamento de servidores, conciliadores e mediadores, bem como o acompanhamento estatístico específico. O CNJ auxiliará os tribunais na organização dos serviços de mediação e conciliação, podendo ser firmadas parcerias com entidades públicas e privadas. A política nacional instituída pela mencionada resolução procura conferir tratamento adequado aos conflitos de interesses no âmbito do Poder Judiciário, preocupando-se com a qualidade dos serviços a serem oferecidos. Nesse sentido, o CNJ tem estabelecido períodos para execução de programa destinado a promover a autocomposição, submetendo os litigantes de diversos processos a sessões presididas por mediadores ou conciliadores. Durante esse período, que deve ser previamente anunciado e divulgado pelo respectivo tribunal, os prazos dos processos encaminhados ao referido programa ficam suspensos. O objetivo é tentar viabilizar a autocomposição sem prejudicar as partes que tenham eventualmente prazo em curso para a prática de algum ato processual.

> **Art. 222.** Na comarca, seção ou subseção judiciária onde for difícil o transporte, o juiz poderá prorrogar os prazos por até 2 (dois) meses.
> § 1º Ao juiz é vedado reduzir prazos peremptórios sem anuência das partes.
> § 2º Havendo calamidade pública, o limite previsto no *caput* para prorrogação de prazos poderá ser excedido.

▸ **1. Correspondência no CPC/1973.** *"Art. 182. É defeso às partes, ainda que todas estejam de acordo, reduzir ou prorrogar os prazos peremptórios. O juiz poderá, nas comarcas onde for difícil o transporte, prorrogar quaisquer prazos, mas nunca por mais de 60 (sessenta) dias. Parágrafo único. Em caso de calamidade pública, poderá ser excedido o limite previsto neste artigo para a prorrogação de prazos."*

## ⚖ Jurisprudência, Enunciados e Súmulas Selecionados

- **2. Enunciado 579 do FPPC.** *"Admite-se o negócio processual que estabeleça a contagem dos prazos processuais dos negociantes em dias corridos."*

## LIVRO IV · DOS ATOS PROCESSUAIS — Art. 223

### 🔲 Comentários Temáticos

**3. Possibilidade de prorrogação de prazo em comarcas de difícil acesso.** Na realidade atual, o transporte está mais facilitado, e é difícil imaginar essa dificuldade de acesso nas principais cidades do país. Não se deve, porém, esquecer que o Brasil é um país de dimensões continentais, havendo ainda locais de difícil acesso. Ocorrendo esse fato, o juiz deve prorrogar o prazo por até dois meses.

**4. Calamidade pública.** Em caso de calamidade pública, admite-se a prorrogação por prazo superior a dois meses, cabendo ao juiz avaliar a situação e estimar um prazo razoável e proporcional à prática do ato. A prorrogação por calamidade pública (art. 222, § 2º) não se confunde com a suspensão do processo por motivo de força maior (art. 313, VI). Embora sejam regras diferentes, a calamidade pública pode caracterizar-se como motivo de força maior e, então, causar a suspensão do processo. É possível suspender o processo (art. 313, VI) e, em vez de suspender o prazo (art. 221), prorrogá-lo por período superior a dois meses.

**5. Negócio processual para a redução de prazo peremptório.** As partes podem convencionar a redução de prazos, ainda que sejam peremptórios. Não há nada que impeça a estipulação de prazo convencional para a prática de atos sujeitos a prazos preclusivos ou peremptórios. A redução de prazo peremptório, ou decorre de convenção das partes, sendo um negócio bilateral, ou é um negócio jurídico plurilateral: o juiz propõe a redução, que somente se concretiza se houver assentimento das partes (art. 222, § 1º).

---

**Art. 223.** Decorrido o prazo, extingue-se o direito de praticar ou de emendar o ato processual, independentemente de declaração judicial, ficando assegurado, porém, à parte provar que não o realizou por justa causa.

§ 1º Considera-se justa causa o evento alheio à vontade da parte e que a impediu de praticar o ato por si ou por mandatário.

§ 2º Verificada a justa causa, o juiz permitirá à parte a prática do ato no prazo que lhe assinar.

---

▶ **1. Correspondência no CPC/1973.** *"Art. 183. Decorrido o prazo, extingue-se, independentemente de declaração judicial, o direito de praticar o ato, ficando salvo, porém, à parte provar que o não realizou por justa causa. § 1º Reputa-se justa causa o evento imprevisto, alheio à vontade da parte, e que a impediu de praticar o ato por si ou*

por mandatário. § 2º Verificada a justa causa o juiz permitirá à parte a prática do ato no prazo que lhe assinar."

### 🔲 Legislação Correlata

**2. CLT, art. 775, § 2º.** *"Art. 775 (...) § 2o Ao juízo incumbe dilatar os prazos processuais e alterar a ordem de produção dos meios de prova, adequando-os às necessidades do conflito de modo a conferir maior efetividade à tutela do direito."*

### 🔲 Jurisprudência, Enunciados e Súmulas Selecionados

- **3. Súmula TST, 122.** *"A reclamada, ausente à audiência em que deveria apresentar defesa, é revel, ainda que presente seu advogado munido de procuração, podendo ser ilidida a revelia mediante a apresentação de atestado médico, que deverá declarar, expressamente, a impossibilidade de locomoção do empregador ou do seu preposto no dia da audiência."*

- **4. Enunciado 626 do FPPC.** *"O requerimento previsto no § 2º do art. 186, formulado pela Defensoria Pública ou pelas entidades mencionadas no § 3º do art. 186, constitui justa causa para os fins do § 2º do art. 223, quanto ao prazo em curso."*

### 🔲 Comentários Temáticos

**5. Prazos e preclusão.** Os atos processuais sujeitam-se, em regra, a prazos legais, judiciais ou convencionais. Decorrido o prazo, ocorre a perda do direito de praticar o ato, independentemente de declaração judicial. Não é preciso que o juiz declare a perda do direito; o simples escoamento do prazo já produz o efeito de extinguir o direito de praticar o ato, caracterizando a preclusão temporal. Os prazos que se subordinam à preclusão temporal são conhecidos como *prazos próprios*.

**6. Prazos para o juiz.** Os prazos fixados para o juiz (art. 226) não acarretam preclusão temporal. São, por isso, *prazos impróprios*.

**7. Preclusão do direito de praticar ou emendar o ato.** Decorrido o prazo, extingue-se o direito de praticar o ato. Praticado o ato, consome-se a possibilidade de emendá-lo dentro do prazo legal eventualmente ainda disponível. Se, por exemplo, o prazo é de quinze dias, mas a parte praticou o ato no quinto dia, houve preclusão consumativa, não se podendo aditar ou emendar o ato no restante do prazo. Assim, determinado

429

à parte que emende o ato no prazo fixado em lei, pelo juiz ou por convenção, e não vindo a parte a fazê-lo, extingue-se o direito de emendar o ato processual.

**8. Praticado o ato, ocorre a preclusão consumativa.** Não será mais possível aditá-lo ou emendá-lo. Reputa-se consumido o restante do prazo, quando a parte pratica desde logo o ato que lhe incumbe.

**9. Preclusão consumativa de ato praticado antes do início do prazo.** Ocorre a preclusão consumativa se a parte praticar o ato antes mesmo de o prazo ter início. É possível praticar o ato antes mesmo de se ter o início do prazo (art. 218, § 4º). Praticado o ato nessa hipótese, se a parte vier, posteriormente, a ser intimada, não poderá, evidentemente, renovar a sua prática, ou aditá-lo, ou emendá-lo. Terá havido perda do direito de emendar, caracterizando a preclusão consumativa.

**10. Preclusão consumativa e cooperação.** A preclusão consumativa concretiza a cooperação (art. 6º) e a boa-fé processual (art. 5º). É anticooperativo considerar que a parte que já praticou um ato pode renová-lo, aditá-lo ou emendá-lo, frustrando a expectativa legítima causada na outra parte, apanhando a todos de surpresa e estimulando a insegurança jurídica. Aliás, a preclusão concretiza também a segurança jurídica, conferindo estabilidade àquela situação. A referência, no art. 223, ao direito de emendar o ato processual dentro do prazo legal deve ser considerada como a possibilidade de atender à intimação determinada pelo juiz, por força do dever de prevenção, para a correção de algum vício.

**11. Justa causa.** Mesmo esgotado o prazo, a parte pode praticar o ato, na hipótese de alegar e comprovar a ocorrência de justa causa. Justa causa é o evento alheio à vontade da parte que a impediu de praticar o ato. Não é necessário que o evento seja imprevisível, sendo suficiente que seja alheio à vontade da parte. A doença do único advogado da parte, uma greve geral que paralisou o transporte público, um problema técnico no sistema de processo eletrônico (art. 197, parágrafo único), a entrega indevida dos autos à parte contrária são todos exemplos de justa causa, a permitir a prática do ato, mesmo quando já esgotado o prazo.

**12. Andamento disponibilizado pela internet.** *"A divulgação do andamento processual pelos Tribunais por meio da internet passou a representar a principal fonte de informação dos advogados em relação aos trâmites do feito. A jurisprudência deve acompanhar a realidade em que se insere, sendo impensável punir a parte que confiou nos dados assim fornecidos pelo próprio Judiciário. Ainda que não se afirme que o prazo correto é aquele erroneamente disponibilizado, desarrazoado frustrar a boa-fé que deve orientar a relação entre os litigantes e o Judiciário. Por essa razão o art. 183, §§ 1º e 2º, do CPC determina o afastamento do rigorismo na contagem dos prazos processuais quando o descumprimento decorrer de fato alheio à vontade da parte (REsp 1324432/SC, Rel. Ministro Herman Benjamin, Corte Especial, julgado em 17.12.2012, DJe 10.05.2013)"* (STJ, Corte Especial, EAREsp 688.615/MS, rel. Min. Mauro Campbell Marques, *DJe* 09.03.2020).

**13. Doença do próprio advogado ou de membro de sua família.** *"1. Esta Corte entende possível a restituição do prazo recursal em caso de doença do próprio causídico, desde que seja o único advogado constituído nos autos, bem como esteja totalmente impossibilitado de exercer a função ou de substabelecer o mandato. 2. Não socorre à parte agravante o pedido de restituição do prazo, em razão de doença em pessoa da família, porque não há amparo legal para a pretensão"* (STJ, 3ª Turma, AgInt nos EDcl no AREsp 1.260.900/SP, rel. Min. Nancy Andrighi, *DJe* 20.11.2019).

**14. Justa causa para devolução de prazo.** *"De acordo com a jurisprudência do Superior Tribunal de Justiça, a doença que acomete o advogado somente se caracteriza como justa causa idônea para a devolução do prazo recursal quando o impossibilita de forma absoluta para o exercício da profissão ou para substabelecer o mandato, o que não foi demonstrado no caso dos autos"* (STJ, 3ª Turma, AgInt no AREsp 1.584.126/SP, rel. Min. Marco Aurélio Bellizze, *DJe* 18.03.2022).

**15. Não devolução de prazo quando há outros patronos constituídos.** *"2. De acordo com a jurisprudência do STJ, a doença que acomete o advogado somente se caracteriza como justa causa idônea para a devolução do prazo recursal quando o impossibilita de forma absoluta para o exercício da profissão ou para substabelecer o mandato, o que não restou demonstrado no caso dos autos. 3. Ademais, há outros advogados, além da procuradora acometida da doença, devidamente cadastrados nos autos e que foram intimados da decisão de indeferimento dos embargos de divergência"* (STJ, Corte Especial, AgInt nos EAREsp 1.064.251/GO, Rel. Min. Paulo de Tarso Sanseverino, *DJe* 19.10.2021).

**16. Procedimento.** A alegação de justa causa já deve vir acompanhada dos documentos que a comprovem. Não é necessário que se alegue a justa causa até antes de se encerrar o prazo. Ainda que o prazo já tenha sido encerrado, a justa

LIVRO IV · DOS ATOS PROCESSUAIS

**Art. 224**

causa pode ser alegada e comprovada. Alegada a justa causa, a parte contrária há de ser intimada para manifestar-se (art. 9º), devendo o juiz, em seguida, decidir. Não é necessária a instauração de incidente em autos apartados. A alegação de justa causa é feita diretamente ao juiz, nos próprios autos. Reconhecida a justa causa, o juiz assinalará prazo para a prática do ato. O novo prazo é judicial, devendo o juiz fixá-lo conforme a complexidade do ato a ser praticado (art. 218, § 1º). Não sendo expressamente fixado o prazo, este será de cinco dias (art. 218, § 3º). Em vez de alegar a justa causa e pedir a fixação de novo prazo, a parte já pode praticar o ato, suscitando, preliminarmente, a existência da justa causa e requerendo que seja admitido o ato. A decisão que reconhece ou não a justa causa não está listada no art. 1.015, não sendo uma decisão agravável. Poderá, então, ser atacada na apelação ou nas suas contrarrazões (art. 1.009, § 1º).

> **Art. 224.** Salvo disposição em contrário, os prazos serão contados excluindo o dia do começo e incluindo o dia do vencimento.
>
> § 1º Os dias do começo e do vencimento do prazo serão protraídos para o primeiro dia útil seguinte, se coincidirem com dia em que o expediente forense for encerrado antes ou iniciado depois da hora normal ou houver indisponibilidade da comunicação eletrônica.
>
> § 2º Considera-se como data de publicação o primeiro dia útil seguinte ao da disponibilização da informação no Diário da Justiça eletrônico.
>
> § 3º A contagem do prazo terá início no primeiro dia útil que seguir ao da publicação.

▶ **1. Correspondência no CPC/1973.** *"Art. 184. Salvo disposição em contrário, computar-se-ão os prazos, excluindo o dia do começo e incluindo o do vencimento. § 1º Considera-se prorrogado o prazo até o primeiro dia útil se o vencimento cair em feriado ou em dia em que: I – for determinado o fechamento do fórum; II – o expediente forense for encerrado antes da hora normal. § 2º Os prazos somente começam a correr do primeiro dia útil após a intimação (art. 240 e parágrafo único)."*

## ⚖ LEGISLAÇÃO CORRELATA

**2. CC, art. 132.** *"Art. 132. Salvo disposição legal ou convencional em contrário, computam-se os prazos, excluído o dia do começo, e incluído o do vencimento. § 1º Se o dia do vencimento cair em feriado, considerar-se-á prorrogado o prazo até o seguinte dia útil. § 2º Meado considera-se, em qualquer mês, o seu décimo quinto dia. § 3º Os*

*prazos de meses e anos expiram no dia de igual número do de início, ou no imediato, se faltar exata correspondência. § 4º Os prazos fixados por hora contar-se-ão de minuto a minuto."*

**3. CLT, art. 775.** *"Art. 775. Os prazos estabelecidos neste Título serão contados em dias úteis, com exclusão do dia do começo e inclusão do dia do vencimento. § 1º Os prazos podem ser prorrogados, pelo tempo estritamente necessário, nas seguintes hipóteses: I – quando o juízo entender necessário; II – em virtude de força maior, devidamente comprovada. § 2º Ao juízo incumbe dilatar os prazos processuais e alterar a ordem de produção dos meios de prova, adequando-os às necessidades do conflito de modo a conferir maior efetividade à tutela do direito."*

**4. CPP, art. 798.** *"Art. 798. Todos os prazos correrão em cartório e serão contínuos e peremptórios, não se interrompendo por férias, domingo ou dia feriado. § 1º Não se computará no prazo o dia do começo, incluindo-se, porém, o do vencimento. § 2º A terminação dos prazos será certificada nos autos pelo escrivão; será, porém, considerado findo o prazo, ainda que omitida aquela formalidade, se feita a prova do dia em que começou a correr. § 3º O prazo que terminar em domingo ou dia feriado considerar-se-á prorrogado até o dia útil imediato. § 4º Não correrão os prazos, se houver impedimento do juiz, força maior, ou obstáculo judicial oposto pela parte contrária. § 5º Salvo os casos expressos, os prazos correrão: a) da intimação; b) da audiência ou sessão em que for proferida a decisão, se a ela estiver presente a parte; c) do dia em que a parte manifestar nos autos ciência inequívoca da sentença ou despacho."*

**5. CTN, art. 210.** *"Art. 210. Os prazos fixados nesta Lei ou legislação tributária serão contínuos, excluindo-se na sua contagem o dia de início e incluindo-se o de vencimento. Parágrafo único. Os prazos só se iniciam ou vencem em dia de expediente normal na repartição em que corra o processo ou deva ser praticado o ato."*

**6. ECA, art. 152.** *"§ 2º Os prazos estabelecidos nesta Lei e aplicáveis aos seus procedimentos são contados em dias corridos, excluído o dia do começo e incluído o dia do vencimento, vedado o prazo em dobro para a Fazenda Pública e o Ministério Público."*

**7. Dec.-lei 3.602/1941, art. 1º.** *"Art. 1º Na contagem dos prazos em processos ou causas de natureza fiscal ou administrativa excluir-se-á o dia do começo e incluir-se-á o do vencimento. Parágrafo único. Se o dia do vencimento cair em dia feriado, o prazo considerar-se-á prorrogado até o primeiro dia útil seguinte."*

431

# Art. 224 CÓDIGO DE PROCESSO CIVIL COMENTADO – *Leonardo Carneiro da Cunha*

**8. Lei 11.419/2006, art. 4º.** *"Art. 4º Os tribunais poderão criar Diário da Justiça eletrônico, disponibilizado em sítio da rede mundial de computadores, para publicação de atos judiciais e administrativos próprios e dos órgãos a eles subordinados, bem como comunicações em geral. (...) § 3º Considera-se como data da publicação o primeiro dia útil seguinte ao da disponibilização da informação no Diário da Justiça eletrônico".*

**9. Resolução 185/2013 do CNJ, art. 11.** *"Art. 11. Os prazos que vencerem no dia da ocorrência de indisponibilidade de quaisquer dos serviços referidos no art. 8º serão prorrogados para o dia útil seguinte, quando: I – a indisponibilidade for superior a 60 (sessenta) minutos, ininterruptos ou não, se ocorrida entre 6h00 e 23h00; ou II – ocorrer indisponibilidade entre 23h00 e 24h00. § 1º As indisponibilidades ocorridas entre 0h00 e 6h00 dos dias de expediente forense e as ocorridas em feriados e finais de semana, a qualquer hora, não produzirão o efeito do caput. § 2º Os prazos fixados em hora ou minuto serão prorrogados até às 24h00 do dia útil seguinte quando: I – ocorrer indisponibilidade superior a 60 (sessenta) minutos, ininterruptos ou não, nas últimas 24 (vinte e quatro) horas do prazo; ou II – ocorrer indisponibilidade nos 60 (sessenta) minutos anteriores ao seu término."*

**10. Recomendação 95/2021 do CNJ, art. 1º.** *"Art. 1º Recomendar aos tribunais brasileiros estrita observância ao disposto no § 1º do art. 224 do Código de Processo Civil (Lei nº 13.105/2015), para que os dias do começo e do vencimento do prazo processual sejam protraídos para o primeiro dia útil seguinte, se coincidirem com dia em que o expediente forense for encerrado antes ou iniciado depois da hora normal."*

## ⚖ Jurisprudência, Enunciados e Súmulas Selecionados

- **11. Súmula 310 do STF.** *"Quando a intimação tiver lugar na sexta-feira, ou a publicação com efeito de intimação for feita nesse dia, o prazo judicial terá início na segunda-feira imediata, salvo se não houver expediente, caso em que começará no primeiro dia útil que se seguir."*

- **12. Súmula TST, 1.** *"Quando a intimação tiver lugar na sexta-feira, ou a publicação com efeito de intimação for feita nesse dia, o prazo judicial será contado da segunda-feira imediata, inclusive, salvo se não houver expediente, caso em que fluirá no dia útil que se seguir."*

- **13. Súmula TST, 262.** *"I – Intimada ou notificada a parte no sábado, o início do prazo se dará no primeiro dia útil imediato e a contagem,*

no subsequente. *II – O recesso forense e as férias coletivas dos Ministros do Tribunal Superior do Trabalho suspendem os prazos recursais."*

- **14. Súmula TST, 387.** *"I – A Lei nº 9.800, de 26.05.1999, é aplicável somente a recursos interpostos após o início de sua vigência. II – A contagem do quinquídio para apresentação dos originais de recurso interposto por intermédio de fac-símile começa a fluir do dia subsequente ao término do prazo recursal, nos termos do art. 2º da Lei nº 9.800, de 26.05.1999, e não do dia seguinte à interposição do recurso, se esta se deu antes do termo final do prazo. III – Não se tratando a juntada dos originais de ato que dependa de notificação, pois a parte, ao interpor o recurso, já tem ciência de seu ônus processual, não se aplica a regra do art. 224 do CPC de 2015 (art. 184 do CPC de 1973) quanto ao "dies a quo", podendo coincidir com sábado, domingo ou feriado. IV – A autorização para utilização do fac-símile, constante do art. 1º da Lei nº 9.800, de 26.05.1999, somente alcança as hipóteses em que o documento é dirigido diretamente ao órgão jurisdicional, não se aplicando à transmissão ocorrida entre particulares."*

- **15. Enunciado 270 do FPPC.** *"Aplica-se ao processo do trabalho o art. 224, § 1º."*

## 🗏 Comentários Temáticos

**16. Contagem dos prazos.** Os prazos processuais são, geralmente, computados em dias. Na sua contagem, computam-se apenas os dias úteis (art. 219). Para os prazos fixados em meses, aplica-se o disposto no § 3º do art. 132 do Código Civil, segundo o qual *"Os prazos de meses (...) expiram no dia de igual número do de início, ou no imediato, se faltar exata correspondência"*. Na contagem dos prazos em dias, exclui-se o do início e se inclui o do final. O primeiro e o último dias devem ser úteis. Caso não sejam, a contagem deve ser iniciada ou encerrada no primeiro dia útil seguinte. Os prazos têm início da data da citação ou da intimação (arts. 230 e 231) e são contados a partir do primeiro dia útil subsequente (art. 224, § 3º). Nos processos eletrônicos, considera-se como data da publicação o primeiro dia útil seguinte ao da disponibilização da informação no Diário da Justiça eletrônico (art. 224, § 2º). Nesse mesmo sentido, é o art. 4º da Lei 11.419/2006.

**17. Dia do começo do prazo *versus* contagem do prazo.** O art. 231 estabelece, em várias hipóteses, qual o dia do começo do prazo. O dia do começo do prazo não é o primeiro dia do prazo, pois *"os prazos serão contados excluindo o dia do*

**LIVRO IV · DOS ATOS PROCESSUAIS**  **Art. 224**

começo e incluindo o dia do vencimento", como dispõe o art. 224. Assim, por exemplo considera-se dia do começo do prazo a data da juntada aos autos do mandado cumprido (art. 231, II). Esse é o dia do começo, que será, então, excluído da contagem do prazo. O prazo, então, começa a partir do primeiro dia útil após a juntada aos autos do mandado de citação ou de intimação. Por sua vez, considera-se dia do começo do prazo o dia útil seguinte à consulta ao teor da citação ou da intimação ou ao término do prazo para que a consulta se dê, quando a citação ou a intimação for eletrônica (art. 231, V). O começo do prazo é o dia útil seguinte à consulta ou ao término do prazo para que a consulta se dê, mas, na contagem, exclui-se o primeiro dia. Logo, se a consulta ao teor da citação ou da intimação foi no dia 10, e o próximo dia útil é 11, este é o dia do começo, mas ele é excluído da contagem (art. 224), de sorte que o prazo só tem começa mesmo a partir do dia 12 (se for dia útil também). De igual modo, se o término do prazo de dez dias para a consulta ao sistema termina no dia 10, e o próximo dia útil for 11, este será o dia do começo do prazo, mas ele será excluído da contagem (art. 224). Desse modo, o prazo começará no dia 12, se este for dia útil também.

**18. Contagem regressiva.** Os prazos que têm como marco uma audiência são contados regressivamente, por exemplo, o prazo de quinze dias previsto no § 4º do art. 357 para depósito do rol de testemunhas. Nessa hipótese, o prazo é contado regressivamente: de uma data fixa no futuro parte-se para o passado, buscando-se o termo final do prazo, que é, do momento temporal em que se encontra a parte, ainda uma data também futura.

**19. Indisponibilidade do sistema.** *"Ocorrida a indisponibilidade do sistema de peticionamento eletrônico por tempo superior a sessenta minutos (ininterruptos ou não) entre as 6:00 e as 23:00 horas do último dia do prazo recursal, será de rigor sua prorrogação para o dia útil seguinte à retomada de funcionamento"* (STJ, 4ª Turma, EDcl no AgRg no AREsp 400.167/SP, rel. Min. Marco Buzzi, *DJe* 18.10.2017).

**20. Prorrogação do prazo em razão da indisponibilidade do sistema.** *"A prorrogação do prazo processual é admitida apenas nas hipóteses em que a indisponibilidade do sistema coincida com o primeiro ou o último dia do prazo recursal, caso em que o termo inicial ou final será protraído para o primeiro dia útil seguinte, nos termos do art. 224, § 1º, do CPC/2015"* (STJ, 3ª Turma, AgInt no AREsp 1.512.742/RJ, rel. Min. Marco Aurélio Bellizze, *DJe* 22.06.2020).

**21. Indisponibilidade do sistema e ausência de prorrogação do prazo.** *"A jurisprudência do Superior Tribunal de Justiça é no sentido de que, nos termos do art. 224, § 1º, do CPC/2015, não há falar em prorrogação do término do prazo recursal se ocorrer eventual indisponibilidade do sistema eletrônico no Tribunal no curso do período para interposição do recurso. A prorrogação do prazo processual é admitida apenas nas hipóteses em que a indisponibilidade do sistema coincida com o primeiro ou o último dia do prazo recursal, caso em que o termo inicial ou final será protraído para o primeiro dia útil seguinte"* (STJ, Corte Especial, AgInt nos EAREsp 1.817.714/SC, rel. Min. Raul Araújo, *DJe* 15.3.2023).

**22. Comprovação da instabilidade do sistema eletrônico, com a juntada de documento oficial, depois da interposição do recurso.** *"É desarrazoado exigir que, no dia útil seguinte ao último dia de prazo para interposição do recurso, a parte já tenha consigo documentação oficial que comprove a instabilidade de sistema, sendo que não compete a ela produzir nem disponibilizar este registro. 7. Este Tribunal da Cidadania não pode admitir que a parte seja impedida de exercer sua ampla defesa em razão de falha técnica imputável somente ao Poder Judiciário, notadamente porque ao menos há fundamentação legal para tanto. 8. A regra do art. 1.003, §6º, do CPC, trata somente dos feriados locais, não devendo ser aplicada extensivamente às situações que versem sobre instabilidade do sistema eletrônico, pois é fato novo e inesperado o qual a parte não necessariamente terá como comprovar até o dia útil seguinte. 9. A fim de evitar-se uma restrição infundada ao direito da ampla defesa, necessário interpretar o art. 224, §1º do CPC de forma mais favorável à parte recorrente, que é mera vítima de eventual falha técnica no sistema eletrônico de Tribunal. 10. Admite-se a comprovação da instabilidade do sistema eletrônico, com a juntada de documento oficial, em momento posterior ao ato de interposição do recurso"* (STJ, 2ª Seção, EAREsp 2.211.940/DF, rel. Min. Nancy Andrighi, *DJe* 18.6.2024).

**23. Antecipação do expediente em dia que não coincide com o início ou o término do prazo.** *"Em virtude de expressa determinação legal contida no art. 224, § 1º, do CPC/2015, o expediente forense encerrado antecipadamente ou iniciado depois da hora normal e que não coincide com o início ou o término do prazo para a interposição do recurso não tem o condão de ensejar a sua prorrogação"* (STJ, 4ª Turma, AgInt no AREsp 1.417.470/SP, rel. Min. Luis Felipe Salomão, *DJe* 12.06.2020).

# Art. 225

**Art. 225.** A parte poderá renunciar ao prazo estabelecido exclusivamente em seu favor, desde que o faça de maneira expressa.

▶ **1. Correspondência no CPC/1973.** *"Art. 186. A parte poderá renunciar ao prazo estabelecido exclusivamente em seu favor."*

## 🕮 LEGISLAÇÃO CORRELATA

**2. CC, art. 114.** *"Art. 114. Os negócios jurídicos benéficos e a renúncia interpretam-se estritamente."*

## 🗐 COMENTÁRIOS TEMÁTICOS

**3. Renúncia ao prazo.** O prazo é um direito processual e, como tal, pode ser objeto de renúncia. Não é necessária a homologação para a renúncia ao prazo, aplicando-se o disposto no art. 200. Manifestada a renúncia, seus efeitos produzem-se imediatamente. Para que se renuncie um prazo, não é necessário que o advogado disponha de poderes especiais na procuração, pois o art. 105 somente os exige para a renúncia ao direito sobre o qual se funda a ação. Não se confunde a renúncia com o escoamento do prazo. A renúncia não é preclusão temporal. Também não há renúncia quando se pratica o ato antes do término do prazo. O prazo renunciado deverá ser aquele estabelecido exclusivamente em favor da parte renunciante. Não é possível haver renúncia de prazo comum, pois, nesse caso, há uma cotitularidade, não podendo uma parte dispor de um direito que não seja só seu. Como o prazo não foi estabelecido exclusivamente em seu favor, não poderá renunciar. No caso de litisconsórcio simples, cada um dos consortes pode renunciar de forma autônoma o direito ao prazo. Se, todavia, há litisconsórcio unitário, a renúncia só tem eficácia se todas as partes litisconsorciadas assentirem ao ato de renúncia. A renúncia deverá ser expressa. Não se admite a renúncia tácita. Ademais, a renúncia há de ser interpretada estritamente, conforme prescreve o art. 114 do Código Civil.

**Art. 226.** O juiz proferirá:

I – os despachos no prazo de 5 (cinco) dias;

II – as decisões interlocutórias no prazo de 10 (dez) dias;

III – as sentenças no prazo de 30 (trinta) dias.

▶ **1. Correspondência no CPC/1973.** *"Art. 189. O juiz proferirá: I – os despachos de expediente, no prazo de 2 (dois) dias; II – as decisões, no prazo de 10 (dez) dias."*

## ⚖ JURISPRUDÊNCIA, ENUNCIADOS E SÚMULAS SELECIONADOS

• **2. Enunciado 95 do FONAJE.** *"Finda a audiência de instrução, conduzida por Juiz Leigo, deverá ser apresentada a proposta de sentença ao Juiz Togado em até dez dias, intimadas as partes no próprio termo da audiência para a data da leitura da sentença".*

## 🗐 COMENTÁRIOS TEMÁTICOS

**3. Prazos para o juiz.** O juiz submete-se aos prazos estabelecidos no art. 226. O prazo para o relator, no tribunal, elaborar o relatório e proferir o voto é de 30 dias (art. 931). É de 10 dias o prazo o julgador que, no tribunal, pediu vista para estudar o caso e restituir os autos à secretaria do órgão judiciário (art. 940). É de 5 dias o prazo para o relator tomar, no agravo de instrumento, as providências previstas no art. 1.019. O prazo para julgar embargos de declaração é de 5 dias (art. 1.024). O incidente de resolução de demandas repetitivas deve ser julgado no prazo de 1 ano (art. 980). Esses são prazos processuais, devendo, na sua contagem, ser computados apenas os dias úteis (art. 219).

**4. Prazo impróprio.** Esgotado o prazo sem que o juiz tenha proferido seu pronunciamento, não há preclusão temporal, nem há qualquer invalidade. O juiz continua com o dever de emitir seu pronunciamento. Esses prazos fixados para o juiz são *impróprios*, ou seja, não acarretam preclusão temporal, nem impedem que o juiz profira seu pronunciamento.

**5. Ausência de consequências para o processo.** *"..., a jurisprudência e a doutrina definem que, para magistrados e seus auxiliares, são impróprios os prazos, porquanto inexiste qualquer sanção processual para a hipótese de descumprimento"* (STJ, 2ª Turma, RMS 32.639/RN, rel. Min. Og Fernandes, *DJe* 17.04.2017).

**6. Termo inicial dos prazos para o juiz.** O termo inicial dos prazos fixados para o juiz decorre da data do termo de conclusão (art. 208). Em relação à sentença, é preciso observar a exigência da ordem cronológica prevista no art. 12, caso esse seja o modo de gestão adotado pelo juiz. O termo inicial decorre da ordem cronológica, e não propriamente do termo de conclusão.

**Art. 227.** Em qualquer grau de jurisdição, havendo motivo justificado, pode o juiz exceder, por igual tempo, os prazos a que está submetido.

# LIVRO IV · DOS ATOS PROCESSUAIS

## Art. 229

▶ **1. Correspondência no CPC/1973.** *"Art. 187. Em qualquer grau de jurisdição, havendo motivo justificado, pode o juiz exceder, por igual tempo, os prazos que este Código lhe assina".*

### ▣ COMENTÁRIOS TEMÁTICOS

**2. Motivo justificado.** Excedido o prazo fixado para proferir seu pronunciamento, o juiz pode expor-se às consequências previstas no art. 235 do CPC e no art. 93, II, *e*, da CF, sendo-lhe determinada a imediata prolação da decisão no prazo de dez dias, sob pena de sofrer punição administrativa e o processo ser encaminhado a seu substituto. Outra consequência é não poder ser promovido. O disposto no art. 235 aplica-se tanto a juiz como a membro do tribunal. Daí ser importante ao juiz, motivadamente, renovar, pelo mesmo período, o prazo que lhe foi fixado no art. 227.

**Art. 228.** Incumbirá ao serventuário remeter os autos conclusos no prazo de 1 (um) dia e executar os atos processuais no prazo de 5 (cinco) dias, contado da data em que:

I – houver concluído o ato processual anterior, se lhe foi imposto pela lei;

II – tiver ciência da ordem, quando determinada pelo juiz.

§ 1º Ao receber os autos, o serventuário certificará o dia e a hora em que teve ciência da ordem referida no inciso II.

§ 2º Nos processos em autos eletrônicos, a juntada de petições ou de manifestações em geral ocorrerá de forma automática, independentemente de ato de serventuário da justiça.

▶ **1. Correspondência no CPC/1973.** *"Art. 190. Incumbirá ao serventuário remeter os autos conclusos no prazo de 24 (vinte e quatro) horas e executar os atos processuais no prazo de 48 (quarenta e oito) horas, contados: I – da data em que houver concluído o ato processual anterior, se lhe foi imposto pela lei; II – da data em que tiver ciência da ordem, quando determinada pelo juiz. Parágrafo único. Ao receber os autos, certificará o serventuário o dia e a hora em que ficou ciente da ordem, referida no nº II."*

### ▣ LEGISLAÇÃO CORRELATA

**2. Lei 11.419/2006, art. 10.** *"Art. 10. A distribuição da petição inicial e a juntada da contestação, dos recursos e das petições em geral, todos em formato digital, nos autos de processo eletrônico, podem ser feitas diretamente pelos advogados pú-* *blicos e privados, sem necessidade da intervenção do cartório ou secretaria judicial, situação em que a autuação deverá se dar de forma automática, fornecendo-se recibo eletrônico de protocolo."*

### ▣ COMENTÁRIOS TEMÁTICOS

**3. Prazos destinados aos serventuários.** Os serventuários das unidades jurisdicionais também estão sujeitos a prazo. Além dos prazos de um e de cinco dias previstos no art. 228, o escrivão ou chefe de secretaria deve restituir as cartas em dez dias (art. 268), tendo até um mês para extrair cópias do processo administrativo (art. 438, § 1º), cinco dias para ordenar as declarações de crédito na insolvência (CPC, art. 1.052; CPC/1973, art. 768). O escrivão ou chefe de secretaria do órgão fracionário do tribunal tem o prazo de cinco dias para providenciar a baixa dos autos à origem (art. 1.006) e o de dez dias para publicar a ementa do acórdão no órgão oficial (art. 943, § 2º).

**4. Prazos impróprios.** Todos os prazos estabelecidos para os serventuários são impróprios, ou seja, não acarretam preclusão temporal, não impedindo a prática dos atos a cargo do serventuário. Como são prazos processuais, na sua contagem, computa-se apenas os dias úteis (art. 219).

**5. Consequência do descumprimento dos prazos pelos serventuários.** Descumpridos esses prazos, sem motivo legítimo, os servidores sujeitam-se às cominações do art. 233. Pode o juiz determinar a instauração de inquérito administrativo contra o servidor, bem como o Ministério Público ou a Defensoria Pública representá-lo perante o juiz, exigindo a abertura do inquérito.

**6. Juntada eletrônica.** A juntada eletrônica deve ser automática. O próprio sistema eletrônico providencia a juntada da manifestação das partes diretamente aos autos. Não é preciso que o servidor pratique nenhum ato de juntada; tudo deverá ocorrer automaticamente. O dispositivo menciona apenas da juntada eletrônica automática, nada dizendo em relação à conclusão. Assim, o ato de conclusão, ainda que em autos eletrônicos, continuará a cargo do serventuário.

**Art. 229.** Os litisconsortes que tiverem diferentes procuradores, de escritórios de advocacia distintos, terão prazos contados em dobro para todas as suas manifestações, em qualquer juízo ou tribunal, independentemente de requerimento.

> § 1º Cessa a contagem do prazo em dobro se, havendo apenas 2 (dois) réus, é oferecida defesa por apenas um deles.
>
> § 2º Não se aplica o disposto no *caput* aos processos em autos eletrônicos.

▶ **1. Correspondência no CPC/1973.** *"Art. 191. Quando os litisconsortes tiverem diferentes procuradores, ser-lhes-ão contados em dobro os prazos para contestar, para recorrer e, de modo geral, para falar nos autos."*

## ⚖ Jurisprudência, Enunciados e Súmulas Selecionados

- **2. Súmula 641 do STF.** *"Não se conta em dobro o prazo para recorrer, quando só um dos litisconsortes haja sucumbido."*
- **3. Enunciado 275 do FPPC.** *"Nos processos em que tramitam eletronicamente, a regra do art. 229, § 2º, não se aplica aos prazos já iniciados no regime anterior."*
- **4. Enunciado 123 do FONAJE.** *"O art. 191 do CPC não se aplica aos processos cíveis que tramitam perante o Juizado Especial."*
- **5. Enunciado 164 do FONAJE.** *"O art. 229, caput, do CPC/2015 não se aplica ao Sistema de Juizados Especiais."*

## ▣ Comentários Temáticos

**6. Prazo em dobro para manifestações.** Se houver litisconsórcio e os litisconsortes tiverem diferentes procuradores, de escritórios distintos, suas manifestações irão submeter-se a prazos em dobro. Não é necessário que haja requerimento para o gozo da vantagem do prazo em dobro. Também não é necessário que se anuncie, previamente, a existência de diferentes procuradores para os litisconsortes. Quando há litisconsortes com diferentes procuradores, os prazos são comuns, não podendo os autos ser retirados do cartório ou da unidade judiciária, dificultando o exame ou a análise de seu conteúdo integral. Por isso, a lei compensa com a concessão de prazo em dobro para as manifestações dos litisconsortes. O benefício do prazo em dobro aplica-se para *todas* as manifestações.

**7. Paridade de armas.** *"A razão da norma que amplia o prazo comum diz respeito à paridade de armas no processo, considerando a inevitável dificuldade de acesso aos autos físicos para o pleno exercício do direito de defesa, ante o interesse comum de litisconsortes com diferentes procuradores, de escritórios de advocacia distintos, recorrerem da decisão que, em alguma medida, lhes é desfavorável."* (STJ, 3ª Turma, REsp 1.709.562/RS, rel. Min. Nancy Andrighi, *DJe* 18.10.2018).

**8. Inaplicabilidade para ajuizamento de demandas.** O prazo em dobro é, nos termos do art. 229, aplicável a *todas* as manifestações. A expressão *todas as manifestações* não alcança, porém, o ajuizamento de demandas judiciais. Assim, não há prazo em dobro para ajuizar ação rescisória, nem para o oferecimento de embargos à execução (art. 915, § 3º).

**9. Prazo em dobro para pagamento voluntário no cumprimento de sentença.** *"4. Assim, uma vez constatada a hipótese de incidência da norma disposta no art. 229 do Novo CPC (litisconsortes com procuradores diferentes), o prazo comum para pagamento espontâneo deverá ser computado em dobro, ou seja, trinta dias úteis. 5. No caso dos autos, o cumprimento de sentença tramita em autos físicos, revelando-se incontroverso que as sociedades empresárias executadas são representadas por patronos de escritórios de advocacia diversos, razão pela qual deveria ter sido computado em dobro o prazo para o cumprimento voluntário da obrigação pecuniária certificada na sentença transitada em julgado"* (STJ, 4ª Turma, REsp 1.693.784/DF, rel. Min. Luis Felipe Salomão, *DJe* 05.02.2018).

**10. Reunião de processos por conexão.** Havendo reunião de processos por conexão, não se duplicam os prazos, pois cada causa é considerada autônoma, não se considerando haver litisconsórcio. Embora reunidos, os processos são considerados como se corressem separadamente, não se aplicando a regra da contagem em dobro dos prazos para litisconsortes com procuradores diferentes, de escritórios distintos.

**11. Parte representada por vários advogados diferentes.** *"A contagem em dobro dos prazos recursais destina-se somente aos 'litisconsortes que tiverem diferentes procuradores, de escritórios de advocacia distintos' (CPC/2015, art. 229), e não para parte simples que é representada na causa por mais de um advogado do mesmo escritório, como na hipótese"* (STJ, 4ª Turma, AgInt no AREsp 1.483.050/DF, rel. Min. Raul Araújo, j. 17.09.2019, *DJe* 03.10.2019).

**12. Inviabilidade da cumulação do art. 183 com o art. 229.** A Fazenda Pública goza de prazo em dobro para suas manifestações (art. 183). Se estiver em litisconsórcio com outra pessoa, não há ampliação da prerrogativa. Se o litisconsorte for um particular ou alguém que não se beneficie da regra contida no art. 183, haverá prazo em dobro para ele em razão do art. 229. A Fazenda

Pública já terá seu prazo em dobro, por força do art. 183. Enfim, é inviável cumular a regra do art. 183 com a do art. 229, sendo certo que a Fazenda Pública dispõe de prazo dobro para suas manifestações processuais, sem acréscimo de outra dilatação ou ampliação de prazo.

**13. Afastamento da regra quando só uma parte for sucumbente.** O benefício do cômputo em dobro dos prazos é afastado quando só um dos litisconsortes for sucumbente. Sendo apenas um sucumbente, deixa de incidir a regra, pois haverá apenas um recurso, a ser interposto só pelo sucumbente. Não haverá mais o litisconsórcio, afastando-se, assim, a incidência da regra.

**14. Afastamento da regra quando só um dos litisconsortes se defende.** A contagem do prazo em dobro cessa, quando, a despeito do litisconsórcio, apenas um dos litisconsortes apresenta sua defesa. O litisconsorte que não tiver contestado será revel (art. 344); poderá, porém, intervir no processo em qualquer fase, recebendo-o no estado em que se encontrar (art. 346, parágrafo único). Nesse caso, se o revel intervier no processo, representado por advogado de escritório diverso do advogado que representa o réu que contestou, volta, a partir de então, a haver prazo em dobro.

**15. Afastamento da regra em processo eletrônico.** Não há prazo em dobro para os litisconsortes quando o processo tramite em autos eletrônicos, pois não há dificuldade de acesso aos autos, disponíveis que estão a todos em tempo integral, em simples consulta ao sistema de dados em que tramita processo. As partes podem, então, praticar os respectivos atos independentemente uma da outra.

**16. Inaplicabilidade no processo eletrônico.** *"Nos termos do art. 229, § 2º, do CPC/2015, a regra que concede prazo em dobro aos litisconsortes que tiverem diferentes procuradores, de escritórios de advocacia distintos, não é aplicável aos processos que tramitam em autos eletrônicos, como na hipótese. Nesse sentido: STJ, AgInt no AREsp 1.339.165/MG, Rel. Ministro Ricardo Villas Bôas Cueva, Terceira Turma, DJe de 01.03.2019; AgInt no AREsp 1.162.554/SP, Rel. Ministro Antonio Carlos Ferreira, Quarta Turma, DJe de 04.12.2017; AgInt no AREsp 868.870/DF, Rel. Ministro Gurgel de Faria, Primeira Turma, DJe de 29.11.2017; AgInt no AREsp 824.302/PB, Rel. Ministro Francisco Falcão, Segunda Turma, DJe de 26.06.2017"* (STJ, 2ª Turma, AgInt nos EDcl no AREsp 1.374.409/RS, rel. Min. Assusete Magalhães, *DJe* 07.06.2019).

**17. Inaplicabilidade do § 2º à sustentação oral e aos atos orais.** A exceção prevista no § 2º restringe-se às manifestações escritas, justamente por não haver qualquer dificuldade de acesso aos autos eletrônicos, cujo teor é inteiramente acessível, a todo momento, para qualquer das partes e de seus procuradores. Não é razoável e não atende à ampla defesa, aplicar a exceção aos atos orais, pois não é possível a prática conjunta ou a um só tempo do mesmo ato, no mesmo prazo, pelos advogados das partes. O art. 937 dispõe que a sustentação oral será apresentada após a exposição da causa pelo relator. Encerrada a leitura do relatório, será dada a palavra a cada um dos advogados pelo prazo sucessivo de quinze minutos. Caso haja mais de um recorrente ou mais de um recorrido, cada um com advogados distintos, integrantes de diferentes escritórios de advocacia, deve-se aplicar o art. 229, dando-lhes prazo em dobro para se manifestar; esse tempo deve ser dividido por igual entre os dois ou mais advogados, a não ser que eles ajustem outra divisão.

**18. Inaplicabilidade da regra no processo penal.** Segundo o STJ é inaplicável a regra *"que determina a aplicação do prazo em dobro para litisconsortes com procuradores distintos desde que pertencentes a escritórios de advocacia diversos, no âmbito do processo penal"* (STJ, 5ª Turma, HC 351.763/AP, rel. Min. Reynaldo Soares da Fonseca, *DJe* 1º.06.2016). No mesmo sentido: STJ, 6ª Turma, AgInt no REsp 1.747.748/RS, rel. Min. Sebastião Reis Júnior, j. 17.12.2019, *DJe* 19.12.2019; STJ, 5ª Turma, AgRg no AREsp 1572992/RO, rel. Min. Joel Ilan Paciornik, j. 20.02.2020, *DJe* 05.03.2020.

**Art. 230.** O prazo para a parte, o procurador, a Advocacia Pública, a Defensoria Pública e o Ministério Público será contado da citação, da intimação ou da notificação.

▶ **1. Correspondência no CPC/1973.** *"Art. 240. Salvo disposição em contrário, os prazos para as partes, para a Fazenda Pública e para o Ministério Público contar-se-ão da intimação. Parágrafo único. As intimações consideram-se realizadas no primeiro dia útil seguinte, se tiverem ocorrido em dia em que não tenha havido expediente forense."*

## JURISPRUDÊNCIA, ENUNCIADOS E SÚMULAS SELECIONADOS

• **2. Tema/Repetitivo 959 do STJ.** *"O termo inicial da contagem do prazo para impugnar decisão judicial é, para o Ministério Público,* *a data da entrega dos autos na repartição administrativa do órgão, sendo irrelevante que a intimação pessoal tenha se dado em audiência, em cartório ou por mandado."*

- **3. Súmula TST, 30.** *"Quando não juntada a ata ao processo em 48 horas, contadas da audiência de julgamento (art. 851, § 2º, da CLT), o prazo para recurso será contado da data em que a parte receber a intimação da sentença."*
- **4. Súmula TST, 53.** *"O prazo para pagamento das custas, no caso de recurso, é contado da intimação do cálculo."*

## ⊟ COMENTÁRIOS TEMÁTICOS

**5. Fluência e contagem dos prazos.** A fluência do prazo (ou o início do prazo) é diferente de sua contagem, mais propriamente do início de sua contagem. O início do prazo, no tocante às partes, decorre da respectiva ciência, ou seja, da citação ou da intimação. O início de sua contagem é marcado por fatores de eficácia relacionados no art. 231. O curso ou a fluência do prazo não significa a sua contagem. O curso ou fluência do prazo consiste na ciência dos atos processuais, enquanto sua contagem refere-se ao instante em que se inicia o prazo. Na contagem dos prazos, exclui-se o termo inicial e inclui-se o termo final (art. 224).

**6. Termo inicial do prazo das partes. Data da comunicação como regra geral.** Os prazos começam a correr da citação, da intimação ou da notificação. Os destinatários da regra são as partes, os advogados (públicos ou privados), os defensores públicos e os membros do Ministério Público. A regra aplica-se igualmente ao revel, que é intimado por meio de veiculação da decisão no Diário de Justiça (art. 346). O prazo fluirá da citação ou da intimação, mas o dia do começo é o previsto em uma das hipóteses relacionadas no art. 231. A regra do art. 230 comporta exceções. A ciência inequívoca do advogado da parte equivale à intimação. Mesmo sem ter havido ainda intimação, o advogado tem direito de retirar os autos do cartório ou da secretaria pelo prazo legal, sempre que neles lhe couber falar por determinação do juiz (art. 107, III). Nesse caso, o termo inicial para a prática do ato é o dia da carga (art. 231, VIII), que se faz por assinatura em livro ou documento próprio (art. 107, § 1º).

**7. Processo eletrônico.** No processo eletrônico, as citações, intimações, notificações e remessas que viabilizem o acesso à íntegra do processo correspondente serão consideradas vista pessoal do interessado para todos os efeitos legais, sendo, inclusive, considerado dia do começo do prazo (art. 231, VIII). Ainda que não tenha sido intimada a parte, é possível praticar o ato, antecipando à intimação e, até mesmo, ao termo final do prazo (art. 218, § 4º).

**Art. 231.** Salvo disposição em sentido diverso, considera-se dia do começo do prazo:

I – a data de juntada aos autos do aviso de recebimento, quando a citação ou a intimação for pelo correio;

II – a data de juntada aos autos do mandado cumprido, quando a citação ou a intimação for por oficial de justiça;

III – a data de ocorrência da citação ou da intimação, quando ela se der por ato do escrivão ou do chefe de secretaria;

IV – o dia útil seguinte ao fim da dilação assinada pelo juiz, quando a citação ou a intimação for por edital;

V – o dia útil seguinte à consulta ao teor da citação ou da intimação ou ao término do prazo para que a consulta se dê, quando a citação ou a intimação for eletrônica;

VI – a data de juntada do comunicado de que trata o art. 232 ou, não havendo esse, a data de juntada da carta aos autos de origem devidamente cumprida, quando a citação ou a intimação se realizar em cumprimento de carta;

VII – a data de publicação, quando a intimação se der pelo Diário da Justiça impresso ou eletrônico;

VIII – o dia da carga, quando a intimação se der por meio da retirada dos autos, em carga, do cartório ou da secretaria;

IX – o quinto dia útil seguinte à confirmação, na forma prevista na mensagem de citação, do recebimento da citação realizada por meio eletrônico.

§ 1º Quando houver mais de um réu, o dia do começo do prazo para contestar corresponderá à última das datas a que se referem os incisos I a VI do *caput*.

§ 2º Havendo mais de um intimado, o prazo para cada um é contado individualmente.

§ 3º Quando o ato tiver de ser praticado diretamente pela parte ou por quem, de qualquer forma, participe do processo, sem a intermediação de representante judicial, o dia do começo do prazo para cumprimento da determinação judicial corresponderá à data em que se der a comunicação.

§ 4º Aplica-se o disposto no inciso II do caput à citação com hora certa.

**LIVRO IV · DOS ATOS PROCESSUAIS** **Art. 231**

▶ **1. Correspondência no CPC/1973.** *"Art. 241. Começa a correr o prazo: I – quando a citação ou intimação for pelo correio, da data de juntada aos autos do aviso de recebimento; II – quando a citação ou intimação for por oficial de justiça, da data de juntada aos autos do mandado cumprido; III – quando houver vários réus, da data de juntada aos autos do último aviso de recebimento ou mandado citatório cumprido; IV – quando o ato se realizar em cumprimento de carta de ordem, precatória ou rogatória, da data de sua juntada aos autos devidamente cumprida; V – quando a citação for por edital, finda a dilação assinada pelo juiz."*

## 🗂 LEGISLAÇÃO CORRELATA

**2. Lei 11.419/2006, art. 5º.** *"Art. 5º As intimações serão feitas por meio eletrônico em portal próprio aos que se cadastrarem na forma do art. 2º desta Lei, dispensando-se a publicação no órgão oficial, inclusive eletrônico. § 1º Considerar-se-á realizada a intimação no dia em que o intimando efetivar a consulta eletrônica ao teor da intimação, certificando-se nos autos a sua realização. § 2º Na hipótese do § 1º deste artigo, nos casos em que a consulta se dê em dia não útil, a intimação será considerada como realizada no primeiro dia útil seguinte. § 3º A consulta referida nos §§ 1º e 2º deste artigo deverá ser feita em até 10 (dez) dias corridos contados da data do envio da intimação, sob pena de considerar-se a intimação automaticamente realizada na data do término desse prazo. (...)."*

## ⚖ JURISPRUDÊNCIA, ENUNCIADOS E SÚMULAS SELECIONADOS

- **3. Tema/Repetitivo 231 do STJ.** *"Os Procuradores Federais e os Procuradores do Banco Central, consoante preconizado no art. 17 da Lei 10.910, de 15 de julho de 2004, têm como prerrogativa o recebimento da intimação pessoal."*
- **4. Tema/Repetitivo 379 do STJ.** *"Nos casos de intimação/citação realizadas por Correio, Oficial de Justiça, ou por Carta de Ordem, Precatória ou Rogatória, o prazo recursal inicia-se com a juntada aos autos do aviso de recebimento, do mandado cumprido, ou da juntada da carta."*
- **5. Tema/Repetitivo 595 do STJ.** *"O termo inicial da contagem do prazo para impugnar decisão judicial é, para o Ministério Público, a data da entrega dos autos na repartição administrativa do órgão, sendo irrelevante que a intimação pessoal tenha se dado em audiência, em cartório ou por mandado."*

- **6. Súmula TST, 30.** *"Quando não juntada a ata ao processo em 48 horas, contadas da audiência de julgamento (art. 851, § 2º, da CLT), o prazo para recurso será contado da data em que a parte receber a intimação da sentença."*
- **7. Súmula TST, 53.** *"O prazo para pagamento das custas, no caso de recurso, é contado da intimação do cálculo."*
- **8. Enunciado 271 do FPPC.** *"Quando for deferida tutela provisória a ser cumprida diretamente pela parte, o prazo recursal conta a partir da juntada do mandado de intimação, do aviso de recebimento ou da carta precatória; o prazo para o cumprimento da decisão inicia-se a partir da intimação da parte."*
- **9. Enunciado 272 do FPPC.** *"Não se aplica o § 2º do art. 231 ao prazo para contestar, em vista da previsão do § 1º do mesmo artigo."*
- **10. Enunciado 629 do FPPC.** *"Se o réu reconvier contra o autor e terceiro, o prazo de contestação à reconvenção, para ambos, iniciar-se-á após a citação do terceiro."*
- **11. Enunciado 12 do FNPP.** *"Quando a intimação, no processo eletrônico, frustrar-se ou não for possível, deve realizar-se por oficial de justiça mediante mandado que preencha os requisitos do art. 250, entre os quais se insere a cópia do despacho, da decisão ou da sentença (arts. 250, V e 269, § 2º, CPC), aplicando-se o disposto no inciso II do art. 231, CPC, quanto à contagem do prazo."*
- **12. Enunciado 13 do FONAJE.** *"Nos Juizados Especiais Cíveis, os prazos processuais contam-se da data da intimação ou da ciência do ato respectivo, e não da juntada do comprovante da intimação."*
- **13. Enunciado 85 do FONAJE.** *"O prazo para recorrer da decisão de Turma Recursal fluirá da data do julgamento."*

## 🗐 COMENTÁRIOS TEMÁTICOS

**14. Regras sobre o dia do começo do prazo.** Os prazos têm seus dias de começo disciplinados no art. 231. A regra geral, que permeia várias hipóteses, é a da juntada do instrumento citatório ou intimatório. Se a citação ou intimação for feita pelo correio, o dia do começo do prazo é o da juntada do respectivo aviso de recebimento. Se for feita por oficial de justiça, o dia do começo do prazo é o da juntada do respectivo mandado devidamente cumprido. Essa é a regra que norteia várias hipóteses listadas no dispositivo. Há outras, porém, que merecem destaque e atenção.

439

**15. Citação e intimação.** Os incisos I a VI referem-se a *citação* e a *intimação*, aplicando-se a ambos os meios de comunicação processual.

**16. Apenas intimação.** Já os VII e VIII só aludem a *intimação*, por não serem aplicáveis aos casos de citação. Não se cita por publicação no Diário da Justiça. Também não se considera citado o réu com carga ou remessa dos autos. A contagem do prazo a partir da carga ou remessa dos autos é hipótese aplicável apenas para os casos de *intimação*, não incidindo nas hipóteses de citação.

**17. Comparecimento espontâneo do réu ainda não citado.** Para fazer carga dos autos, é preciso que o réu, ainda não citado, compareça espontaneamente, suprindo a ausência de citação. Comparecendo, estará citado, fluindo, a partir de seu comparecimento, o prazo para contestar (art. 239, § 1º).

**18. Citação com hora certa.** A citação com hora certa é uma forma pela qual o oficial de justiça pode realizá-la. O oficial de justiça pode realizar a citação pessoalmente (art. 251) ou, na hipótese descrita nos arts. 252 e 253, com hora certa. Feita a citação com hora certa e devolvido aos autos o mandado de citação com a certidão do oficial de justiça, cabe ao escrivão ou chefe de secretaria enviar ao réu, executado ou interessado, carta, telegrama ou mensagem de *e-mail*, dando-lhe ciência de tudo (art. 254). A despeito da previsão desse comunicado, é da juntada aos autos do mandado de citação que se inicia o prazo para o réu, o executado ou o interessado praticar o ato para o qual foi convocado (art. 231, § 4º). Caso conste do comunicado a informação segundo a qual o prazo só terá início com a juntada de seu aviso de recebimento, deve assim ser considerado e aplicar-se o disposto no art. 231, I, em razão da necessidade de tutelar a confiança e a boa-fé (art. 5º).

**19. Citação ou intimação pelo escrivão ou chefe de secretaria.** A parte pode comparecer espontaneamente no processo e ser pessoalmente citada ou intimação pelo escrivão ou chefe de secretaria (arts. 152, II, e 273). Quando a citação ou intimação for feita pelo próprio escrivão ou chefe de secretaria, o dia de início do prazo é a data em que ela ocorrer.

**20. Citação ou intimação por edital.** Nos casos previstos no art. 256, a citação ou a intimação (art. 275, § 2º) poderá ser feita por edital. Nesses casos, o juiz deve fixar um prazo, de vinte a sessenta dias, para divulgação do próprio edital. O prazo para a prática do ato pela parte tem início depois de terminado esse lapso temporal fixado pelo juiz.

**21. Citação ou intimação eletrônica.** A citação ou intimação eletrônica deve ser feita nos termos da Lei 11.419/2006, aplicando-se seu art. 5º, ou seja, considera-se realizada no dia em que o citando ou intimando efetivar a consulta eletrônica ao teor da citação ou intimação, certificando-se nos autos a sua realização. Nos casos em que a consulta se realizar em dia não útil, a intimação será considerada como realizada no primeiro dia útil seguinte. Tal consulta deve ser feita em até dez dias corridos, contados da data do envio da citação ou intimação, sob pena de considerar-se automaticamente realizada na data do seu término. Em outras palavras, a parte é cientificada ao acessar o sistema e efetivar a consulta eletrônica ao teor da citação ou intimação ou, caso assim não faça, depois de ultrapassado o prazo de dez dias.

**22. Diário da Justiça impresso ou eletrônico.** O Diário da Justiça pode ser impresso ou eletrônico. Quando a intimação se der por ele, o prazo corre da data da publicação. No impresso, a data de publicação coincide com a de sua circulação. No eletrônico, há uma distinção legal entre disponibilização e publicação. A decisão é, num primeiro momento, disponibilizada no Diário eletrônico. Só depois ela é publicada. Considera-se como data da publicação o primeiro dia útil seguinte ao da disponibilização da informação no Diário da Justiça eletrônica. Os prazos processuais têm início no primeiro dia útil que seguir ao considerado como data da publicação.

**23. Carga ou remessa dos autos.** A carga ocorre quando a parte, o advogado ou alguém autorizado a tanto vai até a unidade judiciária e retira os autos. Já a remessa ocorre quando os autos são encaminhados à parte ou ao advogado. Na contagem dos prazos, quando a intimação for feita por carga, considera-se dia do começo do prazo o dia da carga (art. 231, VIII). Sendo a intimação feita por remessa dos autos, a contagem do prazo a partir do dia em que os autos são recebidos pelo destinatário da intimação.

**24. Ministério Público, Fazenda Pública e Defensoria Pública.** Todos eles têm a prerrogativa da intimação pessoal, assim considerada pela carga, remessa ou por meio eletrônico. É possível que, numa demanda em que se conceda a tutela provisória, que tenha, por exemplo, a Fazenda Pública como ré, ela seja citada e, no mesmo mandado, intimada da decisão. O prazo para seu recurso não terá início da juntada aos autos do mandado de intimação, mas da remessa, carga ou meio eletrônico. A regra especial da intimação por carga, remessa ou meio eletrônico

# LIVRO IV · DOS ATOS PROCESSUAIS

## Art. 231

prevalece sobre a regra geral da juntada aos autos do mandado de intimação. Não é por outro motivo, aliás, que o § 1º do art. 183 – ao qual se reportam os arts. 180 e o § 1º do art. 186 – enuncia que a contagem do prazo tem início a partir da intimação pessoal.

**25. Intimação eletrônica como intimação pessoal.** *"Não procede a alegação de que a intimação da Defensoria Pública apenas teria ocorrido em 02.10.2018, data da remessa dos autos, pois se trata de processo eletrônico e a intimação da Defensoria Pública pelo meio eletrônico, com a disponibilização eletrônica da íntegra dos autos, é considerada intimação pessoal, nos termos do art. 183, § 1º e art. 186, § 1º, do CPC"* (STJ, 2ª Turma, AgInt no AREsp 1.431.949/SP, rel. Min. Mauro Campbell Marques, j. 05.03.2020, DJe 17.03.2020).

**26. Pluralidade de réus.** Havendo litisconsórcio passivo, o termo inicial da contagem dos prazos é diferente, quando se trata de citação ou de intimação. Quando os réus são citados, seus prazos têm início a partir da juntada aos autos do último instrumento citatório (último aviso de recebimento, último mandado de citação devidamente cumprido etc.). No caso de intimação, o prazo é individual para cada um. O prazo de cada litisconsorte somente tem início quando da juntada aos autos do respectivo aviso de recebimento, ou do respectivo mandado de citação.

**27. Desistência da ação em caso de litisconsórcio passivo.** Se o autor desistir da demanda em relação a um ou alguns dos litisconsortes, o prazo para contestar terá início quando os réus já citados forem intimados da decisão que homologar a desistência (art. 335, § 2º). Nesse caso, a intimação dos réus já citados há de ser feita pessoalmente, devendo o prazo ter início a partir da juntada aos autos do último comprovante de intimação realizada. A hipótese somente se aplica aos casos de litisconsórcio passivo facultativo, pois, em casos de litisconsórcio passivo necessário, não é possível ao autor desistir da demanda em relação a um ou a alguns deles. Se desistir, deverá fazê-lo em relação a todos, pois, sendo o litisconsórcio necessário, nenhum deles poderá deixar de ser citado.

**28. Início do prazo para contestação.** É preciso compatibilizar o art. 231 com o art. 335. No procedimento comum, o réu é citado para comparecer à audiência de conciliação ou de mediação, a ser designada nas disputas que admitem transação e quando não for caso de indeferimento da petição inicial ou improcedência liminar do pedido (art. 334). Designada a audiência de mediação ou conciliação, o prazo para apresentação de contestação tem início na data da própria audiência ou na data da última sessão, quando qualquer parte não comparecer ou, comparecendo, não houver autocomposição. Se o réu manifestar desinteresse na audiência, o prazo para sua contestação tem início a partir do protocolo de sua petição por meio da qual oferece tal manifestação. Se o procedimento não comportar a audiência do art. 334, por ser especial, ou porque o direito não admite transação, o prazo para contestação terá início na forma do art. 231. Então, o art. 231 somente se aplica nos casos em que o juiz não designa a audiência prevista no art. 334. Designada a audiência, o prazo para contestar tem início a partir dos marcos definidos no art. 335. O réu pode antecipar-se e apresentar sua contestação antes mesmo de ter início o prazo (art. 218, § 4º).

**29. Ato pessoal da parte.** A regra geral do art. 231 é sempre a da juntada do instrumento convocatório. Tal regra, porém, só se aplica para a prática de atos postulatórios, que exigem a representação por advogado. Quando a parte é convocada para praticar um ato pessoal, sem a necessidade de representação por advogado, a regra não se aplica. Nesses casos, o prazo já tem início da própria intimação.

**30. Prazo para pagamento no cumprimento de sentença e na execução.** O prazo para pagamento no cumprimento da sentença e na execução fundada em título extrajudicial tem início a partir da própria citação ou intimação, e não da juntada do respectivo instrumento convocatório (art. 231, § 3º). É por isso, aliás, que o art. 829 dispõe que o executado será citado para pagar a dívida no prazo de três dias, *contado da citação*, e não da juntada do instrumento de citação.

**31. Prazo para as informações em mandado de segurança.** No mandado de segurança, o juiz determina a notificação da autoridade, a fim de que preste informações no prazo de dez dias, computando-se apenas os dias úteis (art. 219). Tal prazo tem início do recebimento da notificação pela autoridade, e não de sua juntada aos autos. Aplica-se, a propósito, o disposto no § 3º do art. 231. A autoridade presta informações diretamente, sem a intermediação de representante judicial.

**32. Dia do começo do prazo *versus* contagem do prazo.** O art. 231 estabelece, em várias hipóteses, qual o dia do começo do prazo. O dia do começo do prazo não é o primeiro dia do prazo, pois *"os prazos serão contados excluindo o dia do começo e incluindo o dia do vencimento"*, como dispõe o art. 224. Assim, por exemplo considera-se dia do começo do prazo a data da juntada

441

# Art. 232

CÓDIGO DE PROCESSO CIVIL COMENTADO – *Leonardo Carneiro da Cunha*

aos autos do mandado cumprido (art. 231, II). Esse é o dia do começo, que será, então, excluído da contagem do prazo. O prazo, então, começa a partir do primeiro dia útil após a juntada aos autos do mandado de citação ou de intimação. Por sua vez, considera-se dia do começo do prazo o dia útil seguinte à consulta ao teor da citação ou da intimação ou ao término do prazo para que a consulta se dê, quando a citação ou a intimação for eletrônica (art. 231, V). O começo do prazo é o dia útil seguinte à consulta ou ao término do prazo para que a consulta se dê, mas, na contagem, exclui-se o primeiro dia. Logo, se a consulta ao teor da citação ou da intimação foi no dia 10, e o próximo dia útil é 11, este é o dia do começo, mas ele é excluído da contagem (art. 224), de sorte que o prazo só tem começa mesmo a partir do dia 12 (se for dia útil também). De igual modo, se o término do prazo de dez dias para a consulta ao sistema termina no dia 10, e o próximo dia útil для 11, este será o dia do começo do prazo, mas ele será excluído da contagem (art. 224). Desse modo, o prazo começará no dia 12, se este for dia útil também.

> **Art. 232.** Nos atos de comunicação por carta precatória, rogatória ou de ordem, a realização da citação ou da intimação será imediatamente informada, por meio eletrônico, pelo juiz deprecado ao juiz deprecante.

▶ **1. Sem correspondência no CPC/1973.**

⚖ **Jurisprudência, Enunciados e Súmulas Selecionados**

- **2. Enunciado 33 do FONAJE.** *"É dispensável a expedição de carta precatória nos Juizados Especiais Cíveis, cumprindo-se os atos nas demais comarcas, mediante via postal, por ofício do Juiz, fax, telefone ou qualquer outro meio idôneo de comunicação."*

📋 **Comentários Temáticos**

**3. Informação imediata do cumprimento da carta.** O dispositivo estabelece, no âmbito da cooperação jurisdicional, um dever de informação a ser cumprido pelo juízo deprecado. A citação ou a intimação pode ser feita por carta precatória, por carta rogatória ou por carta de ordem. Chegando a carta ao juízo deprecado, este deve determinar seu imediato cumprimento. Realizada a citação ou a intimação, o juiz deprecado, antes mesmo de determinar o retorno da carta ao juiz deprecante, tem o dever de in-

formá-lo da efetiva realização da citação ou da intimação. Esse comunicado do juízo deprecado ao deprecante deve ser encaminhado por meio eletrônico, agilizando a informação a ser prestada. Recebido o comunicado pelo juiz deprecado, este deverá determinar sua juntada aos autos. É a partir dessa juntada que tem início o prazo para a prática do correspondente ato processual (art. 231, VI). Considera-se o dia do começo do prazo, não a juntada da carta precatória, de ordem ou rogatória, mas do simples comunicado que dá conta ao juízo deprecado de que a citação ou intimação foi efetivamente realizada. Essa é uma medida aceleratória do processo, fazendo com que já se tenha início o prazo, antes mesmo do retorno dos autos da carta precatória, de ordem ou rogatória. Se tal comunicado não for expedido do juízo deprecado para o deprecante, o início do prazo só se dará com a juntada da carta aos autos devidamente cumprida (art. 231, VI), o que pode retardá-lo consideravelmente.

## Seção II
## Da Verificação dos Prazos e das Penalidades

> **Art. 233.** Incumbe ao juiz verificar se o serventuário excedeu, sem motivo legítimo, os prazos estabelecidos em lei.
>
> § 1º Constatada a falta, o juiz ordenará a instauração de processo administrativo, na forma da lei.
>
> § 2º Qualquer das partes, o Ministério Público ou a Defensoria Pública poderá representar ao juiz contra o serventuário que injustificadamente exceder os prazos previstos em lei.

▶ **1. Correspondência no CPC/1973.** *"Art. 193. Compete ao juiz verificar se o serventuário excedeu, sem motivo legítimo, os prazos que este Código estabelece". "Art. 194. Apurada a falta, o juiz mandará instaurar procedimento administrativo, na forma da Lei de Organização Judiciária."*

📋 **Comentários Temáticos**

**2. Verificação dos prazos dos serventuários da justiça.** Ao juiz compete dirigir o processo, incumbindo-lhe zelar pela sua razoável duração (art. 139, II). De igual modo, ao juiz cabe determinar as providências necessárias para que os atos processuais se realizem nos prazos legais (LC 35/1979, art. 35, III). Daí por que cabe ao juiz verificar se os serventuários do cartório excederam – sem motivo legítimo – os prazos legais previstos no art. 228. Não apenas os serventuários devem ser fiscalizados, mas também todos os auxiliares da justiça. *Serventuário* é termo mais amplo que abrange o escrivão, o chefe de secretaria e o oficial de justiça; mas também são auxiliares da justiça o perito, o depositário, o administrador, o intérprete, o tradutor, o mediador, o conciliador judicial, o partidor, o distribuidor, o contabilista e o regulador de avarias (art. 149). Todos esses podem – e devem – ser fiscalizados pelo juiz. Qualquer das partes, o Ministério Público ou a Defensoria Pública poderá representar ao juiz contra o serventuário que injustificadamente exceder os prazos legais. Existindo motivo legítimo, a demora na prática do ato é justificável e lícita, não havendo nada a ser feito contra o serventuário. Por outro lado, inexistindo justificativa legítima, poderá o servidor ser responsabilizado administrativamente. Havendo justificativa legítima, não há ilicitude na conduta do serventuário. O excessivo acúmulo de serviço cartorário ou de secretaria constitui motivo legítimo.

**3. Processo administrativo.** Caso seja apurado o excesso de prazo, o juiz da causa mandará instaurar processo administrativo, assegurados o contraditório e a ampla defesa (CF, art. 5º, LV), para apuração de existência ou não de motivo legítimo para a falta do servidor e sua eventual responsabilização. Trata-se de processo administrativo disciplinar que segue a forma prevista na legislação específica.

---

**Art. 234.** Os advogados públicos ou privados, o defensor público e o membro do Ministério Público devem restituir os autos no prazo do ato a ser praticado.

§ 1º É lícito a qualquer interessado exigir os autos do advogado que exceder prazo legal.

§ 2º Se, intimado, o advogado não devolver os autos no prazo de 3 (três) dias, perderá o direito à vista fora de cartório e incorrerá em multa correspondente à metade do salário-mínimo.

§ 3º Verificada a falta, o juiz comunicará o fato à seção local da Ordem dos Advogados do Brasil para procedimento disciplinar e imposição de multa.

§ 4º Se a situação envolver membro do Ministério Público, da Defensoria Pública ou da Advocacia Pública, a multa, se for o caso, será aplicada ao agente público responsável pelo ato.

§ 5º Verificada a falta, o juiz comunicará o fato ao órgão competente responsável pela instauração de procedimento disciplinar contra o membro que atuou no feito.

---

▶ **1. Correspondência no CPC/1973.** *"Art. 195. O advogado deve restituir os autos no prazo legal. Não o fazendo, mandará o juiz, de ofício, riscar o que neles houver escrito e desentranhar as alegações e documentos que apresentar." "Art. 196. É lícito a qualquer interessado cobrar os autos ao advogado que exceder o prazo legal. Se, intimado, não os devolver dentro em 24 (vinte e quatro) horas, perderá o direito à vista fora de cartório e incorrerá em multa, correspondente à metade do salário mínimo vigente na sede do juízo. Parágrafo único. Apurada a falta, o juiz comunicará o fato à seção local da Ordem dos Advogados do Brasil, para o procedimento disciplinar e imposição da multa." "Art. 197. Aplicam-se ao órgão do Ministério Público e ao representante da Fazenda Pública as disposições constantes dos arts. 195 e 196."*

### ⚖ LEGISLAÇÃO CORRELATA

**2. EOAB, art. 34, XXII.** *"Art. 34. Constitui infração disciplinar: XXII – reter, abusivamente, ou extraviar autos recebidos com vista ou em confiança."*

**3. EOAB, art. 37, I.** *"Art. 37. A suspensão é aplicável nos casos de: I – infrações definidas nos incisos XVII a XXV do art. 34."*

### 🗐 COMENTÁRIOS TEMÁTICOS

**4. Carga dos autos.** O advogado, público e privado, tem direito a retirar os autos do cartório ou da secretaria, pelo prazo legal, sempre que neles lhe couber falar por determinação do juiz, nos casos previstos em lei (art. 107, III; Lei 8.906/1994, art. 7º, XV). Tal direito é também dado aos membros da Defensoria Pública e do Ministério Público.

**5. Carga dos autos em caso de prazo comum.** Sendo o prazo comum às partes, os procuradores poderão retirar os autos somente em conjunto ou mediante prévio ajuste, por petição nos autos (art. 107, § 2º). Nesse caso, é permitido ao procurador retirar os autos para obtenção de cópias, pelo prazo de duas a seis horas, independentemente de ajuste e sem prejuízo da continuidade do prazo (art. 107, § 3º).

**6. Restituição dos autos.** Do direito de fazer carga dos autos surge o dever de restituí-los no prazo do ato a ser praticado. Não sendo devolvidos no prazo legal, configura-se o ilícito processual, competindo a qualquer interessado exigir a sua devolução. Intimado para devolver, e não o fazendo no prazo de três dias úteis (art. 219), o advogado, o defensor público ou o membro do Ministério Público perderá o direito à vista fora de cartório ou secretaria e, igualmente, incorrerá em multa correspondente à metade do salário mínimo.

**7. Necessidade de intimação pessoal.** *"4. A partir da entrada em vigor do CPC/2015, para aplicar as sanções por retenção dos autos (art. 234, § 2º), exige-se também a intimação pessoal do advogado para devolvê-los. 5. Se o advogado for intimado pessoalmente e não devolver os autos no prazo de 3 (três) dias, perderá o direito à vista fora de cartório e incorrerá em multa correspondente à metade do salário mínimo. 6. Na hipótese, a intimação do advogado ocorreu por meio do diário de justiça, motivo pelo qual devem ser afastadas as sanções previstas no art. 234, § 2º, do CPC/2015"* (STJ, 3ª Turma, REsp 1.712.172/DF, rel. Min. Ricardo Villas Bôas Cueva, *DJe* 24.08.2018).

**8. Penalidades pela não restituição dos autos.** Não devolvidos os autos, mesmo depois de ser intimado, o advogado, o defensor público ou o membro do Ministério Público sujeita-se a duas sanções: (a) perde o direito à vista dos autos fora de cartório ou secretaria; (b) incorre em multa correspondente à metade do salário-mínimo. No caso da retirada dos autos para obtenção de cópias, pelo prazo de duas a seis horas (art. 107, § 3º), o procurador perderá no mesmo processo o direito a outra retirada dessa, se não devolver os autos tempestivamente, salvo se o prazo for prorrogado pelo juiz (art. 107, § 4º). Em tal hipótese, não há punição pecuniária. Todas essas penalidades – resultantes do ilícito processual – são aplicáveis indistintamente aos advogados, públicos e privados, defensores públicos e membros do Ministério Público. Não há diferenciação. O juiz já pode impor a sanção de perda do direito de vista dos autos fora de cartório ou secretaria. Por sua vez, a sanção pecuniária deverá ser aplicada exclusivamente pelo competente órgão de classe fiscalizador. Não é o juiz que aplica a pena; não detém essa competência, que cabe ao órgão competente, em sede de processo disciplinar, em contraditório. O que cabe ao juiz é oficiar ao órgão competente (OAB, corregedoria ou conselho superior) para que, então, seja instaurado um procedimento administrativo, no qual devem ser assegurados o contraditório e a ampla defesa, e se conclua ou não pela punição. Assim, no caso dos advogados privados, a falta tem que ser devidamente comunicada pelo juiz à seção local da Ordem dos Advogados do Brasil, a fim de apuração. A retenção indevida dos autos, envolvendo membro do Ministério Público, da Defensoria Pública ou

da Advocacia Pública, faz com que a responsabilidade pela multa recaia sobre o agente público faltoso, devendo o juiz comunicar a falta ao órgão competente para devida apuração.

**Art. 235.** Qualquer parte, o Ministério Público ou a Defensoria Pública poderá representar ao corregedor do tribunal ou ao Conselho Nacional de Justiça contra juiz ou relator que injustificadamente exceder os prazos previstos em lei, regulamento ou regimento interno.

§ 1º Distribuída a representação ao órgão competente e ouvido previamente o juiz, não sendo caso de arquivamento liminar, será instaurado procedimento para apuração da responsabilidade, com intimação do representado por meio eletrônico para, querendo, apresentar justificativa no prazo de 15 (quinze) dias.

§ 2º Sem prejuízo das sanções administrativas cabíveis, em até 48 (quarenta e oito) horas após a apresentação ou não da justificativa de que trata o § 1º, se for o caso, o corregedor do tribunal ou o relator no Conselho Nacional de Justiça determinará a intimação do representado por meio eletrônico para que, em 10 (dez) dias, pratique o ato.

§ 3º Mantida a inércia, os autos serão remetidos ao substituto legal do juiz ou do relator contra o qual se representou para decisão em 10 (dez) dias.

▶ **1. Correspondência no CPC/1973.** *"Art. 198. Qualquer das partes ou o órgão do Ministério Público poderá representar ao presidente do Tribunal de Justiça contra o juiz que excedeu os prazos previstos em lei. Distribuída a representação ao órgão competente, instaurar-se-á procedimento para apuração da responsabilidade. O relator, conforme as circunstâncias, poderá avocar os autos em que ocorreu excesso de prazo, designando outro juiz para decidir a causa."*

### 🗏 COMENTÁRIOS TEMÁTICOS

**2. Controle dos prazos processuais do órgão judiciário.** A regra visa a coibir a atitude do juiz que, sem justificativa, exceda os prazos legais. Nesse ponto, concretiza-se o direito a um processo efetivo, garantindo-se, enfim, o direito a um processo com duração razoável (CF, art. 5º, LXXVIII).

**3. Representação e seu procedimento.** A representação prevista no dispositivo tem por finalidade apurar a reclamação de excesso de prazo, em procedimento no qual se asseguram o contraditório e a ampla defesa, devendo o juiz

**LIVRO IV ·** DOS ATOS PROCESSUAIS **Art. 236**

ser intimado para apresentar sua justificativa no prazo de quinze dias. A reclamação será dirigida ao corregedor se se tratar de juiz de primeira instância. Tratando-se de membro de tribunal, a reclamação há de ser apresentada ao CNJ. Apresentada ou não a justificativa, o corregedor do tribunal ou o relator no Conselho Nacional de Justiça determinará a intimação do representado por meio eletrônico para que, em dez dias, pratique o ato. O relator da representação deverá determinar ao juiz ou relator que pratique o ato no prazo de dez dias.

**4. Hipóteses de incidência.** A regra aplica-se quando for excedido, sem justificativa, prazo previsto no próprio CPC ou em qualquer lei específica. Sua incidência opera-se também em relação a qualquer ato judicial, seja sentença, decisão interlocutória ou despacho, operando-se, ainda, em relação a membros integrantes de tribunais.

**5. Juiz natural.** Determinado ao juiz que pratique o ato em dez dias, se ele se mantiver inerte, deverá ser afastado, com a designação de outro juiz para proferir a decisão. Não se permite ao tribunal a escolha aleatória do juiz ou relator substituto, que deverá ser designado para proferir decisão. A se admitir uma escolha aleatória, restaria ofendida a garantia do juiz natural. A garantia do juiz natural impõe a presença de um sistema de designação automática dos juízes ou, então, a prefixação de critérios gerais e abstratos de substituição, que o tribunal ou Chefe do Poder Judiciário deve utilizar, na ausência ou impedimento de magistrados. Enfim, além da pré-constituição externa, o juiz natural exige uma pré-constituição interna, adotando-se critérios prefixados, que podem, por exemplo, ser divulgados em tabelas anuais ou bienais. Decorre do juiz natural a necessidade de se prefixar não apenas o órgão, estabelecendo sua competência, mas igualmente indicar qual será o juiz que estará incumbido do julgamento, segundo critérios objetivos e predeterminados, e não em razão de critérios subjetivos do tribunal.

**6. O art. 235 do CPC e o art. 93, II, *e*, da CF.** O art. 235 deve ser complementado pela regra contida no art. 93, II, *e*, da CF, que assim estabelece: *"não será promovido o juiz que, injustificadamente, reter autos em seu poder além do prazo legal, não podendo devolvê-los ao cartório sem o devido despacho ou decisão".* De acordo com o art. 93, II, *e*, da CF, o juiz que exceder, sem justificativa, os prazos legais, retendo os autos em seu poder, além de não poder ser promovido, deverá devolver os autos com o despacho ou decisão. Vale dizer que não se

admite a devolução dos autos sem o despacho ou a decisão. Logo, parece ser, em princípio, desnecessária a indicação de substituto para proferir a decisão, tal como prevê o art. 235. É que, pela disposição constitucional, em vez de se privar o juiz da competência, substituindo-o por outro, deve-se condicionar a devolução dos autos à prolação da decisão, sem prejuízo de medidas disciplinares que lhe sejam impostas, além de eventual reclamação ao CNJ. A regra do art. 93, II, *e*, da CF, por essa perspectiva, reforça a garantia do juiz natural. Na verdade, tais normas possuem finalidade e âmbito distintos de aplicação. O art. 93, II, *e*, da CF destina-se a impedir a promoção do magistrado que ultrapassar os prazos legais injustificadamente. Trata-se de norma que poderá ser aplicada de ofício, no momento da escolha ou indicação do magistrado a ser promovido, por antiguidade ou por merecimento. Procurou a mencionada norma constitucional evitar que o magistrado moroso burlasse a exigência com a simples devolução dos autos, mesmo sem o despacho ou a decisão, o que retiraria da estatística o registro de autos em seu poder com prazo ultrapassado, mas de nada adiantaria para os objetivos de celeridade processual. Por outro lado, a norma do art. 235 destina-se a atender *de modo imediato* ao interesse da parte na *pronta* obtenção do pronunciamento do magistrado. Depende de representação apresentada pela parte, pelo Ministério Público ou pela Defensoria Pública perante o respectivo tribunal ou o CNJ; possibilita a determinação de prolação da decisão e, caso se mantenha a inércia, a designação de outro juiz ou relator para decidir. Idêntica proteção ao interesse da parte no *imediato* julgamento não decorreria da aplicação da norma constitucional que veda a promoção.

# TÍTULO II
## DA COMUNICAÇÃO DOS ATOS PROCESSUAIS

## CAPÍTULO I
### DISPOSIÇÕES GERAIS

**Art. 236.** Os atos processuais serão cumpridos por ordem judicial.

§ 1º Será expedida carta para a prática de atos fora dos limites territoriais do tribunal, da comarca, da seção ou da subseção judiciárias, ressalvadas as hipóteses previstas em lei.

§ 2º O tribunal poderá expedir carta para juízo a ele vinculado, se o ato houver de se realizar fora dos limites territoriais do local de sua sede.

§ 3º Admite-se a prática de atos processuais por meio de videoconferência ou outro recurso tecnológico de transmissão de sons e imagens em tempo real.

▶ **1. Correspondência no CPC/1973.** *"Art. 200. Os prazos processuais serão cumpridos por ordem judicial ou requisitados por carta, conforme hajam de ser dentro ou fora dos limites territoriais da comarca."*

## 🏛 LEGISLAÇÃO CORRELATA

**2. Lei 9.099/1995, art. 22, § 2º.** *"Art. 22. A conciliação será conduzida pelo Juiz togado ou leigo ou por conciliador sob sua orientação. (...) § 2º É cabível a conciliação não presencial conduzida pelo Juizado mediante o emprego dos recursos tecnológicos disponíveis de transmissão de sons e imagens em tempo real, devendo o resultado da tentativa de conciliação ser reduzido a escrito com os anexos pertinentes."*

**3. Res. 354/2020 CNJ, art. 1º.** *"Art. 1º. Esta Resolução regulamenta a realização de audiências e sessões por videoconferência e telepresenciais e a comunicação de atos processuais por meio eletrônico nas unidades jurisdicionais de primeira e segunda instâncias da Justiça dos Estados, Federal, Trabalhista, Militar e Eleitoral, bem como nos Tribunais Superiores, à exceção do Supremo Tribunal Federal."*

**4. Res. 465/2022 CNJ.** *"Institui diretrizes para a realização de videoconferências no âmbito do Poder Judiciário."*

## 🗐 COMENTÁRIOS TEMÁTICOS

**5. Cumprimento dos atos processuais.** Os atos processuais são cumpridos por ordem judicial. Cabe ao escrivão ou ao chefe de secretaria (art. 152), bem como ao oficial de justiça (art. 154), cumprir as ordens do juiz. Auxiliar da justiça que é (art. 149), o oficial de justiça tem, entre outras, a função de executar as ordens do juiz a que estiver subordinado (art. 154, II). Há, porém, atos que o oficial de justiça pode praticar na execução sem prévia determinação judicial. É o que ocorre, por exemplo, no arresto de bens prévio à citação por edital (art. 830): não encontrando o executado, o oficial de justiça arrestar-lhe-á tantos bens quantos bastem para garantir a execução, independentemente de prévia ordem judicial. A regra, o normal, o comum

é o oficial de justiça fazer cumprir ordens dadas pelo juiz. Não é comum que ele atue sem prévia ordem judicial. O arresto previsto no art. 830 é uma exceção.

**6. Cumprimento fora dos limites territoriais do juízo.** Sempre que determinado ato tiver de ser cumprido fora dos limites territoriais do juízo (comarca, seção ou subseção judiciária), o órgão jurisdicional há de contar com a cooperação de outros órgãos jurisdicionais, executado por auxílio direto (art. 69, § 1º), mediante a expedição de carta precatória (art. 236, § 1º). É possível, contudo, em situações expressamente previstas em lei, que os atos processuais sejam cumpridos fora da comarca, da seção ou da subseção judiciária sem a necessidade de carta (arts. 247, 255 e 273, II, 782, § 1º). Quando o ato tiver de se realizar fora dos limites territoriais do local de sua sede, tribunal poderá expedir carta de ordem a juízo a ele vinculado (arts. 236, § 2º, e 237, I).

**7. Videoconferência.** Os atos processuais podem ser praticados por videoconferência ou outro recurso tecnológico de transmissão de sons e imagens em tempo real. Assim, é possível, por exemplo, colher, por videoconferência, o depoimento pessoal da parte que residir em comarca, seção ou subseção judiciária diversa daquela onde tramita o processo (art. 385, § 3º). De igual modo, a oitiva de testemunha que residir em comarca, seção ou subseção judiciária diversa daquela onde tramita o processo poderá ser realizada por videoconferência (art. 453, § 1º). O juiz pode ordenar, de ofício ou a requerimento da parte, a acareação de duas ou mais testemunhas ou de alguma delas com a parte, podendo a acareação ser realizada por videoconferência (art. 461, § 2º). Também se admite ao advogado com domicílio profissional em cidade diversa daquela onde está sediado o tribunal realizar sustentação oral por meio de videoconferência (art. 937, § 4º).

---

**Art. 237.** Será expedida carta:

I – de ordem, pelo tribunal, na hipótese do § 2º do art. 236;

II – rogatória, para que órgão jurisdicional estrangeiro pratique ato de cooperação jurídica internacional, relativo a processo em curso perante órgão jurisdicional brasileiro;

III – precatória, para que órgão jurisdicional brasileiro pratique ou determine o cumprimento, na área de sua competência territorial, de ato relativo a pedido de cooperação judiciária

**LIVRO IV · DOS ATOS PROCESSUAIS** **Art. 237**

formulado por órgão jurisdicional de competência territorial diversa;

IV – arbitral, para que órgão do Poder Judiciário pratique ou determine o cumprimento, na área de sua competência territorial, de ato objeto de pedido de cooperação judiciária formulado por juízo arbitral, inclusive os que importem efetivação de tutela provisória.

Parágrafo único. Se o ato relativo a processo em curso na justiça federal ou em tribunal superior houver de ser praticado em local onde não haja vara federal, a carta poderá ser dirigida ao juízo estadual da respectiva comarca.

▶ **1. Correspondência no CPC/1973.** *"Art. 201. Expedir-se-á carta de ordem se o juiz for subordinado ao tribunal de que ela emanar; carta rogatória, quando dirigida à autoridade judiciária estrangeira; e carta precatória nos demais casos." "Art. 1.213. As cartas precatórias, probatórias, executórias e cautelares, expedidas pela Justiça Federal, poderão ser cumpridas nas comarcas do interior pela Justiça Estadual."*

### 🔟 Legislação Correlata

**2. CF, art. 109, § 3º.** *"Art. 109. Aos juízes federais compete processar e julgar: (...) § 3º Lei poderá autorizar que as causas de competência da Justiça Federal em que forem parte instituição de previdência social e segurado possam ser processadas e julgadas na justiça estadual quando a comarca do domicílio do segurado não for sede de vara federal."*

**3. Lei 9.307/1996, art. 22-C e parágrafo único.** *"Art. 22-C. O árbitro ou o tribunal arbitral poderá expedir carta arbitral para que o órgão jurisdicional nacional pratique ou determine o cumprimento, na área de sua competência territorial, de ato solicitado pelo árbitro. Parágrafo único. No cumprimento da carta arbitral será observado o segredo de justiça, desde que comprovada a confidencialidade estipulada na arbitragem."*

### ⚖ Jurisprudência, Enunciados e Súmulas Selecionados

• **4. Enunciado 24 do FPPC.** *"Independentemente da sede da arbitragem ou dos locais em que se realizem os atos a ela inerentes, a carta arbitral poderá ser processada diretamente pelo órgão do Poder Judiciário do foro onde se dará a efetivação da medida ou decisão, ressalvadas as hipóteses de cláusulas de eleição de foro subsidiário."*

### ▣ Comentários Temáticos

**5. Cooperação entre órgãos jurisdicionais.** A cooperação jurídica pode operar-se no plano internacional ou no âmbito nacional. A cooperação jurídica internacional tem por objeto a citação, intimação, notificação judicial e extrajudicial, colheita de provas e obtenção de informações, homologação e cumprimento de decisão, concessão de medida judicial de urgência, assistência jurídica internacional e qualquer outra medida judicial ou extrajudicial não proibida pela lei brasileira (art. 27). A cooperação internacional pode ser feita por auxílio direto (arts. 28 e 34) ou por carta rogatória (art. 36). No âmbito nacional, aos órgãos do Poder Judiciário, estadual ou federal, especializado ou comum, em todas as instâncias e graus de jurisdição, inclusive aos tribunais superiores, incumbe o dever de recíproca cooperação, por meio de seus magistrados e servidores (art. 67). A cooperação entre os órgãos internos do Poder Judiciário nacional pode realizar-se entre órgãos jurisdicionais de seus diferentes ramos (art. 69, § 3º), concretizando-se, entre outros meios, por cartas de ordem e cartas precatórias. As cartas são, então, instrumentos para realização da cooperação jurídica no âmbito judicial, seguindo o regime previsto neste Código (art. 69, § 1º).

**6. Espécies de cartas.** Há quatro tipos de cartas: (a) rogatória; (b) de ordem; (c) precatória; (d) arbitral. As cartas podem ter por objeto a prática de atos processuais de comunicação, instrução e constrição. As cartas de ordem, rogatórias, precatórias expedidas com fins probatórios podem suspender o processo (art. 377).

**7. Carta rogatória.** A carta rogatória, que serve para cooperação jurisdicional entre autoridades judiciárias de países diferentes, pode ser ativa ou passiva. Enquanto a passiva é a enviada por autoridades judiciárias estrangeiras para cumprimento no Brasil, a ativa é a expedida pelos órgãos jurisdicionais nacionais para cumprimento em outros países (arts. 35 e 36). A carta rogatória é expedida por um órgão jurisdicional de um país para outro órgão jurisdicional de país diverso. É meio de cooperação jurisdicional internacional.

**8. Carta precatória.** A carta precatória, que serve para cooperação entre órgãos da mesma hierarquia, sem vinculação entre si, destina-se a que um juízo possa solicitar a outro juízo a prática de determinado ato processual fora dos domínios de sua comarca, seção ou subseção judiciária.

447

**9. Carta de ordem.** A carta de ordem é expedida por um tribunal a um juízo que lhe seja vinculado funcional e hierarquicamente. Na carta de ordem, é indispensável a existência de vinculação funcional entre o tribunal que a expede e o juiz que a recebe para cumprimento.

**10. Carta arbitral.** Para que se possa efetivar o cumprimento de medidas concedidas pelo juízo arbitral, há a carta arbitral, que se revela como uma cooperação entre o juízo arbitral e o juízo estatal. Determinada a condução de uma testemunha ou deferido um provimento de urgência pelo juízo arbitral, este deve solicitar o apoio do juízo estatal para impor sua efetivação ou cumprimento forçado pela parte. É comum haver estipulação de confidencialidade em arbitragens, salvo quando envolver o Poder Público, que, por estar sujeito ao princípio da publicidade (CF, art. 37), não deve estipular confidencialidade na arbitragem que convencionar (Lei 9.307/1996, art. 2º, § 3º). Estipulada confidencialidade na arbitragem, a carta arbitral deve correr em segredo de justiça (art. 189, IV; Lei 9.307/1996, art. 22-C, parágrafo único).

**11. Competência.** O cumprimento de uma carta precatória há de ser feito por juízo absolutamente competente. Um juízo do trabalho expede precatória a outro juízo do trabalho. Um juízo estadual expede precatória a outro juízo estadual. Um juízo federal expede precatória a outro juízo federal. Para que o ato seja praticado, é preciso ostentar competência absoluta. Aliás, o juiz recusará cumprimento à carta precatória, devolvendo-a com a decisão motivada quando lhe faltar (ou falta ao juízo deprecante) competência em razão da matéria ou da hierarquia (art. 267, II).

**12. Competência federal delegada.** Não havendo, no foro deprecado, vara da Justiça Federal, a carta precatória, nos termos do parágrafo único do art. 237, há de ser enviada ao juízo estadual, que terá, então, competência federal delegada. O disposto no parágrafo único do art. 237 confere competência federal a juízos estaduais. É caso de competência federal delegada. De igual modo, se o ato relativo a processo em curso perante o Supremo Tribunal Federal ou o Superior Tribunal de Justiça houver de ser praticado em local onde não haja vara federal, a carta poderá ser dirigida ao juízo estadual da respectiva comarca. Há, também aí, hipótese de competência delegada.

**13. Revogação do parágrafo único do art. 237 do CPC pela EC 103/2019.** O § 3º do art. 109 da CF, em sua redação originária, assim dispunha: *"Serão processadas e julgadas na Justiça estadual, no foro do domicílio dos segurados ou beneficiários, as causas em que forem parte instituição de previdência social e segurado, sempre que a comarca não seja sede de vara do juízo federal, e, se verificada essa condição, a lei poderá permitir que outras causas sejam também processadas e julgadas pela Justiça estadual"*. Nas ações previdenciárias, o próprio texto constitucional já delegava a competência federal aos juízos estaduais da comarca onde não houvesse vara federal. Outras hipóteses deveriam estar previstas em lei. O parágrafo único do art. 237 do CPC era uma dessas outras hipóteses. A EC 103, de 2019, alterou a redação do § 3º do art. 109 da CF, que passou a assim dispor: *"§ 3º Lei poderá autorizar que as causas de competência da Justiça Federal em que forem parte instituição de previdência social e segurado possam ser processadas e julgadas na justiça estadual quando a comarca do domicílio do segurado não for sede de vara federal."* A CF só permite agora que a lei preveja delegação de competência federal à Justiça Estadual apenas em causas em que figurem, como parte, instituição de previdência social e segurado. Não há mais delegação expressa no texto constitucional; é preciso que alguma lei federal a delegue expressamente. A delegação restringe-se, a partir da EC 103, de 2019, a ações em que figurem, como parte, instituição de previdência social e segurado. Qualquer outra demanda não poderá ser processada e julgada por juízo estadual, pois não se autoriza mais a delegação da competência federal em qualquer outra demanda que não tenha como partes, de um lado, instituição de previdência social e, de outro, segurado. A superveniente modificação operada no texto constitucional revoga as leis anteriores que delegavam competência federal a juízos estaduais para casos diversos dos que tenham, como partes, instituição de previdência social e segurado. A superveniência de mudança constitucional não torna inconstitucionais as leis com ela incompatíveis; o que há é uma revogação (STF, Pleno, ADI 2, rel. Min. Paulo Brossard, *DJ* 21.11.1997, p. 60.585; STF, Pleno, ADI 7, rel. Min. Celso de Mello, *DJ* 04.09.1992, p. 14.087; STF, Pleno, ADI 4222 AgR, rel. Min. Celso de Mello, *DJe* 02.09.2014). Ou seja: o parágrafo único do art. 237 foi revogado. Na verdade, foi *parcialmente* revogado, pois se mantém quanto às ações que tenham, como partes, instituição de previdência social e segurado. Qualquer outra ação, que tenha como parte a União, outras autarquias federais ou empresas públicas federais, não pode mais ser processada e julgada na Justiça Estadual, com competência federal delegada.

## LIVRO IV · DOS ATOS PROCESSUAIS

## Art. 239

## CAPÍTULO II
## DA CITAÇÃO

**Art. 238.** Citação é o ato pelo qual são convocados o réu, o executado ou o interessado para integrar a relação processual.

Parágrafo único. A citação será efetivada em até 45 (quarenta e cinco) dias a partir da propositura da ação.

▶ **1. Correspondência no CPC/1973.** *"Art. 213. Citação é o ato pelo qual se chama a juízo o réu ou o interessado a fim de se defender."*

### 🗐 COMENTÁRIOS TEMÁTICOS

**2. Definição legal de citação.** A citação é o ato de comunicação processual que convoca o réu para integrar o processo (contendo aí uma *in jus vocatio*), tornando-o parte na relação processual. A depender do caso, ele será convocado para ir a uma audiência de mediação ou conciliação (art. 334), para cumprir a obrigação exigida (arts. 701, 806, 811, 815 e 829), para responder à apelação interposta contra a sentença que indeferiu a petição inicial (art. 331, § 1º) ou que julgou liminarmente improcedente o pedido (art. 332, § 4º) ou para, querendo, contestar, nos casos em que não haja audiência (art. 334, § 4º) ou quando essa for a estrutura do procedimento especial. Além de convocá-lo (*in jus vocatio*), a citação comunica ao réu ou ao executado o conteúdo da pretensão do autor ou exequente (contendo aí um *editio actionis*), tanto que a carta de citação deve se fazer acompanhar de cópia da petição inicial (art. 248) e um dos requisitos do mandado de citação é justamente a finalidade da citação, com todas as especificações constantes da petição inicial (art. 250, II).

**3. Citação nas ações de família.** Nas ações de família, a citação restringe-se a convocar o réu para vir a juízo, não lhe comunicando o conteúdo da pretensão (há apenas a *in jus vocatio*, não havendo o *editio actionis*). Isso porque o § 1º do art. 695 determina que o mandado de citação conterá apenas os dados necessários à audiência, não sendo instruído com cópia da petição inicial. O réu, nas ações de família, deve ser citado, sem receber cópia da petição inicial. Será apenas informado de que há uma audiência a qual deve comparecer. Somente depois é que o réu tomará conhecimento do conteúdo da pretensão do autor.

**4. A citação e o princípio do contraditório.** Para que se possa exercer o contraditório, é preciso que se dê ciência às partes dos atos a serem realizados no processo e das decisões ali proferidas. Esse é o conteúdo mínimo do contraditório. A efetividade do contraditório pressupõe a concreta e tempestiva ciência do tempo, da forma e do modo que o ordenamento confere a determinados sujeitos de participarem ativamente do processo. Com a citação, dá-se ciência ao réu de que há uma demanda proposta em face dele, ao tempo em que se efetiva sua convocação para vir a juízo. A citação, que contém tais finalidades, constitui um ato de comunicação processual dirigido ao réu.

**5. O primeiro efeito da citação: conferir eficácia do processo ao réu.** Protocolada a petição inicial, o processo já existe e produz efeitos para o autor, somente sendo produzidos, para o réu, os efeitos mencionados no art. 240 depois que for validamente citado (art. 312). Ao analisar a petição inicial, poderá o juiz admiti-la, determinando a citação do réu. Antes da citação, o processo já existe, havendo relação jurídico-processual (art. 312). Com a citação, os efeitos da demanda passam a ser igualmente produzidos para o réu (art. 240). Em razão da citação, o réu se vincula ao processo e a seus efeitos.

**Art. 239.** Para a validade do processo é indispensável a citação do réu ou do executado, ressalvadas as hipóteses de indeferimento da petição inicial ou de improcedência liminar do pedido.

§ 1º O comparecimento espontâneo do réu ou do executado supre a falta ou a nulidade da citação, fluindo a partir desta data o prazo para apresentação de contestação ou de embargos à execução.

§ 2º Rejeitada a alegação de nulidade, tratando-se de processo de:

I – conhecimento, o réu será considerado revel;

II – execução, o feito terá seguimento.

▶ **1. Correspondência no CPC/1973.** *"Art. 214. Para a validade do processo é indispensável a citação inicial do réu. § 1º O comparecimento espontâneo do réu supre, entretanto, a falta de citação. § 2º Comparecendo o réu apenas para arguir a nulidade e sendo esta decretada, considerar-se-á feita a citação na data em que ele ou seu advogado for intimado da decisão."*

### 🗐 COMENTÁRIOS TEMÁTICOS

**2. Citação como pressuposto de validade do processo.** O processo se inicia com a propositura da demanda (art. 312). Com a citação, os efeitos da demanda passam a ser igualmente

449

produzidos para o réu (art. 240). Com a citação, o réu se vincula ao processo e a seus efeitos. A citação não é pressuposto de existência do processo, mas requisito de sua validade. Já existe processo antes da citação. A citação é, aliás, um ato processual, que se pratica dentro de um processo já formado.

**3. Comparecimento espontâneo do réu.** A citação é ato processual que se pratica num processo já existente. Tem por finalidade convocar o réu para integrar a relação processual, fazendo com que sejam produzidos para ele os efeitos que já estavam sendo produzidos desde a propositura da demanda. Se o réu não foi citado ou sua citação foi inválida, mas ele comparece espontaneamente, essa sua vinda ao processo supre a falta de citação e ele adquire a condição de parte, passando a sujeitar-se aos efeitos da demanda e dos sucessivos atos processuais.

**4. Não configuração de comparecimento espontâneo.** *"A Corte Especial do Superior Tribunal de Justiça, recentemente, reafirmou o entendimento de que, 'em regra, o peticionamento nos autos por advogado destituído de poderes especiais para receber citação não configura comparecimento espontâneo apto a suprir tal necessidade' (EREsp 1.709.915/CE, Rel. Ministro Og Fernandes, Corte Especial, julgado em 1º.08.2018, DJe de 09.08.2018)"* (STJ, 4ª Turma, AgInt nos EDcl no REsp 1.777.654/MG, rel. Min. Raul Araújo, DJe 11.09.2019).

**5. Comparecimento espontâneo e dispensa da citação.** *"Nos termos da jurisprudência do STJ, a citação pode ser suprida pelo comparecimento espontâneo da parte requerida, se verificado ato que configure ciência inequívoca acerca da demanda. Além disso, tem-se por caracterizado o comparecimento espontâneo quando da juntada de instrumento de mandato com poderes para receber citação ou, ainda, com cláusula de poderes gerais de foro"* (STJ, 4ª Turma, AgInt no AREsp 1.649.819/SP, rel. Min. Luis Felipe Salomão, DJe 22.09.2020).

**6. Ausência de poderes específicos para receber citação e apresentação de defesa.** *"A despeito da inexistência de poderes específicos para receber citação na procuração, o comparecimento do advogado da parte em juízo, supre o ato citatório quando vise à prática de defesa"* (STJ, 3ª Turma, EDcl nos EDcl no AgInt no REsp 1.812.535/MS, rel. Min. Nancy Andrighi, DJe 24.09.2020).

**7. Ainda sobre comparecimento espontâneo.** *"Consoante a jurisprudência deste Tribunal Superior, a citação pode ser suprida pelo compa-*recimento espontâneo do requerido, o qual estará configurado caso verificado ato que configure ciência inequívoca acerca da demanda. 1.1 Entende-se por caracterizado o comparecimento espontâneo ante a juntada de instrumento de mandato com poderes para receber citação ou, ainda, com cláusula de poderes gerais de foro, na hipótese em que não haja prejuízo ao réu. Precedentes. 1.2. No caso em tela, foi juntada procuração por causídico sem poderes para receber citação e, ainda, não foi apresentado defesa, de modo que não é possível considerar configurado o comparecimento espontâneo, impondo-se a nulidade da sentença"* (STJ, 4ª Turma, AgInt nos EDcl no AREsp 919.785/SP, rel. Min. Marco Buzzi, DJe 12.11.2018).

**8. A produção dos efeitos da citação em casos de sua inexistência ou invalidade.** Os efeitos previstos no art. 240 somente se produzem, se a citação existir e for válida. Não existindo a citação ou, sendo esta existente, mas inválida, tais efeitos não serão produzidos. Sabe-se, contudo, que o comparecimento espontâneo do réu supre a falta ou nulidade de citação (art. 239, § 1º). Se o comparecimento espontâneo supre a falta de citação, é, então, a partir desse momento que se consideram produzidos os efeitos previstos no art. 240. Daí ser relevante o réu, em sua contestação, alegar a inexistência ou nulidade da citação. Não é sem razão, aliás, que a falta ou nulidade de citação constitui uma das preliminares da contestação (art. 337, I). Em tal hipótese, faz-se desnecessário repetir a citação. Se o réu, contudo, não comparece espontaneamente nem argui a nulidade, mas o juiz a percebe e a decreta de ofício, deverá, então, ser determinada a repetição da citação, que, sendo válida, somente irá, a partir daí, produzir os efeitos previstos no art. 240.

**9. Manifestação sobre a liminar não supre a falta de citação.** *"Na hipótese, a União manifestou-se nos autos tão somente para informar que teria enviado ofício ao Ministério da Saúde para o cumprimento da decisão liminar e, posteriormente, foi proferido despacho no juízo monocrático determinando a citação dos réus para responder a ação, o que não foi feito. VI – Diante da ausência da necessária citação da União, a hipótese dos autos é peculiar, não havendo que se falar, in casu, na violação do art. 239, § 1º, do CPC/2015"* (STJ, 2ª Turma, REsp 1.904.530/PE, rel. Min. Francisco Falcão, DJe 11.03.2022).

**Art. 240.** A citação válida, ainda quando ordenada por juízo incompetente, induz litispendência, torna litigiosa a coisa e constitui em mora o

# LIVRO IV · DOS ATOS PROCESSUAIS — Art. 240

devedor, ressalvado o disposto nos arts. 397 e 398 da Lei nº 10.406, de 10 de janeiro de 2002 (Código Civil).

§ 1º A interrupção da prescrição, operada pelo despacho que ordena a citação, ainda que proferido por juízo incompetente, retroagirá à data de propositura da ação.

§ 2º Incumbe ao autor adotar, no prazo de 10 (dez) dias, as providências necessárias para viabilizar a citação, sob pena de não se aplicar o disposto no § 1º.

§ 3º A parte não será prejudicada pela demora imputável exclusivamente ao serviço judiciário.

§ 4º O efeito retroativo a que se refere o § 1º aplica-se à decadência e aos demais prazos extintivos previstos em lei.

▶ **1. Correspondência no CPC/1973.** *"Art. 219. A citação válida torna prevento o juízo, induz litispendência e faz litigiosa a coisa; e, ainda quando ordenada por juiz incompetente, constitui em mora o devedor e interrompe a prescrição. § 1º A interrupção da prescrição retroagirá à data da propositura da ação. § 2º Incumbe à parte promover a citação do réu nos 10 (dez) dias subsequentes ao despacho que a ordenar, não ficando prejudicada pela demora imputável exclusivamente ao serviço judiciário. § 3º Não sendo citado o réu, o juiz prorrogará o prazo até o máximo de 90 (noventa) dias. § 4º Não se efetuando a citação nos prazos mencionados nos parágrafos antecedentes, haver-se-á por não interrompida a prescrição. § 5º O juiz pronunciará, de ofício, a prescrição. § 6º Passada em julgado a sentença, a que se refere o parágrafo anterior, o escrivão comunicará ao réu o resultado do julgamento." "Art. 220. O disposto no artigo anterior aplica-se a todos os prazos extintivos previstos na lei."*

## ⚖ LEGISLAÇÃO CORRELATA

**2. CC, art. 202, I.** *"Art. 202. A interrupção da prescrição, que somente poderá ocorrer uma vez, dar-se-á: I – por despacho do juiz, mesmo incompetente, que ordenar a citação, se o interessado a promover no prazo e na forma da lei processual."*

**3. CC, art. 389.** *"Art. 389. Não cumprida a obrigação, responde o devedor por perdas e danos, mais juros, atualização monetária e honorários de advogado. Parágrafo único. Na hipótese de o índice de atualização monetária não ter sido convencionado ou não estar previsto em lei específica, será aplicada a variação do Índice Nacional de Preços ao Consumidor Amplo (IPCA), apurado e divulgado pela Fundação Instituto Brasileiro de Geografia e Estatística (IBGE), ou do índice que vier a substituí-lo."*

**4. CC, art. 397.** *"Art. 397. O inadimplemento da obrigação, positiva e líquida, no seu termo, constitui de pleno direito em mora o devedor. Parágrafo único. Não havendo termo, a mora se constitui mediante interpelação judicial ou extrajudicial."*

**5. CC, art. 398.** *"Art. 398. Nas obrigações provenientes de ato ilícito, considera-se o devedor em mora, desde que o praticou."*

**6. CC, art. 406.** *"Art. 406. Quando não forem convencionados, ou quando o forem sem taxa estipulada, ou quando provierem de determinação da lei, os juros serão fixados de acordo com a taxa legal. § 1º A taxa legal corresponderá à taxa referencial do Sistema Especial de Liquidação e de Custódia (Selic), deduzido o índice de atualização monetária de que trata o parágrafo único do art. 389 deste Código. § 2º A metodologia de cálculo da taxa legal e sua forma de aplicação serão definidas pelo Conselho Monetário Nacional e divulgadas pelo Banco Central do Brasil. § 3º Caso a taxa legal apresente resultado negativo, este será considerado igual a 0 (zero) para efeito de cálculo dos juros no período de referência."*

**7. CTN, art. 167, parágrafo único.** *"Art. 167. A restituição total ou parcial do tributo dá lugar à restituição, na mesma proporção, dos juros de mora e das penalidades pecuniárias, salvo as referentes a infrações de caráter formal não prejudicadas pela causa da restituição. Parágrafo único. A restituição vence juros não capitalizáveis, a partir do trânsito em julgado da decisão definitiva que a determinar."*

**8. Lei 6.830/1980, art. 8º, § 2º.** *"Art. 8º O executado será citado para, no prazo de 5 (cinco) dias, pagar a dívida com os juros e multa de mora e encargos indicados na Certidão de Dívida Ativa, ou garantir a execução, observadas as seguintes normas: (...) § 2º O despacho do Juiz, que ordenar a citação, interrompe a prescrição."*

## ⚖ JURISPRUDÊNCIA, ENUNCIADOS E SÚMULAS SELECIONADOS

- **9. Súmula STF, 383.** *"A prescrição em favor da Fazenda Pública recomeça a correr, por dois anos e meio, a partir do ato interruptivo, mas não fica reduzida aquém de cinco anos, embora o titular do direito a interrompa durante a primeira metade do prazo."*
- **10. Tema/Repetitivo 23 do STJ.** *"Importa em interrupção da prescrição a confissão realizada por meio de certidão individual*

*emitida pelo Tribunal de Justiça (...), acerca da existência de dívida de valor consolidado em favor de servidor público integrante de seu respectivo Quadro."*

- **11. Tema/Repetitivo 82 do STJ.** *"A citação válida, ainda que por edital, tem o condão de interromper o fluxo do prazo prescricional."*
- **12. Tema/Repetitivo 179 do STJ.** *"A perda da pretensão executiva tributária pelo decurso de tempo é consequência da inércia do credor, que não se verifica quando a demora na citação do executado decorre unicamente do aparelho judiciário".*
- **13. Tema/Repetitivo 383 STJ.** *"O prazo prescricional quinquenal para o Fisco exercer a pretensão de cobrança judicial do crédito tributário conta-se da data estipulada como vencimento para o pagamento da obrigação tributária declarada (mediante DCTF, GIA, entre outros), nos casos de tributos sujeitos a lançamento por homologação, em que, não obstante cumprido o dever instrumental de declaração da exação devida, não restou adimplida a obrigação principal (pagamento antecipado), nem sobreveio quaisquer das causas suspensivas da exigibilidade do crédito ou interruptivas do prazo prescricional."*
- **14. Tema/Repetitivo 568 do STJ.** *"A efetiva constrição patrimonial e a efetiva citação (ainda que por edital) são aptas a interromper o curso da prescrição intercorrente, não bastando para tal o mero peticionamento em juízo, requerendo, v.g., a feitura da penhora sobre ativos financeiros ou sobre outros bens".*
- **15. Tema/Repetitivo 611 do STJ.** *"O art. 1º-F da Lei 9.494/97, com a redação da Lei 11.960/09, não modificou o termo a quo de incidência dos juros moratórios sobre as obrigações ilíquidas devidas pela Administração ao servidor público, aplicando-se, consequentemente, as regras constantes dos arts. 219 do CPC e 405 do Código Civil, os quais estabelecem a citação como marco inicial da referida verba".*
- **16. Tema/Repetitivo 626 do STJ.** *"A citação válida informa o litígio, constitui em mora a autarquia previdenciária federal e deve ser considerada como termo inicial para a implantação da aposentadoria por invalidez concedida na via judicial quando ausente a prévia postulação administrativa."*
- **17. Tema/Repetitivo 685 do STJ.** *"Os juros de mora incidem a partir da citação do devedor no processo de conhecimento da Ação Civil Pública quando esta se fundar em responsabilidade*

*contratual, cujo inadimplemento já produza a mora, salvo a configuração da mora em momento anterior."*

- **18. Tema/Repetitivo 869 do STJ.** *"Nos termos do artigo 219, caput e § 1º, do CPC e de acordo com a jurisprudência consolidada desta Corte, exceto nas hipóteses dos incisos II e III do artigo 267 do CPC, a citação válida em processo extinto sem julgamento do mérito importa na interrupção do prazo prescricional, que volta a correr com o trânsito em julgado da sentença de extinção do processo."*
- **19. Tema/Repetitivo 870 do STJ.** *"A citação válida em processo extinto sem julgamento do mérito importa na interrupção do prazo prescricional, que volta a correr com o trânsito em julgado da sentença de extinção do processo."*
- **20. Tema/Repetitivo 942 do STJ.** *"Em qualquer ação utilizada pelo portador para cobrança de cheque, a correção monetária incide a partir da data de emissão estampada na cártula, e os juros de mora a contar da primeira apresentação à instituição financeira sacada ou câmara de compensação."*
- **21. Tema/Repetitivo 1133 do STJ.** *"O termo inicial dos juros de mora, em ação de cobrança de valores pretéritos ao ajuizamento de anterior mandado de segurança que reconheceu o direito, é a data da notificação da autoridade coatora no mandado de segurança, quando o devedor é constituído em mora (art. 405 do Código Civil e art. 240 do CPC)".*
- **22. Súmula 54 do STJ.** *"Os juros moratórios fluem a partir do evento danoso, em caso de responsabilidade extracontratual."*
- **23. Súmula 106 do STJ.** *"Proposta a ação no prazo fixado para o seu exercício, a demora na citação, por motivos inerentes ao mecanismo da Justiça, não justifica o acolhimento da arguição de prescrição ou decadência."*
- **24. Súmula 188 do STJ.** *"Os juros moratórios, na repetição do indébito tributário, são devidos a partir do trânsito em julgado da sentença."*
- **25. Súmula 204 do STJ.** *"Os juros de mora nas ações relativas a benefícios previdenciários incidem a partir da citação válida".*
- **26. Súmula 295 do STJ.** *"A Taxa Referencial (TR) é indexador válido para contratos posteriores à Lei n. 8.177/1991, desde que pactuada."*
- **27. Súmula 530 do STJ.** *"Nos contratos bancários, na impossibilidade de comprovar a taxa de juros efetivamente contratada – por ausência de pactuação ou pela falta de juntada do instrumento aos autos –, aplica-se a taxa média de mercado, divulgada pelo Bacen, praticada*

**LIVRO IV · DOS ATOS PROCESSUAIS** · **Art. 240**

*nas operações da mesma espécie, salvo se a taxa cobrada for mais vantajosa para o devedor."*

- **28. Súmula 576 do STJ.** *"Ausente requerimento administrativo no INSS, o termo inicial para a implantação da aposentadoria por invalidez concedida judicialmente será a data da citação válida."*

- **29. Súmula TST, 268.** *"A ação trabalhista, ainda que arquivada, interrompe a prescrição somente em relação aos pedidos idênticos."*

- **30. Súmula TST, 439.** *"Nas condenações por dano moral, a atualização monetária é devida a partir da data da decisão de arbitramento ou de alteração do valor. Os juros incidem desde o ajuizamento da ação, nos termos do art. 883 da CLT."*

- **31. Enunciado 10 do FPPC.** *"Em caso de desmembramento do litisconsórcio multitudinário, a interrupção da prescrição retroagirá à data de propositura da demanda original".*

- **32. Enunciado 117 do FPPC.** *"Em caso de desmembramento do litisconsórcio multitudinário ativo, os efeitos mencionados no art. 240 são considerados produzidos desde o protocolo originário da petição inicial."*

- **33. Enunciado 136 do FPPC.** *"A citação válida no processo judicial interrompe a prescrição, ainda que o processo seja extinto em decorrência do acolhimento de alegação de convenção de arbitragem".*

## 🗐 COMENTÁRIOS TEMÁTICOS

**34. Conteúdo do dispositivo.** O dispositivo trata da eficácia da citação válida. A citação inválida não produz esse plexo eficacial. A citação válida não produz o efeito de tornar o juízo prevento (art. 240). A prevenção é efeito do registro ou da distribuição (art. 59). Embora o simples protocolo já faça surgir o processo, a prevenção só se produz com o registro ou a distribuição. A interrupção da prescrição não é efeito da citação válida, mas do despacho que a ordena. Para que a citação válida produza os efeitos mencionados no art. 240, é irrelevante o juízo ter competência. Ainda que o juízo seja incompetente, os efeitos da citação válida serão produzidos; basta apenas haver validade da citação.

**35. A** *translatio iudicii* **e os efeitos da citação válida.** Reconhecida *qualquer* incompetência, os autos devem ser remetidos ao juízo competente, com o aproveitamento de *todos* os atos processuais, aí incluídos os decisórios, salvo se houver decisão em sentido contrário (art. 64, § 4º). Está previsto o aproveitamento dos atos

processuais, encampando-se a ideia da *translatio iudicii*. Não somente devem ser aproveitados os atos praticados no processo pelo juízo incompetente, como também devem ser preservados os efeitos materiais e processuais da demanda. A *translatio iudicii*, que decorre dos princípios da efetividade, da duração razoável do processo, da eficiência e do aproveitamento dos atos processuais, contém o fundamento para que se preservem os efeitos materiais e processuais da demanda, servindo como elemento de estabilização e de aproveitamento dos atos praticados no processo. Então, cumpre, por coerência e unidade, aproveitar todos os efeitos substanciais e processuais da demanda, ainda que proposta perante juízo absolutamente incompetente. Assim, a citação válida, mesmo quando ordenada por juízo absolutamente incompetente, deve produzir todos os seus efeitos, a serem aproveitados e observados pelo juízo competente, para o qual vierem a ser encaminhados, oportunamente, os autos. Os efeitos substanciais e processuais da demanda devem ser preservados em razão da *translatio iudicii*. Por esse motivo, o art. 240 determina que a citação válida, ainda que ordenada por juízo incompetente, produz seus efeitos normalmente. Os efeitos da citação válida são *todos* produzidos, ainda que determinada por juízo absolutamente incompetente.

**36. Efeitos para o autor.** Os efeitos do art. 240 são produzidos para o réu. Tais efeitos, no tocante ao autor, são produzidos já com a propositura da demanda. Em razão da *translatio iudicii*, a simples propositura da demanda faz tais efeitos serem produzidos para o autor, ainda que o juízo seja incompetente. Assim, a propositura da demanda já induz litispendência e torna litigiosa a coisa para o autor, independentemente de haver ou não competência do juízo.

**37. Os efeitos previstos no art. 240.** A citação válida, ainda quando ordenada por juiz incompetente, induz litispendência, torna litigiosa a coisa e constitui em mora o devedor. Para que tais efeitos sejam produzidos, é preciso que a citação *exista* e seja *válida*. Não havendo citação, não se produzem tais efeitos. De igual modo, ainda que tenha havido citação, não serão produzidos ditos efeitos, se não for válida.

**38. Litispendência.** O termo *litispendência* ostenta dois significados diferentes: (a) lide pendente ou demanda em curso; (b) a reproposição de demanda idêntica, acarretando sua invalidade, em razão da presença de um pressuposto processual negativo (art. 337, VI, §§ 1º a 3º). No primeiro sentido, a litispendência (pendência da lide) constitui o primeiro efeito da demanda.

453

O segundo sentido atribuído ao termo é uma *consequência* da litispendência, sendo denominada pelo art. 337 também de litispendência. A litispendência impede a propositura e o prosseguimento de outra demanda idêntica. Havendo duas causas idênticas em curso, configura-se a litispendência nessa segunda acepção do termo. Para eliminar essa inconveniente duplicidade, é necessário fazer cessar um dos dois processos, extinguindo-o sem resolução do mérito. Com a propositura da demanda, surge a *litispendência*. Ao ser protocolada a petição inicial, o processo já existe para o autor, somente sendo produzidos, para o réu, os efeitos mencionados no art. 240 depois que for validamente citado (art. 312). A litispendência é efeito da propositura da demanda apenas em relação ao autor. Quanto ao réu, somente haverá litispendência com a citação válida.

**39. Litigiosidade.** A citação válida faz litigiosa a coisa, incidindo o disposto no art. 109. A coisa se torna litigiosa para o réu, com a citação válida. Para o autor, ela já é litigiosa com a simples propositura da demanda (art. 312). A sucessão *inter vivos* opera-se, quando se efetiva a alienação de coisa ou direito litigioso (art. 109). A coisa ou o direito torna-se litigioso para o autor com a simples propositura da demanda (art. 312). Para o réu, a partir da citação válida (art. 240). Se alienada a coisa ou o direito sobre o qual recai o litígio *antes* de realizada a citação válida, o réu *deixa* de ter legitimidade passiva *ad causam*, não devendo mais responder pela coisa ou pelo direito que está sendo disputado em juízo; deverá, nesse caso, ser extinto o processo sem resolução do mérito, cabendo ao autor intentar a ação, desta feita contra o atual titular do bem ou direito. Se a venda se efetivar *após* a citação válida, caracteriza-se, então, alienação de coisa litigiosa, não se alterando a legitimidade das partes (art. 109, *caput*). O réu, que é o alienante, continua com legitimidade para a causa, mantendo-se, igualmente, a legitimidade do autor. As partes mantêm-se legítimas. O alienante ou cedente continua a ser parte legítima para a causa, se bem que já não integre mais a relação jurídica de direito material deduzida no feito. A partir de então, passa o alienante ou cedente a atuar como substituto processual do adquirente ou cessionário, postulando, em nome próprio, direito alheio (art. 18). O direito defendido pelo alienante ou cedente passou a ser do adquirente ou cessionário. Bem por isso, *"estendem-se os efeitos da sentença proferida entre as partes originárias ao adquirente ou cessionário"* (art. 109, § 3º). Não sendo alterada a legitimidade das partes,

ficando o adquirente ou cessionário atingido pelos efeitos da coisa julgada, a alienação da coisa ou direito litigioso é existente e válida, sendo, apenas, ineficaz no plano processual.

**40. Momento em que o bem ou o direito torna-se litigioso.** *"Segundo a doutrina especializada, o bem ou direito se torna litigioso com a litispendência, ou seja, com a lide pendente. 6. A lide é considerada pendente, para o autor, com a propositura da ação e, para o réu, com a citação válida. 7. Para o adquirente, o momento em que o bem ou direito é considerado litigioso varia de acordo com a posição ocupada pela parte na relação jurídica processual que sucederia. 8. Não há falar em extensão dos efeitos da coisa julgada ao adquirente se o bem é adquirido por terceiro de boa-fé antes de configurada a litigiosidade"* (STJ, 3ª Turma, AgInt no AREsp 1.293.353/DF, rel. Min. Ricardo Villas Bôas Cueva, *DJe* 06.12.2018).

**41. Constituição do devedor em mora.** A citação válida somente constitui o devedor em mora, quando a dívida não tem prazo certo, não tendo, ademais, havido interpelação do devedor. O art. 405 do Código Civil estabelece que *"contam-se os juros de mora desde a citação inicial"*. Se a dívida for líquida e tiver prazo certo, vencida a obrigação, o devedor já estará em mora, independentemente de interpelação e antes mesmo da citação válida na demanda que for proposta para cobrar a dívida (CC, art. 397). A citação válida não constitui em mora o devedor, quando a dívida tiver prazo certo. Nesse caso, a mora já existe, desde o vencimento da dívida, antes mesmo da propositura da demanda e da efetivação da citação válida. Tratando-se de dívida sem prazo certo, poderá ter havido interpelação judicial ou extrajudicial. Nessa situação, o devedor é constituído em mora a partir da interpelação (CC, art. 397, parágrafo único). Em tal hipótese, a citação válida não irá produzir o efeito de constituir em mora do devedor, pois ele já estará em mora, desde a anterior interpelação. Logo, a citação válida somente constitui o devedor em mora, se a dívida não tiver prazo certo e caso não tenha havido prévia interpelação judicial ou extrajudicial. Quando a obrigação decorre de ato ilícito, considera-se o devedor em mora desde a prática do evento, e não a partir da citação válida. Então, a citação válida não constitui em mora o devedor, quando a obrigação decorre de ato ilícito, pois, nesse caso, a mora decorre do próprio evento ilícito, que é anterior à citação (CC, art. 398). O art. 398 do CC, ao se referir a ato ilícito, engloba apenas os ilícitos extracontratuais, não apanhando os contratuais. Quanto a estes, estão disciplinados no art. 397 do CC.

# LIVRO IV • DOS ATOS PROCESSUAIS    Art. 240

Assim, se o ilícito for contratual, a constituição em mora flui desde a citação válida; se extracontratual, a partir do evento danoso. Portanto, a citação válida somente produz o efeito de constituir o devedor em mora, se a obrigação for contratual, não sujeita a prazo certo e desde que não tenha havido anterior interpelação do devedor. Tratando-se de obrigação tributária, incide o parágrafo único do art. 167 do CTN.

**42. Mora em caso de termo certo para pagamento de obrigação líquida.** *"Havendo termo certo para o pagamento de obrigação líquida, trata-se de mora ex re e incide o art. 397, caput, do Código Civil, segundo o qual o inadimplemento da obrigação, positiva e líquida, no seu termo, constitui de pleno direito em mora o devedor"* (STJ, 4ª Turma, AgRg no REsp 1.333.791/MS, rel. Min. Luis Felipe Salomão, *DJe* 30.03.2015). No mesmo sentido: STJ, 4ª Turma, AgInt no REsp 1.744.329/PR, rel. Min. Antonio Carlos Ferreira, *DJe* 1º.04.2020).

**43. Diferentes momentos de constituição do devedor em mora.** *"Não é o meio judicial de cobrança da dívida que define o termo inicial dos juros moratórios nas relações contratuais, mas sim a natureza da obrigação ou a determinação legal de que haja interpelação judicial ou extrajudicial para a formal constituição do devedor em mora. 2. Interpretando-se os arts. 960, 961 e 962 do CC de 1916 (correspondentes aos arts. 390, 397 e 398 do CC/2002), infere-se que a mora do devedor pode-se configurar de distintas formas, de acordo com a natureza da relação jurídico-material estabelecida entre as partes ou conforme exigência legal. Assim, em caso de: (I) responsabilidade contratual, relativa à obrigação positiva e líquida e com termo certo, da qual resulta a mora ex re, os juros moratórios incidem a partir do vencimento; (II) responsabilidade contratual que não possui termo previamente determinado ou que a lei exige interpelação, na qual o inadimplemento leva à mora ex persona, o termo inicial dos juros de mora será, normalmente, a data da notificação ou protesto, quando for exigida interpelação extrajudicial, e a data da citação, quando exigir-se a interpelação judicial; (III) obrigação de não fazer, negativa, o devedor é havido por inadimplente desde o dia em que pratica o ato que lhe era vedado, ficando, assim, constituído em mora nesta data; (IV) responsabilidade extracontratual, os juros de mora fluem a partir do evento danoso (Súmula 54/STJ). 3. Nos termos da jurisprudência desta Corte Especial, ainda que o débito seja cobrado por meio de ação monitória, se a obrigação for positiva e líquida e com vencimento certo, devem os juros* de mora fluírem a partir da data do inadimplemento – a do respectivo vencimento –, nos termos em que definido na relação de direito material"* (STJ, Corte Especial, EAREsp 502.132/RS, rel. Min. Raul Araújo, *DJe* 03.08.2021).

**44. Outro efeito da citação válida.** Além dos efeitos previstos no art. 240 e do de *completar* a constituição da chamada relação jurídica processual, que passa a envolver, além do autor e do juiz, também o réu, a citação válida produz *outro* efeito, qual seja, o de tornar, sem o consentimento do réu, inadmissível a ampliação e a alteração daquele e da causa de pedir (art. 329, I). Esse efeito, que pode ser chamado de efeito da *estabilização da demanda*, é produzido no processo de conhecimento, seja comum o procedimento, seja especial. Para aditar ou alterar o pedido ou a causa de pedir, o autor poderá fazê-lo unilateralmente até a citação do réu. A partir da citação, o aditamento ou a alteração do pedido ou da *causa petendi* depende de concordância do réu (art. 329, I). Se o réu for revel, o autor somente poderá mudar ou ampliar o pedido ou a causa de pedir, se for viabilizado o contraditório, a fim de que o réu possa defender-se do novo pedido apresentado ou manifestar-se sobre a nova causa de pedir invocada. Feita a citação, somente se permite o aditamento ou a modificação do pedido ou da causa de pedir, se houver concordância do réu (art. 329, I). Após o saneamento do processo, nem com a concordância do réu poderá haver a alteração do pedido ou da causa de pedir, ante a estabilização definitiva da demanda (art. 329, II). Então, é com o saneamento que surge a estabilização definitiva da demanda no tocante ao pedido e à causa de pedir.

**45. Termo inicial dos juros em caso de pluralidade de réus.** *"Nos termos do art. 240, caput, do CPC/2015, a citação válida, constitui em mora o devedor, ressalvadas as hipóteses previstas nos arts. 397 e 398 do CC/2002. A corroborar com o previsto na legislação processual, dispõe o art. 405 do CC/2002 que 'contam-se os juros de mora desde a citação inicial'. 6. Na espécie, o termo inicial para a fluência dos juros de mora se deu, com relação à recorrida, na data em que a mesma foi propriamente citada (13.09.2004), pois foi neste momento em que a mesma foi constituída em mora. 7. Os efeitos da citação não podem ser confundidos com o início do prazo para a defesa dos litisconsortes. Não se aplica, para a constituição em mora, regra processual disciplinadora do termo inicial do prazo para contestar (CPC/2015, art. 231, § 1º), em detrimento da regra geral de direito material pertinente (Código Civil, art.*

455

280). **8. Especificamente na hipótese dos autos, há ainda o relevante fato de os demais corréus terem tido sua ilegitimidade passiva reconhecida por sentença**, o que reforça a ideia de impossibilidade da contagem dos juros de mora dar-se somente a partir da data da citação do último daqueles que, naquela fase, ainda era considerado réu no processo, mas que, posteriormente, deixou de sê-lo" (STJ, 3ª Turma, REsp 1.868.855/RS, rel. Min. Nancy Andrighi, *DJe* 28.09.2020).

**46. Interrupção da prescrição: um efeito do despacho inicial.** A interrupção da prescrição *não* é efeito da citação válida, mas do *despacho* do juiz que determinar a citação do réu (CC, art. 202, I; CPC, art. 240, § 1º; CTN, art. 174, parágrafo único, I, Lei 6.830/1980, art. 8º, § 2º). Não serve como ato interruptivo da prescrição qualquer outro despacho inicial que, por exemplo, determine a emenda da petição inicial (art. 321), a correção de irregularidade de representação (art. 76) ou a intimação do autor para promover a citação dos litisconsortes necessários (art. 115, parágrafo único); apenas serve aquele que determine, ainda que o juiz não seja competente, a citação do réu. Caso o juiz resolva indeferir a petição inicial sem antes determinar a citação do réu (art. 330), *não* terá havido interrupção da prescrição. A interrupção da prescrição decorre do *despacho* que ordena a citação, retroagindo à data da propositura da demanda (art. 240, § 1º), desde que o autor adote as providências necessárias para viabilizar a citação no prazo de dez dias (art. 240, § 2º). Se o autor não indicar o endereço do réu, não requerer a citação de um litisconsorte necessário, não apresentar cópia da petição inicial para instruir a carta ou o mandado de citação, enfim, se o autor não adotar as providências necessárias para viabilizar a citação no prazo de dez dias, a interrupção da prescrição – já operada pelo despacho que ordenou a citação – não retroage para a data da propositura da demanda. O autor não pode, contudo, ser prejudicado *"pela demora imputável exclusivamente ao serviço judiciário"* (art. 240, § 3º). A prescrição é interrompida pelo despacho que ordenar a citação, mas tal interrupção *retroage* à data da propositura da demanda (art. 312), desde que o autor adote as providências necessárias para a citação no prazo de dez dias (art. 240, §§ 1º e 2º). Ordenada a citação, interrompe-se o prazo prescricional, mesmo que o processo venha a ser anulado ou extinto sem resolução do mérito. A prescrição considera-se interrompida com o despacho que ordenar a citação, ainda que o juiz seja absolutamente incompetente.

**47. Ação direcionada à parte ilegítima e interrupção da prescrição.** *"(...) se a ação é endereçada à parte ilegítima, claramente não foi observada a forma da lei processual e, por conseguinte, não há falar em interrupção do prazo prescricional)"* (STJ, 3ª Turma, AgInt no REsp 1.878.914/MG, rel. Min. Nancy Andrighi, *DJe* 21.10.2020).

**48. Interrupção da prescrição por decisão que determina o desmembramento de litisconsórcio multitudinário.** *"... a data que deve prevalecer para fins do marco inicial da interrupção da prescrição é a da propositura da ação originária, como forma de não lesar os litisconsortes que litigavam conjuntamente e que foram elididos da relação processual primeva. Nesse sentido, vale registrar, também são as conclusões do Fórum Permanente de Processualistas Civis (enunciados ns. 10 e 117), segundo o qual, havendo o desmembramento de litisconsórcio multitudinário ativo, os efeitos da interrupção da prescrição devem ser considerados produzidos desde o protocolo da petição inicial da demanda original"* (STJ, 3ª Turma, REsp 1.868.419/MG, rel. Min. Nancy Andrighi, *DJe* 28.9.2020).

**49. Interrupção da prescrição de pretensões individuais por despacho citatório em ação coletiva.** *"Consoante a jurisprudência firmada pelo STJ, a citação válida em ação coletiva, mesmo que versando sobre direitos difusos, configura causa interruptiva do prazo de prescrição para o ajuizamento da ação individual"* (STJ, 3ª Turma, AgInt no AREsp 1.841.678/RS, rel. Min. Nancy Andrighi, *DJe* 22.9.2021).

**50. Emenda da petição inicial e interrupção da prescrição.** *"Nos termos da jurisprudência desta Corte, se a petição inicial não preenche os requisitos do art. 282 do CPC/1973 (correspondente ao 319 do CPC/2015), deve-se considerar a data da emenda à petição inicial para os efeitos de retroação da citação, pois este é o momento em que a ação passou a reunir condições de procedibilidade"* (STJ, 3ª Turma, AgInt nos EDcl no AgInt no AREsp 1.137.266/SP, rel. Min. Marco Aurélio Bellizze, *DJe* 22.10.2019).

**51. Termo inicial dos juros de mora na cobrança de cheque não apresentado.** *"Em consonância ao entendimento firmado no Recurso Repetitivo 1.556.834/SP, no novo pronunciamento da Corte Especial no que concerne à mora do devedor e seus consectários (EAREsp 502.132/RS), com base no regramento especial da Lei 7.357/1985, a melhor interpretação a ser dada quando o cheque não for apresentado à instituição financeira sacada para a respectiva compensação, é aquela que reconhece o termo*

# LIVRO IV • DOS ATOS PROCESSUAIS

## Art. 242

*inicial dos juros de mora a partir do primeiro ato do credor no sentido de satisfazer o seu crédito, o que pode se dar pela apresentação, protesto, notificação extrajudicial, ou, como no caso concreto, pela citação (art. 219 do CPC/1973 correspondente ao art. 240 do CPC/2015)"* (STJ, 4ª Turma, REsp 1.768.022/MG, rel. Min. Marco Buzzi, *DJe* 25.8.2021).

---

**Art. 241.** Transitada em julgado a sentença de mérito proferida em favor do réu antes da citação, incumbe ao escrivão ou ao chefe de secretaria comunicar-lhe o resultado do julgamento.

---

▶ **1. Correspondência no CPC/1973.** *"Art. 219. (...) § 6º Passada em julgado a sentença, a que se refere o parágrafo anterior, o escrivão comunicará ao réu o resultado do julgamento."*

## 🖹 COMENTÁRIOS TEMÁTICOS

**2. Hipóteses de improcedência liminar do pedido.** A improcedência liminar do pedido ocorre nas hipóteses previstas no art. 332, desde que a causa dispense a fase instrutória.

**3. Casos de intervenção obrigatória do Ministério Público.** Nas hipóteses em que é possível a improcedência liminar do pedido, *"(...) mesmo em se tratando de causa em que a legislação reclame a intervenção fiscalizatória do Ministério Público, é dado ao juiz proferir decisão de plano, independentemente da prévia ouvida da instituição ministerial, à qual, no entanto, será sempre assegurada a oportuna intimação pessoal, possibilitando-lhe o manejo de eventual de recurso"* (STJ, 1ª Turma, REsp 1.761.211/SP, rel. Min. Sérgio Kukina, *DJe* 12.11.2019).

**4. Pronunciamento que julga liminarmente improcedente o pedido.** A improcedência liminar do pedido dá-se por sentença. Quando pronunciada em causa originária do tribunal, dá-se por decisão isolada do relator. São decisões de mérito, aptas a produzirem coisa julgada material. É possível que a improcedência liminar seja de parte do pedido. Nesse caso, há improcedência liminar *parcial* do pedido, consistindo numa decisão parcial de mérito, qualificada, nos termos do art. 203, § 2º, como uma decisão interlocutória.

**5. Recurso contra o pronunciamento que julga liminarmente improcedente o pedido.** Se a improcedência liminar do pedido for dada por sentença, caberá apelação prevista no próprio art. 332. Tratando-se de improcedência liminar *parcial* do pedido, o recurso cabível é o agravo de instrumento (art. 1.015, II). A improcedên-

cia liminar do pedido dada por decisão isolada do relator desafia agravo interno (art. 1.021).

**6. Apelação contra a sentença que julga liminarmente improcedente o pedido.** A apelação, nesse caso, está regida pelo próprio art. 332, podendo o juiz retratar-se. Havendo retratação, o juiz desfaz sua sentença e ordena o prosseguimento regular do processo, com a citação do réu. Caso não se retrate, o réu deverá ser citado para apresentar suas contrarrazões e acompanhar a causa no tribunal, ao qual compete julgar o mérito, com transferência da competência que era do juízo de primeiro grau.

**7. Honorários de sucumbência.** *"(...) 3. Indeferida a petição inicial sem a citação ou o comparecimento espontâneo do réu, não cabe a condenação do autor ao pagamento de honorários advocatícios sucumbenciais. 4. Interposta apelação contra sentença que indefere a petição inicial e não havendo retratação do ato decisório pelo magistrado, o réu deve ser citado para responder ao recurso. 5. Citado o réu para responder a apelação e apresentadas as contrarrazões, cabe a fixação de honorários advocatícios sucumbenciais se o referido recurso não for provido. (...)"* (STJ, 3ª Turma, REsp 1.801.586/DF, rel. Min. Ricardo Villas Bôas Cueva, *DJe* 18.6.2019).

**8. Âmbito de incidência.** O art. 241 somente se aplica se da sentença que julgou liminarmente improcedente o pedido do autor não tiver sido interposta apelação. É que, interposta apelação, o réu terá ciência da demanda contra si proposta, ou porque o juiz retratou-se e mandou citá-lo para vir a juízo e acompanhar a causa, ou porque não se retratou e ordenou sua citação para apresentar resposta ao recurso. A necessidade de comunicar o autor do trânsito em julgado da sentença que julgou liminarmente improcedente o seu pedido ocorre nos casos em que não houve apelação. Por isso, transitada em julgado a sentença sem que haja apelação do autor, o réu haverá de ser cientificado de sua vitória. Essa comunicação é indispensável para que o réu tenha *ciência* de sua vitória, podendo alegar coisa julgada, numa eventual hipótese de repropositura da demanda. O disposto no art. 241 é reafirmado no § 2º do art. 332, que assim dispõe: *"Não interposta a apelação, o réu será intimado do trânsito em julgado da sentença, nos termos do art. 241".*

---

**Art. 242.** A citação será pessoal, podendo, no entanto, ser feita na pessoa do representante legal ou do procurador do réu, do executado ou do interessado.

# Art. 242 · CÓDIGO DE PROCESSO CIVIL COMENTADO – *Leonardo Carneiro da Cunha*

§ 1º Na ausência do citando, a citação será feita na pessoa de seu mandatário, administrador, preposto ou gerente, quando a ação se originar de atos por eles praticados.

§ 2º O locador que se ausentar do Brasil sem cientificar o locatário de que deixou, na localidade onde estiver situado o imóvel, procurador com poderes para receber citação será citado na pessoa do administrador do imóvel encarregado do recebimento dos aluguéis, que será considerado habilitado para representar o locador em juízo.

§ 3º A citação da União, dos Estados, do Distrito Federal, dos Municípios e de suas respectivas autarquias e fundações de direito público será realizada perante o órgão de Advocacia Pública responsável por sua representação judicial.

▶ **1. Correspondência no CPC/1973.** *"Art. 215. Far-se-á a citação pessoalmente ao réu, ao seu representante legal ou ao procurador legalmente autorizado. § 1º Estando o réu ausente, a citação far-se-á na pessoa de seu mandatário, administrador, feitor ou gerente, quando a ação se originar de atos por eles praticados. § 2º O locador que se ausentar do Brasil sem cientificar o locatário de que deixou na localidade, onde estiver situado o imóvel, procurador com poderes para receber citação, será citado na pessoa do administrador do imóvel encarregado do recebimento dos aluguéis."*

## ⚖ Jurisprudência, Enunciados e Súmulas Selecionados

- **2. ADI 5.492.** *"Declarada a constitucionalidade da expressão 'dos Estados, do Distrito Federal e dos Municípios' constante do art. 242, § 3º, da Lei nº 13.105, de 16 de março de 2015 (Código de Processo Civil)."*

- **3. Súmula STF, 263.** *"O possuidor deve ser citado pessoalmente para a ação de usucapião."*

- **4. Súmula STJ, 429.** *"A citação postal, quando autorizada por lei, exige o aviso de recebimento".*

## 🖥 Comentários Temáticos

**5. Pessoalidade da citação.** A citação deve ser feita *pessoalmente* ao réu (art. 242). Daí ser ônus do autor desincumbir-se de saber quem efetivamente deve ser citado. O absolutamente incapaz há de ser citado na pessoa de seu representante, enquanto o relativamente incapaz deve ser citado juntamente com seu representante. Quando a demanda proposta tiver por objeto ato praticado pelo mandatário, administrador, preposto ou gerente do réu, este pode ser citado

na pessoa deles. A pessoalidade estará atendida nessas hipóteses. Se a demanda judicial não se originou de ato praticado por mandatário do réu, a citação só poderá ser feita na pessoa dele se houver, na procuração, poderes para receber citação. A pessoalidade é uma característica da citação, devendo o réu, o executado ou o interessado ser citado pessoalmente.

**6. Citação e advogado.** A procuração para o foro em geral não confere ao advogado o poder de receber a citação em nome do outorgante (art. 105). Para receber a citação, o advogado precisa de poderes específicos constantes do instrumento procuratório. No entanto, o Código traz exceções, nas quais a parte pode ser citada na pessoa de seu advogado independentemente de poderes específicos na procuração; é o caso do embargado nos embargos de terceiro (art. 677, § 3º) e nos embargos à execução (art. 920, I), bem como do oposto na oposição (art. 683, parágrafo único).

**7. Ausência de poderes específicos para receber citação e apresentação de defesa.** *"A despeito da inexistência de poderes específicos para receber citação na procuração, o comparecimento do advogado da parte em juízo, supre o ato citatório quando vise à prática de defesa"* (STJ, 3ª Turma, EDcl nos EDcl no AgInt no REsp 1.812.535/MS, rel. Min. Nancy Andrighi, DJe 24.09.2020).

**8. Réu ausente.** Estando ausente o réu da comarca ou subseção judiciária, poderá a citação ser realizada na pessoa de seu mandatário, administrador, preposto ou gerente, quando a ação se originar de atos por eles praticados. Essa ausência não se confunde com a ausência prevista nos arts. 22 e seguintes do Código Civil. É apenas uma ausência física, uma ausência temporária. É obrigatório que tais pessoas possuam algum vínculo com a parte demandada ao tempo em que tenham recebido a citação.

**9. Réu locador ausente.** O Código prevê a hipótese do locador que se ausentar do Brasil sem haver comunicado ao locatário ter deixado na localidade, na comarcar em que se situar o imóvel, procurador com poderes para receber citação. Nesse caso, a citação será realizada na pessoa do administrador do imóvel encarregado no recebimento dos aluguéis. Não é necessário que a ação proposta tenha se originado de ato por ele praticado. Nessa hipótese, o administrador será considerado habilitado para representar o locador em juízo (art. 242, § 2º).

**10. Citação da Fazenda Pública.** A citação da União, dos Estados, do Distrito Federal, dos Municípios e de suas autarquias e fundações faz-se perante o órgão da Advocacia Pública responsável por sua representação (art. 242, § 3º).

> **Art. 243.** A citação poderá ser feita em qualquer lugar em que se encontre o réu, o executado ou o interessado.
>
> Parágrafo único. O militar em serviço ativo será citado na unidade em que estiver servindo, se não for conhecida sua residência ou nela não for encontrado.

▶ **1. Correspondência no CPC/1973.** *"Art. 216. A citação efetuar-se-á em qualquer lugar em que se encontre o réu. Parágrafo único. O militar, em serviço ativo, será citado na unidade em que estiver servindo se não for conhecida a sua residência ou nela não for encontrado."*

### 🏛 Legislação Correlata

**2. CPP, art. 358.** *"Art. 358. A citação do militar far-se-á por intermédio do chefe do respectivo serviço."*

### 🗐 Comentários Temáticos

**3. Local da citação.** Não existe restrição ao lugar para realizar o ato citatório. A parte a ser convocada ao processo pode ser citada em qualquer local em que se encontre, a exemplo de logradouros públicos e interior de veículos. Não existe impeditivo de a parte ser citada no local de trabalho, tampouco configura qualquer constrangimento. Os óbices à citação previstos nos arts. 244 e 245 não são relativos ao lugar em que ela se realiza. Há, ali, exceções circunstanciais relacionas ao *tempo* da citação e ao *estado* do citando. Quando, por exemplo, se veda a citação daquele que estiver participando de culto religioso, não importa o local onde se encontre, mas sim o fato de estar em momento de veneração religiosa. Aquele que se encontre em igreja ou templo, porém não esteja em ato de culto religioso, poderá ser citado no ambiente da igreja ou templo; o que importa é o fato da cultuação religiosa, e não o local da prática do ato. Assim, incumbe ao oficial de justiça procurar o citando onde estiver, para realizar a sua citação. Compete-lhe, contudo, respeitar a inviolabilidade do domicílio (CF, art. 5º, XI), não lhe sendo dada a prerrogativa de adentrar o domicílio contra a vontade do morador, salvo quando houver autorização judicial específica e motivada.

**4. Citação onde se encontrar o réu e seu endereço correto.** *"Nos termos do art. 243 do CPC, por ocasião da diligência engendrada pelo Oficial de Justiça, o réu deve ser citado em qualquer local em que for encontrado, mesmo que diverso daquele indicado na exordial. Ou seja, independentemente de o demandado manter com o local em que foi localizado qualquer vínculo de natureza domiciliar, residencial, comercial, de trabalho, etc, a citação deve ali se efetivar. 2.1 Não se pode admitir como válida a suposição - e a lei assim não presume - de que o local em que o réu foi circunstancialmente encontrado (e citado) deva ser considerado, doravante, como o seu endereço oficial/principal, a não ser que ele, de modo expresso nos autos, assim o declare e requeira. 3. A citação consubstancia ato processual por meio do qual o demandado é convocado a integrar a lide, passando a ter inequívoca ciência a respeito de todos os contornos da pretensão expendida em juízo contra si (inclusive, no que diz respeito ao endereço indicado para a sua localização), bem como das advertências inerentes ao ato citatório, sobretudo no que alude às consequências decorrentes da eventual adoção de uma postura inerte. Cabe, pois, ao demandado, devidamente citado para compor a lide, não apenas constituir advogado nos autos, caso pretenda promover a tutela de seus interesses em juízo, como também comunicar ao Juízo o endereço no qual pretende ser intimado para os demais atos processuais, se porventura for diverso daquele indicado na inicial, nos exatos termos em que preceitua o parágrafo único do art. 274 do Código de Processo Civil. Naturalmente, ainda que não haja obrigatoriedade no exercício de tais faculdades processuais, a parte deve suportar os correspondentes ônus de sua inércia. 4. Na particular hipótese dos autos, em que a citação ocorre em local onde o réu é circunstancialmente encontrado - na forma do art. 243 do CPC (e, portanto, diverso do endereço indicado na inicial) -, a intimação dos demais atos processuais somente será realizada nesse local se o demandado assim expressamente declarar e requerer nos autos, em conduta proativa e colaborativa que legitimamente se espera das partes litigantes"* (STJ, 3ª Turma, REsp 2.028.157/MT, rel. Min. Marco Aurélio Bellizze, *DJe* 22.6.2023).

**5. Citação do militar.** Estando o militar em serviço, deverá ser citado preferencialmente em sua residência. Caso nela não seja encontrado ou seja desconhecida, poderá ser citado na unidade em que estiver servindo, já que lá se considera seu domicílio legal e necessário, nos termos do art. 76 do Código Civil. Essa regra não impede, contudo, que, sendo encontrado em outro local, num logradouro público por exemplo, seja citado. A regra possui como intuito facilitar a citação do militar que, em

**Art. 244** CÓDIGO DE PROCESSO CIVIL COMENTADO – *Leonardo Carneiro da Cunha*

virtude da natureza de suas atividades, pode encontrar-se afastado por logo período de tempo de sua residência familiar, por residir no interior de sua própria base de serviço.

> **Art. 244.** Não se fará a citação, salvo para evitar o perecimento do direito:
>
> I – de quem estiver participando de ato de culto religioso;
>
> II – de cônjuge, de companheiro ou de qualquer parente do morto, consanguíneo ou afim, em linha reta ou na linha colateral em segundo grau, no dia do falecimento e nos 7 (sete) dias seguintes;
>
> III – de noivos, nos 3 (três) primeiros dias seguintes ao casamento;
>
> IV – de doente, enquanto grave o seu estado.

▶ **1. Correspondência no CPC/1973.** *"Art. 217. Não se fará, porém, a citação, salvo para evitar o perecimento do direito: I – a quem estiver assistindo a qualquer ato de culto religioso; II – ao cônjuge ou a qualquer parente do morto, consanguíneo ou afim, em linha reta, ou na linha colateral em segundo grau, no dia do falecimento e nos 7 (sete) dias seguintes; III – aos noivos, nos 3 (três) primeiros dias de bodas; IV – aos doentes, enquanto grave o seu estado."*

## ▣ COMENTÁRIOS TEMÁTICOS

**2. Vedação à citação e princípios constitucionais.** A citação não deve ser realizada em determinadas situações de respeito à liberdade religiosa e de dignidade humana. Ao assegurar a incolumidade de tais situações, o legislador está *resguardando* a dignidade humana. A aplicação, no processo, da dignidade humana coincide com a aplicação do devido processo legal. Um processo devido, adequado, eficiente, justo, équo, é um processo que atende à dignidade humana, conferindo tratamento digno às partes e aos demais sujeitos processuais. Fundado na dignidade da pessoa humana (CF, art. 1º, III) e na proteção à liberdade de culto (CF, art. 5º, VI), o art. 244 proíbe a realização de citação em momentos mais existenciais da pessoa. A proteção dada pelo dispositivo é, porém, ressalvada para evitar o perecimento do direito. Havendo risco de perecimento do objeto litigioso ou de caducidade ou prescrição da pretensão, não se aplicam, portanto, as vedações do art. 244. Caso as regras de vedação da citação sejam descumpridas, há quem defenda configurar uma citação inválida, outros afirmam que se trata de um ato ineficaz. Os requisitos para a realização da citação não contemplam essa regra. Sendo a citação feita

nessas hipóteses, haverá ineficácia, não produzindo quaisquer efeitos. De todo modo, a citação não poderá ser feita. Se for feita, haverá de ser repetida, não podendo ser aproveitada.

**3. Citação no culto religioso.** A vedação de citação de quem estiver participando de ato de culto religioso não é uma restrição ao local da citação. O fato juridicamente relevante não é se o citando se encontra num templo religioso, mas se está no momento de veneração religiosa. É uma vedação de *tempo* de citação, e não de *local*. Por exemplo, o réu pode estar participando de uma procissão, locomovendo-se ao longo de logradouros públicos, porém estar também em uma cerimônia religiosa, exercendo sua liberdade de culto, logo será proibida a realização da citação. O réu pode encontrar-se num templo, vendendo artefatos, ou seja, não estar em momento de culto religioso. Nessas circunstâncias, poderá ser realizada a citação, ainda que se encontre num templo.

**4. Citação no período de luto.** É vedada a citação das pessoas com parentesco mais próximo do falecido, no período de luto (também chamado de período de *nojo*). São oito dias de proibição, aí incluídos o dia do falecimento e os sete dias subsequentes. A citação pode ser realizada no dia do óbito, desde que antes dele. É um prazo processual, pois surge no processo e apenas em relação a ele guarda relação, contando-se, então, em dias úteis. Não podem ser citados, nesse prazo, o cônjuge supérstite, o companheiro ou qualquer parente do morto, consanguíneo ou afim, em linha reta ou na linha colateral em segundo grau. Logo, está abrangido pela regra o viúvo, independentemente da natureza do vínculo, se casamento ou união estável, sendo irrelevante se já rompido ou não. Também estão abarcados na hipótese os filhos, pais, avós, netos, bisavós e bisnetos, sogros e genros, e assim por diante. Ainda estão protegidos os irmãos e cunhados, restando de fora primos e sobrinhos e afins correspondentes.

**5. Citação no período de gala.** Se o réu for recém-casado, não deve ser citado nos três primeiros dias seguintes ao casamento. Esse é um momento especial e marcante na vida do casal. É um momento a ser respeitado, não podendo haver citação nesse período.

**6. Citação do enfermo.** Estando o réu gravemente enfermo, não deve igualmente ser citado, sendo necessário respeitar esse momento de tratamento e recuperação. O texto normativo concretiza e resguarda a dignidade humana, ao vetar a citação do enfermo, enquanto se mantiver grave o seu estado.

# LIVRO IV · DOS ATOS PROCESSUAIS

## Art. 246

**Art. 245.** Não se fará citação quando se verificar que o citando é mentalmente incapaz ou está impossibilitado de recebê-la.

§ 1º O oficial de justiça descreverá e certificará minuciosamente a ocorrência.

§ 2º Para examinar o citando, o juiz nomeará médico, que apresentará laudo no prazo de 5 (cinco) dias.

§ 3º Dispensa-se a nomeação de que trata o § 2º se pessoa da família apresentar declaração do médico do citando que ateste a incapacidade deste.

§ 4º Reconhecida a impossibilidade, o juiz nomeará curador ao citando, observando, quanto à sua escolha, a preferência estabelecida em lei e restringindo a nomeação à causa.

§ 5º A citação será feita na pessoa do curador, a quem incumbirá a defesa dos interesses do citando.

▶ **1. Correspondência no CPC/1973.** *"Art. 218. Também não se fará citação, quando se verificar que o réu é demente ou está impossibilitado de recebê-la. § 1º O oficial de justiça passará certidão, descrevendo minuciosamente a ocorrência. O juiz nomeará um médico, a fim de examinar o citando. O laudo será apresentado em 5 (cinco) dias. § 2º Reconhecida a impossibilidade, o juiz dará ao citando um curador, observando, quanto à sua escolha, a preferência estabelecida na lei civil. A nomeação é restrita à causa. § 3º A citação será feita na pessoa do curador, a quem incumbirá a defesa do réu."*

### 📋 COMENTÁRIOS TEMÁTICOS

**2. Réu mentalmente incapaz ou impossibilitado.** O réu portador de enfermidade ou que esteja com seu desenvolvimento mental comprometido não pode ser pessoalmente citado, sob pena de grave ofensa ao princípio do contraditório. A hipótese prevista no dispositivo não é de réu interditado. Se estivesse interditado, não haveria necessidade de adotar-se o procedimento previsto no art. 245; o réu simplesmente seria citado na pessoa de seu curador. O dispositivo tem por alvo exatamente os citandos não interditados, sem discernimento ou que tenham enfermidade mental e não compreendam o ato de citação, nem seu conteúdo, sua finalidade etc. A finalidade do dispositivo é nitidamente garantir o contraditório e a ampla defesa, conferindo solução adequada a uma situação em que o réu não tem condições mentais de ser citado.

**3. Procedimento.** Constatada a impossibilidade de realização da citação, o oficial deve certificar o estado de saúde do citando, de forma bem minuciosa. O oficial de justiça, mesmo com suas limitações técnicas no tocante à psiquiatria e à medicina, deve ser o mais detalhista possível para que se possa já observar o estado do citando. Diante da certidão do oficial de justiça, o juiz nomeará médico para examinar o citando e apresentar seu laudo no prazo de cinco dias. O médico não será nomeado quando a família do citando já apresentar declaração médica que ateste seu problema. Reconhecida a impossibilidade de ser feita a citação pessoal, o juiz nomeará curador ao citando, observando, quanto à sua escolha, a preferência estabelecida em lei e restringindo a nomeação à causa. O juiz não estará interditando o réu, mas apenas nomeando um curador para receber a citação e representá-lo naquele processo. A citação será feita na pessoa do curador, a quem caberá a defesa dos interesses do réu. O Ministério Público deve intervir obrigatoriamente nesse processo (art. 178, II).

**Art. 246.** A citação será feita preferencialmente por meio eletrônico, no prazo de até 2 (dois) dias úteis, contado da decisão que a determinar, por meio dos endereços eletrônicos indicados pelo citando no banco de dados do Poder Judiciário, conforme regulamento do Conselho Nacional de Justiça:

I – (revogado);

II – (revogado);

III – (revogado);

IV – (revogado);

V – (revogado).

§ 1º As empresas públicas e privadas são obrigadas a manter cadastro nos sistemas de processo em autos eletrônicos, para efeito de recebimento de citações e intimações, as quais serão efetuadas preferencialmente por esse meio.

§ 1º-A. A ausência de confirmação, em até 3 (três) dias úteis, contados do recebimento da citação eletrônica, implicará a realização da citação:

I – pelo correio;

II – por oficial de justiça;

III – pelo escrivão ou chefe de secretaria, se o citando comparecer em cartório;

IV – por edital.

§ 1º-B. Na primeira oportunidade de falar nos autos, o réu citado nas formas previstas nos incisos, I, II, III e IV do § 1º-A deste artigo deverá apresentar justa causa para a ausência de confirmação do recebimento da citação enviada eletronicamente.

§ 1º-C. Considera-se ato atentatório à dignidade da justiça, passível de multa de até 5% (cinco por cento) do valor da causa, deixar de confirmar no prazo legal, sem justa causa, o recebimento da citação recebida por meio eletrônico.

§ 2º O disposto no § 1º aplica-se à União, aos Estados, ao Distrito Federal, aos Municípios e às entidades da administração indireta.

§ 3º Na ação de usucapião de imóvel, os confinantes serão citados pessoalmente, exceto quando tiver por objeto unidade autônoma de prédio em condomínio, caso em que tal citação é dispensada.

§ 4º As citações por correio eletrônico serão acompanhadas das orientações para realização da confirmação de recebimento e de código identificador que permitirá a sua identificação na página eletrônica do órgão judicial citante.

§ 5º As microempresas e as pequenas empresas somente se sujeitam ao disposto no § 1º deste artigo quando não possuírem endereço eletrônico cadastrado no sistema integrado da Rede Nacional para a Simplificação do Registro e da Legalização de Empresas e Negócios (Redesim).

§ 6º Para os fins do § 5º deste artigo, deverá haver compartilhamento de cadastro com o órgão do Poder Judiciário, incluído o endereço eletrônico constante do sistema integrado da Redesim, nos termos da legislação aplicável ao sigilo fiscal e ao tratamento de dados pessoais.

▶ **1. Correspondência no CPC/1973.** *"Art. 221. A citação far-se-á: I – pelo correio; II – por oficial de justiça; III – por edital. IV – por meio eletrônico, conforme regulado em lei própria."*

## 📖 LEGISLAÇÃO CORRELATA

**2. LC 123/2006, art. 3º.** *"Art. 3º Para os efeitos desta Lei Complementar, consideram-se microempresas ou empresas de pequeno porte, a sociedade empresária, a sociedade simples, a empresa individual de responsabilidade limitada e o empresário a que se refere o art. 966 da Lei nº 10.406, de 10 de janeiro de 2002 (Código Civil), devidamente registrados no Registro de Empresas Mercantis ou no Registro Civil de Pessoas Jurídicas, conforme o caso, desde que: I – no caso da microempresa, aufira, em cada ano-calendário, receita bruta igual ou inferior a R$ 360.000,00 (trezentos e sessenta mil reais); e II – no caso de empresa de pequeno porte, aufira, em cada ano-calendário, receita bruta superior a R$ 360.000,00 (trezentos e sessenta mil reais) e igual ou inferior a R$ 4.800.000,00 (quatro milhões e oitocentos mil reais)."*

**3. Lei 6.969/1981, art. 5º, § 2º.** *Art. 5º Adotar-se-á, na ação de usucapião especial, o procedimento sumaríssimo, assegurada a preferência*

*à sua instrução e julgamento. (...) § 2º O autor requererá também a citação pessoal daquele em cujo nome esteja transcrito o imóvel usucapiendo, bem como dos confinantes e, por edital, dos réus ausentes, incertos e desconhecidos, na forma do art. 232 do Código de Processo Civil, valendo a citação para todos os atos do processo".*

**4. Res. 455/2022 do CNJ, art. 3º.** *"Art. 3º O Portal de Serviços do Poder Judiciário (PSPJ), solução a ser desenvolvida na Plataforma Digital do Poder Judiciário (PDPJ-Br), destinado aos usuários externos, permitirá, entre outras possíveis funcionalidades: I – a consulta unificada a todos os processos eletrônicos em andamento nos sistemas de tramitação processual conectados à PDPJ-Br; II – o peticionamento inicial e intercorrente em todos os processos eletrônicos em andamento nos sistemas de tramitação processual conectados à PDPJ-Br; III – a efetivação de citações, intimações e comunicações processuais em todos os sistemas de tramitação processual eletrônica conectados à PDPJ-Br; e IV – acesso ao Diário de Justiça Eletrônico Nacional (DJEN). § 1º Realizado o peticionamento, será entregue ao usuário recibo de protocolo, assinado digitalmente pelo próprio sistema, contendo pelo menos, as seguintes informações: I – número do protocolo, que deve identificar o peticionamento de forma unívoca; II – data e hora do peticionamento no sistema, relativamente ao fuso horário de Brasília/DF (GMT-003); III – o tribunal e o juízo destinatário da petição; IV – o número do processo; V – lista com o hash criptográfico da petição e de cada um dos documentos anexos a ela; VI – o nome e o número no Cadastro de Pessoa Física (CPF) ou no Cadastro Nacional de Pessoa Jurídica (CNPJ) do usuário que realizou o peticionamento; e VII – número de inscrição na Ordem de Advogados do Brasil (OAB), se o(a) usuário(a) peticionante for advogado(a). § 2º O recibo mencionado no parágrafo anterior faz prova do peticionamento no sistema, devendo existir no Portal de Serviços página que permita sua validação e conferência de conteúdo. § 3º O protocolo de petições, por meio do Portal de Serviços, é considerado como realizado diretamente perante o juízo, servindo o recibo mencionado nos parágrafos anteriores como prova do cumprimento do prazo processual para os fins do art. 218 do CPC/2015. § 4º A petição, seus eventuais anexos e o recibo do protocolo referido no § 1o serão juntados aos autos do processo eletrônico automaticamente."*

**5. Res. 455/2022 do CNJ, art. 5º.** *"Art. 5º Para acesso ao Portal de Serviços, é obrigatória a utilização do Sistema de Login Único (Single Sign On) da PDPJ-Br. Parágrafo único. As citações, in-*

timações e comunicações eletrônicas efetivadas por meio do Domicílio Judicial Eletrônico, previsto no art. 14 desta Resolução, bem como do Diário de Justiça Eletrônico Nacional, previsto no art. 11, estarão disponibilizadas para consulta centralizada no Portal de Serviços."

**6. Res. 455/2022 do CNJ, art. 15.** *"Art. 15. O Domicílio Judicial Eletrônico, originalmente criado pela Resolução CNJ nº 234/2016, passa a ser regulamentado pelo presente ato normativo, constituindo o ambiente digital integrado ao Portal de Serviços, para a comunicação processual entre os órgãos do Poder Judiciário e os destinatários que sejam ou não partes na relação processual. Parágrafo único. É obrigatória a utilização do Domicílio Judicial Eletrônico por todos os tribunais."*

**7. Res. 455/2022 do CNJ, art. 16.** *"Art. 16. O cadastro no Domicílio Judicial Eletrônico é obrigatório para a União, para os Estados, para o Distrito Federal, para os Municípios, para as entidades da administração indireta e para as empresas públicas e privadas, para efeitos de recebimento de citações e intimações, conforme disposto no art. 246, caput e § 1º, do CPC/2015, com a alteração realizada pela Lei nº 14.195/2021. § 1º Para os fins deste artigo, haverá compartilhamento de banco de dados cadastrais de órgãos governamentais com o órgão do Poder Judiciário, nos termos da legislação aplicável ao tratamento de dados pessoais (Lei nº 13.709/2018). § 2º As pessoas físicas, nos termos do art. 77, VII, do CPC, poderão realizar cadastro no Domicílio Judicial Eletrônico para efetuar consultas públicas, bem como para o recebimento de citações e intimações, por meio: I – do Sistema de Login Único da PDPJ-Br, via autenticação no serviço "gov.br" do Poder Executivo Federal, com nível de conta prata ou ouro; e II – de autenticação com uso de certificado digital. § 3º O disposto no caput aplica-se ao Ministério Público, à Defensoria Pública e à Advocacia Pública, conforme disposições do art. 1.050 do CPC, inclusive para o recebimento de intimações, nos moldes do art. 270, caput e § 1º, do CPC."*

**8. Res. 455/2022 do CNJ, art. 17.** *"Art. 17. O disposto no art. 16 não se aplica às microempresas e às empresas de pequeno porte que possuírem endereço eletrônico cadastrado no sistema integrado da Rede Nacional para a Simplificação do Registro e da Legalização de Empresas e Negócios (Redesim), nos termos previstos no § 5º do art. 246 do CPC/2015. § 1º O endereço eletrônico previamente cadastrado na Redesim pelas microempresas e pelas empresas de pequeno porte será aproveitado para os fins a que alude o artigo 15. § 2º As microempresas e as empresas de pequeno porte que não possuírem cadastro no* sistema integrado da Redesim ficam sujeitas ao cumprimento do disposto no artigo 16."

**9. Res. 455/2022 do CNJ, art. 18.** *"Art. 18. O Domicílio Judicial Eletrônico será utilizado exclusivamente para citação por meio eletrônico e comunicações processuais que exijam vista, ciência ou intimação pessoal da parte ou de terceiros, com exceção da citação por edital, a ser realizada via DJEN."*

**10. Res. 455/2022 do CNJ, art. 19.** *"Art. 19. A identificação no Domicílio Judicial Eletrônico será feita pelo número do CPF ou do CNPJ mantido junto à Secretaria da Receita Federal do Brasil."*

**11. Res. 455/2022 do CNJ, art. 20.** *"Art. 20. O aperfeiçoamento da comunicação processual por meio eletrônico, com a correspondente abertura de prazo, se houver, ocorrerá no momento em que o destinatário, por meio do Portal de Serviços, ou por integração automatizada via consumo de API, obtiver acesso ao conteúdo da comunicação. § 1º Quando a consulta ocorrer em dia não útil, a comunicação processual será considerada realizada no primeiro dia útil subsequente. § 2º Efetuado o acesso de que trata o § 1o, o sistema registrará o fato. § 3º Para os casos de citação por meio eletrônico, não havendo aperfeiçoamento em até 3 (três) dias úteis, contados da data do envio da comunicação processual ao Domicílio Judicial Eletrônico, o sistema gerará automaticamente a informação da ausência de citação para os fins previstos no § 1º-A do art. 246 do CPC/2015. § 3º-A. No caso das pessoas jurídicas de direito público, não havendo consulta no prazo de até 10 (dez) dias corridos, contados do envio da citação ao Domicílio Judicial Eletrônico, o ente será considerado automaticamente citado na data do término desse prazo, não se aplicando o disposto no art. 219 do CPC a esse período. § 3º-B. No caso de consulta à citação eletrônica dentro dos prazos previstos nos §§ 3º e 3º-A, o prazo para resposta começa a correr no quinto dia útil seguinte à confirmação, na forma do art. 231, IX, do CPC. § 4º Para os demais casos que exijam intimação pessoal, não havendo aperfeiçoamento em até 10 (dez) dias corridos a partir da data do envio da comunicação processual ao Domicílio Judicial Eletrônico, esta será considerada automaticamente realizada na data do término desse prazo, nos termos do art. 5º, § 3º, da Lei nº 11.419/2006, não se aplicando o disposto no art. 219 do CPC a esse período."*

**12. Res. 455/2022 do CNJ, art. 21.** *"Art. 21. As comunicações processuais deverão indicar, no mínimo: I – o tribunal, o sistema de processo eletrônico, o órgão julgador e o número único do processo judicial, nos termos da Resolução CNJ* *nº 65/2008; II – a identificação do responsável pela produção da informação; III – o prazo para eventual cumprimento de ato processual decorrente da publicação; e IV – o fornecimento de endereço virtual (URL), que permita acesso ao conteúdo integral dos documentos que compõem a comunicação processual."*

**13. Res. 455/2022 do CNJ, art. 22.** *"Art. 22. As comunicações processuais permanecerão disponíveis para consulta no Domicílio Judicial Eletrônico por período correspondente a 24 (vinte e quatro) meses e poderão ser excluídas após este prazo."*

## ⚖ Jurisprudência, Enunciados e Súmulas Selecionados

- **14. Súmula STF, 391.** *"O confinante certo deve ser citado, pessoalmente, para a ação de usucapião."*

- **15. Súmula STJ, 429.** *"A citação postal, quando autorizada por lei, exige o aviso de recebimento".*

- **16. Enunciado 25 do FPPC.** *"A inexistência de procedimento judicial especial para a ação de usucapião e de regulamentação da usucapião extrajudicial não implica vedação da ação, que remanesce no sistema legal, para qual devem ser observadas as peculiaridades que lhe são próprias, especialmente a necessidade de citação dos confinantes e a ciência da União, do Estado, do Distrito Federal e do Município."*

## ▣ Comentários Temáticos

**17. Espécies de citação.** A citação efetiva-se por cinco meios distintos: (a) por meio eletrônico, (b) pelo correio; (c) por oficial de Justiça; (d) pelo escrivão ou chefe de secretaria, se o citando comparecer em cartório; (e) por edital.

**18. Preferência da citação por meio eletrônico.** A citação efetiva-se, preferencialmente, por meio eletrônico, no prazo de até 2 dias úteis, contado da decisão que a determinar, por meio dos endereços eletrônicos indicados pelo citando no banco de dados do Poder Judiciário, conforme regulamento do CNJ.

**19. Regulamentação pelo CNJ.** A citação eletrônica passou a ser o meio preferencial, mas depende de regulamentação pelo CNJ. O CNJ editou a Resolução 455/2022 e previu a criação do domicílio eletrônico, porém estabeleceu, em seu art. 25, que sua presidência *"divulgará os requisitos técnicos mínimos exigidos para a transmissão eletrônica dos atos processuais destinados ao Domicílio Judicial Eletrônico e ao Portal de Serviços".*

**20. Citação por redes sociais.** *"A possibilidade de intimações ou de citações por intermédio de aplicativos de mensagens ou de relações sociais é questão que se encontra em exame e em debate há quase uma década e que ganhou ainda mais relevo depois de o CNJ ter aprovado a utilização de ferramentas tecnológicas para a comunicação de atos processuais por ocasião do julgamento de procedimento de controle administrativo e, posteriormente, no contexto da pandemia causada pelo coronavírus, pelo art. 8º da Resolução nº 354/2020. 4- Atualmente, há inúmeras portarias, instruções normativas e regulamentações internas em diversas Comarcas e Tribunais brasileiros, com diferentes e desiguais procedimentos e requisitos de validade dos atos de comunicação eletrônicos, tudo a indicar que: (i) a legislação existente atualmente não disciplina a matéria; e (ii) é indispensável a edição de legislação federal que discipline a matéria, estabelecendo critérios, procedimentos e requisitos isonômicos e seguros para todos os jurisdicionados. 5- A Lei nº 14.195/2021, ao modificar o art. 246 do CPC/15, a fim de disciplinar a possibilidade de citação por meio eletrônico, isto, pelo envio ao endereço eletrônico (e-mail) cadastrado pela parte, estabeleceu um detalhado procedimento de confirmação e de validação dos atos comunicados que, para sua efetiva implementação, pressupõe, inclusive, a pré-existência de um complexo banco de dados que reunirá os endereços eletrônicos das pessoas a serem citadas, e não contempla a prática de comunicação de atos por aplicativos de mensagens ou redes sociais, matéria que é objeto do PLS nº 1.595/2020, em regular tramitação perante o Poder Legislativo. 6- A comunicação de atos processuais, intimações e citações, por aplicativos de mensagens ou redes sociais, hoje, não possui nenhuma base ou autorização da legislação e não obedece às regras previstas na legislação atualmente existente para a prática dos referidos atos, de modo os atos processuais dessa forma comunicados são, em tese, nulos. 7- O art. 277 do CPC/15, embora materialize o princípio da instrumentalidade das formas, atua, especificamente, no sentido da eventual possibilidade de convalidação dos atos processuais já praticados em inobservância da formalidade legal, mas não para validar, previamente, a prática de atos de forma distinta daquela prevista em lei. 8- A identificação e a localização de uma parte com um perfil em rede social é uma tarefa extremamente complexa e incerta, pois devem ser consideradas a existência de homônimos, a existência de perfis falsos e a facilidade com que esses perfis podem ser criados, inclusive sem vínculo com*

**LIVRO IV · DOS ATOS PROCESSUAIS** **Art. 246**

*dados básicos de identificação das pessoas, bem como a incerteza a respeito da entrega e efetivo recebimento do mandado de citação nos canais de mensagens criados pelas plataformas. 9- Na hipótese, a alegada dificuldade ou impossibilidade de localização do executado e, consequentemente, de citá-lo pessoalmente, possui solução específica na legislação processual, que é, justamente, a citação por edital (arts. 256 e seguintes do CPC/15), que pressupõe o esgotamento das tentativas de localização da parte a ser cientificada da ação"* (STJ, 3ª Turma, REsp 2.026.925/SP, rel. Min. Nancy Andrighi, *DJe* 14.8.2023).

**21. Preferência da via postal.** Enquanto não houver a regulamentação pelo CNJ, o meio preferencial continua a ser o postal. A citação pelo correio deve manter-se como preferencial, até o que o CNJ divulgue os requisitos técnicos mínimos para a transmissão eletrônica de atos processuais.

**22. Aviso de recebimento.** A citação postal exige o aviso de recebimento.

**23. Confirmação.** A citação por meio eletrônico deve ser confirmada em até 3 dias úteis, contado do recebimento pelo citando.

**24. Ausência de confirmação.** A ausência de confirmação, em até 3 dias úteis, contados do recebimento da citação eletrônica, implicará a realização da citação, por 4 meios distintos: a) pelo correio; b) por oficial de Justiça; c) pelo escrivão ou chefe de secretaria, se o citando comparecer em cartório; d) por edital. Não confirmada a citação eletrônica no prazo de até 3 dias úteis, a citação será feita por via postal, por oficial de justiça, pelo escrivão ou chefe de secretaria ou por edital (art. 246, § 1º-A).

**25. Processo eletrônico.** Nos processos eletrônicos, todas as citações, inclusive da Fazenda Pública, serão feitas por meio eletrônico, na forma da citada Lei 11.419/2006 ou na forma regulamentada pelo CNJ. Quando, por motivo técnico, for inviável o uso do meio eletrônico para a realização da citação, esta deverá ser realizada pela forma tradicional, ou seja, por meio de oficial de justiça, digitalizando-se o documento físico, que deverá ser posteriormente destruído.

**26. Processo não eletrônico.** Tramitando o processo em autos de papel, a regra geral é a de que a citação se realize pelo correio, para qualquer comarca do país (art. 247). A citação postal exige o aviso de recebimento.

**27. Preferência da citação por meio eletrônico.** Quando o processo tramitar em autos eletrônicos, a citação de empresas e a da Fazenda Pública devem ser feitas, preferencialmente, por meio eletrônico. A todas elas cabe, aliás, manter cadastro nos sistemas de processo em autos eletrônicos, para efeito de citações e intimações, as quais serão efetuadas preferencialmente por esse meio (art. 246, §§ 1º e 2º). É por isso que devem cadastrar-se, no prazo de trinta dias a contar da data da entrada em vigor do CPC, perante administração do tribunal (art. 1.050).

**28. Obrigatoriedade do cadastro pela Fazenda Pública.** A Fazenda Pública é obrigada a manter cadastro nos sistemas de processo em autos eletrônicos, para recebimento de citações e intimações, as quais serão efetuadas preferencialmente por esse meio (arts. 246, § 2º, e 1.050). Não feito o cadastro, a intimação será realizada pelo Diário da Justiça, perdendo a Fazenda o direito à intimação pessoal.

**29. Fazenda Pública.** A Fazenda Pública deve manter cadastro nos sistemas de processos em autos eletrônicos, para efeito de recebimento de citações e intimações, as quais serão efetuadas preferencialmente por esse meio. A exceção prevista no inciso III do art. 247 alcança apenas a citação por via postal, não devendo ser estendida para a citação por meio eletrônico. Se a Fazenda Pública deve manter cadastro para fins de citação por meio eletrônico, é certo que pode ser citada por meio eletrônico, na forma a ser regulamentada pelo CNJ. A citação da União, dos Estados, do Distrito Federal, dos Municípios e de suas respectivas autarquias e fundações de direito público será realizada perante o órgão de Advocacia Pública responsável por sua representação judicial (art. 242, § 3º). Quando a Fazenda Pública for ré, sua citação deve ser feita por meio eletrônico. Não se confirmando ou não sendo possível sua realização, deverá, então, ser feita por oficial de Justiça. A necessidade de citação da Fazenda Pública por oficial de Justiça, em vez de ser feita por via postal, tem razão de ser. Sua justificativa resulta da burocracia interna da Administração Pública. Sendo inerente à atividade pública a formalidade dos atos administrativos, cumpre revestir o ato de comunicação processual de maiores cuidados, a fim de evitar descontroles, desvios, perdas ou extravios de documentos, aí incluída a citação como ato de comunicação processual.

**30. Perda da prerrogativa de intimação pessoal pela falta de cadastro.** *"uma vez descumpridas as disposições do art. 1.050 c/c art. 246, §§ 1º e 2º, ambos do CPC/2015, não aproveita ao ente público a prerrogativa processual da intimação pessoal"* (STJ, Corte Especial, AgInt no RE no AgInt no AREsp 1.304.601/CE, Rel. Min. Maria Thereza de Assis Moura, *DJe* 30.09.2019;

STJ, 2ª Turma, AgInt no AREsp 1.001.265/MG, Rel. Min. Herman Benjamin, *DJe* 16.10.2017).

**31. Intimação por Diário da Justiça, devido à falta de cadastro.** *"Não efetuando a autarquia ora agravante o cadastro previsto em lei, junto a esta Corte, para fins de intimação pessoal eletrônica, nos termos dos arts. 183, § 1º, in fine, 246, §§ 1º e 2º, e 1.050 do CPC/2015, restou intimada do decisum ora recorrido via Diário da Justiça eletrônico, de conformidade com o art. 272 do CPC/2015"* (STJ, 2ª Turma, AgInt no AREsp 1.718.976/BA, rel. Min. Assusete Magalhães, *DJe* 11.02.2021).

**32. Citação dos confinantes na ação de usucapião.** Na ação de usucapião de imóvel, é preciso citar os confinantes pessoalmente. Há um litisconsórcio passivo necessário na ação de usucapião. A ação é proposta contra a pessoa em cujo nome está registrado o imóvel, bem como contra os confinantes, ou seja, os proprietários dos imóveis que fazem limite com o bem que se pretende usucapir. Os confinantes, na ação de usucapião, precisam ser citados para que se verifique se a pretensão do autor não os atinge, pois é possível que o autor termine por transpor os limites do imóvel e sua pretensão alcançar faixas dos imóveis os confinantes. Isso não ocorre quando se pretende usucapir uma unidade autônoma de prédio em condomínio. Ajuizada uma ação de usucapião de um apartamento, não há como haver o risco de transpor os limites do imóvel para alcançar os imóveis dos confinantes. Se o autor propõe uma ação de usucapião para reconhecer a titularidade do apartamento 301, não há como transpor os limites territoriais do apartamento para eventualmente avançar no apartamento 1102 ou 1001 ou 902. A pretensão do autor, em ação de usucapião de unidade autônoma de prédio em condomínio, não resvala para os limites territoriais das demais unidades autônomas. Logo, a citação desses confinantes ou proprietários é dispensada, sendo, na realidade, desnecessária.

---

**Art. 247.** A citação será feita por meio eletrônico ou pelo correio para qualquer comarca do País, exceto:

I – nas ações de estado, observado o disposto no art. 695, § 3º;

II – quando o citando for incapaz;

III – quando o citando for pessoa de direito público;

IV – quando o citando residir em local não atendido pela entrega domiciliar de correspondência;

V – quando o autor, justificadamente, a requerer de outra forma

---

▶ **1. Correspondência no CPC/1973.** *"Art. 222. A citação será feita pelo correio, para qualquer comarca do País, exceto: a) nas ações de estado; b) quando for ré pessoa incapaz; c) quando for ré pessoa de direito público; d) nos processos de execução; e) quando o réu residir em local não atendido pela entrega domiciliar de correspondência; f) quando o autor a requerer de outra forma."*

### ⚖ Jurisprudência, Enunciados e Súmulas Selecionados

- **2. Súmula 429 do STJ.** *"A citação postal, quando autorizada por lei, exige o aviso de recebimento".*

- **3. Enunciado 85 da I Jornada-CJF.** *"Na execução de título extrajudicial ou judicial (art. 515, § 1º, do CPC) é cabível a citação postal."*

### 🗐 Comentários Temáticos

**4. A citação eletrônica e citação postal como padrão.** A citação feita por meio eletrônico e a feita pelo correio são o padrão do sistema brasileiro.

**5. Processo eletrônico.** Quando o processo tramitar em autos eletrônicos, a citação da Fazenda Pública e das empresas (ressalvadas as microempresas e as empresas de pequeno porte) deve ser feita, preferencialmente, por meio eletrônico.

**6. Exceções.** Nas hipóteses excetuadas pelo art. 247, a citação não deve ser feita por meio eletrônico ou pelo correio, devendo, na realidade, ser efetivada por oficial de justiça. Optou-se pelo oficial de justiça por necessidade de maior segurança (I, II e III), em atenção ao risco de deficiência ou inaptidão do serviço postal para a realização dessa importante atividade (IV) e em respeito à autonomia da vontade do autor (V).

**7. Citação da Fazenda Pública.** A Fazenda Pública é obrigada a manter cadastro nos sistemas de processos em autos eletrônicos, para efeito de recebimento de citações e intimações, as quais serão efetuadas preferencialmente por esse meio (art. 246, § 2º).

**8. Antinomia.** A exigência de manutenção de cadastro indica que a Fazenda Pública pode ser citada por meio eletrônico. Só que o art. 247 prevê, indistintamente, a realização de citação eletrônica ou pelo correio para qualquer comarca do país, com exceção, entre outras hipóteses, "quando o citando for pessoa de direito público" (art. 247, III). Daí se percebe a existência de uma antinomia, sendo necessária a adoção, ou de uma "interpretação corretiva", ou de uma "interpretação ab-rogante". A propósito desses tipos de interpretação que resolvem antinomias, assim já se pronunciou o STF: *"A antinomia aparente é aquela que permite a conciliação entre os dispositivos antinômicos, ainda que pelo que se denomina 'interpretação corretiva', ao passo que a antinomia real é aquela que, de forma alguma, permite essa conciliação, daí decorrendo a necessidade de se adotar a chamada 'interpretação ab--rogante', pela qual ou o intérprete elimina uma das normas contraditórias (ab-rogação simples) ou elimina as duas normas contrárias (ab-rogação dupla). Dessas três soluções, a que deve ser preferida – só sendo afastável quando de forma alguma possa ser utilizada – é a interpretação corretiva, que conserva ambas as normas incompatíveis por meio de interpretação que se ajuste ao espírito da lei e que corrija a incompatibilidade, eliminando-a pela introdução de leve ou de parcial modificação no texto da lei"* (STF, 1ª Turma, HC 68.793/RJ, rel. p/ ac. Min. Moreira Alves, *DJ* 6.6.1997, p. 30.287. No mesmo sentido: STF, 2ª Turma, HC 72.862, rel. Min. Néri da Silveira, *DJ* 25.10.1996, p. 41.028). Cumpre, então, tentar conferir uma interpretação corretiva ao inciso III do art. 247, a fim de preservá-lo e ajustá-lo ao sistema atualmente em vigor. E há, efetivamente, a possibilidade de conferir utilidade à regra, emprestando-lhe uma interpretação que a harmoniza com o sistema atual. O art. 247, em sua redação originária, previa apenas a citação postal como meio preferencial, estabelecendo, em seus incisos, exceções à sua realização. A Lei 14.195/2021, ao incluir a citação por meio eletrônico também como modalidade prioritária, restringiu-se a mencioná-la no *caput* do art. 247, não fazendo qualquer ajuste em seus incisos. Veja-se, a propósito, que uma das exceções contidas no art. 247 é a do seu inciso IV, que afasta a citação por via postal *"quando o citando residir em local não atendido pela entrega domiciliar de correspondência"*. Essa exceção, absolutamente compatível com a previsão da citação por via postal, não guarda qualquer pertinência com a citação por meio eletrônico, pois o local onde se encontra o citando pode não ser atendido pela entrega de correspondência, mas pode ter internet e acesso aos meios eletrônicos.

**9. Ações de estado.** No inciso I, o dispositivo afasta a citação pelo correio nas ações de estado, ressalvada a previsão contida no art. 695, § 3º. As ações de estado são ações de direito de família (divórcio, investigação de paternidade, alimentos etc.). Nos arts. 693 a 699, há o regramento do procedimento para as ações de família. Tal procedimento não abrange a ação de alimentos. Esta continua a ser regida por legislação própria, seguindo o procedimento específico ali previsto. Também continuam a reger-se por legislação específica as ações que veiculem interesse de criança ou adolescente. Para estimular a conciliação ou mediação, há outro detalhe marcante no procedimento especial das ações de família: o mandado de citação conterá apenas os dados necessários para a audiência, não devendo estar acompanhado de cópia da petição inicial. Nas ações de família, a citação só não poderá ser feita por meio eletrônico ou por via postal, se o citando for um incapaz, caso em que a citação realizar-se-á por oficial de justiça. Não havendo incapacidade, a citação segue a regra geral da via eletrônica ou postal. Não há razão para não permitir a citação eletrônica ou postal em ações de família. A presença do oficial de justiça é ostensiva, constituindo mais um complicador para a tentativa de solução consensual da disputa, que, nesse caso, é ainda mais prioritária. Ademais, a falta da cópia da petição inicial permite perfeitamente que a citação seja realizada por via eletrônica ou por via postal. Daí a ressalva contida no inc. I do art. 247, ao determinar que se observe o disposto no art. 695, § 3º.

**10. Réu incapaz.** Quando o réu for incapaz, também não é possível realizar a citação por meio eletrônico ou pelos correios, sendo necessário que se faça por oficial de justiça, por razões de segurança. O envio por meio eletrônico ou de carta de citação por via postal para um incapaz corre o risco de não ser compreendida ou de não ser levada a sério e acarretar uma revelia ou um prejuízo maior. Daí a necessidade de, sendo o réu incapaz, afastar a possibilidade de citação por via postal.

**11. Fazenda Pública.** Quando a Fazenda Pública for ré, sua citação pode ser feita por meio eletrônico. Só não pode ser feita por via postal. Em vez da via postal, a citação deve ser feita por oficial de justiça, perante o órgão de Advocacia Pública responsável por sua representação judicial (art. 242, § 3º), não devendo realizar-se por edital. As pessoas jurídicas de direito público são conhecidas, tendo endereço conhecido, certo e acessível.

**12. Residência em local não atendido pela entrega de correspondência.** Não há como realizar a citação por via postal quando o réu residir em local não atendido pela entrega domiciliar de correspondência. Há uma impossibilidade material da citação ser realizada, devendo, então, a citação ser feita por oficial de justiça, por edital ou por meio eletrônico, a depender da hipótese.

**13. Vontade do autor.** A citação não é feita por meio eletrônico ou pelo correio quando o autor assim o quiser. Ao autor cabe requerer, justificadamente, a citação por outro meio. Basta ao autor justificar, esclarecendo se pretende que a citação seja feita por oficial de justiça ou por edital. No caso do edital, é preciso que o autor demonstre a presença de uma das hipóteses previstas no art. 256; se alegar dolosamente que se configura uma daquelas hipótese, responderá pela multa prevista no art. 258. Para a citação por oficial de justiça, basta a manifestação de vontade contrária à citação pela via eletrônica ou pela via postal. Há, aqui, o respeito ao autorregramento da vontade, devendo o juiz afastar, diante da vontade manifestada pelo autor, a citação por eletrônica ou por via postal. A citação pela via eletrônica e pela via postal é o meio padrão eleito pelo sistema processual civil brasileiro. A citação por oficial de justiça é uma espécie subsidiária de citação, que pode ser escolhida pelo autor como a adequada ao seu caso. Para isso, basta simplesmente optar ou requerer, não havendo justificativa ou fundamentação a ser apresentada. O dispositivo exige que o autor justifique a adoção de *qualquer outro* meio de citação. No caso da citação por edital, que há pressupostos ou hipóteses específicas previstas no art. 256, é preciso demonstrar a presença de uma daquelas hipóteses para se justificar sua adoção. Já no caso de citação por oficial de justiça, não há justificativa a ser apresentada, sendo suficiente ao autor apenas deixar explícito que não quer a citação por via eletrônica ou por via postal, mas a citação por oficial de justiça. A justificativa para a citação por oficial de justiça está implícita: o autor quer mais segurança.

**14. Citação no processo de execução.** O art. 247 não ressalva a citação por via eletrônica ou por via postal no processo de execução. Embora o art. 247 não faça essa ressalva, há quem afirme que, no processo de execução, a citação há de ser feita por oficial de justiça, pois o § 1º do art. 829 refere-se a *mandado de citação* (típico da citação por oficial de justiça), dispondo, ainda, que dele constarão a ordem de penhora e avaliação, *"a serem cumpridas pelo oficial de justiça"*. Na verdade, a citação, no processo de execução, pode ser feita por via eletrônica, por via postal ou por oficial de justiça. Não há qualquer vedação à citação eletrônica ou pelo correio na execução, não se incluindo entre as ressalvas contidas no art. 247. A referência, feita no art. 829, a *mandado de citação* não é indicativo de que a citação deva, necessária e obrigatoriamente, ser feita por oficial de justiça. Aliás, o art.

701 utiliza também o termo *mandado de pagamento*, e nem por isso se exige que a citação, na ação monitória, seja feita por oficial de justiça, nem se veda, naquele procedimento especial, a citação por via eletrônica ou por via postal. É possível, enfim, a citação por via eletrônica ou por via postal na execução. Na execução fiscal, a citação é feita, preferencialmente, pelo correio, podendo, contudo, a Fazenda Pública requerer que seja realizada por outra forma.

---

**Art. 248.** Deferida a citação pelo correio, o escrivão ou o chefe de secretaria remeterá ao citando cópias da petição inicial e do despacho do juiz e comunicará o prazo para resposta, o endereço do juízo e o respectivo cartório.

§ 1º A carta será registrada para entrega ao citando, exigindo-lhe o carteiro, ao fazer a entrega, que assine o recibo.

§ 2º Sendo o citando pessoa jurídica, será válida a entrega do mandado a pessoa com poderes de gerência geral ou de administração ou, ainda, a funcionário responsável pelo recebimento de correspondências.

§ 3º Da carta de citação no processo de conhecimento constarão os requisitos do art. 250.

§ 4º Nos condomínios edilícios ou nos loteamentos com controle de acesso, será válida a entrega do mandado a funcionário da portaria responsável pelo recebimento de correspondência, que, entretanto, poderá recusar o recebimento, se declarar, por escrito, sob as penas da lei, que o destinatário da correspondência está ausente.

---

▶ **1. Correspondência no CPC/1973.** *"Art. 223. Deferida a citação pelo correio, o escrivão ou chefe da secretaria remeterá ao citando cópias da petição inicial e do despacho do juiz, expressamente consignada em seu inteiro teor a advertência a que se refere o art. 285, segunda parte, comunicando, ainda, o prazo para a resposta e o juízo e cartório, com o respectivo endereço. Parágrafo único. A carta será registrada para entrega ao citando, exigindo-lhe o carteiro, ao fazer a entrega, que assine o recibo. Sendo o réu pessoa jurídica, será válida a entrega a pessoa com poderes de gerência geral ou de administração."*

## ⚖ Jurisprudência, Enunciados e Súmulas Selecionados

• **2. Tema/Repetitivo 379 STJ.** *"Nos casos de intimação/citação realizadas por Correio, Oficial de Justiça, ou por Carta de Ordem, Precatória*

**LIVRO IV • DOS ATOS PROCESSUAIS** **Art. 249**

ou Rogatória, o prazo recursal inicia-se com a juntada aos autos do aviso de recebimento, do mandado cumprido, ou da juntada da carta."

- **3. Súmula STJ, 429.** *"A citação postal, quando autorizada por lei, exige o aviso de recebimento."*

## 📰 COMENTÁRIOS TEMÁTICOS

**4. Pessoalidade da citação e teoria da aparência.** Embora a citação tenha a característica da pessoalidade (art. 242), a teoria da aparência permite que se tenha por sanada a citação feita em pessoa que aparentemente pudesse ter poderes para tê-la recebido. Em regra, diante do princípio da pessoalidade da citação, não se deveria aceitar a teoria da aparência. Na verdade, essa teoria somente deve ser aceita nas hipóteses dos §§ 2º e 4º do art. 248, ou seja: (a) quando, sendo o citando pessoa jurídica, a entrega da carta de citação for feita a pessoa com poderes de gerência geral ou de administração ou, ainda, a funcionário responsável pelo recebimento de correspondências; (b) quando, nos condomínios edilícios ou nos loteamentos com controle de acesso, a carta de citação for entregue a funcionário da portaria responsável pelo recebimento de correspondência, sem recusar o recebimento nem declarar a ausência do destinatário. A teoria da aparência decorre do princípio da boa-fé. A citação, fora dessas hipóteses, deve ser feita pessoalmente, sob pena de nulidade. Os casos – já destacados –, em que se considera aceitável a aplicação da teoria da aparência, podem ser assim desdobrados: (a) quando a citação é realizada na pessoa de quem se apresenta ao oficial de justiça, como se fosse o representante da pessoa jurídica, sem nada alegar quanto à falta de poderes para receber citação; (b) quando a pessoa que recebe a citação, além de se apresentar ao oficial como representante legal da pessoa jurídica, assina o mandado sob o carimbo da empresa; (c) quando a citação é feita pelo correio e a carta de citação é recebida pelo setor de correspondência da empresa, sendo assinado o aviso de recebimento, sem qualquer ressalva; (d) quando a citação é recebida por funcionário que exerce a gerência ou administração de fato da empresa.

**5. Aplicação da teoria da aparência.** *"Aplica-se a teoria da aparência para reconhecer a validade da citação via postal com aviso de recebimento (AR), efetivada no endereço da pessoa jurídica e recebida por pessoa que, ainda que sem poder expresso para tanto, a assina sem fazer nenhuma objeção imediata"* (STJ, 4ª Turma, AgInt

no AREsp 1.348.261/SP, rel. Min. Luis Felipe Salomão, *DJe* 3.6.2019).

**6. Impossibilidade de aplicação da teoria da aparência quando o réu for pessoa natural.** *"3. Vale ressaltar que o fato de a citação postal ter sido enviada ao estabelecimento comercial onde o recorrente exerce suas atividades como sócio administrador não é suficiente para afastar norma processual expressa, sobretudo porque não há como se ter certeza de que o réu tenha efetivamente tomado ciência da ação monitória contra si ajuizada, não se podendo olvidar que o feito correu à sua revelia. 4. A possibilidade da carta de citação ser recebida por terceira pessoa somente ocorre quando o citando for pessoa jurídica, nos termos do disposto no § 2º do art. 248 do CPC/2015, ou nos casos em que, nos condomínios edilícios ou loteamentos com controle de acesso, a entrega do mandado for feita a funcionário da portaria responsável pelo recebimento da correspondência, conforme estabelece o § 4º do referido dispositivo legal, hipóteses, contudo, que não se subsumem ao presente caso"* (STJ, 3ª Turma, REsp 1.840.466/SP, rel. Min. Marco Aurélio Bellizze, *DJe* 22.6.2020).

**7. Recebimento da citação sem recusa.** *"(...), em observância à teoria da aparência, a orientação jurisprudencial desta Corte considera válida a citação da pessoa jurídica efetivada na sede ou filial da empresa a uma pessoa que não recusa a qualidade de funcionário"* (STJ, 3ª Turma, AgInt no AgInt no AREsp 1.539.179/RJ, rel. Min. Marco Aurélio Bellizze, *DJe* 19.2.2020).

> **Art. 249.** A citação será feita por meio de oficial de justiça nas hipóteses previstas neste Código ou em lei, ou quando frustrada a citação pelo correio.

▶ **1. Correspondência no CPC/1973.** *"Art. 224. Far-se-á a citação por meio de oficial de justiça nos casos ressalvados no art. 222, ou quando frustrada a citação pelo correio."*

## ⚖ JURISPRUDÊNCIA, ENUNCIADOS E SÚMULAS SELECIONADOS

- **2. Citação por oficial de justiça.** A citação deve ser feita por oficial de justiça quando não for possível a citação por via postal (nas hipóteses listadas no art. 247), ou seja, a citação por oficial de justiça é uma espécie subsidiária de citação. A espécie padrão é a citação pelo correio. Não sendo ela possível, por ser proibida por lei ou por não ser querida pelo autor, haverá de ser a citação realizada por oficial de justiça.

469

# Art. 250

CÓDIGO DE PROCESSO CIVIL COMENTADO – *Leonardo Carneiro da Cunha*

- **3. Carta precatória.** O oficial de justiça realiza a citação nos limites da comarca, da seção ou da subseção em que atua. Se a citação tiver de ser feita fora desses domínios de atuação do oficial de justiça, será necessária a expedição de uma carta precatória para que o juízo deprecado determine seu cumprimento, a ser realizado por um oficial de justiça a ele subordinado.
- **4. Comarcas contíguas.** Nas comarcas contíguas de fácil comunicação e nas que se situem na mesma região metropolitana, o oficial de justiça, ele mesmo, sem necessidade de expedição de carta precatória, deve realizar a citação em qualquer delas (art. 255).

> **Art. 250.** O mandado que o oficial de justiça tiver de cumprir conterá:
>
> I – os nomes do autor e do citando e seus respectivos domicílios ou residências;
>
> II – a finalidade da citação, com todas as especificações constantes da petição inicial, bem como a menção do prazo para contestar, sob pena de revelia, ou para embargar a execução;
>
> III – a aplicação de sanção para o caso de descumprimento da ordem, se houver;
>
> IV – se for o caso, a intimação do citando para comparecer, acompanhado de advogado ou de defensor público, à audiência de conciliação ou de mediação, com a menção do dia, da hora e do lugar do comparecimento;
>
> V – a cópia da petição inicial, do despacho ou da decisão que deferir tutela provisória;
>
> VI – a assinatura do escrivão ou do chefe de secretaria e a declaração de que o subscreve por ordem do juiz.

▶ **1. Correspondência no CPC/1973.** *"Art. 225. O mandado, que o oficial de justiça tiver de cumprir, deverá conter: I – os nomes do autor e do réu, bem como os respectivos domicílios ou residências; II – o fim da citação, com todas as especificações constantes da petição inicial, bem como a advertência a que se refere o art. 285, segunda parte, se o litígio versar sobre direitos disponíveis; III – a cominação, se houver; IV – o dia, hora e lugar do comparecimento; V – a cópia do despacho; VI – o prazo para defesa; VII – a assinatura do escrivão e a declaração de que o subscreve por ordem do juiz. Parágrafo único. O mandado poderá ser em breve relatório, quando o autor entregar em cartório, com a petição inicial, tantas cópias desta quantos forem os réus; caso em que as cópias, depois de conferidas com o original, farão parte integrante do mandado."*

## ⚖ Jurisprudência, Enunciados e Súmulas Selecionados

- **2. Enunciado 273 do FPPC.** *"Ao ser citado, o réu deverá ser advertido de que sua ausência injustificada à audiência de conciliação ou mediação configura ato atentatório à dignidade da justiça, punível com a multa do art. 334, § 8º, sob pena de sua inaplicabilidade."*
- **3. Enunciado 12 do FNPP.** *"Quando a intimação, no processo eletrônico, frustrar-se ou não for possível, deve realizar-se por oficial de justiça mediante mandado que preencha os requisitos do art. 250, entre os quais se insere a cópia do despacho, da decisão ou da sentença (arts. 250, V e 269, § 2º, CPC), aplicando-se o disposto no inciso II do art. 231, CPC, quanto à contagem do prazo."*

## 🗎 Comentários Temáticos

**4. Requisitos do mandado de citação.** A citação por oficial de justiça é feita mediante mandado de citação, enquanto a citação pelo correio é feita por carta de citação. Os requisitos da carta de citação estão no art. 248. Já o art. 250 estabelece os requisitos para o mandado de citação. Os requisitos do mandado de citação são preenchidos com as peculiaridades do caso concreto. A depender do caso, o réu será convocado para ir a uma audiência de mediação ou conciliação (art. 334), para cumprir a obrigação exigida (arts. 701, 806, 811, 815 e 829), para responder à apelação interposta contra a sentença que indeferiu a petição inicial (art. 331, § 1º) ou que julgou liminarmente improcedente o pedido (art. 332, § 4º) ou para, querendo, contestar, nos casos em que não haja audiência (art. 334, § 4º) ou quando essa for a estrutura do procedimento especial. O mandado deve conter todas as informações relacionadas com a finalidade da citação no caso concreto.

**5. Ordem dirigida ao réu.** O mandado deve conter, ainda, a indicação, se for o caso, de ordem a ser cumprida pelo réu, com imposição de sanção para caso de descumprimento, caso o juiz assim tenha decidido.

**6. Indicação do prazo para defesa.** Entre os requisitos do mandado de citação, destaca-se o do inc. II do art. 250: a finalidade da citação e a menção para contestação ou para embargos à execução. A ausência de indicação do prazo para defesa acarreta a nulidade da citação. Nesse sentido: *"Entre os requisitos do mandado de citação, o Código de Processo Civil* *exige que se assinale o prazo para a defesa. A inobservância da norma acarreta a nulidade da citação, independentemente do grau de cultura jurídica da pessoa que recebe a citação"* (STJ, REsp 807.871/PR, 1ª Turma, rel. Min. Francisco Falcão, *DJ* 27.03.2006, p. 238). Efetivamente, *"A jurisprudência desta Corte é pacífica no sentido de que a ausência de indicação no mandado de citação, do prazo para apresentação de contestação, conforme previsão no art. 225 do CPC, gera nulidade da citação"* (STJ, 2ª Turma, AgRg no REsp 1.461.948/PA, rel. Min. Humberto Martins, *DJe* 23.09.2015). *"A ausência de indicação expressa do prazo para apresentação de contestação no mandado citatório, conforme determina o art. 250 do CPC/2015 (art. 225 do CPC/1973), acarreta a nulidade da citação, notadamente se o processo ocorreu à revelia da parte"* (STJ, 4ª Turma, AgInt nos EDcl no REsp 1.675.209/PR, rel. Min. Raul Araújo, *DJe* 8.10.2020).

> **Art. 251.** Incumbe ao oficial de justiça procurar o citando e, onde o encontrar, citá-lo:
>
> I – lendo-lhe o mandado e entregando-lhe a contrafé;
>
> II – portando por fé se recebeu ou recusou a contrafé;
>
> III – obtendo a nota de ciente ou certificando que o citando não a apôs no mandado.

▶ **1. Correspondência no CPC/1973.** *"Art. 226. Incumbe ao oficial de justiça procurar o réu e, onde o encontrar, citá-lo: I – lendo-lhe o mandado e entregando-lhe a contrafé; II – portando por fé se recebeu ou recusou a contrafé; III – obtendo a nota de ciente, ou certificando que o réu não a apôs no mandado".*

## 🖹 COMENTÁRIOS TEMÁTICOS

**2. Procedimento da citação por oficial de justiça.** O oficial de justiça, de posse do mandado de citação, tem de procurar, encontrar e citar o réu. Esse é um procedimento, cuja formalidade é indispensável para a validade da citação. Ao oficial de justiça incumbe procurar o réu. Ele não está adstrito ao endereço indicado pelo autor em sua petição inicial. O autor, na petição inicial, faz apenas uma indicação, podendo ocorrer de o oficial de justiça não encontrar o réu no endereço indicado. Cabe-lhe, por isso, procurar o réu. O oficial de justiça deve procurar e encontrar o réu. Ao encontrá-lo, deve efetuar sua citação. Além de procurar, encontrar e citar o réu, cabe ao oficial de justiça (a) ler para o réu o mandado; (b) entregar ao réu a contrafé; (c) lavrar certidão de recebimento ou recusa da contrafé; (d) obter a nota de ciente ou certificar que o réu não a apôs no mandado. O oficial de justiça atua nos limites territoriais da comarca, da seção ou da subseção judiciária. Se o réu tiver de ser citado além desses limites, deverá ser expedida carta precatória para que seja determinado seu cumprimento por um oficial de justiça que tenha atuação nos limites territoriais da comarca, da seção ou da subseção judiciária do juízo deprecado. Não é necessária carta precatória, podendo o próprio oficial de justiça realizar a citação, quando as comarcas e subseções forem contíguas, de fácil comunicação, ou quando se situarem dentro da mesma região metropolitana (art. 255).

## 🝔 JURISPRUDÊNCIA, ENUNCIADOS E SÚMULAS SELECIONADOS

- **3. Ausência de nota de ciente.** *"Segundo a jurisprudência do Superior Tribunal de Justiça, é defeituoso o ato de citação quando não existe a nota de ciente no mandado, e não consta, na certidão do Oficial de Justiça, que o citado se recusou a fazê-lo. Nesse sentido: Recurso Especial 810.792/PR, Relator Ministro Francisco Falcão, Primeira Turma, julgado em 18.04.2006, DJ 11.05.2006, p. 172, e Recurso Especial 178.020/SP, Relator Ministro Aldir Passarinho Júnior, Quarta Turma, julgado em 12.03.2002, DJ 03.06.2002, p. 209"* (STJ, 4ª Turma, AgInt no REsp 1.510.287/PR, rel. Min. Maria Isabel Gallotti, *DJe* 4.5.2017).

- **4. Ausência de nota de ciente e ciência inequívoca.** *"Em regra, o descumprimento da formalidade prevista no art. 251, III, do CPC/2015, gera a nulidade do ato citatório, na medida em que não pode haver nenhuma dúvida acerca da ciência inequívoca do réu ou do executado de que há uma pretensão contra si deduzida. 3. Na hipótese, o vício de forma consubstanciado na aposição do ciente no mandado de citação por terceira pessoa, irmã do paciente, não se revela suficiente para gerar a nulidade do ato citatório, na medida em que se comprovou que o paciente teve ciência inequívoca das execuções de alimentos contra ele ajuizadas, tendo, inclusive, realizado pagamento parcial equivocado na execução extinta por litispendência"* (STJ, 3ª Turma, HC 470.326/MG, rel. Min. Nancy Andrighi, *DJe* 15.2.2019).

**Art. 252.** Quando, por 2 (duas) vezes, o oficial de justiça houver procurado o citando em seu domicílio ou residência sem o encontrar, deverá, havendo suspeita de ocultação, intimar qualquer pessoa da família ou, em sua falta, qualquer vizinho de que, no dia útil imediato, voltará a fim de efetuar a citação, na hora que designar.
Parágrafo único. Nos condomínios edilícios ou nos loteamentos com controle de acesso, será válida a intimação a que se refere o *caput* feita a funcionário da portaria responsável pelo recebimento de correspondência.

▶ **1. Correspondência no CPC/1973.** *"Art. 227. Quando, por três vezes, o oficial de justiça houver procurado o réu em seu domicílio ou residência, sem o encontrar, deverá, havendo suspeita de ocultação, intimar a qualquer pessoa da família, ou em sua falta a qualquer vizinho, que, no dia imediato, voltará, a fim de efetuar a citação, na hora que designar."*

## 🏛 Legislação Correlata

**2. CPP, art. 362.** *"Art. 362. Verificando que o réu se oculta para não ser citado, o oficial de justiça certificará a ocorrência e procederá à citação com hora certa, na forma estabelecida nos arts. 227 a 229 da Lei nº 5.869, de 11 de janeiro de 1973 – Código de Processo Civil. Parágrafo único. Completada a citação com hora certa, se o acusado não comparecer, ser-lhe-á nomeado defensor dativo."*

## 📄 Comentários Temáticos

**3. Citação com hora certa.** A citação com hora certa não é uma espécie de citação, mas uma forma pela qual o oficial de justiça a efetiva. As espécies de citação estão relacionadas no art. 246; são cinco: pelo correio (ou por via postal), por oficial de justiça, pelo escrivão ou chefe de secretaria, por edital e por meio eletrônico. Não há ali qualquer menção à citação com hora certa. Isso porque a citação com hora certa não é uma espécie de citação; a espécie é citação por oficial de justiça, que pode realizá-la pessoalmente ou com hora certa.

**4. Citação ficta.** A citação com hora certa é uma citação ficta ou presumida. O oficial de justiça procura o réu, por duas vezes, mas não o encontra e há fortes suspeitas de ocultação. Diante disso, anuncia dia e hora para realizar a citação. Se o réu não estiver, será, assim mesmo, citado.

**5. Desnecessidade de prévia autorização judicial.** Para que se realize a citação com hora certa, não é necessária autorização judicial prévia, nem nova decisão do juiz. Preenchidos os pressupostos legais, o oficial de justiça fará a citação com hora certa.

**6. Requisitos.** Para que se admita a citação com hora certa, é preciso que se preencham dois pressupostos: a) procura do citando, sem êxito, por duas vezes, em seu domicílio ou residência; b) suspeita de ocultação.

**7. Certidão.** É preciso que o oficial narre todo o ocorrido, certificando o preenchimento de tais pressupostos no mandado. A suspeita de ocultação deve ser devidamente justificada na certidão pelo oficial de justiça.

**8. Intimação de pessoa da família ou vizinho.** Não encontrado o réu por duas vezes e havendo a suspeita de sua ocultação, o oficial de justiça deve intimar qualquer pessoa da família ou, em sua falta, qualquer vizinho, esclarecendo que, no dia útil imediato, voltará para realizar a citação na hora que determinar. O terceiro há de ser pessoa capaz, não se devendo fazer a intimação a um incapaz (uma criança ou um interdito).

**9. Condomínios.** Nos condomínios edilícios ou loteamentos com controle de acesso, será válida a intimação feita na pessoa do funcionário da portaria responsável pelo recebimento de correspondência.

**10. Dia útil.** Feita a intimação, o oficial de justiça, no dia e na hora previamente designados, estará novamente no domicílio ou residência do citando, para realizar a diligência. É necessário que se trate de dia útil, não devendo marcar em feriado, sábado ou domingo. O dispositivo vale-se da expressão "dia útil imediato".

**Art. 253.** No dia e na hora designados, o oficial de justiça, independentemente de novo despacho, comparecerá ao domicílio ou à residência do citando a fim de realizar a diligência.
§ 1º Se o citando não estiver presente, o oficial de justiça procurará informar-se das razões da ausência, dando por feita a citação, ainda que o citando se tenha ocultado em outra comarca, seção ou subseção judiciárias.
§ 2º A citação com hora certa será efetivada mesmo que a pessoa da família ou o vizinho que houver sido intimado esteja ausente, ou se, embora presente, a pessoa da família ou o vizinho se recusar a receber o mandado.
§ 3º Da certidão da ocorrência, o oficial de justiça deixará contrafé com qualquer pessoa da família ou vizinho, conforme o caso, declarando-lhe o nome.

# LIVRO IV · DOS ATOS PROCESSUAIS

## Art. 254

§ 4º O oficial de justiça fará constar do mandado a advertência de que será nomeado curador especial se houver revelia.

▶ **1. Correspondência no CPC/1973.** *"Art. 228. No dia e hora designados, o oficial de justiça, independentemente de novo despacho, comparecerá ao domicílio ou residência do citando, a fim de realizar a diligência. § 1º Se o citando não estiver presente, o oficial de justiça procurará informar-se das razões da ausência, dando por feita a citação, ainda que o citando se tenha ocultado em outra comarca. § 2º Da certidão da ocorrência, o oficial de justiça deixará contrafé com pessoa da família ou com qualquer vizinho, conforme o caso, declarando-lhe o nome."*

### 📑 Legislação Correlata

**2. CPC, art. 72, II.** *"Art. 72. O juiz nomeará curador especial ao: (...) II – réu preso revel, bem como ao réu revel citado por edital ou com hora certa, enquanto não for constituído advogado. Parágrafo único. A curatela especial será exercida pela Defensoria Pública, nos termos da lei."*

### ⚖ Jurisprudência, Enunciados e Súmulas Selecionados

• **3. Súmula STJ, 196.** *"Ao executado que, citado por edital ou por hora certa, permanecer revel, será nomeado curador especial, com legitimidade para apresentação de embargos."*

### 📃 Comentários Temáticos

**4. Procedimento da citação com hora certa.** O dispositivo, dando sequência à previsão do enunciado normativo anterior, dita o procedimento para citação com hora certa, a ser realizada pelo oficial de justiça. Tendo já sido intimada uma pessoa da família ou um vizinho e designado o dia útil imediato para a realização da citação, se o citando não estiver presente, o oficial de justiça procurará informar-se das razões da ausência, dando por feita a citação, ainda que o citando se tenha ocultado em outra comarca, seção ou subseção judiciárias.

**5. Desnecessidade da presença de familiar ou vizinho.** A citação, para ser realizada, não precisa da presença da pessoa da família ou do vizinho que fora intimado. Mesmo que esteja ausente, ou se, embora presente, se recuse a receber o mandado, a citação será ultimada.

**6. Aparecimento do citando.** Na hipótese de, durante o procedimento, o citando aparecer ou deixar de existir a suspeita de sua ocultação, o oficial de justiça deve interromper a citação com hora certa e realizar a citação normal.

**7. Revelia.** Se o réu citado com hora certa vier a ser revel, ser-lhe-á nomeado curador especial, com legitimidade para defendê-lo (art. 72, II). A citação com hora certa é uma citação ficta, havendo a probabilidade de o réu não ter tomado, de fato, ciência da demanda contra si proposta. A superveniente revelia aumenta essa probabilidade. Assim, para resguardar o contraditório e a ampla defesa, ao réu revel citado com hora certa é nomeado um curador especial com legitimidade para apresentar contestação e defender seus interesses. É por isso que o oficial de justiça fará constar do mandado a advertência de que será nomeado curador especial, se houver revelia.

**8. Nulidade absoluta de citação por hora certa em que não foi constituído curador especial em favor do réu revel.** *"3. Nos termos da jurisprudência desta Corte, à parte que, citada por hora certa, permanecer revel, será nomeado curador especial, sob pena de nulidade absoluta"* (STJ, 4ª Turma, AgInt no AREsp 869.220/RS, rel. Min. Maria Isabel Gallotti, *DJe* 30.11.2016).

**9. Certidão do oficial de justiça.** Para que seja válida a citação com hora certa, é preciso que estejam presentes os pressupostos que autorizam o oficial de justiça a realizá-la. A aferição da presença desses requisitos é feita com a análise da certidão lavrada pelo oficial de justiça. Na citação com hora certa, é muito importante o teor dessa certidão. É a partir dela que o réu poderá também se defender e eventualmente demonstrar a invalidade da citação.

**10. Nulidade da citação com hora certa.** *"Se a certidão do oficial de justiça não explicita os horários em que realizou as diligências, nem dá conta dos motivos que o levaram à suspeita de que o réu estava se ocultando, a citação por hora certa é nula"* (STJ, 3ª Turma, REsp 473.080/RJ, rel. Min. Ari Pargendler, *DJ* 24.03.2003); *"É nula a citação feita por hora certa se o oficial de justiça deixa de consignar na certidão os horários em que realizou as diligências"* (STJ, 3ª Turma, REsp 468.249/SP, rel. Min. rel. Nancy Andrighi, *DJ* 1º.9.2003).

---

**Art. 254.** Feita a citação com hora certa, o escrivão ou chefe de secretaria enviará ao réu, executado ou interessado, no prazo de 10 (dez) dias, contado da data da juntada do mandado aos autos, carta, telegrama ou correspondência eletrônica, dando-lhe de tudo ciência.

**Art. 255** CÓDIGO DE PROCESSO CIVIL COMENTADO – *Leonardo Carneiro da Cunha*

▶ **1. Correspondência no CPC/1973.** *"Art. 229. Feita a citação com hora certa, o escrivão enviará ao réu carta, telegrama ou radiograma, dando-lhe de tudo ciência."*

## ▣ COMENTÁRIOS TEMÁTICOS

**2. Comunicação ao réu da citação com hora certa.** Realizada a citação com hora certa e devolvido aos autos o mandado de citação com a certidão do oficial de justiça, cabe ao escrivão ou chefe de secretaria enviar ao réu, executado ou interessado, carta, telegrama ou mensagem de *e-mail*, dando-lhe ciência de tudo.

**3. Finalidade da regra.** É preservar o contraditório. A citação com hora certa é uma citação *ficta*, não se tendo a certeza de que o réu, executado ou interessado soube, de fato, que foi citado. Esse comunicado é um reforço, uma notícia de que houve citação, uma confirmação.

**4. Início do prazo para o réu.** Embora o dispositivo exija esse comunicado, é da juntada aos autos do mandado de citação que se inicia o prazo para o réu, o executado ou o interessado praticar o ato para o qual foi convocado (art. 231, § 4º). Se, entretanto, constar do comunicado a informação segundo a qual o prazo só tem início com a juntada de seu aviso de recebimento, deve assim ser considerado e aplicar-se o disposto no art. 231, I, em razão da necessidade de tutelar a confiança e a boa-fé (art. 5º).

**5. Consequência da ausência do comunicado.** Há uma polêmica. Há quem entenda que a falta do comunicado acarreta invalidade da citação com hora certa. Por outro lado, há quem afirme que a falta do comunicado não causa qualquer consequência, não havendo razão para que se invalide a citação. E, por fim, há quem sustente que a falta do comunicado causa ineficácia do ato. O comunicado não é requisito da citação com hora certa. Logo, sua ausência não constitui causa de invalidade. Se a citação com hora certa for feita com a observância das prescrições legais, não há razão para invalidá-la (art. 280). O comunicado enviado *posteriormente* à citação não integra a realização do ato. Constitui, na realidade, um fator de eficácia, sem o qual a citação não surte seus efeitos.

**6. Comparecimento do réu.** Na citação com hora certa, o prazo de defesa tem início da juntada aos autos do mandado de citação, e não da juntada do comunicado. Não expedido o comunicado, a eficácia da juntada do mandado fica sob condição de o escrivão ou chefe de secretaria desincumbir-se dessa tarefa de enviar o comu-

nicado. Se o réu comparece e passa a integrar os autos, o ato passou a produzir efeitos, não sendo mais necessário o comunicado.

## ⚖ JURISPRUDÊNCIA, ENUNCIADOS E SÚMULAS SELECIONADOS

• **7. Nulidade.** *"A remessa pelo escrivão de carta, telegrama ou radiograma, dando ciência ao réu da citação feita por hora certa é requisito obrigatório desta modalidade de citação e sua inobservância gera nulidade"* (STJ, 3ª Turma, REsp 468.249/SP, rel. Min. Nancy Andrighi, *DJ* 1º.9.2003). No mesmo sentido: STJ, 3ª Turma, REsp 687.115/GO, rel. Min. Nancy Andrighi, *DJ* 1º.8.2007.

• **8. Ausência de nulidade.** *"2. A jurisprudência desta Corte é no sentido de que o envio da correspondência mencionada no art. 229 do CPC, contendo a informação da citação por hora certa, é mera formalidade, não se constituindo como requisito para sua validade, que ocorreu de forma regular. Precedentes. 3. Ademais, na citação com hora certa, o prazo para contestação começa a fluir com a juntada aos autos do mandado respectivo, e não da juntada do comprovante de recepção do comunicado a que se refere o art. 229 do CPC. Precedentes. 4. Disposição legal sobre a contagem no prazo de contestação mantida no art. 231, II e § 4º, do novo CPC"* (STJ, 3ª Turma, AgRg no REsp 1.537.625/RJ, rel. Min. Moura Ribeiro, *DJe* 13.10.2015). *"2. De acordo com a jurisprudência do STJ, o envio da correspondência de que trata o art. 229 do CPC é mera formalidade, e não constitui requisito fundamental para sua validade. Precedentes. 3. Consoante o princípio* pas de nullité sans grief, *não há nulidade sem demonstração de prejuízo concreto"* (STJ, 6ª Turma, AgRg no AREsp 1.173.667/SP, rel. Min. Rogerio Schietti Cruz, *DJe* 2.5.2018).

**Art. 255.** Nas comarcas contíguas de fácil comunicação e nas que se situem na mesma região metropolitana, o oficial de justiça poderá efetuar, em qualquer delas, citações, intimações, notificações, penhoras e quaisquer outros atos executivos.

▶ **1. Correspondência no CPC/1973.** *"Art. 230. Nas comarcas contíguas, de fácil comunicação, e nas que se situem na mesma região metropolitana, o oficial de justiça poderá efetuar citações ou intimações em qualquer delas."*

## LIVRO IV · DOS ATOS PROCESSUAIS — Art. 256

### ⊞ COMENTÁRIOS TEMÁTICOS

**2. Atos processuais em comarcas contíguas e nas que se situem na mesma região metropolitana.** O oficial de justiça poderá cumprir os atos de comunicação ou de constrição determinados pelo juiz em comarcas contíguas ou nas que se situem na mesma região metropolitana. Aliás, no processo de execução, pode o oficial de justiça cumprir diligências em comarcas contíguas ou que integrem a mesma região metropolitana: é possível efetuar penhoras e quaisquer outros atos executivos (art. 782, § 1º).

**3. Regiões metropolitanas.** A Lei Complementar 14/1973, estabeleceu as regiões metropolitanas de São Paulo, Belo Horizonte, Porto Alegre, Recife, Salvador, Curitiba, Belém e Fortaleza, que podem ser alteradas por leis complementares estaduais, de acordo com o disposto no art. 3º da Lei 13.089/2015, que cria o Estatuto da Metrópole. A propósito, região metropolitana é uma *"aglomeração urbana que configure uma metrópole"* (Lei 13.089/2015, art. 2º, VII), sendo certo, por sua vez, que metrópole é o *"espaço urbano com continuidade territorial que, em razão de sua população e relevância política e socioeconômica, tem influência nacional ou sobre uma região que configure, no mínimo, área de influência de uma capital regional, conforme os critérios adotados pela Fundação Instituto Brasileiro de Geografia e Estatística – IBGE"* (Lei 13.089/2015, art. 2º, V).

**4. Desnecessidade de carta precatória.** Se o oficial de justiça pode efetuar tais atos nas comarcas contíguas que se situem na mesma região metropolitana, não é necessária a expedição de carta precatória para sua realização.

---

**Art. 256.** A citação por edital será feita:

I – quando desconhecido ou incerto o citando;

II – quando ignorado, incerto ou inacessível o lugar em que se encontrar o citando;

III – nos casos expressos em lei.

§ 1º Considera-se inacessível, para efeito de citação por edital, o país que recusar o cumprimento de carta rogatória.

§ 2º No caso de ser inacessível o lugar em que se encontrar o réu, a notícia de sua citação será divulgada também pelo rádio, se na comarca houver emissora de radiodifusão.

§ 3º O réu será considerado em local ignorado ou incerto se infrutíferas as tentativas de sua localização, inclusive mediante requisição pelo juízo de informações sobre seu endereço nos cadastros de órgãos públicos ou de concessionárias de serviços públicos.

---

▶ **1. Correspondência no CPC/1973.** *"Art. 231. Far-se-á a citação por edital: I – quando desconhecido ou incerto o réu; II – quando ignorado, incerto ou inacessível o lugar em que se encontrar; III – nos casos expressos em lei. § 1º Considera-se inacessível, para efeito de citação por edital, o país que recusar o cumprimento de carta rogatória. § 2º No caso de ser inacessível o lugar em que se encontrar o réu, a notícia de sua citação será divulgada também pelo rádio, se na comarca houver emissora de radiodifusão."*

### ⚖ LEGISLAÇÃO CORRELATA

**2. CPC, art. 72, II.** *"Art. 72. O juiz nomeará curador especial ao: (...) II – réu preso revel, bem como ao réu revel citado por edital ou com hora certa, enquanto não for constituído advogado. Parágrafo único. A curatela especial será exercida pela Defensoria Pública, nos termos da lei."*

**3. CPP, art. 361.** *"Art. 361. Se o réu não for encontrado, será citado por edital, com o prazo de 15 (quinze) dias."*

**4. CPP, art. 363, § 1º.** *"§ 1º Não sendo encontrado o acusado, será procedida a citação por edital."*

### ⚖ JURISPRUDÊNCIA, ENUNCIADOS E SÚMULAS SELECIONADOS

- **5. Tema/Repetitivo 102 STJ.** *"A citação por edital na execução fiscal é cabível quando frustradas as demais modalidades."*
- **6. Súmula STJ, 196.** *"Ao executado que, citado por edital ou por hora certa, permanecer revel, será nomeado curador especial, com legitimidade para apresentação de embargos."*
- **7. Súmula STJ, 414.** *"A citação por edital na execução fiscal é cabível quando frustradas as demais modalidades."*
- **8. Enunciado 214 da III Jornada-CJF.** *"A pesquisa judicial no módulo CEP (Central de Escrituras e Procurações) da CENSEC (Central Notarial de Serviços Eletrônicos Compartilhados) não pode ser indeferida sob o fundamento de que o credor pode ter acesso às informações do órgão de maneira extrajudicial."*

### ⊞ COMENTÁRIOS TEMÁTICOS

**9. Citação ficta.** A citação por edital é, da mesma forma que a citação com hora certa, uma citação *ficta*. Não é feita pessoalmente ao réu, sendo sua ciência presumida. Se houver revelia, também deverá ser nomeado um curador especial com legitimidade para realizar sua defesa (art. 72, II).

**10. Hipóteses.** A citação por edital é admissível: a) quando desconhecido ou incerto o réu; b) quando ignorado, incerto ou inacessível o lugar em que se encontrar; c) nos casos expressos em lei. O réu é *desconhecido* quando não se sabe quem deve ser citado. Tome-se como exemplo o caso em que o autor é devedor de laudêmio e de foro, mas não sabe quem é o senhorio. Há réu, que é certo (o credor da obrigação), mas ele é *desconhecido*. Por sua vez, o réu é *incerto*, quando nem mesmo se sabe se haverá réu, a exemplo do que ocorre na ação de usucapião de imóvel. A citação será por edital quando não se sabe o paradeiro do réu, por ele estar em lugar ignorado ou incerto ou, ainda, quando o réu estiver em lugar inacessível, que o lugar conhecido, mas impossível nele ser feita a citação, em razão de dificuldade de acesso ou de uma epidemia etc.

**11. Presunções.** O dispositivo contém duas presunções de local incerto e não sabido.

**11.1. País que recusa carta rogatória.** É considerado inacessível, para fins de citação por edital, o país que recusar o cumprimento de carta rogatória. Nesse caso, não há como realizar a citação do réu, devendo ser feita por edital.

**11.2. Infrutíferas as tentativas de localização do réu.** O réu será considerado em local ignorado ou incerto se infrutíferas as tentativas de sua localização, inclusive mediante requisição pelo juízo de informações sobre seu endereço nos cadastros de órgãos públicos ou de concessionárias de serviços públicos.

**11.3. Residência no exterior.** *"O simples fato de o réu residir no exterior não é suficiente para autorizar a citação por edital"* (STJ, 3ª Turma, REsp 2.145.294/SC, rel. Min. Nancy Andrighi, *DJe* 21.6.2024).

**12. Divulgação pelo rádio e por outras mídias.** Sendo o lugar inacessível, a notícia da citação do réu pode ser divulgada pelo rádio. É preciso interpretar ampliativamente o dispositivo e imaginar outras mídias ou formas de divulgação mais amplas e mais compatíveis com a tecnologia atual, autorizando que se divulgue a citação também por redes sociais, pela rede mundial de computadores e por ambientes virtuais, cujos acesso e nível de exposição facilitam muito a divulgação da notícia. Tais meios de divulgação seriam, até mesmo, bem mais compatíveis com a hipótese em que o réu se encontre num país que recusa dar cumprimento a uma carta rogatória. Feita a citação por edital, a divulgação pode ser feita por mídias eletrônicas e redes sociais, e não por canal de rádio.

**13. Importância da divulgação pelo rádio e por outras mídias.** Essa divulgação é importante. A falta dela não acarreta invalidade da citação por edital, pois não integra seus requisitos, mas implica ineficácia.

**14. Necessidade de esgotamento dos meios de localização do réu.** *"O novo regramento processual civil, além de reproduzir a norma inserta no art. 231, II, do CPC/1973, estabeleceu que o réu será considerado em local ignorado ou incerto se infrutíferas as tentativas de sua localização, inclusive mediante requisição pelo juízo de informações acerca de seu endereço nos cadastros de órgãos públicos ou de concessionárias de serviços públicos. 2. No caso, o fundamento utilizado pelo acórdão recorrido de inexistir comando legal impondo ao autor o dever de provocar o juízo no sentido de expedir ofícios a órgãos ou prestadores de serviços públicos a fim de localizar o réu não subsiste ante a regra expressa inserta no § 3º, do art. 256, do CPC"* (STJ, 3ª Turma, REsp 1.828.219/RO, rel. Min. Paulo de Tarso Sanseverino, *DJe* 6.9.2019).

**15. Esgotamento dos meios de localização do réu.** *"A jurisprudência do STJ é no sentido de que a citação editalícia só é permitida quando esgotadas todas as possibilidades de localização do réu. Esse entendimento deve ser observado tanto no processo de conhecimento como na execução"* (STJ, 3ª Turma, AgInt no AREsp 1.690.727/SP, rel. Min. Nancy Andrighi, *DJe* 19.11.2020). *"Tomadas providências para a localização do ora agravante, tendo o oficial de justiça se deslocado mais de uma vez ao seu endereço, não conseguindo efetuar citação, a citação por carta, no mesmo endereço, seria igualmente ineficaz. Consideram-se, portanto, exauridas as tentativas de localização do executado, fato que viabiliza a citação por edital"* (STJ, 2ª Turma, AgInt no AREsp 1.662.782/RS, rel. Min. Mauro Campbell Marques, *DJe* 15.12.2020).

**16. Endereço desconhecido do réu afirmado no título executivo estrangeiro.** *"É válida a citação por edital quando o próprio título judicial estrangeiro dispõe que o domicílio do requerido é ignorado"* (STJ, Corte Especial, HDE 2.835/EX, rel. Min. Francisco Falcão, *DJe* 18.12.2020).

---

**Art. 257.** São requisitos da citação por edital:

I – a afirmação do autor ou a certidão do oficial informando a presença das circunstâncias autorizadoras;

II – a publicação do edital na rede mundial de computadores, no sítio do respectivo tribunal e na plataforma de editais do Conselho Nacional de Justiça, que deve ser certificada nos autos;

# LIVRO IV · DOS ATOS PROCESSUAIS

## Art. 258

III – a determinação, pelo juiz, do prazo, que variará entre 20 (vinte) e 60 (sessenta) dias, fluindo da data da publicação única ou, havendo mais de uma, da primeira;

IV – a advertência de que será nomeado curador especial em caso de revelia.

Parágrafo único. O juiz poderá determinar que a publicação do edital seja feita também em jornal local de ampla circulação ou por outros meios, considerando as peculiaridades da comarca, da seção ou da subseção judiciárias.

▶ **1. Correspondência no CPC/1973.** *"Art. 232. São requisitos da citação por edital: I – a afirmação do autor, ou a certidão do oficial, quanto às circunstâncias previstas nos ns. I e II do artigo antecedente; II – a afixação do edital, na sede do juízo, certificada pelo escrivão; III – a publicação do edital no prazo máximo de 15 (quinze) dias, uma vez no órgão oficial e pelo menos duas vezes em jornal local, onde houver; IV – a determinação, pelo juiz, do prazo, que variará entre 20 (vinte) e 60 (sessenta) dias, correndo da data da primeira publicação; V – a advertência a que se refere o art. 285, segunda parte, se o litígio versar sobre direitos disponíveis. § 1º Juntar-se-á aos autos um exemplar de cada publicação, bem como do anúncio, de que trata o nº II deste artigo. § 2º A publicação do edital será feita apenas no órgão oficial quando a parte for beneficiária da Assistência Judiciária."*

### 🗐 COMENTÁRIOS TEMÁTICOS

**2. Requisitos da citação por edital.** O dispositivo estabelece requisitos cumulativos a serem cumpridos para que a citação por edital se realize validamente. O primeiro requisito é a afirmação do autor ou a certidão do oficial informando a presença das circunstâncias autorizadoras, ou seja, que se configura ou ocorre uma das hipóteses descritas no art. 256. Também se exige que o edital seja publicado na rede mundial de computadores, no sítio do respectivo tribunal e na plataforma de editais do Conselho Nacional de Justiça, o que deve ser certificado nos autos. É preciso, ademais, que haja determinação, pelo juiz, do prazo, que variará entre vinte e sessenta dias, fluindo da data da publicação única, ou, havendo mais de uma, da primeira. Ainda deve haver a advertência de que será nomeado curador especial em caso de revelia. O juiz poderá determinar que a publicação do edital seja feita também em jornal local de ampla circulação ou por outros meios, considerando as peculiaridades da comarca, da seção ou da subseção judiciárias.

**3. Validade da citação por edital.** Para que a citação por edital seja válida, é preciso que exista uma das hipóteses previstas no art. 256. Se a citação for feita sem que haja uma daquelas hipóteses, deverá ser invalidada (art. 280), a não ser que o réu compareça e não haja prejuízo.

**4. Multa.** Se o autor requereu dolosamente a citação por edital, forjando uma situação ou fazendo afirmação falsa quanto ao preenchimento dos pressupostos para a sua realização, além de ser invalidada a citação, incorrerá em multa de cinco vezes o salário mínimo, que reverterá em benefício do citando (art. 258).

**5. Prazo do edital e prazo de resposta.** O edital deve fazer constar o prazo fixado pelo juiz, que deve variar de vinte a sessenta dias em que se presume que o réu possa tomar contato com o edital. Esse não é o prazo para apresentação de defesa do réu. Esse prazo do edital começa a fluir a partir da publicação única ou da primeira publicação do edital, sendo contado a partir do primeiro dia útil subsequente. O prazo para o réu apresentar sua defesa começa a fluir no dia em que findar o prazo do edital fixado pelo juiz (art. 231, IV), contado a partir do primeiro dia útil subsequente (art. 224, § 3º).

**Art. 258.** A parte que requerer a citação por edital, alegando dolosamente a ocorrência das circunstâncias autorizadoras para sua realização, incorrerá em multa de 5 (cinco) vezes o salário-mínimo.

Parágrafo único. A multa reverterá em benefício do citando.

▶ **1. Correspondência no CPC/1973.** *"Art. 233. A parte que requerer a citação por edital, alegando dolosamente os requisitos do art. 231, I e II, incorrerá em multa de 5 (cinco) vezes o salário mínimo vigente na sede do juízo. Parágrafo único. A multa reverterá em benefício do citando."*

### 🗐 COMENTÁRIOS TEMÁTICOS

**2. Invalidade da citação por edital e informação dolosa.** A realização de citação por edital sem o preenchimento dos requisitos exigidos no art. 256 é viciada, devendo ser invalidada (art. 280). O vício compromete o exercício do contraditório, devendo acarretar a invalidação, a não ser que o réu compareça e supra o vício, tornando desnecessária a proclamação de invalidade. É do autor o ônus de fornecer os dados do réu para viabilizar a sua citação. Se o autor fornece, dolosamente, informações erradas para justificar uma citação por edital indevida, ele deve ser responsabilizado. O autor pode, dolosamente, dizer que o réu é desconhecido ou incerto, ou que está em lugar incerto, ignorado ou inacessível, sem que haja verdade nisso. Constatada a inverdade e o dolo, o autor há de ser punido com uma multa equivalente a cinco vezes o valor do salário mínimo, que deve reverter em favor do réu. Essa punição não impede que o autor seja considerado como litigante de má-fé e ainda se submeta às multas previstas no art. 81, por ter evidentemente atuado contrariamente à lealdade, à cooperação e à boa-fé.

> **Art. 259.** Serão publicados editais:
>
> I – na ação de usucapião de imóvel;
>
> II – na ação de recuperação ou substituição de título ao portador;
>
> III – em qualquer ação em que seja necessária, por determinação legal, a provocação, para participação no processo, de interessados incertos ou desconhecidos.

▶ **1. Sem correspondência no CPC/1973.**

## 🏛 Legislação Correlata

**2. Lei 6.969/1981, art. 5º, § 2º.** *"Art. 5º Adotar-se-á, na ação de usucapião especial, o procedimento sumaríssimo, assegurada a preferência à sua instrução e julgamento. (...) § 2º O autor requererá também a citação pessoal daquele em cujo nome esteja transcrito o imóvel usucapiendo, bem como dos confinantes e, por edital, dos réus ausentes, incertos e desconhecidos, na forma do art. 232 do Código de Processo Civil, valendo a citação para todos os atos do processo."*

## ⚖ Jurisprudência, Enunciados e Súmulas Selecionados

• **3. Enunciado 119 do FPPC.** *"Em caso de relação jurídica plurilateral que envolva diversos titulares do mesmo direito, o juiz deve convocar, por edital, os litisconsortes unitários ativos incertos e indeterminados (art. 259, III), cabendo-lhe, na hipótese de dificuldade de formação do litisconsórcio, oficiar ao Ministério Público, à Defensoria Pública ou a outro legitimado para que possa propor a ação coletiva."*

## 📖 Comentários Temáticos

**4. Generalidades sobre procedimentos no Código.** O CPC contém uma parte geral em que se reúnem as disposições comuns aplicáveis à generalidade dos processos. Ademais, há

o procedimento *comum* e os procedimentos *especiais*. O procedimento *comum* tem a função de procedimento-padrão, servindo de modelo aos demais procedimentos, cujas regras são-lhes aplicadas subsidiariamente. As técnicas contidas nos procedimentos especiais podem, de todo modo, ser aplicadas ao procedimento comum.

**5. Editais necessários.** Alguns procedimentos especiais regulados pelo CPC/1973 deixaram de existir no atual CPC, sendo submetidos ao procedimento comum. A especialidade deles residia, basicamente, numa publicação de editais. Eles estão, agora, submetidos ao procedimento comum, mas se mantém a necessidade de publicação de editais. É o caso da ação de usucapião de terras particulares, da ação de recuperação ou substituição de título ao portador e de qualquer outra em que seja necessário convocar uma grande quantidade de pessoas. Nesses casos, a opção do atual Código foi substituir a previsão de procedimentos diferenciados por uma regra aberta capaz de abranger todos os casos em que a citação por edital for da essência do procedimento.

**6. Editais em outros casos.** Em outras hipóteses similares, é possível aplica técnica de publicação de editais no procedimento comum ou, até mesmo, em procedimentos especiais. Os arts. 327, § 2º, e 1.049, parágrafo único, permitem a importação e o livre trânsito das técnicas processuais entre os diversos procedimentos.

**7. Obrigatoriedade da citação por edital em ação possessória coletiva passiva.** *"Nas ações possessórias voltadas contra número indeterminado de invasores de imóvel, faz-se obrigatória a citação por edital dos réus incertos. 3. O CPC/2015, visando adequar a proteção possessória a tal realidade, tendo em conta os interesses público e social inerentes a esse tipo de conflito coletivo, sistematizou a forma de integralização da relação jurídica, com o fito de dar a mais ampla publicidade ao feito, permitindo que o magistrado se valha de qualquer meio para esse fim. 4. O novo regramento autoriza a propositura de ação em face de diversas pessoas indistintamente, sem que se identifique especificamente cada um dos invasores (os demandados devem ser determináveis e não obrigatoriamente determinados), bastando a indicação do local da ocupação para permitir que o oficial de justiça efetue a citação daqueles que forem lá encontrados (citação pessoal), devendo os demais serem citados presumidamente (citação por edital). 5. Na hipótese, deve ser reconhecida a nulidade de todos os atos do processo, em razão da falta de citação por edital dos ocupantes não identificados"* (STJ, 4ª Turma, REsp 1.314.615/SP, rel. Min. Luis Felipe Salomão, *DJe* 12.6.2017).

**LIVRO IV · DOS ATOS PROCESSUAIS** — **Art. 260**

## CAPÍTULO III
## DAS CARTAS

**Art. 260.** São requisitos das cartas de ordem, precatória e rogatória:

I – a indicação dos juízes de origem e de cumprimento do ato;

II – o inteiro teor da petição, do despacho judicial e do instrumento do mandato conferido ao advogado;

III – a menção do ato processual que lhe constitui o objeto;

IV – o encerramento com a assinatura do juiz.

§ 1º O juiz mandará trasladar para a carta quaisquer outras peças, bem como instruí-la com mapa, desenho ou gráfico, sempre que esses documentos devam ser examinados, na diligência, pelas partes, pelos peritos ou pelas testemunhas.

§ 2º Quando o objeto da carta for exame pericial sobre documento, este será remetido em original, ficando nos autos reprodução fotográfica.

§ 3º A carta arbitral atenderá, no que couber, aos requisitos a que se refere o *caput* e será instruída com a convenção de arbitragem e com as provas da nomeação do árbitro e de sua aceitação da função.

▶ **1. Correspondência no CPC/1973.** *"Art. 202. São requisitos essenciais da carta de ordem, da carta precatória e da carta rogatória: I – a indicação dos juízes de origem e de cumprimento do ato; II – o inteiro teor da petição, do despacho judicial e do instrumento do mandato conferido ao advogado; III – a menção do ato processual, que lhe constitui o objeto; IV – o encerramento com a assinatura do juiz. § 1º O juiz mandará trasladar, na carta, quaisquer outras peças, bem como instruí-la com mapa, desenho ou gráfico, sempre que estes documentos devam ser examinados, na diligência, pelas partes, peritos ou testemunhas. § 2º Quando o objeto da carta for exame pericial sobre documento, este será remetido em original, ficando nos autos reprodução fotográfica. § 3º A carta de ordem, carta precatória ou carta rogatória pode ser expedida por meio eletrônico, situação em que a assinatura do juiz deverá ser eletrônica, na forma da lei."*

### 📜 LEGISLAÇÃO CORRELATA

**2. Lei 9.307/1996, art. 22-C.** *"Art. 22-C. O árbitro ou o tribunal arbitral poderá expedir carta arbitral para que o órgão jurisdicional nacional*

*pratique ou determine o cumprimento, na área de sua competência territorial, de ato solicitado pelo árbitro. Parágrafo único. No cumprimento da carta arbitral será observado o segredo de justiça, desde que comprovada a confidencialidade estipulada na arbitragem."*

### ⚖ JURISPRUDÊNCIA, ENUNCIADOS E SÚMULAS SELECIONADOS

- **3. Enunciado 26 do FPPC.** *"Os requisitos legais mencionados no inciso I do art. 267 são os previstos no art. 260."*

- **4. Enunciado 417 do FPPC.** *"São requisitos para o cumprimento da carta arbitral: i) indicação do árbitro ou do tribunal arbitral de origem e do órgão do Poder Judiciário de destino; ii) inteiro teor do requerimento da parte, do pronunciamento do árbitro ou do Tribunal arbitral e da procuração conferida ao representante da parte, se houver; iii) especificação do ato processual que deverá ser praticado pelo juízo de destino; iv) encerramento com a assinatura do árbitro ou do presidente do tribunal arbitral conforme o caso."*

- **5. Enunciado 3 da I Jornada de Prevenção e Solução Extrajudicial de Litígios-CJF.** *"A carta arbitral poderá ser processada diretamente pelo órgão do Poder Judiciário do foro onde se dará a efetivação da medida ou decisão."*

### 🖥 COMENTÁRIOS TEMÁTICOS

**6. Requisitos essenciais das cartas.** As cartas de ordem, rogatória ativa e precatória têm os seguintes requisitos: (a) a indicação dos juízes de origem e de cumprimento do ato, (b) o inteiro teor da petição, da decisão judicial e do instrumento do mandato conferido ao advogado, do despacho judicial e do instrumento do mandato, conferido ao advogado, (c) a menção do ato processual, que lhe constitui o objeto e (d) o encerramento com a assinatura do juiz.

**7. Cartas rogatórias passivas.** Tais requisitos não se aplicam às cartas rogatórias passivas, ou seja, aquelas que são dirigidas de outro país para a Justiça brasileira. Na carta rogatória passiva, a autoridade estrangeira a instrui com requisitos previstos lá na sua legislação, devendo ser objetadas as demais peculiaridades normativas.

**8. Pressupostos de existência e requisitos de validade.** Os incisos I e IV são pressupostos de existência das cartas; os demais, requisitos de validade. A ausência de requisitos da carta só conduz à sua invalidade se demonstrado prejuízo pela inobservância da forma prescrita.

# Art. 261

**9. Requisitos eventuais.** Além dos requisitos necessários, o juiz mandará trasladar, na carta, quaisquer outras peças do processo, sem prejuízo de instruí-la com mapa, desenho ou gráfico, sempre que esses documentos devam ser examinados na diligência pelas partes, peritos ou testemunhas.

**10. Carta arbitral.** Os requisitos do art. 260 devem, no que couber, também ser preenchidos pela carta arbitral, que há ser instruída com a convenção de arbitragem e com as provas da nomeação do árbitro e de sua aceitação da função.

> **Art. 261.** Em todas as cartas o juiz fixará o prazo para cumprimento, atendendo à facilidade das comunicações e à natureza da diligência.
>
> § 1º As partes deverão ser intimadas pelo juiz do ato de expedição da carta.
>
> § 2º Expedida a carta, as partes acompanharão o cumprimento da diligência perante o juízo destinatário, ao qual compete a prática dos atos de comunicação.
>
> § 3º A parte a quem interessar o cumprimento da diligência cooperará para que o prazo a que se refere o *caput* seja cumprido.

▶ **1. Correspondência no CPC/1973.** *"Art. 203. Em todas as cartas declarará o juiz o prazo dentro do qual deverão ser cumpridas, atendendo à facilidade das comunicações e à natureza da diligência."*

## ⚖ Jurisprudência, Enunciados e Súmulas Selecionados

• **2. Súmula STJ, 273.** *"Intimada a defesa da expedição da carta precatória, torna-se desnecessária intimação da data da audiência no juízo deprecado."*

## 🗒 Comentários Temáticos

**3. Prazo para cumprimento.** O juiz, em todas as cartas, deve fixar um prazo para cumprimento. É, portanto, um prazo judicial. Na sua fixação, o juiz deve levar em conta as peculiaridades do caso e a natureza da diligência. O prazo judicial deve ser dimensionado atendendo à facilidade das comunicações e à natureza da diligência.

**4. Pagamento de despesas processuais ou requerimento de gratuidade.** O prazo fixado pelo juiz para cumprimento da carta também serve para que a parte que a requereu providencie o pagamento das despesas processuais a ela inerentes, podendo, se for o caso, requerer

o deferimento da gratuidade da justiça, se não reunir condições financeiras para custeá-las. Se a parte que requereu a expedição da carta não paga as despesas processuais a ela inerentes, nem requer a gratuidade, é lícito ao órgão jurisdicional entender que ela desistiu da providência solicitada. Antes de entendê-lo, porém, deve consultar a parte a respeito (art. 10).

**5. Expedição da carta.** A expedição das cartas é atribuição do escrivão ou chefe de secretaria (art. 152, I e II), não sendo função das partes ou de seus advogados realizar tal atividade. É certo que deve haver cooperação entre os sujeitos do processo, mas os deveres de cooperação não justificam transferir para a parte ou para o advogado a atividade do escrivão ou chefe de secretaria. A autorização dada ao advogado para realizar intimações ao outro advogado (art. 269, § 1º) não equivale a conferir-lhe a incumbência de expedir cartas de ordem, precatória, rogatória ou arbitral. Essa é atribuição do escrivão ou chefe de secretaria e, no ambiente cooperativo, há uma comunidade de trabalho, tendo cada uma sua função e sua importância, a ser desempenhada regularmente.

**6. Diligências.** As partes têm o direito de acompanhar a tramitação da carta e de participar da diligência de cumprimento. Daí por que devem ser intimadas pelo juiz do ato de expedição da carta.

> **Art. 262.** A carta tem caráter itinerante, podendo, antes ou depois de lhe ser ordenado o cumprimento, ser encaminhada a juízo diverso do que dela consta, a fim de se praticar o ato.
>
> Parágrafo único. O encaminhamento da carta a outro juízo será imediatamente comunicado ao órgão expedidor, que intimará as partes.

▶ **1. Correspondência no CPC/1973.** *"Art. 204. A carta tem caráter itinerante; antes ou depois de lhe ser ordenado o cumprimento, poderá ser apresentada a juízo diverso do que dela consta, a fim de se praticar o ato."*

## 🗒 Comentários Temáticos

**2. Caráter itinerante da carta.** A carta de ordem, precatória, rogatória ou arbitral destina-se a realizar o cumprimento de um ato de comunicação, de instrução ou de constrição. O cumprimento do ato há de ser ordenado pelo juízo deprecado, devolvendo a carta ao deprecante. Se o destinatário do ato de comunicação ou o objeto a ser provado ou o bem a ser constrito vem a, posteriormente, mudar de lugar, tal mudança não

**LIVRO IV · DOS ATOS PROCESSUAIS** **Art. 264**

terá o condão de fazer retornar a carta ao deprecante para que, então, seja expedida outra, desta vez para outro juízo. Em tal situação, quando o ato há de ser cumprido por outro juízo deprecado, em vez de a carta voltar para o deprecante, deve ser, desde logo, encaminhada àquele outro juízo. A carta é *itinerante*. As mudanças sucessivas de domicílio do citando ou intimando, ou do local onde se encontra o bem a ser examinado, avaliado ou penhorado, causariam, certamente, danos à outra parte, militando contra a própria atividade jurisdicional, por não garantir, de resto, um processo com duração razoável, além da própria instabilidade daí decorrente. Tal objetivo, contudo, é alcançado, com a itinerância da carta. Se a carta foi expedida a um juízo, mas não é ele quem deve determinar seu cumprimento, não há problema: em vez de devolver a carta para o deprecante, a fim de ele determinar a expedição de outra, encaminha-se a própria carta ao juízo competente para cumprimento, resolvendo-se, enfim, o problema da falta de competência do juízo deprecado.

**3. Contraditório na mudança de endereçamento da carta.** A mudança no endereçamento da carta há de ser comunicada ao juízo deprecante, que cuidará de informar às partes. Essa é a previsão do parágrafo único do art. 262 e nada mais é do que a concretização do contraditório. Contraditório é participação e, para que haja participação, é preciso haver comunicação. Daí a importância da previsão contida no dispositivo ora comentado. Todos os envolvidos devem saber da mudança de rota na carta, reforçando o ambiente de cooperação e de participação no processo.

---

> **Art. 263.** As cartas deverão, preferencialmente, ser expedidas por meio eletrônico, caso em que a assinatura do juiz deverá ser eletrônica, na forma da lei.

▶ **1. Correspondência no CPC/1973.** *"Art. 202. (...) § 3º A carta de ordem, carta precatória ou carta rogatória pode ser expedida por meio eletrônico, situação em que a assinatura do juiz deverá ser eletrônica, na forma da lei."*

🏛 **LEGISLAÇÃO CORRELATA**

**2. Lei 11.419/2006, art. 1º, § 2º, III.** *"Art. 1º O uso de meio eletrônico na tramitação de processos judiciais, comunicação de atos e transmissão de peças processuais será admitido nos termos desta Lei. (...) § 2º Para o disposto nesta Lei, considera-se: (...) III – assinatura eletrônica*

*as seguintes formas de identificação inequívoca do signatário: a) assinatura digital baseada em certificado digital emitido por Autoridade Certificadora credenciada, na forma de lei específica; b) mediante cadastro de usuário no Poder Judiciário, conforme disciplinado pelos órgãos respectivos."*

**3. Resolução 185/2013 do CNJ.** Institui o Sistema Processo Judicial Eletrônico – PJe como sistema de processamento de informações e prática de atos processuais e estabelece os parâmetros para sua implementação e funcionamento.

▣ **COMENTÁRIOS TEMÁTICOS**

**4. Expedição de cartas por meio eletrônico.** As cartas de ordem, precatória, rogatória e arbitral devem ser expedidas preferencialmente por meio eletrônico, o que acelera seu andamento, além de diminuir o custo com papel e remessa. Expedida a carta por meio eletrônico, a assinatura do juiz deve ser igualmente eletrônica, na forma da lei.

**5. Assinatura eletrônica.** O § 2º, III, do art. 1º da Lei 11.419/2006, admite duas modalidades de identificação digital dos usuários dos sistemas eletrônicos: (a) por meio de simples cadastro no Poder Judiciário; (b) por meio de assinatura digital baseada em certificado digital emitido por autoridade certificadora credenciada. O CNJ resolveu adotar o sistema do *PJe* como sistema padrão em âmbito nacional, regulamentando-o pela Resolução 185/2013, para admitir apenas assinaturas digitais que utilizem exclusivamente o certificado digital A3 ou equivalente que siga as regras da ICP-Brasil.

**6. Outros meios possíveis.** As cartas podem ser expedidas pela forma tradicional (em autos de papel) ou por meio eletrônico. O meio eletrônico é o preferencial. Para ajustar-se às peculiaridades da causa e atender à efetividade da jurisdição (CF, art. 5º, XXXV), a carta pode ser expedida por outros meios, a depender da situação concreta. As cartas podem também ser expedidas por telefone ou por telegrama (art. 264).

---

> **Art. 264.** A carta de ordem e a carta precatória por meio eletrônico, por telefone ou por telegrama conterão, em resumo substancial, os requisitos mencionados no art. 250, especialmente no que se refere à aferição da autenticidade.

▶ **1. Correspondência no CPC/1973.** *"Art. 206. A carta de ordem e a carta precatória, por telegrama ou radiograma, conterão, em resumo substancial, os requisitos mencionados no art. 202, bem como a declaração, pela agência expedidora, de estar reconhecida a assinatura do juiz."*

481

# Art. 265   CÓDIGO DE PROCESSO CIVIL COMENTADO – *Leonardo Carneiro da Cunha*

## 🖩 LEGISLAÇÃO CORRELATA

**2. Lei 9.099/1995, art. 13, § 2º.** *"Art. 13. Os atos processuais serão válidos sempre que preencherem as finalidades para as quais forem realizados, atendidos os critérios indicados no art. 2º desta Lei. (...) § 2º A prática de atos processuais em outras comarcas poderá ser solicitada por qualquer meio idôneo de comunicação."*

**3. Lei 9.099/1995, art. 19.** *"Art. 19. As intimações serão feitas na forma prevista para citação, ou por qualquer outro meio idôneo de comunicação."*

## ⚖ JURISPRUDÊNCIA, ENUNCIADOS E SÚMULAS SELECIONADOS

- **4. Enunciado 33 do FONAJE.** *"É dispensável a expedição de carta precatória nos Juizados Especiais Cíveis, cumprindo-se os atos nas demais comarcas, mediante via postal, por ofício do Juiz, fax, telefone ou qualquer outro meio idôneo de comunicação".*

## ▣ COMENTÁRIOS TEMÁTICOS

**5. Requisitos das cartas e erro de remissão.** As cartas de ordem, precatória, rogatória ou arbitral podem ser expedidas pela forma tradicional (em autos de papel), por meio eletrônico, por telefone ou por telegrama. Independentemente da forma, a carta deve preencher os requisitos legais previstos no art. 260.

**6. Erro de remissão no dispositivo.** Há um equívoco de remissão no dispositivo, que se refere ao art. 250, quando os requisitos para expedição de cartas estão listados no art. 260.

> **Art. 265.** O secretário do tribunal, o escrivão ou o chefe de secretaria do juízo deprecante transmitirá, por telefone, a carta de ordem ou a carta precatória ao juízo em que houver de se cumprir o ato, por intermédio do escrivão do primeiro ofício da primeira vara, se houver na comarca mais de um ofício ou de uma vara, observando-se, quanto aos requisitos, o disposto no art. 264.
>
> § 1º O escrivão ou o chefe de secretaria, no mesmo dia ou no dia útil imediato, telefonará ou enviará mensagem eletrônica ao secretário do tribunal, ao escrivão ou ao chefe de secretaria do juízo deprecante, lendo-lhe os termos da carta e solicitando-lhe que os confirme.
>
> § 2º Sendo confirmada, o escrivão ou o chefe de secretaria submeterá a carta a despacho.

▶ **1. Correspondência no CPC/1973.** *"Art. 207. O secretário do tribunal ou o escrivão do juízo deprecante transmitirá, por telefone, a carta de ordem, ou a carta precatória ao juízo, em que houver de cumprir-se o ato, por intermédio do escrivão do primeiro ofício da primeira vara, se houver na comarca mais de um ofício ou de uma vara, observando, quanto aos requisitos, o disposto no artigo antecedente. § 1º O escrivão, no mesmo dia ou no dia útil imediato, telefonará ao secretário do tribunal ou ao escrivão do juízo deprecante, lendo-lhe os termos da carta e solicitando-lhe que lha confirme. § 2º Sendo confirmada, o escrivão submeterá a carta a despacho."*

## ⚖ JURISPRUDÊNCIA, ENUNCIADOS E SÚMULAS SELECIONADOS

- **2. Enunciado 33 do FONAJE.** *"É dispensável a expedição de carta precatória nos Juizados Especiais Cíveis, cumprindo-se os atos nas demais comarcas, mediante via postal, por ofício do Juiz, fax, telefone ou qualquer outro meio idôneo de comunicação."*

## ▣ COMENTÁRIOS TEMÁTICOS

**3. Transmissão por telefone.** As cartas são expedidas, preferencialmente, por meio eletrônico (art. 263), mas seu conteúdo deve ser resumido e transmitido por telefone ao juízo destinatário, onde será reduzido a escrito. É relevante a confirmação pelo órgão receptor de que a mensagem recebida corresponde ao ato praticado pelo órgão emissor.

**4. Inconstitucionalidade parcial do dispositivo.** O dispositivo atribui competência para a recepção das cartas de ordem e precatória para o juízo da primeira vara da comarca ou subseção judiciária para recepção, sendo, portanto, absoluta essa competência. Sendo o Código uma lei federal, essa competência pode ser atribuída, sem problema, à Justiça Federal. Logo, no âmbito da Justiça Federal, as cartas de ordem e precatória são recepcionadas pelos juízos da 1ª Vara. Não é possível, porém, atribuir essa competência a juízos estaduais da 1ª Vara, em razão da incidência do pacto federativo. Não se admite que uma lei federal trate de competência interna-funcional de juízos estaduais. Essa é uma matéria que deve ser disciplinada por Códigos locais de organização judiciária, e não por lei federal. A lei de organização judiciária dos Estados tem natureza estadual, com iniciativa do tribunal de justiça (CF, art. 125, I). Esse, portanto, é um tema que deve ser tratado por cada ente federativo, não

# LIVRO IV · DOS ATOS PROCESSUAIS — Art. 267

cabendo à lei federal disciplinar competências locais, internas e funcionais de juízos estaduais.

> **Art. 266.** Serão praticados de ofício os atos requisitados por meio eletrônico e de telegrama, devendo a parte depositar, contudo, na secretaria do tribunal ou no cartório do juízo deprecante, a importância correspondente às despesas que serão feitas no juízo em que houver de praticar-se o ato.

▶ **1. Correspondência no CPC/1973.** *"Art. 208. Executar-se-ão, de ofício, os atos requisitados por telegrama, radiograma ou telefone. A parte depositará, contudo, na secretaria do tribunal ou no cartório do juízo deprecante, a importância correspondente às despesas que serão feitas no juízo em que houver de praticar-se o ato".*

## 🖳 COMENTÁRIOS TEMÁTICOS

**2. Cumprimento de ofício.** Os atos necessários ao cumprimento da carta de ordem ou precatória serão cumpridos de ofício, independentemente de provocação da parte.

**3. Despesas com a carta.** Não deve o juízo deprecado aguardar a remessa dos valores necessários a cobrir as despesas com o cumprimento da carta. Recebida a carta, o juiz deve cumpri-la, independentemente do depósito prévio das despesas processuais inerentes à realização do ato solicitado. O depósito das despesas, que deve ser feito perante o juízo deprecante, é posterior ao cumprimento da carta. O art. 266 é uma exceção ao art. 82. As despesas, arbitradas pelo escrivão ou diretor de secretaria do juízo deprecado, devem ter seu valor comunicado ao juízo deprecante, para que a parte proceda ao depósito. Sem o pagamento das despesas, não há devolução da carta, que poderá ser retida até a sua efetivação (art. 268).

> **Art. 267.** O juiz recusará cumprimento a carta precatória ou arbitral, devolvendo-a com decisão motivada quando:
>
> I – a carta não estiver revestida dos requisitos legais;
>
> II – faltar ao juiz competência em razão da matéria ou da hierarquia;
>
> III – o juiz tiver dúvida acerca de sua autenticidade.
>
> Parágrafo único. No caso de incompetência em razão da matéria ou da hierarquia, o juiz deprecado, conforme o ato a ser praticado, poderá remeter a carta ao juiz ou ao tribunal competente.

▶ **1. Correspondência no CPC/1973.** *"Art. 209. O juiz recusará cumprimento à carta precatória, devolvendo-a com despacho motivado: I – quando não estiver revestida dos requisitos legais; II – quando carecer de competência em razão da matéria ou da hierarquia; III – quando tiver dúvida acerca de sua autenticidade."*

## ⚖ JURISPRUDÊNCIA, ENUNCIADOS E SÚMULAS SELECIONADOS

- **2. Enunciado 26 do FPPC.** *"Os requisitos legais mencionados no inciso I do art. 267 são os previstos no art. 260."*
- **3. Enunciado 27 do FPPC.** *"Não compete ao juízo estatal revisar o mérito da medida ou decisão arbitral cuja efetivação se requer por meio da carta arbitral, salvo nos casos do § 3º do art. 26 do CPC."*
- **4. Enunciado 417 do FPPC.** *"São requisitos para o cumprimento da carta arbitral: i) indicação do árbitro ou do tribunal arbitral de origem e do órgão do Poder Judiciário de destino; ii) inteiro teor do requerimento da parte, do pronunciamento do árbitro ou do Tribunal arbitral e da procuração conferida ao representante da parte, se houver; iii) especificação do ato processual que deverá ser praticado pelo juízo de destino; iv) encerramento com a assinatura do árbitro ou do presidente do tribunal arbitral conforme o caso."*

## 🖳 COMENTÁRIOS TEMÁTICOS

**5. Recusa da carta.** A lista de motivos para recusa da carta precatória ou arbitral é taxativa. Não é possível ao juiz recusar cumprimento à carta por outros motivos que não estejam relacionados no art. 267. Não cabe ao juízo deprecado analisar o conteúdo da decisão a ser cumprida, nem recusar por discordar do entendimento nela manifestado pelo juízo deprecante. O juízo deprecado (que é o juízo do qual se solicita a cooperação) não é o juízo da causa, cabendo-lhe apenas cumprir a carta, conferindo efetividade ao ato solicitado.

**6. Taxatividade dos motivos para recusa.** *"O art. 267 do CPC/2015 possui rol taxativo de recusa para o cumprimento de carta precatória"* (STJ, 1ª Seção, CC 165.381/MG, rel. Min. Francisco Falcão, *DJe* 14.06.2019).

**7. Inaplicabilidade às cartas rogatórias e aplicabilidade às cartas de ordem.** O art. 267 não se aplica às cartas rogatórias, mas se aplica às cartas de ordem. Embora o dispositivo mencione apenas as cartas precatória e arbitral, é bem de ver que os requisitos previstos no art. 260 são uniformes para as três cartas: de ordem, precatória e arbitral. Em prol da unidade e coerência, os motivos de recusa listados no art. 267 devem ser aplicados também para o caso de carta de ordem.

**8. Cumprimento, mesmo quando não preenchidos requisitos.** Cabe ao juiz recusar a carta que não cumpra os requisitos do art. 260. Se a falha, porém, não impedir o cumprimento da carta, se estiver atendida a finalidade do ato, tudo for inteligível e não houver prejuízo para as partes, o juízo deprecado pode dar-lhe cumprimento. Seja como for, é preciso haver expressa fundamentação.

**9. Incompetência absoluta.** O cumprimento da carta deve ser recusado quando o juízo destinatário for absolutamente incompetente para a prática do ato. A eventual incompetência relativa não é motivo para recusar cumprimento à carta. Só a incompetência absoluta que impede o cumprimento. Diante da itinerância da carta, o juízo deprecado, ao recusar cumprimento por ser absolutamente incompetente, deve, em vez de devolvê-la ao juízo deprecante, encaminhar diretamente ao juízo competente para que ele lhe dê cumprimento. Aliás, é exatamente isso que consta do parágrafo único do art. 267, cujo teor confirma a itinerância da carta.

**10. Competência dos Juizados Federais para cumprimento de cartas.** Um ato processual determinado por um juízo federal há de ser requisitado para ser cumprido por carta precatória a outro juízo federal. O juiz recusará cumprimento à carta precatória, quando carecer de competência absoluta (art. 267, II). Embora o art. 267, II, mencione a competência em razão da matéria ou da hierarquia, deve-se considerar que a referência diz respeito à competência absoluta. Assim, não somente a competência material e a funcional estão abrangidas pela regra, mas também qualquer outra hipótese de competência que seja absoluta. Expedida uma carta precatória por um juízo federal, seu cumprimento deverá ser feito por um outro juízo federal, a não ser na hipótese de competência federal delegada prevista no art. 109, § 3º, da CF e regulamentada por lei. O cumprimento da precatória apenas poderá ser realizado pelo Juizado Federal, se a causa inserir-se entre aquelas de sua competência. Nas demandas *propostas por* entes federais, *não há* competência dos Juizados Especiais Cíveis Federais para processar e julgar a causa. Em tais casos, a carta precatória não deve ser cumprida pelo Juizado Federal, mercê da falta de competência

absoluta. De igual modo, se o valor da causa superar o limite de sessenta salários mínimos, não haverá competência do Juizado Especial Federal. Se a causa que tramita no juízo deprecante for de competência do Juizado Especial Cível Federal, a outro Juizado Federal será deprecado o cumprimento do ato processual.

**11. Autenticidade.** Havendo dúvida sobre sua autenticidade, o juiz poderá recusar cumprimento à carta. Antes disso, cabe-lhe comunicar-se com o juízo deprecante, para conferir se a carta é autêntica ou não. A persistir a dúvida, não há outro caminho, a não ser recusar o cumprimento.

**12. Irresignação em face do ato praticado.** Ao cumprir a carta, juízo deprecado é mero cumpridor do pedido de cooperação nela contido. Se, entretanto, o juízo deprecado for além dos limites de simples cumpridor da carta, a parte prejudicada poderá interpor recurso. Se for uma decisão interlocutória, e a hipótese se subsumir a um dos casos do art. 1.015, caberá agravo de instrumento. Do contrário, o recurso será veiculado nas razões ou contrarrazões de apelação (art. 1.009, § 1º).

**13. Decisão fundamentada.** A recusa do juízo deprecado, que deve ater-se aos motivos do art. 267, há de ser devidamente fundamentada (arts. 267 e 489, § 1º).

> **Art. 268.** Cumprida a carta, será devolvida ao juízo de origem no prazo de 10 (dez) dias, independentemente de traslado, pagas as custas pela parte.

▶ **1. Correspondência no CPC/1973.** *"Art. 212. Cumprida a carta, será devolvida ao juízo de origem, no prazo de 10 (dez) dias, independentemente de traslado, pagas as custas pela parte."*

## ▣ COMENTÁRIOS TEMÁTICOS

**2. Devolução da carta cumprida.** Realizada a diligência solicitada pela carta, esta é devolvida independentemente de traslado. A parte precisa, porém, pagar as custas devidas em razão da atividade exercida no cumprimento da carta. Normalmente, as despesas são pagas antecipadamente pela parte interessada (art. 82). No caso das cartas, o depósito é posterior ao seu cumprimento (art. 266). Cumprida a carta, o juiz só determinará sua devolução se houver a comprovação do pagamento das custas correspondentes. Sem o pagamento das despesas, não se devolve a carta, que pode ficar retida aguardando sua ultimação.

## LIVRO IV · DOS ATOS PROCESSUAIS
## Art. 269

## CAPÍTULO IV
## DAS INTIMAÇÕES

**Art. 269.** Intimação é o ato pelo qual se dá ciência a alguém dos atos e dos termos do processo.

§ 1º É facultado aos advogados promover a intimação do advogado da outra parte por meio do correio, juntando aos autos, a seguir, cópia do ofício de intimação e do aviso de recebimento.

§ 2º O ofício de intimação deverá ser instruído com cópia do despacho, da decisão ou da sentença.

§ 3º A intimação da União, dos Estados, do Distrito Federal, dos Municípios e de suas respectivas autarquias e fundações de direito público será realizada perante o órgão de Advocacia Pública responsável por sua representação judicial.

▶ **1. Correspondência no CPC/1973.** *"Art. 234. Intimação é o ato pelo qual se dá ciência a alguém dos atos e termos do processo, para que faça ou deixe de fazer alguma coisa."*

⚖ **Jurisprudência, Enunciados e Súmulas Selecionados**

- **2. Enunciado 12 do FNPP.** *"Quando a intimação, no processo eletrônico, frustrar-se ou não for possível, deve realizar-se por oficial de justiça mediante mandado que preencha os requisitos do art. 250, entre os quais se insere a cópia do despacho, da decisão ou da sentença (arts. 250, V e 269, § 2º, CPC), aplicando-se o disposto no inciso II do art. 231, CPC, quanto à contagem do prazo."*

- **3. Enunciado 41 do FONAJE.** *"A correspondência ou contrafé recebida no endereço do advogado é eficaz para efeito de intimação, desde que identificado o seu recebedor".*

📄 **Comentários Temáticos**

**4. Definição legal de intimação.** A definição legal de intimação revela sua finalidade: a de dar ciência a alguém dos atos e dos termos do processo. É ato de comunicação processual que se dirige para quem já é parte. Se o sujeito ainda não é parte no processo, não deve ser intimado, mas citado, pois é a citação que convoca alguém a integrar o processo, passando a ostentar a condição de parte.

**5. Ciência inequívoca.** A ciência inequívoca do ato ou do termo do processo dispensa a intimação da parte. Se o objetivo da intimação é dar-lhe ciência, mas ela já teve conhecimento do ato ou termo do processo, não será mais necessária a realização desse ato de comunicação processual. Nesse sentido: *"A intimação é ato solene pelo qual é cientificada a parte sobre algum ato processual, sendo desnecessária sua expedição formal quando a parte comparecer espontaneamente ao processo"* (STJ, Corte Especial, EREsp 1.415.522/ES, rel. Min. Felix Fischer, j. 29.03.2017, DJe 05.04.2017). No mesmo sentido: *"Consoante a jurisprudência desta Corte Superior, a ciência inequívoca do defensor dá início ao prazo para manifestação nos autos, ainda que a intimação da decisão ou ato processual não tenha obedecido aos ditames legais. Inexistência, destarte, de nulidade decorrente da falta de intimação formal do advogado quanto ao teor da sentença"* (STJ, 5ª Turma, AgRg no REsp 1.667.565/SC, rel. Min. Ribeiro Dantas, DJe 15.3.2021).

**6. Ciência inequívoca e dispensa das regras de intimação.** *"Esta Corte Superior possui entendimento pacífico no sentido de ser possível afastar a regra geral das intimações pela publicação na imprensa oficial, quando a parte tenha tomado ciência inequívoca da decisão que lhe é adversa por outro meio qualquer, iniciando a partir daí a contagem do prazo para interposição do recurso cabível"* (STJ, 4ª Turma, AgInt no AREsp 1.285.728/PR, rel. Min. Luis Felipe Salomão, DJe 23.8.2018)

**7. Ciência inequívoca no cumprimento de sentença.** *"Demonstrada ciência inequívoca do Devedor quanto à penhora 'on-line' realizada, não há necessidade de sua intimação formal para o início do prazo para apresentar impugnação à fase de cumprimento de sentença, tendo como termo a quo a data em que comprovada a ciência. III – In casu, o Devedor peticionou nos autos, após bloqueio e transferência de valores, impugnando pedido do Credor, com objetivo de obstar levantamento de valores, iniciado, portanto, o prazo para impugnação, pois demonstrada ciência inequívoca da penhora"* (STJ, Corte Especial, EREsp 1.415.522/ES, rel. Min. Felix Fischer, DJe 5.4.2017).

**8. Modalidades.** A intimação pode ser direta ou indireta. A intimação direta é uma novidade do atual Código e está prevista no § 1º do art. 269, consistindo naquela em que o advogado de uma parte intima o da outra por meio do correio, juntando aos autos, em seguida, cópia do ofício de intimação e do aviso de recebimento. A intimação direta aplica-se a qualquer tipo de decisão, proferida em qualquer grau de jurisdição; deve ser instruída com cópia do despacho, da decisão ou da sentença. Por sua vez, a intimação indireta é aquela realizada pelo Poder Judiciário, e não pelo próprio advogado da parte,

485

podendo ocorrer por meio eletrônico (art. 270), mediante publicação no órgão oficial (art. 272), pessoalmente (art. 273, I), pelo correio (art. 273, II), por termo nos autos (art. 274) ou por oficial de justiça (art. 275). Quando feita por oficial de justiça, pode ser por hora certa. Pode também a intimação ser feita por edital (art. 275, § 2º).

**9. Intimação pessoal da Fazenda Pública.** A intimação da União, dos Estados, do Distrito Federal, dos Municípios e de suas autarquias e fundações faz-se perante o órgão da Advocacia Pública responsável por sua representação (art. 269, § 3º). A intimação é pessoal, fazendo-se por carga, remessa ou meio eletrônico. O meio eletrônico é o preferencial (arts. 246, §§ 1º e 2º, 270, 1.050 e 1.051). A retirada dos autos ou da secretaria pela Advocacia Pública implica intimação de qualquer decisão contida no processo, ainda que pendente de publicação (art. 272, § 6º). A intimação pessoal não dispensa a publicação da decisão no *Diário da Justiça eletrônico*, que há de ser feita em atenção ao princípio da publicidade (CF, art. 93, IX; CPC, arts. 8º, 11, 189 e 205, § 3º). A publicação no órgão oficial é meio de intimação (art. 272), inaplicável à Advocacia Pública. Os advogados públicos são intimados pessoalmente, por carga, remessa ou meio eletrônico (art. 183, § 1º).

**10. Impossibilidade da intimação feita pelo próprio advogado ao advogado público.** O § 1º do art. 269 faculta aos advogados promover a intimação do advogado da outra parte por meio do correio, juntando aos autos, em seguida, cópia do ofício de intimação e do aviso de recebimento. O advogado não pode promover a intimação do advogado público por esse meio. Isso porque a Fazenda Pública há de ser intimada pessoalmente, por carga, remessa ou por meio eletrônico. Se a intimação deve ser pessoal e esta é considerada apenas aquela feita por carga dos autos, remessa ou meio eletrônico, não é possível realizar intimação da Fazenda Pública por ofício expedido pelo advogado da parte contrária. Não se aplica, enfim, o § 1º do art. 269 para intimação da Fazenda Pública.

> **Art. 270.** As intimações realizam-se, sempre que possível, por meio eletrônico, na forma da lei.
> Parágrafo único. Aplica-se ao Ministério Público, à Defensoria Pública e à Advocacia Pública o disposto no § 1º do art. 246.

▶ **1. Correspondência no CPC/1973.** *"Art. 237. (...) Parágrafo único. As intimações podem ser feitas de forma eletrônica, conforme regulado em lei própria."*

## 🕮 LEGISLAÇÃO CORRELATA

**2. Lei 11.419/2006, art. 4º.** *"Art. 4º Os tribunais poderão criar Diário da Justiça eletrônico, disponibilizado em sítio da rede mundial de computadores, para publicação de atos judiciais e administrativos próprios e dos órgãos a eles subordinados, bem como comunicações em geral. § 1º O sítio e o conteúdo das publicações de que trata este artigo deverão ser assinados digitalmente com base em certificado emitido por Autoridade Certificadora credenciada na forma da lei específica. § 2º A publicação eletrônica na forma deste artigo substitui qualquer outro meio e publicação oficial, para quaisquer efeitos legais, à exceção dos casos que, por lei, exigem intimação ou vista pessoal. § 3º Considera-se como data da publicação o primeiro dia útil seguinte ao da disponibilização da informação no Diário da Justiça eletrônico. § 4º Os prazos processuais terão início no primeiro dia útil que seguir ao considerado como data da publicação. § 5º A criação do Diário da Justiça eletrônico deverá ser acompanhada de ampla divulgação, e o ato administrativo correspondente será publicado durante 30 (trinta) dias no diário oficial em uso."*

**3. Lei 11.419/2006, art. 5º.** *"Art. 5º As intimações serão feitas por meio eletrônico em portal próprio aos que se cadastrarem na forma do art. 2º desta Lei, dispensando-se a publicação no órgão oficial, inclusive eletrônico. § 1º Considerar-se-á realizada a intimação no dia em que o intimando efetivar a consulta eletrônica ao teor da intimação, certificando-se nos autos a sua realização. § 2º Na hipótese do § 1º deste artigo, nos casos em que a consulta se dê em dia não útil, a intimação será considerada como realizada no primeiro dia útil seguinte. § 3º A consulta referida nos §§ 1º e 2º deste artigo deverá ser feita em até 10 (dez) dias corridos contados da data do envio da intimação, sob pena de considerar-se a intimação automaticamente realizada na data do término desse prazo. § 4º Em caráter informativo, poderá ser efetivada remessa de correspondência eletrônica, comunicando o envio da intimação e a abertura automática do prazo processual nos termos do § 3º deste artigo, aos que manifestarem interesse por esse serviço. § 5º Nos casos urgentes em que a intimação feita na forma deste artigo possa causar prejuízo a quaisquer das partes ou nos casos em que for evidenciada qualquer tentativa de burla ao sistema, o ato processual deverá ser realizado por outro meio que atinja a sua finalidade, conforme determinado pelo juiz. § 6º As* *intimações feitas na forma deste artigo, inclusive da Fazenda Pública, serão consideradas pessoais para todos os efeitos legais."*

### 📋 COMENTÁRIOS TEMÁTICOS

**4. Meio eletrônico como o preferencial.** A intimação pode ser feita por vários meios, mas o eletrônico é o preferencial (arts. 246, §§ 1º e 2º, 270, 1.050 e 1.051). Sua realização há de ser feita nos termos da Lei 11.419/2006, aplicando-se seu art. 5º, ou seja, a intimação considera-se realizada no dia em que o intimando efetivar a consulta eletrônica ao teor da intimação, certificando-se nos autos a sua realização. Nos casos em que a consulta se realizar em dia não útil, a intimação será considerada como realizada no primeiro dia útil seguinte. Tal consulta deve ser feita em até dez dias corridos, contados da data do envio da intimação, sob pena de considerar-se automaticamente realizada na data do seu término. As intimações eletrônicas da Fazenda Pública também são feitas desse modo, sendo considerada pessoal. Com exceção das microempresas e das empresas de pequeno porte, as empresas públicas e privadas são obrigadas a manter cadastro nos sistemas de processo em autos eletrônicos, para efeito de recebimento de intimações, as quais serão efetuadas preferencialmente por esse meio.

**5. Ministério Público, Defensoria Pública e Advocacia Pública.** A intimação da União, dos Estados, do Distrito Federal, dos Municípios e de suas autarquias e fundações, bem como da Defensoria Pública e do Ministério Público é pessoal, fazendo-se por carga, remessa ou meio eletrônico. O meio eletrônico é o preferencial. A retirada dos autos ou da secretaria pela Advocacia Pública, pela Defensoria Pública ou pelo Ministério Público implica intimação de qualquer decisão contida no processo, ainda que pendente de publicação (art. 272, § 6º). A prerrogativa de intimação pessoal não afasta a intimação por meio eletrônico. Muito pelo contrário: a intimação por meio eletrônico é pessoal, sendo o meio escolhido pela lei como o preferencial. Logo, a Advocacia Pública, a Defensoria Pública e o Ministério Público devem ser, preferencialmente, intimados por meio eletrônico, devendo efetuar seus cadastros junto aos tribunais (art. 1.050).

**6. Publicação no Diário da Justiça.** A realização da intimação eletrônica não dispensa a publicação da decisão no Diário da Justiça eletrônico, que há de ser feita em atenção ao princípio da publicidade (CF, art. 93, IX; CPC, arts. 8º, 11, 189 e 205, § 3º). Realizada a intimação eletrônica, deverá, ainda assim, ser publicada a decisão no Diário da Justiça. Mesmo que a decisão seja publicada no Diário da Justiça, vindo, somente depois, a ocorrer a intimação eletrônica, é esta última que prevalece; o prazo somente começa a correr, para a prática do correspondente ato processual, a partir da intimação eletrônica, e não da anterior publicação no Diário da Justiça. Feita a intimação eletrônica antes, e publicada a decisão no Diário da Justiça depois, é aquela, e não essa última, que prevalece, devendo o prazo ter início desde a intimação eletrônica, e não a partir da publicação no Diário da Justiça.

### ⚖ JURISPRUDÊNCIA, ENUNCIADOS E SÚMULAS SELECIONADOS

• **7. Prevalência da intimação eletrônica.** *"A orientação jurisprudencial do Superior Tribunal de Justiça é no sentido de que, havendo a duplicidade das intimações eletrônicas previstas na Lei nº 11.419/2006 – pelo Diário de Justiça eletrônico (DJe) e pelo portal eletrônico -, deve prevalecer, para efeito de contagem de prazos processuais, a intimação que tiver sido realizada no portal eletrônico. (EAREsp 1.663.952/RJ, Corte Especial, DJe de 09/6/2021) Precedentes da Segunda Seção"* (STJ, 2ª Seção, AgInt nos EDcl no AgInt nos EREsp 1.827.489/RJ, rel. Min. Marco Buzzi, *DJe* 5.9.2024).

> **Art. 271.** O juiz determinará de ofício as intimações em processos pendentes, salvo disposição em contrário.

▶ **1. Correspondência no CPC/1973.** *"Art. 235. As intimações efetuam-se de ofício, em processos pendentes, salvo disposição em contrário."*

### 📋 COMENTÁRIOS TEMÁTICOS

**2. Impulso oficial.** São tradicionais no sistema brasileiro as duas regras consagradas no art. 2º: a instauração do processo depende de iniciativa da parte, mas se desenvolve por impulso oficial, sem precisar de novas provocações da parte. Por fazerem parte da cadeia procedimental e se destinarem a dar ciência às partes de atos ou fatos ocorridos no processo, as intimações realizam-se ofício. Como o processo se desenvolve por impulso oficial, as intimações devem ser realizadas de ofício. Compete ao escrivão ou chefe de secretaria providenciar as intimações nos processos pendentes (art. 152, II), podendo inclusive fazê-lo independentemente de prévia determinação judicial (art. 203, § 4º).

**Art. 272.** Quando não realizadas por meio eletrônico, consideram-se feitas as intimações pela publicação dos atos no órgão oficial.

§ 1º Os advogados poderão requerer que, na intimação a eles dirigida, figure apenas o nome da sociedade a que pertençam, desde que devidamente registrada na Ordem dos Advogados do Brasil.

§ 2º Sob pena de nulidade, é indispensável que da publicação constem os nomes das partes e de seus advogados, com o respectivo número de inscrição na Ordem dos Advogados do Brasil, ou, se assim requerido, da sociedade de advogados.

§ 3º A grafia dos nomes das partes não deve conter abreviaturas.

§ 4º A grafia dos nomes dos advogados deve corresponder ao nome completo e ser a mesma que constar da procuração ou que estiver registrada na Ordem dos Advogados do Brasil.

§ 5º Constando dos autos pedido expresso para que as comunicações dos atos processuais sejam feitas em nome dos advogados indicados, o seu desatendimento implicará nulidade.

§ 6º A retirada dos autos do cartório ou da secretaria em carga pelo advogado, por pessoa credenciada a pedido do advogado ou da sociedade de advogados, pela Advocacia Pública, pela Defensoria Pública ou pelo Ministério Público implicará intimação de qualquer decisão contida no processo retirado, ainda que pendente de publicação.

§ 7º O advogado e a sociedade de advogados deverão requerer o respectivo credenciamento para a retirada de autos por preposto.

§ 8º A parte arguirá a nulidade da intimação em capítulo preliminar do próprio ato que lhe caiba praticar, o qual será tido por tempestivo se o vício for reconhecido.

§ 9º Não sendo possível a prática imediata do ato diante da necessidade de acesso prévio aos autos, a parte limitar-se-á a arguir a nulidade da intimação, caso em que o prazo será contado da intimação da decisão que a reconheça.

▶ **1. Correspondência no CPC/1973.** *"Art. 236. No Distrito Federal e nas Capitais dos Estados e dos Territórios, consideram-se feitas as intimações pela só publicação dos atos no órgão oficial. § 1º É indispensável, sob pena de nulidade, que da publicação constem os nomes das partes e de seus advogados, suficientes para sua identificação. § 2º A intimação do Ministério Público, em qualquer caso será feita pessoalmente."*

## 📖 LEGISLAÇÃO CORRELATA

**2. Lei 11.419/2006, art. 9º, § 1º** *"Art. 9º No processo eletrônico, todas as citações, intimações e notificações, inclusive da Fazenda Pública, serão feitas por meio eletrônico, na forma desta Lei. § 1º As citações, intimações, notificações e remessas que viabilizem o acesso à íntegra do processo correspondente serão consideradas vista pessoal do interessado para todos os efeitos legais."*

**3. IN 39/2016 do TST, art. 16.** *"Art. 16. Para efeito de aplicação do § 5º do art. 272 do CPC, não é causa de nulidade processual a intimação realizada na pessoa de advogado regularmente habilitado nos autos, ainda que conste pedido expresso para que as comunicações dos atos processuais sejam feitas em nome de outro advogado, se o profissional indicado não se encontra previamente cadastrado no Sistema de Processo Judicial Eletrônico, impedindo a serventia judicial de atender ao requerimento de envio da intimação direcionada. A decretação de nulidade não pode ser acolhida em favor da parte que lhe deu causa (CPC, art. 276)."*

## ⚖ JURISPRUDÊNCIA, ENUNCIADOS E SÚMULAS SELECIONADOS

- **4. Tema/Repetitivo 285 STJ.** *"A ausência ou o equívoco quanto ao número da inscrição do advogado na Ordem dos Advogados do Brasil – OAB não gera nulidade da intimação da sentença, máxime quando corretamente publicados os nomes das partes e respectivos patronos, informações suficientes para a identificação da demanda."*

- **5. Tema/Repetitivo 286 do STJ.** *"A ausência ou o equívoco quanto ao número da inscrição do advogado na Ordem dos Advogados do Brasil – OAB não gera nulidade da intimação da sentença, máxime quando corretamente publicados os nomes das partes e respectivos patronos, informações suficientes para a identificação da demanda. Nada obstante, é certo que a existência de homonímia torna relevante o equívoco quanto ao número da inscrição na OAB, uma vez que a parte é induzida em erro, sofrendo prejuízo imputável aos serviços judiciários."*

- **6. Súmula TST, 427.** *"Havendo pedido expresso de que as intimações e publicações sejam realizadas exclusivamente em nome de determinado advogado, a comunicação em nome de outro profissional constituído nos autos é nula, salvo se constatada a inexistência de prejuízo."*

- **7. Enunciado 274 do FPPC.** *"Aplica-se a regra do § 6º do art. 272 ao prazo para contestar*

# LIVRO IV · DOS ATOS PROCESSUAIS — Art. 272

*quando for dispensável a audiência de conciliação e houver poderes para receber citação."*

- **8. Enunciado 169 do FONAJE.** *"O disposto nos §§ 1º e 5º do art. 272 do CPC/2015 não se aplica aos Juizados Especiais."*

## 🗐 COMENTÁRIOS TEMÁTICOS

**9. Intimação por publicação no órgão oficial.** A intimação pode ser feita por diversos meios. O meio preferencial é o eletrônico (art. 270). Quando não se revelar viável o meio eletrônico, a intimação há de ser feita por publicação da decisão no órgão oficial, que é o Diário da Justiça. Nos termos do art. 4º da Lei 11.419/2006, os tribunais podem criar Diário da Justiça eletrônico, disponibilizado em sítio da rede mundial de computadores, para publicação de atos judiciais e comunicações em geral. Nos tribunais onde houver Diário da Justiça eletrônico, é nele que devem ser veiculadas as decisões com efeito de intimação. Considera-se intimada a parte pela publicação do ato processual no órgão oficial.

**10. Prevalência da intimação eletrônica.** *"A orientação jurisprudencial do Superior Tribunal de Justiça é no sentido de que, havendo a duplicidade das intimações eletrônicas previstas na Lei nº 11.419/2006 – pelo Diário de Justiça eletrônico (DJe) e pelo portal eletrônico –, deve prevalecer, para efeito de contagem de prazos processuais, a intimação que tiver sido realizada no portal eletrônico. (EAREsp 1.663.952/RJ, Corte Especial, DJe de 09/6/2021) Precedentes da Segunda Seção"* (STJ, 2ª Seção, AgInt nos EDcl no AgInt nos EREsp 1.827.489/RJ, rel. Min. Marco Buzzi, DJe 5.9.2024).

**11. Dados que devem constar da publicação.** É indispensável, sob pena de nulidade, que da publicação constem os nomes das partes e de seus advogados, com o respectivo número de inscrição na Ordem dos Advogados do Brasil (art. 272, § 2º).

**12. Validade quando o erro é insignificante.** *"Não gera nulidade a publicação de decisão com eventual incorreção da grafia do nome do advogado se o erro é insignificante, sendo possível, por outros meios, a identificação do feito"* (STJ, 3ª Turma, AgInt no REsp 1.747.883/RS, rel. Min. Ricardo Villas Bôas Cueva, DJe 21.2.2019). No mesmo sentido: *"Identificado erro insignificante na grafia do nome da advogada dos agravantes, verifica-se que no presente caso não houve prejuízo à intimação da representante processual"* (STJ, 4ª Turma, AgRg no AREsp 652.823/SP, rel. Min. Luis Felipe Salomão, DJe 27.11.2019). *"A jurisprudência do STJ é pacífica no sentido de* não haver nulidade na publicação de ato processual em que conste, com grafia incorreta, o nome do advogado se o erro é insignificante (troca de apenas uma letra) e é possível identificar o feito pelo exato nome das partes e número do processo"* (STJ, 3ª Turma, AgInt no AREsp 1.624.352/PB, rel. Min. Nancy Andrighi, DJe 17.9.2020).

**13. Requerimento para que conste apenas o nome da sociedade de advogados.** Os advogados podem requerer que, em vez de constarem seus nomes, a publicação veicule apenas o nome da sociedade de advogados da qual façam parte. Esse requerimento é muito útil e conveniente para escritórios de advocacia com uma grande quantidade de integrantes, havendo o risco de mudança frequente dos profissionais que se dediquem àquele específico processo. Uma alta rotatividade dificulta – e, até, impede – o regular acompanhamento, podendo causar perdas de prazo e grandes prejuízos aos seus clientes. Feito esse requerimento, é o nome da sociedade de advogados que deve figurar na intimação.

**14. Abreviaturas e segredo de justiça.** A grafia do nome das partes não deve conter abreviaturas. É comum, porém, que, em processos que tramitem sob segredo de justiça, os nomes das partes constem abreviados do registro e da distribuição do processo, o que faz com que as publicações saiam com abreviaturas nos seus nomes. Nesses casos, deve-se, em prol da proteção do sigilo e em razão do segredo de justiça, manter a abreviatura nos nomes das partes. Para a validade das intimações, é preciso que haja o nome correto dos advogados ou da sociedade de advogados. Afinal, o destinatário da intimação por publicação no órgão oficial é, efetivamente, o advogado. É seu nome que não pode estar abreviado e deve estar grafado corretamente. A grafia dos nomes dos advogados deve corresponder ao nome completo e ser a mesma que constar da procuração ou que estiver registrada na Ordem dos Advogados do Brasil.

**15. Parte representada por mais de um advogado.** Se a parte tem mais de um advogado constituído nos autos, basta que na publicação figure o nome de apenas um deles, salvo se houver requerimento da parte e expresso deferimento judicial para que a intimação se dê em mais de um deles.

**16. Substabelecimento.** Quando houver substabelecimento sem reserva de poderes, a intimação só é válida quando constar da publicação o nome do advogado substabelecido; se constar apenas o nome do advogado substabelecente, haverá invalidade da intimação, pois esta dirigiu-se a um advogado que não é mais responsável pelo caso. Havendo substabelecimento com reserva de poderes, a publicação pode se dar tanto no nome do substabelecente como no do substabelecido, dando-se preferência para publicação no nome daquele que praticou os últimos atos do processo.

**17. Nulidade da intimação em caso de substabelecimento.** *"É nula a intimação realizada apenas em nome do substabelecente quando há patrono substabelecido com o propósito específico de acompanhar o processo em comarca distinta, ainda que não tenha havido pedido expresso de intimação em nome do substabelecido"* (STJ, 3ª Turma, REsp 1.778.384/GO, rel. Min. Nancy Andrighi, *DJe* 05.09.2019). No mesmo sentido: *"configura nulidade absoluta, por cerceamento do direito de defesa, a intimação realizada em nome de advogado que, em momento processual anterior, substabeleceu, sem reservas, os poderes conferidos pela parte a novos causídicos, à luz do disposto nos arts. 236, § 1º, e 247 do Antigo Estatuto Processual"* (STJ, 1ª Turma, AgInt no REsp 1.402.939/SP, rel. Min. Gurgel de Faria, *DJe* 06.06.2019).

**18. Carga dos autos.** A carga dos autos implica ciência do seu conteúdo, equivalendo a uma intimação. Logo, a retirada dos autos do cartório ou da secretaria em carga pelo advogado, por pessoa credenciada a pedido do advogado ou da sociedade de advogados, pela Advocacia Pública, pela Defensoria Pública ou pelo Ministério Público implica intimação de qualquer decisão contida no processo retirado, ainda que pendente de publicação. Nesse sentido, vale lembrar o disposto no § 1º do art. 9º da Lei 11.419/2006, segundo o qual as intimações que viabilizam o acesso à íntegra do processo correspondente serão consideradas vista pessoal do interessado para todos os efeitos legais.

**19. Carga dos autos e ciência inequívoca.** *"Segundo a jurisprudência deste Superior Tribunal de Justiça, a carga dos autos pelo advogado da parte enseja a ciência inequívoca do ato processual, iniciando-se daí a contagem do prazo para a interposição de recurso"* (STJ, 4ª Turma, AgRg no REsp 1.316.051/SP, rel. Min. Marco Buzzi, *DJe* 24.02.2016).

**20. Interpretação restritiva da carga dos autos e ciência inequívoca.** *"A exceção à obrigatoriedade de intimação da parte, por ter o advogado retirado os autos do cartório, deve ser interpretada restritivamente, de acordo com as peculiaridades do processo, a fim de prestigiar a garantia constitucional do contraditório"* (STJ, 4ª Turma, REsp 1.453.422/MG, rel. Min. Antonio Carlos Ferreira, *DJe* 03.02.2020)

**21. Retirada dos autos por preposto.** Como a carga dos autos equivale a uma intimação, o preposto não está autorizado a retirar os autos em carga, *a não ser que* seja credenciado. Então, para que ele possa retirar os autos em carga, o advogado e a sociedade de advogados deverão requerer o credenciamento do preposto (art. 272, § 7º).

**22. Retirada dos autos por estagiário.** *"O Superior Tribunal de Justiça firmou entendimento de que 'a retirada dos autos em carga por estagiário de direito não importa em ciência inequívoca do advogado responsável pela causa (no caso, acerca do auto de penhora), para fins de aperfeiçoamento da intimação da parte'. 2. Os atos praticados pelos estagiários somente podem ser considerados válidos se realizados em conjunto com o advogado"* (STJ, 2ª Turma, AgInt no REsp 1.614.713/DF, rel. Min. Og Fernandes, *DJe* 27.6.2019). No mesmo sentido: *"A retirada dos autos da secretaria do juízo por estagiária de direito do escritório de advocacia que patrocina os interesses da ré não gera presunção de ciência do conteúdo dos atos processuais e, por isso, não supre a necessidade da intimação prevista no art. 475-J, § 1º, do CPC/1973"* (STJ, 4ª Turma, AgInt no REsp 1.550.141/DF, rel. Min. Raul Araújo, *DJe* 27.6.2019).

**23. Retirada dos autos por quem não tem capacidade postulatória.** *"A jurisprudência do Superior Tribunal de Justiça é no sentido de que a retirada dos autos do cartório por quem não possui capacidade postulatória não enseja a ciência inequívoca do resultado da demanda para efeito de contagem do prazo para recurso"* (STJ, 3ª Turma, AgInt no REsp 1.653.304/RS, rel. Min. Ricardo Villas Bôas Cueva, *DJe* 5.9.2018).

**24. Invalidade da intimação.** Quando realizada em descumprimento às prescrições legais, a intimação é inválida (art. 280). O art. 272 estabelece requisitos de validade da intimação por publicação no órgão oficial. Não atendido algum dele, haverá invalidade, mas ela não deve ser decretada, se, a despeito da irregularidade, a parte tomou ciência, tendo, assim, a intimação alcançado sua finalidade, não havendo prejuízo e permitindo o exercício do contraditório e da ampla defesa.

**25. Validade da intimação quando possível identificar o processo.** *"(...), é firme a jurisprudência desta Corte Superior, no sentido de que, para que seja reconhecida a invalidade da intimação por erro ocorrido na publicação, o equívoco deve ser fundamental e relevante, de modo que efetivamente prejudique a identificação do feito. Dessa forma, afasta-se qualquer eventual*

## LIVRO IV · DOS ATOS PROCESSUAIS — Art. 273

*alegação de nulidade de intimação por erro de grafia no Estado de origem do processo, que não prejudicou a identificação da parte nem do feito. A propósito, confira-se: AgInt no AgRg no AREsp 481.059/BA, Rel. Ministro Antonio Carlos Ferreira, Quarta Turma, julgado em 08.05.2018, DJe 16.05.2018. (...)"* (STJ, 2ª Turma, AgInt na PET no AREsp 1.589.635/SC, rel. Min. Francisco Falcão, *DJe* 12.2.2021).

**26. Comparecimento após o prazo para exercício do direito de defesa.** *"O comparecimento da parte somente supre a ausência de citação ou intimação quando ainda é possível exercer plenamente o direito de defesa"* (STJ, 4ª Turma, AgInt nos EDcl no AgInt no AREsp 1.065.681/SP, rel. p/ ac. Min. Maria Isabel Gallotti, *DJe* 24.9.2019).

**27. Nulidade quando não constar o nome do advogado expressamente requerido.** *"Havendo pedido expresso da parte para que a intimação seja feita em nome de um dos advogados constituídos nos autos, o não atendimento do pedido enseja a nulidade do ato (CPC/2015, art. 272, § 5º)"* (STJ, 4ª Turma, AgInt no REsp 1.795.060/SP, rel. Min. Raul Araújo, *DJe* 9.9.2019). *"Havendo requerimento expresso de publicação exclusiva, é nula a intimação em nome de outro advogado, ainda que conste dos autos instrumento de procuração ou substabelecimento"* (STJ, 3ª Turma, AgInt no AREsp 1.696.430/SP, rel. Min. Ricardo Villas Bôas Cueva, *DJe* 29.4.2021).

**28. Nulidade de intimação dirigida a apenas um dos advogados.** *"Hipótese em que há pedido de intimação exclusiva de três patronos indicados, mas somente dois deles foram intimados. 5. Invalidade da intimação, necessidade de que todos os advogados indicados sejam intimados"* (STJ, 2ª Seção, EAREsp 1.306.464/SP, rel. Min. Nancy Andrighi, *DJe* 9.3.2021).

**29. Validade da intimação dirigida a só um dos advogados.** *"Não há nulidade na intimação dirigida a um dos três advogados da parte, ainda que haja requerimento no sentido de que todos os seus patronos – no caso, três – fossem intimados dos atos processuais"* (STJ, 4ª Turma, AgInt no AREsp 850.999/SE, rel. Min. Raul Araújo, *DJe* 9.10.2019).

**30. Pluralidade de advogados.** *"Consoante iterativa jurisprudência do STJ, havendo vários advogados constituídos nos autos, é válida a intimação feita em nome de qualquer deles quando ausente pedido de intimação exclusiva no nome de algum"* (STJ, Corte Especial, AR 5.696/DF, rel. Min. João Otávio de Noronha, *DJe* 7.8.2018).

**31. Comparecimento espontâneo.** Ao comparecer alegando vício da intimação, a parte já deve praticar o ato. A alegação deve constar de capítulo preliminar do próprio ato que lhe cabe praticar, o qual será tido como tempestivo se o vício for reconhecido (art. 272, § 8º). Se, porém, a parte não conseguiu ter acesso aos autos, deverá limitar-se a arguir a nulidade da intimação, caso em que o prazo será contado da intimação da decisão que a reconhecer (art. 272, § 9º).

**32. Comparecimento espontâneo sem a prática do ato e preclusão.** *"nos termos da jurisprudência desta Corte Superior, cabe à parte, ao arguir a nulidade da intimação, antecipar o ato processual que pretendia praticar, sob pena de preclusão"* (STJ, 3ª Turma, AgInt no AREsp 1.882.171/SP, rel. Min. Marco Aurélio Bellizze, *DJe* 02.12.2021); *"Caso concreto que a parte interessada limitou-se a alegar a nulidade do processo nas razões da apelação, abstendo-se de já antecipar o ato processual que pretendia praticar, caso a intimação tivesse sido válida. 5. Preclusão da alegação de nulidade do processo no caso concreto, em virtude da inobservância da regra do art. 272, § 8º do CPC/2015. (...)"* (STJ, 3ª Turma, REsp 1.810.925/MG, rel. Min. Paulo de Tarso Sanseverino, *DJe* 15.10.2019).

**33. Intimação por agrupamento.** *"É válida a intimação por agrupamento realizada nos termos da Instrução Normativa STJ 2/2010, considerando que a informação completa foi publicada na mesma edição do Diário, com indicação precisa do local em que poderia ser acessada"* (STJ, 4ª Turma, AgInt no AREsp 1.231.649/SP, rel. Min. Antonio Carlos Ferreira, *DJe* 14.12.2020).

---

**Art. 273.** Se inviável a intimação por meio eletrônico e não houver na localidade publicação em órgão oficial, incumbirá ao escrivão ou chefe de secretaria intimar de todos os atos do processo os advogados das partes:

I – pessoalmente, se tiverem domicílio na sede do juízo;

II – por carta registrada, com aviso de recebimento, quando forem domiciliados fora do juízo.

▶ **1. Correspondência no CPC/1973.** *"Art. 237. Nas demais comarcas aplicar-se-á o disposto no artigo antecedente, se houver órgão de publicação dos atos oficiais; não o havendo, competirá ao escrivão intimar, de todos os atos do processo, os advogados das partes: I – pessoalmente, tendo domicílio na sede do juízo; II – por carta registrada, com aviso de recebimento quando domiciliado fora do juízo."*

## ⚖ Jurisprudência, Enunciados e Súmulas Selecionados

- **2. Tema/Repetitivo 601 do STJ.** *"É válida a intimação do representante da Fazenda Nacional por carta com aviso de recebimento (art. 237, II, do CPC [de 1973]) quando o respectivo órgão não possui sede na Comarca de tramitação do feito."*
- **3. Súmula TST, 16.** *"Presume-se recebida a notificação 48 (quarenta e oito) horas depois de sua postagem. O seu não recebimento ou a entrega após o decurso desse prazo constitui ônus de prova do destinatário."*

## ▣ Comentários Temáticos

**4. Intimação pelo escrivão ou chefe de secretaria.** A intimação por meio eletrônico é a modalidade preferencial e prioritária (art. 270). Não sendo viável, a intimação deve ser feita por publicação no órgão oficial (art. 272). Somente não sendo possível a intimação pelo órgão oficial é que se deve fazer pelo escrivão ou chefe de secretaria (art. 273). Se os advogados das partes tiverem domicílio na sede do juízo, cabe ao escrivão ou chefe de secretaria intimá-los pessoalmente. Caso, porém, sejam domiciliados fora do juízo, devem ser intimados por carta registrada, com aviso de recebimento. No caso de intimação pelo escrivão ou chefe de secretaria, essa deve se dar pelo correio ou na sede do juízo (arts. 273 e 274).

> **Art. 274.** Não dispondo a lei de outro modo, as intimações serão feitas às partes, aos seus representantes legais, aos advogados e aos demais sujeitos do processo pelo correio ou, se presentes em cartório, diretamente pelo escrivão ou chefe de secretaria.
>
> Parágrafo único. Presumem-se válidas as intimações dirigidas ao endereço constante dos autos, ainda que não recebidas pessoalmente pelo interessado, se a modificação temporária ou definitiva não tiver sido devidamente comunicada ao juízo, fluindo os prazos a partir da juntada aos autos do comprovante de entrega da correspondência no primitivo endereço.

▶ **1. Correspondência no CPC/1973.** *"Art. 238. Não dispondo a lei de outro modo, as intimações serão feitas às partes, aos seus representantes legais e aos advogados pelo correio ou, se presentes em cartório, diretamente pelo escrivão ou chefe de secretaria. Parágrafo único. Presumem-se válidas as comunicações e intimações dirigidas ao endereço residencial ou profissional declinado na inicial, contestação ou embargos, cumprindo às partes atualizar o respectivo endereço sempre que houver modificação temporária ou definitiva."*

## ⚖ Jurisprudência, Enunciados e Súmulas Selecionados

- **2. Súmula TST, 16.** *"Presume-se recebida a notificação 48 (quarenta e oito) horas depois de sua postagem. O seu não recebimento ou a entrega após o decurso desse prazo constitui ônus de prova do destinatário."*

## ▣ Comentários Temáticos

**3. Intimação feita diretamente ou pelo correio aos advogados.** O disposto no art. 274 é um reforço à disposição do art. 273. Rigorosamente, os dispositivos têm o mesmo conteúdo. A intimação somente será feita pelo escrivão ou chefe de secretaria, se não for possível a intimação por meio eletrônico (que é o preferencial) ou por publicação da decisão no órgão oficial. Tal repetição ocorre em relação ao advogado. A intimação deve ser feita ao advogado por meio eletrônico. Não sendo possível, deve ser feita pela publicação da decisão no órgão oficial. Se não for igualmente possível, há, então, de ser feita pelo escrivão ou chefe de secretaria pessoalmente ou por carta postada no correio. Sendo caso de intimação pelo escrivão ou chefe de secretaria, será feita pessoalmente aos advogados, se estes mantiverem domicílio no mesmo foro. Caso não mantenham domicílio no mesmo foro, a intimação há de ser feita pelo correio.

**4. Intimação feita diretamente ou pelo correio às partes e a outros sujeitos do processo.** As intimações feitas às partes, a auxiliares da justiça e a outros sujeitos do processo são, em regra, realizadas pelo escrivão ou chefe de secretaria, pessoalmente ou pelo correio. No tocante aos advogados, o disposto no art. 274 é uma repetição do conteúdo do art. 273, ou seja, a intimação por escrivão ou chefe de secretaria é subsidiária, somente sendo por ele feita caso não seja possível a intimação por meio eletrônico ou por publicação no órgão oficial.

**5. Endereço constante dos autos. Presunção de validade das intimações.** Ao autor cabe indicar os endereços na sua petição inicial (art. 319, II). Se o réu não impugna seu endereço, as intimações serão a ele dirigidas. Se o autor indica determinado endereço como seu, as intimações

**LIVRO IV · DOS ATOS PROCESSUAIS**  **Art. 274**

serão a ele dirigidas. A indicação errada do endereço, sem que haja correção, ou uma mudança de endereço, temporária ou definitiva, sem que haja registro ou esclarecimento, fará com que as intimações continuem a ser encaminhadas para o endereço que consta dos autos. É ônus das partes, sobretudo num ambiente de cooperação, esclarecer a todos de mudanças nos seus endereços. Se as mudanças ou equívocos não forem demonstrados, haverá uma presunção de correção no endereço indicado e as intimações serão para lá dirigidas, sendo reputadas válidas e eficazes.

**6. Dever da parte de manter o endereço atualizado.** *"É obrigação da parte manter atualizado seu endereço, comunicando eventual mudança ao Juízo, nos termos do art. 274, parágrafo único, do NCPC. Válida, portanto, a intimação dirigida ao local declinado na peça vestibular"* (STJ, 3ª Turma, AgInt nos EDcl no AREsp 1.012.691/DF, rel. Min. Moura Ribeiro, DJe 1º.3.2018). No mesmo sentido: *"É dever da parte e do seu advogado manter atualizado o endereço onde receberão intimações (art. 77, V, do CPC/2015), sendo considerada válida a intimação dirigida ao endereçamento declinado na petição inicial, mesmo que não recebida pessoalmente pelo interessado a correspondência, se houver alteração temporária ou definitiva nessa localização (art. 274, parágrafo único, do CPC/2015)"* (STJ, 3ª Turma, AgInt no REsp 1.800.035/SC, rel. Min. Marco Aurélio Bellizze, DJe 28.10.2019).

**7. Irrelevância do endereço onde o réu foi encontrado na citação.** *"Nos termos do art. 243 do CPC, por ocasião da diligência engendrada pelo Oficial de Justiça, o réu deve ser citado em qualquer local em que for encontrado, mesmo que diverso daquele indicado na exordial. Ou seja, independentemente de o demandado manter com o local em que foi localizado qualquer vínculo de natureza domiciliar, residencial, comercial, de trabalho, etc, a citação deve ali se efetivar. 2.1 Não se pode admitir como válida a suposição - e a lei assim não presume - de que o local em que o réu foi circunstancialmente encontrado (e citado) deva ser considerado, doravante, como o seu endereço oficial/principal, a não ser que ele, de modo expresso nos autos, assim o declare e requeira. 3. A citação consubstancia ato processual por meio do qual o demandado é convocado a integrar a lide, passando a ter inequívoca ciência a respeito de todos os contornos da pretensão expendida em juízo contra si (inclusive, no que diz respeito ao endereço indicado para a sua localização), bem como das advertências* inerentes ao ato citatório, sobretudo no que alude às consequências decorrentes da eventual adoção de uma postura inerte. Cabe, pois, ao demandado, devidamente citado para compor a lide, não apenas constituir advogado nos autos, caso pretenda promover a tutela de seus interesses em juízo, como também comunicar ao Juízo o endereço no qual pretende ser intimado para os demais atos processuais, se porventura for diverso daquele indicado na inicial, nos exatos termos em que preceitua o parágrafo único do art. 274 do Código de Processo Civil. Naturalmente, ainda que não haja obrigatoriedade no exercício de tais faculdades processuais, a parte deve suportar os correspondentes ônus de sua inércia. 4. Na particular hipótese dos autos, em que a citação ocorre em local onde o réu é circunstancialmente encontrado - na forma do art. 243 do CPC (e, portanto, diverso do endereço indicado na inicial) -, a intimação dos demais atos processuais somente será realizada nesse local se o demandado assim expressamente declarar e requerer nos autos, em conduta proativa e colaborativa que legitimamente se espera das partes litigantes"* (STJ, 3ª Turma, REsp 2.028.157/MT, rel. Min. Marco Aurélio Bellizze, DJe 22.6.2023).

**8. Intimação por edital para manifestação de interesse em caso de abandono, quando desatualizado o endereço do autor.** *"Para a extinção do processo por abandono da causa, é necessário o requerimento do réu (Súmula 240/STJ) e a intimação pessoal do autor, sendo dispensável a intimação de seu advogado. 2. Se a intimação pessoal do autor for frustrada por falta de endereço correto, deve-se proceder à intimação por edital. Somente após, se o autor permanecer silente, é que poderá ser extinto o processo sem resolução do mérito, por abandono de causa. 3. A ratio do legislador em determinar a intimação pessoal do autor parece estar atrelada ao fato de o abandono da causa, muitas vezes, decorrer de deficiente atuação de seu advogado, que, em descompasso com os interesses da parte e sem que esta saiba, deixa de promover atos processuais, embora seja quem possua a capacidade postulatória, inclusive a referente ao dever de atualização nos autos do endereço, na forma exigida pela legislação processual (arts. 106 e 274 do CPC de 2015; arts. 39 e 238 do CPC de 1973). 4. Devem, por isso, ser esgotados os meios legais para a comunicação do autor (e não do advogado) para que manifeste interesse ou não no prosseguimento da demanda, sendo o silêncio entendido como ausência deste"* (STJ, 4ª Turma, AgInt nos EDcl no REsp 1.703.824/PR, rel. Min. Raul Araújo, DJe 27.8.2019).

# Art. 275

**Art. 275.** A intimação será feita por oficial de justiça quando frustrada a realização por meio eletrônico ou pelo correio.

§ 1º A certidão de intimação deve conter:

I – a indicação do lugar e a descrição da pessoa intimada, mencionando, quando possível, o número de seu documento de identidade e o órgão que o expediu;

II – a declaração de entrega da contrafé;

III – a nota de ciente ou a certidão de que o interessado não a apôs no mandado.

§ 2º Caso necessário, a intimação poderá ser efetuada com hora certa ou por edital.

▶ **1. Correspondência no CPC/1973.** *"Art. 239. Far-se-á a intimação por meio de oficial de justiça quando frustrada a realização pelo correio. Parágrafo único. A certidão de intimação deve conter: I – a indicação do lugar e a descrição da pessoa intimada, mencionando, quando possível, o número de sua carteira de identidade e o órgão que a expediu; II – a declaração de entrega da contrafé; III – a nota de ciente ou certidão de que o interessado não a apôs no mandado."*

## ⚖ Jurisprudência, Enunciados e Súmulas Selecionados

• **2. Enunciado 12 do FNPP.** *"Quando a intimação, no processo eletrônico, frustrar-se ou não for possível, deve realizar-se por oficial de justiça mediante mandado que preencha os requisitos do art. 250, entre os quais se insere a cópia do despacho, da decisão ou da sentença (arts. 250, V e 269, § 2º, CPC), aplicando-se o disposto no inciso II do art. 231, CPC, quanto à contagem do prazo."*

## 🗉 Comentários Temáticos

**3. Intimação por oficial de justiça.** A intimação por oficial de justiça é meio subsidiário: somente será realizada se não se puder realizar por meio eletrônico ou pelo correio. O meio preferencial é o eletrônico (art. 270). Quando não realizada por meio eletrônico, a intimação haverá de ser feita pela publicação dos atos no órgão oficial (art. 272). Se inviável a intimação por meio eletrônico e não houver na localidade publicação em órgão oficial, o escrivão ou chefe de secretaria deve realizar a intimação pessoalmente ou por carta registrada, com aviso de recebimento (art. 273). Frustrada a intimação por meio eletrônico ou pelo correio, tem essa de ser realizada por oficial de justiça.

**4. Certidão de intimação.** Feita a intimação por oficial de justiça, este deve lavrar certidão mediante a qual deve descrever o local e a pessoa intimada, além de narrar como se realizou diligência e se consumou a intimação. A certidão de intimação tem de conter os requisitos mencionados no art. 275, § 1º, sem os quais será inválida.

**5. Intimação com hora certa.** O Código admite expressamente a intimação com hora certa. A intimação com hora certa não é uma espécie de intimação. É apenas um *modo*, uma *forma* como o oficial de justiça realiza a intimação. A intimação com hora certa é uma intimação feita por oficial de justiça. O oficial de justiça deverá realizar a intimação com hora certa, quando ocorrer a hipótese descrita no art. 252. Embora o dispositivo refira-se à citação com hora certa, seus requisitos são os mesmos para a intimação com hora certa, adotando-se o procedimento do art. 253.

**6. Intimação por edital.** Admite-se expressamente a intimação por edital, desde que presentes os requisitos legais previstos nos arts. 256 e 257. Tais requisitos são necessários para a *citação* por edital; não há previsão de requisitos para a *intimação* por edital. Os requisitos para a intimação por edital são os mesmos do art. 256; é possível realizá-la, aplicando-se igualmente o disposto no art. 257.

# TÍTULO III
# DAS NULIDADES

**Art. 276.** Quando a lei prescrever determinada forma sob pena de nulidade, a decretação desta não pode ser requerida pela parte que lhe deu causa.

▶ **1. Correspondência no CPC/1973.** *"Art. 243. Quando a lei prescrever determinada forma, sob pena de nulidade, a decretação desta não pode ser requerida pela parte que lhe deu causa."*

## 🗉 Comentários Temáticos

**2. Boa-fé e proibição do *venire contra factum proprium*.** Do princípio da boa-fé deriva a vedação a comportamentos contraditórios, que consiste na chamada proibição do *venire contra factum proprium*. É preciso que tenha havido uma conduta de um dos sujeitos que gerou, na mesma situação jurídica ou em situações jurídicas coligadas, uma expectativa legítima no outro sujeito, vindo tal expectativa a ser frustrada por uma segunda conduta. Esta última é, isoladamente considerada, lícita e conforme o direito, mas, uma vez ligada ao caso concreto, torna-se ilícita. Se esta última conduta contradiz à conduta anterior que causou expectativa legítima na parte contrária e lhe acarretou prejuízos, há de ser considerada ilícita. Há, no art. 276, um enunciado normativo que coíbe o *venire contra factum proprium*. Não há nada que impeça qualquer parte pedir a invalidação de um ato. O que não pode é a parte que deu causa ao vício pretender beneficiar-se da sua invalidação. Ao dar causa ao vício, torna-se indevido seu pedido de invalidação do ato, pois há, aí, um indiscutível *venire contra factum proprium*.

**3. Nulidade causada pela própria parte que dela se beneficia.** "*Considerando que a boa-fé é princípio que deve iluminar todas as relações jurídicas e humanas, não se decreta a nulidade do processo quando o vício, ainda que grave e reputado absoluto, tenha como causa determinante a ação ou a omissão de quem dele se beneficiou*" (STJ, 3ª Turma, REsp 1.715.499/RJ, rel. Min. Nancy Andrighi, *DJe* 17.8.2018).

**4. Erro de forma e causalidade.** Se for estabelecida determinada forma, mas não cumprida, a parte que a desatendeu não pode requerer a invalidade do ato. Quem deu causa ao erro de forma não pode postular a invalidade do ato. A causa a que se refere o dispositivo não tem relação com dolo ou culpa. Não é relevante investigar se a parte que pede a invalidade do ato deu-lhe causa com dolo ou culpa. O elemento subjetivo não é avaliado; basta o fato objetivo de ter dado causa, independentemente da intenção. A regra concretiza a proibição ao *venire contra factum proprium*, que é resultante da boa-fé objetiva, sendo examinado, por isso mesmo, apenas o comportamento e sua coerência, e não a intenção.

**5. Ilegitimidade do causador.** O dispositivo trata do que parte da doutrina chama de "princípio do interesse", segundo o qual a nulidade não pode ser alegada pela parte que deu causa ao vício, lembrando o adágio romano *nemo allegans propriam turpitudinem auditur*, ou seja, ninguém pode valer-se da própria torpeza. Ao vedar a decretação de invalidade quando requerida pela parte que lhe deu causa, o dispositivo está, na verdade, estabelecendo uma ilegitimidade para requerer. Vale dizer que aquele que causou o vício ou, para ele contribuiu, não é parte legítima para alegá-lo. Não restam dúvidas de que a regra prevê uma *ilegitimidade ad actum*, decorrente do sistema de preclusões. A parte que causou o vício e praticou o ato de modo defeituoso não pode alegar sua invalidade, pois há preclusão lógica.

> **Art. 277.** Quando a lei prescrever determinada forma, o juiz considerará válido o ato se, realizado de outro modo, lhe alcançar a finalidade.

▶ **1. Correspondência no CPC/1973.** "*Art. 244. Quando a lei prescrever determinada forma, sem cominação de nulidade, o juiz considerará válido o ato se, realizado de outro modo, lhe alcançar a finalidade.*"

## 🏛 LEGISLAÇÃO CORRELATA

**2. LINDB, art. 20, parágrafo único.** "*Art. 20. Nas esferas administrativa, controladora e judicial, não se decidirá com base em valores jurídicos abstratos sem que sejam consideradas as consequências práticas da decisão. Parágrafo único. A motivação demonstrará a necessidade e a adequação da medida imposta ou da invalidação de ato, contrato, ajuste, processo ou norma administrativa, inclusive em face das possíveis alternativas.*"

**3. CC, art. 170.** "*Art. 170. Se, porém, o negócio jurídico nulo contiver os requisitos de outro, subsistirá este quando o fim a que visavam as partes permitir supor que o teriam querido, se houvessem previsto a nulidade.*"

## ⚖ JURISPRUDÊNCIA, ENUNCIADOS E SÚMULAS SELECIONADOS

- **4. Enunciado 686 do FPPC.** "*Aplicam-se os arts. 64 § 4º, 188 e 277 à hipótese de ato de cooperação que interfira na competência de qualquer dos juízos cooperantes.*"
- **5. Enunciado 201 da III Jornada-CJF.** "*É aplicável o princípio da fungibilidade recursal quando o erro na interposição do recurso decorre da nomenclatura usada na decisão pelo magistrado.*"

## 🗐 COMENTÁRIOS TEMÁTICOS

**6. Forma dos atos processuais e instrumentalidade das formas.** Os atos e termos processuais não dependem de forma determinada senão quando a lei expressamente a exigir (art. 188). Existem, entretanto, exigências formais a serem seguidas, que conferem segurança e previsibilidade para a atuação das partes. A exigência de observância à forma prevista em lei constitui um aspecto do devido processo legal. Não há, entretanto, um modelo de reserva legal rigorosa. O formalismo é atenuado. Se o ato for praticado sem observância das formas, mas atingir sua finalidade, não há razão para invalidá-lo; deve ser aproveitado. É o que se chama de princípio da instrumentalidade das formas.

**7. Alcance da finalidade do ato processual.** A finalidade do ato processual é atingida quando a parte a quem aproveita o reconhecimento do defeito ou o juiz tem condições de exercer o poder que a lei lhes reserva no trato do procedimento sucessivo ao ato viciado. Se, por exemplo, o réu apresenta contestação (pôde praticar tal ato), atingiu-se a finalidade da citação, não devendo ser reconhecida sua invalidade, ainda que realizada ao arrepio dos requisitos legais.

**8. Finalidade do ato, instrumentalidade das formas e ônus argumentativo.** As formas do processo são meios para se atingirem fins. Se estes forem alcançados, o desatendimento da forma não acarreta invalidade do ato. O princípio da instrumentalidade das formas acarreta a construção de regras que exigem maior esforço argumentativo do juiz para proclamar invalidades. A invalidade de atos processuais deve ser decretada por decisão com uma fundamentação mais acentuada.

**9. Validade do ato em razão da instrumentalidade das formas.** *"É possível manter a validade do ato realizado de forma diversa do previsto na lei, quando for alcançada sua finalidade, em razão da aplicação do princípio da instrumentalidade das formas"* (STJ, 3ª Turma, REsp 1.510.503/ES, rel. p/ ac. Min. Nancy Andrighi, *DJe* 19.11.2019).

**10. Princípio da conservação dos atos processuais.** O art. 283 permite que se construa de seu texto o princípio da conservação dos atos processuais, que decorre dos princípios da primazia do julgamento do mérito e da boa-fé. A conversibilidade da forma é uma maneira de permitir ao ato processual produzir efeitos, ainda que praticado de modo diverso daquele prescrito em lei. Praticado o ato processual mediante forma diversa da prevista em lei, deve ser considerado válido, quando alcançada a finalidade. Tradicionalmente, o princípio da conversão é conhecido, na doutrina processual, como princípio do *aproveitamento dos atos processuais*, do qual se construiu o da *fungibilidade*. O princípio da conversão fundamenta, inclusive, a regra contida no art. 170 do Código Civil. A conversão ou aproveitamento ou fungibilidade dos atos processuais permite que se admita um ato, no lugar do outro. Em vez de ser convertido ou transformado em outro ato, é possível simplesmente admitir o ato, tal como praticado. Praticado o ato em desobediência à forma prescrita em lei, não será anulado, mas aproveitado ou convertido para o que atende à forma legal, desde que alcançada a finalidade.

**Art. 278.** A nulidade dos atos deve ser alegada na primeira oportunidade em que couber à parte falar nos autos, sob pena de preclusão.

Parágrafo único. Não se aplica o disposto no *caput* às nulidades que o juiz deva decretar de ofício, nem prevalece a preclusão provando a parte legítimo impedimento.

▶ **1. Correspondência no CPC/1973.** *"Art. 245. A nulidade dos atos deve ser alegada na primeira oportunidade em que couber à parte falar nos autos, sob pena de preclusão. Parágrafo único. Não se aplica esta disposição às nulidades que o juiz deva decretar de ofício, nem prevalece a preclusão, provando a parte legítimo impedimento".*

⚖ **Jurisprudência, Enunciados e Súmulas Selecionados**

• **2. Temas/Repetitivos 570 e 571 do STJ.** *"A Fazenda Pública, em sua primeira oportunidade de falar nos autos (art. 245 do CPC/73, correspondente ao art. 278 do CPC/2015), ao alegar nulidade pela falta de qualquer intimação dentro do procedimento do art. 40 da LEF, deverá demonstrar o prejuízo que sofreu (exceto a falta da intimação que constitui o termo inicial – 4.1., onde o prejuízo é presumido), por exemplo, deverá demonstrar a ocorrência de qualquer causa interruptiva ou suspensiva da prescrição."*

▣ **Comentários Temáticos**

**3. Preclusão das alegações de invalidade.** Os vícios dos atos processuais devem ser alegados na primeira oportunidade em que couber à parte falar nos autos. Se não o fizer, haverá preclusão, não podendo mais fazê-lo. A preclusão decorre da incidência da regra contida no art. 278, que concretiza diversos princípios. Os princípios da cooperação, da boa-fé e do contraditório exigem que as partes atuem com lealdade, alegando, desde logo, os vícios que entendam existirem nos atos processuais praticados.

**4. Nulidade de algibeira.** *"A suscitação tardia da nulidade, somente após a ciência de resultado de mérito desfavorável e quando óbvia a ciência do referido vício muito anteriormente à arguição, configura a chamada nulidade de algibeira, manobra processual que não se coaduna com a boa-fé processual e que é rechaçada pelo Superior Tribunal de Justiça inclusive nas hipóteses de nulidade absoluta"* (STJ, 3ª Turma, REsp 1.714.163/SP, rel. Min. Nancy Andrighi, *DJe* 26.9.2019); *"A suscitação tardia da nulidade, somente após*

# LIVRO IV · DOS ATOS PROCESSUAIS — Art. 279

*a ciência de resultado de mérito desfavorável e quando óbvia a ciência do referido vício muito anteriormente à arguição, configura a chamada nulidade de algibeira, manobra processual que não se coaduna com a boa-fé processual e que é rechaçada pelo Superior Tribunal de Justiça inclusive nas hipóteses de nulidade absoluta"* (STJ, 3ª Turma, REsp 1.714.163/SP, rel. Min. Nancy Andrighi, *DJe* 26.9.2019). *"Nos termos da jurisprudência do STJ, não se reconhece a denominada 'nulidade de algibeira' quando a parte não a suscita em momento oportuno e nem demonstra prejuízos à defesa de suas pretensões"* (STJ, Corte Especial, EDcl na SEC 12.236/EX, rel. Min. Mauro Campbell Marques, *DJe* 17.2.2020); *"Em atenção aos princípios da efetividade, da razoabilidade e da boa-fé processual, não é dado à parte apontar nulidade processual em outra oportunidade que não a primeira, logo após ter pleno conhecimento do suposto vício, nos termos do art. 278 do CPC"* (STJ, 2ª Seção, AR 6.549/DF, rel. Min. Paulo de Tarso Sanseverino, *DJe* 29.10.2020).

**5. Nulidade e respeito ao contraditório.** Ainda que se trate de um vício que possa ser examinado de ofício pelo órgão julgador, é preciso que se respeite o contraditório, dando-se oportunidade às partes para se manifestarem sobre ele, momento em que poderão saná-lo, evitando-se a proclamação da invalidade. Não deve o juiz proclamar uma invalidade sem instaurar o contraditório prévio. Conhecer de ofício não equivale a decidir sem ouvir as partes. Cabe ao juiz exercer o dever de consulta e evitar a prolação de decisão-surpresa (art. 10). Consultadas as partes, o juiz decidirá, não podendo mais a questão ser suscitada. É possível haver, evidentemente, recurso da decisão, mas, preclusa a decisão, não poderá mais ser alegado o vício que poderia acarreta a decretação de invalidade do ato. O parágrafo único do art. 278 deve ser interpretado em conjunto com os princípios da cooperação, da boa-fé e do contraditório. Há vícios que o juiz pode conhecer de ofício, mas deve consultar as partes e preveni-las. Examinada a questão, ocorre a preclusão. Não se deve confundir cognoscibilidade de ofício com preclusão. Não é porque o juiz pode conhecer de ofício que a matéria não preclui. O juiz poderá conhecer de alguns vícios de ofício, mas deverá consultar as partes e viabilizar o contraditório, vindo a proferir decisão, que acarretará preclusão.

**6. Segurança jurídica e proteção da confiança.** A segurança jurídica exige o conhecimento prévio de quais serão as consequências jurídicas dos atos a serem praticados. Se os destinatários das normas sabem, prévia e exatamente, qual a consequência de suas condutas, podem pautá-las, programando suas expectativas para a produção dos efeitos estabelecidos nas regras e nos princípios jurídicos. A segurança jurídica também abrange a proteção de situações de quebra da confiança legítima gerada por atos anteriores. Na análise dos vícios processuais, é fundamental a proteção da confiança. Cumpre compatibilizar a proteção da confiança com o respeito ao formalismo processual. Quanto mais tempo se tenha passado desde a prática do ato defeituoso, tanto menor será a possibilidade de sua invalidação.

> **Art. 279.** É nulo o processo quando o membro do Ministério Público não for intimado a acompanhar o feito em que deva intervir.
>
> § 1º Se o processo tiver tramitado sem conhecimento do membro do Ministério Público, o juiz invalidará os atos praticados a partir do momento em que ele deveria ter sido intimado.
>
> § 2º A nulidade só pode ser decretada após a intimação do Ministério Público, que se manifestará sobre a existência ou a inexistência de prejuízo.

▶ **1. Correspondência no CPC/1973.** *"Art. 84. Quando a lei considerar obrigatória a intervenção do Ministério Público, a parte promover-lhe-á a intimação sob pena de nulidade do processo." "Art. 246. É nulo o processo, quando o Ministério Público não for intimado a acompanhar o feito em que deva intervir. Parágrafo único. Se o processo tiver corrido, sem conhecimento do Ministério Público, o juiz o anulará a partir do momento em que o órgão devia ter sido intimado."*

## 🗐 COMENTÁRIOS TEMÁTICOS

**2. A intervenção do Ministério Público no processo civil.** A participação do Ministério Público no processo civil, como fiscal da ordem jurídica, somente se justifica nos casos em que há interesse público, social ou individual indisponível em discussão (CF, art. 127). É por isso que o art. 178 dispõe que o Ministério Público deve intervir como fiscal da ordem jurídica nas hipóteses previstas em lei ou na Constituição Federal e nos processos que envolvam interesse público ou social, interesses de incapaz e litígios coletivos pela posse de terra rural ou urbana. Em ações de família, a intervenção do Ministério Público apenas se impõe se houver interesse de incapaz (art. 698). A participação da Fazenda Pública em juízo não torna, só por isso, imperiosa a intimação do Ministério Público para atuar como fiscal da ordem jurídica (art. 178, parágrafo único). Na ação rescisória, a intimação obrigatória do Ministério Público apenas se justifica se a causa subsumir-se a uma das hipóteses gerais de intervenção (art. 967, parágrafo único). No conflito de competência, a intimação obrigatória do Ministério Público também apenas se justifica se a causa subsumir-se a uma das hipóteses gerais de intervenção (art. 951, parágrafo único). Nos procedimentos de jurisdição voluntária, a participação do Ministério Público é indispensável apenas nos casos que se encaixem em uma das hipóteses gerais do art. 178 (art. 721). O Ministério Público também deve intervir no incidente de resolução de demandas repetitivas (art. 982, III) e, igualmente, no incidente de assunção de competência. E, na reclamação, deve o Ministério Público intervir apenas se o caso se subsumir a uma das hipóteses do art. 178.

**3. Suficiência da intimação, desnecessidade da manifestação.** Em qualquer caso de intervenção obrigatória do Ministério Público, é suficiente sua intimação, não sendo necessária sua manifestação. O STF, ao julgar a ADIn 1.936-0, reafirmou seu entendimento segundo o qual a falta de manifestação do Ministério Público, nos casos em que deve intervir, não acarreta a nulidade do processo, desde que tenha havido sua regular intimação. De acordo com o STF, para se atender à exigência normativa de sua intervenção, basta a intimação do Ministério Público, sendo prescindível seu pronunciamento expresso.

**4. Ausência de intimação do Ministério Público. Necessidade de efetivo prejuízo.** *"É pacífico nesta Corte Superior o entendimento segundo o qual a ausência de intimação do Ministério Público em ação civil pública para funcionar como fiscal da lei não dá ensejo, por si só, a nulidade processual, salvo comprovado prejuízo"* (STJ, 2ª Turma, AgInt no AgInt no AREsp 1.200.499/PR, rel. Min. Francisco Falcão, *DJe* 18.6.2019).

**5. Inércia do Ministério Público e ausência de prejuízo.** *"A inércia do Ministério Público em atuar em audiência de conciliação quando devidamente intimado não impõe a nulidade de acordo celebrado entre as partes e homologado em juízo, especialmente na ausência de demonstração de prejuízo"* (STJ, 3ª Turma, REsp 1.831.660/MA, rel. Min. Ricardo Villas Bôas Cueva, *DJe* 13.12.2019).

**6. Nulidade cominada, porém sanável.** O dispositivo enuncia ser nulo o processo quando o membro do Ministério Público não for intimado e se tratar de caso em que ele deve intervir obrigatoriamente. Há, aí, uma nulidade cominada, que pode, até mesmo, acarretar o ajuizamento de ação rescisória (art. 967, III, *a*). Embora cominada, a nulidade é sanável. Cons-

tatada a ausência de intervenção do Ministério Público, o juiz não deve já proclamar a invalidade. É preciso, antes de proferir qualquer decisão, que se respeite o contraditório, dando-se oportunidade às partes para se manifestarem sobre a ausência de intimação do Ministério Público (art. 10) e, igualmente, ao próprio Ministério Público, que se manifestará sobre a existência ou não de prejuízo (art. 279, § 2º). Embora o § 2º do art. 279 expresse que só o Ministério Público deva ser intimado, é inquestionável que as partes também devem ser intimadas para se manifestar sobre a questão. É que a decisão que proclame ou não a invalidade repercute para as partes, tendo essas o direito de contribuir para o convencimento do juiz, com o que se evita, ademais, a prolação de decisão-surpresa (art. 10). Intimado, o Ministério Público pode manifestar-se pela ausência de prejuízo. Qualquer das partes também pode manifestar-se nesse sentido ou, até mesmo, demonstrar que não seria caso de intervenção obrigatória do Ministério Público. Não havendo prejuízo ou não sendo caso de intervenção obrigatória, não será proclamada a invalidade (art. 279, § 2º).

**7. Ação rescisória por falta de intimação do Ministério Público. Necessidade de demonstração de prejuízo.** A ação rescisória proposta pelo Ministério Público em casos em que não tenha havido sua intimação (art. 967, III, *a*) só deve ter seu pedido acolhido, se o Ministério Público demonstrar e comprovar a existência de efetivo prejuízo em razão da falta de sua intervenção.

**8. Supressão posterior do vício.** A ausência de intimação do Ministério Público pode ser suprida posteriormente. Uma intimação posterior pode suprir a ausência de intimação prévia, evitando a invalidação. Segundo entende o STJ, *"A falta de intervenção do Ministério Público em primeiro grau pode ser suprida pela atuação da Instituição perante o Colegiado em segundo grau. Além disso, incumbe ao próprio Órgão Ministerial a análise do interesse público no caso concreto"* (STJ, 3ª Turma, AgInt no REsp 1.720.264/MG, rel. Min. Marco Aurélio Bellizze, *DJe* 21.9.2018). Com efeito, *"A jurisprudência desta Corte Superior manifesta-se no sentido de que a não intervenção do Ministério Público em primeiro grau de jurisdição pode ser suprida pela intervenção da Procuradoria de Justiça perante o colegiado de segundo grau, em parecer cuidando do mérito da causa, sem que haja arguição de prejuízo ou alegação de nulidade"* (STJ, 4ª Turma, AgInt nos EDcl no REsp 1.404.456/RS, rel. Min. Raul Araújo, *DJe* 13.2.2020).

# LIVRO IV · DOS ATOS PROCESSUAIS — Art. 280

**9. Efeitos da decretação de invalidade.** Se o Ministério Público não interveio quando deveria e, de fato, houve prejuízo, o juiz deve proclamar a invalidade dos atos praticados, desde o momento em que deveria ter havido sua intimação. O juiz deve especificar o momento a partir do qual o Ministério Público deveria ser intimado. A invalidade de um ato pode contaminar outros. É que o ato processual inválido insere-se numa sequência do procedimento, vinculando-se, geralmente, ao ato anterior e condicionando o posterior. É por isso que, anulado o ato, *"consideram-se de nenhum efeito os subsequentes que dele dependam"* (art. 281). Na decisão que proclamar a invalidade, o juiz deve especificar o momento a partir do qual o Ministério Público deveria ser intimado (art. 279, § 1º). Ao fazê-lo, irá identificar os atos atingidos *"e ordenará as providências necessárias a fim de que sejam repetidos ou retificados"* (art. 282).

> **Art. 280.** As citações e as intimações serão nulas quando feitas sem observância das prescrições legais.

▶ **1. Correspondência no CPC/1973.** *"Art. 247. As citações e as intimações serão nulas, quando feitas sem observância das prescrições legais."*

## 🗐 COMENTÁRIOS TEMÁTICOS

**2. Importância da forma nas citações e intimações.** As citações e intimações são atos de comunicação processual que concretizam o princípio do contraditório no processo. Por isso, as formas previstas em lei para sua realização devem garantir as melhores condições de ciência a seus destinatários. É preciso, então, que se observem as regras, as formas, os tipos de citação e intimação.

**3. Negócios jurídicos processuais sobre citações e intimações.** As formas de citação e intimação são previstas em lei e devem ser observadas. As partes podem, entretanto, negociar e alternar as formas de citação ou intimação, desde que o façam expressamente, antes ou durante o processo (art. 190). Para validade do negócio sobre citação ou intimação, é preciso que não haja abusividade, nem comprometimento ao contraditório ou à ampla defesa. Se a forma prevista negocialmente não for respeitada, haverá invalidade.

**4. Nulidade cominada.** O descumprimento das regras previstas para a citação ou intimação acarreta invalidade a ser reconhecida pelo juiz. Na verdade, haverá nulidade se não se observa-

rem as prescrições legais ou negociais. Se não forem observadas as prescrições *normativas* (legais ou negociais), a citação ou intimação será inválida. Assim, se a citação deveria, por exemplo, ser feita por oficial de justiça, será inválida, se feita por via postal. Se a citação foi realizada por edital, sem que esteja presente uma das hipóteses do art. 256, será igualmente inválida. É preciso, enfim, que sejam respeitadas as formas estabelecidas para a citação ou intimação, sob pena de invalidade.

**5. Sanação do vício de citação ou de intimação.** É possível que o ato de citação ou intimação, embora errôneo, tenha atendido sua finalidade, e a parte tenha tomado ciência e praticado o ato processual correspondente. Nesse caso, embora haja irregularidade, não se deve proclamar a invalidade, pois o ato alcançou sua finalidade, e não houve prejuízo. Além disso, o comparecimento espontâneo supre o vício (art. 239, § 1º). Ao comparecer, alegando vício da citação, o réu já deve praticar o ato, apresentando sua contestação ou seus embargos à execução. Não é por outro motivo, aliás, que a nulidade da citação é matéria de preliminar da contestação (art. 337, I): o réu deve já contestar, suscitando, em preliminar, a nulidade da citação, a fim de comprovar sua tempestividade. Não conseguindo ter acesso aos autos, a parte, em vez de já praticar o ato, deverá restringir-se a alegar o vício e pedir a proclamação da invalidade. Reconhecida a invalidade, o prazo terá início a partir da intimação da decisão que a decretou. De igual modo, ao comparecer alegando vício da intimação, a parte já deve praticar o ato, em capítulo preliminar do próprio ato que lhe cabe praticar, o qual será tido como tempestivo se o vício for reconhecido (art. 272, § 8º). Se, porém, a parte não conseguiu ter acesso aos autos, deverá limitar-se a arguir a nulidade da intimação, caso em que o prazo será contado da intimação da decisão que a reconhecer (art. 272, § 9º).

**6. Preclusão se o defeito não for alegado na primeira oportunidade.** O vício de citação ou intimação acarreta a proclamação de invalidade. No caso da citação, o vício é "transrescisório", podendo ser alegado a qualquer momento, inclusive na impugnação ao cumprimento da sentença (arts. 525, I, e 535, I). A parte pode alegar a qualquer momento, se ainda não tiver comparecido ao processo. Tal alegação há de ser feita no primeiro momento em que a parte comparece ao processo (art. 278). O comparecimento espontâneo supre o vício. Se o réu foi citado irregularmente e veio a ser revel, tendo-lhe sido proferida sentença contrária, cabe-lhe

499

apelar e, na apelação, alegar o vício, sob pena de preclusão. Se, porém, não recorrer e sobrevier o trânsito em julgado, poderá, ainda, suscitar o vício em impugnação ao cumprimento de sentença (art. 525, I, e 535, I). Se apresentar impugnação ao cumprimento de sentença sem alegar o vício de citação, haverá preclusão.

**7. Multa do art. 258.** A citação por edital deve ser feita nos casos previstos no art. 256. Se, porém, não ocorrer qualquer daquelas hipóteses e, ainda assim, a citação for feita por edital, haverá vício que deve ocasionar sua invalidade. É possível que a parte requeira a citação por edital, alegando dolosamente a ocorrência das circunstâncias autorizadoras para sua realização. Nesse caso, haverá vício a acarretar a invalidade, pois a citação terá sido realizada sem que seus requisitos estivessem presentes. Essa conduta é ilícita, sendo sancionada pela imposição de uma multa prevista no art. 258, a ser revertida em favor do citando. É preciso, porém, que haja a comprovação de dolo da parte requerente. Em tal hipótese, a decisão que invalidar a citação deverá, igualmente, condenar a parte requerente a uma multa equivalente a cinco vezes o salário mínimo, a ser revertida em benefício do citando (art. 258).

> **Art. 281.** Anulado o ato, consideram-se de nenhum efeito todos os subsequentes que dele dependam, todavia, a nulidade de uma parte do ato não prejudicará as outras que dela sejam independentes.

▶ **1. Correspondência no CPC/1973.** *"Art. 248. Anulado o ato, reputam-se de nenhum efeito todos os subsequentes, que dele dependam; todavia, a nulidade de uma parte do ato não prejudicará as outras, que dela sejam independentes."*

### ☷ Legislação Correlata

**2. LINDB, art. 24.** *"Art. 24. A revisão, nas esferas administrativa, controladora ou judicial, quanto à validade de ato, contrato, ajuste, processo ou norma administrativa cuja produção já se houver completado levará em conta as orientações gerais da época, sendo vedado que, com base em mudança posterior de orientação geral, se declarem inválidas situações plenamente constituídas. Parágrafo único. Consideram-se orientações gerais as interpretações e especificações contidas em atos públicos de caráter geral ou em jurisprudência ou administrativa majoritária, e ainda as adotadas por prática administrativa reiterada e de amplo conhecimento público."*

### ⚖ Jurisprudência, Enunciados e Súmulas Selecionados

- **3. Enunciado 276 do FPPC.** *"Os atos anteriores ao ato defeituoso não são atingidos pela pronúncia de invalidade."*
- **4. Enunciado 277 do FPPC.** *"Para fins de invalidação, o reconhecimento de que um ato subsequente é dependente de um ato defeituoso deve ser objeto de fundamentação específica à luz de circunstâncias concretas."*

### ▣ Comentários Temáticos

**5. Princípio da causalidade.** O processo é um conjunto de atos, não se resumindo a um ato isolado. Os atos do processo estão ordenados à prossecução de determinadas finalidades, o que impede que sua sequência seja arbitrariamente organizada pela lei. Na sequência dos atos processuais, os atos anteriores condicionam os posteriores e estes vinculam-se aos antecedentes. Assim, anulado um ato, os subsequentes que dele sejam dependentes são igualmente atingidos pelos efeitos da invalidade. A interligação dos atos processuais provoca a extensão da invalidade. Em razão do princípio da causalidade, a nulidade de um ato processual contamina todos os posteriores que sejam dele dependentes. Só são atingidos pela invalidade do ato os subsequentes que dele sejam *dependentes*. Os *independentes* não são alcançados pelos efeitos da invalidade proclamada.

**6. Invalidade derivada.** A invalidade derivada caracteriza-se quando um ato posterior, formalmente perfeito, é contaminado por ato anterior (invalidade originária). A invalidade derivada somente ocorre nos casos em que há dependência do ato posterior. Os atos subsequentes que sejam independentes não são alcançados pela invalidade. O vínculo de dependência que faz com que o ato posterior seja atingido pela invalidade originária não é cronológico, mas teleológico: o ato anterior é pressuposto necessário do posterior. Assim, por exemplo, a sentença, formalmente perfeita, é atingida pela decretação de invalidade da citação do réu. Invalidada a citação do réu, reabre-se o prazo para a defesa, sendo desfeito o pronunciamento do juiz. Nesse exemplo, a sentença contém uma invalidade derivada, enquanto a citação, uma originária. Ainda que não houvesse o disposto no art. 281, essa invalidade derivada seria inevitável, haja vista a concatenação dos atos processuais, a evidenciar a existência de uma sequência natural e lógica entre eles.

# LIVRO IV · DOS ATOS PROCESSUAIS — Art. 282

**7. Atos anteriores.** A invalidade não contamina atos anteriores, justamente porque o defeito deve ser anterior ou contemporâneo à prática do ato. Não há invalidação por vício superveniente. A invalidade de um ato não acarreta invalidade derivada de um ato que lhe seja anterior, mas pode subtrair-lhe a eficácia. Tome-se como exemplo a postulação por advogado sem procuração. Apresentada posteriormente a procuração, seus atos serão ratificados. Se, porém, o ato de outorga de poderes vier a ser anulado, os atos anteriores passarão a ser tidos por ineficazes. Imagine-se, ainda, que a citação por edital foi invalidada, porque a publicação do edital não atendeu à exigência de periodicidade do art. 257, III. Tal invalidade não atinge o ato que deferiu a citação por edital, por estar preenchido o pressuposto do art. 256, II, ficando seus efeitos na dependência da renovação da publicação. A repercussão, no tocante a atos anteriores, opera-se no plano da eficácia, e não no da validade.

**8. Invalidade parcial.** A aplicação da segunda parte do art. 281 é muito relevante para os atos compostos e complexos. Muitos atos processuais são simples, mas há atos que são complexos, aperfeiçoando-se com a conjugação de declarações de vontade de mais de um órgão, como ocorre com a arguição de inconstitucionalidade em tribunal: o julgamento é repartido entre o órgão fracionário e o plenário ou órgão especial (art. 949, II). Nesse mesmo sentido, a invalidade de um depoimento não contamina toda a audiência de instrução e julgamento, nem os demais depoimentos. A segunda parte do art. 281 considera essa distinção, deixando claro que o vício ocorrido em parte do ato não contamina o outro que dele seja independente.

---

**Art. 282.** Ao pronunciar a nulidade, o juiz declarará que atos são atingidos e ordenará as providências necessárias a fim de que sejam repetidos ou retificados.

§ 1º O ato não será repetido nem sua falta será suprida quando não prejudicar a parte.

§ 2º Quando puder decidir o mérito a favor da parte a quem aproveite a decretação da nulidade, o juiz não a pronunciará nem mandará repetir o ato ou suprir-lhe a falta.

---

▶ **1. Correspondência no CPC/1973.** *"Art. 249. O juiz, ao pronunciar a nulidade, declarará que atos são atingidos, ordenando as providências necessárias, a fim de que sejam repetidos, ou retificados. § 1º O ato não se repetirá nem se lhe suprirá a falta quando não prejudicar a parte. § 2º Quando puder decidir do mérito a favor da parte a quem aproveite a declaração da nulidade, o juiz não a pronunciará nem mandará repetir o ato, ou suprir-lhe a falta."*

## ⚖ LEGISLAÇÃO CORRELATA

**2. LINDB, art. 21.** *"Art. 21. A decisão que, nas esferas administrativa, controladora ou judicial, decretar a invalidação de ato, contrato, ajuste, processo ou norma administrativa deverá indicar de modo expresso suas consequências jurídicas e administrativas. Parágrafo único. A decisão a que se refere o caput deste artigo deverá, quando for o caso, indicar as condições para que a regularização ocorra de modo proporcional e equânime e sem prejuízo aos interesses gerais, não se podendo impor aos sujeitos atingidos ônus ou perdas que, em função das peculiaridades do caso, sejam anormais ou excessivos."*

## ⚖ JURISPRUDÊNCIA, ENUNCIADOS E SÚMULAS SELECIONADOS

- **3. Enunciado 276 do FPPC.** *"Os atos anteriores ao ato defeituoso não são atingidos pela pronúncia de invalidade."*
- **4. Enunciado 277 do FPPC.** *"Para fins de invalidação, o reconhecimento de que um ato subsequente é dependente de um ato defeituoso deve ser objeto de fundamentação específica à luz de circunstâncias concretas."*
- **5. Enunciado 278 do FPPC.** *"O CPC adota como princípio a sanabilidade dos atos processuais defeituosos."*
- **6. Enunciado 279 do FPPC.** *"Para os fins de alegar e demonstrar prejuízo, não basta a afirmação de tratar-se de violação à norma constitucional."*
- **7. Enunciado 42 da ENFAM.** *"Não será declarada a nulidade sem que tenha sido demonstrado o efetivo prejuízo por ausência de análise de argumento deduzido pela parte."*

## 🖥 COMENTÁRIOS TEMÁTICOS

**8. Decretação expressa da invalidade e dever de especificação dos atos a serem invalidados.** A decretação da invalidade há de ser expressa. Qualquer invalidade, cominada ou não, tem de ter a expressa decretação do juiz, pois o ato judicial que invalida é constitutivo negativo. Decretada a invalidade, o juiz deve especificar quais atos são por ela atingidos. Tal exigência é corolário da regra da causalidade, prevista no art. 281. O dever de especificar os atos processuais que são alcançados pela invalidade é fundamental para que o próprio juiz possa determinar as técnicas de reparação da invalidade. Especificados os atos que são alcançados pela invalidade, todos eles desaparecem, sendo seus efeitos desfeitos. Os novos atos a serem repetidos ou retificados assumem o lugar dos anteriores, que desapareceram com a decretação da invalidade.

**9. Técnicas de reparação da invalidade.** Proclamada a invalidade e especificados os atos por ela alcançados, o juiz deve, ainda, ordenar as providências necessárias a serem adotadas, com a retificação (suprimento da falta) ou a repetição (produção de outro ato processual). O juiz irá adotar as providências técnicas ao saneamento do processo. O art. 282 menciona a repetição ou retificação do ato processual como técnica saneadora a ser adotada. A repetição deve ocorrer quando nada do ato invalidado possa se aproveitado para atingir sua finalidade. É o que ocorre na invalidade total, a exemplo de quando se decreta a invalidade de uma citação. Invalidada a citação, os atos devem ser repetidos, a fim de viabilizar a defesa do réu. Em vez de determinar a repetição, o juiz pode ordenar que o ato seja apenas retificado. Se a invalidade for parcial ou se o defeito que a ocasionou puder ser corrigido com uma simples retificação do ato, não será necessário repeti-lo, sendo suficiente a simples correção.

**10. Princípio do prejuízo.** A invalidade não será proclamada, se o vício não ocasionar prejuízo às partes. Se, embora praticado pela forma errada, o ato não causou prejuízo ou se, mesmo viciado o ato praticado, o mérito se revela favorável a quem aproveitaria a proclamação da invalidade, não há razão para que se a decrete, não sendo útil, nem razoável, mandar repetir o ato ou retificá-lo. O prejuízo não deve ser analisado *a priori*, a partir de fórmulas vagas, sem preocupação com os detalhes do caso concreto. Por isso, não se deve admitir *presunções de prejuízo*, não sendo suficiente a invocação de norma fundamental ou disposição constitucional. É preciso que haja demonstração e comprovação efetiva de prejuízo, a exigir fundamentação específica e reforçada do órgão jurisdicional. Somente se justifica proclamar a invalidade, se do vício decorrer um dano ao processo ou aos direitos das partes. O prejuízo há de ser concreto, efetivo e comprovado. O prejuízo relaciona-se com o alcance de objetivos processuais: sempre que se perdem ou se reduzem faculdades ou poderes processuais que influencie o resultado do processo, há prejuízo. Daí se afirmar que há prejuízo quando não há respeito ao contraditório. O prejuízo deve ser analisado *a posteriori*, sendo

reconhecido apenas nos casos em que haja interferência em direitos fundamentais, sobretudo o contraditório e a ampla defesa.

**11. Efetiva demonstração de prejuízo.** *"O reconhecimento da nulidade de atos processuais exige efetiva demonstração de prejuízo suportado pela parte interessada, em respeito ao princípio da instrumentalidade das formas* (pas de nullité sans grief)*"* (STJ, 4ª Turma, AgInt no AREsp 1.495.225/SC, rel. Min. Raul Araújo, DJe 19.12.2019).

**12. Regra que concretiza o princípio da primazia do julgamento do mérito.** As partes têm direito de obter em prazo razoável "a solução integral do mérito" (art. 4º), ou seja, as regras processuais que regem o processo civil brasileiro devem balizar-se pela preferência, pela precedência, pela prioridade, pelo primado da análise ou do julgamento do mérito. O juiz deve, sempre que possível, superar os vícios, estimulando, viabilizando e permitindo sua correção ou sanação, a fim de que possa efetivamente examinar o mérito e resolver o conflito posto pelas partes. O princípio da primazia do exame do mérito abrange a instrumentalidade das formas, estimulando a correção ou sanação de vícios, bem como o aproveitamento dos atos processuais, com a colaboração mútua das partes e do juiz para que se viabilize a apreciação do mérito. Um dos deveres que se atribui ao juiz é o de *prevenção*, consistente no convite ao aperfeiçoamento pelas partes de suas petições ou alegações. O juiz deve prevenir as partes de eventuais vícios, defeitos, incorreções para que sejam sanados, a fim de possibilitar o exame do mérito e a solução da disputa posta ao seu crivo. Se o mérito já pode ser julgado favoravelmente à parte a quem aproveita a invalidade, não há razão para invalidar ou determinar a repetição da prática do ato. Impõe-se, desde logo, julgar o mérito. O § 2º do art. 282 é exemplo de regra que concretiza o princípio da primazia do julgamento do mérito.

---

**Art. 283.** O erro de forma do processo acarreta unicamente a anulação dos atos que não possam ser aproveitados, devendo ser praticados os que forem necessários a fim de se observarem as prescrições legais.

Parágrafo único. Dar-se-á o aproveitamento dos atos praticados desde que não resulte prejuízo à defesa de qualquer parte.

▶ **1. Correspondência no CPC/1973.** *"Art. 250. O erro de forma do processo acarreta unicamente a anulação dos atos que não possam*

# LIVRO IV · DOS ATOS PROCESSUAIS

## Art. 284

*ser aproveitados, devendo praticar-se os que forem necessários, a fim de se observarem, quanto possível, as prescrições legais. Parágrafo único. Dar-se-á o aproveitamento dos atos praticados, desde que não resulte prejuízo à defesa."*

### ⚖ JURISPRUDÊNCIA, ENUNCIADOS E SÚMULAS SELECIONADOS

- **2. Enunciado 279 do FPPC.** *"Para os fins de alegar e demonstrar prejuízo, não basta a afirmação de tratar-se de violação à norma constitucional."*

### 🖥 COMENTÁRIOS TEMÁTICOS

**3. Aproveitamento dos atos processuais.** O processo é um instrumento destinado a viabilizar o debate, a aglutinar elementos de fato e de direito e a contribuir para o convencimento do juiz, a fim de que ele possa dar solução à disputa havida entre as partes. No caso do processo de execução, destina-se à satisfação do crédito. Em todo caso, devem ser observadas as garantias fundamentais das partes. Sendo um instrumento, os atos praticados no processo destinam-se à consecução da finalidade a que se destina: solucionar a disputa ou satisfazer o crédito cobrado. Se o ato foi praticado, mas pela forma equivocada, não deve ser anulado, se puder ser aproveitado. Os princípios da primazia do julgamento do mérito e da boa-fé fundamentam a necessidade de aproveitamento dos atos processuais. O art. 283 reforça o disposto no § 1º do art. 282: se não há prejuízo, não há razão para repetir ou sanar o vício. Há, ademais, manifesta ligação entre o art. 283 e o art. 277: se o ato foi praticado mediante forma diversa daquela prescrita em lei, mas alcançou a finalidade, não se deve anulá-lo. Os atos processuais devem ser aproveitados, ainda que haja erro de forma. Somente se anulam aqueles atos que não possam ser aproveitados. E só não se aproveitam os atos que desatendam ao contraditório e não respeitem a ampla defesa. Um ato do procedimento ou o próprio procedimento somente deve ser anulado se não for possível aproveitá-lo. A anulação deve restringir-se ao mínimo necessário, mantendo incólume tudo que não estiver contaminado. Daí por que se devem aproveitar ao máximo os atos processuais praticados. Pouco importa o grau do defeito ou o tipo de procedimento: os atos processuais devem sempre ser aproveitados, desde que garantidos o contraditório e a ampla defesa.

**4. Erros de forma.** Os atos processuais devem ser aproveitados. Erros meramente formais

devem ser desconsiderados. Erros na escolha do procedimento não conduzem à anulação de todo o processo, devendo ser aproveitados a maior quantidade possível de atos processuais, desde que se respeitem o contraditório e a ampla defesa. Se a parte dá ao procedimento ou ao ato praticado um nome errado, não há razão para anulação do procedimento ou do ato. O que importa é a sequência correta dos atos, com observância das normas fundamentais do processo, garantindo-se o contraditório e a ampla defesa. O *nomen iuris* da petição, do recurso ou do procedimento pouco importa. O que se deve considerar é o conteúdo das manifestações e a sequência correta dos atos procedimentais. Identificados o pedido e a causa de pedir, não é relevante a designação dada ao tipo de procedimento ou à pretensão do autor.

## TÍTULO IV
## DA DISTRIBUIÇÃO E DO REGISTRO

**Art. 284.** Todos os processos estão sujeitos a registro, devendo ser distribuídos onde houver mais de um juiz.

► **1. Correspondência no CPC/1973.** *"Art. 251. Todos os processos estão sujeitos a registro, devendo ser distribuídos onde houver mais de um juiz ou mais de um escrivão."*

### 🖥 COMENTÁRIOS TEMÁTICOS

**2. Protocolo, registro e distribuição.** O art. 284 trata da distribuição e do registro. Antes, porém, de haver o registro e a distribuição, há o protocolo. Segundo o art. 312, o processo se forma mediante o protocolo da petição inicial. Em processo que tramita em autos não eletrônicos, as petições devem ser protocoladas no horário de funcionamento do fórum ou tribunal (art. 212, § 3º). O protocolo é livro oficial, que pode ser eletrônico ou não. Sua principal função é a de autenticar a data de apresentação dos autos ou petições, sendo permitida, a partir de então, a obtenção de certidões ou, se for o caso, de recibo da entrega dos autos ou da petição. Além do protocolo, os processos estão sujeitos a registro, devendo ser distribuídos onde houver mais de um juiz. O registro é obrigatório, que consiste na documentação da existência do processo, alcança, até mesmo, os processos que tramitem sob segredo de justiça. Ao ser registrado, o processo passa a ter uma numeração própria que o identifica e o individualiza. O registro é

503

feito em livro próprio ou em sistema de dados informatizado, devendo dele constar a natureza da causa, o número do processo gerado a partir do registro, os nomes das partes e a data do ajuizamento. O registro não se confunde com a distribuição. Enquanto aquele ocorre sempre, esta não. Registrado o processo, será ordenado para distribuição, onde houver mais de um juízo. Sendo único o juízo, os autos já lhe são encaminhados após o registro.

**3. Intervenção de terceiro, reconvenção e outros.** Havendo intervenção de terceiro, reconvenção ou outra hipótese de ampliação objetiva do processo, o juiz, de ofício, mandará proceder à respectiva anotação no registro pelo distribuidor (art. 286, parágrafo único; art. 134, § 1º).

**4. Elementos e funções do registro.** Protocolada a petição inicial e distribuída, onde houver mais de um juízo, o escrivão ou chefe de secretaria procederá à autuação (art. 206). A petição inicial recebe um número de registro (art. 284). Os recursos recebem seu respectivo número (art. 929). O número do registro é anotado pelo distribuidor, devendo constar da autuação a ser feita pelo escrivão ou chefe de secretaria (art. 206). Todos os demais atos a serem praticados, mediante petições, contestações, recursos etc., devem identificar tal número, a fim de que possam ser inseridos nos autos do processo. O registro tem por finalidade individualizar o processo, separando-o dos demais. Além do número do processo, o registro contém a identificação do juízo (2ª Vara Cível, 1º Juizado Cível, 3ª Câmara Cível etc.), devendo haver ainda a identificação do juiz (na primeira instância) e do relator (na segunda instância), com indicação de seu nome. Também devem constar do registro a natureza do processo (identificada pelo conjunto da causa de pedir e do pedido, bem como pelo procedimento) e a data do seu início (art. 206). O registro contém, ainda, o nome das partes e de seus advogados, com suas inscrições na OAB. Tanto os nomes das partes como os de seus advogados não devem estar abreviados no registro do processo (art. 272, §§ 3º e 4º). Se houver requerimento para que as intimações sejam feitas em nome de um dos advogados (art. 272, § 5º), basta que conste apenas ele do registro do processo. No registro, deve haver também a indicação do valor da causa, justamente porque a toda causa, ainda que desprovida de conteúdo econômico, deve ser atribuído um valor (art. 291).

**5. Prevenção do juízo.** O registro ou, quando houver mais de um juízo igualmente competente, a distribuição produz um importante efeito, que é a *prevenção* do juízo. A prevenção é efeito do registro ou da distribuição (art. 59) tanto para o autor como para o réu. Embora o simples protocolo já faça surgir o processo, a prevenção só se produz com o registro ou a distribuição. Para que se produza a prevenção, não basta o protocolo da petição inicial; é preciso que haja seu posterior registro ou, havendo mais de um juízo competente, sua subsequente distribuição.

**6. Prevenção nos tribunais.** No âmbito dos tribunais, o art. 930, parágrafo único, estabelece que *"o primeiro recurso protocolado"* tornará prevento o relator. O dispositivo menciona o *protocolo*, e não o registro ou a distribuição como fator que acarreta a prevenção. Observe-se, porém, que o registro deve ser feito no mesmo dia da apresentação da petição ou da chegada dos autos ao tribunal. Registrados os autos, cabe à secretaria ordená-los para distribuição *imediata*. A distribuição de processos no tribunal será *imediata* (CF, art. 93, XV; CPC, art. 929).

**7. Momento determinante da *perpetuatio jurisdictionis*.** Na primeira instância, o protocolo, o registro e a distribuição são atos diversos, podendo ocorrer em momentos diferentes. A competência é determinada no momento do registro ou da distribuição da petição inicial (art. 43). A fixação da competência é efeito do registro da petição inicial ou, se houver necessidade de distribuição, é efeito desta. Para que se produza a *perpetuatio jurisdictionis*, não basta o protocolo da petição inicial; é preciso que haja seu posterior registro ou, havendo mais de um juízo competente, sua subsequente distribuição. A petição inicial é submetida a protocolo, quando, então, se considera proposta a demanda. Feito o protocolo, deve-se realizar o registro. Em seguida, e sendo necessária, realiza-se a distribuição. Não é suficiente, para que se determine a competência, o simples protocolo.

---

**Art. 285.** A distribuição, que poderá ser eletrônica, será alternada e aleatória, obedecendo-se rigorosa igualdade.

Parágrafo único. A lista de distribuição deverá ser publicada no Diário de Justiça.

▶ **1. Correspondência no CPC/1973.** *"Art. 252. Será alternada a distribuição entre juízes e escrivães, obedecendo a rigorosa igualdade."*

### 🕮 LEGISLAÇÃO CORRELATA

**2. Res. 455/2022 do CNJ, art. 11.** *"Art. 11. O Diário de Justiça Eletrônico Nacional (DJEN), originalmente criado pela Resolução CNJ nº 234/2016, passa a ser regulamentado pelo presente*

# LIVRO IV · DOS ATOS PROCESSUAIS
## Art. 286

*ato normativo, constitui a plataforma de editais do CNJ e o instrumento de publicação dos atos judiciais dos órgãos do Poder Judiciário. § 1º O DJEN pode ser utilizado como instrumento para publicação das decisões proferidas em processos administrativos de competência das corregedorias ou em processos administrativos disciplinares (PAD) instaurados contra magistrados, servidores ou agentes delegados do foro extrajudicial. § 2º A publicação no DJEN substitui qualquer outro meio de publicação oficial, para fins de intimação, à exceção dos casos em que a lei exija vista ou intimação pessoal, que serão realizadas por meio do Domicílio Judicial Eletrônico, previsto no art. 14 desta Resolução, nos termos do art. 5º da Lei nº 11.419/2006. § 3º Nos casos em que a lei não exigir vista ou intimação pessoal, os prazos processuais serão contados na forma do art. 224 do CPC/2015, possuindo valor meramente informacional a eventual concomitância de intimação ou comunicação por outros meios."*

**3. Res. 455/2022 do CNJ, art. 13.** *"Art. 13. Serão objeto de publicação no DJEN: I – o conteúdo dos despachos, das decisões interlocutórias, do dispositivo das sentenças e da ementa dos acórdãos, conforme previsão do § 3º do art. 205 do CPC/2015; II – as intimações destinadas aos advogados nos sistemas de processo judicial eletrônico, cuja ciência não exija vista ou intimação pessoal; III – a lista de distribuição prevista no parágrafo único do art. 285 do CPC/2015; IV – os atos destinados à plataforma de editais do CNJ, nos termos do CPC/2015; e V – os demais atos, cuja publicação esteja prevista na lei processual, nos regimentos internos e nas disposições normativas dos tribunais e conselhos."*

**4. Res. 455/2022 do CNJ, art. 14.** *"Art. 14. O conteúdo das publicações incluídas no DJEN deverá ser assinado digitalmente."*

## 🗐 COMENTÁRIOS TEMÁTICOS

**5. Obrigatoriedade da distribuição.** Protocolada a petição inicial ou o recurso, deve haver seu registro. Se houver mais de um juízo competente, a distribuição se impõe. A distribuição é obrigatória, não devendo deixar de ser feita. A distribuição concretiza a garantia constitucional do juiz natural. O juiz natural aglutina a exigência de *prévia* individualização dos juízes por meio de leis gerais, bem como a garantia de independência e imparcialidade dos juízes. A *fixação da competência* deve operar-se por critérios objetivos previstos em lei. No âmbito do processo civil, o art. 284, ao exigir a distribuição dos processos onde houver mais de um

juiz, concretiza a garantia do juiz natural. Não devem, em razão disso, ser desrespeitadas as regras de distribuição de causas – aí incluídos os casos de distribuição por dependência – cabendo, ademais, coibir as iniciativas de "escolha" do juízo. A distribuição é obrigatória. Tanto na primeira instância (art. 284) como no tribunal (art. 929) deve haver distribuição, não sendo possível dispensá-la. No âmbito dos tribunais, o regimento interno desempenha função muito importante relativamente à distribuição.

**6. Alternatividade e aleatoriedade da distribuição.** A distribuição há de ser feita em observância à alternatividade e ao sorteio eletrônico. Assim o exigem os arts. 285 e 930. A distribuição deve ser *alternada* entre os juízos competentes, "obedecendo-se rigorosa igualdade", para que haja equânime divisão de trabalho. O *sorteio eletrônico* é o modo de proceder à distribuição, em razão do seu caráter aleatório. O sorteio deve ser feito dentro da classe do processo, anotada no registro, de modo a assegurar a igualdade também em relação à natureza dos processos ou espécies de procedimentos.

**7. Publicidade.** Os atos processuais devem ser públicos, pois processo devido é processo público. O direito fundamental à publicidade dos atos processuais está garantido no art. 5º, LX, da Constituição Federal. A distribuição também deve ser pública, sendo divulgada no Diário da Justiça. Por meio da publicação da distribuição, permite-se que as partes, seus procuradores e outros interessados conheçam o órgão julgador e o juiz (no caso do tribunal, o relator), de modo que possam fiscalizar a distribuição (art. 289) e, até mesmo, requerer a correção eventual erro ou compensar a falta de distribuição (art. 288).

**8. Espécies de distribuição.** Há duas espécies de distribuição: a livre ou autônoma e a por dependência. O art. 285 refere-se à distribuição livre ou autônoma. Já a distribuição por dependência, prevista no art. 286, não é propriamente uma distribuição. Não há aleatoriedade, nem sorteio. O que há, na distribuição por dependência, é uma atribuição. O juízo já está previamente definido, em virtude de algum vínculo entre o novo processo e o processo pendente.

> **Art. 286.** Serão distribuídas por dependência as causas de qualquer natureza:
>
> I – quando se relacionarem, por conexão ou continência, com outra já ajuizada;
>
> II – quando, tendo sido extinto o processo sem resolução de mérito, for reiterado o pedido,

# Art. 286

**CÓDIGO DE PROCESSO CIVIL COMENTADO –** *Leonardo Carneiro da Cunha*

ainda que em litisconsórcio com outros autores ou que sejam parcialmente alterados os réus da demanda;

III – quando houver ajuizamento de ações nos termos do art. 55, § 3º, ao juízo prevento.

Parágrafo único. Havendo intervenção de terceiro, reconvenção ou outra hipótese de ampliação objetiva do processo, o juiz, de ofício, mandará proceder à respectiva anotação pelo distribuidor.

▶ **1. Correspondência no CPC/1973.** *"Art. 253. Distribuir-se-ão por dependência as causas de qualquer natureza: I – quando se relacionarem, por conexão ou continência, com outra já ajuizada; II – quando, tendo sido extinto o processo, sem julgamento de mérito, for reiterado o pedido, ainda que em litisconsórcio com outros autores ou que sejam parcialmente alterados os réus da demanda; III – quando houver ajuizamento de ações idênticas, ao juízo prevento. Parágrafo único. Havendo reconvenção ou intervenção de terceiro, o juiz, de ofício, mandará proceder à respectiva anotação pelo distribuidor."*

## ⚖ JURISPRUDÊNCIA, ENUNCIADOS E SÚMULAS SELECIONADOS

- **2. Tema/Repercussão Geral 1.075 STF.** *"I – É inconstitucional a redação do art. 16 da Lei 7.347/1985, alterada pela Lei 9.494/1997, sendo repristinada sua redação original. II – Em se tratando de ação civil pública de efeitos nacionais ou regionais, a competência deve observar o art. 93, II, da Lei 8.078/1990 (Código de Defesa do Consumidor). III – Ajuizadas múltiplas ações civis públicas de âmbito nacional ou regional e fixada a competência nos termos do item II, firma-se a prevenção do juízo que primeiro conheceu de uma delas, para o julgamento de todas as demandas conexas."*

- **3. Súmula STJ, 235.** *"A conexão não determina a reunião dos processos, se um deles já foi julgado".*

## 🗎 COMENTÁRIOS TEMÁTICOS

**4. Distribuição por dependência.** A distribuição por dependência não é propriamente uma distribuição, mas uma *atribuição*. Não há o caráter aleatório a que alude o art. 285. Realizada a distribuição por dependência, deverá ser feita a devida compensação, a fim de se assegurar a igualdade mencionada no referido art. 285. A distribuição por dependência é, portanto, uma exceção à distribuição alternada e aleatória, por sorteio. Por isso, somente deve ser feita nos casos

expressamente previstos em lei. A finalidade da regra que impõe a distribuição por dependência é a de impedir a contradição de julgados ou a de assegurar a observância do direito fundamental ao juiz natural. Os casos de distribuição por dependência estão previstos no art. 286 e em outros dispositivos legais que a preveem expressamente, a exemplo dos arts. 61, 642, § 1º, 676, 683, parágrafo único, e 914, § 1º.

**5. Prevenção.** A distribuição por dependência ocorre em casos nos quais o juízo está prevento, devendo a ele ser remetido o novo processo. Em vez de haver livre distribuição, o novo processo é encaminhado ao juízo previamente competente, que é o juízo prevento. O registro ou a distribuição da petição inicial torna prevento o juízo (art. 59). Havendo uma das hipóteses de distribuição por dependência, o novo processo há de ser encaminhado ao juízo prevento.

**6. Hipóteses de distribuição por dependência: conexão ou continência.** A conexão e a continência permitem a distribuição por dependência ou a reunião de processos, apenas quando se tratar de competência relativa (art. 54). A competência absoluta, firmada em razão da pessoa, da matéria ou da função, não pode, em nenhuma hipótese, ser modificada pela conexão.

**7. Hipóteses de distribuição por dependência: extinção do processo sem resolução do mérito.** Extinto o processo sem resolução do mérito, sua reiteração impõe que se proponha a demanda ao mesmo juízo. A regra aplica-se mesmo a pretensão seja reiterada por outro procedimento. É por isso que o *caput* do art. 286 utiliza a expressão "causas de qualquer natureza". Assim, impetrado mandado de segurança e extinto o processo sem resolução do mérito, a renovação do pedido, agora por procedimento comum, deve submeter-se à distribuição por dependência, a não ser que haja mudança de competência absoluta. O art. 286, II, não tem aplicação, se o juízo que extinguiu o processo sem resolução do mérito ou que ficara prevento for suprimido da organização judiciária ou vier a ter sua competência material ou hierárquica modificada, aplicando-se, ao caso, a mesma regra contida no art. 43. Extinto o processo sem resolução do mérito – independentemente do motivo que ensejou tal extinção –, a reiteração do pedido, ainda que em demanda formada em litisconsórcio ativo e mesmo que haja alteração no polo passivo, deve ser submetida ao crivo do mesmo juízo.

**8. Desistência de ação no JEC e repropositura na Justiça Comum.** *"A Lei nº 9.099/1995 não veda que o autor desista da ação ajuizada*

# LIVRO IV · DOS ATOS PROCESSUAIS

## Art. 286

*perante o JEC e, após, promova a nova ação na Justiça Comum, tampouco determina que, nessa hipótese, a nova ação deve ser distribuída ao Juízo do JEC, por dependência. (...) 6. O art. 286, II, do CPC/2015 é uma regra pensada pelo legislador para as ações ajuizadas perante a mesma Justiça, que seguem o rito do referido Código, sem levar em considerações as peculiaridades de outros sistemas, como o do JEC. 7. O objetivo do art. 286, II, do CPC/2015 é de coibir práticas como a de patronos que, em vez de ajuizar uma ação em litisconsórcio ativo, ajuízam diversas ações similares simultaneamente, obtendo distribuição para Juízos distintos e, na sequência, desistem das ações em trâmite nos Juízos nos quais não obtiveram liminar e, para os autores dessas ações, postulam litisconsórcio sucessivo ou assistência litisconsorcial, no Juízo em que a liminar foi deferida. 8. A desistência pelo autor da ação proposta no JEC, para ajuizá-la na Justiça Comum não se trata de má-fé processual, mas de escolha legítima de optar pelo rito processual mais completo, ao vislumbrar, por exemplo, a necessidade de uma instrução mais extensa, sendo essa opção, ademais, um risco assumido pelo próprio autor, diante dos ônus de sucumbência e da maior gama de recursos que também ficará à disposição da outra parte. 9. Portanto, sendo ajuizada ação no Juizado Especial Cível Estadual, subsequentemente extinta sem resolução de mérito em razão da desistência do autor, é cabível nova propositura na Justiça Comum, não havendo, nessa situação, distribuição por dependência ao primeiro Juízo"* (STJ, 3ª Turma, REsp 2.045.638/SP, rel. Min. Nancy Andrighi, *DJe* 27.4.2023).

**9. Hipóteses de distribuição por dependência: conexão instrumental.** Tradicionalmente, o que acarreta a distribuição por dependência é a conexão e a continência. Há, porém, causas que não são conexas entre si, mas é recomendável que sejam reunidas, a fim de evitar julgamentos conflitantes. Tais hipóteses, que não se subsomem à definição do art. 55, eram consideradas pela doutrina como situações em que se deveria promover uma reunião de causas, a fim de promover a um julgamento conjunto, evitando decisões conflitantes. Embora não haja subsunção à previsão do *caput* do art. 55, seu § 3º prevê a possibilidade de modificação de competência, com reunião dos processos. Daí por que se tornou caso de distribuição por dependência. Por ser a definição legal de conexão insuficiente para abranger situações em que não haja identidade entre causas de pedir ou objetos litigiosos, o § 3º do art. 55 determina a reunião de processos, a

fim de se evitar o risco de decisões conflitantes, com resultados colidentes, garantindo-se uma economia processual, de sorte que um único juízo resolva, a um só tempo, mais de um litígio correlato. Há, nesses casos, um destaque à natureza instrumental do processo, conferindo-lhe mais eficiência e efetividade. É exatamente por essa feição instrumental, própria da conexão, que existe conexão por acessoriedade, por prejudicialidade, por garantia, por compensação e por reconvenção, acarretando a distribuição por dependência.

**10. Distribuição por dependência *versus* compartilhamento de competência entre juízos.** Mesmo nos casos em que não houver distribuição por dependência com fundamento no § 3º do art. 55, é possível haver a centralização de processos repetitivos, com compartilhamento de competência entre juízos (art. 69, § 2º, VI), com vistas à realização de instrução ou julgamento conjunto. Os atos entre os juízos que processam causas repetitivas podem ser concertados, concretizando o princípio da eficiência e permitindo maior agilidade com economia de tempo e de recursos públicos. É possível, até mesmo, cogitar da delegação de competência para a prática de todos os atos do processo, ou seja, os juízos, com fundamento no art. 69, § 2º, VI, delegam sua competência para outro específico juízo que irá concentrar todos os processos repetitivos.

**11. Distribuição por dependência ou reunião posterior de processos.** Caso não se realize a distribuição por dependência, submetendo-se o caso à livre distribuição, cumpre que se reúnam os processos ao juízo prevento. Para que o art. 286 tenha aplicação, deve a parte autora requerer a distribuição por dependência antes de submeter o processo à livre distribuição. Não requerida a distribuição por dependência nem tendo sido ela efetivada no momento oportuno, as demandas passam a *correr em separado* perante juízos diversos. Só que, em tais casos, não há como negar a reunião dos processos para o juízo prevento. Assim, ainda que não se faça a distribuição por dependência, o novo processo, que venha a ser distribuído livremente, deverá ser encaminhado ao juízo prevento, para que haja reunião entre eles.

**12. Anotações no distribuidor.** Nos casos em que houver ampliação objetiva do processo, o juiz deve determinar, de ofício, ao distribuidor que proceda à respectiva anotação. Também quando houver assistência, denunciação da lide ou qualquer outra intervenção de terceiros, a referida anotação deve ser determinada de ofício pelo juiz. O § 1º do art. 134 determina que a instauração do incidente de desconsideração da personalidade jurídica seja imediatamente comunicada ao distribuidor para as devidas anotações. O aludido incidente já estaria contemplado pelo parágrafo único do art. 286, já que se trata de uma intervenção de terceiro. De todo modo, o referido § 1º do art. 134 reforça a exigência. A reconvenção, que deve ser apresentada na contestação (art. 343), não acarreta distribuição por dependência, mas exige que se faça a anotação prevista no parágrafo único do art. 286. Mesmo quando a reconvenção for apresentada autonomamente, independentemente de contestação (art. 343, § 6º), não é necessária a distribuição por dependência, sendo suficiente a simples anotação no distribuidor. A anotação prevista no parágrafo único do art. 286 tem por finalidade modificar o registro, fazendo dele constar as informações adicionais que identificam os detalhes quanto ao objeto do processo.

> **Art. 287.** A petição inicial deve vir acompanhada de procuração, que conterá os endereços do advogado, eletrônico e não eletrônico.
> Parágrafo único. Dispensa-se a juntada da procuração:
> I – no caso previsto no art. 104;
> II – se a parte estiver representada pela Defensoria Pública;
> III – se a representação decorrer diretamente de norma prevista na Constituição Federal ou em lei.

▶ **1. Correspondência no CPC/1973.** *"Art. 254. É defeso distribuir a petição não acompanhada do instrumento do mandato, salvo: I – se o requerente postular em causa própria; II – se a procuração estiver junta aos autos principais; III – no caso previsto no art. 37."*

## ⚖ Jurisprudência, Enunciados e Súmulas Selecionados

• **2. Súmula TST, 436.** *"I – A União, Estados, Municípios e Distrito Federal, suas autarquias e fundações públicas, quando representadas em juízo, ativa e passivamente, por seus procuradores, estão dispensadas da juntada de instrumento de mandato e de comprovação do ato de nomeação. II – Para os efeitos do item anterior, é essencial que o signatário ao menos declare-se exercente do cargo de procurador, não bastando a indicação do número de inscrição na Ordem dos Advogados do Brasil."*

• **3. Enunciado 139 do FPPC.** *"No processo do trabalho, é requisito da petição inicial a indicação do endereço, eletrônico ou não, do advogado, cabendo-lhe atualizá-lo, sempre que houver mudança, sob pena de se considerar válida a intimação encaminhada para o endereço informado nos autos."*

## 🗔 Comentários Temáticos

**4. Impedimento à distribuição e controle pelo distribuidor.** A procuração deve acompanhar a petição inicial (art. 287), sendo indispensável à propositura da demanda (art. 320). Cabe ao distribuir, por força do art. 287, fiscalizar e verificar se a petição inicial está acompanhada da procuração. Não lhe cabe examinar o conteúdo da procuração, a fim de conferir se os poderes outorgados são suficientes. Esse exame será feito pelo juiz, que poderá, aliás, determinar correções, ordenando a intimação do autor para emendar a petição inicial (art. 321). O que o distribuidor deve verificar é apenas se a petição inicial, depois de protocolada (art. 312) está acompanhada da procuração, com a indicação dos endereços, eletrônico e não eletrônico, do advogado. Havendo procuração, será feita a distribuição normalmente. Se, porém, não houver procuração, não deve ser feita, a não ser que o caso se subsuma a uma das hipóteses do parágrafo único do art. 287 ou a outras previstas em outros dispositivos legais. Em tais hipóteses, a procuração é dispensada, podendo a distribuição ser feita.

**5. Procuração e capacidade postulatória.** A procuração é indispensável à propositura da demanda, pois é com ela que se comprova a representação da parte por seu advogado, suprindo-lhe a falta de capacidade postulatória. A capacidade postulatória é um dos requisitos de admissibilidade do processo, que consiste na possibilidade de se postular em juízo. A parte é representada por advogado, que apenas pode postular em juízo com procuração juntada aos autos (arts. 104 e 105). Basicamente, serve para comprovar a capacidade postulatória. Na verdade, da interpretação conjunta com os arts. 104 e 105, a primeira manifestação da parte – seja autor, réu ou terceiro interveniente – por petição inicial, por contestação, exceção, impugnação etc., deverá sempre vir acompanhada de procuração para demonstrar o preenchimento da capacidade postulatória, que é requisito de admissibilidade do processo.

**6. Endereço completo. Endereço eletrônico e não eletrônico.** O *caput* do art. 287 prescreve

LIVRO IV · DOS ATOS PROCESSUAIS **Art. 288**

que da procuração deverá constar o endereço *eletrônico* e *não eletrônico* do advogado. Já o art. 105, § 2º, dispõe que a procuração deverá conter o nome do advogado, seu número de inscrição na Ordem dos Advogados do Brasil e *endereço completo*. Exige-se, portanto, a indicação do domicílio profissional, com todos os detalhes (logradouro, número, sala, bloco, CEP etc.) e o endereço eletrônico, que, usualmente, é o e-mail.

**7. Dispensa da juntada de procuração.** O parágrafo único do art. 287 lista as hipóteses de dispensa de apresentação de procuração. Tal lista é exemplificativa, e não exaustiva. A legislação pode prever outras hipóteses que, de forma direta ou indireta, dispensem a juntada da procuração. O art. 104 permite que o advogado postule em juízo sem procuração, se for para evitar preclusão, decadência ou prescrição, ou, também, para a prática de ato considerado urgente. São hipóteses cujo objetivo é evitar o perecimento do direito da parte. Daí por que o inc. I, do parágrafo único do art. 287, desobriga, em tais hipóteses, a apresentação da procuração. Essa é uma dispensa temporária, já que a parte terá o prazo de quinze dias, independentemente de caução, para juntar aos autos a procuração, prazo esse que pode ser prorrogado por mais quinze dias, mediante despacho do juiz. Os incs. II e III, do parágrafo único, do art. 287 referem-se a casos de dispensa de procuração em virtude de representação legal. São casos em que os poderes de representação decorrem diretamente da lei ou da Constituição, dispensando a apresentação da procuração. A representação legal é conferida a defensores públicos, a membros do Ministério Público e a advogados públicos. A lista do parágrafo único do art. 287 é, como já acentuado, exemplificativa. Há outras hipóteses nela não previstas. Assim, por exemplo, dispensa-se a procuração do advogado que postula em causa própria e quando a procuração já estiver nos autos principais (é o caso, por exemplo, de embargos à execução, quando da execução já constar a procuração. Ou, ainda, da liquidação da parte da sentença ilíquida, quando se der em autos apartados – art. 509, § 1º). Por fim, nas causas de até vinte salários mínimos que tenham curso nos Juizados Especiais Cíveis e quaisquer causas que tramitem nos Juizados Especiais Federais, a parte detém capacidade postulatória, não precisando de advogado. Quando, então, estiver sem advogado, dispensa-se a procuração.

**8. Desnecessidade de procuração para advogados públicos.** *"Segundo a jurisprudência do Superior Tribunal de Justiça, a representação processual dos entes públicos independe de instrumento de mandato, desde que seus procuradores estejam investidos na condição de servidores públicos, por se presumir conhecido o mandato pelo seu título de nomeação ao cargo"* (STJ, 1ª Turma, AgInt no AREsp 940.211/MG, rel. Min. Gurgel de Faria, *DJe* 9.3.2017). No mesmo sentido: STJ, 1ª Turma, AgRg no AREsp 783.412/SP, rel. Min. Napoleão Nunes Maia Filho, *DJe* 31.10.2018.

> **Art. 288.** O juiz, de ofício ou a requerimento do interessado, corrigirá o erro ou compensará a falta de distribuição.

▶ **1. Correspondência no CPC/1973.** *"Art. 255. O juiz, de ofício ou a requerimento do interessado, corrigirá o erro ou a falta de distribuição, compensando-a."*

▣ **COMENTÁRIOS TEMÁTICOS**

**2. Controle da distribuição.** Cabe ao juiz controlar a distribuição, podendo determinar sua correção ou sua compensação, de ofício ou a requerimento do interessado. A lista de distribuição deve ser publicada no Diário da Justiça (art. 285, parágrafo único), garantindo assim publicidade e permitindo a todos que tenham acesso e possam, então, fiscalizar (art. 289) e apresentar impugnação (art. 288). É possível que haja erro na distribuição. Além de descumprimento à regra da distribuição por dependência, o erro pode consistir na inobservância da igualdade ou da alternância. A outra hipótese abrangida pelo dispositivo consiste na falta de distribuição. Se isso ocorrer, deverá ser determinada a compensação, a fim de se assegurar o cumprimento da alternatividade e da igualdade, que regem a distribuição. Tudo isso pode ocorrer tanto nos casos de distribuição manual como nos de distribuição eletrônica.

**3. Impugnação da distribuição.** A parte, o Ministério Público e a Defensoria Pública podem fiscalizar a distribuição (art. 289) e impugná-la. Não há propriamente um incidente ou impugnação específica ou típica prevista no Código. Como não há um incidente típico previsto para tanto, ao autor cabe impugnar a distribuição no prazo de até cinco dias (art. 218, § 3º), sendo certo que, em sua contagem, computam-se apenas os dias úteis (art. 219). Por sua vez, cabe ao réu suscitar a questão na contestação. Da decisão que acolher ou rejeitar a impugnação da distribuição não cabe agravo

509

de instrumento, pois a hipótese não encontra previsão no art. 1.015 do CPC.

> **Art. 289.** A distribuição poderá ser fiscalizada pela parte, por seu procurador, pelo Ministério Público e pela Defensoria Pública.

▶ **1. Correspondência no CPC/1973.** *"Art. 256. A distribuição poderá ser fiscalizada pela parte ou por seu procurador."*

## ▣ Comentários Temáticos

**2. Publicidade da distribuição.** O disposto do art. 289 constitui corolário do princípio da publicidade, que orienta a necessidade de se divulgar a lista de distribuição dos processos (art. 285, parágrafo único). Ao garantir a publicidade, permite-se não somente que todos tenham ciência das distribuições realizadas, mas também que possam fiscalizá-las.

**3. Fiscalização da distribuição.** A distribuição é fiscalizada internamente pelo próprio Poder Judiciário, tendo a parte, seu procurador, o Ministério Público e a Defensoria Pública como seus agentes externos de fiscalização. A fiscalização pode ser exercida de maneira direta: é possível acompanhar a distribuição presencialmente, no exato momento em que for feita. Pode, ainda, a fiscalização ser indireta, mediante a solicitação de certidões que atestem a quantidade de petições iniciais apresentadas para a distribuição em determinado dia e a quais juízos foram distribuídas. Com essas informações, é possível avaliar o cumprimento das exigências de alternância e igualdade na distribuição.

> **Art. 290.** Será cancelada a distribuição do feito se a parte, intimada na pessoa de seu advogado, não realizar o pagamento das custas e despesas de ingresso em 15 (quinze) dias.

▶ **1. Correspondência no CPC/1973.** *"Art. 257. Será cancelada a distribuição do feito que, em 30 (trinta) dias, não for preparado no cartório em que deu entrada."*

## ⚖ Jurisprudência, Enunciados e Súmulas Selecionados

- **2. Temas/Repetitivos 674 e 675 do STJ.** *"Cancela-se a distribuição da impugnação ao cumprimento de sentença ou dos embargos à execução na hipótese de não recolhimento das custas no prazo de 30 dias, independentemente de prévia intimação da parte."*
- **3. Tema/Repetitivo 676 do STJ.** *"Não se determina o cancelamento da distribuição se o recolhimento das custas, embora intempestivo, estiver comprovado nos autos."*
- **4. Enunciado 280 do FPPC.** *"O prazo de quinze dias a que se refere o art. 290 conta-se da data da intimação do advogado".*

## ▣ Comentários Temáticos

**5. Superação dos Temas 674 e 675 dos repetitivos do STJ.** O art. 290 atinge o entendimento firmado no STJ, sob a égide do CPC/1973, de que o cancelamento da distribuição independe da prévia intimação da parte. O art. 290 exige a intimação. A exigência de contraditório, reforçada no atual Código, também atinge tal entendimento do STJ. É, enfim, necessária prévia intimação para que haja o pagamento das custas, sob pena de cancelamento da distribuição.

**6. Pagamento das despesas no processo.** Cabe às partes prover as despesas dos atos que realizarem ou requererem no processo, antecipando-lhes o pagamento desde o início até a sentença (art. 82). Ressalvadas as causas relativas à justiça gratuita, a parte, ao requerer a diligência ou a prática de qualquer ato processual, deve antecipar-lhe o pagamento.

**7. Cancelamento da distribuição.** Se o processo for distribuído sem pagamento de custas, o autor deverá ser intimado para efetuá-lo, sob pena de extinção do processo, com cancelamento da distribuição. A intimação há de ser feita ao advogado da parte. O protocolo da petição já fez surgir o processo (art. 312). A distribuição é ato posterior ao protocolo. Se o dispositivo afirma que haverá cancelamento da distribuição é porque deve haver, de igual modo, extinção do processo. Nesse caso, haverá extinção do processo sem resolução do mérito (art. 485, X). Não havendo preparo da demanda, deve o juiz determinar a intimação do autor para que realize o pagamento, prevenindo-o de que, se não o fizer, a petição inicial será indeferida, com extinção do processo sem resolução do mérito e cancelamento da distribuição. O pagamento, nos termos do art. 290, deve ser feito no prazo de 15 dias. Na contagem de tal prazo, computam-se apenas os dias úteis (art. 219). É possível que o juiz amplie esse prazo, se se revelar, no caso concreto, insuficiente. Ao juiz é conferido o poder de dilatar os prazos processuais, adequando-os às necessidades do

**LIVRO IV • DOS ATOS PROCESSUAIS** — **Art. 291**

conflito de modo a conferir maior efetividade à tutela do direito (art. 139, VI).

**8. Impossibilidade de cancelamento da distribuição quando o processo estiver em fase avançada.** *"Segundo a jurisprudência firmada por esta Corte, não se admite o cancelamento da distribuição do feito, nos termos do art. 257 do CPC/1973, quando a relação jurídica processual já estiver estabelecida e encontrar-se em fase avançada"* (STJ, 3ª Turma, AgInt no AREsp 1.461.693/ES, rel. Min. Marco Aurélio Bellizze, DJe 6.4.2020).

**9. Duplo ajuizamento. Custas processuais indevidas nos dois processos, independentemente da citação da parte contrária.** *"Ajuizamento da petição inicial forma relação jurídica processual linear. A citação tem o condão de triangularizá-la com produção de efeitos para o polo passivo da demanda. 2. As custas judiciais têm natureza jurídica taxa. Portanto, as custas representam um tributo. A aparente confusão ocorre por algumas legislações estaduais utilizarem o termo genérico "custas", outro, porém, empregarem duas rubricas: custas e taxa judiciária. 3. As custas podem ser cobradas pelo serviço público efetivamente prestado ou colocado à disposição do contribuinte. Ao se ajuizar determinada demanda, dá-se início ao processo. O encerramento desse processo exige a prestação do serviço público judicial, ainda que não se analise o mérito da causa. 4. Com o ajuizamento de novos embargos à execução fiscal, novas custas judiciais devem ser recolhidas"* (STJ, 2ª Turma, REsp 1.893.966/SP, rel. Min. Og Fernandes, DJe 17.6.2021)

## TÍTULO V
## DO VALOR DA CAUSA

**Art. 291.** A toda causa será atribuído valor certo, ainda que não tenha conteúdo econômico imediatamente aferível.

▶ **1. Correspondência no CPC/1973.** *"Art. 258. A toda causa será atribuído um valor certo, ainda que não tenha conteúdo econômico imediato."*

### ⚖ JURISPRUDÊNCIA, ENUNCIADOS E SÚMULAS SELECIONADOS

• **2. Enunciado 44 da I Jornada-CJF.** *"É requisito da petição inicial da tutela cautelar requerida em caráter antecedente a indicação do valor da causa."*

• **3. Enunciado 115 do FNPP.** *"Na ação em que se busca o ingresso em parcelamento, o valor da causa não corresponde ao valor do crédito, haja vista não representar o proveito econômico almejado."*

### 🗐 COMENTÁRIOS TEMÁTICOS

**4. Obrigatoriedade da atribuição de valor à causa.** É obrigatória a indicação de valor à causa. Ainda que a causa não tenha conteúdo econômico, deve ser-lhe atribuído um valor. É possível que o conteúdo econômico real e imediato da pretensão não seja imediatamente aferível, ou seja, de valor inestimável, não podendo ser precisamente quantificado. Mesmo nesses casos, deve haver valor atribuído à causa. Caberá ao autor, nesses casos, estipular um valor para a causa. Enfim, é obrigatória a atribuição de um valor à causa.

**5. Requisito da petição inicial.** A indicação do valor da causa é requisito da petição inicial (art. 319, V). Se o autor não indicar, na petição inicial, o valor da causa, o juiz deverá mandar intimá-lo para que a emende ou complemente, atribuindo à causa um valor. Em razão da aplicação do princípio da cooperação (art. 6º), o juiz, ao determinar a emenda ou complementação da petição *inicial, deve cumprir com o dever* de prevenção. Por isso, o art. 321 estabelece que o juiz, ao determinar a emenda ou complementação da petição inicial, deve indicar "com precisão o que deve ser corrigido ou completado". Não basta que o juiz diga "emende o autor a petição inicial". É preciso que esclareça exatamente o que precisa ser emendado ou complementado.

**6. Função e relevância do valor da causa.** O valor da causa, cuja atribuição é obrigatória em toda e qualquer demanda, é relevante, por ter diversas finalidades, desempenhando, assim, variadas funções no processo. Há competências que são definidas pelo valor da causa. É possível que haja foros regionais, com competência estabelecida em razão do valor da causa. Também é relevante o valor da causa para definição da competência dos Juizados Especiais. Os Juizados Especiais Cíveis são competentes para as causas de até quarenta salários mínimos (Lei 9.099/1995, art. 3º, I). Por sua vez, os Juizados Especiais Federais (Lei 10.259/2001, art. 3º) e os da Fazenda Pública (Lei 12.153/2009, art. 2º) são competentes para processar, conciliar e julgar as causas de até sessenta salários mínimos. Nas execuções fiscais de pequeno valor não cabe apelação. O valor da causa é relevante, portanto,

511

para verificar se cabe ou não o recurso. O valor da causa serve de base de cálculo da taxa judiciária e das custas iniciais da distribuição. Logo, há uma relevância fiscal do valor da causa. De igual modo, o valor da causa serve de base de cálculo e de limite para multas impostas pelo órgão jurisdicional, seja em razão da litigância de má-fé (arts. 81, 702, §§ 10 e 11, 1.026, §§ 2º e 3º), seja por haver ato atentatório à dignidade da jurisdição (arts. 77, § 2º, 334, § 8º), seja por descumprimento pelo perito do seu encargo (art. 468, § 1º), seja por reconhecimento unânime da manifesta inadmissibilidade ou da improcedência do agravo interno (art. 1.021, § 4º). Quando o valor da causa for irrisório, a multa por litigância de má-fé (art. 81, § 2º) e a multa por atentado à dignidade da justiça (art. 77, § 5º) serão fixadas em até dez vezes o valor do salário mínimo. Destina-se, ainda, o valor da causa a ser fator determinação na fixação dos honorários de advogado. Não sendo possível mensurar o conteúdo econômico da demanda, o valor da causa será a base de cálculo para fixação dos honorários (art. 85, § 2º, § 4º, III, e § 5º). Quando o valor da causa for muito baixo ou irrisório, o juiz deve fixar os honorários por equidade (art. 85, § 8º). Na substituição do réu ilegítimo pelo réu legítimo, o valor da causa há de ser utilizado como base de cálculo para fixação dos honorários de advogado (art. 338, parágrafo único). O valor da causa também serve de parâmetro para o depósito prévio da ação rescisória (art. 968, II). Enfim, a toda causa deve ser atribuído um valor. O valor da causa é relevante e desempenha diversas funções no processo judicial.

**7. Conceito de valor da causa.** A expressão *valor da causa* compõe-se de dois termos: (a) valor e (b) causa. O termo *causa* é abrangente, pois há a causa principal, a causa incidental, a causa recursal, a causa originária. Embora o termo *causa* seja amplo, quando empregado na expressão "valor da causa" tem sentido mais restrito, justamente porque consiste num dos requisitos da petição inicial. Logo, o termo *causa* na expressão "valor da causa" tem o significado de *ação*, de *demanda*, cuja propositura se dá por meio de petição inicial. Já o termo *valor* é definido como a qualidade pela qual determinada pessoa ou coisa é estimável em maior ou menor grau; mérito ou merecimento intrínseco; importância de determinada coisa, estabelecida ou arbitrada de antemão; o equivalente justo em dinheiro. O valor da causa é o valor do pedido. Para o valor da causa, o que importa é o que se pede, e não o que se consegue. O valor da causa é o valor da ação ou o valor do pedido. Improcedente ou procedente o pedido, o valor da causa será sempre o mesmo. Ainda que o pedido seja infundado ou que o autor não logre êxito integral, o valor da causa correspondente ao que foi postulado. O valor da causa é o *quantum*, em dinheiro, correspondente ao que o autor requer na sua petição inicial.

**8. Valor certo.** A toda causa deve ser atribuído valor *certo*. O valor da causa deve ser *certo*, ou seja, deve ser *expresso*. Não se admite valor da causa *implícito* ou *incerto*. Por isso, não deve o valor da causa ser fixado pela utilização da expressão "valor de alçada", ou pela frase "atribui--se à causa o valor de alçada". O valor da causa deve ser certo, ou seja, expresso em dinheiro, em moeda nacional vigente, não se admitindo valor da causa fixado em moeda estrangeira.

**9. Valor da causa em moeda nacional.** O valor da causa não pode ser expresso em moeda estrangeira, mas isso não impede que se formule pedido para entrega de moeda estrangeira. Não se pede o *pagamento* em moeda estrangeira, mas é possível que se peça a *entrega* da moeda estrangeira, que é, no sistema nacional, considerada coisa, mercadoria, bem, já que desprovida de poder liberatório.

**10. Valor da causa fixado em salários mínimos.** É possível que o valor da causa seja expresso em salários mínimos. A proibição de sua utilização como indexador fez com que se defendesse a impossibilidade de estipular o valor da causa em salários mínimos. A Constituição Federal, em seu art. 7º, IV, veda a vinculação do salário mínimo para qualquer fim, significando dizer que não é possível utilizá-lo como indexador financeiro ou índice de correção monetária. Mas, isso não quer dizer que ele não possa ser utilizado para indicar valores. Aliás, é muito utilizado em diversos dispositivos do Código de Processo Civil. Fixado o valor da causa em números de salário mínimo, deve-se considerar o valor do salário mínimo no momento da propositura, aplicando, a partir daí, a correção monetária. Seria vedado (e seria uma indexação) ir aumentando o valor da causa, à medida que se aumentasse o valor do salário mínimo, mas fixado e, depois, corrigido, não há indexação. É por isso que se admite a condenação em salários mínimos ou a fixação de multas em salários mínimos.

**11. Limites.** Não há limite máximo para o valor da causa podendo ser fixado em qualquer montante. Há, porém, um limite mínimo: o valor da causa não poderá ser inferior à menor fração da moeda nacional, isto é, o centavo.

# LIVRO IV · DOS ATOS PROCESSUAIS — Art. 292

**12. Extensão.** Deve haver atribuição de valor a toda causa. Não se atribui valor a um recurso ou a um incidente, somente a causas. Na apelação, no agravo de instrumento, no agravo interno, no recurso especial, no recurso extraordinário, enfim, nos recursos em geral, não há valor da causa. De igual modo, no conflito de competência, no incidente de resolução de demandas repetitivas, no incidente de assunção de competência, na arguição de inconstitucionalidade, na petição em se requer a atribuição de efeito suspensivo a recurso, na petição em que se questiona a suspeição ou o impedimento do juiz, enfim, nos incidentes em geral, não há valor da causa. O valor da causa somente existe em ações. A reclamação, por ser uma ação, deve ser proposta por petição inicial, da qual constará a indicação do valor da causa. No procedimento da tutela antecipada requerida em caráter antecedente, o autor terá de indicar o valor da causa, que deve levar em conta o pedido de tutela final (art. 303, § 4º).

> **Art. 292.** O valor da causa constará da petição inicial ou da reconvenção e será:
>
> I – na ação de cobrança de dívida, a soma monetariamente corrigida do principal, dos juros de mora vencidos e de outras penalidades, se houver, até a data de propositura da ação;
>
> II – na ação que tiver por objeto a existência, a validade, o cumprimento, a modificação, a resolução, a resilição ou a rescisão de ato jurídico, o valor do ato ou o de sua parte controvertida;
>
> III – na ação de alimentos, a soma de 12 (doze) prestações mensais pedidas pelo autor;
>
> IV – na ação de divisão, de demarcação e de reivindicação, o valor de avaliação da área ou do bem objeto do pedido;
>
> V – na ação indenizatória, inclusive a fundada em dano moral, o valor pretendido;
>
> VI – na ação em que há cumulação de pedidos, a quantia correspondente à soma dos valores de todos eles;
>
> VII – na ação em que os pedidos são alternativos, o de maior valor;
>
> VIII – na ação em que houver pedido subsidiário, o valor do pedido principal.
>
> § 1º Quando se pedirem prestações vencidas e vincendas, considerar-se-á o valor de umas e outras.
>
> § 2º O valor das prestações vincendas será igual a uma prestação anual, se a obrigação for por tempo indeterminado ou por tempo superior a 1 (um) ano, e, se por tempo inferior, será igual à soma das prestações.
>
> § 3º O juiz corrigirá, de ofício e por arbitramento, o valor da causa quando verificar que não corresponde ao conteúdo patrimonial em discussão ou ao proveito econômico perseguido pelo autor, caso em que se procederá ao recolhimento das custas correspondentes.

▶ **1. Correspondência no CPC/1973.** *"Art. 259. O valor da causa constará sempre da petição inicial e será: I – na ação de cobrança de dívida, a soma do principal, da pena e dos juros vencidos até a propositura da ação; II – havendo cumulação de pedidos, a quantia correspondente à soma dos valores de todos eles; III – sendo alternativos os pedidos, o de maior valor; IV – se houver também pedido subsidiário, o valor do pedido principal; V – quando o litígio tiver por objeto a existência, validade, cumprimento, modificação ou rescisão de negócio jurídico, o valor do contrato; VI – na ação de alimentos, a soma de 12 (doze) prestações mensais, pedidas pelo autor; VII – na ação de divisão, de demarcação e de reivindicação, a estimativa oficial para lançamento do imposto." "Art. 260. Quando se pedirem prestações vencidas e vincendas, tomar-se-á em consideração o valor de umas e outras. O valor das prestações vincendas será igual a uma prestação anual, se a obrigação for por tempo indeterminado, ou por tempo superior a 1 (um) ano; se, por tempo inferior, será igual à soma das prestações."*

## ⚖ JURISPRUDÊNCIA, ENUNCIADOS E SÚMULAS SELECIONADOS

- **2. Súmula STF, 449.** *"O valor da causa, na consignatória de aluguel, corresponde a uma anuidade."*

- **3. Tema/Repetitivo 441 do STJ.** *"A condenação em montante inferior ao postulado na inicial não afasta a sucumbência mínima, de modo que não se redistribuem os ônus da sucumbência."*

- **4. Súmula TST, 36.** *"Nas ações plúrimas, as custas incidem sobre o respectivo valor global."*

- **5. Enunciado 39 do FONAJE.** *"Em observância ao art. 2º da Lei 9.099/1995, o valor da causa corresponderá à pretensão econômica objeto do pedido".*

- **6. Enunciado 170 do FONAJE.** *"No Sistema dos Juizados Especiais, não se aplica o disposto no inc. V do art. 292 do CPC/2015 especificamente quanto ao pedido de dano moral; caso o autor opte por atribuir um valor específico, este deverá ser computado conjuntamente com o valor da pretensão do dano material para efeito de alçada e pagamento de custas".*

## ⊟ Comentários Temáticos

**7. Oportunidade da fixação do valor da causa.** A indicação do valor da causa é requisito da petição inicial (art. 319, V). O valor deve ser estabelecido a partir dos elementos presentes no momento da propositura da demanda (art. 312). Se o réu propõe reconvenção, deve, na contestação (art. 343) ou, se não contestar, na petição inicial da reconvenção (art. 343, § 6º), indicar o valor da causa, devendo considerar os elementos presentes em tal momento. Na fixação do valor da causa, devem ser considerados os elementos presentes no momento da propositura da demanda. Se, posteriormente à propositura, sobrevir modificação nesses elementos, não poderá haver modificação do valor da causa. O valor da causa é, em princípio, inalterável diante de mudanças supervenientes. Tal inalterabilidade não é, porém, absoluta. Se o pedido ou a causa de pedir forem alterados (respeitados os momentos e limites do art. 329), é possível que tal mudança repercuta no valor da causa. Nesse caso, haverá modificação no valor da causa, com repercussão no pagamento das custas e da taxa judiciária, na competência, na fixação das multas e dos honorários de advogado e, enfim, em todas as outras regras e situações que dependem do valor da causa ou o têm como base de cálculo.

**8. Critérios de fixação do valor da causa.** O art. 292 estabelece os critérios legais para a fixação do valor da causa, prevendo o objeto e como deve ser seu respectivo valor. Além de tal previsão, outros dispositivos também estabelecem critérios legais para a fixação do valor da causa. O quadro com os critérios legais é, portanto, composto pelo art. 292 e por outros dispositivos de origem variada. Assim, por exemplo, o art. 700, § 3º estabelece o critério legal para a fixação do valor da causa na ação monitória. Tome-se, ainda, como exemplo a ação de despejo de imóvel locado: nos termos do art. 58, III, da Lei 8.245/1991, o valor da causa equivale a doze meses de aluguel, ou, se o despejo fundar-se na extinção do contrato de trabalho (Lei 8.245/1991, art. 47, II), o valor da causa corresponde a três salários vigentes por ocasião do ajuizamento da demanda. Ainda nos termos do art. 58, III, da Lei 8.245/1991, o valor da causa, nas ações de consignação em pagamento de aluguel e acessórios da locação, nas revisionais de aluguel e renovatórias de locação, corresponde a doze meses de aluguel. Se o caso não se enquadrar em qualquer hipótese do art. 292 ou de outra disposição normativa que estabeleça critério legal para fixação do valor da causa, caberá ao autor estimá-lo, levando em conta o proveito, a vantagem ou utilidade decorrente do pedido mediato, com as limitações observadas a partir da causa de pedir. O art. 292 estabelece, enfim, critérios legais para a fixação do valor da causa. Tais disposições são cogentes, imperativas, devendo ser seguidas pelo autor e controladas pelo juiz.

**9. Fixação do valor da causa.** *"O valor da causa está intimamente ligado ao pedido do autor e não exatamente ao objeto do litígio, por isso, a um mesmo objeto é possível atribuir valores diferentes, a depender sempre do pedido que se apresenta. Delimitado o pedido, a determinação do valor da causa será obtido de maneira objetiva e corresponderá ao benefício pretendido pelo autor"* (STJ, 4ª Turma, AgInt nos EDcl no AREsp 786.820/SP, rel. Min. Luis Felipe Salomão, *DJe* 29.5.2019).

**10. Valor da causa na cobrança de dívida.** Na ação de cobrança, o valor da causa equivale ao valor da dívida corrigido monetariamente, acrescido de juros de mora vencidos e outras penalidades, até a data da propositura da ação. O valor da causa é composto por "outras penalidades, se houver" (art. 292, I). Tais penalidades consistem na cláusula penal, nos juros compensatórios e outras eventualmente previstas em lei ou contrato. Para que componha o valor da causa, é preciso, porém, que tais penalidades integrem o pedido. O valor da causa contempla os juros legais, pois estes compreendem-se no principal (art. 322, § 1º); só contemplará os juros convencionais se estes forem requeridos expressamente pelo autor em sua petição inicial. Se o negócio jurídico tiver previsto obrigação a ser cumprida em diversas prestações e o autor intentar demanda judicial destinada a cobrar tanto as vencidas como as vincendas, o valor da causa abrangerá todas elas (art. 292, § 1º). Na hipótese de o negócio vigorar por prazo indeterminado ou sendo superior a um ano, *"o valor das prestações vincendas será igual a uma prestação anual"* (art. 292, § 2º). Sendo o período inferior a um ano, o valor da causa será igual à soma das prestações (art. 292, § 2º, *in fine*).

**11. Valor da causa na ação fundada em ato ou negócio jurídico.** A demanda que envolva a existência, a validade, o cumprimento, a modificação, a resolução, a resilição ou a rescisão de ato ou negócio jurídico tem por valor o do ato ou negócio ou o de sua parte controvertida.

**12. Valor da causa na ação de alimentos.** Na ação de alimentos, o valor da causa consiste

**LIVRO IV** · DOS ATOS PROCESSUAIS    **Art. 292**

na soma de doze prestações mensais pedidos pelo autor. Tal critério é aplicável tanto para a ação em que o autor pretende a condenação do alimentante como na ação de exoneração de alimentos, sendo igualmente aplicável à ação de oferta de alimentos. O disposto no art. 292, III, não alcança a ação de revisão de alimentos. Nesta, o autor pretende sejam revistos os alimentos, a fim de que o valor anteriormente fixado seja reduzido ou aumentado. Em tal hipótese, o valor da causa não será a soma de doze prestações mensais, mas equivalerá a doze vezes o valor da diferença entre o valor anteriormente fixado e o novo valor proposto na petição inicial. O valor da causa, nas ações de alimentos, é a soma de doze prestações, não sendo relevante investigar se há pedido de prestações vencidas e vincendas, pois se devem considerar "umas e outras" (art. 292, § 1º).

**13.** Valor da causa nas ações de divisão, de demarcação e de reivindicação de imóvel. Nas ações de divisão, de demarcação e de reivindicação do imóvel, o valor da causa consiste no "valor de avaliação da área ou do bem objeto do pedido" (art. 292, IV). Nem sempre o autor disporá do "valor da avaliação da área", devendo indicar o valor da causa pelo valor do bem. No caso de reivindicatória de coisa imóvel, móvel ou semoventes, o valor da causa será o valor dos bens. Se, entretanto, o autor não dispuser de elementos suficientes e objetivos para definir o valor do bem, sendo-lhe muito oneroso contratar laudos de avaliação, poderá, em prol do acesso à justiça, valer-se da estimativa oficial para lançamento do imposto, se o imóvel reivindicado estiver cadastrado e for passível de sofrer a tributação. Por sua vez, na divisão e na demarcação, o valor da causa será o da vantagem econômica decorrente do pedido formulado. Se a divisão ou demarcação for parcial, o valor da causa deve ser equivalente à parcela postulada, e não a toda área do bem, correspondendo ao quinhão do autor, o que é, aliás, compatível com a regra prevista no art. 89.

**14.** Valor da causa na ação de indenização. O art. 292, I, poderia já contemplar a ação de indenização. O valor da causa, na ação de indenização, corresponde, evidentemente, ao valor da pretendida indenização. Nas ações de indenização por dano material, não há qualquer discussão: o valor da causa deve corresponder ao valor da indenização postulada, pois o dano material não é estimado ou arbitrado, mas comprovado, devendo, então, seu valor ser explícito e preciso, sendo certo que este também será o valor da causa. O que se discute é se, no caso

de dano moral, o autor deve formular pedido determinado ou se o pedido pode ser genérico, atribuindo-se ao juiz a função de estimar o valor da indenização. Formulado pedido genérico, deixando o autor a fixação do montante da pretendida indenização ao arbítrio do juiz, não haveria parâmetro para o valor da causa, sendo fixado por mera estimativa aleatória. Se, entretanto, o autor formular pedido determinado, indicando expressamente o valor da indenização por dano moral, aí o valor da causa há de ser exatamente o montante da pretendida indenização. Tratando-se de indenização por dano moral, o autor deve precisar o valor postulado, tanto que o art. 292, V, determina que o valor da causa será o do pedido nas ações indenizatórias, inclusive as fundadas em dano moral. O pedido, nas ações de indenização por dano moral, somente pode ser genérico, se o ato causador do dano repercutir no futuro e não for possível ao autor, desde logo, determinar as consequências do ato ou fato. A regra é a mesma, independentemente de o dano ser material ou moral, de haver prejuízo efetivo ou lucros cessantes. O pedido somente poderá ser genérico, se não for possível determinar, desde logo, as consequências do ato ou fato. Se for possível, não incide a autorização para que o pedido seja genérico; ele deverá ser determinado. E o valor da causa será exatamente o valor do pedido.

**15.** Valor da causa na cumulação simples e sucessiva de pedidos. O autor pode, em sua petição inicial, formular mais de um pedido. Há cumulação *própria* e cumulação *imprópria* de pedidos. A cumulação *própria* caracteriza-se quando o autor formula vários pedidos, objetivando que todos sejam, a um só tempo, acolhidos. Na cumulação *imprópria,* embora haja a formulação de mais de um pedido, somente um pode ser acolhido. Daí se dizer que é *imprópria*: acolhido um pedido, não será possível acolher o outro formulado. A cumulação *própria* pode ser *simples* ou *sucessiva*. A simples caracteriza-se por serem autônomos os pedidos, não havendo qualquer relação de dependência ou de precedência lógica entre eles. Já a sucessiva caracteriza-se pela dependência do segundo pedido relativamente ao primeiro: o segundo só será examinado se o primeiro for acolhido. O disposto no art. 292, VI, aplica-se tanto à cumulação simples como à sucessiva, de modo que o valor da causa, em tais espécies de cumulação de pedidos, corresponde à soma de todos eles.

**16.** Valor da causa quando há pedidos alternativos. O parágrafo único do art. 326 trata da cumulação alternativa de pedidos. A cumulação

515

alternativa não se confunde com o pedido alternativo previsto no art. 325. O pedido alternativo veicula pretensão fundada em obrigação alternativa, enquanto a cumulação alternativa é uma cumulação imprópria: o autor pede dois pedidos, mas somente poderá lograr êxito num deles. O autor formula mais de um pedido para que seja acolhido só um deles. O legislador previu o que já se admitia na prática forense: a possibilidade de o autor estabelecer alternatividade entre os pedidos formulados na petição inicial. Na cumulação alternativa, o autor, diferentemente do que ocorre na subsidiária ou eventual, não manifesta preferência por um dos pedidos. Acolhido um, os demais estão prejudicados. O disposto no art. 325 trata do pedido alternativo, que é aquele que veicula pretensão decorrente de obrigação alternativa ou disjuntiva. As obrigações alternativas estão previstas nos arts. 252 a 256 do Código Civil. A obrigação alternativa é aquela em que a prestação pode ser cumprida de um modo ou de outro. Não há aqui cumulação de pedidos; o pedido é um só. O pedido alternativo, previsto no art. 325, não se confunde com a cumulação alternativa de pedidos, prevista no parágrafo único do art. 326. Às demandas propostas com pedido alternativo não se aplica o disposto no art. 292, VII, pois este refere-se aos casos de cumulação alternativa de pedidos, ou seja, a casos em que há mais de um pedido. Na hipótese do art. 325, o pedido é único; não há cumulação. O valor é um só: o da obrigação. O valor da causa será o valor da obrigação, cujo cumprimento dar-se-á por uma prestação ou por outra. O art. 292, VII, refere-se à cumulação alternativa prevista no parágrafo único do art. 326.

**17. Valor da causa na cumulação eventual de pedidos.** O art. 326 trata de casos de cumulação *imprópria* de pedidos. Nas hipóteses reguladas no dispositivo, o autor formula mais de um pedido, mas apenas um pode ser acolhido. Há mais de um pedido formulado, mas só um pode ser acolhido. Acolhido um pedido, não será possível acolher o outro formulado. A cumulação *imprópria* pode ser *subsidiária* ou *alternativa*. A subsidiária também é chamada de *eventual*. Enquanto a subsidiária ou eventual é a prevista no art. 326, *caput*, a alternativa é a do seu parágrafo único. No caso de cumulação subsidiária ou eventual, o valor da causa é o do pedido principal, não se levando em conta o pedido subsidiário na sua composição.

**18. Valor da causa na ação monitória.** A ação monitória está prevista nos arts. 700, 701 e 702 e tem por finalidade permitir a rápida formação de título executivo judicial, descerrando o imediato acesso à execução forçada mediante o procedimento do cumprimento de sentença. Cabe ao autor elaborar a petição inicial da ação monitória, atendendo aos requisitos previstos no art. 319, bem como à exigência contida no § 2º do art. 700, ou seja, incumbe ao autor, na petição inicial explicitar, conforme o caso: (a) a importância devida, instruindo-a com memória de cálculo; (b) o valor atual da coisa reclamada; (c) o conteúdo patrimonial em discussão ou o proveito econômico perseguido. Se o autor pretender o recebimento de quantia certa, deve especificar o respectivo valor e instruir a petição inicial com a memória de cálculo (art. 700, § 2º, I). Se, porém, pretender a entrega de coisa fungível ou infungível, ou de bem móvel ou imóvel, deve especificar o valor atual da coisa (art. 700, § 2º, II). Caso o autor pretenda obter o cumprimento de obrigação de fazer ou não fazer, deve quantificar o correspondente conteúdo patrimonial ou o proveito econômico (art. 700, § 2º, III). Tais exigências têm por finalidade viabilizar a exata definição do valor da causa (art. 700, § 3º) e dos honorários de advogado (art. 701, *caput*), bem como a fixação de eventual multa em caso de litigância de má-fé (art. 702, §§ 10 e 11). É preciso, portanto, identificar qual o tipo de obrigação exigida na ação monitória e identificar o seu valor, o qual será, de igual modo, o valor da causa.

**19. Valor da causa na ação rescisória.** O valor da causa, nas ações rescisórias, equivale ao da ação originária, corrigido monetariamente. Se a ação rescisória for proposta, quando já promovida a liquidação do julgado, em que se demonstra que o benefício a ser auferido pelo interessado é bem superior ao valor da causa da ação originária, deve, então, o valor da causa da ação rescisória ser equivalente ao montante liquidado, e não ao valor da causa da ação originária. Quando a ação rescisória envolver apenas um ou alguns capítulos da decisão rescindenda, o valor da causa corresponderá ao proveito econômico que se possa obter com a rescisão de apenas esse capítulo.

**20. Valor da causa na recuperação judicial.** *"Tratando-se de processos de recuperação judicial, o valor da causa necessita guardar relação de equivalência com a soma de todos os créditos sujeitos a seus efeitos, sendo essa a base econômica que deve ser utilizada para o recolhimento das custas processuais correlatas"* (STJ, 3ª Turma, REsp 1.637.877/RS, rel. Min. Nancy Andrighi, DJe 30.10.2017).

**LIVRO IV · DOS ATOS PROCESSUAIS**   **Art. 293**

**21. Controle do valor da causa pelo juiz.** O art. 292 estabelece os critérios legais para a fixação do valor da causa. Se a causa não se subsumir a qualquer das hipóteses ali previstas, cabe ao autor atribuir-lhe valor. Em qualquer caso, o juiz deve, de ofício ou a requerimento, controlar o valor da causa. Se o caso se enquadra numa das hipóteses do art. 292, o controle é mais simples, cabendo ao juiz checar se a fixação do valor da causa está de acordo com a previsão legal. Não estando, porém, a causa subsumida numa daquelas hipóteses, sua estimativa será controlada pelo juiz a partir do princípio da boa-fé (art. 5º), que proíbe o abuso de direito, bem como a partir da razoabilidade e da proporcionalidade (art. 8º).

> **Art. 293.** O réu poderá impugnar, em preliminar da contestação, o valor atribuído à causa pelo autor, sob pena de preclusão, e o juiz decidirá a respeito, impondo, se for o caso, a complementação das custas.

▶ **1. Correspondência no CPC/1973.** *"Art. 261. O réu poderá impugnar, no prazo da contestação, o valor atribuído à causa pelo autor. A impugnação será autuada em apenso, ouvindo-se o autor no prazo de 5 (cinco) dias. Em seguida o juiz, sem suspender o processo, servindo-se, quando necessário, do auxílio de perito, determinará, no prazo de 10 (dez) dias, o valor da causa. Parágrafo único. Não havendo impugnação, presume-se aceito o valor atribuído à causa na petição inicial".*

### ▣ COMENTÁRIOS TEMÁTICOS

**2. Objeto da impugnação ao valor da causa.** O art. 293 não limita o conteúdo da impugnação ao valor da causa. A impugnação é admissível em qualquer hipótese, quer quando o valor da causa não esteja de acordo com as previsões do art. 292, quer quando se trate de fixação por estimativa do autor e não se revele adequada, razoável ou proporcional, independentemente de se apontar a necessidade de ser aumentado ou diminuído o valor indicado na petição inicial. A impugnação pode versar sobre o valor da causa fixado segundo critério legal ou segundo estimativa do autor.

**3. Legitimidade para impugnar o valor da causa.** A impugnação ao valor da causa deve ser feita em preliminar da contestação (arts. 293 e 337, III). É inegável, portanto, a legitimidade do réu para impugnar o valor da causa. Além do réu, também desfrutam de legitimidade para impugnar o valor da causa o denunciado (tanto o denunciado pelo autor como o denunciado pelo réu), o assistente do réu e o chamado ao processo. A Fazenda Pública, nos processos em que não figure como ré, não tem legitimidade para impugnar o valor da causa. Poder-se-ia até cogitar dessa legitimidade, pois o valor da causa é relevante para a fixação do valor das custas, cuja natureza tributária é largamente reconhecida pela doutrina e jurisprudência. Não se lhe é franqueada, entretanto, essa legitimidade para impugnar o valor da causa em processos dos quais não figure como parte. Quando atua como fiscal da ordem jurídica, o Ministério Público não é alcançado pelos reflexos econômicos do valor da causa. Sua atuação destina-se à proteção de interesse público ou social. Há, entretanto, uma hipótese, que é a do art. 178, II, que convoca a intervenção do Ministério Público para curar os interesses do incapaz. Nesse caso, o Ministério Público, que pode, inclusive, ajuizar exceção de incompetência em favor do incapaz (art. 65, parágrafo único), tem legitimidade para impugnar o valor da causa.

**4. Forma da impugnação ao valor da causa.** A impugnação ao valor da causa não deve mais ser apresentada em peça avulsa, devendo ser alegada na contestação, em preliminar, tal como preveem os seus arts. 293 e 337, III. Significa que o réu deve impugnar o valor da causa em preliminar da contestação. O Ministério Público, quando intervém em virtude da presença de um incapaz, tem legitimidade para impugnar o valor da causa. Só que o Ministério Público sempre tem vista após as partes (art. 179, I), somente se manifestando depois delas. Nesse caso, o Ministério Público não apresenta contestação. Logo, a impugnação ao valor da causa não poderá constar de uma preliminar da contestação, sendo, portanto, hipótese de impugnação autônoma do valor da causa. Quanto ao assistente do réu, somente poderá impugnar o valor da causa, se ainda houver prazo para a contestação. Se sua intervenção ocorrer após o término do prazo de resposta, não poderá mais impugnar o valor da causa, haja vista receber o processo no estado em que se encontra (art. 119, parágrafo único).

**5. Preclusão.** A falta de impugnação ao valor da causa pelo réu acarreta preclusão temporal, impedindo sua alegação posterior.

**6. Recurso.** A decisão que julgar a impugnação ao valor da causa pode ser impugnada na apelação ou em contrarrazões de apelação (art. 1.009, § 1º).

LIVRO V

# DA TUTELA PROVISÓRIA

# TÍTULO I
# DISPOSIÇÕES GERAIS

**Art. 294.** A tutela provisória pode fundamentar-se em urgência ou evidência.

Parágrafo único. A tutela provisória de urgência, cautelar ou antecipada, pode ser concedida em caráter antecedente ou incidental.

▶ **1. Correspondência no CPC/1973.** "Art. 796. O procedimento cautelar pode ser instaurado antes ou no curso do processo principal e deste é sempre dependente."

## 🏛 LEGISLAÇÃO CORRELATA

**2. Lei 5.478/1968, art. 4º.** "Art. 4º As despachar o pedido, o juiz fixará desde logo alimentos provisórios a serem pagos pelo devedor, salvo se o credor expressamente declarar que deles não necessita."

**3. Lei 7.347/1985, art. 12.** "Art. 12. Poderá o juiz conceder mandado liminar, com ou sem justificação prévia, em decisão sujeita a agravo. § 1º A requerimento de pessoa jurídica de direito público interessada, e para evitar grave lesão à ordem, à saúde, à segurança e à economia pública, poderá o Presidente do Tribunal a que competir o conhecimento do respectivo recurso suspender a execução da liminar, em decisão fundamentada, da qual caberá agravo para uma das turmas julgadoras, no prazo de 5 (cinco) dias a partir da publicação do ato. § 2º A multa cominada liminarmente só será exigível do réu após o trânsito em julgado da decisão favorável ao autor, mas será devida desde o dia em que se houver configurado o descumprimento."

**4. Lei 8.437/1992, art. 1º.** "Art. 1º Não será cabível medida liminar contra atos do Poder Público, no procedimento cautelar ou em quaisquer outras ações de natureza cautelar ou preventiva, toda vez que providência semelhante não puder ser concedida em ações de mandado de segurança, em virtude de vedação legal. § 1º Não será cabível, no juízo de primeiro grau, medida cautelar inominada ou a sua liminar, quando impugnado ato de autoridade sujeita, na via de mandado de segurança, à competência originária de tribunal. § 2º O disposto no parágrafo anterior não se aplica aos processos de ação popular e de ação civil pública. § 3º Não será cabível medida liminar que esgote, no todo ou em qualquer parte, o objeto da ação. § 4º Nos casos em que cabível medida liminar, sem prejuízo da comunicação ao dirigente do órgão ou entidade, o respectivo representante judicial dela será imediatamente intimado. § 5º Não será cabível medida liminar que defira compensação de créditos tributários ou previdenciários."

**5. Lei 10.259/2001, art. 4º.** "Art. 4º O Juiz poderá, de ofício ou a requerimento das partes, deferir medidas cautelares no curso do processo, para evitar dano de difícil reparação."

**6. Lei 12.153/2009, art. 3º.** "Art. 3º O juiz poderá, de ofício ou a requerimento das partes, deferir quaisquer providências cautelares e antecipatórias no curso do processo, para evitar dano de difícil ou de incerta reparação."

**7. Lei 13.188/2015, art. 7º.** "Art. 7º O juiz, nas 24 (vinte e quatro) horas seguintes à citação, tenha ou não se manifestado o responsável pelo veículo de comunicação, conhecerá do pedido e, havendo prova capaz de convencer sobre a verossimilhança da alegação ou justificado receio de ineficácia do provimento final, fixará desde logo as condições e a data para a veiculação, em prazo não superior a 10 (dez) dias, da resposta ou retificação. § 1º Se o agravo tiver sido divulgado ou publicado por veículo de mídia impressa cuja circulação seja periódica, a resposta ou retificação será divulgada na edição seguinte à da ofensa ou, ainda, excepcionalmente, em edição extraordinária, apenas nos casos em que o prazo entre a ofensa e a próxima edição indique desproporcionalidade entre a ofensa e a resposta ou retificação. § 2º A medida antecipatória a que se refere o caput deste artigo poderá ser reconsiderada ou modificada a qualquer momento, em decisão fundamentada. § 3º O juiz poderá, a qualquer tempo, impor multa diária ao réu, independentemente de pedido do autor, bem como modificar-lhe o valor ou a periodicidade, caso verifique que se tornou insuficiente ou excessiva. § 4º Para a efetivação da tutela específica de que trata esta Lei, poderá o juiz, de ofício ou mediante requerimento, adotar as medidas cabíveis para o cumprimento da decisão."

## ⚖ JURISPRUDÊNCIA, ENUNCIADOS E SÚMULAS SELECIONADOS

- **8. Enunciado 418 do FPPC.** "As tutelas provisórias de urgência e de evidência são admissíveis no sistema dos Juizados Especiais."
- **9. Enunciado 496 do FPPC.** "Preenchidos os pressupostos de lei, o requerimento de tutela provisória incidental pode ser formulado a qualquer tempo, não se submetendo à preclusão temporal."

## LIVRO V · DA TUTELA PROVISÓRIA — Art. 294

- **10. Enunciado 691 do FPPC.** *"A decisão que nega a tutela provisória coletiva não obsta a concessão de tutela provisória no âmbito individual."*
- **11. Enunciado 42 da I Jornada-CJF.** *"É cabível a concessão de tutela provisória de urgência em incidente de desconsideração de personalidade jurídica."*
- **12. Enunciado 45 da I Jornada-CJF.** *"Aplica-se às tutelas provisórias o princípio da fungibilidade, devendo o juiz esclarecer as partes sobre o regime processual a ser observado."*

### ▣ COMENTÁRIOS TEMÁTICOS

**13. Livro V da Parte Geral do CPC.** A tutela provisória está disciplina no Livro V da Parte Geral, mais precisamente nos seus arts. 294 a 311. Nesse Livro, há regras sobre tutela de urgência cautelar, tutela de urgência satisfativa e tutela de evidência. Se a tutela provisória é *gênero*, o Livro V do CPC não contém todas as suas espécies, não dispondo, por exemplo, sobre o cumprimento provisório da sentença, que, previsto nos arts. 520 a 522, destina-se a adiantar ou antecipar, de modo resolúvel, a eficácia executiva, com vistas a abreviar o processo e permitir que já se adiante a fase executiva, antes mesmo do trânsito em julgado.

**14. Terminologia.** O CPC adotou a expressão *tutela provisória* no lugar da *tutela antecipada*, utilizando o termo *tutela antecipada* como espécie do gênero *tutela provisória*. A tutela antecipada é uma tutela provisória, caracterizada por ser satisfativa de urgência. Por exclusão, se os textos normativos fossem lidos literalmente, a tutela de evidência não seria uma tutela antecipada e a tutela cautelar não poderia ser, propriamente, prestada por tutela antecipada. Na verdade, o Código reserva a expressão *tutela provisória* para disciplinar a tutela jurisdicional cautelar, a técnica da antecipação da tutela e a tutela de evidência.

**15. Tutela cautelar e tutela antecipada.** A cautelar é um tipo de tutela jurisdicional, proferida de forma *temporária*. Já a tutela antecipada é uma técnica processual por meio da qual se determina a produção de efeitos do provimento final antes do momento normalmente a ele reservado.

**16. Tutela antecipada cautelar ou satisfativa.** A tutela antecipada pode ser cautelar ou satisfativa. A tutela cautelar e a tutela satisfativa podem ser prestadas antecipadamente. O juiz pode conceder a tutela antecipada cautelar ou a tutela antecipada satisfativa. Pode, em outras palavras, conceder a tutela provisória cautelar ou a tutela provisória satisfativa. A tutela provisória cautelar é sempre de urgência, enquanto a satisfativa pode ser de urgência ou de evidência.

**17. Tutela de urgência.** A tutela de urgência pode ser cautelar ou satisfativa. Qualquer uma delas pode ser concedida em caráter antecedente ou incidental.

**18. Tutela satisfativa.** A tutela satisfativa pode ser de urgência ou de evidência. Não existe tutela cautelar de evidência; ela é só de urgência.

**19. Tutela provisória e tutela definitiva.** O antônimo de *tutela provisória* é *tutela definitiva*. Esta última relaciona-se com o resultado do processo, podendo ser cautelar ou satisfativa. A tutela satisfativa de urgência ou de evidência pode ser definitiva. O juiz pode concedê-la na sentença, hipótese em que a apelação não terá efeito suspensivo (art. 1.012, § 1º, V). Concedida a tutela provisória, sobrevirá ainda a tutela definitiva, que também pode ser cautelar ou satisfativa. Assim, concedida uma liminar cautelar (ou seja, uma tutela provisória cautelar), esta deve ser confirmada por uma sentença cautelar (ou seja, uma tutela definitiva cautelar). Deferida uma tutela antecipada (ou seja, uma tutela provisória satisfativa), esta deve ser confirmada por uma sentença satisfativa (ou seja, uma tutela definitiva satisfativa).

**20. Tutela de urgência antecedente e incidental.** A tutela de urgência, cautelar ou satisfativa, pode ser requerida em caráter antecedente ou incidental. Quando a urgência é contemporânea à propositura da demanda ou efetivamente não há como aguardar, a tutela de urgência pode ser requeria em caráter antecedente, devendo, posteriormente, ser aditada a petição inicial ou formulado o pedido principal. A tutela de urgência requerida em caráter incidental independe do pagamento de custas, devendo ser proposta perante o próprio juízo que conduz o processo. Quando antecedente, será proposta perante o juízo competente, que ficará prevento para conhecer do pedido principal.

**21. Tutela de urgência antecedente *versus* tutela de urgência concedida *inaudita altera parte*.** A tutela provisória requerida em caráter antecedente não se confunde com a tutela provisória liminar ou concedida *inaudita altera parte*. Tanto a tutela provisória requerida em caráter antecedente como a requerida em caráter incidental podem ser concedidas liminarmente ou somente depois de instaurado o contraditório. Aliás, o contraditório há de ser a regra (art. 9º, *caput*). Se, porém, não for possível aguardar a manifestação do réu ou sua citação, o juiz deve conceder a medida liminarmente (art. 9º, I). E isso independentemente de a tutela de urgência ser requerida em caráter antecedente ou incidental.

**22. Tutela de evidência e tutela provisória de evidência.** A evidência não é um tipo de tutela jurisdicional, mas um fato que autoriza que se conceda uma tutela jurisdicional mediante técnica específica ou diferenciada. Em outras palavras, é um pressuposto fático de uma técnica processual para a obtenção da tutela. A evidência é pressuposto que serve tanto à tutela definitiva como à provisória. A evidência serve à tutela definitiva, fundada em cognição exauriente, nos casos, por exemplo, de mandado de segurança e de ação monitória. Também serve para autorizar a instauração de execução definitiva por quem disponha de título executivo. Assim como serve de técnica para a tutela definitiva, também serve à tutela provisória, fundada em cognição sumária. É o caso da tutela provisória de evidência. A evidência é o requisito para a concessão da tutela provisória, sendo dispensada a urgência. A concessão da tutela provisória de evidência depende da prova das alegações de fato e da demonstração de probabilidade do acolhimento do pedido formulado pela parte. As afirmações de fato e de direito põem-se em estado de evidência, justificando-se a antecipação dos efeitos da tutela jurisdicional postulada, com concretização do princípio da duração razoável. O ônus do tempo do processo é mais bem avaliado, beneficiando a parte que aparenta ter razão, por ser muito evidente a probabilidade de acolhimento de sua pretensão.

**23. Tutela provisória de inibição ou remoção do ilícito.** Para concessão da tutela específica destinada a inibir a prática, a reiteração ou a continuação de um ilícito, ou a sua remoção, é irrelevante a demonstração da ocorrência de dano ou da existência de culpa ou dolo (art. 497, parágrafo único). O juiz pode conceder provisória para antecipar efeitos da tutela específica, já ordenando que não se pratique ou não se continue a praticar o ilícito.

> **Art. 295.** A tutela provisória requerida em caráter incidental independe do pagamento de custas.

▶ **1. Sem correspondência no CPC/1973.**

🗐 **Comentários Temáticos**

**2. Dispensa de custas.** A tutela provisória, cautelar ou satisfativa, pode ser requerida em caráter incidental. Quando requerida em caráter incidental, independe do pagamento de custas, devendo ser proposta perante o próprio juízo que conduz o processo. O requerimento em caráter incidental não acarreta a formação de outro processo, com registro e distribuição. Não há razão para cobrança de custas ou taxas judiciárias. O requerimento de tutela provisória em caráter incidental é uma simples petição, não sendo fato gerador para incidência de custas judiciais. A hipótese é de não incidência tributária.

**3. Custas *versus* caução.** A tutela provisória, requerida em caráter incidental, independe do pagamento de custas, mas é possível que seja exigida caução para o seu deferimento (art. 300, § 1º). O recolhimento de custas não se confunde com a exigência de caução. As custas consistem num tributo, da espécie taxa, decorrente da prestação do serviço jurisdicional posto à disposição da parte. Por sua vez, a caução prestada pela parte visa a garantir, em caso de posterior revogação da tutela concedida, a indenização da parte contrária pelos prejuízos decorrentes da sua efetivação.

> **Art. 296.** A tutela provisória conserva sua eficácia na pendência do processo, mas pode, a qualquer tempo, ser revogada ou modificada.
> Parágrafo único. Salvo decisão judicial em contrário, a tutela provisória conservará a eficácia durante o período de suspensão do processo.

▶ **1. Correspondência no CPC/1973.** *"Art. 273. (...) § 4º A tutela antecipada poderá ser revogada ou modificada a qualquer tempo, em decisão fundamentada." "Art. 807. As medidas cautelares conservam a sua eficácia no prazo do artigo antecedente e na pendência do processo principal; mas podem, a qualquer tempo, ser revogadas ou modificadas. Parágrafo único. Salvo decisão judicial em contrário, a medida cautelar conservará a eficácia durante o período de suspensão do processo."*

🗐 **Legislação Correlata**

**2. Lei 12.016/2009, art. 7º, § 3º.** *"Art. 7º, § 3º Os efeitos da medida liminar, salvo se revogada ou cassada, persistirão até a prolação da sentença."*

🗐 **Jurisprudência, Enunciados e Súmulas Selecionados**

• **3. Súmula STF, 405.** *"Denegado o mandado de segurança pela sentença, ou no julgamento do agravo dela interposto, fica sem efeito a* *liminar concedida, retroagindo os efeitos da decisão contrária."*

- **4. Súmula STF, 626.** *"A suspensão da liminar em mandado de segurança, salvo determinação em contrário da decisão que a deferir, vigorará até o trânsito em julgado da decisão definitiva de concessão da segurança ou, havendo recurso, até a sua manutenção pelo Supremo Tribunal Federal, desde que o objeto da liminar deferida coincida, total ou parcialmente, com o da impetração."*
- **5. Enunciado 140 do FPPC.** *"A decisão que julga improcedente o pedido final gera a perda de eficácia da tutela antecipada."*
- **6. Enunciado 39 da I Jornada-CJF.** *"Cassada ou modificada a tutela de urgência na sentença, a parte poderá, além de interpor recurso, pleitear o respectivo restabelecimento na instância superior, na petição de recurso ou em via autônoma."*
- **7. Enunciado 41 da I Jornada-CJF.** *"Nos processos sobrestados por força do regime repetitivo, é possível a apreciação e a efetivação de tutela provisória de urgência, cuja competência será do órgão jurisdicional onde estiverem os autos."*
- **8. Conservação dos efeitos.** Concedida e efetivada, a tutela provisória conserva sua eficácia na pendência do processo. Enquanto não finalizado o processo, e desde que não haja decisão em sentido contrário, a tutela provisória mantém-se em vigor, produzindo todos os seus efeitos. É por isso que, confirmada a tutela provisória na sentença, a apelação não tem efeito suspensivo (art. 1.012, § 1º, V). A interposição da apelação estende o estado de pendência da demanda, mantendo a eficácia da tutela provisória que fora concedida e, depois, foi mantida ou confirmada na sentença. Enfim, enquanto não se encerrar efetivamente o processo, a tutela provisória mantém sua eficácia, a não ser que haja decisão em sentido contrário.

## ▣ COMENTÁRIOS TEMÁTICOS

**9. Modificação ou revogação.** A tutela provisória pode, a qualquer tempo, ser revogada ou modificada, se alteradas as circunstâncias que ensejaram sua concessão. O juiz não pode, simplesmente, revogar ou modificar sem que demonstre a alteração das circunstâncias. Deve fundamentar, justificando que houve alteração no quadro fático ou jurídico.

**10. Fundamentação da decisão que modifica ou revoga a tutela provisória.** A tutela de urgência conserva sua eficácia na pendência do processo, mas pode, a qualquer tempo, ser revogada ou modificada, em decisão devidamente fundamentada. Aliás, o § 1º do art. 489 contém importante regra, que explicita casos em que não se considera fundamentada a sentença. Toda e qualquer decisão judicial deve ser fundamentada (CF, art. 93, IX; CPC, art. 11). Se toda e qualquer decisão há de ser motivada, não haverá fundamentação, caso se verifique uma das hipóteses descritas no § 1º do art. 489. O dispositivo, enfim, aplica-se a toda e qualquer decisão, seja interlocutória, sentença ou acórdão, inclusive a que concede, revoga ou modifica a tutela provisória. A necessidade de fundamentação da medida que revoga ou modifica a tutela provisória é também confirmada pelo disposto no art. 298.

**11. Suspensão do processo.** Havendo suspensão do procedimento, não se devem praticar atos processuais (art. 314), ressalvadas as hipóteses de urgência. A tutela provisória de urgência pode ser concedida durante a suspensão do processo, conservando sua eficácia também durante a suspensão do processo. Concedida a tutela de urgência, a superveniente suspensão do processo não atinge sua eficácia, nem a desfaz. A tutela de urgência mantém-se eficaz, enfim, durante a suspensão do processo.

> **Art. 297.** O juiz poderá determinar as medidas que considerar adequadas para efetivação da tutela provisória.
>
> Parágrafo único. A efetivação da tutela provisória observará as normas referentes ao cumprimento provisório da sentença, no que couber.

▶ **1. Correspondência no CPC/1973.** *"Art. 273. (...) § 3º A efetivação da tutela antecipada observará, no que couber e conforme sua natureza, as normas previstas nos arts. 588, 461, §§ 4º e 5º, e 461-A." "Art. 798. Além dos procedimentos cautelares específicos, que este Código regula no Capítulo II deste Livro, poderá o juiz determinar as medidas provisórias que julgar adequadas, quando houver fundado receio de que uma parte, antes do julgamento da lide, cause ao direito da outra lesão grave e de difícil reparação."*

## ▣ LEGISLAÇÃO CORRELATA

**2. Lei 12.529/2011, art. 102.** *"Art. 102. O Juiz decretará a intervenção na empresa quando necessária para permitir a execução específica, nomeando o interventor. Parágrafo único. A de-*

cisão que determinar a intervenção deverá ser fundamentada e indicará, clara e precisamente, as providências a serem tomadas pelo interventor nomeado."

## ⚖ Jurisprudência, Enunciados e Súmulas Selecionados

- **3. Enunciado 490 do FPPC.** *"São admissíveis os seguintes negócios processuais, entre outros: pacto de inexecução parcial ou total de multa coercitiva; pacto de alteração de ordem de penhora; pré-indicação de bem penhorável preferencial (art. 848, III); pré-fixação de indenização por dano processual prevista nos arts. 81, § 3º, 520, inc. I, 297, parágrafo único (cláusula penal processual); negócio de anuência prévia para aditamento ou alteração do pedido ou da causa de pedir até o saneamento (art. 329, inc. III)."*

- **4. Enunciado 497 do FPPC.** *"As hipóteses de exigência de caução para a concessão de tutela provisória de urgência devem ser definidas à luz do art. 520, IV, CPC."*

- **5. Enunciado 498 do FPPC.** *"A possibilidade de dispensa de caução para a concessão de tutela provisória de urgência, prevista no art. 300, § 1º, deve ser avaliada à luz das hipóteses do art. 521."*

- **6. Enunciado 627 do FPPC.** *"Em processo coletivo, a decisão que fixa multa coercitiva é passível de cumprimento provisório, permitindo o levantamento do valor respectivo após o trânsito em julgado da decisão de mérito favorável."*

- **7. Enunciado 38 da I Jornada-CJF.** *"As medidas adequadas para efetivação da tutela provisória independem do trânsito em julgado, inclusive contra o Poder Público (art. 297 do CPC)."*

- **8. Enunciado 40 do FNPP.** *"As medidas para a efetivação da tutela provisória previstas no art. 297 do CPC não podem atingir a esfera jurídica do advogado (público ou privado), no exercício de suas atribuições."*

- **9. Enunciado 41 do FNPP.** *"As medidas para a efetivação da tutela provisória previstas no art. 297 do CPC não podem comprometer a continuidade do serviço público."*

## 🗎 Comentários Temáticos

**10. Cláusula geral da efetivação.** O disposto no art. 297 é uma *cláusula geral*, pois seu consequente normativo é indeterminado; cabe ao juiz ditar a consequência no caso concreto. O juiz vai construir a norma específica e *determinar* seu alcance no caso concreto, estabelecendo qual a medida destinada a forçar o cumprimento da ordem imposta ou qual a consequência do seu descumprimento: busca e apreensão, intervenção judicial, imissão na posse, imposição de uma multa ou outra sanção, enfim, a consequência será estabelecida, concretamente, pelo juiz.

**11. Atipicidade das medidas.** Há uma *atipicidade* das medidas destinadas a efetivar a tutela provisória concedida. O juiz pode determinar qualquer medida, mas ela deve ser *adequada* à realização da tutela provisória deferida, valendo dizer que a medida determinada pelo juiz deve atender às finalidades e à natureza da ordem concedida pela tutela provisória. É preciso, enfim, haver uma *adequação* da medida de efetivação da tutela provisória às particularidades do caso concreto.

**12. Aplicação da boa-fé e fundamentação adequada.** Quando o juiz determina a medida destinada a efetivar a tutela provisória e estabelece o consequente normativo da disposição contida no art. 297, a decisão integra o enunciado abstrato. Nesse caso, a decisão constrói a norma concreta a partir da determinação ou concretização de conceito indeterminado contido no enunciado normativo. Para que esteja fundamentada, é preciso que o juiz explique o motivo concreto de sua incidência no caso. Não basta ao juiz dizer, por exemplo, que considera a medida adequada a efetivar a tutela provisória. Cumpre-lhe explicar o motivo concreto de haver ou não adequação. Na fundamentação da decisão, o juiz *especificará de que modo concretizou a adequação, sob pena de nulidade, por vício na motivação* (art. 489, § 1º, II).

**13. Submissão ao regime jurídico do cumprimento provisório da sentença.** Concedida uma tutela provisória, inicia-se sua efetivação ou seu cumprimento. A efetivação de uma tutela provisória é, na verdade, uma execução provisória. As regras da execução provisória aplicam-se, enfim, à efetivação da tutela provisória. O parágrafo único do art. 297 é reforçado pelo disposto no art. 519. A execução provisória corre por conta e risco do exequente. Significa que a responsabilidade pelo cumprimento provisório é *exclusiva* do exequente. A determinação de cumprimento provisório de decisão judicial submete-se à responsabilização *objetiva* do seu beneficiário. O exequente responderá, *objetivamente,* pelos prejuízos causados ao executado, se porventura o seu título for cassado ou alterado. É o que dita o art. 520, I. A responsabilidade é objetiva, ou seja, independe de culpa, dolo ou de qualquer

# LIVRO V · DA TUTELA PROVISÓRIA

## Art. 298

intenção ou elemento subjetivo. Quando a parte obtém uma tutela provisória e a efetiva, está a promover um cumprimento provisório. Efetivado o cumprimento provisório, se a decisão concessiva da tutela provisória vier a ser revogada, a responsabilidade é do exequente. Significa que, revogada a tutela provisória, a responsabilidade é *exclusiva* e *objetiva* do exequente. A responsabilidade do exequente não depende de culpa, dolo, má-fé ou qualquer intenção.

> **Art. 298.** Na decisão que conceder, negar, modificar ou revogar a tutela provisória, o juiz motivará seu convencimento de modo claro e preciso.

▶ **1. Correspondência no CPC/1973.** *"Art. 273. O juiz poderá, a requerimento da parte, antecipar, total ou parcialmente, os efeitos da tutela pretendida no pedido inicial, desde que, existindo prova inequívoca, se convença da verossimilhança da alegação e: (...) § 1º Na decisão que antecipar a tutela, o juiz indicará, de modo claro e preciso, as razões do seu convencimento."*

## ⚖ Jurisprudência, Enunciados e Súmulas Selecionados

- **2. Tema/Repetitivo 136 STJ.** *"É cabível a interposição de agravo de instrumento contra decisão de magistrado de primeira instância que indefere ou concede liminar em mandado de segurança."*
- **3. Enunciado 29 do FPPC.** *"É agravável o pronunciamento judicial que postergar a análise do pedido de tutela provisória ou condicionar sua apreciação ao pagamento de custas ou a qualquer outra exigência."*
- **4. Enunciado 30 do FPPC.** *"O juiz deve justificar a postergação da análise liminar da tutela provisória sempre que estabelecer a necessidade de contraditório prévio."*
- **5. Enunciado 141 do FPPC.** *"O disposto no art. 298, CPC, aplica-se igualmente à decisão monocrática ou colegiada do Tribunal."*
- **6. Enunciado 142 do FPPC.** *"Da decisão monocrática do relator que concede ou nega o efeito suspensivo ao agravo de instrumento ou que concede, nega, modifica ou revoga, no todo ou em parte, a tutela provisória nos casos de competência originária ou recursal, cabe agravo interno nos termos do art. 1.021, do CPC."*
- **7. Enunciado 70 da I Jornada-CJF.** *"É agravável o pronunciamento judicial que postergar a análise de pedido de tutela provisória ou condicioná-la a qualquer exigência."*

- **8. Fundamentação da decisão que verse sobre tutela provisória.** A decisão que concede, nega, modifica ou revoga a tutela provisória deve ser fundamentada. Cabe ao juiz justificar seu convencimento de modo claro e preciso. Qualquer decisão, enfim, que verse sobre a tutela provisória deve ser devidamente fundamenta. A disposição contida no art. 298 apenas confirma uma exigência constitucional: toda e qualquer decisão judicial deve ser fundamentada (CF, art. 93, IX). O art. 11 reforça a exigência. Se a decisão não estiver fundamentada, será nula. A propósito, o § 1º do art. 489 contém importante regra, que explicita casos em que não se considera fundamentada a sentença. Se toda e qualquer decisão há de ser motivada, não haverá fundamentação, caso se verifique uma das hipóteses descritas no § 1º do art. 489. O dispositivo aplica-se a toda e qualquer decisão, seja interlocutória, sentença ou acórdão, inclusive a que concede, nega, revoga ou modifica a tutela provisória.
- **9. Necessidade de demonstração de alteração das circunstâncias.** A simples mudança de opinião do juiz quanto à conveniência e oportunidade da tutela concedida não autoriza sua revogação. Mantidas as circunstâncias autorizativas ou impeditivas de sua concessão, não há motivo para modificar ou revogar a medida concedida ou negada. A modificação ou revogação da medida depende da demonstração de alteração das circunstâncias que justificaram seu deferimento ou indeferimento.
- **10. Falta de clareza e precisão na decisão.** O dispositivo exige que o juiz, ao conceder, negar, modificar ou revogar a tutela provisória, justifique seu convencimento de modo claro e preciso. A falta de clareza e precisão permite que a parte peça ao juiz, por meio de embargos de declaração, que esclareça seu convencimento (art. 1.022).
- **11. Recorribilidade da decisão que versa sobre tutela provisória.** Qualquer decisão que verse sobre tutela provisória, ou seja, que a conceda, negue, modifique ou revogue é passível de agravo de instrumento (art. 1.015, I). O capítulo da sentença que confirma, concede ou revoga a tutela provisória é impugnável na apelação (art. 1.013, § 5º), não sendo caso de agravo de instrumento, mas de apelação (art. 1.009, § 3º).
- **12. Preclusão.** Deferida ou indeferida a tutela provisória, cabe a interposição de recurso. Se não houve recurso ou se ele foi interposto,

mas rejeitado, há preclusão, não sendo possível rever a decisão. Não há, porém, preclusão quanto a fatos e argumento jurídicos novos ou supervenientes, permitindo o reexame da decisão, para que seja modificada ou revogada. A decisão que defere ou indefere a tutela provisória decorre de cognição sumária. A agregação de novos elementos, que aprofunde a cognição, permite o reexame da questão, podendo, então, ser modificada ou revogada a decisão.

**Art. 299.** A tutela provisória será requerida ao juízo da causa e, quando antecedente, ao juízo competente para conhecer do pedido principal.
Parágrafo único. Ressalvada disposição especial, na ação de competência originária de tribunal e nos recursos a tutela provisória será requerida ao órgão jurisdicional competente para apreciar o mérito.

▶ **1. Correspondência no CPC/1973.** *"Art. 800. As medidas cautelares serão requeridas ao juiz da causa; e, quando preparatórias, ao juiz competente para conhecer da ação principal. Parágrafo único. Interposto o recurso, a medida cautelar será requerida diretamente ao tribunal."*

## 🏛 Legislação Correlata

**2. Lei 9.307/1996, art. 22-A.** *"Art. 22-A. Antes de instituída a arbitragem, as partes poderão recorrer ao Poder Judiciário para a concessão de medida cautelar ou de urgência. Parágrafo único. Cessa a eficácia da medida cautelar ou de urgência se a parte interessada não requerer a instituição da arbitragem no prazo de 30 (trinta) dias, contado da data de efetivação da respectiva decisão."*

**3. Lei 9.307/1996, art. 22-B.** *"Art. 22-B. Instituída a arbitragem, caberá aos árbitros manter, modificar ou revogar a medida cautelar ou de urgência concedida pelo Poder Judiciário. Parágrafo único. Estando já instituída a arbitragem, a medida cautelar ou de urgência será requerida diretamente aos árbitros."*

## ☄ Jurisprudência, Enunciados e Súmulas Selecionados

• **4. Súmula STF, 634.** *"Não compete ao Supremo Tribunal Federal conceder medida cautelar para dar efeito suspensivo a recurso extraordinário que ainda não foi admitido na origem."*

• **5. Súmula STF, 635.** *"Cabe ao presidente do tribunal de origem decidir o pedido de medida cautelar em recurso extraordinário ainda pendente do seu juízo de admissibilidade."*

• **6. Enunciado 747 do FPPC.** *"O pedido de concessão de efeito suspensivo a recurso extraordinário ou recurso especial poderá ser formulado por requerimento dirigido ao tribunal superior quando o pedido de mesmo conteúdo tiver sido analisado pelo presidente ou pelo vice-presidente do tribunal local."*

## 🗐 Comentários Temáticos

**7. Competência para a tutela provisória.** A tutela provisória, cautelar ou satisfativa, pode ser requerida em caráter antecedente ou incidental. Quando antecedente, será proposta perante o juízo competente, que ficará prevento para conhecer do pedido principal. Quando requerida em caráter incidental independe do pagamento de custas, devendo ser proposta perante o próprio juízo que conduz o processo. Também pode haver tutela provisória no tribunal, seja no âmbito recursal, seja em sede de ação originária, cabendo ao relator analisar para deferi-la ou não (art. 932, II). Se for requerida em caráter antecedente, o pedido deve ser distribuído, ficando o relator prevento para o recurso ou ação. Quando requerida em caráter incidental, o pedido deve ser formulado ao relator do recurso ou da ação originária.

**8. Competência em casos de convenção de arbitragem.** Se a questão está sujeita a uma convenção de arbitragem, o caso deve ser submetido a um tribunal arbitral, e não ao Judiciário estatal. É possível, porém, que a urgência não seja capaz de aguardar a formação do tribunal arbitral. Nesse caso, a tutela provisória será antecedente e deve, então, ser requerida ao juízo estatal que seria competente para o caso. Instaurado o tribunal arbitral, cabe aos árbitros manter, modificar ou revogar a tutela provisória concedida pelo Poder Judiciário. A câmara arbitral previamente escolhida pelas partes pode oferecer o serviço do árbitro de emergência. Em tal hipótese, a tutela provisória não será requerida ao Judiciário estatal, mas à própria câmara arbitral, que irá apreciá-la, antes mesmo da formação do tribunal arbitral. Só não haverá arbitragem de emergência se a câmara arbitral previamente escolhida pelas partes não oferecer esse serviço ou se, na convenção de arbitragem, as partes pré-excluírem a competência do tribunal arbitral ou da câmara de arbitragem para decidir sobre questões urgentes, reservando ao Judiciário essa competência.

# LIVRO V · DA TUTELA PROVISÓRIA — Art. 300

## TÍTULO II
## DA TUTELA DE URGÊNCIA

## CAPÍTULO I
## DISPOSIÇÕES GERAIS

**Art. 300.** A tutela de urgência será concedida quando houver elementos que evidenciem a probabilidade do direito e o perigo de dano ou o risco ao resultado útil do processo.

§ 1º Para a concessão da tutela de urgência, o juiz pode, conforme o caso, exigir caução real ou fidejussória idônea para ressarcir os danos que a outra parte possa vir a sofrer, podendo a caução ser dispensada se a parte economicamente hipossuficiente não puder oferecê-la.

§ 2º A tutela de urgência pode ser concedida liminarmente ou após justificação prévia.

§ 3º A tutela de urgência de natureza antecipada não será concedida quando houver perigo de irreversibilidade dos efeitos da decisão.

▶ **1. Correspondência no CPC/1973.** *"Art. 273. O juiz poderá, a requerimento da parte, antecipar, total ou parcialmente, os efeitos da tutela pretendida no pedido inicial, desde que, existindo prova inequívoca, se convença da verossimilhança da alegação e: I – haja fundado receio de dano irreparável ou de difícil reparação; ou (...) § 2o Não se concederá a antecipação da tutela quando houver perigo de irreversibilidade do provimento antecipado (...)." "Art. 798. Além dos procedimentos cautelares específicos, que este Código regula no Capítulo II deste Livro, poderá o juiz determinar as medidas provisórias que julgar adequadas, quando houver fundado receio de que uma parte, antes do julgamento da lide, cause ao direito da outra lesão grave e de difícil reparação." "Art. 804. É lícito ao juiz conceder liminarmente ou após justificação prévia a medida cautelar, sem ouvir o réu, quando verificar que este, sendo citado, poderá torná-la ineficaz; caso em que poderá determinar que o requerente preste caução real ou fidejussória de ressarcir os danos que o requerido possa vir a sofrer."*

## 🖳 LEGISLAÇÃO CORRELATA

**2. Lei 12.016/2009, art. 7º.** *"Art. 7º (...) § 1º Da decisão do juiz de primeiro grau que conceder ou denegar a liminar caberá agravo de instrumento, observado o disposto na Lei nº 5.869, de 11 de janeiro de 1973 – Código de Processo Civil. §*

*2º Não será concedida medida liminar que tenha por objeto a compensação de créditos tributários, a entrega de mercadorias e bens provenientes do exterior, a reclassificação ou equiparação de servidores públicos e a concessão de aumento ou a extensão de vantagens ou pagamento de qualquer natureza. § 3º Os efeitos da medida liminar, salvo se revogada ou cassada, persistirão até a prolação da sentença. § 4º Deferida a medida liminar, o processo terá prioridade para julgamento. § 5º As vedações relacionadas com a concessão de liminares previstas neste artigo se estendem à tutela antecipada a que se referem os arts. 273 e 461 da Lei nº 5.869, de 11 janeiro de 1973 – Código de Processo Civil."*

**3. Lei 12.016/2009, art. 22, § 2º.** *"Art. 24 (...) § 2º No mandado de segurança coletivo, a liminar só poderá ser concedida após a audiência do representante judicial da pessoa jurídica de direito público, que deverá se pronunciar no prazo de 72 (setenta e duas) horas."*

**4. Lei 11.101/2005, art. 6º, § 12.** *"§ 12. Observado o disposto no art. 300 da Lei nº 13.105, de 16 de março de 2015 (Código de Processo Civil), o juiz poderá antecipar total ou parcialmente os efeitos do deferimento do processamento da recuperação judicial."*

## ⚖ JURISPRUDÊNCIA, ENUNCIADOS E SÚMULAS SELECIONADOS

- **5. ADI 4.296.** *"Ação julgada parcialmente procedente, apenas para declarar a inconstitucionalidade dos arts. 7º, § 2º, e 22, § 2º, da Lei 12.016/2009, reconhecendo-se a constitucionalidade dos arts. 1º, § 2º; 7º, III; 23 e 25 dessa mesma lei."*

- **6. Súmula STF, 729.** *"A decisão na ADC-4 não se aplica à antecipação de tutela em causa de natureza previdenciária."*

- **7. Súmula STF, 735.** *"Não cabe recurso extraordinário contra acórdão que defere medida liminar."*

- **8. Tema/Repetitivo 31 STJ.** *"A abstenção da inscrição/manutenção em cadastro de inadimplentes, requerida em antecipação de tutela e/ou medida cautelar, somente será deferida se, cumulativamente: i) a ação for fundada em questionamento integral ou parcial do débito; ii) houver demonstração de que a cobrança indevida se funda na aparência do bom direito e em jurisprudência consolidada do STF ou STJ; iii) houver depósito da parcela incontroversa ou for prestada a caução fixada conforme o prudente arbítrio do juiz."*

## Art. 300 — CÓDIGO DE PROCESSO CIVIL COMENTADO – Leonardo Carneiro da Cunha

- **9. Tema/Repetitivo 55 STJ.** *"Em se tratando de contratos celebrados no âmbito do Sistema Financeiro da Habitação, a execução extrajudicial de que trata o Decreto-lei nº 70/66, enquanto perdurar a demanda, poderá ser suspensa, uma vez preenchidos os requisitos para a concessão da tutela cautelar, independentemente de caução ou do depósito de valores incontroversos, desde que: a) exista discussão judicial contestando a existência integral ou parcial do débito; b) essa discussão esteja fundamentada em jurisprudência do Superior Tribunal de Justiça ou do Supremo Tribunal Federal (fumus boni iuris)."*

- **10. Tema/Repetitivo 692 STJ.** *"A reforma da decisão que antecipa a tutela obriga o autor da ação a devolver os benefícios previdenciários indevidamente recebidos."*

- **11. Tema/Repetitivo 902 STJ.** *"A legislação de regência estabelece que o documento hábil a protesto extrajudicial é aquele que caracteriza prova escrita de obrigação pecuniária líquida, certa e exigível. Portanto, a sustação de protesto de título, por representar restrição a direito do credor, exige prévio oferecimento de contracautela, a ser fixada conforme o prudente arbítrio do magistrado."*

- **12. Súmula TST, 414.** *"I – A tutela provisória concedida na sentença não comporta impugnação pela via do mandado de segurança, por ser impugnável mediante recurso ordinário. É admissível a obtenção de efeito suspensivo ao recurso ordinário mediante requerimento dirigido ao tribunal, ao relator ou ao presidente ou ao vice-presidente do tribunal recorrido, por aplicação subsidiária ao processo do trabalho do artigo 1.029, § 5º, do CPC de 2015. II – No caso de tutela provisória haver sido concedida ou indeferida antes da sentença, cabe mandado de segurança, em face da inexistência de recurso próprio. III – A superveniência da sentença, nos autos originários, faz perder o objeto do mandado de segurança que impugnava a concessão ou o indeferimento da tutela provisória."*

- **13. Enunciado 30 do FPPC.** *"O juiz deve justificar a postergação da análise liminar da tutela provisória sempre que estabelecer a necessidade de contraditório prévio."*

- **14. Enunciado 31 do FPPC.** *"O poder geral de cautela está mantido no CPC."*

- **15. Enunciado 71 do FPPC.** *"Poderá ser dispensada a garantia mencionada no parágrafo único do art. 654, para efeito de julgamento da partilha, se a parte hipossuficiente não puder oferecê-la, aplicando-se por analogia o disposto no art. 300, § 1º."*

- **16. Enunciado 143 do FPPC.** *"A redação do art. 300, caput, superou a distinção entre os requisitos da concessão para a tutela cautelar e para a tutela satisfativa de urgência, erigindo a probabilidade e o perigo na demora a requisitos comuns para a prestação de ambas as tutelas de forma antecipada."*

- **17. Enunciado 419 do FPPC.** *"Não é absoluta a regra que proíbe tutela provisória com efeitos irreversíveis."*

- **18. Enunciado 496 do FPPC.** *"Preenchidos os pressupostos de lei, o requerimento de tutela provisória incidental pode ser formulado a qualquer tempo, não se submetendo à preclusão temporal."*

- **19. Enunciado 497 do FPPC.** *"As hipóteses de exigência de caução para a concessão de tutela provisória de urgência devem ser definidas à luz do art. 520, IV, CPC."*

- **20. Enunciado 498 do FPPC.** *"A possibilidade de dispensa de caução para a concessão de tutela provisória de urgência, prevista no art. 300, § 1º, deve ser avaliada à luz das hipóteses do art. 521."*

- **21. Enunciado 647 do FPPC.** *"A tutela provisória pode ser concedida pelo relator liminarmente ou após justificação prévia."*

- **22. Enunciado 40 da I Jornada-CJF.** *"A irreversibilidade dos efeitos da tutela de urgência não impede sua concessão, em se tratando de direito provável, cuja lesão seja irreversível."*

- **23. Enunciado 42 da I Jornada-CJF.** *"É cabível a concessão de tutela provisória de urgência em incidente de desconsideração da personalidade jurídica."*

- **24. Enunciado 64 da I Jornada-CJF.** *"Ao despachar a reclamação, deferida a suspensão do ato impugnado, o relator pode conceder tutela provisória satisfativa correspondente à decisão originária cuja autoridade foi violada."*

- **25. Enunciado 144 da II Jornada-CJF.** *"No caso de apelação, o deferimento de tutela provisória em sentença retira-lhe o efeito suspensivo referente ao capítulo atingido pela tutela."*

- **26. Enunciado 184 da III Jornada-CJF.** *"O uso e a fruição antecipados de bens, previstos no parágrafo único do art. 647 do CPC, são deferidos por tutela provisória satisfativa, e não por julgamento antecipado do mérito, devendo o juiz analisar a probabilidade de o bem vir a integrar o quinhão do herdeiro ao término do inventário."*

- **27. Enunciado 42 do FNPP.** *"A exigência de caução real ou fidejussória para a concessão da tutela de urgência prevista no § 1º do art.*

*300 do CPC não é aplicável ao Poder Público, em razão do disposto no art. 100 da Constituição Federal".*

- **28. Enunciado 71 do FNPP.** *"Demonstrados os requisitos à concessão da tutela de urgência, admite-se o arresto cautelar de valores e ativos financeiros em sede de execução fiscal."*
- **29. Enunciado 25 da ENFAM.** *"A vedação da concessão de tutela de urgência cujos efeitos possam ser irreversíveis (art. 300, § 3º, do CPC/2015) pode ser afastada no caso concreto com base na garantia do acesso à justiça."*
- **30. Enunciado 26 do FONAJE.** *"São cabíveis a tutela acautelatória e a antecipatória nos Juizados Especiais Cíveis."*

## ▣ COMENTÁRIOS TEMÁTICOS

**31. Tutela de urgência cautelar e satisfativa: uniformidade dos requisitos.** A tutela de urgência, cautelar ou satisfativa, deve ser concedida quando presentes os requisitos da relevância do direito e do perigo de dano ou de risco ao resultado útil do processo. Em qualquer caso, é preciso que haja probabilidade do direito alegado, ainda que mínima. A urgência é revelada pelo perigo de dano ou risco ao resultado útil do processo. Tanto na tutela provisória de urgência cautelar como na satisfativa devem estar presentes a probabilidade do direito alegado e o perigo de dano ou risco ao resultado útil do processo. Os riscos variam, a depender de a medida ser cautelar ou satisfativa.

**32. Tutela cautelar, sua temporariedade e o perigo de infrutuosidade.** A cautelar, que é medida *temporária*, visa a combater o *perigo de infrutuosidade* da tutela jurisdicional. Assim, quando houver risco ao resultado útil do processo, a medida a ser deferida é cautelar.

**33. Tutela antecipada, sua provisoriedade e o perigo de tardança.** A tutela provisória satisfativa ou tutela antecipada visa a evitar o *perigo de tardança* do provimento jurisdicional, resolvendo a situação litigiosa havida entre as partes de maneira *provisória*. Há, nesse caso, um *perigo na demora*; o simples decurso do tempo é insuportável, permitindo-se a antecipação dos efeitos da tutela jurisdicional para já satisfazer, provisoriamente, o direito ou a pretensão da parte.

**34. Tutela provisória de inibição ou remoção do ilícito.** A tutela específica de inibição ou remoção de um ilícito pode ser antecipada por tutela provisória, sendo irrelevante a demonstração da ocorrência de dano ou da existência de culpa ou dolo (art. 497, parágrafo único). O risco da prática ou da manutenção de um ilícito justifica a concessão da medida. O simples decurso do tempo configura um perigo na demora ou um perigo de tardança que justifica a possibilidade de o juiz conceder provisória para antecipar efeitos da tutela específica, já ordenando que não se pratique ou não se continue a praticar o ilícito.

**35. Concessão liminar ou após justificação prévia.** A tutela de urgência, cautelar ou satisfativa, pode ser concedida liminarmente ou após justificação prévia. Em regra, o juiz deve observar o contraditório, mas, não sendo possível aguardar, pode concedê-la antes mesmo da citação do réu (art. 9º, I). Se o autor, em sua petição inicial, demonstra que a situação é de urgência e que a medida há de ser deferida liminarmente, o juiz, ao postergar a análise liminar da tutela provisória, deve justificar a necessidade de contraditório prévio.

**36. Caução idônea.** Concedida a medida liminarmente ou após justificação prévia, o juiz pode, conforme o caso, exigir do autor que preste caução idônea a ressarcir os eventuais danos que a outra parte possa vir a sofrer, caso venha a tutela provisória de urgência a ser posteriormente revogada ou modificada. Tal caução há de ser dispensada quando a parte for economicamente hipossuficiente e não puder oferecê-la (art. 300, § 1º). Se o requerente for o Poder Público, não pode ser exigida caução.

**37. Perigo de irreversibilidade.** A tutela de urgência satisfativa não será concedida quando houver perigo de irreversibilidade dos efeitos da decisão (art. 300, § 3º). Tal regra não é absoluta. Há casos em que se deve aplicar a *proporcionalidade*, pois se a denegação da medida revelar-se mais irreversível do que sua concessão, deve-se suplantar o óbice e concedê-la. É preciso, então, ponderar os riscos. Se a concessão é irreversível e a denegação também, cumpre examinar o que se revela *mais provável*, pois não se deve sacrificar um direito provável ameaçado pelo dano iminente em prol de um direito improvável, em razão de uma irreversibilidade. Além de sacrificar o direito improvável, o juiz deve, igualmente, sacrificar o interesse de menor relevância para o ordenamento.

> **Art. 301.** A tutela de urgência de natureza cautelar pode ser efetivada mediante arresto, sequestro, arrolamento de bens, registro de protesto contra alienação de bem e qualquer outra medida idônea para asseguração do direito.

▶ **1. Correspondência no CPC/1973.** *"Art. 798. Além dos procedimentos cautelares específicos,* *que este Código regula no Capítulo II deste Livro, poderá o juiz determinar as medidas provisórias que julgar adequadas, quando houver fundado receio de que uma parte, antes do julgamento da lide, cause ao direito da outra lesão grave e de difícil reparação."*

## ⚖ JURISPRUDÊNCIA, ENUNCIADOS E SÚMULAS SELECIONADOS

- **2. Enunciado 31 do FPPC.** *"O poder geral de cautela está mantido no CPC."*

- **3. Enunciado 63 do FPPC.** *"No caso de ação possessória em que figure no polo passivo grande número de pessoas, a ampla divulgação prevista no § 3º do art. 554 contempla a inteligência do art. 301, com a possibilidade de determinação de registro de protesto para consignar a informação do litígio possessório na matrícula imobiliária respectiva."*

- **4. Enunciado 71 do FPPC.** *"Poderá ser dispensada a garantia mencionada no parágrafo único do art. 654, para efeito de julgamento da partilha, se a parte hipossuficiente não puder oferecê-la, aplicando-se por analogia o disposto no art. 300, § 1º."*

- **5. Enunciado 42 da I Jornada-CJF.** *"É cabível a concessão de tutela provisória de urgência em incidente de desconsideração da personalidade jurídica."*

- **6. Enunciado 71 do FNPP.** *"Demonstrados os requisitos à concessão da tutela de urgência, admite-se o arresto cautelar de valores e ativos financeiros em sede de execução fiscal."*

- **7. Enunciado 26 do FONAJE.** *"São cabíveis a tutela acautelatória e a antecipatória nos Juizados Especiais Cíveis."*

## ▣ COMENTÁRIOS TEMÁTICOS

**8. Atipicidade da tutela de urgência cautelar.** O dispositivo generalizou a *atipicidade* da tutela de urgência cautelar. O juiz dispõe do poder geral de cautela. Presentes os requisitos genéricos para sua concessão, o juiz poderá determinar arresto, sequestro, busca e apreensão ou qualquer outra medida conservativa. Não há mais requisitos casuísticos e exigentes, devendo a medida ser concedida a partir do preenchimento dos requisitos genéricos. Apenas *in concreto*, a depender das peculiaridades do caso, é que poderá ser concedida a medida conservativa.

**9. Cautelares típicas.** No sistema do atual CPC, não há cautelares típicas. Há, porém,

cautelares típicas previstas e reguladas em leis extravagantes, a exemplo da cautelar fiscal regulada na Lei 8.397/1992. Dentro do CPC, não há mais a dicotomia entre cautelas nominadas e inominadas ou típicas e atípicas. É possível, porém, pedir-se *arresto* para assegurar a satisfação de crédito monetário, ou pedir-se *sequestro* para resguardar o bem em disputa.

**10. Autonomia processual da cautelar.** Não há autonomia processual da medida cautelar. O pedido cautelar deve vir cumulado com o pedido principal. O processo de conhecimento é apto a veicular tanto a postulação satisfativa como a cautelar. Na mesma petição inicial, o autor pode pedir a providência cautelar e a providência satisfativa. Se pedir a providência cautelar, pode postular sua antecipação, a ser deferida por provimento provisório, que deve ser confirmado no provimento definitivo. Sendo a urgência muito grande, o pedido cautelar pode ser formulado em caráter antecedente, que está disciplina nos arts. 305 a 310.

---

**Art. 302.** Independentemente da reparação por dano processual, a parte responde pelo prejuízo que a efetivação da tutela de urgência causar à parte adversa, se:

I – a sentença lhe for desfavorável;

II – obtida liminarmente a tutela em caráter antecedente, não fornecer os meios necessários para a citação do requerido no prazo de 5 (cinco) dias;

III – ocorrer a cessação da eficácia da medida em qualquer hipótese legal;

IV – o juiz acolher a alegação de decadência ou prescrição da pretensão do autor.

Parágrafo único. A indenização será liquidada nos autos em que a medida tiver sido concedida, sempre que possível.

---

▶ **1. Correspondência no CPC/1973.** *"Art. 811. Sem prejuízo do disposto no art. 16, o requerente do procedimento cautelar responde ao requerido pelo prejuízo que lhe causar a execução da medida: I – se a sentença no processo principal lhe for desfavorável; II – se, obtida liminarmente a medida no caso do art. 804 deste Código, não promover a citação do requerido dentro em 5 (cinco) dias; III – se ocorrer a cessação da eficácia da medida, em qualquer dos casos previstos no art. 808, deste Código; IV – se o juiz acolher, no procedimento cautelar, a alegação de decadência ou de prescrição do direito do autor (art. 810). Parágrafo único. A indenização será liquidada nos autos do procedimento cautelar."*

LIVRO V · DA TUTELA PROVISÓRIA

# Art. 302

## 🔲 LEGISLAÇÃO CORRELATA

**2. Lei 12.016/2009, art. 8º.** *"Art. 8º Será decretada a perempção ou caducidade da medida liminar ex officio ou a requerimento do Ministério Público quando, concedida a medida, o impetrante criar obstáculo ao normal andamento do processo ou deixar de promover, por mais de 3 (três) dias úteis, os atos e as diligências que lhe cumprirem."*

**3. Tema/Repetitivo 692 STJ.** *"A reforma da decisão que antecipa a tutela obriga o autor da ação a devolver os benefícios previdenciários indevidamente recebidos."*

**4. Tema/Repetitivo 1009 STJ.** *"Os pagamentos indevidos aos servidores públicos decorrentes de erro administrativo (operacional ou. de cálculo), não embasado em interpretação errônea ou equivocada da lei pela Administração, estão sujeitos à devolução, ressalvadas as hipóteses em que o servidor, diante do caso concreto, comprova sua boa-fé objetiva, sobretudo com demonstração de que não lhe era possível constatar o pagamento indevido."*

**5. Enunciado 499 do FPPC.** *"Efetivada a tutela de urgência e, posteriormente, sendo o processo extinto sem resolução do mérito e sem estabilização da tutela, será possível fase de liquidação para fins de responsabilização civil do requerente da medida e apuração de danos."*

## 🔲 COMENTÁRIOS TEMÁTICOS

**6. Regime jurídico do cumprimento provisório de sentença.** Concedida uma medida cautelar, inicia-se sua efetivação ou seu cumprimento. A efetivação de tutela provisória é uma execução provisória. As regras da execução provisória aplicam-se, enfim, à efetivação da tutela provisória (arts. 297 e 519). Quando a parte obtém um provimento de urgência e o efetiva, está a promover um cumprimento provisório. Efetivado o cumprimento provisório, se a tutela vier a ser revogada, a responsabilidade é do exequente. Revogada a cautelar, a responsabilidade é *exclusiva* e *objetiva* do exequente, cabendo-lhe indenizar o réu pelos danos que o cumprimento provisório tenha lhe causado (art. 520, I).

**7. Risco-proveito do autor.** *"O Código de Processo Civil de 2015, seguindo a mesma linha do CPC/1973, adotou a teoria do risco-proveito, ao estabelecer que o beneficiado com o deferimento da tutela provisória deverá arcar com os prejuízos causados à parte adversa, sempre que: i) a sentença lhe for desfavorável; ii) a parte requerente não fornecer meios para a citação do requerido no prazo de 5 (cinco) dias, caso a*

*tutela seja deferida liminarmente; iii) ocorrer a cessação da eficácia da medida em qualquer hipótese legal; ou iv) o juiz acolher a decadência ou prescrição da pretensão do autor (CPC/2015, art. 302, caput e incisos I a IV)"* (STJ, 3ª Turma, REsp 1.770.124/SP, rel. Min. Marco Aurélio Bellizze, *DJe* 24.5.2019).

**8. A responsabilidade civil objetiva do autor como efeito anexo da sentença desfavorável.** A responsabilidade civil objetiva do autor é um efeito anexo da sentença que lhe seja desfavorável ou que reconheça uma das hipóteses relacionadas no art. 302. Por ser um efeito anexo, a o dever de indenizar é consequência de uma determinação normativa. Ainda por ser um efeito anexo, a responsabilidade civil do autor independe de pedido da parte e da manifestação do juiz. A norma jurídica anexa à decisão judicial esse efeito. Daí se dizer que é um efeito anexo. É a norma jurídica (lei ou negócio jurídico) que atribui à decisão esse efeito.

**9. Desnecessidade de se investigar culpa ou má-fé.** *"A jurisprudência desta Corte é firme no sentido de que a obrigação de indenizar o dano causado pela execução de tutela antecipada posteriormente revogada é consequência lógica da improcedência do pedido, ou seja, da inexistência do direito anteriormente acautelado, independentemente da análise de culpa ou má-fé da parte beneficiada"* (STJ, 4ª Turma, AgInt no REsp 1.536.959/SP, rel. Min. Raul Araújo, *DJe* 22.5.2019). *"A responsabilidade processual decorrente da efetivação de tutela de urgência é objetiva; a correspondente obrigação de indenizar é corolário natural da improcedência do pedido"* (STJ, 4ª Turma, AgInt no AREsp 1.983.744/RJ, rel. Min. Maria Isabel Gallotti, *DJe* 2.12.2022).

**10. Liquidação de sentença.** Os danos suportados pelo réu deverão ser liquidados para que, então, seja o autor executado. A liquidação será feita nos próprios autos, ou por arbitramento (art. 509, I) ou pelo procedimento comum (art. 509, II).

**11. Execução nos próprios autos e desnecessidade de ação autônoma.** *"É possível proceder à execução, nos próprios autos, objetivando o ressarcimento de valores despendidos a título de tutela provisória, posteriormente revogada, sendo desnecessário, portanto, o ajuizamento de ação autônoma para pleitear a devolução do numerário"* (STJ, 2ª Seção, REsp 1.939.455/DF, rel. Min. Nancy Andrighi, *DJe* 9.6.2023).

**12. Forma de se buscar o ressarcimento.** *"(...) Em relação à forma de se buscar o ressar-*

531

cimento dos prejuízos advindos com o deferimento da tutela provisória, o parágrafo único do art. 302 do CPC/2015 é claro ao estabelecer que 'a indenização será liquidada nos autos em que a medida tiver sido concedida, sempre que possível', dispensando-se, assim, o ajuizamento de ação autônoma para esse fim. 4. Com efeito, a obrigação de indenizar a parte adversa dos prejuízos advindos com o deferimento da tutela provisória posteriormente revogada é decorrência ex lege da sentença de improcedência ou de extinção do feito sem resolução de mérito, como no caso, sendo dispensável, portanto, pronunciamento judicial a esse respeito, devendo o respectivo valor ser liquidado nos próprios autos em que a medida tiver sido concedida, em obediência, inclusive, aos princípios da celeridade e economia processual.(...)" (STJ, 3ª Turma, REsp 1.770.124/SP, rel. Min. Marco Aurélio Bellizze, DJe 24.5.2019).

**13.** **Medida concedida com base em entendimento jurisprudencial: confiança legítima e boa-fé da parte a serem resguardadas.** *"A jurisprudência do STF afirma a desnecessidade de restituição de parcelas recebidas por decisão judicial posteriormente revogada em razão de mudança da jurisprudência. A orientação ampara-se: (i) na confiança legítima que tinham os beneficiários de a pretensão ser acolhida; e (ii) no lapso temporal transcorrido entre o deferimento da liminar e a sua revogação. Precedentes. 2. No caso em análise, a liminar foi deferida em 09.07.2013, com fundamento em antiga jurisprudência que reconhecia a oponibilidade da coisa julgada ao TCU de decisão judicial que reconhecia o direito a incorporação de parcelas remuneratórias. A revogação da liminar ocorreu em 15.08.2017, em razão de mudança dessa jurisprudência desta Corte. Assim, os princípios da boa-fé e da segurança jurídica afastam o dever de restituição de parcelas recebidas por ordem liminar revogada"* (STF, 1ª Turma, MS 32.185 ED, rel. p/ ac. Roberto Barroso, DJe 5.8.2019).

# CAPÍTULO II
## DO PROCEDIMENTO DA TUTELA ANTECIPADA REQUERIDA EM CARÁTER ANTECEDENTE

**Art. 303.** Nos casos em que a urgência for contemporânea à propositura da ação, a petição inicial pode limitar-se ao requerimento da tutela antecipada e à indicação do pedido de tutela final, com a exposição da lide, do direito que se busca realizar e do perigo de dano ou do risco ao resultado útil do processo.

§ 1º Concedida a tutela antecipada a que se refere o *caput* deste artigo:

I – o autor deverá aditar a petição inicial, com a complementação de sua argumentação, a juntada de novos documentos e a confirmação do pedido de tutela final, em 15 (quinze) dias ou em outro prazo maior que o juiz fixar;

II – o réu será citado e intimado para a audiência de conciliação ou de mediação na forma do art. 334;

III – não havendo autocomposição, o prazo para contestação será contado na forma do art. 335.

§ 2º Não realizado o aditamento a que se refere o inciso I do § 1º deste artigo, o processo será extinto sem resolução do mérito.

§ 3º O aditamento a que se refere o inciso I do § 1º deste artigo dar-se-á nos mesmos autos, sem incidência de novas custas processuais.

§ 4º Na petição inicial a que se refere o *caput* deste artigo, o autor terá de indicar o valor da causa, que deve levar em consideração o pedido de tutela final.

§ 5º O autor indicará na petição inicial, ainda, que pretende valer-se do benefício previsto no *caput* deste artigo.

§ 6º Caso entenda que não há elementos para a concessão de tutela antecipada, o órgão jurisdicional determinará a emenda da petição inicial em até 5 (cinco) dias, sob pena de ser indeferida e de o processo ser extinto sem resolução de mérito.

▶ **1.** Sem correspondência no CPC/1973.

## 🏛 LEGISLAÇÃO CORRELATA

**2.** Lei 9.307/1996, art. 22-A. *"Art. 22-A. Antes de instituída a arbitragem, as partes poderão recorrer ao Poder Judiciário para a concessão de medida cautelar ou de urgência. Parágrafo único. Cessa a eficácia da medida cautelar ou de urgência se a parte interessada não requerer a instituição da arbitragem no prazo de 30 (trinta) dias, contado da data de efetivação da respectiva decisão."*

**3.** Lei 9.307/1996, art. 22-B. *"Art. 22-B. Instituída a arbitragem, caberá aos árbitros manter, modificar ou revogar a medida cautelar ou de urgência concedida pelo Poder Judiciário. Parágrafo único. Estando já instituída a arbitragem, a medida cautelar ou de urgência será requerida diretamente aos árbitros."*

**LIVRO V · DA TUTELA PROVISÓRIA**  **Art. 303**

## ⚖ Jurisprudência, Enunciados e Súmulas Selecionados

- **4. Enunciado 581 do FPPC.** *"O poder de dilação do prazo, previsto no inciso VI do art. 139 e no inciso I do § 1º do art. 303, abrange a fixação do termo final para aditar o pedido inicial posteriormente ao prazo para recorrer da tutela antecipada antecedente."*
- **5. Enunciado 692 do FPPC.** *"O pedido de quebra de sigilo prévio ao ajuizamento de ações de improbidade administrativa, por não configurar tutela provisória, não fica sujeito à complementação prevista nos arts. 303, § 1º, I e 308, caput."*
- **6. Enunciado 163 do FONAJE.** *"Os procedimentos de tutela de urgência requeridos em caráter antecedente, na forma prevista nos arts. 303 a 310 do CPC/2015, são incompatíveis com o Sistema dos Juizados Especiais."*

## 🖳 Comentários Temáticos

**7. Tutela de urgência satisfativa.** A tutela provisória de urgência é a técnica processual destinada a antecipar efeitos do provimento satisfativo, permitindo a fruição ou satisfação do direito postulado, em razão do risco da demora do processo. O juiz, mediante cognição sumária, verifica que há probabilidade de êxito da parte, bem como risco na demora do resultado, deferindo-se, então, à antecipação dos efeitos da tutela satisfativa, a autorizar a obtenção imediata do resultado pretendido. A tutela provisória de urgência satisfativa pode ser requerida em caráter antecedente ou em caráter incidental.

**8. Tutela de urgência satisfativa em caráter antecedente.** O art. 303 prevê o procedimento para a tutela provisória de urgência satisfativa em caráter antecedente. Não há qualquer disciplina específica para a requerida em caráter incidental, pois basta, em tal hipótese, a apresentação de uma simples petição num processo em andamento.

**9. Hipótese de urgência contemporânea ao ajuizamento da demanda.** Quando a parte estiver diante de extrema urgência ou quando houver, na terminologia adotada no art. 303, uma "urgência contemporânea" ao ajuizamento da demanda, é possível ser formulado o requerimento de tutela provisória satisfativa antes mesmo do efetivo pedido da tutela final pretendida.

**10. Requerimento em simples petição.** A extrema urgência autoriza o autor a restringir-se a pedir apenas a tutela provisória, em petição simples. A autonomia procedimental para a realização de uma simples técnica processual está prevista na hipótese do art. 303, sendo uma opção legislativa válida. O autor formula um requerimento antecedente, só de tutela provisória, vindo a formular o pedido final em outro momento. Nesse caso de extrema urgência, a petição inicial pode limitar-se a requerer a tutela antecipada e a indicar o pedido de tutela final, com a exposição do direito que se busca realizar e do perigo da demora.

**11. Indicação do valor da causa.** No requerimento antecedente, o autor terá de indicar o valor da causa, levando em conta o pedido final a ser formulado oportunamente.

**12. Indicação de quer valer-se do procedimento.** O autor, em sua petição inicial, deverá indicar que pretende valer-se desse procedimento (art. 303, § 5º). Tal indicação é fundamental e atende ao princípio da boa-fé (art. 5º) e ao da cooperação (art. 6º), cumprindo o autor, com isso, o dever de esclarecimento e permitindo que tanto o juiz como o réu saibam que ele está a valer-se do procedimento previsto no art. 303. O art. 303 autoriza o autor a restringir-se a pedir apenas a tutela provisória, diante da extrema urgência. Nada impede, porém, que o autor já apresente a petição inicial completa, com todos os seus elementos, mas se restringindo a pedir apenas a tutela provisória, haja vista a existência de uma urgência contemporânea à propositura da demanda. É preciso, de todo modo, que o autor esclareça, em sua petição inicial, que está se valendo do procedimento previsto no referido art. 303.

**13. Opção por não se valer do procedimento.** Ainda que a urgência seja contemporânea ao ajuizamento da demanda, o autor pode deixar de optar pelo procedimento, não fazendo a indicação prevista no § 5º do art. 303. Nesse caso, a petição inicial já deve vir completa, não se restringindo a um simples pedido de tutela provisória de urgência. Se a petição inicial já vier completa, o autor não precisa ser intimado para aditar a petição inicial.

**14. Aditamento da petição inicial.** Deferida a tutela provisória satisfativa antecedente, o autor tem o ônus de aditar a petição inicial, complementando sua argumentação, juntando novos documentos e confirmando o pedido de tutela final, em quinze dias ou em outro prazo que o juiz fixar (art. 303, § 1º, I). O aditamento, que se fará nos mesmos autos, não depende do complemento de custas; não há incidência de novas custas (art. 303, § 3º).

533

**15. Consequência decorrente da falta de aditamento.** Não realizado o aditamento, o processo será extinto sem resolução do mérito (art. 303, § 2º). Indeferida a tutela provisória, o juiz determinará o aditamento da petição inicial em até cinco dias. Não realizado o aditamento, o processo será extinto sem resolução do mérito (art. 303, § 6º).

**16. Consequência decorrente do aditamento.** Realizado o aditamento, o réu será citado para comparecer à audiência de mediação ou de conciliação (art. 334), a não ser que ambas as partes tenham manifestado expressamente desinteresse na autocomposição ou se trate de direito que não a admita (art. 334, § 4º). Não havendo autocomposição, o prazo para contestação terá início (art. 335).

**Art. 304.** A tutela antecipada, concedida nos termos do art. 303, torna-se estável se da decisão que a conceder não for interposto o respectivo recurso.

§ 1º No caso previsto no *caput*, o processo será extinto.

§ 2º Qualquer das partes poderá demandar a outra com o intuito de rever, reformar ou invalidar a tutela antecipada estabilizada nos termos do *caput*.

§ 3º A tutela antecipada conservará seus efeitos enquanto não revista, reformada ou invalidada por decisão de mérito proferida na ação de que trata o § 2º.

§ 4º Qualquer das partes poderá requerer o desarquivamento dos autos em que foi concedida a medida, para instruir a petição inicial da ação a que se refere o § 2º, prevento o juízo em que a tutela antecipada foi concedida.

§ 5º O direito de rever, reformar ou invalidar a tutela antecipada, previsto no § 2º deste artigo, extingue-se após 2 (dois) anos, contados da ciência da decisão que extinguiu o processo, nos termos do § 1º.

§ 6º A decisão que concede a tutela não fará coisa julgada, mas a estabilidade dos respectivos efeitos só será afastada por decisão que a revir, reformar ou invalidar, proferida em ação ajuizada por uma das partes, nos termos do § 2º deste artigo.

▶ **1.** Sem correspondência no CPC/1973.

## ⚖ Jurisprudência, Enunciados e Súmulas Selecionados

• **2. Enunciado 32 do FPPC.** *"Além da hipótese prevista no art. 304, é possível a estabilização expressamente negociada da tutela antecipada de urgência antecedente.*

• **3. Enunciado 33 do FPPC.** *"Não cabe ação rescisória nos casos estabilização da tutela antecipada de urgência."*

• **4. Enunciado 420 do FPPC.** *"Não cabe estabilização de tutela cautelar."*

• **5. Enunciado 421 do FPPC.** *"Não cabe estabilização de tutela antecipada em ação rescisória."*

• **6. Enunciado 500 do FPPC.** *"O regime da estabilização da tutela antecipada antecedente aplica-se aos alimentos provisórios previstos no art. 4º da Lei 5.478/1968, observado o § 1º do art. 13 da mesma lei".*

• **7. Enunciado 501 do FPPC.** *"A tutela antecipada concedida em caráter antecedente não se estabilizará quando for interposto recurso pelo assistente simples, salvo se houver manifestação expressa do réu em sentido contrário."*

• **8. Enunciado 582 do FPPC.** *"Cabe estabilização da tutela antecipada antecedente contra a Fazenda Pública."*

• **9. Enunciado 43 da I Jornada-CJF.** *"Não ocorre a estabilização de tutela antecipada requerida em caráter antecedente, quando deferida em ação rescisória."*

• **10. Enunciado 130 da II Jornada-CJF.** *"É possível a estabilização de tutela antecipada antecedente em face da Fazenda Pública."*

• **11. Enunciado 43 do FNPP.** *"Qualquer medida impugnativa apresentada pela Fazenda Pública que controverta o direito sobre o qual se funda a antecipação de tutela concedida em caráter antecedente constitui meio idôneo para impedir a estabilização da demanda, prevista no art. 304 do CPC."*

• **12. Enunciado 18 da ENFAM.** *"Na estabilização da tutela antecipada, o réu ficará isento do pagamento das custas e os honorários deverão ser fixados no percentual de 5% sobre o valor da causa (art. 304, caput, c/c o art. 701, caput, do CPC/2015)."*

• **13. Enunciado 26 da ENFAM.** *"Caso a demanda destinada a rever, reformar ou invalidar a tutela antecipada estabilizada seja ajuizada tempestivamente, poderá ser deferida em caráter liminar a antecipação dos efeitos da revisão, reforma ou invalidação pretendida, na forma do art. 296, parágrafo único, do CPC/2015, desde que demonstrada a existência de outros elementos que ilidam os fundamentos da decisão anterior."*

• **14. Enunciado 27 da ENFAM.** *"Não é cabível ação rescisória contra a decisão estabilizada na forma do art. 304 do CPC/2015."*

**LIVRO V** • DA TUTELA PROVISÓRIA  **Art. 304**

- **15.** **Enunciado 28 da ENFAM.** *"Admitido o recurso interposto na forma do art. 304 do CPC/2015, converte-se o rito antecedente em principal para apreciação definitiva do mérito da causa, independentemente do provimento ou não do referido recurso."*

### 📖 COMENTÁRIOS TEMÁTICOS

**16.** **A estabilização da tutela de urgência como técnica monitória.** Requerida a tutela provisória satisfativa antecedente, a decisão que a defere pode estabilizar-se (art. 304). Há, nesse caso, uma *monitorização* do procedimento. Embora a cognição seja sumária ou incompleta, a parte obtém, em caráter definitivo, decisão mandamental ou executiva *secundum eventum defensionis*. A decisão, fruto de cognição sumária ou incompleta, é proferida, invertendo-se o ônus da iniciativa do contraditório, em manifesta concretização da *técnica monitória*. O CPC instituiu um *microssistema* de tutela de direitos pela técnica monitória, composto pela estabilização da tutela provisória (art. 304) e pela ação monitória (arts. 700 a 702). A estabilização ocorre na *tutela provisória de urgência satisfativa*. Tanto na estabilização como na ação monitória há obtenção adiantada de mandamento ou execução *secundum eventum defensionis*: não havendo manifestação da parte demandada, obtém-se satisfação definitiva adiantada. A estabilização da tutela provisória de urgência (art. 304) e a ação monitória (arts. 700 a 702) formam um regime jurídico único ou um microssistema. Na estabilização, o juiz concede uma tutela provisória satisfativa de urgência antecedente. Não havendo recurso do réu, a decisão estabiliza-se, com extinção do processo.

**17.** **Abrangência da estabilização.** A estabilização somente ocorre na tutela provisória de urgência satisfativa requerida em caráter antecedente. Não há estabilização na tutela provisória cautelar, nem na tutela de evidência. Também não é possível a estabilização da tutela provisória requerida em caráter incidental.

**18.** **Ausência de estabilização na tutela provisória cautelar.** *"Demonstrado que a medida deferida não se caracteriza como antecipação de tutela satisfativa de caráter antecedente, tendo, na verdade, apenas a finalidade de assegurar o resultado útil do processo, não tem aplicação a técnica da estabilização descrita no caput no art. 304 do CPC/2015"* (STJ, 4ª Turma, AgInt nos EDcl no AREsp 2.195.857/SP, rel. Min. Maria Isabel Gallotti, *DJe* 15.12.2023).

**19.** **Requisitos da estabilização.** A decisão que deferir a tutela provisória de urgência satisfativa requerida em caráter antecedente torna-se estável, se o réu não a impugnar no prazo legal. Se a medida for deferida e o réu não interpuser agravo de instrumento, o processo é extinto e produz-se a estabilização do efeito mandamental ou executivo. Além disso, é preciso que o autor tenha, em sua petição inicial, manifestado expressa opção pelo procedimento (art. 303, § 5º). Em razão da boa-fé processual (art. 5º) e dos deveres de cooperação (art. 6º), sobretudo o de esclarecimento, o autor deve explicitar a sua escolha pelo procedimento do art. 303. Só haverá estabilização se tal escolha for expressamente feita e anunciada na petição inicial. Com essa opção expressa feita pelo autor, o réu terá ciência, podendo, então, saber que sua inércia provocará a estabilização da tutela provisória satisfativa de urgência. Enfim, para que se estabilize a tutela provisória, é preciso que o autor manifeste a opção expressa pelo procedimento (art. 303, § 5º), o juiz defira a medida e o réu não recorra da decisão. Haver ou não aditamento da petição inicial é irrelevante.

**20.** **Ausência de recurso.** Para que haja estabilização, é preciso que o réu não recorra da decisão concessiva da tutela provisória. O texto normativo refere-se a *recurso*, que é, aliás, o único meio que impede a preclusão. A estabilização decorre, portanto, da ausência de agravo de instrumento, que é o recurso cabível contra a decisão que versa sobre tutela provisória (art. 1.015, I). Qualquer outro meio de impugnação não impede a estabilização.

**21.** **Recurso do assistente simples.** Se o assistente simples recorrer, a tutela provisória não se estabiliza, a não ser que o réu tenha se manifestado expressamente em sentido contrário.

**22.** **Impugnações diversas do recurso para impedir a estabilização.** *"(...) 3.2. É de se observar, porém, que, embora o caput do art. 304 do CPC/2015 determine que 'a tutela antecipada, concedida nos termos do art. 303, torna-se estável se da decisão que a conceder não for interposto o respectivo recurso', a leitura que deve ser feita do dispositivo legal, tomando como base uma interpretação sistemática e teleológica do instituto, é que a estabilização somente ocorrerá se não houver qualquer tipo de impugnação pela parte contrária, sob pena de se estimular a interposição de agravos de instrumento, sobrecarregando desnecessariamente os Tribunais, além do ajuizamento da ação autônoma, prevista no art. 304, § 2º, do CPC/2015, a fim de rever, reformar ou invalidar a tutela antecipada estabilizada. 4. Na* *hipótese dos autos, conquanto não tenha havido a interposição de agravo de instrumento contra a decisão que deferiu o pedido de antecipação dos efeitos da tutela requerida em caráter antecedente, na forma do art. 303 do CPC/2015, a ré se antecipou e apresentou contestação, na qual pleiteou, inclusive, a revogação da tutela provisória concedida, sob o argumento de ser impossível o seu cumprimento, razão pela qual não há que se falar em estabilização da tutela antecipada, devendo, por isso, o feito prosseguir normalmente até a prolação da sentença.(...)"* (STJ, 3ª Turma, REsp 1.760.966/SP, rel. Min. Marco Aurélio Bellizze, *DJe* 07.12.2018).

**23. Apresentação de contestação para impedir a estabilização.** *"A ausência de recurso contra a decisão concessiva da tutela antecipada não acarreta sua estabilização se a parte se opôs a ela mediante apresentação de contestação"* (STJ, 4ª Turma, REsp 2.025.626/RS, rel. Min. Maria Isabel Gallotti, *DJe* 5.9.2024).

**24. Apenas o recurso impede a estabilização.** *"A estabilização da tutela concedida em caráter antecedente pressupõe a ausência de impugnação da decisão que deferiu a providência requerida com base no art. 303 do CPC e, por conseguinte, a extinção do processo, com resolução do mérito, consoante disposto no art. 304, § 1º, do CPC/2015. No caso, não se cogita da estabilização do provimento antecipatório, seja porque a parte autora não se utilizou do procedimento previsto no art. 303 do CPC/2015, seja porque a medida liminar não foi sequer deferida"* (STJ, 2ª Turma, AgInt no AREsp 1.457.801/SP, rel. Min. Og Fernandes, *DJe* 07.10.2019). No mesmo sentido: *"I – Nos termos do disposto no art. 304 do Código de Processo Civil de 2015, a tutela antecipada, deferida em caráter antecedente (art. 303), estabilizar-se-á, quando não interposto o respectivo recurso. II – Os meios de defesa possuem finalidades específicas: a contestação demonstra resistência em relação à tutela exauriente, enquanto o agravo de instrumento possibilita a revisão da decisão proferida em cognição sumária. Institutos inconfundíveis. III – A ausência de impugnação da decisão mediante a qual deferida a antecipação da tutela em caráter antecedente, tornará, indubitavelmente, preclusa a possibilidade de sua revisão. IV – A apresentação de contestação não tem o condão de afastar a preclusão decorrente da não utilização do instrumento processual adequado – o agravo de instrumento"* (STJ, 1ª Turma, REsp 1.797.365/RS, rel. p/ ac. Min. Regina Helena Costa, *DJe* 22.10.2019).

**25. Ausência de aditamento à petição inicial: extinção do processo e falta de estabilização.** *"Na hipótese, o réu impugnou a pretensão do au-* *tor apresentando contestação em primeiro grau e o autor foi inerte quanto ao necessário aditamento da inicial, apesar de ter havido intimação específica, assinando o prazo de quinze dias para tal finalidade. Logo, a conclusão que se impõe é a extinção do processo sem resolução do mérito, e sem a estabilização dos efeitos da tutela"* (STJ, 4ª Turma, REsp 2.025.626/RS, rel. Min. Maria Isabel Gallotti, *DJe* 5.9.2024).

**26. Inaplicabilidade da estabilização na ação rescisória.** O procedimento do art. 303 é incompatível com a ação rescisória. Logo, não há estabilização de tutela provisória concedida na ação rescisória.

**27. Estabilização de medida concedida.** Para que haja estabilização, é preciso que a tutela provisória seja concedida; não se estabiliza a decisão denegatória. Só se estabiliza a decisão concessiva da tutela provisória satisfativa de urgência concedida em caráter antecedente, desde que o autor expressamente opte pelo procedimento (art. 303, § 5º) e o réu não interponha recurso.

**28. Estabilização por negócio jurídico processual.** Se faltar algum requisito, não haverá estabilização, a não ser que as partes celebrem um negócio processual prevendo a estabilização.

**29. Custas e honorários no caso de estabilização.** Há um *microssistema* de tutela de direitos pela técnica monitória, formado pelas normas que tratam da ação monitória (arts. 700 a 703) e pelas que tratam da estabilização da tutela provisória satisfativa de urgência antecedente (arts. 303 e 304). Tais normas complementam-se reciprocamente e evitam lacunas. Assim, se o réu, no caso da tutela provisória satisfativa de urgência requerida em caráter antecedente, cumpre espontaneamente a decisão e não interpõe recurso, não estará sujeito ao pagamento de custas (art. 701, § 1º), arcando com honorários de sucumbência de apenas cinco por cento (art. 701, *caput*).

**30. Estabilização *versus* coisa julgada.** A estabilização da tutela provisória de urgência satisfativa difere da coisa julgada; são situações diferentes. Por isso que o § 6º do art. 304 enuncia que a decisão que concede a tutela de urgência não produz coisa julgada. Quando defere a tutela provisória de urgência, o juiz restringe-se a reconhecer a presença de seus requisitos, quais sejam, a probabilidade do direito alegada e o perigo da demora. Não há, na decisão concessiva da tutela de urgência, declaração do direito; não há julgamento apto a formar coisa julgada. Não há reconhecimento judicial do direito do autor. O juiz, reconhecendo a presença dos requisitos

LIVRO V · DA TUTELA PROVISÓRIA **Art. 305**

para a concessão da tutela provisória, antecipa efeitos mandamentais ou executivos, os quais, não havendo recurso do réu, irão tornar-se estáveis. O que se percebe é que há, aí, uma estabilidade diversa da coisa julgada. Nesse ponto, a estabilização da tutela de urgência diferencia-se da ação monitória, em cujo âmbito há, sim, produção de coisa julgada. Não ação monitória, expedido o mandado para cumprimento ou pagamento da obrigação, se o réu mantiver-se inerte, aquela ordem de pagamento ou cumprimento transforma-se em título executivo judicial, com produção de coisa julgada. A decisão concessiva da tutela de urgência, com a inércia do réu, torna-se estável.

**31. Descabimento de ação rescisória.** A decisão concessiva da tutela de urgência pode estabilizar-se, se o réu dela não recorrer. Tal estabilização difere da coisa julgada. A decisão que defere a tutela de urgência satisfativa requerida em caráter antecedente não produz coisa julgada. Logo, não cabe ação rescisória.

**32. Ação para rever, reformar ou invalidar a decisão concessiva da tutela de urgência.** Não cabe ação rescisória contra a decisão que estabiliza a tutela provisória, mas cabe, no prazo de dois anos, contado a partir da extinção do processo, uma ação perante o próprio juízo do processo originário, destinada a rever, reformar ou invalidar a decisão concessiva da tutela de urgência (art. 304, §§ 2º e 5º). Nessa demanda, pede-se ao juiz para aprofundar a cognição que até então fora sumária ou incompleta. Aprofundada a cognição, o juiz irá manter, reformar, modificar ou invalidar a decisão concessiva da tutela de urgência, em decisão que irá submeter-se à coisa julgada. Tanto o autor como o réu podem propor essa ação prevista nos §§ 2º e 5º do art. 304. Escoado o prazo de dois anos para a propositura dessa demanda, não cabe mais nada; não é cabível, nem mesmo ação rescisória depois de passado o prazo de dois anos para seu julgamento.

**33. Estabilização da tutela de urgência contra a Fazenda Pública.** A tutela de urgência satisfativa antecedente pode ser proposta contra a Fazenda Pública, estando a decisão apta a estabilizar-se. Na verdade, há vários casos em que a tutela de urgência é vedada contra a Fazenda Pública. Naqueles casos, não será possível a tutela de urgência, nem sua estabilização. Nos casos em que se permite a tutela de urgência contra o Poder Público, é possível haver a tutela satisfativa antecedente, com a consequente estabilização. Não se permite estabilização para antecipar condenação judicial e permitir a imediata expedição de precatório ou de requisição de pequeno valor. Isso porque a expedição de precatório ou de requisição de pequeno valor exige prévia coisa julgada. Nos casos em que se permite a tutela provisória contra a Fazenda Pública, é possível haver a estabilização, desde que presentes seus requisitos. Não é, porém, passível de remessa necessária a decisão que concede a tutela de urgência contra a Fazenda Pública. A estabilização, para ocorrer, não depende de remessa necessária. Isso porque a estabilização, como se viu, não se confunde com a coisa julgada. A remessa necessária é imprescindível para que se produza a coisa julgada.

**34. Forma de contagem dos prazos para recorrer e aditar a petição inicial.** *"Os prazos do requerido, para recorrer, e do autor, para aditar a inicial, não são concomitantes, mas subsequentes. 13. Solução diversa acarretaria vulnerar os princípios da economia processual e da primazia do julgamento de mérito, porquanto poderia resultar na extinção do processo a despeito da eventual ausência de contraposição por parte do adversário do autor, suficiente para solucionar a lide trazida a juízo"* (STJ, 3ª Turma, REsp 1.766.376/TO, rel. Min. Nancy Andrighi, *DJe* 28.8.2020)

## CAPÍTULO III

## DO PROCEDIMENTO DA TUTELA CAUTELAR REQUERIDA EM CARÁTER ANTECEDENTE

**Art. 305.** A petição inicial da ação que visa à prestação de tutela cautelar em caráter antecedente indicará a lide e seu fundamento, a exposição sumária do direito que se objetiva assegurar e o perigo de dano ou o risco ao resultado útil do processo.

Parágrafo único. Caso entenda que o pedido a que se refere o *caput* tem natureza antecipada, o juiz observará o disposto no art. 303.

▶ **1. Correspondência no CPC/1973.** *"Art. 273. (...) § 7º Se o autor, a título de antecipação de tutela, requerer providência de natureza cautelar, poderá o juiz, quando presentes os respectivos pressupostos, deferir a medida cautelar em caráter incidental do processo ajuizado." "Art. 801. O requerente pleiteará a medida cautelar em petição escrita, que indicará: I – a autoridade judiciária, a que for dirigida; II – o nome, o estado civil, a profissão e a residência do requerente e do requerido; III – a lide e seu fundamento; IV – a exposição sumária do direito ameaçado e o receio*

537

# Art. 305 — CÓDIGO DE PROCESSO CIVIL COMENTADO – Leonardo Carneiro da Cunha

da lesão; V – as provas que serão produzidas. Parágrafo único. Não se exigirá o requisito do nº III senão quando a medida cautelar for requerida em procedimento preparatório."

## 🏛 Legislação Correlata

**2. Lei 9.307/1996, art. 22-A.** "Art. 22-A. Antes de instituída a arbitragem, as partes poderão recorrer ao Poder Judiciário para a concessão de medida cautelar ou de urgência. Parágrafo único. Cessa a eficácia da medida cautelar ou de urgência se a parte interessada não requerer a instituição da arbitragem no prazo de 30 (trinta) dias, contado da data de efetivação da respectiva decisão."

**3. Lei 11.101/2005, art. 20-B, IV, § 1º.** "Art. 20-B. Serão admitidas conciliações e mediações antecedentes ou incidentais aos processos de recuperação judicial, notadamente: (...) IV – na hipótese de negociação de dívidas e respectivas formas de pagamento entre a empresa em dificuldade e seus credores, em caráter antecedente ao ajuizamento de pedido de recuperação judicial. § 1º Na hipótese prevista no inciso IV do caput deste artigo, será facultado às empresas em dificuldade que preencham os requisitos legais para requerer recuperação judicial obter tutela de urgência cautelar, nos termos do art. 305 e seguintes da Lei nº 13.105, de 16 de março de 2015 (Código de Processo Civil), a fim de que sejam suspensas as execuções contra elas propostas pelo prazo de até 60 (sessenta) dias, para tentativa de composição com seus credores, em procedimento de mediação ou conciliação já instaurado perante o Centro Judiciário de Solução de Conflitos e Cidadania (Cejusc) do tribunal competente ou da câmara especializada, observados, no que couber, os arts. 16 e 17 da Lei nº 13.140, de 26 de junho de 2015."

## ⚖ Jurisprudência, Enunciados e Súmulas Selecionados

- **4. Enunciado 502 do FPPC.** "Caso o juiz entenda que o pedido de tutela antecipada em caráter antecedente tenha natureza cautelar, observará o disposto no art. 305 e seguintes."
- **5. Enunciado 503 do FPPC.** "O procedimento da tutela cautelar, requerida em caráter antecedente ou incidente, previsto no Código de Processo Civil é compatível com o microssistema do processo coletivo."
- **6. Enunciado 693 do FPPC.** "Cabe agravo de instrumento contra a decisão interlocutó-

ria que converte o rito da tutela provisória de urgência requerida em caráter antecedente."

- **7. Enunciado 44 da I Jornada-CJF.** "É requisito da petição inicial da tutela cautelar requerida em caráter antecedente a indicação do valor da causa."
- **8. Enunciado 45 da I Jornada-CJF.** "Aplica-se às tutelas provisórias o princípio da fungibilidade, devendo o juiz esclarecer as partes sobre o regime processual a ser observado."

## ▣ Comentários Temáticos

**9. Cumulação de pedido cautelar com pedido satisfativo.** No sistema atual, não há autonomia processual da medida cautelar. O pedido cautelar deve vir cumulado com o pedido principal. O processo de conhecimento é apto a veicular tanto a postulação satisfativa como a cautelar. Na mesma petição inicial, o autor pode pedir a providência cautelar e a providência satisfativa. Se pedir a providência cautelar, pode postular sua antecipação, a ser deferida por provimento provisório, que deve ser confirmado no provimento definitivo. Sendo a urgência muito grande, o pedido cautelar pode ser formulado em caráter antecedente.

**10. Tutela de urgência cautelar antecedente.** A tutela de urgência cautelar antecedente está prevista nos arts. 305 a 310. O autor pode, em sua petição inicial, cumular a pretensão cautelar com a pretensão satisfativa. Se, porém, a urgência for tamanha que não dê tempo de preparar a petição inicial de modo completo e reunir todas as provas, o autor pode requerer a tutela de urgência cautelar antecedente, restringindo-se a pedir a providência cautelar em petição específica, na qual irá indicar o pedido principal e seu fundamento, a exposição sumária do direito que objetiva assegurar e o perigo de dano ou o risco ao resultado útil do processo.

**11. Tutela cautelar *versus* tutela antecipada.** Não raramente, há dificuldades em identificar se a providência postulada é cautelar ou satisfativa. Na tutela cautelar, assegura-se o perigo de infrutuosidade, evitando-se o risco de uma pretensão material não vir a ser, futuramente, satisfeita. Por sua vez, há, na tutela de urgência satisfativa, o objetivo de impedir o perigo da demora ou da tardança, mediante o adiantamento da satisfação. Existem dificuldades práticas, em vários casos, de identificar se se está diante de um perigo de infrutuosidade ou de perigo de tardança. Há, realmente, quem veja, por exemplo, a sustação de protesto como

LIVRO V · DA TUTELA PROVISÓRIA    **Art. 307**

medida cautelar e há quem a veja como medida satisfativa; há quem enxergue os alimentos provisionais como providência cautelar e há quem os considere providência satisfativa. Por causa disso, se o autor requerer a tutela provisória cautelar em caráter antecedente, e o juiz entender que se trata de providência satisfativa, poderá determinar sua transformação em tutela provisória satisfativa em caráter antecedente (art. 305, parágrafo único).

**12. Recorribilidade da decisão que converte ou não a cautelar antecedente em tutela antecipada antecedente.** A decisão que converte uma tutela provisória em outra está a versar sobre tutela provisória. Por isso, é recorrível por agravo de instrumento (art. 1.015, I).

> **Art. 306.** O réu será citado para, no prazo de 5 (cinco) dias, contestar o pedido e indicar as provas que pretende produzir.

▶ **1. Correspondência no CPC/1973.** *"Art. 802. O requerido será citado, qualquer que seja o procedimento cautelar, para, no prazo de 5 (cinco) dias, contestar o pedido, indicando as provas que pretende produzir. Parágrafo único. Conta-se o prazo, da juntada aos autos do mandado: I – de citação devidamente cumprido; II – da execução da medida cautelar, quando concedida liminarmente ou após justificação prévia."*

🔲 **COMENTÁRIOS TEMÁTICOS**

**2. Citação do réu.** No procedimento da cautelar antecedente, o réu será citado para, no prazo de cinco dias, contestar o pedido e indicar as provas que pretende produzir (art. 306). O réu irá contestar apenas o pedido cautelar, não lhe sendo necessário impugnar o pedido principal, ainda não formulado pelo autor.

**3. Prazo para contestar.** O prazo para o réu contestar é de apenas cinco dias, pois a urgência exige um procedimento breve, ágil, expedito, sumário. A contestação deve se restringir apenas ao pedido cautelar, não precisando abarcar a pretensão satisfativa ou principal, que ainda será formulada (art. 308).

**4. Alegação de incompetência.** É, na contestação, que o réu deve alegar incompetência absoluta ou relativa (art. 337, II). Se não alegar a incompetência relativa na contestação ao pedido cautelar, haverá prorrogação da competência, ou seja, o foro, que era incompetente, torna-se competente (art. 65). A prorrogação alcança o pedido principal, ainda não formulado, pois o

processo é um só: o pedido principal será apenas aditado (art. 308), não se tratando de outro processo distinto.

**5. Alegação de convenção de arbitragem.** Diferentemente da alegação de incompetência relativa, o réu não precisa alegar a convenção de arbitragem já na contestação da cautelar, não havendo a renúncia ao juízo arbitral a que se refere o § 6º do art. 337. Ele ainda não tem esse ônus, pois o juiz tem competência para julgar a cautelar pré-arbitral (Lei 9.307/1996, art. 22-A), a não ser que as partes tenham optado pelo árbitro de emergência, oferecido em câmara arbitral previamente escolhida na convenção de arbitragem.

**6. Alteração dos prazos.** Os prazos, na cautelar antecedente, são curtos, a fim de dar conferir celeridade ao procedimento e atender à urgência apresentada pela parte autora. É possível, porém, que a exiguidade do prazo possa afetar a ampla defesa. Os prazos podem, em razão disso, ser dilatados pelo juiz (art. 139, VI), com vistas a zelar pelo efetivo contraditório (art. 7º). As partes podem ampliar prazos por convenção entre elas, celebrada antes ou durante o processo (art. 190). Caso se pretenda imprimir ainda maior rapidez ao caso para que se resolva a questão cautelar com mais brevidade, o juiz pode, com anuência de ambas as partes, reduzir prazos peremptórios (art. 222, § 1º).

**7. Momento para requerer a produção de provas.** No prazo para contestação, cabe ao réu requerer as provas que pretende produzir apenas em relação à pretensão cautelar; quanto ao pedido principal, ainda não será o momento para se pedir a produção de provas.

> **Art. 307.** Não sendo contestado o pedido, os fatos alegados pelo autor presumir-se-ão aceitos pelo réu como ocorridos, caso em que o juiz decidirá dentro de 5 (cinco) dias.
> Parágrafo único. Contestado o pedido no prazo legal, observar-se-á o procedimento comum.

▶ **1. Correspondência no CPC/1973.** *"Art. 803. Não sendo contestado o pedido, presumir-se-ão aceitos pelo requerido, como verdadeiros, os fatos alegados pelo requerente (arts. 285 e 319); caso em que o juiz decidirá dentro em 5 (cinco) dias. Parágrafo único. Se o requerido contestar no prazo legal, o juiz designará audiência de instrução e julgamento, havendo prova a ser nela produzida."*

539

# Art. 308

## CÓDIGO DE PROCESSO CIVIL COMENTADO – *Leonardo Carneiro da Cunha*

### ⚖ JURISPRUDÊNCIA, ENUNCIADOS E SÚMULAS SELECIONADOS

- **2. Enunciado 381 do FPPC.** *"É cabível réplica no procedimento de tutela cautelar requerida em caráter antecedente."*

### 🗐 COMENTÁRIOS TEMÁTICOS

**3. Revelia.** Não sendo contestado o pedido cautelar, haverá revelia, com produção de seu efeito material: os fatos relativos à pretensão cautelar, alegados pelo autor, presumir-se-ão aceitos pelo réu como ocorridos (art. 307, *caput*). Diversamente, se o pedido for contestado, o procedimento segue com a adoção das regras do procedimento comum (art. 307, parágrafo único). A revelia, aqui, não alcança o pedido principal, ainda não formulado.

> **Art. 308.** Efetivada a tutela cautelar, o pedido principal terá de ser formulado pelo autor no prazo de 30 (trinta) dias, caso em que será apresentado nos mesmos autos em que deduzido o pedido de tutela cautelar, não dependendo do adiantamento de novas custas processuais.
>
> § 1º O pedido principal pode ser formulado conjuntamente com o pedido de tutela cautelar.
>
> § 2º A causa de pedir poderá ser aditada no momento de formulação do pedido principal.
>
> § 3º Apresentado o pedido principal, as partes serão intimadas para a audiência de conciliação ou de mediação, na forma do art. 334, por seus advogados ou pessoalmente, sem necessidade de nova citação do réu.
>
> § 4º Não havendo autocomposição, o prazo para contestação será contado na forma do art. 335.

▶ **1. Correspondência no CPC/1973.** *"Art. 806. Cabe à parte propor a ação, no prazo de 30 (trinta) dias, contados da data da efetivação da medida cautelar, quando esta for concedida em procedimento preparatório."*

### ⚖ JURISPRUDÊNCIA, ENUNCIADOS E SÚMULAS SELECIONADOS

- **2. Súmula STJ, 482.** *"A falta de ajuizamento da ação principal no prazo do art. 806 do CPC [de 1973] acarreta a perda da eficácia da liminar deferida e a extinção do processo cautelar."*
- **3. Enunciado 692 do FPPC.** *"O pedido de quebra de sigilo prévio ao ajuizamento de ações de improbidade administrativa, por não configurar tutela provisória, não fica sujeito à* complementação prevista nos arts. 303, § 1º, I e 308, caput."*

- **4. Enunciado 46 da I Jornada-CJF.** *"A cessação da eficácia da tutela cautelar, antecedente ou incidental, pela não efetivação no prazo de 30 (trinta) dias, só ocorre se caracterizada omissão do requerente."*
- **5. Enunciado 165 da III Jornada-CJF.** *"Conta-se em dias úteis o prazo do caput do art. 308 do CPC."*

### 🗐 COMENTÁRIOS TEMÁTICOS

**6. Aditamento do pedido.** Concedida a tutela cautelar, deverá ser efetivada. Uma vez efetivada, o pedido principal terá de ser formulado pelo autor, no prazo de 30 (trinta) dias. Não é necessária a propositura de nova demanda, nem do recolhimento de novas custas. No mesmo processo, o autor irá aditar sua petição inicial e formular o pedido principal, podendo também aditar a causa de pedir (art. 308, § 2º).

**7. Contagem do prazo em dias úteis.** A parte autora tem o prazo de 30 (trinta) dias para aditar o pedido, e não para propor nova demanda. O prazo corre no próprio processo, sendo, portanto, um prazo processual. Logo, na sua contagem, computam-se apenas os dias úteis (art. 219).

**8. Prazo em dias úteis.** *"1. 'O prazo de 30 (trinta) dias para apresentação do pedido principal, nos mesmos autos da tutela cautelar requerida em caráter antecedente, previsto no art. 308 do CPC/2015, possui natureza processual, portanto deve ser contabilizado em dias úteis (art. 219 do CPC/2015)' (REsp n. 1.763.736/RJ, da minha relatoria, QUARTA TURMA, julgado em 21/6/2022, DJe 18/8/2022)"* (STJ, 4ª Turma, AgInt no REsp 1.884.867/RJ, rel. Min. Antonio Carlos Ferreira, *DJe* 28.2.2023).

**9. Natureza processual do prazo e sua contagem em dias úteis.** *"O prazo de 30 (trinta) estabelecido no art. 308 do CPC/2015, diferentemente do que ocorria no CPC/73, não é mais destinado ao ajuizamento de uma nova ação para buscar a tutela definitiva, mas à formulação do pedido principal no processo já existente. Ou seja, a formulação pedido principal é um ato processual, que produz efeitos no processo em curso. Consequentemente, esse prazo tem natureza processual, devendo ser contado em dias úteis (art. 219 do CPC/2015)."* (STJ, 3ª Turma, REsp 2.066.868/SP, rel. Min. Nancy Andrighi, *DJe* 26.6.2023). No mesmo sentido: *"Constatação de que o prazo de 30 (trinta) dias para a formulação do pedido principal previsto no art.*

# LIVRO V · DA TUTELA PROVISÓRIA

## Art. 309

*308 do Código de Processo Civil possui natureza jurídica processual e, consequentemente, sua contagem deve ser realizada em dias úteis, nos termos do art. 219 do CPC"* (STJ, Corte Especial, EREsp 2.066.868/SP, rel. Min. Sebastião Reis Júnior, *DJe* 9.4.2024).

**10. Procedimento comum.** Apresentado o pedido principal, adota-se o procedimento comum, com a intimação das partes para a audiência de conciliação ou mediação, na forma do art. 334, sem necessidade de nova citação do réu, pois o processo aí é um só. O pedido principal é formulado por aditamento da petição inicial, e não por nova petição inicial. Não há formação de novo processo; o processo é o mesmo, não sendo necessária nova citação, portanto.

**11. Tutela de urgência cautelar incidental.** A tutela de urgência cautelar pode ser postulada na própria petição inicial, juntamente com o pedido de providência satisfativa. Nesse caso, não haverá necessidade de aditamento posterior da petição inicial. Também é possível que a urgência seja superveniente, somente sendo postulada a cautelar depois de o processo estar em curso. Nessas hipóteses, a tutela de urgência cautelar é requerida em caráter incidental, sendo dirigida ao próprio juiz da causa, sem necessidade de pagamento de custas ou de qualquer outra formalidade. Não haverá, ademais, necessidade de qualquer aditamento, já que o processo está em curso, tendo sido instaurado pelo ajuizamento da petição inicial que contém o pedido de providência satisfativa. Em outras palavras, não se aplica o art. 308 ao pedido de cautelar incidental. A tutela de urgência cautelar requerida em caráter incidental deve preencher os mesmos requisitos da probabilidade do direito e do risco ao resultado útil do processo.

**12. Cumprimento parcial da tutela de urgência.** *"O cumprimento parcial da tutela de urgência não tem o condão de fazer com que o prazo de 30 (trinta) dias comece a fluir para a formulação do pedido principal. A medida somente poderá ter eficácia depois do seu total implemento"* (STJ, 3ª Turma, REsp 1.954.457/GO, rel. Min. Moura Ribeiro, *DJe* 11.11.2021).

---

**Art. 309.** Cessa a eficácia da tutela concedida em caráter antecedente, se:

I – o autor não deduzir o pedido principal no prazo legal;

II – não for efetivada dentro de 30 (trinta) dias;

III – o juiz julgar improcedente o pedido principal formulado pelo autor ou extinguir o processo sem resolução de mérito.

---

Parágrafo único. Se por qualquer motivo cessar a eficácia da tutela cautelar, é vedado à parte renovar o pedido, salvo sob novo fundamento.

▶ **1. Correspondência no CPC/1973.** *Art. 808. Cessa a eficácia da medida cautelar: I – se a parte não intentar a ação no prazo estabelecido no art. 806; II – se não for executada dentro de 30 (trinta) dias; III – se o juiz declarar extinto o processo principal, com ou sem julgamento do mérito. Parágrafo único. Se por qualquer motivo cessar a medida, é defeso à parte repetir o pedido, salvo por novo fundamento."*

## 📖 LEGISLAÇÃO CORRELATA

**2. Lei 9.307/1996, art. 22-A.** *"Art. 22-A. Antes de instituída a arbitragem, as partes poderão recorrer ao Poder Judiciário para a concessão de medida cautelar ou de urgência. Parágrafo único. Cessa a eficácia da medida cautelar ou de urgência se a parte interessada não requerer a instituição da arbitragem no prazo de 30 (trinta) dias, contado da data de efetivação da respectiva decisão."*

## 🔎 JURISPRUDÊNCIA, ENUNCIADOS E SÚMULAS SELECIONADOS

- **3. Súmula STJ, 482.** *"A falta de ajuizamento da ação principal no prazo do art. 806 do CPC [de 1973] acarreta a perda da eficácia da liminar deferida e a extinção do processo cautelar."*
- **4. Enunciado 499 do FPPC.** *"Efetivada a tutela de urgência e, posteriormente, sendo o processo extinto sem resolução do mérito e sem estabilização da tutela, será possível fase de liquidação para fins de responsabilização civil do requerente da medida e apuração de danos."*
- **5. Enunciado 504 do FPPC.** *"Cessa a eficácia da tutela cautelar concedida em caráter antecedente, se a sentença for de procedência do pedido principal, e o direito objeto do pedido foi definitivamente efetivado e satisfeito."*
- **6. Enunciado 46 da I Jornada-CJF.** *"A cessação da eficácia da tutela cautelar, antecedente ou incidental, pela não efetivação no prazo de 30 dias, só ocorre se caracterizada omissão do requerente."*

## 📋 COMENTÁRIOS TEMÁTICOS

**7. Temporariedade da tutela cautelar.** A tutela cautelar é temporária, durando enquanto pende o processo relativamente ao pedido principal. Se este não for formulado, se a medida de urgência não for efetivada ou se o pedido

# Art. 310 CÓDIGO DE PROCESSO CIVIL COMENTADO – *Leonardo Carneiro da Cunha*

principal for inadmitido ou julgado improcedente, a cautelar concedida antecedentemente perde sua eficácia.

**8. Acessoriedade da tutela cautelar.** Há relação de prejudicialidade entre a tutela cautelar e o pedido principal. Se este for inadmitido ou julgado improcedente, a tutela cautelar cessa sua eficácia, em razão de seu caráter acessório e de seus efeitos temporários.

**9. Responsabilidade objetiva.** Cessados efeitos da tutelar, o autor responde pelos danos que o réu tenha suportado com sua efetivação ou seu cumprimento provisório (art. 302).

> **Art. 310.** O indeferimento da tutela cautelar não obsta a que a parte formule o pedido principal, nem influi no julgamento desse, salvo se o motivo do indeferimento for o reconhecimento de decadência ou de prescrição.

▸ **1. Correspondência no CPC/1973.** *"Art. 810. O indeferimento da medida não obsta a que a parte intente a ação, nem influi no julgamento desta, salvo se o juiz, no procedimento cautelar, acolher a alegação de decadência ou de prescrição do direito do autor."*

⚖ **Jurisprudência, Enunciados e Súmulas Selecionados**

• **2. Enunciado 163 do FONAJE.** *"Os procedimentos de tutela de urgência requeridos em caráter antecedente, na forma prevista nos arts. 303 a 310 do CPC/2015, são incompatíveis com o Sistema dos Juizados Especiais."*

▤ **Comentários Temáticos**

**3. Acolhimento do pedido cautelar.** O pedido cautelar difere do pedido principal. Ao acolher o pedido cautelar, o juiz satisfaz a pretensão à segurança, e não a pretensão principal. O pedido cautelar destina-se à satisfação de um direito próprio, diverso daquele a que se refere o pedido principal. O direito à segurança é um direito material, satisfeito pela tutela cautelar. O acolhimento do pedido cautelar satisfaz a pretensão cautelar, que é a pretensão à segurança, destinada a evitar a infrutuosidade do direito a que alude o pedido principal.

**4. Rejeição do pedido cautelar.** Quando o juiz rejeita o pedido cautelar, está a declarar a ausência de direito à segurança.

**5. Coisa julgada cautelar.** A sentença que acolhe ou rejeita o pedido cautelar produz coisa julgada relativamente à pretensão à segurança, que é diferente da pretensão veiculada pelo pedido principal. A rejeição do pedido cautelar produz coisa julgada para a pretensão cautelar, não alcançado o pedido principal. A sentença cautelar declara, sob juízo de certeza, a existência do "direito substancial de cautela"; então, ela produz coisa julgada material e torna indiscutível o reconhecimento dessa específica pretensão de direito material, e não da pretensão de direito material objeto do pedido principal. Logo, o indeferimento da tutela cautelar não impede que a parte formule o pedido principal.

**6. Reconhecimento da prescrição ou da decadência.** É possível que o juiz, ao examinar o pedido cautelar, perceba que a pretensão a ser objeto do pedido principal já está alcançada pela prescrição ou que o direito potestativo que será por ele veiculado já tenha decaído. Nesse caso, até por economia processual, o juiz já pode reconhecer a prescrição ou a decadência da pretensão ou do direito objeto do pedido principal. O juiz, assim, antecipará o exame do pedido principal, em sentença que já o rejeita, com força de coisa julgada material.

# TÍTULO III
## DA TUTELA DA EVIDÊNCIA

> **Art. 311.** A tutela da evidência será concedida, independentemente da demonstração de perigo de dano ou de risco ao resultado útil do processo, quando:
>
> I – ficar caracterizado o abuso do direito de defesa ou o manifesto propósito protelatório da parte;
>
> II – as alegações de fato puderem ser comprovadas apenas documentalmente e houver tese firmada em julgamento de casos repetitivos ou em súmula vinculante;
>
> III – se tratar de pedido reipersecutório fundado em prova documental adequada do contrato de depósito, caso em que será decretada a ordem de entrega do objeto custodiado, sob cominação de multa;
>
> IV – a petição inicial for instruída com prova documental suficiente dos fatos constitutivos do direito do autor, a que o réu não oponha prova capaz de gerar dúvida razoável.
>
> Parágrafo único. Nas hipóteses dos incisos II e III, o juiz poderá decidir liminarmente.

▸ **1. Correspondência no CPC/1973.** *"Art. 273. O juiz poderá, a requerimento da parte, antecipar, total ou parcialmente, os efeitos da tutela pretendida no pedido inicial, desde que,*

LIVRO V • DA TUTELA PROVISÓRIA **Art. 311**

*existindo prova inequívoca, se convença da ve-rossimilhança da alegação e: (...) II – fique ca-racterizado o abuso de direito de defesa ou o manifesto propósito protelatório do réu. (...) § 6º A tutela antecipada também poderá ser conce-dida quando um ou mais dos pedidos cumula-dos, ou parcela deles, mostrar-se incontroverso." "Art. 902. Na petição inicial instruída com a pro-va literal do depósito e a estimativa do valor da coisa, se não constar do contrato, o autor pedirá a citação do réu para, no prazo de 5 (cinco) dias: I – entregar a coisa, depositá-la em juízo ou con-signar-lhe o equivalente em dinheiro."*

## 🗐 Legislação Correlata

**2. Lei 8.429/1992, art. 7º.** *"Art. 7º Se houver indícios de ato de improbidade, a autoridade que conhecer dos fatos representará ao Minis-tério Público competente, para as providências necessárias."*

**3. Dec.-lei 911/1969, art. 3º, § 9º.** *"Art. 3º O proprietário fiduciário ou credor poderá, des-de que comprovada a mora, na forma estabele-cida pelo § 2º do art. 2º, ou o inadimplemento, requerer contra o devedor ou terceiro a busca e apreensão do bem alienado fiduciariamente, a qual será concedida liminarmente, podendo ser apreciada em plantão judiciário. (...) § 9º Ao decretar a busca e apreensão de veículo, o juiz, caso tenha acesso à base de dados do Registro Nacional de Veículos Automotores – RENAVAM, inserirá diretamente a restrição judicial na base de dados do Renavam, bem como retirará tal restrição após a apreensão."*

## ⚖ Jurisprudência, Enunciados e Súmulas Selecionados

- **4. ADI 5.492.** *"Declarada a constitucionali-dade do art. 311, parágrafo único, da Lei nº 13.105, de 16 de março de 2015 (Código de Processo Civil)".*
- **5. Tema/Repetitivo 701 STJ.** *"É possível a decretação da indisponibilidade de bens do promovido em Ação Civil Pública por Ato de Improbidade Administrativa, quando ausente (ou não demonstrada) a prática de atos (ou a sua tentativa) que induzam a conclusão de risco de alienação, oneração ou dilapidação patrimonial de bens do acionado, dificultan-do ou impossibilitando o eventual ressarci-mento futuro."*
- **6. Enunciado 34 do FPPC.** *"Considera-se abusiva a defesa da Administração Pública,*

*sempre que contrariar entendimento coinci-dente com orientação vinculante firmada no âmbito administrativo do próprio ente públi-co, consolidada em manifestação, parecer ou súmula administrativa, salvo se demonstrar a existência de distinção ou da necessidade de superação do entendimento."*

- **7. Enunciado 35 do FFPC.** *"As vedações à concessão de tutela provisória contra a Fazen-da Pública limitam-se às tutelas de urgência."*
- **8. Enunciado 217 do FPPC.** *"A apelação con-tra o capítulo da sentença que concede, confir-ma ou revoga a tutela antecipada da evidên-cia ou de urgência não terá efeito suspensivo automático."*
- **9. Enunciado 418 do FPPC.** *"As tutelas provi-sórias de urgência e de evidência são admissí-veis no sistema dos Juizados Especiais."*
- **10. Enunciado 422 do FPPC.** *"A tutela de evidência é compatível com os procedimentos especiais."*
- **11. Enunciado 423 do FPPC.** *"Cabe tutela de evidência recursal."*
- **12. Enunciado 496 do FPPC.** *"Preenchidos os pressupostos de lei, o requerimento de tute-la provisória incidental pode ser formulado a qualquer tempo, não se submetendo à preclu-são temporal."*
- **13. Enunciado 47 da I Jornada-CJF.** *"A pro-babilidade do direito constitui requisito para concessão da tutela da evidência fundada em abuso do direito de defesa ou em manifesto pro-pósito protelatório da parte contrária."*
- **14. Enunciado 48 da I Jornada-CJF.** *"É ad-missível a tutela provisória da evidência, pre-vista no art. 311, II, do CPC, também em casos de tese firmada em repercussão geral ou em súmulas dos tribunais superiores."*
- **15. Enunciado 49 da I Jornada-CJF.** *"A tutela da evidência pode ser concedida em mandado de segurança."*
- **16. Enunciado 64 da I Jornada-CJF.** *"Ao des-pachar a reclamação, deferida a suspensão do ato impugnado, o relator pode conceder tutela provisória satisfativa correspondente à decisão originária cuja autoridade foi violada."*
- **17. Enunciado 135 da II Jornada-CJF.** *"É admissível a concessão de tutela da evidência fundada em tese firmada em incidente de as-sunção de competência."*
- **18. Enunciado 144 da II Jornada-CJF.** *"No caso de apelação, o deferimento de tute-la provisória em sentença retira-lhe o efei-*

543

*to suspensivo referente ao capítulo atingido pela tutela."*

- **19. Enunciado 13 do FNPP.** *"Aplica-se a sistemática da tutela de evidência ao processo de mandado de segurança, observadas as limitações do art. 1.059 do CPC."*
- **20. Enunciado 14 do FNPP.** *"Não é cabível concessão de tutela provisória de evidência contra a Fazenda Pública nas hipóteses mencionadas no art. 1.059, CPC."*
- **21. Enunciado 29 da ENFAM.** *"Para a concessão da tutela de evidência prevista no art. 311, III, do CPC/2015, o pedido reipersecutório deve ser fundado em prova documental do contrato de depósito e também da mora."*
- **22. Enunciado 30 da ENFAM.** *"É possível a concessão da tutela de evidência prevista no art. 311, II, do CPC/2015 quando a pretensão autoral estiver de acordo com orientação firmada pelo Supremo Tribunal Federal em sede de controle abstrato de constitucionalidade ou com tese prevista em súmula dos tribunais, independentemente de caráter vinculante."*
- **23. Enunciado 31 da ENFAM.** *"A concessão da tutela de evidência prevista no art. 311, II, do CPC/2015, independe do trânsito em julgado da decisão paradigma."*

## ▣ COMENTÁRIOS TEMÁTICOS

**24. Casos tradicionais de tutela provisória de evidência.** O sistema processual prevê, tradicionalmente, casos de tutela provisória de evidência, como a liminar em ação possessória e a expedição de mandado para pagamento ou cumprimento da obrigação na ação monitória. Em tais hipóteses, a urgência não constitui requisito para a decisão. O juiz decide com base na evidência ou na probabilidade do direito.

**25. Generalização da tutela de evidência.** O CPC prevê a tutela provisória de evidência para a generalidade dos direitos, tutelados pelo procedimento comum. As hipóteses genéricas de tutela de evidência estão previstas no seu art. 311, não tendo relação com a urgência nem com o risco de inutilidade da tutela definitiva.

**26. Hipóteses de tutela provisória de evidência.** O art. 311 relaciona quatro hipóteses de tutela de evidência.

**26.1. Abuso do direito de defesa ou manifesto propósito protelatório do réu.** A primeira hipótese de tutela de evidência leva em conta a consistência das alegações das partes. A tutela antecipada é, em tal hipótese, concedida em razão do abuso do direito de defesa

ou do manifesto propósito protelatório do réu. Na linguagem da legislação francesa, a defesa, nesses casos, não é séria, devendo-se prestigiar a posição do autor que aparenta ter razão. Há, na doutrina brasileira, quem entenda que essa hipótese de tutela de evidência representa uma *sanção*, tendo por finalidade *punir* o comportamento do litigante de má-fé que abusou do direito de defesa ou apresentou uma manifestação protelatória. A tutela antecipada seria, nesse caso, *sancionatória*. Por outro lado, há os que repelem essa natureza sancionatória, afirmando que se trata, na verdade, de *tutela antecipada fundada na maior probabilidade* de veracidade da posição jurídica assumida pelo autor. Bastaria, então, que a tese do autor fosse mais provável do que a do réu para que se concedesse a tutela antecipada. É a *evidência* do direito do autor que permite o deferimento da medida, e não o seu comportamento irregular ou de má-fé. Sua finalidade seria promover a *igualdade substancial* entre as partes, distribuindo a carga do tempo no processo, a depender da maior ou menor probabilidade de ser fundada ou não a postulação do autor. Não haveria natureza sancionatória. Já há a sanção por ato atentatório à dignidade da jurisdição e a responsabilidade por dano processual, previstas, respectivamente, nos arts. 77, § 2º, e 81.

**26.2. Precedente obrigatório.** O inciso II do art. 311 prevê a tutela de evidência fundada em precedente obrigatório. Estando documentalmente provados os fatos alegados pelo autor, poderá ser concedida a tutela de evidência, se houver probabilidade de acolhimento do pedido do autor, decorrente de fundamento respaldado em tese jurídica já firmada em precedente obrigatório, mais propriamente em enunciado de súmula vinculante (art. 927, II) ou em julgamento de casos repetitivos (arts. 927, III, e 928). Nesses casos, o juiz pode, liminarmente inclusive, conceder a tutela de evidência, independentemente de haver demonstração de perigo de dano ou de risco à inutilidade do resultado final do processo. A evidência, em tais hipóteses, revela-se por ser aparentemente *indiscutível, indubitável* a pretensão da parte autora, não sendo *seriamente contestável*. Em casos assim, a tutela antecipada somente não será concedida, se a situação do autor não se ajustar à *ratio decidendi* do precedente obrigatório. Somente não será concedida a tutela antecipada, se houver a necessidade de ser feita uma distinção no caso, em razão de alguma peculiaridade que afaste a aplicação do precedente. Aliás, nesses casos, a defesa do réu deve restringir-se a demonstrar que há uma situação diferente que impõe o afastamento do precedente, ou que há fatores que não justificam mais a interpretação conferida pelo tribunal superior. Não havendo tal demonstração, deve já ser julgado procedente o pedido.

**26.3. Cumprimento de obrigação reipercussória decorrente de contrato de depósito.** A hipótese do inciso III do art. 311 não é, rigorosamente, uma novidade. O procedimento especial para ação de depósito, que estava previsto nos arts. 901 a 906 do CPC/1973, deixou de ser previsto no atual CPC. A ação de depósito passou a submeter-se ao procedimento comum, com a possibilidade de uma tutela provisória de evidência. O pedido de cumprimento de obrigação reipersecutória (ou seja, obrigação de entregar coisa) decorrente de contrato de depósito autoriza a concessão de tutela provisória de evidência.

**26.4. Prova documental suficiente e ausência de dúvida razoável.** O inciso IV do art. 311 prevê a concessão de tutela de evidência quando "a petição inicial for instruída com prova documental suficiente dos fatos constitutivos do direito do autor, a que o réu não oponha prova capaz de gerar dúvida razoável". Nessa hipótese, o autor deve apresentar prova documental que seja suficiente para comprovar os fatos constitutivos do seu direito, sendo-lhe, por essa razão, evidente. A evidência, que decorre da prova documental apresentada pelo autor, não deve ser desfeita por prova igualmente documental do réu. Se a prova documental apresentada pelo autor for suficiente para comprovar suas alegações, sem que o réu apresente qualquer dúvida razoável, haverá evidência que justifique a concessão da tutela provisória. Essa é uma hipótese que não permite a concessão liminar da tutela de evidência. Isso porque depende da conduta do réu; ele, ao contestar, não apresenta dúvida razoável às alegações, comprovadas documentalmente, do autor.

**27.** A hipótese do inciso IV *versus* o julgamento antecipado do mérito. A hipótese do inciso IV do art. 311, na verdade, é de julgamento antecipado do mérito (art. 355, I). Estando os fatos constitutivos do direito comprovados por documentos, e não sendo necessária mais a produção de qualquer prova, é possível o julgamento antecipado do mérito, mas também é possível a tutela provisória de evidência. Qual, então, a utilidade da tutela provisória nesse caso? Por que o juiz já não profere a sentença de uma vez? A finalidade e a utilidade da hipótese descrita no inciso IV do art. 311 relacionam-se com o afastamento do efeito suspensivo da apelação (art. 1.012, § 1º, V). O juiz pode, na sentença, quando a hipótese for de julgamento antecipado do mérito por serem suficientes os documentos apresentados, antecipar a tutela (desde que haja requerimento da parte), a fim de retirar da apelação seu efeito suspensivo.

**28.** Tutela de evidência *inaudita altera parte.* Em casos repetitivos, pode o juiz já conceder a tutela provisória *inaudita altera parte*, para fazer aplicar o precedente do tribunal (art. 311, parágrafo único). Há quem sustente a inconstitucionalidade de tal previsão, tal como se discute na ADIN 5.492 proposta perante o STF. Não há, porém, inconstitucionalidade. O dispositivo concretiza a duração razoável do processo no âmbito da litigiosidade repetitiva. Ademais, existem, historicamente, tutelas de evidência liminares no sistema brasileiro, como nos casos das ações possessórias, dos embargos de terceiro e da ação monitória, sem que se considere qualquer inconstitucionalidade presente em tais situações.

**29.** Indisponibilidade de bens em ação de improbidade administrativa: caso de tutela de evidência. *"A jurisprudência desta Corte de Justiça se firmou no sentido de que o decreto de indisponibilidade de bens em ação civil pública por ato de improbidade administrativa constitui tutela de evidência e dispensa a comprovação de dilapidação iminente ou efetiva do patrimônio do legitimado passivo, uma vez que o periculum in mora está implícito no art. 7º da Lei 8.429/1992 (LIA)"* (STJ, 1ª Turma, AgInt no AREsp 1.194.322/MS, rel. Min. Sérgio Kukina, *DJe* 26.6.2018).

LIVRO VI

# DA FORMAÇÃO, DA SUSPENSÃO E DA EXTINÇÃO DO PROCESSO

# TÍTULO I
## DA FORMAÇÃO DO PROCESSO

**Art. 312.** Considera-se proposta a ação quando a petição inicial for protocolada, todavia, a propositura da ação só produz quanto ao réu os efeitos mencionados no art. 240 depois que for validamente citado.

▶ **1. Correspondência no CPC/1973.** *"Art. 263. Considera-se proposta a ação, tanto que a petição inicial seja despachada pelo juiz, ou simplesmente distribuída, onde houver mais de uma vara. A propositura da ação, todavia, só produz, quanto ao réu, os efeitos mencionados no art. 219 depois que for validamente citado."*

## ⚖ JURISPRUDÊNCIA, ENUNCIADOS E SÚMULAS SELECIONADOS

- **2. Enunciado 117 do FPPC.** *"Em caso de desmembramento do litisconsórcio multitudinário ativo, os efeitos mencionados no art. 240 são considerados produzidos desde o protocolo originário da petição inicial."*
- **3. Enunciado 367 do FPPC.** *"Para fins de interpretação do art. 1.054, entende-se como início do processo a data do protocolo da petição inicial."*
- **4. Enunciado 539 do FPPC.** *"A certidão a que se refere o art. 828 não impede a obtenção e a averbação de certidão da propositura da execução (art. 799)."*

## 🗐 COMENTÁRIOS TEMÁTICOS

**5. Formação do processo.** Ao ser proposta a demanda, o processo já existe para o autor, somente sendo produzidos, para o réu, os efeitos mencionados no art. 240 depois que for validamente citado. Para existir, o processo não necessita da prévia aceitação do réu, sendo suficiente a propositura da demanda, assim considerada registrada ou distribuída a petição inicial (art. 59). Enfim, o processo se forma com a propositura da demanda, e não com a citação do réu.

**6. Existência do processo antes da citação do réu.** Ao analisar a petição inicial, o juiz poderá admiti-la, determinando a citação do réu. Caso entenda não preencher os requisitos dos arts. 319 e 320, poderá o juiz determinar a intimação do autor para que emende a petição inicial, sob pena de indeferimento (art. 321). O juiz poderá, ainda, indeferir a petição inicial, por meio de uma sentença, que *extingue* o processo, podendo ser interposta apelação (arts. 330 e 331). Ora, se

o processo foi extinto é porque ele existiu. Assim, é certo que, proposta a demanda, já existe processo. A possibilidade de o juiz conceder, liminarmente ou *inaudita altera parte*, uma tutela provisória confirma que o processo já existe antes mesmo da citação. Antes da citação o processo já existe, havendo relação jurídico-processual. Com a citação, os efeitos da demanda passam a ser igualmente produzidos para o réu.

**7. Litispendência.** O termo *litispendência* ostenta 2 significados diferentes: *(a)* pendência da causa ou a fluência da causa em juízo. Assim, enquanto pendente a causa, há litispendência; *(b)* repropositura de demanda idêntica, acarretando sua invalidade, em razão da presença de um pressuposto processual negativo (art. 337, VI, §§ 1º a 3º). No primeiro sentido, a litispendência constitui o primeiro efeito da demanda. O segundo sentido atribuído ao termo constitui, em verdade, uma *consequência* da litispendência, sendo denominada também pelo art. 337 dessa forma. Realmente, a litispendência impede a propositura e o prosseguimento de outra demanda idêntica. Havendo duas causas idênticas em curso, configura-se a litispendência nessa segunda acepção do termo.

**8. Surgimento da litispendência.** Com a propositura da demanda, já surge a *litispendência*. Enquanto não se realizar a citação válida, a litispendência existe apenas para o autor. Com a citação, o réu passa a integrar a relação processual, a partir de quando também se terá litispendência relativamente ao réu. Ao ser proposta a demanda, o processo já existe para o autor, somente sendo produzidos, para o réu, os efeitos mencionados no art. 240 depois que for validamente citado.

**9. Permanência e duração da litispendência.** A litispendência surge com a propositura da demanda, mantendo-se durante toda a tramitação do processo. Iniciada com a propositura da demanda, a litispendência perdura até o momento em que o processo se finaliza. Se o processo estiver suspenso (arts. 313 e 315) ainda persiste o estado de litispendência. Processo suspenso não é processo findo, nem processo extinto. Enquanto a pretensão deduzida na demanda puder ser objeto de uma resolução, ainda se mantém o estado de litispendência. Proferida sentença de mérito e sobrevindo o trânsito em julgado, cessa a litispendência. A litispendência encerra-se, então, com o trânsito em julgado da decisão final. Daí a estreita vinculação que existe entre a litispendência e a coisa julgada, não somente em seu significado similar, mas também em seu encadeamento temporal: a litispendência

**LIVRO VI** · DA FORMAÇÃO, DA SUSPENSÃO E DA EXTINÇÃO DO PROCESSO **Art. 313**

encerra-se exatamente quando se inicia a coisa julgada. Com a sentença, não se encerra o processo, mas uma fase do procedimento, havendo ou não resolução do mérito. O cumprimento de sentença não gera a formação de outro processo, mas dá início a uma *nova fase* do procedimento, que somente se desencadeia com uma *nova demanda*. Interposto recurso contra a sentença, o estado de litispendência se mantém. O recurso impede a cessação da litispendência.

# TÍTULO II
# DA SUSPENSÃO DO PROCESSO

**Art. 313.** Suspende-se o processo:

I – pela morte ou pela perda da capacidade processual de qualquer das partes, de seu representante legal ou de seu procurador;

II – pela convenção das partes;

III – pela arguição de impedimento ou de suspeição;

IV – pela admissão de incidente de resolução de demandas repetitivas;

V – quando a sentença de mérito:

a) depender do julgamento de outra causa ou da declaração de existência ou de inexistência de relação jurídica que constitua o objeto principal de outro processo pendente;

b) tiver de ser proferida somente após a verificação de determinado fato ou a produção de certa prova, requisitada a outro juízo;

VI – por motivo de força maior;

VII – quando se discutir em juízo questão decorrente de acidentes e fatos da navegação de competência do Tribunal Marítimo;

VIII – nos demais casos que este Código regula.

IX – pelo parto ou pela concessão de adoção, quando a advogada responsável pelo processo constituir a única patrona da causa;

X – quando o advogado responsável pelo processo constituir o único patrono da causa e tornar-se pai.

§ 1º Na hipótese do inciso I, o juiz suspenderá o processo, nos termos do art. 689.

§ 2º Não ajuizada ação de habilitação, ao tomar conhecimento da morte, o juiz determinará a suspensão do processo e observará o seguinte:

I – falecido o réu, ordenará a intimação do autor para que promova a citação do respectivo espólio, de quem for o sucessor ou, se for o caso, dos herdeiros, no prazo que designar, de no mínimo 2 (dois) e no máximo 6 (seis) meses;

II – falecido o autor e sendo transmissível o direito em litígio, determinará a intimação de seu espólio, de quem for o sucessor ou, se for o caso, dos herdeiros, pelos meios de divulgação que reputar mais adequados, para que manifestem interesse na sucessão processual e promovam a respectiva habilitação no prazo designado, sob pena de extinção do processo sem resolução de mérito.

§ 3º No caso de morte do procurador de qualquer das partes, ainda que iniciada a audiência de instrução e julgamento, o juiz determinará que a parte constitua novo mandatário, no prazo de 15 (quinze) dias, ao final do qual extinguirá o processo sem resolução de mérito, se o autor não nomear novo mandatário, ou ordenará o prosseguimento do processo à revelia do réu, se falecido o procurador deste.

§ 4º O prazo de suspensão do processo nunca poderá exceder 1 (um) ano nas hipóteses do inciso V e 6 (seis) meses naquela prevista no inciso II.

§ 5º O juiz determinará o prosseguimento do processo assim que esgotados os prazos previstos no § 4º.

§ 6º No caso do inciso IX, o período de suspensão será de 30 (trinta) dias, contado a partir da data do parto ou da concessão da adoção, mediante apresentação de certidão de nascimento ou documento similar que comprove a realização do parto, ou de termo judicial que tenha concedido a adoção, desde que haja notificação ao cliente.

§ 7º No caso do inciso X, o período de suspensão será de 8 (oito) dias, contado a partir da data do parto ou da concessão da adoção, mediante apresentação de certidão de nascimento ou documento similar que comprove a realização do parto, ou de termo judicial que tenha concedido a adoção, desde que haja notificação ao cliente.

▶ **1. Correspondência no CPC/1973.** *"Art. 265. Suspende-se o processo: I – pela morte ou perda da capacidade processual de qualquer das partes, de seu representante legal ou de seu procurador; II – pela convenção das partes; III – quando for oposta exceção de incompetência do juízo, da câmara ou do tribunal, bem como de suspeição ou impedimento do juiz; IV – quando a sentença de mérito: a) depender do julgamento de outra causa, ou da declaração da existência ou inexistência da relação jurídica, que constitua o objeto principal de outro processo pendente; b) não puder ser proferida senão depois de verificado determinado fato, ou de produzida certa prova, requisitada a outro juízo; c) tiver por pressuposto o julgamento de questão de estado, requerido como declaração incidente; V – por motivo de força maior; VI – nos demais casos, que este Código regula. § 1º No caso de morte ou perda da capacidade processual de*

549

**Art. 313** CÓDIGO DE PROCESSO CIVIL COMENTADO – *Leonardo Carneiro da Cunha*

*qualquer das partes, ou de seu representante legal, provado o falecimento ou a incapacidade, o juiz suspenderá o processo, salvo se já tiver iniciado a audiência de instrução e julgamento; caso em que: a) o advogado continuará no processo até o encerramento da audiência; b) o processo só se suspenderá a partir da publicação da sentença ou do acórdão. § 2º No caso de morte do procurador de qualquer das partes, ainda que iniciada a audiência de instrução e julgamento, o juiz marcará, a fim de que a parte constitua novo mandatário, o prazo de 20 (vinte) dias, findo o qual extinguirá o processo sem julgamento do mérito, se o autor não nomear novo mandatário, ou mandará prosseguir no processo, à revelia do réu, tendo falecido o advogado deste. § 3º A suspensão do processo por convenção das partes, de que trata o nº II, nunca poderá exceder 6 (seis) meses; findo o prazo, o escrivão fará os autos conclusos ao juiz, que ordenará o prosseguimento do processo. § 4º No caso do nº III, a exceção, em primeiro grau da jurisdição, será processada na forma do disposto neste Livro, Título VIII, Capítulo II, Seção III; e, no tribunal, consoante lhe estabelecer o regimento interno. § 5º Nos casos enumerados nas letras a, b e c do nº IV, o período de suspensão nunca poderá exceder 1 (um) ano. Findo este prazo, o juiz mandará prosseguir no processo."*

### 🏛 Legislação Correlata

**2. Lei 9.868/1999, art. 21.** *"Art. 21. O Supremo Tribunal Federal, por decisão da maioria absoluta de seus membros, poderá deferir pedido de medida cautelar na ação declaratória de constitucionalidade, consistente na determinação de que os juízes e os Tribunais suspendam o julgamento dos processos que envolvam a aplicação da lei ou do ato normativo objeto da ação até seu julgamento definitivo. Parágrafo único. Concedida a medida cautelar, o Supremo Tribunal Federal fará publicar em seção especial do Diário Oficial da União a parte dispositiva da decisão, no prazo de dez dias, devendo o Tribunal proceder ao julgamento da ação no prazo de cento e oitenta dias, sob pena de perda de sua eficácia."*

**3. Lei 13.140/2015, art. 16.** *"Art. 16. Ainda que haja processo arbitral ou judicial em curso, as partes poderão submeter-se à mediação, hipótese em que requererão ao juiz ou árbitro a suspensão do processo por prazo suficiente para a solução consensual do litígio. § 1º É irrecorrível a decisão que suspende o processo nos termos requeridos de comum acordo pelas partes. § 2º A suspensão do processo não obsta a concessão de medidas de urgência pelo juiz ou pelo árbitro."*

**4. Lei 13.140/2015, art. 23.** *"Art. 23. Se, em previsão contratual de cláusula de mediação, as partes se comprometerem a não iniciar procedimento arbitral ou processo judicial durante certo prazo ou até o implemento de determinada condição, o árbitro ou o juiz suspenderá o curso da arbitragem ou da ação pelo prazo previamente acordado ou até o implemento dessa condição. Parágrafo único. O disposto no caput não se aplica às medidas de urgência em que o acesso ao Poder Judiciário seja necessário para evitar o perecimento de direito."*

**5. EOAB, art. 7º-A.** *"Art. 7º-A. São direitos da advogada: I – gestante: a) entrada em tribunais sem ser submetida a detectores de metais e aparelhos de raios X; b) reserva de vaga em garagens dos fóruns dos tribunais; II – lactante, adotante ou que der à luz, acesso a creche, onde houver, ou a local adequado ao atendimento das necessidades do bebê; III – gestante, lactante, adotante ou que der à luz, preferência na ordem das sustentações orais e das audiências a serem realizadas a cada dia, mediante comprovação de sua condição; IV – adotante ou que der à luz, suspensão de prazos processuais quando for a única patrona da causa, desde que haja notificação por escrito ao cliente. § 1º Os direitos previstos à advogada gestante ou lactante aplicam-se enquanto perdurar, respectivamente, o estado gravídico ou o período de amamentação. § 2º Os direitos assegurados nos incisos II e III deste artigo à advogada adotante ou que der à luz serão concedidos pelo prazo previsto no art. 392 do Decreto-lei nº 5.452, de 1º de maio de 1943. § 3º O direito assegurado no inciso IV deste artigo à advogada adotante ou que der à luz será concedido pelo prazo previsto no § 6º do art. 313 da Lei nº 13.105, de 16 de março de 2015."*

### ⚖ Jurisprudência, Enunciados e Súmulas Selecionados

- **6. Tema/Repetitivo 60 STJ.** *"Ajuizada ação coletiva atinente a macro-lide geradora de processos multitudinários, suspendem-se as ações individuais, no aguardo do julgamento da ação coletiva."*

- **7. Súmula STJ, 354.** *"A invasão do imóvel é causa de suspensão do processo expropriatório para fins de reforma agrária."*

- **8. Súmula STJ, 642.** *"O direito à indenização por danos morais transmite com o falecimento do titular, possuindo os herdeiros da vítima legitimidade ativa para ajuizar ou prosseguir na ação indenizatória."*

- **9. Enunciado 92 do FPPC.** *"A suspensão de processos prevista neste dispositivo é conse-*

# LIVRO VI · DA FORMAÇÃO, DA SUSPENSÃO E DA EXTINÇÃO DO PROCESSO — Art. 313

quência da admissão do incidente de resolução de demandas repetitivas e não depende da demonstração dos requisitos para a tutela de urgência."

- **10. Enunciado 580 do FPPC.** *"É admissível o negócio processual estabelecendo que a alegação de existência de convenção de arbitragem será feita por simples petição, com a interrupção ou suspensão do prazo para contestação."*
- **11. Enunciado 695 do FPPC.** *"A suspensão do julgamento da causa de que trata o art. 377 é aplicável ao requerimento de produção de prova ou de verificação de determinado fato veiculado por qualquer meio de cooperação judiciária."*
- **12. Enunciado 60 do FNPP.** *"O agravo fundado no art. 1.015, I, do CPC se enquadra no conceito de atos urgentes praticáveis no curso da suspensão processual."*
- **13. Suspensão do processo.** Formado o processo, desencadeia-se o procedimento, com a sucessão de atos processuais, realizados ininterruptamente até sua extinção. A sequência de atos processuais pode sofrer solução de continuidade, com a sua suspensão.
- **14. Previsão legal.** Os casos de suspensão do processo devem estar previstos em lei. O processo somente estará suspenso nas hipóteses previstas em lei. Os arts. 313 e 315 relacionam as hipóteses de suspensão, sendo algumas delas decorrentes de imposição legal, enquanto outras resultam de convenção das partes (art. 313, II). Outras disposições, contidas em leis extravagantes, também podem prever casos de suspensão do processo.
- **15. Suspensão *versus* paralisação do processo.** A suspensão do processo consiste numa situação passageira, destinada a permanecer durante um período mais ou menos largo, sem ocasionar sua extinção. As meras paralisações do procedimento não se confundem com as hipóteses de suspensão do processo. O fato de o procedimento estar paralisado não quer dizer que esteja suspenso.
- **16. Proibição da prática de atos processuais.** Havendo suspensão do processo, não se devem praticar atos processuais (art. 314), ressalvadas as hipóteses de urgência. Em casos de meras paralisações, não se veda a prática de atos processuais.
- **17. Suspensão do processo *versus* suspensão dos prazos.** O processo suspende-se nas hipóteses descritas nos art. 313 e 315 e em outras previsões normativas. Quando suspenso o processo por uma das hipóteses

previstas no art. 313, os prazos também se suspendem (art. 221).

- **18. Morte ou perda da capacidade de qualquer das partes.** Ocorrendo a morte ou a perda da capacidade de qualquer das partes, suspende-se o processo. Em caso de morte ou perda da capacidade de qualquer das partes, a suspensão do processo não é automática; depende de ato judicial. Ocorrendo a causa da suspensão, deve o juiz determinar seja o processo suspenso. Ao suspender o processo pela morte da parte, o juiz deverá fazê-lo retroativamente, porque a causa da suspensão do processo é o falecimento, e não o despacho que a determina. Tal despacho é meramente declaratório, produzindo-se efeitos *ex tunc*, ou seja, retroagindo para a data do falecimento.
- **19. Ausência de suspensão do processo pela morte da parte: necessidade de demonstração de prejuízo.** *"Segundo o entendimento do Superior Tribunal de Justiça, 'apenas se demonstrado efetivo prejuízo aos interessados será declarada a nulidade por falta de suspensão do processo a partir da morte da parte, em razão de inobservância do art. 265, I, do CPC/1973 (art. 313, I, do CPC/2015), o que não é o caso dos autos' (AgInt na PET no REsp 1.168.935/DF, Rel. Ministro Antonio Carlos Ferreira, Quarta Turma, julgado em 17.12.2019, DJe de 19.12.2019)"* (STJ, 4ª Turma, AgInt nos EDcl no AREsp 1.301.789/SP, rel. Min. Raul Araújo, *DJe* 1º.7.2020).
- **20. Morte da parte e sucessão processual.** Ocorrendo a morte de uma das partes, o processo deve ser suspenso para que haja a sucessão processual (art. 110).
- **21. Sucessão *mortis causa* e transmissibilidade do direito.** A sucessão *mortis causa* só é possível se o direito for transmissível. Em caso de direito transmissível, falecida a parte, o processo é suspenso para que se dê a habilitação de seu espólio ou herdeiros. Diversamente, sendo o direito intransmissível, não há suspensão do processo para que se realize a habilitação; o que há é a extinção do processo sem resolução do mérito (art. 485, IX). Quando, enfim, o direito for personalíssimo e, por isso, intransmissível, a morte da parte acarreta a extinção do processo, e não sua suspensão para posterior habilitação do espólio ou de herdeiros.
- **22. Morte ou perda de capacidade do advogado.** Havendo a morte do advogado, a parte deixa de ter capacidade postulatória, faltando um pressuposto processual de validade.

**23. Regularização da representação judicial.** Se o advogado morre ou perde sua capacidade, o processo é suspenso para que a parte regularize sua representação judicial (art. 76). Quando a regularização couber ao autor, mas este, intimado, não a fizer, o processo será extinto, a não ser que o mérito seja favorável ao réu (art. 488). A falta de regularização da representação do réu implica seja ele considerado revel. No caso de terceiro interveniente, será excluído do processo, caso não regularize sua representação judicial.

**24. Convenção das partes.** O procedimento suspende-se pela convenção das partes, sendo certo que a suspensão, nesse caso, não pode exceder 6 meses; findo o prazo, o juiz ordenará o prosseguimento do processo. Essa suspensão do procedimento pela convenção das partes aplica-se à execução (art. 921, I).

**25. Suspensão convencional da execução.** O procedimento executivo suspende-se pela convenção das partes (art. 313, II). A suspensão convencional da execução não poderia exceder 6 meses (art. 313, § 4º). Essa conclusão, que resulta da interpretação literal do art. 921, I, com o art. 313, II, § 4º, não se harmoniza com o art. 922. Se, pela disciplina do art. 313, a suspensão pela convenção das partes submete-se a um prazo de 6 meses, o art. 922 estabelece que, sendo conveniente para as partes, o juiz suspenderá a execução durante o prazo concedido pelo credor para que o devedor cumpra voluntariamente a obrigação. Findo esse prazo sem cumprimento da obrigação, o processo retomará seu curso. Enquanto a suspensão do procedimento pelo art. 313, II (aplicável à execução por força do art. 921, I) sujeita-se a um prazo máximo de 6 meses, não há prazo para a suspensão convencional da execução senão aquele que for fixado pelo exequente para o cumprimento voluntário da obrigação pelo executado (art. 922), podendo esse prazo ser, até mesmo, superior a 6 meses. Assim, o § 4º do art. 313 não se aplica à execução, em razão do art. 922, que não estabelece limite temporal ao acordo de suspensão do processo de execução.

**26. Arguição de impedimento ou suspeição.** O processo se suspende com a arguição de impedimento ou suspeição do juiz. O que suspende o processo é a alegação de impedimento ou suspeição do *juiz*. A alegação de impedimento ou suspeição do membro do Ministério Público, de auxiliar da justiça ou de qualquer outro sujeito imparcial do processo não suspende o processo (art. 148, §

2º). Não reconhecida pelo juiz a alegação de seu impedimento ou suspeição, ele dará suas razões e o incidente há de ser julgado pelo tribunal, sendo distribuído a um relator, que deverá declarar os efeitos em que o recebe. Se for recebido sem efeito suspensivo, o processo retomará seu curso; se com efeito suspensivo, permanecerá sobrestado até o julgamento do incidente (art. 146, § 2º).

**27. Admissão do IRDR.** Admitido o IRDR, suspendem-se os processos pendentes, individuais ou coletivos, em que se discute a mesma questão, que estejam tramitando no âmbito da competência territorial do tribunal (art. 982, I). Se for um tribunal de justiça, suspendem todos os processos em curso no Estado. Sendo um tribunal regional federal, suspendem-se os processos que tramitam em toda a região. Admitido o IRDR num tribunal superior, suspendem-se os processos pendentes em todo o território nacional. Para que os processos sejam suspensos, não basta a instauração do IRDR; é preciso que ele seja admitido. Admitido o IRDR, todos os processos que versem sobre aquela questão jurídica repetitiva devem ser suspensos, inclusive os que tramitam no âmbito dos Juizados Especiais. Cabe ao relator do IRDR declarar a suspensão e comunicá-la, por ofício, aos juízes diretores dos fóruns de cada comarca ou seção judiciária. Nos processos em que há cumulação simples de pedidos, caracterizada quando cada pedido é independente (art. 327), a suspensão pode ser parcial, prosseguindo-se o processo quanto ao pedido que não tem relação com a questão de direito repetitiva a ser decidida no IRDR. A parte de qualquer processo que verse sobre a questão de direito discutida no IRDR, independentemente dos limites territoriais da competência do tribunal, pode requerer ao STF ou ao STJ a suspensão de todos os processos individuais ou coletivos em curso no território nacional que versem sobre a mesma questão objeto do incidente já instaurado (art. 982, §§ 3º e 4º). Os processos repetitivos ficam suspensos enquanto não for julgado o IRDR. O prazo para julgamento é de um ano, findo o qual cessa a suspensão dos processos (art. 980). Esse prazo de um ano pode, todavia, ser prorrogado por decisão fundamentada do relator (art. 980, parágrafo único). Tal prazo tem início com a publicação da decisão do relator que declara a suspensão dos processos (art. 982, I). Se tiver sido determinada a suspensão nacional pelo STF ou pelo STJ, sua duração encerra-se com o escoamento do prazo para interposição do recurso extraordinário ou do recurso especial. Se for interposto recurso especial ou extraordinário do acórdão que julgar o IRDR, a suspensão se mantém, pois tais recursos têm, nesse caso, efeito suspensivo automático (art. 987, § 1º). Não interposto recurso especial ou extraordinário, cessa a suspensão dos processos, aplicando-se a tese fixada no IRDR (art. 982, § 5º).

- **28. Afetação de recurso repetitivo.** O julgamento de recursos repetitivos abrange o IRDR e os recursos repetitivos (art. 928). Não é somente a admissão de IRDR que suspende os processos pendentes que versem sobre a mesma questão repetitiva. A afetação de recursos repetitivos também suspende os processos pendentes sobre a mesma questão. Assim, selecionados recursos representativos da controvérsia, o relator proferirá decisão de afetação, na qual determinará a suspensão do processamento de todos os processos pendentes, individuais ou coletivos, que versem sobre a questão e tramitem no território nacional (art. 1.037, II).
- **29. Prejudicialidade.** A prejudicialidade expressa a relação que se estabelece entre duas figuras, a prejudicial e a prejudicada. Considera-se prejudicial a questão cuja solução influencia o teor do pronunciamento de outra questão. A segunda questão depende da primeira no seu *modo de ser*. Uma causa, questão ou ponto é prejudicial quando, no plano lógico e no jurídico, a solução a ser dada a ela determina ou limita o modo como será julgada outra causa, questão ou ponto.
- **30. Prejudicialidade interna e prejudicialidade externa.** A prejudicial pode ser interna ou externa. É interna quando verificável no mesmo processo, sendo externa quando o objeto de um processo condiciona o de outro. A distinção é relevante para fins de suspensão do processo: só a prejudicial externa é que acarreta a suspensão do processo que dela depende (art. 313, V, *a*).
- **31. Conexão por prejudicialidade.** É possível que haja 2 processos diversos, em que um seja prejudicial do outro. Nesse caso, há uma prejudicialidade externa, que permite a reunião deles ao juízo prevento (art. 55). A conexão, porém, não altera competência absoluta (art. 54). Quando as competências dos juízos forem relativas ou quando já tiver havido prolação de sentença num dos processos (art. 55, § 1º), não será possível reunir os processos conexos. Em situações assim, a prejudicialidade externa provoca a suspensão de um dos processos até o julgamento do outro.

- **32. Suspensão do processo por prejudicialidade externa.** Sendo a *externa* a prejudicial, e não sendo possível reunir os processos, é dever do juiz suspender o processo no qual houver sido proposta a ação prejudicada, à espera do julgamento da prejudicial, independentemente de qual tenha sido proposta em primeiro lugar, em que fase se encontre ou de qual seja o órgão julgador. A suspensão do processo, nesse caso, tem o visível intuito de propiciar a efetividade da imposição do principal efeito da prejudicialidade entre duas causas, que é sempre o de a decisão da causa prejudicada ser comandada pelo teor da prejudicial. Se não houvesse suspensão, não haveria como tratar uma causa como dependente e a outra, como dominante.
- **33. Prejudicialidade externa e ausência de obrigatoriedade da suspensão.** *"Esta Corte Superior tem entendimento no sentido de que a paralisação do processo em virtude de prejudicialidade externa não ostenta caráter obrigatório, cabendo ao Juízo local aferir a plausibilidade da suspensão consoante as circunstâncias do caso concreto"* (STJ, 3ª Turma, AgInt no REsp 1.894.500/SP, rel. Min. Marco Aurélio Bellizze, *DJe* 10.6.2021).
- **34. Necessidade de suspensão do processo por prejudicialidade externa.** *"A prejudicialidade externa induz à necessidade de sobrestamento desta ação, a fim de resguardar a efetividade da prestação jurisdicional e a racionalidade lógica das decisões judiciais"* (STJ, 4ª Turma, AgInt nos EDcl no AREsp 1.583.438/SP, rel. Min. Marco Buzzi, *DJe* 28.8.2020).
- **35. Ausência de prejudicialidade externa entre ação de usucapião e ação possessória.** *"Conforme reiteradamente destacado no âmbito deste Tribunal, 'não há prejudicialidade externa que justifique a suspensão da demanda possessória até que se julgue a ação de usucapião' (AgRg no REsp 1483832/SP)"* (STJ, 3ª Turma, AgInt na PET na Pet 14.017/SP, rel. Min. Nancy Andrighi, *DJe* 15.4.2021).
- **36. Prejudicialidade externa entre ação de inventário e ação de anulação de testamento.** *"Consoante destacado pelo Tribunal de Justiça de origem, há julgados no âmbito do Superior Tribunal de Justiça no sentido de que existe prejudicialidade externa entre a ação de inventário e a ação de declaração de nulidade de testamento"* (STJ, 3ª Turma, AgInt no REsp 1.763.298/MG, rel. Min. Paulo de Tarso Sanseverino, *DJe* 21.8.2020).

**37. Prazo de suspensão pela prejudicialidade externa.** A suspensão do processo, em razão da prejudicialidade externa, é de 1 ano (art. 313, § 4º).

**38. Prorrogação do prazo de suspensão.** *"O prazo máximo de 1 (um) ano para a suspensão do processo, previsto nos arts. 313, V, a, § 4º, e 315, § 2º, do CPC/2015, excepcionalmente pode ser prorrogado mediante decisão judicial devidamente fundamenta à luz das circunstâncias do caso concreto"* (STJ, 1ª Turma, RMS 61.308/MG, rel. Min. Sérgio Kukina, *DJe* 8.11.2019).

**39. Flexibilidade do prazo de suspensão.** *"O Superior Tribunal de justiça, ao enfrentar a matéria de suspensão de processo por prejudicialidade, entendeu que o limite do prazo de suspensão de 1 ano (§ 4º do art. 313 do CPC/2015) não é absoluto, podendo ser flexibilizado pelo julgador, conforme as peculiaridades do caso. V – Assim, o prazo máximo de 1 ano para a suspensão do processo, previsto nos arts. 313, V, a, § 4º, e 315, § 2º, do CPC/2015, excepcionalmente pode ser prorrogado mediante decisão judicial devidamente fundamentada à luz das circunstâncias do caso concreto"* (STJ, 2ª Turma, AgInt no AREsp 1.941.095/DF, rel. Min. Francisco Falcão, *DJe* 1º.12.2022).

**40. Rigor no prazo de suspensão.** *"Agravo interno manejado contra decisão que deu provimento ao recurso especial para limitar a suspensão do processo, em decorrência de prejudicialidade externa, ao período máximo de um ano. 2. Com efeito, 'A regra prevista no art. 265, § 5º, do CPC/1973 (art. 313, § 4º, do CPC/2015) não deve ser flexibilizada e, uma vez constatada a prejudicialidade externa, a suspensão do processo não pode ultrapassar o prazo de um ano. Precedentes' (AgInt no AREsp 1.144.248/SP, Rel. Ministro Marco Buzzi, QUARTA TURMA, julgado em 27.05.2019, DJe de 30.05.2019)"* (STJ, 4ª Turma, AgInt no AREsp 517.426/RJ, rel. Min. Raul Araújo, *DJe* 30.6.2021).

**41. Verificação de um fato ou produção de uma prova.** O processo deve ser suspenso, se a sentença não puder ser proferida antes de verificado determinado fato ou de produzida prova específica, requisitada a outro juízo. Nesses casos, há uma questão preliminar, ou seja, uma questão prévia que condiciona o exame da questão de mérito, devendo aguardar-se a verificação do fato ou a produção da prova. A propósito, a carta precatória, a carta rogatória e o auxílio direto suspendem o julgamento da causa, quando, tendo sido requeridos antes da decisão de saneamento, a prova neles solicitada for imprescindível (art. 377).

**42. Força maior.** O processo suspende-se por motivo de força maior. No sistema brasileiro, o motivo de força maior e o caso fortuito equivalem-se. O caso fortuito ou de força maior verifica-se no fato necessário, cujos efeitos não era possível evitar ou impedir (CC, art. 393, parágrafo único). O juiz deve determinar a suspensão do processo, mas causa da suspensão é o caso fortuito ou de força maior. Logo, a determinação de suspensão é meramente declaratória, produzindo efeitos *ex tunc*, ou seja, retroagindo para a data do fato necessário e inevitável. O evento há de ser insuperável e estranho à vontade das partes, como uma enchente, uma tempestade, uma pandemia etc.

**43. Descaracterização de greve como motivo de força maior.** *"Esta Corte tem entendimento pacificado no sentido de que a deflagração de movimento grevista não caracteriza hipótese de força maior a justificar a suspensão do processo"* (STJ, 5ª Turma, AgRg no REsp 818.742/RJ, rel. Min. Moura Ribeiro, *DJe* 1º.07.2014). *"A suspensão do processo por motivo de força maior visa à proteção do exercício de direito das partes, não sendo possível a sua invocação para o favorecimento de uma delas, em detrimento de outra. Não há força maior em ato que decorre de exteriorização de vontade, como é o caso de movimento grevista"* (STJ, 1ª Turma, AgRg no REsp 984.569/PA, rel. Min. Francisco Falcão, *DJe* 28.5.2008).

**44. Descaracterização de incêndio em procuradoria há mais um mês como motivo de força maior.** *"A ocorrência de incêndio nas instalações da Procuradoria-Geral do Município de Niterói não tem o condão de ensejar, nesta oportunidade, a suspensão do processo ou a devolução do prazo para interposição do recurso, tendo em vista que, além de o incidente ter ocorrido mais de um mês antes da publicação do decisum impugnado, não foi efetivamente demonstrada a impossibilidade de apresentação da peça em tempo hábil"* (STJ, 2ª Turma, AgRg no AREsp 417.195/RJ, rel. Min. Herman Benjamin, *DJe* 27.3.2014).

**45. Pendência de processo perante o Tribunal Marítimo.** O Tribunal Marítimo, que é órgão auxiliar do Poder Judiciário, *"tem como atribuições julgar os acidentes e fatos da navegação marítima, fluvial e lacustre e as questões relacionadas com tal atividade"* (Lei 2.180/1954, art. 1º). Suas decisões constituem elemento de prova em ação judicial,

**LIVRO VI** · DA FORMAÇÃO, DA SUSPENSÃO E DA EXTINÇÃO DO PROCESSO **Art. 314**

com presunção relativa de certeza, a respeito da responsabilidade técnica por acidentes de navegação (Lei 2.180/1954, art. 18). Efetivamente, compete ao Tribunal Marítimo: *"I – julgar os acidentes e fatos da navegação: a) definindo-lhes a natureza e determinando-lhes as causas, circunstâncias e extensão; b) indicando os responsáveis e aplicando-lhes as penas estabelecidas nesta lei"* (Lei 2.180/1954, art. 13, I). Assim, quando no processo judicial se discutir questão decorrente de acidente e fato da navegação de competência do Tribunal Marítimo, deve-se suspender o processo até que o Tribunal Marítimo apure o fato e as responsabilidades, para que sua decisão seja utilizada como meio de prova no processo. A hipótese assemelha-se à do art. 313, V, *b*.

- **46. Parto ou concessão de adoção.** Se a parte for representada apenas por uma advogada, e esta tiver um filho, o processo deve ser suspenso por 30 dias, a partir da data do parto ou da concessão da adoção, mediante apresentação da certidão de nascimento ou documento similar que comprove a realização do parto, ou do termo judicial de concessão da adoção, desde que o cliente tenha sido notificado. A comunicação ao cliente não é requisito necessário para a suspensão do processo, mas para o desenvolvimento da relação contratual entre ele e a advogada, tanto que não se faz necessária sua juntada aos autos. O processo somente será suspenso se a advogada for a única a atuar no caso em favor daquela parte. O que causa a suspensão é o parto ou a concessão da adoção. A certidão de nascimento não precisa ser juntada no dia do nascimento. O juiz deve determinar a suspensão, retroativamente à data do parto ou da concessão da adoção.

- **47. Paternidade do advogado.** O processo suspende-se quando o único advogado que representa a parte tornar-se pai, seja pela paternidade natural, seja pela adotiva. A suspensão, nesse caso, dura apenas 8 dias, a partir da data do parto ou da concessão da adoção, por meio da apresentação da certidão de nascimento ou documento equivalente que comprove o nascimento, ou de termo judicial que tenha deferido a adoção, desde que o cliente tenha sido notificado. A comunicação ao cliente não é requisito necessário para a suspensão do processo, mas para o desenvolvimento da relação contratual entre ele e o advogado.

- **48. Instauração de mediação.** Se as partes estabeleceram que devam submeter-se à me-

diação por algum prazo, o processo deve ser suspenso para que se cumpra a previsão contratual (Lei 13.140/2015, art. 23). Ainda que o processo esteja em curso, se as partes derem início a um procedimento de mediação, o juiz deverá suspender o processo até que se ultime o procedimento de mediação (Lei 13.140/2015, art. 16).

- **49. Instauração do IDPJ.** O processo também pode suspender-se pela instauração do IDPJ (art. 134, § 3º).

> **Art. 314.** Durante a suspensão é vedado praticar qualquer ato processual, podendo o juiz, todavia, determinar a realização de atos urgentes a fim de evitar dano irreparável, salvo no caso de arguição de impedimento e de suspeição.

▶ **1. Correspondência no CPC/1973.** *"Art. 266. Durante a suspensão é defeso praticar qualquer ato processual; poderá o juiz, todavia, determinar a realização de atos urgentes, a fim de evitar dano irreparável."*

## 🏛 LEGISLAÇÃO CORRELATA

**2. Lei 13.140/2015, art. 16.** *"Art. 16. Ainda que haja processo arbitral ou judicial em curso, as partes poderão submeter-se à mediação, hipótese em que requererão ao juiz ou árbitro a suspensão do processo por prazo suficiente para a solução consensual do litígio. (...) § 2º A suspensão do processo não obsta a concessão de medidas de urgência pelo juiz ou pelo árbitro."*

**3. Lei 13.140/2015, art. 23.** *"Art. 23. Se, em previsão contratual de cláusula de mediação, as partes se comprometerem a não iniciar procedimento arbitral ou processo judicial durante certo prazo ou até o implemento de determinada condição, o árbitro ou o juiz suspenderá o curso da arbitragem ou da ação pelo prazo previamente acordado ou até o implemento dessa condição. Parágrafo único. O disposto no caput não se aplica às medidas de urgência em que o acesso ao Poder Judiciário seja necessário para evitar o perecimento de direito."*

## ⚖ JURISPRUDÊNCIA, ENUNCIADOS E SÚMULAS SELECIONADOS

- **4. Enunciado 41 da I Jornada-CJF.** *"Nos processos sobrestados por força do regime repetitivo, é possível a apreciação e a efetivação de tutela provisória de urgência, cuja competência será do órgão jurisdicional onde estiverem os autos."*

## Art. 315 — CÓDIGO DE PROCESSO CIVIL COMENTADO – *Leonardo Carneiro da Cunha*

- **5. Enunciado 60 do FNPP.** *"O agravo fundado no art. 1.015, I, do CPC se enquadra no conceito de atos urgentes praticáveis no curso da suspensão processual."*

### ▣ Comentários Temáticos

**6. Efeitos da suspensão do processo.** Durante a suspensão do processo, é vedada a prática de qualquer ato processual; poderá, contudo, o juiz determinar a realização de atos urgentes, a fim de evitar dano irreparável. Durante a suspensão do processo, não se praticam atos processuais, salvo aqueles que possam ser prejudicados pelo adiamento. Os atos processuais praticados no período de suspensão serão ineficazes, somente produzindo efeitos depois de cessada a causa de suspensão do processo.

> **Art. 315.** Se o conhecimento do mérito depender de verificação da existência de fato delituoso, o juiz pode determinar a suspensão do processo até que se pronuncie a justiça criminal.
>
> § 1º Se a ação penal não for proposta no prazo de 3 (três) meses, contado da intimação do ato de suspensão, cessará o efeito desse, incumbindo ao juiz cível examinar incidentemente a questão prévia.
>
> § 2º Proposta a ação penal, o processo ficará suspenso pelo prazo máximo de 1 (um) ano, ao final do qual aplicar-se-á o disposto na parte final do § 1º.

▶ **1. Correspondência no CPC/1973.** *"Art. 110. Se o conhecimento da lide depender necessariamente da verificação da existência de fato delituoso, pode o juiz mandar sobrestar no andamento do processo até que se pronuncie a justiça criminal. Parágrafo único. Se a ação penal não for exercida dentro de 30 (trinta) dias, contados da intimação do despacho de sobrestamento, cessará o efeito deste, decidindo o juiz cível a questão prejudicial."*

### ▥ Legislação Correlata

**2. CC, art. 200.** *"Art. 200. Quando a ação se originar de fato que deva ser apurado no juízo criminal, não correrá a prescrição antes da respectiva sentença definitiva."*

**3. CC, art. 935.** *"Art. 935. A responsabilidade civil é independente da criminal, não se podendo questionar mais sobre a existência do fato, ou sobre quem seja o seu autor, quando estas questões se acharem decididas no juízo criminal."*

**4. CPP, art. 64.** *"Art. 64. Sem prejuízo do disposto no artigo anterior, a ação para ressarcimento do dano poderá ser proposta no juízo cível, contra o autor do crime e, se for caso, contra o responsável civil. Parágrafo único. Intentada a ação penal, o juiz da ação civil poderá suspender o curso desta, até o julgamento definitivo daquela."*

**5. CPP, art. 65.** *"Art. 65. Faz coisa julgada no cível a sentença penal que reconhecer ter sido o ato praticado em estado de necessidade, em legítima defesa, em estrito cumprimento de dever legal ou no exercício regular de direito."*

**6. CPP, art. 66.** *"Art. 66. Não obstante a sentença absolutória no juízo criminal, a ação civil poderá ser proposta quando não tiver sido, categoricamente, reconhecida a inexistência material do fato."*

**7. CPP, art. 92.** *"Art. 92. Se a decisão sobre a existência da infração depender da solução de controvérsia, que o juiz repute séria e fundada, sobre o estado civil das pessoas, o curso da ação penal ficará suspenso até que no juízo cível seja a controvérsia dirimida por sentença passada em julgado, sem prejuízo, entretanto, da inquirição das testemunhas e de outras provas de natureza urgente. Parágrafo único. Se for o crime de ação pública, o Ministério Público, quando necessário, promoverá a ação civil ou prosseguirá na que tiver sido iniciada, com a citação dos interessados."*

**8. CPP, art. 93.** *"Art. 93. Se o reconhecimento da existência da infração penal depender de decisão sobre questão diversa da prevista no artigo anterior, da competência do juízo cível, e se neste houver sido proposta ação para resolvê-la, o juiz criminal poderá, desde que essa questão seja de difícil solução e não verse sobre direito cuja prova a lei civil limite, suspender o curso do processo, após a inquirição das testemunhas e realização das outras provas de natureza urgente."*

### ▣ Comentários Temáticos

**9. Independência de instâncias.** Um mesmo fato pode configurar, a um só tempo, um ilícito criminal e um ilícito civil, acarretando a propositura de uma demanda criminal e de uma demanda civil, com resultados diversos. A instância criminal é diversa e independente da civil. Cada um tem seu standard probatório, suas oportunidades probatórias e sua cognição judicial. São independentes e autônomas entre si.

**10. Vinculação da instância civil pela criminal.** A instância criminal vincula a civil apenas

**LIVRO VI · DA FORMAÇÃO, DA SUSPENSÃO E DA EXTINÇÃO DO PROCESSO**

**Art. 315**

em 2 hipóteses: *(a)* quando for afastada a materialidade do fato ou *(b)* quando se concluir pela negativa de autoria (CC, art. 935).

**11. Sentença penal absolutória por ausência de provas.** A sentença penal absolutória fundada na ausência de provas não nega a existência do fato nem afasta a autoria do acusado. A absolvição por falta de provas caracteriza o resíduo homogêneo, sendo possível ao juízo cível condenar o réu pela indenização ou reparação civil, exatamente por serem independentes as instâncias.

**12. Suspensão do processo civil até o julgamento do processo criminal.** A sentença absolutória criminal por negativa da materialidade do fato ou por negativa de autoria vincula o juízo cível. Por isso, o juízo cível pode determinar a suspensão do processo até a definição da questão criminal.

**13. Facultatividade da suspensão e ausência de nulidade por falta de prejuízo.** *"É faculdade do juiz cível suspender a ação reparatória de danos morais até a resolução definitiva do processo criminal caso julgue haver prejudicialidade entre as demandas. Não há nulidade devido ao processamento simultâneo, sobretudo quando demonstrada a ausência de prejuízo no caso concreto. Incidência dos princípios da independência das instâncias e da instrumentalidade das formas"* (STJ, 3ª Turma, REsp 1.677.957/PR, rel. Min. Ricardo Villas Bôas Cueva, *DJe* 30.4.2018).

**14. Prejudicialidade externa.** O julgamento criminal é uma questão prejudicial externa relativamente ao processo civil, podendo, por isso mesmo, este ser suspenso até que se defina a questão criminal. Se, no juízo criminal, for negada a autoria ou a materialidade do fato, o juízo cível há de julgar improcedente o pedido perante si formulado.

**15. Não propositura da ação penal.** Se a ação penal não for proposta no prazo de 3 meses, contado da intimação do ato que determinou a suspensão, esta terá seu efeito suspenso, cabendo ao juízo cível examinar, incidentemente, a questão criminal.

**16. Duração da suspensão.** Proposta a demanda criminal, o processo civil ficará suspenso pelo prazo máximo de 1 ano. Findo o prazo de suspensão sem que haja solução no juízo criminal, o processo civil retomará seu curso, cabendo ao juízo cível examinar, incidentemente, a questão criminal.

**17. Prorrogação do prazo de suspensão.** *"O prazo máximo de 1 (um) ano para a suspensão*

*do processo, previsto nos arts. 313, V, a, § 4º, e 315, § 2º, do CPC/2015, excepcionalmente pode ser prorrogado mediante decisão judicial devidamente fundamenta à luz das circunstâncias do caso concreto"* (STJ, 1ª Turma, RMS 61.308/MG, rel. Min. Sérgio Kukina, *DJe* 08.11.2019).

**18. Eficácia civil da sentença penal condenatória.** A sentença penal condenatória transitada em julgado é título executivo judicial (art. 515, VI). Assim, transitada em julgado a sentença penal condenatória, o ofendido, seu representante legal ou seus herdeiros poderão promover-lhe a execução no juízo cível, para reparar o dano (CPP, art. 63). Nesse caso, em vez de propor a ação cível, o interessado pode aguardar o resultado da ação penal. Enquanto aguarda, não corre o prazo de prescrição para o exercício da pretensão civil (CC, art. 200).

**19. Prejudicialidade e impedimento da prescrição.** *"4. 'A aplicação do art. 200 do CC/2002 tem valia quando houver relação de prejudicialidade entre as esferas cível e penal – isto é, quando a conduta originar-se de fato também a ser apurado no juízo criminal –, sendo fundamental a existência de ação penal em curso (ou ao menos inquérito policial em trâmite)' (REsp 1.135.988/SP). A finalidade, pois, dessa norma, é evitar a possibilidade de soluções contraditórias entre as duas searas, especialmente quando a solução do processo penal seja determinante do resultado do processo cível. 5. O art. 200 do CC/2002 incidirá independentemente do resultado alcançado na esfera criminal. Tal entendimento prestigia a boa-fé objetiva, impedindo que o prazo prescricional para deduzir a pretensão reparatória se inicie previamente à apuração definitiva do fato no juízo criminal, criando uma espécie legal de actio nata. 6. Na espécie, houve a propositura de ação penal, na qual foi declarada a ilegitimidade ativa do Ministério Público em relação a um dos delitos e o réu foi absolvido do outro. Tais circunstâncias, todavia, não afastam a incidência do art. 200 do CC/2002, não havendo que se falar em prescrição da pretensão reparatória"* (STJ, 3ª Turma, REsp 1.919.294/MG, rel. Min. Nancy Andrighi, *DJe* 15.4.2021).

**20. Ausência do início do prazo de prescrição.** *"Consoante a jurisprudência desta Corte Superior, a suspensão da prescrição prevista no art. 200 do CC/2002 tem incidência quando o fato que deu origem ao dano deva ser apurado, também, no juízo criminal – tendo havido o aforamento de Ação Penal ou, pelo menos, abertura de inquérito policial"* (STJ, 1ª Turma, AgInt no REsp 1.668.968/PR, rel. Min. Napoleão Nunes Maia Filho, *DJe* 16.10.2020).

557

# TÍTULO III
## DA EXTINÇÃO DO PROCESSO

**Art. 316.** A extinção do processo dar-se-á por sentença.

▸ **1.** Sem correspondência no CPC/1973.

### 🖹 COMENTÁRIOS TEMÁTICOS

**2. Definição da sentença.** O pronunciamento do juiz, para ser sentença, há de aglutinar os seguintes fatores: *(a)* encaixar-se numa das hipóteses do art. 485 ou 487 e *(b)* pôr fim à fase cognitiva do procedimento comum ou, se se tratar de uma execução, extingui-la (art. 203, § 1º).

**3. Extinção do processo.** A sentença extingue totalmente uma fase processual ou o processo como um todo. O processo extingue-se por sentença. Se o ato do juiz, mesmo que tenha por conteúdo uma das hipóteses do art. 485 ou do art. 487, não for extingue o processo, não será sentença. Caso, numa demanda intentada por duas pessoas diferentes, em litisconsórcio ativo facultativo, o juiz indefere a petição inicial em relação a um dos litisconsortes, por entender que, no tocante a ele, não há interesse de agir ou legitimidade para a causa, determinando o prosseguimento do processo relativamente ao outro litisconsorte, não terá havido extinção total do processo, não havendo, então, uma sentença. No julgamento antecipado parcial do mérito (art. 356), o juiz julga uma parte da demanda, mantendo o processo quanto à outra. Nesse caso, não há sentença, pois o processo não foi extinto. O processo extingue-se por sentença.

**4. Encerramento da litispendência.** A litispendência surge com a propositura da demanda, mantendo-se durante toda a tramitação do processo. Proferida sentença de mérito e sobrevindo o trânsito em julgado, cessa a litispendência. Interposto recurso contra a sentença, o estado de litispendência se mantém. O recurso impede a cessação da litispendência.

**Art. 317.** Antes de proferir decisão sem resolução de mérito, o juiz deverá conceder à parte oportunidade para, se possível, corrigir o vício.

▸ **1.** Sem correspondência no CPC/1973.

### 🕮 JURISPRUDÊNCIA, ENUNCIADOS E SÚMULAS SELECIONADOS

- **2. Enunciado 657 do FPPC.** *"O relator, antes de considerar inadmissível o incidente de resolução de demandas repetitivas, oportunizará a correção de vícios ou a complementação de informações."*
- **3. Enunciado 666 do FPPC.** *"O processo coletivo não deve ser extinto por falta de legitimidade quando um legitimado adequado assumir o polo ativo ou passivo da demanda."*

### 🖹 COMENTÁRIOS TEMÁTICOS

**4. Princípio da primazia do julgamento do mérito.** O art. 317 contém regra que concretiza o princípio da primazia do julgamento do mérito. O juiz deve, sempre que possível, superar os vícios, estimulando, viabilizando e permitindo sua correção ou sanção, a fim de que possa efetivamente examinar o mérito e resolver o conflito posto pelas partes.

**5. Princípio da primazia do julgamento do mérito, o princípio da cooperação e o dever de prevenção.** A decisão de mérito a ser proferida no processo deve ser fruto de uma comunidade de trabalho entre o juiz e as partes (art. 6º). O processo deve ser cooperativo ou compartipativo. Um dos deveres que se atribui ao juiz é o de *prevenção*, consistente no convite ao aperfeiçoamento pelas partes de suas petições ou alegações. O juiz deve prevenir as partes de eventuais vícios, defeitos, incorreções para que sejam sanados, a fim de possibilitar o exame do mérito e a solução da disputa posta ao seu crivo.

— Parte Especial —

LIVRO I

# DO PROCESSO DE CONHECIMENTO E DO CUMPRIMENTO DE SENTENÇA

# TÍTULO I
# DO PROCEDIMENTO COMUM

## CAPÍTULO I
## DISPOSIÇÕES GERAIS

> **Art. 318.** Aplica-se a todas as causas o procedimento comum, salvo disposição em contrário deste Código ou de lei.
>
> Parágrafo único. O procedimento comum aplica-se subsidiariamente aos demais procedimentos especiais e ao processo de execução.

▶ **1. Correspondência no CPC/1973.** *"Art. 271. Aplica-se a todas as causas o procedimento comum, salvo disposição em contrário deste Código ou de lei especial."*

### ⚖ Jurisprudência, Enunciados e Súmulas Selecionados

• **2. Enunciado 86 da I Jornada-CJF.** *"As prestações vincendas até o efetivo cumprimento da obrigação incluem-se na execução de título executivo extrajudicial (arts. 323 e 318, parágrafo único, do CPC)."*

### 🗉 Comentários Temáticos

**3. Procedimento comum.** O CPC contém uma parte geral em que se reúnem as disposições comuns aplicáveis à generalidade dos processos. Ao procedimento *comum* contrapõem-se os procedimentos *especiais,* que podem ser de jurisdição contenciosa ou de jurisdição voluntária. Se o caso comportar alguma peculiaridade que o remeta a algum procedimento especial, é este que haverá de ser adotado. Do contrário, segue-se o procedimento comum, aplicável, enfim, à generalidade dos casos. Nesse ponto, convém destacar: *"Sempre que a lei remeter a procedimento previsto na lei processual sem especificá-lo, será observado o procedimento comum previsto neste Código"* (art. 1.049). Não é raro, por outro lado, haver leis específicas, que preveem demandas judiciais que devem submeter-se ao procedimento sumário regulado no CPC/1973. Para essas hipóteses, passa a ser aplicado o procedimento comum previsto no atual CPC (art. 1.049, parágrafo único). O CPC estabelece um procedimento *comum*, com a função de procedimento-padrão, a servir de modelo aos demais procedimentos, cujas regras são-lhes aplicadas subsidiariamente.

**4. Estrutura do procedimento comum e sua flexibilidade.** O procedimento comum está estruturado de forma bem detalhada, podendo, porém, ser flexibilizado. O juiz pode julgar liminarmente improcedente o pedido do autor (art. 332) ou, depois de citado o réu e praticados alguns atos, julgar antecipadamente o mérito, de forma total (art. 355) ou parcial (art. 356) ou, diante de urgência contemporânea à propositura da demanda, conceder a tutela provisória e, não havendo recurso, já extinguir o processo, estabilizando-se a medida concedida (art. 304); pode, em vez disso, mandar citar o réu e, depois da providências preliminares, organizar e sanear o processo (art. 357), designando a produção de provas; pode conceder tutela antecipada, satisfativa ou conservativa; pode distribuir dinamicamente o ônus da prova; pode delimitar as questões de direito que serão discutidas e enfrentadas no julgamento; pode, ainda e em conjunto com as partes ou em razão de convenções por elas celebradas, estipular mudanças no procedimento, com alteração, inclusive, dos prazos processuais.

**5. Adaptação ou alteração do procedimento por iniciativa judicial ou por vontade das partes.** O princípio da adequação – sempre invocado para explicar a criação de procedimentos especiais pelo legislador – passou também a ser invocado para justificar a adaptação do procedimento pelo juiz no caso concreto. Não somente em casos específicos, mas também em qualquer caso, passou-se a admitir a adaptação do procedimento, em razão da construção de regras a partir do devido processo legal. Passou-se, assim, a entender que seria possível a flexibilização do procedimento pelo juiz, a fim de adequar o procedimento às peculiaridades do caso concreto. O juiz pode, então, adaptar o procedimento à realidade do caso concreto, desde que observe o contraditório e a cooperação, consultando e prevenindo as partes acerca da adaptação a ser levada a efeito. Além de o juiz poder adaptar o procedimento à realidade do caso concreto, o Código prevê uma cláusula geral de acordo de procedimento (art. 190).

**6. Aplicação subsidiária do procedimento comum.** O procedimento comum constitui verdadeiro procedimento-padrão. Por isso, serve de modelo para os demais procedimentos. As regras do procedimento comum devem ser aplicadas subsidiariamente aos procedimentos especiais e ao processo de execução. Não é demais lembrar que o CPC contém uma parte geral, aplicável a qualquer tipo de processo e procedimento, desde que não haja incompatibilidade. Assim, por exemplo, as normas relativas à intervenção de

**LIVRO I** · DO PROCESSO DE CONHECIMENTO E DO CUMPRIMENTO DE SENTENÇA **Art. 319**

terceiros, quando cabíveis, aplicam-se a todos os processos e procedimentos. Há, porém, intervenções de terceiro (como a denunciação da lide e o chamamento ao processo, por exemplo) que não se aplicam ao processo de execução. O processo de execução rege-se por normas próprias, recebendo o influxo de normas contidas na parte geral do CPC, desde que não haja incompatibilidade. Além de receber a aplicação de normas contidas na parte geral, o processo de execução também é regido, subsidiariamente, pelas normas concernentes ao processo de conhecimento, desde que não haja incompatibilidade. É antigo o entendimento segundo o qual *"existindo norma específica no processo executivo, não se aplicam subsidiariamente normas do processo de conhecimento"* (STJ, 4ª Turma, REsp 767/GO, rel. Min. Sálvio de Figueiredo Teixeira, *DJ* 20.11.1989).

## CAPÍTULO II
## DA PETIÇÃO INICIAL

### Seção I
### Dos Requisitos da Petição Inicial

**Art. 319.** A petição inicial indicará:

I – o juízo a que é dirigida;

II – os nomes, os prenomes, o estado civil, a existência de união estável, a profissão, o número de inscrição no Cadastro de Pessoas Físicas ou no Cadastro Nacional da Pessoa Jurídica, o endereço eletrônico, o domicílio e a residência do autor e do réu;

III – o fato e os fundamentos jurídicos do pedido;

IV – o pedido com as suas especificações;

V – o valor da causa;

VI – as provas com que o autor pretende demonstrar a verdade dos fatos alegados;

VII – a opção do autor pela realização ou não de audiência de conciliação ou de mediação.

§ 1º Caso não disponha das informações previstas no inciso II, poderá o autor, na petição inicial, requerer ao juiz diligências necessárias a sua obtenção.

§ 2º A petição inicial não será indeferida se, a despeito da falta de informações a que se refere o inciso II, for possível a citação do réu.

§ 3º A petição inicial não será indeferida pelo não atendimento ao disposto no inciso II deste artigo se a obtenção de tais informações tornar impossível ou excessivamente oneroso o acesso à justiça.

▶ **1. Correspondência no CPC/1973.** *"Art. 282. A petição inicial indicará: I – o juiz ou tribunal, a que é dirigida; II – os nomes, prenomes, estado civil, profissão, domicílio e residência do autor e do réu; III – o fato e os fundamentos jurídicos do pedido; IV – o pedido, com as suas especificações; V – o valor da causa; VI – as provas com que o autor pretende demonstrar a verdade dos fatos alegados; VII – o requerimento para a citação do réu."*

### 🏛 LEGISLAÇÃO CORRELATA

**2. Lei 5.478/1968, art. 3º, § 1º.** *"§ 1º Se houver sido designado pelo juiz defensor para assistir o solicitante, na forma prevista no art. 2º, formulará o designado, dentro de 24 (vinte e quatro) horas da nomeação, o pedido, por escrito, podendo, se achar conveniente, indicar seja a solicitação verbal reduzida a termo."*

**3. Lei 9.099/1995, art. 14.** *"Art. 14. O processo instaurar-se-á com a apresentação do pedido, escrito ou oral, à Secretaria do Juizado."*

**4. Res. 46/2007 do CNJ, art. 6º.** *"Art. 6º O cadastramento de partes nos processos deverá ser realizado, prioritariamente, pelo nome ou razão social constante do cadastro de pessoas físicas ou jurídicas perante a Secretaria da Receita Federal do Brasil, mediante alimentação automática, observados os convênios e condições tecnológicas disponíveis. § 1º Na impossibilidade de cumprimento da previsão do caput, deverão ser cadastrados o nome ou razão social informada na petição inicial, vedado o uso de abreviaturas, e outros dados necessários à precisa identificação das partes (RG, título de eleitor, nome da mãe etc.), sem prejuízo de posterior adequação à denominação constante do cadastro de pessoas físicas ou jurídicas perante a Secretaria da Receita Federal do Brasil (CPF/CNPJ). § 2º Para cadastramento de advogados nos sistemas internos dos tribunais poderá ser utilizada a base de dados do Cadastro Nacional dos Advogados da Ordem dos Advogados do Brasil."*

### ⚖ JURISPRUDÊNCIA, ENUNCIADOS E SÚMULAS SELECIONADOS

● **5. Enunciado 145 do FPPC.** *"No processo do trabalho, é requisito da inicial a indicação do número no cadastro de pessoas físicas ou no cadastro nacional de pessoas jurídicas, bem como os endereços eletrônicos do autor e do réu, aplicando-se as regras do novo Código de Processo Civil a respeito da falta de informações pertinentes ou quando elas tornarem impossível ou excessivamente oneroso o acesso à justiça."*

561

**6. Enunciado 44 da I Jornada-CJF.** *"É requisito da petição inicial da tutela cautelar requerida em caráter antecedente a indicação do valor da causa."*

**7. Enunciado 281 do FPPC.** *"A indicação do dispositivo legal não é requisito da petição inicial e, uma vez existente, não vincula o órgão julgador."*

**8. Enunciado 282 do FPPC.** *"Para julgar com base em enquadramento normativo diverso daquele invocado pelas partes, ao juiz cabe observar o dever de consulta, previsto no art. 10."*

**9. Enunciado 283 do FPPC.** *"Aplicam-se os arts. 319, § 1º, 396 e 404 também quando o autor não dispuser de documentos indispensáveis à propositura da ação."*

**10. Enunciado 424 do FPPC.** *"Os parágrafos do art. 319 devem ser aplicados imediatamente, inclusive para as petições iniciais apresentadas na vigência do CPC/1973."*

**11. Enunciado 519 do FPPC.** *"Em caso de impossibilidade de obtenção ou de desconhecimento das informações relativas à qualificação da testemunha, a parte poderá requerer ao juiz providências necessárias para a sua obtenção, salvo em casos de inadmissibilidade da prova ou de abuso de direito."*

**12. Enunciado 214 da III Jornada-CJF.** *"A pesquisa judicial no módulo CEP (Central de Escrituras e Procurações) da CENSEC (Central Notarial de Serviços Eletrônicos Compartilhados) não pode ser indeferida sob o fundamento de que o credor pode ter acesso às informações do órgão de maneira extrajudicial."*

### ▣ Comentários Temáticos

**13. Petição inicial.** A petição inicial é um ato formal, consistindo no instrumento da demanda; ela concretiza o exercício do direito de demandar. Nela, há indicação dos elementos da demanda: partes, causa de pedir e pedido. A demanda é identificada e individualizada pelo conjunto desses três elementos (art. 337, § 2º).

**14. Requisitos da petição inicial.** Os requisitos da petição inicial são aqueles previstos no art. 319, devendo fazer-se acompanhar dos documentos indispensáveis à propositura da demanda (art. 320). Não se deve exigir outros requisitos; só os previstos em lei são exigíveis.

**15. Forma escrita.** A petição inicial deve ser apresentada por escrito.

**16. Forma oral.** Embora a petição inicial deva ser, em regra, apresentada por escrito, há casos em que se admite a forma oral: a) os Juizados Especiais (Lei 9.099/1995, art. 14); b) em casos de medidas protetivas de urgência em favor da mulher vítima de violência doméstica ou familiar (Lei 11.340/2006, art. 12); e c) na ação de alimentos (Lei 5.478/1968, art. 3º, § 1º).

**17. Subscrição por advogado.** Em regra, a petição inicial deve vir assinada por advogado, que fará juntar procuração a ele outorgada e indicará seu endereço, eletrônico e não eletrônico (art. 287).

**18. Requerimento de citação do réu.** O art. 319 não reproduz a exigência contida no inciso VII do art. 282 do CPC/1973. Não se exige que conste da petição inicial o requerimento expresso de citação do réu. A exigência era exagerada, pois, se o autor manifestou sua postulação e indicou o réu, é evidente que este deve ser citado. Aliás, o pedido deve ser interpretado de acordo com o conjunto da postulação (art. 322, § 2º). Se dos termos da petição inicial se verifica quem efetivamente é o réu, não há dúvidas de que ele deve ser citado. O expresso requerimento de citação não é mais requisito da petição inicial, mas deve estar evidente quem é o réu ou contra quem o autor litiga.

**19. Impossibilidade de citação de ofício.** Se não estiver clara a necessidade de citação de alguma outra pessoa ou se o autor não indica a presença de algum litisconsorte passivo necessário, o juiz deve intimá-lo para esclarecer, pois ninguém é obrigado a litigar contra quem não queira. Por isso, nos casos de litisconsórcio necessário, o juiz determinará ao autor que requeira a citação de todos que devam ser litisconsortes, dentro do prazo que assinar, sob pena de extinção do processo (art. 115, parágrafo único). Se for necessária a citação de alguém não mencionado na petição inicial, o juiz deverá mandar intimar o autor para que ele manifeste interesse em demandar contra tal pessoa.

**20. Juízo a que é dirigida.** A petição inicial deve indicar o juízo a que é dirigida. A expressão "juízo" abrange "juiz ou tribunal", ou seja, juízo de primeira instância ou tribunal. A petição inicial deve indicar o juízo, e não o juiz. Ainda que se saiba, numa distribuição por dependência ou em comarca de vara ou juízo único, quem seja o juiz, este não deve ser nominado, sendo suficiente a indicação do juízo a que é dirigida a petição inicial. Para indicação do juízo a que é dirigida a petição inicial, devem ser observadas as regras de competência previstas no CPC e, igualmente, na legislação de organização judiciária. Cabe ao autor, na petição inicial, indicar o juízo e o foro competentes, dirigindo-se ao órgão que deve processar e julgar o caso.

**LIVRO I ·** DO PROCESSO DE CONHECIMENTO E DO CUMPRIMENTO DE SENTENÇA **Art. 319**

**21. As partes e sua qualificação.** O autor deverá, na petição inicial, indicar o autor e o réu, com suas respectivas qualificações. Nem sempre o réu poderá ser individualizado na forma exigida pela lei. Abstraídas as hipóteses de desconhecimento ou incerteza, o réu há de ser identificado. Não só os nomes, mas também a qualificação das partes deve constar da petição inicial. O objetivo é apresentar a identificação mais precisa possível das partes, evitando problemas com eventuais homônimos ou o processamento de pessoas incertas. A regra tem por finalidade viabilizar a aplicação de outras normas que dependem desses qualificativos, por exemplo, o litisconsórcio de pessoas casadas (art. 73, § 1º), a exigência de caução para autores estrangeiros ou nacionais não residentes no Brasil que aqui não tenham imóvel (art. 83). A indicação do CPF e do CNPJ é igualmente importante para identificação das partes, já sendo utilizados no cadastramento dos processos, em razão da determinação contida na Resolução 46/2007 do CNJ.

**22. Endereço eletrônico.** É necessária a indicação de endereço eletrônico para viabilizar, a título informativo, alguma comunicação às partes (Lei 11.419/2006, art. 5º, § 4º).

**23. Réu desconhecido ou incerto.** Há hipóteses em que o réu é desconhecido ou incerto, não podendo ser previamente identificado. Nesses casos, a citação será feita por edital (arts. 256, I, e 259, III). O réu é *desconhecido* quando não se sabe quem deve ser citado. Tome-se como exemplo o caso em que o autor é devedor de laudêmio e de foro, mas não sabe quem é o senhorio. Há réu, que é certo (o credor da obrigação), mas ele é *desconhecido*. Por sua vez, o réu é *incerto*, quando nem mesmo se sabe se haverá réu, a exemplo do que ocorre na ação de usucapião de imóvel.

**24. Dever de auxílio.** Caso o autor não tenha condições de indicar alguns dos dados do réu, cabe ao juiz, exercendo o dever de auxílio decorrente do princípio da cooperação, determinar a realização de diligências destinadas à sua obtenção (art. 319, § 1º). Se, a despeito da falta de alguns dados, for possível realizar a citação do réu ou se a busca por sua obtenção for excessivamente onerosa ou inviabilizar o acesso à justiça, não deverá ser indeferida a petição inicial (art. 319, §§ 2º e 3º), dispensando-se a exigência e determinando-se a realização da citação.

**25. O fato e os fundamentos jurídicos do pedido.** A petição inicial indicará o fato e os fundamentos jurídicos do pedido. Em outras palavras, a petição inicial deve descrever a causa de pedir.

**26. Causa de pedir.** Etimologicamente, o termo *causa de pedir* significa a *razão* de demandar ou a *razão* pela qual o autor ingressou em juízo com aquela pretensão, consistindo no *título jurídico* sobre o qual a demanda se funda, que compreenderia os fatos e elementos de direito que constituiriam a razão da demanda. É por isso que, para designar a causa de pedir, também se usam os termos título ou fundamento. A causa de pedir não se restringe ao direito afirmado, compreendendo também o fato que lhe deu origem.

**27. Teorias sobre a causa de pedir.** Tradicionalmente, identificam-se 3 correntes doutrinárias. Uma identifica a causa de pedir com a *qualificação jurídica* dos fatos. Outra considera a *causa petendi* o conjunto de *fatos naturais,* sem qualquer qualificação. Já a terceira encara a causa de pedir como o acervo dos *fatos constitutivos do direito* ou dos *elementos das várias previsões normativas.*

**28. Teoria da individuação ou da individualização.** A causa de pedir, para tal teoria, identifica-se com a *qualificação jurídica* dos fatos, valendo dizer que o objeto do processo consiste na identificação da relação jurídica em causa. Não interessam os fatos. O que importa é a relação jurídica individualizada pelo autor na sua petição inicial. Para tal teoria, a mesma relação jurídica não poderia ser, por mais de uma vez, objeto de discussão judicial, nem de julgamento, ainda que houvesse, em cada oportunidade, fatos diversos. A teoria da individualização exige que a demanda especifique o direito substancial com base no qual se pede a tutela, assumindo ser o dever do processo exclusivamente aquele de acertar a existência ou inexistência do direito e atribui à causa de pedir a função de individualizar apenas a relação jurídica controvertida (*causa agendi proxima*). Para a teoria da individualização, o fundamento da demanda é a relação jurídica específica, da qual deriva a pretensão. A relação jurídica afirmada pelo autor constitui, enfim, o elemento singular da causa de pedir.

**29. Teoria dos fatos naturais.** Essa teoria considera a causa de pedir o conjunto de *fatos naturais,* sem qualquer qualificação. Essa teoria dispensa qualquer referência ao direito material, devendo ser considerados apenas os fatos, sem qualquer repercussão jurídica. As alegações do autor devem relatar os fatos secos, nus e atuais, sem qualquer influência do direito. Essa teoria influenciou o sistema processual francês, em cujo *Code de Procédure Civile,* mais precisamente em seus arts. 4º e

563

seguintes, está prevista a impossibilidade de o juiz se pronunciar sobre objeto não trazido pelas partes, sendo-lhe franqueada a possibilidade de alterar livremente a qualificação jurídica oferecida, exatamente porque se entende que a *causa petendi* compõe-se apenas dos fatos, sem qualquer influência do direito.

**30. Teoria da substanciação.** Essa teoria exige que a demanda deva indicar todos os fatos relevantes, identificando a *causa petendi* no compêndio dos *fatos constitutivos* postos como fundamento da demanda. A teoria da substanciação considera como integrantes da causa de pedir os *fatos jurídicos,* aqueles que geram efeitos ou consequências jurídicas, os chamados *fatos constitutivos* do direito do autor. Daí por que a causa de pedir compõe-se do *fato* e de seu *fundamento jurídico,* com indicação da relação jurídica formada entre as partes. Parte significativa da doutrina considera mais adequada a teoria da substanciação, de maneira que a causa de pedir compõe-se de *fatos constitutivos* do direito do autor, valendo dizer que cabe a este narrar o fato e o fundamento jurídico de seu pedido.

**31. Elementos da causa de pedir.** A causa de pedir consiste na razão pela qual se ingressa em juízo, sendo composta por dois elementos: (a) a causa de pedir remota e (b) a causa de pedir próxima.

**32. Causa de pedir remota.** A causa de pedir *remota* compreende o fato constitutivo do direito do autor e o fato do réu contrário ao direito afirmado pelo autor, do qual se extrai o interesse de agir. Costuma-se dizer que o fato constitutivo do direito do autor constitui a *causa ativa,* enquanto o fato do réu contrário ao direito denomina-se *causa passiva.* É da causa de pedir *passiva* que se extrai a presença do interesse de agir. Assim, numa ação de cobrança, por exemplo, o autor, como causa *ativa,* deve alegar que o réu se obrigou a pagar-lhe quantia certa em determinada data convencionada. Vencida a obrigação, não houve o pagamento. Eis aí a causa *passiva,* da qual se infere o interesse de agir: a necessidade de o autor formular seu pedido repousa, em tal exemplo, na falta do pagamento, exigindo dele, para o recebimento da referida quantia, o ingresso em juízo.

**33. Causa de pedir próxima.** A causa de pedir *próxima* constitui-se do fundamento jurídico do pedido, identificando a relação jurídica que vincula autor e réu ou o direito constitutivo invocado pelo autor como causador do efeito pretendido. O que se exige, como elemento integrante da *causa petendi,* é a exposição dos fundamentos jurídicos do pedido. Não cumpre ao autor indicar a regra

de lei ou o chamado fundamento legal. Se o autor se referiu a determinada disposição normativa, nada impede que o juiz decida com base em outra. Disso resulta que: a) pode ser acolhido o pedido, mesmo que não seja exato o nome que se deu à situação jurídica que envolve as partes; e, b) mudando-se o nome da relação de direito material, ou o texto de lei, não se evita, somente por isso, a coisa julgada material. Noutros termos, é irrelevante o *nomen iuris* que o autor tenha atribuído à situação jurídica substancial, não estando o juiz vinculado à nomenclatura adotada na petição inicial.

**34. A causa de pedir no processo civil brasileiro.** O CPC dispõe que a petição inicial indicará o fato e os fundamentos jurídicos do pedido (art. 319, III). Por isso, a doutrina costuma afirmar que o sistema brasileiro adotou a *teoria a substanciação.* Para o entendimento que prevalece na doutrina brasileira, pouco importa se o direito em discussão é absoluto (autodeterminado) ou relativo (heterodeterminado): tanto num caso como noutro, há necessidade de descrição dos fatos. Deve-se – independentemente de o direito em discussão ser obrigacional ou real, absoluto ou relativo, autodeterminado ou heterodeterminado – alegar, na petição inicial, tanto os fatos como os fundamentos jurídicos do pedido, com predominância do elemento fático.

**35. Teoria mista.** O CPC não adotou, pura e simplesmente, a teoria da substanciação. Se é certo que o art. 319, III, exige que a petição inicial indique o fato e os fundamentos jurídicos, há outros dispositivos que não se ajustam à teoria da substanciação. A teoria da substanciação é incompatível com os arts. 493 e 508. Enquanto o art. 493 permite que o juiz aprecie de ofício fatos constitutivos do direito do autor por este não alegados, o art. 508 inclui no chamado efeito preclusivo da coisa julgada todas as alegações que o autor poderia opor à rejeição do pedido. A adoção pura e simples da teoria da substanciação também esbarra na aplicação do princípio *iura novit curia.* Na verdade, as 2 teorias se fundem, devendo o autor alegar, em sua petição inicial, tudo isso: os fatos que deram ensejo à incidência normativa e, igualmente, suas consequências jurídicas. Enfim, o CPC não adotou, em sua integralidade, a teoria da substanciação, assumindo uma posição intermediária. De um lado, há necessidade de o autor, na petição inicial, não somente narrar os fatos, mas igualmente indicar os fundamentos jurídicos de seu pedido, havendo, de outro lado, dispositivos que se revelam incompatíveis com a teoria da substanciação, em sua versão pura.

**LIVRO I · DO PROCESSO DE CONHECIMENTO E DO CUMPRIMENTO DE SENTENÇA** **Art. 319**

**36. O pedido com as suas especificações.** O pedido, que há de ser certo (art. 322) e determinado (art. 324), deve conter seus dois elementos, quais sejam, o pedido *imediato* e o pedido *mediato*. Enquanto o pedido *imediato* consiste na providência jurisdicional postulada, o *mediato* é o bem da vida pretendido, o que se irá auferir com a sentença de procedência. Desse modo, caso o autor peça, por exemplo, a condenação do réu a pagar-lhe a quantia de R$ 100 mil, o pedido *imediato* será a *condenação,* ao tempo em que o *mediato,* os R$ 100 mil. O pedido é formulado pela parte autora (art. 2º). A regra *da inércia* ou da *demanda* é consagrada, não apenas pelo art. 2º, mas também pelos arts. 141 e 492, que impedem ao juiz proferir sentença aquém, além ou fora dos limites do pedido e da causa de pedir. Ao apresentar seu *petitum*, o autor pede ao juiz uma providência jurisdicional consistente numa *declaração,* numa *(des)constituição,* numa *condenação,* num *mandamento* ou numa *execução.* Tal providência jurisdicional postulada pela parte autora constitui o chamado *pedido imediato.* Já o pedido *mediato* consiste no bem da vida perseguido; no que o autor pretende, efetivamente, auferir com o resultado final da demanda. Em sua petição inicial, o autor deve formular tanto o pedido *imediato* como o *mediato.*

**37. O valor da causa.** É obrigatória a indicação de valor à causa. A toda causa deve ser atribuído um valor (art. 291). Ainda que a causa não tenha conteúdo econômico, deve ser-lhe atribuído um valor. É possível que o conteúdo econômico real e imediato da pretensão não seja imediatamente aferível ou seja de valor inestimável, não podendo ser precisamente quantificado. Mesmo nesses casos, deve haver valor atribuído à causa. O valor da causa deve ser fixado de acordo com os critérios estabelecidos no art. 292.

**38. Relevância do valor da causa.** O valor da causa é relevante, por ter diversas finalidades, desempenhando, assim, variadas funções no processo. Há competências que são definidas pelo valor da causa; é possível que haja foros regionais, com competência estabelecida em razão do valor da causa. Os Juizados Especiais Cíveis são competentes para as causas de até quarenta salários mínimos (Lei 9.099/1995, art. 3º, I). Por sua vez, os Juizados Especiais Federais (Lei 10.259/2001, art. 3º) e os da Fazenda Pública (Lei 12.153/2009, art. 2º) são competentes para processar, conciliar e julgar as causas de até sessenta salários mínimos. Ainda no âmbito dos Juizados Especiais Cíveis estaduais, o valor da causa é relevante para dispensar ou não a presença de advogado. Nas causas de até vinte salários mí-

nimos, a parte detém capacidade postulatória, não precisando ser representadas por advogados (Lei 9.099/1995, art. 9º). A presença do advogado somente é obrigatória nas causas acima de vinte salários mínimos. Nas execuções fiscais de pequeno valor não cabe apelação. O valor da causa é relevante, portanto, para verificar se cabe ou não o recurso. O valor da causa serve de base de cálculo da taxa judiciária e das custas iniciais da distribuição. De igual modo, o valor da causa serve de base de cálculo e de limite para multas impostas pelo órgão jurisdicional, seja em razão da litigância de má-fé (arts. 81, 702, §§ 10 e 11, 1.026, §§ 2º e 3º), seja por haver ato atentatório à dignidade da jurisdição (arts. 77, § 2º, 334, § 8º), seja por descumprimento pelo perito do seu encargo (art. 468, § 1º), seja por reconhecimento unânime da manifesta inadmissibilidade ou da improcedência do agravo interno (art. 1.021, § 4º). Quando o valor da causa for irrisório, a multa por litigância de má-fé (art. 81, § 2º) e a multa por atentado à dignidade da justiça (art. 77, § 5º) serão fixadas em até 10 vezes o valor do salário mínimo. Destina-se, ainda, o valor da causa a ser fator determinação na fixação dos honorários de advogado. Não sendo possível mensurar o conteúdo econômico da demanda, o valor da causa será a base de cálculo para fixação dos honorários (art. 85, § 2º, § 4º, III, e § 5º). Quando o valor da causa for muito baixo ou irrisório, o juiz deve fixar os honorários por equidade (art. 85, § 8º). Na substituição do réu ilegítimo pelo réu legítimo, o valor da causa há de ser utilizado como base de cálculo para fixação dos honorários de advogado (art. 338, parágrafo único). O valor da causa também serve de parâmetro para o depósito da prévio da ação rescisória. O autor da ação rescisória deve, entre outros requisitos, comprovar a realização de depósito em quantia equivalente a cinco por cento do valor da causa (art. 968, II).

**39. As provas com que o autor pretende demonstrar a verdade dos fatos alegados.** Em razão do princípio da boa-fé (art. 6º), e para evitar surpresas, é importante que o autor já anuncie de que provas dispõe e quais pretende produzir. Quanto à prova documental, não basta que o autor indique sua pretensão de produzi-la; já deve juntar os documentos de que disponha, pois lhe incumbe instruir a petição inicial com os documentos destinados a provar suas alegações (art. 434). A prova documental é produzida pelo autor já com a petição inicial. Cabe ao autor, já na petição inicial, indicar quais provas pretende produzir, mantendo transparência, lealdade e boa-fé (arts. 5º e 6º), ainda que se tornem

565

## Art. 320 — CÓDIGO DE PROCESSO CIVIL COMENTADO – *Leonardo Carneiro da Cunha*

desnecessárias ou não venham a ser produzidas. O autor já deve anunciar que provas pretende produzir no processo; se não forem necessárias ou se resolver delas abrir mão, não serão produzidas, mas o anúncio prévio, feito na petição inicial, garante transparência e lealdade.

**40. A opção do autor pela realização ou não de audiência de conciliação ou de mediação.** A petição inicial deve indicar "a opção do autor pela realização ou não de audiência de conciliação ou de mediação". Rigorosamente, o requisito da petição inicial é dizer que não quer a audiência; dizer que quer não é requisito da petição inicial. Não é preciso que o autor diga expressamente que deseja a realização da audiência. Se o autor quer a audiência, nada precisa dizer; cabe-lhe manifestar-se apenas se não quiser a realização da audiência. O procedimento comum foi estruturado de modo a ter, como parte dele integrante, a audiência de tentativa de autocomposição. Ela apenas não ocorrerá se o direito em disputa não comportar autocomposição ou se ambas as partes manifestarem, *expressamente,* desinteresse na obtenção de solução consensual (art. 334, § 4º). O autor deverá indicar, na petição inicial, seu desinteresse na autocomposição, e o réu deverá fazê-lo, por petição, apresentada com dez dias de antecedência, contados da data da audiência (art. 334, § 5º). Não é necessário, portanto, que o autor manifeste interesse expresso. É preciso, isto sim, que manifeste *desinteresse* expresso. Cabe ao autor inserir na petição inicial sua opção pela *não realização* da audiência; se nada diz, o juiz deverá designá-la. O silêncio do autor quanto à realização ou não da audiência não implica necessidade de ser determinada a emenda da petição inicial, nem deve ser motivo para seu indeferimento.

**41. Discriminação, nas ações de revisão contratual, das obrigações sobre as quais se pretende controverter e do valor incontroverso.** Na ação que tenha por objeto a revisão de obrigação decorrente de empréstimo, de financiamento ou de alienação de bens, o autor deve, em sua petição inicial, discriminar as obrigações que pretende controverter, além de quantificar o valor incontroverso do débito. Se a petição inicial, em tais demandas, não contiver esse requisito, será inepta (art. 330, § 2º), devendo o juiz determinar a intimação do autor para corrigi-la (art. 321), sob pena de indeferimento. O § 2º do art. 330 concretiza o princípio da boa-fé e, igualmente, o da cooperação. Não basta que o autor diga que a obrigação precisa ser revista; é preciso indicar exatamente o que precisa ser revisto e quantificar a parte incontroversa, a respeito da qual não há discussão. Com isso, haverá seriedade na postulação, com demonstração de lealdade, boa-fé e cooperação, facilitando a defesa e permitindo que o processo seja mais ágil e se tenha uma discussão concentrada no que de fato é controvertido e precisa ser revisado. É por isso que o § 3º do art. 330 exige que o valor incontroverso das sucessivas prestações periódicas que se vencerem ao longo do procedimento seja adimplido no tempo e modo contratados. Se o autor pretende discutir uma parte do negócio, há uma outra parte que é incontroversa e deve continuar a ser cumprida. Cabe-lhe, portanto, indicar e identificar isso na petição inicial, mantendo a postura correta e leal de prosseguir no cumprimento da parte incontroversa.

**42. Postulação em causa própria.** Se o autor estiver postulando em causa própria, a petição inicial deve conter ainda um outro requisito, que é o seu endereço profissional, seu número de inscrição na OAB e, se for o caso, o nome da sociedade de advogados que integra, a fim de viabilizar as intimações (arts. 77, V, e 106). Não cumprida a exigência, o juiz determinará a intimação do autor para que apresente tais informações, sob pena de indeferimento da petição inicial (art. 106, § 1º). Qualquer modificação no seu endereço deve ser comunicada ao juiz pelo autor, sendo válidas, se não houver tal comunicação, as intimações encaminhadas ao endereço indicado na petição inicial (art. 106, § 2º).

---

**Art. 320.** A petição inicial será instruída com os documentos indispensáveis à propositura da ação.

▶ **1. Correspondência no CPC/1973.** *"Art. 283. A petição inicial será instruída com os documentos indispensáveis à propositura da ação."*

## ⚖ JURISPRUDÊNCIA, ENUNCIADOS E SÚMULAS SELECIONADOS

● **2. Tema/Repetitivo 629 do STJ.** *"A ausência de conteúdo probatório eficaz a instruir a inicial, conforme determina o art. 283 do CPC [de 1973], implica a carência de pressuposto de constituição e desenvolvimento válido do processo, impondo sua extinção sem o julgamento do mérito (art. 267, IV do CPC [de 1973]) e a consequente possibilidade de o autor intentar novamente a ação (art. 268 do CPC [de 1973]), caso reúna os elementos necessários à tal iniciativa."*

**LIVRO I** · DO PROCESSO DE CONHECIMENTO E DO CUMPRIMENTO DE SENTENÇA **Art. 321**

- **3.** **Enunciado 283 do FPPC.** *"Aplicam-se os arts. 319, § 1º, 396 e 404 também quando o autor não dispuser de documentos indispensáveis à propositura da ação."*
- **4.** **Enunciado 116 do FNPP.** *"Salvo justo motivo, quando a impugnação do crédito tributário for parcial, é inepta a petição inicial da ação anulatória em que o contribuinte não quantifica o valor impugnado."*
- **5.** **Enunciado 126 do FONAJE.** *"Em execução eletrônica de título extrajudicial, o título de crédito será digitalizado e o original apresentado até a sessão de conciliação ou prazo assinado, a fim de ser carimbado ou retido pela secretaria."*

### 🗐 COMENTÁRIOS TEMÁTICOS

**6.** **Documentos indispensáveis à propositura da ação.** Além de atender aos requisitos do art. 319, a petição inicial deve vir instruída com os documentos indispensáveis à propositura da ação. A petição inicial deve vir acompanhada, não somente dos documentos indispensáveis à propositura da demanda, mas também dos demais documentos a serem apresentados pelo autor. A prova documental deve ser produzida pelo autor com sua petição inicial (art. 434). É possível, todavia, produzir prova documental em momento posterior (art. 435). *Documentos indispensáveis* são tanto os que a lei expressamente exige para que se proponha a demanda (certidão de óbito, na ação de inventário e partilha; título executivo, na execução; prova escrita, na ação monitória) como os mencionados na petição inicial que comprovem os fatos que fundamentam o pedido formulado (contrato de locação, numa ação de despejo). Aos primeiros dá-se o nome de *documentos substanciais*, chamando-se os segundos de *documentos fundamentais*. Se o autor não dispuser dos documentos indispensáveis à propositura da demanda, pode pedir ao juiz que determine diligências necessárias à sua obtenção. O dever de auxílio (art. 319, § 1º) aplica-se igualmente aos documentos indispensáveis (art. 320).

**7.** **Cópia da petição inicial.** Além dos documentos indispensáveis à propositura da ação, cabe ao autor, nos casos em que a citação deva realizar-se pelo correio ou por oficial de justiça, apresentar cópia da petição inicial. A citação comunica ao réu o conteúdo da pretensão do autor. Por isso, a carta de citação deve se fazer acompanhar de cópia da petição inicial (art. 248). De igual modo, o mandado de citação deve conter cópia da petição inicial (art. 250, V). Nas ações de família, a citação restringe-se a convocar o réu para vir a juízo, não lhe comunicando o conteúdo da pretensão. Não há, em tais demandas, necessidade de o autor apresentar cópia da petição inicial. Isso porque o § 1º do art. 695 determina que o mandado de citação conterá apenas os dados necessários à audiência, não sendo instruído com cópia da petição inicial. O réu, nas ações de família, deve ser citado, sem receber cópia da petição inicial. Será apenas informado de que há uma audiência à qual deve comparecer. Somente depois é que o réu tomará conhecimento do conteúdo da pretensão do autor.

> **Art. 321.** O juiz, ao verificar que a petição inicial não preenche os requisitos dos arts. 319 e 320 ou que apresenta defeitos e irregularidades capazes de dificultar o julgamento de mérito, determinará que o autor, no prazo de 15 (quinze) dias, a emende ou a complete, indicando com precisão o que deve ser corrigido ou completado.
>
> Parágrafo único. Se o autor não cumprir a diligência, o juiz indeferirá a petição inicial.

▶ **1.** **Correspondência no CPC/1973.** *"Art. 284. Verificando o juiz que a petição inicial não preenche os requisitos exigidos nos arts. 282 e 283, ou que apresenta defeitos e irregularidades capazes de dificultar o julgamento de mérito, determinará que o autor a emende, ou a complete, no prazo de 10 (dez) dias. Parágrafo único. Se o autor não cumprir a diligência, o juiz indeferirá a petição inicial."*

### ⚖ JURISPRUDÊNCIA, ENUNCIADOS E SÚMULAS SELECIONADOS

- **2.** **Tema/Repetitivo 321 do STJ.** *"O prazo do art. 284 do Código de Processo Civil [de 1973] não é peremptório, mas dilatório, ou seja, pode ser reduzido ou ampliado por convenção das partes ou por determinação do juiz."*
- **3.** **Tema/Repetitivo 474 do STJ.** *"A petição inicial da ação monitória para cobrança de soma em dinheiro deve ser instruída com demonstrativo de débito atualizado até a data do ajuizamento, assegurando-se, na sua ausência ou insuficiência, o direito da parte de supri-la, nos termos do art. 284 do CPC [de 1973]."*
- **4.** **Tema/Repetitivo 702 do STJ.** *"A mera decretação da quebra não implica extinção da personalidade jurídica do estabelecimento empresarial. Ademais, a massa falida tem exclu-*

sivamente personalidade judiciária, sucedendo a empresa em todos os seus direitos e obrigações. Em consequência, o ajuizamento contra a pessoa jurídica, nessas condições, constitui mera irregularidade, sanável nos termos do art. 284 do CPC [de 1973] e do art. 2º, § 8º, da Lei 6.830/1980."

- **5. Tema/Repetitivo 703 do STJ.** *"O entendimento de que o ajuizamento contra a pessoa jurídica cuja falência foi decretada antes do ajuizamento da referida execução fiscal constitui mera irregularidade, sanável nos termos do art. 284 do CPC [de 1973] e do art. 2º, § 8º, da Lei 6.830/1980 não viola a orientação fixada pela Súmula 392 do Superior Tribunal Justiça, mas tão somente insere o equívoco ora debatido na extensão do que se pode compreender por 'erro material ou formal', e não como 'modificação do sujeito passivo da execução', expressões essas empregadas pelo referido precedente sumular."*

- **6. Súmula 392, STJ.** *"A Fazenda Pública pode substituir a certidão de dívida ativa (CDA) até a prolação da sentença de embargos, quando se tratar de correção de erro material ou formal, vedada a modificação do sujeito passivo da execução."*

- **7. Súmula TST, 415.** *"Exigindo o mandado de segurança prova documental pré-constituída, inaplicável o art. 321 do CPC de 2015 (art. 284 do CPC de 1973) quando verificada, na petição inicial do 'mandamus', a ausência de documento indispensável ou de sua autenticação."*

- **8. Enunciado 284 do FPPC.** *"Aplica-se à ação rescisória o disposto no art. 321, ainda que o vício seja a indicação incorreta da decisão rescindenda."*

- **9. Enunciado 292 do FPPC.** *"Antes de indeferir a petição inicial, o juiz deve aplicar o disposto no art. 321."*

- **10. Enunciado 296 do FPPC.** *"Verificando liminarmente a ilegitimidade passiva, o juiz facultará ao autor a alteração da petição inicial, para substituição do réu sem ônus sucumbenciais."*

- **11. Enunciado 425 do FPPC.** *"Ocorrendo simultaneamente as hipóteses dos art. 106, § 1º, e art. 321, caput, o prazo de emenda será único e de quinze dias."*

- **12. Enunciado 120 da II Jornada-CJF.** *"Deve o juiz determinar a emenda também na reconvenção, possibilitando ao reconvinte, a fim de evitar a sua rejeição prematura, corrigir defeitos e/ou irregularidades."*

## ▣ COMENTÁRIOS TEMÁTICOS

**13. Princípio da primazia do julgamento do mérito.** Em razão de tal princípio da primazia do julgamento do mérito (art. 4º), o juiz deve, sempre que possível, superar os vícios, estimulando, viabilizando e permitindo sua correção ou sanação, a fim de que possa efetivamente examinar o mérito e resolver o conflito posto pelas partes. Várias regras processuais concretizam a aplicação do princípio da cooperação, entre as quais as que exigem o atendimento de deveres pelas partes e, igualmente, pelo juiz. Um dos deveres que se atribui ao juiz é o de *prevenção*, consistente no convite ao aperfeiçoamento pelas partes de suas petições ou alegações. O juiz deve prevenir as partes de eventuais vícios, defeitos, incorreções para que sejam sanados, a fim de possibilitar o exame do mérito e a solução da disputa posta ao seu crivo. Há várias disposições espalhadas pelo CPC que consistem em concretização do princípio da precedência do julgamento do mérito. O juiz deve aplicá-las, a fim de viabilizar, tanto quanto possível, o exame do mérito, concretizando o dever de prevenção, decorrente do princípio da cooperação. Entre tais disposições, destaca-se exatamente a do art. 321 que determina seja ordenada a intimação do autor para emendar a petição inicial, corrigindo-lhe os defeitos e evitando-se, assim, o se indeferimento.

**14. Obrigatoriedade de intimação do autor para emendar a petição inicial.** *"A jurisprudência desta Corte entende que a extinção do processo em decorrência da ausência dos requisitos exigidos nos arts. 282 e 283 do CPC/1973, com correspondência nos arts. 319 e 320 do CPC/2015, somente é possível após a abertura de prazo para que o autor emende a inicial"* (STJ, 2ª Seção, AR 5.780/GO, rel. Min. Ricardo Villas Bôas Cueva, DJe 30.6.2021).

**15. Princípio da cooperação e os deveres de cooperação (mais propriamente os de esclarecimento e prevenção).** O princípio da cooperação estabelece como o processo civil deve estruturar-se no sistema brasileiro, impondo deveres de condutas para todos os sujeitos processuais. As partes têm direitos, faculdades e ônus, mas também têm deveres a serem cumpridos. O juiz tem poderes processuais, mas também deveres, que o fazem sujeito do contraditório. Os deveres de cooperação podem ser divididos em deveres de *esclarecimento, lealdade* e de *proteção* ou em deveres de esclarecimento, prevenção, consulta e auxílio. O dever de esclarecimento aplica-se às partes (a petição inicial deve ser coerente e conter

# LIVRO I · DO PROCESSO DE CONHECIMENTO E DO CUMPRIMENTO DE SENTENÇA — Art. 321

clareza, sob pena de inépcia – art. 330, § 1º, I, II, III e IV), bem como ao órgão jurisdicional, que deve esclarecer-se junto das partes a respeito das dúvidas que tenha sobre suas alegações, pedidos ou posições em juízo, com o objetivo de evitar decisões apressadas que se baseiem em premissas falsas ou equivocadas. O juiz não deve apenas esclarecer-se junto das partes, tendo também o dever de esclarecer seus pronunciamentos para as partes, dever esse que se relaciona com um outro dever: o de fundamentar suas decisões. Enfim, o órgão jurisdicional tem o dever de se esclarecer junto das partes e estas têm o dever de o esclarecer. O *dever de esclarecimento* é recíproco. Já o dever de prevenção consiste no convite, feito pelo juiz ou tribunal, ao aperfeiçoamento pelas partes de suas petições ou alegações. Não se trata de um dever recíproco. É um dever do órgão jurisdicional para com as partes.

**16. Cumprimento do dever de esclarecimento pelo autor.** O autor deve apresentar petição que esclareça os elementos da demanda, explicando quem são as partes, qual a causa de pedir e formulando pedido certo, ou seja, expresso. O autor deve cumprir com o dever de esclarecimento, a fim de que o juiz e o réu compreendam sua postulação: aquele para poder julgar adequadamente e este último para poder exercer o contraditório e a ampla defesa. A petição inicial deve preencher os requisitos previstos no art. 319.

**17. Emenda ou complementação da petição inicial.** Se faltar clareza na petição inicial ou se estiver ausente um de seus requisitos, o juiz deverá mandar intimar o autor para que a emende ou complemente.

**18. Hipótese do inciso VII do art. 319.** A falta do preenchimento do requisito contido no inciso VII do art. 319 não constitui motivo para se determinar a emenda da petição inicial, nem deve acarretar seu indeferimento. O autor não precisa indicar que pretende a realização da audiência de conciliação ou mediação. Só precisa indicar seu *desinteresse*. Caso nada diga, o juiz deve interpretar o silêncio como aquiescência à sua realização.

**19. Cumprimento dos deveres de esclarecimento e prevenção pelo juiz.** Em razão da aplicação do princípio da cooperação, o juiz, ao determinar a emenda ou complementação da petição inicial, deve cumprir com os deveres de esclarecimento e prevenção. Por isso, o juiz, ao determinar a emenda ou complementação da petição inicial, deve indicar "com precisão o que deve ser corrigido ou completado" (art. 321). Não basta que o juiz diga "emende o autor

a petição inicial". É preciso que esclareça exatamente o que precisa ser emendado ou complementado. Cumpre-lhe o dever de esclarecimento, decorrente do princípio da cooperação. Tal dever decorre, igualmente, da necessidade de fundamentação das decisões judiciais. Se tal dever não for cumprido, não será válida a decisão que indefira a petição inicial. Além do dever de esclarecimento, cabe ao juiz cumprir com o dever de prevenção. Não basta determinar a emenda da petição inicial e indicar com precisão o que deve ser corrigido ou completado. É preciso, ainda, *prevenir* o autor, alertando-o dos riscos da ausência de emenda ou de complemento da petição inicial. O juiz deve, então, prevenir e advertir o autor de que, não havendo a emenda ou o complemento, a petição inicial será indeferida e o processo será, então, extinto.

**20. Prazo para emenda ou complementação da petição inicial.** A petição inicial deve ser emendada ou complementada no prazo de 15 dias. Na contagem de tal prazo, computam-se apenas os dias úteis (art. 219).

**21. Prazos diferentes: unificação ou ampliação.** É possível que o juiz determine ao autor, advogado em causa própria, que complemente sua petição inicial para atender à exigência prevista no inciso I do art. 106. Quando postular em causa própria, incumbe ao advogado declarar, na petição inicial, o endereço, seu número de inscrição na OAB e o nome da sociedade de advogados da qual participa, para o recebimento de intimações. Se não for cumprida essa exigência, deverá ser intimado o autor para emendar a petição inicial no prazo de 5 dias (art. 106, § 1º). Há, então, prazos diversos para a emenda da petição inicial. Em geral, o prazo é de 15 dias, mas, na hipótese do desatendimento ao inciso I do art. 106, será de 5 dias. É possível que ocorra simultaneamente as hipóteses do § 1º do art. 106 e do art. 321, ou seja, é possível que o autor, advogado em causa própria, não tenha atendido ao comando do inciso I do art. 106, bem como haja algum outro defeito em sua petição inicial. Nesse caso, há 2 emendas a serem feitas: uma no prazo de 5 dias e outra, no de 15 dias. Para melhor eficiência e gestão do processo, em situações como essa, é razoável entender que o prazo é único e de 15 dias. O juiz deve, nessa hipótese, determinar o cumprimento das exigências em prazo único de 15 dias. Também é possível que amplie esse prazo, caso se revele, no caso concreto, insuficiente. Ao juiz é conferido o poder de dilatar os prazos processuais, adequando-os às necessidades do conflito de modo a conferir maior efetividade à tutela do direito (art. 139, VI).

**22. Prazo não peremptório.** O prazo para a emenda ou complementação da petição inicial é considerado, tradicionalmente, não peremptório, podendo ser flexibilizado pelo juiz. Se, determinada a emenda ou complementação da petição inicial, o autor não a realizou adequadamente ou o juiz veio a detectar imperfeição até então não observada, deve haver nova determinação de emenda ou complementação, tudo com a finalidade de se alcançar o julgamento de mérito, em obediência ao princípio da primazia do julgamento de mérito.

**23. Conduta desidiosa.** *"1. O prazo do art. 284 do Código de Processo Civil [de 1973] não é peremptório, mas dilatório, ou seja, pode ser reduzido ou ampliado por convenção das partes ou por determinação do juiz (...). 2. No presente caso, entretanto, tendo em vista a concessão de várias oportunidades para a regularização da petição inicial e a ausência de justificativa plausível para o não atendimento da ordem judicial, restou configurada" a conduta desidiosa e omissiva dos recorrentes"* (STJ, 3ª Turma, AgInt no REsp 1.487.532/SP, rel. Min. Paulo de Tarso Sanseverino, *DJe* 14.3.2017).

**24. Aplicação do dispositivo a todos os tipos de procedimento.** A regra que determina a emenda ou o complemento da petição inicial aplica-se a todo tipo de processo ou procedimento. Ainda que não houvesse o disposto no art. 321, deveria o juiz determinar a intimação do autor para emendar ou complementar a petição inicial, em razão dos princípios da primazia do julgamento do mérito, da cooperação, do contraditório e da eficiência. No processo de execução, o art. 801 determina expressamente que, estando incompleta a petição inicial ou não acompanhada dos documentos indispensáveis à sua propositura, o juiz determinará que o exequente a emende ou corrija no prazo de 15 dias, sob pena de indeferimento. Ainda que não houvesse tal dispositivo, a regra haveria de ser aplicada pelo juiz.

**25. Emenda da petição inicial e interrupção da prescrição.** *"Nos termos da jurisprudência desta Corte, se a petição inicial não preenche os requisitos do art. 282 do CPC/1973 (correspondente ao 319 do CPC/2015), deve-se considerar a data da emenda à petição inicial para os efeitos de retroação da citação, pois este é o momento em que a ação passou a reunir condições de procedibilidade"* (STJ, 3ª Turma, AgInt nos EDcl no AgInt no AREsp 1.137.266/SP, rel. Min. Marco Aurélio Bellizze, *DJe* 22.10.2019).

**26. Emenda ou complementação da petição inicial após a citação.** Em virtude do princípio da primazia do julgamento do mérito, o juiz deve evitar extinguir o processo sem resolução do mérito e viabilizar a eliminação de vícios e a correção de irregularidades. Assim, constatada irregularidade na petição inicial somente depois da citação ou em fase mais adiantada, deve haver oportunidade de regularização, emenda ou complementação. Isso, aliás, decorre também do art. 317, segundo o qual "antes de proferir decisão sem resolução de mérito, o juiz deverá conceder à parte oportunidade para, se possível, corrigir o vício".

**27. Indeferimento imediato da petição inicial.** Estando a petição inicial defeituosa ou havendo algum vício sanável, o juiz não deve indeferir imediatamente a petição inicial. Cumpre-lhe, antes, conferir oportunidade ao autor para que possa emendá-la ou complementá-la. Ao juiz cabe aplicar o direito ao caso concreto, mas se lhe impõe, antes de promover tal aplicação, *consultar* previamente as partes, colhendo suas manifestações a respeito do assunto, evitando decisão-surpresa e a interposição de recursos desnecessários.

**28. Emenda à inicial após o oferecimento de contestação.** *"Segundo a jurisprudência desta Corte, em homenagem aos princípios da efetividade do processo, da economia processual e da instrumentalidade das formas, é admissível a emenda à petição inicial para a modificação das partes, sem alteração do pedido ou da causa de pedir, mesmo após a contestação do réu"* (STJ, 3ª Turma, REsp 1.826.537/MT, rel. Min. Nancy Andrighi, *DJe* 14.5.2021).

## Seção II
## Do Pedido

**Art. 322.** O pedido deve ser certo.

§ 1º Compreendem-se no principal os juros legais, a correção monetária e as verbas de sucumbência, inclusive os honorários advocatícios.

§ 2º A interpretação do pedido considerará o conjunto da postulação e observará o princípio da boa-fé.

▶ **1. Correspondência no CPC/1973.** *"Art. 286. O pedido deve ser certo ou determinado. É lícito, porém, formular pedido genérico: (...)." "Art. 293. Os pedidos são interpretados restritivamente, compreendendo-se, entretanto, no principal os juros legais."*

**LIVRO I · DO PROCESSO DE CONHECIMENTO E DO CUMPRIMENTO DE SENTENÇA** — **Art. 322**

## 🖽 Legislação Correlata

**2. CC, art. 389.** *"Art. 389. Não cumprida a obrigação, responde o devedor por perdas e danos, mais juros, atualização monetária e honorários de advogado. Parágrafo único. Na hipótese de o índice de atualização monetária não ter sido convencionado ou não estar previsto em lei específica, será aplicada a variação do Índice Nacional de Preços ao Consumidor Amplo (IPCA), apurado e divulgado pela Fundação Instituto Brasileiro de Geografia e Estatística (IBGE), ou do índice que vier a substituí-lo."*

**3. CC, art. 406.** *"Art. 406. Quando não forem convencionados, ou quando o forem sem taxa estipulada, ou quando provierem de determinação da lei, os juros serão fixados de acordo com a taxa legal. § 1º A taxa legal corresponderá à taxa referencial do Sistema Especial de Liquidação e de Custódia (Selic), deduzido o índice de atualização monetária de que trata o parágrafo único do art. 389 deste Código. § 2º A metodologia de cálculo da taxa legal e sua forma de aplicação serão definidas pelo Conselho Monetário Nacional e divulgadas pelo Banco Central do Brasil. § 3º Caso a taxa legal apresente resultado negativo, este será considerado igual a 0 (zero) para efeito de cálculo dos juros no período de referência."*

## ⚖ Jurisprudência, Enunciados e Súmulas Selecionados

- **4. Súmula STF, 254.** *"Incluem-se os juros moratórios na liquidação, embora omisso o pedido inicial ou a condenação."*
- **5. Tema/Repetitivo 4 do STJ.** *"O art. 1º-F, da Lei 9.494/97, que fixa os juros moratórios nas ações ajuizadas contra a Fazenda Pública no patamar de 6%, é de ser aplicado tão somente às demandas ajuizadas após a sua entrada em vigor."*
- **6. Tema/Repetitivo 112 do STJ.** *"A taxa de juros moratórios a que se refere o art. 406 do CC/2002 é a taxa referencial do Sistema Especial de Liquidação e Custódia – SELIC."*
- **7. Tema/Repetitivo 235 do STJ.** *"A correção monetária é matéria de ordem pública, integrando o pedido de forma implícita, razão pela qual sua inclusão ex officio, pelo juiz ou tribunal, não caracteriza julgamento extra ou ultra petita, hipótese em que prescindível o princípio da congruência entre o pedido e a decisão judicial."*
- **8. Tema/Repetitivo 359 do STJ.** *"A fixação de percentual relativo aos juros moratórios, após a edição da Lei 9.250/95, em decisão que tran-*

*sitou em julgado, impede a inclusão da Taxa SELIC em fase de liquidação de sentença, sob pena de violação ao instituto da coisa julgada, porquanto a referida taxa engloba juros e correção monetária, não podendo ser cumulada com qualquer outro índice de atualização."*

- **9. Tema/Repetitivo 369 do STJ.** *"A correção monetária dos depósitos judiciais deve incluir os expurgos inflacionários."*
- **10. Tema/Repetitivo 623 do STJ.** *"A discussão quanto à aplicação dos juros e correção monetária nos depósitos judiciais independe de ação específica contra o banco depositário."*
- **11. Tema/Repetitivo 942 do STJ.** *"Em qualquer ação utilizada pelo portador para cobrança de cheque, a correção monetária incide a partir da data de emissão estampada na cártula, e os juros de mora a contar da primeira apresentação à instituição financeira sacada ou câmara de compensação."*
- **12. Súmula TST, 200.** *"Os juros de mora incidem sobre a importância da condenação já corrigida monetariamente."*
- **13. Súmula TST, 211.** *"Os juros de mora e a correção monetária incluem-se na liquidação, ainda que omisso o pedido inicial ou a condenação."*
- **14. Súmula TST, 304.** *"Os débitos trabalhistas das entidades submetidas aos regimes de intervenção ou liquidação extrajudicial estão sujeitos a correção monetária desde o respectivo vencimento até seu efetivo pagamento, sem interrupção ou suspensão, não incidindo, entretanto, sobre tais débitos, juros de mora."*
- **15. Súmula TST, 311.** *"O cálculo da correção monetária incidente sobre débitos relativos a benefícios previdenciários devidos a dependentes de ex-empregado pelo empregador, ou por entidade de previdência privada a ele vinculada, será o previsto na Lei nº 6.899, de 08.04.1981"*
- **16. Súmula TST, 439.** *"Nas condenações por dano moral, a atualização monetária é devida a partir da data da decisão de arbitramento ou de alteração do valor. Os juros incidem desde o ajuizamento da ação, nos termos do art. 883 da CLT."*
- **17. Enunciado 285 do FPPC.** *"A interpretação do pedido e dos atos postulatórios em geral deve levar em consideração a vontade da parte, aplicando-se o art. 112 do Código Civil".*
- **18. Enunciado 286 do FPPC.** *"Aplica-se o § 2º do art. 322 à interpretação de todos os atos postulatórios, inclusive da contestação e do recurso."*

571

## Art. 322    CÓDIGO DE PROCESSO CIVIL COMENTADO – *Leonardo Carneiro da Cunha*

- **19. Enunciado 378 do FPPC.** *"A boa-fé processual orienta a interpretação da postulação e da sentença, permite a reprimenda do abuso de direito processual e das condutas dolosas de todos os sujeitos processuais e veda seus comportamentos contraditórios."*
- **20. Enunciado 116 do FNPP.** *"Salvo justo motivo, quando a impugnação do crédito tributário for parcial, é inepta a petição inicial da ação anulatória em que o contribuinte não quantifica o valor impugnado."*

### ▣ COMENTÁRIOS TEMÁTICOS

**21. Norma sobre interpretação.** O art. 322 contém uma norma sobre interpretação. Não é incomum que a autoridade normativa assuma a tarefa de designar diretivas legais que forneçam um roteiro técnico-interpretativo para os aplicadores da norma. O dispositivo enuncia que o pedido deve ser certo e sua interpretação há de considerar o conjunto da postulação, observando-se o princípio da boa-fé. Em outras palavras, o pedido há de ser expresso, sendo vedados pedidos implícitos, salvo as exceções contidas no seu § 1º e em outros dispositivos legais.

**22. A interpretação dos atos processuais.** O processo é formado por um conjunto de atos jurídicos relacionados entre si, cujo objetivo é comum: a obtenção da prestação jurisdicional. Os atos processuais, como os atos jurídicos em geral, constituem manifestações de vontade ou atos de comunicação e, desse modo, estão sujeitos à interpretação. Há dispositivos legais que estabelecem como se deve interpretar alguns dos atos processuais. O § 2º do art. 322 dispõe que a interpretação do pedido considerará o conjunto da postulação e observará o princípio da boa-fé. Os arts. 112 e 113 do CC devem ser aplicados na interpretação dos atos processuais. Os atos processuais devem ser interpretados de acordo com a vontade, a intenção, a boa-fé, os usos e costumes locais.

**23. Interpretação do pedido.** O pedido não é somente aquele que está expressamente redigido na parte final da petição inicial, devendo ser considerado também o que consta do conjunto da postulação, pois a interpretação da petição inicial deve atender ao método lógico-sistemático. É relevante, portanto, considerar o conjunto da causa de pedir e do pedido na interpretação da pretensão da parte autora. O pedido há de ser, inicialmente, interpretado pelo que está expressamente formulado, mas também deve ser interpretado de acordo com o conjunto da postulação. A causa de pedir é, portanto, elemento relevante para a correta interpretação da postulação. Isso porque a causa de pedir constitui fundamento do pedido; a causa de pedir compõe-se da afirmação do direito material invocado pelo autor, sendo o pedido o efeito jurídico decorrente daquele direito. É preciso, então, interpretar o pedido, de acordo com sua causa de pedir. Se o pedido não está tão explícito, mas o réu o compreendeu e pôde contestá-lo, há de ser considerado. A interpretação do pedido deve observar o comportamento das partes, a defesa do réu e a boa-fé. Se não se pode compreender determinado pedido, não deve ser considerado. A manifestação do réu é, enfim, um elemento importante na interpretação do pedido. A vontade do autor deve ser investigada, sendo relevante para a interpretação do pedido. Assim, e para facilitar a compreensão e interpretação do pedido, o juiz deve determinar a intimação do autor para que este esclareça melhor o conteúdo e a extensão de sua postulação.

**24. Pedido implícito.** O pedido deve ser certo, ou seja, há de ser expresso. Tal exigência tem por finalidade limitar a atividade do juiz, impedindo-o de julgar fora, além ou aquém do pedido, e de garantir o contraditório, apresentando-se ao réu exatamente o que está sendo contra ele postulado. Em outras palavras, não se admite pedido implícito. Há, contudo, pedidos implícitos: (a) juros legais, correção monetária e as verbas de sucumbência, inclusive os honorários de advogado (art. 322, § 1º); (b) as prestações periódicas (art. 323); (d) a multa cominatória (*astreintes*) e demais medidas coercitivas ou punitivas (arts. 139, IV, 536 e 537); (e) alimentos na ação de investigação de paternidade (Lei 8.560/1992, art. 7º); (f) alimentos provisórios na ação de alimentos (Lei 5.478/1968, art. 4º). Fora dessas hipóteses, cabe ao autor formular seu pedido, fixando os limites da postulação (art. 141), pelo que não pode o juiz desbordar de tais limites (art. 492), sob pena, inclusive, de causar prejuízo à defesa do réu, que poderia ser surpreendido com uma decisão surpresa que reconheça algo não requerido ou não pretendido. Enfim, não se permite que o juiz profira sentença *extra petita*, nem *ultra petita*, nem *citra petita*.

**25. Juros e correção monetária como pedidos implícitos.** *"(...) a correção monetária e os juros de mora são consectários legais da condenação principal, possuem natureza de ordem pública e podem ser analisados até mesmo de ofício, de modo que sua aplicação ou alteração, bem como a modificação de seu termo inicial, não configura julgamento* extra petita *nem* reformatio in pejus*"* (STJ, 3ª Turma, AgInt no AgInt no AREsp

**LIVRO I ·** DO PROCESSO DE CONHECIMENTO E DO CUMPRIMENTO DE SENTENÇA · **Art. 323**

1.379.692/SP, rel. Min. Marco Aurélio Bellizze, *DJe* 05.12.2019).

> **Art. 323.** Na ação que tiver por objeto cumprimento de obrigação em prestações sucessivas, essas serão consideradas incluídas no pedido, independentemente de declaração expressa do autor, e serão incluídas na condenação, enquanto durar a obrigação, se o devedor, no curso do processo, deixar de pagá-las ou de consigná-las.

▶ **1. Correspondência no CPC/1973.** *"Art. 290. Quando a obrigação consistir em prestações periódicas, considerar-se-ão elas incluídas no pedido, independentemente de declaração expressa do autor; se o devedor, no curso do processo, deixar de pagá-las ou de consigná-las, a sentença as incluirá na condenação, enquanto durar a obrigação."*

⚖ **Jurisprudência, Enunciados e Súmulas Selecionados**

- **2. Enunciado 505 do FPPC.** *"Na ação de despejo cumulada com cobrança, julgados procedentes ambos os pedidos, são passíveis de execução, além das parcelas vencidas indicadas na petição inicial, as que se tornaram exigíveis entre a data de propositura da ação e a efetiva desocupação do imóvel locado."*
- **3. Enunciado 86 da I Jornada-CJF.** *"As prestações vincendas até o efetivo cumprimento da obrigação incluem-se na execução de título executivo extrajudicial (arts. 323 e 318, parágrafo único, do CPC)."*
- **4. Súmula TST, 294.** *"Tratando-se de ação que envolva pedido de prestações sucessivas decorrente de alteração do pactuado, a prescrição é total, exceto quando o direito à parcela esteja também assegurado por preceito de lei."*

📖 **Comentários Temáticos**

**5. Pedido implícito.** O art. 323 estabelece um caso de pedido implícito, fazendo incluir na postulação do autor, independentemente de declaração expressa dele, as prestações periódicas vincendas que decorram da mesma obrigação, enquanto esta tiver duração.

**6. Ausência de pedido implícito quanto às prestações pretéritas.** A obrigação pode ter prestação única ou prestações sucessivas. Proposta uma demanda para cobrar prestações sucessivas, o autor deve indicar aquelas que já se venceram até o momento da propositura; o que não for indicado, não se considera incluído no pedido. Isso porque, no tocante às prestações pretéritas, não há previsão de pedido implícito. O pedido, relativamente às prestações pretéritas, há de ser certo.

**7. Prestações futuras.** As prestações futuras podem ser consideradas incluídas na postulação, consistindo em pedido implícito. Proposta a demanda para cobrança de obrigação em prestações sucessivas, pode, relativamente às prestações futuras, ocorrer uma das seguintes hipóteses: a) o devedor resolve pagá-las no curso do processo; b) o devedor promove o pagamento em consignação no curso do processo, mediante ação própria de consignação em pagamento, pela consignação bancária (art. 539 e §§), ou por outro meio legalmente permitido; c) o devedor não paga, nem consigna. Neste último caso, ou seja, na hipótese da letra *c*, o pedido de condenação das prestações vincendas é implícito; considera-se incluído no pedido formulado na petição inicial. Observe-se que o dispositivo enuncia que tais prestações "serão incluídas na condenação, enquanto durar a obrigação, se o devedor, no curso do processo, deixar de pagá-las ou de consigná-las". Se houver, então, pagamento ou consignação, não estarão tais prestações incluídas na condenação. Ou seja: se ocorrer a hipótese *a* ou *b* acima descritas, não incide o art. 323. Este incide se o devedor deixar, no curso do processo, de pagar ou de consignar os valores relativos às prestações que se vencerem a partir da propositura da demanda.

**8. Duração da obrigação.** As prestações sucessivas serão incluídas na condenação, "enquanto durar a obrigação". A condenação abrange as prestações que se vencerem no curso do processo, após a sentença e, até mesmo, após o trânsito em julgado. Não importa o tempo do processo; estarão incluídas na condenação as prestações sucessivas não pagas nem consignadas, "enquanto durar a obrigação". Ainda que extinto o processo, as prestações que continuarem a vencer estarão incluídas na condenação.

**9. Cumprimento da sentença.** O credor, ao promover o cumprimento da sentença, poderá fazer incluir os valores que forem se vencendo, mesmo após a sentença e, até mesmo, após o trânsito em julgado. Enquanto não for extinta a obrigação, as prestações sucessivas, vencidas e não pagas, estarão incluídas na condenação, podendo ser executadas. Só não poderá haver execução de prestações que forem expressamente excluídas na sentença. A condenação alcança todas as prestações sucessivas, enquanto durar a obrigação. É possível, porém, que o juiz resolva, por alguma peculiaridade do caso, limitar a

573

extensão da condenação. Nessa hipótese, se a sentença transitar em julgado desse modo, não poderá haver a inclusão no cumprimento da sentença de valores relativos a prestações que ultrapassem o limite ali fixado.

**10. Aplicação ao processo de execução.** *"4. O art. 323 do CPC/2015, prevê que, na ação que tiver por objeto cumprimento de obrigação em prestações sucessivas, essas serão consideradas incluídas no pedido, independentemente de declaração expressa do autor, e serão incluídas na condenação, enquanto durar a obrigação, se o devedor, no curso do processo, deixar de pagá-las ou de consigná-las. 5. A despeito de referido dispositivo legal ser indubitavelmente aplicável aos processos de conhecimento, tem-se que deve se admitir a sua aplicação, também, aos processos de execução. 6. O art. 771 do CPC/2015, na parte que regula o procedimento da execução fundada em título executivo extrajudicial, admite a aplicação subsidiária das disposições concernentes ao processo de conhecimento à lide executiva"* (STJ, 3ª Turma, REsp 1.756.791/RS, rel. Min. Nancy Andrighi, *DJe* 8.8.2019).

**11. Inclusão das cotas condominiais vincendas.** *"2. O art. 323 do CPC/2015 estabelece que: 'Na ação que tiver por objeto cumprimento de obrigação em prestações sucessivas, essas serão consideradas incluídas no pedido, independentemente de declaração expressa do autor, e serão incluídas na condenação, enquanto durar a obrigação, se o devedor, no curso do processo, deixar de pagá-las ou de consigná-las'. 2.1. Embora o referido dispositivo legal se refira à tutela de conhecimento, revela-se perfeitamente possível aplicá-lo ao processo de execução, a fim de permitir a inclusão das parcelas vincendas no débito exequendo, até o cumprimento integral da obrigação no curso do processo. 2.2. Com efeito, o art. 771 do CPC/2015, que regula o procedimento da execução fundada em título extrajudicial, permite, em seu parágrafo único, a aplicação subsidiária das disposições concernentes ao processo de conhecimento à execução, dentre as quais se insere a regra do aludido art. 323. 3. Esse entendimento, ademais, está em consonância com os princípios da efetividade e da economia processual, evitando o ajuizamento de novas execuções com base em uma mesma relação jurídica obrigacional, o que sobrecarregaria ainda mais o Poder Judiciário, ressaltando-se, na linha do que dispõe o art. 780 do CPC/2015, que 'o exequente pode cumular várias execuções, ainda que fundadas em títulos diferentes, quando o executado for o mesmo e desde que para todas elas seja competente o mesmo juízo e idêntico o procedimento', tal como ocorrido na espécie. 4.*

*Considerando que as parcelas cobradas na ação de execução – vencidas e vincendas – são originárias do mesmo título, ou seja, da mesma relação obrigacional, não há que se falar em inviabilização da impugnação dos respectivos valores pelo devedor, tampouco em cerceamento de defesa ou violação ao princípio do contraditório, porquanto o título extrajudicial executado permanece líquido, certo e exigível, embora o débito exequendo possa sofrer alteração no decorrer do processo, caso o executado permaneça inadimplente em relação às sucessivas cotas condominiais"* (STJ, 3ª Turma, REsp 1.759.364/RS, rel. Min. Marco Aurélio Bellizze, *DJe* 15.2.2019).

---

**Art. 324.** O pedido deve ser determinado.

§ 1º É lícito, porém, formular pedido genérico:

I – nas ações universais, se o autor não puder individuar os bens demandados;

II – quando não for possível determinar, desde logo, as consequências do ato ou do fato;

III – quando a determinação do objeto ou do valor da condenação depender de ato que deva ser praticado pelo réu.

§ 2º O disposto neste artigo aplica-se à reconvenção.

---

▶ **1. Correspondência no CPC/1973.** *"Art. 286. O pedido deve ser certo ou determinado. É lícito, porém, formular pedido genérico: I – nas ações universais, se não puder o autor individuar na petição os bens demandados; II – quando não for possível determinar, de modo definitivo, as consequências do ato ou do fato ilícito; III – quando a determinação do valor da condenação depender de ato que deva ser praticado pelo réu."*

### ⚖ Jurisprudência, Enunciados e Súmulas Selecionados

• **2. Enunciado 116 do FNPP.** *"Salvo justo motivo, quando a impugnação do crédito tributário for parcial, é inepta a petição inicial da ação anulatória em que o contribuinte não quantifica o valor impugnado."*

### 🗐 Comentários Temáticos

**3. Determinação do pedido.** O pedido há de ser delimitado quanto à qualidade e à quantidade, não devendo, em regra, ser genérico. O pedido indeterminado é inepto (art. 330, § 1º, II). O autor deve, em sua petição inicial, precisar tanto o pedido *imediato* (a providência jurisdicional postulada) como o *mediato* (o bem

**LIVRO I · DO PROCESSO DE CONHECIMENTO E DO CUMPRIMENTO DE SENTENÇA** **Art. 325**

almejado). O imediato há de ser sempre determinado. O mediato pode ser determinável, admitindo-se sua formulação genérica apenas em casos expressamente previstos em lei. Enfim, é imprescindível que o autor precise tanto o objeto imediato (a providência jurisdicional postulada) como o objeto mediato (o bem da vida perseguido).

**4. Pedido genérico.** O pedido pode ser determinável, mas não absolutamente indeterminado. A indeterminação é, portanto, relativa. O pedido é determinado quanto ao gênero, podendo ser, nas hipóteses previstas em lei, indeterminado em relação à quantidade ou qualidade do que se pede. O pedido genérico é o pedido determinável, podendo a quantidade ou qualidade do bem da vida postulado ser determinada ao longo do procedimento ou mediante liquidação de sentença.

**5. Pedido certo e determinado.** O pedido deve ser certo (art. 322) e determinado (art. 324): deve ser expresso e preciso na sua generalidade. É possível haver, nas hipóteses previstas em lei, indeterminação quanto à qualidade ou quantidade, mas não quanto à generalidade. Pode-se, por exemplo, pedir *a* herança, não *uma* herança qualquer. Não se pode reivindicar um rebanho, mas o rebanho. Talvez não se indique – porque a lei assim autoriza – a quantidade de cabeças de gado nem os espécimes que compõem o rebanho, mas se deve dizer qual o rebanho.

**6. Casos em que o pedido pode ser genérico.** Embora o pedido deva ser determinado, há casos, expressamente previstos em lei, em que pode ser genérico. São hipóteses excepcionais, devendo ser interpretadas restritivamente. A interpretação deve ser restrita e a enumeração feita é exaustiva.

**7. Ações universais.** O pedido genérico é permitido nas ações universais, se o autor não reunir condições de individualizar ou identificar os bens demandados em sua petição inicial. As ações universais são aquelas que versam sobre uma universalidade. A universalidade pode ser de fato (CC, art. 90) ou de direito (CC, art. 91). Como exemplos de universalidade de fato há um rebanho e uma biblioteca. Um patrimônio, um espólio e uma massa falida são exemplos de universalidades de direito. O pedido, nas ações universais, pode ser genérico, pois o autor, muitas vezes, não tem condições de identificar os elementos que compõem a universalidade. É possível, ao se pedir a biblioteca do réu, que o autor não reúna condições de individualizar todos os livros que a compõem.

**8. Ações indenizatórias.** O autor pode formular pedido genérico nas ações indenizatórias, *"quando não for possível determinar, desde logo, as consequências do ato ou do fato"*. Embora não precise quantificar o valor postulado, o autor, na ação indenizatória, deve especificar o prejuízo sofrido. Não se pode pedir a condenação do réu a pagar o *"prejuízo sofrido"* ou os *"danos suportados"* ou a indenizar as *"perdas e danos"*. É preciso, ao menos, especificar quais foram os prejuízos sofridos e deixar para precisar o valor ao longo do procedimento ou em liquidação de sentença, por não ser possível determinar, desde logo, as consequências do ato ou fato, lícito ou ilícito.

**9. Dano moral.** Tratando-se de indenização por dano moral, o autor deve precisar o valor postulado, tanto que o art. 292, V, determina que o valor da causa será o do pedido nas ações indenizatórias, inclusive as fundadas em dano moral. O pedido, nas ações de indenização por dano moral, somente pode ser genérico, se o ato causador do dano repercutir no futuro e não for possível ao autor, desde logo, determinar as consequências do ato ou fato. A regra é a mesma, independentemente de o dano ser material ou moral, de haver prejuízo efetivo ou lucros cessantes. O pedido somente poderá ser genérico, se não for possível determinar, desde logo, as consequências do ato ou fato. Se for possível, não incide a autorização para que o pedido seja genérico; ele deverá ser determinado.

**10. Prática de ato pelo réu.** O pedido pode ser genérico se, para a determinação do valor da condenação, se fizer necessária a prática de ato pelo réu. É o que ocorre, por exemplo, na ação para exigir contas. A verificação do saldo credor, a ser declarado na sentença, dependerá de ato do réu (arts. 550 a 553).

**11. Acesso à justiça.** Essas exceções previstas no art. 324 são tradicionais, permitindo-se a formulação de pedido genérico, a fim de viabilizar o acesso à justiça. A impossibilidade de indicação de pedido determinado, em tais casos, não pode consistir em obstáculo ao exercício do direito de ação. Daí a admissão para que se formulem pedidos genéricos nos casos ali indicados.

> **Art. 325.** O pedido será alternativo quando, pela natureza da obrigação, o devedor puder cumprir a prestação de mais de um modo.
>
> Parágrafo único. Quando, pela lei ou pelo contrato, a escolha couber ao devedor, o juiz lhe assegurará o direito de cumprir a prestação de um ou de outro modo, ainda que o autor não tenha formulado pedido alternativo.

## Art. 325 — CÓDIGO DE PROCESSO CIVIL COMENTADO – *Leonardo Carneiro da Cunha*

▶ **1. Correspondência no CPC/1973.** *"Art. 288. O pedido será alternativo quando, pela natureza da obrigação, o devedor puder cumprir a prestação de mais de um modo. Parágrafo único. Quando, pela lei ou pelo contrato, a escolha couber ao devedor, o juiz lhe assegurará o direito de cumprir a prestação de um ou de outro modo, ainda que o autor não tenha formulado pedido alternativo."*

### 🏛 LEGISLAÇÃO CORRELATA

**2. CC, art. 252.** *"Art. 252. Nas obrigações alternativas, a escolha cabe ao devedor, se outra coisa não se estipulou. § 1º Não pode o devedor obrigar o credor a receber parte em uma prestação e parte em outra. § 2º Quando a obrigação for de prestações periódicas, a faculdade de opção poderá ser exercida em cada período. § 3º No caso de pluralidade de optantes, não havendo acordo unânime entre eles, decidirá o juiz, findo o prazo por este assinado para a deliberação. § 4º Se o título deferir a opção a terceiro, e este não quiser, ou não puder exercê-la, caberá ao juiz a escolha se não houver acordo entre as partes."*

**3. CC, art. 253.** *"Art. 253. Se uma das duas prestações não puder ser objeto de obrigação ou se tornada inexequível, subsistirá o débito quanto à outra."*

**4. CC, art. 254.** *"Art. 254. Se, por culpa do devedor, não se puder cumprir nenhuma das prestações, não competindo ao credor a escolha, ficará aquele obrigado a pagar o valor da que por último se impossibilitou, mais as perdas e danos que o caso determinar."*

**5. CC, art. 255.** *"Art. 255. Quando a escolha couber ao credor e uma das prestações tornar-se impossível por culpa do devedor, o credor terá direito de exigir a prestação subsistente ou o valor da outra, com perdas e danos; se, por culpa do devedor, ambas as prestações se tornarem inexequíveis, poderá o credor reclamar o valor de qualquer das duas, além da indenização por perdas e danos."*

**6. CC, art. 256.** *"Art. 256. Se todas as prestações se tornarem impossíveis sem culpa do devedor, extinguir-se-á a obrigação."*

### ⚖ JURISPRUDÊNCIA, ENUNCIADOS E SÚMULAS SELECIONADOS

- **7. Enunciado 109 da II Jornada-CJF.** *"Na hipótese de cumulação alternativa, acolhido integralmente um dos pedidos, a sucumbência deve ser suportada pelo réu."*

### 🗐 COMENTÁRIOS TEMÁTICOS

**8. Pedido alternativo.** O art. 325 trata do pedido alternativo, que é aquele que veicula pretensão decorrente de obrigação alternativa ou disjuntiva. A obrigação alternativa é aquela em que a prestação pode ser cumprida de um modo ou de outro (CC, arts. 252 a 256). Não há aqui cumulação de pedidos; o pedido é um só. O pedido alternativo (art. 325) não se confunde com a cumulação alternativa de pedidos (art. 326, parágrafo único).

**9. Pedido único.** No caso do art. 325, o pedido formulado é um só; a forma de cumprimento da obrigação postulada é que é disjuntiva ou alternativa. O devedor pode cumprir a obrigação por uma prestação ou por outra. Na obrigação alternativa, o devedor pode, por exemplo, entregar sacos de açúcar ou pagar o equivalente em dinheiro. Não se exige que os objetos sejam da mesma natureza ou quantidade, embora sejam economicamente equivalentes. O devedor pode, por exemplo, obrigar-se a entregar ao credor duas embarcações de pesca ou duas de passeio. A obrigação pode ser cumprida por uma prestação ou por outra. Na hipótese de o devedor comprometer-se a pagar uma pensão ao credor, mediante depósito em conta bancária ou mediante pagamento pessoal em dinheiro, não haverá aí obrigação alternativa, pois a prestação é única: dar dinheiro. Não há variação de prestação. O que varia, em tal exemplo, é a forma de cumprimento, mas não a prestação. Se o devedor se obrigou a pagar dinheiro ou a entregar uma mercadoria, aí a obrigação é alternativa, pois variam as prestações: ele cumprirá uma ou outra.

**10. Escolha da prestação e formulação do pedido.** Se não houver estipulação em contrário, a escolha cabe ao devedor. Caso, porém, a escolha caiba ao autor, não haverá pedido alternativo; o pedido será fixo. Ao formulá-lo na petição inicial, o autor estará a fazer sua escolha. Se, não obstante seja sua a escolha, o autor formular pedido alternativo, terá renunciado ao direito de escolher, passando a escolha ao réu: aplica-se aqui o disposto no § 2º do art. 800. Cabe ao autor fazer sua escolha na petição inicial.

**11. Litispendência.** Se o autor propuser uma demanda escolhendo uma das prestações e, em seguida, propuser uma segunda, escolhendo a outra prestação, haverá litispendência: estará postulando o cumprimento da mesma obrigação, já tendo, na primeira demanda, feito sua escolha. A segunda demanda haverá de ser extinta.

**LIVRO I ·** DO PROCESSO DE CONHECIMENTO E DO CUMPRIMENTO DE SENTENÇA **Art. 326**

**12. Pedido fixo e escolha do réu.** Ainda que o autor formule pedido fixo, se a escolha couber ao réu, o juiz assegurará a este último o direito de cumprir a obrigação por uma ou por outra prestação. Cabe ao réu manifestar seu direito de escolha na contestação, não se permitindo que o juiz lhe assegure de ofício essa opção. Na verdade, quando o autor formular pedido fixo e a escolha couber ao réu, este poderá, na sua contestação, adotar uma das seguintes posturas: (a) reivindicar seu direito de escolha; (b) declarar expressamente que, no seu direito de escolha, pretende cumprir a obrigação mediante a outra prestação não contida no pedido; (c) contestar, sem tratar da sua escolha. Na primeira hipótese, cabe ao juiz, na sentença de procedência, deferir o direito de escolha, a fim de que o réu cumpra a obrigação optando pela prestação que escolher. Na segunda hipótese, o juiz, na sentença de procedência, deve condenar o réu na prestação que escolheu; aqui, não se aplica o parágrafo único do art. 325, pois o réu já exerceu, em sua contestação, seu direito de escolha. Na terceira hipótese, não será possível ao juiz condenar o réu e assegurar-lhe o direito de escolha, pois houve renúncia na contestação.

**13. Igualdade de tratamento.** Do mesmo modo que o autor, ao formular pedido alternativo, renuncia à sua escolha, o réu, ao silenciar na contestação sobre seu direito de escolha, dele abre mão, transferindo-o para o autor. Aplica-se aqui o disposto no § 1º do art. 800: se o devedor não manifestar seu direito de escolha na contestação, a opção passa a ser do credor. A regra há de ser a mesma, independentemente de o processo ser de conhecimento ou de execução.

**14. Réu revel.** Se o autor formulou pedido certo, mas o réu for revel, o juiz deverá aplicar o disposto no parágrafo único do art. 325 e assegurar a este último o direito de escolha. Assim, se for julgado procedente o pedido, o réu será condenado, deferindo-se-lhe o direito de escolha.

**15. Valor da causa.** Às demandas propostas com pedido alternativo não se aplica o disposto no art. 292, VII, pois este refere-se aos casos de cumulação alternativa de pedidos, ou seja, a casos em que há mais de um pedido. Na hipótese do art. 325, o pedido é único; não há cumulação. O valor é um só: o da obrigação. O valor da causa será o valor da obrigação, cujo cumprimento dar-se-á por uma prestação ou por outra.

> **Art. 326.** É lícito formular mais de um pedido em ordem subsidiária, a fim de que o juiz conheça do posterior, quando não for acolhido o anterior.

> Parágrafo único. É lícito formular mais de um pedido, alternativamente, para que o juiz acolha um deles.

▶ **1. Correspondência no CPC/1973.** *"Art. 289. É lícito formular mais de um pedido em ordem sucessiva, a fim de que o juiz conheça do posterior, em não podendo acolher o anterior."*

## ⚖ JURISPRUDÊNCIA, ENUNCIADOS E SÚMULAS SELECIONADOS

- **2. Enunciado 102 do FPPC.** *"O pedido subsidiário ou alternativo não apreciado pelo juiz é devolvido ao tribunal com a apelação."*
- **3. Enunciado 287 do FPPC.** *"O pedido subsidiário somente pode ser apreciado se o juiz não puder examinar ou expressamente rejeitar o principal."*
- **4. Enunciado 288 do FPPC.** *"Quando acolhido o pedido subsidiário, o autor tem interesse de recorrer em relação ao principal."*

## 🗐 COMENTÁRIOS TEMÁTICOS

**5. Cumulação imprópria de pedidos.** O art. 326 trata de casos de cumulação *imprópria* de pedidos. Nas hipóteses reguladas no dispositivo, o autor formula mais de um pedido, mas apenas um pode ser acolhido. Há mais de um pedido formulado, mas só um pode ser acolhido. Acolhido um pedido, não será possível acolher o outro formulado.

**6. Espécies de cumulação imprópria.** A cumulação *imprópria* pode ser *subsidiária* ou *alternativa*. A subsidiária também é chamada de *eventual*. Enquanto a subsidiária ou eventual é a prevista no *caput* do art. 326, a alternativa é a do seu parágrafo único.

**7. Cumulação subsidiária ou eventual.** A cumulação subsidiária ou eventual está regulada no *caput* e caracteriza-se por prestigiar a regra da eventualidade em favor do autor. Há uma relação de preferência ou hierarquia entre os pedidos formulados: o autor tem preferência pelo 1º pedido. Caso, porém, ele seja rejeitado, deverá, então, o juiz apreciar o 2º. O 2º pedido somente será examinado se o 1º for rejeitado. Não é possível que o juiz já aprecie diretamente o 2º pedido, sem ter examinado o 1º. É necessário que o 1º seja apreciado *e rejeitado* para, somente, então, ser examinado o 2º. Se o 1º pedido já for acolhido, fica prejudicada a análise do 2º. O 2º pedido é, por isso mesmo, subsidiário ou eventual. Só é examinado na hipótese de inadmissibilidade ou rejeição do primeiro, que é o pedido principal.

**8. Apreciação direta do pedido subsidiário.** Se o juiz apreciar diretamente o pedido subsidiário, sem ter inadmitido ou rejeitado o principal, haverá *error in procedendo*, podendo o autor recorrer para que se anule a sentença.

**9. Preferência do pedido principal e interesse recursal.** Há uma preferência: o autor prefere o 1° pedido. Se este for acolhido, não haverá interesse de recorrer da sentença. Se, porém, o pedido principal for rejeitado ou inadmitido, vindo o subsidiário a ser acolhido, o autor poderá interpor recurso para que lhe seja dado o principal no lugar do subsidiário. Embora tenha sido vitorioso no subsidiário, pode recorrer para que se lhe garanta, no seu lugar, o principal. É que sua preferência é o pedido principal.

**10. Julgamento no pedido subsidiário pelo tribunal na apelação interposta pelo réu.** Acolhido o pedido principal pelo juiz e tendo o réu interposto apelação, que venha a ser provida para, então, rejeitá-lo, deverá o tribunal avançar no exame do pedido subsidiário, pois o requisito para sua análise foi preenchido: rejeitou-se o pedido principal. O tribunal poderá avançar para julgar o pedido subsidiário, depois de dar provimento ao recurso do réu (art. 1.013, § 3°, III).

**11. Requisitos do art. 327.** Na cumulação subsidiária ou eventual, não se aplica a exigência, contida no art. 327, de que os pedidos sejam incompatíveis entre si. Como a cumulação aqui é imprópria, é possível que os pedidos sejam incompatíveis. Aliás, o § 3° do art. 327 expressamente dispõe sobre isso. Já os outros requisitos contidos no art. 327 aplicam-se integralmente à cumulação subsidiária ou eventual.

**12. Sucumbência do autor.** No caso de cumulação subsidiária ou eventual, o autor só será totalmente sucumbente se o juiz rejeitar ambos os pedidos. Se rejeitar o principal e acolher o subsidiário, haverá sucumbência recíproca, devendo ser fixados, proporcionalmente, honorários para o advogado do autor e para o advogado do réu, não podendo haver compensação (art. 85, § 14); cada um receberá sua parte. Nesse último caso, o autor tem interesse de recorrer, pois sua preferência é pelo pedido principal. Se este lhe foi negado, foi sucumbente, ainda que parcialmente.

**13. Cumulação alternativa.** O parágrafo único do art. 326 trata da cumulação alternativa de pedidos, que não se confunde com o pedido alternativo (art. 325). O pedido alternativo veicula pretensão fundada em obrigação alternativa, enquanto a cumulação alternativa é uma cumulação imprópria: o autor pede dois pedidos, mas somente poderá lograr êxito num deles. O

autor formula mais de um pedido para que seja acolhido só um deles.

**14. Ausência de preferência.** Na cumulação alternativa, o autor, diferentemente do que ocorre na subsidiária ou eventual, não manifesta preferência por um dos pedidos. Formula mais de um para que o juiz acolha apenas um deles, sem manifestar qualquer preferência. É-lhe indiferente qual dos pedidos deva ser acolhido. Acolhido um, os demais estão prejudicados. Tome-se como exemplo a seguinte hipótese: diante do vício de um produto adquirido, o consumidor propõe demanda judicial, com fundamento no § 1° do art. 18 do CDC, para pedir sua substituição, ou a restituição da quantia paga ou o abatimento proporcional do preço, sem estabelecer qualquer prioridade essas pretensões ou manifestação qualquer ordem de preferência. Caberá ao juiz escolher qualquer delas, caso reconheça a existência do vício.

**15. Sucumbência e interesse recursal.** Na cumulação alternativa, acolhido qualquer pedido, o autor é vitorioso integralmente, devendo o réu responder pelos ônus da sucumbência. Não há, por isso, interesse do autor de recorrer para que se lhe seja deferido outro pedido no lugar que foi acolhido. Acolhido qualquer pedido e vindo o réu a apelar da sentença, não é possível ao autor interpor recurso adesivo, pois não houve sucumbência recíproca. A sucumbência do réu foi total; o autor obteve o que pediu. Não há ordem de preferência entre os pedidos; o acolhimento de qualquer um deles consiste na procedência integral da postulação. Interposto recurso pelo réu, o tribunal poderá examinar os demais pedidos formulados, na hipótese de, ao examinar a apelação, rejeitar o que fora deferido na sentença em virtude da amplitude do seu efeito devolutivo (art. 1.013).

---

**Art. 327.** É lícita a cumulação, em um único processo, contra o mesmo réu, de vários pedidos, ainda que entre eles não haja conexão.

§ 1° São requisitos de admissibilidade da cumulação que:

I – os pedidos sejam compatíveis entre si;

II – seja competente para conhecer deles o mesmo juízo;

III – seja adequado para todos os pedidos o tipo de procedimento.

§ 2° Quando, para cada pedido, corresponder tipo diverso de procedimento, será admitida a cumulação se o autor empregar o procedimento comum, sem prejuízo do emprego das técnicas processuais diferenciadas previstas

**LIVRO I · DO PROCESSO DE CONHECIMENTO E DO CUMPRIMENTO DE SENTENÇA** — **Art. 327**

nos procedimentos especiais a que se sujeitam um ou mais pedidos cumulados, que não forem incompatíveis com as disposições sobre o procedimento comum.

§ 3º O inciso I do § 1º não se aplica às cumulações de pedidos de que trata o art. 326.

▶ **1. Correspondência no CPC/1973.** *"Art. 292. É permitida a cumulação, num único processo, contra o mesmo réu, de vários pedidos, ainda que entre eles não haja conexão. § 1º São requisitos de admissibilidade da cumulação: I – que os pedidos sejam compatíveis entre si; II – que seja competente para conhecer deles o mesmo juízo; III – que seja adequado para todos os pedidos o tipo de procedimento. § 2º Quando, para cada pedido, corresponder tipo diverso de procedimento, admitir-se-á a cumulação, se o autor empregar o procedimento ordinário."*

## ⚖ JURISPRUDÊNCIA, ENUNCIADOS E SÚMULAS SELECIONADOS

- **2. Súmula 170, STJ.** *"Compete ao juízo onde primeiro foi intentada a ação envolvendo acumulação de pedidos, trabalhista e estatutário, decidi-la nos limites de sua jurisdição, sem prejuízo do ajuizamento de nova causa, com o pedido remanescente, no juízo próprio."*

- **3. Enunciado 289 do FPPC.** *"Se houver conexão entre pedidos cumulados, a incompetência relativa não impedirá a cumulação, em razão da modificação legal da competência."*

- **4. Enunciado 506 do FPPC.** *"A expressão "procedimentos especiais" a que alude o § 2º do art. 327 engloba aqueles previstos na legislação especial."*

- **5. Enunciado 672 do FPPC.** *"É admissível a cumulação do pedido de alimentos com os pedidos relativos às ações de família, valendo-se o autor desse procedimento especial, sem prejuízo da utilização da técnica específica para concessão de tutela provisória prevista na Lei de Alimentos."*

- **6. Enunciado 176 da III Jornada-CJF.** *"Para atender às especificidades da causa, garantido o contraditório, o art. 327, § 2º, do CPC autoriza o trânsito de técnicas processuais adequadas entre os procedimentos especiais e entre esses e o procedimento comum."*

## 🖥 COMENTÁRIOS TEMÁTICOS

**7. Cumulação de pedidos.** O autor pode, em sua petição inicial, formular mais de um pedido. Há, porém, cumulação *própria* e cumulação *imprópria* de pedidos. A cumulação *própria* caracteriza-se quando o autor formula vários pedidos, objetivando que todos sejam, a um só tempo, acolhidos. Na cumulação *imprópria*, embora haja a formulação de mais de um pedido, somente um pode ser acolhido. Daí se dizer que é *imprópria*: acolhido um pedido, não será possível acolher o outro formulado.

**8. Espécies de cumulação própria.** A cumulação *própria* pode ser *simples* ou *sucessiva*. A simples caracteriza-se por serem autônomos os pedidos, não havendo qualquer relação de dependência ou de precedência lógica entre eles. Já a sucessiva caracteriza-se pela dependência do segundo pedido relativamente ao primeiro: o segundo só será examinado se o primeiro for acolhido.

**9. Espécies de cumulação imprópria.** A cumulação *imprópria* pode ser *subsidiária* ou *alternativa*. A subsidiária também é chamada de *eventual*. Enquanto a subsidiária ou eventual é a prevista no *caput* do art. 326, a alternativa é a do seu parágrafo único.

**10. Cumulação inicial ou ulterior.** A cumulação de pedidos pode ser inicial ou ulterior. É ulterior quando resultante de aditamento feito à petição inicial (art. 329, I), ou quando ajuizada ação declaratória incidental de falsidade de documento (art. 430). Também pode ser ulterior a cumulação de pedidos resultante do ajuizamento da reconvenção, da reunião de processos por conexão pela causa de pedir (art. 55, § 1º), da denunciação da lide pelo réu.

**11. Cumulação homogênea ou heterogênea.** A cumulação homogênea ocorre quando os pedidos são formulados pela mesma parte. Por sua vez, a heterogênea ocorre quando os pedidos cumulados, que acarretam capítulos diversos de sentença, forem formulados por partes distintas, como sucede na reconvenção e na denunciação da lide pelo réu.

**12. Abrangência do dispositivo.** O art. 327 estabelece os requisitos para a cumulação de pedidos, devendo ser integralmente aplicado aos casos de cumulação *própria*. Quando se tratar de cumulação *imprópria*, não se exige uma compatibilidade entre os pedidos, justamente porque só poderá haver o acolhimento de um deles. Para que se admita qualquer cumulação de pedidos, é preciso que se preencham os demais requisitos do art. 327, sobretudo a competência absoluta do juízo para todos eles.

**13. Requisitos para a cumulação de pedidos.** A cumulação de pedidos depende do preenchimento dos requisitos previstos no art. 327. Se faltar algum dos requisitos, não será possível a cumulação. A cumulação depende da presença dos seguintes requisitos: (a) compatibilidade entre os pedidos; (b) competência absoluta do juízo para conhecer de todos eles; (c) adequação do mesmo procedimento para todos eles.

**14. Desnecessidade de conexão.** Não é necessário, para que se admita a cumulação de pedidos, que haja conexão entre eles. Ainda que entre eles não haja afinidade material, é possível haver cumulação de pedidos.

**15. Compatibilidade entre os pedidos.** Os pedidos somente podem ser cumulados se forem compatíveis entre si. A falta de compatibilidade impede a cumulação. Aliás, se os pedidos forem incompatíveis entre si, haverá inépcia da petição inicial (art. 330, § 1º, IV). Não é possível, por exemplo ao autor pedir, ao mesmo tempo, a revisão e a nulidade do contrato. Não há como acolher ambos os pedidos. Se, porém, a cumulação for imprópria (art. 326), a incompatibilidade não a impede (art. 327, § 3º). Havendo incompatibilidade entre os pedidos, a cumulação não será admitida. O caso é de inépcia da petição inicial. Não deve, porém, o juiz já indeferi-la, cabendo-lhe determinar a intimação do autor para que a emende, optando por um dos pedidos e desistindo do outro ou transformando a cumulação própria em cumulação imprópria.

**16. Competência do juízo.** A cumulação de pedidos depende da competência do juízo para conhecer de todos eles. A competência aí mencionada é a absoluta, que é inderrogável por convenção das partes (art. 62). Se um dos pedidos for de competência da Justiça Federal e o outro, da Estadual, não será possível a cumulação. Se um dos pedidos for de competência da Justiça do Trabalho e o outro, da Justiça Comum, será inviável a cumulação. Caso isso ocorra, não se deve indeferir a petição inicial ou extinguir o processo sem resolução do mérito. O juiz deve seguir a orientação contida na Súmula do STJ, 170, admitindo a causa quanto ao pedido para o qual tem competência e rejeitando o prosseguimento do processo relativamente ao outro pedido, estranho à sua esfera de competência (art. 45, §§ 1º e 2º). Se o juiz não tiver competência relativa para um dos pedidos, a cumulação não será possível somente se o réu alegar a incompetência em sua contestação (arts. 64 e 337, II). Se o réu não alegar, haverá prorrogação de competência, mantida a cumulação de pedidos. Havendo, porém, conexão entre os pedidos, a cumulação será possível, pois terá havido modificação da competência (art. 54).

**17. Compatibilidade procedimental.** Para que haja a cumulação, exige-se uma compatibilidade procedimental entre os pedidos: todos devem sujeitar-se ao mesmo procedimento. Se devem ser adotados procedimentos diversos para cada um, não será admissível a cumulação, justamente por não ser possível processar a causa, a um só tempo, por 2 procedimentos diversos. Podendo, porém, adotar o procedimento comum para ambos os pedidos, será permitida a cumulação. Ainda que não seja o caso de procedimento comum, será admitida a cumulação se este for adotado, "sem prejuízo do emprego das técnicas processuais diferenciadas previstas nos procedimentos especiais a que se sujeitam um ou mais pedidos cumulados". Se ambos os pedidos se submetem ao procedimento comum, não há problema: será admissível a cumulação. É possível, porém, que se cumulem um pedido de procedimento especial com um de procedimento comum ou se cumulem pedidos de procedimentos especiais diferentes. Nessas duas últimas hipóteses, será possível a cumulação de pedidos, se for adotado o procedimento comum. É preciso, entretanto, que o procedimento especial possa ser convertido para procedimento comum. Nem sempre é possível. Há procedimentos especiais que são colocados à disposição da parte, sendo opcionais: a parte pode adotá-lo ou optar pelo procedimento comum. É o caso do mandado de segurança, das ações possessórias e da ação monitória. A parte pode adotar um deles ou optar pelo procedimento comum. Nesses casos, não há problema de conversibilidade. O autor poderá, por exemplo, cumular um pedido de cobrança com um outro, embora o de cobrança esteja respaldado num título executivo extrajudicial, pois ele pode, mesmo dispondo de título executivo, optar pela demanda cognitiva, submetida ao procedimento comum (art. 785). Há procedimentos especiais, por outro lado, que são estruturados com a finalidade de atender a determinado interesse público, que envolvem, em geral, direitos indisponíveis. São procedimentos obrigatórios, inderrogáveis pela vontade das partes, não tendo o autor a opção de adotar o procedimento comum. É o caso, por exemplo, da ação de inventário e partilha, da ação de interdição, da ação de desapropriação e das ações de controle concentrado de constitucionalidade. O pedido que corresponde a um desses procedimentos não pode ser cumulado com o pedido de outro procedimento especial diverso ou de procedimento comum, pois não se pode adotar, no caso, o procedimento co-

**LIVRO I** · DO PROCESSO DE CONHECIMENTO E DO CUMPRIMENTO DE SENTENÇA **Art. 328**

mum, ainda que sejam empregadas técnicas processuais diferenciadas.

**18. Cláusula geral de adaptabilidade do procedimento comum.** O § 2º do art. 327 reforça a conclusão de que o procedimento comum, no processo civil brasileiro, é adaptável e flexível, admitindo, ainda que de modo episódico, a aplicação ou incorporação de técnicas diferenciadas criadas para os procedimentos especiais. Há, aí, uma cláusula geral, reforçando os poderes do juiz para a adaptação procedimental, a fim de tornar o procedimento mais eficiente e ajustado às peculiaridades do direito material e do caso posto a seu exame. A regra concretiza o princípio da adequação. O princípio da eficiência, o art. 190 (que confere às partes a possibilidade de negociação processual atípica), a possibilidade de alteração de prazos e de mudança na ordem de produção da prova (art. 139, VI) e o § 2º do art. 327 reforçam a possibilidade de flexibilização do procedimento comum, a fim de que sejam adotadas as técnicas mais adequadas ao caso, a ser processado e julgado da forma mais eficiente possível, com duração razoável e com efetividade, tudo em ambiente cooperativo em que se assegure o contraditório substancial e se respeite o dever de fundamentação reforçada.

**19. Impossibilidade de cumulação de pedido de nulidade de registro de marca com pedido de indenização por danos materiais e morais.** *"Embora seja possível a cumulação do pedido de nulidade de registro de marca com o pedido de abstenção de uso, em razão da previsão expressa do art. 173 da LPI, não se mostra possível a cumulação do pedido de indenização por danos materiais e morais. 13. Cumulação que apenas se mostra possível quando o mesmo juízo for competente para conhecer dos diferentes pedidos, o que não é o caso, considerando que a ação de nulidade deve tramitar, por força do art. 175 da LPI, na Justiça Federal. Inteligência do art. 292, § 1º, do CPC/1973 (art. 327, § 1º, do CPC/2015)"* (STJ, 3ª Turma, REsp 1.848.033/RJ, rel. Min. Paulo de Tarso Sanseverino, *DJe* 12.11.2021).

**Art. 328.** Na obrigação indivisível com pluralidade de credores, aquele que não participou do processo receberá sua parte, deduzidas as despesas na proporção de seu crédito.

▶ **1. Correspondência no CPC/1973.** *"Art. 291. Na obrigação indivisível com pluralidade de credores, aquele que não participou do processo receberá sua parte, deduzidas as despesas na proporção de seu crédito."*

🏛 **LEGISLAÇÃO CORRELATA**

**2. CC, art. 258.** *"Art. 258. A obrigação é indivisível quando a prestação tem por objeto uma coisa ou um fato não suscetíveis de divisão, por sua natureza, por motivo de ordem econômica, ou dada a razão determinante do negócio jurídico."*

**3. CC, art. 260.** *"Art. 260. Se a pluralidade for dos credores, poderá cada um destes exigir a dívida inteira; mas o devedor ou devedores se desobrigarão, pagando: I – a todos conjuntamente; II – a um, dando este caução de ratificação dos outros credores."*

**4. CC, art. 261.** *"Art. 261. Se um só dos credores receber a prestação por inteiro, a cada um dos outros assistirá o direito de exigir dele em dinheiro a parte que lhe caiba no total."*

📖 **COMENTÁRIOS TEMÁTICOS**

**5. Obrigação indivisível.** A obrigação indivisível é aquela não suscetível de divisão, por sua natureza, por motivo de ordem econômica ou dada a razão determinante do negócio jurídico (CC, art. 258). A indivisibilidade pode ser física, legal ou convencional. A obrigação indivisível é, enfim, aquela cuja prestação a ser cumprida não admite fracionamento, somente podendo ser cumprida por inteiro.

**6. Abrangência do dispositivo.** A questão da divisibilidade ou indivisibilidade da prestação não atrai o dispositivo, nem oferece maiores preocupações, se, em qualquer dos polos da obrigação, não há pluralidade de sujeitos. Em outras palavras, não havendo pluralidade de credores ou devedores, não há qualquer destaque, regra ou preocupação, nem haverá a incidência do art. 328. Só há incidência do dispositivo quando houver pluralidade de credores. De igual modo, não incide o dispositivo se todos os credores forem litisconsortes na demanda proposta com a finalidade de cobrar a dívida indivisível. O dispositivo apenas incide quando, tratando-se de obrigação indivisível que tenha pluralidade de credores, só um deles postula o cumprimento integral da obrigação, cuja prestação não pode, aliás, ser cumprida de modo fracionado.

**7. Pedido relativo à obrigação indivisível.** A pluralidade de credores de obrigação indivisível atrai o mesmo tratamento conferido à solidariedade ativa (CC, arts. 264 e 265). Se houver pluralidade de credores na obrigação indivisível, qualquer um deles pode propor demanda judicial com a finalidade de cobrar a prestação em sua totalidade (CC, art. 260).

581

Recebendo só um deles a prestação por inteiro, cada um dos demais terá o direito de exigir-lhe a sua respectiva parte (CC, art. 261), deduzidas as despesas na proporção de seu crédito (CPC, art. 328), aí incluída a parte concernente aos honorários de advogado. O credor que não participou do processo deve concorrer para as despesas suportadas pelo autor, proporcionalmente ao seu crédito.

**8. Divisão de despesas.** O que se divide entre os credores da obrigação indivisível são as despesas, assim compreendidas as custas, pagamento de viagens, diária de testemunha, remuneração de assistente técnico, bem como honorários de sucumbência. Se o credor que propôs a demanda for efetivamente reembolsado das despesas adiantadas, em virtude da sucumbência do devedor comum, não incide o disposto no art. 328, já que não haverá despesas a ratear.

**9. Multas por litigância de má-fé.** Não se incluem na previsão legal as multas impostas ao autor em decorrência de atos de litigância de má-fé. Se o autor for condenado em tal tipo de multa, deverá arcar sozinho, não devendo ser rateada pelos demais credores; estes não respondem pelo dano processual causado por aquele.

**10. Legitimidade extraordinária.** O dispositivo reforça a legitimidade extraordinária de um dos credores de obrigação indivisível para postular a totalidade da prestação. O autor pode postular direito próprio e, igualmente, direito alheio; há, por isso, substituição processual.

---

**Art. 329.** O autor poderá:

I – até a citação, aditar ou alterar o pedido ou a causa de pedir, independentemente do consentimento do réu;

II – até o saneamento do processo, aditar ou alterar o pedido e a causa de pedir, com o consentimento do réu, assegurando o contraditório mediante a possibilidade de manifestação deste no prazo mínimo de 15 (quinze) dias, facultado o requerimento de prova suplementar.

Parágrafo único. Aplica-se o disposto neste artigo à reconvenção e à respectiva causa de pedir.

---

▶ **1. Correspondência no CPC/1973.** *"Art. 264. Feita a citação, é defeso ao autor modificar o pedido ou a causa de pedir, sem o consentimento do réu, mantendo-se as mesmas partes, salvo as substituições permitidas por lei. Parágrafo único. A alteração do pedido ou da causa de pedir em nenhuma hipótese será permitida após o saneamento do processo." "Art. 294. Antes da citação,* o autor poderá aditar o pedido, correndo à sua conta as custas acrescidas em razão dessa iniciativa." "Art. 321. Ainda que ocorra revelia, o autor não poderá alterar o pedido, ou a causa de pedir, nem demandar declaração incidente, salvo promovendo nova citação do réu, a quem será assegurado o direito de responder no prazo de 15 (quinze) dias."*

🔖 **JURISPRUDÊNCIA, ENUNCIADOS E SÚMULAS SELECIONADOS**

- **2. Tema/Repetitivo 320 do STJ.** *"É inadmissível a conversão, de ofício ou a requerimento das partes, da execução em ação monitória após ter ocorrido a citação."*

- **3. Enunciado 111 do FPPC.** *"Persiste o interesse no ajuizamento de ação declaratória quanto à questão prejudicial incidental."*

- **4. Enunciado 428 do FPPC.** *"A integração e o esclarecimento das alegações nos termos do art. 357, § 3º, não se confundem com o aditamento do ato postulatório previsto no art. 329."*

- **5. Enunciado 490 do FPPC.** *"São admissíveis os seguintes negócios processuais, entre outros: pacto de inexecução parcial ou total de multa coercitiva; pacto de alteração de ordem de penhora; pré-indicação de bem penhorável preferencial (art. 848, II); pré-fixação de indenização por dano processual prevista nos arts. 81, § 3º, 520, inc. I, 297, parágrafo único (cláusula penal processual); negócio de anuência prévia para aditamento ou alteração do pedido ou da causa de pedir até o saneamento (art. 329, inc. II)."*

- **6. Enunciado 35 da I Jornada-CJF.** *"Considerando os princípios do acesso à justiça e da segurança jurídica, persiste o interesse de agir na propositura de ação declaratória a respeito da questão prejudicial incidental, a ser distribuída por dependência da ação preexistente, inexistindo litispendência entre ambas as demandas (arts. 329 e 503, § 1º, do CPC)."*

- **7. Enunciado 157 do FONAJE.** *"Nos Juizados Especiais Cíveis, o autor poderá aditar o pedido até o momento da audiência de instrução e julgamento, ou até a fase instrutória, resguardado ao réu o respectivo direito de defesa."*

- **8. Enunciado 111 do FONAJUS.** *"Salvo concordância da parte contrária, viola o artigo 329 do Código de Processo Civil pedido de alteração da tecnologia de saúde após o saneamento, devendo, no caso de necessidade de alteração do tipo de tratamento, ser proposta nova demanda."*

**LIVRO I** · DO PROCESSO DE CONHECIMENTO E DO CUMPRIMENTO DE SENTENÇA **Art. 329**

## ▣ COMENTÁRIOS TEMÁTICOS

**9. Estabilidade da demanda.** O processo se estabiliza e seu objeto se torna imutável na fase postulatória: apenas antes da citação pode o autor aditar ou alterar o pedido ou a causa de pedir (art. 329, I); feita a citação, é defeso ao autor modificar o pedido ou a causa de pedir sem consentimento do réu, vedada qualquer alteração após o saneamento do processo (art. 329, II). Essas disposições são aplicáveis à demanda reconvencional, tanto no que se refere ao seu pedido quanto à causa de pedir (art. 329, parágrafo único). Em harmônica contraposição, o réu fica sujeito à regra da eventualidade, cabendo-lhe concentrar, numa única oportunidade, todas as suas defesas; compete-lhe alegar, na contestação, toda a matéria de defesa, expondo as razões de fato e de direito, com que impugna o pedido do autor (art. 336), além de se manifestar, precisamente, sobre os fatos narrados na petição inicial (art. 341). Depois da contestação, somente é lícito ao réu deduzir novas alegações quando: (a) relativas a direito ou a fato superveniente; (b) competir ao juiz conhecer delas de ofício; ou (c) por expressa autorização legal, puderem ser formuladas em qualquer tempo e grau de jurisdição (art. 342).

**10. Alteração unilateral e alteração bilateral.** Uma demanda é composta por 3 elementos: as partes, a causa de pedir e o pedido. Feita a citação, tais elementos estabilizam-se, não devendo, via de regra, ser alterados. Para alterar o pedido ou a causa de pedir, o autor poderá fazê-lo unilateralmente até a citação do réu. A partir da citação, a alteração do pedido ou da *causa petendi* depende de concordância do réu. O autor somente poderá realizar o aditamento ou a ampliação do pedido até a citação. Após a citação, não se permite mais ampliação do pedido. Se o autor pretende formular em face do réu outro pedido além daquele já formulado, deverá, se já tiver havido citação, contar com sua concordância, sendo-lhe conferido novo prazo de 15 dias para resposta.

**11. Ampliação do pedido ou da causa de pedir.** Ampliar o pedido ou a causa de pedir, ou seja, acrescentar mais um, não é o mesmo que alterar. Tanto numa como noutra hipótese, o autor poderá fazê-lo até a citação. Feita a citação, somente se permite a modificação ou a ampliação, se houver concordância do réu. Após o saneamento do processo, nem com a concordância do réu poderá haver a alteração ou a ampliação do pedido ou da causa de pedir, ante a estabilização definitiva da demanda.

**12. A estabilidade da demanda e o princípio do contraditório.** A necessidade da estabilização da demanda relaciona-se com o contraditório, na medida em que se impede que as partes sejam surpreendidas com modificações supervenientes.

**13. Concordância do réu e prazo para defesa.** A mudança ou ampliação do pedido ou da causa de pedir após a citação depende de concordância do réu. Este será intimado para concordar ou não com a mudança ou ampliação. Não basta a concordância. É preciso, em favor do contraditório, que se lhe assegure prazo para defesa relativamente ao novo pedido ou causa de pedir apresentado pelo autor.

**14. Alteração do pedido ou da causa de pedir em casos de revelia.** Se o réu for revel, o autor somente poderá mudar ou ampliar o pedido ou a causa de pedir, se for viabilizado o contraditório, a fim de que o réu possa defender-se do novo pedido apresentado ou manifestar-se sobre a nova causa de pedir invocada. O réu é citado para uma demanda que contém determinada causa de pedir e específico pedido. Alterado ou ampliado um desses elementos, é preciso que o réu seja novamente cientificado, pois, quando convocado para defender-se, eram outros os elementos. A ampliação ou alteração de um dos elementos da demanda impõe nova cientificação, a fim de resguardar os elementos mínimos do contraditório e permitir a defesa adequada, evitando decisão surpresa que trate de pedido ou de causa de pedir que não foi anunciada ao réu quando de sua citação.

**15. Estabilidade da demanda e fatos supervenientes.** O juiz deve levar em conta, ao proferir sua sentença, os fatos supervenientes que constituam, modifiquem ou extingam situações jurídicas discutidas no caso submetido ao seu crivo (art. 493). O réu deve concentrar em sua contestação toda matéria de defesa, não lhe sendo lícito deduzir novas alegações depois de contestar a pretensão do autor (art. 342). Uma vez apresentada a contestação, opera-se a preclusão consumativa, não sendo permitido ao réu acrescentar, posteriormente, novas alegações. É possível, porém, que o réu, depois da contestação, deduza alegações concernentes a *direito* ou a *fato* superveniente (art. 342, I). Permite-se, enfim, ao autor e ao réu alegar um *fato superveniente* que constitua um direito ou uma nova situação jurídica. Nesse sentido, é possível que se alegue um *direito* superveniente, ou seja, um direito que veio a ser constituído em razão de um fato ocorrido posteriormente. Também é possível ao autor e ao réu invocar uma norma

583

# Art. 330

jurídica superveniente, que possa ser aplicada ao caso pendente, seja de direito material, seja de direito processual. Devem, porém, ser respeitados o direito adquirido e o ato jurídico perfeito, de maneira que não se afigura correta a aplicação retroativa de norma em relação a fato pretérito. A invocação de norma jurídica superveniente é possível em processos pendentes, desde que não haja retroatividade inadmissível.

**16. Fatos supervenientes e alteração da causa de pedir.** O juiz deve, ao proferir sua sentença, tomar em consideração o fato superveniente, mesmo que isso implique mudança na causa de pedir *remota*. Impõe-se, entretanto, que sejam respeitados o contraditório, os deveres de cooperação e os deveres de lealdade e boa-fé processuais, não devendo ser permitida tal modificação se houver tumulto processual ou prejuízo à defesa do réu.

## Seção III
## Do Indeferimento da Petição Inicial

**Art. 330.** A petição inicial será indeferida quando:

I – for inepta;

II – a parte for manifestamente ilegítima;

III – o autor carecer de interesse processual;

IV – não atendidas as prescrições dos arts. 106 e 321.

§ 1º Considera-se inepta a petição inicial quando:

I – lhe faltar pedido ou causa de pedir;

II – o pedido for indeterminado, ressalvadas as hipóteses legais em que se permite o pedido genérico;

III – da narração dos fatos não decorrer logicamente a conclusão;

IV – contiver pedidos incompatíveis entre si.

§ 2º Nas ações que tenham por objeto a revisão de obrigação decorrente de empréstimo, de financiamento ou de alienação de bens, o autor terá de, sob pena de inépcia, discriminar na petição inicial, dentre as obrigações contratuais, aquelas que pretende controverter, além de quantificar o valor incontroverso do débito.

§ 3º Na hipótese do § 2º, o valor incontroverso deverá continuar a ser pago no tempo e modo contratados.

▶ **1. Correspondência no CPC/1973.** *"Art. 295. A petição inicial será indeferida: I – quando for inepta; II – quando a parte for manifestamente ilegítima; III – quando o autor carecer de interesse processual; IV – quando o juiz verificar, desde logo, a decadência ou a prescrição (art. 219, § 5 o ); V – quando o tipo de procedimento, escolhido pelo autor, não corresponder à natureza da causa, ou ao valor da ação; caso em que só não será indeferida, se puder adaptar-se ao tipo de procedimento legal; VI – quando não atendidas as prescrições dos arts. 39, parágrafo único, primeira parte, e 284. Parágrafo único. Considera-se inepta a petição inicial quando: I – lhe faltar pedido ou causa de pedir; II – da narração dos fatos não decorrer logicamente a conclusão; III – o pedido for juridicamente impossível; IV – contiver pedidos incompatíveis entre si." "Art. 285-B. Nos litígios que tenham por objeto obrigações decorrentes de empréstimo, financiamento ou arrendamento mercantil, o autor deverá discriminar na petição inicial, dentre as obrigações contratuais, aquelas que pretende controverter, quantificando o valor incontroverso. § 1º O valor incontroverso deverá continuar sendo pago no tempo e modo contratados. (...)."*

## 📖 LEGISLAÇÃO CORRELATA

**2. Lei 10.931/2004, art. 50.** *"Art. 50. Nas ações judiciais que tenham por objeto obrigação decorrente de empréstimo, financiamento ou alienação imobiliários, o autor deverá discriminar na petição inicial, dentre as obrigações contratuais, aquelas que pretende controverter, quantificando o valor incontroverso, sob pena de inépcia. § 1º O valor incontroverso deverá continuar sendo pago no tempo e modo contratados. § 2º A exigibilidade do valor controvertido poderá ser suspensa mediante depósito do montante correspondente, no tempo e modo contratados. § 3º Em havendo concordância do réu, o autor poderá efetuar o depósito de que trata o § 2º deste artigo, com remuneração e atualização nas mesmas condições aplicadas ao contrato: I – na própria instituição financeira credora, oficial ou não; ou II – em instituição financeira indicada pelo credor, oficial ou não, desde que estes tenham pactuado nesse sentido. § 4º O juiz poderá dispensar o depósito de que trata o § 2º em caso de relevante razão de direito e risco de dano irreparável ao autor, por decisão fundamentada na qual serão detalhadas as razões jurídicas e fáticas da ilegitimidade da cobrança no caso concreto. § 5º É vedada a suspensão liminar da exigibilidade da obrigação principal sob a alegação de compensação com valores pagos a maior, sem o depósito do valor integral desta."*

**3. Lei 12.016/2009, art. 10.** *"Art. 10. A inicial será desde logo indeferida, por decisão motivada, quando não for o caso de mandado de segurança* *ou lhe faltar algum dos requisitos legais ou quando decorrido o prazo legal para a impetração."*

**4. Lei 13.300/2016, art. 6º.** *"Art. 6º A petição inicial será desde logo indeferida quando a impetração for manifestamente incabível ou manifestamente improcedente. Parágrafo único. Da decisão de relator que indeferir a petição inicial, caberá agravo, em 5 (cinco) dias, para o órgão colegiado competente para o julgamento da impetração."*

## ⚖ JURISPRUDÊNCIA, ENUNCIADOS E SÚMULAS SELECIONADOS

- **5. Súmula TST, 263.** *"Salvo nas hipóteses do art. 330 do CPC de 2015 (art. 295 do CPC de 1973), o indeferimento da petição inicial, por encontrar-se desacompanhada de documento indispensável à propositura da ação ou não preencher outro requisito legal, somente é cabível se, após intimada para suprir a irregularidade em 15 (quinze dias), mediante indicação precisa do que deve ser corrigido ou completado, a parte não o fizer (art. 321 do CPC de 2015)."*
- **6. Enunciado 290 do FPPC.** *"A enumeração das espécies de contrato previstas no § 2º do art. 330 é exemplificativa."*
- **7. Enunciado 292 do FPPC.** *"Antes de indeferir a petição inicial, o juiz deve aplicar o disposto no art. 321."*
- **8. Enunciado 116 do FNPP.** *"Salvo justo motivo, quando a impugnação do crédito tributário for parcial, é inepta a petição inicial da ação anulatória em que o contribuinte não quantifica o valor impugnado."*
- **9. Enunciado 94 do FONAJE.** *"É cabível, em Juizados Especiais Cíveis, a propositura de ação de revisão de contrato, inclusive quando o autor pretenda o parcelamento de dívida, observado o valor de alçada, exceto quando exigir perícia contábil."*

## 🗒 COMENTÁRIOS TEMÁTICOS

**10. Indeferimento da petição inicial.** O indeferimento da petição inicial dá-se por decisão proferida no início do processo, antes mesmo de o réu ser citado. O juiz, ao indeferir a petição inicial, obsta liminarmente o prosseguimento do processo, não admitindo a demanda. O juiz não indefere a petição inicial por razões de mérito, mas por motivos de inadmissibilidade.

**11. Exame dos requisitos da demanda e teoria da asserção.** Os requisitos de admissibilidade da demanda devem ser aferidos diante do pedido,

em exame condicional, utilizando-se de juízos hipotéticos. Significa que se reputam verdadeiras as alegações da parte autora, para se aquilatar, a partir das simples afirmações constantes da petição inicial, a presença do interesse de agir, da legitimidade de parte e dos demais requisitos de admissibilidade da demanda e de regularidade do processo. O exame desses requisitos, num primeiro momento, é feito *in status assertionis*, considerando-se, apenas, as afirmações contidas na petição inicial. Se a análise depende do exame de provas, aí se tem um juízo de mérito, e não de admissibilidade.

**12. Aplicação da teoria da asserção.** *"As condições da ação, dentre elas, o interesse processual, definem-se da narrativa formulada na inicial, e não da análise do mérito da demanda (teoria da asserção), motivo pelo qual não se recomenda ao julgador, na fase postulatória, se aprofundar no exame de tais preliminares"* (STJ, 3ª Turma, REsp 1.609.701/MG, rel. Min. Moura Ribeiro, DJe 20.5.2021).

**13. Interesse de agir e teoria da asserção.** *"A jurisprudência do STJ está consolidada no sentido da aplicação da teoria da asserção, segundo a qual o interesse de agir deve ser avaliado in status assertionis, quer dizer, tal como apresentado na petição inicial"* (STJ, 3ª Turma, AgInt no REsp 1.841.683/SP, rel. Min. Nancy Andrighi, DJe 24.9.2020).

**14. Momento.** O indeferimento da petição inicial dá-se antes mesmo de o réu ser citado. Se juiz admite a demanda e determina a citação do réu, não haverá mais indeferimento da petição inicial. Depois que o réu for citado, o processo poderá ser extinto sem resolução do mérito, mas não haverá mais indeferimento da petição inicial.

**15. Indeferimento da petição inicial *versus* improcedência liminar do pedido.** Quando indefere a petição inicial, o juiz não julga o mérito (art. 485, I). Por sua vez, quando o juiz já rejeita o pedido do autor antes mesmo da citação do réu, o caso é de improcedência liminar do pedido (art. 332). Em outras palavras, enquanto o indeferimento da petição inicial ocorre por razões de inadmissibilidade, vindo o processo a ser extinto sem resolução do mérito, a improcedência liminar dá-se por razões de mérito.

**16. Indeferimento parcial e indeferimento total.** O indeferimento da petição inicial pode ser total ou parcial. Será total quando toda a petição inicial é indeferida. Se, porém, o juiz indefere apenas parte da petição inicial, aí o indeferimento é parcial. Se, por exemplo, houver cumulação de pedidos, mas o juízo só tiver competência absoluta para um deles, não tendo para outro, haverá indeferimento parcial da petição inicial: será indeferida a inicial quanto ao pedido para o qual o juízo não tem competência, admitindo a demanda quanto ao pedido para o qual ele tem competência (art. 45, §§ 1º e 2º). Quando o pedido for decomponível ou houver cumulação de pedidos, o juiz pode indeferir a petição inicial quanto a um deles e admitir a demanda no tocante ao outro. Em todos esses casos o indeferimento é parcial.

**17. Decisão no indeferimento total.** O indeferimento total da petição inicial é feito por sentença, dela cabendo apelação (art. 331).

**18. Decisão no indeferimento parcial.** O indeferimento parcial da petição inicial dá-se por decisão interlocutória, da qual cabe agravo de instrumento (art. 354, parágrafo único).

**19. Indeferimento na primeira instância e no tribunal.** O indeferimento da petição inicial pode se dar tanto na primeira instância como no tribunal. Em demandas propostas na primeira instância, o juiz pode indeferir, total ou parcialmente, a petição inicial. Em causas originárias de tribunal, a exemplo de mandado de segurança originário, reclamação ou ação rescisória, o relator pode indeferir, total ou parcialmente, a petição inicial.

**20. Decisão que indefere a petição inicial no tribunal.** No tribunal, a petição inicial é, via de regra, indeferida por decisão do relator, da qual cabe agravo interno (art. 1.021). Não é comum o indeferimento dar-se por acórdão ou decisão colegiada, mas não é proibido que assim o seja; contra o acórdão que indeferir a petição inicial caberá, conforme o caso, recurso ordinário, recurso especial ou recurso extraordinário.

**21. Hipóteses de indeferimento.** A petição inicial deve ser indeferida nas hipóteses do art. 330, ou seja, quando for inepta, quando a parte for manifestamente ilegítima, se faltar interesse de agir ou se não for atendido disposto no art. 106, I, ou no art. 321. Não há indeferimento por razões de mérito. O indeferimento da petição inicial acarreta extinção do processo sem resolução do mérito (art. 485, I) ou a exclusão imediata de parte do pedido ou de um dos pedidos (art. 354, parágrafo único).

**22. Indeferimento da petição inicial do mandado de segurança por razões de mérito.** *"Consoante o entendimento desta Corte, é inadmissível o indeferimento da petição inicial do mandado de segurança com base em questões de mérito"* (STJ, 1ª Turma, AgInt no RMS 52.671/MS, rel. Min. Gurgel de Faria, *DJe* 25.6.2019).

*"É inadmissível o indeferimento da petição inicial do mandado de segurança, lastreado em questões de mérito"* (STJ, 2ª Turma, AgInt no REsp 1.753.012/CE, rel. Min. Mauro Campbell Marques, *DJe* 1º.3.2019).

**23. Inépcia da petição inicial.** A inépcia é a inaptidão da petição inicial. A petição inicial concretiza o ato de demandar. Se esse ato não for válido, será inepto, não terá aptidão para viabilizar o exame do mérito pelo órgão jurisdicional. Ocorre inépcia da petição inicial quando há vício na identificação ou na formulação dos elementos objetivos da demanda: causa de pedir e pedido. As hipóteses de inépcia estão relacionadas nos §§ 1º e 2º do art. 330. Há inépcia da petição inicial, quando nela não há causa de pedir ou pedido. Se a petição inicial não contiver causa de pedir ou pedido, não há como ser julgada a demanda. A causa de pedir incompleta ou obscura também caracteriza inépcia. De igual modo, o pedido indeterminado configura inépcia. Se o pedido for incompleto ou obscuro, não haverá aptidão da petição inicial, sendo inepta. Além disso, a petição inicial deve ser coerente, ou seja, da narração dos fatos deve decorrer logicamente o pedido. Se não houver essa coerência, haverá inépcia; é inepta a petição inicial, quando da narração dos fatos não decorre logicamente o pedido. Em caso de cumulação de pedidos, é preciso que haja compatibilidade entre eles (art. 327, § 1º, I). A compatibilidade dos pedidos é não só requisito para sua cumulação, mas também – e sobretudo – para a aptidão da petição inicial. Se a petição inicial tiver pedidos incompatíveis entre si, haverá inépcia. O autor não pode, por exemplo, pedir o cumprimento do contrato e, ao mesmo tempo, seu desfazimento; há, aí, uma incompatibilidade lógica, devendo o juiz intimá-lo para optar por um dos pedidos, sob pena de indeferimento da petição inicial (art. 321).

**24. Ações de revisão de obrigação.** Na demanda que tenha por objeto a discussão de dívida decorrente de empréstimo, financiamento ou alienação de bens, o autor deve identificar, na petição inicial, qual o valor que pretende discutir e qual a parcela incontroversa. Cabe-lhe, enfim, discriminar o valor que pretende controverter; não basta pedir a revisão contratual genericamente, sem especificar o que se discute, sob pena inépcia. Será inepta a petição inicial que não contenha essa especificação. Além de especificar a parte que irá controverter, o autor deve continuar a cumprir com a parcela incontroversa.

**25. Ilegitimidade de parte.** A petição inicial deve ser indeferida quando a parte for manifestamente ilegítima. A legitimidade pode ser

# LIVRO I · DO PROCESSO DE CONHECIMENTO E DO CUMPRIMENTO DE SENTENÇA — Art. 331

ordinária ou extraordinária. Se o juiz conclui pela falta de legitimidade *ordinária*, o que está a decidir, em verdade, é pela ausência de titularidade do direito invocado, denegando a postulação formulada: declara não ter razão o autor, por não ser titular do direito; profere, enfim, sentença de improcedência. Embora a legitimidade *extraordinária* esteja relacionada com a relação material, sendo estabelecida em razão do nexo existente entre as relações jurídicas de titularidade do legitimado ordinário e do extraordinário, não constitui uma questão de mérito. Se o substituto processual não dispõe de legitimidade, a sentença que assim o reconhece não denega o direito do substituído. Com efeito, quando o juiz reconhece a ilegitimidade *ad causam* do substituto processual, não está a rejeitar o reconhecimento do direito do substituído; está, apenas, a observar que, naquele caso, o sujeito não está autorizado a, em nome próprio, postular direito alheio. Significa, então, que a legitimidade *extraordinária* é uma questão de admissibilidade do processo, e não de mérito. Logo, a petição inicial só pode ser indeferida, se houver ilegitimidade extraordinária. A ordinária é questão de mérito, a ser decidida após o contraditório, e não com o indeferimento da petição inicial.

**26. Falta de interesse de agir.** Se não houver necessidade da tutela jurisdicional perseguida, não há interesse de agir. De igual modo, sendo inútil a prestação jurisdicional postulada, falta ao autor interesse de agir. A falta de interesse de agir autoriza o juiz a indeferir a petição inicial.

**27. Não atendimento ao art. 106.** Cabe ao advogado, quando postular em causa própria, declarar, na petição inicial, o endereço, seu número de inscrição na OAB e o nome da sociedade de advogados da qual participa, para o recebimento de intimações (art. 106, I); não cumprida essa exigência, o juiz ordenará que se supra a omissão, no prazo de 5 dias (art. 106, § 1º). Não cumprida a exigência, a petição inicial será indeferida.

**28. Não atendimento ao art. 321.** O juiz, ao verificar que a petição inicial não preenche os requisitos dos arts. 319 e 320 ou que apresenta defeitos e irregularidades que possam dificultar o exame do mérito, ordenará que o autor, no prazo de 15 dias, a emente ou a complete (art. 321). Não cumprida a diligência, a petição inicial será indeferida.

---

**Art. 331.** Indeferida a petição inicial, o autor poderá apelar, facultado ao juiz, no prazo de 5 (cinco) dias, retratar-se.

---

§ 1º Se não houver retratação, o juiz mandará citar o réu para responder ao recurso.

§ 2º Sendo a sentença reformada pelo tribunal, o prazo para a contestação começará a correr da intimação do retorno dos autos, observado o disposto no art. 334.

§ 3º Não interposta a apelação, o réu será intimado do trânsito em julgado da sentença.

▶ **1. Correspondência no CPC/1973.** *"Art. 296. Indeferida a petição inicial, o autor poderá apelar, facultado ao juiz, no prazo de 48 (quarenta e oito) horas, reformar sua decisão. Parágrafo único. Não sendo reformada a decisão, os autos serão imediatamente encaminhados ao tribunal competente."*

## 📖 LEGISLAÇÃO CORRELATA

**2. CPC, 494.** *"Art. 494. Publicada a sentença, o juiz só poderá alterá-la: I – para corrigir-lhe, de ofício ou a requerimento da parte, inexatidões materiais ou erros de cálculo; II – por meio de embargos de declaração."*

**3. ECA, art. 198, VII.** *"Art. 198. Nos procedimentos afetos à Justiça da Infância e da Juventude, inclusive os relativos à execução das medidas socioeducativas, adotar-se-á o sistema recursal da Lei nº 5.869, de 11 de janeiro de 1973 (Código de Processo Civil), com as seguintes adaptações: (...) VII – antes de determinar a remessa dos autos à superior instância, no caso de apelação, ou do instrumento, no caso de agravo, a autoridade judiciária proferirá despacho fundamentado, mantendo ou reformando a decisão, no prazo de cinco dias."*

**4. Lei 12.016/2009, art. 10, § 1º.** *"Art. 10. (...) § 1º Do indeferimento da inicial pelo juiz de primeiro grau caberá apelação e, quando a competência para o julgamento do mandado de segurança couber originariamente a um dos tribunais, do ato do relator caberá agravo para o órgão competente do tribunal que integre."*

## ⚖ JURISPRUDÊNCIA, ENUNCIADOS E SÚMULAS SELECIONADOS

- **5. Enunciado 291 do FPPC.** *"Aplicam-se ao procedimento do mandado de segurança os arts. 331 e parágrafos e 332, § 3º do CPC."*

- **6. Enunciado 293 do FFPC.** *"O juízo de retratação, quando permitido, somente poderá ser exercido se a apelação for tempestiva."*

- **7. Enunciado 68 da I Jornada-CJF.** *"A intempestividade da apelação desautoriza o órgão a quo a proferir juízo positivo de retratação."*

587

## ≡ Comentários Temáticos

**8. Pronunciamento que indefere a petição inicial.** É por meio de sentença que o juiz indefere a petição inicial. Em causa originária do tribunal, dá-se por decisão isolada do relator. A petição inicial pode ser indeferida só quanto a uma parte do pedido ou só em relação a um dos pedidos cumulados, hipótese em que há indeferimento *parcial* da petição inicial, consistindo numa decisão interlocutória (art. 354, parágrafo único).

**9. Recurso cabível.** Da sentença que indefere a petição inicial cabe apelação. Se o indeferimento for parcial, cabe agravo de instrumento (art. 354, parágrafo único). O indeferimento da petição inicial por decisão isolada do relator desafia agravo interno (art. 1.021).

**10. Inalterabilidade da sentença.** Proferida e lançada a sentença aos autos, o juiz não pode mais alterá-la (art. 494). Uma vez publicada (ou seja, lançada aos autos, tornada pública) a sentença, há o encerramento da atividade judicial em primeira instância naquela específica fase processual, não podendo mais o juiz rever sua decisão, razão pela qual não lhe será permitido modificar seu conteúdo, ainda que venha a verificar o desacerto da tese esposada ou da conclusão a que ali tenha chegado.

**11. Exceção à regra da inalterabilidade da sentença.** A regra da inalterabilidade da sentença comporta algumas exceções. Duas delas estão no próprio art. 494. Além daquelas exceções, o juiz pode modificar sua própria sentença, quando interposta apelação contra o indeferimento da petição inicial. O indeferimento da petição inicial, antes mesmo da citação do réu (art. 330), é procedido por meio de uma sentença que extingue o processo sem resolução do mérito (art. 485, I), rendendo ensejo à interposição de uma apelação. Só que tal apelação funda-se no art. 331, permitindo o exercício do juízo de retratação pelo magistrado. Aliás, a apelação contra qualquer sentença que extinga o processo sem resolução permite a retratação do juiz (art. 485, § 7º).

**12. Efeito regressivo ou efeito de retratação.** É o que autoriza o órgão *a quo* a rever a decisão recorrida. É o que acontece exatamente com a apelação contra a sentença que indefere a petição inicial. A interposição da apelação permite ao órgão que proferiu a sentença exercer retratação, dando provimento ao recurso e desfazendo sua sentença. Para que haja retratação, a apelação deve ser tempestiva.

**13. Processamento da apelação.** Interposta a apelação, o juiz já pode retratar-se. Se não houver retratação, irá manter a sentença e determinar a citação do réu para, querendo, apresentar suas contrarrazões. Depois, os autos seguem ao tribunal para processamento e julgamento da apelação.

**14. Prazo para apelação e para contrarrazões.** O prazo da apelação contra indeferimento da petição inicial e o das correspondentes contrarrazões são de 15 dias (art. 1.003, § 5º). Na contagem de tais prazos, computam-se apenas os dias úteis (art. 219).

**15. Provimento da apelação.** Provida a apelação contra o indeferimento da petição inicial, a demanda passa a ser admitida, devendo ser adotado o procedimento do caso, com a prática dos subsequentes atos processuais. A apelação pode ser provida para admitir a demanda e já julgar improcedente o pedido, quando, por exemplo, o tribunal reconhecer a prescrição ou a decadência, desde que haja contraditório sobre isso e não se exija instrução probatória, ou seja, desde que a causa esteja "madura" para julgamento dessa questão. De igual modo, a apelação pode ser provida para afastar o indeferimento da petição inicial, mas o tribunal pode, desde logo, perceber que já há sobre o tema enunciado de súmula ou precedente obrigatório, promovendo, então, o julgamento de improcedência liminar (art. 332). Para isso, é preciso, porém, observar o contraditório prévio, permitindo ao autor demonstrar que há, no caso, a necessidade de sua distinção ou de superação do precedente ou do entendimento firmado.

**16. Honorários de sucumbência.** *"(...) 3. Indeferida a petição inicial sem a citação ou o comparecimento espontâneo do réu, não cabe a condenação do autor ao pagamento de honorários advocatícios sucumbenciais. 4. Interposta apelação contra sentença que indefere a petição inicial e não havendo retratação do ato decisório pelo magistrado, o réu deve ser citado para responder ao recurso. 5. Citado o réu para responder a apelação e apresentadas as contrarrazões, cabe a fixação de honorários advocatícios sucumbenciais se o referido recurso não for provido. (...)"* (STJ, 3ª Turma, REsp 1.801.586/DF, rel. Min. Ricardo Villas Bôas Cueva, *DJe* 18.6.2019).

**17. Trânsito em julgado e intimação do réu.** Transitada em julgado a sentença sem que haja apelação do autor, o réu haverá de ser cientificado de sua vitória. Essa comunicação é indispensável para que o réu tenha ciência de sua vitória, já que não foi citado.

# CAPÍTULO III
## DA IMPROCEDÊNCIA LIMINAR DO PEDIDO

**Art. 332.** Nas causas que dispensem a fase instrutória, o juiz, independentemente da citação do réu, julgará liminarmente improcedente o pedido que contrariar:

I – enunciado de súmula do Supremo Tribunal Federal ou do Superior Tribunal de Justiça;

II – acórdão proferido pelo Supremo Tribunal Federal ou pelo Superior Tribunal de Justiça em julgamento de recursos repetitivos;

III – entendimento firmado em incidente de resolução de demandas repetitivas ou de assunção de competência;

IV – enunciado de súmula de tribunal de justiça sobre direito local.

§ 1º O juiz também poderá julgar liminarmente improcedente o pedido se verificar, desde logo, a ocorrência de decadência ou de prescrição.

§ 2º Não interposta a apelação, o réu será intimado do trânsito em julgado da sentença, nos termos do art. 241.

§ 3º Interposta a apelação, o juiz poderá retratar-se em 5 (cinco) dias.

§ 4º Se houver retratação, o juiz determinará o prosseguimento do processo, com a citação do réu, e, se não houver retratação, determinará a citação do réu para apresentar contrarrazões, no prazo de 15 (quinze) dias.

▶ **1. Correspondência no CPC/1973.** *"Art. 285-A. Quando a matéria controvertida for unicamente de direito e no juízo já houver sido proferida sentença de total improcedência em outros casos idênticos, poderá ser dispensada a citação e proferida sentença, reproduzindo-se o teor da anteriormente prolatada. § 1º Se o autor apelar, é facultado ao juiz decidir, no prazo de 5 (cinco) dias, não manter a sentença e determinar o prosseguimento da ação. § 2º Caso seja mantida a sentença, será ordenada a citação do réu para responder ao recurso." "Art. 295. A petição inicial será indeferida: (...) IV – quando o juiz verificar, desde logo, a decadência ou a prescrição (art. 219, § 5º)."*

## 📖 LEGISLAÇÃO CORRELATA

**2. IN 39/2016 do TST, art. 7º.** *"Art. 7º Aplicam-se ao Processo do Trabalho as normas do art. 332 do CPC, com as necessárias adaptações à legislação processual trabalhista, cumprindo ao juiz do trabalho julgar liminarmente improcedente o pedido que contrariar: I – enunciado de súmula do Supremo Tribunal Federal ou do Tribunal Superior do Trabalho (CPC, art. 927, inciso V); II – acórdão proferido pelo Supremo Tribunal Federal ou pelo Tribunal Superior do Trabalho em julgamento de recursos repetitivos (CLT, art. 896-B; CPC, art. 1.046, § 4º); III – entendimento firmado em incidente de resolução de demandas repetitivas ou de assunção de competência; IV – enunciado de súmula de Tribunal Regional do Trabalho sobre direito local, convenção coletiva de trabalho, acordo coletivo de trabalho, sentença normativa ou regulamento empresarial de observância obrigatória em área territorial que não exceda à jurisdição do respectivo Tribunal (CLT, art. 896, 'b', a contrario sensu). Parágrafo único. O juiz também poderá julgar liminarmente improcedente o pedido se verificar, desde logo, a ocorrência de decadência."*

**3. RISTF, art. 161, parágrafo único.** *"Parágrafo único. O Relator poderá julgar a reclamação quando a matéria for objeto de jurisprudência consolidada do Tribunal."*

## ⚖ JURISPRUDÊNCIA, ENUNCIADOS E SÚMULAS SELECIONADOS

- **4. Tema/Repetitivo 134 do STJ.** *"Em execução fiscal, a prescrição ocorrida antes da propositura da ação pode ser decretada de ofício (art. 219, § 5º, do CPC [de 1973])."*

- **5. Súmula 409, STJ.** *"Em execução fiscal, a prescrição ocorrida antes da propositura da ação pode ser decretada de ofício (art. 219, § 5º, do CPC [de 1973])."*

- **6. Enunciado 146 do FPPC.** *"Na aplicação do inciso I do art. 332 o juiz observará o inciso IV do caput do art. 927."*

- **7. Enunciado 291 do FPPC.** *"Aplicam-se ao procedimento do mandado de segurança os arts. 331 e parágrafos e 332, § 3º do CPC."*

- **8. Enunciado 293 do FPPC.** *"O juízo de retratação, quando permitido, somente poderá ser exercido se a apelação for tempestiva."*

- **9. Enunciado 294 do FPPC.** *"O julgamento liminar de improcedência, disciplinado no art. 332, salvo com relação ao § 1º, se aplica ao processo do trabalho quando contrariar: a) enunciado de súmula ou de Orientação Jurisprudencial do TST; b) acórdão proferido pelo TST em julgamento de recursos de revista repetitivos; c) entendimento firmado em resolução de demandas repetitivas."*

- **10. Enunciado 507 do FPPC.** *"O art. 332 aplica-se ao sistema de Juizados Especiais."*
- **11. Enunciado 508 do FPPC.** *"Interposto recurso inominado contra sentença que julga liminarmente improcedente o pedido, o juiz pode retratar-se em cinco dias."*
- **12. Enunciado 705 do FPPC.** *"Aplicam-se os §§ 3º e 4º do art. 1.013 ao agravo de instrumento interposto contra decisão parcial de mérito."*
- **13. Enunciado 22 da I Jornada-CJF.** *"Em causas que dispensem a fase instrutória, é possível o julgamento de improcedência liminar do pedido que contrariar decisão do Supremo Tribunal Federal em controle concentrado de constitucionalidade ou enunciado de súmula vinculante."*
- **14. Enunciado 68 da I Jornada-CJF.** *"A intempestividade da apelação desautoriza o órgão a quo a proferir juízo positivo de retratação."*
- **15. Enunciado 15 do FNPP.** *"Aplica-se ao mandado de segurança o julgamento de improcedência liminar do pedido."*
- **16. Enunciado 11 da ENFAM.** *"Os precedentes a que se referem os incisos V e VI do § 1º do art. 489 do CPC/2015 são apenas os mencionados no art. 927 e no inciso IV do art. 332."*
- **17. Enunciado 43 da ENFAM.** *"O art. 332 do CPC/2015 se aplica ao sistema de juizados especiais e o inciso IV também abrange os enunciados e súmulas dos seus órgãos colegiados competentes."*
- **18. Enunciado 101 do FONAJE.** *"O art. 332 do CPC/2015 aplica-se ao Sistema dos Juizados Especiais; e o disposto no respectivo inc. IV também abrange os enunciados e súmulas de seus órgãos colegiados."*

## ▣ Comentários Temáticos

**19. Improcedência liminar do pedido.** O art. 332 elenca os casos de improcedência liminar do pedido. Nessas situações, o juiz, antes mesmo da citação do réu, já julga improcedente o pedido formulado pelo autor na sua petição inicial. Trata-se de decisão de mérito, que produz coisa julgada, podendo ser desconstituída por ação rescisória.

**20. Tipos de demanda.** A improcedência liminar do pedido pode ocorrer em qualquer caso, seja em ação proposta na primeira instância, seja em ação originária de tribunal. O art. 332 pode, ainda, ser aplicado à reconvenção, aos embargos à execução, à reclamação, enfim, pode qualquer pedido ser julgado liminarmente improcedente, desde que presente uma das hipóteses ali previstas.

**21. Requisitos gerais.** Para que se julgue liminarmente improcedente o pedido, é preciso que a causa dispense a fase instrutória. Os fatos devem estar todos comprovados por documentos, não sendo necessária a produção de qualquer outro meio de prova. Além de dispensar a fase instrutória, a improcedência liminar do pedido exige que se verifique uma das hipóteses previstas nos incisos do art. 332 ou que se verifique a hipótese prevista no seu § 1º.

**22. Julgamento antecipado do mérito antes da citação.** A improcedência liminar é uma espécie de julgamento antecipado do mérito (art. 355, I), proferido antes mesmo da citação do demandado.

**23. Casos dos incisos do art. 332 e sua relação com o sistema de precedentes.** As hipóteses previstas nos incisos do art. 332 relacionam-se com o sistema de precedentes regulado no CPC. Estabelecido o entendimento do tribunal, o precedente firmado haverá de ser aplicado, rendendo ensejo às consequências dessa sua aplicação e atraindo a adoção de algumas regras, entre as quais se destaca a improcedência liminar do pedido. Depois de editado enunciado de súmula ou firmada a tese jurídica pelo tribunal, se for proposta alguma demanda cujo fundamento contrarie o referido enunciado ou a mencionada tese, o juiz julgará liminarmente improcedente o pedido independentemente da citação do réu, desde que não haja necessidade de produção de provas a respeito dos fatos alegados pelo autor.

**24. Dever de fundamentação.** Nas hipóteses relacionadas no art. 332, o juiz deve observar os precedentes existentes em torno do tema, só deixando de aplicá-los quando houver alguma distinção a ser feita, ou seja, se houver alguma peculiaridade que justifique o afastamento do precedente. Para isso, deve fundamentar sua decisão (art. 489, § 1º, VI).

**25. Interpretação conjunta do art. 332 com o art. 927.** O art. 332 deve ser interpretado em conjunto com o art. 927. Há, no art. 927, uma lista de precedentes a serem observados pelos órgãos jurisdicionais. Comparando o texto do art. 332 com o do art. 927, observa-se que, no art. 332, não há a reprodução das hipóteses previstas nos incisos I e V do art. 927. O inciso I do art. 332 menciona súmula de tribunal superior, enquanto o inciso IV do art. 927, refere-se a súmula do STF em matéria constitucional e do STJ, em matéria infraconstitucional. Aparentemente, não há restrição no inciso I do art.

**LIVRO I · DO PROCESSO DE CONHECIMENTO E DO CUMPRIMENTO DE SENTENÇA** — **Art. 332**

332, que dá a entender ser qualquer súmula. É preciso, porém, que se faça uma interpretação sistemática, destinada a conferir unidade e coerência ao sistema. Conjugando os dispositivos, conclui-se que a improcedência liminar apenas é admitida quando o pedido contrariar enunciado de súmula do STF em matéria constitucional e do STJ em matéria infraconstitucional. Pelas mesmas razões, o juiz pode julgar liminarmente improcedente o pedido quando este contrariar enunciado de súmula vinculante (art. 927, II), pois esta é uma súmula do STF em matéria constitucional (art. 332, I). Já os incisos II e III do art. 332 correspondem ao inciso III do art. 927, não havendo qualquer esforço interpretativo a ser feito. O inciso IV do art. 332 autoriza a improcedência liminar do pedido que contrariar enunciado de súmula de tribunal de justiça sobre o direito estadual ou municipal. Essa é uma hipótese de precedente obrigatório que não está prevista no art. 927. Isso não impede, evidentemente, a improcedência liminar do pedido, pois só está a confirmar que o rol do art. 927 é exemplificativo, e não exaustivo.

**26. Interpretação restritiva.** *"Por se tratar de regra que limita o pleno exercício de direitos fundamentais de índole processual, em especial o contraditório e a ampla defesa, as hipóteses autorizadoras do julgamento de improcedência liminar do pedido devem ser interpretadas restritivamente, não se podendo dar a elas amplitude maior do que aquela textualmente indicado pelo legislador no art. 332 do novo CPC"* (STJ, 3ª Turma, REsp 1.854.842/CE, rel. Min. Nancy Andrighi, *DJe* 4.6.2020).

**27. Improcedência liminar por prescrição ou decadência.** O juiz pode conhecer, de ofício, da prescrição (arts. 332, §1º, e 487, II). Por isso, pode julgar liminarmente improcedente o pedido, quando já observar que a pretensão está prescrita. Como o réu ainda não foi citado, não deve ser consultado. A improcedência liminar do pedido em caso de prescrição dispensa a prévia consulta ao réu, justamente porque se trata de improcedência *liminar*, feita antes mesmo de sua citação. Quando o réu já tiver sido citado – e aí já não será mais improcedência *liminar* do pedido – o juiz pode conhecer de ofício da prescrição, mas deve, antes de reconhecê-la, determinar a intimação das partes para pronunciar-se a respeito do tema, em atendimento ao dever de consulta (art. 487, parágrafo único).

**28. Decadência.** Há uma distinção entre *decadência legal* e *decadência convencional*. Enquanto aquela decorre de previsão legal, esta consta de disposição contratual, estatutária ou convencional. O juiz pode conhecer, de ofício, apenas da decadência legal, não o podendo quanto à convencional (CC, arts. 210 e 211). Assim, a improcedência liminar do pedido somente pode se dar no caso de decadência legal, não no caso de decadência convencional.

**29. Pronunciamento que julga liminarmente improcedente o pedido** A improcedência liminar do pedido dá-se por sentença. Quando pronunciada em causa originária do tribunal, dá-se por decisão isolada do relator.

**30. Improcedência liminar parcial do pedido.** É possível que a improcedência liminar seja de parte do pedido. Nesse caso, há improcedência liminar *parcial* do pedido, consistindo numa decisão parcial de mérito, qualificada como uma decisão interlocutória (art. 203, § 2º).

**31. Recurso contra o pronunciamento que julga liminarmente improcedente o pedido.** Se a improcedência liminar do pedido for dada por sentença, caberá apelação prevista no próprio art. 332. Tratando-se de improcedência liminar *parcial* do pedido, o recurso cabível é o agravo de instrumento (art. 1.015, II). A improcedência liminar do pedido dada por decisão isolada do relator desafia agravo interno (art. 1.021).

**32. Apelação contra a sentença que julga liminarmente improcedente o pedido.** A improcedência liminar do pedido dá-se por sentença, por decisão interlocutória ou por decisão isolada do relator. Quando se dá por sentença, esta é atacada por apelação. A apelação, nesse caso, está regida pelo próprio art. 332, podendo o juiz retratar-se. Havendo retratação, o juiz desfaz sua sentença e ordena o prosseguimento regular do processo, com a citação do réu. Caso não se retrate, o réu deverá ser citado para apresentar suas contrarrazões e acompanhar a causa no tribunal, ao qual compete julgar o mérito, com transferência da competência que era do juízo de primeiro grau.

**33. Julgamento da causa pelo tribunal.** A improcedência liminar do pedido dispensa a fase instrutória, podendo ser aplicada a regra do art. 1.013, § 3º, que permite ao tribunal já julgar o mérito quando o processo estiver em condições de imediato julgamento. Se o réu não fosse citado para acompanhar o recurso, não poderia o tribunal eventualmente julgar procedente o pedido do autor, sob pena de ofender o princípio do contraditório e da ampla defesa. Se o réu não fosse citado, mas o tribunal entendesse que a sentença estaria errada e deveria haver a procedência do pedido, caberia determinar o retorno dos autos à primeira instância para que, citado o réu e desenvolvidos os atos processuais, houvesse sentença, daí se seguindo apelação etc. Objetiva-se suprimir tudo isso, com ganho de tempo: o tribunal, discordando do juiz, já pode acolher o pedido do autor, sem que haja ofensa à ampla defesa e ao contraditório, pois a matéria dispensa a fase instrutória e o réu já teve oportunidade de se defender.

**34. Ausência de citação do réu.** Na hipótese de o réu não ser citado para responder ao recurso, poderá o tribunal já julgar a apelação? Se o tribunal resolver manter a sentença, a falta de citação não gera qualquer nulidade ou prejuízo. Para que o tribunal possa reformar a sentença e já julgar contrariamente ao réu, deverá, contudo, ter havido a citação deste para responder ao recurso. Nesse caso, a ausência de citação pode ser suprida no próprio tribunal, devendo ser determinada, ali mesmo, a citação do réu. Cumprida a diligência e dada oportunidade ao réu para defender-se, a apelação já pode ser julgada, aplicando-se os §§ 1º e 2º do art. 938.

**35. Procedimento da apelação no tribunal.** Interposta a apelação e citado o réu para apresentar resposta, os autos seguirão ao tribunal. Distribuída a apelação ao relator, este poderá negar-lhe provimento, quando já houver súmula ou entendimento firmado no mesmo sentido da sentença apelada (art. 932, IV). Não sendo caso de aplicar o art. 932, IV, o relator dará seguimento regular à apelação, levando-a a julgamento do órgão competente no tribunal.

**36. Alegação de *error in procedendo*.** Se o apelante, em suas razões, alega que a causa não dispensa, por exemplo, instrução probatória, estará demonstrando que o juiz aplicou o procedimento errado: não era caso de improcedência liminar do pedido. Nessa hipótese, o apelante demonstra um *error in procedendo*. Ao dar provimento à apelação, o tribunal deverá determinar que os autos sejam devolvidos ao juiz de primeira instância para prosseguimento regular do processo.

**37. Alegação de *erros in iudicando*.** Se o apelante alega que o conteúdo da sentença está errado, não se aplicando ao caso aquele entendimento consagrado em enunciado de súmula ou em precedente obrigatório, há, aí, a demonstração de um *error in iudicando*. Nesse caso, o tribunal, ao dar provimento à apelação, já julga o mérito, acolhendo o pedido do autor formulado na petição inicial.

**38. Princípio do contraditório.** O art. 332 não ofende o princípio do contraditório, pois a decisão é favorável ao réu e contrária ao autor. Em todos os casos de improcedência liminar, a sentença é favorável ao réu e contrária ao autor. Haveria ofensa ao contraditório se o pedido já fosse, liminarmente, acolhido ou julgado procedente, sem a mínima possibilidade de defesa.

**39. Comunicação ao réu.** Transitada em julgado a sentença sem que haja apelação do autor, o réu haverá de ser cientificado de sua vitória (art. 241). Essa comunicação é indispensável para que o réu tenha *ciência* de sua vitória, podendo alegar coisa julgada material, numa eventual hipótese de repropositura da demanda.

# CAPÍTULO IV
## DA CONVERSÃO DA AÇÃO INDIVIDUAL EM AÇÃO COLETIVA

**Art. 333.** (VETADO).

▶ **1. Sem correspondência no CPC/1973.**

🗐 **COMENTÁRIOS TEMÁTICOS**

**2. Teor do dispositivo vetado.** *"Art. 333. Atendidos os pressupostos da relevância social e da dificuldade de formação do litisconsórcio, o juiz, a requerimento do Ministério Público ou da Defensoria Pública, ouvido o autor, poderá converter em coletiva a ação individual que veicule pedido que: I – tenha alcance coletivo, em razão da tutela de bem jurídico difuso ou coletivo, assim entendidos aqueles definidos pelo art. 81, parágrafo único, incisos I e II, da Lei nº 8.078, de 11 de setembro de 1990 (Código de Defesa do Consumidor), e cuja ofensa afete, a um só tempo, as esferas jurídicas do indivíduo e da coletividade; II – tenha por objetivo a solução de conflito de interesse relativo a uma mesma relação jurídica plurilateral, cuja solução, por sua natureza ou por disposição de lei, deva ser necessariamente uniforme, assegurando-se tratamento isonômico para todos os membros do grupo. § 1º Além do Ministério Público e da Defensoria Pública, podem requerer a conversão os legitimados referidos no art. 5º da Lei nº 7.347, de 24 de julho de 1985, e no art. 82 da Lei nº 8.078, de 11 de setembro de 1990 (Código de Defesa do Consumidor). § 2º A conversão não pode implicar a formação de processo coletivo para a tutela de direitos individuais homogêneos. § 3º Não se admite a conversão, ainda, se: I – já iniciada, no processo individual, a audiência de instrução e julgamento; ou II – houver processo coletivo pendente*

**LIVRO I · DO PROCESSO DE CONHECIMENTO E DO CUMPRIMENTO DE SENTENÇA** — Art. 334

*com o mesmo objeto; ou III – o juízo não tiver competência para o processo coletivo que seria formado. § 4º Determinada a conversão, o juiz intimará o autor do requerimento para que, no prazo fixado, adite ou emende a petição inicial, para adaptá-la à tutela coletiva. § 5º Havendo aditamento ou emenda da petição inicial, o juiz determinará a intimação do réu para, querendo, manifestar-se no prazo de 15 (quinze) dias. § 6º O autor originário da ação individual atuará na condição de litisconsorte unitário do legitimado para condução do processo coletivo. § 7º O autor originário não é responsável por nenhuma despesa processual decorrente da conversão do processo individual em coletivo. § 8º Após a conversão, observar-se-ão as regras do processo coletivo. § 9º A conversão poderá ocorrer mesmo que o autor tenha cumulado pedido de natureza estritamente individual, hipótese em que o processamento desse pedido dar-se-á em autos apartados. § 10. O Ministério Público deverá ser ouvido sobre o requerimento previsto no* caput, *salvo quando ele próprio o houver formulado.”*

**3. Razões do veto.** *“Da forma como foi redigido, o dispositivo poderia levar à conversão de ação individual em ação coletiva de maneira pouco criteriosa, inclusive em detrimento do interesse das partes. O tema exige disciplina própria para garantir a plena eficácia do instituto. Além disso, o novo Código já contempla mecanismos para tratar demandas repetitivas. No sentido do veto manifestou-se também a Ordem dos Advogados do Brasil – OAB.”*

## ⚖ Jurisprudência, Enunciados e Súmulas Selecionados

- **4. Enunciado 37 do FPPC.** *“É presumida a relevância social na hipótese do inciso I do art. 333, sendo dispensável a verificação da “dificuldade de formação do litisconsórcio.”*

- **5. Enunciado 38 do FPPC.** *“Os requisitos de relevância social e de dificuldade de formação do litisconsórcio são alternativos.”*

- **6. Enunciado 39 do FPPC.** *“É dever do juiz intimar os legitimados do art. 333 do CPC para, se for o caso, requerer a conversão, aplicando-se, por analogia, o art. 139, X, do CPC.”*

- **7. Enunciado 40 do FPPC.** *“Havendo requerimento de conversão, o juiz, antes de decidir, ouvirá o autor e, caso já tenha sido citado, o réu.”*

- **8. Enunciado 41 do FPPC.** *“A oposição das partes à conversão da ação individual em coletiva limita-se à alegação do não preenchimento dos seus pressupostos.”*

## CAPÍTULO V
## DA AUDIÊNCIA DE CONCILIAÇÃO OU DE MEDIAÇÃO

**Art. 334.** Se a petição inicial preencher os requisitos essenciais e não for o caso de improcedência liminar do pedido, o juiz designará audiência de conciliação ou de mediação com antecedência mínima de 30 (trinta) dias, devendo ser citado o réu com pelo menos 20 (vinte) dias de antecedência.

§ 1º O conciliador ou mediador, onde houver, atuará necessariamente na audiência de conciliação ou de mediação, observando o disposto neste Código, bem como as disposições da lei de organização judiciária.

§ 2º Poderá haver mais de uma sessão destinada à conciliação e à mediação, não podendo exceder a 2 (dois) meses da data de realização da primeira sessão, desde que necessárias à composição das partes.

§ 3º A intimação do autor para a audiência será feita na pessoa de seu advogado.

§ 4º A audiência não será realizada:

I – se ambas as partes manifestarem, expressamente, desinteresse na composição consensual;

II – quando não se admitir a autocomposição.

§ 5º O autor deverá indicar, na petição inicial, seu desinteresse na autocomposição, e o réu deverá fazê-lo, por petição, apresentada com 10 (dez) dias de antecedência, contados da data da audiência.

§ 6º Havendo litisconsórcio, o desinteresse na realização da audiência deve ser manifestado por todos os litisconsortes.

§ 7º A audiência de conciliação ou de mediação pode realizar-se por meio eletrônico, nos termos da lei.

§ 8º O não comparecimento injustificado do autor ou do réu à audiência de conciliação é considerado ato atentatório à dignidade da justiça e será sancionado com multa de até dois por cento da vantagem econômica pretendida ou do valor da causa, revertida em favor da União ou do Estado.

§ 9º As partes devem estar acompanhadas por seus advogados ou defensores públicos.

§ 10. A parte poderá constituir representante, por meio de procuração específica, com poderes para negociar e transigir.

§ 11. A autocomposição obtida será reduzida a termo e homologada por sentença.

593

# Art. 334 CÓDIGO DE PROCESSO CIVIL COMENTADO – *Leonardo Carneiro da Cunha*

§ 12. A pauta das audiências de conciliação ou de mediação será organizada de modo a respeitar o intervalo mínimo de 20 (vinte) minutos entre o início de uma e o início da seguinte.

▶ **1. Correspondência no CPC/1973.** *"Art. 331. Se não ocorrer qualquer das hipóteses previstas nas seções precedentes, e versar a causa sobre direitos que admitam transação, o juiz designará audiência preliminar, a realizar-se no prazo de 30 (trinta) dias, para a qual serão as partes intimadas a comparecer, podendo fazer-se representar por procurador ou preposto, com poderes para transigir. § 1 o Obtida a conciliação, será reduzida a termo e homologada por sentença (...)." "Art. 277. O juiz designará a audiência de conciliação a ser realizada no prazo de trinta dias, citando-se o réu com a antecedência mínima de dez dias e sob advertência prevista no § 2º deste artigo, determinando o comparecimento das partes. Sendo ré a Fazenda Pública, os prazos contar-se-ão em dobro. (...) § 2º Deixando injustificadamente o réu de comparecer à audiência, reputar-se-ão verdadeiros os fatos alegados na petição inicial (art. 319), salvo se o contrário resultar da prova dos autos, proferindo o juiz, desde logo, a sentença. § 3º As partes comparecerão pessoalmente à audiência, podendo fazer-se representar por preposto com poderes para transigir. (...)."*

## 📖 LEGISLAÇÃO CORRELATA

**2. Lei 9.099/1995, art. 22, § 2º.** *"Art. 22. A conciliação será conduzida pelo Juiz togado ou leigo ou por conciliador sob sua orientação.(...) § 2º É cabível a conciliação não presencial conduzida pelo Juizado mediante o emprego dos recursos tecnológicos disponíveis de transmissão de sons e imagens em tempo real, devendo o resultado da tentativa de conciliação ser reduzido a escrito com os anexos pertinentes."*

**3. Lei 13.140/2015, art. 2º.** *"Art. 2º A mediação será orientada pelos seguintes princípios: I – imparcialidade do mediador; II – isonomia entre as partes; III – oralidade; IV – informalidade; V – autonomia da vontade das partes; VI – busca do consenso; VII – confidencialidade; VIII – boa-fé. § 1º Na hipótese de existir previsão contratual de cláusula de mediação, as partes deverão comparecer à primeira reunião de mediação. § 2º Ninguém será obrigado a permanecer em procedimento de mediação."*

**4. Lei 13.140/2015, art. 26.** *"Art. 26. As partes deverão ser assistidas por advogados ou defensores públicos, ressalvadas as hipóteses previstas nas Leis n º 9.099, de 26 de setembro de 1995, e 10.259,*

*de 12 de julho de 2001. Parágrafo único. Aos que comprovarem insuficiência de recursos será assegurada assistência pela Defensoria Pública."*

**5. Lei 13.140/2015, art. 27.** *"Art. 27. Se a petição inicial preencher os requisitos essenciais e não for o caso de improcedência liminar do pedido, o juiz designará audiência de mediação."*

**6. Lei 13.140/2015, art. 28.** *"Art. 28. O procedimento de mediação judicial deverá ser concluído em até sessenta dias, contados da primeira sessão, salvo quando as partes, de comum acordo, requererem sua prorrogação. Parágrafo único. Se houver acordo, os autos serão encaminhados ao juiz, que determinará o arquivamento do processo e, desde que requerido pelas partes, homologará o acordo, por sentença, e o termo final da mediação e determinará o arquivamento do processo."*

**7. Lei 13.140/2015, art. 29.** *"Art. 29. Solucionado o conflito pela mediação antes da citação do réu, não serão devidas custas judiciais finais."*

**8. Lei 13.140/2015, art. 46.** *"Art. 46. A mediação poderá ser feita pela internet ou por outro meio de comunicação que permita a transação à distância, desde que as partes estejam de acordo. Parágrafo único. É facultado à parte domiciliada no exterior submeter-se à mediação segundo as regras estabelecidas nesta Lei."*

**9. Res. 125/2010 do CNJ, art. 1º, parágrafo único.** *"Art. 1º Fica instituída a Política Judiciária Nacional de tratamento dos conflitos de interesses, tendente a assegurar a todos o direito à solução dos conflitos por meios adequados à sua natureza e peculiaridade. Parágrafo único. Aos órgãos judiciários incumbe, nos termos do art. 334 do Código de Processo Civil de 2015, combinado com o art. 27 da Lei13.140, de 26 de junho de 2015 (Lei de Mediação), antes da solução adjudicada mediante sentença, oferecer outros mecanismos de soluções de controvérsias, em especial os chamados meios consensuais, como a mediação e a conciliação, bem assim prestar atendimento e orientação ao cidadão."*

**10. Res. 125/2010 do CNJ, art. 8º, §§ 1º e 2º.** *"Art. 8º Os tribunais deverão criar os Centros Judiciários de Solução de Conflitos e Cidadania (Centros ou Cejuscs), unidades do Poder Judiciário, preferencialmente, responsáveis pela realização ou gestão das sessões e audiências de conciliação e mediação que estejam a cargo de conciliadores e mediadores, bem como pelo atendimento e orientação ao cidadão. § 1º As sessões de conciliação e mediação pré-processuais deverão ser realizadas nos Centros, podendo as sessões de conciliação e mediação judiciais, excepcionalmente, serem realizadas nos próprios juízos,*

**LIVRO I** · DO PROCESSO DE CONHECIMENTO E DO CUMPRIMENTO DE SENTENÇA  **Art. 334**

*juizados ou varas designadas, desde que o sejam por conciliadores e mediadores cadastrados pelo Tribunal (inciso VII do art. 7º) e supervisionados pelo juiz coordenador do Centro (art. 9º). § 2º Nos Tribunais de Justiça, os Centros deverão ser instalados nos locais onde existam dois juízos, juizados ou varas com competência para realizar audiência, nos termos do art. 334 do Código de Processo Civil de 2015. (...).*

### ⚖ Jurisprudência, Enunciados e Súmulas Selecionados

- **11. Enunciado 151 do FPPC.** *"Na Justiça do Trabalho, as pautas devem ser preparadas com intervalo mínimo de uma hora entre as audiências designadas para instrução do feito. Para as audiências para simples tentativa de conciliação, deve ser respeitado o intervalo mínimo de vinte minutos."*
- **12. Enunciado 273 do FPPC.** *"Ao ser citado, o réu deverá ser advertido de que sua ausência injustificada à audiência de conciliação ou mediação configura ato atentatório à dignidade da justiça, punível com a multa do art. 334, § 8º, sob pena de sua inaplicabilidade."*
- **13. Enunciado 295 do FPPC.** *"As regras sobre intervalo mínimo entre as audiências do CPC só se aplicam aos processos em que o ato for designado após sua vigência."*
- **14. Enunciado 509 do FPPC.** *"Sem prejuízo da adoção das técnicas de conciliação e mediação, não se aplicam no âmbito dos juizados especiais os prazos previstos no art. 334."*
- **15. Enunciado 573 do FPPC.** *"As Fazendas Públicas devem dar publicidade às hipóteses em que seus órgãos de Advocacia Pública estão autorizados a aceitar autocomposição."*
- **16. Enunciado 583 do FPPC.** *"O intervalo mínimo entre as audiências de mediação ou de conciliação não se confunde com o tempo de duração da sessão."*
- **17. Enunciado 628 do FPPC.** *"As partes podem celebrar negócios jurídicos processuais na audiência de conciliação ou mediação."*
- **18. Enunciado 639 do FPPC.** *"O juiz poderá dispensar a audiência de mediação ou conciliação nas ações de família, quando uma das partes estiver amparada por medida protetiva."*
- **19. Enunciado 673 do FPPC.** *"A presença do ente público em juízo não impede, por si, a designação da audiência do art. 334."*
- **20. Enunciado 23 da I Jornada-CJF.** *"Na ausência de auxiliares da justiça, o juiz poderá realizar a audiência inaugural do art.*

334 do CPC, especialmente se a hipótese for de conciliação."*

- **21. Enunciado 24 da I Jornada-CJF.** *"Havendo a Fazenda Pública publicizado ampla e previamente as hipóteses em que está autorizada a transigir, pode o juiz dispensar a realização da audiência de mediação e conciliação, com base no art. 334, § 4º, II, do CPC, quando o direito discutido na ação não se enquadrar em tais situações."*
- **22. Enunciado 25 da I Jornada-CJF.** *"As audiências de conciliação ou mediação, inclusive dos juizados especiais, poderão ser realizadas por videoconferência, áudio, sistemas de trocas de mensagens, conversa on-line, conversa escrita, eletrônica, telefônica e telemática ou outros mecanismos que estejam à disposição dos profissionais da autocomposição para estabelecer a comunicação entre as partes."*
- **23. Enunciado 26 da I Jornada-CJF.** *"A multa do § 8º do art. 334 do CPC não incide no caso de não comparecimento do réu intimado por edital."*
- **24. Enunciado 67 da I Jornada-CJF.** *"Há interesse recursal no pleito da parte para impugnar a multa do art. 334, § 8º, do CPC por meio de apelação, embora tenha sido vitoriosa na demanda."*
- **25. Enunciado 121 da II Jornada-CJF.** *"Não cabe aplicar multa a quem, comparecendo à audiência do art. 334 do CPC, apenas manifesta desinteresse na realização de acordo, salvo se a sessão foi designada unicamente por requerimento seu e não houver justificativa para a alteração de posição."*
- **26. Enunciado 122 da II Jornada-CJF.** *"O prazo de contestação é contado a partir do primeiro dia útil seguinte à realização da audiência de conciliação ou mediação, ou da última sessão de conciliação ou mediação, na hipótese de incidência do art. 335, inc. I, do CPC."*
- **27. Enunciado 16 do FNPP.** *"A Administração Pública deve publicizar as hipóteses em que está autorizada a transacionar."*
- **28. Enunciado 33 do FNPP.** *"A audiência de conciliação do art. 334 somente é cabível para a Fazenda Pública se houver autorização específica para advogados públicos realizarem acordos."*
- **29. Enunciado 39 do FNPP.** *"Não será considerado ato atentatório à dignidade da justiça a mera ausência de apresentação de proposta pela parte na audiência de conciliação e mediação."*

- **30. Enunciado 54 do FNPP.** *"Quando a Fazenda Pública der publicidade às hipóteses em que está autorizada a transigir, deve o juiz dispensar a realização da audiência de mediação e conciliação, caso o direito discutido na ação não se enquadre em tais situações."*
- **31. Enunciado 56 da ENFAM.** *"Nas atas das sessões de conciliação e mediação, somente serão registradas as informações expressamente autorizadas por todas as partes."*
- **32. Enunciado 61 da ENFAM.** *"Somente a recusa expressa de ambas as partes impedindo a realização da audiência de conciliação ou mediação prevista no art. 334 do CPC/2015, não sendo a manifestação de desinteresse externada por uma das partes justificativa para afastar a multa de que trata o art. 334, § 8º."*
- **33. Enunciado 62 da ENFAM.** *"O conciliador e o mediador deverão advertir os presentes, no início da sessão ou audiência, da extensão do princípio da confidencialidade a todos os participantes do ato."*

## ▣ COMENTÁRIOS TEMÁTICOS

**34. Estímulo à autocomposição.** Há um estímulo à autocomposição. O Estado, sempre que possível, promoverá a solução consensual dos conflitos (art. 3º, § 2º), devendo os métodos de solução consensual de conflitos ser estimulados por juízes, advogados, defensores públicos e membros do Ministério Público (art. 3º, § 3º).

**35. Conciliação *versus* mediação.** A conciliação e a mediação constituem técnicas que se destinam a viabilizar a autocomposição de disputas ou litígios. A mediação é medida mais adequada aos casos em que tiver havido vínculo anterior entre as partes, a exemplo do que ocorre em matéria societária e de direito de família. (art. 165, § 3º). O conciliador deve atuar preferencialmente nos casos em que não tenha havido vínculo anterior entre as partes, por exemplo, em acidentes de veículo ou em casos de danos extrapatrimoniais em geral (art. 165, § 2º).

**36. Audiência de mediação ou conciliação.** No procedimento comum, o réu é citado para comparecer à audiência de conciliação ou de mediação. É uma etapa do procedimento.

**37. Objeto da audiência.** Na audiência, deve-se buscar a conciliação de interesses e contribuir para uma autocomposição. Não é o ambiente adequado para discussões sobre quem tem razão, nem para debater questões jurídicas ou veracidade de versões apresentadas. O objetivo é encontrar pontos de consenso, aprofundá-los e obter uma autocomposição.

**38. Cabimento de agravo de instrumento contra decisão que indefere a designação da audiência de conciliação ou mediação.** *"A decisão interlocutória que indefere a designação da audiência de conciliação pretendida pelas partes é suscetível de impugnação imediata, na medida em que será inócuo e inútil reconhecer, apenas no julgamento da apelação, que as partes fariam jus à audiência de conciliação ou à sessão de mediação previstas, na forma do art. 334 do CPC, para acontecer no início do processo. 3- A decisão judicial que, a requerimento do réu, indefere o pedido de designação da audiência de conciliação prevista no art. 334, caput, do CPC, ao fundamento de dificuldade de pauta, proferida após a publicação do acórdão que fixou a tese da taxatividade mitigada, somente é impugnável por agravo de instrumento e não por mandado de segurança"* (STJ, 3ª Turma, RMS 63.202/MG, rel. p/ ac. Min. Nancy Andrighi, *DJe* 18.12.2020).

**39. Adiamento da audiência por negócio processual.** *"A audiência pode ser adiada por convenção das partes, o que configura um autêntico negócio jurídico processual e consagra um direito subjetivo dos litigantes, sendo prescindível a homologação judicial para sua eficácia"* (STJ, 3ª Turma, REsp 1.524.130/PR, rel. Min. Marco Aurélio Bellizze, *DJe* 6.12.2019).

**40. Dispensa da audiência por desinteresse das partes.** A audiência não será designada se ambas as partes manifestarem expresso desinteresse na sua realização. O autor deve manifestar seu expresso desinteresse na petição inicial e o réu, em até 10 dias antes da audiência.

**41. Dispensa por convenção processual anterior ao processo.** As partes podem, em negócio jurídico, convencionar que, antes da disputa judicial, devem submeter-se a uma mediação prévia, dispensando, assim, expressa e antecipadamente, a audiência do art. 334.

**42. Desinteresse pela audiência e litisconsórcio.** Na hipótese de litisconsórcio, o desinteresse deve ser manifestado por todos os litisconsortes. Os litisconsortes serão considerados, em suas relações com a parte contrária, como litigantes distintos (art. 117), de sorte que o eventual desinteresse de um deles não impede que outro compareça à audiência e celebre autocomposição com a parte contrária, salvo se o litisconsórcio for unitário.

**43. Impossibilidade da audiência.** A audiência não deve ser designada quando o direito não admitir autocomposição. Nesse caso, é irrelevante a vontade das partes. Simplesmente, a audiência não deve ser designada.

## LIVRO I · DO PROCESSO DE CONHECIMENTO E DO CUMPRIMENTO DE SENTENÇA — Art. 334

**44. Desinteresse das partes e intervenção do Ministério Público.** Se o caso admite autocomposição, é de intervenção obrigatória do Ministério Público (art. 178) e as partes manifestam expressamente desinteresse pela autocomposição, não deve ser designada a audiência, ainda que o Ministério Público requeira sua designação. Embora caiba ao membro do Ministério Público estimular a solução consensual, a vontade expressa de ambas as partes deve ser respeitada.

**45. Ausência justificada.** A parte que não puder comparecer deve justificar até antes do início da audiência. Havendo ausência devida e tempestivamente justificada, a audiência deve ser remarcada para outra data.

**46. Falta injustificada de comparecimento.** A ausência injustificada da parte configura ato atentatório à dignidade da jurisdição. O que se considera atentatório à dignidade da jurisdição é a ausência injustificada da parte, e a de seu advogado. Não será considerado ato atentatório à dignidade da jurisdição a ausência da parte, se seu advogado comparecer com poderes para celebrar autocomposição.

**47. Multa.** A ausência injustificada da parte é punida com multa a ser revertida em favor da União (se a causa tramitar na Justiça Federal) ou do Estado (em caso de ação na Justiça Estadual), não estando autorizada a imposição de outras sanções. A ausência do autor não acarreta a extinção do processo sem resolução do mérito e a do réu não configura sua revelia.

**48. Proporcionalidade da multa.** A multa imposta à parte que deixou de comparecer injustificadamente à audiência de mediação ou conciliação deve ser fixada em até 2% da vantagem econômica pretendida ou do valor da causa. Tal fixação deve ser proporcional à situação, devendo o juiz observar o relativo potencial ofensivo da conduta.

**49. Cabimento de agravo de instrumento contra decisão que aplica multa do § 8º do art. 334.** A multa imposta à parte pela ausência injustificada em audiência de conciliação ou mediação consiste numa condenação que amplia o mérito do processo. A hipótese subsome-se no inciso II do art. 1.015, sendo cabível agravo de instrumento. A decisão proferida nesse caso é fruto de um incidente instaurado, que acarreta a condenação da parte numa multa. Está-se, portanto, diante de uma decisão de mérito. Cabível, portanto, o agravo de instrumento. Se, contudo, a multa é imposta na sentença, aí caberá apelação, pois será um capítulo dela (CPC, art. 1.009, § 3º).

**50. Não cabimento de agravo de instrumento contra decisão que aplica a multa do art. 334, § 8º.** *"A decisão cominatória da multa do art. 334, § 8º, do CPC, à parte que deixa de comparecer à audiência de conciliação, sem apresentar justificativa adequada, não é agravável, não se inserindo na hipótese prevista no art. 1.015, inciso II, do CPC, podendo ser, no futuro, objeto de recurso de apelação, na forma do art. 1.009, § 1º, do CPC"* (STJ, REsp 1.762.957/MG, rel. Min. Paulo de Tarso Sanseverino, *DJe* 18.3.2020).

**51. Inadmissibilidade da multa quando ausente a parte, mas presente seu advogado com poderes para transigir.** *"(...), é cabível o mandado de segurança e nítida a violação de direito líquido e certo do impetrante, pois tem-se ato judicial manifestamente ilegal e irrecorrível, consistente em decisão interlocutória que impôs à parte ré multa pelo não comparecimento pessoal à audiência de conciliação, com base no § 8º do art. 334 do CPC, por suposto ato atentatório à dignidade da Justiça, embora estivesse representada naquela audiência por advogado com poderes específicos para transigir, conforme expressamente autoriza o § 10 do mesmo art. 334"* (STJ, 4ª Turma, AgInt no RMS 56.422, rel. Min. Raul Araújo, *DJe* 16.6.2021).

**52. Suspensão da audiência pela alegação de incompetência.** Alegada incompetência relativa ou absoluta (art. 337, II), a contestação poderá ser protocolizada no foro do domicílio do réu, suspendendo-se a realização da audiência de conciliação ou de mediação (art. 340, § 3º). Nesse caso, a audiência é só suspensa, e não cancelada. O cancelamento da audiência depende da manifestação expressa tanto do autor como do réu no sentido de não quererem sua realização. Quando o réu alega a incompetência, não está, necessariamente, manifestando sua falta de interesse na audiência. Normalmente, a contestação somente deve ser apresentada depois da audiência, quando frustradas as tentativas de autocomposição. Se, porém, o réu pretende alegar incompetência, já pode apresentar sua contestação e, nela, suscitar a preliminar, o que suspende a audiência até que se julgue a alegação de incompetência. Definida a competência, o juízo competente irá designar nova data para a audiência (art. 340, § 4º).

**53. Confidencialidade.** A audiência é regida pela confidencialidade (CPC, art. 166; Lei 13.140/2015, art. 2º, VII), não devendo ser registrado o que for conversado, discutido e debatido entre as partes e entre elas e o mediador ou conciliador. O que for dito ou produzido na audiência é sigiloso, não podendo servir como meio de prova, pois será uma prova ilícita, violadora do dever de confidencialidade.

**54. Homologação da autocomposição.** Celebrada a autocomposição pelas partes, deverá ser reduzida a termo e homologada pelo juiz, extinguindo-se o processo com resolução do mérito (art. 487, III, *b*) e constituindo-se título executivo judicial (art. 515, II). A autocomposição pode envolver sujeito estranho ao processo e versar sobre relação jurídica que não tenha sido deduzida em juízo (art. 515, § 2º). Eventual cumprimento de sentença deve promovido perante o próprio juízo (art. 516, II), podendo o exequente optar pelo juízo do superveniente domicílio do executado, pelo do local onde se encontram os bens sujeitos à execução ou pelo do local onde deva ser executada a obrigação de fazer ou de não fazer (art. 516, parágrafo único).

# CAPÍTULO VI
# DA CONTESTAÇÃO

**Art. 335.** O réu poderá oferecer contestação, por petição, no prazo de 15 (quinze) dias, cujo termo inicial será a data:

I – da audiência de conciliação ou de mediação, ou da última sessão de conciliação, quando qualquer parte não comparecer ou, comparecendo, não houver autocomposição;

II – do protocolo do pedido de cancelamento da audiência de conciliação ou de mediação apresentado pelo réu, quando ocorrer a hipótese do art. 334, § 4o, inciso I;

III – prevista no art. 231, de acordo com o modo como foi feita a citação, nos demais casos.

§ 1º No caso de litisconsórcio passivo, ocorrendo a hipótese do art. 334, § 6o, o termo inicial previsto no inciso II será, para cada um dos réus, a data de apresentação de seu respectivo pedido de cancelamento da audiência.

§ 2º Quando ocorrer a hipótese do art. 334, § 4o, inciso II, havendo litisconsórcio passivo e o autor desistir da ação em relação a réu ainda não citado, o prazo para resposta correrá da data de intimação da decisão que homologar a desistência.

▶ **1. Correspondência no CPC/1973.** *"Art. 297. O réu poderá oferecer, no prazo de 15 (quinze) dias, em petição escrita, dirigida ao juiz da causa, contestação, exceção e reconvenção." "Art. 298. Quando forem citados para a ação vários réus, o prazo para responder ser-lhes-á comum, salvo*

*o disposto no art. 191. Parágrafo único. Se o autor desistir da ação quanto a algum réu ainda não citado, o prazo para a resposta correrá da intimação do despacho que deferir a desistência."*

## 📖 LEGISLAÇÃO CORRELATA

**2. Recomendação 100/2021 do CNJ, art. 1º.** *"Art. 1º Recomendar aos magistrados com atuação nas demandas envolvendo o direito à saúde que priorizem, sempre que possível, a solução consensual da controvérsia, por meio do uso da negociação, da conciliação ou da mediação".*

**3. Recomendação 100/2021 do CNJ, art. 2º.** *"Art. 2º Ao receber uma demanda envolvendo direito à saúde, poderá o magistrado designar um mediador capacitado em questões de saúde para realizar diálogo entre o solicitante e os prepostos ou gestores dos serviços de saúde, na busca de uma solução adequada e eficiente para o conflito."*

## ⚖ JURISPRUDÊNCIA, ENUNCIADOS E SÚMULAS SELECIONADOS

- **4. Enunciado 510 do FPPC.** *"Frustrada a tentativa de autocomposição na audiência referida no art. 21 da Lei 9.099/1995, configura prejuízo para a defesa a realização imediata da instrução quando a citação não tenha ocorrido com a antecedência mínima de quinze dias."*
- **5. Enunciado 122 da II Jornada-CJF.** *"O prazo de contestação é contado a partir do primeiro dia útil seguinte à realização da audiência de conciliação ou mediação, ou da última sessão de conciliação ou mediação, na hipótese de incidência do art. 335, inc. I, do CPC."*
- **6. Enunciado 124 da II Jornada-CJF.** *"Não há preclusão consumativa do direito de apresentar contestação, se o réu se manifesta, antes da data da audiência de conciliação ou de mediação, quanto à incompetência do juízo."*
- **7. Enunciado 10 do FONAJE.** *"A contestação poderá ser apresentada até a audiência de instrução e julgamento."*

## 🗎 COMENTÁRIOS TEMÁTICOS

**8. Resposta do réu.** A resposta do réu não se confunde com defesa do réu. O réu pode responder de várias maneiras: *(a)* reconhecendo a procedência do pedido formulado pelo autor (art. 487, III, *a*); *(b)* requerendo o desmembramento do litisconsórcio ativo multitudinário (art. 113, § 2º); *(c)* apresentando contestação; *(d)* apresen-

**LIVRO I ·** DO PROCESSO DE CONHECIMENTO E DO CUMPRIMENTO DE SENTENÇA · **Art. 335**

tando reconvenção; *(e)* alegando impedimento ou suspeição do juiz, do membro do Ministério Público ou do auxiliar da justiça (art. 146); *f)* quedando-se inerte e não comparecendo.

**9. Contestação.** A contestação é a resposta por meio da qual o réu se defende, exercendo seu direito de defesa.

**10. Forma.** A contestação, no procedimento comum, deve ser apresentada por escrito e subscrita por quem tem capacidade postulatória, ou seja, pelo advogado constituído regularmente pelo réu, pelo defensor público ou pelo membro do Ministério Público, este nos casos em que o Ministério Público for réu.

**11. Desnecessidade da prévia apreensão do bem para apresentação da contestação.** *"(...) não se mostra razoável que o réu da ação de busca e apreensão espere ter o bem apreendido, para que apresente sua contestação (REsp 236.497/GO, Rel. Ministro Humberto Gomes de Barros, terceira turma, DJ 17.12.2004)"* (STJ, 3.ª Turma, AgRg no AREsp 570.505/SP, rel. Min. Marco Aurélio Bellizze, *DJe* 2.2.2016).

**12. Prazo.** O prazo para apresentar contestação é de 15 dias. Na sua contagem, só se computam os dias úteis (art. 219).

**13. Prazo em dobro.** Sendo réu o Ministério Público (art. 180), a Fazenda Pública (art. 183), alguém representado pela Defensoria Pública (art. 186), o prazo é contado em dobro, ou seja, será de 30 dias, computando-se, na sua contagem, apenas os dias úteis (art. 219). Se o processo for em autos de papel e houver litisconsortes passivos com advogados diversos, de escritórios diferentes, o prazo também será em dobro (art. 229).

**14. Termo inicial do prazo no caso de audiência (art. 334).** Na audiência de mediação ou conciliação (art. 334), é possível que as partes realizem autocomposição. Nesse caso, estará resolvido o mérito (art. 487, III, *b*), não se iniciando o prazo para contestar. Se, porém, não for realizada a autocomposição, o prazo para contestar terá início a partir do encerramento da audiência. Uma única sessão de audiência pode revelar-se insuficiente, sendo necessário ou conveniente marcar mais de uma. Nesse caso, não realizada autocomposição, o prazo para contestará terá início depois de concluída a última sessão. Ainda que o réu não compareça à audiência, o prazo para contestar terá início após o seu término.

**15. Termo inicial do prazo quando ambas as partes não quiserem a audiência.** A audiência de mediação ou conciliação é etapa do procedimento comum. Pode deixar de ocorrer, se ambas as partes não a desejarem (art. 334, § 4º, I): o autor deverá assim se manifestar expressamente na petição inicial e o réu, em petição apresentada até 10 dias antes da audiência (art. 334, § 5º). Nesse caso, o prazo para apresentação de contestação já terá início a partir do protocolo da petição do réu: protocolizada a petição, já começa o prazo. Em caso de litisconsórcio passivo, o prazo terá início para cada litisconsorte, a partir do protocolo da respectiva petição. O termo início é o protocolo da petição, e não sua juntada aos autos.

**16. Termo inicial quando não for possível a audiência.** A audiência de mediação ou conciliação não será designada quando não se admitir autocomposição (art. 334, § 4º, II). Nesse caso, o prazo para apresentação de contestação terá início de acordo com as hipóteses previstas no art. 231. Assim, por exemplo, citado o réu por via postal, o prazo terá início da juntada aos autos do aviso de recebimento (art. 231, I) ou da juntada aos autos do mandado devidamente cumprido, quando feita a citação por oficial de justiça (art. 231, II).

**17. Termo inicial em caso de litisconsórcio passivo.** Não sendo possível a audiência por não se admitir autocomposição (art. 334, § 4º, II) e havendo litisconsórcio passivo, o prazo para contestar é comum a todos os litisconsortes: seu termo inicial é a juntada aos autos do último aviso de recebimento, do último mandado de citação ou a última das demais datas previstas nos incisos III e IV do art. 231 (art. 231, § 1º). É possível, porém, que o autor desista da ação em relação a algum réu ainda não citado. A desistência só produz efeitos depois de homologada pelo juiz (art. 200, parágrafo único). Então, se o autor, antes da última data prevista nos incisos I a IV do art. 231, desistir da ação em relação ao réu ainda não citado, o termo inicial do prazo de contestação para os demais réus já citados é a data da intimação da decisão que homologar a desistência (art. 334, § 2º).

**18. Litisconsórcio multitudinário e interrupção do prazo para contestação. Interrupção do prazo para resposta.** No caso de haver uma quantidade expressiva de litisconsortes, o réu pode requerer a limitação do litisconsórcio (art. 113, § 1º). O pedido do réu interrompe o prazo para sua defesa, independentemente de o juiz acolhê-lo ou rejeitá-lo. O simples protocolo da petição requerendo a limitação do litisconsórcio já é suficiente para interromper o prazo para resposta do réu (art. 113, § 2º). Deferida a limitação, é preciso aguardar o desmembramento para que se intime o réu, a fim de ter início seu prazo.

**19. Termo inicial *versus* primeiro dia do prazo.** É importante lembrar que o termo inicial do prazo não se confunde com o seu primeiro dia, pois, em sua contagem, exclui-se o dia do início (art. 224).

**20. Prazo para contestação depois de acolhida a *querela nullitatis*.** *"A norma do art. 239, § 1º, do CPC/2015 é voltada às hipóteses em que o réu toma conhecimento do processo ainda na sua fase de conhecimento. O comparecimento espontâneo do executado na fase de cumprimento de sentença não supre a inexistência ou a nulidade da citação. Ao comparecer espontaneamente nessa etapa processual, o executado apenas dar-se-á por intimado do requerimento de cumprimento e, a partir de então, terá início o prazo para o oferecimento de impugnação, na qual a parte poderá suscitar o vício de citação, nos termos do art. 525, § 1º, I, do CPC/2015. 6. Aplicando-se, por analogia, o disposto no art. 272, § 9º, do CPC/2015 e de forma a prestigiar a duração razoável do processo, caso acolhida a impugnação fundada no art. 525, § 1º, I, do CPC/2015, o prazo para apresentar contestação terá início com a intimação acerca dessa decisão"* (STJ, 3ª Turma, REsp 1.930.225/SP, rel. Min. Nancy Andrighi, *DJe* 15.6.2021).

> **Art. 336.** Incumbe ao réu alegar, na contestação, toda a matéria de defesa, expondo as razões de fato e de direito com que impugna o pedido do autor e especificando as provas que pretende produzir.

▶ **1. Correspondência no CPC/1973.** *"Art. 300. Compete ao réu alegar, na contestação, toda a matéria de defesa, expondo as razões de fato e de direito, com que impugna o pedido do autor e especificando as provas que pretende produzir."*

### ⚖ Jurisprudência, Enunciados e Súmulas Selecionados

- **2. Enunciado 248 do FPPC.** *"Quando a desconsideração da personalidade jurídica for requerida na petição inicial, constitui ônus do sócio ou da pessoa jurídica, na contestação, impugnar não somente a própria desconsideração, mas também os demais pontos da causa."*
- **3. Enunciado 5 da I Jornada de Prevenção e Solução Extrajudicial de Litígios-CJF.** *"A arguição de convenção de arbitragem pode ser promovida por petição simples, a qualquer mo-*

*mento antes do término do prazo da contestação, sem caracterizar preclusão das matérias de defesa, permitido ao magistrado suspender o processo até a resolução da questão."*

### 🗐 Comentários Temáticos

**4. Espécies de defesa.** A defesa pode ser processual ou de mérito. Tanto uma como outra pode ser conteúdo variado: pode ser uma exceção ou uma objeção, pode ser dilatória ou peremptória.

**5. Defesa processual.** A processual tem por finalidade a admissibilidade do processo; nela, o réu questiona a possibilidade de ser apreciado o mérito.

**6. Defesa de mérito.** A defesa de mérito é a que se opõe à pretensão deduzida pelo autor.

**7. Exceções e objeções.** A exceção é uma alegação de defesa que trata de tema que não pode ser examinado de ofício pelo juiz; para que o juiz possa apreciar, é preciso que o réu alegue. Já a objeção é a matéria de defesa que pode ser examinada de ofício pelo juiz; para que o juiz possa apreciar, não é necessário que o réu alegue.

**8. Exceção dilatória.** É a que apenas dilata no tempo o exercício da pretensão, retardando o exame, o acolhimento ou a eficácia do direito do autor. É o caso, por exemplo, da exceção de contrato não cumprido e da exceção de retenção do bem por benfeitorias.

**9. Exceção peremptória.** É a que tem por finalidade fulminar o exercício da pretensão. É o caso, por exemplo, da prescrição, da compensação e do pagamento.

**10. Defesa direta e defesa indireta.** A defesa direta é a que se restringe a negar o que foi afirmado pelo autor. Por sua vez, a indireta é a que agrega ao processo um fato ainda não alegado.

**11. Defesa direta de fato.** É aquela em que o réu se restringe a negar a existência dos fatos constitutivos do direito do autor. Nesse caso, o ônus da prova é, em regra, do autor (art. 373, I) e não há necessidade de o autor ser intimado para manifestar-se sobre a contestação, já que não houve acréscimo de alegação de fato pelo réu (arts. 350 e 351).

**12. Defesa direta de direito.** É a que nega as consequências jurídicas atribuídas aos fatos alegados pelo autor. Nesse caso, os fatos tornaram-se incontroversos, não havendo, em regra, necessidade de produção de provas (art. 355, I). Também não será necessária a intimação do autor para manifestar-se sobre a contestação, haja vista a ausência de agregação de alegação nova (arts. 350 e 351).

**LIVRO I · DO PROCESSO DE CONHECIMENTO E DO CUMPRIMENTO DE SENTENÇA** Art. 337

**13. Defesa indireta.** A defesa é indireta quando o réu, admitindo os fatos alegados na petição inicial, agrega ao processo um outro, que impede, modifica ou extingue o direito do autor. Nesse caso, o ônus da prova é, em regra, do réu (art. 373, II), sendo necessária a intimação do autor para manifestar-se sobre a contestação (art. 350).

**14. Regra da eventualidade ou da concentração da defesa.** Ao réu cabe concentrar, numa única oportunidade, todas as suas defesas; compete-lhe alegar, na contestação, toda a matéria de defesa, expondo as razões de fato e de direito, com que impugna o pedido do autor (art. 336), além de se manifestar, precisamente, sobre os fatos narrados na petição inicial (art. 341). Depois da contestação, somente é lícito ao réu deduzir novas alegações quando: (a) relativas a direito ou a fato superveniente; (b) competir ao juiz conhecer delas de ofício; ou (c) por expressa autorização legal, puderem ser formuladas em qualquer tempo e grau de jurisdição (art. 342).

**15. Eventualidade e preclusão.** A regra da eventualidade resulta do regime da preclusão. A preclusão apresenta-se também como fundamento da estrutura do processo, destinando-se ao bom e regular funcionamento do sistema processual. Nessa dimensão dinâmica, a preclusão relaciona-se com o princípio do contraditório, evitando que se possa, a todo momento, apresentar novas defesas e surpreender a parte contrária.

---

**Art. 337.** Incumbe ao réu, antes de discutir o mérito, alegar:

I – inexistência ou nulidade da citação;

II – incompetência absoluta e relativa;

III – incorreção do valor da causa;

IV – inépcia da petição inicial;

V – perempção;

VI – litispendência;

VII – coisa julgada;

VIII – conexão;

IX – incapacidade da parte, defeito de representação ou falta de autorização;

X – convenção de arbitragem;

XI – ausência de legitimidade ou de interesse processual;

XII – falta de caução ou de outra prestação que a lei exige como preliminar;

XIII – indevida concessão do benefício de gratuidade de justiça.

§ 1º Verifica-se a litispendência ou a coisa julgada quando se reproduz ação anteriormente ajuizada.

§ 2º Uma ação é idêntica a outra quando possui as mesmas partes, a mesma causa de pedir e o mesmo pedido.

§ 3º Há litispendência quando se repete ação que está em curso.

§ 4º Há coisa julgada quando se repete ação que já foi decidida por decisão transitada em julgado.

§ 5º Excetuadas a convenção de arbitragem e a incompetência relativa, o juiz conhecerá de ofício das matérias enumeradas neste artigo.

§ 6º A ausência de alegação da existência de convenção de arbitragem, na forma prevista neste Capítulo, implica aceitação da jurisdição estatal e renúncia ao juízo arbitral.

▶ **1. Correspondência no CPC/1973.** *"Art. 301. Compete-lhe, porém, antes de discutir o mérito, alegar: I – inexistência ou nulidade da citação; II – incompetência absoluta; III – inépcia da petição inicial; IV – perempção; V – litispendência; VI – coisa julgada; VII – conexão; VIII – incapacidade da parte, defeito de representação ou falta de autorização; IX – convenção de arbitragem; X – carência de ação; XI – falta de caução ou de outra prestação, que a lei exige como preliminar. § 1º Verifica-se a litispendência ou a coisa julgada, quando se reproduz ação anteriormente ajuizada. § 2º Uma ação é idêntica à outra quando tem as mesmas partes, a mesma causa de pedir e o mesmo pedido. § 3º Há litispendência, quando se repete ação, que está em curso; há coisa julgada, quando se repete ação que já foi decidida por sentença, de que não caiba recurso. § 4º Com exceção do compromisso arbitral, o juiz conhecerá de ofício da matéria enumerada neste artigo."*

### 📖 LEGISLAÇÃO CORRELATA

**2. Lei 9.307/1996, art. 3º.** *"Art. 3º As partes interessadas podem submeter a solução de seus litígios ao juízo arbitral mediante convenção de arbitragem, assim entendida a cláusula compromissória e o compromisso arbitral."*

**3. Lei 9.307/1996, art. 4º.** *"Art. 4º A cláusula compromissória é a convenção através da qual as partes em um contrato comprometem-se a submeter à arbitragem os litígios que possam vir a surgir, relativamente a tal contrato (...)."*

**4. Lei 9.307/1996, art. 9º.** *"Art. 9º O compromisso arbitral é a convenção através da qual as partes submetem um litígio à arbitragem de uma ou mais pessoas, podendo ser judicial ou extrajudicial."*

**5. Convenção de Nova Iorque, art. II, 2.** *"Art. II (...) 2. Entender-se-á por 'acordo escrito' uma cláusula arbitral inserida em contrato ou acordo*

601

*de arbitragem, firmado pelas partes ou contido em troca de cartas ou telegramas."*

**6. Súmula STF, 237.** *"O usucapião pode ser arguido em defesa."*

**7. Súmula STJ, 33.** *"A incompetência relativa não pode ser declarada de ofício."*

**8. Súmula STJ, 485.** *"A Lei de Arbitragem aplica-se aos contratos que contenham cláusula arbitral, ainda que celebrados antes da sua edição."*

**9. Enunciado 47 do FPPC.** *"A competência do juízo estatal deverá ser analisada previamente à alegação de convenção de arbitragem."*

**10. Enunciado 48 do FPPC.** *"A alegação de convenção de arbitragem deverá ser examinada à luz do princípio da competência-competência."*

**11. Enunciado 153 do FPPC.** *"A superveniente instauração do procedimento arbitral, se ainda não decidida a alegação de convenção de arbitragem, também implicará a suspensão do processo, à espera da decisão do juízo arbitral sobre a sua própria competência."*

**12. Enunciado 580 do FPPC.** *"É admissível o negócio processual estabelecendo que a alegação de existência de convenção de arbitragem será feita por simples petição, com a interrupção ou suspensão do prazo para contestação."*

**13. Enunciado 624 do FPPC.** *"As regras que dispõem sobre a gratuidade da justiça e sua impugnação são aplicáveis ao procedimento de mediação e conciliação judicial."*

**14. Enunciado 5 da I Jornada de Prevenção e Solução Extrajudicial de Litígios-CJF.** *"A arguição de convenção de arbitragem pode ser promovida por petição simples, a qualquer momento antes do término do prazo da contestação, sem caracterizar preclusão das matérias de defesa, permitido ao magistrado suspender o processo até a resolução da questão."*

### ▣ COMENTÁRIOS TEMÁTICOS

**15. Questões prévias.** Na análise cognitiva que o juiz faz, há questões que devem ser examinadas previamente, haja vista sua solução preceder logicamente à de outras. Há, enfim, questões prévias, que podem ser prejudiciais ou preliminares. Elas não se distinguem pelo seu conteúdo, mas pela relação que têm com as outras questões a serem examinadas pelo órgão julgador.

**16. Prejudiciais.** A questão prejudicial é aquela que pode interferir no conteúdo ou no modo de ser de outra questão. A questão prejudicial pode ser objeto de um processo autônomo. Assim, por exemplo, a filiação é questão

prejudicial em relação ao pedido de alimentos: ela pode interferir no conteúdo ou no modo de ser dos alimentos. Se o juiz nega a existência da filiação, será rejeitado o pedido de alimentos. Se ele reconhece a existência, os alimentos serão, então, examinados, a partir de seus requisitos: necessidade e possibilidade. A existência ou inexistência de relação de filiação poderia ser o pedido de um processo autônomo.

**17. Preliminares.** A questão preliminar é a que cria ou remove obstáculo à apreciação de outra; é uma espécie de obstáculo que o juiz deve ultrapassar para poder examinar outra questão. Existem vários tipos de preliminares, entre as quais se destacam as preliminares ao conhecimento do mérito da causa. A questão preliminar ao mérito não pode ser objeto de um processo autônomo. A parte não pode propor uma demanda para obter o reconhecimento de uma questão preliminar ao mérito. O art. 337 trata de questões preliminares ao conhecimento do mérito da causa.

**18. Preliminar dilatória e preliminar peremptória.** A preliminar dilatória é a que apenas dilata ou retarda o exame do mérito. Assim, por exemplo, a incompetência relativa ou absoluta e a conexão são preliminares dilatórias: uma vez acolhidas, apenas farão com que os autos sejam remetidos a outro juízo, retardando a análise do mérito. Por sua vez, a preliminar peremptória é a que se destina a impedir ou evitar a análise do mérito. Assim, por exemplo, a ilegitimidade de parte, a falta de interesse de agir e a litispendência, uma vez reconhecidas, impedem o exame do mérito e provocam a extinção do processo.

**19. Primazia do julgamento do mérito e inversão da ordem das questões a serem julgadas.** O art. 337 prevê que cabe ao réu, antes de discutir o mérito da causa, suscitar questões preliminares, que retardam ou impedem o exame do mérito. Isso não quer dizer, porém, que o réu deva, necessariamente, alegar a preliminar antes do mérito. Se o autor pode escolher a ordem de prioridade dos pedidos na cumulação eventual ou sucessiva (art. 326), o réu também pode, em razão do princípio dispositivo, escolher qual a sua ordem prioritária, optando, primeiro, pelo exame do mérito, e, caso não lhe seja favorável, que se aprecie a preliminar suscitada. Por isso, o juiz não deve, necessariamente, julgar, em primeiro lugar, a preliminar para, depois, julgar o mérito. É possível, em prol da primazia do julgamento do mérito (art. 4º), que o juiz inverta a ordem, quando verificar que o mérito é favorável ao réu (art. 282, § 2º). Se o mérito é favorável ao réu, é preferível julgá-lo a ter de

**LIVRO I** · DO PROCESSO DE CONHECIMENTO E DO CUMPRIMENTO DE SENTENÇA   **Art. 337**

acolher uma preliminar que vise a proteger o réu. Isso, porém, não será possível em qualquer caso: não se pode, por exemplo, deixar de examinar a preliminar de incompetência e já julgar improcedente o pedido do autor; o juiz incompetente não deve julgar o mérito. Se o réu, em sua contestação, prioriza a preliminar em detrimento do mérito, não poderá, sob pena de incorrer num *venire contra factum proprium,* discordar da desistência da ação posteriormente formulada pelo autor (art. 485, § 4º).

**20.** **Inexistência ou nulidade de citação.** O comparecimento espontâneo do réu supre a falta ou nulidade de citação, fluindo, a partir daí, o prazo para apresentação de contestação (art. 239, § 1º). Rejeitada a alegação, o réu será considerado revel (art. 239, § 2º, I). Do comparecimento espontâneo ao término do prazo para contestar, só há 15 dias, havendo o risco de o juiz não examinar a alegação antes de encerrar esse prazo, pois terá ainda de determinar a intimação do autor para se manifestar sobre a alegação (art. 9º). Daí caber ao réu, em sua contestação, alegar a inexistência ou nulidade da citação (art. 337, I). A finalidade, na verdade, de tal alegação, na contestação, é a de se comprovar a sua tempestividade. Se o réu já contestar e, em preliminar, alega inexistência ou nulidade de citação, o objetivo dessa sua alegação é apenas o de comprovar sua tempestividade. É que, reconhecida a inexistência ou nulidade da citação, não é necessário repeti-la. Se o réu, contudo, não consegue ter acesso aos autos e, por isso, não reúne condições de elaborar sua defesa, deverá comparecer e apenas alegar inexistência ou nulidade da citação para que, acolhida a alegação, possa ser-lhe dado acesso aos autos, iniciando-se seu prazo para contestar. Finalmente, se o réu não comparece espontaneamente nem argui a nulidade, mas o juiz a percebe e a decreta de ofício, deverá, então, ser determinada a repetição da citação.

**21.** **Incompetência absoluta ou relativa.** Tanto a incompetência absoluta como a relativa devem ser arguidas em preliminar da contestação, sem suspender o processo. Não arguida em preliminar, a incompetência relativa se prorroga, havendo preclusão (art. 65). Na cautelar antecedente, o réu deve alegar, em contestação, a incompetência relativa (art. 306). Não o fazendo, haverá prorrogação, que se estende para o pedido principal (art. 308). Ao Ministério Público, que atue como réu, confere-se legitimidade para arguir a incompetência relativa. Quando atua como fiscal da ordem jurídica, falta-lhe legitimidade para alegar a incompetência relativa, a não ser

quando sua intervenção se dê em razão da presença de incapaz ou em virtude de algum direito indisponível. Ao juiz cumpre verificar de ofício a incompetência absoluta, podendo qualquer das partes alegá-la. Ao réu cabe suscitá-la em preliminar da contestação. Não alegada a incompetência absoluta na contestação ou na primeira oportunidade em que lhe couber falar nos autos, poderá o réu argui-la posteriormente, em qualquer tempo e grau de jurisdição. A preliminar de incompetência é dilatória: sua finalidade não é extinguir o processo, mas provocar a remessa dos autos ao juízo competente. Nos Juizados, a preliminar de incompetência é peremptória, pois visa à extinção do processo sem exame do mérito (Lei 9.099/1995, art. 51, III).

**22.** **Incorreção do valor da causa.** O réu deve impugnar o valor da causa em preliminar da contestação (arts. 293 e 337, III). O réu pode questionar o valor da causa tanto quando ele não estiver de acordo com as previsões do art. 292 como quando se tratar de fixação por estimativa do autor e não se revelar adequada, razoável ou proporcional. Em outras palavras, a impugnação pode versar sobre o valor da causa fixado segundo critério legal ou segundo estimativa do autor. Além do réu, também podem impugnar o valor da causa o denunciado (tanto o denunciado pelo autor como o denunciado pelo réu), o assistente do réu e o chamado ao processo. O Ministério Público, quando atua como fiscal da ordem jurídica para curar os interesses do incapaz (art. 178, II), tem legitimidade para impugnar o valor da causa.

**23.** **Inépcia da petição inicial.** O réu pode, em preliminar da contestação, alegar a inépcia da petição inicial. A petição inicial é inepta nas hipóteses previstas nos §§ 1º e 2º do art. 330. No caso da indeterminação do pedido (art. 330, § 1º, II), o réu pode defender-se e demonstrar que compreendeu a pretensão. Aliás, o pedido pode ser interpretado em conjunto com a postulação e com a boa-fé (art. 322, § 2º). A conteúdo da contestação, o comportamento das partes e os demais elementos contidos nos autos contribuem para a interpretação da petição inicial, evitando a extinção do processo sem resolução do mérito. Se o réu, embora suscite a inépcia da petição inicial, demonstrar que compreendeu a causa de pedir e o pedido, não deve ser extinto do processo. No caso de inépcia por falta de pedido, é possível, pela interpretação sistemática, identificar o conteúdo da pretensão. Assim, por exemplo, imagine-se uma ação de cobrança proposta pelo autor que se afirma credor contra o réu a quem se atribui a condição de devedor.

603

Se, nesse caso, não houver, formalmente, pedido na petição inicial, é possível, a partir da causa de pedir e dos demais elementos contidos nos autos, interpretar a petição para considerar que o autor pediu a condenação do réu a pagar-lhe o que lhe deve. O conteúdo da contestação pode reforçar essa conclusão, evitando-se a extinção do processo sem resolução do mérito. Caso, porém, não seja possível identificar o pedido e o réu não tenha condições de se defender, deverá, então, ser reconhecida a inépcia e extinto o processo sem resolução do mérito. Na hipótese de inépcia por incompatibilidade entre os pedidos cumulados (art. 330, § 1º, IV), cabe ao juiz determinar a intimação do autor para que escolha qual dos pedidos deve ser desconsiderado e qual deve ser examinado.

**24.** **Perempção.** Se o autor der causa, por 3 vezes, à extinção do processo por abandono da causa, haverá perempção (art. 486, § 3º), ou seja, o autor perde o direito de demandar sobre aquela questão. A perempção é uma sanção imposta ao autor. É um pressuposto processual negativo: para que se possa examinar o mérito, não deve haver perempção. A existência de perempção impede o exame do mérito. A preliminar de perempção é, portanto, peremptória, e não dilatória.

**25.** **Litispendência.** Proposta uma demanda, o autor não pode repeti-la. Enquanto estiver pendente uma demanda, é vetado ao autor repropô-la. Se ele a repropuser, haverá litispendência. Verifica-se a litispendência quando se reproduz ação anteriormente ajuizada (art. 337, § 1º). Uma ação é idêntica à outra quando possui as mesmas partes, a mesma causa de pedir e o mesmo pedido (art. 337, § 2º). Há litispendência quando se repete ação que está em curso (art. 337, § 3º). A litispendência é um pressuposto processual negativo: para que se possa examinar o mérito, não deve haver litispendência. Sua existência impede o exame do mérito; é, portanto, uma preliminar peremptória, e não dilatória.

**26.** **Coisa julgada.** Transitada em julgado a sentença de mérito, a questão principal se torna imputável e indiscutível (art. 503), podendo também alcançar a questão prejudicial decidida incidentemente (art. 503, §§ 1º e 2º). Operada a coisa julgada, não é possível repropor a mesma demanda. Verifica-se a coisa julgada quando se reproduz ação anteriormente ajuizada (art. 337, § 1º). Uma ação é idêntica à outra quando possui as mesmas partes, a mesma causa de pedir e o mesmo pedido (art. 337, § 2º). Há coisa julgada quando se repete ação que já foi decidida por decisão transitada em julgado (art. 337, § 4º). A

coisa julgada um pressuposto processual negativo: para que se possa examinar o mérito, não deve haver coisa julgada. Sua existência impede o exame do mérito; é, portanto, uma preliminar peremptória, e não dilatória.

**27.** **Conexão e continência.** O réu pode, sem sua contestação, alegar conexão ou continência. A conexão e a continência não são critérios de *determinação*, mas sim de *modificação* da competência. Por isso, a preliminar de conexão não se confunde com a de incompetência absoluta ou relativa. A definição de conexão está no art. 55 e a de continência, no art. 56. A conexão pode acarretar a reunião de processos, mas pode haver conexão sem que os processos sejam reunidos, quando, por exemplo, já tiver havido sentença num deles. A continência é uma espécie de conexão, mas pode ser uma litispendência parcial (art. 57). Se a ação continente houver sido proposta antes, haverá litispendência parcial e o processo relativo à ação contida será extinto sem resolução do mérito; caso contrário, haverá conexão, podendo os processos ser reunidos. A preliminar de conexão é, portanto, dilatória: pode provocar a reunião de processos ao juízo prevento. Já a de continência pode ser dilatória ou peremptória, justamente porque será, ou uma preliminar de conexão, ou uma de litispendência: no primeiro caso, pode provocar a reunião de processos, sendo dilatória; no segundo, acarreta a extinção do processo, sendo peremptória. Essa, aliás, é a razão pela qual não há, no rol do art. 337, a preliminar de continência: há a de litispendência e há a de conexão, mas não há a de continência, pois esta será, no caso concreto, ou uma litispendência ou uma conexão.

**28.** **Incapacidade de parte, defeito de representação ou falta de autorização.** O réu, em sua contestação, pode alegar incapacidade do autor, defeito de sua representação ou falta de autorização (por exemplo, a outorga uxória ou marital exigida pelo art. 73). Verificada a incapacidade processual, o defeito de representação ou a falta de autorização, o juiz suspenderá o processo e designará prazo razoável para que seja sanado o vício (art. 76). Sanado o vício, o processo deve avançar normalmente. Não sanado, haverá uma das implicações previstas nos §§ 1º e 2º do art. 76.

**29.** **Alegação de convenção de arbitragem.** As partes interessadas podem submeter a solução de seus litígios ao juízo arbitral mediante convenção de arbitragem, assim entendida a cláusula compromissória (Lei 9.307/1996, art. 4º) e o compromisso arbitral (Lei 9.307/1996, art. 9º). Em outras palavras, a convenção de arbitragem é o gênero, do qual há duas espécies:

**LIVRO I ·** DO PROCESSO DE CONHECIMENTO E DO CUMPRIMENTO DE SENTENÇA **Art. 337**

a cláusula compromissória e o compromisso arbitral. As partes, assim, afastam do Poder Judiciário o exame de disputas havidas entre elas naquela situação. Se, a despeito da celebração de convenção de arbitragem, uma das partes propuser sua demanda perante o Judiciário, o juiz não poderá conhecer de ofício da inobservância da convenção de arbitragem, mas o réu, pode, na contestação, alegar sua existência, o que acarreta a extinção do processo sem resolução do mérito (art. 485, VII).

**30. Competência-competência do juízo arbitral.** Todo órgão julgador tem a competência para decidir sobre sua competência. Cabe ao árbitro decidir as questões relativas à existência, à validade e à eficácia da convenção de arbitragem e do contrato que contenha a cláusula compromissória (Lei 9.307/1996, art. 8º, parágrafo único). O juiz estatal, por sua vez, deve extinguir o processo sem resolução do mérito *"quando o juízo arbitral reconhecer sua competência"* (art. 485, VII). Isso confirma e reforça a competência-competência do árbitro. Há uma prioridade: na pendência de um processo arbitral, quem deve, em primeiro lugar, examinar questões relativas à competência ou à existência, validade e eficácia da convenção de arbitragem é o próprio árbitro. O Judiciário só examina essas questões posteriormente, em eventual ação anulatória proposta por uma das partes (Lei 9.307/1996, art. 33). Se o árbitro reconhecer sua incompetência, as partes são remetidas ao Judiciário (Lei 9.307/1996, art. 20, § 1º). Rejeitada a alegação de incompetência pelo árbitro, *"terá normal prosseguimento a arbitragem, sem prejuízo de vir a ser examinada a decisão pelo órgão do Poder Judiciário competente, quando da eventual propositura da demanda de que trata o art. 33 desta Lei"* (Lei 9.307/1996, art. 20, § 2º). Assim, se a arbitragem for instaurada antes da demanda judicial, o juiz estatal, diante da alegação do réu de convenção de arbitragem, deve suspender o processo e aguardar a decisão do árbitro sobre sua própria competência. Caso, porém, a demanda judicial seja proposta sem que haja arbitragem instaurada ainda, cabe ao juiz decidir sobre a questão e, acolhida a alegação do réu, extinguir o processo sem resolução do mérito (art. 485, VII). Se a arbitragem vier a ser instaurada no curso do processo judicial, mas antes de qualquer decisão do juiz estatal sobre o tema, o processo estatal será, então, suspenso para que se aguarde a decisão do árbitro.

**31. Prevalência da competência do juízo arbitral.** *"O entendimento desta Corte firmou-se no sentido de que 'a previsão contratual de convenção de arbitragem enseja o reconhecimento da*

*competência do Juízo arbitral para decidir com primazia sobre o Poder Judiciário, de ofício ou por provocação das partes, as questões referentes à existência, validade e eficácia da convenção de arbitragem e do contrato que contenha a cláusula compromissória'* (AgInt no REsp 1.472.362/RN, Relatora Ministra Maria Isabel Gallotti, DJe 02.10.2019)" (STJ, 3ª Turma, AgInt no AREsp 1.375.954/SC, rel. Min. Marco Aurélio Bellizze, DJe 30.3.2020).

**32. Renúncia ao juízo arbitral.** O juiz não pode conhecer de ofício da convenção de arbitragem. Se o réu, em sua contestação, não alegar a convenção de arbitragem, estará a aceitar a jurisdição estatal e a renunciar ao juízo arbitral. Trata-se de uma omissão negocial. A renúncia é um negócio jurídico unilateral. O réu, quando deixa de alegar a convenção de arbitragem em sua contestação, pratica uma omissão negocial, renunciando ao juízo arbitral. É relevante esse ponto, pois a renúncia interpreta-se restritivamente (CC, art. 114). Quer isso dizer que a renúncia ao juízo arbitral não deve, em princípio, alcançar outra pretensão que envolva outra disputa relativa ao mesmo contrato em que inserida a convenção de arbitragem. Se, porém, a pretensão for a mesma, a renúncia se mantém. Caso, por exemplo, o processo em que o réu não alegou a convenção de arbitragem (renunciando, portanto, ao juízo arbitral) venha a ser extinto sem resolução do mérito, sua repropositura deve ser na justiça estatal, haja vista a renúncia manifestada. Em disputa diversa, relativa a outra situação, ainda que envolva o mesmo contrato ou a mesma relação de direito material, aí a renúncia não se mantém, já que deve ser interpretada restritivamente (CC, art. 114).

**33. Renúncia à convenção de arbitragem.** *"Conduta contraditória da parte recorrida, que, anteriormente, apesar da existência de cláusula compromissória, havia proposto duas demandas conexas perante o Poder Judiciário. 3. Impossibilidade desse contratante invocar a existência da cláusula arbitral, requerendo a extinção de ação monitória proposta pela outra parte, com fundamento no art. 485, VII, do CPC/2015"* (STJ, 3ª Turma, REsp 1.894.715/MS, rel. Min. Paulo de Tarso Sanseverino, DJe 20.11.2020).

**34. Renúncia e poderes na procuração.** A falta de alegação de convenção de arbitragem pelo réu causa uma renúncia sua ao juízo arbitral. Basta essa inércia para que se configure a renúncia. Não é necessário que haja poderes especiais na procuração outorgada ao advogado. O advogado precisa de poder especial para renunciar ao direito sobre o qual se funda a ação

605

(art. 105), hipótese específica que não se estende para a renúncia decorrente da falta de alegação, na contestação, da convenção de arbitragem.

**35. Ausência de legitimidade ou de interesse processual.** A contestação pode conter a alegação de ilegitimidade para a causa ou de falta de interesse de agir. O réu pode alegar tanto a ilegitimidade ativa como a passiva. Também pode alegar que a prestação jurisdicional postulada não é necessária ou útil, deixando o autor de ter interesse de agir. Alegada a ilegitimidade passiva, o autor pode requerer a sucessão de parte, com a exclusão do réu originário e o ingresso de outro, que seria o legítimo (art. 338), ou pode requerer a formação de litisconsórcio passivo ulterior, com o ingresso do sujeito indicado pelo réu como o que ostenta a legitimidade passiva (art. 339, § 2º).

**36. Falta de caução ou de outra prestação exigida como preliminar.** O réu pode alegar, em sua contestação, a falta de caução ou de outra prestação exigida como preliminar, tais como: *(a)* não pagamento das custas (arts. 82 e 290); *(b)* não pagamento dos honorários de advogado na repropositura da demanda (art. 486, § 2º); *(c)* falta de depósito na ação rescisória (art. 968, II); *(d)* falta de caução pelo autor, brasileiro ou estrangeiro, que resida fora do Brasil e não tenha aqui bens imóveis que assegurem o pagamento das custas e dos honorários de sucumbência (art. 83).

**37. Impugnação à gratuidade da justiça.** Deferido o pedido de gratuidade, a parte contrária pode oferecer impugnação. Se o juiz defere o pedido feito na petição inicial, ao réu cabe alegar na contestação (art. 337, XIII). Apresentado pedido superveniente de gratuidade, a parte contrária pode impugnar em 15 dias, nos próprios autos, sem suspensão do processo (art. 100).

**38. Matérias cognoscíveis de ofício e falta de preclusão.** Com exceção da incompetência relativa e da convenção de arbitragem, todas as matérias relacionadas no art. 337 podem ser conhecidas de ofício pelo juiz. Sendo assim, caso o réu não alegue a incompetência relativa ou a convenção de arbitragem, haverá preclusão, não podendo o juiz examinar nem o réu alegar mais. Em relação às outras matérias, a ausência de alegação pelo réu não o impede de suscitar posteriormente (art. 342, II), respeitadas, no caso concreto, as regras decorrentes da boa-fé processual (é possível, a depender do caso, que haja uma *supressio* ou um *venire contra factum proprium* que impeça a alegação; pelo art. 342, II, é possível ao réu, depois da contestação, alegar as matérias do art. 337, com exceção da incom-

petência relativa e da convenção de arbitragem, mas é possível que o réu perca esse direito, a depender das circunstâncias do caso concreto.

> **Art. 338.** Alegando o réu, na contestação, ser parte ilegítima ou não ser o responsável pelo prejuízo invocado, o juiz facultará ao autor, em 15 (quinze) dias, a alteração da petição inicial para substituição do réu.
>
> Parágrafo único. Realizada a substituição, o autor reembolsará as despesas e pagará os honorários ao procurador do réu excluído, que serão fixados entre três e cinco por cento do valor da causa ou, sendo este irrisório, nos termos do art. 85, § 8º.

▶ **1. Sem correspondência no CPC/1973.**

⚖ **JURISPRUDÊNCIA, ENUNCIADOS E SÚMULAS SELECIONADOS**

- **2. Enunciado 152 do FPPC.** *"O autor terá prazo único para requerer a substituição ou inclusão de réu (arts. 338, caput; 339, §§ 1º e 2º), bem como para a manifestação sobre a resposta (arts. 350 e 351)."*
- **3. Enunciado 296 do FPPC.** *"Verificando liminarmente a ilegitimidade passiva, o juiz facultará ao autor a alteração da petição inicial, para substituição do réu sem ônus sucumbenciais."*
- **4. Enunciado 511 do FPPC.** *"A técnica processual prevista nos arts. 338 e 339 pode ser usada, no que couber, para possibilitar a correção da autoridade coatora, bem como da pessoa jurídica, no processo de mandado de segurança."*

▤ **COMENTÁRIOS TEMÁTICOS**

**5. Primazia do julgamento do mérito.** A regra decorrente do art. 338 concretiza o princípio da primazia do julgamento do mérito (art. 4º) e permite que se aproveitem o processo, os atos praticados e os efeitos já produzidos (por exemplo, interromper a prescrição e tornar a coisa litigiosa), em vez de se proferir uma sentença que o extinga sem resolução do mérito, por falta de legitimidade passiva.

**6. Direito de substituir o réu.** A alegação do réu de sua ilegitimidade passiva confere ao autor o direito de, no prazo de 15 dias, requerer a sua substituição por outro réu.

**7. Ônus da sucumbência.** Acolhida a alegação e realizada sua substituição por outro, o autor será condenado a reembolsa-lhe o que gastou com despesas no processo e a pagar a seu advogado honorários de sucumbência, que serão fixados

**LIVRO I · DO PROCESSO DE CONHECIMENTO E DO CUMPRIMENTO DE SENTENÇA**   **Art. 339**

entre 3% e 5% do valor da causa. Aqui, base de cálculo para fixação dos honorários não é a condenação nem o proveito econômico, mas o valor da causa. Se este for irrisório, os honorários devem ser fixados por equidade (art. 85, § 8º).

**8. Intervenção de terceiro.** O art. 338 prevê, na verdade, uma intervenção de terceiros, que tem por finalidade a sucessão do réu originário, a critério do autor. O réu alega a ilegitimidade passiva, mas é o autor quem decide se quer a sucessão de parte no polo passivo.

**9. Direito de substituir o réu *versus* desistência da ação.** Para desistir da ação, o autor precisa da concordância do réu que já tenha contestado (art. 485, § 4º). Havendo concordância do réu, o processo será extinto sem resolução do mérito (art. 485, VIII) Se, porém, o réu alegar sua ilegitimidade passiva, o autor poderá desistir da ação contra ele, requerendo sua substituição por outro réu. Nesse caso, não será necessário contar com a concordância do réu, pois ele mesmo já alegou sua ilegitimidade passiva na contestação, e o processo não será extinto, devendo, isto sim, prosseguir contra o novo réu.

**10. Aplicação ao mandado de segurança.** O art. 338 aplica-se ao processo de mandado de segurança, pois tal regra destina-se ao saneamento do processo para que se viabilize o exame do mérito, concretizando o princípio da primazia do julgamento do mérito. Em outras palavras, o art. 338 aplica-se ao processo de mandado de segurança, permitindo que se corrija a autoridade coatora ou, até mesmo, a pessoa jurídica da qual ela faz parte. Assim, se a parte impetrou mandado de segurança, por exemplo, contra o Governador do Estado, mas a autoridade impetrada seria o Secretário de Estado, é possível corrigir. De igual modo, se impetrou contra o Governador do Estado, mas deveria ter indicado, como autoridade, o diretor de determinada autarquia, poderá haver a correção tanto da autoridade como da pessoa jurídica de cujos quadros faça parte. É possível que a mudança da autoridade implique alteração da competência do juízo. Se a autoridade inicialmente indicada é demandada, na via do mandado de segurança, em primeira instância, mas a autoridade que passou a figurar em seu lugar, após a correção feita, detém prerrogativa de ser demandada originariamente no tribunal, a alteração acarretará a mudança de competência. A aplicação do art. 338, no mandado de segurança, pode ocorrer, ainda pela encampação do ato por autoridade hierarquicamente superior àquela indicada como impetrada pelo impetrante. Para isso, além da hierarquia da autoridade que assu-

ma o ato, é preciso que ela preste as informações e trate do mérito da questão versada no mandado de segurança e não haja modificação de competência do juízo perante o qual tramita a ação mandamental.

**11. Aplicação aos Juizados Especiais.** Não cabe intervenção de terceiros nos Juizados Especiais (Lei 9.099/1995, art. 10). Isso, porém, não afasta a aplicação aos Juizados da regra contida no art. 338, pois se trata de norma saneadora, que concretiza o princípio da primazia do julgamento do mérito.

---

**Art. 339.** Quando alegar sua ilegitimidade, incumbe ao réu indicar o sujeito passivo da relação jurídica discutida sempre que tiver conhecimento, sob pena de arcar com as despesas processuais e de indenizar o autor pelos prejuízos decorrentes da falta de indicação.

§ 1º O autor, ao aceitar a indicação, procederá, no prazo de 15 (quinze) dias, à alteração da petição inicial para substituição do réu, observando-se, ainda, o parágrafo único do art. 338.

§ 2º No prazo de 15 (quinze) dias, o autor pode optar por alterar a petição inicial para incluir, como litisconsorte passivo, o sujeito indicado pelo réu.

---

▶ **1. Correspondência no CPC/1973.** *"Art. 62. Aquele que detiver a coisa em nome alheio, sendo-lhe demandada em nome próprio, deverá nomear à autoria o proprietário ou o possuidor". "Art. 63. Aplica-se também o disposto no artigo antecedente à ação de indenização, intentada pelo proprietário ou pelo titular de um direito sobre a coisa, toda vez que o responsável pelos prejuízos alegar que praticou o ato por ordem, ou em cumprimento de instruções de terceiro". "Art. 64. Em ambos os casos, o réu requererá a nomeação no prazo para a defesa; o juiz, ao deferir o pedido, suspenderá o processo e mandará ouvir o autor no prazo de 5 (cinco) dias."*

⚖ **Jurisprudência, Enunciados e Súmulas Selecionados**

• **2. Súmula STJ, 628.** *"A teoria da encampação é aplicada no mandado de segurança quando presentes, cumulativamente, os seguintes requisitos: a) existência de vínculo hierárquico entre a autoridade que prestou informações e a que ordenou a prática do ato impugnado; b) manifestação a respeito do mérito nas informações prestadas; e c) ausência de modificação de competência estabelecida na Constituição Federal."*

- **3. Enunciado 42 do FPPC.** *"O dispositivo aplica-se mesmo a procedimentos especiais que não admitem intervenção de terceiros, bem como aos juizados especiais cíveis, pois se trata de mecanismo saneador, que excepciona a estabilização do processo."*

- **4. Enunciado 44 do FPPC.** *"A responsabilidade a que se refere o art. 339 é subjetiva."*

- **5. Enunciado 152 do FPPC.** *"O autor terá prazo único para requerer a substituição ou inclusão de réu (arts. 338, caput; 339, §§ 1º e 2º), bem como para a manifestação sobre a resposta (arts. 350 e 351)."*

- **6. Enunciado 296 do FPPC.** *"Verificando liminarmente a ilegitimidade passiva, o juiz facultará ao autor a alteração da petição inicial, para substituição do réu sem ônus sucumbenciais."*

- **7. Enunciado 511 do FPPC.** *"A técnica processual prevista nos arts. 338 e 339 pode ser usada, no que couber, para possibilitar a correção da autoridade coatora, bem como da pessoa jurídica, no processo de mandado de segurança."*

- **8. Enunciado 123 da II Jornada-CJF.** *"Aplica-se o art. 339 do CPC à autoridade coatora indicada na inicial do mandado de segurança e à pessoa jurídica que compõe o polo passivo."*

## ▣ Comentários Temáticos

**9. Boa-fé do réu.** Se o réu alega, na contestação, sua ilegitimidade e tem condições de identificar quem é o sujeito que ostenta legitimidade passiva para a causa, deve, em respeito à boa-fé processual, indicá-lo. (art. 5º). Se não o fizer, há o risco de o processo ser extinto sem resolução do mérito e o autor ter de propor somente depois a nova demanda, com prejuízo pela demora de todo esse período.

**10. Princípio da cooperação.** A indicação pelo réu do sujeito que ostenta legitimidade passiva para a causa concretiza o princípio da cooperação, evitando que se extinga o processo sem resolução do mérito e contribuindo para que prossiga, com efetividade e duração razoável (art. 6º).

**11. Dever de indicar o sujeito legítimo.** O réu, ao saber quem é o sujeito que ostenta a legitimidade passiva, tem o dever de indicá-lo. Não há como impor esse dever ao réu, quando ele não reúna condições objetivas de saber quem é o sujeito com legitimidade passiva para a causa.

**12. Sanção.** Não cumprido o dever de indicar o sujeito legítimo, o réu terá de arcar com as despesas processuais e de indenizar o autor pelos prejuízos decorrentes da falta de indicação.'

**13. Honorários de sucumbência.** Indicado pelo réu o sujeito que ostenta legitimidade passiva para a causa, o autor pode requerer, no prazo de 15 dias, sua citação, promovendo-se a sucessão de parte no polo passivo (art. 338). Realizada a sucessão, o réu originário é excluído do processo, com a condenação do autor aos honorários de sucumbência (art. 338, parágrafo único). Se o réu, porém, não indicar o sujeito que ostenta legitimidade passiva para a causa e o processo vier a ser extinto sem resolução do mérito, irá responder pelas despesas e indenizar o autor pelos prejuízos decorrentes da falta de indicação. Isso, porém, não atinge os honorários de sucumbência do advogado do réu originário. Extinto o processo sem resolução do mérito, o autor será condenação nos honorários de sucumbência. A condenação do réu nas despesas e na indenização não atinge os honorários de seu advogado nem afasta a necessidade de condenação do autor no seu pagamento, haja vista a causalidade: quem deu causa ao processo foi o autor.

**14. Litisconsórcio passivo ulterior.** Diane da indicação pelo réu do sujeito que ostenta legitimidade passiva para a causa, o autor, em vez de requerer a sucessão de parte, pode optar por pedir a citação daquele sujeito, a fim de que se torne litisconsorte do réu originário. Assim, em vez de o réu originário ser excluído e de ingressar outro em seu lugar, forma-se um litisconsórcio passivo ulterior. O réu não tem o direito de discordar desse pedido do autor.

---

**Art. 340.** Havendo alegação de incompetência relativa ou absoluta, a contestação poderá ser protocolada no foro de domicílio do réu, fato que será imediatamente comunicado ao juiz da causa, preferencialmente por meio eletrônico.

§ 1º A contestação será submetida a livre distribuição ou, se o réu houver sido citado por meio de carta precatória, juntada aos autos dessa carta, seguindo-se a sua imediata remessa para o juízo da causa.

§ 2º Reconhecida a competência do foro indicado pelo réu, o juízo para o qual for distribuída a contestação ou a carta precatória será considerado prevento.

§ 3º Alegada a incompetência nos termos do *caput*, será suspensa a realização da audiência de conciliação ou de mediação, se tiver sido designada.

§ 4º Definida a competência, o juízo competente designará nova data para a audiência de conciliação ou de mediação.

**LIVRO I · DO PROCESSO DE CONHECIMENTO E DO CUMPRIMENTO DE SENTENÇA** | **Art. 341**

**1. Correspondência no CPC/1973.** *"Art. 305. (...) Parágrafo único. Na exceção de incompetência (art. 112 desta Lei), a petição pode ser protocolizada no juízo de domicílio do réu, com requerimento de sua imediata remessa ao juízo que determinou a citação."*

## ⚖ Jurisprudência, Enunciados e Súmulas Selecionados

• **2. Enunciado 426 do FPPC.** *"O juízo para o qual foi distribuída a contestação ou a carta precatória só será considerado prevento se o foro competente for o local onde foi citado."*
• **3. Enunciado 124 da II Jornada-CJF.** *"Não há preclusão consumativa do direito de apresentar contestação, se o réu se manifesta, antes da data da audiência de conciliação ou de mediação, quanto à incompetência do juízo."*

## 🖵 Comentários Temáticos

**4. Momento da apresentação da contestação.** Em regra, há, no procedimento comum, audiência de mediação ou conciliação (art. 334). Nesse caso, a contestação somente deve ser apresentada depois da audiência, quando frustradas as tentativas de autocomposição.

**5. Alegação de incompetência.** Se o réu pretende alegar incompetência, já pode apresentar sua contestação e, nela, suscitar a preliminar, o que suspende a audiência até que se julgue a alegação de incompetência.

**6. Protocolo no juízo do foro do réu.** A contestação que contém a alegação de incompetência relativa ou absoluta pode ser protocolizada no foro do domicílio do réu, onde não tramita o processo. Se a citação tiver sido feita por via postal, a contestação será distribuída ao um dos juízos do foro do domicílio do réu, que irá, então, determinar a remessa ao juízo onde tramita o processo. Feita a citação por carta precatória, a contestação pode ser apresentada nos autos da precatória, sendo, então, encaminhada ao juízo onde tramita o processo. A regra concretiza o acesso à justiça, evitando deslocamento do réu a foro distante de seu domicílio.

**7. Prevenção.** Acolhida a alegação de incompetência, o juízo do foro do réu, perante quem fora protocolizada a contestação, ficará prevento para processar e julgar a causa. É possível, porém, que o réu protocolize a contestação no juízo de seu foro, mas alegue que a competência é de outro foro diverso do de seu domicílio. Nesse caso, não haverá prevenção do juízo junto a quem fora protocolizada a contestação, devendo o processo passar a tramitar no juízo cuja competência venha a ser reconhecida.

**8. Suspensão da audiência pela alegação de incompetência.** Alegada incompetência relativa ou absoluta, a contestação poderá ser protocolizada no foro do domicílio do réu, suspendendo-se a realização da audiência de conciliação ou de mediação. Nesse caso, a audiência é só suspensa, e não cancelada. O cancelamento da audiência depende da manifestação expressa tanto do autor como do réu no sentido de não quererem sua realização (art. 334, § 4º, I). Quando o réu alega a incompetência, não está, necessariamente, manifestando sua falta de interesse na audiência. Definida a competência, o juízo competente irá designar nova data para a audiência.

**9. Processo eletrônico.** Sendo o processo eletrônico, poder-se-ia imaginar que a regra perderia um pouco o sentido, podendo o réu protocolizar, no próprio sistema, independentemente de onde esteja, sua contestação. Só que o réu pode não ter condições de se deslocar para a audiência de conciliação ou mediação em foro distante de seu domicílio. Por isso, e como o enunciado normativo não faz distinção, faculta-se ao réu, mesmo no processo eletrônico, protocolizar no juízo do foro de seu domicílio sua contestação, quando nela alegar incompetência absoluta ou relativa. É possível, por outro lado, aceitar que a contestação seja, no processo eletrônico, apresentada ao próprio juízo onde tramita a causa, suspendendo-se a audiência de conciliação ou mediação, se houver alegação de incompetência absoluta ou relativa. A suspensão da audiência decorreria, no processo eletrônico, não da protocolização da contestação no juízo do foro do domicílio do réu, mas da simples alegação de incompetência, a denotar a impossibilidade ou dificuldade de deslocamento físico do réu, enquanto não definida a competência.

> **Art. 341.** Incumbe também ao réu manifestar-se precisamente sobre as alegações de fato constantes da petição inicial, presumindo-se verdadeiras as não impugnadas, salvo se:
>
> I – não for admissível, a seu respeito, a confissão;
>
> II – a petição inicial não estiver acompanhada de instrumento que a lei considerar da substância do ato;
>
> III – estiverem em contradição com a defesa, considerada em seu conjunto.
>
> Parágrafo único. O ônus da impugnação especificada dos fatos não se aplica ao defensor público, ao advogado dativo e ao curador especial.

**1. Correspondência no CPC/1973.** *"Art. 302. Cabe também ao réu manifestar-se precisamente sobre os fatos narrados na petição inicial. Presumem-se verdadeiros os fatos não impugnados, salvo: I – se não for admissível, a seu respeito, a confissão; II – se a petição inicial não estiver acompanhada do instrumento público que a lei considerar da substância do ato; III – se estiverem em contradição com a defesa, considerada em seu conjunto. Parágrafo único. Esta regra, quanto ao ônus da impugnação especificada dos fatos, não se aplica ao advogado dativo, ao curador especial e ao órgão do Ministério Público."*

## ⚖ Jurisprudência, Enunciados e Súmulas Selecionados

- **2. Súmula TST, 74.** *"I – Aplica-se a confissão à parte que, expressamente intimada com aquela cominação, não comparecer à audiência em prosseguimento, na qual deveria depor. II – A prova pré-constituída nos autos pode ser levada em conta para confronto com a confissão ficta (arts. 442 e 443, do CPC de 2015 – art. 400, I, do CPC de 1973), não implicando cerceamento de defesa o indeferimento de provas posteriores. III- A vedação à produção de prova posterior pela parte confessa somente a ela se aplica, não afetando o exercício, pelo magistrado, do poder/ dever de conduzir o processo."*

## ▣ Comentários Temáticos

**3. Ônus da impugnação especificada dos fatos.** O réu tem o ônus de, na contestação, impugnar especificadamente os fatos alegados pelo autor. O fato que não for impugnado especificadamente torna-se incontroverso, não precisando mais ser provado. Se o réu não impugna especificamente qualquer fato, restringindo-se a apresentar defesa direta de direito, sua situação equivale a de um revel: todos os fatos alegados pelo autor tornam-se incontroversos, não precisando mais ser provados.

**4. Contestação por negativa geral.** Em razão do ônus da impugnação especificada dos fatos, não se admite a contestação por negativa geral. Não atende ao referido ônus a contestação que nega todos os fatos genericamente, sem impugná-los especificadamente. A contestação por negativa geral equivale à falta de contestação, produzindo o mesmo efeito de uma revelia.

**5. Possibilidade de contestação por negativa geral.** O defensor público, o advogado dativo e o curador especial não se sujeitam ao ônus da impugnação especificada dos fatos. Por isso, podem apresentar contestação por negativa geral. Negando genericamente algum fato ou, até mesmo, todos os fatos, será o mesmo que tê-lo impugnado especificadamente ou ter impugnado cada fato. Nesse caso, os fatos todos tornam-se controversos, devendo ser provados.

**6. Direitos indisponíveis.** A falta de impugnação especificada não torna os fatos alegados pelo autor incontroversos quando o direito for indisponível. Só pode ser admitido o fato relativo a direito disponível. Se a confissão só é eficaz se o fato a ser provado disser respeito a direito disponível (art. 392), a falta de sua impugnação não o torna incontroverso nem o faz presumir verdadeiro quando o direito disputado for indisponível. A confissão ou a admissão de fatos concernentes a direitos indisponíveis é ineficaz.

**7. Ausência de impugnação especificada e Fazenda Pública.** *"Nos termos do art. 341, caput, do CPC/2015, incumbe ao réu manifestar-se precisamente sobre as alegações de fato constantes da petição inicial, presumindo-se verdadeiras as não impugnadas. Trata-se do que a doutrina convencionou chamar de confissão ficta. O inciso I do aludido dispositivo, no entanto, excepciona os fatos em que não for admissível, a seu respeito, a confissão, e, segundo o art. 392, caput, do CPC/2015, não vale como confissão a admissão, em juízo, de fatos relativos a direitos indisponíveis. Assim, sendo presumida a legalidade da certidão de dívida ativa e indisponível o crédito tributário, ressai evidente que a simples ausência de impugnação específica do suposto erro material não implica confissão ficta"* (STJ, 2ª Turma, REsp 1.689.017/SP, rel. Min. Assusete Magalhães, DJe 3.5.2021).

**8. Ausência de instrumento indispensável à prova do ato.** Quando a lei exigir instrumento público como da substância do ato, nenhuma outra prova, por mais especial que seja, pode suprir-lhe a falta (art. 406). Se, em casos assim, nenhuma outra prova pode servir, a falta de impugnação pelo réu, então, não prova o fato nem o torna incontroverso nem o faz presumir verdadeiro. Há casos, em outras palavras, que só se provam por instrumento público. A admissão ou a falta de impugnação não torna incontroverso o fato, que somente pode ser provado por instrumento público. É o caso, por exemplo, da propriedade imobiliária, que só se prova por instrumento público a partir de determinado valor (CC, art. 108). O contrato de constituição de renda exige escritura pública (CC, art. 807) e a fiança dá-se por escrito (CC, art. 819). Logo, se o autor alega existir um contrato de constituição de renda, mas não apresenta a respectiva escritura pública ou afirma haver uma

**LIVRO I** · DO PROCESSO DE CONHECIMENTO E DO CUMPRIMENTO DE SENTENÇA    **Art. 342**

fiança, mas não apresenta o contrato escrito, a ausência de impugnação pelo réu a esses fatos não os torna verdadeiros.

**9. Contradição com o conjunto da defesa.** O réu pode não impugnar especificamente os fatos alegados pelo autor, mas tais fatos podem estar em contradição com o conjunto da defesa. Nesse caso, não podem ser tidos como verdadeiros, incontroversos ou provados. A contestação, assim como a petição inicial (art. 322, § 2º), deve ser interpretada em seu conjunto, observada a boa-fé. É possível que o réu não impugne especificamente os fatos alegados pelo autor, mas eles podem estar em contradição com o conjunto da defesa, sendo, então, considerados fatos controvertidos, que precisam ser provados.

**10. Presunção relativa.** A presunção decorrente da falta de impugnação especificada dos fatos pelo réu é relativa, admitindo prova em contrário.

> **Art. 342.** Depois da contestação, só é lícito ao réu deduzir novas alegações quando:
>
> I – relativas a direito ou a fato superveniente;
>
> II – competir ao juiz conhecer delas de ofício;
>
> III – por expressa autorização legal, puderem ser formuladas em qualquer tempo e grau de jurisdição.

▶ **1. Correspondência no CPC/1973.** *"Art. 303. Depois da contestação, só é lícito deduzir novas alegações quando: I – relativas a direito superveniente; II – competir ao juiz conhecer delas de ofício; III – por expressa autorização legal, puderem ser formuladas em qualquer tempo e juízo."*

### ▣ Comentários Temáticos

**2. Preclusão consumativa.** Uma vez apresentada a contestação, opera-se a preclusão consumativa, não sendo permitido ao réu acrescentar, posteriormente, novas alegações. Ainda que o réu tenha, por exemplo, apresentado contestação no 10º dia, não pode, sob a alegação de que teria mais 5 dias, acrescentar novas alegações. Apresentada contestação, consumou-se a prática do ato, não podendo haver aditamento ou complementação. Há, enfim, preclusão consumativa.

**3. Alegações posteriores.** É possível que o réu, depois da contestação, deduza alegações concernentes a direito superveniente, a questões que podem ser examinadas de ofício ou a questão que não precluam.

**4. Direito ou fato superveniente.** O réu pode, depois da contestação, alegar direito ou fato su-

perveniente. Não há preclusão, pois o fato ou o direito não existia no momento da contestação; ele é superveniente. Se é superveniente, não tinha como ser alegado antes. Daí a possibilidade de o réu poder, depois da contestação, alegar direito ou fato superveniente. Quando o dispositivo menciona o *direito* superveniente está a referir-se ao direito *subjetivo* e, igualmente, ao direito *objetivo*. Em outras palavras, é possível ao réu alegar um *fato superveniente* que constitua um direito ou uma nova situação jurídica. Nesse sentido, é possível que se alegue um *direito* superveniente, ou seja, um direito que veio a ser constituído em razão de um fato ocorrido posteriormente. Também é possível ao réu invocar uma lei ou uma norma jurídica superveniente, que possa ser aplicada ao caso pendente. O direito superveniente pode ser de direito material ou de direito processual. A alegação de lei ou norma superveniente deve, contudo, respeitar o direito adquirido e o ato jurídico perfeito, de maneira que não se afigura correta a aplicação retroativa de norma em relação a fato pretérito. O réu pode alegar lei superveniente e ela poderá ser aplicada ao caso, se sua incidência não violar a cláusula de irretroatividade das leis, não afetando o direito adquirido nem o ato jurídico perfeito. A invocação de norma jurídica superveniente é possível em processos pendentes, desde que não haja retroatividade inadmissível. Os fatos supervenientes podem ser deduzidos tanto pelo autor como pelo réu (art. 493). Ao autor se permite suscitar fatos *constitutivos* supervenientes, por ser ele quem afirma ser o titular da situação ativa invocada no processo. Por sua vez, ao réu faculta-se alegar fatos *modificativos* e *extintivos* supervenientes, exatamente por se encontrar na situação passiva apresentada em juízo.

**5. Superveniência objetiva e superveniência subjetiva.** Assim como o autor, o réu pode, a qualquer momento, comunicar ao juiz fato que ocorreu depois de sua contestação (superveniência objetiva) ou fato anteriormente ocorrido, mas que somente soube depois da oportunidade processual de sua alegação (superveniência subjetiva). Cabe-lhe comprovar que o fato não lhe era acessível, somente vindo, depois da contestação, a dele tomar conhecimento.

**6. Matéria cognoscível de ofício.** O réu pode alegar, depois da contestação, matéria que pode ser conhecida de ofício pelo juiz. Se o juiz pode conhecer de ofício, o réu pode alegar a qualquer momento. Assim, por exemplo, se o réu já contestou, poderá, posteriormente, alegar uma ilegitimidade de parte (art. 337, § 5º), uma litispendência (art. 337, § 5º), uma prescrição, uma

611

decadência prevista em lei (CC, art. 210) ou a inconstitucionalidade de uma lei.

**7. Matéria não sujeita à preclusão.** Depois de apresentada a contestação, o réu pode alegar matéria que não preclui, ou seja, matéria que, por autorização legal, pode ser alegada a qualquer momento, embora o juiz não possa dela conhecer de ofício, como é o caso, por exemplo, da decadência convencional (CC, art. 211).

# CAPÍTULO VII
## DA RECONVENÇÃO

**Art. 343.** Na contestação, é lícito ao réu propor reconvenção para manifestar pretensão própria, conexa com a ação principal ou com o fundamento da defesa.

§ 1º Proposta a reconvenção, o autor será intimado, na pessoa de seu advogado, para apresentar resposta no prazo de 15 (quinze) dias.

§ 2º A desistência da ação ou a ocorrência de causa extintiva que impeça o exame de seu mérito não obsta ao prosseguimento do processo quanto à reconvenção.

§ 3º A reconvenção pode ser proposta contra o autor e terceiro.

§ 4º A reconvenção pode ser proposta pelo réu em litisconsórcio com terceiro.

§ 5º Se o autor for substituto processual, o reconvinte deverá afirmar ser titular de direito em face do substituído, e a reconvenção deverá ser proposta em face do autor, também na qualidade de substituto processual.

§ 6º O réu pode propor reconvenção independentemente de oferecer contestação.

▶ **1. Correspondência no CPC/1973.** *"Art. 315. O réu pode reconvir ao autor no mesmo processo, toda vez que a reconvenção seja conexa com a ação principal ou com o fundamento da defesa. Parágrafo único. Não pode o réu, em seu próprio nome, reconvir ao autor, quando este demandar em nome de outrem." "Art. 316. Oferecida a reconvenção, o autor reconvindo será intimado, na pessoa do seu procurador, para contestá-la no prazo de 15 (quinze) dias." "Art. 317. A desistência da ação, ou a existência de qualquer causa que a extinga, não obsta ao prosseguimento da reconvenção."*

📖 **Legislação Correlata**

**2. Lei 6.830/1980, art. 16, § 3º.** *"§ 3º Não será admitida reconvenção, nem compensação, e as exceções, salvo as de suspeição, incompetência e impedimentos, serão arguidas como matéria preliminar e serão processadas e julgadas com os embargos."*

**3. Lei 9.289/1996, art. 7º.** *"Art. 7º A reconvenção e os embargos à execução não se sujeitam ao pagamento de custas."*

**4. Lei 9.099/1995, art. 31.** *"Art. 31. Não se admitirá a reconvenção. É lícito ao réu, na contestação, formular pedido em seu favor, nos limites do art. 3º desta Lei, desde que fundado nos mesmos fatos que constituem objeto da controvérsia. Parágrafo único. O autor poderá responder ao pedido do réu na própria audiência ou requerer a designação da nova data, que será desde logo fixada, cientes todos os presentes."*

**5. Lei 13.188/2015, art. 5º, § 2º, II.** *"§ 2º A ação de rito especial de que trata esta Lei será instruída com as provas do agravo e do pedido de resposta ou retificação não atendido, bem como com o texto da resposta ou retificação a ser divulgado, publicado ou transmitido, sob pena de inépcia da inicial, e processada no prazo máximo de 30 (trinta) dias, vedados: (...) II – a reconvenção."*

⚖ **Jurisprudência, Enunciados e Súmulas Selecionados**

- **6. Tema/Repetitivo 622 STJ.** *"A aplicação da sanção civil do pagamento em dobro por cobrança judicial de dívida já adimplida (cominação encartada no artigo 1.531 do Código Civil de 1916, reproduzida no artigo 940 do Código Civil de 2002) pode ser postulada pelo réu na própria defesa, independendo da propositura de ação autônoma ou do manejo de reconvenção, sendo imprescindível a demonstração de má-fé do credor."*

- **7. Súmula STF, 258.** *"É admissível reconvenção em ação declaratória."*

- **8. Súmula STJ, 292.** *"A reconvenção e cabível na ação monitória, após a conversão do procedimento em ordinário."*

- **9. Enunciado 45 do FPPC.** *"Para que se considere proposta a reconvenção, não há necessidade de uso desse nomen iuris, ou dedução de um capítulo próprio. Contudo, o réu deve manifestar inequivocamente o pedido de tutela jurisdicional qualitativa ou quantitativamente maior que a simples improcedência da demanda inicial."*

- **10. Enunciado 46 do FPPC.** *"A reconvenção pode veicular pedido de declaração de usucapião, ampliando subjetivamente o processo, desde que se observem os arts. 259, I, e 327, § 1º, II."*

**LIVRO I** · DO PROCESSO DE CONHECIMENTO E DO CUMPRIMENTO DE SENTENÇA **Art. 343**

- **11. Enunciado 282 do FPPC.** *"Para julgar com base em enquadramento normativo diverso daquele invocado pelas partes, ao juiz cabe observar o dever de consulta, previsto no art. 10."*

- **12. Enunciado 629 do FPPC.** *"Se o réu reconvier contra o autor e terceiro, o prazo de contestação à reconvenção, para ambos, iniciar-se-á após a citação do terceiro."*

- **13. Enunciado 674 do FPPC.** *"A admissibilidade da reconvenção com ampliação subjetiva não se restringe às hipóteses de litisconsórcio necessário."*

- **14. Enunciado 689 do FPPC.** *"A desconsideração da personalidade jurídica requerida em reconvenção processa-se da mesma forma que a deduzida em petição inicial."*

- **15. Enunciado 120 da II Jornada-CJF.** *"Deve o juiz determinar a emenda também na reconvenção, possibilitando ao reconvinte, a fim de evitar a sua rejeição prematura, corrigir defeitos e/ou irregularidades."*

- **16. Enunciado 133 da II Jornada-CJF.** *"É admissível a formulação de reconvenção em resposta aos embargos de terceiro, inclusive para o propósito de veicular pedido típico de ação pauliana, nas hipóteses de fraude contra credores."*

- **17. Enunciado 27 do FONAJE.** *"Na hipótese de pedido de valor até 20 salários mínimos, é admitido pedido contraposto no valor superior ao da inicial, até o limite de 40 salários mínimos, sendo obrigatória à assistência de advogados às partes."*

- **18. Enunciado 31 do FONAJE.** *"É admissível pedido contraposto no caso de ser a parte ré pessoa jurídica."*

## ▣ Comentários Temáticos

**19. Da defesa à reação.** O réu pode tomar diferentes atitudes em relação à pretensão do autor. Pode simplesmente negar o fato por este afirmado ou os efeitos jurídicos que lhe foram atribuídos (defesa direta). Nesse caso, o réu põe-se na posição de quem resiste passivamente. Em vez disso, o réu pode alegar fatos impeditivos, modificativos ou extintivos do direito do autor, assumindo posição ativa (defesa indireta). Em todas essas hipóteses, o réu apenas se defende, ainda que assuma uma posição mais ativa, como no caso da defesa indireta; o réu objetiva, tanto com a defesa direta como com a indireta, obter pronunciamento judicial que rejeite ou afaste a pretensão do autor. O réu pode, entretanto, ul-

trapassar os limites da simples defesa e também atacar, levando o autor a defender-se de uma pretensão contra si formulada pelo próprio réu.

**20. Reconvenção.** O réu, sem prejuízo da defesa, e até sob certo aspecto em reforço a ela, pode tomar a ofensiva e propor uma demanda, no mesmo procedimento, contra o autor. Essa demanda do réu contra o autor no mesmo procedimento é a reconvenção. É, como se diz tradicionalmente, um contra-ataque do réu ao autor.

**21. Reconvenção *versus* pedido contraposto.** O réu, para formular pretensão contra o autor, deve reconvir. Há, porém, casos em que a lei permite ao réu formular pedido na contestação sem as formalidades da reconvenção. É o que se chama de pedido contraposto, autorizado no âmbito dos Juizados Especiais (Lei 9.099/1995, art. 31). Nas ações possessórias, também há pedido contraposto (art. 556). Além de não se sujeitar aos requisitos da reconvenção, o pedido contraposto não tem autonomia. Diferentemente da reconvenção, que não se extingue quando o autor desiste da ação ou quando esta é inadmissível, o pedido contraposto será atingido pela sorte da ação: se o autor formular desistência ou se o processo for extinto sem resolução do mérito, o pedido contraposto não se mantém nem prossegue; ele também é atingido pela extinção.

**22. Reconvenção *versus* ação dúplice.** Há situações jurídicas em que qualquer dos sujeitos pode ajuizar a ação: qualquer dos sujeitos da relação jurídico-material pode propor a mesma ação contra o outro. Nesse caso, a ação é dúplice, valendo dizer que o réu, mesmo não formulando pedido, recebe tutela jurisdicional para além da simples improcedência da pretensão do autor. É o que ocorre, por exemplo, nos juízos demarcatórios e divisórios e na ação de exigir contas. Em tais ações, por sua natureza dúplice, o réu, mesmo não formulando pedido, recebe tutela jurisdicional para além da simples improcedência da pretensão do autor. Proposta a demanda, não há pedido algum que a parte contrária possa formular, relativo à mesma relação ou situação jurídica, que já não esteja compreendido no objeto do processo. A reconvenção, por isso, é inútil e desnecessária. A ação direta de inconstitucionalidade é dúplice: julgada improcedente, o STF está, em verdade, julgando procedente a ação declaratória de constitucionalidade. A recíproca é verdadeira: a improcedência desta última é a procedência daquela.

**23. Duplicidade da ação de revisão de contrato.** *"(...) a sentença declaratória em ação de revisão de contrato pode ser executada pelo réu, mesmo sem reconvenção, tendo em vista a presen-*

613

*ça dos elementos suficientes à execução, o caráter de 'duplicidade' dessas ações, e os princípios da economia, da efetividade e da duração razoável do processo"* (STJ, 3ª Turma, REsp 1.309.090/AL, rel. Min. Sidnei Beneti, *DJe* 09.06.2014). *No mesmo sentido:* STJ, 4ª Turma, EDcl no AgInt no REsp 1.277.669/SP, rel. Min. Maria Isabel Gallotti, *DJe* 1º.8.2018.

**24. Admissibilidade da reconvenção apresentada com nome errado.** *"A partir das inovações trazidas pelo Código de Processo Civil de 2015, o oferecimento de reconvenção passou a ser feito na própria contestação, sem maiores formalidades, visando garantir a razoável duração do processo e a máxima economia processual. 3. A equivocada denominação do pedido reconvencional como pedido contraposto não impede o regular processamento da pretensão formulada pelo réu contra o autor, desde que ela esteja bem delimitada na contestação e que ao autor seja assegurado o pleno exercício do contraditório e da ampla defesa. 4. A existência de manifestação inequívoca do réu qualitativa ou quantitativamente maior que a simples improcedência da demanda principal é o quanto basta para se considerar proposta a reconvenção, independentemente do nomen iuris que se atribua à pretensão, nos termos do Enunciado 45 do Fórum Permanente dos Processualistas Civis"* (STJ, 3ª Turma, REsp 1.940.016/PR, rel. Min. Ricardo Villas Bôas Cueva, *DJe* 30.6.2021).

**25. Forma.** A reconvenção deve ser apresentada na contestação. Para reconvir, o réu não precisa contestar, mas, se quiser contestar e reconvir, deverá fazê-lo num mesmo instrumento ou numa mesma peça. Se o réu não contestar, pode apresentar apenas a reconvenção.

**26. Requisitos de admissibilidade da reconvenção.** A reconvenção, mesmo apresentada na contestação, deve atender aos requisitos da petição inicial (art. 319), contendo causa de pedir, pedido, valor da causa e a indicação das provas que o reconvinte pretende produzir. Além disso, é preciso que o juízo da causa tenha competência absoluta para processar e julgar a reconvenção e o procedimento para a reconvenção seja compatível com o da causa principal.

**27. Conexão.** A reconvenção deve ser conexa com a ação ou com algum dos fundamentos da defesa. A conexão para a reconvenção não é a mesma conexão que serve de causa à modificação da competência (art. 55), bastando haver certa afinidade de questões.

**28. Procedimento.** Proposta a reconvenção, o autor será intimado na pessoa de seu advogado.

Não é necessário citar o autor, pois ele já está no processo. O advogado, para ser intimado da reconvenção, não precisa ter, na procuração, poderes para receber citação. Intimado o autor na pessoa de seu advogado, ele terá o prazo de 15 dias para contestar. Em seguida, ação e reconvenção são processadas conjuntamente.

**29. Cabimento.** A reconvenção é cabível no procedimento comum, não sendo cabível em alguns procedimentos, como no dos Juizados Especiais (Lei 9.099/1995, art. 31) e no procedimento especial para o exercício do direito de resposta ou retificação do ofendido (Lei 13.188/2015, art. 5º, § 2º, II).

**30. Reconvenção sucessiva ou reconvenção à reconvenção.** *"Ainda na vigência do CPC/1973, a doutrina se posicionou, majoritariamente, pela admissibilidade da reconvenção à reconvenção, por se tratar de medida não vedada pelo sistema processual, mas desde que a questão que justifica a propositura da reconvenção sucessiva tenha como origem a contestação ou a primeira reconvenção. 4- Esse entendimento não se modifica se porventura se adotar, como marco temporal, a data da publicação da decisão que rejeitou liminarmente a reconvenção sucessiva, ocorrida na vigência do CPC/2015, pois a nova legislação processual solucionou alguns dos impedimentos apontados ao cabimento da reconvenção sucessiva, como, por exemplo, a previsão de que o autor-reconvindo será intimado para apresentar resposta e não mais contestação (art. 343, § 1º) e a vedação expressa de reconvenção à reconvenção apenas na hipótese da ação monitória (art. 702, § 6º). 5- Assim, também na vigência do CPC/2015, é igualmente correto concluir que a reconvenção à reconvenção não é vedada pelo sistema processual, condicionando-se o seu exercício, todavia, ao fato de que a questão que justifica a propositura da reconvenção sucessiva tenha surgido na contestação ou na primeira reconvenção, o que viabiliza que as partes solucionem integralmente o litígio que as envolve no mesmo processo e melhor atende aos princípios da eficiência e da economia processual, sem comprometimento da razoável duração do processo"* (STJ, 3ª Turma, REsp 1.690.216/RS, rel. Min. Paulo de Tarso Sanseverino, *DJe* 28.9.2020).

**31. Reconvenção e ampliação subjetiva do processo.** A reconvenção pode provocar a ampliação subjetiva do processo, podendo ser proposta pelo réu em litisconsórcio com um terceiro ou ser proposta pelo réu contra o autor e um terceiro. Há, aí, uma intervenção de terceiros. A reconvenção não pode ser proposta apenas contra o terceiro, sendo necessária a participação

**LIVRO I · DO PROCESSO DE CONHECIMENTO E DO CUMPRIMENTO DE SENTENÇA**   **Art. 344**

do autor (reconvindo). O prazo para contestação somente terá início depois da citação do terceiro. O autor é intimação na pessoa de seu advogado, mas o terceiro é citado. O litisconsórcio previsto no dispositivo é o necessário (simples ou unitário) entre o reconvindo e o terceiro. Só será possível, na reconvenção, litisconsórcio facultativo entre o autor (reconvindo) e terceiro, em caso de conexão ou de colegitimidade. É que, proposta pelo réu ação conexa contra um terceiro, haverá posterior reunião de processos. Tal reunião já pode se antecipar na própria reconvenção. Não se deve admitir outros casos de litisconsórcio facultativo entre o autor (reconvindo) e o terceiro, a fim de não tumultuar o andamento, de evitar escolhas do juízo (atentando contra o juiz natural). No caso do litisconsórcio entre o réu (reconvinte) e o terceiro, é preciso também que haja conexão para que possa ser admitido.

**32. Conexão entre ação e reconvenção e ampliação ou redução subjetiva.** *"Entre a demanda principal e a reconvenção deve haver conexão, seja em decorrência do pedido ou causa de pedir da ação principal, seja em decorrência da vinculação existente com os argumentos de defesa deduzidos em contestação, o que, por si só, recomendaria o julgamento conjunto das causas, mesmo que deduzidas em processos autônomos. 4. Diante da nítida relação de conexão entre a ação principal e a reconvenção, seria contraproducente a inadmissão do instituto tão somente pela necessidade concreta de ampliação ou restrição subjetiva"* (STJ, 3ª Turma, REsp 1.775.812/RJ, rel. Min. Marco Aurélio Bellizze, *DJe* 22.3.2019).

**33. Reconvenção e substituição processual.** A ação pode ser proposta por substituto processual, que é alguém que, em nome próprio, postula direito alheio (art. 18). Caso o réu queira reconvir contra o substituto processual, deverá fundar-se em pretensão que tenha contra o substituído, e não contra o substituto, desde que para tal pretensão este último disponha de legitimidade extraordinária passiva. Se o substituto processual for o réu, somente poderá reconvir se também tiver legitimidade extraordinária para a pretensão, postulando, em nome próprio, direito do substituído.

**34. Reconvenção e jurisdição voluntária.** *"Não cabe reconvenção no procedimento de jurisdição voluntária"* (STJ, 4ª Turma, REsp 33.457/SP, rel. Min. Barros Monteiro, *DJ* 28.02.1994, p. 2.891).

**35. Reconvenção e conversão do procedimento de jurisdição voluntária em jurisdição contenciosa.** *"(...) 3. A presente ação, não obstante ajuizada com lastro em dispositivos legais que dispõem acerca de procedimento especial de jurisdição voluntária, converteu-se em processo de jurisdição contenciosa, constatada com o oferecimento de contestação e reconvenção, realização de audiência de conciliação, bem como de provas periciais para a avaliação do imóvel. 4. Inegável a transmutação do procedimento especial de jurisdição voluntária em verdadeiro processo de jurisdição contenciosa, motivo pelo qual a ele devem ser aplicados os seus princípios, admitindo-se a reconvenção apresentada"* (STJ, REsp 1.453.193/DF, 3ª Turma, rel. Min. Nancy Andrighi, *DJe* 22.8.2017).

**36. Reconvenção e honorários de sucumbência.** *"Conquanto a reconvenção seja processada em conjunto, e no caso concreto tenha-se registrado o caráter singelo da demanda, o tempo exigido para o serviço e o exíguo tempo da causa, é certo que o art. 85, § 1º, do Código de Processo Civil afirma expressamente serem devidos honorários advocatícios na reconvenção"* (STJ, 4ª Turma, AgInt no AREsp 1.569.399/SP, rel. Min. Maria Isabel Gallotti, *DJe* 21.5.2020).

# CAPÍTULO VIII
# DA REVELIA

**Art. 344.** Se o réu não contestar a ação, será considerado revel e presumir-se-ão verdadeiras as alegações de fato formuladas pelo autor.

▶ **1. Correspondência no CPC/1973.** *"Art. 319. Se o réu não contestar a ação, reputar-se-ão verdadeiros os fatos afirmados pelo autor."*

## ⚖ LEGISLAÇÃO CORRELATA

**2. CLT, art. 844.** *"Art. 844. O não comparecimento do reclamante à audiência importa o arquivamento da reclamação, e o não comparecimento do reclamado importa revelia, além de confissão quanto à matéria de fato."*

## ⚖ JURISPRUDÊNCIA, ENUNCIADOS E SÚMULAS SELECIONADOS

- **3. Enunciado 11 do FONAJE.** *"Nas causas de valor superior a vinte salários mínimos, a ausência de contestação, escrita ou oral, ainda que presente o réu, implica revelia."*
- **4. Enunciado 78 do FONAJE.** *"O oferecimento de resposta, oral ou escrita, não dispensa o comparecimento pessoal da parte, ensejando, pois, os efeitos da revelia."*

## 🗐 Comentários Temáticos

**5. Inércia das partes.** A inércia das partes pode causar-lhes consequências desvantajosas, independentemente de sua vontade, caracterizando-se a chamada contumácia. A contumácia pode ser do autor, do réu ou de ambos.

**6. Revelia.** A revelia significa ausência de contestação. O réu revel é aquele que não contesta. Não vindo o réu a apresentar contestação, será revel.

**7. Revelia e contumácia.** A contumácia é a inércia de qualquer das partes, enquanto a revelia, que consiste na ausência de contestação pelo réu, é uma espécie de contumácia.

**8. Contestação intempestiva.** Se o réu apresentar contestação intempestiva, será revel. O revel é quem não contesta ou quem contesta intempestivamente.

**9. Natureza jurídica da revelia.** Historicamente, a revelia já foi considerada ato ilícito: uma rebeldia da parte ao poder do magistrado, pois a jurisdição não poderia ser exercida sem a participação do réu no processo. Ao tempo da concepção privatista do processo, o réu poderia ser compelido fisicamente a comparecer e, ainda, responder às penas do delito de rebeldia cometido. Chama-se essa concepção de *doutrina penal da contumácia*. A revelia ostentava natureza penal, consistindo na violação do dever de comparecimento. Com o tempo, entendeu-se necessário eliminar essa concepção, pois as partes – o réu, principalmente – não têm o dever de comparecer em juízo, de se defender ou de praticar atos processuais, tendo apenas o ônus de fazê-lo. Passou-se a entender que revelia é uma conduta lícita. Daí se concebeu a *teoria da renúncia*, segundo a qual a revelia implicava renúncia ao próprio direito material, ou, para alguns, ao processo. A revelia seria, assim, a vontade de não agir. Há outras teorias sobre a natureza jurídica da revelia, mas coube a Chiovenda formular a que é hoje geralmente aceita. Partindo do pressuposto de que a vontade é irrelevante na caracterização da contumácia, Chiovenda formulou a *teoria da inatividade*, segundo a qual não se considera a voluntariedade, tida apenas como um elemento subjetivo irrelevante, valendo apenas o simples e objetivo fato do não comparecimento. É irrelevante a vontade. O processo pode desenvolver-se normalmente, sem a presença do réu, que não atenda à citação, ou do autor, ou ainda de ambas as partes. Isso não quer dizer que houve ilícito, ou afronta ao juízo, ou renúncia a qualquer direito. Não interesa o motivo, a razão, a vontade da parte de não praticar o ato processual. No sistema processual brasileiro, prevalece a *teoria da inatividade* de Chiovenda.

**10. Revelia como ato-fato.** O ato-fato independe da vontade. Não se avalia a vontade. Quando a vontade humana, presente nos atos jurídicos *stricto sensu* e nos negócios jurídicos, é desprezada, tem-se o ato-fato. Os atos-fatos são fatos jurídicos produzidos por ação humana, mas a vontade de praticá-los é abstraída, não sendo considerada relevante pela norma jurídica. Os atos-fatos passam apenas pelos planos da existência e da eficácia, não se cogitando de (in)validade dos atos-fatos. A revelia é um ato-fato: não é relevante a vontade em não praticar o ato ou em não comparecer ao processo. A vontade é abstraída ou tida como irrelevante. O que importa é a inação e sua consequência para o processo. A parte que não comparece ou não pratica o ato processual deixa de se desincumbir de um ônus, assumindo as consequências próprias dessa sua inatividade. Por isso, não contestar ou contestar intempestivamente é a mesma coisa.

**11. A revelia como ato-fato processual: consequências ou implicações.** A revelia é um ato-fato. Como o ato-fato caracteriza-se pela irrelevância da vontade, não se lhe aplica o regime jurídico das invalidades. Não se pode dizer que se deve desconsiderar a revelia do réu, pois sua vontade estaria viciada ou que, na verdade, ele quis contestar, mas não o fez. Enfim, a vontade é irrelevante, não sendo possível cogitar-se de nulidade ou anulabilidade da inatividade ou da inércia da parte. Também não se pode dizer que a parte que não praticou um ato renunciou ao direito ou que fica impossibilitada de comparecer ao processo. O revel pode comparecer ao processo a qualquer momento. Sendo a revelia um ato-fato, não se pode dizer que há preclusão lógica ou vontades contraditórias. A circunstância de o réu ter sido revel não o impede de ajuizar ação rescisória. Não se deve ter como condutas contraditórias a propositura da ação rescisória por um revel. A ausência de contestação não caracteriza a manifestação de vontade de não contestar, nem consiste numa renúncia ao direito. Ainda que o réu seja revel, pode ele ajuizar ação rescisória. O revel pode, também, requerer a produção de provas, caso intervenha antes de finda a instrução probatória. Não há preclusão lógica no ato de o revel recorrer, pois não há vontade manifestada que possa contrariar ou ser logicamente impeditiva de um recurso posterior. Não há condutas contraditórias.

**12. Processo contumacial.** A constituição do processo não depende da presença do réu. Não

**LIVRO I** · DO PROCESSO DE CONHECIMENTO E DO CUMPRIMENTO DE SENTENÇA **Art. 344**

se veda a contumácia no processo. Quer isso dizer que o processo é contumacial. No período do direito romano clássico, não se admitia o processo contumacial. O demandado tinha o dever de comparecer, podendo-se fazer uso da força para constrangê-lo a tanto, pois sua presença era necessária. Não se admitia sua ausência, que era tida como uma *ofensa*, uma *rebeldia* ou uma *resistência* injustificável ao poder do pretor que não poderia, dessa maneira, exercer sua função. O processo somente poderia ter início com a presença do réu. A presença das partes perante o magistrado ou pretor era indispensável à constituição do processo. Daí por que a revelia *in iure* constituía um obstáculo para que o assunto pudesse ser submetido ao conhecimento do *iudex*. Não havia, então, processo contumacial. A presença das partes era indispensável para a constituição do processo. A contumácia era um ilícito, uma *rebeldia* da parte. Não é sem razão, aliás, que o termo *revelia* advém da expressão *rebeldia*. Atualmente, o processo é contumacial, sendo possível constituir-se e se desenvolver sem a presença do réu. Este precisa ser citado, mas não precisa estar presente.

**13. Revelia e ausência à audiência de medicação ou conciliação.** A ausência do réu à audiência de mediação ou conciliação (art. 334) não caracteriza revelia. A revelia é ausência de contestação, e não de comparecimento à audiência. Se o réu não comparecer, injustificadamente, à audiência de mediação ou conciliação, estará cometendo um ato atentatório à dignidade da jurisdição e sofrerá a imposição de uma multa (art. 334, § 8º), mas não será revel. Revel é o réu que não contesta ou que contesta intempestivamente.

**14. Revelia e curador especial.** Citado o réu por edital ou com hora certa, ser-lhe-á nomeado um curador (art. 72). A função de curador é exercida pela Defensoria Pública (art. 72, parágrafo único).

**15. Revelia e reconvenção.** É revel o autor que não contesta a reconvenção apresentada pelo réu. É possível, enfim, haver revelia na reconvenção.

**16. Efeitos da revelia.** Se o réu não apresentar contestação, haverá revelia. Havendo revelia, serão, via de regra, produzidos 2 (dois) efeitos: (a) os fatos narrados pelo autor serão reputados verdadeiros (art. 344) e (b) os prazos correrão contra o réu, independentemente de intimação (art. 346).

**17. Efeito material da revelia.** O primeiro efeito é o material: se o réu não apresentar contestação, presumem-se verdadeiras as alegações de fato formuladas pelo autor (art. 344). São os fatos que se presumem verdadeiros, e não o direito invocado pelo autor. Havendo revelia, os fatos estão incontroversos, mas isso não implica necessária procedência do pedido, pois é preciso que o autor tenha o direito que sustenta ou que sejam adequadas as consequências jurídicas dos fatos alegados. Mesmo havendo revelia, é possível que haja improcedência, se o direito invocado não for aplicável ao caso ou se as consequências jurídicas apresentadas não ocorrerem.

**18. Revelia não implica procedência automática.** *"Conforme a jurisprudência do Superior Tribunal de Justiça, a revelia não importa em procedência automática dos pedidos, porquanto a presunção de veracidade dos fatos alegados pelo autor é relativa, cabendo ao magistrado a análise conjunta das alegações e das provas produzidas"* (STJ, 3ª Turma, AgInt no REsp 1.601.531/DF, rel. Min. Paulo de Tarso Sanseverino, *DJe* 29.11.2017). *"Embora a revelia implique presumir verdadeiros os fatos alegados na petição inicial, disso não resulta a automática e inevitável procedência dos pedidos formulados pela parte autora, tampouco limite ao exercício da dialética jurídica, pelo réu revel, visando à defesa técnica de seus interesses"* (STJ, 4ª Turma, AgInt no REsp 1.848.104/SP, rel. p/ ac. Min. Antonio Carlos Ferreira, *DJe* 11.5.2021).

**19. Presunção relativa.** *"A revelia enseja a presunção relativa da veracidade dos fatos narrados pelo autor da ação, podendo ser infirmada pelas provas dos autos, motivo pelo qual não determina a imediata procedência do pedido"* (STJ, 4ª Turma, AgInt nos EDcl no AREsp 1.381.099/SC, rel. Min. Maria Isabel Gallotti, *DJe* 14.6.2019).

**20. Efeito processual da revelia.** O efeito processual da revelia está previsto no art. 346.

**21. Julgamento antecipado do mérito.** A revelia acarreta o julgamento antecipado do mérito (art. 355, II), justamente porque se opera a presunção de veracidade dos fatos alegados pelo autor. Já há incontrovérsia, não havendo mais necessidade de prova (art. 374, III).

**22. Permanência nos autos da contestação intempestiva.** *"O desentranhamento da contestação intempestiva não constitui um dos efeitos da revelia. O réu revel pode intervir no processo a qualquer tempo, de modo que a peça intempestiva pode permanecer nos autos, eventualmente, alertando o Juízo sobre matéria de ordem pública, a qual pode ser alegada a qualquer tempo e grau de jurisdição"* (STJ, 3ª Turma, AgRg no Ag 1.074.506/RS, rel. Min. Sidnei Beneti, *DJe* 3.3.2009).

**Art. 345** CÓDIGO DE PROCESSO CIVIL COMENTADO – *Leonardo Carneiro da Cunha*

**23. Desentranhamento da contestação intempestiva.** *"A contestação juntada posteriormente ao decurso do prazo legal pode ser desentranhada dos autos"* (STJ, 3ª Turma, AgRg no AREsp 129.065/SP, rel. Min. Paulo de Tarso Sanseverino, *DJe* 25.10.2013).

> **Art. 345.** A revelia não produz o efeito mencionado no art. 344 se:
>
> I – havendo pluralidade de réus, algum deles contestar a ação;
>
> II – o litígio versar sobre direitos indisponíveis;
>
> III – a petição inicial não estiver acompanhada de instrumento que a lei considere indispensável à prova do ato;
>
> IV – as alegações de fato formuladas pelo autor forem inverossímeis ou estiverem em contradição com prova constante dos autos.

▶ **1. Correspondência no CPC/1973.** *"Art. 320. A revelia não induz, contudo, o efeito mencionado no artigo antecedente: I – se, havendo pluralidade de réus, algum deles contestar a ação; II – se o litígio versar sobre direitos indisponíveis; III – se a petição inicial não estiver acompanhada do instrumento público, que a lei considere indispensável à prova do ato."*

## ⚖ Jurisprudência, Enunciados e Súmulas Selecionados

- **2. Súmula TFR, 118.** *"Na ação expropriatória, a revelia do expropriado não implica em aceitação do valor da oferta e, por isso, não autoriza a dispensa da avaliação."*
- **3. Enunciado 93 do FNPP.** *"Não se operam os efeitos da revelia no caso de não comparecimento de advogado público ou preposto à audiência trabalhista."*

## ▣ Comentários Temáticos

**4. Advertência necessária.** A revelia somente pode produzir seu efeito material, se o réu for advertido previamente. Decorrem da cooperação (art. 6º) os deveres de esclarecimento e de prevenção: o réu deve ser informado e advertido de que, se não contestar, será revel e a revelia pode produzir seu efeito material. O mandado de citação deve conter a menção do prazo para contestar, sob pena de revelia (art. 250, II). A carta de citação também deve conter essa advertência (art. 248, § 3º). Se não houver, no mandado ou na carta de citação, essa advertência, a revelia do réu não produzirá seu efeito material.

**5. Presunção relativa.** *"A revelia enseja a presunção relativa da veracidade dos fatos narrados pelo autor da ação, podendo ser infirmada pelas provas dos autos, motivo pelo qual não determina a imediata procedência do pedido"* (STJ, 4ª Turma, AgInt no AREsp 1.763.344/SP, rel. Min. Raul Araújo, *DJe* 9.6.2021).

**6. Pluralidade de réus.** Em caso de litisconsórcio passivo, a revelia não produzirá seu efeito material se algum réu tiver contestado tempestividade e impugnado especificadamente os fatos alegados pelo autor em sua petição inicial. Se alguém impugnou o fato, não há admissão, não há incontrovérsia. Impugnado o fato por qualquer réu, ele não foi admitido, não se tornou incontroverso, não se presumindo verdadeiro. Não importa qual o tipo de litisconsórcio: impugnado o fato por qualquer réu, não é possível presumi-lo verdadeiro, pois há uma controvérsia a seu respeito.

**7. Contestação apresentada pelo assistente litisconsorcial do revel.** O assistente litisconsorcial é litisconsorte do assistido (art. 124). Assim, se o réu não contestar, mas seu assistente litisconsorcial oferecer contestação dentro do prazo, a revelia daquele não fará presumir verdadeiros os fatos alegados pelo autor.

**8. Contestação apresentada pelo assistente simples do revel.** Se o réu não contestar, mas seu assistente simples apresentar contestação tempestiva, a revelia não produzirá seu efeito material (art. 121, parágrafo único).

**9. Direitos indisponíveis.** Não se produz o efeito material da revelia quando o direito for indisponível. Somente pode ser admitido o fato que diga respeito a direito disponível. Se a confissão só é eficaz se o fato a ser provado disser respeito a direito disponível. (art. 392), a revelia não produz seu efeito material quando o direito disputado for indisponível. A confissão ou a admissão de fatos relativos a direitos indisponíveis é ineficaz.

**10. Revelia e direito do consumidor.** *"Ao dizer que as normas do CDC são 'de ordem pública e interesse social', o Art. 1º da Lei 8.078/1990 não faz indisponíveis os direitos outorgados ao consumidor – tanto que os submete à decadência e torna prescritíveis as respectivas pretensões. II – Assim, no processo em que se discutem direitos do consumidor, a revelia induz o efeito previsto no Art. 319 do Código de Processo Civil[de 1973]"* (STJ, 3ª Turma, REsp 767.052/RS, rel. Min. Humberto Gomes de Barros, *DJ* 1º.8.2007, p. 459).

**11. Revelia e Fazenda Pública.** A revelia, sendo ré a Fazenda Pública, *não* produz seu efeito material, de maneira que não haverá presunção de veracidade quanto aos fatos alegados pelo autor na petição inicial. Os atos públicos presumem-se legítimos. Por isso, cabe ao autor, numa demanda proposta em face da Fazenda Pública, demonstrar, e *comprovar*, as alegações contidas em sua petição inicial. Não o fazendo, mediante a produção de qualquer prova, só restará a consequência da improcedência. Em outras palavras, cabe ao autor, numa demanda proposta em face da Fazenda Pública, elidir a presunção de legitimidade dos atos administrativos, comprovando as alegações feitas na petição inicial.

**12.** **Revelia da Fazenda Pública.** *"Consolidou-se nesta Corte o entendimento segundo o qual não se aplica à Fazenda Pública o efeito material da revelia, nem é admissível, quanto aos fatos que lhe dizem respeito, a confissão, em face da indisponibilidade dos bens e direitos sob sua responsabilidade"* (STJ, 1ª Turma, AgInt no AREsp 1.171.685/PR, rel. Min. Gurgel de Faria, DJe 21.8.2018).

**13.** **Revelia e mandado de segurança.** O mandado de segurança destina-se a impugnar um ato ou uma omissão de autoridade pública, cabendo ao impetrante, em sua petição inicial, já elidir a presunção de legitimidade do ato administrativo e comprovar sua ilegalidade ou abusividade. Se o impetrante não comprovar os fatos alegados, a segurança será denegada. Não há revelia no mandado de segurança, porque não há apresentação de contestação no seu procedimento. Ainda que houvesse, a revelia não produziria seu efeito material.

**14.** **Revelia na desapropriação.** A revelia, na desapropriação, não acarreta o seu efeito material. Vale dizer que, sendo revel o réu, não se presume correto, nem justo, nem adequado o valor oferecido na petição inicial. O procedimento judicial da desapropriação contém a necessidade de uma perícia para se aferir a correção do valor, a fim de se concluir se o preço oferecido é justo, em atendimento à exigência constitucional. Somente não haverá perícia se o réu concordar, expressamente, com o preço (Decreto-lei 3.365/1941, art. 22). Nesse caso, o juiz o homologa por sentença, encerrando o processo. Não havendo concordância expressa do réu quanto ao preço, deve, então, ser determinada a realização de uma perícia (Decreto-lei 3.365/1941, art. 23). Se o réu for revel, não haverá concordância *expressa*, de forma que não se deve entender que a revelia gere a presunção de que o preço oferecido seja justo, conforme exige o texto constitucional. A ocorrência de revelia não afasta a realização da perícia, necessária para aferição da correção do valor oferecido, a fim de se apurar a configuração da exigência de preço justo.

**15.** **Revelia e ação rescisória.** A revelia na ação rescisória não produz seu efeito material. Sendo revel o réu na ação rescisória, não haverá presunção de veracidade das afirmações de fato feitas pelo autor. A autoridade da coisa julgada não pode ser desfeita com uma simples presunção que, aliás, é relativa. Uma simples presunção não poderia ter o condão de afastar a autoridade da coisa julgada. Embora haja revelia na ação rescisória, ela não produz o efeito material previsto no art. 344.

**16.** **Mudança de nome na ação de divórcio.** *"A decretação da revelia do réu não resulta, necessariamente, em procedência do pedido deduzido pelo autor, sobretudo quando ausente a prova dos fatos constitutivos alegados na petição inicial. Precedentes. 4. O fato de a ré ter sido revel em ação de divórcio em que se pretende, também, a exclusão do patronímico adotado por ocasião do casamento não significa concordância tácita com a modificação de seu nome civil, quer seja porque o retorno ao nome de solteira após a dissolução do vínculo conjugal exige manifestação expressa nesse sentido, quer seja o efeito da presunção de veracidade decorrente da revelia apenas atinge às questões de fato, quer seja ainda porque os direitos indisponíveis não se submetem ao efeito da presunção da veracidade dos fatos"* (STJ, 3ª Turma, REsp 1.732.807/RJ, rel. Min. Nancy Andrighi, DJe 17.8.2018).

**17.** **Ausência de instrumento indispensável à prova do ato.** Quando a lei exigir instrumento público como da substância do ato, nenhuma outra prova, por mais especial que seja, pode suprir-lhe a falta (art. 406). Se, em casos assim, nenhuma outra prova pode servir, a revelia, então, não produz seu efeito material. Há casos, em outras palavras, que só se provam por instrumento público. A admissão ou a falta de impugnação não torna incontroverso o fato, que somente pode ser provado por instrumento público. É o caso, por exemplo, da propriedade imobiliária, que só se prova por instrumento público a partir de determinado valor (CC, art. 108). O contrato de constituição de renda exige escritura pública (CC, art. 807) e a fiança dá-se por escrito (CC, art. 819). Logo, se o autor alega existir um contrato de constituição de renda, mas não apresenta a respectiva escritura pública ou afirma haver uma fiança, mas não apresenta o contrato escrito, a revelia não torna esses fatos provados ou tidos como verdadeiros.

**18.** **Alegações inverossímeis ou contrárias às provas dos autos.** A revelia não produz seu efeito material se as alegações contidas na petição inicial forem inverossímeis ou contrárias às provas dos autos. O juiz aplica as regras de experiência comum subministradas pela observação do que que ordinariamente acontece (art. 375). Se, então, as alegações do autor contrariarem tais regras, a revelia não produz seu efeito material, devendo haver esclarecimentos ou produção de provas adicionais. Assim, por exemplo, quando o autor alegue fatos que contrariem a regra da gravidade ou da física, a revelia não produz seu efeito material. De igual modo, se as alegações do autor forem contrariadas por provas contidas nos autos, não é possível presumi-las verdadeiras.

**19. Presunção relativa, possibilidade de o revel discutir as consequências jurídicas e necessidade de exame do conjunto das alegações e provas.** *"Embora a revelia implique presumir verdadeiros os fatos alegados na petição inicial, disso não resulta a automática e inevitável procedência dos pedidos formulados pela parte autora, tampouco limite ao exercício da dialética jurídica, pelo réu revel, visando à defesa técnica de seus interesses. 3. A presunção de veracidade sobre os fatos não subtrai do revel a possibilidade de discutir suas consequências jurídicas. Trata-se, ademais, de presunção relativa, pois é certo que ao Magistrado compete o exame conjunto das alegações e das provas produzidas pelas partes (inclusive o réu, se comparecer aos autos antes de ultimada a fase probatória), conforme dispõe o art. 345, IV, do CPC/2015"* (STJ, 4ª Turma, AgInt no REsp 1.848.104/SP, rel. p/ ac. Min. Antonio Carlos Ferreira, *DJe* 11.5.2021).

---

**Art. 346.** Os prazos contra o revel que não tenha patrono nos autos fluirão da data de publicação do ato decisório no órgão oficial.

Parágrafo único. O revel poderá intervir no processo em qualquer fase, recebendo-o no estado em que se encontrar.

---

▶ **1. Correspondência no CPC/1973.** *"Art. 322. Contra o revel que não tenha patrono nos autos, correrão os prazos independentemente de intimação, a partir da publicação de cada ato decisório. Parágrafo único O revel poderá intervir no processo em qualquer fase, recebendo-o no estado em que se encontrar."*

## ⚖ JURISPRUDÊNCIA, ENUNCIADOS E SÚMULAS SELECIONADOS

- **2. Súmula STF, 231.** *"O revel, em processo cível, pode produzir provas, desde que compareça em tempo oportuno."*

- **3. Súmula TST, 197.** *"O prazo para recurso da parte que, intimada, não comparecer à audiência em prosseguimento para a prolação da sentença conta-se de sua publicação."*

- **4. Enunciado 167 do FONAJE.** *"Não se aplica aos Juizados Especiais a necessidade de publicação no Diário Eletrônico quando o réu for revel – art. 346 do CPC."*

## 🗐 COMENTÁRIOS TEMÁTICOS

**5. Efeito processual da revelia.** O efeito processual da revelia, que consiste na dispensa de intimação do réu para os atos do processo (art. 346), somente se produz se o réu, além de não contestar, não comparecer nos autos. Tal efeito, em outras palavras, somente é produzido se, e enquanto, o réu não atua no processo. A partir do momento em que o réu comparece nos autos, cessa o efeito processual da revelia. Pode acontecer, entretanto, de o réu, quando ocorrida a revelia, já estar no processo, não chegando nem sequer a ser produzido o efeito processual previsto no art. 346. Suponha-se a hipótese de o réu, uma vez citado, oferecer alegação de impedimento. Esta, como se sabe, suspende o processo e consequentemente, o prazo para contestação (arts. 221 e 313, III). Imagine-se que a alegação venha a ser rejeitada e, intimado o réu da decisão, não apresenta contestação, escoando-se *in albis* o prazo restante que faltava para tanto. Nesse caso, o réu será revel, mas deverá ser intimado dos atos processuais, não incidindo a regra contida no art. 346. Enfim, o efeito previsto no art. 346 somente se opera quando o réu, além de revel, não comparece nos autos. Vindo a comparecer ou já estando nos autos no momento em que ocorrida a revelia, tal efeito não se produz.

**6. Fazenda Pública.** Se a Fazenda Pública for revel, sem procurador nos autos, o efeito processual aplica-se. Para que não se aplique o efeito processual da revelia, é preciso que compareça, nos autos, seu advogado público.

**7. Discussão de questões de direito pelo revel.** *"A presunção de veracidade sobre os fatos não subtrai do revel a possibilidade de discutir suas consequências jurídicas. Trata-se, ademais, de presunção relativa, pois é certo que ao Magistrado compete o exame conjunto das alegações e das provas produzidas pelas partes (inclusive o réu, se comparecer aos autos antes de ultimada a fase probatória), conforme dispõe o art. 345, IV, do CPC/2015"* (STJ, 4ª Turma, AgInt no REsp 1.848.104/SP, rel. p/ ac. Min. Antonio Carlos Ferreira, *DJe* 11.5.2021).

**LIVRO I** · DO PROCESSO DE CONHECIMENTO E DO CUMPRIMENTO DE SENTENÇA | **Art. 348**

# CAPÍTULO IX
## DAS PROVIDÊNCIAS PRELIMINARES E DO SANEAMENTO

**Art. 347.** Findo o prazo para a contestação, o juiz tomará, conforme o caso, as providências preliminares constantes das seções deste Capítulo.

▶ **1. Correspondência no CPC/1973.** *"Art. 323. Findo o prazo para a resposta do réu, o escrivão fará a conclusão dos autos. O juiz, no prazo de 10 (dez) dias, determinará, conforme o caso, as providências preliminares, que constam das seções deste Capítulo."*

⚖ **JURISPRUDÊNCIA, ENUNCIADOS E SÚMULAS SELECIONADOS**

• **2. Enunciado 47 do FPPC.** *"A competência do juízo estatal deverá ser analisada previamente à alegação de convenção de arbitragem."*

🗐 **COMENTÁRIOS TEMÁTICOS**

**3. Providências preliminares.** Após o prazo para contestação, o processo pode tomar diversos caminhos possíveis, a depender do que tenha ocorrido até então. O juiz examinará se houve revelia e se esta produziu ou não seu efeito material (arts. 344 e 345), ou se houve contestação e qual o conteúdo da defesa: se a defesa foi direta de fato ou direta de direito, se foi indireta (art. 350), se houve defesa processual (art. 351) e se há algum vício a ser sanado (art. 352). A depender do que tenha ocorrido, o juiz poderá: *(a)* extinguir o processo sem resolução do mérito; *(b)* proferir julgamento antecipado do mérito; *(c)* proferir julgamento antecipado parcial do mérito e determinar a produção de provas adicionais em relação à parte da demanda ainda não julgada; *(d)* sanear e organizar o processo, com fixação dos pontos controvertidos e determinação da produção de provas adicionais.

**4. Outras providências preliminares.** Apresentada defesa direta, não é necessário intimar o réu para sobre ela manifestar-se, mas se o réu juntar documento com a contestação, o juiz deve determinar a intimação do autor para se manifestar sobre eles (art. 437, § 1º). Se houver revelia, o juiz deve examinar a regularidade da citação. Se o revel tiver sido citado por edital ou com hora certa ou se o revel estiver preso, o juiz deve nomear-lhe curador especial (art. 72, II). Apresentada reconvenção pelo réu, o juiz deve

determinar a intimação do autor, na pessoa de seu advogado, para contestar (art. 343, § 1º). Promovido chamamento ao processo ou denunciação da lide pelo réu, o juiz deve determinar a citação do chamado ou do denunciado. Requerida pelo réu a revogação da justiça gratuita ao autor, o juiz, depois de ouvi-lo, decidirá a esse respeito (art. 100). Acolhida a alegação de incompetência, o juiz determinará a remessa dos autos ao juízo competente (art. 64, § 3º). O juiz deve verificar, ainda, se é caso de intervenção do Ministério Público (art. 178), da CVM (Lei 6.385/1976, art. 31), do CADE (Lei 12.529/2011, art. 118) ou de qualquer outra pessoa ou ente cuja presença no processo seja imposta por lei.

**5. Fase de saneamento.** Passado o prazo para contestação, com ou sem elas, o juiz dará início à fase de saneamento ou de ordenamento do processo, a fim de eliminar ou sanar qualquer vício que impeça o julgamento do mérito. A atividade de saneamento do juiz é exercida a todo momento, desde a propositura da demanda, podendo determinar a emenda da petição inicial (art. 321) e a regularização de vícios ou defeitos a qualquer tempo (art. 485, § 3º). A chamada fase de saneamento caracteriza-se pela concentração de atos de regularização do processo, mas não os esgota.

## Seção I
### Da Não Incidência dos Efeitos da Revelia

**Art. 348.** Se o réu não contestar a ação, o juiz, verificando a inocorrência do efeito da revelia previsto no art. 344, ordenará que o autor especifique as provas que pretenda produzir, se ainda não as tiver indicado.

▶ **1. Correspondência no CPC/1973.** *"Art. 324. Se o réu não contestar a ação, o juiz, verificando que não ocorreu o efeito da revelia, mandará que o autor especifique as provas que pretenda produzir na audiência."*

🗐 **COMENTÁRIOS TEMÁTICOS**

**2. Intimação do autor e atos subsequentes.** Se o réu não contestou, mas a revelia não produziu seu efeito material (art. 345), os fatos alegados pelo autor estão todos controvertidos, como se o réu estivesse impugnado, um a um, especificadamente. O autor, então, terá de provar os fatos que alegou na petição inicial. Por isso, o juiz determinará sua intimação para que especi-

621

fique as provas que pretende produzir. Caso os documentos apresentados com a petição inicial já sejam suficientes para comprovar as alegações nela contidas, o autor poderá pedir o julgamento antecipado do mérito, não porque houve revelia, pois essa não produziu seu efeito material, mas porque a prova documental é suficiente, não sendo necessária a produção de outras provas (art. 355, I). Se, porém, não houve qualquer prova ainda produzida ou a prova documental não for suficiente, aí cabe ao autor especificar as provas que pretende produzir.

> **Art. 349.** Ao réu revel será lícita a produção de provas, contrapostas às alegações do autor, desde que se faça representar nos autos a tempo e praticar os atos processuais indispensáveis a essa produção.

▶ **1. Sem correspondência no CPC/1973.**

⚖ **Jurisprudência, Enunciados e Súmulas Selecionados**

• **2. Súmula STF, 231.** "O revel, em processo civil, pode produzir provas, desde que compareça em tempo oportuno."

▣ **Comentários Temáticos**

**3. Provas adicionais.** Se a revelia não produziu seu efeito material (art. 345), o autor será intimado para especificar as provas que pretende produzir (art. 348). Sendo suficiente a prova documental já apresentada, o autor poderá requerer o julgamento antecipado do mérito (art. 355, I). Não tendo sido produzida prova ou não sendo suficiente a documental, o autor irá requerer a produção de provas (art. 348).

**4. Contraditório.** A produção de provas submete-se ao contraditório, tendo autor e o réu, mesmo o réu, direito de participar de sua produção e acompanhar os correspondentes atos probatórios.

**5. Participação do revel.** O revel pode participar da produção da prova, produzindo, inclusive, contraprova àqueles apresentados pelo autor, desde que ingresse no processo a tempo.

**6. Intervenção do réu na produção da prova.** *"(...), o réu revel poderá intervir no processo em qualquer fase, recebendo-o no estado em que se encontrar. Assim, caso intervenha no processo antes de encerrada a fase instrutória, poderá o revel requerer a produção de provas"* (STJ, 5ª Turma, AgRg nos EDcl no REsp 813.959/RS, rel. Min. Gilson Dipp, DJ 18.12.2006, p. 495).

*"A decretação da revelia não impede a produção de provas pelo réu, desde que intervenha no processo antes do término da instrução processual"* (STJ, 4ª Turma, AgInt no REsp 1.290.527/MT, rel. Min. Raul Araújo, *DJe* 27.6.2017).

**7. Preclusão.** Se a prova já foi produzida sem que o réu tenha comparecido, o seu comparecimento posterior não acarreta a repetição de atos praticados, devido à preclusão.

## Seção II
## Do Fato Impeditivo, Modificativo ou Extintivo do Direito do Autor

> **Art. 350.** Se o réu alegar fato impeditivo, modificativo ou extintivo do direito do autor, este será ouvido no prazo de 15 (quinze) dias, permitindo-lhe o juiz a produção de prova.

▶ **1. Correspondência no CPC/1973.** *"Art. 326. Se o réu, reconhecendo o fato em que se fundou a ação, outro lhe opuser impeditivo, modificativo ou extintivo do direito do autor, este será ouvido no prazo de 10 (dez) dias, facultando-lhe o juiz a produção de prova documental."*

⚖ **Jurisprudência, Enunciados e Súmulas Selecionados**

• **2. Enunciado 152 do FPPC.** *"O autor terá prazo único para requerer a substituição ou inclusão do réu (arts. 338, caput; 339, §§ 1º e 2º), bem como para a manifestação sobre a resposta (arts. 350 e 351)."*

• **3. Enunciado 381 do FPPC.** *"É cabível réplica no procedimento de tutela cautelar requerida em caráter antecedente."*

• **4. Enunciado 629 do FPPC.** *"Se o réu reconvier contra o autor e terceiro, o prazo de contestação à reconvenção, para ambos, iniciar-se-á após a citação do terceiro."*

▣ **Comentários Temáticos**

**5. Defesa indireta.** O réu pode, em sua contestação, admitir os fatos alegados pelo réu e apresentar algum outro que seja impeditivo, modificativo ou extintivo do direito do autor. Nesse caso, a defesa é indireta.

**6. Intimação do autor.** Apresentada defesa indireta, o autor deve ser intimado para manifestar-se sobre o fato impeditivo, modificativo ou extintivo alegado pelo réu, podendo produzir provas a respeito daquele fato.

**LIVRO I** · DO PROCESSO DE CONHECIMENTO E DO CUMPRIMENTO DE SENTENÇA  **Art. 353**

**7. Ônus da prova.** Apresentada defesa indireta, o ônus da prova é do réu (art. 373, II), a não ser que o juiz, fundamentadamente, inverta-o ou redistribua-o (art. 373, § 1º) ou caso as partes tenham convencionado diferentemente (art. 373, §§ 3º e 4º).

## Seção III
## Das Alegações do Réu

> **Art. 351.** Se o réu alegar qualquer das matérias enumeradas no art. 337, o juiz determinará a oitiva do autor no prazo de 15 (quinze) dias, permitindo-lhe a produção de prova.

▶ **1. Correspondência no CPC/1973.** *"Art. 327. Se o réu alegar qualquer das matérias enumeradas no art. 301, o juiz mandará ouvir o autor no prazo de 10 (dez) dias, permitindo-lhe a produção de prova documental. (...)."*

## ⚖ Jurisprudência, Enunciados e Súmulas Selecionados

- **2. Enunciado 152 do FPPC.** *"O autor terá prazo único para requerer a substituição ou inclusão do réu (arts. 338, caput; 339, §§ 1º e 2º), bem como para a manifestação sobre a resposta (arts. 350 e 351)."*
- **3. Enunciado 381 do FPPC.** *"É cabível réplica no procedimento de tutela cautelar requerida em caráter antecedente."*

## 🖳 Comentários Temáticos

**4. Defesa processual e contraditório.** Apresentada defesa processual, com alegação de preliminares (art. 337), o autor deve ser intimado para sobre elas manifestar-se, podendo produzir provas. A regra concretiza o princípio do contraditório, impedindo que seja apreciada uma questão suscitada por uma parte sem que a outra tenha oportunidade de se manifestar (art. 9º).

**5. Defesa direta sem preliminares.** Se o réu apresenta defesa direta, restringindo-se a negar o fato ou a consequência jurídica a ele atribuída pelo autor, e não há qualquer defesa processual, sem alegação de preliminares, não deve ser determinada a intimação do autor para manifestar-se sobre a contestação, sob pena de ser criada uma dilação indevida. É inútil essa intimação, pois o autor não terá nada a dizer, a não ser repetir o que já está em sua petição inicial.

> **Art. 352.** Verificando a existência de irregularidades ou de vícios sanáveis, o juiz determinará sua correção em prazo nunca superior a 30 (trinta) dias.

▶ **1. Correspondência no CPC/1973.** *"Art. 327. (...). Verificando a existência de irregularidades ou de nulidades sanáveis, o juiz mandará supri-las, fixando à parte prazo nunca superior a 30 (trinta) dias."*

## 🖳 Comentários Temáticos

**2. Primazia do julgamento do mérito.** Ao juiz cabe verificar a existência de irregularidades ou vícios sanáveis e determinar sua correção, a fim de viabilizar o julgamento do mérito. Pelo princípio da primazia do julgamento do mérito (art. 4º), devem ser adotadas medidas conducentes a evitar a extinção do mérito sem resolução do mérito.

**3. Cooperação.** Todos os sujeitos que participam do processo devem cooperar entre si para que se obtenha, em tempo razoável, decisão de mérito justa e efetiva (art. 6º); devem, enfim, observar o princípio da cooperação. Nesse sentido, o juiz deve determinar a correção de vícios ou irregularidades sanáveis, indicando com precisão o que deve ser corrigido ou completado e advertindo à parte das consequências da não correção, atendendo, assim, aos deveres de esclarecimento e de prevenção.

**4. Saneamento.** O saneamento do processo é feito a todo tempo, desde o início do processo, quando o juiz determina a intimação do autor para emendar a petição inicial. Na fase de saneamento, há concentração de atos destinados a corrigir irregularidades ou vícios sanáveis, para que se possa efetivamente resolver o mérito.

**5. Obrigatoriedade de intimação do autor para emendar a petição inicial.** *"A jurisprudência desta Corte entende que a extinção do processo em decorrência da ausência dos requisitos exigidos nos arts. 282 e 283 do CPC/1973, com correspondência nos arts. 319 e 320 do CPC/2015, somente é possível após a abertura de prazo para que o autor emende a inicial"* (STJ, 2ª Seção, AR 5.780/GO, rel. Min. Ricardo Villas Bôas Cueva, DJe 30.6.2021).

> **Art. 353.** Cumpridas as providências preliminares ou não havendo necessidade delas, o juiz proferirá julgamento conforme o estado do processo, observando o que dispõe o Capítulo X.

623

**Art. 354**

CÓDIGO DE PROCESSO CIVIL COMENTADO – *Leonardo Carneiro da Cunha*

▶ **1. Correspondência no CPC/1973.** *"Art. 328. Cumpridas as providências preliminares, ou não havendo necessidade delas, o juiz proferirá julgamento conforme o estado do processo, observando o que dispõe o capítulo seguinte."*

🖥 **Comentários Temáticos**

**2. Julgamento conforme o estado do processo.** O julgamento conforme o estado do processo pode se realizar pela extinção do processo sem resolução do mérito ou com resolução de mérito nas hipóteses dos incisos II e III do art. 487 (art. 354), pelo julgamento antecipado do mérito na hipótese do inciso I do art. 487 (art. 355) ou pela decisão de saneamento ou organização do processo, com ou sem audiência para produzi-la em cooperação com as partes (art. 357). A extinção do processo e o julgamento antecipado do mérito podem ser parciais (arts. 354, parágrafo único, e 356).

**3. Momento.** O julgamento conforme o estado do processo ocorre depois das providências preliminares: *(a)* quando já especificadas provas pelo autor, no caso de a revelia não produzir seu efeito material (art. 348); *(b)* findo o prazo para o autor manifestar-se sobre a defesa indireta (art. 350); *(c)* findo o prazo para o autor manifestar-se sobre a defesa processual (art. 351); *(d)* corrigidas as irregularidades ou vícios sanáveis (art. 352). Também ocorre o julgamento conforme o estado do processo quando não forem necessárias as providências preliminares, ou seja, quando houver revelia e ela produzir seu efeito material ou quando o réu tiver apresentado defesa direta, sem apresentação de documentos, sem defesa processual e sem a presença de qualquer irregularidade ou vício sanável.

## CAPÍTULO X
## DO JULGAMENTO CONFORME O ESTADO DO PROCESSO

### Seção I
### Da Extinção do Processo

**Art. 354.** Ocorrendo qualquer das hipóteses previstas nos arts. 485 e 487, incisos II e III, o juiz proferirá sentença.

Parágrafo único. A decisão a que se refere o *caput* pode dizer respeito a apenas parcela do processo, caso em que será impugnável por agravo de instrumento.

▶ **1. Correspondência no CPC/1973.** *"Art. 329. Ocorrendo qualquer das hipóteses previstas nos arts. 267 e 269, II a V, o juiz declarará extinto o processo."*

⚖ **Jurisprudência, Enunciados e Súmulas Selecionados**

- **2. Enunciado 103 do FPPC.** *"A decisão parcial proferida no curso do processo com fundamento no art. 487, I, sujeita-se a recurso de agravo de instrumento."*
- **3. Enunciado 154 do FPPC.** *"É cabível agravo de instrumento contra ato decisório que indefere parcialmente a petição inicial ou a reconvenção."*
- **4. Enunciado 576 do FPPC.** *"Admite-se a solução parcial do conflito em audiência de conciliação ou de mediação."*
- **5. Enunciado 611 do FPPC.** *"Na hipótese de decisão parcial com fundamento no art. 485 ou no 487, as questões exclusivamente a ela relacionadas e resolvidas anteriormente, quando não recorríveis de imediato, devem ser impugnadas em preliminar do agravo de instrumento ou nas contrarrazões."*
- **6. Enunciado 705 do FPPC.** *"Aplicam-se os §§ 3º e 4º do art. 1.013 ao agravo de instrumento interposto contra decisão parcial de mérito."*
- **7. Enunciado 5 da I Jornada-CJF.** *"Ao proferir decisão parcial de mérito ou decisão parcial fundada no art. 485 do CPC, condenar-se-á proporcionalmente o vencido a pagar honorários ao advogado do vencedor, nos termos do art. 85 do CPC."*

🖥 **Comentários Temáticos**

**8. Extinção do processo sem resolução do mérito.** Alegada defesa processual (art. 337) e findo o prazo para manifestação do autor (art. 351), o juiz pode já proferir julgamento conforme o estado do processo, extinguindo o processo sem resolução do mérito, se concordar com a defesa processual apresentada, desde que não possa ser sanado o vício ou, sendo possível, não o tiver sido. Também é possível que o juiz perceba, de ofício, a existência de alguma questão preliminar. Nesse caso, deve determinar a intimação das partes, para que se manifestem sobre aquela questão preliminar (art. 10). Convencido por uma delas em sentido contrário, o juiz não deve extinguir o processo. Se, porém, não tiver se convencido do contrário, ou não sanado o vício, o juiz irá, então, extinguir o processo sem

**LIVRO I ·** DO PROCESSO DE CONHECIMENTO E DO CUMPRIMENTO DE SENTENÇA **Art. 355**

resolução do mérito, devendo, em sua sentença, rejeitar, expressa e fundamentadamente, os argumentos deduzidos no processo capazes de infirmar a extinção (art. 489, § 1º, IV).

**9. Extinção parcial.** O juiz pode extinguir parcialmente o processo, caso em que o processo não é encerrado e sua decisão não é sentença (art. 203, § 1º), mas interlocutória (art. 203, § 2º), dela cabendo agravo de instrumento (art. 354, parágrafo único). O autor pode desistir só de parte do pedido, cabendo ao juiz homologar a desistência parcial (art. 200, parágrafo único) e dar prosseguimento ao processo quanto ao restante da disputa.

**10. Acolhimento da prescrição ou da decadência.** Alegada prescrição ou decadência, o autor deve ser intimado para manifestar-se (art. 350). Findo o prazo para manifestação do autor, o juiz pode acolher a alegação e já resolver o mérito (art. 487, II). É possível que o juiz perceba, de ofício, a ocorrência de prescrição ou de decadência legal, devendo, então, determinar a intimação das partes para manifestarem-se (arts. 10 e 487, parágrafo único), oportunidade em que o autor poderá demonstrar a existência de um fato impeditivo, suspensivo (CC, arts. 197 a 201) ou interruptivo (CC, art. 202) da prescrição e o réu a ela renunciar (CC, art. 191). As alegações do autor podem convencer o juiz da inexistência de prescrição. Renunciada a prescrição pelo réu, o juiz não deve proclamá--la. Não havendo renúncia, o juiz, convencido da ocorrência da prescrição, proferirá sentença, rejeitando, expressa e fundamentadamente, os argumentos deduzidos no processo capazes de infirmar a extinção (art. 489, § 1º, IV). De igual modo, convencido da ocorrência de decadência, juiz resolverá o mérito.

**11. Prescrição ou decadência parcial.** O juiz pode reconhecer a prescrição ou a decadência apenas em relação uma parte do pedido, daí cabendo agravo de instrumento (arts. 354, parágrafo único, e 1.015, II).

**12. Autocomposição homologada.** O autor pode, depois da contestação, renunciar ao direito sobre o qual se funda a pretensão ou o réu pode, em sua contestação, reconhecer a procedência do pedido do autor. A qualquer tempo, as partes podem autocompor-se e celebrar uma transação ou outro negócio jurídico bilateral que solucione a disputa. Em todos esses casos, o juiz profere uma sentença homologatória (art. 487, III), resolvendo o mérito.

**13. Autocomposição parcial.** A renúncia, o reconhecimento ou a transação pode ser parcial, cabendo ao juiz proferir decisão homologatória e dar prosseguimento ao processo quanto ao restante da disputa.

## Seção II
## Do Julgamento Antecipado do Mérito

> **Art. 355.** O juiz julgará antecipadamente o pedido, proferindo sentença com resolução de mérito, quando:
> I – não houver necessidade de produção de outras provas;
> II – o réu for revel, ocorrer o efeito previsto no art. 344 e não houver requerimento de prova, na forma do art. 349.

▶ **1. Correspondência no CPC/1973.** *"Art. 330. O juiz conhecerá diretamente do pedido, proferindo sentença: I – quando a questão de mérito for unicamente de direito, ou, sendo de direito e de fato, não houver necessidade de produzir prova em audiência; II – quando ocorrer a revelia (art. 319)."*

🏛 **LEGISLAÇÃO CORRELATA**

**2. Lei 6.515/1977, art. 37.** *"Art. 37. O juiz conhecerá diretamente do pedido, quando não houver contestação ou necessidade de produzir prova em audiência, e proferirá sentença dentro em 10 (dez) dias."*

⚖ **JURISPRUDÊNCIA, ENUNCIADOS E SÚMULAS SELECIONADOS**

- **3. Tema/Repetitivo 437 do STJ.** *"Não configura cerceamento de defesa o julgamento antecipado da lide, ante os elementos documentais suficientes."*
- **4. Tema/Repetitivo 572 do STJ.** *"(...). Em se verificando que matérias de fato ou eminentemente técnicas foram tratadas como exclusivamente de direito, reconhece-se o cerceamento, para que seja realizada a prova pericial."*
- **5. Enunciado 297 do FPPC.** *"O juiz que promove julgamento antecipado do mérito por desnecessidade de outras provas não pode proferir sentença fundamentada em não atendimento ao ônus probatório."*
- **6. Enunciado 27 da I Jornada-CJF.** *"Não é necessário o anúncio prévio do julgamento do pedido nas situações do art. 355 do CPC."*

625

## ☐ Comentários Temáticos

**7. Duração razoável do processo.** O julgamento antecipado do mérito concretiza o princípio da duração razoável do processo. Se não há necessidade de serem produzidas provas adicionais, o juiz que inaugura a fase instrutória está a causar dilação indevida no processo, conspirando contra sua duração razoável e aumentando os custos de tempo e de recursos financeiros gastos com o processo.

**8. Efetividade.** O julgamento antecipado do mérito garante efetividade do processo, evitando etapas desnecessária e inúteis.

**9. Dever, e não faculdade.** Configurada uma das suas hipóteses, o juiz não tem a faculdade, mas o dever de proferir julgamento antecipado do mérito, sob pena de causar dilação indevida e ofender a garantia de duração razoável do processo e a efetividade do processo.

**10. Julgamento antecipado do mérito.** No julgamento antecipado do mérito, o juiz julga com fundamento no inciso I do art. 487, seja para acolher, seja para rejeitar o pedido formulado pelo autor em sua petição inicial ou o pedido formulado pelo réu em sua reconvenção.

**11. Decisão fundada no art. 487, I.** A decisão fundada no inciso I do art. 487 pode ocorrer em improcedência liminar do pedido (art. 332), em julgamento antecipado do mérito (art. 355) ou após a realização da audiência de instrução e julgamento (art. 366).

**12. Julgamento conforme o estado do processo.** O julgamento antecipado do mérito é uma das decisões possíveis que podem ser tomadas conforme o estado do processo. Em outras decisões tomadas conforme o estado do processo, o mérito também é examinado: *(a)* no reconhecimento da prescrição ou da decadência (arts. 354 e 487, II); e *(b)* na homologação de autocomposição (arts. 354 e 487, III).

**13. Conteúdo.** O julgamento antecipado do mérito faz-se por decisão de mérito, fundada em cognição exauriente, apta a produzir coisa julgada material, após a fase de saneamento do processo, quando o juiz reconhece a desnecessidade de se instaurar a fase instrutória.

**14. Julgamento antecipado do mérito *versus* tutela antecipada.** O julgamento antecipado não se confunde com a tutela antecipada. Enquanto esta é uma técnica de julgamento que antecipa efeitos da decisão final ainda não proferida, aquele é a própria decisão final, proferida em procedimento encurtado, haja vista a dispensa de toda fase instrutória. O termo *antecipado* re-fere-se à abreviação do procedimento, que teve suprimida a fase instrutória, por desnecessidade.

**15. Princípio da cooperação.** O juiz, devido ao princípio da cooperação, deve comunicar às partes a possibilidade, no caso, do julgamento antecipado do mérito, a fim de evitar decisão surpresa, proferida inesperadamente, que frustre expectativas de produção de outras provas.

**16. Prova documental.** Se a prova documental for suficiente ou os fatos forem incontroversos, o juiz poderá proferir julgamento antecipado do mérito.

**17. Revelia.** Não apresentada contestação e produzido o efeito material da revelia (art. 344), os fatos tornam-se incontroversos, presumindo-se verdadeiros. Nesse caso, não é necessária a produção de provas (art. 374, III e IV).

**18. Revelia sem seu efeito material.** A revelia pode não produzir seu efeito material (art. 345), hipótese em que o autor deve especificar as provas que pretende produzir (art. 348). É possível, porém, que a prova documental seja suficiente, caso em que haverá julgamento antecipado do mérito, não por causa da revelia, mas por ser desnecessária a produção de prova adicional.

**19.** *Non venire contra factum proprium.* Ao anunciar o julgamento antecipado do mérito, o juiz causa a expectativa nas partes de que não é necessária a produção de provas adicionais. Nesse caso, não poderá julgar improcedente o pedido do autor por falta de provas, por configurar uma conduta contraditória. A sentença de improcedência por ausência de prova, em julgamento antecipado do mérito, viola o contraditório, o dever de lealdade processual, a segurança jurídica, a boa-fé objetiva (art. 5º) e o princípio da cooperação (art. 6º), podendo ser invalidada pelo tribunal.

**20. Improcedência por ausência de provas em julgamento antecipado do mérito. Cerceamento de defesa.** *"Há cerceamento de defesa quando o juiz indefere a realização de prova requerida oportuna e justificadamente pela parte autora, com o fito de comprovar suas alegações, e o pedido é julgado improcedente por falta de provas"* (STJ, 4ª Turma, AgInt no AREsp 1.780.166/SP, rel. Min. Raul Araújo, *DJe* 1º.7.2021).

## Seção III
### Do Julgamento Antecipado Parcial do Mérito

**Art. 356.** O juiz decidirá parcialmente o mérito quando um ou mais dos pedidos formulados ou parcela deles:

**LIVRO I** · DO PROCESSO DE CONHECIMENTO E DO CUMPRIMENTO DE SENTENÇA **Art. 356**

I – mostrar-se incontroverso;

II – estiver em condições de imediato julgamento, nos termos do art. 355.

§ 1º A decisão que julgar parcialmente o mérito poderá reconhecer a existência de obrigação líquida ou ilíquida.

§ 2º A parte poderá liquidar ou executar, desde logo, a obrigação reconhecida na decisão que julgar parcialmente o mérito, independentemente de caução, ainda que haja recurso contra essa interposto.

§ 3º Na hipótese do § 2º, se houver trânsito em julgado da decisão, a execução será definitiva.

§ 4º A liquidação e o cumprimento da decisão que julgar parcialmente o mérito poderão ser processados em autos suplementares, a requerimento da parte ou a critério do juiz.

§ 5º A decisão proferida com base neste artigo é impugnável por agravo de instrumento.

▶ **1. Correspondência no CPC/1973.** *"Art. 273. (...) § 6º A tutela antecipada também poderá ser concedida quando um ou mais dos pedidos cumulados, ou parcela deles, mostrar-se incontroverso."*

## 🗟 Legislação Correlata

**2. Lei 6.515/1977, art. 37.** *"Art. 37. O juiz conhecerá diretamente do pedido, quando não houver contestação ou necessidade de produzir prova em audiência, e proferirá sentença dentro em 10 (dez) dias."*

**3. Lei 11.101/2005, art. 87, § 3º.** *"§ 3º Não havendo provas a realizar, os autos serão conclusos para sentença."*

**4. IN 39/2016 do TST, art. 5º.** *"Art. 5º Aplicam-se ao Processo do Trabalho as normas do art. 356, §§ 1º a 4º, do CPC que regem o julgamento antecipado parcial do mérito, cabendo recurso ordinário de imediato da sentença."*

## 🕮 Jurisprudência, Enunciados e Súmulas Selecionados

- **5. Enunciado 103 do FPPC.** *"A decisão parcial proferida no curso do processo com fundamento no art. 487, I, sujeita-se a recurso de agravo de instrumento."*

- **6. Enunciado 154 do FPPC.** *"É cabível agravo de instrumento contra ato decisório que indefere parcialmente a petição inicial ou a reconvenção."*

- **7. Enunciado 512 do FPPC.** *"A decisão ilíquida referida no § 1º do art. 356 somente é*

permitida nos casos em que a sentença também puder sê-la."*

- **8. Enunciado 513 do FPPC.** *"Postulado o despejo em cumulação com outro(s) pedido(s), e estando presentes os requisitos exigidos pelo art. 356, o juiz deve julgar parcialmente o mérito de forma antecipada, para determinar a desocupação do imóvel locado."*

- **9. Enunciado 611 do FPPC.** *"Na hipótese de decisão parcial com fundamento no art. 485 ou no art. 487, as questões exclusivamente a ela relacionadas e resolvidas anteriormente, quando não recorríveis de imediato, devem ser impugnadas em preliminar do agravo de instrumento ou nas contrarrazões."*

- **10. Enunciado 630 do FPPC.** *"A necessidade de julgamento simultâneo de causas conexas ou em que há continência não impede a prolação de decisões parciais."*

- **11. Enunciado 5 da I Jornada-CJF.** *"Ao proferir decisão parcial de mérito ou decisão parcial fundada no art. 485 do CPC, condenar-se-á proporcionalmente o vencido a pagar honorários ao advogado do vencedor, nos termos do art. 85 do CPC."*

- **12. Enunciado 61 da I Jornada-CJF.** *"Deve ser franqueado às partes sustentar oralmente as suas razões, na forma e pelo prazo previsto no art. 937, caput, do CPC, no agravo de instrumento que impugne decisão de resolução parcial de mérito (art. 356, § 5º, do CPC)."*

- **13. Enunciado 117 da II Jornada-CJF.** *"O art. 356 do CPC pode ser aplicado nos julgamentos dos tribunais."*

- **14. Enunciado 125 da II Jornada-CJF.** *"A decisão parcial de mérito não pode ser modificada senão em decorrência do recurso que a impugna."*

- **15. Enunciado 126 da II Jornada-CJF.** *"O juiz pode resolver parcialmente o mérito, em relação à matéria não afetada para julgamento, nos processos suspensos em razão de recursos repetitivos, repercussão geral, incidente de resolução de demandas repetitivas ou incidente de assunção de competência."*

- **16. Enunciado 127 da II Jornada-CJF.** *"O juiz pode homologar parcialmente a delimitação consensual das questões de fato e de direito, após consulta às partes, na forma do art. 10 do CPC."*

- **17. Enunciado 17 do FNPP.** *"A decisão parcial de mérito proferida contra a Fazenda Pública está sujeita ao regime da remessa necessária."*

627

- **18.** **Enunciado 119 do FNPP.** *"Admite-se a resolução parcial de mérito nas ações coletivas propostas contra a Fazenda Pública, sujeitando-se à remessa necessária, quando esta for cabível."*

- **19.** **Enunciado 49 da ENFAM.** *"No julgamento antecipado parcial de mérito, o cumprimento provisório da decisão inicia-se independentemente de caução (art. 356, § 2º, do CPC/2015), sendo aplicável, todavia, a regra do art. 520, IV."*

## ▣ Comentários Temáticos

**20. Julgamento antecipado parcial.** Quando um dos pedidos ou parcela deles mostrar-se incontroverso ou estiver em condições de imediato julgamento, sem necessidade de provas adicionais, o juiz pode proferir o julgamento antecipado parcial do mérito, já resolvendo uma parte da disputa e prosseguindo com o processo quanto ao restante.

**21. Abandono do dogma da unicidade da sentença, cognição exauriente e produção de coisa julgada material.** *"O art. 356 do CPC/2015 prevê, de forma clara, as situações em que o juiz deverá proceder ao julgamento antecipado parcial do mérito. Esse preceito legal representa, portanto, o abandono do dogma da unicidade da sentença. Na prática, significa dizer que o mérito da causa poderá ser cindido e examinado em duas ou mais decisões prolatadas no curso do processo. Não há dúvidas de que a decisão interlocutória que julga parcialmente o mérito da demanda é proferida com base em cognição exauriente e ao transitar em julgado, produz coisa julgada material (art. 356, § 3º, do CPC/2015)"* (STJ, 3ª Turma, REsp 1.845.542/PR, rel. Min. Nancy Andrighi, *DJe* 14.5.2021).

**22. Natureza da decisão.** No julgamento antecipado parcial do mérito, o juiz não encerra o processo ou uma de suas fases; ele julga uma parte da demanda e o processo prossegue no tocante à outra parte. Por isso, não se trata de sentença, mas de decisão interlocutória, impugnável por agravo de instrumento

**23. Definitividade.** A decisão que antecipa parcialmente o mérito é definitiva, apta à liquidação e à execução definitivas, à coisa julgada, podendo, por isso mesmo, ser impugnada por ação rescisória (art. 966).

**24. Decisão ilíquida.** O julgamento antecipado parcial do mérito deve ser líquido (art. 491), mas poderá ser líquida a decisão, se não for possível determinar, de modo definitivo, o montante devido ou se a apuração do valor devido depender da produção de prova de realização demorada ou excessivamente dispendiosa, assim reconhecida na própria decisão (art. 491, I e II e § 1º).

**25. Honorários advocatícios no julgamento antecipado parcial do mérito, omissão em sua fixação e ação autônoma para obtê-los.** *"É verdade que os arts. 85, caput e 90, caput, do CPC/2015, referem-se exclusivamente à sentença. Nada obstante, o próprio § 1º, do art. 90, determina que se a renúncia, a desistência, ou o reconhecimento for parcial, as despesas e os honorários serão proporcionais à parcela reconhecida, à qual se renunciou ou da qual se desistiu. Ademais, a decisão que julga antecipadamente parcela do mérito, com fundamento no art. 487 do CPC/2015, tem conteúdo de sentença e há grande probabilidade de que essa decisão transite em julgado antes da sentença final, a qual irá julgar os demais pedidos ou parcelas do pedido. Dessa forma, caso a decisão que analisou parcialmente o mérito tenha sido omissa, o advogado não poderá postular que os honorários sejam fixados na futura sentença, mas terá que propor a ação autônoma prevista no art. 85, § 18, do CPC/2015. Assim, a decisão antecipada parcial do mérito deve fixar honorários em favor do patrono da parte vencedora, tendo por base a parcela da pretensão decidida antecipadamente. Vale dizer, os honorários advocatícios deverão ser proporcionais ao pedido ou parcela do pedido julgado nos termos do art. 356 do CPC/2015"* (STJ, 3ª Turma, REsp 1.845.542/PR, rel. Min. Nancy Andrighi, *DJe* 14.5.2021).

**26. Julgamento parcial do mérito pelo tribunal em apelação.** *"(...) o julgador apenas poderá valer-se dessa técnica, caso haja cumulação de pedidos e estes sejam autônomos e independentes ou, tendo sido deduzido um único pedido, esse seja decomponível. Além disso, é imprescindível que se esteja diante de uma das situações descritas no art. 356 do CPC/2015. Presentes tais requisitos, não há óbice para que os tribunais apliquem a técnica do julgamento antecipado parcial do mérito. Tal possibilidade encontra alicerce na teoria da causa madura, no fato de que a anulação dos atos processuais é a ultima ratio, no confinamento da nulidade (art. 281 do CPC/2015, segunda parte) e em princípios que orientam o processo civil, nomeadamente, da razoável duração do processo, da eficiência e da economia processual"* (STJ, 3ª Turma, REsp 1.845.542/PR, rel. Min. Nancy Andrighi, *DJe* 14.5.2021).

## LIVRO I · DO PROCESSO DE CONHECIMENTO E DO CUMPRIMENTO DE SENTENÇA — Art. 357

## Seção IV
## Do Saneamento
## e da Organização do Processo

**Art. 357.** Não ocorrendo nenhuma das hipóteses deste Capítulo, deverá o juiz, em decisão de saneamento e de organização do processo:

I – resolver as questões processuais pendentes, se houver;

II – delimitar as questões de fato sobre as quais recairá a atividade probatória, especificando os meios de prova admitidos;

III – definir a distribuição do ônus da prova, observado o art. 373;

IV – delimitar as questões de direito relevantes para a decisão do mérito;

V – designar, se necessário, audiência de instrução e julgamento.

§ 1º Realizado o saneamento, as partes têm o direito de pedir esclarecimentos ou solicitar ajustes, no prazo comum de 5 (cinco) dias, findo o qual a decisão se torna estável.

§ 2º As partes podem apresentar ao juiz, para homologação, delimitação consensual das questões de fato e de direito a que se referem os incisos II e IV, a qual, se homologada, vincula as partes e o juiz.

§ 3º Se a causa apresentar complexidade em matéria de fato ou de direito, deverá o juiz designar audiência para que o saneamento seja feito em cooperação com as partes, oportunidade em que o juiz, se for o caso, convidará as partes a integrar ou esclarecer suas alegações.

§ 4º Caso tenha sido determinada a produção de prova testemunhal, o juiz fixará prazo comum não superior a 15 (quinze) dias para que as partes apresentem rol de testemunhas.

§ 5º Na hipótese do § 3º, as partes devem levar, para a audiência prevista, o respectivo rol de testemunhas.

§ 6º O número de testemunhas arroladas não pode ser superior a 10 (dez), sendo 3 (três), no máximo, para a prova de cada fato.

§ 7º O juiz poderá limitar o número de testemunhas levando em conta a complexidade da causa e dos fatos individualmente considerados.

§ 8º Caso tenha sido determinada a produção de prova pericial, o juiz deve observar o disposto no art. 465 e, se possível, estabelecer, desde logo, calendário para sua realização.

§ 9º As pautas deverão ser preparadas com intervalo mínimo de 1 (uma) hora entre as audiências.

▶ **1. Correspondência no CPC/1973.** *"Art. 331. Se não ocorrer qualquer das hipóteses previstas nas seções precedentes, e versar a causa sobre direitos que admitam transação, o juiz designará audiência preliminar, a realizar-se no prazo de 30 (trinta) dias, para a qual serão as partes intimadas a comparecer, podendo fazer-se representar por procurador ou preposto, com poderes para transigir. § 1º Obtida a conciliação, será reduzida a termo e homologada por sentença. § 2º Se, por qualquer motivo, não for obtida a conciliação, o juiz fixará os pontos controvertidos, decidirá as questões processuais pendentes e determinará as provas a serem produzidas, designando audiência de instrução e julgamento, se necessário. § 3º Se o direito em litígio não admitir transação, ou se as circunstâncias da causa evidenciarem ser improvável sua obtenção, o juiz poderá, desde logo, sanear o processo e ordenar a produção da prova, nos termos do § 2º." "Art. 407. Incumbe às partes, no prazo que o juiz fixará ao designar a data da audiência, depositar em cartório o rol de testemunhas, precisando-lhes o nome, profissão, residência e o local de trabalho; omitindo-se o juiz, o rol será apresentado até 10 (dez) dias antes da audiência. Parágrafo único. É lícito a cada parte oferecer, no máximo, dez testemunhas; quando qualquer das partes oferecer mais de três testemunhas para a prova de cada fato, o juiz poderá dispensar as restantes."*

### 🗄 LEGISLAÇÃO CORRELATA

**2. Lei 11.101/2005, art. 15, IV.** *"Art. 15. Transcorridos os prazos previstos nos arts. 11 e 12 desta Lei, os autos de impugnação serão conclusos ao juiz, que: (...) IV – determinará as provas a serem produzidas, designando audiência de instrução e julgamento, se necessário."*

**3. Recomendação 76/2020 do CNJ, art. 4º.** *"Art. 4º Recomendar aos juízes que, na decisão de saneamento e organização do processo coletivo, procurem verificar e definir claramente: I – o(s) grupo(s) titular(es) do(s) direito(s) coletivo(s) objeto do processo coletivo, com a identificação e delimitação dos beneficiários; II – a legitimação e a representatividade adequada do condutor do processo coletivo; III – as principais questões de fato e de direito a serem discutidas no processo; e IV – a existência eventual de conexão, continência, litispendência ou coisa julgada, em relação a outras demandas coletivas ou individuais e a possibilidade e conveniência de suspensão das ações individuais correlatas."*

## Jurisprudência, Enunciados e Súmulas Selecionados

- **4. Tema/Repetitivo 572 STJ.** *"(...) Em se verificando que matérias de fato ou eminentemente técnicas foram tratadas como exclusivamente de direito, reconhece-se o cerceamento, para que seja realizada a prova pericial."*

- **5. Súmula STF, 424.** *"Transita em julgado o despacho saneador de que não houve recurso, excluídas as questões deixadas, explícita ou implicitamente, para a sentença."*

- **6. Enunciado 151 do FPPC.** *"Na Justiça do Trabalho, as pautas devem ser preparadas com intervalo mínimo de uma hora entre as audiências designadas para instrução do feito. Para as audiências para simples tentativa de conciliação, deve ser respeitado o intervalo mínimo de vinte minutos."*

- **7. Enunciado 295 do FPPC.** *"As regras sobre intervalo mínimo entre as audiências do CPC só se aplicam aos processos em que o ato for designado após sua vigência."*

- **8. Enunciado 298 do FPPC.** *"A audiência de saneamento e organização do processo em cooperação com as partes poderá ocorrer independentemente de a causa ser complexa."*

- **9. Enunciado 299 do FPPC.** *"O juiz pode designar audiência também (ou só) com objetivo de ajustar com as partes a fixação de calendário para fase de instrução e decisão."*

- **10. Enunciado 300 do FPPC.** *"O juiz poderá ampliar ou restringir o número de testemunhas a depender da complexidade da causa e dos fatos individualmente considerados."*

- **11. Enunciado 427 do FPPC.** *"A proposta de saneamento consensual feita pelas partes pode agregar questões de fato até então não deduzidas."*

- **12. Enunciado 428 do FPPC.** *"A integração e o esclarecimento das alegações nos termos do art. 357, § 3º, não se confundem com o aditamento do ato postulatório previsto no art. 329."*

- **13. Enunciado 631 do FPPC.** *"A existência de saneamento negocial ou compartilhado não afasta a incidência do art. 493."*

- **14. Enunciado 675 do FPPC.** *"O assistente e o amicus curiae têm direito de pedir esclarecimentos ou solicitar ajustes na decisão de saneamento e organização do processo, nos limites dos seus poderes e interesse processual."*

- **15. Enunciado 676 do FPPC.** *"A audiência de saneamento compartilhado é momento adequado para que o juiz e as partes deliberem sobre as especificidades do litígio coletivo, as questões fáticas e jurídicas controvertidas, as provas necessárias e as medidas que incrementem a representação dos membros do grupo."*

- **16. Enunciado 677 do FPPC.** *"É possível a ampliação do número de testemunhas, em razão da complexidade da causa e dos fatos individualmente considerados."*

- **17. Enunciado 694 do FPPC.** *"Modificada a decisão de saneamento quanto à delimitação das questões de fato sobre as quais recairá a produção de prova testemunhal, poderá a parte complementar ou alterar seu rol de testemunhas."*

- **18. Enunciado 757 do FPPC.** *"São cabíveis técnicas de saneamento e organização do processo no controle concentrado de constitucionalidade."*

- **19. Enunciado 28 da I Jornada-CJF.** *"Os incisos do art. 357 do CPC não exaurem o conteúdo possível da decisão saneamento e organização do processo."*

- **20. Enunciado 29 da I Jornada-CJF.** *"A estabilidade do saneamento não impede a produção de outras provas, cuja necessidade se origine de circunstâncias ou fatos apurados na instrução."*

- **21. Enunciado 127 da II Jornada-CJF.** *"O juiz pode homologar parcialmente a delimitação consensual das questões de fato e de direito, após consulta às partes, na forma do art. 10 do CPC."*

- **22. Enunciado 128 da II Jornada-CJF.** *"Exceto quando reconhecida sua nulidade, a convenção das partes sobre o ônus da prova afasta a redistribuição por parte do juiz."*

- **23. Enunciado 173 da III Jornada-CJF.** *"O prazo para interpor agravo de instrumento em face da decisão de saneamento e organização do processo começa após o julgamento do pedido de ajustes e esclarecimentos ou do término do prazo previsto no art. 357, § 1º, do CPC, caso as partes deixem de apresentar referida manifestação."*

- **24. Enunciado 185 da III Jornada-CJF.** *"O rol de testemunhas apresentado anteriormente à decisão de saneamento e organização do processo é provisório, podendo a parte realizar modificações após a prolação da referida decisão, dentro do prazo estabelecido pelos arts. 357, § 4º, e 451, do CPC)."*

## Comentários Temáticos

**25. Saneamento e organização do processo e fase de saneamento e organização do pro-

**LIVRO I · DO PROCESSO DE CONHECIMENTO E DO CUMPRIMENTO DE SENTENÇA**  **Art. 357**

**cesso.** O dispositivo prevê um momento para o saneamento e organização do processo. O saneamento e a organização do processo não se esgotam nesse momento. Desde quando passa a ter contato com a petição inicial, o juiz deve adotar providências destinadas a regularizar ou corrigir eventuais incorreções, defeitos ou falhas dos atos processuais. Se a petição inicial estiver com defeitos, o juiz deve determinar a intimação do autor para que a emende (art. 321). Ao juiz cabe controlar, a qualquer tempo, as questões concernentes à admissibilidade do procedimento (art. 485, § 3º). Quer isso dizer que o juiz tem o dever de sanear o processo durante todo o procedimento. Há, porém, um momento ou uma fase em que esse dever realiza-se de modo concentrado. Tal momento é a fase de saneamento e organização do processo, prevista no art. 357.

**26. Objetivos da fase de saneamento e organização do processo.** Na fase de saneamento e organização do processo, o juiz deve resolver as questões processuais pendentes. Havendo questões processuais pendentes, o juiz deve mandar corrigi-las. Se as questões não forem corrigidas, e não houver como avançar no procedimento, o processo será, então, extinto sem resolução do mérito. Vindo, porém, a ser corrigidas as falhas ou os defeitos processuais, o juiz deve, então, declarar saneado o processo. Saneado o processo, o juiz deve organizá-lo, delimitando os pontos controvertidos e fato e de direito e designando as provas a serem produzidas. Nesse momento, o juiz deve, ainda, distribuir o ônus da prova, esclarecendo o que há ser provado e a quem cabe tomar a iniciativa da produção da prova.

**27. Princípio da primazia do julgamento do mérito e a fase de saneamento e organização do processo.** Na fase de saneamento, se houver questões processuais pendentes, o juiz deve tomar todas as providências necessárias e suficientes a corrigir os eventuais defeitos processuais. Tal iniciativa decorre do princípio da primazia do julgamento do mérito (art. 4º). Em razão de tal princípio, o juiz deve, sempre que possível, superar os vícios, estimulando, viabilizando e permitindo sua correção ou sanação, a fim de que possa efetivamente examinar o mérito e resolver o conflito posto pelas partes.

**28. Princípio da cooperação e os deveres de cooperação (mais propriamente os de esclarecimento e prevenção).** Para viabilizar a correção de eventuais defeitos processuais, o juiz deve cumprir os deveres de cooperação, decorrentes do disposto no art. 6º. Ao juiz cumpre esclarecer a parte e preveni-la. O juiz há de esclarecer qual(is) o(s) defeito(s) processual(is)

que precisa(m) ser corrigido(s). Além do dever de esclarecimento, cabe ao juiz cumprir o dever de prevenção, alertando a parte dos riscos da ausência de correção do(s) vício(s) apontado(s).

**29. Decisão de saneamento e organização do processo.** Não sendo caso de extinção do processo sem resolução do mérito, não havendo autocomposição, nem julgamento antecipado do mérito, o juiz há de proferir decisão de saneamento e organização do processo. O caso é de julgamento de mérito, mas o juiz ainda não tem elementos suficientes para proferi-lo; deverá, então, dar início à fase instrutória. A decisão de saneamento e organização do processo antecede o início da fase instrutória. Para que a fase instrutória seja instaurada, é preciso que o juiz profira a decisão de saneamento e organização do processo. Tal decisão, em outras palavras, prepara o processo para a fase instrutória.

**30. Delimitação das questões de fato.** É na decisão de saneamento e organização do processo que o juiz identifica os fatos controvertidos e relevantes, a serem ainda provados. Ao identificá-los, irá, de igual modo, determinar os meios de prova a serem produzidos, organizando a atividade instrutória.

**31. Não especificação de provas pela parte e preclusão do direito de produzir a prova.** *"Esta Corte já firmou entendimento que preclui o direito à prova se a parte, intimada para especificar as que pretendia produzir, não se manifesta oportunamente, e a preclusão ocorre mesmo que haja pedido de produção de provas na inicial ou na contestação, mas a parte silencia na fase de especificação"* (STJ, 3ª Turma, AgRg no AREsp 645.985/SP, rel. Min. Moura Ribeiro, *DJe* 22.6.2016) No mesmo sentido: STJ, 4ª Turma, AgInt no AgInt no AREsp 1.737.707/SP, rel. Min. Marco Buzzi, *DJe* 2.9.2021; STJ, 3ª Turma, AgInt no AREsp 2.048.388/RS, rel. Min. Marco Aurélio Bellizze, *DJe* 18.11.2022.

**32. Determinação de prova testemunhal.** Se determinar a produção de prova testemunhal, o juiz fixará prazo comum não superior a 15 dias para que as partes depositem rol de testemunhas. Cada parte não pode arrolar mais de 10 testemunhas, sendo, no máximo, 3 para a prova de cada fato. Convém ao juiz determinar que a parte indique o fato sobre o qual recairá cada testemunho, a fim de que se organize melhor a instrução. O juiz poderá limitar o número de testemunhas levando em conta a complexidade da causa e dos fatos individualmente considerados. O juiz também pode ampliar o número de testemunhas, considerando as peculiaridades do caso concreto.

**33. Determinação de prova pericial.** Ordenada a produção de prova pericial, será adotado o procedimento previsto a partir do art. 465, cabendo ao juiz nomear perito especializado no objeto da perícia ou admitir a indicação feita, de comum acordo, pelas partes (art. 471).

**34. Calendário processual.** O art. 191 dispõe sobre o calendário processual. As partes, juntamente com o juiz, podem calendarizar o procedimento, fixando datas para a realização dos atos processuais, que ficam todos agendados. O calendário processual normalmente se relaciona com a prática de atos instrutórios. Fixado o calendário para os atos instrutórios, tudo torna-se mais previsível; todos os atos ficam agendados. Já se sabe quando serão praticados, concretizando-se a duração razoável do processo. Além dos atos instrutórios, é também possível estabelecer o calendário processual para a prática de atos postulatórios, a exemplo das razões finais, bem como para a prática de atos decisórios e executivos. O calendário pode ser estabelecido em qualquer etapa do procedimento, embora seja mais factível ou provável que se celebre na fase de organização e saneamento do processo (art. 357), a fim de se agendarem os atos instrutórios. O calendário previsto no § 8º do art. 357, para a prova pericial, não se confunde com o calendário processual previsto no art. 191. Enquanto este último é fixado, de comum acordo, entre o juiz e as partes para quaisquer atos processuais e, uma vez estabelecido, vincula todos, dispensando as intimações dos atos agendados, o calendário da prova pericial é imposto pelo juiz, não dispensando as intimações. A prova pericial pode, todavia, integrar o calendário processual estabelecido, de comum acordo, entre o juiz e as partes, nos termos do art. 191; nessa hipótese, a prova pericial seria mais um ato a integrar o calendário processual. O § 8º do art. 357 prevê um calendário específico só para a prova pericial, quando as partes e o juiz não tenham, de comum acordo, fixado o calendário processual, ou não a tenham nele incluído. Nada impede, porém, que o juiz e as partes, de comum acordo, incluam no calendário processual a prova pericial ou estabeleçam, também de comum acordo, um calendário específico para a prova pericial. Neste caso, ficam vinculados e dispensam-se as intimações dos atos pertinentes à prova pericial.

**35. Designação de audiência de instrução e julgamento.** O juiz, na decisão de saneamento e organização de processo, já deve designar a audiência de instrução e julgamento, a depender do meio de prova que será produzido. Haverá, entre uma audiência de instrução e outra, um intervalo mínimo de uma hora.

**36. Delimitação das questões de direito e a observância ao contraditório (art. 10).** Ao juiz cabe, na decisão de saneamento e organização do processo, definir as questões de direito relevantes para a solução da causa. É fundamental que tal definição conste da decisão. Essa é uma exigência que decorre do princípio do contraditório, mais propriamente do art. 10. As questões de direito relevantes para a solução da causa são, não somente aquelas suscitadas pelas partes ao longo do procedimento, mas outras igualmente identificadas e percebidas pelo juiz. Nesse caso, cabe-lhe também indicar na decisão quais são as questões, a fim de evitar surpresas para as partes (art. 10). As partes já ficam, então, sabendo quais as questões de direito que serão examinadas pelo juiz para solucionar a disputa. Além disso, o juiz fica vinculado, tendo de examinar tais questões e não podendo fundar-se em outras, não indicadas ou delimitadas previamente. Se o juiz vislumbrar outras questões jurídicas a serem enfrentadas e decisivas para solucionar a disputa, deverá, então, intimar as partes para que sobre elas se manifestem (art. 10). Eis aí mais uma decorrência da cooperação no processo.

**37. Identificação da questão prejudicial incidental relevante.** Cabe ao juiz também identificar, na decisão de saneamento e organização do processo, a questão prejudicial incidental relevante para a solução da causa, já que poderá haver coisa julgada sobre ela (art. 503, §§ 1º e 2º). Logo, é preciso que seja anunciada, para viabilizar o contraditório e evitar surpresas.

**38. Distribuição do ônus da prova.** A decisão de saneamento e organização do processo é o momento adequado para a eventual redistribuição judicial do ônus da prova, realizada com apoio no § 1º do art. 373 do CPC ou no art. 6º, VIII, do CDC. A distribuição dinâmica do ônus da prova também há de ser feita nesse momento. De igual modo, é nesse momento que o juiz deve pronunciar-se a respeito de eventual convenção das partes sobre o ônus da prova. Enfim, qualquer distribuição sobre o ônus da prova deve ser feita pelo juiz na decisão de saneamento e organização do processo. Cabe agravo de instrumento contra tal decisão que versa sobre a distribuição do ônus da prova (art. 1.015, XI). Se, porém, as partes convencionaram sobre o ônus da prova (art. 373, § 3º), o juiz não poderá redistribui-lo, a não ser que reconheça a

**LIVRO I ·** DO PROCESSO DE CONHECIMENTO E DO CUMPRIMENTO DE SENTENÇA    **Art. 357**

nulidade da convenção (aliás, é isso que esclarece o Enunciado 128 do CJF).

**39.** **Distribuição do ônus da prova como regra de julgamento.** *"A inversão do ônus da prova é regra de procedimento, a ocorrer preferencialmente antes da fase instrutória, proporcionando-se a oportunidade de produção probatória posterior quando deferida a inversão após a fase instrutória. 5. A inversão do ônus da prova no momento do recebimento da petição inicial compatibiliza-se com o entendimento desta Corte no sentido de que se trata de regra de procedimento, não de julgamento, porquanto viabiliza a produção da prova pela parte a quem o julgador atribuiu o ônus probatório"* (STJ, 3ª Turma, AgInt no REsp 1.999.717/MT, rel. Min. Moura Ribeiro, *DJe* 30.11.2022).

**40.** **Conteúdo não exaustivo do dispositivo.** O art. 357 descreve o conteúdo da decisão e saneamento do processo. Em cinco incisos, estabelece que o juiz deve resolver as questões processuais pendentes, delimitar as questões de fato sobre as quais recairá a atividade probatória, especificando os meios de prova admitidos, definir a distribuição do ônus da prova, delimitar as questões de direito relevantes para a decisão do mérito e designar, se necessário, audiência de instrução e julgamento. O conteúdo da decisão não se esgota nessas hipóteses; a lista é exemplificativa. Nessa mesma decisão, cabe ao juiz delimitar, por exemplo, os poderes do *amicus curiae* (art. 138, § 2º), ou definir, junto com as partes, o calendário das atividades instrutórias, ou, num processo coletivo, identificar o *grupo* cujo direito se busca tutelar. O juiz haverá, enfim, de organizar o processo, preparando-o para a fase instrutória e para a decisão de mérito, a ser proferida ao final.

**41.** **Forma da decisão.** A decisão de saneamento e organização do processo pode ser proferida por escrito ou oralmente, em audiência.

**42.** **Pedido de esclarecimentos ou ajustes.** Proferida a decisão de saneamento e organização do processo, as partes podem pedir esclarecimentos ou solicitar ajustes, no prazo comum de cinco dias, findo o qual a decisão se torna estável. Os esclarecimentos ou ajustes devem ser solicitados por simples petição, não sendo necessária a oposição de embargos de declaração. Não é caso de embargos de declaração, mas de mera petição. O prazo de cinco dias só se aplica se a decisão for proferida por escrito. Se proferida oralmente em audiência, com a presença das partes, os esclarecimentos e ajustes devem ser solicitados na própria audiência, até o final da sessão, sob pena de preclusão.

**43.** **Estabilidade da decisão de saneamento e organização do processo.** Passado o prazo de cinco dias ou encerrada a audiência, sem que se peçam esclarecimentos ou ajustes, a decisão se torna estável e essa estabilidade é fundamental para evitar retrocessos ou atrasos indevidos do procedimento. Tal petição não contém maiores formalidades, nem interrompe o prazo para algum agravo de instrumento, cabível contra algum capítulo da decisão, por exemplo, o que distribui o ônus da prova (art. 1.015, XI). A estabilidade prevista no § 1º do art. 357 não alcança os temas que podem ser objeto de agravo de instrumento (art. 1.015) ou de apelação (art. 1.009, § 1º). Na verdade, tal estabilidade diz respeito à organização da atividade instrutória, ou seja, à delimitação dos fatos probandos, à ordem de produção da prova, à designação da audiência, à definição do calendário etc.

**44.** **Marco de estabilização do processo.** A decisão de saneamento e organização é um marco de estabilização do processo, que deve ser observado e respeitado. É por isso, aliás, que não se permitem ampliações ou alterações objetivas do processo após esse momento (art. 329, II).

**45.** **Audiência de saneamento e organização em cooperação com as partes.** Caso se depare com causa de alta complexidade, o juiz convidará as partes a integrar ou esclarecer suas alegações, cabendo-lhes levar para a audiência o rol de testemunhas. Nesse caso, o juiz irá designar audiência para realizar o saneamento e a organização do processo em cooperação com as partes, pois estas conhecem bem a controvérsia e terão melhores condições de contribuir com a melhor delimitação da controvérsia, evitando-se, assim, provas inúteis ou desnecessárias, com o aumento da possibilidade de autocomposição e a diminuição das chances de interposição de recursos. O saneamento e a organização serão acordados, havendo aí um negócio jurídico processual típico, entre as partes e o juiz. A audiência está prevista para causas complexas, mas nada impede que seja feita em causas não tão complexas, bem se ajustando ao ambiente cooperativo previsto no Código.

**46.** **Acordo de organização do processo.** A organização do processo pode ser fruto de um consenso entre as partes. As partes podem celebrar um negócio jurídico para estabelecer uma organização consensual do processo. Trata-se de um negócio bilateral, a ser homologado pelo juiz. As partes acordam sobre que pontos de fato controvertem; podem, ainda, acrescentar outras questões de fato até então não deduzidas. É possível, ainda, delimitarem consensualmente as questões de direito que consideram relevantes ou fundamentais para a solução da disputa. Podem, por exemplo, afastar da cognição judicial alguma questão que reputam irrelevante ou inconveniente para exame no caso concreto. Homologado, o acordo estabiliza-se e vincula as partes e o juiz, estendendo-se a todos os graus de jurisdição. Essa vinculação limita o efeito devolutivo dos sucessivos recursos a serem interpostos; somente as questões contidas no acordo de organização do processo podem ser devolvidas ao tribunal na futura apelação ou em qualquer outro recurso subsequente. Estabilizado o acordo, não poderão ser examinadas outras questões de fato ou de direito pelo juiz, ressalvado, evidentemente, o exame de fatos e direito supervenientes.

**47. Eficácia preclusiva da decisão de saneamento e organização do processo.** A decisão de saneamento e organização do processo vincula as partes e o juiz. Nessa decisão, o juiz profere juízo positivo de admissibilidade, rejeitando preliminares que tenham sido suscitadas pelo réu e declarando saneado o processo. Tal decisão pode ser atacada em apelação (art. 1.009, § 1º), ressalvado algum capítulo que seja impugnável por agravo de instrumento (art. 1.015). Não atacada a decisão em apelação, a decisão que saneia o processo e profere juízo positivo de admissibilidade tem eficácia preclusiva. Proferido juízo positivo de admissibilidade, e não interposto recurso no momento próprio, a questão não pode ser reexaminada. É certo que eventual fato ou direito superveniente pode ser objeto de análise, permitindo o reexame da questão objeto do juízo positivo de admissibilidade não atacado oportunamente. A eficácia preclusiva só alcança o que foi expressa e explicitamente decidido, e não impugnado oportunamente no recurso próprio.

# CAPÍTULO XI
# DA AUDIÊNCIA DE INSTRUÇÃO E JULGAMENTO

**Art. 358.** No dia e na hora designados, o juiz declarará aberta a audiência de instrução e julgamento e mandará apregoar as partes e os respectivos advogados, bem como outras pessoas que dela devam participar.

▶ **1. Correspondência no CPC/1973.** *"Art. 450. No dia e hora designados, o juiz declarará aberta*

*a audiência, mandando apregoar as partes e os seus respectivos advogados."*

## 🏛 LEGISLAÇÃO CORRELATA

**2. CLT, art. 814.** *"Art. 814. Às audiências deverão estar presentes, comparecendo com a necessária antecedência, os escrivães ou secretários."*

**3. CLT, art. 815.** *"Art. 815. À hora marcada, o juiz ou presidente declarará abera a audiência, sendo feita pelo secretário ou escrivão a chamada das partes, testemunhas e demais pessoas que devam comparecer."*

## 📑 COMENTÁRIOS TEMÁTICOS

**4. Audiência de instrução e julgamento.** A audiência de instrução e julgamento destina-se a tentar conciliar as partes, produzir prova oral, debater e julgar a causa. É de instrução, pois se destina a produzir provas e é também de julgamento, já que, ao seu final, deve o juiz julgar a causa.

**5. Pregão.** O pregão das partes e de seus advogados consiste na comunicação oral, de modo claro e em potência e projeção de voz adequadas, de que a audiência terá início e eles estão convidados a ingressar na sala e a tomar seus assentos. O pregão é importante, já que configura comunicado prévio necessário a viabilizar a ciência das partes e de seus advogados para que possam participar da audiência. A falta de pregão pode acarretar nulidade da audiência, a não ser que a parte e seu advogado não se encontrassem presentes ou que o mérito seja julgado em favor da parte a quem aproveitaria o reconhecimento da nulidade.

**6. Lugar da audiência.** A audiência deve realizar-se na sede do juízo, ou, excepcionalmente, em outro lugar em razão de deferência, de interesse da justiça, da natureza do ato ou de obstáculo arguido pelo interessado e acolhido pelo juiz (art. 217). Se o ato for praticado fora da sede do juízo sem que haja uma das exceções à regra, será irregular. Somente deverá ser decretada a invalidade, se houver prejuízo (art. 282, § 1º). Se o ato, mesmo realizado fora da sede do juízo, alcançar a finalidade, não deve ser invalidado (art. 277).

**7. Intimação das partes e prazo para comparecer à audiência.** A parte deve ser intimada para comparecer à audiência de instrução e julgamento.

**8. Intimação em data muito próxima à audiência e cerceamento de defesa.** *"A intimação*

**LIVRO I** · DO PROCESSO DE CONHECIMENTO E DO CUMPRIMENTO DE SENTENÇA **Art. 360**

*das partes, para comparecimento em audiência de instrução e julgamento, em data muito próxima à designada para sua realização (...) implica cerceamento de defesa"* (STJ, 3ª Turma, REsp 172.669/SP, rel. Min. Eduardo Ribeiro, *DJ* 17.5.1999, p. 201).

**9. Sequência de atos.** A audiência de instrução e julgamento compõe-se de uma sucessão de atos, assim estruturados: *(a)* abertura pelo juiz (art. 358); *(b)* pregão feito pelo servidor (art. 358); *(c)* tentativa de autocomposição (art. 359); *(d)* prestação de esclarecimentos pelo perito e pelos assistentes técnicos (art. 361, I); *(e)* depoimento pessoal do autor e, depois, do réu (art. 361, II); *(f)* inquirição das testemunhas arroladas pelo autor e, depois, das arroladas pelo réu (art. 361, III); *(g)* alegações finais pelo autor, seguidas das alegações finais pelo réu (art. 364); *(h)* prolação da sentença.

**10. Inversão da ordem de produção de provas.** O juiz, tendo em vista as peculiaridades do caso, pode inverter a ordem de produção de provas na audiência de instrução e julgamento (art. 139, VI).

**11. Dispensa da audiência.** A audiência de instrução e julgamento não é ato necessário ao procedimento comum, podendo ser dispensada, por ser desnecessária. Só haverá a designação da audiência de instrução e julgamento, se for preciso produzir prova oral ou obter esclarecimentos do perito a respeito de seu laudo. Também pode ser designada audiência de instrução e julgamento para realização de perícia informal (art. 464, §§ 2º, 3º e 4º). Se o processo comportar julgamento antecipado do mérito (art. 355), não será necessária a audiência de instrução e julgamento.

---

**Art. 359.** Instalada a audiência, o juiz tentará conciliar as partes, independentemente do emprego anterior de outros métodos de solução consensual de conflitos, como a mediação e a arbitragem.

---

▶ **1. Correspondência no CPC/1973.** *"Art. 448. Antes de iniciar a instrução, o juiz tentará conciliar as partes. Chegando a acordo, o juiz mandará tomá-lo por termo."*

⚖ **LEGISLAÇÃO CORRELATA**

**2. Recomendação 100/2021 do CNJ, art. 1º.** *"Art. 1º Recomendar aos magistrados com atuação nas demandas envolvendo o direito à saúde que priorizem, sempre que possível, a solução consensual da controvérsia, por meio do uso da negociação, da conciliação ou da mediação".*

⚖ **JURISPRUDÊNCIA, ENUNCIADOS E SÚMULAS SELECIONADOS**

• **3. Enunciado 429 do FPPC.** *"A arbitragem a que se refere o art. 359 é aquela regida pela Lei 9.307/1996."*

☐ **COMENTÁRIOS TEMÁTICOS**

**4. Incentivo à solução consensual.** Os métodos de solução consensual de conflitos devem ser estimulados pelo juiz, inclusive no curso do processo judicial (art. 3º, § 3º), cabendo-lhe promover, a qualquer tempo, a autocomposição, preferencialmente com auxílio de conciliadores e mediadores judiciais (art. 139, V). Instalada a audiência de instrução e julgamento, o juiz estimulará a possibilidade de uma autocomposição ou, a depender do caso, sugerirá às partes a celebração de um compromisso arbitral para que a disputa seja submetida a um árbitro ou a um tribunal arbitral.

**5. Presença das partes.** Para que o juiz possa estimular a solução consensual, as partes devem estar presentes à audiência ou, então, estar representadas por advogados com poderes expressos para transigir (no caso de autocomposição) ou para firmar compromisso (no caso de submissão à arbitragem). Se qualquer das partes não estiver presente ou seu advogado não tiver poderes para transigir ou para firmar compromisso, resta prejudicada a tentativa de adoção de meios consensuais.

**6. Celebração de autocomposição.** Celebrada autocomposição pelas partes no início da audiência de instrução e julgamento, deverá ser reduzida a termo e homologada pelo juiz, com que estará resolvido o mérito (art. 487, III, *b*).

**7. Celebração de compromisso arbitral.** Se, na audiência, as partes aceitam submeter a disputa à arbitragem e celebram um compromisso arbitral, o processo, então, será extinto sem resolução do mérito (art. 485, VII), devendo ser instaurada a arbitragem.

**8. Início da produção da prova oral.** Não havendo autocomposição nem encaminhamento a qualquer meio consensual, o juiz dará início à produção da prova.

---

**Art. 360.** O juiz exerce o poder de polícia, incumbindo-lhe:

I – manter a ordem e o decoro na audiência;

II – ordenar que se retirem da sala de audiência os que se comportarem inconvenientemente;

III – requisitar, quando necessário, força policial;

---

635

IV – tratar com urbanidade as partes, os advogados, os membros do Ministério Público e da Defensoria Pública e qualquer pessoa que participe do processo;

V – registrar em ata, com exatidão, todos os requerimentos apresentados em audiência.

▶ **1. Correspondência no CPC/1973.** *"Art. 445. O juiz exerce o poder de polícia, competindo-lhe: I – manter a ordem e o decoro na audiência; II – ordenar que se retirem da sala da audiência os que se comportarem inconvenientemente; III – requisitar, quando necessário, a força policial."* *"Art. 446. Compete ao juiz em especial: I – dirigir os trabalhos da audiência; II – proceder direta e pessoalmente à colheita das provas; III – exortar os advogados e o órgão do Ministério Público a que discutam a causa com elevação e urbanidade. (...)."*

## 🏛 LEGISLAÇÃO CORRELATA

**2. CLT, art. 816.** *"Art. 816. O juiz ou presidente manterá a ordem nas audiências, podendo mandar retirar do recinto os assistentes que a perturbarem."*

**3. CPP, art. 794.** *"Art. 794. A polícia das audiências e das sessões compete aos respectivos juízes ou ao presidente do tribunal, câmara, ou turma, que poderão determinar o que for conveniente à manutenção da ordem. Para tal fim, requisitarão força pública, que ficará exclusivamente à sua disposição."*

## ▣ COMENTÁRIOS TEMÁTICOS

**4. Poder de polícia e seu significado.** O conceito de poder de polícia é tradicional e significa a faculdade que tem o Estado de limitar ou condicionar o exercício dos direitos individuais, a liberdade, a propriedade, tendo por objetivo a manutenção da ordem, da segurança e do interesse público.

**5. Poder de polícia.** Ao juiz incumbe exercer o poder de polícia, requisitando, quando necessário, força policial, além da segurança interna dos fóruns e tribunais (art. 139, VII). Cabe-lhe, de igual modo, exercer o poder de polícia na audiência de instrução e julgamento (art. 360). Embora a expressão "poder de polícia" esteja mal empregada em tais dispositivos, já que significa limitação de direitos e liberdades individuais, o certo é que o juiz tem o poder de conduzir a audiência, manter a ordem e o decoro, advertir às partes e seus advogados que não utilizem expressões ofensivas, sob pena de lhe ser cassada a palavra (art. 78, § 1º), ordenar que se retire da

sala quem se comportar inconvenientemente e dificultar ou embaraçar o bom andamento dos trabalhos, podendo, até mesmo, requisitar força policial, caso necessário.

**6. Dever de urbanidade.** Todos os sujeitos processuais, além de terem de agir com boa-fé (art. 5º) e cooperação (art. 6º), devem expor-se com urbanidade, serenidade e elegância. É vedado o emprego de expressões ofensivas.

**7. Deveres do juiz.** O juiz tem o dever de, na audiência de instrução e julgamento, tratar com urbanidade todas as pessoas que dela participem, bem como de fazer registrar em ata, com exatidão, todos os requerimentos que forem apresentados.

**Art. 361.** As provas orais serão produzidas em audiência, ouvindo-se nesta ordem, preferencialmente:

I – o perito e os assistentes técnicos, que responderão aos quesitos de esclarecimentos requeridos no prazo e na forma do art. 477, caso não respondidos anteriormente por escrito;

II – o autor e, em seguida, o réu, que prestarão depoimentos pessoais;

III – as testemunhas arroladas pelo autor e pelo réu, que serão inquiridas.

Parágrafo único. Enquanto depuserem o perito, os assistentes técnicos, as partes e as testemunhas, não poderão os advogados e o Ministério Público intervir ou apartear, sem licença do juiz.

▶ **1. Correspondência no CPC/1973.** *"Art. 446. (...) Parágrafo único. Enquanto depuserem as partes, o perito, os assistentes técnicos e as testemunhas, os advogados não podem intervir ou apartear, sem licença do juiz."* *"Art. 452. As provas serão produzidas na audiência nesta ordem: I – o perito e os assistentes técnicos responderão aos quesitos de esclarecimentos, requeridos no prazo e na forma do art. 435; II – o juiz tomará os depoimentos pessoais, primeiro do autor e depois do réu; III – finalmente, serão inquiridas as testemunhas arroladas pelo autor e pelo réu."*

## 🏛 LEGISLAÇÃO CORRELATA

**2. CLT, art. 848.** *"Art. 848. Terminada a defesa, seguir-se-á a instrução do processo, podendo o presidente, ex officio ou a requerimento de qualquer juiz temporário, interrogar os litigantes. § 1º Findo o interrogatório, poderá qualquer dos litigantes retirar-se, prosseguindo a instrução com o seu representante. § 2º Serão, a seguir, ouvidas as testemunhas, os peritos e os técnicos, se houver."*

**LIVRO I · DO PROCESSO DE CONHECIMENTO E DO CUMPRIMENTO DE SENTENÇA** **Art. 362**

**3. Lei 9.099/1995, art. 28.** *"Art. 28. Na audiência de instrução e julgamento serão ouvidas as partes, colhida a prova e, em seguida, proferida a sentença."*

## ⚖ Jurisprudência, Enunciados e Súmulas Selecionados

- **4. Enunciado 430 do FPPC.** *"A necessidade de licença concedida pelo juiz, prevista no parágrafo único do art. 361, é aplicável também aos Defensores Públicos."*

## 🖥 Comentários Temáticos

**5. Ordem de produção da prova oral.** Na audiência de instrução e julgamento, o primeiro passo é tomar os esclarecimentos dos peritos e assistentes técnicos sobre seus laudos e pareceres, respectivamente. Em seguida, toma-se o depoimento pessoal do autor e, depois, o do réu. O terceiro passo é a inquirição das testemunhas arroladas pelo autor, na ordem que ele preferir, para, então, vir a das testemunhas arroladas pelo réu, na ordem que ele preferir.

**6. Perícia informal.** Se o juiz tiver dispensado a prova pericial e, em seu lugar, permitido a perícia informal (art. 464, §§ 2º, 3º e 4º), esta deve ser realizada no mesmo momento em que seriam prestados os esclarecimentos pelo perito e pelos assistentes técnicos. É dizer, em caso de perícia informal, o primeiro passo da audiência de instrução e julgamento é a inquirição pelo juiz de especialista sobre ponto controvertido da causa (art. 464, § 3º). Somente depois é que haveria a colheita dos depoimentos pessoais e, em seguida, a inquirição das testemunhas.

**7. Inversão da ordem de produção da prova oral.** O juiz, tendo em vista as peculiaridades do caso concreto, pode inverter a ordem de produção das provas na audiência de instrução e julgamento (art. 139, VI).

**8. Depoimento pessoal do réu em causa própria.** É vedado a quem ainda não depôs assistir ao interrogatório da outra parte (art. 385, § 2º). O depoimento do autor antecede o depoimento pessoal do réu. Assim, enquanto autor depõe, o réu não deve estar presente na sala de audiência. Se, porém, o réu for advogado em causa própria, terá de sair e não haverá qualquer advogado para acompanhar o depoimento do autor. Nesse caso, diante dessa peculiaridade, o juiz deve inverter a ordem da colheita dos depoimentos (art. 139, VI), iniciando pelo do réu, quando, então, o autor deve retirar-se do recinto. Em seguida, será colhido o depoimento do autor, com a presença do réu, que é advogado em causa própria, pois já terá prestado seu depoimento.

**9. Preclusão.** *"Não havendo a autora oferecido impugnação oportuna contra o fato de o réu, advogado em causa própria, ter assistido ao seu depoimento pessoal, operou-se a respeito a preclusão"* (STJ, 4ª Turma, REsp 202.829/PI, rel. Min. Barros Monteiro, DJ 20.3.2000, p. 77).

**10. Apartes e intervenções.** O advogado, o defensor público e o membro do Ministério Público, enquanto o perito e os assistentes técnicos prestam seus esclarecimentos, as partes depõem e as testemunhas são inquiridas, podem fazer apartes e intervenções, desde que previamente autorizados pelo juiz. É preciso que se peça prévia autorização por algum gesto, como levantar a mão, ou por uma expressão verbal de licença, após o encerramento de alguma frase por quem esteja esclarecendo, depondo ou prestando seu testemunho.

---

**Art. 362.** A audiência poderá ser adiada:

I – por convenção das partes;

II – se não puder comparecer, por motivo justificado, qualquer pessoa que dela deva necessariamente participar;

III – por atraso injustificado de seu início em tempo superior a 30 (trinta) minutos do horário marcado.

§ 1º O impedimento deverá ser comprovado até a abertura da audiência, e, não o sendo, o juiz procederá à instrução.

§ 2º O juiz poderá dispensar a produção das provas requeridas pela parte cujo advogado ou defensor público não tenha comparecido à audiência, aplicando-se a mesma regra ao Ministério Público.

§ 3º Quem der causa ao adiamento responderá pelas despesas acrescidas.

---

▶ **1. Correspondência no CPC/1973.** *"Art. 453. A audiência poderá ser adiada: I – por convenção das partes, caso em que só será admissível uma vez; II – se não puderem comparecer, por motivo justificado, o perito, as partes, as testemunhas ou os advogados. § 1º Incumbe ao advogado provar o impedimento até a abertura da audiência; não o fazendo, o juiz procederá à instrução. § 2º Pode ser dispensada pelo juiz a produção das provas requeridas pela parte cujo advogado não compareceu à audiência. § 3º Quem der causa ao adiamento responderá pelas despesas acrescidas."*

## ⚖ LEGISLAÇÃO CORRELATA

**2. CLT, art. 815, §§ 2º e 3º.** *"§ 2º. Se, até 30 (trinta) minutos após a hora marcada, a audiência, injustificadamente, não houver sido iniciada, as partes e os advogados poderão retirar-se, consignando seus nomes, devendo o ocorrido constar do livro de registro das audiências." "§ 3º. Na hipótese do § 2º deste artigo, a audiência deverá ser remarcada pelo juiz ou presidente para a data mais próxima possível, vedada a aplicação de qualquer penalidade às partes."*

**3. EOAB, art. 7º, XX.** *"Art. 7º São direitos do advogado: (...) XX – retirar-se do recinto onde se encontre aguardando pregão para ato judicial, após trinta minutos do horário designado e ao qual ainda não tenha comparecido a autoridade que deva presidir a ele, mediante comunicação protocolizada em juízo."*

## 🗎 COMENTÁRIOS TEMÁTICOS

**4. Designação da audiência.** O juiz, na decisão de saneamento e organização do processo, deve designar a data e a hora da audiência de instrução e julgamento (art. 357, V). A definição da data da audiência de instrução e julgamento também pode constar de calendário processual ajustado entre as partes e o juiz (art. 191).

**5. Antecipação da audiência.** Em caso de urgência ou de eventual disponibilidade na pauta de audiências, o juiz pode, de ofício ou a requerimento das partes, determinar a antecipação da audiência.

**6. Adiamento da audiência.** A audiência de instrução e julgamento pode ser adiada por: *(a)* convenção das partes (art. 362, I); *(b)* ausência de sujeitos do processo que dela deveria necessariamente participar (art. 362, II); *(c)* pelo atraso injustificado do seu início, por tempo superior a 30 minutos (EOAB, art. 7º, XX; CPC, art. 362, III); *(d)* atraso na entrega do laudo do perito (art. 477); *(e)* demora na intimação das partes para manifestarem-se sobre o laudo pericial (art. 477, § 1º); *(f)* determinação judicial de oitiva de testemunha referida em depoimento pessoal de uma das partes ou de uma das testemunhas (art. 461, I); *(g)* imprevistos que impeçam sua realização, por exemplo, uma enfermidade contraída repentinamente pelo juiz ou uma greve dos serventuários da justiça ou uma enchente que impeça a chegada ao local da audiência ou o prolongamento excessivo de uma audiência anterior.

**7. Rol exemplificativo.** As hipóteses previstas no art. 362 são exemplificativas, havendo outras que exigem o adiamento da audiência.

**8. Ausência de servidor.** Cabe ao escrivão ou chefe de secretaria secretariar o juiz na audiência, função essa que pode ser delegada a outro servidor ou a um assessor direto do juiz. (art. 152, III). A ausência do servidor que geralmente assiste o juiz nas audiências não é motivo para obstar a abertura e a realização da audiência de instrução e julgamento. Cabe ao juiz, nessa hipótese, designar um outro servidor para auxiliá-lo. Não sendo a este possível comparecer, o juiz nomeará pessoa idônea para o ato (art. 152, § 2º).

**9. Ausência da parte.** A ausência da parte não é motivo para adiamento da audiência. Sua ausência acarreta 2 consequências: *(a)* inviabiliza a tentativa de autocomposição, a não ser que seu advogado esteja presente com poderes para transigir; *(b)* haverá confissão ficta, se tiver sido previamente convocada para prestar depoimento pessoal, com a advertência inequívoca de que sua ausência implicaria a presunção de veracidade dos fatos afirmados pela parte contrária.

**10. Ausência da parte e dispensa da prova requerida.** *"Constatada a ausência injustificada da parte na audiência de instrução e julgamento, é possível a dispensa da produção de provas requeridas pela faltante, nos termos do art. 453, § 2º, do CPC/1973 (art. 362, § 2º, do CPC/2015).* (STJ, 3ª Turma, REsp 1.524.130/PR, rel. Min. Marco Aurélio Bellizze, *DJe* 06.12.2019).

**11. Ausência do advogado, do defensor público ou do Ministério Público.** O juiz pode dispensar a requerida pela parte, se seu advogado ou o defensor público que a representa deixar de comparecer, sem justificativa, à audiência de instrução e julgamento. Se o Ministério Público for parte e seu membro não comparecer, o juiz poderá, igualmente, dispensar a prova por ele requerida. Cabe ao juiz avaliar, concretamente, o grau de disponibilidade do direito e a possibilidade ou não de dispensar a produção da prova.

**12. Ausência do advogado e dispensa da prova requerida.** *"Nos termos do art. 453, § 2º, do CPC/1973 (CPC/2015, art. 362, § 2º), o juiz pode dispensar a prova testemunhal requerida pela parte cujos advogados não compareceram à audiência designada e também não apresentaram justificativa. Hipótese em que, ademais, a questão relativa à capacidade do executado ao tempo da realização do negócio foi decidida com base na prova documental juntada aos autos, não se configurando o alegado cerceamento de defesa"* (STJ, 4ª Turma, AgInt no AREsp 1.480.137/MG, rel. Min. Raul Araújo, *DJe* 4.2.2020).

# LIVRO I · DO PROCESSO DE CONHECIMENTO E DO CUMPRIMENTO DE SENTENÇA — Art. 364

**13. Ausência de ambos os advogados.** A ausência injustificada dos advogados de ambas as partes não impede a abertura da audiência, podendo o juiz dispensar as provas requeridas.

**14. Ausência do assistente técnico.** Se o assistente técnico de uma das partes não comparece à audiência de instrução e julgamento, não há motivo para adiá-la. Ela será realizada sem sua participação, em prejuízo da parte que que solicitou esclarecimentos.

**15. Ausência da testemunha intimada.** Tendo a testemunha sido intimada, mas não comparecido à audiência de instrução e julgamento, a audiência deve ser adiada. Se a ausência foi justificada, basta designar nova data e intimá-la novamente. Caso, porém, não tenha havido justificativa, ela será conduzida coercitivamente para a audiência na nova data para qual vier a ser designada (art. 455, § 5º).

**16. Ausência de testemunha cuja intimação foi requerida, mas não realizada a tempo.** Se a parte arrolou a testemunha e requereu que fosse intimada, mas a intimação não ocorreu a tempo, a audiência será adiada.

**17. Ausência de testemunha cuja intimação foi dispensada.** A parte pode comprometer-se a levar a testemunha à audiência, independentemente de sua intimação. Nesse caso, a ausência da testemunha não adia a audiência, presumindo-se que a parte desistiu de sua inquirição (art. 455, § 2º). Se, porém, for apresentando a tempo um justo motivo que impediu seu comparecimento, a audiência pode ser adiada.

> **Art. 363.** Havendo antecipação ou adiamento da audiência, o juiz, de ofício ou a requerimento da parte, determinará a intimação dos advogados ou da sociedade de advogados para ciência da nova designação.

▶ **1. Sem correspondência no CPC/1973.**

### ▣ COMENTÁRIOS TEMÁTICOS

**2. Intimação da antecipação ou do adiamento da audiência.** Os advogados devem ser intimados da antecipação ou do adiamento da audiência de instrução e julgamento.

**3. Intimação eletrônica.** A intimação da antecipação ou do adiamento da audiência deve ser feita, sempre que possível, por meio eletrônico (art. 270).

**4. Intimação por publicação no órgão oficial.** Não sendo realizada por meio eletrônico, considera-se feita a intimação pela publicação do ato de antecipação ou adiamento no órgão oficial.

**5. Intimação da sociedade de advogados.** Os advogados podem ter requerido que, nas intimações a eles dirigidas, figure apenas o nome da sociedade a que pertençam (art. 272, § 1º). Nesse caso, não sendo eletrônica a intimação, a publicação da antecipação ou do adiamento da audiência deve dirigir-se à sociedade.

> **Art. 364.** Finda a instrução, o juiz dará a palavra ao advogado do autor e do réu, bem como ao membro do Ministério Público, se for o caso de sua intervenção, sucessivamente, pelo prazo de 20 (vinte) minutos para cada um, prorrogável por 10 (dez) minutos, a critério do juiz.
>
> § 1º Havendo litisconsorte ou terceiro interveniente, o prazo, que formará com o da prorrogação um só todo, dividir-se-á entre os do mesmo grupo, se não convencionarem de modo diverso.
>
> § 2º Quando a causa apresentar questões complexas de fato ou de direito, o debate oral poderá ser substituído por razões finais escritas, que serão apresentadas pelo autor e pelo réu, bem como pelo Ministério Público, se for o caso de sua intervenção, em prazos sucessivos de 15 (quinze) dias, assegurada vista dos autos.

▶ **1. Correspondência no CPC/1973.** *"Art. 454. Finda a instrução, o juiz dará a palavra ao advogado do autor e ao do réu, bem como ao órgão do Ministério Público, sucessivamente, pelo prazo de 20 (vinte) minutos para cada um, prorrogável por 10 (dez), a critério do juiz. § 1º Havendo litisconsorte ou terceiro, o prazo, que formará com o da prorrogação um só todo, dividir-se-á entre os do mesmo grupo, se não convencionarem de modo diverso. § 2º No caso previsto no art. 56, o opoente sustentará as suas razões em primeiro lugar, seguindo-se-lhe os opostos, cada qual pelo prazo de 20 (vinte) minutos. § 3º Quando a causa apresentar questões complexas de fato ou de direito, o debate oral poderá ser substituído por memoriais, caso em que o juiz designará dia e hora para o seu oferecimento."*

### ▣ COMENTÁRIOS TEMÁTICOS

**2. Alegações finais.** Concluída a coleta das provas orais, o juiz dará a palavra ao advogado do autor e ao do réu, bem como ao órgão do Ministério Público, sucessivamente, pelo prazo de 20 minutos para cada um, podendo, a seu critério, prorrogá-lo por mais 10 minutos.

**3. Ordem de apresentação das alegações finais.** Diante de alguma peculiaridade do caso concreto, o juiz pode determinar a inversão da ordem de apresentação das alegações finais. As partes também podem convencionar uma ordem diversa (art. 190).

**4. Ministério Público.** Quando atua como fiscal da ordem jurídica, o Ministério Público manifesta-se depois das partes (art. 179, I). É sempre o último a falar.

**5. Litisconsorte ou terceiro interveniente.** Havendo litisconsorte ou terceiro interveniente, os 20 minutos do prazo legal são somados com os 10 minutos da eventual prorrogação e o resultado dessa adição deve ser dividido em partes iguais entre os advogados dos litisconsortes ou entre o advogado da parte e o advogado do terceiro que o assiste. Assim, se forem 2 litisconsortes, o prazo de 30 minutos será dividido por 2, ficando 15 minutos para cada um. Se forem 3 litisconsortes, será 10 minutos para cada. Se forem 2 litisconsortes e 1 assistente, cada um terá 10 minutos. Tal divisão pode ser convencionada diversamente entre eles. Essa divisão de tempo entre litisconsortes só ocorre se tiverem advogados diferentes, de escritórios diversos, pois, se for o mesmo advogado, não há razão para a divisão do tempo.

**6. Ampliação do prazo.** Em caso de uma quantidade considerável de litisconsortes, o prazo pode ficar muito curto para cada uma. Nessa hipótese, o juiz poderá ampliar o prazo (art. 139, VI).

**7. Convenção entre as partes.** As partes podem convencionar que um só advogado faça uso da palavra ou podem repartir o tempo de forma diversa daquela prevista no art. 364 (art. 190).

**8. Memoriais ou razões finais escritas.** Quando a causa envolver questões de fato e de direito complexas, as alegações finais podem ser apresentadas por escrito, na forma de memoriais, em prazos sucessivos de 15 dias, a começar pelo autor. A depender do grau de complexidade, o juiz pode ampliar esse prazo (art. 139, IV) ou as partes podem convencionar um prazo maior ou que o prazo, em vez de ser sucessivo, seja comum, ou, até mesmo, fixar uma data específica para a apresentação dos memoriais (art. 190).

**9. Sentença por escrito.** Quando o debate oral tiver sido substituído por razões finais escritas, a sentença, em vez de ser proferida oralmente na audiência (art. 366), será proferida por escrito no prazo de até 30 dias (art. 366).

> **Art. 365.** A audiência é una e contínua, podendo ser excepcional e justificadamente cindida na ausência de perito ou de testemunha, desde que haja concordância das partes.

Parágrafo único. Diante da impossibilidade de realização da instrução, do debate e do julgamento no mesmo dia, o juiz marcará seu prosseguimento para a data mais próxima possível, em pauta preferencial.

▶ **1. Correspondência no CPC/1973.** *"Art. 455. A audiência é una e contínua. Não sendo possível concluir, num só dia, a instrução, o debate e o julgamento, o juiz marcará o seu prosseguimento para dia próximo."*

## ▣ COMENTÁRIOS TEMÁTICOS

**2. Unidade e continuidade da audiência.** A audiência de instrução e julgamento é una e contínua. As atividades de tentativa de autocomposição, instrução, debate e julgamento estão reunidas em uma só audiência, caracterizando sua unidade. Todas essas atividades devem concentrar-se em uma só sessão, devendo a audiência começar e terminar numa única assentada. É isso que caracteriza sua continuidade.

**3. Oralidade e concentração de atos.** Em razão do princípio da oralidade, os diversos atos concentram-se na mesma audiência.

**4. Cisão da audiência.** A audiência, que é una e contínua, pode, excepcionalmente, ser dividida em mais de uma sessão. A ausência de perito ou de testemunha devidamente intimada é causa de adiamento da audiência (art. 362, II). Se, porém, houver concordância das partes, é possível colher as outras provas e, ao final, designar outra sessão da mesma audiência para ouvir o perito ou colher o depoimento da testemunha, cindindo-se, assim, a audiência em mais de uma sessão.

**5. Continuidade da audiência.** A continuidade da audiência determina que, em caso de cisão, não há designação de nova audiência, mas apenas prosseguimento da mesma audiência. Logo, não é possível praticar novos atos preparatórios para a continuação da audiência, não se reabrindo, por exemplo, prazo para que as partes arrolem testemunhas. Anulada a primeira sessão da audiência, as sucessivas sessões serão afetadas. Se o advogado esteve presente na primeira sessão, mas ausente na continuação, o juiz não poderá dispensar a prova por ele requerida.

**6. Ausência de testemunha cuja intimação foi dispensada.** A ausência da testemunha que deveria comparecer independentemente de intimação não causa adiamento da audiência, presumindo-se que a parte desistiu de sua inquirição (art. 455, § 2º), não acarretando a cisão da au-

**LIVRO I · DO PROCESSO DE CONHECIMENTO E DO CUMPRIMENTO DE SENTENÇA** — **Art. 366**

diência para colheita posterior do depoimento da testemunha ausente.

**7. Suspensão da sessão de audiência.** Não sendo possível concluir num só dia, a instrução, o debate e o julgamento, o juiz marcará seu prosseguimento para dia próximo, em pauta preferencial. Nesse caso, a audiência continua sendo uma só. O que há é mais de uma sessão da mesma audiência. Não é possível, porém, interromper o depoimento pessoal da parte ou de testemunha, nem a exposição e os esclarecimentos do perito. Também não se podem interromper os debates já iniciados. A suspensão da sessão da audiência só pode ocorrer depois de encerrado o depoimento que se iniciou, a exposição e o esclarecimento que está em andamento ou os debates que já foram deflagrados.

> **Art. 366.** Encerrado o debate ou oferecidas as razões finais, o juiz proferirá sentença em audiência ou no prazo de 30 (trinta) dias.

▶ **1. Correspondência no CPC/1973.** *"Art. 456. Encerrado o debate ou oferecidos os memoriais, o juiz proferirá a sentença desde logo ou no prazo de 10 (dez) dias."*

### 🗐 COMENTÁRIOS TEMÁTICOS

**2. Julgamento na audiência.** Encerrados os debates ou oferecidas as razões finais, o juiz deve, oralmente, na própria audiência, proferir sentença.

**3. Publicação da sentença.** Proferida oralmente na audiência, a sentença já se considera publicada, estando as partes e seus advogados devidamente intimados e tendo início o prazo para apelação.

**4. Inalterabilidade da sentença.** Proferida oralmente na audiência, a sentença está publicada, não podendo mais ser alterada pelo juiz, a não ser para corrigir erros de cálculo ou inexatidões materiais ou diante da oposição de embargos de declaração (art. 494).

**5. Sentença por escrito.** Em vez de proferi-la oralmente na audiência, o juiz pode optar por prolatar a sentença por escrito, devendo apresentá-la no prazo de até 30 dias. De igual modo, a sentença será proferida por escrito quando o debate oral tiver sido substituído por razões finais escritas (art. 364, § 2º).

**6. Publicação da sentença por escrito.** Proferida sentença por escrito, o juiz pode designar nova sessão da audiência de instrução e julgamento para pronunciá-la e publicá-la ou, então,

pode lançá-la nos autos, quando será considerada publicada, devendo as partes ser intimadas.

**7. Acepções do termo "publicar" a sentença.** Há dois sentidos para a expressão "publicada a sentença". No primeiro sentido, "publicar" equivale a "intimar" ou "veicular" a decisão pela imprensa oficial ou pelo Diário da Justiça. No segundo sentido, "publicar" equivale a "lançar aos autos", "tornar pública"; é o momento a partir do qual todos podem ver a sentença ou ter acesso ao seu conteúdo. Quando o juiz pronuncia a sentença oralmente na audiência, ela está sendo publicada nos dois sentidos do termo: está sendo lançada aos autos e, igualmente, as partes estão ali sendo intimadas. Proferida por escrito e lançada aos autos, a sentença está sendo publicada na segunda acepção, devendo as partes, por seus advogados, ser intimadas posteriormente.

**8. Conversão do julgamento em diligência.** Oferecidas as razões finais, o juiz, em vez de proferir a sentença, pode converter o julgamento em diligência para reabrir a instrução e determinar a produção de alguma prova adicional, a fim de complementar o acervo probatório e elucidar algum ponto que ainda esteja obscuro ou duvidoso.

**9. Identidade física do juiz.** O juiz que profere a sentença não deve, necessariamente, ser o juiz que encerra a instrução. O art. 132 do CPC/1973 previa a regra da identidade física do juiz, a exigir que a sentença fosse prolatada pelo juiz que tivesse encerrado a instrução. Essa seria uma regra de competência absoluta, ressalvada em casos de férias, licença, afastamento, promoção, remoção e outras hipóteses de ausência justificada do juiz. O atual CPC não reproduz a exigência. Não há mais a regra da identidade física do juiz.

**10. Relatividade da identidade física do juiz.** *"1. 'A jurisprudência do Superior Tribunal de Justiça é no sentido de que o princípio da identidade física do juiz não possui caráter absoluto, devendo, em sua aplicação, ser conjugado com outros princípios do ordenamento jurídico, como, por exemplo, o princípio do pas de nullité sans grief. Destarte, se não ficar caracterizado nenhum prejuízo às partes, sobretudo no pertinente aos princípios do contraditório e da ampla defesa, não é viável reconhecer-se a nulidade do decisum por ter sido prolatado por julgador que não presidiu a instrução do feito ou por julgador diverso daquele que examinou o pedido de tutela antecipada' (AgRg no AREsp 306.388/SC, Rel. Ministro Raul Araújo, Quarta Turma, julgado em 07.05.2015, DJe de 1º.06.2015)"* (STJ, 4ª Turma, AgInt no AREsp 1.698.785/SP, rel. Min. Maria Isabel Gallotti, *DJe* 17.6.2021).

**Art. 367.** O servidor lavrará, sob ditado do juiz, termo que conterá, em resumo, o ocorrido na audiência, bem como, por extenso, os despachos, as decisões e a sentença, se proferida no ato.

§ 1º Quando o termo não for registrado em meio eletrônico, o juiz rubricar-lhe-á as folhas, que serão encadernadas em volume próprio.

§ 2º Subscreverão o termo o juiz, os advogados, o membro do Ministério Público e o escrivão ou chefe de secretaria, dispensadas as partes, exceto quando houver ato de disposição para cuja prática os advogados não tenham poderes.

§ 3º O escrivão ou chefe de secretaria trasladará para os autos cópia autêntica do termo de audiência.

§ 4º Tratando-se de autos eletrônicos, observar-se-á o disposto neste Código, em legislação específica e nas normas internas dos tribunais.

§ 5º A audiência poderá ser integralmente gravada em imagem e em áudio, em meio digital ou analógico, desde que assegure o rápido acesso das partes e dos órgãos julgadores, observada a legislação específica.

§ 6º A gravação a que se refere o § 5º também pode ser realizada diretamente por qualquer das partes, independentemente de autorização judicial.

▶ **1. Correspondência no CPC/1973.** *"Art. 457. O escrivão lavrará, sob ditado do juiz, termo que conterá, em resumo, o ocorrido na audiência, bem como, por extenso, os despachos e a sentença, se esta for proferida no ato. § 1º Quando o termo for datilografado, o juiz lhe rubricará as folhas, ordenando que sejam encadernadas em volume próprio. § 2º Subscreverão o termo o juiz, os advogados, o órgão do Ministério Público e o escrivão. § 3º O escrivão trasladará para os autos cópia autêntica do termo de audiência. § 4º Tratando-se de processo eletrônico, observar-se-á o disposto nos §§ 2o e 3o do art. 169 desta Lei."*

## 🏛 Legislação Correlata

**2. CLT, art. 817.** *"Art. 817. O registro das audiências será feito em livro próprio, constando de cada registro os processos apreciados e a respectiva solução, bem como as ocorrências eventuais. Parágrafo único. Do registro das audiências poderão ser fornecidas certidões às pessoas que o requererem."*

## 🗐 Comentários Temáticos

**3. Termo ou ata de audiência.** Todos os atos da audiência devem ser documentados no seu termo ou na sua ata. O termo ou ata da audiência, lavrado por servidor do juízo, conterá o resumo do ocorrido na audiência e a íntegra dos pronunciados judiciais nela proferidos.

**4. Gravação da audiência.** A audiência poderá ser gravada em imagem e em áudio, em meio digital ou analógico, desde que assegure o rápido acesso das partes e dos órgãos julgadores. Se os autos não forem eletrônicos e vier a ser interposto recurso, o conteúdo da audiência somente será digitado quando for impossível o envio de sua documentação eletrônica (art. 460, § 2º). A gravação pode ser realizada diretamente por qualquer das partes, independentemente de autorização judicial, devendo a parte, em atenção aos princípios da boa-fé e da cooperação (arts. 5º e 6º) informar a todos os participantes que realizará a gravação.

**5. Forma digital.** No processo total ou parcialmente eletrônico, os atos praticados na presença do juiz poderão ser produzidos e armazenados de modo integralmente digital em arquivo eletrônico inviolável, na forma da Lei 11.419/2006, mediante registro em termo que será assinado digitalmente pelo juiz e pelo escrivão ou chefe de secretaria, pelo membro do Ministério Público, quando for caso de intervenção sua (art. 178), bem como pelos advogados das partes, ou pelo defensor público, se a parte estiver por ele representada (art. 209, § 1º).

**6. Contradições na transcrição da ata ou do termo.** Eventuais contradições na transcrição deverão ser suscitadas oralmente no momento de realização do ato, sob pena de preclusão, devendo o juiz decidir de plano e ordenar o registro da alegação e da decisão no termo (art. 209, § 2º). Dessa decisão a parte, se houver suscitado oralmente a contradição, pode insurgir-se quando da apelação ou de suas contrarrazões (art. 1.009, § 1º). Se a parte não tiver suscitado a eventual contradição no momento de realização do ato, haverá preclusão, não podendo impugnar na apelação ou nas suas contrarrazões.

**7. Termo impresso.** Não sendo eletrônico o termo, todas as suas folhas serão rubricadas pelo juiz, pelos advogados, pelo membro do Ministério Público, pelo escrivão ou chefe de secretaria. Quanto às partes, só precisam assinar, se houver ato de disposição para cuja prática o respectivo advogado não disponha de poder específico. O termo deve ser juntado aos autos pelo escrivão ou chefe de secretaria.

**Art. 368.** A audiência será pública, ressalvadas as exceções legais.

▶ **1. Correspondência no CPC/1973.** *"Art. 444. A audiência será pública; nos casos de que trata o art. 155, realizar-se-á a portas fechadas."*

**LIVRO I** · DO PROCESSO DE CONHECIMENTO E DO CUMPRIMENTO DE SENTENÇA **Art. 369**

## ⊞ Legislação Correlata

**2. CPP, art. 792.** *"Art. 792. As audiências, sessões e os atos processuais serão, em regra, públicos e se realizarão nas sedes dos juízos e tribunais, com assistência dos escrivães, do secretário, do oficial de justiça que servir de porteiro, em dia e hora certos, ou previamente designados. § 1º Se da publicidade da audiência, da sessão ou do ato processual, puder resultar escândalo, inconveniente grave ou perigo de perturbação da ordem, o juiz, ou o tribunal, câmara, ou turma, poderá, de ofício ou a requerimento da parte ou do Ministério Público, determinar que o ato seja realizado a portas fechadas, limitando o número de pessoas que possam estar presentes. § 2º As audiências, as sessões e os atos processuais, em caso de necessidade, poderão realizar-se na residência do juiz, ou em outra casa por ele especialmente designada."*

## ⊞ Comentários Temáticos

**3. Publicidade da audiência.** A audiência de instrução e julgamento é uma sessão pública, devendo ser acessível a quem tiver interesse de assistir a ela.

**4. Segredo de justiça.** Nos processos em que tramitam em segredo de justiça (art. 189), a audiência não deve ser pública, somente podendo as partes e seus advogados nela entrar e manter-se. O membro do Ministério Público, nos casos em que intervém (art. 178), também deve estar presente à audiência, mesmo em caso de segredo de justiça.

**5. Limitação de pessoas pelo juiz.** Para manter a ordem na sua condução, a efetividade na sua realização e o decoro na audiência, o juiz pode liminar o número de pessoas que queiram assistir a ela e, até mesmo, ordenar que se retirem da sala os que se comportarem de maneira inconveniente (art. 360, I e II).

**6. Publicidade da audiência *versus* audiência pública.** A audiência de instrução e julgamento é uma sessão pública, devendo cumprir com as exigências do princípio da publicidade (arts. 11 e 189) e permitir a participação de qualquer um que deseje acompanhá-la ou assistir a ela. A audiência de instrução e julgamento ou a publicidade que ela deve ter não se confunde com a audiência pública. Esta, assim como a de instrução e julgamento, também é uma sessão pública, sendo acessível a qualquer pessoa, mas tem por finalidade permitir que sujeitos com experiência e conhecimento em determinada matéria ou que sejam capazes, de algum modo, contribuir com o tema em discussão, possam apresentar sua opinião, seu entendimento, seu ponto de vista, sua vivência, ampliando a participação democrática num processo decisório. A audiência pública pode realizar-se no controle concentrado de constitucionalidade (Lei 9.868/1999, arts. 9º, § 1º, e 20; Lei 9.882/1999, art. 6º, § 1º). Também pode realizar-se no IRDR (art. 983, § 1º), no julgamento de recursos repetitivos (art. 1.038, II) e em procedimento destinado a rever tese adotada em enunciado de súmula ou em julgamento de casos repetitivos (art. 927, § 2º). Em julgamento pelo plenário ou órgão especial do tribunal, que cujo entendimento deve ser observado por juízes e pelo próprio tribunal (art. 927, V), no incidente de arguição de inconstitucionalidade (arts. 948 a 950) e no IAC (art. 947), é igualmente possível haver audiência pública.

## CAPÍTULO XII
## DAS PROVAS

### Seção I
### Disposições Gerais

> **Art. 369.** As partes têm o direito de empregar todos os meios legais, bem como os moralmente legítimos, ainda que não especificados neste Código, para provar a verdade dos fatos em que se funda o pedido ou a defesa e influir eficazmente na convicção do juiz.

▸ **1. Correspondência no CPC/1973.** *"Art. 332. Todos os meios legais, bem como os moralmente legítimos, ainda que não especificados neste Código, são hábeis para provar a verdade dos fatos, em que se funda a ação ou a defesa."*

## ⊞ Legislação Correlata

**2. CF, art. 5º, X.** *"X – são invioláveis a intimidade, a vida privada, a honra e a imagem das pessoas, assegurado o direito a indenização pelo dano material ou moral decorrente de sua violação."*

**3. CF, art. 5º, XII.** *"XII – é inviolável o sigilo da correspondência e das comunicações telegráficas, de dados e das comunicações telefônicas, salvo, no último caso, por ordem judicial, nas hipóteses e na forma que a lei estabelecer para fins de investigação criminal ou instrução processual penal."*

**4. CF, art. 5º, LVI.** *"LVI – são inadmissíveis, no processo, as provas obtidas por meios ilícitos."*

643

**5. CPP, art. 157.** *"Art. 157. São inadmissíveis, devendo ser desentranhadas do processo, as provas ilícitas, assim entendidas as obtidas em violação a normas constitucionais ou legais. § 1º São também inadmissíveis as provas derivadas das ilícitas, salvo quando não evidenciado o nexo de causalidade entre umas e outras, ou quando as derivadas puderem ser obtidas por uma fonte independente das primeiras. § 2º Considera-se fonte independente aquela que por si só, seguindo os trâmites típicos e de praxe, próprios da investigação ou instrução criminal, seria capaz de conduzir ao fato objeto da prova. § 3º Preclusa a decisão de desentranhamento da prova declarada inadmissível, esta será inutilizada por decisão judicial, facultado às partes acompanhar o incidente. § 4º (vetado) § 5º O juiz que conhecer do conteúdo da prova declarada inadmissível não poderá proferir a sentença ou acórdão."*

**6. CPP, art. 158-A.** *"Art. 158-A. Considera-se cadeia de custódia o conjunto de todos os procedimentos utilizados para manter e documentar a história cronológica do vestígio coletado em locais ou em vítimas de crimes, para rastrear sua posse e manuseio a partir de seu reconhecimento até o descarte. § 1º O início da cadeia de custódia dá-se com a preservação do local de crime ou com procedimentos policiais ou periciais nos quais seja detectada a existência de vestígio. § 2º O agente público que reconhecer um elemento como de potencial interesse para a produção da prova pericial fica responsável por sua preservação. § 3º Vestígio é todo objeto ou material bruto, visível ou latente, constatado ou recolhido, que se relaciona à infração penal."*

**7. CPP, art. 158-B.** *"Art. 158-B. A cadeia de custódia compreende o rastreamento do vestígio nas seguintes etapas: I – reconhecimento: ato de distinguir um elemento como de potencial interesse para a produção da prova pericial; II – isolamento: ato de evitar que se altere o estado das coisas, devendo isolar e preservar o ambiente imediato, mediato e relacionado aos vestígios e local de crime; III – fixação: descrição detalhada do vestígio conforme se encontra no local de crime ou no corpo de delito, e a sua posição na área de exames, podendo ser ilustrada por fotografias, filmagens ou croqui, sendo indispensável a sua descrição no laudo pericial produzido pelo perito responsável pelo atendimento; IV – coleta: ato de recolher o vestígio que será submetido à análise pericial, respeitando suas características e natureza; V – acondicionamento: procedimento por meio do qual cada vestígio coletado é embalado de forma individualizada, de acordo com suas características físicas, químicas e biológicas, para* posterior análise, com anotação da data, hora e nome de quem realizou a coleta e o acondicionamento; VI – transporte: ato de transferir o vestígio de um local para o outro, utilizando as condições adequadas (embalagens, veículos, temperatura, entre outras), de modo a garantir a manutenção de suas características originais, bem como o controle de sua posse; VII – recebimento: ato formal de transferência da posse do vestígio, que deve ser documentado com, no mínimo, informações referentes ao número de procedimento e unidade de polícia judiciária relacionada, local de origem, nome de quem transportou o vestígio, código de rastreamento, natureza do exame, tipo do vestígio, protocolo, assinatura e identificação de quem o recebeu; VIII – processamento: exame pericial em si, manipulação do vestígio de acordo com a metodologia adequada às suas características biológicas, físicas e químicas, a fim de se obter o resultado desejado, que deverá ser formalizado em laudo produzido por perito; IX – armazenamento: procedimento referente à guarda, em condições adequadas, do material a ser processado, guardado para realização de contraperícia, descartado ou transportado, com vinculação ao número do laudo correspondente; X – descarte: procedimento referente à liberação do vestígio, respeitando a legislação vigente e, quando pertinente, mediante autorização judicial."*

**8. CPP, art. 158-C.** *"Art. 158-C. A coleta dos vestígios deverá ser realizada preferencialmente por perito oficial, que dará o encaminhamento necessário para a central de custódia, mesmo quando for necessária a realização de exames complementares. § 1º Todos vestígios coletados no decurso do inquérito ou processo devem ser tratados como descrito nesta Lei, ficando órgão central de perícia oficial de natureza criminal responsável por detalhar a forma do seu cumprimento. § 2º É proibida a entrada em locais isolados bem como a remoção de quaisquer vestígios de locais de crime antes da liberação por parte do perito responsável, sendo tipificada como fraude processual a sua realização."*

**9. CPP, art. 158-D.** *"Art. 158-D. O recipiente para acondicionamento do vestígio será determinado pela natureza do material. § 1º Todos os recipientes deverão ser selados com lacres, com numeração individualizada, de forma a garantir a inviolabilidade e a idoneidade do vestígio durante o transporte. § 2º O recipiente deverá individualizar o vestígio, preservar suas características, impedir contaminação e vazamento, ter grau de resistência adequado e espaço para registro de informações sobre seu conteúdo. § 3º O recipiente só poderá ser aberto pelo perito que vai*

**LIVRO I** · DO PROCESSO DE CONHECIMENTO E DO CUMPRIMENTO DE SENTENÇA **Art. 369**

*proceder à análise e, motivadamente, por pessoa autorizada. § 4º Após cada rompimento de lacre, deve se fazer constar na ficha de acompanhamento de vestígio o nome e a matrícula do responsável, a data, o local, a finalidade, bem como as informações referentes ao novo lacre utilizado. § 5º O lacre rompido deverá ser acondicionado no interior do novo recipiente."*

**10.** **CPP, art. 158-E.** *"Art. 158-E. Todos os Institutos de Criminalística deverão ter uma central de custódia destinada à guarda e controle dos vestígios, e sua gestão deve ser vinculada diretamente ao órgão central de perícia oficial de natureza criminal. § 1º Toda central de custódia deve possuir os serviços de protocolo, com local para conferência, recepção, devolução de materiais e documentos, possibilitando a seleção, a classificação e a distribuição de materiais, devendo ser um espaço seguro e apresentar condições ambientais que não interfiram nas características do vestígio. § 2º Na central de custódia, a entrada e a saída de vestígio deverão ser protocoladas, consignando-se informações sobre a ocorrência no inquérito que a eles se relacionam. § 3º Todas as pessoas que tiverem acesso ao vestígio armazenado deverão ser identificadas e deverão ser registradas a data e a hora do acesso. § 4º Por ocasião da tramitação do vestígio armazenado, todas as ações deverão ser registradas, consignando-se a identificação do responsável pela tramitação, a destinação, a data e horário da ação."*

**11.** **CPP, art. 158-F.** *"Art. 158-F. Após a realização da perícia, o material deverá ser devolvido à central de custódia, devendo nela permanecer. Parágrafo único. Caso a central de custódia não possua espaço ou condições de armazenar determinado material, deverá a autoridade policial ou judiciária determinar as condições de depósito do referido material em local diverso, mediante requerimento do diretor do órgão central de perícia oficial de natureza criminal."*

**12.** **LC 105/2001, art. 1º, § 4º.** *"Art. 1º As instituições financeiras conservarão sigilo em suas operações ativas e passivas e serviços prestados. (...) § 4º A quebra de sigilo poderá ser decretada, quando necessária para apuração de ocorrência de qualquer ilícito, em qualquer fase do inquérito ou do processo judicial, e especialmente nos seguintes crimes: I – de terrorismo; II – de tráfico ilícito de substâncias entorpecentes ou drogas afins; III – de contrabando ou tráfico de armas, munições ou material destinado a sua produção; IV – de extorsão mediante sequestro; V – contra o sistema financeiro nacional; VI – contra a Administração Pública; VII – contra a ordem tributária e a previdência social; VIII – lavagem*

*de dinheiro ou ocultação de bens, direitos e valores; IX – praticado por organização criminosa."*

**13.** **Lei 8.560/1992, art. 2º-A.** *"Art. 2º-A. Na ação de investigação de paternidade, todos os meios legais, bem como os moralmente legítimos, serão hábeis para provar a verdade dos fatos."*

**14.** **Lei 9.296/1996, art. 1º.** *"Art. 1º A interceptação de comunicações telefônicas, de qualquer natureza, para prova em investigação criminal e em instrução processual penal, observará o disposto nesta Lei e dependerá de ordem do juiz competente da ação principal, sob segredo de justiça. Parágrafo único. O disposto nesta Lei aplica-se à interceptação do fluxo de comunicações em sistemas de informática e telemática."*

**15.** **Lei 9.472/1997, art. 3º, V.** *"Art. 3º O usuário de serviços de telecomunicações tem direito: (...) V – à inviolabilidade e ao segredo de sua comunicação, salvo nas hipóteses e condições constitucional e legalmente previstas."*

**16.** **Lei 9.784/1999, art. 30.** *"Art. 30. São inadmissíveis no processo administrativo as provas obtidas por meios ilícitos."*

**17.** **Lei 12.965/2014, art. 7º, III.** *"Art. 7º O acesso à internet é essencial ao exercício da cidadania, e ao usuário são assegurados os seguintes direitos: (...) III – inviolabilidade e sigilo de suas comunicações privadas armazenadas, salvo por ordem judicial."*

### ⚖ JURISPRUDÊNCIA, ENUNCIADOS E SÚMULAS SELECIONADOS

- **18.** **Tema/Repercussão Geral 237 STF.** *"É lícita a prova consistente em gravação ambiental realizada por um dos interlocutores sem conhecimento do outro".*

- **19.** **Tema/Repercussão Geral 661 STF.** *"São lícitas as sucessivas renovações de interceptação telefônica, desde que, verificados os requisitos do artigo 2º da Lei nº 9.296/1996 e demonstrada a necessidade da medida diante de elementos concretos e a complexidade da investigação, a decisão judicial inicial e as prorrogações sejam devidamente motivadas, com justificativa legítima, ainda que sucinta, a embasar a continuidade das investigações."*

- **20.** **Tema/Repercussão Geral 979 STF.** *"No processo eleitoral, é ilícita a prova colhida por meio de gravação ambiental clandestina, sem autorização judicial e com violação à privacidade e à intimidade dos interlocutores, ainda que realizada por um dos participantes, sem o conhecimento dos demais. – A exceção à regra da ilicitude da gravação ambiental feita sem o*

645

conhecimento de um dos interlocutores e sem autorização judicial ocorre na hipótese de registro de fato ocorrido em local público desprovido de qualquer controle de acesso, pois, nesse caso, não há violação à intimidade ou quebra da expectativa de privacidade."

- **21. Tema/Repercussão Geral 1041 STF.** *"(1) Sem autorização judicial ou fora das hipóteses legais, é ilícita a prova obtida mediante abertura de carta, telegrama, pacote ou meio análogo, salvo se ocorrida em estabelecimento penitenciário, quando houver fundados indícios da prática de atividades ilícitas; (2) Em relação à abertura de encomenda postada nos Correios, a prova obtida somente será lícita quando houver fundados indícios da prática de atividade ilícita, formalizando-se as providências adotadas para fins de controle administrativo ou judicial."*
- **22. Tema/Repercussão Geral 1.238 STF.** *"São inadmissíveis, em processos administrativos de qualquer espécie, provas consideradas ilícitas pelo Poder Judiciário."*
- **23. Enunciado 50 do FPPC.** *"Os destinatários da prova são aqueles que dela poderão fazer uso, sejam juízes, partes ou demais interessados, não sendo a única função influir eficazmente na convicção do juiz."*
- **24. Enunciado 301 do FPPC.** *"Aplicam-se ao processo civil, por analogia, as exceções previstas nos §§ 1º e 2º do art. 157 do Código de Processo Penal, afastando a ilicitude da prova."*
- **25. Enunciado 516 do FPPC.** *"Para que se considere fundamentada a decisão sobre os fatos, o juiz deverá analisar todas as provas capazes, em tese, de infirmar a conclusão adotada."*
- **26. Enunciado 636 do FPPC.** *"As conversas registradas por aplicativos de mensagens instantâneas e redes sociais podem ser admitidas no processo como prova, independentemente de ata notarial."*
- **27. Enunciado 748 do FPPC.** *"É admissível a produção de prova sobre a formação ou conservação de outra prova, a fim de avaliar a sua confiabilidade e/ou legalidade (metaprova)."*
- **28. Enunciado 227 da III Jornada-CJF.** *"Admite-se a prova estatística ou por amostragem no direito brasileiro, especialmente no processo coletivo e estrutural."*

## ▣ Comentários Temáticos

**29. Direito fundamental à prova.** O direito de produzir provas está contido no direito fundamental ao contraditório e à ampla defesa.

Por isso mesmo, o direito à prova é um direito fundamental. Há quem defenda que o direito à prova seria uma manifestação do direito de ação, representando um direito autônomo, de cunho processual. De qualquer modo, o direito à prova insere-se no âmbito de um sistema processual democrático, que exige serem as decisões judiciais devidamente fundamentadas, proferidas em um procedimento de verificação dos fatos com observância do contraditório. O direito fundamental à prova está previsto em tratados internacionais incorporados ao Direito brasileiro, quais sejam, a *Convenção Americana de Direitos Humanos* (Pacto de San José da Costa Rica), em seu artigo 8º, e o *Pacto Internacional dos Direitos Civis e Políticos*, em seu artigo 14, 1, *e*.

**30. Conteúdo do direito à prova.** O direito fundamental à prova compõe-se do: *(a)* direito de produzir provas; *(b)* direito de participar da produção da prova; *(c)* direito de manifestar-se sobre a prova produzida; *(d)* direito ao exame, pelo órgão julgador, da prova produzida.

**31. Autonomia.** O direito à produção da prova tem autonomia suficiente para ser objeto de um processo autônomo. A ação probatória autônoma consiste em demanda judicial cujo propósito cinge-se à produção de uma prova (art. 381). A prova pode ser produzida de forma antecipada antes do processo cognitivo de certificação do direito material, por meio de uma ação probatória autônoma, ou incidentalmente, num processo em curso, mas antes da fase probatória legalmente prevista. E isso é possível, independentemente de urgência. O direito à prova é, portanto, autônomo e pode ser exercido de maneira igualmente autônoma, em processo especificamente destinado à produção da prova, sem que haja a necessidade de se demonstrar uma urgência ou uma necessidade.

**32. Destinatários da prova.** A prova destina-se a propiciar o convencimento do juiz. O juiz é, pois, destinatário da prova. Essa, porém, não é a única finalidade da prova; ela também se destina à formação do convencimento das partes e dos demais interessados sobre os fatos da causa. Logo, todos que possam fazer uso da prova são destinatários dela.

**33. Juiz e partes como destinatários da prova.** *"O Código de Processo Civil de 2015 buscou reproduzir, em seus termos, compreensão há muito difundida entre os processualistas de que a prova, na verdade, tem como destinatário imediato não apenas o juiz, mas também, diretamente, as partes envolvidas no litígio. Nesse contexto, reconhecida a existência de um direito material à prova, autônomo em si – que*

**LIVRO I · DO PROCESSO DE CONHECIMENTO E DO CUMPRIMENTO DE SENTENÇA** **Art. 369**

*não se confunde com os fatos que ela se destina a demonstrar, tampouco com as consequências jurídicas daí advindas a subsidiar (ou não) outra pretensão –, a lei adjetiva civil estabelece instrumentos processuais para o seu exercício, o qual pode se dar incidentalmente, no bojo de um processo já instaurado entre as partes, ou por meio de uma ação autônoma (ação probatória lato sensu)"* (STJ, 3ª Turma, REsp 1.803.251/SC, rel. Min. Marco Aurélio Bellizze, *DJe* 08.11.2019).

**34.** **Objeto da prova.** O que se prova num processo não é um fato, mas a alegação de um fato. O fato pode ter ocorrido ou não, mas o que é verdadeira ou mentirosa é a alegação a seu respeito. O objeto da prova é, portanto, a alegação de fato, que alguns doutrinadores preferem chamar de *fato probando*.

**35.** **Características do fato probando.** O fato probando deve ser controvertido, relevante e preciso. Por isso, não se provam alegações incontroversas de fatos (art. 374, II e III).

**36.** **Admissibilidade dos meios de prova.** Os meios de prova devem atender ao critério da licitude. Apenas uma prova obtida por meios lícitos pode ser utilizada no processo judicial.

**37.** **Meios legais e moralmente legítimos.** Os meios de prova não devem violar regra de direito material, nem de direito processual; devem atender aos critérios legais. De igual modo, devem ser moralmente legítimos, ou seja, devem estar de acordo com o princípio da boa-fé. Uma prova obtida em desconformidade com a boa-fé objetiva é prova obtida em violação a uma norma jurídica, sendo, portanto, ilícita.

**38.** **Normas sobre provas.** As provas judiciárias são disciplinadas tanto por normas de direito material como por normas de direito processual. Há normas sobre provas em diplomas de direito material e em diplomas de direito processual. Não é, porém, a simples circunstância de estar num diploma de direito material que faz com que aquela norma sobre a prova seja material. De igual modo, não é o simples fato de a norma estar num diploma processual que a caracteriza como processual. As normas que tratam da determinação das provas, da indicação do seu valor e de suas condições de admissibilidade são materiais, sendo processuais as que estabelecem o modo de constituir a prova e de produzi-la em juízo. As disposições relativas à essência das provas, à sua admissibilidade, aos seus efeitos, às pessoas que devem ministrá-las são materiais, enquanto as relativas ao modo, tempo e lugar de sua constituição e produção são processuais.

**39.** **Direito intertemporal.** As normas processuais sobre provas aplicam-se imediatamente,

enquanto as materiais consideram a época em que ocorreu o fato probando. O modo de produzir a prova, o lugar e o tempo de sua produção, enfim, a norma processual sobre a prova tem aplicação imediata. Havendo lei superveniente que altere o modo, o lugar ou o tempo da produção da prova, deve ser aplicada aos processos em curso. Já as normas materiais sobre a prova são aquelas em vigor no momento em que o ato ou fato jurídico se realizou. Lei nova que altere a disciplina relativa à admissibilidade da prova, seu objeto, seu valor, seus efeitos e as pessoas que podem ministrá-las não se aplica a casos em que os fatos ocorreram antes. Nesses casos, aplica-se a lei em vigor na época em que ocorreu o fato jurídico, ou se praticou o ato jurídico ou se celebrou o negócio jurídico.

**40.** **Atipicidade dos meios de prova.** Qualquer meio de prova, ainda que não previsto em lei, desde que lícito e moralmente legítimo, pode servir para comprovar as afirmações de fato feitas num processo. Além dos meios de prova *típicos* (depoimento pessoal, confissão, prova documental, prova pericial, prova testemunhal, inspeção judicial e prova emprestada), há os *atípicos*, que são quaisquer outros não previstos nem disciplinados expressamente em lei. Os meios *atípicos* de prova (ou *inominados*) são admissíveis, desde que lícitos e moralmente legítimos. Há, enfim, uma *atipicidade* probatória: todas as provas são admissíveis, desde que não haja ilicitude ou ilegitimidade.

**41.** **Inadmissibilidade da prova ilícita.** A prova obtida por meios ilícitos é inadmissível. Não importa *por que* ela foi colhida por meio ilícito, nem *para que* ela seria utilizada; se foi obtida por meios ilícitos, a prova é inadmissível. Aceitar uma prova ilícita coloca sob suspeita o seu conteúdo, por atentar contra vedações legais e constitucionais.

**42.** **Causas da ilicitude.** São várias as causas da ilicitude da obtenção de provas. Assim, destacam-se as proibições legais (são ilícitas as provas que envolvam matéria sigilosa ou indevida intercepção telefônica), as provas irregulares, viciadas ou defeituosas (são ilícitas as provas obtidas sem observância do contraditório ou de formalidades essenciais), os métodos de investigação (são ilícitas as provas obtidas por violência ou coação), os meios de prova (são ilícitos os testemunhos de parentes da parte) e as provas produzidas com violação de direitos fundamentais (são ilícitas as provas que infringem direitos à intimidade, ao sigilo de dados ou à inviolabilidade do domicílio).

647

**43. Prova ilícita negocial.** As partes podem convencionar que determinado meio de prova não será admitido no processo que as envolver (art. 190). Produzida a prova em contrariedade ao estipulado no negócio jurídico, haverá ilicitude. É, enfim, ilícita a prova que contraria proibição negocial.

**44. Prova ilícita derivada.** Há provas que são, em si mesmas, lícitas, mas decorrem de prova ilicitamente obtida. Nesse caso, as provas, que eram lícitas, tornam-se ilícitas por derivação. As provas ilícitas por derivação concretizam a aplicação da doutrina dos frutos da árvore envenenada, proibindo-se o aproveitamento de provas lícitas decorrentes de outras obtidas ilicitamente.

**45. Prova ilícita *versus* prova falsa.** A prova ilícita é aquela capaz de violar indevidamente os direitos fundamentais, atentando contra a dignidade e a liberdade da pessoa humana. É a prova obtida por meios ilícitos. Por sua vez, a prova falsa é a que não reproduz a realidade, decorrendo de fingimento ou dissimulação; é a prova que contém alguma supressão, mutação ou alteração da verdade. A falsidade consiste na alteração, consciente ou inconsciente, da verdade, em detrimento do direito alheio.

**46. Decisão fundada em prova ilícita.** É nula a decisão que toma por base uma prova ilícita, sendo esta seu único e principal fundamento. Transitada em julgado, será rescindível: o fundamento da rescisória, nesse caso, é o art. 966, V, pois terá havido ofensa manifesta a norma jurídica. Utilizada uma prova ilícita no processo, terá sido violada a norma que a proíbe. A rescisória, nesse caso, não se funda em prova falsa, mas em prova ilícita. Em outras palavras, cabe, em tal hipótese, a ação rescisória, não com fundamento no inciso VI do art. 966, pois a prova não é falsa, mas com fundamento, isto sim, no inciso V do art. 966, haja vista a violação manifesta à norma jurídica.

**47. Decisão fundada em prova falsa.** É rescindível a decisão fundada em prova falsa (art. 966, VI). É preciso notar que somente cabe a rescisão caso a decisão se funde apenas na prova falsa. Se a decisão rescindenda funda-se em outra prova, além daquela que se reputa falsa, não há o direito à rescisão, pois, afinal, a decisão pode manter-se com base em outro lastro probatório. Somente cabe a rescisão em razão da prova falsa se ela for a base que sustenta a decisão rescindenda. Essa hipótese de ação rescisória diz respeito a qualquer prova. Sendo falsa uma prova documental, testemunhal, pericial, confissão (confissão com erro de fato, p. ex.), enfim, sendo falsa qualquer prova produzida, cabe a ação rescisória. A falsidade da prova pode ser material ou ideológica (isso aplica-se apenas à prova documental, obviamente).

**48. Prova direta e prova indireta.** A prova direta é a que se destina a comprovar a alegação de fato feita pela parte. Por sua vez, a indireta não se refere ao fato alegado, mas a outro, do qual, por raciocínio, se chega àquele. Se uma testemunha afirma ter visto o veículo colidir com outro, a prova é direta, mas se afirma apenas a posição e o estado em que ficaram os automóveis, a prova é indireta, pois não se refere diretamente ao fato probando, ou seja, como se deu o acidente.

**49. Presunções e indícios.** As presunções e os indícios são provas indiretas.

**50. Prova pessoal e prova real.** A prova pessoal de um fato consiste na revelação consciente feita por uma pessoa, das impressões mnemônicas que tem sobre aquele fato. Já a prova real consiste na comprovação inconsciente, feita por uma coisa, de um fato.

**51. Forma de apresentação das provas.** As provas pessoais e reais apresentam-se de formas diversas. A prova pessoal é feita por afirmação da pessoa, que pode ser uma afirmação oral (ou testemunho), ou uma afirmação escrita (ou documento). Por sua vez, a prova real é sempre material (corpo machucado, arma utilizada, instrumento de trabalho etc.).

**52. Prova judicial e prova extrajudicial.** Quando a prova é produzida em juízo, diz-se que ela é judicial. Se, porém, for produzida fora dele, denomina-se extrajudicial.

**53. Prova pré-constituída e prova casual.** São pré-constituídas as provas preparadas previamente para eventual uso ou apresentação em juízo. As casuais são as colhidas ou produzidas no curso do processo, que não foram intencionalmente constituídas ou preparadas para essa finalidade.

**54. Influência eficaz na convicção do juiz.** Só são admissíveis os meios de prova que possam influir eficazmente na convicção do juiz. Por isso, cabe ao juiz indeferir, em decisão fundamentada, as diligências inúteis (art. 370, parágrafo único). Daí ser inadmissível a prova de fato não controvertido ou de fato irrelevante para a solução da disputa. É preciso que o fato seja relevante para a causa, fundando o pedido ou a defesa. De igual modo, é inadmissível uma testemunha que não presenciou o fato probando ou que dele não tem qualquer conhecimento. A prova deve ser apta a influir na convicção do juiz.

**LIVRO I ·** DO PROCESSO DE CONHECIMENTO E DO CUMPRIMENTO DE SENTENÇA | **Art. 371**

---

**Art. 370.** Caberá ao juiz, de ofício ou a requerimento da parte, determinar as provas necessárias ao julgamento do mérito.
Parágrafo único. O juiz indeferirá, em decisão fundamentada, as diligências inúteis ou meramente protelatórias.

▶ **1. Correspondência no CPC/1973.** *"Art. 130. Caberá ao juiz, de ofício ou a requerimento da parte, determinar as provas necessárias à instrução do processo, indeferindo as diligências inúteis ou meramente protelatórias."*

### ⚖ LEGISLAÇÃO CORRELATA

**2. Lei 8.429/1992, art. 17, § 10-F, II.** *"§ 10-F. Será nula a decisão de mérito total ou parcial da ação de improbidade administrativa que: (...) II – condenar o requerido sem a produção das provas por ele tempestivamente especificadas."*

### ⚖ JURISPRUDÊNCIA, ENUNCIADOS E SÚMULAS SELECIONADOS

- **3. Tema/Repetitivo 437 STJ.** *"Não configura cerceamento de defesa o julgamento antecipado da lide, ante os elementos documentais suficientes."*
- **4. Enunciado 50 do FPPC.** *"Os destinatários da prova são aqueles que dela poderão fazer uso, sejam juízes, partes ou demais interessados, não sendo a única função influir eficazmente na convicção do juiz."*
- **5. Enunciado 514 do FPPC.** *"O juiz não poderá revogar a decisão que determinou a produção de prova de ofício sem que consulte as partes a respeito."*

### 🗐 COMENTÁRIOS TEMÁTICOS

**6. Procedimento probatório.** Divide-se em 4 etapas: *(a)* proposição, *(b)* admissão, *(c)* produção e *(d)* valoração.

**7. Proposição da prova.** A parte interessada pode requerer ao juiz a produção de determinado meio de prova, a fim de demonstrar uma afirmação de fato feita no processo.

**8. Admissão da prova.** Requerida a produção de determinada prova, o juiz irá resolver sobre sua admissibilidade, examinando sua necessidade, utilidade e cabimento.

**9. Indeferimento da prova.** O juiz deve indeferir a produção da prova, quando esta se revelar desnecessária, inútil ou descabida. O indeferimento deve ser motivado, sob pena de nulidade da decisão.

**10. Prova protelatória.** O juiz também deve indeferir a produção de prova meramente protelatória, cabendo-lhe, em decisão fundamentada, justificar a razão pela qual considera ser a prova requerida meramente protelatória.

**11. Indeferimento de produção de prova e ausência de cerceamento de defesa.** *"Não há cerceamento de defesa quando o julgador, ao constatar nos autos a existência de provas suficientes para o seu convencimento, indefere pedido de produção de prova. Cabe ao juiz decidir, motivadamente, sobre os elementos necessários à formação de seu entendimento, pois, como destinatário da prova, é livre para determinar as provas necessárias ou indeferir as inúteis ou protelatórias"* (STJ, 4ª Turma, AgInt no AREsp 1.896.553/SP, rel. Min. Raul Araújo, DJe 15.10.2021).

---

**Art. 371.** O juiz apreciará a prova constante dos autos, independentemente do sujeito que a tiver promovido, e indicará na decisão as razões da formação de seu convencimento.

▶ **1. Correspondência no CPC/1973.** *"Art. 131. O juiz apreciará livremente a prova atendendo aos fatos e circunstâncias constantes dos autos, ainda que não alegados pelas partes, mas deverá indicar, na sentença, os motivos que lhe formaram o convencimento."*

### ⚖ LEGISLAÇÃO CORRELATA

**2. LC 64/1990, art. 23.** *"Art. 23. O Tribunal formará sua convicção pela livre apreciação dos fatos públicos e notórios, dos indícios e presunções e prova produzida, atentando para circunstâncias ou fatos, ainda que não indicados ou alegados pelas partes, mas que preservem o interesse público de lisura eleitoral."*

**3. Lei 8.560, de 1992, art. 2º-A, §§ 1º e 2º.** *"§ 1º A recusa do réu em se submeter ao exame de código genético – DNA gerará a presunção da paternidade, a ser apreciada em conjunto com o contexto probatório. § 2º Se o suposto pai houver falecido ou não existir notícia de seu paradeiro, o juiz determinará, a expensas do autor da ação, a realização do exame de pareamento do código genético (DNA) em parentes consanguíneos, preferindo-se os de grau mais próximo aos mais distantes, importando a recusa em presunção da paternidade, a ser apreciada em conjunto com o contexto probatório."*

# Art. 371 — CÓDIGO DE PROCESSO CIVIL COMENTADO – *Leonardo Carneiro da Cunha*

## ♣ Jurisprudência, Enunciados e Súmulas Selecionados

- **4. ADIN 1.082.** *"Processo – Eleitoral – Artigo 23 da Lei Complementar nº 64/90 – Juiz – Atuação. Surgem constitucionais as previsões, contidas nos artigos 7º, parágrafo único, e 23 da Lei Complementar nº 64/90, sobre a atuação do juiz no que é autorizado a formar convicção atendendo a fatos e circunstâncias constantes do processo, ainda que não arguidos pelas partes, e a considerar fatos públicos e notórios, indícios e presunções, mesmo que não indicados ou alegados pelos envolvidos no conflito de interesses."*

- **5. Súmula STF, 225.** *"Não é absoluto o valor probatório das anotações da carteira profissional."*

- **6. Tema/Repetitivo 1.188 STJ.** *"A sentença trabalhista homologatória de acordo, assim como a anotação na CTPS e demais documentos dela decorrentes, somente será considerada início de prova material válida, conforme o disposto no art. 55, § 3º, da Lei 8.213/91, quando houver nos autos elementos probatórios contemporâneos que comprovem os fatos alegados e sejam aptos a demonstrar o tempo de serviço no período que se pretende reconhecer na ação previdenciária, exceto na hipótese de caso fortuito ou força maior."*

- **7. Súmula TST, 12.** *"As anotações apostas pelo empregador na carteira profissional do empregado não geram presunção 'juris et de jure', mas apenas 'juris tantum'."*

- **8. Enunciado 515 do FPPC.** *"Aplica-se o disposto no art. 489, § 1º, também em relação às questões fáticas da demanda."*

- **9. Enunciado 516 do FPPC.** *"Para que se considere fundamentada a decisão sobre os fatos, o juiz deverá analisar todas as provas capazes, em tese, de infirmar a conclusão adotada."*

## ▣ Comentários Temáticos

**10. Princípio da comunhão da prova.** A prova, depois de produzida, é comum, não pertence a quem a apresentou ou fez; pertence ao processo, não importando sua fonte ou proveniência. Produzida a prova, não importa sua origem.

**11. Aquisição processual da prova.** Uma vez produzida, a prova é incorporada a processo, sendo irrelevante sua proveniência.

**12. Aproveitamento a litisconsortes.** A prova produzida por uma das partes serve a seus litisconsortes.

**13. Confissão.** A prova obtida por confissão é determinante e desfavorável à parte que a realizou, não prejudicando seu litisconsorte (art. 391).

**14. Homogeneidade da eficácia probatória.** À prova produzida deve ser atribuído um só valor, repercutindo, de igual modo, a quem a produziu e a todos os outros sujeitos processuais.

**15. Valoração da prova.** O juiz deve, ao julgar a causa, valorar as provas produzidas, indicando as razões de seu convencimento e como elas contribuíram nesse seu convencimento.

**16. Convencimento motivado ou persuasão racional.** As provas, no sistema brasileiro, não têm um valor predeterminado, devendo o juiz, fundamentadamente, atribuir-lhes o valor que reputar adequado, de acordo com as circunstâncias do caso concreto. O juiz deve fundamentar sua decisão racionalmente, justificando a influência que as provas tiveram no seu convencimento.

**17. Respeito ao contraditório.** O juiz deve considerar as provas constantes dos autos, submetidas ao contraditório. Apenas as provas constantes dos autos é que podem ser valoradas. Se não estiver nos autos, a prova não pode servir de fundamento da decisão, pois aí não terá passado pelo contraditório.

**18. Prova legal.** Todas as provas são admissíveis, desde que lícitas e moralmente legítimas. Não há um valor predeterminado em lei para cada prova, devendo o juiz, racionalmente, justificar a influência que cada uma exerceu no seu convencimento. Há, porém, casos em que a lei atribui valor à prova, estabelecendo que somente aquele meio de prova pode servir a provar determinada alegação de fato ou excluindo determinado meio de prova para a demonstração de dada alegação de fato. Assim, por exemplo, a prova da emancipação extrajudicial só se faz por instrumento público (CC, art. 5º, parágrafo único, I), a doação de imóvel só se prova por instrumento, público ou particular (CC, art. 541).

**19. Respeito às regras de experiência.** Na valoração da prova, o juiz deve observar as regras de experiência, que funcionam, na verdade, como um limite à sua decisão. O juiz não pode, na valoração da prova, deixar, por exemplo, de observar a lei da gravidade, ou considerar que um ser humano possa naturalmente voar, ou admitir que, em área de grande congestionamento de veículos, o sujeito dirigia em alta velocidade.

**LIVRO I ·** DO PROCESSO DE CONHECIMENTO E DO CUMPRIMENTO DE SENTENÇA

**Art. 372**

**Art. 372.** O juiz poderá admitir a utilização de prova produzida em outro processo, atribuindo-lhe o valor que considerar adequado, observado o contraditório.

▶ **1. Sem correspondência no CPC/1973.**

⚖ **Jurisprudência, Enunciados e Súmulas Selecionados**

- **2. Súmula 591 do STJ.** *"É permitida a prova emprestada no processo administrativo disciplinar, desde que devidamente autorizada pelo juízo competente e respeitados o contraditório e a ampla defesa."*
- **3. Enunciado 52 do FPPC.** *"Para a utilização da prova emprestada, faz-se necessária a observância do contraditório no processo de origem, assim como no processo de destino, considerando-se que, neste último, a prova mantenha a sua natureza originária."*
- **4. Enunciado 30 da I Jornada-CJF.** *"É admissível a prova emprestada, ainda que não haja identidade de partes, nos termos do art. 372 do CPC."*
- **5. Enunciado 63 do FNPP.** *"O processo administrativo fiscal admite a utilização de prova emprestada decorrente de processos administrativos e judiciais, não condicionada à identidade de partes."*

📄 **Comentários Temáticos**

**6. Prova emprestada.** A prova emprestada é aquela que, produzida em um processo, se transporta para outro. Aproveita-se, assim, a prova já produzida, mediante traslado dos elementos que a documentaram.

**7. Princípio da eficiência.** A prova emprestada concretiza o princípio da eficiência, pois, pelo aproveitamento de uma prova já produzida, se evita sua reprodução e o desperdício de tempo e dinheiro.

**8. Forma.** A prova emprestada ingressa no segundo processo sob a forma de documento.

**9. Possibilidade de reprodução e valor da prova.** A prova emprestada é normalmente realizada pelo fato de ser muito onerosa a sua reprodução. Caso seja possível reproduzi-la sem maiores custos, e, ainda assim, for realizada a prova emprestada, ela terá o seu valor probatório reduzido.

**10. Valor originário.** Mesmo apresentada no segundo processo pela forma documental, a prova emprestada não vale como simples do-

cumento; assume o valor que teria no processo em que fora originariamente produzida. O juiz, ao apreciar as provas, pode conferir à emprestada o mesmo valor que teria se tivesse sido originariamente produzida no segundo processo. A prova emprestada apresenta-se sob a forma documentada, mas mantém seu valor originário.

**11. Empréstimo de prova documental.** A prova documental já apresentada em outro processo não constitui prova emprestada. Não há, nesse caso, o contraste entre forma e valor probatório.

**12. Espécie de processo.** A prova emprestada pode ser trasladada de qualquer espécie de processo: penal, civil, trabalhista, eleitoral, arbitral e administrativo. O processo originário pode ser, até mesmo, estrangeiro.

**13. Observância do contraditório.** A prova emprestada deve observar o contraditório tanto no processo em que fora originariamente produzida como no para o qual é trasladada.

**14. Contraditório.** *"A jurisprudência do STJ entende que, para a configuração do contraditório, é suficiente que a parte tenha sido intimada para se pronunciar a respeito da prova emprestada, não havendo necessidade de que a parte tenha tido a oportunidade de participar de sua produção"* (STJ, 3ª Turma, AgInt no AREsp 2.000.280/DF, rel. Min. Moura Ribeiro, *DJe* 19.10.2022). *"Nos termos da jurisprudência do STJ, 'independentemente de haver identidade de partes, o contraditório é o requisito primordial para o aproveitamento da prova emprestada, de maneira que, assegurado às partes o contraditório sobre a prova, isto é, o direito de se insurgir contra a prova e de refutá-la adequadamente, afigura-se válido o empréstimo' (EREsp 617.428/SP, Rel. Ministra Nancy Andrighi, Corte Especial, julgado em 04.06.2014, DJe de 17.06.2014).' (AgInt no AREsp 1521140/SP, Rel. Ministro Raul Araújo, quarta turma, julgado em 24.08.2020, DJe 15.09.2020)"* (STJ, 4ª Turma, AgInt no AREsp 1.297.026/SP, rel. Min. Raul Araújo, *DJe* 21.10.2022).

**15. Desnecessidade de identidade de partes.** *"..., a jurisprudência desta Corte não exige que as partes sejam as mesmas para que se possibilite a utilização da prova emprestada. Basta haver relação entre os fatos apurados nos processos, bem como observância do contraditório, em geral de forma postergada"* (STJ, 5ª Turma, AgRg no REsp 2.062.215/RS, rel. Min. Ribeiro Dantas, *DJe* 29.6.2023).

**16. Prova produzida em segredo de justiça.** Se a prova foi produzida em processo sob segredo de justiça, seu empréstimo somente pode

651

ser feito para um outro processo que envolva as mesmas partes. Um terceiro que não participou do processo que tramitou sob segredo de justiça não pode requerer empréstimo de prova lá produzida para outro processo. Uma das partes do processo que tramitou sob segredo de justiça não pode pretender o empréstimo da prova nele produzida para outro processo que envolva parte diversa.

**17. Prova produzida por juízo incompetente.** A competência do juízo não é requisito para a prova emprestada. Produzida a prova num processo, ainda que conduzido por juízo incompetente, será possível trasladá-la para outro processo.

**18. Prova emprestada de interceptação telefônica no processo penal para o processo administrativo.** *"O Supremo Tribunal Federal adota orientação segundo a qual é possível a utilização, em processo administrativo disciplinar, como prova emprestada, de interceptações telefônicas obtidas no curso de investigação criminal ou de instrução processual penal, desde que obtidas com autorização judicial e assegurada a garantia do contraditório"* (STJ, 1ª Seção, MS 19.000/DF, rel. Min. Regina Helena Costa, *DJe* 6.4.2021). *"Esta Corte tem firme o entendimento de que que é possível a utilização, em processo administrativo disciplinar, como prova emprestada, de interceptações telefônicas obtidas no curso de investigação criminal ou de instrução processual penal, desde que obtidas com autorização judicial e assegurada a garantia do contraditório"* (STJ, 1ª Seção, AgInt no MS 22.757/DF, rel. Min. Gurgel de Faria, *DJe* 8.3.2022).

---

**Art. 373.** O ônus da prova incumbe:

I – ao autor, quanto ao fato constitutivo de seu direito;

II – ao réu, quanto à existência de fato impeditivo, modificativo ou extintivo do direito do autor.

§ 1º Nos casos previstos em lei ou diante de peculiaridades da causa relacionadas à impossibilidade ou à excessiva dificuldade de cumprir o encargo nos termos do *caput* ou à maior facilidade de obtenção da prova do fato contrário, poderá o juiz atribuir o ônus da prova de modo diverso, desde que o faça por decisão fundamentada, caso em que deverá dar à parte a oportunidade de se desincumbir do ônus que lhe foi atribuído.

§ 2º A decisão prevista no § 1º deste artigo não pode gerar situação em que a desincumbência do encargo pela parte seja impossível ou excessivamente difícil.

§ 3º A distribuição diversa do ônus da prova também pode ocorrer por convenção das partes, salvo quando:

I – recair sobre direito indisponível da parte;

II – tornar excessivamente difícil a uma parte o exercício do direito.

§ 4º A convenção de que trata o § 3º pode ser celebrada antes ou durante o processo.

---

▶ **1. Correspondência no CPC/1973.** *"Art. 333. O ônus da prova incumbe: I – ao autor, quanto ao fato constitutivo do seu direito; II – ao réu, quanto à existência de fato impeditivo, modificativo ou extintivo do direito do autor. Parágrafo único. É nula a convenção que distribui de maneira diversa o ônus da prova quando: I – recair sobre direito indisponível da parte; II – tornar excessivamente difícil a uma parte o exercício do direito."*

### 🏛 Legislação Correlata

**2. CPP, art. 156.** *"Art. 156. A prova da alegação incumbirá a quem a fizer, sendo, porém, facultado ao juiz de ofício: I – ordenar, mesmo antes de iniciada a ação penal, a produção antecipada de provas consideradas urgentes e relevantes, observando a necessidade, adequação e proporcionalidade, da medida; II – determinar, no curso da instrução, ou antes de proferir sentença, a realização de diligências para dirimir dúvida sobre ponto relevante."*

**3. CDC, art. 6º, VIII.** *"Art. 6º São direitos básicos do consumidor: (...) VIII – a facilitação da defesa de seus direitos, inclusive com a inversão do ônus da prova, a seu favor, no processo civil, quando, a critério do juiz, for verossímil a alegação ou quando for ele hipossuficiente, segundo as regras ordinárias de experiências."*

**4. CDC, art. 38.** *"Art. 38. O ônus da prova da veracidade e correção da informação ou comunicação publicitária cabe a quem as patrocina."*

**5. CDC, art. 51, VI.** *"Art. 51. São nulas de pleno direito, entre outras, as cláusulas contratuais relativas ao fornecimento de produtos e serviços que: (...) VI – estabeleçam inversão do ônus da prova em prejuízo do consumidor."*

**6. CLT, art. 818.** *"Art. 818. O ônus da prova incumbe: I – ao reclamante, quanto ao fato constitutivo de seu direito; II – ao reclamado, quanto à existência de fato impeditivo, modificativo ou extintivo do direito do reclamante. § 1º Nos casos previstos em lei ou diante de peculiaridades da causa relacionadas à impossibilidade ou à excessiva dificuldade de cumprir o encargo nos termos deste artigo ou à maior facilidade de obtenção da prova do fato contrário, poderá o juízo atribuir o*

**LIVRO I** · DO PROCESSO DE CONHECIMENTO E DO CUMPRIMENTO DE SENTENÇA    **Art. 373**

ônus da prova de modo diverso, desde que o faça por decisão fundamentada, caso em que deverá dar à parte a oportunidade de se desincumbir do ônus que lhe foi atribuído. § 2º A decisão referida no § 1º deste artigo deverá ser proferida antes da abertura da instrução e, a requerimento da parte, implicará o adiamento da audiência e possibilitará provar os fatos por qualquer meio em direito admitido. § 3º A decisão referida no § 1º deste artigo não pode gerar situação em que a desincumbência do encargo pela parte seja impossível ou excessivamente difícil."

**7. Lei 9.784/1999, art. 36.** *"Art. 36. Cabe ao interessado a prova dos fatos que tenha alegado, sem prejuízo do dever atribuído ao órgão competente para a instrução e do disposto no art. 37 desta Lei."*

### ⚖ JURISPRUDÊNCIA, ENUNCIADOS E SÚMULAS SELECIONADOS

- **8. Tema/Repetitivo 411 do STJ.** *"É cabível a inversão do ônus da prova em favor do consumidor para o fim de determinar às instituições financeiras a exibição de extratos bancários, enquanto não estiver prescrita a eventual ação sobre eles, tratando-se de obrigação decorrente de lei e de integração contratual compulsória, não sujeita à recusa ou condicionantes, tais como o adiantamento dos custos da operação pelo correntista e a prévia recusa administrativa da instituição financeira em exibir os documentos, com a ressalva de que ao correntista, autor da ação, incumbe a demonstração da plausibilidade da relação jurídica alegada, com indícios mínimos capazes de comprovar a existência da contratação, devendo, ainda, especificar, de modo preciso, os períodos em que pretenda ver exibidos os extratos."*

- **9. Tema/Repetitivo 1.061 do STJ.** *"Na hipótese em que o consumidor/autor impugnar a autenticidade da assinatura constante em contrato bancário juntado ao processo pela instituição financeira, caberá a esta o ônus de provar a sua autenticidade (CPC, arts. 6º, 369 e 429, II)."*

- **10. Súmula STJ, 301.** *"Em ação investigatória, a recusa do suposto pai a submeter-me ao exame de DNA induz presunção juris tantum de paternidade"*

- **11. Súmula STJ, 618.** *"A inversão do ônus da prova aplica-se às ações de degradação ambiental."*

- **12. Súmula TST, 212.** *"O ônus de provar o término do contrato de trabalho, quando negados*

a prestação de serviço e o despedimento, é do empregador, pois o princípio da continuidade da relação de emprego constitui presunção favorável ao empregado."*

- **13. Súmula TST, 338.** *"I – É ônus do empregador que conta com mais de 10 (dez) empregados o registro da jornada de trabalho na forma do art. 74, § 2º, da CLT. A não apresentação injustificada dos controles de frequência gera presunção relativa de veracidade da jornada de trabalho, a qual pode ser elidida por prova em contrário. II – A presunção de veracidade da jornada de trabalho, ainda que prevista em instrumento normativo, pode ser elidida por prova em contrário. III – Os cartões de ponto que demonstram horários de entrada e saída uniformes são inválidos como meio de prova, invertendo-se o ônus da prova, relativo às horas extras, que passa a ser do empregador, prevalecendo a jornada da inicial se dele não se desincumbir."*

- **14. Enunciado 302 do FPPC.** *"Aplica-se o art. 373, §§ 1º e 2º, ao processo do trabalho, autorizando a distribuição dinâmica do ônus da prova diante de peculiaridades da causa relacionadas à impossibilidade ou à excessiva dificuldade da parte de cumprir o seu encargo probatório, ou, ainda, à maior facilidade de obtenção da prova do fato contrário. O juiz poderá, assim, atribuir o ônus da prova de modo diverso, desde que de forma fundamentada, preferencialmente antes da instrução e necessariamente antes da sentença, permitindo à parte se desincumbir do ônus que lhe foi atribuído."*

- **15. Enunciado 632 do FPPC.** *"A redistribuição de ofício do ônus de prova deve ser precedida de contraditório."*

- **16. Enunciado 749 do FPPC.** *"A decisão que redistribui o ônus da prova exige a especificação das questões fáticas relativas à modificação concretamente determinada."*

- **17. Enunciado 72 da I Jornada-CJF.** *"É admissível a interposição de agravo de instrumento tanto para a decisão interlocutória que rejeita a inversão do ônus da prova, como para a que a defere."*

- **18. Enunciado 128 da II Jornada-CJF.** *"Exceto quando reconhecida sua nulidade, a convenção das partes sobre o ônus da prova afasta a redistribuição por parte do juiz."*

- **19. Enunciado 53 do FONAJE.** *"Deverá constar da citação a advertência, em termos claros, da possibilidade de inversão do ônus da prova."*

## ☰ Comentários Temáticos

**20. Ônus.** Do latim "onus", significa carga, fardo, peso. Em Direito, ônus é uma situação jurídica, que consiste num encargo que se atribui a alguém em seu próprio interesse.

**21. Dever.** É uma situação jurídica consistente numa imposição a alguém para cumprir ou atender a um interesse ou direito de outrem.

**22. Ônus *versus* dever.** O ônus não se confunde com o dever. No ônus, contrariamente ao que ocorre com o dever, não há um direito que lhe seja correlato nem uma sanção pelo seu descumprimento. A pessoa que desatende a um ônus coloca-se em situação de desvantagem, prejudicando a si mesma. O desatendimento de um ônus não acarreta sanção à parte, mas a coloca apenas em posição de desvantagem. Já quem descumpre um dever prejudica outro sujeito, pode ser forçado a cumpri-lo e pode, ainda, sofrer uma sanção pelo descumprimento.

**23. Ônus da prova.** É o encargo atribuído a um sujeito para demonstração de alegações de fato feitas num processo, que sejam relevantes, controvertidas e precisas.

**24. Fontes.** O ônus da prova pode ser atribuído pelo legislador, pelo juiz ou por convenção celebrada entre as partes.

**25. Ônus da alegação e ônus da prova.** O ônus da prova é o encargo atribuído ao sujeito de demonstrar a alegação de fato apresentada no processo. Antes, porém, do ônus da prova, há o ônus da alegação. A parte, antes de provar, tem de alegar. Só se provam fatos que foram alegados e que se tornem, no processo, controvertidos, devendo, ainda, ser relevantes para o julgamento da causa e serem precisos.

**26. Ônus objetivo e ônus subjetivo da prova.** O juiz deve observar se a alegação da parte está provada. Se estiver, não interesse quem produziu a prova. Nesse caso, estará atendido o ônus objetivo, ou seja, a alegação do fato foi provada. Não tendo havido a prova, aí o juiz irá examinar a quem cabia o encargo de provar: esse é o ônus subjetivo.

**27. Ônus subjetivo como regra de julgamento.** Se a alegação de fato não estiver provada, ao juiz cabe valer-se de uma regra de julgamento: verificar a quem se atribuiu o ônus de provar. Nesse caso, haverá uma posição de desvantagem: a parte que deixou de provar sofrerá as consequências da falta da prova. O fato não será considerado como existente ou provado.

**28. Distribuição do ônus da prova como regra de julgamento.** *"A inversão do ônus da prova é regra de procedimento, a ocorrer preferencialmente antes da fase instrutória, proporcionando-se a oportunidade de produção probatória posterior quando deferida a inversão após a fase instrutória. 5. A inversão do ônus da prova no momento do recebimento da petição inicial compatibiliza-se com o entendimento desta Corte no sentido de que se trata de regra de procedimento, não de julgamento, porquanto viabiliza a produção da prova pela parte a quem o julgador atribuiu o ônus probatório"* (STJ, 3ª Turma, AgInt no REsp 1.999.717/MT, rel. Min. Moura Ribeiro, *DJe* 30.11.2022).

**29. Ônus estático da prova.** O ônus da prova pode ser atribuído pelo legislador, pelo juiz ou por negócio processual. Essa distribuição é feita prévia e abstratamente, de modo estático: a uma das partes cabe prova tal tipo de fato, cabendo à outra a prova de outro tipo de fato.

**30. Distribuição legal do ônus da prova.** O art. 373 atribui o ônus estático da prova, competindo ao autor provar o fato constitutivo do seu direito e ao réu, o modificativo, extintivo ou impeditivo do direito do autor. Outras disposições normativas também distribuem o ônus da prova. O art. 38 do CDC, por exemplo, estabelece o ônus da prova da veracidade e da correção da informação ou comunicação publicitária ao seu patrocinador.

**31. Ônus da prova em ação de investigação de paternidade.** *"Dado que na ação investigatória o ônus da prova é bipartido entre autor e réu, deve a conduta cooperativa de uma das partes ser levada em consideração na valoração das provas produzidas e na incidência da Súmula 301/STJ, em detrimento daquele que, podendo fornecer material genético para a elucidação da verdade, recusa-se a colaborar e mantém postura inerte e renitente diante da fase instrutória"* (STJ, 3ª Turma, REsp 1.893.978/MT, rel. Min. Nancy Andrighi, *DJe* 29.11.2021).

**32. Distribuição convencional do ônus da prova.** As partes podem convencionar a distribuição do ônus da prova. A convenção sobre o ônus da prova é um negócio processual típico, previsto no § 3º do art. 373. Tal convenção pode ser invalidada, quando *(a)* recair sobre direito indisponível da parte; ou *(b)* tornar excessivamente difícil a uma das partes o exercício do direito.

**33. Distribuição convencional no âmbito consumerista.** O consumidor pode celebrar com o fornecedor de bens ou serviços negócio

**LIVRO I** · DO PROCESSO DE CONHECIMENTO E DO CUMPRIMENTO DE SENTENÇA    **Art. 373**

processual de distribuição do ônus da prova, mas será nula a convenção se causar prejuízo ao consumidor (CDC, art. 51, VI).

**34. Inversão do ônus da prova.** Por convenção das partes ou por determinação do juiz, o ônus da prova pode ser invertido, atribuindo-se à parte o ônus que seria da outra.

**35. Impossibilidade de inversão do ônus da prova em exceção de pré-executividade.** *"Ao mesmo tempo em que busca facilitar a defesa do devedor, a exceção não pode colocar o credor em situação de desvantagem, atribuindo-lhe ônus deveras dificultosos, em detrimento das garantias processuais do contraditório e da ampla defesa. Assim, se o juiz inverter o ônus da prova no âmbito da exceção de pré-executividade, impondo ao excepto (exequente) o ônus de provar que a pequena propriedade rural não é trabalhada pela família, e se apenas lhe for possível se desincumbir desse encargo mediante dilação probatória, configurará cerceamento de defesa o acolhimento da exceção sob o fundamento de que não é viável, nessa via, a produção de provas. Nesse caso, deverá o juiz rejeitar a exceção e a questão deverá ser debatida em sede de embargos à execução"* (STJ, 3ª Turma, REsp 1.940.297/MG, rel. Min. Nancy Andrighi, *DJe* 28.9.2021).

**36. Momento da inversão.** A inversão do ônus da prova deve ser determinada pelo juiz até a decisão de saneamento e organização do processo (art. 357, III). Não pode o juiz deixar para inverter o ônus da prova na sentença, sem que a anuncie previamente, pois isso acarreta uma decisão surpresa e impede que a parte saiba com antecedência que o ônus passou a ser seu, cabendo-lhe produzir a prova para evitar situação de desvantagem.

**37. Necessidade de anúncio prévio da inversão do ônus da prova.** *"A jurisprudência desta Corte é no sentido de que a inversão do ônus da prova prevista no art. 6º, VIII, do CDC, é regra de instrução e não regra de julgamento, motivo pelo qual a decisão judicial que a determina deve ocorrer antes da etapa instrutória, ou quando proferida em momento posterior, garantir a parte a quem foi imposto o ônus a oportunidade de apresentar suas provas"* (STJ, 4ª Turma, REsp 1.286.273/SP, rel. Min. Marco Buzzi, *DJe* 22.6.2021).

**38. Prova diabólica.** É a impossível ou extremamente difícil de ser produzida pela parte.

**39. Ônus estático e prova diabólica.** Diante da existência de prova diabólica, não haverá como a parte produzir a prova. A distribuição rígida do ônus da prova, tal como prevista no art. 373, é insuficiente para dar solução a situações como essa, impondo-se flexibilizar sua aplicação e redistribuir o ônus da prova ou inverter a atribuição feita pela lei.

**40. Prova bilateralmente diabólica.** Ambas as partes podem não reunir condições de produzir a prova, hipótese em que há uma prova bilateralmente diabólica.

**41. Risco de inesclarecibilidade.** Nos casos de prova bilateralmente diabólica, ocorre o que parte da doutrina chama de *"situação de inesclarecibilidade"*, não cabendo ao juiz manter o ônus da prova com aquele que alegou o fato, tampouco invertê-lo para atribuí-lo ao seu adversário. Em situação como essa, o juiz deve verificar qual das partes assumiu o "risco de inesclarecibilidade", submetendo-se à possibilidade de uma decisão desfavorável. Se, por exemplo, a parte, por determinação legal, deveria manter determinados documentos em seus arquivos ou em sua contabilidade, assumiu o "risco de inesclarecibilidade", suportando as consequências do ônus da prova.

**42. Ônus dinâmico da prova.** Quando for muito difícil para a parte produzir a prova, mas a parte contrária tem facilidade de o fazer, o juiz pode atribuir o ônus da prova de modo diverso, em decisão fundamentada, até o saneamento e a organização do processo (art. 357, III), conferindo à parte oportunidade de se desincumbir do ônus que lhe foi atribuído.

**43. Prejuízo à parte.** O juiz não deve atribuir o ônus da prova à parte, quando lhe for muito difícil ou impossível produzir a prova.

**44. Princípio da precaução no direito ambiental e inversão do ônus da prova.** *"O princípio da precaução, aplicável ao caso dos autos, pressupõe a inversão do ônus probatório, transferindo para a concessionária o encargo de provar que sua conduta não ensejou riscos ao meio ambiente e, por consequência, aos pescadores da região"* (STJ, 3ª Turma, AgInt no AREsp 1.311.669/SC, rel. Min. Ricardo Villas Bôas Cueva, *DJe* 06.12.2018). *"A jurisprudência do Superior Tribunal de Justiça firmou a orientação de que o princípio da precaução pressupõe a inversão do ônus probatório"* (STJ, 1ª Turma, AgInt no AREsp 1.373.360/PR, rel. Min. Gurgel de Faria, *DJe* 17.10.2019).

**45. Prova produzida em inquérito civil.** *"As provas produzidas no inquérito civil público têm valor probatório relativo, mas só devem ser afastadas quando há contraprova produzida sob a vigilância do contraditório."* (STJ, 3ª Turma, REsp 2.080.523/SP, rel. Min. Nancy Andrighi, *DJe* 5.9.2023).

655

**Art. 374.** Não dependem de prova os fatos:

I – notórios;

II – afirmados por uma parte e confessados pela parte contrária;

III – admitidos no processo como incontroversos;

IV – em cujo favor milita presunção legal de existência ou de veracidade.

▶ **1. Correspondência no CPC/1973.** *"Art. 334. Não dependem de prova os fatos: I – notórios; II – afirmados por uma parte e confessados pela parte contrária; III – admitidos, no processo, como incontroversos; IV – em cujo favor milita presunção legal de existência ou de veracidade."*

## ⚖ Jurisprudência, Enunciados e Súmulas Selecionados

• **2. Súmula TST, 217.** *"O credenciamento dos bancos para o fim de recebimento do depósito recursal é fato notório, independendo da prova."*

## 🖥 Comentários Temáticos

**3. Objeto da prova.** O que se provam são alegações de fato, controvertidas, relevantes para o julgamento da causa e precisas, ou seja, que não seja genéricas ou inespecíficas.

**4. Desnecessidade de prova.** Não se provam fatos incontroversos. Se uma parte alega um fato, e a outra o admite ou confessa, já está provado, não havendo necessidade de ser produzida prova. Se o fato não for relevante para o processo, também não precisa ser provado. Se a alegação de fato for genérica, e não precisa, não há como ser produzida a prova. Também não precisam ser provados os fatos notórios nem aqueles em cujo favor milita presunção legal de existência ou veracidade.

**5. Fatos notórios.** *São aqueles conhecidos por determinado grupo de pessoas em determinado local e época. Em outras palavras, são notórios os fatos cujo conhecimento faz parte da cultura normal de determinada esfera social no tempo em que ocorre a decisão.*

**6. Espécies de fatos notórios.** Os fatos notórios podem ser aqueles que se repetem (eleições para a presidência da República, época da produção do açúcar ou da colheita do café), ou aqueles ocorridos uma só vez (descobrimento do Brasil, terremoto de Lisboa, proclamação da República do Brasil, guerra civil americana), ou os fatos únicos (Recife é cidade banhada pelo mar e entrecortada por dois rios, Alemanha fica na Europa, Portugal fica à beira do Atlântico).

**7. Notoriedade.** *É um conceito relativo, pois não existem fatos conhecidos sem limitação de tempo e espaço. Há fatos conhecidos em todo o mundo cristão (o dia 25 de dezembro é o dia de Natal). Há fatos notórios apenas a um dado país e há os que são conhecidos apenas pelos habitantes de determinada região ou localidade. A população local sabe quem é o padre ou o delegado ou sujeito mais influente da cidade (é um fato conhecido na cidade, pelos seus habitantes; pode não ser conhecido por pessoas de outros lugares, mas ali, naquela cidade, esses são fatos notórios).*

**8. Fatos notórios e regras de experiência.** O fato notório é um fato que ocorreu e que é conhecido, de modo geral, pelas pessoas que integram o ambiente sociocultural em se se insere o juiz. Já a regra de experiência não é um fato, mas resulta de um raciocínio feito a partir do que normalmente ocorre. Embora não se confundam, os fatos notórios guardam alguma semelhança com as regras de experiência. Ambos fazem parte da cultura de uma determinada esfera social, não sendo necessária uma investigação nem a realização de um juízo crítico a seu respeito.

**9. Fatos confessados.** Não dependem de prova os fatos afirmados por uma parte e confessados pela parte contrária. Rigorosamente, não é correto afirmar que o fato confessado não depende de prova. Na verdade, ele não depende de *outras* provas. A confissão é um meio de prova, consistente na declaração voluntária de ciência de fato, por meio da qual alguém reconhece a existência de um fato contrário ao seu interesse e favorável ao interesse da parte contrária. A confissão é um meio de prova, dispensando atividade probatória complementar.

**10. Fatos incontroversos.** Não depende de prova um fato alegado por uma parte e admitido por outra. Nesse caso, há uma admissão, e não uma confissão. Se o fato não foi impugnado, ele é incontroverso, não precisando ser provado. Há casos, porém, em que a admissão não dispensa a produção da prova (arts. 341, parágrafo único, e 345). Quer isso dizer que a incontrovérsia só dispensa a produção de prova, se ela provocar a confissão ficta.

**11. Confissão *versus* admissão.** A confissão difere da admissão. Enquanto naquela se reconhece expressamente como verdadeiro um fato que lhe é contrário, na admissão há uma omissão, deixando-se de impugnar o fato alegado pela parte contrária, que passa a ser incontroverso no processo. A confissão é conduta positiva da parte, que reconhece expressamente um fato que

**LIVRO I** · DO PROCESSO DE CONHECIMENTO E DO CUMPRIMENTO DE SENTENÇA **Art. 375**

lhe é contrário, tenha ele sido alegado por ela mesma ou pela parte contrária. Já a admissão consiste numa omissão: a parte simplesmente deixa de impugnar fato alegado pela parte contrária, tornando-o incontroverso. O advogado da parte pode admitir fatos; os poderes gerais para o foro, contidos a procuração subscrita pelo seu cliente, permitem que ele admita fatos. Para confessar, o advogado precisa, porém, receber poder especial na procuração (art. 105). A confissão é um ato jurídico; a admissão é um ato-fato jurídico. Por isso, a confissão pode ser invalidada; a admissão, não.

**12. Presunções legais.** Não dependem de prova os fatos em cujo favor milita presunção de existência ou de veracidade. A presunção é um raciocínio: toma-se (presume-se) por ocorrido um fato em virtude da comprovação de outro. A presunção não é meio de prova, mas uma regra que o juiz deve aplicar, dispensando, assim, a produção da prova do fato presumido. A presunção legal é, então, um consequente normativo. Provado um fato (fato gerador da presunção), o outro (fato presumido) estará igualmente provado.

**13. Presunções absolutas.** São as que não admitem prova em contrário (*iuris et de iure*), exaurindo o elemento probatório e dispensando a produção de qualquer prova a respeito do fato presumido.

**14. Presunções relativas.** São aquelas em que o fato é considerado como ocorrido, mas admitem prova em contrário. São igualmente chamadas de *condicionais, disputáveis* ou *iuris tantum*. Atuam na distribuição do ônus da prova, dispensando a parte de provar o fato presumido e atribuindo à outra parte o ônus de provar o fato contrário.

**15. Fatos impertinentes ou irrelevantes.** O juiz não deve determinar a produção de prova em relação a fatos que não guardem relação com a disputa havida entre as partes ou que sejam irrelevantes para o caso.

> **Art. 375.** O juiz aplicará as regras de experiência comum subministradas pela observação do que ordinariamente acontece e, ainda, as regras de experiência técnica, ressalvado, quanto a estas, o exame pericial.

▶ **1. Correspondência no CPC/1973.** *"Art. 335. Em falta de normas jurídicas particulares, o juiz aplicará as regras de experiência comum subministradas pela observação do que ordinariamente acontece e ainda as regras da experiência técnica, ressalvado, quanto a esta, o exame pericial."*

⚖ **JURISPRUDÊNCIA, ENUNCIADOS E SÚMULAS SELECIONADOS**

• **2. Enunciado 517 do FPPC.** *"A decisão judicial que empregar regras de experiência comum, sem indicar os motivos pelos quais a conclusão adotada decorre daquilo que ordinariamente acontece, considera-se não fundamentada."*

▣ **COMENTÁRIOS TEMÁTICOS**

**3. Regras de experiência.** São noções ou conhecimentos gerais e abstratos, adquiridos pelas pessoas comuns ao longo do tempo, decorrentes de acontecimentos anteriores.

**4. Natureza jurídica.** Não são normas jurídicas nem meios de prova. São juízos abstratos decorrentes da observação do que comumente acontece.

**5. Regras de experiência e fatos notórios.** O fato notório é um fato que ocorreu e que é conhecido, de modo geral, pelas pessoas que integram o ambiente sociocultural em se se insere o juiz. Por sua vez, a regra de experiência não é um fato, mas uma noção adquirida a partir do que normalmente acontece.

**6. Função.** As regras de experiência têm importantes funções no processo, contribuindo para *(a)* apuração dos fatos; *(b)* valoração das provas; *(c)* preenchimento do significado de textos normativos, por exemplo, o conceito de preço vil; *(d)* limitação ao convencimento do juiz, impedindo que julgue contrariamente às regras de experiência, a não ser que justifique adequadamente.

**7. Espécies.** As regras de experiência podem ser classificadas em comuns e técnicas.

**8. Regras de experiência comuns.** São formulações do que geralmente ocorre em determinada sociedade e em certo momento histórico, por exemplo: as praias geralmente são mais frequentadas no verão, o trânsito de veículos é mais intenso em horário de pico, a criança, pela menor vivência, pode ser enganada mais facilmente que um adulto.

**9. Regras de experiência técnica.** São as que pertencem a determinada área do conhecimento, tendo maior aptidão de formar raciocínios com maior probabilidade de acerto. O conhecimento científico vulgarizado é também uma regra de experiência técnica. São, entre outras, regras de experiência técnica: a fervura da água ocorre aos 100º C, um míope não enxerga bem de longe, a lei da gravidade.

**10. Conhecimento geral.** A regra de experiência deve ser do conhecimento geral.

**11. Prova pericial.** Se determinado raciocínio exigir um conhecimento técnico especializado não vulgarizado, será necessária a designação de prova pericial.

**12. Relatividade.** As regras de experiência são relativas, dependendo da época e do local em que forem utilizadas. Uma regra de experiência válida pode vir a ser superada por um conhecimento científico posterior, que demonstre seu equívoco.

**13. Fundamentação.** Ao valer-se das regras de experiência, o juiz precisa fundamentar adequadamente, demonstrando sua validade e sua aplicação ao caso concreto.

**14. Contraditório.** Se o juiz aplicar a regra de experiência de ofício, deve exercer o dever de consulta e determinar a intimação das partes para manifestar-se sobre sua validade e aplicação no caso (art. 10).

**15. Controle.** A aplicação da regra de experiência deve preencher alguns requisitos: *(a)* ser comumente aceita no ambiente social e cultural; *(b)* não ser contrariada pelo conhecimento científico; *(c)* não contrariar outras noções do senso comum.

> **Art. 376.** A parte que alegar direito municipal, estadual, estrangeiro ou consuetudinário provar-lhe-á o teor e a vigência, se assim o juiz determinar.

▶ **1. Correspondência no CPC/1973.** *"Art. 337. A parte, que alegar direito municipal, estadual, estrangeiro ou consuetudinário, provar-lhe-á o teor e a vigência, se assim o determinar o juiz."*

## 🏛 LEGISLAÇÃO CORRELATA

**2. LINDB, art. 3º.** *"Art. 3º Ninguém se escusa de cumpre a lei, alegando que não a conhece."*

**3. Lei 8.934/1994, art. 8º, VI.** *"Art. 8º Às Juntas Comerciais incumbe: (...) VI – o assentamento dos usos e práticas mercantis."*

## ▣ COMENTÁRIOS TEMÁTICOS

**4. Objeto da prova.** Não é o direito municipal, estadual, estrangeiro ou consuetudinário que se prova, mas o seu teor e a sua vigência.

**5. Fatos, e não direito.** Nas hipóteses do art. 376, a parte não prova o direito, mas o fato de existir determinado texto legal e o fato de ele estar em vigor.

**6. Meios de prova.** A prova do teor e da vigência da lei municipal, estadual ou estrangeira pode ser feita mediante certidões ou extratos de publicações. No caso de direito estrangeiro, a prova pode ser feita por parecer de jurista do correspondente país ou por especialista brasileiro, que conheça aquele sistema jurídico.

**7. Texto *versus* norma.** O que prova são textos normativos e a sua vigência. O direito será o resultado da interpretação que o juiz fizer desses textos.

**8. Direito consuetudinário.** Os costumes, que ostentam força obrigatória, devem ser comprovados por qualquer meio de prova lícito. Cabe à parte comprovar a existência do direito consuetudinário e sua vigência.

**9. Direito nacional como fato notório.** As leis nacionais ou federais presumem-se por todos conhecidas (LINDB, art. 3º).

**10. *Iura novit curia* e conhecimento do direito.** O alcance da máxima *iura novit curia* deve limitar-se ao direito interno, federal, escrito e vigente, devendo o juiz conhecê-lo. O direito estrangeiro e o direito consuetudinário têm a mesma natureza do direito interno escrito: todos são direitos. O problema reside na sua notoriedade. Qualquer que seja a natureza da norma jurídica (nacional ou estrangeira, escrita ou consuetudinária), sua existência e seu conteúdo constituem sempre uma questão de fato. A diferença está em que, tratando-se de direito interno, federal e escrito, sua existência e seu conteúdo são fatos notórios, não exigindo qualquer prova a esse respeito. Por sua vez, tratando-se de direito estrangeiro ou consuetudinário, sua existência e seu conteúdo podem ser objeto de prova, por serem fatos que não ostentam o caráter de notoriedade. As leis estadual e municipal não precisam, necessariamente, ser provadas; o juiz pode delas conhecer. Se, porém, não as conhecer, poderá determinar à parte que comprove seu teor e sua vigência.

**11. *Iura novit curia* e contraditório.** Ao juiz cabe conhecer das normas, aplicando o direito à espécie. Isso, contudo, não afasta a necessidade de o juiz discutir o litígio com as partes. Aliás, constitui exigência do princípio do contraditório instaurar um *diálogo participativo* entre partes e juiz. Com efeito, deve-se extrair do princípio do contraditório – como de qualquer outro direito fundamental – sua máxima efetividade, instaurando-se um *diálogo* participativo entre as partes e os julgadores. A máxima *iura novit curia* permite ao juiz aplicar o direito à espécie, desde que respeitada a causa de pedir, mantendo-se coerência com o princípio dispositivo. Desse modo, o juiz, ao decidir,

**LIVRO I ·** DO PROCESSO DE CONHECIMENTO E DO CUMPRIMENTO DE SENTENÇA    **Art. 377**

deve atuar dentro dos limites da demanda, sem surpreender às partes com o que não puderam debater ao longo do procedimento. Embora seja possível ao juiz aplicar o direito, cumpre observar a garantia do contraditório, de modo que os litigantes não se vejam surpreendidos com fundamentação legal que não esperavam, por não terem tido a oportunidade de debater sobre sua aplicação ao caso concreto.

> **Art. 377.** A carta precatória, a carta rogatória e o auxílio direto suspenderão o julgamento da causa no caso previsto no art. 313, inciso V, alínea "b", quando, tendo sido requeridos antes da decisão de saneamento, a prova neles solicitada for imprescindível.
>
> Parágrafo único. A carta precatória e a carta rogatória não devolvidas no prazo ou concedidas sem efeito suspensivo poderão ser juntadas aos autos a qualquer momento.

▶ **1. Correspondência no CPC/1973.** *"Art. 338. A carta precatória e a carta rogatória suspenderão o processo, no caso previsto na alínea b do inciso IV do art. 265 desta Lei, quando, tendo sido requeridas antes da decisão de saneamento, a prova nelas solicitada apresentar-se imprescindível. Parágrafo único. A carta precatória e a carta rogatória, não devolvidas dentro do prazo ou concedidas sem efeito suspensivo, poderão ser juntas aos autos até o julgamento final."*

🏛 **Legislação Correlata**

**2. CPP, art. 222.** *"Art. 222. A testemunha que morar fora da jurisdição do juiz será inquirida pelo juiz do lugar de sua residência, expedindo-se, para esse fim, carta precatória, com prazo razoável, intimadas as partes. § 1º A expedição da precatória não suspenderá a instrução criminal. § 2º Findo o prazo marcado, poderá realizar-se o julgamento, mas, a todo tempo, a precatória, uma vez devolvida, será junta aos autos. § 3º Na hipótese prevista no* caput *deste artigo, a oitiva de testemunha poderá ser realizada por meio de videoconferência ou outro recurso tecnológico de transmissão de sons e imagens em tempo real, permitida a presença do defensor e podendo ser realizada, inclusive, durante a realização da audiência de instrução e julgamento."*

⚖ **Jurisprudência, Enunciados e Súmulas Selecionados**

• **3. Súmula STJ, 273.** *"Intimada a defesa da expedição da carta precatória, torna-se des-*

*necessária intimação da data da audiência no juízo deprecado."*

• **4. Enunciado 695 do FPPC.** *"A suspensão do julgamento da causa de que trata o art. 377 é aplicável ao requerimento de produção de prova ou de verificação de determinado fato veiculado por qualquer meio de cooperação judiciária."*

🗏 **Comentários Temáticos**

**5. Cartas e auxílios diretos.** As cartas e os auxílios diretos podem ter função probatória, hipótese em que poderá, em alguns casos, haver a suspensão do processo enquanto não produzida a prova requisitada a outro juízo.

**6. Suspensão do processo.** O processo deve ser suspenso quando a sentença somente puder ser proferida depois de verificado determinado fato, ou de produzida prova específica, requisitada a outro juízo (art. 313, V, *b*). Nesse caso, o exame do mérito depende da verificação do fato ou da produção da prova.

**7. Momento.** Somente haverá suspensão do processo se a verificação do fato ou a produção da prova em outro juízo tiver sido requerida antes da decisão de saneamento.

**8. Imprescindibilidade.** O processo só se suspenderá se a prova requerida for imprescindível ao julgamento do mérito.

**9. Critério falho.** O processo se suspende se a prova requerida for imprescindível ao julgamento do mérito. O uso da expressão "prova imprescindível" é falho, pois se a prova não for imprescindível a hipótese é de indeferimento de sua produção, e não de falta de suspensão do processo. Prova prescindível, é prova inútil, a ser indeferida pelo juiz (art. 370, parágrafo único). Assim, se a prova foi deferida é porque ela é útil e, portanto, importante ou imprescindível, devendo o processo ser suspenso, quando requerida até a decisão de saneamento.

**10. Aplicação a outros meios de cooperação judiciária.** O art. 377 aplica-se não apenas nos casos em que a prova tiver sido requerida por carta precatória, rogatória ou auxílio direto, mas também por qualquer outro instrumento de cooperação judiciária. A cooperação judiciária pode realizar-se por diversos instrumentos (art. 69).

**11. Prazo de suspensão.** A suspensão do processo, em virtude da verificação de fato ou da produção de prova em outro juízo, é de 1 ano (art. 313, § 4º).

**12. Flexibilidade do prazo de suspensão.** *"O Superior Tribunal de justiça, ao enfrentar a*

matéria de suspensão de processo por prejudicialidade, entendeu que o limite do prazo de suspensão
de 1 ano (§ 4º do art. 313 do CPC/2015) não é
absoluto, podendo ser flexibilizado pelo julgador,
conforme as peculiaridades do caso. V – Assim,
o prazo máximo de 1 ano para a suspensão do
processo, previsto nos arts. 313, V, a, § 4º, e 315,
§ 2º, do CPC/2015, excepcionalmente pode ser
prorrogado mediante decisão judicial devidamente fundamentada à luz das circunstâncias do
caso concreto" (STJ, 2ª Turma, AgInt no AREsp
1.941.095/DF, rel. Min. Francisco Falcão, *DJe*
1º.12.2022).

**13. Suspensão do processo por convenção
das partes.** Se o juiz indeferir a suspensão do
processo, por ter a prova sido requerida após o
saneamento ou por considerá-la "prescindível",
ainda subsiste a possibilidade de o processo ser
suspenso por convenção das partes (art. 313, II),
até o prazo máximo de 6 meses (art. 313, § 4º).

**14. Juntada a qualquer tempo.** Não tendo
havido a suspensão do processo, ou finda a suspensão antes do seu cumprimento, a carta pode
ser juntada posteriormente, hipótese igualmente
aplicável ao auxílio direto ou a qualquer outra
forma de cooperação judiciária (art. 69).

> **Art. 378.** Ninguém se exime do dever de colabo-
> rar com o Poder Judiciário para o descobrimento
> da verdade.

▶ **1. Correspondência no CPC/1973.** *"Art. 339.
Ninguém se exime do dever de colaborar com o Poder Judiciário para o descobrimento da verdade."*

## 🏛 Legislação Correlata

**2. Lei 1.060/1950, art. 14.** *"Art. 14. Os profissionais liberais designados para o desempenho
do encargo de defensor ou de perito, conforme o
caso, salvo justo motivo previsto em lei ou, na
sua omissão, a critério da autoridade judiciária
competente, são obrigados ao respectivo cumprimento, sob pena de multa de Cr$ 1.000,00 (mil
cruzeiros) a Cr$ 10.000,00 (dez mil cruzeiros),
sujeita ao reajustamento estabelecido na Lei nº
6.205, de 29 de abril de 1975, sem prejuízo de
sanção disciplinar cabível. § 1º Na falta de indicação pela assistência ou pela própria parte, o juiz
solicitará a do órgão de classe respectivo. § 2º A
multa prevista neste artigo reverterá em benefício
do profissional que assumir o encargo na causa."*

**3. Lei 8.560/1992, art. 2º-A.** *"Art. 2º-A. Na
ação de investigação de paternidade, todos os
meios legais, bem como os moralmente legítimos,
serão hábeis para provar a verdade dos fatos."*

**4. Lei 8.560/1992, art. 2º-A, § 2º.** *"§ 2º Se o
suposto pai houver falecido ou não existir notícia
de seu paradeiro, o juiz determinará, a expensas
do autor da ação, a realização do exame de pareamento do código genético (DNA) em parentes consanguíneos, preferindo-se os de grau mais
próximo aos mais distantes, importando a recusa
em presunção da paternidade, a ser apreciada em
conjunto com o contexto probatório."*

## ⚖ Jurisprudência, Enunciados e Súmulas Selecionados

- **5. Súmula STJ, 301.** *"Em ação investigatória,
a recusa do suposto pai a submeter-se ao exame de DNA induz presunção juris tantum de
paternidade."*
- **6. Enunciado 51 do FPPC.** *"A compatibilização do disposto nestes dispositivos com o art. 5º,
LXIII, da CF/1988, assegura à parte, exclusivamente, o direito de não produzir prova contra
si em razão de reflexos no ambiente penal."*
- **7. Enunciado 31 da I Jornada-CJF.** *"A compatibilização do disposto nos arts. 378 e 379 do
CPC com o art. 5º, LXIII, da CF/1988, assegura
à parte, exclusivamente, o direito de não produzir prova contra si quando houver reflexos
no ambiente penal."*

## 📖 Comentários Temáticos

**8. Dever de verdade.** A finalidade do processo judicial não é alcançar a verdade, mas solucionar a disputa havida entre as partes. Apesar
disso, há um dever de verdade no processo, que
impede a procrastinação de atos processuais e
coíbe o seu uso como instrumento destinado a
criar inverdades (art. 77). O dever de verdade
nos atos processuais é uma manifestação de repúdio à mentira no processo. Não se admite o
uso do direito de ação com o fim de prejudicar
alguém. Não se admite, em outras palavras, o
abuso do direito de demandar. Todos os deveres
do art. 77 poderiam ser resumidos num só: o
dever geral da verdade, a partir do qual decorrem
os deveres de cooperação, lealdade e probidade.

**9. Dever de colaboração.** Todos têm o dever
de colaborar com o Poder Judiciário na produção
de provas, não se admitindo a ocultação de elementos, de dados, de informações, nem a prática
de atos impeçam o acesso a meios de prova ou
que viabilizem a protelação ou a propagação de
inverdades ou mentiras.

**10. Limites.** O dever de cooperação encontra
limites no dignidade da pessoa humana, no di-

**LIVRO I** · DO PROCESSO DE CONHECIMENTO E DO CUMPRIMENTO DE SENTENÇA · **Art. 380**

reito ao silêncio, na preservação da intimidade. Aliás, o próprio CPC impõe esses limites, por exemplo, nos arts. 388 e 404.

---

**Art. 379.** Preservado o direito de não produzir prova contra si própria, incumbe à parte:

I – comparecer em juízo, respondendo ao que lhe for interrogado;

II – colaborar com o juízo na realização de inspeção judicial que for considerada necessária;

III – praticar o ato que lhe for determinado.

---

▶ **1. Correspondência no CPC/1973.** *"Art. 340. Além dos deveres enumerados no art. 14, compete à parte: I – comparecer em juízo, respondendo ao que lhe for interrogado; II – submeter-se à inspeção judicial, que for julgada necessária; III – praticar o ato que lhe for determinado."*

### ⚖ JURISPRUDÊNCIA, ENUNCIADOS E SÚMULAS SELECIONADOS

- **2. Súmula STJ, 301.** *"Em ação investigatória, a recusa do suposto pai a submeter-se ao exame de DNA induz presunção* juris tantum *de paternidade."*
- **3. Enunciado 51 do FPPC.** *"A compatibilização do disposto nestes dispositivos com o art. 5º, LXIII, da CF/1988, assegura à parte, exclusivamente, o direito de não produzir prova contra si em razão de reflexos no ambiente penal."*
- **4. Enunciado 31 da I Jornada-CJF.** *"A compatibilização do disposto nos arts. 378 e 379 do CPC com o art. 5º, LXIII, da CF/1988, assegura à parte, exclusivamente, o direito de não produzir prova contra si quando houver reflexos no ambiente penal."*

### 🗐 COMENTÁRIOS TEMÁTICOS

**5. Princípio da cooperação.** Todos os sujeitos do processo devem cooperar entre si para que se obtenha, em prazo razoável, uma decisão de mérito justa e efetiva (art. 6º).

**6. Concretização da cooperação.** Entre os deveres de cooperação da parte, estão o de comparecer em juízo, respondendo ao que lhe for perguntado, o de colaborar com a realização de inspeção judicial e o de praticar o ato que lhe for determinado.

**7. Deveres das partes.** O art. 379 reafirma e reforça os deveres das partes, que já estão previstos no art. 77. O descumprimento de tais deveres pode ser considerado como ato de litigância de má-fé, expondo a parte a uma sanção pecuniária

(art. 81). O descumprimento de alguns deveres configura ato atentatório à dignidade da justiça, devendo o juiz, em tais hipóteses, impor as sanções cabíveis à parte (art. 77, § 2º).

**8. Ressalva.** Os deveres de cooperação não são absolutas. A parte pode deixar de cumpri-los em razão da preservação de algum direito fundamental seu, aí incluído o direito ao silêncio.

**9. Direito ao silêncio.** A parte tem direito ao silêncio. Há casos em que lhe é lícito recusar-se a depor em juízo e a submeter-se à inspeção, quando isso possa lhe incriminar ou causar-lhe dano grave ou a pessoas com quem mantenha vínculo afetivo ou familiar. Cabe ao juiz examinar, no caso concreto, a razoabilidade da recusa.

---

**Art. 380.** Incumbe ao terceiro, em relação a qualquer causa:

I – informar ao juiz os fatos e as circunstâncias de que tenha conhecimento;

II – exibir coisa ou documento que esteja em seu poder.

Parágrafo único. Poderá o juiz, em caso de descumprimento, determinar, além da imposição de multa, outras medidas indutivas, coercitivas, mandamentais ou sub-rogatórias.

---

▶ **1. Correspondência no CPC/1973.** *"Art. 341. Compete ao terceiro, em relação a qualquer pleito: I – informar ao juiz os fatos e as circunstâncias, de que tenha conhecimento; II – exibir coisa ou documento, que esteja em seu poder."*

### 🗐 LEGISLAÇÃO CORRELATA

**2. CF, art. 5º, XIV.** *"XIV – é assegurado a todos o acesso à informação e resguardado o sigilo da fonte, quando necessário ao exercício profissional."*

### ⚖ JURISPRUDÊNCIA, ENUNCIADOS E SÚMULAS SELECIONADOS

- **3. Enunciado 678 do FPPC.** *"É lícita a imposição de multa por ato atentatório à dignidade da justiça, em caso de descumprimento injustificado por terceiro da ordem de informar ao juiz os fatos e as circunstâncias de que tenha conhecimento ou de exibir coisa ou documento que esteja em seu poder."*

### 🗐 COMENTÁRIOS TEMÁTICOS

**4. Terceiro.** É todo aquele que não é parte no processo.

661

**5. Dever de colaboração do terceiro.** O terceiro tem o dever de colaborar com o Poder Judiciário, informando ao juiz os fatos e as circunstâncias de que tenha conhecimento e exibindo coisa ou documento que esteja em seu poder.

**6. Dever de colaboração da Administração Pública.** Ressalvadas as hipóteses excepcionais de sigilo, a Administração Pública tem o dever de colaboração com a Justiça, devendo fornecer os documentos e as informações que lhe forem requisitados pelo juiz (art. 438).

**7. Requisição de documentos e informações a entes privados.** O juiz pode requisitar documentos e informações a entes privados, pois ninguém se exime do dever de colaborar com o Poder Judiciário para a descoberta da verdade (art. 378), cabendo ao terceiro, em relação a qualquer causa, informar ao juiz os fatos e as circunstância de que tenha conhecimento (art. 380, I), sendo considerados públicos os cadastros mantidos por empresas privadas que contenham informações indispensáveis ao exercício da função judicante (Lei 11.419/2006, art. 13, § 1º). A requisição de documentos a terceiros faz-se mediante procedimento próprio de exibição de documentos (arts. 401 a 404).

**8. Testemunha.** É uma pessoa natural, estranha ao litígio, que é convocada ao processo para dizer o que sabe sobre fatos passados relevantes e perceptíveis pelos sentidos, com os quais tenha mantido contato. A testemunha é um terceiro; não é parte do processo, não é interveniente na causa, nem é auxiliar da justiça (art. 149). Cabe-lhe, como terceiro, em relação a qualquer causa, informar ao juiz os fatos e as circunstâncias de que tenha conhecimento (art. 380, I).

**9. Inspeção do terceiro.** O terceiro somente pode submeter-se à inspeção (art. 481) se com ela concordar. Embora todos tenham o dever de colaborar com a justiça (art. 378), os deveres impostos ao terceiro não abrangem o de se sujeitar à inspeção judicial (art. 380), cabendo ao juiz preservar sua dignidade humana e só poder inspecioná-lo, se houver sua concordância.

**10. Exibição de documento.** O terceiro pode ser convocado a exibir coisa ou documento, mediante procedimento previsto nos arts. 401 a 403.

**11. Medidas de apoio.** Se o terceiro deixa de exibir o documento ou a coisa, o juiz poderá impor medidas coercitivas, indutivas, mandamentais ou sub-rogatórias, determinando, por exemplo, a busca e apreensão do documento ou da coisa, a imposição de multas ou outras medidas adequadas ao caso.

**12. Proporcionalidade.** Na imposição de medidas coercitivas, indutivas, mandamentais ou sub-rogatórias, o juiz deve aplicar a proporcionalidade e determinar a medida adequada, necessária e proporcional, não adotando medida exagerada ou desproporcional para o caso.

**13. Recusa legítima à exibição.** O terceiro tem o direito de recusar a exibição do documento ou da coisa, se configurada uma das hipóteses do art. 404.

## Seção II
## Da Produção Antecipada da Prova

**Art. 381.** A produção antecipada da prova será admitida nos casos em que:

I – haja fundado receio de que venha a tornar-se impossível ou muito difícil a verificação de certos fatos na pendência da ação;

II – a prova a ser produzida seja suscetível de viabilizar a autocomposição ou outro meio adequado de solução de conflito;

III – o prévio conhecimento dos fatos possa justificar ou evitar o ajuizamento de ação.

§ 1º O arrolamento de bens observará o disposto nesta Seção quando tiver por finalidade apenas a realização de documentação e não a prática de atos de apreensão.

§ 2º A produção antecipada da prova é da competência do juízo do foro onde esta deva ser produzida ou do foro de domicílio do réu.

§ 3º A produção antecipada da prova não previne a competência do juízo para a ação que venha a ser proposta.

§ 4º O juízo estadual tem competência para produção antecipada de prova requerida em face da União, de entidade autárquica ou de empresa pública federal se, na localidade, não houver vara federal.

§ 5º Aplica-se o disposto nesta Seção àquele que pretender justificar a existência de algum fato ou relação jurídica para simples documento e sem caráter contencioso, que exporá, em petição circunstanciada, a sua intenção.

▶ **1. Correspondência no CPC/1973.** *"Art. 846. A produção antecipada da prova pode consistir em interrogatório da parte, inquirição de testemunhas e exame pericial." "Art. 847. Far-se-á o interrogatório da parte ou a inquirição das testemunhas antes da propositura da ação, ou na pendência desta, mas antes da audiência de instrução: I – se tiver de ausentar-se; II – se, por motivo de idade*

**LIVRO I ·** DO PROCESSO DE CONHECIMENTO E DO CUMPRIMENTO DE SENTENÇA · **Art. 381**

*ou de moléstia grave, houver justo receio de que ao tempo da prova já não exista, ou esteja impossibilitada de depor." "Art. 849. Havendo fundado receio de que venha a tornar-se impossível ou muito difícil a verificação de certos fatos na pendência da ação, é admissível o exame pericial." "Art. 851. Tomado o depoimento ou feito exame pericial, os autos permanecerão em cartório, sendo lícito aos interessados solicitar as certidões que quiserem." "Art. 861. Quem pretender justificar a existência de algum fato ou relação jurídica, seja para simples documento e sem caráter contencioso, seja para servir de prova em processo regular, exporá, em petição circunstanciada, a sua intenção."*

### 🏛 LEGISLAÇÃO CORRELATA

**2. CF, art. 109, § 3º.** *"Art. 109. (...) § 3º Lei poderá autorizar que as causas de competência da Justiça Federal em que forem parte instituição de previdência social e segurado possam ser processadas e julgadas na justiça estadual quando a comarca do domicílio do segurado não for sede de vara federal."*

**3. Lei 5.010/1966, art. 15, II.** *"Art. 15. Quando a Comarca não for sede de Vara Federal, poderão ser processadas e julgadas na Justiça Estadual: (...) II – as vistorias e justificações destinadas a fazer prova perante a administração federal, centralizada ou autárquica, quando o requerente for domiciliado na Comarca."*

### ⚖ JURISPRUDÊNCIA, ENUNCIADOS E SÚMULAS SELECIONADOS

- **4. Súmula STF, 154.** *"Simples vistoria não interrompe a prescrição."*
- **5. Súmula STF, 390.** *"A exibição judicial de livros comerciais pode ser requerida como medida preventiva."*
- **6. Súmula STJ, 32.** *"Compete à Justiça Federal processar justificações judiciais destinadas a instruir pedidos perante entidades que nela tem exclusividade de foro, ressalvada a aplicação do art. 15, II da Lei 5.010/66."*
- **7. Enunciado 602 do FPPC.** *"A prova nova apta a embasar ação rescisória pode ser produzida ou documentada por meio do procedimento de produção antecipada de provas."*
- **8. Enunciado 633 do FPPC.** *"Admite-se a produção antecipada de prova proposta pelos legitimados ao ajuizamento das ações coletivas, inclusive para facilitar a autocomposição ou permitir a decisão sobre o ajuizamento ou não da demanda."*

- **9. Enunciado 634 do FPPC.** *"Se, na pendência do processo, ocorrer a hipótese do art. 381, I ou II, poderá ser antecipado o momento procedimental de produção da prova, seguindo-se o regramento próprio do meio de prova requerido e não o procedimento dos arts. 381 a 383."*
- **10. Enunciado 750 do FPPC.** *"É admissível nos Juizados Especiais a utilização de prova colhida em procedimento de produção antecipada no juízo comum."*
- **11. Enunciado 50 da I Jornada-CJF.** *"A eficácia da produção antecipada de provas não está condicionada a prazo para a propositura de outra ação."*
- **12. Enunciado 129 da II Jornada-CJF.** *"É admitida a exibição de documentos como objeto de produção antecipada de prova, nos termos do art. 381 do CPC."*

### 🗎 COMENTÁRIOS TEMÁTICOS

**13. Da evolução do direito à prova.** Tradicionalmente, a prova apresentava-se como um instrumento destinado à resolução das questões de fato contidas num processo judicial. A prova estaria vinculada ao julgamento da causa. O direito à prova somente seria exercido endoprocessualmente, ou seja, de forma incidental, num processo judicial. A prova era, então, compreendida por sua função instrumental, com a finalidade de instruir um processo pendente. Não se admitia a pretensão à simples produção de prova. Mais recentemente, a noção do direito à prova sofreu profunda alteração. O direito de produzir provas passou a ser considerado conteúdo do direito fundamental ao contraditório e à ampla defesa, estando garantido pela dimensão substancial do próprio princípio do contraditório. Por isso mesmo, o direito à prova passou a ser considerado um direito fundamental. O direito à prova insere-se no âmbito de um sistema processual democrático, que exige serem as decisões judiciais devidamente fundamentadas, proferidas num procedimento de verificação dos fatos em contraditório.

**14. Conteúdo do direito à prova.** O direito fundamental à prova compõe-se das seguintes situações jurídicas: *(a)* direito de produzir provas; *(b)* direito de participar da produção da prova; *(c)* direito de manifestar-se sobre a prova produzida; *(d)* direito ao exame, pelo órgão julgador, da prova produzida.

**15. Direito autônomo à prova e as ações probatórias.** O direito à produção da prova tem autonomia suficiente para ser objeto de um

663

processo autônomo. A ação probatória autônoma consiste em demanda judicial cujo propósito cinge-se à produção de uma prova. O objeto do processo é apenas a produção de uma prova. A prova pode ser produzida de forma antecipada antes do processo cognitivo de certificação do direito material, por meio de uma ação probatória autônoma. O direito à prova é, portanto, autônomo e pode ser exercido de maneira igualmente autônoma, em processo especificamente destinado à produção da prova, sem que haja a necessidade de se demonstrar uma urgência ou uma necessidade.

**16. Destinatários da prova.** O direito fundamental à prova consiste num direito subjetivo à introdução do material probatório no processo, bem como à participação em todas as fases do procedimento em que se produz a prova. De envergadura constitucional, o direito à prova possui o mesmo fundamento dos direitos de ação e de defesa. As partes também são destinatárias da prova. Essa é uma consequência do direito autônomo à prova. A prova destina-se a propiciar o convencimento do juiz. O juiz é destinatário da prova. Essa, porém, não é a única finalidade da prova; ela também se destina à formação do convencimento das partes e dos demais interessados sobre os fatos da causa. Logo, todos que possam fazer uso da prova são destinatários dela. Assim, todos os interessados na elucidação das questões de fato e na produção da correspondente prova são destinatários dela. Por isso, não só o juiz, mas as partes e outros interessados são os destinatários da prova.

**17. Partes e juiz como destinatários da prova.** *"O Código de Processo Civil de 2015 buscou reproduzir, em seus termos, compreensão há muito difundida entre os processualistas de que a prova, na verdade, tem como destinatário imediato não apenas o juiz, mas também, diretamente, as partes envolvidas no litígio. Nesse contexto, reconhecida a existência de um direito material à prova, autônomo em si – que não se confunde com os fatos que ela se destina a demonstrar, tampouco com as consequências jurídicas daí advindas a subsidiar (ou não) outra pretensão –, a lei adjetiva civil estabelece instrumentos processuais para o seu exercício, o qual pode se dar incidentalmente, no bojo de um processo já instaurado entre as partes, ou por meio de uma ação autônoma (ação probatória lato sensu)"* (STJ, 3ª Turma, REsp 1.803.251/SC, rel. Min. Marco Aurélio Bellizze, *DJe* 08.11.2019).

**18. Observância do contraditório.** A observância do contraditório é fundamental para o exercício do direito à prova. A prova é admitida, produzida e valorada no processo. Em todas essas etapas, as partes – todas elas – têm o direito de contribuir com o convencimento do órgão julgador quanto ao juízo de admissibilidade, tendo igualmente o direito de participar da produção da prova e, ainda, o poder de convencê-lo quanto à valoração a ser dada ao resultado da prova. Na admissão e produção da prova, as partes darão, cada uma a seu modo, sua contribuição, com argumentos e contra-argumentos, com provas que confirmem suas alegações e contraprovas que refutem as afirmações contrárias. As provas contrapostas dos litigantes ampliam o conhecimento do juiz sobre os fatos relevantes para a decisão, permitindo uma análise mais ampla dos fatos. A cognição do juiz é feita, em qualquer caso, a partir dos elementos apresentados pelas partes em contraditório. Na produção da prova, deve ser garantido o pleno contraditório. O contraditório é, enfim, fundamental e indispensável para a validade da prova produzida num processo judicial.

**19. Da ação de produção antecipada de prova.** O direito à prova é autônomo e, além do juiz, as partes e os demais interessados são destinatários da prova. Como consequência disso, é possível exercer o direito à prova, sem vinculação direta aos fatos controvertidos do objeto litigioso de um outro processo e sem que esteja presente o risco de perecimento do direito.

**20. Antecipação cautelar da prova.** Antes de se reconhecer o direito autônomo à prova, a prova somente era produzida num processo em curso. Sem que houvesse processo em curso, a prova somente poderia ser produzida devido a algum risco de seu perecimento. A urgência, decorrente do risco da perda de um potencial meio de prova, justificaria sua antecipação da fase de instrução de um processo em curso ou de um processo a ser ainda instaurado. A produção da prova para evitar o seu perecimento é tema antigo, tendo havido instrumentos urgentes para permitir sua produção no Direito Romano e, igualmente, no Direito Medieval. Essa era, porém, uma atividade absolutamente excepcional. Essa noção influenciou a legislação brasileira em torno do tema. Não é por outro motivo, aliás, que a ação de justificação estava, no CPC/1973, inserida no título das ações cautelares. A produção antecipada de prova ostentava, tradicionalmente, feição cautelar, sendo necessária à preservação do material probatório. A cautelaridade da produção antecipada de provas era diferente. Ela não era um meio ou instrumento para garantir o resultado de outro processo; ela servia a garantir a própria

## LIVRO I • DO PROCESSO DE CONHECIMENTO E DO CUMPRIMENTO DE SENTENÇA — Art. 381

produção da prova. Destinava-se à conservação ou asseguração da prova.

**21. Ação de produção antecipada de prova.** A ação de produção antecipada de prova está, atualmente, regulada no art. 381, que mantém a hipótese de sua admissibilidade em caso de perigo, em caso de urgência ou em caso de dano. Em outras palavras, ainda existe a *cautelar* de produção antecipada de provas, mas esta é *uma* de suas hipóteses, não sendo mais a única. A *cautelar* de produção antecipada de provas está prevista no inciso I do art. 381. Há, porém, *outras* hipóteses previstas para a ação de produção antecipada de provas, além da simples cautelaridade. As hipóteses descritas nos incisos II e III do art. 381 acentuam e reforçam o caráter autônomo da ação de produção antecipada de provas, permitindo sua propositura para viabilizar um outro meio de solução de disputas ou simplesmente para que a prova seja produzida e a parte ou o interessado possa avaliar a conveniência, ou não, de propor uma demanda subsequente que verse sobre o direito de que entende ser titular.

**22. Hipóteses legais de produção antecipada de prova.** A produção antecipada de prova está, enfim, autorizada no art. 381, sendo cabível em 3 hipóteses. A primeira delas tem finalidade cautelar. A segunda destina-se a contribuir para uma autocomposição ou solução consensual de disputa. E, finalmente, a terceira destina-se a provar um fato, a fim de a parte ou o interessado verificar a conveniência de propor uma demanda judicial.

**23. Contraditório e proibição de prova ilícita.** Em qualquer das hipóteses da ação de produção antecipada de prova, o juiz deve assegurar o contraditório, com efetiva oportunidade de participação dos interessados no fato. De igual modo, deve preservar os direitos fundamentais dos envolvidos, não devendo permitir a obtenção de provas por meios ilícitos. Nenhum processo pode ser utilizado como mecanismo para obtenção de provas ilícitas. As normas de limitação à produção da prova são aplicáveis à ação de produção antecipada.

**24. Arrolamento de bens.** É possível o arrolamento de bens com finalidade exclusivamente probatória, por meio do qual se pretende provar quais os bens que compõem uma universalidade. O arrolamento, nesse caso, é útil para posterior ação de partilha de bens ou, até mesmo, para facilitar uma penhora numa futura execução.

**25. Justificação.** A justificação, que é procedimento de jurisdição voluntária, submete-se ao procedimento da produção antecipada de prova.

Assim, adota-se o procedimento da produção antecipada de prova para justificar um fato ou uma relação jurídica, com o que se prova a sua existência.

**26. Procedimento para a exibição de documentos.** *"Registre-se que o cabimento da ação de exibição de documentos não impede o ajuizamento de ação de produção de antecipação de provas"* (STJ, 3ª Turma, REsp 1.803.251/SC, rel. Min. Marco Aurélio Bellizze, DJe 08.11.2019). *"Admite-se o ajuizamento de ação autônoma para a exibição de documento, com base nos arts. 381 e 396 e seguintes do CPC, ou até mesmo pelo procedimento comum, previsto nos arts. 318 e seguintes do CPC, ou seja, o cabimento da ação de exibição de documentos não impede o ajuizamento de ação de produção de antecipação de provas"* (STJ, 3ª Turma, AgInt nos EDcl no REsp 1.867.001/CE, rel. Min. Nancy Andrighi, DJe 14.8.2020).

**27. Competência.** A competência para a ação probatória é concorrente, podendo ser proposta no foro do domicílio do réu ou no local em que a prova deva ser produzida. O autor escolhe um deles para propor sua ação de produção antecipada de prova. O juízo da ação probatória não fica prevento para a ação que venha depois a ser proposta.

**28. *Forum shopping*.** Há, nas ações probatórias autônomas, a previsão de foros concorrentes. Em casos assim, o autor pode optar por um dos foros competentes, exercitando o que se chama de *forum shopping*. A escolha do foro competente é um direito potestativo do autor. Não raramente, o autor escolhe o foro que reputa mais favorável ou conveniente a seus interesses.

**29. Boa-fé.** O exercício do direito potestativo de escolha de um dos foros concorrentes deve atender às exigências do princípio da boa-fé (art. 5º). Não é possível que a escolha seja abusiva. O abuso de direito consiste no exercício do direito contrário à boa-fé.

**30. Competência adequada.** Processo adequado é, entre outros atributos, aquele que se desenvolve perante um juízo adequadamente competente. A exigência de uma competência adequada resulta da aplicação dos princípios do devido processo legal, da adequação e da boa-fé, daí decorrendo o princípio da competência adequada.

**31. *Forum non conveniens*.** Em virtude dos princípios do devido processo legal, da adequação, da boa-fé e da competência adequada, o *forum shopping* deve ser examinado de modo a impedir o abuso do autor na escolha do foro competente. Uma escolha abusiva

665

deve ser reprimida, aplicando-se uma regra de temperamento conhecida como *forum non conveniens*: o juízo considera que seu foro não é conveniente, por não ser adequado ao caso, e determina a remessa dos autos ao outro juízo competente, do foro concorrente.

**32. Competência adequada para a produção antecipada de provas.** A competência para a produção antecipada de prova é concorrente, podendo a demanda ser proposta no foro onde a prova deva ser produzida ou no foro do domicílio do réu. Não é adequado propor a demanda em local distante de onde a prova deva ser produzida, pois exigiria a expedição de carta precatória ou a prática de outro ato de cooperação judiciária (art. 69), contrariando o princípio da eficiência processual (art. 8º). Por isso, na ação de produção antecipada de prova, o foro do domicílio do réu deve ser considerado excepcional, cabível, por exemplo, em caso de colheita de seu depoimento pessoal. A competência adequada para a produção antecipada de prova é primordialmente a do foro do local onde a prova deva ser produzida.

**33. Ação probatória e cláusula arbitral.** Se as partes celebraram convenção de arbitragem, a ação probatória deve ser proposta no juízo arbitral, a não ser que seja hipótese de ação *cautelar* de produção antecipada de provas, fundada na urgência, e não haja previsão de árbitro de emergência. Nesse caso, a ação probatória é proposta perante o Judiciário (Lei 9.307/1996, art. 22-A). Nos demais casos em que não houver urgência, a ação probatória deve ser proposta perante o Tribunal Arbitral, a não ser que as partes concordem em afastar a cláusula arbitral e propô-la perante o Judiciário.

**34. Competência do juízo arbitral.** "*Uma vez estabelecida a cláusula compromissória arbitral, compete, a partir de então, ao Juízo arbitral solver todo e quaisquer conflitos de interesses, determinados ou não, advindos da relação contratual subjacente, inclusive em tutela de urgência, seja acautelatória, seja antecipatória. Todavia, com o escopo único de viabilizar o acesso à Justiça, na exclusiva hipótese de que a arbitragem, por alguma razão, ainda não tenha sido instaurada, eventual medida de urgência deverá ser intentada perante o Poder Judiciário, para preservar direito sob situação de risco da parte postulante e, principalmente, assegurar o resultado útil da futura arbitragem. Ressai evidenciada, nesse contexto, a indispensável cooperação entre as jurisdições arbitral e estatal. 3. Sob a égide do Código de Processo Civil de 1973, dúvidas não subsistiam quanto à competência da jurisdição estatal para conhecer, provisoriamente, da ação de produção antecipada de provas, dada a natureza cautelar que o legislador, à época, lhe atribuía. Entretanto, a partir da vigência do Código de Processo Civil de 2015 – que não reproduziu, em seu teor, o Livro III, afeto ao Processo Cautelar, então previsto no diploma processual de 1973, e estabeleceu novos institutos processuais que instrumentalizam o direito material à prova –, adveio intenso debate no âmbito acadêmico e doutrinário a respeito da competência do Poder Judiciário para, em caráter provisório, conhecer de ação de produção antecipada de prova, no específico caso em que a pretensão apresenta-se desvinculada da urgência. 3.1 Diante da existência de um direito material à prova, autônomo em si – que não se confunde com os fatos que ela se destina a demonstrar (objeto da prova), tampouco com as consequências jurídicas daí advindas, podendo (ou não) subsidiar outra pretensão –, a lei adjetiva civil estabelece instrumentos processuais para o seu exercício, que pode se dar incidentalmente, no bojo de um processo já instaurado entre as partes, ou por meio de uma ação autônoma (ação probatória lato sensu). 3.2 Esta ação probatória autônoma não exige, necessariamente, que a produção da prova se apresente em situação de risco, podendo ser utilizada, inclusive, para evitar o ajuizamento de uma futura ação, seja pela constatação, a partir da prova produzida, da ausência de direito passível de tutela, seja para viabilizar a composição entre as partes. A ação de produção antecipada de prova, especificamente nas hipóteses estabelecidas nos incisos II e III do art. 381 do CPC/2015, apresenta-se, desse modo, absolutamente desvinculada da natureza cautelar ou de caráter de urgência (concebida como o risco de perecimento do direito à prova). 4. Afigurando-se indiscutível o caráter jurisdicional da atividade desenvolvida pela arbitragem ao julgar ações probatórias autônomas, as quais guardam, em si, efetivos conflitos de interesses em torno da própria prova, cujo direito à produção é que constitui a própria causa de pedir deduzida – e resistida pela parte adversa –, a estipulação de compromisso arbitral atrai inarredavelmente a competência do Tribunal arbitral para conhecer a ação de produção antecipada de provas. A urgência, 'que dita impossibilidade prática de a pretensão aguardar a constituição da arbitragem', é a única exceção legal à competência dos árbitros. Doutrina especializada. 4.1 Esta compreensão apresenta-se mais consentânea com a articulação – e mesmo com a divisão de competências legais – existente entre as jurisdições arbitral e estatal, reservando-se a esta última, em cooperação àquela, enquanto não instaurada a*

**LIVRO I · DO PROCESSO DE CONHECIMENTO E DO CUMPRIMENTO DE SENTENÇA** — **Art. 381**

*arbitragem, preservar o direito à prova da parte postulante que se encontra em situação de risco, com o escopo único de assegurar o resultado útil de futura arbitragem. Ausente esta situação de urgência, única capaz de autorizar a atuação provisória da Justiça estatal em cooperação, nos termos do art. 22-A da Lei de Arbitragem, toda e qualquer pretensão – até mesmo a relacionada ao direito autônomo à prova, instrumentalizada pela ação de produção antecipada de provas, fundada nos incisos II e II do art. 381 do CPC/2015 – deve ser submetida ao Tribunal arbitral, segundo a vontade externada pelas partes contratantes. 4.2 Em sendo a pretensão afeta ao direito à prova indiscutivelmente relacionada à relação jurídica contratual estabelecida entre as partes, cujos litígios e controvérsias dela advindos foram, sem exceção, voluntariamente atribuídos à arbitragem para solvê-los, dúvidas não remanescem a respeito da competência exclusiva dos árbitros para conhecer a correlata ação probatória desvinculada de urgência. Não cabe, pois, ao intérprete restringi-la, se as partes contratantes não o fizeram expressamente*” (STJ, 3ª Turma, REsp 2.023.615/SP, rel. Min. Marco Aurélio Bellizze, DJe 20.3.2023).

**35. Revogação parcial do § 4º do art. 381 pela EC 103/2019.** A EC 103/2019 alterou a redação do § 3º do art. 109 da CF. A CF só permite agora que a lei preveja delegação de competência federal à Justiça Estadual apenas em causas em que figurem, como parte, instituição de previdência social e segurado. Não há mais delegação expressa no texto constitucional; é preciso que alguma lei federal a delegue expressamente. A delegação restringe-se, a partir da EC 103/2019, a ações em que figurem, como parte, instituição de previdência social e segurado. Qualquer outra demanda não poderá ser processada e julgada por juízo estadual, pois não se autoriza mais a delegação da competência federal em qualquer outra demanda que não tenha como partes, de um lado, instituição de previdência social e, de outro, segurado. A superveniente modificação operada no texto constitucional revoga as leis anteriores que delegavam competência federal a juízos estaduais para casos diversos dos que tenham, como partes, instituição de previdência social e segurado. Quer isso dizer que o § 4º do art. 381 foi revogado. Na verdade, foi *parcialmente* revogado, pois se mantém relativamente às ações que tenham, como partes, instituição de previdência social e segurado. Qualquer outra ação, que tenha como parte a União, outras autarquias federais ou empresas públicas federais, não pode mais ser processada e julgada na Justiça Estadual, com competência federal delegada. Somente poderá ser processada e julgada na Justiça Estadual, com competência federal delegada, a produção antecipada de provas, se tiver, como partes, instituição de previdência social e segurado. De igual modo, as vistorias e demais demandas previstas no art. 15 da Lei 5.010/1966. O § 4º do art. 381 do CPC foi, enfim, parcialmente revogado pela EC 103/2019, somente podendo ser processadas, na Justiça Estadual, com competência federal delegada, as ações de produção antecipada de prova que tenham, como partes, instituição de previdência social e segurado. Não pode mais ser processada e julgada na Justiça Estadual, com competência federal delegada, qualquer outra produção antecipada de prova, em que figure como parte a União, outra autarquia federal diversa do instituto de previdência social ou empresa pública federal. Não havendo vara federal no local, deve a ação probatória ser proposta na Justiça Federal com competência que abranja aquele território.

**36. Justificação como ação probatória e inadmissibilidade do exame do mérito da controvérsia.** “*Na atual configuração legislativa, a ação de produção antecipada de provas pode assumir duas diferentes naturezas: cautelar, na hipótese do art. 381, I, do CPC, diante da necessidade de preservação da prova; ou satisfativa, nas hipóteses do art. 381, II e III, quando a prova puder viabilizar a autocomposição ou meio adequado de resolução do conflito ou, ainda, evitar ou justificar o ajuizamento de ação. 5 – As hipóteses de produção antecipada de prova de natureza satisfativa estão assentadas na existência de um direito autônomo à prova que permite às partes apenas pesquisar a existência e o modo de ocorrência de determinados fatos, independentemente da existência de um litígio potencial, além de ser também um instrumento útil para que as partes mensurem, previamente, a viabilidade e os riscos envolvidos em um eventual e futuro litígio, podendo, inclusive, adotar meios de autocomposição. 6 – O CPC/15 também introduziu, como uma sub-espécie de ação probatória autônoma, a antiga medida cautelar de justificação prevista no art. 861 do CPC/73, que, em verdade, sempre possuiu natureza satisfativa, eis que destinada apenas a documentar a existência de algum fato ou relação jurídica, sem caráter contencioso e sem o intuito de assegurar a prova diante de eventual risco. 7 – Na ação probatória autônoma de justificação prevista no art. 381, § 5º, do CPC, assim como na antiga medida cautelar de justificação que lhe serviu de inspiração, descabe a declaração ou reconhecimento de qualquer direito material* ou fato que possa suportá-lo, eis que é vedado ao juiz se pronunciar sobre o fato ou sobre as suas repercussões jurídicas e caberá a valoração da prova produzida, oportunamente e se necessário, na ação futura que porventura vier a ser proposta. 8 – Se a cognição exercida na ação probatória autônoma de justificação não versa sobre o mérito que não existe e que pode sequer existir, descabe indeferi-la por fundamentos que digam respeito, justamente, ao mérito. 9 – Na hipótese em exame, pretende-se apenas documentar as supostas ofensas que teriam sido desferidas pelo filho em desfavor do pai, tendo sido a medida indeferida por fundamentos ligados à admissibilidade e ao mérito de uma eventual e futura ação declaratória de indignidade. 10 – Descabe inadmitir a medida requerida porque se pretenderia discutir herança de pessoa viva, porque a parte não possuiria legitimidade para a propor uma eventual e futura ação declaratória de indignidade, porque não haveria urgência, porque não haveria risco de perecimento da prova ou porque não haveria litígio concreto ou potencial, sob pena de violação ao art. 381, § 5º, do CPC" (STJ, 3ª Turma, REsp 2.103.428/SP, rel. Min. Nancy Andrighi, DJe 21.3.2024).

> **Art. 382.** Na petição, o requerente apresentará as razões que justificam a necessidade de antecipação da prova e mencionará com precisão os fatos sobre os quais a prova há de recair.
> § 1º O juiz determinará, de ofício ou a requerimento da parte, a citação de interessados na produção da prova ou no fato a ser provado, salvo se inexistente caráter contencioso.
> § 2º O juiz não se pronunciará sobre a ocorrência ou a inocorrência do fato, nem sobre as respectivas consequências jurídicas.
> § 3º Os interessados poderão requerer a produção de qualquer prova no mesmo procedimento, desde que relacionada ao mesmo fato, salvo se a sua produção conjunta acarretar excessiva demora.
> § 4º Neste procedimento, não se admitirá defesa ou recurso, salvo contra decisão que indeferir totalmente a produção da prova pleiteada pelo requerente originário.

▶ **1. Correspondência no CPC/1973.** *"Art. 848. O requerente justificará sumariamente a necessidade da antecipação e mencionará com precisão os fatos sobre que há de recair a prova." "Art. 865. No processo de justificação não se admite defesa nem recurso." "Art. 866 (...) Parágrafo único. O juiz não se pronunciará sobre o mérito da prova, limitando-se a verificar se foram observadas as formalidades legais."*

## ⚖ Jurisprudência, Enunciados e Súmulas Selecionados

- **2. Enunciado 32 da I Jornada-CJF.** *"A vedação à apresentação de defesa prevista no art. 382, § 4º, do CPC, não impede a alegação pelo réu de matérias defensivas conhecíveis de ofício."*
- **3. Enunciado 118 da II Jornada-CJF.** *"É cabível a fixação de honorários advocatícios na ação de produção antecipada de provas na hipótese de resistência da parte requerida na produção da prova."*
- **4. Enunciado 183 da III Jornada-CJF.** *"O art. 382, § 4º, do CPC não impede a arguição de defesas referentes à admissibilidade das diligências e das provas requeridas na petição inicial."*

## 🗐 Comentários Temáticos

**5. Objeto litigioso da produção antecipada de provas.** Na ação probatória autônoma, o objeto litigioso é apenas o exercício do direito à prova; é a produção de uma prova em contraditório. Há, enfim, um objeto próprio, que é o direito à prova; a prova será admitida e produzida em contraditório. O juiz não irá valorar a prova produzida; irá apenas avaliar se ela é admissível e controlar sua produção, assegurando o exercício pleno do contraditório na admissão e produção da prova. Produzida a prova, o processo é extinto. Não há valoração da prova produzida. A produção da prova esgota a pretensão da parte.

**6. Admissibilidade e mérito na ação probatória.** O direito à prova é autônomo, permitindo a propositura de ação probatória específica para tutela de tal direito. O objeto da ação probatória é exatamente a produção da prova. Seu mérito é o direito à prova. Como em qualquer processo judicial, aquele formado pela propositura da ação probatória submete-se ao juízo de admissibilidade e, igualmente, ao juízo de mérito. Assim, na ação probatória autônoma, examina-se competência do juízo, imparcialidade do julgador, legitimidade das partes, interesse de agir, admissibilidade da demanda, entre outras questões processuais. Ao lado das questões processuais, há também o mérito, que consiste, como dito, no direito à prova e na sua produção em conformidade com as garantias fundamentais do processo. O juiz, na ação probatória, há de examinar tudo isso. E a parte demandada pode, evidentemente, alegar essas questões todas.

**7. Atividade do juiz na ação probatória.** Cabe ao juiz, na ação probatória autônoma, exa-

# LIVRO I · DO PROCESSO DE CONHECIMENTO E DO CUMPRIMENTO DE SENTENÇA — Art. 382

minar a causa de pedir e o pedido para, então, admitir ou não a prova requerida. Se a prova for inadmissível ou ilícita, cabe-lhe indeferir o pedido da parte. Se a prova não guardar pertinência com o fato alegado, cabe-lhe igualmente indeferir o pedido da parte. Se a prova for inútil ou desnecessária, também lhe cabe indeferir o pedido da parte. Para admitir a prova, o juiz deve, antes, instaurar o contraditório. Sua decisão depende da oportunidade dada às partes para participarem de seu convencimento, permitindo que apresentem suas alegações sobre o cabimento, a utilidade, a necessidade, a licitude, enfim, a admissibilidade da prova. Admitida, na ação probatória autônoma, a produção da prova, o juiz deve assegurar o respeito ao contraditório, permitindo que todas as partes participem dos atos de coleta da prova. O objeto da ação probatória autônoma consiste em saber se a prova deve ou não ser produzida.

**8. Interrupção da prescrição.** O despacho que ordena a citação, na ação de produção antecipada de prova, interrompe a prescrição da pretensão a ser exercida na ação que será proposta posteriormente (art. 240). Embora não haja disputa na ação probatória, o autor não está inerte: está agindo para obter provas e verificar o quadro probatório existente. Por isso, a ação probatória interrompe a prescrição para a ação que poderá ser proposta.

**9. Do devido processo legal e da proibição de *fishing expedition*.** O processo judicial – qualquer que seja seu objeto – deve atender às garantias constitucionais, observando o contraditório, a ampla defesa, a cooperação, a lealdade, a proibição de provas ilícitas, entre tantas outras. Para que tais garantias sejam observadas, é preciso que o autor delimite seu pedido. Não é sem razão, aliás, que o pedido deve ser certo (art. 322) e determinado (art. 324). E nem poderia ser diferente, pois um pedido incerto inviabiliza a defesa e afeta o contraditório. As hipóteses em que o pedido pode ser genérico (art. 324, § 1º) são justificáveis, havendo razoabilidade e não comprometendo a defesa do réu. O pedido de produção de provas insere-se nesse contexto. Para que se atenda ao devido processo legal, é preciso especificar o fato a ser provado e indicar os meios de prova a serem produzidos. Não se pode requerer uma produção de prova geral, que alcance uma generalidade de fatos, sem especificação, sem identificação, sem delimitação. É abusivo e atenta contra o devido processo legal pedir a produção de provas generalizada, sem especificar o fato a ser provado. A expedição de mandados de busca

e apreensão genéricos ou coletivos, que ofende o devido processo legal, passou ser conhecida como *fishing expedition* ou pescaria probatória. Atualmente, com o incremento tecnológico, há o risco da "pescaria digital", com buscas genéricas sobre fatos relacionados com a causa, o que impede o pleno exercício do contraditório e macula o devido processo legal. Para evitar a *fishing expedition,* o art. 382 dirige ao autor da ação de produção antecipada de prova a exigência de que ele *"mencionará com precisão os fatos sobre os quais a prova há de recair"*. Perceba que autor *"mencionará com precisão"* os fatos a serem provados. Com isso, afasta-se o risco de *fishing expedition*, impede-se o abuso de direito e garante-se o contraditório na produção da prova. O art. 382 do CPC consagrou, enfim, a proibição da *fishing expedition*, ao exigir que o autor da ação de produção antecipada de prova mencione, com precisão, o fato a ser provado.

**10. Intervenção *iussu uidicis*.** O juiz pode, de ofício ou a requerimento, determinar a citação de interessados na produção da prova ou no fato a ser provado. Essa é uma hipótese de intervenção *iussu iudicis,* ampliando a participação de interessados no objeto da causa. Na ação probatória autônoma, o objeto do processo é a produção da prova. Se houver outros interessados na produção da prova ou no fato a ser provado, eles podem participar do processo, a fim de contribuir com a realização da prova.

**11. Produção da prova.** Todas as partes e interessados podem requerer a produção de provas na ação probatória. Não é apenas o autor quem pode requerer a produção da prova. Todos os que estejam no processo podem requerer a produção de todos os meios de prova, aptos da demonstrar os fatos a serem provados na produção antecipada de prova.

**12. Da defesa na ação de produção antecipada de provas e do cabimento de recurso.** O § 4º do art. 382 estabelece que, no procedimento da ação probatória, *"não se admitirá defesa ou recurso, salvo contra decisão que indeferir totalmente a produção da prova pleiteada pelo requerente originário"*. Tal dispositivo relaciona-se ao direito subjetivo, aos fatos que precisam ser provados. Não se admite defesa ou recurso para discutir o fato, para afirmar que ele foi ou não provado, ou para questionar o valor que a prova deve ter. O juiz não deve valorar a prova e as partes não podem se defender ou recorrer a esse respeito. Na ação probatória, *"o juiz não se pronunciará sobre a ocorrência ou a inocorrência do fato, nem sobre as respectivas consequências jurídicas"* (art. 382, § 2º). E, relativamente a tais questões, não

669

se admite defesa ou recurso (art. 382, § 4º). Essa é melhor interpretação, a que evita a inconstitucionalidade do dispositivo que veda a defesa e o recurso na ação probatória. Literalmente, pode-se afirmar que não se permite nem defesa nem recurso na ação probatória. Tal afirmação, feita a partir de uma leitura literal do § 4º do art. 382, contraria a garantia do contraditório e da ampla defesa. O réu, na ação probatória, pode, evidentemente, alegar incompetência do juízo, impedimento ou suspeição do juiz, ilegitimidade de parte, falta de interesse de agir, inadmissibilidade da demanda, falta de direito à prova, inutilidade ou desnecessidade da prova, ilicitude da prova, entre outras questões, todas relacionadas ao direito fundamental à prova. O que não se permite é defesa ou recurso que discuta a ocorrência ou não fato probando ou suas respectivas consequências jurídicas. Esse não é o objeto da ação probatória. Por isso, não pode mesmo haver defesa ou recurso sobre tais questões. A decisão que indefere a produção de uma prova, na ação probatória, é uma decisão que versa sobre o seu mérito, sendo, portanto, uma decisão agravável (art. 1.015, II).

**13. Contraditório na ação probatória.** *"As ações probatórias autônomas guardam, em si, efetivos conflitos de interesses em torno da própria prova, cujo direito à produção constitui a própria causa de pedir deduzida e, naturalmente, passível de ser resistida pela parte adversa, por meio de todas as defesas e recursos admitidos em nosso sistema processual, na medida em que sua efetivação importa, indiscutivelmente, na restrição de direitos. 6. É de se reconhecer, portanto, que a disposição legal contida no art. 382, § 4º, do Código de Processo Civil não comporta interpretação meramente literal, como se no referido procedimento não houvesse espaço algum para o exercício do contraditório, sob pena de se incorrer em grave ofensa ao correlato princípio processual, à ampla defesa, à isonomia e ao devido processo legal"* (STJ, 3ª Turma, REsp 2.037.088/SP, rel. Min. Marco Aurélio Bellizze, *DJe* 13.3.2023).

**14. Coisa julgada material.** *"A decisão proferida na ação cautelar de produção antecipada de provas é meramente homologatória, que não produz coisa julgada material, admitindo-se que as possíveis críticas aos laudos periciais sejam realizadas nos autos principais, oportunidade em que o magistrado fará a devida valoração das provas"* (STJ, 3ª Turma, AgInt no AREsp 1.736.270/PR, rel. Min. Ricardo Villas Bôas Cueva, *DJe* 30.6.2021).

**15. Honorários de sucumbência.** *"(...) a jurisprudência desta Corte Superior firmou-se no sentido de que, em conformidade com os princípios da sucumbência e da causalidade, são devidos honorários advocatícios em ações cautelares de exibição de documentos e produção antecipada de provas, desde que demonstrada a recusa administrativa e configurada a resistência à pretensão autoral, o que, como visto, não ocorreu na hipótese"* (STJ, 4ª Turma, AgInt no AREsp 1.481.435/SP, rel. Min. Luis Felipe Salomão, *DJe* 10.9.2019).

**Art. 383.** Os autos permanecerão em cartório durante 1 (um) mês para extração de cópias e certidões pelos interessados.
Parágrafo único. Findo o prazo, os autos serão entregues ao promovente da medida.

▶ **1. Correspondência no CPC/1973.** *"Art. 851. Tomado o depoimento ou feito exame pericial, os autos permanecerão em cartório, sendo lícito aos interessados solicitar as certidões que quiserem."* *"Art. 866. A justificação será afinal julgada por sentença e os autos serão entregues ao requerente independentemente de traslado, decorridas 48 (quarenta e oito) horas da decisão."*

## COMENTÁRIOS TEMÁTICOS

**2. Disponibilização dos autos.** Produzida a prova e homologada pelo juiz, os autos ficarão disponíveis, por 1 mês, para que sejam obtidas cópias e certidões. Findo o prazo de 1 mês, os autos serão entregues ao autor da ação probatória, que passam a ser um documento a ser utilizado para todos os fins, em qualquer outro processo judicial ou em qualquer outro ambiente extrajudicial.

**3. Processo eletrônico.** A regra é ineficaz no processo eletrônico, no qual os autos estão disponíveis e acessíveis a todos, não sendo necessária qualquer entrega.

### Seção III
### Da Ata Notarial

**Art. 384.** A existência e o modo de existir de algum fato podem ser atestados ou documentados, a requerimento do interessado, mediante ata lavrada por tabelião.
Parágrafo único. Dados representados por imagem ou som gravados em arquivos eletrônicos poderão constar da ata notarial.

▶ **1. Sem correspondência no CPC/1973.**

# LIVRO I · DO PROCESSO DE CONHECIMENTO E DO CUMPRIMENTO DE SENTENÇA — Art. 384

## 🏛 LEGISLAÇÃO CORRELATA

**2. CC, art. 215.** *"Art. 215. A escritura pública, lavrada em notas de tabelião, é documento dotado de fé pública, fazendo prova plena. § 1º Salvo quando exigidos por lei outros requisitos, a escritura pública deve conter: I – data e local de sua realização; II – reconhecimento da identidade e capacidade das partes e de quantos hajam comparecido ao ato, por si, como representantes, intervenientes ou testemunhas; III – nome, nacionalidade, estado civil, profissão, domicílio e residência das partes e demais comparecentes, com a indicação, quando necessário, do regime de bens do casamento, nome do outro cônjuge e filiação; IV – manifestação clara da vontade das partes e dos intervenientes; V – referência ao cumprimento das exigências legais e fiscais inerentes à legitimidade do ato; VI – declaração de ter sido lida na presença das partes e demais comparecentes, ou de que todos a leram; VII – assinatura das partes e dos demais comparecentes, bem como a do tabelião ou seu substituto legal, encerrando o ato. § 2º Se algum comparecente não puder ou não souber escrever, outra pessoa capaz assinará por ele, a seu rogo. § 3º A escritura será redigida na língua nacional. § 4º Se qualquer dos comparecentes não souber a língua nacional e o tabelião não entender o idioma em que se expressa, deverá comparecer tradutor público para servir de intérprete, ou, não o havendo na localidade, outra pessoa capaz que, a juízo do tabelião, tenha idoneidade e conhecimento bastantes. § 5º Se algum dos comparecentes não for conhecido do tabelião, nem puder identificar-se por documento, deverão participar do ato pelo menos duas testemunhas que o conheçam e atestem sua identidade."*

**3. Lei 8.935/1994, art. 6º, I e II.** *"Art. 6º Aos notários compete: I – formalizar juridicamente a vontade das partes; II – intervir nos atos e negócios jurídicos a que as partes devam ou queiram dar forma legal ou autenticidade, autorizando a redação ou redigindo os instrumentos adequados, conservando os originais e expedindo cópias fidedignas de seu conteúdo; (...)"*

**4. Lei 8.935/1994, art. 7º, III.** *"Art. 7º Aos tabeliães de notas compete com exclusividade: (...) III – lavrar atas notariais."*

## ⚖ JURISPRUDÊNCIA, ENUNCIADOS E SÚMULAS SELECIONADOS

- **5. Enunciado 636 do FPPC.** *"As conversas registradas por aplicativos de mensagens instantâneas e redes sociais podem ser admitidas no processo como prova, independentemente de ata notarial."*

## ▣ COMENTÁRIOS TEMÁTICOS

**6. Atos notariais.** São os atos de ofício do tabelião, que se materializam mediante instrumentos públicos notariais.

**7. Classificação dos atos notariais.** Os atos notariais podem ser classificados como *(a)* atos notariais principais ou instrumentos notariais principais; *(b)* atos ou instrumentos notariais secundários; *(c)* atos complementares.

**8. Atos notariais principais.** São a escritura pública (aí incluídos o testamento e a procuração) e a ata notarial.

**9. Atos notariais secundários.** São os que reúnem a autenticação de documento avulso mediante *(a)* reconhecimento de firma; ou, *(b)* autenticação de cópia reprográfica.

**10. Atos complementares.** São o traslado e a certidão.

**11. Ata notarial.** Depois da escritura, é o ato notarial de maior relevância e consiste no instrumento público por meio do qual o notário consigna os fatos e circunstâncias que presenciam e que, por sua natureza, não sejam matéria de contrato. Em outras palavras, a ata notarial é o instrumento mediante o qual o notário ou tabelião certifica a ocorrência de um fato, para que tenha eficácia probatória em favor do interessado.

**12. Objeto.** A ata notarial tem por objeto um fato jurídico captado pelo tabelião, por seus sentidos, e transcrito no instrumento apropriado. Trata-se da narração de fato verificado, não podendo haver qualquer alteração, interpretação ou adaptação do pelo notário, nem lhe cabendo fazer qualquer juízo de valor.

**13. Forma.** A ata notarial é uma espécie de instrumento público, pois é autorizada por um notário e dotada de fé pública. É, em princípio, a exemplo da escritura pública, um documento notarial protocolar, devendo ser lavrada no livro de notas.

**14. Requisitos.** Não há previsão normativa sobre os requisitos da ata notarial, mas, sendo um instrumento público protocolar, pode-se afirmar que devem ser observados, nela, no que couber, os requisitos da escritura pública (CC, art. 213). Assim, a ata notarial deve ser redigida em língua portuguesa e conter a data e o local de sua lavratura, bem como a assinatura do tabelião ou de seu substituto legal. Da mesma forma que a escritura, a ata notarial deve ser re-

671

querida ao notário, não devendo ser elaborada de ofício, mantendo-se o caráter rogatório da função notarial.

**15. Eficácia.** A ata notarial não produz eficácia probatória, servindo para comprovar a ocorrência de determinado fato presenciado pelo tabelião.

**16. Ata notarial *versus* escritura pública.** Na ata notarial, não há manifestação de vontade, havendo apenas captação de fatos pelo notário, mediante solicitação de algum interessado. Na escritura, por sua vez, há manifestação de vontade recebida pelo tabelião e reproduzida por ele no instrumento com sua qualificação jurídica. Na escritura, atuação do tabelião é mais completa, pois se pretende, por meio dela, constituir, modificar ou extinguir direitos. Já a ata contém mera descrição de um fato.

**17. Elementos adicionais.** A ata notarial pode ser instruída com fotos, imagens, áudios ou documentos que confirmem o fato nela narrado pelo notário ou tabelião.

**18. Exemplos.** A ata notarial pode, por exemplo, atestar o conteúdo de uma conversa mantida em aplicativo de mensagens rápidas, o conteúdo de postagens em redes sociais, em blogs ou *sites*, a ocorrência de um acidente ou de um fato específico, a localização de uma loja ou estabelecimento ou, enfim, de qualquer fato que possa ser captado pelos sentidos do notário ou tabelião.

## Seção IV
## Do Depoimento Pessoal

**Art. 385.** Cabe à parte requerer o depoimento pessoal da outra parte, a fim de que esta seja interrogada na audiência de instrução e julgamento, sem prejuízo do poder do juiz de ordená-lo de ofício.

§ 1º Se a parte, pessoalmente intimada para prestar depoimento pessoal e advertida da pena de confesso, não comparecer ou, comparecendo, se recusar a depor, o juiz aplicar-lhe-á a pena.

§ 2º É vedado a quem ainda não depôs assistir ao interrogatório da outra parte.

§ 3º O depoimento pessoal da parte que residir em comarca, seção ou subseção judiciária diversa daquela onde tramita o processo poderá ser colhido por meio de videoconferência ou outro recurso tecnológico de transmissão de sons e imagens em tempo real, o que poderá ocorrer, inclusive, durante a realização da audiência de instrução e julgamento.

▶ **1. Correspondência no CPC/1973.** *"Art. 342. O juiz pode, de ofício, em qualquer estado do processo, determinar o comparecimento pessoal das partes, a fim de interrogá-las sobre os fatos da causa." "Art. 343. Quando o juiz não o determinar de ofício, compete a cada parte requerer o depoimento pessoal da outra, a fim de interrogá-la na audiência de instrução e julgamento. § 1º A parte será intimada pessoalmente, constando do mandado que se presumirão confessados os fatos contra ela alegados, caso não compareça ou, comparecendo, se recuse a depor. § 2º Se a parte intimada não comparecer, ou comparecendo, se recusar a depor, o juiz lhe aplicará a pena de confissão." "Art. 344. A parte será interrogada na forma prescrita para a inquirição de testemunhas. Parágrafo único. É defeso, a quem ainda não depôs, assistir ao interrogatório da outra parte."*

## ⚖ Jurisprudência, Enunciados e Súmulas Selecionados

• **2. Enunciado 584 do FPPC.** *"É possível que um litisconsorte requeira o depoimento pessoal do outro."*

## 🗉 Comentários Temáticos

**3. Comparecimento das partes em juízo.** As partes podem ser convocadas a comparecer em juízo em diferentes oportunidades: *(a)* para esclarecer fatos da causa (art. 139, VIII); *(b)* para tentativa de autocomposição (art. 139, V); *(c)* para prestar depoimento pessoal (art. 385).

**4. Depoimento pessoal.** A parte pode ser convocada, de ofício pelo juiz ou por provocação da parte contrária, para prestar esclarecimentos, responder a perguntas e, enfim, dar seu depoimento sobre os fatos narrados na fase postulatória.

**5. Fonte de prova.** Qualquer uma das partes pode ser meio de prova, sendo colocada em contato imediato com o juiz, para que apresente seu depoimento.

**6. Dever.** A parte, intimada para depoimento pessoal, tem o dever de comparecer em juízo para responder ao que lhe for perguntado pelo juiz e pelo advogado da parte contrária.

**7. Confissão ficta.** Se, intimada para prestar depoimento pessoal, a parte se recuse ou não compareça à audiência, ser-lhe-á aplicada pena de confissão ficta. Serão considerados confessados todos os fatos contrários à parte que se recusou a depor ou que não compareceu à audiência para prestar seu depoimento pessoal.

**8. Sanção.** A confissão ficta é uma sanção aplicada à parte.

**9. Intimação pessoal.** A parte deve ser intimada pessoalmente para prestar depoimento pessoal.

**10. Advertência.** Na intimação dirigida à parte, convocando-a para prestar depoimento pessoal, é preciso que haja expressa advertência de que sua ausência acarretará a aplicação da sanção de confissão ficta. Se não houver a advertência, a sanção não poderá ser aplicada. Será inválida a sanção aplicada sem a prévia advertência.

**11. Depoimento pessoal *versus* interrogatório informal.** O depoimento pessoal não se confunde com o interrogatório formal (art. 139, VIII). Neste último, o juiz, sem a finalidade de provocar a confissão das partes, resolve convocá-las para que esclareçam melhor os fatos narrados na fase postulatória. O dever de esclarecimento, que decorre da cooperação (art. 6º), exige do juiz que ele se esclareça junto às partes, para melhor compreender a situação posta a seu exame. O interrogatório informal pode ser determinado em qualquer fase do processo, inclusive no âmbito recursal. Já o depoimento pessoal, que tem por finalidade provocar a confissão da parte, pode ser determinado de ofício pelo juiz ou requerido pela parte contrária, devendo ser prestado na audiência de instrução e julgamento, acarretando a confissão ficta, caso a parte, advertida, não compareça àquela audiência.

**12. Depoimento pessoal da parte contrária.** "*Nos termos do art. 343 do CPC/1973 (atual art. 385 do NCPC/2015), o depoimento pessoal é um direito conferido ao adversário, seja autor ou réu. 2. Não cabe à parte requerer seu próprio depoimento, bem assim dos seus litisconsortes, que desfrutam de idêntica situação na relação processual*" (STJ, 3ª Turma, REsp 1.291.096/SP, rel. Min. Ricardo Villas Bôas Cueva, *DJe* 7.6.2016).

**13. Requerimento.** O depoimento pessoal deve ser requerido pela parte contrária. A parte não pode, em princípio, requerer seu próprio depoimento pessoal.

**14. Autodepoimento.** O autodepoimento pode ser admitido como meio atípico de prova, permitindo que a parte requeira o próprio depoimento, para esclarecer, pessoalmente, o juiz sobre os fatos narrados na fase postulatória. Essa é uma maneira de humanizar mais o processo e aproximar mais o juiz dos detalhes do caso, ouvindo presencial e oralmente a própria parte expor sua situação, sua pretensão, o que aconteceu e como aconteceu etc.

**15. Perguntas.** No depoimento pessoal, é o juiz e o advogado da parte contrária que fazem perguntas ao depoente; o advogado da própria parte não pode fazer-lhe perguntas. No autodepoimento, além do juiz e do advogado da parte contrária, o advogado da própria parte pode fazer-lhe perguntas.

**16. Ordem de produção da prova oral.** Na audiência de instrução e julgamento, o primeiro passo é tomar os esclarecimentos dos peritos e assistentes técnicos sobre seus laudos e pareceres, respectivamente (art. 361, I). Em seguida, toma-se o depoimento pessoal do autor e, depois, o do réu (art. 361, II). O terceiro passo é a inquirição das testemunhas arroladas pelo autor, na ordem que ele preferir, para, então, vir a das testemunhas arroladas pelo réu, na ordem que ele preferir (art. 361, III).

**17. Inversão da ordem de produção da prova oral.** O juiz, tendo em vista as peculiaridades do caso concreto, pode inverter a ordem de produção das provas na audiência de instrução e julgamento (art. 139, VI).

**18. Depoimento pessoal do réu em causa própria.** É vedado a quem ainda não depôs assistir ao interrogatório da outra parte (art. 385, § 2º). O depoimento do autor antecede o depoimento pessoal do réu. Assim, enquanto autor depõe, o réu não deve estar presente na sala de audiência. Se, porém, o réu for advogado em causa própria, terá de sair e não haverá qualquer advogado para acompanhar o depoimento do autor. Nesse caso, diante dessa peculiaridade, o juiz pode inverter a ordem da colheita dos depoimentos (art. 139, VI), iniciando pelo do réu, quando, então, o autor deve retirar-se do recinto. Em seguida, será colhido o depoimento do autor, com a presença do réu, que é advogado em causa própria, pois já terá prestado seu depoimento.

**19. Presença de uma parte no depoimento da outra e preclusão.** "*Não havendo a autora oferecido impugnação oportuna contra o fato de o réu, advogado em causa própria, ter assistido ao seu depoimento pessoal, operou-se a respeito a preclusão*" (STJ, 4ª Turma, REsp 202.829/PI, rel. Min. Barros Monteiro, *DJ* 20.3.2000, p. 77).

**20. Depoimento pessoal por videoconferência.** Os atos processuais podem ser praticados por videoconferência ou outro recurso tecnológico de transmissão de sons e imagens em tempo real (art. 236, § 3º). Assim, é possível colher, por videoconferência, o depoimento pessoal da parte que residir em comarca, seção ou subseção judiciária diversa daquela onde tramita o processo (art. 385, § 3º). De onde estiver, em frente ao seu computador ou a outro dispositivo que permita acesso à Internet, a parte pode prestar seu depoimento por videoconferência ou outro recurso tecnológico de transmissão de sons e imagens em tempo real.

> **Art. 386.** Quando a parte, sem motivo justificado, deixar de responder ao que lhe for perguntado ou empregar evasivas, o juiz, apreciando as demais circunstâncias e os elementos de prova, declarará, na sentença, se houve recusa de depor.

▶ **1. Correspondência no CPC/1973.** *"Art. 345. Quando a parte, sem motivo justificado, deixar de responder ao que lhe for perguntado, ou empregar evasivas, o juiz, apreciando as demais circunstâncias e elementos de prova, declarará, na sentença, se houve recusa de depor."*

🏛 **Legislação Correlata**

**2. CPP, art. 198.** *"Art. 198. O silêncio do acusado não importará confissão, mas poderá constituir elemento para a formação do convencimento do juiz."*

⚖ **Jurisprudência, Enunciados e Súmulas Selecionados**

• **3. Enunciado 635 do FPPC.** *"Antes de decidir sobre a conduta da parte no depoimento pessoal, deverá o magistrado submeter o tema a contraditório para evitar decisão surpresa."*

▣ **Comentários Temáticos**

**4. Dever de comparecimento.** As partes têm o dever de comparecer em juízo, respondendo ao que lhes for perguntado (art. 379, I). O simples comparecimento não afasta a aplicação da pena de confesso. Tudo dependerá de como se porta o depoente; se ele não responder às perguntas formuladas ou se as responder com evasivas, é possível que o juiz considere que os fatos que lhe são contrários estejam confessados.

**5. Recusa de depor.** É possível que o depoente se recuse a depor. A recusa de depor pode caracterizar-se pela negativa direta, pela simples omissão em responder ou por evasivas. Em tais situações, cabe o juiz verificar se a atitude da parte deve ser considerada como recusa, justificando, na sentença, os motivos que a levaram a assim considerar e, se for o caso, aplicar a sanção da confissão ficta.

> **Art. 387.** A parte responderá pessoalmente sobre os fatos articulados, não podendo servir-se de escritos anteriormente preparados, permitindo-lhe o juiz, todavia, a consulta a notas breves, desde que objetivem completar esclarecimentos.

▶ **1. Correspondência no CPC/1973.** *"Art. 346. A parte responderá pessoalmente sobre os fatos articulados, não podendo servir-se de escritos adrede preparados; o juiz lhe permitirá, todavia, a consulta a notas breves, desde que objetivem completar esclarecimentos."*

⚖ **Jurisprudência, Enunciados e Súmulas Selecionados**

• **2. Enunciado 33 da I Jornada-CJF.** *"No depoimento pessoal, o advogado da contraparte formulará as perguntas diretamente ao depoente."*

▣ **Comentários Temáticos**

**3. Prova oral.** O depoimento pessoal é um meio de prova oral, permitindo que a parte esclareça os fatos ocorridos, com apresentação de sua versão, a fim de contribuir com a convicção do juiz no caso submetido à sua apreciação.

**4. Notas breves.** Em seu depoimento, parte pode valer-se de breves notas, a fim de estimular e resgatar a memória sobre fatos passados ou sobre detalhes relevantes para o caso. As breves notas não devem desvirtuar a oralidade do depoimento pessoal. Ao depoente não cabe ler um texto previamente elaborado, mas expor sobre os fatos narrados, apoiando-se em breves notas que contenham alguns detalhes relevantes.

> **Art. 388.** A parte não é obrigada a depor sobre fatos:
>
> I – criminosos ou torpes que lhe forem imputados;
>
> II – a cujo respeito, por estado ou profissão, deva guardar sigilo;
>
> III – acerca dos quais não possa responder sem desonra própria, de seu cônjuge, de seu companheiro ou de parente em grau sucessível;
>
> IV – que coloquem em perigo a vida do depoente ou das pessoas referidas no inciso III.
>
> Parágrafo único. Esta disposição não se aplica às ações de estado e de família.

▶ **1. Correspondência no CPC/1973.** *"Art. 347. A parte não é obrigada a depor de fatos: I – criminosos ou torpes, que lhe forem imputados; II – a cujo respeito, por estado ou profissão, deva*

**LIVRO I** · DO PROCESSO DE CONHECIMENTO E DO CUMPRIMENTO DE SENTENÇA **Art. 389**

*guardar sigilo. Parágrafo único. Esta disposição não se aplica às ações de filiação, de desquite e de anulação de casamento."*

## ⚖ LEGISLAÇÃO CORRELATA

**2. CF, art. 5º, XIV.** *"XIV – é assegurado a todos o acesso à informação e resguardado o sigilo da fonte, quando necessário ao exercício profissional."*

**3. CF, art. 5º, LXIII.** *"LXIII – o preso será informado de seus direitos, entre os quais o de permanecer calado, sendo-lhe assegurada a assistência da família e de advogado."*

**4. Dec. 678/1992, art. 1º.** *"Art. 1º A Convenção Americana sobre Direitos Humanos (Pacto de São José da Costa Rica), celebrada em São José da Costa Rica, em 22 de novembro de 1969, apensa por cópia ao presente decreto, deverá ser cumprida tão inteiramente como nela se contém."*

**5. Convenção Americana sobre Direitos Humanos, artigo 8, 2, g.** *"Artigo 8, 2. Toda pessoa acusada de delito tem direito a que se presuma sua inocência enquanto não se comprove legalmente sua culpa. Durante o processo, toda pessoa tem direito, em plena igualdade, às seguintes garantias mínimas: (...) g) direito de não ser obrigado a depor contra si mesma, nem a declarar-se culpada."*

**6. CP, art. 154.** *"Art. 154. Revelar alguém, sem justa causa, segredo, de que tem ciência em razão de função, ministério, ofício ou profissão, e cuja revelação possa produzir dano a outrem: Pena – detenção, de três meses a um ano, ou multa de um conto a dez contos de réis. Parágrafo único – Somente se procede mediante representação."*

**7. Lei 1.079/1950, art. 5º, 4.** *"Art. 5º São crimes de responsabilidade contra a existência política da União: (...) 4 – revelar negócios políticos ou militares, que devam ser mantidos secretos a bem da defesa da segurança externa ou dos interesses da Nação."*

## 🖎 COMENTÁRIOS TEMÁTICOS

**8. Direito ao silêncio.** A parte tem direito ao silêncio em algumas situações, relacionadas com a proteção da sua intimidade, da sua vida, do seu patrimônio ou com a natureza de sua profissão. É legítima a recusa de depor quando se tratar de fato que diga respeito ao sigilo profissional ou que envolva situação relacionada ao estado da pessoa, ressalvadas as ações de estado e de família.

**9. Proporcionalidade.** O direito fundamental de proteção ao sigilo pode ser ponderado e ceder diante da necessidade de proteção a outro

direito fundamental. O sigilo médico pode, por exemplo, ser quebrado para revelação de maus--tratos a menores ou para favorecer o próprio paciente. O beneficiário do segredo pode liberar o profissional de seu dever e permitir que ele faça sua revelação.

**10. Outras hipóteses.** Além daquelas previstas expressamente em lei, o silêncio é permitido em outras hipóteses consideradas pelo juiz como legítimas, a autorizar a parte a deixar de depor.

## Seção V
## Da Confissão

> **Art. 389.** Há confissão, judicial ou extrajudicial, quando a parte admite a verdade de fato contrário ao seu interesse e favorável ao do adversário.

▶ **1. Correspondência no CPC/1973.** *"Art. 348. Há confissão, quando a parte admite a verdade de um fato, contrário ao seu interesse e favorável ao adversário. A confissão é judicial ou extrajudicial."*

## ⚖ LEGISLAÇÃO CORRELATA

**2. CC, art. 212, I.** *"Art. 212. Salvo o negócio a que se impõe forma especial, o fato jurídico pode ser provado mediante: I – confissão."*

**3. CPP, art. 197.** *"Art. 197. O valor da confissão se aferirá pelos critérios adotados para os outros elementos de prova, e para a sua apreciação o juiz deverá confrontá-la com as demais provas do processo, verificando se entre ela e estas existe compatibilidade ou concordância."*

**4. CPP, art. 198.** *"Art. 198. O silêncio do acusado não importará confissão, mas poderá constituir elemento para a formação do convencimento do juiz."*

## 🖎 COMENTÁRIOS TEMÁTICOS

**5. Confissão.** A confissão é uma declaração voluntária de ciência de fato, por meio da qual alguém reconhece a existência de um fato contrário ao seu interesse e favorável ao interesse da parte contrária.

**6. Elementos da confissão.** A confissão contém 3 elementos: o subjetivo, o intencional e o objetivo. O sujeito declarante é o elemento subjetivo. A vontade de declarar um fato consiste no elemento intencional. O fato contrário ao confitente é o elemento objetivo.

**7. Natureza jurídica.** A confissão não é um negócio jurídico; é um ato jurídico em sentido estrito. Sendo assim, não é possível confissão sob condição ou termo. A confissão é também um meio de prova.

**8. Confissão *versus* reconhecimento do pedido.** A confissão não se confunde com o reconhecimento da procedência do pedido. Enquanto aquela tem por objeto um fato, este consiste na aceitação da pretensão contra si dirigida pelo autor, a ensejar a resolução do mérito por meio de sentença homologatória (art. 487, III, *a*). A confissão é um ato jurídico; o reconhecimento do pedido é um negócio jurídico unilateral ou uma autocomposição unilateral: a disputa é resolvida, unilateralmente, por reconhecimento do réu. A parte pode confessar um fato, mas negar as consequências jurídicas que a parte contrária a ele atribui. Nesse caso, terá havido confissão, mas não reconhecimento do pedido. A confissão não acarreta resultado necessariamente desfavorável, pois ela prova um fato, não reconhecendo a consequência jurídica que lhe é atribuída. A confissão tem por objeto o fato; o reconhecimento, o pedido. A confissão dispensa a produção de prova, pois o fato é provado pela confissão. O reconhecimento do pedido resolve o mérito da causa.

**9. Confissão *versus* admissão.** A confissão difere da admissão. Enquanto naquela se reconhece expressamente como verdadeiro um fato que lhe é contrário, na admissão há uma omissão, deixando-se de impugnar o fato alegado pela parte contrária, que passa a ser incontroverso no processo. A confissão é conduta positiva da parte, que reconhece expressamente um fato que lhe é contrário, tenha ele sido alegado por ela mesma ou pela parte contrária. Já a admissão consiste numa omissão: a parte simplesmente deixa de impugnar fato alegado pela parte contrária, tornando-o incontroverso. O advogado da parte pode admitir fatos; os poderes gerais para o foro, contidos a procuração subscrita pelo seu cliente, permitem que ele admita fatos. Para confessar, o advogado precisa, porém, receber poder especial na procuração (art. 105). A confissão é um ato jurídico; a admissão é um ato-fato jurídico. Por isso, a confissão pode ser invalidada; a admissão, não.

**10. Confissão judicial.** Se produzida em juízo, conforme os modos admitidos em lei, a confissão será judicial.

**11. Confissão extrajudicial.** É aquela produzida fora do juízo.

**12. Confissão simples.** É simples a confissão quando se restringe à declaração de ciência do fato contrário ao confitente.

**13. Confissão qualificada.** Ocorre quando o confitente nega os efeitos jurídicos que a parte contrária pretende atribuir ao fato confessado.

**14. Confissão complexa.** Quando o confitente traz ao processo fatos novos, a confissão é complexa.

**15. Confissão real.** A confissão efetivamente feita pelo confitente, oralmente ou por escrito, é a real.

**16. Confissão ficta.** É ficta a confissão que se reputa ocorrida, quando a parte, pessoalmente intimada para prestar depoimento pessoal e advertida da pena de confesso, não comparece ou, comparecendo, se recusa a depor (art. 385, § 1º).

> **Art. 390.** A confissão judicial pode ser espontânea ou provocada.
>
> § 1º A confissão espontânea pode ser feita pela própria parte ou por representante com poder especial.
>
> § 2º A confissão provocada constará do termo de depoimento pessoal.

▶ **1. Correspondência no CPC/1973.** *"Art. 349. A confissão judicial pode ser espontânea ou provocada. Da confissão espontânea, tanto que requerida pela parte, se lavrará o respectivo termo nos autos; a confissão provocada constará do depoimento pessoal prestado pela parte. Parágrafo único. A confissão espontânea pode ser feita pela própria parte, ou por mandatário com poderes especiais."*

### 🏛 LEGISLAÇÃO CORRELATA

**2. CPP, art. 199.** *"Art. 199. A confissão, quando feita fora do interrogatório, será tomada por termo nos autos, observado o disposto no art. 195."*

### 📋 COMENTÁRIOS TEMÁTICOS

**3. Sujeito declarante.** O sujeito declarante é a parte. A confissão da parte pode, porém, ser feita por um representante ou procurador com poderes especiais para confessar.

**4. Confissão espontânea.** Quando produzida por iniciativa do próprio confitente, pessoalmente ou por representante, a confissão é espontânea.

**5. Confissão pelo advogado da parte.** A confissão espontânea pode ser feita por representante. O representante apresenta a confissão espontânea, mas quem confessa é o representado, ou seja, a parte. O advogado ou representante, para confessar espontaneamente, precisa ter poder especial para tanto (arts. 105 e 390,

# LIVRO I · DO PROCESSO DE CONHECIMENTO E DO CUMPRIMENTO DE SENTENÇA — Art. 392

§ 1º). A confissão feita por procurador sem poder especial é ineficaz (CC, arts. 116 e 213; CPC, art. 392, §. 2º).

**6. Confissão provocada.** A confissão provocada é a que resultou do depoimento pessoal da parte (art. 385). O objetivo do depoimento pessoal é provocar a confissão da parte. Por isso, seu advogado não lhe deve fazer perguntas. As perguntas devem ser feitas pelo juiz ou pelo advogado da parte contrária.

> **Art. 391.** A confissão judicial faz prova contra o confitente, não prejudicando, todavia, os litisconsortes.
> Parágrafo único. Nas ações que versarem sobre bens imóveis ou direitos reais sobre imóveis alheios, a confissão de um cônjuge ou companheiro não valerá sem a do outro, salvo se o regime de casamento for o de separação absoluta de bens.

▶ **1. Correspondência no CPC/1973.** *"Art. 350. A confissão judicial faz prova contra o confitente, não prejudicando, todavia, os litisconsortes. Parágrafo único. Nas ações que versarem sobre bens imóveis ou direitos sobre imóveis alheios, a confissão de um cônjuge não valerá sem a do outro."*

## ⚖ LEGISLAÇÃO CORRELATA

**2. CC, art. 1.647, II.** *"Art. 1.647. Ressalvado o disposto no art. 1.648, nenhum dos cônjuges pode, sem autorização do outro, exceto no regime da separação absoluta: (...) II – pleitear, como autor ou réu, acerca desses bens ou direitos."*

**3. CPP, art. 186, parágrafo único.** *"Parágrafo único. O silêncio, que não importará em confissão, não poderá ser interpretado em prejuízo da defesa."*

## ⚖ JURISPRUDÊNCIA, ENUNCIADOS E SÚMULAS SELECIONADOS

• **4. Súmula TST, 74.** *"I – Aplica-se a confissão à parte que, expressamente intimada com aquela cominação, não comparecer à audiência em prosseguimento, na qual deveria depor. II – A prova pré-constituída nos autos pode ser levada em conta para confronto com a confissão ficta (arts. 442 e 443, do CPC de 2015 – art. 400, I, do CPC de 1973), não implicando cerceamento de defesa o indeferimento de provas posteriores. III- A vedação à produção de prova posterior pela parte confessa somente a ela se aplica, não afetando o exercício, pelo magistrado, do poder/dever de conduzir o processo."*

## ▣ COMENTÁRIOS TEMÁTICOS

**5. Eficácia da confissão.** A confissão prova fatos contrários ao confitente. Diante da confissão, o confitente perde o direito de provar o contrário do que confessou e seu adversário fica desonerado do ônus da prova, pois o fato confessado já está provado.

**6. Vinculação do juiz.** O juiz, como o faz com qualquer meio de prova, não fica vinculado à confissão, devendo fundamentar adequadamente sua decisão e justificar as razões de seu convencimento, à vista de elementos concretos contidos nos autos. Nesse caso, se o juiz afastar a eficácia da confissão, deve advertir às partes, a fim de evitar decisão surpresa (art. 10), e oportunizar à parte beneficiária da confissão a produção de provas adicionais.

**7. Confissão do litisconsorte.** A confissão de um litisconsorte é ineficaz relativamente aos demais, qualquer que seja a natureza do litisconsórcio. No litisconsórcio unitário, a confissão só produz efeitos se todos confessarem. Em caso de litisconsórcio simples, a confissão feita por um litisconsorte não produz efeito em relação aos demais. Se o fato confessado disser respeito apenas ao litisconsorte confitente, a confissão é eficaz. Caso, porém, o fato confessado for comum a todos os litisconsortes, a confissão produz efeitos ao confitente, sendo ineficaz como confissão quanto aos demais, mas servirá como testemunho desfavorável a todos.

**8. Confissão e cônjuges ou companheiros.** Nenhum dos cônjuges ou companheiros pode, sem autorização do outro, exceto no regime de separação absoluta de bens, postular bem imóvel ou direitos reais sobre imóvel. Sendo assim, é ineficaz a confissão de um dos cônjuges ou companheiros em relação ao outro quando a demanda versar sobre imóvel ou direito real sobre imóvel. A falta de autorização não acarreta invalidade da confissão, mas sua ineficácia.

> **Art. 392.** Não vale como confissão a admissão, em juízo, de fatos relativos a direitos indisponíveis.
> § 1º A confissão será ineficaz se feita por quem não for capaz de dispor do direito a que se referem os fatos confessados.
> § 2º A confissão feita por um representante somente é eficaz nos limites em que este pode vincular o representado.

▶ **1. Correspondência no CPC/1973.** *"Art. 351. Não vale como confissão a admissão, em juízo, de fatos relativos a direitos indisponíveis."*

677

## ⊞ Legislação Correlata

**2. CC, art. 116.** *"Art. 116. A manifestação de vontade pelo representante, nos limites de seus poderes, produz efeitos em relação ao representado."*

**3. CC, art. 213.** *"Art. 213. Não tem eficácia a confissão se provém de quem não é capaz de dispor do direito a que se referem os fatos confessados. Parágrafo único. Se feita a confissão por um representante, somente é eficaz nos limites em que este pode vincular o representado."*

## ⊟ Comentários Temáticos

**4. Direito disponível.** A confissão só é eficaz se o fato a ser provado disser respeito a direito disponível. A confissão de fatos relativos a direitos indisponíveis é ineficaz.

**5. Ineficácia.** É ineficaz a confissão feita por quem não pode dispor dos direitos a ela relacionados. O advogado ou representante, para confessar espontaneamente, precisa ter poder especial para tanto (arts. 105 e 390, § 1º). A confissão feita por procurador sem poder especial é ineficaz (CC, arts. 116 e 213; CPC, art. 392, §. 2º); não se trata de ato nulo ou anulável. É ato jurídico que vale e é eficaz apenas para o representante, não produzindo efeitos para o representado.

**6. Representante do incapaz.** O representante legal de incapaz não pode confessar fato que diga respeito ao representado. É ineficaz a confissão feita por representante de incapaz.

> **Art. 393.** A confissão é irrevogável, mas pode ser anulada se decorreu de erro de fato ou de coação. Parágrafo único. A legitimidade para a ação prevista no *caput* é exclusiva do confitente e pode ser transferida a seus herdeiros se ele falecer após a propositura.

▶ **1. Correspondência no CPC/1973.** *"Art. 352. A confissão, quando emanar de erro, dolo ou coação, pode ser revogada: I – por ação anulatória, se pendente o processo em que foi feita; II – por ação rescisória, depois de transitada em julgado a sentença, da qual constituir o único fundamento. Parágrafo único. Cabe ao confitente o direito de propor a ação, nos casos de que trata este artigo; mas, uma vez iniciada, passa aos seus herdeiros."*

## ⊞ Legislação Correlata

**2. CC, art. 138.** *"Art. 138. São anuláveis os negócios jurídicos, quando as declarações de vontade emanarem de erro substancial que poderia ser percebido por pessoa de diligência normal, em face das circunstâncias do negócio."*

**3. CC, art. 151.** *"Art. 151. A coação, para viciar a declaração da vontade, há de ser tal que incuta ao paciente fundado temor de dano iminente e considerável à sua pessoa, à sua família, ou aos seus bens."*

**4. CC, art. 214.** *"Art. 214. A confissão é irrevogável, mas pode ser anulada se decorreu de erro de fato ou de coação."*

## ⊟ Comentários Temáticos

**5. Irrevogabilidade da confissão.** A confissão, por não ter natureza negocial, não pode ser revogada. A confissão pode, porém, ser invalidada. A invalidação não se confunde com a revogação.

**6. Invalidação da confissão.** A confissão pode ser invalidada por erro de fato ou por coação.

**7. Ausência de trânsito em julgado.** Não tendo havido ainda o trânsito em julgado da decisão que se baseou na confissão, cabe ação anulatória da confissão, a ser proposta apenas pelo confitente, podendo, em caso de seu falecimento, seu espólio ou herdeiros nela prosseguir.

**8. Ocorrência do trânsito em julgado.** Se a decisão que se baseou na confissão já tiver transitado em julgado, não cabe ação anulatória. É inócua uma ação anulatória proposta contra a confissão, quando já há coisa julgada, pois não teria o condão de desfazer a coisa julgada. É preciso desfazer a coisa julgada, e esta só se desfaz por ação rescisória. A ação deve ser proposta contra a decisão transitada em julgado, e não contra a confissão. É caso, pois, de ação rescisória, se presente alguma de suas hipóteses (art. 966).

**9. Dolo.** Não é possível invalidar a confissão feita por dolo. A confissão só pode ser invalidada por erro de fato ou por coação. Se houve dolo, mas não houve erro de fato, não é possível invalidar a confissão. Se o fato foi confessado, é irrelevante a existência de dolo, a não ser que este tenha ocasionado erro de fato. Não importa a intenção do confitente. É irrelevante se ele teve dolo ao confessar. O que invalida a confissão é se ele foi induzido a erro de fato ou se sofreu coação para declarar fato contrário ao seu interesse.

> **Art. 394.** A confissão extrajudicial, quando feita oralmente, só terá eficácia nos casos em que a lei não exija prova literal.

▶ **1. Correspondência no CPC/1973.** *"Art. 353. A confissão extrajudicial, feita por escrito à parte ou a quem a represente, tem a mesma eficácia probatória da judicial; feita a terceiro, ou contida em testamento, será livremente apreciada*

# LIVRO I · DO PROCESSO DE CONHECIMENTO E DO CUMPRIMENTO DE SENTENÇA — Art. 396

*pelo juiz. Parágrafo único. Todavia, quando feita verbalmente, só terá eficácia nos casos em que a lei não exija prova literal."*

### 🖳 COMENTÁRIOS TEMÁTICOS

**2. Forma.** A confissão extrajudicial, feita oralmente, só é eficaz se não for necessária forma especial para prova do fato (instrumento público ou particular). Não havendo exigência legal de prova literal, a confissão extrajudicial pode ser provada por testemunha. Assim, por exemplo, a confissão extrajudicial, feita oralmente, por meio da qual a parte afirma ter feito doação é ineficaz, pois doação se faz por escritura pública ou por instrumento particular (CC, art. 541). Também é ineficaz, não se provando por testemunha, a confissão, feita extrajudicialmente, mediante a qual o confitente declara ter celebrado contrato de constituição de renda, pois se exige escritura pública (CC, art. 807). De igual modo, a confissão extrajudicial, feita oralmente, em que se afirma ter prestado fiança é ineficaz e não se prova por testemunha, pois a fiança dá-se por escrito (CC, art. 819).

---

**Art. 395.** A confissão é, em regra, indivisível, não podendo a parte que a quiser invocar como prova aceitá-la no tópico que a beneficiar e rejeitá-la no que lhe for desfavorável, porém cindir-se-á quando o confitente a ela aduzir fatos novos, capazes de constituir fundamento de defesa de direito material ou de reconvenção.

---

▶ **1. Correspondência no CPC/1973.** *"Art. 354. A confissão é, de regra, indivisível, não podendo a parte, que a quiser invocar como prova, aceitá-la no tópico que a beneficiar e rejeitá-la no que lhe for desfavorável. Cindir-se-á, todavia, quando o confitente lhe aduzir fatos novos, suscetíveis de constituir fundamento de defesa de direito material ou de reconvenção."*

### 🖳 LEGISLAÇÃO CORRELATA

**2. CPP, art. 200.** *"Art. 200. A confissão será divisível e retratável, sem prejuízo do livre convencimento do juiz, fundado no exame das provas em conjunto."*

### ⚖ JURISPRUDÊNCIA, ENUNCIADOS E SÚMULAS SELECIONADOS

• **3. Súmula TST, 74.** *"I – Aplica-se a confissão à parte que, expressamente intimada com aquela cominação, não comparecer à audiência em*

*prosseguimento, na qual deveria depor. II – A prova pré-constituída nos autos pode ser levada em conta para confronto com a confissão ficta (arts. 442 e 443, do CPC de 2015 – art. 400, I, do CPC de 1973), não implicando cerceamento de defesa o indeferimento de provas posteriores. III – A vedação à produção de prova posterior pela parte confessa somente a ela se aplica, não afetando o exercício, pelo magistrado, do poder/dever de conduzir o processo."*

### 🖳 COMENTÁRIOS TEMÁTICOS

**4. Indivisibilidade da confissão.** A confissão é a declaração de um fato contrário ao confitente, não abrangendo o que lhe é favorável. Se o confitente declara fatos que lhe são contrários, eles estarão provados. Todos os fatos contrários ao confitente configuram confissão. As declarações desfavoráveis ao adversário do confitente não podem ser consideradas confissões. Logo, a confissão não é, rigorosamente, indivisível. O que é indivisível é o depoimento ou a declaração prestada pela parte que contenha confissão. As declarações desfavoráveis ao adversário do confitente não podem ser consideradas confissões.

**5. Fatos novos.** Quando o confitente aduzir fatos novos, suscetíveis de constituir fundamento de defesa de direito material ou de reconvenção, será possível cindir seu depoimento. Nesse caso, há uma confissão complexa: a parte, além de confessar um fato que lhe é contrário, acrescenta fato novo ao processo. Assim, por exemplo, o réu pode confessar que se obrigou a pagar determinada quantia ao autor, mas alega que já pagou (fato novo). Nesse caso, o depoimento é cindível, valendo como prova contra o confitente: estará provado que contraiu a obrigação alegada, desprezado o fato novo alegado (pagamento), que deve ser provado por outro meio. O exemplo mostra que há, aí, uma confissão e uma alegação. A cisão do depoimento consiste, em verdade, em separar a confissão da alegação, que se misturaram na mesma declaração.

## Seção VI
## Da Exibição de Documento ou Coisa

---

**Art. 396.** O juiz pode ordenar que a parte exiba documento ou coisa que se encontre em seu poder.

---

▶ **1. Correspondência no CPC/1973.** *"Art. 355. O juiz pode ordenar que a parte exiba documento ou coisa, que se ache em seu poder."*

## 🏛 Legislação Correlata

**2. Lei 12.965/2014, art. 22.** *"Art. 22. A parte interessada poderá, com o propósito de formar conjunto probatório em processo judicial cível ou penal, em caráter incidental ou autônomo, requerer ao juiz que ordene ao responsável pela guarda o fornecimento de registros de conexão ou de registros de acesso a aplicações de internet. Parágrafo único. Sem prejuízo dos demais requisitos legais, o requerimento deverá conter, sob pena de responsabilidade: I – fundados indícios da ocorrência do ilícito; II – justificativa motivada da utilidade dos registros solicitados para fins de investigação ou instrução probatória; e III – período ao qual se referem os registros."*

**3. Lei 12.965/2014, art. 23.** *"Art. 23. Cabe ao juiz tomar as providências necessárias à garantia do sigilo das informações recebidas e à preservação da intimidade, da vida privada, da honra e da imagem do usuário, podendo determinar segredo de justiça, inclusive quanto aos pedidos de guarda de registro."*

## ⚖ Jurisprudência, Enunciados e Súmulas Selecionados

- **4. Súmula STF, 390.** *"A exibição judicial de livros comerciais pode ser requerida como medida preventiva."*
- **5. Tema/Repetitivo 43 do STJ.** *"A comprovação do pagamento do 'custo do serviço' referente ao fornecimento de certidão de assentamentos constantes dos livros da companhia é requisito de procedibilidade da ação de exibição de documentos ajuizada em face da sociedade anônima."*
- **6. Tema/Repetitivo 648 do STJ.** *"A propositura de ação cautelar de exibição de documentos bancários (cópias e segunda via de documentos) é cabível como medida preparatória a fim de instruir a ação principal, bastando a demonstração da existência de relação jurídica entre as partes, a comprovação de prévio pedido à instituição financeira não atendido em prazo razoável, e o pagamento do custo do serviço conforme previsão contratual e normatização da autoridade monetária."*
- **7. Tema/Repetitivo 915 do STJ.** *"Em relação ao sistema 'credit scoring', o interesse de agir para a propositura da ação cautelar de exibição de documentos exige, no mínimo, a prova de: i) requerimento para obtenção dos dados ou, ao menos, a tentativa de fazê-lo à instituição responsável pelo sistema de pontuação, com a fixação de prazo razoável para atendimento;*

*e ii) que a recusa do crédito almejado ocorreu em razão da pontuação que lhe foi atribuída pelo sistema 'scoring'."*
- **8. Tema/Repetitivo 1.000.** *"Desde que prováveis a existência da relação jurídica entre as partes e de documento ou coisa que se pretende seja exibido, apurada em contraditório prévio, poderá o juiz, após tentativa de busca e apreensão ou outra medida coercitiva, determinar sua exibição sob pena de multa com base no art. 400, parágrafo único, do CPC/2015."*
- **9. Súmula STJ, 372.** *"Na ação de exibição de documentos, não cabe a aplicação de multa cominatória."*
- **10. Súmula STJ, 389.** *"A comprovação do pagamento do 'custo do serviço' referente ao fornecimento de certidão de assentamentos constantes dos livros da companhia é requisito de procedibilidade da ação de exibição de documentos ajuizada em face da sociedade anônima."*
- **11. Enunciado 53 do FPPC.** *"Na ação de exibição não cabe a fixação, nem a manutenção de multa quando a exibição for reconhecida como impossível."*
- **12. Enunciado 283 do FPPC.** *"Aplicam-se os arts. 319, § 1º, 396 a 404 também quando o autor não dispuser de documentos indispensáveis à propositura da ação."*
- **13. Enunciado 518 do FPPC.** *"Em caso de exibição de documento ou coisa em caráter antecedente, a fim de que seja autorizada a produção, tem a parte autora o ônus de adiantar os gastos necessários, salvo hipóteses em que o custeio incumbir ao réu."*
- **14. Enunciado 119 da II Jornada-CJF.** *"É admissível o ajuizamento de ação de exibição de documentos, de forma autônoma, inclusive pelo procedimento comum do CPC (art. 318 e seguintes)."*
- **15. Enunciado 129 da II Jornada-CJF.** *"É admitida a exibição de documentos como objeto de produção antecipada de prova, nos termos do art. 381 do CPC."*

## 🖥 Comentários Temáticos

**16. Meio de produção de prova documental.** A exibição de documento ou coisa é um meio de obtenção de elementos de prova documental.

**17. Direito constitucional à prova.** O direito constitucional à prova assegura a todos que participam de processo judicial ou administrativo a utilização de meios destinados à obtenção de elementos para produção de prova. Nesse sentido, a exibição de documentos ou coisas

**LIVRO I** · DO PROCESSO DE CONHECIMENTO E DO CUMPRIMENTO DE SENTENÇA **Art. 397**

deve ser assegurada a todos que participam de qualquer processo.

**18. Fornecimento de dados *versus* exibição de documentos.** *"Na hipótese dos autos, verifica-se que a pretensão cautelar reside no fornecimento de dados para identificação de suposto ofensor da imagem da sociedade de economia federal e de seus dirigentes. Assim, evidencia-se a preponderância da obrigação de fazer, consistente no ato de identificação do usuário do serviço de internet. 4. Tal obrigação, certificada mediante decisão judicial, não se confunde com a pretensão cautelar de exibição de documento, a qual era regulada pelo art. 844 do CPC de 1973. Isso porque os autores da cautelar inominada não buscaram a exibição de um documento específico, mas, sim, o fornecimento de informações aptas a identificação do tomador do serviço prestado pela requerida, sendo certo que, desde 2009, já havia recomendação do Comitê Gestor de Internet no Brasil no sentido de que os provedores de acesso mantivessem, por um prazo mínimo de três anos, os dados de conexão e comunicação realizadas por meio de seus equipamentos. 5. Além do mais, as sanções processuais aplicáveis à recusa de exibição de documento – presunção de veracidade dos fatos alegados pelo autor e busca e apreensão (arts. 359 e 362 do CPC de 1973) –, revelam-se evidentemente inócuas na espécie. É que os fatos narrados na inicial – a serem oportunamente examinados em ação própria – dizem respeito a terceiro (o usuário a ser identificado pela requerida), inexistindo, outrossim, documento a ser objeto de busca e apreensão, pois o fornecimento das informações pleiteadas pelas supostas vítimas reclama, tão somente, pesquisa no sistema informatizado da ré. 6. As citadas peculiaridades, extraídas do caso concreto, constituem* distinguishing *apto a afastar a incidência do entendimento plasmado na Súmula 372/STJ ('na ação de exibição de documentos, não cabe a aplicação de multa cominatória') e reafirmado no Recurso Especial repetitivo 1.333.988/SP ('descabimento de multa cominatória na exibição, incidental ou autônoma, de documento relativo a direito disponível')"* (STJ, 4ª Turma, REsp 1.560.976/RJ, rel. Min. Luis Felipe Salomão, *DJe* 1º.7.2019).

**19. Exibição contra a parte *versus* exibição contra terceiro.** A exibição pode ser requerida em face da parte contrária ou de um terceiro. Quando requerida contra a parte adversária, será um incidente processual. Se, por sua vez, for requerida contra um terceiro, será um processo incidente.

**20. Ação autônoma.** A exibição de documento ou coisa pode ser requerida em ação probatória autônoma (arts. 381 a 383), tendo a finalidade apenas de produzir a prova.

**21. Pedido de exibição formulado contra a parte adversária.** Regulado nos arts. 396 a 400, a exibição contra a parte adversária tem natureza de incidente processual, podendo ser requerida por qualquer uma das partes contra a outra. Também pode ser requerida por um terceiro interveniente.

**22. Momento.** O autor pode, na sua petição inicial, requerer a exibição de documento ou coisa que esteja em posse do réu. Este pode requerer em sua contestação. O terceiro poderá requerer na petição por meio da qual postular seu ingresso no processo. Em qualquer momento que surgir a necessidade da prova, qualquer um pode requerer a exibição do documento ou da coisa contra uma das partes.

> **Art. 397.** O pedido formulado pela parte conterá:
>
> I – a descrição, tão completa quanto possível, do documento ou da coisa, ou das categorias de documentos ou de coisas buscados;
>
> II – a finalidade da prova, com indicação dos fatos que se relacionam com o documento ou com a coisa, ou com suas categorias;
>
> III – as circunstâncias em que se funda o requerente para afirmar que o documento ou a coisa existe, ainda que a referência seja a categoria de documentos ou de coisas, e se acha em poder da parte contrária.

▶ **1. Correspondência no CPC/1973.** *"Art. 356. O pedido formulado pela parte conterá: I – a individuação, tão completa quanto possível, do documento ou da coisa; II – a finalidade da prova, indicando os fatos que se relacionam com o documento ou a coisa; III – as circunstâncias em que se funda o requerente para afirmar que o documento ou a coisa existe e se acha em poder da parte contrária."*

🔖 **JURISPRUDÊNCIA, ENUNCIADOS E SÚMULAS SELECIONADOS**

- **2. Enunciado 738 do FPPC.** *"Na busca e apreensão de documentos, o juiz deve indicar a descrição, tão completa quanto possível, do documento ou da coisa, ou das categorias de documentos ou de coisas buscados."*
- **3. Enunciado 119 da II Jornada-CJF.** *"É admissível o ajuizamento de ação de exibição de documentos, de forma autônoma, inclusive pelo procedimento comum do CPC (art. 318 e seguintes)."*

## ☰ COMENTÁRIOS TEMÁTICOS

**4. Legitimidade.** O pedido de exibição de documento ou coisa pode ser feito por qualquer uma das partes em face da outra ou por terceiro interveniente. O autor pode pedir na petição inicial; o réu, na contestação, e o terceiro, na petição pela qual requerer seu ingresso no processo. Qualquer um pode, quando surgir a necessidade da prova, requerer a exibição do documento ou da coisa.

**5. Requisitos do pedido.** Em todos os casos, o pedido de exibição conterá *(a)* a descrição, da forma mais completa possível, do documento ou da coisa, ou das categorias de documentos ou de coisas buscados; *(b)* o objetivo da prova, com indicação dos fatos relacionados com o documento ou a coisa, ou com suas categorias; *(c)* as circunstâncias que justificam o requerente afirmar que o documento ou a coisa existe, ainda que a referência seja a categoria de documentos ou de coisas, e se acha em poder da parte contrária.

**6. Exibição de uma categoria de documentos ou coisas: *discovery*.** O sujeito processual pode requerer a exibição um conjunto de documento ou coisas, em vez de requerer a exibição de apenas um deles. Em outras palavras, pode-se pedir a exibição de uma categoria de documentos ou coisas. Assim, por exemplo, pode-se pedir a exibição de todos os contratos relativos a determinado empreendimento ou negócio. É possível identificar certa aproximação do pedido de exibição de categoria de documentos ou coisas com a técnica do *discovery*, amplamente empregada no sistema processual norte-americano previamente ao litígio. A técnica do *discovery* é amplamente utilizada em países de tradição anglo-saxã, consistindo no instrumento processual de exibição e produção compulsória de prova mediante requerimento prévio formulado pela parte interessada. Pela técnica do *discovery*, permite-se às partes pela plena aptidão de poder livremente analisar, de forma exaustiva, a documentação do adversário, possibilitando a utilização de informações obtidas para fins amplos.

**7. Proibição de *fishing expedition*.** No pedido de exibição de uma categoria de documentos ou coisas, a parte deve especificar o fato a ser provado e indicar os meios de prova a serem produzidos. Não se pode requerer uma produção de prova geral, que alcance uma generalidade de fatos, sem especificação, sem identificação, sem delimitação. É abusivo e atenta contra o devido processo legal pedir a produção de prova generalizada, sem especificar o fato a ser provado, sob pena de acarretar uma *fishing expedition*. Para evitar a *fishing expedition*, a parte deve mencionar com precisão os fatos sobre os quais a prova há de recair, aplicando-se aqui o art. 382. Com isso, afasta-se o risco de *fishing expedition*, impede-se o abuso de direito e garante-se o contraditório na produção da prova. O art. 382, aplicável também à exibição de documento ou de coisa, consagrou a proibição da *fishing expedition*, ao exigir que o autor da ação de produção antecipada de prova mencione, com precisão, o fato a ser provado.

> **Art. 398.** O requerido dará sua resposta nos 5 (cinco) dias subsequentes à sua intimação.
> Parágrafo único. Se o requerido afirmar que não possui o documento ou a coisa, o juiz permitirá que o requerente prove, por qualquer meio, que a declaração não corresponde à verdade.

▶ **1. Correspondência no CPC/1973.** *"Art. 357. O requerido dará a sua resposta nos 5 (cinco) dias subsequentes à sua intimação. Se afirmar que não possui o documento ou a coisa, o juiz permitirá que o requerente prove, por qualquer meio, que a declaração não corresponde à verdade."*

## ☰ COMENTÁRIOS TEMÁTICOS

**2. Contraditório.** A exibição de documento ou coisa deve respeitar o contraditório, devendo ser oportunizada resposta ao requerido.

**3. Procedimento.** Requerida a exibição de documento ou coisa, o juiz determinará a intimação da parte contrária para que ela dê sua resposta.

**4. Momento da resposta.** Se a exibição de documento ou coisa for requerida na petição inicial, o réu terá a oportunidade de dar sua resposta na sua contestação. Requerida pelo réu, o autor terá a oportunidade em sua réplica. Requerida em outro momento, a parte contrária terá 5 dias para dar sua resposta.

**5. Resposta.** Intimado, o requerido pode adotar uma das seguintes respostas: *(a)* exibir o documento ou a coisa, atendendo ao requerimento; *(b)* manter-se silente, caso em que o juiz pode presumir verdadeiros os fatos a serem provados (art. 400, I); *(c)* admite que o documento ou a coisa está em seu poder, mas se recusa a exibir (art. 404); *(d)* negar a existência do documento ou da coisa ou afirmar não estar em se poder, cabendo ao requerente produzir prova em sentido contrário (art. 398, parágrafo único).

**LIVRO I** · DO PROCESSO DE CONHECIMENTO E DO CUMPRIMENTO DE SENTENÇA | **Art. 400**

**Art. 399.** O juiz não admitirá a recusa se:

I – o requerido tiver obrigação legal de exibir;

II – o requerido tiver aludido ao documento ou à coisa, no processo, com o intuito de constituir prova;

III – o documento, por seu conteúdo, for comum às partes.

▶ **1. Correspondência no CPC/1973.** *"Art. 358. O juiz não admitirá a recusa: I – se o requerido tiver obrigação legal de exibir; II – se o requerido aludiu ao documento ou à coisa, no processo, com o intuito de constituir prova; III – se o documento, por seu conteúdo, for comum às partes."*

### 🖹 COMENTÁRIOS TEMÁTICOS

**2. Recusa.** O requerido, ao ser intimado para a exibição de documento ou coisa, pode apresentar recusa.

**3. Recusas inadmissíveis.** Há casos em que não se admite a recusa do requerido na exibição do documento ou coisa. Assim, se ele tiver obrigação legal de exibir, não poderá recusar. Também não poderá recusar a exibição do documento ou coisa quem lhe tiver feito referência no curso do processo, com a finalidade de constituir prova. De igual modo, sendo o documento comum às partes, não poderá haver a recusa.

**Art. 400.** Ao decidir o pedido, o juiz admitirá como verdadeiros os fatos que, por meio do documento ou da coisa, a parte pretendia provar se:

I – o requerido não efetuar a exibição nem fizer nenhuma declaração no prazo do art. 398;

II – a recusa for havida por ilegítima.

Parágrafo único. Sendo necessário, o juiz pode adotar medidas indutivas, coercitivas, mandamentais ou sub-rogatórias para que o documento seja exibido.

▶ **1. Correspondência no CPC/1973.** *"Art. 359. Ao decidir o pedido, o juiz admitirá como verdadeiros os fatos que, por meio do documento ou da coisa, a parte pretendia provar: I – se o requerido não efetuar a exibição, nem fizer qualquer declaração no prazo do art. 357; II – se a recusa for havida por ilegítima."*

### ⚖ JURISPRUDÊNCIA, ENUNCIADOS E SÚMULAS SELECIONADOS

- **2. Tema/Repetitivo 47 STJ.** *"A presunção de veracidade contida no art. 359 do Código de Processo Civil [de 1973] não se aplica às ações cautelares de exibição de documentos."*

- **3. Tema/Repetitivo 705 STJ.** *"Descabimento de multa cominatória na exibição, incidental ou autônoma, de documento relativo a direito disponível."*

- **4. Tema/Repetitivo 1.000 STJ.** *"Desde que prováveis a existência da relação jurídica entre as partes e de documento ou coisa que se pretende seja exibido, apurada em contraditório prévio, poderá o juiz, após tentativa de busca e apreensão ou outra medida coercitiva, determinar sua exibição sob pena de multa com base no art. 400, parágrafo único, do CPC/2015."*

- **5. Súmula STJ, 372.** *"Na ação de exibição de documentos, não cabe a aplicação de multa cominatória."*

- **6. Enunciado 54 do FPPC.** *"Fica superado o enunciado 372 da súmula do STJ ("Na ação de exibição de documentos, não cabe a aplicação de multa cominatória") após a entrada em vigor do CPC, pela expressa possibilidade de fixação de multa de natureza coercitiva na ação de exibição de documento."*

### 🖹 COMENTÁRIOS TEMÁTICOS

**7. Presunção de veracidade.** Se, na exibição de documento ou coisa, o requerido não efetuar a exibição, não apresentar qualquer recusa ou se a recusa apresentada for inadmissível, o fato que deveria ser provado pelo documento ou pela coisa é tido como verdadeiro. A ausência da exibição presume verdadeiro o fato que seria provado pelo documento ou pela coisa cuja exibição foi requerida.

**8. Advertência necessária.** A falta de exibição somente pode produzir o efeito de presumir verdadeiro o fato alegado, se o requerido for advertido previamente. Decorrem da cooperação (art. 6º) os deveres de esclarecimento e de prevenção: o requerido deve ser informado e advertido de que, se não exibir o documento ou a coisa, presumir-se-á verdadeiro o fato que se pretende provar com a exibição. A intimação deve conter a menção a essa possível consequência. Se não houver, na intimação, essa advertência, a falta da exibição não poderá acarretar a presunção de veracidade do fato.

**9. Presunção de veracidade.** *"Em ação de exibição incidental de documentos, ante a não apresentação de documento, é possível presumir a veracidade ficta do fato que se pretendia comprovar, a teor do art. 359 do CPC"* (STJ, 4ª Turma, AgInt no REsp 1.923.856/PR, rel. Min. Marco Buzzi, *DJe* 13.5.2022).

**10. Presunção relativa.** *"Em exibição incidental de documentos, cabe a presunção relativa de veracidade dos fatos que a parte adversa pretendia comprovar com a juntada dos documentos solicitados, nos termos do art. 359 do CPC/1973 (atual art. 400 do CPC/2015), sendo certo que, no julgamento da lide, as consequências dessa veracidade serão avaliadas, pelo Juízo de origem, em conjunto com as demais provas produzidas nos autos"* (STJ, 4ª Turma, AgInt no AREsp 1.646.587/PR, rel. Min. Raul Araújo, DJe 15.9.2020).

**11. Medidas de apoio.** A presunção de veracidade deveria ser a consequência inevitável da falta de exibição do documento ou da coisa. Se, entretanto, no caso concreto, for realmente necessária a exibição do documento ou da coisa, o juiz poderá impor medidas coercitivas, indutivas, mandamentais ou sub-rogatórias, determinando, por exemplo, a busca e apreensão do documento ou da coisa, a imposição de multas ou outras medidas adequadas ao caso.

**12. Proporcionalidade.** Na imposição de medidas coercitivas, indutivas, mandamentais ou sub-rogatórias, o juiz deve aplicar a proporcionalidade e determinar a medida adequada, necessária e proporcional, não adotando medida exagerada ou desproporcional para o caso.

**13. Descabimento de multa.** *"Consoante jurisprudência desta Corte Superior, na ação de exibição de documentos, não cabe a aplicação de multa cominatória (Súmula 372 do STJ)"* (STJ, 3ª Turma, AgInt no AREsp 2.060.566/GO, rel. Min. Marco Aurélio Bellizze, DJe 2.6.2022).

> **Art. 401.** Quando o documento ou a coisa estiver em poder de terceiro, o juiz ordenará sua citação para responder no prazo de 15 (quinze) dias.

▶ **1. Correspondência no CPC/1973.** *"Art. 360. Quando o documento ou a coisa estiver em poder de terceiro, o juiz mandará citá-lo para responder no prazo de 10 (dez) dias."*

### 🏛 Legislação Correlata

**2. Lei 11.419/2006, art. 13.** *"Art. 13. O magistrado poderá determinar que sejam realizados por meio eletrônico a exibição e o envio de dados e de documentos necessários à instrução do processo. § 1º Consideram-se cadastros públicos, para os efeitos deste artigo, dentre outros existentes ou que venham a ser criados, ainda que mantidos por concessionárias de serviço público ou empresas privadas, os que contenham informações indispensáveis ao exercício da função judicante. § 2º O acesso de que trata este artigo dar-se-á por qualquer meio tecnológico disponível, preferencialmente o de menor custo, considerada sua eficiência".*

### ⚖ Jurisprudência, Enunciados e Súmulas Selecionados

- **3. Tema/Repetitivo 648 STJ.** *"A propositura de ação cautelar de exibição de documentos bancários (cópias e segunda via de documentos) é cabível como medida preparatória a fim de instruir a ação principal, bastando a demonstração da existência de relação jurídica entre as partes, a comprovação de prévio pedido à instituição financeira não atendido em prazo razoável, e o pagamento do custo do serviço conforme previsão contratual e normatização da autoridade monetária".*

### 🗒 Comentários Temáticos

**4. Exibição requerida contra terceiro.** Quando requerida contra terceiro, a exibição acarreta a instauração de um processo incidental, formando nova relação processual, que vincula o requerente e o terceiro.

**5. Petição autônoma e autuação própria.** Sendo certo que a exibição requerida contra terceiro acarreta a formação de um processo incidental, deve ser veiculada por petição autônoma, cujo pedido deve decorrer de uma causa de pedir expressamente exposta pelo requerente. A petição autônoma deve acarretar autuação própria.

**6. Contraditório.** O terceiro deve ser citado para a exibição do documento ou da coisa, tendo 15 dias para apresentar sua resposta.

**7. Resposta.** Citado, o terceiro pode adotar uma das seguintes respostas: *(a)* exibir o documento ou a coisa, atendendo ao requerimento; *(b)* manter-se silente, o que equivale a uma recusa tácita (art. 403); *(c)* admite que o documento ou a coisa está em seu poder, mas se recusa a exibir (art. 404); *(d)* negar a existência do documento ou da coisa ou afirmar não estar em se poder, cabendo ao juiz determinar a produção de provas a esse respeito (art. 402).

**8. Exibição de ofício.** Se o juiz, de ofício, determinar ao terceiro que exiba o documento ou a coisa, não há um processo incidental nem formação de nova relação processual; o que há é um simples incidente no processo, semelhante ao do art. 438.

**LIVRO I** · DO PROCESSO DE CONHECIMENTO E DO CUMPRIMENTO DE SENTENÇA **Art. 404**

**Art. 402.** Se o terceiro negar a obrigação de exibir ou a posse do documento ou da coisa, o juiz designará audiência especial, tomando-lhe o depoimento, bem como o das partes e, se necessário, o de testemunhas, e em seguida proferirá decisão.

► **1. Correspondência no CPC/1973.** *"Art. 361. Se o terceiro negar a obrigação de exibir, ou a posse do documento ou da coisa, o juiz designará audiência especial, tomando-lhe o depoimento, bem como o das partes e, se necessário, de testemunhas; em seguida proferirá a sentença."*

📖 **COMENTÁRIOS TEMÁTICOS**

**2. Instrução.** Afirmado pelo terceiro que não tem a posse do documento ou da coisa, o juiz determinará a produção de prova especificamente para a comprovação desse fato.

**3. Obrigação de exibir.** Se o terceiro alega não ter obrigação de exibir o documento ou a coisa, não será caso de instrução, pois essa é uma questão de direito. Nesse caso, o juiz deve proferir decisão, para reconhecer ou não a existência da obrigação do terceiro de exibir o documento ou a coisa.

**4. Decisão.** O processo incidental de exibição de documento ou de coisa instaurado contra terceiro encerra-se por sentença.

**5. Recurso.** Da sentença que julga o processo de exibição de documento ou de coisa instaurado contra terceiro cabe apelação (art. 1.009).

**Art. 403.** Se o terceiro, sem justo motivo, se recusar a efetuar a exibição, o juiz ordenar-lhe-á que proceda ao respectivo depósito em cartório ou em outro lugar designado, no prazo de 5 (cinco) dias, impondo ao requerente que o ressarça pelas despesas que tiver.

Parágrafo único. Se o terceiro descumprir a ordem, o juiz expedirá mandado de apreensão, requisitando, se necessário, força policial, sem prejuízo da responsabilidade por crime de desobediência, pagamento de multa e outras medidas indutivas, coercitivas, mandamentais ou sub-rogatórias necessárias para assegurar a efetivação da decisão.

► **1. Correspondência no CPC/1973.** *"Art. 362. Se o terceiro, sem justo motivo, se recusar a efetuar a exibição, o juiz lhe ordenará que proceda ao respectivo depósito em cartório ou noutro lugar designado, no prazo de 5 (cinco) dias, impondo ao requerente que o embolse das despesas que tiver; se o terceiro descumprir a*

*ordem, o juiz expedirá mandado de apreensão, requisitando, se necessário, força policial, tudo sem prejuízo da responsabilidade por crime de desobediência."*

📖 **LEGISLAÇÃO CORRELATA**

**2. CP, art. 330.** *"Art. 330. Desobedecer a ordem legal de funcionário público: Pena – detenção, de quinze dias a seis meses, e multa."*

⚖ **JURISPRUDÊNCIA, ENUNCIADOS E SÚMULAS SELECIONADOS**

• **3. Enunciado 54 do FPPC.** *"Fica superado o enunciado 372 da súmula do STJ ("Na ação de exibição de documentos, não cabe a aplicação de multa cominatória") após a entrada em vigor do CPC, pela expressa possibilidade de fixação de multa de natureza coercitiva na ação de exibição de documento."*

📖 **COMENTÁRIOS TEMÁTICOS**

**4. Presunção de veracidade.** A exibição de documento ou coisa for requerida contra terceiro não pode acarretar a presunção de veracidade do fato a ser provado, não se aplicando o art. 400. A parte contra quem se pretende produzir a prova não pode sofrer consequências decorrentes da inércia de um terceiro.

**5. Medidas de apoio.** Se o terceiro deixa de exibir o documento ou a coisa, o juiz poderá impor medidas coercitivas, indutivas, mandamentais ou sub-rogatórias, determinando, por exemplo, a busca e apreensão do documento ou da coisa, a imposição de multas ou outras medidas adequadas ao caso.

**6. Proporcionalidade.** Na imposição de medidas coercitivas, indutivas, mandamentais ou sub-rogatórias, o juiz deve aplicar a proporcionalidade e determinar a medida adequada, necessária e proporcional, não adotando medida exagerada ou desproporcional para o caso.

**Art. 404.** A parte e o terceiro se escusam de exibir, em juízo, o documento ou a coisa se:

I – concernente a negócios da própria vida da família;

II – sua apresentação puder violar dever de honra;

III – sua publicidade redundar em desonra à parte ou ao terceiro, bem como a seus parentes consanguíneos ou afins até o terceiro grau, ou lhes representar perigo de ação penal;

IV – sua exibição acarretar a divulgação de fatos a cujo respeito, por estado ou profissão, devam guardar segredo;

V – subsistirem outros motivos graves que, segundo o prudente arbítrio do juiz, justifiquem a recusa da exibição;

VI – houver disposição legal que justifique a recusa da exibição.

Parágrafo único. Se os motivos de que tratam os incisos I a VI do caput disserem respeito a apenas uma parcela do documento, a parte ou o terceiro exibirá a outra em cartório, para dela ser extraída cópia reprográfica, de tudo sendo lavrado auto circunstanciado.

▶ **1. Correspondência no CPC/1973.** *"Art. 363. A parte e o terceiro se escusam de exibir, em juízo, o documento ou a coisa: I – se concernente a negócios da própria vida da família; II – se a sua apresentação puder violar dever de honra; III – se a publicidade do documento redundar em desonra à parte ou ao terceiro, bem como a seus parentes consanguíneos ou afins até o terceiro grau; ou lhes representar perigo de ação penal; IV – se a exibição acarretar a divulgação de fatos, a cujo respeito, por estado ou profissão, devam guardar segredo; V – se subsistirem outros motivos graves que, segundo o prudente arbítrio do juiz, justifiquem a recusa da exibição. Parágrafo único. Se os motivos de que tratam os ns. I a V disserem respeito só a uma parte do conteúdo do documento, da outra se extrairá uma suma para ser apresentada em juízo."*

🏛 **Legislação Correlata**

**2. CF, art. 5º, V e XIV.** *"V – é assegurado o direito de resposta, proporcional ao agravo, além da indenização por dano material, moral ou à imagem; (...) XIV – é assegurado a todos o acesso à informação e resguardado o sigilo da fonte, quando necessário ao exercício profissional."*

**3. CP, art. 153.** *"Art. 153. Divulgar alguém, sem justa causa, conteúdo de documento particular ou de correspondência confidencial, de que é destinatário ou detentor, e cuja divulgação possa produzir dano a outrem: Pena – detenção, de um a seis meses, ou multa, de trezentos mil réis a dois contos de réis. § 1º Somente se procede mediante representação. § 1º-A. Divulgar, sem justa causa, informações sigilosas ou reservadas, assim definidas em lei, contidas ou não nos sistemas de informações ou banco de dados da Administração Pública: Pena – detenção, de 1 (um) a 4 (quatro) anos, e multa. § 2º Quando*

*resultar prejuízo para a Administração Pública, a ação penal será incondicionada."*

**4. CP, art. 154.** *"Art. 154. Revelar alguém, sem justa causa, segredo, de que tem ciência em razão de função, ministério, ofício ou profissão, e cuja revelação possa produzir dano a outrem: Pena – detenção, de três meses a um ano, ou multa de um conto a dez contos de réis. Parágrafo único. Somente se procede mediante representação."*

**5. EOAB, art. 7º, II.** *"Art. 7º São direitos do advogado: (...) II – a inviolabilidade de seu escritório ou local de trabalho, bem como de seus instrumentos de trabalho, de sua correspondência escrita, eletrônica, telefônica e telemática, desde que relativas ao exercício da advocacia."*

**6. EOAB, art. 34, VII.** *"Art. 34. Constitui infração disciplinar: (...) VII – violar, sem justa causa, sigilo profissional."*

**7. Lei 7.347/1985. Art. 8º, § 2º.** *"Art. 8º Para instruir a inicial, o interessado poderá requerer às autoridades competentes as certidões e informações que julgar necessárias, a serem fornecidas no prazo de 15 (quinze) dias. (...) § 2º Somente nos casos em que a lei impuser sigilo, poderá ser negada certidão ou informação, hipótese em que a ação poderá ser proposta desacompanhada daqueles documentos, cabendo ao juiz requisitá-los."*

📋 **Comentários Temáticos**

**8. Recusa legítima à exibição.** Assim como a parte contrária ao requerente (art. 398), o terceiro tem o direito de recusar a exibição do documento ou da coisa, se configurada uma das hipóteses do art. 404.

**9. Dignidade humana e honra.** Se a exibição do documento ou da coisa, ofensa a dignidade humana ou a honra do terceiro ou de seus parentes, até o terceiro grau, ele pode recusá-la. A proteção da dignidade e da honra consagra-se na tutela da reputação, do bom nome, da imagem etc. Se o terceiro tiver o dever de honra de não divulgar a coisa ou o documento, deve ser aceita a recusa.

**10. Perigo de ação penal.** Se a exibição do documento ou da coisa representar perigo de ação penal ao terceiro ou a qualquer parente seu, até o terceiro grau, será legítima a recusa. A legitimidade da recusa não se limita ao crime de segredo (CP, art. 153), alcançando também qualquer responsabilidade penal decorrente do conteúdo da coisa ou do documento a ser exibido. Para que a recusa seja legítima, o conteúdo do documento deve ser capaz de acarretar risco,

**LIVRO I** · DO PROCESSO DE CONHECIMENTO E DO CUMPRIMENTO DE SENTENÇA    **Art. 405**

real, direto e objetivo, de ação penal. Não se deve admitir alegação genérica e abstrata de risco de ação penal, mas a demonstração inequívoca de risco direto, real e objetivo.

**11. Sigilo por estado ou profissão.** Se o terceiro tiver dever profissional de sigilo, não poderá exibir o documento ou a coisa. Nesse caso, deve haver regra expressa que imponha o dever de segredo ou sigilo profissional. O dever de sigilo consiste em forma de preservação da confiança havia entre o profissional e o seu cliente. A revelação de segredo profissional constitui crime (CP, art. 154).

**12. Outros motivos graves.** Não sendo possível ao legislador catalogar todas as hipóteses de recusa legítima da exibição da coisa ou do documento pelo terceiro, o rol do art. 404 é exemplificativo, podendo ser identificado, no caso concreto, outro motivo grave que justifique a recusa da exibição. Ao juiz cumpre, com base na proporcionalidade, ponderar os interesses em liça e aceitar ou não a recusa apresentada pelo terceiro para a exibição do documento ou da coisa, devendo fundamentar adequadamente sua decisão. A dificuldade material da exibição pode ser uma recusa legítima.

**13. Disposição legal.** Sempre que houver disposição legal prevendo a possibilidade de se recusar a exibição do documento ou da coisa, será legítima a recusa.

**14. Parcela do documento ou da coisa.** A recusa de exibição pode ser legítima apenas em relação a uma parcela do documento ou da coisa. Nesse caso, exige-se apenas a outra parcela do documento ou da coisa.

### Seção VII
### Da Prova Documental

### Subseção I
### Da Força Probante dos Documentos

**Art. 405.** O documento público faz prova não só da sua formação, mas também dos fatos que o escrivão, o chefe de secretaria, o tabelião ou o servidor declarar que ocorreram em sua presença.

▶ **1. Correspondência no CPC/1973.** *"Art. 364. O documento público faz prova não só da sua formação, mas também dos fatos que o escrivão, o tabelião, ou o funcionário declarar que ocorreram em sua presença."*

🕮 **Legislação Correlata**

**2. CF, art. 19, II.** *"Art. 19. É vedado à União, aos Estados, ao Distrito Federal e aos Municípios: (...) II – recusar fé aos documentos públicos."*

**3. CC, art. 215.** *"Art. 215. A escritura pública, lavrada em notas de tabelião, é documento dotado de fé pública, fazendo prova plena. § 1º Salvo quando exigidos por lei outros requisitos, a escritura pública deve conter: I – data e local de sua realização; II – reconhecimento da identidade e capacidade das partes e de quantos hajam comparecido ao ato, por si, como representantes, intervenientes ou testemunhas; III – nome, nacionalidade, estado civil, profissão, domicílio e residência das partes e demais comparecentes, com a indicação, quando necessário, do regime de bens do casamento, nome do outro cônjuge e filiação; IV – manifestação clara da vontade das partes e dos intervenientes; V – referência ao cumprimento das exigências legais e fiscais inerentes à legitimidade do ato; VI – declaração de ter sido lida na presença das partes e demais comparecentes, ou de que todos a leram; VII – assinatura das partes e dos demais comparecentes, bem como a do tabelião ou seu substituto legal, encerrando o ato. § 2º Se algum comparecente não puder ou não souber escrever, outra pessoa capaz assinará por ele, a seu rogo. § 3º A escritura será redigida na língua nacional. § 4º Se qualquer dos comparecentes não souber a língua nacional e o tabelião não entender o idioma em que se expressa, deverá comparecer tradutor público para servir de intérprete, ou, não o havendo na localidade, outra pessoa capaz que, a juízo do tabelião, tenha idoneidade e conhecimento bastantes. § 5º Se algum dos comparecentes não for conhecido do tabelião, nem puder identificar-se por documento, deverão participar do ato pelo menos duas testemunhas que o conheçam e atestem sua identidade."*

**4. Decreto 8.660/2016, art. 1º.** *"Art. 1º Fica promulgada a Convenção sobre a Eliminação da Exigência de Legalização de Documentos Públicos Estrangeiros, firmada em Haia, em 5 de outubro de 1961, anexa a este Decreto."*

**5. Convenção sobre a Eliminação da Exigência de Legalização de Documentos Públicos Estrangeiros, art. 1º.** *"Art. 1º A presente Convenção aplica-se a documentos públicos feitos no território de um dos Estados Contratantes e que devam produzir efeitos no território de outro Estado Contratante. No âmbito da presente Convenção, são considerados documentos públicos: a) Os documentos provenientes de uma autoridade ou de um agente público vinculados a qualquer jurisdição do Estado, inclusive os documentos* proveniente do Ministério Público, de escrivão judiciário ou de oficial de justiça; b) Os documentos administrativos; c) Os atos notariais; d) As declarações oficiais apostas em documentos de natureza privada, tais como certidões que comprovem o registro de um documento ou a sua existência em determinada data, e reconhecimentos de assinatura. Entretanto, a presente Convenção não se aplica: a) Aos documentos emitidos por agentes diplomáticos ou consulares; b) Aos documentos administrativos diretamente relacionados a operações comerciais ou aduaneiras."

**6. Convenção sobre a Eliminação da Exigência de Legalização de Documentos Públicos Estrangeiros, art. 2º.** "Art. 2º Cada Estado Contratante dispensará a legalização dos documentos aos quais se aplica a presente Convenção e que devam produzir efeitos em seu território. No âmbito da presente Convenção, legalização significa apenas a formalidade pela qual os agentes diplomáticos ou consulares do país no qual o documento deve produzir efeitos atestam a autenticidade da assinatura, a função ou o cargo exercidos pelo signatário do documento e, quando cabível, a autenticidade do selo ou carimbo aposto no documento."

**7. Convenção sobre a Eliminação da Exigência de Legalização de Documentos Públicos Estrangeiros, art. 3º.** "Art. 3º A única formalidade que poderá ser exigida para atestar a autenticidade da assinatura, a função ou cargo exercido pelo signatário do documento e, quando cabível, a autenticidade do selo ou carimbo aposto no documento, consiste na aposição da apostila definida no Artigo 4º, emitida pela autoridade competente do Estado no qual o documento é originado. Contudo, a formalidade prevista no parágrafo anterior não pode ser exigida se as leis, os regulamentos ou os costumes em vigor no Estado onde o documento deva produzir efeitos – ou um acordo entre dois ou mais Estados contratantes – a afastem ou simplifiquem, ou dispensem o ato de legalização."

**8. Convenção sobre a Eliminação da Exigência de Legalização de Documentos Públicos Estrangeiros, art. 4º.** "Art. 4º A apostila prevista no primeiro parágrafo do Artigo 3º será aposta no próprio documento ou em uma folha a ele apensa e deverá estar em conformidade com o modelo anexo à presente Convenção. A apostila poderá, contudo, ser redigida no idioma oficial da autoridade que a emite. Os termos padronizados nela inscritos também poderão ser redigidos em um segundo idioma. O título 'Apostille (Convention de La Haye du 5 octobre 1961)' deverá ser inscrito em francês."

## ⚖ Jurisprudência, Enunciados e Súmulas Selecionados

- **9. Enunciado 158 da III Jornada de Direito Civil do CJF.** "A amplitude da noção de 'prova plena' (isto é, 'completa') importa presunção relativa acerca dos elementos indicados nos incisos do § 1º, devendo ser conjugada com o disposto no parágrafo único do art. 219."

## Comentários Temáticos

**10. Documento.** A palavra documento provém de *documentum*, do verbo *docere*, que significa ensinar, mostrar, indicar. Então, documento significa algo que contém a virtude de fazer conhecer outra coisa. Por isso, documento é a coisa que representa um fato, destinando-se a fixá-lo de modo permanente e idôneo. O fato representado é registrado em um suporte (papel, computador, microfilme, foto, gravação), constituindo o fato representativo, que é o documento. Em outras palavras, o fato representativo é o documento (um instrumento contratual, a gravação de um acidente, a foto de uma paisagem) e o fato representado é o que se extrai do documento (o contrato celebrado, o acidente, a paisagem). O documento é, enfim, uma coisa que representa um fato.

**11. Meio de prova.** A prova documental é o meio de prova destinado a inserir no processo uma informação ou representação contida em documento.

**12. Prova documental *versus* prova documentada.** Prova documental não se confunde com prova documentada. A prova documental representa diretamente o fato representado, abrangendo as declarações sobre a ocorrência do fato. Já a prova documentada refere-se a provas de outra natureza que tenham sido objeto de documentação. Assim, a prova testemunhal ou pericial, depois de produzida, pode ser documentada; documenta-se a colheita da prova. Assim, o laudo documenta a prova pericial, o termo de audiência documenta a prova testemunhal, o auto circunstanciado documenta a inspeção judicial. Esses documentos (laudo, termo de audiência e auto circunstanciado) representam a realização a perícia, a oitiva da testemunha, a inspeção judicial, e não os próprios fatos representados por aqueles meios de prova. Os fatos estão diretamente representados pela perícia, pela testemunha, pela inspeção, e não por documentos.

**13. Documento público.** É a autoria do documento que o qualifica como público ou particular. O documento é público quando o seu autor imediato for um agente investido de alguma função pública e sua formação se realize no exercício de tal função. Se o documento for formado por um oficial ou agente público, ele é um documento público. Assim, o documento lavrado por um tabelião é público. Qualquer documento constituído por algum agente público é um documento público.

**14. Contrato administrativo.** *"(...) o contrato administrativo celebrado com base na Lei 8.666/1993 possui natureza de documento público, tendo em vista emanar de ato do Poder Público"* (STJ, 1ª Seção, EDv nos EREsp 1.523.938/RS, rel. Min. Herman Benjamin, *DJe* 13.11.2018).

**15. Valor probatório do documento público.** O documento público faz presumir que efetivamente ocorreram todos os fatos presenciados pelo agente público ou todos os fatos que ocorreram em sua presença. Essa presunção não se estende a outros fatos não presenciados pelo agente público. Se algum particular narrou o fato e o agente público o descreveu, não o tendo presenciado, o documento não terá o valor probante de um documento público, não servindo para provar o fato declarado, mas só a declaração feita.

**16. Eficácia probatória do documento público.** *"(...), consoante o art. 405 do CPC/2015, laudo, vistoria, relatório técnico, auto de infração, certidão, fotografia, vídeo, mapa, imagem de satélite, declaração e outros atos elaborados por agentes de qualquer órgão do Estado possuem presunção (relativa) de legalidade, legitimidade e veracidade, por se enquadrarem no conceito geral de documento público. Tal qualidade jurídica inverte o ônus da prova, sem impedir, por óbvio, a mais ampla sindicância judicial. Por outro lado, documento público ambiental, sobretudo auto de infração, não pode ser desconstituído por prova judicial inconclusiva, dúbia, hesitante ou vaga, mais ainda quando realizada muito tempo após a ocorrência do comportamento de degradação do meio ambiente. 5. Em época de grandes avanços tecnológicos, configuraria despropósito ou formalismo supérfluo negar validade plena a imagens de satélite e mapas elaborados a partir delas. Ou, em casos de desmatamento apontados por essas ferramentas altamente confiáveis, exigir a realização de prova testemunhal ou pericial para corroborar a degradação ambiental"* (STJ, 2ª Turma, REsp 1.778.729/PA, rel. Min. Herman Benjamin, *DJe* 11.9.2020).

**17. Alcance da eficácia probatória do documento público.** O documento público prova a sua formação, ou seja, o documento público faz prova de sua própria autenticidade, revelando que provém de um agente público. De igual modo, o documento público prova os fatos que o agente público declarar terem ocorrido em sua presença. O juiz deve considerar que tais fatos efetivamente ocorreram.

**18. Eficácia probatória *erga omnes*.** O documento público faz prova perante todos, ou seja, perante as partes do documento e terceiros, aí incluídos os entes da federação (CF, art. 19, II).

**19. Fé pública.** É o nome que se atribui à eficácia probatória do documento público (CF, art. 19, II; CC, art. 215), consistindo na presunção relativa de autenticidade e veracidade do documento, cujo fundamento está na presunção de legitimidade dos atos administrativos.

**20. Contraprova.** A fé pública não impede a contraprova: poderá haver prova em contrário que demonstre não ter ocorrido ou ter ocorrido de forma diversa o fato representado no documento público. Nesse caso, deverá o juiz valorar todo o conjunto probatório e, em sua fundamentação, valer-se de argumentação mais consistente para afastar a eficácia probatória do documento público em favor de outros meios de prova.

**21. Impugnação da autenticidade do documento público.** O documento público prova sua autenticidade. Se ela for impugnada pela parte contrária, esta assume o ônus da prova da inautenticidade do documento público. À parte que apresentou o documento público cabe apenas provar que se trata de documento emanado de agente público.

**22. Prova legal ou tarifada.** O juiz deve reconhecer a ocorrência dos fatos registrados no documento público. Essa é uma regra de prova legal ou tarifada, que excepciona a regra geral da persuasão racional (art. 371). O documento público vincula o juiz relativamente aos fatos nele representados com fé pública.

**23. Afastamento da fé pública.** O documento público só goza de fé pública e produz a presunção de veracidade do fato nele representado se for regular, valendo dizer que deve ser produzido por agente público que tenha competência para sua elaboração e atenda às formalidades legais. A competência e a forma são elementos vinculados do ato administrativo; não observadas, não há regularidade. O documento público emitido por agente incompetente ou sem observar as formalidades legais não produz sua eficácia probatória. Nesse caso, produzirá a eficácia probatória de um documento particular (art. 407). Também não produz sua eficácia probatória o documento público que contenha declaração feita em benefício próprio do agente público que o emitiu. A existência de rasuras, borrões, entrelinhas e cancelamento afasta, igualmente, a eficácia probatória do documento público (art. 426). Se o fato declarado no documento público for inverossímil, deve-se desconsiderar sua eficácia probatória, aplicando-se, no ponto, o art. 345, IV.

**24. Presunção relativa.** *"A presunção de veracidade inerente aos documentos públicos é iuris tantum, podendo ser descaracterizada pelo acervo fático-probatório da demanda"* (STJ, 4ª Turma, AgInt no AREsp 1.199.672/PR, rel. Min. Marco Buzzi, *DJe* 08.10.2021).

**25. Ausência de hierarquia entre os meios de prova.** Na valoração da prova, o juiz deve, necessariamente, atribuir maior peso ao documento público do que a demonstrações contrárias contidas outras fontes de prova. O documento público comprova a ocorrência do fato probando, mas é possível que haja prova em sentido contrário a desfazer sua fé pública ou sua eficácia probatória. Por isso, não há hierarquia entre as provas. Qualquer meio de prova (típico ou atípico) pode servir para desfazer, esbater ou contrariar as declarações prestadas por agente público sobre os fatos por ele presenciados.

> **Art. 406.** Quando a lei exigir instrumento público como da substância do ato, nenhuma outra prova, por mais especial que seja, pode suprir-lhe a falta.

> ▶ **1. Correspondência no CPC/1973.** *"Art. 366. Quando a lei exigir, como da substância do ato, o instrumento público, nenhuma outra prova, por mais especial que seja, pode suprir-lhe a falta."*

## 🏛 LEGISLAÇÃO CORRELATA

**2. CC, art. 104, III.** *"Art. 104. A validade do negócio jurídico requer: (...) III – forma prescrita ou não defesa em lei."*

**3. CC, art. 108.** *"Art. 108. Não dispondo a lei em contrário, a escritura pública é essencial à validade dos negócios jurídicos que visem à constituição, transferência, modificação ou renúncia de direitos reais sobre imóveis de valor superior a trinta vezes o maior salário mínimo vigente no País."*

**4. CC, art. 109.** *"Art. 109. No negócio jurídico celebrado com a cláusula de não valer sem instrumento público, este é da substância do ato."*

## 🗊 COMENTÁRIOS TEMÁTICOS

**5. Liberdade de forma.** Os atos e negócios jurídicos não dependem, em regra, de forma específica, prevalecendo a liberdade de forma.

**6. Prova substancial.** É possível que a lei subordine a validade do ato ou negócio jurídico ao cumprimento de determinada forma, caso em que a forma não servirá apenas para provar o ato ou negócio, mas será também requisito de sua validade. Por isso, quando a lei exigir o instrumento público como da substância do ato ou do negócio jurídico, nenhuma outra prova poderá suprir-lhe a falta.

**7. Inutilidade de outra prova.** Quando o instrumento público for da substância do ato ou do negócio jurídico, qualquer outra prova será inútil, não servindo para demonstrar a sua validade.

> **Art. 407.** O documento feito por oficial público incompetente ou sem a observância das formalidades legais, sendo subscrito pelas partes, tem a mesma eficácia probatória do documento particular.

> ▶ **1. Correspondência no CPC/1973.** *"Art. 367. O documento, feito por oficial público incompetente, ou sem a observância das formalidades legais, sendo subscrito pelas partes, tem a mesma eficácia probatória do documento particular."*

## 🗊 COMENTÁRIOS TEMÁTICOS

**2. Documento público irregular.** O documento público emitido por agente incompetente ou sem observar as formalidades legais é irregular, não contendo a fé pública de que gozam os documentos públicos.

**3. Eficácia probatória.** O documento público irregular não produz sua eficácia probatória. Nesse caso, produzirá a eficácia probatória de um documento particular.

**4. Inutilidade da prova.** Quando o instrumento público for da substância do ato ou do negócio jurídico, não se admitirá qualquer outro meio de prova (art. 406). Nesse caso, sendo o instrumento irregular, a prova será inútil, não servindo para comprovar o fato.

> **Art. 408.** As declarações constantes do documento particular escrito e assinado ou somente assinado presumem-se verdadeiras em relação ao signatário.
> Parágrafo único. Quando, todavia, contiver declaração de ciência de determinado fato, o

## LIVRO I · DO PROCESSO DE CONHECIMENTO E DO CUMPRIMENTO DE SENTENÇA — Art. 408

documento particular prova a ciência, mas não o fato em si, incumbindo o ônus de prová-lo ao interessado em sua veracidade.

▶ **1. Correspondência no CPC/1973.** *"Art. 368. As declarações constantes do documento particular, escrito e assinado, ou somente assinado, presumem-se verdadeiras em relação ao signatário. Parágrafo único. Quando, todavia, contiver declaração de ciência, relativa a determinado fato, o documento particular prova a declaração, mas não o fato declarado, competindo ao interessado em sua veracidade o ônus de provar o fato."*

### 🏛 LEGISLAÇÃO CORRELATA

**2. CC, art. 219.** *"Art. 219. As declarações constantes de documentos assinados presumem-se verdadeiras em relação aos signatários. Parágrafo único. Não tendo relação direta, porém, com as disposições principais ou com a legitimidade das partes, as declarações enunciativas não eximem os interessados em sua veracidade do ônus de prová-las."*

**3. CC, art. 220.** *"Art. 220. A anuência ou a autorização de outrem, necessária à validade de um ato, provar-se-á do mesmo modo que este, e constará, sempre que se possa, do próprio instrumento."*

**4. Lei 7.115/1983, art. 1º.** *"Art. 1º A declaração destinada a fazer prova de vida, residência, pobreza, dependência econômica, homonímia ou bons antecedentes, quando firmada pelo próprio interessado ou por procurador bastante, e sob as penas da Lei, presume-se verdadeira. Parágrafo único. O dispositivo neste artigo não se aplica para fins de prova em processo penal."*

### 📄 COMENTÁRIOS TEMÁTICOS

**5. Documento particular.** É conceito objeto por exclusão: não sendo público, o documento será particular. Não tendo sido celebrado por agente público no exercício de sua competência, será particular o documento.

**6. Espécies de documento particular.** Cartas, anotações, planilhas, contratos, confissões de dívida, propostas, vídeos, fotografias, entre outros.

**7. Declarações representadas em documento particular.** O art. 408 refere-se a declarações contidas em documento particular. O que se prova é o fato objeto da declaração.

**8. Eficácia probatória.** A declaração contida em documento particular presume-se verdadeira. O fato declarado é tido como ocorrido, mas a sua eficácia probatória se opera apenas entre as partes, não em relação a terceiros.

**9. Declarações de vontade e declarações de ciência.** As declarações contidas em documento particular podem ser de vontade ou de ciência. As declarações de vontade destinam-se à produção de efeitos jurídicas, sendo constitutivas ou dispositivas. Já as de ciência, também chamadas narrativas ou enunciativas, têm por objeto a narrativa de acontecimentos passados.

**10. Declaração de ciência contrária ao autor da declaração.** A declaração de fato contrário ao interesse da parte consiste em confissão extrajudicial (art. 389). Para tanto, é preciso que o declarante seja parte no processo, não sendo necessário que a declaração tenha se dirigido à parte contrária. A declaração de ciência faz presumir a ocorrência do fato declarado, na ausência de prova em contrário. Melhor dizendo: a declaração de ciência fará presumir a ocorrência do fato declarado contra o declarante, desde que não haja prova em sentido contrário. Quando o fato declarado contrariar os interesses do declarante, o juiz deve reconhecer sua ocorrência.

**11. Declaração de ciência favorável ao autor da declaração.** Quando o fato declarado for favorável ao interesse do próprio declarante, a sua declaração de ciência não produz presunção de veracidade. Nesse caso, a declaração não prova o fato declarado, cabendo ao interessado o ônus de provar sua efetiva ocorrência.

**12. Declarações bilaterais ou plurilaterais.** Nos documentos que contenham declarações bilaterais ou plurilaterais, a parte pode valer-se da declaração como prova em seu favor, pois seu adversário também declarou junto com ela. É o caso, por exemplo, dos *consideranda* contidos num contrato ou de declarações conjuntas.

**13. Declarações de vontade.** A declaração de vontade não tem, em si, força probatória. Contrariamente ao que ocorre com a declaração de ciência, a de vontade não é valorada pelo juiz, mas sim interpretada. É objeto de interpretação, e não de valoração. Ao examinar a declaração de vontade, o intérprete pode perceber não haver, nela, sinceridade ou correspondência entre a declaração e a intenção do declarante. Isso pode configurar vício de vontade, a repercutir na validade da declaração, e não em sua eficácia probatória. Tais vícios podem ser provados por prova testemunhal (art. 446). Não há análise probatória na declaração de vontade. Um contrato, por exemplo, comprova a realização do negócio, devendo o juiz realizar subsunção e imputação.

**14. Declarações de terceiros.** Provam a declaração, e não o fato declarado. Podem ser equiparadas a testemunhos escritos.

**15. Testemunhos escritos.** É uma prova atípica, admissível no processo (art. 369). Na produção da prova testemunhal, o terceiro assume o compromisso de dizer a verdade, sob pena de cometimento de crime (art. 458). A tomada do depoimento é feita perante juiz e partes, podendo formular perguntas à testemunha. Nada disso está presente no testemunho escrito, sendo, por isso, prova atípica, a ser valorada pelo juiz.

> **Art. 409.** A data do documento particular, quando a seu respeito surgir dúvida ou impugnação entre os litigantes, provar-se-á por todos os meios de direito.
> Parágrafo único. Em relação a terceiros, considerar-se-á datado o documento particular:
> I – no dia em que foi registrado;
> II – desde a morte de algum dos signatários;
> III – a partir da impossibilidade física que sobreveio a qualquer dos signatários;
> IV – da sua apresentação em repartição pública ou em juízo;
> V – do ato ou do fato que estabeleça, de modo certo, a anterioridade da formação do documento.

▶ **1. Correspondência no CPC/1973.** *"Art. 370. A data do documento particular, quando a seu respeito surgir dúvida ou impugnação entre os litigantes, provar-se-á por todos os meios de direito. Mas, em relação a terceiros, considerar-se-á datado o documento particular: I – no dia em que foi registrado; II – desde a morte de algum dos signatários; III – a partir da impossibilidade física, que sobreveio a qualquer dos signatários; IV – da sua apresentação em repartição pública ou em juízo; V – do ato ou fato que estabeleça, de modo certo, a anterioridade da formação do documento."*

### ▣ COMENTÁRIOS TEMÁTICOS

**2. Data dos documentos.** A data, em relação às partes do documento, tem importância variada, servindo para verificar a legislação aplicável ou o momento a partir do qual deve incidir determinado efeito jurídico. A data também serve para indicar o início da obrigação, a não ser que haja convenção em sentido contrário.

**3. Presunção relativa.** Presume-se verdadeira a data contida no documento, admitida prova em contrário.

**4. Erro material.** É possível que a data contida no documento esteja errada, por se ter aproveitado um modelo de documento anterior, e não se ter feito o ajuste necessário. É possível, em outras palavras, haver um erro material na data do documento, devendo ser corrigido ou por consenso entre as partes ou por outros elementos de prova, como recibos, mensagens de e-mail, documentos que atestem e denotem ser a data anterior ou posterior.

**5. Data dos documentos em relação a terceiros.** A data indicada no documento, em relação a terceiros, não tem valor probante. Os efeitos do documento particular para terceiros somente operam depois de seu registro público. Apesar disso, pode-se aferir a data do documento particular por outros meios suficientemente seguros, em razão da prática de certos atos ou da ocorrência de certos fatos, que a tornam induvidosa.

> **Art. 410.** Considera-se autor do documento particular:
> I – aquele que o fez e o assinou;
> II – aquele por conta de quem ele foi feito, estando assinado;
> III – aquele que, mandando compô-lo, não o firmou porque, conforme a experiência comum, não se costuma assinar, como livros empresariais e assentos domésticos.

▶ **1. Correspondência no CPC/1973.** *"Art. 371. Reputa-se autor do documento particular: I – aquele que o fez e o assinou; II – aquele, por conta de quem foi feito, estando assinado; III – aquele que, mandando compô-lo, não o firmou, porque, conforme a experiência comum, não se costuma assinar, como livros comerciais e assentos domésticos."*

### ▣ COMENTÁRIOS TEMÁTICOS

**2. Autor do documento particular.** O autor do documento é a pessoa a quem se atribui a sua formação.

**3. Documento autógrafo.** Quando o sujeito forma o documento para si próprio, ou seja, quando coincidem o autor do fato documentado e o do documento, este é autógrafo. Assim, por exemplo, o sujeito redige e assina o documento.

**4. Documento heterógrafo.** Quando o sujeito que forma o documento é terceiro em relação ao autor do fato documentado, o documento é heterógrafo. Nesse caso, alguém redige ou elabora o documento para que outrem o assine.

# LIVRO I · DO PROCESSO DE CONHECIMENTO E DO CUMPRIMENTO DE SENTENÇA

## Art. 412

**5. Dúvida sobre a autoria.** Em caso de dúvida sobre a autoria do documento, é possível valer-se das presunções previstas no art. 410 ou por qualquer outro meio admitido em Direito.

> **Art. 411.** Considera-se autêntico o documento quando:
>
> I – o tabelião reconhecer a firma do signatário;
>
> II – a autoria estiver identificada por qualquer outro meio legal de certificação, inclusive eletrônico, nos termos da lei;
>
> III – não houver impugnação da parte contra quem foi produzido o documento.

► **1. Correspondência no CPC/1973.** *"Art. 369. Reputa-se autêntico o documento, quando o tabelião reconhecer a firma do signatário, declarando que foi aposta em sua presença."*

### 🔢 LEGISLAÇÃO CORRELATA

**2. CPC, art. 41.** *"Art. 41. Considera-se autêntico o documento que instruir o pedido de cooperação jurídica internacional, inclusive tradução para a língua portuguesa, quando encaminhado ao Estado brasileiro por meio de autoridade central ou por via diplomática, dispensando-se ajuramentação, autenticação ou qualquer procedimento de legalização."*

**3. Lei 8.935/1994, art. 1º.** *"Art. 1º Serviços notariais e de registro são os de organização técnica e administrativa destinados a garantir a publicidade, autenticidade, segurança e eficácia dos atos jurídicos."*

**4. Lei 8.935/1994, art. 6º, III.** *"Art. 6º Aos notários compete: (...) III – autenticar fatos."*

**5. Lei 8.935/1994, art. 7º, V.** *"Art. 7º Aos tabeliães de notas compete com exclusividade: (...) V – autenticar cópias."*

**6. MP 2.200-2/2001, art. 10.** *"Art. 10. Consideram-se documentos públicos ou particulares, para todos os fins legais, os documentos eletrônicos de que trata esta Medida Provisória. § 1º As declarações constantes dos documentos em forma eletrônica produzidos com a utilização de processo de certificação disponibilizado pela ICP-Brasil presumem-se verdadeiros em relação aos signatários, na forma do art. 131 da Lei nº 3.071, de 1º de janeiro de 1916 – Código Civil. § 2º O disposto nesta Medida Provisória não obsta a utilização de outro meio de comprovação da autoria e integridade de documentos em forma eletrônica, inclusive os que utilizem certificados não emitidos pela ICP-Brasil, desde que admitido pelas partes como válido ou aceito pela pessoa a quem for oposto o documento."*

### 🗒 COMENTÁRIOS TEMÁTICOS

**7. Diversas acepções do termo autenticidade.** A expressão autenticidade ou autêntico contém várias acepções. Em sentido amplo, autêntico significa verdadeiro, genuíno, legítimo, credível, livre de adulteração. É com esse sentido que o termo é usado no art. 41. É, igualmente, nesse sentido que se diz que a cópia autêntica é a que reproduz fielmente o original (art. 425, III e IV). Em sentido estrito, autenticidade é atributo que diz respeito à autoria do documento, sendo autêntico quando há correspondência entre o seu autor efetivo e o que está nele indicado. É nesse sentido que o termo é usado nos arts. 411 e 412.

**8. Reconhecimento de firma.** Consiste na declaração pelo tabelião de que a assina aposta no documento é do autor nele indicado. Há 2 tipos de reconhecimento de firma: o por semelhança e o por autenticidade. O tabelião pode reconhecer a firma, comparando a assinatura aposta no documento com a que está contida em registro feito anteriormente no próprio tabelionato (esse é o reconhecimento por semelhança). Por sua vez, o tabelião pode reconhecer a firma quando o subscritor do documento comparece e assina em sua presença (é o reconhecimento por autenticidade). O art. 411 não faz distinção entre eles, sendo ambos admissíveis.

**9. Autenticidade do documento por falta de impugnação específica.** *"Não havendo impugnação específica acerca da autenticidade dos documentos, mas apenas afirmação que deveriam ser reconhecidos em cartório, deve ser reconhecida sua validade"* (STJ, 2ª Turma, EDcl no RMS 52.044/DF, rel. Min. Og Fernandes, *DJe* 31.10.2018).

**10. Autenticação por outros meios.** Além dos meios previstos no art. 411, a autenticidade do documento pode ser obtida por outros meios legal e moralmente legítimos.

**11. Certificação digital.** A certificação digital é meio de obtenção de autenticidade do documento (MP 2.200-2/2001, art. 10).

> **Art. 412.** O documento particular de cuja autenticidade não se duvida prova que o seu autor fez a declaração que lhe é atribuída.
>
> Parágrafo único. O documento particular admitido expressa ou tacitamente é indivisível, sendo vedado à parte que pretende utilizar-se dele aceitar os fatos que lhe são favoráveis e recusar os que são contrários ao seu interesse, salvo se provar que estes não ocorreram.

► **1. Correspondência no CPC/1973.** *"Art. 373. Ressalvado o disposto no parágrafo único*

693

*do artigo anterior, o documento particular, de cuja autenticidade se não duvida, prova que o seu autor fez a declaração, que lhe é atribuída. Parágrafo único. O documento particular, admitido expressa ou tacitamente, é indivisível, sendo defeso à parte, que pretende utilizar-se dele, aceitar os fatos que lhe são favoráveis e recusar os que são contrários ao seu interesse, salvo se provar que estes se não verificaram."*

### ▣ Comentários Temáticos

**2. Prova da declaração do autor do documento.** Sendo certa a autoria do documento, deve-se reconhecer que o seu autor emitiu a declaração que lhe é atribuída. Esse reconhecimento deve ocorrer mesmo quando se tratar de documento heterógrafo, ou seja, mesmo quando o documento tenha sido elaborado por outrem e assinado pelo seu autor.

**3. Indivisibilidade do documento particular.** O documento deve ser interpretado em seu conjunto, devendo o juiz considerar todos os fatos nele declarados, e não apenas os que forem favoráveis a quem o apresentou no processo.

**4. Princípio da aquisição probatória.** A indivisibilidade do documento particular concretiza o princípio da aquisição probatória, devendo ser considerados todos os fatos declarados no documento, mesmo os que sejam desfavoráveis a quem o apresentou no processo.

> **Art. 413.** O telegrama, o radiograma ou qualquer outro meio de transmissão tem a mesma força probatória do documento particular se o original constante da estação expedidora tiver sido assinado pelo remetente.
>
> Parágrafo único. A firma do remetente poderá ser reconhecida pelo tabelião, declarando-se essa circunstância no original depositado na estação expedidora.

▶ **1. Correspondência no CPC/1973.** *"Art. 374. O telegrama, o radiograma ou qualquer outro meio de transmissão tem a mesma força probatória do documento particular, se o original constante da estação expedidora foi assinado pelo remetente. Parágrafo único. A firma do remetente poderá ser reconhecida pelo tabelião, declarando-se essa circunstância no original depositado na estação expedidora."*

### ▣ Comentários Temáticos

**2. Telegrama.** É a comunicação, geralmente curta e urgente, transmitida por meio do telégrafo, do telefone ou, até mesmo, da internet.

O termo também designa a documentação do conteúdo desse comunicado feito.

**3. Radiograma.** É a comunicação – e sua documentação – feita pela radiotelegrafia, consistindo, em outras palavras, numa espécie de telegrama transmitido por rádio.

**4. Fac-símile.** É a reprodução, por meios fotomecânicos, de um texto ou de uma imagem. Essa reprodução é realizada por um aparelho, que, por metonímia, recebe o mesmo nome.

**5. Meios eletrônicos de transmissão.** O telegrama, o radiograma e o fac-símile foram, com o tempo, substituídos pelos meios eletrônicos de comunicação, pelo e-mail, pelos aplicativos de mensagens rápidas e pelas mensagens de redes sociais. De todo modo, o CPC manteve menção a esses meios, que estão em gradual e acentuado desuso.

**6. Eficácia probatória.** O telegrama, o radiograma ou outro meio de transmissão tem a mesma eficácia probatória do documento particular. O documento particular, de cuja autoria não se duvida, prova o fato da emissão da declaração por seu autor (art. 412), bem como o conteúdo da declaração, quando reconhecido fato contrário ao interesse do declarante (art. 408). Assim, na ausência de prova em contrário, o telegrama, o radiograma ou outro meio de transmissão comprova que a declaração é do seu autor e que ocorram os fatos declarados, contrários a seu interesse.

**7. Reconhecimento de firma.** Mesmo que haja impugnação da autoria, presume-se autêntico o documento particular que contiver reconhecimento de firma pelo tabelião ou certificação por assinatura digital (art. 411, I e II). Por isso, o parágrafo único do art. 413 dispõe que a firma do remetente poderá ser reconhecida pelo tabelião.

> **Art. 414.** O telegrama ou o radiograma presume-se conforme com o original, provando as datas de sua expedição e de seu recebimento pelo destinatário.

▶ **1. Correspondência no CPC/1973.** *"Art. 375. O telegrama ou o radiograma presume-se conforme com o original, provando a data de sua expedição e do recebimento pelo destinatário."*

### ▣ Comentários Temáticos

**2. Natureza do telegrama ou radiograma.** Não são documentos público, pois o expedidor não é um agente público. A tradição confere,

**LIVRO I** · DO PROCESSO DE CONHECIMENTO E DO CUMPRIMENTO DE SENTENÇA · **Art. 417**

porém, certo grau de confiança ao expedidor do telegrama ou radiograma.

**3. Presunção de conformidade com o original.** O telegrama ou o radiograma presume-se conforme o original, reproduzindo o documento tal como apresentado ao expedidor.

**4. Presunção relativa.** É relativa a presunção de conformidade do telegrama ou radiograma, admitindo prova em contrário.

**5. Prova da data de expedição e de recebimento.** A data do telegrama ou radiograma prova as datas de sua expedição e de seu recebimento pelo destinatário, admitindo-se prova em contrário.

> **Art. 415.** As cartas e os registros domésticos provam contra quem os escreveu quando:
> I – enunciam o recebimento de um crédito;
> II – contêm anotação que visa a suprir a falta de título em favor de quem é apontado como credor;
> III – expressam conhecimento de fatos para os quais não se exija determinada prova.

▶ **1. Correspondência no CPC/1973.** *"Art. 376. As cartas, bem como os registros domésticos, provam contra quem os escreveu quando: I – enunciam o recebimento de um crédito; II – contêm anotação, que visa a suprir a falta de título em favor de quem é apontado como credor; III – expressam conhecimento de fatos para os quais não se exija determinada prova."*

📄 **COMENTÁRIOS TEMÁTICOS**

**2. Documentos não assinados.** O art. 415 trata da eficácia probatória de documentos não assinados por seu autor.

**3. Cartas.** São documentos escritos, destinados a transmitir ideias ou manifestar vontade a uma pessoa que esteja em outro local, que esteja ausente ou distante.

**4. Registros domésticos.** São escritos, anotações, feitos de modo avulso ou reunidos em caderno ou livro, nos quais são registrados atos domésticos, acontecimentos ou fatos em geral.

**5. Outros documentos não assinados.** O dispositivo abrange também outros documentos não assinados, como e-mails, mensagens transmitias em redes sociais, mensagens transmitidas por *smartphones* etc.

**6. Eficácia probatória.** O art. 415 repete a regra geral segundo a qual os documentos particulares fazem prova contra quem os produziu.

**7. Autoria.** O maior problema dos documentos não assinados é a demonstração de sua

autoria. Normalmente, esse tipo de documento não costuma ser assinado, podendo, por isso, ser admitido em juízo. É preciso haver certeza da autoria. Essa certeza pode resultar da falta de impugnação da autoria (art. 411). Se houver impugnação da autoria, caberá à parte que apresentou o documento em juízo o ônus da prova da sua autoria (art. 429, II).

> **Art. 416.** A nota escrita pelo credor em qualquer parte de documento representativo de obrigação, ainda que não assinada, faz prova em benefício do devedor.
> Parágrafo único. Aplica-se essa regra tanto para o documento que o credor conservar em seu poder quanto para aquele que se achar em poder do devedor ou de terceiro.

▶ **1. Correspondência no CPC/1973.** *"Art. 377. A nota escrita pelo credor em qualquer parte de documento representativo de obrigação, ainda que não assinada, faz prova em benefício do devedor. Parágrafo único. Aplica-se esta regra tanto para o documento, que o credor conservar em seu poder, como para aquele que se achar em poder do devedor."*

📄 **COMENTÁRIOS TEMÁTICOS**

**2. Presunção de veracidade.** A regra contida no art. 416 confirma a presunção de veracidade do documento particular contra seu autor (art. 408).

**3. Eficácia probatória de nota escrita.** A anotação relevante feita pelo credor em documento representativo da obrigação – que não precisa estar por ele assinada – faz prova em benefício do devedor. Tal eficácia probatória produz-se tanto nas anotações próprias do credor como naquelas feitas por sua ordem.

**4. Prova em favor de terceiro.** A regra do art. 416 também se aplica em relação a terceiros, sempre que a declaração lhe seja favorável e seja desfavorável ao credor.

**5. Localização do documento.** A eficácia probatória da anotação produz-se tanto se o documento estiver em poder do credor como se se encontrar com o devedor ou com terceiro.

> **Art. 417.** Os livros empresariais provam contra seu autor, sendo lícito ao empresário, todavia, demonstrar, por todos os meios permitidos em direito, que os lançamentos não correspondem à verdade dos fatos.

**1. Correspondência no CPC/1973.** *"Art. 378. Os livros comerciais provam contra o seu autor. É lícito ao comerciante, todavia, demonstrar, por todos os meios permitidos em direito, que os lançamentos não correspondem à verdade dos fatos."*

## 📖 LEGISLAÇÃO CORRELATA

**2. CC, art. 226.** *"Art. 226. Os livros e fichas dos empresários e sociedades provam contra as pessoas a que pertencem, e, em seu favor, quando, escriturados sem vício extrínseco ou intrínseco, forem confirmados por outros subsídios. Parágrafo único. A prova resultante dos livros e fichas não é bastante nos casos em que a lei exige escritura pública, ou escrito particular revestido de requisitos especiais, e pode ser ilidida pela comprovação da falsidade ou inexatidão dos lançamentos."*

**3. CC, art. 1.179.** *"Art. 1.179. O empresário e a sociedade empresária são obrigados a seguir um sistema de contabilidade, mecanizado ou não, com base na escrituração uniforme de seus livros, em correspondência com a documentação respectiva, e a levantar anualmente o balanço patrimonial e o de resultado econômico. § 1º Salvo o disposto no art. 1.180, o número e a espécie de livros ficam a critério dos interessados. § 2º É dispensado das exigências deste artigo o pequeno empresário a que se refere o art. 970."*

**4. CC, art. 1.180.** *"Art. 1.180. Além dos demais livros exigidos por lei, é indispensável o Diário, que pode ser substituído por fichas no caso de escrituração mecanizada ou eletrônica. Parágrafo único. A adoção de fichas não dispensa o uso de livro apropriado para o lançamento do balanço patrimonial e do de resultado econômico."*

**5. CC, art. 1.181.** *"Art. 1.181. Salvo disposição especial de lei, os livros obrigatórios e, se for o caso, as fichas, antes de postos em uso, devem ser autenticados no Registro Público de Empresas Mercantis. Parágrafo único. A autenticação não se fará sem que esteja inscrito o empresário, ou a sociedade empresária, que poderá fazer autenticar livros não obrigatórios."*

**6. CC, art. 1.182.** *"Art. 1.182. Sem prejuízo do disposto no art. 1.174, a escrituração ficará sob a responsabilidade de contabilista legalmente habilitado, salvo se nenhum houver na localidade."*

**7. CC, art. 1.183.** *"Art. 1.183. A escrituração será feita em idioma e moeda corrente nacionais e em forma contábil, por ordem cronológica de dia, mês e ano, sem intervalos em branco, nem entrelinhas, borrões, rasuras, emendas ou transportes para as margens. Parágrafo único. É permitido o uso de código de números ou de abreviaturas, que constem de livro próprio, regularmente autenticado."*

**8. CC, art. 1.184.** *"Art. 1.184. No Diário serão lançadas, com individuação, clareza e caracterização do documento respectivo, dia a dia, por escrita direta ou reprodução, todas as operações relativas ao exercício da empresa. § 1º Admite-se a escrituração resumida do Diário, com totais que não excedam o período de trinta dias, relativamente a contas cujas operações sejam numerosas ou realizadas fora da sede do estabelecimento, desde que utilizados livros auxiliares regularmente autenticados, para registro individualizado, e conservados os documentos que permitam a sua perfeita verificação. § 2º Serão lançados no Diário o balanço patrimonial e o de resultado econômico, devendo ambos ser assinados por técnico em Ciências Contábeis legalmente habilitado e pelo empresário ou sociedade empresária."*

**9. CC, art. 1.185.** *"Art. 1.185. O empresário ou sociedade empresária que adotar o sistema de fichas de lançamentos poderá substituir o livro Diário pelo livro Balancetes Diários e Balanços, observadas as mesmas formalidades extrínsecas exigidas para aquele."*

**10. CC, art. 1.186.** *"Art. 1.186. O livro Balancetes Diários e Balanços será escriturado de modo que registre: I – a posição diária de cada uma das contas ou títulos contábeis, pelo respectivo saldo, em forma de balancetes diários; II – o balanço patrimonial e o de resultado econômico, no encerramento do exercício."*

**11. CC, art. 1.187.** *"Art. 1.187. Na coleta dos elementos para o inventário serão observados os critérios de avaliação a seguir determinados: I – os bens destinados à exploração da atividade serão avaliados pelo custo de aquisição, devendo, na avaliação dos que se desgastam ou depreciam com o uso, pela ação do tempo ou outros fatores, atender-se à desvalorização respectiva, criando-se fundos de amortização para assegurar-lhes a substituição ou a conservação do valor; II – os valores mobiliários, matéria-prima, bens destinados à alienação, ou que constituem produtos ou artigos da indústria ou comércio da empresa, podem ser estimados pelo custo de aquisição ou de fabricação, ou pelo preço corrente, sempre que este for inferior ao preço de custo, e quando o preço corrente ou venal estiver acima do valor do custo de aquisição, ou fabricação, e os bens forem avaliados pelo preço corrente, a diferença entre este e o preço de custo não será levada em conta para a distribuição de lucros, nem para as percentagens referentes a fundos de reserva; III – o valor das ações e dos títulos de renda fixa pode ser determinado com base na respectiva*

**LIVRO I · DO PROCESSO DE CONHECIMENTO E DO CUMPRIMENTO DE SENTENÇA** **Art. 417**

cotação da Bolsa de Valores; os não cotados e as participações não acionárias serão considerados pelo seu valor de aquisição; IV – os créditos serão considerados de conformidade com o presumível valor de realização, não se levando em conta os prescritos ou de difícil liquidação, salvo se houver, quanto aos últimos, previsão equivalente. Parágrafo único. Entre os valores do ativo podem figurar, desde que se preceda, anualmente, à sua amortização: I – as despesas de instalação da sociedade, até o limite correspondente a dez por cento do capital social; II – os juros pagos aos acionistas da sociedade anônima, no período antecedente ao início das operações sociais, à taxa não superior a doze por cento ao ano, fixada no estatuto; III – a quantia efetivamente paga a título de aviamento de estabelecimento adquirido pelo empresário ou sociedade."

**12.** **CC, art. 1.188.** *"Art. 1.188. O balanço patrimonial deverá exprimir, com fidelidade e clareza, a situação real da empresa e, atendidas as peculiaridades desta, bem como as disposições das leis especiais, indicará, distintamente, o ativo e o passivo. Parágrafo único. Lei especial disporá sobre as informações que acompanharão o balanço patrimonial, em caso de sociedades coligadas."*

**13.** **CC, art. 1.189.** *"Art. 1.189. O balanço de resultado econômico, ou demonstração da conta de lucros e perdas, acompanhará o balanço patrimonial e dele constarão crédito e débito, na forma da lei especial."*

**14.** **CC, art. 1.190.** *"Art. 1.190. Ressalvados os casos previstos em lei, nenhuma autoridade, juiz ou tribunal, sob qualquer pretexto, poderá fazer ou ordenar diligência para verificar se o empresário ou a sociedade empresária observam, ou não, em seus livros e fichas, as formalidades prescritas em lei."*

**15.** **CC, art. 1.191.** *"Art. 1.191. O juiz só poderá autorizar a exibição integral dos livros e papéis de escrituração quando necessária para resolver questões relativas a sucessão, comunhão ou sociedade, administração ou gestão à conta de outrem, ou em caso de falência. § 1º O juiz ou tribunal que conhecer de medida cautelar ou de ação pode, a requerimento ou de ofício, ordenar que os livros de qualquer das partes, ou de ambas, sejam examinados na presença do empresário ou da sociedade empresária a que pertencerem, ou de pessoas por estes nomeadas, para deles se extrair o que interessar à questão. § 2º Achando-se os livros em outra jurisdição, nela se fará o exame, perante o respectivo juiz."*

**16.** **CC, art. 1.192.** *"Art. 1.192. Recusada a apresentação dos livros, nos casos do artigo ante-*

cedente, serão apreendidos judicialmente e, no do seu § 1º, ter-se-á como verdadeiro o alegado pela parte contrária para se provar pelos livros. Parágrafo único. A confissão resultante da recusa pode ser elidida por prova documental em contrário."*

**17.** **CC, art. 1.193.** *"Art. 1.193. As restrições estabelecidas neste Capítulo ao exame da escrituração, em parte ou por inteiro, não se aplicam às autoridades fazendárias, no exercício da fiscalização do pagamento de impostos, nos termos estritos das respectivas leis especiais."*

**18.** **CC, art. 1.194.** *"Art. 1.194. O empresário e a sociedade empresária são obrigados a conservar em boa guarda toda a escrituração, correspondência e mais papéis concernentes à sua atividade, enquanto não ocorrer prescrição ou decadência no tocante aos atos neles consignados."*

**19.** **CC, art. 1.195.** *"Art. 1.195. As disposições deste Capítulo aplicam-se às sucursais, filiais ou agências, no Brasil, do empresário ou sociedade com sede em país estrangeiro."*

**20.** **Lei 5.474/1968, art. 19.** *"Art. 19. A adoção do regime de vendas de que trata o art. 2º desta Lei obriga o vendedor a ter e a escriturar o Livro de Registro de Duplicatas. § 1º No Registro de Duplicatas serão escrituradas, cronologicamente, todas as duplicatas emitidas, com o número de ordem, data e valor das faturas originárias e data de sua expedição; nome e domicílio do comprador; anotações das reformas; prorrogações e outras circunstâncias necessárias. § 2º Os Registros de Duplicatas, que não poderão conter emendas, borrões, rasuras ou entrelinhas, deverão ser conservados nos próprios estabelecimentos. § 3º O Registro de Duplicatas poderá ser substituído por qualquer sistema mecanizado, desde que os requisitos deste artigo sejam observados."*

**21.** **Lei 6.404/1976, art. 100.** *"Art. 100. A companhia deve ter, além dos livros obrigatórios para qualquer comerciante, os seguintes, revestidos das mesmas formalidades legais: I – o livro de Registro de Ações Nominativas, para inscrição, anotação ou averbação: a) do nome do acionista e do número das suas ações; b) das entradas ou prestações de capital realizado; c) das conversões de ações, de uma em outra espécie ou classe; d) do resgate, reembolso e amortização das ações, ou de sua aquisição pela companhia; e) das mutações operadas pela alienação ou transferência de ações; f) do penhor, usufruto, fideicomisso, da alienação fiduciária em garantia ou de qualquer ônus que grave as ações ou obste sua negociação. II – o livro de 'Transferência de Ações Nominativas', para lançamento dos termos de transferência, que deverão ser assinados pelo cedente e pelo cessionário*

697

ou seus legítimos representantes; III – o livro de 'Registro de Partes Beneficiárias Nominativas" e o de "Transferência de Partes Beneficiárias Nominativas', se tiverem sido emitidas, observando-se, em ambos, no que couber, o disposto nos números I e II deste artigo; IV – o livro de Atas das Assembleias Gerais; V – o livro de Presença dos Acionistas; VI – os livros de Atas das Reuniões do Conselho de Administração, se houver, e de Atas das Reuniões de Diretoria; VII – o livro de Atas e Pareceres do Conselho Fiscal. § 1º A qualquer pessoa, desde que se destinem a defesa de direitos e esclarecimento de situações de interesse pessoal ou dos acionistas ou do mercado de valores mobiliários, serão dadas certidões dos assentamentos constantes dos livros mencionados nos incisos I a III, e por elas a companhia poderá cobrar o custo do serviço, cabendo, do indeferimento do pedido por parte da companhia, recurso à Comissão de Valores Mobiliários. § 2º Nas companhias abertas, os livros referidos nos incisos I a V do caput deste artigo poderão ser substituídos, observadas as normas expedidas pela Comissão de Valores Mobiliários, por registros mecanizados ou eletrônicos. § 3º Nas companhias fechadas, os livros referidos nos incisos I, II, III, IV e V do caput deste artigo poderão ser substituídos por registros mecanizados ou eletrônicos, nos termos do regulamento."

## ▣ Comentários Temáticos

**22. Livros empresariais e sua prova.** Há livros que são relevantes e, até mesmo, indispensáveis para o funcionamento das empresas. São os chamados livros empresariais. Alguns deles são obrigatórios e outros, facultativos.

**23. Presunção de veracidade.** A regra contida no art. 417 confirma a presunção de veracidade do documento particular contra seu autor (art. 408). Os livros empresariais são elaborados pelo empresário, podendo seu conteúdo ser contra ele empregado. Em outras palavras, os livros empresariais são considerados como documento particular, fazendo prova contra seu autor. O empresário responsável pela escrituração não pode, em princípio, beneficiar-se do conteúdo dos livros empresariais.

**24. Presunção relativa.** O conteúdo dos livros empresariais presume verdadeiro o fato contra a empresa ou empresário, mas essa presunção é relativa, admitindo prova em contrário por qualquer meio admitido no sistema normativo.

**Art. 418.** Os livros empresariais que preencham os requisitos exigidos por lei provam a favor de seu autor no litígio entre empresários.

▶ **1. Correspondência no CPC/1973.** "Art. 379. Os livros comerciais, que preencham os requisitos exigidos por lei, provam também a favor do seu autor no litígio entre comerciantes."

## ▤ Legislação Correlata

**2. CC, art. 226.** "Art. 226. Os livros e fichas dos empresários e sociedades provam contra as pessoas a que pertencem, e, em seu favor, quando, escriturados sem vício extrínseco ou intrínseco, forem confirmados por outros subsídios. Parágrafo único. A prova resultante dos livros e fichas não é bastante nos casos em que a lei exige escritura pública, ou escrito particular revestido de requisitos especiais, e pode ser ilidida pela comprovação da falsidade ou inexatidão dos lançamentos."

**3. CC, art. 1.179.** "Art. 1.179. O empresário e a sociedade empresária são obrigados a seguir um sistema de contabilidade, mecanizado ou não, com base na escrituração uniforme de seus livros, em correspondência com a documentação respectiva, e a levantar anualmente o balanço patrimonial e o de resultado econômico. § 1º Salvo o disposto no art. 1.180, o número e a espécie de livros ficam a critério dos interessados. § 2º É dispensado das exigências deste artigo o pequeno empresário a que se refere o art. 970."

**4. CC, art. 1.180.** "Art. 1.180. Além dos demais livros exigidos por lei, é indispensável o Diário, que pode ser substituído por fichas no caso de escrituração mecanizada ou eletrônica. Parágrafo único. A adoção de fichas não dispensa o uso de livro apropriado para o lançamento do balanço patrimonial e do de resultado econômico."

**5. CC, art. 1.181.** "Art. 1.181. Salvo disposição especial de lei, os livros obrigatórios e, se for o caso, as fichas, antes de postos em uso, devem ser autenticados no Registro Público de Empresas Mercantis. Parágrafo único. A autenticação não se fará sem que esteja inscrito o empresário, ou a sociedade empresária, que poderá fazer autenticar livros não obrigatórios."

**6. CC, art. 1.190.** "Art. 1.190. Ressalvados os casos previstos em lei, nenhuma autoridade, juiz ou tribunal, sob qualquer pretexto, poderá fazer ou ordenar diligência para verificar se o empresário ou a sociedade empresária observam, ou não, em seus livros e fichas, as formalidades prescritas em lei."

**7. Decreto-lei 486/1969, art. 8º.** "Art. 8º Os livros e fichas de escrituração mercantil somente provam a favor do comerciante quando mantidos com observância das formalidades legais."

# LIVRO I · DO PROCESSO DE CONHECIMENTO E DO CUMPRIMENTO DE SENTENÇA

## Art. 420

### ▣ Comentários Temáticos

**8. Livros empresariais regulares.** São regulares os livros empresariais que são escriturados com os requisitos extrínsecos e intrínsecos. Enquanto os requisitos intrínsecos são os que se referem à técnica contábil (CC, art. 1.183), os extrínsecos referem-se à segurança dos livros (CC, art. 1.181). São, enfim, regulares os livros empresariais "sem vício extrínseco ou intrínseco" (CC, art. 226).

**9. Litígio entre empresários.** O art. 418 refere-se especificamente a litígio entre empresários.

**10. Hipóteses de incidência.** Diante do art. 418, é possível imaginar a ocorrência de 3 situações num litígio entre empresários: *(a)* os livros empresariais de ambas as partes são regulares; *(b)* ambos não são regulares; *(c)* o de um é regular e o do outro, não.

**11. Eficácia probatória.** Tanto os livros regulares como os irregulares fazem prova *contra* o empresário. Os regulares podem fazer prova também *em seu favor.*

**12. Litígio entre empresário e não empresário.** Embora o art. 418 se refira a demanda entre empresários, a regra dele decorrente aplica-se também a litígio entre um empresário e um não empresário, servindo o documento regular como prova em favor do empresário.

---

**Art. 419.** A escrituração contábil é indivisível, e, se dos fatos que resultam dos lançamentos, uns são favoráveis ao interesse de seu autor e outros lhe são contrários, ambos serão considerados em conjunto, como unidade.

---

▸ **1. Correspondência no CPC/1973.** *"Art. 380. A escrituração contábil é indivisível: se dos fatos que resultam dos lançamentos, uns são favoráveis ao interesse de seu autor e outros lhe são contrários, ambos serão considerados em conjunto como unidade."*

### ▣ Comentários Temáticos

**2. Indivisibilidade da escrituração contábil.** O art. 419 confirma a regra da indivisibilidade da prova. Assim como a confissão (art. 395) e a prova documental (art. 412, parágrafo único), a escrituração contábil também é indivisível. Afinal, a escritura contábil é também um documento particular, não devendo ter regramento diverso da prova documental, cuja indivisibilidade está assentada no parágrafo único do art. 412.

**3. Análise conjunta.** Se, na escrituração contábil, houver elementos favoráveis e desfavoráveis à parte, todos devem ser analisados conjuntamente.

**4. Eficácia probatória.** Em princípio, a documentação empresarial faz prova *contra* o empresário (art. 417). Devido à indivisibilidade da escrituração contável, é possível, porém, que a documentação empresarial, considerada em seu conjunto, faça prova *em favor* do empresário.

---

**Art. 420.** O juiz pode ordenar, a requerimento da parte, a exibição integral dos livros empresariais e dos documentos do arquivo:

I – na liquidação de sociedade;

II – na sucessão por morte de sócio;

III – quando e como determinar a lei.

---

▸ **1. Correspondência no CPC/1973.** *"Art. 381. O juiz pode ordenar, a requerimento da parte, a exibição integral dos livros comerciais e dos documentos do arquivo: I – na liquidação de sociedade; II – na sucessão por morte de sócio; III – quando e como determinar a lei."*

### ▣ Legislação Correlata

**2. CC, art. 1.190.** *"Art. 1.190. Ressalvados os casos previstos em lei, nenhuma autoridade, juiz ou tribunal, sob qualquer pretexto, poderá fazer ou ordenar diligência para verificar se o empresário ou a sociedade empresária observam, ou não, em seus livros e fichas, as formalidades prescritas em lei."*

**3. CC, art. 1.191.** *"Art. 1.191. O juiz só poderá autorizar a exibição integral dos livros e papéis de escrituração quando necessária para resolver questões relativas a sucessão, comunhão ou sociedade, administração ou gestão à conta de outrem, ou em caso de falência. § 1º O juiz ou tribunal que conhecer de medida cautelar ou de ação pode, a requerimento ou de ofício, ordenar que os livros de qualquer das partes, ou de ambas, sejam examinados na presença do empresário ou da sociedade empresária a que pertencerem, ou de pessoas por estes nomeadas, para deles se extrair o que interessar à questão. § 2º Achando-se os livros em outra jurisdição, nela se fará o exame, perante o respectivo juiz."*

**4. CC, art. 1.192.** *"Art. 1.192. Recusada a apresentação dos livros, nos casos do artigo antecedente, serão apreendidos judicialmente e, no do seu § 1º, ter-se-á como verdadeiro o alegado pela parte contrária para se provar pelos livros. Parágrafo único. A confissão resultante da recusa pode ser elidida por prova documental em contrário."*

**5. Lei 11.101/2005, art. 7º.** *"Art. 7º A verificação dos créditos será realizada pelo administrador judicial, com base nos livros contábeis e documentos comerciais e fiscais do devedor e nos documentos que lhe forem apresentados pelos credores, podendo contar com o auxílio de profissionais ou empresas especializadas."*

## ▣ COMENTÁRIOS TEMÁTICOS

**6. Exibição integral de livros empresariais.** O art. 420 prevê a exibição integral, por inteiro ou plena dos livros comerciais. A exibição integral consiste em colocar os livros à disposição do interessado para que possa examiná-los irrestritamente.

**7. Exibição parcial.** O art. 420 trata da exibição integral de livros comerciais, que é excepcional e não pode ser determinada de ofício pelo juiz. A exibição parcial, por sua vez, está prevista no art. 421 e pode ser determinada de ofício pelo juiz.

**8. Sigilo empresarial.** Os livros empresariais gozam da garantia de sigilo (CC, art. 1.190), não podendo o juiz ou qualquer outra autoridade (com exceção das autoridades fiscais – CC, art. 1.193) determinar sua exibição integral, ressalvados os casos previstos expressamente em lei.

**9. Medida excepcional.** A exibição integral dos livros empresariais é medida excepcional, que somente tem lugar nos casos previstos no art. 420.

**10. Previsão legal.** Segundo o inciso III do art. 420, a exibição integral dos livros empresariais pode ser feita *"quando e como determinar a lei"*, a exemplo das hipóteses do art. 1.191 do CC e do art. 7º da Lei 11.101/2005.

**11. Necessidade de requerimento.** Nas hipóteses do art. 420, o juiz não deve determinar, de ofício, a exibição integral dos livros empresariais. É preciso que haja requerimento da parte interessada.

**12. Presença do empresário ou da sociedade empresária.** Ao autorizar a exibição integral dos livros comerciais, o juiz ou tribunal deve ordenar que eles sejam examinados na presença do empresário ou da sociedade empresária a que pertencerem, ou na de pessoas por estes nomeadas (CC, art. 1.191, § 1º).

**13. Local da exibição.** A exibição será feita no juízo onde tramita o processo. Se os livros estiverem em outro foro, nele se fará o exame, perante o juízo para quem for solicitada cooperação judiciária (CC, art. 1.191, § 2º).

**14. Consequências da falta de exibição.** Não exibidos os livros empresariais, o juiz poderá considerar verdadeiro o fato alegado contra o empresário ou a sociedade empresária ou, então, empregar medidas indutivas ou coercitivas para a sua exibição (CC, art. 1.192; CPC, arts. 400, parágrafo único, e 403).

**15. Presunção relativa.** A presunção de veracidade decorrente da recusa na exibição dos livros empresariais é relativa, ou seja, pode ser elidida por prova em contrário (CC, art. 1.192, parágrafo único).

---

**Art. 421.** O juiz pode, de ofício, ordenar à parte a exibição parcial dos livros e dos documentos, extraindo-se deles a suma que interessar ao litígio, bem como reproduções autenticadas.

---

▸ **1. Correspondência no CPC/1973.** *"Art. 382. O juiz pode, de ofício, ordenar à parte a exibição parcial dos livros e documentos, extraindo-se deles a suma que interessar ao litígio, bem como reproduções autenticadas."*

## ⚖ JURISPRUDÊNCIA, ENUNCIADOS E SÚMULAS SELECIONADOS

• **2. Súmula STF, 260.** *"O exame de livros comerciais, em ação judicial, fica limitado às transações entre os litigantes."*

## ▣ COMENTÁRIOS TEMÁTICOS

**3. Exibição parcial de livros comerciais.** Sempre que for relevante à análise do litígio, o juiz pode determinar a exibição parcial de livros comerciais. Em tais casos, a exibição limita-se à verificação dos elementos necessários e suficientes à solução da controvérsia, não se admitindo que a exibição ultrapasse os limites exatos do que for essencial para o julgamento da causa.

**4. Determinação de ofício pelo juiz.** Diferentemente do que ocorre com a exibição integral dos livros comerciais (art. 420), sua exibição parcial pode ser determinada de ofício pelo juiz.

**5. Procedimento.** A exibição pode ser feita de forma autônoma (arts. 381 a 383) ou de forma incidental (arts. 396 a 404), permitindo-se que o interessado tenha acesso ao conteúdo do quanto for apresentado, com a extração de cópias que sejam necessárias.

---

**Art. 422.** Qualquer reprodução mecânica, como a fotográfica, a cinematográfica, a fonográfica ou de outra espécie, tem aptidão para fazer

**LIVRO I** · DO PROCESSO DE CONHECIMENTO E DO CUMPRIMENTO DE SENTENÇA **Art. 424**

prova dos fatos ou das coisas representadas, se a sua conformidade com o documento original não for impugnada por aquele contra quem foi produzida.

§ 1º As fotografias digitais e as extraídas da rede mundial de computadores fazem prova das imagens que reproduzem, devendo, se impugnadas, ser apresentada a respectiva autenticação eletrônica ou, não sendo possível, realizada perícia.

§ 2º Se se tratar de fotografia publicada em jornal ou revista, será exigido um exemplar original do periódico, caso impugnada a veracidade pela outra parte.

§ 3º Aplica-se o disposto neste artigo à forma impressa de mensagem eletrônica.

▶ **1. Correspondência no CPC/1973.** *"Art. 383. Qualquer reprodução mecânica, como a fotográfica, cinematográfica, fonográfica ou de outra espécie, faz prova dos fatos ou das coisas representadas, se aquele contra quem foi produzida lhe admitir a conformidade. Parágrafo único. Impugnada a autenticidade da reprodução mecânica, o juiz ordenará a realização de exame pericial."*

### 🗂 Legislação Correlata

**2. CC, art. 225.** *"Art. 225. As reproduções fotográficas, cinematográficas, os registros fonográficos e, em geral, quaisquer outras reproduções mecânicas ou eletrônicas de fatos ou de coisas fazem prova plena destes, se a parte, contra quem foram exibidos, não lhes impugnar a exatidão."*

### 🔖 Jurisprudência, Enunciados e Súmulas Selecionados

- **3. Enunciado 64 do FNPP.** *"É possível a utilização, no processo administrativo fiscal, de prova documental obtida na rede mundial de computadores, independentemente de registro, ato notarial ou certificação digital."*

### 🗐 Comentários Temáticos

**4. Reprodução mecânica e eletrônica.** Os documentos podem ser reproduzidos, deles se extraindo cópias mediante meio automatizado mecânico ou eletrônico. Os meios mecânico e eletrônico reproduzem sons e imagens.

**5. Valor probante das reproduções mecânicas e eletrônicas.** Não havendo impugnação, a reprodução mecânica ou eletrônica tem o mesmo valor probante do documento original.

**6. Impugnação do documento e ônus da prova.** Havendo impugnação, cabe à parte que

juntou o documento o ônus de provar que o fato representado pela imagem ou pelo som efetivamente ocorreu.

**Art. 423.** As reproduções dos documentos particulares, fotográficas ou obtidas por outros processos de repetição, valem como certidões sempre que o escrivão ou o chefe de secretaria certificar sua conformidade com o original.

▶ **1. Correspondência no CPC/1973.** *"Art. 384. As reproduções fotográficas ou obtidas por outros processos de repetição, dos documentos particulares, valem como certidões, sempre que o escrivão portar por fé a sua conformidade com o original."*

### 🗐 Comentários Temáticos

**2. Original.** É o documento em sua forma genuína, originária, tal como foi feito ou produzido.

**3. Cópia.** É a reprodução do documento original.

**4. Certificação ou autenticação da cópia.** Quando o escrivão, o chefe de secretaria ou outro agente público declara que confrontou a cópia com o original e constatou sua fidelidade, está a certificar sua conformidade. Nesse caso, diante de sua fé pública, a declaração do agente público presume-se verdadeira (art. 405). Assim, estará certificada tal fidelidade da cópia com o original.

**Art. 424.** A cópia de documento particular tem o mesmo valor probante que o original, cabendo ao escrivão, intimadas as partes, proceder à conferência e certificar a conformidade entre a cópia e o original.

▶ **1. Correspondência no CPC/1973.** *"Art. 385. A cópia de documento particular tem o mesmo valor probante que o original, cabendo ao escrivão, intimadas as partes, proceder à conferência e certificar a conformidade entre a cópia e o original. § 1º Quando se tratar de fotografia, esta terá de ser acompanhada do respectivo negativo. § 2º Se a prova for uma fotografia publicada em jornal, exigir-se-ão o original e o negativo."*

### 🗐 Comentários Temáticos

**2. Autenticação pelo escrivão ou chefe de secretaria.** Faz presumir que a cópia reproduz com exatidão o documento original.

**3. Eficácia probatória da cópia do documento particular.** A cópia do documento particular tem o mesmo valor probatório do original. A cópia autêntica de uma declaração assinada prova que o autor do documento fez a declaração (art. 412). Sendo o declarante uma das partes do processo e tendo a declaração por objeto fato desfavorável a seu interesse, a cópia prova que o fato declarado ocorreu (art. 408).

**4. Desnecessidade de autenticação.** *"A simples impugnação de uma parte não obriga necessariamente a autenticação de documento oferecido pela outra. Faz-se mister que esta impugnação tenha relevância apta a influir no julgamento da causa, como, por exemplo, não espelhar o documento o verdadeiro teor do original"* (STJ, Corte Especial, EDcl nos EREsp 278.766/MG, rel. Min. Fernando Gonçalves, Corte Especial, DJ 16.11.2004, p. 173).

> **Art. 425.** Fazem a mesma prova que os originais: I – as certidões textuais de qualquer peça dos autos, do protocolo das audiências ou de outro livro a cargo do escrivão ou do chefe de secretaria, se extraídas por ele ou sob sua vigilância e por ele subscritas;
> II – os traslados e as certidões extraídas por oficial público de instrumentos ou documentos lançados em suas notas;
> III – as reproduções dos documentos públicos, desde que autenticadas por oficial público ou conferidas em cartório com os respectivos originais;
> IV – as cópias reprográficas de peças do próprio processo judicial declaradas autênticas pelo advogado, sob sua responsabilidade pessoal, se não lhes for impugnada a autenticidade;
> V – os extratos digitais de bancos de dados públicos e privados, desde que atestado pelo seu emitente, sob as penas da lei, que as informações conferem com o que consta na origem;
> VI – as reproduções digitalizadas de qualquer documento público ou particular, quando juntadas aos autos pelos órgãos da justiça e seus auxiliares, pelo Ministério Público e seus auxiliares, pela Defensoria Pública e seus auxiliares, pelas procuradorias, pelas repartições públicas em geral e por advogados, ressalvada a alegação motivada e fundamentada de adulteração.
> § 1º Os originais dos documentos digitalizados mencionados no inciso VI deverão ser preservados pelo seu detentor até o final do prazo para propositura de ação rescisória.
> § 2º Tratando-se de cópia digital de título executivo extrajudicial ou de documento relevante à instrução do processo, o juiz poderá determinar seu depósito em cartório ou secretaria.

▶ **1. Correspondência no CPC/1973.** *"Art. 365. Fazem a mesma prova que os originais: I – as certidões textuais de qualquer peça dos autos, do protocolo das audiências, ou de outro livro a cargo do escrivão, sendo extraídas por ele ou sob sua vigilância e por ele subscritas; II – os traslados e as certidões extraídas por oficial público, de instrumentos ou documentos lançados em suas notas; III – as reproduções dos documentos públicos, desde que autenticadas por oficial público ou conferidas em cartório, com os respectivos originais. IV – as cópias reprográficas de peças do próprio processo judicial declaradas autênticas pelo próprio advogado sob sua responsabilidade pessoal, se não lhes for impugnada a autenticidade. V – os extratos digitais de bancos de dados, públicos e privados, desde que atestado pelo seu emitente, sob as penas da lei, que as informações conferem com o que consta na origem; VI – as reproduções digitalizadas de qualquer documento, público ou particular, quando juntados aos autos pelos órgãos da Justiça e seus auxiliares, pelo Ministério Público e seus auxiliares, pelas procuradorias, pelas repartições públicas em geral e por advogados públicos ou privados, ressalvada a alegação motivada e fundamentada de adulteração antes ou durante o processo de digitalização. § 1º Os originais dos documentos digitalizados, mencionados no inciso VI do caput deste artigo, deverão ser preservados pelo seu detentor até o final do prazo para interposição de ação rescisória. § 2º Tratando-se de cópia digital de título executivo extrajudicial ou outro documento relevante à instrução do processo, o juiz poderá determinar o seu depósito em cartório ou secretaria."*

## 🏛 LEGISLAÇÃO CORRELATA

**2. CC, art. 216.** *"Art. 216. Farão a mesma prova que os originais as certidões textuais de qualquer peça judicial, do protocolo das audiências, ou de outro qualquer livro a cargo do escrivão, sendo extraídas por ele, ou sob a sua vigilância, e por ele subscritas, assim como os traslados de autos, quando por outro escrivão consertados."*

**3. CC, art. 217.** *"Art. 217. Terão a mesma força probante os traslados e as certidões, extraídos por tabelião ou oficial de registro, de instrumentos ou documentos lançados em suas notas."*

**4. CC, art. 218.** *"Art. 218. Os traslados e as certidões considerar-se-ão instrumentos públicos, se os originais se houverem produzido em juízo como prova de algum ato."*

**5. CC, art. 225.** *"Art. 225. As reproduções fotográficas, cinematográficas, os registros fonográficos e, em geral, quaisquer outras reproduções*

**LIVRO I ·** DO PROCESSO DE CONHECIMENTO E DO CUMPRIMENTO DE SENTENÇA **Art. 425**

*mecânicas ou eletrônicas de fatos ou de coisas fazem prova plena destes, se a parte, contra quem forem exibidos, não lhes impugnar a exatidão."*

**6. CLT, art. 830.** *"Art. 830. O documento em cópia oferecido para prova poderá ser declarado autêntico pelo próprio advogado, sob sua responsabilidade pessoal. Parágrafo único. Impugnada a autenticidade da cópia, a parte que a produziu será intimada para apresentar cópias devidamente autenticadas ou o original, cabendo ao serventuário competente proceder à conferência e certificar a conformidade entre esses documentos."*

**7. Lei 13.460/2017, art. 5º, IX.** *"Art. 5º O usuário de serviço público tem direito à adequada prestação dos serviços, devendo os agentes públicos e prestadores de serviços públicos observar as seguintes diretrizes: (...) IX – autenticação de documentos pelo próprio agente público, à vista dos originais apresentados pelo usuário, vedada a exigência de reconhecimento de firma, salvo em caso de dúvida de autenticidade."*

**8. Lei 13.726/2018, art. 3º, II e III.** *"Art. 3º Na relação dos órgãos e entidades dos Poderes da União, dos Estados, do Distrito Federal e dos Municípios com o cidadão, é dispensada a exigência de: (...) II – autenticação de cópia de documento, cabendo ao agente administrativo, mediante a comparação entre o original e a cópia, atestar a autenticidade; III – juntada de documento pessoal do usuário, que poderá ser substituído por cópia autenticada pelo próprio agente administrativo."*

**9. Lei 13.874/2019, art. 3º, X.** *"Art. 3º São direitos de toda pessoa, natural ou jurídica, essenciais para o desenvolvimento e o crescimento econômico do País, observado o disposto no parágrafo único do art. 170 da Constituição Federal: (...) X – arquivar qualquer documento por meio de microfilme ou por meio digital, conforme técnica e requisitos estabelecidos em regulamento, hipótese em que se equiparará a documento físico para todos os efeitos legais e para a comprovação de qualquer ato de direito público."*

**10. Lei 13.874/2019, art. 18.** *"Art. 18. A eficácia do disposto no inciso X do caput do art. 3º desta Lei fica condicionada à regulamentação em ato do Poder Executivo federal, observado que: I – para documentos particulares, qualquer meio de comprovação da autoria, integridade e, se necessário, confidencialidade de documentos em forma eletrônica é válido, desde que escolhido de comum acordo pelas partes ou aceito pela pessoa a quem for oposto o documento; e II – independentemente de aceitação, o processo de digitalização que empregar o uso da certificação no padrão da Infraestrutura de Chaves Públicas*

*Brasileira (ICP-Brasil) terá garantia de integralidade, autenticidade e confidencialidade para documentos públicos e privados."*

**11. Dec. 9.094/2017, art. 9º.** *"Art. 9º Exceto se existir dúvida fundada quanto à autenticidade ou previsão legal, fica dispensado o reconhecimento de firma e a autenticação de cópia dos documentos expedidos no País e destinados a fazer prova junto a órgãos e entidades do Poder Executivo federal."*

**12. Dec. 9.094/2017, art. 10.** *"Art. 10. A apresentação de documentos por usuários dos serviços públicos poderá ser feita por meio de cópia autenticada, dispensada nova conferência com o documento original. § 1º A autenticação de cópia de documentos poderá ser feita, por meio de cotejo da cópia com o documento original, pelo servidor público a quem o documento deva ser apresentado. § 2º Constatada, a qualquer tempo, a falsificação de firma ou de cópia de documento público ou particular, o órgão ou a entidade do Poder Executivo federal considerará não satisfeita a exigência documental respectiva e, no prazo de até cinco dias, dará conhecimento do fato à autoridade competente para adoção das providências administrativas, civis e penais cabíveis."*

### 📖 COMENTÁRIOS TEMÁTICOS

**13. Cópia de documentos.** A cópia não impugnada tem o mesmo valor probante do documento original. Impugnada a fidelidade da cópia, deve ser apresentado o original para conferência.

**14. Impugnação.** A impugnação de uma cópia ou traslado não deve ser genérica. A parte precisa indicar os motivos que justificam sua suspeita de divergência entre a cópia e o original (art. 436, parágrafo único). Para impugnar uma cópia, não basta a parte afirmar que lhe falta autenticação, devendo apresentar motivos específicos que justifiquem eventual divergência entre a cópia e o original.

**15. Prova emprestada.** Embora o dispositivo enuncie que a cópia faz a mesma prova que o original, é possível que ela seja utilizada como prova emprestada em outro processo, cabendo, nesse caso, ao juiz valorá-la, considerando o contraditório e a forma como foi produzida (art. 372).

**16. Execução fundada em cópia de título executivo.** *"A juntada da via original do título executivo extrajudicial é, em princípio, requisito essencial à formação válida do processo de execução, pois objetiva assegurar a autenticidade da cártula apresentada e afastar a hipótese de ter o*

703

*título circulado, sendo, em regra, nula a execução fundada em cópias dos títulos. 5. A execução pode, excepcionalmente, ser instruída por cópia reprográfica do título extrajudicial em que fundamentada, prescindindo da apresentação do documento original, principalmente quando não há dúvida quanto à existência do título e do débito e quando comprovado que este não circulou"* (STJ, 3ª Turma, REsp 1.997.729/MG, rel. Min. Nancy Andrighi, *DJe* 25.8.2022). No mesmo sentido: STJ, 3ª Turma, REsp 1.946.423/MA, rel. Min. Nancy Andrighi, *DJe* 12.11.2021.

> **Art. 426.** O juiz apreciará fundamentadamente a fé que deva merecer o documento, quando em ponto substancial e sem ressalva contiver entrelinha, emenda, borrão ou cancelamento.

▶ **1. Correspondência no CPC/1973.** *"Art. 386. O juiz apreciará livremente a fé que deva merecer o documento, quando em ponto substancial e sem ressalva contiver entrelinha, emenda, borrão ou cancelamento."*

### ▣ Comentários Temáticos

**2. Alterações no documento.** O documento pode conter eventuais entrelinhas, emendas, borrões ou cancelamentos, que podem resultar de modificações desejadas pelas próprias partes ou decorrer de alguma adulteração maliciosa de uma delas. Cabe ao juiz examinar o documento, a partir do contexto dos autos, para, então, verificar se a alteração foi inadequada ou não e conferir-lhe, motivadamente, o valor que deve merecer.

**3. Documento público defeituoso.** Se for público o documento que contiver borrões, entrelinhas, emendas ou cancelamentos, o defeito afasta a presunção de veracidade do fato.

**4. Documento particular defeituoso.** Sendo particular o documento que contenha borrões, entrelinhas, emendas ou cancelamentos, o defeito evita que se presuma a ocorrência contra o declarante dos fatos nele narrados.

**5. Persuasão racional.** Havendo irregularidade no documento, o juiz deverá decidir, fundamentadamente, se o fato nele declarado ocorreu ou não.

**6. Cópia.** O art. 426 aplica-se também para a cópia do documento, afastando a presunção de conformidade da cópia com o original.

**7. Ressalva.** Se a alteração contida no documento tiver sido feita com ressalva, sua eficácia probatória estará preservada.

**8. Apreciação de ofício.** Para perceber defeitos no documento, o juiz não precisa ser provocado pela parte, podendo constatá-los de ofício. Se, porém, constatar de ofício, deve cumprir com o dever de consulta e instaurar o contraditório, intimando as partes para pronunciamento a esse respeito, a fim de evitar decisão surpresa (art. 10).

> **Art. 427.** Cessa a fé do documento público ou particular sendo-lhe declarada judicialmente a falsidade.
> Parágrafo único. A falsidade consiste em:
> I – formar documento não verdadeiro;
> II – alterar documento verdadeiro.

▶ **1. Correspondência no CPC/1973.** *"Art. 387. Cessa a fé do documento, público ou particular, sendo-lhe declarada judicialmente a falsidade. Parágrafo único. A falsidade consiste: I – em formar documento não verdadeiro; II – em alterar documento verdadeiro."*

### ▤ Legislação Correlata

**2. CP, art. 297.** *"Art. 297. Falsificar, no todo ou em parte, documento público, ou alterar documento público verdadeiro: Pena – reclusão, de dois a seis anos, e multa. § 1º Se o agente é funcionário público, e comete o crime prevalecendo-se do cargo, aumenta-se a pena de sexta parte. § 2º Para os efeitos penais, equiparam-se a documento público o emanado de entidade paraestatal, o título ao portador ou transmissível por endosso, as ações de sociedade comercial, os livros mercantis e o testamento particular. § 3º Nas mesmas penas incorre quem insere ou faz inserir: I – na folha de pagamento ou em documento de informações que seja destinado a fazer prova perante a previdência social, pessoa que não possua a qualidade de segurado obrigatório; II – na Carteira de Trabalho e Previdência Social do empregado ou em documento que deva produzir efeito perante a previdência social, declaração falsa ou diversa da que deveria ter sido escrita; III – em documento contábil ou em qualquer outro documento relacionado com as obrigações da empresa perante a previdência social, declaração falsa ou diversa da que deveria ter constado. § 4º Nas mesmas penas incorre quem omite, nos documentos mencionados no § 3º, nome do segurado e seus dados pessoais, a remuneração, a vigência do contrato de trabalho ou de prestação de serviços."*

**3. CP, art. 298.** *"Art. 298. Falsificar, no todo ou em parte, documento particular ou alterar documento particular verdadeiro: Pena – reclusão, de*

**LIVRO I ·** DO PROCESSO DE CONHECIMENTO E DO CUMPRIMENTO DE SENTENÇA **Art. 428**

um a cinco anos, e multa. Parágrafo único. Para fins do disposto no caput, equipara-se a documento particular o cartão de crédito ou débito."

**4. CP, art. 299.** *"Art. 299. Omitir, em documento público ou particular, declaração que dele devia constar, ou nele inserir ou fazer inserir declaração falsa ou diversa da que devia ser escrita, com o fim de prejudicar direito, criar obrigação ou alterar a verdade sobre fato juridicamente relevante: Pena – reclusão, de um a cinco anos, e multa, se o documento é público, e reclusão de um a três anos, e multa, de quinhentos mil réis a cinco contos de réis, se o documento é particular. Parágrafo único. Se o agente é funcionário público, e comete o crime prevalecendo-se do cargo, ou se a falsificação ou alteração é de assentamento de registro civil, aumenta-se a pena de sexta parte."*

**▣ Comentários Temáticos**

**5. Falsidade documental.** A falsidade, que significa alteração da verdade, consiste na falta de correspondência entre o que é e o que se diz ser. O documento falso é o que não representa corretamente a realidade.

**6. Documento falso, documento defeituoso e documento inapto.** Documento falso (art. 427), documento defeituoso (art. 426) e documento inapto não se confundem. Um documento falso pode não conter qualquer defeito aparente. Um documento defeituoso pode não ser resultado de uma falsificação. Um documento não falsificado nem defeituoso pode não representar a realidade, sendo contrariado por prova em contrário.

**7. Falsidade material.** Consiste em confeccionar um documento não verdadeiro ou alterar um documento verdadeiro. Na falsidade material, o documento em si é falso.

**8. Falsidade ideológica.** Ocorre quando o próprio autor do documento faz uma declaração que não corresponde à verdade. Na falsidade ideológica, o documento é verdadeiro, mas o seu conteúdo é falso.

**9. Cessação da eficácia probatória.** Reconhecida judicialmente a falsidade do documento, sua eficácia probatória é suprimida. A cessação da eficácia probatória do documento não decorre da impugnação feita pela parte, mas do reconhecimento judicial de sua falsidade. Não basta a simples alegação de falsidade; é preciso que haja reconhecimento pelo juiz. O reconhecimento judicial da falsidade elimina a presunção de veracidade do documento, deixando de servir como meio de prova.

**Art. 428.** Cessa a fé do documento particular quando:

I – for impugnada sua autenticidade e enquanto não se comprovar sua veracidade;

II – assinado em branco, for impugnado seu conteúdo, por preenchimento abusivo.

Parágrafo único. Dar-se-á abuso quando aquele que recebeu documento assinado com texto não escrito no todo ou em parte formá-lo ou completá-lo por si ou por meio de outrem, violando o pacto feito com o signatário.

▶ **1. Correspondência no CPC/1973.** *"Art. 388. Cessa a fé do documento particular quando: I – lhe for contestada a assinatura e enquanto não se lhe comprovar a veracidade; II – assinado em branco, for abusivamente preenchido. Parágrafo único. Dar-se-á abuso quando aquele, que recebeu documento assinado, com texto não escrito no todo ou em parte, o formar ou o completar, por si ou por meio de outrem, violando o pacto feito com o signatário."*

**▣ Comentários Temáticos**

**2. Cessação da eficácia probatória do documento particular quando impugnada sua autoria.** A eficácia probatória do documento particular cessa com a impugnação de sua autenticidade e enquanto não se comprovar sua veracidade. Diferentemente da arguição de falsidade, que acarreta a cessação da eficácia probatória só com o seu reconhecimento judicial (art. 427), a simples impugnação da autenticidade já acarreta a cessação de eficácia probatória do documento particular. Se a parte impugna a autenticidade de um documento particular, ou seja, afirma que o autor do documento é diverso do autor real, sua eficácia está cessada, cabendo à parte que o apresentou comprovar sua autenticidade (art. 429, II).

**3. Cessação da eficácia probatória do documento particular em caso de preenchimento abusivo.** A eficácia probatória do documento particular cessa quando, assinado em branco, for impugnado seu conteúdo, por preenchimento abusivo. Basta a alegação preenchimento abusivo para que já cesse a eficácia probatória do documento particular. O ônus da prova, nesse caso, é de quem alega o preenchimento abusivo do documento. Se a parte afirma ter sido o documento preenchido após ter sido assinado, cabe-lhe provar tal fato (art. 429, I).

**4. Âmbito de incidência.** O art. 428 só se aplica para os documentos particulares, não alcançando os documentos públicos. O docu-

705

# Art. 429

mento público contém presunção de autenticidade, não sendo desfeita com a simples impugnação feita por uma das partes. É preciso que o juiz reconheça expressamente a inautenticidade do documento público para que se elimine sua eficácia probatória.

> **Art. 429.** Incumbe o ônus da prova quando:
> I – se tratar de falsidade de documento ou de preenchimento abusivo, à parte que a arguir;
> II – se tratar de impugnação da autenticidade, à parte que produziu o documento.

▶ **1. Correspondência no CPC/1973.** *"Art. 389. Incumbe o ônus da prova quando: I – se tratar de falsidade de documento, à parte que a arguir; II – se tratar de contestação de assinatura, à parte que produziu o documento."*

## 🕮 Legislação Correlata

**2. Lei 7.357/1985, art. 16.** *"Art. 16. Se o cheque, incompleto no ato da emissão, for completado com inobservância do convencionado com o emitente, tal fato não pode ser oposto ao portador, a não ser que este tenha adquirido o cheque de má-fé."*

## ⚖ Jurisprudência, Enunciados e Súmulas Selecionados

• **3. Tema/Repetitivo 1.061 do STJ.** *"Na hipótese em que o consumidor/autor impugnar a autenticidade da assinatura constante em contrato bancário juntado ao processo pela instituição financeira, caberá a esta o ônus de provar a sua autenticidade (CPC, arts. 6º, 368 e 429, II)."*

## ▣ Comentários Temáticos

**4. Distribuição estática do ônus da prova.** O art. 429 distribui estaticamente o ônus da prova, estabelecendo previamente a quem cabe provar a falsidade do documento, seu preenchimento abusivo ou a falta de sua autenticidade.

**5. Ônus da prova na impugnação de documento.** Quando houver alegação de falsidade do documento, o ônus da prova recai sobre a parte que a suscitou. Enfim, a falsidade há de ser provada por quem a alega, independentemente da posição que ocupe no processo. No caso de impugnação da autenticidade, o ônus da prova é de quem apresentou o documento em juízo, cabendo-lhe comprová-la.

**6. Impugnação da autenticidade e ônus da prova de quem apresentou o documento.** *"Consoante preceitua o art. 398, inciso II, do CPC/1973, atual 429, inciso II, do NCPC, tratando-se de contestação de assinatura ou impugnação da autenticidade, o ônus da prova incumbe à parte que produziu o documento. Aplicando-se tal regra ao caso concreto, verifica-se que, produzido o documento pelos exequentes, ora recorridos, e negada a autenticidade da firma pelos insurgentes/executados, incumbe aos primeiros o ônus de provar a sua veracidade, pois é certo que a fé do documento particular cessa com a contestação do pretenso assinante consoante disposto no art. 388 do CPC/1973, atual art. 428 do NCPC, e, por isso, a eficácia probatória não se manifestará enquanto não for comprovada a fidedignidade"* (STJ, 4ª Turma, REsp 1.313.866/MG, rel. Min. Marco Buzzi, *DJe* 22.6.2021).

**7. Ônus da prova do preenchimento abusivo.** É de quem o alega o ônus da prova do preenchimento abusivo do documento. Se a parte afirma ter sido o documento preenchido após ter sido assinado, cabe-lhe provar tal fato. Em outras palavras, caberá à parte que alega o preenchimento abusivo provar que o documento foi assinado em branco ou com lacunas, tendo havido descumprimento do que fora combinado sobre seu conteúdo.

**8. Tutela da confiança e boa-fé.** O reconhecimento do preenchimento abusivo não deve prejudicar o terceiro de boa-fé, que confiou no conteúdo do documento.

**9. Distribuição dinâmica do ônus da prova.** Apesar do caráter estático do ônus da prova previsto no art. 429, é possível que as regras dele decorrentes cedam, no caso concreto, em virtude da distribuição dinâmica do ônus da prova (art. 373, § 1º).

## Subseção II
## Da Arguição de Falsidade

> **Art. 430.** A falsidade deve ser suscitada na contestação, na réplica ou no prazo de 15 (quinze) dias, contado a partir da intimação da juntada do documento aos autos.
> Parágrafo único. Uma vez arguida, a falsidade será resolvida como questão incidental, salvo se a parte requerer que o juiz a decida como questão principal, nos termos do inciso II do art. 19.

▶ **1. Correspondência no CPC/1973.** *"Art. 390. O incidente de falsidade tem lugar em qualquer tempo e grau de jurisdição, incum-*

**LIVRO I · DO PROCESSO DE CONHECIMENTO E DO CUMPRIMENTO DE SENTENÇA** — **Art. 431**

*bindo à parte, contra quem foi produzido o documento, suscitá-lo na contestação ou no prazo de 10 (dez) dias, contados da intimação da sua juntada aos autos."*

## ▣ COMENTÁRIOS TEMÁTICOS

**2. Momento para arguição da falsidade.** A falsidade de um documento pode ser arguida a qualquer tempo e em qualquer grau de jurisdição. Juntado um documento, a parte contrária deve ser intimada para sobre ele manifestar-se, tendo, a partir de tal intimação, o prazo de 15 dias para suscitar sua falsidade.

**3. Produção da prova documental.** A prova documental deve ser produzida na fase postulatória, cabendo ao autor instruir a petição inicial com os documentos destinados a provar suas alegações e ao réu, a contestação (art. 434).

**4. Contestação.** O documento juntado pelo autor em sua petição inicial pode ter sua falsidade arguida pelo réu em sua contestação.

**5. Réplica.** O documento que o réu juntar em sua contestação pode ter sua falsidade suscitada pelo autor em sua réplica.

**6. Natureza jurídica da arguição de falsidade.** A arguição de falsidade é um incidente relativo a uma questão prejudicial, qual seja, a autenticidade ou a falsidade de um documento.

**7. Finalidade da arguição de falsidade.** É a declaração da falsidade ou da autenticidade do documento impugnado, cuja eficácia probatória fica sustada com a arguição (art. 427).

**8. Falsidade material.** A arguição de falsidade destina-se a questionar a formação do documento (falsidade material).

**9. Falsidade ideológica.** Quando o documento contiver declaração narrativa, que testemunhe um fato ocorrido, é possível impugnar seu conteúdo e arguir a falsidade ideológica. Se, porém, o documento não contiver declaração de vontade, não caberá a arguição de falsidade ideológica, sendo cabível ação autônoma de invalidade, destinada à obtenção da desconstituição do documento.

**10. Documento narrativo.** *"A instauração de incidente de falsidade é possível mesmo quando se tratar de falsidade ideológica, mas desde que o documento seja narrativo, isto é, que não contenha declaração de vontade, de modo que o reconhecimento de sua falsidade não implique a desconstituição de relação jurídica, quando será necessário o ajuizamento de ação própria"* (STJ, 3ª Turma, REsp 1.637.099/BA, rel. Min. Ricardo Villas Bôas Cueva, *DJe* 2.10.2017).

**11. Arguição *incidenter tantum.*** A arguição de falsidade será resolvida como questão incidental.

**12. Arguição *principaliter.*** A parte que arguiu a falsidade do documento pode requerer sua resolução como questão principal, constando, nesse caso, a solução da parte dispositiva da sentença (art. 433).

**13. Honorários de sucumbência.** *"Não cabe condenação em honorários advocatícios no incidente de falsidade"* (STJ, 4ª Turma, AgInt no REsp 1.439.734-SP, rel. Min. Antonio Carlos Ferreira, *DJe* 12.12.2017).

> **Art. 431.** A parte arguirá a falsidade expondo os motivos em que funda a sua pretensão e os meios com que provará o alegado.

▶ **1. Correspondência no CPC/1973.** *"Art. 391. Quando o documento for oferecido antes de encerrada a instrução, a parte o arguirá de falso, em petição dirigida ao juiz da causa, expondo os motivos em que funda a sua pretensão e os meios com que provará o alegado."*

## ▣ COMENTÁRIOS TEMÁTICOS

**2. Legitimidade.** Tem legitimidade para arguir a falsidade o sujeito parcial contra quem foi apresentado o documento. A parte que produziu o documento também tem legitimidade para arguir sua falsidade.

**3. Ministério Público.** Pode, na condição de fiscal da ordem jurídica, arguir a falsidade do documento de forma incidental, pois, se lhe cabe produzir provas (art. 179, II), também lhe é permitido arguir a falsidade de documento juntado aos autos.

**4. Interesse de agir.** Só há interesse na arguição de falsidade de documento que seja relevante para o julgamento da causa. Se o documento for desnecessário para a solução do caso, não haverá interesse de agir na arguição de sua falsidade.

**5. Ônus da arguição.** A parte que arguir a falsidade do documento deve expor os motivos que fundam ou justificam a falsidade.

**6. Ônus da prova.** Além de fundamentar ou justificar a falsidade do documento, a parte que a argui tem o ônus de prová-la. O ônus da prova da falsidade documental é da parte que a arguiu (art. 429, I). Se, porém, a falsidade for da assinatura constante do documento, o ônus da prova cabe a quem o produziu (art. 429, II).

707

**7. Indicação dos meios de prova.** A parte, ao arguir a falsidade do documento, deve indicar os meios com que provará sua alegação.

> **Art. 432.** Depois de ouvida a outra parte no prazo de 15 (quinze) dias, será realizado o exame pericial.
> Parágrafo único. Não se procederá ao exame pericial se a parte que produziu o documento concordar em retirá-lo.

▶ **1. Correspondência no CPC/1973.** *"Art. 392. Intimada a parte, que produziu o documento, a responder no prazo de 10 (dez) dias, o juiz ordenará o exame pericial. Parágrafo único. Não se procederá ao exame pericial, se a parte, que produziu o documento, concordar em retirá-lo e a parte contrária não se opuser ao desentranhamento."*

### ▣ COMENTÁRIOS TEMÁTICOS

**2. Contraditório.** Arguida a falsidade do documento, a parte que o juntou deve ser intimada para se manifestar, no prazo de 15 dias, sobre a arguição.

**3. Perícia.** Ultrapassado o prazo de 15 dias para manifestação, será determinada a realização de perícia para que se apure se o documento é mesmo falso ou não. A perícia não é específica para o incidente, sendo produzida na fase instrutória do procedimento.

**4. Desistência de documento cuja falsidade foi arguida.** A parte pode desistir do documento que juntou aos autos, depois de arguida sua falsidade. Assim, arguida a falsidade, a parte, em vez de defender sua autenticidade, pode optar por desistir de sua juntada e pretender retirá-lo dos autos.

**5. Negócio jurídico processual unilateral.** A parte que apresentou o documento pode propor sua retirada dos autos. Não é necessária a concordância da parte contrária. Trata-se de negócio jurídico unilateral, consistente em simples desistência: a parte que juntou o documento dele desiste, requerendo sua retirada dos autos.

**6. Dispensa da perícia.** Havendo desistência da prova documental, com sua retirada dos autos, a perícia não será realizada.

> **Art. 433.** A declaração sobre a falsidade do documento, quando suscitada como questão principal, constará da parte dispositiva da sentença e sobre ela incidirá também a autoridade da coisa julgada.

▶ **1. Correspondência no CPC/1973.** *"Art. 395. A sentença, que resolver o incidente, declarará a falsidade ou autenticidade do documento."*

### ▣ COMENTÁRIOS TEMÁTICOS

**2. Ação declaratória incidental.** A falsidade de documento é uma questão incidental, mas a parte interessada pode pretender que seja decidida como questão principal (art. 430, parágrafo único).

**3. Arguição** *principaliter.* Se a parte suscitou a falsidade do documento como questão principal, o juiz deve julgá-la, fazendo constar da parte de dispositivo, para acolher ou rejeitar o pedido de declaração de falsidade.

**4. Coisa julgada.** Julgada a falsidade do documento como questão principal, haverá coisa julgada.

**5. Regimes de coisas julgadas.** À parte cabe ou formular pedido expresso (para que se produza a coisa julgada sobre a questão principal – art. 503, *caput*) ou estimular o contraditório prévio e efetivo (para que se produza a coisa julgada sobre a questão incidental – art. 503, §§ 1º e 2º). O regime da coisa julgada da questão principal é diferente do da questão incidental, não precisando preencher os requisitos previstos nos §§ do art. 503.

## Subseção III
## Da Produção da Prova Documental

> **Art. 434.** Incumbe à parte instruir a petição inicial ou a contestação com os documentos destinados a provar suas alegações.
> Parágrafo único. Quando o documento consistir em reprodução cinematográfica ou fonográfica, a parte deverá trazê-lo nos termos do *caput*, mas sua exposição será realizada em audiência, intimando-se previamente as partes.

▶ **1. Correspondência no CPC/1973.** *"Art. 396. Compete à parte instruir a petição inicial (art. 283), ou a resposta (art. 297), com os documentos destinados a provar-lhe as alegações."*

### ▣ COMENTÁRIOS TEMÁTICOS

**2. Momento da produção da prova documental.** A prova documental deve ser produzida na fase postulatória, cabendo ao autor apresentar seus documentos com sua petição inicial e ao réu, com sua contestação.

**LIVRO I ·** DO PROCESSO DE CONHECIMENTO E DO CUMPRIMENTO DE SENTENÇA **Art. 435**

**3. Exceções.** *"1. 'A regra prevista no art. 396 do CPC/1973 (art. 434 do CPC/2015), segundo a qual incumbe à parte instruir a inicial ou a contestação com os documentos que forem necessários para provar o direito alegado, somente pode ser excepcionada se, após o ajuizamento da ação, surgirem documentos novos, ou seja, decorrentes de fatos supervenientes ou que somente tenham sido conhecidos pela parte em momento posterior, nos termos do art. 397 do CPC/1973 (art. 435 do CPC/2015)' (AgInt no AREsp 1.734.438/RJ, relator Ministro Raul Araújo, Quarta Turma, julgado em 15.03.2021, DJe de 07.04.2021.)"* (STJ, 4ª Turma, AgInt no AREsp 2.072.877/CE, rel. Min. Luis Felipe Salomão, *DJe* 19.8.2022).

**4. Princípios da cooperação e da boa-fé.** Ao autor cabe não apenas alegar os fatos que sustentam sua pretensão (art. 319, III), mas também apresentar, desde logo, os documentos que comprovam tais fatos, aí incluídos os indispensáveis à propositura a ação (art. 320). Por sua vez, cabe ao réu concentrar suas alegações na contestação (art. 336), produzindo, em tal oportunidade, os documentos que sustentam sua defesa. A regra concretiza os princípios da cooperação e da boa-fé, determinando transparência, para que todas as "cartas" estejam já "na mesa", somente podendo ser apresentados documentos, se forem novos, se destinados a provar fatos supervenientes ou a fazer contraprova de fatos posteriormente alegados.

**5. Julgamento antecipado do mérito.** Sendo suficiente a prova documental, o juiz deve promover o julgamento antecipado do mérito (art. 355, I).

**6. Precedência da prova documental.** Se o fato já estiver provado por prova documental, o juiz deve indeferir a prova testemunhal (art. 443, I).

**7. Audiência para exposição da prova cinematográfica ou fonográfica.** Os documentos formados por imagens e sons devem ser apresentados, pelo autor, com a petição inicial e, pelo réu, com a contestação. Seu conteúdo pode ser exposto em audiência, para que se possa ter acesso a ele e viabilizar o contraditório. Se houver outra forma adequada de se viabilizar o acesso a seus conteúdos e de se assegurar o contraditório, poderá também ser adotada no caso.

**Art. 435.** É lícito às partes, em qualquer tempo, juntar aos autos documentos novos, quando destinados a fazer prova de fatos ocorridos depois dos articulados ou para contrapô-los aos que foram produzidos nos autos.

Parágrafo único. Admite-se também a juntada posterior de documentos formados após a petição inicial ou a contestação, bem como dos que se tornaram conhecidos, acessíveis ou disponíveis após esses atos, cabendo à parte que os produzir comprovar o motivo que a impediu de juntá-los anteriormente e incumbindo ao juiz, em qualquer caso, avaliar a conduta da parte de acordo com o art. 5º.

▶ **1. Correspondência no CPC/1973.** *"Art. 397. É lícito às partes, em qualquer tempo, juntar aos autos documentos novos, quando destinados a fazer prova de fatos ocorridos depois dos articulados, ou para contrapô-los aos que foram produzidos nos autos."*

## ⚖ Jurisprudência, Enunciados e Súmulas Selecionados

- **2. Súmula 8, TST.** *"A juntada de documentos na fase recursal só se justifica quando provado o justo impedimento para sua oportuna apresentação ou se referir a fato posterior à sentença."*

## 🗏 Comentários Temáticos

**3. Confirmação da regra geral.** O art. 435 confirma que o momento para a produção da prova documental é a petição inicial pelo autor e a contestação pelo réu.

**4. Exceções à regra geral.** As partes somente podem apresentar documentos em momento diverso, quando se destinarem a comprovar fatos supervenientes ou para fazer contraprova a fatos alegados pela parte contrária.

**5. Impedimento da juntada oportuna.** A parte pode apresentar documento em momento posterior, desde que demonstre a impossibilidade de tê-lo feito antes.

**6. Documento novo e fato antigo. Preclusão.** *"É admissível a juntada de documentos novos, inclusive na fase recursal, desde que não se trate de documento indispensável à propositura da ação, inexista má-fé na sua ocultação e seja observado o princípio do contraditório (art. 435 do CPC/2015). (...) 3. A utilização de prova surpresa é vedada no sistema pátrio (arts. 10 e 933 do Código de Processo Civil de 2015) por permitir burla ou incentivar a fraude processual. 4. Há preclusão consumativa quando à parte é conferida oportunidade para instruir o feito com provas indispensáveis acerca de fatos já conhecidos do autor e ocorridos anteriormente à propositura da ação e esta se queda silente"* (STJ, 3ª Turma, REsp 1.721.700/SC, rel. Min. Ricardo Villas Bôas Cueva, *DJe* 11.5.2018).

**7. Documento novo não configurado.** "A regra do art. 435 do CPC/2015 autoriza a juntada posterior de documentos novos, não sendo esta a situação dos autos, uma vez que não pode ser considerado novo o processo administrativo que constituiu o valor executado. Ademais, a juntada desse documento se deu com a interposição de recurso intempestivo. 6. É verdade que o art. 435, parágrafo único, do CPC prevê uma exceção, admitindo a juntada posterior de documentos antigos, na hipótese em que estes 'se tornaram conhecidos, acessíveis ou disponíveis após esses atos (isto é, a petição inicial ou a contestação)', mas igualmente impõe à parte interessada 'comprovar o motivo que a impediu de juntá-los anteriormente e incumbindo ao juiz, em qualquer caso, avaliar a conduta da parte de acordo com o art. 5°'" (STJ, 2ª Turma, AgInt no AREsp 1.765.696/SP, rel. Min. Herman Benjamin, *DJe* 15.3.2022).

**8. Análise da boa-fé.** Ao juiz cabe analisar a boa-fé da parte, indeferindo a juntada de documento guardado com intuito de ocultação, a fim de surpreender a parte contrária.

---

**Art. 436.** A parte, intimada a falar sobre documento constante dos autos, poderá:

I – impugnar a admissibilidade da prova documental;

II – impugnar sua autenticidade;

III – suscitar sua falsidade, com ou sem deflagração do incidente de arguição de falsidade;

IV – manifestar-se sobre seu conteúdo.

Parágrafo único. Nas hipóteses dos incisos II e III, a impugnação deverá basear-se em argumentação específica, não se admitindo alegação genérica de falsidade.

---

▶ **1. Sem correspondência no CPC/1973.**

### ▣ COMENTÁRIOS TEMÁTICOS

**2. Ônus da impugnação do documento.** A parte tem o ônus da impugnação do documento, podendo questionar sua admissibilidade, sua autenticidade, suscitar sua falsidade ou manifestar-se sobre seu conteúdo.

**3. Alegação de inadmissibilidade da prova documental.** A parte pode impugnar a admissibilidade da prova documental, demonstrando que é inútil ou impertinente. Será inadmissível o documento que disser respeito a alegações de fato não abrangidas no objeto da prova. Também são inadmissíveis os documentos obtidos ilicitamente, bem como os produzidos após o

encerramento da instrução sem que estejam presentes as excepcionalidades previstas no art. 435.

**4. Arguição de falsidade ou inautenticidade do documento.** A parte pode impugnar a autenticidade do documento ou suscitar sua falsidade, devendo basear-se em argumento específico, não se permitindo alegação genérica. Arguida a falsidade, cabe-lhe o ônus da prova (art. 429, I), Impugnada a autenticidade, o ônus da prova é de quem apresentou o documento em juízo, cabendo-lhe comprová-la (art. 429, II). O juiz pode, porém, promover uma distribuição dinâmica do ônus da prova (art. 373, § 1°).

**5. Arguição *incidenter tantum* ou *principaliter*.** A arguição de falsidade será resolvida como questão incidental (art. 430). A parte que arguiu a falsidade do documento pode requerer sua resolução como questão principal, constando, nesse caso, a solução da parte dispositiva da sentença (art. 433).

**6. Manifestação sobre o conteúdo do documento.** A parte pode manifestar-se sobre o conteúdo do documento, afirmando que o fato nele representado não teria ocorrido ou que a declaração nele contido é ineficaz, por não se revestir da forma exigida em lei. Ao impugnar o conteúdo do documento, a parte pode, ainda, afirmar que houve preenchimento abusivo, assumindo o ônus da prova (art. 429, I). Também pode a parte, ao se manifestar sobre o conteúdo do documento, propor outra forma de interpretá-lo, com conjunto com os demais elementos de prova contidos nos autos.

---

**Art. 437.** O réu manifestar-se-á na contestação sobre os documentos anexados à inicial, e o autor manifestar-se-á na réplica sobre os documentos anexados à contestação.

§ 1° Sempre que uma das partes requerer a juntada de documento aos autos, o juiz ouvirá, a seu respeito, a outra parte, que disporá do prazo de 15 (quinze) dias para adotar qualquer das posturas indicadas no art. 436.

§ 2° Poderá o juiz, a requerimento da parte, dilatar o prazo para manifestação sobre a prova documental produzida, levando em consideração a quantidade e a complexidade da documentação.

---

▶ **1. Correspondência no CPC/1973.** "*Art. 398. Sempre que uma das partes requerer a juntada de documento aos autos, o juiz ouvirá, a seu respeito, a outra, no prazo de 5 (cinco) dias.*"

**LIVRO I · DO PROCESSO DE CONHECIMENTO E DO CUMPRIMENTO DE SENTENÇA**  Art. 438

## ⚖ Jurisprudência, Enunciados e Súmulas Selecionados

- **2. Enunciado 107 do FPPC.** *"O juiz pode, de ofício, dilatar o prazo para a parte se manifestar sobre a prova documental produzida."*

## 🖎 Comentários Temáticos

**3. Momento para produção da prova documental.** A prova documental é produzida na fase postulatória, cabendo, em regra, o autor apresentar seus documentos com sua petição inicial e o réu, com sua contestação.

**4. Contraditório.** Ao réu cabe manifestar-se, na sua contestação, sobre os documentos apresentados pelo autor sua petição inicial e ao réu, em sua réplica, sobre os documentos anexados à contestação. Em qualquer momento processual, sempre que uma parte juntar um documento, a outra terá direito de sobre ele manifestar-se. Será nula a decisão que se fundamentar num documento a respeito do qual não se estabeleceu o contraditório.

**5. Nulidade por falta de contraditório.** *"A nulidade por inobservância do art. 437, § 1º, do CPC/2015 (art. 398 do CPC/1973) deve ser proclamada nos casos em que os documentos juntados pela parte adversa tenham sido relevantes e influenciaram o deslinde da controvérsia, caracterizando-se prejuízo à parte contrária"* (STJ, 4ª Turma, AgInt no AREsp 1.479.391/SP, rel. Min. Marco Buzzi, *DJe* 27.11.2019).

**6. Ausência de nulidade.** *"A nulidade decorrente de juntada de documentos novos, sem intimação da parte contrária, configura-se apenas na hipótese em que eles forem relevantes para o julgamento da causa, o que não se verificou, no caso presente"* (STJ, 4ª Turma, AgInt no REsp 1.667.371/PB, rel. Min. Maria Isabel Gallotti, *DJe* 11.2.2021).

**7. Dilação do prazo para manifestação sobre documento.** O prazo de manifestação da parte sobre documento juntado pela parte contrária pode ser dilatado pelo juiz, de ofício ou a requerimento, diante da quantidade e complexidade da documentação. A regra concretiza o princípio da ampla defesa e poder do juiz de adaptação procedimental (art. 139, VI).

**8. Momento para dilação do prazo.** A dilação do prazo só pode ser determinada antes do seu encerramento (art. 139, parágrafo único). Se o prazo já tiver sido encerrado, não poderá mais ser dilatado.

**Art. 438.** O juiz requisitará às repartições públicas, em qualquer tempo ou grau de jurisdição:
I – as certidões necessárias à prova das alegações das partes;
II – os procedimentos administrativos nas causas em que forem interessados a União, os Estados, o Distrito Federal, os Municípios ou entidades da administração indireta.
§ 1º Recebidos os autos, o juiz mandará extrair, no prazo máximo e improrrogável de 1 (um) mês, certidões ou reproduções fotográficas das peças que indicar e das que forem indicadas pelas partes, e, em seguida, devolverá os autos à repartição de origem.
§ 2º As repartições públicas poderão fornecer todos os documentos em meio eletrônico, conforme disposto em lei, certificando, pelo mesmo meio, que se trata de extrato fiel do que consta em seu banco de dados ou no documento digitalizado.

▶ **1. Correspondência no CPC/1973.** *"Art. 399. O juiz requisitará às repartições públicas em qualquer tempo ou grau de jurisdição: I – as certidões necessárias à prova das alegações das partes; II – os procedimentos administrativos nas causas em que forem interessados a União, o Estado, o Município, ou as respectivas entidades da administração indireta. § 1º Recebidos os autos, o juiz mandará extrair, no prazo máximo e improrrogável de 30 (trinta) dias, certidões ou reproduções fotográficas das peças indicadas pelas partes ou de ofício; findo o prazo, devolverá os autos à repartição de origem. § 2º As repartições públicas poderão fornecer todos os documentos em meio eletrônico conforme disposto em lei, certificando, pelo mesmo meio, que se trata de extrato fiel do que consta em seu banco de dados ou do documento digitalizado."*

## 🖳 Legislação Correlata

**2. CF, art. 5º, XXXIV.** *"XXXIV – são a todos assegurados, independentemente do pagamento de taxas: a) o direito de petição aos Poderes Públicos em defesa de direitos ou contra ilegalidade ou abuso de poder; b) a obtenção de certidões em repartições públicas, para defesa de direitos e esclarecimento de situações de interesse pessoal."*

**3. CF, art. 37, § 3º, II.** *"§ 3º A lei disciplinará as formas de participação do usuário na administração pública direta e indireta, regulando especialmente: (...) II – o acesso dos usuários a registros administrativos e a informações sobre atos de governo, observado o disposto no art. 5º, X e XXXIII."*

**4. Lei 11.419/2006, art. 13.** *"Art. 13. O magistrado poderá determinar que sejam realizados por meio eletrônico a exibição e o envio de dados e de documentos necessários à instrução do processo. § 1º Consideram-se cadastros públicos, para os efeitos deste artigo, dentre outros existentes ou que venham a ser criados, ainda que mantidos por concessionárias de serviço público ou empresas privadas, os que contenham informações indispensáveis ao exercício da função judicante. § 2º O acesso de que trata este artigo dar-se-á por qualquer meio tecnológico disponível, preferencialmente o de menor custo, considerada sua eficiência."*

**5. Lei 12.527/2011, art. 3º, I.** *"Art. 3º Os procedimentos previstos nesta Lei destinam-se a assegurar o direito fundamental de acesso à informação e devem ser executados em conformidade com os princípios básicos da administração pública e com as seguintes diretrizes: I – observância da publicidade como preceito geral e do sigilo como exceção."*

**6. Lei 12.527/2011, art. 21.** *"Art. 21. Não poderá ser negado acesso à informação necessária à tutela judicial ou administrativa de direitos fundamentais. Parágrafo único. As informações ou documentos que versem sobre condutas que impliquem violação dos direitos humanos praticada por agentes públicos ou a mando de autoridades públicas não poderão ser objeto de restrição de acesso."*

**7. Lei 12.527/2011, art. 22.** *"Art. 22. O disposto nesta Lei não exclui as demais hipóteses legais de sigilo e de segredo de justiça nem as hipóteses de segredo industrial decorrentes da exploração direta de atividade econômica pelo Estado ou por pessoa física ou entidade privada que tenha qualquer vínculo com o poder público."*

**8. Lei 12.527/2011, art. 23.** *"Art. 23. São consideradas imprescindíveis à segurança da sociedade ou do Estado e, portanto, passíveis de classificação as informações cuja divulgação ou acesso irrestrito possam: I – pôr em risco a defesa e a soberania nacionais ou a integridade do território nacional; II – prejudicar ou pôr em risco a condução de negociações ou as relações internacionais do País, ou as que tenham sido fornecidas em caráter sigiloso por outros Estados e organismos internacionais; III – pôr em risco a vida, a segurança ou a saúde da população; IV – oferecer elevado risco à estabilidade financeira, econômica ou monetária do País; V – prejudicar ou causar risco a planos ou operações estratégicos das Forças Armadas; VI – prejudicar ou causar risco a projetos de pesquisa e desenvolvimento científico ou tecnológico, assim como a sistemas, bens, instalações ou áreas de interesse estratégico nacional;*

*VII – pôr em risco a segurança de instituições ou de altas autoridades nacionais ou estrangeiras e seus familiares; ou VIII – comprometer atividades de inteligência, bem como de investigação ou fiscalização em andamento, relacionadas com a prevenção ou repressão de infrações."*

### ▣ COMENTÁRIOS TEMÁTICOS

**9. Requisição de documentos e informações a repartições públicas.** A prova documental pode ser produzida mediante requisição judicial de documentos e informações perante órgãos públicos.

**10. Sigilo e segredo de justiça.** Os órgãos públicos não devem fornecer documentos ou informações acobertados pelo sigilo ou pela segurança da sociedade ou do Estado.

**11. Dever de colaboração.** Ressalvadas as hipóteses excepcionais de sigilo, a Administração Pública tem o dever de colaboração com a Justiça, devendo fornecer os documentos e as informações que lhe forem requisitados pelo juiz.

**12. Requisição de documentos e informações a entes privados.** O juiz também pode requisitar documentos e informações a entes privados, pois ninguém se exime do dever de colaborar com o Poder Judiciário para a descoberta da verdade (art. 378), cabendo ao terceiro, em relação a qualquer causa, informar ao juiz os fatos e as circunstância de que tenha conhecimento (art. 380, I), sendo considerados públicos os cadastros mantidos por empresas privadas que contenham informações indispensáveis ao exercício da função judicante (Lei 11.419/2006, art. 13, § 1º). A requisição de documentos a terceiros faz-se mediante procedimento próprio de exibição de documentos (arts. 401 a 404).

### Seção VIII
### Dos Documentos Eletrônicos

**Art. 439.** A utilização de documentos eletrônicos no processo convencional dependerá de sua conversão à forma impressa e da verificação de sua autenticidade, na forma da lei.

▶ **1. Sem correspondência no CPC/1973.**

### ▣ LEGISLAÇÃO CORRELATA

**2. MP 2.200-2/2001, art. 10.** *"Art. 10. Consideram-se documentos públicos ou particulares, para todos os fins legais, os documentos eletrô-*

LIVRO I • DO PROCESSO DE CONHECIMENTO E DO CUMPRIMENTO DE SENTENÇA **Art. 440**

*nicos de que trata esta Medida Provisória. § 1º As declarações constantes dos documentos em forma eletrônica produzidos com a utilização de processo de certificação disponibilizado pela ICP-Brasil presumem-se verdadeiros em relação aos signatários, na forma do art. 131 da Lei nº 3.071, de 1º de janeiro de 1916 – Código Civil. § 2º O disposto nesta Medida Provisória não obsta a utilização de outro meio de comprovação da autoria e integridade de documentos em forma eletrônica, inclusive os que utilizem certificados não emitidos pela ICP-Brasil, desde que admitido pelas partes como válido ou aceito pela pessoa a quem for oposto o documento."*

## ⚖ Jurisprudência, Enunciados e Súmulas Selecionados

• **3. Enunciado 636 do FPPC.** *"As conversas registradas por aplicativos de mensagens instantâneas e redes sociais podem ser admitidas no processo como prova, independentemente de ata notarial."*

## ▣ Comentários Temáticos

**4. Documento eletrônico.** É todo registro que tem como meio físico um suporte eletrônico. Em outras palavras, é uma sequência de *bits*, elaborada mediante processamento eletrônico de dados e armazenada em suporte apropriado, que pode ser eletrônico, magnético ou ótico, contendo a representação de um fato, perceptível mediante o uso de equipamentos e programas de informática.

**5. Exemplos de documentos eletrônicos.** Planilhas, arquivos de textos, mensagens de textos ou áudio, mensagens de e-mail, gráficos, fotografias, todos passíveis de armazenamento em diversos suportes, tais como *pen drive*, cartão de memória, CD, DVD, disco rígido, entre outros.

**6. Documento eletrônico e prova documental.** O CPC trata dos documentos eletrônicos numa seção própria, destacada e separada da parte relativa à prova documental. O documento eletrônico tem peculiaridades, especialmente o caráter fungível do suporte e a necessidade do uso de equipamentos e programas informáticos para sua percepção pelo ser humano. Apesar dessas peculiaridades, pode-se dizer que se trata de espécie de prova documental.

**7. Aplicação das regras relativas à produção da prova documental.** As regras da prova documental são aplicáveis à incorporação do documento eletrônico ao processo. Assim, o documento eletrônico deve ser produzido na fase postulatória, na petição inicial pelo autor e na contestação pelo réu (art. 434), podendo ser apresentado, a qualquer momento, para fazer prova de fatos ocorridos depois dos articulados ou para contrapô-los aos que foram produzidos nos autos (art. 435), observado o contraditório (arts. 436 e 437).

**8. Documento eletrônico em processo de autos de papel.** É possível utilizar documento eletrônico em processo de autos de papel. O documento eletrônico pode ser convertido em forma impressa. Assim, por exemplo, planilhas, gráficos, imagens, documentos de texto podem ser impressos e juntados aos autos do processo convencional. O art. 439 dá a entender que sua admissão depende necessariamente de sua impressão, o que conflita com a atipicidade dos meios de prova (art. 369). Há documentos eletrônicos que não são passíveis de impressão, devendo ser admitidos em processo de autos de papel. O documento pode ser apresentado em formato eletrônico, não havendo qualquer ilicitude, ilegitimidade ou ilegalidade nisso. O documento pode ser previamente certificado ou, até mesmo, ter seu conteúdo e sua autenticidade reforçados por ata notarial (art. 384).

> **Art. 440.** O juiz apreciará o valor probante do documento eletrônico não convertido, assegurado às partes o acesso ao seu teor.

▶ **1. Sem correspondência no CPC/1973.**

## ⚖ Legislação Correlata

**2. Lei 11.419/2006, art. 1º, § 2º.** *"§ 2º Para o disposto nesta Lei, considera-se: I – meio eletrônico qualquer forma de armazenamento ou tráfego de documentos e arquivos digitais; II – transmissão eletrônica toda forma de comunicação a distância com a utilização de redes de comunicação, preferencialmente a rede mundial de computadores; III – assinatura eletrônica as seguintes formas de identificação inequívoca do signatário: a) assinatura digital baseada em certificado digital emitido por Autoridade Certificadora credenciada, na forma de lei específica; b) mediante cadastro de usuário no Poder Judiciário, conforme disciplinado pelos órgãos respectivos."*

**3. MP 2.200-2/2001, art. 10, § 2º.** *"§ 2º O disposto nesta Medida Provisória não obsta a utilização de outro meio de comprovação da autoria e integridade de documentos em forma eletrônica, inclusive os que utilizem certificados não emitidos pela ICP-Brasil, desde que admitido*

713

*pelas partes como válido ou aceito pela pessoa a quem for oposto o documento."*

## ⚖ Jurisprudência, Enunciados e Súmulas Selecionados

- **4. Enunciado 636 do FPPC.** *"As conversas registradas por aplicativos de mensagens instantâneas e redes sociais podem ser admitidas no processo como prova, independentemente de ata notarial."*

## 🗐 Comentários Temáticos

**5. Eficácia probatória do documento eletrônico.** Não há definição legal da eficácia probatória do documento eletrônico. Sua valoração depende do meio utilizado para atestar sua proveniência e integridade, seu conteúdo, quem o elaborou (se agente público ou sujeito particular), entre outros fatores. Cabe ao juiz valorar, concretamente, o documento eletrônico, a partir do conjunto de elementos contidos nos autos.

**6. Assinatura eletrônica.** É a forma de identificar a autoria do documento eletrônico. Há diversas formas de identificação da autoria do documento eletrônico: uso de dados do usuário, senha, impressões digitais, face, voz, entre outros.

**7. Assinatura digital.** É espécie de assinatura eletrônica, que assegura a autoria do documento eletrônico e a integridade de seu conteúdo.

> **Art. 441.** Serão admitidos documentos eletrônicos produzidos e conservados com a observância da legislação específica.

▶ **1. Sem correspondência no CPC/1973.**

## 🏛 Legislação Correlata

**2. Lei 11.419/2006, art. 11.** *"Art. 11. Os documentos produzidos eletronicamente e juntados aos processos eletrônicos com garantia da origem e de seu signatário, na forma estabelecida nesta Lei, serão considerados originais para todos os efeitos legais. § 1º Os extratos digitais e os documentos digitalizados e juntados aos autos pelos órgãos da Justiça e seus auxiliares, pelo Ministério Público e seus auxiliares, pelas procuradorias, pelas autoridades policiais, pelas repartições públicas em geral e por advogados públicos e privados têm a mesma força probante dos originais, ressalvada a alegação motivada e fundamentada de adulteração antes ou durante o processo de digitalização. § 2º A arguição de falsidade do documento original será processada eletronicamente na forma da lei*

*processual em vigor. § 3º Os originais dos documentos digitalizados, mencionados no § 2º deste artigo, deverão ser preservados pelo seu detentor até o trânsito em julgado da sentença ou, quando admitida, até o final do prazo para interposição de ação rescisória. § 4º (VETADO). § 5º Os documentos cuja digitalização seja tecnicamente inviável devido ao grande volume ou por motivo de ilegibilidade deverão ser apresentados ao cartório ou secretaria no prazo de 10 (dez) dias contados do envio de petição eletrônica comunicando o fato, os quais serão devolvidos à parte após o trânsito em julgado. § 6º Os documentos digitalizados juntados em processo eletrônico estarão disponíveis para acesso por meio da rede externa pelas respectivas partes processuais, pelos advogados, independentemente de procuração nos autos, pelos membros do Ministério Público e pelos magistrados, sem prejuízo da possibilidade de visualização nas secretarias dos órgãos julgadores, à exceção daqueles que tramitarem em segredo de justiça. § 7º Os sistemas de informações pertinentes a processos eletrônicos devem possibilitar que advogados, procuradores e membros do Ministério Público cadastrados, mas não vinculados a processo previamente identificado, acessem automaticamente todos os atos e documentos processuais armazenados em meio eletrônico, desde que demonstrado interesse para fins apenas de registro, salvo nos casos de processos em segredo de justiça."*

**3. Lei 12.682/2012, art. 2º-A.** *"Art. 2º-A. Fica autorizado o armazenamento, em meio eletrônico, óptico ou equivalente, de documentos públicos ou privados, compostos por dados ou por imagens, observado o disposto nesta Lei, nas legislações específicas e no regulamento. § 1º Após a digitalização, constatada a integridade do documento digital nos termos estabelecidos no regulamento, o original poderá ser destruído, ressalvados os documentos de valor histórico, cuja preservação observará o disposto na legislação específica. § 2º O documento digital e a sua reprodução, em qualquer meio, realizada de acordo com o disposto nesta Lei e na legislação específica, terão o mesmo valor probatório do documento original, para todos os fins de direito, inclusive para atender ao poder fiscalizatório do Estado. § 3º Decorridos os respectivos prazos de decadência ou de prescrição, os documentos armazenados em meio eletrônico, óptico ou equivalente poderão ser eliminados. § 4º Os documentos digitalizados conforme o disposto neste artigo terão o mesmo efeito jurídico conferido aos documentos microfilmados, nos termos da Lei nº 5.433, de 8 de maio de 1968, e de regulamentação posterior. § 5º Ato*

**LIVRO I ·** DO PROCESSO DE CONHECIMENTO E DO CUMPRIMENTO DE SENTENÇA · **Art. 442**

*do Secretário de Governo Digital da Secretaria Especial de Desburocratização, Gestão e Governo Digital do Ministério da Economia estabelecerá os documentos cuja reprodução conterá código de autenticação verificável. § 6º Ato do Conselho Monetário Nacional disporá sobre o cumprimento do disposto no § 1º deste artigo, relativamente aos documentos referentes a operações e transações realizadas no sistema financeiro nacional. § 7º É lícita a reprodução de documento digital, em papel ou em qualquer outro meio físico, que contiver mecanismo de verificação de integridade e autenticidade, na maneira e com a técnica definidas pelo mercado, e cabe ao particular o ônus de demonstrar integralmente a presença de tais requisitos. § 8º Para a garantia de preservação da integridade, da autenticidade e da confidencialidade de documentos públicos será usada certificação digital no padrão da Infraestrutura de Chaves Públicas Brasileira (ICP-Brasil)."*

**4. Lei 12.682/2012, art. 3º.** *"Art. 3º O processo de digitalização deverá ser realizado de forma a manter a integridade, a autenticidade e, se necessário, a confidencialidade do documento digital, com o emprego de certificado digital emitido no âmbito da Infraestrutura de Chaves Públicas Brasileira – ICP – Brasil. Parágrafo único. Os meios de armazenamento dos documentos digitais deverão protegê-los de acesso, uso, alteração, reprodução e destruição não autorizados."*

**5. Lei 12.682/2012, art. 4º.** *"Art. 4º As empresas privadas ou os órgãos da Administração Pública direta ou indireta que utilizarem procedimentos de armazenamento de documentos em meio eletrônico, óptico ou equivalente deverão adotar sistema de indexação que possibilite a sua precisa localização, permitindo a posterior conferência da regularidade das etapas do processo adotado."*

### 🖹 COMENTÁRIOS TEMÁTICOS

**6. Requisitos legais para os documentos eletrônicos.** A lei pode estabelecer requisitos para produção e conservação de documentos eletrônicos, atribuindo-lhe eficácia probatória.

**7. Atipicidade dos meios de prova.** Todos os meios de prova são admissíveis, desde que lícitos e moralmente legítimos (art. 369). A ausência de requisitos previstos em lei para atribuir eficácia probatória a documentos eletrônicos não pode impedir sua produção. Diante da atipicidade dos meios de prova, não havendo ilicitude, o documento eletrônico há de ser admitido como meio de prova.

**8. Admissibilidade de documentos eletrônicos.** É admissível, no processo judicial, a prova por documento eletrônico, ficando condicionada à observância de eventuais requisitos de produção e conservação de dados previstos em lei específica.

## Seção IX
## Da Prova Testemunhal

## Subseção I
## Da Admissibilidade
## e do Valor da Prova Testemunhal

**Art. 442.** A prova testemunhal é sempre admissível, não dispondo a lei de modo diverso.

▶ **1. Correspondência no CPC/1973.** *"Art. 400. A prova testemunhal é sempre admissível, não dispondo a lei de modo diverso. O juiz indeferirá a inquirição de testemunhas sobre fatos: (...)."*

### 📖 LEGISLAÇÃO CORRELATA

**2. CC, art. 227, parágrafo único.** *"Parágrafo único. Qualquer que seja o valor do negócio jurídico, a prova testemunhal é admissível como subsidiária ou complementar da prova por escrito."*

**3. CPP, art. 167.** *"Art. 167. Não sendo possível o exame de corpo de delito, por haverem desaparecido os vestígios, a prova testemunhal poderá suprir-lhe a falta."*

**4. CPP, art. 168, § 3º.** *"§ 3º A falta de exame complementar poderá ser suprida pela prova testemunhal."*

**5. CPP, art. 202.** *"Art. 202. Toda pessoa poderá ser testemunha".*

**6. CPP, art. 204.** *"Art. 204. O depoimento será prestado oralmente, não sendo permitido à testemunha trazê-lo por escrito. Parágrafo único. Não será vedada à testemunha, entretanto, breve consulta a apontamentos."*

### ⚖ JURISPRUDÊNCIA, ENUNCIADOS E SÚMULAS SELECIONADOS

- **7. Tema/Repetitivo 297 STJ.** *"A prova exclusivamente testemunhal não basta à comprovação da atividade rurícola, para efeito da obtenção de benefício previdenciário."*

- **8. Súmula TST, 74.** *"I – Aplica-se a confissão à parte que, expressamente intimada com aquela cominação, não comparecer à audiência em*

715

*prosseguimento, na qual deveria depor. II – A prova pré-constituída nos autos pode ser levada em conta para confronto com a confissão ficta (arts. 442 e 443, do CPC de 2015 – art. 400, I, do CPC de 1973), não implicando cerceamento de defesa o indeferimento de provas posteriores. III – A vedação à produção de prova posterior pela parte confessa somente a ela se aplica, não afetando o exercício, pelo magistrado, do poder/dever de conduzir o processo."*

## ▣ COMENTÁRIOS TEMÁTICOS

**9. Testemunha.** É uma pessoa natural, estranha ao litígio, que é convocada ao processo para dizer o que sabe sobre fatos passados relevantes e perceptíveis pelos sentidos, com os quais tenha mantido contato. A testemunha é um terceiro; não é parte do processo, não é interveniente na causa, nem é auxiliar da justiça (art. 149). Cabe-lhe, como terceiro, em relação a qualquer causa, informar ao juiz os fatos e as circunstâncias de que tenha conhecimento (art. 380, I).

**10. Testemunha presencial.** É a que presenciou pessoalmente o fato probando.

**11. Testemunha instrumentária.** É a que não presenciou o fato, mas assinou o documento para lhe conferir determinada eficácia jurídica. É o caso das testemunhas que subscrevem um contrato, sem terem presenciado sua celebração.

**12. Testemunha referida.** É a que foi mencionada ou referida em depoimento prestado por outra pessoa.

**13. Testemunha de referência.** É a que soube do fato probando por outras pessoas nele envolvidas. É a que, enfim, soube do fato por ouvir dizer ou por relato que lhe foi feito por outra pessoa.

**14. Testemunha judiciária.** É a que relata em juízo o seu conhecimento a respeito do fato probando.

**15. Fonte de prova.** A pessoa pode ser fonte de prova. Nesse caso, poderá haver ou um depoimento pessoal ou uma prova testemunhal.

**16. Depoimento pessoal *versus* prova testemunhal.** Se a pessoa que é fonte de prova for uma das partes do processo, sua convocação é feita para que preste depoimento pessoal. Sendo um estranho ao litígio, será uma testemunha, a produzir uma prova testemunhal.

**17. Prova testemunhal.** É o meio de prova produzido a partir de declarações orais prestadas em juízo por pessoa estranha ao litígio sobre fatos que foram por ela percebidos independentemente de qualquer habilidade especial,

por meio de um dos seus sentidos: visão, olfato, paladar, tato ou audição.

**18. Forma.** A prova testemunhal consiste em depoimento oral prestado perante o juiz na audiência de instrução e julgamento, não se admitindo a realização de depoimentos por escrito.

**19. Negócio jurídico processual sobre a forma da prova testemunhal.** As partes podem celebrar negócio jurídico processual para admitir o oferecimento de depoimentos por escrito, em lugar da colheita oral da prova testemunhal.

**20. Prova testemunhal *versus* prova pericial.** A prova testemunhal é produzida a partir de declarações orais prestadas por um terceiro estranho ao litígio sobre fatos percebidos pelos seus sentidos, e não em razão de qualquer habilitação especial. Por sua vez, a prova pericial consiste em avaliação, exame ou vistoria realizada por especialista que, com base em seus conhecimentos específicos, analisa o que viu para declarar.

**21. Admissibilidade da prova testemunhal.** A prova testemunhal é, em princípio, sempre admissível, se não houver proibição ou limitação legal. Além das hipóteses de vedação ou limitação legal, a prova testemunhal é inadmissível quando o fato probando não puder ter sido captado pelos sentidos.

**22. Admissibilidade da prova exclusivamente testemunhal.** *"À luz do que dispõe o art. 400 do CPC/1973 (correspondente ao art. 442 do CPC/2015), 'a prova testemunhal é sempre admissível, não dispondo a lei de modo diverso'. Assim, não havendo vedação legal para a hipótese – na qual a prova testemunhal foi utilizada com o objetivo de identificar qual era o rendimento mensal da vítima do acidente, para fins de cálculo da pensão fixada no título exequendo –, a prova exclusivamente testemunhal é admissível, não sendo aplicável, ao caso, o disposto no art. 401 do CPC/1973, pois, como destacou o acórdão recorrido, 'o art. 401 do Código de Processo Civil está em proibir a produção de prova exclusivamente testemunhal que incidir sobre a existência do negócio jurídico. A contrario sensu, quaisquer outras circunstâncias e fatos que não estejam relacionados à aludida existência do contrato poderão ser provadas exclusivamente por prova oral (testemunhas), ainda que o objeto do litígio exceda o limite de 10 (dez) salários mínimos previsto no preceito legal'"* (STJ, 2ª Turma, AgInt no REsp 1.172.444/ES, rel. Min. Assusete Magalhães, *DJe* 19.3.2018).

**23. Admissibilidade *versus* valoração da prova testemunhal.** A prova testemunhal apresenta notórias falibilidades, relacionadas com as falsas memórias e as descobertas da neurociên-

**LIVRO I** · DO PROCESSO DE CONHECIMENTO E DO CUMPRIMENTO DE SENTENÇA  **Art. 443**

cia sobre as falhas na percepção dos sentidos e na perda de lembranças no cérebro, bem como com as condições e a condução da colheita dos testemunhos e o preparo devido para a formulação de perguntas. As deficiências epistêmicas da prova testemunhal guardam pertinência com sua valoração, e não com sua admissibilidade. Não se deve deixar a admitir a prova testemunhal, por causa de sua falibilidade ou em virtude das reconhecidas dificuldades diagnosticadas pela neurociência e pela psicologia. Não havendo vedação ou limitação legal, e sendo possível o fato probando ter sido captado pelos sentidos, é admissível a prova testemunhal.

**24.** **Valor probatório de reconhecimento fotográfico e falhas da memória humana.** *"O reconhecimento de pessoa, presencialmente ou por fotografia, realizado na fase do inquérito policial, apenas é apto, para identificar o réu e fixar a autoria delitiva, quando observadas as formalidades previstas no art. 226 do Código de Processo Penal e quando corroborado por outras provas colhidas na fase judicial, sob o crivo do contraditório e da ampla defesa. 2. Segundo estudos da Psicologia moderna, são comuns as falhas e os equívocos que podem advir da memória humana e da capacidade de armazenamento de informações. Isso porque a memória pode, ao longo do tempo, se fragmentar e, por fim, se tornar inacessível para a reconstrução do fato. O valor probatório do reconhecimento, portanto, possui considerável grau de subjetivismo, a potencializar falhas e distorções do ato e, consequentemente, causar erros judiciários de efeitos deletérios e muitas vezes irreversíveis. 3. O reconhecimento de pessoas deve, portanto, observar o procedimento previsto no art. 226 do Código de Processo Penal, cujas formalidades constituem garantia mínima para quem se vê na condição de suspeito da prática de um crime, não se tratando, como se tem compreendido, de 'mera recomendação' do legislador. Em verdade, a inobservância de tal procedimento enseja a nulidade da prova e, portanto, não pode servir de lastro para sua condenação, ainda que confirmado, em juízo, o ato realizado na fase inquisitorial, a menos que outras provas, por si mesmas, conduzam o magistrado a convencer-se acerca da autoria delitiva. Nada obsta, ressalve-se, que o juiz realize, em juízo, o ato de reconhecimento formal, desde que observado o devido procedimento probatório. 4. O reconhecimento de pessoa por meio fotográfico é ainda mais problemático, máxime quando se realiza por simples exibição ao reconhecedor de fotos do conjecturado suspeito extraídas de álbuns policiais ou de redes sociais, já previamente selecionadas pela autoridade po-*

*licial. E, mesmo quando se procura seguir, com adaptações, o procedimento indicado no Código de Processo Penal para o reconhecimento presencial, não há como ignorar que o caráter estático, a qualidade da foto, a ausência de expressões e trejeitos corporais e a quase sempre visualização apenas do busto do suspeito podem comprometer a idoneidade e a confiabilidade do ato. 5. De todo urgente, portanto, que se adote um novo rumo na compreensão dos Tribunais acerca das consequências da atipicidade procedimental do ato de reconhecimento formal de pessoas; não se pode mais referendar a jurisprudência que afirma se tratar de mera recomendação do legislador, o que acaba por permitir a perpetuação desse foco de erros judiciários e, consequentemente, de graves injustiças. 6. É de se exigir que as polícias judiciárias (civis e federal) realizem sua função investigativa comprometidas com o absoluto respeito às formalidades desse meio de prova. E ao Ministério Público cumpre o papel de fiscalizar a correta aplicação da lei penal, por ser órgão de controle externo da atividade policial e por sua ínsita função de custos legis, que deflui do desenho constitucional de suas missões, com destaque para a 'defesa da ordem jurídica, do regime democrático e dos interesses sociais e individuais indisponíveis' (art. 127, caput, da Constituição da República), bem assim da sua específica função de 'zelar pelo efetivo respeito dos Poderes Públicos [inclusive, é claro, dos que ele próprio exerce] [...] promovendo as medidas necessárias a sua garantia' (art. 129, II)"* (STJ, 6ª Turma, HC 598.886/SC, rel. Min. Rogerio Schietti Cruz, *DJe* 18.12.2020).

---

**Art. 443.** O juiz indeferirá a inquirição de testemunhas sobre fatos:

I – já provados por documento ou confissão da parte;

II – que só por documento ou por exame pericial puderem ser provados.

---

▶ **1. Correspondência no CPC/1973.** *"Art. 400. A prova testemunhal é sempre admissível, não dispondo a lei de modo diverso. O juiz indeferirá a inquirição de testemunhas sobre fatos: I – já provados por documento ou confissão da parte; II – que só por documento ou por exame pericial puderem ser provados."*

### 🔲 LEGISLAÇÃO CORRELATA

**2. CC, art. 227, parágrafo único.** *"Parágrafo único. Qualquer que seja o valor do negócio jurídico, a prova testemunhal é admissível como subsidiária ou complementar da prova por escrito."*

## ⚖ Jurisprudência, Enunciados e Súmulas Selecionados

- **3. Tema/Repetitivo 297 do STJ.** *"A prova exclusivamente testemunhal não basta à comprovação da atividade rurícola, para efeito da obtenção de benefício previdenciário."*

- **4. Súmula STJ, 149.** *"A prova exclusivamente testemunhal não basta à comprovação da atividade rurícola, para efeito da obtenção de benefício previdenciário."*

- **5. Súmula STJ, 577.** *"É possível reconhecer o tempo de serviço rural anterior ao documento mais antigo apresentado, desde que amparado em convincente prova testemunhal colhida sob o contraditório."*

- **6. Súmula TST, 74.** *"CONFISSÃO. I – Aplica-se a confissão à parte que, expressamente intimada com aquela cominação, não comparecer à audiência em prosseguimento, na qual deveria depor. II – A prova pré-constituída nos autos pode ser levada em conta para confronto com a confissão ficta (arts. 442 e 443, do CPC de 2015 – art. 400, I, do CPC de 1973), não implicando cerceamento de defesa o indeferimento de provas posteriores. III – A vedação à produção de prova posterior pela parte confessa somente a ela se aplica, não afetando o exercício, pelo magistrado, do poder/dever de conduzir o processo."*

## ▣ Comentários Temáticos

**7. Limitações à prova testemunhal.** A prova testemunhal deve ser indeferida a respeito de fatos já provados documentalmente ou por confissão ou que só por documento ou perícia possam ser provados. Em tais casos, a prova testemunhal é normativamente considerada desnecessária, inútil ou impossível de substituir outro meio de prova.

**8. Escalonamento legal dos meios de prova.** No processo civil, há um escalonamento legal de meios de prova. Há hipóteses em que o fato só se prova por documento ou por perícia, não sendo possível a prova testemunhal. No processo penal, não existe tal escalonamento. Com efeito, não sendo, no processo penal, possível o exame de corpo de delito, por haverem desaparecido os vestígios, a prova testemunhal poderá suprir-lhe a falta (CPP, art. 167). De igual modo, a falta de exame complementar poderá ser suprida pela prova testemunhal (CPP, art. 168, § 3º). A prova testemunhal pode, no processo penal, suprir a falta da prova pericial ou de outra prova, o que não é possível no âmbito do processo civil.

**9. Fatos provados por documento ou por confissão.** A prova testemunhal é desnecessária, quando os fatos já estiverem provados por documentos. Havendo confissão, o fato não depende mais de prova (art. 374, II), sendo desnecessária qualquer prova adicional, inclusive a testemunhal. Se o fato já está provado, não se revela mais necessária a produção de qualquer outra prova, sendo, por isso mesmo, despicienda a prova testemunhal. O momento da produção da prova documento precede o da testemunhal. É na fase postulatória que os documentos são apresentados. O autor, na petição inicial, e o réu, na contestação, produzem a prova documental (art. 434). Esse é um momento anterior ao da produção da prova testemunhal. Se, porém, o documento for questionado e a prova testemunhal for necessária para desconstituir a documental, deverá ser admitida. Também deverá ser admitida a prova testemunhal na hipótese em que o documento ou a confissão não comprove todo o fato controvertido, havendo parte do fato ou outro fato não alcançado pela prova documental ou pela confissão, remanescendo o direito à prova testemunhal.

**10. Fatos só comprováveis por documento ou por perícia.** A prova testemunhal é inútil, quando for supérflua ou impertinente, não devendo ser permitida, por não ser considerada meio apto para comprovar os fatos controvertidos. Quando a prova do fato depender de conhecimento especial, o juiz nomeará um perito, que irá realizar uma avaliação, um exame ou uma vistoria (art. 464). Nesse caso, não será adequada a prova testemunhal. De igual modo, quando a lei exigir instrumento público como da substância do ato, nenhuma outra prova pode suprir-lhe a falta (art. 406), sendo, também nesse caso, inadequada a prova testemunhal.

**11. Ausência de cerceamento de direito.** *"Não há falar em cerceamento quando o magistrado indefere a prova testemunhal por entender que a matéria controvertida somente pode ser provada documentalmente"* (STJ, 4ª Turma, AgInt no AREsp 1.727.129/MA, rel. Min. Raul Araújo, *DJe* 23.2.2021).

> **Art. 444.** Nos casos em que a lei exigir prova escrita da obrigação, é admissível a prova testemunhal quando houver começo de prova por escrito, emanado da parte contra a qual se pretende produzir a prova.

**LIVRO I** · DO PROCESSO DE CONHECIMENTO E DO CUMPRIMENTO DE SENTENÇA **Art. 444**

▶ **1. Correspondência no CPC/1973.** *"Art. 402. Qualquer que seja o valor do contrato, é admissível a prova testemunhal, quando: I – houver começo de prova por escrito, reputando-se tal o documento emanado da parte contra quem se pretende utilizar o documento como prova; (...)."*

## 🈁 Legislação Correlata

**2. CC, art. 109.** *"Art. 109. No negócio jurídico celebrado com a cláusula de não valer sem instrumento público, este é da substância do ato."*

**3. CC, art. 227, parágrafo único.** *"Parágrafo único. Qualquer que seja o valor do negócio jurídico, a prova testemunhal é admissível como subsidiária ou complementar da prova por escrito."*

**4. CC, art. 646.** *"Art. 646. O depósito voluntário provar-se-á por escrito."*

**5. CC, art. 819.** *"Art. 819. A fiança dar-se-á por escrito, e não admite interpretação extensiva."*

**6. CC, art. 987.** *"Art. 987. Os sócios, nas relações entre si ou com terceiros, somente por escrito podem provar a existência da sociedade, mas os terceiros podem prová-la de qualquer modo."*

**7. Lei 8.213/1991, art. 16, § 5º.** *"§ 5º As provas de união estável e de dependência econômica exigem início de prova material contemporânea dos fatos, produzido em período não superior a 24 (vinte e quatro) meses anterior à data do óbito ou do recolhimento à prisão do segurado, não admitida a prova exclusivamente testemunhal, exceto na ocorrência de motivo de força maior ou caso fortuito, conforme disposto no regulamento."*

**8. Lei 8.213/1991, art. 55, § 3º.** *"§ 3º A comprovação do tempo de serviço para os fins desta Lei, inclusive mediante justificativa administrativa ou judicial, observado o disposto no art. 108 desta Lei, só produzirá efeito quando for baseada em início de prova material contemporânea dos fatos, não admitida a prova exclusivamente testemunhal, exceto na ocorrência de motivo de força maior ou caso fortuito, na forma prevista no regulamento."*

## ⚖ Jurisprudência, Enunciados e Súmulas Selecionados

- **9. Tema/Repetitivo 297 STJ.** *"A prova exclusivamente testemunhal não basta à comprovação da atividade rurícola, para efeito da obtenção de benefício previdenciário."*

- **10. Súmula 149, STJ.** *"A prova exclusivamente testemunhal não basta à comprovação da*

atividade rurícola, para efeito da obtenção de benefício previdenciário."*

- **11. Súmula 577, STJ.** *"É possível reconhecer o tempo de serviço rural anterior ao documento mais antigo apresentado, desde que amparado em convincente prova testemunhal colhida sob o contraditório."*

## ▤ Comentários Temáticos

**12. Caráter subsidiário ou complementar da prova testemunhal.** A prova testemunhal é tratada, no processo civil, como um meio de prova de segunda classe, complementar ou subsidiário. Não tem autonomia necessária para sua produção.

**13. Prova testemunhal e necessidade de prova escrita.** Nos casos em que a lei exija prova escrita da obrigação, a prova testemunhal é insuficiente para, sozinha, provar o fato. É preciso haver início de prova escrita, a ser complementada pela prova testemunhal. A regra aplica-se tanto ao autor como ao réu: havendo início de prova escrita emanado da parte contra quem se pretende produzir a prova, é possível a prova testemunhal.

**14. Admissibilidade da prova testemunhal.** *"É admissível a prova testemunhal independentemente do valor do contrato, quando for existente começo de prova escrita que sustente a prova testemunhal"* (STJ, 3ª Turma, AgInt no AgInt no AREsp 1.333.274/MS, rel. Min. Moura Ribeiro, DJe 21.8.2019).

**15. Início de prova material em matéria previdenciária e direito intertemporal.** *"A jurisprudência desta Corte Superior tem prestigiado o entendimento de que, antes da Lei 13.846/2019, a legislação previdenciária não exigia início de prova material para a comprovação de união estável, para efeito de concessão de pensão por morte, considerando suficiente a apresentação de prova testemunhal, por não ser dado ao julgador adotar restrições não impostas pelo legislador"* (STJ, 1ª Turma, AgInt no REsp 1.854.823/SP, rel. Min. Gurgel de Faria, DJe 17.12.2020).

**16. Início de prova material de atividade rural.** *"Documentos em nome de terceiros, notadamente genitores, cônjuges e certidão de nascimento de filhos se prestam como início de prova material do labor rurícola, desde que sua força probante seja corroborada por robusta prova testemunhal. IV - A 1ª Turma desta Corte, recentemente, firmou entendimento no sentido da aceitação de declaração ou carteira de filiação de sindicato rural como início de prova material*

719

*do exercício do labor rural desde que sua força probante seja ampliada por prova testemunhal"* (STJ, 1ª Turma, AgInt no REsp 1.928.406/SP, rel. Min. Regina Helena Costa, *DJe* 15.9.2021).

**Art. 445.** Também se admite a prova testemunhal quando o credor não pode ou não podia, moral ou materialmente, obter a prova escrita da obrigação, em casos como o de parentesco, de depósito necessário ou de hospedagem em hotel ou em razão das práticas comerciais do local onde contraída a obrigação.

▶ **1. Correspondência no CPC/1973.** *"Art. 402. Qualquer que seja o valor do contrato, é admissível a prova testemunhal, quando: (...) II – o credor não pode ou não podia, moral ou materialmente, obter a prova escrita da obrigação, em casos como o de parentesco, depósito necessário ou hospedagem em hotel."*

## ▣ Comentários Temáticos

**2. Admissibilidade da prova testemunhal diante da impossibilidade moral ou material de obtenção da prova escrita.** A prova testemunhal é complementar ao início da prova escrita. Sendo impossível a obtenção da prova escrita, passa a ser possível a prova testemunhal. Se, mesmo impossível a prova escrita, não se admitisse a prova testemunhal, haveria uma inadmissibilidade sem razoabilidade, a limitar direito à prova e o próprio acesso à justiça.

**3. Prova exclusivamente testemunhal de contrato entre mãe e filho.** *"Os arts. 400 e 403 do Código de Processo Civil [de 1973] vedam a prova 'exclusivamente' testemunhal para comprovação do pagamento quando o valor exceder o décuplo do salário mínimo; mutatis mutandis, havendo início de prova documental, perfeitamente cabível seu complemento por meio de testemunhas. II – Hipótese que, além de se amoldar à previsão acima, também se inclui na exceção do art. 402, inciso II, do referido Estatuto [de 1973], onde é admitida a prova exclusivamente testemunhal, porquanto as partes envolvidas no negócio são parentes (mãe e filho)"* (STJ, 3ª Turma, REsp 651.315/MT, rel. Min. Castro Filho, *DJ* 12.9.2005, p. 324).

**Art. 446.** É lícito à parte provar com testemunhas:
I – nos contratos simulados, a divergência entre a vontade real e a vontade declarada;
II – nos contratos em geral, os vícios de consentimento.

▶ **1. Correspondência no CPC/1973.** *"Art. 404. É lícito à parte inocente provar com testemunhas: I – nos contratos simulados, a divergência entre a vontade real e a vontade declarada; II – nos contratos em geral, os vícios do consentimento."*

## ▦ Legislação Correlata

**2. CC, art. 110.** *"Art. 110. A manifestação de vontade subsiste ainda que o seu autor haja feito a reserva mental de não querer o que manifestou, salvo se dela o destinatário tinha conhecimento."*

**3. CC, art. 167.** *"Art. 167. É nulo o negócio jurídico simulado, mas subsistirá o que se dissimulou, se válido for na substância e na forma. § 1º Haverá simulação nos negócios jurídicos quando: I – aparentarem conferir ou transmitir direitos a pessoas diversas daquelas às quais realmente se conferem, ou transmitem; II – contiverem declaração, confissão, condição ou cláusula não verdadeira; III – os instrumentos particulares forem antedatados, ou pós-datados. § 2º Ressalvam-se os direitos de terceiros de boa-fé em face dos contraentes do negócio jurídico simulado."*

## ⚖ Jurisprudência, Enunciados e Súmulas Selecionados

• **4. Enunciado 294, IV Jornada CJF Direito Civil.** *"Sendo a simulação uma causa de nulidade do negócio jurídico, pode ser alegada por uma das partes contra a outra."*

## ▣ Comentários Temáticos

**5. Prova testemunhal nos contratos simulados.** Admite-se a prova testemunhal para comprovação da divergência entre a vontade real e a declarada nos contratos simulados. É ampla a admissibilidade da prova para a demonstração do específico vício de vontade em casos de simulação, sendo cabível a prova testemunhal. Em tal hipótese, é possível a prova exclusivamente testemunhal, não se exigindo início de prova escrita.

**6. Prova testemunhal nos contratos em geral.** Os vícios de consentimento, nos contratos em geral, podem ser provados por testemunhas. A prova exclusivamente testemunhal é admissível para demonstrar a defeituosa exteriorização da vontade consciente. Os estados subjetivos, que configuram os vícios de vontade, podem ser comprovados pela prova exclusivamente testemunhal, não se exigindo início de prova escrita.

# LIVRO I · DO PROCESSO DE CONHECIMENTO E DO CUMPRIMENTO DE SENTENÇA — Art. 447

**Art. 447.** Podem depor como testemunhas todas as pessoas, exceto as incapazes, impedidas ou suspeitas.

§ 1º São incapazes:

I – o interdito por enfermidade ou deficiência mental;

II – o que, acometido por enfermidade ou retardamento mental, ao tempo em que ocorreram os fatos, não podia discerni-los, ou, ao tempo em que deve depor, não está habilitado a transmitir as percepções;

III – o que tiver menos de 16 (dezesseis) anos;

IV – o cego e o surdo, quando a ciência do fato depender dos sentidos que lhes faltam.

§ 2º São impedidos:

I – o cônjuge, o companheiro, o ascendente e o descendente em qualquer grau e o colateral, até o terceiro grau, de alguma das partes, por consanguinidade ou afinidade, salvo se o exigir o interesse público ou, tratando-se de causa relativa ao estado da pessoa, não se puder obter de outro modo a prova que o juiz repute necessária ao julgamento do mérito;

II – o que é parte na causa;

III – o que intervém em nome de uma parte, como o tutor, o representante legal da pessoa jurídica, o juiz, o advogado e outros que assistam ou tenham assistido as partes.

§ 3º São suspeitos:

I – o inimigo da parte ou o seu amigo íntimo;

II – o que tiver interesse no litígio.

§ 4º Sendo necessário, pode o juiz admitir o depoimento das testemunhas menores, impedidas ou suspeitas.

§ 5º Os depoimentos referidos no § 4º serão prestados independentemente de compromisso, e o juiz lhes atribuirá o valor que possam merecer.

▶ **1. Correspondência no CPC/1973.** *"Art. 405. Podem depor como testemunhas todas as pessoas, exceto as incapazes, impedidas ou suspeitas. § 1º São incapazes: I – o interdito por demência; II – o que, acometido por enfermidade, ou debilidade mental, ao tempo em que ocorreram os fatos, não podia discerni-los; ou, ao tempo em que deve depor, não está habilitado a transmitir as percepções; III – o menor de 16 (dezesseis) anos; IV – o cego e o surdo, quando a ciência do fato depender dos sentidos que lhes faltam. § 2º São impedidos: I – o cônjuge, bem como o ascendente e o descendente em qualquer grau, ou colateral, até o terceiro grau, de alguma das partes, por consanguinidade ou afinidade, salvo se o exigir o interesse público, ou, tratando-se de causa relativa ao estado da pessoa,*

*não se puder obter de outro modo a prova, que o juiz repute necessária ao julgamento do mérito; II – o que é parte na causa; III – o que intervém em nome de uma parte, como o tutor na causa do menor, o representante legal da pessoa jurídica, o juiz, o advogado e outros, que assistam ou tenham assistido as partes. § 3º São suspeitos: I – o condenado por crime de falso testemunho, havendo transitado em julgado a sentença; II – o que, por seus costumes, não for digno de fé; III – o inimigo capital da parte, ou o seu amigo íntimo; IV – o que tiver interesse no litígio. § 4º Sendo estritamente necessário, o juiz ouvirá testemunhas impedidas ou suspeitas; mas os seus depoimentos serão prestados independentemente de compromisso (art. 415) e o juiz lhes atribuirá o valor que possam merecer."*

## 📖 LEGISLAÇÃO CORRELATA

**2. CC, art. 3º.** *"Art. 3º São absolutamente incapazes de exercer pessoalmente os atos da vida civil os menores de 16 (dezesseis) anos."*

**3. CC, art. 4º.** *"Art. 4º São incapazes, relativamente a certos atos ou à maneira de os exercer: I – os maiores de dezesseis e menores de dezoito anos; II – os ébrios habituais e os viciados em tóxico; III – aqueles que, por causa transitória ou permanente, não puderem exprimir sua vontade; IV – os pródigos. Parágrafo único. A capacidade dos indígenas será regulada por legislação especial."*

**4. CC, art. 228.** *"Art. 228. Não podem ser admitidos como testemunhas: I – os menores de dezesseis anos; II – (Revogado); III – (Revogado); IV – o interessado no litígio, o amigo íntimo ou o inimigo capital das partes; V – os cônjuges, os ascendentes, os descendentes e os colaterais, até o terceiro grau de alguma das partes, por consanguinidade, ou afinidade. § 1º Para a prova de fatos que só elas conheçam, pode o juiz admitir o depoimento das pessoas a que se refere este artigo. § 2º A pessoa com deficiência poderá testemunhar em igualdade de condições com as demais pessoas, sendo-lhe assegurados todos os recursos de tecnologia assistiva."*

**5. Lei 13.140/2015, art. 7º.** *"Art. 7º O mediador não poderá atuar como árbitro nem funcionar como testemunha em processos judiciais ou arbitrais pertinentes a conflito em que tenha atuado como mediador."*

**6. Lei 13.146/2015, art. 80.** *"Art. 80. Devem ser oferecidos todos os recursos de tecnologia assistiva disponíveis para que a pessoa com deficiência tenha garantido o acesso à justiça, sempre que figure em um dos polos da ação ou* *atue como testemunha, partícipe da lide posta em juízo, advogado, defensor público, magistrado ou membro do Ministério Público. Parágrafo único. A pessoa com deficiência tem garantido o acesso ao conteúdo de todos os atos processuais de seu interesse, inclusive no exercício da advocacia."*

**7. Recomendação 33/2010 do CNJ.** *"RECOMENDAR aos tribunais: I – a implantação de sistema de depoimento videogravado para as crianças e os adolescentes, o qual deverá ser realizado em ambiente separado da sala de audiências, com a participação de profissional especializado para atuar nessa prática; a) os sistemas de videogravação deverão preferencialmente ser assegurados com a instalação de equipamentos eletrônicos, tela de imagem, painel remoto de controle, mesa de gravação em CD e DVD para registro de áudio e imagem, cabeamento, controle manual para zoom, ar-condicionado para manutenção dos equipamentos eletrônicos e apoio técnico qualificado para uso dos equipamentos tecnológicos instalados nas salas de audiência e de depoimento especial; b) o ambiente deverá ser adequado ao depoimento da criança e do adolescente assegurando-lhes segurança, privacidade, conforto e condições de acolhimento. II – os participantes de escuta judicial deverão ser especificamente capacitados para o emprego da técnica do depoimento especial, usando os princípios básicos da entrevista cognitiva. III – o acolhimento deve contemplar o esclarecimento à criança ou adolescente a respeito do motivo e efeito de sua participação no depoimento especial, com ênfase à sua condição de sujeito em desenvolvimento e do consequente direito de proteção, preferencialmente com o emprego de cartilha previamente preparada para esta finalidade. IV – os serviços técnicos do sistema de justiça devem estar aptos a promover o apoio, orientação e encaminhamento de assistência à saúde física e emocional da vítima ou testemunha e seus familiares, quando necessários, durante e após o procedimento judicial. V – devem ser tomadas medidas de controle de tramitação processual que promovam a garantia do princípio da atualidade, garantindo a diminuição do tempo entre o conhecimento do fato investigado e a audiência de depoimento especial."*

### ▣ Comentários Temáticos

**8. Capacidade para testemunhar em juízo.** Em regra, todas as pessoas capazes podem depor como testemunhas em juízo.

**9. Incapazes, impedidos e suspeitos.** Embora todas as pessoas capazes possam, em regra, figurar como testemunhas em juízo, o art. 447 relaciona os incapazes, os impedidos e os suspeitos de testemunhar, não devendo ser admitidos como testemunhas.

**10. Sujeito imparcial.** A testemunha é um sujeito imparcial do processo. Por isso, além de capaz, não pode ser impedida nem suspeita. Deve ter isenção para revelar o que sabe sobre os fatos probandos.

**11. Interdito por enfermidade ou deficiência intelectual.** O interdito é aquele que foi interditado por sentença judicial. A sentença de interdição acarreta a presunção absoluta de incapacidade. Nesse caso, haverá automática incapacidade da pessoa para depor como testemunha, caso a interdição decorra de enfermidade ou deficiência intelectual.

**12. Pessoa acometida por enfermidade ou retardamento mental.** Para poder ser testemunha, a pessoa precisa ter discernimento e lucidez em 2 momentos: *(a)* na ocorrência dos fatos; e, *(b)* quando for prestar o depoimento. É preciso verificar a capacidade mental da testemunha naqueles 2 momentos. Se, em qualquer daqueles momentos, a pessoa apresenta debilidade ou enfermidade que comprometa a percepção dos fatos ou seu relato, será impedida de testemunhar. Nesse caso, não é necessária a interdição da pessoa. A enfermidade ou retardamento mental pode existir, mesmo sem sentença de interdição. O juiz deverá investigar a lucidez e o discernimento naqueles 2 momentos: o de percepção dos fatos e o da inquirição.

**13. Depoimento de pessoa com deficiência.** A incapacidade de testemunhar alcança apenas a pessoa acometida por enfermidade ou retardamento mental, ou, em outras palavras, a pessoa que não tenha discernimento e lucidez no momento da ocorrência dos fatos ou quando da inquirição. Qualquer outra deficiência não caracteriza incapacidade de testemunhar, pois *"a pessoa com deficiência poderá testemunhar em igualdade de condições com as demais pessoas, sendo-lhe assegurados todos os recursos de tecnologia assistiva"* (CC, art. 228, § 2º). E, nos termos do art. 3º, III, da Lei 13.146, de 2015, considera-se tecnologia assistiva ou ajuda técnica *"produtos, equipamentos, dispositivos, recursos, metodologias, estratégias, práticas e serviços que objetivem promover a funcionalidade, relacionada à atividade e à participação da pessoa com deficiência ou com mobilidade reduzida, visando à sua autonomia, independência, qualidade de vida e inclusão social"*. Caso se revele impossível, no caso concreto, a percepção pelos sentidos ou a expressão do que se deve testemunhar, a pessoa será incapaz para aquele

**LIVRO I** · DO PROCESSO DE CONHECIMENTO E DO CUMPRIMENTO DE SENTENÇA — **Art. 447**

específico testemunho, não sendo suficiente a tecnologia assistiva ou a ajuda técnica.

**14.** **Pessoa com menos de 16 anos.** É incapaz de testemunhar em juízo a pessoa menor de 16 anos de idade. Esse limitador etário deve ser verificado na data dos fatos, pois a incapacidade decorre da falta de maturidade para presenciar os acontecimentos. Há casos, porém, em que a pessoa com menos de 16 anos pode testemunhar (ECA, arts. 28, §§ 1º e 2º, 45, § 2º, 161, § 1º, 164 e 168), observada a Recomendação 33/2010 do CNJ. Nas hipóteses de violência, o juiz deve valer-se do auxílio de especialista (art. 699), observando-se os arts. 8º a 12 da Lei 13.431/2017.

**15.** **Cego e surdo.** Quem não manteve contato sensorial com o fato, é impedido de testemunhar em juízo. Nenhuma pessoa pode ser testemunha relativamente a fato que não foi percebido por qualquer contato sensorial. Quer isso dizer que ninguém pode testemunhar sobre fato cuja ciência depende de sentido que lhe falta. Por isso, o cego ou o surdo não pode depor sobre fatos que exijam a percepção pelo sentido que lhe falta. Se o fato depender de outro sentido, não haverá incapacidade. Assim, por exemplo, o cego que ouviu o ocorrido ou o surdo que viu o fato pode testemunhar em juízo, não havendo incapacidade.

**16.** **Cônjuge, companheiro, ascendente e descendente em qualquer grau, ou colateral, até o terceiro grau, de alguma das partes, por consanguinidade ou afinidade.** Objetivamente, são impedidos de testemunhar o cônjuge ou companheiro da parte, qualquer ascendente ou descendente seu e parentes, consanguíneos ou afins, até o terceiro grau. Cumpre lembrar que *"o parentesco por afinidade limita-se aos ascendentes, aos descendentes e aos irmãos do cônjuge ou companheiro"* (CC, art. 1.595, § 1º).

**17.** **Possibilidade de o filho testemunhar em divórcio dos pais.** *"O propósito recursal diz respeito a definir se os filhos comuns do casal são impedidos de atuar como testemunha no processo de divórcio dos pais. (...) 3. As hipóteses de impedimento e suspeição da testemunha partem do pressuposto de que a testemunha tenderia a dar declarações favoráveis a uma das partes ou ao resultado que lhe seria benéfico. Assim, não se verifica uma parcialidade presumida quando a testemunha possui vínculo de parentesco idêntico com ambas as partes, sobretudo quando não demonstrada a sua pretensão de favorecer um dos litigantes em detrimento do outro. 4. Ademais, o art. 447, §§ 4º e 5º, do CPC/2015 prevê que, sendo necessário, pode o Magistrado admitir o depoimento das testemunhas menores, impedidas ou* suspeitas, hipótese em que os depoimentos serão consentidos independentemente de compromisso e lhes serão atribuídos o valor que mereçam"* (STJ, 3ª Turma, REsp 1.947.751/GO, rel. Min. Marco Aurélio Bellizze, *DJe* 28.4.2023).

**18.** **Parte na causa.** Quem é parte na causa é impedido de ser testemunha. Aliás, a parte não se subsome ao conceito de testemunha, pois esta é o terceiro estranho ao objeto do processo, que, por isso mesmo, não tem interesse no resultado da disputa judicial. A testemunha é um terceiro, é uma pessoa natural, estranha ao processo. Logo, a parte não se inclui no conceito de testemunha. A noção de parte é incompatível definição de testemunha. A inquirição da parte é feita por depoimento pessoal, que difere do depoimento de uma testemunha. A parte é, enfim, impedido de testemunhar em juízo.

**19.** **Tutor, representante de pessoa jurídica, juiz, advogado ou outros que assistam as partes.** Para ser testemunha, a pessoa deve ser um terceiro estranho ao objeto do processo. Quem tem relação direta com a parte não pode ser testemunha no processo. O tutor do menor, o representante legal de pessoa jurídica, o advogado da parte ou alguém que assiste ou tenha assistido a parte não podem ser testemunhas. O juiz pode ser testemunha, ficando impedido de processar e julgar a causa (art. 452, I). O que não se admite é que ele seja, a um só tempo, juiz e testemunha no mesmo processo: ou é juiz, estando impedido de ser testemunha; ou é testemunha, estando impedido de ser juiz.

**20.** **Conciliador e mediador.** O conciliador ou mediador não pode ser testemunha nos processos em que tenha atuado (CPC, art. 166, § 2º; Lei 13.140/2015, art. 7º).

**21.** **Amigo íntimo ou inimigo da parte.** Se a pessoa tiver relação muito próxima com uma das partes, será suspeita para figurar como testemunha em juízo. Assim, o amigo íntimo e o inimigo da parte é suspeito para figurar como testemunha, pois não tem a imparcialidade necessária para prestar seu depoimento.

**22.** **Interesse no litígio.** Aquele que tenha interesse no litígio não tem imparcialidade suficiente para ser testemunha, havendo suspeição.

**23.** **Condenados por falso testemunho e os que não são "dignos de fé".** Não existe mais a previsão de suspeição dos que são condenados por falso testemunho ou não são "dignos de fé". O atual CPC eliminou uma previsão anacrônica, preconceituosa, discriminatória e irracional, que mantinha uma "condenação eterna". Mesmo tendo cumprido sua pena, o sujeito mantinha-se

**Art. 448** CÓDIGO DE PROCESSO CIVIL COMENTADO – *Leonardo Carneiro da Cunha*

eternamente suspeito para ser testemunha, por já ter sido condenado por falso testemunho ou não ser "digno de fé".

**24. Estado de necessidade probatório.** Admite-se a prova testemunhal quando for realmente necessária sua produção, não havendo outras provas possíveis, mesmo nos casos de incapacidade, impedimento ou suspeição. Nesses casos, os depoimentos serão prestados independentemente de compromisso, atribuindo-lhes o juiz o valor que possam merecer. Tal estado de necessidade probatório permite a produção da prova, mas há hipóteses em que não será mesmo possível a prova testemunhal. Se a pessoa for cega e não teve como ver o fato, não poderá testemunhar. Se for um enfermo ou deficiente mental que não pôde perceber pelos sentidos o fato probando, não há como admitir seu testemunho. Se a pessoa é impedida por ser parte no processo, não há como ser testemunha (será possível colher seu depoimento pessoal, mas não seu testemunho). Enfim, se efetivamente for possível ser colhido o testemunho, o estado de necessidade poderá permitir afastar a incapacidade, o impedimento ou a suspeição, para que se produza a prova testemunhal, independentemente de compromisso.

> **Art. 448.** A testemunha não é obrigada a depor sobre fatos:
>
> I – que lhe acarretem grave dano, bem como ao seu cônjuge ou companheiro e aos seus parentes consanguíneos ou afins, em linha reta ou colateral, até o terceiro grau;
>
> II – a cujo respeito, por estado ou profissão, deva guardar sigilo.

▶ **1. Correspondência no CPC/1973.** *"Art. 406. A testemunha não é obrigada a depor de fatos: I – que lhe acarretem grave dano, bem como ao seu cônjuge e aos seus parentes consanguíneos ou afins, em linha reta, ou na colateral em segundo grau; II – a cujo respeito, por estado ou profissão, deva guardar sigilo."*

🏛 **LEGISLAÇÃO CORRELATA**

**2. CF, art. 5º, XIV.** *"XIV – é assegurado a todos o acesso à informação e resguardado o sigilo da fonte, quando necessário ao exercício profissional."*

**3. EOAB, art. 7º.** *"Art. 7º São direitos do advogado: (...) XIX – recusar-se a depor como testemunha em processo no qual funcionou ou deva funcionar, ou sobre fato relacionado com pessoa de quem seja ou foi advogado, mesmo quando*

*autorizado ou solicitado pelo constituinte, bem como sobre fato que constitua sigilo profissional."*

**4. CPP, art. 206.** *"Art. 206. A testemunha não poderá eximir-se da obrigação de depor. Poderão, entretanto, recusar-se a fazê-lo o ascendente ou descendente, o afim em linha reta, o cônjuge, ainda que desquitado, o irmão e o pai, a mãe, ou o filho adotivo do acusado, salvo quando não for possível, por outro modo, obter-se ou integrar-se a prova do fato e de suas circunstâncias."*

**5. CPP, art. 207.** *"Art. 207. São proibidas de depor as pessoas que, em razão de função, ministério, ofício ou profissão, devam guardar segredo, salvo se, desobrigadas pela parte interessada, quiserem dar o seu testemunho".*

**6. CP, art. 154.** *"Art. 154 – Revelar alguém, sem justa causa, segredo, de que tem ciência em razão de função, ministério, ofício ou profissão, e cuja revelação possa produzir dano a outrem: Pena – detenção, de três meses a um ano, ou multa de um conto a dez contos de réis. Parágrafo único – Somente se procede mediante representação."*

**7. Lei 1.079/1950, art. 5º, 4.** *"Art. 5º São crimes de responsabilidade contra a existência política da União: (...) 4 – revelar negócios políticos ou militares, que devam ser mantidos secretos a bem da defesa da segurança externa ou dos interesses da Nação."*

🗐 **COMENTÁRIOS TEMÁTICOS**

**8. Direito ao silêncio.** A testemunha tem direito ao silêncio. Há casos em que lhe é lícito recusar-se a depor em juízo.

**9. Fatos que acarretem grave dano.** A testemunha é legalmente protegida, não podendo ser obrigada a depor sobre fatos que lhe acarretem grave dano ou que causem dano grave a pessoas com quem mantenha vínculo afetivo ou de parentesco. Os graves danos podem ser materiais ou morais, cabendo ao juiz examinar, no caso concreto, a razoabilidade da afirmação.

**10. Sigilo.** É legítima a recusa de testemunhar em juízo quando se tratar de fato que diga respeito ao sigilo profissional ou que envolva situação relacionada ao estado da pessoa.

**11. Proporcionalidade.** O direito fundamental de proteção ao sigilo pode ser ponderado e ceder diante da necessidade de proteção a outro direito fundamental. O sigilo médico pode, por exemplo, ser quebrado para revelação de maus-tratos a menores ou para favorecer o próprio paciente. O beneficiário do segredo pode liberar o profissional de seu dever e permitir que ele faça sua revelação.

**LIVRO I** · DO PROCESSO DE CONHECIMENTO E DO CUMPRIMENTO DE SENTENÇA | **Art. 450**

**Art. 449.** Salvo disposição especial em contrário, as testemunhas devem ser ouvidas na sede do juízo.

Parágrafo único. Quando a parte ou a testemunha, por enfermidade ou por outro motivo relevante, estiver impossibilitada de comparecer, mas não de prestar depoimento, o juiz designará, conforme as circunstâncias, dia, hora e lugar para inquiri-la.

▶ **1. Correspondência no CPC/1973.** *"Art. 336. Salvo disposição especial em contrário, as provas devem ser produzidas em audiência. Parágrafo único. Quando a parte, ou a testemunha, por enfermidade, ou por outro motivo relevante, estiver impossibilitada de comparecer à audiência, mas não de prestar depoimento, o juiz designará, conforme as circunstâncias, dia, hora e lugar para inquiri-la."*

🏛 **LEGISLAÇÃO CORRELATA**

**2. CPP, art. 220.** *"Art. 220. As pessoas impossibilitadas, por enfermidade ou por velhice, de comparecer para depor, serão inquiridas onde estiverem."*

▦ **COMENTÁRIOS TEMÁTICOS**

**3. Local do testemunho.** A prova testemunhal deve ser produzida perante o juiz da causa, na audiência de instrução e julgamento (art. 453). As testemunhas devem ser ouvidas na sede do juízo.

**4. Produção da prova testemunhal em local diverso.** A testemunha pode ser ouvida por outro juízo, mediante carta precatória, arbitral, rogatória ou de ordem.

**5. Videoconferência.** A colheita do depoimento da testemunha residente em comarca, seção ou subseção judiciária diversa daquela onde tramita o processo pode ser feita por videoconferência ou por outro recurso tecnológico de transmissão de sons e imagens em tempo real (art. 453, §§ 1º e 2º).

**6. Testemunha doente ou impossibilitada de se deslocar.** Quando a testemunha estiver doente ou impossibilitada de se deslocar até a sede do juízo, mas não impossibilitada de falar ou de prestar seu depoimento, poderá ser ouvida em outro local, a ser designado pelo juiz. Nesse caso, o depoimento da testemunha pode também ser colhido por videoconferência ou por outro recurso tecnológico (art. 453, §§ 1º e 2º).

**7. Autoridades.** Há autoridades que têm o direito de ser ouvidas em sua residência, onde trabalham ou no local que lhes for mais conveniente (art. 454, § 1º).

## Subseção II
## Da Produção da Prova Testemunhal

**Art. 450.** O rol de testemunhas conterá, sempre que possível, o nome, a profissão, o estado civil, a idade, o número de inscrição no Cadastro de Pessoas Físicas, o número de registro de identidade e o endereço completo da residência e do local de trabalho.

▶ **1. Correspondência no CPC/1973.** *"Art. 407. Incumbe às partes, no prazo que o juiz fixará ao designar a data da audiência, depositar em cartório o rol de testemunhas, precisando-lhes o nome, profissão, residência e o local de trabalho; omitindo-se o juiz, o rol será apresentado até 10 (dez) dias antes da audiência. Parágrafo único. É lícito a cada parte oferecer, no máximo, dez testemunhas; quando qualquer das partes oferecer mais de três testemunhas para a prova de cada fato, o juiz poderá dispensar as restantes."*

⚖ **JURISPRUDÊNCIA, ENUNCIADOS E SÚMULAS SELECIONADOS**

• **2. Enunciado 519 do FPPC.** *"Em caso de impossibilidade de obtenção ou de desconhecimento das informações relativas à qualificação da testemunha, a parte poderá requerer ao juiz providências necessárias para a sua obtenção, salvo em casos de inadmissibilidade da prova ou de abuso de direito."*

▦ **COMENTÁRIOS TEMÁTICOS**

**3. O rol de testemunhas.** É a lista de pessoas indicadas pela parte para prestar depoimentos em audiência de instrução e julgamento sobre os fatos controvertidos do processo.

**4. Razão para apresentação do rol de testemunhas.** Cada uma das partes deve apresentar seu respectivo rol de testemunhas, a fim de permitir que se saiba, com antecedência, quem são suas testemunhas e viabilizar eventual impugnação pela parte contrária. Essa impugnação, chamada contradita, pode fundar-se na incapacidade, no impedimento ou na suspeição da testemunha.

**5. Momento da apresentação do rol de testemunhas.** O rol de testemunhas deve ser apresentado por cada parte com antecedência, e não na própria audiência, sob pena de inviabilizar a investigação sobre as testemunhas e a eventual impugnação pela parte contrária. O rol

725

de testemunhas deve ser depositado em juízo dentro do prazo que o juiz fixar (art. 357, § 4º).

**6. Causa complexa.** Se a causa apresentar complexidade em matéria de fato ou de direito, o saneamento do processo será feito em cooperação com as partes, na audiência especificamente designada pelo juiz para esse fim, oportunidade em que as partes já deverão apresentar seus respectivos róis de testemunhas (art. 357, §§ 3º e 5º).

**7. Preclusão.** O prazo para o depósito do rol de testemunhas é preclusivo. Se a parte não o fizer dentro do prazo, perderá o direito de ouvir as testemunhas que pretendia indicar.

**8. Prazo preclusivo.** *"A parte deve apresentar o rol de testemunhas no prazo fixado pelo juiz, sob pena de a prova testemunhal ser indeferida em atenção ao princípio do tratamento igualitário que deve ser dispensado às partes"* (STJ, 4ª Turma, AgRg no Ag 1.395.385/MS, rel. Min. Maria Isabel Gallotti, *DJe* 5.5.2017). *"Segundo o entendimento desta Corte, é preclusivo o prazo fixado pelo juiz para apresentação do rol de testemunhas, em atenção ao princípio do tratamento igualitário das partes"* (STJ, 4ª Turma, AgInt no AREsp 175.512/SP, rel. Min. Raul Araújo, *DJe* 25.10.2018).

**9. Número de testemunhas.** O número de testemunhas arroladas não pode ser superior a 10, sendo 3, no máximo, para a prova de cada fato (art. 357, § 6º). O juiz poderá limitar o número de testemunhas levando em conta a complexidade da causa e dos fatos individualmente considerados (art. 357, § 7º).

**10. Conteúdo do rol de testemunhas.** A parte deve precisar, sempre que possível, o nome e dados de identificação das testemunhas. Se a parte não tiver condições de precisar todos os dados das testemunhas, deve, ao menos, fornecer elementos que as identifiquem. Daí a expressão "sempre que possível" utilizada no texto normativo. A exigência de indicação do número do CPF da testemunha é importante, pois se trata de elemento mais preciso de identificação das pessoas naturais, evitando erros e confusões com homônimos.

---

**Art. 451.** Depois de apresentado o rol de que tratam os §§ 4º e 5º do art. 357, a parte só pode substituir a testemunha:

I – que falecer;

II – que, por enfermidade, não estiver em condições de depor;

III – que, tendo mudado de residência ou de local de trabalho, não for encontrada.

---

▶ **1. Correspondência no CPC/1973.** *"Art. 408. Depois de apresentado o rol, de que trata o artigo antecedente, a parte só pode substituir a testemunha: I – que falecer; II – que, por enfermidade, não estiver em condições de depor; III – que, tendo mudado de residência, não for encontrada pelo oficial de justiça."*

## ⚖ JURISPRUDÊNCIA, ENUNCIADOS E SÚMULAS SELECIONADOS

• **2. Enunciado 185 da III Jornada-CJF.** *"O rol de testemunhas apresentado anteriormente à decisão de saneamento e organização do processo é provisório, podendo a parte realizar modificações após a prolação da referida decisão, dentro do prazo estabelecido pelos arts. 357, § 4º, e 451, do CPC)."*

## ▣ COMENTÁRIOS TEMÁTICOS

**3. Substituição da testemunha.** Apresentado o rol de testemunhas, e antes da realização da audiência de instrução e julgamento, é possível que uma testemunha venha a falecer, ou adoecer, ou perder sua capacidade jurídica, ou não se encontrar mais em sua residência ou em seu local de trabalho. Nesses casos, a parte não pode prejudicar-se, sendo-lhe permitida a substituição da testemunha.

**4. Preclusão.** Ao prever as hipóteses de substituição da testemunha, o dispositivo confirma que é preclusivo o prazo para depósito do rol de testemunhas. Não apresentado o rol, preclui a oportunidade de a parte o fazer. Apresentado, também há preclusão, somente sendo possível substituir a testemunha nas hipóteses expressamente autorizadas.

**5. Hipóteses taxativas.** São taxativas as hipóteses de substituição da testemunha. A testemunha somente pode ser substituída nos casos expressamente autorizados em lei.

**6. Não comparecimento à audiência.** Se regularmente intimada, o não comparecimento da testemunha à audiência de instrução e julgamento não autoriza sua substituição. O caso é de adiamento da audiência, e não de substituição da testemunha (art. 362, II). Se a ausência da testemunha foi justificada, basta designar nova data e intimá-la novamente. Não tendo havido justificativa, ela será conduzida coercitivamente para a audiência na nova data para qual vier a ser designada (art. 455, § 5º). Se a parte arrolou a testemunha e requereu que fosse intimada, mas a intimação não ocorreu a tempo, a audiência

**LIVRO I** · DO PROCESSO DE CONHECIMENTO E DO CUMPRIMENTO DE SENTENÇA    **Art. 453**

será adiada. Se parte se comprometeu a levar a testemunha à audiência, independentemente de sua intimação, mas ela não compareceu, presume-se que a parte desistiu de sua inquirição (art. 455, § 2º). Se, porém, for apresentando a tempo um justo motivo que impediu seu comparecimento, a audiência pode ser adiada.

**7. Requerimento de substituição.** Ocorrendo qualquer dos fatos que permitem a substituição da testemunha, a parte interessada deve, por simples petição, comprová-lo e requerer a substituição. O juiz deve intimar a parte contrária para manifestar-se e, em seguida, decidir sobre o pedido de substituição da testemunha.

**8. Substituição da testemunha *versus* desistência da testemunha.** A testemunha pode ser substituída por outra, caso ocorra um dos fatos autorizadores da substituição. Diversa é a hipótese de desistência da testemunha. Nesse caso, a parte simplesmente não pretende mais o depoimento daquela testemunha, não sendo colocada outra em seu lugar.

> **Art. 452.** Quando for arrolado como testemunha, o juiz da causa:
> I – declarar-se-á impedido, se tiver conhecimento de fatos que possam influir na decisão, caso em que será vedado à parte que o incluiu no rol desistir de seu depoimento;
> II – se nada souber, mandará excluir o seu nome.

▶ **1. Correspondência no CPC/1973.** *"Art. 409. Quando for arrolado como testemunha o juiz da causa, este: I – declarar-se-á impedido, se tiver conhecimento de fatos, que possam influir na decisão; caso em que será defeso à parte, que o incluiu no rol, desistir de seu depoimento; II – se nada souber, mandará excluir o seu nome."*

### 🖹 Comentários Temáticos

**2. Impedimento do juiz.** O juiz que presta depoimento como testemunha no processo é impedido para processá-lo e julgá-lo (art. 144, I).

**3. Juiz arrolado como testemunha.** Se o juiz for arrolado como testemunha no processo, é preciso verificar se ele tem mesmo conhecimento dos fatos ou se nada sabe. Se nada sabe, deverá mandar excluir seu nome do rol de testemunhas e dar prosseguimento ao andamento do processo. Diversamente, se tem conhecimento dos fatos, deverá declarar-se impedido, pois não pode ser, a um só tempo, testemunha e juiz.

**4. Impossibilidade de desistência.** Arrolado como testemunha e tendo conhecimento

dos fatos probandos, o juiz, por causa disso, torna-se impedido. Tornado impedido o juiz, a parte não poderá mais voltar atrás e desistir de seu depoimento.

> **Art. 453.** As testemunhas depõem, na audiência de instrução e julgamento, perante o juiz da causa, exceto:
> I – as que prestam depoimento antecipadamente;
> II – as que são inquiridas por carta.
> § 1º A oitiva de testemunha que residir em comarca, seção ou subseção judiciária diversa daquela onde tramita o processo poderá ser realizada por meio de videoconferência ou outro recurso tecnológico de transmissão e recepção de sons e imagens em tempo real, o que poderá ocorrer, inclusive, durante a audiência de instrução e julgamento.
> § 2º Os juízos deverão manter equipamento para a transmissão e recepção de sons e imagens a que se refere o § 1º.

▶ **1. Correspondência no CPC/1973.** *"Art. 410. As testemunhas depõem, na audiência de instrução, perante o juiz da causa, exceto: I – as que prestam depoimento antecipadamente; II – as que são inquiridas por carta; III – as que, por doença, ou outro motivo relevante, estão impossibilitadas de comparecer em juízo (art. 336, parágrafo único); IV – as designadas no artigo seguinte."*

### ⚖ Legislação Correlata

**2. CPP, art. 222.** *"Art. 222. A testemunha que morar fora da jurisdição do juiz será inquirida pelo juiz do lugar de sua residência, expedindo-se, para esse fim, carta precatória, com prazo razoável, intimadas as partes. § 1º A expedição da precatória não suspenderá a instrução criminal. § 2º Findo o prazo marcado, poderá realizar-se o julgamento, mas, a todo tempo, a precatória, uma vez devolvida, será junta aos autos. § 3º Na hipótese prevista no* caput *deste artigo, a oitiva de testemunha poderá ser realizada por meio de videoconferência ou outro recurso tecnológico de transmissão de sons e imagens em tempo real, permitida a presença do defensor e podendo ser realizada, inclusive, durante a realização da audiência de instrução e julgamento."*

### 🪶 Jurisprudência, Enunciados e Súmulas Selecionados

• **3. Tema/Repercussão Geral 453 STF.** *"O foro especial por prerrogativa de função não se estende a magistrados aposentados."*

727

## COMENTÁRIOS TEMÁTICOS

**4. Local do testemunho.** A produção da prova testemunhal é feita, em regra, na sede do juízo (art. 449), perante o juiz da causa, durante a audiência de instrução e julgamento. A prova testemunhal consiste em depoimento oral prestado perante o juiz na audiência de instrução e julgamento, não se admitindo a realização de depoimentos por escrito.

**5. Depoimento por escrito.** As partes podem celebrar negócio jurídico processual (art. 190) para admitir o oferecimento de depoimentos por escrito, em lugar da colheita oral da prova testemunhal.

**6. Depoimento antecipado.** A testemunha pode prestar depoimento antecipado, ou seja, antes da audiência de instrução e julgamento, nos casos de produção antecipada de prova (art. 381).

**7. Produção da prova testemunhal em local diverso.** A testemunha pode ser ouvida por outro juízo, mediante carta precatória, arbitral, rogatória ou de ordem.

**8. Videoconferência.** A colheita do depoimento da testemunha residente em comarca, seção ou subseção judiciária diversa daquela onde tramita o processo pode ser feita por videoconferência ou por outro recurso tecnológico de transmissão de sons e imagens em tempo real (art. 453, §§ 1º e 2º).

**9. Inquirição por videoconferência.** "*O ideal é que o julgador colha a prova em contato direto com as testemunhas e com o réu, mas a instrução presencial não é condição ou requisito imprescindível para o exercício da ampla defesa. Os riscos à identificação fidedigna das testemunhas e de quebra da incomunicabilidade também nas dependências do Poder Judiciário e não é possível, por nenhum meio, assegurar a absoluta autenticidade do depoimento, justamente a mais insegura das provas. O que existe é a expectativa de que a testemunha atue com boa-fé, atenta ao compromisso de dizer a verdade. 5. Também na forma virtual, as relações entre as partes, os depoentes e o juiz ocorrem em tempo real e os advogados podem assistir seus clientes, inclusive reunidos no próprio escritório profissional. Nesse contexto, não se verifica em que medida a audiência de instrução realizada por meio tecnológico é óbice às garantias fundamentais do processo. Nulidade do ato judicial não verificada*" (STJ, 6ª Turma, RHC 150.203/SP, rel. Min. Rogerio Schietti Cruz, DJe 21.9.2021).

**10. Testemunha doente ou impossibilitada de se deslocar.** Quando a testemunha estiver doente ou impossibilitada de se deslocar até a sede do juízo, mas não impossibilitada de falar ou de prestar seu depoimento, poderá ser ouvida em outro local, a ser designado pelo juiz (art. 449, parágrafo único). Nesse caso, o depoimento da testemunha pode também ser colhido por videoconferência ou por outro recurso tecnológico (art. 453, §§ 1º e 2º).

**11. Autoridades.** Há autoridades que têm o direito de ser ouvidas em sua residência, onde trabalham ou no local que lhes for mais conveniente (art. 454, § 1º).

---

**Art. 454.** São inquiridos em sua residência ou onde exercem sua função:

I – o presidente e o vice-presidente da República;

II – os ministros de Estado;

III – os ministros do Supremo Tribunal Federal, os conselheiros do Conselho Nacional de Justiça e os ministros do Superior Tribunal de Justiça, do Superior Tribunal Militar, do Tribunal Superior Eleitoral, do Tribunal Superior do Trabalho e do Tribunal de Contas da União;

IV – o procurador-geral da República e os conselheiros do Conselho Nacional do Ministério Público;

V – o advogado-geral da União, o procurador-geral do Estado, o procurador-geral do Município, o defensor público-geral federal e o defensor público-geral do Estado;

VI – os senadores e os deputados federais;

VII – os governadores dos Estados e do Distrito Federal;

VIII – o prefeito;

IX – os deputados estaduais e distritais;

X – os desembargadores dos Tribunais de Justiça, dos Tribunais Regionais Federais, dos Tribunais Regionais do Trabalho e dos Tribunais Regionais Eleitorais e os conselheiros dos Tribunais de Contas dos Estados e do Distrito Federal;

XI – o procurador-geral de justiça;

XII – o embaixador de país que, por lei ou tratado, concede idêntica prerrogativa a agente diplomático do Brasil.

§ 1º O juiz solicitará à autoridade que indique dia, hora e local a fim de ser inquirida, remetendo-lhe cópia da petição inicial ou da defesa oferecida pela parte que a arrolou como testemunha.

§ 2º Passado 1 (um) mês sem manifestação da autoridade, o juiz designará dia, hora e local para o depoimento, preferencialmente na sede do juízo.

§ 3º O juiz também designará dia, hora e local para o depoimento, quando a autoridade não

**LIVRO I** · DO PROCESSO DE CONHECIMENTO E DO CUMPRIMENTO DE SENTENÇA **Art. 454**

comparecer, injustificadamente, à sessão agendada para a colheita de seu testemunho no dia, hora e local por ela mesma indicados.

▶ **1. Correspondência no CPC/1973.** *"Art. 411. São inquiridos em sua residência, ou onde exercem a sua função: I – o Presidente e o Vice-Presidente da República; II – o presidente do Senado e o da Câmara dos Deputados; III – os ministros de Estado; IV – os ministros do Supremo Tribunal Federal, do Superior Tribunal de Justiça, do Superior Tribunal Militar, do Tribunal Superior Eleitoral, do Tribunal Superior do Trabalho e do Tribunal de Contas da União; V – o procurador-geral da República; VI – os senadores e deputados federais; VII – os governadores dos Estados, dos Territórios e do Distrito Federal; VIII – os deputados estaduais; IX – os desembargadores dos Tribunais de Justiça, os juízes dos Tribunais de Alçada, os juízes dos Tribunais Regionais do Trabalho e dos Tribunais Regionais Eleitorais e os conselheiros dos Tribunais de Contas dos Estados e do Distrito Federal; X – o embaixador de país que, por lei ou tratado, concede idêntica prerrogativa ao agente diplomático do Brasil. Parágrafo único. O juiz solicitará à autoridade que designe dia, hora e local a fim de ser inquirida, remetendo-lhe cópia da petição inicial ou da defesa oferecida pela parte, que arrolou como testemunha."*

🔠 **LEGISLAÇÃO CORRELATA**

**2. CPP, art. 221.** *"Art. 221. O Presidente e o Vice-Presidente da República, os senadores e deputados federais, os ministros de Estado, os governadores de Estados e Territórios, os secretários de Estado, os prefeitos do Distrito Federal e dos Municípios, os deputados às Assembleias Legislativas Estaduais, os membros do Poder Judiciário, os ministros e juízes dos Tribunais de Contas da União, dos Estados, do Distrito Federal, bem como os do Tribunal Marítimo serão inquiridos em local, dia e hora previamente ajustados entre eles e o juiz. § 1º O Presidente e o Vice-Presidente da República, os presidentes do Senado Federal, da Câmara dos Deputados e do Supremo Tribunal Federal poderão optar pela prestação de depoimento por escrito, caso em que as perguntas, formuladas pelas partes e deferidas pelo juiz, lhes serão transmitidas por ofício. § 2º Os militares deverão ser requisitados à autoridade superior. § 3º Aos funcionários públicos aplicar-se-á o disposto no art. 218, devendo, porém, a expedição do mandado ser imediatamente comunicada ao chefe da repartição em que servirem, com indicação do dia e da hora marcados."*

**3. LOMAN (Lei Complementar 35/1979), art. 33, I.** *"Art. 33. São prerrogativas do magistrado: I – ser ouvido como testemunha em dia, hora e local previamente ajustados com a autoridade ou Juiz de instância igual ou inferior."*

**4. LONMP (Lei 8.625/1993), art. 40, I.** *"Art. 40. Constituem prerrogativas dos membros do Ministério Público, além de outras previstas na Lei Orgânica: I – ser ouvido, como testemunha ou ofendido, em qualquer processo ou inquérito, em dia, hora e local previamente ajustados com o Juiz ou a autoridade competente."*

⚖ **JURISPRUDÊNCIA, ENUNCIADOS E SÚMULAS SELECIONADOS**

• **5. Tema/Repercussão Geral 453 STF.** *"O foro especial por prerrogativa de função não se estende a magistrados aposentados."*

🖹 **COMENTÁRIOS TEMÁTICOS**

**6. Testemunhos de autoridades.** Há autoridades que, em virtude do cargo que ocupam, têm a prerrogativa de serem inquiridas no dia, na hora e no local que indicarem.

**7. Interpretação restritiva.** A prerrogativa prevista no art. 454 só se aplica às autoridades nele previstas, enquanto estiverem ocupando o cargo ou durante a pendência do mandato. Não é possível estender a prerrogativa a outros que não estejam relacionados no dispositivo.

**8. Procedimento para colheita do depoimento de autoridades.** Arrolada autoridade como testemunha, cabe ao juiz solicitar-lhe a indicação de dia, hora e local para ser ouvida, remetendo-lhe cópia da petição inicial ou da defesa apresentada pela parte que a arrolou.

**9. Prazo para manifestação.** A autoridade tem o prazo de 1 mês para responder a solicitação do juiz e indicar o dia, a hora e o local onde pretende ser ouvida.

**10. Não atendimento do prazo.** Se a autoridade não indicar, no prazo de 1 mês, o dia, a hora e o local onde pretende ser ouvida, perderá a prerrogativa, ficando o juiz autorizado a designar o dia e hora para ouvi-la, preferencialmente na sede do juízo.

**11. Não comparecimento.** Se a autoridade indicar o dia, a hora e o local onde pretende ser ouvida, mas não comparecer, injustificadamente, para prestar seu depoimento, a audiência será adiada e a remarcação será feita pelo juiz, perdendo a autoridade a prerrogativa que tinha: o

## Art. 455 — CÓDIGO DE PROCESSO CIVIL COMENTADO – Leonardo Carneiro da Cunha

próprio juiz indicar o dia e a hora da audiência, a ser realizada preferencialmente na sede do juízo.

> **Art. 455.** Cabe ao advogado da parte informar ou intimar a testemunha por ele arrolada do dia, da hora e do local da audiência designada, dispensando-se a intimação do juízo.
>
> § 1º A intimação deverá ser realizada por carta com aviso de recebimento, cumprindo ao advogado juntar aos autos, com antecedência de pelo menos 3 (três) dias da data da audiência, cópia da correspondência de intimação e do comprovante de recebimento.
>
> § 2º A parte pode comprometer-se a levar a testemunha à audiência, independentemente da intimação de que trata o § 1º, presumindo-se, caso a testemunha não compareça, que a parte desistiu de sua inquirição.
>
> § 3º A inércia na realização da intimação a que se refere o § 1º importa desistência da inquirição da testemunha.
>
> § 4º A intimação será feita pela via judicial quando:
>
> I – for frustrada a intimação prevista no § 1º deste artigo;
>
> II – sua necessidade for devidamente demonstrada pela parte ao juiz;
>
> III – figurar no rol de testemunhas servidor público ou militar, hipótese em que o juiz o requisitará ao chefe da repartição ou ao comando do corpo em que servir;
>
> IV – a testemunha houver sido arrolada pelo Ministério Público ou pela Defensoria Pública;
>
> V – a testemunha for uma daquelas previstas no art. 454.
>
> § 5º A testemunha que, intimada na forma do § 1º ou do § 4º, deixar de comparecer sem motivo justificado será conduzida e responderá pelas despesas do adiamento.

▶ **1. Correspondência no CPC/1973.** *"Art. 412. A testemunha é intimada a comparecer à audiência, constando do mandado dia, hora e local, bem como os nomes das partes e a natureza da causa. Se a testemunha deixar de comparecer, sem motivo justificado, será conduzida, respondendo pelas despesas do adiamento. § 1º A parte pode comprometer-se a levar à audiência a testemunha, independentemente de intimação; presumindo-se, caso não compareça, que desistiu de ouvi-la. § 2º Quando figurar no rol de testemunhas funcionário público ou militar, o juiz o requisitará ao chefe da repartição ou ao comando do corpo em que servir. § 3º A intimação poderá ser feita pelo correio, sob registro ou com entrega em mão própria, quando a testemunha tiver residência certa."*

## 📑 LEGISLAÇÃO CORRELATA

**2. CPP, art. 218.** *"Art. 218. Se, regularmente intimada, a testemunha deixar de comparecer sem motivo justificado, o juiz poderá requisitar à autoridade policial a sua apresentação ou determinar seja conduzida por oficial de justiça, que poderá solicitar o auxílio da força pública."*

**3. CPP, art. 219.** *"Art. 219. O juiz poderá aplicar à testemunha faltosa a multa prevista no art. 453, sem prejuízo do processo penal por crime de desobediência, e condená-la ao pagamento das custas da diligência."*

**4. CLT, art. 825.** *"Art. 825. As testemunhas comparecerão a audiência independentemente de notificação ou intimação. Parágrafo único. As que não comparecerem serão intimadas, ex officio ou a requerimento da parte, ficando sujeitas a condução coercitiva, além das penalidades do art. 730, caso, sem motivo justificado, não atendam à intimação."*

## ⚖ JURISPRUDÊNCIA, ENUNCIADOS E SÚMULAS SELECIONADOS

- **5. Enunciado 155 do FPPC.** *"No processo do trabalho, as testemunhas somente serão intimadas judicialmente nas hipóteses mencionadas no § 4º do art. 455, cabendo à parte informar ou intimar as testemunhas da data da audiência."*
- **6. Enunciado 15 da I Jornada-CJF.** *"Aplicam-se às entidades referidas no § 3º do art. 186 do CPC as regras sobre intimação pessoal das partes e suas testemunhas (art.186, § 2º; art. 455, § 4º, IV; art. 513, § 2º, II e art. 876, § 1º, II, todos do CPC)."*

## 🗐 COMENTÁRIOS TEMÁTICOS

**7. Comunicação da testemunha.** A testemunha pode ser comunicada por 3 diferentes modos para comparecer à audiência de instrução e julgamento: *(a)* sendo informada pelo advogado da parte, que a levará independentemente de intimação; *(b)* sendo intimada pelo advogado da parte, por carta com AR; *(c)* sendo intimada por via judicial.

**8. Dispensa de intimação.** A testemunha não será intimada, quando o advogado da parte se comprometer a informá-la e a levá-la à audiência, independentemente de intimação.

**9. Intimação realizada pelo advogado da parte.** Feita a intimação pelo advogado da parte, cabe-lhe comprovar sua realização, juntando aos

**LIVRO I** · DO PROCESSO DE CONHECIMENTO E DO CUMPRIMENTO DE SENTENÇA — **Art. 457**

autos a carta de intimação e o correspondente AR em até 3 dias antes da audiência.

**10. Intimação judicial: modo residual.** A intimação judicial não é a preferencial. Só deve ser feita residualmente, nas hipóteses previstas em lei (art. 455, § 4º). O modo preferencial é a simples informação pelo advogado, que se comprometerá a levá-la à audiência, independentemente de intimação, ou a intimação feita diretamente pelo advogado, por carta com AR.

**11. Ausência de testemunha cuja intimação foi dispensada.** A parte pode comprometer-se a levar a testemunha à audiência, independentemente de sua intimação. Nesse caso, a ausência da testemunha configura desistência da parte de ver sua inquirição realizada. Se, porém, for apresentando a tempo um justo motivo que impediu seu comparecimento, a audiência pode ser adiada.

**12. Ausência de testemunha cuja intimação foi requerida, mas não realizada a tempo.** Se a parte arrolou a testemunha e requereu que fosse intimada, mas a intimação não ocorreu a tempo, a audiência será adiada (art. 362, II).

**13. Ausência da testemunha intimada.** Tendo a testemunha sido intimada, mas não comparecido à audiência de instrução e julgamento, a audiência deve ser adiada (art. 362, II). Se a ausência foi justificada, basta designar nova data e intimá-la novamente. Caso, porém, não tenha havido justificativa, ela será conduzida coercitivamente para a audiência na nova data para qual vier a ser designada.

> **Art. 456.** O juiz inquirirá as testemunhas separada e sucessivamente, primeiro as do autor e depois as do réu, e providenciará para que uma não ouça o depoimento das outras.
>
> Parágrafo único. O juiz poderá alterar a ordem estabelecida no *caput* se as partes concordarem.

▶ **1. Correspondência no CPC/1973.** *"Art. 413. O juiz inquirirá as testemunhas separada e sucessivamente; primeiro as do autor e depois as do réu, providenciando de modo que uma não ouça o depoimento das outras."*

### 🏛 LEGISLAÇÃO CORRELATA

**2. CPP, art. 210.** *"Art. 210. As testemunhas serão inquiridas cada uma de per si, de modo que umas não saibam nem ouçam os depoimentos das outras, devendo o juiz adverti-las das penas cominadas ao falso testemunho. Parágrafo único. Antes do início da audiência e durante a sua rea-*

*lização, serão reservados espaços separados para a garantia da incomunicabilidade das testemunhas."*

**3. CLT, art. 824.** *"Art. 824. O juiz ou presidente providenciará para que o depoimento de uma testemunha não seja ouvido pelas demais que tenham de depor no processo."*

### 🗉 COMENTÁRIOS TEMÁTICOS

**4. Método de inquirição.** As testemunhas devem ter seus depoimentos colhidos separa e sucessivamente. O juiz pode inquirir as testemunhas antes ou depois das perguntas formuladas pelas partes (art. 459, § 1º).

**5. Ordem de inquirição.** O juiz deve inquirir, primeiro, as testemunhas arroladas pelo autor e, depois, as arroladas pelo réu.

**6. Inversão da ordem.** O juiz pode inverter a ordem de inquirição das testemunhas, quando se revelar mais efetivo à tutela do direito (art. 139, VI) ou quando as partes assim concordarem (art. 456, parágrafo único).

**7. Colheita isolada.** Cada testemunho deve ser colhido isoladamente, não podendo uma testemunha presenciar o depoimento de outra.

**8. Testemunhos em conferência (*witness conferencing* ou *hot tubbing*).** As testemunhas devem ser ouvidas isoladamente. É possível, porém, que o juiz determine que sejam ouvidas todas ao mesmo tempo, em verdadeira conferência. Nesse caso, os fatos probandos vão sendo esclarecidos simultânea e coletivamente, acelerando a produção da prova e facilitando a convergência dos depoimentos. É uma prova atípica, que também pode estar prevista em negócio jurídico processual.

**9. Testemunhos em conferência *versus* acareação.** Os testemunhos em conferência não se confundem com a acareação. Enquanto aqueles consistem numa colheita simultânea de todos os testemunhos, a acareação pressupõe aparente contradição entre testemunhos já prestados (art. 461, II).

> **Art. 457.** Antes de depor, a testemunha será qualificada, declarará ou confirmará seus dados e informará se tem relações de parentesco com a parte ou interesse no objeto do processo.
>
> § 1º É lícito à parte contraditar a testemunha, arguindo-lhe a incapacidade, o impedimento ou a suspeição, bem como, caso a testemunha negue os fatos que lhe são imputados, provar a contradita com documentos ou com testemunhas, até 3 (três), apresentadas no ato e inquiridas em separado.

731

§ 2º Sendo provados ou confessados os fatos a que se refere o § 1º, o juiz dispensará a testemunha ou lhe tomará o depoimento como informante.

§ 3º A testemunha pode requerer ao juiz que a escuse de depor, alegando os motivos previstos neste Código, decidindo o juiz de plano após ouvidas as partes.

▶ **1. Correspondência no CPC/1973.** *"Art. 414. Antes de depor, a testemunha será qualificada, declarando o nome por inteiro, a profissão, a residência e o estado civil, bem como se tem relações de parentesco com a parte, ou interesse no objeto do processo. § 1º É lícito à parte contraditar a testemunha, arguindo-lhe a incapacidade, o impedimento ou a suspeição. Se a testemunha negar os fatos que lhe são imputados, a parte poderá provar a contradita com documentos ou com testemunhas, até três, apresentada no ato e inquiridas em separado. Sendo provados ou confessados os fatos, o juiz dispensará a testemunha, ou lhe tomará o depoimento, observando o disposto no art. 405, § 4º. § 2º A testemunha pode requerer ao juiz que a escuse de depor, alegando os motivos de que trata o art. 406; ouvidas as partes, o juiz decidirá de plano."*

## 📖 Legislação Correlata

**2. CPP, art. 214.** *"Art. 214. Antes de iniciado o depoimento, as partes poderão contraditar a testemunha ou arguir circunstâncias ou defeitos, que a tornem suspeita de parcialidade, ou indigna de fé. O juiz fará consignar a contradita ou arguição e a resposta da testemunha, mas só excluirá a testemunha ou não lhe deferirá compromisso nos casos previstos nos arts. 207 e 208."*

## ⚖ Jurisprudência, Enunciados e Súmulas Selecionados

- **3. Enunciado 34 da I Jornada-CJF.** *"A qualificação incompleta da testemunha só impede a sua inquirição se houver demonstração de efetivo prejuízo."*
- **4. Súmula TST, 357.** *"Não torna suspeita a testemunha o simples fato de estar litigando ou de ter litigado contra o mesmo empregador."*

## 📋 Comentários Temáticos

**5. Qualificação e confirmação dos dados.** O rol de testemunhas contém o nome e todos os dados que identificam e qualificam cada uma das testemunhas (art. 450). Quando a testemunhar

for convocada a depor, deve ser qualificada e declarar ou confirmar seus dados, a fim de ser identificada correta e adequadamente.

**6. Dever de revelação.** Ao declarar ou confirmar seus dados, a testemunha deve revelar a existência de relações de parentesco ou de amizade ou inimizade com uma das partes, bem como se tem qualquer interesse no objeto do processo. É importante que a testemunha cumpra com o dever de revelação, para que se possa verificar se há alguma incapacidade, impedimento ou suspeição que a impeça de testemunhar no caso.

**7. Incidentes processuais com a testemunha.** É possível que surjam incidentes processuais antes ou depois do depoimento da testemunha. Antes, quando se tratar de contradita ou de escusa de depor. Depois, quando se tratar de determinação de intimação de testemunha referida ou acareação entre testemunhas que já depuseram (art. 461).

**8. Contradita.** Depois que a testemunha for qualificada e declarar ou confirmar seus dados, revelando a existência de relações com uma das partes ou interesse no objeto do processo, e antes de se iniciar seu depoimento, a parte apresentar sua contradita e impugnar a colheita do depoimento da testemunha. Se esta negar os fatos que lhe são imputados, poderá a parte provar a contradita no mesmo momento, por documentos ou por testemunhas. Se a contradita for provada ou confessada, a testemunha não poderá prestar seu depoimento, podendo, porém, o juiz resolver ouvi-la como informante, sem compromisso de dizer a verdade.

**9. Escusa de depor.** A testemunha pode pedir ao juiz para ser dispensada e não ter seu depoimento colhido, nas hipóteses em que se permite a recusa do depoimento pessoal (art. 388) e nas hipóteses em que se admite a escusa da testemunha (art. 448). Nesses casos, a testemunha tem o direito ao silêncio, sendo dispensada de depor em juízo.

**Art. 458.** Ao início da inquirição, a testemunha prestará o compromisso de dizer a verdade do que souber e lhe for perguntado.

Parágrafo único. O juiz advertirá à testemunha que incorre em sanção penal quem faz afirmação falsa, cala ou oculta a verdade.

▶ **1. Correspondência no CPC/1973.** *"Art. 415. Ao início da inquirição, a testemunha prestará o compromisso de dizer a verdade do que souber e lhe for perguntado. Parágrafo único. O juiz advertirá à testemunha que incorre em sanção penal quem faz a afirmação falsa, cala ou oculta a verdade"*

# LIVRO I · DO PROCESSO DE CONHECIMENTO E DO CUMPRIMENTO DE SENTENÇA

## Art. 459

### ⚖ LEGISLAÇÃO CORRELATA

**2. CP, art. 342.** "*Art. 342. Fazer afirmação falsa, ou negar ou calar a verdade como testemunha, perito, contador, tradutor ou intérprete em processo judicial, ou administrativo, inquérito policial, ou em juízo arbitral: Pena – reclusão, de 2 (dois) a 4 (quatro) anos, e multa. § 1º As penas aumentam-se de um sexto a um terço, se o crime é praticado mediante suborno ou se cometido com o fim de obter prova destinada a produzir efeito em processo penal, ou em processo civil em que for parte entidade da administração pública direta ou indireta. § 2º O fato deixa de ser punível se, antes da sentença no processo em que ocorreu o ilícito, o agente se retrata ou declara a verdade.*"

**3. CLT, art. 793-D.** "*Art. 793-D. Aplica-se a multa prevista no art. 793-C desta Consolidação à testemunha que intencionalmente alterar a verdade dos fatos ou omitir fatos essenciais ao julgamento da causa. Parágrafo único. A execução da multa prevista neste artigo dar-se-á nos mesmos autos.*"

### ▣ COMENTÁRIOS TEMÁTICOS

**4. Dever de dizer a verdade.** A testemunha, antes de iniciar seu depoimento, deve prestar o compromisso de dizer a verdade, sob pena de cometimento do crime de falso testemunho. Ao firmar o compromisso, a testemunha faz a promessa de colaborar com a justiça sem mentir sobre os fatos que irá depor.

**5. Advertência.** O juiz deve advertir a testemunha de que o depoimento falso configura fato criminoso, tipificado na legislação penal (CP, art. 342). A advertência feita pelo juiz não consiste em ameaça ou constrangimento, servindo apenas para lembrar a testemunha da existência do crime, cabendo-lhe cumprir com seu compromisso de dizer a verdade.

**6. Testemunha *versus* informante.** Acolhida a contradita, a testemunha poderá ser ouvida como informante. O informante não firma o compromisso nem é advertido de que poderá cometer crime de falso testemunho, devendo o juiz valorar seu depoimento em conjunto com as demais provas produzidas. Enquanto a testemunha firma o compromisso de dizer a verdade e é advertida da eventual prática de crime de falso testemunho, o informante não presta esse compromisso nem recebe tal advertência.

**Art. 459.** As perguntas serão formuladas pelas partes diretamente à testemunha, começando pela que a arrolou, não admitindo o juiz aquelas que puderem induzir a resposta, não tiverem relação com as questões de fato objeto da atividade probatória ou importarem repetição de outra já respondida.

§ 1º O juiz poderá inquirir a testemunha tanto antes quanto depois da inquirição feita pelas partes.

§ 2º As testemunhas devem ser tratadas com urbanidade, não se lhes fazendo perguntas ou considerações impertinentes, capciosas ou vexatórias.

§ 3º As perguntas que o juiz indeferir serão transcritas no termo, se a parte o requerer.

▶ **1. Correspondência no CPC/1973.** "*Art. 416. O juiz interrogará a testemunha sobre os fatos articulados, cabendo, primeiro à parte, que a arrolou, e depois à parte contrária, formular perguntas tendentes a esclarecer ou completar o depoimento. § 1º As partes devem tratar as testemunhas com urbanidade, não lhes fazendo perguntas ou considerações impertinentes, capciosas ou vexatórias. § 2º As perguntas que o juiz indeferir serão obrigatoriamente transcritas no termo, se a parte o requerer.*"

### ⚖ LEGISLAÇÃO CORRELATA

**2. CPP, art. 212.** "*Art. 212. As perguntas serão formuladas pelas partes diretamente à testemunha, não admitindo o juiz aquelas que puderem induzir a resposta, não tiverem relação com a causa ou importarem na repetição de outra já respondida. Parágrafo único. Sobre os pontos não esclarecidos, o juiz poderá complementar a inquirição.*"

**3. CPP, art. 400-A, II.** "*Art. 400-A. Na audiência de instrução e julgamento, e, em especial, nas que apurem crimes contra a dignidade sexual, todas as partes e demais sujeitos processuais presentes no ato deverão zelar pela integridade física e psicológica da vítima, sob pena de responsabilização civil, penal e administrativa, cabendo ao juiz garantir o cumprimento do disposto neste artigo, vedadas: (...) II – a utilização de linguagem, de informações ou de material que ofendam a dignidade da vítima ou de testemunhas.*"

**4. CPP, art. 474-A, II.** "*Art. 474-A. Durante a instrução em plenário, todas as partes e demais sujeitos processuais presentes no ato deverão respeitar a dignidade da vítima, sob pena de responsabilização civil, penal e administrativa, cabendo ao juiz presidente garantir o cumprimento do disposto neste artigo, vedadas: (...) II – a utilização de linguagem, de informações ou de material que ofendam a dignidade da vítima ou de testemunhas.*"

733

**5. CLT, art. 820.** "*Art. 820. As partes e testemunhas serão inquiridas pelo juiz ou presidente, podendo ser reinquiridas, por seu intermédio, a requerimento dos vogais, das partes, seus representantes ou advogados.*"

**6. ECA, art. 28, §§ 1º e 2º.** "*§ 1º Sempre que possível, a criança ou o adolescente será previamente ouvido por equipe interprofissional, respeitado seu estágio de desenvolvimento e grau de compreensão sobre as implicações da medida, e terá sua opinião devidamente considerada. § 2º Tratando-se de maior de 12 (doze) anos de idade, será necessário seu consentimento, colhido em audiência.*"

**7. Lei 9.099/1995, art. 81, § 1º-A, II.** "*Art. 81. (...) § 1º-A. Durante a audiência, todas as partes e demais sujeitos processuais presentes no ato deverão respeitar a dignidade da vítima, sob pena de responsabilização civil, penal e administrativa, cabendo ao juiz garantir o cumprimento do disposto neste artigo, vedadas: II – a utilização de linguagem, de informações ou de material que ofendam a dignidade da vítima ou de testemunhas.*"

**8. IN 39/2016 do TST, art. 11.** "*Art. 11. Não se aplica ao Processo do Trabalho a norma do art. 459 do CPC no que permite a inquirição direta das testemunhas pela parte (CLT, art. 820).*"

## ⚖ Jurisprudência, Enunciados e Súmulas Selecionados

- **9. Enunciado 156 do FPPC.** "*Não configura induzimento, constante do art. 459, caput, a utilização de técnica de arguição direta no exercício regular de direito.*"
- **10. Enunciado 157 do FPPC.** "*Deverá ser facultada às partes a formulação de perguntas de esclarecimento ou complementação decorrentes da inquirição do juiz.*"
- **11. Enunciado 158 do FPPC.** "*Constitui direito da parte a transcrição de perguntas indeferidas pelo juiz.*"

## ▣ Comentários Temáticos

**12. Inquirição direta pelos advogados.** Os advogados formulam perguntas diretamente às testemunhas, tendo o juiz o poder de inadmitir as que possam induzir a resposta, as que não tiverem relação com os fatos probandos e as que consistam em reprodução de outra já respondida.

**13. Inquirição feita pelo juiz.** O juiz pode formular perguntas à testemunha antes ou depois da inquirição feita pelos advogados. De-

pois da inquirição do juiz, os advogados podem formular novas perguntas de esclarecimento ou complementação.

**14. Fato relacionado a abuso, alienação parental, violência doméstica ou qualquer dificuldade de convivência.** Se demanda envolver discussão sobre fato relacionado a abuso, alienação parental, violência doméstica ou qualquer dificuldade de convivência, o juiz, ao tomar o depoimento do interrogando, deve fazer-se acompanhar de especialista que o auxilie na condução do interrogatório (art. 699). As condições psicológicas do interrogando exigem uma abordagem especial, com técnicas adequadas, que escapam da habilidade do juiz, sendo, portanto, necessária a presença de um especialista que o auxilie na forma de interrogar e na condução do interrogatório. Essa é uma regra que não deve restringir-se apenas a ações de família, devendo ser também aplicável a qualquer caso em que se verifique intimidação ou em que a testemunha seja vítima de ameaça ou de violência ou abuso por uma das partes.

**15. Indeferimento de perguntas.** Cabe ao juiz controlar as perguntas feitas às testemunhas pelos advogados, impedindo as vexatórias, as capciosas, as impertinentes e as inúteis. O indeferimento de perguntas pelo juiz será obrigatoriamente transcrito no termo de audiência, se a parte assim o requerer.

**16. Dever de urbanidade e de proteção à dignidade da testemunha.** O juiz deve preservar os direitos da personalidade da testemunha, exigindo que ela seja tratada com urbanidade e com respeito à sua dignidade. A testemunha presta um serviço público, devendo ser abordada de modo adequado e não sendo exposta a perguntas ou considerações impertinentes, capciosas ou vexatórias.

**Art. 460.** O depoimento poderá ser documentado por meio de gravação.

§ 1º Quando digitado ou registrado por taquigrafia, estenotipia ou outro método idôneo de documentação, o depoimento será assinado pelo juiz, pelo depoente e pelos procuradores.

§ 2º Se houver recurso em processo em autos não eletrônicos, o depoimento somente será digitado quando for impossível o envio de sua documentação eletrônica.

§ 3º Tratando-se de autos eletrônicos, observar-se-á o disposto neste Código e na legislação específica sobre a prática eletrônica de atos processuais.

**LIVRO I ·** DO PROCESSO DE CONHECIMENTO E DO CUMPRIMENTO DE SENTENÇA  **Art. 461**

▶ **1. Correspondência no CPC/1973.** *"Art. 417. O depoimento, datilografado ou registrado por taquigrafia, estenotipia ou outro método idôneo de documentação, será assinado pelo juiz, pelo depoente e pelos procuradores, facultando-se às partes a sua gravação. § 1º O depoimento será passado para a versão datilográfica quando houver recurso da sentença ou noutros casos, quando o juiz o determinar, de ofício ou a requerimento da parte. § 2º Tratando-se de processo eletrônico, observar-se-á o disposto nos §§ 2º e 3º do art. 169 desta Lei."*

### 🏛 Legislação Correlata

**2. CPP, art. 215.** *"Art. 215. Na redação do depoimento, o juiz deverá cingir-se, tanto quanto possível, às expressões usadas pelas testemunhas, reproduzindo fielmente as suas frases."*

**3. CPP, art. 216.** *"Art. 216. O depoimento da testemunha será reduzido a termo, assinado por ela, pelo juiz e pelas partes. Se a testemunha não souber assinar, ou não puder fazê-lo, pedirá a alguém que o faça por ela, depois de lido na presença de ambos."*

**4. Res. 105/2010 do CNJ.** Dispõe sobre a documentação dos depoimentos por meio do sistema audiovisual e realização de interrogatório e inquirição de testemunhas por videoconferência.

### 📄 Comentários Temáticos

**5. Documentação do testemunho.** O depoimento da testemunha deve ser documentado. A documentação pode ser feita por meio eletrônico ou por ata digitada ou datilografada, podendo, ainda, ser registrado o testemunho por taquigrafia ou estenotipia.

**6. Gravação como meio preferencial.** O depoimento da testemunha deve ser, preferencialmente, documentado por gravação. As partes e os advogados podem gravar os depoimentos das testemunhas em fita magnética, em meio eletrônico ou em qualquer mídia apropriada. Em razão do princípio da publicidade, nada impede que também seja filmado o depoimento. A filmagem é o meio mais idôneo de documentação, pois registra som e imagem. O depoimento de testemunhas pode ser documentado por meio de gravação. A audiência de instrução e julgamento poderá ser integralmente gravada em imagem e em áudio, em meio digital ou analógico, desde que assegure o rápido acesso das partes e dos órgãos julgadores (art. 367, § 5º). Tal gravação da audiência de instrução e julgamento pode ser realizada diretamente por qualquer das partes, independentemente de autorização judicial (art. 367, § 6º).

**7. Processo eletrônico.** No processo total ou parcialmente eletrônico, os depoimentos das testemunhas poderão ser produzidos e armazenados de modo integralmente digital em arquivo eletrônico inviolável, na forma da Lei 11.419/2006, mediante registro em termo que será assinado digitalmente pelo juiz e pelo escrivão ou chefe de secretaria, bem como pelos advogados das partes, ou pelo defensor público, se a parte estiver por ele representada. Se for caso de intervenção do Ministério Público, estando este presente ao ato, também deverá assinar o termo digitalmente (art. 209, § 1º).

**8. Documentação por escrito.** Quando o depoimento da testemunha for registrado por escrito, cabe ao juiz ditá-lo ao serventuário responsável pelo registro. Se for transcrito em ata digitada, datilografada, ou registrado por taquigrafia ou estenotipia, deve o documento ser assinado pelo juiz, pela testemunha e pelos advogados das partes.

**9. Depoimento por carta e competência para gravação e para degravação.** *"O cumprimento de carta precatória é composto por diversos atos, os quais possuem suficiente autonomia para não serem considerados um ato único, mas sim como vários procedimentos isolados, aos quais é possível a aplicação de norma processual superveniente. 3. Na vigência do Código de Processo Civil de 2015, a colheita de prova testemunhal por gravação passou a ser um método convencional, ficando a degravação prevista apenas para hipóteses excepcionais em que, em autos físicos, for interposto recurso, sendo impossível o envio da documentação eletrônica. 4. Em caso de precatória inquiritória, a gravação dos depoimentos colhidos em audiência pelo método audiovisual é suficiente para a devolução da carta adequadamente cumprida. 5. Na hipótese excepcional de se mostrar necessária a degravação, deverá ser realizada pelo juízo deprecante ou pela parte interessada"* (STJ, 2ª Seção, CC 150.252/SP, rel. Min. Ricardo Villas Bôas Cueva, *DJe* 16.6.2020).

---

**Art. 461.** O juiz pode ordenar, de ofício ou a requerimento da parte:

I – a inquirição de testemunhas referidas nas declarações da parte ou das testemunhas;

II – a acareação de 2 (duas) ou mais testemunhas ou de alguma delas com a parte, quando, sobre fato determinado que possa influir na decisão da causa, divergirem as suas declarações.

§ 1º Os acareados serão reperguntados para que expliquem os pontos de divergência, reduzindo-se a termo o ato de acareação.

§ 2º A acareação pode ser realizada por videoconferência ou por outro recurso tecnológico de transmissão de sons e imagens em tempo real.

▶ **1. Correspondência no CPC/1973.** *"Art. 418. O juiz pode ordenar, de ofício ou a requerimento da parte: I – a inquirição de testemunhas referidas nas declarações da parte ou das testemunhas; II – a acareação de duas ou mais testemunhas ou de alguma delas com a parte, quando, sobre fato determinado, que possa influir na decisão da causa, divergirem as suas declarações."*

## ▣ COMENTÁRIOS TEMÁTICOS

**2. Incidentes processuais posteriores à inquirição de testemunhas.** Depois feita a inquirição de testemunhas, é possível a instauração de incidentes processuais, de ofício ou a requerimento de qualquer das partes, a serem realizados na própria sessão de audiência ou em outra data a ser designada. Tais incidentes consistem na *(a)* inquirição de testemunhas referidas; e, *(b)* acareação.

**3. Inquirição de testemunhas referidas.** Durante o depoimento pessoal de uma das partes ou durante o depoimento de uma das testemunhas, é possível que a parte ou a testemunha mencione terceiras pessoas que tenham conhecimento dos fatos probandos. Essas terceiras pessoas podem ser chamadas a prestar seu depoimento. São identificadas como testemunhas referidas, pois foram mencionadas ou referidas em um depoimento. Sua convocação pode dar-se de ofício ou a requerimento de uma das partes. Tal convocação deve ocorrer antes de finda a instrução.

**4. Acareação.** Se duas ou mais testemunhas prestarem declarações divergentes sobre o mesmo fato para cuja comprovação foram convocadas a depor, o juiz, de ofício ou a requerimento de qualquer das partes, pode determinar que se realize a acareação das testemunhas, a fim de eliminar o estado de perplexidade acarretado pela disparidade de depoimentos e tentar obter seu convencimento a respeito do fato controvertido. A técnica da acareação consiste em colocar "cara a cara" as testemunhas que prestaram depoimentos divergentes, para, então, ficar mais bem esclarecido e compreendido o fato por elas narrado. A acareação pode ser requerida ou determinada até antes do encerramento da instrução.

**5. Pontos de divergência.** Na acareação, exige-se que o juiz identifique os pontos de divergência entre as testemunhas, a fim de melhor esclarecer o fato e evitar que os acareados restrinjam-se a afirmar que ratificam seus depoimentos anteriores. O juiz deve, então, fixar os pontos de divergência e reinquirir as testemunhas para que expliquem especificamente tais pontos, tornando mais clara e elucidativa a situação.

**6. Videoconferência.** Se uma das testemunhas tiver sido ouvida por carta perante o juízo deprecado e a outra, perante o juízo da causa, ou se cada uma estiver em lugar diverso, a acareação pode ser feita por videoconferência ou por outro meio tecnológico de transmissão de som e imagem, concretizando o princípio da eficiência e reduzindo tempo e custo, com o que se obtém maior agilidade no procedimento do incidente de acareação.

**7. Testemunhos em conferência *versus* acareação.** Embora as testemunhas devam ser ouvidas isoladamente, é possível que o juiz determina que todas sejam ouvidas ao mesmo tempo, em conferência (*witness conferencing* ou *hot tubbing*). Essa é uma prova atípica, que pode estar prevista em negócio jurídico processual, não se confundindo com a acareação. Enquanto os testemunhos em conferência consistem numa colheita simultânea de todos os depoimentos testemunhais, a acareação pressupõe aparente contradição entre testemunhos já prestados.

**Art. 462.** A testemunha pode requerer ao juiz o pagamento da despesa que efetuou para comparecimento à audiência, devendo a parte pagá-la logo que arbitrada ou depositá-la em cartório dentro de 3 (três) dias.

▶ **1. Correspondência no CPC/1973.** *"Art. 419. A testemunha pode requerer ao juiz o pagamento da despesa que efetuou para comparecimento à audiência, devendo a parte pagá-la logo que arbitrada, ou depositá-la em cartório dentro de 3 (três) dias. Parágrafo único. (...)."*

## ▣ COMENTÁRIOS TEMÁTICOS

**2. Dever de depor em juízo.** Todos têm o dever de colaborar com o Poder Judiciário para o descobrimento da verdade (art. 378). Assim, uma vez arrolada como testemunha, a pessoa tem o dever de colaborar com a justiça.

**3. Direito ao ressarcimento de despesas.** A testemunha tem o direito de ser ressarcida da despesa que efetuou para comparecimento à audiência. Não se trata de remuneração por ter prestado testemunho, mas apenas de ressarcimento de gastos com deslocamento. Aliás, esse pagamento integra as despesas processuais (art. 84).

**LIVRO I** · DO PROCESSO DE CONHECIMENTO E DO CUMPRIMENTO DE SENTENÇA — **Art. 464**

**4. Responsabilidade pelo ressarcimento.** A testemunha deve ser ressarcida das despesas de deslocamento pela parte que a arrolou. No caso de a testemunha não ter sido arrolada nem pelo autor nem pelo réu, tendo o seu depoimento sido determinado pelo juiz, o ônus financeiro do ressarcimento recairá sobre a parte a quem se atribuiu o ônus da prova na decisão de organização e saneamento do processo.

**5. Ônus da sucumbência.** A parte vencida deve ressarcir a vitoriosa no custeio do deslocamento das testemunhas, pois esse é um valor que integra as despesas processuais (art. 84).

**6. Forma de ressarcimento.** O ressarcimento deve ser requerido pela testemunha, antes ou depois de seu depoimento perante o juiz, oralmente inclusive, devendo a parte que a arrolou pagar a despesa logo que arbitrada, ou depositar o seu valor em cartório dentro de 3 dias. Em vez de depositar em cartório, evitando que a parte tenha de se deslocar novamente à sede do juízo só para receber o valor da despesa que efetuou, a parte pode pagar-lhe por depósito em conta-corrente ou por algum outro meio mais adequado e menos burocrático.

> **Art. 463.** O depoimento prestado em juízo é considerado serviço público.
> Parágrafo único. A testemunha, quando sujeita ao regime da legislação trabalhista, não sofre, por comparecer à audiência, perda de salário nem desconto no tempo de serviço.

▶ **1. Correspondência no CPC/1973.** *"Art. 419. (...) Parágrafo único. O depoimento prestado em juízo é considerado serviço público. A testemunha, quando sujeita ao regime da legislação trabalhista, não sofre, por comparecer à audiência, perda de salário nem desconto no tempo de serviço."*

🔤 **LEGISLAÇÃO CORRELATA**

**2. CLT, art. 822.** *"Art. 822. As testemunhas não poderão sofrer qualquer desconto pelas faltas ao serviço, ocasionadas pelo seu comparecimento para depor, quando devidamente arroladas ou convocadas."*

▣ **COMENTÁRIOS TEMÁTICOS**

**3. Serviço público.** A testemunha tem o dever de informar ao juiz os fatos e as circunstâncias de que tenha conhecimento (art. 380, I). Para cumprir com tal dever, cabe-lhe comparecer em juízo, identificar-se quando for qualificada e dizer a verdade do que lhe for perguntado. A testemunha presta um serviço público, que, na verdade, configura um dever jurídico de colaboração com a justiça.

**4. Repercussão trabalhista.** Sendo o testemunho considerado um serviço público, a testemunha que é empregada sob o regime da legislação trabalhista não pode ser prejudicada pela sua falta no trabalho com desconto em seu salário ou em seu tempo de serviço. Se a audiência não terminou ou se for necessária uma acareação, e a testemunha tiver de retornar outro dia, não poderá sofrer desconto em seu salário ou em seu tempo de serviço. Não importa quantas vezes seja necessário seu comparecimento. Em todas elas, a testemunha não pode prejudicar-se em seu trabalho. Ainda que seu depoimento não tenha sido necessário ou que tenha havido desistência de seu testemunho pela parte que a arrolou, não poderá a testemunha sofrer desconto em seu salário ou no seu tempo de serviço, devendo ser abonada pela colaboração dada à justiça.

## Seção X
## Da Prova Pericial

> **Art. 464.** A prova pericial consiste em exame, vistoria ou avaliação.
> § 1º O juiz indeferirá a perícia quando:
> I – a prova do fato não depender de conhecimento especial de técnico;
> II – for desnecessária em vista de outras provas produzidas;
> III – a verificação for impraticável.
> § 2º De ofício ou a requerimento das partes, o juiz poderá, em substituição à perícia, determinar a produção de prova técnica simplificada, quando o ponto controvertido for de menor complexidade.
> § 3º A prova técnica simplificada consistirá apenas na inquirição de especialista, pelo juiz, sobre ponto controvertido da causa que demande especial conhecimento científico ou técnico.
> § 4º Durante a arguição, o especialista, que deverá ter formação acadêmica específica na área objeto de seu depoimento, poderá valer-se de qualquer recurso tecnológico de transmissão de sons e imagens com o fim de esclarecer os pontos controvertidos da causa.

▶ **1. Correspondência no CPC/1973.** *"Art. 420. A prova pericial consiste em exame, vistoria ou avaliação. Parágrafo único. O juiz indeferirá a perícia quando: I – a prova do fato não depender do conhecimento especial de técnico; II – for des-*

necessária em vista de outras provas produzidas; III – a verificação for impraticável." "Art. 421. (...) § 2º Quando a natureza do fato o permitir, a perícia poderá consistir apenas na inquirição pelo juiz do perito e dos assistentes, por ocasião da audiência de instrução e julgamento a respeito das coisas que houverem informalmente examinado ou avaliado."

## 📖 LEGISLAÇÃO CORRELATA

**2. CC, art. 212, V.** *"Art. 212. Salvo o negócio a que se impõe forma especial, o fato jurídico pode ser provado mediante: (...) V – perícia."*

**3. CLT, art. 852-H, § 4º.** *"§ 4º Somente quando a prova do fato o exigir, ou for legalmente imposta, será deferida prova técnica, incumbindo ao juiz, desde logo, fixar o prazo, o objeto da perícia e nomear perito."*

**4. CPP, art. 158-A.** *"Art. 158-A. Considera-se cadeia de custódia o conjunto de todos os procedimentos utilizados para manter e documentar a história cronológica do vestígio coletado em locais ou em vítimas de crimes, para rastrear sua posse e manuseio a partir de seu reconhecimento até o descarte. § 1º O início da cadeia de custódia dá-se com a preservação do local de crime ou com procedimentos policiais ou periciais nos quais seja detectada a existência de vestígio. § 2º O agente público que reconhecer um elemento como de potencial interesse para a produção da prova pericial fica responsável por sua preservação. § 3º Vestígio é todo objeto ou material bruto, visível ou latente, constatado ou recolhido, que se relaciona à infração penal."*

**5. CPP, art. 158-B.** *"Art. 158-B. A cadeia de custódia compreende o rastreamento do vestígio nas seguintes etapas: I – reconhecimento: ato de distinguir um elemento como de potencial interesse para a produção da prova pericial; II – isolamento: ato de evitar que se altere o estado das coisas, devendo isolar e preservar o ambiente imediato, mediato e relacionado aos vestígios e local de crime; III – fixação: descrição detalhada do vestígio conforme se encontra no local de crime ou no corpo de delito, e a sua posição na área de exames, podendo ser ilustrada por fotografias, filmagens ou croqui, sendo indispensável a sua descrição no laudo pericial produzido pelo perito responsável pelo atendimento; IV – coleta: ato de recolher o vestígio que será submetido à análise pericial, respeitando suas características e natureza; V – acondicionamento: procedimento por meio do qual cada vestígio coletado é embalado de forma individualizada, de acordo com suas características físicas, químicas e biológicas, para posterior análise, com anotação da data, hora e nome de quem realizou a coleta e o acondicionamento; VI – transporte: ato de transferir o vestígio de um local para o outro, utilizando as condições adequadas (embalagens, veículos, temperatura, entre outras), de modo a garantir a manutenção de suas características originais, bem como o controle de sua posse; VII – recebimento: ato formal de transferência da posse do vestígio, que deve ser documentado com, no mínimo, informações referentes ao número de procedimento e unidade de polícia judiciária relacionada, local de origem, nome de quem transportou o vestígio, código de rastreamento, natureza do exame, tipo do vestígio, protocolo, assinatura e identificação de quem o recebeu; VIII – processamento: exame pericial em si, manipulação do vestígio de acordo com a metodologia adequada às suas características biológicas, físicas e químicas, a fim de se obter o resultado desejado, que deverá ser formalizado em laudo produzido por perito; IX – armazenamento: procedimento referente à guarda, em condições adequadas, do material a ser processado, guardado para realização de contraperícia, descartado ou transportado, com vinculação ao número do laudo correspondente; X – descarte: procedimento referente à liberação do vestígio, respeitando a legislação vigente e, quando pertinente, mediante autorização judicial."*

**6. CPP, art. 158-C.** *"Art. 158-C. A coleta dos vestígios deverá ser realizada preferencialmente por perito oficial, que dará o encaminhamento necessário para a central de custódia, mesmo quando for necessária a realização de exames complementares. § 1º Todos vestígios coletados no decurso do inquérito ou processo devem ser tratados como descrito nesta Lei, ficando órgão central de perícia oficial de natureza criminal responsável por detalhar a forma do seu cumprimento. § 2º É proibida a entrada em locais isolados bem como a remoção de quaisquer vestígios de locais de crime antes da liberação por parte do perito responsável, sendo tipificada como fraude processual a sua realização."*

**7. CPP, art. 158-D.** *"Art. 158-D. O recipiente para acondicionamento do vestígio será determinado pela natureza do material. § 1º Todos os recipientes deverão ser selados com lacres, com numeração individualizada, de forma a garantir a inviolabilidade e a idoneidade do vestígio durante o transporte. § 2º O recipiente deverá individualizar o vestígio, preservar suas características, impedir contaminação e vazamento, ter grau de resistência adequado e espaço para registro de informações sobre seu conteúdo. § 3º O recipiente só poderá ser aberto pelo perito que vai*

**LIVRO I** · DO PROCESSO DE CONHECIMENTO E DO CUMPRIMENTO DE SENTENÇA **Art. 464**

*proceder à análise e, motivadamente, por pessoa autorizada. § 4º Após cada rompimento de lacre, deve se fazer constar na ficha de acompanhamento de vestígio o nome e a matrícula do responsável, a data, o local, a finalidade, bem como as informações referentes ao novo lacre utilizado. § 5º O lacre rompido deverá ser acondicionado no interior do novo recipiente."*

**8. CPP, art. 158-E.** *"Art. 158-E. Todos os Institutos de Criminalística deverão ter uma central de custódia destinada à guarda e controle dos vestígios, e sua gestão deve ser vinculada diretamente ao órgão central de perícia oficial de natureza criminal. § 1º Toda central de custódia deve possuir os serviços de protocolo, com local para conferência, recepção, devolução de materiais e documentos, possibilitando a seleção, a classificação e a distribuição de materiais, devendo ser um espaço seguro e apresentar condições ambientais que não interfiram nas características do vestígio. § 2º Na central de custódia, a entrada e a saída de vestígio deverão ser protocoladas, consignando-se informações sobre a ocorrência no inquérito que a eles se relacionam. § 3º Todas as pessoas que tiverem acesso ao vestígio armazenado deverão ser identificadas e deverão ser registradas a data e a hora do acesso. § 4º Por ocasião da tramitação do vestígio armazenado, todas as ações deverão ser registradas, consignando-se a identificação do responsável pela tramitação, a destinação, a data e horário da ação."*

**9. CPP, art. 158-F.** *"Art. 158-F. Após a realização da perícia, o material deverá ser devolvido à central de custódia, devendo nela permanecer. Parágrafo único. Caso a central de custódia não possua espaço ou condições de armazenar determinado material, deverá a autoridade policial ou judiciária determinar as condições de depósito do referido material em local diverso, mediante requerimento do diretor do órgão central de perícia oficial de natureza criminal."*

**10. Lei 9.099/1995, art. 35.** *"Art. 35. Quando a prova do fato exigir, o Juiz poderá inquirir técnicos de sua confiança, permitida às partes a apresentação de parecer técnico. Parágrafo único. No curso da audiência, poderá o Juiz, de ofício ou a requerimento das partes, realizar inspeção em pessoas ou coisas, ou determinar que o faça pessoa de sua confiança, que lhe relatará informalmente o verificado."*

**11. Res. 354/2020 do CNJ, art. 4º.** *"Art. 4º Salvo requerimento de apresentação espontânea, o ofendido, a testemunha e o perito residentes fora da sede do juízo serão inquiridos e prestarão esclarecimentos por videoconferência, na sede do foro de seu domicílio ou no estabelecimento*

*prisional ao qual estiverem recolhidos. § 1º No interesse da parte que residir distante da sede do juízo, o depoimento pessoal ou interrogatório será realizado por videoconferência, na sede do foro de seu domicílio. § 2º Salvo impossibilidade técnica ou dificuldade de comunicação, deve-se evitar a expedição de carta precatória inquiritória."*

## ⚖ JURISPRUDÊNCIA, ENUNCIADOS E SÚMULAS SELECIONADOS

- ● **12. Súmula STF, 261.** *"Para a ação de indenização, em caso de avaria, é dispensável que a vistoria se faça judicialmente.*
- ● **13. Enunciado 178 da III Jornada-CJF.** *"Em casos excepcionais, o juiz poderá dispensar a prova pericial nos processos de interdição ou curatela, na forma do art. 472 do CPC e ouvido o Ministério Público, quando as partes juntarem pareceres técnicos ou documentos elucidativos e houver entrevista do interditando."*

## 🗒 COMENTÁRIOS TEMÁTICOS

**14. Prova pericial.** Quando a prova do fato depender de conhecimento especial, o juiz nomeará um perito, que irá realizar uma avaliação, um exame ou uma vistoria. Não sendo necessária a utilização de conhecimento técnico ou científico, o juiz não deve nomear um perito para auxiliá-lo.

**15. Conhecimento técnico *versus* conhecimento científico.** Há quem mencione a diferença entre prova técnica e prova científica. As distinções não são claras, talvez porque seja necessário discutir o próprio conceito de ciência. A prova pericial pode exigir conhecimento técnico ou conhecimento científico. Pode-se, até mesmo, dizer que o conhecimento especializado é o gênero do qual haveria 2 espécies: o científico e o técnico. O certo é que, se for necessário, para comprovação das alegações de fato ou para a compreensão da controvérsia, um conhecimento técnico ou científico, o juízo deverá nomear um especialista. Seja como for, o CPC refere-se, indistintamente, a "conhecimento técnico ou científico" (arts. 156, 464, § 3º, 468, I, 473, II), adotando as expressões como sinônimas ou estabelecendo um tratamento normativo uniforme, seja o conhecimento exigido técnico ou científico.

**16. Fontes da prova pericial.** O perito pode periciar uma pessoa ou uma coisa. Tanto pessoas como coisas podem ser objeto de exame, vistoria ou avaliação. Logo, pessoas e coisas são as fontes

739

da prova pericial. Os fenômenos (barulho, calor, luar, maré, erosão etc.) também podem ser inspecionados pelo perito.

**17. Cadeia de custódia no processo civil.** A ocorrência de fatos ou a prática de atos deixa, muitas vezes, vestígios. Vestígio é todo objeto ou material bruto, visível ou latente, constatado ou recolhido, que se relaciona com o fato ou o ato que se pretende provar. O tratamento a ser dado a vestígios de determinado fato é regulado nos arts. 158-A a 158-F do CPP. Tais disposições revelam um cuidado especial com os elementos de prova que devem ser objeto de uma perícia. A preservação de vestígios é fundamental para a observância do devido processo legal e para a garantia de proibição da prova ilícita. Tais disposições devem aplicar-se igualmente ao processo civil, consistindo em importante método de coleta, manutenção e documentação da história cronológica dos vestígios, sendo bastante útil em ações civis *ex delicto* e em ações de indenização decorrentes de acidente de veículos, de acidentes aéreos e de desastres ambientais.

**18. Espécies de perícia.** A perícia pode consistir em exame, vistoria ou avaliação. O exame e a vistoria são atos de inspeção, revista ou observação. O exame é ato de inspeção de pessoas e bens móveis ou semoventes, enquanto a vistoria é ato de inspeção de bens imóveis. Por sua vez, a avaliação ou arbitramento é a atividade de fixação do valor de coisas e direitos.

**19. Admissibilidade da prova pericial.** A prova pericial é admissível quando a demonstração dos fatos depender de exame, vistoria ou avaliação técnica ou científica, que exija conhecimento que esteja além do alcance do homem-comum (arts. 156 e 375). A perícia é prova onerosa, complexa e demorada, só devendo ser admitida quando realmente necessária para a elucidação dos fatos. Por isso, a perícia deve ser dispensada sempre que se puder demonstrar os fatos de forma mais simples e menos custosa. Sendo a prova pericial desnecessária ou impraticável, deve ser indeferida pelo juiz. Se a demonstração do fato não exige conhecimento técnico ou científico específico, se já está provado por outros meios de prova ou se é impraticável fazer exame, vistoria ou avaliação no bem ou na pessoa, o juiz deve indeferir a produção da prova pericial.

**20. Dispensa da prova pericial diante de outras provas.** *"Não ocorre cerceamento de defesa nas hipóteses em que o Juiz reputa suficientes as provas já colhidas durante a instrução. Isso porque o Magistrado não está obrigado a realizar outras provas com a finalidade de melhor esclarecer a tese defensiva do réu, quando, dentro do seu livre convencimento motivado, tenha encontrado elementos probatórios suficientes para a sua convicção"* (STJ, 2ª Turma, AgInt nos EDcl no AREsp 1.221.666/SP, rel. Min. Francisco Falcão, *DJe* 23.8.2019).

**21. Perícia simplificada.** Quando a constatação do fato for simples ou de menor complexidade, o juiz pode, em vez de determinar a realização de prova pericial, designar uma perícia simplificada, que consiste na inquirição judicial do perito, na audiência de instrução e julgamento, sobre a alegação de fato que exija conhecimento especializado para ser compreendida. O perito pode ser inquirido pelo juiz e pelas partes.

**22. Assistentes técnicos na perícia simplificada.** Na perícia simplificada, as partes também têm direito de indicarem seus assistentes técnicos para acompanharem-nas na audiência de instrução e julgamento. Os assistentes técnicos também podem ser inquiridos pelo juiz e pelas partes.

---

**Art. 465.** O juiz nomeará perito especializado no objeto da perícia e fixará de imediato o prazo para a entrega do laudo.

§ 1º Incumbe às partes, dentro de 15 (quinze) dias contados da intimação do despacho de nomeação do perito:

I – arguir o impedimento ou a suspeição do perito, se for o caso;

II – indicar assistente técnico;

III – apresentar quesitos.

§ 2º Ciente da nomeação, o perito apresentará em 5 (cinco) dias:

I – proposta de honorários;

II – currículo, com comprovação de especialização;

III – contatos profissionais, em especial o endereço eletrônico, para onde serão dirigidas as intimações pessoais.

§ 3º As partes serão intimadas da proposta de honorários para, querendo, manifestar-se no prazo comum de 5 (cinco) dias, após o que o juiz arbitrará o valor, intimando-se as partes para os fins do art. 95.

§ 4º O juiz poderá autorizar o pagamento de até cinquenta por cento dos honorários arbitrados a favor do perito no início dos trabalhos, devendo o remanescente ser pago apenas ao final, depois de entregue o laudo e prestados todos os esclarecimentos necessários.

§ 5º Quando a perícia for inconclusiva ou deficiente, o juiz poderá reduzir a remuneração inicialmente arbitrada para o trabalho.

**LIVRO I · DO PROCESSO DE CONHECIMENTO E DO CUMPRIMENTO DE SENTENÇA** **Art. 465**

§ 6º Quando tiver de realizar-se por carta, poder-se-á proceder à nomeação de perito e à indicação de assistentes técnicos no juízo ao qual se requisitar a perícia.

▶ **1. Correspondência no CPC/1973.** *"Art. 421. O juiz nomeará o perito, fixando de imediato o prazo para a entrega do laudo. § 1º Incumbe às partes, dentro em 5 (cinco) dias, contados da intimação do despacho de nomeação do perito: I – indicar o assistente técnico; II – apresentar quesitos. § 2º (...)." "Art. 428. Quando a prova tiver de realizar-se por carta, poderá proceder-se à nomeação de perito e indicação de assistentes técnicos no juízo, ao qual se requisitar a perícia."*

## ▦ LEGISLAÇÃO CORRELATA

**2. CPP, art. 159, § 5º, II.** *"§ 5º Durante o curso do processo judicial, é permitido às partes, quanto à perícia: (...) II – indicar assistentes técnicos que poderão apresentar pareceres em prazo a ser fixado pelo juiz ou ser inquiridos em audiência."*

**3. CPP, art. 481, parágrafo único.** *"Parágrafo único. Se a diligência consistir na produção de prova pericial, o juiz presidente, desde logo, nomeará perito e formulará quesitos, facultando às partes também formulá-los e indicar assistentes técnicos, no prazo de 5 (cinco) dias."*

**4. CLT, art. 790-B.** *"Art. 790-B. A responsabilidade pelo pagamento dos honorários periciais é da parte sucumbente na pretensão objeto da perícia, ainda que beneficiária da justiça gratuita. § 1º Ao fixar o valor dos honorários periciais, o juízo deverá respeitar o limite máximo estabelecido pelo Conselho Superior da Justiça do Trabalho. § 2º O juízo poderá deferir parcelamento dos honorários periciais. § 3º O juízo não poderá exigir adiantamento de valores para realização de perícias. § 4º Somente no caso em que o beneficiário da justiça gratuita não tenha obtido em juízo créditos capazes de suportar a despesa referida no caput, ainda que em outro processo, a União responderá pelo encargo."*

## ⚖ JURISPRUDÊNCIA, ENUNCIADOS E SÚMULAS SELECIONADOS

• **5. Tema/Repetitivo 1.044 do STJ.** *"Nas ações de acidente de trabalho, os honorários periciais, adiantados pelo INSS, constituirão despesa a cargo do Estado, nos casos em que sucumbente a parte autora, beneficiária da isenção de ônus sucumbenciais, prevista no parágrafo único do art. 129 da Lei 8.213/91."*

## ▣ COMENTÁRIOS TEMÁTICOS

**6. Perito.** A prova pericial é realizada pelo perito. O perito é um importante auxiliar da justiça, assistindo o juiz quando a prova do fato depender de conhecimento técnico ou científico.

**7. Auxiliar do juízo.** *"Quando a prova dos fatos debatidos na lide depender de conhecimento técnico ou científico o juiz será necessariamente assistido por um ou mais peritos, ou seja, profissionais de nível universitário, dotados de especialidade na matéria sobre a qual deverão opinar, realizando exame, vistoria ou avaliação, na condição de auxiliares do juízo"* (STJ, 4ª Turma, REsp 1.175.317/RJ, rel. Min. Raul Araújo, DJe 26.3.2014).

**8. Nomeação do perito.** Ao juiz cabe nomear o perito, escolhendo-o entre os que integram lista elaborada pelo tribunal e disponibilizada na secretaria do juízo. Se na comarca, seção ou subseção judiciária não houver profissional inscrito no cadastro disponibilizado pelo tribunal, a nomeação do perito será feita por livre escolha do juiz, devendo ser nomeado alguém com conhecimento necessário à realização da perícia.

**9. Cadastro do tribunal.** O tribunal deve formar um cadastro de peritos, mediante prévia consulta a conselhos profissionais, universidades, Ministério Público, OAB, entre outros. O juiz deve nomear perito que integre essa lista elaborada pelo tribunal. Com isso, garante-se uma escolha adequada, permitindo que o juiz nomeie profissional capacitado para a atividade a ser exercida no processo.

**10. Autenticidade ou falsidade de documento ou perícia médico-legal.** Quando a perícia tiver por objeto a autenticidade ou falsidade de documento ou for de natureza médico-legal, o juiz deve nomear, preferencialmente, um dos técnicos dos estabelecimentos oficiais especializados (art. 478). Nesse caso, o juiz não se serve do cadastro do tribunal, mas requisita a perícia aos estabelecimentos oficiais especializados.

**11. Arguição de impedimento ou suspeição.** Intimadas da nomeação do perito, a partes podem, no prazo de 15 dias, arguir o seu impedimento ou suspeição, em petição fundamentada e devidamente instruída (art. 148, § 1º). Arguido o impedimento ou a suspeição do perito, o juiz mandará processar o incidente em separado e sem suspensão do processo, ouvindo o arguido no prazo de 15 dias, facultando, quando necessária, a produção de prova (art. 148, § 2º). Acolhida a arguição, o perito ficará proibido de atuar naquele processo e será substituído por outro.

741

**12. Indicação de assistente técnico e formulação de quesitos.** No mesmo prazo de 15 dias, contado da intimação da nomeação do perito, as partes podem indicar assistentes técnicos e formular quesitos.

**13. Ausência de preclusão.** *"O prazo para indicação de assistente técnico e formulação de quesitos não é peremptório, de modo que podem ser feitos após o prazo de 5 (cinco) dias previsto no art. 421, § 1º, do CPC [de 1973], mas sempre antes do início dos trabalhos periciais"* (STJ, 3ª Turma, REsp 1.618.618/RO, rel. Min. Nancy Andrighi, DJe 30.9.2016). *"De acordo com firme jurisprudência do Superior Tribunal de Justiça, o prazo para indicação do assistente técnico e formulação de quesitos não é preclusivo, de modo que podem ser feitos após o prazo de 5 (cinco) dias previsto no art. 421, § 1º, do CPC [de 1973], desde que antes do início dos trabalhos periciais. 3. Na hipótese dos autos, todavia, a Corte de origem assentou que os trabalhos periciais já foram iniciados, sendo forçoso reconhecer a ocorrência da preclusão para a indicação de assistente técnico e formulação de quesitos, resguardada a possibilidade de formulação de quesitos suplementares após a entrega do laudo pericial"* (STJ, 4ª Turma, AgRg no AREsp 775.928/RJ, rel. Min. Luis Felipe Salomão, DJe 15.3.2016).

**14. Especialidade médica.** *"A jurisprudência desta Corte perfilha entendimento no sentido de que a pertinência da especialidade médica, em regra, não consubstancia pressuposto de validade da prova pericial, de forma que o perito médico nomeado é quem deve escusar-se do encargo, caso não se julgue apto à realização do laudo solicitado"* (STJ, 2ª Turma, AgInt nos EDcl no AREsp 1.696.733/SP, rel. Min. Mauro Campbell Marques, DJe 18.3.2021).

**15. Honorários do perito.** Os honorários periciais devem ser adiantados pela parte que requereu a perícia. Seu valor será igualmente rateado pelas partes, quando a perícia tiver sido determinada pelo juiz de ofício ou requerida conjuntamente por ambas as partes (art. 95). O beneficiário da justiça gratuita está isento de custas e despesas processuais, aí incluídas as despesas relativas à perícia (art. 98, § 1º, V, VI e VII). Nesses casos, a perícia poderá ser custeada com recursos alocados no orçamento do ente público e realizada por servidor do Poder Judiciário ou por órgão público conveniado, ou poderá ser paga com recursos alocados no orçamento da União, do Estado ou do Distrito Federal, no caso de ser realizada por particular, hipótese em que o valor será fixado conforme tabela do tribunal respectivo ou, em caso de sua omissão, do CNJ (art. 95).

**16. Procedimento para fixação dos honorários periciais.** Intimado de sua nomeação, o perito terá o prazo de 5 dias para apresentar sua proposta de honorários. Por ser um prazo processual, computam-se, em sua contagem, apenas os dias úteis (art. 219). O perito, ao estimar seus honorários, deve considerar a complexidade e a natureza do objeto da perícia. Apresentada a proposta de honorários pelo perito, as partes serão intimadas para, no prazo de 5 dias úteis (art. 219), manifestarem-se. Após as manifestações, o juiz estipulará o valor dos honorários periciais. Se as partes concordarem ou se nada disserem, prevalecerá a proposta apresentada pelo perito. Nesse caso, o silêncio das partes implica aceitação (CC, arts. 111 e 432). Havendo discordância quanto ao valor, caberá ao juiz estimar um valor razoável para os honorários periciais, *"segundo o costume do lugar, o tempo de serviço e sua qualidade"* (CC, art. 596).

**17. Descabimento de agravo de instrumento contra decisão sobre honorários periciais.** *"(...) a conclusão adotada na origem está em consonância com a jurisprudência desta Corte Superior, no sentido de que as pretensões voltadas contra a atribuição de encargos referentes ao custeio da prova não são passíveis de discussão pela via do agravo de instrumento, circunstância que atrai a aplicação da Súmula 83/STJ' (AREsp 1.584.425/RS, Relatora Ministra Maria Isabel Gallotti, publicada em 21.11.2019)"* (STJ, 4ª Turma, AgInt no REsp 1.846.088/RJ, rel. Min. Antonio Carlos Ferreira, DJe 9.12.2020).

**18. Descabimento de mandado de segurança contra adiantamento de honorários periciais.** *"A jurisprudência do STJ é assente no sentido de que o Mandado de Segurança contra ato judicial é medida excepcional, admissível somente nas hipóteses em que se verifica de plano decisão teratológica, ilegal ou abusiva, contra a qual não caiba recurso com efeito suspensivo. V. No caso, ainda que o ato judicial tido como coator não seja impugnável mediante Agravo de Instrumento, em consonância com o previsto no art. 1.015 do CPC/2015, as questões decididas na fase de conhecimento que não comportarem o referido recurso não são cobertas pela preclusão e devem ser suscitadas em preliminar de apelação ou nas contrarrazões, na forma do art. 1.009, § 1º, do CPC/2015. VI. A tese firmada, em sede de recurso representativo da controvérsia, no sentido de que 'o rol do art. 1.015 do CPC é de taxatividade mitigada, por isso admite a interposição de agravo de instrumento quando verificada a*

**LIVRO I ·** DO PROCESSO DE CONHECIMENTO E DO CUMPRIMENTO DE SENTENÇA — **Art. 466**

*urgência decorrente da inutilidade do julgamento da questão no recurso de apelação' (STJ, REsp 1.696.396/MT, Rel. Ministra Nancy Andrighi, Corte Especial, DJe de 19.12.2018), não altera o entendimento expendido, na decisão agravada, uma vez que, no presente caso, não se verifica prejuízo, pelo reexame da questão no recurso de apelação. Indemonstrada, na hipótese, decisão judicial teratológica ou flagrantemente ilegal"* (STJ, 2ª Turma, AgInt no RMS 61.596/MS, rel. Min. Assusete Magalhães, *DJe* 22.9.2020).

**19. Negócio jurídico sobre honorários do perito.** As partes podem convencionar com o perito o valor de seus honorários, obtendo consenso quanto a esse ponto (art. 190).

**20. Honorários provisórios e honorários definitivos.** O juiz pode arbitrar honorários periciais provisórios ou definitivos. Estes arcam com toda remuneração e não podem ser revistos, enquanto aqueles destinam-se apenas a parte da remuneração, podendo ter seu valor reavaliado depois da entrega do laudo e da apresentação de esclarecimentos eventualmente solicitados.

**21. Depósito imediato dos honorários periciais.** O juiz pode determinar o depósito imediato dos honorários periciais (art. 95, § 1º), cujo valor será entregue ao perito após a apresentação do laudo, podendo autorizar que o perito levante até 50% antes da realização da perícia (art. 465, § 4º). Autorizado o levantamento de parte dos honorários, o restante só será entregue ao perito depois da apresentação do laudo e dos esclarecimentos eventualmente solicitados.

**22. Redução dos honorários periciais.** O valor dos honorários periciais pode ser reduzido pelo juiz, se o resultado da perícia for incompleto ou falho. A remuneração do perito deve ser proporcional ao serviço prestado. Se o serviço foi incompleto ou imperfeito, sua remuneração deverá ser proporcionalmente diminuída.

**23. Determinação de redução dos honorários periciais.** *"Nos termos do art. 465, § 5º, do CPC, 'Quando a perícia for inconclusiva ou deficiente, o juiz poderá reduzir a remuneração inicialmente arbitrada para o trabalho'. 4. Ao exame do conteúdo da decisão impetrada, verifica-se que seu magistrado prolator, de forma justificada, concluiu que o laudo pericial careceria de respostas, ou conteria respostas apenas parciais, relativamente a diversos quesitos apresentados ao perito, ora recorrente, que deixou de expressar fundamentação clara, precisa e congruente, não havendo, frente a esse contexto, identificar ilegalidade ou teratologia no decisum. 5. O § 5º do art. 465 do CPC, acima transcrito, é claro ao prescrever que a decisão do* magistrado sobre eventual redução da remuneração do perito, em virtude de trabalho pericial inconcluso ou deficiente, ocorrerá em momento posterior àquele em que os honorários periciais foram inicialmente arbitrados, o que afasta, no ponto, a possibilidade de se falar em preclusão pro judicato"* (STJ, 1ª Turma, RMS 65.037/SP, rel. Min. Sérgio Kukina, *DJe* 30.4.2021).

**24. Perícia em local diverso.** O juiz determinará a expedição de carta de ordem, rogatória ou precatória (art. 237, I, II e III) quando a perícia tiver de ser realizada em local diverso de onde tramita o processo. Nesses casos, o juiz poderá delegar ao juízo destinatário da carta as diligências para nomeação do perito e intimação das partes para indicarem seus assistentes técnicos. O perito a ser nomeado deve estar inscrito no cadastro do tribunal (art. 156, § 1º), a não ser que haja escolha consensual do perito (art. 471).

---

**Art. 466.** O perito cumprirá escrupulosamente o encargo que lhe foi cometido, independentemente de termo de compromisso.

§ 1º Os assistentes técnicos são de confiança da parte e não estão sujeitos a impedimento ou suspeição.

§ 2º O perito deve assegurar aos assistentes das partes o acesso e o acompanhamento das diligências e dos exames que realizar, com prévia comunicação, comprovada nos autos, com antecedência mínima de 5 (cinco) dias.

---

▶ **1. Correspondência no CPC/1973.** *"Art. 422. O perito cumprirá escrupulosamente o encargo que lhe foi cometido, independentemente de termo de compromisso. Os assistentes técnicos são de confiança da parte, não sujeitos a impedimento ou suspeição."*

## ⚖ Legislação Correlata

**2. CP, art. 342.** *"Art. 342. Fazer afirmação falsa, ou negar ou calar a verdade como testemunha, perito, contador, tradutor ou intérprete em processo judicial, ou administrativo, inquérito policial, ou em juízo arbitral: Pena – reclusão, de 2 (dois) a 4 (quatro) anos, e multa. § 1º As penas aumentam-se de um sexto a um terço, se o crime é praticado mediante suborno ou se cometido com o fim de obter prova destinada a produzir efeito em processo penal, ou em processo civil em que for parte entidade da administração pública direta ou indireta. § 2º O fato deixa de ser punível se, antes da sentença no processo em que ocorreu o ilícito, o agente se retrata ou declara a verdade."*

743

**3. CP, art. 343.** *"Art. 343. Dar, oferecer ou prometer dinheiro ou qualquer outra vantagem a testemunha, perito, contador, tradutor ou intérprete, para fazer afirmação falsa, negar ou calar a verdade em depoimento, perícia, cálculos, tradução ou interpretação: Pena – reclusão, de três a quatro anos, e multa. Parágrafo único. As penas aumentam-se de um sexto a um terço, se o crime é cometido com o fim de obter prova destinada a produzir efeito em processo penal ou em processo civil em que for parte entidade da administração pública direta ou indireta."*

**4. CPP, art. 159, § 2º.** *"§ 2º Os peritos não oficiais prestarão o compromisso de bem e fielmente desempenhar o encargo."*

**5. Res. 233/2016 do CNJ.** Dispõe sobre a criação de cadastro de profissionais e órgãos técnicos ou científicos no âmbito da Justiça de primeiro e segundo graus.

## 🗏 COMENTÁRIOS TEMÁTICOS

**6. Dever de cumprimento do encargo.** O perito tem o dever de cumprir o ofício na forma determinada pelo juiz, empregando toda sua diligência. Se deixar de cumprir o seu encargo, o perito pode ser substituído por outro (art. 468, II). Nesse caso, o juiz comunicará a ocorrência à corporação profissional respectiva, podendo impor multa ao perito (art. 468, § 1º). O perito que vier a ser substituído por não cumprir seu encargo deve restituir o que recebeu pelo trabalho realizado, sob pena de ficar impedido de atuar como perito judicial pelo prazo de 5 anos (art. 468, § 2º) e de ser executado pela parte que tiver realizado o adiantamento dos seus honorários (art. 468, § 3º).

**7. Dever de verdade.** O perito, como sujeito do processo, tem o dever de verdade (art. 77, I), não devendo fazer declaração falsa no laudo pericial, sob pena da prática de crime (CP, art. 342), que pode o afastar de suas atividades (CP, art. 47, I e II), inviabilizando sua atuação enquanto perdurar a restrição do direito. O perito que, por culpa ou dolo, presta informações inverídicas tem o dever de indenizar a parte prejudicada (art. 158). O descumprimento do dever de verdade pelo perito acarreta sua inabilitação para atuar em outras perícias no prazo de 2 a 5 anos, podendo ser punido pelo seu órgão de classe, ao qual deve o juiz comunicar o fato (art. 158).

**8. Termo de compromisso.** Não é necessária a assinatura de termo de compromisso pelo perito. Sua atuação independe de termo de compromisso. Ao ser nomeado e aceitar o encargo, o perito já assume o dever de cumprir o ofício na forma determinada pelo juiz, empregando toda sua diligência.

**9. Assistentes técnicos.** Os assistentes técnicos são auxiliares das partes, não se submetendo às hipóteses de impedimento nem de suspeição. A eles cabe acompanhar a perícia e emitir seus pareceres técnicos, nos quais vão concordar ou não com o laudo pericial.

**10. Contraditório.** As partes, por meio de seus assistentes técnicos, têm direito de acompanhar toda a perícia. Para viabilizar o contraditório, o perito deve assegurar aos assistentes técnicos o acesso a todas as diligências e exames que realizar, com comunicação prévia de, pelo menos, 5 dias de cada ato a ser praticado.

> **Art. 467.** O perito pode escusar-se ou ser recusado por impedimento ou suspeição.
>
> Parágrafo único. O juiz, ao aceitar a escusa ou ao julgar procedente a impugnação, nomeará novo perito.

▶ **1. Correspondência no CPC/1973.** *"Art. 423. O perito pode escusar-se (art. 146), ou ser recusado por impedimento ou suspeição (art. 138, III); ao aceitar a escusa ou julgar procedente a impugnação, o juiz nomeará novo perito."*

## 🗏 COMENTÁRIOS TEMÁTICOS

**2. Submissão às regras do impedimento e da suspeição.** O perito é um auxiliar da justiça (art. 149). Logo, os motivos de impedimento (art. 144) e os de suspeição (art. 145) a ele se aplicam (art. 148, II). A parte interessada deve arguir o impedimento ou a suspeição, em petição fundamentada e devidamente instruída, na primeira oportunidade em que lhe couber falar nos autos (art. 148, § 1º). Arguido o impedimento ou a suspeição do perito, o juiz mandará processar o incidente em separado e sem suspensão do processo, ouvindo o arguido no prazo de 15 dias, facultando, quando necessária, a produção de prova (art. 148, § 2º). Acolhida a arguição, o perito ficará proibido de atuar naquele processo e será substituído por outro.

**3. Escusa.** O perito pode escusar-se do encargo alegando motivo legítimo ou por impedimento ou suspeição. A escusa deve ser apresentada no prazo de 15 dias, contado da intimação, da suspeição ou do impedimento supervenientes, sob pena de renúncia ao direito a alegá-la (art. 157, § 1º). O juiz, ao aceitar a escusa, nomeará outro perito.

**LIVRO I · DO PROCESSO DE CONHECIMENTO E DO CUMPRIMENTO DE SENTENÇA** — **Art. 469**

**Art. 468.** O perito pode ser substituído quando:

I – faltar-lhe conhecimento técnico ou científico;

II – sem motivo legítimo, deixar de cumprir o encargo no prazo que lhe foi assinado.

§ 1º No caso previsto no inciso II, o juiz comunicará a ocorrência à corporação profissional respectiva, podendo, ainda, impor multa ao perito, fixada tendo em vista o valor da causa e o possível prejuízo decorrente do atraso no processo.

§ 2º O perito substituído restituirá, no prazo de 15 (quinze) dias, os valores recebidos pelo trabalho não realizado, sob pena de ficar impedido de atuar como perito judicial pelo prazo de 5 (cinco) anos.

§ 3º Não ocorrendo a restituição voluntária de que trata o § 2º, a parte que tiver realizado o adiantamento dos honorários poderá promover execução contra o perito, na forma dos arts. 513 e seguintes deste Código, com fundamento na decisão que determinar a devolução do numerário.

▶ **1. Correspondência no CPC/1973.** *"Art. 424. O perito pode ser substituído quando: I – carecer de conhecimento técnico ou científico; II – sem motivo legítimo, deixar de cumprir o encargo no prazo que lhe foi assinado. Parágrafo único. No caso previsto no inciso II, o juiz comunicará a ocorrência à corporação profissional respectiva, podendo, ainda, impor multa ao perito, fixada tendo em vista o valor da causa e o possível prejuízo decorrente do atraso no processo."*

### 🗏 Legislação Correlata

**2. Lei 1.060/1950, art. 14.** *"Art. 14. Os profissionais liberais designados para o desempenho do encargo de defensor ou de perito, conforme o caso, salvo justo motivo previsto em lei ou, na sua omissão, a critério da autoridade judiciária competente, são obrigados ao respectivo cumprimento, sob pena de multa de Cr$ 1.000,00 (mil cruzeiros) a Cr$ 10.000,00 (dez mil cruzeiros), sujeita ao reajustamento estabelecido na Lei nº 6.205, de 29 de abril de 1975, sem prejuízo de sanção disciplinar cabível. § 1º Na falta de indicação pela assistência ou pela própria parte, o juiz solicitará a do órgão de classe respectivo. § 2º A multa prevista neste artigo reverterá em benefício do profissional que assumir o encargo na causa."*

**3. Res. 233/2016 do CNJ, art. 11.** *"Art. 11. O magistrado poderá substituir o perito no curso do processo, mediante decisão fundamentada."*

### 🗏 Comentários Temáticos

**4. Substituição do perito.** O perito pode ser substituído em 3 hipóteses: *(a)* por incapacidade técnica; *(b)* por descumprimento do encargo, não realizando a perícia ou não entregando o laudo pericial; *(c)* por aceitação de sua escusa ou acolhimento de sua recusa (art. 467).

**5. Substituição consensual.** O perito pode ser escolhido, de comum acordo, pelas partes (art. 471). De igual modo, pode ser substituído, de comum acordo, pelas partes. Se elas podem consensualmente escolher o perito, podem convencionar sua substituição.

**6. Substituição do perito por incapacidade técnica.** *"A jurisprudência do Superior Tribunal de Justiça reconhece a possibilidade de substituição do perito quando constatada sua incapacidade técnica para a apreciação da questão posta para análise pericial, cabendo ao julgador a oportuna análise acerca da viabilidade da prova produzida"* (STJ, 3ª Turma, AgInt no REsp 1.929.887/MG, rel. Min. Marco Aurélio Bellizze, *DJe* 10.6.2021).

**7. Falta grave.** O descumprimento do encargo, caracterizado pela não realização da perícia ou pela não entrega do laudo pericial, configura falta grave, que deve ser comunicada à respectiva corporação profissional.

**8. Multa.** No caso de falta grave, o juiz pode impor multa ao perito, fixada tendo em vista o valor da causa e o possível prejuízo decorrente do atraso no processo.

**9. Restituição dos honorários periciais.** O perito que vier a ser substituído por não cumprir seu encargo deve restituir o que recebeu pelo trabalho realizado.

**10. Consequências da não restituição.** Se o perito substituído não restituir o que recebeu, ficará impedido de atuar como perito judicial pelo prazo de 5 anos (art. 468, § 2º) e de ser executado pela parte que tiver realizado o adiantamento dos seus honorários (art. 468, § 3º). Neste último caso, a execução será processada pelo procedimento do cumprimento de sentença (art. 523).

**Art. 469.** As partes poderão apresentar quesitos suplementares durante a diligência, que poderão ser respondidos pelo perito previamente ou na audiência de instrução e julgamento.

Parágrafo único. O escrivão dará à parte contrária ciência da juntada dos quesitos aos autos.

▶ **1. Correspondência no CPC/1973.** *"Art. 425. Poderão as partes apresentar, durante a diligência, quesitos suplementares. Da juntada dos quesitos aos autos dará o escrivão ciência à parte contrária."*

745

## COMENTÁRIOS TEMÁTICOS

**2. Quesitos suplementares.** No curso da perícia, as partes e o juiz podem formular quesitos suplementares, a fim de que o perito possa aprofundar ou esclarecer melhor o exame do objeto da perícia.

**3. Quesitos suplementares formulados de ofício.** O juiz pode formular, de ofício, quesitos suplementares, para que o perito possa esclarecer melhor os fatos (art. 470, II).

**4. Objeto dos quesitos suplementares.** Os quesitos suplementares devem dizer respeito ao objeto primitivo da perícia, não se prestando para ampliá-lo ou substitui-lo; não se trata de nova perícia ou de outra perícia. A perícia é a mesma e está em curso. Durante a diligência, tanto as partes como o juiz podem acrescentar novos quesitos, que complementam os anteriormente formulados.

**5. Honorários de perito e quesitos suplementares.** *"Os honorários periciais relativos a quesitos suplementares que, como no caso dos autos, configuram em realidade uma nova perícia, devem ser adiantados pela parte que os formula. II – Essa orientação, além de respeitar a real natureza da nova quesitação ainda impede eventual comportamento processual malicioso"* (STJ, 3ª Turma, REsp 842.316/MG, rel. Min. Sidnei Beneti, *DJe* 18.6.2010).

**6. Ausência de preclusão.** A parte que não formulou quesitos pode formular quesitos suplementares, desde que sejam pertinentes. A ausência de formulação de quesitos não preclui o direito de apresentar quesitos suplementares.

**7. Quesitos impertinentes.** Se o quesito suplementar for impertinente, cabe ao juiz indeferi-lo (art. 470, I).

**8. Preclusão.** Os quesitos suplementares devem ser formulados durante a diligência, enquanto não encerrada a perícia. Finalizada a perícia, com a apresentação do laudo pericial, não poderão mais ser formulados quesitos suplementares. A parte pode requerer esclarecimentos ao perito, mas não poderá mais formular quesitos suplementares, pois terá havido preclusão.

**9. Contraditório.** Formulados quesitos suplementares por uma das partes, a outra deve ser cientificada e ter acesso a essa formulação.

**10. Resposta aos quesitos suplementares.** O perito pode responder aos quesitos suplementares no próprio laudo ou na audiência de instrução e julgamento, em complemento ao laudo pericial.

---

**Art. 470.** Incumbe ao juiz:

I – indeferir quesitos impertinentes;

II – formular os quesitos que entender necessários ao esclarecimento da causa.

▶ **1. Correspondência no CPC/1973.** *"Art. 426. Compete ao juiz: I – indeferir quesitos impertinentes; II – formular os que entender necessários ao esclarecimento da causa."*

## COMENTÁRIOS TEMÁTICOS

**2. Quesitos impertinentes.** Ao juiz cabe determinar as provas necessárias à instrução do processo, indeferindo as diligências inúteis ou meramente protelatórias (art. 370, parágrafo único). Nesse sentido, cabe ao juiz indeferir os quesitos impertinentes formulados pelas partes ao perito. Impertinente é o quesito que não guarda relação com o objeto da perícia, é o quesito despropositado, que não contribui para esclarecer o fato controvertido. Se o quesito se refere a um fato incontroverso, irrelevante, que não tenha relação com a causa de pedir, é impertinente. Também é impertinente o quesito relativo a fato controvertido que foge da especialidade do perito.

**3. Quesitos formulados de ofício.** Cabe ao juiz formular quesitos necessários ao esclarecimento da causa. Além dos quesitos formulados pelas partes, o juiz também pode formular, de ofício, quesitos a serem respondidos pelo perito. O juiz pode, de ofício, formular quesitos suplementares a serem respondidos pelo perito em seu laudo ou solicitar esclarecimentos adicionais ao perito na audiência de instrução e julgamento.

---

**Art. 471.** As partes podem, de comum acordo, escolher o perito, indicando-o mediante requerimento, desde que:

I – sejam plenamente capazes;

II – a causa possa ser resolvida por autocomposição.

§ 1º As partes, ao escolher o perito, já devem indicar os respectivos assistentes técnicos para acompanhar a realização da perícia, que se realizará em data e local previamente anunciados.

§ 2º O perito e os assistentes técnicos devem entregar, respectivamente, laudo e pareceres em prazo fixado pelo juiz.

§ 3º A perícia consensual substitui, para todos os efeitos, a que seria realizada por perito nomeado pelo juiz.

▶ **1. Sem correspondência no CPC/1973.**

**LIVRO I ·** DO PROCESSO DE CONHECIMENTO E DO CUMPRIMENTO DE SENTENÇA **Art. 472**

## ▣ Legislação Correlata

**2. Res. 233/2016 do CNJ, art. 6º.** *"Art. 6º É vedada a nomeação de profissional ou de órgão que não esteja regularmente cadastrado, com exceção do disposto no art. 156, § 5º, do Código de Processo Civil. Parágrafo único. O perito consensual, indicado pelas partes, na forma do art. 471 do CPC, fica sujeito às mesmas normas e deve reunir as mesmas qualificações exigidas do perito judicial."*

## ⚖ Jurisprudência, Enunciados e Súmulas Selecionados

- **3. Enunciado 637 do FPPC.** *"A escolha consensual do perito não impede as partes de alegarem o seu impedimento ou suspeição em razão de fato superveniente à escolha."*

## ▣ Comentários Temáticos

**4. Escolha consensual do perito.** As partes podem, de comum acordo, escolher o perito, indicando-o ao juiz mediante requerimento. A perícia consensual substitui, para todos os efeitos, a que seria realizada por perito nomeado pelo juiz. As partes têm a garantia de poderem escolher um perito de sua confiança, ainda que não esteja cadastrado no tribunal (art. 156, § 1º).

**5. Negócio processual.** A escolha consensual do perito é um negócio jurídico processual celebrado entre as partes.

**6. Perda do direito de questionar a imparcialidade do perito.** A escolha consensual do perito subtrai das partes o direito de questionar sua imparcialidade. As partes não poderão arguir o impedimento ou a suspeição do perito que elas mesmas indicaram. Indicar o perito e, depois, questionar sua imparcialidade configura conduta contraditória, contrária à boa-fé processual, caracterizando um típico caso de *venire contra factum proprium.*

**7. Fato superveniente à escolha.** As partes podem questionar a imparcialidade do perito consensualmente por elas escolhido, desde que a impugnação se funde em motivo ou causa superveniente à escolha. Se a causa não for superveniente, não será possível o questionamento, pois haveria conduta contraditória.

**8. Indicação de assistentes técnicos.** Ao escolherem consensualmente o perito, as partes já devem indicar seus respectivos assistentes técnicos.

**9. Prazo fixado pelo juiz.** O perito e os assistentes técnicos devem entregar, respectivamente, o laudo pericial e os pareceres técnicos no prazo fixado pelo juiz.

**10. Impugnação do laudo do perito.** As partes podem impugnar o laudo pericial. O fato de terem escolhido consensualmente o perito não lhes retira o direito a impugnar o laudo. A escolha consensual do perito subtrai das partes o direito de questionar sua imparcialidade, mas não de impugnar o laudo pericial.

**11. Negócio jurídico de renúncia ao direito de impugnar.** As partes podem convencionar que não poderão impugnar o laudo pericial. Podem, enfim, renunciar a esse direito. Não havendo tal renúncia, poderão impugnar o laudo pericial, mesmo tendo escolhido consensualmente o perito.

> **Art. 472.** O juiz poderá dispensar prova pericial quando as partes, na inicial e na contestação, apresentarem, sobre as questões de fato, pareceres técnicos ou documentos elucidativos que considerar suficientes.

▸ **1. Correspondência no CPC/1973.** *"Art. 427. O juiz poderá dispensar prova pericial quando as partes, na inicial e na contestação, apresentarem sobre as questões de fato pareceres técnicos ou documentos elucidativos que considerar suficientes."*

## ⚖ Jurisprudência, Enunciados e Súmulas Selecionados

- **2. Enunciado 178 da III Jornada-CJF.** *"Em casos excepcionais, o juiz poderá dispensar a prova pericial nos processos de interdição ou curatela, na forma do art. 472 do CPC e ouvido o Ministério Público, quando as partes juntarem pareceres técnicos ou documentos elucidativos e houver entrevista do interditando."*

## ▣ Comentários Temáticos

**3. Suficiência de documentos.** A prova pericial é inadmissível quando for desnecessária em vista de outras provas produzidas (art. 464, § 1º, II). Por isso, se as partes, na petição inicial e na contestação, já apresentaram documentos elucidativos sobre as afirmações de fato, a prova pericial será dispensada, desde que tais documentos sejam suficientes.

**4. Parecer técnico e dispensa da prova pericial.** O juiz pode dispensar a prova pericial, diante da presença de pareceres técnicos apresen-

747

tados pelas partes. Há, porém, uma considerável diferença entre a prova pericial e os pareceres técnicos apresentados pelas partes. Na prova pericial, as partes participam, em contraditório, da sua formação, indicando assistente técnico, tendo acesso às diligências e podendo acompanhá-las (art. 466, § 2º), sendo cientificadas da data e do local designados pelo juiz ou indicados pelo perito para ter início a produção da prova (art. 474), formulando quesitos e quesitos suplementares e tendo o acompanhamento de seus assistentes técnicos na elaboração do laudo pericial. Por sua vez, o parecer técnico é obtido unilateralmente por uma das partes, sem que a outra tenha qualquer possibilidade de influir no seu resultado. O contraditório, no caso do parecer técnico, é mais limitado, podendo a parte apenas impugná-lo, não tendo participação na sua formação. A despeito disso, se os pareceres técnicos forem elucidativos e suficientes, o juiz pode dispensar a prova pericial.

**5. Dispensa da prova pericial.** Para que a prova pericial seja dispensada, os documentos ou pareceres técnicos devem ser elucidativos e suficientes. Sua suficiência é fundamental para que se dispense a prova pericial.

> **Art. 473.** O laudo pericial deverá conter:
>
> I – a exposição do objeto da perícia;
>
> II – a análise técnica ou científica realizada pelo perito;
>
> III – a indicação do método utilizado, esclarecendo-o e demonstrando ser predominantemente aceito pelos especialistas da área do conhecimento da qual se originou;
>
> IV – resposta conclusiva a todos os quesitos apresentados pelo juiz, pelas partes e pelo órgão do Ministério Público.
>
> § 1º No laudo, o perito deve apresentar sua fundamentação em linguagem simples e com coerência lógica, indicando como alcançou suas conclusões.
>
> § 2º É vedado ao perito ultrapassar os limites de sua designação, bem como emitir opiniões pessoais que excedam o exame técnico ou científico do objeto da perícia.
>
> § 3º Para o desempenho de sua função, o perito e os assistentes técnicos podem valer-se de todos os meios necessários, ouvindo testemunhas, obtendo informações, solicitando documentos que estejam em poder da parte, de terceiros ou em repartições públicas, bem como instruir o laudo com planilhas, mapas, plantas, desenhos, fotografias ou outros elementos necessários ao esclarecimento do objeto da perícia.

▶ **1. Correspondência no CPC/1973.** *"Art. 429. Para o desempenho de sua função, podem o perito e os assistentes técnicos utilizar-se de todos os meios necessários, ouvindo testemunhas, obtendo informações, solicitando documentos que estejam em poder de parte ou em repartições públicas, bem como instruir o laudo com plantas, desenhos, fotografias e outras quaisquer peças."*

## 🏛 LEGISLAÇÃO CORRELATA

**2. CPP, art. 160.** *"Art. 160. Os peritos elaborarão o laudo pericial, onde descreverão minuciosamente o que examinarem, e responderão aos quesitos formulados. Parágrafo único. O laudo pericial será elaborado no prazo máximo de 10 dias, podendo este prazo ser prorrogado, em casos excepcionais, a requerimento dos peritos."*

**3. Res. 317/2020 do CNJ.** *Dispõe sobre a realização de perícias em meios eletrônicos ou virtuais em ações em que se discutem benefícios previdenciários por incapacidade ou assistenciais, enquanto durarem os efeitos da crise ocasionada pela pandemia do novo Coronavírus, e dá outras providências.*

## 🗂 COMENTÁRIOS TEMÁTICOS

**4. Conteúdo do laudo pericial.** Em seu laudo, o perito deve identificar o objeto da perícia, esclarecendo os pontos controvertidos que dependem de seu conhecimento específico. Também deve esclarecer qual a análise técnica ou científica por ele realizada e como foi feita, especificando o método utilizado e demonstrando sua aceitação entre os especialistas daquela sua área de conhecimento. Finalmente, deve responder aos quesitos formulados pelas partes, pelo juiz e pelo membro do Ministério Público.

**5. Método.** O perito deve, em seu laudo, esclarecer o método utilizado e quais são os elementos e dados necessários e suficientes para a aferição da confiabilidade de tal método, demonstrando sua receptividade e acolhimento acadêmico, a realização de testes ou estatísticas a seu respeito, sua margem de erro, a fim de permitir o controle judicial da perícia e uma avaliação mais apurada do laudo pericial.

**6. Aceitação geral.** A aceitação geral do método científico não deve ser considerado o único critério para se admitir e valorar a prova pericial. É possível a realização de prova pericial em casos em que ainda não há consenso científico, cabendo ao perito o ônus argumentativo de esclarecer o método empregado, que será valorado

**LIVRO I** · DO PROCESSO DE CONHECIMENTO E DO CUMPRIMENTO DE SENTENÇA **Art. 475**

pelo juiz, em conjunto com os demais elementos do laudo e com as outras provas produzidas.

**7. Respostas aos quesitos.** Em seu laudo, o perito deve responder, de forma precisa, clara e objetiva, os quesitos formulados pelo juiz, pelas partes e pelo membro do Ministério Público, podendo apresentar, ainda, esclarecimentos adicionais, em audiência inclusive (arts. 361 e 477, § 3º).

**8. Linguagem.** O perito deve, em seu laudo, empregar linguagem simples, objetiva, clara e acessível, permitindo a compreensão de tema técnico e específico por leigos que com ele não tem familiaridade.

**9. Limites.** O laudo deve restringir-se ao objeto da perícia, não devendo tratar de outras questões, nem deve o perito emitir opiniões pessoais, devendo ater-se ao exame, à vistoria ou à avaliação para a qual foi designado.

**10. Dever de colaboração.** As partes e terceiros devem colaborar com a produção de prova pericial, prestando seu contributo ao perito e assistentes técnicos no fornecimento de informações, dados e elementos necessários ao esclarecimento do objeto da perícia.

**11. Telepericia.** Para a realização da perícia, o perito e os assistentes técnicos podem valer-se de todos os meios para obter informações, dados e elementos necessários ao esclarecimento do objeto da perícia. Em razão do contraditório, o perito deve esclarecer como, onde e de que forma obteve as informações, dados e elementos para elaboração do laudo. Por isso, as partes devem ser comunicadas do dia e lugar da realização da perícia (art. 474). De igual modo, os assistentes técnicos devem ser cientificados com, pelo menos, 5 dias de antecedência da data da diligência (art. 466, § 2º). É possível cogitar a realização de perícia por meio do uso de recursos tecnológicos de transmissão de sons e imagens, com o emprego de plataformas digitais, viabilizando a colheita de elementos, dados e informações sem a necessidade de deslocamento ou de presença física no local em que se encontrem (arts. 188, 193 e 369). É possível, enfim, haver a realização de telepericia ou de perícia virtual (Res. 317/2020 do CNJ).

---

**Art. 474.** As partes terão ciência da data e do local designados pelo juiz ou indicados pelo perito para ter início a produção da prova.

▶ **1. Correspondência no CPC/1973.** *"Art. 431-A. As partes terão ciência da data e local designados pelo juiz ou indicados pelo perito para ter início a produção da prova."*

---

## ⚖ JURISPRUDÊNCIA, ENUNCIADOS E SÚMULAS SELECIONADOS

- **2. Enunciado 167 da III Jornada-CJF.** *"A garantia do contraditório aplica-se nos Juizados Especiais, inclusive nos federais, gerando a necessidade de intimação das partes acerca do laudo pericial antes de ser proferida a sentença."*

## ▣ COMENTÁRIOS TEMÁTICOS

**3. Contraditório.** Em razão do princípio do contraditório, as partes, todas elas, têm o direito de acompanhar a realização de perícia determinada pelo juiz. E isso para evitar que se sujeite a exame feito sem sua participação, sem que possa averiguar os critérios, métodos e sua condução regular. As partes têm o direito de participar de toda instrução probatória, evitando a realização de provas sem sua participação, feita em recinto fechado, de forma inacessível e restrita à presença do próprio perito. Por isso, a perícia deve ser realizada em data e local designados pelo juiz ou indicados pelo próprio perito. As partes devem ter ciência de tal data e local para a realização da perícia, a fim de que possam dela participar ativamente, tendo oportunidade de seus assistentes técnicos acompanharem todo o exame, vistoria ou avaliação a ser desenvolvida.

**4. Ausência de intimação para acompanhar diligências e necessidade de demonstração de prejuízo.** *"Segundo a jurisprudência do Superior Tribunal de Justiça, a inobservância da intimação referida no art. 431-A do CPC/1973 (atual art. 474 do NCPC) não ocasiona nulidade absoluta, devendo a parte demonstrar a existência de prejuízo, o que não ocorreu no caso dos autos, em que a perícia estava destinada apenas à apuração de valores locatícios e de venda de imóvel"* (STJ, 4ª Turma, AgInt no AREsp 1.274.421/SC, rel. Min. Lázaro Guimarães – Des. Conv. TRF5, DJe 12.6.2018).

**5. Ausência de intimação para acompanhar perícia e suspeição do perito.** *"A ausência de intimação da parte para a continuidade da relação da perícia não acarreta necessariamente a suspeição do expert"* (STJ, 4ª Turma, AgInt no AREsp 1.404.114/SP, rel. Min. Luis Felipe Salomão, DJe 23.5.2019).

---

**Art. 475.** Tratando-se de perícia complexa que abranja mais de uma área de conhecimento especializado, o juiz poderá nomear mais de um perito, e a parte, indicar mais de um assistente técnico.

749

# Art. 476

**CÓDIGO DE PROCESSO CIVIL COMENTADO** – *Leonardo Carneiro da Cunha*

▶ **1. Correspondência no CPC/1973.** *"Art. 431-B. Tratando-se de perícia complexa, que abranja mais de uma área de conhecimento especializado, o juiz poderá nomear mais de um perito e a parte indicar mais de um assistente técnico."*

## 🏛 LEGISLAÇÃO CORRELATA

**2. CPP, art. 159, § 7º.** *"§ 7º Tratando-se de perícia complexa que abranja mais de uma área de conhecimento especializado, poder-se-á designar a atuação de mais de um perito oficial, e a parte indicar mais de um assistente técnico."*

## 🗔 COMENTÁRIOS TEMÁTICOS

**3. Qualificação do perito.** A perícia há de ser realizada por profissional qualificado, com especialidade sobre o objeto do exame, da vistoria ou da avaliação.

**4. Multidisciplinariedade.** Há vistorias, exames ou avaliações que exigem mais de um conhecimento, reclamando uma análise multidisciplinar.

**5. Perícia complexa.** Tratando-se de perícia complexa, que abranja mais de uma área de conhecimento, cumpre seja nomeado mais de um perito, cabendo a cada um realizar perícia sobre o objeto peculiar de sua especialidade.

**6. Assistentes técnicos.** Às partes faculta-se a indicação de mais de um assistente técnico, cada um para acompanhar uma perícia diferente, relativa a ramos diversos de conhecimento.

**7. Faculdade do juiz.** *"Da leitura do art. 475 do CPC/2015 infere-se que a nomeação de mais de um perito constitui faculdade do juiz, não sendo possível, no caso concreto, obrigá-lo à designação de equipe multidisciplinar, especialmente quando, segundo seu convencimento, um perito especialista em engenharia ambiental é hábil a analisar os pontos levantados pelas partes"* (STJ, 1ª Turma, AgInt no REsp 1.648.745/PR, rel. Min. Sérgio Kukina, *DJe* 06.12.2018).

**8. *Expert teaming*.** Na arbitragem internacional, é comum a prática do *expert teaming*, que poderia ser aplicada, no processo civil, em casos de perícia complexa. Pela prática do *expert teaming*, cada parte fornece uma lista de 3 a 5 peritos e o juízo escolhe um de cada lista e forma-se uma equipe que irá, então, realizar a prova pericial.

> **Art. 476.** Se o perito, por motivo justificado, não puder apresentar o laudo dentro do prazo, o juiz poderá conceder-lhe, por uma vez, prorrogação pela metade do prazo originalmente fixado.

▶ **1. Correspondência no CPC/1973.** *"Art. 432. Se o perito, por motivo justificado, não puder apresentar o laudo dentro do prazo, o juiz conceder-lhe-á, por uma vez, prorrogação, segundo o seu prudente arbítrio."*

## 🗔 COMENTÁRIOS TEMÁTICOS

**2. Prazo.** O perito deve realizar o exame, a vistoria ou a avaliação e apresentar o laudo no prazo fixado pelo juiz (art. 157). O perito deve cumprir não apenas o prazo fixado pelo juiz para a entrega do laudo, mas também a antecedência mínima de 20 dias em relação à audiência de instrução e julgamento (art. 477).

**3. Prorrogação do prazo para apresentação do laudo.** O perito pode, por motivo justificado, pedir prorrogação, podendo o juiz deferir-lhe prazo adicional correspondente à metade do originariamente fixado.

**4. Prorrogação por prazo maior.** O art. 476 prevê a prorrogação do prazo pela metade do que fora originariamente fixado. Tal prorrogação pode, no caso concreto, ser insuficiente. Cabe, então, ao juiz avaliar as peculiaridades e conceder prazo maior a esse (art. 139, VI).

**5. Descumprimento do prazo.** Não cumprido o prazo, o perito poderá ser substituído por outro (art. 468, II). Nesse caso, o juiz comunicará a ocorrência à corporação profissional respectiva, podendo impor multa ao perito (art. 468, § 1º). O perito que vier a ser substituído por não cumprir seu encargo deve restituir o que recebeu pelo trabalho realizado, sob pena de ficar impedido de atuar como perito judicial pelo prazo de 5 anos (art. 468, § 2º) e de ser executado pela parte que tiver realizado o adiantamento dos seus honorários (art. 468, § 3º).

> **Art. 477.** O perito protocolará o laudo em juízo, no prazo fixado pelo juiz, pelo menos 20 (vinte) dias antes da audiência de instrução e julgamento.
>
> § 1º As partes serão intimadas para, querendo, manifestar-se sobre o laudo do perito do juízo no prazo comum de 15 (quinze) dias, podendo o assistente técnico de cada uma das partes, em igual prazo, apresentar seu respectivo parecer.
>
> § 2º O perito do juízo tem o dever de, no prazo de 15 (quinze) dias, esclarecer ponto:
>
> I – sobre o qual exista divergência ou dúvida de qualquer das partes, do juiz ou do órgão do Ministério Público;
>
> II – divergente apresentado no parecer do assistente técnico da parte.

**LIVRO I · DO PROCESSO DE CONHECIMENTO E DO CUMPRIMENTO DE SENTENÇA**   **Art. 477**

§ 3º Se ainda houver necessidade de esclarecimentos, a parte requererá ao juiz que mande intimar o perito ou o assistente técnico a comparecer à audiência de instrução e julgamento, formulando, desde logo, as perguntas, sob forma de quesitos.

§ 4º O perito ou o assistente técnico será intimado por meio eletrônico, com pelo menos 10 (dez) dias de antecedência da audiência.

▶ **1. Correspondência no CPC/1973.** *"Art. 433. O perito apresentará o laudo em cartório, no prazo fixado pelo juiz, pelo menos 20 (vinte) dias antes da audiência de instrução e julgamento. Parágrafo único. Os assistentes técnicos oferecerão seus pareceres no prazo comum de 10 (dez) dias, após intimadas as partes da apresentação do laudo." "Art. 435. A parte, que desejar esclarecimento do perito e do assistente técnico, requererá ao juiz que mande intimá-lo a comparecer à audiência, formulando desde logo as perguntas, sob forma de quesitos. Parágrafo único. O perito e o assistente técnico só estarão obrigados a prestar os esclarecimentos a que se refere este artigo, quando intimados 5 (cinco) dias antes da audiência."*

⚖ **LEGISLAÇÃO CORRELATA**

**2. CLT, art. 852-H, § 6º.** *"§ 6º As partes serão intimadas a manifestar-se sobre o laudo, no prazo comum de cinco dias."*

⚖ **JURISPRUDÊNCIA, ENUNCIADOS E SÚMULAS SELECIONADOS**

• **3. Enunciado 167 da III Jornada-CJF.** *"A garantia do contraditório aplica-se nos Juizados Especiais, inclusive nos federais, gerando a necessidade de intimação das partes acerca do laudo pericial antes de ser proferida a sentença."*

📄 **COMENTÁRIOS TEMÁTICOS**

**4. Prazo.** O perito deve cumprir não apenas o prazo fixado pelo juiz para a entrega do laudo, mas também a antecedência mínima de 20 dias em relação à audiência de instrução e julgamento.

**5. Descumprimento do prazo.** Não cumprido o prazo, o perito poderá ser substituído por outro (art. 468, II). Nesse caso, o juiz comunicará a ocorrência à corporação profissional respectiva, podendo impor multa ao perito (art. 468, § 1º). O perito que vier a ser substituído por não cumprir seu encargo deve restituir o que recebeu pelo trabalho realizado, sob pena de ficar impe-

dido de atuar como perito judicial pelo prazo de 5 anos (art. 468, § 2º) e de ser executado pela parte que tiver realizado o adiantamento dos seus honorários (art. 468, § 3º).

**6. Contraditório.** Apresentado o laudo, as partes serão intimadas para, querendo, manifestarem-se sobre ele no prazo comum de 15 dias e solicitarem eventuais esclarecimentos.

**7. Pareceres técnicos.** No mesmo prazo de 15 dias, os assistentes técnicos terão a oportunidade de apresentarem seus pareceres. Os assistentes técnicos não são pessoalmente intimados para tanto. Seu prazo tem início a partir da intimação das partes. As intimações são, enfim, dirigidas apenas às partes, e não aos seus assistentes técnicos, embora caiba a estes apresentar seus pareceres.

**8. Preclusão.** O prazo para apresentação de parecer técnico é preclusivo, não sendo admitida sua apresentação posterior.

**9. Prazo preclusivo.** *"'O prazo de que dispõe o assistente técnico para juntada do parecer é preclusivo, cuja apresentação extemporânea impõe o seu desentranhamento' (REsp 918.121/SP, Rel. Min. Luiz Fux, DJe 17.12.2008). Precedentes da Corte: REsp 792.741/RS, Rel. Min. Nancy Andrighi, DJ 25.10.2007; REsp 800.180/SP, Rel. Min. Jorge Scartezzini, DJ 08.05.2006; e REsp 299.575/MG, Rel. Min. Antônio de Pádua Ribeiro, DJ 15.12.2003"* (STJ, 3ª Turma, AgRg no REsp 1.155.403/SP, rel. Min. Sidnei Beneti, DJe 28.2.2013).

**10. Substituição do perito.** No prazo de 15 dias de que dispõem para manifestação sobre o laudo pericial, as partes podem requerer a substituição do perito, ao argumento de que o conteúdo do laudo revelou faltar-lhe conhecimento técnico ou científico (art. 468, I).

**11. Segunda perícia.** Ao se manifestarem sobre o laudo pericial, as partes podem demonstrar ser ele insuficiente, obscuro ou inconclusivo e requerer ao juiz a designação de uma segunda perícia (art. 480).

**12. Dever de esclarecimento.** O perito tem o dever de prestar esclarecimentos sobre ponto suscitado por qualquer das partes, pelo juiz ou pelo membro do Ministério Público. Também lhe cabe esclarecer divergência em relação a parecer do assistente técnico da parte. Os esclarecimentos devem ser prestados por escrito, no prazo de 15 dias. Não sendo suficientes os esclarecimentos, o perito será intimado, por meio eletrônico, para comparecer à audiência de instrução e julgamento, com pelo menos 10 dias de antecedência, a fim de prestá-los oralmente. Nesse caso, a parte deve formular suas perguntas sob a forma de quesitos.

**13. Assistente técnico.** O assistente técnico também pode ser convocado a prestar esclarecimentos orais em audiência.

**14. Pagamento do remanescente dos honorários periciais.** Somente depois de o perito prestar todos os esclarecimentos necessários é que poderá ser autorizado o pagamento do remanescente dos seus honorários (art. 465, § 4º).

---

**Art. 478.** Quando o exame tiver por objeto a autenticidade ou a falsidade de documento ou for de natureza médico-legal, o perito será escolhido, de preferência, entre os técnicos dos estabelecimentos oficiais especializados, a cujos diretores o juiz autorizará a remessa dos autos, bem como do material sujeito a exame.

§ 1º Nas hipóteses de gratuidade de justiça, os órgãos e as repartições oficiais deverão cumprir a determinação judicial com preferência, no prazo estabelecido.

§ 2º A prorrogação do prazo referido no § 1º pode ser requerida motivadamente.

§ 3º Quando o exame tiver por objeto a autenticidade da letra e da firma, o perito poderá requisitar, para efeito de comparação, documentos existentes em repartições públicas e, na falta destes, poderá requerer ao juiz que a pessoa a quem se atribuir a autoria do documento lance em folha de papel, por cópia ou sob ditado, dizeres diferentes, para fins de comparação.

---

▶ **1. Correspondência no CPC/1973.** *"Art. 434. Quando o exame tiver por objeto a autenticidade ou a falsidade de documento, ou for de natureza médico-legal, o perito será escolhido, de preferência, entre os técnicos dos estabelecimentos oficiais especializados. O juiz autorizará a remessa dos autos, bem como do material sujeito a exame, ao diretor do estabelecimento. Parágrafo único. Quando o exame tiver por objeto a autenticidade da letra e firma, o perito poderá requisitar, para efeito de comparação, documentos existentes em repartições públicas; na falta destes, poderá requerer ao juiz que a pessoa, a quem se atribuir a autoria do documento, lance em folha de papel, por cópia, ou sob ditado, dizeres diferentes, para fins de comparação."*

## 🏛 Legislação Correlata

**2. CPP, art. 235.** *"Art. 235. A letra e firma dos documentos particulares serão submetidas a exame pericial, quando contestada a sua autenticidade."*

## 📖 Comentários Temáticos

**3. Nomeação do perito: regra geral.** Ao juiz cabe nomear o perito, escolhendo-o entre os que integram lista elaborada pelo tribunal e disponibilizada na secretaria do juízo (art. 156).

**4. Exceção: autenticidade ou falsidade de documento ou perícia médico-legal.** O art. 156 é excepcionado pelo art. 478. Quando a perícia tiver por objeto a autenticidade ou falsidade de documento ou for de natureza médico-legal, o juiz deve nomear, preferencialmente, um dos técnicos dos estabelecimentos oficiais especializados. Nesse caso, o juiz não se serve do cadastro do tribunal, mas requisita a perícia aos estabelecimentos oficiais especializados.

**5. Preferência.** As perícias para autenticidade ou falsidade de documento ou as perícias médico-legais gozam de preferência, devendo ser priorizadas pelo estabelecimento oficial especializado. O § 1º do art. 478, ao prever a preferência, menciona os casos de gratuidade da justiça. Não há razoabilidade para a distinção entre os casos de gratuidade e os casos sem gratuidade, atentando contra a isonomia. O órgão técnico oficial deve dar prioridade a todos os casos de perícia judicial, devendo cumprir o prazo fixado pelo juiz.

**6. Prorrogação do prazo.** Havendo motivo justificado, o prazo para perícia judicial pode ser prorrogado pelo juiz. Ao juiz cabe examinar o requerimento de prorrogação e deferir pela metade do prazo originalmente fixado (art. 476) ou por qualquer outro que seja mais adequado ao caso (art. 139, VI).

**7. Dever de colaboração.** A parte ou o terceiro cuja assinatura será examinada tem o dever de colaborar com a prova pericial, devendo, caso o juiz assim o determine, lançar em folha de papel, por cópia ou sob ditado, dizeres diferentes para fins de comparação com a assinatura contida no documento a ser periciado (art. 478, § 3º).

---

**Art. 479.** O juiz apreciará a prova pericial de acordo com o disposto no art. 371, indicando na sentença os motivos que o levaram a considerar ou a deixar de considerar as conclusões do laudo, levando em conta o método utilizado pelo perito.

---

▶ **1. Correspondência no CPC/1973.** *"Art. 436. O juiz não está adstrito ao laudo pericial, podendo formar a sua convicção com outros elementos ou fatos provados nos autos."*

**LIVRO I** · DO PROCESSO DE CONHECIMENTO E DO CUMPRIMENTO DE SENTENÇA **Art. 480**

## ⚖ Jurisprudência, Enunciados e Súmulas Selecionados

- **2. Enunciado 515 do FPPC.** *"Aplica-se o disposto no art. 489, § 1º, também em relação às questões fáticas da demanda."*
- **3. Enunciado 516 do FPPC.** *"Para que se considere fundamentada a decisão sobre os fatos, o juiz deverá analisar todas as provas capazes, em tese, de infirmar a conclusão adotada."*

## 🗐 Comentários Temáticos

**4. Valoração da prova pericial.** O juiz deve examinar o resultado da perícia, fundamentando sua decisão, com a indicação das razões que serviram para a formação de seu convencimento (art. 371). Na valoração da prova, o juiz deve levar em conta o método utilizado pelo perito e considerar as outras provas produzidas. O juiz não deve, simplesmente, ignorar a prova pericial ou seguir, automaticamente e sem qualquer justificação, o resultado da perícia. Deve valorá-la e justificar as razões pelas quais acolhe ou rejeita o resultado da perícia, podendo, até mesmo, fazer prevalecer outras provas. O juiz, enfim, precisa justificar e fundamentar adequada e especificamente sua decisão. Ao juiz cabe avaliar a cientificidade e a confiabilidade do laudo pericial.

**5. Valoração conjunta das provas.** *"O juiz não está adstrito às conclusões do laudo pericial, uma vez que pode formar suas convicções com base em outros elementos ou fatos existentes nos autos, o que ocorreu na espécie, inexistindo qualquer violação do art. 479 do CPC/2015"* (STJ, 1ª Turma, AgInt no AREsp 1.397.918/SP, rel. Min. Gurgel de Faria, *DJe* 06.12.2019).

**6. Fundamentação da sentença.** Na sua sentença, o juiz deve acolher ou não as conclusões do laudo pericial, levando em conta o método utilizado pelo perito e analisando as demais provas produzidas que possam confirmar ou infirmar aquelas conclusões do laudo.

**Art. 480.** O juiz determinará, de ofício ou a requerimento da parte, a realização de nova perícia quando a matéria não estiver suficientemente esclarecida.

§ 1º A segunda perícia tem por objeto os mesmos fatos sobre os quais recaiu a primeira e destina-se a corrigir eventual omissão ou inexatidão dos resultados a que esta conduziu.

§ 2º A segunda perícia rege-se pelas disposições estabelecidas para a primeira.

§ 3º A segunda perícia não substitui a primeira, cabendo ao juiz apreciar o valor de uma e de outra.

▶ **1. Correspondência no CPC/1973.** *"Art. 437. O juiz poderá determinar, de ofício ou a requerimento da parte, a realização de nova perícia, quando a matéria não lhe parecer suficientemente esclarecida."*

## 🗐 Legislação Correlata

**2. CPP, art. 168.** *"Art. 168. Em caso de lesões corporais, se o primeiro exame pericial tiver sido incompleto, proceder-se-á a exame complementar por determinação da autoridade policial ou judiciária, de ofício, ou a requerimento do Ministério Público, do ofendido ou do acusado, ou de seu defensor. § 1º No exame complementar, os peritos terão presente o auto de corpo de delito, a fim de suprir-lhe a deficiência ou retificá-lo. § 2º Se o exame tiver por fim precisar a classificação do delito no art. 129, § 1º, I, do Código Penal, deverá ser feito logo que decorra o prazo de 30 dias, contado da data do crime. § 3º A falta de exame complementar poderá ser suprida pela prova testemunhal."*

## 🗐 Comentários Temáticos

**3. Segunda perícia.** O juiz pode, de ofício ou a requerimento da parte ou do Ministério Público, determinar a realização de uma segunda perícia, quando o resultado da primeira for insuficiente, inexato ou inconclusivo.

**4. Exaurimento das possibilidades.** A segunda perícia somente deve ser determinada se forem anteriormente exauridas todas as possibilidades de correção de defeitos, de supressão de omissões, de esclarecimento de obscuridades no laudo pericial da primeira perícia. Em razão do princípio da eficiência, não se deve admitir desperdício de atividade processual. Deve-se tentar ao máximo corrigir o laudo da primeira perícia, tornando-o completo, preciso e conclusivo. Se, mesmo com todas as tentativas, o laudo da primeira perícia se mantiver insuficiente, inexato ou inconclusivo, deverá, então, ser determinada a realização da segunda.

**5. Insuficiência da primeira perícia, ausência de obrigatoriedade de designar a segunda e matéria relegada à liquidação de sentença.** *"Tanto o CPC/1973 como o CPC/2015 estabelecem que o julgador não está adstrito ao laudo pericial, e, constatando que a matéria não foi suficientemente esclarecida, seja por não ter esgotado o*

753

*estudo técnico dos fatos a serem provados, seja por falta de precisão, clareza ou certeza quanto a determinado dado relevante, pode determinar a realização de uma segunda perícia, a fim de corrigir eventual omissão ou inexatidão dos resultados a que a primeira conduziu. 8. Não há regra em nosso ordenamento jurídico que imponha seja realizada a segunda perícia, na hipótese de insuficiência da primeira, tampouco que se faça aquela pelo mesmo profissional que efetivou esta, incumbindo ao julgador, no exercício do livre convencimento motivado, avaliar as circunstâncias concretas"* (STJ, 3ª Turma, REsp 1.758.265/PR, rel. Min. Nancy Andrighi, *DJe* 4.4.2019).

**6. Recurso.** A decisão que determina a realização de uma segunda perícia é recorrível em apelação ou em contrarrazões de apelação (art. 1.009, § 1º), não sendo passível de agravo de instrumento, por não se inserir no rol do art. 1.015. Segundo o STJ, a lista do art. 1.015 contém uma *taxatividade mitigada*. Diante disso, se o caso revelar urgência ou necessidade de se submeter, desde logo, ao tribunal o exame da questão, poderá, então, ser admitido o agravo de instrumento contra a decisão que ordenou a realização de uma segunda perícia.

**7. Objeto.** A segunda perícia não é outra perícia sobre outros fatos, devendo ter por objeto os mesmos fatos da primeira e atender às mesmas finalidades. Sua realização tem por finalidade suprir omissão, esclarecer obscuridade ou obter a conclusão não alcançada no laudo da primeira perícia. A segunda perícia pode assumir um caráter complementar, caso o juiz resolva ampliar seu objeto para que a questão seja aprofundada e mais bem esclarecida.

**8. Regras.** As regras da segunda perícia serão as mesmas da primeira. Não deve ser alterado o local da perícia, nem o prazo para entrega do laudo, nem o questionário que contém os quesitos já formulados pelas partes e pelo juiz, a não ser que haja expressa autorização judicial para apresentação de novos quesitos. O perito não deve ser o mesmo.

**9. Laudos diversos.** A segunda perícia não substitui nem invalida a primeira. Ambas subsistem, cabendo ao juiz examinar ambos os laudos periciais, fundamentando seu convencimento.

**10.** Segunda perícia *versus* outra perícia. A segunda perícia não se confunde com uma outra perícia. Aquela destina-se a comprovar os mesmos fatos da primeira, tendo o mesmo objeto. Diversamente, uma outra perícia – que também pode ser determinada pelo juiz – tem outro objeto, consistindo no exame, na avaliação ou na vistoria de outras pessoas ou coisas. A segunda perícia não se confunde, portanto, com uma outra perícia. Se há outros fatos a serem provados também pela prova pericial, o juiz pode determinar a realização de outra perícia, sem precisar justificar na insuficiência, imprecisão ou inconclusão da primeira perícia. A insuficiência ou imprecisão da primeira perícia é motivo para a realização de uma segunda perícia; já uma outra perícia justifica-se pela necessidade de comprovação de outro fato, que também exige conhecimento técnico ou científico específico.

## Seção XI
## Da Inspeção Judicial

**Art. 481.** O juiz, de ofício ou a requerimento da parte, pode, em qualquer fase do processo, inspecionar pessoas ou coisas, a fim de se esclarecer sobre fato que interesse à decisão da causa.

▶ **1. Correspondência no CPC/1973.** *"Art. 440. O juiz, de ofício ou a requerimento da parte, pode, em qualquer fase do processo, inspecionar pessoas ou coisas, a fim de se esclarecer sobre fato, que interesse à decisão da causa."*

### 🏛 LEGISLAÇÃO CORRELATA

**2. CF, art. 126, parágrafo único.** *"Parágrafo único. Sempre que necessário à eficiente prestação jurisdicional, o juiz far-se-á presente no local do litígio."*

**3. Lei 9.099/1995, art. 35, parágrafo único.** *"Parágrafo único. No curso da audiência, poderá o Juiz, de ofício ou a requerimento das partes, realizar inspeção em pessoas ou coisas, ou determinar que o faça pessoa de sua confiança, que lhe relatará informalmente o verificado."*

### 🗐 COMENTÁRIOS TEMÁTICOS

**4. Inspeção judicial.** A inspeção judicial é meio de prova por meio do qual o juiz se esclarece sobre fato relevante para a decisão da causa. A inspeção se concretiza com o ato de percepção do juiz, com um ou alguns de seus sentidos, das propriedades e circunstâncias concernentes a pessoa ou coisa.

**5. Objeto.** O objeto da inspeção é um ponto de fato controvertido, que seja relevante para o julgamento da causa. Seu objeto deve ser expressamente definido, não podendo ser genérico e indeterminado, sob pena de ofensa ao contraditório e de configuração de abuso de poder.

**LIVRO I** · DO PROCESSO DE CONHECIMENTO E DO CUMPRIMENTO DE SENTENÇA — **Art. 483**

**6. Momento.** A inspeção judicial pode ser determinada, de ofício ou a requerimento da parte, a qualquer momento do processo. O juiz deve definir as questões de fato controvertidas no saneamento e na organização do processo (art. 357, II), admitindo e determinando a realização da inspeção judicial. Embora o melhor momento seja na organização e saneamento do processo (art. 357, II), o juiz pode admitir a inspeção judicial e determinar sua realização em qualquer fase do processo, inclusive no âmbito recursal. Não há um limite temporal rigoroso para a admissão e designação da inspeção judicial.

**7. Prova principal.** A inspeção judicial é um meio de prova como qualquer outro, podendo ser o principal meio de prova de um processo. Não se trata de diligência instrutória secundária, realizada para complementar outra prova já produzida.

**8. Fontes da inspeção.** A fonte da prova pode ser pessoas e coisas, bem como fenômenos (barulho, luar, maré, erosão etc.). A fonte da inspeção deve ser perceptível pelos sentidos humanos. O juiz pode inspecionar a pessoa, o bem ou o fenômeno por qualquer percepção sensorial: visão, audição, olfato, tato, gustação.

**9. Inspeção de pessoa.** O juiz pode inspecionar uma parte ou um terceiro.

**10. Inspeção da parte.** A parte tem o dever de colaborar com o juízo na realização da inspeção (art. 379, II). A parte pode recusar-se a ser inspecionada sobre fatos a respeito dos quais não esteja obrigada a depor (art. 388) ou nos casos em que pode deixar de exibir um documento (art. 404). A resistência injustificada da parte a submeter-se à inspeção judicial pode, entretanto, configurar um ato de litigância de má-fé (ar. 80, IV), além de poder ser considerada um indício que favoreça a parte contrária.

**11. Inspeção do terceiro.** O terceiro somente pode submeter-se à inspeção se com ela concordar. Embora todos tenham o dever de colaborar com a justiça (art. 378), os deveres impostos ao terceiro não abrangem o de se sujeitar à inspeção judicial (art. 380), cabendo ao juiz preservar sua dignidade humana e só poder inspecioná-lo, se houver sua concordância.

> **Art. 482.** Ao realizar a inspeção, o juiz poderá ser assistido por um ou mais peritos.

▶ **1. Correspondência no CPC/1973.** *"Art. 441. Ao realizar a inspeção direta, o juiz poderá ser assistido de um ou mais peritos."*

**▣ COMENTÁRIOS TEMÁTICOS**

**2. Inspeção direta *versus* inspeção indireta.** A inspeção pode ser direta, quando feita pelo próprio juiz, ou indireta, quando um perito assistir o juiz no exame da pessoa, da coisa ou do fenômeno.

**3. Inspeção indireta *versus* perícia informal.** A inspeção indireta não contém o exame pessoal do juiz. Não é, rigorosamente, uma inspeção judicial, mas uma perícia informal, confundindo-se com a perícia simplificada (art. 464, § 3º).

**4. Assistentes técnicos.** Na inspeção indireta, que é uma perícia simplificada, as partes devem ter a oportunidade de fazerem-se acompanhar de assistentes técnicos, que lhes prestarão esclarecimentos para que possam fiscalizar a realização da prova.

**5. Mais de um perito.** O juiz pode fazer-se acompanhar de mais de um perito, podendo, nesse caso, as partes indicarem mais de um assistente técnico.

> **Art. 483.** O juiz irá ao local onde se encontre a pessoa ou a coisa quando:
> I – julgar necessário para a melhor verificação ou interpretação dos fatos que deva observar;
> II – a coisa não puder ser apresentada em juízo sem consideráveis despesas ou graves dificuldades;
> III – determinar a reconstituição dos fatos.
> Parágrafo único. As partes têm sempre direito a assistir à inspeção, prestando esclarecimentos e fazendo observações que considerem de interesse para a causa.

▶ **1. Correspondência no CPC/1973.** *"Art. 442. O juiz irá ao local, onde se encontre a pessoa ou coisa, quando: I – julgar necessário para a melhor verificação ou interpretação dos fatos que deva observar; II – a coisa não puder ser apresentada em juízo, sem consideráveis despesas ou graves dificuldades; III – determinar a reconstituição dos fatos. Parágrafo único. As partes têm sempre direito a assistir à inspeção, prestando esclarecimentos e fazendo observações que reputem de interesse para a causa."*

**▣ COMENTÁRIOS TEMÁTICOS**

**2. Local da inspeção.** A inspeção judicial pode ser feita em mesa de audiência, na sede do juízo, ou no local onde se encontre a fonte da prova, desde que se situe no âmbito da competência territorial do juízo. A inspeção somente será feita no local onde se encontre a fonte da prova, nas hipóteses expressamente previstas no art. 483.

**3. Contraditório.** O juiz deve observar o contraditório na inspeção judicial, comunicando as partes previamente de sua realização, permitindo que a tudo acompanhem, que apresentem assistentes técnicos (no caso da inspeção indireta) e que formulem perguntas ao perito e aos assistentes técnicos.

**4. Publicidade.** A inspeção judicial não pode ser secreta, devendo o juiz dar-lhe ampla publicidade, intimando as partes para que possam comparecer e participar de sua realização.

---

**Art. 484.** Concluída a diligência, o juiz mandará lavrar auto circunstanciado, mencionando nele tudo quanto for útil ao julgamento da causa.
Parágrafo único. O auto poderá ser instruído com desenho, gráfico ou fotografia.

---

▶ **1. Correspondência no CPC/1973.** *"Art. 443. Concluída a diligência, o juiz mandará lavrar auto circunstanciado, mencionando nele tudo quanto for útil ao julgamento da causa. Parágrafo único. O auto poderá ser instruído com desenho, gráfico ou fotografia."*

### ▣ COMENTÁRIOS TEMÁTICOS

**2. Documentação da inspeção judicial.** A inspeção deve ser registrada em auto circunstanciado, sem o qual ela será considerada inexistente. Tudo que não estiver no auto de inspeção judicial não pode ser invocado como fundamentação da sentença. Sem o auto não há prova presente nos autos.

**3. Auto *versus* termo.** O auto é lavrado quando a inspeção judicial se realizar fora da sede do juízo. Sendo realizada na própria sede do juízo, a inspeção é documentada por uma ata ou termo de audiência.

**4. Conteúdo.** O termo ou auto de inspeção judicial deve registrar toda a ocorrência, inclusive os incidentes que tenham ocorrido durante sua realização.

**5. Assinaturas.** Lavrado o termo ou o auto de inspeção judicial, devem assiná-lo o juiz, o escrivão, o perito (se houver), os assistentes técnicos (se houver), os advogados e as partes.

**6. Contraditório.** Depois de lavrado e assinado o termo ou o auto da inspeção judicial, o juiz deve determinar a intimação das partes para que possam se manifestarem acerca da prova produzida, concretizando-se, assim, o contraditório.

---

## CAPÍTULO XIII
## DA SENTENÇA E DA COISA JULGADA

### Seção I
### Disposições Gerais

---

**Art. 485.** O juiz não resolverá o mérito quando:

I – indeferir a petição inicial;

II – o processo ficar parado durante mais de 1 (um) ano por negligência das partes;

III – por não promover os atos e as diligências que lhe incumbir, o autor abandonar a causa por mais de 30 (trinta) dias;

IV – verificar a ausência de pressupostos de constituição e de desenvolvimento válido e regular do processo;

V – reconhecer a existência de perempção, de litispendência ou de coisa julgada;

VI – verificar ausência de legitimidade ou de interesse processual;

VII – acolher a alegação de existência de convenção de arbitragem ou quando o juízo arbitral reconhecer sua competência;

VIII – homologar a desistência da ação;

IX – em caso de morte da parte, a ação for considerada intransmissível por disposição legal; e

X – nos demais casos prescritos neste Código.

§ 1º Nas hipóteses descritas nos incisos II e III, a parte será intimada pessoalmente para suprir a falta no prazo de 5 (cinco) dias.

§ 2º No caso do § 1º, quanto ao inciso II, as partes pagarão proporcionalmente as custas, e, quanto ao inciso III, o autor será condenado ao pagamento das despesas e dos honorários de advogado.

§ 3º O juiz conhecerá de ofício da matéria constante dos incisos IV, V, VI e IX, em qualquer tempo e grau de jurisdição, enquanto não ocorrer o trânsito em julgado.

§ 4º Oferecida a contestação, o autor não poderá, sem o consentimento do réu, desistir da ação.

§ 5º A desistência da ação pode ser apresentada até a sentença.

§ 6º Oferecida a contestação, a extinção do processo por abandono da causa pelo autor depende de requerimento do réu.

§ 7º Interposta a apelação em qualquer dos casos de que tratam os incisos deste artigo, o juiz terá 5 (cinco) dias para retratar-se.

# LIVRO I · DO PROCESSO DE CONHECIMENTO E DO CUMPRIMENTO DE SENTENÇA — Art. 485

▶ **1. Correspondência no CPC/1973.** *"Art. 267. Extingue-se o processo, sem resolução de mérito: I – quando o juiz indeferir a petição inicial; II – quando ficar parado durante mais de 1 (um) ano por negligência das partes; III – quando, por não promover os atos e diligências que lhe competir, o auto abandonar a causa por mais de 30 (trinta) dias; IV – quando se verificar a ausência de pressupostos de constituição e de desenvolvimento válido e regular do processo; V – quando o juiz acolher a alegação de perempção, litispendência ou de coisa julgada; VI – quando não concorrer qualquer das condições da ação, como a possibilidade jurídica, a legitimidade das partes e o interesse processual; VII – pela convenção de arbitragem; VIII – quando o autor desistir da ação; IX – quando a ação for considerada intransmissível por disposição legal; X – quando ocorrer confusão entre autor e réu; XI – nos demais casos prescritos neste Código. § 1º O juiz ordenará, nos casos dos ns. II e III, o arquivamento dos autos, declarando a extinção do processo, se a parte, intimada pessoalmente, não suprir a falta em 48 (quarenta e oito) horas. § 2º No caso do parágrafo anterior, quanto ao no II, as partes pagarão proporcionalmente as custas e, quanto ao nº III, o autor será condenado ao pagamento das despesas e honorários de advogado (art. 28). § 3º O juiz conhecerá de ofício, em qualquer tempo e grau de jurisdição, enquanto não proferida a sentença de mérito, da matéria constante dos ns. IV, V e VI; todavia, o réu que a não alegar, na primeira oportunidade em que lhe caiba falar nos autos, responderá pelas custas de retardamento. § 4º Depois de decorrido o prazo para a resposta, o autor não poderá, sem o consentimento do réu, desistir da ação."*

## 🗒 LEGISLAÇÃO CORRELATA

**2. Lei 4.717/1965, art. 9º.** *"Art. 9º Se o autor desistir da ação ou der motiva à absolvição da instância, serão publicados editais nos prazos e condições previstos no art. 7º, inciso II, ficando assegurado a qualquer cidadão, bem como ao representante do Ministério Público, dentro do prazo de 90 (noventa) dias da última publicação feita, promover o prosseguimento da ação."*

**3. Lei 7.347/1985, art. 5º, § 3º.** *"§ 3º Em caso de desistência infundada ou abandono da ação por associação legitimada, o Ministério Público ou outro legitimado assumirá a titularidade ativa."*

**4. Lei 9.307/1996, art. 3º.** *"Art. 3º As partes interessadas podem submeter a solução de seus litígios ao juízo arbitral mediante convenção de arbitragem, assim entendida a cláusula compromissória e o compromisso arbitral."*

**5. Lei 9.307/1996, art. 4º.** *"Art. 4º A cláusula compromissória é a convenção através da qual as partes em um contrato comprometem-se a submeter à arbitragem os litígios que possam vir a surgir, relativamente a tal contrato. (...)."*

**6. Lei 9.307/1996, art. 9º.** *"Art. 9º O compromisso arbitral é a convenção através da qual as partes submetem um litígio à arbitragem de uma ou mais pessoas, podendo ser judicial ou extrajudicial."*

**7. Lei 9.469/1997, art. 3º.** *"Art. 3º As autoridades indicadas no caput do art. 1º poderão concordar com pedido de desistência da ação, nas causas de quaisquer valores desde que o autor renuncie expressamente ao direito sobre que se funda a ação. Parágrafo único. Quando a desistência de que trata este artigo decorrer de prévio requerimento do autor dirigido à administração pública federal para apreciação de pedido administrativo com o mesmo objeto da ação, esta não poderá negar o seu deferimento exclusivamente em razão da renúncia prevista no caput deste artigo."*

**8. Lei 9.868/1999, art. 5º.** *"Art. 5º Proposta a ação direta, não se admitirá desistência."*

**9. Lei 9.868/1999, art. 16.** *"Art. 16. Proposta a ação declaratória, não se admitirá desistência."*

**10. Lei 12.016/2009, art. 6º, § 5º.** *"§ 5º Denega-se o mandado de segurança nos casos previstos pelo art. 267 da Lei nº 5.869, de 11 de janeiro de 1973 – Código de Processo Civil."*

**11. Lei 12.016/2009, art. 22, § 1º.** *"§ 1º O mandado de segurança coletivo não induz litispendência para as ações individuais, mas os efeitos da coisa julgada não beneficiarão o impetrante a título individual se não requerer a desistência de seu mandado de segurança no prazo de 30 (trinta) dias a contar da ciência comprovada da impetração da segurança coletiva".*

**12. CC, art. 11.** *"Art. 11. Com exceção dos casos previstos em lei, os direitos da personalidade são intransmissíveis e irrenunciáveis, não podendo o seu exercício sofrer limitação voluntária."*

**13. CDC, art. 104.** *"Art. 104. As ações coletivas, previstas nos incisos I e II e do parágrafo único do art. 81, não induzem litispendência para as ações individuais, mas os efeitos da coisa julgada erga omnes ou ultra partes a que aludem os incisos II e III do artigo anterior não beneficiarão os autores das ações individuais, se não for requerida sua suspensão no prazo de trinta dias, a contar da ciência nos autos do ajuizamento da ação coletiva."*

## ⚖ Jurisprudência, Enunciados e Súmulas Selecionados

- **14. Tema/Repercussão Geral 530 do STF.** "*É lícito ao impetrante desistir da ação de mandado de segurança, independentemente de aquiescência da autoridade apontada como coatora ou da entidade estatal interessada ou, ainda, quando for o caso, dos litisconsortes passivos necessários, a qualquer momento antes do término do julgamento, mesmo após eventual sentença concessiva do 'writ' constitucional, não se aplicando, em tal hipótese, a norma inscrita no art. 267, § 4º, do CPC/1973.*"

- **15. Súmula STF, 216.** "*Para decretação da absolvição de instância pela paralisação do processo por mais de trinta dias, é necessário que o autor, previamente intimado, não promova o andamento da causa.*"

- **16. Tema/Repetitivo 43 do STJ.** "*A comprovação do pagamento do 'custo do serviço'; referente ao fornecimento de certidão de assentamentos constantes dos livros da companhia é requisito de procedibilidade da ação de exibição de documentos ajuizada em face da sociedade anônima.*"

- **17. Tema/Repetitivo 212 STJ.** "*A extinção das ações de pequeno valor é faculdade da Administração Federal, vedada a atuação judicial de ofício.*"

- **18. Tema/Repetitivo 314 do STJ.** "*A inércia da Fazenda exequente, ante a intimação regular para promover o andamento do feito e a observância dos artigos 40 e 25 da Lei de Execução Fiscal, implica a extinção da execução fiscal não embargada ex officio, afastando-se o Enunciado Sumular 240 do STJ, segundo o qual 'A extinção do processo, por abandono da causa pelo autor, depende de requerimento do réu'. Matéria impassível de ser alegada pela exequente contumaz.*"

- **19. Tema/Repetitivo 524 do STJ.** "*Após o oferecimento da contestação, não pode o autor desistir da ação, sem o consentimento do réu (art. 267, § 4º, do CPC [de 1973]), sendo que é legítima a oposição à desistência com fundamento no art. 3º da Lei 9.469/97, razão pela qual, nesse caso, a desistência é condicionada à renúncia expressa ao direito sobre o qual se funda a ação.*"

- **20. Tema/Repetitivo 629 do STJ.** "*A ausência de conteúdo probatório eficaz a instruir a inicial, conforme determina o art. 283 do CPC [de 1973], implica a carência de pressuposto de constituição e desenvolvimento válido do processo, impondo sua extinção sem o julgamento do mérito (art. 267, IV do CPC [de 1973]) e a consequente possibilidade de o autor intentar novamente a ação (art. 268 do CPC [de 1973]), caso reúna os elementos necessários à tal iniciativa.*"

- **21. Tema/Repetitivo 869 do STJ.** "*Nos termos do artigo 219, caput e § 1º, do CPC [de 1973] e de acordo com a jurisprudência consolidada desta Corte, exceto nas hipóteses dos incisos II e III do artigo 267 do CPC [de 1973], a citação válida em processo extinto sem julgamento do mérito importa na interrupção do prazo prescricional, que volta a correr com o trânsito em julgado da sentença de extinção do processo.*"

- **22. Súmula 240, STJ.** "*A extinção do processo, por abandono da causa pelo autor, depende de requerimento do réu.*"

- **23. Súmula 389, STJ.** "*A comprovação do pagamento do 'custo do serviço' referente ao fornecimento de certidão de assentamentos constantes dos livros da companhia é requisito de procedibilidade da ação de exibição de documentos ajuizada em face da sociedade anônima.*"

- **24. Súmula STJ, 452.** "*A extinção das ações de pequeno valor é faculdade da Administração Federal, vedada a atuação judicial de ofício.*"

- **25. Súmula STJ, 642.** "*O direito à indenização por danos morais transmite-se com o falecimento do titular, possuindo os herdeiros da vítima legitimidade ativa para ajuizar ou prosseguir a ação indenizatória.*"

- **26. Enunciado 47 do FPPC.** "*A competência do juízo estatal deverá ser analisada previamente à alegação de convenção de arbitragem.*"

- **27. Enunciado 48 do FPPC.** "*A alegação de convenção de arbitragem deverá ser analisada à luz do princípio da competência-competência.*"

- **28. Enunciado 136 do FPPC.** "*A citação válida no processo judicial interrompe a prescrição, ainda que o processo seja extinto em decorrência do acolhimento da alegação da convenção de arbitragem.*"

- **29. Enunciado 153 do FPPC.** "*A superveniente instauração de procedimento arbitral, se ainda não decidida a alegação de convenção de arbitragem, também implicará a suspensão do processo, à espera da decisão do juízo arbitral sobre a sua própria competência.*"

- **30. Enunciado 159 do FPPC.** "*No processo do trabalho, o juiz pode retratar-se no prazo de cinco dias, após a interposição do recurso contra sentença que extingue o processo sem resolução do mérito.*"

**LIVRO I ·** DO PROCESSO DE CONHECIMENTO E DO CUMPRIMENTO DE SENTENÇA · **Art. 485**

- **31. Enunciado 293 do FPPC.** *"O juízo de retratação, quando permitido, somente poderá ser exercido se a apelação for tempestiva."*

- **32. Enunciado 434 do FPPC.** *"O reconhecimento da competência pelo juízo arbitral é causa para a extinção do processo judicial sem resolução do mérito."*

- **33. Enunciado 435 do FPPC.** *"Cabe agravo de instrumento contra a decisão do juiz que, diante do reconhecimento de competência pelo juízo arbitral, se recusar a extinguir o processo judicial sem resolução de mérito."*

- **34. Enunciado 520 do FPPC.** *"Interposto recurso inominado contra sentença sem resolução de mérito, o juiz pode se retratar em cinco dias."*

- **35. Enunciado 611 do FPPC.** *"Na hipótese de decisão parcial com fundamento no art. 485 ou no art. 487, as questões exclusivamente a ela relacionadas e resolvidas anteriormente, quando não recorríveis de imediato, devem ser impugnadas em preliminar do agravo de instrumento ou nas contrarrazões."*

- **36. Enunciado 5 da I Jornada-CJF.** *"Ao proferir decisão parcial de mérito ou decisão parcial fundada no art. 485 do CPC, condenar-se-á proporcionalmente o vencido a pagar honorários ao advogado do vencedor, nos termos do art. 85 do CPC."*

- **37. Enunciado 68 da I Jornada-CJF.** *"A intempestividade da apelação desautoriza o órgão a quo a proferir juízo positivo de retratação."*

- **38. Enunciado 118 do FNPP.** *"O mandado de segurança não se afigura como via adequada para discutir responsabilidade tributária quando a questão demandar dilação probatória."*

- **39. Enunciado 90 do FONAJE.** *"A desistência da ação, mesmo sem a anuência do réu já citado, implicará a extinção do processo sem resolução do mérito, ainda que tal ato se dê em audiência de instrução e julgamento, salvo quando houver indícios de litigância de má-fé ou lide temerária."*

### 🔲 Comentários Temáticos

**40. Primazia da decisão de mérito.** Ocorrendo uma das hipóteses do art. 485, o juiz deve extinguir o processo sem resolução do mérito. Tal extinção somente deve, porém, ocorrer, se o vício for intransponível, se não puder ser corrigido. As partes têm direito de obter em prazo razoável "a solução integral do mérito" (art. 4º), ou seja, as regras processuais que regem o processo civil brasileiro devem balizar-se pela preferência, pela precedência, pela prioridade, pelo primado da análise ou do julgamento do mérito. O juiz deve, sempre que possível, superar os vícios, estimulando, viabilizando e permitindo sua correção ou sanação, a fim de que possa efetivamente examinar o mérito e resolver o conflito posto pelas partes. Se o mérito já pode ser julgado favoravelmente à parte a quem aproveita a invalidade, não há razão para invalidar ou determinar a repetição da prática do ato. Impõe-se, desde logo, julgar o mérito (art. 282, § 2º).

**41. Julgamento conforme o estado do processo.** O julgamento conforme o estado do processo (art. 353) pode se realizar pela extinção do processo sem resolução do mérito (art. 354).

**42. Extinção do processo sem resolução do mérito.** Alegada defesa processual (art. 337) e findo o prazo para manifestação do autor (art. 351), o juiz pode proferir julgamento conforme o estado do processo, com extinção do processo sem resolução do mérito, se acolher a defesa processual, desde que não possa ser sanado o vício ou, sendo possível, não o tiver sido. O juiz também pode perceber, de ofício, a existência de alguma questão preliminar. Nesse caso, deve determinar a intimação das partes, para que se manifestem sobre aquela questão preliminar (art. 10). Convencido por uma delas em sentido contrário, o juiz não deve extinguir o processo. Se, porém, não tiver se convencido do contrário, ou não sanado o vício, o juiz irá, então, extinguir o processo sem resolução do mérito, devendo, em sua sentença, rejeitar, expressa e fundamentadamente, os argumentos deduzidos no processo capazes de infirmar a extinção (art. 489, § 1º, IV).

**43. Indeferimento da petição inicial.** A extinção do processo sem resolução do mérito pode ocorrer no início do procedimento, bem antes do momento do julgamento conforme o estado do processo. O indeferimento da petição inicial (art. 330) é causa de extinção do processo sem resolução do mérito (art. 485, I). Não há indeferimento da petição inicial por razões de mérito. O indeferimento da petição inicial (art. 330) não se confunde com a improcedência liminar do pedido (art. 332), realizada por sentença de mérito.

**44. Indeferimento parcial e indeferimento total.** O indeferimento da petição inicial pode ser total ou parcial. Será total quando toda a petição inicial é indeferida. Se, porém, o juiz indefere apenas parte da petição inicial, aí o indeferimento é parcial. O indeferimento parcial faz-se por decisão interlocutória, enquanto o total, por sentença.

759

**45. Abandono do processo pelas partes.** Paralisado por mais de 1 ano, por negligência das partes, o processo pode ser extinto sem resolução do mérito. Antes de extinguir o processo, o juiz deve, sob pena de nulidade da sentença, determinar a intimação pessoal das partes para que, no prazo de 5 dias, manifestem interesse no prosseguimento do processo. A paralisação é um ato-fato, sendo irrelevante a vontade das partes ou a investigação de culpa. Diante da paralisação, o juiz deve determinar a intimação pessoal delas para manifestação de interesse, sob pena de extinção do processo sem resolução do mérito. A intimação pessoal e a falta de manifestação no prazo de 5 dias são fundamentais, sendo requisito para a extinção do processo. Extinto o processo por abandono de ambas as partes, estas arcarão, proporcionalmente, com as despesas processuais, cabendo a cada uma delas pagar os honorários de seu respectivo advogado.

**46. Abandono do processo pelo autor.** Se o autor abandonar a causa por mais de 30 dias, deve o juiz determinar sua intimação pessoal para cumprir a diligência que lhe cabe no prazo de 5 dias. Não cumprida a diligência, o processo será extinto sem resolução do mérito. Para evitar que o abandono funcionasse como desistência indireta, sem a concordância do réu que já contestou (art. 485, § 4º), proíbe-se que o juiz o reconheça de ofício. Assim, se o réu já ofereceu contestação, exige-se que o reconhecimento do abandono dependa de seu requerimento prévio e expresso (art. 485, § 6º).

**47. Perempção.** É uma sanção, que decorre da prática de um ato ilícito. Se o autor der causa, por 3 vezes, à sentença por abandono do processo, ocorrerá perempção, perdendo o direito de ação e não podendo mais propor nova demanda contra o réu com o mesmo objeto (art. 486, § 3º).

**48. Ausência de pressupostos processuais.** Os pressupostos processuais compõem o juízo de admissibilidade de qualquer processo. Assim, ausente algum pressuposto processual, não será possível haver o exame do mérito, devendo o processo ser extinto sem resolução do mérito. Presentes os pressupostos processuais, será possível examinar o mérito, proferindo-se uma sentença que se encarte numa das hipóteses do art. 487.

**49. Ausência de citação como falta pressuposto processual.** *"A falta de citação do réu, embora transcorridos cinco anos do ajuizamento da demanda, configura ausência de pressuposto de desenvolvimento válido e regular do processo, ensejando sua extinção sem exame do mérito, hipótese que prescinde de prévia intimação pessoal do autor"* (STJ, 3ª Turma, AgRg no REsp 1.302.160/DF, rel. Min. João Otávio de Noronha, *DJe* 18.2.2016). No mesmo sentido: *"A jurisprudência do Superior Tribunal de Justiça é firme no sentido de que a falta de citação do réu configura ausência de pressuposto de validade da relação processual, ensejando sua extinção sem exame de mérito, prescindindo da intimação prévia do autor"* (STJ, 3ª Turma, AgInt no AREsp 1.872.705/PE, rel. Min. Ricardo Villas Bôas Cueva, *DJe* 24.6.2022).

**50. Condições da ação *versus* pressupostos processuais.** Na Teoria Geral do Processo, há 3 importantes institutos, que são autônomos: a ação, o processo e a jurisdição. Embora autônomos, estão interligados. A ação provoca o exercício da jurisdição pelo processo. O processo forma-se pela ação, culminando com a efetiva prestação da jurisdição. A categoria das condições da ação sempre se relacionou com a ação, enquanto os pressupostos processuais dizem respeito ao processo. Ausente alguma condição da ação, a parte seria carecedora de ação, não existindo os requisitos constitutivos do direito de ação. Não preenchidas tais condições, a ação não existiria e, consequentemente, também não estaria o juiz a exercer atividade jurisdicional, na medida em que, para Liebman, só há jurisdição se houver ação e vice-versa. Atualmente, tem prevalecido o entendimento de que tanto as condições da ação como os pressupostos processuais inserem-se no juízo de admissibilidade do processo, devendo estar presentes para que se possa proferir uma sentença de mérito. As condições da ação e os pressupostos processuais integram os requisitos de admissibilidade para o exame do mérito. Sua reunião numa só categoria não foi, entretanto, a opção adotada pelo CPC/1973. Não seria, então, possível agrupá-los numa só categoria em razão da opção legislativa que ali vigorava. O atual CPC não faz uso das expressões "condições da ação" e "carência de ação", podendo desse silêncio decorrer a conclusão de que não há mais essa categoria autônoma, de sorte que não se poderia mais afirmar que a falta de uma "condição da ação" acarretaria "carência de ação" ou inexistência da ação e do processo. Não havendo mais a categoria "condições da ação", a legitimidade e o interesse passam a integrar o juízo de admissibilidade do processo, havendo apenas pressupostos processuais e mérito. A circunstância de a ação e o processo serem institutos autônomos não impõe que haja necessariamente, como categorias autônomas, as condições da ação e os pressupostos processuais. O processo surge com a propositura da demanda. Esta constitui um ato jurídico que acarreta a

# LIVRO I · DO PROCESSO DE CONHECIMENTO E DO CUMPRIMENTO DE SENTENÇA

## Art. 485

formação do processo. Para que o processo tenha desenvolvimento válido, é preciso já que a própria demanda seja validamente exercida, de sorte que os requisitos de validade da demanda podem ser requisitos de validade dos demais atos processuais, pois viciado o ato jurídico de demandar, haverá contaminação aos demais atos, salvo se não resultar prejuízo ou se o resultado de mérito puder ser favorável ao réu.

**51. Ausência de previsão da condições da ação no CPC.** *"No regime do CPC de 2015, em que as condições da ação não mais configuram categoria processual autônoma, diversa dos pressupostos processuais e do mérito, a possibilidade jurídica do pedido deixou de ser questão relativa à admissibilidade e passou a ser mérito"* (STJ, 1ª Seção, AR 3.667/DF, rel. Min. Humberto Martins, *DJe* 23.5.2016).

**52. Ilegitimidade de parte.** A legitimidade *ordinária* difere da *extraordinária*. Enquanto a primeira caracteriza-se como matéria de mérito, a *extraordinária* integra o juízo de admissibilidade do processo. A legitimidade *ordinária* é reflexo do direito material, sendo questão de mérito. Se o juiz conclui pela falta de legitimidade *ordinária*, o que está a decidir, em verdade, é pela ausência de titularidade do direito invocado, denegando a postulação formulada: declara não ter razão o autor, por não ser titular do direito; profere, enfim, sentença de improcedência. Embora a legitimidade *extraordinária* esteja relacionada com a relação material, sendo estabelecida em razão do nexo existente entre as relações jurídicas de titularidade do legitimado ordinário e do extraordinário, não constitui uma questão de mérito. Se o substituto processual não dispõe de legitimidade, a sentença que assim o reconhece não denega o direito do substituído. Com efeito, quando o juiz reconhece a ilegitimidade *ad causam* do substituto processual, não está a rejeitar o reconhecimento do direito do substituído; está, apenas, a observar que, naquele caso, o sujeito não está autorizado a, em nome próprio, postular direito alheio. Significa, então, que a legitimidade *extraordinária* é uma questão de admissibilidade do processo, e não de mérito. A legitimidade *ordinária* da parte é, então, uma questão de mérito. Ao lado das questões de mérito, há os pressupostos processuais em cujo âmbito inserem-se o interesse de agir e a legitimidade *extraordinária*.

**53. Falta de interesse de agir.** O interesse de agir decorre da conjugação da *necessidade* e da *utilidade* do provimento jurisdicional perseguido, sendo certo que a demanda será necessária se não houver outro meio, senão o judicial,

para solucionar a disputa. Será útil, na medida em que confira ao autor uma situação de vantagem, dando-lhe mais do que dispunha antes do ingresso em juízo. Tais elementos – necessidade e utilidade – devem ser aferidos *in status assertionis,* ou seja, levando-se em conta serem verdadeiras as afirmações contidas na petição inicial. O interesse de agir deve ser aferido a partir do exame da *causa de pedir próxima*, que contém a demonstração da necessidade e da utilidade da providência jurisdicional postulada. O interesse de agir difere do interesse substancial ou material. O interesse material diz respeito à supressão de uma necessidade humana (primária ou secundária) por um bem da vida que, por ser apto a satisfazer a necessidade, uma vontade ou um desejo, confere uma utilidade ou vantagem ao interessado. Eis que surge o interesse pelo bem, na medida exata em que ele serve ou se destina à satisfação de uma necessidade. Quando o referido interesse material é despertado em mais de uma pessoa, surge o conflito, originando o interesse de agir, de feição processual. Não há um interesse de agir específico para cada pretensão ou para cada direito material. O interesse de agir é *um só*, seja qual for o direito ou o interesse material discutido. Além disso, o interesse de agir deve sempre ser *concreto*, ou seja, deve dizer respeito a uma relação jurídica específica e individualizada, concernindo, ainda, a uma providência judicial determinada, tudo em decorrência do que constar da causa de pedir e do pedido descritos na petição inicial. Porque deve referir-se a uma relação jurídica específica e individualizada, o interesse de agir há de ser *atual*, não sendo possível concernir a uma relação já extinta ou a uma que irá se realizar. E é por ser *atual* que o interesse de agir deve estar presente em todo o curso da demanda, desde o seu ajuizamento até o encerramento definitivo do processo, quando haverá a efetiva prestação jurisdicional. Não sendo necessária ou útil a providência jurisdicional perseguida, faltará interesse de agir. Faltando interesse de agir, deve ser extinto o processo sem resolução do mérito.

**54. Litispendência e coisa julgada.** O processo deve ser extinto sem resolução do mérito quando houver litispendência ou coisa julgada. Há litispendência quando se repropõe ação idêntica em curso. Há coisa julgada quando se repropõe demanda já julgada por sentença de mérito transitada em julgado. No sistema normativo brasileiro, a configuração da litispendência e da coisa julgada depende dos elementos da demanda: *(a)* as partes, *(b)* a causa de pedir e *(c)* o pedido. Uma ação será idêntica à outra quando forem igualmente idênticos os seus três elementos, caracterizando a chamada *tríplice identidade* (art. 337, § 2º).

**55. Irrelevância do procedimento adotado para configuração da litispendência.** *"Litispendência reconhecida entre ação de execução de título extrajudicial e mandado de segurança que possuem a mesma causa de pedir e o mesmo pedido: percepção dos valores contidos em portaria de anistia. 2. A litispendência é aferida tão somente pela identidade de partes, pedido e causa de pedir. Daí ser impertinente a alegação de que as medidas empregadas são diversas, pois o meio eleito é irrelevante para caracterizar a duplicidade de demandas"* (STJ, 1ª Seção, AgInt no MS 23.546/DF, rel. Min. Sérgio Kukina, *DJe* 19.8.2019).

**56. Litispendência e coisa julgada em casos de colegitimidade.** É possível haver litispendência ou coisa julgada sem a existência da tríplice identidade. Nas ações coletivas, a configuração da litispendência ou da coisa julgada dispensa a identidade das partes, bastando a identidade das causas de pedir e dos pedidos, pois a legitimidade ativa é concorrente e disjuntiva: todos os legitimados ativos são colegitimados e são considerados como a mesma pessoa. Também nos processos individuais, é desnecessária a identidade das partes para a configuração da litispendência e da coisa julgada. Em casos de colegitimidade, quando seria possível, por exemplo, o litisconsórcio ativo unitário facultativo ou a substituição processual, a litispendência e a coisa julgada configuram-se só com a identidade das causas de pedir e dos pedidos. Assim, proposta uma demanda pelo substituto, haverá litispendência ou coisa julgada com a demanda proposta pelo substituído, que tenha a mesma causa de pedir e o mesmo pedido.

**57. Litispendência entre ações coletivas.** *"Segundo a jurisprudência do STJ, nas ações coletivas, para análise da configuração de litispendência, a identidade das partes deve ser aferida sob a ótica dos possíveis beneficiários do resultado das sentenças, tendo em vista tratar-se de substituição processual por legitimado extraordinário"* (STJ, 4ª Turma, REsp 1.726.147/SP, rel. Min. Antonio Carlos Ferreira, *DJe* 21.5.2019).

**58. A desistência da ação como ato unilateral.** Enquanto não apresentada a contestação, o autor poderá desistir da ação. A partir de tal momento, ou seja, depois da contestação, o autor somente poderá desistir da ação, se contar com a concordância do réu.

**59. A desistência da ação como ato bilateral.** Apresentada contestação, o autor só poderá de-

sistir da ação, caso o réu com ela manifeste sua concordância. Depois desse momento, o ato, que era unilateral, passa a ser bilateral, exigindo a confluência das manifestações de vontade do autor e do réu. Não escoado o prazo para resposta, mas já apresentada contestação, a desistência da ação deverá contar com a concordância do réu, sob pena de não poder ser homologada pelo juiz.

**60. Desistência e réu revel.** Quando houver revelia, não é necessário contar com a concordância do réu para a desistência da ação. Apenas se exige sua concordância, caso ele tenha efetivamente apresentado contestação no prazo legal. Sendo revel, é desnecessário intimar o réu.

**61. Fundamentação da recusa.** *"Após o escoamento do prazo para resposta, somente é admissível a desistência da ação com a aquiescência do réu, pois ele também tem direito ao julgamento de mérito da controvérsia, bem como a eventual formação de coisa julgada material a seu favor. 4. A recusa do réu, todavia, deve ser fundamentada em motivo razoável, sendo insuficiente a simples alegação de discordância sem a indicação de qualquer motivo plausível"* (STJ, 3ª Turma, REsp 1.519.589/DF, rel. Min. Nancy Andrighi, *DJe* 13.4.2018).

**62. Recusa do réu e princípio da boa-fé.** Apresentada contestação, cumpre observar se o réu alegou alguma preliminar que objetive impedir a análise do mérito (art. 337). Caso haja alguma preliminar invocada na contestação, o réu demonstrou que pretende obter uma sentença sem resolução do mérito. Não há razão, a partir daí, para discordar da desistência da ação, pois terá o réu praticado um ato incompatível, caracterizando a existência de uma *preclusão lógica*. A boa-fé objetiva impede a prática de conduta contraditória (art. 5º). Se o réu manifestou interesse de ver extinto o processo sem resolução do mérito, não há razão para discordar da desistência da ação.

**63. Impossibilidade de o réu condicionar sua concordância à transmudação da desistência em renúncia ao direito sobre o qual se funda a ação.** O art. 3º da Lei 9.469/1997 autoriza a Fazenda Pública a concordar com a desistência, desde que o autor renuncie ao direito sobre que se funda a ação. Não é razoável essa exigência. A desistência da ação é um negócio jurídico processual, que permite ao autor revogar sua demanda e obter uma sentença que extinga o processo sem resolução do mérito. Ao réu se permite discordar, desde que demonstre fundamento plausível. Havendo desistência, caso o autor pretenda repropor sua demanda, deverá fazê-lo perante o mesmo juízo (CPC, art. 286,

**LIVRO I · DO PROCESSO DE CONHECIMENTO E DO CUMPRIMENTO DE SENTENÇA** **Art. 485**

II). Tal postura de concordar com a desistência, desde que a parte renuncie ao direito sobre o qual se funda a ação (CPC, art. 487, III, *a*), é excessiva e desproporcional, quando o réu já tem o direito de discordar fundamentadamente. Não soa razoável que o réu, além do direito de discordar, tenha a possibilidade de exigir que o autor renuncie ao direito material, com a consequente produção de coisa julgada que impeça a efetiva apreciação – e julgamento – de seu pedido. É, portanto, ilegítimo ao réu condicionar sua concordância a uma transmudação em renúncia ao direito sobre o qual se funda a ação, não sendo razoável o art. 3º da Lei 9.469/1997. A regra atenta contra o *princípio da razoabilidade*. O estabelecimento de um direito que se afaste do padrão normal de condutas deve ser razoável, contendo fundamento plausível. As peculiaridades que fazem da Fazenda Pública um ente merecedor de tratamento diferenciado não justificam a regra que lhe permite concordar com a desistência da ação somente se o autor renunciar ao direito sobre o qual se funda sua demanda. Tal regra não é razoável, sendo, portanto, inconstitucional. O parágrafo único do art. 3º da Lei 9.469/1997 afasta a incidência da regra contida em seu *caput*, dispondo que *"quando a desistência de que trata este artigo decorrer de prévio requerimento do autor dirigido à administração pública federal para apreciação de pedido administrativo com o mesmo objeto da ação, esta não poderá negar o seu deferimento exclusivamente em razão da renúncia prevista no caput deste artigo"*. Nesse caso, a Fazenda Pública federal não pode condicionar a desistência a uma renúncia ao direito sobre o qual se funda a ação. A regra tem nítida finalidade de estimular a busca pela solução extrajudicial do conflito entre o particular e o Poder Público.

**64.** **Desistência em casos repetitivos.** Não se exige a concordância do réu com a desistência de ação cujo objeto verse sobre tese jurídica resolvida em julgamento de casos repetitivos. Em tal hipótese, há um estímulo à desistência antes de proferida a sentença. Ainda que tenha sido apresentada contestação, é possível desistir da ação sem concordância do réu (art. 1.040, § 3º).

**65.** **Limite temporal.** A desistência da ação somente pode ocorrer até a sentença. Proferida sentença, não pode mais o autor desistir da ação.

**66.** **A desistência da ação como fato impeditivo do poder de recorrer.** Manifestada a desistência da ação pelo autor e vindo a ser homologada pelo juiz, não poderá o autor recorrer da sentença, devido à ocorrência de preclusão lógica. Se o réu manifestar concordância com a desistência, também não poderá recorrer da respectiva sentença homologatória. O réu poderá recorrer se o juiz homologar a desistência sem colher sua prévia desistência, quando tiver já apresentado contestação ou caso o advogado do autor não disponha de poderes especial para desistir, mas, ainda assim, o juiz tenha homologado da desistência.

**67.** **A desistência do mandado de segurança.** *"O Supremo Tribunal Federal, no julgamento de Recurso Extraordinário, cuja repercussão geral da matéria foi reconhecida (RE 669.367/RJ), sedimentou o entendimento sobre a possibilidade de haver desistência da ação de mandado de segurança, ainda que tenha sido proferida decisão de mérito e independentemente da aquiescência da parte contrária"* (STJ, 1ª Turma, AgInt nos EDcl no AREsp 1.221.628/RJ, rel. Min. Manoel Erhardt – Des. Conv. TRF5, *DJe* 18.5.2022).

**68.** **Desistência da ação de desapropriação.** O autor pode desistir da ação de desapropriação, a qualquer momento, sem precisar da concordância do réu, enquanto não se ultimar a incorporação do bem ao seu patrimônio: no caso de bem móvel, até a tradição e, para o imóvel, até o trânsito em julgado da sentença ou o registro do título resultante do acordo.

**69.** **Desistência da desapropriação e pagamento do preço.** *"(...) embora haja no STJ o entendimento de que é 'possível a desistência da desapropriação, a qualquer tempo, mesmo após o trânsito em julgado', o mesmo Tribunal condiciona esse ato processual a que 'ainda não tenha havido o pagamento integral do preço e o imóvel possa ser devolvido sem alteração substancial que impeça que seja utilizado como antes' (Recurso Especial 1.368.773/MS, Relator para acórdão Min. Herman Benjamin, Segunda Turma,* DJe *06.12.2016). No mesmo sentido: REsp 1.397.844/ SP, Rel. Ministra Eliana Calmon, Segunda Turma,* DJe *24.09.2013"* (STJ, 2ª Turma, AgInt nos EDcl no REsp 1.809.413/SP, rel. Min. Herman Benjamin, *DJe* 18.5.2020).

**70.** **A desistência da ação de execução.** O exequente pode desistir de toda execução independentemente do consentimento do executado (art. 775), mesmo que este tenha apresentado *impugnação ou embargos à execução* (defesa do executado). Se não for apresentada a defesa, ou quando esta restringir-se a questões processuais, não há necessidade do consentimento. Nesse caso, manifestada desistência, haverá extinção da execução e, igualmente, dos embargos à execução ou da impugnação. Se a impugnação ou os embargos do executado versarem sobre questões relacionadas a relações jurídica material, a con-

763

cordância do executado se impõe. Nesses casos, se o executado não consentir com a desistência, a execução se extingue, mas a defesa ainda terá de ser examinada. Na execução, o regramento da desistência é diferente do previsto na fase de conhecimento, em que a concordância do réu é exigida sempre que houver contestação, não fazendo a lei referência a nenhum conteúdo específico da defesa.

**71. A desistência da ação e os honorários de sucumbência.** Extinto o processo por desistência da ação, as despesas e os honorários de sucumbência serão pagos pela parte que desistiu (art. 90).

**72. A desistência da ação e a distribuição por dependência.** Manifestada desistência por advogado com poderes específicos (art. 105), esta só produz efeitos depois de homologada pelo juiz (art. 200, parágrafo único), por meio de sentença, que permitirá ao autor repropor sua demanda (art. 486). A repropositura da demanda deverá ser atribuída ao mesmo juízo que homologara a desistência, ainda que a parte renove a demanda em litisconsórcio com outros autores (art. 286, II).

**73. Convenção de arbitragem.** As partes interessadas podem submeter a solução de seus litígios ao juízo arbitral mediante convenção de arbitragem, assim entendida a cláusula compromissória e o compromisso arbitral. Em outras palavras, a convenção de arbitragem é o gênero, do qual há duas espécies: a cláusula compromissória e o compromisso arbitral. A cláusula compromissória é *"a convenção através da qual as partes em um contrato comprometem-se a submeter à arbitragem os litígios que possam vir a surgir, relativamente a tal contrato"* (Lei 9.307/1996, art. 4º). A cláusula compromissória deve ser estipulada por escrito, podendo inserir-se no próprio contrato ou em documento apartado que a ele se refira. Já o compromisso arbitral *"é a convenção através da qual as partes submetem um litígio à arbitragem de uma ou mais pessoas, podendo ser judicial ou extrajudicial"* (Lei 9.307/1996, art. 9º). Tanto a cláusula compromissória quanto o compromisso arbitral produzem o chamado efeito vinculante, submetendo efetivamente as partes à arbitragem. Se, embora celebrada convenção de arbitragem, uma das partes propõe demanda judicial, poderá a outra suscitá-la, devendo, então, o juiz extinguir o processo sem resolução do mérito, para que a disputa seja submetida ao tribunal arbitral. Se, porém, o réu não alegar a existência da convenção de arbitragem, o processo judicial prosseguirá, não devendo o juiz dela conhecer de ofício. A ausência de alegação da convenção de arbitragem na contestação implica renúncia do réu ao juízo arbitral.

**74. Competência-competência do árbitro.** *"Justamente para dar concretude a tais efeitos, a lei de regência confere ao Juízo arbitral a medida de competência mínima, veiculada no princípio da Kompetenz-Kompetenz, cabendo-lhe, assim, deliberar sobre a sua própria competência, precedentemente a qualquer outro órgão julgador, imiscuindo-se, para tal fim, sobre as questões relativas à existência, à validade e à eficácia da convenção da arbitragem e do contrato que contenha a cláusula compromissória"* (STJ, 3ª Turma, REsp 1.699.855/RS, rel. Min. Marco Aurélio Bellizze, *DJe* 8.6.2021).

**75. Preclusão para manifestação do § 1º.** *"O descumprimento do prazo assinalado no § 1º do 485 do NCPC enseja a preclusão da oportunidade de praticar o ato"* (STJ, 3ª Turma, REsp 1.699.566/PR, rel. Min. Moura Ribeiro, *DJe* 30.11.2021).

**76. Morte da parte.** Ocorrendo a morte ou a perda da capacidade de qualquer das partes, suspende-se o processo (art. 313, I). Nesse caso, a suspensão do processo tem o condão de suspender também o curso do prazo (CPC, art. 221). A morte é causa de suspensão do processo, quando o direito for transmissível. Sendo, porém, o direito personalíssimo e, portanto, intransmissível, a morte acarreta a extinção, e não a suspensão, do processo (art. 485, IX).

**77. Recurso cabível.** Da sentença que extingue o processo sem resolução do mérito cabe apelação (art. 1.009).

**78. Efeito regressivo da apelação.** A apelação interposta contra a sentença que extingue o processo sem resolução do mérito permite o juízo de retratação pelo órgão julgador (art. 485, § 7º). Essa é mais uma regra que concretiza o princípio da primazia da decisão de mérito. Se, ao examinar a apelação, o juiz percebe que errou ao extinguir o processo sem resolução do mérito, ele pode retratar-se, desfazer sua sentença, avançar e julgar o mérito.

**Art. 486.** O pronunciamento judicial que não resolve o mérito não obsta a que a parte proponha de novo a ação.

§ 1º No caso de extinção em razão de litispendência e nos casos dos incisos I, IV, VI e VII do art. 485, a propositura da nova ação depende da correção do vício que levou à sentença sem resolução do mérito.

§ 2º A petição inicial, todavia, não será despachada sem a prova do pagamento ou do depósito das custas e dos honorários de advogado.

# LIVRO I · DO PROCESSO DE CONHECIMENTO E DO CUMPRIMENTO DE SENTENÇA — Art. 487

§ 3º Se o autor der causa, por 3 (três) vezes, a sentença fundada em abandono da causa, não poderá propor nova ação contra o réu com o mesmo objeto, ficando-lhe ressalvada, entretanto, a possibilidade de alegar em defesa o seu direito.

▶ **1. Correspondência no CPC/1973.** *"Art. 268. Salvo o disposto no art. 267, V, a extinção do processo não obsta a que o autor intente de novo a ação. A petição inicial, todavia, não será despachada sem a prova do pagamento ou do depósito das custas e dos honorários de advogado. Parágrafo único. Se o autor der causa, por três vezes, à extinção do processo pelo fundamento previsto no nº III do artigo anterior, não poderá intentar nova ação contra o réu com o mesmo objeto, ficando-lhe ressalvada, entretanto, a possibilidade de alegar em defesa o seu direito."*

## 📖 LEGISLAÇÃO CORRELATA

**2. Lei 12.016/2009, art. 6º, § 6º.** *"Art. 6º (...) § 6º O pedido de mandado de segurança poderá ser renovado dentro do prazo decadencial, se a decisão denegatória não lhe houver apreciado o mérito."*

## ⚖ JURISPRUDÊNCIA, ENUNCIADOS E SÚMULAS SELECIONADOS

• **3. Tema/Repetitivo 629 do STJ.** *"A ausência de conteúdo probatório eficaz a instruir a inicial, conforme determina o art. 283 do CPC [de 1973], implica a carência de pressuposto de constituição e desenvolvimento válido do processo, impondo sua extinção sem o julgamento do mérito (art. 267, IV do CPC [de 1973]) e a consequente possibilidade de o autor intentar novamente a ação (art. 268 do CPC [de 1973]), caso reúna os elementos necessários à tal iniciativa."*

## 🗐 COMENTÁRIOS TEMÁTICOS

**4. Repropositura da demanda.** Extinto o processo sem resolução do mérito, o autor pode propor novamente a demanda, desde que se corrija o vício que ensejou a extinção do processo anterior. Não se aceita a repropositura automática, sem a correção do vício. Mantido o vício, não se permite a repropositura.

**5. Distribuição por dependência.** Extinto o processo sem resolução do mérito, a parte pode repropor sua demanda, mas deverá fazê-lo perante o mesmo juízo (art. 286, II).

**6. Extinção do processo e impossibilidade de reaproveitamento das custas pagas para a** repropositura da demanda. *"As custas podem ser cobradas pelo serviço público efetivamente prestado ou colocado à disposição do contribuinte. Ao se ajuizar determinada demanda, dá-se início ao processo. O encerramento desse processo exige a prestação do serviço público judicial, ainda que não se analise o mérito da causa"* (STJ, 2ª Turma, REsp 1.893.966/SP, rel. Min. Og Fernandes, DJe 17.6.2021).

**7. Perempção.** É uma sanção, que decorre da prática de um ato ilícito. Se o autor der causa, por 3 vezes, à sentença por abandono do processo, ocorrerá perempção, perdendo o direito de ação e não podendo mais propor nova demanda contra o réu com o mesmo objeto (art. 486, § 3º).

---

**Art. 487.** Haverá resolução de mérito quando o juiz:

I – acolher ou rejeitar o pedido formulado na ação ou na reconvenção;

II – decidir, de ofício ou a requerimento, sobre a ocorrência de decadência ou prescrição;

III – homologar:

a) o reconhecimento da procedência do pedido formulado na ação ou na reconvenção;

b) a transação;

c) a renúncia à pretensão formulada na ação ou na reconvenção.

Parágrafo único. Ressalvada a hipótese do § 1º do art. 332, a prescrição e a decadência não serão reconhecidas sem que antes seja dada às partes oportunidade de manifestar-se.

---

▶ **1. Correspondência no CPC/1973.** *"Art. 269. Haverá resolução de mérito: I – quando o juiz acolher ou rejeitar o pedido do autor; II – quando o réu reconhecer a procedência do pedido; III – quando as partes transigirem; IV – quando o juiz pronunciar a decadência ou a prescrição; V – quando o autor renunciar ao direito sobre que se funda a ação."*

## 📖 LEGISLAÇÃO CORRELATA

**2. CC, art. 114.** *"Art. 114. Os negócios jurídicos benéficos e a renúncia interpretam-se estritamente."*

**3. CC, art. 840.** *"Art. 840. É lícito aos interessados prevenirem ou terminarem o litígio mediante concessões mútuas."*

**4. CC, art. 841.** *"Art. 841. Só quanto a direitos patrimoniais de caráter privado se permite a transação."*

**5. Lei 11.101/2005, art. 20-C.** *"O acordo obtido por meio de conciliação ou de mediação com*

## Art. 487 CÓDIGO DE PROCESSO CIVIL COMENTADO – *Leonardo Carneiro da Cunha*

fundamento nesta Seção deverá ser homologado pelo juiz competente conforme o disposto no art. 3º desta Lei."

### ⚖ Jurisprudência, Enunciados e Súmulas Selecionados

- **6. Tema/Repetitivo 134 do STJ.** *"Em execução fiscal, a prescrição ocorrida antes da propositura da ação pode ser decretada de ofício (art. 219, § 5º, do CPC [de 1973])."*

- **7. Tema/Repetitivo 257 do STJ.** *"Na esfera judicial, a renúncia sobre os direitos em que se funda a ação que discute débitos incluídos em parcelamento especial deve ser expressa, porquanto o preenchimento dos pressupostos para a inclusão da empresa no referido programa é matéria que deve ser verificada pela autoridade administrativa, fora do âmbito judicial."*

- **8. Súmula 409, STJ.** *"Em execução fiscal, a prescrição ocorrida antes da propositura da ação pode ser decretada de ofício (art. 219, § 5º, do CPC [de 1973])."*

- **9. Súmula TST, 418.** *"A homologação de acordo constitui faculdade do juiz, inexistindo direito líquido e certo tutelável pela via do mandado de segurança."*

- **10. Enunciado 160 do FPPC.** *"A sentença que reconhece a extinção da obrigação pela confusão é de mérito."*

- **11. Enunciado 161 do FPPC.** *"É de mérito a decisão que rejeita a alegação de prescrição ou de decadência."*

- **12. Enunciado 521 do FPPC.** *"Apenas a decadência fixada em lei pode ser conhecida de ofício pelo juiz."*

- **13. Enunciado 611 do FPPC.** *"Na hipótese de decisão parcial com fundamento no art. 485 ou no art. 487, as questões exclusivamente a ela relacionadas e resolvidas anteriormente, quando não recorríveis de imediato, devem ser impugnadas em preliminar do agravo de instrumento ou nas contrarrazões."*

### ▤ Comentários Temáticos

**14. Mérito.** O vocábulo *mérito* apresenta um caráter polivalente, ostentando sentido polissêmico. Há vários sentidos para o termo *mérito*. Um dos sentidos do termo *mérito* é utilizado para contrapor ao termo *rito*, de sorte que o *rito* corresponde à matéria de âmbito processual, enquanto o *mérito* coincide com questões pertinentes ao direito material. O termo *mérito*, no CPC, identifica-se com o *pedido* formulado pelo

autor. Para que o juiz possa apreciar o mérito, julgando o pedido, é necessário que haja o preenchimento de certos requisitos de admissibilidade, que são os pressupostos processuais. Desse modo, presentes os pressupostos processuais, possibilita-se o exame do mérito, cuja análise consistirá no exercício da jurisdição, seja para acolher o pedido, seja para rejeitá-lo.

**15. Direito de ação.** A ação consiste no direito de provocar o julgamento do pedido, que é a análise do mérito.

**16. Decisão de mérito**. É a que examina o pedido, seja para acolhê-lo, seja para rejeitá-lo.

**17. Resolução do mérito.** A finalidade de qualquer processo judicial é resolver um litígio, uma disputa, uma controvérsia havida entre as partes. A controvérsia pode ser resolvida por uma heterocomposição, ou seja, por sentença que acolhe ou rejeita o pedido (art. 487, I) ou por autocomposição: renúncia, transação ou reconhecimento da procedência do pedido.

**18. Sentença homologatória.** O inciso III do art. 487 trata de um mesmo gênero de decisão: a homologatória de autocomposição, que põe termo à controvérsia. A autocomposição pode ser unilateral (nos casos de renúncia e reconhecimento da procedência do pedido) ou bilateral (no caso da transação). Nesses casos, o que extingue o processo é a homologação da autocomposição, e não a própria autocomposição. Homologar é tornar o ato, que se examina, semelhante ao ato que deveria ser praticado. Quando o juiz homologa a renúncia ao direito, a transação ou o reconhecimento da procedência do pedido, torna cada um desses atos semelhante à sentença que acolhe ou rejeita o pedido. O ato de autocomposição passa a ter a mesma razão de ser do ato de heterocomposição, extinguindo o processo com resolução do mérito. É que não há mais controvérsia: ela foi solucionada.

**19. Resolução da disputa.** Na transação, no reconhecimento e na renúncia, a disputa é resolvida pelas próprias partes, de modo bilateral (transação) ou unilateral (reconhecimento ou renúncia). O juiz, em tais casos, nada decide; apenas homologa. A decisão é tomada pelas partes; há, enfim, uma autocomposição.

**20. Negócio processual unilateral.** A renúncia ao direito sobre o qual se funda a ação e o reconhecimento a procedência do pedido são negócios processuais unilaterais.

**21. Autocomposição unilateral.** Quando a parte renuncia ao direito ou reconhece a procedência do pedido, não há resistência. A pretensão

**LIVRO I • DO PROCESSO DE CONHECIMENTO E DO CUMPRIMENTO DE SENTENÇA** Art. 487

é resolvida unilateralmente, sem resistência. A renúncia e o reconhecimento são atos de disposição de vontade, que resolvem unilateralmente a pendência havida entre as partes. Há, enfim, uma autocomposição unilateral.

**22. Irretratabilidade.** *"O reconhecimento da procedência do pedido inicial, feito de forma inequívoca pelo réu, é irretratável, sendo ineficaz o arrependimento por ele manifestado"* (STJ, 3ª Turma, REsp 1.317.749/SP, rel. p/ ac. Min. João Otávio de Noronha, *DJe* 28.11.2013). No mesmo sentido: *"O reconhecimento da procedência do pedido é irretratável e produz efeitos imediatos. Posterior arrependimento da parte em razão de acordo não aperfeiçoado não torna ineficaz o reconhecimento que livremente manifestou"* (STJ, 3ª Turma, EDcl nos EDcl no REsp 1.317.749/SP, rel. Min. João Otávio de Noronha, *DJe* 11.9.2014).

**23. Renúncia.** É negócio jurídico unilateral por meio do qual o sujeito dispõe de uma situação jurídica. Com a renúncia, o titular do direito o extingue; deliberadamente o elimina. Por meio da renúncia, o sujeito abdica de seu direito. O que a caracteriza é a declaração renunciativa em sentido estrito, a pura abdicação, demissão, despojamento de um direito de que se é titular: o titular do direito, em vez de o conservar, ou de o exercer, ou de não o exercer, declara *renunciar* a ele.

**24. Eficácia da renúncia.** A renúncia é pura e simplesmente extintiva do direito do renunciante, e nada mais que isso. Qualquer vantagem que outro sujeito eventualmente venha a auferir, não terá causa na renúncia, mas em outro título. O renunciante declara pretender a produção desse efeito que se cifra na extinção daquele direito, e a produção *apenas* desse efeito. Não integra a renúncia qualquer efeito de subsequente *aquisição* do direito por outra pessoa, nem também o *benefício* de outra pessoa

**25. Renúncia a direitos fundamentais.** É possível, observados dados limites, haver, até mesmo, renúncia de direitos fundamentais.

**26. Protesto.** Pode-se dizer que o oposto à renúncia é o protesto pelo qual se declara querer conservar um direito. A renúncia produz o efeito de eliminação deliberada do próprio direito.

**27. Renúncia abdicativa *versus* renúncia translativa.** Costuma-se diferenciar a *renúncia abdicativa* da *renúncia translativa*. A renúncia propriamente dita é a abdicativa, pois é, por meio dela, que o sujeito abdica de seu direito. A *translativa* não é, verdadeiramente, uma renúncia, mas uma alienação, pois não se restringe a declarar a abdicação ou extinção do direito;

destina-se a transferir o direito a outro sujeito: é uma "renúncia" feita em benefício de pessoa determinada expressamente pelo renunciante. É, enfim, uma figura de alienação, inteiramente alheia ao campo da renúncia.

**28. Exemplos de renúncia.** Renuncia-se ao direito de recorrer (CPC, art. 999), à pretensão formulada na petição inicial ou na reconvenção (CPC, art. 487, III, *c*), à exceção de prescrição (CC, art. 191) etc.

**29. Interpretação.** A renúncia deve ser interpretada estritamente (CC, art. 114). Interpretação estrita é a que não permite ampliações. A renúncia e qualquer negócio jurídico benéfico não permitem ampliações interpretativas. É por esse mesmo motivo que o contrato de fiança não admite interpretação extensiva (CC, art. 819). Pela mesma razão, o contrato de transação interpreta-se restritivamente (CC, art. 843). Os atos e negócios jurídicos benéficos não admitem, enfim, interpretação ampliativa. Interpretar restritivamente a renúncia significa interpretar, na dúvida, *em favor do declarante*. Escolhe-se, pois, o sentido que promova *a menor disposição* da esfera jurídica do agente.

**30. Transação.** O termo transação – que advém do latim *transactione* – significa ato ou efeito de transigir, despontando, popularmente, como combinação, convênio ou ajuste ou, ainda, como operação de compra e venda. Em sentido técnico-jurídico, transação significa composição ou ato que previne ou termina litígio mediante concessões mútuas das partes interessadas (CC, art. 840). A jurisdição e o processo têm na existência de um conflito de interesses resistido o móvel que os impulsiona. Enquanto houver a resistência, mantém-se a necessidade de se obter uma prestação jurisdicional. Quando duas pessoas despertam interesse sobre o mesmo bem, surge o conflito de interesses. A recalcitrância ou a resistência de ambas as partes impede que haja uma solução, fazendo surgir a necessidade e a utilidade da tutela jurisdicional. A *resistência* poderá deixar de existir em virtude de solução *bilateral,* verificada na hipótese de haver uma *transação* ou um *acordo* entre as partes. A cessação da resistência afasta a necessidade da prestação jurisdicional. Para que haja transação, é preciso, contudo, que se verifiquem concessões mútuas. Vale dizer que descaracteriza a transação a abdicação, a renúncia unilateral ou a concessão feita por apenas uma das partes. Cumpre, não custa repetir, que se configurem *concessões mútuas,* ou seja, cada uma das partes deve ceder um pouco para que se caracterize a transação. A transação pode destinar-se a *prevenir* um litígio, tratando-se de um conflito que não tenha ainda sido submetido à apreciação judicial. Caso, entretanto, já exista demanda em curso, a cessação da resistência poderá operar-se *endoprocessualmente,* mediante a formalização de *transação judicial.* Nessa hipótese, haverá extinção do processo com resolução do mérito, a ser concretizada por meio de uma sentença homologatória, porquanto o juiz nada decide; são as próprias partes que põem fim ao litígio. O processo de execução pode extinguir-se, igualmente, pela transação.

**31. Impossibilidade de arrependimento unilateral da transação.** *"Uma vez concluída a transação, impossível é a qualquer das partes o arrependimento unilateral, mesmo que ainda não tenha sido homologado o acordo em Juízo. Ultimado o ajuste de vontade, por instrumento particular ou público, inclusive por termo nos autos, as suas cláusulas ou condições obrigam definitivamente os contraentes, de sorte que sua rescisão só se torna possível 'por dolo, coação, ou erro essencial quanto à pessoa ou coisa controversa' (Código Civil de 2002, art. 849; CC de 1916, art. 1.030)"* (STJ, 4ª Turma, REsp 1.558.015/PR, rel. Min. Luis Felipe Salomão, *DJe* 23.10.2017).

**32. Eficácia imediata.** A transação, a renúncia ao direito e o reconhecimento da procedência do pedido produzem efeitos imediatos, não necessitando, em regra de homologação (art. 200). Na verdade, a homologação se faz necessária apenas para que se extinga o processo. A transação, o reconhecimento da procedência do pedido e renúncia ao direito são atos de autocomposição que, uma vez homologados, extinguem o processo com resolução do mérito.

> **Art. 488.** Desde que possível, o juiz resolverá o mérito sempre que a decisão for favorável à parte a quem aproveitaria eventual pronunciamento nos termos do art. 485.

▶ **1. Correspondência no CPC/1973.** *"Art. 249. (...) § 2º Quando puder decidir do mérito a favor da parte a quem aproveite a declaração da nulidade, o juiz não a pronunciará nem mandará repetir o ato, ou suprir-lhe a falta."*

### ⚖ Jurisprudência, Enunciados e Súmulas Selecionados

• **2. Enunciado 666 do FPPC.** *"O processo coletivo não deve ser extinto por falta de legitimidade quando um legitimado adequado assumir o polo ativo ou passivo da demanda."*

### ▣ Comentários Temáticos

**3. Primazia do julgamento do mérito.** As regras que regem o processo civil brasileiro devem balizar-se pela preferência, pela precedência, pela prioridade, pelo primado da análise ou do julgamento do mérito (art. 4º). O juiz deve, sempre que possível, superar os vícios, estimulando, viabilizando e permitindo sua correção ou sanação, a fim de que possa efetivamente examinar o mérito e resolver o conflito posto pelas partes. O princípio da primazia do exame do mérito abrange a instrumentalidade das formas, estimulando a correção ou sanação de vícios, bem como o aproveitamento dos atos processuais, com a colaboração mútua das partes e do juiz para que se viabilize a apreciação do mérito. Juntamente com várias outras disposições espalhadas pelo Código, o art. 488 concretiza o princípio da precedência do julgamento do mérito. O juiz deve aplicá-lo, a fim de viabilizar, tanto quanto possível, o exame do mérito.

## Seção II
## Dos elementos e dos efeitos da sentença

> **Art. 489.** São elementos essenciais da sentença:
>
> I – o relatório, que conterá os nomes das partes, a identificação do caso, com a suma do pedido e da contestação, e o registro das principais ocorrências havidas no andamento do processo;
>
> II – os fundamentos, em que o juiz analisará as questões de fato e de direito;
>
> III – o dispositivo, em que o juiz resolverá as questões principais que as partes lhe submeterem.
>
> § 1º Não se considera fundamentada qualquer decisão judicial, seja ela interlocutória, sentença ou acórdão, que:
>
> I – se limitar à indicação, à reprodução ou à paráfrase de ato normativo, sem explicar sua relação com a causa ou a questão decidida;
>
> II – empregar conceitos jurídicos indeterminados, sem explicar o motivo concreto de sua incidência no caso;
>
> III – invocar motivos que se prestariam a justificar qualquer outra decisão;
>
> IV – não enfrentar todos os argumentos deduzidos no processo capazes de, em tese, infirmar a conclusão adotada pelo julgador;
>
> V – se limitar a invocar precedente ou enunciado de súmula, sem identificar seus fundamentos

**LIVRO I · DO PROCESSO DE CONHECIMENTO E DO CUMPRIMENTO DE SENTENÇA** **Art. 489**

determinantes nem demonstrar que o caso sob julgamento se ajusta àqueles fundamentos; VI – deixar de seguir enunciado de súmula, jurisprudência ou precedente invocado pela parte, sem demonstrar a existência de distinção no caso em julgamento ou a superação do entendimento.

§ 2º No caso de colisão entre normas, o juiz deve justificar o objeto e os critérios gerais da ponderação efetuada, enunciando as razões que autorizam a interferência na norma afastada e as premissas fáticas que fundamentam a conclusão.

§ 3º A decisão judicial deve ser interpretada a partir da conjugação de todos os seus elementos e em conformidade com o princípio da boa-fé.

▶ **1. Correspondência no CPC/1973.** *"Art. 458. São requisitos essenciais da sentença: I – o relatório, que conterá os nomes das partes, a suma do pedido e da resposta do réu, bem como o registro das principais ocorrências havidas no andamento do processo; II – os fundamentos, em que o juiz analisará as questões de fato e de direito; III – o dispositivo, em que o juiz resolverá as questões, que as partes lhe submeteram."*

### 🗔 LEGISLAÇÃO CORRELATA

**2. IN 39/2016 do TST, art. 15.** *"Art. 15. O atendimento à exigência legal de fundamentação das decisões judiciais (CPC, art. 489, § 1º) no Processo do Trabalho observará o seguinte: I – por força dos arts. 332 e 927 do CPC, adaptados ao Processo do Trabalho, para efeito dos incisos V e VI do § 1º do art. 489 considera-se 'precedente' apenas: a) acórdão proferido pelo Supremo Tribunal Federal ou pelo Tribunal Superior do Trabalho em julgamento de recursos repetitivos (CLT, art. 896-B; CPC, art. 1.046, § 4º); b) entendimento firmado em incidente de resolução de demandas repetitivas ou de assunção de competência; c) decisão do Supremo Tribunal Federal em controle concentrado de constitucionalidade; d) tese jurídica prevalecente em Tribunal Regional do Trabalho e não conflitante com súmula ou orientação jurisprudencial do Tribunal Superior do Trabalho (CLT, art. 896, § 6º); e) decisão do plenário, do órgão especial ou de seção especializada competente para uniformizar a jurisprudência do tribunal a que o juiz estiver vinculado ou do Tribunal Superior do Trabalho. II – para os fins do art. 489, § 1º, incisos V e VI do CPC, considerar-se-ão unicamente os precedentes referidos no item anterior, súmulas do Supremo Tribunal Federal, orientação jurisprudencial e súmula do Tribunal Superior do Trabalho, súmula de Tribunal Regional do Trabalho não conflitante com súmula ou orientação jurisprudencial do TST, que contenham explícita referência aos fundamentos determinantes da decisão (ratio decidendi). III – não ofende o art. 489, § 1º, inciso IV do CPC a decisão que deixar de apreciar questões cujo exame haja ficado prejudicado em razão da análise anterior de questão subordinante. IV – o art. 489, § 1º, IV, do CPC não obriga o juiz ou o Tribunal a enfrentar os fundamentos jurídicos invocados pela parte, quando já tenham sido examinados na formação dos precedentes obrigatórios ou nos fundamentos determinantes de enunciado de súmula. V – decisão que aplica a tese jurídica firmada em precedente, nos termos do item I, não precisa enfrentar os fundamentos já analisados na decisão paradigma, sendo suficiente, para fins de atendimento das exigências constantes no art. 489, § 1º, do CPC, a correlação fática e jurídica entre o caso concreto e aquele apreciado no incidente de solução concentrada. VI – é ônus da parte, para os fins do disposto no art. 489, § 1º, V e VI, do CPC, identificar os fundamentos determinantes ou demonstrar a existência de distinção no caso em julgamento ou a superação do entendimento, sempre que invocar precedente ou enunciado de súmula."*

**3. LINDB, art. 20.** *"Art. 20. Nas esferas administrativa, controladora e judicial, não se decidirá com base em valores jurídicos abstratos sem que sejam consideradas as consequências práticas da decisão. Parágrafo único. A motivação demonstrará a necessidade e a adequação da medida imposta ou da invalidação de ato, contrato, ajuste, processo ou norma administrativa, inclusive em face das possíveis alternativas."*

**4. LINDB, art. 21.** *"Art. 21. A decisão que, nas esferas administrativa, controladora ou judicial, decretar a invalidação de ato, contrato, ajuste, processo ou norma administrativa deverá indicar de modo expresso suas consequências jurídicas e administrativas. Parágrafo único. A decisão a que se refere o caput deste artigo deverá, quando for o caso, indicar as condições para que a regularização ocorra de modo proporcional e equânime e sem prejuízo aos interesses gerais, não se podendo impor aos sujeitos atingidos ônus ou perdas que, em função das peculiaridades do caso, sejam anormais ou excessivos."*

**5. LINDB, art. 22.** *"Art. 22. Na interpretação de normas sobre gestão pública, serão considerados os obstáculos e as dificuldades reais do gestor e as exigências das políticas públicas a seu cargo, sem prejuízo dos direitos dos administrados. § 1º Em decisão sobre regularidade de conduta ou validade de ato, contrato, ajuste, processo ou norma administrativa, serão consideradas as circunstân-*

cias práticas que houverem imposto, limitado ou condicionado a ação do agente. § 2º Na aplicação de sanções, serão consideradas a natureza e a gravidade da infração cometida, os danos que dela provierem para a administração pública, as circunstâncias agravantes ou atenuantes e os antecedentes do agente. § 3º As sanções aplicadas ao agente serão levadas em conta na dosimetria das demais sanções de mesma natureza e relativas ao mesmo fato."

**6. LINDB, art. 23.** *"Art. 23. A decisão administrativa, controladora ou judicial que estabelecer interpretação ou orientação nova sobre norma de conteúdo indeterminado, impondo novo dever ou novo condicionamento de direito, deverá prever regime de transição quando indispensável para que o novo dever ou condicionamento de direito seja cumprido de modo proporcional, equânime e eficiente e sem prejuízo aos interesses gerais."*

**7. LINDB, art. 27.** *"Art. 27. A decisão do processo, nas esferas administrativa, controladora ou judicial, poderá impor compensação por benefícios indevidos ou prejuízos anormais ou injustos resultantes do processo ou da conduta dos envolvidos. § 1º A decisão sobre a compensação será motivada, ouvidas previamente as partes sobre seu cabimento, sua forma e, se for o caso, seu valor. § 2º Para prevenir ou regular a compensação, poderá ser celebrado compromisso processual entre os envolvidos."*

**8. Recomendação 134/2022 CNJ, art. 10.** *"Art. 10. Recomenda-se que haja menção expressa, na decisão, sobre as razões que levam à necessidade de afastamento ou ao acolhimento dos precedentes trazidos pelas partes (art. 489, § 1º, V e VI, do CPC/2015)."*

**9. Recomendação 134/2022 CNJ, art. 11.** *"Art. 11. Recomenda-se aos membros de um órgão colegiado que, ao redigir decisões que possam servir como precedente obrigatório ou persuasivo, indiquem tese que espelhe a orientação a ser seguida."*

**10. Recomendação 134/2022 CNJ, art. 13.** *"Art. 13. Recomenda-se que as teses: I – sejam redigidas de forma clara, simples e objetiva; II – não contenham enunciados que envolvam mais de uma tese jurídica; III – indiquem brevemente e com precisão as circunstâncias fáticas as quais diz respeito; Parágrafo único. Recomenda-se que os tribunais desenvolvam na PDPJ ferramentas de busca eficientes para localização do(s) acórdão(s) de que resultou a tese."*

**11. Recomendação 134/2022 CNJ, art. 14.** *"Art. 14. Poderá o juiz ou tribunal, excepcionalmente, identificada distinção material relevante e*

indiscutível, afastar precedente de natureza obrigatória ou somente persuasiva, mediante técnica conhecida como distinção ou distinguishing. § 1º. Recomenda-se que, ao realizar a distinção (distinguishing), o juiz explicite, de maneira clara e precisa, a situação material relevante e diversa capaz de afastar a tese jurídica (ratiodecidendi) do precedente tido por inaplicável. § 2º. A distinção (distinguishing) não deve ser considerada instrumento hábil para afastar a aplicação da legislação vigente, bem como estabelecer tese jurídica (ratiodecidendi) heterodoxa e em descompasso com a jurisprudência consolidada sobre o assunto. § 3º. Recomenda-se que o distinguishing não seja confundido e não seja utilizado como simples mecanismo de recusa à aplicação de tese consolidada. § 4º. Recomenda-se considerar imprópria a utilização do distinguishing como via indireta de superação de precedentes (overruling) § 5º. A indevida utilização do distinguishing constitui vício de fundamentação (art. 489, § 1º, VI, do CPC/2015), o que pode ensejar a cassação da decisão."

**12. Recomendação 134/2022 CNJ, art. 39.** *"Art. 39. A aplicação do precedente envolve operação cognitiva e deve ser sempre devidamente fundamentada. Parágrafo único. Recomenda-se que o efeito vinculativo estabelecido se encontre limitado às questões e fundamentos que tenham sido suscitados e analisados no precedente."*

**13. Recomendação 134/2022 CNJ, art. 41.** *"Art. 41. Recomenda-se que não haja enquadramento e, portanto, efeito vinculativo, se o tribunal que julgar a questão, no precedente firmado, não houver enfrentado e se pronunciado sobre fundamento existente no caso concreto futuro. Parágrafo único. O magistrado poderá se afastar da tese fixada se adotar fundamento não analisado no precedente, que, na hipótese, terá somente o efeito persuasivo."*

**14. Recomendação 134/2022 CNJ, art. 42.** *"Art. 42. Sendo hipótese de distinção ou de superação, haverá, naturalmente, a necessidade de ser exposta a devida fundamentação no sentido da inaplicabilidade da tese ao caso concreto em julgamento ou da formulação de novos fundamentos que denotem que a tese não deverá mais ser aplicada, em razão de modificações ocorridas, como, por exemplo, a decorrente de alteração legislativa."*

## JURISPRUDÊNCIA, ENUNCIADOS E SÚMULAS SELECIONADOS

• **15. Súmula STJ, 409.** *"Em execução fiscal, a prescrição ocorrida antes da propositura da ação pode ser decretada de ofício (art. 219, § 5º, do CPC [de 1973])."*

**LIVRO I · DO PROCESSO DE CONHECIMENTO E DO CUMPRIMENTO DE SENTENÇA** **Art. 489**

**16. Súmula TST, 459.** *"O conhecimento do recurso de revista, quanto à preliminar de nulidade, por negativa de prestação jurisdicional, supõe indicação de violação do art. 832 da CLT, do art. 489 do CPC de 2015 (art. 458 do CPC de 1973) ou do art. 93, IX, da CF/1988."*

**17. Enunciado 128 do FPPC.** *"No processo em que há intervenção do amicus curiae, a decisão deve enfrentar as alegações por ele apresentadas, nos termos do inciso IV do § 1º do art. 489."*

**18. Enunciado 162 do FPPC.** *"Para identificação do precedente, no processo do trabalho, a decisão deve conter a identificação do caso, a suma do pedido, as alegações das partes e os fundamentos determinantes adotados pela maioria dos membros do colegiado, cujo entendimento tenha ou não sido sumulado."*

**19. Enunciado 303 do FPPC.** *"As hipóteses descritas nos incisos do § 1º do art. 489 são exemplificativas."*

**20. Enunciado 304 do FPPC.** *"As decisões judiciais trabalhistas, sejam elas interlocutórias, sentenças ou acórdãos, devem observar integralmente o disposto no art. 489, sobretudo o seu § 1º, sob pena de se reputarem não fundamentadas e, por conseguinte, nulas."*

**21. Enunciado 305 do FPPC.** *"No julgamento de casos repetitivos, o tribunal deverá enfrentar todos os argumentos contrários e favoráveis à tese jurídica discutida, inclusive os suscitados pelos interessados."*

**22. Enunciado 306 do FPPC.** *"O precedente vinculante não será seguido quando o juiz ou tribunal distinguir o caso sob julgamento, demonstrando, fundamentadamente, tratar-se de situação particularizada por hipótese fática distinta, a impor solução jurídica diversa."*

**23. Enunciado 307 do FPPC.** *"Reconhecida a insuficiência da sua fundamentação, o tribunal decretará a nulidade da sentença e, preenchidos os pressupostos do § 3º do art. 1.013, decidirá desde logo o mérito da causa."*

**24. Enunciado 308 do FPPC.** *"Aplica-se o art. 489, § 1º, a todos os processos pendentes de decisão ao tempo da entrada em vigor do CPC, ainda que conclusos os autos antes da sua vigência."*

**25. Enunciado 309 do FPPC.** *"O disposto no § 1º do art. 489 do CPC é aplicável no âmbito dos Juizados Especiais."*

**26. Enunciado 378 do FPPC.** *"A boa-fé processual orienta a interpretação da postulação e da sentença, permite a reprimenda do abuso de direito processual e das condutas dolosas de todos os sujeitos processuais e veda seus comportamentos contraditórios."*

**27. Enunciado 394 do FPPC.** *"As partes podem opor embargos de declaração para corrigir vício da decisão relativo aos argumentos trazidos pelo* amicus curiae.*"*

**28. Enunciado 431 do FPPC.** *"O julgador, que aderir aos fundamentos do voto-vencedor do relator, há de seguir, por coerência, o precedente que ajudou a construir no julgamento da mesma questão em processos subsequentes, salvo se demonstrar a existência de distinção ou superação."*

**29. Enunciado 459 do FPPC.** *"As normas sobre fundamentação adequada quanto à distinção e superação e sobre a observância somente dos argumentos submetidos ao contraditório são aplicáveis a todo o microssistema de formação dos precedentes."*

**30. Enunciado 462 do FPPC.** *"É nula, por usurpação de competência funcional do órgão colegiado, a decisão do relator que julgar monocraticamente o mérito do recurso, sem demonstrar o alinhamento de seu pronunciamento judicial com um dos padrões decisórios descritos no art. 932."*

**31. Enunciado 486 do FPPC.** *"A inobservância da ordem cronológica dos julgamentos não implica, por si, a invalidade do ato decisório."*

**32. Enunciado 515 do FPPC.** *"Aplica-se o disposto no art. 489, § 1º, também em relação às questões fáticas da demanda."*

**33. Enunciado 516 do FPPC.** *"Para que se considere fundamentada a decisão sobre os fatos, o juiz deverá analisar todas as provas capazes, em tese, de infirmar a conclusão adotada."*

**34. Enunciado 517 do FPPC.** *"A decisão judicial que empregar regras de experiência comum, sem indicar os motivos pelos quais a conclusão adotada decorre daquilo que ordinariamente acontece, considera-se não fundamentada."*

**35. Enunciado 522 do FPPC.** *"O relatório nos julgamentos colegiados tem função preparatória e deverá indicar as questões de fato e de direito relevantes para o julgamento e já submetidas ao contraditório."*

**36. Enunciado 523 do FPPC.** *"O juiz é obrigado a enfrentar todas as alegações deduzidas pelas partes capazes, em tese, de infirmar a decisão, não sendo suficiente apresentar apenas os fundamentos que a sustentam."*

**37. Enunciado 524 do FPPC.** *"O art. 489, § 1º, IV, não obriga o órgão julgador a enfrentar os fundamentos jurídicos deduzidos no processo e*

771

*já enfrentados na formação da decisão paradigma, sendo necessário demonstrar a correlação fática e jurídica entre o caso concreto e aquele já apreciado."*

- **38. Enunciado 562 do FPPC.** *"Considera-se omissa a decisão que não justifica o objeto e os critérios de ponderação do conflito entre normas."*

- **39. Enunciado 585 do FPPC.** *"Não se considera fundamentada a decisão que, ao fixar tese em recurso especial ou extraordinário repetitivo, não abranger a análise de todos os fundamentos, favoráveis ou contrários, à tese jurídica discutida."*

- **40. Enunciado 640 do FPPC.** *"O disposto no parágrafo único do art. 273 não exime o juiz de observar o disposto nos §§ 1º e 2º do art. 489."*

- **41. Enunciado 665 do FPPC.** *"A negativa de seguimento ou sobrestamento de recurso especial ou extraordinário, ao fundamento de que a questão de direito já foi ou está selecionada para julgamento de recursos sob o rito dos repetitivos, não pode ser feita via carimbo ou outra forma automatizada nem por pessoa não investida no cargo de magistrado."*

- **42. Enunciado 699 do FPPC.** *"Aplicam-se o art. 11 e o § 1º do art. 489 à decisão que aprecia o pedido de expedição do mandado monitório."*

- **43. Enunciado 704 do FPPC.** *"Cabe reclamação baseada nos fundamentos determinantes da decisão vinculante."*

- **44. Enunciado 37 da I Jornada-CJF.** *"Aplica-se aos juizados especiais o disposto nos parágrafos do art. 489 do CPC."*

- **45. Enunciado 59 da I Jornada-CJF.** *"Não é exigível identidade absoluta entre casos para a aplicação de um precedente, seja ele vinculante ou não, bastando que ambos possam compartilhar os mesmos fundamentos determinantes."*

- **46. Enunciado 205 da III Jornada-CJF.** *"A fundamentação da superação de tese firmada em recurso repetitivo deve apontar, expressamente, os critérios autorizadores da superação de precedentes: incongruência social ou inconsistência sistêmica."*

- **47. Enunciado 91 do FNPP.** *"A definição das medidas executivas contidas em decisões judiciais que disponham sobre a implementação de políticas públicas, bem como das consequências práticas delas decorrentes, pressupõe o respeito ao contraditório prévio e efetivo e à fundamentação específica."*

- **48. Enunciado 92 do FNPP.** *"A fundamentação da decisão judicial deve conter manifestação expressa e específica a respeito das alegações*

*feitas pela Administração Pública acerca dos obstáculos, das dificuldades reais e das exigências jurídicas suportados na implementação de políticas públicas."*

- **49. Enunciado 9 da ENFAM.** *"É ônus da parte, para os fins do disposto no art. 489, § 1º, V e VI, do CPC/2015, identificar os fundamentos determinantes ou demonstrar a existência de distinção no caso em julgamento ou a superação do entendimento, sempre que invocar jurisprudência, precedente ou enunciado de súmula."*

- **50. Enunciado 10 da ENFAM.** *"A fundamentação sucinta não se confunde com ausência de fundamentação e não acarreta a nulidade da decisão se forem enfrentadas todas as questões cuja resolução, em tese, influencie a decisão da causa."*

- **51. Enunciado 11 da ENFAM.** *"Os precedentes a que se referem os incisos V e VI do § 1º do art. 489 do CPC/2015 são apenas os mencionados no art. 927 e no inciso IV do art. 332."*

- **52. Enunciado 12 da ENFAM.** *"Não ofende a norma extraível do inciso IV do § 1º do art. 489 do CPC/2015 a decisão que deixar de apreciar questões cujo exame tenha ficado prejudicado em razão da análise anterior de questão subordinante."*

- **53. Enunciado 13 da ENFAM.** *"O art. 489, § 1º, IV, do CPC/2015 não obriga o juiz a enfrentar os fundamentos jurídicos invocados pela parte, quando já tenham sido enfrentados na formação dos precedentes obrigatórios."*

- **54. Enunciado 19 da ENFAM.** *"A decisão que aplica a tese jurídica firmada em julgamento de casos repetitivos não precisa enfrentar os fundamentos já analisados na decisão paradigma, sendo suficiente, para fins de atendimento das exigências constantes no art. 489, § 1º, do CPC/2015, a correlação fática e jurídica entre o caso concreto e aquele apreciado no incidente de solução concentrada."*

- **55. Enunciado 20 da ENFAM.** *"O pedido fundado em tese aprovada em IRDR deverá ser julgado procedente, respeitados o contraditório e a ampla defesa, salvo se for o caso de distinção ou se houver superação do entendimento pelo tribunal competente."*

- **56. Enunciado 47 da ENFAM.** *"O art. 489 do CPC/2015 não se aplica ao sistema de juizados especiais."*

- **57. Enunciado 92 do FONAJE.** *"Nos termos do art. 46 da Lei nº 9.099/1995, é dispensável o relatório nos julgamentos proferidos pelas Turmas Recursais."*

**LIVRO I • DO PROCESSO DE CONHECIMENTO E DO CUMPRIMENTO DE SENTENÇA** — **Art. 489**

- **58. Enunciado 162 do FONAJE.** *"Não se aplica ao Sistema dos Juizados Especiais a regra do art. 489 do CPC/2015 diante da expressa previsão contida no art. 38,* caput, *da Lei 9.099/95."*

### 🗐 COMENTÁRIOS TEMÁTICOS

**59. Elementos da sentença.** O art. 489 trata de *elementos* da sentença, ou seja, de partes que devem integrar sua estrutura, quais sejam, o relatório, os fundamentos e o dispositivo. Além de conter esses elementos, a sentença deve ser redigida, datada e assinada (art. 205), podendo a assinatura ser feita eletronicamente (art. 205, § 2º).

**60. Aplicação a outras decisões.** O dispositivo aplica-se integralmente a acórdão, que é a decisão colegiada proferida por tribunal (art. 204). Também se aplica integralmente às decisões interlocutórias (203, § 2º), aí incluída a decisão parcial de mérito (art. 356). Não somente a sentença, mas também a decisão interlocutória e o acórdão devem conter, a um só tempo, relatório, fundamentos e dispositivo. No CPC/1973, havia um dispositivo que não foi reproduzido no atual CPC. O art. 165 do CPC/1973 previa textualmente que *"as sentenças e acórdãos serão proferidos com observância do disposto no art. 458* [equivalente ao art. 489 do CPC/2015]; *as demais decisões serão fundamentadas, ainda que de modo conciso"*. A falta de reprodução de tal dispositivo ou de uma disposição equivalente confirma que o disposto neste art. 489 do atual CPC há de ser aplicado a *todos* os tipos de pronunciamento judicial, devendo todos eles ser devidamente fundamentados.

**61. Ausência dos elementos da sentença. Consequências.** A sentença, a decisão interlocutória (aí incluída a decisão parcial de mérito) e o acórdão devem conter, conjuntamente, os elementos previstos no art. 489. A ausência de cada um deles acarreta uma consequência própria.

**62. Ausência do relatório.** O relatório consiste numa espécie de pré-fundamentação, por conter os elementos que contribuem para situar a fundamentação. O relatório constitui elemento importante, sobretudo num sistema como o brasileiro, que valoriza o precedente judicial. Essa importância aumenta, ainda mais, nos acórdãos. É pelo relatório que são identificados os detalhes da causa, a fim de que se possa verificar, nos casos sucessivos, a adequação do precedente para solução do caso, possibilitando que se conclua pela sua aplicação ou não à hipótese posta a julgamento. É relevante o relatório no acórdão, devendo dele constar para que se possa avaliar

a aplicação, nos casos sucessivos, da regra nele construída. Embora seja elemento importante, sua ausência não acarreta nulidade, nem inexistência da sentença.

**63. Dispensa do relatório nos Juizados.** No âmbito dos Juizados Especiais Cíveis, o art. 38 da Lei 9.099/1995 autoriza o juiz a dispensar o relatório na sentença a ser proferida, dispositivo que merece ser criticado, pois em um sistema que valoriza o precedente judicial, não há razão para dispensar o relatório, cuja função deve ser redimensionada.

**64. Ausência dos fundamentos.** Os fundamentos constituem elemento indispensável a qualquer decisão jurisdicional. A falta de fundamento acarreta a nulidade da decisão (CF, art. 93, IX; CPC, art. 11). Decisão não fundamentada é decisão nula. Tal nulidade convalida-se com o trânsito em julgado. Operado o trânsito em julgado, a decisão sem fundamento torna-se decisão rescindível, sendo passível de ação rescisória. Ultrapassado o prazo da rescisória, convalida-se o vício, ocorrendo a chamada coisa julgada soberana.

**65. Ausência de dispositivo.** O dispositivo é elemento fundamental e comum a toda e qualquer decisão judicial. Sua ausência caracteriza ausência de decisão. A decisão, a sentença ou o acórdão que não tiver dispositivo é *inexistente*. Sem dispositivo, não há decisão. Não havendo decisão, não há coisa julgada material.

**66. Supressão da ausência. Cabimento de embargos de declaração.** A falta de algum elemento da sentença e de qualquer decisão judicial pode ser suprida por embargos de declaração. Cabem embargos de declaração quando houver omissão de ponto ou questão sobre o qual devia se pronunciar o órgão julgador (art. 1.022, II). A ausência de relatório, de fundamentos ou de dispositivo é uma omissão que pode ser suprida por embargos de declaração. Se a decisão não tem fundamento, é nula. Tal nulidade pode ser sanada pelos embargos de declaração, que são cabíveis em qualquer das hipóteses previstas no § 1º do art. 489 (art. 1.022, parágrafo único, II). Se a decisão deixar de se manifestar sobre tese firmada em julgamento de casos repetitivos ou em incidente de assunção de competência aplicável ao caso sob julgamento, é igualmente considerada a existência de omissão, cabendo embargos de declaração (art. 1.022, parágrafo único, I). O art. 926 impõe observância pelos tribunais ao dever de coerência. A coerência, por sua vez, atribui aos órgãos jurisdicionais o dever de *autorreferência,* em razão do qual lhes cabe dialogar com os precedentes anteriores, considerando-os ou afastando-os com fundamentação adequada. É preciso, em outras palavras, até mesmo para fazer distinções ou superar precedentes, que os órgãos jurisdicionais considerem os precedentes e dialoguem com eles. Os embargos de declaração passaram a constituir instrumento destinado ao exercício do dever de *autorreferência,* pois é reputada omissa a decisão judicial que não se manifeste sobre tese firmada em julgamento de casos repetitivos ou de assunção de competência.

**67. Supressão da ausência. Cabimento de apelação.** A apelação também pode ser o meio adequado para corrigir a ausência de um elemento da sentença. A falta de oposição dos embargos de declaração não impede a interposição da apelação, nem caracteriza preclusão. A preclusão é específica: não opostos embargos de declaração, precluiu o direito de embargar, mas não obsta a que se ataque o vício por apelação. A falta de relatório, de fundamentos ou de dispositivo pode ser corrigida na apelação. Se o tribunal, ao julgar a apelação, decretar a nulidade da sentença por falta de fundamentação, poderá avançar e julgar o mérito, fundamentando adequadamente, desde que a causa esteja em condições de imediato julgamento (art. 1.013, § 3º, IV). Se faltar dispositivo, o tribunal, ao julgar a apelação, deve determinar o retorno dos autos ao juízo de primeira instância para que profira sentença com dispositivo, pois a que fora proferida é inexistente. Caso, entretanto, o tribunal constate a falta de dispositivo quanto a apenas um dos pedidos, poderá julgá-lo, se a causa estiver em condições de imediato julgamento (art. 1.013, § 3º, III). Tais vícios, presentes em decisão interlocutória e em decisão parcial do mérito (art. 356), devem ser apontados em agravo de instrumento, cabendo ao tribunal corrigir da mesma forma que se faz numa apelação: na falta de fundamentação, o tribunal, ao decretar a nulidade, pode avançar e julgar a questão, aplicando-se o disposto no inciso IV do § 3º do art. 1.013. Se faltar dispositivo, deve determinar ao juiz que profira decisão com dispositivo, a não ser que se trate de ausência de dispositivo de apenas um capítulo da decisão, hipótese em que o tribunal pode já julgá-lo, aplicando o disposto no inciso III do § 3º do art. 1.013, desde que a causa esteja madura para julgamento. Isso porque as regras da apelação funcionam como regras gerais, aplicando-se aos demais recursos.

**68. Fundamentação e ausência de omissão, de contradição e de obscuridade.** Para que a sentença esteja devidamente fundamentada, não deve haver omissão de ponto sobre o qual deva manifestar-se o órgão julgador, de ofício ou a requerimento da parte. Também não deve haver contradição, nem obscuridade. Se houver algum desses vícios, cabem embargos de declaração para correção (art. 1.022).

**69. Coerência da sentença.** A sentença deve ter coerência na fundamentação e entre a fundamentação e os seus demais elementos. Não deve, enfim, haver *contradição interna,* ou seja, não deve existir contradição entre elementos da sentença. Se houver, será caso de nulidade, por falta de fundamentação. A *contradição interna* pode ser eliminada por embargos de declaração (art. 1.022, I). Com efeito, a contradição ali prevista *"... é a que se verifica dentro dos limites do julgado embargado (contradição interna), aquela que prejudica a racionalidade do acórdão, afetando-lhe a coerência, não se confundindo com a contrariedade da parte vencida com as respectivas conclusões"* (STJ, 3ª Turma, EDcl no AgRg no REsp 1.402.655/RS, rel. Min. Nancy Andrighi, *DJe* 19.12.2013).

**70. O dever de fundamentação, o dever de consulta e a vedação à decisão-surpresa.** Todas as decisões judiciais devem ser fundamentadas (CF, art. 93, IX; CPC, art. 11). O dever de fundamentação é exigência do devido processo legal, decorrendo do princípio do contraditório. O art. 10 estabelece o *dever de consulta,* a ser observado pelo juiz. Não é possível que se decida com base em fundamento a respeito do qual não se tenha oportunizado manifestação das partes, ainda que se trate de matéria apreciável de ofício. Os fundamentos contidos na sentença devem ser somente aqueles que tenham sido objeto de debate no curso do processo ou, ao menos, que tenham sido alvo de oportunidade conferida às partes para manifestação. Em virtude do art. 10, impõe-se a adoção de um contraditório *substancial.* O exercício pleno do contraditório não se limita à garantia de alegação oportuna e eficaz a respeito de fatos, implicando a possibilidade de ser ouvido *também* em matéria jurídica. É preciso observar o contraditório, a fim de evitar um "julgamento surpresa". E, para evitar "decisões surpresa", toda questão submetida a julgamento deve passar antes pelo contraditório.

**71. O dever de fundamentação quanto às questões de direito suscitadas pelas partes.** Todos os sujeitos do processo devem cooperar entre si (art. 6º), cabendo ao juiz zelar pelo efetivo contraditório (art. 7º), de modo a não proferir decisão contra uma parte sem que esta seja previamente ouvida (art. 9º). Enfim, o juiz não pode valer-se de fundamento a respeito do qual não se tenha oportunizado manifestação das partes (art. 10). Quer isso dizer que o atual CPC exige a adoção de um *contraditório*

# LIVRO I · DO PROCESSO DE CONHECIMENTO E DO CUMPRIMENTO DE SENTENÇA — Art. 489

*substancial,* a realizar-se num processo cooperativo, em que o juiz tem o dever de submeter a debate entre as partes as questões jurídicas, aí incluídas as matérias que ele há de apreciar de ofício. O juiz tem o dever de provocar, preventivamente, o contraditório das partes. Se a questão não for submetida ao contraditório prévio, as partes serão surpreendidas com decisão que terá fundamento numa questão que não foi objeto de debate prévio, não lhes tendo sido dada oportunidade de participar do convencimento do juiz. A decisão, nesse caso, não será válida, faltando-lhe legitimidade, haja vista a ausência de participação dos litigantes na sua elaboração. Se cabe o juiz colher a prévia manifestação das partes sobre as questões de direito a ser decididas, cumpre-lhe, consequentemente, examinar as manifestações oferecidas. Em razão do modelo de processo cooperativo imposto pelo atual CPC e graças à adoção explícita de um contraditório *substancial,* não prevalece mais o entendimento segundo o qual o juiz não seria obrigado a tratar de todas as alegações suscitadas pelas partes. Se deve consultá-las, deve examinar suas alegações. De nada adiantaria o art. 10 se continuasse a entender que o juiz não é obrigado a tratar de todas as alegações invocadas pelas partes, pois aí se teria um contraditório meramente formal, e não substancial, como está a exigir o art. 10 e todo o sistema formado pelo conjunto das normas contidas no CPC.

**72.** **Casos em que não se considera fundamentada a sentença.** O § 1º do art. 489 contém importante regra, que explicita casos em que não se considera fundamentada a sentença.

**73.** **Aplicação do § 1º do art. 489 a qualquer decisão.** Toda e qualquer decisão judicial deve ser fundamentada (CF, art. 93, IX; CPC, art. 11). Se toda e qualquer decisão há de ser motivada, não haverá fundamentação, caso se verifique uma das hipóteses descritas no § 1º do art. 489. O dispositivo, enfim, aplica-se a toda e qualquer decisão, seja interlocutória, sentença ou acórdão.

**74.** **Rol exemplificativo.** Os casos estabelecidos no § 1º do art. 489 não são exaustivos, mas sim exemplificativos. Se, concretamente, a sentença não responder, por completo, aos argumentos utilizados pelas partes e pelos intervenientes, prestando jurisdição de forma defasada, por qualquer que seja o motivo, ainda que não elencado no dispositivo, a sentença não estará fundamentada, sendo, portanto, nula. O § 1º do art. 489 estabelece, na verdade, parâmetros e orientações, dando exemplos de como deve ser fundamentada a sentença e, de resto, qualquer decisão judicial.

**75.** **Nulidade da sentença que se limita à indicação, à reprodução ou à paráfrase de ato normativo, sem explicar sua relação com a causa ou a questão decidida.** Não se considera suficientemente fundamentada a sentença que se limite a indicar, reproduzir ou parafrasear ato normativo, deixando de explicar sua relação com a causa ou a questão decidida. É nula, portanto. É preciso que a sentença examine o caso e suas particularidades, mostrando que o ato normativo invocado como fundamento guarde relação com a causa ou com a questão decidida. Para que se possa visualizar a hipótese, imagine-se, por exemplo, o caso de um sujeito que não sabe ler e escrever e que, ainda assim, pretende obter judicialmente habilitação para conduzir veículo automotor. Não estará fundamentada a sentença que julgar improcedente o pedido e se limite a dizer: "a pretensão não encontra amparo legal, não estando respaldada no Código de Trânsito Brasileiro", ou que afirme "a pretensão merece ser indeferida, por não estar de acordo com o art. 140 do Código de Trânsito Brasileiro", ou, ainda, que transcreva o dispositivo e diga: "por isso, merece ser rejeitada a pretensão". A sentença só estará devidamente fundamentada, se assim disser: "o autor pretende obter habilitação para conduzir veículo automotor. O autor, entretanto, não sabe ler e escrever. Logo, não é possível acolher seu pleito, pois saber ler e escrever é um dos requisitos exigidos pelo art. 114 do Código de Trânsito Brasileiro, mais especificamente no seu inciso II". Tome-se, ainda, como exemplo o caso de uma pessoa jurídica que ajuíze uma demanda para ver reconhecida a prescrição de um crédito tributário e, nos fundamentos da sentença, o juiz afirme apenas que o débito não está prescrito porque não atende aos requisitos do art. 174 do CTN, ainda que transcreva o dispositivo, sem, entretanto, descrever os requisitos ali descritos que deixaram de ser atendidos pelo caso concreto. A decisão não se reputa fundamentada, exatamente porque o juiz não explicitou o nexo causal entre os requisitos do art. 174 do CTN para o reconhecimento da prescrição e o crédito tributário posto em discussão; nem deixou claro à parte autora qual a razão de a sua tese não ter sido admitida. É, nesse caso, nula a sentença. Para que fosse fundamentada a sentença, deixando de ser nula, o juiz deveria dizer, no caso concreto, que o art. 174 do CTN prevê prazo de 5 anos para a prescrição do crédito tributário, contados da sua constituição definitiva, ressalvadas as hipóteses de interrupção da prescrição e que, no caso concreto, ainda

775

não havia decorrido o prazo de 5 anos desde a constituição de tal crédito tributário.

**76. Nulidade da sentença que emprega conceitos jurídicos indeterminados, sem explicar o motivo concreto de sua incidência no caso.** Não é incomum, atualmente, os textos normativos conterem termos ou conceitos jurídicos indeterminados. Um enunciado normativo costuma ser composto de duas partes: a hipótese fática, em que se descreve a situação regulada, e o consequente normativo, em que se imputa um efeito jurídico ao fato ali descrito. O legislador, não raramente, vale-se de conceitos indeterminados na elaboração de textos normativos, com o propósito de transferir ao julgador a tarefa de concretização do sentido dessas expressões. Quando a indeterminação está no consequente normativo, diz-se que o texto legal é uma *cláusula geral*, cabendo ao juiz ditar a consequência no caso concreto. "Função social da propriedade", "boa-fé", "devido processo legal", "poder geral de cautela" são alguns exemplos de cláusulas gerais. Os conceitos indeterminados, enfim, podem estar em enunciados normativos, seja no antecedente, seja no consequente normativo. A sentença que os emprega precisa estar adequadamente fundamentada, *determinando* o conceito no caso concreto. A partir do texto *indeterminado*, o juiz vai construir a norma concreta e *determinar* seu alcance no caso concreto. A sentença, nessa hipótese, é chamada de *sentença determinativa*, integrando a norma jurídica abstrata nos casos em que o texto normativo não define completamente seus elementos. Embora haja quem a considere um tipo autônomo de sentença, ao lado das declaratórias, constitutivas e condenatórias, a sentença determinativa não é uma espécie própria de sentença; pode ser qualquer uma, seja declaratória, constitutiva, condenatória, mandamental ou executiva. O que a caracteriza é o emprego de conceitos indeterminados. Se, na fundamentação, há a utilização de termos indeterminados, a sentença será determinativa, independentemente de ser declaratória, constitutiva, condenatória, mandamental ou executiva. A *sentença determinativa* constrói a norma concreta a partir da determinação ou concretização de conceitos indeterminados contidos em enunciados normativos. Vale registrar que o termo *sentença determinativa* contém outras acepções, podendo designar a sentença que regula uma relação jurídica continuativa (art. 505, I), ou a que interfere no conteúdo de uma relação jurídica negocial na qual se estabeleceram prestações desproporcionais ou assim se tornaram em razão de fatos supervenientes e imprevisíveis. A *sentença determinativa*, no sentido aqui utilizado, é a que emprega conceitos indeterminados e estabelece o consequente normativo. Para que esteja fundamentada, é preciso que o juiz explique o motivo concreto de sua incidência no caso. Não basta ao juiz dizer, por exemplo, que a situação está de acordo ou não com a boa-fé ou com a função social da propriedade. Cumpre-lhe explicar o motivo concreto de haver ou não boa-fé ou função social da propriedade. Tome-se como exemplo o texto do art. 755: o juiz deve, na sentença de interdição, fixar os limites da curatela, observando *"o estado e o desenvolvimento mental do interdito"*. Na fundamentação da sentença, o juiz *especificará de que modo concretizou esses critérios, que são conceitos jurídicos indeterminados*, na definição dos limites da curatela, *sob pena de nulidade, por vício na motivação* (art. 489, § 1º, II). Não é suficiente apenas dizer: "considerados o estado e o desenvolvimento mental do interdito, fixo a curatela nos seguintes limites". É necessário explicar, concretamente, qual o estado e o desenvolvimento mental do interdito e, em virtude disso, fixar os limites da curatela.

**77. Nulidade da sentença que invoca motivos que se prestariam a justificar qualquer outra decisão.** O juiz deve examinar a causa, tratando do caso submetido ao seu exame. O uso da tecnologia da informação pelos profissionais do direito e a massificação das causas acarretaram a padronização de decisões. É admissível que se padronize o formato da decisão e, até mesmo, parte de seu conteúdo, mas não se deve admitir sentenças genéricas que se prestariam a justificar qualquer julgamento. Imagine-se, por exemplo, que determinada sentença contivesse a seguinte fundamentação: "os elementos contidos nos autos denotam que o autor tem razão. As alegações estão respaldadas pelas provas produzidas nos autos. A pretensão encontra apoio no ordenamento jurídico, não havendo óbice ao acolhimento do pedido formulado pela parte autora. A defesa apresentada pela parte ré não tem o condão de impedir o acolhimento do pedido. Não há qualquer fato impeditivo, modificativo ou extintivo do direito da parte autora. Tudo, enfim, está a respaldar a pretensão formulada na petição inicial. Isto posto, e por tudo o mais que dos autos consta, julgo procedente o pedido, tal como formulado na petição inicial". Tal fundamento presta-se a justificar qualquer decisão. Com base nele, o juiz acolhe um pedido em ação possessória, em ação de alimentos, em ação civil pública, em ação de cobrança, enfim em qualquer demanda judicial, indistintamente. É uma

**LIVRO I · DO PROCESSO DE CONHECIMENTO E DO CUMPRIMENTO DE SENTENÇA** **Art. 489**

fundamentação genérica que se encaixaria em qualquer caso. Uma sentença assim fundamentada é nula. Não há, na verdade, fundamentação adequada. É preciso que o caso seja enfrentado pelo juiz, com a adoção de fundamentos próprios. Não se admite "decisão-padrão" ou "decisão-formulário". Esse, evidentemente, não é o caso das sentenças proferidas em bloco para aplicação da tese jurídica a ser aplicada em casos repetitivos. Nesse caso, a fundamentação é adequada, pois guarda pertinência com os casos repetitivos, enfrentando as questões jurídicas discutidas (e repetidas) nas situações jurídicas homogêneas. O que não se permite é uma fundamentação genérica, aplicável indistintamente a qualquer hipótese, sem a menor identificação da questão jurídica discutida, tal como demonstrado no exemplo acima aventado.

**78.** **Nulidade da sentença que não enfrenta todos os argumentos deduzidos no processo capazes de, em tese, infirmar a conclusão adotada pelo julgador.** O juiz deve zelar pelo efetivo contraditório (art. 7º), não proferindo decisão contra uma parte sem que esta seja previamente ouvida (art. 9º). Para decidir, o juiz deve, antes, consultar as partes, não podendo valer-se de fundamento a respeito do qual não se tenha oportunizado sua manifestação (art. 10). Se o juiz deve consultar as partes, cabe-lhe, então, examinar suas alegações. Será nula a sentença que não enfrentar todos os argumentos deduzidos no processo capazes de, em tese, infirmar a conclusão adotada pelo julgador. Registre-se que o juiz não deverá, necessariamente, examinar tudo que foi discutido no decorrer do procedimento. Há questões prévias que podem impedir ou prejudicar a análise de outras questões. Suponha-se, por exemplo, que, numa ação de cobrança, o réu alegue ilegitimidade de parte e, em seguida, prescrição e, sucessivamente, pagamento. Acolhida a alegação de ilegitimidade, o juiz não precisa examinar as alegações de prescrição, nem de pagamento, mas, para acolher a alegação de ilegitimidade, terá de refutar todas as alegações contrárias, que mostravam ser a parte legítima. Se, diversamente, resolver rejeitar a alegação de ilegitimidade, terá, então, de analisar todas as alegações que demonstravam haver aquele vício. E, aí, se, rejeitada a alegação de ilegitimidade, com análise de todas as alegações que demonstravam que ela deveria ser acolhida, resolver acolher a alegação de prescrição, não precisará examinar a alegação de pagamento, mas deverá rejeitar todos os argumentos que demonstravam não haver prescrição. Assim, a sentença estará correta e adequadamente fundamentada.

**79.** **Nulidade da sentença que se limita a invocar precedente ou enunciado de súmula, sem identificar seus fundamentos determinantes nem demonstrar que o caso sob julgamento se ajusta àqueles fundamentos.** É cada vez mais comum os juízes invocarem precedente ou enunciado de súmula para fundamentar suas sentenças. É insuficiente, contudo, apenas invocar o precedente ou o enunciado da súmula. De igual modo, é insuficiente transcrever a ementa de um acórdão. É preciso que, na sentença, o juiz, ao invocar o precedente ou o enunciado de súmula, identifique os fundamentos determinantes do precedente ou os que deram origem ao enunciado de súmula. Além de identificar os fundamentos determinantes, deve o juiz demonstrar que o caso sob julgamento se ajusta àqueles fundamentos.

**80.** **Nulidade da sentença que deixar de seguir enunciado de súmula, jurisprudência ou precedente invocado pela parte, sem demonstrar a existência de distinção no caso em julgamento ou a superação do entendimento.** O juiz, ao proferir a sentença, poderá deixar de seguir enunciado de súmula ou precedente invocado pela parte. Para tanto, deverá fazer a distinção, demonstrando que o caso não se ajusta às razões determinantes que levaram à formação do entendimento expressado no precedente ou consolidado na súmula de jurisprudência. Cabe, enfim, ao juiz demonstrar que se está diante de situação particular, que contém hipótese fática distinta ou questão jurídica não examinada, a merecer solução jurídica diversa.

**81.** **Alcance do art. 489, § 1º, VI.** *"Esta Casa de Justiça possui entendimento de que 'a regra do art. 489, § 1º, VI, do CPC/15, segundo a qual o juiz, para deixar de aplicar enunciado de súmula, jurisprudência ou precedente invocado pela parte, deve demonstrar a existência de distinção ou de superação, somente se aplica às súmulas ou precedentes vinculantes, mas não às súmulas e aos precedentes apenas persuasivos' (REsp 1.698.774/RS, Rel. Ministra Nancy Andrighi, Terceira Turma, julgado em 1º/9/2020, DJe 9/9/2020)"* (STJ, 1ª Turma, AgInt no REsp 2.099.200/RJ, rel. Min. Gurgel de Faria, *DJe* 19.4.2024).

**82.** **Colisão entre normas.** Se o juiz, ao proferir a sentença, deparar-se com um conflito de normas, deverá solucioná-lo nos seus fundamentos, demonstrando a razão pela qual há de prevalecer uma norma em detrimento de outra. Há, como se sabe, dois tipos de normas jurídicas: as regras e os princípios. É possível haver conflito entre regras, entre princípios ou entre regras e princípios. Costuma-se dizer que o conflito entre regras resolve-se por um dos três critérios: hierarquia, cronologia ou especialidade, de forma que a norma superior prevalece ante a inferior, a posterior revoga a anterior e a especial prevalece em relação à geral. Além desses critérios de solução de conflitos, as regras podem ser passíveis de ponderação para serem aplicadas ou afastadas, construindo-se, neste último caso, exceções à sua aplicação. É o caso da execução de alimentos, em que se pode afastar, por ponderação, a regra da *perpetuatio jurisdictionis* prevista no art. 43. O conflito entre regra e princípio resolve-se, geralmente, pela prevalência da regra, se ambos estiverem no mesmo patamar hierárquico. Já o conflito entre princípios resolve-se, geralmente, por ponderação. É preciso que o juiz esclareça, na fundamentação de sua decisão, como resolve o conflito de normas, justificando a razão da utilização de determinado princípio em detrimento de outro, a capacidade de ponderação das normas envolvidas, os critérios gerais empregados para definir o peso e a prevalência de uma norma sobre a outra e a relação existente entre esses critérios, o procedimento e o método que serviram de avaliação e comprovação do grau de promoção de uma norma e o grau de restrição da outra, bem como os fatos considerados relevantes para a ponderação e com base em que critérios eles foram juridicamente avaliados.

**83. Interpretação da sentença.** A sentença, como os atos jurídicos em geral, é uma manifestação de vontade ou um ato de comunicação e, desse modo, está sujeita à interpretação. Como se sabe, a *interpretação* é o ato ou a atividade que consiste na determinação daquilo que terá sido compreendido de um ato de comunicação. A finalidade da interpretação é obter o *significado*, que, por sua vez, é o que se compreende de um ato de comunicação. Interpreta-se para ter-se o *significado* do ato. Obtido o *significado* do ato, tem-se a sua *compreensão*. Entre os atos processuais, destaca-se, por sua indiscutível importância, a sentença ou decisão final da causa. O texto de uma sentença também é objeto de interpretação. Da interpretação da decisão judicial extraem-se normas jurídicas. A sentença – e, de resto, os acórdãos dos tribunais – contém, como é sabido, três elementos: o relatório, a fundamentação e o dispositivo. Tais elementos devem ser interpretados conjuntamente. O relatório é imprescindível para que se compreenda o caso decidido. Ademais, a compreensão do dispositivo depende do exame da fundamentação, que também será interpretada a partir do que consta do dispositivo. O texto de uma sentença encerra um enunciado normativo. De tal enunciado extrai-se a norma jurídica, pois esta é, como se sabe, resultado da interpretação que se faz de um texto normativo. De qualquer decisão extrai-se a norma jurídica concreta, individualizada, que resolve o caso concreto, normalmente aferida da parte dispositiva da decisão. Também é possível extrair uma norma geral, construída a partir do caso concreto, que serve de modelo para a solução de casos semelhantes. Tal norma geral é extraída da fundamentação e constitui precedente a ser seguido em casos sucessivos. As postulações das partes são dados importantes a serem levados em consideração para a interpretação da sentença. Vale dizer que, na interpretação das decisões judiciais, devem ser consideradas a vontade das partes, sua intenção, a boa-fé, além dos usos e costumes locais. A sentença – e cada decisão judicial – deve ser interpretada como um todo, aplicando-se a técnica da interpretação sistemática para a compreensão do quanto tenha sido decidido. É relevante distinguir as atividades de *formação* de uma decisão e de sua *aplicação*. Encerrado o momento de formação da decisão judicial, ela não pode mais ser alterada, revolvida, modificada; todo o trabalho posterior consiste na sua interpretação e aplicação. Todos podem interpretar uma sentença. O juízo que a proferiu, bem como as partes e, bem ainda, o juízo da liquidação ou da execução, todos, enfim, podem interpretar a sentença.

> **Art. 490.** O juiz resolverá o mérito acolhendo ou rejeitando, no todo ou em parte, os pedidos formulados pelas partes.

▶ **1. Correspondência no CPC/1973.** *"Art. 459. O juiz proferirá a sentença, acolhendo ou rejeitando, no todo ou em parte, o pedido formulado pelo autor. Nos casos de extinção do processo sem julgamento do mérito, o juiz decidirá em forma concisa. Parágrafo único. Quando o autor tiver formulado pedido certo, é vedado ao juiz proferir sentença ilíquida."*

### ▣ COMENTÁRIOS TEMÁTICOS

**2. Confronto entre o dispositivo atual com o do CPC/1973.** O dispositivo correspondente no CPC/1973 contemplava 3 propósitos: (a) definir que o juízo poderia rejeitar ou acolher, total ou parcialmente, o pedido; (b) autorizar, nos casos de extinção sem resolução do mérito, a adoção da concisão no fundamento; (c) proibir a sentença ilíquida quando formulado pedido certo. No atual CPC, manteve-se apenas o primeiro propósito. Mesmo nos casos de extinção sem

# LIVRO I · DO PROCESSO DE CONHECIMENTO E DO CUMPRIMENTO DE SENTENÇA — Art. 491

resolução do mérito, o órgão julgador deve atender à exigência de fundamentação (CF, art. 93, IX; CPC, art. 11), cumprindo o § 1º do art. 489.

**3. Acolhimento ou rejeição do pedido.** O órgão jurisdicional pode rejeitar ou acolher, total ou parcialmente, o pedido do autor. Significa que ele não está adstrito a rejeitar ou a acolher na medida exata da pretensão. O juiz pode acolher ou rejeitar o pedido apenas parcialmente. Ainda que assim o faça, julgará a demanda na sua integralidade. O acolhimento parcial não se confunde com a decisão *citra* ou *infra petita*. Esta última é uma decisão *omissa*: o órgão jurisdicional *deixa de apreciar* um pedido ou parte da pretensão. No acolhimento parcial, *tudo* é apreciado, mas só uma parte é acolhida, sendo a outra rejeitada. Se há cumulação simples, o órgão jurisdicional deve examinar todos os pedidos cumulados, podendo acolher ambos, rejeitar ambos, ou acolher um e rejeitar o outro. Por sua vez, se houver cumulação em ordem subsidiária, o órgão jurisdicional só examina o segundo pedido, na hipótese de rejeitar o primeiro (art. 326). É, ainda, lícito formular mais de um pedido, alternativamente, para que o juiz acolha um deles (art. 326, parágrafo único).

**4. Capítulos da sentença.** É muito difícil haver uma sentença que contenha uma só *decisão*. A simples condenação do vencido ao pagamento dos custos financeiros do processo já demonstra que, ao decisório da sentença, agregou-se outra decisão. Há casos, ainda, em que a sentença decide sobre *pedidos cumulados*, contendo duas ou mais disposições, cada uma destinada à resolução de uma das prestações cumuladas. Quando a sentença contém mais de uma decisão ou quando resolve mais de uma pretensão, diz-se que cada parte dessa constitui um *capítulo de sentença*. Os *capítulos de sentença*, que são frequentemente mencionados quando do estudo dos recursos, mercê da forte influência que exercem sobre tal matéria, devem ser estudados na teoria da sentença. Os capítulos de sentença podem versar sobre o mérito, ou seja, sobre o pedido formulado pela parte, podem versar sobre matéria processual ou podem igualmente versar tanto sobre matéria processual como sobre o mérito. Os capítulos de sentença podem, ainda, ser independentes, dependentes ou condicionantes. Os capítulos independentes são aqueles em que cada parte da sentença pode logicamente subsistir se o outro tiver sido negado; cada trecho bem poderia ter sido objeto de ações autônomas diversas, não dependendo o acolhimento de um do acolhimento do outro. Já os capítulos dependentes estão presentes quando

há uma relação prejudicialidade ou de subordinação, tal como sucede com os juros, que constituem uma obrigação acessória, dependendo sempre do acolhimento do principal. Assim, se o juiz rejeita o principal, está, automaticamente, rejeitando também os juros, embora a eles nada tenha mencionado. A condenação nos ônus da sucumbência consiste, igualmente, num capítulo dependente, decorrendo da derrota de uma das partes. Os capítulos de sentença podem, ainda, decorrer de uma cisão quantitativa, quando o objeto do processo é composto ou decomponível. O objeto composto é decorrente de uma cumulação de pretensões, quando, por exemplo, se pleiteiam danos morais e danos materiais, ou resolução contratual e ressarcimento, ou, ainda, quando há cumulação superveniente, decorrente da formulação de reconvenção pelo réu ou da denunciação à lide. Por seu turno, o objeto será decomponível quando, embora única a pretensão, englobar coisa ou bem suscetível de contagem, medição, pesagem ou todas aquelas sujeitas a quantificação. Assim, postulada a condenação do réu ao pagamento de 100, caso o juiz defira apenas 70, rejeitará 30. Nessa hipótese, haverá, além do capítulo processual, 2 capítulos de mérito: um relativo aos 70 e outro concernente aos 30. Aliás, convém destacar que o CPC utiliza, textualmente, em diversos enunciados normativos, o termo *capítulo de sentença* ou *capítulo da decisão*, destacando-se, por exemplo, o § 3º do art. 966, os §§ 1º e 5º do art. 1.013 e o parágrafo único do art. 1.034.

---

**Art. 491.** Na ação relativa à obrigação de pagar quantia, ainda que formulado pedido genérico, a decisão definirá desde logo a extensão da obrigação, o índice de correção monetária, a taxa de juros, o termo inicial de ambos e a periodicidade da capitalização dos juros, se for o caso, salvo quando:

I – não for possível determinar, de modo definitivo, o montante devido;

II – a apuração do valor devido depender da produção de prova de realização demorada ou excessivamente dispendiosa, assim reconhecida na sentença.

§ 1º Nos casos previstos neste artigo, seguir-se-á a apuração do valor devido por liquidação.

§ 2º O disposto no *caput* também se aplica quando o acórdão alterar a sentença.

---

▶ **1. Correspondência no CPC/1973.** *"Art. 459. (...) Parágrafo único. Quando o autor tiver formulado pedido certo, é vedado ao juiz proferir sentença ilíquida."*

## ⌨ Legislação Correlata

**2. CC, art. 389.** *"Art. 389. Não cumprida a obrigação, responde o devedor por perdas e danos, mais juros, atualização monetária e honorários de advogado. Parágrafo único. Na hipótese de o índice de atualização monetária não ter sido convencionado ou não estar previsto em lei específica, será aplicada a variação do Índice Nacional de Preços ao Consumidor Amplo (IPCA), apurado e divulgado pela Fundação Instituto Brasileiro de Geografia e Estatística (IBGE), ou do índice que vier a substituí-lo."*

**3. CC, art. 406.** *"Art. 406. Quando não forem convencionados, ou quando o forem sem taxa estipulada, ou quando provierem de determinação da lei, os juros serão fixados de acordo com a taxa legal. § 1º A taxa legal corresponderá à taxa referencial do Sistema Especial de Liquidação e de Custódia (Selic), deduzido o índice de atualização monetária de que trata o parágrafo único do art. 389 deste Código. § 2º A metodologia de cálculo da taxa legal e sua forma de aplicação serão definidas pelo Conselho Monetário Nacional e divulgadas pelo Banco Central do Brasil. § 3º Caso a taxa legal apresente resultado negativo, este será considerado igual a 0 (zero) para efeito de cálculo dos juros no período de referência."*

**4. Lei 9.099/1995, art. 38, parágrafo único.** *"Parágrafo único. Não se admitirá sentença condenatória por quantia ilíquida, ainda que genérico o pedido".*

## ⚖ Jurisprudência, Enunciados e Súmulas Selecionados

- **5. Súmula STJ, 318.** *"Formulado pedido certo e determinado, somente o autor tem interesse recursal em arguir o vício da sentença ilíquida."*
- **6. Súmula TST, 200.** *"Os juros de mora incidem sobre a importância da condenação já corrigida monetariamente."*
- **7. Súmula TST, 211.** *"Os juros de mora e a correção monetária incluem-se na liquidação, ainda que omisso o pedido inicial ou a condenação."*
- **8. Enunciado 236 da III Jornada-CJF.** *"Na ação coletiva para tutela de direitos individuais homogêneos, a sentença condenatória que determina obrigação de pagar poderá ser líquida, determinando-se, preferencialmente, o cumprimento de forma direta pelo réu aos beneficiários."*

## ▣ Comentários Temáticos

**9. Decisão completa.** A decisão, para ser completa, deve conter manifestação sobre (a) o *an debeatur* (existência da dívida), (b) o *cui debeatur* (a quem é devido), (c) o *quis debeatur* (quem deve), (d) o *quid debeatur* (o que é devido) e, na ação relativa à obrigação de pagar quantia, (e) o *quantum debeatur*.

**10. Decisão ilíquida.** A decisão ilíquida é uma decisão incompleta, faltando a definição do *quantum debeatur*. É comum afirmar-se que a liquidação destina-se, quando se tratar de ação relativa à obrigação de pagar quantia, a definir o *quantum debeatur* e, quando a ação disser respeito à obrigação de entregar coisa distinta de dinheiro, a definir o *quid debeatur*. Na realidade, em qualquer espécie de obrigação, a sentença deve, pelo menos, determinar (a) o *an debeatur*, (b) o *cui debeatur*, (c) o *quis debeatur* e (d) o *quid debeatur*. Apenas o *quantum debeatur* pode ser, ressalvada vedação legal, deixado para outro momento. E isso em qualquer caso, e não apenas nas obrigações pecuniárias. A expressão latina *quantum* transmite a falsa ideia de que se trata apenas de valor numérico, quando, em verdade, seu alcance é mais amplo.

**11. Abrangência do dispositivo.** O dispositivo refere-se apenas às decisões proferidas em ação relativa à obrigação de pagar quantia. Quando se tratar de ação relativa à obrigação de entrega de coisa distinta de dinheiro, o autor deve individualizá-la na petição inicial, se lhe couber a escolha; se a escolha couber ao réu, este a entregará individualizada, no prazo fixado pelo juiz (art. 498, parágrafo único).

**12. Liquidez da decisão.** Toda decisão deve ser líquida, ainda que o pedido seja genérico. Na ação relativa à obrigação de pagar quantia, a decisão deve conter o valor, com o índice de correção monetária e seu termo inicial, a taxa de juros e seu termo inicial e, se for o caso, a periodicidade da capitalização dos juros. Da mesma forma que o pedido deve ser determinado (art. 324), a decisão há de ser líquida. Mesmo nas hipóteses em que o autor pode formular pedido genérico (art. 324, § 1º), o juiz deve proferir decisão líquida.

**13. Exceções à regra da decisão líquida.** A decisão deve ser líquida, salvo nas exceções estabelecidas nos incisos I e II do art. 491. Tais exceções concretizam os princípios da duração razoável do processo (CF, art. 5º, LXXVIII; CPC, art. 6º) e da eficiência processual (art. 8º). A decisão não pode depender de uma dilação indevida ou excessivamente dispendiosa para ser proferida. Se todos os elementos já estão definidos, a falta de definição do valor pode ser protraída para um momento posterior, que é o da liquidação, antecipando-se grande parte do conteúdo da norma individualizada a ser construída pela decisão. Na fundamentação, o juiz especificará qual a hipótese que se concretizou para afastar a liquidez da decisão, com a determinação do conceito jurídico indeterminado empregado no texto normativo, sob pena de nulidade, por vício na motivação (art. 489, § 1º, II). Esse é um elemento que deve constar obrigatoriamente da fundamentação da decisão.

**14. Liquidação da decisão.** Se a decisão não for líquida, deverá submeter-se à posterior fase de liquidação, que deve ser iniciada a requerimento do credor ou devedor (art. 509). A liquidação por será por arbitramento ou pelo procedimento comum (arts. 509 a 512).

> **Art. 492.** É vedado ao juiz proferir decisão de natureza diversa da pedida, bem como condenar a parte em quantidade superior ou em objeto diverso do que lhe foi demandado.
>
> Parágrafo único. A decisão deve ser certa, ainda que resolva relação jurídica condicional.

▶ **1. Correspondência no CPC/1973.** *"Art. 460. É defeso ao juiz proferir sentença, a favor do autor, de natureza diversa da pedida, bem como condenar o réu em quantidade superior ou em objeto diverso do que lhe foi demandado. Parágrafo único. A sentença deve ser certa, ainda quando decida relação jurídica condicional."*

## ⚖ Jurisprudência, Enunciados e Súmulas Selecionados

- **2. Tema/Repetitivo 235 do STJ.** *"A correção monetária é matéria de ordem pública, integrando o pedido de forma implícita, razão pela qual sua inclusão ex officio, pelo juiz ou tribunal, não caracteriza julgamento extra ou ultra petita, hipótese em que prescindível o princípio da congruência entre o pedido e a decisão judicial."*

- **3. Tema/Repetitivo 742 do STJ.** *"É nula, por configurar julgamento extra petita, a decisão que condena a parte ré, de ofício, em ação individual, ao pagamento de indenização a título de danos sociais em favor de terceiro estranho à lide."*

- **4. Súmula STJ, 381.** *"Nos contratos bancários, é vedado ao julgador conhecer, de ofício, da abusividade das cláusulas."*

- **5. Enunciado 525 do FPPC.** *"A produção do resultado prático equivalente pode ser determinada por decisão proferida na fase de conhecimento."*

## 🖥 Comentários Temáticos

**6. Congruência ou adstrição do juiz ao pedido.** A petição inicial deve atender aos requisitos contidos no art. 319, entre os quais avulta o pedido com suas especificações (IV). O pedido é o mais importante requisito da petição inicial, pois ele consiste no seu núcleo, na pretensão deduzida pelo autor. O juiz deve decidir o mérito nos limites propostos pelas partes (art. 141), sendo-lhe vedado proferir sentença *extra* ou *ultra petita* (art. 492). Pela *regra da congruência* ou da *correlação entre a sentença e a demanda* (arts. 141 e 492), não se franqueia ao julgador conceder à parte autora *mais* (*ultra petita*) quando sua petição inicial, correta e adequadamente interpretada, refere-se a *menos*. A sentença há de resolver a causa dentro dos limites subjetivos e objetivos da demanda proposta (art. 141), sendo-lhe vedado conceder ao autor mais (*ultra petita*), ou bem diverso (*extra petita*) do pedido (art. 492). Tais regras são ínsitas à garantia constitucional do contraditório. Ainda que tais dispositivos não existissem, não seria possível ao juiz proferir sentença que destoasse do pedido ou além do que foi pedido. Isso porque o princípio do contraditório tem um *conteúdo mínimo*, sendo necessário observar o que foi postulado, pois é contra o pedido formulado que o réu apresenta sua defesa, desenvolvendo toda sua atividade processual em razão do que foi pedido. Ao juiz não é dado desbordar dos limites do pedido, sob pena de comprometer a efetividade da garantia constitucional do contraditório. Julgar além do que se pediu surpreende o réu com um resultado do qual não se defendeu. Ao julgar *diferentemente* do que se pediu ou ao deferir *mais* do que se pediu, o juiz atua de ofício, decidindo sem a imprescindível iniciativa da parte, ao arrepio do art. 2º. O julgamento *extra* ou *ultra petita* atenta contra a garantia constitucional do contraditório, pois configura uma situação de surpresa: o réu é surpreendido com decisão que concede ao autor algo *diverso* (*extra petita*) ou *mais* (*ultra petita*) do que ele pediu.

**7. Interpretação do pedido.** O pedido deve ser expresso ou, nos termos do art. 322, deve ser certo. Quer isso dizer que não se admitem, em princípio, pedidos implícitos. O juiz há de apreciar e julgar o que está expressamente formulado. O pedido não deve ser interpretado extensivamente, não devendo o juiz empreender exegese ampliativa para deferir ao autor mais do que ele pediu, sob pena de proferir sentença *ultra petita*. Embora o pedido deva ser certo, sua interpretação considerará o conjunto da postulação e observará o princípio da boa-fé (322, § 2º). O pedido há, então, de ser interpretado em conjunto com a causa de pedir, considerando todo o conteúdo da petição inicial e observando-se a boa-fé. É preciso, ainda, que se considere a defesa do réu e se respeite o contraditório, evitando interpretações que surpreendam o réu e que não retratem o que se entendeu a partir dos elementos contidos nos autos. Tome-se aqui como exemplo o caso julgado pelo Tribunal da Relação do Porto e comentado por Miguel Mesquita (*Revista de Legislação e de Jurisprudência – RLJ*, Coimbra: Coimbra, ano 143º, n. 3.983, p. 129-151, nov./dez. 2013): a parte autora pediu, em sua petição inicial, a retirada de um portão com cerca de 4,10 metros de largura que impedia sua passagem, tendo-lhe sido deferida a entrega da respectiva chave. A pretensão, interpretada em seu conjunto e considerada a defesa apresentada, além da boa-fé, foi acolhida, sem que houvesse qualquer desbordo. Não houve, com efeito, decisão *ultra*, nem *extra petita*. O que a parte autora queria é ter garantido o direito de passagem. Dar-lhe a chave, em vez de retirar o portão, atende à sua pretensão, sem prejudicar demasiadamente o réu, que precisava manter o portão por questões de segurança e de privacidade.

**8. Pedidos implícitos.** A decisão judicial não deve ser *extra*, nem *ultra petita*, mas deve ser *plena*, ou seja, deve examinar *todos* os pedidos, inclusive os *implícitos*. O pedido deve ser certo, valendo dizer que deve ser expresso. Em outras palavras, não se admitem pedidos implícitos, mas existem, no sistema brasileiro, alguns pedidos implícitos, quais sejam, os juros legais, a correção monetária e as verbas de sucumbência, inclusive os honorários de advogado (art. 322, § 1º). Também se consideram incluídas no pedido as prestações sucessivas vencidas após o ajuizamento da demanda, independentemente de declaração expressa do autor (art. 323). A sentença há de abranger tais pedidos implícitos, sem que isso implique julgamento *ultra petita*. Pelo contrário, se a sentença não os apreciar, será incompleta e omissa, caracterizando-se como uma sentença *citra* ou *infra petita*.

**9. Decisão certa.** A sentença (e, de resto, qualquer decisão judicial) deve ser *certa*, ou seja, deve *expressamente* decidir ou *manifestar* inequivocamente a conclusão a que se chegou. A decisão deve expressar que não examina o pedido por estar presente alguma hipótese prevista no art. 485, ou que o acolhe ou rejeita. Se o pedido deve ser certo (art. 322), a decisão que o analisa também o há de ser. Ainda que o pedido se refira a uma relação jurídica condicional, a decisão deve ser certa. Não basta que a decisão exista, é preciso que ela seja certa. Significa que a decisão somente será válida, se for certa. Exigir a certeza como requisito de validade da decisão não é fator que impeça o juiz, ao decidir, de criar uma condição de eficácia de sua própria decisão. Veja-se, por exemplo, a hipótese prevista no § 3º do art. 98. Ali a decisão estabelece uma condição à sua própria eficácia: certifica o direito de se exigir do beneficiário da gratuidade o pagamento das verbas de sucumbência, mas suspende sua eficácia por cinco anos, até que sobrevenha um evento futuro e incerto, que é a sua melhoria financeira.

> **Art. 493.** Se, depois da propositura da ação, algum fato constitutivo, modificativo ou extintivo do direito influir no julgamento do mérito, caberá ao juiz tomá-lo em consideração, de ofício ou a requerimento da parte, no momento de proferir a decisão.
>
> Parágrafo único. Se constatar de ofício o fato novo, o juiz ouvirá as partes sobre ele antes de decidir.

▶ **1. Correspondência no CPC/1973.** *"Art. 462. Se, depois da propositura da ação, algum fato constitutivo, modificativo ou extintivo do direito influir no julgamento da lide, caberá ao juiz tomá-lo em consideração, de ofício ou a requerimento da parte, no momento de proferir a sentença."*

## JURISPRUDÊNCIA, ENUNCIADOS E SÚMULAS SELECIONADOS

- **2. Tema/Repetitivo 995 do STJ.** *"É possível a reafirmação da DER (Data de Entrada do Requerimento) para o momento em que implementados os requisitos para a concessão do benefício, mesmo que isso se dê no interstício entre o ajuizamento da ação e a entrega da prestação jurisdicional nas instâncias ordinárias, nos termos dos arts. 493 e 933 do CPC/2015, observada a causa de pedir."*

- **3. Súmula 394, TST.** *"O art. 493 do CPC de 2015 (art. 462 do CPC de 1973), que admite a invocação de fato constitutivo, modificativo ou extintivo do direito, superveniente à propositura da ação, é aplicável de ofício aos processos em curso em qualquer instância trabalhista. Cumpre ao juiz ou tribunal ouvir as partes sobre o fato novo antes de decidir."*

# LIVRO I · DO PROCESSO DE CONHECIMENTO E DO CUMPRIMENTO DE SENTENÇA

## Art. 493

- **4. Enunciado 631 do FPPC.** *"A existência de saneamento negocial ou compartilhado não afasta a incidência do art. 493."*

### 📖 COMENTÁRIOS TEMÁTICOS

**5. Atualidade da sentença.** A sentença deve ser *atual*, a refletir o momento em que é proferida. Daí ser necessário que o juiz leve em conta os fatos existentes no momento da prolação de sua decisão final. A sentença deve solucionar o conflito submetido ao crivo judicial como se o fizesse no momento da propositura da demanda, justamente porque se deve impedir que a demora do processo cause dano para aquele que tem razão. É comum, todavia, surgirem, durante o curso do procedimento, fatos supervenientes que interfiram ou alterem o quadro que existia quando intentada a demanda. Por essa razão, cabe ao juiz considerar, ao proferir sua sentença, os fatos constitutivos, modificativos ou extintivos do direito do autor que venham a surgir ao longo do procedimento.

**6. Aplicação a outros pronunciamentos judiciais.** O dispositivo deve ser igualmente aplicado a acórdão, que é a decisão colegiada proferida por tribunal (art. 204). De igual modo, o dispositivo aplica-se à decisão parcial de mérito (art. 356).

**7. Aplicação em qualquer grau de jurisdição.** O dispositivo aplica-se não apenas ao juízo que decide a causa em primeiro grau de jurisdição. Aplica-se igualmente a qualquer grau de jurisdição. O órgão jurisdicional, em qualquer grau de jurisdição, *deve* levar em consideração a ocorrência de fatos supervenientes à propositura da ação que tenham força suficiente para influenciar o resultado da controvérsia, sob pena de incorrer em omissão.

**8. Fato superveniente e omissão. Cabimento de embargos de declaração.** Se o juiz não levou em conta na sentença fato superveniente que constitua, modifique ou extinga direito, há omissão, a ser suprida por embargos de declaração.

**9. Fato superveniente em grau recursal.** O fato superveniente deve, como dito, ser considerado em qualquer grau de jurisdição. Constatada a sua ocorrência durante o procedimento de um recurso, aplica-se o disposto no art. 933: o relator intimará as partes para que se manifestem no prazo de cinco dias. Se a constatação ocorrer durante a sessão de julgamento, este será imediatamente suspenso a fim de que as partes se manifestem especificamente. Se a constatação se der em vista dos autos, deverá a questão ser encaminhada ao relator, que determinará a intimação das partes para manifestarem-se sobre o fato superveniente, sendo, em seguida, feita nova inclusão em pauta para prosseguimento do julgamento.

**10. Fatos supervenientes em recurso especial e em recurso extraordinário.** O STF e o STJ, no exame de recurso extraordinário e no de recurso especial, devem levar em conta os fatos e o direito supervenientes. Se o fato ou direito superveniente surge *antes* de encerrado o julgamento no tribunal local, somente poderá ser objeto de análise pelo STF ou pelo STJ, se houver o indispensável prequestionamento. Se, entretanto, o direito superveniente surge, *quando já interposto* o recurso especial ou extraordinário, deve, sim, o STF ou STJ apreciá-lo, desde que seja conhecido ou admitido o recurso. Uma vez admitido o recurso extraordinário ou especial, estará aberta a jurisdição do STF ou do STJ, que deverá rejulgar a causa, apreciando toda a situação pertinente com o caso. Significa dizer que o art. 493 também se aplica às instâncias extraordinárias, cabendo ao STF e ao STJ levar em conta o fato ou o direito superveniente, desde que, não custa repetir, tenha o fato ou o direito superveniente surgido, quando já interposto o recurso excepcional e caso este seja admitido, ensejando-se o *rejulgamento* da causa.

**11. Fatos supervenientes, fatos novos e fatos antigos conhecidos posteriormente.** Os fatos *novos* referidos no dispositivo podem ser aqueles que ocorreram *depois* da propositura da demanda, bem como os que ocorreram *antes*, mas não foram alegados por serem inacessíveis ou desconhecidos. Isso porque não se deve considerar a existência de preclusão, se a parte não tinha como alegar o fato, por desconhecê-lo. Não há, entretanto, consenso na doutrina a respeito do tema. Há quem defenda que os fatos *novos* só podem ser entendidos como os que ocorrerem *depois* da propositura da demanda. Há, por outro lado, quem entenda que a parte pode, a qualquer momento, comunicar ao juiz fato anteriormente ocorrido, mas que somente soube depois da oportunidade processual de sua alegação. Para esta última corrente doutrinária, cabe ao juiz levar em conta tanto o fato que ocorreu *depois* da propositura da demanda como aquele que ocorrera *antes,* mas só se tornou acessível à parte posteriormente.

**12. Exclusão, no texto normativo, dos fatos impeditivos.** No dispositivo, não há referência a *fato impeditivo,* porque não se concebe um fato impeditivo que seja superveniente. Os fatos impeditivos são sempre anteriores ou contemporâneos à constituição do direito subjetivo. Este – o direito subjetivo – surge com o fato constitutivo. Se há um fato impeditivo, este impede que o fato constitutivo produza seus efeitos, não tendo surgido o direito. Como o próprio nome já indica, o fato impeditivo impede que se constitua o direito, não permitindo que o fato constitutivo produza efeitos jurídicos.

**13. Fatos impeditivos antigos, mas só descobertos depois.** A ausência de referência, nos mencionados dispositivos, a fatos impeditivos resulta da circunstância de não poderem, por definição, ser supervenientes. Os fatos impeditivos podem, entretanto, ser objeto de conhecimento superveniente, devendo, então, ser considerados inseridos na previsão legal.

**14. Alegação do fato superveniente.** O fato superveniente deve ser levado em conta pelo juiz, a requerimento do autor ou do réu. O dispositivo aplica-se indistintamente a qualquer uma das partes, permitindo que sejam as alegações de fatos supervenientes feitas por qualquer um deles. O enunciado normativo utiliza-se dos termos fatos *constitutivos, modificativos* e *extintivos,* de sorte que ao autor se permite suscitar fatos *constitutivos* supervenientes, por ser ele quem afirma ser o titular da situação ativa invocada no processo. Por sua vez, ao réu faculta-se alegar fatos *modificativos* e *extintivos* supervenientes, exatamente por se encontrar na situação passiva apresentada em juízo.

**15. Alegação do direito superveniente.** O juiz, a teor do art. 493, deve levar em conta, ao proferir sua sentença, os fatos supervenientes que constituam, modifiquem ou extingam situações jurídicas discutidas no caso submetido ao seu crivo. O réu deve concentrar em sua contestação toda matéria de defesa, não lhe sendo lícito deduzir novas alegações depois de contestar a pretensão do autor (art. 342). Uma vez apresentada a contestação, opera-se a preclusão consumativa, não sendo permitido ao réu acrescentar, posteriormente, novas alegações. É possível, porém, que o réu, depois da contestação, deduza alegações concernentes a *direito* ou a *fato* superveniente, tal como autoriza o inciso I do art. 342. O art. 493 refere-se a *fatos* supervenientes, enquanto o art. 342, I, alude a *fato* e a *direito* supervenientes. Isso poderia causar a impressão de que somente o réu poderia alegar *direito* superveniente, restando ao autor apenas a inovação de *fatos* supervenientes. Não é essa, contudo, a interpretação que se deve extrair do texto do inciso I do art. 342. É que o termo *direito superveniente* ou *ius superveniens* abrange, tradicionalmente, tanto o fato como o direito superveniente. Quando o dispositivo menciona o

*direito* superveniente está a referir-se ao direito *subjetivo* e, igualmente, ao direito *objetivo*. Permite-se, enfim, ao autor e ao réu alegar um *fato superveniente* que constitua um direito ou uma nova situação jurídica. Nesse sentido, é possível que se alegue um *direito* superveniente, ou seja, um direito que veio a ser constituído em razão de um fato ocorrido posteriormente. Também é possível ao autor e ao réu invocar uma norma jurídica superveniente, que possa ser aplicada ao caso pendente, seja de direito material, seja de direito processual. Devem, porém, ser respeitados o direito adquirido e o ato jurídico perfeito, de maneira que não se afigura correta a aplicação retroativa de norma em relação a fato pretérito. A invocação de norma jurídica superveniente é possível em processos pendentes, desde que não haja retroatividade inadmissível.

**16. Conhecimento *ex officio*.** O dispositivo permite, até mesmo, que o juiz, de ofício, leve em conta fatos supervenientes.

**17. Vedação à decisão-surpresa e observância ao contraditório.** O juiz deve, de ofício, levar em conta o fato superveniente, mas precisa *consultar* previamente as partes, conferindo-lhes oportunidade para sobre ele manifestar-se, com o que se evita decisão-surpresa e se garante a observância ao contraditório.

**18. Fatos supervenientes, e não provas supervenientes.** O dispositivo sob comentário refere-se à hipótese de alegação de fatos novos, e não à de apresentação de provas novas relativamente a fatos inicialmente alegados. Se o fato já foi alegado, mas não provado, é possível a produção posterior de provas, desde que demonstrada a ocorrência de caso fortuito ou de força maior. Se a parte não pôde produzir a prova, em virtude de uma circunstância alheia à sua vontade, não deve haver preclusão, sendo-lhe possível comprovar, posteriormente, o fato alegado. Não é disso, entretanto, que trata o dispositivo. O que o dispositivo disciplina é a atendibilidade dos fatos supervenientes, ou seja, a necessidade de o órgão julgador, em sua decisão, considerar fatos que ocorreram posteriormente ao ajuizamento da demanda e que têm o condão de constituir, modificar ou extinguir a situação jurídica discutida entre as partes no processo.

**19. Fatos supervenientes que influenciam o juízo de admissibilidade e o juízo de mérito.** Os fatos supervenientes, a serem considerados pelo juiz no momento da sentença, tanto podem dizer respeito ao juízo de admissibilidade como ao próprio mérito. Se o autor não demonstrava interesse processual, mas passou, no curso do procedimento, a ter interesse, isso há de ser le-

# LIVRO I · DO PROCESSO DE CONHECIMENTO E DO CUMPRIMENTO DE SENTENÇA

## Art. 494

vado em conta pelo juiz, que não deverá mais extinguir o processo sem resolução do mérito, cabendo-lhe examinar o pedido formulado pelo autor. Se, num caso em que se discuta um direito intransmissível, a parte, no curso do procedimento, vem a falecer, o processo há de ser extinto sem resolução de mérito, dada a superveniência de um fato extintivo. Tome-se como exemplo um pagamento superveniente: numa ação de cobrança, esse ou qualquer outro fato superveniente extintivo da obrigação, deve ser levado em conta no julgamento da causa. Faltando algum requisito para a procedência do pedido, deve ser levado em conta um fato superveniente que suplante aquela falta. Assim, uma ação de usucapião em que o autor, ao ajuizar a demanda, não tinha ainda completado o prazo necessário e suficiente para a aquisição do domínio do bem, mas no curso do procedimento chegou a ser implementado. Se o fato superveniente *complementa* o fato já alegado anteriormente, cabe ao juiz considerá-lo no momento do julgamento.

**20.** Fato constitutivo superveniente e alteração da causa de pedir. A doutrina brasileira controverte sobre a possibilidade de o fato superveniente alterar a causa de pedir. Há quem entenda, por um lado, que não se deve considerar um fato novo que implique alteração na *causa petendi*, despontando, por outro lado, o entendimento oposto. Para quem não admite a alteração da causa de pedir, o dispositivo aplica-se mais intensamente ao réu, por se sujeitar à eficácia preclusiva da coisa julgada, sendo aplicável com menos intensidade ao autor, por não lhe ser possível apresentar ao juiz fato constitutivo superveniente que altere a causa de pedir, devendo, em tal hipótese, intentar nova demanda. Diversamente, para quem admite a alteração da *causa petendi*, a regra dirige-se indistintamente ao autor e ao réu. Há, ainda, quem afirme que o fato superveniente a ser levado em conta pelo juiz na sentença não deve alterar a causa de pedir. Se, contudo, a matéria tiver sido submetida ao contraditório e à ampla defesa, concedendo-se às partes todas as oportunidades para produzir prova a respeito, não haverá qualquer vício e será, consequentemente, aceitável a alteração objetiva da demanda. Na realidade, o juiz deve, ao proferir sua sentença, tomar em consideração o fato superveniente, mesmo que isso implique mudança na causa de pedir *remota*. Impõe-se, entretanto, que sejam respeitados o contraditório, os deveres de cooperação e os deveres de lealdade e boa-fé processuais, não devendo ser permitida tal modificação se houver tumulto processual ou prejuízo à defesa do réu.

**21.** Decisão superveniente como fato superveniente a ser levado em conta pelo juiz. A superveniência de uma decisão judicial é considerada um fato novo, com aptidão para influenciar o conteúdo do julgamento de outro processo. Assim, o provimento judicial altera, modifica ou extingue uma situação jurídica pode ser considerado um fato superveniente, a ser levado em conta pelo juiz.

> **Art. 494.** Publicada a sentença, o juiz só poderá alterá-la:
>
> I – para corrigir-lhe, de ofício ou a requerimento da parte, inexatidões materiais ou erros de cálculo;
>
> II – por meio de embargos de declaração.

▶ **1.** Correspondência no CPC/1973. *"Art. 463. Publicada a sentença, o juiz só poderá alterá-la: I – para lhe corrigir, de ofício ou a requerimento da parte, inexatidões materiais, ou lhe retificar erros de cálculo; II – por meio de embargos de declaração."*

## ⚖ JURISPRUDÊNCIA, ENUNCIADOS E SÚMULAS SELECIONADOS

- **2.** Enunciado 654 do FPPC. *"Erro material identificado na ementa, inclusive decorrente de divergência com o acórdão, é corrigível a qualquer tempo, de ofício ou mediante requerimento."*

## 📋 COMENTÁRIOS TEMÁTICOS

**3.** Encerramento da atividade jurisdicional. Uma vez *publicada* a sentença, há o encerramento da atividade judicial em primeira instância, não podendo mais o juiz rever sua decisão, razão pela qual não lhe será permitido modificar seu conteúdo, ainda que venha a verificar o desacerto da tese esposada ou da conclusão a que ali tenha chegado. É bem verdade que o cumprimento da sentença constitui uma simples fase do mesmo processo, não gozando de autonomia. Ocorre, porém, que sua instauração desencadeia nova atividade jurisdicional, ainda que no mesmo processo. No cumprimento da sentença, o juiz não pode rever a sentença proferida, tanto que as alegações do executado devem restringir-se às matérias relacionados no § 1º do art. 525. O juiz pode apreciar a *exceptio nullitatis* (art. 525, § 1º, I), mas isso não consiste numa revisão da sentença, e sim na avaliação da existência ou validade da citação, em caso de revelia.

785

**4. Aplicação da regra no âmbito dos tribunais.** O dispositivo também é aplicável nos tribunais. Proferido o julgamento, o órgão jurisdicional encerra sua atividade, não podendo rever sua decisão, a não ser que haja um novo recurso interno ou nas exceções previstas no próprio art. 494.

**5. Impossibilidade de pedido de reconsideração contra acórdão.** *"Na linha da assente jurisprudência desta Corte, não é possível o manejo de pedido de reconsideração contra acórdão, ante a ausência de previsão legal ou regimental (precedentes desta Corte)"* (STJ, 6ª Turma, RCD no AgRg no AREsp 1.807.144/DF, rel. Min. Antonio Saldanha Palheiro, *DJe* 7.6.2021).

**6. Acepções do termo "publicar" a sentença.** Há dois sentidos para a expressão "publicada a sentença". No primeiro sentido, "publicar" equivale a "intimar" ou "veicular" a decisão pela imprensa oficial ou pelo Diário da Justiça. É nesse sentido que o inciso VII do art. 231 enuncia iniciar a contagem do prazo a partir da publicação no Diário da Justiça impresso ou eletrônico. Publicar, ali, é intimar ou veicular no Diário da Justiça. Assim, quando se diz que a sentença foi publicada quer-se dizer que ela foi veiculada no Diário da Justiça, intimando-se as partes interessadas. Nesse mesmo sentido, o termo é empregado pelo § 3º do art. 205, bem como pelos §§ 2º e 3º do art. 224 e, bem ainda, pelos arts. 272, 1.024, § 5º e 1.040. No segundo sentido, "publicar" equivale a "lançar aos autos", "tornar pública"; é o momento a partir do qual todos podem ver a sentença ou ter acesso ao seu conteúdo. É a esse sentido que se referem, por exemplo, os §§ 1º e 2º do art. 1.012.

**7. O emprego adequado do termo "publicada a sentença" no texto normativo.** Quando se diz, no art. 494, que a sentença foi *publicada,* o que se está a referir é ao momento em que a sentença fora lançada aos autos; o momento em que ela se tornou *pública;* o momento a partir do qual todos podem vê-la ou ter acesso ao seu conteúdo. A utilização, no dispositivo, ao termo *publicada,* não quer dizer que a sentença teve seu teor ou sua conclusão divulgada ou veiculada no diário oficial ou que a parte foi intimada de sua existência. O art. 494 emprega o segundo sentido do termo "publicar". Publicar a sentença, nos termos do art. 494, significa integrar o ato judicial ao processo, como ato público, não se confundindo, portanto, com aquele outro sentido do termo "publicar", que corresponde à intimação. Os atos processuais são públicos (CF, art. 93, IX; CPC, arts. 11 e 189). Assim, uma vez lançada aos autos, a sentença torna-se *pública.*

Quer isso dizer que a sentença, nesse momento, foi *publicada.* A partir daí, o juiz, mesmo que as partes não tenham sido ainda intimadas, já não pode mais alterar a sentença. Na verdade, a sentença, como ato processual, somente existe depois de *publicada,* ou seja, depois de lançada aos autos ou, como se diz na linguagem forense, quando entregue em *mãos do escrivão ou chefe de secretaria.* Antes disso, consiste em mero projeto de sentença, sendo apenas um ato em via de formação. A sentença somente se torna ato jurídico quando lançada aos autos. Significa que, uma vez lançada aos autos, a sentença não pode mais ser alterada pelo próprio juiz, aplicando-se a regra da inalterabilidade da sentença. Sendo a sentença proferida oralmente, estará publicada quando ditada ou anunciada. A posterior documentação deve reproduzir fielmente o conteúdo da sentença, não sendo possível sua alteração quando submetida ao juiz para revisão e assinatura. A regra aplica-se, de igual modo, ao acórdão proferido por tribunal. Não há qualquer diferença, nesse ponto, quanto ao processo em autos eletrônicos.

**8. Inalterabilidade da sentença.** Publicada a sentença, o juiz não pode mais alterá-la. Ainda que venha a verificar sua incompetência absoluta, seu impedimento ou, até mesmo, o desacerto da tese adotada ou da conclusão a que tenha ali chegado, não pode o juiz alterar o conteúdo de sua sentença.

**9. Exceções.** A regra da inalterabilidade da sentença comporta algumas exceções. Duas delas estão previstas no próprio art. 494: pode o juiz alterar sua própria sentença para lhe corrigir, de ofício ou a requerimento da parte, inexatidões materiais, ou lhe retificar erros de cálculo. De igual modo, pode o juiz alterar sua própria sentença por meio de embargos de declaração.

**10. Modificação da sentença para corrigir erros de cálculo ou inexatidões materiais.** A alteração da sentença para corrigir erros de cálculo ou inexatidões materiais não implica a possibilidade de o juiz proferir *nova* decisão ou proceder a um rejulgamento da causa. O que se permite é que o juiz possa corrigir evidentes e inequívocos enganos involuntários ou inconscientes, retratados em discrepâncias entre o que se quis afirmar e o que restou consignado no texto da sentença. Há erro material, quando o que está escrito na decisão não corresponde à intenção do juiz, desde que isso seja perceptível por qualquer homem médio. Assim ocorre, por exemplo, quando o juiz, na sentença, refere-se ao réu como uma pessoa jurídica, só que, em verdade, se trata de uma mulher. Outro exemplo: o

# LIVRO I · DO PROCESSO DE CONHECIMENTO E DO CUMPRIMENTO DE SENTENÇA — Art. 494

juiz afirma que a ação é de reintegração de posse, quando, na realidade, a ação é de alimentos. Também se configura a hipótese de permitir a correção pelo próprio juiz, quando há erros de cálculo ou erros aritméticos, por exemplo, quando o juiz condena o réu a pagar R$ 10.000,00 (dez mil reais) a título de danos materiais e R$ 30.000,00 (trinta mil reais) à guisa de danos morais, estabelecendo uma condenação total de R$ 50.000,00 (cinquenta mil reais). Nesse caso, há evidente erro de cálculo, pois a soma deve importar num total de R$ 40.000,00 (quarenta mil reais), e não em R$ 50.000,00 (cinquenta mil reais). Em hipóteses assim, permite-se ao juiz corrigir, de ofício ou a requerimento, o erro material ou o erro de cálculo. Tais erros – como, aliás, já se consolidou na jurisprudência – não são atingidos pela coisa julgada material, podendo ser revistos a qualquer momento.

**11. Base de cálculo dos honorários e ausência de erro material.** *"O Código Processual Civil, em seu art. 494, estabelece que, publicada a sentença, o juiz apenas poderá alterá-la (inciso I) para corrigir, de ofício ou a requerimento da parte, inexatidões materiais ou erros de cálculo; ou (inciso II) por meio de embargos de declaração. 6. A decisão não contém erro material passível de ser alterado a qualquer tempo se restam dúvidas acerca da real vontade do julgador; se há consonância com a fundamentação do julgado; ou se a correção do equívoco, por alterar o conteúdo da decisão, aufere vantagem a uma das partes. 7. A ação rescisória é o instrumento adequado para alterar decisão de mérito transitada em julgado que contenha violação literal de dispositivo de lei, nos termos do que determina o art. 966, V, do CPC/15. 8. O erro no arbitramento da verba honorária em virtude de inobservância de lei é vício que sustenta a pretensão rescisória, não podendo ser confundido com mero erro material se os requisitos de configuração deste último estão ausentes. 8. Na espécie, o Tribunal de origem alterou o entendimento firmado em sentença transitada em julgado para modificar a base de cálculo dos honorários advocatícios, a fim de adequá-los à determinação do art. 85, §2º do CPC, que havia sido desrespeitado. 9. Recurso especial provido para manter a base de cálculo dos honorários advocatícios nos moldes do que decidiu a sentença transitada em julgado"* (STJ, 3ª Turma, REsp 2.054.617/PI, rel. Min. Nancy Andrighi, *DJe* 26.6.2023).

**12. Modificação da sentença por meio de embargos de declaração.** Do julgamento dos embargos pode advir alteração da sentença embargada. Ao suprir uma omissão, eliminar uma contradição, esclarecer uma obscuridade ou corrigir um erro material, o juiz ou tribunal poderá, consequentemente, alterar a decisão embargada. Nesse caso, diz-se que os embargos têm efeitos modificativos ou infringentes. Os embargos de declaração não são destinados, nem têm finalidade imediata de modificar, reformar, anular ou alterar a decisão embargada. É possível, contudo, que o juiz, ao suprir uma omissão, eliminar uma contradição, esclarecer uma obscuridade ou afastar um erro material chegue a, *consequentemente,* modificar sua decisão. Tome-se como exemplo a hipótese em que o réu, em sua contestação, alegou haver prescrição e, sucessivamente, insurgiu-se contra a pretensão do autor. Imagine-se que o juiz sentenciou, julgando procedente o pedido, sem, contudo, apreciar a alegação de prescrição. Daí o réu opôs, então, embargos de declaração, com vistas a obter a supressão da omissão e, de resto, a manifestação do juiz acerca da prescrição suscitada em contestação. Ao suprir a omissão, o juiz, nos embargos declaratórios, irá apreciar a prescrição e, caso entenda ter, de fato, havido a consumação do prazo prescricional, restará por modificar sua sentença. Na verdade, o juiz cuidou, nesse exemplo, de suprir uma omissão. Em consequência desse suprimento de omissão, houve uma modificação do julgado. O objetivo *imediato* dos embargos não foi alterar a decisão, mas sim obter o pronunciamento judicial de uma questão não enfrentada. Suprida a omissão, e apreciada a questão, adveio, consequentemente, uma modificação na sentença. Nessas hipóteses, em que se desnuda a possibilidade de haver alteração na decisão, deve o juiz instaurar o contraditório e determinar a intimação da parte contrária para que se manifeste sobre os embargos de declaração (art. 1.023, § 2º).

**13. Outras exceções.** Além das exceções contidas no próprio art. 494, o juiz pode alterar a própria sentença em juízo de retratação autorizado pela interposição do recurso de apelação em algumas hipóteses previstas neste CPC.

**14. Apelação contra indeferimento da petição inicial.** O juiz pode modificar sua própria sentença, quando interposta apelação contra o indeferimento da petição inicial. Com efeito, o indeferimento da petição inicial, antes mesmo da citação do réu (art. 330), é procedido por meio de uma sentença que não examina o mérito (art. 485, I), rendendo ensejo à interposição de uma apelação. Só que tal apelação tem suporte no art. 331, permitindo o exercício do juízo de retratação pelo magistrado. A simples interposição da apelação contra o indeferimento da petição inicial já permite ao juiz exercer a retratação (art. 331).

787

# Art. 495    CÓDIGO DE PROCESSO CIVIL COMENTADO – *Leonardo Carneiro da Cunha*

**15. Apelação contra sentença que julga liminarmente improcedente o pedido.** O juiz pode, nas hipóteses previstas no art. 332, julgar liminarmente improcedente o pedido do autor, sem mesmo determinar a citação do réu. Tal improcedência liminar faz-se por sentença, da qual cabe apelação, que permite a retratação pelo juiz (art. 332, § 3º). A mera interposição da apelação já permite ao juiz retratar-se, modificando, ou até desfazendo, a própria sentença.

**16. Apelação contra sentença que não examina o mérito.** Ocorrendo uma das hipóteses descritas no art. 485, deve o juiz, por sentença (art. 354), extinguir o processo sem resolução do mérito, daí cabendo apelação, a qual permite ao juiz retratar-se (art. 485, § 7º) para modificar, ou até mesmo desfazer, a própria sentença.

**17. Apelação no procedimento do ECA.** Nos procedimentos que tramitam na Justiça da Infância e Juventude, a apelação permite a retratação do juiz que, ao recebê-la, pode manter ou reformar a sentença proferida (Lei 8.069/1990, art. 198, VII).

---

**Art. 495.** A decisão que condenar o réu ao pagamento de prestação consistente em dinheiro e a que determinar a conversão de prestação de fazer, de não fazer ou de dar coisa em prestação pecuniária valerão como título constitutivo de hipoteca judiciária.

§ 1º A decisão produz a hipoteca judiciária:

I – embora a condenação seja genérica;

II – ainda que o credor possa promover o cumprimento provisório da sentença ou esteja pendente arresto sobre bem do devedor;

III – mesmo que seja impugnada por recurso dotado de efeito suspensivo.

§ 2º A hipoteca judiciária poderá ser realizada mediante apresentação de cópia da sentença perante o cartório de registro imobiliário, independentemente de ordem judicial, de declaração expressa do juiz ou de demonstração de urgência.

§ 3º No prazo de até 15 (quinze) dias da data de realização da hipoteca, a parte informá-la-á ao juízo da causa, que determinará a intimação da outra parte para que tome ciência do ato.

§ 4º A hipoteca judiciária, uma vez constituída, implicará, para o credor hipotecário, o direito de preferência, quanto ao pagamento, em relação a outros credores, observada a prioridade no registro.

§ 5º Sobrevindo a reforma ou a invalidação da decisão que impôs o pagamento de quantia, a parte responderá, independentemente de culpa, pelos danos que a outra parte tiver sofrido em razão da constituição da garantia, devendo o valor da indenização ser liquidado e executado nos próprios autos.

---

▶ **1. Correspondência no CPC/1973.** *"Art. 466. A sentença que condenar o réu no pagamento de uma prestação, consistente em dinheiro ou em coisa, valerá como título constitutivo de hipoteca judiciária, cuja inscrição será ordenada pelo juiz na forma prescrita na Lei de Registros Públicos. Parágrafo único. A sentença condenatória produz a hipoteca judiciária: I – embora a condenação seja genérica; II – pendente arresto de bens do devedor; III – ainda quando o credor possa promover a execução provisória da sentença."*

## 🏛 LEGISLAÇÃO CORRELATA

**2. IN 39/2016 do TST, art. 17.** *"Art. 17. Sem prejuízo da inclusão do devedor no Banco Nacional de Devedores Trabalhistas (CLT, art. 642-A), aplicam-se à execução trabalhista as normas dos artigos 495, 517 e 782, §§ 3º, 4º e 5º do CPC, que tratam respectivamente da hipoteca judiciária, do protesto de decisão judicial e da inclusão do nome do executado em cadastros de inadimplentes."*

## ⚖ JURISPRUDÊNCIA, ENUNCIADOS E SÚMULAS SELECIONADOS

• **3. Enunciado 310 do FPPC.** *"Não é título constitutivo de hipoteca judiciária a decisão judicial que condena à entrega de coisa distinta de dinheiro."*

## 📋 COMENTÁRIOS TEMÁTICOS

**4. A hipoteca judiciária.** A hipoteca é um direito real de garantia sobre coisa alheia, podendo ser (a) convencional, quando decorrente da vontade das partes; (b) legal, quando resultante da lei (CC, art. 1.489); ou, (c) judiciária, quando decorre de decisão judicial. O art. 495 trata da hipoteca judiciária, que é aquela que decorre de uma decisão judicial.

**5. A hipoteca judiciária como efeito anexo da sentença condenatória.** A hipoteca judiciária é um efeito anexo da sentença que condena o vencido a pagar prestação pecuniária ou que determina a conversão de prestação de fazer, de não fazer ou de dar coisa em prestação pecuniária. Por ser um efeito anexo, a hipoteca judiciária é consequência de uma determinação normativa. Ainda por ser um efeito anexo, a hipoteca

**LIVRO I · DO PROCESSO DE CONHECIMENTO E DO CUMPRIMENTO DE SENTENÇA** **Art. 495**

judiciária independe de pedido da parte e da manifestação do juiz. A norma jurídica anexa à decisão judicial esse efeito. Daí se dizer que é um efeito anexo. É a norma jurídica (lei ou negócio jurídico) que atribui à decisão esse efeito.

**6. Efeito natural e imediato da sentença condenatória.** *"A hipoteca judiciária, prevista no art. 466 do Código de Processo Civil* [de 1973], *constitui efeito natural e imediato da sentença condenatória, de modo que pode ser deferida a requerimento do credor independentemente de outros requisitos, não previstos pela lei. II. O direito do credor à hipoteca judiciária não se suprime ante a recorribilidade, com efeito suspensivo, da sentença, nem ante a aparência de suficiência patrimonial do devedor, nem, ainda, de desproporção entre o valor da dívida e o do bem sobre o qual recaia a hipoteca, apenas devendo, na execução, observar-se a devida adequação proporcional à dívida"* (STJ, 3ª Turma, REsp 1.133.147/SP, rel. Min. Sidnei Beneti, *DJe* 24.05.2011).

**7. Hipoteca judiciária e decisão que impõe o cumprimento de obrigação de fazer, não fazer ou entregar coisa.** Se a decisão impuser o cumprimento de obrigação específica, não se produz o efeito anexo da hipoteca judiciária. Não é possível hipotecar um bem para garantir a satisfação de uma obrigação de fazer, não fazer ou entregar coisa. Não se admite que a hipoteca recaia sobre o próprio bem objeto da prestação, exatamente porque é vedado ao credor ficar com o objeto da garantia (CC, art. 1.428). Caso, porém, a obrigação de fazer, não fazer ou entregar coisa for convertida em pecúnia, por requerimento do credor ou por impossibilidade de seu cumprimento (art. 499), haverá, então, o efeito anexo da hipoteca judiciária.

**8. Hipoteca judiciária e ônus da sucumbência.** Havendo qualquer condenação, a sentença produz o efeito anexo da hipoteca judiciária. Ainda que não haja outra condenação, haverá hipoteca judiciária quanto ao capítulo da sentença que condena o vencido ao pagamento de custas e honorários de advogado.

**9. Constituição da hipoteca judiciária contra o "vencido", e não necessariamente contra o réu.** O dispositivo refere-se à decisão que condenar o "réu". Seria melhor se utilizasse, no lugar de "réu", o termo "vencido". Isso porque, se o réu vier a ser vencedor na demanda, será possível haver hipoteca judiciária contra o autor (que será o vencido) relativamente à condenação nos ônus da sucumbência. É possível, ainda, que o réu tenha ajuizado reconvenção e sagre-se vitorioso. Logo, a hipoteca judiciária deve recair

sobre bem imóvel do "vencido", que poderá ser o autor ou réu.

**10. Possibilidade da hipoteca judiciária mesmo na pendência de recurso com efeito suspensivo.** *"A hipoteca judiciária constitui um efeito secundário da sentença condenatória e não obsta a sua efetivação a pendência de julgamento de apelação recebida em ambos os efeitos"* (STJ, 3ª Turma, REsp 715.451/SP, rel. Min. Nancy Andrighi, *DJ* 2.05.2006, p. 310).

**11. Irrelevância da condição patrimonial do vencido e da eventual desproporção entre o valor da dívida e o do bem hipotecado.** A hipoteca judiciária decorre da previsão legal, sendo suficiente apenas a prolação de sentença condenatória ao pagamento de prestação pecuniária ou que determine a conversão de prestação de fazer, de não fazer ou de dar coisa em prestação pecuniária. É irrelevante, para que se constitua a hipoteca judiciária, a suficiência patrimonial do vencido e a eventual desproporção entre o valor da dívida e o do bem a ser hipotecado.

**12. Irrelevância da recorribilidade e da suficiência patrimonial.** *"o direito do credor à hipoteca judiciária não se suprime ante a recorribilidade, com efeito suspensivo, da sentença, nem ante a aparência de suficiência patrimonial do devedor, nem, ainda, de desproporção entre o valor da dívida e o do bem sobre o qual recaia a hipoteca, apenas devendo, na execução, observar-se a devida adequação proporcional à dívida"* (STJ, 3ª Turma, REsp 1.133.147/SP, rel. Min. Sidnei Beneti, *DJe* 24.05.2011).

**13. Desnecessidade de pedido e de determinação expressa.** A hipoteca judiciária não depende de pedido da parte, nem de determinação expressa do juiz; decorre apenas da existência da sentença que imponha o pagamento de obrigação pecuniária. Por ser um efeito anexo da sentença, é desnecessário que haja pedido da parte, que haja expressa menção na decisão à hipoteca judiciaria ou que haja decisão posterior à sentença que a defira.

**14. Hipoteca judiciária e contraditório.** *"não obstante seja um efeito da sentença condenatória, a hipoteca judiciária não pode ser constituída unilateralmente; o devedor deve ser ouvido previamente a respeito do pedido"* (STJ, 3ª T., REsp 439.648/PR, rel. Min. Ari Pargendler, *DJ* 4.12.2006, p. 294). *No mesmo sentido:* STJ, 4ª T., REsp 1.120.024/SP, rel. Min. Marco Buzzi, *DJe* 28.6.2013; STJ, 3ª T., AgRg no REsp 1.280.847/SP, rel. Min. Paulo de Tarso Sanseverino, *DJe* 18.3.2014.

**15. Hipoteca judiciária e desnecessidade de contraditório. Equívoco no entendimento**

**do STJ.** O STJ entende que a constituição da hipoteca judiciária depende de contraditório. Há um equívoco no entendimento, que parte de premissa equivocada. De acordo com o STJ, é preciso haver contraditório ao pedido de hipoteca judiciária. Só que não há pedido de hipoteca judiciária. Esta é um efeito anexo da sentença condenatória. Independe de pedido e de determinação do juiz. Basta a simples existência da sentença. Não há necessidade, nem utilidade, nesse caso, de contraditório. A constituição da hipoteca decorre da prolação da sentença condenatória. Não há sequer necessidade de cognição judicial sobre a hipoteca judiciária. Dizer que é necessário haver contraditório para que se produza o efeito anexo da hipoteca judiciária é o mesmo que dizer que somente pode ser produzido o efeito anexo da perempção (art. 486, § 3º), se houver contraditório, ou que somente pode ser exercido o direito ao ressarcimento de danos decorrente do efeito anexo da revogação ou anulação da sentença que ensejou o cumprimento provisório da sentença (art. 520, II), se houver contraditório. O efeito anexo é produzido com a prolação da sentença, não havendo pedido expresso, nem cognição específica, nem determinação do órgão judicial. O contraditório gravita em torno da condenação requerida, e não do efeito anexo produzido posteriormente. Havendo a condenação – já se sabia de antemão – que seria produzido o efeito anexo decorrente da previsão legal, consistente na constituição de hipoteca judiciária. A eficácia anexa é aquela que, por ser estranha ao objeto litigioso, fica fora da discussão processual, não sendo sequer mencionada na sentença. O § 3º do art. 495 estabelece que o vencido só será intimado depois de realizada a hipoteca. E nem poderia ser diferente, pois não é necessário ouvi-la, nem se exige que o vencedor alegue ou comprove qualquer prejuízo. Não é, enfim, necessário o contraditório.

**16.** **Registro da hipoteca judiciária.** A hipoteca judiciária deve sujeitar-se ao registro de imóveis. Nos termos do art. 167, I, 2, da Lei 6.015/1973, no registro de imóveis, além da matrícula, são feitos o registro das hipotecas legais, judiciais e convencionais.

**17.** **Desnecessidade de mandado judicial para registro da hipoteca judiciária.** Publicada a decisão, já é possível haver o registro da hipoteca judiciária. Não é necessário mandado judicial, declaração expressa do juiz ou demonstração de urgência (art. 495, § 2º). Basta que o vencedor apresente cópia da sentença perante o cartório de registro imobiliário. Realizada a hipoteca, a parte tem o prazo de até 15 dias para informá-la ao juízo da causa, que determinará a intimação da outra parte para que tome ciência do ato (art. 495, § 3º).

**18.** **Hipoteca judiciária e decisão ilíquida.** A hipoteca judiciária pode efetivar-se mesmo que a decisão condenatória seja ilíquida e precise de liquidação posterior.

**19.** **Hipoteca judiciária e arresto.** A hipoteca judiciária pode ser efetivada ainda que haja outros bens arrestados para garantir o mesmo crédito.

**20.** **Hipoteca judiciária e cumprimento provisório da sentença.** O art. 495, § 1º, II, dispõe que a decisão produz a hipoteca judiciária ainda que o credor possa promover o cumprimento provisório da sentença. Quer isso dizer que o vencedor, nos casos em que o recurso não seja dotado de efeito suspensivo, em vez de promover o cumprimento provisório da sentença, pode registrar a hipoteca judiciária. Mesmo sendo possível o cumprimento provisório da sentença, a parte vencedora pode optar por apenas registrar a hipoteca judiciária. O dispositivo reconhece o *interesse de agir* no registro da hipoteca judiciária, ainda que a hipótese seja de cumprimento provisório da sentença.

**21.** **Reforma da decisão e desfazimento da hipoteca judiciária.** Se a decisão condenatória for reformada, a hipoteca judiciária há de ser desfeita, devendo o credor indenizar o devedor dos prejuízos eventualmente por este suportados. Caso, porém, a reforma seja parcial, a hipoteca judiciária deve ser mantida, garantindo a parte do julgado não reformada.

**22.** **Hipoteca judiciária em ação civil pública.** *"Deve ser autorizada a hipoteca judiciária, por força de sentença proferida em ação civil pública, quando o administrador é condenado a ressarcir os cofres públicos por contratações irregulares, ainda que o dispositivo sentencial lhe permita deduzir valores eventualmente devolvidos pelos corréus beneficiários"* (STJ, 2ª T., REsp 762.230/SP, rel. Min. Castro Meira, *DJe* 06.11.2008).

**23.** **Hipoteca judiciária e efeito substitutivo dos recursos.** *"É possível tanto o deferimento da hipoteca judiciária para aquele que teve seu pedido julgado procedente em sede de apelação, quanto o seu levantamento nos casos em que o acórdão de apelação reforma a anterior sentença de procedência, não sendo necessário aguardar o trânsito em julgado da decisão. 5. A hipoteca judiciária é uma garantia que recai sobre os bens*

**LIVRO I · DO PROCESSO DE CONHECIMENTO E DO CUMPRIMENTO DE SENTENÇA** — **Art. 496**

*do devedor. Assim, revela-se destituída de sentido a manutenção do gravame após a decisão do tribunal que, dotada de efeito substitutivo, reforma a sentença de mérito, afastando da parte recorrente a condição de devedora"* (STJ, 3ª Turma, REsp 1.963.553/SP, rel. Min. Ricardo Villas Bôas Cueva, *DJe* 16.12.2021).

## Seção III
## Da Remessa Necessária

**Art. 496.** Está sujeita ao duplo grau de jurisdição, não produzindo efeito senão depois de confirmada pelo tribunal, a sentença:

I – proferida contra a União, os Estados, o Distrito Federal, os Municípios e suas respectivas autarquias e fundações de direito público;

II – que julgar procedentes, no todo ou em parte, os embargos à execução fiscal;

§ 1º Nos casos previstos neste artigo, não interposta a apelação no prazo legal, o juiz ordenará a remessa dos autos ao tribunal, e, se não o fizer, o presidente do respectivo tribunal avocá-los-á.

§ 2º Em qualquer dos casos referidos no § 1º, o tribunal julgará a remessa necessária.

§ 3º Não se aplica o disposto neste artigo quando a condenação ou o proveito econômico obtido na causa for de valor certo e líquido inferior a:

I – 1.000 (mil) salários-mínimos para a União e as respectivas autarquias e fundações de direito público;

II – 500 (quinhentos) salários-mínimos para os Estados, o Distrito Federal, as respectivas autarquias e fundações de direito público e os Municípios que constituam capitais dos Estados;

III – 100 (cem) salários-mínimos para todos os demais Municípios e respectivas autarquias e fundações de direito público.

§ 4º Também não se aplica o disposto neste artigo quando a sentença estiver fundada em:

I – súmula de tribunal superior;

II – acórdão proferido pelo Supremo Tribunal Federal ou pelo Superior Tribunal de Justiça em julgamento de recursos repetitivos;

III – entendimento firmado em incidente de resolução de demandas repetitivas ou de assunção de competência;

IV – entendimento coincidente com orientação vinculante firmada no âmbito administrativo do próprio ente público, consolidada em manifestação, parecer ou súmula administrativa.

▶ **1. Correspondência no CPC/1973.** *"Art. 475. Está sujeita ao duplo grau de jurisdição, não produzindo efeito senão depois de confirmada pelo tribunal, a sentença: I – proferida contra a União, o Estado, o Distrito Federal, o Município, e as respectivas autarquias e fundações de direito público; II – que julgar procedentes, no todo ou em parte, os embargos à execução de dívida ativa da Fazenda Pública (art. 585, VI). § 1º Nos casos previstos neste artigo, o juiz ordenará a remessa dos autos ao tribunal, haja ou não apelação; não o fazendo, deverá o presidente do tribunal avocá-los. § 2º Não se aplica o disposto neste artigo sempre que a condenação, ou o direito controvertido, for de valor certo não excedente a 60 (sessenta) salários mínimos, bem como no caso de procedência dos embargos do devedor na execução de dívida ativa do mesmo valor. § 3º Também não se aplica o disposto neste artigo quando a sentença estiver fundada em jurisprudência do plenário do Supremo Tribunal Federal ou em súmula deste Tribunal ou do tribunal superior competente."*

🏛 **LEGISLAÇÃO CORRELATA**

**2. LC 73/1993, art. 4º, XII.** *"Art. 4º São atribuições do Advogado-Geral da União: (...) XII – editar enunciados de súmula administrativa, resultantes de jurisprudência iterativa dos Tribunais."*

**3. LC 73/1993, art. 43.** *"Art. 43. A Súmula da Advocacia-Geral da União tem caráter obrigatório quanto a todos os órgãos jurídicos enumerados nos arts. 2º e 17 desta lei complementar. § 1º O enunciado da Súmula editado pelo Advogado-Geral da União há de ser publicado no Diário Oficial da União, por três dias consecutivos."*

**4. Lei 3.365/1941, art. 28, § 1º.** *"Art. 28. Da sentença que fixar o preço da indenização caberá apelação com efeito simplesmente devolutivo, quando interposta pelo expropriado, e com ambos os efeitos, quando o for pelo expropriante. § 1º A sentença que condenar a Fazenda Pública em quantia superior ao dobro da oferecida fica sujeita ao duplo grau de jurisdição."*

**5. Lei 12.016/2009, art. 14, § 1º.** *"Art. 14. Da sentença, denegando ou concedendo o mandado, cabe apelação. § 1º. Concedida a segurança, a sentença estará sujeita obrigatoriamente ao duplo grau de jurisdição."*

**6. Lei 4.717/1965, art. 19.** *"Art. 19. A sentença que concluir pela carência ou pela improcedência da ação está sujeita ao duplo grau de jurisdição, não produzindo efeito senão depois de confirmada pelo tribunal; da que julgar a ação procedente caberá apelação, com efeito suspensivo."*

## Art. 496

**7. Lei 8.429/1992, art. 17, § 19, IV.** "§ 19. Não se aplicam na ação de improbidade administrativa: (...) IV – o reexame obrigatório da sentença de improcedência ou de extinção sem resolução de mérito."

**8. Lei 8.429/1992, art. 17-C, § 3º.** "§ 3º Não haverá remessa necessária nas sentenças de que trata esta Lei."

### ⚖ Jurisprudência, Enunciados e Súmulas Selecionados

- **9. Súmula STF, 423.** "Não transita em julgado a sentença por haver omitido o recurso ex officio, que se considera interposto ex lege."

- **10. Tema/Repetitivo 17 STJ.** "A dispensa de reexame necessário, quando o valor da condenação ou do direito controvertido for inferior a sessenta salários mínimos, não se aplica a sentenças ilíquidas."

- **11. Tema/Repetitivo 316 do STJ.** "A incidência do duplo grau de jurisdição obrigatório é imperiosa quando a resolução do processo cognitivo for anterior à reforma engendrada pela Lei 10.352/2001."

- **12. Súmula 45, STJ.** "No reexame necessário, é defeso, ao Tribunal, agravar a condenação imposta à Fazenda Pública."

- **13. Súmula STJ, 253.** "O art. 557 do CPC [de 1973], que autoriza o relator a decidir o recurso, alcança o reexame necessário."

- **14. Súmula 325, STJ.** "A remessa oficial devolve ao Tribunal o reexame de todas as parcelas da condenação suportadas pela Fazenda Pública, inclusive dos honorários de advogado."

- **15. Súmula 490, STJ.** "A dispensa do reexame necessário, quando o valor da condenação ou do direito controvertido for inferior a sessenta salários mínimos, não se aplica a sentenças ilíquidas."

- **16. Súmula TST, 303.** "I – Em dissídio individual, está sujeita ao reexame necessário, mesmo na vigência da Constituição Federal de 1988, decisão contrária à Fazenda Pública, salvo quando a condenação não ultrapassar o valor correspondente a: a) 1.000 (mil) salários mínimos para a União e as respectivas autarquias e fundações de direito público; b) 500 (quinhentos) salários mínimos para os Estados, o Distrito Federal, as respectivas autarquias e fundações de direito público e os Municípios que constituam capitais dos Estados; c) 100 (cem) salários mínimos para todos os demais Municípios e respectivas autarquias e fundações de direito público. II – Também não se sujeita ao duplo grau de jurisdição a decisão fundada em: a) súmula ou orientação jurisprudencial do Tribunal Superior do Trabalho; b) acórdão proferido pelo Supremo Tribunal Federal ou pelo Tribunal Superior do Trabalho em julgamento de recursos repetitivos; c) entendimento firmado em incidente de resolução de demandas repetitivas ou de assunção de competência; d) entendimento coincidente com orientação vinculante firmada no âmbito administrativo do próprio ente público, consolidada em manifestação, parecer ou súmula administrativa. III – Em ação rescisória, a decisão proferida pelo Tribunal Regional do Trabalho está sujeita ao duplo grau de jurisdição obrigatório quando desfavorável ao ente público, exceto nas hipóteses dos incisos anteriores. IV – Em mandado de segurança, somente cabe reexame necessário se, na relação processual, figurar pessoa jurídica de direito público como parte prejudicada pela concessão da ordem. Tal situação não ocorre na hipótese de figurar no feito como impetrante e terceiro interessado pessoa de direito privado, ressalvada a hipótese de matéria administrativa."

- **17. Enunciado 164 do FPPC.** "A sentença arbitral contra a Fazenda não está sujeita à remessa necessária."

- **18. Enunciado 311 do FPPC.** "A regra sobre remessa necessária é aquela vigente ao tempo da publicação em cartório ou disponibilização nos autos eletrônicos da sentença ou ainda, quando da prolação da sentença em audiência, de modo que a limitação de seu cabimento no CPC não prejudica as remessas determinadas no regime do art. 475 do CPC de 1973."

- **19. Enunciado 312 do FPPC.** "O inciso IV do § 4º do art. 496 do CPC aplica-se ao procedimento do mandado de segurança."

- **20. Enunciado 432 do FPPC.** "A interposição de apelação parcial não impede a remessa necessária."

- **21. Enunciado 433 do FPPC.** "Cabe à Administração Pública dar publicidade às suas orientações vinculantes, preferencialmente pela rede mundial de computadores."

- **22. Enunciado 130 da II Jornada-CJF.** "É possível a estabilização de tutela antecipada antecedente em face da Fazenda Pública".

- **23. Enunciado 158 da II Jornada-CJF.** "A sentença de rejeição dos embargos à execução opostos pela Fazenda Pública não está sujeita à remessa necessária."

- **24. Enunciado 174 da III Jornada-CJF.** "As exceções à obrigatoriedade de remessa necessá-

**LIVRO I** · DO PROCESSO DE CONHECIMENTO E DO CUMPRIMENTO DE SENTENÇA **Art. 496**

*ria previstas no art. 496, §§ 3º e 4º, do CPC, aplicam-se ao procedimento de mandado de segurança."*

- **25.** Enunciado 180 da III Jornada-CJF. *"A manifestação expressa da Fazenda Pública reconhecendo a procedência do pedido ou o desinteresse de recorrer da decisão judicial afasta a exigência da remessa necessária (art. 496, § 4º, inciso IV, do CPC)."*

- **26.** Enunciado 17 do FNPP. *"A decisão parcial de mérito proferida contra a Fazenda Pública está sujeita ao regime da remessa necessária."*

- **27.** Enunciado 18 do FNPP. *"A dispensa da remessa necessária prevista no art. 496, §§ 3º e 4º, CPC, depende de expressa referência na sentença."*

- **28.** Enunciado 34 do FNPP. *"Viola a proibição da* reformatio in peius *o agravamento, em remessa necessária, dos juros e correção monetária estabelecidos em sentenças condenatórias contra a Fazenda Pública."*

- **29.** Enunciado 35 do FNPP. *"Para fins de remessa necessária, deve ser utilizado como referência o valor do salário mínimo vigente na data da publicação da sentença."*

- **30.** Enunciado 117 do FNPP. *"A sentença arbitral não enseja a remessa necessária."*

- **31.** Enunciado 119 do FNPP. *"Admite-se a resolução parcial de mérito nas ações coletivas propostas contra a Fazenda Pública, sujeitando-se à remessa necessária, quando esta for cabível."*

## ▣ COMENTÁRIOS TEMÁTICOS

**32.** **Terminologia.** O atual CPC adotou o termo *remessa necessária*, que também pode ser chamada de reexame necessário, remessa obrigatória ou duplo grau de jurisdição obrigatório. O termo *remessa necessária* é adotado de modo uniforme, sendo referido nos arts. 936, 942, § 4º, II, 947, 978, parágrafo único, e 1.040, II, todos deste CPC.

**33.** **Noções históricas.** A remessa necessária originou-se no processo penal, como uma proteção ao réu, condenado à pena de morte. Consistia num *recurso* interposto pelo próprio juiz, motivo pelo qual era chamado de *recurso de ofício*. Estava previsto nas Ordenações Afonsinas e nas Manuelinas, surgindo várias exceções ao seu cabimento nas Ordenações Filipinas. Originário no processo penal, o *recurso de ofício* passou também a conter previsão para diversas causas civis, vindo a ser previsto para os casos de sentenças proferidas contra a Fazenda Nacional e das que anulavam o casamento. O CPC/1939

previa a apelação necessária ou *ex officio* no seu art. 822, nas seguintes hipóteses: (a) das sentenças de nulidade do casamento; (b) das sentenças homologatórias de desquite amigável; e (c) das proferidas contra a União, Estado e Município. O CPC/1973 manteve o *recurso de ofício*, retirando-lhe, contudo, a feição recursal para alojá-lo no capítulo referente à coisa julgada. O art. 475 do CPC/1973 dispunha, na sua redação originária, que estaria sujeita ao duplo grau de jurisdição, não produzindo efeito senão depois de confirmada pelo tribunal a sentença (I) que anulasse o casamento; (II) proferida contra a União, o Estado e o Município; (III) que julgasse improcedente a execução de dívida ativa da Fazenda Pública. O art. 10 da Lei 9.469/1997 estendeu às autarquias e fundações públicas o benefício do reexame necessário. Com o advento da Lei 10.352/2001, foi revogada a primeira hipótese, deixando de haver remessa necessária quanto à sentença que anulasse o casamento. A segunda hipótese passou, então, a ser a primeira, aperfeiçoando-se sua redação para referir-se à sentença proferida contra a União, o Estado, o *Distrito Federal* (que não estava previsto originariamente), o Município e as *respectivas autarquias e fundações de direito público* (incorporando previsão contida em lei esparsa). O antigo inciso III do art. 475 do CPC/1973 passou a ser o inciso II, contendo modificação terminológica. Em vez de se referir à *improcedência* da execução fiscal, passou-se a utilizar a expressão "julgar procedentes os embargos à execução".

**34.** **Natureza jurídica.** Há quem entenda que a remessa necessária é um recurso de ofício, uma apelação interposta pelo próprio juiz. Por outro lado, grande parte da doutrina entende que a remessa necessária não é um recurso, mas uma *condição de eficácia* da sentença. Nos casos em que há remessa necessária, a sentença somente transita em julgado depois de reexaminada pelo tribunal respectivo.

**35.** **Sentença.** Só há, em regra, remessa necessária de sentença. Decisão concessiva de tutela antecipada não se submete à remessa necessária. Também não há remessa necessária em relação a acórdãos. Um julgado originário de um tribunal não se submete à remessa necessária.

**36.** **Acórdão de TRT em ação rescisória.** O acórdão proferido por TRT em ação rescisória, cujo resultado seja contrário à União, ao Estado, ao Município, ao Distrito Federal ou a uma de suas autarquias e fundações, está sujeito à remessa necessária para o TST.

**37.** **Julgamento parcial do mérito.** É possível que o juiz decida o mérito contra a Fazenda Pública por meio de uma decisão interlocutória.

793

Com efeito, o juiz pode decidir parcialmente o mérito, numa das hipóteses previstas no art. 356. Tal pronunciamento, por não extinguir o processo, é uma decisão interlocutória, que pode já acarretar uma execução imediata, independentemente de caução (art. 356, § 2º). Conquanto seja uma decisão interlocutória, há resolução parcial do mérito, apta a formar coisa julgada material. Mesmo não sendo sentença, estará sujeita à remessa necessária. Isso porque a remessa necessária relaciona-se com as decisões de mérito proferidas contra a Fazenda Pública; a coisa julgada material somente pode ser produzida se houver remessa necessária. Se houve decisão de mérito contra o Poder Público, é preciso que haja seu reexame pelo tribunal respectivo; é preciso, enfim, que haja remessa necessária. Significa, então, que há remessa necessária de sentença, bem como da decisão interlocutória que resolve parcialmente o mérito.

**38. Hipótese de cabimento. Sentença contra a Fazenda Pública.** A *remessa necessária* somente se opera em relação às sentenças *contra* a Fazenda Pública, ou seja, contra União, Estados, Municípios, Distrito Federal e suas autarquias e fundações públicas. Se a reconvenção for julgada contrariamente à Fazenda Pública, a correspondente sentença estará igualmente sujeita à remessa necessária. Ressalvadas as hipóteses dos §§ 3º e 4º do art. 496, qualquer condenação imposta à Fazenda Pública deve sujeitar-se à remessa necessária, ainda que seja apenas relativa a honorários de sucumbência.

**39. Remessa necessária e sentenças que não resolvem o mérito.** O texto legal dispõe que deve haver remessa necessária quando a sentença for proferida *contra* a Fazenda Pública. A jurisprudência do STJ entende que não se admite a remessa necessária relativamente às sentenças que não resolvem o mérito (nesse sentido: STJ, 2ª Turma, AgRg no AREsp 335.868/CE, rel. Min. Herman Benjamin, *DJe* 09.12.2013). Se a Fazenda Pública for autora da demanda, e for extinto o processo sem resolução do mérito, não haveria, segundo esse mesmo entendimento, uma sentença proferida *contra* o ente público. Para o STJ, só há remessa necessária se a sentença contrária ao Poder Público for de mérito.

**40. Condenação em honorários de sucumbência em sentença que não resolve o mérito.** Há remessa necessária quanto ao capítulo da sentença que condena a Fazenda Pública no pagamento de honorários de advogado. Se, porém, tal sentença não resolve o mérito, não há remessa necessária, nem mesmo quanto à parte relativa aos honorários de advogado. Nesse sentido: STJ, 2ª Turma, AgRg no AREsp 335.868/CE, rel. Min. Herman Benjamin, *DJe* 09.12.2013.

**41. Remessa necessária na ação popular.** Na ação popular, há remessa necessária, não em relação à sentença que julga procedente o pedido, mas da sentença que extingue o processo sem resolução do mérito ou da que julga improcedente o pedido. Em outras palavras, está sujeita à remessa necessária, na ação popular, a sentença contrária ao autor, seja ou não de mérito (Lei 4.717/1965, art. 19).

**42. Remessa necessária na ação de improbidade administrativa.** A jurisprudência entendia que a disposição relativa à ação popular aplicava-se igualmente à ação de improbidade administrativa. Tal entendimento não deve mais ser observado, diante de superveniente modificação legislativa. A Lei 14.230/2021 alterou a Lei 8.429/1992, proibindo expressamente a remessa necessária na ação de improbidade administrativa, em seus arts. 17, § 19, IV, e 17-C, § 3º. Assim, no processo da ação de improbidade administrativa, não há remessa necessária, nem da sentença de carência, nem da de improcedência, nem da de procedência. Não há, enfim, remessa necessária em relação a qualquer sentença proferida na ação de improbidade administrativa, ainda que contrária ao Poder Público.

**43. Remessa necessária na ação civil pública.** Muito se discute sobre a existência de remessa necessária na ação civil pública. Há 5 possibilidades hermenêuticas: *a)* não há remessa necessária em ação civil pública; *b)* aplica-se a regra geral do CPC (art. 496); *c)* aplica-se, por analogia, a regra da lei de ação popular; *d)* aplica-se, por analogia, o regime da ação popular, para os casos de ação civil pública que possa ter conteúdo de ação popular; *e)* aplicam-se ambos os regimes (com as variações *c* ou *d*, conforme o caso), porque não são incompatíveis. Opta-se pela última solução, com a aplicação da hipótese *d*. A ação civil pública pode ter o mesmo objeto de uma ação popular. A ação popular é uma ação coletiva proposta por um membro do grupo, o cidadão, cujo objeto é menos extenso do que o possível objeto de uma ação civil pública, que o abrange: tudo que pode ser objeto de ação popular também pode ser objeto de uma ação civil pública. Assim, condenada a Fazenda Pública em ação civil pública, há remessa necessária, nos casos previstos no art. 496; julgada improcedente ação civil pública ou extinto o processo por ausência de interesse processual ou legitimidade (art. 485, VI), quando a ação civil pública tiver conteúdo de ação popular, envolva ou não ente público, há, também, remessa necessária. Assim, por

# LIVRO I · DO PROCESSO DE CONHECIMENTO E DO CUMPRIMENTO DE SENTENÇA — Art. 496

exemplo, sentença de improcedência em ação civil pública para a tutela de direitos individuais homogêneos não se sujeita à remessa necessária.

**44. Remessa necessária em mandado de segurança.** A sentença que conceder a segurança está sujeita à remessa necessária, somente transitando em julgado depois de reexaminada pelo tribunal. Nos termos do CPC, haverá remessa necessária se a sentença for proferida contra a União, o Estado, o Distrito Federal, o Município e suas respectivas autarquias e fundações. O § 1º do art. 14 da Lei 12.016/2009 estabelece que, concedida a segurança, haverá remessa necessária. Lá no mandado de segurança, *não* importa a condição da parte que ocupa o polo passivo da demanda; haverá remessa necessária se houver a concessão da segurança. O mandado de segurança pode ser impetrado contra agente integrante de entidade particular ou de pessoa jurídica de direito privado que exerça atividade pública por delegação. Também cabe, em algumas situações, mandado de segurança contra ato de agente ou funcionário de empresa pública ou sociedade de economia mista (Súmula STJ, 333). No mandado de segurança, haverá remessa necessária, não porque a sentença foi proferida contra a União, o Estado, o Município, o Distrito Federal ou qualquer outro ente público, mas porque se trata de sentença concessiva da segurança. Concedida a segurança, ainda que se trate de sentença contra empresa pública ou sociedade de economia mista, haverá a remessa necessária. Numa demanda de procedimento comum, não há remessa necessária de sentença proferida contra um ente privado, mas, no mandado de segurança, proferida sentença de procedência, *independentemente* da condição da parte demandada, haverá remessa necessária.

**45. Hipótese de cabimento. Sentença que acolhe embargos à execução fiscal.** A sentença que julga procedentes, no todo ou em parte, os embargos à execução fiscal estão sujeitos à remessa necessária. Mesmo que o acolhimento aos embargos seja parcial, há remessa necessária.

**46. Sentenças no processo de conhecimento que formem título executivo contra a Fazenda Pública.** A remessa necessária ocorre relativamente à sentença proferida contra a Fazenda Pública. Enquanto o inciso I do art. 496 refere-se ao *processo* ou à *fase* de *conhecimento,* seu inciso II diz respeito aos embargos acolhidos em *execução fiscal.* Em todos os casos, a sentença é contrária à Fazenda Pública. Então, por que não estabelecer, numa regra única, sem destaques, que haveria remessa necessária em relação a qualquer sentença proferida contra a Fazenda Pública?

Havendo a ressalva no inciso II, questiona-se: há remessa necessária de sentença proferida em embargos à execução não fiscal? O inciso I abrange realmente apenas as sentenças proferidas no processo ou na fase de conhecimento ou apanha, também, aquelas exaradas em embargos à execução que não seja fiscal? Sendo os embargos à execução um processo cognitivo, despontou o entendimento de que a remessa estendia-se a todo e qualquer processo de conhecimento, alcançando, inclusive, as sentenças proferidas em embargos à execução *não* fiscal. Assim, por exemplo, vencida a Fazenda Pública em ação de conhecimento e, depois da remessa necessária, sobrevindo o trânsito em julgado, daí se seguindo o cumprimento da sentença, impugnada pela Fazenda, o julgamento que lhe seja desfavorável estaria sujeito à remessa? Não, porque a decisão que rejeitar a impugnação é interlocutória, não havendo remessa necessária. Ainda quando se tratar de embargos à execução não fiscal, também não há remessa necessária; esta só existe em embargos à execução fiscal.

**47. Sentença que acolhe exceção de pré--executividade em execução fiscal.** Se a execução fiscal for extinta, por razões de mérito, em virtude do acolhimento de exceção de pré--executividade, a sentença sujeita-se à remessa necessária, *"uma vez que a situação assemelha-se ao julgamento de procedência de Embargos do Devedor"* (STJ, 2ª Turma, REsp 1.385.172/SP, rel. Min. Eliana Calmon, *DJe* 24.10.2013). Caso a Fazenda Pública, com fundamento no art. 26 da Lei 6.830/1980, cancele a Certidão de Dívida Ativa e requeira a extinção da execução fiscal, não haverá remessa necessária, ainda que tenha sido ajuizada exceção de pré-executividade (STJ, 2ª Turma, REsp 1.415.603/CE, rel. Min. Herman Benjamin, *DJe* 20.6.2014).

**48. Agências reguladoras.** As agências têm natureza autárquica. São autarquias especiais. Logo, estão abrangidas na previsão legal. Desse modo, proferida sentença contra uma agência, haverá remessa necessária.

**49. Exclusão.** Estão excluídas da previsão da remessa necessária as empresas públicas e as sociedades de economia mista, pois são pessoas jurídicas de direito privado, e não de direito público, não se inserindo no conceito de Fazenda Pública.

**50. Sentença proferida em processo no qual a Fazenda Pública figura como assistente simples do vencido.** O assistente simples não se sujeita à coisa julgada material. No caso de a Fazenda Pública ser assistente simples, não haverá sentença *contra* ela proferida, não sendo hipótese,

795

portanto, de remessa necessária. Na hipótese de o assistido ser também uma pessoa jurídica de direito público, haverá remessa necessária, não porque há um ente público como assistente, mas sim por haver um outro que figura como parte que restou vencida.

**51. Procedimento.** Cabe ao juiz, ao proferir a sentença que se encaixe numa das hipóteses do art. 496, determinar, expressamente, a remessa dos autos ao tribunal que lhe seja hierarquicamente superior e ao qual esteja vinculado funcionalmente. Haja ou não apelação, os autos devem ser enviados ao tribunal para que seja a sentença reexaminada. A ausência de tal determinação impede o trânsito em julgado, podendo o juiz corrigir a omissão a qualquer momento, não havendo preclusão quanto à matéria. Em vista de provocação de qualquer das partes ou até mesmo de ofício, poderá, de igual modo, o presidente do tribunal avocar os autos. Caso haja apelação, deve-se aguardar seu regular processamento perante o próprio juízo prolator da sentença para, somente então, determinar-se o envio dos autos ao tribunal, que deverá apreciar, conjuntamente, a remessa necessária e a apelação. Não havendo apelação, deverão, de igual modo, ser remetidos os autos ao tribunal para apreciação da remessa necessária. Na remessa necessária, o tribunal irá analisar *toda* a matéria discutida na causa. Mesmo sendo *parcial* o recurso da Fazenda Pública, a remessa obrigatória será *total*. Determinada a remessa dos autos ou avocados que sejam estes, o procedimento para que o tribunal efetive o reexame da sentença será estabelecido no seu regimento interno. Na verdade, o procedimento da remessa necessária é igual ao da apelação.

**52. Inclusão em pauta de julgamento.** À remessa necessária aplica-se o art. 935, devendo seu julgamento ser *incluído em pauta*, com a antecedência de, pelo menos, 5 dias, sob pena de nulidade (Súmula STJ, 117). O enunciado 117 da Súmula do STJ refere-se ao prazo de 48 horas, pois era este o previsto no CPC/1973. No atual CPC, o prazo foi ampliado para 5 dias. Aliás, convém lembrar que tal prazo deve ser contado apenas em dias úteis (art. 219).

**53. Nova inclusão em pauta.** Se a remessa necessária não for julgada na sessão designada, deverá ser novamente incluída em pauta, a não ser que o julgamento tenha sido adiado para a primeira sessão seguinte (art. 935).

**54. Sustentação oral em remessa necessária.** No julgamento da remessa necessária, admite-se sustentação oral pelos advogados de ambas as partes. A propósito, há preferência no julgamento da remessa necessária com sustentação oral, observada a ordem dos requerimentos (art. 936, I).

**55. Preferência de julgamento em remessa necessária.** O julgamento da remessa necessária terá preferência se assim for solicitado (art. 936, II), mas terá mais preferência aquele em que houver sustentação oral (art. 936, I).

**56. Julgamento pelo relator.** A remessa necessária pode ser julgada apenas pelo relator, se configurada uma das hipóteses relacionadas no art. 932, IV e V (Súmula STJ, 253). O enunciado 253 da Súmula do STJ menciona o art. 557, pois este era o dispositivo equivalente ao atual art. 932. Mantém-se o enunciado sumular, com a ressalva do número do dispositivo.

**57. Remessa necessária e recurso adesivo.** Em caso de remessa necessária, nenhuma das partes pode valer-se da apelação adesiva, pois, nesse caso, as partes já sabem, de antemão, que haverá o encaminhamento dos autos ao tribunal, não estando presente um dos requisitos do recurso adesivo, qual seja, a conformação inicial com o julgado, destinada a obter o imediato trânsito em julgado.

**58. Efeito substitutivo da remessa necessária.** Aplica-se à remessa necessária o disposto no art. 1.008, valendo dizer que a decisão que a julga substitui a sentença reexaminada.

**59. Hipóteses de dispensa da remessa necessária. Valor da condenação ou do direito controvertido.** Os §§ 3º e 4º do art. 496 preveem casos em que a remessa necessária haverá de ser dispensada pelo juiz. A primeira hipótese de dispensa ocorre nos casos em que a condenação, ou o direito controvertido, for de *valor certo e líquido* inferior a mil salários mínimos para a União e suas autarquias e fundações, a quinhentos salários mínios para os Estados, o Distrito Federal, os Municípios que constituam capitais dos Estados e suas respectivas autarquias e fundações e a cem salários mínimos para todos os demais Municípios e suas autarquias e fundações. O montante não excedente a tais limites deve ser considerado no momento em que a sentença for proferida. Ainda que o valor atribuído à causa, quando de sua propositura, fosse superior aos seus respectivos limites, o que deve ser levado em conta é o quanto representa a condenação no momento do julgamento. E se o valor envolvido ou a condenação corresponder, exatamente, a mil salários mínimos (no caso da União e suas autarquias e fundações), a quinhentos salários mínimos (no caso do Estado, do Distrito Federal, dos Municípios-capitais e de suas respectivas autarquias e fundações) e a cem

**LIVRO I** · DO PROCESSO DE CONHECIMENTO E DO CUMPRIMENTO DE SENTENÇA    **Art. 496**

salários mínimos (no caso dos demais Municípios e de suas autarquias e fundações)? Nesses casos, haverá ou não o reexame? Nos termos do § 3º do art. 496, não se aplica a remessa necessária se a condenação ou o proveito econômico for de valor certo e líquido *inferior a* cada um daqueles limites. Significa que somente haverá remessa se o valor for *inferior* aos limites legais. Logo, ostentando a condenação ou o proveito econômico a cifra exata a um daqueles limites, *deve haver* a remessa necessária, pois já se terá ultrapassado a faixa prevista em lei para a sua dispensa. A interpretação, no caso, há de ser literal, pois se trata de norma restritiva, devendo sua exegese ser estrita, sem qualquer largueza.

**60. Dispensa da remessa necessária quando o valor da execução fiscal for inferior aos limites legais.** Estão, de igual modo, excluídas da remessa necessária as sentenças de procedência proferidas nos embargos à execução fiscal, cujo valor, à época da sentença, atualizado monetariamente e acrescido de juros e demais encargos, seja inferior aos limites previstos no § 3º do art. 496. Caso haja a reunião de várias execuções por conexão, há de se considerar o valor de cada dívida individualmente.

**61. Dispensa da remessa necessária só nos casos de sentenças líquidas.** A remessa necessária somente pode ser dispensada se a sentença for certa e líquida. Aliás, o § 3º do art. 496 vale-se expressamente da expressão *"valor certo e líquido"*. Sendo ilíquida a sentença, não é possível dispensar a remessa necessária (Súmula do STJ, 490). O enunciado 490 da Súmula do STJ refere-se ao valor de sessenta salários mínimos, que era o previsto no CPC/1973. O entendimento mantém-se; alteram-se apenas os limites legais.

**62. Hipóteses de dispensa da remessa necessária. Súmula e entendimento jurisprudencial.** A remessa necessária também há de ser dispensada quando a sentença estiver fundada em súmula de tribunal superior ou em entendimento firmado em casos repetitivos. Nos termos do art. 928, consideram-se casos repetitivos a decisão proferida em (a) incidente de resolução de demandas repetitivas e em (b) recursos especial e extraordinário repetitivos. Logo, o inciso II e o inciso III do § 3º do art. 496 poderiam ser resumidos num único inciso, a dizer que se dispensa a remessa necessária quando a sentença estiver fundada em entendimento firmado em casos repetitivos. Ainda se dispensa a remessa necessária quando a sentença estiver fundada em entendimento firmado em assunção de competência. Há, no CPC/2015, um microssistema de formação de precedentes obrigatórios em julga-

mento objetivo. Para além dessas hipóteses, se, no âmbito interno da Administração Pública, houver recomendação de não se interpor recurso, tal recomendação vincula os advogados públicos, não devendo haver remessa necessária, que deverá ser dispensada pelo juiz. Em razão do princípio da lealdade e boa-fé processual, cabe ao advogado público informar ao juiz para que haja expressa dispensa da remessa necessária, evitando-se o encaminhamento desnecessário dos autos ao respectivo tribunal. Segundo a previsão legal, a remessa necessária deve ser dispensada quando a sentença estiver fundada em entendimento coincidente com orientação vinculante firmada no âmbito administrativo do próprio ente público, consolidada em manifestação, parecer ou súmula administrativa. É preciso que haja manifestação expressa, ou parecer, ou súmula administrativa para que seja dispensada a remessa necessária.

**63. Previsão contida no art. 12 da Medida Provisória 2.180-35/2001.** *"Art. 12. Não estão sujeitas ao duplo grau de jurisdição obrigatório as sentenças proferidas contra a União, suas autarquias e fundações públicas, quando a respeito da controvérsia o Advogado-Geral da União ou outro órgão administrativo competente houver editado súmula ou instrução normativa determinando a não interposição de recurso voluntário."*

**64. Revogação do art. 12 da Medida Provisória 2.180-35/2001.** Tal dispositivo foi revogado tacitamente pelo inciso IV do § 4º do art. 496. Isso porque este dispositivo regula inteiramente a matéria de que tratava aquele, havendo revogação tácita, nos termos do § 1º do art. 2º da LINDB.

**65. Hipóteses de dispensa da remessa necessária no mandado de segurança.** Segundo entende o STJ, as hipóteses de dispensa da remessa necessária não se aplicam ao mandado de segurança, ao argumento de que há de prevalecer a norma especial em detrimento da geral. Como a lei do mandado de segurança não prevê qualquer hipótese de dispensa, deve haver sempre remessa necessária da sentença que concede a ordem, não se aplicando o CPC (STJ, 2ª Turma, REsp 1.274.066/PR, rel. Min. Mauro Campbell Marques, *DJe* 9.12.2011; STJ, 2ª Turma, AgRg no REsp 1.373.905/RJ, rel. Min. Herman Benjamin, *DJe* 12.6.2013). Embora prevaleça no STJ o entendimento contrário, é mais adequado entender que as hipóteses de dispensa da remessa necessária também se aplicam ao mandado de segurança, com a ressalva das situações previstas no § 3º do art. 496 para os casos em que não há sentença líquida ou não se tem como aferir o valor do direito discutido. Se, numa

797

demanda submetida ao procedimento comum, não há remessa necessária naquelas hipóteses, por que haveria num mandado de segurança? Ora, sabe-se que a única diferença entre uma demanda de rito comum e o mandado de segurança está na restrição probatória deste último, que se revela cabível apenas quando os fatos estiverem provados por documentos, de forma pré-constituída. Para que se mantenha unidade no sistema, é preciso, então, que se entenda que aquelas hipóteses de dispensa do reexame necessário alcancem também a sentença proferida no mandado de segurança. Não atende ao princípio da razoabilidade deixar de estender as hipóteses de dispensa do reexame necessário ao mandado de segurança. Demais disso, a previsão constitucional do mandado de segurança, ao fixar como requisito de sua admissibilidade o direito líquido e certo, pressupõe e exige um procedimento célere e expedito para o controle dos atos públicos. Daí por que se afina com a envergadura constitucional do mandado de segurança entender que os §§ 3º e 4º do art. 496 do CPC a ele se aplicam, de sorte que, naqueles casos, não há remessa necessária.

## Seção IV
## Do Julgamento das Ações Relativas às Prestações de Fazer, de Não Fazer e de Entregar Coisa

**Art. 497.** Na ação que tenha por objeto a prestação de fazer ou de não fazer, o juiz, se procedente o pedido, concederá a tutela específica ou determinará providências que assegurem a obtenção de tutela pelo resultado prático equivalente.

Parágrafo único. Para a concessão da tutela específica destinada a inibir a prática, a reiteração ou a continuação de um ilícito, ou a sua remoção, é irrelevante a demonstração da ocorrência de dano ou da existência de culpa ou dolo.

▶ **1. Correspondência no CPC/1973.** *"Art. 461. Na ação que tenha por objeto o cumprimento de obrigação de fazer ou não fazer, o juiz concederá a tutela específica da obrigação ou, se procedente o pedido, determinará providências que assegurem o resultado prático equivalente ao do adimplemento."*

🕮 **Legislação Correlata**

**2. CC, art. 12.** *"Art. 12. Pode-se exigir que cesse a ameaça, ou a lesão, a direito da personali-*

*dade, e reclamar perdas e danos, sem prejuízo de outras sanções previstas em lei. Parágrafo único. Em se tratando de morto, terá legitimação para requerer a medida prevista neste artigo o cônjuge sobrevivente, ou qualquer parente em linha reta, ou colateral até o quarto grau."*

**3. CDC, art. 84.** *"Art. 84. Na ação que tenha por objeto o cumprimento da obrigação de fazer ou não fazer, o juiz concederá a tutela específica da obrigação ou determinará providências que assegurem o resultado prático equivalente ao do adimplemento. § 1º A conversão da obrigação em perdas e danos somente será admissível se por elas optar o autor ou se impossível a tutela específica ou a obtenção do resultado prático correspondente. § 2º A indenização por perdas e danos se fará sem prejuízo da multa (art. 287, do Código de Processo Civil). § 3º Sendo relevante o fundamento da demanda e havendo justificado receio de ineficácia do provimento final, é lícito ao juiz conceder a tutela liminarmente ou após justificação prévia, citado o réu. § 4º O juiz poderá, na hipótese do § 3º ou na sentença, impor multa diária ao réu, independentemente de pedido do autor, se for suficiente ou compatível com a obrigação, fixando prazo razoável para o cumprimento do preceito. § 5º Para a tutela específica ou para a obtenção do resultado prático equivalente, poderá o juiz determinar as medidas necessárias, tais como busca e apreensão, remoção de coisas e pessoas, desfazimento de obra, impedimento de atividade nociva, além de requisição de força policial."*

**4. ECA, art. 213.** *"Art. 213. Na ação que tenha por objeto o cumprimento de obrigação de fazer ou não fazer, o juiz concederá a tutela específica da obrigação ou determinará providências que assegurem o resultado prático equivalente ao do adimplemento. § 1º Sendo relevante o fundamento da demanda e havendo justificado receio de ineficácia do provimento final, é lícito ao juiz conceder a tutela liminarmente ou após justificação prévia, citando o réu. § 2º O juiz poderá, na hipótese do parágrafo anterior ou na sentença, impor multa diária ao réu, independentemente de pedido do autor, se for suficiente ou compatível com a obrigação, fixando prazo razoável para o cumprimento do preceito. § 3º A multa só será exigível do réu após o trânsito em julgado da sentença favorável ao autor, mas será devida desde o dia em que se houver configurado o descumprimento."*

**5. Lei 9.099/1995, art. 52, V.** *"Art. 52. A execução da sentença processar-se-á no próprio Juizado, aplicando-se, no que couber, o disposto no Código de Processo Civil, com as seguintes alterações: (...) V – nos casos de obrigação de entregar,*

# LIVRO I · DO PROCESSO DE CONHECIMENTO E DO CUMPRIMENTO DE SENTENÇA — Art. 497

*de fazer, ou de não fazer, o Juiz, na sentença ou na fase de execução, cominará multa diária, arbitrada de acordo com as condições econômicas do devedor, para a hipótese de inadimplemento. Não cumprida a obrigação, o credor poderá requerer a elevação da multa ou a transformação da condenação em perdas e danos, que o Juiz de imediato arbitrará, seguindo-se a execução por quantia certa, incluída a multa vencida de obrigação de dar, quando evidenciada a malícia do devedor na execução do julgado."*

**6. Lei 13.188/2015, art. 7º, § 4º.** *"Art. 7º O juiz, nas 24 (vinte e quatro) horas seguintes à citação, tenha ou não se manifestado o responsável pelo veículo de comunicação, conhecerá do pedido e, havendo prova capaz de convencer sobre a verossimilhança da alegação ou justificado receio de ineficácia do provimento final, fixará desde logo as condições e a data para a veiculação, em prazo não superior a 10 (dez) dias, da resposta ou retificação. (...) § 4º Para a efetivação da tutela específica de que trata esta Lei, poderá o juiz, de ofício ou mediante requerimento, adotar as medidas cabíveis para o cumprimento da decisão."*

## ⚖ Jurisprudência, Enunciados e Súmulas Selecionados

- **7. Enunciado 525 do FPPC.** *"A produção do resultado prático equivalente pode ser determinada por decisão proferida na fase de conhecimento."*
- **8. Enunciado 526 do FPPC.** *"A multa aplicada por descumprimento de ordem protetiva, baseada no art. 22, incisos I a V, da Lei 13.140/2006 (Lei Maria da Penha), é passível de cumprimento provisório, nos termos do art. 537, § 3º."*

## 🖥 Comentários Temáticos

**9. Tutela genérica e tutela específica.** A tutela jurisdicional como resultado pode ser subdividida em tutela específica e tutela pelo equivalente em pecúnia. Quando o resultado alcançado pelo processo corresponder exatamente àquilo que seria obtido se não houvesse a necessidade de ir ao Poder Judiciário, diz-se que há tutela específica. Na tutela pelo equivalente (tutela genérica), não se entrega a quem tem razão o bem da vida que lhe foi tirado, mas sim um *equivalente em dinheiro*.

**10. Primazia da tutela específica.** O art. 497 concretiza o princípio da *primazia da tutela específica* das obrigações de fazer e de não fazer,

segundo o qual se deve buscar dar ao credor tudo aquilo e exatamente aquilo que ele obteria se o devedor tivesse cumprido espontaneamente a obrigação que lhe cabia.

**11. Obtenção do resultado prático equivalente.** Além de tratar da tutela específica das prestações de fazer e de não fazer, o art. 497 autoriza o juiz a adotar providências que assegurem o resultado prático equivalente ao do adimplemento.

**12. Medidas executivas.** Para obtenção do resultado prático equivalente, o juiz pode impor medidas que induzam, forcem, imponham, convençam o devedor a cumprir a obrigação específica (art. 139, IV).

**13. Ordem de prioridade.** O juiz deve priorizar a tutela específica. Se não for possível a tutela específica, deve tentar alcançar um resultado prático equivalente ao do adimplemento. Sendo impossível deferir a tutela específica ou o resultado prático equivalente, o juiz, a requerimento da parte, deve converter a prestação de fato numa indenização (art. 499).

**14. A distinção entre ilícito e dano.** Não se confundem os conceitos de ato ilícito e de dano. O ato ilícito consiste numa conduta contrária ao Direito, enquanto o dano é o prejuízo material ou moral que pode decorrer da prática de um ato ilícito, do exercício abusivo de um direito (que também é um ato ilícito), de um fato da natureza ou mesmo da prática de um ato lícito. A prática de um ato ilícito não implica necessariamente o surgimento de um dano, o que torna inconfundíveis os conceitos de ato ilícito e de dano.

**15. A tutela inibitória.** É dirigida contra o ilícito, visando a impedir que ele ocorra. A tutela inibitória atua no intuito de obstar, evitar, prevenir a prática do ato contrário ao direito ou, quando antes já praticado, impedir sua reiteração ou continuação. É uma tutela preventiva, que encontra respaldo no inciso XXXV do art. 5º da CF, que garante o acesso à justiça em razão de "ameaça de violação a direito", e também no art. 3º do CPC, que assegura a apreciação jurisdicional nos casos de *ameaça* de lesão a direito.

**16. A tutela reintegratória (remoção do ilícito).** É dirigida contra o ilícito já praticado – esteja ele em andamento, ou não, não importando a culpa ou o dano. A tutela de remoção do ilícito busca a reintegração do direito violado, seja com o retorno ao estado de licitude antes vigente, seja com o firmamento do estado de licitude que deveria viger. É uma tutela repressiva, pois se volta contra um ilícito já praticado, pretendendo removê-lo.

**17. Tutela inibitória *versus* tutela reintegratória (de remoção do ilícito).** Enquanto a tutela inibitória visa impedir que o ilícito seja praticado, a reintegratória visa impedir que o ilícito continue, ou que seus efeitos prossigam, a fim de removê-lo, apagá-lo, fazê-lo desaparecer.

**18. Tutela inibitória ou de remoção do ilícito.** Para concessão da tutela específica destinada a inibir a prática, a reiteração ou a continuação de um ilícito, ou a sua remoção, é irrelevante a demonstração da ocorrência de dano ou da existência de culpa ou dolo (art. 497, parágrafo único). O juiz pode ordenar que não se pratique ou não se continue a praticar o ilícito, não precisando examinar a existência de dano, de culpa ou de dolo. Há, nesses casos, uma limitação cognitiva, cabendo ao juiz examinar apenas a ocorrência do ilícito ou o seu risco.

**19. A tutela ressarcitória.** É a tutela contra o dano. Seu objetivo é promover a reparação do dano já causado, recompondo o patrimônio jurídico do ofendido à sua situação anterior. É tutela repressiva, dirigindo-se contra o dano já consumado. Nem sempre o dano será resultado de um ato ilícito. A tutela ressarcitória pode ser *pelo equivalente em pecúnia*, ou *específica*, quando se proporciona ao lesado o estabelecimento da situação que deveria viger caso o dano não houvesse ocorrido.

> **Art. 498.** Na ação que tenha por objeto a entrega de coisa, o juiz, ao conceder a tutela específica, fixará o prazo para o cumprimento da obrigação.
> Parágrafo único. Tratando-se de entrega de coisa determinada pelo gênero e pela quantidade, o autor individualizá-la-á na petição inicial, se lhe couber a escolha, ou, se a escolha couber ao réu, este a entregará individualizada, no prazo fixado pelo juiz.

▶ **1. Correspondência no CPC/1973.** *"Art. 461-A. Na ação que tenha por objeto a entrega de coisa, o juiz, ao conceder a tutela específica, fixará o prazo para o cumprimento da obrigação. § 1º Tratando-se de entrega de coisa determinada pelo gênero e quantidade, o credor a individualizará na petição inicial, se lhe couber a escolha; cabendo ao devedor escolher, este a entregará individualizada, no prazo fixado pelo juiz. (...)."*

## ▣ Comentários Temáticos

**2. Primazia da tutela específica das prestações de entrega de coisa.** A tutela das prestações de entregar coisa deve ser feita prioritariamente na *forma específica*, ou seja, mediante a entrega da coisa, e não de quantia equivalente. Apenas quando impossível o cumprimento na forma específica, ou quando impossível a entrega da coisa, converte-se a obrigação de dar coisa em obrigação pecuniária (art. 499).

**3. Fixação de prazo para cumprimento.** O juiz deve fixar prazo para que o executado cumpra voluntariamente a obrigação de entregar coisa. Se o juiz não fixar prazo para cumprimento voluntário, aplicam-se os 15 dias de que tratam os arts. 806 e 523.

**4. Cumprimento voluntário.** Se o executado, no prazo fixado, entregar a coisa, será lavrado o termo ou o auto de entrega, conforme o caso, e considerada satisfeita a obrigação (art. 807). Nesse caso, não há necessidade de instaurar-se a fase de execução forçada e a execução deverá ser extinta (art. 924, II).

**5. Fase de execução forçada: a medida executiva e sua incidência.** Se a coisa não for entregue no prazo fixado para tanto, será expedido mandado de busca e apreensão ou de imissão na posse em favor do credor, conforme se tratar de coisa móvel ou imóvel. O mandado de busca e apreensão de pessoas e coisas será cumprido por 2 oficiais de justiça (art. 536, § 2º); se houver necessidade de arrombamento, deve-se observar o disposto no art. 846, §§ 1º a 4º.

**6. Outras medidas diretas ou indiretas.** O juiz pode determinar outras medidas executivas diretas (sub-rogatórias) ou indiretas (coercitivas), inclusive a multa (art. 537). A possibilidade de fixação de multa para efetivar obrigação de entrega ou restituição de coisa está expressamente prevista também nos arts. 311, III, e 806, § 1º. Prevalece, no tocante ao cumprimento de sentença que impõe entrega de coisa, o princípio da atipicidade das medidas executivas.

**7. Incidente de individualização da coisa a ser entregue.** Nos casos de obrigação de dar coisa incerta, a individualização (escolha) da coisa cabe ao devedor, salvo quando houver, no título em que a obrigação foi constituída, disposição em contrário (CC, art. 244). Assim, havendo essa disposição em contrário, conferindo ao credor a escolha, a coisa deverá ser individualizada na petição inicial que deflagra a fase cognitiva (art. 498, parágrafo único) ou que deflagra a execução, quando ela se desenvolve em processo autônomo. Caso o credor não individualize a coisa já na sua petição inicial, a sua omissão não deve acarretar a extinção do processo, podendo ser interpretada como renúncia, mas é imprescindível que o juiz, antes de passar ao devedor a oportunidade de individualizar a coisa, advirta

**LIVRO I · DO PROCESSO DE CONHECIMENTO E DO CUMPRIMENTO DE SENTENÇA** **Art. 500**

o credor quanto à consequência da sua omissão (arts. 5º e 9º). Se a omissão somente foi percebida após a resposta do réu, cabe ao juiz analisar o contexto para aferir se houve, ou não, renúncia ao direito de escolha. A se entender que houve apenas um equívoco quanto à especificação do pedido, ao autor se deve assegurar o direito de corrigi-lo. Se a escolha couber ao devedor, no prazo fixado para o cumprimento da ordem, poderá o credor enjeitar a coisa entregue, fundamentando a sua rejeição, no prazo de quinze dias (art. 812), contados de quando foi intimado para se pronunciar.

> **Art. 499.** A obrigação somente será convertida em perdas e danos se o autor o requerer ou se impossível a tutela específica ou a obtenção de tutela pelo resultado prático equivalente.
>
> Parágrafo único. Nas hipóteses de responsabilidade contratual previstas nos arts. 441, 618 e 757 da Lei nº 10.406, de 10 de janeiro de 2002 (Código Civil), e de responsabilidade subsidiária e solidária, se requerida a conversão da obrigação em perdas e danos, o juiz concederá, primeiramente, a faculdade para o cumprimento da tutela específica.

▶ **1. Correspondência no CPC/1973.** *"Art. 461. (...) § 1º A obrigação somente se converterá em perdas e danos se o autor o requerer ou se impossível a tutela específica ou a obtenção do resultado prático correspondente."*

### 🖹 COMENTÁRIOS TEMÁTICOS

**2. A tutela específica como direito do credor.** As prestações de fazer e de não fazer devem, prioritariamente, ser objeto de tutela específica.

**3. Conversão da obrigação específica em prestação pecuniária.** A prestação de fazer ou de não fazer somente será convertida em prestação pecuniária em duas situações: *(a)* se o credor optar por esta conversão (*conversão voluntária*); ou *(b)* se não for possível a obtenção da tutela específica ou do resultado prático equivalente ao adimplemento voluntário (*conversão compulsória*).

**4. Conversão em perdas e danos por opção do credor.** O credor pode optar pela conversão da obrigação em prestação pecuniária mesmo que ainda seja possível o cumprimento na forma específica. Ocorrido o inadimplemento, surge para o credor o direito potestativo de optar entre o seu cumprimento na forma específica ou a sua conversão em pecúnia (CC, arts. 247, 251 e 389; CPC, art. 499).

**5. Conversão compulsória.** É compulsória a conversão da obrigação específica de fazer ou não fazer em prestação pecuniária nos casos em que for *impossível* o seu cumprimento na forma específica ou pelo resultado prático equivalente. Tal conversão independe da vontade do credor, sendo compulsória. Embora seja compulsória, nada impede que o próprio credor, alegando ser impossível o cumprimento na forma específica, requeira a conversão.

**6. Momento da conversão.** A tutela específica pode ser convertida em perdas e danos em *4 momentos: (a)* o autor pode optar pela conversão desde a petição inicial que instaurou a fase cognitiva do procedimento, caso em que o pedido não terá por objeto a tutela específica, mas o seu equivalente pecuniário; *(b)* a conversão pode ocorrer ainda na fase de conhecimento, antes de transitada em julgado a decisão de mérito, observado o contraditório; *(c)* a conversão pode ocorrer após o trânsito em julgado da decisão de mérito, podendo o credor converter a prestação originária em prestação pecuniária e dar início à fase de cumprimento para pagamento de quantia; *(d)* a conversão pode ocorrer durante a fase de cumprimento.

**7. Oportunidade do réu de cumprir a obrigação específica.** Nos casos de responsabilidade contratual (CC, arts. 441, 618 e 757) e nos casos de responsabilidade subsidiária e solidária, o juiz, antes e converter a obrigação específica em perdas e danos, deve determinar a intimação do réu e dar-lhe a oportunidade de cumprir a tutela específica. É direito do devedor ter essa oportunidade garantida.

> **Art. 500.** A indenização por perdas e danos dar-se-á sem prejuízo da multa fixada periodicamente para compelir o réu ao cumprimento específico da obrigação.

▶ **1. Correspondência no CPC/1973.** *"Art. 287. Se o autor pedir que seja imposta ao réu a abstenção da prática de algum ato, tolerar alguma atividade, prestar ato ou entregar coisa, poderá requerer cominação de pena pecuniária para o caso de descumprimento da sentença ou da decisão antecipatória de tutela (arts. 461, § 4º, e 461-A)." "Art. 461. (...) § 2º A indenização por perdas e danos dar-se-á sem prejuízo da multa (art. 287)."*

### 🖹 COMENTÁRIOS TEMÁTICOS

**2. Perdas e danos.** A obrigação específica pode ser convertida em perdas e danos.

801

# Art. 501 — CÓDIGO DE PROCESSO CIVIL COMENTADO – *Leonardo Carneiro da Cunha*

**3. Multa.** O valor da indenização não prejudica o direito da parte à percepção do montante da multa coercitiva eventualmente fixada para cumprimento da obrigação originária.

> **Art. 501.** Na ação que tenha por objeto a emissão de declaração de vontade, a sentença que julgar procedente o pedido, uma vez transitada em julgado, produzirá todos os efeitos da declaração não emitida.

▶ **1. Correspondência no CPC/1973.** *"Art. 466-A. Condenado o devedor a emitir declaração de vontade, a sentença, uma vez transitada em julgado, produzirá todos os efeitos da declaração não emitida."*

## 🖹 Comentários Temáticos

**2. Cumprimento das obrigações de emitir declaração de vontade.** O art. 501 trata da efetivação da sentença que diz respeito à obrigação de emitir declaração de vontade, que nada mais é que decisão que impõe uma *obrigação de fazer*. O *fazer* imposto pela sentença possui uma forma peculiar de efetivação, na medida em que a própria sentença *substitui* a declaração de vontade do devedor. A obrigação de emitir declaração de vontade é, por sua natureza, de prestação infungível. Apesar de infungível, sua prestação tem alguma afinidade com as prestações fungíveis, na medida em que o credor não tem interesse na atividade material do devedor, mas sim no *resultado* dela, ou seja, no *efeito jurídico* que dela decorre. Por isso, a efetivação das decisões que impõem esse tipo de obrigação prescinde da utilização de medidas de apoio que visem a convencer o devedor a emitir a declaração de vontade a que se obrigara. Nesse caso, a própria decisão pode *substituir* a vontade do devedor, outorgando ao credor o resultado esperado. Essa possibilidade tem fundamento no caráter peculiar do fazer imposto (emitir declaração de vontade), cujos efeitos se fazem perceber no plano *jurídico*, e não no plano dos fatos. A sentença, em tal hipótese, é executiva, sendo dispensável a fixação, em favor do devedor, de prazo para cumprimento voluntário.

## Seção V
## Da Coisa Julgada

> **Art. 502.** Denomina-se coisa julgada material a autoridade que torna imutável e indiscutível a decisão de mérito não mais sujeita a recurso.

▶ **1. Correspondência no CPC/1973.** *"Art. 467. Denomina-se coisa julgada material a eficácia, que torna imutável e indiscutível a sentença, não mais sujeita a recurso ordinário ou extraordinário."*

## 🏛 Legislação Correlata

**2. CF, art. 5º, XXXVI.** *"Art. 5º (...) XXXVI – a lei não prejudicará o direito adquirido, o ato jurídico perfeito e a coisa julgada."*

**3. LINDB, art. 6º, § 3º.** *"Art. 6º A Lei em vigor terá efeito imediato e geral, respeitados o ato jurídico perfeito, o direito adquirido e a coisa julgada. (...) § 3º Chama-se coisa julgada ou caso julgado a decisão judicial de que já não caiba recurso."*

**4. Lei 12.016/2009, art. 6º, § 6º.** *"Art. 6º (...) § 6º O pedido de mandado de segurança poderá ser renovado dentro do prazo decadencial, se a decisão denegatória não lhe houver apreciado o mérito."*

## ⚖ Jurisprudência, Enunciados e Súmulas Selecionados

- **5. Tema/Repercussão Geral 499 do STF.** *"A eficácia subjetiva da coisa julgada formada a partir de ação coletiva, de rito ordinário, ajuizada por associação civil na defesa de interesses dos associados, somente alcança os filiados, residentes no âmbito da jurisdição do órgão julgador, que o fossem em momento anterior ou até a data da propositura da demanda, constantes da relação jurídica juntada à inicial do processo de conhecimento."*

- **6. Súmula STF, 239.** *"Decisão que declara indevida a cobrança do imposto em determinado exercício não faz coisa julgada em relação aos posteriores."*

- **7. Súmula STF, 304.** *"Decisão denegatória de mandado de segurança, não fazendo coisa julgada contra o impetrante, não impede o uso da ação própria."*

- **8. Súmula STJ, 344.** *"A liquidação por forma diversa da estabelecida na sentença não ofende a coisa julgada."*

- **9. Súmula TST, 401.** *"Os descontos previdenciários e fiscais devem ser efetuados pelo juízo executório, ainda que a sentença exequenda tenha sido omissa sobre a questão, dado o caráter de ordem pública ostentado pela norma que os disciplina. A ofensa à coisa julgada somente poderá ser caracterizada na hipótese de o título exequendo, expressamente, afastar a dedução dos valores a título de imposto de renda e de contribuição previdenciária."*

**LIVRO I** · DO PROCESSO DE CONHECIMENTO E DO CUMPRIMENTO DE SENTENÇA — **Art. 502**

- **10.** **Enunciado 436 do FPPC.** *"Preenchidos os demais pressupostos, a decisão interlocutória e a decisão unipessoal (monocrática) são suscetíveis de fazer coisa julgada."*

## 🗎 COMENTÁRIOS TEMÁTICOS

**11. Coisa julgada.** A coisa julgada torna indiscutível e imutável a decisão. Para alguns, é a declaração contida na parte dispositiva que se torna imutável e indiscutível, enquanto, para outros, é o comando final da decisão, qualquer que seja seu conteúdo.

**12. Proteção constitucional da coisa julgada.** A coisa julgada é protegida constitucionalmente (CF, art. 5º, XXXVI), sendo um direito fundamental: nem mesmo uma lei posterior não pode violar a coisa julgada.

**13. Segurança jurídica e coisa julgada.** A segurança jurídica é norma vocacionada a combater arbitrariedades na construção do direito, garantindo aos cidadãos previsibilidade, estabilidade e cognoscibilidade. A estabilidade consiste na dimensão dinâmica da segurança jurídica com vistas ao passado. É preciso que se garanta estabilidade, sem que se impeça a mudança, sendo talvez mais adequado utilizar a expressão confiabilidade. A estabilidade garante a irretroatividade das leis, e a legislação ordinária estabelece a prescrição e a decadência como fatores que têm na segurança seu maior fundamento. Nessas hipóteses, a segurança jurídica constitui o valor levado em conta, para garantir a intangibilidade de situações individuais por razões objetivas, quais sejam, o transcurso do tempo, a consolidação jurídica das situações, a consolidação fática das situações ou a ausência de prejuízo. Não raramente, a segurança jurídica é aplicada para proteger o ato jurídico perfeito, o direito adquirido e a coisa julgada, por serem estabilidades que precisam ser tuteladas. Seja como for, a norma que impede a retroatividade das leis concretiza a segurança jurídica. A tutela da segurança jurídica concretiza-se, enfim, com o impedimento de frustração de expectativas legitimamente fundadas, evitando-se o desfazimento de atos já constituídos e o atingimento dos efeitos deles decorrentes. Por isso, leis supervenientes não devem ser retroativas. A aplicação retroativa de normas jurídicas constitui um atentado ao Estado de Direito, devendo, portanto, ser coibida. A coisa julgada é uma estabilidade, que confere proteção e concretiza a segurança jurídica.

**14. Autoridade.** A coisa julgada é uma "autoridade", sendo, então, uma situação jurídica, consistente na força que qualifica uma decisão como obrigatória e definitiva.

**15. Coisa julgada parcial.** A decisão judicial pode conter mais de um capítulo. Nesse caso, se o recurso for parcial, a parte não atacada pelo recurso já transitada em julgado, vindo a produzir coisa julgada. A coisa julgada, em tal hipótese, é parcial. É possível, então, haver coisa julgada parcial. O capítulo objeto da coisa julgada permite execução definitiva, e não apenas provisória.

**16. Coisa julgada total.** Quando toda a decisão transita em julgado, e não só um capítulo seu, a coisa julgada é total.

**17. Eficácia negativa da coisa julgada.** A coisa julgada impede que a questão expressamente decidida seja objeto de nova decisão. Esse impedimento consiste no efeito negativo da coisa julgada.

**18. Eficácia positiva da coisa julgada.** A coisa julgada deve ser observada, quando for utilizada, posteriormente, como fundamento de uma outra demanda. O efeito positivo da coisa julgada impõe que a questão principal já julgada, que se tornou indiscutível pela coisa julgada, tenha de ser observada, se retornar, em outro processo, que envolva as mesma partes, como questão incidental. Assim, por exemplo, reconhecida a paternidade num processo, o juiz deverá observar esse reconhecimento indiscutível em outra ação na qual o filho peça alimentos contra o pai. Ou seja: a questão principal expressamente decidida num processo (reconhecimento de paternidade) deve ser observada como questão incidental em outro processo (no qual se pedem alimentos).

**19. Coisa julgada formal.** Não sendo possível mais a interposição de recurso, seja por terem se esgotados todos eles, seja por não ter havido sua interposição, a decisão torna-se imutável e indiscutível dentro do processo. Opera-se, então, o trânsito em julgado, ocorrendo preclusão. A coisa julgada formal é o trânsito em julgado, funcionando como pressuposto para a coisa julgada. A legislação, ao mencionar coisa julgada, não faz a distinção entre coisa julgada formal e coisa julgada material. A coisa julgada formal é uma categoria doutrinária, significando uma espécie de preclusão. É a "última" preclusão, que coincide com o trânsito em julgado.

**20. Coisa julgada material.** É a coisa julgada propriamente dita, que é a autoridade que qualifica a decisão como obrigatória e definitiva, tornando imutável e indiscutível a questão expressamente decidida.

**21. Pressupostos para formação da coisa julgada.** Para que se produza coisa julgada, é preciso que haja decisão judicial, fundada em cognição exauriente, e trânsito em julgado. Po-

803

de-se, então, afirmar que os pressupostos para a formação da coisa julgada são: *(a)* decisão judicial; *(b)* cognição exauriente; *(c)* trânsito em julgado.

**22. Cognição e coisa julgada.** A cognição, no processo, pode ser considerada nos planos vertical e horizontal. A cognição vertical, que está relacionada à profundidade da análise judicial, divide-se em *cognição sumária e cognição exauriente*. Enquanto a sumária constitui aquela cognição superficial, menos aprofundada no âmbito vertical, decorrente de mera probabilidade ou verossimilhança, a cognição exauriente decorre de juízo de certeza, em razão de uma incontrovérsia ou da produção de todas as provas possíveis no processo. Esse tipo de cognição é relevante para diferenciar as tutelas de urgência das tutelas finais. A cognição exauriente, diferentemente da sumária, produz coisa julgada material. No plano horizontal, a cognição diz respeito à matéria processual e ao mérito, podendo ser limitada ou ampla. Será limitada, para alcançar-se maior celeridade no processo, quando a lei *restringir* a causa de pedir ou a amplitude da defesa, limitando a cognição a ser exercida pelo juiz. Já a cognição ampla, no plano horizontal, permite que as partes aleguem qualquer matéria, não restringindo igualmente a análise judicial, tal como sucede, por exemplo, no procedimento comum. No plano vertical, a cognição exauriente é apta a produzir coisa julgada.

**23. Coisa julgada e tríplice identidade.** No sistema normativo brasileiro, a configuração da coisa julgada depende dos elementos da demanda, que são os seguintes: *(a)* as partes, *(b)* a causa de pedir e *(c)* o pedido. A finalidade prático-teórica no estudo desses elementos consiste na identificação e individualização de cada demanda. É por tais elementos que uma demanda se diferencia da outra. A identificação de uma demanda relaciona-se com a presença dos 3 elementos. Alterando-se um deles, já se terá uma outra demanda. A presença dos 3 elementos é relevante para caracterização da litispendência e da coisa julgada (art. 337, §§ 3º e 4º) Uma ação será idêntica à outra quando forem igualmente idênticos os seus três elementos, caracterizando a chamada *tríplice identidade* (art. 337, § 2º). Havendo, entre duas ações, diferença em relação a qualquer um dos elementos, já não serão idênticas, tratando-se de demandas distintas. As causas de pedir serão idênticas em ambas as demandas, quando forem idênticas tanto a causa de pedir remota como a próxima. Se uma delas for diferente, já não se terá coisa julgada. De igual modo, a configuração da coisa julgada

impõe a identidade entre os pedidos. É preciso que sejam idênticos tanto o pedido imediato como o mediato.

**24. Tríplice identidade.** *"Segundo a jurisprudência desta Corte, para o reconhecimento da coisa julgada, faz-se necessária a tríplice identidade – mesmas partes, mesma causa de pedir e mesmo pedido –, o que ocorreu na circunstância em exame"* (STJ, 4ª Turma, AgInt no AREsp 1.563.505/SP, rel. Min. Antonio Carlos Ferreira, *DJe* 14.8.2020).

**25. Coisa julgada, colegitimidade e substituição processual.** Para a configuração da coisa julgada, é preciso que haja *tríplice identidade,* ou seja, deve-se repetir ação idêntica, que tenha as mesmas partes, a mesma causa de pedir e o mesmo pedido. Nos casos de colegitimação ativa, não é necessária, porém, a identidade de partes. Havendo legitimidade concorrente, se um dos legitimados atuou no processo, a coisa julgada alcança os demais colegitimados. Será um caso de configuração de coisa julgada, sem identidade formal das partes. De igual modo, é desnecessária, para configuração da coisa julgada, a identidade de partes, nos casos de substituição processual: a coisa julgada formada na ação proposta pelo substituto processual alcança o substituído, desde que haja coincidência de causas de pedir e de pedidos entre as demandas.

**26. Coisa julgada, tríplice identidade e processo coletivo.** No processo coletivo, a legitimidade ativa é concorrente e disjuntiva. Quer isso dizer que todos os legitimados ativos são considerados como a mesma pessoa. Assim, proposta uma demanda coletiva pelo Ministério Público contra *B*, com causa de pedir *x* e pedido *y*, haverá coisa julgada, se, depois do trânsito em julgado, for proposta ação coletiva pela Associação *A* contra *B*, com causa de pedir *x* e pedido *y*. Em outras palavras, configura-se a coisa julgada, no processo coletivo, quando houver identidade de causa de pedir e de pedido, não sendo necessária a identidade de autor, já que há mais de um colegitimado autorizado a agir na defesa da mesma situação jurídica coletiva, que é titularizada por um único grupo de sujeitos.

**27. Coisa julgada *pro et contra*.** A coisa julgada forma-se independentemente do resultado do processo. Se a sentença for de procedência ou de improcedência, pouco importa: haverá coisa julgada. Daí se dizer que a coisa julgada é *pro et contra*, ou seja, ela se forma tanto quando a decisão for favorável como quando for desfavorável, tanto no *pro* como no *contra*. Essa é regra geral do sistema brasileiro.

**LIVRO I ·** DO PROCESSO DE CONHECIMENTO E DO CUMPRIMENTO DE SENTENÇA · **Art. 502**

**28. Coisa julgada *secundum eventum litis.*** A coisa julgada pode formar-se somente se o resultado for favorável ou desfavorável, se a sentença de mérito for de procedência ou improcedência. Daí se dizer que ela é *secundum eventum litis,* ou seja, segundo o resultado do processo. É o que ocorre no processo penal, pois lá a sentença condenatória sempre poderá ser revista em favor do réu.

**29. Coisa julgada *secundum eventum probationis.*** A coisa julgada pode formar-se apenas quando esgotadas as provas, ou seja, quando a demanda for julgada procedente ou improcedência por suficiência de provas. Se a improcedência se der por insuficiência de provas, não haveria coisa julgada. Na regra geral (*pro et contra*), a improcedência por falta ou insuficiência de provas produz coisa julgada. A coisa julgada *secundum eventum probationis* depende de expressa previsão legal. Eis alguns exemplos: a coisa julgada coletiva (CDC, art. 103) e a coisa julgada na ação popular (Lei 4.717/1965, art. 18).

**30. Coisa julgada na desapropriação.** Na ação de desapropriação, a cognição, no plano vertical, é *exauriente,* sendo apta a produzir coisa julgada. No plano horizontal, a cognição, na desapropriação, é *limitada,* pois a lei *restringe* as matérias que podem ser alegadas na defesa do réu, de sorte que esse último somente pode alegar vícios no processo judicial ou discutir o preço oferecido pelo ente expropriante (Decreto-lei 3.365/1941, art. 20). Nada mais pode ser alegado nem discutido. Qualquer outra questão, ponto, assunto, matéria que se pretenda discutir deve ser remetida às vias ordinárias, em procedimento que contenha cognição ampla no plano horizontal. Não se permite, na desapropriação, discutir o mérito do decreto expropriatório nem investigar se há realmente necessidade ou utilidade pública, ou interesse social. Essa restrição cognitiva não é ofensiva da garantia constitucional de inafastabilidade do controle jurisdicional (CF, art. 5º, XXXV), porquanto é possível o controle judicial dos atos públicos relacionados com a desapropriação, mas tal controle deve ser exercido em outros tipos de demanda. Na desapropriação, há uma limitação cognitiva, somente sendo permitido discutir o valor do preço, além de vícios do próprio processo de desapropriação. Como dito, a cognição vertical, na desapropriação, é exauriente, sendo apta, portanto, a produzir coisa julgada material. A fixação do preço é alcançada, então, pela imutabilidade da coisa julgada. Na desapropriação, o juiz não exerce cognição exauriente sobre o domínio, exatamente porque a defesa somente pode versar sobre vícios no processo judicial e discutir o preço. Não há, então, coisa julgada sobre o domínio do bem desapropriado. O objeto litigioso da desapropriação é a certificação do valor, e não o acertamento ou definição do domínio. Enfim, há coisa julgada material na ação de desapropriação, restringindo-se ao valor do preço do bem desapropriação.

**31. Coisa julgada no mandado de segurança.** Extinto o processo de mandado de segurança sem resolução do mérito, a sentença não fará coisa julgada, a exemplo do que sucede em qualquer outra demanda. Concedida a segurança, haverá coisa julgada. No mandado de segurança, a cognição é exauriente, embora seja realizada *secundum eventum probationis,* ou seja, a depender do tipo de prova apresentado. Denegada a segurança por falta de direito líquido e certo, ou seja, por ser necessária a dilação probatória, extingue-se o processo sem resolução do mérito. Não obstante o uso do termo *denegação* da segurança, nesse caso não se está a julgar o mérito, nem se está a afirmar que o impetrante não tem razão; apenas se constatou a necessidade de dilação probatória, sendo inadequada a via do mandado de segurança. Não há, então, coisa julgada. Esse é o sentido do § 6º do art. 6º da Lei 12.016/2009, bem como do enunciado 304 da Súmula do STF. O que se deve ter como líquido e certo é o *fato,* ou melhor, a *afirmação de fato* feita pela parte autora. Quando se diz que o mandado de segurança exige a comprovação de *direito líquido e certo,* está-se a reclamar que os fatos alegados pelo impetrante estejam, desde já, comprovados, devendo a petição inicial vir acompanhada dos documentos indispensáveis a essa comprovação. Daí a exigência de a prova, no mandado de segurança, ser *pré-constituída.* Assim, sendo necessária a produção de *outra* prova que não seja a documental, isto é, caso se faça indispensável, por exemplo, *a prova testemunhal ou a pericial,* não haverá liquidez e certeza do direito, devendo ser denegada a segurança. Nesses casos, a sentença proferida no mandado de segurança *não* fará coisa julgada, podendo o impetrante renovar sua pretensão pelo procedimento comum, que permite a dilação probatória, comportando quaisquer tipos de prova, de que são exemplos a testemunhal e a pericial. Restringindo-se o caso ao *exame de provas documentais,* obviamente que o mandado de segurança será admitido, sendo certo que a sentença nele proferida irá produzir *coisa julgada,* impedindo a renovação da demanda pelo procedimento comum. O problema é que, na praxe forense, muitas vezes o juiz, quando

805

entende que o impetrante não tem direito ou que o ato impugnado não é ilegal nem abusivo, denega a segurança, afirmando ausência de direito líquido e certo. O termo, nessa hipótese, não está sendo utilizado no sentido técnico, podendo causar equívocos. Cumpre, então, verificar se de fato o juiz está negando o pedido do impetrante, embora afirme ausência de direito líquido e certo. Se realmente a conclusão a que chegou o juiz foi pela falta de direito ao que se pede ou pela legalidade do ato impugnado, então a denegação da segurança consiste em sentença de mérito, com produção de coisa julgada. Daí a razão do § 6º do art. 6º da Lei 12.016/2009, bem como da Súmula 304 do STF, que estão a referir-se ao caso em que *denegada a segurança por ser necessária a produção de outra prova além da documental.* Em tal hipótese, a denegação da segurança não faz coisa julgada. Caso, todavia, haja denegação de segurança pelo mérito, a sentença fará coisa julgada.

> **Art. 503.** A decisão que julgar total ou parcialmente o mérito tem força de lei nos limites da questão principal expressamente decidida.
>
> § 1º O disposto no *caput* aplica-se à resolução de questão prejudicial, decidida expressa e incidentemente no processo, se:
>
> I – dessa resolução depender o julgamento do mérito;
>
> II – a seu respeito tiver havido contraditório prévio e efetivo, não se aplicando no caso de revelia;
>
> III – o juízo tiver competência em razão da matéria e da pessoa para resolvê-la como questão principal.
>
> § 2º A hipótese do § 1º não se aplica se no processo houver restrições probatórias ou limitações à cognição que impeçam o aprofundamento da análise da questão prejudicial.

▶ **1. Correspondência no CPC/1973.** *"Art. 5º Se, no curso do processo, se tornar litigiosa relação jurídica de cuja existência ou inexistência depender o julgamento da lide, qualquer das partes poderá requerer que o juiz a declare por sentença." "Art. 325. Contestando o réu o direito que constitui fundamento do pedido, o autor poderá requerer, no prazo de 10 (dez) dias, que sobre ele o juiz profira sentença incidente, se da declaração da existência ou da inexistência do direito depender, no todo ou em parte, o julgamento da lide (art. 5º)." "Art. 468. A sentença, que julgar total ou parcialmente a lide, tem força de lei nos limites da lide e das questões decididas." "Art. 470. Faz, todavia, coisa julgada a resolu-* *ção da questão prejudicial, se a parte o requerer (arts. 5º e 325), o juiz for competente em razão da matéria e constituir pressuposto necessário para o julgamento da lide."*

## ⚖ Jurisprudência, Enunciados e Súmulas Selecionados

- **2. Tema/Repetitivo 480 do STJ.** *"A liquidação e a execução individual de sentença genérica proferida em ação civil coletiva pode ser ajuizada no foro do domicílio do beneficiário, porquanto os efeitos e a eficácia da sentença não estão circunscritos a lindes geográficos, mas aos limites objetivos e subjetivos do que foi decidido, levando-se em conta, para tanto, sempre a extensão do dano e a qualidade dos interesses metaindividuais postos em juízo (arts. 468, 472 e 474, CPC [de 1973] e 93 e 103, CDC)."*

- **3. Enunciado 111 do FPPC.** *"Persiste o interesse no ajuizamento de ação declaratória quanto à questão prejudicial incidental."*

- **4. Enunciado 165 do FPPC.** *"A análise de questão prejudicial incidental, desde que preencha os pressupostos dos parágrafos do art. 503, está sujeita à coisa julgada, independentemente de provocação específica para o seu reconhecimento."*

- **5. Enunciado 313 do FPPC.** *"São cumulativos os pressupostos previstos nos § 1º e seus incisos, observado o § 2º do art. 503."*

- **6. Enunciado 338 do FPPC.** *"Cabe ação rescisória para desconstituir a coisa julgada formada sobre a resolução expressa da questão prejudicial incidental."*

- **7. Enunciado 367 do FPPC.** *"Para fins de interpretação do art. 1.054, entende-se como início do processo a data do protocolo da petição inicial."*

- **8. Enunciado 437 do FPPC.** *"A coisa julgada sobre a questão prejudicial incidental se limita à existência, inexistência ou modo de ser de situação jurídica, e à autenticidade ou falsidade de documento."*

- **9. Enunciado 438 do FPPC.** *"É desnecessário que a resolução expressa da questão prejudicial incidental esteja no dispositivo da decisão para ter aptidão de fazer coisa julgada."*

- **10. Enunciado 439 do FPPC.** *"Nas causas contra a Fazenda Pública, além do preenchimento dos pressupostos previstos no art. 503, §§ 1º e 2º, a coisa julgada sobre a questão prejudicial incidental depende de remessa necessária, quando for o caso."*

**LIVRO I** · DO PROCESSO DE CONHECIMENTO E DO CUMPRIMENTO DE SENTENÇA — **Art. 503**

- **11. Enunciado 638 do FPPC.** *"A formação de coisa julgada sobre questão prejudicial incidental, cuja resolução como principal exigiria a formação de litisconsórcio necessário unitário, pressupõe o contraditório efetivo por todos os legitimados, observada a parte final do art. 506."*
- **12. Enunciado 696 do FPPC.** *"Aplica-se o regramento da coisa julgada sobre questão prejudicial incidental ao regime da coisa julgada nas ações coletivas."*
- **13. Enunciado 35 da I Jornada-CJF.** *"Considerando os princípios do acesso à justiça e da segurança jurídica, persiste o interesse de agir na propositura de ação declaratória a respeito da questão prejudicial incidental, a ser distribuída por dependência da ação preexistente, inexistindo litispendência entre ambas as demandas (arts. 329 e 503, § 1º, do CPC)."*

## 📋 COMENTÁRIOS TEMÁTICOS

**14. Regimes da coisa julgada.** O atual CPC instituiu dois regimes jurídicos de coisa julgada: *(a)* o comum, aplicável à coisa julgada relativa às questões principais; *(b)* o especial, aplicável à coisa julgada das questões prejudiciais incidentais. Em regra, não há coisa julgada sobre as questões prejudiciais.

**15. Questão principal.** É a que é posta a julgamento, compondo o pedido formulado na petição inicial, na reconvenção ou no pedido contraposto. Assim, quando o juiz acolhe ou rejeita o pedido, ele está a julgar a questão principal. Também se qualifica como questão principal o contradireito, que é aquele exercido pelo réu contra o direito do autor, a exemplo da compensação, da prescrição, da exceção do contrato não cumprido e do direito de retenção. Quando o juiz decide um contradireito, está, de igual modo, a julgar uma questão principal.

**16. Questão incidental.** É a que se apresenta como fundamento para a solução da questão principal. O juiz precisa examiná-la e resolvê-la para decidir sobre o pedido ou sobre o contradireito. É questão resolvida *incidenter tantum*, como fundamento para que se decida a questão principal.

**17. Coisa julgada sobre questão principal.** A coisa julgada recai sobre a questão principal expressamente decidida (art. 503).

**18. Coisa julgada sobre questão prejudicial decidida incidentemente.** No CPC/1973, a coisa julgada não recaía sobre a questão prejudicial decidida incidentemente no processo (CPC/1973, art. 469, III). O atual CPC, por sua vez, no § 1º de seu art. 503, estende a coisa julgada à solução da questão prejudicial incidental. Há, portanto, a possibilidade de a coisa julgada abranger questão resolvida na *fundamentação* da decisão.

**19. Questão prejudicial.** Considera-se prejudicial a questão de cuja solução depende o teor do pronunciamento de outra questão. A segunda questão depende da primeira no seu *modo de ser*.

**20. Prejudicial interna ou externa.** A prejudicial pode ser interna ou externa. É interna quando verificável no mesmo processo, sendo externa quando o objeto de um processo condiciona o de outro. A distinção é relevante para fins de suspensão do processo: só a prejudicial externa é que acarreta a suspensão do processo que dela depende (art. 313, V, *a*).

**21. Prejudicial principal ou incidental.** A questão prejudicial pode ser principal ou incidental. A questão prejudicial é principal quando compõe o próprio pedido da parte. Assim, por exemplo, se a parte pede reconhecimento da paternidade e alimentos, o reconhecimento da paternidade é questão prejudicial principal, sendo alcançada pela coisa julgada do *caput* do art. 503. Se, porém, a paternidade, para manter o mesmo exemplo, funciona como fundamento para o pedido de alimentos, tem-se aí uma questão prejudicial incidental.

**22. Requisitos para coisa julgada de questão prejudicial incidental.** A coisa julgada pode estender-se à solução da questão prejudicial incidental que tenha sido *expressamente* decidida na fundamentação da sentença. Para isso, é preciso que se preencham os requisitos previstos nos §§ 1º e 2º do art. 503.

**23. Cumulatividade.** Os requisitos dos §§ 1º e 2º do art. 503 são cumulativos.

**24. Desnecessidade de requerimento.** Não é necessário haver pedido da parte para que se produza a coisa julgada sobre a questão prejudicial decidida incidentemente no processo.

**25. Requisito negativo.** Não se produz a coisa julgada sobre a questão prejudicial decidida incidentemente se, no processo, houver limitação cognitiva ou restrição probatória que impeçam o aprofundamento da análise da questão prejudicial.

**26. Direito transitório.** As regras relativas à coisa julgada sobre a questão prejudicial incidental somente se aplicam aos processos instaurados a partir do início de vigência do atual CPC (art. 1.054). Aos processos em curso, já instaurados antes, aplica-se o regime do CPC/1973.

**27. Remessa necessária e a extensão da coisa julgada à questão prejudicial inciden-**

807

**Art. 504** CÓDIGO DE PROCESSO CIVIL COMENTADO – *Leonardo Carneiro da Cunha*

**tal.** O § 1º do art. 503 estabelece pressupostos para que a questão prejudicial, decidida incidentalmente, torne-se indiscutível pela coisa julgada material. Preenchidos os pressupostos dos §§ 1º e 2º do art. 503, a resolução da questão prejudicial incidental fica imunizada pela coisa julgada material. Entre os pressupostos, está a decisão *expressa*. É preciso, enfim, que haja *expressa* decisão sobre a questão prejudicial para que haja coisa julgada material sobre ela. Sendo caso de remessa necessária, a questão prejudicial decidida incidentemente no processo deve, para que se sujeite à coisa julgada, preencher os pressupostos dos §§ 1º e 2º do art. 503, além de ser *expressamente* decidida pelo juiz, bem como pelo tribunal. Em outras palavras, deve haver *expressa* decisão pelo juiz de primeira instância e, igualmente, pelo tribunal, ao julgar a remessa necessária.

**28. Coisa julgada da questão prejudicial incidental no mandado de segurança.** No mandado de segurança, só se admite prova documental pré-constituída, não sendo permitida a produção de qualquer outra prova. Há, enfim, uma restrição probatória no mandado de segurança. Isso, porém, não quer dizer que não se produza, no mandado de segurança, a coisa julgada sobre a questão prejudicial decidida incidentemente no processo. Se, no caso concreto, a prova documental for suficiente e permitir o aprofundamento da análise da questão prejudicial, não terá havido restrição probatória, produzindo-se a coisa julgada sobre aquela questão prejudicial expressamente decidida de forma incidental. Caso, entretanto, a questão não tenha sido enfrentada por ser necessária a produção de outra prova, aí não haverá coisa julgada sobre a questão prejudicial. Quando o mandado de segurança é julgado e a prova documental foi suficiente para a análise da questão prejudicial, o caso equivale ao de um procedimento comum em que tenha havido julgamento antecipado do mérito por serem incontroversos os fatos ou por estarem provados por documentos. Portanto, julgado procedente o pedido no mandado de segurança e tendo sido suficiente a prova documental para examinar a questão prejudicial expressamente decidida de maneira incidental, incide o § 1º do art. 503 e a coisa julgada se estende para a referida questão prejudicial. Como a sentença concessiva da segurança sujeita-se à remessa necessária, para que se produza a coisa julgada sobre a questão prejudicial, é preciso que se preencham os requisitos do § 1º do art. 503 e, igualmente, que haja reexame necessário pelo tribunal sobre a referida questão prejudicial.

---

**Art. 504.** Não fazem coisa julgada:

I – os motivos, ainda que importantes para determinar o alcance da parte dispositiva da sentença;

II – a verdade dos fatos, estabelecida como fundamento da sentença.

▶ **1. Correspondência no CPC/1973.** *"Art. 469. Não fazem coisa julgada: I – os motivos, ainda que importantes para determinar o alcance da parte dispositiva da sentença; II – a verdade dos fatos, estabelecida como fundamento da sentença; III – a apreciação da questão prejudicial, decidida incidentemente no processo."*

### 🗉 COMENTÁRIOS TEMÁTICOS

**2. Elementos da sentença.** A sentença tem relatório, fundamentação e parte dispositiva (art. 489).

**3. A coisa julgada.** A coisa julgada não alcança todas as partes da sentença, não a envolvendo como um todo.

**4. Coisa julgada sobre motivação da decisão.** Os motivos, mesmo que relevantes para se compreender a parte dispositiva da sentença, não são alcançados pela coisa julgada.

**5. Coisa julgada sobre verdade dos fatos.** A coisa julgada não alcança a verdade dos fatos, estabelecida como fundamento da sentença. Um fato tido como verdadeiro num processo pode ser considerado inverídico noutro. Naturalmente, nesse exemplo, não deve haver tríplice identidade, pois se, em ambos os processos, as partes, as causas de pedir e os pedidos forem idênticos, não será possível haver rejulgamento.

**6. Eficácia probatória das decisões judiciais.** Embora a verdade dos fatos não seja alcançada pela coisa julgada, a sentença pode servir como meio de prova. A sentença, como ato decisório, produz eficácia probatória, sendo também uma fonte de prova. A sentença é, em outras palavras, um documento público comprovando sua própria existência, bem como os fatos e atos processuais presenciados pelo juiz e nela referidos como premissas da sua conclusão. A sentença também prova a valoração feita pelo órgão julgador ao resolver a questão que lhe foi posta a julgamento. A sentença prova, enfim, o juízo de fato feito pelo julgador.

**7. Atos concertados.** Não há coisa julgada sobre fatos, mas há "autovinculação". Dois ou mais juízes podem convencionar entre si que um deles produzirá e valorará a prova, de modo que aquela valoração vincule os demais.

808

**LIVRO I** · DO PROCESSO DE CONHECIMENTO E DO CUMPRIMENTO DE SENTENÇA **Art. 505**

**Art. 505.** Nenhum juiz decidirá novamente as questões já decididas relativas à mesma lide, salvo:

I – se, tratando-se de relação jurídica de trato continuado, sobreveio modificação no estado de fato ou de direito, caso em que poderá a parte pedir a revisão do que foi estatuído na sentença;

II – nos demais casos prescritos em lei.

▶ **1. Correspondência no CPC/1973.** *"Art. 471. Nenhum juiz decidirá novamente as questões já decididas, relativas à mesma lide, salvo: I – se, tratando-se de relação jurídica continuativa, sobreveio modificação no estado de fato ou de direito; caso em que poderá a parte pedir a revisão do que foi estatuído na sentença; II – nos demais casos prescritos em lei."*

## ⚖ LEGISLAÇÃO CORRELATA

**2. Lei 5.478/1968, art. 15.** *"Art. 15. A decisão judicial sobre alimentos não transita em julgado e pode a qualquer tempo ser revista, em face da modificação da situação financeira dos interessados".*

**3. Lei 13.300/2016, art. 10.** *"Art. 10. Sem prejuízo dos efeitos já produzidos, a decisão poderá ser revista, a pedido de qualquer interessado, quando sobrevierem relevantes modificações das circunstâncias de fato ou de direito. Parágrafo único. A ação de revisão observará, no que couber, o procedimento estabelecido nesta Lei".*

## ▣ COMENTÁRIOS TEMÁTICOS

**4. Preclusão para o juiz.** Geralmente, costuma-se fazer referência apenas à preclusão para as partes (art. 507), mas também há preclusões para o juiz: uma vez decidida dada questão, não é permitido ao juiz reapreciá-la (art. 505).

**5. Preclusão *pro judicato*.** A doutrina costuma denominar a preclusão para o juiz de preclusão *pro judicato*. Essa foi uma expressão cunhada por Enrico Redenti, para quem a preclusão *pro judicato* somente se opera na execução fundada em título extrajudicial e na ação monitória, pois, segundo ele, nessas demandas, como não há cognição exauriente, não há coisa julgada, estando, contudo, impedida a reanálise judicial, caracterizando o que denomina, então, de preclusão *pro judicato*. A preclusão dirigida ao juiz, prevista no art. 505, para que se mantenha a boa técnica, deve ser chamada de preclusão judicial, não se confundindo com a preclusão *pro judicato*, que constitui fenômeno específico e pertinente àquelas demandas.

**6. Preclusão hierárquica.** *"a matéria não pode ser reapreciada por órgão inferior de modo diverso, sob pena de violar a preclusão hierárquica"* (STJ, 1ª Turma, AgInt no REsp 1.650.256/RS, rel. Min. Gurgel de Faria, *DJe* 9.5.2018); No mesmo sentido: *"a preclusão hierárquica estará configurada quando um órgão jurisdicional de graduação superior decide uma determinada questão de forma a tornar inviável sua reapreciação por órgão inferior de modo diverso, o que não se verifica na espécie"* (STJ, 3ª Turma, AgInt no AREsp 1.308.875/SP, rel. Min. Marco Aurélio Bellizze, *DJe* 23.4.2019).

**7. Ação de modificação.** O estado de fato de muitas situações jurídicas pode alterar-se em razão de eventos supervenientes. Diante da modificação no estado de fato, é possível que, em casos de relação jurídica de trato sucessivo, a parte peça a revisão do que foi decidido em sentenças já proferidas (art. 505, I). A hipótese não é de ação rescisória, nem de revisão da sentença proferida. Em virtude da mudança no estado de fato, o juiz pode reanalisar o caso. A decisão proferida não é modificada: ela foi proferida em observância a um específico estado de fato, que agora não é mais o mesmo. O estado de fato, que se modificou, permite que o juiz profira nova decisão. Sendo a relação de trato sucessivo e sobrevindo novo estado de fato, há uma nova causa de pedir, a permitir uma nova demanda sobre a questão. Depois da decisão, sobrevém uma mudança no estado de fato, autorizando a propositura de uma nova demanda que pretenda uma decisão que contenha uma *contraordem* relativamente ao que fora decidido a partir de um estado de fato que não existe mais ou que foi alterado. É, enfim, admissível aí uma *ação de modificação*, semelhante ao que ocorre com a ação revisional de alimentos: a superveniência de um novo estado de fato não mais justifica o comando contido na sentença, cabendo à parte postular uma nova decisão, que retrate esse novo estado de fato. Isso, evidentemente, ocorre apenas nas relações de trato sucessivo.

**8. Desfazimento da coisa julgada.** A coisa julgada pode ser desfeita por: *(a)* ação rescisória (art. 966); *(b)* querela nullitatis (arts. 525, § 1º, I e 535, I); *(c)* impugnação com base na alegação de erro material (art. 494, I).

**9. Reconhecimento de inexigibilidade da obrigação.** Se a sentença for proferida em desarmonia com o entendimento do STF a respeito da constitucionalidade da norma, a obrigação será considerada inexigível, sendo possível alegar tal inexigibilidade em impugnação ao cumprimento de sentença (arts. 525, §§ 12 e 14, e 535, §§ 5º e

809

7º). O caso não é de desfazimento da coisa julgada, mas apenas de encobrimento da pretensão, não podendo ser exigida a obrigação.

> **Art. 506.** A sentença faz coisa julgada às partes entre as quais é dada, não prejudicando terceiros.

> ▶ **1. Correspondência no CPC/1973.** *"Art. 472. A sentença faz coisa julgada às partes entre as quais é dada, não beneficiando, nem prejudicando terceiros. Nas causas relativas ao estado de pessoa, se houverem sido citados no processo, em litisconsórcio necessário, todos os interessados, a sentença produz coisa julgada em relação a terceiros."*

## 🕮 LEGISLAÇÃO CORRELATA

**2. CC, art. 274.** *"Art. 274. O julgamento contrário a um dos credores solidários não atinge os demais, mas o julgamento favorável aproveita-lhes, sem prejuízo de exceção pessoal que o devedor tenha direito de invocar em relação a qualquer deles."*

**3. CDC, art. 103.** *"Art. 103. Nas ações coletivas de que trata este código, a sentença fará coisa julgada: I – erga omnes, exceto se o pedido for julgado improcedente por insuficiência de provas, hipótese em que qualquer legitimado poderá intentar outra ação, com idêntico fundamento valendo-se de nova prova, na hipótese do inciso I do parágrafo único do art. 81; II – ultra partes, mas limitadamente ao grupo, categoria ou classe, salvo improcedência por insuficiência de provas, nos termos do inciso anterior, quando se tratar da hipótese prevista no inciso II do parágrafo único do art. 81; III – erga omnes, apenas no caso de procedência do pedido, para beneficiar todas as vítimas e seus sucessores, na hipótese do inciso III do parágrafo único do art. 81. § 1º Os efeitos da coisa julgada previstos nos incisos I e II não prejudicarão interesses e direitos individuais dos integrantes da coletividade, do grupo, categoria ou classe. § 2º Na hipótese prevista no inciso III, em caso de improcedência do pedido, os interessados que não tiverem intervindo no processo como litisconsortes poderão propor ação de indenização a título individual. § 3º Os efeitos da coisa julgada de que cuida o art. 16, combinado com o art. 13 da Lei nº 7.347, de 24 de julho de 1985, não prejudicarão as ações de indenização por danos pessoalmente sofridos, propostas individualmente ou na forma prevista neste código, mas, se procedente o pedido, beneficiarão as vítimas e seus sucessores, que poderão proceder à liquidação e à execução, nos termos dos arts. 96 a 99. § 4º Aplica-se o disposto no parágrafo anterior à sentença penal condenatória."*

**4. Lei 7.347/1985, art. 16.** *"Art. 16. A sentença civil fará coisa julgada erga omnes, nos limites da competência territorial do órgão prolator, exceto se a ação for julgada improcedente por insuficiência de provas, hipótese em que qualquer legitimado poderá intentar outra ação com idêntico fundamento, valendo-se de nova prova."*

**5. Lei 9.494/1997, art. 2º-A.** *"Art. 2º-A. A sentença civil prolatada em ação de caráter coletivo proposta por entidade associativa, na defesa dos interesses e direitos dos seus associados, abrangerá apenas os substituídos que tenham, na data da propositura da ação, domicílio no âmbito da competência territorial do órgão prolator."*

**6. Lei 12.016/2009, art. 22.** *"Art. 22. No mandado de segurança coletivo, a sentença fará coisa julgada limitadamente aos membros do grupo ou categoria substituídos pelo impetrante."*

## ⚖ JURISPRUDÊNCIA, ENUNCIADOS E SÚMULAS SELECIONADOS

- **7. Tema/Repercussão Geral 499 do STF.** *"A eficácia subjetiva da coisa julgada formada a partir de ação coletiva, de rito ordinário, ajuizada por associação civil na defesa de interesses dos associados, somente alcança os filiados, residentes no âmbito da jurisdição do órgão julgador, que o fossem em momento anterior ou até a data da propositura da demanda, constantes da relação jurídica juntada à inicial do processo de conhecimento."*

- **8. Tema/Repercussão Geral 1.075 do STF.** *"I – É inconstitucional a redação do art. 16 da Lei 7.347/1985, alterada pela Lei 9.494/1997, sendo repristinada sua redação original. II – Em se tratando de ação civil pública de efeitos nacionais ou regionais, a competência deve observar o art. 93, II, da Lei 8.078/1990 (Código de Defesa do Consumidor). III – Ajuizadas múltiplas ações civis públicas de âmbito nacional ou regional e fixada a competência nos termos do item II, firma-se a prevenção do juízo que primeiro conheceu de uma delas, para o julgamento de todas as demandas conexas".*

- **9. Tema/Repetitivo 480 do STJ.** *"A liquidação e a execução individual de sentença genérica proferida em ação civil coletiva pode ser ajuizada no foro do domicílio do beneficiário, porquanto os efeitos e a eficácia da sentença não estão circunscritos a lindes geográficos, mas aos limites objetivos e subjetivos do que foi decidido, levando-se em conta, para tanto, sempre a*

**LIVRO I · DO PROCESSO DE CONHECIMENTO E DO CUMPRIMENTO DE SENTENÇA** **Art. 507**

*extensão do dano e a qualidade dos interesses metaindividuais postos em juízo (arts. 468, 472 e 474, CPC [de 1973] e 93 e 103, CDC)."*

- **10. Enunciado 234 do FPPC.** *"A decisão de improcedência na ação proposta pelo credor beneficia todos os devedores solidários, mesmo os que não foram partes no processo, exceto se fundada em defesa pessoal."*

- **11. Enunciado 436 do FPPC.** *"Preenchidos os demais pressupostos, a decisão interlocutória e a decisão unipessoal (monocrática) são suscetíveis de fazer coisa julgada."*

- **12. Enunciado 638 do FPPC.** *"A formação de coisa julgada sobre questão prejudicial incidental, cuja resolução como principal exigiria a formação de litisconsórcio necessário unitário, pressupõe contraditório efetivo por todos os legitimados, observada a parte final do art. 506."*

- **13. Enunciado 696 do FPPC.** *"Aplica-se o regramento da coisa julgada sobre questão prejudicial incidental ao regime da coisa julgada nas ações coletivas."*

- **14. Enunciado 36 da I Jornada-CJF.** *"O disposto no art. 506 do CPC não permite que se incluam, dentre os beneficiados pela coisa julgada, litigantes de outras demandas em que se discuta a mesma tese jurídica."*

### 🖩 COMENTÁRIOS TEMÁTICOS

**15. Limites subjetivos da coisa julgada.** A coisa julgada pode operar-se *inter partes, ultra partes* ou *erga omnes*.

**16. Limites subjetivos e contraditório.** A coisa julgada, em geral, só alcança e vincula as partes no processo, não podendo prejudicar terceiros, pois ninguém pode ser atingido pelos efeitos de uma decisão transitada em julgado sem que se lhe tenham sido garantidos o acesso à justiça e o contraditório.

**17. Coisa julgada *inter partes*.** É aquela que só alcança e vincula as partes do processo.

**18. Sucessores.** Ao vinculas as partes, a coisa julgada também alcança seus sucessores.

**19. Benefício a terceiro.** A coisa julgada pode beneficiar terceiros, mas não pode prejudicá-lo. É permitida a extensão benéfica da coisa julgada a terceiros.

**20. Coisa julgada *ultra partes*.** É a que atinge não somente as partes do processo, mas também determinados terceiros, a exemplo do substituído (em caso de substituição processual), do legitimado concorrente, dos demais credores solidários (CC, art. 274) e dos integrantes do grupo, no caso de processo coletivo (CDC, art. 103, II).

**21. Coisa julgada *erga omnes*.** É a que atinge a todos os jurisdicionados, tenham ou não participado do processo, tal como ocorre nas ações coletivas que versem sobre direitos difusos ou individuais homogêneos (CDC, art. 103, I e III).

> **Art. 507.** É vedado à parte discutir no curso do processo as questões já decididas a cujo respeito se operou a preclusão.

▶ **1. Correspondência no CPC/1973.** *"Art. 473. É defeso à parte discutir, no curso do processo, as questões já decididas, a cujo respeito se operou a preclusão."*

### 🖩 COMENTÁRIOS TEMÁTICOS

**2. Preclusão.** É comumente definida como a perda, ou extinção, ou consumação, de uma faculdade processual, por terem sido ultrapassados os limites assinalados para seu exercício. Na verdade, a preclusão não consiste na perda de faculdades, mas de poderes processuais (direitos e poderes-deveres), advindo de atos lícitos. Há uma dimensão publicista no conceito de preclusão, constituindo um limite ao poder dos sujeitos do processo, sendo uma expressão da exigência de certeza e de justiça, pois sua específica função é exatamente a de imprimir à relação processual um desenvolvimento efetivo, com ordem e segurança. Há um momento para a prática de cada ato, devendo as partes fazê-lo em prazos previamente estabelecidos em lei. Não houvesse a preclusão, as partes poderiam deduzir pretensões em qualquer momento do juízo, inclusive na segunda instância, sem atender a uma ordem preestabelecida de etapas processuais.

**3. Regimes de preclusão.** Há diversos regimes de preclusão. Alguns são mais rígidos, outros mais flexíveis. Nos regimes mais rígidos, não se permite que as partes aduzam novas alegações depois dos momentos previamente fixados em lei. Por sua vez, os regimes mais flexíveis permitem que novas alegações sejam invocadas, mesmo após ultrapassado o momento definido em lei.

**4. Espécies de preclusão.** A preclusão consiste na perda da oportunidade de praticar um ato no processo, seja pelo escoamento do prazo (preclusão temporal), seja pela prática regular do ato (preclusão consumativa), seja pela prática de uma atividade anterior que é incompatível com o ato que se deseja praticar (preclusão lógica).

**5. Preclusão sanção.** A preclusão constitui efeito jurídico que decorre da prática de atos lícitos. É possível, todavia, cogitar de preclusão

811

resultante da prática de atos ilícitos, tendo, nesse caso, natureza jurídica de sanção.

**6. Todos os sujeitos do processo.** A preclusão constitui categoria que alcança todos os sujeitos do processo, inclusive o juiz (art. 505).

> **Art. 508.** Transitada em julgado a decisão de mérito, considerar-se-ão deduzidas e repelidas todas as alegações e as defesas que a parte poderia opor tanto ao acolhimento quanto à rejeição do pedido.

▶ **1. Correspondência no CPC/1973.** *"Art. 474. Passada em julgado a sentença de mérito, reputar-se-ão deduzidas e repelidas todas as alegações e defesas, que a parte poderia opor assim ao acolhimento como à rejeição do pedido."*

⚖ **Jurisprudência, Enunciados e Súmulas Selecionados**

• **2. Tema/Repetitivo 480 do STJ.** *"A liquidação e a execução individual de sentença genérica proferida em ação civil coletiva pode ser ajuizada no foro do domicílio do beneficiário, porquanto os efeitos e a eficácia da sentença não estão circunscritos a lindes geográficos, mas aos limites objetivos e subjetivos do que foi decidido, levando-se em conta, para tanto, sempre a extensão do dano e a qualidade dos interesses metaindividuais postos em juízo (arts. 468, 472 e 474, CPC [de 1973] e 93 e 103, CDC)."*

🗎 **Comentários Temáticos**

**3. Eficácia preclusiva da coisa julgada.** Consiste na aptidão, ínsita à coisa julgada, de excluir a renovação de questões suscetíveis de neutralizar os efeitos da sentença transitada em julgado. Submetem-se, indistintamente, a essa eficácia preclusiva tanto as questões *efetivamente apreciadas* pelo juiz como aquelas que *(a)* cognoscíveis de ofício, não tenham sido apreciadas pelo juiz; *(b)* suscitadas por qualquer das partes, não tenham sido apreciadas; e, *(c)* dependentes da iniciativa da parte, não tenham sido levantadas nem, consequentemente, enfrentadas pelo juiz.

**4. Princípio do deduzido e do dedutível.** Não será mais possível ao juiz do processo apreciar tudo que foi deduzido e repelido como tudo que a parte poderia ter deduzido, mas não o fez. Consideram-se, então, repelido o que poderia ter sido alegado, mas não o foi. Essa é a consequência da eficácia preclusiva da coisa julgada, chamada, por alguns doutrinadores, de "princípio do deduzido e do dedutível".

**5. Fundamento da regra.** A regra que decorre do art. 508 é fundamental no Estado Democrático de Direito, pois admitir a reabertura da discussão judicial em toda e qualquer hipótese na qual o interessado tenha razões ainda não apreciadas fragilizaria demais a garantia da coisa julgada, frustrando sensivelmente sua finalidade prática. É por isso que o sistema processual estabelece a eficácia preclusiva da coisa julgada, por meio da qual se consideram *"deduzidas e repelidas todas as alegações que a parte poderia opor tanto ao acolhimento quanto à rejeição do pedido"*. E, justamente porque consideradas *"deduzidas e repelidas"*, tais questões não podem ser reapreciadas por *"nenhum juiz"* (art. 505).

# CAPÍTULO XIV
## DA LIQUIDAÇÃO DE SENTENÇA

> **Art. 509.** Quando a sentença condenar ao pagamento de quantia ilíquida, proceder-se-á à sua liquidação, a requerimento do credor ou do devedor:
>
> I – por arbitramento, quando determinado pela sentença, convencionado pelas partes ou exigido pela natureza do objeto da liquidação;
>
> II – pelo procedimento comum, quando houver necessidade de alegar e provar fato novo.
>
> § 1º Quando na sentença houver uma parte líquida e outra ilíquida, ao credor é lícito promover simultaneamente a execução daquela e, em autos apartados, a liquidação desta.
>
> § 2º Quando a apuração do valor depender apenas de cálculo aritmético, o credor poderá promover, desde logo, o cumprimento da sentença.
>
> § 3º O Conselho Nacional de Justiça desenvolverá e colocará à disposição dos interessados programa de atualização financeira.
>
> § 4º Na liquidação é vedado discutir de novo a lide ou modificar a sentença que a julgou.

▶ **1. Correspondência no CPC/1973.** *"Art. 475-A. Quando a sentença não determinar o valor devido, procede-se à sua liquidação. (...)" "Art. 475-B. Quando a determinação do valor da condenação depender apenas de cálculo aritmético, o credor requererá o cumprimento da sentença, na forma do art. 475-J desta Lei, instruindo o pedido com a memória discriminada e atualizada do cálculo." "Art. 475-C. Far-se-á a liquidação por arbitramento quando: I – determinado pela sentença ou convencionado pelas partes; II – o exigir a natureza do objeto da liquidação." "Art. 475-E. Far-se-á a liquidação por artigos, quando,*

**LIVRO I · DO PROCESSO DE CONHECIMENTO E DO CUMPRIMENTO DE SENTENÇA** **Art. 509**

*para determinar o valor da condenação, houver necessidade de alegar e provar fato novo." "Art. 475-G. É defeso, na liquidação, discutir de novo a lide ou modificar a sentença que a julgou." "Art. 475-I. (...) § 2º Quando na sentença houver uma parte líquida e outra ilíquida, ao credor é lícito promover simultaneamente a execução daquela e, em autos apartados, a liquidação desta."*

## 🖳 LEGISLAÇÃO CORRELATA

**2. CLT, art. 879.** *"Art. 879. Sendo ilíquida a sentença exequenda, ordenar-se-á, previamente, a sua liquidação, que poderá ser feita por cálculo, por arbitramento ou por artigos. § 1º Na liquidação, não se poderá modificar, ou inovar, a sentença liquidanda nem discutir matéria pertinente à causa principal. § 1º-A. A liquidação abrangerá, também, o cálculo das contribuições previdenciárias devidas. § 1º-B. As partes deverão ser previamente intimadas para a apresentação do cálculo de liquidação, inclusive da contribuição previdenciária incidente. § 2º Elaborada a conta e tornada líquida, o juízo deverá abrir às partes prazo comum de oito dias para impugnação fundamentada com a indicação dos itens e valores objeto da discordância, sob pena de preclusão. § 3º Elaborada a conta pela parte ou pelos órgãos auxiliares da Justiça do Trabalho, o juiz procederá à intimação da União para manifestação, no prazo de 10 (dez) dias, sob pena de preclusão. § 4º A atualização do crédito devido à Previdência Social observará os critérios estabelecidos na legislação previdenciária. § 5º O Ministro de Estado da Fazenda poderá, mediante ato fundamentado, dispensar a manifestação da União quando o valor total das verbas que integram o salário de contribuição, na forma do art. 28 da Lei nº 8.212, de 24 de julho de 1991, ocasionar perda de escala decorrente da atuação do órgão jurídico. § 6º Tratando-se de cálculos de liquidação complexos, o juiz poderá nomear perito para a elaboração e fixará, depois da conclusão do trabalho, o valor dos respectivos honorários com observância, entre outros, dos critérios de razoabilidade e proporcionalidade. § 7º A atualização dos créditos decorrentes de condenação judicial será feita pela Taxa Referencial (TR), divulgada pelo Banco Central do Brasil, conforme a Lei nº 8.177, de 1º de março de 1991."*

## ⚖ JURISPRUDÊNCIA, ENUNCIADOS E SÚMULAS SELECIONADOS

• **3. Súmula STF, 254.** *"Incluem-se os juros moratórios na liquidação, embora omisso o pedido inicial ou a condenação."*

• **4. Tema/Repetitivo 480 do STJ.** *"A liquidação e a execução individual de sentença genérica proferida em ação civil coletiva pode ser ajuizada no foro do domicílio do beneficiário, porquanto os efeitos e a eficácia da sentença não estão circunscritos a lindes geográficos, mas aos limites objetivos e subjetivos do que foi decidido, levando-se em conta, para tanto, sempre a extensão do dano e a qualidade dos interesses metaindividuais postos em juízo (arts. 468, 472 e 474, CPC [de 1973] e 93 e 103, CDC)."*

• **5. Tema/Repetitivo 482 STJ.** *"A sentença genérica prolatada no âmbito da ação civil coletiva, por si, não confere ao vencido o atributo de devedor de 'quantia certa ou já fixada em liquidação' (art. 475-J do CPC [1973]), porquanto, 'em caso de procedência do pedido, a condenação será genérica', apenas 'fixando a responsabilidade do réu pelos danos causados' (art. 95 do CDC). A condenação, pois, não se reveste de liquidez necessária ao cumprimento espontâneo do comando sentencial, não sendo aplicável a reprimenda prevista no art. 475-J do CPC [1973]."*

• **6. Tema/Repetitivo 613 do STJ.** *"I – A União Federal é responsável por prejuízos decorrentes da fixação de preços pelo governo federal para o setor sucroalcooleiro, em desacordo com os critérios previstos nos arts. 9º, 10 e 11 da Lei 4.870/1965, uma vez que teriam sido estabelecidos pelo Instituto do Açúcar e Álcool – IAA, em descompasso do levantamento de custos de produção apurados pela Fundação Getúlio Vargas – FGV. Precedentes. II – Não é admissível a utilização do simples cálculo da diferença entre o preço praticado pelas empresas e os valores estipulados pelo IAA/FGV, como único parâmetro de definição do quantum debeatur. III – O suposto prejuízo sofrido pelas empresas possui natureza jurídica dupla: danos emergentes (dano positivo) e lucros cessantes (dano negativo). Ambos exigem efetiva comprovação, não se admitindo indenização em caráter hipotético, ou presumido, dissociada da realidade efetivamente provada. Precedentes. IV – Quando reconhecido o direito à indenização (an debeatur), o quantum debeatur pode ser discutido em liquidação da sentença por arbitramento, em conformidade com o art. 475-C do CPC [de 1973], salvo nos casos em que já há sentença transitada em julgado, no processo de conhecimento, em que a forma de apuração do valor devido deve observar o respectivo título executivo. V – Nos casos em que não há sentença transitada em julgado no processo de conhecimento, não comprovada a extensão do* *dano (quantum debeatur), possível enquadrar--se em liquidação com 'dano zero', ou 'sem resultado positivo', ainda que reconhecido o dever da União em indenizar (an debeatur).*

- **7. Tema/Repetitivo 667 STJ.** *"O cumprimento de sentença condenatória de complementação de ações dispensa, em regra, a fase de liquidação de sentença."*

- **8. Tema/Repetitivo 880 do STJ.** *"A partir da vigência da Lei n. 10.444/2002, que incluiu o § 1º ao art. 604, dispositivo que foi sucedido, conforme Lei n. 11.232/2005, pelo art. 475-B, §§ 1º e 2º, todos do CPC/1973, não é mais imprescindível, para acertamento da conta exequenda, a juntada de documentos pela parte executada, ainda que esteja pendente de envio eventual documentação requisitada pelo juízo ao devedor, que não tenha havido dita requisição, por qualquer motivo, ou mesmo que a documentação tenha sido encaminhada de forma incompleta pelo executado. Assim, sob a égide do diploma legal citado e para as decisões transitadas em julgado sob a vigência do CPC/1973, a demora, independentemente do seu motivo, para juntada das fichas financeiras ou outros documentos correlatos aos autos da execução, ainda que sob a responsabilidade do devedor ente público, não obsta o transcurso do lapso prescricional executório, nos termos da Súmula 150/STF."*

- **9. Súmula STJ, 318.** *"Formulado pedido certo e determinado, somente o autor tem interesse recursal em arguir o vício da sentença ilíquida."*

- **10. Súmula STJ, 344.** *"A liquidação por forma diversa da estabelecida na sentença não ofende a coisa julgada."*

- **11. Enunciado 485 do FPPC.** *"É cabível conciliação ou mediação no processo de execução, no cumprimento de sentença e na liquidação de sentença, em que será admissível a apresentação de plano de cumprimento da prestação."*

- **12. Enunciado 145 da II Jornada-CJF.** *"O recurso cabível contra a decisão que julga a liquidação de sentença é o Agravo de Instrumento."*

## ▣ Comentários Temáticos

**13. Decisão líquida.** É a que define, de modo completo, a norma jurídica individualizada, contendo pronunciamento sobre *(a)* o *an debeatur* (existência da dívida); *(b)* o *cui debeatur* (a quem é devido); *(c)* o *quis debeat* (quem deve); *(d)* o *quid debeatur* (o que é devido); *(e)* nos casos em que o objeto da prestação é suscetível de quantificação, *quantum debeatur* (a quantidade devida).

**14. Decisão ilíquida.** É a que *(a)* deixa de estabelecer o montante da prestação (*quantum debeatur*), nos casos em que o objeto dessa prestação seja suscetível de quantificação – por exemplo, a que condena o réu ao pagamento de indenização de valor a ser apurado em posterior liquidação – ou *(b)* que deixa de individualizar completamente o objeto da prestação, qualquer que seja a sua natureza (*quid debeatur*) – por exemplo, a que determina ao réu que entregue duas toneladas de grãos, sem identificar a espécie, ou a que impõe a construção de um muro, sem dizer como, onde nem quando fazê-lo. Há casos, no entanto, em que o grau de iliquidez é ainda maior, atingindo outros elementos da relação jurídica, como ocorre quando não se pode definir, na fase de certificação, quem é o seu sujeito ativo – algo muito comum nas ações coletivas (p. ex., a sentença coletiva que reconhece o direito a determinada gratificação aos servidores que demonstrem satisfazer certos pressupostos).

**15. Liquidação.** Sendo ilíquida, a decisão precisa ser liquidada para poder ser título que fundamente a execução. O objetivo da liquidação é integrar a decisão ilíquida, chegando a uma solução acerca dos elementos que faltam para a completa definição da norma jurídica individualizada, a fim de que essa decisão possa ser objeto de execução. Dessa forma, liquidação de sentença é a atividade judicial cognitiva pela qual se busca complementar a norma jurídica individualizada estabelecida num título judicial.

**16. Fase de liquidação.** A liquidação por arbitramento e a liquidação pelo procedimento comum devem ser buscadas, como regra, numa fase específica do processo que se abre com essa exclusiva finalidade: a fase de liquidação.

**17. Processo de liquidação.** A regra é a liquidação como fase do processo; mas é possível que ela seja buscada por meio de processo autônomo. Ainda remanesce o processo de liquidação para as hipóteses de sentença penal condenatória transitada em julgado, sentença arbitral (que não possa, eventualmente, ser liquidada no juízo arbitral), sentença estrangeira homologada pelo STJ, do acórdão que julga procedente revisão criminal (CPP, art. 630), bem como a sentença coletiva nas ações que versam sobre direitos individuais homogêneos. Nesses casos, ou não há processo anterior no qual seja possível instaurar-se uma fase de liquidação ou, mesmo havendo um processo anterior, nele não é possível instaurar-se essa fase de liquidação. Aplica-se-lhes o regramento da fase de liquida-

**LIVRO I** · DO PROCESSO DE CONHECIMENTO E DO CUMPRIMENTO DE SENTENÇA     **Art. 509**

ção, mas haverá necessidade da instauração de um processo autônomo. Assim, é necessária a *citação* do demandado, e não a simples intimação prevista nos arts. 510 e 511 (art. 515, § 1º).

**18. Liquidação incidental.** Além da liquidação como fase e da subsistência, em situações especiais, do processo de liquidação, remanesce também a liquidação incidental, assim entendida aquela que ocorre como incidente processual da execução. A liquidação incidental é possível, por exemplo, na execução para a entrega de coisa ou de obrigação de fazer ou de não fazer, se, inviabilizado ou inútil o cumprimento da prestação específica, o objeto da execução é convertido em prestação pecuniária (arts. 809, § 2º, 816, parágrafo único, e 823, parágrafo único). Outro exemplo é o da apuração das benfeitorias indenizáveis feitas pelo devedor ou pelo terceiro na coisa cuja entrega se pede (art. 810). Mais um exemplo se pode encontrar na execução de obrigação de dar coisa incerta, fundada em título executivo judicial ou extrajudicial, hipótese em que é necessário individualizar o bem a ser entregue (arts. 498, parágrafo único, e 811, parágrafo único).

**19. Liquidação de título judicial.** Embora o texto legal seja "liquidação de sentença", qualquer pronunciamento judicial pode ser objeto de liquidação. Qualquer título executivo judicial (art. 515) pode ser objeto de liquidação. Em regra, não é possível liquidação de título executivo extrajudicial, já que a liquidez, ao lado da certeza e da exigibilidade, são atributos indispensáveis para que as obrigações representadas em tais títulos possam permitir um processo de execução (art. 783). É possível, porém, liquidação em processo de execução de título extrajudicial. Nas execuções para entrega de coisa e para a satisfação de fazer ou de não fazer, fundadas em título executivo extrajudicial, é possível que a prestação específica seja convertida em prestação pecuniária (arts. 809, 816, 821, parágrafo único, e 823, parágrafo único). A conversão tanto pode ocorrer no início como no curso do processo de execução. Em qualquer caso, as perdas e danos devem ser apuradas mediante liquidação (arts. 809, § 2º, 816, parágrafo único, 821, parágrafo único, e 823, parágrafo único). Optando pela conversão desde o início, o credor precisa deflagrar, primeiramente, um processo de liquidação; só depois de certificado o valor das perdas e danos é que tem início a execução – que, nesse caso, seguirá o rito do cumprimento de sentença (art. 523 e seguintes). Se a conversão ocorrer no curso do processo de execução, deve-se instaurar incidente cognitivo para análise dos pressupos-

tos da conversão e para a liquidação do valor. Além disso, o art. 810 prevê hipótese específica em que o credor de obrigação de entrega de coisa pode cumular, na execução, o pedido de tutela específica do direito à coisa com pedido de pagamento de quantia, desde que liquide previamente o valor que lhe é devido. Nesse caso, precisará, igualmente, deflagrar processo de liquidação para apurar o montante do crédito pecuniário decorrente do título executivo extrajudicial. Nessas situações excepcionais, pode-se falar em liquidação na execução de título executivo extrajudicial.

**20. Legitimidade para requerer a liquidação.** Tanto o credor como o devedor têm legitimidade para requerer a liquidação. O juiz não a pode deflagrar de ofício.

**21. Competência para liquidação.** A competência para proceder à liquidação da sentença será do juízo que proferiu a decisão liquidanda (art. 516, I e II). Trata-se de competência funcional – absoluta, portanto, – porque relacionada ao exercício de uma função dentro do mesmo processo, e decorre também de uma conexão por sucessividade. Considerando que o objetivo da atividade de liquidação é a complementação da norma jurídica individualizada definida na decisão liquidanda, não se pode aplicar aqui a opção conferida ao exequente pelo parágrafo único do art. 516. Essa possibilidade de escolha tem por objetivo viabilizar uma maior efetividade das providências executivas, o que não é objeto de discussão na fase de liquidação do julgado.

**22. Liquidação da sentença arbitral.** A sentença arbitral, que se caracteriza como título executivo judicial (art. 515, VII), é proferida pelo tribunal arbitral, mas executada por um juízo estatal. O cumprimento de sentença há de ser proposto perante um juízo estatal, seguindo as regras gerais de competência (art. 516, III). Ao tribunal arbitral cabe proferir a sentença, sendo do juízo estatal a competência para processar e efetivar o cumprimento da sentença. Sendo a sentença arbitral ilíquida, é necessário liquidá-la, mas quem tem competência para fazê-lo? A liquidação há de ser processada perante o juízo arbitral ou perante o juízo estatal, que tenha competência para o cumprimento da sentença? O árbitro, que é juiz de fato e de direito, deve julgar a disputa havida entre as partes. O julgamento integral engloba tanto o *an debeatur* como o *quantum debeatur*. Se ao árbitro cabe julgar todo o litígio, sendo a sentença ilíquida, é dele a competência para *complementar* a sentença, a não ser que as partes tenham suprimido

815

da sua competência a análise dos valores eventualmente devidos. É relevante destacar, porém, um detalhe: o árbitro, ao proferir a sentença, encerra seu ofício, prestando jurisdição. Depois da sentença, só lhe cabe apreciar embargos de declaração eventualmente opostos. Não há, rigorosamente, previsão de nova fase ou de liquidação da sentença. Na verdade, quando o árbitro profere sentença ilíquida, ele está a proferir uma sentença *parcial*, deixando o outro capítulo para ser examinado posteriormente. E o § 1º do art. 23 da Lei 9.307/1996 (Lei da Arbitragem) prevê que os árbitros podem proferir sentenças parciais. Logo, é possível que o árbitro profira uma sentença, com a definição da responsabilidade e do *an debeatur,* complementando-a, posteriormente, com outra, em que definirá o *quantum debeatur*. Havendo sentença arbitral ilíquida, é o próprio árbitro quem deve promover a liquidação, complementando a sentença, a não ser que haja disposição em contrário na convenção de arbitragem, mediante a qual se afasta do árbitro essa competência, hipótese em que caberá ao juízo estatal promover a liquidação da sentença arbitral.

**23. Sentença arbitral e liquidação incidental.** Se sentença arbitral impuser uma prestação de fazer ou de entrega de coisa certa e, instaurada a execução perante o juízo estatal, sobrevém o pedido de conversão da obrigação em perdas e danos (art. 499), haverá a necessidade de uma liquidação incidental. Nesse caso, a competência é do juízo da execução: cabe ao juízo da execução resolver os incidentes cognitivos da execução, e esse é mais um deles.

**24. Liquidação de decisão que contém parte líquida e outra ilíquida.** Se a decisão for líquida numa parte e ilíquida em outra, é possível ao credor promover, simultaneamente, a liquidação do capítulo ilíquido e a execução do capítulo líquido.

**25. Liquidação da decisão que resolve antecipada e parcialmente o mérito.** A decisão interlocutória que resolve antecipada e parcialmente o mérito pode reconhecer a existência de obrigação líquida ou ilíquida (art. 356, § 1º). Sendo ilíquida, a parte pode requerer a sua liquidação imediata, independentemente de caução, ainda que haja recurso contra essa interposto (art. 356, § 2º); essa liquidação será processada em autos suplementares (art. 356, § 4º).

**26. Prescrição e liquidação.** Interrompida a prescrição com o despacho que ordena a citação na fase de conhecimento (CC, art. 202, I; CPC, art. 240, § 1º), todo o prazo até então consumido é apagado, eliminado, voltando a correr desde o princípio. Há 2 formas de se retomar a

contagem do prazo prescricional (CC, art. 202, parágrafo único). Elas decorrem das diferentes maneiras de se conseguir o efeito interruptivo. A prescrição interrompe-se *(a)* por ato de eficácia instantânea ou *(b)* por meio de processo cujo curso se prolonga no tempo. A prescrição, uma vez interrompida, já recomeça a correr desde o início, ou somente tem seu prazo retomado depois do último ato do processo que acarretou sua interrupção. Quando a interrupção decorre de um protesto, de uma interpelação, de uma notificação ou do reconhecimento do direito do credor, a retomada do prazo prescricional é imediata, ou seja, começa já da data em que o ato interruptivo ocorreu. Nos casos em que o credor se vale do processo judicial para interromper a prescrição – citação em juízo ou apresentação do título de crédito em inventário ou concurso de credores – o prazo prescricional só é retomado depois de encerrado o procedimento. A retomada do prazo será do último ato do processo, em cujo âmbito foi praticado o ato que interrompera a prescrição. O último ato é, geralmente, o trânsito em julgado da decisão final. Interrompida a prescrição, o prazo da pretensão executiva será o mesmo da pretensão cognitiva (Súmula STF, 150). O prazo prescricional da pretensão executiva somente começa a fluir com o trânsito em julgado da decisão que liquida a obrigação, pois somente se pode exercer a pretensão executiva quando a obrigação é certa, líquida e exigível (art. 783). Há, porém, a prescrição da *pretensão à liquidação* do crédito já certificado. A pretensão à liquidação é pretensão cognitiva; ela tem por objetivo a complementação da norma individual. Difere, pois, da pretensão executiva, que tem por objetivo a efetivação da norma individual. Não é razoável dizer que o credor de obrigação ilíquida, judicialmente certificada, possa aguardar indefinidamente para deflagrar a liquidação do seu crédito. Embora não haja prescrição da pretensão executiva enquanto não ultimada a liquidação da sentença, é certo que há prescrição da pretensão à liquidação quando, entre o trânsito em julgado da decisão liquidanda e a deflagração da atividade liquidatória, há interstício de tempo igual ou maior que o prazo de prescrição para o exercício da pretensão cognitiva. Nesses casos, há prescrição da pretensão liquidatória, que enseja a extinção do processo com resolução de mérito (art. 487, II).

**27. Liquidação e prescrição da pretensão executiva.** *"(...), é firme o entendimento no âmbito desta Corte, no sentido de que 'a liquidação integra a fase de cognição do processo, motivo pelo qual a execução tem início quando o títu-*

**LIVRO I** · DO PROCESSO DE CONHECIMENTO E DO CUMPRIMENTO DE SENTENÇA **Art. 509**

*lo se apresenta também líquido, iniciando-se aí o prazo prescricional executório' (STJ, AREsp 1.351.655/MS, Rel. Ministro Herman Benjamin, segunda turma, DJe de 19.12.2019)"* (STJ, 2ª Turma, AgInt no AgInt no AREsp 1.700.895/MA, rel. Min. Assusete Magalhães, *DJe* 22.10.2021).

**28.** **Liquidação e interrupção da prescrição executiva.** *"O termo inicial da prescrição é a data do trânsito em julgado da ação de conhecimento. Na hipótese em apreço, a extinção do procedimento de liquidação de sentença, após a intimação da parte contrária, constituiu causa interruptiva da prescrição, não podendo a parte ser penalizada por equívoco do Poder Judiciário"* (STJ, 3ª Turma, REsp 1.645.759/SC, rel. Min. Ricardo Villas Bôas Cueva, *DJe* 26.4.2021).

**29.** **Cognição da liquidação.** A matéria de mérito da liquidação cinge-se ao elemento que falta para completar a norma jurídica individualizada estabelecida na sentença liquidanda. Não se pode, em liquidação, discutir novamente as questões resolvidas na decisão liquidanda, tampouco se pode modificar o seu conteúdo, sob pena de ofensa ao efeito positivo da coisa julgada ou de reconhecimento de litispendência, caso a decisão liquidanda ainda esteja sendo discutida em recurso.

**30.** **A regra da fidelidade ao título.** O título executivo deve ser tomado como premissa inafastável, de modo a que toda a discussão na liquidação deve partir dele. Na liquidação, não apenas é vedada a rediscussão ou a alteração dessa premissa; veda-se também que o resultado da liquidação seja contraditório com o título. Não se pode, em liquidação, discutir novamente as questões resolvidas na decisão liquidanda, tampouco se pode modificar o seu conteúdo, sob pena de ofensa ao efeito positivo da coisa julgada. É a regra da fidelidade ao título executivo. Também não se pode, na liquidação, reabrir oportunidades de discussões já ultrapassadas na fase de conhecimento, nem se pode desfazer preclusões ou desconsiderar o efeito preclusivo da coisa julgada.

**31.** **A matéria de defesa na liquidação.** Além de poder impugnar a própria admissibilidade da liquidação e de questionar os critérios de cálculo, pode o sujeito passivo, quando chamado a manifestar-se sobre a pretensão liquidatória, antecipar algumas das matérias previstas no art. 525, § 1º, dedutíveis na impugnação ao cumprimento de sentença – como pagamento, novação, compensação, transação ou prescrição, desde que supervenientes à sentença, no caso de liquidação provisória, ou ao trânsito em julgado da sentença, no caso de liquidação definitiva (inciso VII), a

falta ou nulidade da citação no processo ou na fase de conhecimento, se houve revelia (inciso I), a incompetência absoluta ou relativa do juízo da liquidação (inciso VI), o impedimento ou a suspeição do juiz (art. 525, § 2º), bem como o reconhecimento da inconstitucionalidade do ato normativo em que se fundou a sentença liquidanda (art. 525, § 12). Nos casos em que a condenação incluir prestações vencidas e vincendas (art. 323), fundadas em obrigações de trato sucessivo, pode o sujeito passivo da liquidação alegar em sua defesa, a superveniência de fato ou de direito que altere a situação jurídica que se constituiu pela sentença liquidanda. Alegadas as matérias do § 1º art. 525 e definitivamente rejeitadas, o executado somente poderá suscitá-las novamente em impugnação ao cumprimento de sentença, se tiverem por fundamento fato superveniente à própria decisão da liquidação. Não havendo fato superveniente, a discussão de tais matérias terá sido alcançada pela preclusão, inclusive pela coisa julgada.

**32.** **Espécies de liquidação.** Há 2 espécies de liquidação: *(a)* a por arbitramento e *b)* e a pelo procedimento comum.

**33.** **Liquidação por cálculo.** Não é necessária a liquidação de sentença, quando o valor puder ser apurado por simples cálculos aritméticos. Com efeito, *"a necessidade de simples operações aritméticas para apurar o crédito exequendo não retira a liquidez da obrigação constante do título"* (art. 786, parágrafo único). Por isso, *"quando a apuração do valor depender apenas de cálculo aritmético, o credor poderá promover, desde logo, o cumprimento de sentença"* (art. 509, § 2º).

**34.** **Forma e coisa julgada.** A *forma* como se deve liquidar uma decisão não se sujeita à coisa julgada (Súmula STJ, 344). Por isso, ainda que o título preestabeleça, por exemplo, que a liquidação deve ser feita *pelo procedimento comum*, nada impede que ela se faça *por arbitramento*, se o seu procedimento se mostrar suficiente para a complementação da atividade cognitiva. Nessa mesma linha, se a parte requer que a liquidação se faça de um modo, mas o juiz entende mais adequado procedê-la de outro, não está ele adstrito ao pedido da parte.

**35.** **Liquidação por arbitramento.** É aquela em que a apuração do elemento faltante para a completa definição da norma jurídica individualizada depende da produção de perícia.

**36.** **Hipóteses de liquidação por arbitramento.** Deve-se optar por esse tipo de liquidação sempre que *(a)* assim o determinar a decisão liquidanda, *(b)* houver convenção das partes nesse sentido, antes ou depois da prolação da decisão liquidanda, ou *(c)* assim o exigir a natureza do objeto da liquidação.

**37. Convenção processual.** A liquidação por arbitramento pode ocorrer se as partes assim convencionarem. Se, porém, for necessário demonstrar e comprovar fato novo para se aferir o valor da futura execução, não será eficaz essa convenção, devendo liquidação ser feita pelo procedimento comum.

**38. Liquidação pelo procedimento comum.** Se a apuração do montante da dívida ou a individuação do objeto da prestação depender de prova de *fato novo*, ainda que essa prova seja pericial, deve-se proceder à liquidação pelo procedimento comum.

**39. Fato novo.** É aquele relacionado com o valor, com o objeto ou, eventualmente, com algum outro elemento da obrigação, que não foi objeto de anterior cognição na fase ou no processo de formação do título. O *novo* não diz respeito necessariamente ao momento em que o fato ocorreu, mas ao seu aparecimento no processo: novo não é o fato posterior à decisão liquidanda, mas o fato que ainda não foi discutido no processo, ainda que anterior à decisão liquidanda. Se algum elemento, que seja fundamental para a aferição do valor, ainda não consta dos autos, é necessária a instauração da liquidação pelo procedimento comum para que haja contraditório sobre esse elemento (que é novo, pois ainda não inserido nos autos) e, então, possa ser fixado o valor com base nele.

**40. Liquidação zero.** A liquidação zero ou sem resultado positivo é aquela em que se conclui que o liquidante não sofreu dano algum, isto é, o *quantum debeatur* é zero, o que torna inexistente o próprio *an debeatur*. Se não há o que liquidar, o caso, então, é de julgar *improcedente* o pedido liquidatório. Há, no juízo de improcedência do pedido liquidatório, uma decisão *de mérito*, que, transitada em julgado, fica acobertada pela coisa julgada material.

**41. Liquidação zero e crédito-prêmio de IPI.** "*Esta Corte tem jurisprudência pacífica no sentido de ser possível a 'liquidação zero' quando se trata de execução de julgado (cumprimento de sentença) referente ao ressarcimento do crédito-prêmio de IPI, o que gera obrigação inexigível, a saber: REsp 802.011/DF, Primeira Turma, Rel. Min. Luiz Fux, julgado em 09.12.2008; EDcl no REsp 1.725.648/RS, Segunda Turma, Rel. Min. Herman Benjamin, julgado em 04.09.2018; REsp 1.724.351/SP, Segunda Turma, Rel. Min. Herman Benjamin, julgado em 10.04.2018*" (STJ, 2ª Turma,

AgInt no REsp 1.852.487/RS, rel. Min. Mauro Campbell Marques, *DJe* 19.3.2021).

**42. Liquidação zero e honorários contratuais de êxito.** "*Considerando que a fase de liquidação de sentença, embora de natureza controvertida, desenvolve-se mediante atividade cognitiva complementar à cognição exercida na fase de conhecimento, pois se limita a apuração do valor da condenação que fora estabelecido genericamente na sentença de mérito, é correto concluir que na liquidação por artigos, agora chamada de liquidação pelo procedimento comum, existe a possibilidade de prejuízo concreto à existência do direito aos honorários de advogado pactuados com cláusula de êxito na hipótese da chamada liquidação zero, que, embora devesse ser rara, vem frequentemente sendo objeto de exame pelo Poder Judiciário*" (STJ, 3ª Turma, REsp 1.798.937/SP, rel. Min. Nancy Andrighi, *DJe* 15.8.2019).

**43. Decisão e recurso na liquidação de sentença.** A decisão que encerra a fase ou o processo de liquidação põe fim a uma fase cognitiva. Por isso, é uma sentença (art. 203, § 1º). Não importa se houve liquidação da decisão ilíquida. A iliquidez não transforma a sentença em decisão interlocutória; não muda sua natureza. Será, de um jeito ou de outro, sentença. O § 1º do art. 203 refere-se ao encerramento da fase de conhecimento. A liquidação é outra fase, também de conhecimento, encerrando-se por nova sentença. Mesmo quando há necessidade de discutir fatos novos, a liquidação pelo procedimento comum dá origem a outro procedimento comum, não sendo uma continuação do mesmo procedimento comum. A decisão que integra a norma jurídica é sentença tal como o é a decisão que encerra a liquidação por acolher uma das defesas arguidas pelo requerido ou que julga improcedente o pedido de liquidação nos casos, por exemplo, de liquidação com dano zero. Sendo sentença, essa decisão é apelável (art. 1.009). O problema é que essa apelação tem efeito suspensivo, na medida em que não está excepcionada pelo § 1º do art. 1.012. Isso é um retrocesso em relação ao CPC/1973, cujo art. 475-H previa o cabimento de agravo de instrumento – recurso desprovido de eficácia suspensiva. Já a liquidação incidental se encerra por decisão interlocutória, uma vez que, como o seu próprio nome diz, ela é *incidental* a uma fase ou processo executivo. A decisão que a resolve não encerra a fase ou o processo executivo. Por isso, não é sentença, nem é apelável. Também é interlocutória a decisão que encerra a liquidação de decisão que julga an-

# LIVRO I · DO PROCESSO DE CONHECIMENTO E DO CUMPRIMENTO DE SENTENÇA — Art. 510

tecipada e parcialmente o mérito do processo (art. 356, §§ 1º, 2º e 4º), ainda que se trate de fase de liquidação. O parágrafo único do art. 1.015 dispõe que cabe agravo de instrumento das decisões interlocutórias proferidas na fase de liquidação de sentença. Isso vale, naturalmente, para o processo autônomo de liquidação e para as decisões interlocutórias proferidas na liquidação incidental.

**44. Liquidação de sentença e verbas de sucumbência.** A decisão que encerra a liquidação não precisa condenar o requerido ao pagamento de honorários de sucumbência se a decisão liquidanda assim já o fez. Mas há exceções: *(a)* se, na decisão liquidanda, não houve condenação, é possível inseri-la aqui, desde que o liquidante (vencedor na fase cognitiva inicial) requeira; o pedido de liquidação terminaria por fazer as vezes de uma demanda para cobrança desses honorários; se tal ação pode ser autônoma (art. 85, § 18), não há motivo para negar a possibilidade de que isso seja feito na própria liquidação; *(b)* se a Fazenda Pública é parte no processo e a decisão for ilíquida, a fixação do valor dos honorários de sucumbência será feita quando liquidada a decisão (art. 85, § 4º, II); *(c)* quando se trata de processo autônomo de liquidação, é possível a condenação em honorários. As custas e despesas adiantadas na fase ou no processo de liquidação (por exemplo, os honorários do perito, na liquidação por arbitramento) devem ser imputadas a quem deu causa à liquidação, normalmente o vencido, somando-se, quando for o caso, àquelas já imputadas na fase cognitiva inicial.

**45. Honorários de sucumbência em liquidação com caráter litigioso.** *"A jurisprudência desta Corte Superior, mesmo após o advento do CPC/2015, manteve o entendimento já consagrado desde a vigência do CPC/1973 de, em regra, não serem devidos honorários advocatícios sucumbenciais em sede de liquidação de sentença, sendo cabíveis quando a liquidação ostentar nítido caráter litigioso. Precedentes. 2. Não há, na compreensão exposta, incompatibilidade com a regra do art. 85, § 1º, do novo CPC, pois está a liquidação compreendida no cumprimento de sentença, expressamente referido no dispositivo legal, cabendo, assim, a condenação ao pagamento de honorários sucumbenciais, quando constatada litigiosidade"* (STJ, 4ª Turma, AgInt no REsp 1.900.842/RS, rel. Min. Raul Araújo, DJe 11.10.2021).

**46. Cabimento de agravo de instrumento, e não de apelação, contra a decisão que julga o incidente de liquidação de sentença.** *"O acórdão concluiu que o ato impugnado se qualificaria como decisão interlocutória, pois não era caso de finalização do processo executivo, razão por que não se conheceria do recurso. Nesse sentido, estendeu o aresto que se tratava de incidente de liquidação de sentença, logo, passível de ataque por meio de agravo de instrumento, e não apelação"* (STJ, 3ª Turma, AgInt nos EDcl no REsp 1.918.778/TO, rel. Min. Marco Aurélio Bellizze, DJe 28.5.2021).

**47. Recolhimento de custas em liquidação de sentença coletiva.** *"As regras específicas dispostas nos arts. 18 da LACP e 87 do CDC relativas ao microssistema da tutela coletiva, de diferimento e isenção das despesas processuais, alcançam apenas os colegitimados descritos nos arts. 82 do CDC e 5º da LACP, a fim de melhor assegurarem a efetividade das ações coletivas que, em regra, se destinam à proteção de direito de grande relevância social. 4. Tais benesses não mais subsistem na liquidação individual e/ou cumprimento individual da sentença coletiva que forem instaurados, em legitimidade ordinária, pelos titulares do direito material em nome próprio, com a formação de novos processos tantos quantos forem as partes requerentes, visto que sobressai, nesse momento processual, o interesse meramente privado de cada parte beneficiada pelo título judicial genérico. 5. Nesse caso, incidirá a regra do processo civil tradicional (consoante assenta o art. 19 da Lei 7.347/1985), de que as despesas processuais, notadamente as custas judiciais da demanda (aí se considerando a liquidação individual e/ou execução individual autônomas), devem ser recolhidas antecipadamente (o que não caracteriza condenação, mas mera antecipação), ressalvada a hipótese de concessão da gratuidade de justiça (arts. 19 do revogado CPC/1973 e 82 do CPC/2015), com reversão desses encargos ao final do processo"* (STJ, 3ª Turma, REsp 1.637.366/SP, Rel. Min. Marco Aurélio Bellizze, DJe 11.10.2021).

---

**Art. 510.** Na liquidação por arbitramento, o juiz intimará as partes para a apresentação de pareceres ou documentos elucidativos, no prazo que fixar, e, caso não possa decidir de plano, nomeará perito, observando-se, no que couber, o procedimento da prova pericial.

▶ **1. Correspondência no CPC/1973.** *"Art. 475-D. Requerida a liquidação por arbitramento, o juiz nomeará o perito e fixará o prazo para a entrega do laudo. Parágrafo único. Apresentado o laudo, sobre o qual poderão as partes manifestar-se no prazo de dez dias, o juiz proferirá decisão ou designará, se necessário, audiência."*

819

## Jurisprudência, Enunciados e Súmulas Selecionados

- **2. Tema/Repetitivo 871 STJ.** *"Na fase autônoma de liquidação de sentença (por arbitramento ou por artigos), incumbe ao devedor a antecipação dos honorários periciais."*

## Comentários Temáticos

**3. Prova pericial.** A liquidação por arbitramento é deflagrada para viabilizar a produção de prova pericial.

**4. Dispensa da prova pericial.** A prova pericial pode ser dispensada, caso o juízo se sinta em condições de decidir com base nos pareceres técnicos e documentos eventualmente trazidos aos autos pelas partes. O juiz pode dispensar a prova pericial se entender que a questão, cuja análise exige conhecimento técnico, esteja suficientemente provada por laudos particulares e documentos. A função do art. 510 é lembrar ao juízo que ele pode aplicar o art. 472. Ele não impõe às partes o ônus de produzir laudo técnico ou de juntar novos documentos. Por isso, a parte que se omitiu em trazer laudo técnico ou novos documentos não poderá, apenas por essa circunstância, sofrer uma consequência negativa.

**5. Faculdade.** A petição por meio da qual a liquidação é deflagrada pode vir acompanhada de laudo técnico e novos documentos; a petição por meio da qual o adversário do liquidante apresenta as suas razões pode, igualmente, vir acompanhada de laudo técnico e novos documentos. Tudo isso é uma *faculdade*; não um ônus ou um dever.

**6. Determinação ou não da perícia.** Se o requerimento de liquidação vier acompanhado de laudo técnico ou novos documentos, o juízo intimará a parte contrária para, querendo, também apresentar laudo técnico e novos documentos, no prazo fixado – além de poder apresentar defesa quanto ao pedido liquidatório. Se a parte contrária não apresentar seu próprio laudo técnico, ou não trouxer documentos, então o juízo seguirá adiante, nomeando perito para análise do fato probando. Se, porém, a parte adversária trouxer aos autos o seu laudo ou novos documentos, então o juízo deverá avaliar se a prova pericial é dispensável. Isso tudo também ocorre na hipótese inversa: se o pedido de liquidação vier desacompanhado de laudo ou novo documento, a perícia precisará ser realizada, ainda que a resposta ao pedido venha acompanhada de laudo ou novo documento.

**7. Escolha consensual do perito.** As partes podem escolher consensualmente o perito que fará o exame, a avaliação ou a vistoria para aferir o valor da dívida (art. 471).

**8. Aplicação das regras sobre perícia.** Determinada a realização de perícia, aplicam-se todas as regras da produção desse meio de prova.

**9. Alegação de impedimento ou suspeição do perito pelo liquidante.** Intimado da nomeação do perito, o liquidante tem 15 dias para arguir, se for o caso, o seu impedimento ou suspeição.

**10. Indicação de assistente técnico e formulação de quesitos.** No mesmo prazo de que dispõe para alegar impedimento ou suspeição do perito, o liquidante deve indicar assistente técnico e apresentar quesitos (art. 465, § 1º). A falta de formulação de quesitos ou de indicação de assistente técnico nesse momento inicial não gera preclusão, podendo o liquidante fazê-lo posteriormente, desde que antes do início dos trabalhos periciais.

**11. Resposta do sujeito passivo.** Intimado do requerimento de liquidação, o sujeito passivo poderá – no prazo fixado pelo juiz ou, à sua falta, no prazo de 15 dias: *(a)* insurgir-se contra a admissibilidade do procedimento ou contra a própria pretensão à efetivação que a liquidação visa preparar; *(b)* manifestar-se sobre o laudo ou os novos documentos eventualmente apresentados pelo liquidante, podendo contrapor-lhes o seu próprio laudo particular ou seus próprios documentos; *(c)* impugnar o perito nomeado, por entendê-lo inabilitado ao exercício da função (art. 468, I); *(d)* arguir o impedimento ou a suspeição do perito (art. 465, § 1º, I, c/c arts. 146 e 148); ou ainda *(e)* formular os quesitos de perícia e indicar o seu assistente técnico.

**12. Revelia.** O sujeito passivo da liquidação pode simplesmente silenciar. Na liquidação por arbitramento, não se produzem os efeitos materiais da revelia, em virtude dos limites desse tipo de liquidação, que visa tão somente a complementar a norma jurídica individualizada mediante a produção de uma prova pericial. Do mesmo modo, nos casos em que a liquidação por arbitramento se desenvolve como *fase* ou como *incidente* processual, é inaplicável o art. 346, já que o sujeito passivo, normalmente, já tem advogado constituído nos autos, a quem devem ser dirigidas as intimações relativas aos atos subsequentes.

**LIVRO I ·** DO PROCESSO DE CONHECIMENTO E DO CUMPRIMENTO DE SENTENÇA · **Art. 512**

**Art. 511.** Na liquidação pelo procedimento comum, o juiz determinará a intimação do requerido, na pessoa de seu advogado ou da sociedade de advogados a que estiver vinculado, para, querendo, apresentar contestação no prazo de 15 (quinze) dias, observando-se, a seguir, no que couber, o disposto no Livro I da Parte Especial deste Código.

▶ **1. Correspondência no CPC/1973.** *"Art. 475-F. Na liquidação por artigos, observar-se-á, no que couber, o procedimento comum (art. 272)."*

## 🗒 COMENTÁRIOS TEMÁTICOS

**2. Requerimento.** A liquidação se inicia por requerimento do credor ou do devedor. Nessa petição, o liquidante indicará o fato novo (ou fatos novos) em que fundamenta o seu pedido. Isso consubstancia a sua causa de pedir.

**3. Intimação do requerido.** O sujeito passivo será cientificado mediante intimação dirigida ao seu advogado ou à sociedade de advogados a que estiver vinculado.

**4. Citação.** No caso de processo autônomo de liquidação pelo procedimento comum o sujeito passivo será citado (art. 515, § 1º), por um dos meios previstos no art. 246.

**5. Contestação.** O juiz deve determinar a intimação ou citação do requerido para, querendo, apresentar contestação no prazo de 15 dias. A partir de então, deve-se seguir, no que couber, o disposto no Livro I da Parte Especial do Código. Na contestação, além de poder discutir os requisitos de admissibilidade da liquidação e de poder impugnar os fatos novos que compõem a causa de pedir, poderá o requerido alegar qualquer das matérias de impugnação ao cumprimento de sentença (art. 525, § 1º).

**6. Audiência de mediação ou conciliação.** No procedimento comum, recebida a petição inicial, o juiz deve designar audiência de conciliação ou mediação (art. 334). O art. 511 prevê que o juiz deve determinar a intimação ou citação do sujeito passivo para defender-se, sem fazer alusão à designação de audiência de conciliação ou mediação. Não há previsão, portanto, da designação de tal audiência, mas, a depender das circunstâncias do caso concreto, poderá o juiz determinar a realização de uma audiência para tentativa de autocomposição (art. 139, V).

**7. Revelia.** Se o sujeito passivo não contestar, será revel e a revelia produzirá seu efeito material, presumindo verdadeiros os fatos novos apelados pelo liquidante. Naturalmente, sendo

relativa essa presunção, pode o juiz afastá-las se forem inverossímeis as alegações do liquidante, determinando, até mesmo de ofício (art. 370), que se produzam as provas necessárias, ou se estiverem em conflito com a decisão liquidanda e com os fatos apurados na anterior fase ou processo cognitivo (art. 509, § 4º). Prevalecendo a presunção de veracidade, admite-se o julgamento antecipado do pedido liquidatório (art. 355, II). Nos casos em que a liquidação se desenvolve como fase do processo, se o sujeito passivo possui advogado constituído nos autos, não se aplica o art. 346, e a ele devem ser dirigidas as intimações relativas aos atos subsequentes.

**8. Procedimento.** Oferecida ou não a contestação, a liquidação seguirá o procedimento comum e será decidida, necessariamente, por *sentença*, porque o pronunciamento aí tem aptidão para pôr fim a uma fase cognitiva (complementar) do procedimento em primeira instância. Desde que verse sobre questão de mérito e se torne irrecorrível, a decisão que encerra a liquidação tem aptidão para revestir-se da coisa julgada material.

**9. Entendimento do STJ.** O STJ entende que a decisão que julga a liquidação de sentença é impugnável por agravo de instrumento, e não por apelação, a não ser que o juiz, ao julgar a liquidação, extinga o processo, não lhe permitindo o prosseguimento para o cumprimento de sentença.

**10. Cabimento de agravo de instrumento, e não de apelação.** *"Consoante entendimento firmado por esta Corte Superior, o recurso cabível contra decisão de liquidação que não põe fim ao processo é o agravo de instrumento. A interposição de apelação constitui erro grosseiro que impede a aplicação do princípio da fungibilidade"* (STJ, 4ª Turma, AgInt no REsp 1.776.299/AM, rel. Min. Marco Buzzi, *DJe* 27.11.2019).

**Art. 512.** A liquidação poderá ser realizada na pendência de recurso, processando-se em autos apartados no juízo de origem, cumprindo ao liquidante instruir o pedido com cópias das peças processuais pertinentes.

▶ **1. Correspondência no CPC/1973.** *"Art. 475-A. (...) § 2º A liquidação poderá ser requerida na pendência de recurso, processando-se em autos apartados, no juízo de origem, cumprindo ao liquidante instruir o pedido com cópias das peças processuais pertinentes."*

821

## ▣ Comentários Temáticos

**2. Liquidação de decisão ainda pendente de recurso.** Não é necessário aguardar o trânsito em julgado da decisão para só então promover a sua liquidação. A liquidação pode ser proposta mesmo na pendência de recurso: uma espécie de "liquidação provisória". Permite-se que se faça o requerimento de liquidação da sentença na pendência do recurso. Não importa que o recurso tenha ou não efeito suspensivo: é possível liquidar a decisão judicial, enquanto pendente qualquer recurso contra a decisão liquidanda.

**3. Princípio da duração razoável do processo.** A opção hermenêutica pela possibilidade da liquidação, ainda que o recurso interposto desfrute do duplo efeito, decorre da aplicação do princípio constitucional da duração razoável dos processos (CF, art. 5º, LXXVIII). Tal princípio objetiva a racionalização técnica dos mecanismos processuais e, igualmente, a economia da política judiciária, razão pela qual se impõe a adoção de meios (normativos ou instrumentais) que sejam oportunamente capazes de assegurar máxima eficiência, isto é, a máxima economia possível de atos, de recursos e de energia no exercício de direitos, poderes e deveres não somente no desenvolvimento do processo, mas também na administração da justiça. É preciso, ademais, observar que tal princípio funciona, de igual modo, como critério de hermenêutica: na dúvida entre duas opções interpretativas, deve-se adotar aquela que afaste dilações indevidas e possibilite o adiantamento das etapas procedimentais. Por isso, e diante do próprio princípio da duração razoável dos processos, é preferível entender ser possível iniciar a liquidação, mesmo que o recurso interposto ostente duplo efeito.

**4. Recurso.** O texto legal utiliza a expressão "recurso", sem especificar, pois a decisão a ser liquidada pode ser sentença, decisão interlocutória, decisão de relator ou acórdão, sendo diferentes os recursos cabíveis contra cada uma dessas decisões.

**5. Autos próprios.** O requerimento de liquidação de sentença, na pendência de recurso, é incidente processual que possui autos próprios. Diferentemente do cumprimento provisório (art. 522, parágrafo único), o legislador não enumerou os documentos que devem instruir esse incidente. Assim, cabe ao liquidante selecionar as peças que reputar pertinentes. Além de outras, devem constar cópias da petição inicial, da decisão liquidanda e das procurações outorgadas aos advogados de ambas as partes.

**6. Perda de objeto da liquidação.** O eventual acolhimento do recurso pendente, com a consequente anulação ou reforma total da decisão liquidanda, esvaziará o conteúdo da liquidação, que perderá o seu objeto.

**7. Responsabilidade objetiva.** Acolhido o recurso, a decisão liquidanda será anulada ou reformada. A liquidação não implica, em princípio, nenhum ato de constrição do patrimônio do sujeito passivo. Se, porém, a liquidação veio a causar-lhe prejuízo, o sujeito ativo deverá ressarci-lo, respondendo objetivamente por aquele prejuízo.

**8. Liquidação contra a Fazenda Pública.** A execução proposta contra a Fazenda Pública tem regras próprias (CF, art. 100; CPC, arts. 534 e 535). A despeito disso, as normas concernentes à liquidação de sentença lhe são indistintamente aplicáveis. A expedição de precatório ou de requisição de pequeno valor, por exigência constitucional, depende do prévio trânsito em julgado. Isso poderia conduzir à conclusão segundo a qual não seria possível a liquidação imediata ou "provisória" contra a Fazenda Pública, não se lhe aplicando o art. 512. Ocorre que a exigência constitucional do prévio trânsito em julgado diz respeito à *expedição* do precatório ou da requisição de pequeno valor. Tal exigência não impede a liquidação imediata ou "provisória". O trânsito em julgado, não custa repetir, é necessário, apenas, para a expedição do precatório ou da requisição de pequeno valor. É possível, enfim, a liquidação "imediata" ou "provisória" contra a Fazenda Pública.

**9. Liquidação individual provisória de sentença coletiva.** *"Se o recurso interposto contra a sentença que decidiu a ação coletiva foi recebido com efeito suspensivo mitigado, autorizando-se, de maneira expressa, a liquidação provisória do julgado, não há motivos para que se vincule esse ato ao trânsito em julgado da referida sentença. A interpretação conjunta dos dispositivos da LACP e do CDC conduz à regularidade desse procedimento. (...) 6. A autorização de que se promova a liquidação do julgado coletivo não gera prejuízo a qualquer das partes, notadamente porquanto a atuação coletiva deve prosseguir apenas até a fixação do valor controvertido, não sendo possível a prática de atos de execução antes do trânsito em julgado da ação coletiva"* (STJ, 2ª Seção, REsp 1.189.679/RS, rel. Min. Nancy Andrighi, *DJe* 17.12.2010).

LIVRO I · DO PROCESSO DE CONHECIMENTO E DO CUMPRIMENTO DE SENTENÇA | **Art. 513**

## TÍTULO II
## DO CUMPRIMENTO DA SENTENÇA

## CAPÍTULO I
## DAS DISPOSIÇÕES GERAIS

**Art. 513.** O cumprimento da sentença será feito segundo as regras deste Título, observando-se, no que couber e conforme a natureza da obrigação, o disposto no Livro II da Parte Especial deste Código.

§ 1º O cumprimento da sentença que reconhece o dever de pagar quantia, provisório ou definitivo, far-se-á a requerimento do exequente.

§ 2º O devedor será intimado para cumprir a sentença:

I – pelo Diário da Justiça, na pessoa do seu advogado constituído nos autos;

II – por carta com aviso de recebimento, quando representado pela Defensoria Pública ou não tiver procurador constituído nos autos, ressalvada a hipótese do inciso IV;

III – por meio eletrônico, quando, sendo caso do § 1º do art. 246, não tiver procurador constituído nos autos;

IV – por edital, quando, citado na forma do art. 256, tiver sido revel na fase de conhecimento.

§ 3º Na hipótese do § 2º, incisos II e III, considera-se realizada a intimação quando o devedor houver mudado de endereço sem prévia comunicação ao juízo, observado o disposto no parágrafo único do art. 274.

§ 4º Se o requerimento a que alude o § 1º for formulado após um ano do trânsito em julgado da sentença, a intimação será feita na pessoa do devedor, por meio de carta com aviso de recebimento, encaminhada ao endereço que consta nos autos, observado o disposto no parágrafo único do art. 274 e no § 3º deste artigo.

§ 5º O cumprimento da sentença não poderá ser promovido em face do fiador, do coobrigado ou do corresponsável que não tiver participado da fase de conhecimento.

▶ **1. Dispositivos correspondentes no CPC/1973.** *"Art. 475-I. O cumprimento da sentença far-se-á conforme os arts. 461 e 461-A desta Lei ou, tratando-se de obrigação por quantia certa, por execução, nos termos dos demais artigos deste Capítulo. § 1º É definitiva a execução da sentença transitada em julgado e provisória quando se tratar de sentença impugnada mediante recurso ao qual não foi atribuído efeito suspensivo. § 2º*

*Quando na sentença houver uma parte líquida e outra ilíquida, ao credor é lícito promover simultaneamente a execução daquela e, em autos apartados, a liquidação desta." "Art. 475-R. Aplicam-se subsidiariamente ao cumprimento de sentença, no que couber, as normas que regem o processo de execução de título executivo extrajudicial."*

### ⚖ LEGISLAÇÃO CORRELATA

**2. CLT, art. 876, parágrafo único.** *"Art. 876 (...) Parágrafo único. A Justiça do Trabalho executará, de ofício, as contribuições sociais previstas na alínea a do inciso I e no inciso II do caput do art. 195 da Constituição Federal, e seus acréscimos legais, relativas ao objeto da condenação constante das sentenças que proferir e dos acordos que homologar."*

**3. Tema/Repetitivo 667 STJ.** *"O cumprimento de sentença condenatória de complementação de ações dispensa, em regra, a fase de liquidação de sentença."*

### ⚖ JURISPRUDÊNCIA, ENUNCIADOS E SÚMULAS SELECIONADOS

- **4. Súmula STJ, 268.** *"O fiador que não integrou a relação processual na ação de despejo não responde pela execução do julgado."*
- **5. Enunciado 485 do FPPC.** *"É cabível conciliação ou mediação no processo de execução, no cumprimento de sentença e na liquidação de sentença, em que será admissível a apresentação de plano de cumprimento da prestação."*
- **6. Enunciado 15 da I Jornada-CJF.** *"Aplicam-se às entidades referidas no § 3º do art. 186 do CPC as regras sobre intimação pessoal das partes e suas testemunhas (art. 186, § 2º; art. 455, § 4º, IV; art. 513, § 2º, II e art. 876, § 1º, II, todos do CPC)."*
- **7. Enunciado 84 da I Jornada-CJF.** *"O comparecimento espontâneo da parte constitui termo inicial dos prazos para pagamento e, sucessivamente, impugnação ao cumprimento de sentença."*
- **8. Enunciado 222 da III Jornada-CJF.** *"Os legitimados coletivos poderão propor a liquidação e o cumprimento de sentença em favor das vítimas ou seus sucessores, nos termos do art. 98 do CDC, sempre que houver informações suficientes, podendo ser obtidas em bancos de dados do executado ou de terceiros, entre outros."*

823

## ☰ Comentários Temáticos

**9. Cumprimento de sentença: atividade executiva para satisfação da pretensão.** Quando se ajuíza uma demanda de conhecimento, a finalidade é a obtenção de um pronunciamento judicial que certifique o direito. Com a atividade de certificação concluída, dá-se a oportunidade para cumprimento espontâneo e, permanecendo o inadimplemento, a obrigação reconhecida pela atividade jurisdicional acaba por necessitar de atividade executiva para sua tutela integral. O procedimento de cumprimento de sentença é, pela perspectiva da tutela dos direitos, integrativo da decisão judicial, de modo a completá-la quando sua eficácia não for suficiente para satisfazer o direito substancial e houver resistência da parte contrária.

**10. Nova fase do mesmo processo.** O cumprimento de sentença dá-se, em regra, mediante a instauração de uma nova *fase* no mesmo *processo*, ou seja, não há um processo novo e diferente para executar a decisão judicial; a execução realiza-se no mesmo processo em que teve início a fase de conhecimento. O cumprimento de sentença é uma execução, com a prática de ato que invade o patrimônio do executado, a fim de satisfazer uma pretensão. Quando o devedor realiza, voluntariamente, o ato material para satisfação da pretensão do credor, há execução espontânea. Se, porém, não houver cumprimento espontâneo, mas atuação do Estado-juiz para a realização de um direito, tem-se uma execução forçada. Na execução forçada, o Estado é acionado para impor o atendimento do enunciado da decisão que não é suficiente em si mesmo.

**11. Processo autônomo.** Há casos em que o cumprimento de sentença forma processo autônomo (art. 515, § 1°); o cumprimento de sentença não é, em tais hipóteses, uma mera fase de um mesmo processo, constituindo um novo processo.

**12. Decisões satisfativas e fase de cumprimento de sentença.** A eficácia de uma decisão pode ser suficiente para a satisfação da situação jurídica de vantagem posta em juízo. Quando assim o for, a instauração do cumprimento de sentença é desnecessária; serão precisos, no máximo, atos materiais para a realização prática da decisão, por exemplo, a expedição de ofício, mandados ou averbações em registros. Assim, por exemplo, a sentença do art. 501 é suficiente para a satisfação da obrigação de emissão de vontade, produzindo os mesmos efeitos que a efetiva declaração do obrigado teria após o seu trânsito em julgado. O CPC estabelece uma procedimentalização própria para a execução das sentenças que reconheçam obrigação pecuniária. A sequência de atos, cada um deles com requisitos e eficácia próprios, inclusive dependentes de prévia instauração sob requerimento, permite que se fale em uma fase do processo distinta da anterior.

**13. Pretensão à execução da sentença.** Proferida a decisão que reconhece obrigação pecuniária e não adimplida a obrigação nela reconhecida como exigível até o fim do prazo estipulado para tanto (art. 523), nasce a pretensão à execução da sentença. Para que seja gerada a pretensão à execução da sentença, não basta a decisão judicial que reconheça a obrigação de pagar e a sua exigibilidade; é imprescindível a intimação da parte contrária para o cumprimento espontâneo e sua não realização. A alegação do inadimplemento é condição *sine qua non* para a instauração da fase de execução forçada de sentença. Tradicionalmente, condiciona-se a atividade executiva para o pagamento de dívida, ou seja, o ingresso generalizado no patrimônio do executado, à existência prévia e apartada de certificação – antes em processos distintos, hoje em fases.

**14. Requerimento.** O requerimento de execução de sentença que reconhece a obrigação de pagar quantia é ato sem o qual não se abre a fase de cumprimento de sentença, provisório ou definitivo (art. 513, § 1°, e art. 523). Trata-se de uma demanda proposta no mesmo processo. O requerimento é necessário nos casos de obrigação de pagar quantia, sendo desnecessário nos casos de obrigação de fazer ou de não fazer (art. 536) e de entregar coisa (art. 538).

**15. Aplicação complementar das normas relativas ao processo de execução.** Quando não houver regulação suficiente para a realização do procedimento de cumprimento de sentença, devem ser aplicadas as normas decorrentes do Livro II, que dispõe sobre o processo de execução, nos arts. 771 e seguintes. As disposições da execução fundada em título extrajudicial aplicam-se complementarmente, no que couber, ao procedimento de cumprimento de sentença. Assim, por exemplo, pode o juiz, no cumprimento de sentença, inclusive por força do princípio da cooperação, ordenar o comparecimento das partes, advertir o executado que seu comportamento poderá ser tido como atentatório à dignidade da justiça ou determinar que terceiros forneçam informações relacionadas ao objeto da execução (art. 772, incisos I, II e III, respectivamente). No mais, a função integrativa das normas do processo de execução afigura-se relevante nos temas

**LIVRO I • DO PROCESSO DE CONHECIMENTO E DO CUMPRIMENTO DE SENTENÇA** — **Art. 513**

sem disposição específica para o cumprimento de sentença, como na fraude à execução (art. 792), nas condições de eficácia da alienação (art. 804), nos atos expropriatórios (arts. 825 e 876 a 903), na pré-penhora (art. 830), na impenhorabilidade (art. 833) e em vários outros. As normas do processo de execução devem ser compreendidas como integrantes do sistema processual de execução e, por isso, há que se dar a elas, além da função integrativa, também a de elemento relevante para a interpretação das normas do cumprimento de sentença, que precisam ser compreendidas harmonicamente.

**16. Cumprimento provisório e cumprimento definitivo.** O cumprimento da sentença é uma execução fundada em título judicial. O título judicial pode ser provisório ou definitivo. Quando a decisão exequenda ainda pode ser revista, por estar sendo impugnada por recurso sem efeito suspensivo, o título é provisório. Se, por outro lado, já tiver havido trânsito em julgado, o título é definitivo. Daí se dizer que o cumprimento da sentença pode ser provisório ou definitivo. Rigorosamente, o cumprimento da sentença pode ser imediato ou não, podendo ainda se dizer que o cumprimento da sentença pode ser completo ou incompleto. O que se qualifica como provisório ou definitivo é o título executivo, e não a execução ou o cumprimento da sentença. Seja como for, o cumprimento provisório da sentença é aquele que, embora possa ir até a fase final de entrega do dinheiro ao exequente, exige o atendimento de alguns requisitos para que haja a plena satisfação do crédito executado. Já o cumprimento definitivo consiste na execução completa, que chega até a fase final sem as exigências adicionais que existem no cumprimento provisório. O art. 513 utiliza o termo *"sentença"* no sentido amplo de decisão judicial. Afinal, podem ser executadas provisória ou definitivamente, não apenas as sentenças, mas também as decisões parciais, as decisões interlocutórias, os acórdãos ou até decisões de relator. Ao cumprimento provisório da sentença dedicam-se os arts. 520 a 522 e 527.

**17. Intimação do executado.** O art. 513, em seus §§ 2º, 3º e 4º, regula a instauração do procedimento executivo, que exige a ciência do executado. O cumprimento de sentença processa-se diretamente após a fase de conhecimento, no mesmo processo, sem necessidade de se inaugurar novo processo. Daí não ser necessária nova citação do demandado, sendo suficiente apenas a intimação que o convoque para efetuar o pagamento.

**18. Aplicação aos casos de obrigação pecuniária.** As disposições dos §§ 2º, 3º e 4º do art. 513 sobre intimação aplicam-se à execução forçada de sentença que reconhece obrigação de pagar quantia. Nas obrigações de fazer, não fazer ou dar coisa, a intimação da própria sentença já contém as disposições quanto ao seu cumprimento – pelo que se torna exagerado e desnecessário aplicar tais regras ao seu cumprimento. Nessas obrigações, a tutela é prestada integralmente na decisão ou por decorrência direta dela. Excepcionalmente, como no caso do ajuste ou exclusão da multa periódica anteriormente fixada (art. 537, § 1º), será necessário um novo ato do juiz – que substitui a parte pertinente da sentença – e, assim, faz-se necessária nova intimação do réu, aplicando-se o art. 513, § 2º.

**19. Intimação na pessoa do advogado.** *"Conquanto o pagamento seja ato a ser praticado pela parte, a intimação para o cumprimento voluntário da sentença ocorre, como regra, na pessoa do advogado constituído nos autos (CPC/2015, art. 513, § 2º, I), fato que, inevitavelmente, acarreta um ônus ao causídico, o qual deverá comunicar ao seu cliente não só o resultado desfavorável da demanda, como também as próprias consequências jurídicas da ausência de cumprimento da sentença no respectivo prazo legal"* (STJ, 3ª Turma, REsp 1.708.348/RJ, rel. Min. Marco Aurélio Bellizze, *DJe* 1º.08.2019).

**20. Intimação pelo Diário da Justiça.** Quando o cumprimento de sentença houver sido instaurado após a fase de conhecimento, com regular participação do demandado, a intimação deve ser dirigida a seu advogado, caso o tenha, mediante publicação no Diário da Justiça. O prazo do art. 523 conta-se na forma do art. 224.

**21. Intimação por carta.** Sendo o executado representado judicialmente pela Defensoria Pública ou quando não houver advogado constituído, a intimação para participação na fase de cumprimento de sentença deve se dar por carta com aviso de recebimento.

**22. Dever de informar endereço.** É dever da parte, do advogado e de qualquer um que participe do processo manter seu endereço para intimações atualizado, evitando o desperdício de atividade processual (art. 77, V). O CPC, nesse sentido, cria verdadeira sanção ao descumprimento desse dever, ao estabelecer que são válidas e eficazes as intimações realizadas no endereço fornecido nos autos pelo interessado, mesmo que ele tenha sido modificado, no caso em que a mudança temporária ou definitiva não tiver sido devidamente comunicada ao juízo (art. 274, parágrafo único). Tais normas aplicam-se ao advogado que postula em causa própria (art. 106, II, § 2º). Realizada a intima-

**Art. 513** CÓDIGO DE PROCESSO CIVIL COMENTADO – *Leonardo Carneiro da Cunha*

ção em endereço onde não mais se encontra o réu, por não ter fornecido o novo, ainda que se trate da instauração da fase de cumprimento, o prazo será contado normalmente da juntada do aviso de recebimento.

**23. Intimação por meio eletrônico.** Caso o executado seja empresa pública ou privada, excetuadas as microempresas e empresas de pequeno porte, há obrigação de manutenção de cadastro no sistema de processo eletrônico para recebimento de citações e intimações, que serão preferencialmente efetuadas por esse meio (art. 246, § 1º). Quando se tratar de autos virtuais e a empresa tiver o referido cadastro, e não houver constituído advogado, a sua intimação será realizada eletronicamente. Caso a intimação seja realizada em endereço virtual fornecido pela empresa, mas tenha sido modificado e ela não tenha diligenciado para atualizar o seu cadastro, descumprindo o seu dever, a intimação será considerada plenamente válida e eficaz, contando-se normalmente o prazo para participação.

**24. Intimação por edital.** Se, na fase de conhecimento, o réu revel tiver sido citado por edital, esta será a forma com que deve ser realizada sua intimação na instauração da fase de cumprimento. Será utilizada diretamente a intimação por edital, quando ela já tiver sido utilizada antes, descartando nova análise de seus requisitos e facilitando o prosseguimento da fase de cumprimento.

**25. Intimação em caso de revelia na fase cognitiva sem advogado constituído.** *"2. Em regra, intimação para cumprimento da sentença, consoante o CPC/2015, realiza-se na pessoa do advogado do devedor (art. 513, § 2º, inciso I, do CPC/2015). 3. Em se tratando de parte sem procurador constituído, aí incluindo-se o revel que tenha sido pessoalmente intimado, quedando-se inerte, o inciso II do § 2º do art. 513 do CPC fora claro ao reconhecer que a intimação do devedor para cumprir a sentença ocorrerá 'por carta com aviso de recebimento'. 4. Pouco espaço deixou a nova lei processual para outra interpretação, pois ressalvara, apenas, a hipótese em que o revel fora citado fictamente, exigindo, ainda assim, em relação a este nova intimação para o cumprimento da sentença, em que pese na via do edital"* (STJ, 3ª Turma, REsp 1.760.914/SP, rel. Min. Paulo de Tarso Sanseverino, *DJe* 08.06.2020).

**26. Aplicação do § 1º do art. 269.** Em regra, a intimação para o cumprimento de sentença é feita na pessoa do advogado, havendo casos em que é feita diretamente na pessoa do executado. O art. 269, § 1º, autoriza que o advogado intime o advogado da parte contrária, cumpri-

das determinadas formalidades. A autorização legal permite a intimação *entre advogados*. Um advogado pode intimar o outro; de advogado para advogado. Não há qualquer autorização que permita o advogado intimar – pessoal e diretamente – *a parte contrária*. O advogado pode intimar o outro advogado; não pode intimar diretamente a parte contrária. Assim, é possível, no cumprimento de sentença, aplicar o § 1º do art. 269, desde que seja para intimar o advogado, e não a parte.

**27. Requerimento após mais de um ano do trânsito em julgado.** Caso transcorra mais do que um ano entre o trânsito e julgado da decisão exequenda e o requerimento de instauração de fase de cumprimento, a intimação deverá ser direcionada para o réu e realizada necessariamente mediante carta com aviso de recebimento, e não será válida se realizada doutra forma. Mesmo que haja advogado constituído nos autos, caso requerida a execução forçada da sentença após um ano do trânsito em julgado, a intimação não deve ser para o procurador, mas para a parte, com as advertências típicas deste ato de cientificação, sob pena de nulidade. Também nesta hipótese, a parte mantém o dever de prestar informações atualizadas quanto ao seu endereço, bem como a empresa deve manter atualizado o seu cadastro para citações e intimações eletrônicas, pelo que, caso haja lapso de informação imputável à parte, a intimação para instauração de fase de cumprimento de sentença realizada em endereço desatualizado deve ser considerada válida e eficaz, contando-se normalmente o prazo a partir da juntada do aviso de recebimento.

**28. Legitimidade passiva no cumprimento de sentença.** A execução deve ser aparelhada em um título. Entre os seus elementos, estão os sujeitos, isto é, o credor e o devedor da obrigação nele prevista. No título executivo judicial, devem estar explicitados os seus sujeitos, tanto o credor como o devedor. Não é dado ao exequente, via de regra, redirecionar a execução contra sujeito que não participou da fase de conhecimento. Para que qualquer um sofra a atividade executiva, deve ter garantido o devido processo legal, que inclui o direito de defesa e a participação na formação do título. Por isso, é proibida a inclusão de fiador, coobrigado ou corresponsável na fase de cumprimento, quando ele não tiver participado da fase de conhecimento. A legitimidade passiva para a execução forçada da sentença é do vencido na fase de conhecimento, que responde com todo o seu patrimônio (art. 789). Apenas em situações extraordinárias, outra pessoa deverá figurar no polo passivo do cumprimento de sentença,

**LIVRO I · DO PROCESSO DE CONHECIMENTO E DO CUMPRIMENTO DE SENTENÇA**  **Art. 514**

como na sucessão processual, consentida (art. 108) ou por morte (art. 110), ou na promoção da execução contra o fiador judicial. Nas ações reais ou possessórias, qualquer terceiro que tiver recebido a coisa perseguida após intentada a ação sofrerá a execução (art. 109, § 3º).

**29. Cumprimento de sentença contra fiador que não participou da fase de conhecimento de ação renovatória de locação.** *"Nos termos do art. 513, § 5º, do CPC/2015, o cumprimento da sentença não poderá ser promovido em face do fiador, do coobrigado ou do correspansável que não tiver participado da fase de conhecimento. 5. Para o ajuizamento da ação renovatória é preciso que o autor da ação instrua a inicial com indicação do fiador (que é aquele que já garantia o contrato que se pretende ver renovado ou, se não for o mesmo, de outra pessoa que passará a garanti-lo) e com um documento que ateste que o mesmo aceita todos os encargos da fiança. 6. O fiador não necessita integrar o polo ativo da relação processual na renovatória, porque tal exigência é suprida pela declaração deste de que aceita os encargos da fiança referente ao imóvel cujo contrato se pretende renovar. Destarte, admite-se a inclusão do fiador no polo passivo do cumprimento de sentença, caso o locatário não solva integralmente as obrigações pecuniárias oriundas do contrato que foi renovado – ou, como na espécie, ao pagamento das diferenças de aluguel decorrentes da ação renovatória"* (STJ, 3ª Turma, REsp 1.911.617/SP, rel. Min. Nancy Andrighi, *DJe* 30.08.2021).

**30. Cumprimento de sentença contra empresa do mesmo grupo econômico que não participou da fase de conhecimento.** *"(...) a partir do advento do Código de Processo Civil de 2015, merece revisitação a orientação jurisprudencial do Juízo a quo no sentido da viabilidade de promover-se execução em face de executado que não integrou a relação processual na fase de conhecimento, apenas pelo fato de integrar o mesmo grupo econômico para fins laborais. Isso porque o § 5º do art. 513 do CPC assim preconiza: "Art. 513. O cumprimento da sentença será feito segundo as regras deste Título, observando-se, no que couber e conforme a natureza da obrigação, o disposto no Livro II da Parte Especial deste Código. § 5º O cumprimento da sentença não poderá ser promovido em face do fiador, do coobrigado ou do correspansável que não tiver participado da fase de conhecimento"* (STF, ARE 1.160.361/SP. rel. Min. Gilmar Mendes, *DJe* 14.09.2021)

> **Art. 514.** Quando o juiz decidir relação jurídica sujeita a condição ou termo, o cumprimento da sentença dependerá de demonstração de que se realizou a condição ou de que ocorreu o termo.

▶ **1. Correspondência no CPC/1973.** *"Art. 572. Quando o juiz decidir relação jurídica sujeita a condição ou termo, o credor não poderá executar a sentença sem provar que se realizou a condição ou que ocorreu o termo."*

### 🗄 LEGISLAÇÃO CORRELATA

**2. CC, art. 121.** *"Art. 121. Considera-se condição a cláusula que, derivando exclusivamente da vontade das partes, subordina o efeito do negócio jurídico a evento futuro e incerto."*

**3. CC, art. 131.** *"Art. 131. O termo inicial suspende o exercício, mas não a aquisição do direito."*

### 🔖 JURISPRUDÊNCIA, ENUNCIADOS E SÚMULAS SELECIONADOS

• **4. Súmula TST, 397.** *"Não procede ação rescisória calcada em ofensa à coisa julgada perpetrada por decisão proferida em ação de cumprimento, em face de a sentença normativa, na qual se louvava, ter sido modificada em grau de recurso, porque em dissídio coletivo somente se consubstancia coisa julgada formal. Assim, os meios processuais aptos a atacarem a execução da cláusula reformada são a exceção de pré-executividade e o mandado de segurança, no caso de descumprimento do art. 514 do CPC de 2015 (art. 572 do CPC de 1973)."*

### 🗐 COMENTÁRIOS TEMÁTICOS

**5. Exigibilidade como requisito essencial para a exiquibilidade obrigação.** A obrigação consubstanciada no título executivo precisa ser *certa*, *líquida* e *exigível*. O direito a uma prestação tem como correlativo o dever jurídico. Se esse último não for cumprido espontaneamente, no tempo e modo determinados, surge para o titular do direito a *pretensão*, que é o poder de *exigir* do devedor o cumprimento de sua obrigação. O *direito*, a partir de quando passa a ser exigível, dá origem à *pretensão*. A partir da *exigibilidade* do direito, surge ao seu titular o poder de exigir do obrigado a sua realização, caracterizando a *pretensão*. Na compra parcelada de um bem, o vendedor tem direito à quantia em dinheiro, mas, até o vencimento de cada parcela, salvo excepcional acontecimento de uma das causas de antecipação da dívida (CC, art. 333), não lhe é

827

lícito cobrar a quantia devida, porque não possui, ainda, a pretensão. Pretensão é a possibilidade de exigir a obrigação. A rigor, não basta a exigibilidade da obrigação para a execução forçada da sentença, sendo necessária a sua *impositividade*, que significa haver anterior resistência do alegado devedor à colaboração para o cumprimento da obrigação e, no cumprimento de sentença que condena a pagar quantia, o inadimplemento no prazo legal de quinze dias previsto no art. 523 para o cumprimento voluntário.

**6. Relação sujeita a condição ou termo.** Salvo disposição legal ou negocial em contrário, o credor pode exigir a obrigação imediatamente (CC, art. 331). Via de regra, a pretensão ou exigibilidade nasce simultaneamente com o direito. Todavia, é lícito às partes estipular condições. *Condição* é evento futuro e incerto que repercute na relação jurídica. O dispositivo trata da *condição suspensiva*, já que a resolutiva não impede o exercício do direito, mas o extingue. A condição suspensiva é requisito de eficácia para o negócio jurídico, que constitui *"cláusula que, derivando exclusivamente da vontade das partes, subordina o efeito do negócio jurídico a evento futuro e incerto"* (CC, art. 121). *Termo* significa o estabelecimento de evento futuro e certo, a partir do qual o direito passa a ser exigível. O *"termo inicial suspende o exercício"* (CC, art. 131). Assim, o ato jurídico só passa a ter eficácia quando ocorre o termo. As condições distinguem-se dos termos, pois estes ocorrerão mesmo que não se saiba quando, enquanto aquelas podem ou não ocorrer; são incertas. Proposta a execução de obrigação sujeita a condição ou termo, e não tendo esses sido verificados, a execução deve ser extinta, diante da inexigibilidade do crédito. Realmente, *"é nula a execução se for instaurada antes de se verificar a condição ou de ocorrer o termo"* (art. 803, III).

**7. Prova da condição ou termo e sentença condicional.** A obrigação condicional deve ser cumprida na data em que se implementar a condição, pelo que é essencial que se cientifique o devedor da ocorrência do evento estipulado para a exigibilidade do negócio (CC, art. 332). Na eventualidade de a condição ter se dado anteriormente à demanda judicial, deve o credor diligenciar para dar ciência ao devedor, inclusive exigindo o cumprimento da obrigação. Nessa hipótese, o autor terá o ônus de provar que cientificou o réu e, no momento de ser proferida a sentença, já existirá prova da exigibilidade e da impositividade da obrigação postulada, pelo que a sentença *não* deverá ser proferida de modo condicional, declarando o direito e já condenan-do o réu ao seu cumprimento. Igualmente, caso a condição ocorra durante o trâmite da fase do conhecimento, até a prolação da sentença, deve ser provada e a decisão não deverá ser prolatada sob condição. Nas duas hipóteses enunciadas, tem-se obrigação condicional, mas plenamente exigível e, permanecendo inadimplida após a cientificação e o prazo legal, executável. A situação de que trata o art. 514 não é nenhuma dessas. É outra a hipótese prevista no art. 514: aqui, o autor tem direito, mas ainda não pode ser exigido, pois não há pretensão nem impositividade. O direito está condicionado à ocorrência de um evento que ainda não se deu. A sentença que decidir pretensão condenatória em que a relação jurídica estiver sujeita a condição ou termo ainda não implementados, por expressa previsão legal do art. 514, deve ser procedente, conferindo a possibilidade de o autor provar, antes da instauração do cumprimento de sentença, a ocorrência da condição ou termo (art. 798, I, *c*).

**8. Procedimento prévio.** Se a relação jurídica estiver sujeita a condição ou termo, o autor precisará instaurar procedimento incidental, de cognição restrita, prévio ao cumprimento de sentença, com o fito único e exclusivo de comprovar a ocorrência da condição ou termo, basicamente demonstrando a sua implementação e requerendo a abertura da fase de cumprimento. Trata-se de procedimento de cognição limitada, no qual a única questão que pode ser debatida é a ocorrência da condição ou termo; quaisquer outras matérias não são admissíveis. Nesse procedimento, é fundamental que se garanta o contraditório ao réu, de modo que ele possa se manifestar quanto ao requerimento e as provas trazidas. Depois de oportunizada a participação, devem os autos ser conclusos para decisão. O juiz julgará, com fundamento na ocorrência ou inocorrência da condição ou termo, se a obrigação detém ou não exigibilidade e, por conseguinte, se há o dever do réu de cumpri-la. Somente após a certificação da condição ou termo, com a decisão que completa a pretensão condenatória, declarando a exigibilidade da obrigação e exortando o réu ao adimplemento, é que poderá o autor requerer a execução forçada, mediante o procedimento previsto pelos arts. 523 e seguintes.

**Art. 515.** São títulos executivos judiciais, cujo cumprimento dar-se-á de acordo com os artigos previstos neste Título:

I – as decisões proferidas no processo civil que reconheçam a exigibilidade de obrigação de

# LIVRO I · DO PROCESSO DE CONHECIMENTO E DO CUMPRIMENTO DE SENTENÇA — Art. 515

pagar quantia, de fazer, de não fazer ou de entregar coisa;

II – a decisão homologatória de autocomposição judicial;

III – a decisão homologatória de autocomposição extrajudicial de qualquer natureza;

IV – o formal e a certidão de partilha, exclusivamente em relação ao inventariante, aos herdeiros e aos sucessores a título singular ou universal;

V – o crédito de auxiliar da justiça, quando as custas, emolumentos ou honorários tiverem sido aprovados por decisão judicial;

VI – a sentença penal condenatória transitada em julgado;

VII – a sentença arbitral;

VIII – a sentença estrangeira homologada pelo Superior Tribunal de Justiça;

IX – a decisão interlocutória estrangeira, após a concessão do *exequatur* à carta rogatória pelo Superior Tribunal de Justiça;

X – (VETADO)

§ 1º Nos casos dos incisos VI a IX, o devedor será citado no juízo cível para o cumprimento da sentença ou para a liquidação no prazo de 15 (quinze) dias.

§ 2º A autocomposição judicial pode envolver sujeito estranho ao processo e versar sobre relação jurídica que não tenha sido deduzida em juízo.

▶ **1. Correspondência no CPC/1973.** *"Art. 475-N. São títulos executivos judiciais: I – a sentença proferida no processo civil que reconheça a existência de obrigação de fazer, não fazer, entregar coisa ou pagar quantia; II – a sentença penal condenatória transitada em julgado; III – a sentença homologatória de conciliação ou de transação, ainda que inclua matéria não posta em juízo; IV – a sentença arbitral; V – o acordo extrajudicial, de qualquer natureza, homologado judicialmente; VI – a sentença estrangeira, homologada pelo Superior Tribunal de Justiça; VII – o formal e a certidão de partilha, exclusivamente em relação ao inventariante, aos herdeiros e aos sucessores a título singular ou universal. Parágrafo único. Nos casos dos incisos II, IV e VI, o mandado judicial (art. 475-J) incluirá a ordem de citação do devedor, no juízo cível, para liquidação ou execução, conforme o caso". "Art. 585. São títulos executivos extrajudiciais: (...) VI – o crédito de serventuário de justiça, de perito, de intérprete, ou de tradutor, quando as custas, emolumentos ou honorários forem aprovados por decisão judicial."*

**2. Teor do dispositivo vetado.** *"Art. 515. (...) X – o acórdão proferido pelo Tribunal Marítimo*

*quando do julgamento de acidentes e fatos da navegação."*

**3. Razões do veto.** *"Ao atribuir natureza de título executivo judicial às decisões do Tribunal Marítimo, o controle de suas decisões poderia ser afastado do Poder Judiciário, possibilitando a interpretação de que tal colegiado administrativo passaria a dispor de natureza judicial."*

## ⚖ LEGISLAÇÃO CORRELATA

**4. CP, art. 91, I.** *"Art. 91. São efeitos da condenação: I – tornar certa a obrigação de indenizar o dano causado pelo crime;"*

**5. CPP, art. 63.** *"Art. 63. Transitada em julgado a sentença condenatória, poderão promover-lhe a execução, no juízo cível, para o efeito da reparação do dano, o ofendido, seu representante legal ou seus herdeiros. Parágrafo único. Transitada em julgado a sentença condenatória, a execução poderá ser efetuada pelo valor fixado nos termos do inciso IV do caput do art. 387 deste Código sem prejuízo da liquidação para a apuração do dano efetivamente sofrido."*

**6. CPP, art. 387, IV.** *"Art. 387. O juiz, ao proferir sentença condenatória: (...) IV – fixará valor mínimo para reparação dos danos causados pela infração, considerando os prejuízos sofridos pelo ofendido."*

**7. LINDB, art. 15.** *"Art. 15. Será executada no Brasil a sentença proferida no estrangeiro, que reúna os seguintes requisitos: a) haver sido proferida por juiz competente; b) terem sido as partes citadas ou haver-se legalmente verificado à revelia; c) ter passado em julgado e estar revestida das formalidades necessárias para a execução no lugar em que foi proferida; d) estar traduzida por intérprete autorizado; e) ter sido homologada pelo Supremo Tribunal Federal."*

**8. Lei 9.099/1995, art. 57.** *"Art. 57. O acordo extrajudicial, de qualquer natureza ou valor, poderá ser homologado, no juízo competente, independentemente de termo, valendo a sentença como título executivo judicial."*

**9. Lei 11.101/2005, art. 59, § 1º.** *"§ 1º A decisão judicial que conceder a recuperação judicial constitui título executivo judicial, nos termos do art. 584, inciso III, do caput da Lei nº 5.869, de 11 de janeiro de 1973 – Código de Processo Civil."*

**10. Lei 11.101/2005, art. 161, § 6º.** *"§ 6º A sentença de homologação do plano de recuperação judicial constituirá título executivo judicial, nos termos do art. 584, inciso III, do caput da Lei nº 5.869, de 11 de janeiro de 1973 – Código de Processo Civil."*

## ⚖ Jurisprudência, Enunciados e Súmulas Selecionados

- **11. Tema/Repetitivo 480 STJ.** *"A liquidação e a execução individual de sentença genérica proferida em ação civil coletiva pode ser ajuizada no foro do domicílio do beneficiário, porquanto os efeitos e a eficácia da sentença não estão circunscritos a lindes geográficos, mas aos limites objetivos e subjetivos do que foi decidido, levando-se em conta, para tanto, sempre a extensão do dano e a qualidade dos interesses metaindividuais postos em juízo (arts. 468, 472 e 474, CPC e 93 e 103, CDC)."*

- **12. Tema/Repetitivo 509 STJ.** *"Com a atual redação do art. 475-N, inc. I, do CPC, atribuiu-se 'eficácia executiva' às sentenças 'que reconhecem a existência de obrigação de pagar quantia'."*

- **13. Tema/Repetitivo 889 do STJ.** *"A sentença, qualquer que seja sua natureza, de procedência ou improcedência do pedido, constitui título executivo judicial, desde que estabeleça obrigação de pagar quantia, de fazer, não fazer ou entregar coisa, admitida sua prévia liquidação e execução nos próprios autos."*

- **14. Enunciado 440 do FPPC.** *"O art. 516, III e o seu parágrafo único aplicam-se à execução de decisão interlocutória estrangeira, após a concessão do* exequatur *à carta rogatória."*

- **15. Enunciado 527 do FPPC.** *"Os créditos referidos no art. 515, inc. V, e no art. 784, inc. X e XI do CPC/2015 constituídos ao tempo do CPC/1973 são passíveis de execução de título judicial e extrajudicial, respectivamente."*

- **16. Enunciado 642 do FPPC.** *"A decisão do juiz que reconhecer o direito à indenização, decorrente de indevida averbação prevista no art. 828 ou do não cancelamento das averbações excessivas, é apta a ensejar a liquidação e o posterior cumprimento de sentença, sem necessidade de propositura de ação de conhecimento."*

- **17. Enunciado 85 da I Jornada-CJF.** *"Na execução de título extrajudicial ou judicial (art. 515, § 1º, do CPC) é cabível a citação postal."*

- **18. Enunciado 87 da I Jornada-CJF.** *"O acordo de reparação de danos feito durante a suspensão condicional do processo, desde que devidamente homologado por sentença, é título executivo judicial."*

- **19. Enunciado 101 do FNPP.** *"O cumprimento da sentença arbitral de obrigação de pagar quantia certa pela Fazenda Pública deve seguir a ordem cronológica de apresentação dos precatórios."*

## 🗐 Comentários Temáticos

**20. *Nulla executio sine titulo*.** Não há execução sem título é regra antiga que representa a tradução da expressão *nulla executio sine titulo*. A atividade executiva, provisória ou definitiva, somente pode ser instaurada se for apresentado um instrumento de um ato jurídico a que a lei atribua a eficácia executiva. Tal instrumento é o *título executivo*.

**21. Títulos executivos.** A exigência de título executivo aplica-se tanto à execução *provisória* como à execução *definitiva*. O título executivo pode ser *judicial* ou *extrajudicial*. O art. 515 relaciona os títulos executivos *judiciais*, que autorizam a instauração do cumprimento da sentença. Já os títulos executivos *extrajudiciais* estão previstos no art. 784 e permitem a propositura de uma execução autônoma.

**22. Requisito de admissibilidade da execução.** O título executivo, judicial ou extrajudicial, é requisito de admissibilidade da execução forçada. Trata-se de exigência normativa específica para a execução, sem a qual não pode ser processada. Não se pode confundir a existência de título com a existência de obrigação – enquanto sem o primeiro não se admite a execução, sem a segunda a execução deverá ser processada, porém extinta (art. 924, II e III).

**23. Utilização do termo "decisão".** O art. 515 adota, em alguns incisos, o termo "decisão". São títulos executivos judiciais as *decisões* que reconheçam a exigibilidade de obrigação de pagar quantia, de fazer, de não fazer ou de entregar coisa. Também são títulos executivos judiciais as *decisões* homologatórias de autocomposição judicial e de autocomposição extrajudicial de qualquer natureza. O uso desse termo revela uma preocupação técnica e de coerência sistêmica. Isso porque são títulos executivos, não somente as *sentenças*, mas também *acórdãos* e, bem ainda, *decisões interlocutórias* que reconheçam a exigibilidade de obrigação, ou que homologuem autocomposições realizadas pelas partes, judicial ou extrajudicialmente. No enunciado normativo, *decisão* é utilizada em sentido amplo, como sinônimo de ato ou pronunciamento jurisdicional, e não como *decisão interlocutória*. O termo *decisão* abrange, no texto legal, sentença, acórdão, decisão interlocutória e decisão proferida pelo relator. Enfim, *qualquer* decisão que reconheça a existência de uma obrigação, ou que homologue uma autocomposição caracteriza-se como título executivo judicial.

**24. Títulos executivos judiciais.** O art. 515 estabelece o rol de títulos executivos judiciais. A

# LIVRO I · DO PROCESSO DE CONHECIMENTO E DO CUMPRIMENTO DE SENTENÇA — Art. 515

execução fundada em título judicial denomina-se de cumprimento da sentença, submetendo-se, no caso de prestação pecuniária, ao procedimento previsto nos arts. 523 a 527. Sendo a obrigação de prestar alimentos, o procedimento é o dos arts. 528 a 533. O cumprimento da sentença destinado a efetivar uma prestação de fazer ou de não fazer rege-se pelos arts. 536 e 537, aplicando-se o art. 538 para o cumprimento da sentença que reconheça obrigação de entregar coisa. Já o cumprimento da sentença que reconheça a exigibilidade de obrigação de pagar quantia certa pela Fazenda Pública submete-se ao procedimento regulado nos arts. 534 e 535.

**25. Decisão que reconhece a existência de obrigação.** De acordo com o art. 515, I, é título executivo – tendo, portanto, eficácia executiva – *qualquer* decisão que reconhecer a existência de uma obrigação exigível, aí se incluindo a declaratória. O que acarreta atividade executiva é o reconhecimento do direito a uma prestação. O título executivo é o que contém esse reconhecimento. O direito a uma prestação precisa ser concretizado no mundo físico; a sua efetivação ou satisfação é a realização da prestação devida. Quando o sujeito passivo não cumpre a prestação, ocorre o inadimplemento ou a lesão à pretensão. Se tal direito já estiver reconhecido por decisão judicial ou por título executivo extrajudicial, será possível iniciar a atividade executiva.

**26. Decisão meramente declaratória.** A possibilidade de execução de decisão meramente declaratória que reconheça a existência de um dever de prestar decorre do direito fundamental à efetividade e da absoluta desnecessidade e impossibilidade de instauração de nova atividade cognitiva judicial para apurar o que já está acobertado pela coisa julgada, fundamentando-se, igualmente, no art. 20, segundo o qual *"é admissível a ação meramente declaratória, ainda que tenha ocorrido a violação do direito"*. Em virtude dessa disposição, sendo cabível a ação declaratória, ainda quando já violado o direito, a sentença declaratória pode ser executada, conferindo-se integral proteção à parte vitoriosa. Na verdade, não é toda decisão declaratória que, ao reconhecer obrigação, seja hábil a aparelhar uma execução. A decisão declaratória deve abarcar não apenas a existência de um direito a quantia, entrega de coisa ou fazer ou não fazer, mas também a exigibilidade desse direito. É bem possível, embora pouco provável, que a declaração dê-se sobre um direito ainda não exigível. Nesse caso, a decisão declaratória não serviria como título para uma eventual execução, seja porque a exigibilidade não foi certificada, seja porque não foi posta a debate entre os sujeitos parciais. Considerar uma declaração sobre a existência de um direito que não trata da sua exigibilidade como título executivo é extrapolar a eficácia da decisão e ir além de seus limites, em detrimento das garantias do réu, que terá um procedimento jurisdicional executivo instaurado contra si sem o preenchimento de seus pressupostos e, portanto, em desconformidade com o devido processo legal.

**27. Suficiência da decisão declaratória para viabilizar a execução.** Obtida a certificação do direito a uma prestação com todos os seus elementos, o vencedor já pode executar a decisão. Não é necessário propor outra demanda cognitiva, em que o juiz estaria vinculado ao efeito positivo da coisa julgada e, por isso, não mais poderia rever a questão decidida. Não admitir a execução da sentença declaratória, seria submeter a parte a um processo cujo resultado não poderia ser diferente, exigindo-se uma nova ação de conhecimento com a *única* finalidade de obter uma nova sentença que contenha o verbo "condenar", em manifesta inefetividade processual, com a submissão da parte a um processo injusto, que contraria o princípio da duração razoável dos processos. Reconhecido o direito a uma prestação, com a certeza e a exigibilidade da obrigação, e estando líquido o valor, já se deve permitir a execução. Não havendo, ainda, liquidez, será necessária, antes de se instaurar a execução, uma liquidação de sentença, nos termos dos arts. 509 a 512.

**28. Procedimento para executar a decisão declaratória.** Um problema relevante quanto à força executiva da sentença declaratória é a da existência de alguma diferença procedimental em sua execução forçada. Poder-se-ia pensar que, porque nela não há exortação do devedor ao pagamento, elemento típico das sentenças preponderantemente condenatórias, a multa do art. 523, § 1º, não poderia incidir. Não é bem assim. A exortação ao pagamento realiza-se com a atualização do cálculo e o requerimento de execução de sentença: caberá ao órgão judiciário intimar o devedor para *cumprir espontaneamente* a obrigação. Além disso, para a aplicação do art. 523, § 1º, não há que se falar em condenação; na realidade, o *único* pressuposto para a aplicação do dispositivo é a existência de *título executivo judicial*, não se justificando qualquer discriminação entre as espécies. Tratando-se de título executivo judicial, como se reconhece ser a decisão declaratória, e de inadimplemento após cientificação de prazo para cumprimento espontâneo, incide a multa de 10% (dez por cen-

831

to). Outro argumento, não menos importante, é o de que se trata de uma multa sancionatória, que tem por finalidade servir de estímulo ao cumprimento espontâneo da obrigação certificada no título e, assim, economizar o exercício de atividade jurisdicional plenamente evitável.

**29. Prescrição da pretensão executória de decisão declaratória. Início com o fim da fase de liquidação.** *"1. Definida a obrigação a ser cumprida pelo devedor, é possível a execução de sentença declaratória. 2. Em sendo necessária a liquidação do título executivo judicial, a prescrição da pretensão executória tem início com o fim da fase de liquidação"* (STJ, 1ª Turma, REsp 1.618.696/AM, rel. Min. Gurgel de Faria, *DJe* 19.10.2016).

**30. Decisão constitutiva.** A decisão constitutiva reconhece um direito à criação, a modificação ou a extinção de uma situação jurídica. Esse direito pode ser chamado de potestativo e não se dirige à satisfação de uma obrigação, nem se relaciona com o cumprimento de uma prestação, mas se exaure no poder de produzir um efeito jurídico, consistente na criação, modificação ou extinção de uma situação jurídica. Quando, por exemplo, se pede a anulação de um negócio jurídico, não se está a exigir do réu o adimplemento de uma obrigação, nem se pretende seu cumprimento. Apenas se exerce o poder jurídico para que se produza aquele efeito de criar, modificar ou extinguir a situação jurídica.

**31. Executividade da decisão constitutiva.** A decisão constitutiva se exaure em si mesma, ela é plenamente satisfativa da pretensão material veiculada e não há execução – mas, apenas, atos materiais, como, *v.g.*, o mandado para alteração ou averbação no registro do bem ou da pessoa. Não há, portanto, o que ser executado. Daí ser comum dizer-se que não se executa uma sentença constitutiva, ou que a sentença constitutiva não é título executivo. Na verdade, o que não se executa é o direito potestativo reconhecido na decisão constitutiva, que se realiza com o mero *dictum* sentencial. Ela pode, sim, ser executada. O efeito principal de uma sentença constitutiva é a nova situação jurídica, a transformação ou a extinção de uma situação jurídica já existente. Isso não se executa, mas a efetivação de um direito potestativo pode *gerar, acarretar, implicar* um direito a uma prestação. Da efetivação de um direito potestativo pode surgir um direito a uma prestação, para cuja efetivação pode ser necessária a prática de atos materiais a ser concretizados numa execução ou cumprimento de sentença. O efeito principal da sentença constitutiva é o reconhecimento de um direito

potestativo, mas é possível que tenha por efeito anexo um direito a uma prestação. Assim, por exemplo, o acórdão proferido em ação rescisória que venha a rescindir uma sentença que já fora executada gera, por efeito anexo, o direito do executado à indenização pelos prejuízos suportados. O acórdão proferido em ação rescisória é evidentemente de natureza constitutiva, mas será título executivo para efetivação da obrigação de pagar quantia. Tome-se ainda como exemplo a decisão que resolve um compromisso de compra e venda em razão do inadimplemento: é uma decisão constitutiva, mas tem por efeito anexo o surgimento do dever de devolver a coisa prometida à venda. Se o promitente comprador não a devolver, caberá cumprimento da sentença para exigir a devolução. Há aí um título executivo judicial.

**32. Sentença de improcedência como título executivo em favor do réu.** *"In casu, a sentença de improcedência proferida nos autos da ação de anulação de notas promissórias emitidas em favor do demandado, em garantia de dívidas decorrentes de empréstimos contraídos pelo autor, declarou susbsistente a obrigação cambial entre as partes, resguardando apenas o abatimento do valor reconhecidamente pago pelo demandante. Consectariamente, reconhecida a certeza, a exigibilidade e a liquidez da obrigação cambial, deve-se dar prosseguimento ao pedido de cumprimento de sentença formulado pelo demandado"* (STJ, 3ª Turma, REsp 1.481.117/PR, rel. Min. João Otávio de Noronha, *DJe* 10.03.2015).

**33. Exequibilidade e necessidade de a obrigação estar reconhecida no título.** *"Não é executável o título judicial quanto a pedido o qual embora deduzido na inicial, deixou de ser examinado na sentença, que assim incorreu em vício de julgamento 'citra petita'"* (STJ, 2ª Turma, AREsp 1.320.997/RJ, rel. Min. Mauro Campbell Marques, *DJe* 18.06.2019).

**34. Decisão que concede recuperação judicial ou homologa recuperação extrajudicial.** É título executivo judicial a decisão que concede ou homologa a recuperação judicial ou extrajudicial da empresa ou do empresário (Lei 11.101/2005, arts. 59, § 1º, e 161, § 6º).

**35. Decisão homologatória de autocomposição judicial e decisão homologatória de autocomposição extrajudicial de qualquer natureza.** A autocomposição pode realizar-se espontaneamente ou de forma conduzida, pelas técnicas da mediação ou da conciliação (arts. 139, V, e 165). Obtida a autocomposição no processo judicial, há resolução do mérito, cabendo ao juiz apenas homologá-la (art. 487, III, *b*). A autocom-

## LIVRO I · DO PROCESSO DE CONHECIMENTO E DO CUMPRIMENTO DE SENTENÇA — Art. 515

posição pode dizer respeito a apenas parcela do processo, caso em que o juiz deve homologá-la (art. 354, parágrafo único), prosseguindo o processo quanto à outra parcela. Estando a causa no tribunal, a autocomposição pode ser homologada por decisão do relator (art. 932, I) ou, até mesmo, por acórdão do tribunal. É por isso que o título judicial não é a *sentença*, mas a *decisão* homologatória de autocomposição. A sentença homologatória da transação (art. 487, III, *b*), a decisão do relator que homologa a transação (art. 932, I) e a decisão que homologa transação de parcela do processo (art. 354, parágrafo único) são de mérito, constituindo títulos executivos judiciais, a lastrearem um cumprimento da sentença, em caso de inadimplemento.

**36. Autocomposição unilateral ou bilateral.** A autocomposição pode ser unilateral ou bilateral. O art. 487, III, refere-se à sentença homologatória de autocomposição unilateral (reconhecimento da procedência do pedido e renúncia ao direito sobre o qual se funda a ação) e, igualmente, à sentença homologatória de autocomposição bilateral (transação). Qualquer uma delas é título executivo judicial.

**37. Matéria estranha ao objeto do processo na autocomposição judicial.** A autocomposição judicial pode versar sobre matéria estranha ao objeto do processo, envolvendo um terceiro, ou seja, um sujeito estranho ao processo, que não seja autor, nem réu, nem interveniente (art. 515, § 2º). Para que possa ser homologada uma autocomposição que verse sobre relação jurídica diversa daquela deduzida no processo e envolva um terceiro, é preciso que o juízo seja competente para examinar tal relação jurídica. Imagine-se, por exemplo, uma demanda proposta por "A" em face de "B" perante a Justiça Estadual. Obtida a autocomposição, esta envolve uma relação jurídica estranha da qual faça parte a União ou o INSS. Nesse caso, não será possível homologar a autocomposição relativamente à relação jurídica que envolve o ente federal, pois a Justiça Estadual não dispõe de competência absoluta para examiná-la. Isso porque será necessária a intervenção do sujeito no processo, para que seja proferida a sentença homologatória – que se trata de uma decisão *de mérito* – e, portanto, não havendo competência para decidir a relação, não se pode decidir sobre ela, ainda que para homologar o acordo ou, muito menos, homologar o negócio sem a participação do sujeito, já que sua vontade é essencial para a própria existência da transação. Não é possível proferir decisão, ainda que homologatória, sem a participação do sujeito no processo. Havendo competência,

o juiz poderá homologar a autocomposição judicial. A decisão homologatória será de mérito, mesmo em relação à parte estranha ao objeto do processo, que não estava posta em discussão, constituindo título executivo judicial.

**38. Autocomposição de questão já julgada.** É possível haver a autocomposição mesmo quando a questão já tenha sido resolvida por sentença de mérito transitada em julgado. Caso os interessados tenham ciência da sentença transitada em julgado e, ainda assim, resolvam celebrar a transação, esta é válida, podendo, inclusive, ser obstada a execução do julgado, mediante o ajuizamento de impugnação (arts. 525, § 1º, VII e 535, VI). Não é necessária a homologação da autocomposição celebrada após a coisa julgada; a transação superveniente deve simplesmente ser observada, podendo, como dito, obstar a execução do julgado. Será, porém, nula a transação, na hipótese de um dos transatores não saber da existência da coisa julgada ou caso se apure, por título posteriormente descoberto, que nenhum dos transatores tinha direito sobre o seu objeto (CC, art. 850). Embora não seja *necessária* a homologação de autocomposição após o trânsito em julgado da sentença de mérito, ela é *possível*.

**39. Autocomposição homologada e autocomposição não homologada.** A transação assinada pelo Ministério Público, pela Defensoria Pública, pela Advocacia Pública, pelos advogados dos transatores ou por conciliador ou mediador credenciado por tribunal é título executivo extrajudicial (art. 784, IV) e produz efeitos imediatamente. São títulos executivos judiciais não somente a decisão que homologa a autocomposição judicial, mas também a que homologa a autocomposição extrajudicial. É possível que qualquer acordo, transação, contrato, negócio jurídico, enfim, possa ser levado ao juízo absolutamente competente para ser homologado, constituindo-se, assim, título executivo judicial. A homologação deve realizar-se em procedimento de jurisdição voluntária, instaurado por ambos interessados, no qual o juiz examinará o preenchimento dos pressupostos e requisitos para a celebração do negócio jurídico (art. 725, VIII).

**40. Título executivo extrajudicial e título executivo judicial.** A autocomposição extrajudicial pode ser título executivo extrajudicial, na forma do art. 784, cuja defesa do executado pode ser ampla (art. 917, VI); a homologação judicial de tal autocomposição extrajudicial tem, portanto, a utilidade de restringir a matéria de defesa do executado aos limites do § 1º do art. 525. O credor, dispondo de um negócio jurídico que se encaixe no art. 784, pode propor execução fundada em título executivo extrajudicial na eventualidade de descumprimento por parte do devedor (arts. 824 e seguintes). Se, mesmo dispondo do título extrajudicial, o credor pretender transmudá-lo em título judicial, bastará, em conjunto com o devedor, requerer, mediante simples petição, ao juiz que homologue tal negócio, num procedimento de jurisdição voluntária. Um título extrajudicial é, assim, transformado em título judicial, permitindo, em caso de eventual descumprimento, que seja promovida uma execução, cujo procedimento será o do cumprimento da sentença (arts. 523 e seguintes). A execução de título *judicial* não permite qualquer discussão; a cognição é limitada, exatamente porque se trata de uma execução de sentença (somente podem ser alegadas as matérias constantes do § 1º do art. 525, todas elas relativas a fatos posteriores ao negócio jurídico). A execução de título *extrajudicial* permite ao executado a alegação de qualquer matéria de defesa, sem limitação alguma (art. 917). A diferença tem fundamento na coisa julgada, que é atributo das decisões judiciais, mesmo as homologatórias.

**41. O formal e a certidão de partilha.** A partilha de bens, feita em inventário ou arrolamento, pode ser amigável ou julgada por sentença. Sendo amigável, haverá de ser homologada pelo juiz. Transitada em julgado a sentença que homologar a partilha amigável ou que julgar a partilha, será expedido o formal ou certidão de partilha. O formal de partilha pode ser substituído por certidão do pagamento do quinhão hereditário quando este não exceder a cinco vezes o salário mínimo (art. 655, parágrafo único). O formal e a certidão de partilha, que documentam a decisão judicial que atribui um quinhão sucessório ao herdeiro, são títulos executivos judiciais apenas em face do inventariante, dos outros herdeiros e dos sucessores a título singular ou universal, ou seja, do herdeiro, beneficiário de um quinhão. Somente se pode executar o título em face de um desses sujeitos quando lhe for imposto um dever de prestar, a exemplo da entrega de coisa ou do pagamento de quantia em dinheiro. Se for imposto dever de prestar a um terceiro, não é possível a execução, exatamente porque este não participou do processo de formação da decisão que reconheceu tal dever. Em tal hipótese, ao herdeiro sobra a opção de propor contra o terceiro uma demanda cognitiva.

**42. O crédito de auxiliar da justiça, quando as custas, emolumentos ou honorários tiverem sido aprovados por decisão judicial.** O crédito do auxiliar da justiça, ou seja, do serventuário da justiça, do perito, do intérprete, do tradutor, do depositário, do administrador, do conciliador, do mediador, do corretor e do leiloeiro é título executivo judicial. Para que o crédito seja título judicial, é preciso que seja aprovado por *decisão judicial*. Não havendo a aprovação judicial, não haverá o título executivo. O título executivo é a *decisão judicial* que aprova as custas, os emolumentos ou os honorários. O título é, então, judicial, submetendo-se ao procedimento do cumprimento da sentença. O exequente será o auxiliar da justiça.

**43. Limites da decisão que aprova crédito de auxiliar da justiça.** O auxiliar da justiça não mantém relação com o objeto litigioso do processo em que foi proferida a decisão aprovando as custas, os emolumentos ou os honorários. Ainda que o exequente não tenha integrado o processo ou a fase de conhecimento, o título é judicial, e não extrajudicial. A sentença penal condenatória transitada em julgado é título executivo judicial em favor de quem também não participou da ação penal, e não há qualquer objeção à circunstância de o título ser judicial. As situações equivalem-se. Tanto no crédito do serventuário como na sentença penal, apenas o *quantum debeatur* é suscetível de questionamento, o que demonstra que a coisa julgada *não* se produz *contra* quem não foi parte no processo, mas nada impede que se produza *em seu favor* (art. 506).

**44. Sentença penal condenatória transitada em julgado.** A sentença penal torna certa a obrigação de indenizar o dano causado pelo crime (CP, art. 91, I). Trata-se de um "efeito anexo e extrapenal" desta sentença. É, pois, título executivo judicial (art. 515, VI). É indispensável que a sentença tenha transitado em julgado, devendo o credor promover-lhe a liquidação no juízo cível, antes de iniciar a execução. Há hipótese em que se prescinde de liquidação, como quando houver previsão de restituição do produto do crime à vítima, sendo este coisa certa e determinada.

**45. Impossibilidade de execução provisória da sentença penal.** Somente constitui título executivo a sentença penal condenatória *transitada em julgado*. Se não houver o trânsito em julgado, a sentença ainda não se encaixa no tipo legal. O *trânsito em julgado* é elemento essencial para que se possa considerar a sentença como título executivo. Tal particularidade denota não ser possível a execução provisória da sentença penal condenatória, exatamente porque se exige o prévio trânsito em julgado.

**46. Liquidação da sentença penal condenatória.** A execução de sentença penal condenatória costuma ser precedida de liquidação. Essa liquidação dar-se-á em processo autônomo. Feita

**LIVRO I** · DO PROCESSO DE CONHECIMENTO E DO CUMPRIMENTO DE SENTENÇA — **Art. 515**

a liquidação da sentença, a execução observará as regras do cumprimento da sentença. Se não for precedida de liquidação – o que pode acontecer em alguns casos –, a execução da sentença penal condenatória dar-se-á em processo autônomo de execução, com a necessária citação do executado.

**47. O problema da fixação do valor mínimo da indenização na sentença penal condenatória.** O juízo criminal, ao proferir sentença penal condenatória, deverá fixar valor *mínimo* para recomposição dos danos ocasionados pelo delito. (CPP, art. 387, IV). Nesse caso, confere-se certo grau de liquidez à sentença penal condenatória, que, transitada em julgado, poderá ser executada, em relação a este *quantum*, imediatamente. A fixação de *quantum* indenizatório mínimo não inviabiliza, no entanto, que o prejudicado parta para a liquidação da sentença, a fim de apurar outros danos que não tenham sido ali considerados (CPP, art. 63, parágrafo único). O arbitramento dessa indenização é um piso e pode ter sido estabelecido com base em material fático (e probatório) insuficiente ao completo dimensionamento do prejuízo – até para que não se fosse além do objeto cognitivo de um processo criminal.

**48. Necessidade de pedido, de indicação de valor e de instrução processual para fixação de *quantum* indenizatório na sentença penal condenatória.** *"A fixação de valor mínimo para reparação dos danos materiais causados pela infração exige, além de pedido expresso na inicial, a indicação de valor e instrução probatória específica"* (STJ, 6ª Turma, AgRg no REsp 1.856.026/SC, rel. Min. Nefi Cordeiro, *DJe* 23.06.2020).

**49. Fixação de valor para danos morais pelo juízo criminal, desde que haja pedido expresso.** *"Nos termos do entendimento desta Corte Superior a reparação civil dos danos sofridos pela vítima do fato criminoso, prevista no art. 387, IV, do Código de Processo Penal, inclui também os danos de natureza moral, e para que haja a fixação na sentença do valor mínimo devido a título de indenização, é necessário pedido expresso, sob pena de afronta à ampla defesa"* (STJ, 6ª Turma, AgRg no AREsp 720.055/RJ, rel. Min. Rogerio Schietti Cruz, *DJe* 02.08.2018).

**50. Inviabilidade da fixação de valor em sentença penal condenatória de crime tributário.** *"2. O entendimento da Corte a quo está em sintonia com o quanto adotado pelo Superior Tribunal de Justiça, quanto à inviabilidade de fixação de valor mínimo a título de reparação de danos por crimes tributários, notadamente por conta de a Fazenda Pública possuir meios próprios para reaver os valores sonegados. 3. Ressalte-se*

*que, na hipótese em tela, já houve a constituição do crédito tributário, consubstanciado na Certidão de Dívida Ativa. Logo, não se faz necessária a fixação do valor mínimo à reparação do dano previsto no inciso IV do art. 387 do Código de Processo Penal, porquanto a Fazenda Pública já está devidamente aparelhada para a cobrança do montante que entende devido pelo contribuinte, mediante a propositura da respectiva execução fiscal"* (STJ, 6ª Turma, AgRg no REsp 1.870.015/SC, rel. Min. Sebastião Reis, *DJe* 20.11.2020).

**51. Sentença arbitral.** A arbitragem pode ser utilizada por pessoas capazes de contratar, com o objetivo de dirimir litígios relativos a direitos patrimoniais disponíveis. O árbitro decide o litígio, proferindo sentença arbitral, que constitui título executivo judicial. O árbitro não dispõe, contudo, de competência para executar sua própria sentença, devendo ser utilizada a via estatal. A sentença proferida pelo árbitro não se sujeita a recurso ou a homologação pelo Poder Judiciário. O árbitro exerce jurisdição, sendo certo que a sentença arbitral tem força de coisa julgada material, tal como a que é proferida pelo juiz estatal. Por isso, a sentença arbitral é título executivo *judicial*. A defesa do executado reduz-se à alegação das matérias constantes do § 1º do art. 525, não podendo o Poder Judiciário rever o conteúdo do que foi decidido pelo árbitro. Além das matérias relacionadas no § 1º do art. 525, é cabível, no cumprimento da sentença arbitral, a alegação das matérias constantes do art. 32 da Lei 9.307/1996, o que torna particularmente mais ampla a cognição judicial na execução de tal título executivo. Essa maior amplitude, aliás, está prevista no § 3º do art. 33 da Lei 9.307/1996.

**52. Sentença estrangeira homologada pelo STJ.** É título executivo judicial a sentença estrangeira, inclusive a arbitral, homologada pelo Superior Tribunal de Justiça, a ser executada perante um juízo federal de primeira instância (CF, art. 109, X). A sentença estrangeira somente passa a ser tida como título executivo se for homologada pelo STJ. Enquanto não homologada, não produz efeitos no território brasileiro, não podendo ser considerada título executivo, nem servir como base para a instauração de uma execução. Qualquer sentença estrangeira somente produz efeitos no Brasil depois de homologada pelo STJ. Qualquer efeito, ainda que não executivo, para produzir efeitos no território nacional, exige prévia homologação pelo STJ.

**53. Liquidação da sentença estrangeira.** O cumprimento da sentença estrangeira pode ser precedido de liquidação. Se a obrigação docu-

835

mentada na sentença não for líquida, será necessária a prévia liquidação, que deverá realizar-se em processo autônomo, com a citação do réu. Feita a liquidação da sentença estrangeira, a execução seguirá o procedimento do cumprimento da sentença. Se não for necessária a liquidação, o cumprimento da sentença estrangeira será efetivado em processo autônomo de execução, com a necessária citação do executado.

**54. Protocolo de Las Leñas.** A convenção internacional, denominada *Protocolo de Las Leñas*, foi incorporada formalmente ao sistema brasileiro, com sua aprovação pelo Congresso Nacional por meio do Decreto Legislativo 55/1995, sendo posteriormente promulgada pelo Presidente da República mediante o Decreto 2.067/1996. Em razão do *Protocolo de Las Leñas* – aplicável apenas às relações entre os Estados integrantes do MERCOSUL –, tornou-se possível, mediante simples *carta rogatória*, realizar-se a homologação e execução, no Brasil, de sentença estrangeiras proferidas por países integrantes do MERCOSUL. O *Protocolo de Las Leñas* não autorizou a eficácia extraterritorial das sentenças estrangeiras proferidas no âmbito do MERCOSUL. Em outras palavras, não dispensou a homologação da sentença estrangeira. Apenas *facilitou* e *simplificou* o procedimento para a homologação da sentença estrangeira proveniente do MERCOSUL. As sentenças estrangeiras proferidas por países integrantes do MERCOSUL são homologadas pelo STJ mediante simples carta rogatória. Ao STJ cabe examinar os requisitos formais da rogatória para, então, conceder o *exequatur* e determinar sua remessa à Justiça Federal competente para execução da sentença. As sentenças estrangeiras, inclusive as arbitrais, devem, portanto, ser homologadas pelo STJ para que sejam títulos executivos judiciais. Não estão dispensadas da homologação as sentenças estrangeiras dos países integrantes do MERCOSUL. Sua homologação apenas está submetida a procedimento mais simples, efetivando-se por mera carta rogatória.

**55. Título de crédito ou título executivo extrajudicial estrangeiro.** A homologação pelo STJ somente é necessária para as sentenças estrangeiras. O título de crédito ou documento particular que se encaixe na previsão legal de título executivo extrajudicial, emitido, elaborado ou confeccionado no estrangeiro, *não* há de ser homologado. Uma vez preenchidos os pressupostos legais para sua formação e produção de eficácia executiva, já pode ser executado, não sendo necessária a homologação. O que deve ser homologado, vale insistir, é a sentença estrangeira, e não o título executivo extrajudicial.

**56. Decisão interlocutória estrangeira, após concessão do *exequatur* à carta rogatória pelo Superior Tribunal de Justiça.** Não é só a sentença, ou decisão final, que pode vir a reconhecer uma obrigação passível de execução. Se uma decisão interlocutória nacional é passível de ser cumprida indo além de meras diligências processuais e efetivamente gerando medidas executivas (satisfatórias), por dever de tratamento paritário e de coerência, deve-se também admitir o *exequatur* da decisão símile estrangeira, formando título judicial servível ao cumprimento de sentença. As decisões interlocutórias estrangeiras – decisões não finais – podem ser executadas no Brasil por meio de carta rogatória. O título executivo é a decisão estrangeira, após a concessão do *exequatur* pelo STJ. Enfim, a decisão estrangeira, somada à chancela do STJ, é considerada um título executivo judicial.

**57. Decisões do Tribunal Marítimo e veto presidencial.** O inciso X do art. 515 considerava título executivo judicial *"o acórdão proferido pelo Tribunal Marítimo quando do julgamento de acidentes e fatos da navegação"*. O dispositivo foi, no entanto, vetado e não veio a integrar o texto final do CPC. O veto foi adequado. O dispositivo seria inconstitucional, pois atribuía força executiva a órgão estatal que não integra a estrutura judiciária e acabava por impedir o acesso à justiça (CF, art. 5º, XXXV). O Tribunal Marítimo é órgão administrativo. Dotar suas decisões de eficácia executiva sob o procedimento do cumprimento de sentença seria retirar da seara judicial uma gama de possibilidades argumentativas muito ampla, o que não é tolerado pelo princípio da inafastabilidade da jurisdição.

> **Art. 516.** O cumprimento da sentença efetuar-se-á perante:
>
> I – os tribunais, nas causas de sua competência originária;
>
> II – o juiz que decidiu a causa no primeiro grau de jurisdição;
>
> III – o juízo cível competente, quando se tratar de sentença penal condenatória, de sentença arbitral, de sentença estrangeira ou de acórdão proferido pelo Tribunal Marítimo.
>
> Parágrafo único. Nas hipóteses dos incisos II e III, o exequente poderá optar pelo juízo do atual domicílio do executado, pelo juízo do local onde se encontram os bens sujeitos à execução ou pelo juízo do local onde deva ser executada a obrigação de fazer ou de não fazer, casos em que a remessa dos autos do processo será solicitada ao juízo de origem.

**LIVRO I · DO PROCESSO DE CONHECIMENTO E DO CUMPRIMENTO DE SENTENÇA** **Art. 516**

▶ **1. Correspondência no CPC/1973.** *"Art. 475-P. O cumprimento da sentença efetuar-se-á perante: I – os tribunais, nas causas de sua competência originária; II – o juízo que processou a causa no primeiro grau de jurisdição; III – o juízo cível competente, quando se tratar de sentença penal condenatória, de sentença arbitral ou de sentença estrangeira. Parágrafo único. No caso do inciso II do* caput *deste artigo, o exequente poderá optar pelo juízo do local onde se encontram os bens sujeitos à expropriação ou pelo do atual domicílio do executado, casos em que a remessa dos autos do processo será solicitada ao juízo de origem."*

## 🗐 Legislação Correlata

**2. CF, art. 102, I, *m*.** *"Art. 102. Compete ao Supremo Tribunal Federal, precipuamente, a guarda da Constituição, cabendo-lhe: I – processar e julgar, originariamente: (...) m) a execução de sentença nas causas de sua competência originária, facultada a delegação de atribuições para a prática de atos processuais."*

**3. CF, art. 109, X.** *"Art. 109. Aos juízes federais compete processar e julgar: (...) X – os crimes de ingresso ou permanência irregular de estrangeiro, a execução de carta rogatória, após o 'exequatur', e de sentença estrangeira, após a homologação, as causas referentes à nacionalidade, inclusive a respectiva opção, e à naturalização."*

**4. CDC, art. 98, § 2º.** *"Art. 98. A execução poderá ser coletiva, sendo promovida pelos legitimados de que trata o art. 82, abrangendo as vítimas cujas indenizações já tiveram sido fixadas em sentença de liquidação, sem prejuízo do ajuizamento de outras execuções. (...) §. 2º É competente para a execução o juízo: I – da liquidação da sentença ou da ação condenatória, no caso de execução individual; II – da ação condenatória, quando coletiva a execução."*

**5. CLT, art. 836, parágrafo único.** *"Art. 836. (...) Parágrafo único. A execução da decisão proferida em ação rescisória far-se-á nos próprios autos da ação que lhe deu origem, e será instruída com o acórdão da rescisória e a respectiva certidão de trânsito em julgado."*

**6. Lei 9.099/1995, art. 3º, § 1º.** *"§ 1º Compete ao Juizado Especial promover a execução: I – dos seus julgados."*

**7. RISTF, art. 13, VI.** *"Art. 13. São atribuições do Presidente: (...) VI – executar e fazer cumprir os seus despachos, suas decisões monocráticas, suas resoluções, suas ordens e os acórdãos transitados em julgado e por ele relatados, bem como as deliberações do Tribunal tomadas em sessão*

administrativa e outras de interesse institucional, facultada a delegação de atribuições para a prática de atos processuais não decisórios;"*

**8. RISTF, art. 21, II.** *"Art. 21. São atribuições do Relator: (...) II – executar e fazer cumprir seus despachos, suas decisões monocráticas, suas ordens e seus acórdãos transitados em julgado, bem como determinar às autoridades judiciárias e administrativas providências relativas ao andamento e à instrução dos processos de sua competência, facultada a delegação de atribuições para a prática de atos processuais não decisórios a outros Tribunais e a juízos de primeiro grau de jurisdição;"*

**9. RISTF, art. 340.** *"Art. 340. A execução e o cumprimento das decisões do Tribunal observarão o disposto nos arts. 13, VI, e 21, II, do Regimento Interno e, no que couber, à legislação processual."*

**10. RISTF, art. 341.** *"Art. 341. Os atos de execução e de cumprimento das decisões e acórdãos transitados em julgado serão requisitados diretamente ao Ministro que funcionou como relator do processo na fase de conhecimento, observado o disposto nos arts. 38, IV, e 75 do Regimento Interno."*

**11. RISTJ, art. 301.** *"Art. 301. As determinações necessárias ao cumprimento das decisões competem: I – ao Presidente, quanto às decisões que houver proferido e quanto às decisões tomadas pelo Plenário, pela Corte Especial e pelo Conselho de Administração; II – ao Presidente da Seção, quanto aos acórdãos e às decisões desta e às suas decisões individuais; III – ao Presidente de Turma, quanto aos acórdãos e às decisões desta e às suas decisões individuais; IV – ao relator, quanto às suas decisões acautelatórias ou de instrução e direção do processo. Parágrafo único. As disposições deste artigo não se aplicam às ações penais originárias."*

## ⚖ Jurisprudência, Enunciados e Súmulas Selecionados

- **12. Súmula Vinculante STF, 22.** *"A Justiça do Trabalho é competente para processar e julgar as ações de indenização por danos morais e patrimoniais decorrentes de acidente de trabalho propostas por empregado contra empregador, inclusive aquelas que ainda não possuíam sentença de mérito em primeiro grau quando da promulgação da Emenda Constitucional nº 45/04."*

- **13. Súmula Vinculante STF, 53.** *"A competência da Justiça do Trabalho prevista no art. 114, VIII, da Constituição Federal alcança a execução de ofício das contribuições previden-*

*ciárias relativas ao objeto da condenação constante das sentenças que proferir e acordos por ela homologados."*

- **14.** **Tema/Repercussão Geral 36 STF.** *"A competência da Justiça do Trabalho prevista no art. 114, VIII, da Constituição Federal alcança somente a execução das contribuições previdenciárias relativas ao objeto da condenação constante das sentenças que proferir, não abrangida a execução de contribuições previdenciárias atinentes ao vínculo de trabalho reconhecido na decisão, mas sem condenação ou acordo quanto ao pagamento das verbas salariais que lhe possam servir como base de cálculo."*

- **15.** **Tema/Repercussão Geral 90 STF.** *"Compete ao juízo comum falimentar processar e julgar a execução dos créditos trabalhistas no caso de empresa em fase de recuperação judicial."*

- **16.** **Tema/Repercussão Geral 190 STF.** *"Compete à Justiça comum o processamento de demandas ajuizadas contra entidades privadas de previdência com o propósito de obter complementação de aposentadoria, mantendo-se na Justiça Federal do Trabalho, até o trânsito em julgado e correspondente execução, todas as causas dessa espécie em que houver sido proferida sentença de mérito até 20.02.2013."*

- **17.** **Tema/Repercussão Geral 242 STF.** *"Compete à Justiça do Trabalho processar e julgar as ações de indenização por danos morais e patrimoniais decorrentes de acidentes de trabalho propostas por empregado contra empregador, inclusive as propostas pelos sucessores do trabalhador falecido, salvo quando a sentença de mérito for anterior à promulgação da EC nº 45/04, hipótese em que, até o trânsito em julgado e a sua execução, a competência continuará a ser da Justiça Comum."*

- **18.** **Tema/Repetitivo 1.029 STJ.** *"Não é possível propor nos Juizados Especiais da Fazenda Pública a execução de título executivo formado em Ação Coletiva que tramitou sob o rito ordinário, assim como impor o rito sumaríssimo da Lei 12.153/2009 ao juízo comum da execução."*

- **19.** **Súmula STJ, 270.** *"O protesto pela preferência de crédito, apresentado por ente federal em execução que tramita na Justiça Estadual, não desloca a competência para a Justiça Federal."*

- **20.** **Enunciado 440 do FPPC.** *"O art. 516, III e o seu parágrafo único aplicam-se à execução de decisão interlocutória estrangeira, após a concessão do exequatur à carta rogatória."*

- **21.** **Enunciado 688 do FPPC.** *"Por ato de cooperação judiciária, admite-se a definição de um juízo para a penhora, avaliação ou ex-*

*propriação de bens de um mesmo devedor que figure como executado em diversos processos, inclusive que tramitem em juízos de competências distintas."*

- **22.** **Enunciado 3 da I Jornada de Prevenção e Solução Extrajudicial de Litígios-CJF.** *"A carta arbitral poderá ser processada diretamente pelo órgão do Poder Judiciário do foro onde se dará a efetivação da medida ou decisão."*

## ▣ COMENTÁRIOS TEMÁTICOS

**23.** **Competência para cumprimento de decisões de tribunal, em causas de sua competência originária.** Nos casos em que os tribunais processam e julgam originariamente determinadas demandas, a eles cabe processar o respectivo cumprimento da sentença.

**23.1.** **Competência do STF.** Ao STF compete processar e julgar as causas previstas no art. 102, I, da CF, aí se incluindo a competência para a execução de suas decisões, nas causas de competência originária (CF, art. 102, I, *m*).

**23.2.** **Competência do STJ.** Ao STJ compete processar e julgar originariamente as causas previstas no art. 105, I, da CF, que, diversamente do que ocorre em relação ao STF, não prevê expressamente a competência para a execução de seus julgados, que deve ser considerada como *implícita* (*implied power*). Cabe, então, ao STJ processar a execução de seus próprios julgados. A execução de sentença estrangeira, embora homologada pelo STJ, é da competência de juiz federal (CF, art. 109, X).

**23.3.** **Competência de TRF.** O Tribunal Regional Federal tem competência originária cível para processar e julgar: (a) ação rescisória de seus julgados e de decisões de juízes federais; (b) mandado de segurança contra atos seus e de juízes federais; (c) conflitos de competência entre juízes federais (CF, art. 108, I, *b, c* e *e*). A CF também silencia a respeito da competência para a execução dos seus julgados. Esse silêncio, todavia, não lhe suprime a competência para a execução de capítulos condenatórios, principalmente os relativos a ônus sucumbenciais. O julgamento de ação rescisória pode implicar também condenação, cabendo ao tribunal a sua execução.

**23.4.** **Tribunal de Justiça.** O Tribunal de Justiça tem a competência originária determinada pela Constituição Estadual, sendo a mais relevante a competência para a ação rescisória e para o mandado de segurança contra ato judicial ou contra autoridades de alto escalão administrativo.

**LIVRO I ·** DO PROCESSO DE CONHECIMENTO E DO CUMPRIMENTO DE SENTENÇA **Art. 516**

**24. Competência para o cumprimento de sentença.** Compete ao juiz que sentenciou executar a sua decisão. A competência do órgão julgador não é apenas para declarar, mas também para prestar a tutela jurisdicional integralmente, o que inclui a satisfação da pretensão material certificada por procedimento próprio, quando isso for necessário (art. 4º). Assim, o mesmo órgão jurisdicional que proferiu a sentença tem competência para o seu cumprimento. Essa é a regra geral.

**25. Competência dos Juizados.** Aos Juizados Especiais compete processar as execuções de suas próprias sentenças (Lei 9.099/1995, art. 3º, § 1º).

**26. Competência para execução de honorários de sucumbência.** *"O cumprimento de sentença dos honorários sucumbenciais processar-se-á perante o Juízo que decidiu a causa principal, da qual proveio a verba honorária, no primeiro grau de jurisdição, por se tratar de competência funcional e, portanto, absoluta, salvo se outro for o Juízo escolhido pelo exequente, nos estritos termos legais dispostos nos arts. 516 do CPC/2015 e 24, § 1º, do Estatuto da OAB, ainda que o feito principal – do qual se originou a verba honorária – tenha tramitado perante Juízo de vara especializada"* (STJ, 3ª Turma, REsp 2.027.063/MS, rel. Min. Marco Aurélio Bellizze, *DJe* 23.3.2023).

**27. Competência para execução de honorários de sucumbência arbitrados por juízo da infância e juventude.** *"O viés taxativo do art. 148 do ECA, no que estabelece as importantes competências da Justiça da Infância e da Juventude, sem contemplar expressamente a execução de verba honorária por ela arbitrada, não induz, só por si, a incompetência daquele Juízo especializado para o cumprimento/efetivação do montante sucumbencial. 2. Da combinada leitura dos arts. 148 e 152 do ECA, 24, § 1º, do Estatuto da Advocacia e 516, II, do CPC/2015, depreende-se que, como regra, o cumprimento da sentença, aí abarcada a imposição sucumbencial, deve ocorrer nos mesmos autos em que se formou o correspondente título exequendo e, por conseguinte, perante o Juízo prolator do título. 3. Ressalte-se que tal solução longe está de inquinar ou contrariar as estritas hipóteses de competência da Vara da Infância e Juventude (art. 148 do ECA), porquanto a postulada verba honorária decorreu de discussão travada em causa cível que tramitou no próprio Juízo menorista, razão pela qual não há falar, no caso concreto, em desvirtuamento de sua competência executória. 4. Por fim, impende realçar que a mesma Lei 8.069/1990 (ECA), por seu art. 152, assinala que 'Aos procedimentos regulados nesta Lei aplicam-se subsidiariamente as normas gerais previstas na* legislação processual pertinente', autorizando, no ponto, a supletiva aplicação do referido art. 516, II, do vigente CPC, segundo o qual 'O cumprimento da sentença efetuar-se-á perante [...] o juízo que decidiu a causa no primeiro grau de jurisdição'"* (STJ, 1ª Turma, REsp 1.859.295/MG, rel. Min. Sérgio Kukina, *DJe* 29.05.2020).

**28. Opção de escolha pelo exequente.** A execução faz-se no interesse do credor (art. 797), e submete-se ao princípio da duração razoável e da efetividade (art. 4º), pelo que deve ser realizada de modo a garantir a satisfação integral da pretensão certificada com o mínimo de esforço e tempo possível, desde que respeitadas as garantias do executado. Sendo assim, a permissão do parágrafo único é adequada: pode o exequente promover o cumprimento tanto perante o mesmo órgão que proferiu a decisão, como também levar a execução ao foro do atual domicílio do executado ou ao do local onde se encontram bens sujeitos à execução.

**28.1. Finalidade de facilitação.** A alteração do órgão judicial que efetuará o cumprimento de sentença é permitida com a finalidade de facilitar a implementação dos atos executivos e, assim, a satisfação do crédito. Assim, faculta-se ao exequente a modificação do foro onde será processado o cumprimento de sentença. O exequente pode optar pelo local onde o executando encontre-se domiciliado quando da instauração do cumprimento de sentença ou onde existam bens executáveis, facilitando o procedimento expropriatório.

**28.2. Necessidade de requerimento do exequente e impossibilidade de determinação da competência de ofício pelo juiz.** O parágrafo único do art. 516 contempla uma *faculdade* do exequente, cabendo a ele optar ou não por outro juízo, não devendo ser a mudança de competência operada, de ofício, pelo juiz.

**28.3. Ausência de** *perpetuatio jurisdictionis,* **processo itinerante e mudança sucessiva de competência para o cumprimento de sentença.** Requerido o cumprimento de sentença no foro eleito pelo exequente (ou o do juízo que julgou a causa no primeiro grau de jurisdição, ou o dos bens a serem penhorados, ou o do novo domicílio do executado), ali ele será processado. Se, posteriormente ao requerimento de cumprimento ou execução da sentença, sobrevier modificação no estado de fato ou de direito, poderá haver alteração na competência, repercutindo no processo em curso. Havendo modificação, mais uma vez, do domicílio do executado, é possível alterar-se a competência. Se forem expropriados os bens, mas ainda houver saldo devedor, poderá o processo ser transferido para outro juízo, situado no foro onde se localizem outros bens do executado. A opção, uma vez exercida, atende aos interesses não só do exequente, mas também do executado, revelando-se, a um só tempo, mais eficiente (art. 797) e menos gravosa (art. 805). O parágrafo único do art. 516 reconheceu, enfim, a existência de *processos itinerantes:* cada vez que se encontrem bens em outro foro, será possível modificar a competência, afastando-se a regra da *perpetuatio jurisdictionis.* Também há processo itinerante no caso de alteração de domicílio do executado: a cada mudança de domicílio do executado, haverá nova alteração de competência, caso o exequente assim o requeira.

**28.4.** **Opção exercida depois de iniciado o cumprimento de sentença.** "*5. Em regra, o cumprimento de sentença efetua-se perante o juízo que decidiu a causa no primeiro grau de jurisdição. Contudo, nos termos do art. 516, parágrafo único, do CPC/2015, o exequente passou a ter a opção de ver o cumprimento de sentença ser processado perante o juízo do atual domicílio do executado, do local onde se encontrem os bens sujeitos à execução ou do local onde deva ser executada a obrigação de fazer ou não fazer, casos em que a remessa dos autos do processo será solicitada ao juízo de origem. 6. Como essa opção é uma prerrogativa do credor, ao juiz não será lícito indeferir o pedido se este vier acompanhado da prova de que o domicílio do executado, o lugar dos bens ou o lugar do cumprimento da obrigação é em foro diverso de onde decidida a causa originária. 7. Com efeito, a lei não impõe qualquer outra exigência ao exequente quando for optar pelo foro de processamento do cumprimento de sentença, tampouco dispondo acerca do momento em que o pedido de remessa dos autos deve ser feito – se antes de iniciada a execução ou se ele pode ocorrer incidentalmente ao seu processamento. 8. Certo é que, se o escopo da norma é realmente viabilizar a efetividade da pretensão executiva, não há justificativa para se admitir entraves ao pedido de processamento do cumprimento de sentença no foro de opção do exequente, ainda que o mesmo já tenha se iniciado*" (STJ, 3ª Turma, REsp 1.776.382/MT, rel. Min. Nancy Andrighi, *DJe* 05.12.2019).

**29. Cumprimento de sentença de alimentos e a mudança de domicílio do alimentando.** É competente o foro do domicílio ou residência do alimentando, para a ação em que se pedem alimentos (art. 53, II). Proferida a sentença ou a decisão, aquele mesmo juízo será o competente para o seu cumprimento. (art. 516, II). As opções de escolha dadas ao exequente pelo parágrafo único do art. 516 também se aplicam ao cumprimento de sentença de alimentos. Além delas, o alimentando também pode propor o seu cumprimento de sentença no foro do seu atual domicílio (art. 528, § 9º). É possível que o alimentando mude de domicílio durante a fase de conhecimento ou depois dela. Nesse caso, poderá propor cumprimento de sentença no foro de seu novo ou atual domicílio.

**30. Competência para o processo executivo autônomo fundado em título judicial.** O cumprimento de sentença penal condenatória transitada em julgado, de sentença arbitral ou de sentença estrangeira deve obedecer às regras gerais de competência constantes do art. 781. As regras de competência relativas à execução fundada em título extrajudicial aplicam-se ao cumprimento de sentença, em virtude do disposto no art. 513. Nas sentenças estrangeiras (CF, art. 109, X) e nas sentenças arbitrais estrangeiras homologadas pelo STJ (Lei 9.307/1996, art. 35), a competência para execução é do juízo federal de primeira instância, conforme as regras de territorialidade. É admissível a eleição do foro de execução, o que se afigura bastante plausível nos títulos judiciais advindos de arbitragem. Aplicam-se as regras previstas no art. 781. Por isso, a competência é, geralmente, do juízo do foro do domicílio do executado. Sendo territorial, tal competência pode ser derrogada por vontade das partes, sobretudo nas decisões arbitrais. Tratando-se de sentença estrangeira ou de sentença penal, o cumprimento de sentença deve ser promovido no foro do domicílio do executado ou, alternativamente, no foro da situação dos bens a ela sujeitos. Sendo incerto ou desconhecido o domicílio do executado, a execução poderá ser proposta no lugar onde for encontrado ou no foro de domicílio do exequente.

**31. Execução de sentença arbitral.** A execução fundada em sentença arbitral deve, em primeiro lugar, ser proposta no foro de eleição. Não havendo foro de eleição, deve ser proposta no foro do domicílio do executado ou, alternativamente, no foro da situação dos bens a ela sujeitos. Sendo incerto ou desconhecido o domicílio do executado, a execução poderá ser proposta no lugar onde for encontrado ou no foro de domicílio do exequente. Não há prevenção do juízo que porventura tenha julgado alguma demanda relacionada à convenção de arbitragem (instituição de arbitragem, nomeação de árbitro, tutela provisória etc.): a distribuição é livre. A sentença arbitral pode ser nacional ou estrangeira. Sendo estrangeira, precisa ser homologada pelo STJ e executada por um juiz federal de primeira instância (CF, art. 109, X). Diversamente, se a

**LIVRO I ·** DO PROCESSO DE CONHECIMENTO E DO CUMPRIMENTO DE SENTENÇA **Art. 516**

sentença arbitral for nacional, não precisa ser homologada e deverá ser executada perante um juiz estadual, segundo as normas ordinárias de competência para a execução de título judicial.

**32. Possibilidade de execução mesmo com convenção de arbitragem.** *"A existência de cláusula compromissória não obsta a execução de título extrajudicial, desde que preenchidos os requisitos da certeza, liquidez e exigibilidade na medida em que os árbitros não são investidos do poder de império estatal à prática de atos executivos, não tendo poder coercitivo direto"* (STJ, 3ª Turma, REsp 1.864.686/SP, rel. Min. Moura Ribeiro, *DJe* 15.10.2020).

**33. Exclusão de ente federal da condenação e competência para o cumprimento de sentença.** Na hipótese de um ente federal, que foi condenado juntamente com um particular, ser excluído da causa em grau recursal, o título executivo terá apenas como possível executado o particular. Nesse caso, prevalece a regra de competência constitucional: transitado em julgado o acórdão do TRF, os autos deverão ser remetidos à Justiça Estadual, que deverá processar eventual cumprimento de sentença, já que o executado remanescente é um ente particular não federal.

**34. Juízo estadual com competência federal e criação de vara federal na comarca.** No caso de um juízo estadual atuar com competência federal delegada (CF, art. 109, § 3º), é sua também a competência para o cumprimento de sentença. Criada vara federal na comarca em que tramitou o processo, cessa a competência federal delegada, cabendo à vara federal processar o cumprimento de sentença. A lei pode delegar competência federal à Justiça Estadual apenas em causas em que figurem, como parte, instituição de previdência social e segurado. (CF, art. 109, § 3º). Não há mais delegação expressa no texto constitucional; é preciso que alguma lei federal a delegue expressamente. A delegação restringe-se, a partir da EC 103, de 2019, a ações em que figurem, como parte, instituição de previdência social e segurado. Qualquer outra demanda não poderá ser processada e julgada por juízo estadual, pois não se autoriza mais a delegação da competência federal em qualquer outra demanda que não tenha como partes, de um lado, instituição de previdência social e, de outro, segurado. As outras delegações de competência federal deixaram de existir. Os cumprimentos de sentenças proferidas por juízos estaduais com competência federal delegada passarão a ser processados perante os juízos federais. Cessada a delegação de competência federal, não haverá mais cumprimento de sentença

nos juízos estaduais que atuavam como federais. Tudo passará para a Justiça Federal, a não ser nos casos que tenham, como partes, instituição de previdência social e segurado.

**35. Competência para a execução de sentença estrangeira.** Cabe à Justiça Federal de primeira instância a execução de sentença estrangeira homologada pelo STJ. Não se permite a execução de sentença estrangeira perante juízo estadual, caso não haja juízo federal na comarca. A sentença estrangeira pode ser estatal ou arbitral. Aplicam-se as regras de competência territorial, inclusive em relação à prevalência do domicílio do réu como regra geral de competência (art. 46). Mesmo a sentença sendo estrangeira, o procedimento a ser aplicado é o brasileiro, tal como disciplinado no CPC ou em lei específica que eventualmente incida no caso concreto (art. 965). Também se aplica o benefício de escolha de foros concorrentes previsto no parágrafo único do art. 516.

**36. Competência para a execução de sentença penal condenatória transitada em julgado.** A sentença penal condenatória transitada em julgado deve ser executada perante o juízo cível competente, seguindo a regra do art. 53, V: foro do domicílio da vítima (exequente) ou local do fato. Também é competente o foro do domicílio do executado (art. 46). A competência para executar sentença penal condenatória oriunda da Justiça Federal é da Justiça Estadual, ressalvada a hipótese de o exequente ser um ente federal, quando, então, caberá à Justiça Federal processar o cumprimento de sentença. A competência para executar sentença penal proferida por Juizado Especial Criminal é do Juizado Especial Cível (Lei 9.099/1995, art. 3º, § 1º).

**37. Referência a decisões do Tribunal Marítimo.** O art. 516, III, dispõe que o cumprimento de sentença deve efetuar-se perante o juízo cível competente, quando se tratar de acórdão proferido pelo Tribunal Marítimo. O art. 515, X, considerava título executivo judicial *"o acórdão proferido pelo Tribunal Marítimo quando do julgamento de acidentes e fatos da navegação".* O dispositivo foi, no entanto, vetado e não veio a integrar o texto final do CPC. Embora o dispositivo tenha sido vetado, a referência aos acórdãos do Tribunal Marítimo no art. 516, III, foi mantida, pois a técnica do veto não permite a eliminação de apenas algumas expressões; precisam ser vetados dispositivos inteiros, sejam artigos, parágrafos ou incisos; não se pode vetar apenas parcela de seu texto. O dispositivo remanescente trata da competência para o cumprimento de sentença. O art. 516 trata de competência, não sendo pos-

841

sível o prosseguimento válido da execução se não estiver aparelhada em título executivo judicial, que deve ter previsão normativa. Logo, é ineficaz a referência a decisões do Tribunal Marítimo no inciso III do art. 516. O Tribunal Marítimo pode, porém, funcionar como juízo arbitral, e, portanto, possuir atribuição jurisdicional, se assim for constituído pelos interessados, em litígios patrimoniais consequentes a acidentes ou fatos da navegação (Lei 2.180/1954, art. 16, *f*). Apenas nesses casos, pode-se entender que o Tribunal Marítimo produz título executivo judicial, por estar proferindo uma sentença arbitral (art. 515, VII); nos demais casos, o Tribunal Marítimo atua como tribunal administrativo. Em tal hipótese, haverá um cumprimento de decisão arbitral, inserindo-se naquela hipótese de arbitragem.

**38. Competência para execução universal (falência e insolvência civil).** A competência para a execução universal é sempre da Justiça Estadual. A Justiça Federal não tem competência para falência nem para recuperação judicial nem para insolvência civil (CF, art. 109, I; CPC, art. 45, I). A competência territorial para homologar o plano de recuperação extrajudicial, deferir a recuperação judicial ou decretar a falência é do juízo do local do principal estabelecimento do devedor ou da filial de sociedade empresária que tenha sede fora do Brasil. Essa competência, a despeito de ser territorial, é absoluta e universal. Uma vez deferida a recuperação judicial ou decretada a falência, não há mais como se modificar a competência, passando o juízo falimentar a ser universal, ficando, aliás, prevento para qualquer outra ação de falência ou de recuperação judicial que venha a ser posteriormente intentada contra o devedor (Lei 11.101/2005, art. 6º, § 8º).

**39. Competência para a execução individual de sentença coletiva.** Proferida sentença coletiva, é possível haver execução coletiva e, igualmente, execuções individuais pelos beneficiários da condenação genérica. A sentença genérica proferida em ação civil pública ou em ação coletiva pode ser liquidada e executada individualmente por cada um dos sujeitos que dela se beneficie. A liquidação individual pode ser feita no foro do domicílio do exequente, podendo o sucessivo cumprimento de sentença ser ali ajuizado (CDC, art. 98, § 2º, I). O cumprimento individual da sentença pode efetivar-se perante o próprio juízo que julgou a causa em primeiro grau de jurisdição, mas também pode ser ajuizado no foro do domicílio do exequente.

**40. Execução individual de sentença coletiva.** *"..., o ajuizamento da execução individual derivada de decisão proferida no julgamento de* ação coletiva tem como foro o domicílio do exequente, em conformidade com os arts. 98, § 2º, I, 101, I, do Código de Defesa do Consumidor"* (STJ, 2ª Turma, REsp 1.528.807/PR, rel. Min. Herman Benjamin, *DJe* 05.08.2015).

**41. Atos concertados e compartilhamento de competências entre os juízos da execução.** A cooperação entre juízes pode realizar-se mediante atos concertados e compartilhamento de competências. Para melhor gerir processos e alcançar maior eficiência, os juízes poderão estabelecer procedimento para a prática de diversos atos, por meio de ato concertado. (art. 69, § 2º). Diante do excesso de cumprimentos de sentença, ou da grande quantidade de partes envolvidas, ou da reunião de diversos processos conexos, os juízes cooperantes podem estabelecer procedimentos para a prática de citação, intimação ou notificação de atos processuais. Se houver diversos cumprimentos de sentença contra o mesmo executado, é possível concentrar num só juízo a penhora de todos eles, ou a concentrar a realização de leilão judicial num mesmo processo. A realização de penhoras ou leilões unificados tem por finalidade conferir maior eficiência à execução, com redução de custos e maior precisão na investigação patrimonial e expropriação dos bens, mas é preciso que se respeitem as garantias fundamentais do processo, com observância do contraditório e dos demais elementos integrantes do devido processo legal. Enfim, é possível haver atos concertados entre os juízes cooperantes que estabeleçam procedimentos para a execução de decisão jurisdicional (art. 69, § 2º, VII).

---

**Art. 517.** A decisão judicial transitada em julgado poderá ser levada a protesto, nos termos da lei, depois de transcorrido o prazo para pagamento voluntário previsto no art. 523.

§ 1º Para efetivar o protesto, incumbe ao exequente apresentar certidão de teor da decisão.

§ 2º A certidão de teor da decisão deverá ser fornecida no prazo de 3 (três) dias e indicará o nome e a qualificação do exequente e do executado, o número do processo, o valor da dívida e a data de decurso do prazo para pagamento voluntário.

§ 3º O executado que tiver proposto ação rescisória para impugnar a decisão exequenda pode requerer, a suas expensas e sob sua responsabilidade, a anotação da propositura da ação à margem do título protestado.

§ 4º A requerimento do executado, o protesto será cancelado por determinação do juiz, mediante ofício a ser expedido ao cartório, no prazo de 3

**LIVRO I** · DO PROCESSO DE CONHECIMENTO E DO CUMPRIMENTO DE SENTENÇA    **Art. 517**

(três) dias, contado da data de protocolo do requerimento, desde que comprovada a satisfação integral da obrigação.

▶ **1. Sem correspondência no CPC/1973.**

## ⚖ LEGISLAÇÃO CORRELATA

**2. CLT, art. 883-A.** "*Art. 883-A. A decisão judicial transitada em julgado somente poderá ser levada a protesto, gerar inscrição do nome do executado em órgãos de proteção ao crédito ou no Banco Nacional de Devedores Trabalhistas (BNDT), nos termos da lei, depois de transcorrido o prazo de quarenta e cinco dias a contar da citação do executado, se não houver garantia do juízo.*"

**3. Lei 9.492/1997, art. 19.** "*Art. 19. O pagamento do título ou do documento de dívida apresentado para protesto será feito diretamente no Tabelionato competente, no valor igual ao declarado pelo apresentante, acrescido dos emolumentos e demais despesas. § 1º Não poderá ser recusado pagamento oferecido dentro do prazo legal, desde que feito no Tabelionato de Protesto competente e no horário de funcionamento dos serviços. § 2º No ato do pagamento, o Tabelionato de Protesto dará a respectiva quitação, e o valor devido será colocado à disposição do apresentante no primeiro dia útil subsequente ao do recebimento. § 3º Quando for adotado sistema de recebimento do pagamento por meio de cheque, ainda que de emissão de estabelecimento bancário, a quitação dada pelo Tabelionato fica condicionada à efetiva liquidação. § 4º Quando do pagamento no Tabelionato ainda subsistirem parcelas vincendas, será dada quitação da parcela paga em apartado, devolvendo-se o original ao apresentante.*"

**4. IN 39/2016 do TST, art. 17.** "*Art. 17. Sem prejuízo da inclusão do devedor no Banco Nacional de Devedores Trabalhistas (CLT, art. 642-A), aplicam-se à execução trabalhista as normas dos artigos 495, 517 e 782, §§ 3º, 4º e 5º do CPC, que tratam respectivamente da hipoteca judiciária, do protesto de decisão judicial e da inclusão do nome do executado em cadastros de inadimplentes.*"

**5. Código Nacional de Normas – Foro Extrajudicial /CNJ, art. 356.** "*Art. 356. O documento hábil a protesto extrajudicial é aquele que caracteriza prova escrita de obrigação pecuniária, líquida, certa e exigível, devendo ser lavrado e registrado no lugar da praça de pagamento constante das cambiais, dos títulos de crédito ou a indicada nos documentos de dívida, facultada a opção pelo cartório da comarca do domicílio do devedor. § 1º. Todos os títulos e documentos de dívida protocolizados serão examinados em seus caracteres*

*formais e terão curso se não apresentarem vícios, não cabendo ao Tabelião de Protesto investigar a ocorrência de prescrição ou caducidade. § 2º. Na falta de indicação ou sempre que assim desejar aquele que proceder ao apontamento, o protesto será tirado no lugar do endereço do sacado, do emitente ou devedor, das cambiais, dos títulos de crédito ou dos documentos de dívida. § 3º. Respeitada a competência territorial quanto ao lugar da tirada do protesto, a remessa da intimação poderá ser feita por qualquer meio idôneo, desde que o seu recebimento fique assegurado e comprovado mediante protocolo, aviso de recebimento – AR, ou documento equivalente, podendo ser efetivada por portador do próprio Tabelião ou empresa especializada especialmente contratada para este fim. § 4º. A intimação deverá conter, ao menos, o nome, CPF ou CNPJ e endereço do devedor, os nomes do credor e do apresentante, com respectivos CPF e/ou CNPJ, elementos de identificação do título ou documento de dívida e o prazo limite para cumprimento da obrigação no Tabelionato, bem como o número do protocolo e o valor a ser pago, exceção à intimação por edital que se limitará a conter o nome e a identificação do devedor. § 5º. O tabelião de protesto poderá utilizar meio eletrônico para a intimação quando autorizado pelo devedor e assim declarado pelo apresentante. § 6º. Quando o endereço do devedor for fora da competência territorial do tabelionato, o tabelião, antes de intimar o devedor por edital, deve esgotar os meios de localização, notadamente com o envio de intimação por via postal, no endereço fornecido por aquele que procedeu ao apontamento do protesto, sendo a intimação do protesto consumada por edital se, decorridos dez dias úteis da expedição da intimação, não retornar ao tabelionato de protesto o comprovante de sua entrega ou, se dentro desse prazo, retornar com alguma das ocorrências ensejadoras da publicação do edital.*"

**6. Código Nacional de Normas – Foro Extrajudicial /CNJ, art. 356-A.** "*Art. 356-A. O protesto falimentar deve ser lavrado no cartório de protesto da comarca do principal estabelecimento do devedor, contendo a notificação do protesto a identificação da pessoa que a recebeu. Parágrafo único. Nas hipóteses em que a notificação pessoal do protesto não lograr obter a identificação de quem se recusou a assinar a carta registrada ou documento idôneo equivalente, o tabelião poderá realizar a intimação do protesto por edital.*"

**7. Código Nacional de Normas – Foro Extrajudicial /CNJ, art. 356-B.** "*Art. 356-B. O protesto de sentença condenatória, a que alude o art. 517 do CPC, deverá ser feito sempre por tabelionato de protesto da comarca de domicílio do devedor,*

843

*devendo o tabelião exigir, além da apresentação de cópia da decisão transitada em julgado, certidão do respectivo juízo apontando o trânsito em julgado, o valor atualizado da dívida e o fato de ter transcorrido o prazo para pagamento voluntário."*

## ⚖ Jurisprudência, Enunciados e Súmulas Selecionados

- **8. Enunciado 538 do FPPC.** *"Aplica-se o procedimento do § 4º do art. 517 ao cancelamento da inscrição de cadastro de inadimplentes do § 4º do art. 782."*

- **9. Enunciado 679 do FPPC.** *"A anotação da propositura da ação à margem do título protestado não se restringe à ação rescisória, podendo abranger outros meios de desfazimento da coisa julgada."*

- **10. Enunciado 76 do FONAJE.** *"No processo de execução, esgotados os meios de defesa e inexistindo bens para a garantia do débito, expede-se a pedido do exequente certidão de dívida para fins de inscrição no serviço de Proteção ao Crédito – SPC e SERASA, sob pena de responsabilidade".*

## ▣ Comentários Temáticos

**11. Protesto do título judicial.** O título executivo judicial pode ser protestado, mas é preciso que haja antes trânsito em julgado. Embora o CPC/1973 não o previsse, o protesto já era admitido na jurisprudência do STJ: *"A jurisprudência desta Corte é assente no sentido de ser possível o protesto da sentença condenatória, transitada em julgado, que represente obrigação pecuniária líquida, certa e exigível"* (STJ, 3ª Turma, AgRg no AREsp 291.608/RS, rel. Min. Ricardo Villas Bôas Cueva, *DJe* 28.10.2013). A partir do atual CPC, passou a existir uma disciplina específica que regula o protesto da decisão transitada em julgado, com fixação de requisitos e estabelecimento de limites e parâmetros a serem observados, trazendo, assim, maior segurança na sua adoção.

**12. Decisões que podem ser levadas a protesto.** Não é possível levar a protesto qualquer decisão judicial. Somente pode ser levada a protesto a decisão judicial transitada em julgado que constitua título executivo. O protesto é medida coercitiva indireta destinada a forçar o pagamento de quantia certa. Aliás, o art. 517 estabelece que a decisão será levada a protesto *"depois de transcorrido o prazo para pagamento voluntário previsto no art. 523"*. Ora, tal prazo refere-se ao cumprimento da sentença de decisões que reconhecem obrigações de pagar quantia. Daí se observa que qualquer decisão judicial transitada em julgado que reconheça a obrigação de pagar quantia certa pode ser levada a protesto, aí incluídas as decisões homologatórias de autocomposição judicial ou extrajudicial, a sentença arbitral, a sentença penal condenatória, a sentença estrangeira homologada pelo STJ, enfim, qualquer dos títulos executivos judiciais, desde que reconheça a exigibilidade de obrigação de pagar quantia certa.

**13. Cumprimento de obrigação alimentícia.** No caso de cumprimento de prestação alimentar, o protesto consiste em medida típica integrante do procedimento (art. 528, § 1º). Assim, seja no cumprimento provisório, seja no definitivo, de obrigação de prestar alimentos, não havendo pagamento voluntário nem justificativa da sua impossibilidade, a sentença será protestada.

**14. Medida típica.** O protesto é uma medida coercitiva indireta *típica* para o cumprimento de decisão judicial transitada em julgado que reconheça a exigibilidade de obrigação de pagar quantia certa. Tradicionalmente, o protesto serve a obrigações pecuniárias, pois se destina a comprovar a inadimplência, a marcar a impontualidade e a constituir o devedor em mora, resguardando o crédito, ou funciona como requisito para o requerimento de falência do devedor empresário. Mais recentemente, o protesto passou a funcionar também como meio coercitivo indireto para desencorajar o inadimplemento e forçar o pagamento de obrigações pecuniárias. É que, protestado um título, o devedor passa a ter seu nome incluído em cadastros de inadimplentes, o que lhe causa restrição de crédito no comércio, junto a bancos e no mercado em geral.

**15. Funções do protesto.** O protesto é um instrumento para constituir o devedor em mora e provar a inadimplência, sendo também uma modalidade alternativa para a cobrança da dívida. Sua função foi ampliada, desvinculando-se dos títulos estritamente cambiariformes para abranger todos e quaisquer documentos de dívida pecuniária: *"Incluem-se entre os títulos sujeitos a protesto as certidões de dívida ativa da União, dos Estados, do Distrito Federal, dos Municípios e das respectivas autarquias e fundações públicas"* (Lei 9.492/1997, art. 1º, parágrafo único). O atual regime jurídico do protesto não é mais vinculado exclusivamente aos títulos cambiais, mas é inegável que sua função e seu objetivo estão ligados a obrigações pecuniárias.

**16. Requisitos para o protesto da decisão.** Para que haja o protesto da decisão judicial, é

**LIVRO I** · DO PROCESSO DE CONHECIMENTO E DO CUMPRIMENTO DE SENTENÇA **Art. 517**

preciso que tal decisão seja um título executivo que reconheça uma obrigação de pagar quantia certa. É preciso, de igual modo, que haja trânsito em julgado. É preciso, ainda, que tenha transcorrido o prazo para pagamento voluntário previsto no art. 523. Em outras palavras, transitada em julgado a decisão judicial que reconheceu a exigibilidade de obrigação pecuniária, deverá o executado ser intimado para pagar o valor devido no prazo de quinze dias. Vencido o prazo sem pagamento, poderá, então, ser levada a protesto a decisão judicial.

**17. Realização do protesto.** O protesto é realizado mediante apresentação pelo exequente de certidão ao cartório de protesto. Não se faz o protesto à vista de simples cópia da decisão. É preciso que haja certidão específica, emitida para fins de se efetivar o protesto. A certidão há de ser fornecida pela secretaria do juízo no prazo de três dias, contado a partir do requerimento do exequente. De posse da certidão, o exequente deve dirigir-se ao cartório de protesto para efetivá-lo.

**18. Detalhes da certidão.** A certidão deve indicar os detalhes previstos no § 2º do art. 517, a saber: o nome e a qualificação do exequente e do executado, o número do processo, o valor da dívida e a data de decurso do prazo para pagamento voluntário. Essas são informações básicas e suficientes para identificação da dívida executada. A certidão prevista no § 2º do art. 517 não é uma mera certidão de trânsito em julgado. Não basta atestar o trânsito em julgado; a certidão deve conter todos os elementos relacionados no § 2º do art. 517.

**19. Aplicação da Lei 9.492/1997.** O protesto da decisão judicial submete-se às normas contidas na Lei 9.492, de 1997, que define competência e regulamenta os serviços concernentes ao protesto de títulos e outros documentos de dívida. Compete privativamente ao Tabelião de Protesto de Títulos a protocolização, a intimação, o acolhimento da devolução ou do aceite, o recebimento do pagamento, do título e de outros documentos da dívida, bem como lavrar e registrar o protesto (Lei 9.492/1997, art. 3º). Desse modo, o protesto de decisão judicial transitada em julgado há de ser protocolizado perante o Tabelionato de Protesto de Títulos, que irá providenciar a intimação do devedor para pagamento. Não efetuado o pagamento, irá lavrar o protesto. Transitada em julgado a decisão que reconheceu a obrigação pecuniária, o executado será intimado para pagar no prazo de quinze dias (art. 523). Ultrapassado o prazo sem pagamento, poderá o exequente pedir certidão comprobatória

da decisão e protocolizá-la perante o Tabelião de Protesto de Títulos. Protocolizada a certidão, o Tabelião de Protesto expedirá a intimação ao devedor, no endereço fornecido pelo exequente, considerando-se cumprida quando comprovada sua entrega no mesmo endereço (Lei 9.492/1997, art. 14). O protesto será registrado dentro de três dias úteis contados, não da intimação do devedor, mas da protocolização da certidão da decisão judicial transitada em julgado no Tabelionato de Protesto. Na contagem desse prazo de três dias, exclui-se o dia da protocolização e inclui-se o do vencimento, não se considerando como útil o dia em que não houver expediente bancário para o público ou aquele em que este não obedecer ao horário normal. (Lei 9.492/1997, art. 12). A intimação dirigida ao devedor destina-se a convocá-lo ao pagamento. Se, no referido prazo de três dias, ele pagar, não será lavrado o protesto; o pagamento evita o protesto. Não poderá ser recusado o pagamento oferecido dentro do prazo legal, desde que feito no Tabelionato de Protesto competente e no horário de funcionamento dos serviços. Uma vez intimado o devedor e esgotado o prazo sem pagamento, o Tabelião lavrará e registrará o protesto, sendo o respectivo instrumento entregue ao exequente (Lei 9.492/1997, art. 20).

**20. Anotação da propositura de ação rescisória.** Os termos dos protestos lavrados conterão as anotações do tipo e do motivo do protesto (Lei 9.492/1997, art. 23). É possível agregar anotações importantes que esclareçam a origem da dívida e o motivo do protesto, para resguardar o próprio crédito, além de proteger o devedor. Se o executado tiver ajuizado ação rescisória para tentar desfazer a decisão exequenda que deu origem ao protesto, poderá, a suas expensas e sob sua responsabilidade, requerer ao Tabelião de Protesto a anotação da propositura da ação à margem do registro do protesto. O § 3º do art. 517 autoriza tal requerimento, mas é preciso observar que tal requerimento não precisa ser feito ao juiz da execução, podendo ser feito diretamente ao Tabelião de Protesto, nos termos da Lei 9.492/1997, que lhe confere competência para registro, anotações e cancelamento de protestos. A anotação será feita pelo Tabelião de Protesto, desde que esteja devidamente documentada e comprovada, por certidão específica, a propositura da ação rescisória. Embora possa o executado requerer tal anotação diretamente ao Tabelião de Protesto, nada impede que peça ao juiz, cabendo a este oficiar àquele para que efetue a anotação, às expensas e sob a responsabilidade do executado.

**21. Prosseguimento da execução.** O protesto da sentença não impede o prosseguimento da execução, com a prática de outros atos executivos, como a penhora e a alienação judicial.

**22. Cancelamento do protesto.** Se, depois do protesto, vier a ser efetuado o pagamento pelo executado, deverá o protesto ser cancelado. O cancelamento do registro do protesto deve ser solicitado diretamente no Tabelionato de Protesto de Títulos (Lei 9.492/1997, art. 26). Feito o pagamento, não é necessária determinação judicial de cancelamento do protesto, a não ser que o motivo do cancelamento seja outro, diverso do pagamento (Lei 9.492/1997, art. 26, § 3º). No caso de protesto de decisão judicial transitada em julgado, o § 4º do art. 517 dispõe diferentemente, prevendo que o cancelamento, mesmo em virtude do pagamento, haverá de ser requerido ao juiz, a quem caberá oficiar ao cartório para que o efetue.

**23. Conflito aparente de normas.** O § 4º do art. 517 não revoga o § 3º nem o *caput* do art. 26 da Lei 9.492/1997. O que se verifica é que há apenas campos de incidência distintos de tais normas. O art. 26 – e seu § 3º – da Lei 9.492/1997 continua vigente e continua a ser aplicado até mesmo nos casos de protesto de "decisão judicial transitada em julgado". A aplicação do disposto no § 4º do art. 517 do CPC precisa ser depurada, para que seja compreendida adequadamente como *meio concorrente* à determinação do referido art. 26. É certo que a norma especial revoga a geral, mas isso só ocorre quando há conflito de normas e uma substitui a outra. Na hipótese em comento, não há invalidação, mas apenas incidência em campos distintos. Não houve, portanto, revogação.

**24. Cumprimento por várias formas.** A obrigação protestada, objeto do cumprimento de sentença, pode ser cumprida de várias formas. É bem possível que o protesto lhe cause contratempos, notadamente pela indisponibilidade de crédito decorrente de sua inscrição em cadastro de devedores, e seja mais conveniente o pagamento direto no Tabelionato, com o imediato cancelamento do protesto do título. Ainda mais, é possível o pagamento direto ao credor, que deve emitir recibo e a carta de anuência de baixa do protesto, meio igualmente hábil ao cancelamento. O pagamento pode ser feito diretamente em juízo. Enfim, cada um desses meios afigura-se suficiente para o adimplemento e, portanto, para a extinção da obrigação. Realizado o pagamento diretamente no Tabelionato, deve o notário fazer a baixa do protesto. O pagamento em juízo é atrativo, por ser o mais seguro: não

haverá quaisquer dúvidas e, o que pode ser ainda mais importante para o executado, impede a continuidade da execução forçada, acarretando a extinção do processo. Nessa hipótese é que se deve aplicar o § 4º do art. 517. Antes de dar fim ao procedimento, deve o juiz determinar a expedição de ofício ao cartório, o que deve ser feito em três dias contados do requerimento do executado, para cancelamento do protesto.

**25. Cancelamento do protesto em caso de garantia do juízo.** O pagamento da dívida provoca o cancelamento do protesto. A garantia do juízo deve, de igual modo, provocar o cancelamento do protesto. Seria excessivamente oneroso ao executado ter a manutenção da inscrição de seu nome em cadastro de inadimplente (acarretada pelo protesto da sentença) e a garantia do juízo. Aplicam-se aqui o § 4º do art. 782 do CPC e o art. 883-A da CLT.

**26. Responsabilidade civil.** Realizado indevidamente o protesto, haverá um ato ilícito, que, causando prejuízos, impõe ao exequente o dever de indenizar o executado. Mesmo feito licitamente, há responsabilidade objetiva do exequente nos casos de dano causado ao executado, quando haja reconhecimento superveniente da inexistência da dívida (art. 776).

---

**Art. 518.** Todas as questões relativas à validade do procedimento de cumprimento da sentença e dos atos executivos subsequentes poderão ser arguidas pelo executado nos próprios autos e nestes serão decididas pelo juiz.

▶ **1. Sem correspondência no CPC/1973.**

▤ **COMENTÁRIOS TEMÁTICOS**

**2. Validade do procedimento e dos atos processuais.** Os atos processuais, para que sejam válidos, devem atender às exigências legais. A validade refere-se ao ato processual, que pode ser determinante para a prática de outros subsequentes; quando o ato processual detém relevância a ponto de condicionar a prática ou o modo de ser dos atos processuais subsequentes, a invalidade daquele acarreta a invalidação do procedimento.

**3. Requisitos processuais de validade no cumprimento de sentença.** O juiz deve verificar o atendimento aos requisitos de validade quando da prática de qualquer ato processual, determinando sua correção, inadmitindo-o ou desconstituindo-o, conforme o caso. No cumprimento de sentença, não é diferente: cabe ao juiz examinar a validade dos atos processuais nele praticados.

**LIVRO I** · DO PROCESSO DE CONHECIMENTO E DO CUMPRIMENTO DE SENTENÇA

**Art. 519**

**4. Invalidades ocorridas na fase de conhecimento.** As eventuais invalidades ocorridas antes do cumprimento de sentença tornam-se irrelevantes com o efeito preclusivo da coisa julgada (art. 508). Sua arguição não pode ser feita no cumprimento de sentença. As invalidades que podem ser requeridas e reconhecidas são, apenas, as dos atos realizados no próprio cumprimento de sentença. A única exceção é a *querela nullitatis insanabilis*, isto é, o pedido de decretação de nulidade de todo o procedimento por ausência ou invalidade da citação. Essa arguição pode realizar-se por petição avulsa, bem como por meio de impugnação ao cumprimento de sentença (art. 525, § 1º, I).

**5. Meio de alegação e impugnação ao cumprimento de sentença.** Não há exigência de qualquer formalidade distintiva para os requerimentos de invalidade de atos executivos ou do procedimento de cumprimento da sentença. O Código permite o simples requerimento, por meio de petição que preencha condições formais genéricas, bem como a veiculação da impugnação, conforme o § 1º do art. 525. É essencial, porém, que os requerimentos de nulificação de atos apontem com clareza suficiente a causa da invalidade, uma fundamentação jurídica razoável e que haja pedido de sua decretação. O formalismo é essencial ao bom funcionamento dos poderes, deveres, faculdades e ônus processuais, estruturando como devem ser exercidos regularmente. O exercício do poder processual garantido pelo art. 518, embora não haja previsão expressa, precisa ser realizado de forma adequada, cumprindo a parte o seu ônus argumentativo no sentido de demonstrar a nulidade do ato atacado.

**6. Preclusão.** Se o executado oferece impugnação e alega o vício ou a invalidade, não poderá, depois, formular a mesma alegação por simples petição, pois terá havido preclusão. Se deixar de alegar o vício ou a invalidade na sua impugnação, também terá havido preclusão, a não ser que o vício ou a invalidade seja superveniente, isto é, tenha ocorrido depois do momento em que o executado apresentou sua impugnação ao cumprimento de sentença.

**7. Alegação de vício ou invalidade de penhora superveniente.** O art. 525 dispensa penhora ou garantia do juízo para o ajuizamento da impugnação. Apresentada a impugnação ou ultrapassado o prazo para sua apresentação, é possível que a penhora e a avaliação somente se realizem depois. Se houver algum vício ou invalidade na penhora ou na avaliação, admite-se sua arguição por simples petição oferecida nos próprios autos, devendo ser apreciada a alegação pelo juiz da causa (art. 525, § 11).

---

**Art. 519.** Aplicam-se as disposições relativas ao cumprimento da sentença, provisório ou definitivo, e à liquidação, no que couber, às decisões que concederem tutela provisória.

---

▶ **1. Correspondência no CPC/1973.** *"Art. 273 (...) § 3º A efetivação da tutela antecipada observará, no que couber e conforme sua natureza, as normas previstas nos arts. 588, 461, §§ 4º e 5º, e 461-A."*

### 🗒 Comentários Temáticos

**2. A eficácia das decisões que concedem tutela antecipada.** A eficácia preponderante das decisões que antecipam a tutela final nem sempre será correspondente à da decisão final. Os pressupostos específicos para a concessão de tutela provisória podem levar a uma alteração da eficácia preponderante da decisão. Isso se dá, de forma mais evidente, nas decisões proferidas para a tutela de urgência: a eficácia da decisão será preponderantemente executiva ou mandamental. Tais eficácias sentenciais, do ponto de vista da tutela dos direitos, são técnicas mais apropriadas e eficientes para lidar com urgência. Logo, a tutela de urgência há de seguir a regência dos arts. 536 a 538. Já a tutela de evidência, cujas hipóteses estão relacionadas no art. 311, reproduz a mesma eficácia que a sentença final, em sua integralidade, diferindo única e exclusivamente quanto ao momento em que é concedida. Por isso, o cumprimento de sentença faz-se conforme a obrigação reconhecida, sem qualquer diferença. Na tutela de evidência, como não há qualquer nuance que faça imperiosa a alteração da técnica processual para a tutela do direito, o sistema executivo deve ser preservado. A efetivação dessa espécie de antecipação da tutela segue o regime do cumprimento provisório de sentença, haja recurso ou não, já que o título pode ser confirmado ou não pela decisão final – como se sabe, a circunstância que norteia a provisoriedade da execução forçada é, justamente, a provisoriedade do título, o que se dá indistintamente na efetivação de tutela antecipada de evidência.

**3. Aplicação das normas sobre liquidação.** Se, para efetivar a tutela provisória, for necessário apurar algum valor, deve haver uma liquidação, aplicando-se, no que couber, as normas que regulam a liquidação de sentença.

847

# CAPÍTULO II
## DO CUMPRIMENTO PROVISÓRIO DA SENTENÇA QUE RECONHECE A EXIGIBILIDADE DE OBRIGAÇÃO DE PAGAR QUANTIA CERTA

**Art. 520.** O cumprimento provisório da sentença impugnada por recurso desprovido de efeito suspensivo será realizado da mesma forma que o cumprimento definitivo, sujeitando-se ao seguinte regime:

I – corre por iniciativa e responsabilidade do exequente, que se obriga, se a sentença for reformada, a reparar os danos que o executado haja sofrido;

II – fica sem efeito, sobrevindo decisão que modifique ou anule a sentença objeto da execução, restituindo-se as partes ao estado anterior e liquidando-se eventuais prejuízos nos mesmos autos;

III – se a sentença objeto de cumprimento provisório for modificada ou anulada apenas em parte, somente nesta ficará sem efeito a execução;

IV – o levantamento de depósito em dinheiro e a prática de atos que importem transferência de posse ou alienação de propriedade ou de outro direito real, ou dos quais possa resultar grave dano ao executado, dependem de caução suficiente e idônea, arbitrada de plano pelo juiz e prestada nos próprios autos.

§ 1º No cumprimento provisório da sentença, o executado poderá apresentar impugnação, se quiser, nos termos do art. 525.

§ 2º A multa e os honorários a que se refere o § 1º do art. 523 são devidos no cumprimento provisório de sentença condenatória ao pagamento de quantia certa.

§ 3º Se o executado comparecer tempestivamente e depositar o valor, com a finalidade de isentar-se da multa, o ato não será havido como incompatível com o recurso por ele interposto.

§ 4º A restituição ao estado anterior a que se refere o inciso II não implica o desfazimento da transferência de posse ou da alienação de propriedade ou de outro direito real eventualmente já realizada, ressalvado, sempre, o direito à reparação dos prejuízos causados ao executado.

§ 5º Ao cumprimento provisório de sentença que reconheça obrigação de fazer, de não fazer ou de dar coisa aplica-se, no que couber, o disposto neste Capítulo.

▶ **1. Correspondência no CPC/1973.** *"Art. 475-O. A execução provisória da sentença far-se-á, no que couber, do mesmo modo que a definitiva, observadas as seguintes normas: I – corre por iniciativa, conta e responsabilidade do exequente, que se obriga, se a sentença for reformada, a reparar os danos que o executado haja sofrido; II – fica sem efeito, sobrevindo acórdão que modifique ou anule a sentença objeto da execução, restituindo-se as partes ao estado anterior e liquidados eventuais prejuízos nos mesmos autos, por arbitramento; III – o levantamento de depósito em dinheiro e a prática de atos que importem alienação de propriedade ou dos quais possa resultar grave dano ao executado dependem de caução suficiente e idônea, arbitrada de pleno pelo juiz e prestada nos próprios autos. § 1º No caso do inciso II do caput deste artigo, se a sentença provisória for modificada ou anulada apenas em parte, somente nesta ficará sem efeito a execução."*

## 🏛 LEGISLAÇÃO CORRELATA

**2. LINDB, art. 15, c.** *"Art. 15. Será executada no Brasil a sentença proferida no estrangeiro, que reúna os seguintes requisitos: (...) c) ter passado em julgado e estar revestida das formalidades necessárias para a execução no lugar em que foi proferida."*

## ⚖ JURISPRUDÊNCIA, ENUNCIADOS E SÚMULAS SELECIONADOS

- **3. Súmula STJ, 317.** *"É definitiva a execução de título extrajudicial, ainda que pendente apelação contra sentença que julgue improcedentes os embargos."*
- **4. Súmula TST, 246.** *"É dispensável o trânsito em julgado da sentença normativa para a propositura da ação de cumprimento."*
- **5. Enunciado 262 do FPPC.** *"É admissível negócio processual para dispensar caução no cumprimento provisório de sentença."*
- **6. Enunciado 490 do FPPC.** *"São admissíveis os seguintes negócios processuais, entre outros: pacto de inexecução parcial ou total de multa coercitiva; pacto de alteração de ordem de penhora; pré-indicação de bem penhorável preferencial (art. 848, III); pré-fixação de indenização por dano processual prevista nos arts. 81, § 3º, 520, inc. I, 297, parágrafo único (cláusula penal processual); negócio de anuência prévia para aditamento ou alteração do pedido ou da causa de pedir até o saneamento (art. 329, inc. II)."*
- **7. Enunciado 497 do FPPC.** *"As hipóteses de exigência de caução para a concessão de tutela*

**LIVRO I · DO PROCESSO DE CONHECIMENTO E DO CUMPRIMENTO DE SENTENÇA**  **Art. 520**

*provisória de urgência devem ser definidas à luz do art. 520, IV, CPC.”*

- **8. Enunciado 528 do FPPC.** *“No cumprimento provisório de sentença por quantia certa iniciado na vigência do CPC/1973, sem garantia da execução, deve o juiz, após o início de vigência do CPC/2015 e a requerimento do exequente, intimar o executado nos termos dos arts. 520, § 2º, 523, § 1º e 525, caput.”*
- **9. Enunciado 697 do FPPC.** *“A caução exigida em sede de cumprimento provisório de sentença pode ser prestada por terceiro, devendo o juiz aferir a suficiência e a idoneidade da garantia.”*
- **10. Enunciado 737 do FPPC.** *“É admissível o negócio jurídico processual que autorize a aplicação do regime jurídico do art. 916 do CPC no cumprimento de sentença.”*
- **11. Enunciado 88 da I Jornada-CJF.** *“A caução prevista no inc. IV do art. 520 do CPC não pode ser exigida em cumprimento definitivo de sentença. Considera-se como tal o cumprimento de sentença transitada em julgado no processo que deu origem ao crédito executado, ainda que sobre ela penda impugnação destituída de efeito suspensivo.”*

### 🗐 COMENTÁRIOS TEMÁTICOS

**12. Cumprimento definitivo e provisório de sentença.** A execução de título judicial (denominada cumprimento de sentença) pode ser definitiva ou provisória. O critério distintivo entre elas é a *estabilidade* do título executivo em que se funda a execução: se se tratar de decisão acobertada pela coisa julgada material, o cumprimento de sentença é *definitivo*; se se tratar de decisão judicial ainda passível de alteração (reforma ou invalidação), em razão da pendência de recurso contra ela interposto, a que não tenha sido atribuído efeito suspensivo, o cumprimento de sentença é *provisório*. Seria mais correto denominá-los de cumprimento de sentença provisória e cumprimento de sentença definitiva. A execução de título extrajudicial sempre é definitiva. Só o cumprimento de sentença pode ser definitivo ou provisório.

**13. Sentença transitada em julgado e cumprimento definitivo.** *“É definitiva a execução de título judicial transitado em julgado quando há recurso sem efeito suspensivo pendente de julgamento na impugnação ao cumprimento de sentença, dispensando-se a prestação de caução para levantamento dos valores depositados”* (STJ, 3ª Turma, AgInt nos EDcl no REsp 1.532.241/PR, rel. Min. Marco Aurélio Bellizze, *DJe* 15.03.2021).

**14. Provisoriedade do título.** O cumprimento provisório consiste em execução de um título executivo judicial ainda não definitivo. O título é provisório, razão pela qual é igualmente provisório o cumprimento da sentença. O título pode ser desfeito em razão do recurso interposto, que não tem efeito suspensivo. Provisório é o título, e não o cumprimento. O título (decisão) pode ser substituído por outro; daí ser provisório.

**15. Cabimento.** Somente é possível cumprimento provisório de título judicial. Apenas a decisão judicial impugnável por recurso desprovido de efeito suspensivo. A decisão não precisa ser, necessariamente, uma sentença. Qualquer decisão impugnada por recurso sem efeito suspensivo pode ensejar cumprimento provisório. O título judicial pode ser decisão que certifique direito a qualquer tipo de prestação.

**16. Negócio processual que afaste seu cabimento.** As partes podem celebrar negócio jurídico processual, convencionando a impossibilidade de cumprimento provisório. Nesse caso, o cumprimento provisório não será cabível.

**17. Sentença penal condenatória.** Não é possível cumprimento provisório de sentença penal condenatória, pois não há título executivo antes do trânsito em julgado. O título executivo é a “sentença penal condenatória transitada em julgado” (art. 515, VI). O trânsito em julgado é elemento integrante do tipo: só será título executivo depois de haver trânsito em julgado.

**18. Sentença arbitral.** Não há cumprimento provisório de sentença arbitral, pois esta é irrecorrível. O pressuposto para o cumprimento provisório consiste na existência de uma decisão impugnável por recurso desprovido de efeito suspensivo. Sendo a sentença arbitral irrecorrível, não há cumprimento provisório da sentença arbitral.

**19. Sentença estrangeira homologada pelo STJ.** A homologação de sentença estrangeira pressupõe o trânsito em julgado no país de origem (LINDB, art. 15, *c*). Segundo o art. 961, § 1º, é passível de homologação a decisão judicial *definitiva*, e não a provisória. Logo, não cabe cumprimento provisório de sentença estrangeira. Ressalve-se, contudo, que “a autoridade judiciária brasileira poderá deferir pedidos de urgência e realizar atos de execução provisória no processo de homologação de decisão estrangeira” (CPC, art. 961, § 3º).

**20. Decisão interlocutória estrangeira.** A decisão interlocutória estrangeira concessiva de medida de urgência, após a concessão do *exe-*

849

*quatur* à carta rogatória pelo STJ (art. 515, IX), é passível de cumprimento provisório (art. 962).

**21. Fase do processo.** O cumprimento provisório dá-se, em regra, como fase do mesmo processo em que a sentença foi proferida.

**22. Necessidade de requerimento.** O cumprimento provisório de sentença sempre depende de requerimento do exequente.

**23. A incidência da multa do art. 523, § 1º.** Apresentado o requerimento de cumprimento provisório pelo exequente, o primeiro passo será o mesmo do cumprimento definitivo: o executado será intimado para depositar o valor do débito (acrescido de custas, se houver), no prazo de quinze dias, sob pena de incidência de multa no valor de dez por cento.

**24. Honorários advocatícios.** Não efetuado o depósito do valor executado no prazo de quinze dias, haverá, além da multa do § 1º do art. 523, a incidência de honorários advocatícios de dez por cento.

**25. Prazo para depósito, e não para pagamento.** No cumprimento provisório, diferentemente do definitivo, o executado não é intimado para pagar; é intimado para depositar o valor executado. O objetivo do depósito é apenas garantir a execução e isentar o executado da multa e dos honorários advocatícios. O levantamento do valor depositado fica sujeito à caução. Se o executado pagasse, em vez de depositar, haveria comportamento contraditório, inviabilizando o recurso sem efeito suspensivo que ele interpôs. Por isso que não é pagamento; é um simples depósito. O depósito não é considerado ato incompatível com o recurso interposto.

**26. Depósito e responsabilidade do executado por correção monetária e juros.** *"Como o depósito em garantia do juízo visa ao oferecimento de impugnação ao valor exequendo, não constitui pagamento, inexistindo previsão legal que o equipare a tanto. Dessa forma, permanece o devedor em mora, responsabilidade que não pode ser transferida ao depositário judicial sem que se identifique na conduta deste hipótese de subsunção à regra do art. 394 do Código Civil. 6. A instituição financeira depositária, em razão dos deveres previstos no art. 629 do Código Civil, responde pela correção monetária e juros remuneratórios sobre o valor depositado. 7. O depósito judicial apenas extingue a obrigação do devedor nos limites da quantia depositada, mas não o libera dos consectários próprios de sua obrigação. Assim, quando do efetivo pagamento, os valores depositados com os acréscimos pagos pela instituição bancária devem ser deduzidos do* montante da condenação calculado na forma do título judicial ou extrajudicial (Recurso Especial repetitivo 1.348.640/RS)"* (STJ, 3ª Turma, REsp 1.475.859/RJ, rel. Min. João Otávio de Noronha, *DJe* 25.08.2016).

**27. Afastamento da multa do art. 523, § 1º.** A multa do art. 523, § 1º, tem, no cumprimento provisório, um papel diferente daquele exercido no cumprimento definitivo. No definitivo, a multa serve como sanção pelo inadimplemento da sentença; no provisório, a multa serve para compelir o executado a depositar dinheiro para garantir a execução. No definitivo, se o executado pagar a obrigação, não será multado; no provisório, se o executado depositar o dinheiro, *sem pagar a obrigação*, não será multado.

**28. Fiança bancária ou seguro garantia.** O executado livra-se da multa do art. 523, § 1º, no cumprimento provisório, se apresentar fiança bancária ou seguro garantia judicial, em valor 30% superior ao executado, pois ambos, nessas circunstâncias, equivalem a dinheiro (arts. 835, § 2º, 848, parágrafo único).

**29. Entendimento do STJ: exclusão da multa só em caso de depósito sem qualquer discussão do débito.** *"Conforme entendimento do STJ, 'a multa a que se refere o art. 523 do Código de Processo Civil de 2015 será excluída apenas se o executado depositar voluntariamente a quantia devida em juízo, sem condicionar seu levantamento a qualquer discussão do débito' (AgInt no AREsp 1.271.636/SP, Rel. Min. Luis Felipe Salomão, Quarta Turma, DJe de 20.11.2018), o que não ocorreu, no caso, ante a necessidade de instauração da fase de cumprimento de sentença"* (STJ, 3ª Turma, AgInt no REsp 1.822.625/RJ, rel. Min. Marco Aurélio Bellizze, *DJe* 13.05.2020). Segundo o STJ, esse entendimento também se aplica ao cumprimento provisório da sentença: STJ, AgInt no AREsp 1.628.576/PR, rel. Min. Nancy Andrighi, *DJe* 03.09.2020.

**30. Pagamento.** Se, em vez de depositar, o executado preferir efetuar o pagamento espontâneo da quantia, haverá configuração de cumprimento voluntário da obrigação, tendo ele praticado ato incompatível com o recurso interposto, conduzindo à sua inadmissão (art. 1.000). E ao juiz restará apenas prolatar sentença extintiva da execução em razão do pagamento. É preciso, portanto, que o executado deixe claro se simplesmente depositou o valor, ressalvando seu recurso (art. 1.000, parágrafo único) ou se efetivamente resolveu pagá-lo de modo espontâneo.

**31. Impugnação do executado.** Findo o prazo para depósito (ou garantia da execução), com

**LIVRO I · DO PROCESSO DE CONHECIMENTO E DO CUMPRIMENTO DE SENTENÇA** — **Art. 520**

ou sem sua realização, será iniciado o prazo de quinze dias para o oferecimento da impugnação de executado – devendo-se adotar, simultaneamente, as medidas executivas cabíveis, conforme o tipo de prestação (arts. 523, § 3º, e 536 e 538). O *conteúdo* da impugnação de executado em cumprimento provisório, sofre, ao menos, duas restrições. Em primeiro lugar, não poderá o executado arguir a "falta ou nulidade da citação" na fase de conhecimento (que correu à sua revelia), em sede dessa impugnação (art. 525, § 1º, I). A razão é simples: essa alegação pressupõe que a decisão tenha transitado em julgado em processo de que não fez parte o executado, exatamente em razão de não ter sido citado ou tê-lo sido invalidamente. Cabe ao executado discutir a questão em sede do recurso pendente. Para evitar ou paralisar a execução, poderá pedir a concessão de efeito suspensivo ao referido recurso. O mesmo raciocínio é aplicável à inconstitucionalidade reconhecida pelo STF, em controle difuso ou concentrado, da lei ou ato normativo em que se funda a decisão recorrida e exequenda, antes do seu trânsito em julgado (art. 525, §§ 12 a 15). Essa questão deve ser suscitada no recurso. Em segundo lugar, não poderá o executado arguir na sua impugnação "qualquer causa modificativa ou extintiva da obrigação, como pagamento, novação, compensação, transação ou prescrição". Até porque o objetivo do art. 525, § 1º, VII, é só admitir que se levantem, em sede de execução, causas extintivas ou modificativas da obrigação que sejam posteriores à coisa julgada, que não tenham sido alcançadas pela sua eficácia preclusiva. Se ainda há recurso pendente, cabe ao executado em seu âmbito discutir a questão (se já não estiver preclusa).

**32.** **Rejeição da impugnação e ausência de honorários de sucumbência.** *"Nos termos do entendimento sedimentado em sede de recurso repetitivo (REsp 1.134.186/RS, representativo de controvérsia na forma do art. 543-C, do CPC/1973 – tema 408) a rejeição da impugnação ao cumprimento de sentença não enseja a condenação em honorários advocatícios (Súmula 519 do STJ). 1.1 Em que pese tal pronunciamento tenha sido estabelecido sob a égide do diploma processual civil revogado, a deliberação se mantém, também, para contendas estabelecidas no âmbito do NCPC, porquanto a impugnação ao cumprimento de sentença (seja ela definitiva ou provisória) não enseja o início de novo procedimento, visto que atrelada à própria abertura do cumprimento de sentença em si, o qual já admite, por força do art. 85, § 1º, do NCPC a fixação de honorários advocatícios"* (STJ, 4ª Turma, AgInt no AREsp 1.747.288/MT, rel.

Min. Marco Buzzi, *DJe* 28.05.2021). *"A jurisprudência consolidada no STJ, firmada inclusive em recurso repetitivo, é no sentido de que a rejeição da impugnação ao cumprimento de sentença não enseja a condenação em honorários, compreensão que se mantém, inclusive, após a vigência do novel diploma processual. Precedentes: REsp 1.134.186/RS, representativo de controvérsia na forma do art. 543-C, do CPC/1973 – tema 408; AgInt no REsp 1.668.737/SC, de Minha Relatoria, Segunda Turma, julgado em 1º.06.2020, DJe 03.06.2020"* (STJ, 2ª Turma, AgInt no REsp 1.886.103/RS, rel. Min. Og Fernandes, *DJe* 20.05.2021).

**33.** **Preclusão.** Se o executado oferece impugnação tempestiva, em razão da preclusão consumativa, não poderá apresentar outra quando o cumprimento provisório se converter em definitivo, salvo para discutir questões relacionadas a fato superveniente.

**34.** **Autuação separada.** Não sendo o processo em autos eletrônicos, o cumprimento provisório, de regra, faz-se em *autos apartados*, desenvolvendo-se paralelamente ao processo de conhecimento que resultou na prolação da decisão exequenda – que ainda está sujeita à revisão, em grau de recurso (*nos autos principais*). Seria inviável, em termos materiais, que o desenvolvimento de ambas as atividades (de execução e de cognição na via recursal) ocorresse nos mesmos autos, já que são realizadas em juízos e instâncias distintos.

**35.** **Autos principais.** Há casos em que o cumprimento provisório pode transcorrer nos *autos principais*. É o que ocorre quando o processo tramitar em autos eletrônicos, que sejam simultaneamente acessíveis na instância originária e recursal. É o caso, também, da efetivação da tutela provisória, que observará as regras do cumprimento provisório de sentença, mas que, a despeito disso, se dá nos próprios autos principais (arts. 297, parágrafo único, e 519). O parágrafo único do art. 297 remete a efetivação da tutela provisória a todo o regime legal do cumprimento provisório, previsto nos arts. 520 a 522.

**36.** **Responsabilidade objetiva do exequente.** A execução provisória corre por conta e risco do exequente, que responderá, objetivamente, pelos prejuízos causados ao executado, caso o seu título seja desfeito. A responsabilidade pelo cumprimento provisório é exclusiva do exequente. A responsabilidade é objetiva, ou seja, independe de culpa, dolo ou de qualquer intenção ou elemento subjetivo.

**37.** **Ressarcimento do executado.** A forma de ressarcimento do executado depende do tipo

851

de prestação efetivada. No caso de prestação de pagar quantia, o ressarcimento será feito com a devolução dos bens (caso tenham sido adjudicados pelo exequente) e valores expropriados na execução, juntamente com o pagamento de uma indenização pelos prejuízos sofridos – em razão do período em que foi privado da fruição do bem ou com danos causados à coisa restituída. Se acaso os bens expropriados já tenham sido transferidos para terceiros, cabe ao exequente indenizar o executado pela perda do bem. Tratando-se de prestação de entregar coisa, o ressarcimento deve ser feito com a restituição da coisa e com uma recompensa pecuniária por eventuais danos a ela causados. Caso já tenha sido transferida para terceiros (de forma válida), restituir-se-á o valor pecuniário equivalente, sendo devida, ainda, uma indenização pelo período em que o executado não pôde frui-la. Em caso de imposição e pagamento de multa (medida coercitiva), seu valor deverá ser devolvido. Em caso de prestação de fazer, a parte responsável deve desfazer a prestação positiva por sua conta e risco, sempre que possível, retornando ao *status quo ante*, bem como pagar uma indenização por danos sofridos –, por exemplo, pelos gastos com equipamento, material, contratação de pessoal. Caso não seja possível o retorno ao estado anterior, deverá reembolsar o executado pelo equivalente pecuniário. Em caso de imposição e pagamento de multa (medida coercitiva), seu valor deverá ser devolvido. Em caso de prestação de não fazer, deve-se, na medida do possível, eliminar os efeitos da conduta negativa do executado recompensando-o pecuniariamente por prejuízos experimentados. Em caso de imposição e pagamento de multa (medida coercitiva), seu valor deverá ser devolvido.

**38. Danos morais.** Desfeito o título provisório, o exequente poderá ter de efetuar o pagamento de uma indenização por danos morais eventualmente suportados pelo executado, caso a execução tenha sido ruidosa a ponto de lhe lesar a honra.

**39. Caução.** O exequente, no cumprimento provisório, deve prestar caução, para que possa: (*a*) levantar depósito em dinheiro, (*b*) praticar atos que importem transferência de posse, alienação de propriedade (expropriação de seu patrimônio) ou de outro direito real ou (*c*) praticar atos dos quais possa resultar grave dano ao executado, por exemplo, a demolição de obras de grande envergadura ou a interdição de atividade econômica etc. A caução não é exigida para a *instauração* do cumprimento provisório, mas apenas para a prática de um desses atos

definitivos. A caução, sempre *suficiente* e *idônea*, deverá ser fixada pelo juiz e prestada nos próprios autos da execução provisória. Poderá ser real (ex.: penhor, hipoteca, anticrese etc.) ou fidejussória (ex.: fiança, cessão de créditos ou direitos etc.). A caução pode ser prestada por terceiro, a exemplo da fiança bancária.

**40. Reforma ou anulação do título: retorno ao estado anterior.** Caso seja o título, em grau de recurso, anulado ou reformado integralmente, a execução deve ser extinta. Nessa hipótese, as partes devem retornar ao estado anterior ao cumprimento provisório e eventuais prejuízos injustamente sofridos pelo executado deverão ser liquidados, nos próprios autos da execução. Apurados os danos, o valor resultante deverá ser cobrado nos mesmos autos, pelo procedimento incidental de cumprimento da sentença que mais bem se adapte às circunstâncias.

**41. Reforma ou anulação parcial do título.** Anulado ou reformado parcialmente o título, a execução ficará, nesta parte, sem efeito. Na parte restante, continuará válida e eficaz, passando a transcorrer em definitivo, devido ao trânsito em julgado.

**42. Direito de terceiros.** Anulado ou reformado o título executivo, o retorno ao estado anterior ao cumprimento provisório pode não ocorrer integralmente. A provisoriedade da execução não pode implicar prejuízos para terceiros que legitimamente tenham adquirido a posse, a propriedade (ou outros direitos reais) sobre os bens executados. Se os bens do executado foram transferidos por alienação em leilão judicial a terceiros, o exequente não terá que devolvê-los ao executado, mas, sim, indenizá-lo por sua perda.

**43. Conversão do cumprimento provisório em cumprimento definitivo.** Se o recurso interposto não for admitido ou não for provido e o título vier a ser mantido por decisão transitada em julgado, o cumprimento provisório converte-se em cumprimento definitivo. Diante da superveniência do trânsito em julgado, não deve o exequente ajuizar outro cumprimento de sentença, de forma que passem a existir, simultaneamente, um provisório e outro definitivo. Se isso ocorrer, haverá litispendência, devendo o segundo ser extinto. O cumprimento provisório, com o trânsito em julgado do título judicial, transforma-se, automaticamente, em definitivo, não sendo necessário qualquer outro ajuizamento da execução.

**44. Cumprimento provisório contra a Fazenda Pública.** É possível o cumprimento provisório de sentença contra a Fazenda Pública.

# LIVRO I · DO PROCESSO DE CONHECIMENTO E DO CUMPRIMENTO DE SENTENÇA — Art. 521

O art. 100 da CF exige, para a expedição de precatório (§ 5º) ou de RPV (§ 3º), o prévio trânsito em julgado. Isso, porém, não impede o cumprimento provisório da sentença contra a Fazenda Pública. O que não se permite é a expedição do precatório ou da RPV antes do trânsito em julgado, mas nada impede que já se ajuíze o cumprimento da sentença e se adiante o procedimento, aguardando-se, para a expedição do precatório ou da RPV, o trânsito em julgado.

**45. Depósito judicial de bem diverso de dinheiro.** "*O depósito judicial do valor a que se refere o art. 520, § 3º, do CPC/2015, deve ocorrer apenas em dinheiro, salvo na hipótese em que houver o consentimento do exequente para a sua substituição por bem equivalente ou representativo do valor executado, pois, na execução por quantia certa, a finalidade e o objetivo a ser perseguido e alcançado é apenas, ou primordialmente, a tutela pecuniária, isto é, a tutela do provável ou definitivo crédito a que faz jus o exequente. 8. É absolutamente irrelevante investigar, para fins de incidência da multa e dos honorários advocatícios, se o executado possui ou não condição material ou intenção de satisfazer a obrigação de pagar quantia certa, pois ambos os acréscimos decorrem objetivamente do descumprimento da ordem de depósito judicial do valor executado provisoriamente. 9. A substituição do depósito judicial do valor executado em dinheiro por bem de titularidade do executado está condicionada a aceitação pelo exequente também porque, em se tratando de execução por quantia certa, em que é direito do exequente receber dinheiro, não se pode impor unilateralmente que ele receba coisa distinta daquela estipulada na decisão judicial provisória ou definitivamente executada, especialmente em virtude do comprometimento da liquidez do título executivo e da amplificação dos debates acerca da suficiência do bem, de sua disponibilidade e capacidade de transformação em dinheiro e do valor apropriado para sua alienação ou adjudicação*" (STJ, 3ª Turma, REsp 1.942.671/SP, rel. Min. Nancy Andrighi, *DJe* 23.09.2021).

---

**Art. 521.** A caução prevista no inciso IV do art. 520 poderá ser dispensada nos casos em que:

I – o crédito for de natureza alimentar, independentemente de sua origem;

II – o credor demonstrar situação de necessidade;

III – pender o agravo do art. 1.042;

IV – a sentença a ser provisoriamente cumprida estiver em consonância com súmula da jurisprudência do Supremo Tribunal Federal ou do Superior Tribunal de Justiça ou em conformidade com acórdão proferido no julgamento de casos repetitivos.

Parágrafo único. A exigência de caução será mantida quando da dispensa possa resultar manifesto risco de grave dano de difícil ou incerta reparação.

---

▶ **1. Correspondência no CPC/1973.** "*Art. 475-O. (...) § 2º A caução a que se refere o inciso III deste artigo poderá ser dispensada: I – quando, nos casos de crédito de natureza alimentar ou decorrente de ato ilícito, até o limite de sessenta vezes o valor do salário-mínimo, o exequente demonstrar situação de necessidade; II – nos casos de execução provisória em que penda agravo perante o Supremo Tribunal Federal ou o Superior Tribunal de Justiça (art. 544), salvo quando da dispensa possa manifestamente resultar risco de grave dano, de difícil ou incerta reparação.*"

## ⚖ JURISPRUDÊNCIA, ENUNCIADOS E SÚMULAS SELECIONADOS

- **2. Tema/Repetitivo 443 STJ.** "*É permitido ao juiz da execução, diante da natureza alimentar do crédito e do estado de necessidade dos exequentes, a dispensa da contracautela para o levantamento do crédito, limitado, contudo, a 60 (sessenta) vezes o salário mínimo.*"

- **3. Enunciado 262 do FPPC.** "*É admissível negócio processual para dispensar caução no cumprimento provisório de sentença.*"

- **4. Enunciado 498 do FPPC.** "*A possibilidade de dispensa de caução para a concessão de tutela provisória de urgência, prevista no art. 300, § 1º, deve ser avaliada à luz das hipóteses do art. 521.*"

- **5. Enunciado 136 da II Jornada-CJF.** "*A caução exigível em cumprimento provisório de sentença poderá ser dispensada se o julgado a ser cumprido estiver em consonância com tese firmada em incidente de assunção de competência.*"

## 📋 COMENTÁRIOS TEMÁTICOS

**6. Dispensa de caução.** São quatro os casos em que a caução deve ser dispensada pelo juiz.

**7. Crédito de natureza alimentar.** Dispensa-se a caução no cumprimento provisório *de crédito de natureza alimentar, independentemente de sua origem* (ex.: direito de família, responsabilidade civil, direito de trabalhador, honorários de profissional liberal). Essa dispensa da contracautela justifica-se pela natureza do crédito executado.

853

**8. Situação de necessidade.** A caução é dispensável quando credor demonstrar situação de necessidade. Há situações em que a parte vitoriosa não tem recursos suficientes para arcar com a caução. É o que pode ocorrer, por exemplo, com o beneficiário da gratuidade da justiça. Impedir que esse credor "necessitado" tenha acesso a um cumprimento provisório efetivo, apto a lhe entregar o bem da vida devido, colide com os ditames constitucionais mais elementares (CF, art. 5º, XXXV e LIV). Não é pela simples circunstância de ter hipossuficiência econômica ou financeira que o exequente estará, no cumprimento provisório, liberado de prestar caução. Afastar a exigência de caução apenas porque não há condições financeiras do exequente seria adotar medidas assistencialistas ou paternalistas em seu favor, com dinheiro do executado, onerando-o com risco de prejuízo irreparável. É necessário aplicar a proporcionalidade, verificando-se as chances de provável êxito ou não do recurso para, então, exigir ou dispensar a caução. Cabe ao juiz ponderar os interesses em jogo: *de um lado*, o direito do exequente a uma tutela efetiva (considerando suas chances de êxito final), ao acesso à justiça e ao devido processo legal; *de outro*, o direito do executado à preservação de seu patrimônio material e à segurança jurídica. Só então, poderá decidir se dispensa ou não a caução.

**9. Pendência do agravo do art. 1.042.** Justifica-se a dispensa de caução, nesse caso, não só como forma de inibir a interposição de recurso protelatório, como também por haver uma grande probabilidade de o título tornar-se definitivo (a decisão transitar em julgado).

**10. Conformidade com súmula ou com precedente obrigatório.** Nesses casos, está-se diante de decisão judicial exequenda com pouca chance de reforma. Necessário, ainda, observar que essa é uma previsão legal digna de interpretação sistemática e extensiva, para concluir-se que deve ser dispensada a caução toda vez que a decisão objeto do cumprimento provisório estiver de acordo com entendimento firmado, também, em outros precedentes obrigatórios (art. 927).

**11. Risco de dano.** Mesmo quando configurada uma das hipóteses do art. 521, será mantida a necessidade de caução quando sua dispensa puder gerar "manifesto risco de grave dano de difícil ou incerta reparação". A dispensa da caução pode ser muito gravosa ao executado. Por isso, o juiz não deve eximir o exequente de prestá-la, quando essa isenção puder resultar em manifesto risco de grave dano de difícil ou incerta reparação para o executado – isso, so-

bretudo, se o provimento do recurso se mostrar provável, revertendo-se a condenação.

**12. Limite do valor a ser levantado sem caução.** Para equilibrar as posições processuais do exequente e executado (art. 7º), o juiz pode limitar o valor a ser levantado sem caução, em algumas situações – como na execução de alimentos, por exemplo. Se é possível exigir a caução em situações de grave risco, é possível ainda dispensá-la, com limitação do valor do crédito a ser levantado.

**13. Valores incontroversos.** Se for incontroverso o valor executado, não é necessária a prestação de caução para seu recebimento. Caso o executado alegue, por exemplo, excesso de execução, a parte incontroversa pode ser levantada, independentemente de caução.

**14. Desnecessidade de caução para recebimento de valores incontroversos.** *"A jurisprudência desta Corte já assentou que não é necessária caução para levantamento de valores incontroversos, mesmo em sede de execução provisória"* (STJ, 4ª Turma, AgInt no AREsp 169.749/RS, rel. Min. Lázaro Guimarães – Des. Conv. TRF5, DJe 12.06.2018).

**15. Desnecessidade de caução quando pendente recurso na liquidação ou na impugnação ao cumprimento de sentença.** *"O Superior Tribunal de Justiça já decidiu que, é definitiva a execução de título judicial transitado em julgado quando há recurso sem efeito suspensivo pendente de julgamento na liquidação ou impugnação ao cumprimento de sentença, sendo desnecessária a prestação de caução para levantamento dos valores depositados"* (STJ, 4ª Turma, AgInt no AREsp 1.481.619/PR, rel. Min. Marco Buzzi, DJe 23.10.2019).

---

**Art. 522.** O cumprimento provisório da sentença será requerido por petição dirigida ao juízo competente.

Parágrafo único. Não sendo eletrônicos os autos, a petição será acompanhada de cópias das seguintes peças do processo, cuja autenticidade poderá ser certificada pelo próprio advogado, sob sua responsabilidade pessoal:

I – decisão exequenda;

II – certidão de interposição do recurso não dotado de efeito suspensivo;

III – procurações outorgadas pelas partes;

IV – decisão de habilitação, se for o caso;

V – facultativamente, outras peças processuais consideradas necessárias para demonstrar a existência do crédito.

**LIVRO I ·** DO PROCESSO DE CONHECIMENTO E DO CUMPRIMENTO DE SENTENÇA **Art. 523**

▶ **1. Correspondência no CPC/1973.** *"Art. 475-O. (...) § 3º Ao requerer a execução provisória, o exequente instruirá a petição com cópias autenticadas das seguintes peças do processo, podendo o advogado declarar a autenticidade, sob sua responsabilidade pessoal: I – sentença ou acórdão exequendo; II – certidão de interposição do recurso não dotado de efeito suspensivo; III – procurações outorgadas pelas partes; IV – decisão de habilitação, se for o caso; V – facultativamente, outras peças processuais que o exequente considere necessárias."*

🗐 **COMENTÁRIOS TEMÁTICOS**

**2. Requerimento.** O exequente deve formular seu requerimento de cumprimento provisório da sentença por meio de petição escrita, dirigida ao juízo competente.

**3. Cópias necessárias.** Não sendo eletrônicos os autos, a petição será acompanhada das cópias obrigatórias mencionadas no parágrafo único do art. 522.

**4. Ausência de cópias necessárias.** A ausência de alguma dessas cópias, ainda que indispensáveis, não deve conduzir ao indeferimento do cumprimento provisório. O juiz deve conceder ao exequente prazo de quinze dias para sanar o vício, sob pena de indeferimento (arts. 527, 771 e 801).

**5. Desnecessidade de autenticação.** As cópias que instruem o requerimento do cumprimento provisório não precisam ser autenticadas pelo escrivão ou tabelião. É suficiente que o advogado do exequente as declare autênticas.

## CAPÍTULO III

## DO CUMPRIMENTO DEFINITIVO DA SENTENÇA QUE RECONHECE A EXIGIBILIDADE DE OBRIGAÇÃO DE PAGAR QUANTIA CERTA

**Art. 523.** No caso de condenação em quantia certa, ou já fixada em liquidação, e no caso de decisão sobre parcela incontroversa, o cumprimento definitivo da sentença far-se-á a requerimento do exequente, sendo o executado intimado para pagar o débito, no prazo de 15 (quinze) dias, acrescido de custas, se houver.

§ 1º Não ocorrendo pagamento voluntário no prazo do *caput*, o débito será acrescido de multa de dez por cento e, também, de honorários de advogado de dez por cento.

§ 2º Efetuado o pagamento parcial no prazo previsto no *caput*, a multa e os honorários previstos no § 1º incidirão sobre o restante.

§ 3º Não efetuado tempestivamente o pagamento voluntário, será expedido, desde logo, mandado de penhora e avaliação, seguindo-se os atos de expropriação.

▶ **1. Correspondência no CPC/1973.** *"Art. 475-J. Caso o devedor, condenado ao pagamento de quantia certa ou já fixada em liquidação, não o efetue no prazo de quinze dias, o montante da condenação será acrescido de multa no percentual de dez por cento e, a requerimento do credor e observado o disposto no art. 614, inciso II, desta Lei, expedir-se-á mandado de penhora e avaliação. (...) § 4 o Efetuado o pagamento parcial no prazo previsto no caput deste artigo, a multa de dez por cento incidirá sobre o restante. § 5 o Não sendo requerida a execução no prazo de seis meses, o juiz mandará arquivar os autos, sem prejuízo de seu desarquivamento a pedido da parte."*

⚖ **JURISPRUDÊNCIA, ENUNCIADOS E SÚMULAS SELECIONADOS**

- **2. Tema/Repetitivo 380 STJ.** *"No caso de sentença ilíquida, para a imposição da multa prevista no art. 475-J do CPC [de 1973], revela-se indispensável (i) a prévia liquidação da obrigação; e, após, o acertamento, (ii) a intimação do devedor, na figura do seu Advogado, para pagar o quantum ao final definido no prazo de 15 dias."*

- **3. Tema/Repetitivo 407 STJ.** *"São cabíveis honorários advocatícios em fase de cumprimento de sentença, haja ou não impugnação, depois de escoado o prazo para pagamento voluntário a que alude o art. 475-J do CPC [de 1973], que somente se inicia após a intimação do advogado, com a baixa dos autos e a aposição do 'cumpra-se.'"*

- **4. Tema/Repetitivo 482 STJ.** *"A sentença genérica prolatada no âmbito da ação civil coletiva, por si, não confere ao vencido o atributo de devedor de 'quantia certa ou já fixada em liquidação' (art. 475-J do CPC [de 1973]), porquanto, 'em caso de procedência do pedido, a condenação será genérica', apenas 'fixando a responsabilidade do réu pelos danos causados' (art. 95 do CDC). A condenação, pois, não se reveste de liquidez necessária ao cumprimento espontâneo do comando sentencial, não sendo aplicável a reprimenda prevista no art. 475-J do CPC [de 1973]."*

**5. Tema/Repetitivo 536 STJ.** *"Na fase de cumprimento de sentença, o devedor deverá ser intimado, na pessoa de seu advogado, mediante publicação na imprensa oficial, para efetuar o pagamento no prazo de 15 (quinze) dias, a partir de quando, caso não o efetue, passará a incidir a multa de 10% (dez por cento) sobre montante da condenação (art. 475-J do CPC [de 1973])."*

**6. Tema/Repetitivo 667 STJ.** *"O cumprimento de sentença condenatória de complementação de ações dispensa, em regra, a fase de liquidação de sentença."*

**7. Tema/Repetitivo 677 STJ.** *"Na fase de execução, o depósito judicial do montante (integral ou parcial) da condenação extingue a obrigação do devedor, nos limites da quantia depositada."*

**8. Tema/Repetitivo 893 STJ.** *"No âmbito do cumprimento de sentença arbitral condenatória de prestação pecuniária, a multa de 10% (dez por cento) do artigo 475-J do CPC [de 1973] deverá incidir se o executado não proceder ao pagamento espontâneo no prazo de 15 (quinze) dias contados da juntada do mandado de citação devidamente cumprido aos autos (em caso de título executivo contendo quantia líquida) ou da intimação do devedor, na pessoa de seu advogado, mediante publicação na imprensa oficial (em havendo prévia liquidação da obrigação certificada pelo juízo arbitral)."*

**9. Súmula STJ, 517.** *"São devidos honorários advocatícios no cumprimento de sentença, haja ou não impugnação, depois de escoado o prazo para pagamento voluntário, que se inicia após a intimação do advogado da parte executada."*

**10. Enunciado 12 do FPPC.** *"A aplicação de medidas atípicas sub-rogatórias e coercitivas é cabível em qualquer obrigação no cumprimento de sentença ou execução de título executivo extrajudicial. Essas medidas, contudo, serão aplicadas de forma subsidiária às medidas tipificadas, com observação do contraditório, ainda que diferido, e por meio de decisão à luz do art. 489, § 1º, I e II."*

**11. Enunciado 450 do FPPC.** *"Aplica-se a regra decorrente do art. 827, § 2º, ao cumprimento de sentença."*

**12. Enunciado 528 do FPPC.** *"No cumprimento provisório de sentença por quantia certa iniciado na vigência do CPC/1973, sem garantia da execução, deve o juiz, após o início de vigência do CPC/2015 e a requerimento do exequente, intimar o executado nos termos dos arts. 520, § 2º, 523, § 1º e 525, caput."*

**13. Enunciado 529 do FPPC.** *"As averbações previstas nos arts. 799, IX e 828 são aplicáveis ao cumprimento de sentença."*

**14. Enunciado 530 do FPPC.** *"Após a entrada em vigor do CPC/2015, o juiz deve intimar o executado para apresentar impugnação ao cumprimento de sentença, em quinze dias, ainda que sem depósito, penhora ou caução, caso tenha transcorrido o prazo para cumprimento espontâneo da obrigação na vigência do CPC/1973 e não tenha àquele tempo garantido o juízo."*

**15. Enunciado 642 do FPPC.** *"A decisão do juiz que reconhecer o direito a indenização, decorrente de indevida averbação prevista no art. 828 ou do não cancelamento das averbações excessivas, é apta a ensejar a liquidação e o posterior cumprimento da sentença, sem necessidade de propositura de ação de conhecimento".*

**16. Enunciado 737 do FPPC.** *"É admissível o negócio jurídico processual que autorize a aplicação do regime jurídico do art. 916 do CPC no cumprimento de sentença."*

**17. Enunciado 84 da I Jornada-CJF.** *"O comparecimento espontâneo da parte constitui termo inicial dos prazos para pagamento e, sucessivamente, impugnação ao cumprimento de sentença."*

**18. Enunciado 89 da I Jornada-CJF.** *"Conta-se em dias úteis o prazo do caput do art. 523 do CPC."*

**19. Enunciado 90 da I Jornada-CJF.** *"Conta-se em dobro o prazo do art. 525 do CPC nos casos em que o devedor é assistido pela Defensoria Pública."*

**20. Enunciado 92 da I Jornada-CJF.** *"A intimação prevista no caput do art. 523 do CPC deve contemplar, expressamente, o prazo sucessivo para impugnar o cumprimento de sentença."*

**21. Enunciado 38 do FONAJE.** *"A análise do art. 52, IV, da Lei 9.099/1995, determina que, desde logo, expeça-se o mandado de penhora, depósito, avaliação e intimação, inclusive da eventual audiência de conciliação designada, considerando-se o executado intimado com a simples entrega de cópia do referido mandado em seu endereço, devendo, nesse caso, ser certificado circunstanciadamente."*

**22. Enunciado 97 do FONAJE.** *"A multa prevista no art. 523, § 1º, do CPC/2015 aplica-se aos Juizados Especiais Cíveis, ainda que o valor desta, somado ao da execução, ultrapasse o limite de alçada; a segunda parte do referido dis-*

**LIVRO I · DO PROCESSO DE CONHECIMENTO E DO CUMPRIMENTO DE SENTENÇA**   **Art. 523**

*positivo não é aplicável, sendo, portanto, indevidos honorários advocatícios de dez por cento.”*

- **23. Enunciado 106 do FONAJE.** *“Havendo dificuldade de pagamento direto ao credor, ou resistência deste, o devedor, a fim de evitar a multa de 10%, deverá efetuar depósito perante o juízo singular de origem, ainda que os autos estejam na instância recursal.”*

- **24. Enunciado 129 do FONAJE.** *“Nos juizados especiais que atuem com processo eletrônico, ultimado o processo de conhecimento em meio físico, a execução dar-se-á de forma eletrônica, digitalizando as peças necessárias.”*

### ▣ Comentários Temáticos

**25. Intimação.** No cumprimento de sentença, o executado é intimado, e não citado, para pagar a quantia devida.

**26. Citação.** Quando o título executivo judicial for a sentença penal condenatória, a sentença arbitral, a decisão interlocutória estrangeira após o *exequatur* ou a sentença estrangeira homologada pelo STJ, o executado será citado, e não intimado, para pagar (art. 515, § 1º).

**27. Prazos sucessivos.** Condenado ao pagamento de quantia certa ou já fixada em liquidação, o devedor deve efetuar o pagamento no prazo de 15 dias, depois de intimado a partir de requerimento formulado pelo credor. Não efetuado o pagamento nesse prazo, o valor da condenação será acrescido de multa de 10% e, independentemente de nova intimação, já tem início outro prazo de 15 dias para o oferecimento de impugnação. Enfim, os dois prazos de 15 dias são sucessivos: terminado um já inicia o outro.

**28. Desnecessidade de garantia do juízo.** Não é necessária penhora nem garantia do juízo para o oferecimento da impugnação. A penhora não constitui requisito necessário e suficiente ao ajuizamento da impugnação; deve ser ajuizada no prazo legal, sob pena de preclusão.

**29. Desnecessidade de nova intimação.** Decorrido prazo de 15 dias para pagamento voluntário, sem que este seja realizado, já se inicia novo prazo de 15 dias, sem a necessidade de nova intimação, para que o executado apresente sua impugnação. Intimado numa das formas previstas no § 2º do art. 513, o executado terá 30 dias para apresentar sua impugnação. A impugnação pode ser apresentada em até 30 dias, a contar da intimação feita ao executado numa das formas previstas no § 2º do art. 513. O primeiro período de 15 dias destina-se ao pagamento. Não efetuado este, tem início automaticamente o prazo de mais 15 dias para o oferecimento da impugnação.

**30. Contagem dos prazos.** Os prazos sucessivos para pagamento e para impugnação são contados em dias úteis (art. 219).

**31. Natureza processual do prazo e contagem só em dias úteis.** *“(...) a intimação para o cumprimento de sentença, independentemente de quem seja o destinatário, tem como finalidade a prática de um ato processual, pois, além de estar previsto na própria legislação processual (CPC), também traz consequências para o processo, caso não seja adimplido o débito no prazo legal, tais como a incidência de multa, fixação de honorários advocatícios, possibilidade de penhora de bens e valores, início do prazo para impugnação ao cumprimento de sentença, dentre outras. E, sendo um ato processual, o respectivo prazo, por decorrência lógica, terá a mesma natureza jurídica, o que faz incidir a norma do art. 219 do CPC/2015, que determina a contagem em dias úteis”* (STJ, 3ª Turma, REsp 1.708.348/RJ, rel. Min. Marco Aurélio Bellizze, *DJe* 1º.08.2019). *No mesmo sentido:* STJ, 2ª Turma, REsp 1.778.885/ DF, rel. Min. Og Fernandes, *DJe* 21.06.2021.

**32. Prazo em dobro.** Se houver mais de um executado com procuradores diferentes, de escritórios de advocacia distintos, o prazo para impugnação será contado em dobro (art. 229), sendo certo que a contagem em dobro não se aplica se o cumprimento da sentença tramitar em autos eletrônicos (art. 229, § 2º).

**33. Prazo em dobro para pagamento voluntário no cumprimento de sentença.** *“4. Assim, uma vez constatada a hipótese de incidência da norma disposta no art. 229 do Novo CPC (litisconsortes com procuradores diferentes), o prazo comum para pagamento espontâneo deverá ser computado em dobro, ou seja, trinta dias úteis. 5. No caso dos autos, o cumprimento de sentença tramita em autos físicos, revelando-se incontroverso que as sociedades empresárias executadas são representadas por patronos de escritórios de advocacia diversos, razão pela qual deveria ter sido computado em dobro o prazo para o cumprimento voluntário da obrigação pecuniária certificada na sentença transitada em julgado”* (STJ, 4ª Turma, REsp 1.693.784/DF, rel. Min. Luis Felipe Salomão, *DJe* 05.02.2018).

**34. Caso de litisconsórcio passivo.** No cumprimento de sentença em que há litisconsórcio passivo, os prazos para cumprimento voluntário contam-se independentemente (art. 231, § 2º) e, por serem destinados a adimplemento, e

857

não a manifestação processual, não se sujeitam à dobra prevista no art. 229.

**35. Base de cálculo para o valor dos honorários no cumprimento de sentença.** *"A base de cálculo sobre a qual incidem os honorários advocatícios devidos em cumprimento de sentença é o valor da dívida (quantia fixada em sentença ou na liquidação), acrescido das custas processuais, se houver, sem a inclusão da multa de 10% (dez por cento) pelo descumprimento da obrigação dentro do prazo legal (art. 523, § 1º, do CPC/2015)"* (STJ, 3ª Turma, REsp 1.757.033/DF, rel. Min. Ricardo Villas Bôas Cueva, *DJe* 15.10.2018).

**36. Impossibilidade de incidência da multa em caso de iliquidez.** *"Não há como aplicar, na fase de cumprimento de sentença, a multa de 10% (dez por cento) prevista no art. 475-J do CPC/1973 (atual art. 523, § 1º, do CPC/2015) se a condenação não se revestir da liquidez necessária ao seu cumprimento espontâneo. 6. Configurada a iliquidez do título judicial exequendo (perdas e danos e astreintes), revela-se prematura a imposição da multa do art. 475-J do CPC/1973, sendo de rigor o seu afastamento"* (STJ, 3ª Turma, REsp 1.691.748/PR, rel. Min. Ricardo Villas Bôas Cueva, *DJe* 17.11.2017).

**37. Impossibilidade de incidência da multa em caso de crédito sujeito a recuperação judicial.** *"A multa prevista no art. 523, § 1º, do CPC/2015 somente incide sobre o valor da condenação nas hipóteses em que o executado não paga voluntariamente a quantia devida estampada no título executivo judicial. 6. Na hipótese, portanto, não há como acrescer ao valor do crédito devido pela recorrente a penalidade do dispositivo supracitado, uma vez que o adimplemento da quantia reconhecida em juízo, por decorrência direta da sistemática prevista na Lei 11.101/2005, não constituía obrigação passível de ser exigida da recuperanda nos termos da regra geral da codificação processual. 7. Ademais, estando em curso processo recuperacional, a livre disposição, pela devedora, de seu acervo patrimonial para pagamento de créditos individuais sujeitos ao plano de soerguimento violaria o princípio segundo o qual os credores devem ser tratados em condições de igualdade dentro das respectivas classes"* (STJ, 3ª Turma, REsp 1.937.516/SP, rel. Min. Nancy Andrighi, *DJe* 09.08.2021).

**38. Pagamento e impossibilidade de impugnação.** Se o executado pagar no prazo de 15 dias para cumprimento voluntário, a dívida estará extinta, não lhe sendo possível apresentar impugnação. O pagamento acarreta preclusão lógica para a apresentação de impugnação ao cumprimento de sentença.

**39. Pagamento.** O pagamento é um ato-fato. Sendo assim, é irrelevante a vontade do executado. Não importa se ele queria ou não pagar. O fato é que pagou e, com isso, foi extinta a obrigação.

**40. Pagamento *versus* depósito.** *"O depósito realizado durante o prazo para pagamento voluntário só deve ser considerado como tal se houver manifestação expressa nesse sentido pelo devedor, sem o qual, deve-se aguardar o término do interregno previsto no caput do art. 523 do CPC/2015, sucedido do término, em branco, do prazo para impugnação (art. 525, caput, do CPC/2015), para só então se considerar o depósito, indene de dúvida, como o pagamento ensejador do cumprimento da obrigação e, por conseguinte, da extinção da execução. Nessa esteira, não se vislumbrando a intenção de pagamento do depósito feito pelo executado na hipótese, afigura-se insubsistente a tese de preclusão da impugnação ao cumprimento de sentença. 5. Ademais, a petição apresentada pelo devedor antes de protocolada a impugnação (tão somente para informar que o depósito realizado se destinava à garantia do juízo) não acarreta preclusão consumativa da posterior impugnação, pois não constatada a prática de atos dúplices pelo executado, visto que os argumentos defensivos só foram deveras formulados na impugnação"* (STJ, 3ª Turma, REsp 1.880.591/SP, rel. Min. Marco Aurélio Bellizze, *DJe* 10.08.2021).

**41. Exclusão da multa só em caso de pagamento sem qualquer discussão do débito.** *"Conforme entendimento do STJ, 'a multa a que se refere o art. 523 do Código de Processo Civil de 2015 será excluída apenas se o executado depositar voluntariamente a quantia devida em juízo, sem condicionar seu levantamento a qualquer discussão do débito' (AgInt no AREsp 1.271.636/SP, Rel. Min. Luis Felipe Salomão, Quarta Turma, DJe de 20.11.2018), o que não ocorreu, no caso, ante a necessidade de instauração da fase de cumprimento de sentença"* (STJ, 3ª Turma, AgInt no REsp 1.822.625/RJ, rel. Min. Marco Aurélio Bellizze, *DJe* 13.05.2020); *"A multa a que se refere o art. 523 do Código de Processo Civil de 201 será excluída apenas se o executado depositar voluntariamente a quantia devida em juízo, sem condicionar seu levantamento a qualquer discussão do débito. Precedentes. O acórdão recorrido que adota a orientação firmada pela jurisprudência do STJ não merece reforma"* (STJ, AgInt no AREsp 1.628.576/PR, rel. Min. Nancy Andrighi, *DJe* 03.09.2020).

**42. Inaplicabilidade do art. 90, § 4º, ao cumprimento de sentença.** *"... o art. 90, § 4º, do CPC/2015 não se aplica ao cumprimento de sentença que reconhece a exigibilidade de obri-*

**LIVRO I** · DO PROCESSO DE CONHECIMENTO E DO CUMPRIMENTO DE SENTENÇA — **Art. 524**

gação de pagar quantia certa, tendo em vista a existência de norma específica que isenta o executado do pagamento de honorários, em caso de pagamento voluntário do débito no prazo legal de 15 (quinze) dias (art. 523, caput e § 1º, do CPC/2015)" (STJ, 2ª Turma, REsp 1.691.843/RS, rel. Min. Og Fernandes, *DJe* 17.02.2020).

**43. Incidência dos honorários só sobre as parcelas vencidas.** *"Na fase de cumprimento de sentença, os honorários advocatícios, quando devidos após o cumprimento espontâneo da obrigação (art. 523, § 1º, do CPC/2015), são calculados sobre as parcelas vencidas da pensão mensal, não se aplicando o § 9º do art. 85 do CPC/2015"* (STJ, 3ª Turma, REsp 1.837.146/MS, rel. Min. Ricardo Villas Bôas Cueva, *DJe* 20.02.2020).

**44. Não incidência da multa por inadimplemento.** *"A multa prevista no art. 523, § 1º, do CPC/2015 somente incide sobre o valor da condenação nas hipóteses em que o executado não paga voluntariamente a quantia devida estampada no título executivo judicial. 6. Na hipótese, portanto, não há como acrescer ao valor do crédito devido pela recorrente a penalidade do dispositivo supracitado, uma vez que o adimplemento da quantia reconhecida em juízo, por decorrência direta da sistemática prevista na Lei 11.101/2005, não constituía obrigação passível de ser exigida da recuperanda nos termos da regra geral da codificação processual"* (STJ, 3ª Turma, REsp 1.937.516/SP, rel. Min. Nancy Andrighi, *DJe* 09.08.2021).

**45. Impossibilidade de alteração da base de cálculo de honorários sucumbenciais na fase de execução.** *"A base de cálculo da verba honorária é insuscetível de modificação na execução ou na fase de cumprimento da sentença, sob pena de ofensa à coisa julgada"* (STJ, 2ª Seção, AR 5.869/MS, rel. Min. Ricardo Villas Bôas Cueva, *DJe* 04.02.2022).

**46. Ausência de comprovação do pagamento nos autos do processo.** "O espírito condutor das alterações impostas pela Lei 11.232/2005, em especial a multa de 10% prevista no art. 475-J do CPC, é impulsionar o devedor a cumprir voluntariamente o título executivo judicial. A redação do referido dispositivo legal é clara, privilegiando o pagamento espontâneo, nada dispondo acerca da respectiva comprovação no processo. Eventual omissão em trazer aos autos o demonstrativo do depósito judicial ou do pagamento feito ao credor dentro do prazo legal, não impõe ao devedor o ônus do art. 475-J do CPC. A quitação voluntária do débito, por si só, afasta a incidência da penalidade. Isso não significa que tal inércia não seja passível de punição; apenas não

sujeita o devedor à multa do art. 475-J do CPC. Contudo, conforme o caso, pode o devedor ser condenado a arcar com as despesas decorrentes de eventual movimentação desnecessária da máquina do Judiciário, conforme prevê o art. 29 do CPC; ou até mesmo ser considerado litigante de má-fé, por opor resistência injustificada ao andamento do processo, nos termos do art. 17, IV, do CPC. (STJ, 3ª Turma, REsp 1.047.510/RS, rel. Min. Nancy Andrighi, *DJe* 02.12.2009).

> **Art. 524.** O requerimento previsto no art. 523 será instruído com demonstrativo discriminado e atualizado do crédito, devendo a petição conter:
>
> I – o nome completo, o número de inscrição no Cadastro de Pessoas Físicas ou no Cadastro Nacional da Pessoa Jurídica do exequente e do executado, observado o disposto no art. 319, §§ 1º a 3º;
>
> II – o índice de correção monetária adotado;
>
> III – os juros aplicados e as respectivas taxas;
>
> IV – o termo inicial e o termo final dos juros e da correção monetária utilizados;
>
> V – a periodicidade da capitalização dos juros, se for o caso;
>
> VI – especificação dos eventuais descontos obrigatórios realizados;
>
> VII – indicação dos bens passíveis de penhora, sempre que possível.
>
> § 1º Quando o valor apontado no demonstrativo aparentemente exceder os limites da condenação, a execução será iniciada pelo valor pretendido, mas a penhora terá por base a importância que o juiz entender adequada.
>
> § 2º Para a verificação dos cálculos, o juiz poderá valer-se de contabilista do juízo, que terá o prazo máximo de 30 (trinta) dias para efetuá-la, exceto se outro lhe for determinado.
>
> § 3º Quando a elaboração do demonstrativo depender de dados em poder de terceiros ou do executado, o juiz poderá requisitá-los, sob cominação do crime de desobediência.
>
> § 4º Quando a complementação do demonstrativo depender de dados adicionais em poder do executado, o juiz poderá, a requerimento do exequente, requisitá-los, fixando prazo de até 30 (trinta) dias para o cumprimento da diligência.
>
> § 5º Se os dados adicionais a que se refere o § 4º não forem apresentados pelo executado, sem justificativa, no prazo designado, reputar-se-ão corretos os cálculos apresentados pelo exequente apenas com base nos dados de que dispõe.

859

**Art. 524**

**1. Correspondência no CPC/1973.** *"Art. 475-B. Quando a determinação do valor da condenação depender apenas de cálculo aritmético, o credor requererá o cumprimento da sentença, na forma do art. 475-J desta Lei, instruindo o pedido com a memória discriminada e atualizada do cálculo. § 1º Quando a elaboração da memória do cálculo depender de dados existentes em poder do devedor ou de terceiro, o juiz, a requerimento do credor, poderá requisitá-los, fixando prazo de até trinta dias para o cumprimento da diligência. § 2º Se os dados não forem, injustificadamente, apresentados pelo devedor, reputar-se-ão corretos os cálculos apresentados pelo credor, e, se não o forem pelo terceiro, configurar-se-á a situação prevista no art. 362. §. 3º Poderá o juiz valer-se do contador do juízo, quando a memória apresentada pelo credor aparentemente exceder os limites da decisão exequenda e, ainda, nos casos de assistência judiciária. § 4º Se o credor não concordar com os cálculos feitos nos termos do § 3º deste artigo, far-se-á a execução pelo valor originariamente pretendido, mas a penhora terá por base o valor encontrado pelo contador."*

### 🏛 Legislação Correlata

**2. CP, art. 330.** *"Art. 330. Desobedecer a ordem legal de funcionário público: Pena – detenção, de quinze dias a seis meses, e multa."*

**3. Lei 9.099/1995, art. 61.** *"Art. 61. Consideram-se infrações penais de menor potencial ofensivo, para os efeitos desta Lei, as contravenções penais e os crimes a que a lei comine pena máxima não superior a 2 (dois) anos, cumulada ou não com multa."*

**4. Lei 9.099/1995, art. 69, parágrafo único.** *"Art. 69. (...) Parágrafo único. Ao autor do fato que, após a lavratura do termo, for imediatamente encaminhado ao juizado ou assumir o compromisso de a ele comparecer, não se imporá prisão em flagrante, nem se exigirá fiança. Em caso de violência doméstica, o juiz poderá determinar, como medida de cautela, seu afastamento do lar, domicílio ou local de convivência com a vítima."*

### ⚖ Jurisprudência, Enunciados e Súmulas Selecionados

• **5. Súmula STF, 150.** *"Prescreve a execução no mesmo prazo de prescrição da ação."*

• **6. Tema/Repetitivo 515 STJ.** *"No âmbito do Direito Privado, é de cinco anos o prazo prescricional para ajuizamento da execução individual em pedido de cumprimento de sentença proferida em Ação Civil Pública."*

• **7. Tema/Repetitivo 672 STJ.** *"Se o credor for beneficiário da gratuidade da justiça, pode-se determinar a elaboração dos cálculos pela contadoria judicial."*

• **8. Tema/Repetitivo 880 STJ.** *"A partir da vigência da Lei n. 10.444/2002, que incluiu o § 1º ao art. 604, dispositivo que foi sucedido, conforme Lei n. 11.232/2005, pelo art. 475-B, §§ 1º e 2º, todos do CPC/1973, não é mais imprescindível, para acertamento da conta exequenda, a juntada de documentos pela parte executada, ainda que esteja pendente de envio eventual documentação requisitada pelo juízo ao devedor, que não tenha havido dita requisição, por qualquer motivo, ou mesmo que a documentação tenha sido encaminhada de forma incompleta pelo executado. Assim, sob a égide do diploma legal citado e para as decisões transitadas em julgado sob a vigência do CPC/1973, a demora, independentemente do seu motivo, para juntada das fichas financeiras ou outros documentos correlatos aos autos da execução, ainda que sob a responsabilidade do devedor ente público, não obsta o transcurso do lapso prescricional executório, nos termos da Súmula 150/STF."*

• **9. Súmula TST, 350.** *"O prazo de prescrição com relação à ação de cumprimento de decisão normativa flui apenas da data de seu trânsito em julgado."*

• **10. Enunciado 448 do FPPC.** *"As medidas urgentes previstas no art. 799, VIII, englobam a tutela provisória urgente antecipada."*

• **11. Enunciado 590 do FPPC.** *"Na impugnação ao cumprimento de sentença e nos embargos à execução, o executado que alegar excesso de execução deverá elaborar demonstrativo de débito em conformidade com os incisos do art. 524 e do parágrafo único do art. 798, respectivamente."*

• **12. Enunciado 91 da I Jornada-CJF.** *"Interpreta-se o art. 524 do CPC e seus parágrafos no sentido de permitir que a parte patrocinada pela Defensoria Pública continue a valer-se da contadoria judicial para elaborar cálculos para execução ou cumprimento de sentença."*

### 🖥 Comentários Temáticos

**13. Facultatividade da verificação dos cálculos pelo contabilista do foro.** *"Numa interpretação literal do art. 524, § 2º, do CPC, constata-se que a perícia prevista no referido dispositivo não é de realização obrigatória, devendo o magistrado verificar a sua pertinência e necessidade no caso*

**LIVRO I ·** DO PROCESSO DE CONHECIMENTO E DO CUMPRIMENTO DE SENTENÇA

**Art. 524**

*em concreto*" (STJ, 4ª Turma, AgInt no AREsp 1.548.314/PR, rel. Min. Luis Felipe Salomão, *DJe* 03.03.2020).

**14. Requisitos para o requerimento.** O requerimento de instauração do cumprimento de sentença para pagamento de quantia certa deve observar o art. 524, atendendo, no que couber, as exigências dos arts. 798 e 799, que são regras gerais aplicáveis à formação do processo executivo.

**15. Simples requerimento.** Como o cumprimento de sentença é mera fase do processo, o requisito para sua instauração é simples.

**16. Processo autônomo.** Há casos em que o cumprimento de sentença forma processo autônomo (art. 515, § 1º). Nesses casos, o requerimento há de ser veiculado em petição inicial, que também observará, no que couber, o art. 319.

**17. Dever de auxílio.** Em seu requerimento, o exequente deve indicar o nome completo, o número de inscrição no Cadastro de Pessoas Físicas ou no Cadastro Nacional da Pessoa Jurídica do executado. Caso não tenha condições de indicar alguns desses dados, cabe ao juiz, exercendo o dever de auxílio decorrente do princípio da cooperação, determinar a realização de diligências destinadas à sua obtenção (art. 319, § 1º). Se, a despeito da falta de alguns dados, for possível prosseguir no cumprimento de sentença ou se a busca por sua obtenção for excessivamente onerosa ou inviabilizar o acesso à justiça, não deverá ser indeferido o requerimento de instauração do cumprimento de sentença (art. 319, §§ 2º e 3º), dispensando-se a exigência e determinando-se a realização da intimação.

**18. Outras intimações.** Ao exequente cabe, se for o caso, requerer a intimação dos sujeitos indicados nos arts. 799, 804 e 889.

**19. Indisponibilidade de ativos financeiros.** O exequente pode requerer ao juízo que, sem dar ciência prévia do ato ao executado, determine às instituições financeiras, por meio de sistema eletrônico gerido pela autoridade supervisora do sistema financeiro nacional, que torne indisponíveis ativos financeiros existentes em nome do executado, limitando-se a indisponibilidade ao valor indicado na execução (art. 854).

**20. Medidas urgentes.** O exequente pode pleitear a concessão de medida urgente (art. 799, VIII), que pode ser cautelar ou satisfativa.

**21. Averbação em registro público.** O exequente pode proceder à averbação, em registro público, do ato de propositura da execução e dos atos de constrição realizados, para conhecimento de terceiros (art. 799, IX). O objetivo é caracterizar a fraude à execução, caso haja

alienação ou oneração do bem em cujo registro se fez a averbação (art. 792, II). Para proceder à averbação, não basta ao exequente propor o cumprimento de sentença, sendo necessário que seja admitido o seu processamento (art. 828).

**22. Prova da condição, do termo ou da contraprestação.** Quando for o caso, cabe ao exequente instruir seu requerimento *(i)* com a prova de que se verificou a condição ou ocorreu o termo (arts. 514 e 798, I, *c*); e *(ii)* com a prova de que adimpliu a contraprestação que lhe corresponde ou que lhe assegura o cumprimento, se o executado não for obrigado a satisfazer a sua prestação senão mediante a contraprestação do exequente (art. 798, I, *d*).

**23. Demonstrativo atualizado do crédito.** O requerimento de cumprimento de sentença deve vir acompanhado do demonstrativo do crédito.

**24. Beneficiário da gratuidade da justiça.** Se o exequente for beneficiário da justiça gratuita, pode pedir que o seu demonstrativo seja elaborado por contabilista judicial (arts. 95, § 3º, I, e 98, § 1º, VII).

**25. Emenda ou complementação do requerimento.** Se o requerimento do exequente deixar de conter algum de seus requisitos, o juiz deverá mandar intimá-lo, para que o emende ou complemente (arts. 771 e 801). Em razão da aplicação do princípio da cooperação, o juiz, ao determinar a emenda ou complementação do requerimento, deve cumprir com os deveres de esclarecimento e prevenção (art. 6º). Assim, o juiz, ao determinar a emenda ou complementação do requerimento, deve indicar com precisão o que deve ser corrigido ou completado. Além do dever de esclarecimento, cabe ao juiz cumprir com o dever de prevenção. Não basta determinar a emenda do requerimento e indicar com precisão o que deve ser corrigido ou completado. É preciso, ainda, *prevenir* o exequente, alertando-o dos riscos da ausência de emenda ou de complemento da petição inicial. O juiz deve, então, prevenir e advertir o exequente de que, não havendo a emenda ou o complemento, o requerimento será indeferido e o cumprimento de sentença não será instaurado.

**26. Demonstrativo atualizado do crédito e ônus do exequente.** Cabe ao exequente instruir seu requerimento com o demonstrativo discriminado e atualizado do crédito, indicando os parâmetros utilizados para o respectivo cálculo.

**27. Controle do valor exequendo pelo juiz.** Quando o valor indicado no demonstrativo aparentemente exceder os limites da condenação, o juiz poderá, de ofício, exercer controle prévio

861

sobre esse valor, antes mesmo da intimação ou citação do executado.

**28. Impugnação.** O executado somente pode insurgir-se contra os cálculos na sua impugnação, a ser apresentada na forma e nos limites do art. 525.

**29. Verificação imediata.** Se for possível apurar o excesso independentemente de verificação dos cálculos por contador judicial (o exequente, por exemplo, incluiu, no valor executado, parcela que foi expressamente negada pela decisão exequenda), o juiz deve intimar o exequente para que ele se manifeste sobre o valor que entende ser correto (art. 9º).

**30. Contadoria.** Se houver necessidade de verificação dos cálculos, o juiz poderá valer-se de contabilista do juízo, que terá o prazo máximo de 30 dias para efetuá-la, exceto se outro lhe for determinado. O exequente, nesse caso, precisa ser intimado para participar do incidente de apuração, podendo indicar assistente técnico e se manifestar sobre os cálculos realizados pelo contabilista do juízo.

**31. Ausência de obrigatoriedade da atuação da contadoria do foro.** *"Numa interpretação literal do art. 524, § 2º do CPC, constata-se que a perícia prevista no referido dispositivo não é de realização obrigatória, devendo o magistrado verificar a sua pertinência e necessidade no caso em concreto"* (STJ, 4ª Turma, AgInt no AREsp 1.548.314/PR, rel. Min. Luis Felipe Salomão, *DJe* 03.03.2020).

**32. Manifestação do exequente.** O exequente pode concordar com o valor apontado pelo juiz ou apurado pelo contabilista, caso em que a execução terá prosseguimento pelo valor apurado; se, porém, dele discordar, a execução terá início pelo valor por ele pretendido, mas a penhora terá por base a importância que o juiz entender adequada.

**33. Concordância do executado.** Se o executado, intimado ou citado, não se opuser aos cálculos apresentados pelo exequente, ou se transcorrer o prazo sem que ele impugne o valor ou sem que alegue excesso de execução, prevalecerá o montante pretendido pelo exequente, devendo o juiz ampliar a penhora.

**34. Cálculos da contadoria judicial elaborados em valor superior ao apresentado pelo exequente. Adequação ao título judicial e ausência de julgamento *extra* ou *ultra petita*.** *"2. O entendimento adotado pelo Tribunal de origem não se alinha à diretriz desta corte Superior de que os valores indicados pelas partes não vinculam o Magistrado, que, com base no livre con-* *vencimento motivado, poderá definir qual valor melhor reflete o título. Com efeito, o acolhimento de cálculos elaborados pela contadoria oficial, embora superiores àqueles apresentados pela parte exequente, não configura hipótese de julgamento ultra petita, à vista da necessidade de ajustar os cálculos aos parâmetros da sentença exequenda, garantindo a perfeita execução do julgado (AgInt no REsp 1.650.796/RS, Rel. Min. Regina Helena Costa, DJe 23.08.2017). 3. Ademais, importante salientar que no momento em que um Juiz envia um título executivo para a Contadoria para fins de conferência dos cálculos ele apenas está exercendo mais um dos seus deveres: o controle jurisdicional. Cumpre-se, assim, a regra de que a jurisdição atue, e isso jamais poderia ser equiparado a um julgamento ultra petita. 4. A Contadoria não atua para prestar serviço exclusivamente ao Juiz, mas precipuamente aos jurisdicionados, pois um erro de cálculo pode causar prejuízo a qualquer uma das partes em um litígio. Daí por que a lei, § 2º do art. 524 do Código Fux confere ao Magistrado a prerrogativa de utilizar o serviço judicial da Contadoria quando entender necessário. Trata-se de uma prerrogativa, que não importa em julgamento extra ou ultra petita, ainda que a Contadoria Judicial apure valores diversos daqueles apontados pelas partes"* (STJ, 1ª Turma, AgInt no REsp 1.586.666/SP, rel. Min. Napoleão Nunes Maia Filho, *DJe* 1º.09.2020).

**35. Necessidade de dados ou documentos em poder do devedor ou de terceiro.** O exequente pode não ter condições de concluir o seu demonstrativo, ou *(i)* por não dispor de nenhum dado ou documento, ou *(ii)* por dispor somente de alguns dados e documentos, insuficientes para apurar a integralidade do valor do crédito. No primeiro caso, poderá pedir que o juiz requisite dados e documentos para ajudá-lo a *elaborar* o demonstrativo; no segundo, para ajudá-lo a *complementar* o demonstrativo. Em ambos os casos, há um pedido exibitório incidental, aplicando-se, no que couber, os arts. 396 a 404.

**36. Dever de esclarecimento.** O exequente deve informar os dados ou documentos de que precisa, a finalidade da prova e as razões pelas quais entende que o devedor ou o terceiro dispõem desses dados ou documentos (art. 397).

**37. Crime de desobediência.** Quando a *elaboração* do demonstrativo do crédito depender de dados que estejam em poder de terceiros ou do executado, o juiz poderá requisitá-los, sob pena de crime de desobediência para a hipótese de descumprimento.

**38. Presunção de correção dos valores.** Se os dados ou documentos foram requisitados para

**LIVRO I ·** DO PROCESSO DE CONHECIMENTO E DO CUMPRIMENTO DE SENTENÇA  **Art. 525**

a *complementação* do demonstrativo de cálculo, o juiz poderá considerar corretos os cálculos apresentados pelo exequente apenas com base nos dados de que dispõe. Essa consequência somente se aplica: *(i)* ao *devedor* (não ao terceiro); *(ii)* desde que conste expressamente da decisão que impõe a exibição; se não constar, o devedor deve ter novo prazo para exibir os dados ou documentos.

**39. Apresentação dos dados ou documentos.** Apresentados, pelo devedor ou pelo terceiro, os dados ou documentos, o credor deverá oferecer o seu demonstrativo de cálculo. Tratando-se de dados ou documentos sigilosos, o juiz deve adotar as medidas necessárias para assegurar a sua confidencialidade (art. 773, parágrafo único). Caso o demonstrativo apresentado pelo credor esteja regular, a execução prosseguirá na forma do art. 523; não estando, poderá o juiz proceder da forma prevista nos §§ 1º e 2º do art. 524.

---

**Art. 525.** Transcorrido o prazo previsto no art. 523 sem o pagamento voluntário, inicia-se o prazo de 15 (quinze) dias para que o executado, independentemente de penhora ou nova intimação, apresente, nos próprios autos, sua impugnação.

§ 1º Na impugnação, o executado poderá alegar:

I – falta ou nulidade da citação se, na fase de conhecimento, o processo correu à revelia;

II – ilegitimidade de parte;

III – inexequibilidade do título ou inexigibilidade da obrigação;

IV – penhora incorreta ou avaliação errônea;

V – excesso de execução ou cumulação indevida de execuções;

VI – incompetência absoluta ou relativa do juízo da execução;

VII – qualquer causa modificativa ou extintiva da obrigação, como pagamento, novação, compensação, transação ou prescrição, desde que supervenientes à sentença.

§ 2º A alegação de impedimento ou suspeição observará o disposto nos arts. 146 e 148.

§ 3º Aplica-se à impugnação o disposto no art. 229.

§ 4º Quando o executado alegar que o exequente, em excesso de execução, pleiteia quantia superior à resultante da sentença, cumprir-lhe-á declarar de imediato o valor que entende correto, apresentando demonstrativo discriminado e atualizado de seu cálculo.

§ 5º Na hipótese do § 4º, não apontado o valor correto ou não apresentado o demonstrativo, a impugnação será liminarmente rejeitada, se o excesso de execução for o seu único fundamento, ou, se houver outro, a impugnação será processada, mas o juiz não examinará a alegação de excesso de execução.

§ 6º A apresentação de impugnação não impede a prática dos atos executivos, inclusive os de expropriação, podendo o juiz, a requerimento do executado e desde que garantido o juízo com penhora, caução ou depósito suficientes, atribuir-lhe efeito suspensivo, se seus fundamentos forem relevantes e se o prosseguimento da execução for manifestamente suscetível de causar ao executado grave dano de difícil ou incerta reparação.

§ 7º A concessão de efeito suspensivo a que se refere o § 6º não impedirá a efetivação dos atos de substituição, de reforço ou de redução da penhora e de avaliação dos bens.

§ 8º Quando o efeito suspensivo atribuído à impugnação disser respeito apenas a parte do objeto da execução, esta prosseguirá quanto à parte restante.

§ 9º A concessão de efeito suspensivo à impugnação deduzida por um dos executados não suspenderá a execução contra os que não impugnaram, quando o respectivo fundamento disser respeito exclusivamente ao impugnante.

§ 10. Ainda que atribuído efeito suspensivo à impugnação, é lícito ao exequente requerer o prosseguimento da execução, oferecendo e prestando, nos próprios autos, caução suficiente e idônea a ser arbitrada pelo juiz.

§ 11. As questões relativas a fato superveniente ao término do prazo para apresentação da impugnação, assim como aquelas relativas à validade e à adequação da penhora, da avaliação e dos atos executivos subsequentes, podem ser arguidas por simples petição, tendo o executado, em qualquer dos casos, o prazo de 15 (quinze) dias para formular esta arguição, contado da comprovada ciência do fato ou da intimação do ato.

§ 12. Para efeito do disposto no inciso III do § 1º deste artigo, considera-se também inexigível a obrigação reconhecida em título executivo judicial fundado em lei ou ato normativo considerado inconstitucional pelo Supremo Tribunal Federal, ou fundado em aplicação ou interpretação da lei ou do ato normativo tido pelo Supremo Tribunal Federal como incompatível com a Constituição Federal, em controle de constitucionalidade concentrado ou difuso.

§ 13. No caso do § 12, os efeitos da decisão do Supremo Tribunal Federal poderão ser modulados no tempo, em atenção à segurança jurídica.

§ 14. A decisão do Supremo Tribunal Federal referida no § 12 deve ser anterior ao trânsito em julgado da decisão exequenda.

§ 15. Se a decisão referida no § 12 for proferida após o trânsito em julgado da decisão exequenda, caberá ação rescisória, cujo prazo será contado do trânsito em julgado da decisão proferida pelo Supremo Tribunal Federal.

▶ **1. Dispositivos correspondentes no CPC/1973.** *"Art. 475-L. A impugnação somente poderá versar sobre: I – falta ou nulidade da citação, se o processo correu à revelia; II – inexigibilidade do título; III – penhora incorreta ou avaliação errônea; IV – ilegitimidade das partes; V – excesso de execução; VI – qualquer causa impeditiva, modificativa ou extintiva da obrigação, como pagamento, novação, compensação, transação ou prescrição, desde que superveniente à sentença. § 1º Para efeito do disposto no inciso II do* caput *deste artigo, considera-se também inexigível o título judicial fundado em lei ou ato normativo declarados inconstitucionais pelo Supremo Tribunal Federal, ou fundado em aplicação ou interpretação da lei ou ato normativo tidas pelo Supremo Tribunal Federal como incompatíveis com a Constituição Federal. § 2º Quando o executado alegar que o exequente, em excesso de execução, pleiteia quantia superior à resultante da sentença, cumprir-lhe-á declarar de imediato o valor que entende correto, sob pena de rejeição liminar dessa impugnação." "Art. 475-M. A impugnação não terá efeito suspensivo, podendo o juiz atribuir-lhe tal efeito desde que relevantes seus fundamentos e o prosseguimento da execução seja manifestamente suscetível de causar ao executado grave dano de difícil ou incerta reparação. § 1o Ainda que atribuído efeito suspensivo à impugnação, é lícito ao exequente requerer o prosseguimento da execução, oferecendo e prestando caução suficiente e idônea, arbitrada pelo juiz e prestada nos próprios autos. § 2º Deferido efeito suspensivo, a impugnação será instruída e decidida nos próprios autos e, caso contrário, em autos apartados. § 3º A decisão que resolver a impugnação é recorrível mediante agravo de instrumento, salvo quando importar extinção da execução, caso em que caberá apelação."*

## 🗒 LEGISLAÇÃO CORRELATA

**2. Lei 9.307/1996, art. 33, § 3º.** *"§ 3º A decretação da nulidade da sentença arbitral também poderá ser requerida na impugnação ao cumprimento da sentença, nos termos dos arts. 525 e seguintes do Código de Processo Civil, se houver execução judicial."*

## ⚖ JURISPRUDÊNCIA, ENUNCIADOS E SÚMULAS SELECIONADOS

• **3. Tema/Repercussão Geral 360 STF.** *"São constitucionais as disposições normativas do parágrafo único do art. 741 do CPC, do § 1º do art. 475-L, ambos do CPC/73, bem como os correspondentes dispositivos do CPC/15, o art. 525, § 1º, III e §§ 12 e 14, o art. 535, § 5º. São dispositivos que, buscando harmonizar a garantia da coisa julgada com o primado da Constituição, vieram agregar ao sistema processual brasileiro um mecanismo com eficácia rescisória de sentenças revestidas de vício de inconstitucionalidade qualificado, assim caracterizado nas hipóteses em que (a) a sentença exequenda esteja fundada em norma reconhecidamente inconstitucional, seja por aplicar norma inconstitucional, seja por aplicar norma em situação ou com um sentido inconstitucionais; ou (b) a sentença exequenda tenha deixado de aplicar norma reconhecidamente constitucional; e (c) desde que, em qualquer dos casos, o reconhecimento dessa constitucionalidade ou a inconstitucionalidade tenha decorrido de julgamento do STF realizado em data anterior ao trânsito em julgado da sentença exequenda."*

• **4. Tema/Repetitivo 176 STJ.** *"Tendo sido a sentença exequenda prolatada anteriormente à entrada em vigor do Novo Código Civil, fixado juros de 6% ao ano, correto o entendimento do Tribunal de origem ao determinar a incidência de juros de 6% ao ano até 11 de janeiro de 2003 e, a partir de então, da taxa a que alude o art. 406 do Novo CC, conclusão que não caracteriza qualquer violação à coisa julgada."*

• **5. Tema/Repetitivo 288 STJ.** *"É admissível o ajuizamento de novos embargos de devedor, ainda que nas hipóteses de reforço ou substituição da penhora, quando a discussão adstringir-se aos aspectos formais do novo ato constritivo."*

• **6. Tema/Repetitivo 407 STJ.** *"São cabíveis honorários advocatícios em fase de cumprimento de sentença, haja ou não impugnação, depois de escoado o prazo para pagamento voluntário a que alude o art. 475-J do CPC [de 1973], que somente se inicia após a intimação do advogado, com a baixa dos autos e a aposição do 'cumpra-se'."*

**LIVRO I ·** DO PROCESSO DE CONHECIMENTO E DO CUMPRIMENTO DE SENTENÇA    **Art. 525**

- **7. Tema/Repetitivo 408 STJ.** *"Não são cabíveis honorários advocatícios pela rejeição da impugnação ao cumprimento de sentença."*
- **8. Tema/Repetitivo 420 STJ.** *"Não se comportam no âmbito normativo do art. 741, parágrafo único, do CPC [de 1973], as sentenças que tenham reconhecido o direito a diferenças de correção monetária das contas do FGTS, contrariando o precedente do STF a respeito (RE 226.855-7, Min. Moreira Alves, RTJ 174:916-1006). É que, para reconhecer legítima, nos meses que indicou, a incidência da correção monetária pelos índices aplicados pela gestora do Fundo (a Caixa Econômica Federal), o STF não declarou a inconstitucionalidade de qualquer norma, nem mesmo mediante as técnicas de interpretação conforme a Constituição ou sem redução de texto. Resolveu, isto sim, uma questão de direito intertemporal (a de saber qual das normas infraconstitucionais – a antiga ou a nova – deveria ser aplicada para calcular a correção monetária das contas do FGTS nos citados meses) e a deliberação tomada se fez com base na aplicação direta de normas constitucionais, nomeadamente a que trata da irretroatividade da lei, em garantia do direito adquirido (art. 5º, XXXVI)."*
- **9. Tema/Repetitivo 526 STJ.** *"A atribuição de efeitos suspensivos aos embargos do devedor "fica condicionada" ao cumprimento de três requisitos: apresentação de garantia; verificação pelo juiz da relevância da fundamentação (fumus boni juris) e perigo de dano irreparável ou de difícil reparação (periculum in mora)."*
- **10. Tema/Repetitivo 547 STJ.** *"Havendo previsão no título executivo de exclusão de percentuais já concedidos, a mencionada imposição, em sede de embargos à execução, não importa violação da coisa julgada."*
- **11. Tema/Repetitivo 673 STJ.** *"Na hipótese do art. 475-L, § 2º, do CPC [de 1973], é indispensável apontar, na petição de impugnação ao cumprimento de sentença, a parcela incontroversa do débito, bem como as incorreções encontradas nos cálculos do credor, sob pena de rejeição liminar da petição, não se admitindo emenda à inicial."*
- **12. Temas/Repetitivos 674 e 675 STJ.** *"Cancela-se a distribuição da impugnação ao cumprimento de sentença ou dos embargos à execução na hipótese de não recolhimento das custas no prazo de 30 dias, independentemente de prévia intimação da parte."*
- **13. Súmula STJ, 430.** *"O inadimplemento da obrigação tributária pela sociedade não*

gera, por si só, a responsabilidade solidária do sócio-gerente."*
- **14. Súmula STJ, 487.** *"O parágrafo único do art. 741 do CPC [de 1973] não se aplica às sentenças transitadas em julgado em data anterior à da sua vigência."*
- **15. Súmula STJ, 517.** *"São devidos honorários advocatícios no cumprimento de sentença, haja ou não impugnação, depois de escoado o prazo para pagamento voluntário, que se inicia após a intimação do advogado da parte executada."*
- **16. Súmula STJ, 519.** *"Na hipótese de rejeição da impugnação ao cumprimento de sentença, não são cabíveis honorários advocatícios."*
- **17. Enunciado 56 do FPPC.** *"É cabível alegação de causa modificativa ou extintiva da obrigação na impugnação de executado, desde que tenha ocorrido após o início do julgamento da apelação, e, uma vez alegada pela parte, tenha o tribunal superior se recusado ou omitido de apreciá-la."*
- **18. Enunciado 57 do FPPC.** *"A prescrição prevista nos arts. 525, § 1º, VII e 535, VI, é exclusivamente da pretensão executiva."*
- **19. Enunciado 58 do FPPC.** *"As decisões de inconstitucionalidade a que se referem os art. 525, §§ 12 e 13 e art. 535, § 5º e 6º devem ser proferidas pelo plenário do STF."*
- **20. Enunciado 176 do FPPC.** *"Compete exclusivamente ao Supremo Tribunal Federal modular os efeitos da decisão prevista no § 13 do art. 525."*
- **21. Enunciado 450 do FPPC.** *"Aplica-se a regra decorrente do art. 827, § 2º, ao cumprimento de sentença."*
- **22. Enunciado 528 do FPPC.** *"No cumprimento provisório de sentença por quantia certa iniciado na vigência do CPC/1973, sem garantia da execução, deve o juiz, após o início de vigência do CPC/2015 e a requerimento do exequente, intimar o executado nos termos dos arts. 520, § 2º, 523, § 1º e 525, caput."*
- **23. Enunciado 530 do FPPC.** *"Após a entrada em vigor do CPC/2015, o juiz deve intimar o executado para apresentar impugnação ao cumprimento de sentença, em quinze dias, ainda que sem depósito, penhora ou caução, caso tenha transcorrido o prazo para cumprimento espontâneo da obrigação na vigência do CPC/1973 e não tenha àquele tempo garantido o juízo."*
- **24. Enunciado 531 do FPPC.** *"Permite-se, presentes os pressupostos do § 6º do art. 525 ou do § 1º do art. 919 do CPC, a concessão de efeito suspensivo à simples petição em que se*

*alega fato superveniente ao término do prazo de oferecimento da impugnação ao cumprimento de sentença ou dos embargos à execução, respectivamente."*

- **25.** **Enunciado 545 do FPPC.** *"Aplicam-se à impugnação ao cumprimento de sentença, no que couber, as hipóteses previstas nos incisos I e III do art. 918 e no seu parágrafo único."*

- **26.** **Enunciado 546 do FPPC.** *"O efeito suspensivo dos embargos à execução e da impugnação ao cumprimento de sentença pode ser requerido e deferido a qualquer momento do seu trâmite, observados os pressupostos legais."*

- **27.** **Enunciado 547 do FPPC.** *"O efeito suspensivo dos embargos à execução e da impugnação ao cumprimento de sentença pode ser parcial, limitando-se ao impedimento ou à suspensão de um único ou de apenas alguns atos executivos."*

- **28.** **Enunciado 586 do FPPC.** *"O oferecimento de impugnação manifestamente protelatória é ato atentatório à dignidade da justiça, nos termos do art. 771 c/c art. 918, III e parágrafo único do CPC, que enseja a aplicação da multa prevista no parágrafo único do art. 774 do CPC."*

- **29.** **Enunciado 590 do FPPC.** *"Na impugnação ao cumprimento de sentença e nos embargos à execução, o executado que alegar excesso de execução deverá elaborar demonstrativo de débito em conformidade com os incisos do art. 524 e do parágrafo único do art. 798, respectivamente."*

- **30.** **Enunciado 681 do FPPC.** *"Cabe sustentação oral no julgamento do agravo de instrumento interposto contra decisão que versa sobre efeito suspensivo em embargos à execução ou em impugnação ao cumprimento de sentença."*

- **31.** **Enunciado 84 da I Jornada-CJF.** *"O comparecimento espontâneo da parte constitui termo inicial dos prazos para pagamento e, sucessivamente, impugnação ao cumprimento de sentença."*

- **32.** **Enunciado 90 da I Jornada-CJF.** *"Conta-se em dobro o prazo do art. 525 do CPC nos casos em que o devedor é assistido pela Defensoria Pública."*

- **33.** **Enunciado 92 da I Jornada-CJF.** *"A intimação prevista no* caput *do art. 523 do CPC deve contemplar, expressamente, o prazo sucessivo para impugnar o cumprimento de sentença."*

- **34.** **Enunciado 93 da I Jornada-CJF.** *"Da decisão que julga a impugnação ao cumprimento de sentença cabe apelação, se extinguir o processo, ou agravo de instrumento, se não o fizer."*

- **35.** **Enunciado 94 da I Jornada-CJF.** *"Aplica-se o procedimento do art. 920 do CPC à impugnação ao cumprimento de sentença, com possibilidade de rejeição liminar nas hipóteses dos arts. 525, § 5º, e 918 do CPC."*

- **36.** **Enunciado 95 da I Jornada-CJF.** *"O juiz, antes de rejeitar liminarmente a impugnação ao cumprimento de sentença (art. 525, § 5º, do CPC), deve intimar o impugnante para sanar eventual vício, em observância ao dever processual de cooperação (art. 6º do CPC)."*

- **37.** **Enunciado 120 do FNPP.** *"A impugnação ao cumprimento de sentença contra a Fazenda Pública tem efeito suspensivo automático em relação à matéria impugnada, devido à exigência constitucional de prévio trânsito em julgado para a expedição de precatório ou de RPV."*

- **38.** **Enunciado 50 da ENFAM.** *"O oferecimento de impugnação manifestamente protelatória ao cumprimento de sentença será considerado conduta atentatória à dignidade da Justiça (art. 918, III, parágrafo único, do CPC/2015), ensejando a aplicação da multa prevista no art. 774, parágrafo único."*

- **39.** **Enunciado 51 da ENFAM.** *"A majoração de honorários advocatícios prevista no art. 827, § 2º, do CPC/2015 não é aplicável à impugnação ao cumprimento de sentença."*

- **40.** **Enunciado 55 da ENFAM.** *"Às hipóteses de rejeição liminar a que se referem os arts. 525, § 5º, 535, § 2º, e 917 do CPC/2015 (excesso de execução) não se aplicam os arts. 9º e 10 desse código."*

- **41.** **Enunciado 117 do FONAJE.** *"É obrigatória a segurança do Juízo pela penhora para apresentação de embargos à execução de título judicial ou extrajudicial perante o Juizado Especial."*

- **42.** **Enunciado 121 do FONAJE.** *"Os fundamentos admitidos para embargar a execução da sentença estão disciplinados no art. 52, inciso IX, da Lei 9.099/95 e não no artigo 475-L do CPC, introduzido pela Lei 11.232/05."*

- **43.** **Enunciado 142 do FONAJE.** *"Na execução por título judicial o prazo para oferecimento de embargos será de quinze dias e fluirá da intimação da penhora."*

- **44.** **Enunciado 156 do FONAJE.** *"Na execução de título judicial, o prazo para oposição de embargos flui da data do depósito espontâneo, valendo este como termo inicial, ficando dispensada a lavratura de termo de penhora."*

- **45.** **Enunciado 10 da I Jornada de Prevenção e Solução Extrajudicial de Litígios-CJF.** *"O pedido de declaração de nulidade da sentença*

**LIVRO I ·** DO PROCESSO DE CONHECIMENTO E DO CUMPRIMENTO DE SENTENÇA    **Art. 525**

*arbitral formulado em impugnação ao cumprimento da sentença deve ser apresentado no prazo do art. 33 da Lei 9.307/1996."*

### ▣ COMENTÁRIOS TEMÁTICOS

**46. Impugnação ao cumprimento de sentença.** O executado pode defender-se no cumprimento de sentença por meio de impugnação. Também é a impugnação o meio típico de defesa para a execução de sentença estrangeira, arbitral e penal condenatória, haja vista o § 1º do art. 515 remeter a execução desses títulos ao procedimento do cumprimento de sentença.

**47. Natureza jurídica.** A impugnação destina-se a concretizar o exercício do direito de defesa; o executado não demanda, não age; ele resiste, excepciona, opõe-se. A pretensão à tutela jurisdicional, exercida pelo executado, é de reação. A impugnação é, pois, um instrumento de defesa.

**48. Contraditório eventual.** O contraditório no procedimento executivo é *eventual*, pois depende da manifestação do executado, que não é chamado a juízo para defender-se, mas sim para cumprir a obrigação. Há, no procedimento de execução de sentença, a inversão do ônus de provocar o contraditório.

**49. Cognição limitada e exauriente *secundum eventum defensionis*.** O procedimento do cumprimento de sentença é estruturado em cognição limitada e exauriente *secundum eventum defensionis*: a cognição dependerá da provocação do executado, que não pode alegar qualquer matéria em sua defesa. Seu conteúdo é limitado, somente podendo invocar as matérias relacionadas no § 1º do art. 525. Apresentada a impugnação, instaura-se atividade cognitiva que permite ampla (mas limitada pelas questões que podem ser alegadas) instrução probatória.

**50. Desnecessidade de nova intimação.** Decorrido prazo de 15 dias para pagamento voluntário, sem que este seja realizado, já se inicia novo prazo de 15 dias, sem a necessidade de nova intimação, para que o executado apresente sua impugnação. Intimado numa das formas previstas no § 2º do art. 513, o executado terá 30 dias para apresentar sua impugnação. A impugnação pode ser apresentada em até 30 dias, a contar da intimação feita ao executado numa das formas previstas no § 2º do art. 513. O primeiro período de 15 dias destina-se ao pagamento. Não efetuado este, tem início automaticamente o prazo de mais 15 dias para o oferecimento da impugnação.

**51. Irrelevância de depósito voluntário para o início da contagem do prazo.** *"Assim, mesmo que o executado realize o depósito para garantia do juízo no prazo para pagamento voluntário, o prazo para a apresentação da impugnação somente se inicia após transcorridos os 15 (quinze) dias contados da intimação para pagar o débito, previsto no art. 523 do CPC/2015, independentemente de nova intimação"* (STJ, 3ª Turma, REsp 1.761.068/RS, rel. p/ ac. Min. Nancy Andrighi, *DJe* 18.12.2020).

**52. Apresentação antes do prazo.** O executado pode antecipar-se e já apresentar sua impugnação antes do início do prazo; em tal hipótese, a impugnação será considerada tempestiva (art. 218, § 4º).

**53. Ciência inequívoca.** *"II – Demonstrada ciência inequívoca do Devedor quanto à penhora 'on-line' realizada, não há necessidade de sua intimação formal para o início do prazo para apresentar impugnação à fase de cumprimento de sentença, tendo como termo a quo a data em que comprovada a ciência. III – In casu, o Devedor peticionou nos autos, após bloqueio e transferência de valores, impugnando pedido do Credor, com objetivo de obstar levantamento de valores, iniciado, portanto, o prazo para impugnação, pois demonstrada ciência inequívoca da penhora"* (STJ, Corte Especial, EREsp 1.415.522/ES, rel. Min. Felix Fischer, *DJe* 5.4.2017)

**54. Contagem do prazo.** O prazo de 15 dias para apresentação da impugnação pelo executado é processual, computando-se, na sua contagem, apenas os dias úteis (art. 219).

**55. Natureza processual do prazo e contagem só em dias úteis.** *"(...) a intimação para o cumprimento de sentença, independentemente de quem seja o destinatário, tem como finalidade a prática de um ato processual, pois, além de estar previsto na própria legislação processual (CPC), também traz consequências para o processo, caso não seja adimplido o débito no prazo legal, tais como a incidência de multa, fixação de honorários advocatícios, possibilidade de penhora de bens e valores, início do prazo para impugnação ao cumprimento de sentença, dentre outras. E, sendo um ato processual, o respectivo prazo, por decorrência lógica, terá a mesma natureza jurídica, o que faz incidir a norma do art. 219 do CPC/2015, que determina a contagem em dias úteis"* (STJ, 3ª Turma, REsp 1.708.348/RJ, rel. Min. Marco Aurélio Bellizze, *DJe* 1º.08.2019).

**56. Prazo em dobro.** Se houver mais de um executado com procuradores diferentes, de escritórios de advocacia distintos, o prazo para impugnação será contado em dobro (art. 229), sendo certo que a contagem em dobro não se aplica se o cumprimento da sentença tramitar em autos eletrônicos (art. 229, § 2º).

**57. Caso de litisconsórcio passivo.** No cumprimento de sentença em que há litisconsórcio passivo, os prazos para cumprimento voluntário contam-se independentemente (art. 231, § 2º) e, por serem destinados a adimplemento, e não a manifestação processual, não se sujeitam à dobra prevista no art. 229. Assim, os prazos para impugnação dos litisconsortes, contados em dobro ou de modo simples, podem fluir independentemente um do outro, começando e terminando em datas diferentes. Somente quando forem intimados no mesmo momento para cumprimento é que há coincidência de seus prazos (para cumprimento e para impugnação).

**58. Dispensa de garantia do juízo.** A apresentação da impugnação independe de garantia do juízo, não sendo necessário haver penhora, depósito ou caução.

**59. Preclusão consumativa.** *"A apresentação, pelo devedor, de uma segunda petição de impugnação ao cumprimento de sentença para questionar matéria que deveria ter sido arguida na primeira peça de impugnação conduz ao reconhecimento da preclusão para a prática do ato"* (STJ, 4ª Turma, AgInt no AREsp 1.503.197/DF, rel. Min. Antonio Carlos Ferreira, *DJe* 20.02.2020).

**60. Preclusão temporal.** Não oferecida a impugnação, preclui para o executado o direito de apresentar suas alegações, salvo em relação às matérias que não se sujeitam à preclusão, por poderem ser conhecidas de ofício ou alegadas a qualquer tempo (art. 342, II e III). As questões relativas à validade do procedimento de cumprimento da sentença e dos atos executivos subsequentes também podem ser arguidas posteriormente, mesmo com a perda do prazo para impugnação (art. 518).

**61. Alegação de fato superveniente.** Após o prazo, tendo a impugnação sido ou não oferecida, poderá o executado alegar fatos supervenientes relativos à validade e à adequação da penhora, da avaliação e dos atos executivos subsequentes. O art. 525 dispensa penhora ou garantia do juízo para o ajuizamento da impugnação. Apresentada a impugnação ou ultrapassado o prazo para sua apresentação, é possível que a penhora e a avaliação somente se realizem depois. Se houver algum vício ou invalidade na penhora ou na avaliação, admite-se sua arguição por simples petição oferecida nos próprios autos, devendo ser apreciada a alegação pelo juiz da causa (art. 525, § 11).

**62. Conteúdo da impugnação.** A impugnação é uma defesa de conteúdo limitado. O executado somente pode alegar as matérias enumeradas no § 1º do art. 525.

**63. Exequibilidade e necessidade de a obrigação estar reconhecida no título.** *"Não é executável o título judicial quanto a pedido o qual embora deduzido na inicial, deixou de ser examinado na sentença, que assim incorreu em vício de julgamento 'citra petita'"* (STJ, 2ª Turma, AREsp 1.320.997/RJ, rel. Min. Mauro Campbell Marques, *DJe* 18.06.2019).

**64. *Querela nullitatis.*** A ausência ou defeito de citação, tendo o réu sido revel, é uma invalidade que pode ser alegada em impugnação ao cumprimento de sentença, independentemente de ação rescisória. Com o trânsito em julgado da sentença de mérito da fase de conhecimento, as invalidades processuais são sanadas ou convertem-se em vícios rescisórios, impugnáveis por meio de ação rescisória. A falta ou nulidade de citação é o único vício que não se sana com o trânsito em julgado nem se converte em vício rescisório. É um vício "transrescisório", como dizem alguns autores, podendo ser questionado em impugnação ao cumprimento de sentença.

**65. Convalidação do vício de citação.** Se o executado impugna o cumprimento de sentença, mas não questiona a falta ou defeito da citação da fase de conhecimento, estará sanado o vício, não se admitindo mais a *querela nullittais*. A falta ou nulidade de citação não se sana com o trânsito em julgado da sentença da fase de conhecimento, mas se convalida com o comparecimento do réu ou executado que não a alega.

**66. Prazo para contestação depois de acolhida a *querela nullitatis.*** *"A norma do art. 239, § 1º, do CPC/2015 é voltada às hipóteses em que o réu toma conhecimento do processo ainda na sua fase de conhecimento. O comparecimento espontâneo do executado na fase de cumprimento de sentença não supre a inexistência ou a nulidade da citação. Ao comparecer espontaneamente nessa etapa processual, o executado apenas dar-se-á por intimado do requerimento de cumprimento e, a partir de então, terá início o prazo para o oferecimento de impugnação, na qual a parte poderá suscitar o vício de citação, nos termos do art. 525, § 1º, I, do CPC/2015. 6. Aplicando-se, por analogia, o disposto no art. 272, § 9º, do CPC/2015 e de forma a prestigiar a duração razoável do processo, caso acolhida a impugnação fundada no art. 525, § 1º, I, do CPC/2015, o prazo para apresentar contestação terá início com a intimação acerca dessa decisão"* (STJ, 3ª Turma, REsp 1.930.225/SP, rel. Min. Nancy Andrighi, *DJe* 15.06.2021).

**LIVRO I ·** DO PROCESSO DE CONHECIMENTO E DO CUMPRIMENTO DE SENTENÇA **Art. 525**

**67. Impugnação ao cumprimento de sentença arbitral.** No cumprimento da sentença arbitral, o executado pode, além das matérias previstas no § 1º do art. 515, alegar nulidade da sentença, com base num das hipóteses do art. 32 da Lei 9.307, de 1996, o que torna particularmente mais ampla a cognição judicial na execução de tal título executivo. Essa maior amplitude, aliás, está prevista no § 3º do art. 33 da Lei 9.307/1996. Nessa hipótese, só se permite discutir a validade da sentença arbitral, não se podendo discutir o seu conteúdo. Apenas se pode alegar uma das hipóteses previstas no referido art. 32, desde que não haja transcorrido o prazo de 90 dias previsto no § 1º do mencionado art. 33. Se esse prazo decadencial já se esvaiu, não há mais como invalidar a sentença arbitral. O prazo de 90 dias somente se aplica para as alegações de invalidade da sentença previstas no art. 32 da Lei 9.307/1996, não se referindo às matérias previstas no § 1º do art. 525 do CPC.

**68. Alegação de nulidade da sentença arbitral em impugnação e sujeição ao prazo de 90 dias.** *"A declaração de nulidade da sentença arbitral pode ser pleiteada, judicialmente, por duas vias: (i) ação declaratória de nulidade de sentença arbitral (art. 33, § 1º, da Lei 9.307/1996) ou (ii) impugnação ao cumprimento de sentença arbitral (art. 33, § 3º, da Lei 9.307/1996). 4. Se a declaração de invalidade for requerida por meio de ação própria, há também a imposição de prazo decadencial. Esse prazo, nos termos do art. 33, § 1º, da Lei de Arbitragem, é de 90 (noventa) dias. Sua aplicação, reitera-se, é restrita ao direito de obter a declaração de nulidade devido à ocorrência de qualquer dos vícios taxativamente elencados no art. 32 da referida norma. 5. Assim, embora a nulidade possa ser suscitada em sede de impugnação ao cumprimento de sentença arbitral, se a execução for ajuizada após o decurso do prazo decadencial da ação de nulidade, a defesa da parte executada fica limitada às matérias especificadas pelo art. 525, § 1º, do CPC, sendo vedada a invocação de nulidade da sentença com base nas matérias definidas no art. 32 da Lei 9.307/1996"* (STJ, 3ª Turma, REsp 1.900.136/SP, rel. Min. Nancy Andrighi, *DJe* 15.04.2021).

**69. Submissão da impugnação ao cumprimento de sentença arbitral ao prazo de 90 dias.** *"Sob o signo da celeridade, da efetividade e da segurança jurídica especialmente perseguidas pelas partes signatárias de um compromisso arbitral, a pretensão de anular a sentença arbitral deve ser intentada de imediato, sob pena de a questão decidida tornar-se imutável, porquanto não mais passível de anulação pelo Poder Ju-* diciário, a obstar, inclusive, que o Juízo arbitral profira nova decisão sobre a matéria. 2.1 A Lei de Arbitragem, atenta a essa premência, estabelece, para tal desiderato, o manejo de ação anulatória (art. 33, caput) e, em havendo o ajuizamento de execução de sentença arbitral (art. 33, § 3º), de impugnação ao seu cumprimento, desde que observado, em ambos os casos, o prazo decadencial nonagesimal. Sem respaldo legal, e absolutamente em descompasso com a inerente celeridade do procedimento arbitral, supor que a parte sucumbente, única interessada em infirmar a validade da sentença arbitral, possa, apesar de não promover a ação anulatória no prazo de 90 (noventa) dias, manejar a mesma pretensão anulatória, agora em impugnação à execução ajuizada em momento posterior a esse lapso, sobretudo porque, a essa altura, o direito potestativo (de anular) já terá se esvaído pela decadência. Precedente específico desta Terceira Turma"* (STJ, 3ª Turma, REsp 1.862.147/MG, rel. Min. Marco Aurélio Bellizze, *DJe* 20.09.2021).

**70. Litispendência entre ação de nulidade e impugnação ao cumprimento de sentença arbitral.** *"Conforme o art. 33 da Lei 9.307/1996, a declaração de nulidade da sentença arbitral pode ser pleiteada, judicialmente, por duas vias: (I) ação declaratória de nulidade de sentença arbitral (art. 33, § 1º); ou (II) impugnação ao cumprimento de sentença arbitral (art. 33, § 3º). 5. Assim, a impugnação ao cumprimento de sentença arbitral não se restringe às matérias previstas no art. 525, § 1º, do CPC, podendo nela ser requerida a declaração de nulidade do título arbitral, por expressa autorização legal, sendo, por consequência, possível que o mesmo pedido, sob a mesma causa de pedir, seja formulado tanto na ação autônoma quanto na impugnação. 6. Há litispendência entre a ação declaratória de nulidade de sentença arbitral e a impugnação ao cumprimento de sentença arbitral entre as mesmas partes, se nesta tiver sido formulado o mesmo pedido de nulidade, sob a mesma causa de pedir. Nessa hipótese, aquela que tiver sido instaurada por último será extinta sem resolução de mérito, ao menos na parte idêntica, na forma do art. 485, V, do CPC"* (STJ, 3ª Turma, REsp 2.105.872/RJ, rel. Min. Nancy Andrighi, *DJe* 9.2.2024).

**71. Alegação de impedimento ou suspeição.** A alegação do *impedimento* e da *suspeição* do juiz, membro do Ministério Público ou auxiliar da justiça deve ser feita em petição apartada, e não na própria impugnação, observando-se os arts. 146 a 148.

**72. Inexigibilidade da decisão fundada em lei, ato normativo ou interpretação tidos pelo**

869

**STF como inconstitucionais.** Na impugnação, o executado pode alegar a inexigibilidade da obrigação, sempre que a decisão executada estiver fundada *"em lei ou ato normativo considerado inconstitucional pelo Supremo Tribunal Federal"*, ou em *"em aplicação ou interpretação da lei ou do ato normativo tido pelo Supremo Tribunal Federal como incompatível com a Constituição Federal, em controle de constitucionalidade concentrado ou difuso"* (art. 525, § 12). A lei, o ato normativo ou a interpretação – cuja inconstitucionalidade já tenha sido proclamada pelo STF – deve ter sido essencial para a procedência do pedido. É preciso que haja uma relação de *causa e efeito*, de sorte que, afastada a lei que fundamentara a sentença, a conclusão desta seja, inevitavelmente, alterada. Caso mantida a conclusão, a despeito de afastada a lei invocada na fundamentação da sentença, não há como acolher a impugnação. Assim, se a desarmonia entre a decisão executada e a decisão do STF for *congênita*, a obrigação reconhecida na sentença será inexigível, sendo possível alegar, em impugnação ao cumprimento de sentença, essa inexigibilidade. Nesse caso, a alegação tem por finalidade obstar o cumprimento da sentença, encobrindo a pretensão executiva. A impugnação não visa desfazer ou rescindir a decisão sob cumprimento; destina-se apenas a reconhecer sua ineficácia, sua inexigibilidade, impedindo que se prossiga com o cumprimento da sentença. Para desfazer ou rescindir a decisão, é preciso ajuizar a ação rescisória. Em tal hipótese, a rescisória terá por fundamento o inciso V do art. 966, pois terá havido manifesta violação a norma jurídica: o órgão julgador decidiu contrariando a norma construída pelo STF ao interpretar o correspondente texto ou enunciado constitucional.

**73. Modulação dos efeitos da decisão do STF.** O STF pode modular os efeitos no tempo da decisão paradigma, como forma de concretizar a segurança jurídica. A modulação pode recair sobre os efeitos retroativos da decisão paradigma; o STF pode fixar uma data a partir da qual eles são produzidos. Nesse caso, somente caberá alegação de inexigibilidade se a decisão executada houver transitado em julgado no período abrangido pela modulação. Caso a modulação empreste à decisão paradigma apenas efeitos *ex nunc* ou futuros, a decisão anteriormente transitada em julgado *não* poderá ser alvo da impugnação, se o fundamento for a desarmonia entre o quanto nela decidido e a decisão paradigma do STF.

**74. Desistência da execução.** O exequente pode desistir de toda execução ou de alguma medida ou ato executivos. A desistência do procedimento executivo independe de consentimento do executado, em duas situações: *(i)* se ele ainda não ofereceu defesa ou *(ii)* se a sua defesa versa apenas sobre questões processuais, caso em que o exequente pagará as custas processuais e os honorários advocatícios (art. 775, parágrafo único). Depende, contudo, de consentimento do executado se a sua defesa versar sobre questões de mérito (art. 775, parágrafo único), caso em que, se o executado não consentir com a desistência, a execução se extingue, mas a impugnação continua.

**75. Efeito suspensivo da impugnação.** A impugnação não suspende automaticamente o cumprimento de sentença. O juiz pode, a requerimento do executado, determinar a suspensão do procedimento executivo, desde que: a) a execução esteja garantida por penhora (execução por quantia), depósito (execução para a entrega de coisa) ou caução (execução de fazer ou não fazer); b) haja fundamentação relevante apresentada pelo impugnante; c) haja demonstração de que o prosseguimento da execução é manifestamente suscetível de causar ao executado grave dano de difícil ou incerta reparação.

**76. Efeito suspensivo à petição que contém alegação superveniente.** A impugnação pode ser apresentada sem garantia do juízo. Sobrevindo penhora, será possível alegar algum vício nela ou na avaliação do bem. Nesse caso, presentes os pressupostos do § 6º do art. 525, é possível requerer a concessão de efeito suspensivo à petição em que se alega esse vício superveniente.

**77. Agravo de instrumento.** A decisão que defere ou indefere o efeito suspensivo é passível de agravo de instrumento (art. 1.015, parágrafo único). Além disso, essa é uma hipótese específica de tutela provisória, cabendo agravo de instrumento também pelo inciso I do art. 1.015.

**78. Impugnação parcial.** Quando a impugnação for parcial, a parte não questionada será, desde logo, objeto de cumprimento. Ainda que seja concedido, o efeito suspensivo não alcança tal parte, restringindo-se apenas à parte impugnada.

**79. Procedimento.** Apresentada impugnação, o exequente será intimado para sobre ela manifestar-se no prazo de 15 dias, se o executado alegar matéria de defesa que se enquadre no art. 350 ou no art. 351. Não há regra expressa nesse sentido, mas a imposição de intimação para manifestação do exequente é um corolário do princípio do contraditório (art. 9º) e o prazo de quinze dias é uma exigência da igualdade (art. 7º), já que esse é o prazo para a impugnação.

**LIVRO I** · DO PROCESSO DE CONHECIMENTO E DO CUMPRIMENTO DE SENTENÇA · **Art. 526**

**80. Julgamento e coisa julgada.** A impugnação volta-se contra a pretensão executiva, seja para negá-la, seja para obstar a sua efetivação. Apresentada a impugnação, a demanda do exequente torna-se uma questão, que precisará ser resolvida pelo magistrado. A cognição judicial será *limitada*, pois restrita às hipóteses do § 1º do art. 525. Embora limitada, a cognição é exauriente. Por isso, a decisão que resolve a impugnação está apta a ficar imune pela coisa julgada, podendo, inclusive, ser alvo de ação rescisória. Acolhida a impugnação, os efeitos variarão conforme o respectivo conteúdo, podendo implicar ou uma invalidação do título judicial e do procedimento executivo, com a reabertura da fase de conhecimento (art. 525, § 1º, I), ou uma redução do valor executado (art. 525, § 1º, VI) ou o reconhecimento da inexistência da obrigação (art. 525, § 1º, VII).

**81. Rejeição da impugnação e ausência de honorários de sucumbência.** *"Nos termos do entendimento sedimentado em sede de recurso repetitivo (REsp 1.134.186/RS, representativo de controvérsia na forma do art. 543-C, do CPC/1973 – tema 408) a rejeição da impugnação ao cumprimento de sentença não enseja a condenação em honorários advocatícios (Súmula 519 do STJ). 1.1 Em que pese tal pronunciamento tenha sido estabelecido sob a égide do diploma processual civil revogado, a deliberação se mantém, também, para contendas estabelecidas no âmbito do NCPC, porquanto a impugnação ao cumprimento de sentença (seja ela definitiva ou provisória) não enseja o início de novo procedimento, visto que atrelada à própria abertura do cumprimento de sentença em si, o qual já admite, por força do art. 85, § 1º, do NCPC a fixação de honorários advocatícios"* (STJ, 4ª Turma, AgInt no AREsp 1.747.288/MT, rel. Min. Marco Buzzi, *DJe* 28.05.2021).

**82. Efeito anexo.** A decisão que reconhecer a inexistência da obrigação executada tem o efeito anexo de gerar para o exequente o dever de indenizar o executado pelos prejuízos sofridos em razão da execução e dos atos executivos praticados (art. 776).

**83. Recurso.** A decisão que julgar a *impugnação* é recorrível por agravo de instrumento (art. 1.015, parágrafo único), salvo se extinguir a execução, quando, por se tratar de sentença, será passível de apelação (art. 1.009). Se a impugnação for acolhida em parte, não haverá extinção da execução e, portanto, o recurso cabível será também o agravo de instrumento, quer para o exequente, quer para o executado.

**84. Efeito suspensivo da apelação.** A apelação contra a sentença que acolher a impugnação tem efeito suspensivo automático, o que não significa, porém, que a execução haverá de prosseguir. Acolhida a impugnação, a execução extinguiu-se. O efeito suspensivo da apelação impede, apenas, que o executado inicie a execução da verba de sucumbência, não tendo o condão de afastar a própria extinção da execução, que não deverá, por isso mesmo, prosseguir enquanto pendente a apelação interposta pelo exequente.

**85. Cumprimento de sentença no tribunal.** Se o cumprimento de sentença tiver sido processado originariamente no tribunal (art. 516, I), a impugnação pode ser decidida por decisão do relator, daí cabendo agravo interno (art. 1.021), ou por acórdão, sendo, se for o caso, cabível recurso especial ou extraordinário, ou ambos.

**86. Impossibilidade de alteração da base de cálculo de honorários na fase de execução.** *"A base de cálculo da verba honorária é insuscetível de modificação na execução ou na fase de cumprimento da sentença, sob pena de ofensa à coisa julgada"* (STJ, 2ª Seção, AR 5.869/MS, rel. Min. Ricardo Villas Bôas Cueva, *DJe* 04.02.2022).

**87. Aplicação do prazo em dobro previsto no art. 229.** *"O entendimento prevalente, registre-se, é de que a impugnação ao cumprimento de sentença possui natureza jurídica de incidente processual, sendo processada no bojo do cumprimento de sentença; ao passo que os embargos à execução possuem natureza de ação, dando origem a um novo processo, diverso da correlata execução de título extrajudicial. 3. Havendo coexecutados representados por advogados diferentes, as diversas impugnações apresentadas serão processadas todas no feito do cumprimento de sentença. Já no que diz respeito aos embargos, serão formadas novas demandas tantas quantas forem os embargos ajuizados. 4. Assenta-se, desse modo, que o prazo de 15 (quinze) dias para a apresentação da impugnação ao cumprimento de sentença previsto no art. 475-J, § 1º, do CPC/1973 sujeita-se à regra da contagem em dobro prevista no art. 191 do CPC/1973, não se lhe revelando extensível subsidiariamente (segundo prevê o art. 475-R do CPC/1973) a vedação incidente sobre os embargos à execução (art. 738, § 3º, do CPC/2015), em razão da distinção ontológica entre os referidos institutos de defesa"* (STJ, 3ª Turma, REsp 1.964.438/SP, rel. Min. Marco Aurélio Bellizze, *DJe* 14.12.2021).

---

**Art. 526.** É lícito ao réu, antes de ser intimado para o cumprimento da sentença, comparecer em juízo e oferecer em pagamento o valor que entender devido, apresentando memória discriminada do cálculo.

§ 1º O autor será ouvido no prazo de 5 (cinco) dias, podendo impugnar o valor depositado, sem prejuízo do levantamento do depósito a título de parcela incontroversa.

§ 2º Concluindo o juiz pela insuficiência do depósito, sobre a diferença incidirão multa de dez por cento e honorários advocatícios, também fixados em dez por cento, seguindo-se a execução com penhora e atos subsequentes.

§ 3º Se o autor não se opuser, o juiz declarará satisfeita a obrigação e extinguirá o processo.

▶ **1. Sem correspondência no CPC/1973.**

## ☐ COMENTÁRIOS TEMÁTICOS

**2. Cumprimento espontâneo da obrigação antes da intimação.** O devedor ou responsável pode, antes de ser intimado para o cumprimento da sentença, comparecer perante o juízo competente (art. 516) e oferecer em pagamento o valor que entender devido.

**3. Cumprimento espontâneo *versus* consignação em pagamento.** O cumprimento espontâneo previsto no art. 526 assemelha-se a uma ação de consignação em pagamento, mas dela se distingue, por não pressupor a recusa do credor em receber a prestação (CC, art. 394) e por pressupor dívida líquida, o que nem sempre ocorre na consignação em pagamento. Embora não seja uma ação de consignação em pagamento, o cumprimento voluntário contempla o depósito feito junto a terceiro como uma técnica especial utilizada em outro procedimento, diverso da consignação em pagamento. A providência é bastante útil para o devedor, que já se antecipa e evita discussões sobre multa e honorários, além de evitar o aumento da dívida em razão de juros e correção monetária.

**4. Âmbito de abrangência do dispositivo.** A possibilidade de cumprimento voluntário pelo devedor no próprio processo pressupõe dívida decorrente dos títulos executivos judiciais previstos nos incisos I a V do art. 515, que são aqueles cuja efetivação se dá por cumprimento de sentença como simples fase de um mesmo processo. A sentença penal condenatória transitada em julgado, a sentença estrangeira homologada pelo STJ, a decisão interlocutória estrangeira e a sentença arbitral acarretam a formação de um *processo autônomo* de execução. Em tais casos, não se aplica o art. 526, podendo o devedor promover o pagamento extrajudicialmente ou, havendo recusa, propor ação de consignação em pagamento.

**5. Natureza jurídica.** O cumprimento espontâneo é uma ação incidental do devedor contra o credor, com o propósito de liberação da obrigação. Não se confunde com a consignação em pagamento, por ter pressuposto diverso. Por não pressupor a recusa do credor, o cumprimento espontâneo é uma demanda incidental de jurisdição voluntária, que, como acontece com qualquer procedimento de jurisdição voluntária, pode dar ensejo a uma controvérsia, após instaurado o contraditório e dada oportunidade de manifestação do interessado, que, no caso, é o credor.

**6. Memória de cálculo.** É ônus do devedor apresentar, juntamente com a petição em que exerce a ação de cumprimento espontâneo, a memória discriminada do cálculo do valor que reputa devido. Trata-se de documento indispensável, cuja falta leva à determinação de emenda por parte do juiz (art. 322). Se a dívida não for líquida, caberá ao devedor, que queira liberar-se da obrigação, requerer primeiramente a liquidação, e não a instauração da demanda incidental para cumprimento espontâneo.

**7. Intimação do credor.** Requerido o cumprimento espontâneo pelo devedor, o credor será intimado para manifestar-se no prazo de cinco dias. Há aí um procedimento especial: o réu da ação – que, no caso, é o credor – será intimado para manifestar-se, e não para comparecer a uma audiência de mediação ou conciliação, como ocorre no procedimento comum, além de o prazo para sua manifestação ser de cinco dias, e não de quinze.

**8. Forma de intimação.** O credor deve ser intimado da mesma forma que o devedor é intimado para efetuar o pagamento. Em respeito à isonomia, as regras sobre intimação do devedor para o cumprimento da sentença (art. 513) aplicam-se à intimação do credor para manifestar sobre o oferecimento do pagamento pelo devedor. Em outras palavras, o credor há de ser intimado na pessoa de seu advogado.

**9. Opções do credor.** Intimado, o credor pode aceitar e já receber o valor depositado. Em vez disso, pode impugná-lo, sem prejuízo de levantar a parte incontroversa.

**10. Ônus de demonstrar o valor correto (*exceptio declinatoria quanti*).** Em virtude do princípio da isonomia, o credor que divergir, assim como ocorre quando o devedor apresenta impugnação ao cumprimento de sentença (art. 525, § 4º), deverá indicar o valor que entende correto, sendo inadmissível a recusa genérica, devendo, ainda, juntar memória discriminada de cálculo.

**LIVRO I · DO PROCESSO DE CONHECIMENTO E DO CUMPRIMENTO DE SENTENÇA** **Art. 526**

**11. Instrução probatória.** Se houver controvérsia, o juiz decidirá a questão, podendo, caso haja necessidade, haver a produção de provas, inclusive pericial, para a definição do valor.

**12. Extinção do processo.** Se o credor não se opuser ao valor oferecido pelo devedor, o juiz declarará satisfeita a obrigação e extinguirá o processo por meio de uma sentença.

**13. Ausência de impugnação e preclusão.** *"Nos termos do art. 526, § 3º, do CPC/2015, é lícito ao réu, antes de ser intimado para o cumprimento da sentença, comparecer em juízo e oferecer em pagamento o valor que entender devido, apresentando memória discriminada do cálculo. Assim, se o autor não se opuser, o juiz declarará satisfeita a obrigação e extinguirá o processo. 6. Consta dos autos que a parte ora recorrente deu início ao cumprimento espontâneo da sentença, informando que o seu balanço patrimonial estava negativo, motivo pelo qual nada haveria a ser reembolsado. Intimado, o réu/recorrido nada requereu, mesmo tendo feito carga dos autos. 7. É firme a orientação do Superior Tribunal de Justiça de que ocorre a preclusão lógica e temporal quando a parte não impugna decisão que lhe foi desfavorável no momento processual adequado. Precedentes. 8. Demonstrado não haver o recorrido manifestado oposição aos termos do requerimento de cumprimento espontâneo apresentado pela recorrente, cabe ao juiz declarar satisfeita a obrigação e extinguir o processo em razão da preclusão nos termos do art. 526, § 3º, do CPC/2015"* (STJ, 3ª Turma, REsp 2.077.205/GO, rel. Min. Humberto Martins, *DJe* 4.10.2023).

**14. Multa e honorários.** Se o juiz concluir pela insuficiência do depósito, incidirão multa de 10% e, igualmente, honorários advocatícios, também de 10%, sobre a diferença, seguindo-se a execução com penhora e atos subsequentes.

**15. Momento da incidência da multa e dos honorários.** O reconhecimento da insuficiência do depósito apenas implicará a incidência da multa e dos honorários de advogado, após o devedor não ter complementado o depósito, tendo sido intimado a tanto. Isso porque a decisão que reconhece a insuficiência do depósito é um título executivo (art. 515, I), cuja efetivação deve observar as regras do cumprimento da sentença, que se caracteriza pela existência de um momento em que o devedor é convocado a cumprir a obrigação, no prazo de quinze dias, ainda sem multa e honorários (art. 523, § 1º).

**16. Agravo de instrumento.** Das decisões proferidas pelo juiz no curso do procedimento cabe agravo de instrumento (art. 1.015, parágrafo único).

**17. Cumprimento de sentença da diferença.** Caso o juiz conclua pela insuficiência do valor depositado pelo devedor, o credor poderá executar a diferença. Não efetuado o pagamento da diferença, haverá o acréscimo de multa e honorários de advogado. Nessa execução, o executado poderá oferecer impugnação, que terá, porém, conteúdo limitado: o devedor poderá discutir problemas formais desse cumprimento de sentença (ilegitimidade, penhora indevida etc.); poderá, também, alegar fato superveniente (um pagamento superveniente, por exemplo). O executado não mais poderá discutir, todavia, a existência da dívida nem o título executivo originário (aquele que documenta a dívida espontaneamente cumprida, ainda que em montante insuficiente); não poderá, ainda, rediscutir o valor, que foi definido na decisão que julgou o incidente do art. 526, instaurado a partir de sua provocação. A opção pelo cumprimento espontâneo do art. 526 implica preclusão lógica dessas situações jurídicas processuais.

**18. Impossibilidade de aplicação do art. 526 pela Fazenda Pública em casos de dívida sujeita a precatório.** A Fazenda Pública não é intimada para pagar, justamente porque não lhe é franqueada a possibilidade de pagamento voluntário. Cabe-lhe pagar as condenações que lhe são impostas, de acordo com a ordem cronológica de inscrição dos precatórios. É por isso que não incide, no cumprimento de sentença contra a Fazenda Pública, a multa prevista no § 1º do art. 523. Por essa mesma razão, não é possível à Fazenda Pública valer-se do expediente previsto no art. 526 e, antecipando-se à intimação para pagamento, já efetuá-lo no valor que entende devido. A Fazenda Pública não é intimada, como já afirmado, para pagar, mas para apresentar impugnação. O pagamento voluntário não lhe é franqueado, porque está sujeita à disciplina do precatório, prevista no art. 100 da CF, devendo aguardar o momento próprio para pagar, em observância à ordem cronológica. Aliás, o pagamento voluntário, em descumprimento à ordem cronológica, pode acarretar o sequestro do valor, por preterição àquela mesma ordem cronológica (CF, art. 100, § 6º).

**19. Possibilidade de aplicação do art. 526 pela Fazenda Pública em casos de RPV.** No caso de condenação de pequeno valor, não há existência constitucional de observância da ordem cronológica. Logo, a Fazenda Pública pode, nas hipóteses de pequeno valor, efetuar pagamento voluntário. Sendo assim, é possível valer-se do expediente previsto no art. 526 e, antecipando-se à intimação para pagamento, já efetuá-lo no

## Art. 527

valor que entende devido. Mas isso, não custa repetir, só é possível nos casos em que a condenação for de pequeno valor.

> **Art. 527.** Aplicam-se as disposições deste Capítulo ao cumprimento provisório da sentença, no que couber.

> ► **1.** Sem correspondência no CPC/1973.

### ☰ Comentários Temáticos

**2. Regime jurídico do cumprimento provisório.** O cumprimento provisório desenvolve-se da mesma forma que o definitivo (art. 520), admitindo-se, inclusive, a apresentação de impugnação do executado nos moldes do art. 525 (art. 520, § 1º). Por causa da provisoriedade do título em que se funda, há, porém, algumas especificidades não presentes no cumprimento definitivo. Tais especificidades estão previstas nos arts. 520 a 522.

**3. Aplicação das normas sobre execução fundada em título extrajudicial ao cumprimento provisório.** Além das normas que disciplinam o cumprimento de sentença, aplicam-se ao cumprimento provisório, as normas decorrentes do Livro II, que dispõe sobre o processo de execução, nos arts. 771 e seguintes. As disposições da execução fundada em título extrajudicial aplicam-se complementarmente, no que couber, ao procedimento de cumprimento de sentença e, igualmente, ao cumprimento provisório, sobretudo as que dizem respeito à penhora e à alienação de bens. O art. 527 reforça o que já decorre dos arts. 513, 520 e 771.

### CAPÍTULO IV

### DO CUMPRIMENTO DE SENTENÇA QUE RECONHEÇA A EXGIBILIDADE DE OBRIGAÇÃO DE PRESTAR ALIMENTOS

> **Art. 528.** No cumprimento de sentença que condene ao pagamento de prestação alimentícia ou de decisão interlocutória que fixe alimentos, o juiz, a requerimento do exequente, mandará intimar o executado pessoalmente para, em 3 (três) dias, pagar o débito, provar que o fez ou justificar a impossibilidade de efetuá-lo.
>
> § 1º Caso o executado, no prazo referido no *caput*, não efetue o pagamento, não prove que o efetuou ou não apresente justificativa da impossibilidade de efetuá-lo, o juiz mandará protestar

o pronunciamento judicial, aplicando-se, no que couber, o disposto no art. 517.

§ 2º Somente a comprovação de fato que gere a impossibilidade absoluta de pagar justificará o inadimplemento.

§ 3º Se o executado não pagar ou se a justificativa apresentada não for aceita, o juiz, além de mandar protestar o pronunciamento judicial na forma do § 1º, decretar-lhe-á a prisão pelo prazo de 1 (um) a 3 (três) meses.

§ 4º A prisão será cumprida em regime fechado, devendo o preso ficar separado dos presos comuns.

§ 5º O cumprimento da pena não exime o executado do pagamento das prestações vencidas e vincendas.

§ 6º Paga a prestação alimentícia, o juiz suspenderá o cumprimento da ordem de prisão.

§ 7º O débito alimentar que autoriza a prisão civil do alimentante é o que compreende até as 3 (três) prestações anteriores ao ajuizamento da execução e as que se vencerem no curso do processo.

§ 8º O exequente pode optar por promover o cumprimento da sentença ou decisão desde logo, nos termos do disposto neste Livro, Título II, Capítulo III, caso em que não será admissível a prisão do executado, e, recaindo a penhora em dinheiro, a concessão de efeito suspensivo à impugnação não obsta a que o exequente levante mensalmente a importância da prestação.

§ 9º Além das opções previstas no art. 516, parágrafo único, o exequente pode promover o cumprimento da sentença ou decisão que condena ao pagamento de prestação alimentícia no juízo de seu domicílio.

> ► **1. Correspondência no CPC/1973.** *"Art. 733. Na execução de sentença ou de decisão, que fixa os alimentos provisionais, o juiz mandará citar o devedor para, em 3 (três) dias, efetuar o pagamento, provar que o fez ou justificar a impossibilidade de efetuá-lo. § 1º Se o devedor não pagar, nem se escusar, o juiz decretar-lhe-á a prisão pelo prazo de 1 (um) a 3 (três) meses. § 2º O cumprimento da pena não exime o devedor do pagamento das prestações vencidas e vincendas. § 3º Paga a prestação alimentícia, o juiz suspenderá o cumprimento da ordem de prisão."*

### ▥ Legislação Correlata

**2. CF, art. 5º, LXVII.** *"Art. 5º (...) LXVII – não haverá prisão civil por dívida, salvo a do responsável pelo inadimplemento voluntário e inescusável de obrigação alimentícia e a do depositário infiel."*

**LIVRO I** · DO PROCESSO DE CONHECIMENTO E DO CUMPRIMENTO DE SENTENÇA    **Art. 528**

**3. CC, art. 1.694.** *"Art. 1.694. Podem os parentes, os cônjuges ou companheiros pedir uns aos outros os alimentos de que necessitem para viver de modo compatível com a sua condição social, inclusive para atender às necessidades de sua educação. § 1º Os alimentos devem ser fixados na proporção das necessidades do reclamante e dos recursos da pessoa obrigada. § 2º Os alimentos serão apenas os indispensáveis à subsistência, quando a situação de necessidade resultar de culpa de quem os pleiteia."*

**4. CC, art. 1.920.** *"Art. 1.920. O legado de alimentos abrange o sustento, a cura, o vestuário e a casa, enquanto o legatário viver, além da educação, se ele for menor."*

**5. Lei 5.478/1968, art. 4º.** *"Art. 4º Ao despachar o pedido, o juiz fixará desde logo alimentos provisórios a serem pagos pelo devedor, salvo se o credor expressamente declarar que deles não necessita. Parágrafo único. Se se tratar de alimentos provisórios pedidos pelo cônjuge, casado pelo regime da comunhão universal de bens, o juiz determinará igualmente que seja entregue ao credor, mensalmente, parte da renda líquida dos bens comuns, administrados pelo devedor."*

**6. Lei 9.278/1996, art. 7º.** *"Art. 7º Dissolvida a união estável por rescisão, a assistência material prevista nesta Lei será prestada por um dos conviventes ao que dela necessitar, a título de alimentos."*

**7. Lei 11.340/2006, art. 22, V.** *"Art. 22. Constatada a prática de violência doméstica e familiar contra a mulher, nos termos desta Lei, o juiz poderá aplicar, de imediato, ao agressor, em conjunto ou separadamente, as seguintes medidas protetivas de urgência, entre outras: (...) V – prestação de alimentos provisionais ou provisórios."*

**8. Decreto 9.176/2017, art. 34.** *"Artigo 34. Medidas de execução. § 1º Os Estados Contratantes tornarão disponíveis nos seus direitos internos medidas efetivas para executar as decisões com base nesta Convenção. § 2º Tais medidas poderão abranger: a) retenção do salário; b) bloqueio de contas bancárias ou de outras fontes; c) deduções nas prestações de seguro social; d) gravame ou alienação forçada de bens; e) retenção do reembolso de tributos; f) retenção ou suspensão de benefícios de pensão; g) informação aos organismos de crédito; h) denegação, suspensão ou revogação de certas permissões (carteira de habilitação, por exemplo); i) recurso à mediação, à conciliação ou a outros meios alternativos de solução de litígios que favoreçam a execução voluntária."*

**9. Lei 14.010/2020, art. 15.** *"Art. 15. Até 30 de outubro de 2020, a prisão civil por dívida alimentícia, prevista no art. 528, § 3º e seguintes da* Lei nº 13.105, de 16 de março de 2015 (Código de Processo Civil), deverá ser cumprida exclusivamente sob a modalidade domiciliar, sem prejuízo da exigibilidade das respectivas obrigações."*

## 🔖 JURISPRUDÊNCIA, ENUNCIADOS E SÚMULAS SELECIONADOS

- **10. Súmula STJ, 309.** *"O débito alimentar que autoriza a prisão civil do alimentante é o que compreende as três prestações anteriores ao ajuizamento da execução e as que se vencerem no curso do processo."*
- **11. Enunciado 587 do FPPC.** *"A limitação de que trata o § 3º do art. 529 não se aplica à execução de dívida não alimentar."*
- **12. Enunciado 146 da II Jornada-CJF.** *"O prazo de 3 (três) dias previsto pelo art. 528 do CPC conta-se em dias úteis e na forma dos incisos do art. 231 do CPC, não se aplicando seu § 3º."*
- **13. Enunciado 147 da II Jornada-CJF.** *"Basta o inadimplemento de uma parcela, no todo ou em parte, para decretação da prisão civil prevista no art. 528, § 7º, do CPC."*

## 📖 COMENTÁRIOS TEMÁTICOS

**14. Alimentos.** Os alimentos consistem na prestação voltada à satisfação das necessidades básicas e vitais daquele que não pode custeá-las. Essa prestação pode ser devida por força de lei (CC, art. 1.694, prevista para parentes, cônjuges ou companheiros), de convenção (CC, art. 1.920) ou em razão de um ato ilícito (CC, arts. 948, II, e 950).

**15. Classificação dos alimentos quanto à sua origem.** Os alimentos podem ser legítimos, voluntários ou indenizativos. Os legítimos são os devidos por força de lei, em razão de parentesco, matrimônio ou união estável (CC, art. 1.694; Lei 9.278/1996, art. 7º). Os voluntários são os devidos por força de negócio jurídico *inter vivos* (exemplo: transação) ou *mortis causa* (exemplo: mediante legado, CC, art. 1.920). Já os indenizativos são impostos como indenização por danos causados com a prática de ato ilícito (CC, arts. 948, inc. II, e 950); são também chamados de "alimentos impróprios". O procedimento especial do cumprimento de sentença para alimentos não se aplica aos alimentos indenizativos ou impróprios.

**16. Impossibilidade de prisão civil por dívida alimentar decorrente de ato ilícito.** *"Os alimentos devidos em razão da prática de ato*

875

*ilícito*, conforme previsão contida nos arts. 948, 950 e 951 do Código Civil, possuem natureza indenizatória, razão pela qual não se aplica o rito excepcional da prisão civil como meio coercitivo para o adimplemento" (STJ, 4.ª Turma, HC 523.357/MG, rel. Min. Maria Isabel Gallotti, *DJe* 16.10.2020).

**17. Classificação dos alimentos quanto à natureza.** Os alimentos podem ser naturais ou civis. Os naturais são os que compreendem o indispensável para satisfação das necessidades mais basilares e vitais do ser humano (*necessarium vitae*), imprescindíveis para sua subsistência. Já os civis (ou côngruos) vão além das necessidades básicas para também abranger as morais e intelectuais (*necessarium personae*). Os alimentos devidos entre parentes, cônjuges e companheiros são os civis (CC, art. 1.694), só sendo devidos os naturais em caso de culpa na criação da situação de necessidade (CC, art. 1.694, § 2º).

**18. Classificação dos alimentos quanto ao momento.** Os alimentos podem ser pretéritos ou futuros. Os futuros são os devidos desde o momento em que há sentença transitada em julgado, decisão antecipatória eficaz ou acordo firmado entre as partes. Já os pretéritos são os anteriores a tais momentos e acumulados desde a sua constituição. A distinção é relevante, pois, a depender do momento, varia o procedimento executivo. A execução especial de alimentos, com as medidas executivas específicas, aí incluída a prisão civil, diz respeito apenas às três últimas prestações devidas antes da execução e às que se vencerem após a propositura da execução. Os alimentos pretéritos, ou seja, aqueles cujas prestações antecedem as três últimas anteriores ao ajuizamento da execução, sujeitam-se ao rito dos §§ 8º e 9º, não se aplicando as peculiaridades do art. 528, *caput* e §§ 3º a 7º.

**19. Aplicação da bipartição: cumprimento de sentença *versus* execução fundada em título extrajudicial.** A execução civil contém uma bipartição: se o título for judicial, o procedimento é o do cumprimento da sentença, sendo outro o procedimento se o título for extrajudicial. Essa distinção também existe para a obrigação alimentar. Quando o título for judicial, há cumprimento de sentença (arts. 528 e 533). Sendo extrajudicial, propõe-se a execução disciplinada nos arts. 911 a 913.

**20. Legitimidade do Ministério Público.** "*1.1. O Ministério Público tem legitimidade ativa para ajuizar ação de alimentos em proveito de criança ou adolescente. 1.2. A legitimidade do Ministério Público independe do exercício do poder familiar dos pais, ou de o menor se en-* contrar nas situações de risco descritas no art. 98 do Estatuto da Criança e do Adolescente, ou de quaisquer outros questionamentos acerca da existência ou eficiência da Defensoria Pública na comarca*" (STJ, 2ª Seção, REsp 1.265.821/BA, rel. Min. Luis Felipe Salomão, *DJe* 04.09.2014).

**21. Legitimidade do Ministério Público para o cumprimento de sentença.** Tendo o Ministério Público legitimidade para propor a ação de alimentos, também tem para o cumprimento da sentença.

**22. Medidas executivas.** No cumprimento de sentença ou na execução de prestação alimentícia, é possível a adoção de diversos meios executivos: *a)* o desconto em folha (art. 529); *b)* a expropriação (arts. 528, §§ 8º e 9º, 523 ss., 530 e 831 ss.); e *c)* a coerção indireta, com uso do protesto do pronunciamento judicial (arts. 528, § 1º, c/c 517), que é determinado *ex officio*, e da prisão civil (art. 528, *caput* e §§ 3º-7º), que depende de requerimento do exequente.

**23. Protesto.** Tanto no cumprimento provisório como no definitivo, de obrigação de prestar alimentos, não havendo pagamento voluntário nem justificativa da sua impossibilidade, a sentença será protestada por determinação do juiz, que não precisa ser provocado para tanto.

**24. Impugnação.** O executado pode resistir à execução, apresentando impugnação, na qual somente pode alegar que já pagou ou a impossibilidade de fazê-lo. Não é possível, na impugnação, pedir exoneração dos alimentos. É necessária ação própria para isso. Com efeito: "*Em execução de alimentos o devedor só pode alegar em sua defesa o pagamento ou a impossibilidade de fazê-lo, não existindo campo para discussão de eventual causa exoneratória porque a revisão da obrigação tem a via cognitiva própria*" (STJ, 3ª Turma, HC 498.437/SP, rel. Min. Moura Ribeiro, *DJe* 06.06.2019).

**25. Recebimento imediato dos valores.** Mesmo que o executado tenha apresentado impugnação e a ela tenha sido conferido efeito suspensivo, o exequente tem o direito de receber a importância descontada diretamente da fonte pagadora, independentemente de caução. Quem precisa de alimentos, não tem condições de prestar caução.

**26. Prisão do executado.** A prisão civil é uma medida coercitiva, destinada a forçar o cumprimento da obrigação por parte do devedor, que depende de requerimento. A prisão civil não é uma pena, sanção ou punição. Cumprida a obrigação, não deve persistir a ordem

**LIVRO I** · DO PROCESSO DE CONHECIMENTO E DO CUMPRIMENTO DE SENTENÇA    **Art. 528**

de prisão. A prisão atende à sua finalidade quando a obrigação é satisfeita.

**27. Adimplemento substancial.** A prisão somente pode deixar de ser determinada com o pagamento integral da dívida. O pagamento parcial não impede a prisão. Não se aplica à execução de alimentos a teoria do adimplemento substancial.

**28. Inaplicabilidade da teoria do adimplemento substancial para a dívida de alimentos.** *"A jurisprudência desta Corte já proclamou que não incide nas controvérsias relacionadas a obrigação alimentar a Teoria do Adimplemento Substancial, de aplicação estrita no Direito das Obrigações e que o pagamento parcial da verba alimentar também não afasta a possibilidade de prisão civil"* (STJ, 3ª Turma, HC 536.544/SP, rel. Min. Moura Ribeiro, *DJe* 26.02.2020).

**29. Requerimento de prisão.** A prisão do devedor de alimentos não deve ser decretada de ofício; é necessário requerimento do credor ou do Ministério Público.

**30. Atraso de apenas uma prestação: prisão.** *"O atraso de uma só prestação, desde que atual e compreendida entre as três últimas devidas, enseja a prisão do devedor. Hipótese em que há inadimplência também de parcelas vencidas após o ajuizamento da execução"* (STJ, 3ª Turma, RHC 56.773/PE, rel. Min. João Otávio de Noronha, *DJe* 10.08.2015).

**31. Prisão domiciliar.** *"5. A jurisprudência desta Casa, em hipóteses excepcionais, permite o recolhimento domiciliar do preso portador de doença grave quando demonstrada a necessidade de assistência médica contínua, impossível de ser prestada no estabelecimento prisional comum, o que não ficou comprovado de plano. Precedentes. 5.1. A pretensão de cumprimento da prisão civil em regime domiciliar, em regra, não encontra abrigo na jurisprudência desta egrégia Corte Superior, pois desvirtua a finalidade de compelir o devedor a adimplir a obrigação alimentar e viola direito fundamental que tem o alimentado a uma sobrevivência digna"* (STJ, 3ª Turma, HC 498.437/SP, rel. Min. Moura Ribeiro, *DJe* 06.06.2019).

**32. Covid-19 e prisão domiciliar.** *"Diante do iminente risco de contágio pelo Covid-19, bem como em razão dos esforços expendidos pelas autoridades públicas em reduzir o avanço da pandemia, é recomendável o cumprimento da prisão civil por dívida alimentar em regime diverso do fechado em estabelecimento estatal"* (STJ, 4ª Turma, HC 563.444/SP, rel. Min. Raul Araújo, *DJe* 08.05.2020).

**33. Impossibilidade de conversão do procedimento de ofício pelo juiz: pagamento parcial não impede prisão.** *"3. Feita a escolha do procedimento que permite a prisão civil do executado, desde que observado o disposto na Súmula 309/STJ, como na espécie, não se mostra possível a sua conversão, de ofício, para o rito correspondente à execução por quantia certa, cuja prisão é vedada, sob o fundamento de que o débito foi adimplido parcialmente, além do transcurso de tempo razoável desde o ajuizamento da ação, o que afastaria o caráter emergencial dos alimentos. 4. Nos termos da jurisprudência pacífica desta Corte Superior, o pagamento parcial do débito alimentar não impede a prisão civil do executado. Além disso, o tempo transcorrido desde o ajuizamento da ação de execução, salvo em situações excepcionais, não tem o condão de afastar o caráter de urgência dos alimentos, sobretudo no presente caso, em que a demora na solução do litígio foi causada pelo próprio devedor, sem contar que os alimentandos possuem, hoje, 10 (dez) e 15 (quinze) anos de idade, o que revela a premente necessidade no cumprimento da obrigação alimentar"* (STJ, 3ª Turma, REsp 1.773.359/MG, rel. Min. Marco Aurélio Bellizze, *DJe* 16.08.2019).

**34. Impossibilidade de prisão quando impossível o pagamento, revelado na superveniente redução do valor fixado.** *"1. A jurisprudência do STJ orienta pela eficácia retroativa de decisão que reduz o valor de obrigação alimentar. 2. O inadimplemento parcial, escusável e involuntário, do devedor de alimentos, decorrente de excesso na fixação provisória do valor da prestação alimentar, posteriormente reduzido por meio de decisão judicial, não autoriza o decreto prisional previsto no art. 528, § 1º, do CPC/2015"* (STJ, 4ª Turma, HC 445.223/SP, rel. Min. Antonio Carlos Ferreira, *DJe* 23.08.2018).

**35. Aplicação do § 7º do art. 528 aos processos instaurados antes do atual CPC.** *"A regra do art. 528, § 7º, do CPC/2015, apenas incorpora ao direito positivo o conteúdo da preexistente Súmula 309/STJ, editada na vigência do CPC/1973, tratando-se, assim, de pseudonovidade normativa que não impede a aplicação imediata da nova legislação processual, como determinam os arts. 14 e 1.046 do CPC/2015"* (STJ, 3ª Turma, RHC 92.211/SP, rel. Min. Nancy Andrighi, *DJe* 02.03.2018).

**36. Competência para o cumprimento de sentença.** É competente o foro do domicílio ou residência do alimentando, para a ação em que se pedem alimentos (art. 53, II). Proferida a sentença ou a decisão, aquele mesmo juízo será o competente para o seu cumprimento. (art. 516, II). As opções de escolha dadas ao exequente pelo parágrafo único do art. 516 também se aplicam ao cumprimento de sentença de alimentos. Além delas, o alimentando também pode propor o seu cumprimento de sentença no foro do seu atual domicílio. É possível que o alimentando mude de domicílio durante a fase de conhecimento ou depois dela. Nesse caso, poderá propor cumprimento de sentença no foro de seu novo ou atual domicílio.

**37. Possibilidade de cumulação de ritos durante a pandemia da COVID-19.** *"3. Considerando a suspensão de todas as ordens de prisão civil, seja no regime domiciliar, seja em regime fechado, no âmbito do Distrito Federal, enquanto durar a pandemia do coronavírus, impõe-se a realização de interpretação sistemático-teleológica dos dispositivos legais que regem a execução de alimentos, a fim de equilibrar a relação jurídica entre as partes. 3.1. Se o devedor está sendo beneficiado, de um lado, de forma excepcional, com a impossibilidade de prisão civil, de outro é preciso evitar que o credor seja prejudicado com a demora na satisfação dos alimentos que necessita para sobreviver, pois ao se adotar o entendimento defendido pelo ora recorrente estaria impossibilitado de promover quaisquer medidas de constrição pessoal (prisão) ou patrimonial, até o término da pandemia. 3.2. Ademais, tratando-se de direitos da criança e do adolescente, como no caso, não se pode olvidar que o nosso ordenamento jurídico adota a doutrina da proteção integral e do princípio da prioridade absoluta, nos termos do art. 227 da Constituição Federal. Dessa forma, considerando que os alimentos são indispensáveis à subsistência do alimentando, possuindo caráter imediato, deve-se permitir, ao menos enquanto perdurar a suspensão de todas as ordens de prisão civil em decorrência da pandemia da Covid-19, a adoção de atos de constrição no patrimônio do devedor, sem que haja a conversão do rito"* (STJ, 3ª Turma, REsp 1.914.052/DF, rel. Min. Marco Aurélio Bellizze, *DJe* 28.06.2021).

**38. Retomada das prisões civis pós pandemia da COVID-19.** *"4. Desde o início da pandemia causada pelo coronavírus, observa-se que a jurisprudência desta Corte oscilou entre a determinação de cumprimento da prisão civil do devedor de alimentos em regime domiciliar, a suspensão momentânea do cumprimento da prisão em regime fechado e a possibilidade de escolha, pelo credor, da medida mais adequada à hipótese, se diferir o cumprimento ou cumprir em regime domiciliar. Precedentes. 5. Passados oito meses desde a última modificação de posicionamento desta Corte a respeito do tema, é indispensável que se reexamine a questão à luz do quadro atual da pandemia no Brasil, especialmente em virtude da retomada das atividades econômicas, comerciais, sociais, culturais e de lazer e do avanço da vacinação em todo o território nacional. 6. Diante do cenário em que se estão em funcionamento, em níveis próximos ao período pré-pandemia, os bares, restaurantes, eventos, shows, boates e estádios, e no qual quase três quartos da população brasileira já tomou a primeira dose e quase um terço se encontra totalmente imunizada, não mais subsistem as razões de natureza humanitária e de saúde pública que justificaram a suspensão do cumprimento das prisões civis de devedores de alimentos em regime fechado"* (STJ, 3ª Turma, HC 706.825/SP, Rel. Min. Nancy Andrighi, *DJe* 25.11.2021)

**Art. 529.** Quando o executado for funcionário público, militar, diretor ou gerente de empresa ou empregado sujeito à legislação do trabalho, o exequente poderá requerer o desconto em folha de pagamento da importância da prestação alimentícia.

§ 1º Ao proferir a decisão, o juiz oficiará à autoridade, à empresa ou ao empregador, determinando, sob pena de crime de desobediência, o desconto a partir da primeira remuneração posterior do executado, a contar do protocolo do ofício.

§ 2º O ofício conterá o nome e o número de inscrição no Cadastro de Pessoas Físicas do exequente e do executado, a importância a ser descontada mensalmente, o tempo de sua duração e a conta na qual deve ser feito o depósito.

§ 3º Sem prejuízo do pagamento dos alimentos vincendos, o débito objeto de execução pode ser descontado dos rendimentos ou rendas do executado, de forma parcelada, nos termos do *caput* deste artigo, contanto que, somado à parcela devida, não ultrapasse cinquenta por cento de seus ganhos líquidos.

▶ **1. Correspondência no CPC/1973.** *"Art. 734. Quando o devedor for funcionário público, militar, diretor ou gerente de empresa, bem como empregado sujeito à legislação do trabalho, o juiz mandará descontar em folha de pagamento a importância da prestação alimentícia. Parágrafo único. A comunicação será feita à autoridade, à empresa ou ao empregador por ofício, de que constarão os nomes do credor, do devedor, a importância da prestação e o tempo de sua duração."*

**LEGISLAÇÃO CORRELATA**

**2. CP, art. 330.** *"Art. 330. Desobedecer a ordem legal de funcionário público: Pena – detenção, de quinze dias a seis meses, e multa."*

**3. Lei 5.478/1968, art. 20.** *"Art. 20. As repartições públicas, civis ou militares, inclusive do Imposto de Renda, darão todas as informações necessárias à instrução dos processos previstos nesta lei e à execução do que for decidido ou acordado em juízo."*

**4. Lei 5.478/1968, art. 22.** *"Art. 22. Constitui crime contra a administração da Justiça deixar o empregador ou funcionário público de prestar ao juízo competente as informações necessárias à instrução de processo ou execução de sentença ou acordo que fixe pensão alimentícia: Pena – Detenção de 6 (seis) meses a 1 (um) ano, sem prejuízo da pena acessória de suspensão do emprego de 30 (trinta) a 90 (noventa) dias. Parágrafo único. Nas mesmas penas incide quem, de qualquer modo, ajuda o devedor a eximir-se ao pagamento de pensão alimentícia judicialmente acordada, fixada ou majorada, ou se recusa, ou procrastina a executar ordem de descontos em folhas de pagamento, expedida pelo juiz competente."*

**5. Lei 9.099/1995, art. 61.** *"Art. 61. Consideram-se infrações penais de menor potencial ofensivo, para os efeitos desta Lei, as contravenções penais e os crimes a que a lei comine pena máxima não superior a 2 (dois) anos, cumulada ou não com multa."*

**6. Lei 9.099/1995, art. 69, parágrafo único.** *"Art. 69 (...) Parágrafo único. Ao autor do fato que, após a lavratura do termo, for imediatamente encaminhado ao juizado ou assumir o compromisso de a ele comparecer, não se imporá prisão em flagrante, nem se exigirá fiança. Em caso de violência doméstica, o juiz poderá determinar, como medida de cautela, seu afastamento do lar, domicílio ou local de convivência com a vítima."*

## ⚖ Jurisprudência, Enunciados e Súmulas Selecionados

- **7. Enunciado 587 do FPPC.** *"A limitação de que trata o § 3º do art. 529 não se aplica à execução de dívida não alimentar."*

## 📖 Comentários Temáticos

**8. Cumprimento de sentença por desconto.** A obrigação alimentar pode efetivar-se mediante desconto em folha, isto é, pelo abatimento de um valor da remuneração recebida pelo devedor. É medida executiva simples e eficiente. O procedimento de execução por desconto tem início com requerimento do exequente, em petição em que deve ser solicitada a ordem de desconto em folha de pagamento do valor da prestação alimentícia.

**9. Ônus de indicar a fonte pagadora.** O exequente tem o ônus de indicar, no seu requerimento inicial, a fonte pagadora a que se destina a ordem de desconto em folha; não dispondo da informação, pode pedir ao juízo que requisite as informações necessárias a repartições públicas, providenciando, se for o caso, a quebra do sigilo bancário e fiscal do executado (Lei 5.478/1968, art. 20).

**10. Procedimento.** Feito requerimento, o alimentante (executado) deverá ser intimado para o cumprimento voluntário da obrigação, no prazo de quinze dias (art. 523), sob pena de expedição de ofício determinando desconto na fonte pagadora a partir da primeira remuneração posterior do executado, a contar do protocolo do ofício.

**11. Desconto em folha de pagamento após penhora de bens do devedor.** *"3. Diferentemente do CPC/1973, em que vigorava o princípio da tipicidade dos meios executivos para a satisfação das obrigações de pagar quantia certa, o CPC/2015, ao estabelecer que a satisfação do direito é uma norma fundamental do processo civil e permitir que o juiz adote todas as medidas indutivas, coercitivas, mandamentais ou sub-rogatórias para assegurar o cumprimento da ordem judicial, conferiu ao magistrado um poder geral de efetivação de amplo espectro e que rompe com o dogma da tipicidade. 4. Respeitada a necessidade fundamentação adequada e que justifique a técnica adotada a partir de critérios objetivos de ponderação, razoabilidade e proporcionalidade, conformando os princípios da máxima efetividade da execução e da menor onerosidade do devedor, permite-se, a partir do CPC/2015, a adoção de técnicas de executivas apenas existentes em outras modalidades de execução, a criação de técnicas executivas mais apropriadas para cada situação concreta e a combinação de técnicas típicas e atípicas, sempre com o objetivo de conferir ao credor o bem da vida que a decisão judicial lhe atribuiu. 5. Na hipótese, pretende-se o adimplemento de obrigação de natureza alimentar devida pelo genitor há mais de 24 (vinte e quatro) anos, com valor nominal superior a um milhão e trezentos mil reais e que já foi objeto de sucessivas impugnações do devedor, sendo admissível o deferimento do desconto em folha de pagamento do débito, parceladamente e observado o limite de 10% sobre os subsídios líquidos do devedor, observando-se que, se adotada apenas essa modalidade executiva, a dívida somente seria inteiramente quitada em 60 (sessenta) anos, motivo pelo qual se deve admitir a combinação da referida técnica sub-rogatória com a possibilidade de expropriação dos bens* *penhorados"* (STJ, 3ª Turma, REsp 1.733.697/RS, rel. Min. Nancy Andrighi, *DJe* 13.12.2018).

**12. Interesse de agir da fonte pagadora.** A autoridade, a empresa ou o empregador não tem interesse processual de se insurgir contra a determinação de desconto em folha de pagamento. Não há qualquer alteração na sua obrigação mensal. O valor a ser pago, mensalmente, é o mesmo; apenas parte do valor deve ser destinada ao exequente, ficando a outra parte ao executado, que é servidor, empregado ou integrante da folha de pagamento. O valor global, enfim, a ser pago mensalmente pela autoridade, pela empresa ou pelo empregador mantém-se o mesmo. Daí não haver interesse de se insurgir contra a determinação de desconto em folha.

**13. Crime.** O descumprimento da ordem de desconto ou do dever de prestar informações solicitadas pelo juízo é previsto como ilícito penal (Lei 5.478/1968, art. 22), enquadrando-se, igualmente, como ato atentatório à dignidade da justiça, punível na forma do art. 77, § 2°, e crime de desobediência (art. 529, § 1°).

**14. Alimentos pretéritos e futuros.** A execução por desconto serve tanto à execução de alimentos futuros como à de alimentos pretéritos. Se o valor do crédito devido ao alimentante (devedor de alimentos) cobrir a prestação alimentar mensal, sem prejuízo do seu sustento próprio, sobejando alguma quantia, nada impede o desconto relativo alimentos pretéritos (vencidos e acumulados).

**15. Limite do desconto.** A cada mês, a soma da prestação vincenda com a parcela da prestação vencida não pode ultrapassar 50% dos ganhos líquidos do executado, até mesmo em respeito à dignidade da pessoa humana (CF, art. 1°, III).

**16. Adoção de mais de um meio executivo.** O desconto em folha pode revelar-se insuficiente no caso concreto, pois há limite mensal a ser respeitado. Em casos assim, é possível que, além do desconto em folha, sejam adotadas as demais medidas executivas, inclusive expropriatórias.

**17. Combinação do desconto em folha com outras medidas executivas.** *"Na hipótese, pretende-se o adimplemento de obrigação de natureza alimentar devida pelo genitor há mais de 24 (vinte e quatro) anos, com valor nominal superior a um milhão e trezentos mil reais e que já foi objeto de sucessivas impugnações do devedor, sendo admissível o deferimento do desconto em folha de pagamento do débito, parceladamente e observado o limite de 10% sobre os subsídios líquidos do devedor, observando-se que, se adotada apenas essa modalidade executiva, a dívida somente seria inteiramente quitada em 60 (sessenta) anos,*

*motivo pelo qual se deve admitir a combinação da referida técnica sub-rogatória com a possibilidade de expropriação dos bens penhorados"* (STJ, 3ª Turma, REsp 1.733.697/RS, rel. Min. Nancy Andrighi, *DJe* 13.12.2018).

> **Art. 530.** Não cumprida a obrigação, observar-se-á o disposto nos arts. 831 e seguintes.

▶ **1. Sem correspondência no CPC/1973.**

## 🗐 COMENTÁRIOS TEMÁTICOS

**2. Medidas executivas tradicionais.** Se a obrigação não foi cumprida, será desencadeada a prática de atos executivos tradicionais: penhora, avaliação e expropriação. A prisão, o protesto da sentença, o desconto em folha, tudo pode ter sido inefetivo e ineficiente, não se obtendo o cumprimento da obrigação. Nesse caso, o exequente pode requerer a expropriação patrimonial prevista nos arts. 831 e seguintes. A opção do exequente pelo procedimento do art. 528 não impede que, não cumprida a obrigação, prossiga no mesmo processo com penhora e expropriação para que se tenha, enfim, a satisfação da obrigação.

> **Art. 531.** O disposto neste Capítulo aplica-se aos alimentos definitivos ou provisórios.
>
> § 1° A execução dos alimentos provisórios, bem como a dos alimentos fixados em sentença ainda não transitada em julgado, se processa em autos apartados.
>
> § 2° O cumprimento definitivo da obrigação de prestar alimentos será processado nos mesmos autos em que tenha sido proferida a sentença.

▶ **1. Sem correspondência no CPC/1973.**

## 🏛 LEGISLAÇÃO CORRELATA

**2. Lei 5.478/1968, art. 4°.** *"Art. 4° Ao despachar o pedido, o juiz fixará desde logo alimentos provisórios a serem pagos pelo devedor, salvo se o credor expressamente declarar que deles não necessita. Parágrafo único. Se se tratar de alimentos provisórios pedidos pelo cônjuge, casado pelo regime da comunhão universal de bens, o juiz determinará igualmente que seja entregue ao credor, mensalmente, parte da renda líquida dos bens comuns, administrados pelo devedor."*

**3. Lei 11.340/2006, art. 22, V.** *"Art. 22. Constatada a prática de violência doméstica e familiar contra a mulher, nos termos desta Lei, o juiz poderá aplicar, de imediato, ao agressor, em conjunto ou*

**LIVRO I · DO PROCESSO DE CONHECIMENTO E DO CUMPRIMENTO DE SENTENÇA** **Art. 533**

*separadamente, as seguintes medidas protetivas de urgência, entre outras: (...) V – prestação de alimentos provisionais ou provisórios."*

## ▣ COMENTÁRIOS TEMÁTICOS

**4. Classificação dos alimentos quanto à estabilidade.** Os alimentos podem ser provisórios ou definitivos. Os provisórios são concedidos, de forma antecedente ou incidental, no processo em que se pedem os alimentos definitivos; são antecipados já na fase de postulação, até mesmo liminarmente com base: a) no art. 4º da Lei 5.478/1968, quando pressupõem, tão somente, prova pré-constituída da relação de parentesco ou da obrigação alimentar, na forma do art. 2º da Lei 5.478/1968; b) no art. 300 do CPC, caso em que sua concessão pressuporá demonstração da probabilidade do direito e do perigo de dano ou o risco ao resultado útil do processo; c) no art. 22, V, da Lei 11.340/2006, nos casos de violência doméstica, situação em que a competência para deferimento dos alimentos será do juízo criminal. Já os alimentos definitivos são aqueles estipulados na decisão final, dada em cognição exauriente, predisposta à imutabilidade e sujeita à execução definitiva.

**5. Regras aplicáveis.** A execução dos alimentos provisórios e a dos definitivos se submetem às regras do cumprimento de sentença para prestação alimentícia dos arts. 528-533. No caso de execução de título provisório, aplicam-se as regras dos arts. 520-522 – aliás, o art. 521, I, cuida especificamente da obrigação alimentar.

**6. Autos apartados para execução de alimentos provisórios.** A execução dos alimentos provisórios, bem como dos alimentos definitivos certificados em título judicial provisório (sentença não transitada em julgado), ocorrerá em autos apartados, pois os autos principais ficarão reservados ao processamento da fase de conhecimento, se a decisão foi interlocutória, ou para o processamento da apelação, se a decisão foi uma sentença definitiva.

**7. Execução nos próprios autos.** A execução dos alimentos definitivos, fixados em sentença transitada em julgado, ocorrerá nos próprios autos principais, que estarão voltados unicamente para essa atividade.

---

**Art. 532.** Verificada a conduta procrastinatória do executado, o juiz deverá, se for o caso, dar ciência ao Ministério Público dos indícios da prática do crime de abandono material.

▶ **1. Sem correspondência no CPC/1973.**

---

## ▣ LEGISLAÇÃO CORRELATA

**2. CP, art. 244.** *"Art. 244. Deixar, sem justa causa, de prover a subsistência do cônjuge, ou de filho menor de 18 (dezoito) anos ou inapto para o trabalho, ou de ascendente inválido ou maior de 60 (sessenta) anos, não lhes proporcionando os recursos necessários ou faltando ao pagamento de pensão alimentícia judicialmente acordada, fixada ou majorada; deixar, sem justa causa, de socorrer descendente ou ascendente, gravemente enfermo: Pena – detenção, de 1 (um) a 4 (quatro) anos e multa, de uma a dez vezes o maior salário mínimo vigente no País. Parágrafo único. Nas mesmas penas incide quem, sendo solvente, frustra ou ilide, de qualquer modo, inclusive por abandono injustificado de emprego ou função, o pagamento de pensão alimentícia judicialmente acordada, fixada ou majorada."*

**3. CPP, art. 40.** *"Art. 40. Quando, em autos ou papéis de que conhecerem, os juízes ou tribunais verificarem a existência de crime de ação pública, remeterão ao Ministério Público as cópias e os documentos necessários ao oferecimento da denúncia."*

## ▣ COMENTÁRIOS TEMÁTICOS

**4. Conduta procrastinatória.** A conduta procrastinatória do executado pode configurar litigância de má-fé e, igualmente, ato atentatório à dignidade da jurisdição, ensejando a imposição das multas previstas nos arts. 81 e 774, parágrafo único.

**5. Indícios da prática de crime de abandono material.** Em caso de conduta procrastinatória do devedor de alimentos, o juiz deve dar ciência ao Ministério Público para as providências cabíveis. A simples possibilidade de o juiz encaminhar informações ao Ministério Público, por haver indícios da prática de crime de abandono material, pode ser considerada um eficiente meio indireto de coerção. Para configurar o ilícito penal, não basta, porém, a conduta procrastinatória; é necessária a falta de pagamento dos alimentos, ainda que não haja uma atuação para protelar o andamento do processo. É necessário, na verdade, que o alimentante deixe de prover os alimentos sem justa causa, para que se configurem indícios do tipo penal, o que se verifica quando rejeitada a justificação apresentada pelo executado, permitindo-se que se observe a existência de dolo.

---

**Art. 533.** Quando a indenização por ato ilícito incluir prestação de alimentos, caberá ao executado, a requerimento do exequente, constituir

881

**Art. 533** CÓDIGO DE PROCESSO CIVIL COMENTADO – *Leonardo Carneiro da Cunha*

capital cuja renda assegure o pagamento do valor mensal da pensão.

§ 1º O capital a que se refere o *caput*, representado por imóveis ou por direitos reais sobre imóveis suscetíveis de alienação, títulos da dívida pública ou aplicações financeiras em banco oficial, será inalienável e impenhorável enquanto durar a obrigação do executado, além de constituir-se em patrimônio de afetação.

§ 2º O juiz poderá substituir a constituição do capital pela inclusão do exequente em folha de pagamento de pessoa jurídica de notória capacidade econômica ou, a requerimento do executado, por fiança bancária ou garantia real, em valor a ser arbitrado de imediato pelo juiz.

§ 3º Se sobrevier modificação nas condições econômicas, poderá a parte requerer, conforme as circunstâncias, redução ou aumento da prestação.

§ 4º A prestação alimentícia poderá ser fixada tomando por base o salário-mínimo.

§ 5º Finda a obrigação de prestar alimentos, o juiz mandará liberar o capital, cessar o desconto em folha ou cancelar as garantias prestadas.

▶ **1. Correspondência no CPC/1973.** *"Art. 475-Q. Quando a indenização por ato ilícito incluir prestação de alimentos, o juiz, quanto a esta parte, poderá ordenar ao devedor constituição de capital, cuja renda assegure o pagamento do valor mensal da pensão. § 1º Este capital, representado por imóveis, títulos da dívida pública ou aplicações financeiras em banco oficial, será inalienável e impenhorável enquanto durar a obrigação do devedor. § 2º O juiz poderá substituir a constituição do capital pela inclusão do beneficiário da prestação em folha de pagamento de entidade de direito público ou de empresa de direito privado de notória capacidade econômica, ou, a requerimento do devedor, por fiança bancária ou garantia real, em valor a ser arbitrado de imediato pelo juiz. § 3º Se sobrevier modificação nas condições econômicas, poderá a parte requerer, conforme as circunstâncias, redução ou aumento da prestação. § 4º Os alimentos podem ser fixados tomando por base o salário mínimo. § 5º Cessada a obrigação de prestar alimentos, o juiz mandará liberar o capital, cessar o desconto em folha ou cancelar as garantias prestadas."*

## 🏛 Legislação Correlata

**2. CC, art. 950, parágrafo único.** *"Art. 950. Se da ofensa resultar defeito pelo qual o ofendido não possa exercer o seu ofício ou profissão, ou se lhe diminua a capacidade de trabalho, a indeni-*

*zação, além das despesas do tratamento e lucros cessantes até ao fim da convalescença, incluirá pensão correspondente à importância do trabalho para que se inabilitou, ou da depreciação que ele sofreu. Parágrafo único. O prejudicado, se preferir, poderá exigir que a indenização seja arbitrada e paga de uma só vez."*

**3. Lei 6.515/1977, art. 21.** *"Art. 21. Para assegurar o pagamento da pensão alimentícia, o juiz poderá determinar a constituição de garantia real ou fidejussória. § 1º Se o cônjuge credor preferir, o juiz poderá determinar que a pensão consista no usufruto de determinados bens do cônjuge devedor. § 2º Aplica-se, também, o disposto no parágrafo anterior, se o cônjuge credor justificar a possibilidade do não recebimento regular da pensão."*

**4. CC, art. 1.701.** *"Art. 1.701. A pessoa obrigada a suprir alimentos poderá pensionar o alimentando, ou dar-lhe hospedagem e sustento, sem prejuízo do dever de prestar o necessário à sua educação, quando menor. Parágrafo único. Compete ao juiz, se as circunstâncias o exigirem, fixar a forma do cumprimento da prestação."*

## ⚖ Jurisprudência, Enunciados e Súmulas Selecionados

• **5. Súmula STF, 490.** *"A pensão correspondente à indenização oriunda de responsabilidade civil deve ser calculada com base no salário mínimo vigente ao tempo da sentença e ajustar-se-á às variações ulteriores."*

• **6. Súmula STJ, 313.** *"Em ação de indenização, procedente o pedido, é necessária a constituição de capital ou caução fidejussória para a garantia de pagamento da pensão, independentemente da situação financeira do demandado."*

## 🗒 Comentários Temáticos

**7. Constituição de capital em caso de alimentos indenizativos.** Proferida sentença que reconhece direito a uma prestação alimentícia indenizativa, poderá o juiz, a requerimento do exequente, condenar o executado a constituir um capital, cuja renda irá assegurar o cumprimento da obrigação.

**8. Abrangência do dispositivo.** Embora inserido no âmbito de normas relativas ao cumprimento de sentença, o dispositivo aplica-se também às execuções fundadas em título extrajudicial. A constituição em renda é medida que pode ser utilizada para efetivação de todo tipo de obrigação alimentar, por força do art. 139,

**LIVRO I · DO PROCESSO DE CONHECIMENTO E DO CUMPRIMENTO DE SENTENÇA** — **Art. 533**

IV. Além disso, o art. 21, Lei 6.515/1977 (Lei do Divórcio), permite que se constitua garantia real ou fidejussória para assegurar o pagamento dos alimentos, com a possibilidade de usufruto sobre bens do devedor com esse propósito. Observe-se, ainda, que o art. 1.701, parágrafo único, CC, prevê o poder do juiz de estabelecer forma específica de cumprimento da dívida alimentar, de acordo com o caso. Tudo isso contribui para a conclusão de que deve ser admitida a constituição de capital para outros alimentos que não os indenizativos.

**9. Substituição da constituição do capital por inclusão em folha de pagamento.** *"(...) nos termos do entendimento do STJ, é facultado ao juiz da causa substituir a determinação de constituição de capital assegurador do pagamento de pensão mensal pela inclusão dos beneficiários em folha de pagamento da empresa, cuja capacidade econômica deve ser aferida pelas instâncias ordinárias"* (STJ, 4ª Turma, AgInt no AREsp 1.309.076/RJ, rel. Min. Marco Buzzi, *DJe* 27.04.2020).

**10. Do capital a ser constituído.** O capital poderá ser representado por imóvel, direitos reais sobre imóveis susceptíveis de alienação, aplicação financeira em banco oficial ou título de dívida pública, que permanecerão sob domínio do executado, apesar de se tornarem inalienáveis e impenhoráveis para demais credores (salvo os de prestação alimentícia), além de constituir-se em patrimônio de afetação.

**11. Momento para determinação da constituição do capital.** A constituição do capital pode ser ordenada expressamente pelo juiz na sentença proferida na fase de conhecimento, ou pode ser determinada em liquidação ou em interlocutória na própria execução.

**12. Requerimento.** A constituição capital não é medida necessária ou que possa ser imposta de ofício. A medida depende de requerimento do exequente. O juiz não pode, com base no art. 139, IV, determiná-la de ofício, como medida atípica. O art. 533 exige o requerimento da parte.

**13. Opção por pagamento em única prestação.** O credor ou beneficiário dos alimentos indenizativos pode requerer que o pagamento da pensão mensal seja feita em prestação única, de uma só vez (CC, art. 950, parágrafo único). Nesse caso, não haverá constituição de capital, já que não haverá prestações sucessivas.

**14. Ausência de direito absoluto ao pagamento em única prestação.** *"A jurisprudência deste Tribunal Superior firmou-se no sentido de a regra prevista no art. 950, parágrafo único, do*

*Código Civil, que permite o pagamento da pensão mensal de uma só vez, não deve ser interpretada como direito absoluto da parte, possibilitando ao magistrado avaliar, em cada caso, sobre a conveniência de sua aplicação, a fim de evitar, de um lado, que a satisfação do crédito do beneficiário fique ameaçada e, de outro, que haja risco de o devedor ser levado à ruína"* (STJ, 4ª Turma, AgInt no AREsp 1.309.076/RJ, rel. Min. Marco Buzzi, *DJe* 27.04.2020).

**15. Fixação em salários mínimos.** Os alimentos podem ser fixados com base no salário mínimo. A previsão não viola o disposto no art. 7º, IV, da CF. O salário mínimo não é aí utilizado como indexador financeiro, o que seria inconstitucional. Os alimentos devem ser fixados com base no salário mínimo vigente ao tempo da sentença ou da decisão que os fixar, devendo, a partir de então, ter seu valor corrigido pelos índices oficiais de correção monetária.

**16. Possibilidade do uso do salário mínimo para fixar os alimentos.** *"... a vedação do art. 7º, IV, da Constituição, restringe-se à hipótese em que se pretenda fazer das elevações futuras do salário mínimo índice de atualização da indenização fixada; não, qual se deu no acórdão recorrido, se o múltiplo do salário mínimo é utilizado apenas para expressar o valor inicial da condenação, a ser atualizado, se for o caso, conforme os índices oficiais da correção monetária"* (STF, 1ª Turma, RE 389.989 AgR, rel. Min. Sepúlveda Pertence, *DJ* 5.11.2004, p. 20); *"A jurisprudência do STF admite o uso do salário mínimo como fixador inicial de condenação, desde que não haja atrelamento para fins de atualização. Nesta hipótese, não há afronta à Súmula Vinculante 4 ou ao art. 7º, IV, da CRFB/1988. 2. Agravo regimental a que se nega provimento"* (STF, 1ª Turma, Rcl 19.193 AgR, rel. Min. Roberto Barroso, *DJe* 16.08.2016).

**17. Substituição da constituição do capital por outra garantia.** É possível substituir o capital por fiança bancária ou garantia real, a ser arbitrada de imediato pelo juiz. É razoável defender a possibilidade de substituição, também, por seguro garantia judicial, que o CPC equipara à fiança bancária (art. 835, § 2º, e art. 848, parágrafo único). De qualquer modo, a fiança bancária não terá de ser necessariamente em valor 30% superior ao cobrado, até mesmo pela natureza de obrigação de trato continuado. O valor da fiança bancária, aqui, será definido pelo órgão julgador.

**18. Modificação das condições econômicas.** É possível o aumento ou diminuição do valor dos alimentos indenizativos, em caso de mu-

# Art. 534 CÓDIGO DE PROCESSO CIVIL COMENTADO – *Leonardo Carneiro da Cunha*

dança das condições econômicas do credor ou do devedor. Essas alterações podem determinar, até mesmo, a extinção da obrigação. Observe-se, porém, que tanto a exoneração como a revisão dos alimentos indenizativos devem ser requeridos por ação própria.

**19. Extinção da obrigação alimentar.** Extinta a obrigação alimentar, o juiz, a requerimento ou de ofício, determinará: a) a liberação do capital e o cancelamento das cláusulas de inalienabilidade e impenhorabilidade; ou b) se for o caso, a cessação dos descontos em folha e o cancelamento das garantias a que se refere o § 2º.

## CAPÍTULO V
## DO CUMPRIMENTO DE SENTENÇA QUE RECONHEÇA A EXIGIBILIDADE DE OBRIGAÇÃO DE PAGAR QUANTIA CERTA PELA FAZENDA PÚBLICA

**Art. 534.** No cumprimento de sentença que impuser à Fazenda Pública o dever de pagar quantia certa, o exequente apresentará demonstrativo discriminado e atualizado do crédito contendo:

I – o nome completo e o número de inscrição no Cadastro de Pessoas Físicas ou no Cadastro Nacional da Pessoa Jurídica do exequente;

II – o índice de correção monetária adotado;

III – os juros aplicados e as respectivas taxas;

IV – o termo inicial e o termo final dos juros e da correção monetária utilizados;

V – a periodicidade da capitalização dos juros, se for o caso;

VI – a especificação dos eventuais descontos obrigatórios realizados.

§ 1º Havendo pluralidade de exequentes, cada um deverá apresentar o seu próprio demonstrativo, aplicando-se à hipótese, se for o caso, o disposto nos §§ 1º e 2º do art. 113.

§ 2º A multa prevista no § 1º do art. 523 não se aplica à Fazenda Pública.

▶ **1. Correspondência no CPC/1973.** *"Art. 730. Na execução por quantia certa contra a Fazenda Pública, citar-se-á a devedora para opor embargos em 10 (dez) dias; se esta não os opuser, no prazo legal, observar-se-ão as seguintes regras: I – o juiz requisitará o pagamento por intermédio do presidente do tribunal competente; II – far-se-á o pagamento na ordem de apresentação do precatório e à conta do respectivo crédito."*

## ⚖ JURISPRUDÊNCIA, ENUNCIADOS E SÚMULAS SELECIONADOS

- **2. Tema/Repercussão Geral 1.142.** *"Os honorários advocatícios constituem crédito único e indivisível, de modo que o fracionamento da execução de honorários advocatícios sucumbenciais fixados em ação coletiva contra a Fazenda Pública, proporcionalmente às execuções individuais de cada beneficiário, viola o § 8º do artigo 100 da Constituição Federal."*
- **3. Tema/Repetitivo 973 STJ.** *"O art. 85, § 7º, do CPC/2015 não afasta a aplicação do entendimento consolidado na Súmula 345 do STJ, de modo que são devidos honorários advocatícios nos procedimentos individuais de cumprimento de sentença decorrente de ação coletiva, ainda que não impugnados e promovidos em litisconsórcio."*
- **4. Súmula STJ, 345.** *"São devidos os honorários advocatícios pela Fazenda Pública nas execuções individuais de sentença proferida em ações coletivas, ainda que não embargadas."*
- **5. Súmula TST, 350.** *"O prazo de prescrição com relação à ação de cumprimento de decisão normativa flui apenas da data de seu trânsito em julgado."*
- **6. Enunciado 386 do FPPC.** *"A limitação do litisconsórcio facultativo multitudinário acarreta o desmembramento do processo."*
- **7. Enunciado 387 do FPCC.** *"A limitação do litisconsórcio multitudinário não é causa de extinção do processo."*
- **8. Enunciado 101 do FNPP.** *"O cumprimento da sentença arbitral de obrigação de pagar quantia certa pela Fazenda Pública deve seguir a ordem cronológica de apresentação dos precatórios."*

## ▣ COMENTÁRIOS TEMÁTICOS

**9. Disciplina constitucional do precatório.** A execução contra a Fazenda Pública tem seu regime jurídico disciplinado pela CF, previsão de emissão de precatório ou de requisição de pequeno valor. Por causa disso, não é possível ao legislador infraconstitucional promover mudanças substanciais nesse tema. O CPC/2015 promoveu alterações para melhor sistematizar a execução contra a Fazenda Pública, observando as disposições constitucionais que impõem a expedição de precatório ou de requisição de pequeno valor.

**10. Aplicação da bipartição: cumprimento de sentença *versus* execução fundada em

**LIVRO I · DO PROCESSO DE CONHECIMENTO E DO CUMPRIMENTO DE SENTENÇA** · **Art. 534**

**título extrajudicial contra a Fazenda Pública.** No CPC/1973, a execução contra a Fazenda Pública fazia-se por meio de ação autônoma, independentemente de o título ser judicial ou extrajudicial. Não havia diferença procedimental. Diversamente, a execução civil entre particulares continha uma bipartição: se o título fosse judicial, o procedimento era o do cumprimento da sentença, sendo outro o procedimento se o título fosse extrajudicial. Essa distinção foi mantida no CPC/2015, que a estendeu para as execuções propostas contra a Fazenda Pública. A execução contra a Fazenda Pública pode fundar-se em título judicial ou em título extrajudicial. Quando o título for judicial, há cumprimento de sentença contra a Fazenda Pública (arts. 534 e 535). Sendo extrajudicial, propõe-se a execução disciplinada no art. 910. Tanto numa como noutra, é necessário observar o regime de precatórios ou de requisição de pequeno valor – RPV, previsto no art. 100 da CF.

**11. Liquidação de sentença.** Sendo a Fazenda Pública condenada ao pagamento de quantia certa, sua efetivação ou execução faz-se mediante cumprimento de sentença, regulado que está nos arts. 534 e 535. O procedimento comum do cumprimento de sentença não se aplica à Fazenda Pública. A sentença que condenar a Fazenda Pública pode, contudo, ser ilíquida, devendo, em razão disso, ser objeto de uma liquidação para, somente depois, poder ser executada. Os tipos de liquidação de sentença – por procedimento comum e por arbitramento – são perfeitamente aplicáveis aos processos que envolvam a Fazenda Pública. As regras – contidas nos arts. 509 a 512 – são *aplicáveis* aos processos de que faça parte a Fazenda Pública, motivo pelo qual a liquidação de sentença proferida contra qualquer pessoa jurídica de direito público segue, igualmente, os ditames daquelas regras.

**12. Cumprimento de sentença contra a Fazenda Pública.** O cumprimento de sentença constitui uma fase do processo. O processo, que é um só, divide-se em duas fases: a de acertamento e a de cumprimento. Não é, rigorosamente, apropriado falar em *fase* de cumprimento de sentença nos casos de obrigações de fazer, não fazer e dar coisa, pois a decisão esgota a tutela dessas situações jurídicas. A fase de cumprimento ocorre, única e exclusivamente, para a execução de decisões que reconhecem obrigação de pagar quantia, pois nelas não se tutela satisfativamente o direito reconhecido. Nos casos de sentença condenatória de obrigação de pagar, haverá, então, outra fase, que é a do cumprimento de sentença. O cumprimento de

sentença que pretende o pagamento de quantia certa há de ser requerido pelo exequente, a quem cabe apresentar memória de cálculo contendo os elementos relacionados no art. 534. Nos casos de obrigação de fazer, não fazer e entregar coisa, não se aplica o art. 534, aplicando-se as regras gerais dos arts. 536 e 538. Não há qualquer peculiaridade no cumprimento de sentença contra a Fazenda Pública quando se tratar de obrigação de fazer, não fazer e entregar coisa. A peculiaridade – com incidência dos arts. 534 e 535 – está apenas quando a obrigação for de pagar quantia certa, atraindo, igualmente, a incidência do art. 100 da CF. Diante das particularidades impostas pelo art. 100 da CF, o procedimento comum do cumprimento de sentença não se aplica à Fazenda Pública. Esta é executada por meio de um procedimento especial de cumprimento de sentença, regulado nos arts. 534 e 535.

**13. Cumprimento provisório contra a Fazenda Pública.** O cumprimento da sentença é uma execução fundada em título judicial. O título judicial pode ser provisório ou definitivo. Quando a decisão exequenda ainda pode ser revista, por estar sendo impugnada por recurso sem efeito suspensivo, o título é provisório. Se, por outro lado, já tiver havido trânsito em julgado, o título é definitivo. É possível o cumprimento provisório de sentença contra a Fazenda Pública. O art. 100 da CF exige, para expedição de precatório (§ 5º) ou de RPV (§ 3º), o prévio trânsito em julgado. Isso, porém, não impede o cumprimento provisório da sentença contra a Fazenda Pública. O que não se permite é a expedição do precatório ou da RPV antes do trânsito em julgado, mas nada impede que já se ajuíze o cumprimento da sentença e se adiante o procedimento, aguardando-se, para a expedição do precatório ou da RPV, o trânsito em julgado.

**14. Requerimento do exequente.** O cumprimento da sentença que reconhece o dever de pagar quantia faz-se por requerimento do exequente. Tanto no cumprimento provisório como no definitivo, é necessário o requerimento do exequente (art. 513, § 1º). Não se exige o requerimento do exequente para o cumprimento das obrigações de fazer, não fazer (art. 536) e entregar coisa (art. 538). Embora se trate de um só processo, cada fase tem início por uma demanda própria. Há, para cada fase, uma pretensão à tutela jurisdicional distinta. A exigência de requerimento caracteriza o cumprimento de sentença que reconhecer a obrigação de pagar quantia certa como uma demanda contida no mesmo processo. Sendo o cumprimento de sentença apenas uma das fases de um mesmo pro-

885

## Art. 535 | CÓDIGO DE PROCESSO CIVIL COMENTADO – *Leonardo Carneiro da Cunha*

cesso, o juiz, de acordo com a regra do impulso oficial (art. 2º), poderia, em princípio, dar início, de ofício, à fase do cumprimento da sentença. Só que não lhe é possível fazê-lo, justamente porque o cumprimento da sentença (no caso de obrigação pecuniária) instaura-se por demanda proposta pelo exequente. Tal requerimento do exequente nada mais é do que uma petição inicial simplificada, cujos requisitos – quando ajuizada contra a Fazenda Pública – estão relacionados no art. 534.

**15. Inaplicabilidade da multa.** O cumprimento de sentença contra a Fazenda Pública é regulado pelo disposto nos arts. 534 e 535. Não há penhora, nem apropriação ou expropriação de bens para alienação judicial, a fim de satisfazer o crédito executado. Isso porque os bens públicos são inalienáveis e impenhoráveis. Daí por que a execução é especial, resultando, ao final, na expedição de precatório ou de requisição de pequeno valor. No cumprimento de sentença, a Fazenda Pública não é intimada para pagar. É intimada para apresentar impugnação. Não há, por isso mesmo, incidência da multa prevista no § 1º do art. 523.

**16. Honorários de advogado no cumprimento de sentença contra a Fazenda Pública.** De acordo com o § 7º do art. 85: *"Não serão devidos honorários no cumprimento de sentença contra a Fazenda Pública que enseje expedição de precatório, desde que não tenha sido impugnada"*. O dispositivo concretiza o entendimento manifestado pelo Plenário do STF, ao julgar o RE 420.816/PR, quando considerou *constitucional* o art. 1º-D da Lei 9.494/1997 (*"Não serão devidos honorários advocatícios pela Fazenda Pública nas execuções não embargadas"*), conferindo-lhe, porém, *interpretação conforme a Constituição* para reduzir seu campo de incidência, de modo a excluir *"os casos de pagamento de obrigações definidos em lei como de pequeno valor"*. Significa que, nos cumprimentos de sentença que tenham a Fazenda Pública como *executada* e que acarretem a expedição de *precatório*, não haverá condenação em honorários sucumbenciais, caso não haja impugnação.

**17. Cumprimento de sentença em caso de litisconsórcio ativo contra a Fazenda Pública.** Proposta uma demanda contra a Fazenda Pública por mais de um autor, cada um deve apresentar seu próprio requerimento de cumprimento de sentença, com seu correspondente demonstrativo de cálculo. Em caso de litisconsórcio ativo, será considerado o valor devido a cada um deles, expedindo-se *cada* requisição de pagamento para *cada* um dos litisconsortes (STF, 2ª Turma, AC-Ag 653/SP, rel. Min. Joaquim Barbosa, j. 7.03.2006, *DJ* de 12.05.2006, p. 17; STF, 1ª Turma, RE 634.707, rel. Min. Marco Aurélio, j. 17.04.2012, acórdão eletrônico *DJe-086*, divulg. 03.05.2012, public. 04.05.2012). Pode ocorrer, porém, de serem expedidas, simultaneamente, requisitos de pequeno valor e requisições mediante precatório. Se houver uma grande quantidade de litisconsortes que comprometa o cumprimento da sentença ou dificulte a defesa da Fazenda Pública na impugnação a ser apresentada, o juiz pode limitar a presença dos litisconsortes, aplicando-se o disposto nos §§ 1º e 2º do art. 113.

---

**Art. 535.** A Fazenda Pública será intimada na pessoa de seu representante judicial, por carga, remessa ou meio eletrônico, para, querendo, no prazo de 30 (trinta) dias e nos próprios autos, impugnar a execução, podendo arguir:

I – falta ou nulidade da citação se, na fase de conhecimento, o processo correu à revelia;

II – ilegitimidade de parte;

III – inexequibilidade do título ou inexigibilidade da obrigação;

IV – excesso de execução ou cumulação indevida de execuções;

V – incompetência absoluta ou relativa do juízo da execução;

VI – qualquer causa modificativa ou extintiva da obrigação, como pagamento, novação, compensação, transação ou prescrição, desde que supervenientes ao trânsito em julgado da sentença.

§ 1º A alegação de impedimento ou suspeição observará o disposto nos arts. 146 e 148.

§ 2º Quando se alegar que o exequente, em excesso de execução, pleiteia quantia superior à resultante do título, cumprirá à executada declarar de imediato o valor que entende correto, sob pena de não conhecimento da arguição.

§ 3º Não impugnada a execução ou rejeitadas as arguições da executada:

I – expedir-se-á, por intermédio do presidente do tribunal competente, precatório em favor do exequente, observando-se o disposto na Constituição Federal;

II – por ordem do juiz, dirigida à autoridade na pessoa de quem o ente público foi citado para o processo, o pagamento de obrigação de pequeno valor será realizado no prazo de 2 (dois) meses contado da entrega da requisição, mediante depósito na agência de banco oficial mais próxima da residência do exequente.

# LIVRO I · DO PROCESSO DE CONHECIMENTO E DO CUMPRIMENTO DE SENTENÇA — Art. 535

§ 4º Tratando-se de impugnação parcial, a parte não questionada pela executada será, desde logo, objeto de cumprimento.

§ 5º Para efeito do disposto no inciso III do *caput* deste artigo, considera-se também inexigível a obrigação reconhecida em título executivo judicial fundado em lei ou ato normativo considerado inconstitucional pelo Supremo Tribunal Federal, ou fundado em aplicação ou interpretação da lei ou do ato normativo tido pelo Supremo Tribunal Federal como incompatível com a Constituição Federal, em controle de constitucionalidade concentrado ou difuso.

§ 6º No caso do § 5º, os efeitos da decisão do Supremo Tribunal Federal poderão ser modulados no tempo, de modo a favorecer a segurança jurídica.

§ 7º A decisão do Supremo Tribunal Federal referida no § 5º deve ter sido proferida antes do trânsito em julgado da decisão exequenda.

§ 8º Se a decisão referida no § 5º for proferida após o trânsito em julgado da decisão exequenda, caberá ação rescisória, cujo prazo será contado do trânsito em julgado da decisão proferida pelo Supremo Tribunal Federal.

▶ **1. Dispositivos correspondentes no CPC/ 1973.** *"Art. 741. Na execução contra a Fazenda Pública, os embargos só poderão versar sobre: I – falta ou nulidade da citação, se o processo correu à revela; II – inexigibilidade do título; III – ilegitimidade das partes; IV – cumulação indevida de execuções; V – excesso de execução; VI – qualquer causa impeditiva, modificativa ou extintiva da obrigação, como pagamento, novação, compensação, transação ou prescrição, desde que superveniente à sentença; VII – incompetência do juízo da execução, bem como suspeição ou impedimento do juiz. Parágrafo único. Para efeito do disposto no inciso II do caput deste artigo, considera-se também inexigível o título judicial fundado em lei ou ato normativo declarados inconstitucionais pelo Supremo Tribunal Federal, ou fundado em aplicação ou interpretação da lei ou ato normativo tidas pelo Supremo Tribunal Federal como incompatíveis com a Constituição Federal." Art. 742. Será oferecida, juntamente com os embargos, a exceção de incompetência do juízo, bem como a de suspeição ou de impedimento do juiz."*

## 🏛 LEGISLAÇÃO CORRELATA

**2. CF, art. 100.** *"Art. 100. Os pagamentos devidos pelas Fazendas Públicas Federal, Estaduais, Distrital e Municipais, em virtude de sentença judiciária, far-se-ão exclusivamente na ordem cronológica de apresentação dos precatórios e à conta dos créditos respectivos, proibida a designação de casos ou de pessoas nas dotações orçamentárias e nos créditos adicionais abertos para este fim. § 1º Os débitos de natureza alimentícia compreendem aqueles decorrentes de salários, vencimentos, proventos, pensões e suas complementações, benefícios previdenciários e indenizações por morte ou por invalidez, fundadas em responsabilidade civil, em virtude de sentença judicial transitada em julgado, e serão pagos com preferência sobre todos os demais débitos, exceto sobre aqueles referidos no § 2º deste artigo. § 2º Os débitos de natureza alimentícia cujos titulares, originários ou por sucessão hereditária, tenham 60 (sessenta) anos de idade, ou sejam portadores de doença grave, ou pessoas com deficiência, assim definidos na forma da lei, serão pagos com preferência sobre todos os demais débitos, até o valor equivalente ao triplo fixado em lei para os fins do disposto no § 3º deste artigo, admitido o fracionamento para essa finalidade, sendo que o restante será pago na ordem cronológica de apresentação do precatório. § 3º O disposto no caput deste artigo relativamente à expedição de precatórios não se aplica aos pagamentos de obrigações definidas em leis como de pequeno valor que as Fazendas referidas devam fazer em virtude de sentença judicial transitada em julgado. § 4º Para os fins do disposto no § 3º, poderão ser fixados, por leis próprias, valores distintos às entidades de direito público, segundo as diferentes capacidades econômicas, sendo o mínimo igual ao valor do maior benefício do regime geral de previdência social. § 5º É obrigatória a inclusão, no orçamento das entidades de direito público, de verba necessária ao pagamento de seus débitos, oriundos de sentenças transitadas em julgado, constantes de precatórios judiciários apresentados até 1º de julho, fazendo-se o pagamento até o final do exercício seguinte, quando terão seus valores atualizados monetariamente. § 6º As dotações orçamentárias e os créditos abertos serão consignados diretamente ao Poder Judiciário, cabendo ao Presidente do Tribunal que proferir a decisão exequenda determinar o pagamento integral e autorizar, a requerimento do credor e exclusivamente para os casos de preterimento de seu direito de precedência ou de não alocação orçamentária do valor necessário à satisfação do seu débito, o sequestro da quantia respectiva. § 7º O Presidente do Tribunal competente que, por ato comissivo ou omissivo, retardar ou tentar frustrar a liquidação regular de precatórios incorrerá em crime de responsabilidade e responderá, também, perante o Conselho Nacional de Justiça. § 8º É* vedada a expedição de precatórios complementares ou suplementares de valor pago, bem como o fracionamento, repartição ou quebra do valor da execução para fins de enquadramento de parcela do total ao que dispõe o § 3º deste artigo. § 9º Sem que haja interrupção no pagamento do precatório e mediante comunicação da Fazenda Pública ao Tribunal, o valor correspondente aos eventuais débitos inscritos em dívida ativa contra o credor do requisitório e seus substituídos deverá ser depositado à conta do juízo responsável pela ação de cobrança, que decidirá pelo seu destino definitivo. § 10. Antes da expedição dos precatórios, o Tribunal solicitará à Fazenda Pública devedora, para resposta em até 30 (trinta) dias, sob pena de perda do direito de abatimento, informação sobre os débitos que preencham as condições estabelecidas no § 9º, para os fins nele previstos. § 11. É facultada ao credor, conforme estabelecido em lei do ente federativo devedor, com auto aplicabilidade para a União, a oferta de créditos líquidos e certos que originalmente lhe são próprios ou adquiridos de terceiros reconhecidos pelo ente federativo ou por decisão judicial transitada em julgado para: I – quitação de débitos parcelados ou débitos inscritos em dívida ativa do ente federativo devedor, inclusive em transação resolutiva de litígio, e, subsidiariamente, débitos com a administração autárquica e fundacional do mesmo ente; II – compra de imóveis públicos de propriedade do mesmo ente disponibilizados para venda; III – pagamento de outorga de delegações de serviços públicos e demais espécies de concessão negocial promovidas pelo mesmo ente; IV – aquisição, inclusive minoritária, de participação societária, disponibilizada para venda, do respectivo ente federativo; ou V – compra de direitos, disponibilizados para cessão, do respectivo ente federativo, inclusive, no caso da União, da antecipação de valores a serem recebidos a título do excedente em óleo em contratos de partilha de petróleo. § 12. A partir da promulgação desta Emenda Constitucional, a atualização de valores de requisitórios, após sua expedição, até o efetivo pagamento, independentemente de sua natureza, será feita pelo índice oficial de remuneração básica da caderneta de poupança, e, para fins de compensação da mora, incidirão juros simples no mesmo percentual de juros incidentes sobre a caderneta de poupança, ficando excluída a incidência de juros compensatórios. § 13. O credor poderá ceder, total ou parcialmente, seus créditos em precatórios a terceiros, independentemente da concordância do devedor, não se aplicando ao cessionário o disposto nos §§ 2º e 3º. § 14. A cessão de precatórios observado o dis-

posto no § 9º deste artigo, somente produzirá efeitos após comunicação, por meio de petição protocolizada, ao Tribunal de origem e ao ente federativo devedor. § 15. Sem prejuízo do disposto neste artigo, lei complementar a esta Constituição Federal poderá estabelecer regime especial para pagamento de crédito de precatórios de Estados, Distrito Federal e Municípios, dispondo sobre vinculações à receita corrente líquida e forma e prazo de liquidação. § 16. A seu critério exclusivo e na forma de lei, a União poderá assumir débitos, oriundos de precatórios, de Estados, Distrito Federal e Municípios, refinanciando-os diretamente. § 17. A União, os Estados, o Distrito Federal e os Municípios aferirão mensalmente, em base anual, o comprometimento de suas respectivas receitas correntes líquidas com o pagamento de precatórios e obrigações de pequeno valor. § 18. Entende-se como receita corrente líquida, para os fins de que trata o § 17, o somatório das receitas tributárias, patrimoniais, industriais, agropecuárias, de contribuições e de serviços, de transferências correntes e outras receitas correntes, incluindo as oriundas do § 1º do art. 20 da Constituição Federal, verificado no período compreendido pelo segundo mês imediatamente anterior ao de referência e os 11 (onze) meses precedentes, excluídas as duplicidades, e deduzidas: I – na União, as parcelas entregues aos Estados, ao Distrito Federal e aos Municípios por determinação constitucional; II – nos Estados, as parcelas entregues aos Municípios por determinação constitucional; III – na União, nos Estados, no Distrito Federal e nos Municípios, a contribuição dos servidores para custeio de seu sistema de previdência e assistência social e as receitas provenientes da compensação financeira referida no § 9º do art. 201 da Constituição Federal. § 19. Caso o montante total de débitos decorrentes de condenações judiciais em precatórios e obrigações de pequeno valor, em período de 12 (doze) meses, ultrapasse a média do comprometimento percentual da receita corrente líquida nos 5 (cinco) anos imediatamente anteriores, a parcela que exceder esse percentual poderá ser financiada, excetuada dos limites de endividamento de que tratam os incisos VI e VII do art. 52 da Constituição Federal e de quaisquer outros limites de endividamento previstos, não se aplicando a esse financiamento a vedação de vinculação de receita prevista no inciso IV do art. 167 da Constituição Federal. § 20. Caso haja precatório com valor superior a 15% (quinze por cento) do montante dos precatórios apresentados nos termos do § 5º deste artigo, 15% (quinze por cento) do valor deste precatório serão pagos até o final do exer-

**LIVRO I · DO PROCESSO DE CONHECIMENTO E DO CUMPRIMENTO DE SENTENÇA**  **Art. 535**

*cício seguinte e o restante em parcelas iguais nos cinco exercícios subsequentes, acrescidas de juros de mora e correção monetária, ou mediante acordos diretos, perante Juízos Auxiliares de Conciliação de Precatórios, com redução máxima de 40% (quarenta por cento) do valor do crédito atualizado, desde que em relação ao crédito não penda recurso ou defesa judicial e que sejam observados os requisitos definidos na regulamentação editada pelo ente federado. § 21. Ficam a União e os demais entes federativos, nos montantes que lhes são próprios, desde que aceito por ambas as partes, autorizados a utilizar valores objeto de sentenças transitadas em julgado devidos a pessoa jurídica de direito público para amortizar dívidas, vencidas ou vincendas: I – nos contratos de refinanciamento cujos créditos sejam detidos pelo ente federativo que figure como devedor na sentença de que trata o caput deste artigo; II – nos contratos em que houve prestação de garantia a outro ente federativo; III – nos parcelamentos de tributos ou de contribuições sociais; e IV – nas obrigações decorrentes do descumprimento de prestação de contas ou de desvio de recursos. § 22. A amortização de que trata o § 21 deste artigo: I – nas obrigações vencidas, será imputada primeiramente às parcelas mais antigas; II – nas obrigações vincendas, reduzirá uniformemente o valor de cada parcela devida, mantida a duração original do respectivo contrato ou parcelamento."*

**3.** **Lei 13.463/2017, art. 2º e § 1º.** *"Art. 2º Ficam cancelados os precatórios e as RPV federais expedidos e cujos valores não tenham sido levantados pelo credor e estejam depositados há mais de dois anos em instituição financeira oficial. § 1º. O cancelamento de que trata o caput deste artigo será operacionalizado mensalmente pela instituição financeira oficial depositária, mediante a transferência dos valores depositados para a Conta Única do Tesouro Nacional."*

**4.** **Lei 13.463/2017, art. 3º.** *"Cancelado o precatório ou a RPV, poderá ser expedido novo ofício requisitório, a requerimento do credor. Parágrafo único. O novo precatório ou a nova RPV conservará a ordem cronológica do requisitório anterior e a remuneração correspondente a todo o período."*

**5.** **Res. 303/ 2019 CNJ.** *"Dispõe sobre a gestão dos precatórios e respectivos procedimentos operacionais no âmbito do Poder Judiciário."*

## ⚖ JURISPRUDÊNCIA, ENUNCIADOS E SÚMULAS SELECIONADOS

- **6.** **ADI 5.492.** *"Declarada a inconstitucionalidade da expressão 'de banco oficial', constante*

*do art. 535, § 3º, inc. II, do CPC/2015 e conferir interpretação conforme ao dispositivo para que se entenda que a 'agência' nele referida pode ser de instituição pública ou privada. Para dar cumprimento ao disposto na forma, poderá a administração do tribunal contratar banco oficial ou, caso assim opte, banco privado, hipótese em que serão observadas a realidade do caso concreto, os regulamentos legais e princípios constitucionais aplicáveis e as normas do procedimento licitatório, visando à escolha da proposta mais adequada para a administração de tais recursos."*

- **7.** **ADI 5534.** *"O Tribunal, por maioria, julgou parcialmente procedente o pedido formulado na ação direta, para declarar a constitucionalidade do art. 535, § 3º, inciso II, do Código de Processo Civil de 2015, e conferir interpretação conforme à Constituição ao art. 535, § 4º, do CPC, no sentido de que, para efeito de determinação do regime de pagamento do valor incontroverso, deve ser observado o valor total da condenação, conforme tese firmada no RE com repercussão geral nº 1205530 (Tema 28)."*

- **8.** **ADI 5679 STF.** *"Observadas rigorosamente as exigências normativas, não ofende a Constituição a possibilidade de uso de depósitos judiciais para o pagamento de precatórios em atraso, tal como previsto pela EC nº 94/2016."*

- **9.** **ADI 5755.** *"O Tribunal, por maioria, conheceu da ação direta e julgou procedente o pedido, para declarar a inconstitucionalidade material do art. 2º, caput e § 1º, da Lei nº 13.463/2017."*

- **10.** **ADI 7047 STF.** *"O Tribunal, por maioria, converteu o julgamento da medida cautelar em julgamento de mérito e conheceu da ação direta para julgá-la parcialmente procedente e declarar a inconstitucionalidade dos arts. 100, § 9º, da Constituição Federal, e 101, § 5º, do ADCT, com redação estabelecida pelo art. 1º da EC 113/21, bem como dar interpretação conforme a Constituição ao art. 100, § 11, da Constituição, com redação da EC 113/21, para excluir a expressão com auto aplicabilidade para a União de seu texto, nos termos do voto do Relator, vencido parcialmente o Ministro André Mendonça."*

- **11.** **Súmula Vinculante STF, 17.** *"Durante o período previsto no parágrafo 1º do artigo 100 da Constituição, não incidem juros de mora sobre os precatórios que nele sejam pagos."*

- **12.** **Súmula Vinculante STF, 47.** *"Os honorários advocatícios incluídos na condenação* *ou destacados do montante principal devido ao credor consubstanciam verba de natureza alimentar cuja satisfação ocorrerá com a expedição de precatório ou requisição de pequeno valor, observada ordem especial restrita aos créditos dessa natureza."*

- **13. Tema/Repercussão Geral 18 STF.** *"Os honorários advocatícios incluídos na condenação ou destacados do montante principal devido ao credor consubstanciam verba de natureza alimentar cuja satisfação ocorrerá com a expedição de precatório ou requisição de pequeno valor, observada ordem especial restrita aos créditos dessa natureza."*

- **14. Tema/Repercussão Geral 28 STF.** *"Surge constitucional expedição de precatório ou requisição de pequeno valor para pagamento da parte incontroversa e autônoma do pronunciamento judicial transitada em julgado observada a importância total executada para efeitos de dimensionamento como obrigação de pequeno valor."*

- **15. Tema/Repercussão Geral 45 STF.** *"A execução provisória de obrigação de fazer em face da Fazenda Pública não atrai o regime constitucional dos precatórios."*

- **16. Tema/Repercussão Geral 58 STF.** *"É vedado o fracionamento do valor de precatório em execução de sentença, com o objetivo de efetuar o pagamento das custas processuais por meio de requisição de pequeno valor (RPV)."*

- **17. Tema/Repercussão Geral 96 STF.** *"Incidem os juros da mora no período compreendido entre a data da realização dos cálculos e a da requisição ou do precatório."*

- **18. Tema/Repercussão Geral 112 STF.** *"É harmônica com a normatividade constitucional a previsão no artigo 86 do ADCT na dicção da EC 32/2002 de um regime de transição para tratar dos precatórios reputados de pequeno valor, já expedidos antes de sua promulgação."*

- **19. Tema/Repercussão Geral 132 STF.** *"O art. 78 do Ato das Disposições Constitucionais Transitórias possui a mesma mens legis que o art. 33 desse Ato, razão pela qual, uma vez calculado o precatório pelo valor real do débito, acrescido de juros legais, não há mais falar em incidência desses nas parcelas anuais, iguais e sucessivas em que é fracionado, desde que adimplidas a tempo e corrigidas monetariamente."*

- **20. Tema/Repercussão Geral 147 STF.** *"Durante o período previsto no parágrafo 1º do artigo 100 (redação original e redação da EC*

*30/2000) da Constituição, não incidem juros de mora sobre os precatórios que nele sejam pagos."*

- **21. Tema/Repercussão Geral 148 STF.** *"A interpretação do § 4º do art. 100, alterado e hoje § 8º do art. 100 da Constituição da República, permite o pagamento dos débitos em execução nos casos de litisconsórcio facultativo."*

- **22. Tema/Repercussão Geral 360 STF.** *"São constitucionais as disposições normativas do parágrafo único do art. 741 do CPC, do § 1º do art. 475-L, ambos do CPC/73, bem como os correspondentes dispositivos do CPC/15, o art. 525, § 1º, III e §§ 12 e 14, o art. 535, § 5º. São dispositivos que, buscando harmonizar a garantia da coisa julgada com o primado da Constituição, vieram agregar ao sistema processual brasileiro um mecanismo com eficácia rescisória de sentenças revestidas de vício de inconstitucionalidade qualificado, assim caracterizado nas hipóteses em que (a) a sentença exequenda esteja fundada em norma reconhecidamente inconstitucional, seja por aplicar norma inconstitucional, seja por aplicar norma em situação ou com um sentido inconstitucionais; ou (b) a sentença exequenda tenha deixado de aplicar norma reconhecidamente constitucional; e (c) desde que, em qualquer dos casos, o reconhecimento dessa constitucionalidade ou a inconstitucionalidade tenha decorrido de julgamento do STF realizado em data anterior ao trânsito em julgado da sentença exequenda."*

- **23. Tema/Repercussão Geral 361 STF.** *"A cessão de crédito alimentício não implica a alteração da natureza."*

- **24. Tema/Repercussão Geral 411 STF.** *"É incompatível com a Constituição o reconhecimento às entidades paraestatais dos privilégios processuais concedidos à Fazenda Pública em execução de pagamento de quantia em dinheiro."*

- **25. Tema/Repercussão Geral 450 STF.** *"É devida correção monetária no período compreendido entre a data de elaboração do cálculo da requisição de pequeno valor – RPV e sua expedição para pagamento."*

- **26. Tema/Repercussão Geral 511 STF.** *"É constitucionalmente vedada a compensação unilateral de débitos em proveito exclusivo da Fazenda Pública ainda que os valores envolvidos não estejam sujeitos ao regime de precatórios, mas apenas à sistemática da requisição de pequeno valor."*

- **27. Tema/Repercussão Geral 521 STF.** *"O pagamento parcelado dos créditos não alimentares, na forma do art. 78 do ADCT, não ca-*

**LIVRO I • DO PROCESSO DE CONHECIMENTO E DO CUMPRIMENTO DE SENTENÇA** **Art. 535**

racteriza preterição indevida de precatórios alimentares, desde que os primeiros tenham sido inscritos em exercício anterior ao da apresentação dos segundos, uma vez que, ressalvados os créditos de que trata o art. 100, § 2º, da Constituição, o pagamento dos precatórios deve observar as seguintes diretrizes: (1) a divisão e a organização das classes ocorrem segundo o ano de inscrição; (2) inicia-se o pagamento pelo exercício mais antigo em que há débitos pendentes; (3) quitam-se primeiramente os créditos alimentares; depois, os não alimentares do mesmo ano; (4) passa-se, então, ao ano seguinte da ordem cronológica, repetindo-se o esquema de pagamento; e assim sucessivamente."

- **28.** **Tema/Repercussão Geral 755 STF.** "É vedado o fracionamento da execução pecuniária contra a Fazenda Pública para que uma parte seja paga antes do trânsito em julgado, por meio de Complemento Positivo, e outra depois do trânsito, mediante Precatório ou Requisição de Pequeno Valor."

- **29.** **Tema/Repercussão Geral 792 STF.** "Lei disciplinadora da submissão de crédito ao sistema de execução via precatório possui natureza material e processual, sendo inaplicável a situação jurídica constituída em data que a anteceda."

- **30.** **Tema/Repercussão Geral 831 STF.** "O pagamento dos valores devidos pela Fazenda Pública entre a data da impetração do mandado de segurança e a efetiva implementação da ordem concessiva deve observar o regime de precatórios previsto no artigo 100 da Constituição Federal."

- **31.** **Tema/Repercussão Geral 877 STF.** "Os pagamentos devidos, em razão de pronunciamento judicial, pelos Conselhos de Fiscalização não se submetem ao regime de precatórios."

- **32.** **Tema/Repercussão Geral 1.037 STF.** "O enunciado da Súmula Vinculante 17 não foi afetado pela superveniência da Emenda Constitucional 62/2009, de modo que não incidem juros de mora no período de que trata o § 5º do art. 100 da Constituição. Havendo o inadimplemento pelo ente público devedor, a fluência dos juros inicia-se após o 'período de graça'."

- **33.** **Tema/Repercussão Geral 1.142 STF.** "Os honorários advocatícios constituem crédito único e indivisível, de modo que o fracionamento da execução de honorários advocatícios sucumbenciais fixados em ação coletiva contra a Fazenda Pública, proporcionalmente às execuções individuais de cada beneficiário, viola o § 8º do artigo 100 da Constituição Federal."

- **34.** **Tema/Repercussão Geral 1.317 STF.** "A execução de créditos individuais e divisíveis decorrentes de título judicial coletivo, promovida por substituto processual, não caracteriza o fracionamento de precatório vedado pelo § 8º do art. 100 da Constituição."

- **35.** **Tema/Repercussão Geral 1.326/STF.** "A iniciativa legislativa para definição de obrigações de pequeno valor para pagamento de condenação judicial não é reservada ao chefe do Poder Executivo."

- **36.** **Tema/Repercussão Geral 1.335/STF.** "1. Não incide a taxa SELIC, prevista no art. 3º da EC no 113/2021, no prazo constitucional de pagamento de precatórios do § 5º do art. 100 da Constituição. 2. Durante o denominado 'período de graça', os valores inscritos em precatório terão exclusivamente correção monetária, nos termos decididos na ADI 4.357-QO/DF e na ADI 4.425-QO/DF."

- **37.** **Súmula STF, 655.** "A exceção prevista no art. 100, caput, da Constituição, em favor dos créditos de natureza alimentícia, não dispensa a expedição de precatório, limitando-se a isentá-los da observância da ordem cronológica dos precatórios decorrentes de condenações de outra natureza."

- **38.** **Súmula STF, 733.** "Não cabe recurso extraordinário contra decisão proferida no processamento de precatórios."

- **39.** **Tema/Repetitivo 81 STJ.** "É admissível, em embargos à execução, compensar os valores de imposto de renda retidos indevidamente na fonte com os valores restituídos apurados na declaração anual."

- **40.** **Tema/Repetitivo 211 STJ.** "Os juros compensatórios, em desapropriação, somente incidem até a data da expedição do precatório original (...), não havendo hipótese de cumulação de juros moratórios com juros compensatórios."

- **41.** **Tema/Repetitivo 288 STJ.** "É admissível o ajuizamento de novos embargos de devedor, ainda que nas hipóteses de reforço ou substituição da penhora, quando a discussão adstringir-se aos aspectos formais do novo ato constritivo."

- **42.** **Tema/Repetitivo 291 STJ.** "Tese firmada no julgamento da QO no REsp n. 1.665.599/RS, na sessão da Corte Especial de 20.03.2019, nos termos da tese fixada no Tema 96 do STF: Incidem os juros da mora no período compreendido entre a data da realização dos cálculos e a da requisição ou do precatório (acórdão publicado no DJe de 02.04.2019)."

- **43. Tema/Repetitivo 292 STJ.** "*Incide correção monetária no período compreendido entre a elaboração dos cálculos e o efetivo pagamento da RPV, ressalvada a observância dos critérios de atualização porventura fixados na sentença de liquidação.*"

- **44. Tema/Repetitivo 420 STJ.** "*Não se comportam no âmbito normativo do art. 741, parágrafo único, do CPC [de 1973], as sentenças que tenham reconhecido o direito a diferenças de correção monetária das contas do FGTS, contrariando o precedente do STF a respeito (RE 226.855-7, Min. Moreira Alves, RTJ 174:916-1006). É que, para reconhecer legítima, nos meses que indicou, a incidência da correção monetária pelos índices aplicados pela gestora do Fundo (a Caixa Econômica Federal), o STF não declarou a inconstitucionalidade de qualquer norma, nem mesmo mediante as técnicas de interpretação conforme a Constituição ou sem redução de texto. Resolveu, isto sim, uma questão de direito intertemporal (a de saber qual das normas infraconstitucionais – a antiga ou a nova – deveria ser aplicada para calcular a correção monetária das contas do FGTS nos citados meses) e a deliberação tomada se fez com base na aplicação direta de normas constitucionais, nomeadamente a que trata da irretroatividade da lei, em garantia do direito adquirido (art. 5º, XXXVI).*"

- **45. Tema/Repetitivo 547 STJ.** "*Havendo previsão no título executivo de exclusão de percentuais já concedidos, a mencionada imposição, em sede de embargos à execução, não importa violação da coisa julgada.*"

- **46. Tema/Repetitivo 1.141 STJ.** "*A pretensão de expedição de novo precatório ou requisição de pequeno valor, fundada nos arts. 2º e 3º da Lei 13.463/2017, sujeita-se à prescrição quinquenal prevista no art. 1º do Decreto 20.910/32 e tem, como termo inicial, a notificação do credor, na forma do § 4º do art. 2º da referida Lei 13.463/2017*".

- **47. Súmula STJ, 144.** "*Os créditos de natureza alimentícia gozam de preferência, desvinculados os precatórios da ordem cronológica dos créditos de natureza diversa*".

- **48. Súmula STJ, 311.** "*Os atos do presidente do tribunal que disponham sobre processamento e pagamento de precatório não têm caráter jurisdicional.*"

- **49. Súmula STJ, 394.** "*É admissível, em embargos à execução, compensar os valores de imposto de renda retidos indevidamente na fonte com os valores restituídos apurados na declaração anual.*"

- **50. Súmula STJ, 487.** "*O parágrafo único do art. 741 do CPC [de 1973] não se aplica às sentenças transitadas em julgado em data anterior à da sua vigência.*"

- **51. Súmula 517 do STJ.** "*São devidos honorários advocatícios no cumprimento de sentença, haja ou não impugnação, depois de escoado o prazo para pagamento voluntário, que se inicia após a intimação do advogado da parte executada*".

- **52. Enunciado 57 do FPPC.** "*A prescrição prevista nos arts. 525, § 1º, VII e 535, VI, é exclusivamente da pretensão executiva.*"

- **53. Enunciado 58 do FPPC.** "*As decisões de inconstitucionalidade a que se referem os art. 525, §§ 12 e 13 e art. 535, §§ 5º e 6º devem ser proferidas pelo plenário do STF.*"

- **54. Enunciado 532 do FPPC.** "*A expedição do precatório ou da RPV depende do trânsito em julgado da decisão que rejeita as arguições da Fazenda Pública executada.*"

- **55. Enunciado 535 do FPPC.** "*Cabe ação rescisória contra a decisão prevista no inciso III do art. 548.*"

- **56. Enunciado 545 do FPPC.** "*Aplicam-se à impugnação ao cumprimento de sentença, no que couber, as hipóteses previstas nos incisos I e III do art. 918 e no seu parágrafo único.*"

- **57. Enunciado 586 do FPPC.** "*O oferecimento de impugnação manifestamente protelatória é ato atentatório à dignidade da justiça, nos termos do art. 771 c/c art. 918, III e parágrafo único do CPC, que enseja a aplicação da multa prevista no parágrafo único do art. 774 do CPC.*"

- **58. Enunciado 590 do FPPC.** "*Na impugnação ao cumprimento de sentença e nos embargos à execução, o executado que alegar excesso de execução deverá elaborar demonstrativo de débito em conformidade com os incisos do art. 524 e do parágrafo único do art. 798, respectivamente.*"

- **59. Enunciado 93 da I Jornada-CJF.** "*Da decisão que julga a impugnação ao cumprimento de sentença cabe apelação, se extinguir o processo, ou agravo de instrumento, se não o fizer.*"

- **60. Enunciado 158 da I Jornada-CJF.** "*A sentença de rejeição dos embargos à execução opostos pela Fazenda Pública não está sujeita à remessa necessária.*"

- **61. Enunciado 56 do FNPP.** "*A expedição de requisitório do valor controvertido fica con-*

**LIVRO I ·** DO PROCESSO DE CONHECIMENTO E DO CUMPRIMENTO DE SENTENÇA **Art. 535**

*dicionada ao trânsito em julgado da decisão dos embargos à execução ou da impugnação ao cumprimento de sentença opostos pela Fazenda Pública."*

- **62. Enunciado 85 do FNPP.** *"A intimação para manifestação sobre os cálculos elaborados pelo juízo em fase de execução contra a Fazenda Pública deve preceder a expedição do requisitório de pagamento."*

- **63. Enunciado 101 do FNPP.** *"O cumprimento da sentença arbitral de obrigação de pagar quantia certa pela Fazenda Pública deve seguir a ordem cronológica de apresentação dos precatórios."*

- **64. Enunciado 102 do FNPP.** *"É inválido negócio processual para afastar o pagamento das dívidas judiciais por precatório ou requisição de pequeno valor."*

- **65. Enunciado 120 do FNPP.** *"A impugnação ao cumprimento de sentença contra a Fazenda Pública tem efeito suspensivo automático em relação à matéria impugnada, devido à exigência constitucional de prévio trânsito em julgado para a expedição de precatório ou de RPV."*

- **66. Enunciado 55 da ENFAM.** *"Às hipóteses de rejeição liminar a que se referem os arts. 525, § 5º, 535, § 2º e 917 do CPC/2015 (excesso de execução) não se aplicam os arts. 9º e 10 desse código."*

## ☲ COMENTÁRIOS TEMÁTICOS

**67. Procedimento.** Requerido o cumprimento da sentença, a Fazenda Pública será intimada (e não citada) para apresentar, em trinta dias, sua impugnação. A intimação é pessoal (art. 183), feita ao advogado público que já acompanhava o processo ou a qualquer outro que o substitua, podendo ser realizar-se por carga, remessa ou meio eletrônico (art. 183, § 1º). Não apresentada impugnação ou transitada em julgado a decisão que a inadmitir ou rejeitar, deverá ser expedido precatório ou RPV, seguindo-se com a observância das normas contidas no art. 100 da CF.

**68. Impugnação como meio de defesa.** No cumprimento de sentença, a Fazenda Pública defende-se por impugnação, e não por embargos. Os embargos constituem o meio de defesa que a Fazenda Pública apresenta na execução fundada em título extrajudicial. A impugnação é uma defesa, não ostentando a natureza de ação ou demanda judicial.

**69. Litisconsórcio multitudinário, pedido para sua limitação e interrupção do prazo para impugnação.** O cumprimento de sentença con-

tra a Fazenda Pública pode ser promovido em litisconsórcio ativo. Nos termos do § 1º do art. 534, cada litisconsorte deve requerer seu cumprimento de sentença, apresentando sua correspondente memória de cálculo. Se houver uma grande quantidade de litisconsortes que comprometa o cumprimento da sentença ou dificulte a defesa da Fazenda Pública na impugnação a ser apresentada, o juiz pode limitar a presença dos litisconsortes, aplicando-se o disposto nos §§ 1º e 2º do art. 113. A Fazenda Pública pode, antes de impugnar, pedir a limitação ao juiz. Tal pedido interrompe o prazo para impugnação, que será integralmente devolvido à Fazenda Pública a partir da intimação da decisão que acolhê-lo ou rejeitá-lo (art. 113, § 2º).

**70. Prazo para impugnação e sua contagem.** A Fazenda Pública é intimada para apresentar impugnação no prazo de trinta dias. A intimação da Fazenda Pública é pessoal (art. 183), podendo ser feita por carga, remessa ou meio eletrônico (art. 183, § 1º). Quando a intimação for feita por carga, considera-se dia do começo do prazo o dia da carga (art. 231, VIII). Sendo a intimação feita por remessa dos autos, a contagem do prazo, segundo entendimento já firmado no âmbito da jurisprudência do STJ, *"... inicia-se no dia da remessa dos autos com vista, ou, se as datas não coincidirem, do recebimento destes por servidor do órgão, e não a partir do dia em que o representante ministerial manifesta, por escrito, sua ciência do teor da decisão"* (STJ, 5ª Turma, EDcl no RHC 43.374/PA, rel. Min. Laurita Vaz, *DJe* 30.04.2014). Quando a intimação realizar-se por meio eletrônico, considera-se dia do começo do prazo o dia útil seguinte à consulta ao teor da intimação ou ao término do prazo para que a consulta se dê (art. 231, V). O prazo de trinta dias para impugnar é específico, sendo próprio para a Fazenda Pública. Logo, não deve ser computado em dobro (art. 183, § 2º). O prazo para impugnar é de trinta dias, computando-se apenas, na sua contagem, os dias úteis (art. 219).

**71. Efeito suspensivo.** A impugnação apresentada pela Fazenda Pública no cumprimento da sentença é dotada de efeito suspensivo. Nos termos do § 6º do art. 525, *"A apresentação de impugnação não impede a prática dos atos executivos, inclusive os de expropriação, podendo o juiz, a requerimento do executado e desde que garantido o juízo com penhora, caução ou depósito suficientes, atribuir-lhe efeito suspensivo, se seus fundamentos forem relevantes e se o prosseguimento da execução for manifestamente suscetível de causar ao executado grave dano de difícil ou incerta reparação"*. Tal dispositivo não se aplica ao cumprimento de sentença proposto contra a Fazenda Pública, pelos seguintes motivos: (a) o efeito suspensivo depende de penhora, depósito ou caução. A Fazenda Pública não se sujeita a penhora, depósito nem caução, não precisando garantir o juízo; (b) a expedição de precatório ou requisição de pequeno valor depende do prévio trânsito em julgado (CF, art. 100, §§ 3º e 5º), de sorte que somente pode ser determinado o pagamento, se não houver mais qualquer discussão quanto ao valor executado. Em outras palavras, o precatório ou a RPV somente se expede depois de não haver mais qualquer discussão quanto ao valor executado, valendo dizer que tal expedição depende do trânsito em julgado da decisão que julgar a impugnação. Por essa razão, a impugnação apresentada pela Fazenda Pública deve, forçosamente, ser recebida no efeito suspensivo, pois, enquanto não se tornar incontroverso ou definitivo o valor cobrado, não há como se expedir o precatório ou a RPV. O trânsito em julgado a que se referem os §§ 3º e 5º do art. 100 da CF é o da sentença que julgar a impugnação ao cumprimento da sentença ou os embargos à execução fundada em título extrajudicial. E isso porque o valor a ser incluído no orçamento deve ser definitivo, não pendendo qualquer discussão a seu respeito. Observe-se que toda lei orçamentária que é aprovada estabelece, em um de seus dispositivos, que somente incluirá dotações para o pagamento de precatórios cujos processos contenham certidão de trânsito em julgado da decisão exequenda e, igualmente, certidão de trânsito em julgado dos embargos à execução ou, em seu lugar, certidão de que não tenham sido opostos embargos ou qualquer impugnação aos respectivos cálculos. Ora, se o precatório somente pode ser expedido quando já definitivo o valor, não havendo mais discussão a seu respeito – o que se pode comprovar por certidão de trânsito em julgado dos embargos à execução ou da impugnação ao cumprimento da sentença –, é evidente que a impugnação ou os embargos devem, necessariamente, ser recebidos com efeito suspensivo. A simples apresentação da impugnação acarreta a suspensão do cumprimento da sentença.

**72. Impugnação parcial.** Quando a impugnação for parcial, a parte não questionada, nos termos do § 4º do art. 535, será, desde logo, objeto de cumprimento, expedindo-se o precatório ou a RPV. Isso porque a parte questionada acarreta a suspensão imediata do cumprimento da sentença. Nesse caso, não incide a vedação do § 8º do art. 100 da CF/1988, pois não se trata de intenção do exequente de repartir o valor para receber uma parte por RPV e outra, por precatório.

**73. Impossibilidade de fracionamento de honorários de advogado fixados de forma global.** *"Nas causas em que a Fazenda Pública for condenada ao pagamento da verba honorária de forma global, é vedado o fracionamento de crédito único, consistente no valor total dos honorários advocatícios devidos, proporcionalmente à fração de cada litisconsorte, sob pena de afronta ao art. 100, § 8º, da Constituição"* (STF, Pleno, RE 919.793 AgR-ED-EDv, rel. Min. Dias Toffoli, *DJe* 26.06.2019).

**74. Objeto da impugnação.** A Fazenda Pública, no cumprimento da sentença, somente pode alegar as matérias relacionadas no do art. 535. A Fazenda, em sua impugnação, apenas pode tratar de vícios, defeitos ou questões da própria execução, podendo, ainda, suscitar causas impeditivas, modificativas ou extintivas da obrigação, desde que supervenientes à sentença. É *taxativo* o elenco de matérias previstas no art. 535, não podendo o executado alegar, em sua impugnação, qualquer outro tema. Ressalvadas a falta ou nulidade de citação, se o processo correu à revelia (art. 535, I) e a chamada *coisa julgada inconstitucional* (art. 535, § 5º), à Fazenda Pública não se permite alegar questões anteriores à sentença, restringindo-se a suscitar matéria que diga respeito à própria execução ou que seja superveniente à sentença. E isso porque as questões anteriores à sentença já foram alcançadas pela preclusão ou pela coisa julgada, não devendo mais ser revistas na execução. Na execução fundada em título extrajudicial, a Fazenda Pública defende-se por embargos à execução, cujo conteúdo é amplo e irrestrito, não se aplicando a limitação de matérias prevista no art. 535. Tratando-se de título extrajudicial, não há razão para restringir o âmbito dos embargos, pois não há preclusão nem coisa julgada relativamente ao título que impeça a alegação de questões pertinentes à obrigação ou à relação jurídica que deu origem ao crédito. Os limites impostos no art. 535, não custa repetir, incidem apenas à impugnação ao cumprimento da sentença, não se referindo aos embargos à execução fundada em título executivo extrajudicial. De acordo com o § 2º do art. 910, *"Nos embargos, a Fazenda Pública poderá alegar qualquer matéria que lhe seria lícito deduzir como defesa no processo de conhecimento"*.

**75. Alegação de excesso de execução – *exceptio declinatoria quanti*.** Se, em sua impugnação, a Fazenda Pública alegar excesso de execução, deverá demonstrar em que consiste o excesso.

LIVRO I · DO PROCESSO DE CONHECIMENTO E DO CUMPRIMENTO DE SENTENÇA **Art. 535**

Caso não se desincumba desse ônus, sua impugnação será rejeitada liminarmente. Havendo outras alegações além da alegação de excesso de execução, esta última alegação não será apreciada se não houver a demonstração do valor que seria o correto, prosseguindo-se o exame da impugnação nos demais pontos. O disposto no § 2º do art. 535 supera o entendimento do STJ, firmado no julgamento REsp 1.387.248/SC, submetido ao regime dos recursos repetitivos. Ali o STJ concluiu que a *exceptio declinatoria quanti* não se aplica à Fazenda Pública. Tal entendimento do STJ, manifestado sob a égide do CPC/1973, não prevalece mais diante do CPC/2015. É que o § 2º do art. 535, está expresso que *"Quando se alegar que o exequente, em excesso de execução, pleiteia quantia superior à resultante do título, cumprirá à executada declarar de imediato o valor que entende correto, sob pena de não conhecimento da arguição".*

**76.** **Alegação de excesso e ausência de demonstração. Concessão de prazo para a Fazenda Pública apresentar planilha de cálculos.** *"1. Em regra, a ausência de indicação do valor que a Fazenda Pública entende como devido na impugnação enseja o não conhecimento da arguição de excesso, por existência de previsão legal específica nesse sentido (art. 535, § 2º, do CPC). 2. No entanto, tal previsão legal não afasta o poder-dever de o magistrado averiguar a exatidão dos cálculos à luz do título judicial que lastreia o cumprimento de sentença, quando verificar a possibilidade de existência de excesso de execução. (...) 4. Nesse sentido, se é cabível a remessa dos autos à contadoria do juízo para a verificação dos cálculos, é razoável a concessão de prazo para apresentação da respectiva planilha pela Fazenda Pública, documento que pode inclusive vir a facilitar o trabalho daquele órgão auxiliar em eventual necessidade de manifestação"* (STJ, 2ª Turma, REsp 1.887.589/GO, rel. Min. Og Fernandes, *DJe* 14.04.2021).

**77.** **Unificação das matérias de defesa – regime idêntico ao do cumprimento da sentença comum.** A Fazenda Pública defende-se, no cumprimento de sentença, por impugnação. As matérias a serem alegadas estão relacionadas no art. 535, sendo as mesmas que devem ser alegadas na impugnação ao cumprimento de sentença comum. Com efeito, todas as matérias relacionadas no § 1º do art. 525 coincidem com as que estão mencionadas no seu art. 535, com exceção da alegação de "penhora incorreta ou avaliação errônea", exatamente porque não há penhora nem avaliação no cumprimento de sentença contra a Fazenda Pública.

**78.** **Disciplina exaustiva da coisa julgada inconstitucional.** O art. 535 reproduz a disciplina exaustiva da coisa julgada inconstitucional que já se encontra nos §§ do art. 525. O regime jurídico é o mesmo, as razões são as mesmas. Isso confirma que houve uma unificação das matérias de defesa. Tudo que diz respeito à impugnação no cumprimento de sentença comum é igual no cumprimento de sentença contra a Fazenda Pública.

**79.** **Procedimento.** Apresentada a impugnação, o juiz poderá rejeitá-la liminarmente, quando intempestiva ou quando verse sobre matéria não prevista no art. 535, caso em que deve ser considerada manifestamente protelatória. Não há previsão para essa rejeição liminar, mas constitui uma decorrência lógica da previsão de prazo para seu ajuizamento e, igualmente, da regra inscrita no aludido art. 535. Ora, se há um prazo para ajuizamento da impugnação, é curial que deve ser rejeitada quando sua apresentação for intempestiva. De igual modo, se a impugnação somente pode versar sobre determinadas matérias (art. 535), revela-se incabível quando não tratar de qualquer uma delas, impondo-se sua rejeição liminar. Também pode haver rejeição liminar, quando o executado alegar excesso de execução, mas não declarar, em sua impugnação, o valor que entende correto. Essa hipótese de rejeição liminar está, expressamente, prevista no § 2º do art. 535. Não sendo caso de rejeição liminar da impugnação, o juiz irá recebê-la. Em seguida, deverá determinar a intimação do exequente para sobre ela manifestar-se. Não há previsão legal quanto ao prazo do exequente para manifestação sobre a impugnação. Daí por que o exequente deve manifestar-se no prazo que lhe for assinado pelo juiz, levando em conta a maior ou menor complexidade da causa (art. 218, § 1º). Não assinado o prazo pelo juiz, será de cinco dias (art. 218, § 3º). Diante do silêncio da lei, deve o juiz fixar o prazo para que o exequente se manifeste sobre a impugnação; deixando de fazê-lo, o prazo será de cinco dias. Mesmo intimado, é possível que o exequente não se pronuncie sobre a impugnação. A ausência de manifestação do exequente não implica qualquer presunção de veracidade quanto ao afirmado pelo executado. A sentença que se executa é título executivo, gozando de presunção de certeza, liquidez e exigibilidade, estando, ademais, acobertada pela preclusão e, tratando-se de execução definitiva, pela coisa julgada. Ao executado incumbe o ônus da prova das alegações que fizer, não se operando a presunção de veracidade dos fatos alegados, em razão de simples inércia do exe-

895

quente, ao deixar de se pronunciar sobre a impugnação. Após a manifestação do exequente, poderá o juiz determinar a produção de provas adicionais e designar audiência de instrução e julgamento. Não havendo necessidade de outras provas, o juiz poderá, diversamente, já decidir a impugnação.

**80. Recursos.** A impugnação, como já se afirmou, pode ser rejeitada liminarmente pelo juiz. Da decisão que rejeitar, desde logo, a impugnação cabe agravo de instrumento. A lista taxativa de decisões agraváveis, prevista no art. 1.015, não se aplica à fase de cumprimento de sentença. No cumprimento de sentença, todas as decisões interlocutórias são agraváveis, nos termos do parágrafo único do art. 1.015. Se processada e, ao final, rejeitada a impugnação, também cabe agravo de instrumento. A rejeição da impugnação fez-se por decisão interlocutória, sendo admissível agravo de instrumento. Diversamente, se acolhida a impugnação para extinguir a execução, extinguindo essa fase do processo, aí cabe apelação. Caso, porém, a impugnação seja acolhida apenas para diminuir o valor da execução ou suprimir alguma parcela cobrada, não será caso de extinção da execução. Nesse caso, o cumprimento da sentença deve prosseguir, com um valor menor. Cabível, então, agravo de instrumento, e não apelação. Julgado o agravo de instrumento ou a apelação, caberão recurso especial e extraordinário, desde que presentes seus requisitos específicos. De todas as decisões cabem, desde que haja omissão, obscuridade, contradição ou erro material, embargos de declaração.

**81. Prazo prescricional da pretensão de expedição de novo precatório ou nova RPV que tenham sido cancelados.** *"Conforme o entendimento da Segunda Turma desta Corte Superior, é prescritível a pretensão de expedição de novo precatório ou RPV após o cancelamento estabelecido pelo art. 2º da Lei 13.463/2017. 3. "O direito do credor de que seja expedido novo precatório ou nova RPV começa a existir na data em que houve o cancelamento do precatório ou RPV cujos valores, embora depositados, não tenham sido levantados" (REsp 1.859.409/RN, Rel. Min. Mauro Campbell Marques, Segunda Turma, julgado em 16.06.2020, DJe 25.06.2020)"* (STJ, 2ª Turma, REsp 1.833.358/PB, rel. Min. Og Fernandes, *DJe* 14.04.2021).

**82. Possibilidade de expedição de precatório ou RPV quanto à parte incontroversa.** *"O Supremo Tribunal Federal declarou, em julgamento com repercussão geral, a constitucionalidade da expedição de precatório ou requisição de pequeno valor para pagamento da parte incontroversa e autônoma do pronunciamento judicial transitada em julgado, observada a importância total executada para efeitos de dimensionamento como obrigação de pequeno valor"* (STF, Tribunal Pleno, ADI 5.534, Rel. Min. Dias Toffoli, *DJe* 12.02.2021).

# CAPÍTULO VI
## DO CUMPRIMENTO DE SENTENÇA QUE RECONHEÇA A EXIGIBILIDADE DE OBRIGAÇÃO DE FAZER, DE NÃO FAZER OU DE ENTREGAR COISA

### Seção I
### Do Cumprimento de Sentença que Reconheça a Exigibilidade de Obrigação de Fazer ou de Não Fazer

**Art. 536.** No cumprimento de sentença que reconheça a exigibilidade de obrigação de fazer ou de não fazer, o juiz poderá, de ofício ou a requerimento, para a efetivação da tutela específica ou a obtenção de tutela pelo resultado prático equivalente, determinar as medidas necessárias à satisfação do exequente.

§ 1º Para atender ao disposto no *caput*, o juiz poderá determinar, entre outras medidas, a imposição de multa, a busca e apreensão, a remoção de pessoas e coisas, o desfazimento de obras e o impedimento de atividade nociva, podendo, caso necessário, requisitar o auxílio de força policial.

§ 2º O mandado de busca e apreensão de pessoas e coisas será cumprido por 2 (dois) oficiais de justiça, observando-se o disposto no art. 846, §§ 1º a 4º, se houver necessidade de arrombamento.

§ 3º O executado incidirá nas penas de litigância de má-fé quando injustificadamente descumprir a ordem judicial, sem prejuízo de sua responsabilização por crime de desobediência.

§ 4º No cumprimento de sentença que reconheça a exigibilidade de obrigação de fazer ou de não fazer, aplica-se o art. 525, no que couber.

§ 5º O disposto neste artigo aplica-se, no que couber, ao cumprimento de sentença que reconheça deveres de fazer e de não fazer de natureza não obrigacional.

▶ **1. Dispositivos correspondentes no CPC/1973.** *"Art. 461. (...) § 5º Para a efetivação da tutela específica ou a obtenção do resultado*

**LIVRO I · DO PROCESSO DE CONHECIMENTO E DO CUMPRIMENTO DE SENTENÇA** — **Art. 536**

*prático equivalente, poderá o juiz, de ofício ou a requerimento, determinar as medidas necessárias, tais como a imposição de multa por tempo de atraso, busca e apreensão, remoção de pessoas e coisas, desfazimento de obras e impedimento de atividade nociva, se necessário com requisição de força policial. § 6º O juiz poderá, de ofício, modificar o valor ou a periodicidade da multa, caso verifique que se tornou insuficiente ou excessiva." "Art. 839. O juiz pode decretar a busca e apreensão de pessoas ou de coisas." "Art. 842. O mandado será cumprido por dois oficiais de justiça, um dos quais lerá ao morador, intimando-o a abrir as portas. § 1º Não atendidos, os oficiais de justiça arrombarão as portas externas, bem como as internas e quaisquer móveis onde presumam que esteja oculta a pessoa ou a coisa procurada."*

## ⚖ LEGISLAÇÃO CORRELATA

**2. CP, art. 330.** *"Art. 330. Desobedecer a ordem legal de funcionário público: Pena – detenção, de quinze dias a seis meses, e multa."*

**3. Lei 9.099/1995, art. 61.** *"Art. 61. Consideram-se infrações penais de menor potencial ofensivo, para os efeitos desta Lei, as contravenções penais e os crimes a que a lei comine pena máxima não superior a 2 (dois) anos, cumulada ou não com multa."*

**4. Lei 9.099/1995, art. 69, parágrafo único.** *"Art. 69 (...) Parágrafo único. Ao autor do fato que, após a lavratura do termo, for imediatamente encaminhado ao juizado ou assumir o compromisso de a ele comparecer, não se imporá prisão em flagrante, nem se exigirá fiança. Em caso de violência doméstica, o juiz poderá determinar, como medida de cautela, seu afastamento do lar, domicílio ou local de convivência com a vítima."*

**5. Lei 9.279/1996, art. 201.** *"Art. 201. Na diligência de busca e apreensão, em crime contra patente que tenha por objeto a invenção de processo, o oficial do juízo será acompanhado por perito, que verificará, preliminarmente, a existência do ilícito, podendo o juiz ordenar a apreensão de produtos obtidos pelo contrafator com o emprego do processo patenteado."*

**6. Lei 12.529/2011, art. 102.** *"Art. 102. O Juiz decretará a intervenção na empresa quando necessária para permitir a execução específica, nomeando o interventor. Parágrafo único. A decisão que determinar a intervenção deverá ser fundamentada e indicará, clara e precisamente, as providências a serem tomadas pelo interventor nomeado."*

## ⚖ JURISPRUDÊNCIA, ENUNCIADOS E SÚMULAS SELECIONADOS

- **7. Tema/Repercussão Geral 45 STF.** *"A execução provisória de obrigação de fazer em face da Fazenda Pública não atrai o regime constitucional dos precatórios."*

- **8. Tema/Repetitivo 84 STJ.** *"Tratando-se de fornecimento de medicamentos, cabe ao Juiz adotar medidas eficazes à efetivação de suas decisões, podendo, se necessário, determinar até mesmo o sequestro de valores do devedor (bloqueio), segundo o seu prudente arbítrio, e sempre com adequada fundamentação."*

- **9. Tema/Repetitivo 98 STJ.** *"Possibilidade de imposição de multa diária (astreintes) a ente público, para compeli-lo a fornecer medicamento à pessoa desprovida de recursos financeiros."*

- **10. Tema/Repetitivo 149 STJ.** *"É cabível a fixação de multa – de forma proporcional e razoável – pelo descumprimento de obrigação de fazer (astreintes), nos termos do art. 461, § 4º, do CPC [de 1973], no caso de atraso injustificado no fornecimento em juízo dos extratos de contas vinculadas ao FGTS."*

- **11. Tema/Repetitivo 705 do STJ.** *"Descabimento de multa cominatória na exibição, incidental ou autônoma, de documento relativo a direito disponível".*

- **12. Tema/Repetitivo 706 do STJ.** *"A decisão que comina astreintes não preclui, não fazendo tampouco coisa julgada".*

- **13. Tema/Repetitivo 743 do STJ.** *"A multa diária prevista no § 4º do art. 461 do CPC [de 1973], devida desde o dia em que configurado o descumprimento, quando fixada em antecipação de tutela, somente poderá ser objeto de execução provisória após a sua confirmação pela sentença de mérito e desde que o recurso eventualmente interposto não seja recebido com efeito suspensivo".*

- **14. Súmula STJ, 372.** *"Na ação de exibição de documentos, não cabe a aplicação de multa cominatória."*

- **15. Súmula STJ, 410.** *"A prévia intimação pessoal do devedor constitui condição necessária para a cobrança de multa pelo descumprimento de obrigação de fazer ou não fazer."*

- **16. Enunciado 12 do FPPC.** *"A aplicação de medidas atípicas sub-rogatórias e coercitivas é cabível em qualquer obrigação no cumprimento de sentença ou execução de título executivo extrajudicial. Essas medidas, contudo, serão aplicadas de forma subsidiária às medidas tipificadas, com observação do contraditório, ain-*

897

*da que diferido, e por meio de decisão à luz do art. 489, § 1º, I e II."*

- **17. Enunciado 441 do FPPC.** *"O § 5º do art. 536 e o § 5º do art. 537 alcançam situação jurídica passiva correlata a direito real."*
- **18. Enunciado 442 do FPPC.** *"O § 5º do art. 536 e o § 5º do art. 537 alcançam os deveres legais."*
- **19. Enunciado 444 do FPPC.** *"Para o processo de execução de título extrajudicial de obrigação de não fazer, não é necessário propor a ação de conhecimento para que o juiz possa aplicar as normas decorrentes dos arts. 536 e 537."*
- **20. Enunciado 533 do FPPC.** *"Se o executado descumprir ordem judicial, conforme indicado pelo § 3º do art. 536, incidirá a pena por ato atentatório à dignidade da justiça (art. 774, IV), sem prejuízo da sanção por litigância de má-fé."*
- **21. Enunciado 96 da I Jornada-CJF.** *"Os critérios referidos no* caput *do art. 537 do CPC devem ser observados no momento da fixação da multa, que não está limitada ao valor da obrigação principal e não pode ter sua exigibilidade postergada para depois do trânsito em julgado."*

## ▣ Comentários Temáticos

**22. A execução como fase do procedimento.** As decisões que impõem o cumprimento de prestação de fazer e de não fazer efetivam-se no mesmo procedimento em que são proferidas.

**23. Instauração do cumprimento da sentença.** O cumprimento da sentença que imponha prestação de fazer ou de não fazer pode iniciar-se de ofício, não havendo necessidade de provocação da parte. Embora não haja necessidade, é óbvio que o cumprimento pode instaurar-se a requerimento do interessado.

**24. A intimação da decisão e a intimação para cumprimento da decisão.** A intimação da decisão não se confunde com a intimação para cumprimento da decisão. Proferida a decisão que impõe o cumprimento de uma prestação de fazer ou de não fazer, o destinatário da ordem é intimado. Essa intimação não deflagra, ainda, a fase de cumprimento; deflagra o prazo para interposição de recurso, quando cabível. A fase de cumprimento tem início com a deflagração do prazo para cumprimento voluntário da ordem de fazer ou de não fazer. Esse prazo tem início a partir da intimação do devedor para cumprimento da ordem. São momentos distintos: primeiro o destinatário deve ser intimado da decisão e, só depois, deve ser intimado para cumpri-la (art. 513, §§ 2º a 4º).

**25. Fase inicial: prazo para cumprimento voluntário.** A decisão deve estabelecer prazo para cumprimento voluntário. Em alguns casos, no entanto, é desnecessário fixar prazo para cumprimento voluntário. Isso depende da natureza da prestação imposta. É o caso, por exemplo, da imposição de fazer consistente na declaração de vontade, que pode ser substituída pela própria decisão (art. 501, CPC), prescindindo de qualquer conduta a ser praticada pelo devedor. É o caso também da prestação negativa (não fazer, abstenção), que pode prescindir da fixação de prazo, a depender do caso concreto.

**26. Prazo em dias úteis.** *"Tratando-se de instrumento de coerção para a efetividade da tutela jurisdicional, a incidência da multa prevista no art. 536, § 1º, e 537 do CPC é consectário lógico do descumprimento da ordem judicial, não se confundindo com a postulação de direito material apresentada em juízo. Por isso, o cômputo do prazo estipulado em dias para a prática das prestações de fazer não destoa do regime legal previsto para os demais prazos processuais, devendo-se considerar os dias úteis"* (STJ, 2ª Turma, REsp 1.778.885/DF, rel. Min. Og Fernandes, *DJe* 21.06.2021).

**27. Início do prazo.** O prazo para cumprimento voluntário da decisão que condena o réu a fazer ou não fazer algo, em regra, *não* flui automaticamente da intimação dessa decisão nem do seu trânsito em julgado; ele somente começa a fluir a partir da intimação do devedor, nos termos do art. 513, §§ 2º a 4º, para cumprimento definitivo (art. 536) ou provisório (art. 520, *caput* e § 5º).

**28. Manutenção da Súmula STJ, 410, mesmo após o atual CPC.** *"É necessária a prévia intimação pessoal do devedor para a cobrança de multa pelo descumprimento de obrigação de fazer ou não fazer antes e após a edição das Leis 11.232/2005 e 11.382/2006, nos termos a Súmula 410 do STJ, cujo teor permanece hígido também após a entrada em vigor do novo Código de Processo Civil"* (STJ, Corte Especial, EREsp 1.360.577/MG, rel. p/ ac. Min. Luis Felipe Salomão, *DJe* 7.3.2019).

**29. Ausência de fixação de prazo pelo juiz.** Se o juiz não houver fixado prazo para cumprimento voluntário numa situação que exige a fixação desse prazo, aplicam-se os quinze dias do art. 523. O § 4º do art. 536 determina aplicação do art. 525, o qual, por sua vez, estabelece que o prazo para oferecimento de impugnação ao pedido de cumprimento de sentença somente deve fluir após exaurido o prazo para cumprimento voluntário previsto no art. 523. Daí a possibilidade de aplicação subsidiária daquele prazo de quinze dias. Não se aplica o prazo su-

**LIVRO I** · DO PROCESSO DE CONHECIMENTO E DO CUMPRIMENTO DE SENTENÇA

**Art. 537**

pletivo de cinco dias a que se refere o art. 218, § 3º, uma vez que esse prazo supletivo é fixado para a prática de *ato processual*. O cumprimento de sentença não é ato processual, mas *ato material*, correspondente ao adimplemento da obrigação imposta.

**30. A medida executiva e sua incidência.** A decisão que impõe o fazer ou o não fazer já pode estabelecer a medida executiva a incidir, caso o devedor não cumpra a ordem no prazo fixado. Além das medidas típicas previstas no § 1º do art. 536, há outras previstas em outros dispositivos do CPC que também podem ser aplicadas às decisões que impõem prestação de fazer ou de não fazer – por exemplo, a inclusão do nome do devedor em cadastros de proteção ao crédito (art. 782, § 3º). O ideal é o juiz verifique se existe alguma medida típica que possa servir de apoio ao cumprimento da ordem judicial. As medidas atípicas, embora permitidas, devem ser utilizadas em caráter subsidiário, se nenhuma das medidas típicas se mostrar adequada, necessária e proporcional. A fixação de medidas atípicas exige a observância do contraditório, ainda que diferido para momento posterior, bem como precisa ser suficientemente justificada. Intimado o devedor (art. 513, §§ 2º a 4º) e exaurido o prazo para cumprimento voluntário (quando for o caso), a medida executiva incide automaticamente. Quando a prestação imposta prescinde da fixação de prazo para cumprimento voluntário – exemplo da tutela inibitória de não fazer –, a medida executiva incide no exato momento em que a conduta proibida for adotada.

**31. Momento de fixação da medida executiva.** Se a medida executiva não foi estabelecida na decisão, poderá o juiz, de ofício ou a requerimento, fixá-la logo após finalizado o prazo para cumprimento voluntário, caso em que deverá providenciar nova intimação do devedor (art. 513, §§ 2º a 4º). Nenhuma medida executiva pode incidir sem que o devedor tenha sido previamente intimado a cumprir a decisão.

**32. Busca e apreensão.** Se a medida executiva imposta for a busca e apreensão, o mandado será cumprido por dois oficiais de justiça, observando-se o disposto no art. 846, §§ 1º a 4º, se houver necessidade de arrombamento.

**33. Cumprimento por terceiro.** Tratando-se de prestação fungível, o juiz, a requerimento do exequente, pode determinar que um terceiro pratique a conduta imposta, à custa do executado. É a chamada *execução por transformação*. Nesse caso, deve-se seguir o rito previsto no art. 817 e seguintes.

**34. Recurso contra a medida e contra o prazo.** O executado pode interpor recurso contra a decisão que estabelece o prazo para cumprimento voluntário, se entender que sua fixação não é razoável; pode também se insurgir contra a medida executiva imposta. Embora lhe seja assegurado o direito de defender-se (art. 536, § 4º), não se pode fechar-lhe o acesso à via recursal, uma vez que a defesa, nesse caso, não se mostra instrumento efetivo para coibir eventuais equívocos do magistrado na fixação do prazo para cumprimento ou da medida de apoio a ser observada.

**35. A defesa do devedor durante a fase de cumprimento.** Em respeito aos princípios do contraditório, ao executado se garante a possibilidade de defesa na fase de efetivação do julgado que impõe obrigação de fazer ou não fazer. Por isso, aplica-se o art. 525, podendo o executado apresentar impugnação. O prazo para oferecimento de impugnação é de quinze dias úteis e somente começa a fluir após o fim do prazo estabelecido para cumprimento voluntário da obrigação de fazer ou de não fazer ou, na falta de estipulação desse prazo pelo juiz, após o fim dos quinze dias do art. 523 (art. 525 c/c art. 536, § 4º). Se a natureza da prestação imposta dispensar a fixação de prazo para cumprimento voluntário, o prazo de impugnação começa a fluir a partir da intimação do devedor (art. 513, §§ 2º a 4º). A impugnação será oferecida nos próprios autos do cumprimento de sentença, independentemente de qualquer garantia ou depósito prévio (art. 525 c/c art. 536, § 4º). A matéria de defesa restringe-se, no que couber, àquele prevista no § 1º do art. 525.

**36. Eficácia da impugnação.** O oferecimento da impugnação não suspende a incidência das medidas executivas estipuladas no título judicial. A impugnação somente terá efeito suspensivo se, cumulativamente: *(i)* o devedor oferecer caução (note que não é penhora nem depósito, por não se tratar de execução por quantia ou para entrega de coisa); *(ii)* seus fundamentos forem relevantes; e *(iii)* o prosseguimento da execução for manifestamente suscetível de causar ao executado grave dano de difícil ou incerta reparação (art. 525, § 6º c/c art. 536, § 4º).

> **Art. 537.** A multa independe de requerimento da parte e poderá ser aplicada na fase de conhecimento, em tutela provisória ou na sentença, ou na fase de execução, desde que seja suficiente e compatível com a obrigação e que se determine prazo razoável para cumprimento do preceito.

**Art. 537** CÓDIGO DE PROCESSO CIVIL COMENTADO – *Leonardo Carneiro da Cunha*

§ 1º O juiz poderá, de ofício ou a requerimento, modificar o valor ou a periodicidade da multa vincenda ou excluí-la, caso verifique que:

I – se tornou insuficiente ou excessiva;

II – o obrigado demonstrou cumprimento parcial superveniente da obrigação ou justa causa para o descumprimento.

§ 2º O valor da multa será devido ao exequente.

§ 3º A decisão que fixa a multa é passível de cumprimento provisório, devendo ser depositada em juízo, permitido o levantamento do valor após o trânsito em julgado da sentença favorável à parte.

§ 4º A multa será devida desde o dia em que se configurar o descumprimento da decisão e incidirá enquanto não for cumprida a decisão que a tiver cominado.

§ 5º O disposto neste artigo aplica-se, no que couber, ao cumprimento de sentença que reconheça deveres de fazer e de não fazer de natureza não obrigacional.

▶ **1. Dispositivos correspondentes no CPC/1973.** *"Art. 287. Se o autor pedir que seja imposta ao réu a abstenção da prática de algum ato, tolerar alguma atividade, prestar ato ou entregar coisa, poderá requerer a cominação de pena pecuniária para o caso de descumprimento da sentença ou da decisão antecipatória de tutela (arts. 461, § 4º, e 461-A)." "Art. 461. (...) § 4º O juiz poderá, na hipótese do parágrafo anterior ou na sentença, impor multa diária ao réu, independentemente de pedido do autor, se for suficiente ou compatível com a obrigação, fixando-lhe prazo razoável para o cumprimento do preceito. (...) § 6º O juiz poderá, de ofício, modificar o valor ou a periodicidade da multa, caso verifique que se tornou insuficiente ou excessiva."*

🗏 **Legislação Correlata**

**2. Lei 7.347/1985, art. 12, § 2º.** *"Art. 12. Poderá o juiz conceder mandado liminar, com ou sem justificação prévia, em decisão sujeita a agravo. (...) § 2º A multa cominada liminarmente só será exigível do réu após o trânsito em julgado da decisão favorável ao autor, mas será devida desde o dia em que se houver configurado o descumprimento."*

**3. ECA, art. 213, § 3º.** *"Art. 213. (...) § 3º A multa só será exigível do réu após o trânsito em julgado da sentença favorável ao autor, mas será devida desde o dia em que se houver configurado o descumprimento."*

**4. Lei 10.741/2003, art. 83, § 3º.** *"Art. 83. (...) § 3º A multa só será exigível do réu após o trânsito em julgado da sentença favorável ao autor, mas será devida desde o dia em que se houver configurado."*

**5. Lei 13.188/2015, art. 7º, § 3º.** *"Art. 7º (...) § 3º O juiz poderá, a qualquer tempo, impor multa diária ao réu, independentemente de pedido do autor, bem como modificar-lhe o valor ou a periodicidade, caso verifique que se tornou insuficiente ou excessiva."*

⚖ **Jurisprudência, Enunciados e Súmulas Selecionados**

• **6. Tema/Repercussão Geral 45 STF.** *"A execução provisória de obrigação de fazer em face da Fazenda Pública não atrai o regime constitucional dos precatórios."*

• **7. Tema/Repetitivo 97 STJ.** *"Possibilidade de imposição de multa diária (astreintes) a ente público, para compeli-lo a fornecer medicamento à pessoa desprovida de recursos financeiros."*

• **8. Tema/Repetitivo 149 STJ.** *"É cabível a fixação de multa – de forma proporcional e razoável – pelo descumprimento de obrigação de fazer (astreintes), nos termos do art. 461, § 4º, do CPC [de 1973], no caso de atraso injustificado no fornecimento em juízo dos extratos de contas vinculadas ao FGTS."*

• **9. Tema/Repetitivo 705 STJ.** *"Descabimento de multa cominatória na exibição, incidental ou autônoma, de documento relativo a direito disponível."*

• **10. Tema/Repetitivo 706 STJ.** *"A decisão que comina astreintes não preclui, não fazendo tampouco coisa julgada."*

• **11. Tema/Repetitivo 743 STJ.** *"A multa diária prevista no § 4º do art. 461 do CPC [de 1973], devida desde o dia em que configurado o descumprimento, quando fixada em antecipação de tutela, somente poderá ser objeto de execução provisória após a sua confirmação pela sentença de mérito e desde que o recurso eventualmente interposto não seja recebido com efeito suspensivo".*

• **12. Tema/Repetitivo 1.000 STJ.** *"Desde que prováveis a existência da relação jurídica entre as partes e de documento ou coisa que se pretende seja exibido, apurada em contraditório prévio, poderá o juiz, após tentativa de busca e apreensão ou outra medida coercitiva, determinar sua exibição sob pena de multa com base no art. 400, parágrafo único, do CPC/2015."*

900

**LIVRO I · DO PROCESSO DE CONHECIMENTO E DO CUMPRIMENTO DE SENTENÇA** — **Art. 537**

- **13. Súmula STJ, 372.** *"Na ação de exibição de documentos, não cabe a aplicação de multa cominatória."*
- **14. Súmula STJ, 410.** *"A prévia intimação pessoal do devedor constitui condição necessária para a cobrança de multa pelo descumprimento da obrigação de fazer ou não fazer."*
- **15. Enunciado 444 do FPPC.** *"Para o processo de execução de título extrajudicial de obrigação de não fazer, não é necessário propor a ação de conhecimento para que o juiz possa aplicar as normas decorrentes dos arts. 536 e 537."*
- **16. Enunciado 526 do FPPC.** *"A multa aplicada por descumprimento de ordem protetiva, baseada no art. 22, incisos I a V, da Lei 11.340/2006 (Lei Maria da Penha), é passível de cumprimento provisório, nos termos do art. 537, § 3º."*
- **17. Enunciado 627 do FPPC.** *"Em processo coletivo, a decisão que fixa multa coercitiva é passível de cumprimento provisório, permitido o levantamento do valor respectivo após o trânsito em julgado da decisão de mérito favorável."*
- **18. Enunciado 681 do FPPC.** *"Cabe sustentação oral no julgamento do agravo de instrumento interposto contra decisão que versa sobre efeito suspensivo em embargos à execução ou em impugnação ao cumprimento de sentença."*
- **19. Enunciado 96 da I Jornada-CJF.** *"Os critérios referidos no* caput *do art. 537 do CPC devem ser observados no momento da fixação da multa, que não está limitada ao valor da obrigação principal e não pode ter sua exigibilidade postergada para depois do trânsito em julgado."*
- **20. Enunciado 22 do FONAJE.** *"A multa cominatória é cabível desde o descumprimento da tutela antecipada, nos casos dos incisos V e VI, do art. 52, da Lei 9.099/1995."*
- **21. Enunciado 120 do FONAJE.** *"A multa derivada de descumprimento de antecipação de tutela é passível de execução mesmo antes do trânsito em julgado da sentença."*
- **22. Enunciado 144 do FONAJE.** *"A multa cominatória não fica limitada ao valor de 40 salários mínimos, embora deva ser razoavelmente fixada pelo Juiz, obedecendo ao valor da obrigação principal, mais perdas e danos, atendidas as condições econômicas do devedor."*

## ▣ Comentários Temáticos

**23. Natureza jurídica da multa cominatória.** A multa cominatória é condenação judicial antecipada, acessória e condicional, além de possuir

caráter processual. A decisão que a estipula, ao determinar o cumprimento de obrigação, condena a parte a pagar multa em caso de descumprimento. A decisão judicial já reconhece que a multa é devida na hipótese de descumprimento. Logo, declara ser devida obrigação pecuniária, em caso de descumprimento da ordem judicial. Há aí uma condenação antecipada. A condenação em multa coercitiva é acessória, pois sua razão de ser é eliminar a resistência da parte em adimplir a obrigação determinada na decisão judicial. A condenação em multa cominatória é uma decisão sob condição, normalmente vedada (art. 492, parágrafo único). Ao se condenar a parte a pagar multa coercitiva, não se sabe ainda a extensão da incidência da multa, por se tratar de evento futuro que depende do comportamento empreendido pela parte contra quem foi cominada, podendo-se chegar à conclusão de que até mesmo nenhum valor é devido – caso a parte cumpra a obrigação no prazo estipulado. A extensão da obrigação de pagar multa coercitiva está condicionada à resistência da parte, que, a depender do seu comportamento, pode não ter obrigação de pagar nada a título de multa, ou chegar a dever elevado valor. A multa também tem caráter processual, pois serve de mecanismo executivo para auxiliar o cumprimento de decisões.

**24. Cumprimento de decisão sem resistência afasta pagamento de astreintes.** *"O grau de resistência do devedor é elemento central da previsão do art. 537, § 1º do CPC/2015, pois serve tanto de parâmetro para a modificação do valor das astreintes, em vista de sua insuficiência ou excesso, na hipótese do inciso I, quanto para a sua exclusão, em decorrência do cumprimento parcial superveniente ou da justa causa para o descumprimento, na hipótese do inciso II. (...) Nessas circunstâncias, as astreintes não podem ser exigidas, haja vista não estar configurada a resistência do devedor em cumprir a decisão liminar"* (STJ, 3ª Turma, REsp 1.862.279/SP, Rel. Min. Nancy Andrighi, *DJe* 25.05.2020).

**25. Função da multa.** A multa cominatória tem função coercitiva: serve para forçar o executado a cumprir a obrigação. Não se confunde com a multa por ato atentatório à dignidade da justiça nem a imposta por litigância de má-fé nem com a possibilidade de conversão da obrigação devida em perdas e danos, esta de caráter reparatório. A multa não é indenizatória nem punitiva. Por isso mesmo, o seu valor pode cumular-se ao da indenização por perdas e danos (art. 500) e à multa por litigância de má-fé (art. 81), sem que haja *bis in idem*. Também por isso, ela não tem teto, não tem limite, não tem valor pré-limitado.

**Art. 537**  CÓDIGO DE PROCESSO CIVIL COMENTADO – *Leonardo Carneiro da Cunha*

Se fosse indenizatória, deveria corresponder ao dano apurado; se fosse punitiva, estaria limitada ao valor da obrigação principal, como ocorre com a cláusula penal (CC, art. 412).

**26. Possibilidade de cumulação com a multa por litigância de má-fé e com a multa por atentado à dignidade da jurisdição.** A multa cominatória pode ser cumulada com a de litigância de má-fé. Além de arcar com o montante da multa coercitiva e com o pagamento eventual da multa por atentado à dignidade da jurisdição (art. 77, § 2º), o executado pode ser sancionado por litigância de má-fé (art. 81). A multa do art. 81 tem natureza processual, tal como a multa do art. 536, § 1º, e do art. 537, mas a sua finalidade é sancionatória, não coercitiva – justamente por isso, admite-se a cumulação. O valor da multa por litigância de má-fé deve ser pago à parte contrária (art. 96) e será fixado em alíquota variável entre um e dez por cento do valor corrigido da causa, além de indenização dos prejuízos sofridos, dos honorários advocatícios e das despesas que efetuou (art. 81).

**27. Possibilidade de cumulação com a multa por atentado à dignidade da jurisdição.** *"4. A multa por ato atentatório à dignidade da justiça (art. 77, § 2º, do CPC/2015) é específica para as hipóteses de violação de dever processual, dentre eles o dever de cumprir com exatidão as decisões judiciais de caráter mandamental e o de não criar embaraços à efetivação dos provimentos judiciais, seja de natureza antecipatória ou final (art. 77, inciso IV), com claras raízes no instituto do contempt of court de larga utilização no sistema da common law. Referida multa possui natureza tipicamente sancionatória pelo descumprimento de dever processual de obediência às decisões judiciais e consequente ofensa ao princípio da efetividade processual. 5. A multa diária (art. 536, § 1º, do CPC/2015) apresenta caráter eminentemente coercitivo, e não sancionatório ou punitivo. 6. A multa por ato atentatório à dignidade da justiça e a multa diária (astreintes) possuem naturezas jurídicas distintas, de modo que podem coexistir perfeitamente. 7. O Código de Processo Civil de 2015 passou a prever expressamente a possibilidade de cumulação das multas no seu art. 77, § 4º"* (STJ, 3ª Turma, REsp 1.815.621/SP, rel. Min. Ricardo Villas Bôas Cueva, *DJe* 1º.10.2021).

**28. Natureza e finalidade da multa cominatória.** *"A multa cominatória tem por fundamento os arts. 536 e 537 do CPC. Cuida-se de instituto com natureza jurídica sancionatória ou coercitiva, e seu objetivo é assegurar a necessária força imperativa das decisões judiciais, protegendo a eficiência da tutela do processo e dos interesses*

*públicos nele envolvidos. Nessa linha de intelecção, conclui-se que a multa cominatória não tem como finalidade a indenização da parte, tampouco a expropriação do devedor, não se verificando, dessa forma, caráter punitivo, ressarcitório nem compensatório. Dessa forma, não se confunde com a multa por ato atentatório à dignidade da justiça ou* contempt of court, *disposto no art. 77, § 2º, do CPC, cuja finalidade é eminentemente punitiva, não apresentando o caráter coercitivo típico das astreintes. Verificando-se, portanto, que se trata de institutos distintos, os quais podem inclusive ser fixados concomitantemente, nos termos do art. 77, § 4º, do CPC, não há se falar em aplicação do rito da execução da multa por ato atentatório à dignidade da justiça à execução da multa cominatória, que possui rito próprio, constante do art. 537, caput e §§ 3º e 5º, do CPC"* (STJ, 5ª Turma, AgRg no AREsp 1.320.743/MG, rel. Min. Reynaldo Soares da Fonseca, *DJe* 12.09.2019).

**29. Beneficiário da multa.** A multa fixada reverte para a parte em favor de quem foi proferido o comando judicial ao qual a multa é acessória. Em outras palavras, o valor da multa é devido ao exequente, ao próprio credor da obrigação principal.

**30. Critérios para fixação e alteração do prazo para cumprimento, do valor e da periodicidade multa.** A fixação da multa e de seu valor deve pautar-se nos princípios da proporcionalidade, da razoabilidade (art. 8º) e da proibição de excesso, bem como nos princípios da eficiência e da menor onerosidade da execução.

**31. Prazo para cumprimento voluntário da ordem.** O prazo para cumprimento voluntário deve ser compatível com o caso concreto. A multa pode ser utilizada como medida coercitiva, desde que "se determine prazo razoável para cumprimento do preceito" (art. 537). De nada adianta determinar, por exemplo, a entrega, em 24 horas, de medicamento não comercializado no Brasil, cuja aquisição depende de contratação direta e importação; por mais relevante que seja o bem tutelado, na maioria das situações será absolutamente impossível cumprir a ordem no referido prazo. Também não adianta determinar a reforma de um imóvel em 48 horas; o tempo não é suficiente nem para realização do projeto, compra de material e contratação de pessoal. É preciso, enfim, que o prazo fixado seja razoável e adequado.

**32. Prazo para cumprimento da obrigação deve ser computado em dias úteis.** *"(...). Ainda que a prestação de fazer seja ato a ser praticado pela parte, não se pode desconsiderar a natureza processual do prazo judicial fixado*

902

# LIVRO I · DO PROCESSO DE CONHECIMENTO E DO CUMPRIMENTO DE SENTENÇA — Art. 537

*para o cumprimento da sentença, o que atrai a incidência da regra contida no art. 219 do CPC. 5. Tratando-se de instrumento de coerção para a efetividade da tutela jurisdicional, a incidência da multa prevista no art. 536, § 1º, e 537 do CPC é consectário lógico do descumprimento da ordem judicial, não se confundindo com a postulação de direito material apresentada em juízo. Por isso, o cômputo do prazo estipulado em dias para a prática das prestações de fazer não destoa do regime legal previsto para os demais prazos processuais, devendo-se considerar os dias úteis"* (STJ, 2ª Turma, REsp 1.788.885/DF, rel. Min. Og Fernandes, DJe 21.06.2021).

**33. Fixação do valor e da periodicidade da multa.** Para fixar o valor e a periodicidade da multa, o juiz deve avaliar se o cumprimento da obrigação, na forma específica, é jurídica e materialmente possível. Por ter caráter acessório, a multa somente incide se e enquanto for possível o cumprimento da tutela específica a que serve de apoio. Também deve o juiz avaliar se a multa é o meio executivo adequado. O juiz precisa fazer um exame de adequação entre a medida executiva e o resultado a ser obtido. De igual modo, o juiz deve avaliar se a multa é meio executivo necessário, pois é possível que o resultado seja mais facilmente obtido mediante o uso de outra medida executiva. Significa que não se pode ir além do necessário para se alcançar o propósito almejado. Além disso, o valor da multa deve ser compatível com o interesse tutelado; deve, em outras palavras, haver proporcionalidade. A periodicidade da multa deve, igualmente, ser compatível com o caso, revelando-se adequada, necessária e proporcional. Não faz sentido impor multa diária para forçar o cumprimento de uma prestação mensal. A depender do caso, a multa pode ser horária, semanal, mensal, anual ou, até mesmo, fixa. A multa periódica imposta para evitar um ilícito instantâneo é inadequada, devendo ser fixa. Enfim, os detalhes do caso determinarão qual a periodicidade da multa.

**34. Termo inicial da correção monetária sobre a multa cominatória.** *"O termo inicial de incidência da correção monetária sobre a multa do § 4º do art. 461 do CPC/1973 (correspondente ao art. 536 do CPC/2015) deve ser a data do respectivo arbitramento, o que, no caso, corresponde à data do julgamento no STJ que reduziu o montante fixado pelo Tribunal de origem"* (STJ, 4ª Turma, EDcl no AgInt no AREsp 1.433.346/SP, rel. Min. Raul Araújo, DJe 03.03.2020).

**35. Modificabilidade da multa enquanto ainda se discute seu próprio valor.** *"É possível a modificação do valor a ser pago a título*

*de multa cominatória, uma vez que, enquanto houver discussão acerca do valor devido, não há que se falar em multa vencida"* (STJ, 4ª Turma, AgInt no AREsp 1.561.395/RS, rel. Min. Maria Isabel Gallotti, DJe 24.04.2020). *"O art. 537, § 1º, do Código de Processo Civil de 2015 não se restringe somente à multa vincenda, pois, enquanto houver discussão acerca do montante a ser pago a título da multa cominatória, não há falar em multa vencida"* (STJ, 3ª Turma, AgInt no REsp 1.846.190/SP, rel. Min. Ricardo Villas Bôas Cueva, DJe 27.04.2020).

**36. Alteração do valor e da periodicidade da multa.** Fixado o valor e estabelecida a periodicidade da multa, é possível que haja necessidade de alteração posterior, em virtude de insuficiência ou excesso, ou em virtude de algum fato superveniente. A alteração pode ser determinada de ofício ou a requerimento e, em regra, tem eficácia prospectiva (*ex nunc*).

**37. Critérios para a alteração do valor e da periodicidade da multa.** Para alterar o valor e a periodicidade da multa, o juiz deve avaliar se estão insuficientes ou excessivos. O § 1º do art. 537 permite a modificação do valor ou da periodicidade da *multa vincenda* – não, porém, da *multa vencida*. A modificação não afeta a multa que já incidiu; a alteração tem eficácia *para o futuro* e incide a partir de quando o devedor dela é intimado (art. 513, §§ 2º a 4º). Os efeitos da nova decisão se somam àqueles da decisão modificada. Também deve o juiz avaliar se houve cumprimento parcial ou adoção de providências no sentido de dar cumprimento à ordem judicial. Isso vale igualmente para o devedor que demonstra diligência no atendimento da ordem judicial, comprovando ter adotado providências efetivas para dar-lhe cumprimento, ainda que não tenha atendido ao prazo fixado para adimplemento voluntário. Em casos tais, é possível reduzir o valor da multa ou aumentar a sua periodicidade. Também aqui a eficácia da nova decisão é prospectiva – *para o futuro*. Se, porém, a prestação imposta é daquelas passíveis de quantificação (pesagem, contagem, mensuração etc.) e houve cumprimento parcial – de modo que é objetivamente possível determinar que extensão da prestação imposta já foi satisfeita –, pode-se admitir que o juiz exclua parte da multa *desde quando houve o cumprimento parcial*, isto é, com eficácia *ex tunc*, retroativa à data da satisfação parcial. Isso é possível por causa da natureza acessória da multa, que deixa de incidir automaticamente quando já não é mais objetivamente possível cumprir a ordem de fazer ou não fazer, ou quando ela já foi satisfeita, total ou parcialmente. Nesse caso, o juiz não estará dispensando a multa vencida, porque só é vencida a multa que incidiu e se mostrou exigível; estará ele, apenas, declarando que a multa, ou parte dela, não incidiu, porque já não havia resultado útil a promover.

**38. Justa causa para o não cumprimento da ordem judicial.** O inciso II do § 1º do art. 537 autoriza a mudança do valor ou da periodicidade da multa, se o devedor comprovar haver justa causa que impeça o cumprimento da ordem judicial. Se a justa causa invocada enseja a impossibilidade de cumprimento, a multa deixa de incidir. Como a multa tem caráter acessório, não incide numa situação em que o cumprimento é inviável. Nesse caso, admite-se que a decisão gere efeitos retroativos à data em que se configurou a impossibilidade. Não há aí, propriamente, multa vencida a ser excluída, porque a multa não chegou sequer a incidir. É possível também que a justa causa enseje uma impossibilidade temporária: o remédio cujo fornecimento se impôs não estava disponível para dispensação e precisou ser comprado mediante processo de contratação direta; a greve de determinada categoria profissional impediu a adoção de providências etc. Nesses casos, a multa não incide enquanto durar a causa que torna impossível o cumprimento – e, portanto, a decisão pode ter eficácia retroativa.

**39. Revisão do montante acumulado a título de multa coercitiva.** Não são raros os casos em que o devedor da obrigação principal (fazer, não fazer ou entrega de coisa) é demandado para pagar o montante acumulado a título de multa coercitiva e, então, pleiteia a exclusão ou a redução desse montante. Há diversos precedentes reduzindo ou excluindo o valor da multa. É preciso examinar essas situações com cautela. A revisão do valor acumulado a título de multa cominatória deve ser excepcional. A regra é que o controle do valor e da periodicidade da multa seja exercido concomitantemente à sua incidência e tenha eficácia prospectiva (*para o futuro*) – tal como diz expressamente o art. 537, § 1º, ao mencionar a possibilidade de alteração da *multa vincenda*. Apenas excepcionalmente se pode admitir a revisão do montante já acumulado (*revisão retroativa*), a ser feita na execução em que se pretende o seu pagamento. Essa revisão depende da conjugação de diversos critérios, cabendo ao órgão julgador: a) avaliar se foram observados os critérios para fixação ou para alteração do prazo para cumprimento, do valor da multa ou da sua periodicidade; b) comparar o montante final da multa com o bem jurídico tutelado ou com a expressão econômica da obrigação a cujo cumprimento ela serviu; c) avaliar a conduta do devedor; d) avaliar a conduta do credor.

**40. Insuscetibilidade de alteração da multa vencida.** *"O cumprimento posterior da obrigação de fazer não interfere na exigibilidade da multa cominatória vencida, na linha do que dispõe o art. 537, § 1º, do CPC, que confere autorização legal para a modificação do valor, periodicidade, ou ainda, para a extinção da multa vincenda. Logo, as parcelas vencidas são insuscetíveis de alteração pelo magistrado, razão pela qual persiste o interesse recursal na presente insurgência"* (STJ, 2ª Turma, REsp 1.778.885/DF, rel. Min. Og Fernandes, *DJe* 21.06.2021).

**41. Dever do credor de mitigar o próprio prejuízo (*duty to mitigate the loss*) e o princípio da boa-fé processual: possibilidade de *supressio*.** A parte, a quem se destina a multa, tem o *dever* de impedir o aumento desnecessário e irrazoável do seu montante. Trata-se de aplicação do princípio da boa-fé processual. Em razão do princípio da boa-fé processual e da cláusula geral do art. 5º, há um dever da parte de mitigar o próprio prejuízo, impedindo o crescimento exorbitante da multa. Ao não exercer a pretensão pecuniária em lapso de tempo razoável, deixando que o valor da multa aumente consideravelmente, o autor comporta-se abusivamente, violando o princípio da boa-fé. Esse ilícito processual implica a perda do direito ao valor da multa (*supressio*), respectivamente ao período de tempo considerado pelo órgão jurisdicional como determinante para a configuração do abuso do direito.

**42. Multa cominatória e sua exclusão da base de cálculo para honorários advocatícios.** *"As astreintes, por serem um meio de coerção indireta ao cumprimento do julgado, não ostentam caráter condenatório, tampouco transitam em julgado, o que as afastam, na vigência do CPC/1973, da base de cálculo dos honorários advocatícios"* (STJ, 3ª Turma, AgInt no REsp 1.595.679/DF, rel. Min. Ricardo Villas Bôas Cueva, *DJe* 23.02.2018); *"Conforme Jurisprudência sedimentada nesta Corte Superior, o valor da multa cominatória (astreintes) não integra a base de cálculo da verba honorária disciplinada pelo Código de Processo Civil de 1973"* (STJ, 4ª Turma, AgInt nos EDcl no AREsp 1.451.023/PE, rel. Min. Luis Felipe Salomão, *DJe* 13.08.2019).

**43. Destinatário da multa.** O destinatário da multa, a pessoa contra quem a medida é imposta, pode ser o demandado, o demandante ou um terceiro. A possibilidade de impor a multa ao demandado, a fim de que ele cumpra a obrigação

**LIVRO I** · DO PROCESSO DE CONHECIMENTO E DO CUMPRIMENTO DE SENTENÇA | **Art. 537**

imposta a pedido do autor, é a mais corriqueira. O demandante também pode ser destinatário da multa. Isso pode acontecer tanto nos casos em que o réu exerce uma situação jurídica ativa no processo (reconvenção, por exemplo), como nos casos em que o réu exerce situação jurídica passiva (requerimento para que o autor exiba um documento – o art. 400, parágrafo único, determina que o juiz pode impor medidas para que o documento seja exibido). Além disso, a multa pode ser imposta ao autor nas situações em que é possível a concessão de tutela provisória em favor do réu. O juiz pode, ainda, impor a um terceiro uma obrigação de fazer ou não fazer, sujeitando-o à multa (ao representante legal de uma pessoa jurídica, para que ele, pessoalmente, cumpra a ordem; embora não seja parte, sendo um terceiro, estará sujeito à multa).

**44.** **Multa cominatória contra a Fazenda Pública.** *"O STJ entende ser cabível a cominação de multa diária (astreinte) contra a Fazenda Pública como meio executivo para cumprimento de obrigação de fazer ou entregar coisa (arts. 536 e 537 do CPC/2015)"* (STJ, 2ª Turma, REsp 1.827.009/PE, rel. Min. Herman Benjamin, *DJe* 13.09.2019).

**45.** **Possibilidade de cumulação com a prisão por crime de desobediência.** O crime de desobediência, tipificado no art. 330 do Código Penal, não é medida coercitiva. O seu objetivo é *punir* a conduta do agente que se subsome ao tipo penal. Desse modo, ainda que a tutela específica almejada tenha sido satisfeita, ou tenha se tornado impossível por algum motivo, ainda assim a conduta renitente do sujeito que não cumpriu a tempo a ordem judicial pode ser objeto de sanção penal. O crime de desobediência é subsidiário e somente se caracteriza nos casos em que o descumprimento da ordem não é objeto de sanção administrativa, civil ou processual. Havendo previsão de sanção de outra espécie, considera-se que é conduta atípica sob a perspectiva penal. Talvez por isso o art. 536, § 3º, tenha se adiantado a dizer que a sanção por litigância de má-fé imposta àquele que descumpre a medida executiva não prejudica a sua responsabilização por crime de desobediência. O juízo cível, contudo, é incompetente seja para afirmar a existência de conduta típica, seja para decretar a prisão por crime de desobediência. Precisa encaminhar os autos ao Ministério Público, para que este, se for o caso, noticie o fato ao juízo criminal, único competente para apurar a conduta e, eventualmente, impor a sanção penal. O crime de desobediência, para o qual a pena máxima abstratamente prevista é de 6 meses de detenção, mais multa, é considerado

infração de menor potencial ofensivo. Sendo infração de menor potencial ofensivo, privilegia-se, na persecução criminal, a necessidade de recomposição de danos eventualmente causados e a aplicação de pena não privativa de liberdade (Lei 9.099/1995, art. 62).

**46.** **Execução da multa.** A execução da multa se dá por cumprimento de sentença que reconhece obrigação de pagar quantia (art. 523 e seguintes). No caso da multa imposta à Fazenda Pública, deve-se seguir o procedimento especial que lhe é aplicável (arts. 534 e 535). Nos juizados especiais, o montante da multa coercitiva não fica limitado ao teto fixado para as causas que tramitam sob esse rito (Enunciado 144, FONAJE). Mesmo ultrapassando o valor de alçada, a execução do montante da multa compete ao próprio juizado (Lei 9.099/1995, art. 3º, § 1º, I).

**47.** **Cumprimento provisório da multa.** O beneficiário da multa pode promover seu cumprimento provisório (art. 537, § 3º). Essa é mais uma importante ferramenta de coerção psicológica, sobretudo quando se trata de multa estabelecida em tutela provisória: é possível antecipar os atos de cobrança do valor da multa eventualmente acumulada; o devedor não apenas sabe que a medida executiva continua a incidir enquanto mantido o estado de inadimplência, como também experimenta atos concretos de cobrança dos valores da multa. O exequente, contudo, não pode levantar o valor depositado – nem mesmo prestando caução (art. 520, IV). Somente se admite "o levantamento do valor após o trânsito em julgado da sentença favorável à parte" (art. 537, § 3º). Isso porque o beneficiário da multa só se torna, efetivamente, titular do direito subjetivo de crédito *se e quando* transitar em julgado a decisão que certifica o seu direito subjetivo à prestação (fazer ou não fazer) para cujo cumprimento se impôs a multa coercitiva. O direito subjetivo ao crédito da multa somente nasce a partir do trânsito em julgado da decisão favorável, embora a multa possa ser cobrada desde quando teve início o descumprimento até a data da satisfação do fazer ou do não fazer (art. 537, § 4º).

**48.** **Possibilidade de cumprimento provisório da multa: necessidade de confirmação por sentença de mérito.** *"A Corte Especial, em âmbito de recurso repetitivo - REsp n. 1.200.856/RS, Relator Ministro Sidnei Beneti –, entendeu que a 'multa diária prevista no § 4º do art. 461 do CPC [1973], devida desde o dia em que configurado o descumprimento, quando fixada em antecipação de tutela, somente poderá ser objeto de execução provisória após a sua confirmação pela sentença*

905

*de mérito e desde que o recurso eventualmente interposto não seja recebido com efeito suspensivo'. 2. Não houve modificação desse entendimento com o advento do novo Código de Processo Civil. 3. Com efeito, a eficácia e a exigibilidade da multa não se confundem, sendo imediata a produção de efeitos das astreintes, devidas desde a fixação pelo juízo, porém com a exigibilidade postergada para após o trânsito em julgado da sentença de mérito que confirmar a medida. 4. Ademais, o novo Código de Processo Civil (Lei n. 13.105, de 16 de março de 2015) não dispensou a confirmação da multa (obrigação condicional) pelo provimento final (art. 515, I). 5. Assim, no caso, é inviável o cumprimento provisório das astreintes, pois estas não foram ainda confirmadas pela sentença final de mérito"* (STJ, Corte Especial, EAREsp 1.883.876/RS, rel. p/ ac. Min. Luis Felipe Salomão, *DJe* 7.8.2024).

**49. Negócio processual.** Versando o processo sobre direitos que admitam autocomposição, as partes, desde que plenamente capazes, podem firmar negócio jurídico processual (art. 190) que impeça a execução parcial ou total do valor da multa.

**50. Cumulação de cumprimentos provisórios.** É possível que sejam deflagrados dois procedimentos de cumprimento provisório, enquanto não transitada em julgado a decisão que impõe o fazer ou não fazer: um, para forçar o adimplemento da obrigação principal (o fazer ou o não fazer); outro, para antecipar os atos de cobrança do valor acumulado da multa coercitiva (obrigação acessória, nascida a partir do não cumprimento da obrigação principal). Porque os procedimentos são distintos, os pedidos de cumprimento provisório não podem ser cumulados (art. 780, c/c art. 513, c/c art. 771). No procedimento de cumprimento provisório da obrigação principal (fazer ou não fazer), o juiz estabelecerá as medidas executivas necessárias à satisfação do fazer ou do não fazer. No procedimento de cumprimento provisório do montante da multa, que necessariamente dependerá de requerimento do interessado (art. 513, § 1º c/c art. 520, I), o juiz aplicará as medidas executivas já determinadas pelo legislador para buscar a satisfação do dever de pagar quantia (art. 523, § 1º c/c art. 520, § 2º).

**51. Transmissibilidade das astreintes.** *"Na esteira da jurisprudência desta Corte, as astreintes são transmissíveis aos sucessores da parte após o seu falecimento, ainda que tenham sido aplicadas em decorrência de obrigação personalíssima"* (STJ, 3ª Turma, REsp 1.840.280/BA, rel. p/ ac. Min. Nancy Andrighi, *DJe* 9.9.2021).

**52. Excepcionalidade da redução da multa vencida.** *"Para que seja autorizada a excepcional redução da multa periódica acumulada em virtude do descumprimento de ordem judicial, é preciso, cumulativamente, que: (i) o valor alcançado seja exorbitante; (ii) que, no momento da fixação, a multa diária tenha sido fixada em valor desproporcional ou incompatível com a obrigação; (iii) que a parte beneficiária da tutela específica não tenha buscado mitigar o seu próprio prejuízo"* (STJ, 3ª Turma, REsp 1.840.280/BA, rel. p/ ac. Min. Nancy Andrighi, *DJe* 9.9.2021).

**53. Impossibilidade de revisão da multa vencida.** *"A jurisprudência do Superior Tribunal de Justiça sedimentou-se, sob a égide do CPC/1973, no sentido da possibilidade de revisão do valor acumulado da multa periódica a qualquer tempo. No entanto, segundo o art. 537, § 1º, do CPC/2015, a modificação somente é possível em relação à 'multa vincenda'. 2. A alteração legislativa tem a finalidade de combater a recalcitrância do devedor, a quem compete, se for o caso, demonstrar a ocorrência de justa causa para o descumprimento da obrigação. 3. No caso concreto, ademais, ocorreu preclusão pro judicato consumativa, pois o montante alcançado com a incidência da multa já havia sido reduzido por meio de decisão transitada em julgado"* (STJ, Corte Especial, EAREsp 1.766.665/RS, rel. p/ ac. Min. Ricardo Villas Bôas Cueva, *DJe* 6.6.2024).

**54. Possibilidade de revisão da multa.** *"O Superior Tribunal de Justiça tem orientação de que o exame do valor atribuído às astreintes pode ser revisto, a qualquer tempo, quando constatada a exorbitância da importância arbitrada ou acumulada, em flagrante ofensa aos princípios da razoabilidade e da proporcionalidade"* (STJ, 4ª Turma, AgInt no AREsp 2.439.346/SP, rel. Min. Raul Araújo, *DJe* 2.9.2024).

**55. Ainda a possibilidade de revisão da multa.** *"2. Consoante entendimento desta Corte Superior, é possível a alteração do valor das astreintes quando se tornar insuficiente ou excessiva, inclusive de ofício, em atenção aos princípios da razoabilidade e proporcionalidade. Precedentes. 2.1. A decisão que arbitra astreintes não faz coisa julgada material, visto que é apenas um meio de coerção indireta ao cumprimento do julgado, podendo ser modificada a requerimento da parte ou de ofício, para aumentar ou diminuir o valor da multa ou, ainda, para suprimi-la. Precedentes. 2.2. O art. 537, § 1º, do Código de Processo Civil de 2015 não se restringe somente à multa vincenda, pois, enquanto houver discussão acerca do montante a ser pago a título da multa cominatória, não há falar em multa vencida. Precedentes"*

**LIVRO I** · DO PROCESSO DE CONHECIMENTO E DO CUMPRIMENTO DE SENTENÇA **Art. 538**

(STJ, 4ª Turma, AgInt no AREsp 2.558.173/RS, rel. Min. Marco Buzzi, *DJe* 5.9.2024).

## Seção II
## Do Cumprimento de Sentença que Reconheça a Exigibilidade de Obrigação de Entregar Coisa

**Art. 538.** Não cumprida a obrigação de entregar coisa no prazo estabelecido na sentença, será expedido mandado de busca e apreensão ou de imissão na posse em favor do credor, conforme se tratar de coisa móvel ou imóvel.

§ 1º A existência de benfeitorias deve ser alegada na fase de conhecimento, em contestação, de forma discriminada e com atribuição, sempre que possível e justificadamente, do respectivo valor.

§ 2º O direito de retenção por benfeitorias deve ser exercido na contestação, na fase de conhecimento.

§ 3º Aplicam-se ao procedimento previsto neste artigo, no que couber, as disposições sobre o cumprimento de obrigação de fazer ou de não fazer.

▶ **1. Correspondência no CPC/1973.** *"Art. 461-A. Na ação que tenha por objeto a entrega de coisa, o juiz, ao conceder a tutela específica, fixará o prazo para o cumprimento da obrigação. § 1º Tratando-se de entrega de coisa determinada pelo gênero e quantidade, o credor a individualizará na petição inicial, se lhe couber a escolha; cabendo ao devedor escolher, este a entregará individualizada, no prazo fixado pelo juiz. § 2º Não cumprida a obrigação no prazo estabelecido, expedir-se-á em favor do credor mandado de busca e apreensão ou de imissão na posse, conforme se tratar de coisa móvel ou imóvel. § 3º Aplica-se à ação prevista neste artigo o disposto nos §§ 1º a 6º do art. 461."*

### ⚖ LEGISLAÇÃO CORRELATA

**2. CC, art. 1.219.** *"Art. 1.219. O possuidor de boa-fé tem direito à indenização das benfeitorias necessárias e úteis, bem como, quanto às voluptuárias, se não lhe forem pagas, a levantá-las, quando o puder sem detrimento da coisa, e poderá exercer o direito de retenção pelo valor das benfeitorias necessárias e úteis."*

### ▣ COMENTÁRIOS TEMÁTICOS

**3. Primazia da tutela específica.** A tutela das prestações de entregar coisa deve ser feita prioritariamente na forma específica, ou seja, mediante a entrega da coisa propriamente, e não de quantia equivalente. Apenas quando for impossível o cumprimento na forma específica, ou quando impossível a entrega da coisa, converte-se a obrigação de dar coisa em obrigação pecuniária (art. 499).

**4. A conversão em perdas e danos por opção do credor e seus limites.** A conversão da obrigação específica em perdas e danos pode ocorrer quando houver consentimento entre exequente e executado, bem como nas hipóteses previstas no art. 809.

**5. Obrigação de entregar a coisa nos casos em que se discute posse.** Quando o pedido de entrega de coisa estiver fundado na posse (p. ex., ações possessórias), é importante também verificar se o réu, a quem se dirige a ordem de entrega da coisa, era possuidor de boa ou de má-fé. Antes de tudo, vale lembrar que é de boa-fé a posse, se o possuidor ignora o vício ou o obstáculo que impede a aquisição da coisa (CC, art. 1.201). Se o réu é possuidor de boa-fé, ele não responde pela perda ou deterioração da coisa, se não lhe deu causa (CC, art. 1.217), de modo que, em situações tais, não se pode falar em conversão em perdas e danos. Sendo ele possuidor de má-fé, responderá pela perda ou deterioração da coisa, ainda que acidentais (isto é, sem culpa sua); somente se eximirá dessa responsabilidade se conseguir provar que a perda ou a deterioração sobreviria mesmo que a coisa já estivesse em poder do autor (CC, art. 1.218).

**6. Momento da conversão, por opção do credor, em perdas e danos.** A tutela específica pode, por opção do credor, ser convertida em perdas e danos em quatro momentos: *a)* o autor pode optar pela conversão desde a petição que deflagra a fase cognitiva do procedimento; *b)* a conversão pode ocorrer ainda na fase de conhecimento, antes de transitada em julgado a decisão de mérito; *c)* a conversão pode ocorrer após o trânsito em julgado da decisão de mérito; e *d)* é possível que a conversão ocorra durante a fase de cumprimento. A conversão, por opção do credor, é possível, desde que ele demonstre: *a)* que o inadimplemento do devedor gerou a perda objetiva de interesse ou utilidade no cumprimento específico da prestação; *b)* ou que o devedor foi instado a entregar a coisa, judicial ou extrajudicialmente, mas não o fez; *c)* ou que a coisa esteja em poder de terceiro adquirente.

**7. Momento da conversão compulsória em perdas e danos.** A conversão compulsória pode ocorrer a qualquer momento, assim que constatada a causa que gera a impossibilidade de cumprimento na forma específica (art. 499), e desde que assegurado o contraditório (art. 9º).

**8. Incidente cognitivo para apuração do valor da coisa e das perdas e danos.** A conversão da obrigação de entregar coisa em perdas e danos, quando realizada no curso do procedimento (na fase cognitiva ou na fase executiva), exige a instauração de incidente processual cognitivo. Não constando do título o valor da coisa, ou sendo impossível a sua avaliação, o exequente apresentará estimativa, sujeitando-a ao arbitramento judicial (art. 809, § 1º). O valor da coisa e eventuais prejuízos devem ser apurados em liquidação (art. 809, § 2º), que poderá ser por arbitramento ou pelo procedimento comum (art. 509). Concluindo-se pela responsabilidade do executado e apurado o valor da indenização a ser paga, seguir-se-á o procedimento de efetivação das decisões que impõem obrigação de pagar quantia (art. 523 e seguintes).

**9. Procedimento.** O cumprimento de sentença para entrega de coisa é regido pelo art. 538. Por força do art. 771, aplicam-se, no que couber, as regras relativas à execução fundada em título executivo extrajudicial para entrega de coisa certa (arts. 806-810) e incerta (arts. 811-813).

**10. Instauração de ofício ou a requerimento.** O cumprimento de sentença para entrega de coisa por instaurar-se de ofício ou a requerimento.

**11. Fase do procedimento ou processo autônomo.** O cumprimento de sentença desenvolve-se, em regra, como fase do processo em que a obrigação de entregar coisa foi certificada. Nos casos do art. 515, § 1º, a execução desenvolve-se em processo autônomo.

**12. Fases do cumprimento de sentença.** Nos cumprimentos de sentença em geral, o procedimento divide-se numa fase inicial, destinada ao cumprimento voluntário, e numa fase de execução forçada, subsequente, destinada a efetivar a decisão mesmo contra a vontade do executado. No caso de obrigação para entrega de coisa, essa estrutura se mantém: há as duas fases. A fase inicial é preliminar à de execução forçada: cumprida a decisão, não há necessidade da fase seguinte.

**13. Fase inicial: prazo para cumprimento voluntário.** O prazo de cumprimento voluntário só se inicia com a intimação para cumprimento da decisão, que deve ser feita de acordo com o art. 513, §§ 2º a 4º, para cumprimento definitivo (art. 538) ou provisório (art. 520, *caput* e § 5º). Existe diferença entre a intimação da decisão e a intimação para cumprimento da decisão. Aquela consiste na comunicação para conhe-cimento da decisão; esta, na comunicação para cumprimento. Essa regra da dupla intimação é excepcionada em caso de tutela provisória: em tal caso, a intimação da decisão e a intimação para cumprimento da decisão ocorrem no mesmo momento.

**14. Direito do executado.** O executado tem direito à fixação de prazo para cumprir voluntariamente a ordem judicial. Esse prazo deve ser razoável – maior ou menor a depender do caso concreto – e pode ser controlado por meio de recurso. Se o juiz não houver fixado prazo para cumprimento voluntário, aplicam-se os quinze dias de que tratam os arts. 806 e 523.

**15. Cumprimento voluntário.** Se o executado, no prazo fixado, entregar a coisa, será lavrado o termo ou o auto de entrega, conforme o caso, e considerada satisfeita a obrigação (art. 807). Nesse caso, não há necessidade de instaurar-se a fase de execução forçada e a execução deverá ser extinta (art. 924, II).

**16. Cumulação sucessiva de execuções.** É possível que o executado tenha sido condenado, não só à entrega da coisa, mas também ao ressarcimento de frutos e prejuízos. A atividade executiva pode continuar para a satisfação dessas prestações (art. 807), desde que haja requerimento do exequente (art. 513, § 1º) e que a execução passe a tramitar pelo rito do cumprimento de sentença para pagamento de quantia certa (art. 523 e seguintes), promovendo-se a prévia liquidação dos valores devidos pelo executado.

**17. Fase de execução forçada: a medida executiva e sua incidência.** Se a coisa não for entregue no prazo fixado para tanto, será expedido mandado de busca e apreensão ou de imissão na posse em favor do credor, conforme se tratar de coisa móvel ou imóvel. O mandado de busca e apreensão de pessoas e coisas será cumprido por dois oficiais de justiça (art. 536, § 2º); se houver necessidade de arrombamento, deve-se observar o disposto no art. 846, §§ 1º a 4º.

**18. Outras medidas diretas ou indiretas.** O juiz pode determinar outras medidas executivas diretas (sub-rogatórias) ou indiretas (coercitivas), inclusive a multa (art. 537). A possibilidade de fixação de multa para efetivar obrigação de entrega ou restituição de coisa está expressamente prevista também nos arts. 311, III, e 806, § 1º. Prevalece, no tocante ao cumprimento de sentença que impõe entrega de coisa, o princípio da atipicidade das medidas executivas.

**19. Início da incidência da medida executiva.** A medida executiva começa a incidir automaticamente após intimado o devedor (art.

**LIVRO I** · DO PROCESSO DE CONHECIMENTO E DO CUMPRIMENTO DE SENTENÇA **Art. 538**

513, §§ 2º a 4º) e exaurido o prazo para cumprimento voluntário. Não há necessidade de nova provocação do exequente nem de nova decisão. Ela pode ser alterada, a pedido ou de ofício, se se mostrar insuficiente ou excessiva ou se o obrigado demonstrou cumprimento parcial superveniente da obrigação ou justa causa para o descumprimento (arts. 537, § 1º, e 806, § 1º).

**20.** **Aplicabilidade à tutela provisória das prestações de entregar coisa.** O procedimento do art. 538 aplica-se à tutela provisória das prestações de entregar coisa. Se o fundamento da tutela provisória for a urgência, os momentos da intimação da decisão e da intimação para cumprimento da decisão coincidem: o destinatário da ordem de entrega deve cumpri-la no prazo fixado na decisão que concede a tutela provisória (ou em quinze dias úteis, se não houver prazo fixado), sob pena de, não o fazendo, incidir a medida executiva determinada pelo juiz.

**21.** **Defesa do executado.** Aplica-se o art. 525 ao cumprimento de sentença para entrega de coisa. O prazo para oferecimento de impugnação é de quinze dias úteis e começa a contar automaticamente após o fim do prazo fixado para cumprimento voluntário da obrigação de entregar coisa. A impugnação será oferecida nos próprios autos do cumprimento de sentença, independentemente de qualquer garantia ou depósito prévio. A matéria de defesa restringe-se, no que couber, àquele prevista no § 1º do art. 525. Se a execução recair sobre coisa diversa da que consta do título, considera-se excesso de execução (arts. 525, § 1º, V, e 917, § 2º, II).

**22. Alegação de benfeitorias ou do direito de retenção por benfeitorias.** Na sua impugnação, o executado não pode alegar a existência de benfeitorias ou o direito de retenção por benfeitorias, visto que essas matérias devem ser trazidas em contestação, durante a fase de conhecimento.

**23. Preclusão do direito de retenção da coisa por benfeitorias.** *"Não arguida na contestação, opera-se a preclusão da prerrogativa de retenção da coisa por benfeitorias, sendo inadmissível o exercício da pretensão em embargos à execução ou impugnação e, tampouco, a propositura de ação autônoma visando ao mesmo fim"* (STJ, 3ª Turma, REsp 1.782.335/MT, rel. Min. Nancy Andrighi, *DJe* 18.05.2020).

**24. Possibilidade de ação própria para obter indenização pelas benfeitorias.** *"A preclusão do direito de retenção não impede que o possuidor de boa-fé pleiteie, em ação própria, a indenização pelo valor das benfeitorias implementadas na coisa da qual foi desapossado"* (STJ, 3ª Turma,

REsp 1.782.335/MT, rel. Min. Nancy Andrighi, *DJe* 18.05.2020).

**25. Suspensão das medidas executivas.** O oferecimento da impugnação não suspende a incidência das medidas executivas estipuladas no título judicial. A impugnação somente terá efeito suspensivo se, cumulativamente: *a)* o devedor depositar a coisa (não é penhora nem caução, por não se tratar de execução por quantia ou para fazer ou não fazer), *b)* seus fundamentos forem relevantes e *c)* o prosseguimento da execução for manifestamente suscetível de causar ao executado grave dano de difícil ou incerta reparação (art. 525, § 6º).

**26. Incidente de individualização da coisa a ser entregue.** As técnicas de tutela previstas no art. 538 servem tanto para a efetivação de decisões que imponham a entrega de coisa certa como incerta. Em regra, nos casos em que há uma obrigação de dar coisa incerta, a individualização (escolha) da coisa cabe ao devedor, salvo quando houver, no título em que a obrigação foi constituída, disposição em contrário (CC, art. 244). Assim, havendo essa disposição em contrário, conferindo ao credor a escolha, a coisa deverá ser individualizada na petição inicial que deflagra a fase cognitiva (art. 498, parágrafo único) ou que deflagra a execução, quando ela se desenvolve em processo autônomo. Caso o credor não individualize a coisa já na sua petição inicial, a sua omissão não deve acarretar a extinção do processo, podendo ser interpretada como renúncia, mas é imprescindível que o juiz, antes de passar ao devedor a oportunidade de individualizar a coisa, advirta o credor quanto à consequência da sua omissão (arts. 5º e 9º). Se a omissão somente foi percebida após a resposta do réu, cabe ao juiz analisar o contexto para aferir se houve, ou não, renúncia ao direito de escolha. A se entender que houve apenas um equívoco quanto à especificação do pedido, ao autor se deve assegurar o direito de corrigi-lo. Se a escolha couber ao devedor, no prazo fixado para o cumprimento da ordem, poderá o credor enjeitar a coisa entregue, fundamentando a sua rejeição, no prazo de quinze dias (art. 812), contados de quando foi intimado para se pronunciar.

**27. A efetivação da decisão nos casos de alienação da coisa litigiosa para terceiro.** Quando a coisa a ser entregue estiver em mãos de terceiro, o credor poderá optar entre *a)* pleitear a conversão da prestação em perdas e danos (arts. 499 e 809) ou *b)* pleitear que se expeça ordem para que o terceiro entregue a coisa, sob pena de busca e apreensão, imissão na posse (art. 538) ou qualquer outra medida coercitiva prevista no art. 536, § 1º. Exatamente porque a decisão aí proferida tem eficácia contra o terceiro (art. 109, § 3º), pode-se cobrar dele a entrega da coisa. Caberá a esse terceiro, se quiser discutir a ordem judicial que lhe impôs a entrega, propor embargos de terceiro, mas, para isso, deverá depositar a coisa (art. 808).

# TÍTULO III
# DOS PROCEDIMENTOS ESPECIAIS

## CAPÍTULO I
## DA AÇÃO DE CONSIGNAÇÃO EM PAGAMENTO

**Art. 539.** Nos casos previstos em lei, poderá o devedor ou terceiro requerer, com efeito de pagamento, a consignação da quantia ou da coisa devida.

§ 1º Tratando-se de obrigação em dinheiro, poderá o valor ser depositado em estabelecimento bancário, oficial onde houver, situado no lugar do pagamento, cientificando-se o credor por carta com aviso de recebimento, assinado o prazo de 10 (dez) dias para a manifestação de recusa.

§ 2º Decorrido o prazo do § 1º, contado do retorno do aviso de recebimento, sem a manifestação de recusa, considerar-se-á o devedor liberado da obrigação, ficando à disposição do credor a quantia depositada.

§ 3º Ocorrendo a recusa, manifestada por escrito ao estabelecimento bancário, poderá ser proposta, dentro de 1 (um) mês, a ação de consignação, instruindo-se a inicial com a prova do depósito e da recusa.

§ 4º Não proposta a ação no prazo do § 3º, ficará sem efeito o depósito, podendo levantá-lo o depositante.

▶ **1. Correspondência no CPC/1973.** *"Art. 890. Nos casos previstos em lei, poderá o devedor ou terceiro requerer, com efeito de pagamento, a consignação da quantia ou da coisa devida. § 1º Tratando-se de obrigação em dinheiro, poderá o devedor ou terceiro optar pelo depósito da quantia devida, em estabelecimento bancário, oficial onde houver, situado no lugar do pagamento, em conta com correção monetária, cientificando-se o credor por carta com aviso de recepção, assinado o prazo de 10 (dez) dias para a manifestação de recusa. § 2º Decorrido o prazo referido no pa-*

*rágrafo anterior, sem a manifestação de recusa, reputar-se-á o devedor liberado da obrigação, ficando à disposição do credor a quantia depositada. § 3º Ocorrendo a recusa, manifestada por escrito ao estabelecimento bancário, o devedor ou terceiro poderá propor, dentro de 30 (trinta) dias, a ação de consignação, instruindo a inicial com a prova do depósito e da recusa. § 4º Não proposta a ação no prazo do parágrafo anterior, ficará sem efeito o depósito, podendo levantá-lo o depositante."*

## 🏛 LEGISLAÇÃO CORRELATA

**2. CC, art. 335.** *"Art. 335. A consignação tem lugar: I – se o credor não puder, ou, sem justa causa, recusar receber o pagamento, ou dar quitação na devida forma; II – se o credor não for, nem mandar receber a coisa no lugar, tempo e condição devidos; III – se o credor for incapaz de receber, for desconhecido, declarado ausente, ou residir em lugar incerto ou de acesso perigoso ou difícil; IV – se ocorrer dúvida sobre quem deva legitimamente receber o objeto do pagamento; V – se pender litígio sobre o objeto do pagamento."*

**3. CTN, art. 164.** *"Art. 164. A importância de crédito tributário pode ser consignada judicialmente pelo sujeito passivo, nos casos: I – de recusa de recebimento, ou subordinação deste ao pagamento de outro tributo ou de penalidade, ou ao cumprimento de obrigação acessória; II – de subordinação do recebimento ao cumprimento de exigências administrativas sem fundamento legal; III – de exigência, por mais de uma pessoa jurídica de direito público, de tributo idêntico sobre um mesmo fato gerador. § 1º A consignação só pode versar sobre o crédito que o consignante se propõe pagar. § 2º Julgada procedente a consignação, o pagamento se reputa efetuado e a importância consignada é convertida em renda; julgada improcedente a consignação no todo ou em parte, cobra-se o crédito acrescido de juros de mora, sem prejuízo das penalidades cabíveis."*

**4. Dec.-lei 58/1937, art. 17.** *"Art. 17. Pagas todas as prestações do preço, é lícito ao compromitente requerer a intimação judicial do compromissário para, no prazo de trinta dias, que correrá em cartório, receber a escritura de compra e venda. Parágrafo único. Não sendo assinada a escritura nesse prazo, depositar-se-á o lote comprometido por conta e risco do compromissário, respondendo este pelas despesas judiciais e custas do depósito."*

**5. Lei 6.766/1979, art. 33.** *"Art. 33. Se o credor das prestações se recusar recebê-las ou furtar-se ao seu recebimento, será constituído em mora mediante notificação do Oficial do Regis-*

LIVRO I · DO PROCESSO DE CONHECIMENTO E DO CUMPRIMENTO DE SENTENÇA — **Art. 539**

tro de Imóveis para vir receber as importâncias depositadas pelo devedor no próprio Registro de Imóveis. Decorridos 15 (quinze) dias após o recebimento da intimação, considerar-se-á efetuado o pagamento, a menos que o credor impugne o depósito e, alegando inadimplemento do devedor, requeira a intimação deste para os fins do disposto no art. 32 desta Lei."

**6. Lei 6.766/1979, art. 35.** "Art. 35. Se ocorrer o cancelamento do registro por inadimplemento do contrato, e tiver sido realizado o pagamento de mais de 1/3 (um terço) do preço ajustado, o oficial do registro de imóveis mencionará esse fato e a quantia paga no ato do cancelamento, e somente será efetuado novo registro relativo ao mesmo lote, mediante apresentação do distrato assinado pelas partes e a comprovação do pagamento da parcela única ou da primeira parcela do montante a ser restituído ao adquirente, na forma do art. 32-A desta Lei, ao titular do registro cancelado, ou mediante depósito em dinheiro à sua disposição no registro de imóveis. § 1º Ocorrendo o depósito a que se refere este artigo, o Oficial do Registro de Imóveis intimará o interessado para vir recebê-lo no prazo de 10 (dez) dias, sob pena de ser devolvido ao depositante. § 2º No caso de não se encontrado o interessado, o Oficial do Registro de Imóveis depositará quantia em estabelecimento de crédito, segundo a ordem prevista no inciso I do art. 666 do Código de Processo Civil, em conta com incidência de juros e correção monetária. § 3º A obrigação de comprovação prévia de pagamento da parcela única ou da primeira parcela como condição para efetivação de novo registro, prevista no caput deste artigo, poderá ser dispensada se as partes convencionarem de modo diverso e de forma expressa no documento de distrato por elas assinado."

**7. Lei 6.766/1979, art. 38.** "Art. 38. Verificado que o loteamento ou desmembramento não se acha registrado ou regularmente executado ou notificado pela Prefeitura Municipal, ou pelo Distrito Federal quando for o caso, deverá o adquirente do lote suspender o pagamento das prestações restantes e notificar o loteador para suprir a falta. § 1º Ocorrendo a suspensão do pagamento das prestações restantes, na forma do caput deste artigo, o adquirente efetuará o depósito das prestações devidas junto ao Registro de Imóveis competente, que as depositará em estabelecimento de crédito, segundo a ordem prevista no inciso I do art. 666 do Código de Processo Civil, em conta com incidência de juros e correção monetária, cuja movimentação dependerá de prévia autorização judicial. § 2º A Prefeitura Municipal, ou o Distrito Federal quando for o caso, ou o Ministério Pú-

blico, poderá promover a notificação ao loteador prevista no caput deste artigo. § 3º Regularizado o loteamento pelo loteador, este promoverá judicialmente a autorização para levantar as prestações depositadas, com os acréscimos de correção monetária e juros, sendo necessária a citação da Prefeitura, ou do Distrito Federal quando for o caso, para integrar o processo judicial aqui previsto, bem como audiência do Ministério Público. § 4º Após o reconhecimento judicial de regularidade do loteamento, o loteador notificará os adquirentes dos lotes, por intermédio do Registro de Imóveis competente, para que passem a pagar diretamente as prestações restantes, a contar da data da notificação. § 5º No caso de o loteador deixar de atender à notificação até o vencimento do prazo contratual, ou quando o loteamento ou desmembramento for regularizado pela Prefeitura Municipal, ou pelo Distrito Federal quando for o caso, nos termos do art. 40 desta Lei, o loteador não poderá, a qualquer título, exigir o recebimento das prestações depositadas."

**8. Lei 8.245/1991, art. 67.** "Art. 67. Na ação que objetivar o pagamento dos aluguéis e acessórios da locação mediante consignação, será observado o seguinte: I – a petição inicial, além dos requisitos exigidos pelo art. 282 do Código de Processo Civil, deverá especificar os aluguéis e acessórios da locação com indicação dos respectivos valores; II – determinada a citação do réu, o autor será intimado a, no prazo de vinte e quatro horas, efetuar o depósito judicial da importância indicada na petição inicial, sob pena de ser extinto o processo; III – o pedido envolverá a quitação das obrigações que vencerem durante a tramitação do feito e até ser prolatada a sentença de primeira instância, devendo o autor promover os depósitos nos respectivos vencimentos; IV – não sendo oferecida a contestação, ou se o locador receber os valores depositados, o juiz acolherá o pedido, declarando quitadas as obrigações, condenando o réu ao pagamento das custas e honorários de vinte por cento do valor dos depósitos; V – a contestação do locador, além da defesa de direito que possa caber, ficará adstrita, quanto à matéria de fato, a: a) não ter havido recusa ou mora em receber a quantia devida; b) ter sido justa a recusa; c) não ter sido efetuado o depósito no prazo ou no lugar do pagamento; d) não ter sido o depósito integral; VI – além de contestar, o réu poderá, em reconvenção, pedir o despejo e a cobrança dos valores objeto da consignatória ou da diferença do depósito inicial, na hipótese de ter sido alegado não ser o mesmo integral; VII – o autor poderá complementar o depósito inicial, no prazo de cinco dias contados da ciência do oferecimento da resposta, com acréscimo de dez por cento sobre o valor da diferença. Se tal ocorrer, o juiz declarará quitadas as obrigações, elidindo a rescisão da locação, mas imporá ao autor-reconvindo a responsabilidade pelas custas e honorários advocatícios de vinte por cento sobre o valor dos depósitos; VIII – havendo, na reconvenção, cumulação dos pedidos de rescisão da locação e cobrança dos valores objeto da consignatória, a execução desta somente poderá ter início após obtida a desocupação do imóvel, caso ambos tenham sido acolhidos. Parágrafo único. O réu poderá levantar a qualquer momento as importâncias depositadas sobre as quais não penda controvérsia."

**9. Resolução BACEN 2.814/2001.** *"Art. 4º A instituição financeira, quando do recebimento de depósitos de consignação em pagamento, deve expedir, dentro de dois dias úteis, a correspondente notificação ao credor, cujo aviso de recepção deve ser assinado pessoalmente pelo destinatário e conservado pela instituição para os fins previstos em lei. Parágrafo único. A notificação a que se refere o caput deve ser efetuada em formulário apropriado, a ser confeccionado e fornecido pela instituição financeira, do qual constem, no mínimo: I – identificação da finalidade da notificação, da pessoa do devedor e da dívida objeto do depósito; II – informação em destaque, de que, nos termos do art. 890, Parágrafo 2º, da Lei nº 5.869, de 11 de janeiro de 1973, o devedor será considerado liberado da obrigação objeto da dívida indicada, na ocorrência de uma das seguintes hipóteses: a) o credor não apresentar à instituição financeira depositária, no prazo de dez dias contados da data de recebimento da notificação, manifestação de recusa formal da totalidade do valor depositado, permanecendo referidos recursos, nesse caso, à sua disposição, para retirada a qualquer tempo; b) o credor proceder à retirada dos recursos antes do término do prazo mencionado na alínea anterior; III – espaço destinado à eventual manifestação de recusa por parte do credor, onde este poderá incluir as razões para tanto, que deve ser efetuada por escrito no próprio formulário; IV – instruções para o envio da formalização de recusa à instituição financeira, por via postal ou entrega direta, respeitado o prazo mencionado no inciso II, alínea 'a', com aviso de recebimento a ser autenticado e assinado por funcionário da instituição; V – advertência de que o depósito refere-se ao valor total da dívida indicada, não se admitindo aceitação e consequente recebimento realizados com ressalvas; VI – outras informações que esclareçam o credor quanto aos direitos, obrigações, procedimentos, providências a serem tomadas e respectivas con-* sequências jurídicas e administrativas, conforme estabelecido na legislação e regulamentação em vigor, e advertência de que a assinatura do aviso de recebimento implica ciência das informações constantes da notificação."

## ▣ COMENTÁRIOS TEMÁTICOS

**10. Pagamento.** O cumprimento da obrigação, em qualquer tipo de prestação, é o pagamento. Vulgarmente, confunde-se pagamento com o cumprimento de obrigação de entregar dinheiro, mas o cumprimento de qualquer prestação é chamado de pagamento. O pagamento é, portanto, o meio esperado de extinção de uma obrigação. O adimplemento da obrigação dá-se, normalmente, pelo pagamento. O pagamento relaciona-se com o cumprimento de toda e qualquer obrigação, seja de dar, fazer, não fazer, não se limitando às prestações pecuniárias. Pagamento é adimplemento, cumprimento, execução, enfim, o ato de satisfazer a obrigação, pondo-lhe termo, liberando o devedor e atendendo ao direito do credor.

**11. Pagamento em consignação.** O pagamento extingue a obrigação, liberando o devedor. Se, porém, o credor não pode ou não deseja receber a prestação, o direito material confere alternativa para a extinção da obrigação. Também se o credor for incapaz, desconhecido ou estiver em lugar não sabido, há a mesma alternativa para a extinção da obrigação. Essa alternativa é o pagamento em consignação (CC, art. 334). O pagamento em consignação é o modo de liberação do devedor por meio de depósito, judicial ou extrajudicial, do bem devido, quando o cumprimento da prestação pelo devedor se torna impossível ou muito difícil. Enquanto o pagamento é o modo esperado ou normal de extinção da obrigação, o pagamento em consignação é forma excepcional de extinção da dívida. São situações excepcionais que autorizam o depósito com força liberatória. O pagamento em consignação pressupõe a existência de um conjunto de atos: o depósito, sua comunicação ao credor, a aceitação ou impugnação por ele e assim sucessivamente.

**12. Dever de consignar.** A opção por consignar não é um dever, mas apenas uma faculdade do devedor. O devedor pode ou não exercer o direito de consignar, não estando obrigado a fazê-lo. Se não o fizer, haverá, porém, de suportar as desvantagens da manutenção do vínculo obrigacional; não estará liberado do vínculo. Terá, então, o ônus de provar que não foi culpado pelo atraso e o de guardar a coisa a ser prestada, ainda que sem arcar com o ônus da conservação.

**LIVRO I** · DO PROCESSO DE CONHECIMENTO E DO CUMPRIMENTO DE SENTENÇA · **Art. 539**

**13. Depósito extrajudicial.** Ressalvadas as hipóteses de parcelamento do solo urbano – previstas na Lei 6.766/1979 –, o depósito era, por muito tempo no Brasil, realizado necessariamente em juízo. A partir da Lei 8.951/1994, passou a ser possível também sua realização extrajudicial, em instituição bancária oficial. O atual CPC manteve essa possibilidade, que está, de resto, inclusive mencionada no art. 334 do CC, ao valer-se das expressões "depósito judicial" ou "em estabelecimento bancário".

**14. Necessidade de notificação na consignação extrajudicial.** *"I – O depósito extrajudicial dos aluguéis tem o efeito de desonerar o locatário da obrigação. II – É necessário que o locatário comprove o efetivo conhecimento do depósito pelo locador, o que se perfaz com a notificação pessoal deste"* (STJ, 5ª Turma, REsp 618.295/DF, rel. Min. Felix Fischer, *DJ* 1.08.2006, p. 514).

**15. Objeto e cabimento da ação de consignação em pagamento.** A ação de consignação em pagamento é cabível nas hipóteses relacionadas no art. 335 do CC. Tais hipóteses autorizam o pagamento em consignação como meio de extinção das obrigações, podendo ser proposta da ação de consignação em pagamento. Algumas das hipóteses retratam casos de mora do credor; outras, diversamente, não decorrem da *mora creditoris*: os dois primeiros incisos retratam casos de mora do credor; nos demais, não há *mora creditoris*. A lista contida no art. 335 do CC é exemplificativa, e não exaustiva, por dois motivos: *a)* outros dispositivos, contidos em outros diplomas legais, preveem hipótese de cabimento da consignação em pagamento; *b)* em todas as hipóteses listadas, o devedor não pode cumprir a obrigação em virtude de fato do credor. Há, portanto, uma lógica que se generaliza. Então, toda vez que não for possível ao devedor pagar em razão de fato do credor, caberá a consignação, ainda que a hipótese não esteja literalmente abrangida por algum texto normativo expresso. O CTN, em seu art. 164, relaciona hipóteses de consignação em pagamento no âmbito tributário. O parágrafo único do art. 17 do Decreto-lei 58/1937, prevê uma hipótese específica de consignação em pagamento, relacionada ao depósito do lote, em caso de compromisso de compra e venda não proveniente de parcelamento de solo urbano. Essas hipóteses são exemplificativas. A consignação em pagamento cabe sempre que não for possível ao devedor pagar a dívida em razão de fato do credor.

**16. Obrigações de fazer e não fazer.** O que se deposita, numa ação de consignação em pagamento, é coisa corpórea ou importância em dinheiro, objeto da prestação a que está o devedor obrigado. Também é possível a consignação de bem imóvel. As obrigações de fazer e de não fazer estão fora do âmbito da ação de consignação em pagamento. Mais especificamente quanto às obrigações de fazer, é preciso observar se a prestação pode ser cumprida pelo devedor sem a cooperação do credor. Nesse caso, o devedor deve cumprir, mesmo que o credor não queira receber ou esteja em local incerto ou não sabido. Se, porém, a prestação exigir a cooperação do credor, há 2 hipóteses: (a) a prestação torna-se impossível por fato não imputável ao credor, estando o devedor liberado; (b) não havendo impossibilidade, ao devedor resta a possibilidade de assinar prazo ao credor para que receba a prestação, sob pena de se ter por liberado. Não se tem admitido, no tocante às obrigações de fazer, a ação de consignação em pagamento, por não ser fisicamente possível depositar um fazer. Há uma visão rigorosa, literal, inflexível da técnica especial da ação de consignação em pagamento. É, realmente, impossível fisicamente haver um tal depósito, mas o procedimento pode ser aplicado, sendo o réu citado, não para levantar o depósito efetuado, mas para receber a prestação. Basta haver uma adaptação no procedimento da ação de consignação em pagamento: em vez de ser feito um depósito e de ser determinada a citação do réu para levantá-lo, ordena-se simplesmente a citação do réu para receber a prestação, sob pena de ser considerado liberado o devedor.

**17. Consignação como técnica processual.** A ação de consignação em pagamento desencadeia a formação de um processo, que se desenvolve por um procedimento especial de jurisdição contenciosa. O que o caracteriza é a inserção de uma técnica destinada ao depósito do valor ou da coisa que o devedor pretende pagar ao credor, bem como a cognição sobre a correção de tal valor ou bem depositado. Essa é a nota que particulariza o procedimento da consignação em pagamento.

**18. Depósito fora do procedimento especial.** O depósito em consignação pode ser feito fora do procedimento especial da ação de consignação em pagamento. Como, aliás, dispõe o art. 334 do CC, o "depósito judicial" ou "em estabelecimento bancário" considera-se pagamento e extingue a obrigação. O depósito pode ser judicial ou extrajudicial. Quando for judicial, pode ser feito na própria ação de consignação em pagamento – e é isso que caracteriza o seu procedimento especial – ou pode ser feito como ato ou técnica em qualquer outro procedimento, até mesmo no comum. Assim, por exemplo, numa ação destinada a obter a revisão de um contrato ou de cláusulas contratuais, é possível haver o depósito das parcelas consideradas devidas ou incontroversas, a fim de que o devedor já possa delas liberar-se. Efetivamente, o art. 327, § 2º, permite a cumulação de pedidos, podendo todos eles submeter-se ao procedimento comum, sendo permitido que se utilize de técnica específica ou própria de um procedimento especial. Assim, no procedimento comum, é possível, por exemplo, cumular o pedido de revisão contratual com o de declaração de extinção da obrigação, efetuando-se o depósito em consignação. A técnica pode ser, enfim, adotada no procedimento comum.

**19. Depósito feito junto a terceiro.** O pagamento em consignação concretiza-se por um depósito feito junto a terceiro. Esse depósito pode ser judicial, realizado no procedimento especial formado com a propositura da ação de consignação em pagamento ou em qualquer outra demanda, que forme um procedimento comum. O depósito é técnica especial que pode ser utilizada em qualquer procedimento (art. 327, § 2º).

**20. Depósito espontâneo do valor da obrigação antes da intimação (art. 526) no cumprimento de sentença.** O art. 526 faculta ao devedor, antes de ser intimado para o cumprimento da sentença, comparecer perante o juízo competente para o cumprimento da sentença (art. 516) e oferecer em pagamento o valor que entender devido. Tal iniciativa do devedor assemelha-se a uma ação de consignação em pagamento, mas dela se distingue, por não pressupor a recusa do credor em receber a prestação (CC, art. 394) e por pressupor dívida líquida, o que nem sempre ocorre na consignação em pagamento. Essa medida, embora não seja uma ação de consignação em pagamento, contempla o *depósito feito junto a terceiro* como uma técnica especial utilizada em outro procedimento, diverso da consignação em pagamento. A providência é bastante útil para o devedor, que já se antecipa e evita discussões sobre multa e honorários, além de evitar o aumento da dívida em razão de juros e correção monetária.

**21. Desnecessidade de liquidez e certeza da dívida.** Para que se proponha a ação de consignação em pagamento, não é necessário que haja liquidez e certeza da dívida. O que se exige é a afirmação do autor de sua existência e do montante do débito. A exigência de certeza e liquidez é incompatível com a possibilidade de complementação do depósito prevista no art. 545, bem como com a possibilidade de o réu alegar insuficiência do depósito (art. 544, IV).

**22. Legitimidade ativa.** Tanto o devedor como o terceiro têm legitimidade para propor a ação de consignação em pagamento. O devedor tem, evidentemente, legitimidade para propor a ação de consignação em pagamento. As hipóteses de consignação em pagamento ocorrem justamente quando o devedor não consegue efetuar o pagamento. É o devedor quem pretende liberar-se da obrigação, tendo, obviamente, legitimidade para demandar o depósito em consignação.

**23. Pagamento por terceiro.** O pagamento também pode ser feito por terceiro. Há uma distinção normativo-dogmática entre o *terceiro interessado* e o *terceiro não interessado*.

**24. Terceiro interessado.** Terceiro interessado é o que "paga a dívida pela qual era ou podia ser obrigado, no todo ou em parte" (CC, art. 346, III). Assim, terceiro interessado é, por exemplo, o adquirente do imóvel hipotecado em relação ao financiamento que originou a hipoteca; o sublocatário quanto ao inadimplemento dos aluguéis pelo locatário; o garantidor no tocante à dívida garantida. Enfim, o interessado é aquele que pode sofrer, em sua esfera jurídica, efetivos negativos decorrentes do inadimplemento do devedor.

**25. Terceiro não interessado.** O terceiro não interessado não sofre, em sua esfera jurídica, efeitos negativos do inadimplemento. É possível, até mesmo, que sofra efeitos negativos em sua esfera moral, psicológica, econômica etc., mas não será atingido juridicamente com o inadimplemento do devedor. Assim, por exemplo, o pai pode pagar a dívida do filho para que não fique com imagem de inadimplente contumaz ou a namorada paga a dívida do namorado para que ele desfrute de melhores condições psicológicas, mas eles não estão obrigados ao pagamento, não havendo vinculação jurídica com a dívida.

**26. Gestor de negócios.** O gestor de negócios é terceiro não interessado.

**27. Legitimidade ativa do terceiro interessado.** O terceiro interessado tem direito a liberar-se, podendo valer-se dos meios necessários e suficientes à liberação do devedor. Ao pagar a dívida, sub-roga-se na condição do credor. Nesse caso, a dívida não se extingue, alterando-se apenas o sujeito integrante do polo ativo da relação obrigacional: o terceiro passa a ser o novo credor. Os terceiros interessados podem pagar independentemente da concordância do devedor ou do credor, podendo, se o credor se opuser, utilizar os "meios conducentes à exoneração do devedor" (CC, art. 304). Entre esses meios inclui-se a ação de consignação em pagamento.

# LIVRO I · DO PROCESSO DE CONHECIMENTO E DO CUMPRIMENTO DE SENTENÇA — Art. 540

Logo, o terceiro interessado é parte legítima para propor tal demanda.

**28. Legitimidade ativa do terceiro não interessado.** O terceiro não interessado não dispõe de direito próprio a pagar, podendo fazê-lo em nome do devedor, se este não se opuser (CC, art. 304, parágrafo único). Se quiser fazer em seu próprio nome, terá de obter a concordância do credor. Em qualquer caso, o terceiro não interessado não se sub-roga no direito do credor (CC, art. 305). Seu pagamento extingue a obrigação, e a restituição, se houver, decorrerá do surgimento de outra relação jurídica. O terceiro não interessado que paga a dívida em nome do devedor sem oposição deste também desfruta de legitimidade ativa para a ação de consignação em pagamento, caso o credor recuse-se a receber, pois pode, nessa condição, "usar dos meios conducentes à exoneração do devedor" (CC, art. 304, parágrafo único). A oposição do devedor ao pagamento pelo terceiro não interessado não impede que o pagamento se realize, mas impede que seu nome seja utilizado pelo terceiro, a fim de que este o libere. Desse modo, se houver oposição do devedor para que o terceiro use seu nome, este, se não interessado, não poderá propor ação de consignação em pagamento. O terceiro *não interessado* que queira pagar em nome do devedor sem que este o autorize não detém legitimidade ativa para a consignação em pagamento. Se o terceiro *não interessado* pagar em seu próprio nome, já não tem a possibilidade de "usar dos meios conducentes à exoneração do devedor". Assim, se o credor recusar o pagamento, o terceiro não terá legitimidade ativa para a ação de consignação em pagamento.

**29. Interesse do terceiro no pagamento *versus* interesse de agir.** O interesse do terceiro no pagamento não se confunde com o interesse de agir. Este se configura pela presença conjunta da necessidade e utilidade da tutela jurisdicional. Logo, se o terceiro interessado pretende pagar e o credor já o aceita, não haverá interesse de agir na ação de consignação em pagamento, por ser desnecessária a tutela jurisdicional.

> **Art. 540.** Requerer-se-á a consignação no lugar do pagamento, cessando para o devedor, à data do depósito, os juros e os riscos, salvo se a demanda for julgada improcedente.

▶ **1. Correspondência no CPC/1973.** *"Art. 891. Requerer-se-á a consignação no lugar do pagamento, cessando para o devedor, tanto que se efetue o depósito, os juros e os riscos, salvo se for julgada improcedente. (...)"*

⚖ **JURISPRUDÊNCIA, ENUNCIADOS E SÚMULAS SELECIONADOS**

- **2. Enunciado 59 do FPPC.** *"Em ação de consignação e pagamento, quando a coisa devida for corpo que deva ser entregue no lugar em que está, poderá o devedor requerer a consignação no foro em que ela se encontra. A supressão do parágrafo único do art. 891 do Código de Processo Civil de 1973 é inócua, tendo em vista o art. 341 do Código Civil."*

📑 **LEGISLAÇÃO CORRELATA**

**3. CC, art. 327.** *"Art. 327. Efetuar-se-á o pagamento no domicílio do devedor, salvo se as partes convencionarem diversamente, ou se o contrário resultar da lei, da natureza da obrigação ou das circunstâncias. Parágrafo único. Designados dois ou mais lugares, cabe ao credor escolher entre eles."*

**4. CC, art. 328.** *"Art. 328. Se o pagamento consistir na tradição de um imóvel, ou em prestações relativas a imóvel, far-se-á no lugar onde situado o bem."*

**5. CC, art. 337.** *"Art. 337. O depósito requerer-se-á no lugar do pagamento, cessando, tanto que se efetue, para o depositante, os juros da dívida e os riscos, salvo se for julgado improcedente."*

**6. CC, art. 341.** *"Art. 341. Se a coisa devida for imóvel ou corpo certo que deva ser entregue no mesmo lugar onde está, poderá o devedor citar o credor para vir ou mandar recebê-la, sob pena de ser depositada."*

📝 **COMENTÁRIOS TEMÁTICOS**

**7. Competência para a ação de consignação em pagamento.** A ação de consignação em pagamento deve ser proposta no foro do lugar do pagamento. O local do pagamento não é necessariamente o lugar onde o resultado da prestação se manifesta, não sendo, enfim, relevante para gerar deslocamento físico ou comodidade no ato concreto de adimplir a obrigação. A relevância jurídica do local do pagamento depende de a dívida ser quesível ou portável, repercutindo na mora e, portanto, na incidência de juros e no específico regime dos riscos.

**8. Domicílio do devedor.** O local do pagamento é o domicílio do devedor, salvo se as partes convencionarem diversamente, ou se o contrário resultar da lei, da natureza da obrigação ou das circunstâncias (CC, art. 327).

**9. Exceções.** A disposição contida no referido art. 327 do CC contém tantas exceções que a re-

915

gra do domicílio do devedor é excepcional. Em razão da natureza da obrigação, o local do pagamento pode variar muito. Assim, por exemplo, o pagamento de salários é feito habitualmente no estabelecimento do credor; o recebimento de honorários realiza-se no consultório médico ou no escritório de advocacia; as obrigações tributárias são pagas em repartições públicas; os pagamentos comerciais são feitos junto aos bancos; os pagamentos relativos a imóveis são realizados no lugar onde está situado o bem (CC, art. 328) etc.

**10. Classificação das dívidas em virtude do lugar do pagamento: dívidas quesíveis, portáveis e mistas.** Para melhor identificação do local do pagamento, costuma-se adotar uma classificação de tradição francesa, que distingue as dívidas em (a) *quérables*, ou quesíveis, ou "de ir buscar"; e, (b) *portables,* ou portáveis, ou "de ir levar". A esses tipos acrescem as "dívidas mistas". As dívidas quesíveis ou "de ir buscar" são as que o credor deve ir ao lugar onde o adimplemento há de ser feito, ou deve providenciar para tanto. Tais dívidas são pagas no domicílio do devedor. Cabe ao credor ir buscar e deve dirigir-se ao domicílio do devedor para receber seu crédito. Por sua vez, as dívidas portáveis ou "de ir levar" são as que somente se cumprem se o devedor for até o credor para pagar; o pagamento é feito, portanto, no domicílio do credor. Há casos em que tanto o credor como o devedor devem ir até o lugar escolhido para que o pagamento se realize. Se nenhuma delas for, não pode ser realizado o pagamento. É o que ocorre nos casos de pré-contratos, cujos pagamentos se concretizam em escritura pública. Para que o pagamento se realize, tanto o credor como o devedor devem dirigir-se ao tabelionato, a fim de lavrar a escritura. Se um deles não comparecer, a escritura não pode ser lavrada e ele estará em mora. Essas dívidas, nas quais cada parte pratica um ato distinto, são chamadas de mistas. Nesse caso, o local do pagamento não é nem o domicílio do credor, nem o do devedor, mas o local aonde ambos devem ir para realização dos seus respectivos atos.

**11. Lugar do pagamento e foro de eleição.** A competência para a ação de consignação em pagamento é a do foro do local do pagamento. O local do pagamento depende da natureza da obrigação. Sendo a obrigação quesível ou "de ir buscar", o local do pagamento é o domicílio do devedor. Se a dívida for portável ou "de ir levar", o pagamento é feito no domicílio do credor. Caso da dívida seja mista, o local do pagamento não é nem o domicílio do credor,

nem o do devedor, mas o local aonde ambos devem ir para realização dos seus respectivos atos. O lugar do pagamento não se confunde com o foro de eleição. As partes podem convencionar que as disputas decorrentes do contrato sejam submetidas a determinado foro, diverso do local do pagamento.

**12. Abusividade da eleição de foro.** A ação de consignação em pagamento deve ser proposta no foro de eleição, caso assim esteja convencionado no contrato celebrado entre as partes. Nesse caso, há de prevalecer a vontade das partes, ressalvada eventual abusividade em contrato de adesão, sendo nula a cláusula, caso a relação seja de consumo (CDC, art. 51), ou ineficaz, nas hipóteses de relações civis em sentido estrito (CC, art. 187 e arts. 422 e 423).

**13. Ausência de peculiaridade ou de foro de eleição.** Não havendo qualquer peculiaridade na dívida, nem convenção entre as partes, o local do pagamento será o domicílio do devedor (CC, art. 327), sendo este, então, o foro competente para a ação de consignação em pagamento.

**14. Competência relativa.** A competência para a ação de consignação em pagamento é territorial e, portanto, relativa (art. 63). Proposta a demanda em foro diverso, incumbe ao réu suscitar, em preliminar de contestação, a incompetência (arts. 64 e 337, II). Não suscitada a incompetência pelo réu, haverá prorrogação (art. 65). Não poderá o juiz reconhecer de ofício sua incompetência, tornando-se competente diante a inércia do réu.

> **Art. 541.** Tratando-se de prestações sucessivas, consignada uma delas, pode o devedor continuar a depositar, no mesmo processo e sem mais formalidades, as que se forem vencendo, desde que o faça em até 5 (cinco) dias contados da data do respectivo vencimento.

▶ **1. Correspondência no CPC/1973.** *"Art. 892. Tratando-se de prestações periódicas, uma vez consignada a primeira, pode o devedor continuar a consignar, no mesmo processo e sem mais formalidades, as que se forem vencendo, desde que os depósitos sejam efetuados até 5 (cinco) dias, contados da data do vencimento."*

### 🏛 Legislação Correlata

**2. Lei 8.245/1991, art. 67, III.** *"Art. 67. Na ação que objetivar o pagamento dos aluguéis e acessórios da locação mediante consignação, será observado o seguinte: (...) III – o pedido envolverá a quitação das obrigações que vencerem durante a*

**LIVRO I** • DO PROCESSO DE CONHECIMENTO E DO CUMPRIMENTO DE SENTENÇA • **Art. 541**

*tramitação do feito e até ser prolatada a sentença de primeira instância, devendo o autor promover os depósitos nos respectivos vencimentos."*

## ⚖ Jurisprudência, Enunciados e Súmulas Selecionados

- **3. Enunciado 60 do FPPC.** *"Na ação de consignação em pagamento que tratar de prestações sucessivas, consignada uma delas, pode o devedor continuar a consignar sem mais formalidades as que se forem vencendo, enquanto estiver pendente o processo."*

## 🗐 Comentários Temáticos

**4. Depósito de prestações sucessivas.** Quanto a obrigação pode tiver várias prestações, o devedor deve continuar a depositar, no mesmo processo e sem mais formalidades, as que se forem vencendo. Na petição inicial, o autor deve pedir autorização ao juiz para efetuar o depósito, começando a correr o prazo de 5 dias para sua realização quando o juiz, mesmo que não o autorize expressamente, admita a demanda e determine a citação do réu (art. 542, I). Feito o depósito da primeira prestação, as demais devem ser igualmente feitas, em até 5 dias da data do respectivo vencimento, no mesmo processo, sem mais formalidades.

**5. Prestações locatícias.** Na ação de consignação em pagamento de prestações locatícias, o prazo para depósito das prestações sucessivas não é de até 5 dias da data do respectivo vencimento, mas até a própria data do seu vencimento (Lei 8.245/1991, art. 67, III).

**6. Consignação tributária.** O prazo de 5 dias previsto no art. 541 não se aplica aos depósitos judiciais relativos a créditos tributários, diante do rigor normativo quanto à pontualidade no pagamento dos tributos. Nesse sentido: STJ, 1ª Turma, REsp 1.365.761/RS, rel. Min. Benedito Gonçalves, *DJe* 15.06.2015.

**7. Desnecessidade de sucessivos pedidos e de sucessivas contestações.** Não é necessário que o autor peça o depósito das prestações subsequentes. Basta pedir o depósito inicial; os demais não dependem de pedido. De igual modo, não se abrirá para o réu prazos sucessivos de contestação para cada depósito feito. A obrigação é uma só, dividida em diversas prestações. O prazo para resposta conta do primeiro depósito e a discussão que vier a ser travada envolve todos eles.

**8. Contraditório.** Embora o réu não tenha novos prazos de contestação a partir de cada depósito feito, é necessário que ele seja intimado para manifestar-se sobre os depósitos efetivados, devido ao contraditório efetivo, a possibilitar sua influência na convicção do juiz (arts. 7º e 9º). O réu tem o direito de demonstrar que um ou mais depósitos são insuficientes ou foram feitos intempestivamente, ou seja, para além dos 5 dias dos seus respectivos vencimentos.

**9. Ineficácia do depósito intempestivo.** Não feito o depósito no prazo de 5 dias (ou no prazo do vencimento, no caso da consignação de prestações locatícias), será ineficaz, não extinguindo a obrigação.

**10. Prestações vincendas após a sentença e trânsito em julgado.** No caso de obrigação em várias prestações, o autor deve efetuar o depósito de todas elas para que se tenha a extinção da obrigação. É possível que, proferida a sentença de procedência, considerando regular os depósitos e extinguindo as prestações depositadas, continuem a vencer prestações supervenientes. A jurisprudência controverte-se sobre a possibilidade de prestações vincendas após a prolação da sentença. Há entendimento contrário à realização de depósitos após a sentença (STJ, REsp 126.610/SP); segundo esse entendimento, sendo declaratória a sentença de procedência na consignação em pagamento, não seria possível haver depósitos depois de sua prolação, pois o juiz não teria, nem poderia, manifestar-se sobre tais depósitos, pois já esgotada sua função jurisdicional (o juiz teria de manifestar-se sobre o *futuro*, presumindo regulares depósitos ainda não feitos). Além do mais, o réu não teria como se manifestar ou impugnar os depósitos feitos. Para esses depósitos posteriores, seria necessária a propositura de nova demanda consignatória. Por sua vez, há entendimento segundo o qual é possível a realização de depósitos após a sentença, cabendo ao juiz conferir a regularidade, oportunidade, correção e adequação dos depósitos após o trânsito em julgado (STJ, REsp 139.402/MG; STJ, REsp 439.489/SP). Os depósitos deveriam ser feitos até o trânsito em julgado da sentença de procedência (STJ, REsp 56.761/SP; STJ, REsp 33.976/SP; STJ, REsp 43.750/RJ). Esse entendimento apoia-se no princípio da economia processual, admitindo depósitos após a sentença, que podem ser averiguados pelo juiz após o trânsito em julgado, evitando-se a propositura de nova demanda. Em todo caso, não é possível haver depósitos após o trânsito em julgado.

> **Art. 542.** Na petição inicial, o autor requererá:
> I – o depósito da quantia ou da coisa devida, a ser efetivado no prazo de 5 (cinco) dias contados do deferimento, ressalvada a hipótese do art. 539, § 3º;
> II – a citação do réu para levantar o depósito ou oferecer contestação.
> Parágrafo único. Não realizado o depósito no prazo do inciso I, o processo será extinto sem resolução do mérito.

▶ **1. Correspondência no CPC/1973.** *"Art. 893. O autor, na petição inicial, requererá: I – o depósito da quantia ou da coisa devida, a ser efetivado no prazo de 5 (cinco) dias contados do deferimento, ressalvada a hipótese do § 3º do art. 890; II – a citação do réu para levantar o depósito ou oferecer resposta."*

### ⚖ LEGISLAÇÃO CORRELATA

**2. Lei 8.245/1991, art. 67, I e II.** *"Art. 67. Na ação que objetivar o pagamento dos aluguéis e acessórios da locação mediante consignação, será observado o seguinte: I – a petição inicial, além dos requisitos exigidos pelo art. 282 do Código de Processo Civil, deverá especificar os aluguéis e acessórios da locação com indicação dos respectivos valores; II – determinada a citação do réu, o autor será intimado a, no prazo de vinte e quatro horas, efetuar o depósito judicial da importância indicada na petição inicial, sob pena de ser extinto o processo."*

### ▣ COMENTÁRIOS TEMÁTICOS

**3. Legitimidade passiva.** Normalmente, o pagamento em consignação é feito pelo devedor em favor do credor. Por isso, é do credor a legitimidade passiva para a ação de consignação em pagamento, sempre que ele seja conhecido e certo. O credor originário não é necessariamente o credor do pagamento; o cessionário do crédito, o sucessor universal, o que recebeu o crédito por doação são credores do pagamento, sendo, portanto, legitimados passivamente para a ação de consignação em pagamento. A ação de consignação em pagamento deve ser proposta contra o credor que se recusou a receber a prestação, ou que não diligenciou o seu recebimento; ou, quando o motivo da consignação for a dúvida sobre a quem pagar, a ação deve ser proposta contra todos os possíveis credores ou todos os disputantes do pagamento.

**4. A questão das administradoras de contratos imobiliários.** O pagamento em consig-

nação há de ser feito, normalmente, perante o credor. Há, porém, situações nas quais o depósito, mesmo efetuado junto a terceiro, libera o devedor. Mesmo sendo certo o credor, existem hipóteses em que, por força de contrato ou mesmo do costume, o pagamento deva ser feito a outrem. Essas situações são excepcionais e decorrem da relação de confiança gerada entre as partes, conjugada com a dificuldade do depósito direto. O exemplo mais comum é o de administradoras de imóveis, que intermedeiam contratos de locação. A administradora de imóvel não tem legitimidade passiva para a ação de consignação em pagamento, não se podendo, porém, descartar situações excepcionais que lhe conferem essa legitimidade. A consignação em pagamento pode ser proposta diretamente contra a administradora de imóvel, se houver (a) relação de confiança gerada pela reiterada conduta; (b) presumível aquiescência do credor no recebimento pela administradora, decorrente dessa conduta reiterada; e, (c) impossibilidade ou extrema dificuldade de realizar-se o depósito perante o verdadeiro credor. Ademais, é possível haver negócio jurídico processual outorgando legitimidade à administradora de imóvel para, em nome próprio, demandar direito do credor ou ser demandada. Assim, poderá a administradora cobrar crédito do proprietário do imóvel ou ser demandada em ação de consignação em pagamento.

**5. Ilegitimidade passiva de administradora de condomínio.** *"A administradora do condomínio não tem legitimidade para figurar no polo passivo da relação processual em ação de consignação em pagamento concernente a cotas condominiais. Recurso especial não conhecido"* (STJ, 4ª Turma, REsp 288.198/RJ, rel. Min. Barros Monteiro, *DJ* 11.10.2004, p. 329).

**6. Legitimidade passiva nos casos de obrigações solidárias ativas.** Havendo solidariedade ativa e um dos credores, a quem for oferecida a prestação, recusar seu recebimento, o devedor pode valer-se do pagamento em consignação. Nesse caso, a ação há de ser proposta contra o credor que recusou a prestação ou contra qualquer um dos demais credores (CC, art. 268). A ação de consignação em pagamento não será admissível se um ou mais credores já tiverem realizado a cobrança. É que, nesse caso, o pagamento haveria de ter sido feito a quem judicializou a cobrança, sendo justificada a recusa do credor a quem o devedor oferecera o pagamento. Enquanto não houver cobrança judicial, o devedor poderá, em caso de solidariedade ativa, pagar a qualquer dos credores à sua livre escolha. Tal

**LIVRO I · DO PROCESSO DE CONHECIMENTO E DO CUMPRIMENTO DE SENTENÇA** · **Art. 542**

escolha cessa, entretanto, quando um ou alguns deles ajuizar ação de cobrança. Em tal hipótese, o devedor só se libera quando pagar ao próprio credor que tomou a iniciativa da cobrança; não se exonerará se vier a pagar a qualquer outro credor, arriscando-se, se o fizer, a pagar duas vezes. Tal situação só ocorre se houver judicialização da cobrança; se a cobrança for extrajudicial, feita mediante uma carta, uma notificação ou mesmo um protesto realizados extrajudicialmente por um dos credores, isso não inibe o devedor de pagar a qualquer outro credor solidário. Nesse caso, se houver recusa no recebimento, ela será injustificada, sendo admissível a ação de consignação em pagamento, a ser proposta contra o credor que recusou ou contra qualquer um dos outros credores.

**7. Legitimidade passiva e obrigações indivisíveis com pluralidade de credores.** O art. 260 do CC, que se refere a obrigações indivisíveis com pluralidade de credores, assim dispõe: "Se a pluralidade for dos credores, poderá cada um destes exigir a dívida inteira; mas o devedor ou devedores se desobrigarão, pagando: I – a todos conjuntamente; II – a um, dando este caução de ratificação dos outros credores". Se um dos credores recusar o pagamento oferecido a apenas ele, não sendo capaz de garantir a ratificação dos demais, a recusa estará justificada, não se admitindo a ação de consignação em pagamento. Sendo, porém, capaz de garantir a ratificação dos demais, a consignação será admissível, devendo ser proposta contra todos os credores. O caso é, portanto, de litisconsórcio passivo necessário.

**8. Legitimidade passiva e crédito tributário.** Em caso de crédito tributário, a ação de consignação em pagamento deve ser proposta contra a pessoa jurídica de direito público instituidora do tributo. Ainda que a cobrança seja realizada por terceiro, a legitimidade passiva é do ente público com competência para instituir e cobrar o tributo. É preciso, enfim, verificar a competência tributária ativa. Assim, nos tributos de competência da União, a recusa ou subordinação ao pagamento de outro tributo ou ao cumprimento de exigências consideradas infundadas, só poderá ocorrer por parte de tal ente federado. Logo, é ela que deve figurar no polo passivo da ação de consignação em pagamento. De igual modo, nos tributos de competência de um Estado ou de um Município, a ação de consignação em pagamento deve ser proposta contra ele especificamente. Quando a consignação em pagamento fundar-se na dúvida a quem pagar, a demanda deve ser proposta contra todas as Fazendas Públicas que sejam possivelmente

titulares do crédito ou que estejam exigindo o pagamento simultaneamente (art. 547).

**9. Petição inicial.** O procedimento da ação de consignação em pagamento tem início por uma petição inicial que deve preencher os requisitos previstos no art. 319. Ao lado desses requisitos, a petição inicial da ação de consignação em pagamento deve conter o pedido de depósito da quantia ou da coisa devida e o de citação do réu para levantar o depósito ou oferecer contestação. O requerimento de autorização para realização do depósito do valor ou da coisa devida é dispensado, caso já tenha havido o depósito extrajudicial (art. 539, § 3º). Se houver dúvida sobre quem seja o credor, aplica-se o art. 547, devendo ser citados todos os possíveis titulares do crédito para provarem o seu direito. A coisa devida deve ser depositada, não se admitindo a substituição da prestação. O depósito de prestação diversa da convencionada não produz o efeito de liberar o devedor.

**10. Documentos indispensáveis.** Ao autor cabe juntar os documentos indispensáveis à propositura da demanda (art. 320). Assim, o autor há de juntar o contrato celebrado com o réu ou o ato jurídico que gerou sua obrigação. Tal documento irá viabilizar a análise do juiz quanto aos sujeitos da obrigação, a prestação, o lugar, o tempo e o modo de pagamento estabelecidos.

**11. Valor da causa.** O autor, na petição inicial da consignação em pagamento, deve indicar o valor da causa. No caso, o valor da causa será o da prestação que o devedor pretende adimplir (art. 292, II). Se a obrigação tiver prestações sucessivas, deve ser aplicado o disposto no § 2º do art. 292: se a obrigação for estipulada por tempo indeterminado ou superior a um ano, o valor da causa será a soma de 12 prestações; sendo inferior a um ano, o valor da causa será a soma de todas as prestações.

**12. Audiência de mediação ou conciliação.** Em princípio, a petição inicial da ação de consignação em pagamento não precisa conter o requisito previsto no inciso VII do art. 319, pois a audiência de conciliação ou de mediação (art. 334) não integra o seu procedimento. Embora não haja previsão da referida audiência no procedimento da ação de consignação em pagamento, é possível que o juiz designe a audiência, a ser conduzida por um mediador ou conciliador. As técnicas procedimentais são cambiáveis, podendo o juiz adotar num procedimento especial técnica do procedimento comum e vice-versa. A audiência de mediação ou conciliação, típica do procedimento comum,

919

pode ser realizada no procedimento especial da ação de consignação em pagamento.

**13. Cumulação de pedidos.** Em sua petição inicial, o autor pede ao juiz que autorize a realização do depósito ou comprova o depósito bancário feito anteriormente ao ajuizamento da demanda. O pedido formulado na ação de consignação em pagamento destina-se a obter o reconhecimento da extinção da obrigação pelo depósito feito. O procedimento é todo estruturado em razão do depósito feito e a cognição exercida relaciona-se com a pretensão de extinção da obrigação. Tal pedido pode ser cumulado com outros pedidos, relativos à revisão ou invalidação do negócio jurídico celebrado entre as partes, podendo, até mesmo, haver algum pedido de indenização do devedor perante o credor. Embora esses outros pedidos não se submetam ao mesmo procedimento especial da consignação em pagamento, a cumulação é permitida. O § 2º do art. 327 permite a cumulação do pedido de depósito em consignação e extinção da obrigação com outros pedidos. Tal cumulação é feita com a adoção do procedimento comum e importação a ele da técnica especial própria do procedimento da consignação em pagamento relativa ao depósito feito pelo devedor em favor do credor.

**14. Prazo para depósito.** Na petição inicial da consignação em pagamento, o autor deve pedir ao juiz autorização para realizar o depósito. Autorizado, o depósito há de ser feito no prazo de 5 dias.

**15. Prazo processual.** O prazo para depositar tem início, desenvolve-se e se encerra no próprio processo; é, então, um prazo processual: em sua contagem, só se computam os dias úteis (art. 219).

**16. Termo inicial do prazo.** O marco inicial do prazo é a intimação do autor do despacho que recebe a petição inicial.

**17. Desnecessidade de expressa autorização do juiz.** Não é necessária expressa autorização do juiz; a simples aceitação da demanda, com a determinação de citação do réu, já configura a autorização para a realização do depósito. Convém que o juiz autorize expressamente o depósito, mas se seu despacho restringir-se a determinar a citação do réu, o autor, desde que efetivamente intimado, já tem contra si iniciado o prazo para depósito. Não importa expressa autorização do juiz; o que importa é que o autor seja intimado do despacho que recebeu a petição inicial e mandou citar o réu.

**18. Local do depósito.** O juiz deve designar o lugar onde o credor deve ir buscar a coisa depositada. Se a obrigação for pecuniária, o levantamento ocorrerá junto à instituição bancária depositária.

**19. Depósito como pressuposto para a citação.** A citação do réu somente será efetivada se o depósito for feito antes. Caso a coisa devida seja imóvel ou corpo certo que deva ser entregue no mesmo lugar onde está, o autor pode requerer a citação do réu para ir recebê-lo (CC, art. 341). Em tal hipótese, a citação deve realizar-se antes do depósito, pois o art. 341 do CC dispõe que a omissão do credor é que enseja o depósito. Não recebendo o bem, será oportunizado o depósito ao autor, depois do qual será, então, o réu intimado para oferecer contestação ou receber a coisa (art. 542, II). Essa hipótese afasta a afirmação segundo a qual o depósito deve sempre ser realizado antes da citação. O depósito, nesse caso, somente deve ser feito em caso de omissão do réu no recebimento do bem. Também não se deve fazer o depósito antes da citação quando a consignação for de obrigação alternativa ou de gênero (art. 543). Em tal hipótese, o réu é citado para escolher o bem; apenas depois que for exercida a escolha é que o autor poderá efetuar o depósito.

**20. Consequência da não realização do depósito.** Transcorrido o prazo de 5 dias sem que o autor faça o depósito, o processo será extinto sem resolução do mérito (art. 542, parágrafo único). O depósito é fundamental para o procedimento especial da consignação em pagamento. Todo procedimento foi estruturado em razão do depósito. O depósito é ato imprescindível ao prosseguimento do processo; somente após sua efetivação é que se pode cogitar da citação do réu. Não feito o depósito, não há como haver prosseguimento, devendo o processo ser extinto sem resolução do mérito. Sem o depósito, o processo não terá objeto. A sentença, na consignação em pagamento, destina-se a verificar a realização do depósito, sua regularidade, correção e integralidade. Se não há depósito, não há sobre o que o juiz decidir.

**21. Depósito intempestivo.** Feito o depósito intempestivamente, a consequência é a mesma da ausência de depósito: extingue-se o processo sem resolução do mérito. A intempestividade acarretará preclusão temporal (art. 223); o depósito intempestivo equivale a ausência de depósito, implicando a mesma consequência de ser determinada a extinção do processo sem resolução do mérito.

**22. Aproveitamento de depósito extemporâneo.** *"Na ação de consignação em pagamento, o depósito extemporâneo pelo devedor-consignante não é causa de extinção do processo sem julga-*

**LIVRO I** · DO PROCESSO DE CONHECIMENTO E DO CUMPRIMENTO DE SENTENÇA **Art. 544**

*mento do mérito, devendo ser aproveitado*" (STJ, 3ª Turma, REsp 702.739/PB, rel. p/ ac. Min. Ari Pargendler, *DJ* 2.10.2006, p. 266).

**23. Dilatação do prazo.** É possível que o autor, antes de encerrar o prazo (art. 139, parágrafo único), peça ao juiz para dilatá-lo, haja vista alguma dificuldade ou complexidade no caso concreto (art. 139, VI).

**24. Depósito prévio extrajudicial.** Se o depósito já tiver sido feito extrajudicialmente, antes da propositura da demanda, não precisa o autor requerer autorização para fazê-lo, devendo apenas comprovar o depósito feito, desde que ajuizada a demanda dentro do prazo de 1 mês da recusa do credor ao levantamento do depósito bancário (art. 539, § 3º).

**25. Citação e posturas do réu.** Na maioria dos casos de consignação em pagamento, a citação somente será realizada depois de feito o depósito pelo autor. Citado, o réu poderá comparecer e levantar o depósito, manter-se inerte ou apresentar resposta. O réu pode reconvir, fazendo-o na própria contestação (art. 343), podendo, ainda, apresentar alegação de impedimento ou de suspeição do juiz (art. 146). Há, porém, casos em que a citação é feita antes do depósito. Se a coisa devida seja imóvel ou corpo certo que deva ser entregue no mesmo lugar onde está, o autor pode requerer a citação do réu para ir recebê-lo (CC, art. 341). Nesse caso, a citação deve realizar-se antes do depósito. Uma vez citado, o réu pode comparecer e receber o bem, ou deixar de receber, quando, então, iniciará o prazo para que o autor realize o depósito. Em seguida, o réu será intimado para contestar ou receber a coisa. Intimado, o réu poderá receber a coisa, nada fazer ou apresentar resposta. Tratando-se de obrigação alternativa ou de gênero, e cabendo a escolha ao credor, a citação conterá interpelação para que ele especifique o objeto da prestação (art. 543). Apenas depois que for exercida a escolha é que o autor poderá efetuar o depósito. Feito o depósito, o réu será intimado para receber a coisa ou contestar. Intimado, o réu poderá receber a coisa, apresentar contestação ou manter-se revel. Na consignação baseada na dúvida a quem pagar, os réus serão citados para comprovar o crédito (art. 547). Em seguida, segue-se o quanto disposto no art. 548.

**Art. 543.** Se o objeto da prestação for coisa indeterminada e a escolha couber ao credor, será este citado para exercer o direito dentro de 5 (cinco) dias, se outro prazo não constar de lei ou do contrato, ou para aceitar que o devedor

a faça, devendo o juiz, ao despachar a petição inicial, fixar lugar, dia e hora em que se fará a entrega, sob pena de depósito.

▶ **1. Correspondência no CPC/1973.** "*Art. 894. Se o objeto da prestação for coisa indeterminada e a escolha couber ao credor, será este citado para exercer o direito dentro de 5 (cinco) dias, se outro prazo não constar de lei ou do contrato, ou para aceitar que o devedor o faça, devendo o juiz, ao despachar a petição inicial, fixar lugar, dia e hora em que se fará a entrega, sob pena de depósito.*"

🔲 **LEGISLAÇÃO CORRELATA**

**2. CC, art. 244.** "*Art. 244. Nas coisas determinadas pelo gênero e pela quantidade, a escolha pertence ao devedor, se o contrário não resultar do título da obrigação; mas não poderá dar a coisa pior, nem será obrigado a prestar a melhor.*"

🔲 **COMENTÁRIOS TEMÁTICOS**

**3. Interpelação do réu.** Nos casos de obrigação alternativa ou de gênero, e cabendo a escolha ao credor, a citação conterá interpelação para que ele especifique o objeto da prestação. Somente depois que for exercida a escolha é que o autor poderá efetuar o depósito. Feito o depósito, o réu será intimado para receber a coisa ou contestar. Intimado, o réu poder receber a coisa, apresentar contestação ou manter-se revel.

**4. Prazo para depósito.** O autor, na petição inicial da consignação em pagamento, deve pedir ao juiz autorização para realizar o depósito. Autorizado, o depósito há de ser feito no prazo de 5 dias. A citação do réu somente será efetivada se o depósito for feito antes. Não se deve fazer o depósito antes da citação quando a consignação for de obrigação alternativa ou de gênero (art. 543). Em tal hipótese, o réu é citado para escolher o bem; apenas depois que for exercida a escolha é que o autor poderá efetuar o depósito.

**Art. 544.** Na contestação, o réu poderá alegar que:

I – não houve recusa ou mora em receber a quantia ou a coisa devida;

II – foi justa a recusa;

III – o depósito não se efetuou no prazo ou no lugar do pagamento;

IV – o depósito não é integral.

Parágrafo único. No caso do inciso IV, a alegação somente será admissível se o réu indicar o montante que entende devido.

**1. Correspondência no CPC/1973.** *"Art. 896. Na contestação, o réu poderá alegar que: I – não houve recusa ou mora em receber a quantia ou coisa devida; II – foi justa a recusa; III – o depósito não se efetuou no prazo ou no lugar do pagamento; IV – o depósito não é integral. Parágrafo único. No caso do inciso IV, a alegação será admissível se o réu indicar o montante que entende devido."*

## 🏛 LEGISLAÇÃO CORRELATA

**2. Lei 8.245/1991, art. 67, V e VI.** *"Art. 67. Na ação que objetivar o pagamento dos aluguéis e acessórios da locação mediante consignação, será observado o seguinte: (...) V – a contestação do locador, além da defesa de direito que possa caber, ficará adstrita, quanto à matéria de fato, a: a) não ter havido recusa ou mora em receber a quantia devida; b) ter sido justa a recusa; c) não ter sido efetuado o depósito no prazo ou no lugar do pagamento; d) não ter sido o depósito integral; VI – além de contestar, o réu poderá, em reconvenção, pedir o despejo e a cobrança dos valores objeto da consignatória ou da diferença do depósito inicial, na hipótese de ter sido alegado não ser o mesmo integral."*

## ▣ COMENTÁRIOS TEMÁTICOS

**3. Resposta do réu.** Embora o art. 544 se refira apenas à contestação, é certo que o réu pode reconvir na ação de consignação em pagamento e formular pretensões que tenha contra o autor, desde que haja conexão com o fundamento da petição inicial ou da própria contestação (art. 343). De igual modo, o réu pode arguir o impedimento ou a suspeição do juiz, mediante petição específica prevista no art. 146.

**4. Matérias de contestação.** O art. 544 relaciona as matérias que podem ser alegadas na contestação apresentada na ação de consignação em pagamento. O dispositivo não se refere apenas às demandas consignatórias fundadas na recusa do credor em receber o pagamento ou em dar quitação. O réu pode, na contestação, alegar que (a) não houve recusa ou mora em receber a quantia ou coisa devida; (b) foi justa a recusa; (c) o depósito não se efetuou no prazo ou no lugar do pagamento; (d) o depósito não é integral. Estas 2 últimas alegações podem ser feitas em qualquer ação de consignação em pagamento, independentemente de qual seja a causa de pedir contida na petição inicial. Já as 2 primeiras são próprias da consignação em paga-

mento fundada na recusa do credor em receber o pagamento ou em dar quitação.

**5. Rol exemplificativo.** Esse rol, contido no art. 544, não é exaustivo; é exemplificativo. Pode o réu alegar falta de litígio sobre o objeto do pagamento, ou negar as alegações do autor, ou questionar sua alegada incapacidade, ou questionar a validade do negócio jurídico celebrado com o autor; pode, ainda, o réu, em caso de dúvida sobre a quem pagar, alegar a falta da dúvida. Enfim, não é exaustivo esse elenco de matérias contido no art. 544.

**6. Cumulação de pedidos.** Se houver cumulação do pedido de consignação em pagamento com o de revisão ou de invalidação do contrato, o réu pode, evidentemente, atacar esse pedido cumulado.

**7. Preliminares.** Em sua contestação, o réu pode suscitar, preliminarmente, as matérias relacionadas no art. 337.

**8. Incompetência relativa.** A alegação de incompetência relativa (art. 337, II) pode ser feita sem que o réu se insurja, no mérito, contra o lugar em que foi realizado o depósito. O réu pode, enfim, sinalizar sua intenção de receber o valor ou bem depositado, desde que o depósito seja transferido para o foro competente. Acolhida a alegação de incompetência territorial, os autos devem ser remetidos ao foro competente, com a transferência do depósito para lá, onde o réu deverá receber seu crédito, vindo a obrigação a ser extinta.

**9. Local do pagamento.** O depósito deve ser feito no lugar do pagamento. Uma das matérias de contestação é a realização do depósito fora do local do pagamento). O lugar errado pode ser motivo para alegação de incompetência relativa ou servir como defesa de mérito. Se o réu não alegar a incompetência territorial, restringindo-se a afirmar que o depósito não foi efetuado no local do pagamento, a matéria é de mérito, podendo ensejar a prolação de sentença de improcedência, que mantenha o autor vinculado à obrigação. Se, porém, o réu alegar incompetência relativa, sem impugnar o mérito, a solução, caso seja acolhida a alegação de incompetência, é apenas determinar a remessa dos autos ao foro competente, transferindo para lá o depósito e permitindo ao autor o seu levantamento, com a consequente procedência do pedido e extinção da obrigação.

**10. Ainda o local do pagamento: incompetência relativa e mérito.** O réu pode suscitar a incompetência territorial e, no mérito, alegar que o depósito não foi feito no lugar do paga-

# LIVRO I · DO PROCESSO DE CONHECIMENTO E DO CUMPRIMENTO DE SENTENÇA — Art. 545

mento. Acolhida a alegação de incompetência, a remessa dos autos ao foro competente torna prejudicada a defesa de mérito, pois o depósito terá sido transferido para o local correto. Não havendo outra alegação de mérito, a sentença deve julgar procedente o pedido e extinguir a obrigação.

**11. Recusa em receber ou em dar quitação: dívidas quesíveis ou portáveis.** Quando a demanda tiver sido proposta com base na recusa do credor em receber o pagamento ou em dar quitação, o réu pode alegar, em sua contestação, não ter havido recusa. No exame de um caso como esse, é relevante saber se a dívida é (a) *quérable*, ou quesível, ou "de ir buscar"; ou, (b) *portable*, ou portável, ou "de ir levar". As dívidas quesíveis ou "de ir buscar" são as que o credor deve ir ao lugar onde o adimplemento há de ser feito, ou deve providenciar para tanto. Tais dívidas são pagas no domicílio do devedor. Cabe ao credor ir buscar e deve dirigir-se ao domicílio do devedor para receber seu crédito. Nesse caso, o autor há de alegar a omissão do réu, a quem cabe, por sua vez, demonstrar que procurou o devedor para receber a prestação. Ao autor cumpre, sendo a dívida quesível, alegar a omissão do credor em buscar a prestação ou o objeto da obrigação. Por sua vez, as dívidas portáveis ou "de ir levar" são as que somente se cumprem se o devedor for até o credor para pagar; o pagamento é feito, portanto, no domicílio do credor. Em tal hipótese, cabe ao autor o ônus da comprovar a recusa do credor em receber a prestação ou em dar quitação.

**12. Justa recusa.** O réu pode, em vez de afirmar que não houve a recusa, dizer que ela existiu, mas foi justa. A expressão "justa recusa" é um termo indeterminado. Para comprovar a justa recusa, o réu pode valer-se de quaisquer argumentos que demonstrem a impossibilidade de aceitar o pagamento; poderá, até mesmo, o réu, para justificar a justiça da recusa, afirmar a invalidade do negócio jurídico celebrado com o autor. Na verdade, o réu pode invocar qualquer questão relativa à existência, à validade e à eficácia do ato ou do negócio que deu origem à dívida. O juiz, para examinar essa questão, precisa explicar os motivos concretos que caracterizam a justiça ou não da recusa, sob pena de nulidade de sua sentença (art. 489, § 1º, II).

**13. Pagamento em local incorreto ou intempestivo.** O réu pode alegar que o depósito ocorreu em lugar incorreto ou que foi intempestivo. A alegação é de incorreção do depósito, e não da oferta de pagamento, feita extrajudicialmente. Autorizado, o depósito há

de ser feito no prazo de 5 dias. Não cumprido esse prazo, o depósito é ineficaz e o processo deve ser extinto sem resolução do mérito. O réu pode, em sua contestação, alegar isso. Sendo incorreto o local do depósito, é possível o réu alegar incompetência territorial e questionar, nas razões de mérito, esse detalhe.

**14. Insuficiente do pagamento ou do depósito.** Se a *oferta* do pagamento, feita extrajudicialmente, tiver sido inferior ao valor que o credor entende correto, e o devedor propôs a consignação em pagamento depositando esse valor que oferecera, o réu poderá alegar que a recusa foi justa (art. 544, II). Mas, se o *depósito*, e não a oferta, é que for insuficiente, o réu poderá valer-se de alegação específica (art. 544, IV), cabendo-lhe, nesse caso, sob pena de inadmissibilidade de sua alegação, indicar qual o valor que entende correto (art. 544, parágrafo único). O pagamento deve ser feito no montante correto, não estando o credor obrigado a aceitar prestação diversa da que fora pactuada (CC, art. 313).

> **Art. 545.** Alegada a insuficiência do depósito, é lícito ao autor completá-lo, em 10 (dez) dias, salvo se corresponder a prestação cujo inadimplemento acarrete a rescisão do contrato.
>
> § 1º No caso do *caput*, poderá o réu levantar, desde logo, a quantia ou a coisa depositada, com a consequente liberação parcial do autor, prosseguindo o processo quanto à parcela controvertida.
>
> § 2º A sentença que concluir pela insuficiência do depósito determinará, sempre que possível, o montante devido e valerá como título executivo, facultado ao credor promover-lhe o cumprimento nos mesmos autos, após liquidação, se necessária.

▶ **1. Correspondência no CPC/1973.** *"Art. 899. Quando na contestação o réu alegar que o depósito não é integral, é lícito ao autor completá-lo, dentro em 10 (dez) dias, salvo se corresponder a prestação, cujo inadimplemento acarrete a rescisão do contrato. § 1º Alegada a insuficiência do depósito, poderá o réu levantar, desde logo, a quantia ou a coisa depositada, com a consequente liberação parcial do autor, prosseguindo o processo quanto à parcela controvertida. § 2º A sentença que concluir pela insuficiência do depósito determinará, sempre que possível, o montante devido, e, neste caso, valerá como título executivo, facultado ao credor promover-lhe a execução nos mesmos autos."*

# Art. 545 — CÓDIGO DE PROCESSO CIVIL COMENTADO – *Leonardo Carneiro da Cunha*

## 🏛 Legislação Correlata

**2. Lei 8.245/1991, art. 67, VII.** *"Art. 67. (...) VII – o autor poderá complementar o depósito inicial, no prazo de cinco dias contados da ciência do oferecimento da resposta, com acréscimo de dez por cento sobre o valor da diferença. Se tal ocorrer, o juiz declarará quitadas as obrigações, elidindo a rescisão da locação, mas imporá ao autor-reconvindo a responsabilidade pelas custas e honorários advocatícios de vinte por cento sobre o valor dos depósitos."*

**3. Lei 8.245/1991, art. 67, parágrafo único.** *"Parágrafo único. O réu poderá levantar a qualquer momento as importâncias depositadas sobre as quais não penda controvérsia."*

## ⚖ Jurisprudência, Enunciados e Súmulas Selecionados

- **4. Tema/Repetitivo 889 STJ.** *"A sentença, qualquer que seja sua natureza, de procedência ou improcedência do pedido, constitui título executivo judicial, desde que estabeleça obrigação de pagar quantia, de fazer, não fazer ou entregar coisa, admitida sua prévia liquidação e execução nos próprios autos."*

- **5. Tema/Repetitivo 967 STJ.** *"Em ação consignatória, a insuficiência do depósito realizado pelo devedor conduz ao julgamento de improcedência do pedido, pois o pagamento parcial da dívida não extingue o vínculo obrigacional."*

- **6. Enunciado 61 do FPPC.** *"É permitido ao réu da ação de consignação em pagamento levantar 'desde logo' a quantia ou coisa depositada em outras hipóteses além da prevista no § 1º do art. 545 (insuficiência do depósito), desde que tal postura não seja contraditória com fundamento da defesa."*

## 🗐 Comentários Temáticos

**7. Ausência de complementação e liberação parcial.** Não havendo a complementação, e entendendo o juiz que o valor indicado pelo réu é de fato o correto, julgará procedente em parte o pedido e declarará a extinta a obrigação só quanto à parte depositada, constituindo a sentença título executivo em favor do réu para, no mesmo processo, executar o autor no tocante à diferença indicada. O STJ, porém, entende diferente (Tema/Repetitivo 967). O entendimento do STJ é equivocado e contraria o § 1º do art. 545. O depósito insuficiente libera o devedor do que foi depositado, podendo o credor já levantar o respectivo valor. A diferença será executada pelo credor no próprio processo, mediante cumprimento de sentença. O entendimento do STJ, para ser coerente, exige que, julgado improcedente o pedido, o réu terá de devolver a parte incontroversa que tiver levantado (art. 545, § 1º).

**8. Eficácia liberatória do depósito parcial.** *"2. A consignação em pagamento, não obstante seja efetuada no interesse do autor, aproveita imediatamente ao réu, que pode, desde logo, levantar a quantia depositada, ainda que insuficiente. O depósito efetuado representa quitação parcial e produzirá os seus efeitos no plano do direito material, e, sob o enfoque processual, impedirá a repropositura pelo todo, admitindo a acionabilidade pelo resíduo não convertido. 3. Como a recorrente efetuou depósito de montantes incontroversos, com a finalidade de afastar a mora, enquanto discutia, em juízo, cláusulas do contrato, é inconcebível que venha requerer o levantamento do valor, que reconhecidamente deve, ao argumento de que terá a recorrida a faculdade de cobrar os valores devidos, em execução ou ação de cobrança"* (STJ, 4ª Turma, REsp 1.160.697/MG, rel. Min. Luis Felipe Salomão, *DJe* 26.05.2015).

**9. Depósito insuficiente.** *"O depósito de quantia insuficiente para a liquidação integral da dívida não conduz à liberação do devedor, que permanece em mora, ensejando a improcedência da consignatória"* (STJ, 2ª Seção, REsp 1.108.058/DF, rel. p/ ac. Min. Maria Isabel Gallotti, *DJe* 23.10.2018).

**10. Complementação do depósito.** Alegada a insuficiência do depósito, o autor poderá complementá-lo em 10 dias a partir de sua intimação acerca da alegação de insuficiência. Uma das alegações que o réu pode apresentar na contestação é justamente a insuficiência do depósito efetuado, cabendo-lhe indicar o valor que entende devido, sob pena de inadmissibilidade de sua alegação.

**11. Ônus, e não dever.** Se o autor concordar com a alegação de insuficiência do depósito apresentada pelo autor, poderá fazer a complementação. O complemento não é um dever do autor; é um ônus. Ele pode fazer, obtendo, assim, a extinção total da obrigação, ou pode entender que seu cálculo está correto e a afirmação do réu é equivocada, insistindo na alegação de correção e completude do depósito já realizado.

**12. Impossibilidade de complementação.** Nas hipóteses em que a inadimplência implica a resolução do contrato, não será possível a complementação do depósito, pois já terá havido extinção da relação jurídica pelo inadimplemento, devendo ser julgado improcedente o pedido do autor.

**LIVRO I** · DO PROCESSO DE CONHECIMENTO E DO CUMPRIMENTO DE SENTENÇA **Art. 546**

**13. Levantamento da parte incontroversa.** Indicado pelo réu o valor considerado correto, o autor poderá complementá-lo. Independentemente de ser feita ou não a complementação, o réu já pode levantar a parte incontroversa.

**14. Complementação e procedência.** Se houver a complementação, e o juiz entender que o valor indicado pelo réu é realmente o correto, deve julgar procedente o pedido e declarar extinta a obrigação.

**15. Complementação, procedência, causalidade e honorários de sucumbência.** Se o réu alega insuficiência e indica o valor que entende correto, o autor, reconhecendo a insuficiência, pode complementar o depósito, razão pela qual o juiz, na sentença, julgará seu pedido procedente, declarando a extinção da obrigação pelo pagamento por consignação. Embora julgado procedente o pedido, a recusa original do credor em receber o pagamento era justa, sendo certo que foi o devedor quem deu causa à instauração do processo. Assim sendo, apesar de vencedor, o devedor terá de arcar com as despesas processuais e honorários advocatícios da parte adversária.

**16. Complemento do valor do depósito e sucumbência.** *"1. A insuficiência do depósito não enseja a improcedência do pedido de consignação em pagamento, podendo haver posterior complementação. (...) 2.1. O só fato do autor complementar o depósito feito em ação de consignação em pagamento não lhe impõe os encargos da sucumbência, desde que seja vitorioso na contenda"* (STJ, 4ª Turma, AgRg no AREsp 231.373/CE, rel. Min. Marco Buzzi, *DJe* 12.06.2017).

> **Art. 546.** Julgado procedente o pedido, o juiz declarará extinta a obrigação e condenará o réu ao pagamento de custas e honorários advocatícios.
> Parágrafo único. Proceder-se-á do mesmo modo se o credor receber e der quitação.

▶ **1. Correspondência no CPC/1973.** *"Art. 897. Não oferecida a contestação, e ocorrentes os efeitos da revelia, o juiz julgará procedente o pedido, declarará extinta a obrigação e condenará o réu nas custas e honorários advocatícios. Parágrafo único. Proceder-se-á do mesmo modo se o credor receber e der quitação."*

🖿 **COMENTÁRIOS TEMÁTICOS**

**2. Mérito na consignação em pagamento.** Ao propor a ação de consignação em pagamento, o autor requer seja autorizada realização do depósito da coisa ou do valor devido (ou o aproveitamento do que já tenha sido feito extrajudicialmente em instituição bancária), bem como que o réu seja citado para levantar o depósito ou contestar o pedido. Esse é o mérito da consignação em pagamento. Para que o pedido seja examinado, há, sempre, questões que lhe precedem logicamente. No caso da consignação em pagamento, o pedido (ou o mérito) é a autorização para a realização ou o aproveitamento do depósito. Toda a atividade judicial irá girar em torno da verificação da efetiva realização do depósito e de sua regularidade e correção. Ao juiz cabe, ainda, verificar se a recusa do credor foi justa ou não ou se realmente havia algum motivo que tenha impedido o devedor de pagar. O que extingue a obrigação é o pagamento. No caso do depósito em consignação, o que extingue a obrigação é exatamente o depósito regular no valor correto. Feito o depósito corretamente e verificada ser indevida a resistência do credor ou que de fato deve ser afastada a dificuldade do devedor em se liberar da dívida, o juiz deve julgar procedente o pedido.

**3. Mérito e sentença de mérito.** Tudo se passa, na consignação em pagamento, da mesma forma que ocorre na execução. Nesta última, o que extingue a obrigação é o pagamento; a sentença só declara a extinção. É exatamente isso que ocorre na consignação em pagamento: o que extingue a obrigação é o depósito; a sentença só declara a extinção. Enfim, o mérito, na consignação em pagamento, é atendido com o depósito correto da coisa ou valor devido. O mérito não é atendido pela sentença. É ele acolhido antes da sentença. Tal acolhimento é realizado pelo depósito regular e correto.

**4. Coisa julgada na consignação em pagamento.** Acolhido o pedido do autor, será declarada extinta a obrigação e tal declaração torna-se imutável e indiscutível. A obrigação está extinta, não podendo ser cobrada eventual diferença, nem postulada repetição do indébito. A sentença de extinção do procedimento de consignação em pagamento contém declaração de extinção da própria relação de direito material havida entre as partes, fazendo, bem por isso, coisa julgada, sujeita, portanto, à ação rescisória (art. 966).

**5. Eficácias da sentença na ação de consignação em pagamento.** Na ação de consignação em pagamento, o que extingue a obrigação é o depósito; a sentença só declara a extinção. A sentença de procedência declara não só a extinção da obrigação, mas também dos seus acessórios. Com a improcedência, o depósito é tido como ineficaz. Ao reconhecer a irregularidade,

925

incorreção, impropriedade ou inadequação do depósito, o juiz profere sentença de improcedência, que tem natureza declaratória negativa. Consequentemente, não terão cessado os riscos inerentes à obrigação, nem a correção monetária e os juros. É possível cumular o pedido de consignação em pagamento com o de revisão ou de invalidação de contrato ou de cláusula contratual. Nesse caso, a sentença será, não somente declaratória, mas também constitutiva negativa (ou desconstitutiva). Quando o juiz reconhece a insuficiência do depósito, deve determinar, sempre que possível, o montante devido, valendo a sentença como título executivo (art. 545, § 2º). Em tal hipótese, há quem entenda que a sentença é condenatória. O juiz até pode, além de declarar a extinção da obrigação, condenar o autor a pagar a diferença devida em favor do réu. Ainda que assim não faça, a sentença será título executivo. Reconhecida a insuficiência do depósito, a sentença produz efeito anexo (que é efeito decorrente da previsão legal – art. 545, § 2º), constituindo título executivo em favor do credor perante o devedor.

**6. Nulidade ou rescisão da sentença e validade do depósito em consignação.** O depósito, judicial ou extrajudicial, extingue a obrigação e libera o devedor de sua obrigação perante o credor. A ação de consignação em pagamento é estruturada para viabilizar o depósito e permitir a discussão sobre sua correção, adequação e integralidade. A extinção da obrigação se dá com o depósito, sendo a sentença meramente declaratória de sua existência e regular realização. Se vier a ser proclamada a nulidade ou rescisão da sentença proferida na ação de consignação em pagamento, mas o depósito tiver sido aceito pelo credor, a obrigação terá sido extinta e o credor, que recebeu o bem devido, não poderá repetir o pagamento.

---

**Art. 547.** Se ocorrer dúvida sobre quem deva legitimamente receber o pagamento, o autor requererá o depósito e a citação dos possíveis titulares do crédito para provarem o seu direito.

---

▶ **1. Correspondência no CPC/1973.** *"Art. 895. Se ocorrer dúvida sobre quem deva legitimamente receber o pagamento, o autor requererá o depósito e a citação dos que o disputam para provarem o seu direito."*

### ⊞ Legislação Correlata

**2. CTN, art. 164, III.** *"Art. 164. A importância de crédito tributário pode ser consignada*

*judicialmente pelo sujeito passivo, nos casos: (...) III – de exigência, por mais de uma pessoa jurídica de direito público, de tributo idêntico sobre um mesmo fato gerador."*

### ⚖ Jurisprudência, Enunciados e Súmulas Selecionados

• **3. Súmula STF, 503.** *"A dúvida, suscitada por particular, sobre o direito de tributar, manifestado por dois Estados, não configura litígio da competência originária do Supremo Tribunal Federal."*

### ▤ Comentários Temáticos

**4. Fundamento da consignação: dúvida a quem pagar.** Nas hipóteses dos incisos III, IV ou V do art. 335 do CC, a consignação em pagamento baseia-se em dúvida a quem pagar. No âmbito tributário, também se permite a consignação em caso de dúvida, quando a obrigação tributária for exigida por mais de um ente tributante sobre o mesmo fato gerador (art. 164, III, CTN). Se houver, enfim, dúvida sobre quem seja o credor, devem ser citados todos os possíveis titulares do crédito para provarem o seu direito.

**5. Duas demandas.** Na consignação fundada em dúvida a quem pagar, há 2 demandas: uma do devedor contra seus possíveis credores e outra dos credores entre si. A 1ª é prejudicial da 2ª: se o juiz entender que não foi correto, oportuno, adequado ou regular o depósito feito, irá julgar improcedente o pedido, deixando de examinar a 2ª demanda. Se, porém, já acolher o pedido de extinção da obrigação e liberar o devedor, irá avançar para julgar a 2ª demanda, que tem como partes os possíveis credores, postulantes do depósito realizado.

**6. Litisconsórcio passivo necessário.** Proposta a consignação em pagamento com base na dúvida a quem pagar, o caso é de litisconsórcio passivo necessário. Todos os possíveis titulares do crédito devem ser citados.

**7. Consignação tributária.** Na consignação em pagamento tributária, fundada na dúvida a quem pagar, se mais de um ente federativo diz--se credor e contesta, o devedor está liberado e surge um conflito entre os entes federativos (art. 548, III), cabendo investigar se a competência para julgar tal conflito passa a ser do STF, em razão do disposto no art. 102, I, *f*, da CF, pois se trata de conflito entre União e Estado ou entre Estados. A jurisprudência do STF é firme no

**LIVRO I · DO PROCESSO DE CONHECIMENTO E DO CUMPRIMENTO DE SENTENÇA**

**Art. 548**

sentido de que tal competência somente existe quando, no processo instaurado entre os entes federados, houver disputa que repercuta ou passa abalar o pacto federativo. O conflito federativo não se confunde com o conflito entre entes federados (STF, ACO 2.536 AgR). Na hipótese de ação de consignação em pagamento, fundada na dúvida a quem pagar, a superveniente disputa entre entes federados não atrai a competência do STF (Súmula STF, 503).

---

**Art. 548.** No caso do art. 547:

I – não comparecendo pretendente algum, converter-se-á o depósito em arrecadação de coisas vagas;

II – comparecendo apenas um, o juiz decidirá de plano;

III – comparecendo mais de um, o juiz declarará efetuado o depósito e extinta a obrigação, continuando o processo a correr unicamente entre os presuntivos credores, observado o procedimento comum.

---

▶ **1. Correspondência no CPC/1973.** *"Art. 898. Quando a consignação se fundar em dúvida sobre quem deva legitimamente receber, não comparecendo nenhum pretendente, converter-se-á o depósito em arrecadação de bens de ausentes; comparecendo apenas um, o juiz decidirá de plano; comparecendo mais de um, o juiz declarará efetuado o depósito e extinta a obrigação, continuando o processo a correr unicamente entre os credores; caso em que se observará o procedimento ordinário."*

### 🏛 LEGISLAÇÃO CORRELATA

**2. CPC, art. 746.** *"Art. 746. Recebendo do descobridor coisa alheia perdida, o juiz mandará lavrar o respectivo auto, do qual constará a descrição do bem e as declarações do descobridor. § 1º Recebida a coisa por autoridade policial, esta a remeterá em seguida ao juízo competente. § 2º Depositada a coisa, o juiz mandará publicar edital na rede mundial de computadores, no sítio do tribunal a que estiver vinculado e na plataforma de editais do Conselho Nacional de Justiça ou, não havendo sítio, no órgão oficial e na imprensa da comarca, para que o dono ou o legítimo possuidor a reclame, salvo se se tratar de coisa de pequeno valor e não for possível a publicação no sítio do tribunal, caso em que o edital será apenas afixado no átrio do edifício do fórum. § 3º Observar-se-á, quanto ao mais, o disposto em lei."*

### 📌 JURISPRUDÊNCIA, ENUNCIADOS E SÚMULAS SELECIONADOS

- **3. Enunciado 62 do FPPC.** *"A regra prevista no art. 548, III, que dispõe que, em ação de consignação em pagamento, o juiz declarará efetuado o depósito extinguindo a obrigação em relação ao devedor, prosseguindo o processo unicamente entre os presuntivos credores, só se aplicará se o valor do depósito não for controvertido, ou seja, não terá aplicação caso o montante depositado seja impugnado por qualquer dos presuntivos credores."*
- **4. Enunciado 534 do FPPC.** *"A decisão a que se refere o inciso III do art. 548 faz coisa julgada quanto à extinção da obrigação."*

### 🗐 COMENTÁRIOS TEMÁTICOS

**5. Procedimento em 2 fases.** Na consignação em pagamento fundada na dúvida a quem pagar, o procedimento divide-se em 2 fases: a 1ª, destinada ao exame do depósito e do pedido de extinção da obrigação, com liberação do devedor; a 2ª define quem é o credor. O julgamento sobre a titularidade do crédito depende do prévio e antecedente acolhimento da pretensão consignatória. Verificada a regularidade do depósito, o juiz deve acolher o pedido de extinção da obrigação, mediante julgamento antecipado parcial do mérito.

**6. Caso em que só há 1 fase.** Há uma hipótese em que não se terão duas fases. Quando só um réu comparece e apresenta resposta, e o autor manifesta concordância, o juiz irá proferir uma única decisão: irá, a um só tempo, declarar extinta a obrigação, liberando o autor, e determinará a entrega do valor ou da coisa depositada ao réu. Em tal hipótese, haverá uma sentença, com solução integral do caso.

**7. Dúvida a quem pagar em processo pendente.** Uma das hipóteses que permite a consignação em pagamento fundada em dúvida a quem pagar ocorre quando pender litígio sobre o objeto do pagamento (CC, art. 335, V). Nesse caso, a definição sobre a titularidade do crédito ocorrerá no processo já pendente, não havendo 2 fases no procedimento da consignação em pagamento. Na ação consignatória, o juiz irá, apenas, verificar a regularidade, tempestividade, correção e adequação do depósito e extinguir a obrigação, liberando o autor, mediante sentença. A definição do titular do crédito ocorrerá no processo pendente. Definida a titularidade, o valor ou a coisa depositar será entregue ao credor reconhecido naquele outro processo.

927

**8. Alegações e ordem de sua análise pelo juiz.** Na consignação em pagamento fundada na dúvida a quem pagar, a defesa dos réus pode conter a alegação de sua condição de titulares do crédito ou de que o depósito teria sido realizado intempestivamente, em lugar indevido ou em valor insuficiente (art. 544, III e IV). Havendo essa duplicidade de alegações, cabe ao juiz decidir, em 1º lugar, a respeito da regularidade do depósito, verificando se foi feito a tempo, em local certo e em valor suficiente. Só depois é que irá examinar de quem é a titularidade do crédito. Se as contestações se restringirem a alegar a titularidade do crédito, sem questionar a regularidade ou a correção do depósito, o juiz já irá declarar extinta a obrigação e liberar o devedor, devendo, a partir daí, analisar a questão relativa à titularidade do crédito (art. 548, III).

**9. Incontrovérsia sobre o pedido de extinção da obrigação.** É possível que não haja impugnação ao pedido de extinção da obrigação. Nesse caso, haverá uma incontrovérsia (art. 356, I). O juiz, então, já extingue a obrigação e determina o prosseguimento do procedimento para examinar de quem é a titularidade do crédito.

**10. Impugnação ao pedido de extinção da obrigação.** Se um dos réus impugnar o pedido de extinção da obrigação, a matéria torna-se controvertida. O juiz irá decidir mediante julgamento antecipado parcial do mérito (art. 356, II). Mas ainda é possível que se exija uma instrução para examinar o pedido de extinção da obrigação pelo depósito em consignação. Encerrada a instrução, o juiz irá proferir julgamento antecipado parcial do mérito para, somente depois, avançar na questão da titularidade do crédito. *Literalmente,* essa última situação não está prevista em qualquer das hipóteses dos arts. 355 e 356. Apesar disso, é evidente que se trata de julgamento antecipado parcial do mérito, realizado por decisão interlocutória, pois trata do mérito, em julgamento fracionado, sem encerramento total do processo (art. 203, § 2º).

**11. Julgamento da 1ª fase do procedimento e ônus da sucumbência.** A decisão que julga a primeira fase do procedimento deve condenar o vencido no ônus da sucumbência. Se o pedido for acolhido para já extinguir a obrigação, o(s) réu(s) que tenha(m) oferecido resistência deve(m) ser condenado(s) a lhe ressarcir das custas processuais e dos honorários de advogado. É possível abater tais valores do depósito feito pelo autor.

**12. Julgamento da 2ª fase do procedimento e ônus da sucumbência.** A sentença que julga a segunda fase e, portanto, extingue o processo, atribuindo o crédito a um dos réus, deverá impor nova condenação nos ônus da sucumbência, desta vez em favor do réu vitorioso. Há, na verdade, outra demanda dentro do mesmo processo.

**13. Omissão dos pretendentes e arrecadação e coisas vagas.** Proposta a demanda consignatória em caso de dúvida a quem pagar, os possíveis credores serão citados em litisconsórcio passivo necessário. Se todos omitirem-se, não comparecendo, nem contestando o pedido, acolhe-se o pedido e declara-se extinta a obrigação, liberando-se o devedor. Em seguida, deflagra-se o procedimento de arrecadação de coisas vagas (CPC, art. 746; CC, arts. 1.233 e ss.).

**14. Contestação de apenas um pretendente.** Quando apenas um dos réus comparece ou oferece contestação, o autor há de ser intimado para se manifestar. Se, em sua manifestação, o autor concordar com a entrega do bem ou dos valores depositados ao único réu que se manifestou, o juiz, então, julgará "de plano". É preciso interpretar o art. 548, II, desse modo, em razão do princípio do contraditório. Além do mais, a demanda – e isso estará em sua causa de pedir – foi proposta justamente porque o autor tinha dúvida sobre o titular do crédito. Tendo apenas um deles se manifestado, o autor deve ser intimado para manifestar-se sobre a plausibilidade das suas alegações. Havendo concordância do autor, o juiz, numa mesma decisão, já declara extinta a obrigação e o libera, determinando a entrega do valor ou da coisa depositada ao réu.

**15. Rejeição das alegações do único pretendente.** Caso o juiz considere desprovidas de fundamento as alegações do único réu que compareceu e apresentou sua resposta, o autor será liberado, mas o réu não poderá levantar o depósito, deflagrando-se o procedimento de arrecadação de coisas vagas. Nessa hipótese, tudo se passará como se ninguém tivesse comparecido ou apresentado resposta.

**16. Terceiro não citado.** O pagamento feito a pessoa errada, embora reconhecido por sentença, não impede que algum terceiro, não indicado entre os possíveis credores, nem citado para o processo, proponha demanda destinada a cobrar seu crédito. A coisa julgada formada na ação de consignação em pagamento não poderá prejudicá-lo, exatamente porque a coisa julgada não prejudica terceiros (art. 503).

**17. Réus omissos.** Os réus omissos não poderão, em momento posterior, cobrar a prestação, porque serão atingidos pela coisa julgada.

**LIVRO I · DO PROCESSO DE CONHECIMENTO E DO CUMPRIMENTO DE SENTENÇA** — **Art. 549**

**18. Contestação de vários pretendentes.** Quando mais de um réu comparece e apresenta contestação, o juiz irá, constatando a regularidade do depósito, declarar extinta a obrigação e liberar o autor, inaugurando a 2ª fase do procedimento, que envolverá apenas os postulantes ao seu recebimento. A situação é interessante, pois há aí uma despolarização: os réus passam a ser adversários entre si. Se forem 2 réus, cada um ficará num polo da disputa. Se forem vários, haverá um processo multipolar, em que todos disputam o mesmo bem ou valor, que fora depositado, no início do procedimento, pelo autor.

**19. Ação de oposição. É possível que um terceiro pretenda a coisa ou o valor depositado, almejando ingressar na disputa.** Nesse caso, deverá propor uma oposição (arts. 682 a 686), a ser distribuída por dependência à consignação em pagamento. A oposição somente pode ser proposta até ser proferida a sentença (art. 682). Na ação de consignação em pagamento fundada na dúvida a quem pagar, o provimento judicial que libera o devedor, declarando extinta a obrigação, não é sentença; é uma decisão interlocutória, que profere julgamento antecipado parcial do mérito. A sentença somente será proferida ao final da 2ª fase, quando todo o processo será extinto. Então, enquanto não encerrada a 2ª fase, será possível o ajuizamento de uma oposição por um terceiro, a fim de disputar o bem ou o valor depositado pelo devedor.

**20. Recurso contra a decisão de 1ª fase.** Na consignação em pagamento fundada na dúvida a quem pagar, o procedimento divide-se em 2 fases. A 1ª fase é resolvida por uma decisão interlocutória, pois nela o juiz profere julgamento antecipado parcial do mérito, não encerrando todo o processo. É decisão interlocutória que resolve o mérito, sendo cabível, portanto, agravo de instrumento (art. 1.015, II). Quando só um réu comparece e apresenta resposta, o juiz, se o autor manifestar concordância, deve já julgar de plano, declarando extinta a obrigação e liberando o autor, bem como determinando o levantamento do depósito em favor do réu. Em tal hipótese, tudo é julgado logo, com encerramento do processo. O provimento judicial será uma sentença, da qual cabe apelação (art. 1.009).

**21. Recurso contra a decisão em consignação fundada em dúvida a quem pagar em processo pendente.** Um dos casos de consignação em pagamento fundada em dúvida a quem pagar ocorre quando pender litígio sobre o objeto do pagamento (CC, art. 335, V). Nesse caso, a definição sobre a titularidade do crédito ocorrerá no processo já pendente, não havendo 2 fases no procedimento da consignação em pagamento. Na ação consignatória, o juiz já extingue a obrigação e libera o autor, proferindo sentença; a titularidade do crédito será resolvida no processo pendente. Dessa sentença que extingue a obrigação e libera o devedor cabe apelação (art. 1.009).

> **Art. 549.** Aplica-se o procedimento estabelecido neste Capítulo, no que couber, ao resgate do aforamento.

▶ **1. Correspondência no CPC/1973.** *"Art. 900. Aplica-se o procedimento estabelecido neste Capítulo, no que couber, ao resgate do aforamento."*

### 🗐 Legislação Correlata

**2. ADCT-CF, art. 49.** *"Art. 49. A lei disporá sobre o instituto da enfiteuse em imóveis urbanos, sendo facultada aos foreiros, no caso de sua extinção, a remição dos aforamentos mediante aquisição do domínio direto, na conformidade do que dispuserem os respectivos contratos. § 1º Quando não existir cláusula contratual, serão adotados os critérios e bases hoje vigentes na legislação especial dos imóveis da União. § 2º Os direitos dos atuais ocupantes inscritos ficam assegurados pela aplicação de outra modalidade de contrato. § 3º A enfiteuse continuará sendo aplicada aos terrenos de marinha e seus acrescidos, situados na faixa de segurança, a partir da orla marítima. § 4º Remido o foro, o antigo titular do domínio direto deverá, no prazo de noventa dias, sob pena de responsabilidade, confiar à guarda do registro de imóveis competente toda a documentação a ele relativa."*

**3. CC, art. 2.038.** *"Art. 2.038. Fica proibida a constituição de enfiteuses e subenfiteuses, subordinando-se as existentes, até sua extinção, às disposições do Código Civil anterior, Lei nº 3.071, de 1º de janeiro de 1916, e leis posteriores. § 1º Nos aforamentos a que se refere este artigo é defeso: I – cobrar laudêmio ou prestação análoga nas transmissões de bem aforado, sobre o valor das construções ou plantações; II – constituir subenfiteuse. § 2º A enfiteuse dos terrenos de marinha e acrescidos regula-se por lei especial."*

### ⚖ Jurisprudência, Enunciados e Súmulas Selecionados

● **4. Súmula STF, 170.** *"É resgatável a enfiteuse instituída anteriormente à vigência do Código Civil."*

# Art. 550

**CÓDIGO DE PROCESSO CIVIL COMENTADO** – *Leonardo Carneiro da Cunha*

## ▣ Comentários Temáticos

**5. Resgate do aforamento.** As enfiteuses já constituídas devem ser disciplinadas pelo CC-1916, cujo art. 693 prevê, nas condições ali estabelecidas, o resgate do aforamento, pelo qual se viabiliza a desoneração do imóvel. O resgate do aforamento propicia a consolidação do domínio na pessoa do enfiteuta, ficando o imóvel desonerado. As regras sobre consignação em pagamento aplicam-se ao resgate do aforamento. A ação de consignação em pagamento para o resgate do aforamento versa sobre direito real imobiliário. Logo, exige-se a anuência do cônjuge, devendo ser citado o senhorio direto e seu cônjuge ou companheiro (art. 73, § 1º, I). A competência é do foro da situação da coisa (art. 47). É possível a cumulação de pedidos, permitindo-se, a um só tempo, a consignação do valor do laudêmio, das 10 pensões anuais destinadas ao resgate e as que estejam vencidas.

## CAPÍTULO II
## DA AÇÃO DE EXIGIR CONTAS

**Art. 550.** Aquele que afirmar ser titular do direito de exigir contas requererá a citação do réu para que as preste ou ofereça contestação no prazo de 15 (quinze) dias.

§ 1º Na petição inicial, o autor especificará, detalhadamente, as razões pelas quais exige as contas, instruindo-a com documentos comprobatórios dessa necessidade, se existirem.

§ 2º Prestadas as contas, o autor terá 15 (quinze) dias para se manifestar, prosseguindo-se o processo na forma do Capítulo X do Título I deste Livro.

§ 3º A impugnação das contas apresentadas pelo réu deverá ser fundamentada e específica, com referência expressa ao lançamento questionado.

§ 4º Se o réu não contestar o pedido, observar-se-á o disposto no art. 355.

§ 5º A decisão que julgar procedente o pedido condenará o réu a prestar as contas no prazo de 15 (quinze) dias, sob pena de não lhe ser lícito impugnar as que o autor apresentar.

§ 6º Se o réu apresentar as contas no prazo previsto no § 5º, seguir-se-á o procedimento do § 2º, caso contrário, o autor apresentá-las-á no prazo de 15 (quinze) dias, podendo o juiz determinar a realização de exame pericial, se necessário.

▶ **1. Correspondência no CPC/1973.** *"Art. 915. Aquele que pretender exigir a prestação de contas requererá a citação do réu para, no prazo de 5*

*(cinco) dias, as apresentar ou contestar a ação. § 1º Prestadas as contas, terá o autor 5 (cinco) dias para dizer sobre elas; havendo necessidade de produzir provas, o juiz designará audiência de instrução e julgamento; em caso contrário, proferirá desde logo a sentença. § 2º Se o réu não contestar a ação ou não negar a obrigação de prestar contas, observar-se-á o disposto no art. 330; a sentença, que julgar procedente a ação, condenará o réu a prestar as contas no prazo de 48 (quarenta e oito) horas, sob pena de não lhe ser lícito impugnar as que o autor apresentar. § 3º Se o réu apresentar as contas dentro do prazo estabelecido no parágrafo anterior, seguir-se-á o procedimento do § 1º deste artigo; em caso contrário, apresentá-las-á o autor dentro em 10 (dez) dias, sendo as contas julgadas segundo o prudente arbítrio do juiz, que poderá determinar, se necessário, a realização do exame pericial contábil."*

## ▣ Legislação Correlata

**2. CPC, art. 618.** *"Art.618. Incumbe ao inventariante: (...) VII – prestar contas de sua gestão ao deixar o cargo ou sempre que o juiz lhe determinar;"*

**3. CPC, art. 735, § 5º.** *"§ 5º O testamenteiro deverá cumprir as disposições testamentárias e prestar contas em juízo do que recebeu e despendeu, observando-se o disposto em lei."*

**4. CPC, art. 739, § 1º, IV.** *"§ 1º Incumbe ao curador: (...) IV – apresentar mensalmente ao juiz balancete da receita e da despesa."*

**5. CPC, art. 763, § 2º.** *"§ 2º Cessada a tutela ou a curatela, é indispensável a prestação de contas pelo tutor ou pelo curador, na forma da lei civil."*

**6. CPC, art. 869, § 1º.** *"Art. 869. O juiz poderá nomear administrador-depositário o exequente ou o executado, ouvida a parte contrária, e, não havendo acordo, nomeará profissional qualificado para o desempenho da função. § 1º O administrador submeterá à aprovação judicial a forma de administração e a de prestar contas periodicamente."*

**7. CPC, art. 884, V.** *"Art. 884. Incumbe ao leiloeiro público: (...) V – prestar contas nos 2 (dois) dias subsequentes ao depósito."*

**8. CC, art. 33.** *"Art. 33. O descendente, ascendente ou cônjuge que for sucessor provisório do ausente, fará seus todos os frutos e rendimentos dos bens que a este couberem; os outros sucessores, porém, deverão capitalizar metade desses frutos e rendimentos, segundo o disposto no art. 29, de acordo com o representante do Ministério Público, e prestar anualmente contas ao juiz competente."*

**LIVRO I** · DO PROCESSO DE CONHECIMENTO E DO CUMPRIMENTO DE SENTENÇA   **Art. 550**

**9. CC, art. 668.** *"Art. 668. O mandatário é obrigado a dar contas de sua gerência ao mandante, transferindo-lhe as vantagens provenientes do mandato, por qualquer título que seja."*

**10. CC, art. 869.** *"Art. 869. Se o negócio for utilmente administrado, cumprirá ao dono as obrigações contraídas em seu nome, reembolsando ao gestor as despesas necessárias ou úteis que houver feito, com os juros legais, desde o desembolso, respondendo ainda pelos prejuízos que este houver sofrido por causa da gestão. § 1º A utilidade, ou necessidade, da despesa, apreciar-se-á não pelo resultado obtido, mas segundo as circunstâncias da ocasião em que se fizerem. § 2º Vigora o disposto neste artigo, ainda quando o gestor, em erro quanto ao dono do negócio, der a outra pessoa as contas da gestão."*

**11. CC, art. 996.** *"Art. 996. Aplica-se à sociedade em conta de participação, subsidiariamente e no que com ela for compatível, o disposto para a sociedade simples, e a sua liquidação rege-se pelas normas relativas à prestação de contas, na forma da lei processual. Parágrafo único. Havendo mais de um sócio ostensivo, as respectivas contas serão prestadas e julgadas no mesmo processo."*

**12. CC, art. 1.020.** *"Art. 1.020. Os administradores são obrigados a prestar aos sócios contas justificadas de sua administração, e apresentar-lhes o inventário anualmente, bem como o balanço patrimonial e o de resultado econômico."*

**13. CC, art. 1.348, VIII.** *"Art. 1.348. Compete ao síndico: (...) VIII – prestar contas à assembleia, anualmente e quando exigidas."*

**14. CC, art. 1.583, § 5º.** *"§ 5º A guarda unilateral obriga o pai ou a mãe que não a detenha a supervisionar os interesses dos filhos, e, para possibilitar tal supervisão, qualquer dos genitores sempre será parte legítima para solicitar informações e/ou prestação de contas, objetivas ou subjetivas, em assuntos ou situações que direta ou indiretamente afetem a saúde física e psicológica e a educação de seus filhos."*

**15. CC, art. 1.755.** *"Art. 1.755. Os tutores, embora o contrário tivessem disposto os pais dos tutelados, são obrigados a prestar contas da sua administração."*

**16. CC, art. 1.781.** *"Art. 1.781. As regras a respeito do exercício da tutela aplicam-se ao da curatela, com a restrição do art. 1.772 e as desta Seção."*

**17. CC, art. 1.980.** *"Art. 1.980. O testamenteiro é obrigado a cumprir as disposições testamentárias, no prazo marcado pelo testador, e a dar contas do que recebeu e despendeu, subsistindo sua responsabilidade enquanto durar a execução do testamento."*

**18. EOAB, art. 34, XXI.** *"Art. 34. Constitui infração disciplinar: (...) XXI – recusar-se, injustificadamente, a prestar contas ao cliente de quantias recebidas dele ou de terceiros por conta dele."*

**19. Lei 11.101/2005, art. 22, III, p e r.** *"Art. 22. Ao administrador judicial compete, sob a fiscalização do juiz e do Comitê, além de outros deveres que esta Lei lhe impõe: (...) III – na falência: (...) p) apresentar ao juiz para juntada aos autos, até o 10º (décimo) dia do mês seguinte ao vencido, conta demonstrativa da administração, que especifique com clareza a receita e a despesa; (...) r) prestar contas ao final do processo, quando substituído, destituído ou renunciar ao cargo."*

**20. Lei 11.101/2005, art. 23.** *"Art. 23. O administrador judicial que não apresentar, no prazo estabelecido, suas contas ou qualquer dos relatórios previstos nesta Lei será intimado pessoalmente a fazê-lo no prazo de 5 (cinco) dias, sob pena de desobediência. Parágrafo único. Decorrido o prazo do* caput *deste artigo, o juiz destituirá o administrador judicial e nomeará substituto para elaborar relatórios ou organizar as contas, explicitando as responsabilidades de seu antecessor."*

**21. Lei 4.504/1964, art. 96, §. 2º.** *"§ 2º As partes contratantes poderão estabelecer a prefixação, em quantidade ou volume, do montante da participação do proprietário, desde que, ao final do contrato, seja realizado o ajustamento do percentual pertencente ao proprietário, de acordo com a produção."*

**22. Lei 4.591/1964, art. 22, § 1º, f.** *"§ 1º Compete ao síndico: (...) f) prestar contas à assembleia dos condôminos."*

**23. Dec.-lei 911/1969, art. 2º.** *"Art. 2º No caso de inadimplemento ou mora nas obrigações contratuais garantidas mediante alienação fiduciária, o proprietário fiduciário ou credor poderá vender a coisa a terceiros, independentemente de leilão, hasta pública, avaliação prévia ou qualquer outra medida judicial ou extrajudicial, salvo disposição expressa em contrário prevista no contrato, devendo aplicar o preço da venda no pagamento de seu crédito e das despesas decorrentes e entregar ao devedor o saldo apurado, se houver, com a devida prestação de contas;"*

**24. Lei 6.404/1976, art. 216.** *"Art. 216. Pago o passivo e rateado o ativo remanescente, o liquidante convocará a assembléia-geral para a prestação final das contas. § 1º Aprovadas as contas, encerra-se a liquidação e a companhia se extingue. § 2º O acionista dissidente terá o prazo de*

931

**Art. 550** CÓDIGO DE PROCESSO CIVIL COMENTADO – *Leonardo Carneiro da Cunha*

30 (trinta) dias, a contar da publicação da ata, para promover a ação que lhe couber."

**25. Lei 8.245/1991, art. 54, § 2º.** *"§ 2º As despesas cobradas do locatário devem ser previstas em orçamento, salvo casos de urgência ou força maior, devidamente demonstradas, podendo o locatário, a cada sessenta dias, por si ou entidade de classe exigir a comprovação das mesmas."*

**26. Lei 9.610/1998, art. 61.** *"Art. 61. O editor está obrigado a prestar contas mensais ao autor sempre que a retribuição deste estiver condicionada à venda da obra, salvo se prazo diferente houver sido convencionado."*

## ⚖ Jurisprudência, Enunciados e Súmulas Selecionados

- **27. Tema/Repetitivo 528 STJ.** *"Nos contratos de mútuo e financiamento, o devedor não possui interesse de agir para a ação de prestação de contas."*
- **28. Tema/Repetitivo 908 STJ.** *"Impossibilidade de revisão de cláusulas contratuais em ação de prestação de contas."*
- **29. Súmula STJ, 259.** *"A ação de prestação de contas pode ser proposta pelo titular de conta-corrente bancária."*
- **30. Súmula STJ, 477.** *"A decadência do art. 26 do CDC não é aplicável à prestação de contas para obter esclarecimentos sobre cobrança de taxas, tarifas e encargos bancários."*
- **31. Enunciado 177 do FPPC.** *"A decisão interlocutória que julga procedente o pedido para condenar o réu a prestar contas, por ser de mérito, é recorrível por agravo de instrumento."*

## ▣ Comentários Temáticos

**32. Dever de prestar contas.** Quem administra bens ou interesses alheios está obrigado a prestar contas, apresentando ao beneficiário da gestão os lançamentos referentes à relação de créditos, débitos, aplicações e os cálculos de eventual saldo.

**33. Ação de exigir contas.** Em todos os casos em que há o direito de exigir contas, havendo resistência no cumprimento de prestá-las, é cabível demanda judicial destinada à obtenção do detalhamento de débitos, créditos e investimentos. A ação de exigir contas objetiva a prestação de contas e, bem ainda, aferir se existe algum saldo em favor de alguma das partes.

**34. Alteração ou revisão de cláusula contratual.** *"O rito especial da ação de prestação de contas não comporta a pretensão de alterar*

*ou revisar cláusula contratual"* (STJ, 3ª Turma, AgInt no AREsp 1.477.247/MT, rel. Min. Ricardo Villas Bôas Cueva, *DJe* 26.02.2020).

**35. Cumulação de pedidos.** O pedido de exigir as contas pode ser cumulado com outro, que não se processaria por procedimento especial, valendo-se o autor do procedimento comum (art. 327, § 2º), com a adoção de técnicas do procedimento da ação de exigir contas, tendo o autor o direito a uma fase seguinte para apuração de eventual saldo devedor.

**36. Desnecessidade de invocar motivo para exigir as contas.** *"Em caráter geral, a jurisprudência desta Corte já consagrou o entendimento de que a prestação de contas é devida por aqueles que administram bens de terceiros, não havendo necessidade de invocação de qualquer motivo para o interessado tomá-la"* (STJ, 4ª Turma, REsp 1.274.639/SP, rel. Min. Luis Felipe Salomão, *DJe* 23.10.2017).

**37. Competência.** A ação de exigir contas é proposta contra um administrador ou gestor de negócios alheios. Logo, deve ser proposta no foro do lugar onde praticado o ato ou fato jurídico (art. 53, IV, *b*).

**38. Competência relativa.** A competência territorial para a ação de exigir contas é relativa, podendo ser prorrogada ou modificada, por conexão ou continência, ou por vontade das partes, mediante foro de eleição inserido em negócio jurídico (art. 63) ou pela omissão do réu em alegar tempestivamente a incompetência (art. 65).

**39. Competência absoluta.** A competência, nos casos de administrador nomeado judicialmente (art. 553), é absoluta, devendo a ação de exigir contas ser proposta perante o juízo em que foram nomeados e atuaram o tutor, o curador, o inventariante, o depositário ou o administrador.

**40. Legitimidade ativa e passiva.** A ação de exigir contas é proposta por aquele que afirma ter seus bens ou interesses administrados, devendo ser a pretensão direcionada a quem deveria, segundo a narrativa da petição inicial, prestar as contas dessa gestão.

**41. Ação de exigir contas pelo alimentante contra o guardião do alimentando.** *"(...), em hipótese excepcional, é viável juridicamente a ação de exigir contas pelo alimentante contra o guardião do alimentado para obtenção de informações acerca da destinação da pensão alimentícia prestada mensalmente, porque tal pretensão, no mínimo, indiretamente está relacionada com a saúde física e também psicológica do menor alimentado, desde que proposta sem a finalidade*

**LIVRO I · DO PROCESSO DE CONHECIMENTO E DO CUMPRIMENTO DE SENTENÇA** **Art. 550**

de apurar a existência de eventual crédito, pois os alimentos prestados são irrepetíveis" (STJ, 3ª Turma, AgInt no REsp 1.750.363/DF, rel. Min. Moura Ribeiro, *DJe* 16.11.2020).

**42. Ação de prestação de contas proposta pelo alimentante com o propósito de supervisionar a aplicação dos valores por ele pagos.** *"A Lei 13.058/2014, que incluiu o § 5º ao art. 1.583 do CC, positivou a viabilidade da propositura da ação de prestação de contas pelo alimentante com o intuito de supervisionar a aplicação dos valores da pensão alimentícia em prol das necessidades dos filhos. 5. Na ação de prestação de contas de alimentos, o objetivo veiculado não é apurar um saldo devedor a ensejar eventual execução — haja vista a irrepetibilidade dos valores pagos a esse título —, mas investigar se a aplicação dos recursos destinados ao menor é a que mais atende ao seu interesse, com vistas à tutela da proteção de seus interesses e patrimônio, podendo dar azo, caso comprovada a má administração dos recursos alimentares, à alteração da guarda, à suspensão ou até mesmo à exoneração do poder familiar. 6. A ação de exigir contas propicia que os valores alimentares sejam melhor conduzidos, bem como previne intenções maliciosas de desvio dessas importâncias para finalidades totalmente alheias àquelas da pessoa à qual devem ser destinadas, encartando também um caráter de educação do administrador para conduzir corretamente os negócios dos filhos menores, não se deixando o monopólio do poder de gerência desses valores nas mãos do ascendente guardião. 7. O Juízo de piso exerce importante papel na condução da prestação de contas em sede de alimentos, pois, estando mais próximo das partes, pode proceder a um minucioso exame das condições peculiares do caso concreto, de forma a aferir a real pretensão de proteção dos interesses dos menores, repelindo o seu manejo como meio de imisção na vida alheia motivado pelo rancor afetivo que subjaz no íntimo do(a) alimentante. 8. O objetivo precípuo da prestação de contas é o exercício do direito-dever de fiscalização com vistas a — havendo sinais do mau uso dos recursos pagos a título de alimentos ao filho menor — apurar a sua efetiva ocorrência, o que, se demonstrado, pode dar azo a um futuro processo para suspensão ou extinção do poder familiar do ascendente guardião (art. 1.637 combinado com o art. 1.638 do CC)"* (STJ, 4ª Turma, REsp 1.911.030/PR, rel. Min. Luis Felipe Salomão, *DJe* 31.08.2021).

**43. Interesse processual do alimentante para exigir contas da detentora da guarda do alimentando.** *"A ação de prestação de contas tem a finalidade de declarar a existência de um cré-* dito ou débito entre as partes. 3. Nas obrigações alimentares, não há saldo a ser apurado em favor do alimentante, porquanto, cumprida a obrigação, não há repetição de valores. 4. A ação de prestação de contas proposta pelo alimentante é via inadequada para fiscalização do uso de recursos transmitidos ao alimentando por não gerar crédito em seu favor e não representar utilidade jurídica. 5. O alimentante não possui interesse processual em exigir contas da detentora da guarda do alimentando porque, uma vez cumprida a obrigação, a verba não mais compõe o seu patrimônio, remanescendo a possibilidade de discussão do montante em juízo com ampla instrução probatória"* (STJ, 3ª Turma, REsp 1.767.456/MG, rel. Min. Ricardo Villas Bôas Cueva, *DJe* 13.12.2021).

**44. Faculdade do locatório e cabimento da ação.** *"O art. 54, § 2º, da Lei 8.245/1991, estabelece uma faculdade ao locatório, permitindo-lhe que exija a prestação de contas a cada 60 dias na via extrajudicial, o que não inviabiliza o ajuizamento da ação de exigir contas, especialmente na hipótese em que houve a efetiva resistência da parte em prestá-las"* (STJ, 3ª Turma, AgInt no REsp 1.677.057/SC, rel. Min. Marco Aurélio Bellizze, *DJe* 08.09.2020).

**45. Dever do mandatário de prestar contas.** *"A prestação de contas é inerente ao instituto do mandato, sendo obrigação do mandatário prevista no Código Civil e no Estatuto da Advocacia"* (STJ, 3ª Turma, AgInt no AREsp 1.035.577/RS, rel. Min. Ricardo Villas Bôas Cueva, *DJe* 31.08.2020).

**46. Dever de prestar contas do sócio administrador.** *"O sócio-administrador tem obrigação de prestar contas aos demais sócios do período em que administrou a sociedade empresária"* (STJ, 3ª Turma, AgInt no AREsp 1.551.175/PR, rel. Min. Ricardo Villas Bôas Cueva, *DJe* 03.09.2020).

**47. Legitimidade passiva do síndico, e não do condomínio.** *"Para a ação de prestação de contas, é parte legítima passiva o síndico, não o condomínio, porque a comunhão não possui acesso aos documentos, que estão sujeitos à guarda do primeiro"* (STJ, 4ª Turma, AgInt no REsp 1.635.096/DF, rel. Min. Maria Isabel Gallotti, *DJe* 18.09.2018).

**48. Ação contra o síndico do condomínio.** *"As contas do síndico devem ser prestadas perante assembleia especialmente convocada para essa finalidade e, caso não o sejam, é cabível a ação de prestação de contas. A mera entrega de documentos – cujo teor, no caso, sequer é conhecido – feita à administradora do condomínio não isenta o síndico de prestar contas na forma prevista em lei"*

**Art. 550** CÓDIGO DE PROCESSO CIVIL COMENTADO – *Leonardo Carneiro da Cunha*

(STJ, 4ª Turma, AgInt no AREsp 1.120.189/SP, rel. Min. Maria Isabel Gallotti, *DJe* 06.03.2019).

**49. Interesse de agir.** Para que se admita a ação de exigir contas, o autor deve demonstrar a necessidade e utilidade da prestação jurisdicional. Se o réu já apresentou suas contas extrajudicialmente, não há necessidade nem utilidade da providência postulada. Só há interesse de agir na ação de exigir contas quando aquele que as deve prestar recusar-se a fazê-lo. Por isso, o autor deve, sob pena de extinção do processo sem resolução do mérito, demonstrar que houve recusa na prestação extrajudicial das contas.

**50. Demonstração do interesse de agir.** *"O STJ assentou entendimento no tocante às especificidades que compõem o pedido na ação de prestação de contas, dispondo acerca da necessidade de que se demonstre o vínculo jurídico entre autor e réu, a delimitação temporal do objeto da pretensão e os suficientes motivos pelos quais se busca a prestação de contas, para que esteja demonstrado o interesse de agir do autor da ação"* (STJ, 4ª Turma, AgInt no AgInt nos EDcl no AREsp 1.670.605/SP, rel. Min. Luis Felipe Salomão, *DJe* 26.10.2020).

**51. Ausência de interesse de agir. Contas apresentadas pelo síndico em assembleia.** *"Falta interesse de agir para o ajuizamento de prestação de contas ao condômino/condomínio quando as contas do síndico tiverem sido previamente prestadas e aprovadas por assembleia"* (STJ, 3ª Turma, AgRg no REsp 1.393.640/DF, rel. Min. João Otávio de Noronha, *DJe* 30.11.2015).

**52. Interesse de agir. Alienação fiduciária.** *"Em se tratando de alienação extrajudicial de bem regulada pelo art. 2º do Decreto-lei 911/1969, tem o devedor interesse de agir na propositura da ação de prestação de contas, no tocante aos valores decorrentes da venda e quanto à correta imputação destes no débito"* (STJ, 3ª Turma, AgInt no REsp 1.828.249/RJ, rel. Min. Paulo de Tarso Sanseverino, *DJe* 19.11.2020).

**53. Prescrição da pretensão de exigir contas.** *"A ação de prestação de contas tem por base obrigação de natureza pessoal, a ela se aplicando a prescrição decenal prevista no art. 205 do atual Código Civil"* (STJ, 3ª Turma, AgInt no AgInt no AgInt no AREsp 962.510/DF, rel. Min. Marco Aurélio Bellizze, *DJe* 29.10.2020).

**54. Petição inicial.** O procedimento da ação de exigir contas inicia-se com petição inicial que deve observar o disposto nos arts. 319 e 320.

**55. Necessidade de razões específicas e detalhadas.** Na petição inicial, o autor deve especificar detalhadamente as razões pelas quais exige as contas e indicar o período determinado da administração ou gestão cujas contas pretende obter, devendo fazer acompanhar a petição todos os documentos comprobatórios dessa necessidade. A exigência é fundamental para evitar petições iniciais genéricas, evitando prejuízo ao contraditório e ao devido processo legal.

**56. Indicação do período.** *"Segundo o entendimento do Superior Tribunal de Justiça, embora cabível a ação de prestação de contas pelo titular de conta-corrente (Súmula 259/STJ), é imprescindível que o autor aponte, na petição inicial, o período determinado em que ocorreram lançamentos duvidosos, com exposição de motivos consistentes que justifiquem a provocação do Poder Judiciário"* (STJ, 4ª Turma, AgInt nos EDcl no AREsp 1.688.559/SP, rel. Min. Raul Araújo, *DJe* 1º.10.2020).

**57. Citação do réu.** O réu é citado para prestar contas ou apresentar contestação no prazo de 15 dias, em cuja contagem somente se computam os dias úteis (art. 219).

**58. Audiência de mediação ou de conciliação (art. 334).** Na ação de exigir contas, o réu é citado para oferecer resposta ou prestar contas. Não há, no procedimento especial da ação de exigir contas, previsão de designação da audiência de mediação ou conciliação prévia (art. 334). Embora não haja essa previsão, o juiz pode designar uma audiência com essa finalidade, já que lhe cabe fomentar a autocomposição a qualquer tempo (arts. 3º, § 2º, e 139, V).

**59. Julgamento antecipado do mérito.** Se o réu não apresentar as contas, não contestar o pedido, vindo a ser revel, ou se reconhecer seu dever de prestá-las, o juiz proferirá julgamento antecipado do mérito (art. 355).

**60. Fases do procedimento.** A ação de exigir contas submete-se a procedimento que se desenvolve em duas fases. Na primeira, discute-se o dever do réu de prestar as contas. Reconhecido o dever do réu, inicia-se a segunda fase, na qual as contas devem ser prestadas e, então, julgadas. Por serem apenas fases, o réu não precisa ser citado para a segunda fase, sendo bastante sua intimação, na pessoa de seu advogado.

**61. Fases da ação de exigir contas.** *"A ação de exigir contas ocorre em duas fases distintas e sucessivas – na primeira, discute-se sobre o dever de prestar contas; na segunda, declarado o dever de prestar contas, serão elas julgadas e apreciadas, se apresentadas"* (STJ, 3ª Turma, REsp 1.874.603/DF, rel. Min. Nancy Andrighi, *DJe* 19.11.2020).

**62. Ato judicial que encerra a primeira fase.** *"À luz do CPC/2015, o ato judicial que encerra a*

**LIVRO I • DO PROCESSO DE CONHECIMENTO E DO CUMPRIMENTO DE SENTENÇA** **Art. 550**

primeira fase da ação de exigir contas possuirá, a depender de seu conteúdo, diferentes naturezas jurídicas: se julgada procedente a primeira fase da ação de exigir contas, o ato judicial será decisão interlocutória com conteúdo de decisão parcial de mérito, impugnável por agravo de instrumento; se julgada improcedente a primeira fase da ação de exigir contas ou se extinto o processo sem a resolução de seu mérito, o ato judicial será sentença, impugnável por apelação" (STJ, 3ª Turma, REsp 1.874.603/DF, rel. Min. Nancy Andrighi, DJe 19.11.2020).

**63. Natureza da decisão proferida na primeira fase.** "À luz do atual Código de Processo Civil, o pronunciamento que julga procedente a primeira fase da ação de exigir contas tem natureza jurídica de decisão interlocutória de mérito, recorrível por meio de agravo de instrumento" (STJ, 3ª Turma, REsp 1.847.194/MS, rel. Min. Marco Aurélio Bellizze, DJe 23.03.2021).

**64. Fungibilidade recursal.** "Havendo dúvida fundada e objetiva acerca do recurso cabível e inexistindo ainda pronunciamento judicial definitivo acerca do tema, deve ser aplicado o princípio da fungibilidade recursal. 2. Na hipótese, a matéria é ainda bastante controvertida tanto na doutrina como na jurisprudência, pois trata-se de definir, à luz do Código de Processo Civil de 2015, qual o recurso cabível contra a decisão que julga procedente, na primeira fase, a ação de exigir contas (arts. 550 e 551), condenando o réu a prestar as contas exigidas. 3. Não acarretando a decisão o encerramento do processo, o recurso cabível será o agravo de instrumento (CPC/2015, arts. 550, § 5º, e 1.015, II). No caso contrário, ou seja, se a decisão produz a extinção do processo, sem ou com resolução de mérito (arts. 485 e 487), aí sim haverá sentença e o recurso cabível será a apelação" (STJ, 4.ª Turma, REsp 1.680.168/SP, rel. p/ ac. Min. Raul Araújo, DJe 10.6.2019).

**65. Honorários de sucumbência na primeira fase.** "É cabível a fixação de verba honorária sucumbencial na decisão que encerra a primeira fase da ação de exigir contas" (STJ, 4ª Turma, AgInt no AREsp 1.425.481/SP, rel. Min. Marco Buzzi, DJe 1º.10.2020).

**66. Intimação da decisão de primeira fase e contagem do prazo para cumprimento.** "(...), a contagem do prazo previsto no art. 550, § 5º, do CPC/2015 começa a fluir automaticamente a partir da intimação do réu, na pessoa do seu advogado, acerca da respectiva decisão, porquanto o recurso cabível contra o decisum, em regra, não tem efeito suspensivo (art. 995 do CPC/2015). 5. Em relação à forma da intimação da decisão que julga procedente a primeira fase do procedimento de exigir contas,

a jurisprudência desta Corte firmou-se no sentido de que deve ser realizada na pessoa do patrono do demandado, sendo desnecessária a intimação pessoal do réu, ante a ausência de amparo legal" (STJ, 3ª Turma, REsp 1.847.194/MS, rel. Min. Marco Aurélio Bellizze, DJe 23.3.2021).

**67. Coisa julgada.** As duas fases do procedimento da ação de exigir contas são resolvidas por decisões aptas a formarem coisa julgada material, podendo ser objeto de ações rescisórias.

**68. Segunda fase.** Apresentadas as contas pelo réu, espontaneamente logo após ser citado ou depois de julgado o procedente o pedido da primeira fase, inicia-se a segunda fase do procedimento, cuja finalidade é verificar a correção das contas apresentadas e apurar eventual saldo devedor.

**69. Manifestação do autor.** Apresentadas as contas pelo réu, o autor terá a faculdade de sobre elas manifestar-se no prazo de 15 dias, em cuja contagem somente se computam os dias úteis (art. 219). Se o autor impugnar as contas do réu, deverá fazê-lo de modo fundamentado e específico, indicando detalhadamente quais os lançamentos que estaria, no seu entender, incorretos. Cada lançamento deve ser especificamente impugnado; os que não forem impugnados serão admitidos como corretos.

**70. Apresentação das contas pelo autor.** Se o réu, mesmo condenado a tanto, não apresentar as contas, caberá ao autor fazê-lo, sendo vedada ao réu a apresentação de impugnação. A inércia do réu acarreta-lhe, enfim, a perda da faculdade de apresentar as contas e de impugnar as que forem apresentadas pelo autor. O autor deve apresentar as contas de modo fundamentado e específico, com indicação precisa de receitas, despesas, investimentos e saldo, se houver, tudo acompanhado da documentação correspondente.

**71. Produção de prova.** Apresentadas as contas e havendo impugnação, é possível que seja necessária a produção de prova adicional. Se houver necessidade de produção de prova, será proferida decisão de saneamento e organização do processo, com inauguração da fase instrutória, para que, então, sejam julgadas as contas. Para verificar se os lançamentos impugnados estão corretos, o juiz pode determinar a produção de prova pericial, caso se revele necessária. A referência, no § 6º do art. 550, à prova pericial não elimina a possibilidade de ser determinada a produção de outros meios de prova.

**72. Exibição de documentos.** Se, depois de condenado a prestar contas no prazo de 15 dias, o réu não o fizer, o autor deverá prestá-las em igual prazo. Caso o autor não tenha condições de fazê-lo, poderá requerer a exibição de documentos. Nesse caso, a presunção de veracidade será inútil, tendo em vista que a exibição de documentos existiu justamente pela ausência de elementos que embasem eventual conta. Nesses casos, deve ser utilizada medida coercitiva, nos termos do art. 400, parágrafo único.

> **Art. 551.** As contas do réu serão apresentadas na forma adequada, especificando-se as receitas, a aplicação das despesas e os investimentos, se houver.
>
> § 1º Havendo impugnação específica e fundamentada pelo autor, o juiz estabelecerá prazo razoável para que o réu apresente os documentos justificativos dos lançamentos individualmente impugnados.
>
> § 2º As contas do autor, para os fins do art. 550, § 5º, serão apresentadas na forma adequada, já instruídas com os documentos justificativos, especificando-se as receitas, a aplicação das despesas e os investimentos, se houver, bem como o respectivo saldo.

▶ **1. Correspondência no CPC/1973.** *"Art. 917. As contas, assim do autor como do réu, serão apresentadas em forma mercantil, especificando-se as receitas e a aplicação das despesas, bem como o respectivo saldo; e serão instruídas com os documentos justificativos."*

### ▣ Comentários Temáticos

**2. Apresentação das contas pelo réu.** Uma vez citado, o réu pode comparecer e já apresentar suas contas. Nesse caso, o processo não é extinto; o que se verifica um avanço imediato para a segunda fase do procedimento, na qual se verificará a regularidade das contas apresentadas. As contas podem, diversamente, ser apresentadas pelo réu depois da decisão de procedência, quando o juiz, então, encerra a primeira fase do procedimento, dando-se início à segunda fase.

**3. Desnecessidade de forma contábil.** As contas devem ser apresentadas na forma *adequada*, especificando as receitas, a aplicação das despesas e, se houver, os investimentos realizados. Não se exige que as contas sejam prestadas na forma contábil ou mercantil. Há uma flexibilização na forma, com facilitação na apresentação das contas: a parte pode apresentá-las em uma tabela, em um demonstrativo, em tópicos, em gráficos, em forma contábil ou mercantil, enfim, a forma é livre, desde que sejam indicados, de

modo organizado e bem discriminado, os lançamentos de crédito e débito.

**4. Apresentação das contas pelo autor.** Se o réu, mesmo condenado a tanto, não apresentar as contas, caberá ao autor fazê-lo. O autor também há de apresentar as contas de modo fundamentado e específico, com indicação precisa de receitas, despesas, investimentos e saldo, se houver, tudo acompanhado da documentação correspondente.

**5. Juntada de documentos pelo réu.** Havendo impugnações do autor, o réu poderá juntar documentos que justifiquem os lançamentos impugnados, devendo o juiz assinalar prazo razoável para essa sua manifestação e produção de prova documental. Esses documentos só são juntados pelo réu, caso haja impugnação do autor. O objetivo é evitar o ingresso no processo de documentos desnecessários; se o autor não impugnar os lançamentos das contas apresentadas pelo réu, este não precisará juntar documentos justificativos. Sua juntada só se revelará necessária, se houver impugnação do autor.

**6. Direito intertemporal.** *"Se proferida, transitada e executada a sentença que julgou a primeira fase da ação de prestação de contas na vigência do CPC/1973, adquire o vencedor o direito de exigir que sejam elas prestadas e apuradas na forma da lei revogada, conquanto se reconheça que, na hipótese, que a substituição da prestação de contas de forma mercantil para forma adequada é de pouca repercussão prática, mantendo-se incólume a essência de que as contas deverão ser prestadas de modo claro, inteligível e que atinja a finalidade do processo"* (STJ, 3ª Turma, REsp 1.823.926/MG, rel. Min. Nancy Andrighi, *DJe* 16.09.2020).

> **Art. 552.** A sentença apurará o saldo e constituirá título executivo judicial.

▶ **1. Correspondência no CPC/1973.** *"Art. 918. O saldo credor declarado na sentença poderá ser cobrado em execução forçada."*

### ▣ Comentários Temáticos

**2. Julgamento das contas.** A decisão da segunda fase da ação de exigir contas apreciará a prestação do réu – ou as do autor, em caso de inércia do réu – a partir da controvérsia instaurada entre as partes e das provas produzidas.

**3. Fundamentação da decisão.** A decisão deve conter fundamentação especificada, com o exame dos lançamentos controvertidos, a definição de quem tem razão e a identificação de algum saldo em favor de qualquer das partes. Havendo saldo, a sentença conterá capítulo

**LIVRO I** · DO PROCESSO DE CONHECIMENTO E DO CUMPRIMENTO DE SENTENÇA · **Art. 554**

condenatório, que imponha seu pagamento, ou mandamental que obrigue a restituição de bem em poder da parte vencida.

**4. Natureza jurídica da decisão da segunda fase.** A decisão que encerra a segunda fase da ação de exigir contas é uma sentença de mérito, apta a formar coisa julgada material, tendo conteúdo condenatório, quando impuser o pagamento de quantia certa, ou mandamental, quando determinar a restituição de coisa em poder da parte vencida.

**5. Recurso cabível.** O encerramento da segunda fase da ação de exigir contas dá-se por sentença, da qual cabe apelação (art. 1.009).

**6. Ação dúplice.** A ação de exigir contas tem natureza dúplice: o julgamento de procedência para o autor é de improcedência para o réu. Diversamente, o julgamento de improcedência do pedido do autor configura um julgamento de procedência em favor do réu, ainda que este não tenha formulado qualquer pedido contraposto ou reconvencional.

**7. Título executivo.** Apurado algum saldo, a sentença conterá capítulo condenatório que imponha seu pagamento. A sentença poderá, ao julgar procedente o pedido, formar título executivo para o devedor, se algum saldo for apurado em seu favor.

**8. Cumprimento de sentença.** Formado o título executivo para qualquer das partes, o beneficiário poderá iniciar a fase de cumprimento da sentença, nos mesmos autos do processo. Essa atividade executiva inicia-se somente depois da segunda fase da ação de exigir contas. Não cumprida espontaneamente a condenação, segue-se o cumprimento de sentença.

> **Art. 553.** As contas do inventariante, do tutor, do curador, do depositário e de qualquer outro administrador serão prestadas em apenso aos autos do processo em que tiver sido nomeado.
> Parágrafo único. Se qualquer dos referidos no *caput* for condenado a pagar o saldo e não o fizer no prazo legal, o juiz poderá destituí-lo, sequestrar os bens sob sua guarda, glosar o prêmio ou a gratificação a que teria direito e determinar as medidas executivas necessárias à recomposição do prejuízo.

▶ **1. Correspondência no CPC/1973.** *"Art. 919. As contas do inventariante, do tutor, do curador, do depositário e de outro qualquer administrador serão prestadas em apenso aos autos do processo em que tiver sido nomeado. Sendo condenado a pagar o saldo e não o fazendo no prazo legal, o*

*juiz poderá destituí-lo, sequestrar os bens sob sua guarda e glosar o prêmio ou gratificação a que teria direito."*

### ▣ COMENTÁRIOS TEMÁTICOS

**2. Prestação de contas incidental a outro processo.** Em algumas hipóteses, é desnecessária a propositura da ação de exigir contas por meio de um processo autônomo. Quando decorre de uma função atribuída a alguns sujeitos em razão do processo, como o inventariante, o tutor, o curador, o depositário e qualquer outro administrador (nomeado judicialmente), o dever de prestar contas será cumprido incidentalmente, em apenso aos autos do processo em que tiverem sido nomeados.

**3. Competência absoluta.** Nos casos de administrador nomeado judicialmente (art. 553), a ação de exigir contas será acessória, devendo ser proposta no juízo competência para a ação principal (art. 61). A competência, nessas hipóteses, é funcional, sendo, portanto, absoluta; não pode ser prorrogada, derrogada nem modificada. A ação de exigir contas, nesses casos, deve ser proposta perante o juízo em que foram nomeados e atuaram o tutor, o curador, o inventariante, o depositário ou o administrador; trata-se de prevenção, que se mantém, ainda que encerrado o processo originário.

**4. Medidas executivas.** Se o inventariante, o tutor, o curador, o depositário e o administrador forem condenados a pagar o saldo, mas não o fizerem no prazo legal, o juiz poderá destituí-los, sequestrar os bens que estiverem sob sua guarda, glosar o prêmio ou a gratificação a que teriam direito em razão do exercício de suas funções, ou ainda determinar as medidas executivas necessárias à recomposição do prejuízo. Além de medidas coercitivas, o juiz também pode determinar a adoção de medias punitivas e sub-rogatórias, a fim de se efetivar o pagamento do saldo (art. 139, IV).

## CAPÍTULO III
## DAS AÇÕES POSSESSÓRIAS

### Seção I
### Disposições Gerais

> **Art. 554.** A propositura de uma ação possessória em vez de outra não obstará a que o juiz conheça do pedido e outorgue a proteção legal correspondente àquela cujos pressupostos estejam provados.

937

**Art. 554** CÓDIGO DE PROCESSO CIVIL COMENTADO – *Leonardo Carneiro da Cunha*

§ 1º No caso de ação possessória em que figure no polo passivo grande número de pessoas, serão feitas a citação pessoal dos ocupantes que forem encontrados no local e a citação por edital dos demais, determinando-se, ainda, a intimação do Ministério Público e, se envolver pessoas em situação de hipossuficiência econômica, da Defensoria Pública.

§ 2º Para fim da citação pessoal prevista no § 1º, o oficial de justiça procurará os ocupantes no local por uma vez, citando-se por edital os que não forem encontrados.

§ 3º O juiz deverá determinar que se dê ampla publicidade da existência da ação prevista no § 1º e dos respectivos prazos processuais, podendo, para tanto, valer-se de anúncios em jornal ou rádio locais, da publicação de cartazes na região do conflito e de outros meios.

▶ **1. Correspondência no CPC/1973.** *"Art. 920. A propositura de uma ação possessória em vez de outra não obstará a que o juiz conheça do pedido e outorgue a proteção legal correspondente àquela, cujos requisitos estejam provados."*

## 🏛 LEGISLAÇÃO CORRELATA

**2. CC, art. 1.196.** *"Art. 1.196. Considera-se possuidor todo aquele que tem de fato o exercício, pleno ou não, de algum dos poderes inerentes à propriedade."*

**3. CC, art. 1.197.** *"Art. 1.197. A posse direta, de pessoa que tem a coisa em seu poder, temporariamente, em virtude de direito pessoal, ou real, não anula a indireta, de quem aquela foi havida, podendo o possuidor direto defender a sua posse contra o indireto."*

**4. CC, art. 1.198.** *"Art. 1.198. Considera-se detentor aquele que, achando-se em relação de dependência para com outro, conserva a posse em nome deste e em cumprimento de ordens ou instruções suas. Parágrafo único. Aquele que começou a comportar-se do modo como prescreve este artigo, em relação ao bem e à outra pessoa, presume-se detentor, até que prove o contrário."*

**5. CC, art. 1.199.** *"Art. 1.199. Se duas ou mais pessoas possuírem coisa indivisa, poderá cada uma exercer sobre ela atos possessórios, contanto que não excluam os dos outros compossuidores."*

**6. CC, art. 1.208.** *"Art. 1.208. Não induzem posse os atos de mera permissão ou tolerância assim como não autorizam a sua aquisição os atos violentos, ou clandestinos, senão depois de cessar a violência ou a clandestinidade."*

**7. CC, art. 1.314.** *"Art. 1.314. Cada condômino pode usar da coisa conforme sua destinação, sobre ela exercer todos os direitos compatíveis com a indivisão, reivindicá-la de terceiro, defender a sua posse e alhear a respectiva parte ideal, ou gravá-la."*

## ⚖ JURISPRUDÊNCIA, ENUNCIADOS E SÚMULAS SELECIONADOS

• **8. Súmula Vinculante STF, 23.** *"A Justiça do Trabalho é competente para processar e julgar ação possessória ajuizada em decorrência do exercício do direito de greve pelos trabalhadores da iniciativa privada."*

• **9. Súmula STF, 340.** *"Desde a vigência do Código Civil, os bens dominicais, como os demais bens públicos, não podem ser adquiridos por usucapião".*

• **10. Súmula STJ, 228.** *"É inadmissível o interdito proibitório para a proteção do direito autoral."*

• **11. Enunciado 63 do FPPC.** *"No caso de ação possessória em que figure no polo passivo grande número de pessoas, a ampla divulgação prevista no § 3º do art. 554 contempla a inteligência do art. 301, com a possibilidade de determinação de registro de protesto para consignar a informação do litígio possessório na matrícula imobiliária respectiva."*

• **12. Enunciado 178 do FPPC.** *"O valor da causa nas ações fundadas em posse, tais como as ações possessórias, os embargos de terceiro e a oposição, deve considerar a expressão econômica da posse, que não obrigatoriamente coincide com o valor da propriedade."*

• **13. Enunciado 328 do FPPC.** *"Os arts. 554 e 565 do CPC aplicam-se à ação de usucapião coletiva (art. 10 da Lei 10.258/2001) e ao processo em que exercido o direito a que se referem os §§ 4º e 5º do art. 1.228, Código Civil, especialmente quanto à necessidade de ampla publicidade da ação e da participação do Ministério Público, da Defensoria Pública e dos órgãos estatais responsáveis pela reforma agrária e política urbana."*

• **14. Enunciado 620 do FPPC.** *"O ajuizamento e o julgamento de ações coletivas serão objeto da mais ampla e específica divulgação e publicidade."*

## 🗐 COMENTÁRIOS TEMÁTICOS

**15. Posse.** A posse é o estado de fato de quem se encontra na possibilidade de exercer poder sobre uma coisa, como o que exerceria quem fosse

**LIVRO I ·** DO PROCESSO DE CONHECIMENTO E DO CUMPRIMENTO DE SENTENÇA **Art. 554**

dela proprietário ou tivesse, sem ser proprietário, poder que se inclui no direito de propriedade.

**16. Ihering e Savigny.** A posse, para Savigny, supõe um poder físico sobre a coisa e a intenção do possuidor de tê-la para si, como sua. Haveria, enfim, para Savigny, dois elementos: o *corpus* e o *animus*. Já para Ihering, na posse, não há um *animus* destacável do próprio elemento real ou físico: a intenção do dono (*animus domini*) ou mesmo o propósito de ter a coisa para si (*animus sibi habendi*) não seria indispensável à caracterização da posse. A vontade seria apenas a consciência de possuir e já estaria contida na relação fática exterior, sendo a posse a exteriorização visível, material, do domínio, ainda que acidental e excepcionalmente possa ser apenas aparente. O *animus* de que trata Savigny não seria um critério distintivo entre posse e detenção, pois o ponto de referência estaria no *interesse*.

**17. A posse no Código Civil.** O CC, em seu art. 1.196 descreve o possuidor, e não a posse. Conjugando tal dispositivo com diversos outros do próprio CC, inclusive com os seus arts. 1.198 e 1.208, pode-se afirmar que, no sistema brasileiro, esses são os elementos constitutivos essenciais da posse: (*a*) o poder fático que a pessoa tem de praticar sobre a coisa atos que, segundo sistema normativo, estaria o proprietário autorizado; (*b*) a expressão da vontade de possuir, manifestada no próprio exercício desses poderes; (*c*) a autonomia desse exercício, que não depende da vontade de outrem, proprietário ou não.

**18. Posse como simples fato.** Posse é fato. A posse revela o exercício fático dos poderes delimitados no art. 1.196 do CC. A posse é a visibilidade do domínio.

**19. Posse como poder.** A posse é estado de fato, mas também é poder. O possuidor tem a possibilidade concreta de exercitar algum poder inerente ao domínio ou à propriedade.

**20. Posse, propriedade e detenção.** O proprietário tem a faculdade de usar, gozar e dispor da coisa, e o poder de revê-la de quem quer que injustamente a possua ou detenha. O direito de propriedade não depende do exercício fático e efetivo do poder de disposição. Ele decorre do título dominial, que produz efeitos no mundo jurídico, sem a necessidade da posse sobre o bem. O título é suficiente. Por sua vez, a posse não decorre de qualquer título documental. A posse revela o exercício fático dos poderes decorrentes da propriedade. A posse é a visibilidade do domínio. A propriedade e a posse têm em comum os poderes que podem ser exercidos. Os poderes exercitáveis pelo possuidor são, em re-

gra, inerentes ao domínio. Nem sempre, porém, é o proprietário quem se encontra no estado de fato que lhe permita o efetivo exercício desses poderes. Quando os exercita, o proprietário o faz porque tem o direito de fazê-lo; o possuidor, se os exercita, é apenas porque tem a possibilidade fática de fazê-lo, independentemente de qualquer direito. Já a detenção não se confunde nem com a posse nem com o domínio. O detentor está a serviço da posse de outrem, os poderes que exerce não são seus, mas alheios. O detentor acha-se à mercê da vontade do possuidor no tocante à continuidade ou não da detenção. O detentor não tem a coisa para si, mas por ordem de outrem, para outrem, ou por permissão de outrem. O possuidor, por sua vez, sendo ou não dono, tem para si a coisa, não por ordem de outrem, ou para outrem, ou por permissão de outrem.

**21. Posse direta e posse indireta.** O proprietário do bem pode ceder sua posse a alguém. Nesse caso, o proprietário mantém-se na posse *indireta* do bem, enquanto aquele a quem foi cedida a posse passa a ter a posse *direta*. A posse direta é, portanto, o poder fático que se exerce efetiva e materialmente sobre a coisa, em virtude de alguma jurídica, real ou obrigacional, com o proprietário ou possuidor indireto. Assim, em casos como de locação ou usufruto, o proprietário mantém a posse indireta, ao tempo em que o locatário ou usufrutuário tem a possa direta do bem. Nesse caso, não há representação nem delegação, mas simples partição dos poderes de fato em que consiste a posse.

**22. Posse justa e posse injusta.** Por ser um fato, a posse não deveria ser qualificada como justa ou injusta, não se envolvendo com conceitos jurídicos. É, todavia, metajurídica essa "justeza" da posse, implicando apenas a apreciação de fatos ligados à aquisição a posse: violência, clandestinidade ou precariedade, que, uma vez presentes, viciam a posse e a tornam *injusta*. O caráter vicioso da posse relaciona-se com o fato de sua aquisição. A posse viciada ou injusta é posse. Já a posse justa é a que foi adquirida sem vício, ou seja, sem violência, sem precariedade ou sem clandestinidade. Essa distinção é importante, pois ao possuir injusto pode ser negada a proteção possessória, sucumbindo à chamada *exceptio viciosae possessionis*.

**23. Posse de boa-fé e posse de má-fé.** Quando o possuidor ignora que sua posse é viciada, diz-se que é de boa-fé. Se, porém, ele sabe que há vício ou impedimento para aquisição da posse, mas, ainda assim, mantém-se nela, estará de má-fé. Por isso, a posse pode ser, respectivamente, de boa-fé ou de má-fé. A boa-fé, aqui mencionada, é a *subjetiva*, e não a objetiva a que alude o art. 5º. A boa-fé subjetiva relaciona-se com a *intenção*. A boa-fé ou a má-fé produzem importantes consequências na esfera dos efeitos da posse (CC, arts. 1.216 a 1.222).

**24. Composse.** Mais de uma pessoa pode ter a posse de um bem. Chama-se composse o exercício simultâneo da posse sobre uma mesma coisa por mais de uma pessoa. Mais de uma pessoa pode possuir uma coisa indivisa, ou seja, duas ou mais pessoas podem ter a posse sobre a mesma coisa, caracterizando a composse. Na composse, há mais de um possuidor em relação a um mesmo bem. A composse pode existir tanto na posse direta como na posse indireta.

**25. Compossuidores e proteção contra outro possuidor.** Qualquer um dos compossuidores pode defender a posse contra terceiros, podendo também a proteção possessória ser pedido entre eles próprios, pois os atos possessórios de um não podem excluir os do outro compossuidor.

**26. Espécies de composse.** A composse pode ser *pro indiviso* ou *pro diviso*. A *pro indiviso* é aquela cujos possuidores exercem simultaneamente atos de posse sobre toda a extensão do bem. Nesse caso, todos os possuidores têm, a um só tempo e sobre toda a coisa, a posse. Não há, na composse *pro indiviso*, divisão no exercício da posse sobre o bem. Já na *pro diviso*, cada um dos possuidores tem a posse sobre uma parte específica do bem; os possuidores têm a posse de todo o bem, mas delimitam as áreas para o seu respectivo exercício.

**27. Composse e litisconsórcio passivo.** *"Segundo a jurisprudência do STJ, em regra, nas ações possessórias não há necessidade de citação do cônjuge da parte ré, salvo nos casos de composse ou de ato praticado por ambos os cônjuges"* (STJ, 4ª Turma, AgInt no AREsp 1.576.096/GO, rel. Min. Antonio Carlos Ferreira, *DJe* 1º.04.2020).

**28. Efeito jurídico da posse.** O principal efeito da posse é sua proteção por meio dos interditos proibitórios ou ações possessórias, de modo a assegurar ao possuidor as medidas processuais destinadas a combater os atos capazes de embaraçar ou obstar o exercício do poder de fato que tem sobre o bem (CC, art. 1.210).

**29. Proteção possessória sobre direitos pessoais.** É inadmissível um poder fático exercitável contra direitos; não há poder fático sobre abstrações. As ações possessórias destinam-se a proteger a posse. E esta é exercida sobre bens corpóreos, sobre coisas. Por isso mesmo, *"é inadmissível o interdito proibitório para a proteção do direito autoral"* (Súmula STJ, 228).

**30. Proteção possessória de servidões.** A posse de servidões também é passível de proteção possessória contra quaisquer ofensas, praticadas pelo dono ou ocupante do prédio serviente ou de terceiro.

**31. Meios de proteção possessória.** A ofensa à posse pode ser combatida por diversas medidas judiciais. Os embargos de terceiro, embora tenham evidente feição possessória, são regulados separadamente das ações possessórias. A ação de nunciação de obra nova também tem cariz possessório, mas não se inclui entre as ações possessórias.

**32. Ações possessórias.** As ações possessórias propriamente ditas ou em sentido estrito são 3: a reintegração de posse, a manutenção de posse e o interdito proibitório, destinando-se à proteção da posse em graus diversos de ofensa, respectivamente: o esbulho, a turbação e a ameaça.

**33. Objeto das ações possessórias.** As ações possessórias servem para proteger a posse de bens móveis, semoventes e imóveis.

**34. Bens públicos e posse.** Os bem públicos são os de *(a)* uso comum do povo (CC, art. 99, I); *(b)* uso específico (CC, art. 99, II); e, *(c)* dominicais (CC, art. 99, III). Os de uso comum do povo e os de uso específico são inalienáveis, enquanto os dominicais podem ser alienados, desde que observados os requisitos legais (CC, art. 101). Nenhum deles pode, porém, ser adquirido por usucapião (CC, art. 102). Os de uso comum do povo e os de uso específico não podem ser objeto de posse. Já os dominicais, mesmo não sendo adquiríveis por usucapião, podem ser objeto de posse.

**35. Posse de bem público.** *"(...) na hipótese em que o particular ocupa irregularmente área pública, pois, como o imóvel público é insuscetível de usucapião, nos termos do art. 183, § 3º, da CF, o particular jamais poderá ser considerado possuidor, senão mero detentor, sendo irrelevante falar-se em posse de boa ou má-fé"* (STJ, 2ª Turma, EDcl no REsp 1.717.124/SP, rel. Min. Francisco Falcão, *DJe* 29.03.2019).

**36. Proteção possessória de bem público.** *"Na ocupação de bem público, duas situações devem ter tratamentos distintos: i) aquela em que o particular invade imóvel público e almeja proteção possessória ou indenização/retenção em face do ente estatal e ii) as contendas possessórias entre particulares no tocante a imóvel situado em terras públicas. (...) 3. A jurisprudência do STJ é sedimentada no sentido de que o particular tem apenas detenção em relação ao Poder Público, não se cogitando de proteção possessória. 4. É possí-*

**LIVRO I** · DO PROCESSO DE CONHECIMENTO E DO CUMPRIMENTO DE SENTENÇA — **Art. 554**

*vel o manejo de interditos possessórios em litígio entre particulares sobre bem público dominical, pois entre ambos a disputa será relativa à posse"* (STJ, 4ª Turma, REsp 1.296.964/DF, rel. Min. Luis Felipe Salomão, *DJe* 07.12.2016).

**37. Bem público e ação possessória.** *"Ainda que o bem seja público, é possível o manejo de interditos possessórios entre particulares"* (STJ, 3ª Turma, AgInt no REsp 1.577.415/DF, rel. Min. Moura Ribeiro, *DJe* 19.02.2020). *"Embora não se possa falar em posse, mas mera detenção quanto ao bem público, no caso em que a disputa ocorre entre particulares, é possível se garantir uma proteção possessória àquele que demonstra estar autorizado a ocupar o bem. 2. Realmente, são duas situações que devem ter tratamentos bem distintos: aquela em que o particular invade imóvel público e almeja proteção possessória em face do ente estatal e a disputa possessória entre particulares no tocante a bem público. No último caso, é possível o manejo de interditos possessórios, em que pese a posse dos litigantes estar situada em bem público. 3. No caso dos autos, em que a disputa da posse ocorre entre particulares a respeito de bem incluído em inventário, tem-se por juridicamente possível o pedido de proteção possessória formulado pelo embargante, ocupante do imóvel público"* (STJ, 4ª Turma, AgInt no REsp 1.324.548/DF, rel. Min. Raul Araújo, *DJe* 18.08.2017).

**38. Função social da posse.** *"À luz do texto constitucional e da inteligência do novo Código Civil, a função social é base normativa para a solução dos conflitos atinentes à posse, dando-se efetividade ao bem comum, com escopo nos princípios da igualdade e da dignidade da pessoa humana"* (STJ, 4ª Turma, REsp 1.296.964/DF, rel. Min. Luis Felipe Salomão, *DJe* 07.12.2016).

**39. Direito de possuir (*ius possessionis*) e direito a possuir (*ius possidendi*).** As ações possessórias destinam-se à defesa do direito de possuir (*ius possessionis*), ou seja, do exercício fático que foi ameaçado ou violado. Por sua vez, o direito à posse ou o direito a possuir (*ius possidendi*) é o direito conferido ao proprietário que possuir o que lhe pertence. É diferente, portanto, o direito a possuir, que decorre da invocação do título dominial, do direito de possuir, que consiste na manutenção do *quieta non movere*, ou seja, na preservação do *fato* da posse, na preservação da situação fática do possuidor. A proteção da posse ou do direito de possuir (*ius possessionis*) independe de saber se corresponde ou não à existência de um direito; o que importa é investigar se há a posse, que deve, então, ser protegida.

**40. Ações possessórias *versus* ações petitórias.** As ações possessórias não se confundem com as petitórias. Nas possessórias, a causa de pedir funda-se na posse, e não na propriedade. Assim, quando autor afirma que teria havido esbulho, turbação ou ameaça de esbulho ou turbação em sua posse, sua causa de pedir é possessória, sendo, igualmente, possessório o pedido, pois se pede a proteção da posse; no juízo possessório, pede-se a proteção ao *ius possessionis*. Por sua vez, nas ações petitórias, o autor invoca o direito de propriedade para obter a tutela de sua posse. No juízo petitório, pede-se a proteção ao *ius possidendi*, ou seja, o direito de posse fundado na propriedade. Assim, por exemplo, na ação de imissão de posse, o autor, fundado no seu direito de propriedade, pede para ter a posse do bem, sendo-lhe nela imitido. A propriedade, na ação petitória, é um fato, integrante de sua causa de pedir. De igual modo, a ação reivindicatória funda-se na propriedade para se ter o reconhecimento do direito a possuir (*ius possidendi*).

**41. Legitimidade ativa.** Tem legitimidade para propor ação possessória tanto o possuidor direto como o indireto, seja a posse própria ou derivada.

**42. Composse.** Cada compossuidor tem legitimidade ativa para defender, sozinho, sua posse, bem como a dos demais compossuidores (CC, art. 1.314). Um compossuidor também pode promover ação possessória contra outro compossuidor.

**43. Legitimidade passiva.** O legitimado passivo para a ação possessória é aquele que se afirma, na petição inicial, ter praticado o esbulho, a turbação ou a ameaça à posse do autor.

**44. As ações possessórias no CPC.** O Código adota a tradicional divisão da ação possessória, que considera os 3 graus de gravidade da ofensa à posse. Assim, em caso de esbulho, cabe ação de reintegração de posse, reservada a de manutenção de posse para a turbação e o interdito proibitório destina-se a combater uma ameaça de esbulho ou de turbação.

**45. Conversibilidade dos interditos.** Cada ação possessória destina-se a combater um tipo de hostilidade à posse. O juiz está autorizado a prestar a proteção possessória adequada, apesar de o pedido ser diverso. Mesmo quando a proteção possessória seja requerida sob denominação inadequada ou com invocação de outro pressuposto diverso, o juiz deve outorgar a proteção possessória ajustada ao caso.

**46. Justificativa da regra.** A regra do art. 554 não consiste em exceção à regra da congruência ou da adstrição do juiz ao pedido (arts. 141

e 492). O autor, em sua petição inicial, pede a proteção possessória, atacando o ato ofensivo de sua posse. O que pretende é combater o ato hostil à sua posse, quaisquer que tenham sido as consequências já produzidas. O pedido é o de proteção possessória, conquanto esta possa assumir mais de uma forma e a indicada pelo autor não seja a mais correta. Diante de uma ofensa, pede-se a proteção à posse. A variação da proteção equivale a diferenças de extensão da ofensa, e não de sua essência.

**47. Ausência de decisão surpresa.** A proteção possessória é uma só, destinada a combater a violação à posse. Se a parte pede a manutenção, mas o juiz defere a reintegração, não há decisão diversa da pedida. A decisão atendeu ao pedido, considerada a extensão da ofensa à posse. Por isso, ao aplicar o art. 554, o juiz não profere decisão surpresa, não devendo, então, instaurar o contraditório prévio (art. 10). Não há necessidade de exercer o dever de consulta. Considerados os fatos, e comprovada a ofensa à posse, o juiz concederá a medida adequada a evitar ou eliminar a ofensa.

**48. Âmbito de incidência da conversibilidade.** O art. 554 aplica-se apenas entre as ações possessórias. Assim, requerida a manutenção de posse ou o interdito proibitório, o juiz pode conceder a reintegração ou vice-versa. Tal conversibilidade não alcança as ações petitórias, ou seja, proposta uma ação reivindicatória, o juiz não pode convertê-la em ação de reintegração ou de manutenção de posse, ou, proposta uma ação de imissão de posse, não deve ser convertida em reintegração ou manutenção de posse. De igual modo, proposta uma ação possessória, não é possível convertê-la em petitória.

**49. Competência para as ações possessórias.** As ações possessórias não estão fundadas em direito real. A posse, que é o seu fundamento, não é direito, nem mesmo pessoal. Trata-se de um simples fato. Mesmo sendo um fato, a posse dá origem às ações possessórias que são ações reais, mas não são ações fundadas em direito real. As ações possessórias devem ser propostas no foro da situação do bem, sendo a competência absoluta (art. 47, § 2º).

**50. Ação relativa a imóvel situado em mais de uma comarca.** *"Se o imóvel se achar situado em mais de um Estado, comarca, seção ou subseção judiciária, a competência territorial do juízo prevento estender-se-á sobre a totalidade do imóvel"* (art. 60).

**51. Competência da Justiça do Trabalho.** *"Compete à Justiça do Trabalho apreciar e julgar*

*controvérsia relativa à posse do imóvel cedido em comodato para moradia durante o contrato de trabalho"* (STJ, 2ª Seção, CC 57.524/PR, rel. Min. Carlos Alberto Menezes Direito, *DJe* 23.10.2006). *"(...) a competência para processar e julgar ação possessória proposta por ex-empregador contra ex-empregado, que detém a posse por força de comodato, é da Justiça do Trabalho para a hipótese do empréstimo, pactuado para moradia do empregado, estando diretamente relacionado ao contrato de trabalho e tendo vigência concomitante a este"* (STJ, 2ª Seção, AgInt no REsp 1.583.847/SC, rel. Min. Marco Aurélio Bellizze, *DJe* 02.02.2017).

**52. Reintegração de posse, constrição judicial e Justiça do Trabalho.** *"A jurisprudência do Superior Tribunal de Justiça firmou orientação no sentido de que a Justiça do Trabalho é competente para julgar a ação de reintegração de posse, na qual se discutem aspectos relativos à validade da constrição judicial sobre o imóvel, determinada por aquela Justiça especializada"* (STJ, 2ª Turma, AgInt no REsp 1.534.296/DF, rel. Min. Assusete Magalhães, *DJe* 27.10.2017).

**53. Valor da causa.** O valor da causa deve representar o benefício econômico ou patrimonial que a procedência acarrete para o autor. A privação da posse ou o risco de sua privação não tem, necessariamente, valor correspondente ao do próprio bem. O valor da causa deve ser estimado de acordo com as peculiaridades do caso, considerada a pretensão possessória. Se, porém, o pedido de proteção possessória for cumulado com o de indenização, deverá o valor deste ser igualmente considerado (art. 292, VI).

**54. Valor da causa na ação possessória.** *"Nos termos da jurisprudência desta Corte, nas ações possessórias, ainda que sem proveito econômico imediato, o valor da causa deve corresponder ao benefício patrimonial pretendido pelo autor"* (STJ, 4ª Turma, AgInt nos EDcl no REsp 1.772.169/AM, rel. Min. Antonio Carlos Ferreira, *DJe* 26.10.2020).

**55. Ação possessória coletiva passiva.** Quando a violação à posse for atribuída a um grupo ou a uma grande quantidade de pessoas, o procedimento possessório apresenta medidas diferenciadas para a concessão da tutela provisória (art. 565) e para citação dos integrantes do polo passivo (art. 554, §§ 1º a 3º).

**56. Legitimidade passiva na ação possessória coletiva.** A coletividade indicada como causadora da ameaça ou violação à posse poderá ter ou não personalidade jurídica. O movimento social pode ser desenvolvido por uma

**LIVRO I** · DO PROCESSO DE CONHECIMENTO E DO CUMPRIMENTO DE SENTENÇA    **Art. 554**

associação ou pessoa jurídica, que estará em juízo por seu representante legal, indicado no seu estatuto ou ato de constituição. Não tendo personalidade jurídica, o ente coletivo será integrado pelos seus representantes de fato (art. 75, IX). Se forem poucas as pessoas ou famílias que se encontrarem no bem, o oficial de justiça pode identificá-las e citá-las. Caso, porém, se trate de uma invasão massiva, com um número indeterminado de pessoas, deve ser citado o representante de fato da coletividade. Os demais ocupantes serão citados por edital.

**57. Citação por edital.** Tem por finalidade conferir publicidade e permitir ampla divulgação da ação proposta, para que todos dela tomem conhecimento. A ocupação coletiva de um imóvel é muito dinâmica, sendo marcada pelo fluxo contínuo de pessoas. A indeterminação das pessoas e o seu constante fluxo exigem que se faça a citação por edital.

**58. Obrigatoriedade de citação por edital dos réus incertos.** *"Nas ações possessórias voltadas contra número indeterminado de invasores de imóvel, faz-se obrigatória a citação por edital dos réus incertos. 3. O CPC/2015, visando adequar a proteção possessória a tal realidade, tendo em conta os interesses público e social inerentes a esse tipo de conflito coletivo, sistematizou a forma de integralização da relação jurídica, com o fito de dar a mais ampla publicidade ao feito, permitindo que o magistrado se valha de qualquer meio para esse fim. 4. O novo regramento autoriza a propositura de ação em face de diversas pessoas indistintamente, sem que se identifique especificamente cada um dos invasores (os demandados devem ser determináveis e não obrigatoriamente determinados), bastando a indicação do local da ocupação para permitir que o oficial de justiça efetue a citação daqueles que forem lá encontrados (citação pessoal), devendo os demais serem citados presumidamente (citação por edital). 5. Na hipótese, deve ser reconhecida a nulidade de todos os atos do processo, em razão da falta de citação por edital dos ocupantes não identificados"* (STJ, 4ª Turma, REsp 1.314.615/SP, rel. Min. Luis Felipe Salomão, *DJe* 12.06.2017).

**59. Meios de conferir publicidade à ação possessória coletiva passiva.** O juiz, para ampliar a cientificação dos interessados, pode determinar a publicidade da ação por diversos meios, como anúncios em jornal ou rádio local, a afixação de cartazes no local do acampamento.

**60. Intervenção do Ministério Público.** A disputa coletiva de posse exige a intervenção do Ministério Público (art. 178, III). Mesmo que todos os réus sejam identificados, é obrigatória a intervenção do órgão ministerial.

**61. Defensoria Pública.** Também deve ser intimada para as situações em haja hipossuficientes ou vulneráveis econômicos na coletividade.

**62. Conversão da ação possessória em indenizatória.** *"O Superior Tribunal de Justiça já se manifestou no sentido da possibilidade de conversão da ação possessória em indenizatória, em respeito aos princípios da celeridade e economia processuais, a fim de assegurar ao particular a obtenção de resultado prático correspondente à restituição do bem, quando situação fática consolidada no curso da ação exigir a devida proteção jurisdicional, com fulcro nos arts. 461, § 1º, do CPC/1973. 5. A conversão operada na espécie não configura julgamento ultra petita ou extra petita, ainda que não haja pedido explícito nesse sentido, diante da impossibilidade de devolução da posse à autora, sendo descabido o ajuizamento de outra ação quando uma parte do imóvel já foi afetada ao domínio público, mediante apossamento administrativo, sendo a outra restante ocupada de forma precária por inúmeras famílias de baixa renda com a intervenção do Município e do Estado, que implantaram toda a infraestrutura básica no local, tornando-se a área bairros urbanos. 6. Não há se falar em violação ao princípio da congruência, devendo ser aplicada à espécie a teoria da substanciação, segundo a qual apenas os fatos vinculam o julgador, que poderá atribuir-lhes a qualificação jurídica que entender adequada ao acolhimento ou à rejeição do pedido, como fulcro nos brocardos* iura novit curia e mihi factum dabo tibi ius *e no art. 462 do CPC/1973. 7. Caso em que, ao tempo do julgamento do primeiro grau, a lide foi analisada à luz do disposto no art. 1.228, §§ 4º e 5º, do CC/2002, que trata da desapropriação judicial, chamada também por alguns doutrinadores de desapropriação por posse-trabalho ou de desapropriação judicial indireta, cujo instituto autoriza o magistrado, sem intervenção prévia de outros Poderes, a declarar a perda do imóvel reivindicado pelo particular em favor de considerável número de pessoas que, na posse ininterrupta de extensa área, por mais de cinco anos, houverem realizado obras e serviços de interesse social e econômico relevante"* (STJ, 1ª Turma, REsp 1.442.440/AC, rel. Min. Gurgel de Faria, *DJe* 15.02.2018).

**63. Desnecessidade de notificação prévia.** *"(...) a notificação prévia não é documento essencial à propositura da ação possessória"* (STJ, 4ª Turma, REsp 1.263.164/DF, rel. Min. Marco Buzzi, *DJe* 29.11.2016).

943

> **Art. 555.** É lícito ao autor cumular ao pedido possessório o de:
>
> I – condenação em perdas e danos;
>
> II – indenização dos frutos.
>
> Parágrafo único. Pode o autor requerer, ainda, imposição de medida necessária e adequada para:
>
> I – evitar nova turbação ou esbulho;
>
> II – cumprir-se a tutela provisória ou final.

▶ **1. Correspondência no CPC/1973.** *"Art. 921. É lícito ao autor cumular ao pedido possessório o de: I – condenação em perdas e danos; II – cominação de pena para caso de nova turbação ou esbulho; III – desfazimento de construção ou plantação feita em detrimento de sua posse."*

## 🏛 Legislação Correlata

**2. CC, art. 1.216.** *"Art. 1.216. O possuidor de má-fé responde por todos os frutos colhidos e percebidos, bem como pelos que, por culpa sua, deixou de perceber, desde o momento em que se constituiu de má-fé; tem direito às despesas da produção e custeio."*

**3. CC, art. 1.218.** *"Art. 1.218. O possuidor de má-fé responde pela perda, ou deterioração da coisa, ainda que acidentais, salvo se provar que de igual modo se teriam dado, estando ela na posse do reivindicante."*

## 🗒 Comentários Temáticos

**4. Cumulação de pedidos.** O autor pode, em sua petição inicial, formular mais de um pedido. O art. 327 estabelece os requisitos para a cumulação de pedidos.

**5. Cumulação de pedidos na ação possessória.** É possível, na ação possessória, cumular o pedido de proteção da posse com o de perdas e danos e, ainda, com o de cominação de pena para a cessação da ameaça, turbação ou esbulho.

**6. Perdas e danos.** Juntamente com o pedido de proteção possessória, o autor pode postular a condenação do réu a ressarcir-lhe pelos danos materiais provocados pelo esbulho ou turbação. Além dos danos materiais, também é possível ao autor postular a indenização por danos morais. A ameaça e a própria violação à posse causam tensão e desconforto ao autor, que pode postular indenização por danos morais.

**7. Indenização dos frutos.** Ao pedido de proteção possessória pode ser acrescentado o de indenização dos frutos. A indenização dos frutos somente será, todavia, cabível quando cessada a boa-fé do possuidor (CC, art. 1.214, parágrafo único). O possuidor de boa-fé tem direito, enquanto ela durar, aos frutos percebidos (CC, art. 1.214, *caput*). Já o possuidor de má-fé responde por todos os frutos colhidos e percebidos, bem como pelos que, por sua culpa, deixou de perceber (CC, art. 1.216).

**8. Cominação de pena para cessação da ameaça, turbação ou esbulho.** No interdito proibitório, o autor pede a cessação da ameaça. Na manutenção de posse, o término da turbação e a reintegração, nos casos de perda da posse. A cada um desses pedidos, pode acrescer o de aplicação de pena destinada a fazer cessar a ameaça, a turbação ou o esbulho. O juiz pode determinar a aplicação de medida necessária e adequada para evitar nova turbação ou esbulho (arts. 139, IV, e 555, parágrafo único, I).

**9. Determinação de ofício.** Para o juiz determinar a adoção de medidas executivas indiretas (arts. 139, IV), não é necessário haver pedido. O juiz pode as impor de ofício, independentemente de pedido da parte.

**10. Multa cominatória.** *"Mesmo que não requerida pela parte, uma vez acolhido o pedido de reintegração de posse e frustrada sua implementação, a fixação da multa cominatória na sentença é condizente com a natureza executiva das ações possessórias".* (STJ, 4ª Turma, REsp 900.419/SP, rel. Min. Raul Araújo, *DJe* 03.10.2016).

**11. Medida necessária ao cumprimento da tutela provisória ou final.** O autor também pode pedir a adoção de medida necessária ao cumprimento da tutela provisória ou final, entre as quais se inserem a demolição de construção ou a eliminação de plantação, que consistem em medidas naturais decorrentes da reintegração de posse, até então ocupada. O resultado da reintegração pode não ser a demolição ou a eliminação da plantação, mas outras medidas. De todo modo, tais medidas e quaisquer outras que sejam necessárias ao cumprimento da tutela provisória ou final – ou que dela decorram – podem ser requeridas pelo autor.

**12. Benfeitorias *versus* acessões.** As benfeitorias não se confundem com as acessões. Enquanto aquelas são acréscimos feitos por obra humana, que visam a conservar o bem, a melhorar sua utilidade ou, até mesmo, ao seu aformoseamento, as acessões consistem num modo de aquisição originária da propriedade, criando coisa nova, que adere à propriedade preexistente. As acessões podem ser naturais ou industriais. Estas – as industriais – são, por sua vez, divididas em *construções e plantações*.

**LIVRO I · DO PROCESSO DE CONHECIMENTO E DO CUMPRIMENTO DE SENTENÇA** — **Art. 556**

**13. Função social da posse e impossibilidade de cumprimento da tutela final.** Mesmo quando julgado procedente o pedido de reintegração, a função social da posse pode inviabilizar o cumprimento da tutela final. Imagine-se, por exemplo, que, no bem, foi construído um empresarial ou um grande prédio de apartamentos. Nesse caso, diante da impossibilidade de retorno ao *status quo ante,* será possível, em tese, que o possuidor indenize as perdas e danos em valor global, com aquisição do bem. Assim, a indenização prevista no inciso I do art. 555 pode englobar o ressarcimento pela impossibilidade de restituição ao *status quo ante.*

**14. Possibilidade de julgamento antecipado parcial.** Havendo cumulação de pedidos na ação possessória, se um deles dispensar a instauração da fase instrutória, será possível o julgamento antecipado parcial do mérito (art. 356).

---

**Art. 556.** É lícito ao réu, na contestação, alegando que foi o ofendido em sua posse, demandar a proteção possessória e a indenização pelos prejuízos resultantes da turbação ou do esbulho cometido pelo autor.

---

▶ **1. Correspondência no CPC/1973.** *"Art. 922. É lícito ao réu, na contestação, alegando que foi o ofendido em sua posse, demandar a proteção possessória e a indenização pelos prejuízos resultantes da turbação ou do esbulho cometido pelo autor."*

## 🗐 COMENTÁRIOS TEMÁTICOS

**2. Ações dúplices.** Há situações jurídicas em que qualquer dos sujeitos pode ajuizar a ação: qualquer dos sujeitos da relação jurídico-material pode propor a mesma ação contra o outro. Nesse caso, a ação é dúplice, valendo dizer que o réu, mesmo não formulando pedido, recebe tutela jurisdicional para além da simples improcedência da pretensão do autor. É o que ocorre, por exemplo, nos juízos demarcatórios e divisórios e na ação de exigir contas. Em tais ações, por sua natureza dúplice, o réu, mesmo não formulando pedido, recebe tutela jurisdicional para além da simples improcedência da pretensão do autor. Proposta a demanda, não há pedido algum que a parte contrária possa formular, relativo à mesma relação ou situação jurídica, que já não esteja compreendido no objeto do processo. A reconvenção, por isso, é inútil e desnecessária. A ação direta de inconstitucionalidade é dúplice: julgada improcedente, o STF está, em verdade, julgando procedente a ação declaratória de constitucionalidade. A

recíproca é verdadeira: a improcedência desta última é a procedência daquela.

**3. Ausência de caráter dúplice da ação possessória.** As ações possessórias não são dúplices. Em matéria de proteção possessória, parte-se da premissa de que há um possuidor e um ofensor da posse; as correspondentes posições são bem definidas. Tem legitimidade ativa o alegado possuidor e passiva, o ofensor. A polaridade da relação processual está predeterminada antes mesmo da instauração do processo. A configuração das posições jurídicas, nas ações possessórias, é bem diferente das ações de divisão e demarcação, por exemplo. A simples improcedência da ação possessória não representa, por si só, tutela judicial dispensada à posse do réu, desfigurando, por isso, seu caráter dúplice. Mesmo quando o juiz afirma ser o réu possuidor, e ser justa e de boa-fé a sua posse em face do autor, não lhe está conferindo tutela possessória; está, apenas, fundamentando a improcedência da demanda. Não há, portanto, natureza dúplice. Se a improcedência implicasse automática proteção possessória ao réu, aí sim seria dúplice a ação possessória. A revogação da tutela provisória possessória eventualmente deferida ao autor acarreta apenas a restituição das partes ao *status quo ante,* não implicando reconhecimento da posse ao réu. É por isso que a ação possessória não é dúplice.

**4. Pedido contraposto.** Nas ações possessórias, há pedido contraposto (art. 556). Além de não se sujeitar aos requisitos da reconvenção, o pedido contraposto não tem autonomia. Diferentemente da reconvenção, que não se extingue quando o autor desiste da ação ou quando esta é inadmissível (art. 343, § 2º), o pedido contraposto será atingido pela sorte da ação: se o autor formular desistência ou se o processo for extinto sem resolução do mérito, o pedido contraposto não se mantém nem prossegue; ele também é atingido pela extinção.

**5. Pedido certo.** Na ação possessória, o pedido formulado pelo réu em sua contestação há de ser certo, há de ser explícito, não apenas porque, em regra, se veda a formulação de pedido implícito (art. 322), mas também porque a ação possessória não é dúplice. O pedido contraposto há de ser formulado expressamente. Cabe ao réu, em sua contestação, desincumbir-se do ônus de alegar, provar e pedir, como se autor fosse.

**6. Reconvenção.** Sendo permitido ao réu formular pedido contraposto, é desnecessária a reconvenção para que ele possa demandar em face do autor a proteção possessória e a indenização pelos prejuízos decorrentes de turbação

945

# Art. 557 — CÓDIGO DE PROCESSO CIVIL COMENTADO – Leonardo Carneiro da Cunha

ou esbulho cometidos pelo autor em relação ao *mesmo* bem. Caso o réu pretenda formular outros tipos de pretensão em face do autor, poderá valer-se da reconvenção, desde que haja conexão com a ação ou com a defesa (art. 343). O réu poderá valer-se da reconvenção para ampliar subjetivamente a demanda, litisconsorciando-se com outrem ou demandando em face do autor e, igualmente, em face de outrem (art. 343, §§ 3º e 4º).

> **Art. 557.** Na pendência de ação possessória é vedado, tanto ao autor quanto ao réu, propor ação de reconhecimento do domínio, exceto se a pretensão for deduzida em face de terceira pessoa.
>
> Parágrafo único. Não obsta à manutenção ou à reintegração de posse a alegação de propriedade ou de outro direito sobre a coisa.

▶ **1. Correspondência no CPC/1973.** *"Art. 923. Na pendência do processo possessório, é defeso, assim ao autor como ao réu, intentar a ação de reconhecimento do domínio."*

## 🏛 Legislação Correlata

**2. CC, art. 1.210, § 2º.** *"§ 2º Não obsta à manutenção ou reintegração na posse a alegação de propriedade, ou de outro direito sobre a coisa."*

**3. Estatuto da Cidade, art. 11.** *"Art. 11. Na pendência da ação de usucapião especial urbana, ficarão sobrestadas quaisquer outras ações, petitórias ou possessórias, que venham a ser propostas relativamente ao imóvel usucapiendo."*

## ⚖ Jurisprudência, Enunciados e Súmulas Selecionados

- **4. Súmula STF, 487.** *"Será deferida a posse a quem, evidentemente, tiver o domínio, se com base neste for ela disputada."*
- **5. Súmula STJ, 637.** *"O ente público detém legitimidade e interesse para intervir, incidentalmente, na ação possessória entre particulares, podendo deduzir qualquer matéria defensiva, inclusive, se for o caso, o domínio."*
- **6. Enunciado 65 do FPPC.** *"O art. 557 não obsta a cumulação pelo autor de ação reivindicatória e de ação possessória, se os fundamentos forem distintos."*
- **7. Enunciado 443 do FPPC.** *"Em ação possessória movida pelo proprietário é possível ao réu alegar a usucapião como matéria de defesa, sem violação ao art. 557."*

## 🗐 Comentários Temáticos

**8. Limitação cognitiva na ação possessória.** A cognição, nas ações possessórias, é limitada. Sua causa de pedir funda-se na posse, e não na propriedade. O que se pede é a proteção possessória, tendo como fundamento o *ius possessionis*. Em sua petição inicial, o autor afirma que teria havido esbulho, turbação ou ameaça de esbulho ou turbação em sua posse, postulando a sua proteção. A causa de pedir é, enfim, possessória; pede-se a proteção ao *ius possessionis*, e não ao *ius possidendi*, que é o direito de posse fundado na propriedade.

**9. Inadmissibilidade de ação de imissão de posse durante a pendência de ação possessória.** *"A proibição do ajuizamento de ação petitória enquanto pendente ação possessória não limita o exercício dos direitos constitucionais de propriedade e de ação, mas vem ao propósito da garantia constitucional e legal de que a propriedade deve cumprir a sua função social, representando uma mera condição suspensiva do exercício do direito de ação fundada na propriedade. 6. Apesar de seu nomen iuris, a ação de imissão na posse é ação do domínio, por meio da qual o proprietário, ou o titular de outro direito real sobre a coisa, pretende obter a posse nunca exercida. Semelhantemente à ação reivindicatória, a ação de imissão funda-se no direito à posse que decorre da propriedade ou de outro direito real (jus possidendi), e não na posse em si mesmo considerada, como uma situação de fato a ser protegida juridicamente contra atentados praticados por terceiros (jus possessionis). 7. A ação petitória ajuizada na pendência da lide possessória deve ser extinta sem resolução do mérito, por lhe faltar pressuposto negativo de constituição e de desenvolvimento válido do processo"* (STJ, 3ª Turma, REsp 1.909.196/SP, rel. Min. Nancy Andrighi, *DJe* 17.06.2021).

**10. Exceção de domínio (*exceptio domini*).** Literalmente, o art. 557 proíbe o ajuizamento de toda e qualquer ação tendente ao reconhecimento do domínio entre as mesmas partes, enquanto pender o litígio possessório em relação ao mesmo bem. Também se insere no dispositivo a proibição de cumulação de pedido possessório com petitório no mesmo processo.

**11. Crítica à exceção de domínio.** A proibição de se discutir o domínio no juízo possessório remonta ao Direito Romano, que ali se justificava pela dificuldade de comprovação da titularidade dominial, por não haver, à época, registro de imóveis. No sistema brasileiro, a propriedade imobiliária se adquire pelo regis-

**LIVRO I · DO PROCESSO DE CONHECIMENTO E DO CUMPRIMENTO DE SENTENÇA** — Art. 558

tro (CC, art. 1.245). Sua comprovação é bem mais simples e ágil que a da posse. Impedir a alegação de domínio numa ação possessória atenta contra a efetividade da jurisdição e, igualmente, contra o princípio da duração razoável do processo. A doutrina brasileira costuma invocar o Direito italiano, mas lá a transmissão da propriedade não se faz pelo registro, e sim pelo consenso. A regra do art. 557 não se justifica no cenário normativo atual. De todo modo, a disposição continua a ser aplicada pelos tribunais brasileiros. Por isso, a defesa da posse não pode ser apoiada no direito de propriedade, exceto na hipótese contemplada na Súmula 487 do STF.

**12. Possuidor direto *versus* possuidor indireto.** As críticas à exceção de domínio não se aplicam nos casos de desmembramento da posse (CC, art. 1.197). O possuidor direto pode acionar o possuidor indireto para garantir sua proteção possessória, não sendo possível a alegação de domínio, pois isso eliminaria o direito à posse do possuidor direto.

**13. *Ad colorandam possessionem*.** Na ação possessória, não se discute, em regra, o domínio. O domínio tem função *ad colorandam possessionem*, ou seja, serve para "colorir a posse", contribuindo para esclarecer a situação, para interpretar os fatos, para contribuir com a solução, tendo uma função adicional, complementar, não sendo, em regra, o fundamento decisivo ou definitivo para a proteção possessória. Esta funda-se no *fato* de a parte ter a posse e pretender sua proteção contra uma violação perpetrada pela parte contrária.

**14. A Súmula 487 do STF.** Quando a posse for disputada bom base em título dominial, a ação possessória deve ser julgada em favor daquele que tiver o domínio. A posse não pode ser disputada com base no domínio, mas se ambos os litigantes não comprovarem a posse e se restringirem a alegar o domínio, julga-se em favor do proprietário. Seria exagerado extinguir o processo para que as partes se valessem do juízo petitório. Embora o domínio tenha função *ad colorandam possessionis*, o título dominial, nessa hipótese excepcional, fundamentará a decisão.

**15. Ação possessória e usucapião.** A pendência de ação possessória impede a propositura de demanda que tenha por finalidade o reconhecimento de domínio. Tal vedação não deve alcançar a ação de usucapião, pois o reconhecimento de domínio pela usucapião tem objeto diverso da proteção da posse. A causa de pedir da ação de usucapião também é a posse, e não o domínio.

Aliás, convém considerar o disposto no art. 11 do Estatuto da Cidade. Seja como for, a jurisprudência não permite alegação de usucapião em ação possessória.

**16. Proibição de alegação de usucapião em ação possessória.** *"Na pendência do processo possessório é vedado tanto ao autor como ao réu intentar a ação de reconhecimento de domínio, nesta compreendida a ação de usucapião"* (STJ, 4ª Turma, AgRg no REsp 1.389.622/SE, rel. Min. Luis Felipe Salomão, *DJe* 24.02.2014).

**17. Inadmissibilidade oposição (arts. 682 a 686) na ação possessória.** *"A jurisprudência desta Corte, firmou entendimento no sentido de que não há como se admitir a intervenção de terceiro, postulando o reconhecimento do direito de propriedade. Precedentes: AgRg no AREsp 474.701/DF, Rel. Ministro Herman Benjamin, segunda turma, julgado em 07.05.2015, DJe 12.02.2016; AgRg no REsp 1.389.622/SE, Rel. Ministro Luis Felipe Salomão, quarta turma, DJe 24.02.2014; AgRg no REsp 1.455.320/SE, Rel. Ministro Humberto Martins, segunda turma, DJe 15.08.2014; AgRg no REsp 1.242.937/SC, Rel. Ministro Herman Benjamin, segunda turma, DJe 1º.08.2012; AgRg no REsp 917.816/DF, Rel. Ministro Luis Felipe Salomão, quarta turma, DJe 19.08.2011"* (STJ, 2ª Turma, AgInt no REsp 1.454.290/RO, rel. Min. Francisco Falcão, *DJe* 18.12.2017).

**18. Improcedência de ação possessória e ausência de interferência no prazo de prescrição aquisitiva para usucapião.** *"Segundo a jurisprudência desta Corte, a citação efetuada em ação possessória julgada improcedente não é hábil à interrupção da prescrição aquisitiva"* (STJ, 3ª Turma, AgInt no AgInt no AREsp 1.863.294/RS, rel. Min. Nancy Andrighi, *DJe* 25.05.2022).

> **Art. 558.** Regem o procedimento de manutenção e de reintegração de posse as normas da Seção II deste Capítulo quando a ação for proposta dentro de ano e dia da turbação ou do esbulho afirmado na petição inicial.
>
> Parágrafo único. Passado o prazo referido no *caput*, será comum o procedimento, não perdendo, contudo, o caráter possessório.

▶ **1. Correspondência no CPC/1973.** *"Art. 924. Regem o procedimento de manutenção e de reintegração de posse as normas da seção seguinte, quando intentado dentro de ano e dia da turbação ou do esbulho; passado esse prazo, será ordinário, não perdendo, contudo, o caráter possessório."*

## Art. 559 — CÓDIGO DE PROCESSO CIVIL COMENTADO – *Leonardo Carneiro da Cunha*

### 🗏 COMENTÁRIOS TEMÁTICOS

**2. Posse velha e posse nova.** A distinção entre posse velha e posse nova, na legislação brasileira, repercute no procedimento a ser adotado: as ações de "força nova" e as de "força velha" submetem-se, tradicionalmente, aquela ao procedimento especial e esta ao comum.

**3. Competência absoluta.** Nas ações possessórias imobiliárias, adotado o procedimento especial ou o comum, a competência é, em qualquer caso, absoluta e será a do foro da situação da coisa (art. 47, § 2º).

**4. Ação possessória de "força nova" como um remédio jurídico processual.** A ação possessória de "força nova" é um *remédio jurídico processual*, ou, de forma mais simples, um direito a um procedimento específico. Para que a ação seja de "força nova", é preciso que a violação à posse tenha ocorrido dentro de 1 ano e 1 dia. O procedimento especial é construído a partir desse requisito específico. A ação possessória de "força nova" é remédio jurídico processual, mas o caráter possessório não se altera se for adotado o procedimento comum ou se a ação de for "força velha". Se a ação for proposta depois do prazo de 1 ano e 1 dia, não se perde o direito à proteção possessória; apenas será adotado o procedimento comum, em vez do especial.

**5. Procedimento especial.** Quando a violação à posse ocorrer dentro de 1 ano e 1 dia, permite-se que a reintegração ou manutenção de posse seja deferida desde logo, liminarmente, por ser a ação de "força nova". A técnica especial do procedimento possessório de "força nova" é a tutela provisória de evidência (sem necessidade de comprovação de urgência, lesão ou dano), que pode ser concedida no início do procedimento.

**6. Contagem do prazo.** A data a ser considerada como a do esbulho ou da turbação é a que concretiza a ofensa à posse. Enquanto o possuidor resistir por seus próprios meios, ainda não se consumou a situação fática de violação à posse. Somente a partir da efetiva perda da posse (no caso de esbulho) ou a limitação ao seu livre exercício (na turbação), o prazo de 1 ano e 1 dia começa a fluir. É possível que os atos de violação à posse ocorram na ausência do possuidor e sem o seu conhecimento. Nesses casos, o prazo não flui enquanto o ato não chega ao conhecimento do possuidor.

**7. Procedimento comum.** As ações possessórias submetem-se ao procedimento comum; se, porém, a turbação ou o esbulho ocorrer a menos de 1 ano e 1 dia, haverá, no procedimento, uma fase inicial, composta de atos destinados à manutenção ou reintegração liminar do possuidor. É esse o detalhe que torna especial o procedimento da ação de "força nova". No mais, adota-se o procedimento comum.

**8. Procedimento especial opcional.** O procedimento da ação possessória de "força nova" é especial opcional. Nesse caso, o autor tem o direito de escolher entre o procedimento especial e o comum. Aquele que se afirme possuidor pode, por exemplo, optar por um procedimento especial ou pelo procedimento comum para buscar a proteção possessória jurisdicional. Em vez de optar pelo procedimento comum no lugar do especial, também é possível o autor optar por um outro procedimento especial. Assim, por exemplo, diante de um esbulho possessório cometido pelo Poder Público, o particular pode ajuizar uma ação de reintegração de posse ou impetrar um mandado de segurança, devendo, neste último caso, dispor de prova documental pré-constituída que comprove um direito líquido e certo. Se, em vez de almejar a restauração da posse, pretender obter a indenização pela perda do bem, pode ajuizar uma ação de desapropriação indireta.

**9. Cumulação de pedidos.** Para cumular pedidos, é preciso que ambos submetam-se ao mesmo procedimento ou, caso isso não ocorra, que possam sujeitar-se ao procedimento comum. Assim, é possível, por exemplo, cumular um pedido de resolução de negócio jurídico com o de reintegração de posse. Enquanto aquele submete-se ao procedimento comum, este, se for de "força nova", sujeita-se ao procedimento especial, cuja peculiaridade está na possibilidade de uma tutela provisória de evidência. Embora se submetam a procedimentos diversos, poderá haver a cumulação, adotado o procedimento comum. O pedido possessório, nesse caso, não perderá sua "força nova", podendo a tutela provisória de evidência ser apreciada no procedimento comum, pois tal técnica pode ser nele empregada, não sendo com ele incompatível (art. 327, § 2º).

---

**Art. 559.** Se o réu provar, em qualquer tempo, que o autor provisoriamente mantido ou reintegrado na posse carece de idoneidade financeira para, no caso de sucumbência, responder por perdas e danos, o juiz designar-lhe-á o prazo de 5 (cinco) dias para requerer caução, real ou fidejussória, sob pena de ser depositada a coisa litigiosa, ressalvada a impossibilidade da parte economicamente hipossuficiente.

# LIVRO I · DO PROCESSO DE CONHECIMENTO E DO CUMPRIMENTO DE SENTENÇA — Art. 560

▶ **1. Correspondência no CPC/1973.** *"Art. 925. Se o réu provar, em qualquer tempo, que o autor provisoriamente mantido ou reintegrado na posse carece de idoneidade financeira para, no caso de decair da ação, responder por perdas e danos, o juiz assinar-lhe-á o prazo de 5 (cinco) dias para requerer caução sob pena de ser depositada a coisa litigiosa."*

## ⚖ Jurisprudência, Enunciados e Súmulas Selecionados

- **2. Enunciado 179 do FPPC.** *"O prazo de cinco dias para prestar caução pode ser dilatado, nos termos do art. 139, inciso VI."*
- **3. Enunciado 180 do FPPC.** *"A prestação de caução prevista no art. 559 poderá ser determinada pelo juiz, caso o réu obtenha a proteção possessória, nos termos no art. 556."*

## 📖 Comentários Temáticos

**4. Autor mantido ou reintegrado na posse.** Deferida a tutela provisória, o autor será, desde logo, mantido ou reintegrado na posse no bem.

**5. Inidoneidade financeira.** Se o autor, mantido ou reintegrado na posse, não tiver idoneidade financeira para, em caso de eventual derrota, responder por perdas e danos, o réu poderá requerer ao juiz que lhe determine a prestação de uma caução.

**6. Prova da inidoneidade financeira.** O réu poderá, por qualquer meio, comprová-la, mas deve a prova ser já produzida com a alegação, não se devendo admitir uma dilação probatória, no processo possessório, para essa comprovação, haja vista a limitação cognitiva da ação de proteção à posse. Para comprovar a inidoneidade financeira do autor, o réu deve ou já apresentar prova documental suficiente ou colher tais provas em ação probatória autônoma e, então, apresentar ao juízo possessório.

**7. Caução.** Reconhecida a inidoneidade financeira do autor, o juiz determinará ao autor que, no prazo de 5 dias, preste caução ou deposite a coisa cuja posse lhe fora mantida ou reintegrada. A caução pode ser real ou fidejussória.

**8. Caução e hipossuficiência.** O juiz deve dispensar a caução quando o autor for comprovadamente hipossuficiente. Assim, e para que não haja ofensa ao princípio da efetividade ou da inafastabilidade do controle jurisdicional, o juiz deixará de exigir a caução.

## Seção II
## Da Manutenção e da Reintegração de Posse

**Art. 560.** O possuidor tem direito a ser mantido na posse em caso de turbação e reintegrado em caso de esbulho.

▶ **1. Correspondência no CPC/1973.** *"Art. 926. O possuidor tem direito a ser mantido na posse em caso de turbação e reintegrado no de esbulho."*

## 🏛 Legislação Correlata

**2. CC, art. 1.210.** *"Art. 1.210. O possuidor tem direito a ser mantido na posse em caso de turbação, restituído no de esbulho, e segurado de violência iminente, se tiver justo receio de ser molestado."*

**3. CC, art. 1.223.** *"Art. 1.223. Perde-se a posse quando cessa, embora contra a vontade do possuidor, o poder sobre o bem, ao qual se refere o art. 1.196".*

**4. CC, art. 1.224.** *"Art. 1.224. Só se considera perdida a posse para quem não presenciou o esbulho, quando, tendo notícia dele, se abstém de retornar a coisa, ou, tentando recuperá-la, é violentamente repelido."*

**5. CP, art. 161.** *"Art. 161. Suprimir ou deslocar tapume, marco, ou qualquer outro sinal indicativo de linha divisória, para apropriar-se, no todo ou em parte, de coisa imóvel alheia: Pena – detenção, de um a seis meses, e multa. § 1º Na mesma pena incorre quem: I – desvia ou represa, em proveito próprio ou de outrem, águas alheias; II – invade, com violência a pessoa ou grave ameaça, ou mediante concurso de mais de duas pessoas, terreno ou edifício alheio, para o fim de esbulho possessório. § 2º Se o agente usa de violência, incorre também na pena a este cominada. § 3º Se a propriedade é particular, e não há emprego de violência, somente se procede mediante queixa."*

## 📖 Comentários Temáticos

**6. Perda da posse.** A posse pode ser perdida de modo voluntário ou involuntário.

**7. Perda voluntária da posse.** São casos de perda voluntária da posse: *a)* abandono da coisa; *b)* tradição da coisa a outrem; *c)* constituto possessório.

**8. Perda involuntária da posse.** São casos de perda involuntária: *a)* destruição da coisa; *b)* perda da coisa; *c)* decisão judicial que outorgue a

949

posse a outrem; *d)* esbulho possessório; *e)* coisa posta fora do comércio.

**9. Esbulho.** Ocorre quando alguém toma a posse do bem, fazendo com o possuidor a perca, dela sendo desalojado.

**10. Turbação.** Ocorre quando alguém invade o bem, com o propósito de fruir ou explorar momentaneamente uma parte dele, sem desalojar o possuidor.

**11. Reintegração de posse.** É a medida judicial destinada a combater o esbulho possessório, fazendo com que a posse seja devolvida ao possuidor. Em outras palavras, o possuidor é reintegrado na posse, ou seja, passa a ter a posse de volta.

**12. Manutenção de posse.** É a medida judicial que pretende afastar a turbação, para que a posse do possuidor mantenha-se sem restrições.

**13. Ação possessória e arrendamento mercantil ou residencial.** A ação possessória pode ser utilizada, no arrendamento mercantil (Lei 6.099/1974) ou residencial (Lei 10.188/2001), como mecanismo de recuperação do bem contratado.

**14. Arrendamento mercantil ou residencial.** *"A Lei 13.043/2014, que trouxe modificações no Decreto-lei 911/1969, autoriza a aplicação das normas procedimentais previstas para a alienação fiduciária aos casos de reintegração de posse de veículos referentes às operações de arrendamento mercantil (Lei 6.099/1974)"* (STJ, 3ª Turma, REsp 1.785.544/RJ, rel. Min. Ricardo Villas Bôas Cueva, *DJe* 24.06.2022).

> **Art. 561.** Incumbe ao autor provar:
>
> I – a sua posse;
>
> II – a turbação ou o esbulho praticado pelo réu;
>
> III – a data da turbação ou do esbulho;
>
> IV – a continuação da posse, embora turbada, na ação de manutenção, ou a perda da posse, na ação de reintegração.

▶ **1. Correspondência no CPC/1973.** *"Art. 927. Incumbe ao autor provar: I – a sua posse; II – a turbação ou o esbulho praticado pelo réu; III – a data da turbação ou do esbulho; IV – a continuação da posse, embora turbada, na ação de manutenção; a perda da posse, na ação de reintegração."*

## ☰ Comentários Temáticos

**2. Fase preliminar e tutela provisória.** O procedimento especial das ações possessórias caracteriza-se pela existência de uma fase preliminar destinada à apreciação da tutela provisória

de proteção à posse. Após essa fase, o procedimento toma o rito comum (art. 566).

**3. Requisitos.** Para que se conceda a tutela provisória, é preciso que o autor alegue e comprove os requisitos do art. 561. Não feita a prova, a tutela provisória será indeferida. Ao longo do procedimento, é possível que o autor faça a prova e obtenha a tutela final, mas a tutela provisória depende da comprovação imediata desses requisitos. O autor precisa comprovar a posse, que é o requisito fundamental e comum a qualquer tutela possessória. Também precisa comprovar a turbação ou o esbulho, bem como a data da turbação ou do esbulho, fundamental para caracterizar a "força nova", sem a qual não se pode ter concedida a tutela provisória.

**4. Função social da posse.** Além dos requisitos do art. 561, é necessária a comprovação da função social da posse, sem a qual não se deve conceder a tutela provisória. A função social da posse é uma exigência constitucional, a inserir-se entre os requisitos da proteção possessória.

**5. Posse e sua função social.** *"(...), a teor do art. 927, inciso I, do CPC[-1973], ao autor da ação possessória cumpre provar sua posse. E esta, sem dúvida, pode ser comprovada com base no justo título, conforme ainda determina o parágrafo único, do art. 1.201, do Código Civil. É preciso compreender justo título segundo os princípios da socialidade, da eticidade e da operabilidade, diretrizes estabelecidas pelo Novo Código Civil. Assim, perfilhando-se entendimento da doutrina contemporânea, justo título não pode ser considerado, preponderantemente, sinônimo de instrumento, mas de causa hábil para constituição da posse. Na concepção acerca da 'melhor posse', a análise do parâmetro alusivo a função social do uso da terra há de ser conjugado a outros critérios hermenêuticos, tendo como norte o justo título, a teor do parágrafo único, do art. 1.201, do Código Civil, sem olvidar as balizas traçadas pela alusão às circunstâncias referidas no art. 1202 do Código Civil. A função social da posse deve complementar o exame da 'melhor posse' para fins de utilização dos interditos possessórios. Quer dizer, alia-se a outros elementos, tais como a antiguidade e a qualidade do título, não podendo ser analisada dissociada de tais critérios, estabelecidos pelo legislador de 2002, a teor do art. 1.201, parágrafo único, do Código Civil, conferindo-se, inclusive, ao portador do justo título a presunção de boa-fé. É importante deixar assente que a própria função social da posse, como valor e critério jurídico-normativo, não tem caráter absoluto, sob pena deste Tribunal, caso coteje de modo preponderante apenas um dos fatores ou requisitos integrados*

# LIVRO I · DO PROCESSO DE CONHECIMENTO E DO CUMPRIMENTO DE SENTENÇA — Art. 562

*no instituto jurídico, gerar insegurança jurídica no trato de tema por demais relevante, em que o legislador ordinário e o próprio constituinte não pretenderam regrar com cláusulas amplamente abertas. 4. É preciso considerar o critério da função social da posse, complementado a outros parâmetros, como a antiguidade e a qualidade do título, a existência real da relação material com a coisa, sua intensidade, tendo como norte hermenêutico a definição do art. 1.201, parágrafo único, do Código Civil"* (STJ, 4ª Turma, REsp 1.148.631/DF, rel. p/ ac. Min. Marco Buzzi, *DJe* 4.4.2014).

**6. Função social da posse.** *"Consoante a jurisprudência do STJ, 'o cumprimento da função social da posse deve ser cotejado junto a outros critérios e elementos legais, a teor dos arts. 927, do Código de Processo Civil e 1.201, parágrafo único, do Código Civil' (REsp 1.148.631/DF, Rel. Ministro Luis Felipe Salomão, Rel. p/ Acórdão Ministro Marco Buzzi, Quarta Turma, julgado em 15.08.2013, DJe 04.04.2014)"* (STJ, 3ª Turma, AgInt no REsp 1.778.336/MG, rel. Min. Marco Aurélio Bellizze, *DJe* 4.12.2020).

**7. Desnecessidade de notificação prévia.** *"A partir da leitura dos arts. 924, 927 e 928 do CPC/1973, equivalentes aos arts. 558, 561 e 562 do CPC/2015, infere-se que a notificação prévia não é documento essencial à propositura da ação possessória"* (STJ, 4ª Turma, REsp 1.263.164/DF, rel. Min. Marco Buzzi, *DJe* 29.11.2016).

**8. Cognição e prova.** Para a concessão da tutela provisória, a cognição é sumária, não sendo exigida prova cabal, completa, definitiva ou irretorquível dos requisitos relacionados no art. 561. Não se exige prova cabal, mas é preciso que se comprovem todos esses requisitos.

**9. Ação possessória ajuizada contra o comodatário.** *"Nos contratos de comodato firmados por prazo determinado, mostra-se desnecessária a promoção de notificação prévia – seja extrajudicial ou judicial – do comodatário, pois, logicamente, a mora constituir-se-á de pleno direito na data em que não devolvida a coisa emprestada, conforme estipulado contratualmente. Ao revés, tem-se como essencial a prévia notificação para rescindir o contrato verbal de comodato, quando firmado por prazo indeterminado, pois, somente após o término do prazo previsto na notificação premonitória, a posse exercida pelo comodatário, anteriormente tida como justa, tornar-se-á injusta, de modo a configurar o esbulho possessório"* (STJ, 3ª Turma, REsp 1.947.697/SC, rel. Min. Nancy Andrighi, *DJe* 1º.10.2021).

**Art. 562.** Estando a petição inicial devidamente instruída, o juiz deferirá, sem ouvir o réu, a expedição do mandado liminar de manutenção ou de reintegração, caso contrário, determinará que o autor justifique previamente o alegado, citando-se o réu para comparecer à audiência que for designada.

Parágrafo único. Contra as pessoas jurídicas de direito público não será deferida a manutenção ou a reintegração liminar sem prévia audiência dos respectivos representantes judiciais.

▶ **1. Correspondência no CPC/1973.** *"Art. 928. Estando a petição inicial devidamente instruída, o juiz deferirá, sem ouvir o réu, a expedição do mandado liminar de manutenção ou de reintegração; no caso contrário, determinará que o autor justifique previamente o alegado, citando-se o réu para comparecer à audiência que for designada. Parágrafo único. Contra as pessoas jurídicas de direito público não será deferida a manutenção ou a reintegração liminar sem prévia audiência dos respectivos representantes judiciais."*

## 🏛 Legislação Correlata

**2. Lei 12.016/2009, art. 22, § 2º.** *"§ 2º No mandado de segurança coletivo, a liminar só poderá ser concedida após a audiência do representante judicial da pessoa jurídica de direito público, que deverá se pronunciar no prazo de 72 (setenta e duas) horas."*

## ⚖ Jurisprudência, Enunciados e Súmulas Selecionados

- **3. ADI 4296.** *"Condicionamento do provimento cautelar, no âmbito do mandado de segurança coletivo, à prévia oitiva da parte contrária. Impossibilidade de a lei criar óbices ou vedações absolutas ao exercício do poder geral de cautela."*
- **4. Súmula STF, 262.** *"Não cabe medida possessória liminar para liberação alfandegária de automóvel."*

## 🖹 Comentários Temáticos

**5. Instrução da petição inicial.** A petição inicial da ação de manutenção ou de reintegração de posse deve vir instruída com as provas necessárias e suficientes à comprovação dos requisitos previstos no art. 561. Se aqueles requisitos estiverem comprovados desde logo, o juiz deverá conceder a tutela provisória possessória.

951

**6. Meios de concessão.** Requerida a tutela provisória, o juiz poderá, desde logo, deferi-la, caso estejam suficientemente comprovados os requisitos do art. 561 já com a petição inicial. Se não houver comprovação suficiente, o autor pode requerer ao juiz que determine a designação de audiência de justificação prévia, a fim de ser produzida prova, inclusive oral, a respeito dos requisitos do art. 561.

**7. Justificação prévia.** A justificação prévia não viabiliza contraditório sobre matéria de direito, não se destinando a permitir que o réu se manifeste sobre os requisitos para a concessão da tutela provisória. A justificação prévia serve à colheita de prova oral, contando com a presença do réu; sua atuação restringe-se ao âmbito da coleta da prova oral, podendo apresentar contradita às testemunhas ou fazer-lhes perguntas.

**8. Necessidade de requerimento para justificação.** Não estando a petição inicial suficientemente instruída, o autor pode requerer ao juiz que designe audiência de justificação prévia, para que possa comprovar os requisitos do art. 561. O juiz não deve determinar a designação de tal audiência de ofício, sem que o autor a requeira. O autor, ou requer, em sua petição inicial, o deferimento da tutela provisória, com base nos documentos juntados, ou pede ao juiz a designação de audiência de justificação prévia, para nela fazer a prova de que ainda não dispõe.

**9. Participação do réu na justificação prévia.** Ao designar a audiência de justificação prévia, o juiz deve determinar a citação do réu para nela comparecer e dela participar. O réu, representado por advogado, pode, na audiência, formular contradita às testemunhas arroladas pelo autor, bem como reinqui-las, não lhe cabendo, porém, arrolar testemunhas, a não ser para comprovar a contradita que formule. Quanto ao mais, o réu não pode provar antes de alegar. Ainda não chegou o momento de apresentar contestação. O ônus da prova é antecedido do ônus da alegação.

**10. Ação probatória autônoma.** O autor pode, antes da propositura da ação possessória, propor ação de produção antecipada de prova (art. 381) e reunir os elementos necessários e suficientes à comprovação dos requisitos previstos no art. 561. De posse de tais elementos comprovatórios, poderá propor a ação possessória. Se, ainda, estiver dentro do prazo de 1 ano e 1 dia, ainda haverá "força nova", podendo ser deferida, liminarmente, a tutela provisória possessória.

**11. Ausência de comprovação.** Se o autor não conseguir comprovar os requisitos do art. 561 com as provas que acompanham sua petição inicial nem em audiência de justificação prévia, o juiz deverá, então, indeferir o pedido de tutela provisória possessória.

**12. Pessoa jurídica de direito público.** Proposta ação possessória contra o Poder Público, o juiz deve determinar sua citação para que apenas se manifeste sobre o pedido de tutela provisória, restringindo-se a tratar sobre a presença ou não dos requisitos legais para sua concessão. Somente depois de apreciado o pedido de tutela provisória, vindo este a ser acolhido ou rejeitado, é que o réu é intimado para que tenha início seu prazo para contestação. Essa etapa inicial, com contraditório prévio, é uma medida também estabelecida no art. 2º da Lei 8.437/1992, para o mandado de segurança coletivo e para a ação civil pública. Nos termos de tal dispositivo legal, no mandado de segurança coletivo e na ação civil pública, a liminar será concedida, quando cabível, após a audiência do representante judicial da pessoa jurídica de direito público, que deverá se pronunciar em 72 horas. De igual modo, o art. 22, § 2º, da Lei 12.016/2009 dispõe que, no mandado de segurança coletivo, a apreciação da tutela provisória depende da manifestação prévia do representante legal do ente público em 72 horas.

**13. Constitucionalidade do contraditório prévio.** O STF, ao julgar a ADI 4.296/DF, entendeu ser inconstitucional o § 2º do art. 22 da Lei 12.016/2009, que determina que, no mandado de segurança coletivo, a liminar só poderá ser concedida após a audiência do representante judicial do ente público em 72 horas. O STF entendeu não ser possível, abstrata e genericamente, impor vedação ou restrição à concessão de liminar no mandado de segurança, seja ele individual, seja ele coletivo. Segundo o STF, não é possível que o juiz, sem observar os detalhes do caso concreto e sem atentar para eventual urgência extrema, determine sempre a oitiva do representante legal do ente público. Isso não impede, evidentemente, que, no caso concreto, o juiz ordene esse contraditório prévio. Em muitos casos de mandado de segurança coletivo, tal contraditório prévio será necessário, recomendável e salutar. O que não se deve admitir, segundo o STF, é determinar sempre tal contraditório prévio, desconsiderando-se as particularidades do caso e eventual situação de extrema urgência. Essa decisão do STF não alcança as ações possessórias, cuja tutela provisória não é de urgência, mas de evidência. A aplicação do parágrafo único do art. 562 tem por finalidade viabilizar o contraditório, não só para questão de fato, mas também para questões de direito,

# LIVRO I · DO PROCESSO DE CONHECIMENTO E DO CUMPRIMENTO DE SENTENÇA — Art. 564

relativamente à tutela provisória possessória, que é de evidência, e não de urgência.

**14. Decisão e recurso.** O ato do juiz que defere ou indefere a tutela provisória possessória é uma decisão interlocutória (art. 203, § 2º), passível de agravo de instrumento (art. 1.015, I).

**15. Tutela antecipada antecedente e sua estabilização.** A tutela antecipada antecedente (art. 303) e sua estabilização (304) não se aplicam às ações possessórias, pois nestas a tutela provisória é de evidência, e não de urgência. Não incide, portanto, o art. 303 no âmbito das ações possessórias, pois não há "urgência contemporânea à propositura da demanda", já que a tutela provisória é, repita-se, de evidência, e não de urgência. Por isso, não há possibilidade de estabilização da tutela provisória possessória, na forma do art. 304.

---

**Art. 563.** Considerada suficiente a justificação, o juiz fará logo expedir mandado de manutenção ou de reintegração.

▶ **1. Correspondência no CPC/1973.** *"Art. 929. Julgada procedente a justificação, o juiz fará logo expedir mandado de manutenção ou de reintegração."*

## 🗎 COMENTÁRIOS TEMÁTICOS

**2. Decisão.** Comprovados os requisitos suficientes para a proteção possessória (art. 561), o juiz deve conceder a tutela provisória (art. 562).

**3. Mandado.** Deferida a medida, será expedido mandado de manutenção de posse para o caso de turbação ou de reintegração de posse para o caso de esbulho. O mandado deve ser cumprido pelo oficial de justiça.

**4. Recurso cabível.** Cabe agravo de instrumento da decisão que concede a manutenção ou reintegração de posse (art. 1.015, I).

**5. Eficácia imediata.** O mandado de manutenção ou de reintegração de posse deve ser expedido imediatamente, não se devendo aguardar qualquer outra decisão ou ato. O agravo de instrumento eventualmente interposto não tem efeito suspensivo automático (art. 995). Se, porém, o relator do agravo de instrumento deferir o efeito suspensivo (art. 995, parágrafo único), será sustada a ordem de expedição do mandado de manutenção ou de reintegração de posse.

---

**Art. 564.** Concedido ou não o mandado liminar de manutenção ou de reintegração, o autor promoverá, nos 5 (cinco) dias subsequentes, a citação do réu para, querendo, contestar a ação no prazo de 15 (quinze) dias.

Parágrafo único. Quando for ordenada a justificação prévia, o prazo para contestar será contado da intimação da decisão que deferir ou não a medida liminar.

▶ **1. Correspondência no CPC/1973.** *"Art. 930. Concedido ou não o mandado liminar de manutenção ou de reintegração, o autor promoverá, nos 5 (cinco) dias subsequentes, a citação do réu para contestar a ação. Parágrafo único. Quando for ordenada a justificação prévia (art. 928), o prazo para contestar contar-se-á da intimação do despacho que deferir ou não a medida liminar."*

## 🗎 COMENTÁRIOS TEMÁTICOS

**2. Citação.** Nas ações possessórias, o réu deve ser citado eletronicamente (art. 246) ou por via postal (art. 247). Concedida a tutela provisória liminarmente, o réu será, a um só tempo, citado para a demanda e intimado para cumprir a medida concedida. Nesse caso, deve a diligência ser cumprida por oficial de justiça (art. 154, I e II). Concedida a medida na audiência de justificação prévia, o réu será ali mesmo dela intimado, a não ser que não tenha a ela comparecido, devendo, então, o oficial de justiça cumprir a diligência. Se a medida tiver sido negada, a citação poderá ser feita eletronicamente ou por via postal.

**3. Citação da Fazenda Pública.** Quando for ré pessoa jurídica de direito público, sua citação *não* deve ser feita pelo correio (art. 247, III). Sua citação, que será realizada perante o órgão de Advocacia Pública responsável por sua representação judicial (CPC, art. 242, § 3º), deve ser feita por meio eletrônico. Não se confirmando ou não sendo possível sua realização, deverá, então, ser feita por oficial de Justiça.

**4. Prazo para promover a citação.** O autor tem o prazo de 5 dias para promover a citação, ou seja, para requerê-la, fornecer endereço do réu e todos os demais elementos que a viabilizem, por exemplo, fornecer cópia da petição inicial e pagar eventuais custas pela diligência. Se o autor já requereu e forneceu todos os elementos que viabilizem a citação, não há mais o que fazer: a citação estará já promovida pelo autor. Convém lembrar que promover não é efetivar. Promover é requerer e fornecer os elementos que viabilizem a citação do réu.

**5. Intimação após justificação.** Quando a medida possessória for apreciada em audiência de justificação prévia ou após sua realização, o

# Art. 565 — CÓDIGO DE PROCESSO CIVIL COMENTADO – *Leonardo Carneiro da Cunha*

réu já fora citado. Nesse caso, será apenas intimado para apresentar sua resposta.

**6. Prazo de resposta.** O prazo para resposta do réu será de 15 dias, computando-se apenas os dias úteis (art. 219). Se o juiz conceder ou negar a medida possessória desde logo, o prazo para resposta tem início na forma das hipóteses do art. 231. Apreciada a medida em audiência de justificação prévia, o réu será ali mesmo intimado, já começando seu prazo para resposta. Sendo o réu um ente público, o prazo é contado em dobro (art. 183). Se o réu estiver representado pela Defensoria Público, o prazo será também em dobro (art. 186).

**7. Resposta do réu.** O réu poderá apresentar contestação e, nela, formular pedido contraposto (art. 556). Também poderá alegar eventual impedimento ou suspeição do juiz (art. 146).

> **Art. 565.** No litígio coletivo pela posse de imóvel, quando o esbulho ou a turbação afirmado na petição inicial houver ocorrido há mais de ano e dia, o juiz, antes de apreciar o pedido de concessão da medida liminar, deverá designar audiência de mediação, a realizar-se em até 30 (trinta) dias, que observará o disposto nos §§ 2º e 4º.
>
> § 1º Concedida a liminar, se essa não for executada no prazo de 1 (um) ano, a contar da data de distribuição, caberá ao juiz designar audiência de mediação, nos termos dos §§ 2º a 4º deste artigo.
>
> § 2º O Ministério Público será intimado para comparecer à audiência, e a Defensoria Pública será intimada sempre que houver parte beneficiária de gratuidade da justiça.
>
> § 3º O juiz poderá comparecer à área objeto do litígio quando sua presença se fizer necessária à efetivação da tutela jurisdicional.
>
> § 4º Os órgãos responsáveis pela política agrária e pela política urbana da União, de Estado ou do Distrito Federal e de Município onde se situe a área objeto do litígio poderão ser intimados para a audiência, a fim de se manifestarem sobre seu interesse no processo e sobre a existência de possibilidade de solução para o conflito possessório.
>
> § 5º Aplica-se o disposto neste artigo ao litígio sobre propriedade de imóvel.

▶ **1. Sem correspondência no CPC/1973.**

## 🏛 Legislação Correlata

**2. Res. 510/2023 CNJ.** *"Regulamenta a criação, no âmbito do Conselho Nacional de Justiça e dos Tribunais, respectivamente, da Comissão Nacional de Soluções Fundiárias e das Comis-* sões Regionais de Soluções Fundiárias, institui diretrizes para a realização de visitas técnicas nas áreas objeto de litígio possessório e estabelece protocolos para o tratamento das ações que envolvam despejos ou reintegrações de posse em imóveis de moradia coletiva ou de área produtiva de populações vulneráveis."

## ⚖ Jurisprudência, Enunciados e Súmulas Selecionados

- **3. Enunciado 66 do FPPC.** *"A medida liminar referida no art. 565 é hipótese de tutela antecipada."*

- **4. Enunciado 67 do FPPC.** *"A audiência de mediação referida no art. 565 (e seus parágrafos) deve ser compreendida como a sessão de mediação ou de conciliação, conforme as peculiaridades do caso concreto."*

- **5. Enunciado 328 do FPPC.** *"Os arts. 554 e 565 do CPC aplicam-se à ação de usucapião coletiva (art. 10 da Lei 10.258/2001) e ao processo em que exercido o direito a que se referem os §§ 4º e 5º do art. 1.228, Código Civil, especialmente quanto à necessidade de ampla publicidade da ação e da participação do Ministério Público, da Defensoria Pública e dos órgãos estatais responsáveis pela reforma agrária e política urbana."*

## 🗐 Comentários Temáticos

**6. Audiência de mediação ou conciliação.** É necessária quando consolidada a ocupação coletiva, a fim de possibilitar uma solução adequada, que não seja apenas a simples reintegração ou manutenção da posse em favor do autor. Quando o esbulho coletivo não é combatido com brevidade, a desocupação torna-se mais difícil.

**7. Hipóteses.** A audiência de mediação ou conciliação, na ação possessória coletiva passiva, deve ser designada, quando *(a)* a tutela provisória foi concedida, mas não executada em 1 ano, a contar da distribuição (art. 565, § 1º); *(b)* o pedido de desocupação tenha sido formulado depois de 1 ano e 1 dia do esbulho ou da turbação (art. 565, *caput*).

**8. Inspeção judicial.** Em litígios coletivos de posse, o comparecimento do juiz ao local é importante, permitindo-lhe avalizar a viabilidade de medidas a serem adotadas para a solução da disputa (art. 565, § 4º).

**9. Interdito proibitório coletivo.** O comparecimento do juiz ao local (art. 565, § 4º) tam-

# LIVRO I · DO PROCESSO DE CONHECIMENTO E DO CUMPRIMENTO DE SENTENÇA — Art. 566

bém pode ser conveniente em caso de interdito proibitório contra ameaça coletiva de invasão ao imóvel, permitindo ao juiz avaliar a proximidade das pessoas ao bem, a quantidade delas e o possível impacto de uma ordem inibitória a ser emitida contra todas elas.

**10. Finalidades da audiência.** A audiência, na ação possessória coletiva passiva, não se destina apenas à apreciação da tutela provisória, mas também para tentar buscar uma solução consensual, podendo o juiz participar. A mediação, em tal hipótese, difere daquela realizada em demandas individuais, nas quais não se recomenda a participação do juiz, pois sua condução deve ser feita por mediador ou conciliar. Em disputas coletivas de posse, a presença do juiz é importante, como gestor do problema submetido à sua análise.

**11. Ministério Público.** O Ministério Público intervém, obrigatoriamente, nos litígios coletivos pela posse de terra rural ou urbana (art. 178, III). Por isso, a audiência do art. 565 deve contar com sua participação, na condição de fiscal da ordem jurídica.

**12. Defensoria Pública.** Quando houver necessidade de concessão de assistência judiciária, a Defensoria Pública deve ser intimada para representar os hipossuficientes na audiência do art. 565.

**13. Interessados.** Também devem ser intimados para a audiência do art. 565 interessados no litígio. Não somente os detentores de interesse jurídico na disputa, mas também os que têm interesse institucional. Assim, devem ser intimados os órgãos responsáveis pela política agrária e pela política urbana da União, do Estado ou do Distrito Federal e do Município onde se situe a área objeto do litígio. A presença de todos eles pode ser fundamental para a construção de uma solução consensual.

**14. Desapropriação.** Uma das soluções consensuais possíveis é a desapropriação da área invadida pelo Município ou pelo INCRA. Daí ser importante a intimação de todos os órgãos responsáveis pela política agrária e pela política urbana da área invadida. Feita a desapropriação, o autor receberá a indenização pela perda do bem, regularizando-se a situação da coletividade que invadira o imóvel.

**15. Tutela provisória em ação possessória coletiva passiva.** A audiência do art. 565 é prevista para caso ação possessória de "força velha" ou para caso em que, deferida a tutela provisória, esta não foi executado no prazo de 1 ano. Quer isso dizer que, nos casos em que

designada a audiência do art. 565, a tutela provisória não é concedida com base nos requisitos do art. 561, mas com suporte nos requisitos gerais da tutela provisória, bem como na função social da posse.

**16. Negócio jurídico processual.** Na audiência do art. 565, as partes podem celebrar negócio jurídico processual, a fim de regular melhor o procedimento ou de dispor sobre direitos, deveres, ônus, poderes e demais situações jurídicas processuais (art. 190).

**17. Ações petitórias.** A audiência e as demais regras previstas no art. 565 aplicam-se às ações petitórias. Assim, é possível, por exemplo, designar a audiência do art. 565 e o juiz realizar a inspeção judicial (art. 565, § 3º) em ações de usucapião coletiva (Estatuto da Cidade, art. 10) ou em ações reivindicatórias coletivas.

**18. Ações de "força nova".** Embora a audiência do art. 565 esteja prevista para ação de "força velha" ou para o caso de não execução há, pelo menos, 1 ano de tutela provisória possessória concedida, é possível a sua designação também em ação possessória coletiva passiva de "força nova". Isso porque é dever de todos estimular a adoção de meios consensuais de solução de disputas (art. 3º, §§ 2º e 3º), devendo o juiz promover, a qualquer tempo, a autocomposição, preferencialmente com a ajuda de conciliadores e mediadores (art. 139, V). Assim, mesmo que a turbação ou o esbulho tenha ocorrido há menos de 1 ano e 1 dia, ou o intervalo entre a concessão da tutela provisória possessória e a sua execução seja inferior a 1 ano da data de distribuição da demanda, é possível ao juiz determinar a realizar de audiência de conciliação ou de mediação.

---

**Art. 566.** Aplica-se, quanto ao mais, o procedimento comum.

▶ **1. Correspondência no CPC/1973.** *"Art. 931. Aplica-se, quanto ao mais, o procedimento ordinário."*

### 🗉 COMENTÁRIOS TEMÁTICOS

**2. Procedimento comum.** Depois da fase inicial do procedimento, na qual estão as técnicas que marcam sua especialidade, adota-se o procedimento comum. Desse modo, há, no procedimento das ações possessórias, a adoção das providências preliminares, da organização e saneamento do processo, podendo, até mesmo, haver julgamento antecipado do mérito, parcial ou total.

955

**3. Negócios processuais.** É possível haver negócios processuais celebrados entre as partes para fazer ajustes e modificações no procedimento da ação possessória.

**4. Delimitação de questões e saneamento compartilhado.** A delimitação de questões e o saneamento compartilhado (art. 357, §§ 2º e 3º) são admissíveis nas ações possessórias, justamente por lhes ser aplicável o procedimento comum.

**5. Recursos.** No procedimento especial das ações possessórias, somente cabe agravo de instrumento nas hipóteses do art. 1.015. Assim, por exemplo, cabe agravo de instrumento da decisão que deferir ou indeferir o mandado liminar (art. 1.015, I) e da que julgar parcela do mérito (art. 1.015, II). Da sentença proferida na ação possessória cabe apelação, que terá efeito suspensivo (art. 1.012), a não ser que conceda, confirme ou revogue a medida liminar (art. 1.012, § 1º, V). Logo, concedido o mandado liminar e, posteriormente, proferida sentença de procedência, a apelação interposta não tem efeito suspensivo, mantendo-se a proteção possessória deferida desde o início.

## Seção III
## Do Interdito Proibitório

> **Art. 567.** O possuidor direto ou indireto que tenha justo receio de ser molestado na posse poderá requerer ao juiz que o segure da turbação ou esbulho iminente, mediante mandado proibitório em que se comine ao réu determinada pena pecuniária caso transgrida o preceito.

▶ **1. Correspondência no CPC/1973.** *"Art. 932. O possuidor direto ou indireto, que tenha justo receio de ser molestado na posse, poderá impetrar ao juiz que o segure da turbação ou esbulho iminente, mediante mandado proibitório, em que se comine ao réu determinada pena pecuniária, caso transgrida o preceito."*

### 🏛 Legislação Correlata

**2. CC, art. 1.210.** *"O possuidor tem direito a ser mantido na posse em caso de turbação, restituído no de esbulho, e segurado de violência iminente, se tiver justo receio de ser molestado."*

### ⚖ Jurisprudência, Enunciados e Súmulas Selecionados

• **3. Súmula STJ, 228.** *"É inadmissível o interdito proibitório para a proteção do direito autoral."*

### 🗐 Comentários Temáticos

**4. Caráter preventivo.** O interdito proibitório distingue-se das demais ações possessórias, por seu caráter preventivo; não é seu objetivo fazer cessar uma violação à posse já consumada materialmente. O que se objetiva é impedir essa consumação.

**5. Ameaça à posse.** A ameaça de violência à posse é uma forma de violação a ela e o interdito proibitório é a demanda destinada a combatê-la. A advertência feita àquele que ameaça esbulhar ou turbar a posse de que toda construção que venha a fazer no bem será prontamente destruída e receio de perda financeira ou econômica podem levá-lo a abster-se de construir.

**6. Legitimidade ativa.** Tanto o possuidor direto como o indireto podem propor o interdito proibitório, a fim de evitar que a ameaça de violência à posse se concretize.

**7. Legitimidade passiva.** O interdito proibitório deve ser proposto contra aquele a quem se atribui a autoria da ameaça de violência à posse.

**8. Ameaça à posse e justo receio.** O interdito proibitório serve para combater uma ameaça. O autor deve demonstrar o justo receio de ser molestado na posse. O justo receio é o temor justificado, fundado em dados objetivos, em fatos que possam ser comprovados. Não é suficiente o temor infundado, o receio subjetivo, sem dados objetos ou sem fatos que possam ser comprovados. O receio deve ser justo. A notificação prévia à uma ação de despejo, a propositura ou promessa de propor uma ação reivindicatória, o decreto expropriatório ameaçam a posse, mas representam o exercício regular de um direito, não sendo uma ameaça de esbulho ou turbação. O receio, nesses casos, não é justo.

**9. Preceito cominatório ou multa coercitiva.** A efetivação da ordem proibitória dá-se por imposição de preceito cominatório ou multa coercitiva: determina-se ao réu que se abstenha de turbar ou esbulhar a posse, sob pena de multa. O pagamento da multa não é uma alternativa ao cumprimento do preceito estabelecido; o pagamento da multa não dispensa o réu do cumprimento da obrigação específica de abstenção.

**10. Indenização por perdas e danos.** A multa coercitiva não se confunde nem supre a indenização por perdas e danos decorrentes da ofensa à posse.

**11. Cumulação da multa com a indenização.** É possível a cumulação da multa pecuniária com a indenização por perdas e danos, justamente por não se confundirem.

# LIVRO I · DO PROCESSO DE CONHECIMENTO E DO CUMPRIMENTO DE SENTENÇA — Art. 569

**12. Mandado de reintegração ou de manutenção da posse.** Se, no curso da ação de interdito proibitório, concretizar-se a ameaça e o réu esbulhar ou turbar a posse, além da incidência da multa, o juiz pode determinar a reintegração ou manutenção da posse.

**13. Bens imateriais.** O interdito proibitório não é adequado para tutela de bens imateriais.

**14. Tutela inibitória para proteção de direitos autorais.** *"A tutela inibitória é a proteção por excelência dos direitos de autor, devendo ser concedida quando evidenciada a ameaça de violação para que seu titular possa fazer valer seu direito de excluir terceiros da exploração não autorizada de obras protegidas"* (STJ, 3ª Turma, REsp 1.833.567/RS, rel. Min. Paulo de Tarso Sanseverino, *DJe* 18.09.2020).

**15. Tutela da personalidade.** Se a ameaça de lesão dirige-se contra o possuidor, sem riscos para a posse da coisa, será cabível não o interdito proibitório, mas a demanda destinada à tutela inibitória para a proteção dos direitos da personalidade.

---

**Art. 568.** Aplica-se ao interdito proibitório o disposto na Seção II deste Capítulo.

▶ **1. Correspondência no CPC/1973.** *"Art. 933. Aplica-se ao interdito proibitório o disposto na seção anterior."*

### 🗐 Comentários Temáticos

**2. Aplicabilidade das normas da Seção II.** Ao interdito proibitório aplicam-se as normas contidas na Seção II do capítulo relativo às ações possessórias, cabendo apenas adaptar-lhes o teor à característica preventiva do interdito proibitório. Assim, é possível a concessão de tutela provisória no interdito proibitório, bem como a designação de audiência de justificação.

**3. Aplicabilidade das normas da Seção I.** Embora o dispositivo se refira apenas à Seção II, aplicam-se-lhe também as normas contidas na Seção I, com exceção apenas, por incompatibilidade com a natureza do interdito proibitório, do inciso I do parágrafo único do art. 555 e dos arts. 558 e 559, por terem como pressuposto uma situação de violência consumada.

**4. Mandado liminar.** É possível, no interdito proibitório, o deferimento de mandado liminar. Em outras palavras, cabe tutela provisória no interdito possessório.

**5. Medidas atípicas.** Para viabilizar o cumprimento do mandado proibitório, é possível

ao juiz impor qualquer medida necessária e adequada a evitar a turbação ou o esbulho. É, enfim, possível adotar outras medidas, além da pena pecuniária, a fim de evitar ofensa à posse.

**6. Interdito proibitório passivo coletivo.** Proposto o interdito proibitório contra uma coletividade de pessoas, é necessária a intimação do Ministério Público e, caso envolva pessoas economicamente hipossuficientes, da Defensoria Pública (art. 554, § 1º)

**7. Prova da ameaça.** No interdito proibitório, o autor tem de provar, além de sua posse, para fins do art. 561, é a ameaça de turbação ou esbulho, daí advindo o *justo receio*. Não sendo possível provar por prova pré-constituída, admite-se a justificação prévia, com prévia citação do réu.

**8. Interdito proibitório contra pessoa de direito público.** Se o interdito proibitório for proposto contra pessoa jurídica de direito público, sua oitiva prévia é imprescindível (art. 562, parágrafo único).

**9. Concessão ou rejeição liminar.** Concedido ou rejeitado liminarmente o mandado proibitório, o autor deve ser intimado para promover, em 5 dias, a citação do réu; se esta já tiver sido realizada para a justificação, o prazo para contestação do réu corre da intimação da decisão. Quanto ao mais, o procedimento é o comum.

---

## CAPÍTULO IV
## DA AÇÃO DE DIVISÃO E DA DEMARCAÇÃO DE TERRAS PARTICULARES

### Seção I
### Disposições Gerais

---

**Art. 569.** Cabe:

I – ao proprietário a ação de demarcação, para obrigar o seu confinante a estremar os respectivos prédios, fixando-se novos limites entre eles ou aviventando-se os já apagados;

II – ao condômino a ação de divisão, para obrigar os demais consortes a estremar os quinhões.

▶ **1. Correspondência no CPC/1973.** *"Art. 946. Cabe: I – a ação de demarcação ao proprietário para obrigar o seu confinante a estremar os respectivos prédios, fixando-se novos limites entre eles ou aviventando-se os já apagados; II – a ação de divisão, ao condômino para obrigar os demais consortes, a partilhar a coisa comum."*

# Art. 569

**CÓDIGO DE PROCESSO CIVIL COMENTADO –** *Leonardo Carneiro da Cunha*

## ⊞ Legislação Correlata

**2. LINDB, art. 12, § 1º.** *"§ 1º Só à autoridade judiciária brasileira compete conhecer das ações relativas a imóveis situados no Brasil."*

**3. CC, art. 1.297.** *"Art. 1.297. O proprietário tem direito a cercar, murar, valar ou tapar de qualquer modo o seu prédio, urbano ou rural, e pode constranger o seu confinante a proceder com ele à demarcação entre os dois prédios, a aviventar rumos apagados e a renovar marcos destruídos ou arruinados, repartindo-se proporcionalmente entre os interessados as respectivas despesas. § 1º Os intervalos, muros, cercas e os tapumes divisórios, tais como sebes vivas, cercas de arame ou de madeira, valas ou banquetas, presumem-se, até prova em contrário, pertencer a ambos os proprietários confinantes, sendo estes obrigados, de conformidade com os costumes da localidade, a concorrer, em partes iguais, para as despesas de sua construção e conservação. § 2º As sebes vivas, as árvores, ou plantas quaisquer, que servem de marco divisório, só podem ser cortadas, ou arrancadas, de comum acordo entre proprietários. § 3º A construção de tapumes especiais para impedir a passagem de animais de pequeno porte, ou para outro fim, pode ser exigida de quem provocou a necessidade deles, pelo proprietário, que não está obrigado a concorrer para as despesas."*

**4. CC, art. 1.315.** *"Art. 1.315. O condômino é obrigado, na proporção de sua parte, a concorrer para as despesas de conservação ou divisão da coisa, e a suportar os ônus a que estiver sujeita. Parágrafo único. Presumem-se iguais as partes ideais dos condôminos."*

**5. CC, art. 1.320.** *"Art. 1.320. A todo tempo será lícito ao condômino exigir a divisão da coisa comum, respondendo o quinhão de cada um pela sua parte nas despesas da divisão. § 1º Podem os condôminos acordar que fique indivisa a coisa comum por prazo não maior de cinco anos, suscetível de prorrogação ulterior. § 2º Não poderá exceder de cinco anos a indivisão estabelecida pelo doador ou pelo testador. § 3º A requerimento de qualquer interessado e se graves razões o aconselharem, pode o juiz determinar a divisão da coisa comum antes do prazo."*

## ⚖ Jurisprudência, Enunciados e Súmulas Selecionados

- **6. Enunciado 68 do FPPC.** *"Também possuem legitimidade para a ação demarcatória os titulares de direito real de gozo e fruição, nos limites dos seus respectivos direitos e títulos constitutivos de direito real. Assim, além da proprie-*dade, aplicam-se os dispositivos do Capítulo sobre ação demarcatória, no que for cabível, em relação aos direitos reais de gozo e fruição."*

- **7. Enunciado 69 do FPPC.** *"Cabe ao proprietário ação demarcatória para extremar a demarcação entre o seu prédio e do confinante, bem como fixar novos limites, aviventar rumos apagados e a renovar marcos destruídos (art. 1.297 do Código Civil)."*

## ▣ Comentários Temáticos

**8. Direito de propriedade e direito de vizinhança.** O direito de dividir o imóvel comum é inerente à propriedade. Já o de demarcá-lo consiste numa manifestação dos direitos de vizinhança.

**9. Transitoriedade do estado de comunhão: direito à ação de divisão.** O estado de comunhão é necessariamente transitório; ninguém é obrigado a manter-se na comunhão de um imóvel. Independentemente da causa que acarretou a comunhão, o comunheiro sempre pode pedir o seu desfazimento. Daí o condômino ter direito à ação de divisão de terras particulares.

**10. Direito à demarcação.** Para o exercício pleno do direito de propriedade, é indispensável que haja a identificação precisa do objeto desse direito. Tratando-se de imóvel, tal identificação apenas é possível pelo estabelecimento de seus limites. O proprietário, entre os poderes de que dispõe, tem o de obrigar seu confinante a proceder com ele à demarcação entre os 2 prédios vizinhos, mediante fixação da linha lindeira (CC, art. 1.297). Por isso, cabe ao proprietário a ação de demarcação.

**11. Objeto das ações.** As ações de divisão e demarcação, tal como reguladas no CPC, dizem respeito apenas ao direito de *propriedade* sobre imóveis, mas nada impede que possam ser utilizadas também para os compossuidores, a fim de se obter a demarcação da posse ou a divisão da composse.

**12. Competência internacional.** Quanto aos imóveis situados no Brasil, a ação de divisão e a ação demarcatória devem ser processadas e julgadas exclusivamente pelo Poder Judiciário nacional. É caso de competência internacional exclusiva do juiz brasileiro, absoluta e inderrogável (LINDB, art. 12, § 1º; CPC, art. 23, I). Por isso, não se admite que haja julgamento de tribunais estrangeiros sobre imóveis situados no Brasil. Se houver, o STJ não deve homologar a sentença estrangeira (art. 964).

**LIVRO I** · DO PROCESSO DE CONHECIMENTO E DO CUMPRIMENTO DE SENTENÇA **Art. 571**

**13. Competência interna.** No caso de competência interna, ou seja, da competência do juiz nacional, a regra a ser observada é a do *forum rei sitae*: nas ações fundadas em direito real sobre imóveis, como é o caso da divisão e da demarcação, a competência é do foro da situação da coisa (art. 47). A competência é, no caso, absoluta e improrrogável, prevalecendo sobre o foro de eleição ou o do domicílio das partes.

**14. Divisão geodésica *versus* divisão econômica.** O procedimento especial para ação de divisão de terras particulares destina-se à obtenção da partilha *in natura* do bem, ou seja, ao estabelecimento de glebas individuais, estremando os respectivos quinhões entre os condôminos. Quando, porém, o condomínio se estabelece sobre coisa indivisível, sua extinção se efetua sobre o preço apurado em venda judicial, e não por divisão de quinhões (CC, art. 1.322). Nesse caso, o procedimento a ser aplicado é o da alienação judicial (art. 730), e não o da ação de divisão de terras particulares. De todo modo, é possível haver o trânsito de técnicas procedimentais em prol de maior eficiência processual.

> **Art. 570.** É lícita a cumulação dessas ações, caso em que deverá processar-se primeiramente a demarcação total ou parcial da coisa comum, citando-se os confinantes e os condôminos.

▶ **1. Correspondência no CPC/1973.** *"Art. 947. É lícita a cumulação destas ações; caso em que deverá processar-se primeiramente a demarcação total ou parcial da coisa comum, citando-se os confinantes e condôminos."*

### ▣ COMENTÁRIOS TEMÁTICOS

**2. Cumulação sucessiva de ações.** É possível o ajuizamento cumulativo das pretensões de demarcar e dividir o mesmo imóvel. Não há aí uma cumulação tradicional, mas uma sucessão de ações, dentro de um mesmo processo: primeiro, processa-se a demarcação com os confinantes, para, uma vez ultimada, passar-se à divisão da área demarcada entre os comunheiros. Não há identidade de objeto nem de partes, mas 2 ações sucessivas. Logo após ultimada a demarcação, os confinantes são excluídos do processo, prosseguindo-se a divisão apenas entre os comunheiros.

**3. Cabimento da cumulação.** *"A incerteza da divisão e a correta demarcação da área delimitada em Formal de Partilha que diverge da realidade fática autoriza o cabimento de ação de divisão cumulada com demarcatória, não ensejando a carência de ação por falta de interesse"* (STJ, 4ª

Turma, REsp 790.206/ES, rel. Min. Honildo Amaral de Mello Castro – Des. Conv. TJAP, *DJe* 12.04.2010).

> **Art. 571.** A demarcação e a divisão poderão ser realizadas por escritura pública, desde que maiores, capazes e concordes todos os interessados, observando-se, no que couber, os dispositivos deste Capítulo.

▶ **1. Sem correspondência no CPC/1973.**

### ▣ LEGISLAÇÃO CORRELATA

**2. CC, art. 842.** *"Art. 842. A transação far-se--á por escritura pública, nas obrigações em que a lei o exige, ou por instrumento particular, nas em que ela o admite; se recair sobre direitos contestados em juízo, será feita por escritura pública, ou por termo nos autos, assinado pelos transigentes e homologado pelo juiz."*

**3. CC, art. 1.321.** *"Art. 1.321. Aplicam-se à divisão do condomínio, no que couber, as regras de partilha de herança (arts. 2.013 a 2.022)."*

**4. CC, art. 2.015.** *"Art. 2.015. Se os herdeiros forem capazes, poderão fazer partilha amigável, por escritura pública, termo nos autos do inventário, ou escrito particular, homologado pelo juiz."*

**5. Lei 9.099/1995, art. 57.** *"Art. 57. O acordo extrajudicial, de qualquer natureza ou valor, poderá ser homologado, no juízo competente, independentemente de termo, valendo a sentença como título executivo judicial."*

### ▣ COMENTÁRIOS TEMÁTICOS

**6. Divisão e demarcação consensuais.** Se todas as partes estiverem de acordo, a demarcação ou a divisão pode ser feita de forma amigável, extrajudicialmente.

**7. Desnecessidade de homologação judicial.** Se os interessados (condôminos e confrontantes) forem maiores e capazes e convencionarem a divisão e demarcação por escritura pública, não será necessária homologação judicial.

**8. Necessidade de homologação judicial.** Caso a divisão e a demarcação se resolvam por instrumento particular (CC, arts. 842 e 2.015), o negócio jurídico deverá ser submetido à homologação judicial (CPC, art. 725, VIII; Lei 9.099/1995, art. 57), para que possa ser levado ao Registro de Imóveis.

**9. Procedimento de jurisdição voluntária.** Celebrado o negócio por instrumento particular, as partes terão de submeter à homologação

# Art. 572

**CÓDIGO DE PROCESSO CIVIL COMENTADO – *Leonardo Carneiro da Cunha***

judicial. Nesse caso, a homologação faz-se por meio de um procedimento de jurisdição voluntária (CPC, art. 725, VIII; Lei 9.099/1995, art. 57).

> **Art. 572.** Fixados os marcos da linha de demarcação, os confinantes considerar-se-ão terceiros quanto ao processo divisório, ficando-lhes, porém, ressalvado o direito de vindicar os terrenos de que se julguem despojados por invasão das linhas limítrofes constitutivas do perímetro ou de reclamar indenização correspondente ao seu valor
>
> § 1º No caso do *caput*, serão citados para a ação todos os condôminos, se a sentença homologatória da divisão ainda não houver transitado em julgado, e todos os quinhoeiros dos terrenos vindicados, se a ação for proposta posteriormente.
>
> § 2º Neste último caso, a sentença que julga procedente a ação, condenando a restituir os terrenos ou a pagar a indenização, valerá como título executivo em favor dos quinhoeiros para haverem dos outros condôminos que forem parte na divisão ou de seus sucessores a título universal, na proporção que lhes tocar, a composição pecuniária do desfalque sofrido.

▶ **1. Dispositivos correspondentes no CPC/1973.** *"Art. 948. Fixados os marcos da linha de demarcação, os confinantes considerar-se-ão terceiros quanto ao processo divisório; fica-lhes, porém, ressalvado o direito de vindicarem os terrenos de que se julguem despojados por invasão das linhas limítrofes constitutivas do perímetro ou a reclamarem uma indenização pecuniária correspondente ao seu valor." "Art. 949. Serão citados para a ação todos os condôminos, se ainda não transitou em julgado a sentença homologatória da divisão; e todos os quinhoeiros dos terrenos vindicados, se proposta posteriormente. Parágrafo único. Neste último caso, a sentença que julga procedente a ação, condenando a restituir os terrenos ou a pagar a indenização, valerá como título executivo em favor dos quinhoeiros para haverem dos outros condôminos, que forem parte na divisão, ou de seus sucessores por título universal, na proporção que lhes tocar, a composição pecuniária do desfalque sofrido."*

## 🗒 COMENTÁRIOS TEMÁTICOS

**2. Cumulação de ação divisória com ação demarcatória.** O dispositivo confirma que a cumulação entre ambas as ações é sucessiva; há uma sucessão de ações num mesmo processo. Em primeiro lugar, faz-se a demarcação com os confinantes e, uma vez ultimada, passa-se à di-

visão da área demarcada entre os comunheiros. Não há identidade de objeto, nem de partes; são duas ações sucessivas.

**3. Exclusão dos confinantes da ação de divisão.** Ultimada a demarcação, os confinantes são excluídos do processo, prosseguindo-se a divisão apenas entre os comunheiros. Os confinantes são terceiros, e não partes, na ação de divisão.

> **Art. 573.** Tratando-se de imóvel georreferenciado, com averbação no registro de imóveis, pode o juiz dispensar a realização de prova pericial.

▶ **1. Sem correspondência no CPC/1973.**

## 🏛 LEGISLAÇÃO CORRELATA

**2. Lei 6.015/1973, art. 176, §§ 3º e 4º.** *"§ 3º Nos casos de desmembramento, parcelamento ou remembramento de imóveis rurais, a identificação prevista na alínea a do item 3 do inciso II do § 1º será obtida a partir de memorial descritivo, assinado por profissional habilitado e com a devida Anotação de Responsabilidade Técnica – ART, contendo as coordenadas dos vértices definidores dos limites dos imóveis rurais, georreferenciadas ao Sistema Geodésico Brasileiro e com precisão posicional a ser fixada pelo INCRA, garantida a isenção de custos financeiros aos proprietários de imóveis rurais cuja somatória da área não exceda a quatro módulos fiscais. § 4º A identificação de que trata o § 3º tornar-se-á obrigatória para efetivação de registro, em qualquer situação de transferência de imóvel rural, nos prazos fixados por ato do Poder Executivo."*

**3. Lei 6.015/1973, art. 225, § 3º.** *"§ 3º Nos autos judiciais que versem sobre imóveis rurais, a localização, os limites e as confrontações serão obtidos a partir de memorial descritivo assinado por profissional habilitado e com a devida Anotação de Responsabilidade Técnica – ART, contendo as coordenadas dos vértices definidores dos limites dos imóveis rurais, georreferenciadas ao Sistema Geodésico Brasileiro e com precisão posicional a ser fixada pelo INCRA, garantida a isenção de custos financeiros aos proprietários de imóveis rurais cuja somatória da área não exceda a quatro módulos fiscais."*

**4. Norma de Execução 105/2012, do INCRA.** *"Regulamenta o procedimento de certificação da poligonal objeto de memorial descritivo de imóveis rurais a que se refere o § 5º do art. 176 da Lei nº 6.015, de 31 de dezembro de 1973, e a norma técnica para georreferenciamento de imóveis rurais."*

**LIVRO I ·** DO PROCESSO DE CONHECIMENTO E DO CUMPRIMENTO DE SENTENÇA · **Art. 574**

## 🗐 Comentários Temáticos

**5. Necessidade da prova pericial.** A perícia sempre foi havida como prova indispensável na ação de demarcação de terras particulares, a fim de se obter a fixação de novos limites entre os prédios confinantes ou a aviventação dos que se apagaram.

**6. Obrigatoriedade de georreferenciamento para registro de imóveis rurais.** O georreferenciamento é obrigatório para efetivação de registro de desmembramentos, parcelamentos, remembramentos e transferências de imóveis rurais (Lei 6.015/1973, art. 176, §§ 3º e 4º). Nesses casos de imóveis rurais, é dispensável a realização de prova pericial nos processos judiciais em que sejam discutidos.

**7. Possibilidade de dispensa da prova pericial em caso de imóvel georreferenciado.** Se o imóvel, urbano ou rural, for georreferenciado, com averbação no registro imobiliário, o juiz poderá dispensar a realização da prova pericial. A prova pericial *pode* ser dispensada, se realmente for desnecessária. Não obstante a existência de georreferenciamento, é possível que se imponha a realização da prova pericial, devendo o juiz determiná-la. Mesmo havendo georreferenciamento, pode haver divergência de títulos dos confinantes, tornando o georreferenciamento insuficiente para a solução da disputa. Em casos assim, somente a prova técnica realizada em juízo pode contribuir para a solução. Também é possível imaginar a hipótese em que os marcos referidos no georreferenciamento tenham desaparecido, o que exigiria trabalho técnico para reconstituí-los. Logo, a existência de imóvel georreferenciado não dispensa necessariamente a prova pericial; em princípio, é possível dispensar, mas há hipóteses que exigirão a realização de perícia.

## Seção II
## Da Demarcação

**Art. 574.** Na petição inicial, instruída com os títulos da propriedade, designar-se-á o imóvel pela situação e pela denominação, descrever-se-ão os limites por constituir, aviventar ou renovar e nomear-se-ão todos os confinantes da linha demarcanda.

▶ **1. Correspondência no CPC/1973.** *"Art. 950. Na petição inicial, instruída com os títulos da propriedade, designar-se-á o imóvel pela situação e*

denominação, descrever-se-ão os limites por constituir, aviventar ou renovar e nomear-se-ão todos os confinantes da linha demarcanda."

## 🗐 Legislação Correlata

**2. CC, art. 1.297.** *"Art. 1.297. O proprietário tem direito a cercar, murar, valar ou tapar de qualquer modo o seu prédio, urbano ou rural, e pode constranger o seu confinante a proceder com ele à demarcação entre os dois prédios, a aviventar rumos apagados e a renovar marcos destruídos ou arruinados, repartindo-se proporcionalmente entre os interessados as respectivas despesas. § 1º Os intervalos, muros, cercas e os tapumes divisórios, tais como sebes vivas, cercas de arame ou de madeira, valas ou banquetas, presumem-se, até prova em contrário, pertencer a ambos os proprietários confinantes, sendo estes obrigados, de conformidade com os costumes da localidade, a concorrer, em partes iguais, para as despesas de sua construção e conservação. § 2º As sebes vivas, as árvores, ou plantas quaisquer, que servem de marco divisório, só podem ser cortadas, ou arrancadas, de comum acordo entre proprietários. § 3º A construção de tapumes especiais para impedir a passagem de animais de pequeno porte, ou para outro fim, pode ser exigida de quem provocou a necessidade deles, pelo proprietário, que não está obrigado a concorrer para as despesas."*

**3. Lei 6.383/1976, art. 1º.** *"Art. 1º O processo discriminatório das terras devolutas da União será regulado por esta Lei. Parágrafo único. O processo discriminatório será administrativo ou judicial."*

**4. Dec.-lei 9.760/1946, art. 9º.** *"Art. 9º É da competência do Serviço do Patrimônio da União (S.P.U.) a determinação da posição das linhas do preamar médio do ano de 1831 e da média das enchentes ordinárias."*

**5. Dec.-lei 9.760/1946, art. 15.** *"Art. 15. Serão promovidas pelo S.P.U. as demarcações e aviventações de rumos, desde que necessárias à exata individuação dos imóveis de domínio da União e sua perfeita discriminação da propriedade de terceiros."*

**6. Dec.-lei 9.760/1946, art. 18-A.** *"Art. 18-A. A União poderá lavrar auto de demarcação nos seus imóveis, nos casos de regularização fundiária de interesse social, com base no levantamento da situação da área a ser regularizada. § 1º Considera-se regularização fundiária de interesse social aquela destinada a atender a famílias com renda familiar mensal não superior a 5 (cinco) salários mínimos. § 2º O auto de demarcação assinado pelo Secretário do Patrimônio da União deve ser instruído com: I – planta e memorial descritivo* da área a ser regularizada, dos quais constem a sua descrição, com suas medidas perimetrais, área total, localização, confrontantes, coordenadas preferencialmente georreferenciadas dos vértices definidores de seus limites, bem como seu número de matrícula ou transcrição e o nome do pretenso proprietário, quando houver; II – planta de sobreposição da área demarcada com a sua situação constante do registro de imóveis e, quando houver, transcrição ou matrícula respectiva; III – certidão da matrícula ou transcrição relativa à área a ser regularizada, emitida pelo registro de imóveis competente e das circunscrições imobiliárias anteriormente competentes, quando houver; IV – certidão da Secretaria do Patrimônio da União de que a área pertence ao patrimônio da União, indicando o Registro Imobiliário Patrimonial – RIP e o responsável pelo imóvel, quando for o caso; V – planta de demarcação da Linha Preamar Média – LPM, quando se tratar de terrenos de marinha ou acrescidos; e VI – planta de demarcação da Linha Média das Enchentes Ordinárias – LMEO, quando se tratar de terrenos marginais de rios federais. § 3º As plantas e memoriais mencionados nos incisos I e II do § 2º deste artigo devem ser assinados por profissional legalmente habilitado, com prova de anotação de responsabilidade técnica no competente Conselho Regional de Engenharia e Arquitetura – CREA. § 4º Entende-se por responsável pelo imóvel o titular de direito outorgado pela União, devidamente identificado no RIP."

**7. Dec.-lei 9.760/1946, art. 32.** *"Art. 32. Contra queles que discordarem em qualquer têrmo da instância administrativa ou por qualquer motivo não entrarem em composição amigável, abrirá a União, por seu representante em Juízo, a instância judicial contenciosa."*

## ▣ COMENTÁRIOS TEMÁTICOS

**8. Fases do procedimento.** O procedimento da ação demarcatória desdobra-se em 2 fases, sendo a primeira reservada, se procedente o pedido, à definição da linha demarcanda, enquanto a segunda destina-se à colocação, no solo, dos marcos identificadores da referida linha.

**9. Objeto da ação demarcatória.** O procedimento demarcatório é o instrumento conferido ao proprietário de um prédio para compelir seu confinante a proceder com ele à demarcação ou aviventação da linha de separação de dois terrenos contíguos. A qualidade de proprietário do autor é pressuposto subjetivo fundamental da demarcação. Não é qualquer imóvel que pode ser submetido à ação demarcatória. A ação,

denominada de "demarcação de terras particulares", tem como objeto imóvel particular. Não se sujeitam à demarcação, por não serem contíguos, os prédios que, embora vizinhos, estejam separados por *(a)* estradas públicas; *(b)* ruas, avenidas, ou outras vias públicas; *(c)* rios públicos ou acidentes geográficos. É irrelevante a origem da confusão de limites: para justificar a demarcação, a confusão pode advir do acaso ou de ato humano culposo ou não. O que se exige é que se verifique ausência atual de assinalação de limites. Enfim, é preciso que nunca se tenha fixado a linha divisória no terreno ou hajam desaparecido os sinais dela.

**10. Limites em condomínio edilício.** Admite-se a ação demarcatória para obter a discriminação dos limites, no condomínio edilício, entre as áreas comuns e aquelas que integram as unidades autônomas, quando incertos os confins entre umas e outras.

**11. Cabimento da ação demarcatória quando houver divergência entre o título dominial e os marcos divisórios.** *"É cabível ação de demarcação, por ser meio processual eficaz para individualização do bem e determinação dos limites da propriedade, para se dirimir controvérsia entre o título dominial e marcos divisórios"* (STJ, 2ª Turma, REsp 662.775/RN, rel. Min. Humberto Martins, *DJe* 29.06.2009).

**12. Ação discriminatória.** Para o deslinde ou a demarcação de terras devolutas, há a ação discriminatória, disciplinada na Lei 6.383, de 1976.

**13. Terrenos de marinha.** Os terrenos de marinha, atribuídos constitucionalmente ao domínio da União, são demarcados por procedimento administrativo especial regulado pelo Decreto-lei 9.760, de 1946, que pode ser controlado pelo Poder Judiciário por provocação de qualquer interessado.

**14. Cumulação da ação demarcatória com a ação de reintegração de posse.** É possível cumular a ação demarcatória com a reintegração de posse, diante da alegação de esbulho por parte do confinante, de modo a impor-lhe não só a restituição da área invadida, em relação à divisa do imóvel do autor, como também dos rendimentos e reparações cabíveis. Nesse caso, havendo procedência, a *"sentença proferida na ação demarcatória determinará a restituição da área invadida, se houver, declarando o domínio ou a posse do prejudicado, ou ambos"* (art. 581, parágrafo único).

**15. Legitimidade ativa.** A ação demarcatória cabe ao proprietário para obrigar o seu confinante a estremar os respectivos prédios. Não

**LIVRO I** · DO PROCESSO DE CONHECIMENTO E DO CUMPRIMENTO DE SENTENÇA | Art. 576

é preciso que se tenha a propriedade plena do imóvel para que se proponha a ação demarcatória. O titular de propriedade semiplena ou limitada também pode propor ação demarcatória. Assim, o usuário, o usufrutuário ou o fiduciário, titular de propriedade resolúvel, tem legitimidade para propor a ação demarcatória. O credor hipotecário, embora detentor de direito real sobre imóvel alheio, não dispõe de legitimidade ativa para propor a ação demarcatória, pois não desfruta da propriedade ou de qualquer de seus atributos.

**16. Legitimidade ativa do condômino.** Qualquer condômino é parte legítima para promover a demarcação do imóvel comum (art. 575).

**17. Outorga uxória ou marital.** A demarcatória é uma ação real imobiliária, razão pela qual, sendo a parte autora casada, seu cônjuge deve oferecer consentimento (art. 73).

**18. Legitimidade passiva.** A ação demarcatória deve ser proposta contra o confinante do imóvel. A legitimidade passiva é, portanto, do confinante.

**19. Documento indispensável à propositura da ação.** *"Na ação demarcatória, é absoluta a necessidade de prova documental do Registro de Imóveis de propriedade da área pelos promoventes"* (STJ, 3ª Turma, REsp 926.755/MG, rel. Min. Sidnei Beneti, *DJe* 04.08.2009).

**20. Valor da causa.** Na ação demarcatória, o valor da causa é o de avaliação da área (art. 292, IV).

> **Art. 575.** Qualquer condômino é parte legítima para promover a demarcação do imóvel comum, requerendo a intimação dos demais para, querendo, intervir no processo.

▶ **1. Correspondência no CPC/1973.** *"Art. 952. Qualquer condômino é parte legítima para promover a demarcação do imóvel comum, citando-se os demais como litisconsortes."*

### ▣ COMENTÁRIOS TEMÁTICOS

**2. Desnecessidade de litisconsórcio ativo necessário.** A ação demarcatória pode ser proposta por qualquer condômino, não sendo necessário que haja um litisconsórcio ativo entre todos eles.

**3. Litisconsórcio ativo facultativo unitário.** O litisconsórcio ativo não é necessário, mas, se houver, será unitário: a decisão de mérito haverá de ser uniforme para todos (art. 116). O litisconsórcio ativo, no caso, é facultativo e unitário.

**4. Intervenção *iussu iudicii*.** A ação, proposta por um condômino, poderia ter sido proposta por mais de um, em litisconsórcio unitário. Por isso, o autor deve requerer ao juiz que determine a intimação dos demais condôminos, seus possíveis litisconsortes unitários, para que integrem, se quiserem, o processo. O dispositivo contém a previsão de uma intervenção *iussu iudicii*, portanto.

**5. Assistência litisconsorcial.** Uma vez intimado, o condômino poderá intervir como assistente litisconsorcial do autor (art. 124).

> **Art. 576.** A citação dos réus será feita por correio, observado o disposto no art. 247.
>
> Parágrafo único. Será publicado edital, nos termos do inciso III do art. 259.

▶ **1. Correspondência no CPC/1973.** *"Art. 953. Os réus que residirem na comarca serão citados pessoalmente; os demais, por edital."*

### ▣ COMENTÁRIOS TEMÁTICOS

**2. Citação dos confinantes.** Para a ação de demarcação, é necessário citar os confinantes na linha demarcanda, e não todos os confinantes do imóvel. Os que não fazem divisa com a linha demarcanda não têm interesse na solução da disputa, não devendo ser citados.

**3. Citação do cônjuge ou companheiro.** A demarcatória é uma ação real imobiliária. Por isso, se houver entre os confinantes alguém que seja casado, será obrigatória a citação do seu cônjuge como litisconsorte passivo necessário (art. 73, § 1º, I). Havendo alguma união estável comprovada nos autos, a citação do respectivo companheiro também se impõe (art. 73, § 3º).

**4. Citação postal.** Na ação demarcatória, a citação dos réus será por via postal, sejam ou não domiciliados na comarca.

**5. Citação de pessoa jurídica.** Se um dos réus for pessoa jurídica, esta poderá ser entregue não apenas ao seu gerente ou administrador, como também ao funcionário responsável pelo recebimento de correspondências (art. 248, § 2º).

**6. Réu que reside em condomínio edilício ou loteamento.** Se o réu residir em condomínio edilício ou loteamento com controle de acesso, a citação postal será válida, ainda que feita mediante entrega ao funcionário da portaria responsável pelo recebimento da correspondência, se não houver recusa de sua parte (art. 248, § 2º).

**Art. 577.** Feitas as citações, terão os réus o prazo comum de 15 (quinze) dias para contestar.

▶ **1. Correspondência no CPC/1973.** *"Art. 954. Feitas as citações, terão os réus o prazo comum de 20 (vinte) dias para contestar."*

## 📖 COMENTÁRIOS TEMÁTICOS

**2. Prazo para contestar.** O prazo para contestar, no procedimento demarcatório, é de 15 dias, sendo inferior ao prazo fixado no CPC/1973, que era de 20 dias.

**3. Prazo em dias úteis.** É processual o prazo para contestar. Logo, na sua contagem, somente se computam os dias úteis (art. 219).

**4. Prazo comum.** O prazo para contestar, no procedimento demarcatório, é comum, não podendo, portanto, ser aplicado o art. 229. Assim, mesmo que haja mais de um réu, com procuradores diferentes, de escritórios de advocacia distintos, o prazo para contestação não será contado em dobro. Da previsão de um prazo comum decorre uma regra especial, a afastar a incidência do art. 229. De todo modo, se o processo tramitar em autos eletrônicos, não há qualquer discussão, pois não há prazo em dobro para litisconsortes com procuradores diferentes, de escritórios diversos, no processo eletrônico (art. 229, § 2º).

**5. Início da contagem do prazo.** O prazo para contestar, no procedimento demarcatório, tem início a partir do aperfeiçoamento da última citação (art. 231, § 1º).

**6. Atitudes do réu.** Citado para a ação de demarcação, o réu pode: *(a)* não se fazer presente e não contestar, mantendo-se revel; *(b)* comparecer, mas não contestar; *(c)* apresentar contestação. Nas hipóteses *a* e *b*, haverá revelia, pois esta o que a configura é a ausência de contestação.

**7. Revelia.** Na ação demarcatória, a revelia não produz seu efeito material de fazer presumir verdadeiros os fatos alegados pelo autor, que, no caso, seria ter-se como correta a linha demarcatória pretendida pelo autor. É que, na ação de demarcação, o juiz deverá determinar a realização de prova pericial para levantar o traçado da divisa entre os imóveis das partes (art. 579). Nem sempre existe litígio a respeito da necessidade demarcação, mas apenas relativamente a qual linha deva prevalecer. A revelia não acarreta, nesse caso, qualquer efeito. O réu simplesmente ficará na espera da realização da perícia, a fim de, com sua participação, ser levantada a linha demarcanda.

**8. Contestação.** O réu defende-se pela contestação, devendo nela incluir toda matéria de defesa (art. 336). Nela, poderá suscitar preliminares (art. 337) e discutir o mérito. No mérito, a contestação, na ação demarcatória, poderá versar sobre: *(a)* a ausência do domínio ou de outro direito real que autorize a pretensão demarcatória do autor; *(b)* inexistência de confusão de limites, por estar o imóvel demarcando já perfeitamente discriminado, por meio de sinais visíveis que o delimitam junto aos confinantes; *(c)* discordância apenas em relação à descrição dos limites a serem assinalados; *(d)* ocorrência de prescrição aquisitiva sobre a área que se pretende demarcar, de modo a eliminar o direito de propriedade do autor sobre ela, ou a fazer cessar a confusão de limites.

---

**Art. 578.** Após o prazo de resposta do réu, observar-se-á o procedimento comum.

▶ **1. Correspondência no CPC/1973.** *"Art. 955. Havendo contestação, observar-se-á o procedimento ordinário; não havendo, aplica-se o disposto no art. 330, II."*

## 📖 COMENTÁRIOS TEMÁTICOS

**2. Observância do procedimento comum.** Ultrapassado o prazo para resposta do réu, passará a ser adotado o procedimento comum. Apresentada ou não contestação, a sequência de atos será a mesma.

**3. Saneamento e organização do processo.** O juiz deve aplicar o art. 357, a fim de sanear e organizar o processo.

**4. Realização de perícia.** Será observado o procedimento comum, com designação de perícia (art. 579). A revelia não produz seu efeito material na ação demarcatória. Logo, ainda que haja revelia, será necessária a realização de perícia, a não ser que se trate de imóvel georreferenciado, com averbação no registro de imóveis, que venha a convencer o juiz e a fazer com que ele dispense a realização da prova pericial (art. 573).

---

**Art. 579.** Antes de proferir a sentença, o juiz nomeará um ou mais peritos para levantar o traçado da linha demarcanda.

▶ **1. Correspondência no CPC/1973.** *"Art. 956. Em qualquer dos casos do artigo anterior, o juiz, antes de proferir a sentença definitiva, nomeará dois arbitradores e um agrimensor para levantarem o traçado da linha demarcanda."*

**LIVRO I** · DO PROCESSO DE CONHECIMENTO E DO CUMPRIMENTO DE SENTENÇA    **Art. 581**

### 🗐 Comentários Temáticos

**2. Necessidade de prova pericial.** É necessária a realização da prova pericial na ação de demarcação de terras particulares, a fim de se obter a fixação de novos limites entre os prédios confinantes ou a aviventação dos que se apagaram.

**3. Nulidade relativa.** *"2. No recurso especial, busca-se o reconhecimento da nulidade da prova pericial elaborada sem a nomeação dos arbitradores a que se refere o art. 956 do Código de Processo Civil [de 1973]. 3. É relativa a nulidade em virtude de eventual irregularidade na nomeação dos peritos designados para elaborar a prova técnica, o que exige a manifestação da parte interessada na primeira oportunidade em que lhe couber falar nos autos, sob pena de preclusão"* (STJ, 3ª Turma, REsp 1370903/MG, rel. Min. Ricardo Villas Bôas Cueva, *DJe* 31.03.2015).

**4. Quantidade de peritos.** A perícia pode ser feita por um ou mais peritos. As circunstâncias do caso concreto é que determinarão a necessidade de se ter mais de um perito, com aptidões técnicas diferenciadas, para se chegar ao levantamento do traçado da linha demarcanda. Tratando-se de perícia complexa que abranja mais de uma área de conhecimento especializado, o juiz poderá nomear mais de um perito, e as partes poderão indicar mais de um assistente técnico (art. 475).

**5. Escolha consensual do perito.** As partes podem, de comum acordo, escolher o perito, indicando-o, juntamente com seus respectivos assistentes técnicos, mediante requerimento dirigido ao juiz da causa (art. 471).

**6. Dispensa da prova pericial.** Se o imóvel, urbano ou rural, for georreferenciado, com averbação no registro imobiliário, o juiz poderá dispensar a realização da prova pericial (art. 573). A existência de georreferenciamento não dispensa necessariamente a prova pericial. Mesmo com o georreferenciamento, pode haver divergência de títulos dos confinantes. Em casos assim, somente a prova técnica realizada em juízo pode contribuir para a solução. Também é possível imaginar a hipótese em que os marcos referidos no georreferenciamento tenham desaparecido, o que exigiria trabalho técnico para reconstituí-los. Logo, a existência de imóvel georreferenciado não dispensa necessariamente a prova pericial; em princípio, é possível dispensar, mas há hipóteses que exigirão a realização de perícia.

**7. Pareceres técnicos.** No lugar da perícia, o autor pode apresentar, com sua petição inicial, parecer técnico que contenha as exigências feitas

no art. 580. Se o réu concordar ou não impugnar o parecer, poderá ser dispensada a prova pericial. Também pode ser dispensada a prova pericial quando as partes, na inicial e na contestação, apresentarem pareceres técnicos e documentos elucidativos que atendam às exigências do art. 580 (art. 472).

> **Art. 580.** Concluídos os estudos, os peritos apresentarão minucioso laudo sobre o traçado da linha demarcanda, considerando os títulos, os marcos, os rumos, a fama da vizinhança, as informações de antigos moradores do lugar e outros elementos que coligirem.

▶ **1. Correspondência no CPC/1973.** *"Art. 957. Concluídos os estudos, apresentarão os arbitradores minucioso laudo sobre o traçado da linha demarcanda, tendo em conta os títulos, marcos, rumos, a fama da vizinhança, as informações de antigos moradores do lugar e outros elementos que coligirem. Parágrafo único. Ao laudo, anexará o agrimensor a planta da região e o memorial das operações de campo, os quais serão juntos aos autos, podendo as partes, no prazo comum de 10 (dez) dias, alegar o que julgarem conveniente."*

### ⚖ Jurisprudência, Enunciados e Súmulas Selecionados

- **2. Enunciado 70 do FPPC.** *"Do laudo pericial que traçar a linha demarcanda, deverá ser oportunizada a manifestação das partes interessadas, em prestígio ao princípio do contraditório e da ampla defesa."*

### 🗐 Comentários Temáticos

**3. Conteúdo do laudo.** O laudo deve ser minucioso e permitir que se possa observar perfeitamente a linha demarcanda. Para isso, os peritos observarão títulos, marcos, rumos e, até mesmo, informações de vizinhos e de antigos moradores. Os elementos produzidos devem ser anexados aos autos.

> **Art. 581.** A sentença que julgar procedente o pedido determinará o traçado da linha demarcanda. Parágrafo único. A sentença proferida na ação demarcatória determinará a restituição da área invadida, se houver, declarando o domínio ou a posse do prejudicado, ou ambos.

▶ **1. Correspondência no CPC/1973.** *"Art. 958. A sentença, que julgar procedente a ação, determinará o traçado da linha demarcanda."*

965

# Art. 582

## COMENTÁRIOS TEMÁTICOS

**2. Encerramento da primeira fase.** Havendo ou não acordo entre as partes, apresentada ou não contestação, a primeira fase do procedimento demarcatório encerra-se por uma sentença, cuja função é, em primeiro lugar, decidir sobre a procedência ou não do pedido de demarcação. Julgado procedente o pedido, será determinado o traçado da linha demarcanda.

**3. Sentença de procedência.** A sentença favorável é a que acolhe o pedido do autor, seja com base na perícia, seja em razão de acordo celebrado entre as partes a respeito do traçado da linha de demarcação. Em virtude da perícia realizada, o juiz, ao acolher o pedido, mandará guardar os antigos limites, se não se provar que outros foram legalmente constituídos, ou estabelecerá novos limites, se nenhum for provado.

**4. Conteúdo da sentença.** A sentença, além de resolver eventual discussão sobre o domínio do bem, deve solucionar a disputa em torno do traçado da linha demarcanda.

**5. Coisa julgada.** Transitada em julgado a sentença, não será mais possível discutir sobre o traçado da linha demarcanda. O que resta para a segunda fase é apenas o problema da colocação dos marcos no solo.

**6. Outras eficácias da sentença.** A sentença, que encerra a primeira fase da ação demarcatória, determina a devolução da área ocupada para além dos limites fixados. É um efeito anexo, previsto no art. 581, que independe de requerimento de qualquer das partes.

**7. Sentença de improcedência.** Quando não houver limite para constituir, aviventar ou renovar, ou, ainda, quando for julgada procedente a exceção de usucapião na área que se pretendia demarcar, o juiz deve proferir sentença de improcedência na ação demarcatória.

---

**Art. 582.** Transitada em julgado a sentença, o perito efetuará a demarcação e colocará os marcos necessários.

Parágrafo único. Todas as operações serão consignadas em planta e memorial descritivo com as referências convenientes para a identificação, em qualquer tempo, dos pontos assinalados, observada a legislação especial que dispõe sobre a identificação do imóvel rural.

▶ **1. Correspondência no CPC/1973.** *"Art. 959. Tanto que passe em julgado a sentença, o agrimensor efetuará a demarcação, colocando os marcos necessários. Todas as operações serão consignadas em planta e memorial descritivo com as referências*

convenientes para a identificação, em qualquer tempo, dos pontos assinalados."

## COMENTÁRIOS TEMÁTICOS

**2. Segunda fase da ação demarcatória.** Transitada em julgado a sentença que encerra a primeira fase, pode-se dar início ao procedimento executivo da ação demarcatória, que é sua segunda fase. A segunda destina-se aos trabalhos técnicos, que somente se iniciarão após o trânsito em julgado da sentença da primeira fase, que é a fase cognitiva da ação demarcatória.

**3. Preclusão.** Na segunda fase, não se examinam as questões dominiais. A sentença da fase cognitiva deve resolver todas as questões dominiais deduzidas na contestação, assim como as relacionadas com o traçado da linha demarcanda. A questão que afeta o domínio do autor da ação demarcatória pode ser suscitada na contestação da sua fase cognitiva e sobre ela se estabelecerá coisa julgada, nos termos da sentença da primeira fase.

**4. Objeto da segunda fase.** A segunda fase, que somente se inicia depois do trânsito em julgado da sentença que encerra a primeira fase, destina-se à execução dos trabalhos técnicos ou de dúvidas relativas à praticabilidade do traçado dos limites. Caberá ao perito (que deve ser um agrimensor) fixar, de forma definitiva e imutável, os sinais da divisa no solo. Ao agrimensor caberá assentar no terreno os marcos identificadores da linha de confim dos prédios envolvidos no processo.

**5. Peritos.** Os peritos que executam a linha demarcanda são os mesmos nomeados na primeira fase (art. 579).

---

**Art. 583.** As plantas serão acompanhadas das cadernetas de operações de campo e do memorial descritivo, que conterá:

I – o ponto de partida, os rumos seguidos e a aviventação dos antigos com os respectivos cálculos;

II – os acidentes encontrados, as cercas, os valos, os marcos antigos, os córregos, os rios, as lagoas e outros;

III – a indicação minuciosa dos novos marcos cravados, dos antigos aproveitados, das culturas existentes e da sua produção anual;

IV – a composição geológica dos terrenos, bem como a qualidade e a extensão dos campos, das matas e das capoeiras;

V – as vias de comunicação;

**LIVRO I •** DO PROCESSO DE CONHECIMENTO E DO CUMPRIMENTO DE SENTENÇA    **Art. 584**

VI – as distâncias a pontos de referência, tais como rodovias federais e estaduais, ferrovias, portos, aglomerações urbanas e polos comerciais;
VII – a indicação de tudo o mais que for útil para o levantamento da linha ou para a identificação da linha já levantada.

▶ **1. Correspondência no CPC/1973.** *"Art. 962. Acompanharão as plantas as cadernetas de operações de campo e o memorial descritivo, que conterá: I – o ponto de partida, os rumos seguidos e a aviventação dos antigos com os respectivos cálculos; II – os acidentes encontrados, as cercas, valos, marcos antigos, córregos, rios, lagoas e outros; III – a indicação minuciosa dos novos marcos cravados, das culturas existentes e sua produção anual, IV – a composição geológica dos terrenos, bem como a qualidade e extensão dos campos, matas e capoeiras; V – as vias de comunicação; VI – as distâncias à estação da estrada de ferro, ao porto de embarque e ao mercado mais próximo; VII – a indicação de tudo o mais que for útil para o levantamento da linha ou para a identificação da linha já levantada."*

🗐 **COMENTÁRIOS TEMÁTICOS**

**2. Caderneta de campo.** O agrimensor registra, na caderneta de campo, tudo o que for necessário à confecção da planta e ao memorial descritivo. Normalmente, mencionam-se a data do início da medição, a colocação do marco primordial, sua posição em relação à agulha ou alguns pontos, ou objetos naturais do lugar, o serviço feito em cada dia, anotando os morros, sangas, rios, ribeirões, córregos, riachos, capões de mato, rincões, banhados, lagoas, pântanos, campos etc. Realizado o trabalho de campo e registrados os dados na caderneta de campo, o agrimensor estará habilitado para organizar a planta do imóvel, a sua representação gráfica. Enfim, com todos esses elementos, o agrimensor realiza a planta e o memorial descritivo, com as especificações previstas no art. 583.

**3. Planta.** A realização da planta é o "trabalho de gabinete" do agrimensor, sendo orientada segundo o meridiano do marco primordial e dela constando, além das altitudes referentes a cada estação do instrumento, as construções, marcos, valos, cercas, muro e as águas, calculando-se o volume e valor mecânico. Todos esses elementos e acidentes do solo devem ser registrados na planta. As construções encontradas devem ser mencionadas, indicando os fins

a que se destinam. Os muros divisórios – ou parte deles – também são importantes, mesmo destruídos, desde que sirvam como base à medição e à demarcação.

**4. Memorial descritivo.** O memorial descritivo é um relatório fiel e minucioso dos trabalhos executados no campo e da maneira pela qual foram executados, contendo os elementos necessários ao conhecimento do imóvel e do seu valor. Para elaborar o memorial descritivo, o agrimensor vai levantar a linha perimétrica do imóvel, percorrê-lo e estudá-lo. Esse trabalho técnico é registrado minuciosamente em uma caderneta própria, denominada caderneta de campo.

**Art. 584.** É obrigatória a colocação de marcos tanto na estação inicial, dita marco primordial, quanto nos vértices dos ângulos, salvo se algum desses últimos pontos for assinalado por acidentes naturais de difícil remoção ou destruição.

▶ **1. Correspondência no CPC/1973.** *"Art. 963. É obrigatória a colocação de marcos assim na estação inicial – marco primordial –, como nos vértices dos ângulos, salvo se algum destes últimos pontos for assinalado por acidentes naturais de difícil remoção ou destruição."*

🗐 **COMENTÁRIOS TEMÁTICOS**

**2. Marcos.** Os marcos são os sinais exteriores que revelam a linha lindeira. Eles podem ser destruídos pela ação do tempo ou do homem, sem que se apaguem os rumos. Os vestígios dos marcos destruídos e os que não o foram revelam a linha de separação de 2 prédios, mas é prudente que novos marcos substitutivos sejam colocados.

**3. Demarcação.** A demarcação é feita fixando-se a linha divisória e assinalando-a por meio de marcos visíveis, se não tiver havido antes demarcação.

**4. Aviventação.** A aviventação supõe uma demarcação anterior, cujos sinais exteriores se apagaram por qualquer causa. Não se confunde com a fixação de novos rumos.

**5. Marco primordial.** A colocação do marco primordial é obrigatória. Ainda que se trate de aviventação, é necessária sua colocação, mesmo que o marco anterior lá esteja. Também nos vértices dos ângulos é necessária a fixação dos marcos.

**6. Acidentes naturais de difícil remoção ou destruição.** A fixação de marcos nos vértices dos ângulos só não será necessária se houver acidentes naturais de difícil remoção ou destruição que a impeçam.

**7. Acidentes naturais.** Não sendo de difícil remoção ou destruição, o agrimensor deve remover o acidente para, em seu lugar, implantar o marco.

> **Art. 585.** A linha será percorrida pelos peritos, que examinarão os marcos e os rumos, consignando em relatório escrito a exatidão do memorial e da planta apresentados pelo agrimensor ou as divergências porventura encontradas.

▶ **1. Correspondência no CPC/1973.** *"Art. 964. A linha será percorrida pelos arbitradores, que examinarão os marcos e rumos, consignando em relatório escrito a exatidão do memorial e planta apresentados pelo agrimensor ou as divergências porventura encontradas."*

## 🗂 COMENTÁRIOS TEMÁTICOS

**2. Trabalho dos arbitradores.** Findo o trabalho do agrimensor, os arbitradores examinarão o que foi feito, percorrendo a linha da demarcação e examinando os marcos e os rumos, consignando tudo em relatório. Os arbitradores verificarão a veracidade do memorial e da planta, anotando no seu relatório as divergências eventualmente encontradas.

**3. Relatório.** O relatório é a peça de maior relevância, contendo a opinião de ambos os arbitradores; se houver divergência, deverá ser mencionada e esclarecida.

> **Art. 586.** Juntado aos autos o relatório dos peritos, o juiz determinará que as partes se manifestem sobre ele no prazo comum de 15 (quinze) dias.
> Parágrafo único. Executadas as correções e as retificações que o juiz determinar, lavrar-se-á, em seguida, o auto de demarcação em que os limites demarcandos serão minuciosamente descritos de acordo com o memorial e a planta.

▶ **1. Correspondência no CPC/1973.** *"Art. 965. Junto aos autos o relatório dos arbitradores, determinará o juiz que as partes se manifestem sobre ele no prazo comum de 10 (dez) dias. Em seguida, executadas as correções e retificações que ao juiz pareçam necessárias, lavrar-se-á o auto de demarcação em que os limites demarcandos serão minuciosamente descritos de acordo com o memorial e a planta."*

## 🗂 COMENTÁRIOS TEMÁTICOS

**2. Apresentação do relatório.** Concluídos os trabalhos de campo, os arbitradores apresentarão o relatório.

**3. Prazo para manifestação das partes.** As partes serão intimadas para, no prazo comum de 15 dias, manifestarem-se sobre o relatório dos arbitradores ou peritos.

**4. Prazo comum.** O prazo é comum, não sendo computado em dobro, ainda haja litisconsortes com procuradores diferentes, de escritórios diversos (art. 229).

**5. Objeto da manifestação.** A manifestação das partes deve restringir-se ao conteúdo do relatório, não podendo reabrir discussão em torno da posse ou do domínio das partes, tema próprio da sentença que encerrou a primeira fase do procedimento.

> **Art. 587.** Assinado o auto pelo juiz e pelos peritos, será proferida a sentença homologatória da demarcação.

▶ **1. Correspondência no CPC/1973.** *"Art. 966. Assinado o auto pelo juiz, arbitradores e agrimensor, será proferida a sentença homologatória da demarcação."*

## 🗂 COMENTÁRIOS TEMÁTICOS

**2. Encerramento da segunda fase.** A segunda fase da ação demarcatória é encerrada por sentença, que tem a força de declarar, judicialmente, que a linha assentada no terreno é a que efetivamente corresponde aos limites dos imóveis contíguos.

**3. Sentença homologatória.** A sentença proferida pelo juiz é homologatória da demarcação. Seu conteúdo princípio não é ditado pelo juiz no ato de decidir. O seu conteúdo é aprovação do resultado do trabalho técnico do agrimensor.

**4. Sentença declaratória.** A eficácia preponderante da sentença é declaratória, destinando-se a conferir certeza jurídica à toda atividade técnica realizada em presença das partes e sob a fiscalização da justiça.

**5. Sentença de mérito.** Ao homologar a demarcação feita, o juiz presta a tutela jurisdicional de mérito e resolve a disputa submetida ao seu exame. A sentença, embora homologatória, é de mérito. O juiz homologa o trabalho técnico da separação dos prédios contíguos, realizado e concretizado a partir de atos decisórios tomados pelo próprio juízo.

**LIVRO I** · DO PROCESSO DE CONHECIMENTO E DO CUMPRIMENTO DE SENTENÇA    **Art. 589**

**6. Coisa julgada.** Sendo de mérito, a sentença faz coisa julgada material a respeito das linhas demarcatórias assinaladas e homologadas.

**7. Ação rescisória.** A coisa julgada produzida pela sentença somente pode ser desfeita por ação rescisória, se presente uma das hipóteses previstas no art. 966.

## Seção III
## Da Divisão

> **Art. 588.** A petição inicial será instruída com os títulos de domínio do promovente e conterá:
>
> I – a indicação da origem da comunhão e a denominação, a situação, os limites e as características do imóvel;
>
> II – o nome, o estado civil, a profissão e a residência de todos os condôminos, especificando-se os estabelecidos no imóvel com benfeitorias e culturas;
>
> III – as benfeitorias comuns.

▶ **1. Correspondência no CPC/1973.** *"Art. 967. A petição inicial, elaborada com observância dos requisitos do art. 282 e instruída com os títulos de domínio do promovente, conterá: I – a indicação da origem da comunhão e a denominação, situação, limites e características do imóvel; II – o nome, o estado civil, a profissão e a residência de todos os condôminos, especificando-se os estabelecidos no imóvel com benfeitorias e culturas; III – as benfeitorias comuns."*

🖳 **COMENTÁRIOS TEMÁTICOS**

**2. Objeto.** A ação de divisão é forma de extinguir-se, judicialmente, o condomínio. O condomínio pode incidir sobre coisas móveis ou imóveis. A ação de divisão é destinada à extinção de condomínio de "terras particulares", ou seja, de imóveis de domínio privado. Para isso, é preciso que estejam delimitados os limites do imóvel.

**3. Divisão geodésica *versus* divisão econômica.** O procedimento especial para ação de divisão de terras particulares destina-se à obtenção da partilha *in natura* do bem, ou seja, ao estabelecimento de glebas individuais, estremando os respectivos quinhões entre os condôminos. Quando, porém, o condomínio se estabelece sobre coisa indivisível, sua extinção se efetua sobre o preço apurado em venda judicial, e não por divisão de quinhões (CC, art. 1.322). Nesse caso, o procedimento a ser aplicado é o da alienação judicial (art. 730), e não o da ação de divisão de terras particulares. De todo modo, é possível haver o trânsito de técnicas procedimentais em prol de maior eficiência processual.

**4. Fases do procedimento.** O procedimento da ação divisória desdobra-se em 2 fases: na primeira, resolve-se o direito à extinção do condomínio e, na segunda, delibera-se sobre a formação dos quinhões individuais que terão de surgir em substituição ao condomínio extinto.

**5. Legitimidades ativa e passiva.** As legitimidades ativa e passiva da ação divisória pressupõem a propriedade. É ação de condômino contra condômino, para que se desfaça o condomínio e seja dividam os quinhões. Qualquer condômino é parte legítima para propor a ação de divisão. O art. 598 determina que se aplique o art. 575 à ação divisória, o qual prevê a legitimidade ativa de qualquer condômino para a ação de demarcação. Não importa a dimensão da cota ideal do condômino ou comunheiro para definir sua legitimação para o juízo divisório. Não há restrição: qualquer condômino pode propor a ação divisória. Como sujeitos passivos, hão de ser citados todos os condôminos, já que são eles os interessados na divisão postulada pelo autor.

**6. Conteúdo da petição inicial.** O autor tem o ônus de afirmar o estado de indivisão do bem, a origem da comunhão e a divisibilidade pretendida. Cabe-lhe, ainda, indicar a denominação, situação, limites e características do imóvel, bem como a qualificação de todos os condôminos, especificando os estabelecidos no imóvel com benfeitorias e culturas e as benfeitorias comuns. Ao final, cabe-lhe pedir a desconstituição do condomínio e a divisão do bem comum em quinhões para cada condômino.

**7. Valor da causa.** Na ação de divisão, o valor da causa é o de avaliação da área (art. 292, IV).

> **Art. 589.** Feitas as citações como preceitua o art. 576, prosseguir-se-á na forma dos arts. 577 e 578.

▶ **1. Correspondência no CPC/1973.** *"Art. 968. Feitas as citações como preceitua o art. 953, prosseguir-se-á na forma dos arts. 954 e 955."*

🖳 **COMENTÁRIOS TEMÁTICOS**

**2. Citação dos condôminos.** A ação de divisão é proposta pelo condômino "para obrigar os demais consortes a estremar os quinhões" (art. 569, II). Logo, como sujeitos passivos, devem ser citados todos os condôminos. O caso é de litisconsórcio passivo necessário.

969

**3. Citação do cônjuge ou companheiro.** A divisão é uma ação real imobiliária. Por isso, se houver entre os condôminos alguém que seja casado, será obrigatória a citação do seu cônjuge como litisconsorte passivo necessário (art. 73, § 1º, I). Havendo alguma união estável comprovada nos autos, a citação do respectivo companheiro também se impõe (art. 73, § 3º).

**4. Citação postal.** Na ação de divisão, a citação dos réus será por via postal, sejam ou não domiciliados na comarca (art. 576).

**5. Citação de pessoa jurídica.** Se um dos réus for pessoa jurídica, esta poderá ser entregue não apenas ao seu gerente ou administrador, como também ao funcionário responsável pelo recebimento de correspondências (art. 248, § 2º).

**6. Réu que reside em condomínio edilício ou loteamento.** Se o réu residir em condomínio edilício ou loteamento com controle de acesso, a citação postal será válida, ainda que feita mediante entrega ao funcionário da portaria responsável pelo recebimento da correspondência, se não houver recusa de sua parte (art. 248, § 2º).

**7. Prazo para contestar.** O prazo para contestar, no procedimento de divisão, é de 15 dias, sendo inferior ao prazo fixado no CPC/1973, que era de 20 dias.

**8. Prazo em dias úteis.** É processual o prazo para contestar. Logo, na sua contagem, somente se computam os dias úteis (art. 219).

**9. Prazo comum.** O prazo para contestar, no procedimento de divisão, é comum (art. 577), não podendo, portanto, ser aplicado o art. 229. Assim, mesmo que haja mais de um réu, com procuradores diferentes, de escritórios de advocacia distintos, o prazo para contestação não será contado em dobro. Da previsão de um prazo comum decorre uma regra especial, a afastar a incidência do art. 229. De todo modo, se o processo tramitar em autos eletrônicos, não há qualquer discussão, pois não há prazo em dobro para litisconsortes com procuradores diferentes, de escritórios diversos, no processo eletrônico (art. 229, § 2º).

**10. Início da contagem do prazo.** O prazo para contestar, no procedimento de divisão, tem início a partir do aperfeiçoamento da última citação (art. 231, § 1º).

**11. Contestação.** O réu defende-se pela contestação, devendo nela incluir toda matéria de defesa (art. 336). Nela, poderá suscitar preliminares (art. 337) e discutir o mérito. No mérito, a contestação, na ação de divisão, poderá versar sobre: *(a)* a ausência do domínio ou de outro direito real que justifique o procedimento di-

visório; *(b)* desaparecimento do condomínio, por já ter havido anterior divisão do. imóvel; *(c)* existência de cláusula contratual ou testamentária que impeça a divisão por determinado período – em tal caso, o condômino não pode, dentro desse prazo, promover a divisão; *(d)* indivisibilidade, natural ou legal, do imóvel; *(e)* ocorrência de prescrição aquisitiva sobre a área que se pretende dividir, de modo a eliminar o direito de propriedade do autor sobre ela. Além dessas, é possível ao réu invocar outras matérias que se destinem a dilatar, a obstar, a impedir ou a fulminar o pedido do autor.

**12. Observância do procedimento comum.** Ultrapassado o prazo para resposta do réu, passará a ser adotado o procedimento comum. Apresentada ou não contestação, a sequência de atos será a mesma.

**13. Perícia.** A aplicação do procedimento comum, contrariamente ao que se passa na ação demarcatória, não há obrigatoriedade da realização de prova pericial antes do julgamento da primeira fase da ação de divisão (art. 579). A exigência de perícia geodésica só irá acontecer na segunda fase, depois que o pedido de divisão for acolhido pela primeira sentença.

**14. Encerramento da primeira fase.** Todo o procedimento encerra-se com uma sentença. Haverá aí o encerramento da primeira fase do procedimento. O juiz pode extinguir o processo sem resolução do mérito ou julgar improcedente o pedido de divisão, não havendo mais qualquer outra fase a ser trilhada. Se, porém, o juiz julga procedente o pedido, irá acolher o pedido de extinção do condomínio, sendo necessário, em seguida, fazer-se a divisão para estabelecer-se o quinhão de cada condômino.

---

**Art. 590.** O juiz nomeará um ou mais peritos para promover a medição do imóvel e as operações de divisão, observada a legislação especial que dispõe sobre a identificação do imóvel rural.

Parágrafo único. O perito deverá indicar as vias de comunicação existentes, as construções e as benfeitorias, com a indicação dos seus valores e dos respectivos proprietários e ocupantes, as águas principais que banham o imóvel e quaisquer outras informações que possam concorrer para facilitar a partilha.

▶ **1. Correspondência no CPC/1973.** *"Art. 969. Prestado o compromisso pelos arbitradores e agrimensor, terão início, pela medição do imóvel, as operações de divisão."*

**LIVRO I ·** DO PROCESSO DE CONHECIMENTO E DO CUMPRIMENTO DE SENTENÇA · **Art. 592**

## 🏛 Legislação Correlata

**2. Lei 6.015/1973, art. 176, § 1º, II, 3), a) e os §§ 3º e 4º.** *"Art. 176. (...) 1º A escrituração do Livro nº 2 obedecerá às seguintes normas: (...) 3) a identificação do imóvel, que será feita com indicação: a – se rural, do código do imóvel, dos dados constantes do CCIR, da denominação e de suas características, confrontações, localização e área; b – se urbano, de suas características e confrontações, localização, área, logradouro, número e de sua designação cadastral, se houver." (...) "§ 3º Nos casos de desmembramento, parcelamento ou remembramento de imóveis rurais, a identificação prevista na alínea a do item 3 do inciso II do § 1º será obtida a partir de memorial descritivo, assinado por profissional habilitado e com a devida Anotação de Responsabilidade Técnica – ART, contendo as coordenadas dos vértices definidores dos limites dos imóveis rurais, georreferenciadas ao Sistema Geodésico Brasileiro e com precisão posicional a ser fixada pelo INCRA, garantida a isenção de custos financeiros aos proprietários de imóveis rurais cuja somatória da área não exceda a quatro módulos fiscais." "§ 4º A identificação de que trata o § 3º tornar-se-á obrigatória para efetivação de registro, em qualquer situação de transferência de imóvel rural, nos prazos fixados por ato do Poder Executivo."*

**3. Lei 6.015/1973, art. 225, § 3º.** *"Art. 225. Nos autos judiciais que versem sobre imóveis rurais, a localização, os limites e as confrontações serão obtidos a partir de memorial descritivo assinado por profissional habilitado e com a devida Anotação de Responsabilidade Técnica – ART, contendo as coordenadas dos vértices definidores dos limites dos imóveis rurais, georreferenciadas ao Sistema Geodésico Brasileiro e com precisão posicional a ser fixada pelo INCRA, garantida a isenção de custos financeiros aos proprietários de imóveis rurais cuja somatória da área não exceda a quatro módulos fiscais."*

## 📑 Comentários Temáticos

**4. Início da segunda fase.** Transitada em julgada a sentença que encerrou a primeira fase do procedimento divisório, inicia-se a sua segunda fase, com a nomeação de um ou mais peritos para que iniciem o trabalho de mediação e divisão do bem.

**5. Quantidade de peritos.** Diante das peculiaridades do caso, caberá ao juiz decidir sobre a necessidade de nomear perito único ou de nomear mais de um perito. Se o juiz resolver nomear perito único, deverá escolher um técnico em agrimensura, pois a operação de divisão geodésica de imóvel reclama esse conhecimento específico.

> **Art. 591.** Todos os condôminos serão intimados a apresentar, dentro de 10 (dez) dias, os seus títulos, se ainda não o tiverem feito, e a formular os seus pedidos sobre a constituição dos quinhões.

▶ **1. Correspondência no CPC/1973.** *"Art. 970. Todos os condôminos serão intimados a apresentar, dentro em 10 (dez) dias, os seus títulos, se ainda não o tiverem feito; e a formular os seus pedidos sobre a constituição dos quinhões."*

## 📑 Comentários Temáticos

**2. Intimação das partes.** Depois da nomeação dos peritos, as partes serão intimadas para apresentar os seus títulos, se ainda não o tiverem feito, e, igualmente, para formular os seus pedidos sobre a constituição dos quinhões.

**3. Momento para produção da prova documental pelo réu.** Incumbe ao réu produzir a prova documental com sua contestação (art. 434).

**4. Reabertura de prazo.** A apresentação dos títulos de propriedade deve ser feita pelos condôminos em sua contestação (art. 434). Caso não tenham apresentado, terão nova oportunidade, sendo intimados para fazê-lo no prazo de 10 dias, em cuja contagem só se computam os dias úteis (art. 219). Se o réu não tiver contestado, também terá oportunidade de apresentar, dentro de 10 dias, o seu título de propriedade.

**5. Pedido de quinhões.** Nesse mesmo prazo de 10 dias, os condôminos também têm a oportunidade de formular seus pedidos sobre os quinhões que desejam na propriedade.

**6. Segunda fase da ação divisória.** A ação de divisão, na sua segunda fase, contém uma sucessão de pretensões, exames técnicos, decisões parciais, cujo início se dá com o *pedido de quinhões.*

> **Art. 592.** O juiz ouvirá as partes no prazo comum de 15 (quinze) dias.
>
> § 1º Não havendo impugnação, o juiz determinará a divisão geodésica do imóvel.
>
> § 2º Havendo impugnação, o juiz proferirá, no prazo de 10 (dez) dias, decisão sobre os pedidos e os títulos que devam ser atendidos na formação dos quinhões.

▶ **1. Correspondência no CPC/1973.** *"Art. 971. O juiz ouvirá as partes no prazo comum de 10* (dez) dias. Parágrafo único. Não havendo impugnação, o juiz determinará a divisão geodésica do imóvel; se houver, proferirá, no prazo de 10 (dez) dias, decisão sobre os pedidos e os títulos que devam ser atendidos na formação dos quinhões."

### 🗐 COMENTÁRIOS TEMÁTICOS

**2. Manifestação dos condôminos sobre a constituição dos quinhões.** O juiz colherá a manifestação das partes sobre os pedidos formulados por umas e outras. Cada condômino formula seu respectivo pedido sobre os quinhões que desejam na propriedade. Todos terão, então, oportunidade de se manifestar sobre os pedidos de seus consortes.

**3. Ausência de dissenso.** Não havendo discordância entre os pedidos, o juiz determinará a divisão geodésica do imóvel. Nesse caso, cada um pagará as despesas proporcionalmente a seus quinhões (art. 89).

**4. Impugnação.** Impugnados os pedidos, o juiz decidirá, observando os critérios do art. 595.

> **Art. 593.** Se qualquer linha do perímetro atingir benfeitorias permanentes dos confinantes feitas há mais de 1 (um) ano, serão elas respeitadas, bem como os terrenos onde estiverem, os quais não se computarão na área dividenda.

▶ **1. Correspondência no CPC/1973.** *"Art. 973. Se qualquer linha do perímetro atingir benfeitorias permanentes dos confinantes, feitas há mais de 1 (um) ano, serão elas respeitadas, bem como os terrenos onde estiverem, os quais não se computarão na área dividenda. Parágrafo único. Consideram-se benfeitorias, para os efeitos deste artigo, as edificações, muros, cercas, culturas e pastos fechados, não abandonados há mais de 2 (dois) anos."*

### 🗐 COMENTÁRIOS TEMÁTICOS

**2. Limites subjetivos da ação de divisão.** O procedimento da ação divisória deve desenvolver-se apenas nos limites dos interesses dos condôminos, sem repercutir sobre propriedades ou posses de terceiros. Caso haja controvérsia sobre limites das terras dividendas ou sobre obras e benfeitorias de estranhos dentro do imóvel do condomínio, não cabe ao juízo divisório dirimir tal conflito.

**3. Benfeitorias permanentes de confinantes.** Sendo certas as divisas, mas havendo, em determinada parte da área condominial, benfeitorias permanentes de algum confinante, feitas há mais

de 1 ano, serão todas respeitadas; o desenho do terreno a partilhar será levantado, de modo a excluir as referidas benfeitorias, bem como os terrenos onde estiverem. Tais bens não serão computados na área dividenda. Caberá ao perito levantar o perímetro da área a dividir, com a exclusão dessas benfeitorias e dos terrenos onde estiverem.

**4. Ação possessória ou petitória anterior.** Para evitar que se realize uma divisão que não atenda à extensão da propriedade, seria necessário que um dos condôminos, antes de propor a ação divisória, propusesse uma ação de reintegração de posse ou reivindicatória de domínio.

> **Art. 594.** Os confinantes do imóvel dividendo podem demandar a restituição dos terrenos que lhes tenham sido usurpados.
>
> § 1º Serão citados para a ação todos os condôminos, se a sentença homologatória da divisão ainda não houver transitado em julgado, e todos os quinhoeiros dos terrenos vindicados, se a ação for proposta posteriormente.
>
> § 2º Nesse último caso terão os quinhoeiros o direito, pela mesma sentença que os obrigar à restituição, a haver dos outros condôminos do processo divisório ou de seus sucessores a título universal a composição pecuniária proporcional ao desfalque sofrido.

▶ **1. Correspondência no CPC/1973.** *"Art. 974. É lícito aos confinantes do imóvel dividendo demandar a restituição dos terrenos que lhes tenham sido usurpados. § 1º Serão citados para a ação todos os condôminos, se ainda não transitou em julgado a sentença homologatória da divisão; e todos os quinhoeiros dos terrenos vindicados, se proposta posteriormente. § 2º Neste último caso terão os quinhoeiros o direito, pela mesma sentença que os obrigar à restituição, a haver dos outros condôminos do processo divisório, ou de seus sucessores a título universal, a composição pecuniária proporcional ao desfalque sofrido."*

### 🗐 LEGISLAÇÃO CORRELATA

**2. CC, art. 1.210.** *"Art. 1.210. O possuidor tem direito a ser mantido na posse em caso de turbação, restituído no de esbulho, e segurado de violência iminente, se tiver justo receio de ser molestado. § 1º O possuidor turbado, ou esbulhado, poderá manter-se ou restituir-se por sua própria força, contanto que o faça logo; os atos de defesa, ou de desforço, não podem ir além do indispensável à manutenção, ou restituição da posse. § 2º Não obsta à manutenção ou reintegração na*

**LIVRO I · DO PROCESSO DE CONHECIMENTO E DO CUMPRIMENTO DE SENTENÇA** **Art. 595**

*posse a alegação de propriedade, ou de outro direito sobre a coisa."*

**3. CC, art. 1.228.** *"Art. 1.228. O proprietário tem a faculdade de usar, gozar e dispor da coisa, e o direito de reavê-la do poder de quem quer que injustamente a possua ou detenha. § 1º O direito de propriedade deve ser exercido em consonância com as suas finalidades econômicas e sociais e de modo que sejam preservados, de conformidade com o estabelecido em lei especial, a flora, a fauna, as belezas naturais, o equilíbrio ecológico e o patrimônio histórico e artístico, bem como evitada a poluição do ar e das águas. § 2º São defesos os atos que não trazem ao proprietário qualquer comodidade, ou utilidade, e sejam animados pela intenção de prejudicar outrem. § 3º O proprietário pode ser privado da coisa, nos casos de desapropriação, por necessidade ou utilidade pública ou interesse social, bem como no de requisição, em caso de perigo público iminente. § 4º O proprietário também pode ser privado da coisa se o imóvel reivindicado consistir em extensa área, na posse ininterrupta e de boa-fé, por mais de cinco anos, de considerável número de pessoas, e estas nela houverem realizado, em conjunto ou separadamente, obras e serviços considerados pelo juiz de interesse social e econômico relevante. § 5º No caso do parágrafo antecedente, o juiz fixará a justa indenização devida ao proprietário; pago o preço, valerá a sentença como título para o registro do imóvel em nome dos possuidores."*

🗒 **COMENTÁRIOS TEMÁTICOS**

**4. Usurpação de terrenos de vizinhos da área dividenda.** Os confrontantes ou confinantes do imóvel dividendo não são partes na divisão; são terceiros na ação divisória. Por isso, não podem ser prejudicados em seus direitos dominiais. O juízo de extinção do condomínio é ineficaz relativamente a eles. Se a linha levantada pelo perito invadir terrenos do confrontante, poderá ele, em qualquer tempo, demandar a restituição da área usurpada.

**5. Demanda concomitante ao procedimento divisório: embargos de terceiro.** Se a demanda dos confinantes for proposta ainda durante a tramitação do procedimento divisório, todos os condôminos serão citados, adotando-se o procedimento dos embargos de terceiro (art. 674).

**6. Demanda posterior ao procedimento divisório.** Já julgada a divisão, a ação dos confinantes deverá ser movida apenas contra o quinhoeiro ou os quinhoeiros contemplados com a área usurpada ao confrontante. Os detalhes do caso concreto indicarão qual a melhor demanda

a ser proposta pelos confinantes: estes poderão propor uma ação reivindicatória ou outra que se preste à solução da disputa. Poderá ser proposta uma ação demarcatória, se os limites eram confusos e a divisão se fez sem atentar para tal circunstância e em aparente prejuízo ao confinante.

**7. Tutela pelo equivalente monetário.** Em vez de propor uma ação reivindicatória, possessória ou demarcatória, o confinante prejudicado pode intentar uma ação indenizatória, postulando contra o quinhoeiro ou quinhoeiros contemplados com a área que lhe pertencia o recebimento do valor equivalente ao imóvel que lhe foi usurpado pela ação divisória.

**8. Direito de regresso.** O quinhoeiro que sucumbir na reivindicação do confrontante terá direito de haver dos outros condôminos do processo divisório a composição pecuniária proporcional ao seu desfalque. Tal direito ser-lhe-á reconhecido na mesma sentença que reconhecer o domínio do bem ao confinante.

**Art. 595.** Os peritos proporão, em laudo fundamentado, a forma da divisão, devendo consultar, quanto possível, a comodidade das partes, respeitar, para adjudicação a cada condômino, a preferência dos terrenos contíguos às suas residências e benfeitorias e evitar o retalhamento dos quinhões em glebas separadas.

▶ **1. Correspondência no CPC/1973.** *"Art. 978. Em seguida os arbitradores e o agrimensor proporão, em laudo fundamentado, a forma da divisão, devendo consultar, quanto possível, a comodidade das partes, respeitar, para adjudicação a cada condômino, a preferência dos terrenos contíguos às suas residências e benfeitorias e evitar o retalhamento dos quinhões em glebas separadas. § 1º O cálculo será precedido do histórico das diversas transmissões efetuadas a partir do ato ou fato gerador da comunhão, atualizando-se os valores primitivos. § 2º Seguir-se-ão, em títulos distintos, as contas de cada condômino, mencionadas todas as aquisições e alterações em ordem cronológica bem como as respectivas datas e as folhas dos autos onde se encontrem os documentos correspondentes. § 3º O plano de divisão será também consignado em um esquema gráfico."*

🗒 **COMENTÁRIOS TEMÁTICOS**

**2. Plano de divisão.** A proposição pelos peritos, do plano de divisão, deve levar em conta a decisão judicial sobre os pedidos de quinhões (art. 592). Iniciada a segunda fase do procedi-

973

**Art. 596** CÓDIGO DE PROCESSO CIVIL COMENTADO – *Leonardo Carneiro da Cunha*

mento divisório, o juiz nomeará um ou mais peritos para promover a medição do imóvel e as operações de divisão (art. 590). Em seguida, haverá a apresentação dos títulos dos condôminos, bem como a apresentação de seus pedidos sobre constituição dos quinhões (art. 591). Instaurado o contraditório sobre tais pedidos, o juiz deverá decidir (art. 592), cabendo aos peritos, então, propor o plano de divisão (art. 595).

**Art. 596.** Ouvidas as partes, no prazo comum de 15 (quinze) dias, sobre o cálculo e o plano da divisão, o juiz deliberará a partilha.

Parágrafo único. Em cumprimento dessa decisão, o perito procederá à demarcação dos quinhões, observando, além do disposto nos arts. 584 e 585, as seguintes regras:

I – as benfeitorias comuns que não comportarem divisão cômoda serão adjudicadas a um dos condôminos mediante compensação;

II – instituir-se-ão as servidões que forem indispensáveis em favor de uns quinhões sobre os outros, incluindo o respectivo valor no orçamento para que, não se tratando de servidões naturais, seja compensado o condômino aquinhoado com o prédio serviente;

III – as benfeitorias particulares dos condôminos que excederem à área a que têm direito serão adjudicadas ao quinhoeiro vizinho mediante reposição;

IV – se outra coisa não acordarem as partes, as compensações e as reposições serão feitas em dinheiro.

▶ **1. Correspondência no CPC/1973.** *"Art. 979. Ouvidas as partes, no prazo comum de 10 (dez) dias, sobre o cálculo e o plano da divisão, deliberará o juiz a partilha. Em cumprimento desta decisão, procederá o agrimensor, assistido pelos arbitradores, à demarcação dos quinhões, observando, além do disposto nos arts. 963 e 964, as seguintes regras: I – as benfeitorias comuns, que não comportarem divisão cômoda, serão adjudicadas a um dos condôminos mediante compensação; II – instituir-se-ão as servidões, que forem indispensáveis, em favor de uns quinhões sobre os outros, incluindo o respectivo valor no orçamento para que, não se tratando de servidões naturais, seja compensado o condômino aquinhoado com o prédio serviente; III – as benfeitorias particulares dos condôminos, que excederem a área a que têm direito, serão adjudicadas ao quinhoeiro vizinho mediante reposição; IV – se outra coisa não acordarem as partes, as compensações e reposições serão feitas em dinheiro."*

## ▤ Comentários Temáticos

**2. Deliberação sobre a partilha.** Proferida a decisão sobre a impugnação dos quinhões (art. 592) e proposto pelos peritos o plano de divisão (art. 595), o juiz deve proferir nova decisão, desta vez sobre as alegações dos condôminos em torno do plano de divisão. Ao juiz caberá deliberar como a partilha haverá de ser ultimada.

**3. Demarcação dos quinhões.** Proferida decisão sobre a partilha, aos peritos caberá proceder à demarcação dos quinhões, de acordo com as regras dos incisos I a IV do art. 596.

**Art. 597.** Terminados os trabalhos e desenhados na planta os quinhões e as servidões aparentes, o perito organizará o memorial descritivo.

§ 1º Cumprido o disposto no art. 586, o escrivão, em seguida, lavrará o auto de divisão, acompanhado de uma folha de pagamento para cada condômino.

§ 2º Assinado o auto pelo juiz e pelo perito, será proferida sentença homologatória da divisão.

§ 3º O auto conterá:

I – a confinação e a extensão superficial do imóvel;

II – a classificação das terras com o cálculo das áreas de cada consorte e com a respectiva avaliação ou, quando a homogeneidade das terras não determinar diversidade de valores, a avaliação do imóvel na sua integridade;

III – o valor e a quantidade geométrica que couber a cada condômino, declarando-se as reduções e as compensações resultantes da diversidade de valores das glebas componentes de cada quinhão.

§ 4º Cada folha de pagamento conterá:

I – a descrição das linhas divisórias do quinhão, mencionadas as confinantes;

II – a relação das benfeitorias e das culturas do próprio quinhoeiro e das que lhe foram adjudicadas por serem comuns ou mediante compensação;

III – a declaração das servidões instituídas, especificados os lugares, a extensão e o modo de exercício.

▶ **1. Correspondência no CPC/1973.** *"Art. 980. Terminados os trabalhos e desenhados na planta os quinhões e as servidões aparentes, organizará o agrimensor o memorial descritivo. Em seguida, cumprido o disposto no art. 965, o escrivão lavrará o auto de divisão, seguido de uma folha de pagamento para cada condômino. Assinado o auto pelo juiz, agrimensor e arbitradores, será proferida sentença homologatória da divisão. § 1º O auto conterá: I – a confinação e a extensão*

**LIVRO I · DO PROCESSO DE CONHECIMENTO E DO CUMPRIMENTO DE SENTENÇA** **Art. 599**

*superficial do imóvel; II – a classificação das terras com o cálculo das áreas de cada consorte e a respectiva avaliação, ou a avaliação do imóvel na sua integridade, quando a homogeneidade das terras não determinar diversidade de valores; III – o valor e a quantidade geométrica que couber a cada condômino, declarando-se as reduções e compensações resultantes da diversidade de valores das glebas componentes de cada quinhão. § 2º Cada folha de pagamento conterá: I – a descrição das linhas divisórias do quinhão, mencionadas as confinantes; II – a relação das benfeitorias e culturas do próprio quinhoeiro e das que lhe foram adjudicadas por serem comuns ou mediante compensação; III – a declaração das servidões instituídas, especificados os lugares, a extensão e modo de exercício."*

### 📖 COMENTÁRIOS TEMÁTICOS

**2. Memorial descritivo.** O memorial descritivo é um relatório dos trabalhos executados no campo e da maneira pela qual foram executados, contendo os elementos necessários ao conhecimento do imóvel, com base na sua planta.

**3. Folha de pagamento.** A folha de pagamento é uma *folha de partilha*, definidora do quinhão atribuído ao condômino. Cada condômino terá a sua.

**4. Auto de divisão.** O auto de divisão é lavrado pelo escrivão ou chefe de secretaria e assinado pelo juiz e pelo perito. O auto de divisão deve vir acompanhado com uma folha de pagamento para cada condômino.

**5. Formalidade substancial.** O auto de divisão e as folhas de pagamento consistem em formalidades substanciais no procedimento divisório. Sua falta impede a homologação da partilha pelo juiz.

**6. Sentença homologatória.** Homologados o auto de divisão e as folhas de pagamento pelo juiz, a comunhão do bem é considerada extinta.

**7. Sentença de mérito.** Ao homologar a divisão feita, o juiz presta a tutela jurisdicional de mérito e resolve a disputa submetida ao seu exame. A sentença, embora homologatória, é de mérito. O juiz homologa a divisão feita e dá solução ao caso.

**8. Coisa julgada.** Sendo de mérito, a sentença faz coisa julgada material a respeito da divisão feita e homologada. A questão dominial é decidida na sentença que encerra a primeira fase, e não nesta que apenas homologa a divisão. A sentença homologatória faz coisa julgada sobre a divisão, e não sobre o domínio do bem.

**9. Ação rescisória.** A coisa julgada produzida pela sentença somente pode ser desfeita por ação rescisória, se presente uma das hipóteses previstas no art. 966.

---

**Art. 598.** Aplica-se às divisões o disposto nos arts. 575 a 578.

▶ **1. Correspondência no CPC/1973.** *"Art. 981. Aplica-se às divisões o disposto nos arts. 952 a 955."*

### 📖 COMENTÁRIOS TEMÁTICOS

**2. Aplicação dos arts. 575 a 578.** O art. 589 já determina que se apliquem à ação divisória os arts. 576 a 578: estabelece que a citação deve ser feita na forma do art. 576, determina que se observe o prazo de contestação e impõe a subsequente adoção do procedimento comum. Além de reforçar a aplicação desses dispositivos à ação divisória, o art. 598 determina também que se aplique o art. 575, o qual prevê a legitimidade ativa de qualquer condômino para a ação de demarcação. Não importa a dimensão da cota ideal do condômino ou comunheiro para definir sua legitimação para o juízo divisório. Qualquer condômino é parte legítima para propor a ação de divisão.

## CAPÍTULO V
## DA AÇÃO DE DISSOLUÇÃO PARCIAL DE SOCIEDADE

---

**Art. 599.** A ação de dissolução parcial de sociedade pode ter por objeto:

I – a resolução da sociedade empresária contratual ou simples em relação ao sócio falecido, excluído ou que exerceu o direito de retirada ou recesso; e

II – a apuração dos haveres do sócio falecido, excluído ou que exerceu o direito de retirada ou recesso; ou

III – somente a resolução ou a apuração de haveres.

§ 1º A petição inicial será necessariamente instruída com o contrato social consolidado.

§ 2º A ação de dissolução parcial de sociedade pode ter também por objeto a sociedade anônima de capital fechado quando demonstrado, por acionista ou acionistas que representem cinco por cento ou mais do capital social, que não pode preencher o seu fim.

▶ **1. Sem correspondência no CPC/1973.**

## 🏛 Legislação Correlata

**2. CC, art. 49-A.** "*Art. 49-A. A pessoa jurídica não se confunde com os seus sócios, associados, instituidores ou administradores. Parágrafo único. A autonomia patrimonial das pessoas jurídicas é um instrumento lícito de alocação e segregação de riscos, estabelecido pela lei com a finalidade de estimular empreendimentos, para a geração de empregos, tributo, renda e inovação em benefício de todos.*"

**3. CC, art. 981.** "*Art. 981. Celebram contrato de sociedade as pessoas que reciprocamente se obrigam a contribuir, com bens ou serviços, para o exercício de atividade econômica e a partilha, entre si, dos resultados. Parágrafo único. A atividade pode restringir-se à realização de um ou mais negócios determinados.*"

**4. CC, art. 996.** "*Art. 996. Aplica-se à sociedade em conta de participação, subsidiariamente e no que com ela for compatível, o disposto para a sociedade simples, e a sua liquidação rege-se pelas normas relativas à prestação de contas, na forma da lei processual. Parágrafo único. Havendo mais de um sócio ostensivo, as respectivas contas serão prestadas e julgadas no mesmo processo.*"

**5. CC, art. 1.029.** "*Art. 1.029. Além dos casos previstos na lei ou no contrato, qualquer sócio pode retirar-se da sociedade; se de prazo indeterminado, mediante notificação aos demais sócios, com antecedência mínima de sessenta dias; se de prazo determinado, provando judicialmente justa causa. Parágrafo único. Nos trinta dias subsequentes à notificação, podem os demais sócios optar pela dissolução da sociedade.*"

**6. CC, art. 1.030.** "*Art. 1.030. Ressalvado o disposto no art. 1.004 e seu parágrafo único, pode o sócio ser excluído judicialmente, mediante iniciativa da maioria dos demais sócios, por falta grave no cumprimento de suas obrigações, ou, ainda, por incapacidade superveniente. Parágrafo único. Será de pleno direito excluído da sociedade o sócio declarado falido, ou aquele cuja quota tenha sido liquidada nos termos do parágrafo único do art. 1.026.*"

**7. CC, art. 1.031.** "*Art. 1.031. Nos casos em que a sociedade se resolver em relação a um sócio, o valor da sua quota, considerada pelo montante efetivamente realizado, liquidar-se-á, salvo disposição contratual em contrário, com base na situação patrimonial da sociedade, à data da resolução, verificada em balanço especialmente levantado. § 1º O capital social sofrerá a correspondente redução, salvo se os demais sócios suprirem o valor da quota. § 2º A quota liquidada será paga em dinheiro, no prazo de noventa dias, a partir da liquidação, salvo acordo, ou estipulação contratual em contrário.*"

**8. CC, art. 1.032.** "*Art. 1.032. A retirada, exclusão ou morte do sócio, não o exime, ou a seus herdeiros, da responsabilidade pelas obrigações sociais anteriores, até dois anos após averbada a resolução da sociedade; nem nos dois primeiros casos, pelas posteriores e em igual prazo, enquanto não se requerer a averbação.*"

**9. CC, art. 1.037.** "*Art. 1.037. Ocorrendo a hipótese prevista no inciso V do art. 1.033, o Ministério Público, tão logo lhe comunique a autoridade competente, promoverá a liquidação judicial da sociedade, se os administradores não o tiverem feito nos trinta dias seguintes à perda da autorização, ou se o sócio não houver exercido a faculdade assegurada no parágrafo único do artigo antecedente. Parágrafo único. Caso o Ministério Público não promova a liquidação judicial da sociedade nos quinze dias subsequentes ao recebimento da comunicação, a autoridade competente para conceder a autorização nomeará interventor com poderes para requerer a medida e administrar a sociedade até que seja nomeado o liquidante.*"

**10. CC, art. 1.052, § 2º.** "*Art. 1.052. Na sociedade limitada, a responsabilidade de cada sócio é restrita ao valor de suas quotas, mas todos respondem solidariamente pela integralização do capital social. (...) § 2º Se for unipessoal, aplicar-se-ão ao documento de constituição do sócio único, no que couber, as disposições sobre o contrato social.*"

**11. CC, art. 1.077.** "*Art. 1.077. Quando houver modificação do contrato, fusão da sociedade, incorporação de outra, ou dela por outra, terá o sócio que dissentiu o direito de retirar-se da sociedade, nos trinta dias subsequentes à reunião, aplicando-se, no silêncio do contrato social antes vigente, o disposto no art. 1.031.*"

**12. CC, art. 1.085.** "*Art. 1.085. Ressalvado o disposto no art. 1.030, quando a maioria dos sócios, representativa de mais da metade do capital social, entender que um ou mais sócios estão pondo em risco a continuidade da empresa, em virtude de atos de inegável gravidade, poderá excluí-los da sociedade, mediante alteração do contrato social, desde que prevista neste a exclusão por justa causa. Parágrafo único. Ressalvado o caso em que haja apenas dois sócios na sociedade, a exclusão de um sócio somente poderá ser determinada em reunião ou assembleia especialmente convocada para esse fim, ciente o acusado em tempo hábil para permitir seu comparecimento e o exercício do direito de defesa.*"

**LIVRO I** · DO PROCESSO DE CONHECIMENTO E DO CUMPRIMENTO DE SENTENÇA    **Art. 599**

**13. Lei 6.404/1976, art. 159, § 4º.** *"Art. 159. (...) § 4º Se a assembleia deliberar não promover a ação, poderá ela ser proposta por acionistas que representem 5% (cinco por cento), pelo menos, do capital social."*

### 🗐 COMENTÁRIOS TEMÁTICOS

**14. Contrato de sociedade.** O contrato de sociedade constitui uma pessoa jurídica. Nesse ponto, é um instrumento constitutivo, destinando-se à constituição da sociedade. De igual modo, constitui a comunhão de interesses entre os sujeitos que o celebram e formalmente organiza a sociedade. Costuma-se dizer que o contrato de sociedade é plurilateral, pois pode ter duas ou mais partes – entendido o termo "parte" como centro de interesses.

**15. Sociedade unipessoal.** A sociedade unipessoal é constituída por um ato unilateral de constituição da pessoa jurídica ao qual apenas subsidiariamente aplicam-se as disposições referentes ao contrato social (CC, art. 1.052, § 2º). A pessoa jurídica compõe-se de uma única pessoa, mas que com ela não se confunde. São pessoas diversas.

**16. Dissolução da sociedade.** Uma sociedade pode ser desfeita, dissolvida, desconstituída. A dissolução pode acarretar ou não a extinção da pessoa jurídica.

**17. Cessão ou transferência de quotas.** Não ocorre a dissolução de sociedade quando há cessão ou transferência de quotas. As quotas de uma sociedade consistem num bem que pode ser objeto de disposição pelo seu titular. Assim, o titular de uma quota social pode cedê-la a outrem, a título gratuito ou oneroso. A cessão de quotas é um negócio jurídico que se destina a transferir, por ato *inter vivos*, a participação societária de alguém para outrem. Seu objeto é a participação societária, e não uma fração do patrimônio social, pois este último pertence à sociedade. Por isso, na cessão de quotas, o preço estipulado é pago pelo cessionário, e não pela sociedade. Também por este motivo, quando ocorre uma cessão de quotas, não há dissolução de sociedade, nem apuração de haveres. A cessão não implica a liquidação da quota. O preço estipulado pela quota é devido pelo cessionário, e não pela sociedade. Com a cessão, transferem-se as quotas e a inteira posição jurídica do cedente ao cessionário: o cessionário passa a ocupar a posição do cedente na sociedade, mantido íntegro o patrimônio social.

**18. Cessão de quotas *versus* retirada do sócio.** Diferente da cessão de quotas é a retirada do sócio, na qual não há transferência de quotas nem de posição jurídica: as quotas são extintas e o quadro societário é reduzido. Em outras palavras, há, na cessão, substituição do sócio, enquanto, na retirada, há puro desligamento.

**19. Dissolução de sociedade *versus* cessão ou transferência de quotas.** Tanto a cessão de quotas como a retirada do sócio produzem o mesmo efeito de desligamento do sócio da sociedade. Embora produzam esse mesmo efeito, são atos diversos, que não devem ser confundidos. A cessão de quotas não implica a dissolução da sociedade, nem a apuração de haveres. A cessão não implica a liquidação da quota. Na cessão, há substituição do sócio, ou seja, as quotas e a posição jurídica do cedente são transferidas ao cessionário, que o substitui na sociedade, mantido o patrimônio social. Por sua vez, na retirada, há simples desligamento do sócio, sem sua substituição por outro: as quotas são extintas e o quadro societário é reduzido. Na retirada, há o cancelamento das quotas e, se os demais sócios não suprirem o seu valor, haverá redução do capital social (CC, art. 1.031, § 1º). Assim, na cessão de quotas, o cessionário é quem paga seu valor ao cedente, sem qualquer modificação no capital social e sem qualquer pagamento de valor pela sociedade a quem deixa de compor o quadro societário. Já na retirada, há liquidação de quotas, com a apuração e o pagamento dos haveres pela sociedade, e não pelos sócios (CC, 1.031, § 2º). Não há preço fixado; o que há é liquidação das quotas, com apuração dos haveres.

**20. Dissolução total e dissolução parcial.** A dissolução da sociedade pode ser total ou parcial. Na dissolução total, a sociedade extingue-se, deixando de existir a pessoa jurídica que ela constituiu. Na parcial, há a exclusão ou a retirada de um sócio, sem que isso implique a extinção da sociedade e da pessoa jurídica por ela formada; mantém-se a sociedade, sem a presença daquele sócio, que será ou não substituído por outro.

**21. Apuração de haveres.** Dissolvida a sociedade, total ou parcialmente, deve realizar-se o pagamento dos haveres do sócio que teve seu vínculo com a sociedade extinto. É o que se chama de apuração de haveres. Apura-se a participação do sócio que teve seu vínculo extinto, afere-se seu valor e realiza-se o pagamento.

**22. Solução consensual, arbitragem ou justiça estatal.** A dissolução, total ou parcial, da sociedade pode dar-se de modo consensual, extrajudicialmente. Estando todos de acordo com a dissolução e com a apuração dos haveres, a solução é consensual, obtida extrajudicialmente. Não havendo solução consensual, pode-se adotar a via arbitral ou judicial. As questões societárias são arbitráveis, podendo os interessados celebrar convenção de arbitragem e submeter suas disputas a um tribunal arbitral, ou podem ingressar no juízo estatal para obterem a dissolução ou apuração de haveres.

**23. Disciplina conjunta com a ação de apuração de haveres.** A ação de dissolução parcial de sociedade pode ter por objeto só a resolução da sociedade, só a apuração de haveres ou ambas as pretensões cumuladas. A ação de dissolução parcial de sociedade é disciplinada conjuntamente com a ação de apuração de haveres. Há uma disciplina conjunta de demandas diferentes, com finalidades distintas. Pela regulação contida no CPC, a parte pode propor só a ação de dissolução parcial de sociedade; pode propor só a de apuração de haveres; ou, ainda, pode propor ambas em conjunto, cumulando as ações e os pedidos.

**24. Sociedade em conta de participação.** Na hipótese da sociedade em conta de participação, ultimada a dissolução parcial, não há subsequente apuração de haveres, mas prestação de contas (CC, art. 996). Independentemente disso, é possível aplicar técnicas de uma e de outra ação, em razão da flexibilidade procedimental e do livre trânsito das técnicas processuais entre os diversos procedimentos, a fim de tornar a tutela jurisdicional mais efetiva, com procedimento mais eficiente, ajustando-se melhor às peculiaridades do caso.

**25. Pretensões autônomas e pretensões cumuladas.** No processo da ação de dissolução parcial de sociedade, o interessado pode pedir só a dissolução, só a apuração de haveres ou a dissolução cumulada com a apuração de haveres. A apuração de haveres decorre da dissolução de sociedade. Se a dissolução tiver se operado extrajudicialmente, o interessado pode pedir judicialmente apenas a apuração de haveres. Mesmo que o interessado peça a dissolução em juízo, poderá a posterior apuração de haveres ser feita extrajudicialmente. Formulado apenas o pedido de dissolução parcial de sociedade, não se pode considerar implícito o pedido de apuração de haveres (arts. 141 e 492). Para que a apuração de haveres suceda, no mesmo procedimento, a decisão que decreta a dissolução parcial da sociedade, é preciso que tenha havido cumulação de pedidos. Esse é um exemplo da cumulação sucessiva em que o primeiro pedido é preliminar ao segundo. O primeiro pedido (o de dissolução parcial da sociedade) é desconstitutivo; o segundo, o de apuração de haveres, é condenatório. Acolhido o pedido de dissolução, o juízo passa a examinar o pedido de apuração de haveres.

**26. Cumulação obrigatória.** Embora se faculte ao interessado cumular ou não os pedidos de dissolução parcial de sociedade e de apuração de haveres, há hipóteses em que eles devem, necessariamente, ser cumulados, sob pena de inadmissibilidade da demanda. É o que ocorre nos casos em que a dissolução da sociedade depende de decisão judicial. Nessas hipóteses, se a parte interessada pretende pedir a apuração de haveres, deve, necessariamente, pedir, antes, a dissolução da sociedade. Se, em tais casos, pedir a apuração de haveres, sem pedir a dissolução, faltar-lhe-á interesse de agir. A apuração de haveres, em tais hipóteses, é pedido secundário, que depende da prévia dissolução da sociedade. Pedir a apuração de haveres sem pedir a dissolução é, nesses casos, inadmissível. Não será possível considerar que o pedido de dissolução seria implícito. Pedir apenas a apuração de haveres sem que tenha havido dissolução extrajudicial esbarrará na falta de interesse de agir.

**27. Cumulação facultativa de outros pedidos.** É possível cumular o pedido de dissolução parcial de sociedade com o de apuração de haveres. Além desses dois pedidos, é possível, ainda, cumular mais outros pedidos, de caráter indenizatório, declaratório etc. Presentes os requisitos previstos no art. 327, é possível cumular pedidos àqueles já previstos no art. 599. O § 2º do art. 327 reforça a conclusão de que o procedimento comum é adaptável e flexível, admitindo a aplicação ou incorporação de técnicas diferenciadas criadas para os procedimentos especiais. É possível, então, cumular diversos pedidos, desde que presentes os requisitos previstos no art. 327, adotando-se o procedimento comum, com a importação de técnicas especiais e próprias do procedimento especial da ação de dissolução parcial de sociedade, contidas nos arts. 599 a 609.

**28. Sociedades abrangidas pela disciplina processual.** O inciso I do art. 599 refere-se à "sociedade empresária contratual ou simples". A expressão, embora possa parecer restritiva, é, na realidade, abrangente, pois alcança todas as sociedades "contratuais", ou seja, todas as que são constituídas por contrato social. Assim, é possível a ação de dissolução parcial relativamente às sociedades personificadas reguladas no Código Civil. Em outras palavras, o regime da ação de dissolução parcial aplica-se à sociedade em nome coletivo, sociedade em comandita simples, sociedade limitada e sociedade simples. A sociedade em comum não é formalizada por instrumento escrito, mas é uma sociedade, constituída por contrato verbal. Há contrato, embora não haja

## LIVRO I · DO PROCESSO DE CONHECIMENTO E DO CUMPRIMENTO DE SENTENÇA — Art. 599

instrumento escrito. Por isso, é possível ação de dissolução para a sociedade em comum. De igual modo, a ação de dissolução parcial aplica-se à sociedade em conta de participação. Ainda que não seja personificada, a sociedade existe, sendo constituída, não por instrumento escrito, mas por um contrato verbal. É, de todo modo, uma sociedade contratual. Não há razão para afastar o cabimento da ação de dissolução parcial, por exemplo, para hipóteses como exclusão de sócio. Assim, a ação de dissolução parcial é cabível para a sociedade em conta de participação, mas a liquidação segue as regras da ação de prestação de contas (CC, art. 996).

**29. Sociedades estatutárias.** É possível que haja resolução parcial do vínculo societário nas sociedades estatutárias. Nesses casos, será cabível a ação de dissolução parcial de sociedade.

**30. Sociedade com apenas 2 sócios.** A circunstância de a sociedade ser composta por apenas 2 sócios não afasta o cabimento do pedido de dissolução parcial. Efetivada a dissolução, o sócio excluído pode ser depois substituído por outro ou o sócio único remanescente pode, em certos casos, optar pela forma unipessoal de sociedade.

**31. Sociedade individual.** Embora não haja conflito do único sócio com ele mesmo, é cabível a ação de dissolução de sociedades individuais, pois essa dissolução pode ser requerida pelo Ministério Público, nos casos em que a lei a prevê, mas o administrador não toma a iniciativa (CC, art. 1.037).

**32. Dissolução pela morte do sócio.** A morte do sócio pode ser causa de dissolução da sociedade. A morte, porém, não causa, necessariamente, a dissolução. Se os sócios supérstites admitem, na sociedade, os sucessores do falecido e estes desejam nela ingressar, não há motivo para a dissolução parcial. Ainda que o contrato social preveja a apuração de haveres em caso de morte, se houver consenso entre os sucessores do falecido e os outros sócios, não há razão para a dissolução. Será, então, possível a ação de dissolução parcial de sociedade quando não houver vontade na formação de vínculo societário entre os sócios sobreviventes e os sucessores do sócio falecido. Essa conclusão só é válida, porém, em caso de uma sociedade de *pessoas*. Sendo uma sociedade de *capital,* não há possibilidade de os sócios sobreviventes impedirem o ingresso dos sucessores do sócio falecido. Só quando estes últimos realmente não queiram sucedê-lo, aí sim cabe a ação de dissolução parcial de sociedade.

**33. Dissolução pela exclusão do sócio.** A exclusão de um sócio pode concretizar-se extra-judicialmente, quando preenchidos os requisitos previstos no art. 1.085 do CC: a) conduta grave do sócio, que põe em risco a continuidade da empresa; b) realização de reunião ou assembleia de sócios; c) o sócio, cuja exclusão é pretendida, deve ser comunicado da reunião ou assembleia em tempo suficiente a permitir-lhe comparecer e exercer seu direito de defesa; d) deliberação da maioria, representativa de mais da metade do capital social; e) previsão expressa no contrato social da possibilidade de exclusão extrajudicial. Ausente um desses requisitos, a exclusão não pode ser feita extrajudicialmente. Em tal hipótese, a exclusão deverá ser judicial. A exclusão judicial é feita por meio de ação de dissolução parcial de sociedade, quando, então, não couber a extrajudicial (art. 600, V). A exclusão judicial exige que haja, pelo menos, conduta grave do sócio. No caso de a sociedade limitada estar sujeita à regência supletiva das normas pertinentes à sociedade simples, a exclusão judicial também pode ter por fundamento a incapacidade superveniente do sócio (CC, art. 1.030).

**34. Dissolução por retirada do sócio.** O sócio pode retirar-se da sociedade por iniciativa própria. A retirada, que pode ser motivada ou imotivada, consiste numa declaração unilateral de vontade, por meio da qual o sócio desvincula-se da sociedade, obrigando esta a reembolsar-lhe o investimento por ele feito, correspondente ao valor de suas quotas sociais. Também denominada de *recesso* ou *dissidência,* a retirada motivada é uma reação do sócio contra mudanças na sociedade, aprovadas pela maioria dos sócios (CC, art. 1.077). Por sua vez, a retirada imotivada não é uma reação do sócio contra decisões da maioria dos sócios que lhe desagradaram; ocorre simplesmente porque o sócio não tem mais interesse de manter o vínculo societário, não importando o motivo. Geralmente, quer dar ao seu investimento outro destino ou não tem mais interesse de participar daquela sociedade ou de praticar aquela atividade. Enfim, não importa o motivo; simplesmente, o sócio não quer mais se manter na sociedade. A retirada imotivada é cabível apenas quando preenchidas duas condições: a) a sociedade limitada está sujeita à regência supletiva das regras da sociedade simples; b) ela foi contratada por prazo indeterminado – quando contratada por prazo determinado, a retirada depende de "justa causa"; logo, o caso, na sociedade por prazo determinado, é de retirada motivada (CC, arts. 1.029 e 1.077). Rigorosamente, o sócio retirante não precisa propor demanda judicial para desfazer o vínculo societário. Uma vez exercido o direito potestativo de autodesvinculação, mediante declaração unilateral e receptícia de vontade, já está desfeito o vínculo societário. Apenas para dar conhecimento do seu desligamento a terceiros e marcar o prazo de responsabilidade externa, basta ao sócio retirante averbar a notificação de retirada ou recesso no registro competente (CC, art. 1.032). Não se admite a demanda de dissolução para que se efetive a retirada, pois esta é efetuada extrajudicialmente, mediante declaração unilateral de vontade, com posterior averbação no registro competente. O vínculo já estará desfeito. O retirante não precisa pedir o desfazimento de um vínculo que já está desfeito. Faltar-lhe-ia até interesse de agir para isso. Tal desfazimento não depende da alteração contratual que formalize o desligamento em dez dias. É preciso, de todo modo, conjugar a previsão do inciso I do art. 599 com a do inciso IV do art. 600. Se não houver alteração no contrato social, pode o sócio retirante promover ação cominatória (art. 497) para forçar a mudança no contrato social, mas não há interesse de agir de pedir a dissolução parcial da sociedade, pois esta já se consumou extrajudicialmente. Por outro lado, formalizada a retirada do sócio com sua declaração unilateral de vontade, o transcurso do prazo de dez dias sem alteração contratual confere-lhe interesse de agir para pedir a apuração de haveres, e não para pedir a dissolução parcial, pois esta já se concretizou com a simples declaração unilateral de vontade, que pode, até mesmo, ser averbada no registro comercial competente.

**35. Documento essencial (art. 599, § 1º).** A petição inicial da ação de dissolução parcial de sociedade deve ser necessariamente instruída com o contrato social consolidado. Esse é um documento indispensável à propositura da demanda (art. 320). É possível, porém, que o contrato social não tenha tido alterações. Logo, basta sua juntada, não havendo que se exigir um contrato social "consolidado". Também é possível que o contrato social tenha sofrido diversas alterações, mas não tenha sido promovida sua consolidação. Nesse caso, é impossível cumprir a exigência de se juntar o contrato social "consolidado". Deverão, então, ser juntados o contrato social e suas alterações sucessivas.

**36. Emenda da petição inicial.** Se a petição inicial não vier acompanhada do contrato social consolidado, o juiz determinará que o autor, no prazo de 15 dias, a emende, determinando, precisamente, que o contrato social consolidado seja juntado aos autos (art. 321). Se o autor não cumprir a diligência, o juiz indeferirá a petição inicial (art. 321, parágrafo único).

**37. Competência.** Não há, no CPC, texto expresso que trate da competência para a ação de dissolução de sociedade. Se houver a presença da União, de alguma autarquia federal ou de alguma empresa pública federal, a competência será da Justiça Federal, em virtude do disposto no art. 109, I, da CF. Caso não se verifique a presença, no processo, de qualquer um desses entes, a competência será da Justiça Estadual. A dissolução parcial de sociedade não é uma demanda da competência da Justiça do Trabalho, nem da Justiça Eleitoral, nem da Justiça Militar.

**38. Varas especializadas.** A previsão, no CPC, de um procedimento especial para a ação de dissolução parcial de sociedade conduziu à criação, em vários Estados, de varas especializadas para cuidar de demandas de *direito comercial* ou de *direito empresarial*, às quais é atribuída competência para processar e julgar ações de dissolução de sociedade. Não havendo vara especializada, a ação de dissolução parcial de sociedade deve ser proposta numa vara cível ou em outra prevista na legislação estadual de organização judiciária. Enfim, a organização judiciária local há de estabelecer a competência material para a ação de dissolução de sociedade.

**39. Foro de eleição.** Geralmente, o foro para o julgamento da ação de dissolução de sociedade é aquele eleito pelos sócios no próprio contrato social (art. 63, § 1º).

**40. Competência territorial.** Não havendo cláusula de eleição de foro, a demanda para dissolução da sociedade ou para apuração de haveres há de ser proposta onde está a sede da sociedade. Se a sociedade for ré, incide a regra contida no art. 53, III, *a*, devendo a demanda ser proposta no foro da sua sede. De todo modo, aplica-se a regra geral do foro do domicílio do réu (art. 46). No caso de haver litisconsórcio entre diversos sócios, ou entre sócios e sociedade, a ação pode ser proposta no foro do domicílio de qualquer um dos réus (art. 46, § 4º).

**41. Valor da causa.** Não há qualquer disposição normativa sobre o valor da causa na ação de dissolução parcial de sociedade, haja ou não cumulação com o pedido de apuração dos haveres. Cabe, então, ao autor estimar o valor da causa, considerando o proveito, a vantagem ou a utilidade advinda do pedido formulado. Havendo cumulação de pedidos, o valor da causa será a soma de todos os proveitos a serem auferidos com a total procedência (art. 292, VI).

**LIVRO I · DO PROCESSO DE CONHECIMENTO E DO CUMPRIMENTO DE SENTENÇA**  **Art. 600**

**42. Dissolução parcial de sociedade anônima (art. 599, § 2º).** As sociedades por ações ou sociedades anônimas estão, no sistema brasileiro, reguladas pela Lei 6.404, de 1976. Tais sociedades, igualmente chamadas de *companhias*, podem ser abertas ou fechadas, conforme os valores mobiliários de sua emissão estejam ou não admitidos à negociação no mercado (Lei 6.404/1976, art. 4º). A companhia aberta tem suas ações negociadas na bolsa de valores ou no mercado de valores mobiliários, enquanto a fechada não. A companhia fechada equipara-se a uma sociedade de pessoas. Daí ser igualmente denominada de "sociedade anônima de pessoas" ou "sociedades anônimas *intuitu personae*" ou "sociedades anônimas heterotípicas". O exemplo mais típico de sociedade fechada "heterotípica" é o da sociedade anônima familiar *de segunda geração*, ou seja, aquela em que os acionistas herdam as ações: são irmãos, meio-irmãos, primos, sobrinhos etc. dos acionistas. Contrariamente à companhia *de primeira geração*, os da *segunda geração* vinculam-se societariamente, não por livre e consciente vontade, mas apenas por disposição sucessória ou hereditária. São, muitas vezes, sócios até mesmo contra a própria vontade. Esse é um grande exemplo de casos em que o Judiciário aplica às sociedades fechadas o regime das sociedades contratuais e admitem a dissolução parcial.

---

**Art. 600.** A ação pode ser proposta:

I – pelo espólio do sócio falecido, quando a totalidade dos sucessores não ingressar na sociedade;

II – pelos sucessores, após concluída a partilha do sócio falecido;

III – pela sociedade, se os sócios sobreviventes não admitirem o ingresso do espólio ou dos sucessores do falecido na sociedade, quando esse direito decorrer do contrato social;

IV – pelo sócio que exerceu o direito de retirada ou recesso, se não tiver sido providenciada, pelos demais sócios, a alteração contratual consensual formalizando o desligamento, depois de transcorridos 10 (dez) dias do exercício do direito;

V – pela sociedade, nos casos em que a lei não autoriza a exclusão extrajudicial; ou

VI – pelo sócio excluído.

Parágrafo único. O cônjuge ou companheiro do sócio cujo casamento, união estável ou convivência terminou poderá requerer a apuração de seus haveres na sociedade, que serão pagos à conta da quota social titulada por este sócio.

---

▶ **1.** Sem correspondência no CPC/1973.

## 🔖 LEGISLAÇÃO CORRELATA

**2.** **CC, art. 1.004.** *"Art. 1.004. Os sócios são obrigados, na forma e prazo previstos, às contribuições estabelecidas no contrato social, e aquele que deixar de fazê-lo, nos trinta dias seguintes ao da notificação pela sociedade, responderá perante esta pelo dano emergente da mora. Parágrafo único. Verificada a mora, poderá a maioria dos demais sócios preferir, à indenização, a exclusão do sócio remisso, ou reduzir-lhe a quota ao montante já realizado, aplicando-se, em ambos os casos, o disposto no § 1º do art. 1.031."*

**3.** **CC, art. 1.028.** *"Art. 1.028. No caso de morte de sócio, liquidar-se-á sua quota, salvo: I – se o contrato dispuser diferentemente; II – se os sócios remanescentes optarem pela dissolução da sociedade; III – se, por acordo com os herdeiros, regular-se a substituição do sócio falecido."*

**4.** **CC, art. 1.030.** *"Art. 1.030. Ressalvado o disposto no art. 1.004 e seu parágrafo único, pode o sócio ser excluído judicialmente, mediante iniciativa da maioria dos demais sócios, por falta grave no cumprimento de suas obrigações, ou, ainda, por incapacidade superveniente. Parágrafo único. Será de pleno direito excluído da sociedade o sócio declarado falido, ou aquele cuja quota tenha sido liquidada nos termos do parágrafo único do art. 1.026."*

**5.** **CC, art. 1.032.** *"Art. 1.032. A retirada, exclusão ou morte do sócio, não o exime, ou a seus herdeiros, da responsabilidade pelas obrigações sociais anteriores, até dois anos após averbada a resolução da sociedade; nem nos dois primeiros casos, pelas posteriores e em igual prazo, enquanto não se requerer a averbação."*

**6.** **CC, art. 1.085.** *"Art. 1.085. Ressalvado o disposto no art. 1.030, quando a maioria dos sócios, representativa de mais da metade do capital social, entender que um ou mais sócios estão pondo em risco a continuidade da empresa, em virtude de atos de inegável gravidade, poderá excluí-los da sociedade, mediante alteração do contrato social, desde que prevista neste a exclusão por justa causa. Parágrafo único. Ressalvado o caso em que haja apenas dois sócios na sociedade, a exclusão de um sócio somente poderá ser determinada em reunião ou assembleia especialmente convocada para esse fim, ciente o acusado em tempo hábil para permitir seu comparecimento e o exercício do direito de defesa."*

**7.** **CC, art. 1.991.** *"Art. 1.991. Desde a assinatura do compromisso até a homologação da partilha, a administração da herança será exercida pelo inventariante."*

# COMENTÁRIOS TEMÁTICOS

**8. Legitimidade ativa.** Diante da hipótese que acarreta a possibilidade de ajuizamento da ação de dissolução parcial de sociedade, a legitimidade ativa pode ser do espólio do sócio falecido, dos seus sucessores, da sociedade, do sócio que exerceu o direito de retirada ou recesso ou do sócio excluído.

**9. Legitimidade do espólio ou dos sucessores do sócio falecido.** A morte é fato jurídico que já causa a dissolução parcial da sociedade, desfazendo o vínculo societário do sócio falecido na sociedade de pessoas. O espólio detém legitimidade ativa para o pedido de apuração de haveres, se nenhum sucessor ingressar na sociedade. O interesse de agir do espólio reside na apuração dos haveres, caso não haja consenso na apuração perante o juízo do inventário (art. 620, § 1º, II). Não havendo sucessor que tenha ingressado na sociedade no lugar do sócio falecido, e diante da falta de consenso na apuração de haveres, caberá ação de apuração de haveres a ser proposta pelo espólio. Enquanto não encerrado o processo de inventário, a legitimidade é do espólio, representado pelo seu inventariante. Realizada a partilha, cessam as atribuições ordinárias do inventariante (CC, art. 1.991) e deixa de existir o espólio, cabendo aos sucessores agir em nome próprio. Os sucessores do falecido só se tornam sócios, se e quando forem admitidos no quadro social. Antes disso, não são sócios. Logo, não podem propor ação de dissolução parcial de sociedade, mas podem ajuizar ação de apuração de haveres. Então, a legitimidade ativa, prevista no art. 600, para o espólio e sucessores, relaciona-se com a ação de apuração de haveres, e não com a ação de dissolução parcial de sociedade.

**10. Legitimidade da sociedade em caso de morte do sócio.** Com a morte de um dos sócios, seu espólio ou sucessores podem passar a integrar o quadro social. O contrato social pode não permitir tal ingresso; nesse caso, haverá a dissolução parcial automática. Se, porém, o contrato social admitir o ingresso do espólio ou de sucessores, aquele ou estes podem passar a compor o quadro social. A hipótese do referido inciso III do art. 600 não é, rigorosamente, de dissolução parcial de sociedade. O espólio ou sucessores pretendem ingressar no quadro social, mas os sócios sobreviventes não aceitam. Os sucessores ainda não são sócios; logo, não há que se falar em dissolução parcial de sociedade. Por outro lado, a morte já promoveu a desvinculação do sócio falecido. Se os sucessores pretendem ingressar no quadro social, mas encontram resistência por parte dos demais sócios, há 2 opções: podem os sucessores promover uma ação cominatória ou de cumprimento de obrigação específica para forçar o seu ingresso no quadro social (art. 497) ou, conformando-se com seu não ingresso na sociedade, propor uma ação de apuração de haveres, a fim de receberem o equivalente à participação societária do falecido. Na verdade, o que o inciso III do art. 600 prevê é uma ação de apuração de haveres a ser proposta pela sociedade contra os sucessores do sócio falecido. Tal demanda caracteriza-se como uma espécie de *consignação em pagamento*, em que se pede a apuração de haveres para que os valores, uma vez apurados, sejam pagos aos sucessores do falecido. Há, aqui, uma confusão entre a apuração de haveres e a consignação em pagamento. Em suma: se o contrato social permite a substituição do sócio falecido por seus sucessores, estes podem ingressar no quadro social, mas, se os demais sócios não concordam, a sociedade pode, então, propor a ação de dissolução parcial de sociedade. Em tal hipótese, não havendo concordância dos sócios sobreviventes, os sucessores não chegam sequer a ingressar no quadro social, não se podendo falar de dissolução de quem nem mesmo chegou a ostentar a condição de sócio. É que o ingresso depende alteração no contrato social, que, por sua vez, depende do consenso entre os sócios.

**11. Legitimidade do sócio em caso de retirada ou recesso.** O sócio retirante não precisa propor demanda judicial para desfazer o vínculo societário. Uma vez exercido o direito potestativo de autodesvinculação, mediante declaração unilateral e receptícia de vontade, já está desfeito o vínculo societário. Para dar conhecimento do seu desligamento a terceiros e marcar o prazo de responsabilidade externa, basta ao sócio retirante averbar a notificação de retirada ou recesso no registro competente (CC, art. 1.032). É desnecessária a demanda de dissolução para que se efetive a retirada, pois esta é efetuada extrajudicialmente, mediante declaração unilateral de vontade, com posterior averbação no registro competente. O vínculo já estará desfeito. O retirante não precisa pedir o desfazimento de um vínculo que já está desfeito. Falta-lhe interesse de agir para isso. Tal desfazimento não depende da alteração contratual que formalize o desligamento em dez dias. Se não houver alteração no contrato social, pode o sócio retirante promover ação cominatória (art. 497) para forçar a mudança no contrato social, mas não há interesse de agir de pedir a dissolução parcial da sociedade, pois esta já se consumou extrajudicialmente. A

**LIVRO I ·** DO PROCESSO DE CONHECIMENTO E DO CUMPRIMENTO DE SENTENÇA

## Art. 601

legitimidade prevista no inciso IV do art. 600 é para a ação de apuração de haveres.

**12. Legitimidade da sociedade quando não autorizada a exclusão extrajudicial.** A exclusão de um sócio pode concretizar-se extrajudicialmente, quando preenchidos os requisitos previstos no art. 1.085 do CC. Se faltar um desses requisitos, a exclusão não pode ser feita extrajudicialmente. Nesse caso, deverá a exclusão ser judicial, por meio de ação de dissolução parcial de sociedade, a ser proposta pela própria sociedade.

**13. Legitimidade do sócio excluído.** O sócio excluído não tem mais vínculo com a sociedade. Uma vez excluído, terá legitimidade ativa não para pedir a dissolução parcial da sociedade, pois o vínculo já foi desfeito, mas para pedir a apuração de haveres. A hipótese prevista no inciso VI do art. 600 incorpora a ideia de que, se a exclusão for possível extrajudicialmente, não há interesse de agir para exclusão judicial, sendo, portanto, inadmissível a ação de dissolução parcial de sociedade; cabível, apenas, a ação para apuração de haveres.

**14. Legitimidade do cônjuge ou companheiro do sócio.** Se o regime de bens permitir, o cônjuge ou companheiro do sócio, cujo casamento, união estável ou convivência terminou, poderá requerer a apuração de seus haveres na sociedade, que serão pagos à conta da quota social titulada por este sócio. Assim, se o sócio se divorciou ou rompeu sua relação de convivência ou de união estável e não partilhou, em dinheiro, a parte que lhe cabe na sociedade, poderá seu cônjuge ou companheiro pedir a apuração de haveres na sociedade, abatendo-se o valor da quota do sócio. Caso haja apropriação do valor pela sociedade, confusão patrimonial ou alguma fraude para evitar que o cônjuge ou companheiro receba, poderá ser instaurado incidente de desconsideração da personalidade jurídica. (arts. 133 a 137).

---

**Art. 601.** Os sócios e a sociedade serão citados para, no prazo de 15 (quinze) dias, concordar com o pedido ou apresentar contestação.

Parágrafo único. A sociedade não será citada se todos os seus sócios o forem, mas ficará sujeita aos efeitos da decisão e à coisa julgada.

---

▶ **1. Sem correspondência no CPC/1973.**

### 🏛 LEGISLAÇÃO CORRELATA

**2. CC, art. 1.023.** *"Art. 1.023. Se os bens da sociedade não lhe cobrirem as dívidas, respondem os sócios pelo saldo, na proporção em que participem das perdas sociais, salvo cláusula de responsabilidade solidária."*

**3. CC, art. 1.024.** *"Art. 1.024. Os bens particulares dos sócios não podem ser executados por dívidas da sociedade, senão depois de executados os bens sociais."*

### 📚 JURISPRUDÊNCIA, ENUNCIADOS E SÚMULAS SELECIONADOS

• **4. Enunciado 579 do FPPC.** *"Admite-se o negócio processual que estabeleça a contagem dos prazos processuais dos negociantes em dias corridos".*

### ▣ COMENTÁRIOS TEMÁTICOS

**5. Legitimidade passiva.** A ação de dissolução parcial de sociedade é disciplinada, no CPC, conjuntamente com a ação de apuração de haveres. O interessado pode propor só a ação de dissolução parcial de sociedade; pode propor só a de apuração de haveres; ou, então, pode propor ambas em conjunto. A legitimidade passiva varia, portanto, a depender da pretensão formulada pela parte autora. A ação de dissolução parcial de sociedade contém uma pretensão desconstitutiva, destinando-se a romper o vínculo existente entre os sócios e, igualmente, entre um deles e a sociedade. Já a ação de apuração de haveres veicula uma pretensão condenatória, voltada contra a sociedade, a fim de que esta seja exortada a pagar ao sócio que sai da sociedade sua participação. Assim, é preciso identificar cada situação para aferir a legitimidade passiva.

**6. Legitimidade passiva da sociedade para a ação de apuração de haveres.** Quando um sócio tem seu vínculo desfeito com a sociedade, acarretando sua dissolução parcial, ele tem direito de receber o equivalente à sua participação. E quem lhe deve pagar por isso não são os demais sócios, mas a sociedade personificada. Essa é uma obrigação da sociedade, pessoa jurídica diversa dos sócios. Logo, nos casos em que a sociedade é personificada, é dela a legitimidade passiva para a ação de apuração de haveres. Ainda que se trate de sociedade de responsabilidade ilimitada, o quadro não se altera: a devedora é a sociedade, podendo os sócios, subsidiariamente, vir a ser convocados a responder pelo débito (CC, arts. 1.023 e 1.024).

**7. Litisconsórcio passivo.** Se a ação for de dissolução parcial de sociedade proposta por um dos sócios, a legitimidade passiva será dos demais sócios e da sociedade; haverá, aí, um li-

983

tisconsórcio passivo. Proposta a ação de dissolução pela sociedade (art. 600, V), os réus serão todos os sócios.

**8. Desnecessidade de litisconsórcio.** Se a ação for só de apuração de haveres, por ter já havido dissolução extrajudicial, a legitimidade passiva será da sociedade, a única que responde pela obrigação de pagar ao sócio que sai da sociedade o equivalente à sua participação.

**9. Legitimidade passiva do sócio excluído ou afastado.** Caso a ação de apuração de haveres seja proposta pela sociedade (art. 600, V), o réu deve ser o sócio a ser excluído ou afastado. Nesse caso, a ação de apuração de haveres assemelha-se a uma consignação em pagamento, pois o devedor é o autor e o credor, o réu. Se a sociedade detém a legitimidade ativa, a passiva será do sócio que se afastou da sociedade.

**10. Litisconsórcio passivo sucessivo.** No caso de serem cumuladas as ações de dissolução parcial de sociedade e de apuração de haveres, haverá um *litisconsórcio sucessivo,* que é aquele que decorre de uma relação de *prejudicialidade* entre os pedidos. O pedido de dissolução parcial de sociedade é *prejudicial* ao de apuração de haveres. Cumulados ambos, este só será apreciado se aquele for acolhido. Para o primeiro, há litisconsórcio entre os demais sócios e a sociedade, enquanto, para o segundo, a parte demandada é apenas a sociedade. Se, porém, a ação for proposta pela sociedade (art. 600, V), todos os sócios são litisconsortes passivos para a ação de dissolução, sendo, na apuração de haveres, legitimado passivo apenas o sócio que se afastou do quadro social. Cumulados os pedidos, a legitimidade passiva varia em relação a cada pedido. Há, na dissolução, um litisconsórcio, que deixa de existir na apuração de haveres. O litisconsórcio é *sucessivo*: há no início e, depois, deixa de existir.

**11. Citação dos sócios e da sociedade.** Os sócios e a sociedade devem ser citados para, em 15 dias, concordar com o pedido ou apresentar contestação. Há a previsão de um litisconsórcio passivo.

**12. Litisconsórcio passivo necessário.** *"(...) a ação de dissolução parcial deve ser promovida pelo sócio retirante contra a sociedade e os sócios remanescentes, em litisconsórcio necessário"* (STJ, 4ª Turma, REsp 77.122/PR, rel. Min. Ruy Rosado de Aguiar, *DJ* 8.04.1996, p. 10.475). *"Consoante jurisprudência desta Corte, a retirada de sócio de sociedade por quotas de responsabilidade limitada dá-se pela ação de dissolução parcial, com apuração de haveres, para qual têm de ser citados não só* *os demais sócios, mas também a sociedade"* (STJ, 3ª Turma, REsp 1.371.843/SP, rel. Min. Paulo de Tarso Sanseverino, *DJe* 26.03.2014). No mesmo sentido: STJ, 4ª Turma, REsp 1.015.547/AM, rel. Min. Raul Araújo, *DJe* 14.12.2016.

**13. Litisconsórcio necessário só em alguns casos.** Recorde-se que o litisconsórcio passivo não deve existir em toda e qualquer ação de dissolução de sociedade. Se o pedido for só de dissolução, o litisconsórcio se impõe. Caso se peça apenas a apuração de haveres, por ter a dissolução já se consumado extrajudicialmente, a legitimidade passiva será só da sociedade, não havendo litisconsórcio necessário com os demais sócios, pois estes não respondem pelo pedido condenatório formulado em tal demanda. Se a ação de dissolução for promovida pela sociedade (art. 600, V), não há litisconsórcio entre a sociedade e os demais sócios, mas só entre eles. E se a ação de apuração de haveres for proposta pela sociedade (art. 600, V), apenas o sócio que deixou o quadro social é que deve integrar o polo passivo do processo.

**14. Ausência de citação da sociedade quando todos os sócios tiverem sido citados.** Há, na ação de dissolução parcial, um litisconsórcio passivo necessário entre a sociedade e os sócios remanescentes. Em alguns casos, porém, embora haja o litisconsórcio passivo necessário, pode-se considerar dispensável a citação da sociedade ou, pelo menos, que a falta de sua citação, em razão da ausência de prejuízo no caso concreto, não deveria acarretar anulação dos atos processuais praticados. Nos casos em que a sociedade não foi citada, tendo todos os sócios remanescentes sido citados, não há prejuízo, não se devendo anular o processo. O parágrafo único do art. 601 dispensa a citação da pessoa jurídica, quando todos os sócios forem citados. Rigorosamente, a dispensa não está correta. Há litisconsórcio passivo necessário, mas não se deve anular o processo quando a falta de citação da sociedade não lhe causar prejuízo. Aliás, essa conclusão está de acordo com as normas tradicionais do processo civil brasileiro a respeito das invalidades processuais. Não seria nem mesmo necessário ter um dispositivo que afirmasse isso no capítulo dedicado à ação de dissolução de sociedade, pois as normas gerais sobre invalidades são plenamente aplicáveis ao caso. A regra do parágrafo único do art. 601 é, rigorosamente, uma regra de sanação ou de não aplicação da sanção de invalidade. A interpretação mais adequada é considerar que há litisconsórcio passivo necessário, devendo todos os sócios e a sociedade ser citados para o processo de dissolução

**LIVRO I · DO PROCESSO DE CONHECIMENTO E DO CUMPRIMENTO DE SENTENÇA** **Art. 602**

parcial. Se, eventualmente, a sociedade não for citada, não se anulam os atos processuais, caso todos os sócios tenham sido citados. Da forma como está redigido o dispositivo, poder-se-ia interpretar que a citação da pessoa jurídica estaria dispensada. Não parece ser essa a melhor interpretação. Se, porém, assim for interpretado o dispositivo, deve-se, então, considerar que há ali a previsão de uma substituição processual. É que, sendo assim, o dispositivo estaria a prever uma substituição processual, sujeitando a sociedade aos efeitos da decisão e à própria coisa julgada, mesmo sem ser citada ou participar do processo. Citados, os sócios passariam a ser substitutos processuais da sociedade, caso esta não fosse ser citada.

**15. Ausência de litisconsórcio passivo na ação de dissolução proposta contra sociedade anônima fechada.** *"A legitimidade passiva ad causam em ação de dissolução parcial de sociedade anônima fechada é da própria companhia, não havendo litisconsórcio necessário com todos os acionistas"* (STJ, 3ª Turma, REsp 1.400.264/RS, rel. Min. Nancy Andrighi, *DJe* 30.10.2017).

**16. Atitudes dos réus e prazo de defesa.** Uma vez citados, os réus da ação de dissolução parcial de sociedade podem (a) concordar com o pedido (art. 603), (b) apresentar resposta, sob a forma de contestação (art. 603, § 2º), (c) formular pedido contraposto (art. 602) ou (d) quedar-se inertes, passando a ser revéis (art. 344).

**17. Audiência de mediação (art. 334).** Embora o art. 334 não esteja previsto para o procedimento da ação de dissolução parcial de sociedade, é possível que o juiz designe a realização de audiência para tentativa de autocomposição, valendo-se do poder que lhe confere o art. 139, V. Nesse caso, a audiência deve ser conduzida por um mediador.

**18. Prazo para defesa.** O prazo para defesa é de 15 dias, computando-se, na sua contagem, apenas os dias úteis (art. 219). Computam-se, na contagem dos prazos, somente os dias úteis. Nada impede, porém, que as partes estabeleçam, por negócio processual (art. 190), que o prazo seja contado em dias corridos, afastando a regra do art. 219.

**19. Prazo em dobro.** Se houver litisconsórcio e os litisconsortes tiverem diferentes procuradores, integrantes de diversos escritórios de advocacia, o prazo será contado em dobro (art. 229). A regra só se aplica se o processo tramitar em autos de papel; não se aplica em caso de processo eletrônico (art. 229, § 2º). Se só um réu

apresentar defesa, cessa a vantagem do prazo em dobro (art. 229, § 1º).

**20. Advertência no mandado ou carta de citação.** Em razão do princípio da cooperação (art. 6º), o juiz deve determinar que da carta ou do mandado de citação conste a advertência de que, havendo concordância dos réus com o pedido do autor, não serão eles condenados ao pagamento de honorários de sucumbência (art. 603, § 1º). A advertência contribui para estimular a atuação conciliadora das partes.

**21. Revelia.** Se não houver contestação, haverá revelia. Se, porém, um dos réus contestar e impugnar os fatos alegados pelo autor, a revelia não produzirá seu efeito material, não sendo tais fatos presumidos verdadeiros (art. 345, I).

> **Art. 602.** A sociedade poderá formular pedido de indenização compensável com o valor dos haveres a apurar.

▶ **1. Sem correspondência no CPC/1973.**

### 🔤 LEGISLAÇÃO CORRELATA

**2. CC, art. 368.** *"Art. 368. Se duas pessoas forem ao mesmo tempo credor e devedor uma da outra, as duas obrigações extinguem-se, até onde se compensarem."*

**3. CC, art. 369.** *"Art. 369. A compensação efetua-se entre dívidas líquida, vencidas e de coisas fungíveis."*

### 📧 COMENTÁRIOS TEMÁTICOS

**4. Pedido contraposto.** A sociedade, uma vez citada, pode, entre outras opções, formular pedido contraposto. Na ação de dissolução parcial de sociedade proposta pelo sócio, a sociedade pode formular, no prazo de contestação ou na própria contestação, um pedido de indenização contra o sócio para cobrir danos por ele causados aos negócios da empresa ou à finalidade social.

**5. Compensação.** O valor da indenização, caso acolhido o pedido da sociedade, pode vir a ser compensado com o dos haveres do sócio, que serão aferidos na fase de apuração. O dispositivo prevê uma compensação entre créditos líquidos e certos do sócio, de um lado, com incertas e ilíquidas pretensões da sociedade, de outro lado.

**6. Compensação legal.** O Código Civil trata da *compensação legal*, que somente se concretiza se as dívidas compensáveis forem líquidas, vencidas e fungíveis. A compensação, tal como prevista no Código Civil, é a extinção, total ou

985

parcial, de duas dívidas pelo fato de, em cada uma delas, serem opostas as posições ativas e passivas, a ponto de o credor de uma ser o devedor da outra. A compensação é um direito potestativo extintivo do devedor; deve, portanto, ser alegada, não podendo ser recusado pelo credor. O que este pode é alegar a ausência dos requisitos para a compensação, mas, uma vez presentes os requisitos, não poderá recusar a compensação. Por ser disponível, a compensação pode ser renunciada ou não alegada. Exige-se, porém, alegação, não podendo o juiz efetivar a compensação de ofício.

**7. Compensação judicial.** O art. 602 prevê uma *compensação judicial* ou *reconvencional*. A compensação judicial não se confunde com qualquer compensação que ocorra no curso ou em razão de um processo judicial. A compensação *legal* deve ser *alegada* pela parte interessada, o que pode ocorrer *dentro* ou *fora* do processo. Sendo as dívidas compensáveis (ou seja, líquidas e vencidas), o fato *do* processo ou o fato da alegação *no* processo não constituem circunstâncias que distingam a compensação ou que sejam capazes de gerar uma modalidade distinta da compensação legal. *Compensação judicial* é mais que compensação alegada ou realizada *no* processo judicial. Por *compensação judicial* ou *reconvencional* entende-se aquela que é oposta pelo réu na oportunidade de sua resposta em juízo (no prazo da contestação), para o fim de, em sede de reconvenção, suprir-se o requisito da liquidez, permitindo com isso a compensação.

**8. Compensação judicial *versus* compensação legal.** A compensação judicial difere da legal por permitir que se alegue crédito *ilíquido* a ser apurado e posteriormente compensado. Ela é expressamente regulada na França e em Portugal. Por não haver previsão legal expressa, há polêmica na doutrina brasileira acerca do cabimento da compensação judicial, pois o sistema normativo exige que as dívidas compensáveis sejam líquidas e vencidas. Há, por isso, quem não a admita. Por outro lado, há quem não rejeite sua possibilidade, entendendo não haver distinção material entre a compensação legal e a judicial. O art. 602 prevê uma *compensação judicial*, alegável no prazo para contestação da ação de dissolução parcial de sociedade. Se o pedido de indenização da sociedade for acolhido, os valores serão liquidados e, na apuração de haveres, poderá ser feita a compensação.

**9. Ainda a compensação judicial *versus* a compensação legal.** Normalmente, a compensação legal depende de alegação (pois se trata de exercício de direito potestativo extintivo) e

contém efeito retroativo (extinguindo a dívida desde o momento da coexistência das dívidas compensáveis). No caso da compensação judicial, não há efeito retroativo, pois somente haverá coexistência de dívidas compensáveis depois de ser acolhido o pedido de indenização da sociedade contra o sócio e de ser liquidado o valor; só então, haverá dívidas líquidas e vencidas, com reciprocidade de credores e devedores. A extinção das obrigações somente ocorrerá aí, depois da liquidação, não havendo o efeito retroativo que normalmente existe na compensação legal. Enquanto não liquidada a obrigação do sócio para com a sociedade, produzem-se os efeitos da mora, com incidência das regras de correção monetária e cômputo de juros.

**10. Preclusão.** Se o pedido de indenização não for formulado no prazo para contestação, ocorrerá preclusão, não podendo a compensação ser realizada na apuração de haveres. A sociedade não fica, evidentemente, impedida de propor uma ação autônoma de indenização contra o sócio, mas o pedido não poderá ser mais formulado na própria ação de dissolução parcial.

**11. Pedido contraposto pelo sócio.** O pedido contraposto pode ser formulado pela sociedade contra o autor (art. 602), mas também pode ser formulado pelo sócio quando for demandado, na dissolução parcial, pela sociedade (art. 600, V). O art. 602 há de ser interpretado conforme o princípio da isonomia, devendo-se entender que onde se lê "sociedade" deve-se considerar "réu".

**12. Possibilidade só na ação de dissolução.** O pedido contraposto de indenização deve ser formulado na ação de dissolução parcial de sociedade. Se a parte não pedir a dissolução, resolvendo já ajuizar, desde logo, a ação de apuração de haveres (art. 599, III), por já haver dissolução extrajudicial do vínculo social, não cabe o pedido contraposto de indenização, pois não haverá mais espaço procedimental para condenação, liquidação e posterior compensação. O art. 602 aplica-se, portanto, à ação de dissolução parcial de sociedade, e não à ação de apuração de haveres.

---

**Art. 603.** Havendo manifestação expressa e unânime pela concordância da dissolução, o juiz a decretará, passando-se imediatamente à fase de liquidação.

§ 1º Na hipótese prevista no *caput*, não haverá condenação em honorários advocatícios de nenhuma das partes, e as custas serão rateadas segundo a participação das partes no capital social.

# LIVRO I · DO PROCESSO DE CONHECIMENTO E DO CUMPRIMENTO DE SENTENÇA — **Art. 604**

§ 2º Havendo contestação, observar-se-á o procedimento comum, mas a liquidação da sentença seguirá o disposto neste Capítulo.

▶ **1. Sem correspondência no CPC/1973.**

## 🗐 COMENTÁRIOS TEMÁTICOS

**2. Falta de interesse de agir.** Se já tiver havido a dissolução extrajudicial, não há necessidade de se pedi-la judicialmente. Nesse caso, não havendo consenso em torno dos haveres, poderá ser proposta a ação para sua apuração. Se for proposta a ação para dissolver parcialmente a sociedade, mesmo já tendo isso ocorrido extrajudicialmente, haverá falta de interesse de agir, devendo o processo ser extinto sem resolução do mérito.

**3. Concordância com o pedido de dissolução.** Não tendo havido dissolução extrajudicial, e proposta a ação com a finalidade de obtê-la judicialmente, haverá litisconsórcio passivo necessário (art. 601). Se todos eles concordarem com a dissolução, o juiz decretá-la-á e passará imediatamente à fase de liquidação dos haveres.

**4. Dispensa de honorários de sucumbência e rateio das custas.** Havendo concordância expressa dos réus, além de decretar a dissolução, o juiz deve deixar de condenar os litisconsortes passivos nos honorários de sucumbência e as custas serão rateadas segundo a participação das partes no capital social.

**5. Concordância expressa.** Para que se dispensem os honorários, a manifestação deve ser *expressa*, ou seja, deve o réu expressamente concordar com a dissolução. A hipótese de revelia não está contemplada no dispositivo. Logo, havendo revelia, o juiz deverá julgar o pedido de dissolução e fixar o valor dos honorários de sucumbência.

**6. Concordância unânime.** A dispensa dos honorários de sucumbência exige que a concordância seja unânime. Assim, se só um sócio não concordar, havendo concordância expressa dos demais e da sociedade, só aquele que se opôs será condenado nos honorários de sucumbência. A disposição contém um incentivo à obtenção do consenso, premiando a parte que concorde expressamente com o pedido do autor. Os ônus da sucumbência devem ser imputados exclusivamente àqueles que se opuseram ao pedido inicial, e não aos demais, em respeito à regra da causalidade.

**7. Procedimentos diversos.** Se os réus concordam expressamente com a dissolução, além da dispensa dos honorários de sucumbência e do rateio das custas, o procedimento altera-se: já se passa para a apuração dos haveres, desde

logo, sem necessidade de prolação de sentença. Se, porém, houver contestação, aí se adota o procedimento comum, que se encerrará por sentença (art. 603, § 2º).

**8. Procedimento no caso de concordância expressa.** No caso de haver concordância expressa dos réus com a dissolução, o juiz irá já proclamá-la, prosseguindo com a liquidação dos haveres. Tal decisão que já proclama a dissolução é interlocutória (art. 203, § 2º), não pondo fim à fase de conhecimento nem ao processo. Logo, não é sentença (art. 203, § 1º). É, na verdade, uma decisão parcial de mérito, impugnável por agravo de instrumento (354, parágrafo único).

**9. Procedimento no caso de haver contestação.** Se o pedido de dissolução parcial for contestado ou se não houver concordância expressa, o procedimento, a partir daí, passa a ser o comum e a dissolução será proclamada por sentença, com extinção da primeira fase (art. 203, § 1º), dela cabendo apelação (art. 1.009).

---

**Art. 604.** Para apuração dos haveres, o juiz:

I – fixará a data da resolução da sociedade;

II – definirá o critério de apuração dos haveres à vista do disposto no contrato social; e

III – nomeará o perito.

§ 1º O juiz determinará à sociedade ou aos sócios que nela permanecerem que depositem em juízo a parte incontroversa dos haveres devidos.

§ 2º O depósito poderá ser, desde logo, levantado pelo ex-sócio, pelo espólio ou pelos sucessores.

§ 3º Se o contrato social estabelecer o pagamento dos haveres, será observado o que nele se dispôs no depósito judicial da parte incontroversa.

---

▶ **1. Sem correspondência no CPC/1973.**

## 🗐 LEGISLAÇÃO CORRELATA

**2. CC, art. 988.** *"Art. 988. Os bens e dívidas sociais constituem patrimônio especial, do qual os sócios são titulares em comum."*

**3. CC, art. 994.** *"Art. 994. A contribuição do sócio participante constitui, com a do sócio ostensivo, patrimônio especial, objeto da conta de participação relativa aos negócios sociais. § 1º A especialização patrimonial somente produz efeitos em relação aos sócios. § 2º A falência do sócio ostensivo acarreta a dissolução da sociedade e a liquidação da respectiva conta, cujo saldo constituirá crédito quirografário. § 3º Falindo o sócio participante, o contrato social fica sujeito às normas que regulam os efeitos da falência nos contratos bilaterais do falido."*

## ⚖ Jurisprudência, Enunciados e Súmulas Selecionados

- **4. Súmula STF, 265.** *"Na apuração de haveres não prevalece o balanço não aprovado pelo sócio falecido, excluído ou que se retirou."*

## 🗏 Comentários Temáticos

**5. Apuração de haveres.** Proclamada judicialmente a dissolução parcial da sociedade, ou realizada extrajudicialmente, terá início a apuração de haveres.

**6. Despacho inicial da apuração de haveres.** Ao dar início a esse procedimento, cabe ao juiz decidir 2 questões fundamentais: *(a)* o critério para apuração dos haveres e *(b)* a data da dissolução. A avaliação da participação do sócio retirante, excluído ou falecido é uma questão técnica, a ser feita pelo perito judicial. Para realização de seu trabalho, o perito precisa da definição desses elementos. É exatamente por isso que o juiz deve fixar a data da resolução da sociedade, definir o critério de apuração dos haveres à vista do disposto no contrato social e nomear o perito.

**7. Revisão judicial até antes da perícia.** A data da dissolução parcial e o critério de apuração de haveres podem ser revistos pelo juiz, a pedido da parte, a qualquer tempo antes do início da perícia (art. 607).

**8. Escolha consensual do perito.** As partes podem escolher consensualmente o perito. (art. 471).

**9. Especialista em avaliação de sociedades.** O juiz deve nomear o perito escolhido pelas partes ou, se não houver negócio processual nesse sentido, algum de sua própria escolha, que seja especialista em avaliação de sociedades (art. 606, parágrafo único), observadas exigências dos parágrafos do art. 156.

**10. Perícia de avaliação das quotas ou ações.** Definidos pelo juiz o critério para apuração dos haveres e a data da dissolução, será nomeado um perito. A avaliação da participação do sócio retirado, excluído ou falecido é uma questão técnica e precisa ser feita por um especialista. O juiz deve nomear um especialista em avaliação de sociedades (art. 606 parágrafo único), observadas as exigências contidas nos parágrafos do art. 156. Existindo escolha negocial, o juiz deverá nomear o perito que as partes elegeram (art. 471).

**11. Custos da perícia.** A despesa relativa à antecipação dos honorários periciais cabe a quem requereu a prova técnica (art. 95). Se, no caso, houver manifestação expressa e unânime dos réus pela concordância da dissolução, as despesas serão rateadas na proporção da participação social de cada um (art. 603, § 1º). Do contrário, ou seja, caso não haja tal concordância expressa e unânime, os encargos relacionados à fase de liquidação serão suportados pela parte vencida, pois é do vencido o ônus de suportar com as despesas do processo.

**12. Perito *versus* liquidante.** Na ação de dissolução parcial de sociedade, a apuração de haveres é feita por perito, não se devendo nomear liquidante. O liquidante é administrador extraordinário nomeado em casos de dissolução total de sociedade.

**13. Depósito da parte incontroversa.** Além de fixar a data da resolução da sociedade, de definir o critério de apuração dos haveres à vista do disposto no contrato social e de nomear o perito, o juiz deverá, ainda, ordenar à sociedade que deposite em juízo a parte incontroversa dos haveres devidos.

**14. Obrigação da sociedade.** Como é da sociedade a obrigação pelo pagamento dos haveres, cabe-lhe efetuar o depósito da parte incontroversa. O § 1º do art. 604 refere-se "à sociedade ou aos sócios que nela permanecerem". A obrigação, porém, é da sociedade, ainda que se se trate de sociedade de responsabilidade ilimitada. A menção "aos sócios que nela permanecerem" destina-se a abranger as sociedades não personificadas em que o patrimônio social seja titulado em comum pelos demais sócios (CC, arts. 988 e 994). É só nessa hipótese que os sócios podem ser responsáveis pelo pagamento; fora dessa hipótese, não podem os sócios ser instados a depositar os haveres daquele que se desligou da sociedade.

**15. Levantamento da parte incontroversa.** Feito o depósito da parte incontroversa, poderá ser, desde logo, levantado pelo ex-sócio, pelo espólio ou pelos sucessores. Caso o contrato social estabeleça o pagamento dos haveres, será observado o que nele se dispôs no depósito judicial da parte incontroversa.

---

**Art. 605.** A data da resolução da sociedade será:

I – no caso de falecimento do sócio, a do óbito;

II – na retirada imotivada, o sexagésimo dia seguinte ao do recebimento, pela sociedade, da notificação do sócio retirante;

III – no recesso, o dia do recebimento, pela sociedade, da notificação do sócio dissidente;

IV – na retirada por justa causa de sociedade por prazo determinado e na exclusão judicial de

# LIVRO I · DO PROCESSO DE CONHECIMENTO E DO CUMPRIMENTO DE SENTENÇA — Art. 605

sócio, a do trânsito em julgado da decisão que dissolver a sociedade; e

V – na exclusão extrajudicial, a data da assembleia ou da reunião de sócios que a tiver deliberado.

▶ **1. Sem correspondência no CPC/1973.**

## 🗎 LEGISLAÇÃO CORRELATA

**2. CC, art. 1.026.** *"Art. 1.026. O credor particular de sócio pode, na insuficiência de outros bens do devedor, fazer recair a execução sobre o que a este couber nos lucros da sociedade, ou na parte que lhe tocar em liquidação. Parágrafo único. Se a sociedade não estiver dissolvida, pode o credor requerer a liquidação da quota do devedor, cujo valor, apurado na forma do art. 1.031, será depositado em dinheiro, no juízo da execução, até noventa dias após aquela liquidação."*

**3. CC, art. 1.029.** *"Art. 1.029. Além dos casos previstos na lei ou no contrato, qualquer sócio pode retirar-se da sociedade; se de prazo indeterminado, mediante notificação aos demais sócios, com antecedência mínima de sessenta dias; se de prazo determinado, provando judicialmente justa causa. Parágrafo único. Nos trinta dias subsequentes à notificação, podem os demais sócios optar pela dissolução da sociedade."*

**4. CC, art. 1.030.** *"Art. 1.030. Ressalvado o disposto no art. 1.004 e seu parágrafo único, pode o sócio ser excluído judicialmente, mediante iniciativa da maioria dos demais sócios, por falta grave no cumprimento de suas obrigações, ou, ainda, por incapacidade superveniente. Parágrafo único. Será de pleno direito excluído da sociedade o sócio declarado falido, ou aquele cuja quota tenha sido liquidada nos termos do parágrafo único do art. 1.026."*

**5. CC, art. 1.072, § 5º.** *"Art. 1.072. As deliberações dos sócios, obedecido o disposto no art. 1.010, serão tomadas em reunião ou em assembleia, conforme previsto no contrato social, devendo ser convocadas pelos administradores nos casos previstos em lei ou no contrato. (...) § 5º As deliberações tomadas de conformidade com a lei e o contrato vinculam todos os sócios, ainda que ausentes ou dissidentes."*

**6. CC, art. 1.077.** *"Art. 1.077. Quando houver modificação do contrato, fusão da sociedade, incorporação de outra, ou dela por outra, terá o sócio que dissentiu o direito de retirar-se da sociedade, nos trinta dias subsequentes à reunião, aplicando-se, no silêncio do contrato social antes vigente, o disposto no art. 1.031."*

**7. CC, art. 1.085.** *"Art. 1.085. Ressalvado o disposto no art. 1.030, quando a maioria dos só-*cios, representativa de mais da metade do capital social, entender que um ou mais sócios estão pondo em risco a continuidade da empresa, em virtude de atos de inegável gravidade, poderá excluí-los da sociedade, mediante alteração do contrato social, desde que prevista neste a exclusão por justa causa. Parágrafo único. Ressalvado o caso em que haja apenas dois sócios na sociedade, a exclusão de um sócio somente poderá ser determinada em reunião ou assembleia especialmente convocada para esse fim, ciente o acusado em tempo hábil para permitir seu comparecimento e o exercício do direito de defesa."*

**8. Lei 6.404/1976, art. 109.** *"Art. 109. Nem o estatuto social nem a assembleia-geral poderão privar o acionista dos direitos de: I – participar dos lucros sociais; II – participar do acervo da companhia, em caso de liquidação; III – fiscalizar, na forma prevista nesta Lei, a gestão dos negócios sociais; IV – preferência para a subscrição de ações, partes beneficiárias conversíveis em ações, debêntures conversíveis em ações e bônus de subscrição, observado o disposto nos artigos 171 e 172; V – retirar-se da sociedade nos casos previstos nesta Lei. § 1º As ações de cada classe conferirão iguais direitos aos seus titulares. § 2º Os meios, processos ou ações que a lei confere ao acionista para assegurar os seus direitos não podem ser elididos pelo estatuto ou pela assembleia-geral. § 3º O estatuto da sociedade pode estabelecer que as divergências entre os acionistas e a companhia, ou entre os acionistas controladores e os acionistas minoritários, poderão ser solucionadas mediante arbitragem, nos termos em que especificar."*

**9. Lei 6.404/1976, art. 137.** *"Art. 137. A aprovação das matérias previstas nos incisos I a VI e IX do art. 136 dá ao acionista dissidente o direito de retirar-se da companhia, mediante reembolso do valor das suas ações (art. 45), observadas as seguintes normas: I – nos casos dos incisos I e II do art. 136, somente terá direito de retirada o titular de ações de espécie ou classe prejudicadas; II – nos casos dos incisos IV e V do art. 136, não terá direito de retirada o titular de ação de espécie ou classe que tenha liquidez e dispersão no mercado, considerando-se haver: a) liquidez, quando a espécie ou classe de ação, ou certificado que a represente, integre índice geral representativo de carteira de valores mobiliários admitido à negociação no mercado de valores mobiliários, no Brasil ou no exterior, definido pela Comissão de Valores Mobiliários; e b) dispersão, quando o acionista controlador, a sociedade controladora ou outras sociedades sob seu controle detiverem menos da metade da espécie ou classe de ação; III – no caso do inciso IX do art. 136, somente*

# Art. 605 · CÓDIGO DE PROCESSO CIVIL COMENTADO – *Leonardo Carneiro da Cunha*

*haverá direito de retirada se a cisão implicar: a) mudança do objeto social, salvo quando o patrimônio cindido for vertido para sociedade cuja atividade preponderante coincida com a decorrente do objeto social da sociedade cindida; b) redução do dividendo obrigatório; ou c) participação em grupo de sociedades; IV – o reembolso da ação deve ser reclamado à companhia no prazo de 30 (trinta) dias contado da publicação da ata da assembleia-geral; V – o prazo para o dissidente de deliberação de assembleia especial (art. 136, § 1º) será contado da publicação da respectiva ata; VI – o pagamento do reembolso somente poderá ser exigido após a observância do disposto no § 3º e, se for o caso, da ratificação da deliberação pela assembleia-geral. § 1º O acionista dissidente de deliberação da assembleia, inclusive o titular de ações preferenciais sem direito de voto, poderá exercer o direito de reembolso das ações de que, comprovadamente, era titular na data da primeira publicação do edital de convocação da assembleia, ou na data da comunicação do fato relevante objeto da deliberação, se anterior. § 2º O direito de reembolso poderá ser exercido no prazo previsto nos incisos IV ou V do* caput *deste artigo, conforme o caso, ainda que o titular das ações tenha se abstido de votar contra a deliberação ou não tenha comparecido à assembleia. § 3º Nos 10 (dez) dias subsequentes ao término do prazo de que tratam os incisos IV e V do* caput *deste artigo, conforme o caso, contado da publicação da ata da assembleia-geral ou da assembleia especial que ratificar a deliberação, é facultado aos órgãos da administração convocar a assembleia-geral para ratificar ou reconsiderar a deliberação, se entenderem que o pagamento do preço do reembolso das ações aos acionistas dissidentes que exerceram o direito de retirada porá em risco a estabilidade financeira da empresa. § 4º Decairá do direito de retirada o acionista que não o exercer no prazo fixado."*

## 🗐 Comentários Temáticos

**10. Direito do sócio ao reembolso do valor de sua quota.** O rompimento da relação contratual que une o sócio à sociedade faz com que ele deixe de ser sócio e se torne credor da sociedade. Extinto o vínculo do sócio com a sociedade, surge para ele o direito ao reembolso do valor de sua quota e, para sociedade, a correlata obrigação de promover ou cooperar para a realização desse intento. A posição de sócio que se retira da sociedade passa a ser a de autêntico credor da sociedade, pelo valor de sua participação societária, e deixa de ser sócio, não podendo mais

exercer os seus direitos de voto e de participação nos lucros da sociedade.

**11. Momentos de rompimento do vínculo societário e data de referência.** O sócio rompe sua relação com a sociedade com sua morte, com sua retirada ou com sua exclusão. Em cada hipótese dessas, é preciso saber a data exata do rompimento do vínculo. Tal "data de resolução" é a data de referência para que ele deixe de ser sócio e passe a ser credor da sociedade. A partir daí, não exerce mais os direitos de sócio e passam a incidir juros moratórios sobre o valor de seus haveres. O art. 605 estabelece, para cada caso, a data de referência, ali denominada de "data da resolução da sociedade".

**12. Data de referência em caso de morte.** No caso de falecimento, a resolução ocorre com a morte. Aberta a sucessão, os direitos do falecido transmitem-se, desde logo, aos herdeiros, mas estes não se tornam, só por isso, sócios de sociedades de pessoas que tinham o falecido como sócio. Os sucessores só se tornam sócios se forem regularmente admitidos no quadro societário. Herdeiros não são sócios. Não tornados sócios, os herdeiros terão direito aos haveres do sócio falecido, a partir de sua morte.

**13. Data de referência em caso de retirada imotivada.** Havendo retirada imotivada, a data de referência será o 60º dia seguinte ao do recebimento, pela sociedade, da notificação do sócio retirante. Em sociedades contratadas por prazo indeterminado, o art. 1.029 do CC confere ao sócio o direito potestativo de autodesvinculação, exercitável por meio de declaração unilateral de vontade, com antecedência mínima de 60 dias. Findo tal prazo, ele deixa de ser sócio, independentemente de qualquer outra providência. A desvinculação ocorre extrajudicialmente, não sendo necessária a propositura de ação de dissolução parcial de sociedade. Passado o prazo de 60 dias, ele deixa de ser sócio e passa a ser credor da sociedade. Se houver resistência ou divergência quanto ao pagamento de seus haveres, ele poderá propor uma ação de apuração de haveres (art. 599, III).

**14. Data de referência em caso de recesso.** Nas sociedades em que as deliberações são tomadas pela maioria dos sócios, mesmo sem ou contra a vontade de alguns deles (CC, art. 1.072, § 5º), é possível que a maioria introduza alterações substanciais no contrato social. Aos que não compareceram ou ficaram vencidos a legislação confere-lhes, caso as alterações não lhes agradem, o direito de recesso, que é o poder de o sócio desligar-se da sociedade (CC, art. 1.077; Lei 6.404/1976, arts. 109 e 137). Nesses casos, o

**LIVRO I · DO PROCESSO DE CONHECIMENTO E DO CUMPRIMENTO DE SENTENÇA** · **Art. 606**

rompimento do vínculo societário dá-se no instante em que a declaração unilateral chega ao conhecimento da sociedade ou do decurso de prazo eventualmente previsto na declaração. O declarante deixa de ser sócio no momento em que a sociedade recebe sua declaração unilateral, por meio da qual anuncia sua retirada do quadro societário.

**15. Rompimento do vínculo societário por fatos extrajudiciais.** Os incisos I, II e III do art. 605 tratam de hipóteses de rompimento extrajudicial do vínculo societário. Em todos esses casos, o sócio perde essa condição por fatos jurídicos extrajudiciais: morte ou autodesvinculação unilateral. Nessas hipóteses, a ação de dissolução não é admissível, por falta de interesse de agir, mas pode haver ação para apuração de haveres, sendo relevante a data de referência, ou seja, o momento em que o sujeito deixou de ser sócio. Todos esses momentos estão nos referidos incisos do art. 605.

**16. Data de referência em caso de retirada por justa causa.** Havendo justa causa, e quando a sociedade tiver sido constituída por prazo determinado (CC, art. 1.029, *caput*, parte final), cometendo falta grave ou sobrevindo incapacidade, o sócio, mediante iniciativa da maioria dos demais sócios (CC, art. 1.030), pode ser excluído judicialmente da sociedade. Nesses casos, não há exclusão extrajudicial; a exclusão é judicial. O rompimento do vínculo societário, em tais hipóteses, ocorre com o trânsito em julgado da decisão que desconstitui a relação jurídica, ressalvada eventual tutela provisória que já afaste, desde logo, o sócio do quadro societário. A data de referência é, então, a do trânsito em julgado da sentença de procedência, que dissolve parcialmente a sociedade. Na liquidação dos haveres, os juros de mora não incidem da citação, mas do trânsito em julgado, pois é só a partir daí que se concretiza o rompimento do vínculo societário e o sujeito deixa de ser sócio e passa a ser credor da sociedade.

**17. Data de referência em caso de exclusão extrajudicial do sócio.** A exclusão de um sócio pode concretizar-se extrajudicialmente, quando preenchidos os requisitos previstos no art. 1.085 do CC. Nesse caso, a perda da qualidade de sócio opera-se na data da assembleia ou da reunião em que a exclusão tiver sido deliberada.

**18. Outras datas de referência.** O art. 605 relaciona as datas de resolução da sociedade, fixando, assim, a referência para a apuração dos haveres e para a incidência de juros moratórios. Além dessas hipóteses previstas no art. 604, há outras: a) na liquidação da quota a pedido de

credor particular do sócio (CC, art. 1.026), a perda da qualidade de sócio opera-se com a liquidação; b) em caso de adjudicação da participação societária, na data de sua efetivação, com a assinatura do correspondente auto; c) no caso de dissolução parcial decretada como alternativa à total, a perda da qualidade de sócio dá-se com o trânsito em julgado da decisão judicial.

---

**Art. 606.** Em caso de omissão do contrato social, o juiz definirá, como critério de apuração de haveres, o valor patrimonial apurado em balanço de determinação, tomando-se por referência a data da resolução e avaliando-se bens e direitos do ativo, tangíveis e intangíveis, a preço de saída, além do passivo também a ser apurado de igual forma.

Parágrafo único. Em todos os casos em que seja necessária a realização de perícia, a nomeação do perito recairá preferencialmente sobre especialista em avaliação de sociedades.

---

▶ **1. Sem correspondência no CPC/1973.**

🔖 **Legislação Correlata**

**2. CC, art. 1.031.** "*Art. 1.031. Nos casos em que a sociedade se resolver em relação a um sócio, o valor da sua quota, considerado pelo montante efetivamente realizado, liquidar-se-á, salvo disposição contratual em contrário, com base na situação patrimonial da sociedade, à data da resolução, verificada em balanço especialmente levantado. § 1º O capital social sofrerá a correspondente redução, salvo se os demais sócios suprirem o valor da quota. § 2º A quota liquidada será paga em dinheiro, no prazo de noventa dias, a partir da liquidação, salvo acordo, ou estipulação contratual em contrário.*"

📰 **Comentários Temáticos**

**3. Critérios para apuração de haveres.** O desfazimento do vínculo societário, com a morte, a retirada ou a exclusão do sócio, faz surgir uma obrigação para a sociedade: pagar ao retirante, ao excluído, aos sucessores do sócio falecido ou ao acionista desvinculado o valor equivalente à sua participação societária (quotas ou ações). A participação societária pode ser avaliada de duas formas diferentes: (*a*) pode-se avaliá-la a partir da *história* da sociedade, ou seja, o que foi acumulado, em seu patrimônio, em virtude da atividade econômica explorada até o momento da dissolução; (*b*) sua avaliação pode mirar o *futuro*, estimando quanto a sociedade tende a gerar de

# Art. 606

**CÓDIGO DE PROCESSO CIVIL COMENTADO – *Leonardo Carneiro da Cunha***

lucros aos seus sócios num determinado tempo projetado. Na primeira hipótese, ou seja, quando se avalia considerando a *história* da sociedade, faz-se a mensuração do *valor patrimonial* das quotas ou ações. Já na segunda hipótese, quando se mira o *futuro*, é feita a mensuração do *valor econômico* das quotas ou ações.

**4. Valor patrimonial das quotas ou ações.** O valor patrimonial é o critério mais ajustado à avaliação das quotas da sociedade simples e da sociedade limitada, quando se trata de apurar haveres de sócio retirante excluído ou dos sucessores do sócio falecido.

**5. Valor econômico das quotas ou ações.** O valor econômico relaciona-se com riscos assumidos, o que não é o caso do sócio que já se afastou da sociedade. É por isso que o art. 1.031 do CC estabelece que o valor da quota deve ser apurado com base na situação patrimonial.

**6. Critério legal.** O critério legal para a definição do valor das quotas, na apuração de haveres, é o patrimonial. Realmente, não havendo previsão no contrato social, a lei prevê a apuração de haveres a partir do critério patrimonial (CC, art. 1.031). No caso de sociedade anônima, a avaliação das ações pelo critério econômico é admitida apenas se houver previsão no estatuto, desde que não ultrapasse o valor patrimonial (Lei 6.404/1976, art. 45, § 1°).

**7. Critério eleito no contrato social.** As previsões legais indicam o valor patrimonial como o critério para avaliação das quotas. Embora haja essas previsões legais, os sócios podem, no contrato social, eleger critério diverso para avaliação das quotas em caso de dissolução parcial da sociedade.

**8. Patrimônio líquido.** Quando o critério para apuração de haveres for o valor patrimonial, a base de cálculo do reembolso será o *patrimônio líquido* constante do *balanço patrimonial*. Considera-se, então, o valor do patrimônio líquido constante do balanço patrimonial e sobre ele aplica-se o percentual da participação societária de que o sócio retirante, afastado ou falecido era titular. Aparentemente, não há dificuldade. A dificuldade, na verdade, está na elaboração do balanço patrimonial. É que há 3 tipos de balanço patrimonial, que se distinguem segundo a época de levantamento e de acordo com o critério adotado pelo contador para as apropriações realizadas.

**9. Balanço patrimonial ordinário.** É o elaborado no último dia de cada exercício social, que recai, na maioria das vezes, no dia 31 de dezembro do respectivo ano. O critério fundamental para sua elaboração é o do "custo de aquisição", ou seja, os bens e direitos do ativo devem ser apropriados, no balanço, pelo valor despendido pela sociedade ao se tornar sua titular, ignorando-se a valorização ou a desvalorização sofrida ao longo do tempo. Também não se contabilizam os *intangíveis* da empresa (valor da marca, patente etc.). O valor das quotas ou ações extraído desse balanço é chamado de *valor contábil*.

**10. Balanço patrimonial especial.** É elaborado em especificamente para uma situação determinada, servindo para "fotografar" a situação patrimonial da sociedade na data em que se verificou um evento societário relevante. O balanço patrimonial especial atualiza, até a data de sua elaboração, o último balanço patrimonial ordinário. Emprega os mesmos critérios de apropriação do balanço patrimonial ordinário (custo de aquisição, sem considerar os intangíveis), não atualizando os valores monetários das rubricas do balanço ordinário; faz, na verdade, atualização contábil, ou seja, apropria fatos contábeis (celebração de contratos, novas aquisições, condenações judiciais etc.) verificados desde o dia do encerramento do exercício social anterior até o do levantamento do próprio balanço patrimonial especial. O valor das quotas ou ações extraído desse balanço é chamado de *valor atual*.

**11. Balanço patrimonial de determinação.** Pode ter por referência qualquer dia do exercício social, inclusive 31 de dezembro do respectivo ano. O que o caracteriza são os critérios de apropriação dos bens e direitos do ativo, sendo contabilizado cada item pelo valor de mercado ou custo de saída, ou seja, pelo valor que cada bem ou direito da sociedade tem ou teria, se fosse vendido. Também deve levar em conta os intangíveis da sociedade e apropriá-los como ativos pelo valor que teriam no mercado, caso fossem vendidos. Tal balanço consiste numa estimativa ou projeção: projeta-se todo o valor da sociedade, caso fosse ser liquidada ou dissolvida totalmente. Na liquidação, todo o ativo é vendido. Então, considera-se quanto seria o valor de mercado de cada bem e se indica no balanço. Abatido todo o passivo, tem-se o acervo remanescente, que será, então, o patrimônio líquido. O valor das quotas ou ações extraído desse balanço é chamado de *valor real*.

**12. Previsão no contrato social.** O valor das quotas, na apuração de haveres, será calculado de acordo com os critérios fixados no contrato social.

**13. Omissão do contrato social.** Em caso de omissão do contrato social, o juiz definirá,

992

**LIVRO I** · DO PROCESSO DE CONHECIMENTO E DO CUMPRIMENTO DE SENTENÇA **Art. 608**

como critério de apuração de haveres, o valor patrimonial apurado em balanço de determinação, tomando-se por referência a data da resolução e avaliando-se bens e direitos do ativo, tangíveis e intangíveis, a preço de saída, além do passivo também a ser apurado de igual forma. O balanço será patrimonial, e não econômico. O valor patrimonial deverá ser apurado em *balanço de determinação,* avaliando-se bens *tangíveis e intangíveis,* a *preço de saída.* O passivo deverá ser apurado de igual forma. O acervo remanescente será o patrimônio líquido. O percentual de participação do sócio falecido, retirante ou excluído será calculado sobre tal patrimônio líquido.

**14. Data de referência.** O balanço patrimonial de determinação deve considerar a data da dissolução parcial da sociedade, que será fixada no despacho inicial do juiz no procedimento ou fase procedimental de apuração de haveres.

**15. Juros de mora e prazo nonagesimal para pagamento.** *"Inexistindo acordo e propondo-se ação de dissolução parcial com fins de apuração de haveres, os juros de mora serão devidos após o transcurso do prazo nonagesimal contado desde a liquidação da quota devida (art. 1.031, § 2º, do CC)"* (STJ, 3ª Turma, EDcl no REsp 1.602.240/MG, rel. Min. Marco Aurélio Bellizze, *DJe* 08.03.2018).

> **Art. 607.** A data da resolução e o critério de apuração de haveres podem ser revistos pelo juiz, a pedido da parte, a qualquer tempo antes do início da perícia.

▶ **1. Sem correspondência no CPC/1973.**

▣ **COMENTÁRIOS TEMÁTICOS**

**2. Revisão judicial até antes da perícia.** A data da dissolução parcial e o critério de apuração de haveres podem ser revistos pelo juiz, a pedido da parte, a qualquer tempo antes do início da perícia. O perito precisa, para desenvolver seu trabalho, dessas definições. O importante é que essas definições estejam estabelecidas antes da perícia ter início. Se o juiz for alterá-las, deverá fazê-lo, insista-se, antes de iniciada a perícia.

**3. Momento preclusivo.** O art. 607 fixa um momento preclusivo: iniciada a perícia, não será mais possível mudar os critérios estabelecidos no despacho inicial pelo juiz.

**4. Necessidade de requerimento.** O juiz, para apuração de haveres, deve definir o critério de apuração à vista do disposto no contrato social (art. 604, II). Não deve fixar a partir de outro

critério, a não que haja um consenso entre todas as partes do processo. Por isso, qualquer mudança deve ser feita "a pedido da parte".

**5. Consenso das partes.** O critério de apuração segue a previsão contida no contrato social. A mudança desse critério depende de consenso entre as partes. Logo, a parte só pode pedir que o juiz proceda a uma mudança ajustada consensualmente.

**6. Revisão contratual.** Não havendo consenso entre as partes para a mudança do critério de apuração previsto no contrato social, a parte pode pedir ao juiz que reveja a interpretação dada ao contrato social. Pode a parte entender que houve um equívoco interpretativo do juiz, podendo, então, pedir-lhe que altere o critério estabelecido no despacho inicial da fase de apuração de haveres.

> **Art. 608.** Até a data da resolução, integram o valor devido ao ex-sócio, ao espólio ou aos sucessores a participação nos lucros ou os juros sobre o capital próprio declarados pela sociedade e, se for o caso, a remuneração como administrador.
> Parágrafo único. Após a data da resolução, o ex-sócio, o espólio ou os sucessores terão direito apenas à correção monetária dos valores apurados e aos juros contratuais ou legais.

▶ **1. Sem correspondência no CPC/1973.**

▣ **COMENTÁRIOS TEMÁTICOS**

**2. Datas de referência.** As datas de resolução da sociedade são datas de referência para a apuração de haveres e para a incidência dos juros moratórios. Elas estão relacionadas no art. 605 e em outras hipóteses mencionadas nos comentários ao art. 605.

**3. Importância das datas de referência.** Todas as datas de referência são importantes. Até antes de cada uma delas, integram o valor devido ao ex-sócio, ao espólio ou aos sucessores a participação nos lucros ou os juros sobre o capital próprio declarados pela sociedade e, se for o caso, a remuneração como administrador (art. 608, *caput*). Após a data da resolução ou extinção do vínculo societário, o ex-sócio, o espólio ou os sucessores terão direito apenas à correção monetária dos valores apurados e aos juros contratuais ou legais (art. 608, parágrafo único). Quer isso dizer que, se houver cumulação da ação de dissolução parcial de sociedade com a de apuração de haveres, os juros de mora não incidem a partir da citação na ação de dissolução, mas somente a partir do trânsito em

993

# Art. 609

julgado de sua sentença de procedência (art. 608, parágrafo único).

> **Art. 609.** Uma vez apurados, os haveres do sócio retirante serão pagos conforme disciplinar o contrato social e, no silêncio deste, nos termos do § 2º do art. 1.031 da Lei nº 10.406, de 10 de janeiro de 2002 (Código Civil).

▶ **1.** Sem correspondência no CPC/1973.

## 🏛 LEGISLAÇÃO CORRELATA

**2.** CC, art. 1.031, § 2º. *"Art. 1.031. (...) § 2º A quota liquidada será paga em dinheiro, no prazo de noventa dias, a partir da liquidação, salvo acordo, ou estipulação contratual em contrário."*

## 🗐 COMENTÁRIOS TEMÁTICOS

**3. Pagamento dos haveres.** Os haveres devem ser pagos na forma regulada no contrato social. Se este nada dispuser a esse respeito, o pagamento deve ser feito em dinheiro, no prazo de 90 dias.

**4. Acordo para pagamento.** Se não houver previsão, no contrato social, da forma de pagamento, é possível, no procedimento para apuração de haveres, ser celebrada uma autocomposição que estabeleça a forma de pagamento.

**5. Juros de mora e prazo nonagesimal para pagamento.** *"Inexistindo acordo e propondo-se ação de dissolução parcial com fins de apuração de haveres, os juros de mora serão devidos após o transcurso do prazo nonagesimal contado desde a liquidação da quota devida (art. 1.031, § 2º, do CC)"* (STJ, 3ª Turma, EDcl no REsp 1.602.240/MG, rel. Min. Marco Aurélio Bellizze, *DJe* 08.03.2018).

**6. Ações de dissolução de sociedade relativas a fatos anteriores ao Código Civil vigente.** *"2. De acordo com a regra de transição prevista no art. 2.034 do CC/2002: A dissolução e a liquidação das pessoas jurídicas referidas no artigo antecedente, quando iniciadas antes da vigência deste Código, obedecerão ao disposto nas leis anteriores. 3. Isso significa que nas ações de dissolução de sociedade com apuração de haveres relativas a fatos anteriores à vigência do Código Civil vigente, os juros de mora contam-se desde a citação inicial, mesmo que não tenha ainda sido quantificada a dívida"* (STJ, 3ª Turma, EDcl no REsp 1.483.333/DF, rel. Min. Moura Ribeiro, *DJe* 12.03.2020).

**7. Fixação do termo inicial dos juros de mora.** *"3. Improcedência da alegação de que a dissolução da sociedade ocorreu sob a vigência do Código Civil de 1916 e, por consequência,*

*inaplicáveis os precedentes colacionados, posto que a decretação da dissolução ocorreu sob a égide das regras previstas no Código Civil de 2002. 4. O termo inicial dos juros de mora, decorrentes do pagamento dos haveres devidos em face da retirada do sócio, é o momento do vencimento do prazo legal nonagesimal, contado desde a liquidação dos haveres"* (STJ, 3ª Turma, AgInt no REsp 1.704.505/PR, rel. Min. Paulo de Tarso Sanseverino, *DJe* 12.03.2018).

# CAPÍTULO VI
# DO INVENTÁRIO E DA PARTILHA

## Seção I
## Disposições Gerais

> **Art. 610.** Havendo testamento ou interessado incapaz, proceder-se-á ao inventário judicial.
> § 1º Se todos forem capazes e concordes, o inventário e a partilha poderão ser feitos por escritura pública, a qual constituirá documento hábil para qualquer ato de registro, bem como para levantamento de importância depositada em instituições financeiras.
> § 2º O tabelião somente lavrará a escritura pública se todas as partes interessadas estiverem assistidas por advogado ou por defensor público, cuja qualificação e assinatura constarão do ato notarial.

▶ **1. Correspondência no CPC/1973.** *"Art. 982. Havendo testamento ou interessado incapaz, proceder-se-á ao inventário judicial; se todos forem capazes e concordes, poderá fazer-se o inventário e a partilha por escritura pública, a qual constituirá título hábil para o registro imobiliário. § 1º O tabelião somente lavrará a escritura pública se todas as partes interessadas estiverem assistidas por advogado comum ou advogados de cada uma delas ou por defensor público, cuja qualificação e assinatura constarão do ato notarial. § 2º A escritura e demais atos notariais serão gratuitos àqueles que se declararem pobres sob as penas da lei."*

## 🏛 LEGISLAÇÃO CORRELATA

**2.** LINDB, art. 10. *"Art. 10. A sucessão por morte ou por ausência obedece à lei do país em que domiciliado o defunto ou o desaparecido, qualquer que seja a natureza e a situação dos bens. § 1º A sucessão de bens de estrangeiros, situados no País, será regulada pela lei brasileira*

**LIVRO I** · DO PROCESSO DE CONHECIMENTO E DO CUMPRIMENTO DE SENTENÇA · **Art. 610**

*em benefício do cônjuge ou dos filhos brasileiros, ou de quem os represente, sempre que não lhes seja mais favorável a lei pessoal do de cujus. § 2º A lei do domicílio do herdeiro ou legatário regula a capacidade para suceder."*

**3. CC, art. 6º.** *"Art. 6º A existência da pessoa natural termina com a morte; presume-se esta, quanto aos ausentes, nos casos em que a lei autoriza a abertura da sucessão definitiva."*

**4. CC, art. 1.784.** *"Art. 1.784. Aberta a sucessão, a herança transmite-se, desde logo, aos herdeiros legítimos e testamentários."*

**5. CC, art. 1.791.** *"Art. 1.791. A herança defere-se como um todo unitário, ainda que vários sejam os herdeiros. Parágrafo único. Até a partilha, o direito dos co-herdeiros, quanto à propriedade e posse da herança, será indivisível, e regular-se-á pelas normas relativas ao condomínio."*

**6. CC, art. 2.015.** *"Art. 2.015. Se os herdeiros forem capazes, poderão fazer partilha amigável, por escritura pública, termo nos autos do inventário, ou escrito particular, homologado pelo juiz."*

**7. CC, art. 2.016.** *"Art. 2.016. Será sempre judicial a partilha, se os herdeiros divergirem, assim como se algum deles for incapaz."*

**8. CC, art. 2.021.** *"Art. 2.021. Quando parte da herança consistir em bens remotos do lugar do inventário, litigiosos, ou de liquidação morosa ou difícil, poderá proceder-se, no prazo legal, à partilha dos outros, reservando-se aqueles para uma ou mais sobrepartilhas, sob a guarda e a administração do mesmo ou diverso inventariante, e consentimento da maioria dos herdeiros."*

**9. Lei 6.858/1980, art. 1º.** *"Art. 1º Os valores devidos pelos empregadores aos empregados e os montantes das contas individuais do Fundo de Garantia do Tempo de Serviço e do Fundo de Participação PIS-PASEP, não recebidos em vida pelos respectivos titulares, serão pagos, em quotas iguais, aos dependentes habilitados perante a Previdência Social ou na forma da legislação específica dos servidores civis e militares, e, na sua falta, aos sucessores previstos na lei civil, indicados em alvará judicial, independentemente de inventário ou arrolamento. § 1º As quotas atribuídas a menores ficarão depositadas em caderneta de poupança, rendendo juros e correção monetária, e só serão disponíveis após o menor completar 18 (dezoito) anos, salvo autorização do juiz para aquisição de imóvel destinado à residência do menor e de sua família ou para dispêndio necessário à subsistência e educação do menor. § 2º Inexistindo dependentes ou sucessores, os valores de que trata este artigo reverterão em favor, respectivamente, do Fundo de Previdência e Assistência Social, do*
Fundo de Garantia do Tempo de Serviço ou do Fundo de Participação PIS-PASEP, conforme se tratar de quantias devidas pelo empregador ou de contas de FGTS e do Fundo PIS PASEP."*

**10. Lei 6.858/1980, art. 2º.** *"Art. 2º O disposto nesta Lei se aplica às restituições relativas ao imposto de renda e outros tributos, recolhidos por pessoa física, e, não existindo outros bens sujeitos a inventário, aos saldos bancários e de contas de cadernetas de poupança e fundos de investimento de valor até 500 (quinhentas) Obrigações Reajustáveis do Tesouro Nacional. Parágrafo único. Na hipótese de inexistirem dependentes ou sucessores do titular, os valores referidos neste artigo reverterão em favor do Fundo de Previdência e Assistência Social."*

**11. Res. 35/2007 CNJ, art. 1º.** Disciplina a lavratura dos atos notariais relacionados a inventário, partilha, separação consensual, divórcio consensual e extinção consensual de união estável por via administrativa.

**12. Prov. 118/2007 CFOAB, art. 1º.** *"Art. 1º Nos termos do disposto na Lei n. 11.441, de 04.01.2007, é indispensável a intervenção de advogado nos casos de inventários, partilhas, separações e divórcios por meio de escritura pública, devendo constar do ato notarial o nome, o nome social, o número de identidade e a assinatura dos profissionais. § 1º Para viabilizar o exercício profissional, prestando assessoria às partes, o advogado deve estar regulamente inscrito perante a Ordem dos Advogados do Brasil. § 2º Constitui infração disciplinar valer-se de agenciador de causas, mediante participação nos honorários a receber, angariar ou captar causas, com ou sem intervenção de terceiros, e assinar qualquer escrito para fim extrajudicial que não tenha feito, ou em que não tenha colaborado, sendo vedada a atuação de advogado que esteja direta ou indiretamente vinculado ao cartório respectivo, ou a serviço deste, e lícita a advocacia em causa própria."*

## ⚖ JURISPRUDÊNCIA, ENUNCIADOS E SÚMULAS SELECIONADOS

- **13. Enunciado 51 da I Jornada-CJF.** *"Havendo registro judicial ou autorização expressa do juízo sucessório competente, nos autos do procedimento de abertura, registro e cumprimento de testamento, sendo todos os interessados capazes e concordes, poderão ser feitos o inventário e a partilha por escritura pública."*

- **14. Enunciado 600 da VII Jornada de Direito Civil-CJF.** *"Após registrado judicialmente o testamento e sendo todos os interessados capazes*

**Art. 610** CÓDIGO DE PROCESSO CIVIL COMENTADO – *Leonardo Carneiro da Cunha*

*e concordes com os seus termos, não havendo conflito de interesses, é possível que se faça o inventário extrajudicial."*

- **15. Enunciado 77 da I Jornada de Prevenção e Solução Extrajudicial de Litígios – CJF.** *"Havendo registro ou expressa autorização do juízo sucessório competente, nos autos do procedimento de abertura e cumprimento de testamento, sendo todos os interessados capazes e concordes, o inventário e partilha poderão ser feitos por escritura pública, mediante acordo dos interessados, como forma de pôr fim ao procedimento judicial."*

- **16. Enunciado 16 do IBDFAM.** *"Mesmo quando houver testamento, sendo todos os interessados capazes e concordes com os seus termos, não havendo conflito de interesses, é possível que se faça o inventário extrajudicial."*

## ▣ COMENTÁRIOS TEMÁTICOS

**17. Sucessão.** O termo sucessão, na técnica jurídica, tem mais de um significado. Assim, suceder uma pessoa significa vir depois dela, tomar o seu lugar, assumindo, no todo ou em parte, os direitos que lhe pertenciam. Também pode significar a transmissão de bens de uma pessoa em virtude de sua morte. A sucessão, assim, configura a transmissão do patrimônio de uma pessoa falecida a uma ou outras pessoas.

**18.** *Saisine* **ou abertura da sucessão.** A morte implica a imediata transferência da herança aos seus sucessores legítimos e testamentários, para impedir que o patrimônio do falecido fique sem titular, enquanto se aguarda a transferência definitiva dos bens aos seus sucessores. Tal fenômeno é o direito de *saisine* oriundo do sistema francês, que confirma a ideia de que a posse da herança se transmite imediatamente aos herdeiros. No sistema brasileiro, a "abertura da sucessão" transmite, desde logo, os bens aos herdeiros legítimos e testamentários (CC, art. 1.784). O enunciado normativo não se refere à morte, mas à "abertura da sucessão". Significa que à noção de morte natural junta-se à hipótese de ausência como causa da abertura da sucessão, ainda que subordinada à condição do não aparecimento do ausente (CC, arts. 22 a 39). A ausência é tratada como morte presumida (CC, art. 6º).

**19. Universalidade.** A herança é uma universalidade de direito (CC, art. 91), consistindo no conjunto de bens e direitos que se tem no momento da morte, ressalvados os que se extinguem em virtude mesmo do óbito, como o usufruto, o direito de uso e de habitação, assim como o direito a alimentos. O patrimônio também é uma universalidade de direito, no qual existe uma unidade referente a um dado sujeito. Em virtude dessa unidade, transmite-se aos herdeiros do falecido, como um todo (CC, art. 1.791), no estado em que se encontre, com seu ativo e passivo. Diante do óbito, a massa hereditária transmite-se, imediatamente, aos herdeiros (CC, art. 1.784). Só que, pelas dívidas do falecido responderá apenas o monte da herança. Há, aí, uma separação de patrimônios, embora tenham o mesmo sujeito. Por isso, os credores da herança podem exigir que do patrimônio do falecido se discrimine o do herdeiro, assegurando-lhes preferência, em concurso com os credores deste (CC, art. 2.000). Tratando-se de universalidade de direito, a divisão só ocorrerá quando expressamente admitida pela lei, não ficando ao alvedrio do titular do patrimônio a ela proceder, como ocorre na universalidade de fato (CC, art. 90).

**20. Inventário judicial.** Sendo o patrimônio do autor da herança uma universalidade de direito, é necessário apurar quais são os bens que o integram, para que se defina o que passou efetivamente para o domínio dos sucessores. E, havendo mais de um sucessor, há também a necessidade de definir quais os bens da herança que cabem a cada um deles. Para tal finalidade, há o procedimento especial do inventário e partilha (arts. 610 a 673), que se divide em fases bem distintas.

**21. Fase inicial do inventário judicial.** A fase inicial do procedimento é o inventário, que consiste na descrição detalhada de toda a herança, a fim de individualizar todos os bens que formam o acervo patrimonial do falecido.

**22. Fase final do inventário judicial.** A fase final do procedimento é a partilha, que consiste na atividade destinada a dividir o acervo patrimonial do falecido entre os seus sucessores.

**23. Inventário extrajudicial.** Em vez de promover o inventário e a partilha judiciais, os interessados podem valer-se da via extrajudicial, efetuando o inventário e a partilha por escritura pública, que constituirá título hábil para qualquer ato de registro, bem como para levantamento de valores depositados em instituições financeiras, independentemente de homologação judicial. A utilização da via notarial não é uma imposição legal, consistindo numa faculdade conferida aos sucessores, que, se preferirem, podem optar pela via judicial. Caso optem, porém, pela via notarial, é preciso que sejam atendidas as seguintes exigências: *(a)* todos os interessados devem ser maiores e capazes, valendo lembrar que os

996

# LIVRO I · DO PROCESSO DE CONHECIMENTO E DO CUMPRIMENTO DE SENTENÇA — Art. 611

emancipados equiparam-se aos maiores e capazes e podem participar do ato notarial; se apenas um não for maior ou capaz, não será possível a via notarial; *(b)* a sucessão não pode ser testamentária, pois a existência de testamento torna obrigatória a via judicial; *(c)* todos hão de estar de acordo com os termos da partilha; qualquer divergência os conduzirá à via judicial; a participação do cônjuge sobrevivente é obrigatória, seja como meeiro, herdeiro ou titular do direito real de habitação (CC, art. 1.831); *(d)* todos os interessados devem comparecer à presença do tabelião, assistidos por advogado, que pode ser comum ou não, ou por defensor público, caso se precise do benefício da assistência judiciária.

**24. Possibilidade de inventário extrajudicial, mesmo havendo testamento.** *"Assim, de uma leitura sistemática do* caput *e do § 1º do art. 610 do CPC/2015, c/c os arts. 2.015 e 2.016 do CC/2002, mostra-se possível o inventário extrajudicial, ainda que exista testamento, se os interessados forem capazes e concordes e estiverem assistidos por advogado, desde que o testamento tenha sido previamente registrado judicialmente ou haja a expressa autorização do juízo competente. 4. A mens legis que autorizou o inventário extrajudicial foi justamente a de desafogar o Judiciário, afastando a via judicial de processos nos quais não se necessita da chancela judicial, assegurando solução mais célere e efetiva em relação ao interesse das partes. Deveras, o processo deve ser um meio, e não um entrave, para a realização do direito. Se a via judicial é prescindível, não há razoabilidade em proibir, na ausência de conflito de interesses, que herdeiros, maiores e capazes, socorram-se da via administrativa para dar efetividade a um testamento já tido como válido pela Justiça"* (STJ, 4ª Turma, REsp 1.808.767/RJ, rel. Min. Luis Felipe Salomão, *DJe* 03.12.2019).

**25. Partilha extrajudicial e sua execução.** Feita a partilha por via notarial, a correspondente escritura pública configura título executivo extrajudicial (art. 784, II).

**26. Conversão procedimental e desistência da via judicial.** Se estiver em curso um processo de inventário e partilha, é possível dele desistir para se fazer o inventário e a partilha extrajudiciais, desde que não haja herdeiros incapazes nem testamento e todos estejam de acordo com a adoção da via extrajudicial.

**27. Inventário negativo.** Quando o morto não deixa bens patrimoniais, não há o que ser inventariado. Não haveria, então, processo de inventário e partilha. Há casos, porém, em que é preciso que o cônjuge supérstite ou os herdeiros tenham uma comprovação de que o falecido não

deixou bens. Assim, por exemplo, para isentar sua responsabilidade perante o credor (já que a responsabilidade dos herdeiros se restringe aos limites da herança) ou para viabilizar o casamento do cônjuge supérstite que tenha filho com o falecido (já que não poderá casar, enquanto não promover o inventário e der partilha aos herdeiros – CC, art. 1.523, I). O inventário negativo é, portanto, o meio destinado a comprovar que o falecido não deixou bens. Trata-se de medida de jurisdição voluntária, cuja sentença, homologatória da declaração de ausência de bens, é declaratória negativa. A competência para a sua propositura é a mesma do inventário positivo.

**28. Inventário negativo extrajudicial.** O inventário negativo pode ser feito extrajudicialmente, sendo formalizado por escritura pública (Res. 35/2007 CNJ, art. 28), desde que não haja herdeiros incapazes.

**29. Alvará judicial.** É desnecessário instaurar inventário para pagamento dos valores previstos na Lei 6.858/1980 (CPC, art. 666). Nesse caso, basta pedir ao juiz a expedir de um alvará por meio de um procedimento de jurisdição voluntária (art. 725, VII).

**30. Competência internacional.** É da Justiça brasileira a competência exclusiva para processar o inventário de bens situado no Brasil, ainda que o falecido tivesse nacionalidade estrangeira ou tenha tido seu último domicílio fora do território nacional (art. 23, II). Ao Judiciário brasileiro falta competência para proceder a inventário e partilha de bens não situados no Brasil, ainda que o falecido tenha tido domicílio aqui.

**31. Competência interna.** O inventário dos bens situados no Brasil deve ser processado perante o foro do último domicílio do falecido, sendo irrelevante o local da situação dos bens e ainda que ele tenha morrido no exterior (art. 48). A competência, territorial nesse caso, é relativa (art. 63).

---

**Art. 611.** O processo de inventário e de partilha deve ser instaurado dentro de 2 (dois) meses, a contar da abertura da sucessão, ultimando-se nos 12 (doze) meses subsequentes, podendo o juiz prorrogar esses prazos, de ofício ou a requerimento de parte.

---

▶ **1. Correspondência no CPC/1973.** *"Art. 983. O processo de inventário e partilha deve ser aberto dentro de 60 (sessenta) dias a contar da abertura da sucessão, ultimando-se nos 12 (doze) meses subsequentes, podendo o juiz prorrogar tais prazos, de ofício ou a requerimento de parte."*

## LEGISLAÇÃO CORRELATA

**2. CC, art. 132, § 3º.** *"§ 3º Os prazos de meses e anos expiram no dia de igual número do de início, ou no imediato, se faltar exata correspondência."*

**3. CC, art. 1.796.** *"Art. 1.796. No prazo de trinta dias, a contar da abertura da sucessão, instaurar-se-á inventário do patrimônio hereditário, perante o juízo competente no lugar da sucessão, para fins de liquidação e, quando for o caso, de partilha da herança."*

**4. Lei 14.010/2020, art. 16.** *"Art. 16. O prazo do art. 611 do Código de Processo Civil para sucessões abertas a partir de 1º de fevereiro de 2020 terá seu termo inicial dilatado para 30 de outubro de 2020. Parágrafo único. O prazo de 12 (doze) meses do art. 611 do Código de Processo Civil, para que seja ultimado o processo de inventário e de partilha, caso iniciado antes de 1º de fevereiro de 2020, ficará suspenso a partir da entrada em vigor desta Lei até 30 de outubro de 2020."*

## JURISPRUDÊNCIA, ENUNCIADOS E SÚMULAS SELECIONADOS

- **5. Súmula STF, 542.** *"Não é inconstitucional a multa instituída pelo Estado-membro, como sanção pelo retardamento do início ou da ultimação do inventário."*

## COMENTÁRIOS TEMÁTICOS

**6. Necessidade e urgência.** O procedimento de inventário é necessário, sendo igualmente urgente. Por isso, são estabelecidos prazos para sua instauração e, igualmente, para seu encerramento.

**7. Prazos para instauração e para encerramento do inventário.** O dispositivo prevê 2 prazos a serem observados: um para que o inventário seja instaurado e outro para que o processo de inventário se encerre.

**8. Prazos dilatórios.** O juiz pode, de ofício ou a requerimento, prorrogar os prazos previstos no art. 611. Por isso, tais prazos são dilatórios, podendo ser dilatados ou prorrogados.

**9. Prazo para instauração do inventário.** O inventário deve ser instaurado dentro do prazo de 2 meses, a contar da abertura da sucessão. Assim, com o falecimento do autor da herança, tem-se início o prazo para a instauração do inventário dos bens por ele deixados.

**10. Prazo no CC *versus* prazo no CPC.** Enquanto o art. 1.796 do CC prevê o prazo de 30 dias, o art. 611 do CPC estipula o prazo de 2 meses para a instauração do inventário judicial. Há de prevalecer o prazo fixado no CPC, por ser este lei posterior em relação ao CC. O art. 611 do CPC revogou o art. 1.796 do CC. O prazo é, então, de 2 meses.

**11. Aplicação ao inventário extrajudicial.** O prazo para instauração do processo judicial de inventário aplica-se, igualmente, ao inventário extrajudicial, devendo ser iniciado o procedimento notarial para a lavratura da escritura de partilha dos bens deixados pelo autor da herança.

**12. Contagem do prazo.** O prazo é fixado em mês, devendo expirar no dia de igual número do de início (CC, art. 132, § 3º). Assim, se, por exemplo, o sujeito faleceu no dia 3 de abril, o inventário deve ser instaurado até o dia 3 de junho, ou seja, dentro do prazo de 2 meses.

**13. Consequência.** O descumprimento do prazo para instauração do inventário acarreta a incidência de uma multa a ser cobrada do espólio pelo respectivo Estado-membro.

**14. Prazo para encerramento do inventário.** Uma vez instaurado, o inventário deve encerrar-se dentro do prazo de 12 meses.

**15. Prazo impróprio.** O prazo de 12 meses para encerramento do inventário é impróprio, pois seu descumprimento não acarreta qualquer consequência, não havendo preclusão, nulidade nem extinção do processo sem resolução do mérito.

**16. Inobservância de prazos pelo inventariante.** Se não der ao inventário andamento regular ou se praticar atos meramente protelatórios, o inventariante poderá ser removido de ofício ou a requerimento (art. 622, II), assegurado o contraditório.

**Art. 612.** O juiz decidirá todas as questões de direito desde que os fatos relevantes estejam provados por documento, só remetendo para as vias ordinárias as questões que dependerem de outras provas.

▶ **1. Correspondência no CPC/1973.** *"Art. 984. O juiz decidirá todas as questões de direito e também as questões de fato, quando este se achar provado por documento, só remetendo para os meios ordinários as que demandarem alta indagação ou dependerem de outras provas."*

## JURISPRUDÊNCIA, ENUNCIADOS E SÚMULAS SELECIONADOS

- **2. Enunciado 179 da III Jornada-CJF.** *"Nos termos do art. 627, §3º, do CPC, é possível*

**LIVRO I** · DO PROCESSO DE CONHECIMENTO E DO CUMPRIMENTO DE SENTENÇA **Art. 613**

*o reconhecimento incidental da união estável em inventário, quando comprovada documentalmente."*

### 📖 COMENTÁRIOS TEMÁTICOS

**3. Procedimento documental.** O procedimento do processo de inventário e partilha é documental, valendo dizer que só se apreciam as questões que possam ser provadas por documentos.

**4. Cognição judicial no inventário.** Se as alegações feitas no inventário e partilha dependerem de outra prova que não seja a documental, não será possível ao juiz examinar o mérito da questão posta a seu julgamento, devendo a parte ou o interessado submeter a questão em demanda própria. A cognição empreendida no inventário e partilha é plena e exauriente *secundum eventum probationis*, ou seja, depende, apenas, da prova documental. O inventário não admite outro tipo de prova, a não ser a documental.

**5. Competência do juízo do inventário.** Ao juízo do inventário compete apreciar e julgar toda e qualquer questão de que dependa o julgamento do inventário e da partilha. Só não lhe caberá julgar, se for necessária a produção de algum meio de prova distinto da documental. Se a questão for comprovada por documentos, é do juízo de inventário a competência para julgá-la. Sendo necessária a produção de outras provas, a parte ou o interessado terá de propor ação própria para nela formular sua pretensão. Não é a complexidade da questão, mas os meios de provas exigidos para o caso, que atrai ou não a competência do juízo do inventário. Não sendo necessário produzir provas ou sendo suficiente a prova documental, o juízo do inventário pode examinar a questão, por mais complexa que seja.

**6. Questões de alta indagação.** O CPC/1973 utilizava, em dispositivo correspondente, a expressão "questões de alta indagação". A complexidade da questão era, na verdade, irrelevante para definir a competência do juízo do inventário. O que se deveria verificar era a necessidade de outras provas, além da documental. O atual CPC adotou terminologia mais adequada, ao dispor que o juiz do inventário só deve remeter *"para as vias ordinárias as questões que dependerem de outras provas".*

**7. Significado da expressão "questões de alta indagação".** *"Questões de alta indagação são as que demandam a produção de provas que não estão nos autos do inventário, e, por exigirem ampla cognição para serem apuradas e solucionadas, devem ser decididas em ação pró-pria, nas vias ordinárias. (CPC/1973, art. 984 e CPC/2015, art. 612)"* (STJ, 4ª Turma, AgInt no REsp 1.359.060/RJ, rel. p/ ac. Min. Maria Isabel Gallotti, *DJe* 1º.8.2018).

**8. Inadmissibilidade de honorários de sucumbência quando a questão é remetida às vias ordinárias.** *"A sentença que denega a habilitação de crédito na sucessão, por mera discordância de qualquer interessado, não enseja a condenação em honorários advocatícios, pois não torna litigiosa a demanda, não havendo falar em condenação, nem de se cogitar em qualquer proveito econômico, já que o direito ao crédito e à sua cobrança são remetidos às vias ordinárias"* (STJ, 4ª Turma, AgInt no REsp 1.792.709/SP, rel. Min. Luis Felipe Salomão, *DJe* 13.8.2019).

**9. Invalidade de negócios jurídicos.** *"É procedimentalmente viável o reconhecimento incidental, na ação de inventário, da nulidade de negócios jurídicos que envolveram bens pertencentes ao espólio, na medida em se trata de questão prejudicial ao desfecho do inventário e que está abrangida pela regra do art. 984 do CPC/1973 (atual art. 612 do CPC/2015), especialmente na hipótese de nulidades aferíveis de plano e que dispensavam instrução distinta da documental. 10. As decisões proferidas no curso do inventário que efetivamente decretam a nulidade dos negócios jurídicos sobre bens do espólio não se revestem de natureza cautelar, pois não se limitam apenas a assegurar a eficácia e a utilidade do resultado a ser produzido apenas ao final. 11. A ação de inventário pode envolver um feixe de relações jurídicas conexas com a sua finalidade principal, que é distribuir aos herdeiros os quinhões que lhes pertencem, de modo que, se efetivamente surgidas essas relações, caberá exclusivamente ao juízo universal do inventário delas conhecer e sobre elas decidir, salvo na hipótese de ser exigível cognição mais profunda e que dependa de prova diferente da documental. 12. As decisões proferidas com base na regra do art. 984 do CPC/1973 (atual art. 612 do CPC/2015) e que não se refiram às questões de alta indagação, conquanto eventualmente rotuladas de interlocutórias, versam sobre o próprio mérito da relação jurídica conexa, possuem natureza jurídica de sentença e são aptas a se revestirem da imutabilidade e da indiscutibilidade proporcionadas pela coisa julgada material"* (STJ, 3ª Turma, REsp 1.829.945/TO, rel. Min. Nancy Andrighi, *DJe* 4.5.2021).

**Art. 613.** Até que o inventariante preste o compromisso, continuará o espólio na posse do administrador provisório.

**Art. 614** CÓDIGO DE PROCESSO CIVIL COMENTADO – *Leonardo Carneiro da Cunha*

▶ **1. Correspondência no CPC/1973.** *"Art. 985. Até que o inventariante preste o compromisso (art. 990, parágrafo único), continuará o espólio na posse do administrador provisório."*

## 🏛 LEGISLAÇÃO CORRELATA

**2. CC, art. 1.797.** *"Até o compromisso do inventariante, a administração da herança caberá, sucessivamente: I – ao cônjuge ou companheiro, se com o outro convivia ao tempo da abertura da sucessão; II – ao herdeiro que estiver na posse e administração dos bens, e, se houver mais de um nessas condições, ao mais velho; III – ao testamenteiro; IV – a pessoa de confiança do juiz, na falta ou escusa das indicadas nos incisos antecedentes, ou quando tiverem de ser afastadas por motivo grave levado ao conhecimento do juiz."*

## 📖 COMENTÁRIOS TEMÁTICOS

**3. Abertura da sucessão.** Com a morte, abre-se a sucessão do falecido, transmitindo-se a herança, desde logo, aos herdeiros legítimos e testamentários (CC, art. 1.784).

**4. Administração da massa hereditária.** No período que medeia a morte do autor da herança e a partilha de seus bens a seus sucessores, seu patrimônio mantém-se em situação imprecisa relativamente à sua titularidade. Enquanto a situação não se define, deve-se atribuir a alguém a administração da massa hereditária. Tal função é exercida por 2 figuras: *(a)* o administrador provisório. (art. 613); e, *(b)* o inventariante (art. 617).

**5. Administrador provisório.** O administrador provisório é quem dá continuidade prática à posse do autor da herança, enquanto o inventariante não for investido em seu múnus regular (art. 614). É o administrador provisório quem tem a posse e exerce a administração do espólio até que o inventariante preste compromisso. Geralmente, o administrador provisório é aquele que se encontra na posse direta dos bens quando da abertura da sucessão, pois a posse indireta é transmitida imediatamente aos herdeiros, no momento da morte (CC, art. 1.784).

**6. Dispensa de nomeação.** O administrador provisório do espólio é o que se mantém na posse dos bens a inventariar, não sendo necessária sua prévia nomeação ou investidura judicial.

**7. Termo de compromisso.** O administrador provisório não precisa assinar termo de compromisso, passando a exercer essa função devido ao fato de estar na posse dos bens a serem inventariados.

**8. Representação do espólio pelo administrador provisório.** *"Na ausência de ação de inventário ou de inventariante compromissado, o espólio será representado judicialmente pelo administrador provisório, responsável legal pela administração da herança até a assunção do encargo pelo inventariante"* (STJ, 3ª Turma, REsp 1.559.791/PB, rel. Min. Nancy Andrighi, *DJe* 31.08.2018).

> **Art. 614.** O administrador provisório representa ativa e passivamente o espólio, é obrigado a trazer ao acervo os frutos que desde a abertura da sucessão percebeu, tem direito ao reembolso das despesas necessárias e úteis que fez e responde pelo dano a que, por dolo ou culpa, der causa.

▶ **1. Correspondência no CPC/1973.** *"Art. 986. O administrador provisório representa ativa e passivamente o espólio, é obrigado a trazer ao acervo os frutos que desde a abertura da sucessão percebeu, tem direito ao reembolso das despesas necessárias e úteis que fez e responde pelo dano a que, por dolo ou culpa, der causa."*

## 📖 COMENTÁRIOS TEMÁTICOS

**2. Funções do administrador provisório.** Ao administrador provisório cabe administrar a massa hereditária no período que medeia a morte do autor da herança e a assunção do compromisso pelo inventariante. Nomeado o inventariante, cessa a função do administrador provisório.

**3. Gestão provisória.** O administrador provisório exerce a gestão provisória do espólio.

**4. Representação do espólio pelo administrador provisório.** *"(...), o espólio é representado, ativa e passivamente, pelo inventariante. No entanto, até que o inventariante preste o devido compromisso, tal representação far-se-á pelo administrador provisório"* (STJ, 3ª Turma, REsp 1.386.220/PB, rel. Min. Nancy Andrighi, *DJe* 12.09.2013).

**5. Disposição dos bens.** O administrador provisório não tem poderes para dispor dos bens do espólio, devendo trazer ao acervo os frutos percebidos desde a abertura da sucessão.

**6. Responsabilidade.** O administrador provisório responde pelos danos a que, por sua culpa ou dolo, causar aos bens do espólio. Sua responsabilidade é subjetiva: depende da comprovação de culpa ou dolo.

**7. Reembolso de despesas necessárias.** O administrador provisório tem direito ao reembolso de despesas necessárias e úteis que fizer nos bens do espólio.

**LIVRO I** · DO PROCESSO DE CONHECIMENTO E DO CUMPRIMENTO DE SENTENÇA · **Art. 616**

## Seção II
## Da Legitimidade para Requerer o Inventário

**Art. 615.** O requerimento de inventário e de partilha incumbe a quem estiver na posse e na administração do espólio, no prazo estabelecido no art. 611.

Parágrafo único. O requerimento será instruído com a certidão de óbito do autor da herança.

▶ **1. Correspondência no CPC/1973.** *"Art. 987. A quem estiver na posse e administração do espólio incumbe, no prazo estabelecido no art. 983, requerer o inventário e a partilha. Parágrafo único. O requerimento será instruído com a certidão de óbito do autor da herança."*

### 🔲 COMENTÁRIOS TEMÁTICOS

**2. Legitimidade para requerer o inventário.** O requerimento para abertura do inventário judicial cabe, em primeiro lugar, ao administrador provisório, que é quem se encontra na posse dos bens do espólio enquanto o inventariante não for investido em seu múnus regular (arts. 613 e 614). Essa legitimidade não é exclusiva, havendo também outros legitimados a requerer o inventário (art. 616).

**3. Prazo para instauração do inventário.** O inventário deve ser instaurado dentro do prazo de 2 meses, a contar da abertura da sucessão (art. 611), podendo tal prazo ser prorrogado pelo juízo, de ofício ou a requerimento da parte.

**4. Procedimento.** O procedimento sucessório em juízo compreende 2 fases: a do inventário e a da partilha. A fase do inventário compreende os seguintes atos: *(a)* petição inicial; *(b)* nomeação do inventariante; *(c)* primeiras declarações; *(d)* citação dos interessados; *(e)* avaliação do acervo; *(f)* últimas declarações; *(g)* pagamento do imposto de transmissão *causa mortis*. Por sua vez, a fase de partilha compõe-se dos seguintes atos: *(a)* petição de quinhões; *(b)* deliberação da partilha; *(c)* julgamento da partilha.

**5. Petição inicial.** O fundamento da pretensão a inventariar bens é, no processo sucessório, a morte do autor da herança. Por isso, o administrador provisório deve, na petição inicial, comunicar o óbito, pedir a abertura do inventário e a nomeação do inventariante.

**6. Legitimidade para requerer *versus* legitimidade para inventariança.** A legitimidade para requerer o inventário não se confunde com a legitimidade para exercer a inventariança. O

inventário pode ser requerido pelo administrador provisório e ser nomeado como inventariante um dos legitimados a tanto (art. 617).

**7. Pedido genérico.** Sendo o inventário e partilha uma demanda que diz respeito a uma universalidade, o pedido formulado na petição inicial pode ser genérico, se o autor não tiver condições de, desde logo, identificar todos os bens a inventariar (art. 324, § 1º, I).

**8. Valor da causa.** Se o pedido for genérico, por não ser possível identificar todos os bens, o valor da causa deve ser fixado por estimativa. Se, porém, o valor do monte for conhecido desde a propositura, ele deverá ser o valor da causa.

**9. Documento indispensável à propositura da demanda.** O inventário deve ser instruído com certidão de óbito do autor da herança. É documento indispensável à propositura do inventário. Não juntada a certidão de óbito, deve o juiz determinar a intimação do autor para que a apresente, sob pena de indeferimento da petição inicial e de não atendimento ao prazo previsto no art. 611.

**Art. 616.** Têm, contudo, legitimidade concorrente:

I – o cônjuge ou companheiro supérstite;

II – o herdeiro;

III – o legatário;

IV – o testamenteiro;

V – o cessionário do herdeiro ou do legatário;

VI – o credor do herdeiro, do legatário ou do autor da herança;

VII – o Ministério Público, havendo herdeiros incapazes;

VIII – a Fazenda Pública, quando tiver interesse;

IX – o administrador judicial da falência do herdeiro, do legatário, do autor da herança ou do cônjuge ou companheiro supérstite.

▶ **1. Correspondência no CPC/1973.** *"Art. 988. Tem, contudo, legitimidade concorrente: I – o cônjuge supérstite; II – o herdeiro; III – o legatário; IV – o testamenteiro; V – o cessionário do herdeiro ou do legatário; VI – o credor do herdeiro, do legatário ou do autor da herança; VII – o síndico da falência do herdeiro, do legatário, do autor da herança ou do cônjuge supérstite; VIII – o Ministério Público, havendo herdeiros incapazes; IX – a Fazenda Pública, quando tiver interesse."*

### 🔲 COMENTÁRIOS TEMÁTICOS

**2. Legitimidade concorrente.** A legitimidade para requerer o inventário não é exclusiva do

1001

# Art. 617 | CÓDIGO DE PROCESSO CIVIL COMENTADO – *Leonardo Carneiro da Cunha*

administrador provisório (art. 615). Também podem requerer o inventário os legitimados relacionados no art. 616. A legitimidade para requerer o inventário é concorrente.

**3. Legitimidade do credor do herdeiro e ausência de sua qualidade como parte no inventário.** *"O art. 616, VI, do CPC/2015 prevê a legitimidade concorrente do credor do herdeiro, do legatário e do autor da herança para requerer o inventário, o que não equivale a alçá-lo à condição de parte no feito sucessório, permitindo ampla atuação como se herdeiro fosse, requerendo prestações de contas, regularização de representação processual e outras medidas específicas. 2. Caberia ao credor do herdeiro, quando muito, requerer sua admissão como assistente daquele, o que não fez"* (STJ, 4ª Turma, AgInt no AREsp 1.154.425/SP, rel. Min. Raul Araújo, *DJe* 29.04.2021).

**4. Prazo para requerer o inventário.** Qualquer um dos legitimados concorrentes (art. 616) pode, desde o óbito, já requerer o inventário, não precisando aguardar o transcurso do prazo legal (art. 611) para comprovar a inércia do administrador provisório.

**5. Legitimidade para requerer *versus* legitimidade para inventariança.** A legitimidade para requerer o inventário não se confunde com a legitimidade para exercer a inventariança. O inventário pode ser requerido por qualquer um dos legitimados concorrentes (arts. 615 e 616) e ser nomeado como inventariante um dos legitimados a tanto (art. 617). O fato de um herdeiro provocar a instauração do inventário não lhe confere, só por isso, preferência para ser investido na função de inventariante.

**6. Instauração do inventário de ofício.** Não deve o juiz instaurar o processo de inventário de ofício, sendo necessária a provocação de algum dos legitimados concorrentes (arts. 615 e 616). A instauração do processo depende de iniciativa da parte ou do interessado (art. 2º).

## Seção III
## Do Inventariante e das Primeiras Declarações

**Art. 617.** O juiz nomeará inventariante na seguinte ordem:

I – o cônjuge ou companheiro sobrevivente, desde que estivesse convivendo com o outro ao tempo da morte deste;

II – o herdeiro que se achar na posse e na administração do espólio, se não houver cônjuge ou companheiro sobrevivente ou se estes não puderem ser nomeados;

III – qualquer herdeiro, quando nenhum deles estiver na posse e na administração do espólio;

IV – o herdeiro menor, por seu representante legal;

V – o testamenteiro, se lhe tiver sido confiada a administração do espólio ou se toda a herança estiver distribuída em legados;

VI – o cessionário do herdeiro ou do legatário;

VII – o inventariante judicial, se houver;

VIII – pessoa estranha idônea, quando não houver inventariante judicial.

Parágrafo único. O inventariante, intimado da nomeação, prestará, dentro de 5 (cinco) dias, o compromisso de bem e fielmente desempenhar a função.

▶ **1. Correspondência no CPC/1973.** *"Art. 990. O juiz nomeará inventariante: I – o cônjuge ou companheiro sobrevivente, desde que estivesse convivendo com o outro ao tempo da morte deste; II – o herdeiro que se achar na posse e administração do espólio, se não houver cônjuge ou companheiro sobrevivente ou estes não puderem ser nomeados; III – qualquer herdeiro, nenhum estando na posse e administração do espólio; IV – o testamenteiro, se lhe foi confiada a administração do espólio ou toda a herança estiver distribuída em legados; V – o inventariante judicial, se houver; VI – pessoa estranha idônea, onde não houver inventariante judicial. Parágrafo único. O inventariante, intimado da nomeação, prestará, dentro de 5 (cinco) dias, o compromisso de bem e fielmente desempenhar o cargo."*

## 🗎 COMENTÁRIOS TEMÁTICOS

**2. O inventariante.** O inventário reclama a colaboração de um auxiliar especial do juízo, que é o inventariante, uma pessoa nomeada pelo juiz para administrar o acervo hereditário e promover o inventário e a partilha dos bens deixados pelo autor da herança.

**3. Nomeação e compromisso.** A investidura do inventariante depende de nomeação do juiz e prestação de compromisso nos autos *"de bem e fielmente desempenhar a função"*. O juiz deve nomear o inventariante, observando a ordem de preferência do art. 617, não lhe sendo conferida discricionariedade nem livre escolha na nomeação.

**4. Duração da função.** A função do inventariante dura até a partilha dos bens do espólio.

**5. Ordem de preferência.** O inventariante deve ser nomeado de acordo com ordem legal

**LIVRO I** · DO PROCESSO DE CONHECIMENTO E DO CUMPRIMENTO DE SENTENÇA **Art. 618**

de preferência (art. 617). O juiz deve obedecer a essa ordem legal de preferência. Apenas em situações excepcionais, pode a ordem deixar de ser observada, a fim de atender às peculiaridades do caso concreto.

**6. Flexibilização da ordem de preferência.** *"Consoante entendimento prevalente nesta Corte, é possível a flexibilização e alteração da ordem de legitimados à inventariança para se atender às peculiaridades do caso concreto, tendo em vista que a regra prevista no art. 990 do CPC/1973 não é de caráter absoluto"* (STJ, 4ª Turma, AgRg no REsp 1.153.743/SP, rel. Min. Marco Buzzi, DJe 02.02.2017). *"A jurisprudência do Superior Tribunal de Justiça, a depender do caso concreto, admite a flexibilização da ordem de nomeação do art. 990 do CPC/1973"* (STJ, 3ª Turma, AgInt no AREsp 1.013.581/RJ, rel. Min. Ricardo Villas Bôas Cueva, DJe 13.06.2017).

**7. Inventariante legítimo *versus* inventariante dativo.** O inventariante pode ser legítimo ou dativo. Será legítimo quando nomeado entre os que estão mencionados nos incisos I a VI do art. 617. Será dativo o inventariante judicial ou pessoa estranha idônea (art. 617, VII e VIII). Quando o inventariante for dativo, os sucessores do falecido serão intimados no processo no qual o espólio seja parte (art. 75, § 1º).

**8. Ministério Público.** Não deve o juiz nomear o Ministério Público como inventariante, ainda que haja interesse de incapaz. Caso haja interesse de incapaz no inventário, o Ministério Público deve intervir como fiscal da ordem jurídica (art. 178, II), e não como inventariante.

---

**Art. 618.** Incumbe ao inventariante:

I – representar o espólio ativa e passivamente, em juízo ou fora dele, observando-se, quanto ao dativo, o disposto no art. 75, § 1º;

II – administrar o espólio, velando-lhe os bens com a mesma diligência que teria se seus fossem;

III – prestar as primeiras e as últimas declarações pessoalmente ou por procurador com poderes especiais;

IV – exibir em cartório, a qualquer tempo, para exame das partes, os documentos relativos ao espólio;

V – juntar aos autos certidão do testamento, se houver;

VI – trazer à colação os bens recebidos pelo herdeiro ausente, renunciante ou excluído;

VII – prestar contas de sua gestão ao deixar o cargo ou sempre que o juiz lhe determinar

VIII – requerer a declaração de insolvência.

---

▶ **1. Correspondência no CPC/1973.** *"Art. 991. Incumbe ao inventariante: I – representar o espólio ativa e passivamente, em juízo ou fora dele, observando-se, quanto ao dativo, o disposto no art. 12, § 1º; II – administrar o espólio, velando-lhe os bens com a mesma diligência como se seus fossem; III – prestar as primeiras e últimas declarações pessoalmente ou por procurador com poderes especiais; IV – exibir em cartório, a qualquer tempo, para exame das partes, os documentos relativos ao espólio; V – juntar aos autos certidão do testamento, se houver; VI – trazer à colação os bens recebidos pelo herdeiro ausente, renunciante ou excluído; VII – prestar contas de sua gestão ao deixar o cargo ou sempre que o juiz lhe determinar; VIII – requerer a declaração de insolvência (art. 748)."*

## ⚖ JURISPRUDÊNCIA, ENUNCIADOS E SÚMULAS SELECIONADOS

• **2. Súmula STF, 115.** *"Sobre os honorários do advogado contratado pelo inventariante, com a homologação do juiz, não incide o imposto de transmissão causa mortis."*

## ▣ COMENTÁRIOS TEMÁTICOS

**3. Encargos do inventariante.** Ao inventariante cabe a prática de vários atos, sendo eles atos de gestão ou de disposição. Ao inventariante cabe, ainda, prestar contas de sua gestão.

**4. Atos de gestão.** Incumbe ao inventariante representar o espólio ativa e passivamente, em juízo ou fora dele, administrar o espólio; prestar as primeiras e as últimas declarações pessoalmente ou por procurador com poderes especiais; exibir em cartório, a qualquer tempo, para exame das partes, os documentos relativos ao espólio; juntar aos autos certidão do testamento, se houver; trazer à colação os bens recebidos pelo herdeiro ausente, renunciante ou excluído; prestar contas de sua gestão; requerer a declaração de insolvência. O inventariante exerce esses poderes como gestor de coisas alheias, sendo um simples administrador, sendo-lhe vedado confessar, transigir ou renunciar, sem poderes expressos.

**5. Atos de disposição.** O inventariante pode eventualmente praticar atos de disposição de bens do espólio, se todos os interessados na herança forem ouvidos e depois de autorização do juiz (art. 619).

**6. Prestação de contas.** Para encerrar sua função no processo, o inventariante tem de prestar contas de sua gestão. A prestação de contas é feita incidentemente no processo de inventário. Prestadas as contas pelo inventariante, os herdeiros devem ser intimados para manifestarem-se. A exigência das contas por algum interessado deve ser promovida por meio de ação de exigir contas (arts. 550 a 552).

**7. Ausência de poder do inventariante de alterar o controle acionário de companhia.** *"Cinge-se a controvérsia a verificar se é possível suspender o poder de o inventariante, representando o espólio, votar em assembleia de sociedade anônima da qual o falecido era sócio, com a pretensão de alterar o controle da companhia, e vender bens do acervo patrimonial. 2. Os poderes de administração do inventariante são aqueles relativos à conservação dos bens inventariados para a futura partilha, dentre os quais se pode citar o pagamento de tributos e aluguéis, a realização de reparos e a aplicação de recursos, atendendo o interesse dos herdeiros. 3. A atuação do inventariante, alienando bens sociais e buscando modificar a natureza das ações e a própria estrutura de poder da sociedade anônima, está fora dos limites dos poderes de administração e conservação do patrimônio"* (STJ, 3ª Turma, REsp 1.627.286/GO, rel. Min. Ricardo Villas Bôas Cueva, *DJe* 03.10.2017).

---

**Art. 619.** Incumbe ainda ao inventariante, ouvidos os interessados e com autorização do juiz:

I – alienar bens de qualquer espécie;

II – transigir em juízo ou fora dele;

III – pagar dívidas do espólio;

IV – fazer as despesas necessárias para a conservação e o melhoramento dos bens do espólio.

---

▶ **1. Correspondência no CPC/1973.** *"Art. 992. Incumbe ainda ao inventariante, ouvidos os interessados e com autorização do juiz: I – alienar bens de qualquer espécie; II – transigir em juízo ou fora dele; III – pagar dívidas do espólio; IV – fazer as despesas necessárias com a conservação e o melhoramento dos bens do espólio."*

## 🏛 LEGISLAÇÃO CORRELATA

**2. CC, art. 1.791.** *"Art. 1.791. A herança defere-se como um todo unitário, ainda que vários sejam os herdeiros. Parágrafo único. Até a partilha, o direito dos co-herdeiros, quanto à propriedade e posse da herança, será indivisível, e regular-se-á pelas normas relativas ao condomínio."*

**3. CC, art. 1.793, § 3º.** *"§ 3º Ineficaz é a disposição, sem prévia autorização do juiz da sucessão, por qualquer herdeiro, de bem componente do acervo hereditário, pendente a indivisibilidade."*

**4. CTN, art. 134, IV.** *"Art. 134. Nos casos de impossibilidade de exigência do cumprimento da obrigação principal pelo contribuinte, respondem solidariamente com este nos atos em que intervierem ou pelas omissões de que forem responsáveis: (...) IV – o inventariante, pelos tributos devidos pelo espólio;*

**5. CTN, art. 192.** *"Art. 192. Nenhuma sentença de julgamento de partilha ou adjudicação será proferida sem prova da quitação de todos os tributos relativos aos bens do espólio, ou às suas rendas."*

## 🗐 COMENTÁRIOS TEMÁTICOS

**6. Atos de disposição.** O inventariante pode praticar atos de disposição de bens do espólio. São atos que ultrapassam a simples administração. A prática de atos de disposição de bens do espólio pelo inventariante depende da oitiva prévia de todos os interessados na herança e de autorização do juiz. Enfim, o inventariante poderá, desde que ouvidos os interessados e com autorização judicial, alienar bens de qualquer espécie, transigir em juízo ou fora dele, pagar dívidas do espólio e pagar despesas necessárias à conservação e ao melhoramento dos bens do espólio.

**7. Interessados.** Não se exige o consenso unânime dos interessados para que sejam praticados atos de disposição de bens do espólio pelo inventariante, mas o juiz não pode autorizar a prática de tais atos sem ouvir antes todos eles.

**8. Autorização judicial.** Ainda que todos os interessados estejam de acordo com o ato de disposição de bens do espólio, é preciso ter autorização judicial. Depois de ouvir todos os interessados, o juiz deve ponderar a situação e autorizar ou não a disposição de bens do espólio. Autorizada a disposição de bens, deverá ser expedido o correspondente alvará.

**9. Alienação de bens e pagamento de dívidas do espólio.** A alienação de bens do espólio pode ser necessária para pagamento de dívidas do próprio espólio. Nesse caso, autorizada a venda, será expedido alvará para que o inventariante aliene o bem, pague a dívida e comprove perante o juízo do inventário. Tal ato insere-se no dever de prestação de contas do inventariante.

**10. Dispensa excepcional da oitiva dos interessados e da autorização prévia do juiz.** *"Em regra, a prática pelo inventariante dos atos elencados no art. 992 do CPC/1973, correspondente ao art. 619 do CPC/2015, depende de prévia oitiva dos interessados e de autorização judicial, a fim de*

**LIVRO I** · DO PROCESSO DE CONHECIMENTO E DO CUMPRIMENTO DE SENTENÇA **Art. 620**

*evitar a disposição definitiva de bens ou transação sobre direitos que seriam objeto de futura partilha, bem como para evitar a aplicação de valores do espólio em gastos eventualmente desnecessários. 6. É possível, contudo, flexibilizar a exigência de oitiva prévia e de autorização judicial, em caráter absolutamente excepcional, quando se verificar que o ato praticado pelo inventariante objetivou a proteção do patrimônio comum e, assim, atingiu plenamente a finalidade prevista em lei, salvaguardando os bens pertencentes ao espólio de sua integral e irreversível deterioração"* (STJ, 3ª Turma, REsp 1.655.720/RJ, rel. Min. Nancy Andrighi, *DJe* 15.10.2018).

**Art. 620.** Dentro de 20 (vinte) dias contados da data em que prestou o compromisso, o inventariante fará as primeiras declarações, das quais se lavrará termo circunstanciado, assinado pelo juiz, pelo escrivão e pelo inventariante, no qual serão exarados:

I – o nome, o estado, a idade e o domicílio do autor da herança, o dia e o lugar em que faleceu e se deixou testamento;

II – o nome, o estado, a idade, o endereço eletrônico e a residência dos herdeiros e, havendo cônjuge ou companheiro supérstite, além dos respectivos dados pessoais, o regime de bens do casamento ou da união estável;

III – a qualidade dos herdeiros e o grau de parentesco com o inventariado;

IV – a relação completa e individualizada de todos os bens do espólio, inclusive aqueles que devem ser conferidos à colação, e dos bens alheios que nele forem encontrados, descrevendo-se:

a) os imóveis, com as suas especificações, nomeadamente local em que se encontram, extensão da área, limites, confrontações, benfeitorias, origem dos títulos, números das matrículas e ônus que os gravam;

b) os móveis, com os sinais característicos;

c) os semoventes, seu número, suas espécies, suas marcas e seus sinais distintivos;

d) o dinheiro, as joias, os objetos de ouro e prata e as pedras preciosas, declarando-se-lhes especificadamente a qualidade, o peso e a importância;

e) os títulos da dívida pública, bem como as ações, as quotas e os títulos de sociedade, mencionando-se-lhes o número, o valor e a data;

f) as dívidas ativas e passivas, indicando-se-lhes as datas, os títulos, a origem da obrigação e os nomes dos credores e dos devedores;

g) direitos e ações;

h) o valor corrente de cada um dos bens do espólio.

§ 1º O juiz determinará que se proceda:

I – ao balanço do estabelecimento, se o autor da herança era empresário individual;

II – à apuração de haveres, se o autor da herança era sócio de sociedade que não anônima.

§ 2º As declarações podem ser prestadas mediante petição, firmada por procurador com poderes especiais, à qual o termo se reportará.

▶ **1. Correspondência no CPC/1973.** *"Art. 993. Dentro de 20 (vinte) dias, contados da data em que prestou o compromisso, fará o inventariante as primeiras declarações, das quais se lavrará termo circunstanciado. No termo, assinado pelo juiz, escrivão e inventariante, serão exarados: I – o nome, estado, idade e domicílio do autor da herança, dia e lugar em que faleceu e bem ainda se deixou testamento; II – o nome, estado, idade e residência dos herdeiros e, havendo cônjuge supérstite, o regime de bens do casamento; III – a qualidade dos herdeiros e o grau de seu parentesco com o inventariado; IV – a relação completa e individuada de todos os bens do espólio e dos alheios que nele forem encontrados, descrevendo-se: a) os imóveis, com as suas especificações, nomeadamente local em que se encontram, extensão da área, limites, confrontações, benfeitorias, origem dos títulos, números das transcrições aquisitivas e ônus que os gravam; b) os móveis, com os sinais característicos; c) os semoventes, seu número, espécies, marcas e sinais distintivos; d) o dinheiro, as joias, os objetos de ouro e prata, e as pedras preciosas, declarando-se-lhes especificadamente a qualidade, o peso e a importância; e) os títulos da dívida pública, bem como as ações, cotas e títulos de sociedade, mencionando-se-lhes o número, o valor e a data; f) as dívidas ativas e passivas, indicando-se-lhes as datas, títulos, origem da obrigação, bem como os nomes dos credores e dos devedores; g) direitos e ações; h) o valor corrente de cada um dos bens do espólio. Parágrafo único. O juiz determinará que se proceda: I – ao balanço do estabelecimento, se o autor da herança era comerciante em nome individual; II – a apuração de haveres, se o autor da herança era sócio de sociedade que não anônima."*

⚖️ **JURISPRUDÊNCIA, ENUNCIADOS E SÚMULAS SELECIONADOS**

▶ **2. Súmula STF, 265.** *"Na apuração de haveres não prevalece o balanço não aprovado pelo sócio falecido, excluído ou que se retirou."*

## COMENTÁRIOS TEMÁTICOS

**3. Nomeação do inventariante.** Se a petição inicial estiver em ordem, o juiz nomeará o inventariante, para que assuma o encargo de promover o inventário e partilha dos bens deixados pelo falecido.

**4. Primeiras declarações.** Prestado o compromisso por termo lavrado nos autos, o inventariante terá o prazo de 20 dias para apresentar suas primeiras declarações, pessoalmente ou por seu advogado.

**5. Poderes do advogado.** O advogado, para apresentar as primeiras declarações, deve exibir procuração que contenha poder específico para a prática de tal ato. A apresentação das primeiras declarações é ato que não se inclui nos poderes gerais para o foro (art. 105), pois se trata de ato que incumbe ao inventariante praticar. Para o advogado fazê-lo, terá de ter poderes especiais (art. 618, III).

**6. Termo nos autos.** As primeiras declarações devem constar de termo nos autos, a ser lavrado pelo escrivão ou chefe de secretaria e assinado pelo inventariante, pelo juiz e pelo serventuário que o redigiu.

**7. Petição.** As primeiras declarações podem ser prestadas por petição subscrita por advogado com poderes especiais, à qual o termo se reportará. Em outras palavras, prestadas as primeiras declarações por petição, basta que o termo a ela se reporte, não sendo necessário transcrever ou reproduzir todo o conteúdo da petição.

**8. Objetivo das primeiras declarações.** As primeiras declarações têm por finalidade identificar e delimitar o conteúdo do patrimônio deixado pelo falecido, com identificação de seus herdeiros, credores e devedores.

**9. Conteúdo das primeiras declarações.** As primeiras declarações têm o conteúdo descrito no art. 620, compreendendo *(a)* a identificação do falecido e das circunstâncias em que se deu sua morte (data, local e hora), esclarecendo-se se há ou não testamento a cumprir; *(b)* nomeação e qualificação dos herdeiros e do cônjuge sobrevivente, se houver, com indicação do regime matrimonial; *(c)* relação completa e individualizada de todos os bens que compõem a herança, inclusive os que devem ser conferidos à colação, com seus correspondentes valores; *(d)* todos os créditos e débitos deixados pelo falecidos.

**10. Bens doados sujeitos à colação.** O inventariante tem o dever de informar, nas primeiras declarações, os bens doados pelo falecido sujeitos à colação (art. 639), cabendo aos descendentes deste declarar, no inventário, as doações que dele receberam em vida, sob pena de sonegação (CC, art. 2.002).

**11. Empresário individual.** Tratando-se de empresário individual, as primeiras declarações devem ser seguidas da elaboração de um balanço do estabelecimento comercial, a ser determinada pelo juiz.

**12. Sócio de sociedade não anônima.** Quando o falecido era sócio de sociedade que não anônima, o juiz deverá determinar a realização de uma apuração de haveres. Nesse caso, deve-se aplicar as regras da apuração de haveres da dissolução parcial de sociedade (arts. 604 a 609).

**13. Momento para o balanço ou para a apuração de haveres.** O balanço (em caso de empresário individual) ou a apuração de haveres (em caso de sócio de sociedade que não anônima) somente deve ser determinado depois de realizadas todas as citações de todos os interessados, a quem se deve assegurar o contraditório, com o acompanhamento da respectiva perícia.

**14. Sociedades anônimas.** Se o falecido deixou ações de sociedades anônimas, não é necessária a realização de balanço ou de apuração de haveres, sendo suficiente apurar seu valor, para efeito de inventário, pela sua cotação na Bolsa de Valores ou, se não houver tal cotação, apenas pela avaliação delas.

**15. Importância das primeiras declarações.** As primeiras declarações consistem em peça básica e fundamental do inventário, pois fixa o objeto do juiz sucessório e determinação a legitimação dos que vão concorrer à partilha de bens do espólio.

> **Art. 621.** Só se pode arguir sonegação ao inventariante depois de encerrada a descrição dos bens, com a declaração, por ele feita, de não existirem outros por inventariar.

▶ **1. Correspondência no CPC/1973.** *"Art. 994. Só se pode arguir de sonegação ao inventariante depois de encerrada a descrição dos bens, com a declaração, por ele feita, de não existirem outros por inventariar."*

## LEGISLAÇÃO CORRELATA

**2. CC, art. 1.992.** *"Art. 1.992. O herdeiro que sonegar bens da herança, não os descrevendo no inventário quando estejam em seu poder, ou, com o seu conhecimento, no de outrem, ou que os omitir na colação, a que os deva levar, ou que*

**LIVRO I · DO PROCESSO DE CONHECIMENTO E DO CUMPRIMENTO DE SENTENÇA** — **Art. 622**

deixar de restituí-los, perderá o direito que sobre eles lhe cabia."

**3. CC, art. 1.993.** *"Art. 1.993. Além da pena cominada no artigo antecedente, se o sonegador for o próprio inventariante, remover-se-á, em se provando a sonegação, ou negando ele a existência dos bens, quando indicados."*

**4. CC, art. 1.994.** *"Art. 1.994. A pena de sonegados só se pode requerer e impor em ação movida pelos herdeiros ou pelos credores da herança. Parágrafo único. A sentença que se proferir na ação de sonegados, movida por qualquer dos herdeiros ou credores, aproveita aos demais interessados."*

**5. CC, art. 1.995.** *"Art. 1.995. Se não se restituírem os bens sonegados, por já não os ter o sonegador em seu poder, pagará ele a importância dos valores que ocultou, mais as perdas e danos."*

**6. CC, art. 1.996.** *"Só se pode arguir de sonegação o inventariante depois de encerrada a descrição dos bens, com a declaração, por ele feita, de não existirem outros por inventariar e partir, assim como arguir o herdeiro, depois de declarar-se no inventário que não os possui."*

### ▣ COMENTÁRIOS TEMÁTICOS

**7. Sonegação de bens.** A sonegação de bens do inventário configura infração praticada pelo inventariante, quando omite, dolosamente, bens ou valores, afirmando não haver outros por inventariar.

**8. Ação de sonegados.** Somente cabe a ação de sonegados, se houver ocultação maliciosa.

**9. Sanções.** Havendo sonegação, há 2 sanções possíveis: *(a)* perda do direito sobre os bens sonegados, não apresentados ou não colacionados; *(b)* remoção do inventariante, se for ele o sonegador.

**10. Pena de sonegados: aplicação apenas ao herdeiro, impossibilidade de extensão à meação do cônjuge e exigência de dolo ou má-fé na ocultação.** *"A aplicação da pena de sonegados exige prova de má-fé ou dolo na ocultação de bens que deveriam ser trazidos à colação, o que, via de regra, ocorre somente após a interpelação do herdeiro sobre a existência de bens sonegados. 2. No caso em análise, a interpelação promovida pela parte autora foi dirigida somente à viúva inventariante, não havendo sequer menção aos nomes dos herdeiros do segundo casamento, um deles menor à época. 3. A colação possui como finalidade equalizar as legítimas dos herdeiros necessários, de modo que a pena de sonegados é inaplicável à meação pertencente à viúva não*

*herdeira"* (STJ, 4ª Turma, REsp 1.567.276/CE, rel. p/ ac. Min. Maria Isabel Gallotti, *DJe* 1º.7.2019).

**11. Necessidade de dolo para caracterização da sonegação de bens.** *"A renitência do meeiro em apresentar os bens no inventário não configura dolo, sendo necessário, para tanto, demonstração inequívoca de que seu comportamento foi inspirado pela fraude. Não caracterizado o dolo de sonegar, afasta-se a pena da perda dos bens (CC, art. 1.992). 2. No regime da comunhão universal de bens, cada cônjuge tem a posse e propriedade em comum, indivisa de todos os bens, cabendo a cada um a metade ideal. Portanto, o ato de transferência de quotas de sociedades limitadas entre cônjuges é providência inócua diante do inventário, já que os bens devem ser apresentados em sua totalidade e, a partir daí, respeitada a meação, ser divididos entre os herdeiros. Portanto, a aplicação da pena de sonegados prevista no art. 1.992 do Código Civil é medida desproporcional ao ato de transferência de quotas sociais realizada entre cônjuges casados em comunhão universal, pois tais bens não podem ser escondidos"* (STJ, 3ª Turma, REsp 1.267.264/RJ, rel. Min. João Otávio de Noronha, *DJe* 25.5.2015).

**12. Momento para caracterização da sonegação.** A prática da sonegação de bens no inventário somente pode ser imputada ao inventariante após encerrada a descrição dos bens, o que ocorre depois de passado o momento para as últimas declarações (art. 636).

**13. Tempo para a ação de sonegados.** *"A ação de sonegados deve ser intentada após as últimas declarações prestadas no inventário, no sentido de não haver mais bens a inventariar. II – Sem haver a declaração, no inventário, de não haver outros bens a inventariar, falta à ação de sonegados uma das condições, o interesse processual, em face da desnecessidade de utilização do procedimento"* (STJ, 4ª Turma, REsp 265.859/SP, rel. Min. Sálvio de Figueiredo Teixeira, *DJ* 7.4.2003, p. 290).

**14. Prescrição da ação de sonegados.** *"A prescrição da ação de sonegados, conta-se a partir do encerramento do inventário"* (STJ, 3ª Turma, AgInt nos EDcl no REsp 1.723.801/DF, rel. Min. Moura Ribeiro, *DJe* 20.2.2019).

---

**Art. 622.** O inventariante será removido de ofício ou a requerimento:

I – se não prestar, no prazo legal, as primeiras ou as últimas declarações;

II – se não der ao inventário andamento regular, se suscitar dúvidas infundadas ou se praticar atos meramente protelatórios;

**Art. 623** CÓDIGO DE PROCESSO CIVIL COMENTADO – *Leonardo Carneiro da Cunha*

III – se, por culpa sua, bens do espólio se deteriorarem, forem dilapidados ou sofrerem dano;

IV – se não defender o espólio nas ações em que for citado, se deixar de cobrar dívidas ativas ou se não promover as medidas necessárias para evitar o perecimento de direitos;

V – se não prestar contas ou se as que prestar não forem julgadas boas;

VI – se sonegar, ocultar ou desviar bens do espólio.

▶ **1. Correspondência no CPC/1973.** *"Art. 995. O inventariante será removido: I – se não prestar, no prazo legal, as primeiras e as últimas declarações; II – se não der ao inventário andamento regular, suscitando dúvidas infundadas ou praticando atos meramente protelatórios; III – se, por culpa sua, se deteriorarem, forem dilapidados ou sofrerem dano bens do espólio; IV – se não defender o espólio nas ações em que for citado, deixar de cobrar dívidas ativas ou não promover as medidas necessárias para evitar o perecimento de direitos; V – se não prestar contas ou as que prestar não forem julgadas boas; VI – se sonegar, ocultar ou desviar bens do espólio."*

### 🗐 COMENTÁRIOS TEMÁTICOS

**2. Remoção do inventariante.** O inventariante pode ser removido de sua função por decisão proferida pelo próprio juízo que o nomeou. Não se trata de simples demissão ou destituição *ad nutum*. A remoção do inventariante ocorre quando configurada uma das hipóteses legais que a justifica.

**3. Natureza jurídica.** A remoção do inventariante tem natureza punitiva, sendo uma sanção aplicada ao inventariante pelo descumprimento de deveres inerentes à sua função.

**4. Iniciativa.** A remoção do inventariante pode ser determinada de ofício ou a requerimento. Se o inventariante não se conduz adequadamente, qualquer interessado pode pedir sua remoção, cabendo, de igual modo, ao juiz a iniciativa de, de ofício, instaurar procedimento para apuração da conduta do inventariante.

**5. Procedimento.** A remoção não pode ser realizada de plano. É preciso ao juiz, de ofício ou a requerimento, instaurar procedimento para apurar a conduta do inventariante e, somente então, determinar ou não sua remoção.

**6. Hipóteses.** O inventariante será removido, de ofício ou a requerimento, se configurada uma das hipóteses do art. 622.

**7. Rol exemplificativo.** O rol do art. 622 não é exaustivo. Além das hipóteses ali previstas, o inventariante pode ser removido, caso não atue adequadamente ou não adote comportamento compatível com a função que lhe cabe exercer.

**8. Remoção de inventariante fora das hipóteses previstas no art. 622.** *"O STJ possui firme o entendimento no sentido de que o magistrado tem a prerrogativa legal de promover a remoção do inventariante caso verifique a existência de vícios aptos, a seu juízo, a amparar a medida, mesmo que não inseridos no rol do art. 995 do Código de Processo Civil de 1973"* (AgInt no AREsp 1.388.943/SP, rel. Min. Luis Felipe Salomão, *DJe* 25.06.2019).

**9. Remoção de inventariante em razão de animosidade.** *"A remoção do inventariante, substituindo-o por outro, dativo, pode ocorrer quando constatada a inviabilização do inventário pela animosidade manifestada pelas partes"* (STJ, 4ª Turma, AgInt no AREsp 1.826.879/RJ, rel. Min. Antonio Carlos Ferreira, *DJe* 1º.09.2021).

**10. Contraditório.** Ao inventariante deve ser assegurado o contraditório. Instaurado o procedimento para sua remoção, de ofício ou a requerimento, o juiz deve garantir-lhe o exercício do contraditório.

**Art. 623.** Requerida a remoção com fundamento em qualquer dos incisos do art. 622, será intimado o inventariante para, no prazo de 15 (quinze) dias, defender-se e produzir provas.

Parágrafo único. O incidente da remoção correrá em apenso aos autos do inventário.

▶ **1. Correspondência no CPC/1973.** *"Art. 996. Requerida a remoção com fundamento em qualquer dos números do artigo antecedente, será intimado o inventariante para, no prazo de 5 (cinco) dias, defender-se e produzir provas. Parágrafo único. O incidente da remoção correrá em apenso aos autos do inventário."*

### 🗐 COMENTÁRIOS TEMÁTICOS

**2. Procedimento.** Requerida a remoção ou instaurado o incidente de ofício pelo juiz, haverá autuação em apenso, devendo o inventariante ser intimado para, em 15 dias, defender-se produzir prova.

**3. Prazo.** O prazo de 15 dias para defesa do inventariante é processual, sendo, na sua contagem, computar-se apenas os dias úteis (art. 219).

**4. Provas.** No incidente para remoção do inventariante, é admitido qualquer meio de prova, não havendo restrição legal.

**LIVRO I ·** DO PROCESSO DE CONHECIMENTO E DO CUMPRIMENTO DE SENTENÇA    **Art. 626**

**Art. 624.** Decorrido o prazo, com a defesa do inventariante ou sem ela, o juiz decidirá.

Parágrafo único. Se remover o inventariante, o juiz nomeará outro, observada a ordem estabelecida no art. 617.

▶ **1. Correspondência no CPC/1973.** *"Art. 997. Decorrido o prazo com a defesa do inventariante ou sem ela, o juiz decidirá. Se remover o inventariante, nomeará outro, observada a ordem estabelecida no art. 990."*

### 🗉 COMENTÁRIOS TEMÁTICOS

**2. Decisão.** Apresentada defesa e produzidas provas (ou passado o prazo em branco), o juiz deve julgar o incidente, para remover ou não o inventariante. Se rejeitar o incidente, deve manter o inventariante. Se acolher, deverá removê-lo e nomear outro.

**3. Natureza jurídica.** É interlocutória a decisão que resolve o incidente de remoção do inventariante, pois não põe fim ao processo ou a qualquer fase processual (art. 203, § 2º).

**4. Recurso.** Da decisão do juiz que acolher ou rejeitar o incidente de remoção do inventariante cabe agravo de instrumento (art. 1.015, parágrafo único).

**5. Sucumbência.** No julgamento do incidente de remoção do inventariante, não há condenação em honorários de sucumbência.

**Art. 625.** O inventariante removido entregará imediatamente ao substituto os bens do espólio e, caso deixe de fazê-lo, será compelido mediante mandado de busca e apreensão ou de imissão na posse, conforme se tratar de bem móvel ou imóvel, sem prejuízo da multa a ser fixada pelo juiz em montante não superior a três por cento do valor dos bens inventariados.

▶ **1. Correspondência no CPC/1973.** *"Art. 998. O inventariante removido entregará imediatamente ao substituto os bens do espólio; deixando de fazê-lo, será compelido mediante mandado de busca e apreensão, ou de imissão na posse, conforme se tratar de bem móvel ou imóvel."*

### 🗉 COMENTÁRIOS TEMÁTICOS

**2. Efetivação da remoção do inventariante.** Acolhido o incidente, a remoção do inventariante será imediatamente efetivada. Efetivada a remoção, cabe ao inventariante removido entregar os bens do espólio ao novo inventariante.

**3. Busca e apreensão ou imissão na posse.** Não entregues os bens, deverá ser expedido mandado de busca e apreensão para recolher os móveis que estejam ainda com o inventariante removido e mandado de imissão de posse quanto aos imóveis que estejam em seu poder.

**4. Multa.** O juiz pode fixar multa ao inventariante removido, no valor de até 3%, para o caso de não entregar os bens do espólio que estejam em seu poder. Embora o texto se refira a *"valor dos bens inventariados"* como base de cálculo para a multa, esta deve incidir apenas sobre o bem que não venha a ser entregue, e não sobre a totalidade deles. Se, porém, o inventariante removido deixar de entregar todos os bens, o valor da multa incide, aí sim, sobre a totalidade dos bens do espólio.

**5. Efeito suspensivo a agravo de instrumento.** Não haverá efetivação imediata da remoção do inventariante, caso se atribua efeito suspensivo ao agravo de instrumento eventualmente interposto contra a decisão que a decretou.

**6. Administração provisória.** Enquanto não for nomeado um novo inventariante ou caso seja atribuído efeito suspensivo ao agravo de instrumento eventualmente interposto, o inventariante removido poderá administrar provisoriamente os bens do espólio.

### Seção IV
### Das Citações e das Impugnações

**Art. 626.** Feitas as primeiras declarações, o juiz mandará citar, para os termos do inventário e da partilha, o cônjuge, o companheiro, os herdeiros e os legatários e intimar a Fazenda Pública, o Ministério Público, se houver herdeiro incapaz ou ausente, e o testamenteiro, se houver testamento.

§ 1º O cônjuge ou o companheiro, os herdeiros e os legatários serão citados pelo correio, observado o disposto no art. 247, sendo, ainda, publicado edital, nos termos do inciso III do art. 259.

§ 2º Das primeiras declarações extrair-se-ão tantas cópias quantas forem as partes.

§ 3º A citação será acompanhada de cópia das primeiras declarações.

§ 4º Incumbe ao escrivão remeter cópias à Fazenda Pública, ao Ministério Público, ao testamenteiro, se houver, e ao advogado, se a parte já estiver representada nos autos.

▶ **1. Correspondência no CPC/1973.** *"Art. 999. Feitas as primeiras declarações, o juiz mandará citar, para os termos do inventário e partilha, o* cônjuge, os herdeiros, os legatários, a Fazenda Pública, o Ministério Público, se houver herdeiro incapaz ou ausente, e o testamenteiro, se o finado deixou testamento. § 1º Citar-se-ão, conforme o disposto nos arts. 224 a 230, somente as pessoas domiciliadas na comarca por onde corre o inventário ou que aí foram encontradas; e por edital, com o prazo de 20 (vinte) a 60 (sessenta) dias, todas as demais, residentes, assim no Brasil como no estrangeiro. § 2º Das primeiras declarações extrair-se-ão tantas cópias quantas forem as partes. § 3º O oficial de justiça, ao proceder à citação, entregará um exemplar a cada parte. § 4º Incumbe ao escrivão remeter cópias à Fazenda Pública, ao Ministério Público, ao testamenteiro, se houver, e ao advogado, se a parte já estiver representada nos autos."

## ▣ Comentários Temáticos

**2. Citação e intimação de todos os interessados.** Apresentadas as primeiras declarações, serão citados e intimados todos os interessados para acompanhar o processo de inventário e partilha.

**3. Citação.** O juiz determinará a citação do cônjuge ou companheiro, dos herdeiros e dos legatários.

**4. Cônjuge de herdeiro.** O inventário é procedimento contencioso que, geralmente, envolve bens imóveis. Nesse caso, um só dos cônjuges não tem legitimidade para participar sozinho da causa, salvo se casados sob o regime de separação absoluta de bens (art. 73, § 1º, I). Por isso, é necessária a citação do cônjuge do herdeiro para o inventário.

**5. Intimação.** Serão intimados a Fazenda Pública, o Ministério Público, se houver herdeiro incapaz ou ausente, e o testamenteiro, se o falecido tiver deixado testamento.

**6. Dispensa da citação.** Será dispensada a citação, quando os interessados comparecerem espontaneamente, representados por advogado e manifestarem ciência das primeiras declarações (art. 239, § 1º).

**7. Forma de citação.** No inventário, a citação será feita por via postal, e não por meio eletrônico. O art. 626 especifica a citação postal, não mencionando a citação por meio eletrônico referida no art. 247, até porque a obrigatoriedade de manutenção de cadastro nos sistemas de processos em autos eletrônicos, para fins de recebimento de citação eletrônica, dirige-se apenas a pessoas jurídicas (art. 246, § 1º), não alcançando as pessoas naturais.

**8. Citação por edital.** A citação deve ser feita por via postal, somente sendo feita por edital nas hipóteses previstas no art. 256.

**9. Cópia das primeiras declarações.** A carta de citação deve ser instruída com cópia das primeiras declarações, devendo o escrivão ou chefe de secretaria remeter cópia das primeiras declarações à Fazenda Pública, ao Ministério Público, ao testamenteiro, se houver, e ao advogado da parte que já esteja representada nos autos.

**10. Prazo para manifestações.** O prazo para manifestação dos citados é de 15 dias (art. 627). Tal prazo, por ser processual, é contado apenas em dias úteis (art. 219).

**11. Publicação de edital.** Na ação de inventário e partilha, é necessária a provocação de interessados incertos ou desconhecidos, a fim de que possam participar do processo e manifestar alguma impugnação ou pretensão. Por isso, será publicado edital (art. 259, III).

---

**Art. 627.** Concluídas as citações, abrir-se-á vista às partes, em cartório e pelo prazo comum de 15 (quinze) dias, para que se manifestem sobre as primeiras declarações, incumbindo às partes:

I – arguir erros, omissões e sonegação de bens;

II – reclamar contra a nomeação de inventariante

III – contestar a qualidade de quem foi incluído no título de herdeiro.

§ 1º Julgando procedente a impugnação referida no inciso I, o juiz mandará retificar as primeiras declarações.

§ 2º Se acolher o pedido de que trata o inciso II, o juiz nomeará outro inventariante, observada a preferência legal.

§ 3º Verificando que a disputa sobre a qualidade de herdeiro a que alude o inciso III demanda produção de provas que não a documental, o juiz remeterá a parte às vias ordinárias e sobrestará, até o julgamento da ação, a entrega do quinhão que na partilha couber ao herdeiro admitido.

▶ **1. Correspondência no CPC/1973.** "*Art. 1.000. Concluídas as citações, abrir-se-á vista às partes, em cartório e pelo prazo comum de 10 (dez) dias, para dizerem sobre as primeiras declarações. Cabe à parte: I – arguir erros e omissões; II – reclamar contra a nomeação do inventariante; III – contestar a qualidade de quem foi incluído no título de herdeiro. Parágrafo único. Julgando procedente a impugnação referida no nº I, o juiz mandará retificar as primeiras declarações. Se acolher o pedido, de que trata o nº II, nomeará outro inventariante, observada a preferência legal. Verificando que a disputa sobre a qualidade*

**LIVRO I** · DO PROCESSO DE CONHECIMENTO E DO CUMPRIMENTO DE SENTENÇA **Art. 628**

*de herdeiro, a que alude o nº III, constitui maté-*
*ria de alta indagação, remeterá a parte para os*
*meios ordinários e sobrestará, até o julgamento*
*da ação, na entrega do quinhão que na partilha*
*couber ao herdeiro admitido."*

### ⚖ JURISPRUDÊNCIA, ENUNCIADOS E SÚMULAS SELECIONADOS

- **2. Enunciado 179 da III Jornada-CJF.** *"Nos termos do art. 627, §3º, do CPC, é possível o reconhecimento incidental da união estável em inventário, quando comprovada documentalmente."*

### 🖹 COMENTÁRIOS TEMÁTICOS

**3. Impugnação dos citados.** Depois de consumadas a última citação e a última intimação, terá início o prazo comum de 15 dias para que todos os interessados possam manifestar-se sobre as primeiras declarações apresentadas pelo inventariante.

**4. Conteúdo da impugnação.** A impugnação pode arguir erro, omissão ou sonegação do inventariante, relativamente a bens, direitos ou obrigações. Também pode reclamar a escolha do inventariante ou contestar a qualidade de quem foi incluído como herdeiro.

**5. Prova documental.** Qualquer impugnação deve basear-se em questão de direito ou em fato comprovável por prova documental, pois, no inventário, só se apreciam as questões que possam ser provadas por documentos (art. 612). Se a impugnação depender de outra prova que não seja a documental, não será possível ao juiz examiná-la, devendo a parte ou o interessado submeter a questão em demanda própria.

**6. Contraditório.** Apresentada impugnação, o juiz deve determinar a intimação do inventariante e do herdeiro interessado, se for o caso, e dar-lhes a oportunidade de manifestação.

**7. Tutela provisória.** O juiz pode conceder tutela provisória no inventário para determinar o sobrestamento da entrega do quinhão do herdeiro impugnado, no caso de remessa da impugnação às vias ordinárias.

**8. Propositura da demanda principal.** Efetivada a tutela provisória, a parte deve recorrer às vias ordinárias, propondo a demanda principal, no prazo de 30 dias (art. 308). Assim, efetivada a tutela provisória que determinou o sobrestamento da entrega do quinhão do herdeiro impugnado, no caso de remessa da

impugnação às vias ordinárias (art. 627 § 3º), a ação de petição de herança deve ser proposta no prazo de 30 dias.

**9. Perda da eficácia.** A tutelas provisória perde sua eficácia, se a ação principal (a de impugnação da qualidade de herdeiro) não for proposta em 30 dias (art. 668, I), contados da data em que o impugnante foi intimado da decisão concessiva da medida.

**10. Impugnação ao inventariante *versus* remoção do inventariante.** A impugnação à escolha do inventariante (art. 627, II) não se confunde com o pedido de sua remoção (art. 622). Esta última pressupõe que o inventariante esteja regularmente investido na função e em pleno desempenho dela, tendo supostamente praticado ato irregular, merecendo, por isso, uma sanção. Por sua vez, a impugnação é ato inicial que se insurge contra a escolha feita pelo juiz, sem qualquer imputação de falha, irregularidade ou culpa do gestor da herança.

**11. Agravo de instrumento.** Da decisão que acolhe ou rejeita a impugnação às primeiras declarações cabe agravo de instrumento (art. 1.015, parágrafo único).

---

**Art. 628.** Aquele que se julgar preterido poderá demandar sua admissão no inventário, requerendo-a antes da partilha.

§ 1º Ouvidas as partes no prazo de 15 (quinze) dias, o juiz decidirá.

§ 2º Se para solução da questão for necessária a produção de provas que não a documental, o juiz remeterá o requerente às vias ordinárias, mandando reservar, em poder do inventariante, o quinhão do herdeiro excluído até que se decida o litígio.

---

▶ **1. Correspondência no CPC/1973.** *"Art. 1.001. Aquele que se julgar preterido poderá demandar a sua admissão no inventário, requerendo-o antes da partilha. Ouvidas as partes no prazo de 10 (dez) dias, o juiz decidirá. Se não acolher o pedido, remeterá o requerente para os meios ordinários, mandando reservar, em poder do inventariante, o quinhão do herdeiro excluído até que se decida o litígio."*

### 🖹 COMENTÁRIOS TEMÁTICOS

**2. Herdeiro omitido.** Quem se considere herdeiro e não tenha sido mencionado, como tal, nas declarações do inventariante, pode demandar sua admissão diretamente ao juiz do inventário, desde que a partilha ainda não tenha sido feita.

1011

**3. Contraditório.** Antes de decidir, o juiz deve determinar a intimação dos interessados para que, querendo, manifestem-se no prazo de 15 dias.

**4. Prova documental.** O inventário é um procedimento que só admite prova documental (art. 612). Então, se a demanda do herdeiro omitido depender de outra prova que não seja a documental, não será possível ao juiz examiná-la, devendo o interessado promover demanda própria.

**5. Tutela provisória.** No curso do inventário, o juiz pode conceder tutela provisória para determinar a reserva do quinhão do herdeiro não admitido, com remessa da pretensão para as vias ordinárias.

**6. Propositura da demanda principal.** Efetivada a tutela provisória, a parte deve recorrer às vias ordinárias, propondo a demanda principal, no prazo de 30 dias (art. 308). Assim, efetivada a tutela provisória que determinou a reserva do quinhão do herdeiro não admitido, com remessa da pretensão para as vias ordinárias (art. 628, § 2º), a ação de impugnação da qualidade de herdeiro deve ser proposta no prazo de 30 dias.

**7. Perda da eficácia.** A tutelas provisória perde sua eficácia, se a ação principal (a de petição de herança) não for proposta em 30 dias (art. 668, I), contados da data em que o herdeiro excluído foi intimado da decisão concessiva da medida.

**8. Herdeiro excluído das declarações.** A tutela provisória para reserva de quinhão deve ser igualmente deferida a quem figurou nas declarações do inventariante, mas foi excluído por decisão que acolheu impugnação, sendo sua qualidade de herdeiro submetida à demanda autônoma, que exige prova oral ou pericial.

---

**Art. 629.** A Fazenda Pública, no prazo de 15 (quinze) dias, após a vista de que trata o art. 627, informará ao juízo, de acordo com os dados que constam de seu cadastro imobiliário, o valor dos bens de raiz descritos nas primeiras declarações.

▶ **1. Correspondência no CPC/1973.** *"Art. 1.002. A Fazenda Pública, no prazo de 20 (vinte) dias, após a vista de que trata o art. 1.000, informará ao juízo, de acordo com os dados que constam de seu cadastro imobiliário, o valor dos bens de raiz descritos nas primeiras declarações."*

▣ **Comentários Temáticos**

**2. Intimação da Fazenda Pública.** Apresentadas as primeiras declarações e concluídas as citações de todos os interessados, a Fazenda Pública terá prazo de 15 dias, juntamente com todas as partes, para se manifestar (art. 627).

**3. Prazo comum para impugnação.** No prazo de 15 dias previsto no art. 627, a Fazenda Pública pode apresentar alguma impugnação ao conteúdo das primeiras declarações.

**4. Novo prazo para informação.** Passado o prazo de 15 dias para impugnações, inicia-se novo prazo de 15 dias para que a Fazenda Pública informe ao juiz o valor dos bens imóveis descritos nas primeiras declarações.

**5. Preclusão.** O prazo para que a Fazenda Pública informe o valor dos bens imóveis descritos nas primeiras declarações não é preclusivo, mas deve ser cumprido antes da avaliação (art. 630). É possível que haja impugnações apresentadas no primeiro prazo de 15 dias (art. 627). Decididas as impugnações, terá início a avaliação dos bens (art. 630). A Fazenda Pública deve informar o valor dos bens imóveis antes do início da avaliação, a fim de colaborar com tal etapa do procedimento.

## Seção V
## Da Avaliação e do Cálculo do Imposto

---

**Art. 630.** Findo o prazo previsto no art. 627 sem impugnação ou decidida a impugnação que houver sido oposta, o juiz nomeará, se for o caso, perito para avaliar os bens do espólio, se não houver na comarca avaliador judicial
Parágrafo único. Na hipótese prevista no art. 620, § 1º, o juiz nomeará perito para avaliação das quotas sociais ou apuração dos haveres.

▶ **1. Correspondência no CPC/1973.** *"Art. 1.003. Findo o prazo do art. 1.000, sem impugnação ou decidida a que houver sido oposta, o juiz nomeará um perito para avaliar os bens do espólio, se não houver na comarca avaliador judicial. Parágrafo único. No caso previsto no art. 993, parágrafo único, o juiz nomeará um contador para levantar o balanço ou apurar os haveres."*

▣ **Comentários Temáticos**

**2. Avaliação dos bens.** Ultimada a fase de impugnações, terá início a da avaliação dos bens inventariados.

**3. Finalidades da avaliação.** A avaliação dos bens inventariados tem 2 finalidades: *(a)* propiciar base para cálculo do imposto de transmissão *causa mortis*; *(b)* definir o valor dos bens para preparar a partilha.

**LIVRO I · DO PROCESSO DE CONHECIMENTO E DO CUMPRIMENTO DE SENTENÇA** **Art. 632**

**4. Responsável pela avaliação.** A avaliação deve ser feita pelo avaliador judicial. Se, na comarca, não houver esse auxiliar permanente da justiça, o juiz deve nomear um perito.

**5. Escolha consensual do perito.** As partes podem, de comum acordo, escolher o perito, mediante requerimento dirigido ao juiz da causa (art. 471).

**6. Necessidade ou dispensabilidade da avaliação.** A avaliação nem sempre será obrigatória. Se houver herdeiros incapazes, ela é obrigatória. Se, porém, todos forem maiores e capazes, é possível dispensá-la, quando (a) a Fazenda Pública concordar expressamente com os valores atribuídos aos bens do espólio nas primeiras declarações (art. 633); (b) os sucessores concordarem com o valor dos bens declarados pela Fazenda Pública, só havendo avaliação dos bens a cujo respeito não tiver havido concordância (art. 634).

**7. Empresário individual ou sócio de sociedade não anônima.** Se o falecido era empresário individual ou sócio de sociedade que não anônima, além do avaliador para os outros bens, o juiz nomeará um perito para avaliação das quotas sociais ou apuração dos haveres (art. 630, parágrafo único). Se os herdeiros não sucederão o falecido na sociedade, vindo apenas a receber desta o valor de seus haveres, é preciso citá-la para acompanhar a avaliação, porque será dela a obrigação de pagar aos herdeiros o crédito do falecido. Nesse caso, deve-se aplicar as regras da apuração de haveres da dissolução parcial de sociedade (arts. 604 a 609).

---

**Art. 631.** Ao avaliar os bens do espólio, o perito observará, no que for aplicável, o disposto nos arts. 872 e 873.

▶ **1. Correspondência no CPC/1973.** *"Art. 1.004. Ao avaliar os bens do espólio, observará o perito, no que for aplicável, o disposto nos arts. 681 a 683."*

## 📖 COMENTÁRIOS TEMÁTICOS

**2. Perícia.** A perícia consiste em exame, vistoria ou avaliação (art. 464). No inventário, os bens do espólio podem ser objeto de avaliação.

**3. Disposições aplicáveis.** À perícia feita nos bens do espólio aplicam-se as regras relativas à avaliação de bem penhorado, feita em execução ou em cumprimento de sentença por oficial de justiça ou por avaliador designado pelo juiz (arts. 872 e 873).

**4. Vistoria e laudo do perito.** A avaliação constará de vistoria e de laudo anexados ao auto de penhora. O laudo deverá observar os seguintes requisitos: a) a descrição dos bens, com os seus característicos, e a indicação do estado em que se encontram; b) o valor dos bens.

**5. Regras da prova pericial.** Além dos arts. 872 e 873, devem ser aplicadas as regras da prova pericial. Assim, deverá o juiz ou o perito designar a data e o local da avaliação, dando ciência às partes para que possam acompanhá-la (art. 474), conferindo transparência à perícia, com o que se atende ao princípio do contraditório e, de resto, ao devido processo legal. Tratando-se de perícia complexa, ou seja, daquela que abrange mais de uma área do conhecimento, será nomeado mais de um perito, cada um de uma das áreas exigidas (art. 475).

**6. Contraditório.** As partes devem ser intimadas da data e do local da avaliação, a fim de acompanhar a atuação do perito. Apresentado o laudo, as partes são intimadas para sobre ele manifestar-se. O juiz deve decidir sobre a avaliação. A decisão sobre a avaliação é impugnável por agravo de instrumento (art. 1.015, parágrafo único).

**7. Hipóteses de nova avaliação.** Os bens do espólio podem ser novamente avaliado em caso de invalidade, de revisão ou de dúvida do juiz sobre o valor que lhes foi atribuído.

**8. Invalidação.** A avaliação pode ser *invalidada* por erro na avaliação ou por dolo do avaliador. Nesse caso, haverá nova avaliação, em razão do desfazimento da primeira.

**9. Revisão.** A avaliação pode ser *revista*, quando se verificar que houve majoração ou diminuição do bem, por fato que lhe seja superveniente, desde que tal fato seja efetivamente afirmado e comprovado nos autos, não se admitindo reavaliação em razão do simples transcurso do tempo entre a avaliação e o momento da expropriação. Em tal hipótese, haverá nova avaliação, pela revisão da primeira ou por fato a ela superveniente.

**10. Fundada dúvida.** Admite-se nova avaliação no bem penhorado, quando houver fundada dúvida sobre o valor atribuído ao bem. Essa é uma hipótese semelhante à que permite uma segunda perícia. O art. 480, que cuida da segunda perícia, deve, aliás, ser aplicado à segunda avaliação. Nesse caso, a segunda avaliação não substitui a primeira, cabendo ao juiz apreciar uma e outra (art. 480, § 3º).

---

**Art. 632.** Não se expedirá carta precatória para a avaliação de bens situados fora da comarca onde corre o inventário se eles forem de pequeno valor ou perfeitamente conhecidos do perito nomeado.

**Art. 633** CÓDIGO DE PROCESSO CIVIL COMENTADO – *Leonardo Carneiro da Cunha*

▶ **1. Correspondência no CPC/1973.** *"Art. 1.006. Não se expedirá carta precatória para a avaliação de bens situados fora da comarca por onde corre o inventário, se eles forem de pequeno valor ou perfeitamente conhecidos do perito nomeado."*

### ▣ COMENTÁRIOS TEMÁTICOS

**2. Carta precatória.** A avaliação é uma espécie de perícia (art. 464). O juiz determinará a expedição de carta precatória quando a perícia tiver de ser realizada em local diverso de onde tramita o processo. Nesse caso, o juiz poderá delegar ao juízo destinatário da carta as diligências para nomeação do perito. O perito a ser nomeado deve estar inscrito no cadastro do tribunal (art. 156, § 1º), a não ser que haja escolha consensual do perito (art. 471). Se, no juízo deprecado, houver avaliador, não será necessária a nomeação de perito, cabendo ao serventuário a função de avaliar os bens.

**3. Cooperação jurisdicional.** Em vez de expedir carta precatória, o juiz do inventário pode praticar ato concertado com o juiz do foro onde se situa do bem a ser avaliado, estabelecendo procedimento para avaliação (art. 69, § 2º), o que torna o ato mais ágil e eficiente.

**4. Dispensa de carta precatória.** Admite-se a dispensa da carta precatória, podendo a avaliação ser feita pelo próprio avaliador ou perito do juízo, desde que o bem seja: *(a)* de pequeno valor, ou *(b)* conhecido do avaliador ou perito.

**Art. 633.** Sendo capazes todas as partes, não se procederá à avaliação se a Fazenda Pública, intimada pessoalmente, concordar de forma expressa com o valor atribuído, nas primeiras declarações, aos bens do espólio.

▶ **1. Correspondência no CPC/1973.** *"Art. 1.007. Sendo capazes todas as partes, não se procederá à avaliação, se a Fazenda Pública, intimada na forma do art. 237, I, concordar expressamente com o valor atribuído, nas primeiras declarações, aos bens do espólio."*

### ▤ LEGISLAÇÃO CORRELATA

**2. CC, art. 111.** *"Art. 111. O silêncio importa anuência, quando as circunstâncias ou os usos o autorizarem, e não for necessária a declaração de vontade expressa."*

### ▣ COMENTÁRIOS TEMÁTICOS

**3. Procedimento.** Decorrido o prazo para manifestação das partes sobre as primeiras de-

clarações, (art. 627), a Fazenda Pública tem o prazo de 15 dias para informar o valor dos imóveis nelas descritos (art. 629).

**4. Intimação pessoal.** A intimação da Fazenda Pública deve ser pessoal, fazendo-se por carga, remessa ou meio eletrônico (art. 183, § 1º).

**5. Dispensa de avaliação.** Se a Fazenda Pública concordar expressamente com os valores dos bens imóveis indicados nas primeiras declarações, e não houver discordância de nenhum herdeiro, será dispensada a avaliação.

**6. Necessidade de concordância expressa da Fazenda Pública.** Uma das finalidades da avaliação é apurar o valor dos bens para o cálculo do imposto de transmissão *mortis causa*, de competência do Estado. É por isso que só se dispensa a avaliação se houver concordância expressa da Fazenda Pública.

**7. Silêncio da Fazenda Pública.** A dispensa da avaliação depende de concordância expressa da Fazenda Pública com os valores dos bens indicados nas primeiras declarações. Se, intimada pessoalmente, a Fazenda Pública nada disser ou silenciar, não haverá concordância expressa. Nesse caso, o silêncio não implica aceitação (CC, art. 111), pois o art. 633 exige manifestação ou concordância expressa.

**8. Herdeiros menores ou incapazes.** A dispensa da avaliação somente será possível se os herdeiros forem todos maiores e capazes. Havendo herdeiros menores ou incapazes, o juiz deve determinar a realização de avaliação, ainda que não haja discordância da Fazenda Pública quanto ao valor dos bens indicado nas primeiras declarações.

**Art. 634.** Se os herdeiros concordarem com o valor dos bens declarados pela Fazenda Pública, a avaliação cingir-se-á aos demais.

▶ **1. Correspondência no CPC/1973.** *"Art. 1.008. Se os herdeiros concordarem com o valor dos bens declarados pela Fazenda Pública, a avaliação cingir-se-á aos demais."*

### ▣ COMENTÁRIOS TEMÁTICOS

**2. Informação do valor dos bens pela Fazenda Pública.** Depois de decorrido o prazo para que as partes se manifestem sobre as primeiras declarações (art. 627), a Fazenda Pública tem o prazo de 15 dias para informar o valor dos bens imóveis ali declarados (art. 629).

**3. Dispensa da avaliação.** Se os herdeiros concordarem com o valor dos bens informados

1014

## LIVRO I · DO PROCESSO DE CONHECIMENTO E DO CUMPRIMENTO DE SENTENÇA — Art. 636

pela Fazenda Pública, o juiz não precisa determinar sua avaliação.

**4. Herdeiros menores ou incapazes.** Apenas se dispensa a avaliação quando os herdeiros forem todos maiores e capazes. Se houver herdeiros menores ou incapazes, o juiz deve determinar a realização de avaliação, mesmo que não haja discordância com os valores indicados pela Fazenda Pública. Contrariamente ao disposto no art. 633, o texto do art. 634 não menciona a capacidade de todas as partes. Não há, porém, qualquer razão para tratamento diferente: não há, sistemicamente, motivo para exigir a plena capacidade de todos os herdeiros quando a Fazenda Pública concorda com os valores indicados nas primeiras declarações, e não o exigir quando os herdeiros concordam com os valores informados pela Fazenda Pública. Se o sistema reclama unidade e coerência, deve, também aqui, ser exigida a capacidade de todos os herdeiros.

**5. Avaliação dos demais bens.** Havendo concordância dos herdeiros com o valor dos bens indicados pela Fazenda Pública, a avaliação deve restringir-se aos bens que tiverem sido objeto de divergência.

> **Art. 635.** Entregue o laudo de avaliação, o juiz mandará que as partes se manifestem no prazo de 15 (quinze) dias, que correrá em cartório.
>
> § 1º Versando a impugnação sobre o valor dado pelo perito, o juiz a decidirá de plano, à vista do que constar dos autos.
>
> § 2º Julgando procedente a impugnação, o juiz determinará que o perito retifique a avaliação, observando os fundamentos da decisão.

▶ **1. Correspondência no CPC/1973.** *"Art. 1.009. Entregue o laudo de avaliação, o juiz mandará que sobre ele se manifestem as partes no prazo de 10 (dez) dias, que correrá em cartório. § 1º Versando a impugnação sobre o valor dado pelo perito, o juiz a decidirá de plano, à vista do que constar dos autos. § 2º Julgando procedente a impugnação, determinará o juiz que o perito retifique a avaliação, observando os fundamentos da decisão."*

🗐 **COMENTÁRIOS TEMÁTICOS**

**2. Manifestação das partes.** Juntado o laudo, as partes terão 15 dias para se manifestar.

**3. Intimação da Fazenda Pública e do Ministério Público.** Embora o dispositivo mencione apenas as partes, o juiz também deve determinar a intimação da Fazenda Pública para manifes-

tar-se sobre o laudo de avaliação. Sendo caso de intervenção obrigatória do Ministério Público (art. 178, II), este será intimado para manifestar-se depois que todos (partes e Fazenda Pública) tiveram já se manifestado ou já tiver escoado o prazo para suas manifestações (art. 179, I).

**4. Impugnação.** Havendo discordância apenas quanto ao valor atribuído aos bens, o juiz decidirá desde logo, conforme os dados disponíveis no processo. Acolhida a impugnação, o juiz ordenará ao perito que retifique a avaliação, observando os fundamentos da decisão.

**5. Nova avaliação.** A avaliação dos bens inventariados determinará o valor que servirá de base para a partilha e para o cálculo do imposto. Não sendo possível aferir o valor com exatidão, cabe ao juiz determinar, de ofício ou a requerimento, a realização de nova avaliação (art. 873, I e III). Para a partilha, poderá, posteriormente, ser renovada a avaliação dos bens, quando, pelo decurso do tempo, tiver ocorrido variação nos seus valores (art. 873, II).

**6. Agravo de instrumento.** Da decisão que julga a impugnação sobre o valor dado pelo perito aos bens inventariados cabe agravo de instrumento (art. 1.015, parágrafo único).

> **Art. 636.** Aceito o laudo ou resolvidas as impugnações suscitadas a seu respeito, lavrar-se-á em seguida o termo de últimas declarações, no qual o inventariante poderá emendar, aditar ou completar as primeiras.

▶ **1. Correspondência no CPC/1973.** *"Art. 1.011. Aceito o laudo ou resolvidas as impugnações suscitadas a seu respeito lavrar-se-á em seguida o termo de últimas declarações, no qual o inventariante poderá emendar, aditar ou completar as primeiras."*

🗐 **COMENTÁRIOS TEMÁTICOS**

**2. Últimas declarações.** As últimas declarações consistem em ato obrigatório a ser praticado pelo inventariante, por meio das quais ratifica ou corrige (emendando, aditando ou completando) as primeiras declarações, antes que se proceda ao cálculo do imposto de transmissão *mortis causa*.

**3. Ato do inventariante.** As últimas declarações devem ser prestadas pelo inventariante, pessoalmente ou por seu advogado com poderes especiais (art. 618, III).

**4. Poderes do advogado.** O advogado, para apresentar as últimas declarações, deve exibir

1015

procuração com poder específico para a prática de tal ato. A apresentação das últimas declarações é ato que não se inclui nos poderes gerais para o foro (art. 105), pois se trata de ato que incumbe ao inventariante praticar. Para o advogado fazê-lo, terá de ter poderes especiais (art. 618, III).

**5. Termo final do inventário.** As últimas declarações são o termo final do inventário, devendo nelas ser revelados, em definitivo, a quantidade dos herdeiros, o rol dos bens a serem partilhados, o valor de cada um deles e os créditos e débitos do espólio. As últimas declarações retratam, definitivamente, a situação da família e dos bens deixados pelo falecido.

**6. Conteúdo das emendas, aditamentos ou complementações.** As emendas, aditamentos ou complementações podem ter por objeto qualquer uma das matérias contidas nas primeiras declarações (art. 620, I a IV).

**7. Momento.** As últimas declarações devem ser apresentadas pelo inventariante depois aceito o laudo do avaliador, não impugnado, ou depois de decididas as impugnações contra ele dirigidas. Não há um prazo específico estabelecido para a apresentação das últimas declarações, cabendo ao inventariante apresentá-las depois de aceito o laudo do avaliador ou de julgadas impugnações contra ele formuladas. Não havendo apresentação espontânea pelo inventariante, o juiz deve determinar sua intimação para apresentar as últimas declarações, fixando-lhe um prazo para tanto.

**8. Remoção do inventariante.** Não apresentadas as últimas declarações pelo inventariante no prazo fixado pelo juiz, ele será removido de ofício ou a requerimento (art. 622, I).

**9. Contraditório.** Apresentadas as últimas declarações, as partes serão intimadas para, querendo, manifestarem-se no prazo comum de 15 dias (art. 637).

**10. Sonegação de bens.** Apresentadas as últimas declarações, ao inventariante pode ser imputada a prática de sonegação de bens e, por isso, implicar sua remoção (art. 622, VI) e, se também for herdeiro, acarretar-lhe a perda do direito sobre os bens sonegados.

> **Art. 637.** Ouvidas as partes sobre as últimas declarações no prazo comum de 15 (quinze) dias, proceder-se-á ao cálculo do tributo.

▶ **1. Correspondência no CPC/1973.** *"Art. 1.012. Ouvidas as partes sobre as últimas declarações no prazo comum de 10 (dez) dias, proceder-se-á ao cálculo do imposto."*

## 📖 Legislação Correlata

**2. CF, art. 155, I.** *"Art. 155. Compete aos Estados e ao Distrito Federal instituir impostos sobre: I – transmissão causa mortis e doação, de quaisquer bens ou direitos;"*

## ⚖ Jurisprudência, Enunciados e Súmulas Selecionados

- **3. Súmula STF, 112.** *"O imposto de transmissão* causa mortis *é devido pela alíquota vigente ao tempo da abertura da sucessão."*
- **4. Súmula STF, 113.** *"O imposto de transmissão* causa mortis *é calculado sobre o valor dos bens na data da avaliação."*
- **5. Súmula STF, 114.** *"O imposto de transmissão* causa mortis *não é exigível antes da homologação do cálculo."*
- **6. Súmula STF, 115.** *"Sobre os honorários do advogado contratado pelo inventariante, com a homologação do juiz, não incide o imposto de transmissão causa mortis."*
- **7. Súmula STF, 331.** *"É legítima a incidência do imposto de transmissão* causa mortis *no inventário por morte presumida."*
- **8. Súmula STF, 590.** *"Calcula-se o imposto de transmissão* causa mortis *sobre o saldo credor da promessa de compra e venda de imóvel, no momento da abertura da sucessão do promitente vendedor."*

## 🗐 Comentários Temáticos

**9. Contraditório.** Apresentadas as últimas declarações pelo inventariante, o juiz determinará a intimação das partes e da Fazenda Pública para sobre elas manifestarem-se.

**10. Ministério Público.** Se houver interesse de incapaz, o Ministério Público intervirá como fiscal da ordem jurídica (art. 178, II). Nesse caso, será intimado para manifestar-se depois que todos (partes e Fazenda Pública) tiveram já se manifestado ou já tiver escoado o prazo para suas manifestações. É que o Ministério Público, nos casos de intervenção como fiscal da ordem jurídica, tem vista dos autos depois das partes (art. 179, I).

**11. Impugnações.** As últimas declarações podem ser impugnadas por qualquer das partes, pela Fazenda Pública ou, até mesmo, pelo Ministério Público. O juiz deve julgar as impugnações apresentadas. Se acolher, mandará corrigir as últimas declarações. Se rejeitar, as últimas declarações estarão mantidas. Da decisão do juiz

# LIVRO I • DO PROCESSO DE CONHECIMENTO E DO CUMPRIMENTO DE SENTENÇA — Art. 638

que acolhe ou rejeita a impugnação cabe agravo de instrumento (art. 1.015, parágrafo único).

**12. Cálculo do imposto.** Julgadas as impugnações, ou não as havendo, o juiz determinará que se proceda ao cálculo do imposto.

---

**Art. 638.** Feito o cálculo, sobre ele serão ouvidas todas as partes no prazo comum de 5 (cinco) dias, que correrá em cartório, e, em seguida, a Fazenda Pública.

§ 1º Se acolher eventual impugnação, o juiz ordenará nova remessa dos autos ao contabilista, determinando as alterações que devam ser feitas no cálculo.

§ 2º Cumprido o despacho, o juiz julgará o cálculo do tributo.

---

▶ **1. Correspondência no CPC/1973.** *"Art. 1.013. Feito o cálculo, sobre ele serão ouvidas todas as partes no prazo comum de 5 (cinco) dias, que correrá em cartório e, em seguida, a Fazenda Pública. § 1º Se houver impugnação julgada procedente, ordenará o juiz novamente a remessa dos autos ao contador, determinando as alterações que devam ser feitas no cálculo. § 2º Cumprido o despacho, o juiz julgará o cálculo do imposto."*

## ⚖ Jurisprudência, Enunciados e Súmulas Selecionados

• **2. Tema/Repetitivo 391 STJ.** *"O juízo do inventário, na modalidade de arrolamento sumário, não detém competência para apreciar pedido de reconhecimento da isenção do ITCMD (Imposto sobre Transmissão Causa Mortis e Doação de quaisquer Bens ou Direitos) à luz do disposto no* caput *do artigo 179 do CTN."*

## 🗎 Comentários Temáticos

**3. Contraditório.** Feito o cálculo do imposto de transmissão *mortis causa*, o juiz determinará a intimação das partes e da Fazenda Pública para sobre ele manifestarem-se. Em primeiro lugar, o juiz deve dar oportunidade às partes para, no prazo comum de 5 dias, manifestarem-se. Em seguida, dará, em separado, oportunidade de manifestação à Fazenda Pública.

**4. Prazo para Fazenda Pública.** Não indicação precisa de qual o prazo para a Fazenda Pública manifestar-se. Deve, então, o juiz fixar o prazo. Não fixado pelo juiz, o prazo será de 5 dias, seja por isonomia com as partes, seja por força do art. 218, § 3º.

**5. Ministério Público.** Sendo caso de intervenção do Ministério Público, este terá vista depois de todos para manifestar-se sobre o cálculo do imposto (art. 179, I).

**6. Impugnações.** Qualquer das partes, a Fazenda Pública e, se for o caso, o Ministério Público podem impugnar o cálculo do imposto, indicando omissões, erros na alíquota ou na base de cálculo, problemas de direito intertemporal, aplicação da lei errada ou qualquer outra questão relativa ao cálculo do imposto.

**7. Isenção.** Na sua impugnação, a parte pode requerer o reconhecimento de sua isenção ao imposto, podendo o juiz declará-la.

**8. Competência do juiz para declarar isenção do imposto.** *"O art. 179 do Código Tributário Nacional, ao regular a concessão da isenção pela autoridade administrativa, não ofende a regra inserida no art. 1.013 do Código de Processo Civil, aplicável à atividade jurisdicional no processo de inventário, onde compete ao juiz, depois de ouvida a Fazenda Pública, julgar o cálculo do imposto de transmissão* causa mortis. *Assim, o juiz do processo de inventário, além de determinar o cálculo do valor do imposto, é competente para declarar sua isenção, porquanto a competência da autoridade administrativa fiscal prevista pelo Código Tributário Nacional não exclui a competência do magistrado"* (STJ, 2ª Turma, REsp 173.505/RJ, rel. Min. Franciulli Netto, *DJ* 23.09.2002, p. 299).

**9. Acolhimento de impugnação.** Acolhida a impugnação, o juiz determinará ao contabilista que faça a correção ou o ajuste necessário, após o que julgará o cálculo do imposto.

**10. Natureza jurídica da decisão.** O inventário encerra-se com a decisão que julga o cálculo do imposto ou com a decisão que julga a partilha? O julgamento do cálculo do imposto é feito por decisão interlocutória ou por sentença. Há quem afirme que a decisão que julga o cálculo do imposto é sentença (STF, 1ª Turma, RE 224.223, rel. Min. Sepúlveda Pertence, *DJ* 5.05.2000, p. 34) e há quem diga que se trata de decisão interlocutória (STJ, 2ª Turma, REsp 34.895/PE, rel. Min. Antônio de Pádua Ribeiro, *DJ* 8.04.1996, p. 10.463). O processo de inventário e partilha somente se encerra com a decisão que julga ou homologa a partilha. O juiz, ao julgar o cálculo do imposto, não põe fim ao processo, resolvendo um incidente importante para que se possa fazer a partilha dos bens. A provimento julga o cálculo do imposto é, portanto, uma decisão interlocutória, e não uma sentença.

**11. Recurso cabível.** Cabe agravo de instrumento da decisão que julga o cálculo do im-

1017

# Art. 639 | CÓDIGO DE PROCESSO CIVIL COMENTADO – *Leonardo Carneiro da Cunha*

posto de transmissão *mortis causa* (art. 1.015, parágrafo único).

**12. Constituição definitiva do tributo.** *"(...), enquanto não homologado o cálculo do inventário, não há como efetuar a constituição definitiva do tributo, porque incertos os valores inventariados sobre o qual incidirá o percentual da exação, haja vista as possíveis modificações que os cálculos sofrerão ante questões a serem dirimidas pelo magistrado, nos termos dos arts. 1.003 a 1.011 do CPC [de 1973]"* (STJ, 2ª Turma, AgRg no REsp 1.257.451/SP, rel. Min. Humberto Martins, *DJe* 13.09.2011).

## Seção VI
## Das Colações

> **Art. 639.** No prazo estabelecido no art. 627, o herdeiro obrigado à colação conferirá por termo nos autos ou por petição à qual o termo se reportará os bens que recebeu ou, se já não os possuir, trar-lhes-á o valor.
>
> Parágrafo único. Os bens a serem conferidos na partilha, assim como as acessões e as benfeitorias que o donatário fez, calcular-se-ão pelo valor que tiverem ao tempo da abertura da sucessão.

▶ **1. Correspondência no CPC/1973.** *"Art. 1.014. No prazo estabelecido no art. 1.000, o herdeiro obrigado à colação conferirá por termo nos autos os bens que recebeu ou, se já os não possuir, trar-lhes-á o valor."*

## 🏛 LEGISLAÇÃO CORRELATA

**2. CC, art. 544.** *"Art. 544. A doação de ascendentes a descendentes, ou de um cônjuge a outro, importa adiantamento do que lhes cabe por herança."*

**3. CC, art. 2.002.** *"Art. 2.002. Os descendentes que concorrerem à sucessão do ascendente comum são obrigados, para igualar as legítimas, a conferir o valor das doações que dele em vida receberam, sob pena de sonegação. Parágrafo único. Para cálculo da legítima, o valor dos bens conferidos será computado na parte indisponível, sem aumentar a disponível."*

**4. CC, art. 2.004.** *"Art. 2.004. O valor de colação dos bens doados será aquele, certo ou estimativo, que lhes atribuir o ato de liberalidade."*

**5. CC, art. 2.005.** *"Art. 2.005. São dispensadas da colação as doações que o doador determinar saiam da parte disponível, contanto que não a excedam, computado o seu valor ao tempo da* doação. Parágrafo único. Presume-se imputada na parte disponível a liberalidade feita a descente que, ao tempo do ato, não seria chamado à sucessão na qualidade de herdeiro necessário."

**6. CC, art. 2.006.** *"Art. 2.006. A dispensa da colação pode ser outorgada pelo doador em testamento, ou no próprio título de liberalidade."*

## ⚖ JURISPRUDÊNCIA, ENUNCIADOS E SÚMULAS SELECIONADOS

- **7. Enunciado 119, Jornada CJF Direito Civil.** *"Para evitar o enriquecimento sem causa, a colação será efetuada com base no valor da época da doação, nos termos do caput do art. 2.004, exclusivamente na hipótese em que o bem doado não mais pertença ao patrimônio do donatário. Se, ao contrário, o bem ainda integrar seu patrimônio, a colação se fará com base no valor do bem na época da abertura da sucessão, nos termos do art. 1.014 do CPC, de modo a preservar a quantia que efetivamente integrará a legítima quando esta se constituiu, ou seja, na data do óbito (resultado da interpretação sistemática do art. 2.004 e seus parágrafos, juntamente com os arts. 1.832 e 884 do Código Civil)."*

## 🗎 COMENTÁRIOS TEMÁTICOS

**8. Igualdade dos quinhões hereditários.** Em princípio, os quinhões hereditários devem ser iguais, ou seja, os direitos sucessórios dos herdeiros necessários devem ser iguais. Em outras palavras, não deve haver, em princípio, diversidade de quinhões. Por isso, a doação dos pais aos filhos implica adiantamento da legítima (CC, art. 544).

**9. Dever de computar o adiantamento da legítima.** Todo descendente que houver recebido doação do falecido deverá computar o adiantamento da legítima no inventário dos bens do doador, a não ser que, no ato de doação, tiver sido contemplado com a dispensa da conferência (CC, arts. 2.005 e 2.006).

**10. Colação.** A colação é o ato judicial de reconstituição do acervo hereditário, pela adição – ao patrimônio deixado no momento da morte – dos bens doados em vida pelo falecido aos seus descendentes.

**11. Objetivo da colação.** Equalizar a partilha, para que haja igualdade dos quinhões hereditários.

**12. Obrigatoriedade da colação.** *"Seguindo o disposto no art. 2.002 do CC/2002, é obrigatória*

**LIVRO I ·** DO PROCESSO DE CONHECIMENTO E DO CUMPRIMENTO DE SENTENÇA    **Art. 640**

*a conferência das doações efetuadas pelo autor da herança a um dos herdeiros"* (STJ, 3ª Turma, AgInt no REsp 1.839.600/MG, rel. Min. Marco Aurélio Bellizze, *DJe* 07.06.2021).

**13. Dispensa da colação.** A colação pode ser dispensada se a doação sair da parte disponível, desde que não a exceda (CC, art. 2.005). A dispensa pode ser outorgada em testamento ou no próprio negócio de doação (CC, art. 2.006), mas deve ser expressa, não podendo ser inserida em escritura ou instrumento posterior ou declarada oralmente. Não existe dispensa virtual, tácita ou presumida.

**14. Dispensa da colação e discussão em ação própria.** *"Admite-se a dispensa da regra da colação, especialmente no caso de doação na qual há concordância de todos os herdeiros (hipótese dos autos), devendo o eventual prejuízo ao herdeiro necessário decorrente da doação em vida feita pelos pais ser discutido em ação própria, e não na ação de inventário"* (STJ, 4ª Turma, AgInt no AREsp 837.816/SP, rel. Min. Maria Isabel Gallotti, *DJe* 1º.10.2020).

**15. Formas de colação.** A colação pode ser feita *in natura* ou pelo valor do bem doado. Em qualquer uma delas, o bem recebido por antecipação da legítima será descrito para cômputo na partilha. Se o herdeiro já não o possuir, será trazido à colação o seu valor.

**16. Colação *in natura*.** Estando o bem doado em poder do donatário, a colação pode ser feita pela sua restituição ao monte hereditário.

**17. Colação pelo valor do bem.** Se o herdeiro não possuir mais o bem que lhe fora doado ou se não tem interesse de restitui-lo, a colação será feita pelo seu valor, que será, então, computado na formação do quinhão do donatário.

**18. Iniciativa da colação.** A colação deve ser feita pelo donatário, por meio de declaração tomada por termo nos autos ou mediante petição à qual o termo se reportará.

**19. Momento da colação.** Cabe ao donatário trazer o bem recebido à colação (art. 639) no prazo de 15 dias, contado da sua citação (art. 627).

**20. Valor para a colação.** O valor básico para a colação seria, nos termos do art. 2.004 do CC, aquele constante do ato de doação. Tal dispositivo foi, porém, revogado pelo parágrafo único do art. 639 do CPC. Os bens doados, assim como suas acessões e benfeitorias, serão colacionados *"pelo valor que tiverem ao tempo da abertura da sucessão"* (CPC, art. 639, parágrafo único). Vale dizer que a avaliação do bem trazido à colação deve considerar o momento da morte do autor da herança.

**21. Direito intertemporal.** A sucessão é regulada pela lei vigente ao tempo da sua abertura. Logo, para saber se, no caso, se aplica o art. 2.004 do CC ou o art. 639, parágrafo único, do CPC, é preciso verificar a data do falecimento do autor da herança. Se o falecimento ocorreu já na vigência do atual CC, mas antes de o atual CPC entrar em vigor, aplica-se o art. 2.004 do CC. Se a morte ocorreu depois da entrada em vigor do atual CPC, deve ser aplicado ao caso o parágrafo único do art. 639.

**22. Antinomia entre CC e CPC.** *"É indiscutível a existência de antinomia entre as disposições do Código Civil (arts. 1.792, caput, do CC/1916 e 2.004, caput, do CC/2002), que determinam que a colação se dê pelo valor do bem ao tempo da liberalidade, e as disposições do Código de Processo Civil (arts. 1.014, parágrafo único, do CPC/1973 e 639, parágrafo único, do CPC/2015), que determinam que a colação se dê pelo valor do bem ao tempo da abertura da sucessão, de modo que, em se tratando de questão que se relaciona, com igual intensidade, com o direito material e com o direito processual, essa contradição normativa somente é resolúvel pelo critério da temporalidade e não pelo critério de especialidade. Precedentes. 5. Na hipótese, tendo o autor da herança falecido antes da entrada em vigor do CC/2002, aplica-se a regra do art. 1.014, parágrafo único, do CPC/1973, devendo a colação se dê pelo valor do bem ao tempo da abertura da sucessão"* (STJ, 3ª Turma, REsp 1.698.638/RS, rel. Min. Nancy Andrighi, *DJe* 16.05.2019).

---

**Art. 640.** O herdeiro que renunciou à herança ou o que dela foi excluído não se exime, pelo fato da renúncia ou da exclusão, de conferir, para o efeito de repor a parte inoficiosa, as liberalidades que obteve do doador.

§ 1º É lícito ao donatário escolher, dentre os bens doados, tantos quantos bastem para perfazer a legítima e a metade disponível, entrando na partilha o excedente para ser dividido entre os demais herdeiros.

§ 2º Se a parte inoficiosa da doação recair sobre bem imóvel que não comporte divisão cômoda, o juiz determinará que sobre ela se proceda a licitação entre os herdeiros.

§ 3º O donatário poderá concorrer na licitação referida no § 2º e, em igualdade de condições, terá preferência sobre os herdeiros.

► **1. Correspondência no CPC/1973.** *"Art. 1.015. O herdeiro que renunciou à herança ou o que dela foi excluído não se exime, pelo fato da renúncia ou da exclusão, de conferir, para o* *efeito de repor a parte inoficiosa, as liberalidades que houve do doador. § 1º É lícito ao donatário escolher, dos bens doados, tantos quantos bastem para perfazer a legítima e a metade disponível, entrando na partilha o excedente para ser dividido entre os demais herdeiros. § 2º Se a parte inoficiosa da doação recair sobre bem imóvel, que não comporte divisão cômoda, o juiz determinará que sobre ela se proceda entre os herdeiros à licitação; o donatário poderá concorrer na licitação e, em igualdade de condições, preferirá aos herdeiros."*

## 🏛 LEGISLAÇÃO CORRELATA

**2. CC, art. 1.806.** *"Art. 1.806. A renúncia da herança deve constar expressamente de instrumento público ou termo judicial."*

**3. CC, art. 1.808.** *"Art. 1.808. Não se pode aceitar ou renunciar a herança em parte, sob condição ou a termo. § 1º O herdeiro, a quem se testarem legados, pode aceitá-los, renunciando a herança; ou, aceitando-a, repudiá-los. § 2º O herdeiro, chamado, na mesma sucessão, a mais de um quinhão hereditário, sob títulos sucessórios diversos, pode livremente deliberar quanto aos quinhões que aceita e aos que renuncia."*

**4. CC, art. 1.813.** *"Art. 1.813. Quando o herdeiro prejudicar os seus credores, renunciando à herança, poderão eles, com autorização do juiz, aceitá-la em nome do renunciante. § 1º A habilitação dos credores se fará no prazo de trinta dias seguintes ao conhecimento do fato. § 2º Pagas as dívidas do renunciante, prevalece a renúncia quanto ao remanescente, que será devolvido aos demais herdeiros."*

**5. CC, art. 2.007.** *"Art. 2.007. São sujeitas à redução as doações em que se apurar excesso quanto ao que o doador poderia dispor, no momento da liberalidade. § 1º O excesso será apurado com base no valor que os bens doados tinham, no momento da liberalidade. § 2º A redução da liberalidade far-se-á pela restituição ao monte do excesso assim apurado; a restituição será em espécie, ou, se não mais existir o bem em poder do donatário, em dinheiro, segundo o seu valor ao tempo da abertura da sucessão, observadas, no que forem aplicáveis, as regras deste Código sobre a redução das disposições testamentárias. § 3º Sujeita-se a redução, nos termos do parágrafo antecedente, a parte da doação feita a herdeiros necessários que exceder a legítima e mais a quota disponível. § 4º Sendo várias as doações a herdeiros necessários, feitas em diferentes datas, serão elas reduzidas a partir da última, até a eliminação do excesso."*

**6. CC, art. 2.008.** *"Art. 2.008. Aquele que renunciou a herança ou dela foi excluído, deve, não obstante, conferir as doações recebidas, para o fim de repor o que exceder o disponível."*

## 🗎 COMENTÁRIOS TEMÁTICOS

**7. Renúncia, exclusão de herdeiro e obrigatoriedade da colação.** A renúncia à herança e a exclusão do herdeiro da sucessão não eliminam o dever do herdeiro de colacionar bem que lhe fora doado pelo autor da herança, desde que haja excesso a repor ao monte (parte inoficiosa da doação). O herdeiro renunciante ou excluído da sucessão não perde, assim, o que lhe fora doado; perderá somente a parte que exceder ao que fazia jus como legítima.

**8. Formalidade e solenidade da renúncia à herança.** *"Ao contrário da informalidade do ato de aceitação da herança, a renúncia exige forma expressa, cuja solenidade deve constar de instrumento público ou por termos nos autos (art. 1.807), ocorrendo a sucessão como se o renunciante nunca tivesse existido, acrescendo-se sua porção hereditária à dos outros herdeiros da mesma classe. 3. A renúncia e a aceitação à herança são atos jurídicos puros não sujeitos a elementos acidentais. Essa a regra estabelecida no* caput *do art. 1808 do Código Civil, segundo o qual não se pode aceitar ou renunciar a herança em partes, sob condição (evento futuro incerto) ou termo (evento futuro e certo)"* (STJ, 4ª Turma, REsp 1.433.650/GO, rel. Min. Luis Felipe Salomão, *DJe* 04.02.2020).

**9. Vários bens doados.** Se ao herdeiro tiverem sido doados vários bens, é-lhe lícito escolher os que serão devolvidos ao monte.

**10. Bem imóvel indivisível.** Se o excesso recair sobre imóvel que não permita divisão cômoda ou adequada, o juiz determinará a realização de licitação entre os herdeiros, cabendo ao donatário preferência, em igualdade de condições com os demais.

**Art. 641.** Se o herdeiro negar o recebimento dos bens ou a obrigação de os conferir, o juiz, ouvidas as partes no prazo comum de 15 (quinze) dias, decidirá à vista das alegações e das provas produzidas.

§ 1º Declarada improcedente a oposição, se o herdeiro, no prazo improrrogável de 15 (quinze) dias, não proceder à conferência, o juiz mandará sequestrar-lhe, para serem inventariados e partilhados, os bens sujeitos à colação ou imputar ao seu quinhão hereditário o valor deles, se já não os possuir.

**LIVRO I · DO PROCESSO DE CONHECIMENTO E DO CUMPRIMENTO DE SENTENÇA** | **Art. 642**

§ 2º Se a matéria exigir dilação probatória diversa da documental, o juiz remeterá as partes às vias ordinárias, não podendo o herdeiro receber o seu quinhão hereditário, enquanto pender a demanda, sem prestar caução correspondente ao valor dos bens sobre os quais versar a conferência.

▶ **1. Correspondência no CPC/1973.** *"Art. 1.016. Se o herdeiro negar o recebimento dos bens ou a obrigação de os conferir, o juiz, ouvidas as partes no prazo comum de 5 (cinco) dias, decidirá à vista das alegações e provas produzidas. § 1º Declarada improcedente a oposição, se o herdeiro, no prazo improrrogável de 5 (cinco) dias, não proceder à conferência, o juiz mandará sequestrar-lhe, para serem inventariados e partilhados, os bens sujeitos à colação, ou imputar ao seu quinhão hereditário o valor deles, se já os não possuir. § 2º Se a matéria for de alta indagação, o juiz remeterá as partes para os meios ordinários, não podendo o herdeiro receber o seu quinhão hereditário, enquanto pender a demanda, sem prestar caução correspondente ao valor dos bens sobre que versar a conferência."*

▣ **COMENTÁRIOS TEMÁTICOS**

**2. Ausência de colação.** Se o herdeiro que recebeu do autor da herança bem em doação não fizer espontaneamente a colação, o inventariante, ou qualquer herdeiro, poderá requerer sua intimação para fazê-lo.

**3. Negativa do herdeiro.** Caso o herdeiro negue o recebimento do bem ou a obrigação de o colacionar, o juiz julgará o incidente, no próprio inventário.

**4. Partilha amigável não afasta a necessidade de colação de bens sonegados.** *"O Direito à colação de bens do 'de cujus' em proveito de herdeiros necessários subsiste diante da partilha amigável no processo de inventário, em que omitida a declaração dos bens doados inoficiosamente e que, por isso, devem ser colacionados"* (STJ, 3ª Turma, REsp 1.343.263/CE, rel. Min. Sidnei Beneti, *DJe* 11.04.2013).

**5. Contraditório.** Para julgar o incidente, o juiz determinará a intimação de todos os interessados, dando-lhes oportunidade para manifestar-se no prazo comum de 15 dias.

**6. Provas.** O juiz julgará o incidente à vista das alegações e provas produzidas. Se for necessária a produção de prova além da documental, a questão deve ser resolvida em ação autônoma, ficando suspensa a entrega do quinhão ao herdeiro enquanto não julgada a questão na ação

autônoma e não se der caução correspondente ao valor do bem disputado.

**7. Ação autônoma.** A ação autônoma pode ser proposta pelo espólio ou pelo herdeiro que negou a condição de donatário ou a obrigação de colacionar o bem. Se proposta pelo espólio, a ação será condenatória, sendo declaratória negativa, quando proposta pelo herdeiro.

**8. Agravo de instrumento.** Da decisão do juiz que julgar o incidente caberá agravo de instrumento (art. 1.015, parágrafo único).

## Seção VII
## Do Pagamento das Dívidas

**Art. 642.** Antes da partilha, poderão os credores do espólio requerer ao juízo do inventário o pagamento das dívidas vencidas e exigíveis.

§ 1º A petição, acompanhada de prova literal da dívida, será distribuída por dependência e autuada em apenso aos autos do processo de inventário.

§ 2º Concordando as partes com o pedido, o juiz, ao declarar habilitado o credor, mandará que se faça a separação de dinheiro ou, em sua falta, de bens suficientes para o pagamento.

§ 3º Separados os bens, tantos quantos forem necessários para o pagamento dos credores habilitados, o juiz mandará aliená-los, observando-se as disposições deste Código relativas à expropriação.

§ 4º Se o credor requerer que, em vez de dinheiro, lhe sejam adjudicados, para o seu pagamento, os bens já reservados, o juiz deferir-lhe-á o pedido, concordando todas as partes.

§ 5º Os donatários serão chamados a pronunciar-se sobre a aprovação das dívidas, sempre que haja possibilidade de resultar delas a redução das liberalidades.

▶ **1. Correspondência no CPC/1973.** *"Art. 1.017. Antes da partilha, poderão os credores do espólio requerer ao juízo do inventário o pagamento das dívidas vencidas e exigíveis. § 1º A petição, acompanhada de prova literal da dívida, será distribuída por dependência e autuada em apenso aos autos do processo de inventário. § 2º Concordando as partes com o pedido, o juiz, ao declarar habilitado o credor, mandará que se faça a separação de dinheiro ou, em sua falta, de bens suficientes para o seu pagamento. § 3º Separados os bens, tantos quantos forem necessários para o pagamento dos credores habilitados, o juiz mandará aliená-los em praça ou leilão, observadas, no* *que forem aplicáveis, as regras do Livro II, Título II, Capítulo IV, Seção I, Subseção VII e Seção II, Subseções I e II. § 4º Se o credor requerer que, em vez de dinheiro, lhe sejam adjudicados, para o seu pagamento, os bens já reservados, o juiz deferir-lhe-á o pedido, concordando todas as partes."*

## 🏛 Legislação Correlata

**2. CC, art. 1.997.** *"Art. 1.997. A herança responde pelo pagamento das dívidas do falecido; mas, feita a partilha, só respondem os herdeiros, cada qual em proporção da parte que na herança lhe coube. § 1º Quando, antes da partilha, for requerido no inventário o pagamento de dívidas constantes de documentos, revestidos de formalidades legais, constituindo prova bastante da obrigação, e houver impugnação, que não se funde na alegação de pagamento, acompanhada de prova valiosa, o juiz mandará reservar, em poder do inventariante, bens suficientes para solução do débito, sobre os quais venha a recair oportunamente a execução. § 2º No caso previsto no parágrafo antecedente, o credor será obrigado a iniciar a ação de cobrança no prazo de trinta dias, sob pena de se tornar de nenhum efeito a providência indicada."*

**3. CC, art. 1.998.** *"Art. 1.998. As despesas funerárias, haja ou não herdeiros legítimos, sairão do monte da herança; mas as de sufrágios por alma do falecido só obrigarão a herança quando ordenadas em testamento ou codicilo."*

**4. CC, art. 1.999.** *"Art. 1.999. Sempre que houver ação regressiva de uns contra outros herdeiros, a parte do co-herdeiro insolvente dividir-se-á em proporção entre os demais."*

**5. CC, art. 2.000.** *"Art. 2.000. Os legatários e credores da herança podem exigir que do patrimônio do falecido se discrimine o do herdeiro, e, em concurso com os credores deste, ser-lhes-ão preferidos no pagamento."*

**6. CC, art. 2.001.** *"Art. 2.001. Se o herdeiro for devedor ao espólio, sua dívida será partilhada igualmente entre todos, salvo se a maioria consentir que o débito seja imputado inteiramente no quinhão do devedor."*

**7. CTN, art. 189.** *"Art. 189. São pagos preferencialmente a quaisquer créditos habilitados em inventário ou arrolamento, ou a outros encargos do monte, os créditos tributários vencidos ou vincendos, a cargo do de cujus ou de seu espólio, exigíveis no decurso do processo de inventário ou arrolamento. Parágrafo único. Contestado o crédito tributário, proceder-se-á na forma do disposto no § 1º do artigo anterior."*

## 🗐 Comentários Temáticos

**8. Pagamento de dívidas do falecido.** Não sendo personalíssimas, as obrigações assumidas pelo autor da herança não desaparecem com sua morte: acompanham o patrimônio por ele deixado e transferem-se para seus herdeiros, respeitados os limites da herança. Por isso, há interesse dos credores de receber o débito do espólio, antes mesmo da partilha. O CPC estabelece um procedimento, disciplinado nos arts. 642 a 646, para viabilizar esse recebimento.

**9. Petição.** Os credores do espólio podem, antes da partilha, requerer ao juízo do inventário o pagamento das dívidas vencidas e exigíveis. Para fazê-lo, devem formular petição instruída com os documentos comprobatórios das dívidas ("prova literal"), a ser distribuída por dependência e autuada em apenso aos autos do inventário.

**10. Contraditório.** Instaurado o incidente para pagamento de dívidas do espólio, serão intimados todos os interessados para que se manifestem.

**11. Legatários.** Os legatários, em princípio, não devem ser intimados para manifestar-se sobre o pedido do credor do espólio, pois os bens objeto de legado não respondem por dívidas do espólio. Nos casos, porém, do art. 645, os bens objeto de legado respondem pelas dívidas do espólio, devendo, então, os legatários, naqueles casos, ser intimados para manifestar-se sobre o pedido do credor.

**12. Concordância.** Havendo concordância das partes com o pedido, o juiz declarará habilitado o credor do espólio, ordenando a separação do dinheiro ou de bens suficientes para o pagamento.

**13. Natureza do incidente.** O incidente para pagamento de dívidas do espólio não tem natureza contenciosa.

**14. Unanimidade.** É necessária concordância unânime para que o juiz declare habilitado o credor e ordene a separação do dinheiro ou de bens para o pagamento, porque tal habilitação não tem natureza contenciosa. Não havendo concordância das partes sobre o pagamento, o credor deve propor ação autônoma (art. 643).

**15. Separação de bens *versus* reserva de bens.** A separação de bens não se confunde com a reserva de bens. Enquanto aquela destina-se à satisfação do crédito habilitado, colocando os bens à disposição do inventariante para pagar ao credor, a reserva de bens tem natureza cautelar, funcionando como uma garantia, pois vincula os bens reservados a uma futura e eventual

**LIVRO I ·** DO PROCESSO DE CONHECIMENTO E DO CUMPRIMENTO DE SENTENÇA · **Art. 643**

penhora. Tanto os bens separados como os reservados não devem figurar na partilha, enquanto não resolvida a pendência a eles relativa.

**16. Pagamento.** Deferida a habilitação do credor, o inventariante deve efetuar o pagamento, se o espólio dispuser de dinheiro. Não havendo dinheiro disponível, os bens separados serão alienados, de acordo com as regras de expropriação do processo de execução por quantia certa.

**17. Dívida não vencida.** O credor pode requerer sua habilitação no inventário, mesmo que a dívida não se ache ainda vencida. Havendo concordância geral, o juiz deferirá a habilitação e ordenará a separação de bens para o pagamento a ser realizado quando do vencimento (art. 644).

**18. Inadmissibilidade da partilha.** Deferida a habilitação do crédito, não será possível efetivar a partilha sem que sejam, antes, separados os bens necessários e suficientes para o pagamento ao credor.

**19. Faculdade da habilitação de crédito.** *"A habilitação de crédito nos autos de inventário do devedor não é uma obrigatoriedade da parte, mas sim consiste em uma faculdade a teor do disposto no art. 1.017, caput, do Código de Processo Civil [de 1973]. II – Os herdeiros só receberão a herança depois de solucionadas as pendências com os credores. Assim, é perfeitamente possível que a execução tenha prosseguimento, inclusive com reserva de bens suficientes, se o débito não puder ser solucionado no inventário"* (STJ, 2ª Seção, CC 96.042/AC, rel. Min. Massami Uyeda, DJe 21.10.2010).

---

**Art. 643.** Não havendo concordância de todas as partes sobre o pedido de pagamento feito pelo credor, será o pedido remetido às vias ordinárias.

Parágrafo único. O juiz mandará, porém, reservar, em poder do inventariante, bens suficientes para pagar o credor quando a dívida constar de documento que comprove suficientemente a obrigação e a impugnação não se fundar em quitação.

---

▶ **1. Correspondência no CPC/1973.** *"Art. 1.018. Não havendo concordância de todas as partes sobre o pedido de pagamento feito pelo credor, será ele remetido para os meios ordinários. Parágrafo único. O juiz mandará, porém, reservar em poder do inventariante bens suficientes para pagar o credor, quando a dívida constar de documento que comprove suficientemente a obrigação e a impugnação não se fundar em quitação."*

## ⚖ LEGISLAÇÃO CORRELATA

**2. CC, art. 1.997.** *"Art. 1.997. A herança responde pelo pagamento das dívidas do falecido; mas, feita a partilha, só respondem os herdeiros, cada qual em proporção da parte que na herança lhe coube. § 1º Quando, antes da partilha, for requerido no inventário o pagamento de dívidas constantes de documentos, revestidos de formalidades legais, constituindo prova bastante da obrigação, e houver impugnação, que não se funde na alegação de pagamento, acompanhada de prova valiosa, o juiz mandará reservar, em poder do inventariante, bens suficientes para solução do débito, sobre os quais venha a recair oportunamente a execução. § 2º No caso previsto no parágrafo antecedente, o credor será obrigado a iniciar a ação de cobrança no prazo de trinta dias, sob pena de se tornar de nenhum efeito a providência indicada."*

## 🗐 COMENTÁRIOS TEMÁTICOS

**3. Ausência de unanimidade.** Se não houver unanimidade das partes no inventário sobre o pedido de pagamento feito pelo credor, este não poderá receber desde logo o valor a que entende fazer jus, devendo propor ação autônoma. O pagamento, feito diretamente no inventário, exige concordância unânime.

**4. Impossibilidade de o juiz do inventário converter pedido de habilitação de crédito em ação de cobrança.** *"A existência de impugnação de interessado à habilitação de crédito em inventário, impõe ao juízo do inventário a remessa das partes às vias ordinárias, ainda que sobre o mesmo juízo recaia a competência para o inventário e para as ações ordinárias (tal como ocorre nos juízos de vara única), pois, nos termos do art. 1.018 de CPC/1973 (art. 643 do CPC/2015), constitui ônus do credor não admitido no inventário o ajuizamento da respectiva ação de conhecimento, não competindo ao juiz a conversão do pedido de habilitação na demanda a ser proposta, em substituição às partes"* (STJ, 3ª Turma, REsp 2.045.640/GO, rel. Min. Marco Aurélio Bellizze, DJe 28.4.2023).

**5. Inadmissibilidade de honorários de sucumbência quando a questão é remetida às vias ordinárias.** *"A sentença que denega a habilitação de crédito na sucessão, por mera discordância de qualquer interessado, não enseja a condenação em honorários advocatícios, pois não torna litigiosa a demanda, não havendo falar em condenação, nem de se cogitar em qualquer proveito econômico, já que o direito ao crédito e à sua cobrança*

1023

*são remetidos às vias ordinárias"* (STJ, 4ª Turma, AgInt no REsp 1.792.709/SP, rel. Min. Luis Felipe Salomão, *DJe* 13.08.2019).

**6. Desnecessidade do incidente.** O credor do espólio pode requerer, no próprio inventário, sua habilitação para recebimento do seu crédito em incidente não contencioso. Tal incidente não é uma condição de admissibilidade para propositura de ação autônoma destinada ao recebimento do crédito. É uma faculdade e uma chance mais que se oferece ao credor para recebimento. Nada impede que o credor, ciente da resistência dos herdeiros, opte, desde logo, pelo ajuizamento da demanda autônoma.

**7. Falta de resistência e causalidade.** Se o credor propuser demanda autônoma, e não houver resistência dos herdeiros ao pagamento, ficará evidente que ele deveria ter requerido sua habilitação no espólio para recebimento de seu crédito. Rigorosamente, haveria, nesse caso, desnecessidade do processo autônomo, configurando a falta de interesse de agir, com a extinção do processo sem resolução do mérito. Por razões de eficiência, é razoável não extinguir o processo e utilizá-lo como procedimento para recebimento, deixando-se, porém, de condenar o espólio no pagamento de honorários de sucumbência, em virtude da falta de causalidade.

**8. Tutela provisória.** O juiz pode conceder tutela provisória para determinar a reserva de bens para pagar ao credor que não obteve habilitação administrativa (art. 643, parágrafo único). Efetivada a tutela provisória, a parte deve recorrer às vias ordinárias, propondo a demanda principal, no prazo de 30 dias (art. 308). Assim, efetivada a tutela provisória que determinou a reserva de bens para pagar ao credor que não obteve habilitação administrativa (art. 643, parágrafo único), a ação de cobrança há de ser proposta no prazo de 30 dias.

**9. Natureza jurídica da reserva de bens.** *"Não havendo concordância de todas as partes sobre o pedido de pagamento feito pelo credor na habilitação, deve ele remetido para os meios ordinários (art. 1.018, CPC [de 1973]). Não obstante, o juiz pode determinar que sejam reservados bens em poder do inventariante para pagar o credor, desde que a dívida esteja consubstanciada em documento que comprove suficientemente a obrigação e a impugnação não se fundar em quitação. A reserva de bens na habilitação tem feição de arresto. Reservam-se os bens do espólio para que possa haver patrimônio suficiente a garantir a satisfação coercitiva do crédito"* (STJ, 3ª Turma,

REsp 703.884/SC, rel. Min. Nancy Andrighi, *DJ* 8.11.2007, p. 225).

**10. Perda da eficácia.** A tutela provisória perde sua eficácia, se a ação principal (a de cobrança ou de execução) não for proposta em 30 dias, contados da data em que o credor não admitido (art. 643) foi intimado da decisão concessiva da medida (art. 668, I).

**11. Indeferimento da tutela provisória.** O juiz não deve deferir a tutela provisória para que se reservem bens ao credor não habilitado no inventário, se *(a)* não houver comprovação suficiente da obrigação; ou, *(b)* houver impugnação fundada na alegação de pagamento já quitado.

---

**Art. 644.** O credor de dívida líquida e certa, ainda não vencida, pode requerer habilitação no inventário.

Parágrafo único. Concordando as partes com o pedido referido no *caput*, o juiz, ao julgar habilitado o crédito, mandará que se faça separação de bens para o futuro pagamento.

---

▶ **1. Correspondência no CPC/1973.** *"Art. 1.019. O credor de dívida líquida e certa, ainda não vencida, pode requerer habilitação no inventário. Concordando as partes com o pedido, o juiz, ao julgar habilitado o crédito, mandará que se faça separação de bens para o futuro pagamento."*

📖 **COMENTÁRIOS TEMÁTICOS**

**2. Habilitação de dívida não vencida.** O credor pode requerer sua habilitação no inventário, mesmo que a dívida não se ache ainda vencida. Havendo concordância geral, o juiz deferirá a habilitação e ordenará a separação de bens para o pagamento a ser realizado quando do vencimento.

**3. Procedimento.** O pedido para habilitação de dívida não vencida provoca a instauração e incidente distribuído por dependência e autuado em apenso aos autos do processo de inventário. Antes de decidir, o juiz deve determinar a intimação de todos os interessados para que se manifestem (art. 642).

**4. Concordância unânime.** O juiz somente pode deferir a habilitação no próprio inventário, se houver concordância unânime de todos os herdeiros. Não havendo unanimidade, o credor deve propor ação autônoma para obter o valor de seu crédito.

**5. Inadmissibilidade da partilha.** Deferida a habilitação do crédito, não será possível efetivar a partilha sem que sejam, antes, separados

**LIVRO I ·** DO PROCESSO DE CONHECIMENTO E DO CUMPRIMENTO DE SENTENÇA    **Art. 647**

os bens necessários e suficientes para o pagamento ao credor.

> **Art. 645.** O legatário é parte legítima para manifestar-se sobre as dívidas do espólio:
> I – quando toda a herança for dividida em legados;
> II – quando o reconhecimento das dívidas importar redução dos legados.

▶ **1. Correspondência no CPC/1973.** *"Art. 1.020. O legatário é parte legítima para manifestar-se sobre as dívidas do espólio: I – quando toda a herança for dividida em legados; II – quando o reconhecimento das dívidas importar redução dos legados."*

⚖ **JURISPRUDÊNCIA, ENUNCIADOS E SÚMULAS SELECIONADOS**

- **2. Enunciado 181 do FPPC.** *"A previsão do parágrafo único do art. 647 é aplicável aos legatários na hipótese do inciso I do art. 645, desde que reservado patrimônio que garanta o pagamento do espólio."*

▣ **COMENTÁRIOS TEMÁTICOS**

**3. Bem objeto de legado.** O bem objeto de legado não responde, em princípio, por dívida do espólio.

**4. Interesse do legatário.** Porque o bem objeto do legado não responde por dívida do espólio, o legatário não tem interesse de se manifestar sobre o requerimento de habilitação do credor.

**5. Hipóteses em que há interesse do legatário.** Em 2 casos, o legatário tem interesse de agir no incidente de habilitação do credor do espólio: *(a)* quando toda a herança, por ato de disposição de última vontade, for dividida em legados, atraindo para os bens objeto dos legados a responsabilidade pelo pagamento das dívidas do espólio; e, *(b)* quando os bens destinados aos herdeiros revelarem-se insuficientes para saldar as dívidas do espólio.

> **Art. 646.** Sem prejuízo do disposto no art. 860, é lícito aos herdeiros, ao separarem bens para o pagamento de dívidas, autorizar que o inventariante os indique à penhora no processo em que o espólio for executado.

▶ **1. Correspondência no CPC/1973.** *"Art. 1.021. Sem prejuízo do disposto no art. 674, é lícito aos herdeiros, ao separarem bens para o pagamento de dívidas, autorizar que o inventa-*

*riante os nomeie à penhora no processo em que o espólio for executado."*

▣ **COMENTÁRIOS TEMÁTICOS**

**2. Penhora dos bens separados.** Promovida execução pelo credor contra o espólio, a penhora poderá recair sobre os bens que o juiz, nos termos do art. 643, mandou reservar para pagamento.

**3. Indicação dos bens à penhora.** Na execução proposta pelo credor contra o espólio, o inventariante, que representa o espólio (art. 618, I), deve indicar à penhora os bens que foram reservados pelo juiz na forma do art. 643.

## Seção VIII
## Da Partilha

> **Art. 647.** Cumprido o disposto no art. 642, § 3º, o juiz facultará às partes que, no prazo comum de 15 (quinze) dias, formulem o pedido de quinhão e, em seguida, proferirá a decisão de deliberação da partilha, resolvendo os pedidos das partes e designando os bens que devam constituir quinhão de cada herdeiro e legatário.
> Parágrafo único. O juiz poderá, em decisão fundamentada, deferir antecipadamente a qualquer dos herdeiros o exercício dos direitos de usar e de fruir de determinado bem, com a condição de que, ao término do inventário, tal bem integre a cota desse herdeiro, cabendo a este, desde o deferimento, todos os ônus e bônus decorrentes do exercício daqueles direitos.

▶ **1. Correspondência no CPC/1973.** *"Art. 1.022. Cumprido o disposto no art. 1.017, § 3º, o juiz facultará às partes que, no prazo comum de 10 (dez) dias, formulem o pedido de quinhão; em seguida proferirá, no prazo de 10 (dez) dias, o despacho de deliberação da partilha, resolvendo os pedidos das partes e designando os bens que devam constituir quinhão de cada herdeiro e legatário."*

⚖ **JURISPRUDÊNCIA, ENUNCIADOS E SÚMULAS SELECIONADOS**

- **2. Enunciado 181 do FPPC.** *"A previsão do parágrafo único do art. 647 é aplicável aos legatários na hipótese do inciso I do art. 645, desde que reservado patrimônio que garanta o pagamento do espólio."*
- **3. Enunciado 182 do FPPC.** *"Aplica-se aos legatários o disposto no parágrafo único do art. 647, quando ficar evidenciado que os pagamentos do espólio não irão reduzir os legados."*

1025

# Art. 648
CÓDIGO DE PROCESSO CIVIL COMENTADO – *Leonardo Carneiro da Cunha*

- **4. Enunciado 184 da III Jornada-CJF.** *"O uso e a fruição antecipados de bens, previstos no parágrafo único do art. 647 do CPC, são deferidos por tutela provisória satisfativa, e não por julgamento antecipado do mérito, devendo o juiz analisar a probabilidade de o bem vir a integrar o quinhão do herdeiro ao término do inventário."*

## ▣ Comentários Temáticos

**5. Partilha.** A partilha existe, no direito sucessório, quando houver vários sucessores. Se houver apenas um sucessor, não há partilha. Nesse caso, homologado o cálculo do imposto de transmissão *mortis causa*, o juiz adjudicará o acervo ao único interessado, encerrando todo o procedimento sucessório.

**6. Espécies de partilha.** Há, no sistema brasileiro, 3 modalidades de partilha: *(a)* a amigável; *(b)* a judicial; e, *(c)* a partilha em vida.

**7. Partilha amigável.** A partilha amigável é a que se faz por acordo de vontades entre todos os sucessores, podendo ser feita por escritura pública ou termo nos autos do inventário ou, ainda, por escrito particular homologado pelo juiz. Admite-se a partilha amigável tanto no inventário judicial como no extrajudicial (art. 610, § 1º). Neste último caso, torna-se absolutamente dispensável o processo judicial. A partilha amigável também é possível no arrolamento (art. 659).

**8. Partilha em vida.** A partilha em vida é aquela feita por ascendente, por ato entre vivos e de última vontade (CC, art. 2.018). Em outras palavras, a partilha em vida é a antecipação da partilha em doação ou em testamento, cuja validade depende da ausência de prejuízo à legítima dos herdeiros necessários. A partilha em vida é feita pelo ascendente. Os próprios descendentes não podem antecipar entre si partilha negocial dos bens do ascendente, pois não se admite negócio jurídico que tenha por objeto herança de pessoa viva (CC, art. 426).

**9. Partilha judicial.** A partilha judicial (arts. 647 a 656) consiste na segunda fase do procedimento sucessório. A primeira fase é a do inventário dos bens e dos herdeiros, enquanto a segunda, a da partilha. Daí o nome do procedimento ser *inventário e partilha*.

**10. Procedimento para partilha judicial.** Homologados os cálculos, pago o imposto de transmissão *mortis causa* e separados os bens para pagar as dívidas do espólio, se houver, encerra-se o inventário, que é a primeira fase do procedimento sucessório. Encerrado o inventário, abre-se a segunda fase do procedimento, com a abertura do prazo de 15 dias, comum a todos os interessados, para formulação dos pedidos de quinhão.

**11. Decisão de deliberação da partilha.** Cabe ao juiz resolver os pedidos das partes e designar os bens que constituirão os quinhões de cada herdeiro e legatário. Tal ato, considerado de mero impulso (e, portanto, irrecorrível), destina-se apenas a preparar a partilha, podendo ser modificado a qualquer momento, enquanto não homologado o ato de divisão dos bens comuns.

**12. Impugnação da parte.** O inconformismo da parte deve ser manifestado contra a sentença que julga a partilha, e não contra o simples despacho que a prepara. Se, porém, o juiz for além da simples preparação da partilha e decidir sobre questões de direito, poderá ser interposto agravo de instrumento pela parte inconformada (art. 1.015, parágrafo único).

**13. Exercício antecipado de direitos.** O juiz pode, antes da partilha, deferir a qualquer herdeiro o exercício dos direitos de usar e de fruir determinado bem, que deverá necessariamente integrar seu quinhão. Nesse caso, o herdeiro deve arcar com todas as despesas decorrentes do exercício dos direitos antecipados. Se a herança for toda dividida em legados, também é possível ao juiz deferir, desde logo, a legatário os direitos de usar e fruir o bem específico que, por testamento, lhe fora conferido.

---

**Art. 648.** Na partilha, serão observadas as seguintes regras:

I – a máxima igualdade possível quanto ao valor, à natureza e à qualidade dos bens;

II – a prevenção de litígios futuros;

III – a máxima comodidade dos coerdeiros, do cônjuge ou do companheiro, se for o caso.

---

▶ **1. Sem correspondência no CPC/1973.**

## ▣ Legislação Correlata

**2. CC, art. 2.017.** *"No partilhar os bens, observar-se-á, quanto ao seu valor, natureza e qualidade, a maior igualdade possível."*

## ▣ Comentários Temáticos

**3. Critério que preside a boa partilha.** O critério que preside a boa partilha baseia-se em 3 regras tradicionais: *(a)* máxima igualdade; *(b)* prevenção de litígios futuros; *(c)* máxima comodidade.

**LIVRO I** · DO PROCESSO DE CONHECIMENTO E DO CUMPRIMENTO DE SENTENÇA   **Art. 650**

**4. Máxima igualdade.** A partilha deve pautar-se pela máxima igualdade possível. Os quinhões devem proporcionar vantagens iguais para os herdeiros. A igualdade exigida diz respeito ao valor, à natureza e à qualidade dos bens. A igualdade não é atendida quando se confere a cada um uma parte igual na herança, em atenção ao valor dos bens que a compõem, mas sim lhe dando uma parte igual no móvel, no imóvel, no certo, no duvidoso, no bom, no mal, sob pena de, assim não se fazendo, haver uma igualdade aparente e uma desigualdade real. A igualdade só se refere à partilha de bens da sucessão legítima. Na sucessão testamentária, é a vontade do testador que prevalece.

**5. Prevenção de litígios futuros.** A partilha deve ser feita de modo a evitar litígios futuros. Na distribuição de quinhões, deve-se, por exemplo, evitar a instituição desnecessária de servidões, a instituição de condomínio sobre os mesmos bens ou o excessivo retalhamento de glebas isoladas para apenas um herdeiro.

**6. Máxima comodidade.** Na partilha, devem-se observar as condições pessoais de cada sucessor, atendendo-se, assim, a interesses profissionais, de vizinhança, de capacidade administrativa etc. Assim, um herdeiro que seja confinante de um dos bens da herança teria, por exemplo, preferência para receber a área contígua de sua atual propriedade. Por sua vez, o herdeiro que seja, por exemplo, comerciante teria preferência para receber mercadorias relacionadas ao seu ramo ou para receber imóvel útil à expansão de seu negócio. A comodidade encontra limites na igualdade. Não se pode, por comodidade, atenuar a igualdade. A igualdade quanto ao valor dos quinhões é absoluta.

> **Art. 649.** Os bens insuscetíveis de divisão cômoda que não couberem na parte do cônjuge ou companheiro supérstite ou no quinhão de um só herdeiro serão licitados entre os interessados ou vendidos judicialmente, partilhando-se o valor apurado, salvo se houver acordo para que sejam adjudicados a todos.

▶ **1. Sem correspondência no CPC/1973.**

## ⚖ LEGISLAÇÃO CORRELATA

**2. CC, art. 2.019.** *"Os bens insuscetíveis de divisão cômoda, que não couberem na meação do cônjuge sobrevivente ou no quinhão de um só herdeiro, serão vendidos judicialmente, partilhando-se o valor apurado, a não ser que haja acordo para serem adjudicados a todos. § 1º Não*

*se fará a venda judicial se o cônjuge sobrevivente ou um ou mais herdeiros requererem lhes seja adjudicado o bem, repondo aos outros, em dinheiro, a diferença, após avaliação atualizada. § 2º Se a adjudicação for requerida por mais de um herdeiro, observar-se-á o processo da licitação."*

## ▦ COMENTÁRIOS TEMÁTICOS

**3. Bem sem divisão cômoda.** Se um bem imóvel não couber no quinhão de um só herdeiro, ou não admitir divisão cômoda, deverá ser vendido judicialmente, partilhando-se o valor apurado, a não ser que um ou. mais herdeiros requeiram seja-lhes adjudicado, caso em que deve restituir aos demais em dinheiro a diferença entre o bem e o respectivo quinhão.

**4. Finalidade do dispositivo.** O objetivo da disposição é solucionar a dificuldade surgida na partilha, quando o imóvel não cabe no quinhão de um só herdeiro, ou não admite divisão cômoda.

**5. Opções.** Quando o bem é insuscetível de divisão cômoda, abrem-se 2 opções: *(a)* vender o bem, dividindo-se o valor obtido entre os herdeiros; *(b)* adjudicar o bem a todos os herdeiros, se houver acordo nesse sentido.

**6. Alienação judicial.** A venda judicial será incidental, feita por meio de leilão, aplicando-se os arts. 879 a 903 (art. 730).

**7. Adjudicação a um dos herdeiros.** Não será feita a venda judicial, se algum dos herdeiros adjudicar o bem insuscetível de divisão cômoda, repondo aos demais em dinheiro a diferença (CC, art. 2.019, § 1º). A adjudicação é uma prerrogativa do herdeiro, não se sujeitando à aprovação dos demais.

**8. Mais de um herdeiro.** Quando mais de um herdeiro pretender adjudicar o bem insuscetível de divisão, deve-se fazer uma licitação entre eles (CC, art. 2.019, § 2º).

> **Art. 650.** Se um dos interessados for nascituro, o quinhão que lhe caberá será reservado em poder do inventariante até o seu nascimento.

▶ **1. Sem correspondência no CPC/1973.**

## ⚖ LEGISLAÇÃO CORRELATA

**2. CC, art. 2º.** *"Art. 2º A personalidade civil da pessoa começa do nascimento com vida; mas a lei põe a salvo, desde a concepção, os direitos do nascituro."*

**3. CC, art. 1.779.** *"Art. 1.779. Dar-se-á curador ao nascituro, se o pai falecer estando grávida a mulher, e não tendo o poder familiar. Parágrafo único. Se a mulher estiver interdita, seu curador será o do nascituro."*

## ▤ COMENTÁRIOS TEMÁTICOS

**4. Tutela dos direitos do nascituro.** O nascituro, já concebido à época da abertura da sucessão, tem seus direitos sucessórios tutelados, independentemente da propositura de medida cautelar. Aberta a sucessão e instaurado o processo de inventário, o quinhão do nascituro deve ser preservado, enquanto se aguarda seu nascimento com vida. Se isso não ocorrer, os bens reservados irão para o monte para serem partilhados entre os demais herdeiros. Nascido com vida, será um dos herdeiros, a receber seu quinhão na partilha.

> **Art. 651.** O partidor organizará o esboço da partilha de acordo com a decisão judicial, observando nos pagamentos a seguinte ordem:
>
> I – dívidas atendidas;
>
> II – meação do cônjuge;
>
> III – meação disponível;
>
> IV – quinhões hereditários, a começar pelo coerdeiro mais velho.

▶ **1. Correspondência no CPC/1973.** *"Art. 1.023. O partidor organizará o esboço da partilha de acordo com a decisão, observando nos pagamentos a seguinte ordem: I – dívidas atendidas; II – meação do cônjuge; III – meação disponível; IV – quinhões hereditários, a começar pelo coerdeiro mais velho."*

## ⚖ JURISPRUDÊNCIA, ENUNCIADOS E SÚMULAS SELECIONADOS

- **2. Enunciado 181 do FPPC.** *"A previsão do parágrafo único do art. 647 é aplicável aos legatários na hipótese do inciso I do art. 645, desde que reservado patrimônio que garanta o pagamento do espólio."*
- **3. Enunciado 182 do FPPC.** *"Aplica-se aos legatários o disposto no parágrafo único do art. 647, quando ficar evidenciado que os pagamentos do espólio não irão reduzir os legados."*
- **4. Enunciado 52, I Jornada-CJF.** *"Na organização do esboço da partilha tratada pelo art. 651 do CPC, deve-se incluir a meação do companheiro."*

## ▤ COMENTÁRIOS TEMÁTICOS

**5. Esboço da partilha.** Cabe ao partidor cumprir a ordem judicial de deliberação da partilha, elaborando um projeto denominado de esboço de partilha, a fim de submetê-lo ao exame das partes e do juiz.

**6. Conteúdo do esboço.** O esboço de partilha a ser feito pelo partidor traçará a formação dos quinhões, segundo os bens e valores atribuídos ao cônjuge meeiro, se houver, e a cada um dos herdeiros, além de equilibrar a quota disponível do autor da herança e as dívidas habilitadas no inventário. O esboço definirá o ativo e o passivo da herança, assim como os pagamentos a serem efetuados com os recursos do espólio, os quais devem observar a seguinte ordem: *(a)* dívidas atendidas; *(b)* meação do cônjuge; *(c)* meação disponível; e, *(d)* quinhões hereditários, a começar pelo herdeiro mais velho.

**7. Monte-mor.** A soma de todos os valores identificados pelo partidor forma o monte-mor, do qual, antes da partilha, serão abatidos os valores correspondentes às dívidas do espólio, as despesas de funeral do autor da herança, as custas do processo e os honorários do advogado.

**8. Monte partível.** Somados todos os valores e abatidas as quantias correspondentes às dívidas do espólio, as despesas de funeral do autor da herança, as custas do processo e os honorários do advogado, apura-se o líquido, que será o monte partível.

**9. Meação do cônjuge.** A meação do cônjuge não integra a herança propriamente dita, sendo bem de terceiro, a ser separado antes de se iniciar a formação dos quinhões dos herdeiros.

**10. Meação do morto.** A partilha deve ser esboçada a partir da meação do autor da herança. Se houver testamento ou doação anterior ao óbito, é preciso fazer a apuração para, em seguida, apurar-se a metade disponível para, então, chegar-se à legítima dos herdeiros necessários (CC, art. 1.846).

**11. Indicação dos quinhões.** Somados todos os valores, tem-se o monte-mor. Feitos os abatimentos das dívidas e despesas, encontra-se o monte partível. Separada a meação do cônjuge ou companheiro supérstite, e apurada a metade disponível, deve-se verificar se há testamento ou doação anterior ao óbito. Concentrando-se na legítima e na eventual sobra disponível a ser partilhada, deve ser indicado o quinhão de cada herdeiro, discriminando-se os bens e valores que o comporão.

# LIVRO I · DO PROCESSO DE CONHECIMENTO E DO CUMPRIMENTO DE SENTENÇA

## Art. 654

**12. Cessão dos direitos hereditários ou da meação.** *"Em sede de inventário é dado aos herdeiros, bem como ao cônjuge sobrevivente, a possibilidade de cederem os seus direitos hereditários ou a meação cabível, até o momento da partilha"* (STJ, 4ª Turma, EDcl nos EDcl no REsp 977.958/SC, rel. Min. Marco Buzzi, *DJe* 30.08.2013).

> **Art. 652.** Feito o esboço, as partes manifestar-se-ão sobre esse no prazo comum de 15 (quinze) dias, e, resolvidas as reclamações, a partilha será lançada nos autos.

▶ **1. Correspondência no CPC/1973.** *"Art. 1.024. Feito o esboço, dirão sobre ele as partes no prazo comum de 5 (cinco) dias. Resolvidas as reclamações, será a partilha lançada nos autos."*

### ▣ COMENTÁRIOS TEMÁTICOS

**2. Contraditório.** Juntado aos autos, o esboço da partilha será submetido à apreciação das partes, da Fazenda Pública e do Ministério Público, quando este intervir no processo.

**3. Prazo.** O prazo para manifestação de todos é de 15 dias. É um prazo comum. É também um prazo processual, somente se computando os dias úteis na sua contagem (art. 219).

**4. Reclamações.** Qualquer uma das partes, a Fazenda Pública ou o Ministério Público, quando atuar no processo, pode apresentar alguma reclamação ou impugnação, a ser examinada pelo juiz no julgamento da partilha.

> **Art. 653.** A partilha constará:
>
> I – de auto de orçamento, que mencionará:
>
> a) os nomes do autor da herança, do inventariante, do cônjuge ou companheiro supérstite, dos herdeiros, dos legatários e dos credores admitidos;
>
> b) o ativo, o passivo e o líquido partível, com as necessárias especificações;
>
> c) o valor de cada quinhão;
>
> II – de folha de pagamento para cada parte, declarando a quota a pagar-lhe, a razão do pagamento e a relação dos bens que lhe compõem o quinhão, as características que os individualizam e os ônus que os gravam.
>
> Parágrafo único. O auto e cada uma das folhas serão assinados pelo juiz e pelo escrivão.

▶ **1. Correspondência no CPC/1973.** *"Art. 1.025. A partilha constará: I – de um auto de orçamento, que mencionará: a) os nomes do autor da herança, do inventariante, do cônjuge supérstite, dos herdeiros, dos legatários e dos credores admitidos; b) o ativo, o passivo e o líquido partível, com as necessárias especificações; c) o valor de cada quinhão; II – de uma folha de pagamento para cada parte, declarando a quota a pagar-lhe, a razão do pagamento, a relação dos bens que lhe compõem o quinhão, as características que os individualizam e os ônus que os gravam. Parágrafo único. O auto e cada uma das folhas serão assinados pelo juiz e pelo escrivão."*

### ▣ COMENTÁRIOS TEMÁTICOS

**2. Termo.** Solucionadas eventuais reclamações, a partilha será lançada aos autos (art. 652), cabendo ao escrivão lavrar um termo no processo no qual serão descritos todos os detalhes essenciais da partilha esboçada e aprovada judicialmente.

**3. Partes do termo.** O termo lavrado pelo escrivão deve conter 2 partes: *(a)* um auto de orçamento; *(b)* uma folha de pagamento.

**4. Auto de orçamento.** O auto de orçamento deve mencionar: *(a)* os nomes do autor da herança, do inventariante, do cônjuge ou companheiro supérstite, dos herdeiros, dos legatários e dos credores admitidos; *(b)* o ativo, o passivo e o líquido partível, com suas especificações; *(c)* o valor de cada quinhão.

**5. Folha de pagamento.** Deve haver uma folha de pagamento para cada parte, com a declaração da quota a ser paga, a razão do pagamento, a relação dos bens que lhe compõem o quinhão, as características que os individualizam e os ônus que os gravam.

**6. Assinaturas.** O juiz e o escrivão assinarão o auto de orçamento e cada uma das folhas de pagamento.

> **Art. 654.** Pago o imposto de transmissão a título de morte e juntada aos autos certidão ou informação negativa de dívida para com a Fazenda Pública, o juiz julgará por sentença a partilha.
>
> Parágrafo único. A existência de dívida para com a Fazenda Pública não impedirá o julgamento da partilha, desde que o seu pagamento esteja devidamente garantido.

▶ **1. Correspondência no CPC/1973.** *"Art. 1.026. Pago o imposto de transmissão a título de morte, e junta aos autos certidão ou informação negativa de dívida para com a Fazenda Pública, o juiz julgará por sentença a partilha."*

# Art. 655

CÓDIGO DE PROCESSO CIVIL COMENTADO – *Leonardo Carneiro da Cunha*

## ⊞ Legislação Correlata

**2. CTN, art. 192.** *"Nenhuma sentença de julgamento de partilha ou adjudicação será proferida sem prova da quitação de todos os tributos relativos aos bens do espólio, ou às suas rendas."*

## ⚖ Jurisprudência, Enunciados e Súmulas Selecionados

• **3. Enunciado 71 do FPPC.** *"Poderá ser dispensada a garantia mencionada no parágrafo único do art. 654, para efeito de julgamento da partilha, se a parte hipossuficiente não puder oferecê-la, aplicando-se por analogia o disposto no art. 300, § 1º."*

## 🗏 Comentários Temáticos

**4. Sentença da partilha.** Demonstrada a regularidade fiscal do espólio e comprovado o pagamento do imposto de transmissão *causa mortis*, o juiz julgará a partilha por sentença.

**5. Dívida fiscal.** Eventual débito fiscal do espólio não impede o julgamento da partilha, desde que seu pagamento esteja garantido mediante destaque de parte da herança.

**6. Conteúdo da sentença.** A sentença ratifica o termo de partilha feito pelo escrivão a partir do esboço realizado pelo partidor. Não se pode dizer que a sentença é meramente homologatória, pois houve debates, esboço de partilha, contraditório, solução de reclamações e termo de partilha. A sentença, nesse caso, é de mérito e faz coisa julgada material. A sentença é constitutiva, pois extingue a comunhão hereditária e define a nova situação jurídica dos herdeiros sobre os bens do espólio.

**7. Homologação de partilha amigável.** Havendo partilha amigável entre herdeiros maiores e capazes, o juiz restringe-se a homologá-la. Tal homologação não se confunde com o julgamento da partilha, feito a partir do esboço previamente elaborado pelo partidor e por todo contraditório oportunizado previamente.

**8. Único herdeiro.** No caso de haver um único herdeiro, não há partilha. Todo o procedimento previsto nos arts. 647 e 654 é substituído por uma sentença de adjudicação, que. atribuirá todo o patrimônio do autor da herança a seu único sucessor.

**9. Recurso.** Da sentença que julga a partilha ou que adjudica o patrimônio do falecido ao seu único herdeiro cabe apelação (art. 1.009).

**10. Cessação das funções do inventariante.** Julgada a partilha ou proferida sentença de ad-

judicação ao único herdeiro, cessam as funções do inventariante. Se houver algum processo pendente de interesse do espólio, os herdeiros deverão sucedê-lo no estado em que estiver e nos limites da herança, respeitados seus respectivos quinhões.

> **Art. 655.** Transitada em julgado a sentença mencionada no art. 654, receberá o herdeiro os bens que lhe tocarem e um formal de partilha, do qual constarão as seguintes peças:
> I – termo de inventariante e título de herdeiros;
> II – avaliação dos bens que constituíram o quinhão do herdeiro;
> III – pagamento do quinhão hereditário;
> IV – quitação dos impostos;
> V – sentença.
> Parágrafo único. O formal de partilha poderá ser substituído por certidão de pagamento do quinhão hereditário quando esse não exceder a 5 (cinco) vezes o salário-mínimo, caso em que se transcreverá nela a sentença de partilha transitada em julgado.

▶ **1. Correspondência no CPC/1973.** *"Art. 1.027. Passada em julgado a sentença mencionada no artigo antecedente, receberá o herdeiro os bens que lhe tocarem e um formal de partilha, do qual constarão as seguintes peças: I – termo de inventariante e título de herdeiros; II – avaliação dos bens que constituíram o quinhão do herdeiro; III – pagamento do quinhão hereditário; IV – quitação dos impostos; V – sentença. Parágrafo único. O formal de partilha poderá ser substituído por certidão do pagamento do quinhão hereditário, quando este não exceder 5 (cinco) vezes o salário mínimo vigente na sede do juízo; caso em que se transcreverá nela a sentença de partilha transitada em julgado."*

## ⊞ Legislação Correlata

**2. Lei 6.015/1973, art. 167, I, n. 24 e 25.** *"Art. 167. No Registro de Imóveis, além da matrícula, serão feitos: I – o registro: (...) 24) das sentenças que nos inventários, arrolamentos e partilhas, adjudicarem bens de raiz em pagamento das dívidas da herança; 25) dos atos de entrega de legados de imóveis, dos formais de partilha e das sentenças de adjudicação em inventário ou arrolamento quando não houver partilha;"*

## 🗏 Comentários Temáticos

**3. Formal de partilha.** A partilha de bens, feita em inventário ou arrolamento, pode ser ami-

# LIVRO I · DO PROCESSO DE CONHECIMENTO E DO CUMPRIMENTO DE SENTENÇA — Art. 657

gável ou julgada por sentença. Sendo amigável, haverá de ser homologada pelo juiz. Transitada em julgado a sentença que homologar a partilha amigável ou que julgar a partilha, será expedido o formal ou certidão de partilha.

**4. Certidão de pagamento.** O formal de partilha pode ser substituído por certidão do pagamento do quinhão hereditário quando este não exceder a cinco vezes o salário mínimo.

**5. Título executivo judicial.** O formal e a certidão de partilha, que documentam a decisão judicial que atribui um quinhão sucessório ao herdeiro, são títulos executivos judiciais apenas em face do inventariante, dos outros herdeiros e dos sucessores a título singular ou universal, ou seja, do herdeiro, beneficiário de um quinhão (art. 515, IV). Somente se pode executar o título em face de um desses sujeitos quando lhe for imposto um dever de prestar, a exemplo da entrega de coisa ou do pagamento de quantia em dinheiro. Se for imposto dever de prestar a um terceiro, não é possível a execução, exatamente porque este não participou do processo de formação da decisão que reconheceu tal dever. Em tal hipótese, ao herdeiro sobra a opção de propor contra o terceiro uma demanda cognitiva.

> **Art. 656.** A partilha, mesmo depois de transitada em julgado a sentença, pode ser emendada nos mesmos autos do inventário, convindo todas as partes, quando tenha havido erro de fato na descrição dos bens, podendo o juiz, de ofício ou a requerimento da parte, a qualquer tempo, corrigir-lhe as inexatidões materiais.

▶ **1. Correspondência no CPC/1973.** *"Art. 1.028. A partilha, ainda depois de passar em julgado a sentença (art. 1.026), pode ser emendada nos mesmos autos do inventário, convindo todas as partes, quando tenha havido erro de fato na descrição dos bens; o juiz, de ofício ou a requerimento da parte, poderá, a qualquer tempo, corrigir-lhe as inexatidões materiais."*

▣ **COMENTÁRIOS TEMÁTICOS**

**2. Encerramento do processo.** Com a sentença, encerra-se o processo de inventário e partilha, encerrando-se a atividade jurisdicional.

**3. Emenda ou retificação da partilha.** Se houver erro na descrição dos bens inventariados, é possível haver sua correção nos mesmos autos do inventário, desde que haja concordância unânime de todos os interessados. O trânsito em julgado não impedirá a reabertura do processo para tomar-se por termo a retificação dos bens

partilhados. Feita a retificação, será proferida nova sentença. Não havendo concordância unânime, não será possível fazer a retificação, sendo necessária a propositura de ação rescisória para tanto.

**4. Jurisdição voluntária.** A correção da partilha decorrente de acordo unânime entre os interessados acarreta a formação de um novo procedimento, em sequência à partilha, cuja natureza é de jurisdição voluntária, em virtude da ausência de conflito entre eles.

**5. Substituição do formal de partilha.** Retificada a partilha, o primitivo formal será recolhido e substituído por outro, que se adapte à nova sentença proferida.

**6. Erros materiais.** Erros e inexatidões materiais na partilha podem ser corrigidos a qualquer tempo pelo juiz, até mesmo de ofício (arts. 494, I, e 656).

> **Art. 657.** A partilha amigável, lavrada em instrumento público, reduzida a termo nos autos do inventário ou constante de escrito particular homologado pelo juiz, pode ser anulada por dolo, coação, erro essencial ou intervenção de incapaz, observado o disposto no § 4º do art. 966.
>
> Parágrafo único. O direito à anulação de partilha amigável extingue-se em 1 (um) ano, contado esse prazo:
>
> I – no caso de coação, do dia em que ela cessou;
>
> II – no caso de erro ou dolo, do dia em que se realizou o ato;
>
> III – quanto ao incapaz, do dia em que cessar a incapacidade.

▶ **1. Correspondência no CPC/1973.** *"Art. 1.029. A partilha amigável, lavrada em instrumento público, reduzida a termo nos autos do inventário ou constante de escrito particular homologado pelo juiz, pode ser anulada, por dolo, coação, erro essencial ou intervenção de incapaz. Parágrafo único. O direito de propor ação anulatória de partilha amigável prescreve em 1 (um) ano, contado este prazo: I – no caso de coação, do dia em que ela cessou; II – no de erro ou dolo, do dia em que se realizou o ato; III – quanto ao incapaz, do dia em que cessar a incapacidade."*

▣ **LEGISLAÇÃO CORRELATA**

**2. CC, art. 178.** *"Art. 178. É de quatro anos o prazo de decadência para pleitear-se a anulação do negócio jurídico, contado: I – no caso de coação, do dia em que ela cessar; II – no de erro, dolo, fraude contra credores, estado de perigo ou*

1031

**Art. 658** CÓDIGO DE PROCESSO CIVIL COMENTADO – *Leonardo Carneiro da Cunha*

*lesão, do dia em que se realizou o negócio jurídico; III – no de atos de incapazes, do dia em que cessar a incapacidade."*

**3. CC, art. 2.015.** *"Art. 2.015. Se os herdeiros forem capazes, poderão fazer partilha amigável, por escritura pública, termo nos autos do inventário, ou escrito particular, homologado pelo juiz."*

**4. CC, art. 2.017.** *"Art. 2.017. No partilhar os bens, observar-se-á, quanto ao seu valor, natureza e qualidade, a maior igualdade possível."*

**5. CC, art. 2.027.** *"Art. 2.027. A partilha é anulável pelos vícios e defeitos que invalidam, em geral, os negócios jurídicos. Parágrafo único. Extingue-se em um ano o direito de anular a partilha."*

⚖ **JURISPRUDÊNCIA, ENUNCIADOS E SÚMULAS SELECIONADOS**

• **6. Enunciado 138 do FPPC.** *"A partilha amigável extrajudicial e a partilha amigável judicial homologada por decisão ainda não transitada em julgado são impugnáveis por ação anulatória."*

▣ **COMENTÁRIOS TEMÁTICOS**

**7. Anulação da partilha amigável.** A partilha, que pode ser amigável e feita em serventia extrajudicial, é, como qualquer negócio jurídico, anulável. Se for extrajudicial ou, tendo sido decidida ou homologada pelo juiz, a respectiva decisão ainda não tiver transitado em julgado, cabe ação anulatória da partilha, nos mesmos casos e prazos previstos para os negócios jurídicos em geral (arts. 657, *caput*, e 966, § 4º).

**8. Necessidade de ação própria.** *"Consoante o art. 1.029 do CPC/1973 (art. 657 do CPC/2015), a partilha amigável lavrada em instrumento público somente pode ser anulada por meio de ação própria (art. 486 do CPC/1973)"* (STJ, 4ª Turma, AgInt nos EDcl nos EDcl no AREsp 854.501/SP, rel. Min. Raul Araújo, *DJe* 28.05.2021).

**9. Ação rescisória.** Se a partilha for decidida ou homologada pelo juiz, e a respectiva decisão transitou em julgado, o caso é de ação rescisória da sentença que a homologou (arts. 658 e 966).

---

**Art. 658.** É rescindível a partilha julgada por sentença:

I – nos casos mencionados no art. 657;

II – se feita com preterição de formalidades legais;

III – se preteriu herdeiro ou incluiu quem não o seja.

---

▶ **1. Correspondência no CPC/1973.** *"Art. 1.030. É rescindível a partilha julgada por sentença: I – nos casos mencionados no artigo antecedente; II – se feita com preterição de formalidades legais; III – se preteriu herdeiro ou incluiu quem não o seja.*

⚖ **JURISPRUDÊNCIA, ENUNCIADOS E SÚMULAS SELECIONADOS**

• **2. Enunciado 137 do FPPC.** *"Contra sentença transitada em julgado que resolve partilha, ainda que homologatória, cabe ação rescisória."*

• **3. Enunciado 183 do FPPC.** *"A ação rescisória de partilha com fundamento na preterição de herdeiro, prevista no inciso III do art. 658, está vinculada à hipótese do art. 628, não se confundindo com a ação de petição de herança (art. 1.824 do Código Civil), cujo fundamento é o reconhecimento do direito sucessório e a restituição da herança por aquele que não participou, de qualquer forma, do processo de inventário e partilha."*

▣ **COMENTÁRIOS TEMÁTICOS**

**4. Sentença de partilha, coisa julgada e rescindibilidade.** Julgada a partilha, há sentença de mérito e formação de coisa julgada material. A coisa julgada é estabilidade da decisão que somente pode ser desconstituída por meios típicos, dentre os quais sobressai a ação rescisória. A sentença de partilha, aliás, é expressamente rescindível (art. 658).

**5. Sentença homologatória, coisa julgada e rescindibilidade.** Havendo partilha consensual, o juiz não a julga, mas a decisão que a homologa é igualmente de mérito (art. 487, III, *b*). Essa decisão homologatória também é rescindível.

**6. Ação rescisória.** Se a partilha for decidida ou homologada pelo juiz, e a respectiva decisão transitou em julgado, o caso é de ação rescisória da sentença que a homologou (arts. 658 e 966).

## Seção IX
## Do Arrolamento

---

**Art. 659.** A partilha amigável, celebrada entre partes capazes, nos termos da lei, será homologada de plano pelo juiz, com observância dos arts. 660 a 663.

§ 1º O disposto neste artigo aplica-se, também, ao pedido de adjudicação, quando houver herdeiro único.

**LIVRO I** · DO PROCESSO DE CONHECIMENTO E DO CUMPRIMENTO DE SENTENÇA    **Art. 659**

§ 2º Transitada em julgado a sentença de homologação de partilha ou de adjudicação, será lavrado o formal de partilha ou elaborada a carta de adjudicação e, em seguida, serão expedidos os alvarás referentes aos bens e às rendas por ele abrangidos, intimando-se o fisco para lançamento administrativo do imposto de transmissão e de outros tributos porventura incidentes, conforme dispuser a legislação tributária, nos termos do § 2º do art. 662.

▶ **1. Correspondência no CPC/1973.** *"Art. 1.031. A partilha amigável, celebrada entre partes capazes, nos termos do art. 2.015 da Lei nº 10.406, de 10 de janeiro de 2002 – Código Civil, será homologada de plano pelo juiz, mediante a prova da quitação dos tributos relativos aos bens do espólio e às suas rendas, com observância dos arts. 1.032 a 1.035 desta Lei. § 1º O disposto neste artigo aplica-se, também, ao pedido de adjudicação, quando houver herdeiro único. § 2º Transitada em julgado a sentença de homologação de partilha ou adjudicação, o respectivo formal, bem como os alvarás referentes aos bens por ele abrangidos, só serão expedidos e entregues às partes após a comprovação, verificada pela Fazenda Pública, do pagamento de todos os tributos."*

⚖ **Jurisprudência, Enunciados e Súmulas Selecionados**

- **2. Tema/Repetitivo 391 STJ.** *"O juízo do inventário, na modalidade de arrolamento sumário, não detém competência para apreciar pedido de reconhecimento da isenção do ITCMD (Imposto sobre Transmissão Causa Mortis e Doação de quaisquer Bens ou Direitos), à luz do disposto no caput do artigo 179, do CTN."*
- **3. Enunciado 175 da III Jornada-CJF.** *"No arrolamento comum, o prévio recolhimento do imposto de transmissão causa mortis não é condicionante para a expedição do formal de partilha e da carta de adjudicação, mantendo-se a exigência da comprovação do pagamento dos tributos relativos aos bens do espólio e às suas rendas, a teor dos arts. 659, § 2º, 664, § 4º, e 662 do CPC e 192 do CTN."*

▣ **Comentários Temáticos**

**4. Simplificação do inventário.** O CPC, em seus arts. 659 a 667, prevê procedimentos simplificados para certos tipos de inventário, com eliminação de solenidades e termos do rito comum do inventário e partilha.

**5. Arrolamento e suas espécies.** O procedimento simplificado do inventário é o arrolamento. O arrolamento é modalidade do procedimento de inventário. Há 2 espécies de arrolamento: o sumário (arts. 659 a 664) e o comum (art. 664).

**6. Arrolamento sumário.** O procedimento simplificado do arrolamento é observado quando os herdeiros optam pela partilha amigável, qualquer que seja o valor do espólio.

**7. Pressupostos para o arrolamento sumário.** Para que se adote o procedimento do arrolamento sumário, é preciso que *(a)* todos os herdeiros sejam maiores e capazes; *(b)* todos estejam em total acordo com a partilha amigável.

**8. Valor dos bens.** Para que se adote o procedimento do arrolamento sumário, não importa o valor dos bens do espólio.

**9. Atos de simplificação.** O arrolamento sumário dispensa a lavratura de termos de qualquer espécie, até mesmo do de compromisso e declarações do inventariante. Também dispensa a avaliação (somente haverá avaliação, se houver credor habilitado, que impugne a estimativa dos herdeiros relativa aos bens destacados para o pagamento da dívida).

**10. Contador e partidor.** No arrolamento sumário, é dispensada a remessa dos autos ao contador e partidor.

**11. Lançamento e recolhimento do imposto.** O lançamento e recolhimento do imposto *causa mortis* deve, no arrolamento sumário, ser feito pela via administrativa.

**12. Homologação da partilha antes do recolhimento de tributos.** *"Consoante o novo Código de Processo Civil, os arts. 659, § 2º, cumulado com o 662, § 2º, com foco na celeridade processual, permitem que a partilha amigável seja homologada anteriormente ao recolhimento do imposto de transmissão causa mortis, e somente após a expedição do formal de partilha ou da carta de adjudicação é que a Fazenda Pública será intimada para providenciar o lançamento administrativo do imposto, supostamente devido"* (STJ, 2ª Turma, REsp 1.751.332/DF, rel. Min. Mauro Campbell Marques, *DJe* 03.10.2018).

**13. Desnecessidade de prévio pagamento do imposto.** *"Diante da inovação normativa contida no art. 659, § 2º, do CPC/2015, no procedimento de arrolamento sumário, a homologação da partilha e a expedição dos respectivos formais não dependem do prévio recolhimento do imposto de transmissão"* (STJ, 1ª Turma, AgInt no AREsp 1.497.714/DF, rel. Min. Gurgel de Faria, *DJe* 04.12.2019).

**Art. 660**
CÓDIGO DE PROCESSO CIVIL COMENTADO – *Leonardo Carneiro da Cunha*

**14. Comprovantes de recolhimento de tributos.** No arrolamento sumário, a juntada dos comprovantes de recolhimento dispensa a apresentação de certidões negativas de tributos.

**15. Escolha do inventariante.** O inventariante, no arrolamento sumário, é escolhido e indicado pelos herdeiros.

**16. Ministério Público.** No arrolamento sumário, o Ministério Público só deve intervir se houver testamento a ser cumprido.

**17. Herdeiro único.** O arrolamento sumário também é utilizado para o pedido de adjudicação, na hipótese de herdeiro único (art. 659, § 1º).

**18. Art. 659, § 2º, do CPC *versus* art. 192 do CTN.** *"O art. 659, § 2º, do atual CPC prescreve que basta a certificação do trânsito em julgado da decisão judicial referente à partilha dos bens para a expedição dos alvarás competentes, reservando-se a intimação da Fazenda Pública para momento posterior, a fim de que promova administrativamente o lançamento dos tributos pertinentes, os quais não serão objeto de discussão e/ou lançamento no arrolamento de bens. 7. O Tribunal distrital conferiu interpretação literal para aplicar a regra do art. 659, § 2º, do CPC de 2015, afirmando que o aparente conflito com o art. 192 do CTN e com o art. 31 da LEF se resolve segundo o critério cronológico (lei posterior revoga a anterior), particularmente com base na premissa de que a norma do Código Tributário Nacional versa sobre Direito Processual, não reservado ao campo da Lei Complementar (art. 146, III, da CF/1988), razão pela qual não há inconstitucionalidade no tratamento conferido pelo atual CPC. 8. Portanto, no Recurso Especial, a tese defendida é de que o art. 659, § 2º, do CPC invadiu tema relacionado às garantias do crédito tributário, o que revela que a controvérsia possui fundamento constitucional, devendo ser resolvida por meio do Recurso Extraordinário interposto pelo ente público"* (STJ, 2ª Turma, AREsp 1.472.189/DF, rel. Min. Herman Benjamin, *DJe* 11.10.2019). *"Este Tribunal Superior tem decidido que 'a inovação normativa do art. 659, § 2º, do Código de Processo Civil não altera a condição estabelecida no art. 192 do CTN, de modo que, no arrolamento sumário, o magistrado deve exigir a comprovação de quitação dos tributos relativos aos bens do espólio e às suas rendas para homologar a partilha e, após o trânsito em julgado, expedir os títulos de transferência de domínio e encerrar o processo' (AgInt no REsp 1.676.354/DF, Rel. Ministra Regina Helena Costa, Primeira Turma, julgado em 18.03.2019, DJe 21.03.2019). 2. Porém, esse entendimento não pode ser aplicado ao caso, tendo em vista o Tribunal de Justiça ter decidido* que o art. 659, § 2º, do CPC/2015 afastou a regra estabelecida pelo art. 192 do CTN, à luz do art. 146 da Constituição Federal. 3. Ante a natureza constitucional da fundamentação do acórdão recorrido, o recurso não pode ser conhecido" (STJ, 1ª Turma, AgInt no REsp 1.864.386/DF, rel. Min. Benedito Gonçalves, *DJe* 26.05.2021).

> **Art. 660.** Na petição de inventário, que se processará na forma de arrolamento sumário, independentemente da lavratura de termos de qualquer espécie, os herdeiros:
>
> I – requererão ao juiz a nomeação do inventariante que designarem;
>
> II – declararão os títulos dos herdeiros e os bens do espólio, observado o disposto no art. 630;
>
> III – atribuirão valor aos bens do espólio, para fins de partilha.

▶ **1. Correspondência no CPC/1973.** *"Art. 1.032. Na petição de inventário, que se processará na forma de arrolamento sumário, independentemente da lavratura de termos de qualquer espécie, os herdeiros: I – requererão ao juiz a nomeação do inventariante que designarem; II – declararão os títulos dos herdeiros e os bens do espólio, observado o disposto no art. 993 desta Lei; III – atribuirão o valor dos bens do espólio, para fins de partilha."*

## ▣ COMENTÁRIOS TEMÁTICOS

**2. Valor dos bens.** Para que se adote o procedimento do arrolamento sumário, não importa o valor dos bens do espólio.

**3. Petição inicial.** A petição inicial do arrolamento sumário será formulada em nome de todos os interessados, acompanhada da certidão de óbito do autor da herança e contendo a descrição de valor dos bens do espólio, bem como a declaração dos títulos dos herdeiros. Também deve conter a designação do inventariante, com pedido de sua nomeação.

**4. Nomeação do inventariante.** Estando em ordem a petição inicial, o juiz nomeará o inventariante.

**5. Partilha amigável.** Será apresentada a partilha amigável, por escritura pública, por termo ou documento particular. A partilha pode acompanhar a petição inicial ou, até mesmo, estar contida nos próprios termos da petição inicial.

**6. Escritura pública.** Se a partilha constar de escritura pública, sua lavratura não depende da presença dos requisitos do art. 610 (por exemplo, a presença de advogado no ato notarial), já que

**LIVRO I** · DO PROCESSO DE CONHECIMENTO E DO CUMPRIMENTO DE SENTENÇA · **Art. 662**

deve ser homologada pelo juiz. O art. 610 prevê a escritura que não se submete à homologação judicial. No arrolamento sumário, a partilha só se aperfeiçoa com a homologação judicial. Para que haja homologação, as partes deverão, aí sim, estar representadas por advogado.

**7. Indicação das dívidas do espólio.** No arrolamento sumário, a petição inicial também deve indicar as dívidas do espólio, com seus respectivos credores. Nesse caso, é preciso que se faça a descrição dos bens que serão reservados para pagamento de tais dívidas, fazendo-se a reserva a partir dos valores estimados pelas partes.

**8. Herdeiro único.** No caso de herdeiro único, basta requerer a adjudicação dos bens descritos na petição inicial.

**9. Homologação da partilha ou deferimento da adjudicação.** Após a nomeação do inventariante, e não havendo o comparecimento de qualquer credor ou a apresentação de qualquer impugnação, o juiz homologará a partilha ou deferirá a adjudicação, independentemente de vista à Fazenda Pública e de recolhimento do imposto de transmissão (art. 662, § 2º).

---

**Art. 661.** Ressalvada a hipótese prevista no parágrafo único do art. 663, não se procederá à avaliação dos bens do espólio para nenhuma finalidade.

---

▶ **1. Correspondência no CPC/1973.** *"Art. 1.033. Ressalvada a hipótese prevista no parágrafo único do art. 1.035 desta Lei, não se procederá a avaliação dos bens do espólio para qualquer finalidade."*

## 🗏 COMENTÁRIOS TEMÁTICOS

**2. Dispensa da avaliação.** O arrolamento sumário dispensa a avaliação. Somente haverá avaliação, se houver credor habilitado, que impugne a estimativa dos herdeiros relativa aos bens destacados para o pagamento da dívida (art. 663, parágrafo único).

**3. Impugnação de credor.** Se houver impugnação de credor ao valor atribuído pelas partes, a avaliação deve restringir-se apenas aos bens reservados pelas partes para saldar a dívida.

---

**Art. 662.** No arrolamento, não serão conhecidas ou apreciadas questões relativas ao lançamento, ao pagamento ou à quitação de taxas judiciárias e de tributos incidentes sobre a transmissão da propriedade dos bens do espólio.

§ 1º A taxa judiciária, se devida, será calculada com base no valor atribuído pelos herdeiros, cabendo ao fisco, se apurar em processo administrativo valor diverso do estimado, exigir a eventual diferença pelos meios adequados ao lançamento de créditos tributários em geral.

§ 2º O imposto de transmissão será objeto de lançamento administrativo, conforme dispuser a legislação tributária, não ficando as autoridades fazendárias adstritas aos valores dos bens do espólio atribuídos pelos herdeiros.

---

▶ **1. Correspondência no CPC/1973.** *"Art. 1.034. No arrolamento, não serão conhecidas ou apreciadas questões relativas ao lançamento, ao pagamento ou à quitação de taxas judiciárias e de tributos incidentes sobre a transmissão da propriedade dos bens do espólio. § 1º A taxa judiciária, se devida, será calculada com base no valor atribuído pelos herdeiros, cabendo ao fisco, se apurar em processo administrativo valor diverso do estimado, exigir a eventual diferença pelos meios adequados ao lançamento de créditos tributários em geral. § 2º O imposto de transmissão será objeto de lançamento administrativo, conforme dispuser a legislação tributária, não ficando as autoridades fazendárias adstritas aos valores dos bens do espólio atribuídos pelos herdeiros."*

**2. Lei 6.015/1973, art. 143.** *"Art. 143. O registro resumido consistirá na declaração da natureza do título, do documento ou papel, valor, prazo, lugar em que tenha sido feito, nome e condição jurídica das partes, nomes das testemunhas, data da assinatura e do reconhecimento de firma por tabelião, se houver, o nome deste, o do apresentante, o número de ordem e a data do protocolo, e da averbação, a importância e a qualidade do imposto pago, depois do que será datado e rubricado pelo oficial ou servidores referidos no artigo 142, § 1º."*

## ⚖ JURISPRUDÊNCIA, ENUNCIADOS E SÚMULAS SELECIONADOS

- **3. Tema/Repetitivo 391 STJ.** *"O juízo do inventário, na modalidade de arrolamento sumário, não detém competência para apreciar pedido de reconhecimento da isenção do ITCMD (Imposto sobre Transmissão* Causa Mortis *e Doação de quaisquer Bens ou Direitos), à luz do disposto no* caput *do artigo 179, do CTN."*
- **4. Enunciado 698 do FPPC.** *"O § 4º do art. 664 remete às disposições do art. 662, e não à do art. 672, quanto ao lançamento, ao pagamento e à quitação da taxa judiciária e do imposto sobre a transmissão da propriedade dos bens do espólio."*

1035

# Art. 663 | CÓDIGO DE PROCESSO CIVIL COMENTADO – *Leonardo Carneiro da Cunha*

**5. Enunciado 131 da II Jornada-CJF.** *"A remissão ao art. 672, feita no art. 664, § 4º, do CPC, consiste em erro material decorrente da renumeração de artigos durante a tramitação legislativa. A referência deve ser compreendida como sendo ao art. 662, norma que possui conteúdo integrativo adequado ao comando expresso e finalístico do art. 664, § 4º."*

**6. Enunciado 175 da III Jornada-CJF.** *"No arrolamento comum, o prévio recolhimento do imposto de transmissão causa mortis não é condicionante para a expedição do formal de partilha e da carta de adjudicação, mantendo-se a exigência da comprovação do pagamento dos tributos relativos aos bens do espólio e às suas rendas, a teor dos arts. 659, § 2º, 664, § 4º, e 662 do CPC e 192 do CTN."*

## ▣ COMENTÁRIOS TEMÁTICOS

**7. Limitação cognitiva.** Todas as questões relativas aos tributos incidentes sobre a transmissão hereditária dos bens são estranhas ao arrolamento sumário. Há uma limitação cognitiva, não cabendo ao juiz conhecer de tais questões. No arrolamento sumário, não pode a Fazenda Pública impugnar a estimativa do valor dos bens do espólio feita pelos interessados.

**8. Lançamento do imposto.** No caso do arrolamento sumário, o lançamento e recolhimento do imposto *causa mortis* deve ser feito pela via administrativa.

**9. Controle do recolhimento do imposto.** O procedimento do arrolamento sumário subtrai do Judiciário o dever de controlar o recolhimento do imposto de transmissão *causa mortis*.

**10. Desnecessidade de prévio atendimento a obrigações tributárias.** *"A homologação da partilha no procedimento do arrolamento sumário não pressupõe o atendimento das obrigações tributárias principais e tampouco acessórias relativas ao imposto sobre transmissão causa mortis"* (STJ, 2ª Turma, REsp 1.751.332/DF, rel. Min. Mauro Campbell Marques, *DJe* 03.10.2018).

**11. Intimação da Fazenda Pública.** O procedimento do arrolamento sumário exige, apenas, a intimação do Fisco para lançamento administrativo do imposto de transmissão e de outros tributos porventura incidentes, conforme dispuser a legislação tributária, fato que ocorrerá depois de homologada a partilha ou deferida a adjudicação (art. 659, § 2º).

**12. Intimação da Fazenda Pública só depois da homologação da partilha.** *"O arrolamento sumário tem rito processual simplificado e célere, sem intervenção da Fazenda Pública. Após expedição do formal de partilha é que se dá a intimação da Fazenda para providenciar o lançamento administrativo dos tributos devidos"* (STJ, 4ª Turma, AgInt no AREsp 1.734.186/DF, rel. Min. Maria Isabel Gallotti, *DJe* 11.05.2021).

**13. Valor dos bens.** A Fazenda Pública, para lançar os tributos incidentes, não está adstrita aos valores dos bens declarados pelas partes.

**14. Necessidade de recolhimento do tributo devido para registro imobiliário.** A apuração, o lançamento e a cobrança do tributo sucessório serão realizados pelas vias administrativas. Após a homologação da partilha, o seu registro só poderá fazer-se no Registro de Imóveis com o comprovante do recolhimento do tributo devido (Lei 6.015/1973, art. 143).

> **Art. 663.** A existência de credores do espólio não impedirá a homologação da partilha ou da adjudicação, se forem reservados bens suficientes para o pagamento da dívida.
>
> Parágrafo único. A reserva de bens será realizada pelo valor estimado pelas partes, salvo se o credor, regularmente notificado, impugnar a estimativa, caso em que se promoverá a avaliação dos bens a serem reservados.

▶ **1. Correspondência no CPC/1973.** *"Art. 1.035. A existência de credores do espólio não impedirá a homologação da partilha ou da adjudicação, se forem reservados bens suficientes para o pagamento da dívida. Parágrafo único. A reserva de bens será realizada pelo valor estimado pelas partes, salvo se o credor, regularmente notificado, impugnar a estimativa, caso em que se promoverá a avaliação dos bens a serem reservados."*

## ▣ COMENTÁRIOS TEMÁTICOS

**2. Dispensa da avaliação.** O arrolamento sumário dispensa a avaliação, a não ser que haja credor habilitado e ele impugne a estimativa dos herdeiros relativa aos bens destacados para o pagamento da dívida.

**3. Petição inicial.** No arrolamento sumário, a petição inicial deve indicar as dívidas do espólio, com seus respectivos credores. Nesse caso, é preciso que se faça a descrição dos bens que serão reservados para pagamento de tais dívidas, fazendo-se a reserva a partir dos valores estimados pelas partes.

**4. Intimação dos credores.** Indicadas dívidas na petição inicial, os respectivos credores devem ser intimados, para que conheçam dos termos da inicial e, querendo, possam manifestar-se.

**LIVRO I ·** DO PROCESSO DE CONHECIMENTO E DO CUMPRIMENTO DE SENTENÇA **Art. 664**

**5. Impugnação e avaliação.** Havendo impugnação por algum credor ao valor atribuído pelas partes, a avaliação deve restringir-se aos bens reservados pelas partes para saldar a dívida.

> **Art. 664.** Quando o valor dos bens do espólio for igual ou inferior a 1.000 (mil) salários-mínimos, o inventário processar-se-á na forma de arrolamento, cabendo ao inventariante nomeado, independentemente de assinatura de termo de compromisso, apresentar, com suas declarações, a atribuição de valor aos bens do espólio e o plano da partilha.
>
> § 1º Se qualquer das partes ou o Ministério Público impugnar a estimativa, o juiz nomeará avaliador, que oferecerá laudo em 10 (dez) dias.
>
> § 2º Apresentado o laudo, o juiz, em audiência que designar, deliberará sobre a partilha, decidindo de plano todas as reclamações e mandando pagar as dívidas não impugnadas.
>
> § 3º Lavrar-se-á de tudo um só termo, assinado pelo juiz, pelo inventariante e pelas partes presentes ou por seus advogados.
>
> § 4º Aplicam-se a essa espécie de arrolamento, no que couber, as disposições do art. 672, relativamente ao lançamento, ao pagamento e à quitação da taxa judiciária e do imposto sobre a transmissão da propriedade dos bens do espólio.
>
> § 5º Provada a quitação dos tributos relativos aos bens do espólio e às suas rendas, o juiz julgará a partilha.

▶ **1. Correspondência no CPC/1973.** *"Art. 1.036. Quando o valor dos bens do espólio for igual ou inferior a 2.000 (duas mil) Obrigações do Tesouro Nacional – OTN, o inventário processar-se-á na forma de arrolamento, cabendo ao inventariante nomeado, independentemente da assinatura de termo de compromisso, apresentar, com suas declarações, a atribuição do valor dos bens do espólio e o plano da partilha. § 1º Se qualquer das partes ou o Ministério Público impugnar a estimativa, o juiz nomeará um avaliador que oferecerá laudo em 10 (dez) dias. § 2º Apresentado o laudo, o juiz, em audiência que designar, deliberará sobre a partilha, decidindo de plano todas as reclamações e mandando pagar as dívidas não impugnadas. § 3º Lavrar-se-á de tudo um só termo, assinado pelo juiz e pelas partes presentes. § 4º Aplicam-se a esta espécie de arrolamento, no que couberem, as disposições do art. 1.034 e seus parágrafos, relativamente ao lançamento, ao pagamento e à quitação da taxa judiciária e do imposto sobre a transmissão da propriedade dos bens do espólio. § 5º Provada a* quitação dos tributos relativos aos bens do espólio e às suas rendas, o juiz julgará a partilha."

⚖ **JURISPRUDÊNCIA, ENUNCIADOS E SÚMULAS SELECIONADOS**

- **2. Enunciado 698 do FPPC.** *"O § 4º do art. 664 remete às disposições do art. 662, e não à do art. 672, quanto ao lançamento, ao pagamento e à quitação da taxa judiciária e do imposto sobre a transmissão da propriedade dos bens do espólio."*
- **3. Enunciado 131 da II Jornada-CJF.** *"A remissão ao art. 672, feita no art. 664, § 4º, do CPC, consiste em erro material decorrente da renumeração de artigos durante a tramitação legislativa. A referência deve ser compreendida como sendo ao art. 662, norma que possui conteúdo integrativo adequado ao comando expresso e finalístico do art. 664, § 4º."*
- **4. Enunciado 175 da III Jornada-CJF.** *"No arrolamento comum, o prévio recolhimento do imposto de transmissão causa mortis não é condicionante para a expedição do formal de partilha e da carta de adjudicação, mantendo-se a exigência da comprovação do pagamento dos tributos relativos aos bens do espólio e às suas rendas, a teor dos arts. 659, § 2º, 664, § 4º, e 662 do CPC e 192 do CTN."*

🗐 **COMENTÁRIOS TEMÁTICOS**

**5. Arrolamento comum.** O procedimento simplificado do arrolamento é observado quando o valor do acervo a partilhar não ultrapassa 1.000 salários mínimos.

**6. Pressupostos para o arrolamento comum.** Para que se adote o procedimento do arrolamento comum, basta que o valor dos bens do espólio não ultrapasse 1.000 salários mínimos. Não é preciso que todos estejam em total acordo com a partilha amigável.

**7. Divergência entre as partes.** A divergência entre as partes não impede a adoção do procedimento do arrolamento comum. Não é necessário que todos estejam de acordo. A necessidade de consenso é pressuposto para o arrolamento sumário, e não para o comum. Neste, basta que o valor dos bens do espólio não ultrapasse 1.000 salários mínimos.

**8. Escolha do inventariante.** No arrolamento comum, a escolha do inventariante deve observar a ordem de preferência legal, mas o compromisso fica dispensado.

1037

**9. Declarações do inventariante.** Em suas declarações, o inventariante nomeado descreverá e avaliará os bens, com apresentação do plano de partilha.

**10. Citação dos herdeiros.** No arrolamento comum, os herdeiros serão citados (art. 626), para se manifestarem sobre as declarações (art. 627).

**11. Julgamento imediato.** Se, citados, os herdeiros concordarem com as declarações do inventariante, o juiz já deve julgar a partilha, desde que comprovado o recolhimento dos tributos relativos aos bens do espólio e às suas rendas (art. 664, § 4º).

**12. Lançamento e recolhimento do imposto.** O lançamento e recolhimento do imposto *causa mortis* deve, no arrolamento comum, ser feito pela via administrativa. O julgamento da partilha ou da adjudicação somente será feito, porém, após o recolhimento do tributo devido (art. 664, § 5º).

**13. Impugnações.** Se houver qualquer das partes ou o Ministério Público impugnar a estimativa, o juiz determinará a avaliação judicial (art. 664, § 1º). Apresentado o laudo, o juiz designará audiência para deliberação da partilha e solução dos pedidos de pagamento de dívidas do espólio; tudo será decidido na própria audiência.

**14. Desnecessidade da audiência.** Embora o § 2º preveja a necessidade de audiência, o juiz, respeitado o contraditório, pode decidir por escrito, sem precisar designá-la. A simplicidade da causa e a falta de complexidade da discussão podem tornar a audiência inútil ou dispensável; sua designação atentaria contra a eficiência processual. O juiz pode, então, dispensá-la, ajustando o procedimento à peculiaridade do caso e importando a técnica do julgamento antecipado do mérito para o arrolamento comum. Respeitado o contraditório, e não havendo prejuízo, não há qualquer nulidade na decisão proferida sem designação de audiência. A previsão do § 2º pode ser interpretada no sentido de o juiz designar a audiência *"quando necessária"*, não tendo de designá-la sempre.

**15. Presença de incapaz.** A presença de incapaz entre os herdeiros não afasta o procedimento do arrolamento comum (art. 665).

> **Art. 665.** O inventário processar-se-á também na forma do art. 664, ainda que haja interessado incapaz, desde que concordem todas as partes e o Ministério Público.

▶ **1. Sem correspondência no CPC/1973.**

## ⚖ Jurisprudência, Enunciados e Súmulas Selecionados

• **2. Enunciado 131 da II Jornada-CJF.** *"A remissão ao art. 672, feita no art. 664, § 4º, do CPC, consiste em erro material decorrente da renumeração de artigos durante a tramitação legislativa. A referência deve ser compreendida como sendo ao art. 662, norma que possui conteúdo integrativo adequado ao comando expresso e finalístico do art. 664, § 4º."*

## 🗒 Comentários Temáticos

**3. Incapazes.** Diferentemente do que ocorre no arrolamento sumário, não há obrigatoriedade de que todos os interessados sejam, no arrolamento comum, maiores e capazes. É possível instaurar-se o procedimento do arrolamento comum, mesmo quando haja interessado incapaz.

**4. Necessidade de concordância.** Para que se adote o arrolamento comum em caso de haver interessado incapaz, é preciso que haja concordância de todas as partes e do Ministério Público. Não havendo concordância, deve-se adotar o procedimento do inventário.

**5. Avaliação dos bens.** A presença do incapaz entre os herdeiros não torna obrigatória a avaliação judicial. Somente quando houver impugnação de algum herdeiro ou do Ministério Público é que se deve determinar a realização da avaliação (art. 664, § 1º).

> **Art. 666.** Independerá de inventário ou de arrolamento o pagamento dos valores previstos na Lei nº 6.858, de 24 de novembro de 1980.

▶ **1. Correspondência no CPC/1973.** *"Art. 1.037. Independerá de inventário ou arrolamento o pagamento dos valores previstos na Lei nº 6.858, de 24 de novembro de 1980."*

## 📖 Legislação Correlata

**2. Lei 6.858/1980, art. 1º.** *"Os valores devidos pelos empregadores aos empregados e os montantes das contas individuais do Fundo de Garantia do Tempo de Serviço e do Fundo de Participação PIS-PASEP, não recebidos em vida pelos respectivos titulares, serão pagos, em quotas iguais, aos dependentes habilitados perante a Previdência Social ou na forma da legislação específica dos servidores civis e militares, e, na sua falta, aos sucessores previstos na lei civil, indicados em alvará judicial, independentemente de inventário ou arrolamento. § 1º As quotas atribuídas a menores*

**LIVRO I** · DO PROCESSO DE CONHECIMENTO E DO CUMPRIMENTO DE SENTENÇA **Art. 666**

ficarão depositadas em caderneta de poupança, rendendo juros e correção monetária, e só serão disponíveis após o menor completar 18 (dezoito) anos, salvo autorização do juiz para aquisição de imóvel destinado à residência do menor e de sua família ou para dispêndio necessário à subsistência e educação do menor. § 2º Inexistindo dependentes ou sucessores, os valores de que trata este artigo reverterão em favor, respectivamente, do Fundo de Previdência e Assistência Social, do Fundo de Garantia do Tempo de Serviço ou do Fundo de Participação PIS-PASEP, conforme se tratar de quantias devidas pelo empregador ou de contas de FGTS e do Fundo PIS PASEP."

**3. Lei 6.858/1980, art. 2º.** "O disposto nesta Lei se aplica às restituições relativas ao Imposto de Renda e outros tributos, recolhidos por pessoa física, e, não existindo outros bens sujeitos a inventário, aos saldos bancários e de contas de cadernetas de poupança e fundos de investimento de valor até 500 (quinhentas) Obrigações do Tesouro Nacional. Parágrafo único. Na hipótese de inexistirem dependentes ou sucessores do titular, os valores referidos neste artigo reverterão em favor do Fundo de Previdência e Assistência Social."

**4. Dec.-lei 2.292/1986, art. 13.** "Art. 13. As disposições da Lei nº 6.858, de 24 de novembro de 1980, não se aplicam aos procedimentos para restituições, a dependentes ou sucessores de contribuintes falecidos, de valores relativos ao imposto de renda e outros tributos administrados pela Secretaria da Receita Federal, bem como de resgate de quotas de fundos fiscais criados pelos Decretos-leis nºs 157, de 10 de fevereiro de 1967, e 880, de 18 de setembro de 1969, que não tenham sido recebidos em vida pelos respectivos titulares."

**5. Decreto 85.845/1981, art. 1º.** "Art. 1º Os valores discriminados no parágrafo único deste artigo, não recebidos em vida pelos respectivos titulares, serão pagos, em quotas iguais, aos seus dependentes habilitados na forma do artigo 2º. Parágrafo Único. O disposto neste Decreto aplica-se aos seguintes valores: I – quantias devidas a qualquer título pelos empregadores a seus empregados, em decorrência de relação de emprego; II – quaisquer valores devidos, em razão de cargo ou emprego, pela União, Estado, Distrito Federal, Territórios, Municípios e suas autarquias, aos respectivos servidores; III – saldos das contas individuais do Fundo de Garantia do Tempo de Serviço e do Fundo de Participação PIS/PASEP; IV – restituições relativas ao imposto de renda e demais tributos recolhidos por pessoas físicas; V – saldos de contas bancárias, saldos de cadernetas de poupança e saldos de contas de fundos de investimento, desde que não ultrapassem o valor

de 500 (quinhentas) Obrigações Reajustáveis do Tesouro Nacional e não existam, na sucessão, outros bens sujeitos a inventário."

**6. Decreto 85.845/1981, art. 2º.** "Art. 2º A condição de dependente habilitado será declarada em documento fornecido pela instituição de Previdência ou se for o caso, pelo órgão encarregado, na forma da legislação própria, do processamento do benefício por morte. Parágrafo Único. Da declaração constarão, obrigatoriamente, o nome completo, a filiação, a data de nascimento de cada um dos interessados e o respectivo grau de parentesco ou relação de dependência com o falecido."

**7. Decreto 85.845/1981, art. 3º.** "Art. 3º À vista da apresentação da declaração de que trata o artigo 2º, o pagamento das quantias devidas será feito aos dependentes do falecido pelo empregador, repartição, entidade, órgão ou unidade civil ou militar, estabelecimento bancário, fundo de participação ou, em geral, por pessoa física ou jurídica, quem caiba efetuar o pagamento."

**8. Decreto 85.845/1981, art. 4º.** "Art. 4º A inexistência de outros bens sujeitos a inventário, para os fins do item V, parágrafo único, o artigo 1º, será comprovada por meio de declaração, conforme modelo anexo, firmada pelos interessados perante a instituição onde esteja depositada a quantia a receber. § 1º As declarações feitas nos termos deste artigo ter-se-ão por verdadeiras até prova em contrário. § 2º A falsa declaração sujeitará o declarante às sanções previstas no Código Penal e demais cominações legais aplicáveis. § 3º Verificada, a qualquer tempo, a existência de fraude ou falsidade na declaração, será dado conhecimento do fato à autoridade competente, dentro de 5 (cinco) dias, para instauração de processo criminal."

**9. Decreto 85.845/1981, art. 5º.** "Art. 5º Na falta de dependentes, farão jus ao recebimento das quotas de que trata o artigo 1º deste decreto os sucessores do titular, previstos na lei civil, indicados em alvará judicial, expedido a requerimento do interessado, independentemente de inventário ou arrolamento."

**10. Decreto 85.845/1981, art. 6º.** "Art. 6º As quotas a que se refere o artigo 1º, atribuídas a menores, ficarão depositadas em caderneta de poupança, rendendo juros e correção monetária, e só serão disponíveis após o menor completar 18 (dezoito) anos, salvo autorização do juiz para aquisição de imóvel destinado a residência do menor e de sua família ou para dispêndio necessário à subsistência e educação do menor."

**11. Decreto 85.845/1981, art. 7º.** "Art. 7º Inexistindo dependentes ou sucessores, os valores de

**Art. 667** CÓDIGO DE PROCESSO CIVIL COMENTADO – *Leonardo Carneiro da Cunha*

que trata o parágrafo do artigo 1º reverterão em favor, respectivamente, do Fundo de Previdência e Assistência Social, do Fundo de Garantia do Tempo de Serviço ou do Fundo de Participação PIS-PASEP, conforme se tratar de quantias devidas pelo empregador ou de contas de F.G.T.S. e do Fundo PIS-PASEP."

**12. Res. 35/2007 CNJ, art. 14.** *"Art. 14. Para as verbas previstas na Lei nº 6.858/80, é também admissível a escritura pública de inventário e partilha."*

### 🗐 COMENTÁRIOS TEMÁTICOS

**13. Pressupostos necessários.** *"A Lei 6.858/1980, ao pretender simplificar o procedimento de levantamento de pequenos valores não recebidos em vida pelo titular do direito, aplica-se estritamente a hipóteses em que atendidos dois pressupostos: (a) condição de dependente inscrito junto à previdência; (b) inexistência de outros bens a serem inventariados"* (STJ, 3ª Turma, REsp 1.537.010/RJ, rel. Min. Paulo de Tarso Sanseverino, *DJe* 07.02.2017). *"1. A Lei 6.858/1980 pretendeu desburocratizar o levantamento de pequenos valores (até quinhentas OTNs), não recebidos pelos seus titulares em vida, valendo-se, para tanto, de critério objetivo, qual seja, a condição de dependente inscrito junto à Previdência Social e a inexistência de outros bens a serem inventariados. 2. Assim, os valores relativos a restituições de imposto de renda não recebidos pelo falecido em vida, observado o teto legal, devem ser levantados pelos dependentes habilitados junto a Previdência Social, nos termos dos arts. 1º e 2º da Lei 6.858/1980"* (STJ, 4ª Turma, REsp 1.085.140/SP, rel. Min. Luis Felipe Salomão, *DJe* 17.06.2011).

**14. Procedimento de jurisdição voluntária.** Mesmo quando não haja dependentes habilitados junto à Previdência Social, o pagamento dos valores previstos na Lei 6.858, de 1980, independe de inventário ou partilha, devendo ser feito mediante alvará judicial a ser expedido em procedimento de jurisdição voluntária (arts. 719 a 724) instaurado a pedido do seu interessado (art. 725, VII).

**15. Competência.** É da Justiça Estadual, e não da Federal, a competência para autorizar o levantamento dos valores relativos ao PIS-PASEP e FGTS, bem como dos saldos de conta bancária e demais valores mencionados no art. 2º da Lei 6.858, de 1980, em razão do falecimento do seu titular.

**16. Competência da Justiça Estadual.** *"Em casos de pedido de expedição de alvará judicial, procedimento de jurisdição voluntária, é com-*

*petente a Justiça estadual"* (STJ, 1ª Seção, CC 117.499/PI, rel. Min. Herman Benjamin, *DJe* 06.09.2011).

**17. Escritura pública.** Em vez de instaurar procedimento de jurisdição voluntária para obtenção de alvará, os interessados podem celebrar escritura pública para recebimento dos valores previstos na Lei 6.858, de 1980.

**18. Existência de bens e necessidade de inventário.** *"A certidão de óbito constante dos autos informa ter o de cujus deixado bens e herdeiros (fl. 1.244), o que impossibilita o levantamento direto pelos requerentes, nos termos da Lei 6.858/1980, exigindo-se a ação de inventário, ainda que tenha havido renúncia ao bem por alguns dos herdeiros"* (STJ, 3ª Seção, AgRg no ExeMS 7.388/DF, rel. Min. Sebastião Reis Júnior, *DJe* 11.11.2015).

---

**Art. 667.** Aplicam-se subsidiariamente a esta Seção as disposições das Seções VII e VIII deste Capítulo.

▶ **1. Correspondência no CPC/1973.** *"Art. 1.038. Aplicam-se subsidiariamente a esta Seção as disposições das seções antecedentes, bem como as da seção subsequente."*

### 🗐 COMENTÁRIOS TEMÁTICOS

**2. Arrolamento e suas espécies.** A Seção IX do Capítulo VI do Título III do Livro I da Parte Especial do CPC trata do arrolamento. O arrolamento é modalidade do procedimento de inventário. Há 2 espécies de arrolamento: o sumário (arts. 659 a 664) e o comum (art. 664).

**3. Elementos fundamentais do arrolamento.** O arrolamento, seja o sumário, seja o comum, deve observar 3 elementos fundamentais: *(a)* descrição dos bens e das dívidas; *(b)* avaliação; e *(c)* e partilha.

**4. Aplicação subsidiária.** Tanto ao arrolamento sumário como ao comum aplicam-se subsidiariamente as regras do inventário relativas ao pagamento das dívidas (Seção VII), bem como as concernentes à partilha (Seção VIII).

## Seção X
## Disposições Comuns
## a Todas as Seções

**Art. 668.** Cessa a eficácia da tutela provisória prevista nas Seções deste Capítulo:

I – se a ação não for proposta em 30 (trinta) dias contados da data em que da decisão foi intimado

**LIVRO I · DO PROCESSO DE CONHECIMENTO E DO CUMPRIMENTO DE SENTENÇA** **Art. 669**

o impugnante, o herdeiro excluído ou o credor não admitido;

II – se o juiz extinguir o processo de inventário com ou sem resolução de mérito.

▶ **1. Correspondência no CPC/1973.** *"Art. 1.039. Cessa a eficácia das medidas cautelares previstas nas várias seções deste Capítulo: I – se a ação não for proposta em 30 (trinta) dias, contados da data em que a decisão foi intimado o impugnante (art. 1.000, parágrafo único), o herdeiro excluído (art. 1.001) ou o credor não admitido (art. 1.018); II – se o juiz declarar extinto o processo de inventário com ou sem julgamento do mérito."*

🗒 **LEGISLAÇÃO CORRELATA**

**2. CPC, art. 309.** *"Art. 309. Cessa a eficácia da tutela concedida em caráter antecedente, se: I – o autor não deduzir o pedido principal no prazo legal; II – não for efetivada dentro de 30 (trinta) dias; III – o juiz julgar improcedente o pedido principal formulado pelo autor ou extinguir o processo sem resolução de mérito. Parágrafo único. Se por qualquer motivo cessar a eficácia da tutela cautelar, é vedado à parte renovar o pedido, salvo sob novo fundamento."*

🖹 **COMENTÁRIOS TEMÁTICOS**

**3. Conteúdo do dispositivo.** O art. 668 explicita a aplicação ao juízo sucessório da regra geral do art. 309.

**4. Tutelas provisórias no processo sucessório judicial.** No curso do inventário ou do arrolamento, é possível haver tutelas provisórias para determinar *(a)* o sobrestamento da entrega do quinhão do herdeiro impugnado, no caso de remessa da impugnação às vias ordinárias (art. 627, § 3º); *(b)* a reserva do quinhão do herdeiro não admitido, com remessa da pretensão para as vias ordinárias (art. 628, § 2º); *(c)* a reserva de bens para pagar ao credor que não obteve habilitação administrativa (art. 643, parágrafo único).

**5. Propositura das demandas principais.** Efetivada a tutela provisória, a parte deve recorrer às vias ordinárias, propondo a demanda principal, no prazo de 30 dias (art. 308). Assim, efetivada a tutela provisória que determinou o sobrestamento da entrega do quinhão do herdeiro impugnado, no caso de remessa da impugnação às vias ordinárias (art. 627 § 3º), a ação de petição de herança deve ser proposta no prazo de 30 dias. De igual modo, efetivada a tutela provisória que determinou a reserva do quinhão do her-

deiro não admitido, com remessa da pretensão para as vias ordinárias (art. 628, § 2º), a ação de impugnação da qualidade de herdeiro deve ser proposta no prazo de 30 dias. No mesmo sentido, efetivada a tutela provisória que determinou a reserva de bens para pagar ao credor que não obteve habilitação administrativa (art. 643, parágrafo único), a ação de cobrança há de ser proposta no prazo de 30 dias.

**6. Perda da eficácia.** As tutelas provisórias, no processo sucessório judicial, perdem sua eficácia *(a)* se a ação principal (a de petição de herança, a de impugnação da qualidade de herdeiro ou a de cobrança) não for proposta em 30 dias, contados da data em que o impugnante (art. 627, § 3º), o herdeiro excluído (art. 628) ou o credor não admitido (art. 643) foi intimado da decisão concessiva da medida; *(b)* se o juiz extinguir o processo de inventário, com ou sem resolução do mérito.

**7. Extinção do inventário.** A perda da eficácia da tutela própria pode dar-se quando o juiz extinguir o processo de inventário com ou sem resolução do mérito. O processo de inventário pode ser extinto antes do julgamento da petição de herança, quando a totalidade dos bens inventariados for consumida no pagamento de dívidas regularmente habilitadas ou quando o espólio incorre em falência ou insolvência civil. O processo de inventário pode, ainda, ser extinto sem resolução do mérito, quando versar sobre bens situados no estrangeiro, não podendo ser aqui processado, ou no caso de se provar que a pessoa tida como morta ainda vive.

**Art. 669.** São sujeitos à sobrepartilha os bens:

I – sonegados;

II – da herança descobertos após a partilha;

III – litigiosos, assim como os de liquidação difícil ou morosa;

IV – situados em lugar remoto da sede do juízo onde se processa o inventário.

Parágrafo único. Os bens mencionados nos incisos III e IV serão reservados à sobrepartilha sob a guarda e a administração do mesmo ou de diverso inventariante, a consentimento da maioria dos herdeiros.

▶ **1. Correspondência no CPC/1973.** *"Art. 1.040. Ficam sujeitos à sobrepartilha os bens: I – sonegados; II – da herança que se descobrirem depois da partilha; III – litigiosos, assim como os de liquidação difícil ou morosa; IV – situados em lugar remoto da sede do juízo onde se processa o inventário. Parágrafo único. Os bens menciona-*

1041

## Art. 669

*dos nos ns. III e IV deste artigo serão reservados à sobrepartilha sob a guarda e administração do mesmo ou de diverso inventariante, a aprazimento da maioria dos herdeiros."*

### 🏛 LEGISLAÇÃO CORRELATA

**2. CC, art. 1.992.** *"Art. 1.992. O herdeiro que sonegar bens da herança, não os descrevendo no inventário quando estejam em seu poder, ou, com o seu conhecimento, no de outrem, ou que os omitir na colação, a que os deva levar, ou que deixar de restituí-los, perderá o direito que sobre eles lhe caiba."*

### 🗉 COMENTÁRIOS TEMÁTICOS

**3. Sobrepartilha.** A sobrepartilha é uma nova partilha – relativa ao mesmo espólio – de bens que ficaram de fora da partilha já realizada.

**4. Permanência do espólio.** *"No caso de existirem bens sujeitos à sobrepartilha, o espólio permanece existindo, ainda que transitada em julgado a sentença que homologou a partilha dos demais bens da universalidade (REsp 1.172.305/PR, Rel. Min. Eliana Calmon, DJe 24.03.2010; AgRg no REsp 1.552.356/RJ, Rel. Min. Humberto Martins, DJe 1º.12.2015)"* (STJ, 1ª Turma, AgInt no REsp 1.684.828/PR, rel. Min. Napoleão Nunes Maia Filho, *DJe* 03.12.2020).

**5. Bens sujeitos à sobrepartilha.** Sujeitam-se à sobrepartilha *(a)* os bens sonegados; *(b)* os bens desconhecidos ao tempo da partilha, só vindo a ser descobertos após sua homologação; *(c)* os bens litigiosos e os de liquidação morosa ou difícil; *(d)* os bens situados em lugar remoto da sede do juízo onde se processa o inventário.

**6. Impossibilidade da habilitação do espólio ou herdeiros em processo de interesse do falecido sem que haja a sobrepartilha.** *"Nos termos da jurisprudência pacífica do STJ, o encerramento do inventário, sem que haja a inclusão de direitos e ações em juízo, somente habilita o espólio ou os herdeiros após a sobrepartilha"* (STJ, 2ª Turma, AgRg no REsp 1.552.356/RJ, rel. Min. Humberto Martins, *DJe* 1º.12.2015).

**7. Bens sonegados.** Os bens sonegados são aqueles que foram ocultados ou desviados dolosamente do processo sucessório.

**8. Sobrepartilha de bens sonegados.** *"A sobrepartilha é instituto utilizado em casos de desconhecimento de uma das partes a respeito de determinado bem, no momento da partilha, seja ou não por ocultação maliciosa ou, ainda, se situados em lugar remoto da sede do juízo. Embo-*

*ra os bens sonegados não se confundam com os descobertos após a partilha, ambos pressupõem o desconhecimento de sua existência por umas das partes. Nessa linha, é bem de ver que não é todo e qualquer bem que não foi partilhado que pode ser considerado sonegado. 5. São considerados sonegados os bens que, embora devessem ser partilhados, não o foram, em razão de ocultação daquele que estava em sua administração. Isto é, a sobrepartilha de bens sonegados encontra fundamento no desconhecimento ou ocultação sobre determinado bem por uma das partes. No caso em exame, como assinalado, tal não ficou caracterizado, de acordo com o que entendeu o Tribunal de origem, não servindo o instituto a corrigir arrependimentos quanto à divisão já realizada. 6. O prévio conhecimento da autora sobre a existência das cotas e ações objeto da ação de sobrepartilha apurado pelo Tribunal de origem é fundamento suficiente para a improcedência da ação no caso concreto, ficando prejudicado, assim, o intuito da recorrente de ver reconhecida a violação aos arts. 1.659, V, 1.667 e 1.668, V, do CC"* (STJ, 4ª Turma, REsp 1.204.253/RS, rel. Min. Luis Felipe Salomão, *DJe* 15.08.2014).

**9. Perda do direito aos bens sonegados.** O herdeiro sonegador perde direito aos bens sonegados, que serão partilhados entre os demais herdeiros (CC, art. 1.992).

**10. Perda de sonegados apenas em casos de dolo ou má-fé na ocultação dos bens.** *"A aplicação da pena de sonegados exige prova de má-fé ou dolo na ocultação de bens que deveriam ser trazidos à colação, o que, via de regra, ocorre somente após a interpelação do herdeiro sobre a existência de bens sonegados"* (STJ, 4ª Turma, REsp 1.567.276/CE, rel. p/ ac. Min. Maria Isabel Gallotti, *DJe* 1º.7.2019).

**11. Bens litigiosos.** Os bens litigiosos são aqueles cuja posse ou domínio é disputado judicialmente. Para que o inventário não se estenda por muito tempo, os bens não litigiosos podem já ser partilhados, protraindo-se os controvertidos para uma sobrepartilha, após a resolução judicial da disputa que os envolve.

**12. Bens de liquidação difícil ou morosa.** Os bens de liquidação difícil ou morosa são aqueles que de difícil valoração no mercado, de pouco interesse do público em geral ou cuja avaliação demande operações complexas ou que precisem aguardar todo um procedimento, por exemplo, a apuração de haveres numa sociedade.

**13. Bens situados em lugar remoto.** Os bens situados em lugar remoto são os de difícil acesso,

**LIVRO I · DO PROCESSO DE CONHECIMENTO E DO CUMPRIMENTO DE SENTENÇA**

**Art. 671**

que ficam bem longe, bastante distante da sede do juízo do inventário.

**14. Próprios autos.** A sobrepartilha deve tramitar nos próprios autos do processo em que se realizou a partilha (art. 670, parágrafo único), consistindo num complemento seu.

> **Art. 670.** Na sobrepartilha dos bens, observar-se-á o processo de inventário e de partilha.
> Parágrafo único. A sobrepartilha correrá nos autos do inventário do autor da herança.

▶ **1. Correspondência no CPC/1973.** *"Art. 1.041. Observar-se-á na sobrepartilha dos bens o processo de inventário e partilha. Parágrafo único. A sobrepartilha correrá nos autos do inventário do autor da herança."*

### 🗒 LEGISLAÇÃO CORRELATA

**2. Res. 35/2005 CNJ, art. 25.** *"Art. 25. É admissível a sobrepartilha por escritura pública, ainda que referente a inventário e partilha judiciais já findos, mesmo que o herdeiro, hoje maior e capaz, fosse menor ou incapaz ao tempo do óbito ou do processo judicial."*

### 🗒 COMENTÁRIOS TEMÁTICOS

**3. Próprios autos.** A sobrepartilha deve tramitar nos próprios autos do processo em que se realizou a partilha, mas complementando a anterior.

**4. Procedimento.** O procedimento para sobrepartilha é o mesmo da partilha, sendo instaurado um novo processo de inventário e partilha.

**5. Sobrepartilha extrajudicial.** A sobrepartilha pode ser feita extrajudicialmente, por escritura pública, caso haja consenso entre todos os herdeiros e desde que não haja interesse de incapazes (art. 610, §§ 1º e 2º). A sobrepartilha pode ser extrajudicial, ainda que a partilha tenha sido judicial e, ao seu tempo, o herdeiro, agora maior e capaz, fosse, à época, menor ou incapaz.

**6. Desnecessidade de simetria.** A sobrepartilha não precisa seguir o mesmo procedimento da partilha. Se a partilha foi judicial, a sobrepartilha pode ser extrajudicial e vice-versa. Não é necessário que haja simetria.

**7. Termo inicial do prazo de prescrição para sobrepartilha.** *"O termo inicial da prescrição para a propositura da ação de sobrepartilha conta-se a partir do encerramento do inventário. No caso, o Tribunal de origem asseverou que já transcorreram 30 anos entre a homologação da partilha*

*e o pedido de sobrepartilha, estando mais que evidenciada a prescrição"* (STJ, 4ª Turma, AgInt no AREsp 1.625.974/GO, rel. Min. Luis Felipe Salomão, *DJe* 29.09.2020).

> **Art. 671.** O juiz nomeará curador especial:
> I – ao ausente, se não o tiver;
> II – ao incapaz, se concorrer na partilha com o seu representante, desde que exista colisão de interesses.

▶ **1. Correspondência no CPC/1973.** *"Art. 1.042. O juiz dará curador especial: I – ao ausente, se o não tiver; II – ao incapaz, se concorrer na partilha com o seu representante."*

### 🗒 LEGISLAÇÃO CORRELATA

**2. CPC, art. 72.** *"O juiz nomeará curador especial ao: I – incapaz, se não tiver representante legal ou se os interesses deste colidirem com os daquele, enquanto durar a incapacidade; II – réu preso revel, bem como ao réu revel citado por edital ou com hora certa, enquanto não for constituído advogado. Parágrafo único. A curatela especial será exercida pela Defensoria Pública, nos termos da lei."*

### 🗒 COMENTÁRIOS TEMÁTICOS

**3. Conteúdo do dispositivo.** O art. 671 explicita a aplicação ao juízo sucessório da regra geral do art. 72.

**4. Capacidade dos interessados.** O interessado, para integrar o processo judicial sucessório, deve ter capacidade para estar em juízo.

**5. Incapaz sem representação.** Se o incapaz não dispuser ainda de representante, o juiz deve nomear-lhe um curador especial para que possa atuar no processo judicial sucessório.

**6. Incapaz que concorre na herança com seu representante.** O juiz deve nomear curador especial para o incapaz quando este e seu representante estiverem concorrendo com direitos próprios, na partilha da herança. Não basta, porém, que concorram na herança; para que se faça necessária a nomeação de curador especial, é preciso que haja efetiva colisão de interesses.

**7. Necessidade de efetiva colisão de interesses.** *"Somente se justifica a nomeação de Curador Especial quando colidentes os interesses dos incapazes e os de seu representante legal"* (STJ, 4ª Turma, REsp 114.310/SP, rel. Min. Barros Monteiro, *DJ* 17.02.2003, p. 280).

1043

**8. Intervenção do Ministério Público.** O Ministério Público deve intervir nos processos judiciais sucessórios que envolvam interesse de incapaz (art. 178, II). A nomeação de curador especial para o incapaz não afasta a necessidade de intervenção do Ministério Público; ainda que haja nomeação de curador especial, o Ministério Público deve intervir.

**9. Ausente.** Ao ausente deve ser nomeado curador especial que defenda seus interesses no processo judicial sucessório.

**10. Revel citado por edital ou com hora certa.** Ao citado por edital ou com hora certa, que se mantenha revel, enquanto não constituir advogado, será nomeado curador especial (art. 72, II).

**11. Defensoria Pública.** A curatela especial será exercida pela Defensoria Pública, nos termos da lei (art. 72, parágrafo único).

---

**Art. 672.** É lícita a cumulação de inventários para a partilha de heranças de pessoas diversas quando houver:

I – identidade de pessoas entre as quais devam ser repartidos os bens;

II – heranças deixadas pelos dois cônjuges ou companheiros;

III – dependência de uma das partilhas em relação à outra.

Parágrafo único. No caso previsto no inciso III, se a dependência for parcial, por haver outros bens, o juiz pode ordenar a tramitação separada, se melhor convier ao interesse das partes ou à celeridade processual.

---

▶ **1. Correspondência no CPC/1973.** *"Art. 1.043. Falecendo o cônjuge meeiro supérstite antes da partilha dos bens do pré-morto, as duas heranças serão cumulativamente inventariadas e partilhadas, se os herdeiros de ambos forem os mesmos. § 1º Haverá um só inventariante para os dois inventários. § 2º O segundo inventário será distribuído por dependência, processando-se em apenso ao primeiro."*

## ⚖ Jurisprudência, Enunciados e Súmulas Selecionados

• **2. Enunciado 698 do FPPC.** *"O § 4º do art. 664 remete às disposições do art. 662, e não à do art. 672, quanto ao lançamento, ao pagamento e à quitação da taxa judiciária e do imposto sobre a transmissão da propriedade dos bens do espólio."*

• **3. Enunciado 131 da II Jornada-CJF.** *"A remissão ao art. 672, feita no art. 664, § 4º, do*

*CPC, consiste em erro material decorrente da renumeração de artigos durante a tramitação legislativa. A referência deve ser compreendida como sendo ao art. 662, norma que possui conteúdo integrativo adequado ao comando expresso e finalístico do art. 664, § 4º."*

## ▣ Comentários Temáticos

**4. Cumulação de inventários e princípio da eficiência.** A possibilidade de cumulação de inventários concretiza o princípio da eficiência, permitindo-se que se julguem mais de uma partilha no mesmo processo.

**5. Cumulação de inventários e duração razoável do processo.** A cumulação de inventários diversos concretiza também o princípio da duração razoável do processo, permitindo-se que se realize uma única avaliação dos bens comuns aos diferentes espólios e evitando-se duplicidade de cálculos e de atos processuais em geral.

**6. Herdeiros comuns.** A cumulação de inventários é possível quando houver herdeiros comuns em inventários distintos.

**7. Inventários de cônjuges ou companheiros.** É possível cumular inventários de cônjuges ou companheiros. Falecido um deles, instaura-se o respectivo inventário. Vindo a falecer o outro, seu inventário pode ser cumulado àquele outro já em curso. É preciso, porém, que os herdeiros sejam comuns para que haja a cumulação entre eles.

**8. Dependência de uma partilha à outra.** É possível que durante a tramitação do inventário, um dos herdeiros que concorra à herança venha a falecer, devendo ser sucedido no processo pelo seu espólio. Nesse caso, há uma dependência de uma partilha em relação à outra, a autorizar que os herdeiros do herdeiro falecido promovam o inventário deste último juntamente com o inventário no qual ele concorria à herança. Mesmo sendo parcial a dependência, é possível haver a cumulação dos inventários.

**9. Eficiência e duração razoável.** Se, por razões que atentem contra a eficiência e a duração razoável, a cumulação dos inventários não for adequada, o juiz pode ordenar a tramitação separada dos processos.

---

**Art. 673.** No caso previsto no art. 672, inciso II, prevalecerão as primeiras declarações, assim como o laudo de avaliação, salvo se alterado o valor dos bens.

---

▶ **1. Correspondência no CPC/1973.** *"Art. 1.045. Nos casos previstos nos dois artigos ante-*

**LIVRO I** · DO PROCESSO DE CONHECIMENTO E DO CUMPRIMENTO DE SENTENÇA    **Art. 674**

*cedentes prevalecerão as primeiras declarações, assim como o laudo de avaliação, salvo se se alterou o valor dos bens. Parágrafo único. No inventário a que se proceder por morte do cônjuge herdeiro supérstite, é lícito, independentemente de sobrepartilha, descrever e partilhar bens omitidos no inventário do cônjuge pré-morto."*

### 🖹 COMENTÁRIOS TEMÁTICOS

**2. Aproveitamento das primeiras declarações e do laudo de avaliação.** Havendo cumulação dos inventários de cônjuges ou companheiros, é possível aproveitar as primeiras declarações e o laudo de avaliação, sem prejuízo de outros atos já praticados no primeiro inventário.

**3. Aditamento.** Se, no segundo inventário que se somou ao primeiro, houver outros bens a inventariar, basta ao inventariante proceder ao aditamento das primeiras declarações.

**4. Nova avaliação.** O espaço de tempo entre o início do primeiro inventário e o do segundo pode determinar a necessidade de nova avaliação dos bens.

## CAPÍTULO VII
## DOS EMBARGOS DE TERCEIRO

**Art. 674.** Quem, não sendo parte no processo, sofrer constrição ou ameaça de constrição sobre bens que possua ou sobre os quais tenha direito incompatível com o ato constritivo, poderá requerer seu desfazimento ou sua inibição por meio de embargos de terceiro.

§ 1º Os embargos podem ser de terceiro proprietário, inclusive fiduciário, ou possuidor.

§ 2º Considera-se terceiro, para ajuizamento dos embargos:

I – o cônjuge ou companheiro, quando defende a posse de bens próprios ou de sua meação, ressalvado o disposto no art. 843;

II – o adquirente de bens cuja constrição decorreu de decisão que declara a ineficácia da alienação realizada em fraude à execução;

III – quem sofre constrição judicial de seus bens por força de desconsideração da personalidade jurídica, de cujo incidente não fez parte;

IV – o credor com garantia real para obstar expropriação judicial do objeto de direito real de garantia, caso não tenha sido intimado, nos termos legais dos atos expropriatórios respectivos.

▶ **1. Dispositivos correspondentes no CPC/ 1973.** *"Art. 1.046. Quem, não sendo parte no processo, sofrer turbação ou esbulho na posse de seus bens por ato de apreensão judicial, em casos como o de penhora, depósito, arresto, sequestro, alienação judicial, arrecadação, arrolamento, inventário, partilha, poderá requerer lhe sejam mantenidos ou restituídos por meio de embargos. § 1º Os embargos podem ser de terceiro senhor e possuidor, ou apenas possuidor. § 2º Equipara-se a terceiro a parte que, posto figure no processo, defende bens que, pelo título de sua aquisição ou pela qualidade em que os possuir, não podem ser atingidos pela apreensão judicial. § 3º Considera-se também terceiro o cônjuge quando defende a posse de bens dotais, próprios, reservados ou de sua meação." "Art. 1.047. Admitem-se ainda embargos de terceiro: I – para a defesa da posse, quando, nas ações de divisão ou de demarcação, for o imóvel sujeito a atos materiais, preparatórios ou definitivos, da partilha ou da fixação de rumos; II – para o credor com garantia real obstar alienação judicial do objeto da hipoteca, penhor ou anticrese."*

### ⚖ JURISPRUDÊNCIA, ENUNCIADOS E SÚMULAS SELECIONADOS

- **2. Tema/Repetitivo 236 STJ.** *"Em processo de execução, o terceiro afetado pela constrição judicial de seus bens poderá opor embargos de terceiro à execução ou interpor recurso contra a decisão constritiva, na condição de terceiro prejudicado."*

- **3. Tema/Repetitivo 872 do STJ.** *"Nos Embargos de Terceiro cujo pedido foi acolhido para desconstituir a constrição judicial, os honorários advocatícios serão arbitrados com base no princípio da causalidade, responsabilizando-se o atual proprietário (embargante), se este não atualizou os dados cadastrais. Os encargos de sucumbência serão suportados pela parte embargada, porém, na hipótese em que esta, depois de tomar ciência da transmissão do bem, apresentar ou insistir na impugnação ou recurso para manter a penhora sobre o bem cujo domínio foi transferido para terceiro."*

- **4. Súmula STJ, 84.** *"É admissível a oposição de embargos de terceiro fundados em alegação de posse advinda de compromisso de compra e venda de imóvel, ainda que desprovido do registro."*

- **5. Súmula STJ, 134.** *"Embora intimado da penhora em imóvel do casal, o cônjuge do executado pode opor embargos de terceiro para defesa de sua meação."*

1045

- **6. Súmula STJ, 195.** *"Em embargos de terceiro não se anula ato jurídico, por fraude contra credores."*
- **7. Súmula STJ, 196.** *"Ao executado que, citado por edital ou por hora certa, permanecer revel, será nomeado curador especial, com legitimidade para apresentação de embargos."*
- **8. Súmula STJ, 303.** *"Em embargos de terceiro, quem deu causa à constrição indevida deve arcar com os honorários advocatícios."*
- **9. Enunciado 102 da I Jornada-CJF.** *"A falta de oposição dos embargos de terceiro preventivos no prazo do art. 792, § 4º, do CPC não impede a propositura dos embargos de terceiro repressivos no prazo do art. 675 do mesmo Código."*
- **10. Enunciado 132 da II Jornada-CJF.** *"O prazo para apresentação de embargos de terceiro tem natureza processual e deve ser contado em dias úteis."*
- **11. Enunciado 133 da II Jornada-CJF.** *"É admissível a formulação de reconvenção em resposta aos embargos de terceiro, inclusive para o propósito de veicular pedido típico de ação pauliana, nas hipóteses de fraude contra credores."*
- **12. Enunciado 155 do FONAJE.** *"Admitem-se embargos de terceiro, no sistema de juizados, mesmo pelas pessoas excluídas pelo parágrafo primeiro do art. 8 da Lei 9.099/95."*

### ▣ COMENTÁRIOS TEMÁTICOS

**13. Natureza jurídica e função.** Os embargos de terceiro consistem numa ação autônoma de impugnação, ajuizada por um terceiro, contra uma decisão judicial a ser proferida ou já prolatada, a fim de evitá-la, inibir sua prática ou desfazê-la e, consequentemente, eliminar os efeitos por ela produzidos.

**14. Objeto.** Os embargos de terceiro destinam-se a evitar ou a combater um ato judicial de constrição, restrição ou apreensão de um bem ou direito de um terceiro. Servem, então, para proteger posse, domínio ou outros direitos sobre coisa que seja alvo de constrição judicial.

**15. Embargos preventivos e embargos repressivos.** Os embargos de terceiro podem voltar-se contra uma ameaça de constrição, de restrição ou apreensão de bem ou direito ou contra uma efetiva constrição, restrição ou apreensão de bem ou direito. Os embargos podem, enfim, ser preventivos ou repressivos, objetivando evitar ou desfazer um ato judicial. Em outras palavras, o ato de constrição, restrição ou apreensão pode ser potencial ou atual. Daí os embargos serem preventivos ou repressivos.

**16. Embargos preventivos.** *"(...), admite-se a oposição dos embargos de terceiro preventivamente, isto é, quando o ato judicial, apesar de não caracterizar efetiva apreensão do bem, configurar ameaça ao pleno exercício da posse ou do direito de propriedade pelo terceiro"* (STJ, 3ª Turma, REsp 1.726.186/RS, rel. Min. Nancy Andrighi, *DJe* 11.05.2018).

**17. Atos impugnáveis.** Os embargos de terceiro servem para evitar ou combater atos constritivos, tais como penhora, arresto, sequestro, depósito, arrolamento, inventário, partilha, busca e apreensão, alienação judicial, arrecadação, entre outros.

**18. Decisões em qualquer tipo de processo.** Os embargos de terceiro podem impugnar atos constritivos praticados em qualquer tipo de processo, seja de conhecimento, em procedimento de jurisdição voluntária ou contenciosa, seja em execução ou em razão de medidas cautelares ou antecipatórias, seja em processo de falência ou recuperação judicial. Qualquer decisão que produza efeitos na esfera do terceiro, seja provisória, seja definitiva, pode ser impugnada por embargos de terceiro.

**19. Embargos de terceiro contra ordem de despejo.** *"... a ordem judicial de despejo não se enquadra, de qualquer forma, em ato de apreensão judicial, a fim de autorizar a oposição dos embargos de terceiro"* (STJ, 3ª Turma, REsp 1.714.870/SP, rel. Min. Nancy Andrighi, *DJe* 03.12.2020).

**20. Embargos de terceiro *versus* recurso de terceiro.** Os embargos de terceiro não se confundem com o recurso de terceiro. A interposição de recurso de terceiro depende da demonstração da *"possibilidade de a decisão sobre a relação jurídica submetida à apreciação judicial atingir direito de que se afirme titular ou que possa discutir em juízo como substituto processual"* (art. 996, parágrafo único). Essa demonstração não é necessária para o ajuizamento dos embargos de terceiro: o terceiro vale-se dos embargos para evitar ou eliminar a constrição indevida em bem ou direito que alega ser seu, por não ter qualquer vínculo com o objeto do processo que envolve as partes.

**21. Concomitância dos embargos de terceiro com o recurso de terceiro.** O terceiro, cujos bens foram constritos, pode valer-se, simultaneamente, de embargos de terceiro e de recurso de terceiro contra a decisão que determinou a constrição.

**22. Embargos de terceiro *versus* oposição.** O terceiro, na oposição, pretende a coisa ou o direito sobre o qual controvertem as partes no processo principal (art. 682), havendo preju-

# LIVRO I · DO PROCESSO DE CONHECIMENTO E DO CUMPRIMENTO DE SENTENÇA — Art. 674

dicialidade: a oposição deve ser apreciada em primeiro lugar: se a coisa ou o direito for do terceiro, então não será nem do autor nem do réu originários. A oposição tem seu cabimento limitado até a sentença do processo originário (art. 682). Por sua vez, nos embargos de terceiro, o embargante não pretende a coisa ou o direito sobre o qual controvertem as partes no processo; pretende apenas evitar ou eliminar a constrição sobre seu bem ou direito. Também não existe prejudicialidade entre os embargos de terceiro e o processo em que se efetivou a constrição: a procedência dos embargos não acarreta a improcedência da demanda originária, mas apenas a inibição ou o desfazimento do ato de constrição. Nos embargos, não há limitação de sua propositura até a sentença.

**23. Legitimidade ativa.** Aquele que, não sendo parte no processo, sofre ou pode vir a sofrer constrição judicial sobre bem ou direito seu, tem legitimidade para propor embargos de terceiro. O legitimado a ajuizar os embargos é, portanto, o terceiro em relação ao processo no qual foi ou possa vir a ser determinada a constrição. Se já for parte no processo, não poderá propor embargos de terceiro.

**24. Proprietário ou possuidor.** Os embargos de terceiro podem ser opostos por proprietário ou possuidor do bem objeto de constrição ou que está em vias de ser atingido por constrição judicial, em processo do qual não faça parte.

**25. Inadmissibilidade de embargos de terceiro para proteção de mera detenção.** O mero detentor não é legitimado a utilizar os embargos de terceiro.

**26. Inadmissibilidade de embargos de terceiro por ocupante de bem público.** O ocupante de bem público não pode opor embargos de terceiro para manter-se bem, pois não exerce posse sobre ele, mas mera detenção.

**27. Cabimento de embargos de terceiro para defesa da posse de bem público contra uma disputa entre particulares.** *"1. Embora não se possa falar em posse, mas mera detenção quanto ao bem público, no caso em que a disputa ocorre entre particulares, é possível se garantir uma proteção possessória àquele que demonstra estar autorizado a ocupar o bem. 2. Realmente, são duas situações que devem ter tratamentos bem distintos: aquela em que o particular invade imóvel público e almeja proteção possessória em face do ente estatal e a disputa possessória entre particulares no tocante a bem público. No último caso, é possível o manejo de interditos possessórios, em que pese a posse dos litigantes estar si-*

*tuada em bem público. 3. No caso dos autos, em que a disputa da posse ocorre entre particulares a respeito de bem incluído em inventário, tem-se por juridicamente possível o pedido de proteção possessória formulado pelo embargante, ocupante do imóvel público"* (STJ, 4ª Turma, AgInt no REsp 1.324.548/DF, rel. Min. Raul Araújo, *DJe* 18.08.2017).

**28. Rol exemplificativo do § 2º do art. 674.** O rol do § 2º do art. 674 é exemplificativo, e não taxativo. Embora o rol seja exemplificativo, *"tem-se que a ordem judicial de despejo não se enquadra, de qualquer forma, em ato de apreensão judicial, a fim de autorizar a oposição dos embargos de terceiro"* (STJ, 3ª Turma, REsp 1.714.870/SP, rel. Min. Nancy Andrighi, *DJe* 03.12.2020).

**29. Legitimidade dos filhos para defesa do bem de família.** *"Os filhos, integrantes da entidade familiar, são partes legítimas para opor embargos de terceiro, discutindo a condição de bem de família do imóvel onde residem com os pais"* (STJ, 3ª Turma, AgInt no REsp 1.668.220/PR, rel. Min. Paulo de Tarso Sanseverino, *DJe* 30.08.2019).

**30. Substituição processual.** Se tiver havido substituição processual, o terceiro substituído não terá sido parte, mas seu direito foi defendido pelo substituto processual. Nesse caso, não cabem os embargos de terceiro. O terceiro já está sujeito aos efeitos da sentença, podendo intervir como assistente litisconsorcial (art. 18, parágrafo único).

**31. Cônjuge ou companheiro.** O cônjuge ou companheiro tem legitimidade para defender sua meação sobre bens penhorados em virtude de processo movido apenas contra o outro cônjuge ou companheiro. Mesmo que tenha sido intimado da penhora (art. 842), o cônjuge ou companheiro tem legitimidade para defender sua meação por embargos de terceiro. Se, porém, a penhora recair apenas sobre a metade ideal do cônjuge que figura como parte, não são cabíveis os embargos de terceiro, haja vista já estar a meação protegida (art. 843). Nesse caso, não se impedirá a alienação, reservando-se para o cônjuge ou companheiro a metade do seu produto.

**32. Adquirente de bem em fraude à execução.** Em casos de fraude à execução (art. 792), o juiz pode declarar que a alienação é ineficaz em relação ao exequente, a fim de permitir sua penhora e posterior excussão. Antes de declarar a fraude à execução, o juiz deverá determinar a intimação do terceiro adquirente, que pode ser atingido pela decretação da fraude à execução, para, querendo, opor embargos de terceiro no prazo de 15 dias (art. 792, § 4º). Tal prazo é contado em dias úteis (art. 219). Se o terceiro os ajuizar, a discussão sobre a existência ou não de fraude será deslocada para o âmbito dos embargos de terceiro e será decidida em sua sentença. Se o terceiro não os ajuizar, o juiz pode apreciar a questão da fraude incidentemente à execução, sem prejuízo de o terceiro se defender por meio de demanda submetida ao procedimento comum.

**33. Nulidade de negócio jurídico por simulação em embargos de terceiro.** *"O art. 167 do CC/2002 alçou a simulação como motivo de nulidade do negócio jurídico. Em sendo assim, o negócio jurídico simulado é nulo e consequentemente ineficaz, ressalvado o que nele se dissimulou (art. 167, 2ª parte, do CC/2002). 4. É desnecessário o ajuizamento de ação específica para se declarar a nulidade de negócio jurídico simulado. Dessa forma, não há como se restringir o seu reconhecimento em embargos de terceiro. Simulação que se configura em hipótese de nulidade absoluta insanável. Observância dos arts. 167 e 168, ambos do CC/2002"* (STJ, 3ª Turma, REsp 1.927.496/SP, rel. Min. Moura Ribeiro, *DJe* 27.04.2021).

**34. Embargos de terceiro e fraude contra credores.** É possível haver, nos embargos de terceiro, discussão sobre a ocorrência ou não de fraude à execução. A jurisprudência do STJ não admite que se discuta fraude contra credores nos embargos de terceiro, pois *(a)* esta seria uma discussão típica da ação pauliana; *(b)* a discussão poderia ser travada em reconvenção, mas esta não seria cabível em embargos de terceiro; *(c)* o executado, que teria sido o alienante, não é parte nos embargos de terceiro e a reconvenção não permitiria ampliação subjetiva da demanda; *(d)* haveria incompatibilidade de eficácia das sentenças pleiteadas pelo embargante e pelo embargado. Tal entendimento precisa ser revisto, pois não há, no atual CPC, qualquer óbice à reconvenção nos embargos de terceiro, por lhes serem aplicáveis subsidiariamente as regras do procedimento comum (art. 679). Ainda que o executado não seja parte nos embargos, a reconvenção pode ser subjetivamente ampliativa (art. 343, § 3º). Caso a parte interessada mova, paralelamente, ação pauliana, haverá reunião de processos por conexão, o que já revela a possibilidade de análise conjunta da fraude contra credores com a proteção do terceiro.

**35. Sócio de empresa cuja personalidade jurídica tenha sido desconsiderada.** Instaurado o incidente de desconsideração da personalidade jurídica, o sócio passará à condição de parte e, como tal, se tiver bens constritos, poderá valer-se dos recursos e demais instrumentos de defesa do executado. Se, porém, o sócio não houver sido integrado ao processo antes de ter seus bens constritos, pela falta da instauração do incidente de desconsideração da personalidade jurídica, poderá opor embargos de terceiro. Também cabem os embargos de terceiro pela sociedade que teve seus bens constritos em casos de "desconsideração inversa" sem a instauração do incidente. Em outras palavras, os embargos de terceiro somente são cabíveis se não tiver havido o incidente de desconsideração da personalidade jurídica, pois, tendo havido, o sócio (ou a sociedade, no caso da desconsideração inversa) terá se tornado parte, deixando de ser terceiro e, por isso, não podendo mais opor os respectivos embargos de terceiro. É possível que tenha havido o incidente, mas o sócio não tenha sido para ele citado. Nesse caso, também serão cabíveis os embargos de terceiro.

**36. Titular de direito real de garantia.** Há, no CPC, um bloco normativo formado pelos arts. 799, 804 e 889, que forma um sistema de normas de proteção a alguns sujeitos, credores ou não. A análise sobre quem deve ser intimado previamente à alienação judicial decorre de todo esse bloco normativo. A consequência é que todos os sujeitos indicados em tais dispositivos devem ser intimados previamente à alienação judicial. A ausência dessas intimações implica, em regra, a ineficácia da alienação. O credor com garantia real que não tenha sido intimado do respectivo ato expropriatório tem legitimidade para opor embargos de terceiro para obstar a alienação judicial do objeto de direito real de garantia (art. 674, § 2º, IV).

---

**Art. 675.** Os embargos podem ser opostos a qualquer tempo no processo de conhecimento enquanto não transitada em julgado a sentença e, no cumprimento de sentença ou no processo de execução, até 5 (cinco) dias depois da adjudicação, da alienação por iniciativa particular ou da arrematação, mas sempre antes da assinatura da respectiva carta.

Parágrafo único. Caso identifique a existência de terceiro titular de interesse em embargar o ato, o juiz mandará intimá-lo pessoalmente.

---

▶ **1. Correspondência no CPC/1973.** *"Art. 1.048. Os embargos podem ser opostos a qualquer tempo no processo de conhecimento enquanto não transitada em julgado a sentença, e, no processo de execução, até 5 (cinco) dias depois da arrematação, adjudicação ou remição, mas sempre antes da assinatura da respectiva carta."*

**LIVRO I · DO PROCESSO DE CONHECIMENTO E DO CUMPRIMENTO DE SENTENÇA**  **Art. 676**

### ⚖ Jurisprudência, Enunciados e Súmulas Selecionados

- **2. Enunciado 184 do FPPC.** *"Os embargos de terceiro também são oponíveis na fase de cumprimento de sentença e devem observar, quanto ao prazo, a regra do processo de execução."*
- **3. Enunciado 185 do FPPC.** *"O juiz deve ouvir as partes antes de determinar a intimação pessoal do terceiro."*
- **4. Enunciado 191 do FPPC.** *"O prazo de quinze dias para opor embargos de terceiro, disposto no § 4º do art. 792, é aplicável exclusivamente aos casos de declaração de fraude à execução; os demais casos de embargos de terceiro são regidos na forma do* caput *do art. 675."*
- **5. Enunciado 102 da I Jornada-CJF.** *"A falta de oposição dos embargos de terceiro preventivos no prazo do art. 792, § 4º, do CPC não impede a propositura dos embargos de terceiro repressivos no prazo do art. 675 do mesmo Código."*
- **6. Enunciado 132 da II Jornada-CJF.** *"O prazo para apresentação de embargos de terceiro tem natureza processual e deve ser contado em dias úteis."*
- **7. Enunciado 54 da ENFAM.** *"A ausência de oposição de embargos de terceiro no prazo de 15 (quinze) dias prevista no art. 792, § 4º, do CPC/2015 implica preclusão para fins do art. 675,* caput, *do mesmo código."*

### 🖹 Comentários Temáticos

**8. Prazo em casos de constrição no processo de conhecimento.** Quando a constrição ocorrer no processo de conhecimento, os embargos de terceiro podem ser ajuizados a qualquer tempo até o trânsito em julgado da sentença. É o que ocorre, por exemplo, em casos de constrição decorrente da concessão de tutela provisória.

**9. Constrição que se mantém no cumprimento de sentença.** Se a constrição determinada na fase de conhecimento se mantiver durante a fase de cumprimento de sentença, serão ainda cabíveis os embargos de terceiro, pois a coisa julgada não pode prejudicar terceiros (art. 506). O limite temporal passará a ser, portanto, os 5 dias após a adjudicação, a alienação ou a arrematação.

**10. Prazo em casos de constrição na execução.** Se a constrição se der em processo de execução, os embargos de terceiro podem ser ajuizados até 5 dias depois da adjudicação, da alienação ou da arrematação, mas sempre antes da assinatura da respectiva carta: se a carta for expedida antes dos 5 dias, o prazo dos embargos de terceiro pode ser ainda inferior a 5 dias. Se a carta já tiver sido assinada, não cabem mais os embargos, restando ao terceiro a propositura de ação autônoma, submetida ao procedimento comum.

**11. Cumprimento de sentença.** A previsão para a execução aplica-se, igualmente, ao cumprimento de sentença.

**12. Prazo em casos de fraude à execução.** No caso de fraude à execução, o prazo para ajuizamento dos embargos de terceiro é de 15 dias, contados da intimação do terceiro adquirente (art. 792, § 4º). Nesse caso, o prazo é processual, devendo ser contado em dias úteis (art. 219).

**13. Prazo dos embargos de terceiro em caso de penhora de dinheiro.** *"Em hipótese de utilização do sistema BACEN-JUD, considera-se realizada a penhora no momento em que se dá a apreensão do dinheiro depositado ou aplicado em instituições financeiras, mas a alienação somente ocorre com a colocação do dinheiro à disposição do credor, o que acontece com a autorização de expedição de alvará ou de mandado de levantamento em seu favor, devendo este ser o termo ad quem do prazo de 5 (cinco) dias para apresentação dos embargos de terceiro"* (STJ, 3ª Turma, REsp 1.298.780/ES, rel. Min. João Otávio de Noronha, DJe 27.03.2015).

**14. Fluência do prazo em caso de ausência de ciência do terceiro.** *"Nos termos do entendimento desta Corte, na hipótese de o terceiro não ter ciência da execução, a fluência do prazo de cinco dias para a oposição de embargos de terceiro (art. 1.048 do CPC/1973, equivalente ao art. 675 do CPC/2015) deve ser contada da data da turbação ou esbulho"* (STJ, 4ª Turma, AgInt no AREsp 1.569.845/SC, rel. Min. Marco Buzzi, DJe 03.08.2020).

---

**Art. 676.** Os embargos serão distribuídos por dependência ao juízo que ordenou a constrição e autuados em apartado.

Parágrafo único. Nos casos de ato de constrição realizado por carta, os embargos serão oferecidos no juízo deprecado, salvo se indicado pelo juízo deprecante o bem constrito ou se já devolvida a carta.

▶ **1. Correspondência no CPC/1973.** *"Art. 1.049. Os embargos serão distribuídos por dependência e correrão em autos distintos perante o mesmo juiz que ordenou a apreensão."*

1049

# Art. 676
### CÓDIGO DE PROCESSO CIVIL COMENTADO – *Leonardo Carneiro da Cunha*

## ⚖ Jurisprudência, Enunciados e Súmulas Selecionados

- **2. Súmula STJ, 206.** *"A existência de vara privativa, instituída por lei estadual, não altera a competência territorial resultante das leis de processo."*
- **3. Súmula TST, 419.** *"Na execução por carta precatória, os embargos de terceiro serão oferecidos no juízo deprecado, salvo se indicado pelo juízo deprecante o bem constrito ou se já devolvida a carta (art. 676, parágrafo único, do CPC de 2015)."*

## ▣ Comentários Temáticos

**4. Competência.** A competência para processar e julgar os embargos de terceiro é do mesmo juízo que ordenou a constrição, a restrição ou a apreensão do bem ou do direito do terceiro.

**5. Juízo penal ou trabalhista.** Os embargos de terceiro destinados atacar ato a ser praticado ou já praticado por juízo criminal ou trabalhista devem ser distribuídos por dependência ao próprio juízo criminal ou trabalhista.

**6. Juízo arbitral.** Se a constrição, restrição ou apreensão decorre do cumprimento de uma decisão arbitral, os embargos de terceiro devem ser propostos perante o juízo estatal competente, e não perante o juízo arbitral. É que o terceiro não está vinculado à convenção de arbitragem, devendo a pretensão ser formulada perante um juízo estatal. A arbitragem encontra na vontade das partes seu fundamento atributivo de jurisdição. Não obstante ser jurisdicional, a atividade dos árbitros resulta de um ato de vontade das partes. O fato ensejador dos embargos de terceiro é uma decisão proferida pelo árbitro ou, até mesmo, pelo juiz estatal em cooperação ao árbitro. A causa de pedir não tem origem na convenção de arbitragem. Não há competência do árbitro para tratar do tema. Além disso, as partes da arbitragem não estão obrigadas a aceitar a demanda proposta pelo terceiro; não há convenção entre eles nesse sentido. Enfim, o terceiro deve ajuizar os embargos perante o juízo estatal, cabendo-lhe, em sua causa de pedir, invocar a nulidade da decisão, por ter extrapolado os limites subjetivos da convenção de arbitragem e pedir, prejudicialmente, a proclamação da nulidade com base no art. 32, IV, da Lei 9.307/1996. Ajuizados os embargos de terceiro, o juízo estatal competente é aquele que já tenha cooperado com o árbitro, mediante carta arbitral (Lei 9.307/1996, art. 22-C; CPC, art. 69, § 1º), ou algum outro ao qual se distribuam livremente, que ficará prevento para medidas cooperativas junto ao tribunal arbitral (CPC, art. 676, parágrafo único).

**7. Competência originária de tribunal.** Se o ato constritivo, de restrição ou apreensão for praticado por tribunal, em processo de sua competência originária, os embargos de terceiro devem ser propostos no próprio tribunal, distribuídos por dependência ao mesmo relator do processo originário.

**8. Carta precatória ou de ordem.** Quando a constrição, restrição ou apreensão for determinada por carta precatória ou de ordem, será competente para processar e julgar os embargos de terceiro o órgão jurisdicional que especificou o bem ou o direito objeto da constrição, da restrição ou da apreensão. Logo, em regra, os embargos devem ser propostos perante o juízo deprecado, a não ser que o deprecante tenha indicado especificamente o bem ou o direito objeto da constrição, da restrição ou da apreensão ou se já tiver sido devolvida a carta pelo juízo deprecado ao juízo deprecante. Nesse último caso, o juízo deprecado já não terá mais competência, restando ao deprecante processar e julgar os embargos de terceiro.

**9. Competência na execução por carta.** *"..., em regra, a competência para julgamento dos embargos de terceiro que versarem unicamente sobre vícios ou defeitos da penhora, avaliação ou alienação do bem será do Juízo deprecado. Entretanto, caso haja indicação expressa do bem a ser penhorado pelo Juízo deprecante, será deste a competência para julgamento dos respectivos embargos"* (STJ, 3ª Turma, REsp 2.095.460/SP, rel. Min. Marco Aurélio Bellizze, *DJe* 15.2.2024).

**10. Fazenda Pública estadual ou municipal.** Se o Estado ou Município, ou algum outro ente da Administração Pública estadual ou municipal, tiver algum bem seu constrito, com restrição ou apreensão em razão de ato judicial praticado ou a ser praticado em processo do qual não seja parte, os embargos de terceiro devem ser propostos na respectiva vara de fazenda pública, a não ser que, na comarca, não haja vara privativa. Não havendo, na comarca, vara com competência privativa para processar e julgar os processos da Fazenda Pública, os embargos de terceiro serão propostos perante o próprio juízo, não devendo ser distribuídos ao juízo da capital ou de outra comarca onde haja vara privativa da Fazenda Pública (Súmula STJ, 206).

1050

**LIVRO I ·** DO PROCESSO DE CONHECIMENTO E DO CUMPRIMENTO DE SENTENÇA **Art. 677**

**11. Fazenda Pública federal.** Se, num processo que tramite na Justiça Estadual, for praticado ato que atinja bem ou direito da União ou de outro ente federal, os embargos de terceiro serão propostos na Justiça Federal, mantendo-se o processo originário na Justiça Estadual. De igual modo, se o ato decorre de um processo em curso na Justiça do Trabalho, os embargos de terceiro da União ou de outro ente federal devem ser propostos na Justiça Federal, pois não têm como causa de pedir qualquer relação de trabalho entre a União e uma das partes. Incide, no caso, o art. 109, I, e não o art. 114 da CF.

**12. Embargos de terceiro da União.** *"2. Nos termos do art. 109, I, da CF/1988, compete à justiça comum federal o exame dos embargos de terceiro, pois presente a União no polo ativo da demanda. 3. Todavia, apenas os embargos de terceiro se deslocam para a justiça federal, devendo o processo executório em curso na justiça comum estadual lá permanecer. Isso porque a competência da justiça federal é absoluta e, por isso, não se prorroga por conexão. Além disso, a execução tem por objeto sentença de mérito transitada em julgado proferida pelo judiciário paulista, o que a atrai a incidência da regra contida no art. 575, II, do Diploma Processual Civil"* (STJ, 3ª Seção, CC 83.326/SP, rel. Min. Maria Thereza de Assis Moura, *DJe* 14.03.2008).

**13. Embargos de terceiro da União na Justiça do Trabalho.** *"Tratando-se de embargos de terceiro opostos pela União para discutir a titularidade de bem objeto de penhora na execução trabalhista, deve-se manter a competência do Juízo do Trabalho, em razão da natureza acessória e secundária dessa lide em relação àquela oriunda do processo principal"* (STJ, CC 55.630/SP, rel. Min. Eliana Calmon, *DJ* 29.05.2006, p. 148).

---

**Art. 677.** Na petição inicial, o embargante fará a prova sumária de sua posse ou de seu domínio e da qualidade de terceiro, oferecendo documentos e rol de testemunhas.

§ 1º É facultada a prova da posse em audiência preliminar designada pelo juiz.

§ 2º O possuidor direto pode alegar, além da sua posse, o domínio alheio.

§ 3º A citação será pessoal, se o embargado não tiver procurador constituído nos autos da ação principal.

§ 4º Será legitimado passivo o sujeito a quem o ato de constrição aproveita, assim como o será seu adversário no processo principal quando for sua a indicação do bem para a constrição judicial.

---

▶ **1. Correspondência no CPC/1973.** *"Art. 1.050. O embargante, em petição elaborada com observância do disposto no art. 282, fará a prova sumária de sua posse e a qualidade de terceiro, oferecendo documentos e rol de testemunhas. § 1º É facultada a prova da posse em audiência preliminar designada pelo juiz. § 2º O possuidor direto pode alegar, com a sua posse, domínio alheio. § 3º A citação será pessoal, se o embargado não tiver procurador constituído nos autos da ação principal."*

## ⚖ Jurisprudência, Enunciados e Súmulas Selecionados

- **2. Súmula STJ, 303.** *"Em embargos de terceiro, quem deu causa à constrição indevida deve arcar com os honorários advocatícios."*

- **3. Enunciado 178 do FPPC.** *"O valor da causa nas ações fundadas em posse, tais como as ações possessórias, os embargos de terceiro e a oposição, deve considerar a expressão econômica da posse, que não obrigatoriamente coincide com o valor da propriedade."*

- **4. Enunciado 186 do FPPC.** *"A alusão à 'posse' ou a 'domínio' nos arts. 677, 678 e 681 deve ser interpretada em consonância com o art. 674, caput, que, de forma abrangente, admite os embargos de terceiro para afastar constrição ou ameaça de constrição sobre bens que possua ou sobre quais tenha "direito incompatível com o ato constritivo."*

- **5. Enunciado 53 da I Jornada-CJF.** *"Para o reconhecimento definitivo do domínio ou da posse do terceiro embargante (art. 681 do CPC), é necessária a presença, no polo passivo dos embargos, do réu ou do executado a quem se impute a titularidade desse domínio ou dessa posse no processo principal."*

## ▣ Comentários Temáticos

**6. Petição inicial.** O procedimento instaura-se pela propositura de demanda, concretizada por petição inicial que preencha os requisitos dos arts. 319 e 320, devendo o autor arrolar, se houver, as testemunhas. A indicação das testemunhas é um requisito específico da petição inicial dos embargos de terceiro. O autor não precisa, em sua petição inicial, manifestar opção pela realização ou não de audiência de conciliação ou de mediação (art. 319, VII; art. 334).

**7. Ausência do rol de testemunhas na petição inicial e preclusão.** *"(...), na ação de embargos de terceiro, o rol de testemunhas deve*

1051

*ser entregue juntamente com a petição inicial, sob pena de preclusão"* (STJ, 2ª Turma, REsp 362.504/RS, rel. Min. João Otávio de Noronha, *DJ* 23.05.2006, p. 135).

**8. Cumulação com pedido reconhecimento da posse ou do domínio.** Na petição inicial dos embargos de terceiro, o embargante pode pedir, além da inibição ou do desfazimento da ordem de constrição, que o juiz reconheça sua posse ou seu domínio sobre o direito ou bem que está ameaçado de constrição ou que foi efetivamente constrito (art. 681). Tal cumulação de pedidos concretiza o princípio da eficiência, evitando novas demandas complementares sobre a posse ou o domínio do mesmo bem ou direito.

**9. Cumulação com outros pedidos.** O pedido a ser formulado nos embargos de terceiro é o de inibição ou o de desfazimento da constrição sobre o bem ou o direito do embargante. É possível cumular tal pedido com outro (um indenizatório, por exemplo). Enfim, admite-se cumulação de pedidos nos embargos de terceiro.

**10. Inviabilidade da cumulação com pedido de indenização por danos morais.** *"Os embargos de terceiro, a despeito de se tratar de ação de conhecimento, tem como única finalidade a de evitar ou afastar a constrição judicial sobre bens de titularidade daquele que não faz parte do processo correlato. 2. Dessa forma, considerando a cognição limitada dos embargos de terceiro, revela-se inadmissível a cumulação de pedidos estranhos à sua natureza constitutivo-negativa, como, por exemplo, o pleito de condenação a indenização por danos morais"* (STJ, 3ª Turma, REsp 1.703.707/RS, rel. Min. Marco Aurélio Bellizze, *DJe* 28.05.2021).

**11. Prova da posse ou do domínio.** Na petição inicial dos embargos de terceiro, o embargante deve fazer a prova sumária de sua posse ou domínio e de sua qualidade de terceiro. A prova da posse pode ser feita em audiência preliminar, designada para exame da tutela provisória.

**12. Valor da causa.** O valor da causa, nos embargos de terceiro, não corresponde necessariamente ao valor da causa do processo originário. Nos embargos de terceiro, o valor da causa deve refletir o valor dos bens constritos pelo ato judicial. Se houver cumulação de pedidos, o valor da causa deve refletir o valor dos bens constritos pelo ato judicial e o do outro pedido formulado cumulativamente.

**13. Citação.** O embargado será citado na pessoa de seu advogado para contestar os embargos de terceiro, não sendo necessário que haja poderes especiais na procuração para receber citação (art. 105). Sua citação só será pessoal se não tiver advogado constituído nos autos do processo principal. A citação convoca o embargado para contestar.

**14. Citação do embargado na pessoa de seu advogado.** *"Considera-se válida a citação da parte embargada, realizada em sede embargos de terceiro, em nome de seu advogado, devidamente constituído nos autos, sendo desnecessária procuração que confira poderes especiais ao patrono para tanto, porquanto se trata de situação excepcional, na qual a própria lei conferiu poderes especiais ao causídico"* (STJ, 4ª Turma, AgRg no REsp 1.432.121/DF, rel. Min. Marco Buzzi, *DJe* 14.05.2015).

**15. Legitimidade passiva.** Os embargos de terceiro devem ser intentados contra a parte originária da causa, que se beneficia do ato constritivo. Geralmente, é o autor da ação originária: é quem se beneficia da restrição, do bloqueio, da penhora, da apreensão judicial do bem. Se o réu indicar o bem ou nada disser sobre sua titularidade, estará contribuindo para a prática do ato constritivo. Nesse caso, deverá, de igual modo, ser citado, tendo legitimidade passiva para responder pela demanda; será caso, então, de litisconsórcio passivo nos embargos de terceiro.

**16. Legitimidade passiva do aparente titular da posse ou do domínio.** Se o embargante pede, em sua petição inicial, que o juiz lhe reconheça a posse ou do domínio do bem ou do direito constrito no processo originário, deverá ser também citado para integrar o polo passivo dos embargos de terceiro o sujeito a quem se impute a titularidade desse domínio ou dessa posse. Assim, por exemplo, caso se atribua a posse ou o domínio ao réu ou ao executado do processo originário, ele deverá ser igualmente citado. Se, porém, se atribua a posse ou o domínio a um terceiro responsável, ele, embora não seja parte no processo originário, será parte nos embargos de terceiro.

**17. Ausência de litisconsórcio passivo necessário.** *"(...) é detentor de legitimidade para figurar no polo passivo de embargos de terceiro não o executado, mas a parte que deu causa à constrição judicial do bem em discussão. 3. Inexistindo, nos embargos de terceiro, litisconsórcio passivo necessário entre credor e devedor, na hipótese somente deveria integrar o polo passivo da ação aquele que deu causa à constrição, indicando o bem imóvel à penhora objeto da lide, ou seja, o banco exequente"* (STJ, 4ª Turma, AgInt no RMS 55.241/SP, rel. Min. Lázaro Guimarães – Des. Conv. TRF5, *DJe* 20.08.2018).

**LIVRO I •** DO PROCESSO DE CONHECIMENTO E DO CUMPRIMENTO DE SENTENÇA | **Art. 679**

**Art. 678.** A decisão que reconhecer suficientemente provado o domínio ou a posse determinará a suspensão das medidas constritivas sobre os bens litigiosos objeto dos embargos, bem como a manutenção ou a reintegração provisória da posse, se o embargante a houver requerido.

Parágrafo único. O juiz poderá condicionar a ordem de manutenção ou de reintegração provisória de posse à prestação de caução pelo requerente, ressalvada a impossibilidade da parte economicamente hipossuficiente.

▶ **1. Dispositivos correspondentes no CPC/1973.** *"Art. 1.051. Julgando suficientemente provada a posse, o juiz deferirá liminarmente os embargos e ordenará a expedição de mandado de manutenção ou de restituição em favor do embargante, que só receberá os bens depois de prestar caução de os devolver com seus rendimentos, caso sejam afinal declarados improcedentes." "Art. 1.052. Quando os embargos versarem sobre todos os bens, determinará o juiz a suspensão do curso do processo principal; versando sobre alguns deles, prosseguirá o processo principal somente quanto aos bens não embargados."*

⚖ **Jurisprudência, Enunciados e Súmulas Selecionados**

• **2. Enunciado 186 do FPPC.** *"A alusão à 'posse' ou a 'domínio' nos arts. 677, 678 e 681 deve ser interpretada em consonância com o art. 674, caput, que, de forma abrangente, admite os embargos de terceiro para afastar constrição ou ameaça de constrição sobre bens que possua ou sobre quais tenha 'direito incompatível com o ato constritivo'."*

▣ **Comentários Temáticos**

**3. Ausência de suspensão automática.** A propositura de embargos de terceiro não suspende automaticamente a ordem de constrição nem o processo originário em que foi proferida tal ordem, ainda que versem sobre todos os bens lá disputados.

**4. Tutela provisória.** O juiz, se reconhecer provada a posse ou a propriedade do terceiro, concederá, a requerimento do embargante, tutela provisória para suspender a ordem de constrição. A medida não pode ser concedida de ofício; depende de requerimento do embargante. O embargante não precisa demonstrar urgência ou perigo de dano. Nos embargos de terceiro, a tutela provisória é de evidência, sendo suficiente a comprovação da posse ou da propriedade e da

condição de terceiro do embargante. Comprovada a posse ou a propriedade, o juiz determinará a suspensão das medidas constritivas sobre o bem ou o direito do terceiro. A determinação do juiz não é de suspensão do processo originário, mas apenas da ordem de constrição sobre o bem ou o direito do embargante.

**5. Caução.** Concedida a tutela provisória, poderá o juiz exigir do embargante caução, com o objetivo de assegurar o ressarcimento ao beneficiário da ordem de constrição. A caução funciona aí como uma medida de *contracautela*, não consistindo num requisito a mais para a concessão da tutela provisória. Não deve, em qualquer caso, o juiz *condicionar* a concessão da medida à prestação da caução. Apenas em hipóteses excepcionais, que revelem o risco de grave dano ao beneficiário da ordem de constrição em virtude de eventual cassação ou revogação da tutela provisória, deve o juiz impor a prestação da caução. A regra assemelha-se àquela prevista no § 1º do art. 300.

**6. Caução e hipossuficiência.** Ainda que a situação seja excepcional, a justificar a exigência de caução, o juiz deve dispensá-la quando o embargante for comprovadamente hipossuficiente. Assim, e para que não haja ofensa ao princípio da efetividade ou da inafastabilidade do controle jurisdicional, o juiz deixará de exigir a caução.

**7. Audiência de justificação.** O juiz pode determinar a realização de audiência de justificação para oitiva das testemunhas, antes de apreciar a tutela provisória (art. 677, § 1º). Provada a posse ou a propriedade, o juiz deve deferir a tutela provisória e determinar a reintegração ou manutenção da posse em favor do embargante, com suspensão da constrição judicial sobre seu bem ou direito.

**8. Agravo de instrumento.** Deferida, indeferida, modificada ou revogada a tutela provisória, o recurso cabível é o agravo de instrumento (art. 1.015, I), a não ser que a decisão consista num capítulo da sentença, caso em que deverá ser impugnada na própria apelação (arts. 1.009, § 3º, e 1.013, § 5º).

**Art. 679.** Os embargos poderão ser contestados no prazo de 15 (quinze) dias, findo o qual se seguirá o procedimento comum.

▶ **1. Correspondência no CPC/1973.** *"Art. 1.053. Os embargos poderão ser contestados no prazo de 10 (dez) dias, findo o qual proceder-se-á de acordo com o disposto no art. 803."*

1053

# Art. 680

## ⚖ Jurisprudência, Enunciados e Súmulas Selecionados

- **2. Enunciado 133 da II Jornada-CJF.** *"É admissível a formulação de reconvenção em resposta aos embargos de terceiro, inclusive para o propósito de veicular pedido típico de ação pauliana, nas hipóteses de fraude contra credores."*

## 🗐 Comentários Temáticos

**3. Citação do embargado.** Nos embargos de terceiro, o embargado é citado para apresentar contestação no prazo de 15 dias.

**4. Audiência de mediação ou de conciliação (art. 334).** Nos embargos de terceiro, o embargado é convocado para oferecer contestação. Não há, no procedimento, previsão de designação da audiência de mediação ou conciliação prévia (art. 334). Embora não haja essa previsão, o juiz pode designar uma audiência com essa finalidade, já que lhe cabe fomentar a autocomposição a qualquer tempo (arts. 3º, § 2º, e 139, V).

**5. Procedimento comum.** Apresentada contestação nos embargos de terceiro, passa a ser adotado o procedimento comum.

**6. Decisões agraváveis e decisões não agraváveis.** Os embargos de terceiro consistem num processo de conhecimento e, depois da contestação, passam a seguir o procedimento comum. Logo, somente são agraváveis as interlocutórias previstas no art. 1.015. As demais são impugnáveis em apelação ou contrarrazões de apelação (art. 1.009).

**7. Saneamento e organização do processo.** Nos embargos de terceiro, o juiz deve aplicar o art. 357, a fim de sanear e organizar o processo.

**8. Produção de provas.** Se, nos embargos de terceiro, for necessária a produção adicional de provas, o juiz deverá determinar sua realização.

**9. Reconvenção.** É cabível, nos embargos de terceiro, reconvenção, que pode, inclusive, provocar a ampliação subjetiva do processo (art. 343, §§ 3º e 4º).

**10. Julgamento antecipado do mérito.** Nos embargos de terceiro, se o embargado não contestar o pedido, vindo a ser revel, ou se reconhecer a procedência do pedido ou, mesmo tendo havido contestação, não seja necessária a produção de qualquer outra prova, o juiz proferirá julgamento antecipado do mérito (art. 355).

---

**Art. 680.** Contra os embargos do credor com garantia real, o embargado somente poderá alegar que:

I – o devedor comum é insolvente;

II – o título é nulo ou não obriga a terceiro;

III – outra é a coisa dada em garantia.

▶ **1. Correspondência no CPC/1973.** *"Art. 1.054. Contra os embargos do credor com garantia real, somente poderá o embargado alegar que: I – o devedor comum é insolvente; II – o título é nulo ou não obriga a terceiro; III – outra é a coisa dada em garantia."*

## 🏛 Legislação Correlata

**2. CC, art. 1.477.** *"Art. 1.477. Salvo o caso de insolvência do devedor, o credor da segunda hipoteca, embora vencida, não poderá executar o imóvel antes de vencida a primeira. Parágrafo único. Não se considera insolvente o devedor por faltar ao pagamento das obrigações garantidas por hipotecas posteriores à primeira."*

## 🗐 Comentários Temáticos

**3. Hipótese do dispositivo.** O art. 680 trata dos embargos de terceiro propostos por credor titular de direito real de garantia (art. 674, § 2º, IV), ou seja, por um daqueles mencionados nos arts. 799, 804 e 889. O credor com garantia real que não tenha sido intimado do respectivo ato expropriatório tem legitimidade para opor embargos de terceiro para obstar a alienação judicial do objeto de direito real de garantia.

**4. Limitação cognitiva.** Nos embargos de terceiro opostos por credor titular de direito real de garantia, a defesa do embargado é limitada, somente podendo alegar as matérias enumeradas no art. 680. O embargado pode alegar a insolvência do devedor, o que torna a execução universal e esvai o critério cronológico dos direitos reais de garantia e das constrições dentro da mesma classe, alinhando-se com o disposto no art. 1.477 do CC. O embargado também pode alegar, em sua contestação, que o embargante não tem direito real de garantia sobre o bem objeto da constrição, seja por ser nulo o título apresentado, seja por se tratar de bem diverso daquele gravado em favor do embargante.

---

**Art. 681.** Acolhido o pedido inicial, o ato de constrição judicial indevida será cancelado, com o reconhecimento do domínio, da manutenção

# LIVRO I · DO PROCESSO DE CONHECIMENTO E DO CUMPRIMENTO DE SENTENÇA — Art. 682

da posse ou da reintegração definitiva do bem ou do direito ao embargante.

▶ **1. Sem correspondência no CPC/1973.**

⚖ **JURISPRUDÊNCIA, ENUNCIADOS E SÚMULAS SELECIONADOS**

- **2. Súmula STJ, 195.** *"Em embargos de terceiro não se anula ato jurídico, por fraude contra credores."*
- **3. Súmula STJ, 303.** *"Em embargos de terceiro, quem deu causa à constrição indevida deve arcar com os honorários advocatícios."*
- **4. Enunciado 186 do FPPC.** *"A alusão à 'posse' ou a 'domínio' nos arts. 677, 678 e 681 deve ser interpretada em consonância com o art. 674, caput, que, de forma abrangente, admite os embargos de terceiro para afastar constrição ou ameaça de constrição sobre bens que possua ou sobre quais tenha 'direito incompatível com o ato constritivo'."*
- **5. Enunciado 53 da I Jornada-CJF.** *"Para o reconhecimento definitivo do domínio ou da posse do terceiro embargante (art. 681 do CPC), é necessária a presença, no polo passivo dos embargos, do réu ou do executado a quem se impute a titularidade desse domínio ou dessa posse no processo principal."*

📝 **COMENTÁRIOS TEMÁTICOS**

**6. Decisão final.** O juiz pode, ao final do procedimento, extinguir o processo sem resolução do mérito, rejeitar ou acolher os embargos de terceiro.

**7. Natureza da sentença.** Se os embargos de terceiro forem preventivos, a sentença de procedência terá natureza inibitória, impedindo que haja a constrição. Se forem repressivos, a sentença de procedência irá desfazer a constrição determinada, contendo uma *contraordem*; terá, então, natureza mandamental. Em caso de cumulação de pedidos, a sentença de procedência poderá ainda ter outras eficácias, a depender dos pedidos que foram formulados e acolhidos. No caso de o juiz extinguir o processo sem resolução do mérito ou julgar improcedente o pedido do embargante, a sentença será declaratória (como o é toda sentença extintiva ou de improcedência).

**8. Ônus da sucumbência.** Extinto o processo sem resolução do mérito ou julgado improcedente o pedido do embargante, é este quem deve arcar com os ônus da sucumbência. Se, porém, a sentença dos embargos de terceiro for de procedência, devem arcar com os ônus da sucum-

bência quem se beneficiava do ato constritivo e, igualmente, quem lhe deu causa ou contribuiu para sua efetivação.

**9. Reconhecimento da posse ou do domínio e coisa julgada.** Se o embargante tiver formulado pedido expresso, a sentença de procedência dos embargos de terceiro poderá, além de inibir ou desfazer o ato judicial de constrição, reconhecer sua posse ou seu domínio sobre o direito ou bem que estava ameaçado de constrição ou que fora efetivamente constrito. Nesse caso, haverá coisa julgada material sobre o reconhecimento da posse ou da propriedade.

**10. Coisa julgada de questão prejudicial decidida incidentemente.** A posse ou o domínio pode, nos embargos de terceiro, figurar como fundamento, e não como pedido. Nesse caso, o juiz, na sentença de procedência, irá determinar apenas a inibição ou o desfazimento da ordem de constrição. A posse ou o domínio será aí uma questão prejudicial julgada incidentemente, podendo sobre ela formar coisa julgada, desde que observados os pressupostos dos §§ 1º e 2º do art. 503.

**11. Apelação.** Da sentença proferida nos embargos de terceiro caberá apelação (art. 1.009).

**12. Eficácia da sentença.** A apelação interposta contra a sentença tem efeito suspensivo automático (art. 1.012), a não ser que tenha confirmado, concedido ou revogado a tutela provisória, caso em que terá efeito apenas devolutivo (art. 1.012, § 1º, V).

## CAPÍTULO VIII
## DA OPOSIÇÃO

**Art. 682.** Quem pretender, no todo ou em parte, a coisa ou o direito sobre que controvertem autor e réu poderá, até ser proferida a sentença, oferecer oposição contra ambos.

▶ **1. Correspondência no CPC/1973.** *"Art. 56. Quem pretender, no todo ou em parte, a coisa ou o direito sobre que controvertem autor e réu, poderá, até ser proferida a sentença, oferecer oposição contra ambos."*

📝 **COMENTÁRIOS TEMÁTICOS**

**2. Cabimento.** Cabe oposição quando um terceiro pretende a coisa ou o direito que está sendo disputada por 2 ou mais pessoas.

**3. Partes na oposição.** O terceiro, que propõe a oposição, é chamado *opoente*. Os demandados na oposição são os *opostos*.

1055

**4. Pretensão prejudicial.** A oposição contém pretensão prejudicial àquela veiculada na demanda originária em face de todas as suas partes. O opoente pretende o reconhecimento de seu direito, no todo ou em parte, sobre o bem ou direito disputado pelas partes do processo originário. Se for reconhecido o direito do opoente, estará prejudicada a análise da disputa entre as partes do processo originário. Rejeitado o pedido do opoente, só então será examinada a controvérsia entre autor e réu do processo originário (art. 686).

**5. Litisconsórcio passivo necessário.** O opoente formula sua demanda em face das partes originárias, em litisconsórcio simples, pois há uma pretensão própria formulada contra cada um dos opostos. Embora simples, o litisconsórcio é necessário: a oposição deve ser proposta contra ambas as partes do processo originário.

**6. Processo de conhecimento.** Só cabe oposição se o processo originário for de conhecimento, em cujo âmbito haja controvérsia sobre bem ou direito pretendido pelo opoente. Não é possível oposição em razão de processo de execução.

**7. Cabimento de oposição em ação possessória de imóvel público destinado à reforma agrária.** *"(...), nos casos em que o imóvel objeto do litígio é público, como aqueles destinados à Reforma Agrária, a discussão da posse em ação possessória decorre do próprio direito de propriedade, não se aplicando a restrição normativa prevista no art. 923 do CPC/1973. (...), em se tratando de imóvel público pertencente à União, 'a vedação constante do art. 923 do CPC/1973 (atual art. 557 do CPC/2015), contudo, não alcança a hipótese em que o proprietário alega a titularidade do domínio apenas como fundamento para pleitear a tutela possessória. Conclusão em sentido contrário importaria chancelar eventual fraude processual e negar tutela jurisdicional a direito fundamental'. 6. Exigir do poder público o exercício de poder de fato sobre a coisa, especialmente nos casos em que a posse está relacionada a grandes extensões de terra destinadas à reforma agrária, inviabiliza a referida política pública. 7. Interpretação diversa importa, no caso concreto, em sobrepor o interesse privado dos particulares à posse do imóvel ao interesse público primário da efetivação da política pública de reforma agrária"* (STJ, Corte Especial, EREsp 1.296.991/DF, rel. Min. Herman Benjamin, *DJe* 27.02.2019).

**8. Limite temporal.** A oposição somente pode ser proposta enquanto não tiver havido sentença no processo originário. Se já tiver havido a prolação de sentença, não se admite mais a oposição. A oposição pode ser ajuizada *até ser* proferida a sentença no processo originário.

**9. Oposição *versus* embargos de terceiro.** O terceiro, na oposição, pretende a coisa ou o direito sobre o qual controvertem as partes no processo principal, havendo prejudicialidade: a oposição deve ser apreciada em primeiro lugar: se a coisa ou o direito for do terceiro, então não será nem do autor nem do réu originários. A oposição tem seu cabimento limitado até a sentença do processo originário. Por sua vez, nos embargos de terceiro, o embargante não pretende a coisa ou o direito sobre o qual controvertem as partes no processo; pretende apenas evitar ou eliminar a constrição sobre seu bem ou direito. Também não existe prejudicialidade entre os embargos de terceiro e o processo em que se efetivou a constrição: a procedência dos embargos não acarreta a improcedência da demanda originária, mas apenas a inibição ou o desfazimento do ato de constrição. Nos embargos, não há limitação de sua propositura até a sentença.

**10. Imissão de posse na oposição.** *"Se o pedido formulação na oposição é de reconhecimento da propriedade de bem imóvel sobre o qual controvertem as partes na ação de partilha originária, não há óbice procedimental ao acolhimento do pedido de imissão na posse, também formulado na oposição, que está compreendido no pedido principal, atende à regra do art. 682 do CPC/2015 e é uma decorrência lógica da procedência do pedido de reconhecimento da propriedade sobre o bem imóvel, de modo que eventual debate sobre direitos possessórios sobre o bem deverá ocorrer em ação própria"* (STJ, 3ª Turma, REsp 1.963.885/MG, rel. Min. Nancy Andrighi, *DJe* 05.05.2022).

---

**Art. 683.** O opoente deduzirá o pedido em observação aos requisitos exigidos para propositura da ação.

Parágrafo único. Distribuída a oposição por dependência, serão os opostos citados, na pessoa de seus respectivos advogados, para contestar o pedido no prazo comum de 15 (quinze) dias.

---

▶ **1. Correspondência no CPC/1973.** *"Art. 57. O opoente deduzirá o pedido, observando os requisitos exigidos para a propositura da ação (arts. 282 e 283). Distribuída a oposição por dependência, serão os opostos citados, na pessoa dos seus respectivos advogados, para contestar o pedido no prazo comum de 15 (quinze) dias. Parágrafo único. Se o processo principal correr à revelia do réu, este será citado na forma estabelecida no Título V, Capítulo IV, Seção III, deste Livro."*

**LIVRO I ·** DO PROCESSO DE CONHECIMENTO E DO CUMPRIMENTO DE SENTENÇA · **Art. 684**

## ▣ Comentários Temáticos

**2. Competência.** A competência para a oposição é do juízo da causa originária. Trata-se de competência absoluta (funcional). A oposição deve ser distribuída por dependência àquele juízo. Tramitando o processo originário na Justiça Estadual, a oposição proposta pela União, por autarquia federal ou por empresa pública federal desloca a competência para a Justiça Federal (art. 109, I). Nesse caso, a oposição é distribuída por dependência ao juízo da causa originária, que deve, então, declinar da competência para a justiça federal.

**3. Petição inicial.** O procedimento da ação de oposição instaura-se pela propositura de demanda, concretizada por petição inicial que preencha os requisitos dos arts. 319 e 320. O autor não precisa, em sua petição inicial, manifestar opção pela realização ou não de audiência de conciliação ou de mediação (art. 319, VII; art. 334).

**4. Citação.** Os opostos serão citados na pessoa de seus advogados para contestar o pedido, não sendo necessário que haja poderes especiais na procuração para receber citação (art. 105). O autor-oposto sempre terá advogado; logo, sua citação é feita na pessoa do seu advogado. O réu-oposto pode, porém, não ter advogado constituído nos autos do processo originário. Nesse caso, a citação do réu-oposto será pessoal.

**5. Prazo para contestar.** O prazo para contestar, na oposição, é de 15 dias, computando-se, na sua contagem, apenas os dias úteis (art. 219).

**6. Prazo comum.** O prazo para contestar, na oposição, é comum, não podendo, portanto, ser aplicado o art. 229. Naturalmente, por serem adversários no processo originário, os opostos têm procuradores diferentes, de escritórios de advocacia distintos. Mesmo assim, o prazo para contestação não será contado em dobro. Da previsão de um prazo comum decorre uma regra especial, a afastar a incidência do art. 229. De todo modo, se o processo tramitar em autos eletrônicos, não há qualquer discussão, pois não há prazo em dobro para litisconsortes com procuradores diferentes, de escritórios diversos, no processo eletrônico (art. 229, § 2º).

**7. Audiência de mediação ou de conciliação (art. 334).** Na oposição, os opostos são citados para oferecer contestação. Não há, no procedimento, previsão de designação da audiência de mediação ou conciliação prévia (art. 334). Embora não haja essa previsão, o juiz pode designar uma audiência com essa finalidade, já que lhe cabe fomentar a autocomposição a qualquer tempo (arts. 3º, § 2º, e 139, V).

**Art. 684.** Se um dos opostos reconhecer a procedência do pedido, contra o outro prosseguirá o opoente.

▶ **1. Correspondência no CPC/1973.** *"Art. 58. Se um dos opostos reconhecer a procedência do pedido, contra o outro prosseguirá o opoente."*

## ▣ Comentários Temáticos

**2. Reconhecimento da procedência do pedido pelos opostos.** Se ambos os opostos reconhecerem a procedência da oposição, haverá julgamento conforme o estado do processo da oposição e da causa originária, em favor do opoente. Se o reconhecimento for de um dos opostos, o processo prossegue contra o outro litigante.

**3. Poder especial na procuração.** O reconhecimento da procedência do pedido exige poder especial na procuração outorgada ao advogado (art. 105). Para que o oposto reconheça a procedência do pedido por meio de seu advogado, este deve estar munido de procuração com esse poder especial. Caso a procuração não contenha tal poder, a parte deve subscrever a petição juntamente com seu advogado.

**4. Exclusão do oposto.** O oposto que reconhecer a procedência do pedido será excluído da oposição por decisão interlocutória de mérito (arts. 354, parágrafo único, e 487, III, *a*).

**5. Destino do processo originário.** O art. 684 não trata do destino do processo originário quando um dos opostos reconhece a procedência da oposição. O dispositivo estabelece que o oposto que reconheceu a procedência do pedido é excluído da oposição, mas não trata das consequências no processo originário. A oposição é demanda prejudicial: se for acolhida, a demanda originária fica prejudicada. Se, porém, for rejeitada, deve ser julgada a pretensão formulada na demanda originária. Se o autor-oposto reconhecer a procedência da oposição, terá renunciado à pretensão contra o réu da demanda originária; reconhecer que o bem ou o direito é do opoente não é compatível com a pretensão que formulou contra o réu-oposto. Diversamente, se o réu-oposto reconhece a procedência da oposição, será excluído da oposição, mas se mantém como réu no processo originário. É que, se a oposição for rejeitada, o juiz terá ainda de decidir se o bem ou o direito disputado é do autor-oposto ou do réu-oposto. O reconhecimento da procedência da oposição pelo réu-oposto não torna incompatível sua defesa no processo originário: dizer que é do opoente não contradiz a afirmação de que não é do autor-oposto.

1057

# Art. 685

**Art. 685.** Admitido o processamento, a oposição será apensada aos autos e tramitará simultaneamente à ação originária, sendo ambas julgadas pela mesma sentença.

Parágrafo único. Se a oposição for proposta após o início da audiência de instrução, o juiz suspenderá o curso do processo ao fim da produção das provas, salvo se concluir que a unidade da instrução atende melhor ao princípio da duração razoável do processo.

▶ **1. Dispositivos correspondentes no CPC/1973.** *"Art. 59. A oposição, oferecida antes da audiência, será apensada aos autos principais e correrá simultaneamente com a ação, sendo ambas julgadas pela mesma sentença." "Art. 60. Oferecida depois de iniciada a audiência, seguirá a oposição o procedimento ordinário, sendo julgada sem prejuízo da causa principal. Poderá o juiz, todavia, sobrestar no andamento do processo, por prazo nunca superior a 90 (noventa) dias, a fim de julgá-la conjuntamente com a oposição."*

## 🗒 Comentários Temáticos

**2. Espécies de oposição.** Há 2 espécies de oposição: a interventiva (art. 685, *caput*) e a autônoma (art. 685, parágrafo único). A identificação da espécie de oposição depende do momento em que exercida: se proposta antes da audiência de instrução e julgamento, será interventiva; se ajuizada após o seu início, e antes da sentença, será autônoma.

**3. Julgamento simultâneo.** Em qualquer espécie de oposição, o juiz julgará conjuntamente a oposição e a ação. Na oposição autônoma, o juiz pode desmembrar as instruções da ação e da oposição ou, se entender que a unidade da instrução atende melhor à duração razoável do processo, determinar a instrução conjunta. A oposição autônoma pode, enfim, ter fase instrutória diversa da ação originária. Por determinação do juiz, a instrução pode ser única. O julgamento, porém, será, em todo caso, simultâneo.

**4. Ausência de prazo em dobro para o opoente.** *"O autor da ação de oposição não goza do prazo em dobro para recorrer, sendo desinfluente a existência de litisconsórcio passivo entre o autor e o réu da ação principal"* (STJ, 3ª Turma, EDcl no AgRg no AREsp 262.404/RS, rel. Min. Sidnei Beneti, *DJe* 03.05.2013).

**5. Julgamento de ação e oposição.** *"Conquanto seja desejável pelo sistema processual que a oposição e a ação originária sejam sentenciadas conjuntamente, a teor do art. 685 do CPC/2015, não há óbice para que a oposição, que é preju-*dicial à ação principal, seja julgada em primeiro lugar, em sentença autônoma, especialmente na hipótese em que não exista risco de prolação de decisões conflitantes ou na qual não haja a necessidade de prática de atos processuais conjuntos"* (STJ, 3ª Turma, REsp 1.963.885/MG, rel. Min. Nancy Andrighi, *DJe* 05.05.2022).

**Art. 686.** Cabendo ao juiz decidir simultaneamente a ação originária e a oposição, desta conhecerá em primeiro lugar.

▶ **1. Dispositivo equivalente no CPC/1973.** *"Art. 61. Cabendo ao juiz decidir simultaneamente a ação e a oposição, desta conhecerá em primeiro lugar."*

## 🗒 Comentários Temáticos

**2. Pretensão prejudicial.** A oposição contém pretensão prejudicial àquela veiculada na demanda originária em face de todas as suas partes. O opoente pretende o reconhecimento de seu direito, no todo ou em parte, sobre o bem ou direito disputado pelas partes do processo originário.

**3. Precedência da oposição.** Na sentença, o juiz deve julgar antes a oposição para, somente depois, julgar a ação. Isso decorre da prejudicialidade da oposição diante da ação. Se for reconhecido o direito do opoente, estará prejudicada a análise da disputa entre as partes do processo originário. Rejeitado o pedido do opoente, só então será examinada a controvérsia entre autor e réu do processo originário.

# CAPÍTULO IX
# DA HABILITAÇÃO

**Art. 687.** A habilitação ocorre quando, por falecimento de qualquer das partes, os interessados houverem de suceder-lhe no processo.

▶ **1. Correspondência no CPC/1973.** *"Art. 1.055. A habilitação tem lugar quando, por falecimento de qualquer das partes, os interessados houverem de suceder-lhe no processo."*

## 📖 Legislação Correlata

**2. CPC, art. 110.** *"Art. 110. Ocorrendo a morte de qualquer das partes, dar-se-á a sucessão pelo seu espólio ou pelos seus sucessores, observado o disposto no art. 313, §§ 1º e 2º."*

**LIVRO I** · DO PROCESSO DE CONHECIMENTO E DO CUMPRIMENTO DE SENTENÇA **Art. 688**

**3. RISTF, art. 294.** *"Art. 294. O cessionário ou o adquirente podem prosseguir na causa, juntando aos autos o respectivo título e provando a sua identidade, caso em que sucederão ao cedente ou ao credor originário que houverem falecido."*

**4. RISTJ, art. 283.** *"Art. 283. A habilitação incidente será processada na forma da lei processual."*

## ⚖ Jurisprudência, Enunciados e Súmulas Selecionados

- **5. Enunciado 54 da I Jornada-CJF.** *"Estando o processo em grau de recurso, o requerimento de habilitação far-se-á de acordo com o Regimento Interno do respectivo tribunal (art. 687 do CPC)."*

- **6. Enunciado 55 da I Jornada-CJF.** *"É cabível apelação contra sentença proferida no procedimento especial de habilitação (arts. 687 a 692 do CPC)."*

## 🗐 Comentários Temáticos

**7. Sucessão processual.** A sucessão processual ocorre quando há alteração subjetiva superveniente do processo em curso, tanto no polo ativo como no passivo.

**8. Sucessão *mortis causa* ou *inter vivos*.** A sucessão processual pode decorrer da morte da parte ou de um fato entre vivos, tais como *(a)* alienação de coisa litigiosa a título singular (art. 109); *(b)* sucessão, a título universal, de pessoa jurídica por negócio jurídico (dissolução total, fusão ou incorporação), por sentença (falência ou dissolução total) ou por lei (sucessão ou incorporação de pessoas jurídicas de direito público).

**9. Âmbito de aplicação da habilitação.** As regras sobre habilitação (arts. 687 a 692) aplicam-se a qualquer sucessão processual, se bem que o art. 687 mencione apenas a sucessão *mortis causa*, ou seja, a sucessão processual por falecimento de parte que seja uma pessoa natural. O procedimento é adequado aos demais casos de sucessão, devendo-lhes ser aplicado.

**10. Momento da sucessão.** Se a sucessão ocorreu antes de o processo existir, não há habilitação a ser feita. Rigorosamente, não há sucessão processual, pois não existe ainda o processo judicial. Nesse caso, o sucessor terá legitimidade superveniente, já ingressando no processo como autor ou réu. Também não há sucessão processual em casos de processo findo. As regras da habilitação aplicam-se, portanto, aos casos de sucessão processual, ou seja, aos casos de sucessão em processo pendente, em curso, em andamento.

**11. Falecimento antes da propositura da demanda.** *"(...) a sucessão processual não pode ser adotada quando o falecimento do autor acontece antes do ajuizamento da demanda, devendo o processo ser extinto, sem resolução do mérito, haja vista a ausência de capacidade de o 'de cujus' ser parte"* (STJ, 3ª Turma, AgInt no REsp 1.763.995/PR, rel. Min. Paulo de Tarso Sanseverino, *DJe* 11.03.2021).

**12. Sucessão *mortis causa* e transmissibilidade do direito.** A sucessão *mortis causa* só é possível se o direito for transmissível. Em caso de direito transmissível, falecida a parte, o processo é suspenso para que se dê a habilitação de seu espólio ou herdeiros. Diversamente, sendo o direito intransmissível, não há suspensão do processo para que se realize a habilitação; o que há é a extinção do processo sem resolução do mérito (art. 485, IX). Quando, enfim, o direito for personalíssimo e, por isso, intransmissível, a morte da parte acarreta a extinção do processo, não havendo habilitação de herdeiros.

**13. Natureza jurídica da habilitação.** Se bem que esteja no Título dedicado aos procedimentos especiais, a habilitação não ostenta essa natureza. A habilitação não se presta a tutelar um direito material específico, servindo para instrumentalizar a sucessão de toda e qualquer posição jurídica (ativa ou passiva) num processo em curso. Trata-se, portanto, de um mero incidente, instaurado em qualquer processo, seja de conhecimento, seja de execução, independentemente de o procedimento ser comum ou especial, até mesmo em grau recursal. Não há objeto litigioso próprio. A cognição exercida na habilitação é muito limitada, restringindo-se a promover a sucessão de partes num processo em andamento.

**14. Falecimento do autor popular.** Se o autor, na ação popular, vier a falecer, deve ser aplicado o disposto no art. 9º da Lei 4.717/1965, sendo publicados editais e assegurando-se a qualquer cidadão, bem como ao representante do Ministério Público, dentro do prazo de 90 dias da última publicação, promover o prosseguimento da demanda.

> **Art. 688.** A habilitação pode ser requerida:
> I – pela parte, em relação aos sucessores do falecido;
> II – pelos sucessores do falecido, em relação à parte.

▶ **1. Correspondência no CPC/1973.** *"Art. 1.056. A habilitação pode ser requerida: I – pela parte, em relação aos sucessores do falecido; II – pelos sucessores do falecido, em relação à parte."*

## ∭ LEGISLAÇÃO CORRELATA

**2. RISTF, art. 288.** *"Art. 288. Em caso de falecimento de alguma das partes: I – o cônjuge, herdeiro ou legatário requererá sua habilitação, bem como a citação da outra parte para contestá-la no prazo de quinze dias; II – qualquer dos outros interessados poderá requerer a citação do cônjuge, herdeiro ou legatário para providenciarem sua habilitação em quinze dias. § 1º No caso do inciso II deste artigo, se a parte não providenciar a habilitação, o processo correrá à revelia. § 2º Na hipótese do parágrafo anterior, nomear-se-á curador ao revel, oficiando também o Procurador-Geral."*

**3. RISTF, art. 291.** *"Art. 291. O cessionário ou sub-rogado poderão habilitar-se, apresentando o documento da cessão ou sub-rogação e pedindo a citação dos interessados. Parágrafo único. O cessionário de herdeiro somente após a habilitação deste poderá apresentar-se."*

## ▤ COMENTÁRIOS TEMÁTICOS

**4. Ciência da morte da parte.** O juiz pode tomar conhecimento do falecimento de uma das partes do processo por 3 formas: *(a)* por simples notícia de qualquer sujeito do processo ou de terceiro; *(b)* pelos meios de comunicação (imprensa, mídias sociais, obituários etc.); *(c)* pela petição que requer, desde já, a habilitação.

**5. Suspensão do processo.** O falecimento da parte acarreta a imediata suspensão do processo. A suspensão do processo não é, porém, automática; depende de ato judicial. Ocorrendo a causa da suspensão, deve o juiz determinar seja o processo suspenso. Ao suspender o processo pela morte da parte, o juiz deverá fazê-lo retroativamente, pois a causa da suspensão é a morte, e não o despacho do juiz que declara a suspensão do processo. O processo deve ser suspenso no exato momento em que ocorre o fato. Assim, a declaração judicial de que o processo está suspenso produz efeitos *ex tunc*, retroagindo para a data da ocorrência do fato que ensejou a suspensão, que, no caso, será a morte de uma das partes.

**6. Habilitação espontânea *versus* habilitação provocada.** A habilitação pode ser *espontânea* (art. 688, II) ou *provocada* (art. 688, I).

**7. Legitimidade ativa.** A legitimidade para instauração do incidente de habilitação recai sobre o adversário do falecido ou sobre os herdeiros do próprio falecido. No primeiro caso, a sucessão será *provocada* (art. 688, I): o adversário do falecido, que tem interesse de superar a suspensão do processo, tomará as providências para

identificar os herdeiros do falecido e requerer a citação deles. Já no segundo caso, a sucessão será *espontânea* (art. 688, II): os herdeiros, que têm interesse de assumir a posição processual do falecido, se apresentarão como requerentes da habilitação.

> **Art. 689.** Proceder-se-á à habilitação nos autos do processo principal, na instância em que estiver, suspendendo-se, a partir de então, o processo.

▶ **1. Correspondência no CPC/1973.** *"Art. 1.060. Proceder-se-á à habilitação nos autos da causa principal e independentemente de sentença quando: I – promovida pelo cônjuge e herdeiros necessários, desde que provem por documento o óbito do falecido e a sua qualidade; II – em outra causa, sentença passada em julgado houver atribuído ao habilitando a qualidade de herdeiro ou sucessor; III – o herdeiro for incluído sem qualquer oposição no inventário; IV – estiver declarada a ausência ou determinada a arrecadação da herança jacente; V – oferecidos os artigos de habilitação, a parte reconhecer a procedência do pedido e não houver oposição de terceiros."*

## ∭ LEGISLAÇÃO CORRELATA

**2. CPC, art. 313, I, §§ 1º e 2º.** *"Art. 313. Suspende-se o processo: I – pela morte ou pela perda da capacidade processual de qualquer das partes, de seu representante legal ou de seu procurador; (...) § 1º Na hipótese do inciso I, o juiz suspenderá o processo, nos termos do art. 689. § 2º Não ajuizada ação de habilitação, ao tomar conhecimento da morte, o juiz determinará a suspensão do processo e observará o seguinte: I – falecido o réu, ordenará a intimação do autor para que promova a citação do respectivo espólio, de quem for o sucessor ou, se for o caso, dos herdeiros, no prazo que designar, de no mínimo 2 (dois) e no máximo 6 (seis) meses; II – falecido o autor e sendo transmissível o direito em litígio, determinará a intimação de seu espólio, de quem for o sucessor ou, se for o caso, dos herdeiros, pelos meios de divulgação que reputar mais adequados, para que manifestem interesse na sucessão processual e promovam a respectiva habilitação no prazo designado, sob pena de extinção do processo sem resolução de mérito."*

## ▤ COMENTÁRIOS TEMÁTICOS

▶ **3. Habilitação nos próprios autos.** A habilitação será feita nos próprios autos, desde que a prova documental seja suficiente. Se, porém,

**LIVRO I ·** DO PROCESSO DE CONHECIMENTO E DO CUMPRIMENTO DE SENTENÇA | **Art. 690**

for necessária a produção de outras provas, será necessária uma autuação em apenso, sendo a habilitação feita em apartado (art. 691).

**4. Momento da suspensão do processo.** O que causa a suspensão do processo é a morte da parte (art. 313, I), e não o requerimento de habilitação ou a decisão do juiz. A suspensão do processo depende, todavia, de ato judicial. Ao suspender o processo pela morte da parte, o juiz deverá fazê-lo retroativamente, pois a causa da suspensão é a morte.

**5. Suspensão do processo retroativamente à data do óbito da parte.** *"III – Consoante a doutrina e a jurisprudência, ocorrendo a morte de uma das partes, a suspensão do processo é imediata, reputando-se inválidos os atos praticados após o evento, com exceção daqueles de natureza urgente, que não possam esperar a conclusão da habilitação, embora seja possível a ratificação pelos sucessores. IV – A suspensão do processo opera-se retroativamente, com efeitos ex tunc, porquanto é meramente declaratório o reconhecimento do evento morte, a partir de quando a parte ficou privada da faculdade de exercer plenamente sua defesa, não podendo ser prejudicada pela não comunicação imediata do fato ao juiz"* (STJ, 1ª Turma, REsp 1.657.663/PE, rel. Min. Regina Helena Costa, *DJe* 17.08.2017).

**6. Comunicação tardia do óbito e ausência de suspensão do processo.** *"A jurisprudência desta Casa entende que a ausência de suspensão do processo nos casos de falecimento da parte configura nulidade relativa, exigindo-se, para a invalidação dos atos processuais posteriores, que seja demonstrado o efetivo prejuízo"* (STJ, 3ª Turma, AgInt no AREsp 1.662.634/MT, rel. Min. Marco Aurélio Bellizze, *DJe* 21.09.2020).

**7. Duração da suspensão.** A suspensão do processo a partir da morte da parte dura até que transite em julgado a decisão final da habilitação (art. 692).

---

**Art. 690.** Recebida a petição, o juiz ordenará a citação dos requeridos para se pronunciarem no prazo de 5 (cinco) dias.
Parágrafo único. A citação será pessoal, se a parte não tiver procurador constituído nos autos.

---

▶ **1. Correspondência no CPC/1973.** *"Art. 1.057. Recebida a petição inicial, ordenará o juiz a citação dos requeridos para contestar a ação no prazo de 5 (cinco) dias. Parágrafo único. A citação será pessoal, se a parte não tiver procurador constituído na causa."*

**⊞ LEGISLAÇÃO CORRELATA**

**2. RISTF, art. 289.** *"Art. 289. A citação far-se-á na pessoa do procurador constituído nos autos, mediante publicação no Diário da Justiça, ou à parte, pessoalmente, se não estiver representada no processo."*

**3. RISTF, art. 290.** *"Art. 290. Quando incertos os sucessores, a citação far-se-á por edital."*

**▤ COMENTÁRIOS TEMÁTICOS**

**4. Petição.** O requerimento de habilitação, feito pelos legitimados (art. 688), faz-se por meio de simples petição. A habilitação é um mero incidente, e não uma ação que acarreta a formação de um processo com objeto litigioso próprio. Não é, portanto, necessária uma petição com todos os requisitos dos arts. 319 e 320. É preciso que se declinem os dados pessoais dos sucessores e os fatos e fundamentos que justificam a sucessão, com os respectivos documentos comprobatórios.

**5. Citação.** A habilitação pode ser *espontânea* (art. 688, II) ou *provocada* (art. 688, I). Se a habilitação for *espontânea*, ou seja, for promovida por todos os sucessores do falecido, a parte adversa não precisa ser citada, devendo apenas ser intimada, na pessoa de seu advogado, para se pronunciar no prazo de 5 dias. Se a habilitação for *provocada*, ou seja, for requerida pelo adversário do falecido, os sucessores deste devem ser citados para se manifestarem no prazo de 5 dias. Se houver vários sucessores e só alguns apresentarem habilitação *espontânea*, os demais devem, juntamente com o adversário do falecido, ser citados para se manifestarem no prazo de 5 dias.

**6. Prazo.** O prazo para manifestação na habilitação é de 5 dias, computando-se, na sua contagem, apenas os dias úteis (art. 219).

**7. Conteúdo da manifestação.** As manifestações apresentadas, tanto na habilitação espontânea como na provocada, devem restringir-se ao conteúdo das provas e à qualidade dos que devem suceder o falecido. Se as manifestações veicularem qualquer discussão sobre eventual disputa sucessória, o juiz deve rejeitar a habilitação e as partes devem travar a discussão em processo próprio, para lá ser resolvida a questão.

**8. Ausência de manifestação.** A habilitação é um simples incidente. A ausência de manifestação não configura revelia. Ainda que configurasse, a comprovação da qualidade de sucessor é feita por certidão de nascimento, certidão de casamento, sentença judicial ou, enfim, por uma

# Art. 691

CÓDIGO DE PROCESSO CIVIL COMENTADO – *Leonardo Carneiro da Cunha*

"prova legal". Há, com efeito, fatos que só se provam por determinados documentos; é o que se chama de "prova legal". Em casos assim, mesmo que haja revelia, os fatos não se presumem verdadeiros (art. 345, III). Portanto, a ausência de manifestação não implica automático acolhimento da habilitação; é preciso que haja prova da condição de sucessor de quem deve passar a figurar, no processo, no lugar do falecido.

> **Art. 691.** O juiz decidirá o pedido de habilitação imediatamente, salvo se este for impugnado e houver necessidade de dilação probatória diversa da documental, caso em que determinará que o pedido seja autuado em apartado e disporá sobre a instrução.

▶ **1. Sem correspondência no CPC/1973.**

## ⚖ Jurisprudência, Enunciados e Súmulas Selecionados

- **2. Enunciado 55 da I Jornada-CJF.** *"É cabível apelação contra sentença proferida no procedimento especial de habilitação (arts. 687 a 692 do CPC)."*

## 📖 Legislação Correlata

**3. RISTF, art. 292.** *"Art. 292. O Relator, se contestado o pedido, facultará às partes sumária produção de provas, em cinco dias, e julgará, em seguida, a habilitação."*

**4. RISTF, art. 293.** *"Art. 293. Não dependerá de decisão do Relator, processando-se nos autos da causa principal, o pedido de habilitação: I – do cônjuge e herdeiros necessários que provem por documento sua qualidade e o óbito do falecido; II – fundado em sentença, com trânsito em julgado, que atribua ao requerente a qualidade de herdeiro ou sucessor; III – do herdeiro que for incluído sem qualquer oposição no inventário; IV – quando estiver declarada a ausência ou determinada a arrecadação da herança jacente; V – quando oferecidos os artigos de habilitação, a parte reconhecer a procedência do pedido e não houver oposição de terceiro."*

**5. RISTF, art. 295.** *"Art. 295. Já havendo pedido de dia para julgamento, não se decidirá o requerimento de habilitação."*

**6. RISTJ, art. 284.** *"Art. 284. O relator, se contestado o pedido, facultará às partes sumária produção de provas, em cinco dias, e julgará, em seguida, a habilitação, cabendo agravo regimental da decisão."*

**7. RISTJ, art. 285.** *"Art. 285. Não dependerá de decisão do relator o pedido de habilitação: I – do cônjuge e herdeiros necessários que provem por documento sua qualidade e o óbito do de cujus, e promovam a citação dos interessados para a renovação da instância; II – fundado em sentença, com trânsito em julgado, que atribua ao requerente a qualidade de herdeiro necessário ou sucessor; III – quando confessado ou não impugnado pela outra parte o parentesco, e se não houver oposição de terceiro."*

**8. RISTJ, art. 286.** *"Art. 286. Já havendo pedido de dia para julgamento, não se decidirá o requerimento de habilitação."*

## 🗨 Comentários Temáticos

**9. Modalidades de habilitação.** Há 2 tipos de habilitação: *(a)* habilitação nos próprios autos; *(b)* habilitação em apartado. Ambas são habilitações incidentais, mas, se a prova documental for suficiente, já se decide ali mesmo (habilitação nos próprios autos). Se, diversamente, for necessária a produção de outras provas, será necessária uma autuação em apenso (habilitação em apartado).

**10. Cognição do juiz na habilitação.** A habilitação, em qualquer de suas modalidades, está sujeita a uma cognição limitada, não sendo cabível qualquer discussão sobre eventual disputa sucessória. A habilitação não serve para que o sujeito obtenha a declaração de filiação da parte falecida ou de união estável com ela. Havendo discussão sobre quem são os herdeiros do falecido, essa discussão deve ser travada e resolvido em processo próprio. Enquanto não se resolve essa discussão, o falecido deve ser sucedido no processo por seu espólio (art. 110). Somente quando o inventário for encerrado e houver a partilha para cada herdeiro é que cada um, respeitados os limites da herança, pode suceder o falecido nos processos judiciais.

**11. Decisão final.** Em ambos os tipos de habilitação, o juiz admite ou não o sucessor por meio de uma decisão interlocutória. Embora o art. 692 utilize o termo *sentença*, o ato judicial é uma decisão interlocutória, não tendo por conteúdo qualquer hipótese descrita nos arts. 485 e 487, nem tendo o condão de encerrar o processo ou qualquer uma de suas fases. A habilitação, seja a nos próprios autos, seja a em apartado, é um incidente, que se resolve por decisão interlocutória, e não por sentença.

**12. Recurso cabível.** Da decisão sobre o pedido de habilitação cabe agravo de instrumento. O sucessor, enquanto não admitido no processo, é um terceiro, por não ser parte ainda. Uma vez

**LIVRO I** · DO PROCESSO DE CONHECIMENTO E DO CUMPRIMENTO DE SENTENÇA    **Art. 693**

admitido, passa a ser parte; não admitido, continua a ser um terceiro. Logo, a decisão que admite ou não a sucessão processual é uma decisão que admite ou não a intervenção de um terceiro no processo. A hipótese subsome-se no inciso IX do art. 1.015, sendo caso de decisão interlocutória agravável; cabe, enfim, agravo de instrumento.

**13. Improcedência da habilitação.** Não comprovada a condição de sucessor de quem pretendia figurar, no processo, no lugar do falecido, o pedido de habilitação será julgado improcedente. Nesse caso, cabe ao juiz aplicar o disposto no § 2º do art. 313. Não havendo sucessores, poderá ser aplicado o procedimento da herança jacente (arts. 741 a 743).

---

**Art. 692.** Transitada em julgado a sentença de habilitação, o processo principal retomará o seu curso, e cópia da sentença será juntada aos autos respectivos.

---

▶ **1. Correspondência no CPC/1973.** *"Art. 1.062. Passada em julgado a sentença de habilitação, ou admitida a habilitação nos casos em que independer de sentença, a causa principal retomará o seu curso."*

**⚖ LEGISLAÇÃO CORRELATA**

**2. RISTF, art. 296.** *"Art. 296. A parte que não se habilitar perante o Tribunal poderá fazê-lo em outra instância."*

**3. RISTJ, art. 287.** *"Art. 287. A parte que não se habilitar perante o Tribunal poderá fazê-lo na instância inferior."*

**▤ COMENTÁRIOS TEMÁTICOS**

**4. Habilitação em apartado.** O dispositivo aplica-se à habilitação em apartado, referindo-se a "processo principal" e juntada de cópia da sentença aos "autos respectivos". A habilitação em apartado é, porém, simples incidente, não consistindo num processo próprio. Há apenas autuação em apenso do incidente. Sua decisão final deve, depois de transitada em julgada, ter sua cópia juntada aos autos principais.

**5. Decisão final.** Embora o dispositivo use a expressão "sentença", a habilitação em apartado é julgada por decisão interlocutória, da qual cabe agravo de instrumento.

**6. Eficácia da decisão.** O processo só retoma seu curso após o trânsito em julgado da decisão que julga a habilitação. Quer isso dizer que o agravo de instrumento dessa decisão tem efeito suspensivo automático.

# CAPÍTULO X
## DAS AÇÕES DE FAMÍLIA

---

**Art. 693.** As normas deste Capítulo aplicam-se aos processos contenciosos de divórcio, separação, reconhecimento e extinção de união estável, guarda, visitação e filiação.

Parágrafo único. A ação de alimentos e a que versar sobre interesse de criança ou de adolescente observarão o procedimento previsto em legislação específica, aplicando-se, no que couber, as disposições deste Capítulo.

---

▶ **1. Sem correspondência no CPC/1973.**

**⚖ LEGISLAÇÃO CORRELATA**

**2. CF, art. 226, § 6º.** *"§ 6º O casamento civil pode ser dissolvido pelo divórcio."*

**3. Lei 5.478/1968, art. 1º.** *"Art. 1º A ação de alimentos é de rito especial, independente de prévia distribuição e de anterior concessão do benefício de gratuidade."*

**4. Decreto 3.413/2000, art. 1º.** *"Art. 1º A Convenção sobre os Aspectos Civis do Sequestro Internacional de Crianças, concluída na cidade de Haia, em 25 de outubro de 1980, com reserva ao art. 24 da Convenção, permitida pelo seu art. 42, para determinar que os documentos estrangeiros juntados aos autos judiciais sejam acompanhados de tradução para o português, feita por tradutor juramentado oficial, apensa por cópia a este Decreto, deverá ser executada e cumprida tão inteiramente como nela se contém."*

**⚜ JURISPRUDÊNCIA, ENUNCIADOS E SÚMULAS SELECIONADOS**

- **5. Tema/Repercussão Geral 1053 STF.** *"Após a promulgação da EC nº 66/2010, a separação judicial não é mais requisito para o divórcio nem subsiste como figura autônoma no ordenamento jurídico. Sem prejuízo, preserva-se o estado civil das pessoas que já estão separadas, por decisão judicial ou escritura pública, por se tratar de ato jurídico perfeito (art. 5º, XXXVI, da CF)."*

- **6. Enunciado 72 do FPPC.** *"O rol do art. 693 não é exaustivo, sendo aplicáveis os dispositivos previstos no Capítulo X a outras ações de caráter contencioso envolvendo o Direito de Família."*

- **7. Enunciado 672 do FPPC.** *"É admissível a cumulação do pedido de alimentos com os pedidos relativos às ações de família, valendo-se*

1063

*o autor desse procedimento especial, sem prejuízo da utilização da técnica específica para concessão de tutela provisória prevista na Lei de Alimentos."*

## ☰ COMENTÁRIOS TEMÁTICOS

**8. Processos contenciosos.** O procedimento previsto nos arts. 693 a 699 aplica-se apenas aos processos contenciosos. O divórcio e a separação consensuais submetem-se ao procedimento previsto nos arts. 731 a 734.

**9. Rol exemplificativo.** As normas contidas nos arts. 693 a 699 aplicam-se aos processos contenciosos de divórcio, reconhecimento e extinção de união estável, de guarda, de visitação e de filiação. O procedimento especial para as ações de família contempla também quaisquer outras ações de família. O rol do dispositivo não é exaustivo; é exemplificativo.

**10. Ação de alimentos.** As normas concernentes ao procedimento especial para as ações de família não abrangem a ação de alimentos. Esta continua a ser regida pela Lei 5.478/1968, seguindo o procedimento específico ali previsto.

**11. ECA.** As ações de interesses de criança e adolescente devem continuar a reger-se pelo Estatuto da Criança e do Adolescente (Lei 8.069/1990).

**12. Aplicação subsidiária.** As disposições dos arts. 693 a 699 aplicam-se subsidiariamente às ações de alimentos e, igualmente, àquelas de interesse de criança e adolescente.

**13. Convenção de Haia – sequestro internacional de crianças e a ação de busca e apreensão para fins de repatriação.** A convenção sobre os aspectos civis do sequestro internacional de crianças, concluída em Haia, em 25.10.1980, aderida pelo Brasil, aprovada pelo Decreto Legislativo 79/1999, e promulgada pelo Decreto 3.413/2000, considera ilícita a transferência ou a retenção de uma criança, conferindo a um dos genitores e, concorrentemente, à Autoridade Central brasileira, que, no caso, é a União, representada pela AGU, o direito de propor uma ação de busca e apreensão com fins de sua repatriação. Tal demanda, que deve ser proposta na Justiça Federal de primeira instância (CF, art. 109, III), contém *limitação cognitiva*, exigindo apenas a análise dos requisitos previstos na Convenção de Haia para que, então, seja apreendida e repatriada a criança ao país onde se mantinha o seu domicílio habitual. As normas relativas ao procedimento especial para as ações de família não abrangem essa ação de busca e apreensão, que deve sujeitar-se ao procedimento comum.

**Art. 694.** Nas ações de família, todos os esforços serão empreendidos para a solução consensual da controvérsia, devendo o juiz dispor do auxílio de profissionais de outras áreas de conhecimento para a mediação e conciliação.

Parágrafo único. A requerimento das partes, o juiz pode determinar a suspensão do processo enquanto os litigantes se submetem a mediação extrajudicial ou a atendimento multidisciplinar.

▶ **1. Sem correspondência no CPC/1973.**

## ☷ LEGISLAÇÃO CORRELATA

**2. CPC, art. 313, II.** *"Art. 313. Suspende-se o processo: (...) II – pela convenção das partes."*

**3. Lei 13.140/2015, art. 9º.** *"Art. 9º Poderá funcionar como mediador extrajudicial qualquer pessoa capaz que tenha a confiança das partes e seja capacitada para fazer mediação, independentemente de integrar qualquer tipo de conselho, entidade de classe ou associação, ou nele inscrever-se."*

**4. Lei 13.140/2015, art. 10.** *"Art. 10. As partes poderão ser assistidas por advogados ou defensores públicos. Parágrafo único. Comparecendo uma das partes acompanhada de advogado ou defensor público, o mediador suspenderá o procedimento, até que todas estejam devidamente assistidas."*

## ⚖ JURISPRUDÊNCIA, ENUNCIADOS E SÚMULAS SELECIONADOS

- **5. Enunciado 187 do FPPC.** *"No emprego de esforços para a solução consensual do litígio familiar, são vedadas iniciativas que gerem constrangimento ou que sejam intimidatórias para que as partes obtenham autocomposição."*

## ☰ COMENTÁRIOS TEMÁTICOS

**6. Preferência pela solução consensual.** Constitui norma fundamental do processo a promoção da autocomposição, com estímulo à mediação e à conciliação (art. 3º, § 2º). A conciliação, a mediação e outros meios autocompositivos serão estimulados por juízes, advogados, defensores públicos e membros do Ministério Público (art. 3º, § 3º). Ao juiz atribui-se o poder de promover, a qualquer tempo, a autocomposição (art. 139, V). A solução consensual é estimulada, mas não se estabelece, nos arts. 3º e 139, sua preferência ou prioridade. Nos conflitos que envolvem relações familiares, há preferência pela via consensual, que se revela mais eficiente e menos traumática para os envolvidos na disputa.

**LIVRO I** · DO PROCESSO DE CONHECIMENTO E DO CUMPRIMENTO DE SENTENÇA **Art. 695**

**7. Sistema multiportas.** A solução consensual, nas disputas de direito de família, revela-se mais adequada, estando integrada com o mecanismo da solução heterocompositiva.

**8. Conciliação *versus* mediação.** Os arts. 165 a 175 contêm normas específicas sobre os mediadores e conciliadores e sua atuação, com a previsão de que todos os tribunais criarão centros judiciários de solução de conflitos e cidadania, responsáveis pela realização de sessões e audiências de conciliação e mediação, além de desenvolvimento de programas destinados a auxiliar, orientar e estimular a autocomposição. Com função didático-pedagógica, o art. 165, §§ 2º e 3º, esclarece que o conciliador atuará *"preferencialmente nos casos em que não tiver havido vínculo anterior entre as partes"*, podendo sugerir soluções para o litígio, sendo vedada a utilização de qualquer tipo de constrangimento ou intimidação para que as partes concilem. Já o mediador atuará *"preferencialmente nos casos em que tiver havido vínculo anterior entre as partes"*, auxiliando os interessados a compreender as questões e os interesses em conflito, de modo que eles possam, pelo restabelecimento da comunicação, identificar, por si mesmos, soluções consensuais que gerem benefícios mútuos.

**9. Mediação.** A mediação constitui o meio de autocomposição mais adequado para as ações de família, pois há, na grande maioria dos casos, "vínculo anterior entre as partes". As técnicas de mediação, na maioria das situações, são as mais adequadas para a grande parte das questões que envolvem litígios de família.

**10. Equipe multidisciplinar.** Para viabilizar a autocomposição, o juiz deve dispor de equipe multidisciplinar, composta de assistentes sociais, psicólogos e outros profissionais cuja participação na mediação pode ser relevante e decisiva.

**11. Suspensão do processo para tentativa de autocomposição.** O processo pode ser suspenso, a requerimento das partes, para que seja realizada mediação extrajudicial ou atendimento multidisciplinar.

**12. Prazo de suspensão.** A suspensão do processo dá-se por convenção das partes, hipótese já prevista no art. 313, II. A específica previsão contida no art. 694 afasta o prazo de 6 meses de suspensão previsto no § 4º do art. 313, podendo o processo ficar suspenso durante o tempo necessário para a tentativa de solução consensual. O objetivo da suspensão é sobrestar a disputa judicial em busca da solução autocompositiva.

**Art. 695.** Recebida a petição inicial e, se for o caso, tomadas as providências referentes à tutela provisória, o juiz ordenará a citação do réu para comparecer à audiência de mediação e conciliação, observado o disposto no art. 694.

§ 1º O mandado de citação conterá apenas os dados necessários à audiência e deverá estar desacompanhado de cópia da petição inicial, assegurado ao réu o direito de examinar seu conteúdo a qualquer tempo.

§ 2º A citação ocorrerá com antecedência mínima de 15 (quinze) dias da data designada para a audiência.

§ 3º A citação será feita na pessoa do réu.

§ 4º Na audiência, as partes deverão estar acompanhadas de seus advogados ou de defensores públicos.

▶ **1. Sem correspondência no CPC/1973.**

### 📖 LEGISLAÇÃO CORRELATA

**2. Lei 13.140/2015, art. 26.** *"Art. 26. As partes deverão ser assistidas por advogados ou defensores públicos, ressalvadas as hipóteses previstas nas Leis nº 9.099, de 26 de setembro de 1995, e 10.259, de 12 de julho de 2001. Parágrafo único. Aos que comprovarem insuficiência de recursos será assegurada assistência pela Defensoria Pública."*

### ⚖ JURISPRUDÊNCIA, ENUNCIADOS E SÚMULAS SELECIONADOS

- **3. Enunciado 628 do FPPC.** *"As partes podem celebrar negócios jurídicos processuais na audiência de conciliação ou mediação."*
- **4. Enunciado 639 do FPPC.** *"O juiz poderá dispensar a audiência de mediação ou conciliação nas ações de família, quando uma das partes estiver amparada por medida protetiva."*

### 📃 COMENTÁRIOS TEMÁTICOS

**5. Obrigatoriedade da audiência.** O que marca o procedimento especial para as ações de família é a obrigatoriedade da audiência de mediação ou conciliação. Essa audiência deve ocorrer igualmente no procedimento comum. Nesse ponto, os procedimentos assemelham-se, de modo que, recebida a petição inicial, deve o juiz designar audiência de mediação ou conciliação, a ser realizada, preferencialmente, por centros de mediação e conciliação. A diferença está em que, no procedimento comum, é possível ser dispensada a audiência. Já no procedimento especial para as ações de família a audiência é

1065

obrigatória, não podendo ser dispensada. Com efeito, a audiência de conciliação ou mediação, no procedimento comum, não será realizada, se ambas as partes manifestarem, expressamente, desinteresse na composição consensual, ou se não se admite, no processo, a autocomposição. O detalhe que marca o procedimento especial para as ações de família é a obrigatoriedade da audiência de mediação ou conciliação: haverá sempre.

**6. Dispensa da audiência.** A audiência é obrigatória, não podendo ser dispensada por vontade das partes. A convenção ou vontade das partes não pode dispensar a audiência, mas o juiz pode dispensá-la em casos de ameaça ou de alegação de violência doméstica ou de deferimento de medida protetiva.

**7. Mandado ou carta de citação.** Para estimular a conciliação ou mediação, há outro detalhe marcante no procedimento especial das ações de família: o mandado ou carta de citação conterá apenas os dados necessários para a audiência, não devendo estar acompanhado de cópia da petição inicial.

**8. Marcas características do procedimento.** As ações de família sujeitam-se a um procedimento especial marcado pela ausência de cópia da petição inicial no mandado ou na carta de citação e, igualmente, pela obrigatoriedade da audiência de mediação ou conciliação. Procura-se estimular a autocomposição, que se revela como a melhor opção para disputas familiares e para a futura tranquilidade de todos os envolvidos no litígio.

**9. Tutela provisória.** É cabível, nas ações de família, a concessão de tutela antecipada de urgência ou de evidência, desde que presentes seus requisitos. As peculiaridades das disputas de direito de família revelam ser mais comum haver o deferimento de tutela antecipada de urgência, mas nada impede que se conceda a de evidência, caso estejam presentes seus requisitos. Deferida a medida, devem ser adotadas as providências para seu cumprimento. A medida pode ser concedida liminarmente ou após a audiência de mediação ou conciliação. Deferida liminarmente a medida, a citação do réu deve ocorrer após a adoção das providências para seu cumprimento.

**10. Citação postal.** O art. 247 relaciona os casos em que a citação há de ser feita por oficial de justiça. Seu inciso I refere-se às ações de estado, ressalvando o disposto no § 3º do art. 695. Ora, se o dispositivo faz uma ressalva para afirmar que a citação é feita pessoalmente ao réu, está, na realidade, afastando a citação na pessoa do representante legal ou mandatário (art. 242),

ou por intermédio da portaria de condomínio edilícios ou loteamentos com controle de acesso (art. 248, § 2º). O dispositivo não veda a citação postal; apenas exige que seja "de mão própria", ou seja, entregue pessoalmente ao citando. Logo, pode ser por via postal ou por oficial de justiça, mas de ser feita pessoalmente, não podendo ser recebida por um porteiro ou empregado do réu. Nas ações de família, a citação pode ser feita por via postal. Não havendo incapacidade, a citação segue a regra geral da via postal. Não há razão para não permitir a citação postal em ações de família. A presença do oficial de justiça é ostensiva, constituindo mais um complicador para a tentativa de solução consensual da disputa, que, nesse caso, é ainda mais prioritária. Ademais, a falta da cópia da petição inicial permite perfeitamente que a citação seja realizada por via postal.

**11. Citação de réu incapaz.** A citação só não poderá ser feita por via postal, se o citando for um incapaz, caso em que a citação realizar-se-á por oficial de justiça.

**12. Ausência de cópia da petição inicial.** O réu, nas ações de família, deve ser citado, sem receber cópia da petição inicial. Será apenas informado de que há uma audiência à qual deve comparecer. O objetivo é estimular a autocomposição, subtraindo do réu o acesso aos termos da petição inicial, que, em ações de família, contém, muitas vezes, termos impróprios, acusações exageradas, arroubos da impetuosidade decorrente do desgaste havido entre as partes, o que acirra os ânimos e dificulta, senão impossibilita, a autocomposição. É certo que o advogado do réu terá acesso, antes da audiência, aos termos da petição inicial, podendo saber do que se trata. Cabe-lhe, entretanto, manter a prudência e a discrição decorrentes da ética profissional, deixando de repassar ao cliente os exageros das afirmações, das impropriedades, da impetuosidade, do açodamento e das angústias revelados na leitura da petição inicial.

**13. Antecedência mínima.** A citação do réu, nas ações de família, há de ser realizada com antecedência mínima de quinze dias da data designada para a audiência. Tal prazo, fixado em dias, é um prazo processual. Logo, deve ser contado em dias úteis (art. 219).

---

**Art. 696.** A audiência de mediação e conciliação poderá dividir-se em tantas sessões quantas sejam necessárias para viabilizar a solução consensual, sem prejuízo de providências jurisdicionais para evitar o perecimento do direito.

▶ **1. Sem correspondência no CPC/1973.**

**LIVRO I** · DO PROCESSO DE CONHECIMENTO E DO CUMPRIMENTO DE SENTENÇA    **Art. 699**

## ⚖ Jurisprudência, Enunciados e Súmulas Selecionados

- **2. Enunciado 577 do FPPC.** *"A realização de sessões adicionais de conciliação ou mediação depende da concordância de ambas as partes."*
- **3. Enunciado 639 do FPPC.** *"O juiz poderá, excepcionalmente, dispensar a audiência de mediação ou conciliação nas ações em que uma das partes estiver amparada por medida protetiva."*

## 🗏 Comentários Temáticos

**4. Sessões da audiência.** Feita a citação, haverá a audiência de mediação ou conciliação. Na audiência, as partes devem estar acompanhadas de seus advogados ou defensores públicos. A audiência poderá dividir-se em tantas sessões quantas forem necessárias para viabilizar a solução consensual, sem prejuízo de serem concedidas medidas judiciais destinadas a evitar o perecimento do direito.

---

**Art. 697.** Não realizado o acordo, passarão a incidir, a partir de então, as normas do procedimento comum, observado o art. 335.

▶ **1. Sem correspondência no CPC/1973.**

## 🗏 Comentários Temáticos

**2. Adoção do procedimento comum.** Frustrada a tentativa de autocomposição, o juiz determinará a intimação do réu, em audiência, pessoalmente ou na pessoa de seu advogado, para que ofereça contestação, entregando-lhe, então, cópia da petição inicial, passando, a partir daí, a ser adotado o procedimento comum, com observância da regra do ônus da impugnação especificada dos fatos. Se nem o réu nem seu advogado estiverem presentes à audiência, a intimação para oferecimento da contestação deve ser feita por via postal ou por edital, se for o caso.

---

**Art. 698.** Nas ações de família, o Ministério Público somente intervirá quando houver interesse de incapaz e deverá ser ouvido previamente à homologação de acordo.
Parágrafo único. O Ministério Público intervirá, quando não for parte, nas ações de família em que figure como parte vítima de violência doméstica e familiar, nos termos da Lei nº 11.340, de 7 de agosto de 2006 (Lei Maria da Penha).

▶ **1. Sem correspondência no CPC/1973.**

## 🗏 Legislação Correlata

**2. Lei 13.140/2015, art. 3º.** *"Art. 3º Pode ser objeto de mediação o conflito que verse sobre direitos disponíveis ou sobre direitos indisponíveis que admitam transação. § 1º A mediação pode versar sobre todo o conflito ou parte dele. § 2º O consenso das partes envolvendo direitos indisponíveis, mas transigíveis, deve ser homologado em juízo, exigida a oitiva do Ministério Público."*

## ⚖ Jurisprudência, Enunciados e Súmulas Selecionados

- **3. Enunciado 639 do FPPC.** *"O juiz poderá, excepcionalmente, dispensar a audiência de mediação ou conciliação nas ações em que uma das partes estiver amparada por medida protetiva."*

## 🗏 Comentários Temáticos

**4. Intervenção do Ministério Público.** O Ministério Público somente intervém como fiscal da ordem jurídica nas hipóteses previstas no art. 178. Ali não há referência às ações de família, nem às "ações de estado". Sua intervenção ocorre nas causas que envolvam interesse público ou social, nas que envolvam interesse de incapaz, nas que envolvam litígios coletivos pela posse de terra rural ou urbana e nas demais hipóteses previstas em lei ou na Constituição. É por isso que o Ministério Público, nas ações de família, somente intervirá quando houver interesse de incapaz ou nos casos em que figure como parte vítima de violência doméstica e familiar. Nesses casos, o Ministério Público será ouvido antes da homologação de eventual acordo.

---

**Art. 699.** Quando o processo envolver discussão sobre fato relacionado a abuso ou a alienação parental, o juiz, ao tomar o depoimento do incapaz, deverá estar acompanhado por especialista.

▶ **1. Sem correspondência no CPC/1973.**

## 🗏 Legislação Correlata

**2. ECA, art. 28, §§ 1º e 2º.** *"§ 1º Sempre que possível, a criança ou o adolescente será previamente ouvido por equipe interprofissional, respeitado seu estágio de desenvolvimento e grau de compreensão sobre as implicações da medida, e terá sua opinião devidamente considerada. § 2º Tratando-se de maior de 12 (doze) anos de* *idade, será necessário seu consentimento, colhido em audiência."*

**3. Lei 12.318/2010, art. 1º.** *"Art. 1º Esta Lei dispõe sobre a alienação parental."*

**4. Lei 12.318/2010, art. 2º.** *"Art. 2º Considera-se ato de alienação parental a interferência na formação psicológica da criança ou do adolescente promovida ou induzida por um dos genitores, pelos avós ou pelos que tenham a criança ou adolescente sob a sua autoridade, guarda ou vigilância para que repudie genitor ou que cause prejuízo ao estabelecimento ou à manutenção de vínculos com este. Parágrafo único. São formas exemplificativas de alienação parental, além dos atos assim declarados pelo juiz ou constatados por perícia, praticados diretamente ou com auxílio de terceiros: I – realizar campanha de desqualificação da conduta do genitor no exercício da paternidade ou maternidade; II – dificultar o exercício da autoridade parental; III – dificultar contato de criança ou adolescente com genitor; IV – dificultar o exercício do direito regulamentado de convivência familiar; V – omitir deliberadamente a genitor informações pessoais relevantes sobre a criança ou adolescente, inclusive escolares, médicas e alterações de endereço; VI – apresentar falsa denúncia contra genitor, contra familiares deste ou contra avós, para obstar ou dificultar a convivência deles com a criança ou adolescente; VII – mudar o domicílio para local distante, sem justificativa, visando a dificultar a convivência da criança ou adolescente com o outro genitor, com familiares deste ou com avós."*

**5. Lei 12.318/2010, art. 5º.** *"Art. 5º Havendo indício da prática de ato de alienação parental, em ação autônoma ou incidental, o juiz, se necessário, determinará perícia psicológica ou biopsicossocial. § 1º O laudo pericial terá base em ampla avaliação psicológica ou biopsicossocial, conforme o caso, compreendendo, inclusive, entrevista pessoal com as partes, exame de documentos dos autos, histórico do relacionamento do casal e da separação, cronologia de incidentes, avaliação da personalidade dos envolvidos e exame da forma como a criança ou adolescente se manifesta acerca de eventual acusação contra genitor. § 2º A perícia será realizada por profissional ou equipe multidisciplinar habilitados, exigido, em qualquer caso, aptidão comprovada por histórico profissional ou acadêmico para diagnosticar atos de alienação parental. § 3º O perito ou equipe multidisciplinar designada para verificar a ocorrência de alienação parental terá prazo de 90 (noventa) dias para apresentação do laudo, prorrogável exclusivamente por autorização judicial baseada em justificativa circunstanciada."*

**6. Lei 12.318/2010, art. 8º-A.** *"Art. 8º-A. Sempre que necessário o depoimento ou a oitiva de crianças e de adolescentes em casos de alienação parental, eles serão realizados obrigatoriamente nos termos da Lei nº 13.431, de 4 de abril de 2017, sob pena de nulidade processual."*

**7. Lei 13.431/2017, art. 1º.** *"Art. 1º Esta Lei normatiza e organiza o sistema de garantia de direitos da criança e do adolescente vítima ou testemunha de violência, cria mecanismos para prevenir e coibir a violência, nos termos do art. 227 da Constituição Federal, da Convenção sobre os Direitos da Criança e seus protocolos adicionais, da Resolução nº 20/2005 do Conselho Econômico e Social das Nações Unidas e de outros diplomas internacionais, e estabelece medidas de assistência e proteção à criança e ao adolescente em situação de violência."*

**8. Lei 13.431/2017, art. 7º.** *"Art. 7º Escuta especializada é o procedimento de entrevista sobre situação de violência com criança ou adolescente perante órgão da rede de proteção, limitado o relato estritamente ao necessário para o cumprimento de sua finalidade."*

**9. Lei 13.431/2017, art. 8º.** *"Art. 8º Depoimento especial é o procedimento de oitiva de criança ou adolescente vítima ou testemunha de violência perante autoridade policial ou judiciária."*

**10. Lei 13.431/2017, art. 9º.** *"Art. 9º A criança ou o adolescente será resguardado de qualquer contato, ainda que visual, com o suposto autor ou acusado, ou com outra pessoa que represente ameaça, coação ou constrangimento."*

**11. Lei 13.431/2017, art. 10.** *"Art. 10. A escuta especializada e o depoimento especial serão realizados em local apropriado e acolhedor, com infraestrutura e espaço físico que garantam a privacidade da criança ou do adolescente vítima ou testemunha de violência."*

**12. Lei 13.431/2017, art. 11.** *"Art. 11. O depoimento especial reger-se-á por protocolos e, sempre que possível, será realizado uma única vez, em sede de produção antecipada de prova judicial, garantida a ampla defesa do investigado. § 1º O depoimento especial seguirá o rito cautelar de antecipação de prova: I – quando a criança ou o adolescente tiver menos de 7 (sete) anos; II – em caso de violência sexual. § 2º Não será admitida a tomada de novo depoimento especial, salvo quando justificada a sua imprescindibilidade pela autoridade competente e houver a concordância da vítima ou da testemunha, ou de seu representante legal."*

**13. Lei 13.431/2017, art. 12.** *"Art. 12. O depoimento especial será colhido conforme o seguinte*

# LIVRO I · DO PROCESSO DE CONHECIMENTO E DO CUMPRIMENTO DE SENTENÇA — Art. 699

*procedimento: I – os profissionais especializados esclarecerão a criança ou o adolescente sobre a tomada do depoimento especial, informando-lhe os seus direitos e os procedimentos a serem adotados e planejando sua participação, sendo vedada a leitura da denúncia ou de outras peças processuais; II – é assegurada à criança ou ao adolescente a livre narrativa sobre a situação de violência, podendo o profissional especializado intervir quando necessário, utilizando técnicas que permitam a elucidação dos fatos; III – no curso do processo judicial, o depoimento especial será transmitido em tempo real para a sala de audiência, preservado o sigilo; IV – findo o procedimento previsto no inciso II deste artigo, o juiz, após consultar o Ministério Público, o defensor e os assistentes técnicos, avaliará a pertinência de perguntas complementares, organizadas em bloco; V – o profissional especializado poderá adaptar as perguntas à linguagem de melhor compreensão da criança ou do adolescente; VI – o depoimento especial será gravado em áudio e vídeo. § 1º À vítima ou testemunha de violência é garantido o direito de prestar depoimento diretamente ao juiz, se assim o entender. § 2º O juiz tomará todas as medidas apropriadas para a preservação da intimidade e da privacidade da vítima ou testemunha. § 3º O profissional especializado comunicará ao juiz se verificar que a presença, na sala de audiência, do autor da violência pode prejudicar o depoimento especial ou colocar o depoente em situação de risco, caso em que, fazendo constar em termo, será autorizado o afastamento do imputado. § 4º Nas hipóteses em que houver risco à vida ou à integridade física da vítima ou testemunha, o juiz tomará as medidas de proteção cabíveis, inclusive a restrição do disposto nos incisos III e VI deste artigo. § 5º As condições de preservação e de segurança da mídia relativa ao depoimento da criança ou do adolescente serão objeto de regulamentação, de forma a garantir o direito à intimidade e à privacidade da vítima ou testemunha. § 6º O depoimento especial tramitará em segredo de justiça.”*

**14. Recomendação 33/2010 CNJ.** *“RECOMENDAR aos tribunais: I – a implantação de sistema de depoimento videogravado para as crianças e os adolescentes, o qual deverá ser realizado em ambiente separado da sala de audiências, com a participação de profissional especializado para atuar nessa prática; a) os sistemas de videogravação deverão preferencialmente ser assegurados com a instalação de equipamentos eletrônicos, tela de imagem, painel remoto de controle, mesa de gravação em CD e DVD para registro de áudio e imagem, cabeamento, controle*

*manual para zoom, ar-condicionado para manutenção dos equipamentos eletrônicos e apoio técnico qualificado para uso dos equipamentos tecnológicos instalados nas salas de audiência e de depoimento especial; b) o ambiente deverá ser adequado ao depoimento da criança e do adolescente assegurando-lhes segurança, privacidade, conforto e condições de acolhimento. II – os participantes de escuta judicial deverão ser especificamente capacitados para o emprego da técnica do depoimento especial, usando os princípios básicos da entrevista cognitiva. III – o acolhimento deve contemplar o esclarecimento à criança ou adolescente a respeito do motivo e efeito de sua participação no depoimento especial, com ênfase à sua condição de sujeito em desenvolvimento e do consequente direito de proteção, preferencialmente com o emprego de cartilha previamente preparada para esta finalidade. IV – os serviços técnicos do sistema de justiça devem estar aptos a promover o apoio, orientação e encaminhamento de assistência à saúde física e emocional da vítima ou testemunha e seus familiares, quando necessários, durante e após o procedimento judicial. V – devem ser tomadas medidas de controle de tramitação processual que promovam a garantia do princípio da atualidade, garantindo a diminuição do tempo entre o conhecimento do fato investigado e a audiência de depoimento especial.”*

## ⚖ JURISPRUDÊNCIA, ENUNCIADOS E SÚMULAS SELECIONADOS

- **15. Enunciado 181 da III Jornada-CJF.** *“O depoimento ou testemunho de criança ou adolescente não pode ser colhido extrajudicialmente por tabelião, por meio de ata notarial ou de escritura pública de declaração.”*

- **16. Enunciado 182 da III Jornada-CJF.** *“Quando o objeto do processo for relacionado a abuso ou alienação parental e for necessário o depoimento especial de criança ou adolescente em juízo, a escuta deverá ser realizada de acordo com o procedimento previsto na Lei n. 13.431/2017, sob pena de nulidade do ato.”*

## 🖹 COMENTÁRIOS TEMÁTICOS

**17. Perícia.** Se a causa contiver discussão sobre fato relacionado a abuso, alienação parental, violência doméstica ou de dificuldade de convivência, é possível a realização de exame psicológico ou biopsicossocial. Nesse exame, o laudo pericial deve ter por base ampla avaliação psicológica ou biopsicossocial, conforme o caso, compreendendo, inclusive, entrevista

# Art. 699-A

**CÓDIGO DE PROCESSO CIVIL COMENTADO** – *Leonardo Carneiro da Cunha*

pessoal com as partes, exame de documentos do processo, histórico do relacionamento familiar, cronologia de incidentes e avaliação da personalidade dos sujeitos envolvidos na controvérsia. A perícia há de ser realizada por profissional ou equipe multidisciplinar habilitados, exigida, em qualquer caso, aptidão comprovada por histórico profissional ou acadêmico. O dispositivo refere-se a fatos relacionados a abuso ou alienação parental. A referência é meramente exemplificativa.

**18. Depoimento ou testemunho.** Se demanda envolver discussão sobre fato relacionado a abuso, alienação parental, violência doméstica ou qualquer dificuldade de convivência, o juiz, ao tomar o depoimento do interrogando, deve fazer-se acompanhar de especialista que o auxilie na condução do interrogatório. As condições psicológicas do interrogando exigem uma abordagem especial, com técnicas adequadas, que escapam da habilidade do juiz, sendo, portanto, necessária a presença de um especialista que o auxilie na forma de interrogar e na condução do interrogatório.

**19. Aplicação em qualquer outro procedimento.** A colheita de depoimento ou testemunho com o auxílio de especialista quando o interrogando ou testemunha for vítima de violência ou abuso de uma das partes não deve restringir-se apenas a ações de família, devendo a regra ser igualmente aplicável a qualquer caso em que se verifique intimidação ou em que a testemunha seja vítima de ameaça ou de violência ou abuso por uma das partes. O livre trânsito das regras ou técnicas procedimentais autoriza a aplicação da previsão normativa a qualquer procedimento, seja ele comum, seja ele especial.

> **Art. 699-A.** Nas ações de guarda, antes de iniciada a audiência de mediação e conciliação de que trata o art. 695 deste Código, o juiz indagará às partes e ao Ministério Público se há risco de violência doméstica ou familiar, fixando o prazo de 5 (cinco) dias para a apresentação de prova ou de indícios pertinentes.

▶ **1. Sem correspondência no CPC/1973.**

## 🏛 LEGISLAÇÃO CORRELATA

**2.** **CF, art. 226, § 8º.** *"§ 8º O Estado assegurará a assistência à família na pessoa de cada um dos que a integram, criando mecanismos para coibir a violência no âmbito de suas relações."*

**3.** **CC, art. 1.583, § 2º.** *"§ 2º. Na guarda compartilhada, o tempo de convívio com os filhos deve ser dividido de forma equilibrada com a mãe e com o pai, sempre tendo em vista as condições fáticas e os interesses dos filhos."*

**4.** **CC, art. 1.583, § 3º.** *"§ 3º. Na guarda compartilhada, a cidade considerada base de moradia dos filhos será aquela que melhor atender aos interesses dos filhos."*

**5.** **CC, art. 1.584, § 2º.** *"§ 2º Quando não houver acordo entre a mãe e o pai quanto à guarda do filho, encontrando-se ambos os genitores aptos a exercer o poder familiar, será aplicada a guarda compartilhada, salvo se um dos genitores declarar ao magistrado que não deseja a guarda da criança ou do adolescente ou quando houver elementos que evidenciem a probabilidade de risco de violência doméstica ou familiar."*

**6.** **ECA, art. 23, § 2º.** *"§ 2º A condenação criminal do pai ou da mãe não implicará a destituição do poder familiar, exceto na hipótese de condenação por crime doloso sujeito à pena de reclusão contra outrem igualmente titular do mesmo poder familiar ou contra filho, filha ou outro descendente."*

**7.** **Lei 11.340/2006, art. 7º.** *"Art. 7º São formas de violência doméstica e familiar contra a mulher, entre outras: I – a violência física, entendida como qualquer conduta que ofenda sua integridade ou saúde corporal; II – a violência psicológica, entendida como qualquer conduta que lhe cause dano emocional e diminuição da autoestima ou que lhe prejudique e perturbe o pleno desenvolvimento ou que vise degradar ou controlar suas ações, comportamentos, crenças e decisões, mediante ameaça, constrangimento, humilhação, manipulação, isolamento, vigilância constante, perseguição contumaz, insulto, chantagem, violação de sua intimidade, ridicularização, exploração e limitação do direito de ir e vir ou qualquer outro meio que lhe cause prejuízo à saúde psicológica e à autodeterminação; III – a violência sexual, entendida como qualquer conduta que a constranja a presenciar, a manter ou a participar de relação sexual não desejada, mediante intimidação, ameaça, coação ou uso da força; que a induza a comercializar ou a utilizar, de qualquer modo, a sua sexualidade, que a impeça de usar qualquer método contraceptivo ou que a force ao matrimônio, à gravidez, ao aborto ou à prostituição, mediante coação, chantagem, suborno ou manipulação; ou que limite ou anule o exercício de seus direitos sexuais e reprodutivos; IV – a violência patrimonial, entendida como qualquer conduta que configure retenção, subtração, destruição parcial ou total de seus objetos, instrumentos de trabalho, documentos pessoais, bens, valores e direitos ou recursos econômicos,*

1070

**LIVRO I · DO PROCESSO DE CONHECIMENTO E DO CUMPRIMENTO DE SENTENÇA** **Art.699-A**

incluindo os destinados a satisfazer suas necessidades; V – a violência moral, entendida como qualquer conduta que configure calúnia, difamação ou injúria."

**8.** **Lei 12.318/2010, art. 3º.** "Art. 3º. A prática de ato de alienação parental fere direito fundamental da criança ou do adolescente de convivência familiar saudável, prejudica a realização de afeto nas relações com genitor e com o grupo familiar, constitui abuso moral contra a criança ou o adolescente e descumprimento dos deveres inerentes à autoridade parental ou decorrentes de tutela ou guarda."

**9.** **Lei 12.318/2010, art. 4º.** "Art. 4º. Declarado indício de ato de alienação parental, a requerimento ou de ofício, em qualquer momento processual, em ação autônoma ou incidentalmente, o processo terá tramitação prioritária, e o juiz determinará, com urgência, ouvido o Ministério Público, as medidas provisórias necessárias para preservação da integridade psicológica da criança ou do adolescente, inclusive para assegurar sua convivência com genitor ou viabilizar a efetiva reaproximação entre ambos, se for o caso. Parágrafo único. Assegurar-se-á à criança ou ao adolescente e ao genitor garantia mínima de visitação assistida no fórum em que tramita a ação ou em entidades conveniadas com a Justiça, ressalvados os casos em que há iminente risco de prejuízo à integridade física ou psicológica da criança ou do adolescente, atestado por profissional eventualmente designado pelo juiz para acompanhamento das visitas."

**10.** **Lei 12.318/2010, art. 6º.** "Art. 6º. Caracterizados atos típicos de alienação parental ou qualquer conduta que dificulte a convivência de criança ou adolescente com genitor, em ação autônoma ou incidental, o juiz poderá, cumulativamente ou não, sem prejuízo da decorrente responsabilidade civil ou criminal e da ampla utilização de instrumentos processuais aptos a inibir ou atenuar seus efeitos, segundo a gravidade do caso: I – declarar a ocorrência de alienação parental e advertir o alienador; II – ampliar o regime de convivência familiar em favor do genitor alienado; III – estipular multa ao alienador; IV – determinar acompanhamento psicológico e/ou biopsicossocial; V – determinar a alteração da guarda para guarda compartilhada ou sua inversão; VI – determinar a fixação cautelar do domicílio da criança ou adolescente; VII –(revogado) (Redação dada pela Lei nº 14.340/2022). § 1º. Caracterizado mudança abusiva de endereço, inviabilização ou obstrução à convivência familiar, o juiz também poderá inverter a obrigação de levar para ou retirar a criança ou adolescente

da residência do genitor, por ocasião das alternâncias dos períodos de convivência familiar. § 2º. O acompanhamento psicológico ou o biopsicossocial deve ser submetido a avaliações periódicas, com a emissão, pelo menos, de um laudo inicial, que contenha a avaliação do caso e o indicativo da metodologia a ser empregada, e de um laudo final, ao término do acompanhamento."

**11.** **Lei 12.318/2010, art. 7º.** "Art. 7º. A atribuição ou alteração da guarda dar-se-á por preferência ao genitor que viabiliza a efetiva convivência da criança ou adolescente com o outro genitor nas hipóteses em que seja inviável a guarda compartilhada."

**12.** **Lei 12.318/2010, art. 8º.** "Art. 8º. A alteração de domicílio da criança ou adolescente é irrelevante para a determinação da competência relacionada às ações fundadas em direito de convivência familiar, salvo se decorrente de consenso entre os genitores ou de decisão judicial."

**13.** **Lei 12.318/2010, art. 8º-A.** "Art. 8º-A. Sempre que necessário o depoimento ou a oitiva de crianças e de adolescentes em casos de alienação parental, eles serão realizados obrigatoriamente nos termos da Lei nº 13.431, de 4 de abril de 2017, sob pena de nulidade processual."

**14.** **Lei 13.431/2017, art. 2º.** "Art. 2º A criança e o adolescente gozam dos direitos fundamentais inerentes à pessoa humana, sendo-lhes asseguradas a proteção integral e as oportunidades e facilidades para viver sem violência e preservar sua saúde física e mental e seu desenvolvimento moral, intelectual e social, e gozam de direitos específicos à sua condição de vítima ou testemunha. Parágrafo único. A União, os Estados, o Distrito Federal e os Municípios desenvolverão políticas integradas e coordenadas que visem a garantir os direitos humanos da criança e do adolescente no âmbito das relações domésticas, familiares e sociais, para resguardá-los de toda forma de negligência, discriminação, exploração, violência, abuso, crueldade e opressão."

**15.** **Lei 13.431/2017, art. 4º.** "Art. 4º Para os efeitos desta Lei, sem prejuízo da tipificação das condutas criminosas, são formas de violência: I – violência física, entendida como a ação infligida à criança ou ao adolescente que ofenda sua integridade ou saúde corporal ou que lhe cause sofrimento físico; II – violência psicológica: a) qualquer conduta de discriminação, depreciação ou desrespeito em relação à criança ou ao adolescente mediante ameaça, constrangimento, humilhação, manipulação, isolamento, agressão verbal e xingamento, ridicularização, indiferença, exploração ou intimidação sistemática (bullying) que possa comprometer seu desenvolvimento psíquico ou emocional; b) o ato de alienação parental, assim entendido como a interferência na formação psicológica da criança ou do adolescente, promovida ou induzida por um dos genitores, pelos avós ou por quem os tenha sob sua autoridade, guarda ou vigilância, que leve ao repúdio de genitor ou que cause prejuízo ao estabelecimento ou à manutenção de vínculo com este; c) qualquer conduta que exponha a criança ou o adolescente, direta ou indiretamente, a crime violento contra membro de sua família ou de sua rede de apoio, independentemente do ambiente em que cometido, particularmente quando isto a torna testemunha; III – violência sexual, entendida como qualquer conduta que constranja a criança ou o adolescente a praticar ou presenciar conjunção carnal ou qualquer outro ato libidinoso, inclusive exposição do corpo em foto ou vídeo por meio eletrônico ou não, que compreenda: a) abuso sexual, entendido como toda ação que se utiliza da criança ou do adolescente para fins sexuais, seja conjunção carnal ou outro ato libidinoso, realizado de modo presencial ou por meio eletrônico, para estimulação sexual do agente ou de terceiro; b) exploração sexual comercial, entendida como o uso da criança ou do adolescente em atividade sexual em troca de remuneração ou qualquer outra forma de compensação, de forma independente ou sob patrocínio, apoio ou incentivo de terceiro, seja de modo presencial ou por meio eletrônico; c) tráfico de pessoas, entendido como o recrutamento, o transporte, a transferência, o alojamento ou o acolhimento da criança ou do adolescente, dentro do território nacional ou para o estrangeiro, com o fim de exploração sexual, mediante ameaça, uso de força ou outra forma de coação, rapto, fraude, engano, abuso de autoridade, aproveitamento de situação de vulnerabilidade ou entrega ou aceitação de pagamento, entre os casos previstos na legislação; IV – violência institucional, entendida como a praticada por instituição pública ou conveniada, inclusive quando gerar revitimização. V – violência patrimonial, entendida como qualquer conduta que configure retenção, subtração, destruição parcial ou total de seus documentos pessoais, bens, valores e direitos ou recursos econômicos, incluídos os destinados a satisfazer suas necessidades, desde que a medida não se enquadre como educacional. § 1º. Para os efeitos desta Lei, a criança e o adolescente serão ouvidos sobre a situação de violência por meio de escuta especializada e depoimento especial. § 2º. Os órgãos de saúde, assistência social, educação, segurança pública e justiça adotarão os procedimentos necessários por ocasião da revelação espontânea da violência.

§ 3º. Na hipótese de revelação espontânea da violência, a criança e o adolescente serão chamados a confirmar os fatos na forma especificada no § 1º deste artigo, salvo em caso de intervenções de saúde. § 4º. O não cumprimento do disposto nesta Lei implicará a aplicação das sanções previstas na Lei nº 8.069, de 13 de julho de 1990 (Estatuto da Criança e do Adolescente)."

**16. Lei 14.344/2022, art. 2º.** "Art. 2º. Configura violência doméstica e familiar contra a criança e o adolescente qualquer ação ou omissão que lhe cause morte, lesão, sofrimento físico, sexual, psicológico ou dano patrimonial: I – no âmbito do domicílio ou da residência da criança e do adolescente, compreendida como o espaço de convívio permanente de pessoas, com ou sem vínculo familiar, inclusive as esporadicamente agregadas; II – no âmbito da família, compreendida como a comunidade formada por indivíduos que compõem a família natural, ampliada ou substituta, por laços naturais, por afinidade ou por vontade expressa; III – em qualquer relação doméstica e familiar na qual o agressor conviva ou tenha convivido com a vítima, independentemente de coabitação. Parágrafo único. Para a caracterização da violência prevista no caput deste artigo, deverão ser observadas as definições estabelecidas na Lei nº 13.431, de 4 de abril de 2017."

**17. Lei 14.344/2022, art. 3º.** "Art. 3º. A violência doméstica e familiar contra a criança e o adolescente constitui uma das formas de violação dos direitos humanos."

## ⚖ Jurisprudência, Enunciados e Súmulas Selecionados

- **18. Enunciado 639 do FPPC.** "O juiz poderá, excepcionalmente, dispensar a audiência de mediação ou conciliação nas ações de família, quando uma das partes estiver amparada por medida protetiva."

- **19. Enunciado 603 da VII Jornada de Direito Civil-CJF.** "A distribuição do tempo de convívio na guarda compartilhada deve atender precipuamente ao melhor interesse dos filhos, não devendo a divisão de forma equilibrada, a que alude o § 2º do art. 1.583 do Código Civil, representar convivência livre ou, ao contrário, repartição de tempo matematicamente igualitária entre os pais."

- **20. Enunciado 604 da VII Jornada de Direito Civil-CJF.** "A divisão, de forma equilibrada, do tempo de convívio dos filhos com a mãe e com o pai, imposta na guarda compartilhada pelo § 2º do art. 1.583 do Código Civil, não deve ser

**LIVRO I** · DO PROCESSO DE CONHECIMENTO E DO CUMPRIMENTO DE SENTENÇA · **Art. 700**

*confundida com a imposição do tempo previsto pelo instituto da guarda alternada, pois esta não implica apenas a divisão do tempo de permanência dos filhos com os pais, mas também o exercício exclusivo da guarda pelo genitor que se encontra na companhia do filho."*

### ▣ COMENTÁRIOS TEMÁTICOS

**21. Guarda compartilhada como regra geral.** No Brasil, a guarda compartilhada é a regra, pois os pais têm igual direito de exercer a guarda do filho menor, sendo a medida saudável à formação da criança e do adolescente.

**22. Exceção à regra: violência doméstica ou familiar.** A violência doméstica ou familiar é uma das exceções à regra da guarda compartilhada. Como ao Estado cabe coibir a violência no âmbito das relações familiares e proteger a criança e o adolescente, deve impedir a guarda compartilhada, afastando-os da convivência do familiar agressor.

**23. Indícios ou prova prévia de violência.** Na ação de guarda, o juiz, para evitar risco de manutenção de violência ou de abuso, deve agir para impedir o convívio da criança ou do adolescente com o familiar agressor.

**24. Críticas à redação do dispositivo.** Da forma como está redigido, o dispositivo parte do pressuposto de que a audiência de tentativa de autocomposição seria conduzida pelo juiz, quando não é. Além disso, as questões de família devem ser submetidas à mediação, e não à conciliação, pois são relações continuativas (art. 165, §§ 2º e 3º). O dispositivo, de todo modo, deve ser compreendido de maneira mais abrangente: se for constatado risco de abuso ou de violência familiar, o juiz há de ser avisado, por uma das partes ou pelo mediador, para que adote medidas anteriores à audiência de mediação.

**25. Medidas anteriores à audiência de mediação.** O juiz deve, antes mesmo do início da audiência de mediação, consultar as partes e o Ministério Público sobre o risco de violência ou abuso familiar, cabendo-lhes apresentar indícios ou provas. A consulta pode ser provocada por alegação prévia de qualquer das partes ou do Ministério Público a respeito da ocorrência de violência ou por alguma informação disponível que indique a existência de investigação, processo, incidente ou medida protetiva relativa a abusos ou atos violência familiar praticados contra a criança ou o adolescente.

**26. Prazo.** As partes e o Ministério Público têm o prazo de 5 dias úteis (art. 219). Se o prazo revelar-se insuficiente no caso concreto, o juiz pode ampliá-lo (art. 139, VI).

**27. Medida preventiva.** A consulta feita às partes e ao Ministério Público consiste em medida preventiva, destinada a proteger a criança ou o adolescente, evitando-se a manutenção do convívio com algum familiar que o agrida psicológica ou fisicamente.

**28. Alienação parental.** A alienação parental decorre de atos abusivos, considerados igualmente violentos, estando, portanto, abrangida na previsão do enunciado normativo.

**29. Contraditório.** O juiz há de consultar todas as partes e o Ministério Público. Tanto o autor como o réu devem ser consultados. O réu deve manifestar-se, mesmo sem ter acesso ao conteúdo da petição inicial (art. 695). Por isso, cabe ao juiz, antes da audiência de mediação, especificar o que deve ser esclarecido pelas partes e pelo Ministério Público. O contraditório só pode ser mitigado ou protraído em casos já comprovados de evidente ou inegável violência, a fim de evitar, durante o curso do prazo, retaliação pelo agressor ou recrudescimento da violência por ele cometida.

**30. Oitiva da criança ou do adolescente.** A criança ou o adolescente deve ser ouvido durante o procedimento, nos termos do art. 699 e na forma da Lei 13.431/2017.

**31. Ausência de preclusão.** Se as partes e o Ministério Público nada disserem sobre violência ou abuso, não há preclusão a esse respeito. Os eventuais atos de violência ou de abuso podem ser demonstrados e comprovados durante o procedimento.

## CAPÍTULO XI
## DA AÇÃO MONITÓRIA

**Art. 700.** A ação monitória pode ser proposta por aquele que afirmar, com base em prova escrita sem eficácia de título executivo, ter direito de exigir do devedor capaz:

I – o pagamento de quantia em dinheiro;

II – a entrega de coisa fungível ou infungível ou de bem móvel ou imóvel;

III – o adimplemento de obrigação de fazer ou de não fazer.

§ 1º A prova escrita pode consistir em prova oral documentada, produzida antecipadamente nos termos do art. 381.

§ 2º Na petição inicial, incumbe ao autor explicitar, conforme o caso:

**Art. 700** — CÓDIGO DE PROCESSO CIVIL COMENTADO – *Leonardo Carneiro da Cunha*

I – a importância devida, instruindo-a com memória de cálculo;

II – o valor atual da coisa reclamada;

III – o conteúdo patrimonial em discussão ou o proveito econômico perseguido.

§ 3º O valor da causa deverá corresponder à importância prevista no § 2º, incisos I a III.

§ 4º Além das hipóteses do art. 330, a petição inicial será indeferida quando não atendido o disposto no § 2º deste artigo.

§ 5º Havendo dúvida quanto à idoneidade de prova documental apresentada pelo autor, o juiz intimá-lo-á para, querendo, emendar a petição inicial, adaptando-a ao procedimento comum.

§ 6º É admissível ação monitória em face da Fazenda Pública.

§ 7º Na ação monitória, admite-se citação por qualquer dos meios permitidos para o procedimento comum.

▸ **1. Correspondência no CPC/1973.** *"Art. 1.102-A. A ação monitória compete a quem pretender, com base em prova escrita sem eficácia de título executivo, pagamento de soma em dinheiro, entrega de coisa fungível ou de determinado bem móvel."*

## ⚖ Jurisprudência, Enunciados e Súmulas Selecionados

• **2. Tema/Repetitivo 320 STJ.** *"É inadmissível a conversão, de ofício ou a requerimento das partes, da execução em ação monitória após ter ocorrido a citação."*

• **3. Tema/Repetitivo 474 STJ.** *"A petição inicial da ação monitória para cobrança de soma em dinheiro deve ser instruída com demonstrativo de débito atualizado até a data do ajuizamento, assegurando-se, na sua ausência ou insuficiência, o direito da parte de supri-la, nos termos do art. 284 do CPC."*

• **4. Tema/Repetitivo 564 STJ.** *"Em ação monitória fundada em cheque prescrito, ajuizada em face do emitente, é dispensável menção ao negócio jurídico subjacente à emissão da cártula."*

• **5. Tema/Repetitivo 628 STJ.** *"O prazo para ajuizamento de ação monitória em face do emitente de cheque sem força executiva é quinquenal, a contar do dia seguinte à data de emissão estampada na cártula.*

• **6. Tema/Repetitivo 641 STJ.** *"O prazo para ajuizamento de ação monitória em face do emitente de nota promissória sem força executiva é quinquenal, a contar do dia seguinte ao vencimento do título."*

• **7. Súmula STJ, 247.** *"O contrato de abertura de crédito em conta-corrente, acompanhado do demonstrativo de débito, constitui documento hábil para o ajuizamento da ação monitória."*

• **8. Súmula STJ, 282.** *"Cabe a citação por edital em ação monitória."*

• **9. Súmula STJ, 299.** *"É admissível a ação monitória fundada em cheque prescrito."*

• **10. Súmula STJ, 339.** *"É cabível ação monitória contra a Fazenda Pública."*

• **11. Súmula STJ, 384.** *"Cabe ação monitória para haver saldo remanescente oriundo de venda extrajudicial de bem alienado fiduciariamente em garantia."*

• **12. Súmula STJ, 503.** *"O prazo para ajuizamento de ação monitória em face do emitente de cheque sem força executiva é quinquenal, a contar do dia seguinte à data de emissão estampada na cártula."*

• **13. Súmula STJ, 504.** *"O prazo para ajuizamento de ação monitória em face do emitente de nota promissória sem força executiva é quinquenal, a contar do dia seguinte ao vencimento do título."*

• **14. Súmula STJ, 531.** *"Em ação monitória fundada em cheque prescrito ajuizada contra o emitente, é dispensável a menção ao negócio jurídico subjacente à emissão da cártula."*

• **15. Enunciado 188 do FPPC.** *"Com a emenda da inicial, o juiz pode entender idônea a prova e admitir o seguimento da ação monitoria."*

• **16. Enunciado 446 do FPPC.** *"Cabe ação monitória mesmo quando o autor for portador de título executivo extrajudicial."*

• **17. Enunciado 699 do FPPC.** *"Aplicam-se o art. 11 e o § 1º do art. 489 à decisão que aprecia o pedido de expedição do mandado monitório."*

• **18. Enunciado 101 da I Jornada-CJF.** *"É admissível ação monitória, ainda que o autor detenha título executivo extrajudicial."*

## ▣ Comentários Temáticos

**19. Função e estrutura da ação monitória.** A ação monitória provoca a instauração de um procedimento composto de 2 fases: a postulatória (ou monitória propriamente dita) e a executiva, que se abre após a ausência ou rejeição dos embargos do réu, sem qualquer solução de continuidade. É possível visualizar, no procedimento monitório, tanto a atividade de conhecimento como a de execução, sendo esta última predominante, pois a atividade cognitiva não assume função *imediata* de declaração, mas *mediata*

**LIVRO I** · DO PROCESSO DE CONHECIMENTO E DO CUMPRIMENTO DE SENTENÇA **Art. 700**

para a preparação do título executivo e dos atos voltados à satisfação da obrigação.

**20. Natureza peculiar.** *"1. O procedimento monitório tem natureza peculiar, não se confundindo com mero procedimento de ação de conhecimento, porque não há dilação probatória nem se destina à produção de uma sentença de mérito. 2. A inércia do devedor no procedimento monitório tem por consequência limitar a atividade jurisdicional, convertendo-se o mandado monitório em mandado executivo ope legis, diferentemente da revelia, que tem efeitos restritos à distribuição do ônus probatório"* (STJ, 3ª Turma, REsp 1.432.982/ES, rel. Min. Marco Aurélio Bellizze, *DJe* 26.11.2015); *"Os contornos atuais do procedimento monitório aproximam-no muito mais da atividade judicial homologatória do que propriamente da atividade jurisdicional. Desse modo, apresentada prova da obrigação sem força executiva, o juiz deverá fazer um mero juízo de delibação, tal qual o que se realiza na homologação judicial de acordos, porém em momento processual prévio à manifestação do devedor. Mantendo-se inerte o devedor, tem-se, mais do que a mera ausência de defesa, sua anuência com a formação do título executivo, restringindo a atividade jurisdicional àquele juízo de delibação"* (STJ, 3ª Turma, AgInt no REsp 1.837.740/BA, rel. Min. Marco Aurélio Bellizze, *DJe* 30.03.2020).

**21. Opções procedimentais.** Na ação monitória, o juiz, fundado em cognição sumária, já expede uma ordem para cumprimento imediato da obrigação. Se o réu já cumprir – e é estimulado a isso –, extinguem-se o processo e a obrigação. Caso o réu nada faça, aquela ordem transmuda-se, desde logo, em título executivo judicial, dando início a um cumprimento de sentença. O réu pode, todavia, opor embargos à ordem, ordinarizando o procedimento.

**22. Inversão do contraditório.** É um procedimento sumário, com inversão do contraditório. O juiz já decide, fundado em cognição sumária. O contraditório há de ser provocado pelo réu.

**23. Procedimento monitório puro e procedimento monitório documental.** Há 2 sistemas de procedimento monitório: *a)* o puro e *b)* o documental. No sistema puro, o autor apenas afirma que dispõe de um crédito perante o réu, sem fazer qualquer prova disso; basta sua alegação. Já no documental, o autor deve apresentar algum documento ou prova escrita da existência do crédito.

**24. A opção do sistema brasileiro.** No Direito brasileiro, somente se admite o procedimento monitório *documental,* não sendo possível o procedimento monitório puro, aquele instaurado sem a existência de prova escrita. É preciso, então, que haja prova escrita, sem eficácia de título executivo *judicial,* que impute ao réu a obrigação do pagamento de quantia em dinheiro, a entrega de bem ou, ainda, o adimplemento de obrigação de fazer ou de não fazer. O procedimento instaura-se com o ajuizamento de petição inicial instruída com a *prova escrita,* sem eficácia de título executivo judicial, que impute ao demandado a obrigação ali contida.

**25. Espécies de obrigação.** Não há qualquer limitação: cabe a ação monitória para a satisfação de qualquer tipo de obrigação: pecuniária, de fazer ou não fazer ou de entregar coisa.

**26. Remédio jurídico processual.** A ação monitória é um *remédio jurídico processual,* ou, de forma mais simples, um direito a um procedimento específico, disciplinado nos mencionados dispositivos legais. Sendo certo que a ação de procedimento especial monitório é processada por rito especial, não restam dúvidas de que se lhe aplicam, subsidiariamente, as regras relativas ao procedimento comum. (art. 318). A diferença entre a ação monitória e o procedimento comum é procedimental. Quem tem direito à ação monitória tem, na verdade, direito a um procedimento especial, diferenciado, abreviado, sumário.

**27. Procedimento facultativo.** O procedimento especial da ação monitória é *optativo* ou *facultativo*: a parte pode escolher se propõe demanda submetida ao procedimento comum ou ao procedimento monitório. Pode, até mesmo, optar pelo processo de execução, se dispuser de título executivo.

**28. Microssistema de tutela de direitos pela técnica monitória.** O CPC instituiu um *microssistema* de tutela de direitos pela técnica monitória, composto pela estabilização da tutela provisória (art. 304) e pela ação monitória (arts. 700 a 702). A estabilização ocorre na *tutela provisória de urgência satisfativa.* Tanto na estabilização como na ação monitória há obtenção adiantada de mandamento ou execução *secundum eventum defensionis*: não havendo manifestação da parte demandada, obtém-se satisfação definitiva adiantada. Em outras palavras, a estabilização da tutela provisória de urgência (CPC, art. 304) e a ação monitória (CPC, arts. 700 a 702) formam um regime jurídico único ou um microssistema. Nas duas hipóteses, embora a cognição seja sumária ou incompleta, a parte obtém, em caráter definitivo, decisão mandamental ou executiva *secundum eventum defensionis*. Não havendo impugnação do réu, a decisão se estabiliza. Em

1075

ambos os casos, a decisão, fruto de cognição sumária ou incompleta, é proferida, invertendo-se o ônus da iniciativa do contraditório, em manifesta concretização da *técnica monitória*. Por isso, pode-se dizer que o CPC instituiu um *microssistema* de tutela de direitos pela técnica monitória, formando um conjunto de regras que se intercomunicam na interpretação dos textos normativos relativos ao tema.

**29. Prova escrita.** Para que se admita a ação monitória, é preciso que haja prova escrita da obrigação. O procedimento da ação monitória é construído a partir desse requisito específico. Seu procedimento é, então, sumário, abreviado, expedito, destinado à obtenção de uma ordem que imponha o cumprimento da obrigação a que se refira a prova escrita.

**30. Título extrajudicial.** Cabe a ação monitória se houver "prova escrita sem eficácia de título executivo" (art. 700). Tal dispositivo há de ser interpretado em conjunto com o art. 785, segundo o qual "a existência de título executivo extrajudicial não impede a parte de optar pelo processo de conhecimento, a fim de obter título executivo *judicial*". Mesmo dispondo de um título executivo extrajudicial, o credor pode optar pelo procedimento comum. De igual modo, pode optar pelo procedimento monitório. O interesse do autor na utilização do procedimento especial monitório é o de obter um título executivo *judicial*. Cabe a ação monitória mesmo que o autor disponha de título executivo extrajudicial. Se o autor dispuser de prova escrita sem eficácia de título executivo, também poderá propor a ação monitória. Tome-se como exemplo a situação do portador de um cheque prescrito: ele não pode promover ação de execução, mas lhe é facultada a via do procedimento monitório.

**31. Conversão da execução em ação monitória.** Não sendo cabível a execução, por não haver título executivo, é possível convertê-la em ação monitória.

**32. Liquidez.** A prova escrita precisa demonstrar a liquidez da obrigação. O § 2º do art. 700 exige que o autor da ação monitória especifique o bem, o conteúdo da obrigação ou o valor exigido. É preciso, enfim, que haja já a indicação do *quantum debeatur*, para que o mandado monitório a ser expedido por ordem do juiz já contenha esse elemento da obrigação.

**33. Prova oral documentada.** É possível que a prova escrita seja não só documental como documentada. Admite-se a ação monitória fundada em prova oral documentada. Para isso, o autor poderá propor uma demanda prévia e obter a documentação da prova oral ali produzida, propondo, em seguida, a ação monitória, com base na prova oral documentada. Também pode o autor já propor sua ação monitória e, em sua petição inicial, requerer a concessão de tutela provisória de urgência cautelar em caráter antecedente (arts. 305) para que o depoimento testemunhal seja colhido. Produzida a prova oral e vindo a ser documentada, o autor poderá apresentar o pedido principal na forma do art. 308. A petição inicial, em qualquer dessas hipóteses, estará fundada em prova oral documentada (art. 700, § 1º).

**34. Cognição sumária de mérito.** A *prova escrita* não precisa ser um documento que necessariamente ostente solenidade ou preencha requisitos expressamente previstos em lei, não sendo necessário que tenha sido emitido pelo devedor ou que dele conste sua assinatura. É suficiente que tenha a forma escrita e apresente aptidão para convencer o juiz da existência de uma dívida contraída pelo devedor. Num juízo de verossimilhança, fundado em cognição sumária, o juiz irá verificar se há idoneidade ou se não resta dúvida ou equivocidade quanto à existência da dívida. Estando em termos a petição inicial, o juízo irá exercer uma cognição sumária, a fim de verificar a idoneidade do documento e a plausibilidade da existência da dívida.

**35. Competência.** A ação monitória sujeita-se à regra geral do art. 46. Não há qualquer regra específica sobre a competência para processá-la e julgá-la. A ação monitória funda-se em direito obrigacional, devendo ser proposta no foro do domicílio do réu.

**36. Eleição de foro.** A ação monitória funda-se em prova escrita. Essa prova escrita pode ser um negócio jurídico celebrado entre as partes, do qual conste uma cláusula de eleição de foro. Nesse caso, a ação monitória deve ser proposta no foro de eleição, caso assim esteja convencionado no contrato celebrado entre as partes. Há, então, de prevalecer a vontade das partes, ressalvada eventual abusividade em contrato de adesão, sendo nula a cláusula, caso a relação seja de consumo (CDC, art. 51), ou ineficaz, nas hipóteses de relações civis em sentido estrito (CC, art. 187 e arts. 422 e 423).

**37. Entrega de bem imóvel.** Se o objeto da ação monitória for a entrega de uma bem imóvel, não há incidência do art. 47. A competência, nessa hipótese, mantém-se no foro do domicílio do réu, e não no da situação da coisa. A ação monitória não é uma ação real; é uma ação pessoal ou obrigacional, ainda que tenha por objeto a entrega de um bem, móvel ou imóvel.

# LIVRO I · DO PROCESSO DE CONHECIMENTO E DO CUMPRIMENTO DE SENTENÇA — Art. 700

O fundamento não é o direito de propriedade, de vizinhança, nem qualquer direito real sobre a coisa. A causa que move o pedido é uma obrigação, a questão é obrigacional, e não real.

**38. Juizados Especiais.** Não cabe ação monitória no âmbito dos Juizados Especiais Cíveis. O procedimento dos Juizados é opcional: a parte pode optar por adotá-lo. Ao fazer essa opção, segue a procedimento que compõe sua estrutura organizacional. Nada impede, porém, que haja a adoção de técnicas especiais de algum procedimento, mas o padrão ou a estrutura procedimental dos Juizados está previsto na sua legislação de regência. Optando pela Justiça Comum, a parte pode fazer a escolha entre a ação monitória ou a ação de cobrança, sujeita ao procedimento comum. Em outras palavras, os Juizados Especiais Cíveis não são competentes para processar e julgar a ação monitória.

**39. Valor da causa.** Se o autor pretender o recebimento de quantia certa, deve especificar o respectivo valor e instruir a petição inicial com a memória de cálculo (art. 700, § 2º, I). Se, porém, pretender a entrega de coisa fungível ou infungível, ou de bem móvel ou imóvel, deve especificar o valor atual da coisa (art. 700, § 2º, II). Caso o autor pretenda obter o cumprimento de obrigação de fazer ou não fazer, deve quantificar o correspondente conteúdo patrimonial ou o proveito econômico (art. 700, § 2º, III). Tais exigências têm por finalidade viabilizar a exata definição do valor da causa (art. 700, § 3º) e dos honorários de advogado (art. 701), bem como a fixação de eventual multa em caso de litigância de má-fé (art. 702, §§ 10 e 11). É preciso, portanto, identificar qual o tipo de obrigação exigida na ação monitória e identificar o seu valor, o qual será, de igual modo, o valor da causa.

**40. Citação.** No procedimento da ação monitória, admite-se a adoção de todos os meios de citação previstos no art. 246: na ação monitória, a citação pode ser realizada pelo correio, por oficial de justiça, pelo escrivão ou chefe de secretaria, por edital ou por meio eletrônico. Quando feita por oficial de justiça, pode realizar-se com hora certa.

**41. Ação monitória contra a Fazenda Pública.** É admissível ação monitória em face da Fazenda Pública. A ação monitória intentada contra o Poder Público sujeita-se ao prazo prescricional de 5 anos (Decreto 20.910/1932).

**42. Prazo em dobro.** A Fazenda Pública dispõe de prazo em dobro para apresentar embargos à ação monitória (art. 183), devendo, na sua contagem, ser computados apenas os dias úteis (art. 219).

**43. Ação monitória pela Fazenda Pública.** Em princípio, não haveria vedação para que a Fazenda Pública pudesse manejar o procedimento monitório em face de algum devedor seu, pretendendo obter pagamento em dinheiro, cumprimento de obrigação de fazer ou não fazer, ou entrega de coisa. O problema é que à Fazenda Pública se confere o poder de constituir, unilateralmente, um título executivo em seu próprio favor. A Fazenda Pública poderá inscrever determinado valor em dívida ativa, expedindo-se a correlata certidão de dívida ativa, que serve para lastrear uma execução fiscal. Essa possibilidade de inscrever em dívida ativa seus créditos pecuniários não impediria, por falta de interesse (utilidade), o ajuizamento da ação monitória pela Fazenda Pública? Não é qualquer crédito que pode ser inscrito em dívida ativa pela Fazenda Pública. Apenas as obrigações *pecuniárias* estão sujeitas à inscrição em dívida ativa. Entre estas, apenas os créditos fiscais (tributários ou não tributários) é que podem ser objeto de inscrição em dívida ativa. Apenas os créditos decorrentes da atividade essencialmente pública é que se submetem ao regime de inscrição em dívida ativa para posterior cobrança por meio de execução fiscal. Nas relações regidas pelo direito privado, sem que haja atividade tipicamente pública, os créditos da Fazenda Pública não se sujeitam à inscrição em dívida ativa. Para as obrigações de entrega, a Fazenda Pública pode fazer uso do procedimento monitório. Para forçar o cumprimento de obrigação de fazer ou não fazer, a Fazenda Pública pode valer-se da ação monitória. Relativamente aos créditos pecuniários "não fiscais" (decorrentes da atividade privada exercida pela Fazenda Pública), por não estarem sujeitos à inscrição em dívida ativa, podem ser postulados em ação monitória, desde que identificados em prova escrita sem eficácia de título executivo judicial. Para os créditos fiscais (tributários ou não tributários), a Fazenda Pública pode valer-se da execução fiscal. Ainda assim, nada impede que a Fazenda Pública, em vez de inscrever o crédito em dívida ativa, proponha ação monitória, desde que disponha de prova escrita do crédito, a fim de obter um título judicial e promover, em seguida, um cumprimento de sentença. Isso porque quem dispõe de título executivo extrajudicial pode, mesmo assim, propor ação monitória.

**44. Prescrição da pretensão monitória fundada em cédula de crédito bancário.** *"4. A cédula de crédito bancário representa promessa de*

1077

pagamento em dinheiro, decorrente de operação de crédito, de qualquer modalidade, tratando-se de dívida certa, líquida e exigível, seja pela soma nela indicada, seja pelo saldo devedor demonstrado em planilha de cálculo, ou nos extratos da conta-corrente. Trata-se de dívida líquida constante de instrumento particular, motivo pelo qual a pretensão de sua cobrança prescreve em 5 (cinco) anos, nos termos do art. 206, § 5º, I, do Código Civil. 5. Na hipótese dos autos, a ação monitória foi proposta dentro do prazo de 5 (cinco) anos, que tem como termo inicial o vencimento da cédula de crédito bancário, não sendo o caso de declarar a prescrição" (STJ, 3ª Turma, REsp 1.940.996/SP, rel. Min. Ricardo Villas Bôas Cueva, *DJe* 27.09.2021).

**45. Irrecorribilidade do pronunciamento de conversão do mandado monitório em executivo.** *"O ato judicial de conversão do mandado monitório em executivo, ante a ausência de pagamento pelo devedor e a não oposição de embargos monitórios, não possui conteúdo decisório. Portanto incabível o recurso de apelação diante da sua irrecorribilidade"* (STJ, 3ª Turma, AgInt no AREsp 1.614.229/SP, rel. Min. Moura Ribeiro, *DJe* 1º.07.2020).

> **Art. 701.** Sendo evidente o direito do autor, o juiz deferirá a expedição de mandado de pagamento, de entrega de coisa ou para execução de obrigação de fazer ou de não fazer, concedendo ao réu prazo de 15 (quinze) dias para o cumprimento e o pagamento de honorários advocatícios de cinco por cento do valor atribuído à causa.
>
> § 1º O réu será isento do pagamento de custas processuais se cumprir o mandado no prazo.
>
> § 2º Constituir-se-á de pleno direito o título executivo judicial, independentemente de qualquer formalidade, se não realizado o pagamento e não apresentados os embargos previstos no art. 702, observando-se, no que couber, o Título II do Livro I da Parte Especial.
>
> § 3º É cabível ação rescisória da decisão prevista no *caput* quando ocorrer a hipótese do § 2º.
>
> § 4º Sendo a ré Fazenda Pública, não apresentados os embargos previstos no art. 702, aplicar-se-á o disposto no art. 496, observando-se, a seguir, no que couber, o Título II do Livro I da Parte Especial.
>
> § 5º Aplica-se à ação monitória, no que couber, o art. 916.

▶ **1. Dispositivos correspondentes no CPC/ 1973.** *"Art. 1.102-B. Estando a petição inicial devidamente instruída, o Juiz deferirá de plano a expedição do mandado de pagamento ou de entrega da coisa no prazo de quinze dias." "Art. 1.102-C. No prazo previsto no art. 1.102-B, poderá o réu oferecer embargos, que suspenderão a eficácia do mandado inicial. Se os embargos não forem opostos, constituir-se-á, de pleno direito, o título executivo judicial, convertendo-se o mandado inicial em mandado executivo e prosseguindo-se na forma do Livro I, Título VIII, Capítulo X, desta Lei. § 1º Cumprindo o réu o mandado, ficará isento de custas e honorários advocatícios. § 2º Os embargos independem de prévia segurança do juízo e serão processados nos próprios autos, pelo procedimento ordinário. § 3º Rejeitados os embargos, constituir-se-á, de pleno direito, o título executivo judicial, intimando-se o devedor e prosseguindo-se na forma prevista no Livro I, Título VIII, Capítulo X, desta Lei."*

⚖ **Jurisprudência, Enunciados e Súmulas Selecionados**

- **2. Enunciado 699 do FPPC.** *"Aplicam-se o art. 11 e o § 1º do art. 489 à decisão que aprecia o pedido de expedição do mandado monitório."*
- **3. Enunciado 200 da III Jornada-CJF.** *"Cabe agravo de instrumento da decisão interlocutória que determinar a emenda da petição inicial da ação monitória, para adequação ao procedimento comum, por ser decisão interlocutória de indeferimento de tutela da evidência."*

▣ **Comentários Temáticos**

**4. Despacho inicial.** Concluindo que há idoneidade da prova escrita e plausibilidade da existência da dívida, o juiz irá determinar a expedição de mandado de pagamento, de entrega da coisa ou de imposição da obrigação de fazer ou não fazer. Então, o demandado será citado para, no prazo de 15 dias, efetuar o pagamento, cumprir a obrigação ou entregar a coisa juntamente com o pagamento dos honorários do advogado do autor no percentual de 5% do valor atribuído à causa.

**5. Atitudes do réu.** No prazo de 15 dias, poderá o demandado adotar uma das seguintes providências: *(a)* atender ao mandado e efetuar, espontaneamente, o pagamento do dinheiro, cumprir a obrigação de fazer ou não fazer ou proceder à entrega da coisa, hipótese em que ficará isento do pagamento de custas; *(b)* quedar-se inerte, deixando escoar o prazo *in albis*, sem atender ao mandado ou manifestar-se; ou, *(c)* apresentar embargos, que suspenderão, independentemente de depósito ou penhora, a eficá-

## LIVRO I · DO PROCESSO DE CONHECIMENTO E DO CUMPRIMENTO DE SENTENÇA — Art. 701

cia do mandado inicial, vindo a ser processados nos mesmos autos, pelo procedimento comum

**6. Conversão em título judicial**. Caso o demandado mantenha-se inerte, não apresentando embargos nem atendendo ao mandado, este último convola-se, automaticamente e sem necessidade de qualquer decisão ou sentença, em título executivo judicial, prosseguindo-se pelo rito próprio do cumprimento de sentença.

**7. Oferecimento de embargos.** Uma vez ofertados os embargos, será adotado o procedimento comum, vindo, ao final, a ser confirmado ou não o mandado de cumprimento, de pagamento ou de entrega da coisa, caso os embargos sejam, respectivamente, rejeitados ou acolhidos.

**8. Do parcelamento (art. 916).** Citado, o réu pode atender ao mandado monitório e pagar a obrigação. Alternativamente, pode nada fazer, formando-se, então, o título executivo judicial, ou pode oferecer embargos, o que fará com que haja conversão em procedimento comum. Além dessas opções, o réu pode, no prazo para embargos, reconhecer o crédito do autor e, comprovando o depósito de 30% do valor cobrado, acrescido de custas e honorários de advogado, requerer seja admitido a pagar o restante em até seis parcelas mensais, acrescidas de correção monetária e juros de 1% ao mês. Durante o prazo para opor embargos, o réu, em vez de embargar, poderá requerer o aludido parcelamento; pode, enfim, escolher entre os embargos e o pedido de parcelamento. Não é possível praticar os 2 atos; ou apresenta embargos ou pede o parcelamento. Se se obtém o parcelamento, extingue-se a possibilidade de embargos à execução. Se o parcelamento não for cumprido, será constituído o título executivo judicial, dando-se início ao cumprimento de sentença.

**9. Ato judicial concessivo da tutela monitória e sua irrecorribilidade.** Na ação monitória, o juiz, ao se convencer da evidência do crédito, determina a citação do réu para cumprir com a obrigação. Este pode, porém, opor embargos, que suspenderá a eficácia do mandado monitório. O pronunciamento judicial que determina a expedição do mandado monitório é irrecorrível, pois não há interesse recursal, haja vista ser possível opor embargos, que suspenderão a eficácia do mandado.

**10. Custas e honorários de sucumbência.** Ao deferir a expedição de mandado de pagamento, o juiz concederá ao réu prazo de 15 dias para o cumprimento da obrigação e o pagamento de honorários advocatícios de 5% do valor atribuído à causa. Se cumprir o mandado no prazo, o réu

será isento do pagamento de custas processuais. Na ação monitória, há, no tocante aos honorários advocatícios, uma regra especial, que afasta a regra geral o art. 85. A regra geral é a de que os honorários devem ser fixados, no mínimo, em 10% do proveito econômico da causa e, no máximo, em 20% desse mesmo proveito econômico. Na ação monitória, os honorários são de apenas 5%, abaixo, portanto, do limite mínimo de 10% previsto no art. 85. Essa é uma regra de incentivo dirigida ao réu. O incentivo, oferecido na ação monitória, diverge do incentivo contido no regramento da execução fundada em título executivo extrajudicial. Na execução, o juiz, ao despachar a petição inicial, fixará, desde logo, os honorários advocatícios de 10%, a serem pagos pelo executado (art. 827). No caso de pagamento integral no prazo de 3 dias, o valor dos honorários é reduzido pela metade (art. 827, § 1º). Na ação monitória, os honorários são de 5% para as hipóteses de o réu pagar integralmente no prazo de 15 dias ou de nada fazer e permitir, com sua inércia, a constituição do título executivo judicial. Se houver embargos, o réu irá, então, sujeitar-se ao regime geral, perdendo o incentivo legal de honorários reduzidos. Observa-se, além disso, uma outra regra de incentivo: cumprida a obrigação espontaneamente, o réu não pagará custas processuais. A regra de incentivo pode estimular o réu a pagar espontaneamente, mas impede que o autor tenha seu direito satisfeito integralmente, pois não será ressarcido do valor das custas processuais antecipadamente por ele recolhido.

**11. Inércia do réu e constituição do título executivo judicial.** Expedido o mandado monitório e escoado o prazo sem que haja pagamento ou oposição de embargos pelo réu, constitui-se de pleno direito o título executivo judicial. A inércia do réu acarreta, enfim, a constituição de um título executivo judicial. O simples escoamento do prazo é suficiente para acarretar a constituição do título executivo. Embora não haja formalidade para a constituição, é comum que haja um ato judicial declaratório: o juiz declara que houve a constituição do título executivo judicial. Tal ato judicial é considerado um despacho, sendo irrecorrível.

**12. Irrecorribilidade do ato de conversão.** *"O ato judicial de conversão do mandado monitório em executivo, ante a ausência de pagamento pelo devedor e a não oposição de embargos monitórios, não possui conteúdo decisório. Portanto incabível o recurso de apelação diante da sua irrecorribilidade"* (STJ, 3ª Turma, AgInt no AREsp 1.614.229/SP, rel. Min. Moura Ribeiro, *DJe* 1º.07.2020).

1079

**13. Remessa necessária.** Proposta ação monitória contra a Fazenda Pública e expedido o mandado de cumprimento, de pagamento ou de entrega da coisa, mas escoado o prazo sem manifestação sua, o juiz deverá determinar a remessa necessária ao tribunal para que reexamine sua ordem, sendo certo que as hipóteses previstas nos §§ 3º e 4º do art. 496 são plenamente aplicáveis. Assim, se o valor postulado for inferior às faixas previstas no § 3º do art. 496, ou se houver súmula ou precedente, tal como previsto em seu § 4º, não haverá remessa necessária.

**14. Estabilidade processual e cabimento de ação rescisória.** Constituído o título executivo judicial pela inércia do réu, terá início a fase executiva da ação monitória, com a instauração do cumprimento de sentença. A constituição do título é situação que se estabiliza, não podendo mais ser revista. No cumprimento de sentença o executado somente pode alegar, em sua impugnação, as matérias previstas no § 1º do art. 525 ou, tratando-se de Fazenda Pública, aquelas relacionadas no art. 535. Tudo que poderia ser alegado nos embargos monitórios é alcançado pela preclusão, não podendo mais ser objeto de defesa do réu. Há, enfim, uma estabilização da situação, somente podendo essa estabilidade ser quebrada ou desconstituída por ação rescisória.

---

**Art. 702.** Independentemente de prévia segurança do juízo, o réu poderá opor, nos próprios autos, no prazo previsto no art. 701, embargos à ação monitória.

§ 1º Os embargos podem se fundar em matéria passível de alegação como defesa no procedimento comum.

§ 2º Quando o réu alegar que o autor pleiteia quantia superior à devida, cumprir-lhe-á declarar de imediato o valor que entende correto, apresentando demonstrativo discriminado e atualizado da dívida.

§ 3º Não apontado o valor correto ou não apresentado o demonstrativo, os embargos serão liminarmente rejeitados, se esse for o seu único fundamento, e, se houver outro fundamento, os embargos serão processados, mas o juiz deixará de examinar a alegação de excesso.

§ 4º A oposição dos embargos suspende a eficácia da decisão referida no *caput* do art. 701 até o julgamento em primeiro grau.

§ 5º O autor será intimado para responder aos embargos no prazo de 15 (quinze) dias.

§ 6º Na ação monitória admite-se a reconvenção, sendo vedado o oferecimento de reconvenção à reconvenção.

§ 7º A critério do juiz, os embargos serão autuados em apartado, se parciais, constituindo-se de pleno direito o título executivo judicial em relação à parcela incontroversa.

§ 8º Rejeitados os embargos, constituir-se-á de pleno direito o título executivo judicial, prosseguindo-se o processo em observância ao disposto no Título II do Livro I da Parte Especial, no que for cabível.

§ 9º Cabe apelação contra a sentença que acolhe ou rejeita os embargos.

§ 10. O juiz condenará o autor de ação monitória proposta indevidamente e de má-fé ao pagamento, em favor do réu, de multa de até dez por cento sobre o valor da causa.

§ 11. O juiz condenará o réu que de má-fé opuser embargos à ação monitória ao pagamento de multa de até dez por cento sobre o valor atribuído à causa, em favor do autor.

▶ **1. Correspondência no CPC/1973.** *"Art. 1.102-C. No prazo previsto no art. 1.102-B, poderá o réu oferecer embargos, que suspenderão a eficácia do mandado inicial. Se os embargos não forem opostos, constituir-se-á, de pleno direito, o título executivo judicial, convertendo-se o mandado inicial em mandado executivo e prosseguindo-se na forma do Livro I, Título VIII, Capítulo X, desta Lei. § 1º Cumprindo o réu o mandado, ficará isento de custas e honorários advocatícios. § 2º Os embargos independem de prévia segurança do juízo e serão processados nos próprios autos, pelo procedimento ordinário. § 3º Rejeitados os embargos, constituir-se-á, de pleno direito, o título executivo judicial, intimando-se o devedor e prosseguindo-se na forma prevista no Livro I, Título VIII, Capítulo X, desta Lei."*

⚖ **Jurisprudência, Enunciados e Súmulas Selecionados**

- **2. Súmula STJ, 292.** *"A reconvenção é cabível na ação monitória, após a conversão do procedimento em ordinário."*

- **3. Enunciado 134 da II Jornada-CJF.** *"A apelação contra a sentença que julga improcedentes os embargos ao mandado monitório não é dotada de efeito suspensivo automático (art. 702, § 4º, e 1.012, § 1º, V, CPC)."*

▤ **Comentários Temáticos**

**4. Natureza jurídica dos embargos monitórios.** A doutrina controvertia-se sobre a natureza jurídica dos embargos monitórios. De um lado, havia quem sustentava ser uma demanda

**LIVRO I · DO PROCESSO DE CONHECIMENTO E DO CUMPRIMENTO DE SENTENÇA** — **Art. 702**

incidental, a exemplo dos embargos à execução, não revestindo o cariz de contestação. Por outro lado, despontava entendimento no sentido de os embargos monitórios terem natureza de contestação. O STJ posicionou-se para afirmar que é cabível reconvenção na ação monitória. Ora, se é cabível a reconvenção na ação monitória, é porque os embargos ostentam feição de contestação.

**5. Natureza de contestação.** *"os embargos na ação monitória não têm 'natureza jurídica de ação', mas se identificam com a contestação"* (STJ, 2ª Seção, REsp 222.937/SP, rel. Min. Nancy Andrighi, *DJ* 2.02.2004, p. 265; STJ, 3ª Turma, REsp 1.713.099/SP, rel. Min. Nancy Andrighi, *DJe* 12.04.2019).

**6. Custas.** *"Os embargos à monitória têm natureza jurídica de defesa, motivo pelo qual a exigência do recolhimento de custas iniciais é descabida"* (STJ, 3ª Turma, REsp 1.265.509/SP, rel. Min. João Otávio de Noronha, *DJe* 27.03.2015).

**7. Eficácia.** Os embargos suspendem a eficácia da decisão liminar que deferiu a expedição do mandado monitório, até o julgamento em primeiro grau de jurisdição. Para isso, é preciso, porém, que os embargos sejam admissíveis. Quando o réu alegar que o autor pleiteia quantia superior à devida, cabe-lhe declarar, desde logo, o valor que entende correto, apresentando demonstrativo discriminado e atualizado da dívida. Não apontado o valor correto ou não apresentado o demonstrativo, os embargos serão liminarmente rejeitados, se esse for seu único fundamento. Nesse caso, a rejeição liminar dos embargos impede que eles produzam seus efeitos. Logo, não estará suspensa a eficácia da decisão liminar que determinou a expedição do mandado monitório, constituindo-se, de pleno direito, o título executivo judicial e dando-se início ao cumprimento de sentença. Se a obrigação for pecuniária, o cumprimento de sentença depende de provocação da parte (art. 513, § 1º). Sendo a obrigação de fazer, de não fazer ou de entregar coisa, não há necessidade de provocação da parte, podendo iniciar-se de ofício (arts. 536 e 538).

**8. Embargos parciais.** Caso os embargos forem parciais, será constituído de pleno direito o título executivo quanto à parte incontroversa, já se podendo ter início a fase de cumprimento de sentença.

**9. Procedimento.** Admitidos os embargos, instaura-se o procedimento comum, adotando-se todas as normas a ele pertinentes. A fase inicial, de cognição sumária, do procedimento monitório é encerrada, dando-se início à fase do procedimento comum. E, então, tudo que diz respeito ao procedimento comum é aplicável.

**10. Reconvenção.** Os embargos, cuja natureza é de contestação, instaura o procedimento comum. Nos embargos, é possível ser deduzida reconvenção. Segundo anotado em precedente do STJ, admite-se, nos embargos monitórios, a formulação de denunciação da lide.

**11. Vedação à reconvenção sucessiva.** Não se admite, na ação monitória, reconvenção sucessão, ou seja, reconvenção à reconvenção. Assim, o réu pode, na ação monitória, reconvir ao autor. O autor poderá, na ação monitória, contestar a reconvenção, mas não propor uma nova reconvenção, que seria uma reconvenção à reconvenção.

**12. Denunciação da lide.** *"Com a oposição dos embargos pelo réu em ação monitória, cessa a fase de cognição sumária, ordinarizando-se o rito procedimental. 2. Faz-se possível a denunciação da lide em sede de embargos à monitória ante eventual direito regressivo por obrigação legal ou contratual"* (STJ, 4ª Turma, REsp 751.450/SP, rel. Min. João Otávio de Noronha, *DJe* 22.02.2010).

**13. Conteúdo.** Os embargos podem fundar-se em qualquer matéria passível de alegação como defesa no procedimento comum.

**14. *Exceptio declinatoria quanti.*** Em seus embargos monitórios, o réu pode alegar que o autor pleiteia quantia superior à devida. Ao fazê-lo, deverá demonstrar em que consiste o excesso postulado. Caso não se desincumba desse ônus, seus embargos serão liminarmente rejeitados, já se constituindo o título executivo judicial em seu desfavor. Havendo outras alegações além da de excesso da postulação, essa última não será apreciada se não houver a demonstração do valor que seria o correto, prosseguindo-se o exame dos embargos nos demais pontos.

**15. Decisão.** Com o ajuizamento dos embargos monitórios, o procedimento passa a ser comum, vindo ao final a ser extinto por sentença. O juiz pode extinguir o processo sem resolução do mérito, se os embargos suscitarem alguma das questões previstas no art. 337. É igualmente possível que o juiz conheça, de ofício, de uma dessas questões, devendo, em tal hipótese, instaurar o contraditório com as partes (art. 10). Também é possível que haja julgamento de mérito, vindo os embargos a ser acolhidos ou rejeitados. O acolhimento dos embargos pode implicar rejeição total da pretensão do autor ou apenas redução no valor cobrado. No caso de obrigação de fazer, o acolhimento dos embar-

1081

gos pode implicar a conversão da obrigação em perdas e danos, haja vista o reconhecimento da impossibilidade do cumprimento da obrigação. Sua rejeição acarretará a constituição de título executivo judicial, com posterior instauração de cumprimento de sentença.

**16. Julgamento antecipado parcial do mérito.** Como se trata de procedimento comum, é possível que haja julgamento antecipado parcial do mérito (art. 356). Nesse caso, haverá cisão do julgamento: a parte antecipada será julgada por decisão interlocutória e a sobejante, por sentença.

**17. Recurso.** A extinção do processo sem resolução do mérito, o acolhimento ou a rejeição dos embargos monitórios, enfim, qualquer um desses resultados estará contido numa sentença, da qual cabe apelação (art. 1.009). A apelação, em qualquer desses casos, não terá efeito suspensivo automático, pois os embargos somente têm efeito suspensivo até o julgamento em primeiro grau de jurisdição. No caso de julgamento antecipado parcial do mérito (art. 356), a parte antecipada será julgada por decisão interlocutória, da qual cabe agravo de instrumento (art. 356, § 5º) e a sobejante, por sentença, da qual cabe apelação (art. 1.009), sem efeito suspensivo automático.

**18. Ação monitória no caso em que há convenção de arbitragem.** A ação monitória deve fundar-se numa prova escrita. Essa prova escrita pode ser um contrato, em cujo conteúdo haja uma convenção de arbitragem. Se o credor propuser ação monitória e o réu não embargar, estará constituído de pleno direito o título executivo judicial, tendo havido renúncia ao juízo arbitral. Também é possível que o réu embargue, mas não alegue a convenção de arbitragem. Nesse caso, terá, de igual modo, havido renúncia ao juízo arbitral, convertendo-se o procedimento monitório em procedimento comum. A ação monitória é processo de conhecimento. Os embargos monitórios ostentam cariz de contestação. Não se aplica à ação monitória a lógica da ação de execução. Nesta, a execução tramita perante o Judiciário e os embargos, no tocante às questões de direito material, devem ser ajuizados perante o tribunal arbitral. Se a ação monitória for proposta no Judiciário, será lá totalmente processada, desde que o réu não alegue a convenção de arbitragem e o juiz não acolha tal alegação.

**19. Desistência da ação monitória e dos embargos.** Enquanto não apresentada a contestação. pelo réu, o autor poderá, unilateralmente, desistir da ação (art. 485, § 4º). A partir de tal momento, ou seja, depois da contestação, o autor somente poderá desistir da ação, se contar com a concordância do réu. A desistência somente pode ser manifestada até a sentença (art. 485, § 5º). A discordância do réu há de ser motivada, pois a não aceitação da desistência, sem qualquer justificativa plausível, constitui inaceitável abuso de direito. Decorrido o prazo de resposta, e tornando-se revel o réu, o autor pode desistir da ação sem precisar da sua concordância. Na execução, o exequente pode desistir de toda a execução ou de apenas alguma medida executiva (art. 775). A desistência extingue a execução, bem como a impugnação e os embargos que versarem apenas sobre questões processuais, pagando o exequente as custas e os honorários de advogado. Nos demais casos, a extinção da execução dependerá da concordância do impugnante ou do embargante (art. 775, parágrafo único). Na ação monitória, a sua desistência segue as regras do processo de conhecimento. É que os embargos têm natureza de contestação, não tendo a autonomia dos embargos à execução. Assim, opostos os embargos monitórios, a desistência da ação depende da concordância do réu, independentemente do conteúdo dos embargos. A recusa do réu há, porém, de ser fundamentada.

**20. Fase executiva da ação monitória.** Constituído o título executivo judicial, seja pela rejeição dos embargos monitórios, seja pela inércia do réu, dá-se a instauração do cumprimento de sentença. O cumprimento da sentença para pagamento de quantia certa depende de provocação da parte (art. 513, § 1º). Já no cumprimento da sentença que imponha prestação de fazer, não fazer ou de entregar coisa, não há necessidade de provocação da parte, podendo iniciar-se de ofício (arts. 536 e 538). No cumprimento de sentença, a defesa do executado é limitada às matérias previstas no § 1º do art. 525. O título executivo é *judicial*, não se permitindo amplitude de defesa pelo executado.

**21. Emenda à inicial após a oposição de embargos monitórios.** *"Segundo a jurisprudência desta Corte, em homenagem aos princípios da efetividade do processo, da economia processual e da instrumentalidade das formas, admite-se a emenda à petição inicial mesmo após a contestação quando tal diligência não ensejar a modificação do pedido ou da causa de pedir. Precedentes. 8. Em ação de conhecimento com rito monitório, é admissível a emenda à inicial, mesmo após a oposição de embargos monitórios"* (STJ, 3ª Turma, REsp 1.981.633/TO, rel. Min. Nancy Andrighi, *DJe* 23.06.2022).

# CAPÍTULO XII
## DA HOMOLOGAÇÃO DO PENHOR LEGAL

**Art. 703.** Tomado o penhor legal nos casos previstos em lei, requererá o credor, ato contínuo, a homologação.

§ 1º Na petição inicial, instruída com o contrato de locação ou a conta pormenorizada das despesas, a tabela dos preços e a relação dos objetos retidos, o credor pedirá a citação do devedor para pagar ou contestar na audiência preliminar que for designada.

§ 2º A homologação do penhor legal poderá ser promovida pela via extrajudicial mediante requerimento, que conterá os requisitos previstos no § 1º deste artigo, do credor a notário de sua livre escolha.

§ 3º Recebido o requerimento, o notário promoverá a notificação extrajudicial do devedor para, no prazo de 5 (cinco) dias, pagar o débito ou impugnar sua cobrança, alegando por escrito uma das causas previstas no art. 704, hipótese em que o procedimento será encaminhado ao juízo competente para decisão.

§ 4º Transcorrido o prazo sem manifestação do devedor, o notário formalizará a homologação do penhor legal por escritura pública.

▶ **1. Correspondência no CPC/1973.** *"Art. 874. Tomado o penhor legal nos casos previstos em lei, requererá o credor, ato contínuo, a homologação. Na petição inicial, instruída com a conta pormenorizada das despesas, a tabela dos preços e a relação dos objetos retidos, pedirá a citação do devedor para, em 24 (vinte e quatro) horas, pagar ou alegar defesa. Parágrafo único. Estando suficientemente provado o pedido nos termos deste artigo, o juiz poderá homologar de plano o penhor legal."*

## ⚖ LEGISLAÇÃO CORRELATA

**2. CC, art. 1.467.** *"Art. 1.467. São credores pignoratícios, independentemente de convenção: I – os hospedeiros, ou fornecedores de pousada ou alimento, sobre as bagagens, móveis, joias ou dinheiro que os seus consumidores ou fregueses tiverem consigo nas respectivas casas ou estabelecimentos, pelas despesas ou consumo que aí tiverem feito; II – o dono do prédio rústico ou urbano, sobre os bens móveis que o rendeiro ou inquilino tiver guarnecendo o mesmo prédio, pelos aluguéis ou rendas."*

**3. CC, art. 1.468.** *"Art. 1.468. A conta das dívidas enumeradas no inciso I do artigo antecedente será extraída conforme a tabela impressa, prévia e ostensivamente exposta na casa, dos preços de hospedagem, da pensão ou dos gêneros fornecidos, sob pena de nulidade do penhor."*

**4. CC, art. 1.469.** *"Art. 1.469. Em cada um dos casos do art. 1.467, o credor poderá tomar em garantia um ou mais objetos até o valor da dívida."*

**5. CC, art. 1.470.** *"Art. 1.470. Os credores, compreendidos no art. 1.467, podem fazer efetivo o penhor, antes de recorrerem à autoridade judiciária, sempre que haja perigo na demora, dando aos devedores comprovante dos bens de que se apossarem."*

**6. CC, art. 1.471.** *"Art. 1.471. Tomado o penhor, requererá o credor, ato contínuo, a sua homologação judicial."*

## ⚖ JURISPRUDÊNCIA, ENUNCIADOS E SÚMULAS SELECIONADOS

- **7. Enunciado 73 do FPPC.** *"No caso de homologação do penhor legal promovida pela via extrajudicial, incluem-se nas contas do crédito as despesas com o notário, constantes do § 2º do art. 703."*

## 📖 COMENTÁRIOS TEMÁTICOS

**8. Natureza jurídica.** A homologação do penhor legal é procedimento especial de jurisdição voluntária, com nítida característica cautelar, pois é medida destinada a assegurar a efetividade de futura demanda de cobrança.

**9. Petição inicial.** O procedimento instaura-se pela propositura de demanda, concretizada por petição inicial que preencha os requisitos dos arts. 319 e 320. O autor não precisa, em sua petição inicial, manifestar opção pela realização ou não de audiência de conciliação ou de mediação (art. 319, VII; art. 334), pois já haverá designação de audiência preliminar, que é ato integrante do procedimento da homologação do penhor legal.

**10. Documentos indispensáveis.** São indispensáveis à propositura da demanda (art. 320) os documentos mencionados no § 1º do art. 703. No caso de hospedeiros, ou fornecedores de pousada ou alimentos, a conta das dívidas será extraída conforme a tabela impressa, prévia e ostensivamente exposta na causa, dos preços de hospedagem, da pensão ou dos gêneros fornecidos (CC, art. 1.468). Tratando-se

# Art. 704

**CÓDIGO DE PROCESSO CIVIL COMENTADO** – *Leonardo Carneiro da Cunha*

de penhor legal realizado pelo locador, o contrato de locação é documento indispensável à propositura da demanda.

**11. Prazo para propositura.** Tomado o penhor legal, o credor deve, *"ato contínuo"*, requerer a homologação (CC, art. 1.471; CPC, art. 703). A ação deve ser proposta com brevidade, mas não há previsão específica de prazo. Diante da natureza cautelar da medida, aplica-se o art. 308, sendo, então, de 30 dias o prazo para propositura da ação de homologação de penhor legal, contado a partir do ato do credor de tomar os bens do devedor em garantia.

**12. Fase inicial do procedimento.** Admitida a petição inicial, o réu será citado para comparecer à audiência preliminar, a fim de pagar ou apresentar defesa.

**13. Audiência preliminar.** A audiência preliminar da homologação do penhor legal não se confunde a prevista no art. 334. O autor, por isso mesmo, não precisa manifestar opção por sua realização (art. 319, VII), nem pode dizer que deseja dispensá-la. De igual modo, o réu não pode dizer que deseja dispensá-la (art. 334, § 4º, I, e § 5º). Não comparecendo, o réu será considerado revel, não caracterizando sua ausência ato atentatório à dignidade da jurisdição nem sendo devida a multa por tal ausência (art. 334, § 8º).

**14. Homologação extrajudicial do penhor legal.** Em vez de propor, desde logo, a ação judicial, o credor pode optar pela via extrajudicial, dirigindo-se a notário de sua escolha para obtenção da homologação do penhor legal. Nesse caso, o credor requer ao notário que notifique o devedor para se manifestar em prazo breve, sob pena de se constituído o penhor legal.

**15. Manifestação do devedor na via extrajudicial.** Se o devedor, notificado extrajudicialmente, contestar a pretensão do credor, o procedimento mantido junto ao notário será encaminhado ao Judiciário, a fim de que lá seja proferida decisão a seu respeito. Por já haver contestação do réu, não haverá, nesse caso, audiência preliminar.

**16. Homologação extrajudicial.** Se o devedor, notificado extrajudicialmente, não contestar a pretensão do credor, o notário formalizará a homologação do penhor legal mediante escritura pública.

**17. Coisa julgada.** A homologação extrajudicial do penhor legal não produz coisa julgada, podendo ser questionada judicialmente pelo devedor ou por qualquer parte legítima que seja juridicamente interessada na questão.

---

**Art. 704.** A defesa só pode consistir em:

I – nulidade do processo;

II – extinção da obrigação;

III – não estar a dívida compreendida entre as previstas em lei ou não estarem os bens sujeitos a penhor legal;

IV – alegação de haver sido ofertada caução idônea, rejeitada pelo credor.

▶ **1. Correspondência no CPC/1973.** *"Art. 875. A defesa só pode consistir em: I – nulidade do processo; II – extinção da obrigação; III – não estar a dívida compreendida entre as previstas em lei ou não estarem os bens sujeitos a penhor legal."*

## 🏛 Legislação Correlata

**2. CC, art. 1.472.** *"Art. 1.472. Pode o locatário impedir a constituição do penhor mediante caução idônea."*

## ⚖ Jurisprudência, Enunciados e Súmulas Selecionados

• **3. Enunciado 74 do FPPC.** *"No rol do art. 704, que enumera as matérias de defesa da homologação do penhor legal, deve-se incluir a hipótese do art. 1.468 do Código Civil, não tendo o CPC revogado o citado dispositivo."*

## 🗐 Comentários Temáticos

**4. Conteúdo da contestação.** O réu, na homologação do penhor legal, somente pode alegar as matérias relacionadas no art. 704. A expressão *nulidade do processo*, contida no inciso I, deve ser compreendida como abrangente de qualquer matéria processual (art. 337). A previsão do inciso II refere-se somente a *fatos extintivos* da obrigação, não abrangendo fatos impeditivos ou modificativos: estes devem ser discutidos em procedimento de cognição ampla, e não na homologação do penhor legal. Em razão do inciso III, o réu pode alegar que a dívida é de *natureza diversa* daquelas que autorizam o penhor legal (CC, art. 1.467) ou que os bens tomados em penhor legal são *impenhoráveis* para futura execução da dívida (CPC, art. 833). Pelo inciso IV, o réu pode, na contestação, oferecer caução idônea, a fim de liberar os bens tomados pelo credor do penhor legal (CC, art. 1.472).

**5. Cognição vertical.** Na homologação do penhor legal, a cognição, no plano vertical, é exauriente, sendo apta a produzir coisa julgada. O reconhecimento da extinção da obrigação

**LIVRO I ·** DO PROCESSO DE CONHECIMENTO E DO CUMPRIMENTO DE SENTENÇA · **Art. 706**

(art. 704, II) é alcançado pela imutabilidade e indiscutibilidade da coisa julgada.

**6. Cognição horizontal.** No plano horizontal, a cognição, na homologação de penhor legal, é *limitada*, pois a lei *restringe* as matérias que podem ser alegadas na defesa do réu, de sorte que este último somente pode alegar vícios no processo judicial, extinção da obrigação, impossibilidade de o caso sujeitar-se a penhor legal ou oferecimento de caução idônea recusada pelo credor. Nada mais pode ser alegado nem discutido. Qualquer outra questão, ponto, assunto, matéria que se pretenda discutir deve ser remetida às vias ordinárias, em procedimento que contenha cognição ampla no plano horizontal.

---

**Art. 705.** A partir da audiência preliminar, observar-se-á o procedimento comum.

▸ **1. Sem correspondência no CPC/1973.**

**☰ COMENTÁRIOS TEMÁTICOS**

**2. Observância do procedimento comum.** Concluída a audiência preliminar ou remetido o procedimento pelo notário, caso o réu tenha apresentado contestação na homologação extrajudicial de penhor legal, passará a ser adotado o procedimento comum. Ocorrida a audiência no procedimento judicial ou apresentada contestação no extrajudicial, a sequência de atos será a mesma.

**3. Saneamento e organização do processo.** O juiz deve aplicar o art. 357, a fim de sanear e organizar o processo.

**4. Produção de provas.** Se for necessária a produção adicional de provas, o juiz deverá determinar sua realização.

**5. Crítica à previsão normativa.** A submissão ao procedimento comum torna o rito da homologação de penhor legal pouco ágil e inadequado aos seus fins. Poderia o procedimento ser bem mais abreviado. É possível, de todo modo, haver adequações procedimentais, por iniciativa do juiz, por negócios processuais entre as partes (art. 190) ou, ainda, mediante o estabelecimento de calendário (art. 191).

---

**Art. 706.** Homologado judicialmente o penhor legal, consolidar-se-á a posse do autor sobre o objeto.

§ 1º Negada a homologação, o objeto será entregue ao réu, ressalvado ao autor o direito de cobrar a dívida pelo procedimento comum, salvo se acolhida a alegação de extinção da obrigação.

§ 2º Contra a sentença caberá apelação, e, na pendência de recurso, poderá o relator ordenar que a coisa permaneça depositada ou em poder do autor.

▸ **1. Correspondência no CPC/1973.** *"Art. 876. Em seguida, o juiz decidirá; homologando o penhor, serão os autos entregues ao requerente 48 (quarenta e oito) horas depois, independentemente de traslado, salvo se, dentro desse prazo, a parte houver pedido certidão; não sendo homologado, o objeto será entregue ao réu, ressalvado ao autor o direito de cobrar a conta por ação ordinária."*

**☰ COMENTÁRIOS TEMÁTICOS**

**2. Decisão final.** O juiz pode, ao final do procedimento, extinguir o processo sem resolução do mérito, rejeitar a homologação ou, então, homologar o penhor legal.

**3. Ação dúplice.** A ação de homologação de penhor legal tem natureza dúplice: a extinção do processo sem resolução do mérito ou o julgamento de improcedência do pedido do autor configura um julgamento de procedência em favor do réu, ainda que este não tenha formulado qualquer pedido contraposto ou reconvencional. Nesse caso, a sentença produzirá o efeito anexo de impor ao autor que restitua ao réu os seus bens, mesmo que este não tenha pedido isso em sua contestação.

**4. Homologação.** O ato judicial que homologa o penhor legal é uma sentença, que acolhe o pedido do autor, da qual cabe apelação.

**5. Eficácia da sentença.** A apelação interposta contra a sentença homologatória tem efeito suspensivo automático (art. 1.012), o que implicaria a suspensão do penhor legal, devendo o autor entregar os bens ao réu. O relator pode, entretanto, afastar esse efeito suspensivo automático e manter os bens na posse do autor, diante da homologação do penhor legal.

**6. Natureza da sentença.** A sentença homologatória do penhor legal é constitutiva, estabelecendo, criando, constituindo, efetivamente, o penhor. A homologação constitui o penhor e consolida a posse do autor sobre os bens do devedor. No caso de o juiz extinguir o processo sem resolução do mérito ou julgar improcedente o pedido do autor, a sentença, além de declaratória (como o é toda sentença extintiva ou de improcedência), será também executiva, impondo ao autor a restituição do bem ao réu.

**7. Cobrança da dívida.** Negada a homologação, o autor poderá promover a cobrança da dívida. Embora o art. 706 mencione o *procedimento comum*, o autor pode promover execução, se houver título executivo, por exemplo, no caso da locação (art. 784, VIII), que é hipótese autorizativa do penhor legal (CC, art. 1.467, II; CPC, art. 703, § 1º). No caso de ser acolhido o pedido e homologado o penhor legal, o autor deve também promover a cobrança da dívida. O penhor é uma garantia, não acarretando o pagamento ou a extinção da obrigação. Em razão da natureza cautelar do penhor legal, transitada em julgado a sentença homologatória, o autor deverá promover a cobrança da dívida no prazo de 30 dias (art. 308), sob pena de a sentença homologatória perder sua eficácia e o devedor reaver seus bens (art. 309, I).

**8. Coisa julgada.** Se o juiz acolher a alegação do réu de extinção da obrigação (art. 704, II) e negar a homologação, a declaração de extinção da obrigação fará coisa julgada e impedirá a cobrança da dívida, seja pela via cognitiva, seja pela via executiva.

## CAPÍTULO XIII
## DA REGULAÇÃO
## DE AVARIA GROSSA

> **Art. 707.** Quando inexistir consenso acerca da nomeação de um regulador de avarias, o juiz de direito da comarca do primeiro porto onde o navio houver chegado, provocado por qualquer parte interessada, nomeará um de notório conhecimento.

▶ **1. Correspondência no CPC/1973.** *"Art. 1.218. Continuam em vigor até serem incorporados nas leis especiais os procedimentos regulados pelo Decreto-lei nº 1.608, de 18 de setembro de 1939, concernentes: (...) às avarias (arts. 765 a 768)."*

🗒 **Legislação Correlata**

**2. Dispositivo correspondente no CPC/1939.** *"Art. 765. O capitão, antes de abrir as escotilhas do navio, poderá exigir dos consignatários da carga que caucionem o pagamento da avaria, a que suas respectivas mercadorias foram obrigadas no rateio da contribuição comum. Recusando-se os consignatários a prestar a caução, o capitão poderá requerer depósito judicial dos efeitos obrigados à contribuição, ficando o preço da venda sub-rogado para com ele efetuar-se o pagamento da avaria comum, logo que se proceda ao rateio."*

⚖ **Jurisprudência, Enunciados e Súmulas Selecionados**

• **3. Enunciado 75 do FPPC.** *"No mesmo ato em que nomear o regulador da avaria grossa, o juiz deverá determinar a citação das partes interessadas."*

🗐 **Comentários Temáticos**

**4. Avarias marítimas.** No transporte marítimo de carga, a avaria compreende tanto os danos diretamente ocasionados à carga e ao navio como as despesas extraordinárias em favor da carga ou do navio. Há, então, dois tipos de avarias: (a) a simples ou particular; e, (b) a grossa ou comum.

**5. Avaria particular.** A avaria particular ou simples decorre, geralmente, de um caso fortuito ou de força maior, sendo suportada exclusivamente por quem as sofreu.

**6. Exemplos de avaria particular.** O art. 766 do CCo relaciona exemplos de avaria particular. Trata-se de rol exemplificativo, e não exaustivo. *"Art. 766. São avaria simples e particulares: 1. o dano acontecido às fazendas por borrasca, presa, naufrágio, ou encalhe fortuito, durante a viagem, e as despesas feitas para as salvar; 2. a perda de cabos, amarras, âncoras, velas e mastros, causada por borrasca ou outro acidente do mar; 3. as despesas de reclamação, sendo o navio e fazendas reclamadas separadamente; 4. o conserto particular de vasilhas, e as despesas feitas para conservar os efeitos avariados; 5. o aumento de frete e despesa de carga e descarga; quando declarado o navio inavegável, as fazendas são levadas ao lugar do destino por um ou mais navios (art. 614)."*

**7. Procedimento comum.** A avaria simples ou particular acarreta demanda judicial em que se discute a responsabilidade civil do transportador marítimo. Trata-se de demanda submetida ao procedimento comum, não estando abrangida pelo procedimento especial da regulação de avaria grossa.

**8. Avaria grossa.** A avaria grossa ou comum decorre, necessariamente, de um ato de vontade do comandante do navio ou embarcação em um momento de real perigo, ato esse praticado para evitar um dano maior ao navio e à sua carga.

**9. Exemplos de avaria grossa.** O art. 764 do CCo relaciona alguns exemplos de avaria grossa. *"Art. 764. São avarias grossas: 1 – Tudo o que se dá ao inimigo, corsário ou pirata por composição ou a título de resgate do navio e fazendas, conjunta ou separadamente. 2 – As coisas alijadas para salvação comum. 3 – Os cabos, mastros, ve-*

**LIVRO I** · DO PROCESSO DE CONHECIMENTO E DO CUMPRIMENTO DE SENTENÇA **Art. 707**

*las e outros quaisquer aparelhos deliberadamente cortados, ou partidos por força de vela para salvação do navio e carga. 4 – As âncoras, amarras e quaisquer outras coisas abandonadas para salvamento ou benefício comum. 5 – Os danos causados pelo alijamento às fazendas restantes a bordo. 6 – Os danos feitos deliberadamente ao navio para facilitar a evacuação d'água e os danos acontecidos por esta ocasião à carga. 7 – O tratamento, curativo, sustento e indenizações da gente da tripulação ferida ou mutilada defendendo o navio. 8 – A indenização ou resgate da gente da tripulação mandada ao mar ou à terra em serviço do navio e da carga, e nessa ocasião aprisionada ou retida. 9 – As soldadas e sustento da tripulação durante arribada forçada. 10 – Os direitos de pilotagem, e outros de entrada e saída num porto de arribada forçada. 11 – Os aluguéis de armazéns em que se depositem, em porto de arribada forçada, as fazendas que não puderem continuar a bordo durante o conserto do navio. 12 – As despesas da reclamação do navio e carga feitas conjuntamente pelo capitão numa só instância, e o sustento e soldadas da gente da tripulação durante a mesma reclamação, uma vez que o navio e carga sejam relaxados e restituídos. 13 – Os gastos de descarga, e salários para aliviar o navio e entrar numa barra ou porto, quando o navio é obrigado a fazê-lo por borrasca, ou perseguição de inimigo, e os danos acontecidos às fazendas pela descarga e recarga do navio em perigo. 14 – Os danos acontecidos ao corpo e quilha do navio, que premeditadamente se faz varar para prevenir perda total, ou presa do inimigo. 15 – As despesas feitas para pôr a nado o navio encalhado, e toda a recompensa por serviços extraordinários feitos para prevenir a sua perda total, ou presa. 16 – As perdas ou danos sobrevindos às fazendas carregadas em barcas ou lanchas, em consequência de perigo. 17 – As soldadas e sustento da tripulação, se o navio depois da viagem começada é obrigado a suspendê-la por ordem de potência estrangeira, ou por superveniência de guerra; e isto por todo o tempo que o navio e carga forem impedidos. 18 – O prêmio do empréstimo a risco, tomado para fazer face a despesas que devam entrar na regra de avaria grossa. 19 – O prêmio do seguro das despesas de avaria grossa, e as perdas sofridas na venda da parte da carga no porto de arribada forçada para fazer face às mesmas despesas. 20 – As custas judiciais para regular as avarias, e fazer a repartição das avarias grossas. 21 – As despesas de uma quarentena extraordinária."*

**10.** **Procedimento especial de regulação da avaria grossa.** Se os interessados estiverem de acordo quanto à escolha de um regulador con-

tratado para estabelecer a extensão do dano e a parcela de contribuição que cabe a cada um deles, a regulação da avaria grossa será feita extrajudicialmente. Não havendo consenso entre os interessados, deve ser instaurado, por qualquer um deles, o procedimento especial de regulação de avaria grossa, com a finalidade de apuração do dano, recebimento das contribuições e repartição dessas a quem deva receber. A demanda tem, portanto, o propósito de assegurar a contribuição de cada um dos interessados, que deverão prestar caução, cujo valor, se não houver consenso, será arbitrado pelo juiz. A demanda também tem o propósito de indenizar quem tiver esse direito, conforme apuração a ser feita pelo regulador de avarias.

**11.** **Exemplo clássico de distinção entre avaria simples e avaria grossa.** É relevante a distinção entre avaria simples e avaria grossa. Há um exemplo clássico que ajuda a entender a distinção. Assim o explica Nelson Cavalcante e Silva Filho: *"Exemplo clássico de distinção entre avaria simples e avaria grossa é o caso do incêndio a bordo. Apurados os danos, verifica-se que parte do navio e da carga foram danificados pelo fogo e parte pela água lançada para combatê-lo. As parcelas da carga e do navio danificadas pelo fogo se enquadram entre as avarias simples. O prejuízo causado às partes do navio e da carga pela água, por ter sido esta lançada por ordem do comando do navio com o intuito de combater o fogo, um perigo real, para se evitar um dano maior, será objeto do rateio entre todos os interessados na aventura marítima (casco, carga e frete). Esse dano é denominado avaria grossa ou avaria comum e o procedimento de apuração do dano, recebimento das contribuições e repartição dessas a quem deva receber, dá-se o nome de regulação de avaria grossa."* (O projeto do novo Código de Processo Civil e o Direito Marítimo. *Revista de Processo*, São Paulo, v. 203, p. 198, jan. 2012).

**12.** **Elementos característicos da avaria grossa.** Configura-se a avaria grossa, se estiverem presentes os seguintes elementos: *(a)* origem voluntária, ou seja, precisa ser causada deliberadamente; *(b)* em benefício de todos os envolvidos e interessados no transporte marítimo de cargas (transportador marítimo e proprietários de cargas); *(c)* necessária para se evitar um mal maior; *(d)* a avaria deve ser plena e efetiva, evitando-se, de fato, o mal maior; *(e)* perigo real e iminente (o simples receio não induz avaria grossa); *(f)* ausência de responsabilidade prévia do transportador, ou seja, se o mal maior a se evitar foi culposamente causado pelo próprio

1087

# Art. 708

transportador marítimo, não se caracteriza a avaria grossa.

**13. Efeito da avaria grossa.** É a exoneração parcial de responsabilidade do transportador marítimo, pois os prejuízos serão repartidos entre os interessados, notadamente os proprietários, armadores e afretadores, bem como os proprietários de cargas e seguradores.

**14. Juízo e foro competentes.** O procedimento especial de regulação da avaria grossa é de competência da Justiça Estadual. O foro competente é o da comarca do primeiro porto onde o navio houver chegado.

**15. Legitimidade ativa.** O procedimento de regulação de avaria grossa pode ser requerido por qualquer interessado, que tanto pode ser aquele que se beneficiou como o que se prejudicou com a ocorrência da avaria grossa. O transportador, o proprietário da carga ou qualquer outro interessado, aí incluído o segurador, pode propor a demanda de regulação de avaria grossa.

**16. Legitimidade passiva.** Os demais interessados serão demandados na regulação de avaria grossa.

**17. Ação dúplice.** A regulação de avaria grossa é uma ação dúplice, pois qualquer um dos interessados pode propor a demanda, figurando os demais como réus. Qualquer interessado pode ser autor, sendo os demais réus.

---

**Art. 708.** O regulador declarará justificadamente se os danos são passíveis de rateio na forma de avaria grossa e exigirá das partes envolvidas a apresentação de garantias idôneas para que possam ser liberadas as cargas aos consignatários.

§ 1º A parte que não concordar com o regulador quanto à declaração de abertura da avaria grossa deverá justificar suas razões ao juiz, que decidirá no prazo de 10 (dez) dias.

§ 2º Se o consignatário não apresentar garantia idônea a critério do regulador, este fixará o valor da contribuição provisória com base nos fatos narrados e nos documentos que instruírem a petição inicial, que deverá ser caucionado sob a forma de depósito judicial ou de garantia bancária.

§ 3º Recusando-se o consignatário a prestar caução, o regulador requererá ao juiz a alienação judicial de sua carga na forma dos arts. 879 a 903.

§ 4º É permitido o levantamento, por alvará, das quantias necessárias ao pagamento das despesas da alienação a serem arcadas pelo consignatário, mantendo-se o saldo remanescente em depósito judicial até o encerramento da regulação.

---

► **1. Correspondência no CPC/1973.** *"Art. 1.218. Continuam em vigor até serem incorporados nas leis especiais os procedimentos regulados pelo Decreto-lei nº 1.608, de 18 de setembro de 1939, concernentes: (...) às avarias (arts. 765 a 768)."*

## 🔲 LEGISLAÇÃO CORRELATA

**2. Dispositivo correspondente no CPC/1939.** *"Art. 766. Nos prazos de 60 (sessenta) dias, se se tratar de embarcadores residentes no Brasil, e de 120 (cento e vinte), se de residentes no estrangeiro, contados do dia em que tiver sido requerida a caução de que trata o artigo antecedente, o armador fornecerá os documentos necessários ao ajustador para regular a avaria, sob pena de ficar sujeito aos juros de mora. O ajustador terá o prazo de um ano, contado da data da entrega dos documentos, para apresentar o regulamento da avaria, sob pena de desconto de dez por cento (10%) dos honorários, por mês de retardamento, aplicada pelo juiz, ex officio, e cobrável em selos, quando conclusos os autos para o despacho de homologação."*

## 🔳 COMENTÁRIOS TEMÁTICOS

**3. Exame prévio pelo regulador.** O regulador deve declarar, justificadamente, se os danos são realmente passíveis de rateio na forma de avaria grossa. Deve examinar se está caracterizada a avaria grossa, com a presença dos elementos que a configuram.

**4. Apresentação de garantias.** Apresentada a declaração de que o caso é de avaria grossa, os interessados devem oferecer garantias idôneas para que se liberem as cargas.

**5. Impugnação.** Quem discordar do regulador e entender que o caso não é de avaria grossa, deve apresentar sua impugnação. Não há previsão de prazo para tal impugnação. Logo, apresentada a declaração pelo regulador de que o caso é de avaria grossa, o juiz deve determinar a intimação dos interessados, estabelecendo prazo para impugnação (CPC, art. 218, § 1º). Não fixado pelo juiz, o prazo será de cinco dias (CPC, art. 218, § 3º). Estabelecido o prazo pelo juiz ou sendo de cinco dias, serão, na sua contagem, computados somente os dias úteis (CPC, art. 219).

**6. Recursos cabíveis.** Apresentada impugnação, se esta for rejeitada, cabe agravo de instrumento. Se o juiz acolher a impugnação e, assim, entender que não é caso de avaria grossa, deve extinguir o processo, caso em que caberá apelação.

**7. Preclusão da declaração de avaria grossa.** Se não houver impugnação ou se esta for

**LIVRO I · DO PROCESSO DE CONHECIMENTO E DO CUMPRIMENTO DE SENTENÇA** · **Art. 711**

rejeitada por decisão transitada em julgado, a declaração de avaria grossa irá precluir, não podendo mais ser revista.

> **Art. 709.** As partes deverão apresentar nos autos os documentos necessários à regulação da avaria grossa em prazo razoável a ser fixado pelo regulador.

▶ **1. Correspondência no CPC/1973.** *"Art. 1.218. Continuam em vigor até serem incorporados nas leis especiais os procedimentos regulados pelo Decreto-lei nº 1.608, de 18 de setembro de 1939, concernentes: (...) às avarias (arts. 765 a 768)."*

🏛 **LEGISLAÇÃO CORRELATA**

**2. Sem correspondência no CPC/1939.**

▣ **COMENTÁRIOS TEMÁTICOS**

**3. Apresentação de documentos e de outras provas.** As partes devem apresentar documentos necessários à regulação da avaria grossa. Além da prova documental, é possível que se produzam outras provas. O art. 369 garante a atipicidade dos meios de prova. Desde que lícito e moralmente legítimo, todo meio de prova deve ser admitido. Não há um rol taxativo dos meios de prova. O avanço tecnológico permite que, atualmente, fatos e incidentes da navegação sejam fotografados e filmados com facilidade. É possível provar o fato também por esses meios ou por quaisquer outros lícitos e moralmente legítimos.

**4. Ratificação do protesto marítimo.** O procedimento da regulação da avaria grossa pode ser precedido de *ratificação de protesto marítimo* ou de *processo testemunhável formado a bordo*, procedimento de jurisdição voluntária previsto nos arts. 766 a 770. A documentação do que foi registrado no *Diário da Navegação* pode ser relevante para a regulação da avaria grossa.

> **Art. 710.** O regulador apresentará o regulamento da avaria grossa no prazo de até 12 (doze) meses, contado da data da entrega dos documentos nos autos pelas partes, podendo o prazo ser estendido a critério do juiz.
>
> § 1º Oferecido o regulamento da avaria grossa, dele terão vista as partes pelo prazo comum de 15 (quinze) dias, e, não havendo impugnação, o regulamento será homologado por sentença.
>
> § 2º Havendo impugnação ao regulamento, o juiz decidirá no prazo de 10 (dez) dias, após a oitiva do regulador.

▶ **1. Correspondência no CPC/1973.** *"Art. 1.218. Continuam em vigor até serem incorporados nas leis especiais os procedimentos regulados pelo Decreto-lei nº 1.608, de 18 de setembro de 1939, concernentes: (...) às avarias (arts. 765 a 768)."*

🏛 **LEGISLAÇÃO CORRELATA**

**2. Dispositivos correspondentes no CPC/1939.** *"Art. 767. Oferecido o regulamento da avaria, dele terão vista os interessados em cartório, por 20 (vinte) dias. Não havendo impugnação, o regulamento será homologado; em caso contrário, terá o ajustador o prazo de 10 (dez) dias para contrariá-la, subindo o processo, em seguida, ao juiz. Art. 768. A sentença que homologar a repartição das avarias comuns mandará indenizar cada um dos contribuintes, tendo força de definitiva e sendo exequível desde logo, ainda que dela se recorra."*

▣ **COMENTÁRIOS TEMÁTICOS**

**3. Prazos para impugnação e para decisão.** Na contagem dos prazos de quinze dias para impugnação e de dez dias para decisão, devem ser computados somente os dias úteis (CPC, art. 219).

**4. Fundamentação da decisão.** A decisão a ser proferida pelo juiz deve ser fundamentada, cabendo-lhe demonstrar as razões que o convenceram (CPC, art. 489, § 1º). Não havendo impugnação, a decisão será meramente homologatória. Em caso de impugnação, deve o juiz ouvir o regulador e decidir fundamentadamente.

**5. Natureza da sentença.** A sentença que homologar a regulamento da avaria grossa ou que rejeitar a impugnação pressupõe que tenha havido a caução ou o depósito (CPC, art. 708, §§ 2º e 3º), sendo, portanto, exequível desde logo. O elemento *condenatório* é superado pelo elemento *mandamental*; cumpre-se o mandamento sobre a caução ou o depósito. Não se trata de sentença condenatória que irá acarretar posterior cumprimento da sentença.

**6. Recurso.** Da sentença cabe apelação, que contém duplo efeito (CPC, art. 1.012).

> **Art. 711.** Aplicam-se ao regulador de avarias os arts. 156 a 158, no que couber.

▶ **1. Correspondência no CPC/1973.** *"Art. 1.218. Continuam em vigor até serem incorporados nas leis especiais os procedimentos regulados pelo Decreto-lei nº 1.608, de 18 de setembro de 1939, concernentes: (...) às avarias (arts. 765 a 768)."*

## ⚏ Legislação Correlata

**2.** Sem correspondência no CPC/1939.

## ▣ Comentários Temáticos

**3. Impedimento e suspeição do regulador.** O regulador de avarias é um auxiliar da Justiça (CPC, art. 149), sendo, portanto, um sujeito imparcial do processo. Aplicam-se ao regulador de avarias os motivos de impedimento e de suspeição (CPC, art. 148, II).

**4. Aplicação das regras sobre escolha do perito.** Ao regulador de avarias aplicam-se as disposições dos arts. 156 a 158, no que couber. O regulador será, então, nomeado entre os profissionais legalmente habilitados e os órgãos técnicos ou científicos devidamente inscritos em cadastro mantido pelo tribunal ao qual o juiz estiver vinculado. Para formação e manutenção do cadastro, os tribunais devem aplicar o disposto nos §§ 2º e 3º do art. 156. O regulador deve ser diligente e cumprir o prazo fixado pelo juiz, cabendo-lhe escusar-se do encargo quando houver motivo legítimo, nos termos do § 1º do art. 157. Aplicam-se ao regulador de avarias as sanções previstas no art. 158.

**5. Inaplicabilidade do art. 471 ao regulador de avarias.** As partes podem, nos termos do art. 471, escolher, de comum acordo, o perito. Embora as regras relativas à escolha do perito, inseridas nos arts. 156 a 158, apliquem-se ao regulador de avarias, não é possível, no procedimento de regulação de avaria grossa, que este seja escolhido, de comum acordo, pelas partes. Se as partes estão de acordo com a escolha do regulador, a regulação da avaria há de ser feita extrajudicialmente. O procedimento judicial somente se instaura e apenas se faz necessário exatamente quando inexistir consenso acerca da nomeação de um regulador de avarias (CPC, art. 708).

# CAPÍTULO XIV
# DA RESTAURAÇÃO DE AUTOS

**Art. 712.** Verificado o desaparecimento dos autos, eletrônicos ou não, pode o juiz, de ofício, qualquer das partes ou o Ministério Público, se for o caso, promover-lhes a restauração.

Parágrafo único. Havendo autos suplementares, nesses prosseguirá o processo.

▸ **1. Correspondência no CPC/1973.** *"Art. 1.063. Verificado o desaparecimento dos autos,* pode qualquer das partes promover-lhes a restauração. Parágrafo único. Havendo autos suplementares, nestes prosseguirá o processo."

## ⚏ Legislação Correlata

**2. CP, art. 305.** *"Art. 305. Destruir, suprimir ou ocultar, em benefício próprio ou de outrem, ou em prejuízo alheio, documento público ou particular verdadeiro, de que não podia dispor: Pena – reclusão, de dois a seis anos, e multa, se o documento é público, e reclusão, de um a cinco anos, e multa, se o documento é particular."*

**3. Lei 6.515/1977, art. 47.** *"Art. 47. Se os autos do desquite ou os da separação judicial tiverem sido extraviados, ou se encontrarem em outra circunscrição judiciária, o pedido de conversão em divórcio será instruído com a certidão da sentença, ou da sua averbação no assento de casamento."*

## ▣ Comentários Temáticos

**4. Finalidade.** A restauração de autos tem por finalidade reconstituir a documentação de atos processuais, em papel ou eletrônica, total ou parcialmente perdida, viabilizando, assim, que o processo originário retome seu curso.

**5. Natureza jurídica.** A restauração de autos é ação acessória, tendo por objeto a reconstituição da documentação de atos do processo principal. Inicia-se por petição inicial e se encerra por sentença, da qual cabe apelação (art. 1.009). Há quem identifique a restauração de autos como um simples incidente processual, caso em que seu encerramento se dá por decisão interlocutória, não prevista no rol do art. 1.015; logo, a decisão que julga a restauração pode ser impugnada na apelação contra a sentença do processo restaurado ou nas suas respectivas contrarrazões (art. 1.009, §§ 1º e 2º).

**6. Aplicabilidade.** Cabe a restauração de autos para recompor atos processuais de qualquer processo, independentemente da matéria ou da relação jurídica de direito material nele versada.

**7. Competência.** A restauração de autos, que é uma ação acessória, deve ser proposta perante o próprio juízo da ação principal (art. 61).

**8. Tribunal não pode criar prazo para ajuizamento da ação de restauração.** *"Ao estabelecer prazo para a propositura da ação de restauração de autos com a apresentação dos documentos necessários, a Corregedoria local editou norma processual – cuja competência legislativa foi atribuída, pela Constituição Federal,*

**LIVRO I ·** DO PROCESSO DE CONHECIMENTO E DO CUMPRIMENTO DE SENTENÇA **Art. 714**

*privativamente à União (art. 22, I, CF/1988) – em ofensa ao devido processo legal, e violou os arts. 1.063 e seguintes do CPC/1973 (arts. 712 e seguintes do CPC/2015)"* (STJ, 3.ª Turma, REsp 1.722.633/MA, Rel. Min. Nancy Andrighi, *DJe* 10.08.2018).

**9. Legitimidade ativa.** Qualquer das partes tem legitimidade para propor a restauração de autos. Assim, o autor ou o réu tem legitimidade ativa para a restauração de autos. De igual modo, um terceiro que tenha intervindo no processo, espontaneamente ou por provocação, tem legitimidade para propor a restauração de autos. A legitimidade, no caso, é individual, concorrente e disjuntiva.

**10. Iniciativa oficial.** O juiz pode instaurar, de ofício, a restauração de autos. A finalidade é reconstituir os atos do processo originário.

**11. Ministério Público.** Se for parte no processo, o Ministério Público pode propor a restauração de autos. Também poderá fazê-lo se for fiscal da ordem jurídica, quando o caso se encaixar numa das hipóteses do art. 178.

**12. Litisconsórcio passivo necessário.** Proposta a restauração de autos por qualquer uma das partes, todas as demais serão citadas como litisconsortes passivas necessárias. Se a restauração de autos for proposta pelo Ministério Público ou se for instaurada de ofício pelo juiz, todas as partes serão citadas em litisconsórcio passivo necessário.

**13. Contraditório.** Todos os sujeitos do processo originário devem ser citados para a restauração de autos, a fim de se lhes assegurar o contraditório.

**14. Autos suplementares.** A restauração de autos pode ser dispensada se houver autos suplementares. Se houver autos suplementares, mas eles forem insuficientes, podem-se buscar elementos disponíveis na própria serventia ou secretaria do juízo (arts. 713, I, e 715, § 5). Não havendo elementos em poder da serventia ou das partes, os atos processuais cuja documentação foi perdida devem ser repetidos.

> **Art. 713.** Na petição inicial, declarará a parte o estado do processo ao tempo do desaparecimento dos autos, oferecendo:
>
> I – certidões dos atos constantes do protocolo de audiências do cartório por onde haja corrido o processo;
>
> II – cópia das peças que tenha em seu poder;
>
> III – qualquer outro documento que facilite a restauração.

▶ **1. Correspondência no CPC/1973.** *"Art. 1.064. Na petição inicial declarará a parte o estado da causa ao tempo do desaparecimento dos autos, oferecendo: I – certidões dos atos constantes do protocolo de audiências do cartório por onde haja corrido o processo; II – cópia dos requerimentos que dirigiu ao juiz; III – quaisquer outros documentos que facilitem a restauração."*

## 🏛 LEGISLAÇÃO CORRELATA

**2. Lei 11.419/2006, art. 11, §. 3º.** *"§ 3º Os originais dos documentos digitalizados, mencionados no § 2º deste artigo, deverão ser preservados pelo seu detentor até o trânsito em julgado da sentença ou, quando admitida, até o final do prazo para interposição de ação rescisória."*

## 🗒 COMENTÁRIOS TEMÁTICOS

**3. Petição inicial.** A restauração de autos tem início por petição inicial ou, de ofício, pelo juiz. Em sua petição inicial, a parte deve afirmar o desaparecimento dos autos e pedir que sejam adotadas medidas destinadas a recompor a documentação dos atos processuais praticados.

**4. Documentos.** A petição inicial deve vir acompanhada de elementos disponíveis na secretaria do juízo, inclusive de atos decisórios, os quais são registrados em livros próprios e publicados no Diário de Justiça eletrônico (art. 205, § 3º). Também podem acompanhar a petição inicial o andamento processual registrado no portal eletrônico do tribunal (art. 197), os atos processuais praticados na presença do juiz e armazenados em arquivo eletrônico (art. 209, § 1º), o depoimento gravado (art. 460), certidões expedidas pela secretaria do juízo, cópia de peças em poder da parte e qualquer outro documento que contribua para a restauração.

> **Art. 714.** A parte contrária será citada para contestar o pedido no prazo de 5 (cinco) dias, cabendo-lhe exibir as cópias, as contrafés e as reproduções dos atos e dos documentos que estiverem em seu poder.
>
> § 1º Se a parte concordar com a restauração, lavrar-se-á o auto que, assinado pelas partes e homologado pelo juiz, suprirá o processo desaparecido.
>
> § 2º Se a parte não contestar ou se a concordância for parcial, observar-se-á o procedimento comum.

▶ **1. Correspondência no CPC/1973.** *"Art. 1.065. A parte contrária será citada para contestar o pedido no prazo de 5 (cinco) dias, cabendo-*

-lhe exibir as cópias, contrafés e mais reproduções dos atos e documentos que estiverem em seu poder. § 1º Se a parte concordar com a restauração, lavrar-se-á o respectivo auto que, assinado pelas partes e homologado pelo juiz, suprirá o processo desaparecido. § 2º Se a parte não contestar ou se a concordância for parcial, observar-se-á o disposto no art. 803."

## ☐ COMENTÁRIOS TEMÁTICOS

**2. Legitimidade passiva.** Todas as partes do processo principal devem ser citadas na restauração de autos.

**3. Prazo para resposta.** É de 5 dias o prazo para contestação, computando-se apenas os dias úteis (art. 219). O prazo tem início a partir de um dos eventos do art. 231. Sendo caso de litisconsórcio passivo, o prazo tem início a partir da juntada aos autos do último instrumento de citação (art. 231, § 1º).

**4. Resposta das partes citadas.** Em sua resposta, o réu, na restauração de autos, pode alegar omissões e falhas na documentação apresentada pelo autor, podendo, até mesmo, arguir a falsidade de algum elemento ou documento. Também podem ser suscitadas preliminares (art. 337).

**5. Reconvenção.** O objeto da ação de restauração de autos não comporta a propositura de reconvenção. A restauração de autos não se destina a solucionar uma disputa entre as partes, mas a restabelecer a documentação dos atos praticados no processo principal.

**6. Preferência pela solução consensual.** Na restauração de autos, há uma preferência pela solução consensual. As partes podem concordar com a restauração, considerando suficientes os elementos apresentados; podem também convencionar sobre a forma de restauração, estabelecer o conteúdo de alguns atos já praticados ou celebrar negócios processuais que contribuam para o resultado perseguido na demanda de restauração de autos.

**7. Aplicação subsidiária do procedimento comum.** Não havendo solução consensual ou sendo ela apenas parcial, o processo passa a seguir o procedimento comum até a sentença final.

**Art. 715.** Se a perda dos autos tiver ocorrido depois da produção das provas em audiência, o juiz, se necessário, mandará repeti-las.

§ 1º Serão reinquiridas as mesmas testemunhas, que, em caso de impossibilidade, poderão ser substituídas de ofício ou a requerimento.

§ 2º Não havendo certidão ou cópia do laudo, far-se-á nova perícia, sempre que possível pelo mesmo perito.

§ 3º Não havendo certidão de documentos, esses serão reconstituídos mediante cópias ou, na falta dessas, pelos meios ordinários de prova.

§ 4º Os serventuários e os auxiliares da justiça não podem eximir-se de depor como testemunhas a respeito de atos que tenham praticado ou assistido.

§ 5º Se o juiz houver proferido sentença da qual ele próprio ou o escrivão possua cópia, esta será juntada aos autos e terá a mesma autoridade da original.

▶ **1. Correspondência no CPC/1973.** *"Art. 1.066. Se o desaparecimento dos autos tiver ocorrido depois da produção das provas em audiência, o juiz mandará repeti-las. § 1º Serão reinquiridas as mesmas testemunhas; mas se estas tiverem falecido ou se acharem impossibilitadas de depor e não houver meio de comprovar de outra forma o depoimento, poderão ser substituídas. § 2º Não havendo certidão ou cópia do laudo, far-se-á nova perícia, sempre que for possível e de preferência pelo mesmo perito. § 3º Não havendo certidão de documentos, estes serão reconstituídos mediante cópias e, na falta, pelos meios ordinários de prova. § 4º Os serventuários e auxiliares da justiça não podem eximir-se de depor como testemunhas a respeito de atos que tenham praticado ou assistido. § 5º Se o juiz houver proferido sentença da qual possua cópia, esta será junta aos autos e terá a mesma autoridade da original."*

## 🏛 LEGISLAÇÃO CORRELATA

**2. Lei 11.419/2006, art. 11, §. 3º.** *"§ 3º Os originais dos documentos digitalizados, mencionados no § 2º deste artigo, deverão ser preservados pelo seu detentor até o trânsito em julgado da sentença ou, quando admitida, até o final do prazo para interposição de ação rescisória."*

## ☐ COMENTÁRIOS TEMÁTICOS

**3. Reconstituição dos documentos.** O modo preferencial de restauração de autos é a reconstituição da documentação processual que se extraviou.

**4. Repetição de atos.** Frustradas as tentativas de reconstituição da documentação processual, a solução é repetir os atos processuais praticados. O art. 715 prevê a repetição de atos probatórios, mas a regra não deve restringir-se a esse tipo de ato processual. Qualquer ato fundamental que

# LIVRO I · DO PROCESSO DE CONHECIMENTO E DO CUMPRIMENTO DE SENTENÇA

## Art. 716

não tenha sido restaurado haverá de ter sua prática repetida. A repetição não recairá, enfim, apenas sobre a prova, mas sobre quaisquer outros atos processuais.

**5. Preclusão.** Só se podem repetir atos que foram praticados. Não se pode aproveitar a oportunidade da restauração de autos para que se pratique ato que deixou de ser praticado no momento próprio. Em outras palavras, não se deve valer-se da restauração de autos para eliminar uma preclusão ocorrida no processo principal.

**6. Momento da repetição dos atos.** Embora o art. 715 refira-se à perda dos autos após a realização da audiência de instrução, é preciso conferir-lhe uma interpretação sistêmica, pois o juiz pode inverter a ordem de produção das provas (art. 139, VI), sendo certo, ademais, que a prova pericial realiza-se antes da audiência. O dispositivo deve, então, ser interpretado de modo a considerar o fato de ter havido a produção de provas, independentemente de ter sido antes ou depois da audiência de instrução. A repetição das provas já produzidas deve ser feita no processo principal, depois de concluída a restauração, e não no processo de restauração de autos. Se o juiz concluir que a restauração de autos não reproduz as provas produzidas, julgará a restauração e seguirá o processo principal (art. 716), lá vindo a repetir a produção das provas.

**7. Documentos digitalizados.** No caso de documento digitalizado em autos eletrônicos, a parte que não manteve o original (Lei 11.419/2006, art. 11, § 3º), não poderá requerer, em restauração de autos, o testemunho de serventuário ou auxiliar da justiça para que descrevam seu conteúdo (art. 715, § 4º). É que não terá se desincumbido do ônus de manter o original em seu poder.

> **Art. 716.** Julgada a restauração, seguirá o processo os seus termos.
> Parágrafo único. Aparecendo os autos originais, neles se prosseguirá, sendo-lhes apensados os autos da restauração.

▶ **1. Correspondência no CPC/1973.** *"Art. 1.067. Julgada a restauração, seguirá o processo os seus termos. § 1º Aparecendo os autos originais, nestes se prosseguirá sendo-lhes apensados os autos da restauração. § 2º Os autos suplementares serão restituídos ao cartório, deles se extraindo certidões de todos os atos e termos a fim de completar os autos originais."*

## ⚖ JURISPRUDÊNCIA, ENUNCIADOS E SÚMULAS SELECIONADOS

- **2. Enunciado 76 do FPPC.** *"Localizados os autos originários, neles devem ser praticados os atos processuais subsequentes, dispensando-se a repetição dos atos que tenham sido ultimados nos autos da restauração, em consonância com a garantia constitucional da duração razoável do processo (CF/88, 5º, LXXVIII) e inspiração no art. 964 do Código de Processo Civil Português."*

## ▣ COMENTÁRIOS TEMÁTICOS

**3. Possíveis desfechos.** O processo formado com o ajuizamento da ação de restauração de autos pode ser extinto sem resolução do mérito (art. 485). A superveniente localização dos autos perdidos faz a restauração perder seu objeto. Por sim, o juiz pode declarar restaurados os autos, por ter havido a reunião de elementos que reproduzem os atos cuja documentação havia se perdido, seja porque não foi possível sua reconstituição, devendo haver a repetição de sua prática no processo principal a ser retomado.

**4. Decisão que julga a restauração e o recurso cabível.** A restauração é julgada por sentença (art. 203, § 1º), dela cabendo apelação (art. 1.009).

**5. Recurso cabível contra decisão que homologa a restauração de autos.** *"1. A restauração de autos é mero incidente em relação ao processo principal, de modo que o acolhimento do pedido não é um julgamento em sentido próprio. A decisão que homologa o pedido de restauração de autos, por um lado, extingue o feito de restauração e, por outro, dá seguimento ao processo original (CPC/2015, art. 716). 2. Identificado o dissenso doutrinário em torno da aplicação da natureza da decisão que julga a restauração de autos (sentença ou decisão interlocutória) e, consequentemente, acerca do recurso cabível (apelação ou agravo de instrumento), há de se aplicar o princípio da fungibilidade recursal, porquanto existe dúvida fundada e objetiva acerca do recurso adequado, não constituindo erro grosseiro a interposição de agravo de instrumento"* (STJ, 4.ª Turma, AgInt no AREsp 1.418.883/GO, Rel. Min. Raul Araújo, DJe 21.10.2019).

**6. Negócio processual.** A superveniente localização dos autos torna desnecessária a repetição de atos processuais, a não ser que as partes convencionem a conveniência dessa repetição (art. 190).

**Art. 717.** Se o desaparecimento dos autos tiver ocorrido no tribunal, o processo de restauração será distribuído, sempre que possível, ao relator do processo.

§ 1º A restauração far-se-á no juízo de origem quanto aos atos nele realizados.

§ 2º Remetidos os autos ao tribunal, nele completar-se-á a restauração e proceder-se-á ao julgamento.

▶ **1. Correspondência no CPC/1973.** *"Art. 1.068. Se o desaparecimento dos autos tiver ocorrido no tribunal, a ação será distribuída, sempre que possível, ao relator do processo. § 1º A restauração far-se-á no juízo de origem quanto aos atos que neste se tenham realizado. § 2º Remetidos os autos ao tribunal, aí se completará a restauração e se procederá ao julgamento."*

## 🗏 COMENTÁRIOS TEMÁTICOS

**2. Competência.** A restauração de autos é ação acessória, devendo ser proposta perante o mesmo juízo da ação principal (art. 61).

**3. Competência do juízo de 1ª instância.** Quando o extravio ou o desaparecimento dos autos ocorrer ainda durante sua tramitação na 1ª instância, a restauração será ali mesmo proposta.

**4. Carta precatória.** No caso de carta precatória já distribuída no juízo deprecado, cabe-lhe restaurar os autos, se extraviados. Estando todos os elementos disponíveis junto ao juízo deprecante, basta nele extrair cópias ou obter certidões para instruir o pedido de restauração a ser formulado perante o juízo deprecado ou, se este instaurar o processo de ofício, cabe-lhe solicitar ao juízo deprecante as cópias e certidões.

**5. Competência do tribunal.** Se o extravio ou o desaparecimento dos autos ocorrer no tribunal, cabe a este processar e julgar a restauração, que será distribuída ao mesmo relator do processo principal. O tribunal pode solicitar ao juízo de 1º grau elementos, cópias e certidões para que se viabilize a restauração. Se houver autos suplementares na 1ª instância, o tribunal deve solicitar-lhe o seu envio para neles dar prosseguimento ao recurso ou incidente que lá se processa (art. 712, parágrafo único).

**6. Compartilhamento de competências.** O tribunal e o juízo de 1ª instância podem compartilhar competências para, mediante atos concertados, promover a restauração de autos de modo mais eficiente (art. 69, § 2º). Nesse caso, o compartilhamento de competência não deve ter como objeto o próprio julgamento. O tribunal deve julgar a restauração quando o desaparecimento dos autos ocorrer durante sua tramitação no próprio tribunal e o juízo de 1ª instância deve julgar a restauração quando o desaparecimento ocorrer durante sua tramitação lá, mas os atos ordinatórios, instrutórios e a própria instauração da restauração pode ocorrer com o auxílio de instrumentos cooperativos. Em regra, o tribunal e o juízo de 1ª instância devem valer-se de auxílio direto, não sendo necessária a utilização de compartilhamento de competência por atos concertados, por ser sofisticado para restaurar autos. É possível o compartilhamento de competências, mas não se revela, muitas vezes, necessário na restauração de autos, sendo mais adequado o auxílio direto, com cooperação mútua, obtenção de dados, informações etc.

**Art. 718.** Quem houver dado causa ao desaparecimento dos autos responderá pelas custas da restauração e pelos honorários de advogado, sem prejuízo da responsabilidade civil ou penal em que incorrer.

▶ **1. Correspondência no CPC/1973.** *"Art. 1.069. Quem houver dado causa ao desaparecimento dos autos responderá pelas custas da restauração e honorários de advogado, sem prejuízo da responsabilidade civil ou penal em que incorrer."*

## 🗏 COMENTÁRIOS TEMÁTICOS

**2. CP, art. 305.** *"Art. 305. Destruir, suprimir ou ocultar, em benefício próprio ou de outrem, ou em prejuízo alheio, documento público ou particular verdadeiro, de que não podia dispor: Pena – reclusão, de dois a seis anos, e multa, se o documento é público, e reclusão, de um a cinco anos, e multa, se o documento é particular."*

**3. CP, art. 337.** *"Art. 337. Subtrair, ou inutilizar, total ou parcialmente, livro oficial, processo ou documento confiado à custódia de funcionário, em razão de ofício, ou de particular em serviço público: Pena – reclusão, de dois a cinco anos, se o fato não constitui crime mais grave."*

**4. CP, art. 356.** *"Art. 356. Inutilizar, total ou parcialmente, ou deixar de restituir autos, documento ou objeto de valor probatório, que recebeu na qualidade de advogado ou procurador: Pena – detenção, de seis meses a três anos, e multa."*

**5. CPP, art. 40.** *"Art. 40. Quando, em autos ou papéis de que conhecerem, os juízes ou tribunais verificarem a existência de crime de ação pública, remeterão ao Ministério Público as cópias e os documentos necessários ao oferecimento da denúncia."*

**LIVRO I** · DO PROCESSO DE CONHECIMENTO E DO CUMPRIMENTO DE SENTENÇA · **Art. 719**

## 🔲 COMENTÁRIOS TEMÁTICOS

**6. Causalidade.** Quem der causa ao extravio ou perda dos autos deve arcar com os custos e os honorários de sucumbência. Aplica-se a regra da causalidade. É preciso examinar quem deu causa ao extravio ou à perda dos autos.

**7. Perda dos autos causada por terceiro ou por caso fortuito ou de força maior.** É possível que a perda dos autos decorra de fato de terceiro ou de caso fortuito ou de força maior. Nesse caso, será o terceiro ou o fato imprevisto o causador do extravio dos autos. Pela causalidade, não se pode atribuir responsabilidade pela sucumbência nem ao autor nem ao réu do processo principal. Não há, em tal hipótese, quem responda pelos honorários de sucumbência. Se uma das partes deu causa à perda dos autos, é ela quem deve arcar com os honorários; por outro lado, se a causa da perda dos autos decorre de fato de terceiro ou, até mesmo, de fato da natureza, nenhuma das partes arcará com os honorários sucumbenciais. E nem poderia ser diferente, porque, se nenhuma delas deu causa à perda dos autos, nenhuma delas deverá arcar com os honorários sucumbenciais.

**8. Responsabilidade penal.** A conduta que extravia ou inutiliza os autos pode caracterizar, a depender das circunstâncias da ação ou omissão, os crimes de supressão de documento (CP, art. 305), de subtração ou inutilização de livro ou documento (CP, art. 337) ou de sonegação de papel ou objeto de valor probatório (CP, art. 356), cabendo ao juiz oficiar o Ministério Público para exame do caso e eventual oferecimento de denúncia (CPP, art. 40).

**9. Responsabilidade civil.** A perda ou extravio dos autos por uma das partes pode impor-lhe o dever de reparar danos suportados pela parte contrária. Nesse caso, ela pode ser responsabilizada pelo (a) pagamento de custas e honorários de sucumbência; (b) pagamento de multa e eventuais perdas e danos.

## CAPÍTULO XV
## DOS PROCEDIMENTOS DE JURISDIÇÃO VOLUNTÁRIA

### Seção I
### Disposições Gerais

**Art. 719.** Quando este Código não estabelecer procedimento especial, regem os procedimentos de jurisdição voluntária as disposições constantes desta Seção.

▶ **1. Correspondência no CPC/1973.** *"Art. 1.103. Quando este Código não estabelecer procedimento especial, regem a jurisdição voluntária as disposições constantes deste Capítulo."*

## 🔲 COMENTÁRIOS TEMÁTICOS

**2. Jurisdição voluntária.** Tradicionalmente, a jurisdição voluntária é considerada como atividade sem litigiosidade e sem partes; haveria só interessados, e não partes, sem interesses antagônicos. Desse modo, a ausência de litigiosidade seria a característica marcante da jurisdição voluntária. Nela, não haveria contraditório nem coisa julgada material. Na verdade, nada disso é decisivo para configurar a jurisdição voluntária. O que determina a contenciosidade ou não de um procedimento é o modo com que o juiz interfere no negócio jurídico concluído ou disputado entre as partes. Se é o juiz quem estabelece ou dita, com autoridade, a solução da disputa, a jurisdição é contenciosa. Se, porém, a participação do juiz é meramente integrativa, a fim de conferir apenas eficácia ao negócio concluído exclusivamente entre as partes, a hipótese é, inquestionavelmente, de jurisdição voluntária.

**3. Normas fundamentais.** A atividade exercida na jurisdição voluntária deve observar as normas fundamentais processuais, como o boa-fé objetiva, o contraditório efetivo, o dever de fundamentação, a cooperação, a proibição de obtenção provas ilícitas etc.

**4. Técnicas procedimentais.** A jurisdição voluntária está submetida às técnicas procedimentais previstas no CPC, adaptando-se ao caso em razão da cláusula geral do devido processo legal.

**5. Procedimentos de jurisdição voluntária.** Os dispositivos relativos aos procedimentos de jurisdição voluntária estão inseridos num título dedicado aos procedimentos especiais, mas há, no âmbito da própria jurisdição voluntária, um procedimento *comum* e diversos procedimentos *especiais*.

**6. Procedimento comum e procedimentos especiais de jurisdição voluntária.** Os arts. 719 a 724 tratam de disposições relativas ao procedimento *comum* de jurisdição voluntária. Os procedimentos *especiais* de jurisdição voluntária estão previstos nos 726 a 770 do CPC e em disposições da legislação extravagante. Procedimento *comum* é o geral. Por isso, é *especial* todo aquele procedimento que tiver alguma peculiaridade que o distinga do *comum*. *Comum* e *especial* são atributos relacionais: o procedimento pode ser *comum* ou *especial*, a depender do paradigma examinado. O procedimento geral da

1095

jurisdição voluntária (arts. 719 a 724) é *especial* quando comparado com o procedimento *comum* da jurisdição contenciosa, mas é *comum* quando comparado com os procedimentos *especiais* da própria jurisdição voluntária, regulados nos arts. 726 a 770.

**7. Aplicação subsidiária das normas do procedimento comum de jurisdição contenciosa.** As normas do procedimento comum de jurisdição contenciosa aplicam-se, subsidiariamente, ao procedimento comum de jurisdição voluntária. Este é especial relativamente àquele, recebendo a aplicação subsidiária de suas normas (art. 318, parágrafo único).

**8. Flexibilização procedimental.** Da flexibilização procedimental do CPC decorre a possibilidade de aplicação de outras técnicas nele previstas aos procedimentos de jurisdição voluntária.

**9. Tramitação nas férias.** Os procedimentos de jurisdição voluntária tramitam nas férias (art. 215, I), não havendo suspensão do processo em razão de sua superveniência. O recesso equipara-se, para todos os efeitos, às férias. Logo, os procedimentos de jurisdição voluntária também não se suspendem pela superveniência de um recesso forense. Abstraídos esses casos, o processo suspende-se com a superveniência do recesso.

**10. Contagem dos prazos.** Nos procedimentos de jurisdição voluntária, os prazos somente são contados nos dias úteis (art. 219). As férias não se confundem com os feriados. Para efeito forense, são feriados os sábados, os domingos, os dias declarados por lei e os dias em que não haja expediente forense (art. 216). Não se contam prazos durante os feriados. Rigorosamente, as férias ocorrem em dias úteis. Logo, correm prazos nos dias úteis. Nos procedimentos de jurisdição voluntária, há prática de atos nas férias, sendo os prazos computados apenas nos dias úteis.

**11. Despesas.** Nos procedimentos de jurisdição voluntária, as despesas serão adiantadas pelo requerente e rateadas entre os interessados (art. 88). Os custos devem ser adiantados pelo requerente; se, no curso do procedimento, algum interessado requerer a prática de atos, deverá custeá-la. As despesas dos atos processuais praticados a requerimento da Fazenda Pública, do Ministério Público ou da Defensoria Pública serão igualmente rateadas; por não haver "vencido" na jurisdição voluntária, não há como aplicar o art. 91, devendo haver o rateio previsto no art. 88.

**12. Honorários de advogado.** *"A jurisprudência desta Corte está assentada no sentido de que*

*mesmo em procedimentos de jurisdição voluntária a existência de litigiosidade excepciona a regra de não cabimento de condenação em honorários advocatícios"* (STJ, 3ª Turma, REsp 1.924.580/RJ, rel. Min. Nancy Andrighi, *DJe* 25.06.2021).

> **Art. 720.** O procedimento terá início por provocação do interessado, do Ministério Público ou da Defensoria Pública, cabendo-lhes formular o pedido devidamente instruído com os documentos necessários e com a indicação da providência judicial.

▶ **1. Correspondência no CPC/1973.** *"Art. 1.104. O procedimento terá início por provocação do interessado ou do Ministério Público, cabendo-lhes formular o pedido em requerimento dirigido ao juiz, devidamente instruído com os documentos necessários e com a indicação da providência judicial."*

⚖ **JURISPRUDÊNCIA, ENUNCIADOS E SÚMULAS SELECIONADOS**

- **2. Enunciado 56 da I Jornada-CJF.** *"A legitimidade conferida à Defensoria Pública pelo art. 720 do CPC compreende as hipóteses de jurisdição voluntária previstas na legislação extravagante, notadamente no Estatuto da Criança e do Adolescente."*

▣ **COMENTÁRIOS TEMÁTICOS**

**3. Instauração do procedimento.** O procedimento de jurisdição voluntária tem início, em regra, por provocação. A regra é a iniciativa do legitimado ativo. Há, porém, exceções à inércia do juiz, sendo-lhe permitido, em alguns casos, dar início ao procedimento de ofício (arts. 730, 738, 744 e 746; Estatuto da Pessoa com Deficiência, art. 87).

**4. Legitimidade ativa.** O procedimento de jurisdição voluntária pode ser instaurado a pedido da parte interessada, do Ministério Público ou da Defensoria Pública.

**5. Competência.** Não há regra geral que trate da competência para os procedimentos de jurisdição voluntária. Em regra, a competência, para os procedimentos de jurisdição voluntária, é da Justiça Estadual.

**6. Jurisdição voluntária e competência da Justiça Estadual.** *"A jurisprudência da Primeira Seção do STJ firmou-se no sentido de que, sendo, em regra, de jurisdição voluntária a natureza dos feitos que visam à obtenção de alvarás judiciais*

**LIVRO I** · DO PROCESSO DE CONHECIMENTO E DO CUMPRIMENTO DE SENTENÇA **Art. 720**

*para levantamento de importâncias relativas a FGTS, PIS/PASEP, seguro-desemprego e benefícios previdenciários, a competência para julgá-los é da Justiça Estadual. 2. Por outro lado, havendo resistência da CEF, competente para processar e julgar a causa é a Justiça Federal, tendo em vista o disposto no art. 109, I, da CF/1988. 3. In casu, verifico que houve obstáculo por parte da Caixa Econômica Federal quanto ao levantamento do FGTS requerido pelo autor, o que evidencia a competência da Justiça Federal para o julgamento da demanda, nos termos do art. 109, I, da Constituição da República"* (STJ, 1ª Seção, CC 105.206/SP, rel. Min. Herman Benjamin, *DJe* 28.08.2009).

**7. Processamento nas férias.** Os procedimentos de jurisdição voluntária tramitam mesmo durante as férias (art. 215, I).

**8. Prazos.** Os prazos, no procedimento de jurisdição voluntária, são processuais, razão pela qual, na sua contagem, somente se computam os dias úteis (art. 219), não correndo nos finais de semana nem nos feriados.

**9. Petição inicial.** A parte legítima deve requerer a instauração do procedimento de jurisdição voluntária por meio de petição inicial que atenda aos requisitos dos arts. 319, 320 e 720.

**10. Cumulação de pedidos.** Em regra, os procedimentos de jurisdição voluntária possuem objeto restrito e procedimento específico, não comportando, por isso, cumulação de pedidos. É, porém, bastante heterogêneo o universo em que se inserem os procedimentos de jurisdição voluntária, não sendo possível descartar, abstratamente, a possibilidade de cumulação de pedidos, inclusive por meio de reconvenção.

**11. Reconvenção.** Não se admite, em regra, a reconvenção nos procedimentos de jurisdição voluntária, mas, se, no caso concreto, estiverem presentes seus requisitos, poderá ser admitida.

**12. Valor da causa.** A toda causa se atribui um valor, ainda que não tenha conteúdo econômico imediatamente aferível (art. 291). Essa regra também se aplica aos procedimentos de jurisdição voluntária. Se a causa tiver conteúdo econômico, o valor da causa será correspondente ao proveito econômico. Mesmo não havendo conteúdo econômico, deve haver valor atribuído à causa. Caberá ao autor, nesses casos, estipular um valor para a causa. Enfim, é obrigatória a atribuição de um valor à causa.

**13. Despesas.** Nos procedimentos de jurisdição voluntária, as despesas são adiantadas pelo requerente e rateadas entre os interessados (art. 88). As despesas devem, enfim, ser adiantadas pelo autor, mas, se houver requerimento inci-

dental feito por algum interessado, é ele quem deve adiantar as despesas relativas ao incidente. Ao final, todas as despesas são rateadas. Se o autor ou requerente for um ente público, não haverá adiantamento de despesas, devendo tudo ser rateado ao final (art. 91).

**14. Honorários de sucumbência.** *"Esta Corte Superior já proclamou que em procedimento de jurisdição voluntária, a existência de litigiosidade excepciona a regra de não cabimento de condenação em honorários advocatícios"* (STJ, 3ª Turma, REsp 1.431.036/SP, rel. Min. Moura Ribeiro, *DJe* 24.04.2018). *"A jurisprudência desta Corte está assentada no sentido de que mesmo em procedimentos de jurisdição voluntária a existência de litigiosidade excepciona a regra de não cabimento de condenação em honorários advocatícios"* (STJ, 3ª Turma, REsp 1.924.580/RJ, rel. Min. Nancy Andrighi, *DJe* 25.06.2021).

**15. Jurisdição voluntária e honorários em reconvenção.** *"Segundo a jurisprudência desta Corte, mesmo em procedimentos de jurisdição voluntária, a existência de litigiosidade excepciona a regra de não cabimento de condenação em honorários advocatícios. 9. Não obstante, não é qualquer atitude da parte no processo que caracteriza litigiosidade, sendo necessário, para tanto, haver inequívoca resistência à pretensão deduzida na inicial. 10. O pedido autônomo não caracteriza resistência à pretensão autoral, justamente por ser pretensão distinta que não influencia no julgamento dos pedidos formulados pelo autor. Assim, não forma litígio na ação principal e, por conseguinte, não enseja condenação a pagar honorários sucumbenciais. 11. No entanto, se o pedido autônomo for admitido como reconvenção e houver resistência à pretensão reconvencional, mediante resposta pela parte contrária, o julgamento dessa pretensão resultará em sucumbência de uma das partes e a consequente condenação do vencido a pagar honorários ao advogado do vencedor. 12. Portanto, em procedimento de jurisdição voluntária, quando a parte ré concorda com o pedido formulado na inicial, mas formula pedido autônomo: (I) se o Juiz não admitir o pedido autônomo como reconvenção e julgar apenas a pretensão autoral, não serão devidos honorários de sucumbência; (II) por outro lado, se o Juiz admitir o pedido autônomo como reconvenção e julgar ambas as pretensões, serão devidos honorários de sucumbência apenas na reconvenção e desde que configurado litígio quanto à pretensão reconvencional"* (STJ, 3ª Turma, REsp 2.028.685/SP, rel. Min. Nancy Andrighi, *DJe* 24.11.2022).

1097

**16. Gratuidade da justiça.** As normas da gratuidade da justiça aplicam-se, sem restrições, aos procedimentos de jurisdição voluntária.

> **Art. 721.** Serão citados todos os interessados, bem como intimado o Ministério Público, nos casos do art. 178, para que se manifestem, querendo, no prazo de 15 (quinze) dias.

▸ **1. Dispositivos correspondentes no CPC/1973.** *"Art. 1.105. Serão citados, sob pena de nulidade, todos os interessados, bem como o Ministério Público." "Art. 1.106. O prazo para responder é de 10 (dez) dias."*

⚖ **JURISPRUDÊNCIA, ENUNCIADOS E SÚMULAS SELECIONADOS**

• **2. Enunciado 177 da III Jornada-CJF.** *"No procedimento de alteração de regime de bens, a intimação do Ministério Público prevista no art. 734, §1º, do CPC somente se dará nos casos dos arts. 178 e 721 do CPC."*

▣ **COMENTÁRIOS TEMÁTICOS**

**3. Contraditório.** Os procedimentos de jurisdição voluntária devem observar o contraditório. Mesmo para quem entenda que, na jurisdição voluntária, os procedimentos são administrativos, e não jurisdicionais, é preciso observar o contraditório. Aliás, as normas fundamentais do CPC, aí incluídos os arts. 9º e 10, aplicam-se aos procedimentos de jurisdição voluntária.

**4. Procedimentos heterogêneos.** A jurisdição voluntária congrega diversos tipos de procedimento. Há procedimentos em que apenas há o polo ativo, não havendo réu ou quem integre o polo passivo. Nesses casos, não há citação. Há, por outro lado, procedimentos com mais de um polo, devendo os interessados ser citados para exercício do contraditório.

**5. Citação dos interessados.** A citação dos interessados deve seguir as regras gerais do CPC, não havendo regra específica para a jurisdição voluntária.

**6. Resposta dos interessados.** Uma vez citados, os interessados podem ofertar, na jurisdição voluntária, todos os tipos de resposta, desde que compatíveis com o respectivo procedimento. Há procedimentos em que não se oferece resposta. No divórcio consensual, por exemplo, não há resposta a ser oferecida. Se o procedimento apresentar limitação cognitiva em razão de alguma peculiaridade do direito material, isso pode limitar o tipo de resposta a ser apresentada. Não havendo limitação cognitiva, todos os tipos de resposta podem ser oferecidos.

**7. Ministério Público.** Na jurisdição voluntária, o Ministério Público somente deve intervir se estiver presente uma das hipóteses do art. 178. O prazo para sua manifestação é fixado em 15 dias, não se computando em dobro em razão da previsão expressa no art. 721. Como há previsão específica no art. 721, não se aplica a prerrogativa do prazo em dobro (art. 180, § 2º).

**8. Ministério Público *versus* curador especial.** O Ministério Público não se confunde com o curado especial. Por isso, não deve exercer as funções deste último. No processo de interdição, por exemplo, o Ministério Público atua como fiscal da ordem jurídica (art. 752, § 1º), função que não se confunde com a de curador especial (art. 752, § 2º).

> **Art. 722.** A Fazenda Pública será sempre ouvida nos casos em que tiver interesse.

▸ **1. Correspondência no CPC/1973.** *"Art. 1.108. A Fazenda Pública será sempre ouvida nos casos em que tiver interesse."*

▣ **COMENTÁRIOS TEMÁTICOS**

**2. Fazenda Pública.** Quando houver interesse da Fazenda Pública, o juiz deverá determinar sua intimação.

**3. Suficiência da intimação.** Havendo interesse da Fazenda Pública, é suficiente sua intimação, não sendo necessária sua efetiva manifestação. Suas manifestações devem ser realizadas nos prazos legais, que são improrrogáveis. Se, apesar de intimada, não se manifestar, não haverá nulidade. A exigência legal estará atendida com sua intimação, não sendo necessária sua efetiva manifestação.

**4. Intimação pessoal.** A intimação da Fazenda Pública faz-se perante o órgão da Advocacia Pública responsável por sua representação (art. 269, § 3º). A intimação é pessoal, fazendo-se por carga, remessa ou meio eletrônico. O meio eletrônico é o preferencial (arts. 246, §§ 1º e 2º, 270 e 1.050). A retirada dos autos ou da secretaria pela Advocacia Pública implica intimação de qualquer decisão contida no processo, ainda que pendente de publicação (art. 272, § 6º).

**5. Publicação no Diário da Justiça.** A intimação pessoal não dispensa a publicação da decisão no Diário da Justiça eletrônico, que há de ser feita em atenção ao princípio da publi-

**LIVRO I** · DO PROCESSO DE CONHECIMENTO E DO CUMPRIMENTO DE SENTENÇA   **Art. 723**

cidade (CF, art. 93, IX; CPC, arts. 8º, 11, 189 e 205, § 3º). A publicação no órgão oficial é meio de intimação (art. 272) inaplicável à Advocacia Pública. Os advogados públicos são intimados pessoalmente, por carga, remessa ou meio eletrônico.

> **Art. 723.** O juiz decidirá o pedido no prazo de 10 (dez) dias.
>
> Parágrafo único. O juiz não é obrigado a observar critério de legalidade estrita, podendo adotar em cada caso a solução que considerar mais conveniente ou oportuna.

▶ **1. Correspondência no CPC/1973.** *"Art. 1.109. O juiz decidirá o pedido no prazo de 10 (dez) dias; não é, porém, obrigado a observar critério de legalidade estrita, podendo adotar em cada caso a solução que reputar mais conveniente ou oportuna."*

### 🗒 Legislação Correlata

**2. CPC, art. 226.** *"Art. 226. O juiz proferirá: I – os despachos no prazo de 5 (cinco) dias; II – as decisões interlocutórias no prazo de 10 (dez) dias; III – as sentenças no prazo de 30 (trinta) dias."*

### ⚖ Jurisprudência, Enunciados e Súmulas Selecionados

• **3. Enunciado 640 do FPPC.** *"O disposto no parágrafo único do art. 723 não exime o juiz de observar o disposto nos §§ 1º e 2º do art. 489."*

### 🗐 Comentários Temáticos

**4. Prazos para o juiz.** O juiz submete-se aos prazos estabelecidos no art. 226. No âmbito da jurisdição voluntária, o juiz deve decidir no prazo de 10 dias. Esses são prazos processuais, devendo, na sua contagem, ser computados apenas os dias úteis (art. 219).

**5. Prazo impróprio.** Esgotado o prazo sem que o juiz tenha proferido seu pronunciamento, não há preclusão temporal, nem há qualquer invalidade. O juiz continua com o dever de emitir seu pronunciamento. Esses prazos fixados para o juiz são *impróprios,* ou seja, não acarretam preclusão temporal, nem impedem que o juiz profira seu pronunciamento.

**6. Ausência de consequências para o processo.** *"(...) a jurisprudência e a doutrina definem que, para magistrados e seus auxiliares, são impróprios os prazos, porquanto inexiste qualquer*

*sanção processual para a hipótese de descumprimento"* (STJ, 2ª Turma, RMS 32.639/RN, rel. Min. Og Fernandes, *DJe* 17.04.2017).

**7. Termo inicial dos prazos para o juiz.** O termo inicial dos prazos fixados para o juiz decorre da data do termo de conclusão (art. 208). Em relação à sentença, é preciso observar a exigência da ordem cronológica prevista no art. 12, caso esse seja o modo de gestão adotado pelo juiz. O termo inicial decorre da ordem cronológica, e não propriamente do termo de conclusão.

**8. Jurisdição voluntária e ordem cronológica.** O art. 12 aplica-se no âmbito da jurisdição voluntária. Não há qualquer norma de exceção ou qualquer dispositivo que afaste a incidência da regra na jurisdição voluntária. Logo, a sentença, na jurisdição voluntária, deve ser proferida em observância à ordem cronológica, a não ser que o juiz estabeleça outra forma de gestão processual em sua unidade jurisdicional.

**9. Não observância da legalidade estrita.** Na jurisdição voluntária, costuma-se dizer que o juiz pode decidir sem observar a estrita legalidade. A previsão normativa é anacrônica e remonta à época em que texto e norma se confundiam e o juiz era conhecimento como a "boca da lei". Tradicionalmente, em diversos casos submetidos à jurisdição voluntária, o juiz deparava-se com disposições normativas que não tinham consequente normativo, devendo estabelecê-lo no caso concreto, ou com princípios a serem concretizados em sua decisão. Isso não quer dizer que o juiz deva, na jurisdição voluntária, decidir como quiser e afastar-se das normas decorrentes do ordenamento jurídico. Essa realidade normativa existe, atualmente, no âmbito da jurisdição contenciosa, não sendo uma peculiaridade da jurisdição voluntária. Realmente, não é incomum, atualmente, os textos normativos conterem termos ou conceitos jurídicos indeterminados. Um enunciado normativo costuma ser composto de duas partes: a hipótese fática, em que se descreve a situação regulada, e o consequente normativo, em que se imputa um efeito jurídico ao fato ali descrito. O legislador, não raramente, vale-se de conceitos indeterminados na elaboração de textos normativos, com o propósito de transferir ao julgador a tarefa de concretização do sentido dessas expressões. Quando a indeterminação está no consequente normativo, diz-se que o texto legal é uma *cláusula geral*, cabendo ao juiz ditar a consequência no caso concreto. "Função social da propriedade", "boa-fé", "devido processo legal", "poder geral de cautela" são alguns exemplos de cláusulas gerais. Os conceitos indeterminados, enfim, podem estar em enunciados normativos,

1099

seja no antecedente, seja no consequente normativo. A sentença que os emprega precisa estar adequadamente fundamentada, *determinando* o conceito no caso concreto. A partir do texto *indeterminado*, o juiz vai construir a norma concreta e *determinar* seu alcance no caso concreto. A sentença, nessa hipótese, é chamada de *sentença determinativa*, integrando a norma jurídica abstrata nos casos em que o texto normativo não define completamente seus elementos. A *sentença determinativa* constrói a norma concreta a partir da determinação ou concretização de conceitos indeterminados contidos em enunciados normativos. Para que esteja fundamentada, é preciso que o juiz explique o motivo concreto de sua incidência no caso. Não basta ao juiz dizer, por exemplo, que a situação está de acordo ou não com a boa-fé ou com a função social da propriedade. Cumpre-lhe explicar o motivo concreto de haver ou não boa-fé ou função social da propriedade. Tome-se como exemplo o texto do art. 755: o juiz deve, na sentença de interdição, fixar os limites da curatela, observando *"o estado e o desenvolvimento mental do interdito"*. Na fundamentação da sentença, o juiz *especificará de que modo concretizou esses critérios, que são conceitos jurídicos indeterminados*, na definição dos limites da curatela, *sob pena de nulidade, por vício na motivação* (art. 489, § 1º, II). Não é suficiente apenas dizer: "considerados o estado e o desenvolvimento mental do interdito, fixo a curatela nos seguintes limites". É necessário explicar, concretamente, qual o estado e o desenvolvimento mental do interdito e, em virtude disso, fixar os limites da curatela.

**10. Jurisdição voluntária e negócios jurídicos processuais.** É possível, no âmbito da jurisdição voluntária, a celebração de negócios jurídicos processuais. Não há qualquer vedação à possibilidade de as partes convencionarem sobre o procedimento ou sobre situações jurídicas processuais no âmbito da jurisdição voluntária.

---

**Art. 724.** Da sentença caberá apelação.

▸ **1. Correspondência no CPC/1973.** *"Art. 1.110. Da sentença caberá apelação."*

**⊟ COMENTÁRIOS TEMÁTICOS**

**2. Decisões na jurisdição voluntária.** Na jurisdição voluntária, o juiz profere despachos, decisões interlocutórias e sentenças.

**3. Recursos na jurisdição voluntária.** Os recursos são todos cabíveis no âmbito da jurisdição voluntária, devendo, no caso concreto,

ser verificada a presença de seus respectivos requisitos de admissibilidade. Os despachos são irrecorríveis. As decisões interlocutórias são agraváveis, se presente uma das hipóteses do art. 1.015. Os embargos de declaração são sempre cabíveis, desde que alegada a presença de uma omissão, obscuridade, contradição ou erro material. Também cabem, na jurisdição voluntária, recurso especial e recurso extraordinário, desde que presentes seus respectivos requisitos de admissibilidade no caso concreto.

**4. Apelação.** Da sentença proferida na jurisdição voluntária cabe apelação, que é, em regra, recebida no efeito suspensivo, a não ser que a sentença trate de tutela provisória ou constitua interdição (art. 1.012, § 1º, V e VI), casos em que se pode pedir a concessão de efeito suspensivo ao relator no tribunal.

**5. Coisa julgada na jurisdição voluntária.** Tradicionalmente, diz-se que as sentenças proferidas em procedimento de jurisdição voluntária não se tornam indiscutíveis pela coisa julgada. As sentenças proferidas nos procedimentos de jurisdição voluntária são, porém, aptas à coisa julgada, tornando-se imutáveis e indiscutíveis. No procedimento de jurisdição voluntária, há pedido, existindo, portanto, mérito. A sentença que o acolhe está a resolver o mérito, encaixando-se na hipótese do art. 487, I. A sentença de mérito, proferida em procedimento de jurisdição voluntária, torna-se imutável e indiscutível, produzindo coisa julgada.

**6. Ação rescisória.** Transitada em julgado uma sentença num procedimento de jurisdição voluntária, cabe ação rescisória com a finalidade de desconstituir a coisa julgada que se produzir, em razão de alguma das hipóteses previstas no art. 966. De acordo com o CPC, até mesmo decisões que não resolvem o mérito da causa podem ser objeto da ação rescisória. Nada há no texto do CPC que impeça a ação rescisória de decisão proferida em jurisdição voluntária, que é decisão de mérito, produzida após contraditório.

---

**Art. 725.** Processar-se-á na forma estabelecida nesta Seção o pedido de:

I – emancipação;

II – sub-rogação;

III – alienação, arrendamento ou oneração de bens de crianças ou adolescentes, de órfãos e de interditos;

IV – alienação, locação e administração da coisa comum;

V – alienação de quinhão em coisa comum;

**LIVRO I** · DO PROCESSO DE CONHECIMENTO E DO CUMPRIMENTO DE SENTENÇA   **Art. 725**

VI – extinção de usufruto, quando não decorrer da morte do usufrutuário, do termo da sua duração ou da consolidação, e de fideicomisso, quando decorrer de renúncia ou quando ocorrer antes do evento que caracterizar a condição resolutór a;

VII – expedição de alvará judicial;

VIII – homologação de autocomposição extrajudicial, de qualquer natureza ou valor.

Parágrafo único. As normas desta Seção aplicam-se, no que couber, aos procedimentos regulados nas seções seguintes.

▶ **1. Correspondência no CPC/1973.** *"Art. 1.112. Processar-se-á na forma estabelecida neste Capítulo o pedido de: I – emancipação; II – sub-rogação; III – alienação, arrendamento ou oneração de bens dotais, de menores, de órfãos e de interditos; IV – alienação, locação e administração da coisa comum; V – alienação de quinhão em coisa comum; VI – extinção de usufruto e de fideicomisso."*

🗄 **Legislação Correlata**

**2. CC, art. 5º, parágrafo único, I.** *"Parágrafo único. Cessará, para os menores, a incapacidade: I – pela concessão dos pais, ou de um deles na falta do outro, mediante instrumento público, independentemente de homologação judicial; ou por sentença do juiz, ouvido o tutor, se o menor tiver dezesseis anos completos."*

**3. CC, art. 1.635, II.** *"Art. 1.635. Extingue-se o poder familiar: (...) II – pela emancipação, nos termos do art. 5 o , parágrafo único."*

**4. CC, arts. 1.410.** *"Art. 1.410. O usufruto extingue-se, cancelando-se o registro no Cartório de Registro de Imóveis: I – pela renúncia ou morte do usufrutuário; II – pelo termo de sua duração; III – pela extinção da pessoa jurídica, em favor de quem o usufruto foi constituído, ou, se ela perdurar, pelo decurso de trinta anos da data em que se começou a exercer; IV – pela cessação do motivo de que se origina; V – pela destruição da coisa, guardadas as disposições dos arts. 1.407, 1.408, 2ª parte, e 1.409; VI – pela consolidação; VII – por culpa do usufrutuário, quando aliena, deteriora, ou deixa arruinar os bens, não lhes acudindo com os reparos de conservação, ou quando, no usufruto de títulos de crédito, não dá às importâncias recebidas a aplicação prevista no parágrafo único do art. 1.395; VIII – Pelo não uso, ou não fruição, da coisa em que o usufruto recai (arts. 1.390 e 1.399)."*

**5. CC, art. 1.955.** *"Art. 1.955. O fideicomissário pode renunciar a herança ou o legado, e, neste caso, o fideicomisso caduca, deixando de*

*ser resolúvel a propriedade do fiduciário, se não houver disposição contrária do testador."*

**6. CC, art. 1.958.** *"Art. 1.958. Caduca o fideicomisso se o fideicomissário morrer antes do fiduciário, ou antes de realizar-se a condição resolutória do direito deste último; nesse caso, a propriedade consolida-se no fiduciário, nos termos do art. 1.955."*

**7. CLT, art. 855-B.** *"Art. 855-B. O processo de homologação de acordo extrajudicial terá início por petição conjunta, sendo obrigatória a representação das partes por advogado. § 1º As partes não poderão ser representadas por advogado comum. § 2º Faculta-se ao trabalhador ser assistido pelo advogado do sindicato de sua categoria."*

**8. CLT, art. 855-C.** *"Art. 855-C. O disposto neste Capítulo não prejudica o prazo estabelecido no § 6o do art. 477 desta Consolidação e não afasta a aplicação da multa prevista no § 8o art. 477 desta Consolidação."*

**9. CLT, art. 855-D.** *"Art. 855-D. No prazo de quinze dias a contar da distribuição da petição, o juiz analisará o acordo, designará audiência se entender necessário e proferirá sentença."*

**10. CLT, art. 855-E.** *"Art. 855-E. A petição de homologação de acordo extrajudicial suspende o prazo prescricional da ação quanto aos direitos nela especificados. Parágrafo único. O prazo prescricional voltará a fluir no dia útil seguinte ao do trânsito em julgado da decisão que negar a homologação do acordo."*

**11. Lei 6.858/1980, art. 1º, caput.** *"Art. 1º Os valores devidos pelos empregadores aos empregados e os montantes das contas individuais do Fundo de Garantia do Tempo de Serviço e do Fundo de Participação PIS-PASEP, não recebidos em vida pelos respectivos titulares, serão pagos, em quotas iguais, aos dependentes habilitados perante a Previdência Social ou na forma da legislação específica dos servidores civis e militares, e, na sua falta, aos sucessores previstos na lei civil, indicados em alvará judicial, independentemente de inventário ou arrolamento."*

**12. Lei 6.858/1980, art. 2º, caput.** *"Art. 2º O disposto nesta Lei se aplica às restituições relativas ao Imposto de Renda e outros tributos, recolhidos por pessoa física, e, não existindo outros bens sujeitos a inventário, aos saldos bancários e de contas de cadernetas de poupança e fundos de investimento de valor até 500 (quinhentas) Obrigações do Tesouro Nacional."*

**13. Lei 9.099/1995, art. 57.** *"Art. 57. O acordo extrajudicial, de qualquer natureza ou valor, poderá ser homologado, no juízo competente, independentemente de termo, valendo a sentença* *como título executivo judicial. Parágrafo único. Valerá como título extrajudicial o acordo celebrado pelas partes, por instrumento escrito, referendado pelo órgão competente do Ministério Público."*

## 🔲 COMENTÁRIOS TEMÁTICOS

**14. Pedidos de jurisdição voluntária.** Há diversos procedimento de jurisdição voluntária, que tem sua regulação própria. Quando não houver procedimento especial para determinado pedido, ele deve ser processado pela na forma estabelecidas nos arts. 720 a 724. Pode-se, então, dizer que há um procedimento comum de jurisdição voluntária (arts. 719) e outros especiais. O art. 725 relaciona alguns pedidos que se submetem ao procedimento comum de jurisdição voluntária.

**15. Rol exemplificativo.** O rol do art. 725 é exemplificativo. Qualquer outro pedido que não se submeta a um procedimento especial e não esteja nesse rol do art. 725, mas seja de jurisdição voluntária, deve seguir o procedimento comum dos arts. 720 a 724.

**16. Emancipação.** A emancipação é a antecipação da capacidade civil plena. Por meio dela, o menor de 16 anos passa a ser plenamente capaz. Geralmente, a emancipação é feita por ato voluntário de um dos pais ou de ambos. Na falta dos pais ou se houver conflito de vontade entre eles, a emancipação pode ser dada pelo juiz. A emancipação judicial ocorre, então, quando não há consenso entre os genitores ou quando o adolescente está sob tutela. O pedido de emancipação judicial submete-se ao procedimento comum de jurisdição voluntária.

**17. Sub-rogação.** A sub-rogação pode ser subjetiva (CC, art. 346) ou objetiva (CC, arts. 1.449, 1.455, 1.478, 1.659, I, 1.668, I, 1.674, I, 1.719, entre outros). A sub-rogação prevista no art. 725, II, é a objetiva, em que se dá a transferência judicial de um gravame ou restrição de um bem para outro. Assim, a parte pode pedir ao juiz a transferência da inalienabilidade, da impenhorabilidade e da incomunicabilidade de um bem para outro. Para tais sub-rogações objetivas ou reais, a vontade do proprietário não é suficiente, devendo haver decisão judicial, diante da demonstração de justa causa, identificada na conveniência do interessado ou na necessidade da alienação. Esse pedido é feito ao juiz por um procedimento comum de jurisdição voluntária.

**18. Alienação, arrendamento ou oneração de bens de crianças ou adolescentes, de órfãos e interditos.** A alienação, o arrendamento ou a oneração de bens de crianças, adolescentes, órfãos ou interditos depende de autorização judicial. É elemento integrante do ato jurídico o procedimento judicial com a finalidade de obter tal autorização, sendo requisito de sua validade. Feita a alienação, o arrendamento ou a oneração sem a chancela judicial, haverá invalidade. A alienação ou oneração de bens imóveis depende de autorização judicial e, no caso de tutela, a alienação ou oneração de móveis também depende de autorização judicial (CC, arts. 1.691, 1.740, III, 1.748, IV, 1.750 e 1.774). Nesses casos, a intervenção do Ministério Público é obrigatória, haja vista o interesse do incapaz. Na hipótese de conflito entre o incapaz e seu representante, o juiz deve nomear curador especial.

**19. Alienação, locação e administração da coisa comum e alienação de quinhão em coisa comum.** O pressuposto dessa hipótese de jurisdição voluntária é o desacordo entre os interessados. Nos termos do art. 1.314 do CC, nenhum dos condôminos pode alterar a destinação da coisa comum, nem dar posse, uso ou gozo dela a estranhos, sem o consenso dos outros. Logo, havendo dissenso, é possível requerer a intervenção judicial (CC, arts. 1.320, § 3º, 1.322 e 1.325, § 2º), a fim de que seja exercido o direito potestativo do coproprietário de pôr fim a comunhão, realizando-se a alienação no caso de frustrada a adjudicação do bem (CC, arts. 1.321 e 2.019). Nesse caso, todos os condôminos devem ser citados.

**20. Extinção de usufruto e de fideicomisso.** O usufruto é um direito real sobre coisa alheia: o proprietário é chamado de nu-proprietário, que cede a outrem, o usufrutuário, o uso e a fruição do bem. No fideicomisso, também há fruição do bem sem se ter o seu domínio. No usufruto, há simultaneidade no exercício de direitos entre o usufrutuário e o nu-proprietário, ao passo que, no fideicomisso, os direitos são exercidos sucessivamente (CC, art. 1.951). No caso de morte do usufrutuário, do escoamento do prazo de duração do usufruto, de morte do fideicomissário antes do fiduciário ou antes de se realizar a condição resolutória do direito do fiduciário ou antes da morte do testador, a extinção do usufruto e do fideicomisso se dá de pleno direito, não dependendo de pronunciamento judicial. De igual modo, a extinção da pessoa jurídica usufrutuária, a consolidação do usufruto e, bem assim, a renúncia à herança ou legado pelo fideicomissário não exigem intervenção judicial. A intervenção judicial, mediante procedimento de jurisdição voluntária, restringe-se à hipótese em que o fato extintivo precisar de produção de prova em juízo, como no perecimento da coisa

**LIVRO I** · DO PROCESSO DE CONHECIMENTO E DO CUMPRIMENTO DE SENTENÇA — **Art. 726**

objeto do fideicomisso, a cessação do motivo que causou o usufruto, a destruição da coisa. No caso de usufruto, as hipótese previstas no art. 1.410, IV, V, VII e VIII, do CC exigem o procedimento de jurisdição voluntária.

**21. Alvará judicial.** O alvará é a autorização ou integração de vontade dada por um juiz para a prática de um ato, consistindo, em regra, num requisito para sua validade ou eficácia. Em casos em que se exige o alvará, a parte deve requerer mediante um procedimento comum de jurisdição voluntária. Assim, para suprir, por exemplo, a autorização do cônjuge (art. 74), é possível requerer ao juiz, mediante alvará, o suprimento da vontade, em procedimento comum de jurisdição voluntária.

**22. Homologação de autocomposição extrajudicial.** A transação assinada pelo Ministerio Público, pela Defensoria Pública, pela Advocacia Pública, pelos advogados dos transatores ou por conciliador ou mediador credenciado por tribunal é título executivo extrajudicial (art. 784, IV) e produz efeitos imediatamente. São títulos executivos judiciais não somente a decisão que homologa a autocomposição judicial, mas também a que homologa a autocomposição extrajudicial. É possível que qualquer acordo, transação, contrato, negócio jurídico, enfim, possa ser levado ao juízo absolutamente competente para ser homologado, constituindo-se, assim, título executivo judicial. A homologação deve realizar-se em procedimento de jurisdição voluntária, instaurado por ambos interessados, no qual o juiz examinará o preenchimento dos pressupostos e requisitos para a celebração do negócio jurídico (art. 725, VIII).

**23. Título executivo extrajudicial e título executivo judicial.** A autocomposição extrajudicial pode ser título executivo extrajudicial, na forma do art. 784, cuja defesa do executado pode ser ampla (art. 917, VI); a homologação judicial de tal autocomposição extrajudicial tem, portanto, a utilidade de restringir a matéria de defesa do executado aos limites do § 1º do art. 525. O credor, dispondo de um negócio jurídico que se encaixe no art. 784, pode propor execução fundada em título executivo extrajudicial na eventualidade de descumprimento por parte do devedor (arts. 824 e seguintes). Se, mesmo dispondo do título extrajudicial, o credor pretender transmudá-lo em título judicial, bastará, em conjunto com o devedor, requerer, mediante simples petição, ao juiz que homologue tal negócio, num procedimento de jurisdição voluntária. Um título extrajudicial é, assim, transformado em título judicial, permitindo, em caso de eventual des-

cumprimento, que seja promovida uma execução, cujo procedimento será o do cumprimento da sentença (arts. 523 e seguintes). A execução de título *judicial* não permite qualquer discussão; a cognição é limitada, exatamente porque se trata de uma execução de sentença (somente podem ser alegadas as matérias constantes do § 1º do art. 525, todas elas relativas a fatos posteriores ao negócio jurídico). A execução de título *extrajudicial* permite ao executado a alegação de qualquer matéria de defesa, sem limitação alguma (art. 917). A diferença tem fundamento na coisa julgada, que é atributo das decisões judiciais, mesmo as homologatórias.

## Seção II
## Da Notificação
## e da Interpelação

**Art. 726.** Quem tiver interesse em manifestar formalmente sua vontade a outrem sobre assunto juridicamente relevante poderá notificar pessoas participantes da mesma relação jurídica para dar-lhes ciência de seu propósito.

§ 1º Se a pretensão for a de dar conhecimento geral ao público, mediante edital, o juiz só a deferirá se a tiver por fundada e necessária ao resguardo de direito.

§ 2º Aplica-se o disposto nesta Seção, no que couber, ao protesto judicial.

▶ **1. Dispositivos correspondentes no CPC/1973.** *"Art. 867. Todo aquele que desejar prevenir responsabilidade, prover a conservação e ressalva de seus direitos ou manifestar qualquer intenção de modo formal, poderá fazer por escrito o seu protesto, em petição dirigida ao juiz, e requerer que do mesmo se intime a quem de direito." "Art. 870. Far-se-á a intimação por editais: I – se o protesto for para conhecimento do público em geral, nos casos previstos em lei, ou quando a publicidade seja essencial para que o protesto, notificação ou interpelação atinja seus fins; II – se o citando for desconhecido, incerto ou estiver em lugar ignorado ou de difícil acesso; III – se a demora da intimação pessoal puder prejudicar os efeitos da interpelação ou do protesto."*

## 🏛 LEGISLAÇÃO CORRELATA

**2. CC, art. 202, II.** *"Art. 202. A interrupção da prescrição, que somente poderá ocorrer uma vez, dar-se-á: (...) II – por protesto, nas condições do inciso antecedente."*

1103

## Art. 727

### ⬚ Comentários Temáticos

**3. Notificações, interpelações e protestos.** São procedimentos de jurisdição voluntária, nos quais o juiz apenas exerce a função de transmitir comunicação de vontade. Não há discussão nem decisão judicial. Tais procedimentos destinam-se a resguardar direitos, constituir o devedor em mora, interromper a prescrição, manifestar uma vontade ou uma comunicação de vontade, enfim, há, neles, atividade conducente à comunicação de conhecimento ou de vontade, com a finalidade de produzir efeitos resultante da própria comunicação.

**4. Notificação judicial.** É uma comunicação de conhecimento, qualificada pela pretensão, manifestada pelo notificante, de que o notificado faça ou deixe de fazer algo, sob determinada cominação. Serve mais para dar conhecimento de um fato ou de uma vontade para o requerido. Em outras palavras, serve mais a conhecer do que a exigir, embora possa instar o requerido, como dito, a fazer ou deixar de fazer algo (art. 727).

**5. Interpelação judicial.** Destina-se a exigir o cumprimento de uma obrigação, constituindo o devedor em mora. Quem interpela é o credor. O devedor não interpela, pois não pode exigir o cumprimento de obrigação.

**6. Protesto judicial.** Serve como meio de documentação da vontade ou da intenção de prevenir responsabilidade ou de ressalvar direitos, servindo, igualmente, para interromper a prescrição (CC, art. 202, II).

**7. Erro na denominação da medida.** Se o requerente se equivoca na denominação da medida, denominando a notificação de interpelação ou de protesto ou vice-versa, não há invalidade ou ineficácia do ato. O problema será meramente terminológico, não afetando a finalidade essencial do ato de comunicação.

**8. Protestos marítimos.** A regulação da notificação e da interpelação, disciplinada nos arts. 726 a 729, aplica-se também ao protesto. Tal regramento não se aplica aos protestos marítimos, cuja regulação está nos arts. 766 a 770.

**9. Prevenção.** A notificação, a interpelação e o protesto não acarretam prevenção do juízo para processos sucessivos com elas relacionados.

**10. Ausência de prevenção.** *"A notificação judicial, medida meramente conservatória de direitos, não gera prevenção e renúncia tácita ao foro eleito pelas partes"* (STJ, 4ª Turma, AgInt no AREsp 912.547/SE, rel. Min. Maria Isabel Gallotti, *DJe* 02.06.2017).

**11. Eficácia interruptiva da prescrição.** *"o protesto ajuizado dentro do prazo prescricional produz eficácia interruptiva"* (STJ, 2ª Turma, AgInt no REsp 1.531.341/PR, rel. Min. Og Fernandes, *DJe* 1º.03.2021).

**12. Impossibilidade de se interromper a prescrição por notificação extrajudicial.** *"A notificação extrajudicial não tem o condão de interromper o prazo prescricional, seja porque não se enquadra no disposto no art. 4º, parágrafo único, do Decreto 20.910/32, que se refere a requerimentos administrativos perante as repartições públicas, seja porque não está entre as causas interruptivas da prescrição previstas pelo art. 202 do CC"* (STJ, 2ª Turma, AgRg no REsp 1.553.565/DF, rel. Min. Herman Benjamin, *DJe* 05.02.2016). *"De acordo com a orientação jurisprudencial desta Corte, o mero envio de notificação extrajudicial não constitui causa apta a interromper a prescrição, nos termos do art. 202, VI, do CC, pois é necessário, para esse fim, a existência de ato inequívoco de reconhecimento da dívida pelo devedor"* (STJ, 1ª Turma, AgInt no REsp 1.826.395/RJ, rel. Min. Gurgel de Faria, *DJe* 26.05.2021).

> **Art. 727.** Também poderá o interessado interpelar o requerido, no caso do art. 726, para que faça ou deixe de fazer o que o requerente entenda ser de seu direito.

> ▸ **1. Correspondência no CPC/1973.** *"Art. 871. O protesto ou interpelação não admite defesa nem contraprotesto nos autos; mas o requerido pode contraprotestar em processo distinto."*

### ⬚ Comentários Temáticos

**2. Admissibilidade para fazer ou deixar de fazer.** O interessado pode valer-se da interpelação ou notificação para efetivação de obrigação de fazer ou não fazer, servindo, igualmente, para comunicar ao requerido das consequências de sua ação ou omissão, o que pode ser útil para futura comprovação de comportamento inadequado ou de atuação dolosa.

> **Art. 728.** O requerido será previamente ouvido antes do deferimento da notificação ou do respectivo edital:
>
> I – se houver suspeita de que o requerente, por meio da notificação ou do edital, pretende alcançar fim ilícito;
>
> II – se tiver sido requerida a averbação da notificação em registro público.

> ▸ **1. Sem correspondência no CPC/1973.**

**LIVRO I** · DO PROCESSO DE CONHECIMENTO E DO CUMPRIMENTO DE SENTENÇA    **Art. 730**

## ▣ COMENTÁRIOS TEMÁTICOS

**2. Objeto do procedimento.** A notificação, a interpelação ou o protesto não se destina a criar, extinguir ou modificar direitos, consistindo em simples cientificação ou documentação de manifestação de vontade do requerente.

**3. Oitiva do requerido.** O requerido deve ser ouvido previamente nas hipóteses em que a notificação ou a interpelação seja utilizada para constrangê-lo ou quando haja pretensão de alcançar finalidade ilícita.

**4. Controle da medida.** O juiz deve inadmitir a notificação ou a interpelação quando perceber que há uma finalidade ilícita ou intenção de constranger o requerido.

**5. Averbação no registro público.** A notificação ou interpelação pode ser averbada no registro público, desde que o requerido seja previamente ouvido. O requerido deve ser previamente ouvido, a fim de evitar abuso de direito do requerente e prejuízo ao próprio requerido.

**6. Defesa.** A oitiva do requerido não se confunde com oportunidade para apresentação de defesa. O objetivo da notificação ou da interpelação é o de simples cientificação ou documentação de manifestação de vontade, não comportando qualquer defesa pelo requerido. Apesar disso, o requerido pode, evidentemente, afirmar ser inadmissível o procedimento, por visar fim ilícito ou por ser abusivo.

> **Art. 729.** Deferida e realizada a notificação ou interpelação, os autos serão entregues ao requerente.

▸ **1. Correspondência no CPC/1973.** *"Art. 872. Feita a intimação, ordenará o juiz que, pagas as custas, e decorridas 48 (quarenta e oito) horas, sejam os autos entregues à parte independentemente de traslado."*

## ▣ COMENTÁRIOS TEMÁTICOS

**2. Deferimento.** Admitida, a notificação, a interpelação ou o protesto será deferida, notificando-se ou interpelando-se o destinatário ou, então, efetivando-se o protesto.

**3. Entrega dos autos.** Deferida a notificação, a interpelação ou o protesto, os autos serão entregues ao requerente.

**4. Disponibilização dos autos.** Antes da entrega dos autos ao requerente, o juiz deve disponibilizar os autos ao requerido para eventual consulta, obtenção de cópias ou certidão, aplicando-se, no caso, o art. 383. Nesse sentido,

o juiz deve fixar um prazo de disponibilização dos autos antes de sua entrega ao requerente.

**5. Processo eletrônico.** A regra é ineficaz no processo eletrônico, no qual os autos estão disponíveis e acessíveis a todos, não sendo necessária qualquer entrega.

**6. Indeferimento.** Inadmitido o procedimento ou indeferida a medida pretendida, o processo será extinto, cabendo apelação a ser examinada pelo respectivo tribunal.

## Seção III
## Da Alienação Judicial

> **Art. 730.** Nos casos expressos em lei, não havendo acordo entre os interessados sobre o modo como se deve realizar a alienação do bem, o juiz, de ofício ou a requerimento dos interessados ou do depositário, mandará aliená-lo em leilão, observando-se o disposto na Seção I deste Capítulo e, no que couber, o disposto nos arts. 879 a 903.

▸ **1. Correspondência no CPC/1973.** *"Art. 1.113. Nos casos expressos em lei e sempre que os bens depositados judicialmente forem de fácil deterioração, estiverem avariados ou exigirem grandes despesas para a sua guarda, o juiz, de ofício ou a requerimento do depositário ou de qualquer das partes, mandará aliená-los em leilão. § 1º Poderá o juiz autorizar, da mesma forma, a alienação de semoventes e outros bens de guarda dispendiosa; mas não o fará se alguma das partes se obrigar a satisfazer ou garantir as despesas de conservação. § 2º Quando uma das partes requerer a alienação judicial, o juiz ouvirá sempre a outra antes de decidir. § 3º Far-se-á a alienação independentemente de leilão, se todos os interessados forem capazes e nisso convierem expressamente."*

## ▦ LEGISLAÇÃO CORRELATA

**2. CC, art. 1.322.** *"Art. 1.322. Quando a coisa for indivisível, e os consortes não quiserem adjudicá-la a um só, indenizando os outros, será vendida e repartido o apurado, preferindo-se, na venda, em condições iguais de oferta, o condômino ao estranho, e entre os condôminos aquele que tiver na coisa benfeitorias mais valiosas, e, não as havendo, o de quinhão maior. Parágrafo único. Se nenhum dos condôminos tem benfeitorias na coisa comum e participam todos do condomínio em partes iguais, realizar-se-á licitação entre estranhos e, antes de adjudicada a coisa àquele que*

1105

*ofereceu maior lanço, proceder-se-á à licitação entre os condôminos, a fim de que a coisa seja adjudicada a quem afinal oferecer melhor lanço, preferindo, em condições iguais, o condômino ao estranho."*

## ▣ COMENTÁRIOS TEMÁTICOS

**3. Alienação judicial.** O procedimento da alienação judicial é tipicamente executório, consistindo na prática de atos necessários a transformar um bem em dinheiro, sob a supervisão do juiz, a fim de se lhe dar o destino estabelecido em lei. A alienação judicial (art. 730) não se confunde com as alienações mencionadas nos incisos III, IV e V do art. 725. Estas últimas desencadeiam procedimento cognitivo, encerrado por sentença que autorize a alienação, daí resultando uma alienação particular extrajudicial ou, até mesmo, uma alienação judicial (art. 730).

**4. Cabimento: dissenso ou previsão legal.** A alienação judicial deve ser levada a efeito quando não houver acordo entre os interessados sobre o modo como se deve realizar a venda do bem ou quando houver disposição legal que a exija. Assim, far-se-á a alienação judicial quando houver dissenso ou quando, ainda que haja consenso entre os sujeitos, a lei impuser essa forma de alienação.

**5. Procedimento.** A alienação judicial tem uma regulação bem simplificada (art. 730), havendo o risco de insuficiência normativa quanto à condução do procedimento. Além das regras relativas à alienação na execução (arts. 879 a 903), devem ser aplicadas as normas fundamentais do CPC e as disposições gerais dos procedimentos de jurisdição voluntária (arts. 719 a 724), bem como disposições de direito material, que guardem pertinência com o caso.

**6. Finalidade do procedimento.** A finalidade do procedimento de alienação judicial é o controle judicial da venda do bem. Independentemente da forma que seja adotada para a alienação, o importante é haver o controle judicial de sua realização.

**7. Ministério Público.** O Ministério Público, no procedimento de alienação judicial, só deve intervir, se estiver presente uma das hipóteses do art. 178 (art. 721).

**8. Casos de alienações judiciais.** As alienações judiciais mais comuns são as *(a)* de bens indivisíveis em inventário e partilha; *(b)* de bens de incapazes; *(c)* destinadas à extinção de condomínio; *(d)* de quinhões em coisa comum.

**9. Espécies de alienações judiciais.** As alienações judiciais podem ser incidentes, consequentes ou autônomas.

**10. Alienações incidentes.** São incidentes as alienações determinadas no curso de um processo, ao qual estejam vinculados os bens, por exemplo, na arrecadação da herança jacente (art. 742) ou na alienação de bens indivisíveis no inventário (art. 649). Nesses casos, não é necessário haver citação, podendo a alienação ser, até mesmo, ordenada de ofício pelo juiz.

**11. Alienações consequentes.** As alienações consequentes são as que resultam de processos cognitivos instaurados especificamente para sua autorização (art. 725, III, IV e V). A partilha subsequente ao divórcio (art. 731, parágrafo único) pode ensejar também uma alienação consequente. Nesses casos de alienações consequentes, é necessária, para sua realização, a instauração da fase executiva, que depende da iniciativa da parte interessada, com a intimação dos demais interessados.

**12. Alienações autônomas.** Sendo necessária alienação sem prévia decisão ou autorização judicial, o procedimento é autônomo, instaurado por iniciativa de uma das partes perante o juízo competente, citando-se os demais interessados. Quando, por exemplo, o condomínio se estabelece sobre coisa indivisível, sua extinção se efetua sobre o preço apurado em venda judicial, e não por divisão de quinhões (CC, art. 1.322). Nesse caso, o procedimento a ser aplicado é o da alienação judicial (art. 730), e não o da ação de divisão de terras particulares (art. 569, II).

**13. Atuação de ofício do juiz.** O juiz só deve agir de ofício em caso de alienação incidente. Em tais casos, cabe-lhe determinar, de ofício, a alienação do bem, observando o contraditório prévio (art. 10).

**14. Forma.** A alienação judicial deve ser feita por iniciativa particular ou por leilão público (arts. 879).

**15. Intimação de terceiros.** No procedimento da alienação judicial, devem ser aplicados os arts. 799, 804 e 889, que forma um sistema de normas de proteção a alguns sujeitos, credores ou não. Todos os sujeitos ali mencionados devem ser intimados previamente à alienação judicial. A análise sobre quem deve ser intimado não deve restringir-se ao art. 889; é preciso analisar todo esse bloco normativo. A consequência é que, além dos sujeitos indicados nos incisos do art. 889, outros há que, porque inseridos nesse sistema protetivo, também devem ser intimados previamente à alienação judicial.

# LIVRO I · DO PROCESSO DE CONHECIMENTO E DO CUMPRIMENTO DE SENTENÇA — Art. 731

**16. Aquisição parcelada.** Na alienação judicial, admite-se a aquisição do bem em prestações (art. 895).

**17. Conveniência e oportunidade.** No procedimento da alienação judicial, o juiz não precisa observar os critérios de legalidade estrita, podendo adotar soluções convenientes ou oportunas. Assim, é possível, a depender das peculiaridades do caso, evitar a alienação e determinar, por exemplo, um uso coletivo do bem ou estabelecer um condomínio em multipropriedade (CC, arts. 1.358-B a 1.358-U), ou dar outra solução conveniente e oportuna ao caso.

**18. Negócio processual.** É possível, no procedimento da alienação judicial, a celebração de negócio processual entre as partes para estabelecer regras procedimentais sobre a venda do bem.

**19. Preferência na extinção de condomínio.** No caso de extinção de condomínio ou de alienação de quinhão em coisa comum, devem-se respeitar as preferências legais (CC, art. 1.322). Nesse caso, todos os condôminos devem ser citados e, igualmente, intimados para exercerem o direito de preferência na alienação.

## Seção IV
## Do Divórcio e da Separação Consensuais, da Extinção Consensual de União Estável e da Alteração do Regime de Bens do Matrimônio

**Art. 731.** A homologação do divórcio ou da separação consensuais, observados os requisitos legais, poderá ser requerida em petição assinada por ambos os cônjuges, da qual constarão:

I – as disposições relativas à descrição e à partilha dos bens comuns;

II – as disposições relativas à pensão alimentícia entre os cônjuges;

III – o acordo relativo à guarda dos filhos incapazes e ao regime de visitas; e

IV – o valor da contribuição para criar e educar os filhos.

Parágrafo único. Se os cônjuges não acordarem sobre a partilha dos bens, far-se-á esta depois de homologado o divórcio, na forma estabelecida nos arts. 647 a 658.

▶ **1. Dispositivos correspondentes no CPC/1973.** *"Art. 1.120. A separação consensual será requerida em petição assinada por ambos os cônjuges. § 1º Se os cônjuges não puderem ou não souberem escrever, é lícito que outrem assine a pe-* tição a rogo deles. *§ 2º As assinaturas, quando não lançadas na presença do juiz, serão reconhecidas por tabelião." "Art. 1.121. A petição, instruída com a certidão de casamento e o contrato antenupcial se houver, conterá: I – a descrição dos bens do casal e a respectiva partilha; II – o acordo relativo à guarda dos filhos menores e ao regime de visitas; III – o valor da contribuição para criar e educar os filhos; IV – a pensão alimentícia do marido à mulher, se esta não possuir bens suficientes para se manter. § 1º Se os cônjuges não acordarem sobre a partilha dos bens, far-se-á esta, depois de homologada a separação consensual, na forma estabelecida neste Livro, Título I, Capítulo IX. § 2º Entende-se por regime de visitas a forma pela qual os cônjuges ajustarão a permanência dos filhos em companhia daquele que não ficar com sua guarda, compreendendo encontros periódicos regularmente estabelecidos, repartição das férias escolares e dias festivos."*

## 🏛 LEGISLAÇÃO CORRELATA

**2. CF, 226, § 6º.** *"§ 6º O casamento civil pode ser dissolvido pelo divórcio."*

**3. CC, art. 1.571, § 1º.** *"§ 1º O casamento válido só se dissolve pela morte de um dos cônjuges ou pelo divórcio, aplicando-se a presunção estabelecida neste Código quanto ao ausente."*

**4. CC, art. 1.574.** *"Art. 1.574. Dar-se-á a separação judicial por mútuo consentimento dos cônjuges se forem casados por mais de um ano e o manifestarem perante o juiz, sendo por ele devidamente homologada a convenção. Parágrafo único. O juiz pode recusar a homologação e não decretar a separação judicial se apurar que a convenção não preserva suficientemente os interesses dos filhos ou de um dos cônjuges."*

**5. Lei 6.515/1977, art. 34.** *"Art. 34. A separação judicial consensual se fará pelo procedimento previsto nos arts. 1.120 e 1.124 do Código de Processo Civil [de 1973], e as demais pelo procedimento ordinário. § 1º A petição será também assinada pelos advogados das partes ou pelo advogado escolhido de comum acordo. § 2º O juiz pode recusar a homologação e não decretar a separação judicial, se comprovar que a convenção não preserva suficientemente os interesses dos filhos ou de um dos cônjuges. § 3º Se os cônjuges não puderem ou não souberem assinar, é lícito que outrem o faça a rogo deles. § 4º Às assinaturas, quando não lançadas na presença do juiz, serão, obrigatoriamente, reconhecidas por tabelião."*

# JURISPRUDÊNCIA, ENUNCIADOS E SÚMULAS SELECIONADOS

- **6. Tema/Repercussão Geral 1053 STF.** *"Após a promulgação da EC nº 66/2010, a separação judicial não é mais requisito para o divórcio nem subsiste como figura autônoma no ordenamento jurídico. Sem prejuízo, preserva-se o estado civil das pessoas que já estão separadas, por decisão judicial ou escritura pública, por se tratar de ato jurídico perfeito (art. 5º, XXXVI, da CF)."*

- **7. Súmula STJ, 197.** *"O divórcio direto pode ser concedido sem que haja prévia partilha dos bens."*

- **8. Enunciado 514 da V Jornada de Direito Civil-CJF.** *"A Emenda Constitucional n. 66/2010 não extinguiu o instituto da separação judicial e extrajudicial."*

## COMENTÁRIOS TEMÁTICOS

**9. Separação judicial.** A separação judicial apenas faz terminar a sociedade conjugal, mas não dissolve o vínculo matrimonial. Só o divórcio é que dissolve o casamento. Por não dissolver o vínculo, a separação não autoriza novo casamento com outro cônjuge, possibilitando o restabelecimento daquele que terminou. Com a separação, extingue-se o regime de bens e os deveres entre os cônjuges, passando a correr prescrição entre eles (CC, art. 197, I), mas o vínculo matrimonial não se extingue.

**10. Separação de fato e separação judicial.** A separação de fato, com o decorrer do tempo, produz os efeitos da separação judicial, terminando a sociedade conjugal, mas não dissolvendo o vínculo matrimonial. A separação judicial decorre de uma decisão judicial, enquanto a de fato, da simples circunstância de o casal não conviver mais e não manter mais a sociedade conjugal.

**11. Separação de fato e extinção do regime de bens.** *"O aresto recorrido está em sintonia com a jurisprudência do Superior Tribunal de Justiça, firmada no sentido de que a separação de fato põe fim ao regime de bens do casamento, motivo pelo qual os cônjuges não têm mais direito à meação dos bens adquiridos pelo outro"* (STJ, 3ª Turma, AgInt nos EDcl no AREsp 1.408.813/SP, rel. Min. Ricardo Villas Bôas Cueva, DJe 19.12.2019).

**12. Prescrição e separação de fato.** *"A constância da sociedade conjugal, exigida para a incidência da causa impeditiva da prescrição extintiva ou aquisitiva (art. 197, I, do CC/2002),* cessará não apenas nas hipóteses de divórcio ou de separação judicial, mas também na hipótese de separação de fato por longo período, tendo em vista que igualmente não subsistem, nessa hipótese, as razões de ordem moral que justificam a existência da referida norma"* (STJ, 3ª Turma, REsp 1.693.732/MG, rel. Min. Nancy Andrighi, DJe 11.05.2020).

**13. Lapso temporal.** Não se exige qualquer lapso temporal para que se promova a separação judicial. O art. 1.574 do CC exige que os cônjuges estejam casados há, pelo menos, 1 ano para que possam pedir a separação. A EC 66/2010, ao alterar o art. 226 da CF, eliminou a previsão de prazo prévio, revogando, assim, a exigência de qualquer lapso temporal para a separação e para o divórcio. Por isso, não há qualquer lapso temporal para que se promova a separação judicial.

**14. Divórcio direto.** O divórcio pode ser obtido judicialmente ou extrajudicialmente, sem a necessidade de prévia separação, de fato ou judicial, e, igualmente, sem a necessidade de exigência de algum lapso temporal.

**15. Necessidade de iniciativa.** O divórcio ou a separação consensual exige iniciativa das partes, não sendo possível atuação de ofício do juiz. O consenso é necessário. Não é possível que um terceiro requeira o divórcio ou a separação do casal.

**16. Assinatura do advogado e das partes.** A petição inicial deve ser assinada por advogado e por ambos os cônjuges, sem ser necessária qualquer ratificação presencial perante o juiz. Também não é necessário o reconhecimento de firma.

**17. Conteúdo da petição inicial.** A petição inicial deve apenas afirmar que há um casamento válido, que deve, por consenso entre as partes, ser encerrado ou dissolvido, não sendo necessário explicitar o motivo dessa iniciativa nem discutir a existência de culpa. Também devem constar da petição inicial a regulamentação da guarda, visitação e contribuição para criação e educação dos filhos, bem como eventuais alimentos entre cônjuges. Se as partes não tiverem filhos, esses últimos itens são, por óbvio, desnecessários. Se, porém, os tiverem, tais itens são componentes obrigatórios da petição inicial.

**18. Partilha de bens.** A petição inicial não precisa descrever os bens e estabelecer sua partilha. Se houver bens e as partes queiram regular esse ponto, a petição inicial pode contemplar um item sobre sua partilha. O procedimento de jurisdição voluntária exige consenso entre

**LIVRO I · DO PROCESSO DE CONHECIMENTO E DO CUMPRIMENTO DE SENTENÇA**  **Art. 732**

as partes, não havendo, portanto, espaço para litígio. Eventual discordância deve ser excluída da petição inicial. Esta só deve contemplar o que for objeto de consenso. Por isso, não havendo consenso a respeito da partilha, esta não constará da petição inicial, podendo ser objeto de posterior consenso ou disputa judicial. Não é necessária a partilha de bens para que se decrete o divórcio consensual.

**19. Documentos.** A petição inicial deve ser, pelo menos, acompanhada da certidão de casamento e, caso exista, do pacto antenupcial. Também devem acompanhar a petição inicial a certidão de nascimento dos filhos, comprovação dos bens, fontes de renda, despesas com filhos, entre outros, a depender das peculiaridades do caso. É possível que o casal não tenha filhos ou não queiram fazer, naquela altura, a partilha de bens. Nesse caso, vários documentos não precisam ser apresentados.

**20. Alteração nos nomes.** Não se exige que os cônjuges se manifestem sobre eventual alteração nos seus nomes, mas a petição inicial pode tratar disso (CC, art. 1.571, § 2º).

**21. Outras questões.** O art. 731 relaciona os itens que constarão da petição inicial, mas não impede que haja outros. As partes podem, consensualmente, regular a separação ou o divórcio, incluindo os itens que lhes convenham.

**22. Competência.** É da justiça comum estadual a competência para a homologação do divórcio ou da separação consensual. A competência do foro segue as regras previstas no inciso I do art. 53.

**23. Necessidade de consenso.** As partes podem deixar de tratar, na petição inicial, da partilha de bens, caso não haja consenso a respeito desse item. Os demais itens, porém, devem constar da petição inicial e devem ser objeto de consenso. O juiz somente pode homologar a separação ou o divórcio, se houver consenso sobre todos os pontos. O único ponto que pode ser dispensado por falta de consenso é a descrição e a partilha de bens.

**24. Emenda da petição inicial.** Se houver a necessidade de alguma complementação na petição inicial da separação ou do divórcio consensual, o juiz deve determinar a intimação das partes para emendá-la, indicando, precisamente, o que deve ser corrigido, esclarecido ou complementado (art. 321).

**25. Segredo de justiça.** O processo de separação ou divórcio consensual tramita em segredo de justiça (art. 189, II).

> **Art. 732.** As disposições relativas ao processo de homologação judicial de divórcio ou de separação consensuais aplicam-se, no que couber, ao processo de homologação da extinção consensual de união estável.

▶ **1. Sem correspondência no CPC/1973.**

🖸 **LEGISLAÇÃO CORRELATA**

**2. CF, art. 226, § 3º.** "*§ 3º Para efeito da proteção do Estado, é reconhecida a união estável entre o homem e a mulher como entidade familiar, devendo a lei facilitar sua conversão em casamento.*"

**3. Lei 9.278/1996, art. 9º.** "*Art. 9º Toda a matéria relativa à união estável é de competência do juízo da Vara de Família, assegurado o segredo de justiça.*"

**4. Prov. 37/2014 CNJ, art. 1º.** "*Art. 1º É facultativo o registro da união estável prevista nos artigos 1.723 a 1.727 do Código Civil, mantida entre o homem e a mulher, ou entre duas pessoas do mesmo sexo.*"

**5. Prov. 37/2014 CNJ, art. 2º.** "*Art. 2º O registro dos títulos de declaração de reconhecimento ou de dissolução da união estável será feito no Livro E do registro civil de pessoas naturais em que os companheiros têm ou tiveram sua última residência, e dele deverão constar, no mínimo: I – as informações indicadas nos incisos I a VIII do art. 94-A da Lei nº 6.015, de 31 de dezembro de 1973; II – data do termo declaratório e serventia de registro civil das pessoas naturais em que formalizado, quando for o caso; III – caso se trate da hipótese do § 2º do art. 94-A da Lei nº 6.015, de 1973: a) a indicação do país em que foi lavrado o título estrangeiro envolvendo união estável com, ao menos, um brasileiro; e b) a indicação do país em que os companheiros tinham domicílio ao tempo do início da união estável e, no caso de serem diferentes, a indicação do primeiro domicílio convivencial. IV – data de início e de fim da união estável, desde que corresponda à data indicada na forma do art. 1º, §§ 4º e 5º, deste Provimento. § 1º Na hipótese do inciso III deste artigo, somente será admitido o registro de título estrangeiro, se este expressamente referir-se à união estável regida pela legislação brasileira ou se houver sentença de juízo brasileiro reconhecendo a equivalência do instituto estrangeiro. § 2º Havendo a inviabilidade do registro do título estrangeiro, é admitido que os companheiros registrem um título brasileiro de declaração de reconhecimento ou de dissolução de união estável, ainda que este consigne o histórico jurídico transnacional do convívio more uxório. § 3º Para fins deste*"

1109

# Art. 733

*artigo, é dispensável o prévio registro do título estrangeiro no Registro de Títulos e Documentos (arts. 94-A, § 3º, e 148 da Lei nº 6.015, de 1973), exigida, porém, a sua tradução juramentada e, se se tratar de documento público estrangeiro, o seu apostilamento ou a sua legalização."*

## ▣ COMENTÁRIOS TEMÁTICOS

**6. Homologação da extinção.** A extinção da união estável pode ser obtida por homologação judicial, mediante procedimento de jurisdição voluntária, a partir do consenso entre os companheiros. Os companheiros devem requerer conjuntamente ao juiz a homologação da extinção da união estável.

**7. Homologação do reconhecimento.** Embora o art. 732 refira-se apenas à "homologação da extinção", é igualmente possível que os companheiros peçam conjuntamente ao juiz que homologue o reconhecimento da união estável, a fim de terem documentada essa comprovação.

**8. União homoafetiva.** O art. 732 aplica-se à união homoafetiva. Aliás, toda menção à união estável inclui, indistintamente, a união homoafetiva.

**9. Competência.** É da justiça comum estadual a competência para homologar tanto o reconhecimento como a extinção da união estável. O foro competente é um dos relacionados no art. 53, I.

**10. Petição inicial.** A dissolução consensual da união estável independe da motivação subjetiva dos companheiros. Basta expressar a vontade com a dissolução, devendo haver consenso. Não é necessário explicitar, na petição inicial, qualquer motivo para a dissolução.

**11. Documentos.** A petição inicial deve fazer-se acompanhar de documentos que indiquem a existência da união estável, a exemplo de comprovantes de residência, fotos em ocasiões familiares, certidão de nascimento de filho em comum, depoimentos escritos de familiares ou amigos, entre outros.

**12. Outras provas.** Não sendo os documentos suficientes, o juiz pode determinar a produção de prova deponencial ou testemunhal.

**13. Segredo de justiça.** O processo de dissolução consensual de união estável deve tramitar em segredo de justiça (art. 189, II).

---

**Art. 733.** O divórcio consensual, a separação consensual e a extinção consensual de união estável, não havendo nascituro ou filhos incapazes e observados os requisitos legais, poderão ser realizados por escritura pública, da qual constarão as disposições de que trata o art. 731.

§ 1º A escritura não depende de homologação judicial e constitui título hábil para qualquer ato de registro, bem como para levantamento de importância depositada em instituições financeiras.

§ 2º O tabelião somente lavrará a escritura se os interessados estiverem assistidos por advogado ou por defensor público, cuja qualificação e assinatura constarão do ato notarial.

▶ **1. Correspondência no CPC/1973.** *"Art. 1.124-A. A separação consensual e o divórcio consensual, não havendo filhos menores ou incapazes do casal e observados os requisitos legais quanto aos prazos, poderão ser realizados por escritura pública, da qual constarão as disposições relativas à descrição e à partilha dos bens comuns e à pensão alimentícia e, ainda, ao acordo quanto à retomada pelo cônjuge de seu nome de solteiro ou à manutenção do nome adotado quando se deu o casamento. § 1º A escritura não depende de homologação judicial e constitui título hábil para o registro civil e o registro de imóveis. § 2º O tabelião somente lavrará a escritura se os contratantes estiverem assistidos por advogado comum ou advogados de cada um deles ou por defensor público, cuja qualificação e assinatura constarão do ato notarial. § 3º A escritura e demais atos notariais serão gratuitos àqueles que se declararem pobres sob as penas da lei."*

## ▣ LEGISLAÇÃO CORRELATA

**2. Res. 35/2007 CNJ, art. 1º.** *"Art. 1º Para a lavratura dos atos notariais relacionados a inventário, partilha, separação consensual, divórcio consensual e extinção consensual de união estável por via administrativa, é livre a escolha do tabelião de notas, não se aplicando as regras de competência do Código de Processo Civil."*

**3. Res. 35/2007 CNJ, art. 2º.** *"Art. 2º É facultada aos interessados a opção pela via judicial ou extrajudicial; podendo ser solicitada, a qualquer momento, a suspensão, pelo prazo de 30 dias, ou a desistência da via judicial, para promoção da via extrajudicial."*

**4. Res. 35/2007 CNJ, art. 3º.** *"Art. 3º As escrituras públicas de inventário e partilha, separação e divórcio consensuais não dependem de homologação judicial e são títulos hábeis para o registro civil e o registro imobiliário, para a transferência de bens e direitos, bem como para promoção de todos os atos necessários à materialização das transferências de bens e levantamento de valores (DETRAN, Junta Comercial, Registro Civil de*

LIVRO I · DO PROCESSO DE CONHECIMENTO E DO CUMPRIMENTO DE SENTENÇA    **Art. 733**

*Pessoas Jurídicas, instituições financeiras, companhias telefônicas etc.)."*

**5. Res. 35/2007 CNJ, art. 6º.** *"Art. 6º A gratuidade prevista na norma adjetiva compreende as escrituras de inventário, partilha, separação e divórcio consensuais."*

**6. Res. 35/2007 CNJ, art. 7º.** *"Art. 7º Para a obtenção da gratuidade pontuada nesta norma, basta a simples declaração dos interessados de que não possuem condições de arcar com os emolumentos, ainda que as partes estejam assistidas por advogado constituído."*

**7. Res. 35/2007 CNJ, art. 8º.** *"Art. 8º É necessária a presença do advogado, dispensada a procuração, ou do defensor público, na lavratura das escrituras aqui referidas, nelas constando seu nome e registro na OAB."*

**8. Res. 35/2007 CNJ, art. 42.** *"Art. 42. Não há sigilo nas escrituras públicas de separação e divórcio consensuais."*

**9. Prov. 118/2007 CFOAB, art. 1º.** *"Art. 1º Nos termos do disposto na Lei n. 11.441, de 04.01.2007, é indispensável a intervenção de advogado nos casos de inventários, partilhas, separações e divórcios por meio de escritura pública, devendo constar do ato notarial o nome, o nome social, o número de identidade e a assinatura dos profissionais. § 1º Para viabilizar o exercício profissional, prestando assessoria às partes, o advogado deve estar regularmente inscrito perante a Ordem dos Advogados do Brasil. § 2º Constitui infração disciplinar valer-se de agenciador de causas, mediante participação nos honorários a receber, angariar ou captar causas, com ou sem intervenção de terceiros, e assinar qualquer escrito para fim extrajudicial que não tenha feito, ou em que não tenha colaborado, sendo vedada a atuação de advogado que esteja direta ou indiretamente vinculado ao cartório respectivo, ou a serviço deste, e lícita a advocacia em causa própria."*

### ⚖ Jurisprudência, Enunciados e Súmulas Selecionados

- **10. Tema/Repercussão Geral 1053 STF.** *"Após a promulgação da EC nº 66/2010, a separação judicial não é mais requisito para o divórcio nem subsiste como figura autônoma no ordenamento jurídico. Sem prejuízo, preserva-se o estado civil das pessoas que já estão separadas, por decisão judicial ou escritura pública, por se tratar de ato jurídico perfeito (art. 5º, XXXVI, da CF)."*
- **11. Enunciado 571 da VI Jornada de Direito Civil-CJF.** *"Se comprovada a resolução prévia*

*e judicial de todas as questões referentes aos filhos menores ou incapazes, o tabelião de notas poderá lavrar escrituras públicas de dissolução conjugal."*

### ▤ Comentários Temáticos

**12. Escritura pública.** O divórcio consensual, a separação consensual e a extinção consensual da união estável podem fazer-se extrajudicialmente, por escritura pública, sem necessidade de homologação pelo juiz, constituindo título hábil para qualquer ato de registro e para levantamento de valores depositados em bancos ou instituições financeiras.

**13. Advogado ou defensor público.** A escritura pública somente será lavrada se as partes estiverem assistidas por advogado ou defensor público, que deve também assiná-la.

**14. Filhos incapazes e nascituro.** Não é possível adotar a opção extrajudicial, se o casal tiver filhos incapazes ou se houver nascituro, em razão da indisponibilidade de seus direitos e da maior intervenção estatal nesses casos, com atuação do Ministério Público. Para que se impeça a via extrajudicial, é preciso que os filhos incapazes ou o nascituro sejam do casal. Em outras palavras, é preciso que o nascituro ou os filhos incapazes sejam comuns. Se o filho incapaz for de apenas um deles, não há impedimento para a separação ou o divórcio extrajudicial.

**15. Incapacidade dos cônjuges.** Se um dos cônjuges (ou ambos) apresentar causa temporária ou permanente de incapacidade, não será possível a via extrajudicial, pelos mesmos motivos que se a impede no caso de haver filhos incapazes. O consenso exigido para o procedimento exige a capacidade plena de ambos os cônjuges.

**16. Procedimento.** Os cônjuges escolherão livremente o tabelionato em que se dará o procedimento, não sendo necessária a presença de ambos os cônjuges. Eles podem ser representados por advogado ou por defensor público, que assinará o instrumento.

**17. Documentos.** Os requerentes devem fornecer os documentos necessários para a lavratura da escritura, exemplo de documentos de identificação, certidão de casamento, documentos dos bens, entre outros.

**18. Partilha de bens.** No procedimento extrajudicial, da mesma forma que no judicial, não é necessária a partilha de bens para a separação ou o divórcio. É recomendável que já se faça a partilha, mas ela não é necessária. A escritura deve conter declaração expressa da ausência de

1111

bens a partilhar, ou seja, se não houver bens a partilhar, isso deve ser expressamente declarado na escritura de separação ou divórcio.

**19. Alimentos.** Os alimentos podem, na escritura de separação ou de divórcio, ser expressamente renunciados, não sendo a renúncia presumida em caso de silêncio. Em caso de omissão, o tabelião deve solicitar a manifestação expressa dos cônjuges, para que definam se haverá pensionamento ou se haverá renúncia dos alimentos.

**20. Gratuidade.** O benefício da gratuidade da justiça aplica-se à separação e ao divórcio consensuais feitos no âmbito extrajudicial. Assim, a gratuidade abrange as escrituras de separação e divórcio consensuais (Res. 35/2007 CNJ, art. 6º).

**21. Ausência de sigilo.** Não há sigilo no procedimento extrajudicial de separação ou divórcio consensual (Res. 35/2007 CNJ, art. 42). O sigilo restringe-se ao processo judicial (art. 189, II). Se as partes pretendem ter seu processo acobertado pelo sigilo, devem optar pela via judicial, e não pela extrajudicial.

**22. Recusa do tabelião.** Se o tabelião recusar a lavratura da escritura, cabe procedimento de suscitação de dúvida ao juízo competente. Diante da recusa é, igualmente, possível que os cônjuges desistam da via extrajudicial e proponham, então, o requerimento de separação ou divórcio consensual pela via judicial.

> **Art. 734.** A alteração do regime de bens do casamento, observados os requisitos legais, poderá ser requerida, motivadamente, em petição assinada por ambos os cônjuges, na qual serão expostas as razões que justificam a alteração, ressalvados os direitos de terceiros.
>
> § 1º Ao receber a petição inicial, o juiz determinará a intimação do Ministério Público e a publicação de edital que divulgue a pretendida alteração de bens, somente podendo decidir depois de decorrido o prazo de 30 (trinta) dias da publicação do edital.
>
> § 2º Os cônjuges, na petição inicial ou em petição avulsa, podem propor ao juiz meio alternativo de divulgação da alteração do regime de bens, a fim de resguardar direitos de terceiros.
>
> § 3º Após o trânsito em julgado da sentença, serão expedidos mandados de averbação aos cartórios de registro civil e de imóveis e, caso qualquer dos cônjuges seja empresário, ao Registro Público de Empresas Mercantis e Atividades Afins.

▶ **1. Sem correspondência no CPC/1973.**

### 🔲 LEGISLAÇÃO CORRELATA

**2. CC, 1.639, § 2º.** *"§ 2º É admissível alteração do regime de bens, mediante autorização judicial em pedido motivado de ambos os cônjuges, apurada a procedência das razões invocadas e ressalvados os direitos de terceiros."*

**3. CC, 2.039.** *"Art. 2.039. O regime de bens nos casamentos celebrados na vigência do Código Civil anterior, Lei nº 3.071, de 1º de janeiro de 1916, é o por ele estabelecido."*

### ⚖ JURISPRUDÊNCIA, ENUNCIADOS E SÚMULAS SELECIONADOS

- **4. Enunciado 177 da III Jornada-CJF.** *"No procedimento de alteração de regime de bens, a intimação do Ministério Público prevista no art. 734, § 1º, do CPC somente se dará nos casos dos arts. 178 e 721 do CPC."*

### 🔲 COMENTÁRIOS TEMÁTICOS

**5. Regime de bens.** O regime de bens destina-se a regular as relações patrimoniais entre os cônjuges quanto ao domínio e administração dos bens trazidos ao casamento e adquiridos durante o vínculo conjugal. O regime de bens depende da escolha feita pelos nubentes. É ampla e total a liberdade dos nubentes quanto à estruturação do regime de bens, salvo quando a lei impuser um regime obrigatório (CC, art. 1.641). As regras gerais aplicáveis aos regimes de bens (CC, arts. 1.639 a 1.657) devem ser observadas pelos nubentes: escolhido tipo específico, este será integralmente aplicado, na forma prevista em lei. Os nubentes devem celebrar pacto antenupcial, mediante o qual manifestam qual regime será observado após o casamento. Se não houver pacto antenupcial, presume-se que optaram pelo regime legal da comunhão parcial.

**6. Alteração do regime de bens.** Não sendo obrigatório (CC, art. 1.641), o regime de bens pode ser alterado após o casamento, desde que haja *(a)* consenso entre os cônjuges; *(b)* autorização judicial; *(c)* modificação relevante; *(d)* ressalva dos direitos de terceiros.

**7. Prazo mínimo.** Não há prazo mínimo, após o casamento, para que se requeira a mudança do regime de bens.

**8. Via judicial.** O procedimento de modificação de regime de bens deve submeter-se à via judicial, não admitida a via extrajudicial com tal finalidade.

**9. Petição inicial.** O pedido de alteração do regime de bens deve ser dirigido ao juiz competente mediante petição subscrita pelos cônjuges e por advogado comum. É necessário que ambos os cônjuges sejam autores do pedido, cabendo-lhes expor as razões que justifiquem a alteração, ressalvados os direitos de terceiros.

**10. Emenda da petição inicial.** Se houver a necessidade de algum ajuste, o juiz deve determinar a intimação das partes para emenda da petição inicial, com indicação precisa do que deve ser corrigido, esclarecido ou complementado (art. 321).

**11. Consenso.** É necessário que haja consenso entre os cônjuges. A recusa de qualquer deles para a alteração do regime de bens impede o deferimento pelo juiz. A falta de anuência de um dos cônjuges não pode ser suprida pelo juiz.

**12. Motivação.** A alteração do regime de bens depende de motivação relevante, a exemplo da mudança do regime de comunhão parcial para o de separação de bens por terem os cônjuges passado a ter situações econômicas e profissionais próprias, sendo conveniente a existência de patrimônios próprios para garantia de obrigações, ou em virtude da idade ou da imaturidade dos cônjuges ao se casarem, vindo tal situação a alterar-se ao longo do tempo. A mudança de regime de bens pode ser fundamental para eliminar conflitos familiares, assegurando uma melhor convivência entre os cônjuges.

**13. Justificativas exageradas.** *"A melhor interpretação que se pode conferir ao § 2º do art. 1.639 do CC é aquela no sentido de não se exigir dos cônjuges justificativas ou provas exageradas, desconectadas da realidade que emerge dos autos, sobretudo diante do fato de a decisão que concede a modificação do regime de bens operar efeitos ex nunc"* (STJ, 3ª Turma, REsp 1.904.498/SP, rel. Min. Nancy Andrighi, *DJe* 06.05.2021).

**14. Ressalva de terceiros.** A alteração do regime de bens pode atingir o patrimônio de terceiros que estejam de boa-fé. A mudança de regime não deve ser admitida, caso haja uma intenção evidente de fraudar credores.

**15. Requisitos para a alteração do regime de bens.** *"A teor do § 2º do art. 1.639 do CC/2002, para a modificação do regime de bens, basta que ambos os cônjuges deduzam pedido motivado, cujas razões devem ter sua procedência apurada em juízo, sem prejuízo dos direitos de terceiros, resguardando-se os efeitos do ato jurídico perfeito do regime originário, expressamente ressalvados pelos arts. 2.035 e 2.039 do Código atual. 5. O poder atribuído aos cônjuges pelo § 2º do art.* 1.639 do CC/2002 de modificar o regime de bens do casamento subsiste ainda que o matrimônio tenha sido celebrado na vigência do Código Civil de 1916. 6. A melhor interpretação que se pode conferir ao § 2º do art. 1.639 do CC é aquela segundo a qual não se deve 'exigir dos cônjuges justificativas exageradas ou provas concretas do prejuízo na manutenção do regime de bens originário, sob pena de se esquadrinhar indevidamente a própria intimidade e a vida privada dos consortes' (REsp 1.119.462/MG, Quarta Turma, julgado em 26.02.2013, DJe 12.03.2013). 7. Em situações como a presente, em que o exame dos autos não revelou aos juízos de primeiro e segundo graus – soberanos na apreciação das provas – qualquer elemento concreto capaz de ensejar o reconhecimento, ainda que de forma indiciária, de eventuais danos a serem suportados por algum dos consortes ou por terceiros, há de ser preservada a vontade dos cônjuges, sob pena de violação de sua intimidade e vida privada. 8. Ante a previsão do art. 1.639, § 2º, do CC/2002 e a presunção de boa-fé que favorece os autores, desde que resguardado direitos de terceiros, a cessação da incapacidade de um dos cônjuges – que impunha a adoção do regime da separação obrigatória de bens sob a égide do Código Civil de 1916 – autoriza, na vigência do CC/2002, em prestígio ao princípio da autonomia privada, a modificação do regime de bens do casamento"* (STJ, 3ª Turma, REsp 1.947.749/SP, rel. Min. Nancy Andrighi, *DJe* 16.09.2021).

**16. Procedimento.** Recebida a petição inicial, o juiz não precisa designar qualquer audiência, salvo se houver a necessidade de algum esclarecimento dos cônjuges. Recebida a petição inicial, o juiz determinará a publicação de edital, fixando prazo de 30 dias para se dê ampla ciência do pedido formulado. Somente depois de escoado esse prazo de 30 dias é que o juiz poderá decidir.

**17. Meio alternativo de divulgação.** Para resguardar direitos de terceiros, os cônjuges podem propor ao juiz a adoção de meio alternativo de divulgação da alteração do regime de bens, diferente da publicação de edital.

**18. Cognição.** Cabe ao juiz o controle da petição inicial, conferindo a presença das formalidades legais. Assim, cabe-lhe verificar a assinatura dos cônjuges, a juntada dos documentos necessários para a apreciação do caso e o cumprimento de formalidades exigidas em lei.

**19. Ministério Público.** Após o recebimento da petição inicial, o juiz deve determinar a intimação do Ministério Público, caso haja interesse de incapazes. O Ministério Público só intervém, se houver presença de incapaz (art.

# Art. 735

**CÓDIGO DE PROCESSO CIVIL COMENTADO –** *Leonardo Carneiro da Cunha*

721). Nas ações de família, não há outro interesse que justifique a intervenção do Ministério Público. Este só intervém, quando há interesse de incapaz (art. 698).

**20. Eficácia da decisão.** A alteração do regime de bens apenas valerá para o futuro, não prejudicando os atos jurídicos perfeitos, salvo quando houver benefício a terceiros, quando, por exemplo, altera-se o regime da separação de bens para o da comunhão parcial ou total. A alteração do regime de bens produz efeitos entre as partes a partir da decisão judicial. Os efeitos da alteração, em relação a terceiros, dependem do trânsito em julgado da sentença e de sua averbação nos registros civil e de imóveis, ou no registro público das sociedades empresárias, se algum dos cônjuges for empresário.

**21. Eficácia *ex nunc.*** *"Reconhecimento da eficácia 'ex nunc' da alteração do regime de bens, tendo por termo inicial a data do trânsito em julgado da decisão judicial que o modificou. Interpretação do art. 1.639, § 2º, do CC/2002"* (STJ, 3ª Turma, REsp 1.300.036/MT, rel. Min. Paulo de Tarso Sanseverino, *DJe* 20.05.2014). *"Segundo a jurisprudência do STJ, os efeitos da alteração do regime de bens do casamento são ex nunc"* (STJ, 4ª Turma, AgInt no REsp 1.831.120/SP, rel. Min. Antonio Carlos Ferreira, *DJe* 28.08.2020). *"Os efeitos da modificação do regime de bens do casamento operam ex nunc, isto é, a partir da decisão que homologa a alteração, ficando regidos os fatos jurídicos anteriores e os efeitos pretéritos pelo regime de bens então vigente"* (STJ, 3ª Turma, REsp 1.947.749/SP, rel. Min. Nancy Andrighi, *DJe* 16.09.2021).

## Seção V

## Dos Testamentos e dos Codicilos

**Art. 735.** Recebendo testamento cerrado, o juiz, se não achar vício externo que o torne suspeito de nulidade ou falsidade, o abrirá e mandará que o escrivão o leia em presença do apresentante.

§ 1º Do termo de abertura constarão o nome do apresentante e como ele obteve o testamento, a data e o lugar do falecimento do testador, com as respectivas provas, e qualquer circunstância digna de nota.

§ 2º Depois de ouvido o Ministério Público, não havendo dúvidas a serem esclarecidas, o juiz mandará registrar, arquivar e cumprir o testamento.

§ 3º Feito o registro, será intimado o testamenteiro para assinar o termo da testamentaria.

§ 4º Se não houver testamenteiro nomeado ou se ele estiver ausente ou não aceitar o encargo, o juiz nomeará testamenteiro dativo, observando-se a preferência legal.

§ 5º O testamenteiro deverá cumprir as disposições testamentárias e prestar contas em juízo do que recebeu e despendeu, observando-se o disposto em lei.

▶ **1. Dispositivos correspondentes no CPC/1973.** *"Art. 1.125. Ao receber testamento cerrado, o juiz, após verificar se está intacto, o abrirá e mandará que o escrivão o leia em presença de quem o entregou. Parágrafo único. Lavrar-se-á em seguida o ato de abertura que, rubricado pelo juiz e assinado pelo apresentante, mencionará: I – a data e o lugar em que o testamento foi aberto; II – o nome do apresentante e como houve ele o testamento; III – a data e o lugar do falecimento do testador; IV – qualquer circunstância digna de nota, encontrada no invólucro ou no interior do testamento."* *"Art. 1.126. Conclusos os autos, o juiz, ouvido o órgão do Ministério Público, mandará registrar, arquivar e cumprir o testamento, se lhe não achar vício externo, que o torne suspeito de nulidade ou falsidade. Parágrafo único. O testamento será registrado e arquivado no cartório a que tocar, dele remetendo o escrivão uma cópia, no prazo de 8 (oito) dias, à repartição fiscal."* *"Art. 1.127. Feito o registro, o escrivão intimará o testamenteiro nomeado a assinar, no prazo de 5 (cinco) dias, o termo da testamentaria; se não houver testamenteiro nomeado, estiver ele ausente ou não aceitar o encargo, o escrivão certificará a ocorrência e fará os autos conclusos; caso em que o juiz nomeará testamenteiro dativo, observando-se a preferência legal. Parágrafo único. Assinado o termo de aceitação da testamentaria, o escrivão extrairá cópia autêntica do testamento para ser juntada aos autos de inventário ou de arrecadação da herança."*

### 🗐 Legislação Correlata

**2. CC, art. 1.862.** *"Art. 1.862. São testamentos ordinários: I – o público; II – o cerrado; III – o particular."*

**3. CC, art. 1.863.** *"Art. 1.863. É proibido o testamento conjuntivo, seja simultâneo, recíproco ou correspectivo."*

**4. CC, art. 1.868.** *"Art. 1.868. O testamento escrito pelo testador, ou por outra pessoa, a seu rogo, e por aquele assinado, será válido se aprovado pelo tabelião ou seu substituto legal, observadas as seguintes formalidades: I – que o testador o entregue ao tabelião em presença de*

**LIVRO I** · DO PROCESSO DE CONHECIMENTO E DO CUMPRIMENTO DE SENTENÇA · **Art. 735**

*duas testemunhas; II – que o testador declare que aquele é o seu testamento e quer que seja aprovado; III – que o tabelião lavre, desde logo, o auto de aprovação, na presença de duas testemunhas, e o leia, em seguida, ao testador e testemunhas; IV – que o auto de aprovação seja assinado pelo tabelião, pelas testemunhas e pelo testador. Parágrafo único. O testamento cerrado pode ser escrito mecanicamente, desde que seu subscritor numere e autentique, com a sua assinatura, todas as páginas.”*

**5. CC, art. 1.875.** *“Art. 1.875. Falecido o testador, o testamento será apresentado ao juiz, que o abrirá e o fará registrar, ordenando seja cumprido, se não achar vício externo que o torne eivado de nulidade ou suspeito de falsidade.”*

**6. CC, art. 1.980.** *“O testamenteiro é obrigado a cumprir as disposições testamentárias, no prazo marcado pelo testador, e a dar contas do que recebeu e despendeu, subsistindo sua responsabilidade enquanto durar a execução do testamento.”*

## ⚖ Jurisprudência, Enunciados e Súmulas Selecionados

- **7. Enunciado 51 da I Jornada-CJF.** *“Havendo registro judicial ou autorização expressa do juízo sucessório competente, nos autos do procedimento de abertura, registro e cumprimento de testamento, sendo todos os interessados capazes e concordes, poderão ser feitos o inventário e a partilha por escritura pública.”*

- **8. Enunciado 600 da VII Jornada de Direito Civil-CJF.** *“Após registrado judicialmente o testamento e sendo todos os interessados capazes e concordes com os seus termos, não havendo conflito de interesses, é possível que se faça o inventário extrajudicial.”*

- **9. Enunciado 77 da I Jornada de Prevenção e Solução Extrajudicial de Litígios-CJF.** *“Havendo registro ou expressa autorização do juízo sucessório competente, nos autos do procedimento de abertura e cumprimento de testamento, sendo todos os interessados capazes e concordes, o inventário e partilha poderão ser feitos por escritura pública, mediante acordo dos interessados, como forma de pôr fim ao procedimento judicial.”*

## 🗐 Comentários Temáticos

**10. Procedimento prévio de jurisdição voluntária.** A abertura e o registro do testamento devem ser feitos perante o juiz, mediante procedimento de jurisdição voluntária, antes da abertura de inventário vinculado à sucessão testamentária. Não se permite que a abertura e o registro do testamento sejam feitos extrajudicialmente, devendo ser feitos perante o juiz.

**11. Advogado.** O requerimento de abertura e registro do testamento cerrado deve ser subscrito por advogado, que é quem detém capacidade postulatória.

**12. Atividade do juiz.** No procedimento de abertura e registro do testamento, a atividade do juiz é basicamente cartorária, assemelhando-se à do tabelião. Cabe-lhe apenas verificar a regularidade formal do testamento e homologá-lo, a fim de integrar a forma do negócio jurídico unilateral de manifestação de última vontade, determinando-se seu registro, arquivamento e cumprimento.

**13. Testamento cerrado.** Também denominado secreto ou místico, é escrito de próprio punho pelo testador ou a rogo, completando-se por instrumento público, lavrado por tabelião na presença de testemunhas. É negócio jurídico solene, repleto de formalidades. Até a abertura da sucessão, suas disposições devem ser mantidas em segredo.

**14. Abertura do testamento cerrado.** O testamento deve ser aberto na presença do juiz, do escrivão e do apresentante, para que se lavre o respectivo termo, com sua abertura e leitura, que é um ato público (art. 189). Não se exige a presença dos herdeiros. O termo de abertura do testamento cerrado é uma formalidade típica, sendo necessária sua lavratura.

**15. Citação dos herdeiros.** Embora não se exija a presença dos herdeiros na abertura do testamento e na lavratura do respectivo termo, é preciso que sejam previamente citados. Antes, portanto, da abertura do testamento, devem ser citados os herdeiros, para que tomem ciência e, caso desejem, possam comparecer ao ato de abertura e leitura do testamento.

**16. Questões suscitadas.** Antes de realizar o ato de abertura do testamento, o juiz deve apreciar eventuais questões suscitadas pelos interessados (art. 10). Ao juiz cabe apenas examinar a regularidade formal do testamento. Qualquer alegação de falsidade, de vício de vontade ou de irregularidade que exija exame mais aprofundado deve ser feita em processo próprio.

**17. Competência internacional exclusiva.** É exclusiva da autoridade judiciária brasileira a competência para abertura e registro de testamento cerrado relativo a bens situados no território nacional (art. 23, II).

1115

**18. Competência.** É da Justiça Estadual a competência para a abertura e registro do testamento. O foro competente é o do autor da herança (art. 48), sendo tal competência relativa e não acarretando prevenção para ações futuras.

**19. Testamenteiro.** Feita a abertura do testamento e determinado seu registro, o testamenteiro deve ser intimado para assinar o termo de testamentaria. Não havendo nomeação de testamenteiro ou o que não havendo aceite do que fora nomeado, o juiz deverá designar um testamenteiro dativo. Ao testamenteiro atribui-se o dever de prestar contas.

**20. Ministério Público.** O procedimento destina-se apenas à abertura e ao registro do testamento, não havendo discussões a serem travadas. Ainda que haja interesse de incapaz, o Ministério Público não deveria intervir. Não é compatível com as funções constitucionais do Ministério Público intervir em ato formal que se destina apenas a abrir e registrar um testamento. De todo modo, a lei prevê sua intimação, devendo o juiz determiná-la.

> **Art. 736.** Qualquer interessado, exibindo o traslado ou a certidão de testamento público, poderá requerer ao juiz que ordene o seu cumprimento, observando-se, no que couber, o disposto nos parágrafos do art. 735.

▶ **1. Correspondência no CPC/1973.** *"Art. 1.128. Quando o testamento for público, qualquer interessado, exibindo-lhe o traslado ou certidão, poderá requerer ao juiz que ordene o seu cumprimento. Parágrafo único. O juiz mandará processá-lo conforme o disposto nos arts. 1.125 e 1.126."*

## 🔖 Legislação Correlata

**2. CC, art. 1.864.** *"Art. 1.864. São requisitos essenciais do testamento público: I – ser escrito por tabelião ou por seu substituto legal em seu livro de notas, de acordo com as declarações do testador, podendo este servir-se de minuta, notas ou apontamentos; II – lavrado o instrumento, ser lido em voz alta pelo tabelião ao testador e a duas testemunhas, a um só tempo; ou pelo testador, se o quiser, na presença destas e do oficial; III – ser o instrumento, em seguida à leitura, assinado pelo testador, pelas testemunhas e pelo tabelião. Parágrafo único. O testamento público pode ser escrito manualmente ou mecanicamente, bem como ser feito pela inserção da declaração de vontade em partes impressas de livro de notas, desde que rubricadas todas as páginas pelo testador, se mais de uma."*

**3. CC, art. 1.865.** *"Art. 1.865. Se o testador não souber, ou não puder assinar, o tabelião ou seu substituto legal assim o declarará, assinando, neste caso, pelo testador, e, a seu rogo, uma das testemunhas instrumentárias."*

**4. CC, art. 1.866.** *"Art. 1.866. O indivíduo inteiramente surdo, sabendo ler, lerá o seu testamento, e, se não o souber, designará quem o leia em seu lugar, presentes as testemunhas."*

**5. CC, art. 1.867.** *"Art. 1.867. Ao cego só se permite o testamento público, que lhe será lido, em voz alta, duas vezes, uma pelo tabelião ou por seu substituto legal, e a outra por uma das testemunhas, designada pelo testador, fazendo-se de tudo circunstanciada menção no testamento."*

## 🗐 Comentários Temáticos

**6. Testamento público.** É aquele lavrado por tabelião, deve ser apresentado ao juiz, não sendo necessária sua abertura; basta sua apresentação ao juiz para que determine seu cumprimento.

**7. Ausência de assinatura do tabelião e ineficácia do testamento público.** *"O testamento público submetido a procedimento de abertura, registro e cumprimento, no qual foi constatada a presença de vício externo grave, consubstanciado na ausência de assinatura e identificação do tabelião que teria presenciado ou lavrado o instrumento, compromete a sua higidez e não permite aferir, com segurança, a real vontade da testadora, não pode juridicamente eficaz"* (STJ, 3ª Turma, REsp 1.703.376/PB, rel. Min. Moura Ribeiro, *DJe* 14.10.2020).

**8. Cumprimento do testamento público.** O testamento público deve ser submetido ao juiz para ser cumprido. A abertura é ato relativo ao testamento cerrado; no público, o juiz deve expedir o "cumpra-se", determinando seu cumprimento.

**9. Procedimento.** A apresentação do testamento público segue o mesmo procedimento para abertura do testamento cerrado (art. 735), com a simplificação decorrente de sua forma, não sendo necessário que o juiz se preocupe com a verificação da preservação de sua inviolabilidade, já que o testamento público tem conteúdo aberto.

**10. Competência internacional exclusiva.** É exclusiva da autoridade judiciária brasileira a competência para cumprimento de testamento público relativo a bens situados no território nacional (art. 23, II).

**11. Competência.** É da Justiça Estadual a competência para o cumprimento do testamen-

# LIVRO I · DO PROCESSO DE CONHECIMENTO E DO CUMPRIMENTO DE SENTENÇA — Art. 737

to. O foro competente é o do autor da herança (art. 48), sendo tal competência relativa e não acarretando prevenção para ações futuras.

**12. Ministério Público.** O Ministério Público não deveria intervir na apresentação de testamento público, por não ser ato compatível com suas funções constitucionais. De todo modo, o art. 735 prevê sua intimação, devendo o juiz, então, determiná-la.

**13. Termo.** Apresentado o testamento público, será lavrado termo, daí se seguindo sua entrega e cumprimento.

**14. Petição e dispensa do termo.** Se o requerimento de apresentação do testamento público for feito por petição que contenha todas as informações relevantes, pode ser dispensada a lavratura do termo.

**15. Advogado.** O requerimento de cumprimento do testamento público deve ser subscrito por advogado, que é quem detém capacidade postulatória.

**16. Legitimidade.** O testamento público pode ser apresentado por qualquer interessado que dele tenha ciência, podendo ser determinada sua exibição ou busca e apreensão, se necessário.

---

**Art. 737.** A publicação do testamento particular poderá ser requerida, depois da morte do testador, pelo herdeiro, pelo legatário ou pelo testamenteiro, bem como pelo terceiro detentor do testamento, se impossibilitado de entregá-lo a algum dos outros legitimados para requerê-la.

§ 1º Serão intimados os herdeiros que não tiverem requerido a publicação do testamento.

§ 2º Verificando a presença dos requisitos da lei, ouvido o Ministério Público, o juiz confirmará o testamento.

§ 3º Aplica-se o disposto neste artigo ao codicilo e aos testamentos marítimo, aeronáutico, militar e nuncupativo.

§ 4º Observar-se-á, no cumprimento do testamento, o disposto nos parágrafos do art. 735.

---

▶ **1. Correspondência no CPC/1973.** *"Art. 1.130. O herdeiro, o legatário ou o testamenteiro poderá requerer, depois da morte do testador, a publicação em juízo do testamento particular, inquirindo-se as testemunhas que lhe ouviram a leitura e, depois disso, o assinaram. Parágrafo único. A petição será instruída com a cédula do testamento particular." "Art. 1.131. Serão intimados para a inquirição: I – aqueles a quem caberia a sucessão legítima; II – o testamenteiro, os herdeiros e os legatários que não tiverem requerido a*

*publicação; III – o Ministério Público. Parágrafo único. As pessoas, que não forem encontradas na comarca, serão intimadas por edital." "Art. 1.133. Se pelo menos três testemunhas contestes reconhecerem que é autêntico o testamento, o juiz, ouvido o órgão do Ministério Público, o confirmará, observando-se quanto ao mais o disposto nos arts. 1.126 e 1.127."*

## ⚖ LEGISLAÇÃO CORRELATA

**2. CC, art. 1.876.** *"Art. 1.876. O testamento particular pode ser escrito de próprio punho ou mediante processo mecânico. § 1º Se escrito de próprio punho, são requisitos essenciais à sua validade seja lido e assinado por quem o escreveu, na presença de pelo menos três testemunhas, que o devem subscrever. § 2º Se elaborado por processo mecânico, não pode conter rasuras ou espaços em branco, devendo ser assinado pelo testador, depois de o ter lido na presença de pelo menos três testemunhas, que o subscreverão."*

**3. CC, art. 1.877.** *"Art. 1.877. Morto o testador, publicar-se-á em juízo o testamento, com citação dos herdeiros legítimos."*

**4. CC, art. 1.878.** *"Art. 1.878. Se as testemunhas forem contestes sobre o fato da disposição, ou, ao menos, sobre a sua leitura perante elas, e se reconhecerem as próprias assinaturas, assim como a do testador, o testamento será confirmado. Parágrafo único. Se faltarem testemunhas, por morte ou ausência, e se pelo menos uma delas o reconhecer, o testamento poderá ser confirmado, se, a critério do juiz, houver prova suficiente de sua veracidade."*

**5. CC, art. 1.879.** *"Art. 1.879. Em circunstâncias excepcionais declaradas na cédula, o testamento particular de próprio punho e assinado pelo testador, sem testemunhas, poderá ser confirmado, a critério do juiz."*

**6. CC, art. 1.880.** *"Art. 1.880. O testamento particular pode ser escrito em língua estrangeira, contanto que as testemunhas a compreendam."*

## ▣ COMENTÁRIOS TEMÁTICOS

**7. Testamento particular.** Também conhecido como testamento ológrafo ou hológrafo, é aquele redigido pelo próprio testador. Considerado o que possui menor segurança jurídica, o testamento particular tem formalidades que precisam ser observadas. A jurisprudência do STJ tem, porém, atenuado o rigor dessas formalidades, em prol da prevalência da vontade do testador.

1117

**8. Procedimento.** O procedimento para cumprimento do testamento particular tem por finalidade verificar sua regularidade formal e apurar se o testador agiu com livre e espontânea vontade. Se os elementos comprovarem que a vontade foi livremente manifestada, esta deve prevalecer, mesmo quando ausente alguma exigência formal.

**9. Testamento particular, flexibilização das formalidades e prevalência da vontade do testador.** *"A jurisprudência desta Corte se consolidou no sentido de que, 'para preservar a vontade do testador, são admissíveis determinadas flexibilizações nas formalidades legais exigidas para a validade do testamento particular, a depender da gravidade do vício de que padece o ato de disposição'"* (STJ, 3ª Turma, REsp 1.583.314/MG, rel. Min. Nancy Andrighi, *DJe* 23.08.2018).

**10. Inobservância de formalidades do testamento particular e flexibilização.** *"A jurisprudência do Superior Tribunal de Justiça tem flexibilizado as formalidades prescritas em lei no tocante às testemunhas do testamento particular quando o documento tiver sido escrito e assinado pelo testador e as demais circunstâncias dos autos indicarem que o ato reflete a vontade do testador"* (STJ, 3ª Turma, AgInt no AREsp 1.439.053/PR, rel. Min. Ricardo Villas Bôas Cueva, *DJe* 03.08.2020).

**11. Assinatura de próprio punho como requisito de validade do testamento particular, atenuação do vício e prevalência da vontade do testador.** *"A regra segundo a qual a assinatura de próprio punho é requisito de validade do testamento particular, pois, traz consigo a presunção de que aquela é a real vontade do testador, tratando-se, todavia, de uma presunção juris tantum, admitindo-se, ainda que excepcionalmente, a prova de que, se porventura ausente a assinatura nos moldes exigidos pela lei, ainda assim era aquela a real vontade do testador"* (STJ, 2ª Seção, REsp 1.633.254/MG, rel. Min. Nancy Andrighi, *DJe* 18.03.2020).

**12. Competência internacional exclusiva.** O testamento particular somente pode ser confirmado por autoridade jurisdicional brasileira em relação a bens situações no território nacional (art. 23, II).

**13. Jurisdição brasileira exclusiva para confirmar testamento particular de bens situados no Brasil.** *"Caso em que a sentença estrangeira confirmou testamento particular em que o de cujus dispôs de todo o seu patrimônio, o qual incluía bens situados no Brasil. Ao lado disso, as partes interessadas não manifestaram concordância. 2. Nos termos do art. 17 da Lei de Introdução às Normas do Direito Brasileiro, constitui requisito indispensável ao deferimento da homologação que o ato jurisdicional homologando não ofenda a 'soberania nacional'. 3. Hipótese em que o art. 23, II, do Código de Processo Civil de 2015 não admite jurisdição estrangeira"* (STJ, Corte Especial, SEC 15.924/EX, rel. Min. Benedito Gonçalves, *DJe* 27.10.2017).

**14. Foro competente.** É o do autor da herança o foro competente para o cumprimento de testamento particular (art. 48). Tal competência, que é relativa e não acarreta prevenção para ações futuras, é da Justiça Estadual.

**15. Publicação do testamento particular.** O testamento particular deve ser submetido ao juiz para ser "publicado". A abertura é ato relativo ao testamento cerrado; no particular, o juiz deve expedir o "cumpra-se", determinando sua "publicação", na expressão utilizada pelo art. 737. A determinação de publicação – que, na verdade, é determinação para cumprimento – do testamento particular consiste na comunicação formal da sua existência e o chamamento dos interessados para seu conhecimento.

**16. Legitimidade.** Podem requerer o cumprimento do testamento particular o herdeiro, o legatário ou o testamenteiro, bem como o terceiro detentor do testamento, se não puder entregá-lo a qualquer dos herdeiros, a qualquer dos legatários ou ao testamenteiro.

**17. Requerimento.** O cumprimento (ou publicação, na expressão legal) do testamento particular deve ser requerido por petição subscrita por quem detenha capacidade postulatória.

**18. Citações.** Os herdeiros que não requereram o cumprimento do testamento particular serão citados, a fim de tomarem conhecimento do seu conteúdo e, querendo, apresentarem manifestações e impugnações.

**19. Ministério Público.** Deve intervir, nos termos do art. 735, embora não seja compatível tal intervenção com suas funções constitucionais.

**20. Codicilos e testamentos especiais.** O art. 737 aplica-se, igualmente, aos codicilos (CC, arts. 1.881 a 1.885) e aos testamentos especiais, que são os marítimo, aeronáutico e militar (CC, art. 1.886), aplicando-se, supletivamente, o art. 735. Tal regime jurídico aplica-se também ao testamento nuncupativo, que é o oral, feito por militar que se encontra *in articulo mortis* (à beira da morte) ou na iminência de morrer (CC, art. 1.896).

**LIVRO I** · DO PROCESSO DE CONHECIMENTO E DO CUMPRIMENTO DE SENTENÇA    **Art. 738**

## Seção VI
## Da Herança Jacente

**Art. 738.** Nos casos em que a lei considere jacente a herança, o juiz em cuja comarca tiver domicílio o falecido procederá imediatamente à arrecadação dos respectivos bens.

▶ **1. Correspondência no CPC/1973.** *"Art. 1.142. Nos casos em que a lei civil considere jacente a herança, o juiz, em cuja comarca tiver domicílio o falecido, procederá sem perda de tempo à arrecadação de todos os seus bens."*

🔲 **LEGISLAÇÃO CORRELATA**

**2. CC, art. 1.819.** *"Art. 1.819. Falecendo alguém sem deixar testamento nem herdeiro legítimo notoriamente conhecido, os bens da herança, depois de arrecadados, ficarão sob a guarda e administração de um curador, até a sua entrega ao sucessor devidamente habilitado ou à declaração de sua vacância."*

**3. CC, art. 1.820.** *"Art. 1.820. Praticadas as diligências de arrecadação e ultimado o inventário, serão expedidos editais na forma da lei processual, e, decorrido um ano de sua primeira publicação, sem que haja herdeiro habilitado, ou penda habilitação, será a herança declarada vacante."*

**4. CC, art. 1.821.** *"Art. 1.821. É assegurado aos credores o direito de pedir o pagamento das dívidas reconhecidas, nos limites das forças da herança."*

**5. CC, art. 1.822.** *"Art. 1.822. A declaração de vacância da herança não prejudicará os herdeiros que legalmente se habilitarem; mas, decorridos cinco anos da abertura da sucessão, os bens arrecadados passarão ao domínio do Município ou do Distrito Federal, se localizados nas respectivas circunscrições, incorporando-se ao domínio da União quando situados em território federal. Parágrafo único. Não se habilitando até a declaração de vacância, os colaterais ficarão excluídos da sucessão."*

**6. CC, art. 1.823.** *"Art. 1.823. Quando todos os chamados a suceder renunciarem à herança, será esta desde logo declarada vacante."*

🔲 **COMENTÁRIOS TEMÁTICOS**

**7. *Saisine* ou abertura da sucessão.** A morte implica a imediata transferência da herança aos seus sucessores legítimos e testamentários, para impedir que o patrimônio do falecido fique sem titular, enquanto se aguarda a transfe-

rência definitiva dos bens aos seus sucessores (CC, art. 1.784).

**8. Ausência de herdeiros.** Se não houver herdeiros ou sejam eles desconhecidos, a herança é considerada jacente, devendo bens ser arrecadados, conservados e administrados até que haja a transferência definitiva da sua propriedade.

**9. Herança jacente.** Sendo jacente a herança, deve-se instaurar procedimento de jurisdição voluntária para arrecadação dos bens.

**10. Herança vacante.** Permanecendo a herança sem herdeiros por 5 anos desde a abertura da sucessão, será considerada vacante (CC, art. 1.822). Não havendo herdeiro legítimo ou testamentário, ou sendo desconhecidos os herdeiros ou caso os conhecidos não aceitem a herança, esta é considerada vacante.

**11. Herança jacente *versus* herança vacante.** A herança jacente é uma situação transitória, que precede a herança vacante. Enquanto a jacente decorre do fato de não ser reclamada por qualquer herdeiro, a vacante é a situação jurídica constituída após decurso de tempo sem titularidade do acervo hereditário, que passa, então, a incorporar o patrimônio público.

**12. Necessidade de sentença declaratória da vacância.** *"O bem integrante de herança jacente só é devolvido ao Estado com a sentença de declaração da vacância, podendo, até ali, ser possuído ad usucapionem"* (STJ, 3ª Turma, AgRg no Ag 1.212.745/RJ, rel. Min. Sidnei Beneti, *DJe* 03.11.2010).

**13. Competência.** É do foro do domicílio do falecido a competência para a arrecadação de bens da herança jacente (art. 48). Caso não se saiba o domicílio do falecido ou na hipótese de ele não possuir domicílio certo, o procedimento de herança jacente, destinado à arrecadação de seus bens, será competente o foro da situação dos bens imóveis; havendo imóveis em foros diferentes, será competente qualquer um deles; não havendo imóveis, será competente o foro do local de qualquer dos bens da herança (art. 48, parágrafo único).

**14. Legitimidade.** Em caso de herança jacente, o procedimento para a arrecadação dos bens pode ser instaurado, de ofício, pelo juiz. Além do juiz, qualquer interessado pode requerer a arrecadação dos bens da herança jacente. Diante da perspectiva de posterior vacância, é evidente que a Fazenda Pública tem legitimidade para requerer a instauração do procedimento. Também a tem o possuidor de bem da herança jacente, que não seja herdeiro, mas que tenha sua posse e, por isso, pretende preservar seu valor.

1119

**15. Herança jacente e legitimidade ativa do juiz.** "*A herança jacente, prevista nos arts. 738 a 743 do CPC/2015, é um procedimento especial de jurisdição voluntária que consiste, grosso modo, na arrecadação judicial de bens da pessoa falecida, com declaração, ao final, da herança vacante, ocasião em que se transfere o acervo hereditário para o domínio público, salvo se comparecer em juízo quem legitimamente os reclame. 4. Tal procedimento não se sujeita ao princípio da demanda (inércia da jurisdição), tendo em vista que o CPC/2015 confere legitimidade ao juiz para atuar ativamente, independente de provocação, seja para a instauração do processo, seja para a sua instrução. Por essa razão, ainda que a parte autora/requerente não junte todas as provas necessárias à comprovação dos fatos que legitimem o regular processamento da demanda, deve o juiz, antes de extinguir o feito, diligenciar minimamente, adotando as providências necessárias e cabíveis, visto que a atuação inaugural e instrutória da herança jacente, por iniciativa do magistrado, constitui um poder-dever*" (STJ, 3ª Turma, REsp 1.812.459/ES, rel. Min. Marco Aurélio Bellizze, *DJe* 11.03.2021).

**16. Finalidade do procedimento.** A finalidade do procedimento de herança jacente é a de arrecadar os bens do falecido e preservar o seu patrimônio para eventuais sucessores e, subsidiariamente, para a Fazenda Pública. Os bens devem ser transferidos a seus sucessores; sobrevindo a vacância, à Fazenda Pública.

**17. Razão da herança jacente.** "*O instituto da herança jacente foi desenvolvido para proteger o patrimônio do de cujus de eventuais abusos de terceiros, destinando-o à coletividade, na pessoa do Estado. Em assim sendo, a mens legis que orienta o instituto é de considerá-lo como a ultima ratio, isto é, considerar a ocorrência da jacência em última análise quando, de nenhuma outra forma, for possível atribuir a herança a quem de direito*" (STJ, 4ª Turma, REsp 1.532.544/RJ, rel. Min. Marco Buzzi, *DJe* 30.11.2016).

**18. Procedimento da herança jacente e poderes instrutórios do juiz.** "*A herança jacente, prevista nos arts. 738 a 743 do CPC/2015, é um procedimento especial de jurisdição voluntária que consiste, grosso modo, na arrecadação judicial de bens da pessoa falecida, com declaração, ao final, da herança vacante, ocasião em que se transfere o acervo hereditário para o domínio público, salvo se comparecer em juízo quem legitimamente os reclame. 4. Tal procedimento não se sujeita ao princípio da demanda (inércia da jurisdição), tendo em vista que o CPC/2015 confere legitimidade ao juiz para atuar ativamente, independente de provocação, seja para a instauração do processo, seja para a sua instrução. Por essa razão, ainda que a parte autora/requerente não junte todas as provas necessárias à comprovação dos fatos que legitimem o regular processamento da demanda, deve o juiz, antes de extinguir o feito, diligenciar minimamente, adotando as providências necessárias e cabíveis, visto que a atuação inaugural e instrutória da herança jacente, por iniciativa do magistrado, constitui um poder-dever*" (STJ, 3ª Turma, REsp 1.812.459/ES, rel. Min. Marco Aurélio Bellizze, *DJe* 11.03.2021).

> **Art. 739.** A herança jacente ficará sob a guarda, a conservação e a administração de um curador até a respectiva entrega ao sucessor legalmente habilitado ou até a declaração de vacância.
>
> § 1º Incumbe ao curador:
>
> I – representar a herança em juízo ou fora dele, com intervenção do Ministério Público;
>
> II – ter em boa guarda e conservação os bens arrecadados e promover a arrecadação de outros porventura existentes;
>
> III – executar as medidas conservatórias dos direitos da herança;
>
> IV – apresentar mensalmente ao juiz balancete da receita e da despesa;
>
> V – prestar contas ao final de sua gestão.
>
> § 2º Aplica-se ao curador o disposto nos arts. 159 a 161.

▶ **1. Dispositivos correspondentes no CPC/1973.** "*Art. 1.143. A herança jacente ficará sob a guarda, conservação e administração de um curador até a respectiva entrega ao sucessor legalmente habilitado, ou até a declaração de vacância; caso em que será incorporada ao domínio da União, do Estado ou do Distrito Federal.*" "*Art. 1.144. Incumbe ao curador: I – representar a herança em juízo ou fora dele, com assistência do órgão do Ministério Público; II – ter em boa guarda e conservação os bens arrecadados e promover a arrecadação de outros porventura existentes; III – executar as medidas conservatórias dos direitos da herança; IV – apresentar mensalmente ao juiz um balancete da receita e da despesa; V – prestar contas a final de sua gestão. Parágrafo único. Aplica-se ao curador o disposto nos arts. 148 a 150.*"

### 🏛 Legislação Correlata

**2. CC, art. 1.819.** "*Art. 1.819. Falecendo alguém sem deixar testamento nem herdeiro legítimo notoriamente conhecido, os bens da herança,*

**LIVRO I ·** DO PROCESSO DE CONHECIMENTO E DO CUMPRIMENTO DE SENTENÇA        **Art. 740**

*depois de arrecadados, ficarão sob a guarda e administração de um curador, até a sua entrega ao sucessor devidamente habilitado ou à declaração de sua vacância."*

## 🗐 COMENTÁRIOS TEMÁTICOS

**3. Curador.** É necessária a nomeação de um curador para a guarda e administração dos bens da herança jacente. A atuação do curador é limitada temporalmente, cabendo-lhe guardar e administrar os bens até sua entrega ao sucessor legalmente habilitado ou até a declaração de vacância.

**4. Termo de compromisso.** O curador deve firmar um termo de compromisso, cabendo-lhe agir com zelo e denodo na guarda, conservação e administração dos bens da herança jacente.

**5. Funções do curador.** O curador tem funções assemelhadas às do inventariante, inclusive na representação processual (arts. 75, VI, e 739, § 1º, I).

**6. Remuneração do curador.** O curador deve ser remunerado pela atividade que desempenhar, aplicando-se-lhe o art. 160. Assim, o curador tem sua remuneração estabelecida pelo juiz, que, a propósito, deve levar em conta alguns critérios: *(a)* situação dos bens; *(b)* tempo estimado do trabalho; e, *(c)* dificuldades de execução da atividade. Além desses critérios previstos no art. 160, o juiz, para fixar a remuneração do curador, deve considerar também o valor dos bens da herança jacente, que revela sua importância e impacta no grau de sua responsabilidade e de sua atenção.

**7. Responsabilidade do curador.** Ao curador se aplicam as regras de responsabilidade do depositário ou administrador (art. 161). O ilícito praticado pelo curador acarreta 3 consequências possíveis: *(a)* dever de reparar os prejuízos suportados pela parte; *(b)* perda do direito à remuneração que lhe foi arbitrada pelo juiz; *(c)* configuração de ato atentatório à dignidade da jurisdição, sem cominação, porém, de punição por tal transgressão. A responsabilidade do curador é subjetiva, ou seja, depende de culpa ou dolo. Sem que haja comprovação de culpa ou dolo, não se pode responsabilizá-lo. A perda da remuneração que lhe foi arbitrada não elimina o direito do curador de ser ressarcido das despesas que efetuou no exercício de sua função. Tal ressarcimento é necessário para evitar prejuízo ao curador ou seu empobrecimento sem causa. Além de responder pelos prejuízos causados à parte e de perder a remuneração que lhe fora arbitrada, o curador pode suportar outras sanções de natureza penal, processual e administrativa, a depender das circunstâncias do caso concreto.

**8. Ministério Público.** Ao Ministério Público não cabe a defesa de questões patrimoniais ou de direitos disponíveis, sendo injustificada sua atuação em casos de herança jacente que não se ajustem às hipóteses do art. 178. De todo modo, o art. 739, § 1º, I, prevê a intervenção do Ministério Público nos casos em que a herança jacente seja parte. Em tais casos, deve-se promover sua intimação.

---

**Art. 740.** O juiz ordenará que o oficial de justiça, acompanhado do escrivão ou do chefe de secretaria e do curador, arrole os bens e descreva-os em auto circunstanciado.

§ 1º Não podendo comparecer ao local, o juiz requisitará à autoridade policial que proceda à arrecadação e ao arrolamento dos bens, com 2 (duas) testemunhas, que assistirão às diligências.

§ 2º Não estando ainda nomeado o curador, o juiz designará depositário e lhe entregará os bens, mediante simples termo nos autos, depois de compromissado.

§ 3º Durante a arrecadação, o juiz ou a autoridade policial inquirirá os moradores da casa e da vizinhança sobre a qualificação do falecido, o paradeiro de seus sucessores e a existência de outros bens, lavrando-se de tudo auto de inquirição e informação.

§ 4º O juiz examinará reservadamente os papéis, as cartas missivas e os livros domésticos e, verificando que não apresentam interesse, mandará empacotá-los e lacrá-los para serem assim entregues aos sucessores do falecido ou queimados quando os bens forem declarados vacantes.

§ 5º Se constar ao juiz a existência de bens em outra comarca, mandará expedir carta precatória a fim de serem arrecadados.

§ 6º Não se fará a arrecadação, ou essa será suspensa, quando, iniciada, apresentarem-se para reclamar os bens o cônjuge ou companheiro, o herdeiro ou o testamenteiro notoriamente reconhecido e não houver oposição motivada do curador, de qualquer interessado, do Ministério Público ou do representante da Fazenda Pública.

▶ **1. Dispositivos correspondentes no CPC/1973.** *"Art. 1.145. Comparecendo à residência do morto, acompanhado do escrivão do curador, o juiz mandará arrolar os bens e descrevê-los em auto circunstanciado. (...)." "Art. 1.147. O juiz examinará reservadamente os papéis, cartas missivas e os livros domésticos; verificando que*

1121

*não apresentam interesse, mandará empacotá-los e lacrá-los para serem assim entregues aos sucessores do falecido, ou queimados quando os bens forem declarados vacantes." "Art. 1.148. Não podendo comparecer imediatamente por motivo justo ou por estarem os bens em lugar muito distante, o juiz requisitará à autoridade policial que proceda à arrecadação e ao arrolamento dos bens. Parágrafo único. Duas testemunhas assistirão às diligências e, havendo necessidade de apor selos, estes só poderão ser abertos pelo juiz." "Art. 1.149. Se constar ao juiz a existência de bens em outra comarca, mandará expedir carta precatória a fim de serem arrecadados." "Art. 1.150. Durante a arrecadação o juiz inquirirá os moradores da casa e da vizinhança sobre a qualificação do falecido, o paradeiro de seus sucessores e a existência de outros bens, lavrando-se de tudo um auto de inquirição e informação." "Art. 1.151. Não se fará a arrecadação ou suspender-se-á esta quando iniciada, se se apresentar para reclamar os bens o cônjuge, herdeiro ou testamenteiro notoriamente reconhecido e não houver oposição motivada do curador, de qualquer interessado, do órgão do Ministério Público ou do representante da Fazenda Pública."*

## ▣ COMENTÁRIOS TEMÁTICOS

**2. Arrolamento e descrição dos bens.** O arrolamento e a descrição dos bens realizam-se por auxiliares da justiça, em apoio ao curador. Este terá, com efeito, o auxílio do oficial de justiça e do escrivão ou chefe de secretaria.

**3. Atuação do juiz.** O § 1º do art. 740 contém o exagero de prever o comparecimento do juiz ao local da arrecadação dos bens, estabelecendo que, em sua ausência, seja requisitada a presença de autoridade policial. A previsão desborda dos limites do razoável, devendo ser interpretada conforme o princípio da razoabilidade, para se concluir que quem deve comparecer são os auxiliares do juiz e o curador. A estes, durante a diligência, cabe indagar às pessoas que encontrarem sobre eventual informação relevante quanto ao conteúdo da herança ou à existência de sucessores conhecidos.

**4. Nomeação de depositário *ad hoc*.** A descrição, o arrolamento e a arrecadação de bens são atos posteriores à nomeação do curador, devendo contar, aliás, com sua participação. Caso, porém, o juiz ainda não tenha nomeado um curador, e já se tenha feito a descrição, o arrolamento e a arrecadação de bens, deverá, então, nomear um depositário para o ato, até que se tenha um curador efetivamente designado.

**5. Carta precatória.** Os bens situados em outra comarca devem ser arrecadados por carta precatória.

**6. Compartilhamento de competência.** A arrecadação de bens situados em outra comarca pode ser feita, em vez de carta precatória, por atos concertados em cooperação entre o juiz da causa e o da outra comarca (art. 69, IV). A prática de ato concertado, em tal hipótese, pode revelar-se mais eficiente, menos custosa e menos burocrática.

**7. Causas impeditivas ou suspensivas da arrecadação.** A herança jacente é uma situação provisória e somente assim se mantém, se o quadro de ausência de herdeiros persistir. Logo, se comparece possível cônjuge ou companheiro, herdeiro ou testamenteiro no decorrer do procedimento, a fase de arrecadação de bens será inevitavelmente sobrestada. Se algum possível sucessor comparece e se apresenta, instaura-se um incidente para resolução dessa controvérsia. O curador, o Ministério Público e a Fazenda Pública devem ser intimados. Havendo oposição, o possível herdeiro deve ter a oportunidade de se manifestar. Ao final, o juiz decidirá o mérito do incidente. Se o fizer incidentemente, caberá agravo de instrumento (art. 1.015, II). Se rejeitar o pedido do pretenso herdeiro e, igualmente, já declarar a vacância (art. 743, § 1º), será cabível apelação.

---

**Art. 741.** Ultimada a arrecadação, o juiz mandará expedir edital, que será publicado na rede mundial de computadores, no sítio do tribunal a que estiver vinculado o juízo e na plataforma de editais do Conselho Nacional de Justiça, onde permanecerá por 3 (três) meses, ou, não havendo sítio, no órgão oficial e na imprensa da comarca, por 3 (três) vezes com intervalos de 1 (um) mês, para que os sucessores do falecido venham a habilitar-se no prazo de 6 (seis) meses contado da primeira publicação.

§ 1º Verificada a existência de sucessor ou de testamenteiro em lugar certo, far-se-á a sua citação, sem prejuízo do edital.

§ 2º Quando o falecido for estrangeiro, será também comunicado o fato à autoridade consular.

§ 3º Julgada a habilitação do herdeiro, reconhecida a qualidade do testamenteiro ou provada a identidade do cônjuge ou companheiro, a arrecadação converter-se-á em inventário.

§ 4º Os credores da herança poderão habilitar-se como nos inventários ou propor a ação de cobrança.

**LIVRO I** · DO PROCESSO DE CONHECIMENTO E DO CUMPRIMENTO DE SENTENÇA    Art. 742

▶ **1. Dispositivos correspondentes no CPC/1973.** *"Art. 1.152. Ultimada a arrecadação, o juiz mandará expedir edital, que será estampado três vezes, com intervalo de 30 (trinta) dias para cada um, no órgão oficial e na imprensa da comarca, para que venham a habilitar-se os sucessores do finado no prazo de 6 (seis) meses contados da primeira publicação. § 1º Verificada a existência de sucessor ou testamenteiro em lugar certo, far-se-á a sua citação, sem prejuízo do edital. § 2º Quando o finado for estrangeiro, será também comunicado o fato à autoridade consular." "Art. 1.153. Julgada a habilitação do herdeiro, reconhecida a qualidade do testamenteiro ou provada a identidade do cônjuge, a arrecadação converter-se-á em inventário." "Art. 1.154. Os credores da herança poderão habilitar-se como nos inventários ou propor a ação de cobrança."*

🔲 **Comentários Temáticos**

**2. Ampla divulgação.** Sendo a herança jacente, é preciso dar-lhe ampla divulgação, para que se possa identificar a existência de sucessor ou testamenteiro em local certo.

**3. Publicação de editais.** No procedimento de herança jacente, é necessária a publicação de editais, com a finalidade de dar ciência a eventuais sucessores e convocá-los para a necessária habilitação.

**4. CNJ.** Deve contribuir com a divulgação, disponibilizando, em sua plataforma própria, espaço para publicação de editais de convocação no procedimento de herança jacente.

**5. Arrecadação de bens.** Somente terá início e se concluirá com a ausência de reclamação dos sucessores.

**6. Falecido estrangeiro.** Caso o falecido seja estrangeiro, é necessária a comunicação direta e formal à autoridade consular de seu país de origem.

**7. Conversão em inventário.** A arrecadação de bens da herança jacente será convertida em inventário, se for admitida a habilitação de herdeiro, testamenteiro ou cônjuge ou companheiro do falecido. Nesses casos, não persiste a situação de jacência, não havendo mais interesse no prosseguimento do procedimento de jurisdição voluntária destinado à arrecadação dos bens da herança jacente. Se há sucessor ou testamenteiro, as providências a serem tomadas são outras.

**8. Extinção do processo.** Se for convertido em inventário, o procedimento de herança jacente há de ser extinto, com a prestação de contas do curador e o pagamento das despesas necessárias.

**9. Inventário judicial ou extrajudicial.** O procedimento de arrecadação de bens da herança jacente pode ser extinto para que se faça o inventário judicial ou extrajudicial.

**10. Credores.** O direito dos credores deve ser resguardado, independentemente de a herança ser jacente ou de ter havido sua conversão em inventário. Os credores podem, então, habilitar-se no procedimento de arrecadação ou buscar a satisfação de seus créditos por meio de ação própria, citando-se a herança jacente, representada por seu curador. A habilitação de crédito por algum credor não interfere no procedimento de arrecadação de bens da herança jacente, que somente será interrompido ou suspenso se habilitado herdeiro, testamenteiro, cônjuge ou companheiro.

---

**Art. 742.** O juiz poderá autorizar a alienação:

I – de bens móveis, se forem de conservação difícil ou dispendiosa;

II – de semoventes, quando não empregados na exploração de alguma indústria;

III – de títulos e papéis de crédito, havendo fundado receio de depreciação;

IV – de ações de sociedade quando, reclamada a integralização, não dispuser a herança de dinheiro para o pagamento;

V – de bens imóveis:

a) se ameaçarem ruína, não convindo a reparação;

b) se estiverem hipotecados e vencer-se a dívida, não havendo dinheiro para o pagamento.

§ 1º Não se procederá, entretanto, à venda se a Fazenda Pública ou o habilitando adiantar a importância para as despesas.

§ 2º Os bens com valor de afeição, como retratos, objetos de uso pessoal, livros e obras de arte, só serão alienados depois de declarada a vacância da herança.

---

▶ **1. Dispositivos correspondentes no CPC/1973.** *"Art. 1.155. O juiz poderá autorizar a alienação: I – de bens móveis, se forem de conservação difícil ou dispendiosa; II – de semoventes, quando não empregados na exploração de alguma indústria; III – de títulos e papéis de crédito, havendo fundado receio de depreciação; IV – de ações de sociedade quando, reclamada a integralização, não dispuser a herança de dinheiro para o pagamento; V – de bens imóveis: a) se ameaçarem ruína, não convindo a reparação; b) se estiverem hipotecados e vencer-se a dívida, não havendo dinheiro para o pagamento. Parágrafo único. Não se procederá, entretanto, à venda se a Fazenda Pública ou o habilitando adiantar a importância para as despesas." "Art. 1.156. Os bens com valor*

1123

*de afeição, como retratos, objetos de uso pessoal, livros e obras de arte, só serão alienados depois de declarada a vacância da herança."*

### COMENTÁRIOS TEMÁTICOS

**2. Procedimento.** O procedimento relativo à herança jacente tem por finalidade preservar, conservar e administrar, transitoriamente, uma herança, enquanto não se define seu destino.

**3. Alienação de bens.** Durante o procedimento, é possível que se revele necessário alienar bens que integram a herança com a finalidade de preservá-los.

**4. Rol exemplificativo.** O art. 742 contém um rol exemplificativo. Sempre que for necessária a preservação de bens que componham a herança jacente, deve ser autorizada sua alienação.

**5. Alienação judicial.** A venda judicial será incidental, feita por meio de leilão, aplicando-se os arts. 879 a 903 (art. 730).

**6. Excepcionalidade.** A alienação de bens da herança jacente é excepcional, somente devendo ser autorizada em caso de evidente e comprovada necessidade de sua preservação. A alienação não deve ser a regra. Ao juiz cabe controlar a necessidade da alienação, para que não se frustre a finalidade da herança jacente.

**7. Legitimidade.** O requerimento de alienação dos bens pode ser formulado por qualquer interessado, aí incluídos o curador, a Fazenda Pública, alguém que se apresente como herdeiro, testamenteiro ou como credor.

**8. Atuação de ofício.** O juiz, no exercício do poder de cautela, pode determinar, de ofício, a alienação de bens da herança jacente, a fim de preservá-los, caso tome conhecimento de alguma situação que denote a sua necessidade.

**9. Contraditório.** A determinação de alienação dos bens deve observar o contraditório, devendo ser intimados os interessados que participem do processo, como eventuais pretensos herdeiros, credores, testamenteiro, além do curador e da Fazenda Pública.

**10. Adiantamento de despesa pela Fazenda Pública ou pelo habilitando.** É preferível, em vez de alienar o bem, mantê-lo no acervo da herança jacente. Para tanto, poderá ser necessário despender recursos com sua manutenção. Nesse caso, a Fazenda Pública ou o habilitando poderá adiantar esse pagamento. Se vier a ser indeferida a habilitação ou a Fazenda Pública não receber a herança, quem adiantou o pagamento da despesa passará a ser credor da herança jacente ou do espólio, podendo requerer seu ressarcimento.

**11. Bens com valor de afeição.** Não se submetem à alienação judicial os bens com valor de afeição, tais como retratos, objetos de uso pessoal, livros e obras de arte. Tais bens só serão alienados depois de declarada a vacância da herança.

**12. Rol exemplificativo.** Os bens com valor de afeição não são somente aqueles relacionados no § 2º do art. 742, mas quaisquer outros que ostentem essa qualidade. Enfim, o rol do § 2º do art. 742 é meramente exemplificativo.

> **Art. 743.** Passado 1 (um) ano da primeira publicação do edital e não havendo herdeiro habilitado nem habilitação pendente, será a herança declarada vacante.
>
> § 1º Pendendo habilitação, a vacância será declarada pela mesma sentença que a julgar improcedente, aguardando-se, no caso de serem diversas as habilitações, o julgamento da última.
>
> § 2º Transitada em julgado a sentença que declarou a vacância, o cônjuge, o companheiro, os herdeiros e os credores só poderão reclamar o seu direito por ação direta.

▶ **1. Dispositivos correspondentes no CPC/1973.** *"Art. 1.157. Passado 1 (um) ano da primeira publicação do edital (art. 1.152) e não havendo herdeiro habilitado nem habilitação pendente, será a herança declarada vacante. Parágrafo único. Pendendo habilitação, a vacância será declarada pela mesma sentença que a julgar improcedente. Sendo diversas as habilitações, aguardar-se-á o julgamento da última." "Art. 1.158. Transitada em julgado a sentença que declarou a vacância, o cônjuge, os herdeiros e os credores só poderão reclamar o seu direito por ação direta."*

### LEGISLAÇÃO CORRELATA

**2. CC, art. 1.822.** *"Art. 1.822. A declaração de vacância da herança não prejudicará os herdeiros que legalmente se habilitarem; mas, decorridos cinco anos da abertura da sucessão, os bens arrecadados passarão ao domínio do Município ou do Distrito Federal, se localizados nas respectivas circunscrições, incorporando-se ao domínio da União quando situados em território federal. Parágrafo único. Não se habilitando até a declaração de vacância, os colaterais ficarão excluídos da sucessão."*

### COMENTÁRIOS TEMÁTICOS

**3. Momento em que se considera a herança vacante.** Passado o prazo de 1 ano da primeira

**LIVRO I** · DO PROCESSO DE CONHECIMENTO E DO CUMPRIMENTO DE SENTENÇA — **Art. 744**

publicação do edital, e não havendo herdeiro habilitado ou habilitação pendente, a herança será declarada vacante, mas os bens só se transferem à Fazenda Pública, incorporando-se ao seu patrimônio, depois de 5 anos da abertura da sucessão (CC, art. 1.822).

**4. Transferência da herança jacente ao Poder Público.** *"É entendimento consolidado neste Superior Tribunal de Justiça que os bens jacentes são transferidos ao ente público no momento da declaração da vacância, não se aplicando, desta forma, o princípio da saisine' (AgRg no Ag 851.228/RJ, Rel. Min. Sidnei Beneti, terceira turma, julgado em 23.09.2008, DJe 13.10.2008)"* (STJ, 3ª Turma, AgInt no REsp 1.283.365/RJ, rel. Min. Paulo de Tarso Sanseverino, *DJe* 25.04.2019).

**5. Legitimidade do Município para receber os bens da herança vacante.** *"Ao ente público não se aplica o princípio da 'saisine'. Segundo entendimento firmado pela C. Segunda Seção, a declaração de vacância é o momento em que o domínio dos bens jacentes se transfere ao patrimônio público. Ocorrida a declaração de vacância após a vigência da Lei 8.049, de 10.06.1990, legitimidade cabe ao Município para recolher os bens jacentes"* (STJ, 4ª Turma, REsp 164.196/RJ, rel. Min. Barros Monteiro, *DJ* 4.10.1999, p. 59).

**6. Sentença declaratória da vacância.** Não havendo qualquer habilitação, o juiz declarará a vacância da herança. Se houver alguma habilitação, o juiz poderá acolhê-la e, então, determinar a conversão da herança jacente em inventário; se, diversamente, a rejeitar, declarará a vacância da herança.

**7. Efeitos da declaração de vacância.** Declarada a vacância, produzem-se os seguintes efeitos: *(a)* os herdeiros colaterais são excluídos da sucessão; *(b)* os demais herdeiros e credores devem valer-se de ação própria para reclamar seus direitos, não podendo mais se habilitar no processo de arrecadação de bens; *(c)* os bens da herança passam, depois de 5 anos da abertura da sucessão, a integrar o patrimônio público.

**8. Ausência de trânsito em julgado.** Enquanto não transitada em julgado a sentença declaratória da vacância, é possível o requerimento de habilitação pelo herdeiro, sem que seja necessária ação autônoma.

**9. Coisa julgada.** O pretenso herdeiro que teve sua habilitação indeferida no processo de arrecadação de bens da herança jacente não poderá promover ação própria para reclamar seu direito, pois já terá sido apreciado e julgado.

**10. Bens públicos.** Os bens da herança vacante somente se tornam públicos depois de 5

anos da abertura da sucessão, vindo, então, a se incorporarem ao patrimônio da Fazenda Pública (CC, art. 1.822).

## Seção VII
## Dos Bens dos Ausentes

> **Art. 744.** Declarada a ausência nos casos previstos em lei, o juiz mandará arrecadar os bens do ausente e nomear-lhes-á curador na forma estabelecida na Seção VI, observando-se o disposto em lei.

▶ **1. Correspondência no CPC/1973.** *"Art. 1.160. O juiz mandará arrecadar os bens do ausente e nomear-lhe-á curador na forma estabelecida no Capítulo antecedente."*

### 📖 LEGISLAÇÃO CORRELATA

**2. CC, art. 6º.** *"Art. 6º A existência da pessoa natural termina com a morte; presume-se esta, quanto aos ausentes, nos casos em que a lei autoriza a abertura de sucessão definitiva."*

**3. CC, art. 7º.** *"Art. 7º Pode ser declarada a morte presumida, sem decretação de ausência: I – se for extremamente provável a morte de quem estava em perigo de viga; II – se alguém, desaparecido em campanha ou feito prisioneiro, não for encontrado até dois anos após o término da guerra. Parágrafo único. A declaração da morte presumida, nesses casos, somente poderá ser requerida depois de esgotadas as buscas e averiguações, devendo a sentença fixar a data provável do falecimento."*

**4. CC, art. 9º, IV.** *"Art. 9º Serão registrados em registro público: (...) IV – a sentença declaratória de ausência e de morte presumida."*

**5. CC, art. 22.** *"Art. 22. Desaparecendo uma pessoa do seu domicílio sem dela haver notícia, se não houver deixado representante ou procurador a quem caiba administrar-lhe os bens, o juiz, a requerimento de qualquer interessado ou do Ministério Público, declarará a ausência, e nomear-lhe-á curador."*

**6. CC, art. 23.** *"Art. 23. Também se declarará a ausência, e se nomeará curador, quando o ausente deixar mandatário que não queira ou não possa exercer ou continuar o mandato, ou se os seus poderes forem insuficientes."*

**7. CC, art. 24.** *"Art. 24. O juiz, que nomear o curador, fixar-lhe-á os poderes e obrigações, conforme as circunstâncias, observando, no que for aplicável, o disposto a respeito dos tutores e curadores."*

1125

**8. CC, art. 25.** "*Art. 25. O cônjuge do ausente, sempre que não esteja separado judicialmente, ou de fato por mais de dois anos antes da declaração da ausência, será o seu legítimo curador. § 1º Em falta do cônjuge, a curadoria dos bens do ausente incumbe aos pais ou aos descendentes, nesta ordem, não havendo impedimento que os iniba de exercer o cargo. § 2º Entre os descendentes, os mais próximos precedem os mais remotos. § 3º Na falta das pessoas mencionadas, compete ao juiz a escolha do curador.*"

**9. Lei 6.015/1973, art. 29, VI.** "*Art. 29. Serão registrados no registro civil de pessoas naturais: (...) VI – as sentenças declaratórias de ausência;*"

**10. Lei 6.015/1973, art. 94.** "*Art. 94. O registro das sentenças declaratórias de ausência, que nomearem curador, será feita no cartório do domicílio anterior do ausente, com as mesmas cautelas e efeitos do registro de interdição, declarando-se: 1º) data do registro; 2º) nome, idade, estado civil, profissão e domicílio anterior do ausente, data e cartório em que foram registrados o nascimento e o casamento, bem como o nome do cônjuge, se for casado; 3º) tempo de ausência até a data da sentença; 4º) nome do promotor do processo; 5º) data da sentença, nome e vara do Juiz que a proferiu; 6º) nome, estado, profissão, domicílio e residência do curador e os limites da curatela.*"

**11. Decreto-lei 3.577/1941, art. 1º.** "*Art. 1º Para os efeitos do presente decreto-lei, considera-se morte presumida de tripulante o seu desaparecimento, por prazo superior a cento e vinte dias, em virtude de naufrágio, acidente ocorrido a bordo ou falta de notícia da embarcação. § 1º O prazo de cento e vinte dias é contado a partir da data da ocorrência do naufrágio ou acidente, ou da data da última notícia direta da embarcação. § 2º Admitir-se-á, como prova de embarque em navio presumidamente desaparecido, atestado passado pelo respectivo armador, o qual responderá criminalmente por dolo ou má-fé.*"

**12. Decreto-lei 4.819/1942, art. 4º.** "*Art. 4º Decorridos quatro (4) meses do desaparecimento do militar, contados da notícia publicada no Boletim do Exército, aos seus herdeiros será concedida a pensão do artigo 2º.*"

**13. Decreto-lei 5.782/1943, art. 1º.** "*Art. 1º Ao cônjuge sobrevivo e, na falta dêste, aos herdeiros, ou beneficiários do servidor do Estado desaparecido em naufrágio, acidente, ou em qualquer ato de guerra ou de agressão à soberania nacional, será pago, durante o prazo de três meses, a título de pensão provisória, o vencimento, remuneração, ou salário, do cargo, ou da função, de que era aquele ocupante, e, a título de auxí-*lio, o respectivo provento, se o servidor estiver em disponibilidade ou aposentado.*"

**14. Decreto-lei 5.782/1943, art. 2º.** "*Art. 2º A prova do desaparecimento será feita mediante a declaração, devidamente datada, assinada e autenticada, da companhia de transporte terrestre, marítimo, ou aéreo, então utilizado.*"

**15. Decreto-lei 5.782/1943, art. 3º.** "*Art. 3º Decorrido o prazo a que alude o artigo 1º sem que do servidor se tenha notícia, será êle considerado desaparecido para efeito exclusivo da vacância do cargo, ou da função, de que era ocupante, e do pagamento de pensão, montepio, ou quaisquer benefícios de instituições de previdência social, estabelecidos por lei, exceto pecúlio e seguro. Parágrafo único. O pagamento de pecúlio, ou de seguro, somente poderá ser feito depois de decorrido um ano contado da data da declaração a que se refere o artigo 2º.*"

**16. Lei 6.880/1980, art. 91.** "*Art. 91. É considerado desaparecido o militar na ativa que, no desempenho de qualquer serviço, em viagem, em campanha ou em caso de calamidade pública, tiver paradeiro ignorado por mais de 8 (oito) dias. Parágrafo único. A situação de desaparecimento só será considerada quando não houver indício de deserção.*"

**17. Lei 6.880/1980, art. 92.** "*Art. 92. O militar que, na forma do artigo anterior, permanecer desaparecido por mais de 30 (trinta) dias, ser oficialmente considerado extraviado.*"

**18. Lei 8.213/1991, art. 78.** "*Art. 78. Por morte presumida do segurado, declarada pela autoridade judicial competente, depois de 6 (seis) meses de ausência, será concedida pensão provisória, na forma desta Subseção. § 1º Mediante prova do desaparecimento do segurado em consequência de acidente, desastre ou catástrofe, seus dependentes farão jus à pensão provisória independentemente da declaração e do prazo deste artigo. § 2º Verificado o reaparecimento do segurado, o pagamento da pensão cessará imediatamente, desobrigados os dependentes da reposição dos valores recebidos, salvo má-fé.*"

**19. Lei 9.140/1995, art. 1º.** "*Art. 1º São reconhecidos como mortas, para todos os efeitos legais, as pessoas que tenham participado, ou tenham sido acusadas de participação, em atividades políticas, no período de 2 de setembro de 1961 a 5 de outubro de 1988, e que, por este motivo, tenham sido detidas por agentes públicos, achando-se, deste então, desaparecidas, sem que delas haja notícias.*"

**20. Lei 9.140/1995, art. 3º.** "*Art. 3º O cônjuge, o companheiro ou a companheira, descen-*

**LIVRO I · DO PROCESSO DE CONHECIMENTO E DO CUMPRIMENTO DE SENTENÇA** **Art. 744**

*dente, ascendente, ou colateral até quarto grau, das pessoas nominadas na lista referida no art. 1º, comprovando essa condição, poderão requerer a oficial de registro civil das pessoas naturais de seu domicílio a lavratura do assento de óbito, instruindo o pedido com original ou cópia da publicação desta Lei e de seus anexos. Parágrafo único. Em caso de dúvida, será admitida justificação judicial."*

## 🖹 COMENTÁRIOS TEMÁTICOS

**21. Ausente.** É aquele que desaparece de seu domicílio sem dar notícias nem deixar representante ou procurador para administrar-lhe os bens. Também será ausente aquele que desaparece de seu domicílio e deixa representante ou procurador, mas este não quer ou não pode exercer o mandato. Em outras palavras, o ausente é a pessoa cujo domicílio é ignorado, dela não se tendo notícia, e que deixou seus bens sem a administração de alguém.

**22. Desaparecimento.** Não é qualquer desaparecimento que configura ausência, mas aquele em que não há notícias do desaparecido e que causa, até mesmo, dúvida sobre sua sobrevivência.

**23. Finalidade da ausência.** O instituto da ausência tem por finalidade conferir aos bens abandonados pelo ausente um regime especial de administração. O ausente não perde sua capacidade jurídica, mas deixa seus bens sem administração. O instituto da ausência preocupa-se, enfim, com a repercussão patrimonial do ausente, tutelando seu patrimônio.

**24. Ainda a finalidade da ausência.** Desaparecendo uma pessoa, seus bens devem ser protegidos pela curadoria dos bens do ausente. Persistindo a ausência, abre-se a sucessão provisória do ausente e seus herdeiros serão favorecidos. Consolidada a ausência, haverá a entrega definitiva dos bens aos herdeiros.

**25. Aparecimento do ausente.** Se o ausente aparecer posteriormente, os seus bens lhe serão devolvidos.

**26. Arrecadação bens.** O procedimento especial de jurisdição voluntária de bens dos ausentes destina-se à arrecadação de seus bens.

**27. Pressupostos.** Para que se instaure o procedimento de bens de ausentes, é preciso que haja *(a)* o desaparecimento da pessoa de seu domicílio; *(b)* ausência de notícias sobre seu paradeiro; *(c)* existência de bens; *(d)* ausência de alguém que os administre.

**28. Nomeação de curador.** Observados os pressupostos para a configuração da ausência, o juiz deve nomear um curador para administrar-lhe os bens. Não havendo bens, não há razão para nomeação de um curador.

**29. Poderes e deveres do curador.** Cabe ao curador administrar os bens do ausente, cumprir os poderes e os deveres que lhe forem atribuídos pelo juiz no caso (CC, art. 24), observadas as regras previstas para tutores e curadores (CC, arts. 1.741 a 1.762). Assim, por exemplo, cabe ao curador, sob a inspeção do juiz, administrador os bens do ausente (CC, art. 1.741), conservá-los (CC, art. 1.747, II), representar o ausente (CC, art. 1.747, I).

**30. Dever de prestação de contas.** Ao curador cabe prestar contas de sua administração (CC, art. 1.755).

**31. Ausência *versus* morte presumida.** A ausência não se confunde com a morte presumida. O ausente é o desaparecido de seu domicílio, sem paradeiro certo, até a sucessão definitiva, quando, então, será considerado morto. Enquanto não proclamada a sucessão definitiva, não há morte presumida.

**32. Ausência, morte presumida e seguro de vida.** *"O instituto da ausência e o procedimento para o seu reconhecimento revelam um iter que se inaugura com a declaração, perpassa pela abertura da sucessão provisória e se desenvolve até que o decênio contado da declaração da morte presumida se implemente. 2. Transcorrido o interregno de um decênio, contado do trânsito em julgado da decisão que determinou a abertura da sucessão provisória, atinge sua plena eficácia a declaração de ausência, consubstanciada na morte presumida do ausente e na abertura da sua sucessão definitiva. 3. A lei, fulcrada no que normalmente acontece, ou seja, no fato de que as pessoas, no trato diário de suas relações, não desaparecem intencionalmente sem deixar rastros, elegeu o tempo como elemento a solucionar o dilema, presumindo, em face do longo transcurso do tempo, a probabilidade da ocorrência da morte do ausente. 4. Estabelecida pela lei a presunção da morte natural da pessoa desaparecida, é o contrato de seguro de vida alcançado por esse reconhecimento, impondo-se apenas que se aguarde pelo momento da morte presumida e a abertura da sucessão definitiva"* (STJ, 3ª Turma, REsp 1.298.963/SP, rel. Min. Paulo de Tarso Sanseverino, *DJe* 25.02.2014).

**33. Pensão previdenciária e previsão legal diversa para a morte presumida.** *"O reconhecimento da morte presumida do segurado, com vistas à percepção de benefício previdenciário (art. 78 da Lei 8.213/1991), não se confunde com a declaração de ausência prevista nos Códigos Ci-*

1127

vil e de Processo Civil, razão pela qual compete à Justiça Federal processar e julgar a ação" (STJ, 6ª Turma, REsp 256.547/SP, rel. Min. Fernando Gonçalves, DJ 11.09.2000, p. 303). "O reconhecimento da morte presumida, com o fito de concessão de pensão previdenciária, não se confunde com a declaração de ausência regida pelos diplomas cível e processual. In casu, obedece-se ao disposto no art. 78, da Lei 8.213/1991" (STJ, 5ª Turma, REsp 232.893/PR, rel. Min. Jorge Scartezzini, DJ 7.08.2000, p. 135). "O art. 78 da Lei 8.213/1991 dispõe que a concessão da pensão provisória pela morte presumida do segurado decorre tão somente da declaração emanada da autoridade judicial, depois do transcurso de 6 meses da ausência. Dispensa-se pedido administrativo para recebimento do benefício" (STJ, 2ª Turma, AgRg no REsp 1.309.733/RJ, rel. Min. Herman Benjamin, DJe 23.08.2012).

**34. Legitimidade.** O procedimento para arrecadação dos bens do ausente e nomeação de seu curador pode ser instaurado a pedido de qualquer interessado ou do Ministério Público (CC, art. 22).

**35. Competência.** É da Justiça Estadual, mais propriamente a do foro do último domicílio do ausente (art. 49). Se não há bens a arrecadar e se pretende apenas a postulação de benefício previdenciário decorrente da ausência, a competência será da Justiça Federal, da seção ou subseção judiciária do último domicílio do ausente (art. 49). Havendo bens a arrecadar, a competência será da Justiça Estadual, no foro do último domicílio do ausente (art. 49). Se ele não possuía domicílio certo, aplica-se o parágrafo único do art. 48 para definição do foro competente.

**36. Ministério Público.** O Ministério Público somente deve intervir como fiscal da ordem jurídica, caso se configure alguma das hipóteses previstas no art. 178.

**37. Sentença.** Proferida a sentença que reconheça a ausência, deverá ser registrada no Registro Civil de Pessoas Naturais (CC, art. 9º, IV; Lei 6.015/1973, arts. 29, VI e 94). Embora se costume dizer que a sentença "declara" a ausência ou que ela é "declaratória" da ausência, trata-se de uma sentença constitutiva, pois constitui uma nova situação jurídica.

> **Art. 745.** Feita a arrecadação, o juiz mandará publicar editais na rede mundial de computadores, no sítio do tribunal a que estiver vinculado e na plataforma de editais do Conselho Nacional de Justiça, onde permanecerá por 1 (um) ano, ou, não havendo sítio, no órgão oficial e na imprensa

da comarca, durante 1 (um) ano, reproduzida de 2 (dois) em 2 (dois) meses, anunciando a arrecadação e chamando o ausente a entrar na posse de seus bens.

§ 1º Findo o prazo previsto no edital, poderão os interessados requerer a abertura da sucessão provisória, observando-se o disposto em lei.

§ 2º O interessado, ao requerer a abertura da sucessão provisória, pedirá a citação pessoal dos herdeiros presentes e do curador e, por editais, a dos ausentes para requererem habilitação, na forma dos arts. 689 a 692.

§ 3º Presentes os requisitos legais, poderá ser requerida a conversão da sucessão provisória em definitiva.

§ 4º Regressando o ausente ou algum de seus descendentes ou ascendentes para requerer ao juiz a entrega de bens, serão citados para contestar o pedido os sucessores provisórios ou definitivos, o Ministério Público e o representante da Fazenda Pública, seguindo-se o procedimento comum.

▶ **1. Dispositivos correspondentes no CPC/1973.** *"Art. 1.161. Feita a arrecadação, o juiz mandará publicar editais durante 1 (um) ano, reproduzidos de dois em dois meses, anunciando a arrecadação e chamando o ausente a entrar na posse de seus bens." "Art. 1.163. Passado 1 (um) ano da publicação do primeiro edital sem que se saiba do ausente e não tendo comparecido seu procurador ou representante, poderão os interessados requerer que se abra provisoriamente a sucessão. (...)" "Art. 1.164. O interessado, ao requerer a abertura da sucessão provisória, pedirá a citação pessoal dos herdeiros presentes e do curador e, por editais, a dos ausentes para oferecerem artigos de habilitação. Parágrafo único. A habilitação dos herdeiros obedecerá ao processo do art. 1.057." "Art. 1.169. Serão citados para lhe contestarem o pedido os sucessores provisórios ou definitivos, o órgão do Ministério Público e o representante da Fazenda Pública. Parágrafo único. Havendo contestação, seguir-se-á o procedimento ordinário."*

### 🔖 LEGISLAÇÃO CORRELATA

**2. CC, art. 37.** *"Art. 37. Dez anos depois de passada em julgado a sentença que concede a abertura da sucessão provisória, poderão os interessados requerer a sucessão definitiva e o levantamento das cauções prestadas."*

**3. CC, art. 38.** *"Art. 38. Pode-se requerer a sucessão definitiva, também, provando-se que o ausente conta oitenta anos de idade, e que de cinco datam as últimas notícias dele."*

**LIVRO I · DO PROCESSO DE CONHECIMENTO E DO CUMPRIMENTO DE SENTENÇA** — **Art. 746**

**4. CC, art. 39.** *"Art. 39. Regressando o ausente nos dez anos seguintes à abertura da sucessão definitiva, ou algum de seus descendentes ou ascendentes, aquele ou estes haverão só os bens existentes no estado em que se acharem, os sub-rogados em seu lugar, ou o preço que os herdeiros e demais interessados houverem recebido pelos bens alienados depois daquele tempo. Parágrafo único. Se, nos dez anos a que se refere este artigo, o ausente não regressar, e nenhum interessado promover a sucessão definitiva, os bens arrecadados passarão ao domínio do Município ou do Distrito Federal, se localizados nas respectivas circunscrições, incorporando-se ao domínio da União, quando situados em território federal."*

**5. CC, art. 132, § 3º.** *"§ 3º Os prazos de meses e anos expiram no dia de igual número do de início, ou no imediato, se faltar exata correspondência."*

### 📖 COMENTÁRIOS TEMÁTICOS

**6. Publicação de editais.** O ausente é chamado por editais, que são publicados, preferencialmente, por meio eletrônico, no sítio do tribunal e na plataforma de editais do CNJ. Subsidiariamente, os editais devem ser publicados no Diário Oficial e na imprensa local.

**7. Conteúdo dos editais.** Os editais devem descrever os bens arrecadados e convocar o ausente e seus sucessores ou herdeiros.

**8. Prazos.** Os prazos dos editais não são fixados em dias. Logo, não computam apenas os dias úteis (art. 219), devendo expirar no dia de igual número do de início (CC, art. 132, § 3º).

**9. Sucessão provisória.** Se o ausente ou seu procurador ou representante não comparece, qualquer interessado pode requerer a abertura da sucessão provisória. O cônjuge ou companheiro, os herdeiros legítimos ou testamentários e o credor do ausente podem pedir sua sucessão provisória.

**10. Conversão em sucessão definitiva.** Caso a situação de ausência permaneça, haverá a conversão da sucessão provisória em definitiva, se houver certeza da morte do ausente, ou se decorrer o prazo de 10 anos após o trânsito em julgado da sentença que determinou a abertura da sucessão provisória (CC, art. 37). Se o ausente for octagenário, o prazo é de 5 anos (CC, art. 38).

**11. Ausência e sucessão provisória ou definitiva.** *"Apenas a regra do art. 37 do CC/2002 pressupõe a existência da sucessão provisória como condição para a abertura da sucessão definitiva, ao passo que a regra do art. 38 do CC/2002, por sua vez, é hipótese autônoma de abertura da sucessão*

*definitiva, de forma direta e independentemente da existência, ou não, de sucessão provisória. 4. A possibilidade de abertura da sucessão definitiva se presentes os requisitos do art. 38 do CC/2002 decorre do fato de ser absolutamente presumível a morte do autor da herança diante da presença, cumulativa, das circunstâncias legalmente instituídas – que teria o autor da herança 80 anos ao tempo do requerimento e que tenha ele desaparecido há pelo menos 05 anos. 5. Conquanto a abertura da sucessão definitiva transmita a propriedade dos bens aos herdeiros, a regra do art. 39 do CC/2002 ainda preserva, por mais 10 anos, os virtuais interesses daquele cuja morte se presume, pois, havendo um improvável regresso, extinguir-se-á a propriedade pela condição resolutória consubstanciada no retorno do ausente. 6. Hipótese em que o autor da herança possuiria, hoje, 81 anos de idade e está desaparecido há 21 anos, razão pela qual não há óbice à abertura da sucessão definitiva, nos moldes previstos no art. 38 do CC/2002"* (STJ, 3ª Turma, REsp 1.924.451/SP, rel. Min. Nancy Andrighi, *DJe* 22.10.2021).

**12. Legitimidade para requerer a sucessão definitiva.** A sucessão definitiva pode ser requerida por todos os que poderiam requerer a provisória, além dos que, por motivo superveniente, tenham interesse na abertura da sucessão.

**13. Regresso do ausente.** Se o ausente comparecer no processo e requerer a entrega dos bens, cessará a sucessão provisória, iniciando-se um procedimento comum, se houver apresentação de contestação. Não havendo contestação, o juiz já decide logo. Ultrapassado o prazo de 10 anos da sucessão definitiva, o ausente não terá direito a qualquer dos bens, pois todos terão sido incorporados ao patrimônio público.

### Seção VIII
### Das Coisas Vagas

**Art. 746.** Recebendo do descobridor coisa alheia perdida, o juiz mandará lavrar o respectivo auto, do qual constará a descrição do bem e as declarações do descobridor.

§ 1º Recebida a coisa por autoridade policial, esta a remeterá em seguida ao juízo competente.

§ 2º Depositada a coisa, o juiz mandará publicar edital na rede mundial de computadores, no sítio do tribunal a que estiver vinculado e na plataforma de editais do Conselho Nacional de Justiça ou, não havendo sítio, no órgão oficial e na imprensa da comarca, para que o dono ou o legítimo possuidor a reclame, salvo se se tratar

# Art. 746    CÓDIGO DE PROCESSO CIVIL COMENTADO – *Leonardo Carneiro da Cunha*

de coisa de pequeno valor e não for possível a publicação no sítio do tribunal, caso em que o edital será apenas afixado no átrio do edifício do fórum.

§ 3º Observar-se-á, quanto ao mais, o disposto em lei.

▶ **1. Dispositivos correspondentes no CPC/1973.** *"Art. 1.170. Aquele que achar coisa alheia perdida, não lhe conhecendo o dono ou legítimo possuidor, a entregará à autoridade judiciária ou policial, que a arrecadará, mandando lavrar o respectivo auto, dele constando a sua descrição e as declarações do inventor. Parágrafo único. A coisa, com o auto, será logo remetida ao juiz competente, quando a entrega tiver sido feita à autoridade policial ou a outro juiz." "Art. 1.171. Depositada a coisa, o juiz mandará publicar edital, por duas vezes, no órgão oficial, com intervalo de 10 (dez) dias, para que o dono ou legítimo possuidor a reclame. § 1º O edital conterá a descrição da coisa e as circunstâncias em que foi encontrada. § 2º Tratando-se de coisa de pequeno valor, o edital será apenas afixado no átrio do edifício do fórum."*

## 🏛 Legislação Correlata

**2. CC, art. 1.233.** *"Art. 1.233. Quem quer que ache coisa alheia perdida há de restituí-la ao dono ou legítimo possuidor. Parágrafo único. Não o conhecendo, o descobridor fará por encontrá-lo, e, se não o encontrar, entregará a coisa achada à autoridade competente."*

**3. CC, art. 1.234.** *"Art. 1.234. Aquele que restituir a coisa achada, nos termos do artigo antecedente, terá direito a uma recompensa não inferior a cinco por cento do seu valor, e à indenização pelas despesas que houver feito com a conservação e transporte da coisa, se o dono não preferir abandoná-la. Parágrafo único. Na determinação do montante da recompensa, considerar-se-á o esforço desenvolvido pelo descobridor para encontrar o dono, ou o legítimo possuidor, as possibilidades que teria este de encontrar a coisa e a situação econômica de ambos."*

**4. CC, art. 1.235.** *"Art. 1.235.O descobridor responde pelos prejuízos causados ao proprietário ou possuidor legítimo, quando tiver procedido com dolo."*

**5. CC, art. 1.236.** *"Art. 1.236. A autoridade competente dará conhecimento da descoberta através da imprensa e outros meios de informação, somente expedindo editais se o seu valor os comportar."*

**6. CC, art. 1.237.** *"Art. 1.237. Decorridos sessenta dias da divulgação da notícia pela imprensa,* ou do edital, não se apresentando quem comprove a propriedade sobre a coisa, será esta vendida em hasta pública e, deduzidas do preço as despesas, mais a recompensa do descobridor, pertencerá o remanescente ao Município em cuja circunscrição se deparou o objeto perdido. Parágrafo único. Sendo de diminuto valor, poderá o Município abandonar a coisa em favor de quem a achou."*

**7. CP, art. 169, parágrafo único, II.** *"Art. 169. Apropriar-se alguém de coisa alheia vinda ao seu poder por erro, caso fortuito ou força da natureza: Pena – detenção, de um mês a um ano, ou multa. Parágrafo único. Na mesma pena incorre: (...) II – quem acha coisa alheia perdida e dela se apropria, total ou parcialmente, deixando de restituí-la ao dono ou legítimo possuidor ou de entregá-la à autoridade competente, dentro no prazo de 15 (quinze) dias."*

## 🗐 Comentários Temáticos

**8. Descobridor.** É aquele que encontra coisa perdida cujo proprietário se desconhece. O descobridor é também chamado, na doutrina e em textos normativos, por *inventor* ou *achador*.

**9. Coisa perdida *versus* coisa abandonada.** A coisa perdida não se confunde com a abandonada. Aquela tem dono ou possuidor, que a perdeu e a pretende de volta. Já a abandonada foi deixada, não havendo interesse nela de seu dono ou possuidor.

**10. Dever de restituição.** Aquele que achar ou descobrir coisa alheia perdida tem o dever de restituí-la ao seu dono ou legítimo possuidor. O dever de restituir diz respeito à coisa perdida, e não à coisa abandonada. Perdida a coisa, não há perda de propriedade do dono, motivo por que o descobridor tem o dever de restituí-la.

**11. Finalidade do procedimento.** O procedimento de coisas vagas viabiliza que o descobrir entregue a coisa perdida ao seu dono.

**12. Objeto.** Apenas as coisas móveis corpóreas podem ser arrecadadas como coisas vagas.

**13. Transferência do bem ao Poder Público.** Não encontrado o dono ou possuidor da coisa, sua titularidade passará ao Município.

**14. Funções do procedimento.** O procedimento de coisas vagas tem diversas funções: *(a)* exoneratória (permite que o descobridor exonere-se do seu dever de restituir a coisa perdida ao seu dono); *(b)* restituitória (permite que, por publicação de editais, interessados compareçam para que a coisa seja entregue a quem comprovar ser o seu dono); *(c)* atributiva (se o dono não quiser a coisa, o descobridor pode adjudicá-la);

**LIVRO I · DO PROCESSO DE CONHECIMENTO E DO CUMPRIMENTO DE SENTENÇA**   **Art. 747**

*(d)* ressarcitória e remuneratória (se o dono quiser a coisa, deverá ressarcir o descobridor pelas despesas que teve com a descoberta, guarda, transporte e conservação da coisa, além de ser devida remuneração ao descobridor; se o dono não comparecer, a coisa passa para o Município, que a alienará para ressarcir o descobridor e pagar-lhe sua remuneração, incorporando ao erário eventual saldo).

**15. Competência.** A ação é fundada em direito pessoal. Assim, deve ser proposta no foro do domicílio do dono da coisa perdida (art. 46). Se, porém, for desconhecido o dono, a ação será proposta no foro do domicílio do autor (art. 46, § 2º).

**16. Ministério Público.** Embora o art. 721 preveja a intimação do Ministério Público nos procedimentos de jurisdição voluntária, apenas a participação de incapazes ou algum fato de interesse público, como a descoberta de bem de relevância histórica, justificaria sua intervenção.

**17. Procedimento editalício.** O pressuposto para a instauração do procedimento de coisas vagas é o desconhecimento do eventual dono da coisa descoberta. Por isso, os editais têm função essencial no procedimento. Daí ser procedimento editalício, destinado à publicação de editais para divulgação da coisa, a fim de se encontrar o seu dono.

**18. Editais.** Os editais devem conter a descrição detalhada do bem, o local e a data em que foi encontrado e o nome do descobridor.

**19. Comparecimento.** Publicados os editais, os eventuais interessados devem comparecer no prazo de 60 dias, sob pena de preclusão.

**20. Recompensa.** O descobridor tem direito a uma recompensa, equivalente a 5% do valor da coisa, a ser paga pelo seu dono. Se o dono resolver abandonar a coisa descoberta, não lhe caberá o pagamento de qualquer recompensa ou indenização, podendo o descobridor, se for o caso, assumir a propriedade da coisa.

## Seção IX
## Da Interdição

> **Art. 747.** A interdição pode ser promovida:
>
> I – pelo cônjuge ou companheiro;
>
> II – pelos parentes ou tutores;
>
> III – pelo representante da entidade em que se encontra abrigado o interditando;
>
> IV – pelo Ministério Público.

> Parágrafo único. A legitimidade deverá ser comprovada por documentação que acompanhe a petição inicial.

▶ **1. Dispositivos correspondentes no CPC/1973.** *"Art. 1.177. A interdição pode ser promovida: I – pelo pai, mãe ou tutor; II – pelo cônjuge ou algum parente próximo; III – pelo órgão do Ministério Público." "Art. 1.180. Na petição inicial, o interessado provará a sua legitimidade, especificará os fatos que revelam a anomalia psíquica e assinalará a incapacidade do interditando para reger a sua pessoa e administrar os seus bens."*

### 🔟 LEGISLAÇÃO CORRELATA

**2. CC, art. 1.767.** *"Art. 1.767. Estão sujeitos a curatela: I – aqueles que, por causa transitória ou permanente, não puderem exprimir sua vontade; II – (Revogado); III – os ébrios habituais e os viciados em tóxico; IV – (Revogado); V – os pródigos."*

**3. CC, art. 1.775.** *"Art. 1.775. O cônjuge ou companheiro, não separado judicialmente ou de fato, é, de direito, curador do outro, quando interdito. § 1º Na falta do cônjuge ou companheiro, é curador legítimo o pai ou a mãe; na falta destes, o descendente que se demonstrar mais apto. § 2º Entre os descendentes, os mais próximos precedem aos mais remotos. § 3º Na falta das pessoas mencionadas neste artigo, compete ao juiz a escolha do curador."*

### ▤ COMENTÁRIOS TEMÁTICOS

**4. Estatuto da pessoa com deficiência, art. 84.** *"Art. 84. A pessoa com deficiência tem assegurado o direito ao exercício de sua capacidade legal em igualdade de condições com as demais pessoas. § 1º Quando necessário, a pessoa com deficiência será submetida à curatela, conforme a lei. § 2º É facultado à pessoa com deficiência a adoção de processo de tomada de decisão apoiada. § 3º A definição de curatela de pessoa com deficiência constitui medida protetiva extraordinária, proporcional às necessidades e às circunstâncias de cada caso, e durará o menor tempo possível. § 4º Os curadores são obrigados a prestar, anualmente, contas de sua administração ao juiz, apresentando o balanço do respectivo ano."*

**5. Enunciado 680 do FPPC.** *"Admite-se pedido de autointerdição e de levantamento da própria interdição a partir da vigência do Estatuto da Pessoa com Deficiência."*

**6. Enunciado 57 da I Jornada-CJF.** *"Todos os legitimados a promover a curatela, cujo rol deve incluir o próprio sujeito a ser curatelado, também o são para realizar o pedido do seu levantamento."*

1131

**7. Proposição da ação de interdição.** A interdição deve ser instaurada por provocação de algum legitimado previsto em lei. O juiz não deve instaurar a interdição de ofício.

**8. Proteção do interditando.** O processo de interdição destina-se a proteger o interditando. A legitimidade ativa para sua propositura é de pessoas ou entidades que mantêm vínculo de proximidade com o interditando ou curatelando. Por isso, a legitimidade ativa do Ministério Público é subsidiária (art. 748).

**9. Controle da legitimidade ativa.** A legitimidade ativa deve ser controlada no caso concreto.

**10. Legitimidade ativa.** A ação de interdição pode ser proposta pelos legitimados previstos no art. 747. Sua legitimidade é concorrente, de forma que qualquer um deles pode promover a demanda, sem qualquer prioridade ou ordem de preferência entre eles.

**11. Cônjuge ou companheiro.** O cônjuge ou companheiro do interditando tem legitimidade para a propositura da ação de interdição. Tendo havido separação de fato, o cônjuge ou companheiro não tem mais legitimidade para propor a ação de interdição.

**12. Parentes ou tutores.** O parente, natural ou civil (CC, arts. 1.591 a 1.593), pode propor ação de interdição. Se um dos pais tiver perdido o poder familiar, não terá mais legitimidade para a propositura da ação de interdição do filho. O tutor também pode propor ação de interdição. Para isso, é preciso que tenha havido pré-constituição de tutela.

**13. Representante da entidade em que se encontra o interditando.** Se o interditando estiver internado ou se encontrar numa entidade, o representante desta pode propor a ação de interdição. A legitimidade ativa conferida à entidade não implica sua necessária escolha como curador. Este deve ser escolhido de acordo com a previsão legal. A legitimidade conferida ao representante da entidade serve para proteger o interditando e permitir o requerimento de sua interdição, para que seus direitos sejam exercidos ou protegidos e lhe seja nomeado um curador.

**14. Ministério Público.** O Ministério Público só pode requerer a interdição em caso de doença mental grave (art. 748). Sua legitimidade é subsidiária, somente podendo requerer a interdição, na ausência ou na incapacidade de outros legitimados (art. 748).

**15. Autointerdição.** O CPC não prevê a possibilidade de o interditando promover a própria interdição. O Estatuto da Pessoa com Deficiência previu essa possibilidade, ao alterar o art. 1.768

do CC, que havia sido revogado pelo art. 1.072, II, do CPC. Não se pode alterar um artigo já revogado. Independentemente disso, não há nada que impeça que o interessado peça sua própria interdição. São possíveis a autointerdição e o pedido de extinção da própria interdição pelo curatelado (art. 756, § 1º). Da mesma forma que o curatelado pode pedir a extinção da sua interdição (art. 756, § 1º), pode igualmente pedir sua autointerdição. A autointerdição só poderá ser admitida se proposta por pessoa que possua o mínimo de discernimento, por exemplo, os portadores de Síndrome de Down e o pródigo. É preciso que a pessoa esteja em condições de expressar a sua vontade. Se a pessoa estiver, por exemplo, em coma, não poderá expressar a vontade, não sendo possível sua autointerdição.

**16. Legitimidade passiva.** A ação de interdição deve ser proposta contra uma pessoa natural, que se sujeite à curatela, ou seja, que, por causa transitória ou permanente, não possa exprimir sua vontade. Também podem ser legitimados passivos na ação de interdição os ébrios habituais, os viciados em tóxicos e os pródigos.

**17. Competência.** A ação de interdição deve ser proposta na Justiça Estadual, no foro do domicílio do interditando.

**18. Documento indispensável à propositura da ação.** A petição inicial da ação de interdição deve ser acompanhada da prova da legitimidade do autor (art. 320), cabendo-lhe comprovar o parentesco, a condição de cônjuge ou companheiros, de tutor, de representante da entidade em que se encontra o interditando etc. Se tal prova não for trazida com a petição inicial, o juiz determinará a intimação do autor para que a apresente (art. 321). Não cumprida a diligência, a petição inicial será indeferida (art. 321, parágrafo único).

**19. Desistência da interdição.** O autor pode desistir do pedido de interdição, desde que fundamente. Havendo justificativa, o juiz deve homologar a desistência. Não havendo, o juiz prosseguirá com o procedimento, promovendo a sucessão processual, pois a interdição é procedimento especial que serve à proteção dos interesses do interditando.

---

**Art. 748.** O Ministério Público só promoverá interdição em caso de doença mental grave:

I – se as pessoas designadas nos incisos I, II e III do art. 747 não existirem ou não promoverem a interdição;

II – se, existindo, forem incapazes as pessoas mencionadas nos incisos I e II do art. 747.

**LIVRO I • DO PROCESSO DE CONHECIMENTO E DO CUMPRIMENTO DE SENTENÇA** — **Art. 749**

▶ **1. Correspondência no CPC/1973.** *"Art. 1.178. O órgão do Ministério Público só requererá a interdição: I – no caso de anomalia psíquica; II – se não existir ou não promover a interdição alguma das pessoas designadas no artigo antecedente, ns. I e II; III – se, existindo, forem menores ou incapazes."*

### ▣ COMENTÁRIOS TEMÁTICOS

**2. Ministério Público na interdição.** No processo de interdição, o Ministério Público atuará como fiscal da ordem jurídica (art. 752, § 1º), função que não se confunde com a de curador especial (art. 752, § 2º). Significa que o Ministério Público não atua, na interdição, como curador especial. O Ministério Público pode propor a ação de interdição só nos casos de doença mental grave, sendo subsidiária sua legitimidade (art. 748).

**3. Legitimidade ativa do Ministério Público.** O Ministério Público somente pode pedir a interdição em caso de doença mental grave.

**4. Legitimidade subsidiária do Ministério Público.** O Ministério Público só tem legitimidade para propor a ação de interdição, se não houver outros legitimados ou se os que houver forem incapazes. Sua legitimidade é, portanto, subsidiária.

**5. Requisitos para a legitimidade do Ministério Público.** A legitimidade ativa do Ministério Público para a ação de interdição depende do preenchimento de 4 requisitos: *(a)* doença mental grave; *(b)* inexistência ou incapacidade dos outros legitimados; *(c)* inércia dos outros legitimados; *(d)* inércia do interditando.

**6. Legitimidade ordinária.** É ordinária a legitimidade do Ministério Público para propor ação de interdição, não se tratando de substituição processual; sua atuação decorre diretamente de suas funções constitucionais.

**7. Ministério Público como autor.** Se o Ministério Público for autor da ação de interdição, será desnecessária sua atuação como fiscal da ordem jurídica.

**8. Ministério Público como parte e desnecessidade de sua intervenção.** *"(...), nos termos do princípio da unidade, o Ministério Público é uno enquanto instituição, razão pela qual, uma vez figurando como parte do processo, é dispensada a sua presença como fiscal da lei"* (STJ, 4ª Turma, REsp 1.156.021/RS, rel. Min. Marco Buzzi, *DJe* 05.05.2014).

---

**Art. 749.** Incumbe ao autor, na petição inicial, especificar os fatos que demonstram a incapacidade do interditando para administrar seus bens e, se for o caso, para praticar atos da vida civil, bem como o momento em que a incapacidade se revelou.

Parágrafo único. Justificada a urgência, o juiz pode nomear curador provisório ao interditando para a prática de determinados atos.

▶ **1. Correspondência no CPC/1973.** *"Art. 1.180. Na petição inicial, o interessado provará a sua legitimidade, especificará os fatos que revelam a anomalia psíquica e assinalará a incapacidade do interditando para reger a sua pessoa e administrar os seus bens."*

### ▣ LEGISLAÇÃO CORRELATA

**2. Estatuto da Pessoa com deficiência, art. 87.** *"Em casos de relevância e urgência e a fim de proteger os interesses da pessoa com deficiência em situação de curatela, será lícito ao juiz, ouvido o Ministério Público, de ofício ou a requerimento do interessado, nomear, desde logo, curador provisório, o qual estará sujeito, no que couber, às disposições do Código de Processo Civil."*

### ▣ COMENTÁRIOS TEMÁTICOS

**3. Excepcionalidade da curatela.** A plena capacidade da pessoa é a regra e a situação de curatela é um estado excepcional.

**4. Ônus argumentativo.** Por ser excepcional a curatela, o autor da ação de interdição tem o ônus argumentativo de demonstrar a incapacidade do interditando e o momento em que tal incapacidade se revelou.

**5. Especificação dos fatos.** Ao autor da ação de interdição cabe, em sua petição inicial, especificar os fatos que demonstram a incapacidade do interditando e o momento em que ela foi revelada.

**6. Finalidade.** As especificações dos fatos, na petição inicial da ação de interdição, têm por finalidade delimitar o objeto da prova pericial e a eficácia probatória da sentença que decreta a interdição.

**7. Cumulação de pedidos.** O pedido de interdição não pode ser cumulado com outros pedidos, de outras naturezas. Como o procedimento especial da interdição é obrigatório, o seu pedido não pode tramitar pelo procedimento comum, sendo inviável a cumulação de pedidos (art. 327, § 2º).

**8. Tutela provisória.** O juiz pode, na interdição, conceder uma tutela provisória e já nomear um curador provisório para a prática de determinados atos. Não se trata de uma interdição provisória, mas de uma curatela provisória. Na decisão, o juiz não interdita, provisoriamente, o réu; apenas lhe defere um curador provisório.

**9. Recurso.** Da decisão que nomeia curador provisório para o réu cabe agravo de instrumento (art. 1.015, I).

**10. Ação de divórcio proposta pelo curador provisório.** *"O ajuizamento de ação de dissolução de vínculo conjugal por curador provisório é admissível, em situações ainda mais excepcionais, quando houver prévia autorização judicial e oitiva do Ministério Público. 6. É irrelevante o fato de ter havido a produção de prova pericial na ação de interdição que concluiu que a cônjuge possui doença de Alzheimer, uma vez que não se examinou a possibilidade de adoção do procedimento de tomada de decisão apoiada, preferível em relação à interdição e que depende da apuração do estágio e da evolução da doença e da capacidade de discernimento e de livre manifestação da vontade pelo cônjuge acerca do desejo de romper ou não o vínculo conjugal"* (STJ, 3ª Turma, REsp 1.645.612/SP, rel. Min. Nancy Andrighi, *DJe* 12.11.2018).

---

**Art. 750.** O requerente deverá juntar laudo médico para fazer prova de suas alegações ou informar a impossibilidade de fazê-lo.

▶ **1. Sem correspondência no CPC/1973.**

### ☐ COMENTÁRIOS TEMÁTICOS

**2. Documento indispensável à propositura da ação.** O autor deve juntar, com sua petição inicial, laudo médico que comprove suas alegações. Tal laudo é um documento indispensável à propositura da ação (art. 320). Não sendo possível juntar o laudo médico, deverá justificar essa impossibilidade (art. 750).

**3. Insuficiência de relatório médico e necessidade de laudo médico.** *"O laudo pericial não pode ser substituído por mero relatório médico, especialmente quando há divergência entre o conteúdo do relatório em confronto com os demais elementos de prova produzidos no processo. 7. Nas hipóteses de interdição, é imprescindível que o exame médico resulte em laudo pericial fundamentado, no qual deverão ser examinadas todas as circunstâncias relacionadas à existência da patologia do interditando, bem como a sua extensão e limites"* (STJ, 3ª Turma, REsp 1.685.826/BA, rel. Min. Nancy Andrighi, *DJe* 26.09.2017).

**4. Emenda da petição inicial.** Faltando o laudo médico, o juiz determinará a intimação do autor para que se manifeste sobre essa ausência, caso não haja justificativa expressa na petição inicial (art. 321).

**5. Ausência de preclusão.** Se a petição inicial não vier acompanhada do laudo médico, não deverá o juiz indeferir a petição inicial, mas determinar ao autor que se manifeste sobre a produção de provas.

**6. Motivo da apresentação do laudo médico.** A apresentação do laudo médico com a petição inicial é fundamental para que o juiz nomeie o curador provisório para o interditando. Não se trata de requisito para a demanda, mas para o deferimento do curador provisório. Por isso, sua ausência não implica indeferimento da petição inicial.

**7. Impossibilidade de apresentação de laudo médico.** *"Dado que o laudo médico a ser apresentado com a petição inicial da ação de interdição não substitui a prova pericial a ser produzida em juízo, mas, ao revés, tem a finalidade de fornecer elementos indiciários, de modo a tornar juridicamente plausível a tese de que estariam presentes os requisitos necessários para a interdição e, assim, viabilizar o prosseguimento da respectiva ação, não deve o julgador ser demasiadamente rigoroso diante da alegação de impossibilidade de apresentá-lo, de modo a frustrar o acesso à justiça"* (STJ, 3ª Turma, REsp 1.933.597/RO, rel. Min. Nancy Andrighi, *DJe* 03.11.2021).

**8. Interdição proposta pelo Ministério Público.** O Ministério Público só pode promover a ação de interdição nos casos de doença mental grave (art. 748). Se a ação for proposta pelo Ministério Público, o laudo médico deve, necessariamente, acompanhar a petição inicial. Não tendo sido juntado o laudo médico, o juiz deve determinar sua intimação para que o apresente (art. 321).

---

**Art. 751.** O interditando será citado para, em dia designado, comparecer perante o juiz, que o entrevistará minuciosamente acerca de sua vida, negócios, bens, vontades, preferências e laços familiares e afetivos e sobre o que mais lhe parecer necessário para convencimento quanto à sua capacidade para praticar atos da vida civil, devendo ser reduzidas a termo as perguntas e respostas.

§ 1º Não podendo o interditando deslocar-se, o juiz o ouvirá no local onde estiver.

§ 2º A entrevista poderá ser acompanhada por especialista.

# LIVRO I · DO PROCESSO DE CONHECIMENTO E DO CUMPRIMENTO DE SENTENÇA | Art. 751

§ 3º Durante a entrevista, é assegurado o emprego de recursos tecnológicos capazes de permitir ou de auxiliar o interditando a expressar suas vontades e preferências e a responder às perguntas formuladas.

§ 4º A critério do juiz, poderá ser requisitada a oitiva de parentes e de pessoas próximas.

▶ **1. Correspondência no CPC/1973.** *"Art. 1.181. O interditando será citado para, em dia designado, comparecer perante o juiz, que o examinará, interrogando-o minuciosamente acerca de sua vida, negócios, bens e do mais que lhe parecer necessário para ajuizar do seu estado mental, reduzidas a auto as perguntas e respostas."*

## 🗏 COMENTÁRIOS TEMÁTICOS

**2. Citação do interditando.** O interditando é citado para integrar o processo, tornando-se parte na relação processual (art. 238). A citação comunica ao interditando a existência do processo e o convoca a participar do contraditório.

**3. Audiência.** O interditando é citado para comparecer à audiência na qual o juiz deve entrevistá-lo.

**4. Inspeção judicial.** A entrevista que o juiz faz configura uma inspeção judicial, inserindo-se no conjunto probatório que justificará ou não a constituição da curatela ao final. É um meio de prova, que integra a cognição dos elementos contidos na ação de interdição. Na entrevista, o juiz perguntará ao interditando sobre sua vida, negócios, bens, vontades, preferências, laços familiares e afetivos e sobre tudo o mais que for necessário para seu convencimento quanto à capacidade do interditando.

**5. Recursos tecnológicos.** Durante a entrevista, é garantido ao interditando o uso de recursos tecnológicos capazes de auxiliá-lo a expressar suas vontades e preferências e a responder às perguntas formuladas. O juiz deve empreender todos os esforços para adaptar-se às necessidades concretas do interditando e permitir que ele possa expressar suas vontades e preferências.

**6. Acompanhamento de especialista.** O juiz pode ser auxiliado, na entrevista, por especialista. Se possível a sua realização, o acompanhamento por especialista é recomendável, seja para identificar eventual demanda fraudulenta, seja para evitar que o juiz conduza a entrevista de modo inadequado, ineficiente, traumático ou desrespeitoso ao interditando, com formulação de perguntas impróprias, desnecessárias, inúteis ou impertinentes. A depender do caso, o juiz pode ter o auxílio de equipe multidisciplinar. A previsão de equipe multidisciplinar para a perícia (art. 753, § 1º) aplica-se, igualmente, para a entrevista preliminar.

**7. Local da entrevista.** Os atos processuais realizam-se ordinariamente na sede do juízo ou, excepcionalmente, em outro local (art. 217). Nesse sentido, a entrevista deve realizar-se perante o juiz, na sede do juízo. Se, porém, o interditando não puder deslocar-se até a sede do juízo, deverá o juiz ouvi-lo no local mais conveniente ou adequado (art. 751, § 1º).

**8. Ato necessário.** A entrevista do interditando é ato que compõe o procedimento da ação de interdição. Excepcionalmente, pode-se dispensar sua realização, por exemplo, nos casos em que o interditando esteja em coma. Nesse caso, o juiz adequa o procedimento à realidade o caso (art. 139, VI).

**9. Postergação do interrogatório para após a perícia.** *"O processo de interdição é de jurisdição voluntária, o que autoriza o juízo, a teor do disposto no parágrafo único do art. 723 do Código de Processo Civil, a não observar critério de legalidade estrita, podendo adotar em cada caso a solução que reputar mais conveniente ou oportuna. 2. A postergação do interrogatório para após a perícia médica, bem como a negativa de designação de equipe multidisciplinar para a perícia, não caracteriza, por si só, ilegalidade que macule o procedimento e autorize a impetração de mandado de segurança, ainda mais quando os direitos do interditando estão preservados segundo o convencimento do Ministério Público e do juízo processante"* (STJ, 4ª Turma, AgInt no RMS 57.544/DF, rel. Min. Maria Isabel Gallotti, *DJe* 06.12.2019).

**10. Testemunho de parentes ou pessoas próximas.** Na audiência preliminar, destinada à entrevista do interditando, o juiz também pode colher o testemunho de parentes seus ou pessoas que lhe são próximas (art. 751, § 4º). Tais testemunhos reforçam o acervo probatório, contribuindo para o convencimento do juiz quanto aos fatos narrados na petição inicial.

**11. Intimação do Ministério Público.** O Ministério Público deve ser intimado para comparecer à audiência designada para entrevista do interditando.

**12. Ausência de comparecimento do Ministério Público.** *"Não há que se falar em nulidade do processo por ausência de intervenção do Ministério Público na audiência de interrogatório, seja porque o Parquet foi devidamente intimado, dando-se por ciente, seja porque não*

# Art. 752 CÓDIGO DE PROCESSO CIVIL COMENTADO – *Leonardo Carneiro da Cunha*

*houve demonstração de efetivo prejuízo*" (STJ, 3ª Turma, REsp 1.795.395/MT, rel. Min. Nancy Andrighi, *DJe* 06.05.2021).

**13. Segredo de justiça.** Os atos processuais são públicos (CF, art. 93, IX; CPC, arts. 11 e 189). O processo de interdição não se encontra inserido na previsão dos casos de segredo de justiça (art. 189). Aliás, o processo de interdição é público e a sentença deve ser submetida a registro e à ampla divulgação (art. 755, § 3º). É possível, porém, que juiz, a depender das circunstâncias do caso, determine o segredo de justiça do processo ou de alguns atos processuais. Se, porém, não houver decisão que determine o sigilo, os atos processuais são públicos. Não há, enfim, segredo de justiça automático nos processos de interdição.

**14. Manifestação prévia.** Antes de comparecer à audiência, o interditando pode manifestar-se, alegando nulidade, incompetência absoluta, impedimento ou suspeição do juiz, inépcia da petição inicial ou, até mesmo, necessidade de se decretar segredo de justiça para preservação de sua intimidade. Enfim, no procedimento de interdição, a ampla defesa deve ser assegurada, podendo o interditando antecipar-se e apresentar alegações que possam impor a observância de garantias fundamentais do processo, a anulação de atos ou, até mesmo, a extinção prematura do processo.

---

**Art. 752.** Dentro do prazo de 15 (quinze) dias contado da entrevista, o interditando poderá impugnar o pedido.

§ 1º O Ministério Público intervirá como fiscal da ordem jurídica.

§ 2º O interditando poderá constituir advogado, e, caso não o faça, deverá ser nomeado curador especial.

§ 3º Caso o interditando não constitua advogado, o seu cônjuge, companheiro ou qualquer parente sucessível poderá intervir como assistente.

---

▶ **1. Correspondência no CPC/1973.** "*Art. 1.182. Dentro do prazo de 5 (cinco) dias contados da audiência de interrogatório, poderá o interditando impugnar o pedido. § 1º Representará o interditando nos autos do procedimento o órgão do Ministério Público ou, quando for este o requerente, o curador à lide. § 2º Poderá o interditando constituir advogado para defender-se. § 3º Qualquer parente sucessível poderá constituir-lhe advogado com os poderes judiciais que teria se nomeado pelo interditando, respondendo pelos honorários.*"

⊟ **COMENTÁRIOS TEMÁTICOS**

**2. Natureza da interdição.** O processo de interdição está regulado, no CPC, como um dos procedimentos de jurisdição voluntária. O réu, porém, é citado e pode impugnar o pedido, inaugurando uma litigiosidade pouco comum na jurisdição voluntária. Talvez fosse mais adequado inserir a interdição no âmbito dos procedimentos especiais de jurisdição contenciosa, mas a opção legislativa seguiu a tradição e a manteve como um procedimento de jurisdição voluntária, reforçando a ideia de que a potencial litigiosidade não deve ser considerada como algo estranho à jurisdição voluntária.

**3. Resposta do interditando.** O interditando pode apresentar contestação. Não se admite reconvenção na interdição, diante das peculiaridades do procedimento. O interditando pode alegar impedimento ou suspeição do juiz.

**4. Prazo para contestação.** Depois da entrevista, o interditando tem o prazo de 15 dias para apresentar contestação. Por ser um prazo processual, em sua contagem, computam-se apenas os dias úteis (art. 219).

**5. Representação judicial.** O interditando tem o direito de constituir advogado ou defensor público para representá-lo (art. 752, § 2º). Não o fazendo, o juiz nomeará curador especial, função que é exercida pela Defensoria Pública (art. 72, parágrafo único).

**6. Necessidade de advogado.** "*Na ação de interdição, é imprescindível a constituição de advogado ou nomeação de curador especial ao interditando, porquanto não se admite processo de interdição sem defesa*" (STJ, 3ª Turma, REsp 1.795.395/MT, rel. Min. Nancy Andrighi, *DJe* 06.05.2021).

**7. Ministério Público.** A intervenção do Ministério Público, na ação de interdição, é obrigatória. Essa sua intervenção não elimina a necessidade de nomeação do curador especial. É que o Ministério Público atua como fiscal da ordem jurídica, e não como curador do interditando. São funções diversas.

**8. Necessidade de intervenção do Ministério Público.** "*A regra do art. 178, II, do CPC/2015, ao prever a necessidade de intimação e intervenção do Ministério Público no processo que envolva interesse de incapaz, refere-se não apenas ao juridicamente incapaz, mas também ao comprovadamente incapaz de fato, ainda que não tenha havido prévia declaração judicial da incapacidade. 6. Na hipótese, a indispensabilidade da intimação e da intervenção do Ministério Público se justifica pelo fato incontroverso de que a parte*

**LIVRO I · DO PROCESSO DE CONHECIMENTO E DO CUMPRIMENTO DE SENTENÇA** — **Art. 753**

possui doença psíquica grave, aliado ao fato de que todos os legitimados ordinários à propositura de eventual ação de interdição (art. 747, I a III, do CPC/2015) não existem ou possuem conflito de interesses com a parte enferma, de modo que a ausência de intimação e intervenção do Parquet teve, como consequência, prejuízo concreto à parte" (STJ, 3ª Turma, REsp 1.969.217/SP, rel. Min. Nancy Andrighi, DJe 11.03.2022).

**9. Impossibilidade de o Ministério Público atuar como curador.** "Considerando que a atuação do Ministério Público, enquanto fiscal da ordem jurídica na ação de interdição da qual não é o autor, impede que ele atue, simultaneamente, como defensor do curatelando; que a legislação prevê a nomeação de curador especial ao incapaz, para garantir a tutela dos seus próprios interesses e necessidades; e que a curadoria especial é função atípica e exclusiva da Defensoria Pública; forçoso reconhecer a falta de atribuição do Parquet para funcionar nos autos como defensor da curatelanda" (STJ, 3ª Turma, REsp 1.824.208/BA, rel. Min. Nancy Andrighi, DJe 13.12.2019).

**10. Atuação do Ministério Público.** "O entendimento pacífico desta Corte Superior é no sentido de que nos procedimentos de interdição não ajuizados pelo Ministério Público, cabe ao órgão ministerial defender os interesses do interditando e a designação de curador especial pressupõe a presença de conflito de interesses entre o incapaz e o representante legal, o que não é o caso dos autos" (STJ, 4ª Turma, AgInt no AREsp 1.470.628/BA, rel. Min. Marco Buzzi, DJe 03.02.2020).

**11. Curador especial.** O curador especial apresenta contestação em nome do interditando. Sua designação não é dispensada pela intervenção do Ministério Público. A nomeação do curador especial não decorre da incapacidade do interditando, mas da ausência de apresentação de resposta por ele.

**12. Ausência de nomeação de curador especial.** "A participação do Ministério Público como custos legis em ação de interdição não supre a ausência de nomeação de curador à lide, devido à antinomia existente entre as funções de fiscal da lei e representante dos interesses do interditando. O interrogatório do interditando é medida que garante o contraditório e a ampla defesa de pessoa que se encontra em presumido estado de vulnerabilidade. São intangíveis as regras processuais que cuidam do direito de defesa do interditando, especialmente quando se trata de reconhecer a incapacidade e restringir direitos" (STJ, 3ª Turma, REsp 1.686.161/SP, rel. Min. Nancy Andrighi, DJe 15.09.2017).

**13. Necessidade de intimação do curador e ausência de prejuízo quando não intimado.** "Nomeado curador especial, é necessária a sua intimação pessoal para a prática dos atos processuais. 8. Esta Corte Superior perfilha o entendimento de que 'mesmo nas hipóteses em que se configuram os vícios mais graves, como é a nulidade por falta de intimação pessoal do curador especial, eles serão reconhecidos somente quando devidamente demonstrado o prejuízo suportado pela parte, em homenagem ao princípio da pas de nullité sans grief' (AgInt no REsp 1720264/MG, Terceira Turma, julgado em 11.09.2018, DJe 21.09.2018). 9. O exame sobre a ocorrência de prejuízo deve se circunscrever apenas ao ato de intimação e à sua validade, devendo-se perquirir somente se a intimação efetivada por meio oficial distinto daquele previsto em lei impediu a ciência inequívoca da decisão pela parte. 10. Não restando demonstrado o prejuízo suportado em virtude da alegada ausência de intimação pessoal, não há como se reconhecer a apontada nulidade" (STJ, 3ª Turma, REsp 1.795.395/MT, rel. Min. Nancy Andrighi, DJe 06.05.2021).

**14. Intervenção do cônjuge, companheiro ou parente.** Se o interditando não constituir advogado para defendê-lo, o seu cônjuge, companheiro ou qualquer parente sucessível pode intervir em seu favor. O interveniente, no caso, atua como substituto processual do interditando, diante da inércia deste. A regra concretiza os princípios do contraditório e da ampla defesa. No caso de autointerdição, o interditando é o autor e estará representado por advogado, não sendo possível a intervenção por seu cônjuge, companheiro ou parente.

**15. Revelia.** A ausência de contestação configura revelia do interditando. A revelia do interditando não produz, porém, seu efeito material, não se presumindo verdadeiros os fatos alegados pelo autor (art. 345, II). De igual modo, a revelia não produz seu efeito processual, não sendo possível o prosseguimento do processo sem a intimação do revel. Por isso, o juiz deve nomear-lhe curador especial.

> **Art. 753.** Decorrido o prazo previsto no art. 752, o juiz determinará a produção de prova pericial para avaliação da capacidade do interditando para praticar atos da vida civil.
>
> § 1º A perícia pode ser realizada por equipe composta por experts com formação multidisciplinar.

**Art. 754** CÓDIGO DE PROCESSO CIVIL COMENTADO – *Leonardo Carneiro da Cunha*

§ 2º O laudo pericial indicará especificadamente, se for o caso, os atos para os quais haverá necessidade de curatela.

▶ **1. Correspondência no CPC/1973.** *"Art. 1.183. Decorrido o prazo a que se refere o artigo antecedente, o juiz nomeará perito para proceder ao exame do interditando. Apresentado o laudo, o juiz designará audiência de instrução e julgamento. Parágrafo único. Decretando a interdição, o juiz nomeará curador ao interdito."*

⚖ **JURISPRUDÊNCIA, ENUNCIADOS E SÚMULAS SELECIONADOS**

• **2. Enunciado 178 da III Jornada-CJF.** *"Em casos excepcionais, o juiz poderá dispensar a prova pericial nos processos de interdição ou curatela, na forma do art. 472 do CPC e ouvido o Ministério Público, quando as partes juntarem pareceres técnicos ou documentos elucidativos e houver entrevista do interditando."*

🗐 **COMENTÁRIOS TEMÁTICOS**

**3. Provas na interdição.** O procedimento especial da interdição comporta prova documental juntada pelo autor (art. 750), inspeção feita preliminarmente (art. 751) e prova pericial (art. 752). A prova pericial encerra a instrução da interdição (art. 753). As causas de incapacidade são fatos jurídicos que somente podem ser provados por prova técnica.

**4. Prova pericial.** É necessária, na interdição, a produção de prova técnica. O que se exige é a prova técnica, e não necessariamente a prova pericial. A produção de prova pericial não é uma fase obrigatória do procedimento de interdição. Se houver, no processo, elementos técnicos suficientes para comprovar as condições pessoais do interditando e possibilitar a individualização da curatela, a perícia pode ser dispensada (art. 472). O processo de interdição precisa, enfim, de conhecimentos técnicos e científicos, que não são necessariamente fornecidos por meio de uma prova pericial. Em casos de incapacidade evidente, poderá o juiz dispensar a perícia. Em situações excepcionais, a prova da incapacidade pode restringir-se à documental ou à inspeção judicial.

**5. Forma e conteúdo do laudo pericial.** *"O laudo pericial não pode ser substituído por mero relatório médico, especialmente quando há divergência entre o conteúdo do relatório em confronto com os demais elementos de prova produzidos no processo. 7. Nas hipóteses de interdição,*

*é imprescindível que o exame médico resulte em laudo pericial fundamentado, no qual deverão ser examinadas todas as circunstâncias relacionadas à existência da patologia do interditando, bem como a sua extensão e limites"* (STJ, 3ª Turma, REsp 1.685.826/BA, rel. Min. Nancy Andrighi, DJe 26.09.2017).

**6. Perícia complexa.** A perícia, na interdição, pode ser complexa (art. 475), exigindo conhecimentos multidisciplinares. Assim, é possível que o caso reclame conhecimentos de medicina, psicologia e assistência social, por exemplo. Nesse caso, o juiz deve nomear mais de um perito e a parte pode indicar mais de um assistente técnico.

**7. Indicação dos atos que precisam de curatela.** Em seu laudo, o perito deve indicar os atos para os quais haverá necessidade de curatela. Nem toda interdição é total; muitas vezes, a interdição será parcial ou graduada, de acordo com as vontades e habilidades do interditando. Por isso, o laudo deve indicar os atos que precisam de curatela.

**8. Esclarecimentos do perito ou segunda perícia.** Não estando suficientemente claro ou conclusivo o laudo, o juiz pode determinar ao perito que esclareça melhor a questão (art. 477, § 2º) ou, até mesmo, determinar a realização de uma segunda perícia (art. 480).

**9. Dispensa da prova pericial.** O juiz pode, na interdição, dispensar a prova pericial, diante da presença de pareceres técnicos apresentados pelas partes (art. 472). Para que a prova pericial seja dispensada, os documentos ou pareceres técnicos devem ser elucidativos e suficientes. Sua suficiência é fundamental para que se dispense a prova pericial.

**Art. 754.** Apresentado o laudo, produzidas as demais provas e ouvidos os interessados, o juiz proferirá sentença.

▶ **1. Correspondência no CPC/1973.** *"Art. 1.183. Decorrido o prazo a que se refere o artigo antecedente, o juiz nomeará perito para proceder ao exame do interditando. Apresentado o laudo, o juiz designará audiência de instrução e julgamento. Parágrafo único. Decretando a interdição, o juiz nomeará curador ao interdito."*

🗐 **COMENTÁRIOS TEMÁTICOS**

**2. Prova na interdição.** Na interdição, a prova técnica ou científica é fundamental.

**3. Instrução complementar.** Na ação de interdição, a petição inicial deve vir acompanhada

## LIVRO I · DO PROCESSO DE CONHECIMENTO E DO CUMPRIMENTO DE SENTENÇA — Art. 755

de laudo médico (art. 750). Depois, há inspeção judicial preliminar (art. 751) e produção de prova pericial (art. 753). Com a perícia, a instrução se encerra. O art. 754 dispõe que, apresentado o laudo e produzidas as demais provas, o juiz proferirá sentença. Da leitura do dispositivo, poder-se-ia inferir que, após a perícia, outras provas podiam ser produzidas. Não deve ser essa a conclusão. Apresentado ao laudo, encerra-se a instrução, a não ser que seja necessária uma segunda perícia (art. 480).

**4. Contraditório.** É necessário o devido contraditório sobre as provas produzidas. Daí o art. 754 usar a expressão "ouvidos os interessados".

**5. Desnecessidade de audiência de instrução e julgamento.** Do art. 754 pode-se extrair a desnecessidade de o juiz designar audiência de instrução e julgamento: produzidas as provas, apresentado o laudo e ouvidos os interessados, o juiz proferirá sentença.

---

**Art. 755.** Na sentença que decretar a interdição, o juiz:

I – nomeará curador, que poderá ser o requerente da interdição, e fixará os limites da curatela, segundo o estado e o desenvolvimento mental do interdito;

II – considerará as características pessoais do interdito, observando suas potencialidades, habilidades, vontades e preferências.

§ 1º A curatela deve ser atribuída a quem melhor possa atender aos interesses do curatelado.

§ 2º Havendo, ao tempo da interdição, pessoa incapaz sob a guarda e a responsabilidade do interdito, o juiz atribuirá a curatela a quem melhor puder atender aos interesses do interdito e do incapaz.

§ 3º A sentença de interdição será inscrita no registro de pessoas naturais e imediatamente publicada na rede mundial de computadores, no sítio do tribunal a que estiver vinculado o juízo e na plataforma de editais do Conselho Nacional de Justiça, onde permanecerá por 6 (seis) meses, na imprensa local, 1 (uma) vez, e no órgão oficial, por 3 (três) vezes, com intervalo de 10 (dez) dias, constando do edital os nomes do interdito e do curador, a causa da interdição, os limites da curatela e, não sendo total a interdição, os atos que o interdito poderá praticar autonomamente.

▶ **1. Dispositivos correspondentes no CPC/1973.** *"Art. 1.183. Decorrido o prazo a que se refere o artigo antecedente, o juiz nomeará perito para proceder ao exame do interditando. Apresentado o laudo, o juiz designará audiência de instrução e*

*julgamento. Parágrafo único. Decretando a interdição, o juiz nomeará curador ao interdito." "Art. 1.184. A sentença de interdição produz efeito desde logo, embora sujeita a apelação. Será inscrita no Registro de Pessoas Naturais e publicada pela imprensa local e pelo órgão oficial por três vezes, com intervalo de 10 (dez) dias, constando do edital os nomes do interdito e do curador, a causa da interdição e os limites da curatela."*

### 🗐 LEGISLAÇÃO CORRELATA

**2. CC, art. 1.775-A.** *"Art. 1.775-A. Na nomeação de curador para a pessoa com deficiência, o juiz poderá estabelecer curatela compartilhada a mais de uma pessoa."*

**3. CC, art. 1.782.** *"Art. 1.782. A interdição do pródigo só o privará de, sem curador, emprestar, transigir, dar quitação, alienar, hipotecar, demandar ou ser demandado, e praticar, em geral, os atos que não sejam de mera administração."*

**4. Estatuto da pessoa com deficiência, art. 85.** *"Art. 85. A curatela afetará tão somente os atos relacionados aos direitos de natureza patrimonial e negocial. § 1º A definição da curatela não alcança o direito ao próprio corpo, à sexualidade, ao matrimônio, à privacidade, à educação, à saúde, ao trabalho e ao voto. § 2º A curatela constitui medida extraordinária, devendo constar da sentença as razões e motivações de sua definição, preservados os interesses do curatelado. § 3º No caso de pessoa em situação de institucionalização, ao nomear curador, o juiz deve dar preferência a pessoa que tenha vínculo de natureza familiar, afetiva ou comunitária com o curatelado."*

**5. Res. 1.995/2012 do Conselho Federal de Medicina, art. 2º.** *"Art. 2º Nas decisões sobre cuidados e tratamentos de pacientes que se encontram incapazes de comunicar-se, ou de expressar de maneira livre e independente suas vontades, o médico levará em consideração suas diretivas antecipadas de vontade. § 1º Caso o paciente tenha designado um representante para tal fim, suas informações serão levadas em consideração pelo médico. § 2º O médico deixará de levar em consideração as diretivas antecipadas de vontade do paciente ou representante que, em sua análise, estiverem em desacordo com os preceitos ditados pelo Código de Ética Médica. § 3º As diretivas antecipadas do paciente prevalecerão sobre qualquer outro parecer não médico, inclusive sobre os desejos dos familiares. § 4º O médico registrará, no prontuário, as diretivas antecipadas de vontade que lhes foram diretamente comunicadas pelo paciente. § 5º Não sendo conhecidas as diretivas antecipadas de vontade do paciente, nem havendo* *representante designado, familiares disponíveis ou falta de consenso entre estes, o médico recorrerá ao Comitê de Bioética da instituição, caso exista, ou, na falta deste, à Comissão de Ética Médica do hospital ou ao Conselho Regional e Federal de Medicina para fundamentar sua decisão sobre conflitos éticos, quando entender esta medida necessária e conveniente."*

## 🖾 COMENTÁRIOS TEMÁTICOS

**6. Sentença de interdição.** Com fundamento na causa da interdição, a sentença submete o interditando à curatela.

**7. Natureza jurídica.** A sentença de interdição é constitutiva, e não declaratória. Ela, com fundamento na causa de interdição, decreta a curatela. Seu conteúdo não é declaratório, mas constitutivo. A sentença enseja uma situação jurídica nova, que é a submissão do interditando à curatela.

**8. Natureza da sentença da sentença para fins de suspensão do prazo prescricional.** *"A natureza da sentença de interdição, para fins de suspensão do prazo prescricional, é meramente declaratória, e não constitutiva, sendo que sua ausência não pode impedir o reconhecimento da incapacidade para os atos da vida civil"* (STJ, 1ª Turma, AgInt no AREsp 675.784/RJ, rel. Min. Gurgel de Faria, *DJe* 14.03.2019).

**9. Suspensão da prescrição.** *"A jurisprudência do STJ consolidou-se no sentido de que a suspensão do prazo de prescrição para os absolutamente incapazes retroage ao momento em que se manifesta a incapacidade, sendo a sentença de interdição, para esse fim específico, meramente declaratória"* (STJ, 2ª Turma, REsp 1.729.615/RN, rel. Min. Herman Benjamin, *DJe* 27.11.2018).

**10. Características essenciais.** A sentença de interdição *(a)* é constitutiva; *(b)* produz efeitos ex nunc; *(c)* submete o interditando à curatela; *(d)* nomeia curador; *(e)* é registrada no registro público e amplamente divulgada; *(f)* é passível de apelação.

**11. Nomeação do curador.** Decretada a interdição, o juiz, na própria sentença, deve designar o curador, que pode ser ou não o autor da ação. A curatela é, normalmente, atribuída a alguém da família do interdito, podendo, porém, ser nomeado um terceiro, com idoneidade para administrar os interesses do interdito. No caso de autointerdição, o juiz deve levar em conta a indicação eventualmente feita pelo autor de alguém como seu curador.

**12. Curatela compartilhada.** O juiz pode designar 2 ou mais pessoas para exercer as funções de curador: pai e mãe, por exemplo. É o que se chama de curatela compartilhada (CC, art. 1.775-A). Ao designar os curadores do interdito, o juiz definirá como a curatela será compartilhada entre eles.

**13. Limites da curatela.** A interdição pode ser total ou parcial. Se for total, retira-se do interdito sua capacidade. Sendo parcial, sua capacidade sofre restrições. O juiz deve, na sentença de interdição, estabelecer os limites da curatela, observando *"o estado e o desenvolvimento mental do interdito"* (art. 755, I) e suas potencialidades.

**14. Isonomia e dignidade humana.** A gradação da interdição atende ao direito fundamental da isonomia e, igualmente, à necessidade de um tratamento digno. A curatela de um doente mental não é a mesma de um sujeito em coma nem a de um toxicômano ou de um pródigo.

**15. Fundamentação.** Ao proferir a sentença de interdição, o juiz deve fundamentá-la adequadamente (art. 489, § 1º) e estabelecer os limites e possibilidades da curatela. Na fundamentação, o juiz especificará de que modo concretizou os critérios para estabelecer os limites da curatela. Os critérios são conceitos jurídicos indeterminados e precisam ser, na sentença, concretizados adequadamente (art. 489, § 1º, II).

**16. Dispositivo.** No dispositivo da sentença, o juiz deve decretar a interdição, nomear o curador e definir os limites da curatela.

**17. Eficácia imediata.** A sentença de interdição produz efeitos imediatos, não tendo efeito suspensivo a apelação que venha a ser interposta (art. 1.012, § 1º, VI). Mesmo com a eficácia imediata da sentença, o advogado do interdito continua com poderes validamente outorgados para recorrer e continuar a atuar no processo. Não é preciso haver ratificação da procuração outorgada ou subscrição de uma nova pelo curador nomeado na sentença.

**18. Efeitos *ex nunc*.** *"Segundo entendimento desta Corte, a sentença de interdição tem efeitos ex nunc"* (STJ, 3ª Turma, AgInt no AREsp 1.821.923/PR, rel. Min. Marco Aurélio Bellizze, *DJe* 21.02.2022).

**19. Publicidade.** A sentença de interdição deve inscrita no registro de pessoas naturais e ter ampla publicidade, a fim de conferir segurança jurídica a terceiros. Por isso, será publicada na rede mundial de computadores, no sítio do tribunal a que está vinculado o juiz e na plataforma de editais do CNJ.

**LIVRO I ·** DO PROCESSO DE CONHECIMENTO E DO CUMPRIMENTO DE SENTENÇA · **Art. 756**

**20. Atos jurídicos praticados pelo interdito.** Depois da interdição, os atos jurídicos do interdito devem ser praticados com a representação do curador, sob pena de nulidade. São nulos os atos jurídicos praticados pelo interdito sem a representação do curador. Com a sentença de interdição, há presunção absoluta de incapacidade do interdito.

**21. Eficácia probatória da sentença de interdição.** A sentença de interdição prova a incapacidade do interdito. É um dos meios de prova da incapacidade do interdito.

**22. Validade dos atos anteriores.** A sentença de interdição é constitutiva, produzindo efeitos *ex nunc*. Por isso, não invalida os atos jurídicos praticados anteriormente pelo interdito. A sentença de interdição não produz o efeito de invalidar atos anteriores praticados pelo interdito, mas estes atos podem ser invalidados em ação própria, desde que comprovada sua incapacidade ao tempo da prática deles.

**23. Validade da procuração outorgada pelo interdito ao seu advogado.** *"A sentença de interdição tem natureza constitutiva, pois não se limita a declarar uma incapacidade preexistente, mas também a constituir uma nova situação jurídica de sujeição do interdito à curatela, com efeitos ex nunc. 2. Outorga de poderes aos advogados subscritores do recurso de apelação que permanece hígida, enquanto não for objeto de ação específica na qual fique cabalmente demonstrada sua nulidade pela incapacidade do mandante à época da realização do negócio jurídico de outorga do mandato. 3. Interdição do mandante que acarreta automaticamente a extinção do mandato, inclusive o judicial, nos termos do art. 682, II, do CC. 4. Inaplicabilidade do referido dispositivo legal ao mandato outorgado pelo interditando para atuação de seus advogados na ação de interdição, sob pena de cerceamento de seu direito de defesa no processo de interdição. 5. A renúncia ao direito de recorrer configura ato processual que exige capacidade postulatória, devendo ser praticado por advogado"* (STJ, 3ª Turma, REsp 1.251.728/PE, rel. Min. Paulo de Tarso Sanseverino, *DJe* 23.05.2013).

---

**Art. 756.** Levantar-se-á a curatela quando cessar a causa que a determinou.

§ 1º O pedido de levantamento da curatela poderá ser feito pelo interdito, pelo curador ou pelo Ministério Público e será apensado aos autos da interdição.

§ 2º O juiz nomeará perito ou equipe multidisciplinar para proceder ao exame do interdito e designará audiência de instrução e julgamento após a apresentação do laudo.

§ 3º Acolhido o pedido, o juiz decretará o levantamento da interdição e determinará a publicação da sentença, após o trânsito em julgado, na forma do art. 755, § 3º, ou, não sendo possível, na imprensa local e no órgão oficial, por 3 (três) vezes, com intervalo de 10 (dez) dias, seguindo-se a averbação no registro de pessoas naturais.

§ 4º A interdição poderá ser levantada parcialmente quando demonstrada a capacidade do interdito para praticar alguns atos da vida civil.

---

▶ **1. Correspondência no CPC/1973.** *"Art. 1.186. Levantar-se-á a interdição, cessando a causa que a determinou. § 1º O pedido de levantamento poderá ser feito pelo interditado e será apensado aos autos da interdição. O juiz nomeará perito para proceder ao exame de sanidade no interditado e após a apresentação do laudo designará audiência de instrução e julgamento. § 2º Acolhido o pedido, o juiz decretará o levantamento da interdição e mandará publicar a sentença, após o trânsito em julgado, pela imprensa local e órgão oficial por três vezes, com intervalo de 10 (dez) dias, seguindo-se a averbação no Registro de Pessoas Naturais."*

## ⚖ Jurisprudência, Enunciados e Súmulas Selecionados

• **2. Enunciado 57 da I Jornada-CJF.** *"Todos os legitimados a promover a curatela, cujo rol deve incluir o próprio sujeito a ser curatelado, também o são para realizar o pedido do seu levantamento."*

## 🗐 Comentários Temáticos

**3. Excepcionalidade da curatela.** É importante lembrar que a curatela é excepcional. A regra é a plena capacidade da pessoa natural.

**4. Modificação ou extinção da curatela.** Alterado o quadro fático que acarretou a decretação da interdição, é possível que se modifique a situação constituída pela sentença, com a extinção a curatela. Deixando de existir a causa que autorizou a curatela, esta deve ser interrompida e, então, extinta. A extinção pode ser parcial, mantendo-se a curatela em relação a alguns atos da vida civil do curatelado (art. 756, § 4º). Nesse caso, o que há é apenas uma modificação da curatela, e não uma extinção: ela se mantém, com mudanças. Pode-se, de todo modo, dizer que há uma extinção parcial. A curatela pode, enfim, ser extinta, total ou parcialmente.

1141

**5. Ação própria.** A extinção da curatela depende da instauração de um novo procedimento de jurisdição voluntária.

**6. Apensamento.** O procedimento instaurado para extinção da curatela deve ser apensado aos autos do processo de interdição, a fim de permitir ampla cognição, com valoração das provas produzidas em ambos os processos.

**7. Competência.** A ação de extinção da curatela deve ser proposta perante o juízo que decretou a interdição. É por isso, aliás, que seus autos devem ser apensados aos da ação de interdição. A competência é funcional e, portanto, absoluta.

**8. Ação de extinção da curatela na pendência de apelação.** A ação de extinção da curatela pode ser proposta mesmo que esteja pendente apelação contra a sentença que decretou a interdição. Nesse caso, a ação deverá ser proposta perante o juízo de primeiro grau que proferiu a sentença de interdição, informando-se o tribunal de sua propositura.

**9. Causa de pedir.** A causa de pedir da ação de extinção da curatela é um fato superveniente à decretação da interdição, que faz desaparecer a causa da incapacidade do curatelado. A causa de pedir não deve se referir a fatos anteriores. Estes podem servir de causa de pedir para uma ação rescisória (art. 966), e não para uma ação de extinção da curatela, cuja causa de pedir é, repita-se, sempre um fato superveniente à decretação da interdição.

**10. Petição inicial.** A petição inicial da ação de extinção da curatela deve narrar a mudança do contexto fático, a justificar a desconstituição da curatela, com apresentação de documentação que respalde tal narrativa.

**11. Legitimidade ativa.** A ação destinada a extinguir a curatela pode ser proposta pelo Ministério Público ou pelo curador. Também pode ser proposta pelo próprio curatelado. Não há motivo para impedir que os mesmos legitimados para pedir a interdição também possam pedir a modificação ou extinção da curatela. Assim, a ação destinada à extinção da curatela pode ser também proposta pelo cônjuge ou companheiro (art. 747, I), pelos parentes ou tutores (art. 747, II) e pelo representante de entidade em que se encontra abrigado o interdito (art. 747, III).

**12. Rol de legitimados.** *"O art. 756, § 1º, do CPC/2015, ampliou o rol de legitimados para o ajuizamento da ação de levantamento da curatela previsto no art. 1.186, § 1º, do CPC/1973, a fim de expressamente permitir que, além do próprio interdito, também o curador e o Ministério Público sejam legitimados para o ajuizamento des-*

*sa ação, acompanhando a tendência doutrinária que se estabeleceu ao tempo do código revogado. 5. Além daqueles expressamente legitimados em lei, é admissível a propositura da ação por pessoas qualificáveis como terceiros juridicamente interessados em levantar ou modificar a curatela, especialmente àqueles que possuam relação jurídica com o interdito, devendo o art. 756, § 1º, do CPC/2015, ser interpretado como uma indicação do legislador, de natureza não exaustiva, acerca dos possíveis legitimados. 6. Hipótese em que a parte foi condenada a reparar danos morais e pensionar vitaliciamente o interdito em virtude de acidente automobilístico do qual resultou a interdição e que informa que teria obtido provas supervenientes à condenação de que o interdito não possuiria a doença psíquica geradora da incapacidade – transtorno de estresse pós-traumático – ou, ao menos, que o seu quadro clínico teria evoluído significativamente de modo a não mais se justificar a interdição, legitimando-a a ajuizar a ação de levantamento da curatela"* (STJ, 3ª Turma, REsp 1.735.668/MT, rel. Min. Nancy Andrighi, *DJe* 14.12.2018).

**13. Citação do interdito.** O interdito será citado, no caso de a ação de extinção de curatela não ser por ele proposta.

**14. Curador especial.** Citado o interdito, se ele não apresentar resposta, o juiz nomear-lhe-á um curador especial, função exercida pela Defensoria Pública (art. 72, parágrafo único).

**15. Ministério Público.** É obrigatória a intervenção do Ministério Público na ação de extinção da curatela.

**16. Curador.** Na ação de extinção da curatela, o curador do interdito deve ser ouvido.

**17. Tutela provisória.** Havendo urgência, o juiz pode conceder tutela provisória para afastar, temporariamente, o curador de suas funções, cabendo agravo de instrumento da decisão que a deferir ou a indeferir (art. 1.015, I).

**18. Prova técnica.** Na ação de extinção da curatela, a prova técnica é obrigatória. A prova técnica não será obtida necessariamente por uma perícia. O juiz deve designar a realização de prova pericial ou, considerando suficientes os elementos técnicos já contidos nos autos, dispensá-la (art. 472).

**19. Nova interdição.** Extinta a interdição, é possível sobrevir nova causa de incapacidade, a ensejar nova ação de interdição. Não há qualquer óbice à propositura de uma nova ação de interdição, nem mesmo o da coisa julgada, pois o fato superveniente configura uma nova causa de pedir, afastando-se dos limites objetivos da

**LIVRO I · DO PROCESSO DE CONHECIMENTO E DO CUMPRIMENTO DE SENTENÇA** **Art. 758**

coisa julgada (arts. 503 e 507) e da existência da tríplice identidade (art. 337, § 4º).

**20. Sentença de extinção da curatela.** A sentença que extingue a interdição é constitutiva, desfazendo a curatela até então estabelecida, com efeitos *ex nunc* e com aptidão para coisa julgada.

**21. Registro e publicidade.** Transitada em julgado, a sentença que extingue a curatela deve ser averbada no registro público e amplamente publicada.

**22. Apelação.** Cabe apelação contra a sentença que extingue a curatela. A sentença que decreta a interdição não tem efeito suspensivo (art. 1.012, § 1º, VI). Se o pedido de extinção da curatela for rejeitado, permanece a interdição, devendo, então, a apelação não ter efeito suspensivo. Se, porém, for acolhido o pedido de extinção da curatela, aplica-se a regra geral do art. 1.012, devendo a apelação ter efeito suspensivo.

---

**Art. 757.** A autoridade do curador estende-se à pessoa e aos bens do incapaz que se encontrar sob a guarda e a responsabilidade do curatelado ao tempo da interdição, salvo se o juiz considerar outra solução como mais conveniente aos interesses do incapaz.

---

▶ **1. Sem correspondência no CPC/1973.**

🏛 **LEGISLAÇÃO CORRELATA**

**2. CC, art. 1.778.** *"Art. 1.778. A autoridade do curador estende-se à pessoa e aos bens dos filhos do curatelado, observado o art. 5º."*

**3. CC, art. 1.779, parágrafo único.** *"Parágrafo único. Se a mulher estiver interdita, seu curador será o do nascituro."*

📖 **COMENTÁRIOS TEMÁTICOS**

**4. Estatuto da pessoa com deficiência, art. 84.** *"Art. 84. A pessoa com deficiência tem assegurado o direito ao exercício de sua capacidade legal em igualdade de condições com as demais pessoas. § 1º Quando necessário, a pessoa com deficiência será submetida à curatela, conforme a lei. § 2º É facultado à pessoa com deficiência a adoção de processo de tomada de decisão apoiada. § 3º A definição de curatela de pessoa com deficiência constitui medida protetiva extraordinária, proporcional às necessidades e às circunstâncias de cada caso, e durará o menor tempo possível. § 4º Os curadores são obrigados a prestar, anualmente, contas de sua administração ao juiz, apresentando o balanço do respectivo ano."*

**5. Estatuto da pessoa com deficiência, art. 85.** *"Art. 85. A curatela afetará tão somente os atos relacionados aos direitos de natureza patrimonial e negocial. § 1º A definição da curatela não alcança o direito ao próprio corpo, à sexualidade, ao matrimônio, à privacidade, à educação, à saúde, ao trabalho e ao voto. § 2º A curatela constitui medida extraordinária, devendo constar da sentença as razões e motivações de sua definição, preservados os interesses do curatelado. § 3º No caso de pessoa em situação de institucionalização, ao nomear curador, o juiz deve dar preferência a pessoa que tenha vínculo de natureza familiar, afetiva ou comunitária com o curatelado."*

**6. O curador e o incapaz sob a guarda e a responsabilidade do interdito.** Havendo pessoa incapaz sob a guarda e a responsabilidade do interdito, a nomeação do curador também deverá observar os interesses desse incapaz O curador deve ser o que melhor atenda aos interesses do incapaz e do interdito. Interditada pessoa que era representante legal de incapaz, os poderes do curador estendem-se para essa representação: o incapaz passa a ser representado pelo curador de seu representante legal, agora interditado. Interditada mulher grávida, seu curador será também representante do nascituro (CC, art. 1.779, parágrafo único).

**7. Morte do interditando e manutenção do dever de prestar contas.** *"Embora a morte do interditando acarrete a extinção da ação de interdição sem julgamento de mérito, dada sua natureza personalíssima, com a cassação da liminar que nomeara curador provisório, isso não implica igual extinção da ação de prestação de contas, pois o direito nesta tutelado e titularizado pelo interditando passa, com sua morte, a ser titularizado pelo espólio"* (STJ, 3ª Turma, REsp 1.444.677/SP, rel. Min. João Otávio de Noronha, DJe 09.05.2016).

---

**Art. 758.** O curador deverá buscar tratamento e apoio apropriados à conquista da autonomia pelo interdito.

---

▶ **1. Sem correspondência no CPC/1973.**

🏛 **LEGISLAÇÃO CORRELATA**

**2. Estatuto da pessoa com deficiência, art. 14.** *"Art. 14. O processo de habilitação e de reabilitação é um direito da pessoa com deficiência. Parágrafo único. O processo de habilitação e de reabilitação tem por objetivo o desenvolvimento de potencialidades, talentos, habilidades e aptidões físicas, cognitivas, sensoriais, psicossociais,* *atitudinais, profissionais e artísticas que contribuam para a conquista da autonomia da pessoa com deficiência e de sua participação social em igualdade de condições e oportunidades com as demais pessoas."*

**3. Lei 10.216/2001, art. 2º, parágrafo único, II.** *"Art. 2º Nos atendimentos em saúde mental, de qualquer natureza, a pessoa e seus familiares ou responsáveis serão formalmente cientificados dos direitos enumerados no parágrafo único deste artigo. Parágrafo único. São direitos da pessoa portadora de transtorno mental: (...) II – ser tratada com humanidade e respeito e no interesse exclusivo de beneficiar sua saúde, visando alcançar sua recuperação pela inserção na família, no trabalho e na comunidade."*

### 🖥 Comentários Temáticos

**4. Melhor interesse do curatelado.** A atuação do curador vincula-se ao melhor interesse do curatelado, devendo buscar os meios possíveis para assegurar sua autonomia.

**5. Excepcionalidade da curatela.** A plena capacidade da pessoa é a regra e a situação de curatela é um estado excepcional.

**6. Autonomia do interdito.** Ao curador cabe possibilitar a autonomia do curatelado, devendo buscar tratamento e apoio apropriados para que se alcance tal finalidade.

**7. Extinção da curatela.** A função primordial do curador contribuir para a autonomia do curatelado, com a consequente extinção da curatela.

### Seção X
### Disposições Comuns
### à Tutela e à Curatela

**Art. 759.** O tutor ou o curador será intimado a prestar compromisso no prazo de 5 (cinco) dias contado da:

I – nomeação feita em conformidade com a lei;

II – intimação do despacho que mandar cumprir o testamento ou o instrumento público que o houver instituído.

§ 1º O tutor ou o curador prestará o compromisso por termo em livro rubricado pelo juiz.

§ 2º Prestado o compromisso, o tutor ou o curador assume a administração dos bens do tutelado ou do interditado.

▶ **1. Dispositivos correspondentes no CPC/ 1973.** *"Art. 1.187. O tutor ou curador será intimado a prestar compromisso no prazo de 5* *(cinco) dias contados: I – da nomeação feita na conformidade da lei civil; II – da intimação do despacho que mandar cumprir o testamento ou o instrumento público que o houver instituído."* *"Art. 1.188. Prestado o compromisso por termo em livro próprio rubricado pelo juiz, o tutor ou curador, antes de entrar em exercício, requererá, dentro em 10 (dez) dias, a especialização em hipoteca legal de imóveis necessários para acautelar os bens que serão confiados à sua administração. Parágrafo único. Incumbe ao órgão do Ministério Público promover a especialização de hipoteca legal, se o tutor ou curador não a tiver requerido no prazo assinado neste artigo."*

### 🖥 Legislação Correlata

**2. CF, art. 227.** *"Art. 227. É dever da família, da sociedade e do Estado assegurar à criança, ao adolescente e ao jovem, com absoluta prioridade, o direito à vida, à saúde, à alimentação, à educação, ao lazer, à profissionalização, à cultura, à dignidade, ao respeito, à liberdade e à convivência familiar e comunitária, além de colocá-los a salvo de toda forma de negligência, discriminação, exploração, violência, crueldade e opressão."*

**3. CC, art. 1.728.** *"Art. 1.728. Os filhos menores são postos em tutela: I – com o falecimento dos pais, ou sendo estes julgados ausentes; II – em caso de os pais decaírem do poder familiar."*

**4. CC, art. 1.729.** *"Art. 1.729. O direito de nomear tutor compete aos pais, em conjunto. Parágrafo único. A nomeação deve constar de testamento ou de qualquer outro documento autêntico."*

**5. CC, art. 1730.** *"Art. 1.730. É nula a nomeação de tutor pelo pai ou pela mãe que, ao tempo de sua morte, não tinha o poder familiar."*

**6. CC, art. 1.731.** *"Art. 1.731. Em falta de tutor nomeado pelos pais incumbe a tutela aos parentes consanguíneos do menor, por esta ordem: I – aos ascendentes, preferindo o de grau mais próximo ao mais remoto; II – aos colaterais até o terceiro grau, preferindo os mais próximos aos mais remotos, e, no mesmo grau, os mais velhos aos mais moços; em qualquer dos casos, o juiz escolherá entre eles o mais apto a exercer a tutela em benefício do menor."*

**7. CC, art. 1.732.** *"Art. 1.732. O juiz nomeará tutor idôneo e residente no domicílio do menor: I – na falta de tutor testamentário ou legítimo; II – quando estes forem excluídos ou escusados da tutela; III – quando removidos por não idôneos o tutor legítimo e o testamentário."*

**8. CC, art. 1.733.** *"Art. 1.733. Aos irmãos órfãos dar-se-á um só tutor. § 1º No caso de ser*

**LIVRO I** · DO PROCESSO DE CONHECIMENTO E DO CUMPRIMENTO DE SENTENÇA — **Art. 759**

nomeado mais de um tutor por disposição testamentária sem indicação de precedência, entende-se que a tutela foi cometida ao primeiro, e que os outros lhe sucederão pela ordem de nomeação, se ocorrer morte, incapacidade, escusa ou qualquer outro impedimento. § 2º Quem institui um menor herdeiro, ou legatário seu, poderá nomear-lhe curador especial para os bens deixados, ainda que o beneficiário se encontre sob o poder familiar, ou tutela."

**9. CC, art. 1.734.** "Art. 1.734. As crianças e os adolescentes cujos pais forem desconhecidos, falecidos ou que tiverem sido suspensos ou destituídos do poder familiar terão tutores nomeados pelo Juiz ou serão incluídos em programa de colocação familiar, na forma prevista pela Lei nº 8.069, de 13 de julho de 1990 – Estatuto da Criança e do Adolescente."

**10. CC, art. 1.742.** "Art. 1.742. Para fiscalização dos atos do tutor, pode o juiz nomear um protutor."

**11. CC, art. 1.775-A.** "Art. 1.775-A. Na nomeação de curador para a pessoa com deficiência, o juiz poderá estabelecer curatela compartilhada a mais de uma pessoa."

**12. ECA, art. 28.** "Art. 28. A colocação em família substituta far-se-á mediante guarda, tutela ou adoção, independentemente da situação jurídica da criança ou adolescente, nos termos desta Lei. § 1º Sempre que possível, a criança ou o adolescente será previamente ouvido por equipe interprofissional, respeitado seu estágio de desenvolvimento e grau de compreensão sobre as implicações da medida, e terá sua opinião devidamente considerada. § 2º Tratando-se de maior de 12 (doze) anos de idade, será necessário seu consentimento, colhido em audiência. § 3º Na apreciação do pedido levar-se-á em conta o grau de parentesco e a relação de afinidade ou de afetividade, a fim de evitar ou minorar as consequências decorrentes da medida. § 4º Os grupos de irmãos serão colocados sob adoção, tutela ou guarda da mesma família substituta, ressalvada a comprovada existência de risco de abuso ou outra situação que justifique plenamente a excepcionalidade de solução diversa, procurando-se, em qualquer caso, evitar o rompimento definitivo dos vínculos fraternais. § 5º A colocação da criança ou adolescente em família substituta será precedida de sua preparação gradativa e acompanhamento posterior, realizados pela equipe interprofissional a serviço da Justiça da Infância e da Juventude, preferencialmente com o apoio dos técnicos responsáveis pela execução da política municipal de garantia do direito à convivência familiar. § 6º Em se tratando de criança ou adolescente indíge-

na ou proveniente de comunidade remanescente de quilombo, é ainda obrigatório: I – que sejam consideradas e respeitadas sua identidade social e cultural, os seus costumes e tradições, bem como suas instituições, desde que não sejam incompatíveis com os direitos fundamentais reconhecidos por esta Lei e pela Constituição Federal; II – que a colocação familiar ocorra prioritariamente no seio de sua comunidade ou junto a membros da mesma etnia; III – a intervenção e oitiva de representantes do órgão federal responsável pela política indigenista, no caso de crianças e adolescentes indígenas, e de antropólogos, perante a equipe interprofissional ou multidisciplinar que irá acompanhar o caso."

**13. ECA, art. 29.** "Art. 29. Não se deferirá colocação em família substituta a pessoa que revele, por qualquer modo, incompatibilidade com a natureza da medida ou não ofereça ambiente familiar adequado."

**14. ECA, art. 36.** "Art. 36. A tutela será deferida, nos termos da lei civil, a pessoa de até 18 (dezoito) anos incompletos. Parágrafo único. O deferimento da tutela pressupõe a prévia decretação da perda u suspensão do poder familiar a implica necessariamente o dever de guarda."

**15. ECA, art. 37.** "Art. 37. O tutor nomeado por testamento ou qualquer documento autêntico, conforme previsto no parágrafo único do art. 1.729 da Lei nº 10.406, de 10 de janeiro de 2002 – Código Civil, deverá, no prazo de 30 (trinta) dias após a abertura da sucessão, ingressar com pedido destinado ao controle judicial do ato, observando o procedimento previsto nos arts. 165 a 170 desta Lei. Parágrafo único. Na apreciação do pedido, serão observados os requisitos previstos nos arts. 28 e 29 desta Lei, somente sendo deferida a tutela à pessoa indicada na disposição de última vontade, se restar comprovado que a medida é vantajosa ao tutelando e que não existe outra pessoa em melhores condições de assumi-la."

**16. Estatuto da Pessoa com Deficiência, art. 84.** "Art. 84. A pessoa com deficiência tem assegurado o direito ao exercício de sua capacidade legal em igualdade de condições com as demais pessoas. § 1º Quando necessário, a pessoa com deficiência será submetida à curatela, conforme a lei. § 2º É facultado à pessoa com deficiência a adoção de processo de tomada de decisão apoiada. § 3º A definição de curatela de pessoa com deficiência constitui medida protetiva extraordinária, proporcional às necessidades e às circunstâncias de cada caso, e durará o menor tempo possível. § 4º Os curadores são obrigados a prestar, anualmente, contas de sua administração ao juiz, apresentando o balanço do respectivo ano."

1145

**17. Estatuto da Pessoa com Deficiência, art. 85.** *"Art. 85. A curatela afetará tão somente os atos relacionados aos direitos de natureza patrimonial e negocial. § 1º A definição da curatela não alcança o direito ao próprio corpo, à sexualidade, ao matrimônio, à privacidade, à educação, à saúde, ao trabalho e ao voto. § 2º A curatela constitui medida extraordinária, devendo constar da sentença as razões e motivações de sua definição, preservados os interesses do curatelado. § 3º No caso de pessoa em situação de institucionalização, ao nomear curador, o juiz deve dar preferência a pessoa que tenha vínculo de natureza familiar, afetiva ou comunitária com o curatelado."*

## ☐ Comentários Temáticos

**18. Disposições comuns.** Enquanto a tutela tem uma função de proteger quem não estiver sob o poder familiar, aí incluídos os absolutamente incapazes, a curatela tem uma função destinada à proteção de relativamente incapazes em temas patrimoniais e negociais. Apesar dessas diferenças, a tutela e a curatela têm a mesma finalidade protetiva, merecendo tratamento conjunto na parte procedimental.

**19. Procedimento.** Determinada a nomeação de tutor ou curador, o procedimento seguirá com sua convocação para firmar o termo de compromisso e assumir suas funções, sendo, nesse ponto, comuns as disposições normativas tanto para um como para o outro.

**20. Interesse do incapaz.** A nomeação do tutor ou curador deve observar o melhor interesse do menor, do incapaz, da pessoa interditada ou em situação de curatela.

**21. Compromisso.** O tutor ou curador deve firmar um termo de compromisso, que, além da formalização da constituição do encargo, há de conter a descrição dos bens entregues sob sua responsabilidade, fixando-se os seus deveres. Subscrito o termo de compromisso, o juiz deve homologá-lo para, então, ser investido o tutor ou curador nas suas funções, passando a assumir a administração dos bens do tutelado ou curatelado.

**22. Protutor.** O juiz poderá nomear pessoa para auxiliar na fiscalização das atividades do tutor, reforçando, assim, a proteção do incapaz (CC, art. 1.742). O protutor auxilia o juiz na fiscalização do tutor, não sendo uma tutela compartilhada ou uma auxílio ao tutor.

**23. Curatela compartilhada.** No caso de pessoa com deficiência, o juiz nomear mais de um curador, estabelecendo uma curatela compartilhada (CC, art. 1.775-A).

**24. Tutela compartilhada.** Não há regra específica que preveja a tutela compartilhada, mas o juiz pode, em vista de melhor atender aos interesses do menor e em razão das peculiaridades da situação, nomear mais de um tutor, estabelecendo uma tutela compartilhada.

**25. Ministério Público.** Na tutela e na curatela, a atuação do Ministério Público é muito relevante, podendo agir como legitimado ativo ou como fiscal da ordem jurídica. Se não for legitimado ativo, intervirá obrigatoriamente como fiscal da ordem jurídica, tendo em vista o interesse de menor, de incapaz, de pessoa interditada ou com deficiência.

---

**Art. 760.** O tutor ou o curador poderá eximir-se do encargo apresentando escusa ao juiz no prazo de 5 (cinco) dias contado:

I – antes de aceitar o encargo, da intimação para prestar compromisso;

II – depois de entrar em exercício, do dia em que sobrevier o motivo da escusa.

§ 1º Não sendo requerida a escusa no prazo estabelecido neste artigo, considerar-se-á renunciado o direito de alegá-la.

§ 2º O juiz decidirá de plano o pedido de escusa, e, não o admitindo, exercerá o nomeado a tutela ou a curatela enquanto não for dispensado por sentença transitada em julgado.

---

▶ **1. Correspondência no CPC/1973.** *"Art. 1.192. O tutor ou curador poderá eximir-se do encargo, apresentando escusa ao juiz no prazo de 5 (cinco) dias. Contar-se-á o prazo: I – antes de aceitar o encargo, da intimação para prestar compromisso; II – depois de entrar em exercício, do dia em que sobrevier o motivo da escusa. Parágrafo único. Não sendo requerida a escusa no prazo estabelecido neste artigo, reputar-se-á renunciado o direito de alegá-la."*

## ⬛ Legislação Correlata

**2. CC, art. 1.736.** *"Art. 1.736. Podem escusar-se da tutela: I – mulheres casadas; II – maiores de sessenta anos; III – aqueles que tiverem sob sua autoridade mais de três filhos; IV – os impossibilitados por enfermidade; V – aqueles que habitarem longe do lugar onde se haja de exercer a tutela; VI – aqueles que já exercerem tutela ou curatela; VII – militares em serviço."*

**3. CC, art. 1.737.** *"Art. 1.737. Quem não for parente do menor não poderá ser obrigado a acei-*

# LIVRO I · DO PROCESSO DE CONHECIMENTO E DO CUMPRIMENTO DE SENTENÇA — Art. 760

*tar a tutela, se houver no lugar parente idôneo, consanguíneo ou afim, em condições de exercê-la."*

**4. CC, art. 1.738.** *"Art. 1.738. A escusa apresentar-se-á nos dez dias subsequentes à designação, sob pena de entender-se renunciado o direito de alegá-la; se o motivo escusatório ocorrer depois de aceita a tutela, os dez dias contar-se-ão do em que ele sobrevier."*

**5. CC, art. 1.739.** *"Art. 1.739. Se o juiz não admitir a escusa, exercerá o nomeado a tutela, enquanto o recurso interposto não tiver provimento, e responderá desde logo pelas perdas e danos que o menor venha a sofrer."*

**6. CC, art. 1.774.** *"Art. 1.774. Aplicam-se à curatela as disposições concernentes à tutela, com as modificações dos artigos seguintes."*

**7. CC, art. 1.775.** *"Art. 1.775. O cônjuge ou companheiro, não separado judicialmente ou de fato, é, de direito, curador do outro, quando interdito. § 1º Na falta do cônjuge ou companheiro, é curador legítimo o pai ou a mãe; na falta destes, o descendente que se demonstrar mais apto. § 2º Entre os descendentes, os mais próximos precedem aos mais remotos. § 3º Na falta das pessoas mencionadas neste artigo, compete ao juiz a escolha do curador."*

**8. CC, art. 1.775-A.** *"Art. 1.775-A. Na nomeação de curador para a pessoa com deficiência, o juiz poderá estabelecer curatela compartilhada a mais de uma pessoa."*

**9. ECA, art. 29.** *"Art. 29. Não se deferirá colocação em família substituta a pessoa que revele, por qualquer modo, incompatibilidade com a natureza da medida ou não ofereça ambiente familiar adequado."*

## 🗐 COMENTÁRIOS TEMÁTICOS

**10. Escopo da tutela e da curatela.** Destinam-se a proteger incapazes, pessoas interditadas ou em situação de curatela.

**11. Parentesco.** A tutela ou curatela deve ser conferida, prioritariamente, a quem for parente do incapaz (CC, art. 1.737).

**12. Solidariedade.** A base da tutela ou curatela é a solidariedade. Em outras palavras, o fundamento comum da tutela e da curatela é o dever de solidariedade atribuído ao Estado, à sociedade e aos parentes. Cabe ao Estado regular as garantias necessárias e suficientes ao atendimento do melhor interesse do incapaz. Os parentes devem também ser solidários, sendo os primeiros a serem convocados para a tutela ou curatela. De igual modo, a sociedade há de ser solidária, podendo qualquer pessoa que preen-

cha os requisitos legais ser investida do múnus de tutor ou curador.

**13. Escusa.** A pessoa convocada a ser tutor ou curador pode apresentar sua escusa.

**14. Hipóteses legais de escusa.** Podem escusar-se da tutela ou curatela as mulheres casadas, os maiores de 60 anos, os que tiverem mais de 3 filhos, os impossibilitados por enfermidade, os que morem longe do lugar onde se deve exercer a tutela ou curatela, os militares em serviço e os que já exercem tutela ou curatela (CC, arts. 1.736 e 1.774).

**15. Anacronismo das hipóteses legais de escusa.** O art. 1.736 do CC prevê hipóteses anacrônicas de escusa do tutor ou curador. Não é, por exemplo, razoável pré-excluir, abstrata e genericamente, a mulher casada e o maior de 60 anos. É possível que uma mulher casada seja, concretamente, a pessoa ideal para ser tutora ou curadora do incapaz ou um maior de 60 anos, que já tem a vida consolidada e tempo mais disponível para dedicar-se a uma tutela ou curatela.

**16. Exame do caso concreto.** Os motivos de escusa devem ser examinados concretamente, seguindo-se a diretriz do art. 29 do ECA, ou seja, não se nomeará tutor ou curador quem revele, por qualquer modo, incompatibilidade com a medida ou não ofereça ambiente familiar adequado. A tutela ou curatela deve ser atribuída a quem possa atender aos interesses do incapaz, independentemente de estereótipos predefinidos ou genérica e abstratamente estabelecidos em lei.

**17. Prazo para escusa.** O tutor ou curador tem 5 dias para apresentar sua escusa, contados da intimação para prestar compromisso ou, depois de entrar em exercício, de quando sobrevier o motivo da escusa.

**18. Contagem do prazo.** Por ser processual, o prazo para escusa é contado apenas em dias úteis (art. 219).

**19. Preclusão.** Passado o prazo, preclui a possibilidade de apresentação de escusa pelo tutor ou curador.

**20. Prazo da tutela ou curatela.** É de 2 anos (CC, art. 1.765), podendo ser renovado sucessivamente, a não ser que o tutor ou curador não queira ou o juiz o exonere (CPC, art. 763, § 1º).

**21. Procedimento.** O tutor ou curador apresenta sua escusa perante o próprio juízo que o nomeou, por meio de petição subscrita por quem tenha capacidade postulatória, ouvindo-se o Ministério Público antes de se proferir a decisão.

**22. Rejeição da escusa.** Da decisão que rejeita a escusa cabe recurso, mantendo-se a tutela ou

# Art. 761

**CÓDIGO DE PROCESSO CIVIL COMENTADO –** *Leonardo Carneiro da Cunha*

curatela enquanto não julgado. A manutenção do nomeado, enquanto não julgado o recurso, pode prejudicar os interesses do incapaz. Por isso, é preciso observar os motivos do pedido de escusa e as razões do recurso para, concretamente, manter o nomeado ou designar um substituto provisório enquanto pendente o recurso.

**23. Recurso.** O pedido de escusa pode ser apresentado de forma autônoma ou incidental, sendo julgado, respectivamente, por sentença ou por decisão interlocutória. Em ambos os casos, a decisão é recorrível. Da sentença cabe apelação (art. 1.009). Sendo decisão interlocutória, terá decidido sobre o mérito da escusa, dela cabendo agravo de instrumento (art. 1.015, II).

> **Art. 761.** Incumbe ao Ministério Público ou a quem tenha legítimo interesse requerer, nos casos previstos em lei, a remoção do tutor ou do curador.
> Parágrafo único. O tutor ou o curador será citado para contestar a arguição no prazo de 5 (cinco) dias, findo o qual observar-se-á o procedimento comum.

▶ **1. Dispositivos correspondentes no CPC/ 1973.** *"Art. 1.194. Incumbe ao órgão do Ministério Público, ou a quem tenha legítimo interesse, requerer, nos casos previstos na lei civil, a remoção do tutor ou curador." "Art. 1.195. O tutor ou curador será citado para contestar a arguição no prazo de 5 (cinco) dias."*

## 🗟 LEGISLAÇÃO CORRELATA

**2. CC, art. 1.638.** *"Art. 1.638. Perderá por ato judicial o poder familiar o pai ou a mãe que: I – castigar imoderadamente o filho; II – deixar o filho em abandono; III – praticar atos contrários à moral e aos bons costumes; IV – incidir, reiteradamente, nas faltas previstas no artigo antecedente. V – entregar de forma irregular o filho a terceiros para fins de adoção. Parágrafo único. Perderá também por ato judicial o poder familiar aquele que: I – praticar contra outrem igualmente titular do mesmo poder familiar: a) homicídio, feminicídio ou lesão corporal de natureza grave ou seguida de morte, quando se tratar de crime doloso envolvendo violência doméstica e familiar ou menosprezo ou discriminação à condição de mulher; b) estupro ou outro crime contra a dignidade sexual sujeito à pena de reclusão; II – praticar contra filho, filha ou outro descendente: a) homicídio, feminicídio ou lesão corporal de natureza grave ou seguida de morte, quando se tratar de crime doloso*

*envolvendo violência doméstica e familiar ou menosprezo ou discriminação à condição de mulher; b) estupro, estupro de vulnerável ou outro crime contra a dignidade sexual sujeito à pena de reclusão."*

**3. CC, art. 1.735.** *"Art. 1.735. Não podem ser tutores e serão exonerados da tutela, caso a exerçam: I – aqueles que não tiverem a livre administração de seus bens; II – aqueles que, no momento de lhes ser deferida a tutela, se acharem constituídos em obrigação para com o menor, ou tiverem que fazer valer direitos contra este, e aqueles cujos pais, filhos ou cônjuges tiverem demanda contra o menor; III – os inimigos do menor, ou de seus pais, ou que tiverem sido por estes expressamente excluídos da tutela; IV – os condenados por crime de furto, roubo, estelionato, falsidade, contra a família ou os costumes, tenham ou não cumprido pena; V – as pessoas de mau procedimento, ou falhas em probidade, e as culpadas de abuso em tutorias anteriores; VI – aqueles que exercerem função pública incompatível com a boa administração da tutela."*

**4. CC, art. 1.736.** *"Art. 1.736. Podem escusar-se da tutela: I – mulheres casadas; II – maiores de sessenta anos; III – aqueles que tiverem sob sua autoridade mais de três filhos; IV – os impossibilitados por enfermidade; V – aqueles que habitarem longe do lugar onde se haja de exercer a tutela; VI – aqueles que já exercerem tutela ou curatela; VII – militares em serviço."*

**5. CC, art. 1.766.** *"Art. 1.766. Será destituído o tutor, quando negligente, prevaricador ou incurso em incapacidade."*

**6. ECA, art. 22.** *"Art. 22. Aos pais incumbe o dever de sustento, guarda e educação dos filhos menores, cabendo-lhes ainda, no interesse destes, a obrigação de cumprir e fazer cumprir as determinações judiciais. Parágrafo único. A mãe e o pai, ou os responsáveis, têm direitos iguais e deveres e responsabilidades compartilhados no cuidado e na educação da criança, devendo ser resguardado o direito de transmissão familiar de suas crenças e culturas, assegurados os direitos da criança estabelecidos nesta Lei."*

**7. ECA, art. 24.** *"Art. 24. A perda e a suspensão do poder familiar serão decretadas judicialmente, em procedimento contraditório, nos casos previstos na legislação civil, bem como na hipótese de descumprimento injustificado dos deveres e obrigações a que alude o art. 22."*

**8. ECA, art. 38.** *"Art. 38. Aplica-se à destituição da tutela o disposto no art. 24."*

**LIVRO I** · DO PROCESSO DE CONHECIMENTO E DO CUMPRIMENTO DE SENTENÇA **Art. 762**

**9. ECA, art. 148, parágrafo único, b.** *"Parágrafo único. Quando se tratar de criança ou adolescente nas hipóteses do art. 98, é também competente a Justiça da Infância e da Juventude para o fim de: (...) b) conhecer de ações de destituição do poder familiar, perda ou modificação da tutela ou guarda;"*

**10. ECA, art. 164.** *"Art. 164. Na destituição da tutela, observar-se-á o procedimento para a remoção de tutor previsto na lei processual civil e, no que couber, o disposto na seção anterior."*

## 🗏 COMENTÁRIOS TEMÁTICOS

**11. Remoção do tutor ou curador.** O tutor ou curador pode ser removido de suas funções, se não as desempenha adequadamente e não atende, por isso, aos interesses do incapaz.

**12. Suspensão do tutor ou curador.** Em caso de extrema gravidade, o juiz poderá suspender o tutor ou curador do exercício de suas funções, nomeando substituto interino, enquanto tramita o pedido de sua remoção (art. 762).

**13. Impossibilidade de ser tutor.** O tutor não deve ser nomeado nas hipóteses previstas no art. 1.735 do CC e pode recusar o encargo nas hipóteses do art. 1.736 do CC. A remoção do tutor também pode se justificar por uma dessas hipóteses, seja por não ter sido observada no momento da sua nomeação, seja por sobrevir durante o exercício do encargo. No art. 1.735 do CC, há hipóteses anacrônicas, preconceituosas e de cariz patrimonialista, guardando relação com uma tradição incompatível com a proteção integral prevista na CF e especificada no ECA.

**14. Motivos para remoção.** O tutor ou curador pode ser removido quando não age em favor dos interesses do incapaz. A prática de atos vedados ou não autorizados pelo juiz pode ser um motivo para a sua remoção. O art. 1.638 do CC contém uma diretriz importante: se o tutor ou curador pratica um daqueles atos ali previstos, deve ser removido, por não exercer adequadamente seu encargo de bem atender aos interesses do incapaz.

**15. Legitimidade.** O Ministério Público tem legitimidade para requerer a remoção do tutor ou curador, podendo, até mesmo, assumir o polo ativo quando houver desistência do autor originário.

**16. Procedimento.** A remoção do tutor ou curador é um procedimento autônomo, diverso do anterior, no qual fora nomeado. Requerida sua remoção, o tutor ou curador será citado para,

no prazo de 5 dias, contestar o pedido, daí se seguindo o procedimento comum.

**17. Contagem do prazo.** Na contagem do prazo para o tutor ou curador contestar o pedido de sua remoção, somente se computam os dias úteis (art. 219).

**18. Ampliação do prazo.** O juiz pode ampliar o prazo para a contestação do tutor ou curador (art. 139, VI), desde que o faça antes de encerrado o prazo regular (art. 139, parágrafo único). Nesse caso, deve determinar que conste da carta ou do mandado de citação a previsão do prazo de defesa, em cumprimento aos deveres de cooperação e para garantir a plenitude do contraditório.

**19. Ministério Público.** Não sendo o autor, o Ministério Público deverá intervir obrigatoriamente no procedimento de remoção do tutor ou curador.

**20. Prestação de contas.** Determinada a remoção do tutor ou curador, este deverá apresentar sua prestação de contas (art. 763, § 2º).

**21. Substituto.** Determinada a remoção do tutor ou do curador, o juiz deve nomear um substituto para exercer o encargo em seu lugar.

> **Art. 762.** Em caso de extrema gravidade, o juiz poderá suspender o tutor ou o curador do exercício de suas funções, nomeando substituto interino.

▶ **1. Correspondência no CPC/1973.** *"Art. 1.197. Em caso de extrema gravidade, poderá o juiz suspender do exercício de suas funções o tutor ou curador, nomeando-lhe interinamente substituto."*

## 🗏 COMENTÁRIOS TEMÁTICOS

**2. Caso de extrema gravidade.** O dispositivo prevê hipótese de "extrema gravidade". A regra que daí recorre visa a proteger o incapaz, a fim de lhe evitar um dano grave ou irreparável.

**3. Conceito indeterminado.** O termo "extrema gravidade", utilizado no enunciado normativo, é vago e indeterminado. A situação deve ser efetivamente extrema, devendo o juiz justificar, adequadamente, a necessidade de suspender o tutor ou o curador do exercício de suas funções, para preservar os interesses do incapaz.

**4. Dever de fundamentação.** Para aplicar o dispositivo, não basta o juiz afirmar que há uma situação de extrema gravidade. Como se trata de um conceito indeterminado, cumpre-lhe fundamentar sua decisão, explicando o motivo concreto de sua incidência no caso e a. necessidade de preservar os interesses do incapaz (art. 489, § 1º, II).

**5. Suspensão do tutor ou curador.** Em caso de extrema gravidade e em prol dos interesses do incapaz, o juiz pode determinar a suspensão do tutor ou do curador do exercício de suas funções, até que se apure melhor a situação. A determinação ostenta a natureza de uma tutela provisória de urgência, com o afastamento temporário do tutor ou do curador.

**6. Nomeação de substituto.** Determinada a suspensão do tutor ou do curador do exercício de suas funções, o juiz deve nomear um substituto provisório, que passará a atuar durante essa situação de suspensão.

**7. Atuação oficiosa do juiz.** A suspensão do tutor ou do curador do exercício de suas funções pode ser determinada, de ofício, pelo juiz, diante da extrema gravidade da situação.

**8. Legitimidade.** O Ministério Público pode requerer a suspensão do tutor ou curador do exercício de suas funções. Também podem requerê-la os legitimados ordinários (art. 747).

**9. Procedimento.** A suspensão do tutor ou do curador de suas funções é uma tutela provisória de urgência, a garantir o resultado de uma possível remoção sua. Assim, determinada a suspensão do tutor ou curador de suas funções, deve-se prosseguir com o procedimento de sua remoção. Confirmada a situação, determina-se, ao final, sua remoção. Não confirmada, será revogada a suspensão e restaurado o tutor ou curador ao exercício de suas funções.

**10. Recurso.** A decisão que suspende o tutor ou curador de suas funções é uma tutela provisória, sendo, portanto, passível de agravo de instrumento (art. 1.015, I).

> **Art. 763.** Cessando as funções do tutor ou do curador pelo decurso do prazo em que era obrigado a servir, ser-lhe-á lícito requerer a exoneração do encargo.
> § 1º Caso o tutor ou o curador não requeira a exoneração do encargo dentro dos 10 (dez) dias seguintes à expiração do termo, entender-se-á reconduzido, salvo se o juiz o dispensar.
> § 2º Cessada a tutela ou a curatela, é indispensável a prestação de contas pelo tutor ou pelo curador, na forma da lei civil.

▶ **1. Correspondência no CPC/1973.** *"Art. 1.198. Cessando as funções do tutor ou curador pelo decurso do prazo em que era obrigado a servir, ser-lhe-á lícito requerer a exoneração do encargo; não o fazendo dentro dos 10 (dez) dias*

seguintes à expiração do termo, entender-se-á reconduzido, salvo se o juiz o dispensar."

## 🏛 LEGISLAÇÃO CORRELATA

**2.** CC, art. 1.755. *"Art. 1.755. Os tutores, embora o contrário tivessem disposto os pais dos tutelados, são obrigados a prestar contas da sua administração."*

**3.** CC, art. 1.756. *"Art. 1.756. No fim de cada ano de administração, os tutores submeterão ao juiz o balanço respectivo, que, depois de aprovado, se anexará aos autos do inventário."*

**4.** CC, art. 1.757. *"Art. 1.757. Os tutores prestarão contas de dois em dois anos, e também quando, por qualquer motivo, deixarem o exercício da tutela ou toda vez que o juiz achar conveniente. Parágrafo único. As contas serão prestadas em juízo, e julgadas depois da audiência dos interessados, recolhendo o tutor imediatamente a estabelecimento bancário oficial os saldos, ou adquirindo bens imóveis, ou títulos, obrigações ou letras, na forma do § 1º do art. 1.753."*

**5.** CC, art. 1.758. *"Art. 1.758. Finda a tutela pela emancipação ou maioridade, a quitação do menor não produzirá efeito antes de aprovadas as contas pelo juiz, subsistindo inteira, até então, a responsabilidade do tutor."*

**6.** CC, art. 1.759. *"Art. 1.759. Nos casos de morte, ausência, ou interdição do tutor, as contas serão prestadas por seus herdeiros ou representantes."*

**7.** CC, art. 1.760. *"Art. 1.760. Serão levadas a crédito do tutor todas as despesas justificadas e reconhecidamente proveitosas ao menor."*

**8.** CC, art. 1.761. *"Art. 1.761. As despesas com a prestação das contas serão pagas pelo tutelado."*

**9.** CC, art. 1.762. *"Art. 1.762. O alcance do tutor, bem como o saldo contra o tutelado, são dívidas de valor e vencem juros desde o julgamento definitivo das contas."*

**10.** CC, art. 1.764. *"Art. 1.764. Cessam as funções do tutor: I – ao expirar o termo, em que era obrigado a servir; II – ao sobrevir escusa legítima; III – ao ser removido."*

**11.** CC, art. 1.765. *"Art. 1.765. O tutor é obrigado a servir por espaço de dois anos. Parágrafo único. Pode o tutor continuar no exercício da tutela, além do prazo previsto neste artigo, se o quiser e o juiz julgar conveniente ao menor."*

**12.** CC, art. 1.783. *"Art. 1.783. Quando o curador for o cônjuge e o regime de bens do casamento for de comunhão universal, não será obrigado à prestação de contas, salvo determinação judicial."*

**LIVRO I** · DO PROCESSO DE CONHECIMENTO E DO CUMPRIMENTO DE SENTENÇA    **Art. 764**

## 🗐 Comentários Temáticos

**13. Estatuto da Pessoa com Deficiência, art. 84, § 4º.** *"Art. 84. A pessoa com deficiência tem assegurado o direito ao exercício de sua capacidade legal em igualdade de condições com as demais pessoas. (...) § 4º Os curadores são obrigados a prestar, anualmente, contas de sua administração ao juiz, apresentando o balanço do respectivo ano."*

**14. Prazo do encargo.** O tutor ou curador deve atuar no prazo estabelecido pelo juiz. Expirado o prazo, cessam suas funções (CC, art. 1.764, I). O tutor ou curador deve servir no prazo de 2 anos (CC, art. 1.765).

**15. Recondução.** Se o tutor ou curador quiser e o juiz julgar conveniente, atendendo aos interesses do incapaz, pode continuar no exercício de suas funções. Na verdade, se não houver pedido de exoneração, a recondução do tutor ou curador será automática, mantendo-se vinculado ao compromisso que firmou, dispensada a assinatura de um novo.

**16. Ministério Público.** O Ministério Público deve intervir na análise da recondução do tutor ou curador, por ser caso de interesse de incapaz.

**17. Prestação de contas.** É obrigatória a prestação de contas final do tutor ou curador (CC, arts. 1.755 a 1.762). Quando o curador for o cônjuge e o regime de bens do casamento for de comunhão universal, não será obrigado a prestar contas, salvo determinação judicial (CC, art. 1.783).

**18. Procedimento da prestação de contas.** As contas devem ser prestadas em procedimento apenso aos autos em que houve a nomeação do tutor ou curador (art. 553), podendo ser exigidas incidentalmente no curso do exercício da tutela ou curatela. No procedimento de prestação de contas, o Ministério Público deve intervir no exame das contas.

**19. Morte do interditando e manutenção do dever de prestar contas.** *"Embora a morte do interditando acarrete a extinção da ação de interdição sem julgamento de mérito, dada sua natureza personalíssima, com a cassação da liminar que nomeara curador provisório, isso não implica igual extinção da ação de prestação de contas, pois o direito nesta tutelado e titularizado pelo interditando passa, com sua morte, a ser titularizado pelo espólio"* (STJ, 3ª Turma, REsp 1.444.677/SP, rel. Min. João Otávio de Noronha, DJe 09.05.2016).

**20. Decisão.** É por sentença que o juiz exonera o tutor ou curador, da mesma forma que ocorre com sua remoção. Se for o caso, a sentença também deve já nomear outro tutor ou curador para o encargo, a ser intimado para prestar o compromisso.

## Seção XI
## Da Organização e da Fiscalização das Fundações

**Art. 764.** O juiz decidirá sobre a aprovação do estatuto das fundações e de suas alterações sempre que o requeira o interessado, quando:

I – ela for negada previamente pelo Ministério Público ou por este forem exigidas modificações com as quais o interessado não concorde;

II – o interessado discordar do estatuto elaborado pelo Ministério Público.

§ 1º O estatuto das fundações deve observar o disposto na Lei nº 10.406, de 10 de janeiro de 2002 (Código Civil).

§ 2º Antes de suprir a aprovação, o juiz poderá mandar fazer no estatuto modificações a fim de adaptá-lo ao objetivo do instituidor.

▸ **1. Correspondência no CPC/1973.** *"Art. 1.201. Atuado o pedido, o órgão do Ministério Público, no prazo de 15 (quinze) dias, aprovará o estatuto, indicará as modificações que entender necessárias ou lhe denegará a aprovação. § 1º Nos dois últimos casos, pode o interessado, em petição motivada, requerer ao juiz o suprimento da aprovação. § 2º O juiz, antes de suprir a aprovação, poderá mandar fazer no estatuto modificações a fim de adaptá-lo ao objetivo do instituidor."*

## 🗐 Legislação Correlata

**2. CC, art. 44, III.** *"Art. 44. São pessoas jurídicas de direito privado: (...) III – as fundações."*

**3. CC, art. 62.** *"Art. 62. Para criar uma fundação, o seu instituidor fará, por escritura pública ou testamento, dotação especial de bens livres, especificando o fim a que se destina, e declarando, se quiser, a maneira de administrá-la. Parágrafo único. A fundação somente poderá constituir-se para fins de: I – assistência social; II – cultura, defesa e conservação do patrimônio histórico e artístico; III – educação; IV – saúde; V – segurança alimentar e nutricional; VI – defesa, preservação e conservação do meio ambiente e promoção do desenvolvimento sustentável; VII – pesquisa científica, desenvolvimento de tecnologias alternativas, modernização de sistemas de gestão, produção e divulgação de informações e conhecimentos técnicos e científicos; VIII – promoção da ética, da* cidadania, da democracia e dos direitos humanos; IX – atividades religiosas; e X – (VETADO)."

**4. CC, art. 63.** "Art. 63. Quando insuficientes para constituir a fundação, os bens a ela destinados serão, se de outro modo não dispuser o instituidor, incorporados em outra fundação que se proponha a fim igual ou semelhante."

**5. CC, art. 64.** "Art. 64. Constituída a fundação por negócio jurídico entre vivos, o instituidor é obrigado a transferir-lhe a propriedade, ou outro direito real, sobre os bens dotados, e, se não o fizer, serão registrados, em nome dela, por mandado judicial."

**6. CC, art. 65.** "Art. 65. Aqueles a quem o instituidor cometer a aplicação do patrimônio, em tendo ciência do encargo, formularão logo, de acordo com as suas bases (art. 62), o estatuto da fundação projetada, submetendo-o, em seguida, à aprovação da autoridade competente, com recurso ao juiz. Parágrafo único. Se o estatuto não for elaborado no prazo assinado pelo instituidor, ou, não havendo prazo, em cento e oitenta dias, a incumbência caberá ao Ministério Público."

**7. CC, art. 66.** "Art. 66. Velará pelas fundações o Ministério Público do Estado onde situadas. § 1º Se funcionarem no Distrito Federal ou em Território, caberá o encargo ao Ministério Público do Distrito Federal e Territórios. § 2º Se estenderem a atividade por mais de um Estado, caberá o encargo, em cada um deles, ao respectivo Ministério Público."

**8. CC, art. 67.** "Art. 67. Para que se possa alterar o estatuto da fundação é mister que a reforma: I – seja deliberada por dois terços dos competentes para gerir e representar a fundação; II – não contrarie ou desvirtue o fim desta; III – seja aprovada pelo órgão do Ministério Público no prazo máximo de 45 (quarenta e cinco) dias, findo o qual ou no caso de o Ministério Público a denegar, poderá o juiz supri-la, a requerimento do interessado."

**9. CC, art. 68.** "Art. 68. Quando a alteração não houver sido aprovada por votação unânime, os administradores da fundação, ao submeterem o estatuto ao órgão do Ministério Público, requererão que se dê ciência à minoria vencida para impugná-la, se quiser, em dez dias."

**10. CC, art. 69.** "Art. 69. Tornando-se ilícita, impossível ou inútil a finalidade a que visa a fundação, ou vencido o prazo de sua existência, o órgão do Ministério Público, ou qualquer interessado, lhe promoverá a extinção, incorporando-se o seu patrimônio, salvo disposição em contrário no ato constitutivo, ou no estatuto, em outra fun-

dação, designada pelo juiz, que se proponha a fim igual ou semelhante."

**11. LC 108/2001, art. 8º, parágrafo único.** "Art. 8º A administração e execução dos planos de benefícios compete às entidades fechadas de previdência complementar mencionadas no art. 1º desta Lei Complementar. Parágrafo único. As entidades de que trata o caput organizar-se-ão sob a forma de fundação ou sociedade civil, sem fins lucrativos."

**12. LC 109/2001, art. 31, § 1º.** "Art. 31. As entidades fechadas são aquelas acessíveis, na forma regulamentada pelo órgão regulador e fiscalizador, exclusivamente: I – aos empregados de uma empresa ou grupo de empresas e aos servidores da União, dos Estados, do Distrito Federal e dos Municípios, entes denominados patrocinadores; e II – aos associados ou membros de pessoas jurídicas de caráter profissional, classista ou setorial, denominadas instituidores. § 1º As entidades fechadas organizar-se-ão sob a forma de fundação ou sociedade civil, sem fins lucrativos."

**13. LC 109/2001, art. 72.** "Art. 72. Compete privativamente ao órgão regulador e fiscalizador das entidades fechadas zelar pelas sociedades civis e fundações, como definido no art. 31 desta Lei Complementar, não se aplicando a estas o disposto nos arts. 26 e 30 do Código Civil e 1.200 a 1.204 do Código de Processo Civil e demais disposições em contrário."

**14. Lei 6.015/1973, art. 114, I.** "Art. 114. No Registro Civil de Pessoas Jurídicas serão inscritos: I – os contratos, os atos constitutivos, o estatuto ou compromissos das sociedades civis, religiosas, pias, morais, científicas ou literárias, bem como o das fundações e das associações de utilidade pública;"

**15. Lei 6.015/1973, art. 119.** "Art. 119. A existência legal das pessoas jurídicas só começa com o registro de seus atos constitutivos. Parágrafo único. Quando o funcionamento da sociedade depender de aprovação da autoridade, sem esta não poderá ser feito o registro."

**16. Lei 6.015/1973, art. 120.** "Art. 120. O registro das sociedades, fundações e partidos políticos consistirá na declaração, feita em livro, pelo oficial, do número de ordem, da data da apresentação e da espécie do ato constitutivo, com as seguintes indicações: I – a denominação, o fundo social, quando houver, os fins e a sede da associação ou fundação, bem como o tempo de sua duração; II – o modo por que se administra e representa a sociedade, ativa e passivamente, judicial e extrajudicialmente; III – se o estatuto, o contrato ou o compromisso é reformável, no tocante à administração, e de que modo; IV – se

**LIVRO I ·** DO PROCESSO DE CONHECIMENTO E DO CUMPRIMENTO DE SENTENÇA    **Art. 764**

*os membros respondem ou não, subsidiariamente, pelas obrigações sociais; V – as condições de extinção da pessoa jurídica e nesse caso o destino do seu patrimônio; VI – os nomes dos fundadores ou instituidores e dos membros da diretoria, provisória ou definitiva, com indicação da nacionalidade, estado civil e profissão de cada um, bem como o nome e residência do apresentante dos exemplares. Parágrafo único. Para o registro dos partidos políticos, serão obedecidos, além dos requisitos deste artigo, os estabelecidos em lei específica."*

**17. Lei 8.958/1994, art. 1º.** *"Art. 1º As Instituições Federais de Ensino Superior – IFES e as demais Instituições Científicas e Tecnológicas – ICTs, de que trata a Lei nº 10.973, de 2 de dezembro de 2004, poderão celebrar convênios e contratos, nos termos do inciso XIII do caput do art. 24 da Lei nº 8.666, de 21 de junho de 1993, por prazo determinado, com fundações instituídas com a finalidade de apoiar projetos de ensino, pesquisa, extensão, desenvolvimento institucional, científico e tecnológico e estímulo à inovação, inclusive na gestão administrativa e financeira necessária à execução desses projetos."*

**18. Lei 8.958/1994, art. 2º, I.** *"Art. 2º As fundações a que se refere o art. 1o deverão estar constituídas na forma de fundações de direito privado, sem fins lucrativos, regidas pela Lei nº 10.406, de 10 de janeiro de 2002 – Código Civil, e por estatutos cujas normas expressamente disponham sobre a observância dos princípios da legalidade, impessoalidade, moralidade, publicidade, economicidade e eficiência, e sujeitas, em especial: I – a fiscalização pelo Ministério Público, nos termos do Código Civil e do Código de Processo Civil;"*

**19. Lei 10.973/2004, art. 2º, VII.** *"Art. 2º Para os efeitos desta Lei, considera-se: (...) VII – fundação de apoio: fundação criada com a finalidade de dar apoio a projetos de pesquisa, ensino e extensão, projetos de desenvolvimento institucional, científico, tecnológico e projetos de estímulo à inovação de interesse das ICTs, registrada e credenciada no Ministério da Educação e no Ministério da Ciência, Tecnologia e Inovação, nos termos da Lei nº 8.958, de 20 de dezembro de 1994, e das demais legislações pertinentes nas esferas estadual, distrital e municipal;"*

## ⚖ Jurisprudência, Enunciados e Súmulas Selecionados

- **20. ADI 191.** *"A distinção entre fundações públicas e privadas decorre da forma como*

*foram criadas, da opção legal pelo regime jurídico a que se submetem, da titularidade de poderes e também da natureza dos serviços por elas prestados."*

- **21. Enunciado 8 da I Jornada de Direito Civil-CJF.** *"A constituição de fundação para fins científicos, educacionais ou de promoção do meio ambiente está compreendida no Código Civil, art. 62, parágrafo único."*

- **22. Enunciado 9 da I Jornada de Direito Civil-CJF.** *"Deve ser interpretado de modo a excluir apenas as fundações com fins lucrativos."*

## 🖥 Comentários Temáticos

**23. Fundações.** A fundação é uma universalidade de bens personalizada, que se destina ao atendimento de uma finalidade prevista em lei.

**24. Forma de constituição.** A fundação é constituída por um negócio jurídico unilateral, no qual se afeta um patrimônio para criação de pessoa jurídica com objetivos específicos previstos em lei.

**25. Estatuto.** O estatuto é a norma fundamental, que norteia a organização e o funcionamento da fundação. Seu registro público confere personalidade jurídica à fundação.

**26. Procedimento.** Para que se constitua uma fundação, é preciso submeter o seu projeto de criação ao Ministério Público. Admitido o projeto pelo Ministério Pública, efetiva-se a escritura pública de constituição, com sua posterior inscrição no registro público competente (CC, art. 45). Se, porém, o Ministério Público rejeitar os termos do projeto de estatuto ou determinar alterações que não forem aceitas pelo instituidor, caberá a instauração do procedimento previsto no art. 764 para que o juiz decida a seu respeito. Apenas no caso de rejeição do estatuto ou de discordâncias com a determinação de alterações pelo Ministério Público é que interessado pode requerer a intervenção judicial. No processo judicial, aplicam-se as regras gerais da jurisdição voluntária.

**27. Competência.** A ação deve ser proposta no foro da sede da fundação.

**28. Ministério Público.** No procedimento judicial que se destina à aprovação de estatuto de fundação de direito privado, a intervenção do Ministério Público é obrigatória. O fato de o Ministério Público haver atuado previamente não elimina a obrigatoriedade de sua intervenção no procedimento judicial para aprovação ou alteração do estatuto.

**29. Fundações públicas.** A exigência de aprovação do estatuto pelo Ministério Público e a eventual propositura da ação prevista no art. 764 não alcançam as fundações públicas.

**30. Fundação de previdência privada.** A entidade fechada de previdência privada pode ser constituída sob a forma de fundação. Nesse caso, a fundação não se submete à aprovação do seu estatuto pelo Ministério Público (LC 109/2001, art. 72), não sendo cabível a propositura da ação prevista no art. 764.

**31. Atuação do juiz.** Ao juiz cabe controlar as cláusulas do estatuto para verificar se estão de acordo com a legislação em vigor. Se necessário, o juiz pode determinar alterações. Ao final, o juiz suprirá a aprovação do Ministério Público. Após tal aprovação por sentença, o estatuto será levado a registro, constituindo-se, assim, a fundação.

**32. Revelia.** Se houver revelia, não se produz seu efeito material, não se presumindo verdadeiros os fatos alegados na petição inicial. Mesmo havendo revelia, caberá ao juiz controlar a validade e regularidade das disposições estatutárias.

**33. Modificações no estatuto.** Constituída a fundação, qualquer alteração superveniente em seu estatuto deve passar pelo mesmo procedimento: será submetida ao Ministério Público. Se este concordar ou fizer recomendações que sejam acatadas, será aprovada a modificação. Se, porém, o Ministério Público não concordar ou não tiver suas recomendações acatadas pela fundação, deverá ser proposta a ação do art. 764, para que o juiz possa examinar.

---

**Art. 765.** Qualquer interessado ou o Ministério Público promoverá em juízo a extinção da fundação quando:

I – se tornar ilícito o seu objeto;

II – for impossível a sua manutenção;

III – vencer o prazo de sua existência.

---

▶ **1. Correspondência no CPC/1973.** *"Art. 1.204. Qualquer interessado ou o órgão do Ministério Público promoverá a extinção da fundação quando: I – se tornar ilícito o seu objeto; II – for impossível a sua manutenção; III – se vencer o prazo de sua existência."*

### 🏛 Legislação Correlata

**2. CC, art. 69.** *"Art. 69. Tornando-se ilícita, impossível ou inútil a finalidade a que visa a fundação, ou vencido o prazo de sua existência, o*

órgão do Ministério Público, ou qualquer interessado, lhe promoverá a extinção, incorporando-se o seu patrimônio, salvo disposição em contrário no ato constitutivo, ou no estatuto, em outra fundação, designada pelo juiz, que se proponha a fim igual ou semelhante."*

**3. Lei 6.015/1973, art. 120, V.** *"Art. 120. O registro das sociedades, fundações e partidos políticos consistirá na declaração, feita em livro, pelo oficial, do número de ordem, da data da apresentação e da espécie do ato constitutivo, com as seguintes indicações: (...) V – as condições de extinção da pessoa jurídica e nesse caso o destino do seu patrimônio."*

### ⚖ Jurisprudência, Enunciados e Súmulas Selecionados

- **4. Enunciado 189 do FPPC.** *"O art. 765 deve ser interpretado em consonância com o art. 69 do Código Civil, para admitir a extinção da fundação quando inútil a finalidade a que visa."*

### 📑 Comentários Temáticos

**5. Extinção da fundação.** A extinção da fundação privada justifica-se pela ilicitude ou impossibilidade de seu objeto, pela impossibilidade de sua manutenção por questões financeiras ou administrativas, por obsolescência ou inutilidade de suas finalidades ou quando for encerrada a pessoa jurídica, se instituída com prazo certo.

**6. Petição inicial.** O procedimento judicial para extinção da fundação deve instaurar-se por petição inicial, que deverá conter a narrativa da causa da extinção.

**7. Provas.** Não há limitação probatória no procedimento destinado à extinção de fundação.

**8. Ministério Público.** Se não for o autor da ação, o Ministério Público atuará, obrigatoriamente, como fiscal da ordem jurídica no procedimento destinado à extinção da fundação, pois lhe cabe velar pelas fundações.

**9. Contraditório.** No procedimento destinado à extinção de fundação, deve ser observado o contraditório (arts. 9º e 10), cabendo ao juiz viabilizar a participação da fundação e de todos os interessados, não somente sobre a causa da extinção, mas também sobre a destinação dos seus bens.

**10. Registro.** A sentença que decretar a extinção da fundação deve ser levada a registro (Lei 6.015/1973, art. 120, V).

**LIVRO I · DO PROCESSO DE CONHECIMENTO E DO CUMPRIMENTO DE SENTENÇA** **Art. 766**

## Seção XII
## Da Ratificação dos Protestos Marítimos e dos Processos Testemunháveis Formados a Bordo

**Art. 766.** Todos os protestos e os processos testemunháveis formados a bordo e lançados no livro Diário da Navegação deverão ser apresentados pelo comandante ao juiz de direito do primeiro porto, nas primeiras 24 (vinte e quatro) horas de chegada da embarcação, para sua ratificação judicial.

▶ **1. Correspondência no CPC/1973.** *"Art. 1.218. Continuam em vigor até serem incorporados nas leis especiais os procedimentos regulados pelo Decreto-lei nº 1.608, de 18 de setembro de 1939, concernentes: (...) aos protestos formados a bordo (arts. 725 a 729)."*

### 🏛 LEGISLAÇÃO CORRELATA

**2. Dispositivos correspondentes no CPC/1939.** *"Art. 725. O protesto ou processo testemunhável formado a bordo declarará os motivos da determinação do capitão, conterá relatório circunstanciado do sinistro e referirá, em resumo, a derrota até o ponto do mesmo sinistro, declarando a altura em que ocorreu. Art. 726. O protesto ou processo testemunhável será escrito pelo piloto, datado e assinado pelo capitão, pelos maiores da tripulação – imediato, chefe de máquina, médico, pilotos, mestres, e por igual número de passageiros, com a indicação dos respectivos domicílios. Parágrafo único. Lavrar-se-á no diário de navegação ata, que precederá o protesto e conterá a determinação motivada do capitão. Art. 727. Dentro das 24 (vinte e quatro) horas úteis da entrada do navio no porto, o capitão se apresentará ao juiz, fazendo-lhe entrega do protesto ou processo testemunhável, formado a bordo, e do diário de navegação. O juiz não admitirá a ratificação, se a ata não constar do diário."*

### 📄 COMENTÁRIOS TEMÁTICOS

**3. Desnecessidade da ata de deliberação.** No CPC/1939, aplicável sob a vigência do CPC/1973, por força do disposto no art. 1.218 deste último, exigia-se que o protesto lançado no *Diário da Navegação* fosse precedido de uma *Ata de Deliberação* subscrita pelos principais tripulantes e por igual número de passageiros. O atual CPC eliminou essa exigência, por ser excessivamen-

te burocrática e, ainda, por não ser mais contemporânea com a navegação feita atualmente, quando são raros os navios de longo curso de uso misto de carga e passageiros.

**4. Protesto marítimo.** O protesto marítimo, igualmente denominado de processo testemunhável formado a bordo, consiste no ato formal de anotar no Diário de Navegação um fato especial e relevante ocorrido durante a viagem que irá provocar desdobramentos, a exemplo do acionamento do seguro da carga ou do navio e da propositura de uma ação de avaria grossa (CPC, arts. 707 a 711). Porque o *Diário de Navegação* é um livro que deve permanecer a bordo e os fatos nele lançados deverão ser examinados em instrução probatória a realizar-se em processos judiciais ou administrativos, submete-se o seu extrato ao conhecimento do juiz para que este o ratifique.

**5. Procedimento de jurisdição voluntária.** A ratificação de protesto marítimo é um procedimento de jurisdição voluntária, consistente no comparecimento pessoal do Comandante perante o Juízo de Direito da comarca do primeiro porto que chegar depois do fato relevante descrito no seu protesto. Munido do *Diário de Navegação* e acompanhado das testemunhas que confirmem o fato ali registrado, o capitão promove a instauração do procedimento para que o juiz confira autenticidade à cópia do protesto. Com isso, o instrumento formado em juízo substitui o livro de bordo, que deve seguir com o navio. As ratificações dos protestos lançados no *Diário de Navegação* são imprescindíveis. A peculiaridade do direito material não permite sua condução por meio do procedimento comum. Daí a necessidade de previsão de um procedimento especial de jurisdição voluntária para o protesto marítimo.

**6. Legitimidade.** É do comandante do navio a legitimidade para pedir a ratificação judicial dos protestos e dos processos testemunháveis a bordo. Em caso de sua morte, a legitimidade passa a ser de seu subordinado na cadeia do comando.

**7. Competência da Justiça Estadual.** *"A ação de ratificação de protesto marítimo, ainda que guarde certa correlação com as hipóteses previstas nos incisos III e IX do art. 109 da Constituição da República, determinantes da competência da Justiça Federal, trata de feito de natureza não contenciosa, onde não se estabeleceu relação jurídica na qual figurassem os entes federais com prerrogativa de foro"* (STJ, 2ª Seção, CC 59.018/PE, rel. Min. Castro Filho, *DJ* 19.10.2006, p. 237).

**Art. 767** CÓDIGO DE PROCESSO CIVIL COMENTADO – *Leonardo Carneiro da Cunha*

**8. Prazo para ajuizamento.** Diante das particularidades do direito material, o processo deve ser instaurado no exíguo prazo de vinte e quatro horas na comarca do primeiro porto onde a embarcação atracar. O procedimento deve ser instaurado dentro das primeiras vinte e quatro horas da chegada do navio ao largo da cidade onde se localiza o porto, não se aguardando o atracamento do navio, que pode levar, a depender do porto, tempo considerável.

**9. Processamento durante as férias.** A ratificação dos protestos marítimos e dos processos testemunháveis formados a bordo é um procedimento de jurisdição voluntária. Ademais, é um procedimento que pressupõe urgência, pois se destina à conservação de direitos. É por isso, aliás, que o art. 768 exige urgência na distribuição. Sendo assim, processa-se durante as férias, onde as houver, e não se suspende pela superveniência delas (CPC, art. 215, I).

temunhas, estas devem ser arroladas, devendo ser igualmente apresentado o rol de tripulantes. Se a documentação estiver redigida em língua estrangeira, é preciso que haja a tradução para o português. Diante da urgência inerente nesses casos, a tradução pode ser livre, sem precisar de tradutor juramentado.

**4. Indispensabilidade de advogado.** O procedimento da ratificação de protestos marítimos deve ser instaurado por petição inicial subscrita por advogado regularmente inscrito na OAB (CPC, art. 103). Não há qualquer exceção expressamente prevista em lei que afaste a necessidade do advogado. O Comandante não dispõe de capacidade postulatória, não podendo, por si, subscrever a petição; deve estar representado por advogado, exibindo a procuração (CPC, art. 104). A petição inicial deve vir acompanhada de procuração, que conterá os endereços do advogado, eletrônico e não eletrônico (CPC, art. 287).

---

**Art. 767.** A petição inicial conterá a transcrição dos termos lançados no livro Diário da Navegação e deverá ser instruída com cópias das páginas que contenham os termos que serão ratificados, dos documentos de identificação do comandante e das testemunhas arroladas, do rol de tripulantes, do documento de registro da embarcação e, quando for o caso, do manifesto das cargas sinistradas e a qualificação de seus consignatários, traduzidos, quando for o caso, de forma livre para o português.

▶ **1. Correspondência no CPC/1973.** *"Art. 1.218. Continuam em vigor até serem incorporados nas leis especiais os procedimentos regulados pelo Decreto-lei nº 1.608, de 18 de setembro de 1939, concernentes: (...) aos protestos formados a bordo (arts. 725 a 729)."*

🗐 **Legislação Correlata**

**2. Sem correspondência no CPC/1939.**

🗏 **Comentários Temáticos**

**3. Requisitos da petição inicial.** O objetivo do procedimento de ratificação do protesto marítimo é conferir autenticidade aos termos lançados no *Diário da Navegação*. Por isso, a petição inicial deve conter sua transcrição, sendo instruída com cópias das respectivas páginas, dos documentos de identificação do Comandante e do documento de registro da embarcação. Como serão inquiridas, no procedimento, tes-

---

**Art. 768.** A petição inicial deverá ser distribuída com urgência e encaminhada ao juiz, que ouvirá, sob compromisso a ser prestado no mesmo dia, o comandante e as testemunhas em número mínimo de 2 (duas) e máximo de 4 (quatro), que deverão comparecer ao ato independentemente de intimação.

§ 1º Tratando-se de estrangeiros que não dominem a língua portuguesa, o autor deverá fazer-se acompanhar por tradutor, que prestará compromisso em audiência.

§ 2º Caso o autor não se faça acompanhar por tradutor, o juiz deverá nomear outro que preste compromisso em audiência.

▶ **1. Correspondência no CPC/1973.** *"Art. 1.218. Continuam em vigor até serem incorporados nas leis especiais os procedimentos regulados pelo Decreto-lei nº 1.608, de 18 de setembro de 1939, concernentes: (...) aos protestos formados a bordo (arts. 725 a 729)."*

🗐 **Legislação Correlata**

**2. Sem correspondência no CPC/1939.**

⚖ **Jurisprudência, Enunciados e Súmulas Selecionados**

• **3. Enunciado 79 do FPPC.** *"Não sendo possível a inquirição tratada no art. 768 sem prejuízo aos compromissos comerciais da embarcação, o juiz expedirá carta precatória itine-*

**LIVRO I ·** DO PROCESSO DE CONHECIMENTO E DO CUMPRIMENTO DE SENTENÇA **Art. 770**

*rante para a tomada dos depoimentos em um dos portos subsequentes de escala."*

### 📖 COMENTÁRIOS TEMÁTICOS

**4. Urgência da distribuição.** A distribuição há de ser feita com urgência, devendo os autos ser conclusos imediatamente ao juiz. O procedimento deve ser breve e de rápida condução.

**5. Procedimento.** Ao juiz cabe ler o protesto lançado no *Diário de Navegação*, que estará transcrito na petição inicial e constante de cópia anexada, confrontar seu texto com o relato do Comandante. Em seguida, deverá ouvir as testemunhas arroladas. Convencido da veracidade do conteúdo do protesto, haverá de ratificá-lo por sentença.

**6. Outros meios de prova.** Para que o juiz ratifique o protesto marítimo, é preciso que haja a produção de prova testemunhal. Essa é uma previsão antiga, que remonta ao CPC/1939. Além da prova testemunhal, é possível que se produzam outras provas. O art. 369 garante a atipicidade dos meios de prova. Desde que lícito e moralmente legítimo, todo meio de prova deve ser admitido. Não há um rol taxativo dos meios de prova. O avanço tecnológico permite que, atualmente, fatos e incidentes da navegação sejam fotografados e filmados com facilidade. É possível provar o fato também por esses meios ou por quaisquer outros lícitos e moralmente legítimos.

> **Art. 769.** Aberta a audiência, o juiz mandará apregoar os consignatários das cargas indicados na petição inicial e outros eventuais interessados, nomeando para os ausentes curador para o ato.

▶ **1. Correspondência no CPC/1973.** *"Art. 1.218. Continuam em vigor até serem incorporados nas leis especiais os procedimentos regulados pelo Decreto-lei nº 1.608, de 18 de setembro de 1939, concernentes: (...) aos protestos formados a bordo (arts. 725 a 729)."*

### ⚖ LEGISLAÇÃO CORRELATA

• **2. Dispositivo correspondente no CPC/1939.** *"Art. 728. Feita a notificação dos interessados, o juiz, nomeando curador aos ausentes, procederá na forma do art. 685."*

### 📖 COMENTÁRIOS TEMÁTICOS

**3. Participação dos interessados.** Os consignatários das cargas que foram indicados na petição inicial e outros eventuais interessados terão seus nomes apregoados para assistirem à audiência e a tudo acompanharem.

**4. Nomeação de curador.** Os interessados, geralmente, estão ausentes na audiência a ser designada pelo juiz, devendo, então, ser nomeado um curador especial, ampliando-se, assim, as hipóteses previstas no art. 72. A função de curador deve ser exercida pela Defensoria Pública (CPC, art. 72, parágrafo único). Sua ausência implica apenas a nomeação de curador. Não é necessário publicar edital ou proceder a qualquer intimação. A ausência dos interessados não lhes trará prejuízo, pois a sentença do juiz apenas ratifica o protesto marítimo feito no *Diário de Navegação*.

> **Art. 770.** Inquiridos o comandante e as testemunhas, o juiz, convencido da veracidade dos termos lançados no Diário da Navegação, em audiência, ratificará por sentença o protesto ou o processo testemunhável lavrado a bordo, dispensado o relatório.
>
> Parágrafo único. Independentemente do trânsito em julgado, o juiz determinará a entrega dos autos ao autor ou ao seu advogado, mediante a apresentação de traslado.

▶ **1. Correspondência no CPC/1973.** *"Art. 1.218. Continuam em vigor até serem incorporados nas leis especiais os procedimentos regulados pelo Decreto-lei nº 1.608, de 18 de setembro de 1939, concernentes: (...) aos protestos formados a bordo (arts. 725 a 729)."*

### ⚖ LEGISLAÇÃO CORRELATA

**2. Dispositivo correspondente no CPC/ 1939.** *"Art. 729. Finda a inquirição e conclusos os autos, o juiz, por sentença, ratificará o protesto, mandado dar instrumento à parte."*

### 📖 COMENTÁRIOS TEMÁTICOS

**3. Sentença.** Convencido da veracidade dos termos lançados no *Diário da Navegação*, o juiz proferirá sentença, ratificando o protesto. A sentença apenas ratifica o protesto, não reconhecendo qualquer direito a indenização ou a qualquer outra vantagem, o que deve ser postulado extrajudicialmente ou mediante a adequada demanda judicial.

**4. Fundamentação da sentença.** A sentença deve ser fundamentada, cabendo ao juiz demonstrar as razões que o convenceram e que justificam a ratificação do protesto (CPC, art. 489, § 1º).

1157

LIVRO II
# DO PROCESSO DE EXECUÇÃO

# TÍTULO I
# DA EXECUÇÃO EM GERAL

## CAPÍTULO I
## DISPOSIÇÕES GERAIS

> **Art. 771.** Este Livro regula o procedimento da execução fundada em título extrajudicial, e suas disposições aplicam-se, também, no que couber, aos procedimentos especiais de execução, aos atos executivos realizados no procedimento de cumprimento de sentença, bem como aos efeitos de atos ou fatos processuais a que a lei atribuir força executiva.
>
> Parágrafo único. Aplicam-se subsidiariamente à execução as disposições do Livro I da Parte Especial.

▶ **1. Correspondência no CPC/1973.** *"Art. 598. Aplicam-se subsidiariamente à execução as disposições que regem o processo de conhecimento."*

### ⚖ JURISPRUDÊNCIA, ENUNCIADOS E SÚMULAS SELECIONADOS

- **2. Enunciado 12 do FPPC.** *"A aplicação das medidas atípicas sub-rogatórias e coercitivas é cabível em qualquer obrigação no cumprimento de sentença ou execução de título executivo extrajudicial. Essas medidas, contudo, serão aplicadas de forma subsidiária às medidas tipificadas, com observação do contraditório, ainda que diferido, e por meio de decisão à luz do art. 489, § 1ª, I e II."*

- **3. Enunciado 194 do FPPC.** *"A prescrição intercorrente pode ser reconhecida no procedimento de cumprimento de sentença."*

- **4. Enunciado 444 do FPPC.** *"Para o processo de execução de título extrajudicial de obrigação de não fazer, não é necessário propor a ação de conhecimento para que o juiz possa aplicar as normas decorrentes dos arts. 536 e 537."*

- **5. Enunciado 450 do FPPC.** *"Aplica-se a regra decorrente do art. 827, § 2º, ao cumprimento de sentença."*

- **6. Enunciado 545 do FPPC.** *"Aplicam-se à impugnação, no que couber, as hipóteses previstas nos incisos I e III do art. 918 e no seu parágrafo único."*

- **7. Enunciado 586 do FPPC.** *"O oferecimento de impugnação manifestamente protelatória é ato atentatório à dignidade da justiça, nos termos do art. 771 c/c art. 918, III, e pará-grafo único do CPC, que enseja a aplicação da multa prevista no parágrafo único do art. 774 do CPC."*

- **8. Enunciado 587 do FPPC.** *"A limitação de que trata o § 3º do art. 529 não se aplica à execução de dívida não alimentar."*

- **9. Enunciado 588 do FPPC.** *"Aplicam-se subsidiariamente à execução, além do Livro I da Parte Especial, também as disposições da Parte Geral, do Livro III da Parte Especial e das Disposições Finais e Transitórias."*

- **10. Enunciado 621 do FPPC.** *"Ao cumprimento de sentença do capítulo relativo aos honorários advocatícios, aplicam-se as hipóteses de penhora previstas no § 2º do art. 833, em razão da sua natureza alimentar."*

- **11. Enunciado 642 do FPPC.** *"A decisão do juiz que reconhecer o direito a indenização, decorrente de indevida averbação prevista no art. 828 ou do não cancelamento das averbações excessivas, é apta a ensejar a liquidação e o posterior cumprimento da sentença, sem necessidade de propositura da ação de conhecimento."*

- **12. Enunciado 85 da I Jornada-CJF.** *"Na execução de título extrajudicial ou judicial (art. 515, § 1º, do CPC) é cabível a citação postal."*

- **13. Enunciado 210 da III Jornada-CJF.** *"O § 2º do art. 827 do CPC é aplicável também na hipótese de total rejeição da impugnação ao cumprimento de sentença."*

### 🗐 COMENTÁRIOS TEMÁTICOS

**14. Livro II da Parte Especial do CPC.** Trata do processo de execução fundada em título executivo extrajudicial, disciplinando a legitimidade, a competência, os requisitos para a propositura da ação executiva, suas hipóteses de suspensão e de extinção, enfim, trata do processo de execução, disciplinando tanto o procedimento comum de execução como os procedimentos especiais de execução, a exemplo da execução de alimentos e da execução contra a Fazenda Pública.

**15. Aplicação da Parte Geral ao processo de execução.** O CPC contém uma parte geral, que se aplica a todos os processos. A Parte Geral compõe-se dos arts. 1º a 317, que são aplicáveis a todos os tipos de processo, com as devidas adaptações. Se não houver disposição expressa em contrário ou não for caso de incompatibilidade, as normas da Parte Geral do CPC, que estão compreendidas entre os arts. 1º e 317, aplicam-se ao processo de execução. Assim, por exemplo, a denunciação da lide, que está prevista na Parte Geral, mais propriamente nos arts. 125 a 129, é incompatível com o processo de execução, a ele não se aplicando. Por outro lado, o disposto no art. 139, que trata dos poderes do juiz, aplica-se ao processo de execução. A citação com hora certa é admissível no processo de execução (art. 830, § 1º), aplicando-se as regras contidas na Parte Geral que dizem respeito à citação com hora certa.

**16. Aplicação subsidiária do processo de execução.** As normas do processo de execução fundada em título extrajudicial aplicam-se, com a devida adaptação, aos procedimentos especiais da execução, não apenas àqueles regulados no próprio CPC (como a execução de alimentos e a execução contra a Fazenda Pública), mas também aos regulados por lei própria (como os títulos bancários, entre outros). De igual modo, as normas do processo de execução aplicam-se, com a devida adaptação, ao cumprimento de sentença, sobretudo no que diz respeito à penhora e aos atos de expropriação de bens. Os atos processuais a que a lei atribui força executiva são também regulados, com a devida adaptação, pelas normas do processo de execução.

**17. Aplicação subsidiária do processo de conhecimento.** O processo de execução rege-se por normas próprias, recebendo o influxo de normas contidas na Parte Geral do CPC, desde que não haja incompatibilidade. Além de receber a aplicação de normas contidas na Parte Geral, o processo de execução também é regido, subsidiariamente, pelas normas concernentes ao processo de conhecimento, desde que não haja incompatibilidade. É antigo o entendimento segundo o qual *"existindo norma específica no processo executivo, não se aplicam subsidiariamente normas do processo de conhecimento"* (STJ, 4ª Turma, REsp 767/GO, rel. Min. Sálvio de Figueiredo Teixeira, DJ 20.11.1989, p. 17296).

> **Art. 772.** O juiz pode, em qualquer momento do processo:
> I – ordenar o comparecimento das partes;
> II – advertir o executado de que seu procedimento constitui ato atentatório à dignidade da justiça;
> III – determinar que sujeitos indicados pelo exequente forneçam informações em geral relacionadas ao objeto da execução, tais como documentos e dados que tenham em seu poder, assinando-lhes prazo razoável.

▶ **1. Correspondência no CPC/1973.** *"Art. 599. O juiz pode, em qualquer momento do processo: I – ordenar o comparecimento das partes; II – advertir ao devedor que o seu procedimento constitui ato atentatório à dignidade da justiça."*

## ⚖ Jurisprudência, Enunciados e Súmulas Selecionados

- **2. Enunciado 536 do FPPC.** *"O juiz poderá, na execução civil, determinar a quebra de sigilo bancário e fiscal."*
- **3. Enunciado 219 da III Jornada-CJF.** *"A previsão contida no inciso III do art. 772 do CPC autoriza a realização de atos executivos típicos ou atípicos de busca e localização patrimonial, por meio de cooperação judiciária interinstitucional."*

## 🗐 Comentários Temáticos

**4. Poderes do juiz na execução.** Os poderes do juiz estão disciplinados no art. 139. O art. 772 é uma manifestação específica do art. 139, que já atribui poderes gerais para o juiz dirigir qualquer processo, aplicáveis subsidiariamente à execução.

**5. Objetivo do art. 772.** Especializar o regramento geral, conferindo 3 poderes específicos para o juiz, que podem ser exercidos a qualquer tempo, de ofício ou a requerimento.

**6. Determinar o comparecimento das partes.** O juiz pode, a qualquer momento, de ofício ou a requerimento, determinar o comparecimento das partes para tentar conciliá-las e, até mesmo, para adverti-las, em caso de deslealdade. O juiz pode, na verdade, ordenar o comparecimento de *qualquer interessado*, a exemplo do terceiro embargante (no caso de embargos de terceiro), de um outro credor que tenha penhorado bens do executado, daquele que comprou bem alienado de modo fraudulento etc.

**7. Advertir os sujeitos do processo.** O juiz pode advertir o executado (ou qualquer outro sujeito que participe do processo) de que sua conduta atenta contra a dignidade da jurisdição, o que deve fazer por decisão expressa e fundamentada. A regra concretiza o princípio do contraditório e reforça a proibição da decisão surpresa (art. 10). Essa advertência é pressuposto indispensável para que sujeito possa vir a sofrer a punição do art. 774, parágrafo único (ou outras sanções), sob pena de nulidade.

**8. Intimação de terceiro para prestar informações.** O juiz pode ordenar que sujeitos indicados pelo exequente (que podem ser o executado ou terceiros) forneçam informações, dados ou documentos relativos ao objeto da execução, com vistas a permitir a satisfação do crédito com mais eficiência. Para adoção da medida, o juiz deve observar as regras do procedimento para concessão de tutela específica de obrigação de fazer (fornecer dados e informações) e entregar coisa (documento), bem como as do art. 773.

> **Art. 773.** O juiz poderá, de ofício ou a requerimento, determinar as medidas necessárias ao cumprimento da ordem de entrega de documentos e dados.
> Parágrafo único. Quando, em decorrência do disposto neste artigo, o juízo receber dados sigilosos para os fins da execução, o juiz adotará as medidas necessárias para assegurar a confidencialidade.

▶ **1. Sem correspondência no CPC/1973.**

**⚖ Jurisprudência, Enunciados e Súmulas Selecionados**

- **2. Enunciado 536 do FPPC.** *"O juiz poderá, na execução civil, determinar a quebra de sigilo bancário e fiscal."*

**▣ Comentários Temáticos**

**3. Dever da parte.** À parte incumbe "praticar o ato que lhe for determinado" (art. 379, III), inclusive fornecer dados e documentos relacionados ao objeto da execução.

**4. Dever do terceiro.** Incumbe ao terceiro, em relação a qualquer causa, informar ao juiz os fatos e as circunstâncias de que tenha conhecimento, bem como exigir coisa ou documento que esteja em seu poder (art. 380).

**5. Princípio da cooperação.** Pelo princípio da cooperação, reforça-se a ética processual, com o aprimoramento do diálogo entre as partes, reciprocamente e com o órgão jurisdicional (art. 6º). O princípio da cooperação incide em várias situações no procedimento executivo. Aplicam-se à execução os deveres que decorrem do princípio da cooperação e que são imputados ao órgão jurisdicional.

**6. Dever de auxílio.** Entre os deveres decorrentes da cooperação, destaca-se o de auxílio. O órgão jurisdicional tem o dever de auxiliar as partes na eliminação ou superação de obstáculos ou dificuldades que impeçam o exercício de direitos ou faculdades ou, ainda, o cumprimento de ônus ou deveres processuais.

Deve, portanto, o juiz providenciar a remoção de obstáculo à obtenção de um documento ou informação que seja indispensável para a prática de um ato processual. O juiz poderá, por exemplo, determinar que a Receita Federal apresente a declaração de imposto de renda do executado dos últimos anos-exercício (preservado o sigilo); que o Detran informe se há veículos em seu nome; que a Junta Comercial indique se ele integra alguma pessoa jurídica e apresente seus atos constitutivos; que o próprio executado apresente a certidão de registro da fazenda que ostenta ser sua em rede social para fins de verificação de fraude à execução etc.

**7. Efetivação da determinação judicial.** O art. 773 tem como preocupação central assegurar a efetivação da determinação judicial de que parte ou terceiro forneça dados e documentos relevantes para a execução, prevista no art. 772, III. O juiz, de ofício ou mediante provocação da parte, poderá valer-se das medidas necessárias para dar cumprimento a essa obrigação de fazer (fornecer dados e informações) ou de entregar coisa certa (exibir documento), aplicando-se, nesse particular, os arts. 139, IV, 380, parágrafo único, 400, parágrafo único, 403, parágrafo único, e 536-538. Por essa razão, é possível empregar, na atividade de execução, medidas executivas de coerção direta e indireta, tais como multa e busca e apreensão – ou outras, mesmo atípicas, desde que o faça por decisão fundamentada.

**8. Programa Infojud.** Resultado de uma parceria entre o CNJ e a Receita Federal, o Programa Infojud (Sistema de Informações ao Judiciário) é um serviço oferecido unicamente aos juízes (e servidores por eles autorizados), que tem como objetivo atender às solicitações feitas pelo Poder Judiciário à Receita Federal. Por meio dessa plataforma, o juiz pode ter acesso, em tempo real, a informações fiscais e cadastrais do executado em todo território nacional, o que viabiliza a identificação de bens passíveis de execução.

**9. Sistema Infojud e desnecessidade de esgotamento de diligências.** *"1. Discute-se nos autos sobre a possibilidade de deferimento de consulta aos sistemas Infojud antes do esgotamento das diligências por parte da exequente. 2. Com relação ao tema, o Superior Tribunal de Justiça, por ocasião do julgamento do REsp 1.184.765/PA, de relatoria do Ministro Luiz Fux, processado sob o rito dos recursos repetitivos, firmou que '[...] a utilização do Sistema BACEN-JUD, no período posterior à vacatio legis da Lei 11.382/2006 (21.01.2007), prescinde do exaurimento de diligências extrajudiciais, por parte do exequente, a fim de se autorizar o bloqueio eletrônico de depó-*

*sitos ou aplicações financeiras'. O entendimento supramencionado tem sido estendido por esta Corte também à utilização dos sistemas Infojud e Renajud"* (STJ, 2ª Turma, REsp 1.721.648/RJ, rel. Min. Herman Benjamin, *DJe* 19.11.2018).

**10. Proteção do sigilo.** É possível que os dados – e, de igual modo, os documentos – cuja apresentação foi exigida pelo juiz sejam sigilosos. Para esses casos, não é necessário decretar o segredo de justiça (art. 189). O sigilo não diz respeito ao litígio, ao caso como um todo, mas apenas em relação aos dados ou documentos exigidos. Cabe ao juiz, então, adotar as providências necessárias para preservar essa confidencialidade, como decretar segredo somente para o documento ou dado sigiloso, colocando-o em arquivo ou pasta isolada ou, encontrando-se em autos eletrônicos, bloquear seu acesso ao público. Também é possível, diante do sigilo parcial do documento apresentado, só exigir a exibição da parcela que pode ser publicizada "para dela ser extraída cópia reprográfica, de tudo sendo lavrado auto circunstanciado" (art. 404, parágrafo único). Nos casos em que for preciso ter acesso a computador ou outro dispositivo equivalente do executado, para que se tenha conhecimento de sua condição patrimonial, em razão da possibilidade de escrituração contábil eletrônica (CC, arts. 1.179 e 1.180), o juiz deve ter a cautela de não trazer aos autos documentos, dados e informações que não tenham relevância para execução e que atinjam a intimidade, privacidade, imagem ou honra do indivíduo (ex.: fotos íntimas). Deve haver uma seleção do que será exibido.

---

**Art. 774.** Considera-se atentatória à dignidade da justiça a conduta comissiva ou omissiva do executado que:

I – frauda a execução;

II – se opõe maliciosamente à execução, empregando ardis e meios artificiosos;

III – dificulta ou embaraça a realização da penhora;

IV – resiste injustificadamente às ordens judiciais;

V – intimado, não indica ao juiz quais são e onde estão os bens sujeitos à penhora e os respectivos valores, nem exibe prova de sua propriedade e, se for o caso, certidão negativa de ônus.

Parágrafo único. Nos casos previstos neste artigo, o juiz fixará multa em montante não superior a vinte por cento do valor atualizado do débito em execução, a qual será revertida em proveito do exequente, exigível nos próprios autos do processo, sem prejuízo de outras sanções de natureza processual ou material.

---

▶ **1. Correspondência no CPC/1973.** *"Art. 600. Considera-se atentatório à dignidade da Justiça o ato do executado que: I – frauda a execução; II – se opõe maliciosamente à execução, empregando ardis e meios artificiosos; III – resiste injustificadamente às ordens judiciais; IV – intimado, não indica ao juiz, em 5 (cinco) dias, quais são e onde se encontram os bens sujeitos à penhora e seus respectivos valores."* *"Art. 601. Nos casos previstos no artigo anterior, o devedor incidirá em multa fixada pelo juiz, em montante não superior a 20% (vinte por cento) do valor atualizado do débito em execução, sem prejuízo de outras sanções de natureza processual ou material, multa essa que reverterá em proveito do credor, exigível na própria execução."*

## ⚖ JURISPRUDÊNCIA, ENUNCIADOS E SÚMULAS SELECIONADOS

- **2. Enunciado 6 do FPPC.** *"O negócio jurídico processual não pode afastar os deveres inerentes à boa-fé e à cooperação".*

- **3. Enunciado 533 do FPPC.** *"Se o executado descumprir ordem judicial, conforme indicado pelo § 3º do art. 536, incidirá a pena por ato atentatório à dignidade da justiça (art. 774, IV), sem prejuízo da sanção por litigância de má-fé."*

- **4. Enunciado 537 do FPPC.** *"A conduta comissiva ou omissiva caracterizada como atentatória à dignidade da justiça no procedimento da execução fiscal enseja a aplicação da multa do parágrafo único do art. 774 do CPC/15."*

- **5. Enunciado 545 do FPPC.** *"Aplicam-se à impugnação, no que couber, as hipóteses previstas nos incisos I e III do art. 918 e no seu parágrafo único."*

- **6. Enunciado 586 do FPPC.** *"O oferecimento de impugnação manifestamente protelatória é ato atentatório à dignidade da justiça que, nos termos do art. 771 c/c art. 918, III, e parágrafo único do CPC, enseja a aplicação da multa prevista no parágrafo único do art. 774 do CPC."*

- **7. Enunciado 148 da II Jornada-CJF.** *"A reiteração pelo exequente ou executado de matérias já preclusas pode ensejar a aplicação de multa por conduta contrária à boa-fé."*

- **8. Enunciado 50 da ENFAM.** *"O oferecimento de impugnação manifestamente protelatória ao cumprimento de sentença será considerado conduta atentatória à dignidade da Justiça (art. 918, III, parágrafo único, do CPC/2015), ensejando a aplicação da multa prevista no art. 774, parágrafo único."*

# COMENTÁRIOS TEMÁTICOS

**9. Contempt of court.** Os atos de *contempt of court* visam a evitar ou, se necessário, punir qualquer tipo de conduta que represente uma afronta ao órgão julgador, legitimando o uso de meios de coerção ou punição sobre aqueles que desrespeitem ou ameacem desrespeitar a autoridade judicial.

**10. Contempt power.** Atribui-se ao julgador o *contempt power*, ou seja, o poder de fiscalizar e sancionar a conduta dos partícipes do processo, repelindo ações e omissões temerárias e obstrutivas da adequada administração da justiça, o que corresponde, na linguagem jurídica brasileira, a um poder de polícia do juiz.

**11. Contempt of court na execução.** Visando preservar a ética e a probidade na execução, impõe o legislador deveres de lealdade e cooperação especificamente para o executado, exigindo que contribua para a efetividade da prestação jurisdicional. Desrespeitados esses deveres, incorre o executado em conduta, comissiva ou omissiva, atentatória à dignidade da justiça.

**12. Princípio da cooperação.** Pelo princípio da cooperação, reforça-se a ética processual, com o aprimoramento do diálogo entre as partes, reciprocamente e com o órgão jurisdicional (art. 6º). O princípio da cooperação incide em várias situações no procedimento executivo.

**13. Negócios jurídicos processuais.** As partes não podem, por negócio processual, afastar os seus deveres éticos ou suprimir o poder do juiz de advertir ou punir ou de elevar ou diminuir o valor da multa por ato atentatório à dignidade da jurisdição. Prevalece a preservação da ética, da lealdade, da cooperação e do contraditório em detrimento da autonomia da vontade.

**14. Fraude à execução.** Atenta contra o exercício da jurisdição o ato do executado que frauda a execução, identificado numa das condutas descritas no art. 792.

**15. Opor-se maliciosamente à execução.** Reputa-se atentatório à dignidade da justiça o comportamento do executado que se opõe maliciosamente à execução, empregando ardis e meios artificiosos. Opor-se à execução é direito do executado, mas não se permite que o faça de forma maliciosa, ardilosa, artificiosa, pois extrapola os limites do exercício regular de tal direito. A conduta deixa de ser regular para ser abusiva.

**16. Embaraço à realização da penhora.** É atentatória à dignidade da justiça a conduta do executado de dificultar ou embaraçar a realização da penhora, o que caracteriza, igualmente, uma oposição maliciosa à execução. É o que ocorre quando o executado presta informações erradas a respeito de bem penhorável, ocultando documentos a ele relativos. Quando requer a substituição do bem penhorado, o executado não deve igualmente adotar atitude que dificulte ou embarace a realização da nova penhora (art. 847, § 2º).

**17. Resistência injustificada às ordens judiciais.** É ilícita a conduta do executado que resiste injustificadamente às ordens judiciais. Só é abusiva a resistência que ocorra sem justo motivo.

**18. Indicação de bens à penhora.** O executado tem o dever de indicar bens à penhora. Não encontrados bens penhoráveis e não havendo indicação de qualquer um deles pelo exequente, cabe ao executado declarar quais são seus bens penhoráveis, sob pena de se sujeitar a uma sanção pecuniária compulsória. Ao ser intimado, não deve, necessariamente, o executado indicar *todos* os seus bens penhoráveis. Cabe-lhe indicar um ou alguns bens, suficientes para satisfação do crédito. Em respeito ao princípio da menor onerosidade, *não* precisa o executado indicar *todos* os seus bens, devendo apenas indicar bens suficientes para a satisfação do crédito. Cumpre, no caso, aplicar a *regra da proporcionalidade*, devendo-se avaliar, *em cada caso,* a necessidade de se obter a informação sobre *todos* os bens ou sobre apenas *um* ou *alguns* deles, a depender do valor cobrado e do porte do executado.

**19. Dano.** Para a responsabilização do executado (*contemnor*), é necessária a configuração do ilícito (*contempt*), consistente em uma ação ou omissão prevista no art. 774. A ofensa à dignidade da justiça é presumida, não sendo necessária a demonstração de nenhum resultado danoso. A conduta, por si só, já constitui um atentado ao órgão jurisdicional, devendo ser punida pela sanção específica.

**20. Dolo ou culpa.** Para a configuração dos ilícitos previstos no art. 774, não é necessária a demonstração de dolo ou culpa do executado. No caso do inciso II, há, porém, necessidade de demonstração da má-fé do executado, já que o dispositivo utiliza termos como "maliciosamente", "ardil", "artifício", a evidenciar sua opção pela responsabilidade subjetiva.

**21. Necessidade de dolo ou culpa.** *"Para aplicação da multa por ato atentatório à dignidade da Justiça, há necessidade de verificação do elemento subjetivo, consistente no dolo ou culpa grave do devedor, que deve ter sido reconhecido pelas instâncias ordinárias. 2. É insuficiente, para tanto, a mera inércia ou silêncio da parte execu-*

**LIVRO II** · DO PROCESSO DE EXECUÇÃO **Art. 775**

*tada no descumprimento de uma primeira inti-mação judicial relativa à indicação de endereços de terceiros, coproprietários de imóvel penhorado. Essa conduta omissiva não caracteriza a resistên-cia injustificada, de que trata a norma aplicada (CPC/2015, art. 774, IV)"* (STJ, 4ª Turma, AgInt no AREsp 1.353.853/PR, rel. Min. Raul Araújo, *DJe* 16.4.2019).

**22. Punição.** Constatando o juiz que o execu-tado incorre em uma das condutas atentatórias à dignidade da justiça, deve adverti-lo sobre tal fato, de ofício (art. 139, III) ou por provocação. Se, advertido, o executado não apresenta defesa convincente, ou simplesmente insiste na prática ilícita, será punido com multa fixada pelo juiz em montante não superior a 20% do valor atualizado do débito em execução. Em execução que não seja de quantia certa, a base de cálculo deve ser o valor da causa atualizado; se o valor da cau-sa for irrisório ou inestimável, a multa poderá ser arbitrada em até 10 vezes o valor do salário mínimo vigente (arts. 77, § 5º, e 81, § 3º). Seu valor será revertido para o exequente e poderá ser cobrado nos próprios autos do processo (arts. 774, parágrafo único, e 777).

**23. Cumulação.** A aplicação da multa pu-nitiva prevista no parágrafo único do art. 774 não exclui a incidência de outras sanções, pro-cessuais ou materiais (a exemplo da multa do art. 77, § 2º).

**24. Ato atentatório à dignidade da justiça e tipicidade da conduta.** *"O descumprimento de uma ordem judicial que determina a transferên-cia de numerário bloqueado via Bacen-Jud para uma conta do juízo, além de configurar crime tipificado no art. 330 do Código Penal, consti-tui ato atentatório à dignidade da Justiça, a teor do disposto nos arts. 600 do CPC/1973 e 774 do CPC/2015. 9. Hipótese em que a desobediência à ordem judicial foi ainda agravada pelos seguintes fatores: a) a recalcitrância perdurou por 280 (du-zentos e oitenta) dias; b) a instituição financeira apenada atuou de forma a obstar a efetividade de execução proposta contra empresa do seu próprio grupo econômico; c) a simples transferência de numerário entre contas-correntes não apresenta nenhuma dificuldade de ordem técnica ou opera-cional a justificar a exasperação do prazo de 24 (vinte e quatro) horas concedido pelo juízo e d) não foram apresentados motivos plausíveis para o descumprimento da ordem judicial, senão que a instituição financeira confiava no afastamento da multa ou na sua redução por esta Corte Superior. 10. Admitir que a multa fixada em decorrência do descumprimento de uma ordem de transfe-rência de numerário seja, em toda e qualquer*

*hipótese, limitada ao valor da obrigação é con-ferir à instituição financeira livre-arbítrio para decidir o que melhor atende aos seus interesses. 11. O destinatário da ordem judicial deve ter em mente a certeza de que eventual desobediência lhe trará consequências mais gravosas que o próprio cumprimento da ordem, e não a expectativa de redução ou de limitação da multa a ele imposta, sob pena de tornar inócuo o instituto processual e de violar o direito fundamental à efetividade da tutela jurisdicional"* (STJ, 3ª Turma, REsp 1.840.693/SC, rel. Min. Ricardo Villas Bôas Cue-va, *DJe* 29.5.2020).

**25. Ato atentatório à dignidade da justiça e atipicidade da conduta.** *"O Código de Pro-cesso Civil, no art. 774, inciso IV, considera ato atentatório à dignidade da Justiça a conduta do executado que resiste injustificadamente às or-dens judiciais, conforme se verifica ser a hipótese dos autos. Ademais, o parágrafo único do referi-do dispositivo apresenta sanção específica para a hipótese, consistente na fixação de multa em montante não superior a 20% do valor do débito em execução, sem prejuízo de outras sanções de natureza processual ou material. Dessa forma, existindo sanção específica no Código de Processo Civil, a qual não faz ressalva expressa no sentido da aplicação cumulativa do art. 330 do Código Penal, tem-se que a conduta imputada ao recor-rente não configura o tipo penal de desobediên-cia"* (STJ, 5ª Turma, RHC 98.627/SP, rel. Min. Reynaldo Soares da Fonseca, *DJe* 30.4.2019).

**Art. 775.** O exequente tem o direito de desistir de toda a execução ou de apenas alguma me-dida executiva.

Parágrafo único. Na desistência da execução, observar-se-á o seguinte:

I – serão extintos a impugnação e os embargos que versarem apenas sobre questões processuais, pagando o exequente as custas processuais e os honorários advocatícios;

II – nos demais casos, a extinção dependerá da concordância do impugnante ou do embargante.

▶ **1. Correspondência no CPC/1973.** *"Art. 569. O credor tem a faculdade de desistir de toda a execução ou de apenas algumas medi-das executivas. Parágrafo único. Na desistência da execução, observar-se-á o seguinte: a) serão extintos os embargos que versarem apenas sobre questões processuais, pagando o credor as cus-tas e os honorários advocatícios; b) nos demais casos, a extinção dependerá da concordância do embargante."*

1165

# Art. 775  CÓDIGO DE PROCESSO CIVIL COMENTADO – *Leonardo Carneiro da Cunha*

## ⚖ Jurisprudência, Enunciados e Súmulas Selecionados

- **2. Súmula STJ, 153.** *"A desistência da execução fiscal, após o oferecimento dos embargos, não exime o exequente dos encargos da sucumbência."*

## 🗐 Comentários Temáticos

**3. Disponibilidade da execução.** O exequente pode dispor da execução, quer deixando de propô-la, quer desistindo, total ou parcialmente, da demanda executiva já proposta, quer desistindo de algum ato executivo já realizado, a exemplo de uma penhora. A execução realiza-se para atender ao interesse do exequente (art. 797), cabendo-lhe o direito de dela dispor.

**4. Desistência da ação.** Da mesma forma que a instauração do processo depende de iniciativa da parte, sua desistência também. A desistência é uma revogação da demanda, devendo ser expressamente manifestada pelo autor. A desistência da ação não produz efeitos imediatos, devendo ser homologada pelo juiz (art. 200, parágrafo único).

**5. Impulso oficial e desistência da ação.** O impulso oficial (art. 2º) não impede que o autor desista da ação, acarretando, assim, a extinção do processo.

**6. Desistência da execução e de atos executivos.** O exequente pode desistir de toda execução ou de algum ato executivo. A desistência da execução é um negócio jurídico processual. Para ser manifestada, é preciso que o advogado do autor detenha poderes especiais para tanto (art. 105). A desistência da ação há de ser homologada pelo juiz (art. 200, parágrafo único) para que produza seu efeito de extinguir o processo (art. 925).

**7. A desistência da execução como negócio processual unilateral.** O exequente pode desistir de toda execução independentemente do consentimento do executado, mesmo que este tenha apresentado *impugnação ou embargos à execução* (defesa do executado). Se não for apresentada a defesa, ou quando esta restringir-se a questões processuais, não há necessidade do consentimento. Nesse caso, manifestada desistência, haverá extinção da execução e, igualmente, dos embargos à execução ou da impugnação. Se a impugnação ou os embargos do executado versarem sobre questões relacionadas a relações jurídica material, a concordância do executado se impõe. Nesses casos, se o executado não consentir com a desistência, a execução se extingue, mas a defesa ainda terá de ser examinada.

**8. Desistência de atos executivos.** Havendo defesa sobre a relação jurídica material, o consentimento do executado é exigido apenas se se tratar de desistência do procedimento executivo; se a desistência se restringir a um ato executivo, e não a todo procedimento, não há necessidade de o executado dar sua anuência (art. 775, parágrafo único).

**9. Confronto com o regramento da desistência na fase de conhecimento.** Na execução, o regramento da desistência é diferente daquele previsto na fase de conhecimento, em que a concordância do demandado é exigida sempre que houver contestação, não fazendo a lei referência a nenhum conteúdo específico da defesa.

**10. Despesas processuais e honorários de advogado.** Extinto o processo pela desistência, as despesas e os honorários serão pagos por quem desistiu (art. 90). Na execução, a regra não é diferente: havendo desistência, o exequente deve suportar o pagamento das despesas processuais e dos honorários de advogado (art. 775, parágrafo único, I).

**11. Instauração do cumprimento da sentença e desistência.** O cumprimento da sentença para pagamento de quantia certa, provisório ou definitivo, também depende de provocação da parte (art. 513, § 1º). Já no cumprimento da sentença que imponha prestação de fazer, não fazer ou de entregar coisa, não há necessidade de provocação da parte, podendo iniciar-se de ofício (arts. 536 e 538). Há procedimentos executivos que podem ser instaurados de ofício. Isso não impede, porém, que o exequente venha a desistir da execução posteriormente.

**12. Desistência da execução da sentença coletiva.** No Direito processual coletivo, vigora a regra de que a execução da sentença coletiva é indisponível. Se o legitimado à tutela coletiva que obteve a sentença não a executar, cabe ao Ministério Público ou a outro legitimado essa função.

**13. Desistência da execução por falta de bens penhoráveis e honorários de sucumbência.** *"A desistência da execução pelo credor motivada pela ausência de bens do devedor passíveis de penhora, em razão dos ditames da causalidade, não rende ensejo à condenação do exequente em honorários advocatícios. 3. Nesse caso, a desistência é motivada por causa superveniente que não pode ser imputada ao credor. Deveras, a pretensão executória acabou se tornando frustrada após a confirmação da inexistência de bens passíveis de penhora do devedor, deixando de haver interesse*

LIVRO II · DO PROCESSO DE EXECUÇÃO **Art. 777**

*no prosseguimento da lide pela evidente inutilidade do processo"* (STJ, 4ª Turma, REsp 1.675.741/PR, rel. Min. Luis Felipe Salomão, *DJe* 5.8.2019).

> **Art. 776.** O exequente ressarcirá ao executado os danos que este sofreu, quando a sentença, transitada em julgado, declarar inexistente, no todo ou em parte, a obrigação que ensejou a execução.

▶ **1. Correspondência no CPC/1973.** *"Art. 574. O credor ressarcirá ao devedor os danos que este sofreu, quando a sentença, passada em julgado, declarar inexistente, no todo ou em parte, a obrigação, que deu lugar à execução."*

### 🖺 Comentários Temáticos

**2. Abrangência da norma.** O disposto no art. 776 contém norma geral, aplicando-se a qualquer execução definitiva, ou seja, aplica-se tanto para a execução fundada em título extrajudicial como para o cumprimento definitivo de sentença.

**3. Responsabilidade objetiva do exequente.** A norma prevê responsabilidade objetiva do exequente. Essa responsabilidade pressupõe o reconhecimento judicial de que a obrigação é inexistente. A execução corre por conta e risco do exequente, a quem cabe ressarcir o executado, independentemente de culpa, caso a execução venha a ser considerada indevida ou injusta. A responsabilidade do exequente pela execução injusta é objetiva: basta a prova do dano, material ou moral, e do nexo de causalidade entre o dano e a execução indevida.

**4. Responsabilidade objetiva do exequente pelo desfazimento do título judicial por ação rescisória ou por revisão criminal.** Julgada procedente a ação rescisória para extinguir o crédito do exequente, todos os prejuízos causados ao executado em razão da execução, que, afinal, se mostrou injusta, haverão de ser ressarcidos pelo exequente, em hipótese de responsabilidade objetiva. De igual modo, reconhecida a inexistência da autoria ou da materialidade do fato no julgamento favorável de revisão criminal, deixa de existir o efeito anexo de reparar o prejuízo (CP, art. 91, I), cabendo ao exequente ressarcir o executado dos danos a ele causados com a execução, que se tornou injusta.

**5. Responsabilidade objetiva do exequente pelo desfazimento do título por acolhimento dos embargos à execução.** Acolhidos os embargos à execução, com o reconhecimento de que não há a obrigação executada, ao exequente caberá ressarcir o executado de todos os prejuízos sofridos pela execução, que se revelou injusta.

**6. Responsabilidade objetiva do exequente pelo desfazimento do título em razão do acolhimento de defesa heterotópica.** Julgado procedente pedido formulado em ação autônoma que reconheça a inexistência da obrigação executada, o executado será ressarcido pelo exequente de todos os prejuízos sofridos pela execução, que se mostrou injusta.

**7. Ausência de ilicitude.** O dever de indenizar do exequente não decorre de um ilícito. O dever de indenizar decorre de um ato-fato lícito processual. Não há ilicitude, mas, havendo dano, este haverá de ser indenizado. O risco da execução justifica a responsabilidade do exequente. A norma tutela a ética no processo, resguardando a parte de execuções infundadas.

**8. Necessidade de existência de dano.** A responsabilidade do exequente é objetiva, mas isso não dispensa a comprovação de danos. É preciso que o executado comprove a existência de danos, suportados em razão da execução proposta contra si pelo exequente.

**9. Desnecessidade de novo processo.** O ressarcimento do prejuízo dar-se-á nos próprios autos do processo executivo. Desfeito o título que fundava a execução, o executado pode comprovar os danos e liquidar o seu valor nos próprios autos, executando-se ali mesmo o exequente; há uma inversão dos polos: o executado passa a ser exequente e o exequente vira executado.

> **Art. 777.** A cobrança de multas ou de indenizações decorrentes de litigância de má-fé ou de prática de ato atentatório à dignidade da justiça será promovida nos próprios autos do processo.

▶ **1. Correspondência no CPC/1973.** *"Art. 739-B. A cobrança de multa ou de indenizações decorrentes de litigância de má-fé (arts. 17 e 18) será promovida no próprio processo de execução, em autos apensos, operando-se por compensação ou por execução."*

### 🖺 Comentários Temáticos

**2. Titular das multas por litigância de má-fé.** As multas por litigância de má-fé são revertidas em favor da parte contrária (art. 96). O titular da multa pode, então, ser o autor ou réu, o exequente ou o executado. Qualquer um que pratique ato de litigância de má-fé pode ser condenado ao pagamento de multa, cujo valor reverte em favor da parte contrária.

1167

**3. Multas por ato atentatório à dignidade da justiça.** As multas por ato atentatório à dignidade da justiça, que podem ser fixadas independentemente da incidência das previstas nos arts. 523, § 1º, e 536, § 1º (art. 77, § 4º), e da incidência dos honorários recursais (art. 85, § 12), são revertidas em favor do exequente e exigíveis nos próprios autos do processo (art. 774, parágrafo único).

**4. Cobrança das multas e das indenizações processuais.** O valor das multas e das indenizações processuais pode ser executado nos próprios autos da execução. Se o devedor das multas e indenizações for o executado, o exequente incluirá no montante executado, a fim de cobrar tudo junto. Se, diversamente, o condenado tiver sido o exequente, o executado poderá cobrar-lhe nos próprios autos.

**5. Compensação.** O devedor da multa ou da indenização pode ser o exequente. Nesse caso, e desde que presentes os pressupostos do art. 368 do CC, será cabível a compensação.

**6. Cumulação de execuções.** Se a execução se destina a cobrar obrigação de quantia certa, e o titular o crédito das multas e indenizações processuais for o exequente, será possível cumular as execuções nos mesmos autos. Em caso de execução para efetivação de obrigação de fazer, não fazer ou entregar coisa, não será possível a cumulação ou o processamento simultâneo da execução principal com a das multas e indenizações processuais, em virtude da diversidade de procedimentos (art. 780). Nesse caso, a execução das multas e indenizações processuais deve ser promovida em outra demanda executiva, a fim de evitar tumultos processuais; a execução será, enfim, em autos apartados, a não ser que a parte prefira aguardar o desfecho da execução principal para, somente depois, promover a execução das multas e indenizações processuais, que, nesse caso, então, poderá ser nos mesmos autos.

## CAPÍTULO II
## DAS PARTES

**Art. 778.** Pode promover a execução forçada o credor a quem a lei confere título executivo.
§ 1º Podem promover a execução forçada ou nela prosseguir, em sucessão ao exequente originário:
I – o Ministério Público, nos casos previstos em lei;
II – o espólio, os herdeiros ou os sucessores do credor, sempre que, por morte deste, lhes for transmitido o direito resultante do título executivo;
III – o cessionário, quando o direito resultante do título executivo lhe for transferido por ato entre vivos;
IV – o sub-rogado, nos casos de sub-rogação legal ou convencional.
§ 2º A sucessão prevista no § 1º independe de consentimento do executado.

▶ **1. Correspondência no CPC/1973.** *"Art. 566. Podem promover a execução forçada: I – o credor a quem a lei confere título executivo; II – o Ministério Público, nos casos prescritos em lei." "Art. 567. Podem também promover a execução, ou nela prosseguir: I – o espólio, os herdeiros ou os sucessores do credor, sempre que, por morte deste, lhes for transmitido o direito resultante do título executivo; II – o cessionário, quando o direito resultante do título executivo lhe foi transferido por ato entre vivos; III – o sub-rogado, nos casos de sub-rogação legal ou convencional."*

## 🗐 LEGISLAÇÃO CORRELATA

**2. CPP, art. 63.** *"Art. 63. Transitada em julgado a sentença condenatória, poderão promover-lhe a execução, no juízo cível, para o efeito da reparação do dano, o ofendido, seu representante legal ou seus herdeiros. Parágrafo único. Transitada em julgado a sentença condenatória, a execução poderá ser efetuada pelo valor fixado nos termos do inciso IV do caput do art. 387 deste Código sem prejuízo da liquidação para a apuração do dano efetivamente sofrido."*

**3. CPP, art. 68.** *"Art. 68. Quando o titular do direito à reparação do dano for pobre (art. 32, §§ 1º e 2º), a execução da sentença condenatória (art. 63) ou a ação civil (art. 64) será promovida, a seu requerimento, pelo Ministério Público."*

**4. EOAB, art. 23.** *"Art. 23. Os honorários incluídos na condenação, por arbitramento ou sucumbência, pertencem ao advogado, tendo este direito autônomo para executar a sentença nesta parte, podendo requerer que o precatório, quando necessário, seja expedido em seu favor."*

**5. CDC, art. 97.** *"Art. 97. A liquidação e a execução de sentença poderão ser promovidas pela vítima e seus sucessores, assim como pelos legitimados de que trata o art. 82."*

**6. CDC, art. 98.** *"Art. 98. A execução poderá ser coletiva, sendo promovida pelos legitimados de que trata o art. 82, abrangendo as vítimas cujas indenizações já tiveram sido fixadas em sentença de liquidação, sem prejuízo do ajuizamento de outras execuções."*

**7. LACP, art. 9º.** *"Art. 9º Se o órgão do Ministério Público, esgotadas todas as diligências, se convencer da inexistência de fundamento para a propositura da ação civil, promoverá o arquivamento dos autos do inquérito civil ou das peças informativas, fazendo-o fundamentadamente. § 1º Os autos do inquérito civil ou das peças de informação arquivadas serão remetidos, sob pena de se incorrer em falta grave, no prazo de 3 (três) dias, ao Conselho Superior do Ministério Público. § 2º Até que, em sessão do Conselho Superior do Ministério Público, seja homologada ou rejeitada a promoção de arquivamento, poderão as associações legitimadas apresentar razões escritas ou documentos, que serão juntados aos autos do inquérito ou anexados às peças de informação. § 3º A promoção de arquivamento será submetida a exame e deliberação do Conselho Superior do Ministério Público, conforme dispuser o seu Regimento. § 4º Deixando o Conselho Superior de homologar a promoção de arquivamento, designará, desde logo, outro órgão do Ministério Público para o ajuizamento da ação."*

**8. LACP, art. 15.** *"Art. 15. Decorridos sessenta dias do trânsito em julgado da sentença condenatória, sem que a associação autora lhe promova a execução, deverá fazê-lo o Ministério Público, facultada igual iniciativa aos demais legitimados."*

### ⚖ Jurisprudência, Enunciados e Súmulas Selecionados

- **9. Tema/Repercussão Geral 642 STF.** *"O Município prejudicado é o legitimado para a execução de crédito decorrente de multa aplicada por Tribunal de Contas estadual a agente público municipal, em razão de danos causados ao erário municipal."*
- **10. Tema/Repercussão Geral 768 STF.** *"Somente o ente público beneficiário possui legitimidade ativa para a propositura de ação executiva decorrente de condenação patrimonial imposta por Tribunais de Contas (CF, art. 71, § 3º)."*
- **11. Tema/Repercussão Geral 1.119 STF.** *"É desnecessária a autorização expressa dos associados, a relação nominal destes, bem como a comprovação de filiação prévia, para a cobrança de valores pretéritos de título judicial decorrente de mandado de segurança coletivo impetrado por entidade associativa de caráter civil."*
- **12. Tema/Repetitivo 1 do STJ.** *"A substituição processual, no polo ativo da execução, do exequente originário pelo cessionário dispensa a autorização ou o consentimento do devedor."*

- **13. Tema/Repetitivo 948 STJ.** *"Em ação civil pública proposta por Associação, na condição de substituta processual de consumidores, possuem legitimidade para a liquidação e execução da sentença todos os beneficiados pela procedência do pedido, independentemente de serem filiados à Associação promovente."*
- **14. Súmula TST, 286.** *"A legitimidade do sindicato para propor ação de cumprimento estende-se também à observância de acordo ou de convenção coletivos."*

### 🗎 Comentários Temáticos

**15. Legitimidade ordinária do credor.** Pode promover a execução o credor a quem a lei confere título executivo. O credor tem legitimidade ordinária para o processo executivo.

**16. Afirmação.** Quem tem, na verdade, legitimidade ativa para execução é aquele que se afirma credor. Não fosse assim, não seria possível explicar o processo de execução promovido por parte ilegítima.

**17. Nome no título executivo.** Há casos em que o nome do credor não aparece no título executivo, mas isso não o impede de promover a execução, como no caso do portador de título de crédito com endosso em branco e no caso do advogado em relação aos honorários de sucumbência previstos na sentença: embora não tenha sido parte na fase de conhecimento, o advogado é legitimado para propor a execução (EOAB, art. 23). Também é o caso da execução proposta pelo substituído, fundada em sentença proferida em processo conduzido por um substituto processual (CDC, art. 97).

**18. Vítima do crime.** A vítima do crime é legitimada à execução da sentença penal condenatória no juízo cível (CPP, art. 63), embora a demanda penal condenatória tenha sido proposta pelo Ministério Público.

**19. Legitimidade ordinária superveniente.** Há casos em que a legitimidade ativa surge após a formação do título executivo (art. 778, § 1º, II a IV). Nesses casos, diz-se que a legitimidade ordinária é superveniente ou derivada: os legitimados podem ajuizar a execução ou nela prosseguir, caso já tenha sido proposta pelo credor originário.

**20. Sucessor de pessoa jurídica.** O sucessor de pessoa jurídica tem legitimidade para propor execução ou nela prosseguir.

**21. Herança jacente ou vacante.** A herança jacente ou vacante pode promover a execução, quando não haver herdeiros conhecidos (CC, art. 1.819).

**22. Legitimidade extraordinária do Ministério Público.** O Ministério Público tem legitimidade extraordinária para promover a execução. A atribuição de legitimação extraordinária ao Ministério Público para a condução do processo de conhecimento implica, salvo expressa vedação legal, a atribuição da legitimação extraordinária para o procedimento executivo.

**23. Legitimidade ordinária do Ministério Público.** O Ministério Público tem legitimidade ordinária para a execução quando defende interesse próprio. Se o Ministério Público demanda vantagem própria ou, por exemplo, liberação de parcela orçamentária que lhe seria destinada, terá, vitorioso na causa, legitimidade para promover a execução, como legitimado ordinário.

**24. Legitimidade extraordinária em execução de sentença coletiva.** Os legitimados para a ação coletiva têm legitimidade extraordinária para promover execução da sentença coletiva em favor das vítimas (CDC, art. 98).

**25. Legitimidade ativa de associação de advogados para execução de honorários de sucumbência.** *"Nada obsta, assim, que, existindo uma associação regularmente criada para representar os interesses dos advogados empregados de determinado empregador, possa essa entidade associativa, mediante autorização estatutária, ser legitimada a executar os honorários sucumbenciais pertencentes aos 'advogados empregados', seus associados, o que apenas facilita a formação, administração e rateio dos recursos do fundo único comum, destinado à divisão proporcional entre todos os associados"* (STJ, 4ª Turma, REsp 634.096/SP, rel. Min. Raul Araújo, *DJe* 29.8.2013); *"Legitimidade da Associação dos Advogados do Banco do Brasil para a execução dos honorários de sucumbência em favor de seus associados"* (STJ, 3ª Turma, AgRg no REsp 1.514.660/MS, rel. Min. Paulo de Tarso Sanseverino, *DJe* 25.2.2016).

**26. Outras hipóteses de legitimidade extraordinária.** A previsão do art. 778 não é exaustiva. É possível haver outras disposições legais que prevejam hipóteses de legitimação extraordinária executiva.

**27. Desnecessidade de anuência do executado.** A propositura da execução pelo Ministério Público, por legitimados extraordinários e por legitimados ordinários supervenientes, ou seu ingresso no processo, independe de concordância do executado. Não se aplica, na execução, o § 1º do art. 109, que trata da cessão de direito litigioso.

**Art. 779.** A execução pode ser promovida contra:

I – o devedor, reconhecido como tal no título executivo;

II – o espólio, os herdeiros ou os sucessores do devedor;

III – o novo devedor que assumiu, com o consentimento do credor, a obrigação resultante do título executivo;

IV – o fiador do débito constante em título extrajudicial;

V – o responsável titular do bem vinculado por garantia real ao pagamento do débito;

VI – o responsável tributário, assim definido em lei.

▶ **1. Correspondência no CPC/1973.** *"Art. 568. São sujeitos passivos na execução: I – o devedor, reconhecido como tal no título executivo; II – o espólio, os herdeiros ou os sucessores do devedor; III – o novo devedor, que assumiu, com o consentimento do credor, a obrigação resultante do título executivo; IV – o fiador judicial; V – o responsável tributário, assim definido na legislação própria."*

## 🗔 LEGISLAÇÃO CORRELATA

**2. CC, art. 299.** *"Art. 299. É facultado a terceiro assumir a obrigação do devedor, com o consentimento expresso do credor, ficando exonerado o devedor primitivo, salvo se aquele, ao tempo da assunção, era insolvente e o credor o ignorava. Parágrafo único. Qualquer das partes pode assinar prazo ao credor para que consinta na assunção da dívida, interpretando-se o seu silêncio como recusa."*

**3. CC, art. 300.** *"Art. 300. Salvo assentimento expresso do devedor primitivo, consideram-se extintas, a partir da assunção da dívida, as garantias especiais por ele originariamente dadas ao credor."*

**4. CC, art. 301.** *"Art. 301. Se a substituição do devedor vier a ser anulada, restaura-se o débito, com todas as suas garantias, salvo as garantias prestadas por terceiros, exceto se este conhecia o vício que inquinava a obrigação."*

**5. CC, art. 302.** *"Art. 302. O novo devedor não pode opor ao credor as exceções pessoais que competiam ao devedor primitivo."*

**6. CC, art. 303.** *"Art. 303. O adquirente de imóvel hipotecado pode tomar a seu cargo o pagamento do crédito garantido; se o credor, notificado, não impugnar em trinta dias a transferência do débito, entender-se-á dado o assentimento."*

**7. CC, art. 1.792.** *"Art. 1.792. O herdeiro não responde por encargos superiores às forças da herança; incumbe-lhe, porém, a prova do excesso,* salvo se houver inventário que a escuse, demostrando o valor dos bens herdados."

**8. CTN, art. 121.** *"Art. 121. Sujeito passivo da obrigação principal é a pessoa obrigada ao pagamento de tributo ou penalidade pecuniária. Parágrafo único. O sujeito passivo da obrigação principal diz-se: I – contribuinte, quando tenha relação pessoal e direta com a situação que constitua o respectivo fato gerador; II – responsável, quando, sem revestir a condição de contribuinte, sua obrigação decorra de disposição expressa de lei."*

**9. CTN, art. 124.** *"Art. 124. São solidariamente obrigadas: I – as pessoas que tenham interesse comum na situação que constitua o fato gerador da obrigação principal; II – as pessoas expressamente designadas por lei. Parágrafo único. A solidariedade referida neste artigo não comporta benefício de ordem."*

## ⚖ Jurisprudência, Enunciados e Súmulas Selecionados

- **10. Tema/Repetitivo 97 do STJ.** *"A simples falta de pagamento do tributo não configura, por si só, nem em tese, circunstância que acarreta a responsabilidade subsidiária do sócio, prevista no art. 135 do CTN. É indispensável, para tanto, que tenha agido com excesso de poderes ou infração à lei, ao contrato social ou ao estatuto da empresa."*
- **11. Súmula 268, STJ.** *"O fiador que não integrou a relação processual na ação de despejo não responde pela execução do julgado."*
- **12. Súmula 435, STJ.** *"Presume-se dissolvida irregularmente a empresa que deixar de funcionar no seu domicílio fiscal, sem comunicação aos órgãos competentes, legitimando o redirecionamento da execução fiscal para o sócio-gerente."*
- **13. Súmula 623/STJ.** *"As obrigações ambientais possuem natureza propter rem, sendo admissível cobrá-las do proprietário ou possuidor atual e/ou dos anteriores, à escolha do credor."*
- **14. Enunciado 445 do FPPC.** *"O fiador judicial também pode ser sujeito passivo da execução."*
- **15. Enunciado 97 da I Jornada-CJF.** *"A execução pode ser promovida apenas contra o titular do bem oferecido em garantia real, cabendo, nesse caso, somente a intimação de eventual coproprietário que não tenha outorgado a garantia."*
- **16. Enunciado 7 da I Jornada de Prevenção e Solução Extrajudicial de Litígios-CJF.** *"Os árbitros ou instituições arbitrais não possuem legitimidade para figurar no polo passivo da* ação prevista no art. 33, caput, e § 4º, da Lei 9.307/1996, no cumprimento de sentença arbitral e em tutelas de urgência."

## 📖 Comentários Temáticos

**17. Legitimidade passiva e responsabilidade patrimonial.** A legitimidade passiva para execução é tema que tem estreita ligação com o da responsabilidade patrimonial. O legitimado passivo tem seus bens sujeitos à execução (art. 790).

**18. Legitimidade passiva ordinária.** É legitimada ordinária para ser executada a pessoa reconhecida, no título executivo, como devedora. O exame da legitimação passiva na execução passa pela análise da responsabilidade patrimonial. A pessoa a quem se atribui responsabilidade pelo cumprimento de uma obrigação é parte legítima para figurar no polo passivo da execução.

**19. Legitimidade do espólio, herdeiros ou sucessores.** A legitimidade do espólio, herdeiros ou sucessores é ordinária superveniente, já que surge após a formação do título executivo. Em regra, decorre da sucessão *causa mortis*. Com o falecimento do devedor, a responsabilidade passa a ser do espólio, mantendo-se até a partilha. Posteriormente, a responsabilidade será do herdeiro ou do sucessor, limitada às "forças da herança" (CC, art. 1.792).

**20. Sucessor de pessoa jurídica.** O sucessor de pessoa jurídica tem legitimidade para ser demandado na execução.

**21. Legitimidade do novo devedor.** A assunção de dívida (CC, arts. 299 a 303) acarreta a legitimidade passivo do assuntor para a execução. O exequente precisa concordar com o seu ingresso na execução.

**22. Fiador convencional, fiador legal, fiador judicial e abonador.** Fiança é o ato ou o negócio jurídico pelo qual alguém se obriga a adimplir a prestação do credor, caso este não a cumpra no prazo e no modo devidos. O fiador convencional é aquele que se responsabiliza em virtude de contrato. O judicial é aquele que se obriga em razão de ato processual. O fiador legal é aquele que se obriga por imposição de lei. O abonador é fiador do fiador. Todos eles podem ser sujeitos passivos na execução.

**23. Legitimidade do fiador convencional.** O fiador convencional de título executivo extrajudicial é legitimado passivo para execução.

**24. Legitimidade do fiador no cumprimento de sentença.** Um título executivo judicial não pode ser executado contra o fiador convencional que não participou da fase de conhecimento (art. 513, § 5º).

**25. Legitimidade do titular de bem com garantia real.** Tem legitimidade passiva para execução aquele que oferece garantia real para assegurar a satisfação de obrigação de terceiro, se a atividade executiva puder interferir no bem dado em garantia.

**26. Necessidade de citação do garantidor hipotecário.** *"Nos termos da jurisprudência firmada no Superior Tribunal de Justiça, é indispensável que o garantidor hipotecário figure como executado para que a penhora recaia sobre o bem dado em garantia, porquanto não é possível que a execução seja endereçada a uma pessoa, o devedor principal, e a constrição judicial atinja bens de terceiro, o garantidor hipotecário. Para tanto, entende-se necessária sua citação para vir compor o polo passivo da execução, na condição de proprietário do bem hipotecado em garantia do débito executado"* (STJ, 4ª Turma, AgInt no AREsp 703.635/RJ, rel. Min. Raul Araújo, *DJe* 15.4.2019).

**27. Responsabilidade tributária.** O CTN divide a sujeição passiva em *direta* e *indireta*. O *contribuinte* é o sujeito passivo que possui *relação direta* com o fato gerador (CTN, art. 121, parágrafo único, I). É a pessoa que realizou o fato jurídico tributário, que praticou o ato a gerar a incidência do tributo, encontrando-se no polo passivo da relação obrigacional. Já o responsável é aquele que, sem possuir a condição de contribuinte, recebe o ônus de assumir ou zelar pelo cumprimento da obrigação tributária (CTN, art. 121, parágrafo único, II); sua sujeição é indireta. No caso de sujeição indireta, há 2 modelos distintos: *(a)* a responsabilidade por transferência; e *(b)* a substituição tributária. Na responsabilidade por transferência, há 2 relações jurídicas autônomas: a que decorre da incidência da regra matriz e que vincula o sujeito passivo direto (contribuinte) à obrigação tributária e a que cria o vínculo jurídico específico da sujeição passiva indireta. A obrigação do terceiro de responder pela dívida originalmente do contribuinte não decorre direta ou automaticamente da pura e simples ocorrência do fato gerador do tributo. Do fato gerador só surge a obrigação direta do contribuinte. A responsabilidade por transferência subdivide-se em 3 espécies: *(a)* responsabilidade por sucessão (CTN, arts. 129 a 133); *(b)* responsabilidade de terceiros (CTN, arts. 134 e 135); *(c)* responsabilidade por infração (CTN, arts. 136 e 137). Os arts. 134, VII, e 135, III, do CTN, atribuem aos sócios, diretores, gerentes ou representantes responsabilidade patrimonial por dívidas tributárias. Para que o sócio seja responsabilizado, é preciso que haja comprovação de que ele tenha agido com excesso de poderes, infração à lei ou ao estatuto ou, então, que tenha havido dissolução irregular da sociedade. Os arts. 134 e 135 do CTN tratam de responsabilidade dos sócios, administradores e gestões de pessoas jurídicas pelo tributo por esta devido. Além dessas hipóteses de responsabilidade por transferência, há a responsabilidade por substituição ou por substituição tributária (CTN, art. 128). A substituição tributária é modalidade de sujeição passiva indireta, na qual, por questões de técnica de arrecadação, o legislador atribui o dever jurídico de pagar o tributo a pessoa diversa daquela que praticou o ato (contribuinte). O art. 128 do CTN, ao contrário das demais hipóteses de responsabilidade tributária, delegou ao legislador ordinário a especificação de casos de responsabilidade por substituição especificamente para determinados tributos. Nessa situação, a delegação mostra-se adequada, haja vista a natureza da substituição tributária como técnica destinada a promover a efetividade da arrecadação de tributos.

**28. Normas gerais de direito tributário e a responsabilidade tributária.** As normas gerais de direito tributário funcionam como normas condicionantes que orientam a criação e disciplinam a forma de instituição dos tributos pelos entes políticos competentes. Devido à sua importância, a CF optou por conjugar a materialidade das hipóteses de criação da norma ao procedimento legislativo qualificado da lei complementar. As normas relativas à responsabilidade tributária enquadram-se no rol das *normas gerais de direito tributário*. Logo, sua criação ou ampliação está subordinada à norma superior que restringe a liberdade legislativa no âmbito do direito tributário. Sua disciplina é reservada, formalmente, à lei complementar (CF, art. 146, III). Todas as hipóteses de responsabilidade previstas no CTN somente podem ser alteradas ou complementadas por outro veículo normativo de caráter geral, sendo vedada a sua instituição pelos entes políticos tributantes (União, Estados, Distrito Federal e Municípios). Em outras palavras, é *inconstitucional* qualquer instituição de hipótese de responsabilidade, ainda que aplicável para determinado tributo, com fundamento em hipóteses normativas já tratadas nas normas gerais de direito tributário. Além disso, o sistema constitucional tributário somente permite a criação de novas regras de responsabilidade (não previstas no CTN), caso

# LIVRO II · DO PROCESSO DE EXECUÇÃO — Art. 780

haja o cumprimento dos requisitos previstos no art. 128 do CTN, que delega ao legislador ordinário a possibilidade de criação de hipóteses de responsabilidade tributária por substituição (substituição tributária), desde que o terceiro esteja vinculado ao fato gerador da obrigação originária ou mediante outra norma geral de direito tributário (lei complementar). Assim, ressalvada as hipóteses de substituição tributária, todas as novas hipóteses de responsabilidade de tributária (sucessão, terceiros ou infração) devem, formalmente, ser introduzidas no sistema jurídico brasileiro por lei complementar, haja vista serem normas gerais de direito tributário (CF, art. 146, III).

**29. O conteúdo normativo do art. 124 do CTN e a responsabilidade tributária de grupo econômico.** O art. 124 do CTN não possui o condão de criar hipóteses de responsabilidade tributária livremente previstas pelos entes políticos, mas hipóteses de sujeição passiva direta que, obviamente, estão limitadas à materialidade dos tributos, definidas no sistema constitucional tributário. Em suma, o legislador não pode definir uma pluralidade de sujeição passiva direta de modo dissociado ao tributo regulado, sob pena de incorrer no vício da inconstitucionalidade. Pelo inciso I do art. 124 do CTN, são responsáveis as pessoas que contribuem para a realização do fato geral ou estão a ele relacionadas. Só há solidariedade, no tocante à hipótese do inciso I, se ambos praticam o ato que acarreta a ocorrência do fato gerador. No que diz respeito ao inciso II, é preciso que haja previsão em lei complementar.

---

**Art. 780.** O exequente pode cumular várias execuções, ainda que fundadas em títulos diferentes, quando o executado for o mesmo e desde que para todas elas seja competente o mesmo juízo e idêntico o procedimento.

---

▶ **1. Correspondência no CPC/1973.** *"Art. 573. É lícito ao credor, sendo o mesmo o devedor, cumular várias execuções, ainda que fundadas em títulos diferentes, desde que para todas elas seja competente o juiz e idêntica a forma do processo."*

## ⚖ JURISPRUDÊNCIA, ENUNCIADOS E SÚMULAS SELECIONADOS

• **2. Súmula 27, STJ.** *"Pode a execução fundar-se em mais de um título extrajudicial relativo ao mesmo negócio."*

## 🗎 COMENTÁRIOS TEMÁTICOS

**3. Cumulação de execuções.** É admissível, no procedimento executivo, a cumulação de demandas executivas contra o mesmo devedor, ainda que fundadas em títulos diferentes, desde que para a sua apreciação seja competente o juízo e idêntico o procedimento executivo.

**4. Cumulação de execuções *versus* pluralidade de títulos.** A cumulação de execuções não se confunde com a pluralidade de títulos. É possível que a mesma dívida esteja representada por mais de um título, com um ou mais devedores. É o caso, por exemplo, de dívida representada, a um só tempo, por contrato de mútuo e por nota promissória. Admite-se, nesse caso, a execução fundada em mais de um título. O que não se permite é a promoção de 2 duas execuções, cada uma fundada num título próprio, o que acarretaria um *bis in idem*, com o risco de pagamento em duplicidade da mesma dívida.

**5. Cumulação de execuções *versus* litisconsórcio.** A cumulação prevista no art. 780 é a objetiva, a de dívidas diferentes do mesmo devedor, não se confundindo com o litisconsórcio. Na cumulação de execuções, há pluralidade de obrigações exigidas contra o mesmo devedor; há identidade de devedor em todas elas, podendo, então, ser cumuladas num mesmo processo. Por sua vez, no litisconsórcio, há pluralidade de credores ou de devedores, mas uma única obrigação; a cumulação é subjetiva, e não objetiva.

**6. Requisitos de admissibilidade da cumulação de execuções.** Para que se cumulem execuções, é preciso que *(a)* haja identidade de partes; *(b)* o juízo seja competente para apreciar as demandas executivas cumuladas; e, *(c)* o procedimento executivo seja idêntico.

**7. Desnecessidade de conexão.** Não se exige conexão entre os motivos ou os pedidos para que se cumulem as execuções. O credor pode, por exemplo, cobrar de um mesmo devedor o pagamento de aluguéis vencidos, exibindo o respectivo título (contrato de aluguel), e o pagamento da quantia descrita num cheque, ainda que não guarde qualquer pertinência com a relação locatícia.

**8. Identidade de partes.** A cumulação somente é possível se feita diante do mesmo devedor. *Mesmo* devedor não significa *único* devedor. É possível que haja diversas dívidas, oriundas de diferentes títulos, que tenham vários devedores, sendo todos os mesmos em todas elas: em todas elas, *A* é o devedor e *B* e *C*, os fiadores, por exemplo. Há, nesse exemplo, vários devedores, mas eles são os mesmos: as execuções podem ser todas cumuladas contra eles. O que não se permite é que o credor cumule a execução de diferentes obrigações, cada uma contra um devedor diverso. Não apenas o devedor, mas o credor também há de ser o mesmo. Se há títulos diversos, cada um com um credor distinto, mas o devedor é mesmo, não é possível cumular as execuções. A coligação de credores contra o mesmo devedor é fenômeno típico de execuções coletivas, como a falência e a insolvência civil, não sendo compatível com a execução individual.

**9. Inviável a cumulação de execuções contra devedores diversos.** *"A jurisprudência desta Corte, em consonância com o disposto no art. 573 do CPC/1973, não reconhece a possibilidade de se cumularem execuções com base em títulos cujos procedimentos executivos são diversos, além de não serem os mesmos devedores"* (STJ, 3ª Turma, REsp 1.538.139/SP, rel. Min. Paulo de Tarso Sanseverino, *DJe* 13.5.2016).

**10. Cumulação de execuções contra devedores distintos, que têm, porém, avalistas comuns.** *"2. A reunião de diferentes emitentes de cédulas de produto rural em uma única execução exige a identidade de partes, circunstância que não se revela quando há autonomia das relações obrigacionais e da responsabilidade dos devedores. 3. A execução conjunta de obrigações autônomas contra devedores distintos é hipótese fática que não compreende a cumulação subjetiva autorizada pelo art. 573 do Código de Processo Civil de 1973, mas, configura, na verdade, a vedada coligação de devedores. 4. Os títulos possuem endossantes/avalistas comuns, estando caracterizada a identidade de partes em relação a eles, circunstância que autoriza a continuidade do processo executivo exclusivamente em seu desfavor"* (STJ, 3ª REsp 1.635.613/PR, rel. Min. Ricardo Villas Bôas Cueva, *DJe* 19.12.2016).

**11. Coligação de credores contra o mesmo devedor.** *"2. O propósito recursal consiste em definir sobre a possibilidade de cumulação subjetiva de credores na execução de título executivo extrajudicial – exegese do art. 780, do CPC/15. 3. É válida a cumulação de execuções em um só processo que aglutina pretensões por um ponto em comum, de fato ou de direito, considerando especialmente a economia processual daí advinda, sem prejuízo ao exercício do direito de defesa. 4. Na hipótese concreta, as pretensões executivas foram movidas em conjunto, considerando sua origem comum no Programa de Emissão de Cédulas de Crédito Bancário para a construção da Pequena Central Hidrelétrica de Apertadinho/RO. Configurada a identidade do devedor e a competência do mesmo juiz para todas as execuções das cédulas* de crédito bancário. 5. Assim, a coligação de credores no polo ativo da execução não desvirtuou a finalidade precípua do processo executivo, de satisfazer o crédito executado pelo modo mais efetivo ao credor e menos gravoso ao devedor, tampouco retirou deste a possibilidade de exercer a ampla defesa"* (STJ, 3ª Turma, REsp 1.688.154/SP, rel. Min. Nancy Andrighi, *DJe* 15.3.2019).

**12. Mesmo juízo competente.** A cumulação de execuções somente é possível se o juízo competente for o mesmo. Em caso de títulos judiciais diferentes, só pode haver cumulação se forem oriundos do mesmo juízo (art. 516, II) ou, havendo competência concorrente (art. 516, parágrafo único), o cumprimento conjunto for proposto um mesmo juízo. Sendo os títulos extrajudiciais, a cumulação depende, de igual modo, de identidade de competência do juízo para todas as execuções.

**13. Mesmo procedimento.** A cumulação somente é viável se todas as execuções se submeterem ao mesmo procedimento. Por isso, não se permite cumular uma execução de obrigação pecuniária com uma de obrigação de fazer ou de entregar coisa, pois os procedimentos são diversos.

**14. Cumprimento de sentença com execução fundada em título extrajudicial.** Não é possível cumular demandas executivas, sendo uma fundada em título judicial, e outra, em título extrajudicial. Os correspondentes procedimentos possuem peculiaridades que tornam incompatível seu processamento conjunto.

**15. Disparidade procedimental.** *"Inviável imiscuir-se, no seio de execução para pagamento de quantia certa, obrigação para entrega de coisa incerta, em vista da patente disparidade procedimental. Não se pode compelir, em regra, nem o devedor, nem o credor, a pagar ou receber prestação diversa da constante no título executivo, em consonância com o princípio da especialidade da execução"* (STJ. 3ª Turma, REsp 1.538.139/SP, rel. Min. Paulo de Tarso Sanseverino, *DJe* 13.5.2016).

**16. Cumulação de execuções, mesmo com ausência de identidade de credores.** *"2. Em regra, a execução conjunta de notas promissórias emitidas em favor de credores distintos constitui hipótese fática de cumulação não autorizada pelo art. 573 do Código de Processo Civil de 1973. 3. Razoabilidade da tese que admite a coligação de credores na hipótese em que se demonstra a existência de certa afinidade entre as pretensões executórias por um ponto em comum, de fato ou de direito"* (STJ, 3ª Turma, REsp 1.707.324/MS, rel. Min. Ricardo Villas Bôas Cueva, *DJe* 25.6.2018).

**LIVRO II • DO PROCESSO DE EXECUÇÃO** — **Art. 781**

**17. Execução de prestações periódicas.** *"1. O cerne da controvérsia consiste em saber se, à luz das disposições do Código de Processo Civil de 2015, é possível a inclusão, em ação de execução de título extrajudicial, das parcelas vincendas no débito exequendo, até o cumprimento integral da obrigação no curso do processo. 2. O art. 323 do CPC/2015 estabelece que: 'Na ação que tiver por objeto cumprimento de obrigação em prestações sucessivas, essas serão consideradas incluídas no pedido, independentemente de declaração expressa do autor, e serão incluídas na condenação, enquanto durar a obrigação, se o devedor, no curso do processo, deixar de pagá-las ou de consigná-las'. 2.1. Embora o referido dispositivo legal se refira à tutela de conhecimento, revela-se perfeitamente possível aplicá-lo ao processo de execução, a fim de permitir a inclusão das parcelas vincendas no débito exequendo, até o cumprimento integral da obrigação no curso do processo. 2.2. Com efeito, o art. 771 do CPC/2015, que regula o procedimento da execução fundada em título extrajudicial, permite, em seu parágrafo único, a aplicação subsidiária das disposições concernentes ao processo de conhecimento à execução, entre as quais se insere a regra do aludido art. 323. 3. Esse entendimento, ademais, está em consonância com os princípios da efetividade e da economia processual, evitando o ajuizamento de novas execuções com base em uma mesma relação jurídica obrigacional, o que sobrecarregaria ainda mais o Poder Judiciário, ressaltando-se, na linha do que dispõe o art. 780 do CPC/2015, que 'o exequente pode cumular várias execuções, ainda que fundadas em títulos diferentes, quando o executado for o mesmo e desde que para todas elas seja competente o mesmo juízo e idêntico o procedimento', tal como ocorrido na espécie. 4. Considerando que as parcelas cobradas na ação de execução – vencidas e vincendas – são originárias do mesmo título, ou seja, da mesma relação obrigacional, não há que se falar em inviabilização da impugnação dos respectivos valores pelo devedor, tampouco em cerceamento de defesa ou violação ao princípio do contraditório, porquanto o título extrajudicial executado permanece líquido, certo e exigível, embora o débito exequendo possa sofrer alteração no decorrer do processo, caso o executado permaneça inadimplente em relação às sucessivas cotas condominiais"* (STJ, 3ª Turma, REsp 1.759.364/RS, rel. Min. Marco Aurélio Bellizze, *DJe* 15.2.2019).

**18. Cumprimento de sentença de ação coletiva relativa a direitos individuais homogêneos.** *"6. Na fase de cumprimento de sentença de ação coletiva relativa a direitos individuais* homogêneos não se está mais diante de uma atuação uniforme do substituto processual em prol dos substituídos, mas de uma demanda em que é necessária a individualização de cada um dos beneficiários do título judicial, bem como dos respectivos créditos. 7. Assim, é possível a limitação do número de substituídos em cada cumprimento de sentença, por aplicação extensiva do art. 113, § 1º, do CPC. 8. Em que pese ao referido dispositivo se referir apenas a litisconsortes, é fato que o Código de Ritos não disciplina o procedimento específico das ações coletivas. Assim, não é correto afastar a incidência desse preceito normativo simplesmente por não haver referência expressa ao instituto da substituição processual. Ademais, o próprio CDC, em seu art. 90, prevê a aplicação supletiva do Código de Processo Civil"* (STJ, 2ª Turma, REsp 1.947.661/RS, rel. Min. Og Fernandes, *DJe* 14.10.2021).

## CAPÍTULO III
## DA COMPETÊNCIA

**Art. 781.** A execução fundada em título extrajudicial será processada perante o juízo competente, observando-se o seguinte:

I – a execução poderá ser proposta no foro de domicílio do executado, de eleição constante do título ou, ainda, de situação dos bens a ela sujeitos;

II – tendo mais de um domicílio, o executado poderá ser demandado no foro de qualquer deles;

III – sendo incerto ou desconhecido o domicílio do executado, a execução poderá ser proposta no lugar onde for encontrado ou no foro de domicílio do exequente;

IV – havendo mais de um devedor, com diferentes domicílios, a execução será proposta no foro de qualquer deles, à escolha do exequente;

V – a execução poderá ser proposta no foro do lugar em que se praticou o ato ou em que ocorreu o fato que deu origem ao título, mesmo que nele não mais resida o executado.

▶ **1. Correspondência no CPC/1973.** *"Art. 576. A execução, fundada em título extrajudicial, será processada perante o juízo competente, na conformidade do disposto no Livro I, Título IV, Capítulos II e III."*

## 🕮 LEGISLAÇÃO CORRELATA

**2. Lei 5.474/1968, art. 17.** *"Art. 17. O foro competente para a cobrança judicial da duplicata ou* *da triplicata é o da praça de pagamento constante do título, ou outra de domicílio do comprador e, no caso de ação regressiva, a dos sacadores, dos endossantes e respectivos avalistas."*

## ⚖ Jurisprudência, Enunciados e Súmulas Selecionados

- **3. Súmula STJ, 349.** *"Compete à Justiça Federal ou aos juízes com competência delegada o julgamento das execuções fiscais de contribuições devidas pelo empregador ao FGTS".*

## 📖 Comentários Temáticos

**4. Competência.** O dispositivo trata da competência para a execução fundada em título extrajudicial. Já a competência para o cumprimento da sentença está regulada no art. 516.

**5. Competência da autoridade judiciária brasileira.** A execução pode ser intentada perante autoridade judiciária brasileira, quando o executado, qualquer que seja sua nacionalidade, mantiver domicílio no Brasil (art. 21, I), ou quando aqui no Brasil tiver de ser cumprida a obrigação (art. 21, II). Nessas hipóteses, a demanda executiva pode ser intentada no Brasil, sem excluir a possibilidade de ser proposta perante alguma autoridade judiciária estrangeira. Nesses casos, admite-se a jurisdição *concorrente* de outro país, não havendo litispendência, nem impossibilidade de a autoridade brasileira processar execução que esteja tramitando em órgão jurisdicional estrangeiro (art. 24). Se a execução podia ser intentada no Brasil, mas foi processada em outro país, não há ofensa à soberania nacional. Proposta a execução perante juízo estrangeiro, e encontrando-se o executado no Brasil, deverá este ser citado por meio de carta rogatória, cabendo ao STJ conceder o *exequatur*.

**6. Eleição de foro exclusivo estrangeiro.** As partes podem incluir, em contrato internacional, cláusula que atribua competência exclusiva a determinada Justiça estrangeira, afastando expressa e previamente a competência da Justiça brasileira para processar o caso. Nessa hipótese, não compete à autoridade judiciária brasileira o processamento de execução quando houver cláusula de eleição de foro exclusivo estrangeiro em contrato internacional, arguida tempestivamente pelo réu (art. 25).

**7. Competência exclusiva da autoridade judiciária brasileira.** Quando a execução for de prestação que envolva bem imóvel situado no Brasil ou quando tal bem for objeto de cons-

trição judicial, a competência será *exclusiva* da autoridade judiciária brasileira, excluindo-se a possibilidade de a execução ter curso em juízo estrangeiro (art. 23, I). Tal regra visa a preservar o princípio da soberania nacional sobre seu território. Proposta a execução perante juízo estrangeiro, se este determinar a penhora de imóvel situado no Brasil, tal determinação será ineficaz, não devendo o STJ conceder o *exequatur* para cumprimento da ordem; não se deve, enfim, conceder *exequatur* para imissão na posse ou penhora sobre imóvel situado no Brasil.

**8. Competência interna para execução.** A execução fundada em título extrajudicial deve, geralmente, ser intentada perante um juízo de primeira instância. Na grande maioria dos casos, a execução deve ser proposta na Justiça Estadual ou na Justiça Federal.

**8.1. Competência da Justiça Federal.** A competência será da Justiça Federal nos casos previstos no art. 109 da CF, devendo ali ser processada a execução quando esta tiver como exequente ou executada a União, ou alguma autarquia ou empresa pública federal.

**8.2. Competência da Justiça Estadual.** A competência da Justiça Estadual é residual: quando não for competência de qualquer outra, deverá a execução ser intentada perante um dos órgãos da Justiça Estadual.

**8.3. Competência do STF.** A execução fiscal deve ser, em regra, intentada perante um juízo de primeira instância. Há, contudo, casos em que a execução fiscal deve ser proposta, originariamente, perante o STF. Abstraída a questão da imunidade de jurisdição ou de sua renúncia, a execução fiscal proposta pela União contra Estado estrangeiro ou organismo internacional deve ser intentada perante o STF, devendo ali ser processada, exatamente por ser da sua competência apreciar as causas entre a União e Estado estrangeiro ou organismo internacional (CF, art. 102, I, *e*). É discutível se cabe ou não uma execução fiscal contra Estado estrangeiro ou organismo internacional, mercê da imunidade de jurisdição. Independentemente de ser cabível ou não, se a União ou um Estado-membro intentar execução fiscal contra Estado estrangeiro ou organismo internacional, deverá fazê-lo perante o STF; é da Suprema Corte a competência para processar tal execução.

**8.4. Competência da Justiça Eleitoral.** É da Justiça Eleitoral a competência para processar execução fiscal que objetiva a cobrança de multa eleitoral. Nos termos do art. 109, I, da CF, excluem-se da competência da Justiça Federal as

**LIVRO II · DO PROCESSO DE EXECUÇÃO** — **Art. 782**

causas sujeitas à competência da Justiça Eleitoral, em que a União figurar como interessada na condição de autora, ré, assistente ou opoente. À Justiça Eleitoral compete processar e julgar não somente a execução fiscal, mas também a ação anulatória de lançamento decorrente de multa eleitoral.

**8.5. Competência da Justiça do Trabalho.** É possível haver execução fundada em título extrajudicial na Justiça do Trabalho (CLT, art. 625-E, parágrafo único). Cabe, ademais, execução na Justiça do Trabalho do compromisso de ajustamento de conduta celebrado perante o Ministério Público do Trabalho (CLT, art. 876), que é título executivo extrajudicial (Lei 7.347/1985, art. 5º, § 6º). O rol dos títulos executivos extrajudiciais aplica-se aos litígios trabalhistas, o que permite, por exemplo, a execução de um cheque ou de uma nota promissória vinculados ao pagamento de verbas trabalhistas.

**8.6. Competência territorial.** A competência é, geralmente, do juízo do foro do domicílio do executado. Sendo territorial, tal competência pode ser derrogada por vontade das partes. A execução fundada em título extrajudicial deve, em primeiro lugar, ser proposta no foro de eleição. Não havendo foro de eleição, deve ser proposta no foro do domicílio do executado ou, alternativamente, no foro da situação dos bens a ela sujeitos. Sendo incerto ou desconhecido o domicílio do executado, a execução poderá ser proposta no lugar onde for encontrado ou no foro de domicílio do exequente. Se o título se originou de um fato ou da prática de um ato, a exemplo de um termo de ajustamento de conduta ou de uma confissão de dívida, o exequente poderá optar entre ajuizar a execução no lugar em que se praticou o ato ou em que ocorreu o fato, mesmo que nele não mais resida o executado.

**8.7. Execução hipotecária.** À execução hipotecária aplicam-se as regras contidas no art. 781. Assim, não havendo foro de eleição, a execução poderá ser proposta no foro do domicílio do executado ou no da situação do bem a ser penhorado, que é exatamente o bem hipotecado.

**8.8. Competência para execução fiscal.** A execução fiscal será proposta no foro de domicílio do réu, no de sua residência ou no do lugar onde for encontrado (art. 46, § 5º).

**9. Competência federal delegada.** Os juízos federais são competentes para processar e julgar as causas em que União, autarquias federais e empresas públicas federais figurem como autoras, rés, opoentes ou assistentes. Essa competência, nos termos dos §§ 3º e 4º do art. 109 da CF, é delegada, em alguns casos, a juízos estaduais. Assim, em alguns casos, aos juízos estaduais da comarca, onde não houver vara federal, é atribuída competência federal. Nessas situações, a competência é da Justiça Federal, mas, por razões de amplo acesso à justiça, resta delegada a juízes estaduais. Trata-se, portanto, de competência delegada. Um desses casos estava previsto no art. 15, I, da Lei 5.010/1966: as execuções fiscais, nos lugares onde não havia vara federal, eram propostas na Justiça Estadual. Tal dispositivo foi revogado expressamente pelo inciso IX do art. 114 da Lei 13.043/2014. Logo, *não* há mais competência federal delegada nas execuções fiscais. Todas as execuções fiscais propostas por entes federais devem ser ajuizadas na Justiça Federal, não podendo mais tramitar na Justiça Estadual. A EC 103/2019 alterou a redação do § 3º do art. 109 da CF, passando a permitir a fixação legal de delegação de competência federal à Justiça Estadual apenas em causas em que figurem, como parte, instituição de previdência social e segurado. A delegação restringe-se, a partir da EC 103/2019, a ações em que figurem, como parte, instituição de previdência social e segurado. Qualquer outra demanda não poderá ser processada e julgada por juízo estadual, pois não se autoriza mais a delegação da competência federal em qualquer outra demanda que não tenha como partes, de um lado, instituição de previdência social e, de outro, segurado. Não poderá mais a lei estabelecer, portanto, competência federal delegada em execuções fiscais, a não ser que haja, de um lado, instituição de previdência social e, de outro lado, segurado.

**Art. 782.** Não dispondo a lei de modo diverso, o juiz determinará os atos executivos, e o oficial de justiça os cumprirá.

§ 1º O oficial de justiça poderá cumprir os atos executivos determinados pelo juiz também nas comarcas contíguas, de fácil comunicação, e nas que se situem na mesma região metropolitana.

§ 2º Sempre que, para efetivar a execução, for necessário o emprego de força policial, o juiz a requisitará.

§ 3º A requerimento da parte, o juiz pode determinar a inclusão do nome do executado em cadastros de inadimplentes.

§ 4º A inscrição será cancelada imediatamente se for efetuado o pagamento, se for garantida a execução ou se a execução for extinta por qualquer outro motivo.

§ 5º O disposto nos §§ 3º e 4º aplica-se à execução definitiva de título judicial.

# Art. 782

CÓDIGO DE PROCESSO CIVIL COMENTADO – *Leonardo Carneiro da Cunha*

▶ **1. Correspondência no CPC/1973.** *"Art. 577. Não dispondo a lei de modo diverso, o juiz determinará os atos executivos e os oficiais de justiça os cumprirão. Art. 579. Sempre que, para efetivar a execução, for necessário o emprego da força policial, o juiz a requisitará."*

## 🏛 Legislação Correlata

**2. Lei Complementar 14/1975, art. 1º.** *"Art. 1º Ficam estabelecidos, na forma do art. 164 da Constituição, as regiões metropolitanas de São Paulo, Belo Horizonte, Porto Alegre, Recife, Salvador, Curitiba, Belém e Fortaleza."*

**3. Lei 13.089/2015, art. 2º, V.** *"Art. 2º Para os efeitos desta Lei, consideram-se: (...) V – metrópole: espaço urbano com continuidade territorial que, em razão de sua população e relevância política e socioeconômica, tem influência nacional ou sobre uma região que configure, no mínimo, a área de influência de uma capital regional, conforme os critérios adotados pela Fundação Instituto Brasileiro de Geografia e Estatística – IBGE."*

**4. Lei 13.089/2015, art. 2º, VII.** *"Art. 2º Para os efeitos desta Lei, consideram-se: (...) VII – região metropolitana: unidade regional instituída pelos Estados, mediante lei complementar, constituída por agrupamento de Municípios limítrofes para integrar a organização, o planejamento e a execução de funções públicas de interesse comum."*

**5. IN 39/2016 do TST, art. 17.** *"Art. 17. Sem prejuízo da inclusão do devedor no Banco Nacional de Devedores Trabalhistas (CLT, art. 642-A), aplicam-se à execução trabalhista as normas dos artigos 495, 517 e 782, §§ 3º, 4º e 5º do CPC, que tratam respectivamente da hipoteca judiciária, do protesto de decisão judicial e da inclusão do nome do executado em cadastros de inadimplentes."*

## ⚖ Jurisprudência, Enunciados e Súmulas Selecionados

- **6. Tema/Repercussão Geral 327 STF.** *"A inscrição de entes federados em cadastro de inadimplentes (ou outro que dê causa à negativa de realização de convênios, acordos, ajustes ou outros instrumentos congêneres que impliquem transferência voluntária de recursos), pressupõe o respeito aos princípios do contraditório, da ampla defesa e do devido processo legal, somente reconhecido: a) após o julgamento de tomada de contas especial ou procedimento análogo perante o Tribunal de Contas, nos casos de descumprimento parcial ou total de convênio, prestação de contas rejeitada, ou existência de débito decorrente de ressarcimento de recursos de natureza contratual (salvo os de conta não prestada); b) após a devida notificação do ente faltoso e o decurso do prazo nela previsto (conforme constante em lei, regras infralegais ou em contrato), independentemente de tomada de contas especial, nos casos de não prestação de contas, não fornecimento de informações, débito decorrente de conta não prestada, ou quaisquer outras hipóteses em que incabível a tomada de contas especial."*

- **7. Tema/Repetitivo 1.026 do STJ.** *"O art. 782, § 3º do CPC é aplicável às execuções fiscais, devendo o magistrado deferir o requerimento de inclusão do nome do executado em cadastros de inadimplentes, preferencialmente pelo sistema SERASAJUD, independentemente do esgotamento prévio de outras medidas executivas, salvo se vislumbrar alguma dúvida razoável à existência do direito ao crédito previsto na Certidão de Dívida Ativa – CDA."*

- **8. Súmula 385, STJ.** *"Da anotação irregular em cadastro de proteção ao crédito, não cabe indenização por dano moral, quando preexistente legítima inscrição, ressalvado o direito ao cancelamento."*

- **9. Enunciado 190 do FPPC.** *"O art. 782, § 3º, não veda a inclusão extrajudicial do nome do executado em cadastros de inadimplentes, pelo credor ou diretamente pelo órgão de proteção ao crédito."*

- **10. Enunciado 538 do FPPC.** *"Aplica-se o procedimento do § 4º do art. 517 ao cancelamento da inscrição de cadastro de inadimplentes do § 4º do art. 782."*

- **11. Enunciado 739 do FPPC.** *"O fato de o exequente ter condições de proceder à inclusão do nome do executado em cadastro de inadimplentes não é fundamento para o juiz indeferir esse requerimento."*

- **12. Enunciado 98 da I Jornada-CJF.** *"O art. 782, § 3º, do CPC não veda a possibilidade de o credor, ou mesmo o órgão de proteção ao crédito, fazer a inclusão extrajudicial do nome do executado em cadastros de inadimplentes."*

- **13. Enunciado 99 da I Jornada-CJF.** *"A inclusão do nome do executado em cadastros de inadimplentes poderá se dar na execução definitiva de título judicial ou extrajudicial."*

- **14. Enunciado 19 do FNPP.** *"A possibilidade de inclusão do nome do executado em cadastros de inadimplentes por determinação judicial é aplicável à execução fiscal."*

1178

# LIVRO II · DO PROCESSO DE EXECUÇÃO — Art. 782

### 📖 COMENTÁRIOS TEMÁTICOS

**15. Atos executivos.** Os atos executivos são atos jurisdicionais, sendo ordenados pelo juiz. Ao estabelecer que os atos executivos serão determinados pelo juiz, o texto normativo enuncia que a execução forçada é ato do Estado, submetido ao poder de seu *imperium*, que, aliás, constitui um monopólio seu. Cabe privativamente ao juiz estatal determinar a prática de atos executivos. Já o árbitro não tem poder de executar a própria sentença. A sentença proferida pelo árbitro é irrecorrível e produz coisa julgada material, constituindo título executivo judicial. Porque o árbitro não tem poderes para processar a execução da sentença, esta deve ser promovida pela parte vitoriosa perante o Poder Judiciário.

**16. Oficial de justiça.** Desde a época das ordenações, o oficial de justiça mantém a mesma posição subordinada de fazer o que lhe ordenar o juiz, faltando-lhe autonomia de ação. Auxiliar da justiça que é (art. 149), o oficial tem, entre outras, a função de executar as ordens do juiz a que estiver subordinado (art. 154, II). Há, porém, atos que o oficial de justiça pode praticar na execução sem prévia determinação judicial. É o que ocorre, por exemplo, no arresto de bens prévio à citação por edital (art. 830): não encontrando o executado, o oficial de justiça lhe arrestará tantos bens quanto bastem para garantir a execução, independentemente de prévia ordem judicial. A regra, o normal, o comum é o oficial de justiça fazer cumprir ordens dadas pelo juiz. Não é comum que ele, na execução, atue sem prévia ordem judicial. O arresto previsto no art. 830 é uma exceção.

**17. Atos executivos em comarcas contíguas e nas que se situem na mesma região metropolitana.** O oficial de justiça poderá cumprir os atos executivos determinados pelo juiz em comarcas contíguas ou nas que se situem na mesma região metropolitana. Aliás, em qualquer processo, pode o oficial de justiça cumprir diligências em comarcas contíguas ou que integrem a mesma região metropolitana: é possível, em qualquer delas, efetuar citações, intimações, notificações, penhoras e quaisquer outros atos executivos (art. 255).

**18. Regiões metropolitanas.** A Lei Complementar 14/1973 estabeleceu as regiões metropolitanas de São Paulo, Belo Horizonte, Porto Alegre, Recife, Salvador, Curitiba, Belém e Fortaleza, que podem ser alteradas por leis complementares estaduais, de acordo com o disposto no art. 3º da Lei 13.089/2015, que cria o Estatuto da Metrópole.

**19. Emprego de força policial.** Ao ordenar a prática de atos executivos, o juiz está a exercer seu poder de império, devendo fazer valer o cumprimento da ordem expedida. Havendo resistência ao cumprimento, deve-se empregar força policial para que se cumpra a ordem judicial e se efetive o ato executivo.

**20. Inclusão do nome do executado em cadastros de inadimplentes.** Para forçar o cumprimento da obrigação, o juiz pode impor medidas coercitivas ou estabelecer sanções premiais. Entre as medidas coercitivas, destaca-se a inclusão do nome do executado em cadastros de inadimplentes. A inclusão do nome do executado em cadastros de inadimplentes não pode ser feita por ato voluntário do executado; é preciso que haja ordem judicial. A determinação não pode ser feita de ofício pelo juiz; é necessário requerimento do exequente.

**21. Requerimento de inclusão do nome do executado em cadastros de inadimplentes; desnecessidade de prévio requerimento administrativo.** *"5. Em relação às medidas executivas típicas, uma das novidades trazidas pelo novo diploma processual civil é a possibilidade de inclusão do nome do devedor nos cadastros de inadimplentes, a qual encontra previsão expressa no art. 782, § 3º, do CPC de 2015. 6. Tal norma deve ser interpretada de forma a garantir maior amplitude possível à concretização da tutela executiva, em conformidade com o princípio da efetividade do processo, não se mostrando razoável que o Poder Judiciário imponha restrição ao implemento dessa medida, condicionando-a à prévia recusa administrativa das entidades mantenedoras do respectivo cadastro, em manifesto descompasso com o propósito defendido pelo CPC/2015, especialmente em casos como o presente, em que as tentativas de satisfação do crédito foram todas frustradas"* (STJ, 3ª Turma, REsp 1.835.778/PR, rel. Min. Marco Aurélio Bellizze, *DJe* 6.2.2020).

**22. Inclusão do nome do executado em cadastros de inadimplentes. Exame da adequação da medida. Irrelevância da hipossuficiência do exequente.** *"5. O dispositivo legal que autoriza a inclusão do nome do devedor nos cadastros de inadimplentes exige, necessariamente, o requerimento da parte, não podendo o juízo promovê-lo de ofício. Ademais, depreende-se da redação do referido dispositivo legal que, havendo o requerimento, não há a obrigação legal de o Juiz determinar a negativação do nome do devedor, tratando-se de mera discricionariedade. A medida, então, deverá ser analisada casuisticamente, de acordo com as particularidades do caso concreto. 6. Não*

1179

cabe, contudo, ao julgador criar restrições que a própria lei não criou, limitando o seu alcance, por exemplo, à comprovação da hipossuficiência da parte. Tal atitude vai de encontro ao próprio espírito da efetividade da tutela jurisdicional, norteador de todo o sistema processual" (STJ, 3ª Turma, REsp 1.887.712/DF, rel. Min. Nancy Andrighi, *DJe* 12.11.2020).

**23. Retirada do nome do executado em cadastros de inadimplentes.** Sendo extinta a execução, ou vindo a ser garantida, ou caso seja efetuado o pagamento, não se justifica mais a manutenção do nome do executado nos cadastros de inadimplentes. Ocorrendo um desses casos, o juiz deve ordenar o cancelamento da inscrição.

**24. Aplicação ao cumprimento definitivo da sentença.** A regra que permite ao juiz, a requerimento do exequente, determinar a inscrição do nome do executado em cadastros de inadimplentes aplica-se ao cumprimento definitivo da sentença. Não se aplica ao cumprimento provisório. É preciso que a sentença exequenda tenha transitado em julgado.

**25. Garantia parcial do débito e inscrição em cadastro de inadimplentes.** *"A requerimento da parte, o juiz pode determinar a inclusão do nome do executado em cadastros de inadimplentes (art. 782, § 3º, do CPC/2015). Tal medida aplica-se tanto à execução de título extrajudicial quanto ao cumprimento definitivo de sentença (art. 782, § 5º, do CPC/2015) e só pode ser determinada mediante prévio pedido do exequente. Trata-se de instrumento de coerção indireta que visa a imprimir efetividade à execução. 4. A inscrição deve ser cancelada se, entre outras hipóteses, for garantida a execução (art. 782, § 4º, do CPC/2015). Considerando que, na interpretação das normas que regem a execução, deve-se extrair a maior efetividade possível ao procedimento executório, bem como o fato de que a menor onerosidade ao executado não se sobrepõe à efetividade da execução, se o débito for garantido apenas parcialmente, não há óbice à determinação judicial de inclusão do nome do executado em cadastros de inadimplentes, mediante prévio requerimento do exequente"* (STJ, 3ª Turma, REsp 1.953.667/SP, rel. Min. Nancy Andrighi, *DJe* 13.12.2021).

**26. Inclusão do devedor em cadastro de inadimplentes na execução fiscal.** *"É possível utilizar o sistema Serasajud nos processos de Execução Fiscal. Não há óbice algum ao seu emprego em relação a devedores inscritos em Dívida Ativa que, demandados em juízo, não cumpram a obrigação em cobrança. 2. A previsão do § 5º do*

*art. 782 do CPC/2015, no sentido de que o disposto nos §§ 3º e 4º do mesmo dispositivo legal aplica-se à execução definitiva de título judicial, não constitui vedação à utilização nos executivos fiscais. A norma não prevê tal restrição e deve ser interpretada de forma a dar ampla efetividade à tutela executiva, especialmente quando o credor é o Estado e, em última análise, a própria sociedade. Inteligência dos arts. 1º da Lei 6.830/1980 e 771 do CPC/2015. 3. Como bem ressaltado pelo Min. Francisco Falcão, no REsp 1.799.572/SC, 'tal medida concretiza o princípio da efetividade do processo, possuindo respaldo basilar nas Normas Fundamentais do Processo Civil, considerando que "as partes têm o direito de obter em prazo razoável a solução integral do mérito, incluída a atividade satisfativa" (art. 4º do CPC/2015) e o dever de cooperação processual, direcionado igualmente ao Poder Judiciário, 'para que se obtenha, em tempo razoável, decisão de mérito justa e efetiva' (art. 6º do CPC/2015)' (Segunda Turma, DJe 14.05.2019). 4. O STJ possui compreensão firmada de que é legal a realização de pesquisas nos sistemas Bacenjud, Renajud e Infojud, porquanto são meios colocados à disposição da parte exequente para agilizar a satisfação de seus créditos, dispensando-se o esgotamento das buscas por outros bens do executado. Precedentes: REsp 1.778.360/RS, Rel. Min. Francisco Falcão, Segunda Turma, DJe 14.02.2019; AgInt no AREsp 1.398.071/RJ, Rel. Min. Mauro Campbell Marques, Segunda Turma, DJe 15.03.2019; AREsp 1.376.209/RJ, Rel. Min. Francisco Falcão, Segunda Turma, DJe 13.12.2018; AgInt no AREsp 1.293.757/ES, Rel. Min. Mauro Campbell Marques, Segunda Turma, DJe 14.08.2018; AgInt no REsp 1.678.675/RS, Rel. Min. Og Fernandes, Segunda Turma, DJe 13.03.2018. 5. Sendo medida menos onerosa à parte executada, a anotação do nome em cadastro de inadimplentes pode ser determinada antes que se esgote a busca por bens penhoráveis. 6. O uso da expressão verbal "pode" no art. 782, § 3º, do CPC/2015, torna claro que se trata de faculdade atribuída ao juiz, a ser por ele exercida ou não, a depender das circunstâncias do caso concreto. 7. Interpretação que encontra amparo no art. 139, IV, do CPC/2015, segundo o qual, no exercício do poder de direção do processo, incumbe ao juiz 'determinar todas as medidas indutivas, coercitivas, mandamentais ou sub-rogatórias necessárias para assegurar o cumprimento de ordem judicial, inclusive nas ações que tenham por objeto prestação pecuniária'. (...) 9. Em síntese: a) é possível a utilização do sistema Serasajud nos processos de Execução Fiscal; b) é legal a realização de pesquisas nos sistemas Ba-*

**LIVRO II** · DO PROCESSO DE EXECUÇÃO **Art. 783**

*cenjud, Renajud e Infojud, porquanto são meios colocados à disposição da parte exequente para agilizar a satisfação de seus créditos, dispensando-se o esgotamento das buscas por outros bens do executado; c) sendo medida menos onerosa à parte executada, a anotação do nome em cadastro de inadimplentes pode ser determinada antes de exaurida a busca por bens penhoráveis; d) o uso da expressão verbal "pode", no art. 782, § 3º, do CPC/2015, demonstra que se cuida de faculdade atribuída ao juiz, a ser por ele exercida ou não, a depender das circunstâncias do caso concreto. 10. Observa-se, assim, que o acórdão recorrido está em desacordo com a compreensão do STJ sobre a matéria. Não havendo óbice à aplicação do art. 782 do CPC/2015 às Execuções Fiscais, o magistrado, atendidas as circunstâncias do caso concreto, poderá determinar a medida" (STJ, 2ª Turma, REsp 1.820.766/RS, rel. Min. Herman Benjamin, DJe 10.12.2021).*

**27.** **Desnecessidade de expedição de CDA para inscrição do devedor em cadastro de inadimplentes.** *"... a expedição de uma CDA para se autorizar a inscrição do devedor em cadastros de inadimplentes torna mais onerosa para a Administração a busca pelo pagamento de seus créditos, já que a negativação do nome do devedor é uma medida menos gravosa quando comparada com a necessária inscrição de dívida ativa. IX. Dessa forma, cabe ao credor interessado (no caso, a Administração Pública) comprovar a dívida com um documento idôneo que contenha os elementos necessários para se reconhecer o débito, não sendo, necessariamente, a CDA" (STJ, 2ª Turma, AREsp 2.265.805/ES, rel. Min. Francisco Falcão, DJe 25.8.2023).*

## CAPÍTULO IV
## DOS REQUISITOS NECESSÁRIOS PARA REALIZAR QUALQUER EXECUÇÃO

### Seção I
### Do Título Executivo

---

**Art. 783.** A execução para cobrança de crédito fundar-se-á sempre em título de obrigação certa, líquida e exigível.

---

▶ **1. Correspondência no CPC/1973.** *"Art. 586. A execução para cobrança de crédito fundar-se-á sempre em título de obrigação certa, líquida e exigível."*

▣ **COMENTÁRIOS TEMÁTICOS**

**2. Requisitos específicos da execução.** O título executivo (art. 783) e o inadimplemento do devedor (art. 786) qualificam-se como requisitos específicos da execução.

**3. Regra de que não há execução sem título (*nulla executio sine titulo*).** O procedimento executivo só pode ser instaurado se houver um documento a que a lei atribua a eficácia executiva, o título executivo. Não há execução sem título executivo. A execução depende de um título executivo.

**4. Execução provisória e execução definitiva.** A exigência de título aplica-se tanto à execução provisória quanto à definitiva.

**5. Título executivo.** O título executivo pode ser judicial ou extrajudicial. O art. 515 relaciona os títulos executivos *judiciais*, que autorizam a instauração do cumprimento da sentença. Os títulos executivos *extrajudiciais* estão previstos no art. 784 e em outros dispositivos da legislação.

**6. Importância do título executivo.** O título executivo é muito importante na execução. Sem ele não podem ser aferidos a causa de pedir, o pedido, a legitimidade, o interesse de agir etc., enfim, pode-se dizer que o título executivo é *onipotente*: ele é o documento indispensável para a propositura da execução e é com base nele que todos os elementos da ação, vários requisitos processuais serão examinados. A partir do seu conteúdo, o título executivo identifica as partes na ação de execução, determina o objeto da atividade judicial e limita a responsabilidade do executado.

**7. Atributos da obrigação representada no título executivo.** Para que se proponha a execução, é preciso que haja um título executivo, judicial ou extrajudicial. Não basta, contudo, que haja o título. Impõe-se, ainda, que a obrigação representada no título seja certa, líquida e exigível.

**8. Certeza da obrigação.** A certeza constitui o pré-requisito dos demais atributos, significando dizer que só há liquidez e exigibilidade, se houver certeza. A obrigação representada no título pode ser certa, mas ilíquida e inexigível; não pode, contudo, ser incerta, mas líquida e exigível. Diz-se que há certeza quando do título se infere a *existência* da obrigação.

**9. Certeza da obrigação e impugnação do crédito.** A certeza da obrigação não se confunde com a impossibilidade de impugnação. Ao exigir que a obrigação seja certa, não está a lei impondo que seja incontestável. Quando a obrigação estiver expressamente representada no título, significa que há certeza. É *certa* a obrigação, se não depender de qualquer elemento extrínseco para ser identificada: se, pela simples leitura do título, for possível perceber que há uma obrigação contraída, podendo-se, ainda, constatar quem é o credor, o devedor e quando deve ser cumprida, haverá, então, certeza da obrigação.

**10. Certeza da obrigação e questionabilidade do crédito.** *"A certeza da obrigação constante do título executivo não se confunde com a inquestionabilidade da existência do direito material nele referido, correspondendo à previsão da a natureza da prestação, seu objeto e seus sujeitos"* (STJ, 3ª Turma, REsp 1.7583.83/MT, rel. Min. Nancy Andrighi, *DJe* 7.8.2020).

**11. Certeza decorrente de previsão legal.** Nem sempre a certeza decorre de uma menção expressa à obrigação no título executivo. É possível que a certeza decorra de expressa previsão legal, que atribui ao título um efeito anexo. É o caso da sentença penal condenatória: não há nela, necessariamente, previsão expressa da obrigação de indenizar no cível, que é, porém, um seu efeito anexo determinado pelo art. 91, I, CP. Há certeza sem previsão expressa da obrigação no título executivo.

**12. Liquidez.** A liquidez pressupõe a certeza. A certeza diz respeito à existência da obrigação, enquanto a liquidez refere-se à determinação de seu objeto. Para que haja liquidez, é preciso que a obrigação exista e tenha objeto determinado. Diz-se líquido o crédito quando, além de claro e manifesto, dispensa qualquer elemento extrínseco para se aferir seu valor ou para se determinar seu objeto.

**13. Liquidação de sentença.** Sendo o título extrajudicial, deverá haver sempre liquidez. Já o título judicial pode representar uma obrigação líquida ou ilíquida. Havendo liquidez, e desde que haja também exigibilidade, já pode ser iniciado o procedimento do cumprimento da sentença. Se, diversamente, houver iliquidez, cumpre instaurar a liquidação da sentença (arts. 509 a 512).

**14. Necessidade de cálculos simples e de atualizações.** Se constar do título o valor da obrigação, há liquidez. Caso, todavia, seja necessária, para se aferir o valor, uma simples operação aritmética, também há liquidez (arts. 509, § 2º, e 786, parágrafo único). O valor constante do título pode, com o tempo, sofrer variações, vindo a ser majorado ou minorado, em razão, respectivamente, de acréscimos de encargos ou de amortização da dívida). Tais variações não afetam a liquidez, nem tornam a obrigação ilíquida.

**15. Exigibilidade.** Para que haja exigibilidade, é preciso que exista o direito à prestação (certeza da obrigação) e que o dever de a cumprir seja *atual*. Não estando sujeita a termo ou a condição suspensiva, a obrigação é exigível. Se, contudo, a prestação há de ser paga no futuro, enquanto não sobrevém o término do prazo ou a implementação da condição não se configura, ainda, a exigibilidade.

**Art. 784.** São títulos executivos extrajudiciais:

I – a letra de câmbio, a nota promissória, a duplicata, a debênture e o cheque;

II – a escritura pública ou outro documento público assinado pelo devedor;

III – o documento particular assinado pelo devedor e por 2 (duas) testemunhas;

IV – o instrumento de transação referendado pelo Ministério Público, pela Defensoria Pública, pela Advocacia Pública, pelos advogados dos transatores ou por conciliador ou mediador credenciado por tribunal;

V – o contrato garantido por hipoteca, penhor, anticrese ou outro direito real de garantia e aquele garantido por caução;

VI – o contrato de seguro de vida em caso de morte;

VII – o crédito decorrente de foro e laudêmio;

VIII – o crédito, documentalmente comprovado, decorrente de aluguel de imóvel, bem como de encargos acessórios, tais como taxas e despesas de condomínio;

IX – a certidão de dívida ativa da Fazenda Pública da União, dos Estados, do Distrito Federal e dos Municípios, correspondente aos créditos inscritos na forma da lei;

X – o crédito referente às contribuições ordinárias ou extraordinárias de condomínio edilício, previstas na respectiva convenção ou aprovadas em assembleia geral, desde que documentalmente comprovadas;

XI – a certidão expedida por serventia notarial ou de registro relativa a valores de emolumentos e demais despesas devidas pelos atos por ela praticados, fixados nas tabelas estabelecidas em lei;

XI-A – o contrato de contragarantia ou qualquer outro instrumento que materialize o direito de ressarcimento da seguradora contra tomadores de seguro-garantia e seus garantidores;

XII – todos os demais títulos aos quais, por disposição expressa, a lei atribuir força executiva.

§ 1º A propositura de qualquer ação relativa a débito constante de título executivo não inibe o credor de promover-lhe a execução.

**LIVRO II · DO PROCESSO DE EXECUÇÃO** **Art. 784**

§ 2º Os títulos executivos extrajudiciais oriundos de país estrangeiro não dependem de homologação para serem executados.

§ 3º O título estrangeiro só terá eficácia executiva quando satisfeitos os requisitos de formação exigidos pela lei do lugar de sua celebração e quando o Brasil for indicado como o lugar de cumprimento da obrigação.

§ 4º Nos títulos executivos constituídos ou atestados por meio eletrônico, é admitida qualquer modalidade de assinatura eletrônica prevista em lei, dispensada a assinatura de testemunhas quando sua integridade for conferida por provedor de assinatura.

▶ **1. Correspondência no CPC/1973.** *"Art. 585. São títulos executivos extrajudiciais: I – a letra de câmbio, a nota promissória, a duplicata, a debênture e o cheque; II – a escritura pública ou outro documento público assinado pelo devedor; o documento particular assinado pelo devedor e por duas testemunhas; o instrumento de transação referendado pelo Ministério Público, pela Defensoria Pública ou pelos advogados dos transatores; III – os contratos garantidos por hipoteca, penhor, anticrese e caução, bem como os de seguro de vida; IV – o crédito decorrente de foro e laudêmio; V – o crédito, documentalmente comprovado, decorrente de aluguel de imóvel, bem como de encargos acessórios, tais como taxas e despesas de condomínio; VI – o crédito de serventuário de justiça, de perito, de intérprete, ou de tradutor, quando as custas, emolumentos ou honorários forem aprovados por decisão judicial; VII – a certidão de dívida ativa da Fazenda Pública da União, dos Estados, do Distrito Federal, dos Territórios e dos Municípios, correspondente aos créditos inscritos na forma da lei; VIII – todos os demais títulos a que, por disposição expressa, a lei atribuir força executiva. § 1º A propositura de qualquer ação relativa ao débito constante do título executivo não inibe o credor de promover-lhe a execução. § 2º Não dependem de homologação pelo Supremo Tribunal Federal, para serem executados, os títulos executivos extrajudiciais, oriundos de país estrangeiro. O título, para ter eficácia executiva, há de satisfazer aos requisitos de formação exigidos pela lei do lugar de sua celebração e indicar o Brasil como o lugar de cumprimento da obrigação."*

⚖ **LEGISLAÇÃO CORRELATA**

**2. CF, art. 71, § 3º.** *"§ 3º As decisões do Tribunal de que resulte imputação de débito ou multa terão eficácia de título executivo."*

**3. CC, art. 887.** *"Art. 887. O título de crédito, documento necessário ao exercício do direito literal e autônomo nele contido, somente produz efeito quando preencha os requisitos da lei."*

**4. EOAB, art. 24.** *"Art. 24. A decisão judicial que fixar ou arbitrar honorários e o contrato escrito que os estipular são títulos executivos e constituem crédito privilegiado na falência, concordata, concurso de credores, insolvência civil e liquidação extrajudicial. § 1º A execução dos honorários pode ser promovida nos mesmos autos da ação em que tenha atuado o advogado, se assim lhe convier. § 2º Na hipótese de falecimento ou incapacidade civil do advogado, os honorários de sucumbência, proporcionais ao trabalho realizado, são recebidos por seus sucessores ou representantes legais. § 3º (proclamada inconstitucionalidade pelo STF na ADI 1.194). § 3º-A. Nos casos judiciais e administrativos, as disposições, as cláusulas, os regulamentos ou as convenções individuais ou coletivas que retirem do sócio o direito ao recebimento dos honorários de sucumbência serão válidos somente após o protocolo de petição que revogue os poderes que lhe foram outorgados ou que noticie a renúncia a eles, e os honorários serão devidos proporcionalmente ao trabalho realizado nos processos. § 4º O acordo feito pelo cliente do advogado e a parte contrária, salvo aquiescência do profissional, não lhe prejudica os honorários, quer os convencionados, quer os concedidos por sentença. § 5º Salvo renúncia expressa do advogado aos honorários pactuados na hipótese de encerramento da relação contratual com o cliente, o advogado mantém o direito aos honorários proporcionais ao trabalho realizado nos processos judiciais e administrativos em que tenha atuado, nos exatos termos do contrato celebrado, inclusive em relação aos eventos de sucesso que porventura venham a ocorrer após o encerramento da relação contratual. § 6º O distrato e a rescisão do contrato de prestação de serviços advocatícios, mesmo que formalmente celebrados, não configuram renúncia expressa aos honorários pactuados. § 7º Na ausência do contrato referido no § 6º deste artigo, os honorários advocatícios serão arbitrados conforme o disposto no art. 22 desta Lei."*

**5. EOAB, art. 46.** *"Art. 46. Compete à OAB fixar e cobrar, de seus inscritos, contribuições, preços de serviços e multas. Parágrafo único. Constitui título executivo extrajudicial a certidão passada pela diretoria do Conselho competente, relativa a crédito previsto neste artigo."*

**6. Decreto-lei 70/1966, art. 29.** *"Art. 29. As hipotecas a que se referem os artigos 9º e 10 e seus incisos, quando não pagas no vencimen-*

to, poderão, à escolha do credor, ser objeto de execução na forma do Código de Processo Civil (artigos 298 e 301) ou dêste decreto-lei (artigos 31 a 38). Parágrafo único. A falta de pagamento do principal, no todo ou em parte, ou de qualquer parcela de juros, nas épocas próprias, bem como descumprimento das obrigações constantes do artigo 21, importará, automàticamente, salvo disposição diversa do contrato de hipoteca, em exigibilidade imediata de tôda a dívida."

**7.** **Decreto-lei 73/1966, art. 27.** "Art. 27. Serão processadas pela forma executiva as ações de cobrança dos prêmios dos contratos de seguro."

**8.** **Decreto-lei 167/1967, art. 41.** "Art. 41. Cabe ação executiva para a cobrança da cédula de crédito rural."

**9.** **Lei 5.474/1968, art. 15.** "Art. 15. A cobrança judicial de duplicata ou triplicata será efetuada de conformidade com o processo aplicável aos títulos executivos extrajudiciais, de que cogita o Livro II do Código de Processo Civil, quando se tratar: I – de duplicata ou triplicata aceita, protestada ou não; II – de duplicata ou triplicata não aceita, contanto que, cumulativamente: a) haja sido protestada; b) esteja acompanhada de documento hábil comprobatório da entrega e do recebimento da mercadoria, permitida a sua comprovação por meio eletrônico; c) o sacado não tenha, comprovadamente, recusado o aceite, no prazo, nas condições e pelos motivos previstos nos arts. 7º e 8º desta Lei. § 1º Contra o sacador, os endossantes e respectivos avalistas caberá o processo de execução referido neste artigo, quaisquer que sejam a forma e as condições do protesto. § 2º Processar-se-á também da mesma maneira a execução de duplicata ou triplicata não aceita e não devolvida, desde que haja sido protestada mediante indicações do credor ou do apresentante do título, nos termos do art. 14, preenchidas as condições do inciso II deste artigo. § 3º A comprovação por meio eletrônico de que trata a alínea b do inciso II do caput deste artigo poderá ser disciplinada em ato do Poder Executivo federal."

**10.** **Lei 6.830/1980, art. 1º.** "Art. 1º A execução judicial para cobrança da Dívida Ativa da União, dos Estados, do Distrito Federal, dos Municípios e respectivas autarquias será regida por esta Lei e, subsidiariamente, pelo Código de Processo Civil."

**11.** **Lei 7.347/1985, art. 5º, § 6º.** "§ 6º Os órgãos públicos legitimados poderão tomar dos interessados compromisso de ajustamento de sua conduta às exigências legais, mediante cominações, que terá eficácia de título executivo extrajudicial."

**12.** **Lei 7.357/1985, art. 47.** "Art. 47 Pode o portador promover a execução do cheque: I – contra o emitente e seu avalista; II – contra os endossantes e seus avalistas, se o cheque apresentado em tempo hábil e a recusa de pagamento é comprovada pelo protesto ou por declaração do sacado, escrita e datada sobre o cheque, com indicação do dia de apresentação, ou, ainda, por declaração escrita e datada por câmara de compensação. § 1º Qualquer das declarações previstas neste artigo dispensa o protesto e produz os efeitos deste. § 2º Os signatários respondem pelos danos causados por declarações inexatas. § 3º O portador que não apresentar o cheque em tempo hábil, ou não comprovar a recusa de pagamento pela forma indicada neste artigo, perde o direito de execução contra o emitente, se este tinha fundos disponíveis durante o prazo de apresentação e os deixou de ter, em razão de fato que não lhe seja imputável. § 4º A execução independe do protesto e das declarações previstas neste artigo, se a apresentação ou o pagamento do cheque são obstados pelo fato de o sacado ter sido submetido a intervenção, liquidação extrajudicial ou falência."

**13.** **Lei 9.099/1995, art. 57, parágrafo único.** "Parágrafo único. Valerá como título extrajudicial o acordo celebrado pelas partes, por instrumento escrito, referendado pelo órgão competente do Ministério Público."

**14.** **Lei 9.307/1996, art. 11, parágrafo único.** "Art. 11. (...) Parágrafo único. Fixando as partes os honorários do árbitro, ou dos árbitros, no compromisso arbitral, este constituirá título executivo extrajudicial; não havendo tal estipulação, o árbitro requererá ao órgão do Poder Judiciário que seria competente para julgar, originariamente, a causa que os fixe por sentença."

**15.** **Lei 10.522/2002, art. 25.** "Art. 25. O termo de inscrição em Dívida Ativa da União, bem como o das autarquias e fundações públicas federais, a Certidão de Dívida Ativa dele extraída e a petição inicial em processo de execução fiscal poderão ser subscritos manualmente, ou por chancela mecânica ou eletrônica, observadas as disposições legais. Parágrafo único. O disposto no caput deste artigo aplica-se, também, à inscrição em Dívida Ativa e à cobrança judicial da contribuição, multas e demais encargos previstos na legislação respectiva, relativos ao Fundo de Garantia do Tempo de Serviço."

**16.** **Lei 10.741/2003, art. 13.** "Art. 13. As transações relativas a alimentos poderão ser celebradas perante o Promotor de Justiça ou Defensor Público, que as referendará, e passarão a ter efeito de título executivo extrajudicial nos termos da lei processual civil."

**LIVRO II · DO PROCESSO DE EXECUÇÃO** **Art. 784**

**17. Lei 10.931/2004, art. 20.** *"Art. 20. A CCI é título executivo extrajudicial, exigível pelo valor apurado de acordo com as cláusulas e condições pactuadas no contrato que lhe deu origem. Parágrafo único. O crédito representado pela CCI será exigível mediante ação de execução, ressalvadas as hipóteses em que a lei determine procedimento especial, judicial ou extrajudicial para satisfação do crédito e realização da garantia."*

**18. Lei 10.931/2004, art. 28.** *"Art. 28. A Cédula de Crédito Bancário é título executivo extrajudicial e representa dívida em dinheiro, certa, líquida e exigível, seja pela soma nela indicada, seja pelo saldo devedor demonstrado em planilha de cálculo, ou nos extratos da conta-corrente, elaborados conforme previsto no § 2º."*

**19. Lei 12.529/2011, art. 85, § 8º.** *"§ 8º O termo de compromisso de cessação de prática constitui título executivo extrajudicial."*

**20. Lei 12.529/2011, art. 93.** *"Art. 93. A decisão do Plenário do Tribunal, cominando multa ou impondo obrigação de fazer ou não fazer, constitui título executivo extrajudicial."*

**21. Lei 13.140/2015, art. 20, parágrafo único.** *"Art. 20. (...) Parágrafo único. O termo final de mediação, na hipótese de celebração de acordo, constitui título executivo extrajudicial e, quando homologado judicialmente, título executivo judicial."*

**22. Lei 13.775/2018, art. 2º.** *"Art. 2º A duplicata de que trata a Lei nº 5.474, de 18 de julho de 1968, pode ser emitida sob a forma escritural, para circulação como efeito comercial, observadas as disposições desta Lei."*

**23. Lei 13.775/2018, art. 3º.** *"Art. 3º A emissão de duplicata sob a forma escritural far-se-á mediante lançamento em sistema eletrônico de escrituração gerido por quaisquer das entidades que exerçam a atividade de escrituração de duplicatas escriturais. § 1º As entidades de que trata o caput deste artigo deverão ser autorizadas por órgão ou entidade da administração federal direta ou indireta a exercer a atividade de escrituração de duplicatas. § 2º No caso da escrituração de que trata o caput deste artigo, feita por Central Nacional de Registro de Títulos e Documentos, após autorizada a exercer a atividade prevista no caput deste artigo, nos termos do § 1º deste artigo, a referida escrituração caberá ao oficial de registro do domicílio do emissor da duplicata. § 3º Se o oficial de registro não estiver integrado ao sistema central, a competência de que trata o § 2º deste artigo será transferida para a Capital da respectiva entidade federativa. § 4º O valor total dos emolumentos cobrados pela central nacional de que trata o § 2º deste artigo para a prática dos atos descritos nesta Lei será fixado pelos Estados e pelo Distrito Federal, observado o valor máximo de R$ 1,00 (um real) por duplicata."*

**24. Lei 14.063/2020, art. 4º.** *"Art. 4º Para efeitos desta Lei, as assinaturas eletrônicas são classificadas em: I – assinatura eletrônica simples: a) a que permite identificar o seu signatário; b) a que anexa ou associa dados a outros dados em formato eletrônico do signatário; II – assinatura eletrônica avançada: a que utiliza certificados não emitidos pela ICP-Brasil ou outro meio de comprovação da autoria e da integridade de documentos em forma eletrônica, desde que admitido pelas partes como válido ou aceito pela pessoa a quem for oposto o documento, com as seguintes características: a) está associada ao signatário de maneira unívoca; b) utiliza dados para a criação de assinatura eletrônica cujo signatário pode, com elevado nível de confiança, operar sob o seu controle exclusivo; c) está relacionada aos dados a ela associados de tal modo que qualquer modificação posterior é detectável; III – assinatura eletrônica qualificada: a que utiliza certificado digital, nos termos do § 1º do art. 10 da Medida Provisória nº 2.200-2, de 24 de agosto de 2001. § 1º. Os 3 (três) tipos de assinatura referidos nos incisos I, II e III do caput deste artigo caracterizam o nível de confiança sobre a identidade e a manifestação de vontade de seu titular, e a assinatura eletrônica qualificada é a que possui nível mais elevado de confiabilidade a partir de suas normas, de seus padrões e de seus procedimentos específicos. § 2º. Devem ser asseguradas formas de revogação ou de cancelamento definitivo do meio utilizado para as assinaturas previstas nesta Lei, sobretudo em casos de comprometimento de sua segurança ou de vazamento de dados."*

**25. Lei 15.040/2024, art. 132.** *"Art. 132. Os contratos de seguro sobre a vida são títulos executivos extrajudiciais. Parágrafo único. O título executivo extrajudicial será constituído por qualquer documento que se mostre hábil para a prova da existência do contrato e do qual constem os elementos essenciais para a verificação da certeza e da liquidez da dívida, acompanhado dos documentos necessários à prova de sua exigibilidade."*

**26. IN 39/2016 do TST, art. 13.** *"Art. 13. Por aplicação supletiva do art. 784, I (art. 15 do CPC), o cheque e a nota promissória emitidos em reconhecimento de dívida inequivocamente de natureza trabalhista também são títulos extrajudiciais para efeito de execução perante a Justiça do Trabalho, na forma do art. 876 e segs. da CLT."*

1185

## ⚖ Jurisprudência, Enunciados e Súmulas Selecionados

- **27. Súmula 387, STF.** *"A cambial emitida ou aceita com omissões, ou em branco, pode ser completada pelo credor de boa-fé antes da cobrança ou do processo."*
- **28. Tema/Repetitivo 576 do STJ.** *"A Cédula de Crédito Bancário é título executivo extrajudicial, representativo de operações de crédito de qualquer natureza, circunstância que autoriza sua emissão para documentar a abertura de crédito em conta-corrente, nas modalidades de crédito rotativo ou cheque especial."*
- **29. Súmula 60, STJ.** *"É nula a obrigação cambial assumida por procurador do mutuário vinculado ao mutuante, no exclusivo interesse deste".*
- **30. Súmula 258, STJ.** *"A nota promissória vinculada a contrato de abertura de crédito não goza de autonomia em razão da iliquidez do título que a originou".*
- **31. Súmula 300, STJ.** *"O instrumento de confissão de dívida, ainda que originário de contrato de abertura de crédito, constitui título executivo extrajudicial."*
- **32. Enunciado 527 do FPPC.** *"Os créditos referidos no art. 515, inc. V, e no art. 784, inc. X e XI do CPC/2015 constituídos ao tempo do CPC/1973 são passíveis de execução de título judicial e extrajudicial, respectivamente."*
- **33. Enunciado 100 da I Jornada-CJF.** *"Interpreta-se a expressão condomínio edilício do art. 784, X, do CPC de forma a compreender tanto os condomínios verticais, quanto os horizontais de lotes, nos termos do art. 1.358-A do Código Civil."*

## ▣ Comentários Temáticos

**34. Títulos executivos extrajudiciais.** Para que se proponha a execução, é preciso que haja um título executivo. O título pode ser judicial ou extrajudicial. Os títulos executivos extrajudiciais estão previstos no art. 784 e em dispositivos da legislação extravagante.

**35. Títulos de crédito.** O título de crédito é essencialmente voltado para a tutela executiva. Sua emissão já permite que, a partir da exigibilidade, possa ser instaurado processo de execução. Somente se pode considerar o que esteja contido expressamente no título (literalidade do título de crédito). Não importam os detalhes da relação de direito material ou da obrigação subjacente ao título; não interessa, enfim, a *causa debendi*

(abstração do título). Daí decorre a inoponibilidade das exceções pessoais eventualmente existentes em relação a sujeito distinto do exequente. É preciso exibir o título ou a cártula para que se possa ser tido como credor: o exequente é quem porta a cártula (cartularidade).

**36. Princípios norteadores dos títulos de crédito.** *"2. A literalidade, a autonomia e a abstração são princípios norteadores dos títulos de crédito que visam conferir segurança jurídica ao tráfego comercial e tornar célere a circulação do crédito, transferindo-o a terceiros de boa-fé livre de todas as questões fundadas em direito pessoal. 3. Segundo o princípio da abstração, o título de crédito, quando posto em circulação, desvincula-se da relação fundamental que lhe deu origem. A circulação do título de crédito é pressuposto da abstração. 4. Nas situações em que a circulação do título de crédito não acontece e sua emissão ocorre como forma de garantia de dívida, não há desvinculação do negócio de origem, mantendo-se intacta a obrigação daqueles que se responsabilizaram pela dívida garantida pelo título"* (STJ, 4ª Turma, REsp 1.175.238/RS, rel. Min. Luis Felipe Salomão, *DJe* 23.6.2015).

**37. Original do título de crédito.** Diante da característica da cartularidade, a petição inicial da execução fundada em título de crédito deve vir acompanhada do *original* do título (art. 798, I, *a*). Em princípio, não se deve aceitar a execução fundada em cópia do título de crédito. É que o original pode ter sido endossado, tendo o crédito sido transferido a outrem. Executar o título de crédito com base na cópia pode acarretar o risco de o devedor ser executado várias vezes com base no mesmo título: o credor originário executa-o com base na cópia e o credor atual (endossatário) promove execução com base no original, acarretando o risco de mais de uma execução relativamente ao mesmo crédito, em manifesto prejuízo ao devedor. Daí não se aceitar, em princípio, que a execução esteja lastreada em simples cópia do título de crédito.

**38. Necessidade do original.** *"A juntada do original do documento representativo de crédito líquido, certo e exigível, consubstanciado em título de crédito com força executiva, é a regra, sendo requisito indispensável não só para a execução propriamente dita, mas, também, para todas as demandas nas quais a pretensão esteja amparada na referida cártula. A dispensa da juntada do original do título somente ocorre quando há motivo plausível e justificado para tal, o que não se verifica na presente hipótese, notadamente quando as partes devem contribuir para o adequado andamento do feito, sem causar obstáculos protela-*

*tórios"* (STJ, 4ª Turma, REsp 1.277.394/SC, rel. Min. Marco Buzzi, *DJe* 28.3.2016). *"A finalidade da determinação judicial de exibição do título original é certificar a ausência de circulação, isto é, garantir a identidade entre o credor que demanda o crédito e aquele que de fato teria direito a receber o pagamento"* (STJ, 3ª Turma, rel. Min. Nancy Andrighi, REsp 2.013.526/MT, *DJe* 6.3.2023). *"A apresentação da via original da Cédula de Crédito Bancário (CCB) só é necessária, a critério do juiz, se houver alegação concreta e motivada do executado de que o título possui alguma inconsistência formal ou material, de que ele circulou ou de que estaria sendo executado em duplicidade"* (STJ, 3ª Turma, REsp 2.061.889/PR, rel. Min. Nancy Andrighi, *DJe* 26.6.2023).

**39. Admissibilidade de cópia.** O original do título de crédito deve fundar a execução. Há, contudo, o risco de extravio ou de o título ser subtraído dos autos, não havendo mais título, o que acarretaria a impossibilidade de prosseguimento da execução, em flagrante prejuízo ao credor. Para conciliar esses problemas e evitar prejuízo tanto ao credor como ao devedor, a solução é aceitar a execução com base na cópia da cártula, desde que o exequente demonstre que o original não está circulando, nem houve endosso ou transferência do crédito a outrem.

**40. Possibilidade de execução fundada em cópia da cártula.** *"I – A execução pode excepcionalmente ser instruída por cópia reprográfica do título extrajudicial em que fundamentada, prescindindo da apresentação do documento original. II – Tal conclusão ainda mais se apresenta quando não há dúvida quanto à existência do título e do débito e quando comprovado que não circulou"* (STJ, 3ª Turma, REsp 820.121/ES, rel. p/ ac. Min. Sidnei Beneti, *DJe* 5.10.2010).

**41. Documentos que suprem a ausência da cártula.** *"A apresentação do boleto bancário, acompanhado do instrumento de protesto e das notas fiscais e respectivos comprovantes de entrega de mercadoria, supre a ausência física do título cambiário, autorizando o ajuizamento da ação executiva"* (STJ, 4ª Turma, AgInt no AREsp 1.322.266/PR, rel. Min. Raul Araújo, *DJe* 22.5.2019).

**42. Títulos de crédito típicos.** São títulos executivos extrajudiciais os títulos de crédito típicos: a letra de câmbio, a nota promissória, a duplicata, a debênture e o cheque. Eles têm força executiva, constituindo documentos aptos a permitir a execução.

**43. Títulos de crédito atípicos.** Há documentos que contam com os requisitos formais essenciais de título de crédito (CC, art. 887), mas não encontram regulamentação em legislação especial, sendo, portanto, títulos de crédito atípicos. Aos títulos de crédito *atípicos* não foi atribuída força executiva, não podendo haver execução com base neles. Um boleto bancário, embora possa ser um título *atípico,* não contém eficácia executiva.

**44. Letra de câmbio.** A letra de câmbio é um instrumento de declaração unilateral de vontade, enunciada em tempo e lugar *certos,* por meio da qual uma *certa* pessoa (chamada *sacador*) declara que uma *certa* pessoa (chamada *sacado*) pagará, pura e simplesmente, a *certa* pessoa (chamada *tomador*), uma quantia *certa,* num local e numa data – ou prazo – especificados ou não. O título considera-se emitido quando o sacador nele apõe sua assinatura. A letra de câmbio é, então, uma ordem de pagamento do sacador contra o sacado. É preciso, contudo, que o sacado aceite a letra de câmbio. Sem a concordância do sacado, a letra de câmbio não é título executivo extrajudicial, não sendo possível o ajuizamento da execução. O aceite é essencial para que a letra de câmbio tenha eficácia executiva. Sem o aceite, ainda que a letra de câmbio seja protestada, não há título executivo. Não havendo o aceite, protestada ou não, a letra de câmbio não poderá lastrear uma execução, pois não haverá título executivo. É fundamental, portanto, que haja o aceite.

**45. Nota promissória.** A nota promissória, que se submete aos requisitos da letra de câmbio, é um título de crédito, por meio do qual o emitente promete pagar certa quantia a favor de outrem ou a sua ordem. O documento somente será nota promissória e, consequentemente, título executivo, se preencher todos os requisitos legais, essenciais e extrínsecos. A falta de qualquer requisito inviabiliza a execução. A nota promissória é um título abstrato, mas pode ser utilizada como garantia de outra obrigação. Mesmo nessa hipótese, não perde sua característica de título executivo, sendo apta a instruir uma execução.

**46. Duplicata.** A duplicata é um título de crédito genuinamente brasileiro. É título cambial, autônomo e transmissível por endosso. A duplicata substitui a fatura assinada, que representa a compra e venda mercantil. O título é a duplicata da fatura. Emitida a fatura e aceita a duplicata, existe título executivo extrajudicial. A duplicata aceita é título executivo extrajudicial, independentemente de protesto. Se houve aceitação, não é necessário o protesto cambial; já se tem o título executivo. Não aceita a duplicata, deverá ser levada ao cartório de protesto, acompanhada da nota fiscal e do documento que comprove a remessa e a entrega da mercadoria. O protesto cambial substitui o aceite, caracterizando uma espécie de aceite presumido. Nesse caso de falta de aceite, somente poderá ser proposta execução se houver o protesto. O protesto, na duplicata por falta de aceite, constitui elemento indispensável à caracterização do título executivo extrajudicial, só podendo ser proposta a execução se houver o protesto. O protesto é prova do inadimplemento. A duplicata é emitida em razão de uma compra e venda mercantil. Pode, também, ser emitida a duplicata de prestação de serviços. A duplicata consiste num título causal, devendo ter subjacente negócio jurídico celebrado entre as partes que nele figuram como credor e devedor. Pode ser de dois tipos: *(a)* de fatura de venda mercantil; ou *(b)* de prestação de serviços.

**47. Triplicata.** Se a duplicata for extraviada ou retida indevidamente pelo devedor, permite-se a emissão de uma triplicata. Tendo havido o aceite, a triplicata pode ser executada independentemente de protesto. Não tendo havido o aceite, será necessário o protesto cambial para que a triplicata possa ser executada.

**48. Duplicata eletrônica.** É possível que se emita duplicata eletrônica, igualmente denominada de duplicata escritural. A Lei 13.775/2018 regulamenta o registro eletrônico de duplicatas. Com tal lei, não foi criado um novo título de crédito, tendo sido, apenas, regulamentada uma nova forma de emissão e utilização da duplicata. A lei atualizou a regulação da duplicata, permitindo sua emissão e seu registro eletrônicos. A emissão de duplicatas em papel vem caindo em desuso, sendo oportuna a previsão legal de sua emissão eletrônica.

**49. Debênture.** As debêntures são títulos emitidos por sociedades anônimas, com a finalidade de captação de recursos. A sociedade anônima, em vez de tomar empréstimo, lança debêntures, que são adquiridas por investidores. Ao adquirir a debênture, o investidor passa a ser credor da sociedade empresária, dispondo de um título executivo extrajudicial. A debênture é um título executivo. As debêntures devem ser nominativas, não podendo ser emitidas ao portador, vedado o endosso.

**50. Cheque.** O cheque é uma ordem de pagamento à vista. Uma pessoa, que é o emitente ou sacador, celebra um contrato com uma instituição financeira, que é o sacado. Por força de tal contrato, o emitente ou sacador mantém, em tal instituição financeira, uma conta-corrente, onde deposita dinheiro. Emitido um cheque, o emitente ou sacador está dando uma ordem ao banco, que é o sacado, para que este pague o valor inscrito no cheque ao beneficiário no-

meado, a sua ordem ou, não havendo nomeação de beneficiário, a quem portar o cheque. Neste último caso, o cheque é chamado de cheque ao portador. Não pago o valor, por não haver provisão de fundos, ou por qualquer outro motivo, o beneficiário ou o portador poderá promover ação de execução, fundando-se no cheque. O cheque é, então, um título executivo extrajudicial. Para que se possa ajuizar a execução fundada no cheque, é preciso que o beneficiário ou o portador tenha, antes, apresentado a cártula à instituição financeira, tendo sido recusada a ordem de pagamento, com a devolução do cheque. Somente a partir da recusa é que se pode intentar a ação de execução. Não é preciso protestar o cheque para executá-lo; a execução independe de protesto.

**51. Escritura pública ou qualquer documento público assinado pelo devedor.** É título executivo extrajudicial a escritura pública ou outro documento público assinado pelo devedor. A escritura pública, independentemente da espécie de obrigação nela compreendida, é título executivo. Geralmente, a escritura pública é apresentada sob a forma de traslado, que consiste numa cópia do instrumento, ou das certidões extraídas pelo notário (CC, art. 217; CPC, art. 425, II). Além da escritura pública, também é título executivo extrajudicial qualquer outro documento público assinado pelo devedor. Se a autoridade pública emite o documento, ele é público. Emitido o documento público, que está assinado pela própria autoridade, há um título executivo extrajudicial, a autorizar o ajuizamento da ação de execução.

**52. Documento público.** *"Este e. STJ, ao analisar situação similar, assentou que 'a melhor interpretação para a expressão documento público é no sentido de que tal documento é aquele produzido por autoridade, ou em sua presença, com a respectiva chancela, desde que tenha competência para tanto' (REsp 487.913/MG, Rel. do Min. José Delgado, 1ª Turma,* DJ *09.06.2003)"* (STJ, 2ª Turma, REsp 1.521.531/SE, rel. Min. Mauro Campbell Marques, *DJe* 3.9.2015).

**53. Nota de empenho.** *"A nota de empenho emitida por agente público é título executivo extrajudicial por ser dotada dos requisitos da liquidez, certeza e exigibilidade"* (STJ, 2ª Turma, REsp 894.726/RJ, rel. Min. Castro Meira, *DJe* 29.10.2009).

**54. Contrato administrativo.** *"O contrato administrativo celebrado com base na Lei 8.666/1993 possui natureza de documento público, tendo em vista emanar de ato do Poder Público"* (STJ, 1ª Seção, EDv nos EREsp 1.523.938/RS, rel. Min. Herman Benjamin, *DJe* 13.11.2018).

**LIVRO II** • DO PROCESSO DE EXECUÇÃO    **Art. 784**

**55.** **Documento particular assinado pelo devedor e por duas testemunhas.** É título executivo extrajudicial o documento particular assinado pelo devedor e por duas testemunhas. A assinatura das testemunhas é indispensável para que o documento seja título executivo. Essa é uma hipótese bem ampla, de sorte que qualquer documento particular que esteja assinado pelo devedor e por duas testemunhas ostenta a condição de título executivo, desde que a obrigação nele representada seja certa, líquida e exigível.

**56.** **Necessidade de assinatura.** Tratando-se de documento particular, é necessária a assinatura do devedor, não se admitindo a assinatura a rogo, ou seja, não se permite que outra pessoa capaz assine por ele, caso ele não saiba ou não possa assinar.

**57.** **Devedor não alfabetizado.** Caso o devedor não saiba ou não possa assinar, deve, então, o negócio ser celebrado por escritura pública, lavrada em notas de tabelião, podendo ser aposta assinatura a rogo (CC, art. 215, § 2º).

**58.** **Contrato de prestação de serviços.** No caso de contrato de prestação de serviços, quando qualquer das partes não souber ler, nem escrever, o instrumento poderá ser assinado a rogo e subscrito por duas testemunhas (CC, art. 595).

**59.** **Confissão de dívida.** *"A jurisprudência desta Corte é firme no sentido de que a confissão de dívida assinada pelo devedor e por duas testemunhas é título apto a embasar execução extrajudicial"* (STJ, 3ª Turma, AgInt no AREsp 1.611.588/SP, rel. Min. Marco Aurélio Bellizze, DJe 1º.9.2020).

**60.** **Testemunhas presenciais.** As testemunhas devem ter presenciado a celebração do negócio, assinando o respectivo instrumento no mesmo momento em que o devedor o subscreveu. O STJ entende não ser necessário que as testemunhas sejam presenciais, podendo ser instrumentárias, ou seja, podendo assinar depois e sem terem assistido ao ato de celebração do negócio: *"A lei não exige que a assinatura das testemunhas seja contemporânea a do devedor"* (STJ, 3ª Turma, REsp 8.849/DF, rel. Min. Nilson Naves, DJ 1º.7.1991, p. 9.192). É mais adequado, porém, entender que as testemunhas devem ser presenciais, sujeitando-se às restrições do art. 228 do CC. Ali se estabelecem regras relativas à incapacidade para o testemunho. Há pessoas que não são admitidas como testemunhas em juízo. Nesses casos, além de não serem admitidas como testemunhas num processo judicial, também não devem ser admitidas como testemunhas num contrato ou num documento particular, de sorte que se ali figurarem como tal, o documento não deve ser tido como título executivo. Nesse sentido, não deve ser admitido como testemunha, num processo judicial, o filho de uma das partes; há, nesse caso, impedimento (art. 447, § 2º, I). Da mesma forma que ele não pode ser testemunha em juízo, não poderá ser testemunha num documento particular que seu pai assinou como devedor. É preciso que a testemunha, no documento particular, tenha presenciado a celebração do negócio e não se sujeite às restrições legais relativas às testemunhas judiciais. Isso porque, se chamada a juízo, deverá a testemunha atestar que assistiu a tudo e que o devedor assumiu realmente aquela obrigação sem qualquer vício de vontade. Ademais, a testemunha deve ser identificada e identificável no instrumento negocial, do qual haverá de constar a sua assinatura legível. Aceitar a testemunha meramente instrumentária, que não presenciou a celebração do negócio, equivale a atribuir-lhe uma função meramente formal ou decorativa, sem qualquer finalidade ou significado. A finalidade de o documento particular, para ser título executivo, contar com a assinatura de duas testemunhas, é justamente convocá-las a testemunhar em juízo, caso o devedor alegue algum vício de vontade nos embargos à execução. Daí por que devem as testemunhas, no documento particular, ter presenciado sua elaboração e não estarem sujeitas às restrições legais relativas às testemunhas judiciais. Do contrário, ou seja, caso as testemunhas não desfrutem dessas qualidades, o documento particular não será título executivo extrajudicial, o que somente poderá ser aferido, na hipótese de haver embargos à execução em que se alegue o vício e caso haja prejuízo com tal defeito.

**61.** **Testemunhas instrumentárias.** *"O fato de as testemunhas do documento particular não estarem presentes ao ato de sua formação não retira a sua executoriedade, uma vez que as assinaturas podem ser feitas em momento posterior ao ato de criação do título executivo extrajudicial, sendo as testemunhas meramente instrumentárias (cf. REsp 1.127/SP e 8.849/DF)"* (STJ, 4ª Turma, REsp 541.267/RJ, rel. Min. Jorge Scartezzini, DJ 17.10.2005, p. 298).

**62.** **Dispensa de testemunhas em casos excepcionais.** *"A assinatura das testemunhas é um requisito extrínseco à substância do ato, cujo escopo é o de aferir a existência e a validade do negócio jurídico; sendo certo que, em caráter absolutamente excepcional, os pressupostos de existência e os de validade do contrato podem ser revelados por outros meios idôneos e pelo próprio* *contexto dos autos, hipótese em que tal condição de eficácia executiva poderá ser suprida"* (STJ, 4ª Turma, REsp 1.438.399/PR, rel. Min. Luis Felipe Salomão, *DJe* 05.05.2015). *"Excepcionalmente, a certeza quanto à existência do ajuste celebrado pode ser obtida por outro meio idôneo ou no próprio contexto dos autos, caso em que a exigência da assinatura de duas testemunhas no documento particular – contrato de confissão de dívida – pode ser mitigada"* (STJ, 3ª Turma, AgInt no AREsp 1.269.754/SC, rel. Min. Marco Aurélio Bellizze, *DJe* 29.6.2018).

**63.** **Reconhecimento de firma.** Não é necessário o reconhecimento de firma do devedor e das testemunhas.

**64.** **Contrato de honorários de advogado e desnecessidade de testemunhas.** *"A jurisprudência desta Corte é uníssona em reconhecer a prevalência da legislação especial (Lei 8.906/1994), que confere ao contrato de prestação de serviços advocatícios a qualidade de título de crédito executivo extrajudicial, independentemente de constar em seu teor a assinatura de duas testemunhas"* (STJ, 3ª Turma, AgInt no AREsp 1.443.050/BA, rel. Min. Marco Aurélio Bellizze, *DJe* 28.10.2019).

**65.** **Transação referendada pelo Ministério Público, pela Defensoria Pública, pelos advogados dos transatores ou por conciliador ou mediador credenciado no tribunal.** A transação referendada pelo Ministério Público, pela Defensoria Pública, pelos advogados dos transatores ou por conciliador ou mediador credenciado no tribunal ostenta a natureza de título executivo extrajudicial. Havendo o referendo, dispensam-se as duas testemunhas. Se cada transator estiver representado por seu advogado e houver referendo, o documento será título executivo. É possível que os transatores estejam representados por um só advogado: o mesmo advogado assessorou ambas as partes, referendando o negócio jurídico. Nesse caso, também haverá título executivo extrajudicial. Celebrado o negócio, com a assinatura das partes e o referendo do Ministério Público, da Defensoria Pública, dos advogados dos transatores ou do conciliador ou mediador credenciado junto ao tribunal, haverá um título executivo extrajudicial. As partes podem, contudo, desejar transformar esse título *extrajudicial* num título *judicial*. Para isso, devem requerer ao juiz, num procedimento de jurisdição voluntária, que homologue a transação. A partir daí, passarão a dispor de um título executivo *judicial* (art. 515, III).

**66.** **Contratos garantidos por hipoteca, penhor, anticrese ou outro direito real de garantia.** Os contratos garantidos por hipoteca, penhor, anticrese ou outro direito real de garantia são títulos executivos extrajudiciais. Nesses casos, *não* é necessária a assinatura de duas testemunhas. Basta que o devedor assine um contrato, cuja obrigação esteja garantida por hipoteca, penhor, anticrese ou outro direito real de garantia. Não basta que haja a garantia real, sendo preciso que a obrigação principal ostente os atributos da certeza, liquidez e exigibilidade. Se o contrato estiver garantido, mas a obrigação for ilíquida ou não estiver vencida, não será possível a propositura da execução. Não é por estar garantida com esses direitos reais que a obrigação será certa, líquida e exigível. Além do direito real de garantia, é fundamental que haja a presença de tais atributos. Só é possível haver hipoteca, penhor ou anticrese, se houver obrigação principal a ser garantida. E é a obrigação principal – garantida pela hipoteca, pelo penhor ou pela anticrese – que se executa.

**67.** **Contratos garantidos por caução.** Os contratos garantidos por caução também são títulos executivos extrajudiciais. A caução pode ser real ou fidejussória. A caução real consiste no oferecimento de um bem como garantia ao cumprimento da obrigação, confundindo-se com as hipóteses de hipoteca, penhor e anticrese. Um contrato garantido por caução real equivale a um contrato garantido por hipoteca, penhor ou anticrese. Já a caução fidejussória consiste na fiança. Logo, um contrato garantido por uma fiança constitui um título executivo extrajudicial. Ainda que não tenha a assinatura de duas testemunhas, o contrato, só por estar garantido por fiança, ostenta a natureza de título executivo extrajudicial, desde que a obrigação seja certa, líquida e exigível. Não importa o tipo de fiança. Sendo o contrato garantido por fiança, seja ela judicial, legal ou convencional, haverá título executivo extrajudicial. Qualquer que seja a fiança, há título executivo. Estando o contrato garantido por fiança bancária, ele será um título executivo extrajudicial. A fiança pode ser prestada por pessoa natural ou por pessoa jurídica. Sendo prestada por alguém casado, é necessária a autorização do cônjuge, salvo se o regime de bens for o da separação absoluta (CC, art. 1.647, I). Faltando a autorização, o cônjuge que deveria prestá-la poderá postular a anulação da fiança (CC, art. 1.649).

**68.** **Contratos de seguro sobre a vida.** É título executivo o contrato de seguro de vida em caso de morte. O art. 784, VI, exige o evento danoso *morte* para que o seguro de vida seja título executivo. Quando da promulgação do CPC, o contrato de seguro sobre vida era gênero, com

# LIVRO II • DO PROCESSO DE EXECUÇÃO — Art. 784

três espécies: (a) o seguro sobre a vida para o caso de morte (natural ou acidental), (b) o seguro sobre a vida para o caso de sobrevivência e (c) o seguro misto, que contempla tanto o caso de morte quanto o de sobrevivência. Só poderia ser título executivo extrajudicial o contrato de seguro sobre a vida para o caso de morte. A exigência do evento *morte* impedia a utilização, como título executivo extrajudicial, de seguros contra acidentes pessoais que levassem à incapacidade. A Lei 15.040/2024 (Marco Legal dos Seguros Privados) mudou a dogmática desses seguros: há o seguro sobre a vida e o seguro sobre a integridade física (arts. 112 a 124); são 2 espécies de seguro sobre a pessoa. O seguro que cobre os acidentes pessoais e eventual incapacidade da pessoa agora é o seguro sobre a integridade física. Apenas o *seguro sobre a vida* é título executivo extrajudicial (Lei 15.040/2024, art. 132). A execução desse título executivo depende do evento morte: a Lei 15.040/2024 ratifica a previsão do CPC. O título executivo será constituído por qualquer documento que se mostre hábil para a prova da existência do contrato e do qual constem os elementos essenciais para a verificação da certeza e da liquidez da dívida, acompanhado dos documentos necessários à prova de sua exigibilidade (Lei 15.040/2024, art. 132, parágrafo único). O contrato de seguro sobre a integridade física não é título executivo extrajudicial, pois lhe falta liquidez. Nesse caso, há necessidade de dilação probatória para a verificação de danos diferentes da morte, exigindo instrução para a verificação da incapacidade e do seu grau, normalmente com perícia. Por isso, não cabe execução, mas é possível propor demanda pelo procedimento comum e, quando envolver veículos, ela pode ser proposta nos juizados especiais ou numa vara comum, na Justiça Estadual ou na Justiça Federal, conforme o titular do crédito, exatamente porque o art. 1.063 do CPC preservou a enumeração do art. 275, II, do CPC-1973 qunato à competência dos juizados.

**69.** **O crédito decorrente de foro e laudêmio.** O foro e o laudêmio são créditos decorrentes do contrato de enfiteuse. Em razão da enfiteuse, o proprietário, chamado senhorio, transfere o bem para outrem, que passa a ser o possuidor direto do bem (chamado de enfiteuta), a quem se confere o exercício de *todos* os poderes inerentes ao domínio. Pode, com efeito, o enfiteuta usufruir, gozar e dispor do bem, alienando-o, transferindo-o e, até mesmo, oferecendo-o à penhora. Em contraprestação, ao enfiteuta cabe, apenas, pagar o foro anual e, nos casos de transferência do bem para outrem, arcar com o pagamento

do laudêmio. Não efetuado o pagamento do foro ou do laudêmio, poderá o crédito ser cobrado por execução, desde que apresentado o título executivo. O título, no caso, é o contrato de enfiteuse, devendo o credor, no caso de cobrança do laudêmio, provar a alienação do bem.

**70.** **O crédito, documentalmente comprovado, decorrente de aluguel de imóvel, bem como de encargos acessórios.** O aluguel ou renda de imóvel constitui crédito que, uma vez comprovado, integra um título executivo extrajudicial. O documento que prevê esse aluguel ou essa renda é título executivo, mesmo que não haja a assinatura de duas testemunhas. O contrato de locação ou o documento que preveja pagamento de aluguel de imóvel constitui, enfim, um título executivo, não precisando da assinatura de duas testemunhas para gozar dessa característica. A via executiva é franqueada não somente para a cobrança do aluguel, mas igualmente para a de qualquer encargo acessório decorrente da relação de locação. Assim, qualquer obrigação acessória, como água, energia, IPTU etc. constitui crédito a ser cobrado pela execução; insere-se na previsão *qualquer* encargo acessório da locação. A previsão é enunciativa ou exemplificativa, nela encaixando-se, por semelhança, qualquer outra obrigação acessória, decorrente da locação.

**71.** **A certidão de dívida ativa da Fazenda Pública.** A certidão de dívida ativa é o título executivo extrajudicial apto a viabilizar a propositura da execução fiscal. A dívida ativa da União, dos Estados, dos Municípios, do Distrito Federal e de suas autarquias e fundações é constituída por qualquer valor definido como de natureza tributária ou não tributária pela Lei 4.320/1964. A dívida ativa, tributária ou não tributária, compreende, além do principal, a atualização monetária, os juros, a multa de mora e os demais encargos previstos em lei ou contrato. Uma vez inscrito o valor em dívida ativa, expede-se a respectiva certidão de dívida ativa, possibilitando-se, assim, o ajuizamento da execução fiscal. A certidão de dívida ativa é título que não necessita da participação do devedor, podendo ser emitido unilateralmente pelo credor. A Fazenda Pública, quando credora, pode emitir unilateralmente o título executivo, consistente na certidão de dívida ativa.

**72.** **O crédito referente às contribuições ordinárias ou extraordinárias de condomínio edilício, previstas na respectiva convenção ou aprovadas em assembleia geral, desde que documentalmente comprovadas.** É título executivo extrajudicial a convenção de condomínio, conjugada com a ata da assembleia geral que fixou o valor da cota condominial. A execução do condomínio em face do condômino é permitida, exigindo-se que as contribuições ordinárias ou extraordinárias sejam "previstas na respectiva convenção ou aprovadas em assembleia geral" e "desde que documentalmente comprovadas". A possibilidade da execução tem a confirmá-la o disposto no art. 12, § 2º, da Lei 4.591/1964, que atribui ao síndico a incumbência de promover, por meio da execução forçada, a cobrança judicial das cotas atrasadas.

**73. A certidão expedida por serventia notarial ou de registro relativa a valores de emolumentos e demais despesas devidas pelos atos por ela praticados, fixados nas tabelas estabelecidas em lei.** Cabe às partes prover as despesas dos atos que realizarem ou requererem no processo, antecipando-lhes o pagamento desde o início até a sentença final (art. 82). Ressalvadas as causas relativas em que se concedeu o benefício da justiça gratuita, a parte, ao requerer a diligência ou a prática de qualquer ato processual, deve antecipar-lhe o pagamento. O termo *despesa* constitui o gênero do qual decorrem 3 espécies: a) *custas*, que se destinam a remunerar a prestação da atividade jurisdicional, desenvolvida pelo Estado-juiz por meio de suas serventias e cartórios; b) *emolumentos*, que se destinam a remunerar os serviços prestados pelos serventuários de cartórios ou serventias *não* oficializados, remunerados pelo valor dos serviços desenvolvidos, e não pelos cofres públicos; c) *despesas em sentido estrito*, que se destinam a remunerar terceiras pessoas acionadas pelo aparelho judicial, no desenvolvimento da atividade do Estado-juiz. Nesse sentido, os honorários do perito e o transporte do oficial de Justiça constituem, por exemplo, *despesas em sentido estrito*. O produto da arrecadação das custas e emolumentos judiciais é, respectivamente, destinado à serventia judicial (que é o próprio Judiciário) e ao serventuário do cartório não oficializado. As serventias notariais ou de registro também cobram *emolumentos* para remunerar os serviços que prestam, cujos valores constam de tabelas constantes de lei específica. É comum que tais emolumentos sejam cobrados antecipadamente à prestação do serviço. Caso, porém, não haja o pagamento, mas o serviço seja prestado, poderá a serventia expedir certidão, a qual constitui título executivo extrajudicial, apto a permitir a propositura de execução. Tal certidão é, a exemplo da certidão de dívida ativa, um título executivo emitido unilateralmente pelo credor, não contando com a participação do devedor. Não se confunde, porém, com a certidão de dívida ativa, pois o seu emitente não é a Fazenda Pública, mas o notário ou registrador. O notário ou registrador não tem sua receita integrada a um orçamento público, nem há dívida ativa regida pela Lei 4.320/1964. Embora os emolumentos tenham natureza fiscal, destinam-se a remunerar uma atividade pública, prestada por delegação. Logo, a execução fundada nessa certidão emitida pela serventia notarial ou de registro é regida pelas disposições do CPC, e não pela Lei 6.830/1980. Em outras palavras, não se trata de uma execução fiscal, mas de uma execução civil.

**74. O contrato de contragarantia ou qualquer outro instrumento que materialize o direito de ressarcimento da seguradora contra tomadores de seguro-garantia e seus garantidores.** Os contratantes podem estipular formas de garantia da obrigação, prevendo que, em caso de inadimplência, um terceiro obriga-se a honrar a prestação devida. A estipulação da garantia constitui um contrato acessório, em que o terceiro, gratuita ou onerosamente, concorda em arcar com a obrigação caso o devedor falhe. É o caso, por exemplo, do contrato de fiança (CC, art. 818). Nesse tipo de contrato, o devedor é chamado de tomador, pois recorre ao garantidor para que este assuma perante o credor a responsabilidade em caso de descumprimento da obrigação; em caso de acionamento da garantia, o garantidor contará com direito de regresso contra o tomador. Em operações mais complexas, podem-se estipular garantias para o regresso do garantidor contra o devedor original: um novo garantidor (ou o próprio devedor original) presta uma nova garantia voltada a ressarcir o garantidor original caso o tomador falhe quando acionado em regresso. Tal modalidade contratual é chamada de contragarantia, que também possui diversas modalidades. O contrato de contragarantia, bem como qualquer outro negócio jurídico que resulte no direito ao ressarcimento da seguradora contra tomadores de seguro-garantia (que é uma modalidade de garantia) é título executivo extrajudicial. Todo e qualquer contrato de contragarantia (desde que exequível) poderá ser executado pelo garantidor contra quem prestou a contragarantia (em qualquer modalidade de contragarantia). No caso específico do seguro garantia (modalidade de garantia), a seguradora (garantidora) pode executar o tomador (devedor principal) e seus garantidores (aqueles que prestaram contragarantia) para exercer seu direito de regresso.

**75. Contrato de contragarantia.** "*O contrato de contragarantia é o pacto previamente firmado entre a seguradora e o tomador (contratado),*

**LIVRO II · DO PROCESSO DE EXECUÇÃO** — **Art. 785**

*por força do qual este (e seus eventuais fiadores) ratifica(m) a obrigação de ressarcir os danos causados, indenizando a seguradora pelos valores desembolsados com o pagamento do seguro, tudo a fim de autorizar a emissão da apólice que regulará a relação entre o segurado e a seguradora"* (STJ, 3ª Turma, REsp 1.713.150/SP, rel. Min. Moura Ribeiro, *DJe* 23.4.2021).

**76. Demais títulos.** Afora os do art. 784, há outros títulos previstos em leis especiais. Há o compromisso de ajustamento de conduta, celebrado entre a parte e o Ministério Público ou outro ente público legitimado à proposição de ação coletiva (Lei 7.347/1985, art. 5º, § 6º). A condenação imposta pelo Tribunal de Contas a administradores públicos é feita por meio de decisão que reveste o matiz de título executivo extrajudicial (CF, art. 71, § 3º). Também constitui título executivo extrajudicial a certidão emitida pelo Conselho da OAB (EOAB, art. 46, parágrafo único). O contrato escrito que estipular honorários de advogado é título executivo extrajudicial, independentemente da assinatura de duas testemunhas (EOAB, art. 24). O CADE poderá tomar do representado compromisso de cessação da prática sob investigação, que constitui título executivo extrajudicial (Lei 12.529/2011, art. 85, § 8º). A decisão de seu plenário que imponha obrigação pecuniária ou de fazer ou não fazer também é título executivo extrajudicial (Lei 12.529/2011, art. 93). Ainda são títulos executivos extrajudiciais a nota de crédito rural, a nota promissória rural e a duplicata rural, a cédula de crédito industrial e a nota de crédito industrial.

**77. Proposta de ação de conhecimento não inibe execução.** *"O processo de execução não é inibido pela proposta de qualquer ação relativa ao débito constante do título executivo"* (STJ, 3ª Turma, REsp 1.382.609/SC, rel. Min. Paulo de Tarso Sanseverino, *DJe* 23.9.2015).

**78. Título executivo estrangeiro.** Enquanto a sentença estrangeira, seja estatal, seja arbitral, precisa ser homologada pelo STJ para que possa ser considerada título executivo judicial, o título executivo extrajudicial emitido, elaborado ou confeccionado no estrangeiro *não* há de ser homologado.

**79. Títulos assinados eletronicamente e dispensa da assinatura de testemunhas.** Os documentos eletrônicos, assinados mediante assinaturas qualificadas ou simples, desde que atendam aos demais requisitos, são considerados títulos executivos, podendo lastrear uma ação de execução (art. 784, § 4º). O instrumento particular, para constituir título executivo, exige a assinatura de 2 testemunhas (art. 784, III). O documento

eletrônico, para ser título, não precisa cumprir essa exigência: fica dispensada a assinatura das testemunhas para conferir-lhe exequibilidade (art. 784, § 4º). Os documentos particulares, quando assinados eletronicamente, seja mediante utilização de certificado digital emitido pela ICP-Brasil, seja mediante utilização de outro tipo de assinatura, ainda que não emitida pela ICP-Brasil – como é o caso das assinaturas verificadas por plataformas como, por exemplo, a *Docusign*, o *Zapsign*, o *Portal de Assinatura da OAB*, ou por plataformas baseadas em *blockchain* –, têm eficácia de título executivo extrajudicial e dispensam a assinatura de testemunhas.

**80. Invalidade da assinatura digitalizada ou escaneada.** *"O STJ possui orientação de que, por se tratar de mera inserção de imagem em documento, a assinatura digitalizada ou escaneada não se confunde com a assinatura digital baseada em certificado digital emitido por Autoridade Certificadora credenciada, e, por isso, não tem valor"* (STJ, Corte Especial, AgInt nos EAREsp 1.555.548/RJ, rel. Min. Herman Benjamin, *DJe* 16.8.2021).

**81. Exigência da assinatura de testemunhas.** Não é possível dispensar a subscrição de testemunhas, para que o documento seja considerado título executivo, quando utilizada pelas partes a assinatura digitalizada ou escaneada, pois a inserção da imagem é feita por elas, sem o uso do certificado digital ou do provedor de assinatura que ateste a integridade do documento. Se a assinatura das partes for digitalizada ou escaneada, mas houver a subscrição por testemunhas no documento, aí este será título executivo, desde que presentes os seus demais elementos integrantes (art. 784, III).

**82. Inaplicabilidade da Lei do Processo Eletrônico.** O título executivo eletrônico não é regulado pela Lei do Processo Eletrônico. O título é constituído externamente ao processo, ainda que nele produza seus efeitos. Enquanto a assinatura da petição inicial da ação de execução deve observar as exigências da Lei do Processo Eletrônico, a do título executivo eletrônico, não.

**Art. 785.** A existência de título executivo extrajudicial não impede a parte de optar pelo processo de conhecimento, a fim de obter título executivo judicial.

▶ **1. Sem correspondência no CPC/1973.**

🗟 **LEGISLAÇÃO CORRELATA**

**2. LACP, art. 5º, § 6º.** *"Art. 5º (...) § 6º Os órgãos públicos legitimados poderão tomar dos inte-*

1193

*ressados compromisso de ajustamento de sua conduta às exigências legais, mediante cominações, que terá eficácia de título executivo extrajudicial."*

## ⚖ Jurisprudência, Enunciados e Súmulas Selecionados

- **3. Enunciado 446 do FPPC.** *"Cabe ação monitória mesmo quando o autor for portador de título executivo extrajudicial."*

## 🗐 Comentários Temáticos

**4. Escolha do procedimento.** Não são raras as hipóteses em que os litigantes dispõem de uma multiplicidade de remédios processuais, cabendo-lhes a escolha, em cada caso concreto, do procedimento que se revelar mais adequado à efetiva tutela do direito ameaçado ou lesado. Assim, por exemplo, diante de um esbulho cometido pelo Poder Público, pode o particular ajuizar uma ação de reintegração de posse, um mandado de segurança ou, pretendendo obter a indenização pela perda do bem, uma de desapropriação indireta.

**5. Tradicional exemplo de falta de interesse de agir.** Tradicionalmente, sempre houve resistência à ideia de o credor, munido de título executivo extrajudicial, poder ajuizar demanda de conhecimento, a fim de obter a condenação do devedor e, assim, passar a dispor de um título executivo judicial. Tal hipótese consiste em tradicional exemplo de falta de interesse de agir por ausência de utilidade: não seria útil ao credor pretender obter um título, quando já tem outro que lhe permite propor, desde logo, a ação de execução. Seria, em outras palavras, inútil o processo de conhecimento, pois teria por finalidade conferir ao credor o que ele já tem, que é a entrega de um título executivo para que ele possa propor uma ação de execução. Dar ao autor o que ele já tem é exemplo de inutilidade; o provimento jurisdicional, para ser útil e, portanto, caracterizar o interesse de agir, deve dar ao autor mais do que ele tem, conferindo-lhe uma vantagem. Se se lhe entrega o que já tem, não há utilidade, não havendo, portanto, interesse de agir.

**6. Processo de conhecimento instaurado por quem dispõe de título extrajudicial e presença do interesse de agir.** O art. 785 permite que o credor, que dispõe de título executivo extrajudicial, proponha demanda de conhecimento em face do devedor, objetivando obter uma sentença condenatória que possa acarretar um posterior cumprimento de sentença. O dispositivo elimina a discussão acerca da falta de interesse de agir. O credor pode optar pelo processo de conhecimento. Não há inutilidade. O processo de conhecimento pode acarretar uma sentença de procedência, apta à formação de coisa julgada material, tornando a questão principal indiscutível. Ademais, o autor passará a ter direito ao procedimento do cumprimento de sentença, que acarreta uma multa de 10%, caso não haja pagamento voluntário, além de limitar a defesa do executado, a quem não se permitirá alegar qualquer matéria que não conste do rol do § 1º do art. 525.

**7. Uso facultativo do procedimento especial com inversão do contraditório.** A ação de execução acarreta uma inversão do contraditório: é o executado que precisa propor uma demanda (embargos à execução) para defender-se. A opção do credor pelo processo de conhecimento não constitui desprezo à ação executiva. Ele apenas estará invertendo a ordem do que ocorreria caso optasse pela via executiva. A cognição exauriente que viria (ou poderia vir) mais tarde foi desde logo estabelecida. A execução fundada em título executivo extrajudicial nada mais é que um procedimento especial e, como tal, deve ser de uso facultativo pela parte, a quem não se pode afastar a possibilidade de escolha do procedimento comum.

## Seção II
## Da Exigibilidade da Obrigação

> **Art. 786.** A execução pode ser instaurada caso o devedor não satisfaça a obrigação certa, líquida e exigível consubstanciada em título executivo.
> Parágrafo único. A necessidade de simples operações aritméticas para apurar o crédito exequendo não retira a liquidez da obrigação constante do título.

▶ **1. Correspondência no CPC/1973.** *"Art. 580. A execução pode ser instaurada caso o devedor não satisfaça a obrigação certa, líquida e exigível, consubstanciada em título executivo."*

## 🗐 Legislação Correlata

**2. CC, art. 393.** *"Art. 393. O devedor não responde pelos prejuízos resultantes de caso fortuito ou força maior, se expressamente não se houver por eles responsabilizado. Parágrafo único. O caso fortuito ou de força maior verifica-se no fato necessário, cujos efeitos não era possível evitar ou impedir."*

# LIVRO II · DO PROCESSO DE EXECUÇÃO — Art. 787

## 🖥 COMENTÁRIOS TEMÁTICOS

**3. Requisitos específicos da execução.** O título executivo (art. 783) e o inadimplemento do devedor (art. 786) qualificam-se como requisitos específicos da execução.

**4. Inadimplemento.** O inadimplemento consiste no descumprimento de um dever jurídico, seja ele convencionado, legal ou estabelecido em decisão judicial. Em sentido amplo, inadimplemento significa inexecução de um dever jurídico.

**5. Inadimplemento imputável e inadimplemento inimputável.** O inadimplemento pode ser *imputável* ou *inimputável* ao devedor. Quando a obrigação não é cumprida por fato imputável ao devedor, diz-se que há inadimplemento imputável. Já o inimputável é o inadimplemento fortuito, involuntário, decorrente de acontecimento estranho à vontade do devedor e que torna impossível o cumprimento da obrigação. O devedor somente deve responder em caso de inadimplemento imputável. Havendo inadimplemento inimputável, o devedor exonera-se da dívida, como ocorre nos casos de caso fortuito ou de força maior (CC, art. 393), salvo se tiver assumido a responsabilidade ou se já se encontrava em mora.

**6. Inadimplemento absoluto ou relativo.** O inadimplemento pode ser *absoluto* ou *relativo*. É *absoluto* quando a inexecução do dever jurídico torna a prestação material ou juridicamente impossível, ou ainda a torna inútil para o credor. O inadimplemento é *relativo* quando, a despeito do retardamento ou do cumprimento imperfeito do dever jurídico, ainda é possível e útil a prestação. O inadimplemento previsto no art. 786 é tanto o relativo como o absoluto, desde que se trate de obrigação prevista no título. Se o objeto da prestação for um fazer, não fazer ou dar coisa distinta de dinheiro e ainda houver possibilidade ou utilidade de cumprimento da prestação, o credor tem o direito a que esse cumprimento se dê na forma específica (art. 497). A tutela específica somente será convertida em perdas e danos (art. 499) se *(i)* o credor optar por isso ou *(ii)* for impossível a sua obtenção, por ter havido inadimplemento absoluto.

**7. Afirmação do inadimplemento.** Para que se admita a execução, é preciso que o exequente *afirme* que houve inadimplemento do executado. O requisito da execução é, na verdade, a *afirmação* do inadimplemento, e não o próprio inadimplemento. Muitas vezes, o inadimplemento constitui uma conduta omissiva do devedor (não fazer, não entregar a coisa, não pagar a quantia), o que torna impossível a prova documental dessa alegação de fato. A possibilidade de instauração do procedimento executivo independe do inadimplemento, mas da *afirmação* do inadimplemento.

**8. Inadimplemento e exigibilidade.** O inadimplemento não se confunde com a exigibilidade. A exigibilidade é uma das qualidades de que se deve revestir o direito a uma prestação para que possa lastrear a demanda executiva. O direito deve ser exigível, ou seja, deve estar livre de qualquer condição ou termo que impeça o seu pleno exercício. Somente quando o direito de prestação é exigível é que se pode falar em adimplemento ou inadimplemento. A exigibilidade precede o inadimplemento; para que se possa afirmar que não houve pagamento, é necessário que se avalie se o direito de prestação já era, antes disso, exigível. Somente se pode falar em inadimplemento se o direito de prestação era exigível. A exigibilidade é uma *situação jurídica*, o inadimplemento é um *fato*.

**9. Mero cálculo aritmético.** Não é considerada ilíquida a obrigação cujo valor possa ser apurado por simples operações aritméticas. Em casos assim, ao exequente cabe, ao instaurar a execução, apresentar com sua petição inicial "o demonstrativo do débito atualizado até a data de propositura da ação" (art. 798, I, *b*), permitindo ao executado impugnar eventuais excessos.

---

**Art. 787.** Se o devedor não for obrigado a satisfazer sua prestação senão mediante a contraprestação do credor, este deverá provar que a adimpliu ao requerer a execução, sob pena de extinção do processo.

Parágrafo único. O executado poderá eximir-se da obrigação, depositando em juízo a prestação ou a coisa, caso em que o juiz não permitirá que o credor a receba sem cumprir a contraprestação que lhe tocar.

▶ **1. Correspondência no CPC/1973.** *"Art. 582. Em todos os casos em que é defeso a um contraente, antes de cumprida a sua obrigação, exigir o implemento da do outro, não se procederá à execução, se o devedor se propõe satisfazer a prestação, com meios considerados idôneos pelo juiz, mediante a execução da contraprestação pelo credor, e este, sem justo motivo, recusar a oferta. Parágrafo único. O devedor poderá, entretanto, exonerar-se da obrigação, depositando em juízo a prestação ou a coisa; caso em que o juiz suspenderá a execução, não permitindo que o credor a receba, sem cumprir a contraprestação, que lhe tocar."*

1195

# Art. 788 | CÓDIGO DE PROCESSO CIVIL COMENTADO – *Leonardo Carneiro da Cunha*

## 🗏 COMENTÁRIOS TEMÁTICOS

**2. Inadimplemento e a existência de deveres recíprocos.** Sendo recíprocos e interdependentes os deveres do exequente e do executado, o exequente só poderá cobrar a prestação devida pelo executado se provar ter cumprido a sua própria prestação.

**3. Requisito da petição inicial.** Ao propor a execução, cabe ao exequente *"a prova, se for o caso, de que adimpliu a contraprestação que lhe corresponde ou que lhe assegura o cumprimento, se o executado não for obrigado a satisfazer a sua prestação senão mediante a contraprestação do exequente"* (art. 798, I, *d*). O art. 787 reforça a necessidade de atendimento desse requisito pelo exequente.

**4. Consequência.** Se o exequente não provar o próprio adimplemento, o processo de execução será extinto.

**5. Alegação do executado.** Uma vez citado ou intimado, o executado pode alegar, em sua defesa (impugnação ou embargos), a exceção de contrato não cumprido, seja para afirmar o inadimplemento, seja para afirmar o adimplemento defeituoso pelo exequente. Seria uma hipótese de excesso de execução (art. 917, § 2º, IV).

**6. Posturas do executado.** Optando por alegar, em sua defesa, a exceção substancial de inadimplemento, o executado pode adotar uma das seguintes posturas: *(a)* exigir o cumprimento da prestação devida pelo exequente, mediante a promessa de cumprir a sua própria prestação; *(b)* depositar em juízo, desde já, a prestação ou a coisa, caso em que o juiz não permitirá que o credor a receba sem cumprir a contraprestação que lhe cabe.

---

**Art. 788.** O credor não poderá iniciar a execução ou nela prosseguir se o devedor cumprir a obrigação, mas poderá recusar o recebimento da prestação se ela não corresponder ao direito ou à obrigação estabelecidos no título executivo, caso em que poderá requerer a execução forçada, ressalvado ao devedor o direito de embargá-la.

▶ **1. Correspondência no CPC/1973.** *"Art. 581. O credor não poderá iniciar a execução, ou nela prosseguir, se o devedor cumprir a obrigação; mas poderá recusar o recebimento da prestação, estabelecida no título executivo, se ela não corresponder ao direito ou à obrigação; caso em que requererá ao juiz a execução, ressalvado ao devedor o direito de embargá-la."*

## 🗏 LEGISLAÇÃO CORRELATA

**2. CC, art. 313.** *"Art. 313. O credor não é obrigado a receber prestação diversa da que lhe é devida, ainda que mais valiosa."*

## 🗏 COMENTÁRIOS TEMÁTICOS

**3. Princípios orientadores.** A regra que decorre do dispositivo concretiza 2 princípios: *(a)* o de que o devedor tem o direito de cumprir a obrigação que contraiu; *(b)* o credor não está obrigado a receber prestação diversa da que tem direito.

**4. Adimplemento.** O dispositivo impede que se inicie ou se dê prosseguimento à execução, se houver adimplemento.

**5. Adimplemento antes ou no curso da execução.** Se já havia adimplemento quando da sua propositura, a execução foi intentada desnecessariamente, devendo ser extinto o processo. Nesse caso, o exequente há de ser condenado nas custas e nos honorários de advogado. Por sua vez, se havia inadimplemento no momento da propositura, mas houve superveniente satisfação da dívida, foi atendida a pretensão do exequente. Nesse caso, a execução é extinta (art. 924, II) e o executado deve responder por custas e honorários de advogado.

**6. Adimplemento imperfeito.** Se o devedor oferecer prestação diversa ou insuficiente, o adimplemento é imperfeito, podendo o credor promover a ação de execução para obter a prestação efetivamente devida.

## CAPÍTULO V
## DA RESPONSABILIDADE PATRIMONIAL

---

**Art. 789.** O devedor responde com todos os seus bens presentes e futuros para o cumprimento de suas obrigações, salvo as restrições estabelecidas em lei.

▶ **1. Correspondência no CPC/1973.** *"Art. 591. O devedor responde, para o cumprimento de suas obrigações, com todos os seus bens presentes e futuros, salvo as restrições estabelecidas em lei."*

## 🗏 LEGISLAÇÃO CORRELATA

**2. CC, art. 391.** *"Art. 391. Pelo inadimplemento das obrigações respondem todos os bens do devedor."*

**LIVRO II · DO PROCESSO DE EXECUÇÃO**

**Art. 789**

**3. CC, art. 928.** *"Art. 928. O incapaz responde pelos prejuízos que causar, se as pessoas por ele responsáveis não tiverem obrigação de fazê-lo ou não dispuserem de meios suficientes. Parágrafo único. A indenização prevista neste artigo, que deverá ser equitativa, não terá lugar se privar do necessário o incapaz ou as pessoas que dele dependem."*

**4. ECA, art. 116.** *"Art. 116. Em se tratando de ato infracional com reflexos patrimoniais, a autoridade poderá determinar, se for o caso, que o adolescente restitua a coisa, promova o ressarcimento do dano, ou, por outra forma, compense o prejuízo da vítima. Parágrafo único. Havendo manifesta impossibilidade, a medida poderá ser substituída por outra adequada".*

## ⚖ Jurisprudência, Enunciados e Súmulas Selecionados

- **5. Súmula Vinculante STF, 25.** *"É ilícita a prisão civil de depositário infiel, qualquer que seja a modalidade de depósito."*

- **6. Tema/Repetitivo 614 STJ.** *"Inexiste óbices à penhora, em face de dívidas tributárias da matriz, de valores depositados em nome das filiais."*

- **7. Súmula 419, STJ.** *"Descabe a prisão civil do depositário judicial infiel."*

- **8. Enunciado 209 da III Jornada-CJF.** *"É cabível pedido de penhora de criptoativos, desde que indicadas pelo requerente as diligências pretendidas, ainda que ausentes indícios de que o executado os tenha."*

## 🖥 Comentários Temáticos

**9. Princípio da responsabilidade patrimonial.** De acordo com o princípio da responsabilidade patrimonial, somente o patrimônio, e não a pessoa, submete-se à execução. O princípio da responsabilidade patrimonial destina-se às obrigações de dar coisa e pagar quantia certa, não se estendendo às obrigações de fazer ou. não fazer, em que a prioridade é a tutela específica, com a obtenção do cumprimento da obrigação pessoalmente pelo devedor, só se convertendo, em último caso, no seu equivalente em dinheiro.

**10. Princípio responsabilidade patrimonial *versus* princípio da efetividade.** O princípio da responsabilidade patrimonial não alcança a totalidade do fenômeno executivo, em razão da aplicação do princípio da efetividade. Em algumas obrigações, não se deve, desde logo, converter a obrigação em perdas e danos. Ao credor deve-se garantir tudo aquilo que ele tem

direito, de sorte que, tendo direito à execução específica, deve-se promovê-la para que se alcance exatamente aquilo a que tem direito, em prol da própria efetividade da tutela executiva. A efetividade, então, limita, na tutela de algumas obrigações, o princípio da responsabilidade patrimonial, estimulando o uso de medidas de coerção indireta.

**11. Coerção pessoal e sujeição patrimonial.** A responsabilidade executiva tem, atualmente, caráter híbrido, comportando coerção pessoal e sujeição patrimonial: a *coerção pessoal* incide sobre a vontade do devedor, admitindo o uso de medidas coercitivas, de execução indireta, para forçá-lo a cumprir a obrigação com seu próprio comportamento (arts. 139, IV, 523, § 1º, 536, § 1º, e 538, § 3º); descumprida a obrigação, e não sendo possível ou adequado o uso de técnica de coerção pessoal, tem-se a *sujeição patrimonial*, que recairá sobre os bens do devedor ou de terceiro responsável.

**12. Responsabilidade patrimonial primária.** Em regra, o devedor suporta com seu patrimônio os atos da execução forçada. Geralmente, *débito* e *responsabilidade* estão concentrados na mesma pessoa, que é o devedor. É a responsabilidade patrimonial primária. Há casos, porém, de responsabilidade patrimonial secundária, quando a responsabilidade não coincide com o débito, vindo a alcançar um terceiro não devedor.

**13. Relatividade da responsabilidade patrimonial.** A submissão do patrimônio do devedor ou de terceiro responsável à execução não é absoluta. Há bens que escapam da execução: *(a)* os impenhoráveis ou inalienáveis (arts. 832 e 833); *(b)* os que só podem ser penhorados na falta de outros (art. 834).

**14. Prisão civil.** É o patrimônio do devedor ou responsável que se submete à execução. Não se admite, em regra, a prisão civil por dívidas. A prisão civil, como técnica de coerção pessoal, atualmente só é admitida, como medida típica, para a execução de prestação pecuniária de alimentos.

**15. Patrimônio do incapaz.** Os bens do incapaz respondem pelos prejuízos que tenha causado (CC, art. 928). A responsabilidade de qualquer incapaz pressupõe que os seus responsáveis não tenham a obrigação de fazê-lo ou que, tendo essa responsabilidade, não disponham de patrimônio suficiente para responder pelo prejuízo. Trata-se, enfim, de uma espécie de responsabilidade subsidiária. Os responsáveis pelo incapaz somente têm a obrigação de indenizar, em caso de dano causado por incapaz sob sua responsabilidade, se o incapaz estiver "sob sua autoridade" (sob o poder familiar) e "em sua companhia" (CC, art. 932, I e II. Trata-se de pressupostos cumulativos. Não preenchidos esses pressupostos, os responsáveis pelo incapaz não respondem pelos danos por ele causados. A responsabilidade do incapaz, além de subsidiária, é *equitativa* ou *mitigada*: a indenização deve ser fixada em valor que não prive o incapaz ou as pessoas que dele dependam do necessário à sobrevivência digna (CC, art. 928, parágrafo único). Assim, a responsabilidade do *incapaz* pode não abranger todo o dano por ele causado. Se o incapaz tiver patrimônio suficiente, responderá pela reparação integral do dano. A responsabilidade *equitativa* aplica-se também aos casos de responsabilidade do menor incapaz por ato infracional, espécie de ato ilícito (ECA, art. 116). No caso de responsabilidade por ato infracional, o menor é devedor principal, e não responsável subsidiário.

**16. Título executivo contra o incapaz.** Para que se possa constranger o patrimônio do incapaz, é preciso que a sentença tenha sido proferida contra ele. O título executivo deve identificar o incapaz como o devedor, o que ocorrerá após a verificação dos pressupostos de sua responsabilidade. Não é possível que, em uma execução contra os pais do incapaz, não encontrando patrimônio suficiente, já se passe à execução do patrimônio do incapaz, não tendo o título sido formado contra ele. É possível, portanto, incluir o incapaz já no processo de conhecimento, em litisconsórcio eventual, semelhantemente à hipótese da desconsideração da personalidade jurídica, já examinado.

**17. Expropriação de bem de incapaz.** Há um procedimento especial de expropriação de bem de incapaz (art. 896).

---

**Art. 790.** São sujeitos à execução os bens:

I – do sucessor a título singular, tratando-se de execução fundada em direito real ou obrigação reipersecutória;

II – do sócio, nos termos da lei;

III – do devedor, ainda que em poder de terceiros;

IV – do cônjuge ou companheiro, nos casos em que seus bens próprios ou de sua meação respondem pela dívida;

V – alienados ou gravados com ônus real em fraude à execução;

VI – cuja alienação ou gravação com ônus real tenha sido anulada em razão do reconhecimento, em ação autônoma, de fraude contra credores;

VII – do responsável, nos casos de desconsideração da personalidade jurídica.

---

▶ **1. Correspondência no CPC/1973.** *"Art. 592. Ficam sujeitos à execução os bens: I – do sucessor a título singular, tratando-se de execução fundada em direito real ou obrigação reipersecutória; II – do sócio, nos termos da lei; III – do devedor, quando em poder de terceiros; IV – do cônjuge, nos casos em que os seus bens próprios, reservados ou de sua meação respondem pela dívida; V – alienados ou gravados com ônus real em fraude de execução."*

🏛 **LEGISLAÇÃO CORRELATA**

**2. CC, art. 49-A.** *"Art. 49-A. A pessoa jurídica não se confunde com os seus sócios, associados, instituidores ou administradores."*

**3. CC, art. 158.** *"Art. 158. Os negócios de transmissão gratuita de bens ou remissão de dívida, se os praticar o devedor já insolvente, ou por eles reduzido à insolvência, ainda quando o ignore, poderão ser anulados pelos credores quirografários, como lesivos dos seus direitos."*

**4. CC, art. 986.** *"Enquanto não inscritos os atos constitutivos, reger-se-á a sociedade, exceto por ações em organização, pelo disposto neste Capítulo, observadas, subsidiariamente e no que com ele forem compatíveis, as normas da sociedade simples."*

**5. CC, art. 990.** *"Art. 990. Todos os sócios respondem solidária e ilimitadamente pelas obrigações sociais, excluído do benefício de ordem, previsto no art. 1.024, aquele que contratou pela sociedade."*

**6. CC, art. 997.** *"A sociedade constitui-se mediante contrato escrito, particular ou público, que, além de cláusulas estipuladas pelas partes, mencionará: (...) VIII – se os sócios respondem, ou não, subsidiariamente, pelas obrigações sociais."*

**7. CC, art. 1.023.** *"Se os bens da sociedade não lhe cobrirem as dívidas, respondem os sócios pelo saldo, na proporção em que participem das perdas sociais, salvo cláusula de responsabilidade solidária."*

**8. CC, art. 1.024.** *"Os bens particulares dos sócios não podem ser executados por dívidas da sociedade, senão depois de executados os bens sociais."*

**9. CC, art. 1.039.** *"Somente pessoas físicas podem tomar parte na sociedade em nome coletivo, respondendo todos os sócios, solidária e ilimitadamente, pelas obrigações sociais. Parágrafo único. Sem prejuízo da responsabilidade perante terceiros, podem os sócios, no ato constitutivo, ou por unânime convenção posterior, limitar entre si a responsabilidade de cada um."*

**10. CC, art. 1.045.** *"Na sociedade em comandita simples tomam parte sócios de duas categorias: os comanditados, pessoas físicas, responsáveis solidária e ilimitadamente pelas obrigações sociais; e os comanditários, obrigados somente pelo valor de sua quota. Parágrafo único. O contrato deve discriminar os comanditados e os comanditários."*

**11. CC, art. 1.052.** *"Na sociedade limitada, a responsabilidade de cada sócio é restrita ao valor de suas quotas, mas todos respondem solidariamente pela integralização do capital social. § 1º A sociedade limitada pode ser constituída por 1 (uma) ou mais pessoas. § 2º Se for unipessoal, aplicar-se-ão ao documento de constituição do sócio único, no que couber, as disposições sobre o contrato social."*

**12. CC, art. 1.088.** *"Na sociedade anônima ou companhia, o capital divide-se em ações, obrigando-se cada sócio ou acionista somente pelo preço de emissão das ações que subscrever ou adquirir."*

**13. CC, art. 1.090.** *"A sociedade em comandita por ações tem o capital dividido em ações, regendo-se pelas normas relativas à sociedade anônima, sem prejuízo das modificações constantes deste Capítulo, e opera sob firma ou denominação."*

**14. CC, art. 1.091.** *"Somente o acionista tem qualidade para administrar a sociedade e, como diretor, responde subsidiária e ilimitadamente pelas obrigações da sociedade. § 1º Se houver mais de um diretor, serão solidariamente responsáveis, depois de esgotados os bens sociais. § 2º Os diretores serão nomeados no ato constitutivo da sociedade, sem limitação de tempo, e somente poderão ser destituídos por deliberação de acionistas que representem no mínimo dois terços do capital social. § 3º O diretor destituído ou exonerado continua, durante dois anos, responsável pelas obrigações sociais contraídas sob sua administração."*

**15. CC, art. 1.095.** *"Na sociedade cooperativa, a responsabilidade dos sócios pode ser limitada ou ilimitada. § 1º É limitada a responsabilidade na cooperativa em que o sócio responde somente pelo valor de suas quotas e pelo prejuízo verificado nas operações sociais, guardada a proporção de sua participação nas mesmas operações. § 2º É ilimitada a responsabilidade na cooperativa em que o sócio responde solidária e ilimitadamente pelas obrigações sociais."*

**16. CC, art. 1.643.** *"Art. 1.643. Podem os cônjuges, independentemente de autorização um do outro: I – comprar, ainda a crédito, as coisas necessárias à economia doméstica; II – obter, por empréstimo, as quantias que a aquisição dessas coisas possa exigir."*

**17. CC, art. 1.644.** *"Art. 1.644. As dívidas contraídas para os fins do artigo antecedente obrigam solidariamente ambos os cônjuges."*

**18. CC, art. 1.659.** *"Art. 1.659. Excluem-se da comunhão: I – os bens que cada cônjuge possuir ao casar, e os que lhe sobrevierem, na constância do casamento, por doação ou sucessão, e os sub-rogados em seu lugar; II – os bens adquiridos com valores exclusivamente pertencentes a um dos cônjuges em sub-rogação dos bens particulares; III – as obrigações anteriores ao casamento; IV – as obrigações provenientes de atos ilícitos, salvo reversão em proveito do casal; V – os bens de uso pessoal, os livros e instrumentos de profissão; VI – os proventos do trabalho pessoal de cada cônjuge; VII – as pensões, meios-soldos, montepios e outras rendas semelhantes."*

**19. CC, art. 1.660.** *"Art. 1.660. Entram na comunhão: I – os bens adquiridos na constância do casamento por título oneroso, ainda que só em nome de um dos cônjuges; II – os bens adquiridos por fato eventual, com ou sem o concurso de trabalho ou despesa anterior; III – os bens adquiridos por doação, herança ou legado, em favor de ambos os cônjuges; IV – as benfeitorias em bens particulares de cada cônjuge; V – os frutos dos bens comuns, ou dos particulares de cada cônjuge, percebidos na constância do casamento, ou pendentes ao tempo de cessar a comunhão."*

**20. CC, art. 1.661.** *"Art. 1.661. São incomunicáveis os bens cuja aquisição tiver por título uma causa anterior ao casamento."*

**21. CC, art. 1.664.** *"Art. 1.664. Os bens da comunhão respondem pelas obrigações contraídas pelo marido ou pela mulher para atender aos encargos da família, às despesas de administração e às decorrentes de imposição legal."*

**22. CC, art. 1.666.** *"Art. 1.666. As dívidas, contraídas por qualquer dos cônjuges na administração de seus bens particulares e em benefício destes, não obrigam os bens comuns."*

**23. CC, art. 1.668.** *"Art. 1.668. São excluídos da comunhão: I – os bens doados ou herdados com a cláusula de incomunicabilidade e os sub-rogados em seu lugar; II – os bens gravados de fideicomisso e o direito do herdeiro fideicomissário, antes de realizada a condição suspensiva; III – as dívidas anteriores ao casamento, salvo se provierem de despesas com seus aprestos, ou reverterem em proveito comum; IV – as doações antenupciais feitas por um dos cônjuges ao outro com a cláusula de incomunicabilidade; V – Os bens referidos nos incisos V a VII do art. 1.659."*

**24. CC, art. 1.673.** *"Art. 1.673. Integram o patrimônio próprio os bens que cada cônjuge pos-*

suía ao casar e os por ele adquiridos, a qualquer título, na constância do casamento. Parágrafo único. A administração desses bens é exclusiva de cada cônjuge, que os poderá livremente alienar, se forem móveis."

**25. CC, art. 1.677.** "Art. 1.677. Pelas dívidas posteriores ao casamento, contraídas por um dos cônjuges, somente este responderá, salvo prova de terem revertido, parcial ou totalmente, em benefício do outro."

**26. CC, art. 1.725.** "Na união estável, salvo contrato escrito entre os companheiros, aplica-se às relações patrimoniais, no que couber, o regime da comunhão parcial de bens".

**27. EOAB, art. 17.** "Além da sociedade, o sócio e o titular da sociedade individual de advocacia respondem subsidiária e ilimitadamente pelos danos causados aos clientes por ação ou omissão no exercício da advocacia, sem prejuízo da responsabilidade disciplinar em que possam incorrer."

**28. Lei 6.404/1976, art. 117.** "O acionista controlador responde pelos danos causados por atos praticados com abuso de poder. § 1º São modalidades de exercício abusivo de poder: a) orientar a companhia para fim estranho ao objeto social ou lesivo ao interesse nacional, ou levá-la a favorecer outra sociedade, brasileira ou estrangeira, em prejuízo da participação dos acionistas minoritários nos lucros ou no acervo da companhia, ou da economia nacional; b) promover a liquidação de companhia próspera, ou a transformação, incorporação, fusão ou cisão da companhia, com o fim de obter, para si ou para outrem, vantagem indevida, em prejuízo dos demais acionistas, dos que trabalham na empresa ou dos investidores em valores mobiliários emitidos pela companhia; c) promover alteração estatutária, emissão de valores mobiliários ou adoção de políticas ou decisões que não tenham por fim o interesse da companhia e visem a causar prejuízo a acionistas minoritários, aos que trabalham na empresa ou aos investidores em valores mobiliários emitidos pela companhia; d) eleger administrador ou fiscal que sabe inapto, moral ou tecnicamente; e) induzir, ou tentar induzir, administrador ou fiscal a praticar ato ilegal, ou, descumprindo seus deveres definidos nesta Lei e no estatuto, promover, contra o interesse da companhia, sua ratificação pela assembléia-geral; f) contratar com a companhia, diretamente ou através de outrem, ou de sociedade na qual tenha interesse, em condições de favorecimento ou não equitativas; g) aprovar ou fazer aprovar contas irregulares de administradores, por favorecimento pessoal, ou deixar de apurar denúncia que saiba ou devesse saber procedente, ou que justifique fundada suspeita de irregularidade. h) subscrever ações, para os fins do disposto no art. 170, com a realização em bens estranhos ao objeto social da companhia. § 2º No caso da alínea e do § 1º, o administrador ou fiscal que praticar o ato ilegal responde solidariamente com o acionista controlador. § 3º O acionista controlador que exerce cargo de administrador ou fiscal tem também os deveres e responsabilidades próprios do cargo."

**29. Lei 6.4040/1976, art. 158.** "O administrador não é pessoalmente responsável pelas obrigações que contrair em nome da sociedade e em virtude de ato regular de gestão; responde, porém, civilmente, pelos prejuízos que causar, quando proceder: I – dentro de suas atribuições ou poderes, com culpa ou dolo; II – com violação da lei ou do estatuto."

**30. Súmula 377, STF.** "No regime de separação legal de bens, comunicam-se os adquiridos na constância do casamento."

**31. Súmula 134, STJ.** "Embora intimado da penhora em imóvel do casal, o cônjuge do executado pode opor embargos de terceiro para defesa de sua meação."

## ▣ COMENTÁRIOS TEMÁTICOS

**32. Responsabilidades primária e secundária.** O vínculo obrigacional contém o débito e a responsabilidade, identificando-se, aí, 2 tipos de responsabilidade patrimonial: a primária e a secundária. A responsabilidade primária é aquela que recai sobre bens do devedor obrigado (arts. 789 e 790, I, III, V e VI). Por sua vez, a responsabilidade secundária incide sobre bens de terceiro não obrigado, quando a responsabilidade se desprende da obrigação e vai recair sobre terceiro (art. 790, II, IV e VII). A responsabilidade secundária (de terceiros) não exclui a responsabilidade primária (do devedor principal). No processo obrigacional, ocorrido o inadimplemento, serão responsáveis o devedor principal (cuja responsabilidade é primária) e eventual terceiro previsto em lei (cuja responsabilidade é secundária).

**33. Bens do devedor, inclusive em poder de terceiro.** O devedor responde, pela obrigação, com todos os seus bens, salvo restrições legais. São passíveis de execução os bens presentes e futuros do executado. A submissão do patrimônio do devedor não é absoluta. Há bens seus que não respondem pela dívida, a exemplo dos casos de impenhorabilidade. Nem só os seus bens respondem pela obrigação, pois a responsabilidade patrimonial secundária recai sobre bens de terceiro. Respondem pela execução os bens do devedor, ainda que em poder (posse ou

# LIVRO II · DO PROCESSO DE EXECUÇÃO — Art. 790

detenção) de terceiros. A penhora efetiva-se onde se encontrem os bens, ainda que sob a posse, a detenção ou a guarda de terceiros (art. 845). O bem continua pertencendo ao devedor (proprietário ou possuidor indireto), só que se encontra na posse ou detenção de terceiro (sem título de domínio), como o locatário, comodatário, depositário, rendeiro. Em caso de posse decorrente de vínculo contratual (como locação, comodato ou arrendamento), o terceiro possuidor deve ter seus direitos respeitados, nos limites da lei e de possíveis cláusulas contratuais, sob pena do uso legítimo de embargos de terceiro, para reaver o bem. Por isso, em muitos casos, esse terceiro possuidor será intimado da penhora desse bem (art. 799). Aquele que está na posse ou detenção do bem é *terceiro*. Seu patrimônio não é atingido pela execução; por isso, não precisa ser citado. Não há responsabilidade secundária do terceiro; o bem é do devedor.

**34.** **Bens do sucessor a título singular.** Sujeita-se à execução o bem objeto de execução real ou fundada em obrigação reipersecutória, ainda que transferida para sucessor a título singular, seja em execução fundada em título judicia, seja em execução fundada em título extrajudicial. Pendente processo em que se discuta uma coisa, com fundamento em direito real ou direito pessoal, a alienação da coisa litigiosa vincula o terceiro adquirente (art. 109, § 3º). Ação real é aquela que tem por causa de pedir próxima a afirmação de direito real. Já a ação reipersecutória é a ação real ou pessoal em que se quer a entrega ou restituição de coisa certa que está em poder de terceiro. A ação de despejo é um bom exemplo, assim como aquela de recuperação de bem dado em comodato. Aliás, considera-se *fraude à execução* a alienação ou oneração de bem quando sobre ele pender ação fundada em direito real ou com pretensão reipersecutória (art. 792, I). E porque há *fraude à execução*, o bem indevidamente alienado responde pela execução.

**35.** **Bens alienados ou gravados com ônus real em fraude à execução ou contra credores.** Os bens alienados ou gravados em fraude à execução ou fraude contra credores (reconhecida em ação própria) respondem pela execução.

**36.** **Fraude à execução *versus* fraude contra credores.** A fraude do devedor pode ocorrer de duas formas: *(a)* a fraude contra credores (CC, arts. 158 a 165; CPC, art. 790, VI), e *(b)* a fraude à execução (CPC, arts. 790, V, e 792). Uma distingue-se da outra pelas circunstâncias que as caracterizam, bem como pelas consequências jurídicas que delas decorrem. Para que se configure a *fraude contra credores,* é preciso que se

jam preenchidos dois pressupostos, um objetivo e outro subjetivo: *(a)* o pressuposto objetivo é a exigência de redução patrimonial, que conduza à insolvência ou a agrave. É o chamado *dano* ou *eventos damni*; *(b)* o pressuposto subjetivo é a ciência do devedor de causar dano (*consilium fraudis*). A *fraude contra credores* deve ser invocada na ação pauliana (CC, art. 161), que se destina a anular o ato de alienação ou oneração do bem, a fim de se promover o seu retorno ao patrimônio do devedor para que responda pela obrigação. Além dos dois pressupostos acima destacados, é preciso, para que se proponha a ação pauliana, que haja anterioridade do crédito, já estando vencida a dívida. Se a ação for proposta antes do vencimento da dívida, não haverá interesse de agir, diante da ausência de exigibilidade da obrigação. Já a *fraude à execução,* que se caracteriza quando ocorre uma das hipóteses descritas no art. 792 do CPC, acarreta ineficácia do negócio em face do processo de execução, independentemente de ação judicial ou de prévia sentença declaratória de ineficácia ou desconstitutiva do negócio jurídico. É uma situação de ineficácia *primária,* cuja consequência consiste na manutenção da sujeição do bem aos atos executivos como se jamais tivesse ocorrido a alienação ou o gravame. A *fraude à execução* dispensa a propositura de ação própria para destruir ou desconstituir o ato fraudulento, podendo ser reconhecida incidentalmente no processo de execução, ou alegada como matéria de defesa em embargos de terceiro opostos pelo beneficiário do ato supostamente fraudulento.

**37.** **Responsabilidade patrimonial do cônjuge ou companheiro.** Os bens do cônjuge ou companheiro sujeitam-se à execução, nos casos em que os seus bens próprios ou de sua meação respondem pela sua dívida. Esses casos devem ser definidos em lei, consideradas a espécie de dívida e a modalidade do regime de bens. Nesse sentido, há 2 situações: *(a)* dos bens da quota-parte (meação) do cônjuge ou companheiro; *(b)* dos bens próprios (particulares). Há presunção relativa de que as transações feitas pelo cônjuge são para ganho familiar. Afastam a presunção os casos em que a dívida decorre de ato ilícito de um dos cônjuges e os casos de execução fiscal de sociedade, quando a responsabilidade recai sobre o sócio consorte. Nesses casos, cabe ao credor demonstrar que houve favorecimento familiar.

**38.** **Bens próprios ou particulares.** Os bens próprios ou particulares de cada cônjuge são aqueles incomunicáveis, que não entram em qualquer comunhão. Não há direito à quota-parte sobre eles. No regime de separação total,

1201

a regra é a incomunicabilidade de todos os bens presentes e futuros, bem como dos seus frutos e rendimentos (CC, art. 1.687); os bens adquiridos por esforço comum, na constância do casamento, comunicam-se (Súmula STF, 377). Todos os outros permanecem incomunicáveis, de modo que não respondem pela dívida contraída pelo outro cônjuge. No regime de participação final nos aquestos, durante o casamento os bens dos cônjuges não se comunicam. São particulares os bens adquiridos antes e depois do casamento (CC, art. 1.673) e só respondem por dívidas posteriores ao casamento contraídas pelo outro cônjuge, se provado que foi revertida em benefício dele (CC, art. 1.677). No regime de comunhão parcial, a regra é a incomunicabilidade dos bens cuja aquisição teve por título causa anterior ao casamento (bens próprios, portanto) e a comunicabilidade dos adquiridos, a título oneroso, na constância do casamento (CC, arts. 1.658 e 1.661). Não entram na comunhão os bens próprios ou particulares do cônjuge (CC, art. 1.659). No regime da comunhão universal, predominam os bens comuns. Comunicam-se todos os bens presentes e futuros. Só se consideram bens particulares os de uso pessoal (CC, art. 1.668), bem como aqueles assim definidos em convenção antenupcial. Todos os bens próprios ou particulares do cônjuge somente respondem pela execução proposta contra o outro cônjuge, quando o cônjuge a quem eles pertencem também for devedor, o que já revela que se trata de responsabilidade patrimonial primária.

**39. Penhora de bens do cônjuge ou companheiro.** Independentemente do regime de bens do casal ou da natureza do bem constrito (particular ou quota-parte), sempre que a penhora recair sobre imóvel ou direito real sobre imóvel, o cônjuge do executado deverá ser intimado (art. 842). Há necessidade de intimação do companheiro, se houver prova da união estável nos autos (art. 73, § 3º).

**40. Meios de defesa do cônjuge ou companheiro.** Feita intimação do cônjuge ou companheiro do executado, ele tem 2 opções de defesa: *(a)* impugnação ao cumprimento de sentença ou embargos à execução, quando o cônjuge ou companheiro reconhece que seus bens (próprios ou de sua quota parte) respondem pela dívida, mas pretende discutir a própria dívida e a forma de sua execução; *(b)* embargos de terceiro (art. 674, § 2º, I). O cônjuge possui, assim, dupla legitimidade, podendo valer-se de impugnação ou embargos à execução ou de embargos de terceiro, a depender de suas necessidades.

**41. Bens do sócio, na forma da lei.** As sociedades têm personalidade jurídica própria, que não se confunde com aquela dos seus sócios, acionistas, associados, instituidores ou administradores (CC, art. 49-A). A autonomia da personalidade implica autonomia patrimonial. É por isso que se costuma dizer que, em matéria empresarial, a pessoa jurídica nada mais é do que uma técnica de separação patrimonial.

**42. Exceções.** Em regra, as sociedades respondem pelas obrigações sociais com seu próprio patrimônio, e não com o dos seus instituidores. Há, porém, exceções. A primeira exceção é a da *sociedade em comum* (CC, art. 986), caso em que todos os sócios respondem pessoalmente, de forma solidária e ilimitada, pelas obrigações sociais (CC, art. 990). A segunda exceção é a das sociedades regularmente constituídas, mas cuja personalidade jurídica e o respectivo patrimônio autônomo são utilizados pelos seus sócios, de forma abusiva ou fraudulenta, para satisfazer seus interesses ou obter vantagens particulares. É o caso da desconsideração da pessoa jurídica. Há, ainda, casos de sociedades, que, por imposição legal, o patrimônio pessoal dos sócios responde pelas obrigações sociais, independentemente de desconsideração da pessoa jurídica: *(a) sociedade cooperativa* (CC, art. 1.095, § 2º); *(b) sociedade simples* (sem caráter empresarial): a responsabilidade do sócio depende de previsão no ato constitutivo (CC, arts. 1.023 e 997, VIII); *(c) sociedade em nome coletivo* (CC, art. 1.039); *(d) sociedade em comandita simples*: os comanditados respondem solidária e ilimitadamente, mas os comanditários só se obrigam pelo valor de sua quota (CC, art. 1.045); *(e) sociedade limitada*: a responsabilidade do sócio é limitada ao valor de sua quota e não solidária, pois só responde pela parcela do capital que integralizou. Enquanto o capital não for totalmente integralizado, os sócios respondem solidariamente pelo que falta para inteirar o capital subscrito (CC, art. 1.052); *(f)* nas *sociedades anônimas*: cada acionista só se obriga pelo "preço de emissão das ações que subscrever ou adquirir" (CC, art. 1.088). O acionista comum não se responsabiliza por dívida da pessoa jurídica; acionistas controladores e diretores podem responder com seu próprio patrimônio, desde que verificadas circunstâncias legais (Lei 6.404/1976, arts. 117 e 158, I e II); *(g) sociedade em comandita por ações*, aplicam-se regras da sociedade anônima (CC, art. 1.090, com as ressalvas do art. 1.091); *(h) sociedade em conta de participação*: não há responsabilidade secundária e subsidiária dos sócios; ambos respondem primariamente pelas

**LIVRO II** · DO PROCESSO DE EXECUÇÃO **Art. 791**

dívidas por si contraídas: o *sócio ostensivo*, pelas dívidas que contraiu com terceiros; o *sócio oculto* responde por dívida própria, assumida perante o sócio ostensivo, no ato constitutivo; *(i)* *sociedade de advogados* (EOAB, art. 17).

**43. Desconsideração da personalidade jurídica.** A desconsideração da personalidade jurídica é permitida nos casos em que a personalidade jurídica e patrimônio autônomo de sociedades regularmente constituídas são utilizados, de forma abusiva ou fraudulenta, pelos seus sócios, para satisfazer seus interesses ou obter vantagens particulares. Nos casos de desconsideração da personalidade jurídica, também se submetem à execução os bens do responsável (sócio ou, se desconsideração inversa, sociedade). A desconsideração da personalidade jurídica obrigatoriamente deverá ocorrer por incidente previsto nos arts. 133 a 137, que poderá ser instaurado em qualquer fase do processo de conhecimento, no cumprimento da sentença e na execução de título extrajudicial (art. 134). Não se deve falar em desconsideração da personalidade jurídica quando o sócio já for responsável pela dívida societária, de acordo com o regime de responsabilidade patrimonial do tipo de sociedade de que faz parte, mas se impõe a utilização, por analogia, do procedimento do incidente de desconsideração da personalidade jurídica (CPC, arts. 133 a 137) para assegurar o contraditório prévio nessas situações.

---

**Art. 791.** Se a execução tiver por objeto obrigação de que seja sujeito passivo o proprietário de terreno submetido ao regime do direito de superfície, ou o superficiário, responderá pela dívida, exclusivamente, o direito real do qual é titular o executado, recaindo a penhora ou outros atos de constrição exclusivamente sobre o terreno, no primeiro caso, ou sobre a construção ou a plantação, no segundo caso.

§ 1º Os atos de constrição a que se refere o *caput* serão averbados separadamente na matrícula do imóvel, com a identificação do executado, do valor do crédito e do objeto sobre o qual recai o gravame, devendo o oficial destacar o bem que responde pela dívida, se o terreno, a construção ou a plantação, de modo a assegurar a publicidade da responsabilidade patrimonial de cada um deles pelas dívidas e pelas obrigações que a eles estão vinculadas.

§ 2º Aplica-se, no que couber, o disposto neste artigo à enfiteuse, à concessão de uso especial para fins de moradia e à concessão de direito real de uso.

▶ **1. Sem correspondência no CPC/1973.**

## 🔖 Legislação Correlata

**2. CC, art. 1.369.** *"Art. 1.369. O proprietário pode conceder a outrem o direito de construir ou de plantar em seu terreno, por tempo determinado, mediante escritura pública devidamente registrada no Cartório de Registro de Imóveis. Parágrafo único. O direito de superfície não autoriza obra no subsolo, salvo se for inerente ao objeto da concessão."*

**3. CC, art. 1.510-A.** *"Art. 1.510-A. O proprietário de uma construção-base poderá ceder a superfície superior ou inferior de sua construção a fim de que o titular da laje mantenha unidade distinta daquela originalmente construída sobre o solo. § 1º O direito real de laje contempla o espaço aéreo ou o subsolo de terrenos públicos ou privados, tomados em projeção vertical, como unidade imobiliária autônoma, não contemplando as demais áreas edificadas ou não pertencentes ao proprietário da construção-base. § 2º O titular do direito real de laje responderá pelos encargos e tributos que incidirem sobre a sua unidade. § 3º Os titulares da laje, unidade imobiliária autônoma constituída em matrícula própria, poderão dela usar, gozar e dispor. § 4º A instituição do direito real de laje não implica a atribuição de fração ideal de terreno ao titular da laje ou a participação proporcional em áreas já edificadas. § 5º Os Municípios e o Distrito Federal poderão dispor sobre posturas edilícias e urbanísticas associadas ao direito real de laje. § 6º O titular da laje poderá ceder a superfície de sua construção para a instituição de um sucessivo direito real de laje, desde que haja autorização expressa dos titulares da construção-base e das demais lajes, respeitadas as posturas edilícias e urbanísticas vigentes."*

**4. Dec-lei 271/1967, art. 7º.** *"Art. 7º É instituída a concessão de uso de terrenos públicos ou particulares remunerada ou gratuita, por tempo certo ou indeterminado, como direito real resolúvel, para fins específicos de regularização fundiária de interesse social, urbanização, industrialização, edificação, cultivo da terra, aproveitamento sustentável das várzeas, preservação das comunidades tradicionais e seus meios de subsistência ou outras modalidades de interesse social em áreas urbanas. § 1º A concessão de uso poderá ser contratada, por instrumento público ou particular, ou por simples têrmo administrativo, e será inscrita e cancelada em livro especial. § 2º Desde a inscrição da concessão de uso, o concessionário fruirá plenamente do terreno para os fins estabelecidos no contrato e responderá por todos os encargos civis, administrativos e tributários que venham a incidir sôbre o imóvel e suas* *rendas. § 3º Resolve-se a concessão antes de seu têrmo, desde que o concessionário dê ao imóvel destinação diversa da estabelecida no contrato ou têrmo, ou descumpra cláusula resolutória do ajuste, perdendo, neste caso, as benfeitorias de qualquer natureza. § 4º A concessão de uso, salvo disposição contratual em contrário, transfere-se por ato inter vivos, ou por sucessão legítima ou testamentária, como os demais direitos reais sôbre coisas alheias, registrando-se a transferência. § 5º Para efeito de aplicação do disposto no* caput *deste artigo, deverá ser observada a anuência prévia: I – do Ministério da Defesa e dos Comandos da Marinha, do Exército ou da Aeronáutica, quando se tratar de imóveis que estejam sob sua administração; e II – do Gabinete de Segurança Institucional da Presidência de República, observados os termos do inciso III do § 1º do art. 91 da Constituição Federal."*

**5. Lei 6.015/1973, art. 177.** *"Art. 177. O Livro nº 3 – Registro Auxiliar – será destinado ao registro dos atos que, sendo atribuídos ao Registro de Imóveis por disposição legal, não digam respeito diretamente a imóvel matriculado."*

**6. Lei 9.636/1998, art. 18.** *"Art. 18. A critério do Poder Executivo poderão ser cedidos, gratuitamente ou em condições especiais, sob qualquer dos regimes previstos no Decreto-lei nº 9.760, de 1946, imóveis da União a: I – Estados, Distrito Federal, Municípios e entidades sem fins lucrativos das áreas de educação, cultura, assistência social ou saúde; II – pessoas físicas ou jurídicas, em se tratando de interesse público ou social ou de aproveitamento econômico de interesse nacional. § 1º A cessão de que trata este artigo poderá ser realizada, ainda, sob o regime de concessão de direito real de uso resolúvel, previsto no art. 7º do Decreto-lei nº 271, de 28 de fevereiro de 1967, aplicando-se, inclusive, em terrenos de marinha e acrescidos, dispensando-se o procedimento licitatório para associações e cooperativas que se enquadrem no inciso II do* caput *deste artigo. § 2º O espaço aéreo sobre bens públicos, o espaço físico em águas públicas, as áreas de álveo de lagos, rios e quaisquer correntes d'água, de vazantes, da plataforma continental e de outros bens de domínio da União, insusceptíveis de transferência de direitos reais a terceiros, poderão ser objeto de cessão de uso, nos termos deste artigo, observadas as prescrições legais vigentes. § 3º A cessão será autorizada em ato do Presidente da República e se formalizará mediante termo ou contrato, do qual constarão expressamente as condições estabelecidas, entre as quais a finalidade da sua realização e o prazo para seu cumprimento, e tornar-se-á nula, independentemente de ato especial, se ao imóvel, no todo ou em parte, vier a ser dada aplicação diversa da prevista no ato autorizativo e consequente termo ou contrato. § 4º A competência para autorizar a cessão de que trata este artigo poderá ser delegada ao Ministro de Estado da Fazenda, permitida a subdelegação. § 5º Na hipótese de destinação à execução de empreendimento de fim lucrativo, a cessão será onerosa e, sempre que houver condições de competitividade, serão observados os procedimentos licitatórios previstos em lei e o disposto no art. 18-B desta Lei. § 6º Fica dispensada de licitação a cessão prevista no* caput *deste artigo relativa a: I – bens imóveis residenciais construídos, destinados ou efetivamente utilizados no âmbito de programas de provisão habitacional ou de regularização fundiária de interesse social desenvolvidos por órgãos ou entidades da administração pública; II – bens imóveis de uso comercial de âmbito local com área de até 250 m² (duzentos e cinquenta metros quadrados), inseridos no âmbito de programas de regularização fundiária de interesse social desenvolvidos por órgãos ou entidades da administração pública e cuja ocupação se tenha consolidado até 27 de abril de 2006. III – espaços físicos em corpos d'água de domínio da União para fins de aquicultura, no âmbito da regularização aquícola desenvolvida por órgãos ou entidades da administração pública. § 6º-A. Os espaços físicos a que refere o inciso III do § 6º deste artigo serão cedidos ao requerente que tiver projeto aprovado perante a Secretaria de Aquicultura e Pesca do Ministério da Agricultura, Pecuária e Abastecimento e demais órgãos da administração pública. § 7º Além das hipóteses previstas nos incisos I e II do* caput *e no § 2º deste artigo, o espaço aéreo sobre bens públicos, o espaço físico em águas públicas, as áreas de álveo de lagos, rios e quaisquer correntes d'água, de vazantes e de outros bens do domínio da União, contíguos a imóveis da União afetados ao regime de aforamento ou ocupação, poderão ser objeto de cessão de uso. § 8º A destinação que tenha como beneficiários entes públicos ou privados concessionários ou delegatários da prestação de serviços de coleta, tratamento e distribuição de água potável, esgoto sanitário e destinação final de resíduos sólidos poderá ser realizada com dispensa de licitação e sob regime gratuito. § 9º Na hipótese prevista no § 8º deste artigo, caso haja a instalação de tubulação subterrânea e subaquática que permita outro uso concomitante, a destinação dar-se-á por meio de autorização de passagem, nos termos de ato da Secretaria do Patrimônio da União (SPU). § 10. A cessão de que trata este artigo poderá estabelecer como*

**LIVRO II · DO PROCESSO DE EXECUÇÃO**   **Art. 791**

*contrapartida a obrigação de construir, reformar ou prestar serviços de engenharia em imóveis da União ou em bens móveis de interesse da União, admitida a contrapartida em imóveis da União que não sejam objeto da cessão. § 11. A cessão com contrapartida será celebrada sob condição resolutiva até que a obrigação seja integralmente cumprida pelo cessionário. § 12. Na hipótese de descumprimento pelo cessionário da contrapartida, nas condições e nos prazos estabelecidos, o instrumento jurídico da cessão resolver-se-á sem direito à indenização pelas acessões e benfeitorias nem a qualquer outra indenização ao cessionário, e a posse do imóvel será imediatamente revertida para a União. § 13. A cessão que tenha como beneficiária autorizatária de exploração ferroviária, nos termos da legislação específica, será realizada com dispensa de licitação."*

**7. Lei. 9.636/1998, art. 22-A.** *"Art. 22-A. A concessão de uso especial para fins de moradia aplica-se às áreas de propriedade da União, inclusive aos terrenos de marinha e acrescidos, e será conferida aos possuidores ou ocupantes que preencham os requisitos legais estabelecidos na Medida Provisória nº 2.220, de 4 de setembro de 2001. § 1º O direito de que trata o caput deste artigo não se aplica a imóveis funcionais. § 2º Os imóveis sob administração do Ministério da Defesa ou dos Comandos da Marinha, do Exército e da Aeronáutica são considerados de interesse da defesa nacional para efeito do disposto no inciso III do caput do art. 5º da Medida Provisória nº 2.220, de 4 de setembro de 2001, sem prejuízo do estabelecido no § 1º deste artigo."*

**8. Lei 10.257/2001, art. 21.** *"Art. 21. O proprietário urbano poderá conceder a outrem o direito de superfície do seu terreno, por tempo determinado ou indeterminado, mediante escritura pública registrada no cartório de registro de imóveis. § 1º O direito de superfície abrange o direito de utilizar o solo, o subsolo ou o espaço aéreo relativo ao terreno, na forma estabelecida no contrato respectivo, atendida a legislação urbanística. § 2º A concessão do direito de superfície poderá ser gratuita ou onerosa. § 3º O superficiário responderá integralmente pelos encargos e tributos que incidirem sobre a propriedade superficiária, arcando, ainda, proporcionalmente à sua parcela de ocupação efetiva, com os encargos e tributos sobre a área objeto da concessão do direito de superfície, salvo disposição em contrário do contrato respectivo. § 4º O direito de superfície pode ser transferido a terceiros, obedecidos os termos do contrato respectivo. § 5º Por morte do superficiário, os seus direitos transmitem-se a seus herdeiros."*

**9. MP 2.220/2001, art. 1º.** *"Art. 1º Aquele que, até 22 de dezembro de 2016, possuiu como seu, por cinco anos, ininterruptamente e sem oposição, até duzentos e cinquenta metros quadrados de imóvel público situado em área com características e finalidade urbanas, e que o utilize para sua moradia ou de sua família, tem o direito à concessão de uso especial para fins de moradia em relação ao bem objeto da posse, desde que não seja proprietário ou concessionário, a qualquer título, de outro imóvel urbano ou rural. § 1º A concessão de uso especial para fins de moradia será conferida de forma gratuita ao homem ou à mulher, ou a ambos, independentemente do estado civil. § 2º O direito de que trata este artigo não será reconhecido ao mesmo concessionário mais de uma vez. § 3º Para os efeitos deste artigo, o herdeiro legítimo continua, de pleno direito, na posse de seu antecessor, desde que já resida no imóvel por ocasião da abertura da sucessão."*

### ⚖ Jurisprudência, Enunciados e Súmulas Selecionados

- **10. Enunciado 150 da II Jornada-CJF.** *"Aplicam-se ao direito de laje os arts. 791, 804 e 889, III, do CPC."*
- **11. Enunciado 321 da IV Jornada Direito Civil-CJF.** *"Os direitos e obrigações vinculados ao terreno e, bem assim, aqueles vinculados à construção ou à plantação formam patrimônios distintos e autônomos, respondendo cada um de seus titulares exclusivamente por suas próprias dívidas e obrigações, ressalvadas as fiscais decorrentes do imóvel."*

### 🗎 Comentários Temáticos

**12. Direito de construir ou de plantar.** É possível que o proprietário de um terreno conceda a alguém o direito de construir ou de plantar no seu terreno (CC, art. 1.369). A plantação ou a construção, nesse caso, não pertence ao proprietário do terreno, mas ao titular do direito de superfície (ou superficiário).

**13. Direito de usar o solo, o subsolo ou o espaço aéreo.** O proprietário de imóvel urbano pode ceder o direito de utilizar o solo, o subsolo ou o espaço aéreo relativo ao terreno, conforme estabelecido em contrato (Lei 10.257/2001, art. 21, § 1º).

**14. Concessão de uso de imóvel público para fins de moradia.** É possível que o uso de um imóvel público seja concedido a um particular, especialmente para fins de moradia (Lei 9.636/1998, art. 22-A; MP 2.220/2001, art. 1º).

1205

# Art. 792

CÓDIGO DE PROCESSO CIVIL COMENTADO – *Leonardo Carneiro da Cunha*

**15. Concessão de uso de imóvel público ou particular.** É possível que o uso de um imóvel público ou particular seja concedido a um particular ou ente público para finalidade prevista em lei (Dec.-lei 271/1967, art. 7º; Lei 9.636/1998, art. 18).

**16. Enfiteuse.** A enfiteuse é um direito real, estabelecido em contrato perpétuo, alienável e transmissível para os herdeiros, pelo qual o proprietário atribui a outrem o domínio útil de imóvel, contra o pagamento de uma pensão anual certa e invariável, chamada foro. Embora não seja possível a constituição de novas enfiteuses, aquelas constituídas sob a vigência do Código Civil de 1916 permanecem válidas e eficazes até que se extingam (CC, art. 2.038). Nesses casos, a propriedade do bem é atribuída a um sujeito e o seu domínio útil é atribuído a outro, chamado de enfiteuta.

**17. Bens sujeitos à penhora.** Se o sujeito passivo da obrigação é o titular da propriedade, responderá pela execução, unicamente, o terreno sobre o qual exerce seu direito real de propriedade; se o sujeito passivo da obrigação é o superficiário, responderá pela execução, somente, a construção ou plantação sobre a qual recai o direito real de superfície de que é titular; se o sujeito passivo da obrigação é o enfiteuta ou concessionário do uso do bem, responderá pela execução, unicamente, o direito real de que é titular – domínio útil atribuído ao enfiteuta ou o direito de uso do concessionário.

**18. Direito de laje.** O direito de laje é, claramente, uma variação do direito de superfície e, por isso, é preciso aplicar-lhe o art. 791. Assim, se o sujeito passivo da obrigação é o titular da propriedade, responderá pela execução, tão somente, o imóvel em que há direito real de laje. Se, diversamente, o sujeito passivo da obrigação é o titular do direito real de laje, responderá pela execução, unicamente, o seu direito.

**19. Matrícula própria.** A Lei 6.015/1973 não prevê a existência de uma matrícula própria para registro do direito de superfície, o que causa certa insegurança, reconhecida em doutrina. Daí a sugestão de que se adote um sistema registral mais detalhado que admita uma espécie de "submatrícula" ou matrícula auxiliar (dependente da matrícula principal) – senão o uso de um livro auxiliar (livro 3 – Lei 6.015/1973, art. 177) – em que possam ser lançadas anotações em torno das construções, plantações e concessão superficiária como um todo, bem como dos ônus e desdobramentos daí decorrentes (como atos de constrição).

**Art. 792.** A alienação ou a oneração de bem é considerada fraude à execução:

I – quando sobre o bem pender ação fundada em direito real ou com pretensão reipersecutória, desde que a pendência do processo tenha sido averbada no respectivo registro público, se houver;

II – quando tiver sido averbada, no registro do bem, a pendência do processo de execução, na forma do art. 828;

III – quando tiver sido averbado, no registro do bem, hipoteca judiciária ou outro ato de constrição judicial originário do processo onde foi arguida a fraude;

IV – quando, ao tempo da alienação ou da oneração, tramitava contra o devedor ação capaz de reduzi-lo à insolvência;

V – nos demais casos expressos em lei.

§ 1º A alienação em fraude à execução é ineficaz em relação ao exequente.

§ 2º No caso de aquisição de bem não sujeito a registro, o terceiro adquirente tem o ônus de provar que adotou as cautelas necessárias para a aquisição, mediante a exibição das certidões pertinentes, obtidas no domicílio do vendedor e no local onde se encontra o bem.

§ 3º Nos casos de desconsideração da personalidade jurídica, a fraude à execução verifica-se a partir da citação da parte cuja personalidade se pretende desconsiderar.

§ 4º Antes de declarar a fraude à execução, o juiz deverá intimar o terceiro adquirente, que, se quiser, poderá opor embargos de terceiro, no prazo de 15 (quinze) dias.

▶ **1. Correspondência no CPC/1973.** *"Art. 593. Considera-se em fraude de execução a alienação ou oneração de bens: I – quando sobre eles pender ação fundada em direito real; II – quando, ao tempo da alienação ou oneração, corria contra o devedor demanda capaz de reduzi-lo à insolvência; III – nos demais casos expressos em lei."*

## 🏛 LEGISLAÇÃO CORRELATA

**2. CPC, art. 5º.** *"Art. 5º Aquele que de qualquer forma participa do processo deve comportar-se de acordo com a boa-fé."*

**3. CPC, art. 799, IX.** *"Art. 799. Incumbe ainda ao exequente: (...) IX – proceder à averbação em registro público do ato de propositura da execução e dos atos de constrição realizados, para conhecimento de terceiros."*

**4. CPC, art. 828, § 4º.** *"§ 4º Presume-se em fraude à execução a alienação ou a oneração de bens efetuada após a averbação."*

**LIVRO II** · DO PROCESSO DE EXECUÇÃO **Art. 792**

**5. CP, art. 179.** *"Art. 179 – Fraudar execução, alienando, desviando, destruindo ou danificando bens, ou simulando dívidas: Pena – detenção, de seis meses a dois anos, ou multa. Parágrafo único – Somente se procede mediante queixa."*

**6. CTN, art. 185.** *"Art. 185. Presume-se fraudulenta a alienação ou oneração de bens ou rendas, ou seu começo, por sujeito passivo em débito para com a Fazenda Pública, por crédito tributário regularmente inscrito como dívida ativa. Parágrafo único. O disposto neste artigo não se aplica na hipótese de terem sido reservados, pelo devedor, bens ou rendas suficientes ao total pagamento da dívida inscrita."*

**7. CTB, art. 120.** *"Art. 120. Todo veículo automotor, elétrico, articulado, reboque ou semi-reboque, deve ser registrado perante o órgão executivo de trânsito do Estado ou do Distrito Federal, no Município de domicílio ou residência de seu proprietário, na forma da lei. § 1º Os órgãos executivos de trânsito dos Estados e do Distrito Federal somente registrarão veículos oficiais de propriedade da administração direta, da União, dos Estados, do Distrito Federal e dos Municípios, de qualquer um dos poderes, com indicação expressa, por pintura nas portas, do nome, sigla ou logotipo do órgão ou entidade em cujo nome o veículo será registrado, excetuando-se os veículos de representação e os previstos no art. 116. § 2º O disposto neste artigo não se aplica ao veículo de uso bélico."*

**8. Lei 7.565/1986, art. 72.** *"Art. 72. O Registro Aeronáutico Brasileiro é público, único e centralizado e tem como atribuições: I – emitir certificados de matrícula, de aeronavegabilidade e de nacionalidade de aeronaves sujeitas à legislação brasileira; II – reconhecer a aquisição do domínio na transferência por ato entre vivos e dos direitos reais de gozo e garantia, quando se tratar de matéria regulada por este Código; III – assegurar a autenticidade, inalterabilidade e conservação de documentos inscritos e arquivados; IV – proceder às anotações de usos e às práticas aeronáuticas que não contrariem a lei e a ordem pública, assim como ao cadastramento geral, na forma disposta em regulamentação da autoridade de aviação civil; V – proceder à matrícula de aeronave, por ocasião do primeiro registro no País; VI – atribuir as marcas de nacionalidade e a matrícula identificadoras das aeronaves; e VII – inscrever os documentos da aeronave relacionados a: a) domínio; b) demais direitos reais; c) abandono; d) perda; e) extinção; e f) alteração essencial. § 1º (Revogado). § 1º-A A matrícula confere nacionalidade brasileira à aeronave e substitui a matrícula anterior, sem prejuízo dos atos jurídicos realizados. § 2º O Registro Aeronáutico Brasileiro será regu-*lamentado pela autoridade de aviação civil, que disciplinará seu funcionamento, seus requisitos e seus procedimentos. § 3º Os serviços relativos ao registro ocorrem a pedido do requerente, por meio da apresentação da documentação exigida e do pagamento das taxas a eles correspondentes, nos termos dispostos em regulamentação da autoridade de aviação civil."*

**9. Lei 8.009/1990, art. 4º.** *"Art. 4º Não se beneficiará do disposto nesta lei aquele que, sabendo-se insolvente, adquire de má-fé imóvel mais valioso para transferir a residência familiar, desfazendo-se ou não da moradia antiga. § 1º Neste caso, poderá o juiz, na respectiva ação do credor, transferir a impenhorabilidade para a moradia familiar anterior, ou anular-lhe a venda, liberando a mais valiosa para execução ou concurso, conforme a hipótese. § 2º Quando a residência familiar constituir-se em imóvel rural, a impenhorabilidade restringir-se-á à sede de moradia, com os respectivos bens móveis, e, nos casos do art. 5º, inciso XXVI, da Constituição, à área limitada como pequena propriedade rural."*

**10. Lei 10.522/2002, art. 20-B.** *"Art. 20-B. Inscrito o crédito em dívida ativa da União, o devedor será notificado para, em até cinco dias, efetuar o pagamento do valor atualizado monetariamente, acrescido de juros, multa e demais encargos nela indicados. § 1º A notificação será expedida por via eletrônica ou postal para o endereço do devedor e será considerada entregue depois de decorridos quinze dias da respectiva expedição. § 2º Presume-se válida a notificação expedida para o endereço informado pelo contribuinte ou responsável à Fazenda Pública. § 3º Não pago o débito no prazo fixado no caput deste artigo, a Fazenda Pública poderá: I – comunicar a inscrição em dívida ativa aos órgãos que operam bancos de dados e cadastros relativos a consumidores e aos serviços de proteção ao crédito e congêneres; e II – averbar, inclusive por meio eletrônico, a certidão de dívida ativa nos órgãos de registro de bens e direitos sujeitos a arresto ou penhora"* (o STF considerou inconstitucional a expressão "tornando-os indisponíveis" final deste inciso, no julgamento da ADI 5881)

**11. Lei 13.097/2015, art. 54.** *"Art. 54. Os negócios jurídicos que tenham por fim constituir, transferir ou modificar direitos reais sobre imóveis são eficazes em relação a atos jurídicos precedentes, nas hipóteses em que não tenham sido registradas ou averbadas na matrícula do imóvel as seguintes informações: I – registro de citação de ações reais ou pessoais reipersecutórias; II – averbação, por solicitação do interessado, de constrição judicial, de que a execução foi admitida pelo juiz ou de* *fase de cumprimento de sentença, procedendo-se nos termos previstos no art. 828 da Lei nº 13.105, de 16 de março de 2015 (Código de Processo Civil); III – averbação de restrição administrativa ou convencional ao gozo de direitos registrados, de indisponibilidade ou de outros ônus quando previstos em lei; IV – averbação, mediante decisão judicial, da existência de outro tipo de ação cujos resultados ou responsabilidade patrimonial possam reduzir seu proprietário à insolvência, nos termos do inciso IV do caput do art. 792 da Lei nº 13.105, de 16 de março de 2015 (Código de Processo Civil) e V – averbação, mediante decisão judicial, de qualquer tipo de constrição judicial incidente sobre o imóvel ou sobre o patrimônio do titular do imóvel, inclusive a proveniente de ação de improbidade administrativa ou a oriunda de hipoteca judiciária. § 1º Não poderão ser opostas situações jurídicas não constantes da matrícula no registro de imóveis, inclusive para fins de evicção, ao terceiro de boa-fé que adquirir ou receber em garantia direitos reais sobre o imóvel, ressalvados o disposto nos arts. 129 e 130 da Lei nº 11.101, de 9 de fevereiro de 2005, e as hipóteses de aquisição e extinção da propriedade que independam de registro de título de imóvel. § 2º Para a validade ou eficácia dos negócios jurídicos a que se refere o caput deste artigo ou para a caracterização da boa-fé do terceiro adquirente de imóvel ou beneficiário de direito real, não serão exigidas: I – a obtenção prévia de quaisquer documentos ou certidões além daqueles requeridos nos termos do § 2º do art. 1º da Lei 7.433, de 18 de dezembro de 1985; e II – a apresentação de certidões forenses ou de distribuidores judiciais."*

**12. Lei 13.097/2015, art. 55.** *"Art. 55. A alienação ou oneração de unidades autônomas integrantes de incorporação imobiliária, parcelamento do solo ou condomínio edilício, devidamente registrada, não poderá ser objeto de evicção ou de decretação de ineficácia, mas eventuais credores do alienante ficam sub-rogados no preço ou no eventual crédito imobiliário, sem prejuízo das perdas e danos imputáveis ao incorporador ou empreendedor, decorrentes de seu dolo ou culpa, bem como da aplicação das disposições constantes da Lei nº 8.078, de 11 de setembro de 1990."*

**13. Lei 13.097/2015, art. 56.** *"Art. 56. A averbação na matrícula do imóvel prevista no inciso IV do art. 54 será realizada por determinação judicial e conterá a identificação das partes, o valor da causa e o juízo para o qual a petição inicial foi distribuída. § 1º Para efeito de inscrição, a averbação de que trata o caput é considerada sem valor declarado. § 2º A averbação de que trata o caput será gratuita àqueles que se declararem*

*pobres sob as penas da lei. § 3º O Oficial do Registro Imobiliário deverá comunicar ao juízo a averbação efetivada na forma do caput, no prazo de até dez dias contado da sua concretização. § 4º A averbação recairá preferencialmente sobre imóveis indicados pelo proprietário e se restringirá a quantos sejam suficientes para garantir a satisfação do direito objeto da ação."*

**14. Lei 13.097/2015, art. 57.** *"Art. 57. Recebida a comunicação da determinação de que trata o caput do art. 56, será feita a averbação ou serão indicadas as pendências a serem satisfeitas para sua efetivação no prazo de 5 (cinco) dias."*

## ⚖ Jurisprudência, Enunciados e Súmulas Selecionados

- **15. Tema/Repetitivo 243 do STJ.** *"Para fins do art. 543-C do CPC, firma-se a seguinte orientação: 1.1. É indispensável citação válida para configuração da fraude de execução, ressalvada a hipótese prevista no § 3º do art. 615-A do CPC. 1.2. O reconhecimento da fraude de execução depende do registro da penhora do bem alienado ou da prova de má-fé do terceiro adquirente (Súmula n. 375/STJ). 1.3. A presunção de boa-fé é princípio geral de direito universalmente aceito, sendo milenar parêmia: a boa-fé se presume; a má-fé se prova. 1.4. Inexistindo registro da penhora na matrícula do imóvel, é do credor o ônus da prova de que o terceiro adquirente tinha conhecimento de demanda capaz de levar o alienante à insolvência, sob pena de torna-se letra morta o disposto no art. 659, § 4º, do CPC. 1.5. Conforme previsto no § 3º do art. 615-A do CPC, presume-se em fraude de execução a alienação ou oneração de bens realizada após averbação referida no dispositivo."*

- **16. Tema/Repetitivo 290 do STJ.** *"Se o ato translativo foi praticado a partir de 09.06.2005, data de início da vigência da Lei Complementar nº 118/2005, basta a efetivação da inscrição em dívida ativa para a configuração da figura da fraude."*

- **17. Tema/Repetitivo 444 do STJ.** *"(i) o prazo de redirecionamento da Execução Fiscal, fixado em cinco anos, contado da diligência de citação da pessoa jurídica, é aplicável quando o referido ato ilícito, previsto no art. 135, III, do CTN, for precedente a esse ato processual; (ii) a citação positiva do sujeito passivo devedor original da obrigação tributária, por si só, não provoca o início do prazo prescricional quando o ato de dissolução irregular for a ela subsequente, uma vez que, em tal circunstância, inexistirá,* na aludida data (da citação), pretensão contra os sócios-gerentes (conforme decidido no REsp 1.101.728/SP, no rito do art. 543-C do CPC/1973, o mero inadimplemento da exação não configura ilícito atribuível aos sujeitos de direito descritos no art. 135 do CTN). O termo inicial do prazo prescricional para a cobrança do crédito dos sócios-gerentes infratores, nesse contexto, é a data da prática de ato inequívoco indicador do intuito de inviabilizar a satisfação do crédito tributário já em curso de cobrança executiva promovida contra a empresa contribuinte, a ser demonstrado pelo Fisco, nos termos do art. 593 do CPC/1973 (art. 792 do novo CPC – fraude à execução), combinado com o art. 185 do CTN (presunção de fraude contra a Fazenda Pública); e, (iii) em qualquer hipótese, a decretação da prescrição para o redirecionamento impõe seja demonstrada a inércia da Fazenda Pública, no lustro que se seguiu à citação da empresa originalmente devedora (REsp 1.222.444/RS) ou ao ato inequívoco mencionado no item anterior (respectivamente, nos casos de dissolução irregular precedente ou superveniente à citação da empresa), cabendo às instâncias ordinárias o exame dos fatos e provas atinentes à demonstração da prática de atos concretos na direção da cobrança do crédito tributário no decurso do prazo prescricional."

- **18.** **Súmula 375 do STJ.** *"O reconhecimento de fraude à execução depende do registo da penhora do bem alienado ou da prova da má-fé do terceiro adquirente."*

- **19.** **Enunciado 191 do FPPC.** *"O prazo de quinze dias para opor embargos de terceiro, disposto no § 4º do art. 792, é aplicável exclusivamente aos casos de declaração de fraude à execução; os demais casos de embargos de terceiro são regidos na forma do* caput *do art. 675."*

- **20.** **Enunciado 529 do FPPC.** *"As averbações previstas nos arts. 799, IX e 828 são aplicáveis ao cumprimento de sentença."*

- **21.** **Enunciado 539 do FPPC.** *"A certidão a que se refere o art. 828 não impede a obtenção e a averbação de certidão de propositura da execução (art. 799)."*

- **22.** **Enunciado 102 da I Jornada-CJF.** *"A falta de oposição dos embargos de terceiro preventivos no prazo do art. 792, § 4º, do CPC não impede a propositura dos embargos de terceiro repressivos no prazo do art. 675 do mesmo Código."*

- **23.** **Enunciado 132 da II Jornada-CJF.** *"O prazo para apresentação de embargos de terceiro tem natureza processual e deve ser contado em dias úteis."*

- **24.** **Enunciado 149 da II Jornada-CJF.** *"A falta de averbação da pendência de processo ou da existência de hipoteca judiciária ou de constrição judicial sobre bem no registro de imóveis não impede que o exequente comprove a má-fé do terceiro que tenha adquirido a propriedade ou qualquer outro direito real sobre o bem."*

- **25.** **Enunciado 52 da ENFAM.** *"A citação a que se refere o art. 792, § 3º, do CPC/2015 (fraude à execução) é a do executado originário, e não aquela prevista para o incidente de desconsideração da personalidade jurídica (art. 135 do CPC/2015)."*

- **26.** **Enunciado 54 da ENFAM.** *"A ausência de oposição de embargos de terceiro no prazo de 15 (quinze) dias previsto no art. 792, § 4º, do CPC/2015 implica preclusão para fins do art. 675,* caput, *do mesmo código."*

## COMENTÁRIOS TEMÁTICOS

**27.** **Fraude à execução.** A fraude à execução acarreta ineficácia do negócio em face do processo de execução, independentemente de ação judicial ou de prévia sentença declaratória de ineficácia ou desconstitutiva do negócio jurídico. É uma situação de ineficácia *primária*, cuja consequência consiste na manutenção da sujeição do bem aos atos executivos como se jamais tivesse ocorrido a alienação ou o gravame. A fraude à execução dispensa a propositura de ação própria para destruir ou desconstituir o ato fraudulento, podendo ser reconhecida incidentalmente no processo de execução ou alegada como matéria de defesa em embargos de terceiro opostos pelo beneficiário do ato supostamente fraudulento.

**28.** **Contraditório.** O reconhecimento da fraude à execução, embora dispense uma sentença prévia ou uma demanda judicial própria, não pode ser feito sem que se garanta a oportunidade de o terceiro manifestar-se sobre a alegação. É preciso assegurar o contraditório, não somente por causa da garantia constitucional, mas também pelas demais normas integrantes do sistema. Se os titulares de direitos reais limitados (usufrutuário, credor hipotecário etc.) têm direito de ser cientificados da penhora, para que seja eficaz a adjudicação ou alienação judicial, há ainda maior razão para que o mesmo direito seja assegurado ao titular do domínio pleno sobre o bem.

**29.** **Alienação ou oneração do bem na pendência de ação fundada em direito real ou pretensão reipersecutória.** Há fraude à execução quando a alienação ou oneração do bem ocorrer na pendência de demanda fundada em direito real ou que verse sobre obrigação de sua entrega, desde que a pendência do processo tenha sido averbada no respectivo registro público, se houver. Não tendo sido realizada essa averbação, caberá ao exequente demonstrar que o terceiro adquirente tinha ciência da pendência da ação. Não sendo o bem passível de registro, cabe ao terceiro adquirente demonstrar que estava de boa-fé e que, mesmo adotando todas as cautelas exigíveis e esperadas, com obtenção das certidões cabíveis, não teria como saber da pendência do processo. A alienação ou oneração fraudulenta é aquela que recai sobre a coisa litigiosa. A fraude à execução, nessa hipótese, independe da demonstração de insolvência. O art. 109 abrange o art. 792, I, pois vincula o terceiro adquirente ou cessionário ao resultado do processo (qualquer processo), sem menção à natureza da ação em cujo processo se deu a transferência do bem. O art. 792, I, é um exemplo de situação fraudulenta, que se subsome à regra geral do art. 109.

**30. Averbação de processo de execução no registro do bem.** Proposta ação de execução ou instaurado cumprimento de sentença, o exequente pode averbar sua pendência nos registros de bens. Não basta a existência do processo; é necessário que a execução tenha sido admitida e a sua existência tenha sido averbada no registro do bem fradulentamente alienado ou onerado (arts. 799, IX, e 828). A alienação ou oneração de bens após a averbação configura presunção absoluta de fraude à execução (art. 828, § 4º). Não há, nessa hipótese, necessidade de demonstração de insolvência. Se o devedor for solvente e quiser dispor do bem de cujo registro conste tal averbação, bastará requerer ao juízo a transferência do gravame para outro bem que integre seu patrimônio e seja suficiente para garantir a dívida, observado o art. 847. Mesmo que o executado ainda não tenha sido validamente citado, a fraude estará configurada, pois a pendência da execução foi publicizada no registro do bem, presumindo-se, de modo absoluto, que é de conhecimento dos envolvidos em qualquer transação que o envolva. Nos casos em que não tenha havido averbação da execução (inclusive do cumprimento de sentença) em registro público de bem do devedor, não ficará excluída a configuração da fraude. Nesses casos, para que a alienação ou oneração seja considerada fraudulenta, será necessário que tenha conduzido o devedor à insolvência (art. 792, IV).

**31. Averbação, no registro do bem, de hipoteca ou constrição judicial.** A disposição de bem objeto de constrição judicial consiste numa indevida resistência à autoridade do juiz exercida sobre o bem. Qualquer ato de disposição desse bem será totalmente ineficaz para execução, sob pena de aniquilação da efetividade e a autoridade da prestação jurisdicional. A configuração da fraude à execução, neste caso, não depende da demonstração de insolvência do devedor. O bem está vinculado à execução, e o gravame que pesa sobre ele vai perdurar e persegui-lo nas mãos de quem quer que seja, pouco importando que o devedor esteja ou não em estado de insolvência. Configura-se a fraude, não só nos casos de constrição do bem, mas também nos de hipoteca judiciária (art. 495); esta consiste em direito real de garantia sobre coisa alheia, por meio do qual um bem pertencente ao devedor passa a garantir o cumprimento de uma obrigação pecuniária. Trata-se de efeito anexo de decisão judicial que condena o devedor em obrigação pecuniária, sendo medida eficiente para assegurar a efetividade de futura execução desse tipo de decisão judicial. Tanto na constrição como na hipoteca judiciária, para que haja a fraude à execução, é fundamental que se dê publicidade ao ato. A hipoteca judiciária será realizada mediante simples apresentação de cópia da sentença ao cartório de registro imobiliário (art. 495, § 2º), quando, uma vez averbada, ficará automaticamente publicizada. A penhora e o arresto, de móveis ou imóveis, devem ser averbados no registro competente, mediante apresentação de cópia do respectivo auto ou termo, independentemente de mandado judicial, para que sejam oponíveis a terceiros, estabelecendo a lei uma presunção absoluta de conhecimento por terceiros de tais constrições (art. 844).

**32. Penhora de bens móveis.** A penhora de *móveis* não pressupõe, na maior parte dos casos, nenhum tipo de registro (até porque são poucos os bens móveis que se submetem a registro público). Penhorado, o bem móvel é colocado sob a guarda e conservação do depositário, que pode ser o próprio executado. Se o depositário pratica ato de alienação ou oneração do bem, que se implementa com a tradição para o terceiro beneficiário (CC, art. 1.431), esse ato será tido por fraudulento e ineficaz para execução. Agindo o terceiro beneficiário de boa-fé, adotando as cautelas do art. 792, § 2º, a perda do bem se reduzirá ao direito de indenização em face do depositário. Só cabe presumir a boa-fé do terceiro beneficiário do bem móvel, quando se trata de bem móvel sujeito a registro, mas cuja penhora não fora ali averbada, também porque o terceiro pode adquirir o bem de quem tem posse, o que é indício forte de ausência de qualquer gravame, presunção essa que, com maior razão, se estende aos adquirentes sucessivos.

**33. Penhora de crédito.** Tratando-se de *penhora de crédito* do executado perante terceiro, este terceiro será intimado para pagar ao juízo, sendo ineficaz qualquer quitação (ou remissão) dada ao executado (art. 855). O executado deve ser intimado para que não faça cessão do crédito, que, uma vez realizada, será ineficaz, ressalvando-se o caso de boa-fé do cessionário a título oneroso. Se for penhora com apreensão física do título de crédito (art. 856), é inviável cessão fraudulenta, afinal a cambial só pode ser repassada por endosso em seu instrumento, que estará em juízo.

**34. Pendência de ação capaz de reduzir o devedor à insolvência.** Há fraude à execução quando, ao tempo da alienação ou da oneração, tramitava contra o devedor ação capaz de reduzi-lo à insolvência. A citação válida induz litispendência para o réu (art. 240); para o autor já há litispendência desde o momento da propositura da demanda (art. 312). A citação do réu deixa-o ciente da demanda proposta que possa levar a uma futura execução. A partir da citação, atos de diminuição patrimonial que o reduzam ou possam reduzi-lo à insolvência serão considerados fraudulentos. Se, porém, houver prova de que o devedor sabia da pendência do processo antes da sua citação, os desfalques patrimoniais anteriores a ela, mas posteriores à propositura da demanda, também deverão ser considerados fraudulentos. Essa ciência se presume, em especial, quando a execução já houver sido averbada no registro de bens (art. 828). A alienação ou oneração do bem pode ser considerada fraudulenta, se realizada na pendência de uma ação contra o devedor (*litispendência*), que pode ser condenatória, cautelar, executiva, penal, arbitral, probatória autônoma etc.; não há fraude na iminência de processo, só na sua pendência.

**35. Desconsideração da personalidade jurídica.** A fraude à execução se verifica a partir da data da citação da parte cuja personalidade se pretende desconsiderar, presumindo-se que, a partir de então, chegaria ao sócio (ou à sociedade, se a desconsideração for inversa) a informação da pendência do processo e da potencialidade do incidente no bojo do qual se pretenderia que fosse ele responsabilizado. Nos casos em que a desconsideração se impõe, a citação da sociedade equivale à citação do sócio (já que há a interposição ilícita da personalidade), não se tendo a deflagração do incidente como termo inicial.

**36. Execução fiscal.** Presume-se fraudulenta a alienação ou oneração feita pelo executado para esquivar-se do crédito tributário "regularmente inscrito", salvo se inexistir insolvência (CTN, art. 185). A execução fiscal pode ser tributária ou não tributária. O disposto no art. 185 do CTN, com a redação dada pela LC 118/2005, somente se aplica aos créditos *tributários,* de sorte que, na execução fiscal *tributária,* será considerada em fraude à execução a alienação ou oneração feita a partir da inscrição em dívida. Alienado ou onerado o bem após a inscrição em dívida ativa do crédito *tributário,* passa a haver uma presunção de fraude à execução.

**37. Outros casos de fraude à execução.** Também há fraude à execução em outros casos previstos em lei, tais como no art. 856, § 3º, do CPC, no art. 4º da Lei 8.009/1990 e no art. 185 do CTN.

**38. Fraude à execução e bem de família.** *"Nos termos da jurisprudência desta Corte, é possível o reconhecimento da manutenção da proteção do bem de família que, apesar de ter sido doado em fraude à execução aos seus filhos, ainda é utilizado pela família como moradia"* (STJ, 4ª Turma, EDcl no AgRg no AREsp 125.537/RS, rel. Min. Maria Isabel Gallotti, *DJe* 28.6.2024).

**39. Fraude à execução e manutenção da impenhorabilidade do bem de família.** *"Caracterizada a fraude à execução, deve ser afastada a impenhorabilidade do bem de família"* (STJ, 4ª Turma, AgInt no AREsp 2.367.109/SP, rel. Min. Antonio Carlos Ferreira, *DJe* 11.3.2024).

**40. Alienação de bem de família e falta de fraude à execução fiscal.** *"Ambas as Turmas da Primeira Seção desta Corte Superior adotam a orientação segundo a qual a alienação de imóvel que sirva de residência do executado e de sua família após a constituição do crédito tributário não afasta a cláusula de impenhorabilidade do bem, razão pela qual resta descaracterizada a fraude à execução fiscal. Precedentes. 2. Hipótese em que o tribunal regional, ao consignar que estaria configurada a fraude à execução com a alienação do bem imóvel após a constituição do crédito tributário, ante a desconstituição da proteção legal dada ao bem de família, posiciona-se de forma contrária a esse entendimento"* (STJ, 1ª Turma, AgInt no AREsp 2.174.427/RJ, rel. Min. Gurgel de Faria, *DJe* 20.9.2023).

**41. Embargos de terceiro.** O terceiro adquirente, que pode ser atingido pela decretação da fraude à execução, deve ser intimado para, querendo, opor embargos de terceiro no prazo de 15 dias. Se o terceiro os ajuizar, a discussão sobre a existência ou não de fraude será deslocada para o âmbito dos embargos de terceiro e será decidida em sua sentença. Se o terceiro não os ajuizar, o juiz pode apreciar a questão da fraude incidentemente à execução, sem prejuízo de o terceiro se defender por meio de demanda submetida ao procedimento comum.

**42. Natureza preventiva dos embargos de terceiro e ausência de preclusão.** "*O art. 792, § 4º, do CPC/2015 prevê que, antes de declarar a fraude à execução, o juiz deverá intimar o terceiro que adquiriu o bem anteriormente pertencente ao executado para, querendo, opor embargos de terceiro no prazo de 15 (quinze) dias. Tais embargos têm cunho preventivo, porquanto se destinam apenas a possibilitar que o terceiro evite a constrição judicial enquanto se defende da alegação de ter praticado ato em fraude à execução. Daí que o transcurso do referido lapso temporal não obsta a oposição de embargos repressivos, com fundamento no art. 675, caput, do CPC/2015. Ou seja, o prazo previsto no art. 792, § 4º, do CPC/2015 não é preclusivo. 6. A ausência de oposição de embargos de terceiro pelo adquirente no prazo de 15 (quinze) dias contado da sua intimação (art. 792, § 4º, do CPC/2015) somente tem como consequência a inexistência de efeito suspensivo automático, de modo que não há óbice à constrição do bem*" (STJ, 3ª Turma, REsp 2.082.253/PR, rel. Min. Nancy Andrighi, *DJe* 20.9.2023).

**43. Dação em pagamento anterior à citação.** "*A dação em pagamento de imóvel anterior à citação, ainda que desprovido de registro, constitui meio hábil a impossibilitar a sua constrição e impede a caracterização da fraude à execução*" (STJ, 3ª Turma, REsp 1.937.548/MT, rel. Min. Moura Ribeiro, *DJe* 21.10.2021)

---

**Art. 793.** O exequente que estiver, por direito de retenção, na posse de coisa pertencente ao devedor não poderá promover a execução sobre outros bens senão depois de excutida a coisa que se achar em seu poder.

---

▶ **1. Correspondência no CPC/1973.** "*Art. 594. O credor, que estiver, por direito de retenção, na posse de coisa pertencente ao devedor, não poderá promover a execução sobre outros bens senão depois de excutida a coisa que se achar em seu poder.*"

🏛 **LEGISLAÇÃO CORRELATA**

**2. CC, art. 644.** "*Art. 644. O depositário poderá reter o depósito até que se lhe pague a retribuição devida, o líquido valor das despesas, ou dos prejuízos a que se refere o artigo anterior, provando imediatamente esses prejuízos ou essas despesas. Parágrafo único. Se essas dívidas, despesas ou prejuízos não forem provados suficientemente, ou forem ilíquidos, o depositário poderá exigir caução idônea do depositante ou, na falta desta,*" a remoção da coisa para o Depósito Público, até que se liquidem."

**3. CC, art. 664.** "*Art. 664. O mandatário tem o direito de reter, do objeto da operação que lhe foi cometida, quanto baste para pagamento de tudo que lhe for devido em consequência do mandato.*"

**4. CC, art. 681.** "*Art. 681. O mandatário tem sobre a coisa de que tenha a posse em virtude do mandato, direito de retenção, até se reembolsar do que no desempenho do encargo despendeu.*"

**5. CC, art. 1.433, I e II.** "*Art. 1.433. O credor pignoratício tem direito: I – à posse da coisa empenhada; II – à retenção dela, até que o indenizem das despesas devidamente justificadas, que tiver feito, não sendo ocasionadas por culpa sua.*"

**6. Lei 8.245/1991, art. 35.** "*Art. 35. Salvo expressa disposição contratual em contrário, as benfeitorias necessárias introduzidas pelo locatário, ainda que não autorizadas pelo locador, bem como as úteis, desde que autorizadas, serão indenizáveis e permitem o exercício do direito de retenção.*"

⚖ **JURISPRUDÊNCIA, ENUNCIADOS E SÚMULAS SELECIONADOS**

- **7. Súmula STJ, 335.** "*Nos contratos de locação, é válida a cláusula de renúncia à indenização das benfeitorias e ao direito de retenção.*"

🖥 **COMENTÁRIOS TEMÁTICOS**

**8. Ordem de bens penhoráveis.** A responsabilidade patrimonial (art. 789) sujeita-se a uma ordem pela qual os bens serão excutidos (art. 835). Essa regra, criada para agilizar a execução, sofre algumas exceções, entre as quais estão a da penhora da coisa dada em garantia (art. 835, § 3º) e a do bem retido (art. 793).

**9. Direito de retenção.** Há hipóteses em que o credor pode reter, de forma legítima, bens do devedor para garantir o cumprimento da obrigação. É o que ocorre, por exemplo, com o depositário (CC, art. 644), com o mandatário (CC, arts. 664 e 681), com o credor pignoratício (CC, art. 1.433, I e II) e com o locatário (Lei 8.245/1991, art. 35).

**10. Penhora do bem retido.** Exercido o direito de retenção, o bem retido pelo exequente responderá pela execução. O devedor já está privado da posse deste bem, razão por que deve ser ele o bem executado em primeiro lugar. Só se insuficiente, será possível promover a penhora de outros bens. O credor não pode acumular duas garantias simultaneamente: a de retenção e a de penhora de bens do devedor. Exercido o

# LIVRO II • DO PROCESSO DE EXECUÇÃO — Art. 794

direito de retenção, é o patrimônio retido que deverá ser penhorado. Penhorados outros bens, incorrerá o credor em excesso de execução.

**11. Beneficium excussionis realis.** O art. 793 prevê, em favor do executado, o *beneficium excussionis realis*, proibindo o exequente de promover a execução sobre outros bens enquanto não excutidos os que estão em seu poder, por direito de retenção.

**12. Princípio menor onerosidade.** A regra do art. 793 concretiza o princípio da menor onerosidade possível para o devedor (art. 805).

**13. Pressupostos da regra.** Para que se aplique o art. 793, é preciso que *(a)* o exequente esteja na posse de bem de propriedade do executado; *(b)* o exequente tenha, em relação ao bem, direito de retenção; *(c)* o bem retido tenha relação de pertinência com a dívida executada.

**14. Ampliação da penhora.** A prioridade de excussão prevista no art. 793 não impede a ampliação da penhora (art. 850), mas, para preservar a regra, o bem retido deve ser o primeiro a ser submetido à expropriação.

**15. Exceptio excussionis realis.** Ao exequente cabe indicar à penhora o bem retido (art. 829, § 2º). Se não o fizer, o executado, quando citado, pode opor a *exceptio excussionis realis*, requerendo que a penhora seja feita no bem retido.

**16. Preclusão.** Cabe ao executado opor a *exceptio excussionis realis* na primeira oportunidade que tiver de falar nos autos, sob pena preclusão. Normalmente, cabe-lhe opor a *exceptio* na impugnação (no caso de cumprimento de sentença) ou nos embargos à execução (no caso de execução fundada em título extrajudicial).

**17. Renúncia ao *beneficium excussionis realis*.** Se não questionar, na primeira oportunidade que tiver para falar nos autos, a penhora feita em bem diverso ou se ele mesmo indicar outro bem a ser penhorado, o executado estará a renunciar o benefício criado em seu favor. A renúncia poderá, todavia, ser recusada pelo exequente, que pode preferir exercer o seu direito de retenção e excutir o bem retido ou, a qualquer momento, pretender a substituição do bem por dinheiro (art. 847).

**18. Impenhorabilidade subsidiária ou eventual.** O *beneficium excussionis realis* consiste, na verdade, numa impenhorabilidade subsidiária ou eventual dos demais bens o executado naquela específica execução. Só pode ser penhorado o bem retido.

**19. Renúncia ao direito de retenção.** Se aceitar a substituição do bem retido (arts. 847 e 848), o exequente estará a renunciar seu direi-to de retenção, devendo entregar a coisa retida ao devedor. Haverá, nesse caso, a prática de ato incompatível com o exercício do direito de retenção, incorrendo em comportamento contraditório, que implica perda do direito.

> **Art. 794.** O fiador, quando executado, tem o direito de exigir que primeiro sejam executados os bens do devedor situados na mesma comarca, livres e desembargados, indicando-os pormenorizadamente à penhora.
>
> § 1º Os bens do fiador ficarão sujeitos à execução se os do devedor, situados na mesma comarca que os seus, forem insuficientes à satisfação do direito do credor.
>
> § 2º O fiador que pagar a dívida poderá executar o afiançado nos autos do mesmo processo.
>
> § 3º O disposto no *caput* não se aplica se o fiador houver renunciado ao benefício de ordem.

▶ **1. Dispositivo correspondente no CPC/1973.** *"Art. 595. O fiador, quando executado, poderá nomear à penhora bens livres e desembargados do devedor. Os bens do fiador ficarão, porém, sujeitos à execução, se os do devedor forem insuficientes à satisfação do direito do credor. Parágrafo único. O fiador, que pagar a dívida, poderá executar o afiançado nos autos do mesmo processo."*

## 🏛 Legislação Correlata

**2. CC, art. 827.** *"Art. 827. O fiador demandado pelo pagamento da dívida tem direito a exigir, até a contestação da lide, que sejam primeiro executados os bens do devedor. Parágrafo único. O fiador que alegar o benefício de ordem, a que se refere este artigo, deve nomear bens do devedor, sitos no mesmo município, livres e desembargados, quantos bastem para solver o débito."*

**3. CC, art. 828.** *"Não aproveita este benefício ao fiador: I – se ele o renunciou expressamente; II – se se obrigou como principal pagador, ou devedor solidário; III – se o devedor for insolvente, ou falido."*

**4. CC, art. 831.** *"Art. 831. O fiador que pagar integralmente a dívida fica sub-rogado nos direitos do credor; mas só poderá demandar a cada um dos outros fiadores pela respectiva quota. Parágrafo único. A parte do fiador insolvente distribuir-se-á pelos outros."*

## 📄 Comentários Temáticos

**5. Responsabilidade do fiador.** O fiador é responsável pela dívida que é por ele garantida.

**6. Responsabilidade primária.** O fiador é devedor e responsável. Sua obrigação é acessória, pois se destina a garantir a dívida contraída pelo devedor principal. O fiador não é apenas responsável; é também devedor, embora acessoriamente. Sua responsabilidade é, portanto, primária.

**7. Benefício de ordem ou benefício de excussão (*beneficium excussionis personalis*).** Tanto o patrimônio do devedor como o do fiador respondem pelas obrigações garantidas por fiança. O fiador tem, porém, a faculdade de nomear à penhora bens livres e desembargados do devedor, que estejam na mesma comarca, indicando-os pormenorizadamente à penhora. É o que se chama de benefício de ordem ou benefício de excussão (*beneficium excussionis personalis*). O benefício de ordem é uma espécie de contra-direito do fiador em relação ao credor; é uma exceção substancial dilatória.

**8. Natureza jurídica.** O benefício de ordem consiste numa espécie de *impenhorabilidade eventual* dos bens do fiador. Não se trata de uma hipótese de impenhorabilidade relativa. Trata-se, em verdade, de uma *impenhorabilidade sob condição* ou *uma penhorabilidade eventual*. O bem só se torna penhorável à falta de outros bens sobre os quais possa incidir a penhora. Os bens do fiador são impenhoráveis, desde que haja outros bens sobre os quais *deva* recair a penhora; diante da falta ou da insuficiência desses outros bens, tornam-se penhoráveis.

**9. Momento para exercício do benefício de ordem pelo fiador.** O exercício do benefício de ordem deve ocorrer na primeira oportunidade que o fiador tiver para falar nos autos: na execução de título extrajudicial, esse momento é no prazo de 3 dias a contar da sua citação (art. 829). A perda desse prazo acarreta preclusão, e não renúncia ao benefício de ordem. Por isso, poderá o fiador voltar a invocar o benefício em caso de segunda penhora (art. 851) ou quando houver ampliação ou reforço de penhora feita (arts. 850 e 874, II).

**10. Afastamento do benefício de ordem.** O fiador não pode exercer o benefício de ordem se houver a ele renunciado (CC, art. 828, I), se tiver contraído a obrigação como devedor principal ou solidário (CC, art. 828, II) ou se os bens do devedor, situados a mesma comarca que os do fiador, forem insuficientes à satisfação do crédito executado (CPC, art. 794, § 1º). Também não se aplica o benefício de ordem se o devedor for insolvente ou falido (CC, art. 828, III).

**11. Execução pelo fiador sub-rogado.** O fiador que pagar a dívida, sub-roga-se nos direitos do credor (CC, art. 831). Com isso, adquire legitimidade ativa superveniente para propor execução contra o devedor (CPC, art. 778, § 1º, IV). Operada a sub-rogação, a execução do fiador contra o devedor há de ser feita nos próprios autos. A regra concretiza o princípio da eficiência, evitando a propositura de nova execução.

**12. Benefício de ordem e fraude à execução.** Se o fiador aliena ou onera seus bens antes da propositura de ação de execução, ainda que contra o afiançado já tramite demanda apta a levá-los à insolvência, não há fraude. O pressuposto essencial da fraude à execução é a litispendência. Se o fiador não foi citado, não há fraude por ele praticada. Caso, porém, o fiador tenha sido citado, estará sujeito ao regime de fraude à execução (art. 792, IV). Assim, a alienação ou oneração de bens depois de sua citação pode ser considerada em fraude à execução, sendo, portanto, ineficaz. Se a invocação do benefício de ordem não for exitosa, poderão ser penhorados os bens do fiador. A alienação ou oneração de bens do afiançado em fraude à execução são ineficazes, podendo o fiador, ao invocar o benefício de ordem, indicá-los à penhora.

> **Art. 795.** Os bens particulares dos sócios não respondem pelas dívidas da sociedade, senão nos casos previstos em lei.
>
> § 1º O sócio réu, quando responsável pelo pagamento da dívida da sociedade, tem o direito de exigir que primeiro sejam excutidos os bens da sociedade.
>
> § 2º Incumbe ao sócio que alegar o benefício do § 1º nomear quantos bens da sociedade situados na mesma comarca, livres e desembargados, bastem para pagar o débito.
>
> § 3º O sócio que pagar a dívida poderá executar a sociedade nos autos do mesmo processo.
>
> § 4º Para a desconsideração da personalidade jurídica é obrigatória a observância do incidente previsto neste Código.

► **I. Correspondência no CPC/1973.** "*Art. 596. Os bens particulares dos sócios não respondem pelas dívidas da sociedade senão nos casos previstos em lei; o sócio, demandado pelo pagamento da dívida, tem direito a exigir que sejam primeiro excutidos os bens da sociedade. § 1º Cumpre ao sócio, que alegar o benefício deste artigo, nomear bens da sociedade, sitos na mesma comarca, livres e desembargados, quantos bastem para pagar o débito. § 2º Aplica-se aos casos deste artigo o disposto no parágrafo único do artigo anterior.*"

**LIVRO II · DO PROCESSO DE EXECUÇÃO** **Art. 795**

## ⌖ Legislação Correlata

**2. CC, art. 49-A.** *"Art. 49-A. A pessoa jurídica não se confunde com os seus sócios, associados, instituidores ou administradores."*

**3. CC, art. 50.** *"Art. 50. Em caso de abuso da personalidade jurídica, caracterizado pelo desvio de finalidade ou pela confusão patrimonial, pode o juiz, a requerimento da parte, ou do Ministério Público quando lhe couber intervir no processo, desconsiderá-la para que os efeitos de certas e determinadas relações de obrigações sejam estendidos aos bens particulares de administradores ou de sócios da pessoa jurídica beneficiados direta ou indiretamente pelo abuso. § 1º Para os fins do disposto neste artigo, desvio de finalidade é a utilização da pessoa jurídica com o propósito de lesar credores e para a prática de atos ilícitos de qualquer natureza. § 2º Entende-se por confusão patrimonial a ausência de separação de fato entre os patrimônios, caracterizada por: I – cumprimento repetitivo pela sociedade de obrigações do sócio ou do administrador ou vice-versa; II – transferência de ativos ou de passivos sem efetivas contraprestações, exceto os de valor proporcionalmente insignificante; e III – outros atos de descumprimento da autonomia patrimonial. § 3º O disposto no caput e nos §§ 1º e 2º deste artigo também se aplica à extensão das obrigações de sócios ou de administradores à pessoa jurídica. § 4º A mera existência de grupo econômico sem a presença dos requisitos de que trata o caput deste artigo não autoriza a desconsideração da personalidade da pessoa jurídica. § 5º Não constitui desvio de finalidade a mera expansão ou a alteração da finalidade original da atividade econômica específica da pessoa jurídica."*

**4. CC, art. 91.** *"Art. 91. Constitui universalidade de direito o complexo de relações jurídicas, de uma pessoa, dotadas de valor econômico".*

**5. CC, art. 986.** *"Art. 986. Enquanto não inscritos os atos constitutivos, reger-se-á a sociedade, exceto por ações em organização, pelo disposto neste Capítulo, observadas, subsidiariamente e no que com ele forem compatíveis, as normas da sociedade simples."*

**6. CC, art. 990.** *"Art. 990. Todos os sócios respondem solidária e ilimitadamente pelas obrigações sociais, excluído do benefício de ordem, previsto no art. 1.024, aquele que contratou pela sociedade."*

**7. CC, art. 997.** *"Art. 997. A sociedade constitui-se mediante contrato escrito, particular ou público, que, além de cláusulas estipuladas pelas partes, mencionará: (...) VIII – se os sócios respondem, ou não, subsidiariamente, pelas obrigações sociais."*

**8. CC, art. 1.023.** *"Art. 1.023. Se os bens da sociedade não lhe cobrirem as dívidas, respondem os sócios pelo saldo, na proporção em que participem das perdas sociais, salvo cláusula de responsabilidade solidária."*

**9. CC, art. 1.024.** *"Art. 1.024. Os bens particulares dos sócios não podem ser executados por dívidas da sociedade, senão depois de executados os bens sociais."*

**10. CC, art. 1.039.** *"Art. 1.039. Somente pessoas físicas podem tomar parte na sociedade em nome coletivo, respondendo todos os sócios, solidária e ilimitadamente, pelas obrigações sociais. Parágrafo único. Sem prejuízo da responsabilidade perante terceiros, podem os sócios, no ato constitutivo, ou por unânime convenção posterior, limitar entre si a responsabilidade de cada um."*

**11. CC, art. 1.045.** *"Art. 1.045. Na sociedade em comandita simples tomam parte sócios de duas categorias: os comanditados, pessoas físicas, responsáveis solidária e ilimitadamente pelas obrigações sociais; e os comanditários, obrigados somente pelo valor de sua quota. Parágrafo único. O contrato deve discriminar os comanditados e os comanditários."*

**12. CC, art. 1.052.** *"Art. 1.052. Na sociedade limitada, a responsabilidade de cada sócio é restrita ao valor de suas quotas, mas todos respondem solidariamente pela integralização do capital social. § 1º A sociedade limitada pode ser constituída por 1 (uma) ou mais pessoas. § 2º Se for unipessoal, aplicar-se-ão ao documento de constituição do sócio único, no que couber, as disposições sobre o contrato social."*

**13. CC, art. 1.088.** *"Art. 1.088. Na sociedade anônima ou companhia, o capital divide-se em ações, obrigando-se cada sócio ou acionista somente pelo preço de emissão das ações que subscrever ou adquirir."*

**14. CC, art. 1.090.** *"Art. 1.090. A sociedade em comandita por ações tem o capital dividido em ações, regendo-se pelas normas relativas à sociedade anônima, sem prejuízo das modificações constantes deste Capítulo, e opera sob firma ou denominação."*

**15. CC, art. 1.091.** *"Art. 1.091. Somente o acionista tem qualidade para administrar a sociedade e, como diretor, responde subsidiária e ilimitadamente pelas obrigações da sociedade. § 1º Se houver mais de um diretor, serão solidariamente responsáveis, depois de esgotados os bens sociais. § 2º Os diretores serão nomeados no ato constitutivo da sociedade, sem limitação de tempo, e somente poderão ser destituídos por deliberação de acionistas que representem no mínimo dois*

1215

terços do capital social. § 3º O diretor destituído ou exonerado continua, durante dois anos, responsável pelas obrigações sociais contraídas sob sua administração."

**16. CC, art. 1.095.** *"Art. 1.095. Na sociedade cooperativa, a responsabilidade dos sócios pode ser limitada ou ilimitada. § 1º É limitada a responsabilidade na cooperativa em que o sócio responde somente pelo valor de suas quotas e pelo prejuízo verificado nas operações sociais, guardada a proporção de sua participação nas mesmas operações. § 2º É ilimitada a responsabilidade na cooperativa em que o sócio responde solidária e ilimitadamente pelas obrigações sociais."*

**17. CDC, art. 28.** *"Art. 28. O juiz poderá desconsiderar a personalidade jurídica da sociedade quando, em detrimento do consumidor, houver abuso de direito, excesso de poder, infração da lei, fato ou ato ilícito ou violação dos estatutos ou contrato social. A desconsideração também será efetivada quando houver falência, estado de insolvência, encerramento ou inatividade da pessoa jurídica provocados por má administração. § 1º. (vetado). § 2º As sociedades integrantes dos grupos societários e as sociedades controladas, são subsidiariamente responsáveis pelas obrigações decorrentes deste código. § 3º As sociedades consorciadas são solidariamente responsáveis pelas obrigações decorrentes deste código. § 4º As sociedades coligadas só responderão por culpa. § 5º Também poderá ser desconsiderada a pessoa jurídica sempre que sua personalidade for, de alguma forma, obstáculo ao ressarcimento de prejuízos causados aos consumidores."*

**18. CLT, art. 855-A.** *"Art. 855-A. Aplica-se ao processo do trabalho o incidente de desconsideração da personalidade jurídica previsto nos arts. 133 a 137 da Lei nº 13.105, de 16 de março de 2015 – Código de Processo Civil. § 1º Da decisão interlocutória que acolher ou rejeitar o incidente: I – na fase de cognição, não cabe recurso de imediato, na forma do § 1º do art. 893 desta Consolidação; II – na fase de execução, cabe agravo de petição, independentemente de garantia do juízo; III – cabe agravo interno se proferida pelo relator em incidente instaurado originariamente no tribunal. § 2º A instauração do incidente suspenderá o processo, sem prejuízo de concessão da tutela de urgência de natureza cautelar de que trata o art. 301 da Lei nº 13.105, de 16 de março de 2015 (Código de Processo Civil)."*

**19. EOAB, art. 17.** *"Art. 17. Além da sociedade, o sócio e o titular da sociedade individual de advocacia respondem subsidiária e ilimitadamente pelos danos causados aos clientes por ação ou omissão no exercício da advocacia, sem prejuízo da responsabilidade disciplinar em que possam incorrer."*

**20. Lei 6.404/1976, art. 117.** *"Art. 117. O acionista controlador responde pelos danos causados por atos praticados com abuso de poder. § 1º São modalidades de exercício abusivo de poder: a) orientar a companhia para fim estranho ao objeto social ou lesivo ao interesse nacional, ou levá-la a favorecer outra sociedade, brasileira ou estrangeira, em prejuízo da participação dos acionistas minoritários nos lucros ou no acervo da companhia, ou da economia nacional; b) promover a liquidação de companhia próspera, ou a transformação, incorporação, fusão ou cisão da companhia, com o fim de obter, para si ou para outrem, vantagem indevida, em prejuízo dos demais acionistas, dos que trabalham na empresa ou dos investidores em valores mobiliários emitidos pela companhia; c) promover alteração estatutária, emissão de valores mobiliários ou adoção de políticas ou decisões que não tenham por fim o interesse da companhia e visem a causar prejuízo a acionistas minoritários, aos que trabalham na empresa ou aos investidores em valores mobiliários emitidos pela companhia; d) eleger administrador ou fiscal que sabe inapto, moral ou tecnicamente; e) induzir, ou tentar induzir, administrador ou fiscal a praticar ato ilegal, ou, descumprindo seus deveres definidos nesta Lei e no estatuto, promover, contra o interesse da companhia, sua ratificação pela assembléia-geral; f) contratar com a companhia, diretamente ou através de outrem, ou de sociedade na qual tenha interesse, em condições de favorecimento ou não equitativas; g) aprovar ou fazer aprovar contas irregulares de administradores, por favorecimento pessoal, ou deixar de apurar denúncia que saiba ou devesse saber procedente, ou que justifique fundada suspeita de irregularidade. h) subscrever ações, para os fins do disposto no art. 170, com a realização em bens estranhos ao objeto social da companhia. § 2º No caso da alínea e do § 1º, o administrador ou fiscal que praticar o ato ilegal responde solidariamente com o acionista controlador. § 3º O acionista controlador que exerce cargo de administrador ou fiscal tem também os deveres e responsabilidades próprios do cargo."*

**21. Lei 6.404/1976, art. 158.** *"Art. 158. O administrador não é pessoalmente responsável pelas obrigações que contrair em nome da sociedade e em virtude de ato regular de gestão; responde, porém, civilmente, pelos prejuízos que causar, quando proceder: I – dentro de suas atribuições ou poderes, com culpa ou dolo; II – com violação da lei ou do estatuto."*

## LIVRO II · DO PROCESSO DE EXECUÇÃO — Art. 795

**22. Lei 9.605/1998, art. 4º.** *"Art. 4º Poderá ser desconsiderada a pessoa jurídica sempre que sua personalidade for obstáculo ao ressarcimento de prejuízos causados à qualidade do meio ambiente."*

**23. Lei 12.529/2011, art. 34.** *"Art. 34. A personalidade jurídica do responsável por infração da ordem econômica poderá ser desconsiderada quando houver da parte deste abuso de direito, excesso de poder, infração da lei, fato ou ato ilícito ou violação dos estatutos ou contrato social. Parágrafo único. A desconsideração também será efetivada quando houver falência, estado de insolvência, encerramento ou inatividade da pessoa jurídica provocados por má administração."*

### ▣ Comentários Temáticos

**24. Patrimônio.** O patrimônio consiste no complexo de situações jurídicas, tanto ativas como passivas, que são economicamente apreciáveis, relativas a uma determinada pessoa. O patrimônio é, na verdade, uma universalidade de direito. Eis aí sua natureza jurídica. O patrimônio é composto por elementos dotados de valor econômico, unidos pela circunstância de pertencerem a *uma* pessoa, a quem serve para o atendimento de suas necessidades e de seus interesses. Em outras palavras, o patrimônio consiste em um complexo de elementos pertencentes ao *mesmo* sujeito e tendentes ao *mesmo* fim.

**25. Autonomia patrimonial.** O patrimônio é uma universalidade de direito. E, como tal, pertence a *um* sujeito, com *um* fim próprio. Cada pessoa, seja natural, seja jurídica, tem seu patrimônio. A autonomia da personalidade implica autonomia patrimonial. É por isso que se costuma dizer que em matéria empresarial, a pessoa jurídica nada mais é do que uma técnica de separação patrimonial. A sociedade tem personalidade jurídica própria, diversa da de seus sócios. A autonomia da personalidade jurídica implica, igualmente, autonomia patrimonial. Exatamente por isso, apenas o patrimônio da pessoa jurídica responde, em primeiro plano, pelas obrigações por ela assumidas. A limitação da responsabilidade decorre de uma separação patrimonial, na qual ficam circunscritos os bens responsáveis pelo cumprimento das obrigações assumidas. A responsabilidade limitada é uma contrapartida da efetiva contribuição dos sócios e da separação de um patrimônio apto a suportar as obrigações assumidas.

**26. Exceções à autonomia patrimonial.** Em regra, as sociedades respondem pelas obrigações sociais com seu próprio patrimônio, e não com o dos seus instituidores. Há, porém, exceções.

A primeira exceção é a da *sociedade em comum* (CC, art. 986), caso em que todos os sócios respondem pessoalmente, de forma solidária e ilimitada, pelas obrigações sociais (CC, art. 990). A segunda exceção é a das sociedades regularmente constituídas, mas cuja personalidade jurídica e o respectivo patrimônio autônomo são utilizados pelos seus sócios, de forma abusiva ou fraudulenta, para satisfazer seus interesses ou obter vantagens particulares. É o caso da desconsideração da pessoa jurídica. Há, ainda, casos de sociedades, que, por imposição legal, o patrimônio pessoal dos sócios responde pelas obrigações sociais, independentemente de desconsideração da pessoa jurídica: *(a) sociedade cooperativa* (CC, art. 1.095, § 2º); *(b) sociedade simples* (sem caráter empresarial): a responsabilidade do sócio depende de previsão no ato constitutivo (CC, arts. 1.023 e 997, VIII); *(c) sociedade em nome coletivo* (CC, art. 1.039); *(d) sociedade em comandita simples*: os comanditados respondem solidária e ilimitadamente, mas os comanditários só se obrigam pelo valor de sua quota (CC, art. 1.045); *(e) sociedade limitada*: a responsabilidade do sócio é limitada ao valor de sua quota e não solidária, pois só responde pela parcela do capital que integralizou. Enquanto o capital não for totalmente integralizado, os sócios respondem solidariamente pelo que falta para inteirar o capital subscrito (CC, art. 1.052); *(f)* nas *sociedades anônimas*: cada acionista só se obriga pelo "preço de emissão das ações que subscrever ou adquirir" (CC, art. 1.088). O acionista comum não se responsabiliza por dívida da pessoa jurídica; acionistas controladores e diretores podem responder com seu próprio patrimônio, desde que verificadas circunstâncias legais (Lei 6.404/1976, arts. 117 e 158, I e II); *(g) sociedade em comandita por ações*, aplicam-se regras da sociedade anônima. (CC, art. 1.090, com as ressalvas do art. 1.091); *(h) sociedade em conta de participação*: não há responsabilidade secundária e subsidiária dos sócios; ambos respondem primariamente pelas dívidas por si contraídas: o *sócio ostensivo*, pelas dívidas que contraiu com terceiros; o *sócio oculto* responde por dívida própria, assumida perante o sócio ostensivo, no ato constitutivo; *(i) sociedade de advogados* (EOAB, art. 17).

**27. Desconsideração da personalidade jurídica.** A desconsideração da personalidade jurídica depende da verificação do dano (insuficiência patrimonial) e do abuso da personalidade jurídica (numa das suas possíveis vertentes: desvio de finalidade, confusão patrimonial, dissolução irregular, subcapitalização e fraude). A propósito, em alguns ramos do direito (do trabalho, consumidor, ambiental e concorrencial), basta o dano, não sendo necessário o abuso. O excesso de informalidade na transferência de recursos ou de transações comerciais ou operações societárias entre a sociedade e os sócios ou entre pessoas jurídicas diversas causa desconfiança no mercado. Muitas vezes, o movimento legislativo é fruto dessa desconfiança. Há, até mesmo, exageros na legislação, a exemplo do que se vê no art. 28 do CDC, que contempla o que a doutrina chama de "teoria menor" da desconsideração da personalidade jurídica.

**28. Teoria menor da desconsideração.** *"De acordo com a Teoria Menor, a incidência da desconsideração se justifica: a) pela comprovação da insolvência da pessoa jurídica para o pagamento de suas obrigações, somada à má administração da empresa (art. 28, caput, do CDC); ou b) pelo mero fato de a personalidade jurídica representar um obstáculo ao ressarcimento de prejuízos causados aos consumidores, nos termos do § 5º do art. 28 do CDC"* (STJ, 3ª Turma, REsp 1.735.004/SP, rel. Min. Nancy Andrighi, *DJe* 29.6.2018). No mesmo sentido: STJ, 4ª Turma, AgInt no AREsp 1.575.588/RJ, rel. Min. Luis Felipe Salomão, *DJe* 5.3.2020.

**29. Teoria maior da desconsideração.** *"Para fins de aplicação da Teoria Maior da desconsideração da personalidade jurídica (art. 50 do CC/2002), exige-se a comprovação de abuso caracterizado pelo desvio de finalidade (ato intencional dos sócios com intuito de fraudar terceiros) ou confusão patrimonial, requisitos que não se presumem mesmo em casos de dissolução irregular ou de insolvência da sociedade empresária."* Por isso, ainda segundo o STJ, *"Vai muito além da extensão pretendida pelo legislador admitir que os efeitos da desconsideração da personalidade jurídica atinja o sócio que, a despeito de deter a posição de majoritário, nunca participou dos atos sociais da empresa, menos ainda na condição de administrador"* (STJ, 3ª Turma, REsp 1.686.162/SP, rel. Min. Ricardo Villas Bôas Cueva, *DJe* 3.12.2019). No mesmo sentido: STJ, 3ª Turma, AgInt no AREsp 1.679.434/SP, rel. Min. Ricardo Villas Bôas Cueva, *DJe* 28.9.2020.

**30. Incidente de desconsideração da personalidade jurídica.** A desconsideração da personalidade jurídica obrigatoriamente deverá ocorrer por incidente previsto nos arts. 133 a 137, que poderá ser instaurado em qualquer fase do processo de conhecimento, no cumprimento da sentença e na execução de título extrajudicial (art. 134). Não se deve falar em desconsideração da personalidade jurídica quando o sócio já for responsável pela dívida societária, de acordo com o regime de responsabilidade patrimonial do tipo de sociedade de que faz parte, mas se impõe a utilização, por analogia, do procedimento do incidente de desconsideração da personalidade jurídica (CPC, arts. 133 a 137) para assegurar o contraditório prévio nessas situações.

**31. Benefício de ordem (*beneficium excussionis personalis*).** O sócio tem um *benefício de ordem* no caso de seus serem submetidos à execução. Só na ausência de bens da sociedade, é possível partir-se para o patrimônio particular de seu sócio. Cabe ao próprio sócio, devidamente citado, alegar este benefício (*beneficium excussionis personalis*) e nomear bens da sociedade, situados na mesma comarca (livres e desembaraçados) e suficientes para pagar a dívida. Se a sociedade não possui bens no local da execução, não se deve admitir o benefício de ordem: o objetivo aí é proteger o credor.

**32. Penhora por termo nos autos.** Se a penhora for feita por termo nos autos (art. 845, § 1º), não há qualquer embaraço adicional à efetividade do direito do exequente, devendo-se proteger, assim, o direito do sócio à ordem na execução. Nesse caso, o benefício de ordem pode ser exercido, mesmo que os bens da sociedade estejam situados em outra comarca. Trata-se de interpretação conforme com o princípio da menor onerosidade da execução (art. 805).

**33. Exceção substancial.** O benefício de ordem é uma exceção substancial, matéria de defesa que não pode ser conhecida de ofício pelo juiz e que deve ser arguida pelo sócio na primeira oportunidade que falar nos autos, sob pena de preclusão e renúncia tácita da prerrogativa.

**34. Sócio responsável.** O *benefício de ordem* aplica-se aos casos em que o sócio, juntamente com a pessoa jurídica, é também responsável pela obrigação, limitada ou ilimitadamente (art. 790, II). Nesses casos, uma vez executado o sócio, que é responsável, poderá ele requerer primeiro sejam executados os bens da sociedade para que, só então, em caso de insucesso na satisfação do crédito, sejam os seus bens próprios sujeitos à execução.

**35. Preclusão lógica.** Se o sócio indicar bem de sua propriedade à penhora, ocorrerá a preclusão lógica do seu direito de invocar o benefício de ordem, devido ao princípio da boa-fé processual.

**36. Ausência de benefício de ordem.** Na sociedade em comum (sociedade irregular, de fato ou não personificada), o sócio que contratou em nome da sociedade não tem o benefício de ordem (CC, art. 990).

**LIVRO II · DO PROCESSO DE EXECUÇÃO** — **Art. 797**

**37. Benefício de ordem na desconsideração da personalidade jurídica.** Não há direito a benefício de ordem na desconsideração da personalidade jurídica. É irrelevante que a pessoa jurídica tenha ou não bens passíveis de serem executados. Na desconsideração, reputa-se o ato praticado pelo sócio, ou outra sociedade do mesmo grupo, que deverá responder, isoladamente, pela obrigação.

**38. Sub-rogação.** O sócio cujos bens vierem a responder pela execução, pagando a dívida, sub-roga-se no lugar do credor, podendo executar a sociedade devedor nos mesmos autos.

---

**Art. 796.** O espólio responde pelas dívidas do falecido, mas, feita a partilha, cada herdeiro responde por elas dentro das forças da herança e na proporção da parte que lhe coube.

---

▶ **1. Correspondência no CPC/1973.** *"Art. 597. O espólio responde pelas dívidas do falecido; mas, feita a partilha, cada herdeiro responde por elas na proporção da parte que na herança lhe coube."*

### ⚖ Legislação Correlata

**2. CC, art. 1.792.** *"Art. 1.792. O herdeiro não responde por encargos superiores às forças da herança; incumbe-lhe, porém, a prova do excesso, salvo se houver inventário que a escuse, demonstrando o valor dos bens herdados."*

**3. CC, art. 1.821.** *"Art. 1.821. É assegurado aos credores o direito de pedir o pagamento das dívidas reconhecidas, nos limites das forças da herança."*

### ▤ Comentários Temáticos

**4. Responsabilidade patrimonial do espólio.** Falecendo o devedor, seu espólio responderá pela obrigação. O espólio adquire, assim, legitimidade passiva para a execução. As dívidas do falecido executam-se nos bens do espólio, e não nos dos herdeiros. Os bens do espólio respondem pela obrigação do falecido da mesma forma que respondiam quando ele era vivo. A responsabilidade do espólio mantém-se até a partilha de bens.

**5. Responsabilidade patrimonial dos herdeiros.** Os herdeiros respondem *intra vires hereditatis*, ou de acordo com as forças da herança. Trata-se do chamado *benefício de inventário*, que consiste numa limitação de responsabilidade. Feita a partilha da herança entre seus herdeiros e sucessores, eles responderão proporcionalmente pelas dívidas do *de cujus*, dentro dos limites da força da herança, e passarão a ter legitimidade

passiva exclusiva para a execução. É a partir do *formal de partilha* que se mensura a extensão da responsabilidade de cada herdeiro, pois ali estarão discriminados os bens herdados e a qual percentual correspondem do total partilhado. Os herdeiros e sucessores respondem na proporção da parte da herança que lhes couber. O ônus da prova do *excesso* é do herdeiro, salvo se já houver inventário que a dispense, demonstrando o valor dos bens herdados (CC, art. 1.792).

**6. Eliminação de impenhorabilidades.** A morte do devedor pode eliminar impenhorabilidades. Seus instrumentos de profissão e pertences pessoais, antes impenhoráveis, passam a ser suscetíveis de penhora. O imóvel que se destinava à sua moradia – impenhorável, por ser bem de família – pode, com sua morte, não ter mais a destinação de moradia familiar, deixando de ser impenhorável.

**7. Impenhorabilidade superveniente.** A morte do devedor pode fazer com que algum bem de seu patrimônio torne-se impenhorável. Um imóvel seu pode passar a pertencer a um de seus herdeiros, que venha a destiná-lo à moradia própria, tornando-se bem de família, impenhorável, portanto. Imagine-se que esse herdeiro morava em imóvel alugado, passando, com a herança, a ter imóvel residencial próprio. O bem, que era penhorável, tornou-se impenhorável.

**8. Responsabilidade patrimonial do cônjuge supérstite.** A responsabilidade patrimonial do cônjuge ou companheiro supérstite pelas dívidas assumidas pelo seu consorte é a definida no art. 790, IV, não se alterando com o seu falecimento. O falecimento do devedor não muda a responsabilidade patrimonial de seu cônjuge ou companheiro.

## TÍTULO II
## DAS DIVERSAS ESPÉCIES DE EXECUÇÃO

### CAPÍTULO I
### DISPOSIÇÕES GERAIS

---

**Art. 797.** Ressalvado o caso de insolvência do devedor, em que tem lugar o concurso universal, realiza-se a execução no interesse do exequente que adquire, pela penhora, o direito de preferência sobre os bens penhorados.

Parágrafo único. Recaindo mais de uma penhora sobre o mesmo bem, cada exequente conservará o seu título de preferência.

# Art. 798 — CÓDIGO DE PROCESSO CIVIL COMENTADO – Leonardo Carneiro da Cunha

▶ **1. Correspondência no CPC/1973.** *"Art. 612. Ressalvado o caso de insolvência do devedor, em que tem lugar o concurso universal (art. 751, III), realiza-se a execução no interesse do credor, que adquire, pela penhora, o direito de preferência sobre os bens penhorados." "Art. 613. Recaindo mais de uma penhora sobre os mesmos bens, cada credor conservará o seu título de preferência."*

## 🗐 COMENTÁRIOS TEMÁTICOS

**2. Princípio da efetividade.** A execução realiza-se no interesse do exequente, devendo ser adotados os meios adequados que garantam a maior efetividade possível à prestação integral da tutela executiva.

**3. Direito fundamental à tutela executiva.** O direito fundamental à tutela executiva exige um sistema de tutela jurisdicional capaz de proporcionar pronta e integral satisfação a qualquer direito merecedor de tutela executiva.

**4. Princípio da menor onerosidade.** Havendo vários meios executivos aptos à tutela adequada e efetiva do direito de crédito, escolhe-se a via menos onerosa ao executado. O princípio da menor onerosidade objetiva evitar a execução abusiva (art. 805).

**5. Colisão entre o princípio da menor onerosidade e da efetividade.** O princípio da menor onerosidade (art. 805) frequentemente choca-se com o da efetividade da execução (art. 797). Nesse caso, cabe ao juiz *"justificar o objeto e os critérios gerais da ponderação efetuada, enunciando as razões que autorizam a interferência na norma afastada e as premissas fáticas que fundamentam a conclusão"* (art. 489, § 2º).

**6. *Prior in tempore potior in iure*: anterioridade da penhora.** Os arts. 797 e 908 estabelecem que a penhora anterior prevalece sobre a posterior. Assim, diante da pluralidade de penhoras, e não havendo crédito privilegiado, o dinheiro deve ser distribuído entre os credores, observada a ordem cronológica das penhoras.

**7. Concurso de penhoras.** A realização de múltiplas penhoras sobre um mesmo bem não induz o concurso universal de credores, cuja instauração pressupõe a insolvência do devedor. A coexistência de duas ou mais penhoras sobre o mesmo bem implica concurso especial ou particular, que não reúne todos os credores do executado, tampouco todos os seus bens, consequências próprias do concurso universal. No concurso particular, concorrem apenas os exequentes cujo crédito frente ao executado é garantido por um mesmo bem, sucessivamente penhorado.

**8. Direito de preferência do credor de alimentos.** Havendo mais de uma penhora sobre o mesmo bem, o produto de sua venda será repartido, levando-se em conta a ordem das preferências dos diversos credores concorrentes. Nesse contexto, a dívida alimentar prefere a todas as outras, já que objetiva tutelar o direito à vida. É crédito que antecede a todos os demais, contando com garantia patrimonial mais extensa: os salários e verbas remuneratórias, que, em regra, são impenhoráveis, podem ser penhorados em execução de alimentos, inclusive indenizativos (art. 833, IV, e § 2º); o bem de família, em regra impenhorável, pode ser penhorado em execução de alimentos (Lei 8.009/1990, art. 3º, III). O crédito alimentar também goza de preferência no sistema de precatórios (CF, art. 100).

---

**Art. 798.** Ao propor a execução, incumbe ao exequente:

I – instruir a petição inicial com:

a) o título executivo extrajudicial;

b) o demonstrativo do débito atualizado até a data de propositura da ação, quando se tratar de execução por quantia certa;

c) a prova de que se verificou a condição ou ocorreu o termo, se for o caso;

d) a prova, se for o caso, de que adimpliu a contraprestação que lhe corresponde ou que lhe assegura o cumprimento, se o executado não for obrigado a satisfazer a sua prestação senão mediante a contraprestação do exequente;

II – indicar:

a) a espécie de execução de sua preferência, quando por mais de um modo puder ser realizada;

b) os nomes completos do exequente e do executado e seus números de inscrição no Cadastro de Pessoas Físicas ou no Cadastro Nacional da Pessoa Jurídica;

c) os bens suscetíveis de penhora, sempre que possível.

Parágrafo único. O demonstrativo do débito deverá conter:

I – o índice de correção monetária adotado;

II – a taxa de juros aplicada;

III – os termos inicial e final de incidência do índice de correção monetária e da taxa de juros utilizados;

IV – a periodicidade da capitalização dos juros, se for o caso;

V – a especificação de desconto obrigatório realizado.

# LIVRO II · DO PROCESSO DE EXECUÇÃO — Art. 798

▶ **1. Correspondência no CPC/1973.** *"Art. 614. Cumpre ao credor, ao requerer a execução, pedir a citação do devedor e instruir a petição inicial: I – com o título executivo extrajudicial; II – com o demonstrativo do débito atualizado até a data da propositura da ação, quando se tratar de execução por quantia certa; III – com a prova de que se verificou a condição, ou ocorreu o termo (art. 572)."* *"Art. 615. Cumpre ainda ao credor: I – indicar a espécie de execução que prefere, quando por mais de um modo pode ser efetuada; II – requerer a intimação do credor pignoratício, hipotecário, ou anticrético, ou usufrutuário, quando a penhora recair sobre bens gravados por penhor, hipoteca, anticrese ou usufruto; III – pleitear medidas acautelatórias urgentes; IV – provar que adimpliu a contraprestação, que lhe corresponde, ou que lhe assegura o cumprimento, se o executado não for obrigado a satisfazer a sua prestação senão mediante a contraprestação do credor."*

## ⚖ Jurisprudência, Enunciados e Súmulas Selecionados

- **2. Tema/Repetitivo 268 STJ.** *"É desnecessária a apresentação do demonstrativo de cálculo, em execução fiscal, uma vez que a Lei n. 6.830/80 dispõe, expressamente, sobre os requisitos essenciais para a instrução da petição inicial e não elenca o demonstrativo de débito entre eles."*
- **3. Enunciado 590 do FPPC.** *"Na impugnação ao cumprimento de sentença e nos embargos à execução, o executado que alegar excesso de execução deverá elaborar demonstrativo de débito em conformidade com os incisos do art. 524 e do parágrafo único do art. 798, respectivamente."*
- **4. Enunciado 86 da I Jornada-CJF.** *"As prestações vincendas até o efetivo cumprimento da obrigação incluem-se na execução de título executivo extrajudicial (arts. 323 e 318, parágrafo único, do CPC)."*

## 🖳 Comentários Temáticos

**5. Demanda executiva.** Para que se instaure a execução, é indispensável que haja iniciativa da parte interessada, consistente na pretensão derivada do título executivo extrajudicial. Assim como se confere ao credor a faculdade de dispor da execução (art. 775), exige-se sua iniciativa para o início da execução, como consequência da inércia da jurisdição e do princípio dispositivo.

**6. Petição inicial.** A demanda executiva é exercida por meio de uma petição inicial, cujos requisitos estão relacionados no art. 798 aos quais se acrescem os dos arts. 319 e 320, com as devidas adaptações.

**7. Endereçamento da petição inicial da execução.** Cumpre ao exequente endereçar a petição inicial ao juízo competente.

**8. Documentos indispensáveis à propositura da demanda executiva.** O art. 798, I, estabelece alguns documentos indispensáveis à propositura da demanda executiva.

**9. Título executivo extrajudicial.** A petição inicial da execução deve vir acompanhada do título executivo extrajudicial. Sendo o título judicial, não é necessária sua juntada, pois ele já consta dos autos. Há, porém, casos em que a execução se funda em título judicial e, nada obstante, é indispensável a juntada do documento: são os casos do § 1º do art. 515, nos quais o cumprimento de sentença deve desenvolver-se em processo autônomo, diverso do processo de conhecimento.

**10. Demonstrativo do débito atualizado.** A petição inicial da execução deve vir acompanhada do *demonstrativo do débito atualizado até a data da propositura da ação*, quando se tratar de execução por quantia certa. O demonstrativo do débito, ou memorial de cálculos, pode vir sob a forma de planilha, anexada à petição inicial, ou no próprio corpo da petição. Trata-se de documento que visa esclarecer não só o montante perseguido como também os critérios e métodos utilizados para alcançá-lo. Nesse sentido, o parágrafo único do art. 798 elenca os elementos essenciais do demonstrativo de débito.

**11. Condição ou termo.** Nos casos em que a dívida representada no título está sujeita a condição ou termo, cabe ao exequente juntar, além do próprio título executivo, a prova da implementação da condição ou termo.

**12. Cumprimento da contraprestação.** Caso a prestação devida pelo executado dependa do prévio cumprimento da contraprestação que lhe cabe pelo exequente, deve este provar que adimpliu essa sua contraprestação, ou ainda provar que assegura o seu cumprimento, para, só então, exigir do devedor a sua prestação. A execução de prestação que resulte de obrigações recíprocas e interdependentes depende não apenas da demonstração do inadimplemento do executado, como também da demonstração do adimplemento do exequente.

**13. Elementos a serem indicados pelo exequente.** Quando por mais de um modo se puder efetuar a execução, cumpre ao exequente indicar aquele de sua preferência, observada a

1221

proteção do executado contra o abuso do direito pelo credor (art. 805). Deve indicar, ainda, a qualificação das partes, no intuito de evitar o processamento de pessoas incertas, cumprindo-lhe, sempre que possível e desde que isso não dificulte o seu acesso à justiça, indicar, na qualificação, o número do cadastro de pessoas físicas ou jurídicas (CPF ou CNPJ) na Secretaria da Receita Federal. Ao exequente se franqueia a indicação, já na petição inicial, dos bens do devedor a serem penhorados.

**14. Indicação do endereço do advogado.** Na petição inicial, deve haver a indicação do endereço físico, profissional ou residencial, do advogado, bem como o eletrônico (arts. 77, V, e 287), ainda que o exequente esteja em causa própria (art. 106, I).

**15. Indicação de bens penhoráveis.** Se o exequente já tem notícia de bens penhoráveis, pode indicá-los na própria petição inicial, mas também pode fazê-lo em momento posterior, por petição simples, ou ainda informalmente, dirigindo-se ao oficial de justiça.

**16. Requerimento de investigação de ativos financeiros.** Desconhecendo dados precisos sobre ativos financeiros do executado, o exequente pode requerer ao juiz que determine às instituições financeiras que torne indisponível ativos financeiros existentes em nome do executado (art. 854). As providências previstas no art. 854 dependem de requerimento do exequente e esse requerimento já pode vir na petição inicial.

**17. Valor da causa na petição inicial da execução.** A toda causa será atribuído valor certo, ainda que não exiba conteúdo econômico mensurável (art. 291). O valor da causa é requisito da petição inicial (art. 319, V). O valor da causa na execução é o valor total do crédito: principal, juros, correção monetária e demais encargos (art. 292, I). Se o valor executado for composto de prestações vencidas e vincendas, o valor da causa será soma de todas elas (art. 292, § 1º). O valor das prestações vincendas será igual a uma prestação anual, se a obrigação for por tempo indeterminado ou por tempo superior a 1 ano (art. 292, § 2º).

**18. Sanação de vícios.** Se a petição inicial não contiver algum requisito, cabe ao juiz determinar a intimação do exequente para corrigir o vício no prazo de 15 dias (art. 801).

**19. Benefício da gratuidade.** O exequente requererá, na petição inicial, se for esse o caso, a concessão dos benefícios da gratuidade (art. 99, § 1º). Se o exequente for pessoa natural, basta declarar a insuficiência de recursos para custear as despesas do processo. A declaração pode ser firmada pelo advogado, desde que, na procuração, haja poderes especiais para tanto (art. 105). Sendo o exequente pessoa jurídica, é necessário comprovar a impossibilidade de custear as despesas do processo.

**20. Duplicação da petição inicial.** Cabe ao exequente produzir tantas vias quanto forem os citandos, a fim de que acompanhem o mandado de citação (art. 250, V) ou a carta de citação (art. 248). Sem essas vias, a citação não pode ser efetivada, paralisando o processo. Não apresentadas as vias destinadas a instruir o mandado ou a carta de citação, o escrivão ou chefe de secretaria providenciará a intimação do advogado do exequente, independentemente de despacho (art. 203, § 4º), para que providencie as cópias. Caso o exequente se beneficie da gratuidade da justiça, as cópias serão providenciadas pelo próprio Judiciário.

---

**Art. 799.** Incumbe ainda ao exequente:

I – requerer a intimação do credor pignoratício, hipotecário, anticrético ou fiduciário, quando a penhora recair sobre bens gravados por penhor, hipoteca, anticrese ou alienação fiduciária;

II – requerer a intimação do titular de usufruto, uso ou habitação, quando a penhora recair sobre bem gravado por usufruto, uso ou habitação;

III – requerer a intimação do promitente comprador, quando a penhora recair sobre bem em relação ao qual haja promessa de compra e venda registrada;

IV – requerer a intimação do promitente vendedor, quando a penhora recair sobre direito aquisitivo derivado de promessa de compra e venda registrada;

V – requerer a intimação do superficiário, enfiteuta ou concessionário, em caso de direito de superfície, enfiteuse, concessão de uso especial para fins de moradia ou concessão de direito real de uso, quando a penhora recair sobre imóvel submetido ao regime do direito de superfície, enfiteuse ou concessão;

VI – requerer a intimação do proprietário de terreno com regime de direito de superfície, enfiteuse, concessão de uso especial para fins de moradia ou concessão de direito real de uso, quando a penhora recair sobre direitos do superficiário, do enfiteuta ou do concessionário;

VII – requerer a intimação da sociedade, no caso de penhora de quota social ou de ação de sociedade anônima fechada, para o fim previsto no art. 876, § 7º;

VIII – pleitear, se for o caso, medidas urgentes;

**LIVRO II · DO PROCESSO DE EXECUÇÃO** **Art. 799**

IX – proceder à averbação em registro público do ato de propositura da execução e dos atos de constrição realizados, para conhecimento de terceiros.

X – requerer a intimação do titular da construção-base, bem como, se for o caso, do titular de lajes anteriores, quando a penhora recair sobre o direito real de laje;

XI – requerer a intimação do titular das lajes, quando a penhora recair sobre a construção-base.

▶ **1. Correspondência no CPC/1973.** *"Art. 615. Cumpre ainda ao credor: (...) II – requerer a intimação do credor pignoratício, hipotecário, ou anticrético, ou usufrutuário, quando a penhora recair sobre bens gravados por penhor, hipoteca, anticrese ou usufruto."*

## 🏛 LEGISLAÇÃO CORRELATA

**2. CC, art. 1.358-B.** *"Art. 1.358-B. A multipropriedade reger-se-á pelo disposto neste Capítulo e, de forma supletiva e subsidiária, pelas demais disposições deste Código e pelas disposições das Leis n. 4.591, de 16 de dezembro de 1964, e 8.078, de 11 de setembro de 1990 (Código de Defesa do Consumidor)."*

**3. CC, art. 1.358-C.** *"Art. 1.358-C. Multipropriedade é o regime de condomínio em que cada um dos proprietários de um mesmo imóvel é titular de uma fração de tempo, à qual corresponde a faculdade de uso e gozo, com exclusividade, da totalidade do imóvel, a ser exercida pelos proprietários de forma alternada. Parágrafo único. A multipropriedade não se extinguirá automaticamente se todas as frações de tempo forem do mesmo multiproprietário."*

**4. CC, art. 1.358-D.** *"Art. 1.358-D. O imóvel objeto da multipropriedade: I – é indivisível, não se sujeitando a ação de divisão ou de extinção de condomínio; II – inclui as instalações, os equipamentos e o mobiliário destinados a seu uso e gozo."*

**5. CC, art. 1.358-E.** *"Art. 1.358-E. Cada fração de tempo é indivisível. § 1º O período correspondente a cada fração de tempo será de, no mínimo, 7 (sete) dias, seguidos ou intercalados, e poderá ser: I – fixo e determinado, no mesmo período de cada ano; II – flutuante, caso em que a determinação do período será realizada de forma periódica, mediante procedimento objetivo que respeite, em relação a todos os multiproprietários, o princípio da isonomia, devendo ser previamente divulgado; ou III – misto, combinando os sistemas fixo e flutuante. § 2º Todos os multiproprietários terão direito a uma mesma quantidade mínima de dias seguidos durante o ano, podendo haver a aquisição de frações maiores que a mínima, com o correspondente direito ao uso por períodos também maiores."*

**6. CC, art. 1.358-F.** *"Art. 1.358-F. Institui-se a multipropriedade por ato entre vivos ou testamento, registrado no competente cartório de registro de imóveis, devendo constar daquele ato a duração dos períodos correspondentes a cada fração de tempo."*

**7. CC, art. 1.358-G.** *"Art. 1.358-G. Além das cláusulas que os multiproprietários decidirem estipular, a convenção de condomínio em multipropriedade determinará: I – os poderes e deveres dos multiproprietários, especialmente em matéria de instalações, equipamentos e mobiliário do imóvel, de manutenção ordinária e extraordinária, de conservação e limpeza e de pagamento da contribuição condominial; II – o número máximo de pessoas que podem ocupar simultaneamente o imóvel no período correspondente a cada fração de tempo; III – as regras de acesso do administrador condominial ao imóvel para cumprimento do dever de manutenção, conservação e limpeza; IV – a criação de fundo de reserva para reposição e manutenção dos equipamentos, instalações e mobiliário; V – o regime aplicável em caso de perda ou destruição parcial ou total do imóvel, inclusive para efeitos de participação no risco ou no valor do seguro, da indenização ou da parte restante; VI – as multas aplicáveis ao multiproprietário nas hipóteses de descumprimento de deveres."*

**8. CC, art. 1.358-H.** *"Art. 1.358-H. O instrumento de instituição da multipropriedade ou a convenção de condomínio em multipropriedade poderá estabelecer o limite máximo de frações de tempo no mesmo imóvel que poderão ser detidas pela mesma pessoa natural ou jurídica. Parágrafo único. Em caso de instituição da multipropriedade para posterior venda das frações de tempo a terceiros, o atendimento a eventual limite de frações de tempo por titular estabelecido no instrumento de instituição será obrigatório somente após a venda das frações."*

**9. CC, art. 1.358-I.** *"Art. 1.358-I. São direitos do multiproprietário, além daqueles previstos no instrumento de instituição e na convenção de condomínio em multipropriedade: I – usar e gozar, durante o período correspondente à sua fração de tempo, do imóvel e de suas instalações, equipamentos e mobiliário; II – ceder a fração de tempo em locação ou comodato; III – alienar a fração de tempo, por ato entre vivos ou por causa de morte, a título oneroso ou gratuito, ou onerá-la, devendo a alienação e a qualificação do sucessor, ou a oneração, ser informadas ao administrador; IV – participar e votar, pessoalmente ou por in-*

termédio de representante ou procurador, desde que esteja quite com as obrigações condominiais, em: a) assembleia geral do condomínio em multipropriedade, e o voto do multiproprietário corresponderá à quota de sua fração de tempo no imóvel; b) assembleia geral do condomínio edilício, quando for o caso, e o voto do multiproprietário corresponderá à quota de sua fração de tempo em relação à quota de poder político atribuído à unidade autônoma na respectiva convenção de condomínio edilício."

**10.** CC, art. 1.358-J. *"Art. 1.358-J. São obrigações do multiproprietário, além daquelas previstas no instrumento de instituição e na convenção de condomínio em multipropriedade: I – pagar a contribuição condominial do condomínio em multipropriedade e, quando for o caso, do condomínio edilício, ainda que renuncie ao uso e gozo, total ou parcial, do imóvel, das áreas comuns ou das respectivas instalações, equipamentos e mobiliário; II – responder por danos causados ao imóvel, às instalações, aos equipamentos e ao mobiliário por si, por qualquer de seus acompanhantes, convidados ou prepostos ou por pessoas por ele autorizadas; III – comunicar imediatamente ao administrador os defeitos, avarias e vícios no imóvel dos quais tiver ciência durante a utilização; IV – não modificar, alterar ou substituir o mobiliário, os equipamentos e as instalações do imóvel; V – manter o imóvel em estado de conservação e limpeza condizente com os fins a que se destina e com a natureza da respectiva construção; VI – usar o imóvel, bem como suas instalações, equipamentos e mobiliário, conforme seu destino e natureza; VII – usar o imóvel exclusivamente durante o período correspondente à sua fração de tempo; VIII – desocupar o imóvel, impreterivelmente, até o dia e hora fixados no instrumento de instituição ou na convenção de condomínio em multipropriedade, sob pena de multa diária, conforme convencionado no instrumento pertinente; IX – permitir a realização de obras ou reparos urgentes. § 1º Conforme previsão que deverá constar da respectiva convenção de condomínio em multipropriedade, o multiproprietário estará sujeito a: I – multa, no caso de descumprimento de qualquer de seus deveres; II – multa progressiva e perda temporária do direito de utilização do imóvel no período correspondente à sua fração de tempo, no caso de descumprimento reiterado de deveres. § 2º A responsabilidade pelas despesas referentes a reparos no imóvel, bem como suas instalações, equipamentos e mobiliário, será: I – de todos os multiproprietários, quando decorrentes do uso normal e do desgaste natural do imóvel; II – exclusivamente do multiproprietário responsável pelo uso anormal, sem prejuízo de multa, quando decorrentes de uso anormal do imóvel."*

**11.** CC, art. 1.358-K. *"Art. 1.358-K. Para os efeitos do disposto nesta Seção, são equiparados aos multiproprietários os promitentes compradores e os cessionários de direitos relativos a cada fração de tempo."*

**12.** CC, art. 1.358-L. *"Art. 1.358-L. A transferência do direito de multipropriedade e a sua produção de efeitos perante terceiros dar-se-ão na forma da lei civil e não dependerão da anuência ou cientificação dos demais multiproprietários. § 1º Não haverá direito de preferência na alienação de fração de tempo, salvo se estabelecido no instrumento de instituição ou na convenção do condomínio em multipropriedade em favor dos demais multiproprietários ou do instituidor do condomínio em multipropriedade. § 2º O adquirente será solidariamente responsável com o alienante pelas obrigações de que trata o § 5º do art. 1.358-J deste Código caso não obtenha a declaração de inexistência de débitos referente à fração de tempo no momento de sua aquisição."*

**13.** CC, art. 1.358-M. *"Art. 1.358-M. A administração do imóvel e de suas instalações, equipamentos e mobiliário será de responsabilidade da pessoa indicada no instrumento de instituição ou na convenção de condomínio em multipropriedade, ou, na falta de indicação, de pessoa escolhida em assembleia geral dos condôminos. § 1º O administrador exercerá, além daquelas previstas no instrumento de instituição e na convenção de condomínio em multipropriedade, as seguintes atribuições: I – coordenação da utilização do imóvel pelos multiproprietários durante o período correspondente a suas respectivas frações de tempo; II – determinação, no caso dos sistemas flutuante ou misto, dos períodos concretos de uso e gozo exclusivos de cada multiproprietário em cada ano; III – manutenção, conservação e limpeza do imóvel; IV – troca ou substituição de instalações, equipamentos ou mobiliário, inclusive: a) determinar a necessidade da troca ou substituição; b) providenciar os orçamentos necessários para a troca ou substituição; c) submeter os orçamentos à aprovação pela maioria simples dos condôminos em assembleia; V – elaboração do orçamento anual, com previsão das receitas e despesas; VI – cobrança das quotas de custeio de responsabilidade dos multiproprietários; VII – pagamento, por conta do condomínio edilício ou voluntário, com os fundos comuns arrecadados, de todas as despesas comuns. § 2º A convenção de condomínio em multipropriedade poderá regrar de forma diversa a atribuição prevista no inciso IV do § 1º deste artigo."*

**LIVRO II** · DO PROCESSO DE EXECUÇÃO  **Art. 799**

**14.** **CC, art. 1.358-N.** *"Art. 1.358-N. O instrumento de instituição poderá prever fração de tempo destinada à realização, no imóvel e em suas instalações, em seus equipamentos e em seu mobiliário, de reparos indispensáveis ao exercício normal do direito de multipropriedade. § 1º A fração de tempo de que trata o* caput *deste artigo poderá ser atribuída: I – ao instituidor da multipropriedade; ou II – aos multiproprietários, proporcionalmente às respectivas frações. § 2º Em caso de emergência, os reparos de que trata o* caput *deste artigo poderão ser feitos durante o período correspondente à fração de tempo de um dos multiproprietários."*

**15.** **CC, art. 1.358-O.** *"Art. 1.358-O. O condomínio edilício poderá adotar o regime de multipropriedade em parte ou na totalidade de suas unidades autônomas, mediante: I – previsão no instrumento de instituição; ou II – deliberação da maioria absoluta dos condôminos. Parágrafo único. No caso previsto no inciso I do* caput *deste artigo, a iniciativa e a responsabilidade para a instituição do regime da multipropriedade serão atribuídas às mesmas pessoas e observarão os mesmos requisitos indicados nas alíneas a, b e c e no § 1º do art. 31 da Lei nº 4.591, de 16 de dezembro de 1964."*

**16.** **CC, art. 1.358-P.** *"Art. 1.358-P. Na hipótese do art. 1.358-O, a convenção de condomínio edilício deve prever, além das matérias elencadas nos arts. 1.332, 1.334 e, se for o caso, 1.358-G deste Código: I – a identificação das unidades sujeitas ao regime da multipropriedade, no caso de empreendimentos mistos; II – a indicação da duração das frações de tempo de cada unidade autônoma sujeita ao regime da multipropriedade; III – a forma de rateio, entre os multiproprietários de uma mesma unidade autônoma, das contribuições condominiais relativas à unidade, que, salvo se disciplinada de forma diversa no instrumento de instituição ou na convenção de condomínio em multipropriedade, será proporcional à fração de tempo de cada multiproprietário; IV – a especificação das despesas ordinárias, cujo custeio será obrigatório, independentemente do uso e gozo do imóvel e das áreas comuns; V – os órgãos de administração da multipropriedade; VI – a indicação, se for o caso, de que o empreendimento conta com sistema de administração de intercâmbio, na forma prevista no § 2º do art. 23 da Lei nº 11.771, de 17 de setembro de 2008 , seja do período de fruição da fração de tempo, seja do local de fruição, caso em que a responsabilidade e as obrigações da companhia de intercâmbio limitam-se ao contido na documentação de sua contratação; VII – a competência para a imposição de sanções e o*

*respectivo procedimento, especialmente nos casos de mora no cumprimento das obrigações de custeio e nos casos de descumprimento da obrigação de desocupar o imóvel até o dia e hora previstos; VIII – o quórum exigido para a deliberação de adjudicação da fração de tempo na hipótese de inadimplemento do respectivo multiproprietário; IX – o quórum exigido para a deliberação de alienação, pelo condomínio edilício, da fração de tempo adjudicada em virtude do inadimplemento do respectivo multiproprietário."*

**17.** **CC, art. 1.358-Q.** *"Art. 1.358-Q. Na hipótese do art. 1.358-O deste Código, o regimento interno do condomínio edilício deve prever: I – os direitos dos multiproprietários sobre as partes comuns do condomínio edilício; II – os direitos e obrigações do administrador, inclusive quanto ao acesso ao imóvel para cumprimento do dever de manutenção, conservação e limpeza; III – as condições e regras para uso das áreas comuns; IV – os procedimentos a serem observados para uso e gozo dos imóveis e das instalações, equipamentos e mobiliário destinados ao regime da multipropriedade; V – o número máximo de pessoas que podem ocupar simultaneamente o imóvel no período correspondente a cada fração de tempo; VI – as regras de convivência entre os multiproprietários e os ocupantes de unidades autônomas não sujeitas ao regime da multipropriedade, quando se tratar de empreendimentos mistos; VII – a forma de contribuição, destinação e gestão do fundo de reserva específico para cada imóvel, para reposição e manutenção dos equipamentos, instalações e mobiliário, sem prejuízo do fundo de reserva do condomínio edilício; VIII – a possibilidade de realização de assembleias não presenciais, inclusive por meio eletrônico; IX – os mecanismos de participação e representação dos titulares; X – o funcionamento do sistema de reserva, os meios de confirmação e os requisitos a serem cumpridos pelo multiproprietário quando não exercer diretamente sua faculdade de uso; XI – a descrição dos serviços adicionais, se existentes, e as regras para seu uso e custeio. Parágrafo único. O regimento interno poderá ser instituído por escritura pública ou por instrumento particular."*

**18.** **CC, art. 1.358-R.** *"Art. 1.358-R. O condomínio edilício em que tenha sido instituído o regime de multipropriedade em parte ou na totalidade de suas unidades autônomas terá necessariamente um administrador profissional. § 1º O prazo de duração do contrato de administração será livremente convencionado. § 2º O administrador do condomínio referido no* caput *deste artigo será também o administrador de todos os condomínios em multipropriedade de suas unidades autôno-*

1225

mas. § 3º O administrador será mandatário legal de todos os multiproprietários, exclusivamente para a realização dos atos de gestão ordinária da multipropriedade, incluindo manutenção, conservação e limpeza do imóvel e de suas instalações, equipamentos e mobiliário. § 4º O administrador poderá modificar o regimento interno quanto aos aspectos estritamente operacionais da gestão da multipropriedade no condomínio edilício. § 5º O administrador pode ser ou não um prestador de serviços de hospedagem."

**19. CC, art. 1.358-S.** "Art. 1.358-S. Na hipótese de inadimplemento, por parte do multiproprietário, da obrigação de custeio das despesas ordinárias ou extraordinárias, é cabível, na forma da lei processual civil, a adjudicação ao condomínio edilício da fração de tempo correspondente. Parágrafo único. Na hipótese de o imóvel objeto da multipropriedade ser parte integrante de empreendimento em que haja sistema de locação das frações de tempo no qual os titulares possam ou sejam obrigados a locar suas frações de tempo exclusivamente por meio de uma administração única, repartindo entre si as receitas das locações independentemente da efetiva ocupação de cada unidade autônoma, poderá a convenção do condomínio edilício regrar que em caso de inadimplência: I – o inadimplente fique proibido de utilizar o imóvel até a integral quitação da dívida; II – a fração de tempo do inadimplente passe a integrar o pool da administradora; III – a administradora do sistema de locação fique automaticamente munida de poderes e obrigada a, por conta e ordem do inadimplente, utilizar a integralidade dos valores líquidos a que o inadimplente tiver direito para amortizar suas dívidas condominiais, seja do condomínio edilício, seja do condomínio em multipropriedade, até sua integral quitação, devendo eventual saldo ser imediatamente repassado ao multiproprietário."

**20. CC, art. 1.358-T.** "Art. 1.358-T. O multiproprietário somente poderá renunciar de forma translativa a seu direito de multipropriedade em favor do condomínio edilício. Parágrafo único. A renúncia de que trata o caput deste artigo só é admitida se o multiproprietário estiver em dia com as contribuições condominiais, com os tributos imobiliários e, se houver, com o foro ou a taxa de ocupação."

**21. CC, art. 1.358-U.** "Art. 1.358-U. As convenções dos condomínios edilícios, os memoriais de loteamentos e os instrumentos de venda dos lotes em loteamentos urbanos poderão limitar ou impedir a instituição da multipropriedade nos respectivos imóveis, vedação que somente poderá ser alterada no mínimo pela maioria absoluta dos condôminos."

**22. CC, art. 1.373.** "Art. 1.373. Em caso de alienação do imóvel ou do direito de superfície, o superficiário ou o proprietário tem direito de preferência, em igualdade de condições."

**23. CC, art. 1.501.** "Art. 1.501. Não extinguirá a hipoteca, devidamente registrada, a arrematação ou adjudicação, sem que tenham sido notificados judicialmente os respectivos credores hipotecários, que não forem de qualquer modo partes na execução."

**24. Lei 10.257/2001, art. 21.** "Art. 21. O proprietário urbano poderá conceder a outrem o direito de superfície do seu terreno, por tempo determinado ou indeterminado, mediante escritura pública registrada no cartório de registro de imóveis. § 1º O direito de superfície abrange o direito de utilizar o solo, o subsolo ou o espaço aéreo relativo ao terreno, na forma estabelecida no contrato respectivo, atendida a legislação urbanística. § 2º A concessão do direito de superfície poderá ser gratuita ou onerosa. § 3º O superficiário responderá integralmente pelos encargos e tributos que incidirem sobre a propriedade superficiária, arcando, ainda, proporcionalmente à sua parcela de ocupação efetiva, com os encargos e tributos sobre a área objeto da concessão do direito de superfície, salvo disposição em contrário do contrato respectivo. § 4º O direito de superfície pode ser transferido a terceiros, obedecidos os termos do contrato respectivo. § 5º Por morte do superficiário, os seus direitos transmitem-se a seus herdeiros."

**25. Lei 10.257/2001, art. 22.** "Art. 22. Em caso de alienação do terreno, ou do direito de superfície, o superficiário e o proprietário, respectivamente, terão direito de preferência, em igualdade de condições à oferta de terceiros."

**26. Lei 10.257/2001, art. 23.** "Art. 23. Extingue-se o direito de superfície: I – pelo advento do termo; II – pelo descumprimento das obrigações contratuais assumidas pelo superficiário."

**27. Lei 10.257/2001, art. 24.** "Art. 24. Extinto o direito de superfície, o proprietário recuperará o pleno domínio do terreno, bem como das acessões e benfeitorias introduzidas no imóvel, independentemente de indenização, se as partes não houverem estipulado o contrário no respectivo contrato. § 1º Antes do termo final do contrato, extinguir-se-á o direito de superfície se o superficiário der ao terreno destinação diversa daquela para a qual for concedida. § 2º A extinção do direito de superfície será averbada no cartório de registro de imóveis."

# LIVRO II · DO PROCESSO DE EXECUÇÃO — Art. 800

## ⚖ JURISPRUDÊNCIA, ENUNCIADOS E SÚMULAS SELECIONADOS

- **28. Enunciado 447 do FPPC.** *"O exequente deve providenciar a intimação da União, Estados e Municípios no caso de penhora de bem tombado."*

- **29. Enunciado 448 do FPPC.** *"As medidas urgentes previstas no art. 799, VIII, englobam a tutela provisória urgente antecipada."*

- **30. Enunciado 529 do FPPC.** *"As averbações previstas nos arts. 799, IX e 828 são aplicáveis ao cumprimento de sentença."*

- **31. Enunciado 539 do FPPC.** *"A certidão a que se refere o art. 828 não impede a obtenção e a averbação de certidão da propositura da execução (art. 799)."*

- **32. Enunciado 641 do FPPC.** *"O exequente deve providenciar a intimação do coproprietário no caso da penhora de bem imóvel indivisível ou de direito real sobre bem imóvel indivisível."*

- **33. Enunciado 97 da I Jornada-CJF.** *"A execução pode ser promovida apenas contra o titular do bem oferecido em garantia real, cabendo, nesse caso, somente a intimação de eventual coproprietário que não tenha outorgado a garantia."*

- **34. Enunciado 104 da I Jornada-CJF.** *"O fornecimento de certidão para fins de averbação premonitória (art. 799, IX, do CPC) independe de prévio despacho ou autorização do juiz."*

## 🖥 COMENTÁRIOS TEMÁTICOS

**35. Bloco normativo de proteção a terceiros interessados.** Há, no CPC, um bloco normativo formado pelos arts. 799, 804 e 889, que forma um sistema de normas de proteção a alguns sujeitos, credores ou não. A análise sobre quem deve ser intimado para execução envolve todo esse bloco normativo. Todos aqueles indicados nos incisos desses dispositivos, porque inseridos nesse sistema protetivo, devem ser intimados dos atos executivos.

---

**Art. 800.** Nas obrigações alternativas, quando a escolha couber ao devedor, esse será citado para exercer a opção e realizar a prestação dentro de 10 (dez) dias, se outro prazo não lhe foi determinado em lei ou em contrato.

§ 1º Devolver-se-á ao credor a opção, se o devedor não a exercer no prazo determinado.

§ 2º A escolha será indicada na petição inicial da execução quando couber ao credor exercê-la.

---

▶ **1. Correspondência no CPC/1973.** *"Art. 571. Nas obrigações alternativas, quando a escolha couber ao devedor, este será citado para exercer a opção e realizar a prestação dentro em 10 (dez) dias, se outro prazo não lhe foi determinado em lei, no contrato, ou na sentença. § 1º Devolver-se-á ao credor a opção, se o devedor não a exercitou no prazo marcado. § 2º Se a escolha couber ao credor, este a indicará na petição inicial da execução."*

## ⚖ LEGISLAÇÃO CORRELATA

**2. CC, art. 252.** *"Art. 252. Nas obrigações alternativas, a escolha cabe ao devedor, se outra coisa não se estipulou. § 1º Não pode o devedor obrigar o credor a receber parte em uma prestação e parte em outra. § 2º Quando a obrigação for de prestações periódicas, a faculdade de opção poderá ser exercida em cada período. § 3º No caso de pluralidade de optantes, não havendo acordo unânime entre eles, decidirá o juiz, findo o prazo por este assinado para a deliberação. § 4º Se o título deferir a opção a terceiro, e este não quiser, ou não puder exercê-la, caberá ao juiz a escolha se não houver acordo entre as partes."*

**3. CC, art. 253.** *"Art. 253. Se uma das duas prestações não puder ser objeto de obrigação ou se tornada inexequível, subsistirá o débito quanto à outra."*

**4. CC, art. 254.** *"Art. 254. Se, por culpa do devedor, não se puder cumprir nenhuma das prestações, não competindo ao credor a escolha, ficará aquele obrigado a pagar o valor da que por último se impossibilitou, mais as perdas e danos que o caso determinar."*

**5. CC, art. 255.** *"Art. 255. Quando a escolha couber ao credor e uma das prestações tornar-se impossível por culpa do devedor, o credor terá direito de exigir a prestação subsistente ou o valor da outra, com perdas e danos; se, por culpa do devedor, ambas as prestações se tornarem inexequíveis, poderá o credor reclamar o valor de qualquer das duas, além da indenização por perdas e danos."*

**6. CC, art. 256.** *"Art. 256. Se todas as prestações se tornarem impossíveis sem culpa do devedor, extinguir-se-á a obrigação."*

## 🖥 COMENTÁRIOS TEMÁTICOS

**7. Obrigações alternativas.** A relação jurídica obrigacional pode ter *(i)* objeto único ou *(ii)* plúrimo. Sendo único o seu objeto, diz-se que se trata de obrigação simples; sendo plúrimo, tem-se uma obrigação composta. A obrigação composta pode ser *(a)* cumulativa ou *(b)* alter-

1227

nativa. Será *cumulativa* quando houver mais de uma prestação e o devedor, para obter a quitação, tiver de cumprir todas elas. Será *alternativa* quando houver mais de uma prestação e o devedor puder exonerar-se pelo cumprimento de apenas uma delas.

**8. Escolha da prestação.** Em regra, a escolha da prestação, na obrigação alternativa, caberá ao devedor, salvo quando houver disposição em contrário (CC, art. 252).

**9. Incidente de escolha.** Se a escolha couber ao exequente, ele a fará na petição inicial. Nesse caso, formulará sua pretensão pelo procedimento adequado., indicando o meio executivo apropriado ao objeto da prestação (art. 798, II, *a*). Diversamente, se a escolha couber ao executado, ele será citado para realizar a opção e efetivar a prestação, no prazo de 10 dias, se outro não estiver previsto em lei ou no contrato. Nesse caso, a citação tem dupla finalidade: convocar o executado para exercer a escolha e, então, cumprir a obrigação.

**10. Prazo para cumprimento.** Se a obrigação que fundamenta a pretensão executiva é alternativa, mas a escolha da prestação couber ao credor, deve ele, em sua petição inicial, exercer esse direito de opção, indicando a prestação cuja satisfação pretende. Nesse caso, deverá formular pedido certo e determinado. O prazo para cumprimento voluntário será, então, aquele previsto para cada procedimento executivo (por ex.: 3 dias, se a dívida for pecuniária e o título executivo, extrajudicial). O prazo de 10 dias previsto no art. 800 somente se aplica quando a escolha couber ao devedor ou a terceiro.

**11. Atitudes do executado.** Uma vez citado, o executado pode *(a)* escolher e prestar, caso em que estará configurado o cumprimento voluntário; não pode, porém, o devedor obrigar o credor a receber parte em uma prestação e parte em outra (CC, art. 252, § 1º); *(b)* escolher, mas não prestar, e, nesse caso, nada obsta que se insurja contra a execução, apresentando defesa; *(c)* nada fazer, caso em que passará ao credor o direito de optar por uma das prestações possíveis.

**12. Contraditório.** O juiz deve permitir que a parte que não escolheu tenha a oportunidade de, se for o caso, discutir a legitimidade da escolha feita pela contraparte. Aplica-se aqui, por analogia, o art. 812, que se refere ao incidente de individualização da coisa, nos casos em que se tem obrigação de entregar coisa incerta.

**13. Litisconsórcio passivo.** Se houver mais de um devedor, aos quais caiba, em conjunto, fazer a opção por uma das prestações, e não

existir acordo unânime entre eles, caberá ao juiz decidir, findo o prazo por ele assinado para a deliberação (CC, art. 252, § 3º).

**14. Escolha por terceiro.** Se a escolha couber a terceiro (CC, art. 252, § 4º), este deve ser citado a fazer a sua opção. Feita a opção, o devedor precisa, então, ser citado a cumprir voluntariamente a prestação devida, de acordo com o procedimento executivo aplicável à situação concreta. Se o terceiro não quiser, ou não puder fazer a escolha, caberá ao juiz fazê-lo, se não houver acordo entre as partes (CC, art. 252, § 4º).

> **Art. 801.** Verificando que a petição inicial está incompleta ou que não está acompanhada dos documentos indispensáveis à proposição da execução, o juiz determinará que o exequente a corrija, no prazo de 15 (quinze) dias, sob pena de indeferimento.

▶ **1. Correspondência no CPC/1973.** *"Art. 616. Verificando o juiz que a petição inicial está incompleta, ou não se acha acompanhada dos documentos indispensáveis à proposição da execução, determinará que o credor a corrija, no prazo de 10 (dez) dias, sob pena de ser indeferida."*

## 🔖 COMENTÁRIOS TEMÁTICOS

**2. Controle da petição inicial.** Recebida a petição inicial da execução, cabe ao juiz exercer sobre ela o juízo de admissibilidade, verificando se estão presentes os seus requisitos, se há título executivo e memória de cálculo, se o exequente comprovou a ocorrência de termo ou condição, se há comprovação do adimplemento da contraprestação, quando for o caso (art. 798, I). Também cabe ao juiz verificar se o exequente indicou a espécie de execução, os nomes e dados completos do exequente e do executado (art. 798, II) e, bem ainda, se a memória de cálculo contém os seus elementos necessários (art. 798, parágrafo único).

**3. Pressupostos e requisitos processuais.** O juiz deve verificar, ao receber a petição inicial da execução, se estão presentes os pressupostos e requisitos processuais (art. 803).

**4. Prescrição.** Ao examinar a petição inicial da execução, o juiz já pode reconhecer, de ofício, a prescrição da pretensão executiva (arts. 331, § 1º, e 771, parágrafo único).

**5. Emenda da petição inicial.** O juiz, ao perceber que há algum defeito ou vício na petição inicial ou na memória de cálculo ou, ainda, que falta algum documento ou elemento indispensável à proposição da execução, deve determinar a

**LIVRO II · DO PROCESSO DE EXECUÇÃO** **Art. 802**

intimação do exequente para corrija ou emende a petição inicial, e não a indeferir desde logo.

**6. Dever de prevenção.** Ao determinar a sua emenda, o juiz deve indicar ao exequente o que precisa ser especificamente corrigido ou completado na petição inicial. Cabe ao juiz, em outras palavras, cumprir com o dever de prevenção, decorrente do princípio da cooperação, alertando o exequente sobre a existência de irregularidades ou falhas na petição inicial ou ausências de documentos ou elementos indispensáveis à execução.

**7. Indeferimento de pronto.** *"A jurisprudência desta eg. Corte pacificou-se no sentido de considerar que o simples fato de a petição inicial não se fazer acompanhada dos documentos indispensáveis à propositura da ação de execução não implica, de pronto, seu indeferimento"* (STJ, 4ª AgRg nos EDcl no REsp 1.041.589/RN, rel. Min. Raul Araújo, *DJe* 1º.7.2013).

**8. Inviabilidade de cumulação subjetiva e emenda da petição inicial.** *"O art. 616 do Código de Processo Civil do CPC/1973 [correspondente ao art. 801 do CPC/2015] é direcionado aos magistrados, a fim de evitar que seja julgada inepta a execução, possibilitando-lhes facultar à parte exequente a correção de vício verificado na inicial, mediante emenda. 4. Como um coexecutado figura como avalista nos títulos de crédito que embasam a execução [em que as obrigações não têm relação fundamental comum], cabe a oportunidade de emenda à inicial, para restringir o polo passivo ao avalista comum a ambas as cártulas ou mesmo limitar a execução a um só título de crédito e respectivos devedores"* (STJ, 4ª Turma, REsp 1.366.603/CE, rel. Min. Luis Felipe Salomão, *DJe* 26.6.2018).

**9. Conversão da ação de execução em ação de conhecimento.** O exequente, no prazo que lhe foi concedido para emendar a petição inicial ou apresentar o título executivo, pode alterar seu pedido e sua causa de pedir para tornar cognitiva a demanda executiva.

**10. Ausência de emenda.** Se o exequente, intimado, não emenda a petição inicial ou não corrige vício ou defeito apontado pelo juiz, este irá indeferir a petição inicial e extinguir a execução.

**11. Indeferimento parcial da petição inicial.** O defeito identificado pelo juiz, e não corrigido pelo exequente, pode ser parcial. Assim, pode ser inadmitida a execução quanto a um item ou capítulo da petição inicial, ou quanto a uma obrigação específica, ou quanto a um dos litisconsortes, ou quanto à parcela da pretensão que já se encontre prescrita. Nesses casos, o indeferimento da petição inicial será parcial, cabendo agravo de instrumento (art. 1.015, parágrafo único).

**12. Juízo positivo de admissibilidade.** Se a petição inicial estiver correta e adequada ou se o exequente, intimado, emendou e corrigiu os erros identificados pelo juiz, a este caberá proferir o seu juízo positivo de admissibilidade e ordenar a citação do executado.

**13. Provisoriedade do juízo positivo de admissibilidade.** O juízo positivo de admissibilidade da execução é provisório, não obstando que o executado suscite defeitos que acarretem a inviabilidade da execução ou que o próprio juiz os perceba. Noutros termos, mesmo admitida a execução, é possível que o juiz reconheça, posteriormente, a ausência de título executivo, defeitos na memória de cálculo, prescrição da pretensão executivo, entre outros.

> **Art. 802.** Na execução, o despacho que ordena a citação, desde que realizada em observância ao disposto no § 2º do art. 240, interrompe a prescrição, ainda que proferido por juízo incompetente.
> Parágrafo único. A interrupção da prescrição retroagirá à data de propositura da ação.

▶ **1. Correspondência no CPC/1973.** *"Art. 617. A propositura da execução, deferida pelo juiz, interrompe a prescrição, mas a citação do devedor deve ser feita com observância do disposto no art. 219."*

**📖 LEGISLAÇÃO CORRELATA**

· **2. CC, art. 202, I.** *"Art. 202. A interrupção da prescrição, que somente poderá ocorrer uma vez, dar-se-á: I – por despacho do juiz, mesmo incompetente, que ordenar a citação, se o interessado a promover no prazo e na forma da lei processual."*

**3. CC, art. 202, parágrafo único.** *"Parágrafo único. A prescrição interrompida recomeça a correr da data do ato que a interrompeu, ou do último ato do processo para a interromper."*

**4. CTN, art. 174, parágrafo único, I.** *"Parágrafo único. A prescrição se interrompe: I – pelo despacho do juiz que ordenar a citação em execução fiscal."*

**5. Lei 6.830/1980, art. 8º, § 2º.** *"§ 2º O despacho do Juiz, que ordenar a citação, interrompe a prescrição."*

**⚖ JURISPRUDÊNCIA, ENUNCIADOS E SÚMULAS SELECIONADOS**

• **6. Súmula STF, 150.** *"Prescreve a execução no mesmo prazo de prescrição da ação."*

1229

- **7. Súmula STJ, 106.** *"Proposta a ação no prazo fixado para o seu exercício, a demora na citação, por motivos inerentes ao mecanismo da justiça, não justifica o acolhimento da arguição de prescrição ou decadência."*

### ☰ COMENTÁRIOS TEMÁTICOS

**8. Efeitos da litispendência executiva.** Com a propositura da demanda, já passa a haver lide pendente, ou seja, surge a *litispendência*. Enquanto não se realizar a citação válida, a litispendência existe apenas para o exequente. Com a citação, o executado passa a integrar a relação processual, a partir de quando também se terá litispendência relativamente a ele.

**9. Litispendência.** A litispendência é um efeito da propositura da ação executiva, ou do requerimento de execução, quando processada como fase de um processo já em curso. Desse modo, não pode o exequente, pendente a sua demanda executiva, formular outra idêntica, perante o mesmo ou outro juízo, sob pena de a segunda demanda ser extinta por litispendência (art. 485, V). A litispendência somente opera efeitos para o executado depois de ele ser validamente citado (arts. 240 e 771, parágrafo único).

**10. Litigiosidade do objeto.** A instauração da execução torna litigioso o objeto para o exequente. Se o exequente resolver ceder seu crédito a outrem, não perderá a legitimidade para execução. Nada impede, porém, que o credor originário seja sucedido processualmente pelo cessionário (art. 778, § 1º, III), sucessão essa que não depende da concordância da parte contrária (art. 778, § 2º). Para o executado, a litigiosidade é consequência da sua citação válida (arts. 240 e 771, parágrafo único).

**11. Prevenção.** O registro ou a distribuição da petição inicial da execução torna prevento o juízo (art. 59). Assim, correndo em separado execução e ação de conhecimento relativa ao mesmo ato jurídico (art. 55, § 2º, I) ou correndo em separado execuções fundadas no mesmo título executivo (art. 55, § 2º, II), elas serão reunidas ao juízo prevento, ou seja, naquele em que ocorreu, em primeiro lugar, o registro ou a distribuição.

**12. Prejudicialidade externa.** A conexão modifica apenas a competência relativa, não tendo o condão de alterar a competência absoluta. Então, se o juízo detiver competência privativa para a execução, não deverá haver reunião dos processos de conhecimento e execução. Nesse caso, haverá prejudicialidade externa, a ensejar a suspensão da execução, até o julgamento da ação autônoma (art. 313, V, *a*), a fim de se evitar a ocorrência de decisões conflitantes, hipótese aplicável à execução (art. 921, I).

**13. Averbação da pendência da execução nos registros de bens do devedor.** Um dos efeitos da execução, que decorre do despacho judicial que admite o seu processamento, é o direito do exequente de proceder à averbação da pendência do processo no registro de imóveis, de veículos ou de outros bens sujeitos a penhora, arresto ou indisponibilidade (art. 828). O objetivo é prevenir a alienação ou a oneração do bem em cujo registro se averbou a pendência da execução; feita a averbação, a alienação ou oneração do bem presumir-se-á feita em fraude à execução (art. 792, II, e art. 828, § 4º) e será ineficaz em relação ao exequente (art. 792, § 1º). Feita a averbação, o exequente terá o prazo de 10 dias para comunicar ao juízo (art. 828, § 1º). Formalizada a penhora sobre bens suficientes para cobrir o valor da dívida, o exequente providenciará, no prazo de 10 dias, o cancelamento das averbações relativas àqueles não penhorados (art. 828, § 2º). Caso isso não seja providenciado, o juiz determinará o cancelamento das averbações, de ofício ou a requerimento (art. 828, § 3º). O exequente que promover averbação manifestamente indevida ou não cancelar as averbações dos bens não penhorados, deve indenizar o executado, processando-se o incidente em autos apartados (art. 828, § 5º).

**14. Prescrição da pretensão executiva.** A depender do título executivo extrajudicial, varia o prazo de prescrição. Tratando-se de cumprimento de sentença, o prazo para exercício da pretensão executiva é o mesmo da pretensão originária (Súmula STF, 150), que recomeça a correr a partir do trânsito em julgado da decisão que certificou a obrigação a ser cumprida (CC, art. 202, parágrafo único).

**15. Interrupção da prescrição.** A interrupção da prescrição *não* é efeito da citação válida, mas do *despacho* do juiz que determinar a citação do réu (CC, art. 202, I; CPC, art. 240, § 1º; CTN, art. 174, parágrafo único, I, Lei 6.830/1980, art. 8º, § 2º). Há uma uniformidade no tratamento da matéria. Interrompida a prescrição pelo despacho que ordena a citação, essa interrupção retroage à data da propositura da ação (art. 802, parágrafo único). É necessário que o exequente adote, no prazo de 10 dias, as providências necessárias para viabilizar a citação (indicando o endereço, pagando custas ou diligências etc.), sob pena de a interrupção não retroagir à data da propositura da ação (arts. 240, § 2º, e 802). Se, porém, a demora for imputável exclusivamente ao serviço judiciário, o exequente não pode prejudicar-se (arts. 240, § 3º, e 771, parágrafo único). Interrompida a prescrição pelo despacho inicial que, ainda na fase cognitiva, determinara a citação do réu, o prazo prescricional somente volta a correr a partir do último ato praticado no processo (CC, art. 202, parágrafo único).

**16. Prescrição intercorrente.** Interrompida a prescrição, é possível que se verifique outra prescrição: a intercorrente. A prescrição intercorrente é causa de extinção da execução (art. 924, V). A prescrição intercorrente, via de regra, ocorre em 2 hipóteses: *(a)* pela inércia do exequente; ou, *(b)* pela ausência de localização de bens penhoráveis; em ambos os casos, por prazo superior à prescrição da pretensão exercida. No caso de inércia do exequente, a prescrição intercorrente tem seu curso iniciado do último ato do processo judicial, quando se caracteriza a inércia (CC, art. 202, parágrafo único). Desse modo, em caso de processo executivo, cujo despacho citatório interrompeu a prescrição, quando se caracterizar a inércia do exequente, recomeça a correr a prescrição. Por outro lado, a prescrição intercorrente também se opera por ausência de localização de bens penhoráveis do executado (art. 921, III, §§ 1º a 5º).

**17. Indisponibilidade patrimonial relativa.** Um efeito importante da citação válida no processo autônomo de execução é a indisponibilidade relativa do patrimônio do executado. Citado o executado para responder por execução capaz de reduzi-lo à insolvência, a alienação ou oneração de bens é considerada fraude à execução (art. 792, IV). A hipótese se distingue da alienação de coisa litigiosa. Se o executado aliena o bem objeto do litígio, o caso é de alienação de coisa litigiosa; se essa coisa é perseguida com fundamento em direito real e a pendência do processo tiver sido averbada no respectivo registro público (se houver), além de alienação de coisa litigiosa, há aí também fraude à execução (art. 792, I). Se, no entanto, o objeto do litígio é o pagamento de quantia (execução para pagamento de quantia) e o devedor aliena ou onera bens que compõem o seu patrimônio, de modo a tornar-se insolvente, tem-se aí fraude à execução, sem alienação de coisa litigiosa (art. 792, IV).

---

**Art. 803.** É nula a execução se:

I – o título executivo extrajudicial não corresponder a obrigação certa, líquida e exigível;

II – o executado não for regularmente citado;

III – for instaurada antes de se verificar a condição ou de ocorrer o termo.

---

Parágrafo único. A nulidade de que cuida este artigo será pronunciada pelo juiz, de ofício ou a requerimento da parte, independentemente de embargos à execução.

▶ **1. Correspondência no CPC/1973.** *"Art. 618. É nula a execução: I – se o título executivo extrajudicial não corresponder a obrigação certa, líquida e exigível (art. 586); II – se o devedor não for regularmente citado; III – se instaurada antes de se verificar a condição ou de ocorrido o termo, nos casos do art. 572."*

### ▣ COMENTÁRIOS TEMÁTICOS

**2. Atributos da obrigação representada no título executivo.** Para que se proponha a execução, é preciso, além do título executivo, que a obrigação nele representada seja certa, líquida e exigível. É certa a obrigação, se não depender de qualquer elemento extrínseco para ser identificada: se, pela simples leitura do título, for possível perceber que há uma obrigação contraída, podendo-se, ainda, constatar quem é o credor, o devedor e quando deve ser cumprida, haverá, então, certeza da obrigação. É possível que a certeza decorra de expressa previsão legal, que atribui ao título um efeito anexo. É o caso da sentença penal condenatória (CP, art. 91, I). Diz-se líquido o crédito quando, além de claro e manifesto, dispensa qualquer elemento extrínseco para se aferir seu valor ou para se determinar seu objeto. Se constar do título o valor da obrigação, há liquidez. Caso, todavia, seja necessária, para se aferir o valor, uma simples operação aritmética, também há liquidez (arts. 509, § 2º, e 786, parágrafo único). Para que haja exigibilidade, é preciso que exista o direito à prestação (certeza da obrigação) e que o dever de a cumprir seja atual. Não estando sujeita a termo ou a condição suspensiva, a obrigação é exigível.

**3. Nulidade.** É nula a execução que cobra obrigação inexistente, ilíquida ou inexigível. Também é nula a execução se o executado não for citado regularmente. De igual modo, é nula a execução quando proposta antes de implementada a condição ou o termo. Nesse sentido: *"É nula a execução se instaurada antes de se verificar a condição"* (STJ, 3ª Turma, REsp 233.128/MG, rel. Min. Nilson Naves, *DJ* 23.10.2000, p. 136).

**4. Inexigibilidade da obrigação.** *"O título executivo extrajudicial é apto a embasar processo executivo quando se mostrar exigível. Assim, enquanto o devedor não se torna inadimplente com sua obrigação nele representada, não se mostra válida a propositura de execução diante da falta* *de uma das condições da ação, qual seja, a exigibilidade"* (STJ, 3ª Turma, AgInt nos EDcl no REsp 1.538.579/PE, rel. Min. Moura Ribeiro, *DJe* 29.5.2017).

**5. Anuidades de Conselho Profissional e necessidade de comprovação da notificação prévia.** *"As anuidades devidas aos conselhos profissionais constituem contribuições de interesse das categorias profissionais e estão sujeitas a lançamento de ofício, que apenas se aperfeiçoa com a notificação do contribuinte para efetuar o pagamento do tributo e o esgotamento das instâncias administrativas, em caso de recurso"* (STJ, 2ª Turma, REsp 1.788.488/RS, rel. Min. Og Fernandes, *DJe* 08.04.2019). *"Segundo a jurisprudência deste Superior Tribunal de Justiça, entende-se que 'a ausência da notificação administrativa implica o reconhecimento da irregularidade na constituição do crédito, afastando, portanto, a presunção de certeza e de exigibilidade de que goza a Certidão de Dívida Ativa, cabendo ao Conselho a prova de que efetuou a devida notificação ao executado (AgInt no REsp 1.825.987/RS, Rel. Min. Sérgio Kukina, DJe 19.12.2019; REsp 1.793.414/RS, Rel. Min. Francisco Falcão, DJe 26.03.2019)' (AgInt no AREsp 16.28.478/RS, Rel. Ministro Napoleão Nunes Maia Filho, Primeira Turma, julgado em 08.06.2020, DJe 17.06.2020)"* (STJ, 1ª Turma, AgInt no AgInt no AREsp 1.656.080/RS, rel. Min. Gurgel de Faria, *DJe* 26.10.2020).

**6. Contraprestação do exequente.** Nos casos de obrigação sinalagmática, o exequente não pode exigir a prestação do executado, enquanto não adimplir a contraprestação que lhe cabe. Em tais hipóteses, o desenvolvimento regular da execução depende da demonstração pelo exequente de que adimpliu a contraprestação que lhe cabe (arts. 514 e 798, I, *d*). Se o exequente não comprovar que cumpriu a contraprestação correspondente, é caso de extinção da execução (art. 787).

**7. Reconhecimento de ofício.** O juiz pode reconhecer a nulidade da execução de ofício, independentemente de alegação da parte. Assim, não havendo certeza, liquidez ou exigibilidade da obrigação, ou não tendo havido citação do executado ou não implementada a condição ou termo para que se exija o cumprimento da obrigação, haverá nulidade, que pode ser reconhecida de ofício pelo juiz.

**8. Falta de preclusão.** Se o executado não embargou a execução ou, se o fez, mas não alegou a ausência de certeza, liquidez ou exigibilidade (art. 803, I) ou a falta de implementação do termo ou da condição (art. 803, III), não haverá preclusão, podendo alegar posteriormente esses vícios.

**9. Ausência ou irregularidade de citação e preclusão.** Mesmo não citado para a execução, se o executado comparece e apresenta seus embargos, estará suprido o defeito. Se o executado, mesmo não citado ou ainda que citado irregularmente, comparecer e não apontar o defeito, haverá preclusão. O comparecimento espontâneo supre o vício (art. 239, § 1º).

> **Art. 804.** A alienação de bem gravado por penhor, hipoteca ou anticrese será ineficaz em relação ao credor pignoratício, hipotecário ou anticrético não intimado.
>
> § 1º A alienação de bem objeto de promessa de compra e venda ou de cessão registrada será ineficaz em relação ao promitente comprador ou ao cessionário não intimado.
>
> § 2º A alienação de bem sobre o qual tenha sido instituído direito de superfície, seja do solo, da plantação ou da construção, será ineficaz em relação ao concedente ou ao concessionário não intimado.
>
> § 3º A alienação de direito aquisitivo de bem objeto de promessa de venda, de promessa de cessão ou de alienação fiduciária será ineficaz em relação ao promitente vendedor, ao promitente cedente ou ao proprietário fiduciário não intimado.
>
> § 4º A alienação de imóvel sobre o qual tenha sido instituída enfiteuse, concessão de uso especial para fins de moradia ou concessão de direito real de uso será ineficaz em relação ao enfiteuta ou ao concessionário não intimado.
>
> § 5º A alienação de direitos do enfiteuta, do concessionário de direito real de uso ou do concessionário de uso especial para fins de moradia será ineficaz em relação ao proprietário do respectivo imóvel não intimado.
>
> § 6º A alienação de bem sobre o qual tenha sido instituído usufruto, uso ou habitação será ineficaz em relação ao titular desses direitos reais não intimado.

▶ **1. Correspondência no CPC/1973.** *"Art. 619. A alienação de bem aforado ou gravado por penhor, hipoteca, anticrese ou usufruto será ineficaz em relação ao senhorio direto, ou ao credor pignoratício, hipotecário, anticrético, ou usufrutuário, que não houver sido intimado."*

### 🗝 LEGISLAÇÃO CORRELATA

**2. CC, art. 1.358-B.** *"Art. 1.358-B. A multipropriedade reger-se-á pelo disposto neste Capítulo e, de forma supletiva e subsidiária, pelas demais* *disposições deste Código e pelas disposições das Leis n°s 4.591, de 16 de dezembro de 1964, e 8.078, de 11 de setembro de 1990 (Código de Defesa do Consumidor)."*

**3. CC, art. 1.358-C.** *"Art. 1.358-C. Multipropriedade é o regime de condomínio em que cada um dos proprietários de um mesmo imóvel é titular de uma fração de tempo, à qual corresponde a faculdade de uso e gozo, com exclusividade, da totalidade do imóvel, a ser exercida pelos proprietários de forma alternada. Parágrafo único. A multipropriedade não se extinguirá automaticamente se todas as frações de tempo forem do mesmo multiproprietário."*

**4. CC, art. 1.358-D.** *"Art. 1.358-D. O imóvel objeto da multipropriedade: I – é indivisível, não se sujeitando a ação de divisão ou de extinção de condomínio; II – inclui as instalações, os equipamentos e o mobiliário destinados a seu uso e gozo."*

**5. CC, art. 1.358-E.** *"Art. 1.358-E. Cada fração de tempo é indivisível. § 1° O período correspondente a cada fração de tempo será de, no mínimo, 7 (sete) dias, seguidos ou intercalados, e poderá ser: I – fixo e determinado, no mesmo período de cada ano; II – flutuante, caso em que a determinação do período será realizada de forma periódica, mediante procedimento objetivo que respeite, em relação a todos os multiproprietários, o princípio da isonomia, devendo ser previamente divulgado; ou III – misto, combinando os sistemas fixo e flutuante. § 2° Todos os multiproprietários terão direito a uma mesma quantidade mínima de dias seguidos durante o ano, podendo haver a aquisição de frações maiores que a mínima, com o correspondente direito ao uso por períodos também maiores."*

**6. CC, art. 1.358-F.** *"Art. 1.358-F. Institui-se a multipropriedade por ato entre vivos ou testamento, registrado no competente cartório de registro de imóveis, devendo constar daquele ato a duração dos períodos correspondentes a cada fração de tempo."*

**7. CC, art. 1.358-G.** *"Art. 1.358-G. Além das cláusulas que os multiproprietários decidirem estipular, a convenção de condomínio em multipropriedade determinará: I – os poderes e deveres dos multiproprietários, especialmente em matéria de instalações, equipamentos e mobiliário do imóvel, de manutenção ordinária e extraordinária, de conservação e limpeza e de pagamento da contribuição condominial; II – o número máximo de pessoas que podem ocupar simultaneamente o imóvel no período correspondente a cada fração de tempo; III – as regras de acesso do administrador condominial ao imóvel para cumprimento do*

*dever de manutenção, conservação e limpeza; IV – a criação de fundo de reserva para reposição e manutenção dos equipamentos, instalações e mobiliário; V – o regime aplicável em caso de perda ou destruição parcial ou total do imóvel, inclusive para efeitos de participação no risco ou no valor do seguro, da indenização ou da parte restante; VI – as multas aplicáveis ao multiproprietário nas hipóteses de descumprimento de deveres."*

**8. CC, art. 1.358-H.** *"Art. 1.358-H. O instrumento de instituição da multipropriedade ou a convenção de condomínio em multipropriedade poderá estabelecer o limite máximo de frações de tempo no mesmo imóvel que poderão ser detidas pela mesma pessoa natural ou jurídica. Parágrafo único. Em caso de instituição da multipropriedade para posterior venda das frações de tempo a terceiros, o atendimento a eventual limite de frações de tempo por titular estabelecido no instrumento de instituição será obrigatório somente após a venda das frações."*

**9. CC, art. 1.358-I.** *"Art. 1.358-I. São direitos do multiproprietário, além daqueles previstos no instrumento de instituição e na convenção de condomínio em multipropriedade: I – usar e gozar, durante o período correspondente à sua fração de tempo, do imóvel e de suas instalações, equipamentos e mobiliário; II – ceder a fração de tempo em locação ou comodato; III – alienar a fração de tempo, por ato entre vivos ou por causa de morte, a título oneroso ou gratuito, ou onerá-la, devendo a alienação e a qualificação do sucessor, ou a oneração, ser informadas ao administrador; IV – participar e votar, pessoalmente ou por intermédio de representante ou procurador, desde que esteja quite com as obrigações condominiais, em: a) assembleia geral do condomínio em multipropriedade, e o voto do multiproprietário corresponderá à quota de sua fração de tempo no imóvel; b) assembleia geral do condomínio edilício, quando for o caso, e o voto do multiproprietário corresponderá à quota de sua fração de tempo em relação à quota de poder político atribuído à unidade autônoma na respectiva convenção de condomínio edilício."*

**10. CC, art. 1.358-J.** *"Art. 1.358-J. São obrigações do multiproprietário, além daquelas previstas no instrumento de instituição e na convenção de condomínio em multipropriedade: I – pagar a contribuição condominial do condomínio em multipropriedade e, quando for o caso, do condomínio edilício, ainda que renuncie ao uso e gozo, total ou parcial, do imóvel, das áreas comuns ou das respectivas instalações, equipamentos e mobiliário; II – responder por danos causados ao imóvel, às instalações, aos equipamentos e ao mobiliário por si, por qualquer de seus acompanhantes,* convidados ou prepostos ou por pessoas por ele autorizadas; III – comunicar imediatamente ao administrador os defeitos, avarias e vícios no imóvel dos quais tiver ciência durante a utilização; IV – não modificar, alterar ou substituir o mobiliário, os equipamentos e as instalações do imóvel; V – manter o imóvel em estado de conservação e limpeza condizente com os fins a que se destina e com a natureza da respectiva construção; VI – usar o imóvel, bem como suas instalações, equipamentos e mobiliário, conforme seu destino e natureza; VII – usar o imóvel exclusivamente durante o período correspondente à sua fração de tempo; VIII – desocupar o imóvel, impreterivelmente, até o dia e hora fixados no instrumento de instituição ou na convenção de condomínio em multipropriedade, sob pena de multa diária, conforme convencionado no instrumento pertinente; IX – permitir a realização de obras ou reparos urgentes. § 1º Conforme previsão que deverá constar da respectiva convenção de condomínio em multipropriedade, o multiproprietário estará sujeito a: I – multa, no caso de descumprimento de qualquer de seus deveres; II – multa progressiva e perda temporária do direito de utilização do imóvel no período correspondente à sua fração de tempo, no caso de descumprimento reiterado de deveres. § 2º A responsabilidade pelas despesas referentes a reparos no imóvel, bem como suas instalações, equipamentos e mobiliário, será: I – de todos os multiproprietários, quando decorrentes do uso normal e do desgaste natural do imóvel; II – exclusivamente do multiproprietário responsável pelo uso anormal, sem prejuízo de multa, quando decorrentes de uso anormal do imóvel."

**11. CC, art. 1.358-K.** "*Art. 1.358-K. Para os efeitos do disposto nesta Seção, são equiparados aos multiproprietários os promitentes compradores e os cessionários de direitos relativos a cada fração de tempo.*"

**12. CC, art. 1.358-L.** "*Art. 1.358-L. A transferência do direito de multipropriedade e a sua produção de efeitos perante terceiros dar-se-ão na forma da lei civil e não dependerão da anuência ou cientificação dos demais multiproprietários. § 1º Não haverá direito de preferência na alienação de fração de tempo, salvo se estabelecido no instrumento de instituição ou na convenção do condomínio em multipropriedade em favor dos demais multiproprietários ou do instituidor do condomínio em multipropriedade. § 2º O adquirente será solidariamente responsável com o alienante pelas obrigações de que trata o § 5º do art. 1.358-J deste Código caso não obtenha a declaração de inexistência de débitos referente à fração de tempo no momento de sua aquisição.*"

**13. CC, art. 1.358-M.** "*Art. 1.358-M. A administração do imóvel e de suas instalações, equipamentos e mobiliário será de responsabilidade da pessoa indicada no instrumento de instituição ou na convenção de condomínio em multipropriedade, ou, na falta de indicação, de pessoa escolhida em assembleia geral dos condôminos. § 1º O administrador exercerá, além daquelas previstas no instrumento de instituição e na convenção de condomínio em multipropriedade, as seguintes atribuições: I – coordenação da utilização do imóvel pelos multiproprietários durante o período correspondente a suas respectivas frações de tempo; II – determinação, no caso dos sistemas flutuante ou misto, dos períodos concretos de uso e gozo exclusivos de cada multiproprietário em cada ano; III – manutenção, conservação e limpeza do imóvel; IV – troca ou substituição de instalações, equipamentos ou mobiliário, inclusive: a) determinar a necessidade da troca ou substituição; b) providenciar os orçamentos necessários para a troca ou substituição; c) submeter os orçamentos à aprovação pela maioria simples dos condôminos em assembleia; V – elaboração do orçamento anual, com previsão das receitas e despesas; VI – cobrança das quotas de custeio de responsabilidade dos multiproprietários; VII – pagamento, por conta do condomínio edilício ou voluntário, com os fundos comuns arrecadados, de todas as despesas comuns. § 2º A convenção de condomínio em multipropriedade poderá regrar de forma diversa a atribuição prevista no inciso IV do § 1º deste artigo.*"

**14. CC, art. 1.358-N.** "*Art. 1.358-N. O instrumento de instituição poderá prever fração de tempo destinada à realização, no imóvel e em suas instalações, em seus equipamentos e em seu mobiliário, de reparos indispensáveis ao exercício normal do direito de multipropriedade. § 1º A fração de tempo de que trata o caput deste artigo poderá ser atribuída: I – ao instituidor da multipropriedade; ou II – aos multiproprietários, proporcionalmente às respectivas frações. § 2º Em caso de emergência, os reparos de que trata o caput deste artigo poderão ser feitos durante o período correspondente à fração de tempo de um dos multiproprietários.*"

**15. CC, art. 1.358-O.** "*Art. 1.358-O. O condomínio edilício poderá adotar o regime de multipropriedade em parte ou na totalidade de suas unidades autônomas, mediante: I – previsão no instrumento de instituição; ou II – deliberação da maioria absoluta dos condôminos. Parágrafo único. No caso previsto no inciso I do caput deste artigo, a iniciativa e a responsabilidade para a instituição do regime da multipropriedade serão atribuídas às mesmas pessoas e observarão os mesmos requisi-*

tos indicados nas alíneas a, b e c e no § 1º do art. 31 da Lei nº 4.591, de 16 de dezembro de 1964."

**16.** **CC, art. 1.358-P.** *"Art. 1.358-P. Na hipótese do art. 1.358-O, a convenção de condomínio edilício deve prever, além das matérias elencadas nos arts. 1.332, 1.334 e, se for o caso, 1.358-G deste Código: I – a identificação das unidades sujeitas ao regime da multipropriedade, no caso de empreendimentos mistos; II – a indicação da duração das frações de tempo de cada unidade autônoma sujeita ao regime da multipropriedade; III – a forma de rateio, entre os multiproprietários de uma mesma unidade autônoma, das contribuições condominiais relativas à unidade, que, salvo se disciplinada de forma diversa no instrumento de instituição ou na convenção de condomínio em multipropriedade, será proporcional à fração de tempo de cada multiproprietário; IV – a especificação das despesas ordinárias, cujo custeio será obrigatório, independentemente do uso e gozo do imóvel e das áreas comuns; V – os órgãos de administração da multipropriedade; VI – a indicação, se for o caso, de que o empreendimento conta com sistema de administração de intercâmbio, na forma prevista no § 2º do art. 23 da Lei nº 11.771, de 17 de setembro de 2008 , seja do período de fruição da fração de tempo, seja do local de fruição, caso em que a responsabilidade e as obrigações da companhia de intercâmbio limitam-se ao contido na documentação de sua contratação; VII – a competência para a imposição de sanções e o respectivo procedimento, especialmente nos casos de mora no cumprimento das obrigações de custeio e nos casos de descumprimento da obrigação de desocupar o imóvel até o dia e hora previstos; VIII – o quórum exigido para a deliberação de adjudicação da fração de tempo na hipótese de inadimplemento do respectivo multiproprietário; IX – o quórum exigido para a deliberação de alienação, pelo condomínio edilício, da fração de tempo adjudicada em virtude do inadimplemento do respectivo multiproprietário."*

**17.** **CC, art. 1.358-Q.** *"Art. 1.358-Q. Na hipótese do art. 1.358-O deste Código, o regimento interno do condomínio edilício deve prever: I – os direitos dos multiproprietários sobre as partes comuns do condomínio edilício; II – os direitos e obrigações do administrador, inclusive quanto ao acesso ao imóvel para cumprimento do dever de manutenção, conservação e limpeza; III – as condições e regras para uso das áreas comuns; IV – os procedimentos a serem observados para uso e gozo dos imóveis e das instalações, equipamentos e mobiliário destinados ao regime da multipropriedade; V – o número máximo de pessoas que podem ocupar simultaneamente o* imóvel no período correspondente a cada fração de tempo; VI – as regras de convivência entre os multiproprietários e os ocupantes de unidades autônomas não sujeitas ao regime da multipropriedade, quando se tratar de empreendimentos mistos; VII – a forma de contribuição, destinação e gestão do fundo de reserva específico para cada imóvel, para reposição e manutenção dos equipamentos, instalações e mobiliário, sem prejuízo do fundo de reserva do condomínio edilício; VIII – a possibilidade de realização de assembleias não presenciais, inclusive por meio eletrônico; IX – os mecanismos de participação e representação dos titulares; X – o funcionamento do sistema de reserva, os meios de confirmação e os requisitos a serem cumpridos pelo multiproprietário quando não exercer diretamente sua faculdade de uso; XI – a descrição dos serviços adicionais, se existentes, e as regras para seu uso e custeio. Parágrafo único. O regimento interno poderá ser instituído por escritura pública ou por instrumento particular."*

**18.** **CC, art. 1.358-R.** *"Art. 1.358-R. O condomínio edilício em que tenha sido instituído o regime de multipropriedade em parte ou na totalidade de suas unidades autônomas terá necessariamente um administrador profissional. § 1º O prazo de duração do contrato de administração será livremente convencionado. § 2º O administrador do condomínio referido no caput deste artigo será também o administrador de todos os condomínios em multipropriedade de suas unidades autônomas. § 3º O administrador será mandatário legal de todos os multiproprietários, exclusivamente para a realização dos atos de gestão ordinária da multipropriedade, incluindo manutenção, conservação e limpeza do imóvel e de suas instalações, equipamentos e mobiliário. § 4º O administrador poderá modificar o regimento interno quanto aos aspectos estritamente operacionais da gestão da multipropriedade no condomínio edilício. § 5º O administrador pode ser ou não um prestador de serviços de hospedagem."*

**19.** **CC, art. 1.358-S.** *"Art. 1.358-S. Na hipótese de inadimplemento, por parte do multiproprietário, da obrigação de custeio das despesas ordinárias ou extraordinárias, é cabível, na forma da lei processual civil, a adjudicação ao condomínio edilício da fração de tempo correspondente. Parágrafo único. Na hipótese de o imóvel objeto da multipropriedade ser parte integrante de empreendimento em que haja sistema de locação das frações de tempo no qual os titulares possam ou sejam obrigados a locar suas frações de tempo exclusivamente por meio de uma administração única, repartindo entre si as receitas das locações independentemente da efetiva ocupação de cada unidade autônoma,* poderá a convenção do condomínio edilício regrar que em caso de inadimplência: I – o inadimplente fique proibido de utilizar o imóvel até a integral quitação da dívida; II – a fração de tempo do inadimplente passe a integrar o pool da administradora; III – a administradora do sistema de locação fique automaticamente munida de poderes e obrigada a, por conta e ordem do inadimplente, utilizar a integralidade dos valores líquidos a que o inadimplente tiver direito para amortizar suas dívidas condominiais, seja do condomínio edilício, seja do condomínio em multipropriedade, até sua integral quitação, devendo eventual saldo ser imediatamente repassado ao multiproprietário."

**20. CC, art. 1.358-T.** *"Art. 1.358-T. O multiproprietário somente poderá renunciar de forma translativa a seu direito de multipropriedade em favor do condomínio edilício. Parágrafo único. A renúncia de que trata o caput deste artigo só é admitida se o multiproprietário estiver em dia com as contribuições condominiais, com os tributos imobiliários e, se houver, com o foro ou a taxa de ocupação."*

**21. CC, art. 1.358-U.** *"Art. 1.358-U. As convenções dos condomínios edilícios, os memoriais de loteamentos e os instrumentos de venda dos lotes em loteamentos urbanos poderão limitar ou impedir a instituição da multipropriedade nos respectivos imóveis, vedação que somente poderá ser alterada no mínimo pela maioria absoluta dos condôminos."*

**22. CC, art. 1.373.** *"Art. 1.373. Em caso de alienação do imóvel ou do direito de superfície, o superficiário ou o proprietário tem direito de preferência, em igualdade de condições."*

**23. CC, art. 1.501.** *"Art. 1.501. Não extinguirá a hipoteca, devidamente registrada, a arrematação ou adjudicação, sem que tenham sido notificados judicialmente os respectivos credores hipotecários, que não forem de qualquer modo partes na execução."*

**24. CC, art. 1.510-A.** *"Art. 1.510-A. O proprietário de uma construção-base poderá ceder a superfície superior ou inferior de sua construção a fim de que o titular da laje mantenha unidade distinta daquela originalmente construída sobre o solo. § 1º O direito real de laje contempla o espaço aéreo ou o subsolo de terrenos públicos ou privados, tomados em projeção vertical, como unidade imobiliária autônoma, não contemplando as demais áreas edificadas ou não pertencentes ao proprietário da construção-base. § 2º O titular do direito real de laje responderá pelos encargos e tributos que incidirem sobre a sua unidade. § 3º Os titulares da laje, unidade imobiliária autônoma constituída em matrícula própria, poderão dela usar, gozar e dispor. § 4º A instituição do direito real de laje não implica a atribuição de fração ideal de terreno ao titular da laje ou a participação proporcional em áreas já edificadas. § 5º Os Municípios e o Distrito Federal poderão dispor sobre posturas edilícias e urbanísticas associadas ao direito real de laje. § 6º O titular da laje poderá ceder a superfície de sua construção para a instituição de um sucessivo direito real de laje, desde que haja autorização expressa dos titulares da construção-base e das demais lajes, respeitadas as posturas edilícias e urbanísticas vigentes."*

**25. Lei 10.257/2001, art. 21.** *"Art. 21. O proprietário urbano poderá conceder a outrem o direito de superfície do seu terreno, por tempo determinado ou indeterminado, mediante escritura pública registrada no cartório de registro de imóveis. § 1º O direito de superfície abrange o direito de utilizar o solo, o subsolo ou o espaço aéreo relativo ao terreno, na forma estabelecida no contrato respectivo, atendida a legislação urbanística. § 2º A concessão do direito de superfície poderá ser gratuita ou onerosa. § 3º O superficiário responderá integralmente pelos encargos e tributos que incidirem sobre a propriedade superficiária, arcando, ainda, proporcionalmente à sua parcela de ocupação efetiva, com os encargos e tributos sobre a área objeto da concessão do direito de superfície, salvo disposição em contrário do contrato respectivo. § 4º O direito de superfície pode ser transferido a terceiros, obedecidos os termos do contrato respectivo. § 5º Por morte do superficiário, os seus direitos transmitem-se a seus herdeiros."*

**26. Lei 10.257/2001, art. 22.** *"Art. 22. Em caso de alienação do terreno, ou do direito de superfície, o superficiário e o proprietário, respectivamente, terão direito de preferência, em igualdade de condições à oferta de terceiros."*

**27. Lei 10.257/2001, art. 23.** *"Art. 23. Extingue-se o direito de superfície: I – pelo advento do termo; II – pelo descumprimento das obrigações contratuais assumidas pelo superficiário."*

**28. Lei 10.257/2001, art. 24.** *"Art. 24. Extinto o direito de superfície, o proprietário recuperará o pleno domínio do terreno, bem como das acessões e benfeitorias introduzidas no imóvel, independentemente de indenização, se as partes não houverem estipulado o contrário no respectivo contrato. § 1º Antes do termo final do contrato, extinguir-se-á o direito de superfície se o superficiário der ao terreno destinação diversa daquela para a qual for concedida. § 2º A extinção do direito de superfície será averbada no cartório de registro de imóveis."*

**LIVRO II · DO PROCESSO DE EXECUÇÃO** **Art. 805**

## ⚖ Jurisprudência, Enunciados e Súmulas Selecionados

- **29. Enunciado 447 do FPPC.** *"O exequente deve providenciar a intimação da União, Estados e Municípios no caso de penhora de bem tombado."*
- **30. Enunciado 150 da II Jornada-CJF.** *"Aplicam-se ao direito de laje os arts. 791, 804 e 889, III, do CPC."*
- **31. Enunciado 154 da II Jornada-CJF.** *"O exequente deve providenciar a intimação do coproprietário no caso da penhora de bem indivisível ou de direito real sobre bem indivisível."*

## 🖹 Comentários Temáticos

**32. Intimação de terceiros.** Além do executado, outros sujeitos eventualmente devem ser também intimados da penhora (art. 799). Ao lado dos arts. 799 e 889, o art. 804 deve ser interpretado como um sistema de normas de proteção a alguns sujeitos, credores ou não. Nos casos descritos nesse bloco normativo (arts. 799, 804 e 889), embora o patrimônio do terceiro não seja diretamente atingido, é possível vislumbrar, em razão de alguma relação jurídica de direito material mantida entre esse terceiro e o executado, algum interesse em participar do processo. Presente algum desses fundamentos de proteção dos interesses do terceiro, o sujeito deve ser intimado a participar do processo. A ausência de intimação pode gerar a ineficácia do ato de alienação do bem penhorado em relação ao terceiro não intimado (art. 804), nas hipóteses em que a necessidade de intimação está expressamente prevista num dos dispositivos do bloco normativo (arts. 799, 804 e 889).

**33. Ineficácia da arrematação.** A arrematação será ineficaz caso não se observe a exigência prevista no art. 804 (art. 903, § 1º, II). A intimação de alguns terceiros é necessária para que seja eficaz a alienação de certos bens. Não realizada a intimação prevista no art. 804, há ineficácia da arrematação, que não se desfaz. A arrematação não produzirá efeitos para os terceiros não cientificados, que não sofrerão qualquer prejuízo em virtude dela, se não forem devidamente intimados.

**Art. 805.** Quando por vários meios o exequente puder promover a execução, o juiz mandará que se faça pelo modo menos gravoso para o executado.

Parágrafo único. Ao executado que alegar ser a medida executiva mais gravosa incumbe indicar outros meios mais eficazes e menos onerosos, sob pena de manutenção dos atos executivos já determinados.

- ▶ **1. Correspondência no CPC/1973.** *"Art. 620. Quando por vários meios o credor puder promover a execução, o juiz mandará que se faça pelo modo menos gravoso para o devedor."*

## ⚖ Jurisprudência, Enunciados e Súmulas Selecionados

- **2. Tema/Repetitivo 578 do STJ.** *"Em princípio, nos termos do art. 9º, III, da Lei 6.830/1980, cumpre ao executado nomear bens à penhora, observada a ordem legal. É dele o ônus de comprovar a imperiosa necessidade de afastá-la, e, para que essa providência seja adotada, mostra-se insuficiente a mera invocação genérica do art. 620 do CPC."*
- **3. Tema/Repetitivo 769 STJ.** *"I – A necessidade de esgotamento das diligências administrativas como requisito para penhora do faturamento foi afastada após a reforma do CPC/1973 pela Lei 11.382/2006; II – No regime do CPC/2015, a penhora do faturamento, listada em décimo lugar na ordem preferencial de bens passíveis de constrição judicial, poderá ser deferida após a demonstração da inexistência dos bens classificados em posição superior, ou, alternativamente, se houver constatação, pelo juiz, de que tais bens são de difícil alienação; finalmente, a constrição judicial sobre o faturamento empresarial poderá ocorrer sem a observância da ordem de classificação estabelecida em lei, se a autoridade judicial, conforme as circunstâncias do caso concreto, assim o entender (art. 835, § 1º, do CPC/2015), justificando-a por decisão devidamente fundamentada; III – A penhora de faturamento não pode ser equiparada à constrição sobre dinheiro; IV – Na aplicação do princípio da menor onerosidade: (art. 805 e parágrafo único do CPC/2015) (art. 620, do CPC/1973): a) a autoridade judicial deverá estabelecer percentual que não inviabilize o prosseguimento das atividades empresariais; e b) a decisão deve se reportar aos elementos probatórios concretos trazidos pelo devedor, não sendo lícito à autoridade judicial empregar o referido princípio em abstrato ou com base em simples alegações genéricas do executado."*

- **4. Enunciado 69 do FNPP.** *"Para a efetivação do princípio da menor onerosidade é ônus do devedor comprovar a existência de outra medida executiva mais eficaz e menos onerosa."*
- **5. Enunciado 76 do FNPP.** *"O juízo da recuperação judicial é absolutamente incompetente para proferir decisões acerca da cobrança dos créditos fiscais, sem prejuízo da possibilidade de o juízo da execução fiscal deliberar sobre os impactos do princípio da menor onerosidade, cuja comprovação é ônus do devedor."*

## COMENTÁRIOS TEMÁTICOS

**6. Princípio da menor onerosidade da execução.** A opção pelo meio menos gravoso pressupõe que os diversos meios considerados sejam igualmente eficazes. Logo, havendo vários meios executivos aptos à tutela adequada e efetiva do direito de crédito, escolhe-se a via menos onerosa ao executado. O princípio objetiva evitar a execução abusiva.

**7. Âmbito de aplicação do princípio.** O princípio aplica-se em qualquer execução (fundada em título judicial ou extrajudicial), direta ou indireta, qualquer que seja a prestação executada (fazer, não fazer, dar coisa ou pagar quantia).

**8. Proteção da boa-fé.** O princípio da menor onerosidade tem por finalidade proteger a boa-fé, ao impedir o abuso do direito pelo credor que, sem qualquer vantagem, opta pelo meio executivo mais oneroso ao executado. Não se trata de princípio que sirva para resguardar a dignidade do executado, já protegida pelas regras que limitam os meios executivos, sobretudo as que preveem as impenhorabilidades. O princípio protege a lealdade processual, servindo para a construção de regras que inibam ou impeçam o comportamento abusivo do exequente.

**9. Cláusula geral da menor onerosidade.** O disposto no art. 805 é uma *cláusula geral*, pois seu consequente normativo é indeterminado; cabe ao juiz ditar a consequência no caso concreto em conformidade com o debate processual (arts. 10 e 489, § 1º). O texto normativo não enumera situações de maior onerosidade ou de execução injusta ou abusiva, nem estabelece quais medidas devem ser adotadas concretamente. Cabe ao juiz verificar, mediante os elementos e peculiaridades do caso, se o comportamento do exequente é abusivo, se ele efetivamente pretende um meio executivo mais oneroso que outro igualmente idôneo à satisfação do seu crédito. O juiz vai construir processualmente a norma específica e *determinar* seu alcance no caso concreto, estabelecendo o meio executivo menos gravoso.

**10. Aplicação da menor onerosidade e fundamentação adequada.** Quando o juiz aplica o princípio da menor onerosidade e estabelece a medida executiva menos gravosa a ser cumprida, a decisão integra a norma jurídica abstrata. Nesse caso, a decisão constrói a norma concreta a partir da determinação ou concretização de conceito indeterminado contido no enunciado normativo. Para que esteja fundamentada, é preciso que o juiz explique o motivo concreto de sua incidência no caso. Não basta ao juiz dizer, por exemplo, que a situação está de acordo ou não com a menor onerosidade. Cabe-lhe explicar o motivo concreto de haver ou não menor onerosidade. Na fundamentação da sentença, o juiz *especificará de que modo concretizou a menor onerosidade, sob pena de nulidade, por vício na motivação* (art. 489, § 1º, II).

**11. Aplicação de ofício.** A aplicação do princípio da menor onerosidade não depende de provocação da parte; pode dar-se de ofício pelo juiz. O juiz deve construir regras ou interpretar as já existentes a partir do princípio da menor onerosidade, evitando e coibindo o abuso do direito do exequente e determinando que a execução se realize pelo modo menos gravoso.

**12. Preclusão.** O juiz deve aplicar o princípio da menor onerosidade de ofício, mas isso não implica dizer que está afastada qualquer preclusão. Autorizada a execução por determinado meio, se o executado não impugnar a onerosidade abusiva, demonstrando que há outro meio igualmente idôneo, haverá preclusão. Não se deve dispensar a preclusão. Se o executado não impugnar o meio executivo adotado no primeiro momento que lhe couber falar nos autos, estará preclusa a possibilidade de fazê-lo.

**13. Princípio da cooperação.** Ao alegar que a medida executiva adotada é mais gravosa, cabe ao executado indicar outros meios mais efetivos e menos onerosos, sob pena de manutenção dos atos executivos já determinados. Se o executado não impugnar o meio executivo adotado, alegando sua maior onerosidade, haverá preclusão. E, se alegar, deverá indicar outros mais efetivos e menos onerosos, sob pena de rejeição de sua impugnação. Essa exigência concretiza o princípio da cooperação, que decorre dos princípios do contraditório e da boa-fé. Pelo princípio da cooperação – aqui concretizado no parágrafo único do art. 805 – reforça-se a ética processual, com o aprimoramento do diálogo entre as partes, reciprocamente e com o órgão jurisdicional.

**14. Prevalência da penhora de dinheiro.** Não é abusiva a opção do exequente em pretender penhora de dinheiro. Não há outro meio equiva-

LIVRO II · DO PROCESSO DE EXECUÇÃO — **Art. 806**

lente ou tão eficaz quanto o dinheiro. A penhora de dinheiro não é abusiva, nem mais onerosa ao executado. O princípio da menor onerosidade incide quando há mais de um meio equivalente, mas o exequente opta pelo mais gravoso. A penhora de dinheiro é sempre mais favorável ao exequente. A opção por ela não é abusiva. A penhora em dinheiro não implica ofensa ao princípio da menor onerosidade. O art. 835, I, indica o dinheiro, em espécie ou em depósito ou aplicação em instituição financeira, como o primeiro bem a ser preferencialmente penhorado. E, no seu § 1º, dispõe ser *"prioritária a penhora em dinheiro, podendo o juiz, nas demais hipóteses, alterar a ordem prevista no* caput *de acordo com as circunstâncias do caso concreto"*. Os demais bens relacionados no art. 835 sujeitam-se à análise do caso concreto, em aplicação ao princípio da menor onerosidade.

**15. Substituição da penhora de dinheiro por fiança bancária ou seguro garantia.** De acordo com o § 2º do art. 835, *"[p]ara fins de substituição da penhora, equiparam-se a dinheiro a fiança bancária e o seguro garantia judicial, desde que em valor não inferior ao do débito constante da inicial, acrescido de trinta por cento"*.

**16. Substituição de bem penhorado por dinheiro.** Em razão do princípio da menor onerosidade, permite-se ao executado pedir, a qualquer tempo, a substituição do bem penhorado por dinheiro. Trata-se de medida mais favorável ao exequente que pode, no caso concreto, revelar-se menos onerosa ao executado.

**17. Colisão entre o princípio da menor onerosidade e da efetividade.** O princípio da menor onerosidade frequentemente choca-se com o da efetividade da execução. Nesse caso, cabe ao juiz *"justificar o objeto e os critérios gerais da ponderação efetuada, enunciando as razões que autorizam a interferência na norma afastada e as premissas fáticas que fundamentam a conclusão"* (art. 489, § 2º).

# CAPÍTULO II
# DA EXECUÇÃO PARA A ENTREGA DE COISA

## Seção I
## Da Entrega de Coisa Certa

**Art. 806.** O devedor de obrigação de entrega de coisa certa, constante de título executivo extrajudicial, será citado para, em 15 (quinze) dias, satisfazer a obrigação.

§ 1º Ao despachar a inicial, o juiz poderá fixar multa por dia de atraso no cumprimento da obrigação, ficando o respectivo valor sujeito a alteração, caso se revele insuficiente ou excessivo.

§ 2º Do mandado de citação constará ordem para imissão na posse ou busca e apreensão, conforme se tratar de bem imóvel ou móvel, cujo cumprimento se dará de imediato, se o executado não satisfizer a obrigação no prazo que lhe foi designado.

▶ **1. Correspondência no CPC/1973.** *"Art. 621. O devedor de obrigação de entrega de coisa certa, constante de título executivo extrajudicial, será citado para, dentro de 10 (dez) dias, satisfazer a obrigação ou, seguro o juízo (art. 737, II), apresentar embargos. Parágrafo único. O juiz, ao despachar a inicial, poderá fixar multa por dia de atraso no cumprimento da obrigação, ficando o respectivo valor sujeito a alteração, caso se revele insuficiente ou excessivo." "Art. 625. Não sendo a coisa entregue ou depositada, nem admitidos embargos suspensivos da execução, expedir-se-á, em favor do credor, mandado de imissão na posse ou de busca e apreensão, conforme se tratar de imóvel ou de móvel."*

## 🔣 LEGISLAÇÃO CORRELATA

**2. CC, art. 233.** *"Art. 233. A obrigação de dar coisa certa abrange os acessórios dela embora não mencionados, salvo se o contrário resultar do título ou das circunstâncias do caso."*

## 📑 COMENTÁRIOS TEMÁTICOS

**3. Primazia da tutela específica.** O princípio da primazia da tutela específica (arts. 497 a 499) rege a execução para entrega de coisa. O exequente tem o direito de exigir o cumprimento *específico* da obrigação de entregar coisa, recebendo-a como se a obrigação tivesse sido cumprida espontaneamente pelo executado. A conversão da tutela específica em prestação pecuniária é excepcional. Deve ocorrer apenas quando o exequente assim o requerer ou quando for impossível obter a tutela específica (art. 499).

**4. Aplicação subsidiária.** As regras dos arts. 806 a 813 se aplicam subsidiariamente ao cumprimento de sentença que reconheça a exigibilidade de obrigações de entregar coisa (arts. 513 e 771). Por sua vez, as regras sobre cumprimento de sentença, que estão no Livro I da Parte Especial do CPC, aplicam-se subsidiariamente à execução fundada em título executivo extrajudicial (art. 771, parágrafo único).

**5. Fases do procedimento.** O procedimento da execução para entrega de coisa pode ser dividido em 2 fases: *(a)* a fase inicial, de cumprimento voluntário; *(b)* a segunda fase, de execução forçada. A primeira fase é preliminar à segunda: se a coisa for voluntariamente entregue, não há necessidade de instaurar a execução forçada.

**6. Coisa certa e coisa incerta.** As obrigações podem ser classificadas em obrigação de entrega de coisa *certa* e obrigação de entrega de coisa *incerta*. Considera-se *coisa incerta* aquela determinada ao menos em relação ao gênero e à quantidade (CC, art. 243), sem menção à qualidade. *Coisa certa*, por sua vez, é aquela perfeitamente individualizada em relação ao gênero, à quantidade e à qualidade. Há dois procedimentos executivos diversos na execução para entrega de coisa fundada em título executivo extrajudicial: o procedimento para a entrega de coisa certa (arts. 806 a 810) e o procedimento para a entrega de coisa incerta (arts. 811 a 813). Eles se distinguem quanto à sua fase inicial.

**7. Fase inicial.** Estando a petição inicial apta e havendo título executivo, o devedor da obrigação de entregar coisa certa será citado para, em 15 dias, satisfazer a obrigação. A fase inicial da execução para entrega de coisa certa destina-se ao cumprimento voluntário da obrigação.

**8. Dias úteis.** O prazo para cumprimento é processual, computando-se, em sua contagem, apenas os dias úteis (art. 219).

**9. Termo inicial.** O termo inicial do prazo para cumprimento da obrigação de entregar coisa certa é o recebimento da citação (art. 231, § 3º), e não o da juntada do instrumento citatório.

**10. Litisconsórcio passivo.** Se houver litisconsórcio passivo, o prazo é contado individualmente, a partir de cada citação (art. 231, §§ 2º e 3º). O prazo destina-se a cumprimento da obrigação, e não a prática de ato postulatório. Por isso, ele não é computado em dobro quando há, em processo que tramita em autos de papel, litisconsortes representados por procuradores diversos, de diferentes escritórios de advocacia (art. 229).

**11. Honorários de advogado.** Em seu despacho inicial, o juiz deve fixar, desde logo, honorários de advogado de 10% sobre o proveito econômico (art. 827).

**12. Multa.** Ao despachar a petição inicial, o juiz poderá fixar multa por dia de atraso no cumprimento da obrigação. O juiz pode, em outras palavras, fixar uma técnica de execução indireta para obrigação de entregar coisa.

**13. Cumulação com multa cominatória.** *"Possibilidade de cumulação de astreintes com encargos contratuais devido à natureza distinta dos dois institutos. Natureza processual das astreintes e de direito material dos encargos contratuais"* (STJ, 3ª Turma, REsp 1.198.880/MT, rel. Min. Paulo de Tarso Sanseverino, DJe 11.12.2012).

**14. Outras medidas.** A pedido coercitiva a ser imposta pelo juiz não precisa, necessariamente, ser a multa. O juiz pode fixar qualquer medida executiva, direta ou indireta, para compelir o executado a cumprir a prestação (art. 139, IV). O juiz não está, nesse ponto, adstrito à medida eventualmente indicada pelo exequente em sua petição inicial, podendo fixar qualquer medida que se revele, no caso concreto, adequada, necessária e proporcional.

**15. Imissão na posse ou busca e apreensão.** Além da medida coercitiva, do mandado de citação constará ordem para imissão na posse ou busca e apreensão, caso se trate, respectivamente, de bem imóvel ou móvel, cujo cumprimento se dará de imediato, se o executado não satisfizer a obrigação no prazo estabelecido. O mandado de busca e apreensão será cumprido por 2 oficiais de justiça (arts. 536, § 2º, e 771, parágrafo único). Caso haja necessidade de arrombamento, será observado o disposto no art. 846 e seus parágrafos.

> **Art. 807.** Se o executado entregar a coisa, será lavrado o termo respectivo e considerada satisfeita a obrigação, prosseguindo-se a execução para o pagamento de frutos ou o ressarcimento de prejuízos, se houver.

▶ **1. Correspondência no CPC/1973.** *"Art. 624. Se o executado entregar a coisa, lavrar-se-á o respectivo termo e dar-se-á por finda a execução, salvo se esta tiver de prosseguir para o pagamento de frutos ou ressarcimento de prejuízos."*

🗉 **COMENTÁRIOS TEMÁTICOS**

**2. Termo ou auto de entrega.** Entregue a coisa pelo executado no prazo fixado, será lavrado o termo ou o auto de entrega, satisfazendo-se a obrigação, com redução pela metade dos honorários de advogado inicialmente fixados (art. 827, § 1º).

**3. Desnecessidade da segunda fase.** Cumprida espontaneamente a obrigação, não haverá necessidade de se instaurar a segunda fase do processo. Ao juiz cabe extinguir a execução (art. 924, II), a não ser que seja necessário

LIVRO II · DO PROCESSO DE EXECUÇÃO **Art. 809**

prosseguir para o pagamento de frutos ou ressarcimento de prejuízos.

**4. Pagamento de frutos ou ressarcimento de prejuízos.** Ainda que seja cumprida espontaneamente a obrigação, com a entrega da coisa certa pelo executado, a atividade executiva pode prosseguir para o pagamento de frutos ou o ressarcimento de prejuízos, desde que haja requerimento do exequente (art. 513, § 1º). Nesse caso, a execução passa a tramitar pelo procedimento do cumprimento de sentença para pagamento de quantia certa (arts. 523 e seguintes), com a prévia liquidação dos valores devidos pelo executado.

**5. Outras respostas.** Em vez de cumprir espontaneamente a obrigação, o executado pode manter-se inerte ou apresentar embargos à execução.

**6. Embargos à execução.** O executado pode apresentar embargos à execução, no prazo de 15 dias, contados na forma do art. 231 (art. 915), sem que seja necessário depositar a coisa (art. 914), a não ser que pretenda obter o efeito suspensivo (art. 919, § 1º).

**7. Segunda fase.** Se o executado se mantiver inerte ou apresentar embargos à execução, terá início a segunda fase do procedimento, de execução forçada.

> **Art. 808.** Alienada a coisa quando já litigiosa, será expedido mandado contra o terceiro adquirente, que somente será ouvido após depositá-la.

▶ **1. Correspondência no CPC/1973.** *"Art. 626. Alienada a coisa quando já litigiosa, expedir-se-á mandado contra o terceiro adquirente, que somente será ouvido depois de depositá-la."*

### 🖹 Comentários Temáticos

**2. Alienação da coisa litigiosa para terceiro.** Se o executado alienou a terceiro a coisa que é objeto da disputa quando ela já era litigiosa (ou seja, após ter sido ele, executado, citado para entregá-la ou individualizá-la), e desde que afastado eventual argumento de defesa por ele apresentado em sede de embargos à execução, o exequente poderá optar entre *(a)* pleitear que se expeça mandado para que o terceiro entregue a coisa, sob pena de busca e apreensão, imissão na posse ou qualquer outra medida coercitiva prevista no art. 139, IV ou no art. 536, § 1º (art. 808, CPC), ou *(b)* pleitear a conversão da prestação em perdas e danos (art. 809).

**3. Eficácia da execução contra o terceiro.** O terceiro, se não sucedeu o executado no processo

(art. 109, § 1º), nem interveio na condição de assistente litisconsorcial (art. 109, § 2º), ainda assim poderá ser atingido pelo ato executivo, porque a alienação de coisa litigiosa não produz efeitos em relação ao processo e, por isso mesmo, permite que as decisões proferidas pelo juiz, ou as providências por ele ordenadas, atinjam mesmo quem não é parte (art. 109, § 3º). Não bastasse isso, nos casos em que a coisa alienada é objeto de discussão em ação real, considera-se que há aí fraude à execução (art. 792, I).

**4. Depósito da coisa.** Para que possa discutir o ato executivo, o terceiro precisa, antes, depositar a coisa. O meio de que dispõe para discutir o ato judicial de apreensão são os embargos de terceiro. Não é adequado exigir do terceiro o depósito da coisa para discutir, mediante embargos, o ato executivo. A sistemática vigente afasta a necessidade de prévio depósito para que se possam opor os embargos (art. 914). Ainda que se trate de embargos de terceiro, não se deve exigir o depósito. A melhor interpretação é a de que os embargos de terceiro podem ser opostos independentemente do prévio depósito da coisa, mas o juiz somente poderá conferir-lhes o efeito suspensivo de que trata o art. 678, se tiver havido o prévio depósito da coisa. Aplica-se a eles então, neste caso, o art. 919, § 1º.

**5. Direito de retenção.** Independentemente da interpretação que se dê ao art. 808, o prévio depósito da coisa pelo terceiro é desnecessário quando ele alega o direito de retenção, tendo em vista que o direito material confere ao excipiente o direito de manter a coisa consigo até que lhe seja pago ou depositado o valor da indenização por benfeitorias.

> **Art. 809.** O exequente tem direito a receber, além de perdas e danos, o valor da coisa, quando essa se deteriorar, não lhe for entregue, não for encontrada ou não for reclamada do poder de terceiro adquirente.
>
> § 1º Não constando do título o valor da coisa e sendo impossível sua avaliação, o exequente apresentará estimativa, sujeitando-a ao arbitramento judicial.
>
> § 2º Serão apurados em liquidação o valor da coisa e os prejuízos.

▶ **1. Correspondência no CPC/1973.** *"Art. 627. O credor tem direito a receber, além de perdas e danos, o valor da coisa, quando esta não lhe for entregue, se deteriorou, não for encontrada ou não for reclamada do poder de terceiro adquirente. § 1º Não constando do título o valor da coisa, ou sendo impossível a sua avaliação, o exequente*

1241

*far-lhe-á a estimativa, sujeitando-se ao arbitramento judicial. § 2º Serão apurados em liquidação o valor da coisa e os prejuízos."*

### 🗄 Legislação Correlata

**2. CC, art. 236.** *"Art. 236. Sendo culpado o devedor, poderá o credor exigir o equivalente, ou aceitar a coisa no estado em que se acha, com direito a reclamar, em um ou em outro caso, indenização das perdas e danos."*

**3. CC, art. 399.** *"Art. 399. O devedor em mora responde pela impossibilidade da prestação, embora essa impossibilidade resulte de caso fortuito ou de força maior, se estes ocorrerem durante o atraso; salvo se provar isenção de culpa, ou que o dano sobreviria ainda quando a obrigação fosse oportunamente desempenhada."*

### 📄 Comentários Temáticos

**4. Conversão da obrigação em indenização por perdas e danos.** A obrigação de entregar coisa pode ser convertida em prestação pecuniária, de modo voluntário ou de modo compulsório.

**5. Conversão voluntária.** A conversão pode ser voluntária quando decorrer de opção do exequente, quando *(a)* o executado, citado, deixa de cumprir a ordem; ou *(b)* a coisa não for reclamada do poder de terceiro adquirente. O exequente, nesses casos, tem a opção de pedir a conversão da obrigação em perdas e danos. Não é obrigado a fazê-lo. É um direito potestativo seu.

**6. Conversão compulsória.** A conversão será compulsória *(a)* se a coisa se perdeu; ou *(b)* se a coisa se deteriorou.

**7. Coisa deteriorada.** Se a coisa se deteriorou, o credor pode pretender obtê-la mesmo assim (tutela específica), cobrando perdas e danos relativamente à deterioração (CC, art. 236). A perda ou a deterioração da coisa nem sempre ensejará, para o devedor, a obrigação de pagar o seu valor, ou de pagar perdas e danos. Não havendo culpa do devedor para a deterioração ou perda da coisa, seja nos casos de entrega pura e simples, seja nos casos de restituição, a obrigação resolve-se, não se podendo falar em sua conversão em perdas e danos. No caso de obrigação de restituir, o credor, mesmo não havendo culpa do devedor, fará jus à percepção do que lhe for de direito até o dia em que a coisa se perdeu. O devedor somente responderá por perdas e danos se a perda ou deterioração da coisa se deu por culpa sua, ou se estava em mora, caso em que responderá por perdas e danos independentemente de culpa (CC, art. 399). Não havendo nenhum evento

anterior que constitua em mora o devedor (CC, art. 397), este será um efeito da citação no processo judicial, ainda quando determinada por juízo incompetente (CPC, art. 240).

**8. Momento da conversão.** No caso de conversão voluntária, o exequente já pode promover uma execução para pagamento de quantia previamente ajustado no título executivo. Se o valor da coisa ou das perdas e danos não estiver previamente ajustado, será necessário promover, antes, uma liquidação por arbitramento ou pelo procedimento comum (art. 809, §§ 1º e 2º) e, na sequência, cumprimento de sentença para pagamento de quantia certa (art. 523 e seguintes). O exequente pode, em vez disso, optar pela conversão no curso do processo de execução para entrega de coisa. A propositura da execução para entrega de coisa não o impede de exercer o seu direito potestativo de substituir a prestação almejada. Já a conversão compulsória pode ocorrer a qualquer momento, assim que constatada a causa que gera a impossibilidade de cumprimento na forma específica (art. 499), e desde que assegurado o contraditório (arts. 9º e 10). Por se tratar de conversão compulsória, ela ocorrerá necessariamente no curso do processo em que o exequente busca a tutela específica; se o exequente, ciente de que a coisa se perdeu ou se deteriorou, já propõe a execução para pagamento de quantia, o caso é de conversão voluntária.

**9. Incidente cognitivo para apuração do valor da coisa e das perdas e danos.** Quando realizada no curso do processo de execução, a conversão exige a instauração de incidente processual cognitivo para apuração, conforme o caso, da perda do interesse objetivo no cumprimento específico da prestação, da recalcitrância do devedor quanto à entrega da coisa que lhe foi cobrada judicial ou extrajudicialmente, da aquisição da coisa por terceiro, da existência ou inexistência de culpa do devedor em relação à perda ou deterioração da coisa, da boa ou a má-fé do executado, e a contraprova que lhe é facultado fazer nos casos em que estiver de má-fé, do valor equivalente à coisa cuja entrega restou frustrada, bem assim das perdas e danos decorrentes de sua eventual perda ou deterioração. Se o exequente opta pela conversão antes da propositura da execução, precisará liquidar esse valor, instaurando processo de liquidação por arbitramento ou pelo procedimento comum (art. 509), salvo nos casos em que o valor esteja pré-ajustado no título executivo ou possa ser aferido por simples cálculos. Nesse caso, já pode ser proposta execução por quantia certa (art. 824 e seguintes).

# LIVRO II · DO PROCESSO DE EXECUÇÃO
## Art. 810

**10. Defesa do executado.** O executado pode defender-se por meio dos embargos à execução (art. 914), sem necessidade de fazer o depósito da coisa, que apenas se exige para análise de eventual atribuição de efeito suspensivo aos embargos. O prazo para oferecimento dos embargos é de 15 dias úteis, contados na forma do art. 231 (art. 915). Quando houver mais de um executado, o prazo para cada um deles embargar conta-se a partir da juntada do correspondente instrumento de citação, salvo no caso de cônjuges ou de companheiros, quando será contado a partir da juntada do último (art. 915, § 1º). Esse prazo não se submete à dobra do art. 229 (art. 915, § 3º). A cognição nos embargos à execução é ampla (art. 917), podendo o executado arguir *"qualquer matéria que lhe seria lícito deduzir como defesa em processo de conhecimento"* (art. 917, VI). Uma das matérias de defesa que o executado pode suscitar em embargos é a "retenção por benfeitorias necessárias ou úteis" (art. 917, IV). O executado também pode alegar excesso de execução (art. 917, III), se a pretensão do exequente *"recai sobre coisa diversa daquela declarada no título"* (art. 917, § 2º, II). A arguição de impedimento ou suspeição deve ser suscitada nos termos dos arts. 146 e 148 (art. 917, § 7º).

**11. Prazo para cumprimento voluntário *versus* prazo para defesa.** O prazo para cumprimento voluntário da obrigação se conta a partir do recebimento da citação (art. 231, § 3º); o que se conta a partir de um dos momentos descritos nos incisos do art. 231 é o prazo para defesa.

**12. Efeito suspensivo aos embargos.** Os embargos à execução não têm efeito suspensivo, mas o juiz poderá atribuir-lhe esse efeito, desde que, cumulativamente: *(a)* haja requerimento do embargante; *(b)* estejam presentes os pressupostos para a concessão da tutela provisória, seja ela de urgência ou de evidência; e *(c)* a execução já esteja garantida pelo depósito da coisa. Se o embargante alegar direito de retenção (art. 917, IV), é desnecessário o depósito da coisa como pressuposto para atribuição do efeito suspensivo aos embargos. Devem ser analisados apenas os demais pressupostos.

---

**Art. 810.** Havendo benfeitorias indenizáveis feitas na coisa pelo executado ou por terceiros de cujo poder ela houver sido tirada, a liquidação prévia é obrigatória.

Parágrafo único. Havendo saldo:

I – em favor do executado ou de terceiros, o exequente o depositará ao requerer a entrega da coisa;

II – em favor do exequente, esse poderá cobrá-lo nos autos do mesmo processo.

▶ **1. Correspondência no CPC/1973.** *"Art. 628. Havendo benfeitorias indenizáveis feitas na coisa pelo devedor ou por terceiros, de cujo poder ela houver sido tirada, a liquidação prévia é obrigatória. Se houver saldo em favor do devedor, o credor o depositará ao requerer a entrega da coisa; se houver saldo em favor do credor, este poderá cobrá-lo nos autos do mesmo processo."*

⚖ **Legislação Correlata**

**2. CC, art. 237.** *"Art. 237. Até a tradição pertence ao devedor a coisa, com os seus melhoramentos e acrescidos, pelos quais poderá exigir aumento no preço; se o credor não anuir, poderá o devedor resolver a obrigação. Parágrafo único. Os frutos percebidos são do devedor, cabendo ao credor os pendentes."*

**3. CC, art. 238.** *"Art. 238. Se a obrigação for de restituir coisa certa, e esta, sem culpa do devedor, se perder antes da tradição, sofrerá o credor a perda, e a obrigação se resolverá, ressalvados os seus direitos até o dia da perda."*

**4. CC, art. 241.** *"Art. 241. Se, no caso do art. 238, sobrevier melhoramento ou acréscimo à coisa, sem despesa ou trabalho do devedor, lucrará o credor, desobrigado de indenização."*

**5. CC, art. 242.** *"Art. 242. Se para o melhoramento, ou aumento, empregou o devedor trabalho ou dispêndio, o caso se regulará pelas normas deste Código atinentes às benfeitorias realizadas pelo possuidor de boa-fé ou de má-fé. Parágrafo único. Quanto aos frutos percebidos, observar-se-á, do mesmo modo, o disposto neste Código, acerca do possuidor de boa-fé ou de má-fé."*

**6. CC, art. 1.219.** *"Art. 1.219. O possuidor de boa-fé tem direito à indenização das benfeitorias necessárias e úteis, bem como, quanto às voluptuárias, se não lhe forem pagas, a levantá-las, quando o puder sem detrimento da coisa, e poderá exercer o direito de retenção pelo valor das benfeitorias necessárias e úteis."*

**7. CC, art. 1.220.** *"Art. 1.220. Ao possuidor de má-fé serão ressarcidas somente as benfeitorias necessárias; não lhe assiste o direito de retenção pela importância destas, nem o de levantar as voluptuárias."*

**8. CC, art. 1.221.** *"Art. 1.221. As benfeitorias compensam-se com os danos, e só obrigam ao ressarcimento se ao tempo da evicção ainda existirem."*

**9. CC, art. 1.222.** *"Art. 1.222. O reivindicante, obrigado a indenizar as benfeitorias ao possuidor*

1243

*de má-fé, tem o direito de optar entre o seu valor atual e o seu custo; ao possuidor de boa-fé indenizará pelo valor atual."*

**10. CC, art. 1.256.** *"Art. 1.256. Se de ambas as partes houve má-fé, adquirirá o proprietário as sementes, plantas e construções, devendo ressarcir o valor das acessões. Parágrafo único. Presume-se má-fé no proprietário, quando o trabalho de construção, ou lavoura, se fez em sua presença e sem impugnação sua."*

**11. CC, art. 1.257.** *"Art. 1.257. O disposto no artigo antecedente aplica-se ao caso de não pertencerem as sementes, plantas ou materiais a quem de boa-fé os empregou em solo alheio. Parágrafo único. O proprietário das sementes, plantas ou materiais poderá cobrar do proprietário do solo a indenização devida, quando não puder havê-la do plantador ou construtor."*

**12. Lei 8.245/1991, art. 35.** *"Art. 35. Salvo expressa disposição contratual em contrário, as benfeitorias necessárias introduzidas pelo locatário, ainda que não autorizadas pelo locador, bem como as úteis, desde que autorizadas, serão indenizáveis e permitem o exercício do direito de retenção."*

**13. Lei 8.245/1991, art. 36.** *"Art. 36. As benfeitorias voluptuárias não serão indenizáveis, podendo ser levantadas pelo locatário, fina a locação, desde que sua retirada não afete a estrutura e a substância do imóvel."*

### ▣ Comentários Temáticos

**14. Benfeitorias.** As benfeitorias são obras ou despesas realizadas no bem, com o propósito de conservação, melhoramento ou embelezamento, tendo caráter acessório e incorporando-se ao patrimônio do proprietário. É possível que o executado tenha realizado benfeitorias na coisa. Nesse caso, é necessário verificar se elas devem, ou não, ser indenizadas pelo exequente.

**15. Executado ou terceiro.** As benfeitorias feitas na coisa pelo executado ou por terceiros de cujo poder ela houver sido tirada devem ser indenizadas. A referência que se faz ao terceiro deve ser compreendida como o terceiro adquirente da coisa litigiosa, contra quem o exequente pode voltar a sua pretensão executiva (arts. 109, § 3º, e 808).

**16. Entrega da coisa *versus* restituição da coisa.** No caso de entrega da coisa, esta, até que ocorra a tradição, pertence ao devedor, com os seus melhoramentos e acrescidos, podendo, por isso, ele exigir aumento no preço (CC, art. 237). Por sua vez, no caso de restituição da coisa, as benfeitorias e os melhoramentos somente são indenizáveis se, cumulativamente: *(a)* tais benfeitorias e melhoramentos decorreram de despesa ou trabalho do devedor; *(b)* o devedor agir com boa-fé; *(c)* não houver, no título executivo, cláusula que pré-exclua o direito à indenização por melhoramentos e benfeitorias (CC, arts. 241 e 242).

**17. Boa-fé ou má-fé.** O regramento das benfeitorias realizadas pelo possuidor de boa-fé ou de má-fé (CC, arts. 1.219 e 1.220) aplica-se ao devedor de boa-fé ou ao devedor de má-fé (CC, art. 242).

**18. Acessões.** Além de benfeitorias, é possível que haja na coisa acessão. As acessões, que podem ser naturais (quando decorrem de fenômenos da natureza) ou artificiais (em casos de construção ou plantação), são modos de aquisição originária da propriedade imobiliária. As acessões artificiais (CC, arts. 1.253 a 1.259) são modos de aquisição originária da propriedade imobiliária, consistentes em obras com a formação de coisas novas que se aderem à propriedade preexistente (*superfícies solo cedit*), aumentando-a qualitativa ou quantitativamente. As acessões também podem ser indenizáveis.

**19. Apuração do valor indenizatório.** Se houver benfeitorias, é possível requerer a liquidação prévia para apuração do valor indenizatório. O exequente que imagina ter direito ao crédito pecuniário, além da coisa em si, precisa deflagrar processo de liquidação desse crédito, seja por arbitramento seja pelo procedimento comum (art. 509).

**20. Montante preestabelecido ou apurável por simples cálculos aritméticos.** Se o montante já estiver preestabelecido no título ou se a sua apuração depender de simples cálculos aritméticos, pode, então, deflagrar o processo de execução, juntando à inicial o seu demonstrativo de cálculo (art. 798, I, "b" e parágrafo único, CPC). O art. 810, par. ún., II, do CPC estabelece hipótese singular de cumulação de demandas executivas (v. art. 780, CPC), a exigir do magistrado a adaptação do procedimento.

**21. Liquidação prévia.** Havendo benfeitorias feitas na coisa pelo executado ou por terceiros de cujo poder ela houver sido tirada, a liquidação prévia é obrigatória. A liquidação prévia referida no art. 810 pode servir tanto ao exequente, quanto ao executado, ou até mesmo ao terceiro adquirente da coisa litigiosa, contra quem se direcionou a pretensão executiva. O exequente somente precisa requerer previamente a liquidação se pretende, além da coisa em si, receber alguma

**LIVRO II · DO PROCESSO DE EXECUÇÃO  Art. 810**

quantia (art. 810, parágrafo único, II). Assim, o pedido de pagamento de quantia, e apenas ele, depende de liquidação prévia. O exequente que queira apenas exigir a entrega da coisa não pode ser compelido a liquidar previamente o valor das benfeitorias. Não se poderia obrigá-lo, respectivamente, a cumular demandas executivas.

**22.** **Crédito em favor do exequente.** É possível que se apure a existência e extensão de crédito pecuniário em favor do exequente (art. 810, parágrafo único, II). Ele pode já ter efetuado prévia indenização de benfeitorias, apurando-se posteriormente que pagara em excesso; ou o executado ou terceiro adquirente pode ter causado danos à coisa, que podem ser compensados com os valores devidos a título de indenização de benfeitorias (CC, art. 1.221). Nesses casos, é possível que, além da pretensão de entrega da coisa, o exequente tenha também pretensão indenizatória contra o executado ou contra o terceiro adquirente; desse modo, após a entrega da coisa, o processo, a requerimento do exequente (art. 513, § 1º) poderá ter seguimento para pagamento de quantia (arts. 523 e seguintes).

**23.** **Depósito da coisa.** O depósito previsto no art. 810, parágrafo único, I, somente pode ser exigido se o executado ou terceiro adquirente exercerem o direito de retenção nos embargos (art. 917, IV), e desde que sua pretensão seja acolhida.

**24.** **Direito de crédito *versus* direito de retenção.** O art. 810 permite que o executado e o terceiro adquirente exerçam, nos autos da execução, a pretensão ao recebimento de crédito pecuniário em decorrência das benfeitorias indenizáveis por eles realizadas. O exercício do direito de crédito não se confunde com o exercício do direito de retenção (art. 917, IV). O devedor (ou o terceiro) pode pedir indenização por conta das benfeitorias que realizou na coisa, mas pode, por outro lado, exercer o seu direito de retenção da coisa até que tais benfeitorias sejam indenizadas. São situações diversas, que não se confundem. Há casos em que existe o direito à indenização, embora não exista o direito à retenção da coisa (por exemplo, quando se tratar de devedor de má-fé, que tem direito à indenização pelas benfeitorias necessárias, mas não tem direito de retenção da coisa (CC, arts. 242 e 1.220). A recíproca, porém, não é verdadeira: somente haverá direito de retenção da coisa se houver direito à indenização pelas benfeitorias. A existência de direito de crédito é fundamento para o exercício do direito de retenção, de modo que não se pode falar em direito de retenção se não há direito de crédito. O executado ou o

terceiro adquirente pode pleitear, nos seus embargos, a apuração do saldo indenizatório das benfeitorias realizadas (arts. 810 e 917, VI). Pode também, na mesma oportunidade, exercer, em caráter sucessivo, o direito de retenção (art. 917, IV), que poderá ser reconhecido caso certificado o direito de crédito.

**25. Direito de retenção.** O direito de retenção consiste na situação jurídica ativa outorgada ao possuidor de boa-fé de reter a coisa a ser entregue até que a parte contrária lhe pague o valor das benfeitorias necessárias e úteis que nela foram realizadas (CC, art. 1.219). O possuidor de boa-fé, embora também tenha direito à indenização pelas benfeitorias voluptuárias que realizar, desde que elas não possam ser levantadas, não lhe assiste direito de retenção para garantir o seu ressarcimento (CC, art. 1.219). O possuidor de má-fé apenas faz jus a uma indenização pelas benfeitorias necessárias por ele introduzidas na coisa, mas não lhe assiste direito de retenção, tampouco o direito de levantar as benfeitorias voluptuárias (CC, art. 1.220).

**26. Embargos de retenção por benfeitorias.** O executado ou o terceiro adquirente da coisa litigiosa pode exercer o direito de retenção, respectivamente, nos embargos à execução (art. 917, IV) ou nos embargos de terceiro. Propostos os embargos, o exequente (que, nos embargos, é o embargado) pode requerer que o crédito com base em que o embargante exerce o direito de retenção seja compensado com o valor que lhe é devido pelos frutos ou pelos danos imputáveis a este último, cabendo ao juiz, para a apuração dos respectivos valores, nomear perito, observando-se, então, o art. 464 (art. 917, § 5º).

**27. Depósito da coisa nos embargos de retenção por benfeitorias.** O depósito da coisa é desnecessário para o oferecimento dos embargos à execução. Nem mesmo ele é necessário para que se possa atribuir a tais embargos eficácia suspensiva do processo de execução, porque, se o direito material assegura ao executado a retenção da coisa (manutenção da posse) até que lhe seja ressarcido o valor das benfeitorias indenizáveis, não faz sentido exigir-se dele o depósito da coisa, nem mesmo como pressuposto para atribuição de efeito suspensivo aos seus embargos. O efeito suspensivo dependerá dos outros requisitos previstos no art. 919, § 1º. Pelo mesmo motivo, se o terceiro adquirente da coisa litigiosa alegar direito de retenção, não se poderá exigir que deposite previamente a coisa (art. 808).

**28.** **Imissão na posse e recebimento do bem pelo exequente.** Durante a tramitação dos embargos de retenção, o exequente poderá, a

1245

# Art. 811

CÓDIGO DE PROCESSO CIVIL COMENTADO – *Leonardo Carneiro da Cunha*

qualquer tempo, ser imitido na posse da coisa, depositando o valor devido pelas benfeitorias ou resultante da compensação (art. 917, § 6º). Uma vez reconhecido o direito de retenção, o exequente somente poderá receber a coisa se efetuar o pagamento da indenização devida pelas benfeitorias ou se depositá-lo (art. 810, parágrafo único, I).

## Seção II
## Da Entrega de Coisa Incerta

> **Art. 811.** Quando a execução recair sobre coisa determinada pelo gênero e pela quantidade, o executado será citado para entregá-la individualizada, se lhe couber a escolha.
>
> Parágrafo único. Se a escolha couber ao exequente, esse deverá indicá-la na petição inicial.

▶ **1. Correspondência no CPC/1973.** *Art. 629. Quando a execução recair sobre coisas determinadas pelo gênero e quantidade, o devedor será citado para entregá-las individualizadas, se lhe couber a escolha; mas se essa couber ao credor, este a indicará na petição inicial."*

### 🗐 Legislação Correlata

**2. CC, art. 243.** *"Art. 243. A coisa incerta será indicada, ao menos, pelo gênero e pela quantidade."*

**3. CC, art. 244.** *"Art. 244. Nas coisas determinadas pelo gênero e pela quantidade, a escolha pertence ao devedor, se o contrário não resultar do título da obrigação; mas não poderá dar a coisa pior, nem será obrigado a prestar a melhor."*

### 📰 Comentários Temáticos

**4. Coisa incerta.** A obrigação pode ter por objeto a entrega de coisa incerta, devendo ser feita sua escolha ou individualização.

**5. Escolha ou individualização da coisa.** Quando a obrigação for de entrega de coisa incerta, a individualização ou escolha da coisa deve ser feita pelo executado, a não ser que haja, no título executivo, estipulação em contrário (CC, art. 244). Se houver estipulação expressa no título executivo, conferindo ao credor a escolha, a coisa deve ser individualizada na petição inicial, podendo o executado impugnar a escolha (art. 812). Não havendo impugnação pelo executado ou julgado o incidente destinado a julgar a impugnação apresentada,

a coisa estará individualizada e a execução segue o procedimento previsto para a execução de entrega de coisa certa.

**6. Renúncia.** Se o exequente não individualizar a coisa na petição inicial, sua omissão pode ser interpretada como renúncia. É preciso, porém, que o juiz, antes de considerar a renúncia e conferir ao executado a oportunidade de individualizar a coisa, exercer o dever de prevenção e advirta o exequente a respeito das consequências de sua omissão (arts. 5º, 6º, 9º e 10).

**7. Aptidão da petição inicial.** Não há defeito na petição inicial, caso o exequente deixe de individualizar a coisa. Tal omissão não acarreta, portanto, indeferimento da petição inicial.

**8. Fase inicial: individualização da coisa e cumprimento voluntário.** Na execução para entrega de coisa incerta, quando couber a escolha da coisa ao executado (que é a regra), ele será citado para exercer a sua escolha (incidente de individualização da coisa) e para entregá-la (realização da prestação).

**9. Prazo.** O art. 811 não prevê um prazo para que seja feita a individualização e a entrega da coisa, mas é possível aplicar aqui o prazo de 15 dias previsto no art. 806 (art. 813). Esse prazo, por ser processual, é contado apenas em dias úteis (art. 219).

**10. Termo inicial.** O termo inicial da contagem do prazo para individualização e entrega da coisa é o recebimento da citação (art. 231, § 3º), e não o da juntada do respectivo instrumento citatório.

**11. Impugnação à individualização feita pelo exequente.** Quando a individualização couber ao exequente, este deve fazê-la em sua petição inicial, podendo o executado impugná-la no prazo de 15 dias (art. 812), contado a partir de um dos momentos do art. 231.

**12. Embargos à execução.** O executado pode oferecer embargos à execução no mesmo prazo de 15 dias, que se conta a partir de um dos momentos descritos no art. 231 (art. 915).

> **Art. 812.** Qualquer das partes poderá, no prazo de 15 (quinze) dias, impugnar a escolha feita pela outra, e o juiz decidirá de plano ou, se necessário, ouvindo perito de sua nomeação.

▶ **1. Correspondência no CPC/1973.** *"Art. 630. Qualquer das partes poderá, em 48 (quarenta e oito) horas, impugnar a escolha feita pela outra, e o juiz decidirá de plano, ou, se necessário, ouvindo perito de sua nomeação."*

1246

# LIVRO II • DO PROCESSO DE EXECUÇÃO — Art. 814

## ▣ COMENTÁRIOS TEMÁTICOS

**2. Razoabilidade na individualização.** Quem quer que faça a individualização da coisa, a escolha não pode ser arbitrária, devendo recair nem sobre a pior nem sobre a de melhor qualidade (CC, art. 244).

**3. Incidente de individualização da coisa.** Na execução para entrega de coisa incerta, é possível instaurar-se um incidente inicial destinado à impugnação da escolha feita por uma das partes. Se a escolha couber ao exequente, ele deve fazê-la na sua petição inicial, podendo o executado impugná-la no prazo de 15 dias. Se o executado individualizar a coisa e entregá-la, o exequente pode, enjeitando-a, impugnar a escolha em 15 dias. O executado pode, no entanto, individualizar a coisa, sem a entregar. O exequente também poderá impugnar a escolha do executado. Em todas essas hipóteses, instaura-se um incidente para análise da questão relativa à individualização da coisa, cabendo ao juiz decidi-lo de plano, se possível, ou dar início a uma instrução probatória, inclusive com possibilidade de realização de perícia. O incidente destina-se apenas à individualização da coisa.

**4. Embargos à execução.** Se o executado individualizar a coisa, mas não a entregar, pode, ainda assim, apresentar embargos à execução, que independem de depósito da coisa (art. 914), a não ser que pretenda obter efeito suspensivo (art. 919, § 1º).

**5. Inércia do executado.** É possível que o executado, citado, não individualize a coisa, não a entregue, não apresente embargos, enfim, mantenha-se inerte. Nesse caso, o exequente passa a ter o direito de individualizá-la, podendo o executado impugnar a sua escolha no prazo de 15 dias, instaurando-se, assim, incidente para discussão da questão.

> **Art. 813.** Aplicar-se-ão à execução para entrega de coisa incerta, no que couber, as disposições da Seção I deste Capítulo.

▶ **1. Correspondência no CPC/1973.** *"Art. 631. Aplicar-se-á à execução para entrega de coisa incerta o estatuído na seção anterior."*

## ▣ COMENTÁRIOS TEMÁTICOS

**2. Procedimento.** Individualizada a coisa ou rejeitada a impugnação apresentada à individualização, e feita sua entrega, será lavrado o respectivo termo ou auto de entrega, extinguindo-se a execução (art. 924, II), salvo se tiver de prosseguir para o pagamento de frutos ou ressarcimento de prejuízos (art. 807). O prosseguimento para pagamento da prestação pecuniária depende de requerimento do exequente (art. 513, § 1º) e a execução deve tramitar pelo procedimento do cumprimento de sentença para pagamento de quantia certa (art. 523 e seguintes), promovendo-se a prévia liquidação dos valores devidos pelo executado.

**3. Conversão da execução para entrega de coisa incerta em execução por quantia certa.** *"Possibilidade de conversão do procedimento de execução para entrega de coisa incerta para execução por quantia certa na hipótese de ter sido entregue o produto perseguido com atraso, gerando danos ao credor da obrigação. (...) 4. A certeza da obrigação deriva da própria lei processual ao garantir, em favor do credor do título extrajudicial, os frutos e o ressarcimento dos prejuízos decorrentes da mora do devedor"* (STJ, 3ª Turma, REsp 1.507.339/MT, rel. Min. Paulo de Tarso Sanseverino, *DJe* 30.10.2017).

**4. Execução forçada.** Se o executado, citado, não entrega a coisa, seja porque permaneceu inerte, seja porque optou por apresentar embargos à execução sem depositá-la, inicia-se a segunda fase do procedimento da execução para entrega de coisa: a execução forçada. A medida executiva fixada pelo juiz (art. 806, §§ 1º e 2º; arts. 139, IV e 536, § 1º) começa a incidir automaticamente a partir da citação do executado e depois de exaurido o prazo para cumprimento voluntário. Não há necessidade de nova provocação do exequente nem de nova decisão.

## CAPÍTULO III
## DA EXECUÇÃO DAS OBRIGAÇÕES DE FAZER OU DE NÃO FAZER

### Seção I
### Disposições Comuns

> **Art. 814.** Na execução de obrigação de fazer ou de não fazer fundada em título extrajudicial, ao despachar a inicial, o juiz fixará multa por período de atraso no cumprimento da obrigação e a data a partir da qual será devida.
>
> Parágrafo único. Se o valor da multa estiver previsto no título e for excessivo, o juiz poderá reduzi-lo.

▶ **1. Correspondência no CPC/1973.** *"Art. 645. Na execução de obrigação de fazer ou não fazer, fundada em título extrajudicial, o juiz, ao des-*

*pachar a inicial, fixará multa por dia de atraso no cumprimento da obrigação e a data a partir da qual será devida. Parágrafo único. Se o valor da multa estiver previsto no título, o juiz poderá reduzi-lo se excessivo."*

## ▣ COMENTÁRIOS TEMÁTICOS

**2. Obrigações de fazer e de não fazer.** As obrigações de fazer e de não fazer têm por objeto um comportamento do devedor: no primeiro caso, uma conduta positiva (fazer); no segundo, uma conduta negativa (não fazer, abstenção). A sua satisfação implica, portanto, a obtenção da consequência prática do comportamento a que se obrigara o devedor.

**3. Aplicação subsidiária.** Os arts. 814 a 823 disciplinam o procedimento da execução das obrigações de fazer e de não fazer fundadas em título executivo extrajudicial. Essas regras se aplicam subsidiariamente ao cumprimento de sentença que reconheça a exigibilidade de obrigações de fazer e de não fazer (arts. 513 e 771). Por sua vez, as regras sobre cumprimento de sentença aplicam-se subsidiariamente à execução fundada em título executivo extrajudicial (art. 771, parágrafo único).

**4. Primazia da tutela específica.** Em virtude princípio da primazia da tutela específica (arts. 497 e 499), a execução deve propiciar ao credor a satisfação da obrigação tal qual houvesse o cumprimento espontâneo da prestação pelo devedor. Tal princípio também se aplica à execução fundada em título executivo extrajudicial: o credor tem o direito de exigir o cumprimento específico da obrigação de fazer e de não fazer. A tutela pelo equivalente pecuniário deve ser excepcional.

**5. Ordem de prioridade.** Por causa do princípio da primazia da tutela específica, há uma ordem de prioridade que deve ser observada: *(a)* deve-se priorizar a tutela específica (art. 497, *caput*, primeira parte); *(b)* não sendo possível a tutela específica, deve-se tentar alcançar um resultado prático equivalente ao do adimplemento (art. 497, *caput*, segunda parte); *(c)* a requerimento do credor, ou sendo impossível deferir a tutela específica ou o resultado prático equivalente, deve-se converter a prestação de fato numa indenização (art. 499). Essa ordem de prioridade também se aplica à execução de obrigação de fazer e de não fazer fundada em título executivo extrajudicial.

**6. Processo autônomo.** Por estar fundada em título executivo extrajudicial, a execução promova a instauração de um processo autônomo. É necessária a provocação da parte interessada, não sendo possível que o juiz instaure o processo de ofício (art. 2º).

**7. Procedimento.** A demanda executiva deve ser veiculada por petição inicial. Ao recebê-la, o juiz determinará a citação do executado, estabelecendo *(a)* o prazo para cumprimento voluntário da obrigação, se não houver prazo fixado no próprio título (arts. 815 e 822); *(b)* se for o caso, a medida executiva a incidir em caso de não cumprimento da prestação no prazo fixado (arts. 814, 139, IV e 536, § 1º); e *(c)* os honorários sucumbenciais de advogado (art. 827).

**8. Fases do procedimento.** A execução para cumprimento de obrigação de fazer ou não fazer divide-se em 2 fases: *(a)* a primeira fase, que é a do cumprimento voluntário; *(b)* a segunda fase, que é a da execução forçada.

**9. Multa.** Ao despachar a petição inicial, o juiz determinará a citação do executado e fixará multa por período de atraso no cumprimento da obrigação de fazer ou de não fazer e a data a partir da qual será devida. Quando o valor da multa estiver previsto no título, o juiz poderá reduzi-lo, se excessivo.

**10. Outras medidas.** Em vez de fixar uma multa, o juiz pode, atendidos os parâmetros de controle próprios do seu poder de efetivação, estabelecer qualquer medida executiva, seja ela direta ou indireta, buscando compelir o devedor a realizar a prestação no prazo para cumprimento voluntário. Pode, até mesmo, ser uma medida que viabilize o cumprimento *pelo incentivo*, a exemplo da redução dos honorários sucumbenciais fixados no despacho inicial (art. 827, § 1º). A medida não precisa ser necessariamente a multa. Também não precisa ser a medida eventualmente indicada pelo exequente, na sua petição inicial. Pode ser qualquer medida que se mostre, no caso concreto, adequada, necessária e proporcional.

**11. Agravo de instrumento.** A fixação da multa ou de outra medida de apoio podem ser controladas por meio de agravo de instrumento (art. 1.015, parágrafo único). É bem verdade que o executado tem o direito de defender-se (art. 914). Isso, porém, não elimina seu direito ao recurso.

### Seção II

### Da Obrigação de Fazer

**Art. 815.** Quando o objeto da execução for obrigação de fazer, o executado será citado para satisfazê-la no prazo que o juiz lhe designar, se outro não estiver determinado no título executivo.

**LIVRO II · DO PROCESSO DE EXECUÇÃO — Art. 816**

▶ **1. Correspondência no CPC/1973.** *"Art. 632. Quando o objeto da execução for obrigação de fazer, o devedor será citado para satisfazê-la no prazo que o juiz lhe assinar, se outro não estiver determinado no título executivo."*

### ⚖ JURISPRUDÊNCIA, ENUNCIADOS E SÚMULAS SELECIONADOS

• **2. Enunciado 451 do FPPC.** *"A regra decorrente do caput e do § 1º do art. 827 aplica-se às execuções fundadas em título executivo extrajudicial de obrigação de fazer, não fazer e entrega de coisa".*

### 🗐 COMENTÁRIOS TEMÁTICOS

**3. Fase inicial.** Estando apta a petição inicial, o juiz já deve fixar os honorários advocatícios de 10% sobre o proveito econômico (art. 827) e determinar a citação do executado para a obrigação de fazer no prazo estabelecido no título executivo ou, não havendo estipulação de prazo no título, no prazo assinalado pelo juiz (art. 815).

**4. Redução dos honorários.** Se o executado cumprir integralmente a obrigação de fazer no prazo estabelecido, os honorários de advogado fixados pelo juiz serão reduzidos pela metade (art. 827, § 1º).

**5. Prazo para cumprimento.** Contrariamente ao que ocorre na execução por quantia, o Código não estabelece um prazo para cumprimento voluntário da obrigação de fazer ou de não fazer. As partes podem convencioná-lo no título executivo ou caberá ao juiz assinalá-lo, em caso de omissão do título. O juiz pode estabelecer um prazo ou fixar uma data.

**6. Agravo de instrumento.** O prazo fixado pelo juiz pode, no entender do executado, ser insuficiente ou inadequado. Por isso, é possível impugnar tal fixação por agravo de instrumento (art. 1.015, parágrafo único).

**7. Natureza do prazo.** O prazo para cumprimento estabelecido pelo juiz, se fixado em dias, será contado em dias úteis (art. 219), por se tratar de prazo processual. O ato a ser praticado é material (cumprimento da obrigação), mas o prazo é processual, estabelecido para ter início, ser computado e encerrar-se no processo. As partes podem, no título executivo, pactuar que a contagem do prazo seja em dias corridos ou o juiz pode assim estabelecer, desde que o faça expressamente, esclarecendo e advertindo o executado disso.

**8. Termo inicial.** O termo inicial da contagem do prazo para cumprimento é o recebimento da citação (art. 231, § 3º). Havendo litisconsórcio passivo, o prazo é contado individualmente, a partir da citação de cada litisconsorte (art. 231, §§ 2º e 3º). Por se tratar de prazo para cumprimento, e não para manifestação, ele não se conta em dobro mesmo quando haja, em processo que tramite em autos de papel, litisconsortes acompanhados por distintos procuradores, de diversos escritórios (art. 229).

**9. Prazo para cumprimento *versus* prazo para defesa.** O prazo para cumprimento tem início com o recebimento da citação (art. 231, § 1º). Já o prazo para apresentação de embargos à execução conta-se a partir da juntada aos autos do instrumento de citação ou de um dos momentos previstos no art. 231 (art. 915). O prazo para defesa dos litisconsortes passivos é contado individualmente, salvo quando forem cônjuges ou companheiros entre si, caso em que se conta da juntada aos autos do último instrumento de citação (art. 915, § 1º).

> **Art. 816.** Se o executado não satisfizer a obrigação no prazo designado, é lícito ao exequente, nos próprios autos do processo, requerer a satisfação da obrigação à custa do executado ou perdas e danos, hipótese em que se converterá em indenização.
>
> Parágrafo único. O valor das perdas e danos será apurado em liquidação, seguindo-se a execução para cobrança de quantia certa.

▶ **1. Correspondência no CPC/1973.** *"Art. 633. Se, no prazo fixado, o devedor não satisfizer a obrigação, é lícito ao credor, nos próprios autos do processo, requerer que ela seja executada à custa do devedor, ou haver perdas e danos; caso em que ela se converte em indenização. Parágrafo único. O valor das perdas e danos será apurado em liquidação, seguindo-se a execução para cobrança de quantia certa."*

### 🗓 LEGISLAÇÃO CORRELATA

**2. CC, art. 249.** *"Art. 249. Se o fato puder ser executado por terceiro, será livre ao credor mandá-lo executar à custa do devedor, havendo recusa ou mora deste, sem prejuízo da indenização cabível. Parágrafo único. Em caso de urgência, pode o credor, independentemente de autorização judicial, executar ou mandar executar o fato, sendo depois ressarcido."*

## ⚖ Jurisprudência, Enunciados e Súmulas Selecionados

- **3. Enunciado 103 da I Jornada-CJF.** *"Pode o exequente – em execução de obrigação de fazer fungível, decorrente do inadimplemento relativo, voluntário e inescusável do executado – requerer a satisfação da obrigação por terceiro, cumuladamente ou não com perdas e danos, considerando que o caput do art. 816 do CPC não derrogou o caput do art. 249 do Código Civil."*

## 🗒 Comentários Temáticos

**4. Prestação pelo exequente.** O exequente tem a opção de, ultrapassado o prazo fixado nos termos do art. 815, e não tendo havido cumprimento voluntário pelo executado, requerer ao juiz que a obrigação seja cumprida por ele mesmo, à custa do executado.

**5. Conversão em perdas e danos.** O exequente, em vez de insistir na execução específica, pode optar pela conversão em perdas e danos. Nesse caso, a execução de obrigação de fazer fundada em título extrajudicial será convertida num cumprimento de sentença por quantia certa (arts. 523 e seguintes), antecedida de liquidação por arbitramento ou pelo procedimento comum (art. 509). O título será judicial, ou seja, a decisão do juiz que determinou a conversão da execução específica em perdas e danos.

**6. Execução por quantia certa.** Se o credor optar por, desde o início, cobrar o valor da indenização por perdas e danos, em lugar de exigir judicialmente a prestação de fazer, e havendo prefixação do valor da indenização no título (cláusula penal compensatória), ele deve então lançar mão da execução por quantia fundada em título extrajudicial (arts. 824 e seguintes).

> **Art. 817.** Se a obrigação puder ser satisfeita por terceiro, é lícito ao juiz autorizar, a requerimento do exequente, que aquele a satisfaça à custa do executado.
>
> Parágrafo único. O exequente adiantará as quantias previstas na proposta que, ouvidas as partes, o juiz houver aprovado.

▶ **1. Correspondência no CPC/1973.** *"Art. 634. Se o fato puder ser prestado por terceiro, é lícito ao juiz, a requerimento do exequente, decidir que aquele o realize à custa do executado. Parágrafo único. O exequente adiantará as quantias previstas na proposta que, ouvidas as partes, o juiz houver aprovado."*

## 🗒 Comentários Temáticos

**2. Prestação pelo por terceiro.** O exequente tem a opção de, ultrapassado o prazo fixado nos termos do art. 815, e não tendo havido cumprimento voluntário pelo executado, requerer ao juiz que a obrigação seja cumprida por terceiro. É a chamada *execução por transformação*, espécie de medida sub-rogatória pela qual a prestação de fato é substituída, para o executado, por uma prestação pecuniária, sem que o credor deixe de receber especificamente o bem da vida a que faz jus.

**3. Requerimento na petição inicial.** O exequente pode, já na sua petição inicial, manifestar a intenção de que a prestação seja cumprida por terceiro, ou por ele mesmo, ou por algum preposto seu, sob sua direção e vigilância (art. 820, CPC). Nessa hipótese, deverá juntar à sua petição a(s) proposta(s) de cumprimento da prestação de fato, contendo, no mínimo, o projeto e a previsão de custos. Ao juiz, nesse caso, cabe determinar a citação do executado para que cumpra a prestação, fixando-lhe prazo para tanto, ou para que se manifeste, no mesmo prazo, sobre a(s) proposta(s) apresentada(s) junto com a petição inicial. Além de poder cumprir voluntariamente a obrigação ou apresentar embargos de devedor ou, ainda, permanecer inerte, surge uma outra possibilidade para o executado: oferecer apenas impugnação à(s) proposta(s) apresentada(s) pelo terceiro ou pelo exequente, caso em que, incontroverso o dever de prestar, a discussão cingir-se-á aos termos da(s) proposta(s) apresentada(s).

**4. Obrigação fungível.** O terceiro pode, à custa do executado, cumprir a prestação de fazer o ato, se obrigação for fungível.

**5. Proposta de honorários e despesas e projeto de cumprimento.** O terceiro apresentará a proposta honorários e de despesas, além do projeto de cumprimento, se for necessário, para realização da prestação de fato. Essa proposta pode ser apresentada a pedido do próprio exequente ou a convite do juízo. Na sequência, as partes deverão ser ouvidas (art. 817, parágrafo único) para que possam, se for o caso, impugnar a pessoa indicada, o seu projeto ou o preço. O prazo para manifestação será fixado judicialmente ou, à sua falta, será de cinco dias (art. 218, § 3º).

**6. Retratação do exequente.** Ciente da proposta apresentada pelo terceiro, bem como do custo que, segundo a lei, terá que adiantar, é possível que o exequente se retrate, preferindo retomar a execução específica ou optar pela conversão em perdas e danos.

**7. Decisão.** Havendo ou não manifestação das partes, o juiz decidirá, a fim de autorizar ou não a realização da prestação pelo terceiro indicado. Cabe ao juiz apenas verificar a proposta apresentada, no intuito de observar se o projeto está adequado à prestação exigida e se o preço cobrado é razoável, buscando evitar excessos.

**8. Direito de preferência.** Examinadas as propostas e autorizado o cumprimento da prestação por terceiro, o exequente pode, nos 5 dias subsequentes à aprovação da proposta do terceiro pelo juiz, exercer o direito de preferência (art. 820, parágrafo único), executando pessoalmente ou mandando executar, sob sua direção e vigilância, as obras e trabalhos necessários à prestação do fato.

**9. Adiantamento de quantias previstas na proposta.** Autorizado o cumprimento da prestação por terceiro, o exequente pode adiantar as quantias previstas na proposta apresentada pelo terceiro. Nesse caso, o juiz deve, antes, intimar o executado para que ele mesmo deposite em juízo o valor necessário à prestação do fato por terceiro. A obrigação de pagar quantia não é, no particular, a obrigação principal, mas um meio para que se possa satisfazer o objeto da obrigação principal, podendo o executado ser compelido, mediante a imposição de medidas coercitivas (art. 139, IV), a depositar previamente o valor necessário ao custeio da prestação de fato pelo terceiro.

---

**Art. 818.** Realizada a prestação, o juiz ouvirá as partes no prazo de 10 (dez) dias e, não havendo impugnação, considerará satisfeita a obrigação.
Parágrafo único. Caso haja impugnação, o juiz a decidirá.

▶ **1. Correspondência no CPC/1973.** *"Art. 635. Prestado o fato, o juiz ouvirá as partes no prazo de 10 (dez) dias; não havendo impugnação, dará por cumprida a obrigação; em caso contrário, decidirá a impugnação."*

## 🗐 Comentários Temáticos

**2. Contraditório.** Realizada pelo terceiro a prestação do fato, o juiz determinará a intimação das partes para que se manifestem no prazo de 10 dias. A discussão deve restringir-se ao resultado da atividade do terceiro, que será avaliado para saber se está integralmente satisfeita a prestação de fato ou o desfazimento do ato, ou se está incompleto ou defeituoso. Se houver impugnação, o juiz deve determinar também a intimação do terceiro para que ele se manifeste. O terceiro é parte no incidente gerado pela impugnação, devendo integrar o contraditório.

**3. Ausência de impugnação.** Não havendo impugnação, o juiz dará por satisfeita a obrigação e extinguirá a execução (art. 924, II).

**4. Apresentação de impugnação.** Havendo impugnação, o juiz deverá decidi-la, determinando, antes, a intimação do terceiro para que ele se manifeste no mesmo prazo de 10 dias (art. 9º).

**5. Divergência de prazos (arts. 818 e 819).** As partes têm o prazo de 10 dias para apresentar impugnação à prestação realizada pelo terceiro (art. 818). O exequente pode, no prazo de 15 dias, pedir autorização para concluir ou reparar a prestação de fato (art. 819). As partes, então, têm 10 dias para manifestarem-se sobre a qualidade da prestação do fato realizada pelo terceiro, mas o exequente tem até o 15º dia para manifestar a vontade de repará-la ou concluí-la por si mesmo. A manifestação do art. 819 pressupõe, contudo, que, em 10 dias (art. 818), o exequente tenha impugnado o resultado do trabalho do terceiro. Se não o impugnou, não há como formular o pedido do art. 819. É possível, inclusive, que o exequente impugne o resultado do trabalho em 10 dias (art. 818), mas não exerça, até o 15º dia, a faculdade que lhe é conferida pelo art. 819. De todo modo, o juiz deve aguardar o escoamento do prazo de 15 dias (art. 819) para, somente então, diante da falta de manifestação das partes, declarar satisfeita a obrigação e extinguir a obrigação (art. 924, II).

---

**Art. 819.** Se o terceiro contratado não realizar a prestação no prazo ou se o fizer de modo incompleto ou defeituoso, poderá o exequente requerer ao juiz, no prazo de 15 (quinze) dias, que o autorize a concluí-la ou a repará-la à custa do contratante.
Parágrafo único. Ouvido o contratante no prazo de 15 (quinze) dias, o juiz mandará avaliar o custo das despesas necessárias e o condenará a pagá-lo.

▶ **1. Correspondência no CPC/1973.** *"Art. 636. Se o contratante não prestar o fato no prazo, ou se o praticar de modo incompleto ou defeituoso, poderá o credor requerer ao juiz, no prazo de 10 (dez) dias, que o autorize a concluí-lo, ou a repará-lo, por conta do contratante. Parágrafo único. Ouvido o contratante no prazo de 5 (cinco) dias, o juiz mandará avaliar o custo das despesas necessárias e condenará o contratante a pagá-lo."*

## Art. 820

### COMENTÁRIOS TEMÁTICOS

**2. Conclusão pelo exequente.** Se o terceiro não realizar a prestação no prazo estipulado ou se o praticar de modo incompleto ou defeituoso, poderá o exequente requerer ao juiz, no prazo de 15 dias, que o autorize a concluí-la, ou a repará-la, por conta do contratante. O "contratante", no caso, é o terceiro. Melhor seria que o legislador o chamasse "contratado", como faz na primeira parte do *caput* do art. 819.

**3. Contraditório.** O juiz, antes de decidir o pedido do exequente, deve determinar a intimação do terceiro contratado para que este se manifeste no prazo de 15 dias. Há, aí, um incidente, no qual o terceiro contratado é parte e deve integrar o contraditório. O juiz precisa dar-lhe oportunidade de se manifestar, já que há o risco de condená-lo ao pagamento do custo adicional, destinado à conclusão ou reparação a ser realizada pelo exequente (art. 9º).

**4. Título executivo.** Se o terceiro for condenado pelo juiz, forma-se um título executivo judicial contra ele, podendo o exequente, caso não haja pagamento espontâneo pelo terceiro, promover-lhe um cumprimento de sentença (arts. 523 e seguintes).

> **Art. 820.** Se o exequente quiser executar ou mandar executar, sob sua direção e vigilância, as obras e os trabalhos necessários à realização da prestação, terá preferência, em igualdade de condições de oferta, em relação ao terceiro.
> Parágrafo único. O direito de preferência deverá ser exercido no prazo de 5 (cinco) dias, após aprovada a proposta do terceiro.

▶ **1. Correspondência no CPC/1973.** *"Art. 637. Se o credor quiser executar, ou mandar executar, sob sua direção e vigilância, as obras e trabalhos necessários à prestação do fato, terá preferência, em igualdade de condições de oferta, ao terceiro. Parágrafo único. O direito de preferência será exercido no prazo de 5 (cinco) dias, contados da apresentação da proposta pelo terceiro (art. 634, parágrafo único)."*

### COMENTÁRIOS TEMÁTICOS

**2. Obrigação fungível.** Na execução da obrigação de fazer, é preciso observar o caráter personalíssimo ou não da prestação. Em outras palavras, deve-se verificar se a obrigação é fungível e se pode, ou não, ser prestada por pessoa diversa do devedor.

**3. Proposta do terceiro.** Não sendo personalíssima a prestação, o terceiro pode, à custa do executado, cumprir a prestação de fazer o ato. Nesse caso, o terceiro apresentará a proposta honorários e de despesas, além do projeto de cumprimento, se for necessário, para realização da prestação de fato.

**4. Direito de preferência.** Examinadas as propostas e autorizado o cumprimento da prestação por terceiro, o exequente pode, nos 5 dias subsequentes à aprovação da proposta do terceiro pelo juiz, exercer o direito de preferência, executando pessoalmente ou mandando executar, sob sua direção e vigilância, as obras e trabalhos necessários à prestação do fato.

> **Art. 821.** Na obrigação de fazer, quando se convencionar que o executado a satisfaça pessoalmente, o exequente poderá requerer ao juiz que lhe assine prazo para cumpri-la.
> Parágrafo único. Havendo recusa ou mora do executado, sua obrigação pessoal será convertida em perdas e danos, caso em que se observará o procedimento de execução por quantia certa.

▶ **1. Correspondência no CPC/1973.** *"Art. 638. Nas obrigações de fazer, quando for convencionado que o devedor a faça pessoalmente, o credor poderá requerer ao juiz que lhe assine prazo para cumpri-la. Parágrafo único. Havendo recusa ou mora do devedor, a obrigação pessoal do devedor converter-se-á em perdas e danos, aplicando-se outrossim o disposto no art. 633."*

### COMENTÁRIOS TEMÁTICOS

**2. Obrigação infungível.** A obrigação infungível é a que não admite a realização por terceiro. Só o devedor é quem a pode prestar ou cumprir. É, por isso, uma obrigação personalíssima.

**3. Medidas executivas.** Para forçar o cumprimento de obrigação personalíssima, o juiz deve impor multa pelo descumprimento (art. 814) ou qualquer outra medida que seja adequada, necessária e proporcional ao caso (art. 139, IV).

**4. Primazia da tutela executiva específica.** A simples recusa do executado a cumprir a obrigação infungível não faz com que a prestação de fato deva ser automaticamente convertida em indenização por perdas e danos, tampouco retira do seu dever jurídico o caráter personalíssimo, a ponto de o exequente ter que buscar a prestação por um terceiro (art. 816). Prevalece o direito do exequente à tutela específica da prestação. Por isso, o juiz deve, de ofício ou a requerimento do exequente, valer-se de outras medidas de apoio para compelir o executado ao cumprimento na forma específica (arts. 139, IV, e 536, § 1º), ou pode agravar as medidas de apoio já determinadas (art. 537, § 1º, I).

**5. Conversão em perdas e danos.** Não cumprida a obrigação, o autor pode optar pela conversão em perdas e danos. Nesse caso, haverá uma conversão de execução fundada em título extrajudicial em cumprimento de sentença para pagamento de quantia (arts. 523 e seguintes).

## Seção III
## Da Obrigação de Não Fazer

> **Art. 822.** Se o executado praticou ato a cuja abstenção estava obrigado por lei ou por contrato, o exequente requererá ao juiz que assine prazo ao executado para desfazê-lo.

▶ **1. Correspondência no CPC/1973.** *"Art. 642. Se o devedor praticou o ato, a cuja abstenção estava obrigado pela lei ou pelo contrato, o credor requererá ao juiz que lhe assine prazo para desfazê-lo."*

### ⚖ JURISPRUDÊNCIA, ENUNCIADOS E SÚMULAS SELECIONADOS

• **2. Enunciado 444 do FPPC.** *"Para o processo de execução de título extrajudicial de obrigação de não fazer, não é necessário propor a ação de conhecimento para que o juiz possa aplicar as normas decorrentes dos arts. 536 e 537."*

### 🗐 COMENTÁRIOS TEMÁTICOS

**3. Fase inicial.** O art. 822 trata da primeira fase da execução para obrigação de não fazer, que é a fase do cumprimento voluntário.

**4. Citação para desfazer o ato.** O executado é citado para, no prazo assinado pelo juiz, desfazer o ato a cuja abstenção estava obrigado por lei ou por contrato (execução de obrigação de não fazer).

**5. Obrigação de fazer (desfazimento do ato).** Embora inseridos no título "Da obrigação de não fazer", os arts. 822 e 823 preveem, rigorosamente, uma obrigação de fazer, tratando do desfazimento de um ato já praticado a cuja abstenção o executado se obrigara por lei ou por contrato. O desfazimento é uma conduta positiva, exigindo um agir do executado: demolir um muro, recolher produtos vencidos na prateleira, eliminar uma propaganda, tirar um veículo de local proibido etc.

**6. Tutela repressiva.** O art. 822 disciplina uma tutela repressiva, e não preventiva, voltando-se contra ato já praticado e buscando seu desfazimento. A tutela repressiva é, no caso, reintegratória, por restaurar a situação a um estado anterior.

**7. Obrigação de não fazer.** Não obstante a literalidade do art. 822, é possível que o exequente formule um pedido de imposição de uma obrigação de não fazer. Nesse caso, em razão da natureza da conduta imposta (não agir), será desnecessário o juiz fixar um prazo para cumprimento voluntário.

> **Art. 823.** Havendo recusa ou mora do executado, o exequente requererá ao juiz que mande desfazer o ato à custa daquele, que responderá por perdas e danos.
> Parágrafo único. Não sendo possível desfazer-se o ato, a obrigação resolve-se em perdas e danos, caso em que, após a liquidação, se observará o procedimento de execução por quantia certa.

▶ **1. Correspondência no CPC/1973.** *"Art. 643. Havendo recusa ou mora do devedor, o credor requererá ao juiz que mande desfazer o ato à sua custa, respondendo o devedor por perdas e danos. Parágrafo único. Não sendo possível desfazer-se o ato, a obrigação resolve-se em perdas e danos."*

### 🗐 LEGISLAÇÃO CORRELATA

**2. CC, art. 251.** *"Art. 251. Praticado pelo devedor o ato, a cuja abstenção se obrigara, o credor pode exigir dele que o desfaça, sob pena de se desfazer à sua custa, ressarcindo o culpado perdas e danos. Parágrafo único. Em caso de urgência, poderá o credor desfazer ou mandar desfazer, independentemente de autorização judicial, sem prejuízo do ressarcimento devido".*

### ⚖ JURISPRUDÊNCIA, ENUNCIADOS E SÚMULAS SELECIONADOS

• **3. Enunciado 444 do FPPC.** *"Para o processo de execução de título extrajudicial de obrigação de não fazer, não é necessário propor a ação de conhecimento para que o juiz possa aplicar as normas decorrentes dos arts. 536 e 537."*

### 🗐 COMENTÁRIOS TEMÁTICOS

**4. Segunda fase.** Na execução das obrigações de não fazer, o executado é citado para desfazer o ato. Havendo recusa ou mora do executado,

**Art. 824** CÓDIGO DE PROCESSO CIVIL COMENTADO – *Leonardo Carneiro da Cunha*

o exequente requererá ao juiz que mande desfazer o ato à custa daquele, que também deverá responder por perdas e danos.

**5. Prestação pelo exequente ou por terceiro.** O exequente tem a opção de, ultrapassado o prazo fixado nos termos do art. 822, e não tendo havido cumprimento voluntário pelo executado, requerer ao juiz que a obrigação seja cumprida por terceiro (art. 817). É a chamada *execução por transformação*, espécie de medida sub-rogatória pela qual a prestação de fato é substituída, para o executado, por uma prestação pecuniária, sem que o credor deixe de receber especificamente o bem da vida a que faz jus.

**6. Obrigação infungível.** A prestação de não fazer consistente em conduta efetivamente negativa assume caráter infungível, sendo difícil imaginar que um terceiro possa ser chamado a *deixar de fazer* algo em substituição ao executado. O terceiro pode desfazer o que foi feito, mas deixar de fazer é bem difícil de imaginar.

**7. Conversão em perdas e danos.** Não sendo possível desfazer-se o ato, a obrigação se resolve em perdas e danos.

**8. Possibilidades.** Se o executado, devidamente citado, permanecer inerte ou oferecer defesa – e desde que, neste último caso, seja ela recebida sem efeito suspensivo (art. 919) –, abrem-se ao exequente as seguintes possibilidades: *(a)* insistir no cumprimento coercitivo da prestação de fato pelo próprio executado; *(b)* requerer que um terceiro desfaça o ato cuja abstenção se impunha, à custa do executado; *(c)* cumprir, o próprio exequente, a prestação de desfazer o ato indevido, à custa do executado; ou *(d)* requerer a conversão da prestação em indenização por perdas e danos.

## CAPÍTULO IV
## DA EXECUÇÃO POR QUANTIA CERTA

### Seção I
### Disposições Gerais

**Art. 824.** A execução por quantia certa realiza-se pela expropriação de bens do executado, ressalvadas as execuções especiais.

▶ **1. Correspondência no CPC/1973.** *"Art. 646. A execução por quantia certa tem por objeto expropriar bens do devedor, a fim de satisfazer o direito do credor (art. 591)."*

⚖ **JURISPRUDÊNCIA, ENUNCIADOS E SÚMULAS SELECIONADOS**

• **2. Enunciado 106 da I Jornada-CJF.** *"Na expropriação, a apropriação de frutos e rendimentos poderá ser priorizada em relação à adjudicação, se não prejudicar o exequente e for mais favorável ao executado."*

▣ **COMENTÁRIOS TEMÁTICOS**

**3. Execução por quantia certa.** A execução realiza-se no interesse do exequente, que adquire, pela penhora, o direito de preferência sobre os bens penhorados (art. 797). A execução por quantia certa tem por finalidade específica expropriar bens do executado, a fim de satisfazer o exequente.

**4. Execução em face da Fazenda Pública.** Sendo o executado a Fazenda Pública, não se aplicam as regras próprias da execução por quantia certa, não havendo a adoção de medidas expropriatórias para a satisfação do crédito. Diante da peculiaridade e da situação da Fazenda Pública, a execução por quantia certa contra ela intentada contém regras próprias. Isso porque os pagamentos feitos pela Fazenda Pública são despendidos pelo Erário, merecendo tratamento específico a execução intentada contra as pessoas jurídicas de direito público, a fim de adaptar as regras pertinentes à sistemática do precatório. Não há, enfim, expropriação na execução intentada contra a Fazenda Pública, devendo o pagamento submeter-se à sistemática do precatório ou da Requisição de Pequeno Valor. Os bens públicos são revestidos dos atributos da inalienabilidade e impenhorabilidade, motivo pelo qual se revela inoperante, em face da Fazenda Pública, a regra de responsabilidade patrimonial prevista no art. 789. Desse modo, a execução por quantia certa contra a Fazenda Pública está estruturada de modo especial, não havendo penhora nem apropriação ou expropriação de bens para alienação judicial, a fim de satisfazer o crédito executado.

**Art. 825.** A expropriação consiste em:

I – adjudicação;

II – alienação;

III – apropriação de frutos e rendimentos de empresa ou de estabelecimentos e de outros bens.

▶ **1. Correspondência no CPC/1973.** *"Art. 647. A expropriação consiste: I – na adjudicação em* favor do exequente ou das pessoas indicadas no § 2º do art. 685-A desta Lei; II – na alienação por iniciativa particular; III – na alienação em hasta pública; IV – no usufruto de bem móvel ou imóvel."

## ⚖ JURISPRUDÊNCIA, ENUNCIADOS E SÚMULAS SELECIONADOS

• **2. Enunciado 106 da I Jornada-CJF.** *"Na expropriação, a apropriação de frutos e rendimentos poderá ser priorizada em relação à adjudicação, se não prejudicar o exequente e for mais favorável ao executado."*

## 🖥 COMENTÁRIOS TEMÁTICOS

**3. Execução direta.** A execução direta, ou por sub-rogação, pode viabilizar-se por diferentes técnicas: *(i) desapossamento*, muito comum nas execuções para entrega de coisa, por meio da qual se retira da posse do executado o bem a ser entregue ao exequente; *(ii) transformação*, por meio da qual o juiz determina que um terceiro pratique a conduta que deveria ser praticada pelo executado, cabendo a este arcar com o pagamento do custo respectivo; ou *(iii) expropriação*, típico das execuções para pagamento de quantia, por meio do qual algum bem do patrimônio do devedor é expropriado para pagamento do crédito (adjudicação, alienação judicial ou apropriação de frutos e rendimentos de empresa ou de estabelecimentos e de outros bens).

**4. Expropriação.** A expropriação consiste *(a)* na adjudicação em favor do exequente ou das pessoas indicadas no § 5º do art. 876, *(b)* na alienação (que pode ser por iniciativa particular ou em leilão judicial eletrônico ou presencial – art. 879), *(c)* na apropriação de frutos e rendimentos de empresa ou de estabelecimentos ou de outros bens.

**5. Meio preferencial de expropriação.** A adjudicação é forma preferencial de pagamento ao credor. A adjudicação poderá ocorrer a qualquer momento depois de resolvidas as questões relacionadas à avaliação.

**6. Adjudicação como meio preferencial de expropriação.** *"A adjudicação consiste na transferência do bem penhorado (móvel ou imóvel) ao exequente ou a outro legitimado (art. 876, caput e §§ 5º e 7º, do CPC/2015), que passará a ser o seu proprietário. Essa técnica de expropriação goza de preferência em relação aos demais mecanismos expropriatórios (arts. 876 e 880, caput, do CPC/2015)"* (STJ, 3ª Turma, REsp 2.041.861/SP, rel. Min. Nancy Andrighi, DJe 22.6.2023).

**7. Apropriação de frutos e rendimentos de empresa ou de estabelecimentos e de outros bens.** Não há disciplina normativa sobre tal apropriação; ela apenas é mencionada no inciso III do art. 825 como um meio de expropriação. O que há é a previsão e a regulação, nos arts. 867 a 869, da *"penhora de frutos e rendimentos de coisa móvel ou imóvel"*. A apropriação de frutos e rendimentos não se relaciona apenas com a penhora de frutos e rendimentos de coisa móvel ou imóvel. Há também relação com diversos outros tipos de penhora. Rigorosamente, há várias penhoras que formam um microssistema e que deságuam na *"apropriação de frutos e rendimentos de empresa ou de estabelecimentos e de outros bens"*. Assim, por exemplo, há a penhora de quotas, penhora de empresa, penhora de percentual de faturamento, penhora de frutos, que formam um bloco normativo. Tais penhoras acarretam, ao final, a apropriação dos rendimentos e frutos. São 2 momentos diversos: primeiro, há a penhora, que pode ser de quotas, de rendimentos, de frutos, de faturamento etc. Depois, há a apropriação dos rendimentos e frutos que foram penhorados, com a entrega dos valores ao credor. O meio expropriatório é exatamente a apropriação. O disposto nos arts. 867 a 869 regula a penhora de frutos e rendimentos de coisa móvel ou imóvel, bem como a penhora de percentual de faturamento de empresa (art. 866, § 3º). Além de regular a penhora, serve, igualmente, a disciplinar a apropriação dos rendimentos e frutos que foram penhorados. É uma disciplina conjunta: regula-se a penhora e, de igual modo, o meio expropriatório, que é a apropriação dos rendimentos e frutos.

> **Art. 826.** Antes de adjudicados ou alienados os bens, o executado pode, a todo tempo, remir a execução, pagando ou consignando a importância atualizada da dívida, acrescida de juros, custas e honorários advocatícios.

▶ **1. Correspondência no CPC/1973.** *"Art. 651. Antes de adjudicados ou alienados os bens, pode o executado, a todo tempo, remir a execução, pagando ou consignando a importância atualizada da dívida, mais juros, custas e honorários advocatícios."*

## 🗒 LEGISLAÇÃO CORRELATA

**2. CC, art. 304.** *"Art. 304. Qualquer interessado na extinção da dívida pode pagá-la, usando, se o credor se opuser, dos meios conducen-*

tes à exoneração do devedor. Parágrafo único. Igual direito cabe ao terceiro não interessado, se o fizer em nome e à conta do devedor, salvo oposição deste."

**3. CC, art. 334.** "*Art. 334. Considera-se pagamento, e extingue a obrigação, o depósito judicial ou em estabelecimento bancário da coisa devida, nos casos e forma legais.*"

**4. Lei 6.830/1980, art. 19.** "*Art. 19. Não sendo embargada a execução ou sendo rejeitados os embargos, no caso de garantia prestada por terceiro, será este intimado, sob pena de contra ele prosseguir a execução nos próprios autos, para, no prazo de 15 (quinze) dias: I – remir o bem, se a garantia for real; ou II – pagar o valor da dívida, juros e multa de mora e demais encargos, indicados na Certidão de Dívida Ativa pelos quais se obrigou se a garantia for fidejussória.*"

### ⚖ JURISPRUDÊNCIA, ENUNCIADOS E SÚMULAS SELECIONADOS

- **5. Enunciado 151 da II Jornada-CJF.** "*O legitimado pode remir a execução até a lavratura do auto de adjudicação ou de alienação.*"

### 🗐 COMENTÁRIOS TEMÁTICOS

**6. Remição da execução.** Até a lavratura do termo de alienação por iniciativa particular (art. 880, § 2º) ou do auto de arrematação (arts. 901 e 903), poderá o executado *remir* a execução. A remição da execução impede a expropriação. Nesse caso, a execução é extinta, porque houve pagamento (art. 924, II).

**7. Abrangência da remição e prazo para sua realização.** "*6. A remição da execução, consagrada no art. 826 do CPC/2015, consiste na satisfação integral do débito executado no curso da ação e impede a alienação do bem penhorado. 7. A jurisprudência desta Corte orienta-se pela possibilidade de o direito de remição da execução ser exercido até a assinatura do auto de arrematação (RMS 31.914/RS; AgRg no REsp 958.769/RS). 8. Para a remição da execução, o executado deve pagar ou consignar o montante correspondente à totalidade da dívida executada, acrescida de juros, custas e honorários de advogado, não sendo possível exigir-lhe o pagamento de débitos executados em outras demandas*" (STJ, 3ª Turma, REsp 1.862.676/SP, rel. Min. Nancy Andrighi, *DJe* 1º.3.2021).

## Seção II
## Da Citação do Devedor e do Arresto

**Art. 827.** Ao despachar a inicial, o juiz fixará, de plano, os honorários advocatícios de dez por cento, a serem pagos pelo executado.

§ 1º No caso de integral pagamento no prazo de 3 (três) dias, o valor dos honorários advocatícios será reduzido pela metade.

§ 2º O valor dos honorários poderá ser elevado até vinte por cento, quando rejeitados os embargos à execução, podendo a majoração, caso não opostos os embargos, ocorrer ao final do procedimento executivo, levando-se em conta o trabalho realizado pelo advogado do exequente.

▶ **1. Correspondência no CPC/1973.** "*Art. 652-A. Ao despachar a inicial, o juiz fixará, de plano, os honorários de advogado a serem pagos pelo executado (art. 20, § 4º). Parágrafo único. No caso de integral pagamento no prazo de 3 (três) dias, a verba honorária será reduzida pela metade.*"

### ⚖ JURISPRUDÊNCIA, ENUNCIADOS E SÚMULAS SELECIONADOS

- **2. Enunciado 450 do FPPC.** "*Aplica-se a regra decorrente do art. 827, § 2º, ao cumprimento de sentença.*" caput
- **3. Enunciado 451 do FPPC.** "*A regra decorrente do caput e do § 1º do art. 827 aplica-se às execuções fundadas em título executivo extrajudicial de obrigação de fazer, não fazer e entrega de coisa.*"
- **4. Enunciado 451 do FPPC.** "*A regra decorrente do caput e do § 1º do art. 827 aplica-se às execuções fundadas em título executivo extrajudicial de obrigação de fazer, não fazer e entrega de coisa.*"
- **5. Enunciado 210 da III Jornada-CJF.** "*O § 2º do art. 827 do CPC é aplicável também na hipótese de total rejeição da impugnação ao cumprimento de sentença.*"
- **6. Enunciado 51 da ENFAM.** "*A majoração de honorários advocatícios prevista no art. 827, § 2º, do CPC/2015 não é aplicável à impugnação ao cumprimento de sentença.*"

### 🗐 COMENTÁRIOS TEMÁTICOS

**7. Despacho inicial.** Admitida a petição inicial, o juiz deve fixar, de plano, os honorários advocatícios de 10% sobre o valor do crédito

**LIVRO II · DO PROCESSO DE EXECUÇÃO** — **Art. 828**

exigido (art. 827) e deve determinar a citação do executado para, no prazo de 3 dias, pagar a dívida que lhe é cobrada.

**8. Honorários na execução fundada em título extrajudicial.** Na execução fundada em título extrajudicial, o juiz, ao despachar a petição inicial, já fixa os honorários do advogado do exequente em 10%, a serem pagos pelo executado.

**9. Fixação no despacho inicial.** *"Em observância ao art. 827, caput, do CPC/2015, no despacho inicial da execução de título extrajudicial, serão fixados honorários advocatícios de dez por cento, a serem pagos pelo executado"* (STJ, AgInt nos EDcl no REsp 1.811.222/SP, rel. Min. Raul Araújo, *DJe* 25.3.2020).

**10. Obrigatoriedade de observância do percentual de 10%.** *"No tocante à execução por quantia certa, estabelece o art. 827 do Código de Processo Civil que, 'ao despachar a inicial, o juiz fixará, de plano, os honorários advocatícios de dez por cento, a serem pagos pelo executado'. 2. Malgrado se saiba que, como qualquer norma jurídica, o dispositivo de lei não pode ser interpretado de maneira isolada e distanciada do sistema jurídico que o vincula, a clareza da redação do art. 827 do CPC não permite uma digressão sobre seu conteúdo, devendo o aplicador respeitar a escolha legiferante. 3. A opção do legislador foi a de justamente evitar lides paralelas em torno da rubrica 'honorários de sucumbência', além de tentar imprimir celeridade ao julgamento do processo, estabelecendo uma espécie de sanção premial ao instigar o devedor a quitar, o quanto antes, o débito exequendo (§ 1º do art. 827). 4. Na hipótese, o magistrado de piso e o Tribunal de origem, na fase inicial da execução por quantia certa, fixaram os honorários advocatícios em percentual diverso do estabelecido na norma, devendo, portanto, ser reformados"* (STJ, 4ª Turma, REsp 1.745.773/DF, rel. Min. Luis Felipe Salomão, *DJe* 8.3.2019).

**11. Redução do valor.** No caso de integral pagamento da dívida executada no prazo de 3 dias, o valor dos honorários advocatícios será reduzido pela metade. É uma regra de estímulo ao pagamento imediato: se o executado paga logo, terá a vantagem de obter a redução, pela metade, da verba de honorários do advogado do exequente.

**12. Majoração dos honorários com rejeição dos embargos à execução.** Ao despachar a petição inicial da ação de execução, o juiz fixa, desde já, o valor dos honorários devidos pelo executado para o caso de a execução não ser embargada. Sobrevindo embargos, a sentença que os rejeitar ou os inadmitir poderá elevar o valor até 20%. Nesse caso, haverá a soma das duas verbas de sucumbência, cujo resultado não poderá ser superior aos 20% (art. 85, § 2º).

**13. Honorários e ausência de embargos à execução.** Não havendo embargos, aquela fixação inicial de 10% pode ser mantida ou, até mesmo, majorada, caso o processamento da execução tenha acarretado trabalho adicional que justifique a elevação do valor, considerados os critérios estabelecidos no § 2º do art. 85. Essa majoração, no caso de não haver embargos, é feita pelo juiz mediante decisão interlocutória. O valor dessa elevação dos honorários passa a integrar o valor da execução. Dessa decisão interlocutória cabe agravo de instrumento (art. 1.015, parágrafo único).

**14. Honorários e acolhimento de embargos à execução.** Se houver embargos e estes vierem a ser acolhidos para extinguir a execução, haverá inversão da sucumbência, devendo o exequente ser condenado a pagar os honorários do advogado do executado. A fixação dos honorários iniciais, em 10%, é desfeita, havendo uma inversão: agora é o exequente quem deve pagar honorários ao advogado do executado.

---

**Art. 828.** O exequente poderá obter certidão de que a execução foi admitida pelo juiz, com identificação das partes e do valor da causa, para fins de averbação no registro de imóveis, de veículos ou de outros bens sujeitos a penhora, arresto ou indisponibilidade.

§ 1º No prazo de 10 (dez) dias de sua concretização, o exequente deverá comunicar ao juízo as averbações efetivadas.

§ 2º Formalizada penhora sobre bens suficientes para cobrir o valor da dívida, o exequente providenciará, no prazo de 10 (dez) dias, o cancelamento das averbações relativas àqueles não penhorados.

§ 3º O juiz determinará o cancelamento das averbações, de ofício ou a requerimento, caso o exequente não o faça no prazo.

§ 4º Presume-se em fraude à execução a alienação ou a oneração de bens efetuada após a averbação.

§ 5º O exequente que promover averbação manifestamente indevida ou não cancelar as averbações nos termos do § 2º indenizará a parte contrária, processando-se o incidente em autos apartados.

▶ **1. Correspondência no CPC/1973.** *"Art. 615-A. O exequente poderá, no ato da distribuição, obter certidão comprobatória do ajui-*

# Art. 828 | CÓDIGO DE PROCESSO CIVIL COMENTADO – Leonardo Carneiro da Cunha

zamento da execução, com identificação das partes e valor da causa, para fins de averbação no registro de imóveis, registro de veículos ou registro de outros bens sujeitos à penhora ou arresto. § 1º O exequente deverá comunicar ao juízo as averbações efetivadas, no prazo de 10 (dez) dias de sua concretização. § 2º Formalizada penhora sobre bens suficientes para cobrir o valor da dívida, será determinado o cancelamento das averbações de que trata este artigo relativas àqueles que não tenham sido penhorados. § 3º Presume-se em fraude à execução a alienação ou oneração de bens efetuada após a averbação (art. 593). § 4º O exequente que promover averbação manifestamente indevida indenizará a parte contrária, nos termos do § 2º do art. 18 desta Lei, processando-se o incidente em autos apartados. § 5º Os tribunais poderão expedir instruções sobre o cumprimento deste artigo."

## 🏛 LEGISLAÇÃO CORRELATA

**2. Lei 9.492/1997, art. 1º, parágrafo único.** "Art. 1º Protesto é o ato formal e solene pelo qual se prova a inadimplência e o descumprimento de obrigação originada em títulos e outros documentos de dívida. Parágrafo único. Incluem-se entre os títulos sujeitos a protesto as certidões de dívida ativa da União, dos Estados, do Distrito Federal, dos Municípios e das respectivas autarquias e fundações públicas."

**3. Lei 10.522/2002, art. 20-B.** "Art. 20-B. Inscrito o crédito em dívida ativa da União, o devedor será notificado para, em até cinco dias, efetuar o pagamento do valor atualizado monetariamente, acrescido de juros, multa e demais encargos nela indicados. § 1º A notificação será expedida por via eletrônica ou postal para o endereço do devedor e será considerada entregue depois de decorridos quinze dias da respectiva expedição. § 2º Presume-se válida a notificação expedida para o endereço informado pelo contribuinte ou responsável à Fazenda Pública. § 3º Não pago o débito no prazo fixado no caput deste artigo, a Fazenda Pública poderá: I – comunicar a inscrição em dívida ativa aos órgãos que operam bancos de dados e cadastros relativos a consumidores e aos serviços de proteção ao crédito e congêneres; e II – averbar, inclusive por meio eletrônico, a certidão de dívida ativa nos órgãos de registro de bens e direitos sujeitos a arresto ou penhora" (o STF considerou inconstitucional a expressão "tornando-os indisponíveis" final deste inciso, no julgamento da ADI 5881)

## ⚖ JURISPRUDÊNCIA, ENUNCIADOS E SÚMULAS SELECIONADOS

- **4. Tema/Repetitivo 243 STJ.** "Para fins do art. 543-c do CPC, firma-se a seguinte orientação: 1.1. É indispensável citação válida para configuração da fraude de execução, ressalvada a hipótese prevista no § 3º do art. 615-A do CPC. 1.2. O reconhecimento da fraude de execução depende do registro da penhora do bem alienado ou da prova de má-fé do terceiro adquirente (Súmula n. 375/STJ). 1.3. A presunção de boa-fé é princípio geral de direito universalmente aceito, sendo milenar parêmia: a boa-fé se presume; a má-fé se prova. 1.4. Inexistindo registro da penhora na matrícula do imóvel, é do credor o ônus da prova de que o terceiro adquirente tinha conhecimento de demanda capaz de levar o alienante à insolvência, sob pena de torna-se letra morta o disposto no art. 659, § 4º, do CPC. 1.5. Conforme previsto no § 3º do art. 615-A do CPC, presume-se em fraude de execução a alienação ou oneração de bens realizada após averbação referida no dispositivo."

- **5. Tema/Repetitivo 777 STJ.** "A Fazenda pública possui interesse e pode efetivar o protesto da CDA, documento de dívida, na forma do art. 1º, parágrafo único, da Lei 9.492/1997, com a redação dada pela Lei 12.767/2012."

- **6. Súmula STJ, 375.** "O reconhecimento da fraude à execução depende do registro da penhora do bem alienado ou da prova de má-fé do terceiro adquirente."

- **7. Enunciado 130 do FPPC.** "A obtenção da certidão prevista no art. 828 independe de decisão judicial."

- **8. Enunciado 529 do FPPC.** "As averbações previstas nos arts. 799, IX e 828 são aplicáveis ao cumprimento de sentença."

- **9. Enunciado 539 do FPPC.** "A certidão a que se refere o art. 828 não impede a obtenção e a averbação de certidão da propositura da execução (art. 799)."

- **10. Enunciado 642 do FPPC.** "A decisão do juiz que reconhecer o direito a indenização, decorrente de indevida averbação prevista no art. 828 ou do não cancelamento das averbações excessivas, é apta a ensejar a liquidação e o posterior cumprimento da sentença, sem necessidade de propositura de ação de conhecimento."

- **11. Enunciado 149 da II Jornada-CJF.** "A falta de averbação da pendência de processo ou da existência de hipoteca judiciária ou de constrição judicial sobre bem no registro de imóveis *não impede que o exequente comprove a má-fé do terceiro que tenha adquirido a propriedade ou qualquer outro direito real sobre o bem."*

## ▣ COMENTÁRIOS TEMÁTICOS

**12. Averbação da execução no registro de bens do devedor.** Admitida a execução, o exequente poderá obter certidão, independentemente de decisão judicial, com identificação das partes e do valor da causa, para fins de averbação no registro de imóveis, de veículos ou de outros bens sujeitos a penhora, arresto ou indisponibilidade. Proposta ação de execução ou instaurado cumprimento de sentença, o exequente pode averbar sua pendência nos registros de bens. Não basta a existência do processo; é necessário que a execução tenha sido admitida e a sua existência tenha sido averbada no registro do bem fradulentamente alienado ou onerado. A alienação ou oneração de bens após a averbação configura presunção absoluta de fraude à execução. Não há, nessa hipótese, necessidade de demonstração de insolvência. Se o devedor for solvente e quiser dispor do bem de cujo registro conste tal averbação, bastará requerer ao juízo a transferência do gravame para outro bem que integre seu patrimônio e seja suficiente para garantir a dívida, observado o art. 847. Mesmo que o executado ainda não tenha sido validamente citado, a fraude estará configurada, pois a pendência da execução foi publicizada no registro do bem, presumindo-se, de modo absoluto, que é de conhecimento dos envolvidos em qualquer transação que o envolva. Nos casos em que não tenha havido averbação da execução (inclusive do cumprimento de sentença) em registro público de bem do devedor, não ficará excluída a configuração da fraude. Nesses casos, para que a alienação ou oneração seja considerada fraudulenta, será necessário que tenha conduzido o devedor à insolvência (art. 792, IV).

**13. Comunicação.** As averbações deverão ser comunicadas em juízo no prazo de 10 dias, a contar da data de sua realização. Feita a comunicação tempestivamente, a eficácia da averbação retroagirá à data em que foi realizada. O descumprimento desse prazo será enquadrado como conduta desleal. Se o atraso na informação da averbação ao juízo trouxer algum dano ou prejuízo ao executado, este poderá requerer indenização em face do exequente, em caso de responsabilidade objetiva.

**14. Penhora.** Formalizada penhora sobre bens suficientes para cobrir o valor da dívida, o exequente providenciará, no prazo de 10 dias, o cancelamento das averbações relativas àqueles bens que não tenham sido penhorados.

**15. Cancelamento.** A averbação é ônus do exequente; o seu cancelamento a ele se impõe. Caso o exequente não o faça no prazo legal, caberá ao juiz determinar o cancelamento das averbações, de ofício.

**16. Indenização.** Averbação manifestamente indevida ou o não cancelamento da averbação gera direito de indenização para o devedor. A apuração dos danos sofridos e do valor da indenização respectiva ocorrerá em incidente processado em autos apartados.

> **Art. 829.** O executado será citado para pagar a dívida no prazo de 3 (três) dias, contado da citação.
> § 1º Do mandado de citação constarão, também, a ordem de penhora e a avaliação a serem cumpridas pelo oficial de justiça tão logo verificado o não pagamento no prazo assinalado, de tudo lavrando-se auto, com intimação do executado.
> § 2º A penhora recairá sobre os bens indicados pelo exequente, salvo se outros forem indicados pelo executado e aceitos pelo juiz, mediante demonstração de que a constrição proposta lhe será menos onerosa e não trará prejuízo ao exequente.

▶ **1. Correspondência no CPC/1973.** *"Art. 652. O executado será citado para, no prazo de 3 (três) dias, efetuar o pagamento da dívida. § 1º Não efetuado o pagamento, munido da segunda via do mandado, o oficial de justiça procederá de imediato à penhora de bens e a sua avaliação, lavrando-se o respectivo auto e de tais atos intimando, na mesma oportunidade, o executado. § 2º O credor poderá, na inicial da execução, indicar bens a serem penhorados (art. 655). § 3º O juiz poderá, de ofício ou a requerimento do exequente, determinar, a qualquer tempo, a intimação do executado para indicar bens passíveis de penhora. § 4º A intimação do executado far-se-á na pessoa de seu advogado; não o tendo, será intimado pessoalmente. § 5º Se não localizar o executado para intimá-lo da penhora, o oficial certificará detalhadamente as diligências realizadas, caso em que o juiz poderá dispensar a intimação ou determinará novas diligências."*

## ⚖ JURISPRUDÊNCIA, ENUNCIADOS E SÚMULAS SELECIONADOS

- **2. Enunciado 85 da I Jornada-CJF.** *"Na execução de título extrajudicial ou judicial (art. 515, § 1º, do CPC) é cabível a citação postal."*

- **3. Enunciado 69 do FNPP.** *"Para a efetivação do princípio da menor onerosidade é ônus do devedor comprovar a existência de outra medida executiva mais eficaz e menos onerosa."*

## 🖹 Comentários Temáticos

**4. Citação na execução.** O executado é citado para pagar a dívida em 3 dias, podendo, no prazo de 15 dias, oferecer embargos à execução.

**5. Citação postal.** A citação será feita pelo correio (art. 247). Na verdade, a citação, no processo de execução, pode ser feita por via postal ou por oficial de justiça. Não há qualquer vedação à citação pelo correio na execução, não se incluindo entre as ressalvas contidas no art. 247. A referência, feita no art. 829, ao *mandado de citação* não é indicativo de que a citação deva, necessária e obrigatoriamente, ser feita por oficial de justiça. Aliás, o art. 701 utiliza também o termo *mandado de pagamento*, e nem por isso se exige que a citação, na ação monitória, seja feita por oficial de justiça, nem se veda, naquele procedimento especial, a citação por via postal.

**6. Execução fiscal.** Na execução fiscal, a citação é feita, preferencialmente, pelo correio, podendo, contudo, a Fazenda Pública requerer que seja realizada por outra forma.

**7. Citação por meio eletrônico.** A citação efetiva-se, preferencialmente, por meio eletrônico, no prazo de até dois dias úteis, contado da decisão que a determinar, por meio dos endereços eletrônicos indicados pelo citando no banco de dados do Poder Judiciário, conforme regulamento do CNJ (art. 246).

**8. Negócio processual.** É permitido negócio processual que imponha a citação postal como meio de comunicação do executado (art. 190).

**9. Prazo para cumprimento voluntário.** O termo inicial da contagem dos três dias para cumprimento voluntário da obrigação é o recebimento da citação (art. 231, § 3º), uma vez que se trata de prazo para a prática de ato material, mas ele flui apenas em dias úteis (art. 219), por ser prazo processual: o fato de o prazo ser fixado para a prática de *ato material* (o cumprimento da obrigação) não lhe retira o caráter processual.

**10. Litisconsórcio passivo.** Havendo litisconsórcio passivo, o prazo é contado individualmente, a partir da citação de cada litisconsorte (art. 231, §§ 2º e 3º). Como se trata de prazo para cumprimento, e não para manifestação, ele não se conta em dobro mesmo quando há litisconsortes acompanhados por distintos procuradores (art. 229).

**11. Prazo para embargos à execução.** O prazo para defesa (embargos à execução) é contado a partir da juntada aos autos do comprovante de citação ou de um dos momentos descritos nos incisos do art. 231 (art. 915). Ainda assim, o prazo para defesa dos litisconsortes passivos se conta individualmente, salvo quando forem cônjuges ou companheiros, caso em que se conta da juntada aos autos do último comprovante de citação (art. 915, § 1º).

**12. Posturas do executado após a citação.** Uma vez citado, se o executado efetuar o pagamento integral da dívida no prazo de 3 dias, a verba honorária fixada pelo juiz será reduzida pela metade (art. 827, § 1º). O executado pode, contudo, adotar outras posturas: *(a)* não pagar nos 3 dias e apresentar embargos à execução, no prazo de 15 dias, contados da data da juntada aos autos do comprovante de citação ou de um dos momentos descritos nos incisos do art. 231 (art. 915, CPC); *(b)* requerer, no prazo de 15 dias para apresentação de embargos, o parcelamento de que trata o art. 916; *(c)* não pagar nem apresentar embargos ou qualquer defesa, caso em que terá início a segunda fase da execução, com penhora e subsequentes atos de expropriação.

**13. Segunda fase: execução forçada.** Ultrapassado o prazo de 3 dias para cumprimento voluntário, e não tendo havido pagamento, tem início a fase de execução forçada, que independe de requerimento do exequente. Se o executado foi encontrado e citado, mas não efetuou o pagamento, o oficial de justiça, tão logo verificado o não pagamento no prazo assinalado, deve penhorar e avaliar os bens indicados pelo exequente, salvo se outros foram indicados pelo executado e aceitos pelo juiz, mediante demonstração de que a constrição proposta lhe seria menos onerosa e não traria prejuízo ao exequente; deve ainda o oficial de justiça lavrar o respectivo auto de penhora e intimar o executado (arts. 829, §§ 1º e 2º, e 841, § 3º). Se o oficial não localizar o executado para intimá-lo da penhora, a intimação deve ser feita por um dos modos previstos no art. 841. Se não forem encontrados bens do executado, o juiz poderá determinar, a qualquer tempo, a sua intimação para indicar aqueles passíveis de penhora. Constitui ato atentatório à dignidade da justiça a recusa do devedor em indicar quais são e onde se encontram os bens sujeitos à penhora, bem assim seus respectivos valores (art. 774, V). Nada impede que o requerimento para que o executado informe sobre os bens passíveis de penhora seja formulado já na petição inicial e que o magistrado o defira no despacho citatório.

**LIVRO II · DO PROCESSO DE EXECUÇÃO** **Art. 830**

**Art. 830.** Se o oficial de justiça não encontrar o executado, arrestar-lhe-á tantos bens quantos bastem para garantir a execução.

§ 1º Nos 10 (dez) dias seguintes à efetivação do arresto, o oficial de justiça procurará o executado 2 (duas) vezes em dias distintos e, havendo suspeita de ocultação, realizará a citação com hora certa, certificando pormenorizadamente o ocorrido.

§ 2º Incumbe ao exequente requerer a citação por edital, uma vez frustradas a pessoal e a com hora certa.

§ 3º Aperfeiçoada a citação e transcorrido o prazo de pagamento, o arresto converter-se-á em penhora, independentemente de termo.

▶ **1. Correspondência no CPC/1973.** *"Art. 653. O oficial de justiça, não encontrando o devedor, arrestar-lhe-á tantos bens quantos bastem para garantir a execução. Parágrafo único. Nos 10 (dez) dias seguintes à efetivação do arresto, o oficial de justiça procurará o devedor três vezes em dias distintos; não o encontrando, certificará o ocorrido." "Art. 654. Compete ao credor, dentro de 10 (dez) dias, contados da data em que foi intimado do arresto a que se refere o parágrafo único do artigo anterior, requerer a citação por edital do devedor. Findo o prazo do edital, terá o devedor o prazo a que se refere o art. 652, convertendo-se o arresto em penhora em caso de não pagamento."*

## ⚖ Jurisprudência, Enunciados e Súmulas Selecionados

- **2. Enunciado 217 da III Jornada-CJF.** *"Cabe arresto executivo on-line no caso de o executado não ser encontrado, independentemente da modalidade de citação."*
- **3. Enunciado 70 do FNPP.** *"Em execução fiscal é cabível o arresto executivo do artigo 830 do CPC mediante indisponibilidade de valores e ativos financeiros."*
- **4. Enunciado 37 do FONAJE.** *"Em exegese ao art. 53, § 4º, da Lei 9.099/1995, não se aplica ao processo de execução o disposto no art. 18, § 2º, da referida lei, sendo autorizados o arresto e a citação editalícia quando não encontrado o devedor, observados, no que couber, os arts. 653 e 654 do Código de Processo Civil."*
- **5. Enunciado 43 do FONAJE.** *"Na execução do título judicial definitivo, ainda que não localizado o executado, admite-se a penhora de seus bens, dispensado o arresto. A intimação de*

*penhora observará ao disposto no artigo 19, § 2º, da Lei 9.099/1995."*

## 🖩 Comentários Temáticos

**6. A pré-penhora ou arresto executivo.** Se o executado não for encontrado durante a realização do ato citatório, o oficial de justiça tem autorização legal para arrestar tantos bens quantos bastem para garantir a execução. Será feita uma *pré-penhora*, ato que viabiliza a antecipação dos efeitos de uma futura penhora. Não encontrado o executado e havendo bens penhoráveis, a pré-penhora deve ser efetivada mediante a apreensão e depósito dos bens, o que deve ser formalizado com a lavratura, pelo oficial de justiça, de um auto, que preencha, basicamente, os requisitos previstos no art. 838.

**7. Arresto eletrônico e desnecessidade de esgotamento das tentativas de localização do executado.** *"O arresto executivo, previsto no art. 830 do CPC/2015, busca evitar que os bens do devedor não localizado se percam, a fim de assegurar a efetivação de futura penhora na ação de execução. Com efeito, concretizada a citação, o arresto se converterá em penhora. 4. Frustrada a tentativa de localização do devedor, é possível o arresto de seus bens na modalidade on-line, com base na aplicação analógica do art. 854 do CPC/2015. Manutenção dos precedentes desta Corte, firmados na vigência do CPC/1973. 5. Hipótese dos autos em que o deferimento da medida foi condicionado ao exaurimento das tentativas de localização da devedora não encontrada para citação, o que, entretanto, é prescindível"* (STJ, 3ª Turma, REsp 1.822.034/SC, rel. Min. Nancy Andrighi, *DJe* 21.6.2021).

**8. Citação com hora certa.** Formalizado o auto de pré-penhora, o oficial de justiça, nos dez dias seguintes, procurará o executado duas vezes em dias distintos; se não o encontrar, e desde que haja suspeita de ocultação, realizará a citação com hora certa, certificando pormenorizadamente o ocorrido.

**9. Citação por edital.** Frustradas as citações pessoais e com hora certa, incumbe ao exequente requerer a citação por edital do executado. Se não o fizer no prazo designado pelo juiz, ou no prazo supletivo de 5 dias (art. 218, § 3º), a pré-penhora perde efeito.

**10. Prazo para pagamento.** Requerida a citação editalícia e uma vez publicado o edital, tem-se que, findo o prazo de dilação fixado pelo juiz para o aperfeiçoamento do ato de comunicação (art. 257, III), terá o devedor o prazo de 3 dias para pagar a dívida.

1261

## Seção III
## Da Penhora, do Depósito e da Avaliação

## Subseção I
## Do Objeto da Penhora

> **Art. 831.** A penhora deverá recair sobre tantos bens quantos bastem para o pagamento do principal atualizado, dos juros, das custas e dos honorários advocatícios.

▶ **1. Correspondência no CPC/1973.** *"Art. 659. A penhora deverá incidir em tantos bens quantos bastem para o pagamento do principal atualizado, juros, custas e honorários advocatícios."*

### ⚖ Jurisprudência, Enunciados e Súmulas Selecionados

- **2. Tema/Repercussão Geral 1.127 STF.** *"É constitucional a penhora de bem de família pertencente a fiador de contrato de locação, seja residencial, seja comercial."*
- **3. Enunciado 43 do FONAJE.** *"Na execução do título judicial definitivo, ainda que não localizado o executado, admite-se a penhora de seus bens, dispensado o arresto. A intimação de penhora observará ao disposto no artigo 19, § 2º, da Lei 9.099/1995."*

### 🗔 Comentários Temáticos

**4. Definição.** A penhora é o ato de apreensão e depósito de bens para empregá-los, direta ou indiretamente, na satisfação do crédito executado. É ato típico da execução por quantia certa. A penhora individualiza a responsabilidade patrimonial do devedor, que antes era genérica. A partir da penhora, escolhe-se, isola-se e destina-se um bem que responderá pelo débito. Enquanto a responsabilidade é sujeição potencial e genérica do patrimônio do devedor (ou terceiros responsáveis), a penhora é sujeição efetiva e específica de um bem à execução.

**5. Penhora.** *"(...), a penhora é um ato de afetação, por meio do qual são individualizados, apreendidos e depositados bens do devedor, que ficarão à disposição do órgão judicial para realizar o objetivo da execução, que é a satisfação do credor. 8. Trata-se, pois, de um gravame imposto pela atuação jurisdicional do Estado, com vistas à realização coercitiva do direito do credor, que, à toda evidência, não pode ultrapassar o patrimônio*

*do executado ou de eventuais responsáveis pelo pagamento do débito, seja qual for a natureza dos bens alcançados"* (STJ, 3ª Turma, REsp 1.818.926/DF, rel. Min. Nancy Andrighi, *DJe* 15.4.2021).

**6. Funções.** A penhora desempenha 3 funções dentro da execução: *a)* individualização e apreensão do bem; *b)* o depósito e a conservação do bem; *c)* a atribuição do direito de preferência ao credor penhorante.

**7. Indicação de bens à penhora pelo exequente.** O próprio credor pode indicar os bens a serem penhorados (art. 524, VII, e art. 829, § 2º), o que normalmente ocorrerá já no seu requerimento ou na sua petição inicial. E, neste caso, os bens indicados pelo credor já devem constar do mandado executivo. A penhora não recairá no bem apontado pelo exequente quando: a) houver negócio jurídico processual que estabeleça qual o bem deve ser penhorado na execução daquele crédito (art. 835, § 3º, p. ex.); b) se o executado indicar outro bem e o órgão julgador entender que a constrição proposta lhe será menos onerosa (art. 829, § 2º); c) o bem indicado for impenhorável. A indicação feita pelo exequente não vincula o órgão julgador.

**8. Questionamento da penhora pelo executado.** O executado sempre poderá questionar a penhora em sua defesa (impugnação ou embargos à execução), ou mesmo em petição avulsa, caso a defesa já tenha sido apresentada (arts. 917, § 1º, e 847).

**9. Indicação de bens à penhora pelo executado.** O executado pode indicar bem à penhora, distinto do indicado pelo exequente, demonstrando que a execução, nesse caso, lhe será menos onerosa e não causará prejuízo ao exequente (arts. 805, 829, § 2º, *fine*, e 847). Considera-se ato atentatório à dignidade da justiça a não indicação, pelo executado, de bem penhorável, sua respectiva localização e seu valor (art. 774, V).

**10. Natureza jurídica.** A penhora é ato executivo, pelo qual se apreendem bens do executado; com isso, a responsabilidade patrimonial deixa de ser genérica para recair especificamente sobre os bens apreendidos. A penhora é ato executivo, ainda que insuficiente para satisfazer o exequente. A partir da penhora, poderão ser praticados atos de expropriação dos bens, que serão convertidos em pecúnia a ser entregue ao exequente.

**11. Limites.** A execução pecuniária irá invadir o patrimônio do devedor (ou outros responsáveis), mas deve fazê-lo dentro do estritamente *útil* e *necessário* para realização do direito de crédito. Essa invasão patrimonial encontra 2

**LIVRO II** · DO PROCESSO DE EXECUÇÃO **Art. 833**

limites: (a) a penhora restringe-se aos bens suficientes para satisfação do crédito devidamente atualizado, com seus acessórios (juros, custas e honorários); só deve ser alvo de penhora o que for realmente necessário para o pagamento do crédito; (b) a invasão patrimonial deve revelar utilidade prática: não há interesse-utilidade na realização ou manutenção de uma penhora, quando o produto da venda destes bens for totalmente absorvido com pagamento das custas da execução (art. 836). Se não encontrar mais bens penhoráveis, o oficial descreverá na certidão aqueles que guarnecem a residência ou o estabelecimento do devedor (art. 836, § 1º).

> **Art. 832.** Não estão sujeitos à execução os bens que a lei considera impenhoráveis ou inalienáveis.

▸ **1. Correspondência no CPC/1973.** *"Art. 648. Não estão sujeitos à execução os bens que a lei considera impenhoráveis ou inalienáveis."*

### ⚖ LEGISLAÇÃO CORRELATA

- **2. Lei 13.988/2020, art. 11, III.** *"Art. 11. A transação poderá contemplar os seguintes benefícios: (...) III – o oferecimento, a substituição ou a alienação de garantias e de constrições."*

### ▣ COMENTÁRIOS TEMÁTICOS

**3. Impenhorabilidades.** Não são todos os bens do executado que respondem pela execução. Há bens que não podem ser penhorados. A restrição à penhora de certos bens chama-se impenhorabilidade.

**4. Impenhorabilidade absoluta e impenhorabilidade relativa.** A impenhorabilidade pode ser absoluta ou relativa. Será absoluta, quando o bem não puder ser penhorado em nenhuma hipótese, e relativa, quando o bem puder ser penhorado na execução de certos créditos.

**5. Bens inalienáveis.** A impenhorabilidade pode decorrer de uma exigência do direito material. É o caso da impenhorabilidade dos bens inalienáveis (indisponíveis): se o bem não pode ser alienado pela vontade do executado, também não pode ser alienado judicialmente (a recíproca não é verdadeira, pois há bens alienáveis, que são impenhoráveis).

**6. Negócio jurídico sobre a penhorabilidade de bens.** A impenhorabilidade pode ser uma concretização do princípio da autonomia da vontade. O art. 190 autoriza que as partes celebrem convenções processuais atípicas, entre as quais está a da penhorabilidade de um bem. Assim,

tanto é possível o pacto de impenhorabilidade, negócio típico previsto no art. 833, I, como o pacto de penhorabilidade, que pode ser *típico*, como nos casos de direitos reais de garantia, ou *atípico*, com base no art. 190, observada sempre a exigência de o bem negociado ser disponível. A Lei 13.988/2020, que cuida da chamada "transação tributária", prevê a possibilidade de negócios sobre penhorabilidade (art. 11, III).

> **Art. 833.** São impenhoráveis:
>
> I – os bens inalienáveis e os declarados, por ato voluntário, não sujeitos à execução;
>
> II – os móveis, os pertences e as utilidades domésticas que guarnecem a residência do executado, salvo os de elevado valor ou os que ultrapassem as necessidades comuns correspondentes a um médio padrão de vida;
>
> III – os vestuários, bem como os pertences de uso pessoal do executado, salvo se de elevado valor;
>
> IV – os vencimentos, os subsídios, os soldos, os salários, as remunerações, os proventos de aposentadoria, as pensões, os pecúlios e os montepios, bem como as quantias recebidas por liberalidade de terceiro e destinadas ao sustento do devedor e de sua família, os ganhos de trabalhador autônomo e os honorários de profissional liberal, ressalvado o § 2º;
>
> V – os livros, as máquinas, as ferramentas, os utensílios, os instrumentos ou outros bens móveis necessários ou úteis ao exercício da profissão do executado;
>
> VI – o seguro de vida;
>
> VII – os materiais necessários para obras em andamento, salvo se essas forem penhoradas;
>
> VIII – a pequena propriedade rural, assim definida em lei, desde que trabalhada pela família;
>
> IX – os recursos públicos recebidos por instituições privadas para aplicação compulsória em educação, saúde ou assistência social;
>
> X – a quantia depositada em caderneta de poupança, até o limite de 40 (quarenta) salários-mínimos;
>
> XI – os recursos públicos do fundo partidário recebidos por partido político, nos termos da lei;
>
> XII – os créditos oriundos de alienação de unidades imobiliárias, sob regime de incorporação imobiliária, vinculados à execução da obra.
>
> § 1º A impenhorabilidade não é oponível à execução de dívida relativa ao próprio bem, inclusive àquela contraída para sua aquisição.
>
> § 2º O disposto nos incisos IV e X do *caput* não se aplica à hipótese de penhora para pagamento de prestação alimentícia, independentemente de

sua origem, bem como às importâncias excedentes a 50 (cinquenta) salários-mínimos mensais, devendo a constrição observar o disposto no art. 528, § 8º, e no art. 529, § 3º.

§ 3º Incluem-se na impenhorabilidade prevista no inciso V do *caput* os equipamentos, os implementos e as máquinas agrícolas pertencentes a pessoa física ou a empresa individual produtora rural, exceto quando tais bens tenham sido objeto de financiamento e estejam vinculados em garantia a negócio jurídico ou quando respondam por dívida de natureza alimentar, trabalhista ou previdenciária.

▶ **1. Correspondência no CPC/1973.** *"Art. 649. São absolutamente impenhoráveis: I – os bens inalienáveis e os declarados, por ato voluntário, não sujeitos à execução; II – os móveis, pertences e utilidades domésticas que guarnecem a residência do executado, salvo os de elevado valor ou que ultrapassem as necessidades comuns correspondentes a um médio padrão de vida; III – os vestuários, bem como os pertences de uso pessoal do executado, salvo se de elevado valor; IV – os vencimentos, subsídios, soldos, salários, remunerações, proventos de aposentadoria, pensões, pecúlios e montepios; as quantias recebidas por liberalidade de terceiro e destinadas ao sustento do devedor e sua família, os ganhos de trabalhador autônomo e os honorários de profissional liberal, observado o disposto no § 3º deste artigo; V – os livros, as máquinas, as ferramentas, os utensílios, os instrumentos ou outros bens móveis necessários ou úteis ao exercício de qualquer profissão; VI – o seguro de vida; VII – os materiais necessários para obras em andamento, salvo se essas forem penhoradas; VIII – a pequena propriedade rural, assim definida em lei, desde que trabalhada pela família; IX – os recursos públicos recebidos por instituições privadas para aplicação compulsória em educação, saúde ou assistência social; X – até o limite de 40 (quarenta) salários mínimos, a quantia depositada em caderneta de poupança. XI – os recursos públicos do fundo partidário recebidos, nos termos da lei, por partido político. § 1º A impenhorabilidade não é oponível à cobrança do crédito concedido para a aquisição do próprio bem. § 2º O disposto no inciso IV do caput deste artigo não se aplica no caso de penhora para pagamento de prestação alimentícia."*

## 📖 LEGISLAÇÃO CORRELATA

**2. CF, art. 5º, XXVI.** *"XXVI – a pequena propriedade rural, assim definida em lei, desde que trabalhada pela família, não será objeto de* penhora para pagamento de débitos decorrentes de sua atividade produtiva, dispondo a lei sobre os meios de financiar o seu desenvolvimento."

**3. CC, art. 813.** *"Art. 813. A renda constituída por título gratuito pode, por ato do instituidor, ficar isenta de todas as execuções pendentes e futuras. Parágrafo único. A isenção prevista neste artigo prevalece de pleno direito em favor dos montepios e pensões alimentícias."*

**4. CC, art. 1.848.** *"Art. 1.848. Salvo se houver justa causa, declarada no testamento, não pode o testador estabelecer cláusula de inalienabilidade, impenhorabilidade, e de incomunicabilidade, sobre os bens da legítima. § 1º Não é permitido ao testador estabelecer a conversão dos bens da legítima em outros de espécie diversa. § 2º Mediante autorização judicial e havendo justa causa, podem ser alienados os bens gravados, convertendo-se o produto em outros bens, que ficarão sub-rogados nos ônus dos primeiros."*

**5. CC, art. 1.911.** *"Art. 1.911. A cláusula de inalienabilidade, imposta aos bens por ato de liberalidade, implica impenhorabilidade e incomunicabilidade. Parágrafo único. No caso de desapropriação de bens clausulados, ou de sua alienação, por conveniência econômica do donatário ou do herdeiro, mediante autorização judicial, o produto da venda converter-se-á em outros bens, sobre os quais incidirão as restrições apostas aos primeiros."*

**6. Lei 4.717/1965, art. 14, § 3º.** *"Art. 14. Se o valor da lesão ficar provado no curso da causa, será indicado na sentença; se depender de avaliação ou perícia, será apurado na execução. (...) § 3º Quando o réu condenado perceber dos cofres públicos, a execução far-se-á por desconto em folha até o integral ressarcimento do dano causado, se assim mais convier ao interesse público."*

**7. Lei 6.855/1980, art. 31.** *"Art. 31. O patrimônio, a renda e os serviços vinculados às finalidades essenciais da Fundação Habitacional do Exército – FHE, ou delas decorrentes, pela sua origem e natureza, gozam dos privilégios próprios da Fazenda Pública, quanto à imunidade tributária, prazos prescricionais, impenhorabilidade, foro, prazos e custas processuais."*

**8. Lei 8.213/1991, art. 114.** *"Art. 114. Salvo quanto a valor devido à Previdência Social e a desconto autorizado por esta Lei, ou derivado da obrigação de prestar alimentos reconhecida em sentença judicial, o benefício não pode ser objeto de penhora, arresto ou sequestro, sendo nula de pleno direito a sua venda ou cessão, ou a constituição de qualquer ônus sobre ele, bem como*

**LIVRO II · DO PROCESSO DE EXECUÇÃO**  **Art. 833**

*a outorga de poderes irrevogáveis ou em causa própria para o seu recebimento."*

**9. Lei 8.009/1990, art. 1º.** *"Art. 1º O imóvel residencial próprio do casal, ou da entidade familiar, é impenhorável e não responderá por qualquer tipo de dívida civil, comercial, fiscal, previdenciária ou de outra natureza, contraída pelos cônjuges ou pelos pais ou filhos que sejam seus proprietários e nele residam, salvo nas hipóteses previstas nesta lei. Parágrafo único. A impenhorabilidade compreende o imóvel sobre o qual se assentam a construção, as plantações, as benfeitorias de qualquer natureza e todos os equipamentos, inclusive os de uso profissional, ou móveis que guarnecem a casa, desde que quitados."*

**10. Lei 8.009/1990, art. 2º.** *"Art. 2º Excluem-se da impenhorabilidade os veículos de transporte, obras de arte e adornos suntuosos. Parágrafo único. No caso de imóvel locado, a impenhorabilidade aplica-se aos bens móveis quitados que guarneçam a residência e que sejam de propriedade do locatário, observado o disposto neste artigo."*

**11. Lei 8.009/1990, art. 3º.** *"Art. 3º A impenhorabilidade é oponível em qualquer processo de execução civil, fiscal, previdenciária, trabalhista ou de outra natureza, salvo se movido: I – (revogado pela LC 150/2015); II – pelo titular do crédito decorrente do financiamento destinado à construção ou à aquisição do imóvel, no limite dos créditos e acréscimos constituídos em função do respectivo contrato; III – pelo credor da pensão alimentícia, resguardados os direitos, sobre o bem, do seu coproprietário que, com o devedor, integre união estável ou conjugal, observadas as hipóteses em que ambos responderão pela dívida; IV – para cobrança de impostos, predial ou territorial, taxas e contribuições devidas em função do imóvel familiar; V – para execução de hipoteca sobre o imóvel oferecido como garantia real pelo casal ou pela entidade familiar; VI – por ter sido adquirido com produto de crime ou para execução de sentença penal condenatória a ressarcimento, indenização ou perdimento de bens. VII – por obrigação decorrente de fiança concedida em contrato de locação."*

**12. Lei 9.615/1998, art. 87.** *"A denominação e os símbolos de entidade de administração do desporto ou prática desportiva, bem como o nome ou apelido desportivo do atleta profissional, são de propriedade exclusiva dos mesmos, contando com a proteção legal, válida para todo o território nacional, por tempo indeterminado, sem necessidade de registro ou averbação no órgão competente."*

**13. Lei 15.040/2024, art. 122.** *"Art. 122. Os capitais segurados devidos em razão de morte*

*ou de perda da integridade física não implicam sub-rogação, quando pagos, e são impenhoráveis."*

## ⚖ JURISPRUDÊNCIA, ENUNCIADOS E SÚMULAS SELECIONADOS

- **14. Tema/Repercussão Geral 295 STF.** *"É constitucional a penhora de bem de família pertencente a fiador de contrato de locação, em virtude da compatibilidade da exceção prevista no art. 3º, VII, da Lei 8.009/1990 com o direito à moradia consagrado no art. 6º da Constituição Federal, com redação da EC 26/2000."*

- **15. Tema/Repercussão Geral 961 STF.** *"É impenhorável a pequena propriedade rural familiar constituída de mais de 01 (um) terreno, desde que contínuos e com área total inferior a 04 (quatro) módulos fiscais do município de localização."*

- **16. Tema/Repercussão Geral 1.127 STF.** *"É constitucional a penhora de bem de família pertencente a fiador de contrato de locação, seja residencial, seja comercial."*

- **17. Tema/Repetitivo 287 STJ.** *"É legítima a penhora da sede do estabelecimento comercial."*

- **18. Tema/Repetitivo 708 STJ.** *"É legítima a penhora de bem de família pertencente a fiador de contrato de locação, ante o que dispõe o art. 3º, inciso VII, da Lei n. 8.009/1990."*

- **19. Tema/Repetitivo 1.153 STJ.** *"A verba honorária sucumbencial, a despeito da sua natureza alimentar, não se enquadra na exceção prevista no § 2º do art. 833 do CPC/2015 (penhora para pagamento de prestação alimentícia)."*

- **20. Tema/Repetitivo 1.235 STJ.** *"A impenhorabilidade de quantia inferior a 40 salários mínimos (art. 833, X, do CPC) não é matéria de ordem pública e não pode ser reconhecida de ofício pelo juiz, devendo ser arguida pelo executado no primeiro momento em que lhe couber falar nos autos ou em sede de embargos à execução ou impugnação ao cumprimento de sentença, sob pena de preclusão."*

- **21. Súmula STJ, 205.** *"A Lei 8.009/90 aplica-se a penhora realizada antes de sua vigência."*

- **22. Súmula STJ, 364.** *"O conceito de impenhorabilidade de bem de família abrange também o imóvel pertencente a pessoas solteiras, separadas e viúvas."*

- **23. Súmula STJ, 449.** *"A vaga de garagem que possui matrícula própria no registro de imóveis não constitui bem de família para efeito de penhora."*

- **24.** **Súmula STJ, 451.** *"É legítima a penhora da sede do estabelecimento comercial."*

- **25.** **Súmula STJ, 486.** *"É impenhorável o único imóvel residencial do devedor que esteja locado a terceiros, desde que a renda obtida com a locação seja revertida para a subsistência ou a moradia da sua família."*

- **26.** **Súmula STJ, 549.** *"É válida a penhora de bem de família, pertencente a fiador de contrato de locação."*

- **27.** **Enunciado 587 do FPPC.** *"A limitação de que trata o § 3º do art. 529 não se aplica à execução de dívida não alimentar."*

- **28.** **Enunciado 621 do FPPC.** *"Ao cumprimento de sentença do capítulo relativo aos honorários advocatícios, aplicam-se as hipóteses de penhora previstas no § 2º do art. 833, em razão da sua natureza alimentar."*

- **29.** **Enunciado 105 da I Jornada-CJF.** *"As hipóteses de penhora do art. 833, § 2º, do CPC aplicam-se ao cumprimento da sentença ou à execução de título extrajudicial relativo a honorários advocatícios, em razão de sua natureza alimentar."*

- **30.** **Enunciado 152 da II Jornada-CJF.** *"O pacto de impenhorabilidade (arts. 190, 200 e 833, I) produz efeitos entre as partes, não alcançando terceiros."*

- **31.** **Enunciado 153 da II Jornada-CJF.** *"A penhorabilidade dos bens, observados os critérios do art. 190 do CPC, pode ser objeto de convenção processual das partes."*

- **32.** **Enunciado 14 do FONAJE.** *"Os bens que guarnecem a residência do devedor, desde que não essenciais a habitabilidade, são penhoráveis."*

- **33.** **Enunciado 59 do FONAJE.** *"Admite-se o pagamento do débito por meio de desconto em folha de pagamento, após anuência expressa do devedor e em percentual que reconheça não afetar sua subsistência e a de sua família, atendendo sua comodidade e conveniência pessoal."*

## 🖩 Comentários Temáticos

**34.** **Impenhorabilidade como técnica processual que limita a atividade executiva.** A impenhorabilidade de bens é uma restrição ao direito fundamental à tutela executiva. É técnica processual que limita a atividade executiva e que se justifica como meio de proteção de alguns bens jurídicos relevantes, como a dignidade do executado, o direito ao patrimônio mínimo, a função social da empresa ou a autonomia da vontade (nos casos de impenhorabilidade negocial). São regras que compõem o *devido processo legal*, servindo como limitações políticas à execução forçada.

**35.** **Ponderação.** As regras de impenhorabilidade devem ser aplicadas de acordo com a metodologia de aplicação das normas de direitos fundamentais. O legislador estabelece *a priori* o rol dos bens impenhoráveis, já fazendo, portanto, um prévio juízo de ponderação entre os interesses envolvidos, optando pela mitigação do direito do exequente em favor da proteção do executado. Por ser uma técnica de restrição a um direito fundamental, é preciso que a aplicação da impenhorabilidade de bens se submeta ao método da ponderação, a partir da análise das circunstâncias do caso concreto.

**36.** **Controle de constitucionalidade.** As hipóteses de impenhorabilidade podem não incidir em determinados casos concretos, em que se evidencie a desproporção/desnecessidade/inadequação entre a restrição a um direito fundamental e a proteção do outro. O órgão jurisdicional deve fazer o controle de constitucionalidade *in concreto* da aplicação das regras de impenhorabilidade, e, se a sua aplicação se revelar inconstitucional, porque não razoável ou desproporcional, deve afastá-la, construindo a solução devida para o caso concreto. O órgão jurisdicional deve observar as normas garantidoras de direitos fundamentais (dimensão objetiva dos direitos fundamentais) e proceder ao controle de constitucionalidade das leis, que podem ser constitucionais em tese, mas, *in concreto*, revelar-se inconstitucionais.

**37.** **Impenhorabilidades relativas.** *"O Novo Código de Processo Civil, em seu art. 833, deu à matéria da impenhorabilidade tratamento um tanto diferente em relação ao Código anterior, no art. 649. O que antes era tido como 'absolutamente impenhorável', no novo regramento passa a ser 'impenhorável', permitindo, assim, essa nova disciplina, maior espaço para o aplicador da norma promover mitigações em relação aos casos que examina, respeitada sempre a essência da norma protetiva. Precedente: EREsp 1.582.475/MG, Rel. Ministro Benedito Gonçalves, Corte Especial, julgado em 03.10.2018, REPDJe 19.03.2019, DJe de 16.10.2018"* (STJ, 4ª Turma, AgInt no AREsp 1.336.881/DF, rel. Min. Raul Araújo, *DJe* 27.5.2019).

**38.** **Impenhorabilidade, efetividade da execução e dignidade do executado.** *"Hipótese em que se questiona se a regra geral de impenhorabilidade dos vencimentos do devedor está sujeita apenas à exceção explícita prevista no parágrafo 2º do art. 649, IV, do CPC/1973 ou se, para além desta exceção explícita, é possível a formulação de* exceção não prevista expressamente em lei. 2. Caso em que o executado aufere renda mensal no valor de R$ 33.153,04, havendo sido deferida a penhora de 30% da quantia. 3. A interpretação dos preceitos legais deve ser feita a partir da Constituição da República, que veda a supressão injustificada de qualquer direito fundamental. A impenhorabilidade de salários, vencimentos, proventos etc. tem por fundamento a proteção à dignidade do devedor, com a manutenção do mínimo existencial e de um padrão de vida digno em favor de si e de seus dependentes. Por outro lado, o credor tem direito ao recebimento de tutela jurisdicional capaz de dar efetividade, na medida do possível e do proporcional, a seus direitos materiais. 4. O processo civil em geral, nele incluída a execução civil, é orientado pela boa-fé que deve reger o comportamento dos sujeitos processuais. Embora o executado tenha o direito de não sofrer atos executivos que importem violação à sua dignidade e à de sua família, não lhe é dado abusar dessa diretriz com o fim de impedir injustificadamente a efetivação do direito material do exequente. 5. Só se revela necessária, adequada, proporcional e justificada a impenhorabilidade daquela parte do patrimônio do devedor que seja efetivamente necessária à manutenção de sua dignidade e da de seus dependentes. 6. A regra geral da impenhorabilidade de salários, vencimentos, proventos etc. (art. 649, IV, do CPC/1973; art. 833, IV, do CPC/2015), pode ser excepcionada quando for preservado percentual de tais verbas capaz de dar guarida à dignidade do devedor e de sua família" (STJ, Corte Especial, EREsp 1.582.475/MG, rel. Min. Benedito Gonçalves, DJe 16.10.2018).

**39. Finalidade.** As regras de impenhorabilidade servem à proteção do executado.

**40. Natureza jurídica.** A impenhorabilidade é um direito do executado, que pode ser renunciado se o bem impenhorável for disponível. Se a impenhorabilidade é disponível, não pode ser considerada como regra de ordem pública. É contraditório e incoerente considerar uma regra como de ordem pública e, ao mesmo tempo, renunciável. A regra não é de ordem pública, pois protege o executado, sem lhe retirar o direito à disposição do bem. Nada impede que o proprietário do imóvel o aliene voluntariamente. Assim, é incoerente considerar inalienável judicialmente um bem que pode ser alienado extrajudicialmente.

**41. Impenhorabilidade como norma de ordem pública.** *"A proteção legal conferida ao bem de família pela Lei 8.009/1990 não pode ser afastada por renúncia do devedor ao privilégio, pois é princípio de ordem pública, prevalente sobre a vontade manifestada (AgRg nos EREsp 888.654/ES,*

*Rel. Ministro João Otávio de Noronha, Segunda Seção, julgado em 14.03.2011, DJe 18.03.2011)"* (STJ, 4ª Turma, REsp 1.595.832/SC, rel. Min. Luis Felipe Salomão, DJe 4.2.2020).

**42. Direito disponível.** Ressalvada a hipótese do inciso I do art. 833, que estabelece ser impenhorável bem inalienável (indisponível, pois), todas as demais hipóteses referem-se a bens disponíveis, que podem ser alienados pelo executado, inclusive para o pagamento da própria dívida que se executa. Se o bem pode ser vendido livremente, também pode ser penhorado.

**43. Oferecimento à penhora de bem de família e ofensa à boa-fé.** *"A questão da proteção indiscriminada do bem de família ganha novas luzes quando confrontada com condutas que vão de encontro à própria ética e à boa-fé, que devem permear todas as relações negociais. 5. Não pode o devedor ofertar bem em garantia que é sabidamente residência familiar para, posteriormente, vir a informar que tal garantia não encontra respaldo legal, pugnando pela sua exclusão (vedação ao comportamento contraditório). 6. Tem-se, assim, a ponderação da proteção irrestrita ao bem de família, tendo em vista a necessidade de se vedar, também, as atitudes que atentem contra a boa-fé e a eticidade, ínsitas às relações negociais"* (STJ, 3ª Turma, REsp 1.782.227/PR, rel. Min. Nancy Andrighi, DJe 29.8.2019).

**44. Negócios processuais sobre penhorabilidade.** As partes podem celebrar negócio processual sobre a penhorabilidade de bens (art. 190).

**45. Fundamentos da impenhorabilidade.** A impenhorabilidade fundamenta-se na proteção da dignidade do executado, quando impossibilita a penhora do bem de família e do salário; fundamenta-se em exigência do direito material, quando se está diante de bem inalienável (indisponível, portanto). Pode, ainda, ser uma concretização do princípio da autonomia da vontade, quando, por exemplo, se declara, por ato voluntário, ser o bem não sujeito à execução (art. 833, I, segunda parte). Há casos de impenhorabilidade que se justificam como forma de proteção de direitos coletivos, como os recursos públicos recebidos por instituições privadas para aplicação compulsória em educação, saúde ou assistência social (art. 833, IX), dos recursos públicos do fundo partidário recebido por partido político (art. 833, XI) e dos créditos oriundos de unidades imobiliárias, sob regime de incorporação imobiliária, vinculados à execução da obra (art. 833, XII).

**46. *Beneficium competentiae.*** O *beneficium competentiae* ou benefício de competência é a impenhorabilidade do estritamente necessário à sobrevivência do executado, e de sua família, e à sua dignidade. As regras do benefício de competência estão consolidadas no art. 833, II a VIII e X, que, porém, não cuida apenas dessas hipóteses de impenhorabilidade. São regras de impenhorabilidade que não decorrem de regras de direito material. Não se trata de benefício irrenunciável; sendo disponível o bem impenhorável, renunciável é a sua impenhorabilidade, mesmo nos casos de benefício de competência.

**47. Bens inalienáveis.** São impenhoráveis os bens inalienáveis. Se o bem não pode ser alienado, também não pode ser penhorado, porque a penhora é o primeiro ato do procedimento de alienação judicial do bem. Todo bem inalienável é impenhorável, embora nem todo bem impenhorável seja inalienável. Além dos bens públicos, cuja alienação depende de autorização legislativa, também é inalienável o capital constituído para garantir indenização de ato ilícito (art. 533, § 1º), que, portanto, é também impenhorável.

**48. Bens do incapaz.** Os bens do incapaz podem ser penhorados, havendo, a propósito, um procedimento específico para arrematação de imóvel de incapaz (art. 896). O art. 928 do CC prevê responsabilidade patrimonial do incapaz.

**49. Bens declarados não sujeitos à execução.** São impenhoráveis os bens que, por ato voluntário, são excluídos da execução. É o caso de bens doados ou alienados com cláusula de inalienabilidade, constante de registro imobiliário.

**50. Pacto de impenhorabilidade.** Os contratantes podem pré-excluir determinado bem de futura execução. No contrato de constituição de renda, é possível isentá-la de todas as execuções pendentes e futuras (CC, art. 813).

**51. Bem de família.** O imóvel destinado à moradia da família é impenhorável. Os bens que guarnecem a residência também são impenhoráveis, ressalvados os de alto valor.

**52. Interpretação restritivas das exceções à impenhorabilidade do bem de família.** *"A impenhorabilidade do bem de família decorre dos direitos fundamentais à dignidade da pessoa humana e à moradia, de forma que as exceções previstas na legislação não comportam interpretação extensiva"* (STJ, 3ª Turma, REsp 1.604.422/MG, rel. Min. Paulo de Tarso Sanseverino, *DJe* 27.8.2021).

**53. Impenhorabilidade de bem de família luxuoso.** *"Segundo a orientação jurisprudencial desta Corte, para efeito da proteção do art. 1º da Lei 8.009/1990, basta que o imóvel sirva de residência para a família do devedor, sendo irrelevante o valor do bem. Isso porque as exceções à regra*

*de impenhorabilidade dispostas no art. 3º do referido texto legal não trazem nenhuma indicação nesse sentido. Logo, é irrelevante, a esse propósito, que o imóvel seja considerado luxuoso ou de alto padrão"* (STJ, 3ª Turma, REsp 1.726.733/SP, rel. Min. Marco Aurélio Bellizze, *DJe* 16.10.2020).

**54. Impenhorabilidade de bem de família de alto padrão e sua penhorabilidade se possível desmembramento sem o descaracterizar.** *"A jurisprudência desta Corte assegura a prevalência da proteção legal ao bem de família, independentemente de seu padrão. A legislação é bastante razoável e prevê inúmeras exceções à garantia legal, de modo que o julgador não deve fazer uma releitura da lei, alegando que sua interpretação atende melhor ao escopo do diploma legal. 3. Admite-se, excepcionalmente, a penhora de parte do imóvel quando for possível o seu desmembramento em unidades autônomas, sem descaracterizá-lo, levando em consideração, com razoabilidade, as circunstâncias e peculiaridades do caso. Situação não demonstrada no caso dos autos. 4. A impenhorabilidade se estende às construções e benfeitorias integrantes da residência familiar, dado que a lei, em sua finalidade social, procura preservar o imóvel residencial como um todo"* (STJ, 4ª Turma, AgInt no REsp 1.520.498/SP, rel. Min. Lázaro Guimarães – Des. Conv. TRF5, *DJe* 2.3.2018).

**55. Penhorabilidade parte do bem de família quando possível seu desmembramento sem o descaracterizar.** *"É possível a penhora de parte do imóvel, caracterizado como bem de família, quando for possível o desmembramento sem sua descaracterização. (...) V – Para que seja reconhecida a impenhorabilidade do bem de família, de acordo com o artigo 1º, da Lei 8.009/1990, basta que o imóvel sirva de residência para a família do devedor, sendo irrelevante o valor do bem. VI – O art. 3º da Lei 8.009/1990, que trata das exceções à regra da impenhorabilidade, não faz traz nenhuma indicação concernente ao valor do imóvel. Portanto, é irrelevante, para efeitos de impenhorabilidade, que o imóvel seja considerado luxuoso ou de alto padrão"* (STJ, 3ª Turma, REsp 1.178.469/SP, rel. Min. Massami Uyeda, *DJe* 10.12.2010).

**56. Imóvel residencial do casal ou da entidade familiar.** A impenhorabilidade do bem de família destina-se a proteger o direito de moradia do casal ou da entidade familiar. O conceito de entidade familiar abrange a família monoparental e a união estável, devendo-se considerar também compreendidos no conceito os irmãos que vivem juntos e a união homoafetiva. O solteiro está, de igual modo, abrangido pela impenhorabilidade, caso resida só no imóvel. Há, na verdade, uma proteção à dignidade da pessoa humana e da moradia digna.

**57. Mais de um imóvel do casal ou da entidade familiar.** Se o casal ou a entidade familiar possuir mais de um imóvel como residência, a impenhorabilidade recairá sobre o de menor valor. É o que ocorre, por exemplo, quando a família se divide em mais de uma cidade por motivos profissionais.

**58. Único imóvel locado a terceiros.** É impenhorável o único imóvel do executado que esteja locado a terceiros, desde que a renda obtida com a locação seja revertida para a subsistência ou moradia da família.

**59. Relatividade da impenhorabilidade do bem de família.** A impenhorabilidade do bem de família é relativa, pois não pode ser oposta a qualquer crédito. Há casos em que o bem de família é penhorável (Lei 8.009/1990, art. 3º).

**60. Protesto contra alienação do bem de família.** *"Segundo a jurisprudência desta Corte Superior, o protesto contra a alienação de bens, previsto no art. 869 do CPC/1973 (art. 301 do CPC/2015), pressupõe dois requisitos: legítimo interesse e não prejudicialidade efetiva da medida. Precedentes. 3. Em relação ao bem de família, o protesto contra alienação de bens não possui o objetivo de obstar ou anular o negócio jurídico de venda do imóvel impenhorável, mas somente de informar terceiros de boa-fé a respeito da pretensão do credor de penhora do bem, na hipótese de afastamento da proteção conferida pela Lei 8.009/1990. 4. Assim, estão presentes os pressupostos para o protesto contra a alienação de bens, tendo em vista que a publicidade da pretensão é essencial para proteção de terceiros de boa-fé e preservação do direito do executante de futura constrição do imóvel, no caso da perda da qualidade de bem de família"* (STJ, 4ª Turma, REsp 1.236.057/SP, rel. Min. Antonio Carlos Ferreira, *DJe* 28.4.2021).

**61. Penhora de garagem.** A garagem somente pode ser penhorada em execuções promovidas por pessoa que não seja estranha ao condomínio. A inalienabilidade prevista no § 1º do art. 1.331 do CC consiste em hipótese subsumida ao art. 833, I.

**62. Indisponibilidade de bens na improbidade administrativa e bem de família.** *"A jurisprudência desta Corte Superior de Justiça é assente em admitir a decretação de indisponibilidade prevista na Lei de Improbidade Administrativa sobre bem de família"* (STJ, 1ª Turma,

AgInt no REsp 1.670.672/RJ, rel. Min. Benedito Gonçalves, *DJe* 19.12.2017).

**63. Bem de família adquirido pela prática de crime e ausência de sentença penal condenatória.** *"O art. 3º, VI, da Lei 8.009/1990 expressamente afastou a impenhorabilidade quando o bem imóvel é adquirido com produto de crime ou para execução de sentença penal condenatória a ressarcimento, indenização ou perdimento de bens. 5. Na hipótese, não há sentença penal condenatória e, mesmo que seja em função da prescrição, é impossível presumir sua existência para fins de aplicação da exceção contida no art. 3º, VI, da Lei 8.009/1990"* (STJ, 3ª Turma, REsp 1.823.159/SP, rel. Min. Nancy Andrighi, *DJe* 19.10.2020).

**64. Impenhorabilidade do bem de família do solteiro.** *"A interpretação teleológica do Art. 1º, da Lei 8.009/1990, revela que a norma não se limita ao resguardo da família. Seu escopo definitivo é a proteção de um direito fundamental da pessoa humana: o direito à moradia. Se assim ocorre, não faz sentido proteger quem vive em grupo e abandonar o indivíduo que sofre o mais doloroso dos sentimentos: a solidão. É impenhorável, por efeito do preceito contido no art. 1º da Lei 8.009/1990, o imóvel em que reside, sozinho, o devedor celibatário"* (STJ, Corte Especial, EREsp 182.223/SP, rel. p/ ac/ Min. Humberto Gomes de Barros, *DJ* 7.4.2003, p. 209).

**65. Ausência de impenhorabilidade do bem de família em caso de separação de fato.** *"O Superior Tribunal de Justiça já consolidou seu entendimento no sentido de que a proteção ao bem de família pode ser estendida ao imóvel no qual resida o devedor solteiro e solitário. Esse entendimento, porém, não se estende à hipótese de mera separação de fato entre cônjuges, com a migração de cada um deles para um dos imóveis pertencentes ao casal, por três motivos: (i) primeiro, porque a sociedade conjugal, do ponto de vista jurídico, só se dissolve pela separação judicial; (ii) segundo, porque antes de realizada a partilha não é possível atribuir a cada cônjuge a propriedade integral do imóvel que reside; eles são coproprietários de todos os bens do casal, em frações-ideais; (iii) terceiro, porque admitir que se estenda a proteção a dois bens de família em decorrência da mera separação de fato dos cônjuges-devedores facilitaria a fraude aos objetivos da Lei"* (STJ, 3ª Turma, REsp 518.711/RO, rel. p/ ac. Min. Nancy Andrighi, *DJe* 5.9.2008). *"O Superior Tribunal de Justiça já consolidou seu entendimento no sentido de que a proteção ao bem de família pode ser estendida ao imóvel no qual resida o devedor solteiro e solitário. 2.- Esse entendimento, porém, não se estende à hipótese* *de mera separação de fato de um dos membros da família, do ponto de vista jurídico, denota a existência de uma família e dois imóveis por ela utilizados como residência e proteger ambos com a impenhorabilidade disposta na Lei 8.009/1990 significaria ampliar demasiadamente o âmbito da lei, o que apresenta um risco adicional a facilitar a prática de fraudes. Além disso, a abertura dessa possibilidade de alargamento da impenhorabilidade significaria abertura de oportunidade de criação de incidentes processuais que levariam a mais uma hipótese de eternização do processo de execução"* (STJ, 3ª Turma, AgRg no AREsp 301.580/RJ, rel. Min. Sidnei Beneti, *DJe* 18.6.2013).

**66. Impenhorabilidade do bem de família após separação judicial.** *"Uma vez realizada a partilha em processo judicial de separação, cujo formal foi devidamente homologado pelo juiz competente, não cabe a penhora de imóvel pertencente a apenas um dos cônjuges, pois a proteção ao bem de família, no caso, se estende ao imóvel no qual resida o devedor solteiro ou solitário"* (STJ, 4ª Turma, REsp 471.903/RS, rel. Min. Luis Felipe Salomão, *DJe* 24.5.2010).

**67. Impenhorabilidade de imóvel residencial de luxo indivisível e penhorabilidade, se divisível.** *"Os imóveis residenciais de alto padrão ou de luxo não estão excluídos, em razão do seu valor econômico, da proteção conferida aos bens de família consoante os ditames da Lei 8.009/1990. 5. A fração de imóvel indivisível pertencente ao executado, protegida pela impenhorabilidade do bem de família, não pode ser penhorada sob pena de desvirtuamento da proteção erigida pela Lei 8.009/1990. 6. Admite-se, excepcionalmente, a penhora de parte do imóvel quando for possível o seu desmembramento em unidades autônomas, sem descaracterizá-lo, levando em consideração, com razoabilidade, as circunstâncias e peculiaridades do caso"* (STJ, 3ª Turma, AgInt no AREsp 1.146.607/SP, rel. Min. Moura Ribeiro, *DJe* 7.5.2020).

**68. Impenhorabilidade de bem de família oferecido em caução pelo locatário.** *"Em se tratando de caução, em contratos de locação, não há que se falar na possibilidade de penhora do imóvel residencial familiar"* (STJ, 3ª Turma, REsp 1.887.492/SP, rel. Min. Nancy Andrighi, *DJe* 15.4.2021).

**69. Constitucionalidade da penhorabilidade do bem de família do fiador em contrato de locação.** *"A penhorabilidade do bem de família do fiador do contrato de locação, objeto do art. 3º, inc. VII, da Lei 8.009, de 23 de março de 1990, com a redação da Lei 8.245, de 15 de outubro de 1991, não ofende o art. 6º da Constituição da República"* (STF, Pleno, RE 407.688, rel. Min. Cezar Peluso, *DJ* 6.10.2006, p. 33). *"O Tribunal, no julgamento do Recurso Extraordinário 407.688-8/SP, declarou a constitucionalidade do inciso VII do art. 3º da Lei 8.009/1990, que excepcionou da regra de impenhorabilidade do bem de família o imóvel de propriedade de fiador em contrato de locação"* (STF, 1ª Turma, RE 495.105 AgR, rel. Min. Marco Aurélio, *DJe* 28.11.2013).

**70. Impenhorabilidade do bem de família em execução proposta por credor diverso daquele em favor de quem foi instituída a hipoteca.** *"Tratando-se de execução proposta por credor diverso daquele em favor do qual fora outorgada a hipoteca, é inadmissível a penhora do bem imóvel destinado à residência do devedor e de sua família, não incidindo a regra de exceção do art. 3º, inciso V, da Lei 8.009/1990"* (STJ, 3ª Turma, REsp 1.604.422/MG, rel. Min. Paulo de Tarso Sanseverino, *DJe* 27.8.2021).

**71. Penhorabilidade de bem de família dado em garantia fiduciária.** *"(...), à luz da jurisprudência dominante das Turmas de Direito Privado: (a) a proteção conferida ao bem de família pela Lei 8.009/1990 não importa em sua inalienabilidade, revelando-se possível a disposição do imóvel pelo proprietário, inclusive no âmbito de alienação fiduciária; e (b) a utilização abusiva de tal direito, com evidente violação do princípio da boa-fé objetiva, não deve ser tolerada, afastando-se o benefício conferido ao titular que exerce o direito em desconformidade com o ordenamento jurídico. 3. No caso dos autos, não há como afastar a validade do acordo de vontades firmado entre as partes, inexistindo lastro para excluir os efeitos do pacta sunt servanda sobre o contrato acessório de alienação fiduciária em garantia, afigurando-se impositiva, portanto, a manutenção do acórdão recorrido no ponto, ainda que por fundamento diverso. 4. De outro lado, é certo que, para que ocorra a consolidação da propriedade fiduciária em nome do credor, o devedor fiduciante deverá ser regularmente notificado, ato que, na alienação fiduciária de imóvel, acarreta diversos possíveis efeitos jurídicos: (a) a purgação da mora, com a retomada do contrato (§ 5º do art. 26); (b) caso não haja pagamento, o oficial do cartório de registro certificará o evento ao credor para que adote as medidas necessárias à consolidação da propriedade em seu favor; (c) a reintegração de posse e posterior leilão do imóvel; e (d) enquanto não for extinta a propriedade fiduciária resolúvel, persistirá a posse direta do devedor fiduciante"* (STJ, 4ª Turma, REsp 1.595.832/SC, rel. Min. Luis Felipe Salomão, *DJe* 4.2.2020).

**LIVRO II · DO PROCESSO DE EXECUÇÃO** **Art. 833**

**72. Impenhorabilidade de imóvel garantido por alienação fiduciária.** *"(...), em se tratando do único imóvel utilizado pelo devedor fiduciante ou por sua família, para moradia permanente, tais direitos estarão igualmente protegidos como bem de família, em ação de execução movida por terceiro estranho ao contrato garantido por alienação fiduciária, razão pela qual, enquanto vigente essa condição, sobre ele deve incidir a garantia da impenhorabilidade a que alude o art. 1º da Lei 8.009/1990. 6. No caso, sendo o recorrido possuidor direto do imóvel dado em garantia do contrato de alienação fiduciária firmado para aquisição do próprio imóvel e constatado pelo Tribunal de origem que o bem destina-se à residência do executado e de sua família, há de ser oposta ao terceiro exequente a garantia da impenhorabilidade do bem de família, no que tange aos direitos do devedor fiduciário"* (STJ, 3ª Turma, REsp 1.726.733/SP, rel. Min. Marco Aurélio Bellizze, *DJe* 16.10.2020).

**73. Penhorabilidade do imóvel para satisfação da dívida relativa ao próprio bem e do segundo imóvel adquirido com a venda do primeiro.** *"O inciso II do art. 3º da Lei 8.009/1990, na linha do que preceitua o § 1º do art. 833 do CPC/2015, dispõe que a impenhorabilidade do bem de família não prevalece na hipótese de processo de execução movido 'pelo titular do crédito decorrente do financiamento destinado à construção ou à aquisição do imóvel, no limite dos créditos e acréscimos constituídos em função do respectivo contrato'. 4. Se o primitivo bem de família pode ser penhorado para a satisfação de dívida relativa ao próprio bem, o novo bem de família, adquirido com os recursos da alienação do primeiro, também estará sujeito à exceção prevista no inciso II do art. 3º da Lei 8.009/1990. 5. Muito embora seja certo que a exceção à impenhorabilidade do bem de família prevista no inciso II do art. 3º da Lei 8.009/1990 transmite-se ao novo bem de família adquirido, é imprescindível que se comprove que este, de fato, foi adquirido com os recursos da venda daquele"* (STJ, 3ª Turma, REsp 1.935.842/PR, rel. Min. Nancy Andrighi, *DJe* 25.6.2021).

**74. Os móveis, pertences e utilidades domésticas que guarnecem a residência do executado.** São impenhoráveis os bens móveis que guarnecem a residência do executado, ressalvados os de elevado valor ou que ultrapassem as necessidades comuns correspondentes a um médio padrão de vida. O legislador valeu-se de conceitos reconhecidamente abertos, para permitir ao órgão jurisdicional o controle da razoabilidade da regra de acordo com as peculiaridades do caso concreto. Nesses conceitos, incluem-se os veículos de transporte e as obras de arte. Ao órgão julgador cabe, ao empregar tais conceitos indeterminados, explicar o motivo concreto de sua incidência no caso (art. 489, § 1º, II).

**75. Impenhorabilidade da televisão e outros utilitários.** *"O aparelho de televisão e outros utilitários da vida moderna atual, em regra, são impenhoráveis quando guarnecem a residência do devedor, exegese que se faz do art. 1º, § 1º, da Lei 8.009/1990"* (STJ, 4ª Turma, REsp 875.687/RS, rel. Min. Luis Felipe Salomão, *DJe* 22.8.2011).

**76. Impenhorabilidade de eletrodomésticos.** *"Os eletrodomésticos que, a despeito de não serem indispensáveis, são usualmente mantidos em um imóvel residencial, não podem ser considerados de luxo ou suntuosos para fins de penhora"* (STJ, 1ª Turma, REsp 488.820/SP, rel. Min. Denise Arruda, *DJ* 28.11.2005, p. 190).

**77. Penhorabilidade de utensílios domésticos.** *"Interpretação sistemática que se faz do art. 1º da Lei 8.009/1990, juntamente com o CPC e a LEF, para proclamar a penhorabilidade de aparelhos de ar-condicionado, lava-louças, som, freezer e bar em mogno, bens úteis, mas não indispensáveis à família"* (STJ, 2ª Turma, REsp 1.066.463/SP, rel. Min. Eliana Calmon, *DJe* 22.9.2008).

**78. O vestuário e os pertences de uso pessoal do executado.** A impenhorabilidade dos bens de uso pessoal é um caso de *beneficium competentiae*. Há dupla finalidade na regra: (a) preservar a dignidade do executado, com a proteção de bens móveis importantes para sua sobrevivência digna, como o vestuário, aparelho celular, relógio e os bens de higiene pessoal; e, (b) prestigiar a boa-fé processual, impedindo a execução mesquinha e abusiva, com a penhora de bens de pequeno ou nenhum valor, como uma escova, um pente, um cinto ou um sapato. Aí se incluem o anel nupcial ou aliança de casamento e os retratos de família. Se, porém, o bem tiver elevado valor, sendo de marca cara e sofisticada ou de autoria de famoso artista, é possível penhorá-lo. A ressalva a bens de elevado valor é relevante, pois se destina a impedir o abuso do direito pelo réu, que poderia valer-se da regra para evitar penhora de um vestido confeccionado por um estilista célebre ou um Rolex ou Cartier ou um relógio de marca cara e sofisticada.

**79. Rendimentos de natureza alimentar.** As verbas de natureza alimentar são relativamente impenhoráveis (art. 833, IV). Essa é uma hipótese de *beneficium competentiae*. É regra que possui o propósito de proteger o executado, garantindo-lhe o recebimento de valores que servem ao pagamento das despesas relacionadas à sua sobrevivência digna e à da sua família. A penhorabilidade, nesse caso, é relativa, não se aplicando à execução de alimentos (art. 833, § 2º).

**80. Mitigação da impenhorabilidade salarial.** "*... a impenhorabilidade do salário pode ser mitigada em respeito ao princípio da máxima efetividade da execução, desde que respeitada a dignidade da pessoa humana.*" (STJ, 3ª Turma, AgInt no AREsp 1.806.231/MS, rel. Min. Moura Ribeiro, DJe 17.8.2022); "*A regra geral da impenhorabilidade de salários, prevista no Código de Processo Civil, pode ser excepcionada quando for preservado percentual capaz de dar amparo à dignidade do devedor e de sua família*" (STJ, 3ª Turma, AgInt no REsp 2.072.120/SP, rel. Min. Nancy Andrighi, DJe 6.9.2023).

**81. Execução de alimentos e penhora e verba alimentar.** Numa execução de alimentos, é possível penhora rendimentos de natureza alimentar (arts. 529, § 3º, e 833, § 2º).

**82. Verba de natureza alimentar: sentido da expressão.** "*Os termos 'prestação alimentícia', 'prestação de alimentos' e 'pensão alimentícia' são utilizados como sinônimos pelo legislador em momentos históricos e diplomas diversos do ordenamento jurídico pátrio, sendo que, inicialmente, estavam estritamente relacionados aos alimentos familiares, e, a partir do CC/16, passaram a ser utilizados para fazer referência aos alimentos indenizatórios e aos voluntários. 5. O termo 'natureza alimentar', por sua vez, é derivado de 'natureza alimentícia', o qual foi introduzido no ordenamento jurídico pela Constituição de 1988, posteriormente conceituado pela EC 30/2000, constando o salário como um dos exemplos. 6. Atento à importância das verbas remuneratórias, o constituinte equiparou tal crédito ao alimentício, atribuindo-lhe natureza alimentar, com o fim de conceder um benefício específico em sua execução, qual seja, a preferência no pagamento de precatórios, nos termos do art. 100, § 1º, da CRFB. 7. As verbas remuneratórias, ainda que sejam destinadas à subsistência do credor, não são equivalentes aos alimentos de que trata o CC/2002, isto é, àqueles oriundos de relações familiares ou de responsabilidade civil, fixados por sentença ou título executivo extrajudicial. 8. Uma verba tem natureza alimentar quando destinada à subsistência do credor e de sua família, mas apenas se constitui em prestação alimentícia aquela devida por quem tem a obrigação de prestar alimentos familiares, indenizatórios ou voluntários em favor de uma pessoa que, necessariamente, deles depende para sobreviver. 9. As verbas remuneratórias, destinadas, em regra, à subsistência do credor e de sua família, mereceram a atenção do legislador, quando a elas atribuiu natureza alimentar. No que se refere aos alimentos, porque revestidos de grave urgência – porquanto o alimentando depende exclusivamente da pessoa obrigada a lhe prestar alimentos, não tendo outros meios para se socorrer –, exigem um tratamento mais sensível ainda do que aquele conferido às verbas remuneratórias dotadas de natureza alimentar. 10. Em face da nítida distinção entre os termos jurídicos, evidenciada pela análise histórica e pelo estudo do tratamento legislativo e jurisprudencial conferido ao tema, forçoso concluir que não se deve igualar verbas de natureza alimentar às prestações alimentícias, tampouco atribuir àquelas os mesmos benefícios conferidos pelo legislador a estas, sob pena de enfraquecer a proteção ao direito, à dignidade e à sobrevivência do credor de alimentos (familiares, indenizatórios ou voluntários), por causa da vulnerabilidade inerente do credor de alimentos quando comparado ao credor de débitos de natureza alimentar*" (STJ, Corte Especial, REsp 1.815.055/SP, rel. Min. Nancy Andrighi, DJe 26.8.2020).

**83. Penhorabilidade dos honorários de advogado.** "*As exceções destinadas à execução de prestação alimentícia, como a penhora dos bens descritos no art. 833, IV e X, do CPC/15, e do bem de família (art. 3º, III, da Lei 8.009/1990), assim como a prisão civil, não se estendem aos honorários advocatícios, como não se estendem às demais verbas apenas com natureza alimentar, sob pena de eventualmente termos que cogitar sua aplicação a todos os honorários devidos a quaisquer profissionais liberais, como médicos, engenheiros, farmacêuticos, e a tantas outras categorias*" (STJ, Corte Especial, REsp 1.815.055/SP, rel. Min. Nancy Andrighi, DJe 26.8.2020).

**84. Ainda a penhorabilidade de honorários de advogado.** "*A exceção à regra da impenhorabilidade contida no art. 833, § 2º, do Código de Processo Civil de 2015 se aplica somente aos casos de prestação alimentícia, não se estendendo às hipóteses de verba de natureza alimentar, como são os honorários advocatícios. Fica ressalvada, porém, a hipótese em que, com base na regra geral do art. 833, IV, do CPC/2015, a penhora de salários é deferida, mas com a preservação de percentual capaz de garantir a subsistência digna do devedor e de sua família. Precedente da Corte Especial*" (STJ, 3ª Turma, AgInt no AgInt no AREsp 1.645.585/DF, rel. Min. Ricardo Villas Bôas Cueva, DJe 24.11.2020).

**85. Negócio processual sobre penhora de rendimentos.** É possível negócio processual para penhora de parcela da remuneração de natureza alimentar. Os casos de empréstimos bancários

**LIVRO II** · DO PROCESSO DE EXECUÇÃO    **Art. 833**

"consignados", em que o valor da prestação do empréstimo é debitado diretamente do salário do mutuário, revelam a disponibilidade de parte da renda do devedor.

**86. Penhora de rendimentos e proporcionalidade.** A impenhorabilidade dos rendimentos de natureza alimentar pode ser relativizada, nos casos em que a remuneração do executado exceder consideravelmente o que se impõe para a sua proteção e para a sua dignidade. É possível, então, penhorar parcela do rendimento, mesmo que não exceda a 50 salários mínimos, quando a penhora não comprometer a manutenção do executado. Nesse caso, cabe realizar controle concreto de constitucionalidade para, preservado o direito fundamental do executado, também garantir o direito fundamental do exequente, compatibilizando a dignidade daquele com a efetividade da execução.

**87. Limite temporal da impenhorabilidade de rendimentos.** A impenhorabilidade de rendimentos sujeita-se a um limite temporal, remanescendo apenas durante o período de remuneração do executado. Se a renda for mensal, a impenhorabilidade dura um mês: vencido o mês e recebido novo salário, a sobra do mês anterior perde a natureza alimentar. Sem esse limite temporal, a regra consistiria num privilégio infundado em favor do devedor. Ultrapassado o limite temporal, a verba perde a natureza alimentar e, de resto, o atributo da impenhorabilidade. Não fosse assim, tudo o que estivesse depositado em uma conta-corrente de uma pessoa assalariada jamais poderia ser penhorado, mesmo que de grande monta, correspondente ao acúmulo dos rendimentos auferidos ao longo dos anos. Depois de percebidos, os rendimentos passam a integrar os ativos do patrimônio de quem os recebe; a partir daí, mantêm-se como dinheiro ou convertem-se em outros bens, passando a ser penhoráveis.

**88. Penhorabilidade de valores oriundos de empréstimo consignado, depositados na conta salário do executado.** *"O fato de o pagamento das parcelas incidir diretamente sobre a contraprestação recebida como fruto do trabalho não equipara os valores oriundos de empréstimo consignado aos vencimentos, subsídios, soldos, salários, remunerações, proventos de aposentadoria, pensões, pecúlios, montepios, ou às quantias recebidas por liberalidade de terceiro e destinadas ao sustento do devedor e de sua família, aos ganhos de trabalhador autônomo e aos honorários de profissional liberal, aos quais o legislador conferiu a proteção da impenhorabilidade (art. 833, IV, CPC/2015). 5. Se nem mesmo o salário*

*e verbas assemelhadas, que têm natureza alimentar, gozam de impenhorabilidade absoluta, não é razoável que se confira tal blindagem aos valores decorrentes de empréstimo consignado, apenas porque se encontram depositados na conta salário do devedor"* (STJ, 3ª Turma, REsp 1.931.432/DF, rel. Min. Nancy Andrighi, *DJe* 15.6.2021).

**89. Impenhorabilidade do pecúlio apenas até 40 salários mínimos.** *"A regra prevista no art. 833, IV, do Código de Processo Civil de 2015, na parte que torna impenhoráveis os pecúlios, visa garantir a dignidade e o sustento mínimo daquele que foi previamente designado como beneficiário pelo participante do plano de previdência, não se podendo estender o benefício da impenhorabilidade a pessoa distinta, a quem os valores foram repassados a título diverso. 3. O art. 833, IV, do Código de Processo Civil de 2015 põe a salvo da constrição judicial as quantias recebidas por mera liberalidade de terceiros, desde que destinadas ao sustento mínimo do devedor e de sua família, mas a impenhorabilidade desses valores está limitada ao montante de 40 (quarenta) salários mínimos"* (STJ, 3ª Turma, REsp 1.919.998/PR, rel. Min. Ricardo Villas Bôas Cueva, *DJe* 2.6.2021).

**90. Impenhorabilidade dos bens da Fundação Habitacional do Exército – FHE.** *"O art. 31 da Lei 6.855/1980 dispõe que 'o patrimônio, a renda e os serviços vinculados às finalidades essenciais da Fundação Habitacional do Exército – FHE, ou delas decorrentes, pela sua origem e natureza, gozam dos privilégios próprios da Fazenda Pública, quanto à imunidade tributária, prazos prescricionais, impenhorabilidade, foro, prazos e custas processuais'. Diante disso, a impenhorabilidade analisada nos presentes autos, decorrente da própria lei, não pode ser afastada por decisão judicial"* (STJ, 1ª Turma, REsp 1.802.320/SP, rel. Min. Benedito Gonçalves, *DJe* 16.12.2019).

**91. Os livros, as máquinas, as ferramentas, os utensílios, os instrumentos ou outros bens móveis necessários ou úteis ao exercício de qualquer profissão.** São impenhoráveis os livros, as máquinas, as ferramentas, os utensílios, os instrumentos ou outros bens móveis necessários ou úteis ao exercício de qualquer profissão. A regra tem o propósito de garantir ao executado a preservação de alguns bens móveis (apenas os móveis) necessários ou úteis para o exercício de sua profissão, da qual extrai a renda que sustenta a ele e a sua família. Busca preservar um patrimônio mínimo ao executado, conteúdo do princípio da dignidade da pessoa humana. O rol é exemplificativo: qualquer bem móvel necessário ou útil ao exercício de qualquer profissão é impenhorável. Os móveis podem ser de qual-

1273

**Art. 833**  CÓDIGO DE PROCESSO CIVIL COMENTADO – *Leonardo Carneiro da Cunha*

quer valor, não importa onde estejam (na casa do devedor ou no local de trabalho), mas devem relacionar-se sempre ao exercício de profissões lícitas. Devem ser móveis de uso potencial, que se relacionem ao dia a dia do exercício da profissão. Essa regra de impenhorabilidade não se aplica às pessoas jurídicas. É possível, porém, admitir a impenhorabilidade desse tipo de bem móvel de pessoas jurídicas individuais, pessoas jurídicas microempresárias ou empresárias de pequeno porte, nas quais os sócios atuam exclusiva e pessoalmente.

**92. Impenhorabilidade de bens necessários ou úteis à atividade de empresa de pequeno porte, microempresa ou firma individual.** *"Em regra, os bens das pessoas jurídicas são penhoráveis, de modo que o art. 649, inciso V, do CPC/1973, correspondente ao art. 833, inciso V, do CPC/2015, segundo o qual são impenhoráveis os bens móveis necessários ao exercício da profissão do executado, tem excepcional aplicação à microempresa, empresa de pequeno porte ou firma individual, quanto aos bens que se revelem indispensáveis à continuidade de sua atividade"* (STJ, 2ª Turma, AgInt no AREsp 1.334.561/SP, rel. Min. Assusete Magalhães, *DJe* 13.2.2019).

**93. Impenhorabilidade de próteses.** São impenhoráveis as próteses, pois se incorporam à pessoa e, assim, adquirem a natureza jurídica de corpo humano, insuscetível, portanto, de responder pela dívida do executado.

**94. Impenhorabilidade de cadeira de rodas, cão-guia e muleta.** São impenhoráveis a cadeira de rodas, o cão-guia e a muleta, desde que estejam sendo utilizados (obviamente, em execução contra uma pessoa jurídica empresária que comercializa cadeiras de roda, será possível penhorar tais objetos que estejam em seu estoque).

**95. Seguro de vida.** O art. 833, VI, torna impenhorável o seguro de vida. O art. 122 da Lei 15.040/2024 também prevê expressamente a impenhorabilidade dos capitais segurados devidos em razão de morte ou de perda da integridade física. É, então, impenhorável o *direito expectativo* à importância do seguro de vida. A impenhorabilidade é instituída em favor do beneficiário do seguro, e não do segurado, até porque o capital segurado devido em razão de morte não é considerado herança para nenhum efeito (Lei 15.040/2024, art. 116). Em execução contra o segurado, não será possível a penhora do seguro de vida, pois se trata de bem que não lhe pertence, nem mesmo em expectativa. É impenhorável apenas o direito expectativo; paga a soma ao beneficiário, o valor passa a integrar seu patrimônio, deixando de ser impenhorável.

É possível a constituição de um capital ou renda impenhorável em favor de terceiro (CC, art. 813), fato que se subsome à hipótese do inciso I do art. 833, bem impenhorável por declaração de vontade, ou à hipótese do inciso IV, renda de natureza alimentar. A regra do inciso VI do art. 833 cuida de outra situação, não prevista nos incisos anteriores: a penhora de um crédito futuro, de um direito expectativo; ela é uma repercussão do comando do art. 426 do CC. Há quem afirme, porém, que o valor do seguro já recebido e, pois, incorporado ao patrimônio do beneficiário-executado, é também impenhorável.

**96. Impenhorabilidade dos valores recebidos pelo beneficiário do seguro de vida até 40 salários mínimos.** *"A impenhorabilidade do seguro de vida objetiva proteger o respectivo beneficiário, haja a vista a natureza alimentar da indenização securitária. 4. A impossibilidade de penhora dos valores recebidos pelo beneficiário do seguro de vida limita-se ao montante de 40 (quarenta) salários mínimos, por aplicação analógica do art. 649, X, do CPC/1973, cabendo a constrição judicial da quantia que a exceder"* (STJ, 3ª Turma, REsp 1.361.354/RS, rel. Min. Ricardo Villas Bôas Cueva, *DJe* 25.6.2018).

**97. Impenhorabilidade de valores recebidos a título de DPVAT.** *"Os valores pagos a título de indenização pelo 'Seguro DPVAT' aos familiares da vítima fatal de acidente de trânsito gozam da proteção legal de impenhorabilidade ditada pelo art. 649, VI, do CPC/1973 (art. 833, VI, do CPC/2015), enquadrando-se na expressão 'seguro de vida'"* (STJ, 4ª Turma, REsp 1.412.247/MG, rel. Min. Antonio Carlos Ferreira, *DJe* 29.3.2021).

**98. Materiais necessários para obras em andamento.** São impenhoráveis os materiais necessários para obras em andamento, salvo se essas forem penhoradas. A obra pode ser penhorada (art. 862). A regra estimula a penhora da obra inconclusa. Se os materiais são destinados ao término da obra, que se encontra em estágio avançado, não devem ser penhorados, sob pena de se impedir a conclusão da obra. Caso, porém, a construção ainda se encontre em fase inicial, ou se os materiais estiverem estocados para futura reforma, não sendo essenciais para a sua finalização, são penhoráveis esses materiais.

**99. Pequena propriedade rural.** É impenhorável a pequena propriedade rural, assim definida em lei, desde que trabalhada pela família (CF, art. 5º, XXVI). A sede da moradia rural é impenhorável (Lei 8.009/1990, art. 4º, § 2º). A proteção dada à pequena propriedade rural abrange a construção, as plantações, as benfeitorias de qualquer natureza, todos os equipamentos, in-

**LIVRO II · DO PROCESSO DE EXECUÇÃO** — **Art. 833**

clusive os de uso profissional, e os móveis que guarnecem a casa rural. A pequena propriedade rural é aquela "assim definida em lei", ou seja, aquela que não ultrapassa um módulo, de acordo com o Estatuto da Terra. A impenhorabilidade prevista pela CF abrange apenas execução de dívidas decorrentes da atividade produtiva; já a do CPC abrange a execução de toda dívida, salvo a cobrança do crédito concedido para a aquisição do próprio bem (art. 833, § 1º). Em qualquer hipótese, está protegida a sede de moradia, como imóvel de família, que é impenhorável (Lei 8.009/1990, art. 4º, § 2º). Assim, o imóvel não pode ser penhorado na execução de crédito rural, concedido para estimular a produção agrícola, mas poderá ser penhorado na execução do crédito concedido para a aquisição do imóvel.

**100. Impenhorabilidade da pequena propriedade rural.** *"Conquanto em alguns momentos da história a impenhorabilidade da pequena propriedade rural também tenha tutelado direitos outros que não a preservação do trabalho, este sempre foi seu objetivo primordial. Para reconhecer a impenhorabilidade, nos termos do art. 833, VIII, do CPC/2015, é imperiosa a satisfação de dois requisitos, a saber: (i) que o imóvel se qualifique como pequena propriedade rural, nos termos da lei, e (iii) que seja explorado pela família. Até o momento, não há uma lei definindo o que seja pequena propriedade rural para fins de impenhorabilidade. Diante da lacuna legislativa, a jurisprudência tem tomado emprestado o conceito estabelecido na Lei 8.629/1993, a qual regulamenta as normas constitucionais relativas à reforma agrária. Em seu art. 4º, II, alínea 'a', atualizado pela Lei 13.465/2017, consta que se enquadra como pequena propriedade rural o imóvel rural 'de área até quatro módulos fiscais, respeitada a fração mínima de parcelamento'. 5. Na vigência do CPC/1973, esta Terceira Turma já se orientava no sentido de que, para o reconhecimento da impenhorabilidade, o devedor tinha o ônus de comprovar que além de pequena, a propriedade destinava-se à exploração familiar (REsp 492.934/PR; REsp 177.641/RS). Ademais, como regra geral, a parte que alega tem o ônus de demonstrar a veracidade desse fato (art. 373 do CPC/2015) e, sob a ótica da aptidão para produzir essa prova, ao menos abstratamente, é certo que é mais fácil para o devedor demonstrar a veracidade do fato alegado. Demais disso, art. 833, VIII, do CPC/2015 é expresso ao condicionar o reconhecimento da impenhorabilidade da pequena propriedade rural à sua exploração familiar. Isentar o devedor de comprovar a efetiva satisfação desse requisito legal e transferir a prova* negativa ao credor importaria em desconsiderar o propósito que orientou a criação dessa norma, o qual, repise-se, consiste em assegurar os meios para a manutenção da subsistência do executado e de sua família. 6. Ser proprietário de um único imóvel rural não é pressuposto para o reconhecimento da impenhorabilidade com base na previsão do art. 833, VIII, do CPC/2015. A imposição dessa condição, enquanto não prevista em lei, é incompatível com o viés protetivo que norteia o art. 5º, XXVI, da CF/1988 e art. 833, VIII, do CPC/2015. Há que se atentar, então, para duas situações possíveis: (i) se os terrenos forem contínuos e a soma de suas áreas não ultrapassar quatro módulos fiscais, a pequena propriedade rural será impenhorável. Caso o somatório resulte em numerário superior, a proteção se limitará a quatro módulos fiscais (REsp 819.322/RS); (ii) se o devedor for titular de mais de um imóvel rural, não contínuos, todos explorados pela família e de até quatro módulos fiscais, como forma de viabilizar a continuidade do trabalho pelo pequeno produtor rural e, simultaneamente, não embaraçar a efetividade da tutela jurisdicional, a solução mais adequada é proteger uma das propriedades e autorizar que as demais sirvam à satisfação do crédito exequendo"* (STJ, 3ª Turma, REsp 1.843.846/MG, rel. Min. Nancy Andrighi, *DJe* 5.2.2021).

**101. Recursos públicos recebidos por instituições privadas para aplicação compulsória em educação, saúde ou assistência social.** São reputados impenhoráveis os recursos públicos recebidos por instituições privadas para aplicação compulsória em educação, saúde ou assistência social. É regra de impenhorabilidade de bem pertencente a uma pessoa jurídica privada. Para que haja impenhorabilidade, é preciso observar 2 pressupostos: *a)* origem; *b)* finalidade do dinheiro. Os recursos devem ser públicos, ou seja, originam-se de dotações orçamentárias e se destinam a entes privados sob a forma de auxílio financeiro ou de subvenção. Verbas de origem privada não se encaixam na previsão normativa. A verba deve, ademais, ser de aplicação compulsória em educação, saúde ou assistência social. Essa é uma impenhorabilidade absoluta.

**102. Valor depositado em caderneta de poupança.** É impenhorável, até 40 salários mínimos, a quantia depositada em caderneta de poupança. Essa impenhorabilidade é relativa, pois não pode ser oposta na execução de alimentos (art. 833, § 2º). Só se considera impenhorável a quantia aplicada em poupança antes da constituição da obrigação, pois, do contrário, o devedor transferiria recursos de sua conta-corrente para uma conta de poupança para fraudar a execução.

**103. Impenhorabilidade não só de caderneta de poupança, mas também de outras aplicações financeiras.** *"São impenhoráveis os saldos inferiores a 40 salários mínimos depositados em caderneta de poupança e, conforme entendimento do STJ, em outras aplicações financeiras e em conta-corrente"* (STJ, 1ª Turma, AgInt no REsp 1.812.780/SC, rel. Min. Benedito Gonçalves, DJe 26.5.2021).

**104. Impenhorabilidade de caderneta de poupança de até 40 salários mínimos não beneficia pessoa jurídica.** *"(...), no que tange ao pedido de liberação dos valores bloqueados na origem com base na impenhorabilidade prevista no inciso X do art. 833 do CPC (limite de 40 salários mínimos, a quantia depositada em caderneta de poupança), trata-se de modalidade de impenhorabilidade que não aproveita às pessoas jurídicas (situação da parte executada), já que se destina à manutenção dos valores necessários ao sustento do próprio devedor e de sua família, ou seja, verbas de caráter alimentar. Essa orientação, ademais, está de acordo com o entendimento desta Segunda Turma (...). 2. A impenhorabilidade inserida no art. 833, X, do CPC/2015, reprodução da norma contida no art. 649, X, do CPC/1973, não alcança, em regra, as pessoas jurídicas, visto que direcionada a garantir um mínimo existencial ao devedor (pessoa física). Nesse sentido: '[...] a intenção do legislador foi proteger a poupança familiar e não a pessoa jurídica, mesmo que mantenha poupança como única conta bancária' (AREsp 873.585/SC, Rel. Ministro Raul Araújo, DJe 08.03.2017)"* (STJ, 2ª Turma, AgInt no REsp 1.878.944/RS, rel. Min. Herman Benjamin, DJe 1º.3.2021).

**105. Recursos públicos do fundo partidário recebidos, nos termos da lei, por partido político.** São impenhoráveis os recursos públicos do fundo partidário recebido pelos partidos políticos, previstos no art. 17, § 3º, da CF, e disciplinado pela Lei 9.096/1995. Essa impenhorabilidade é absoluta, não comportando exceções. A distribuição dos recursos para o fundo partidário é feita pelo TSE diretamente aos Diretórios Nacionais dos partidos políticos. Contraída uma dívida por um diretório estadual ou municipal, não é possível a penhora de recursos do fundo partidário, que repercute em todo o partido, e não somente no órgão partidário obrigado. Por isso, o art. 15-A da Lei 9.096/1995 esclarece que a responsabilidade, inclusive civil e trabalhista, cabe exclusivamente ao órgão partidário municipal, estadual ou nacional que tiver dado causa ao não cumprimento de qualquer obrigação, à violação de direito, a dano a outrem ou a qualquer ato ilícito, excluindo expressamente a solidariedade de outros órgãos de direção partidária. A impenhorabilidade se restringe aos recursos públicos do fundo partidário. Recursos de origem privada recebidos pelo partido político poderão ser penhorados.

**106. Impenhorabilidade absoluta do fundo partidário.** *"O financiamento dos partidos políticos é instituto que proporciona a consecução de suas atividades, e especificamente o financiamento público, formalizado pelos repasses dirigidos ao Fundo Partidário, promove o estabelecimento do sistema de concorrência partidária e igualdade formal. 4. Após a incorporação dos repasses ao Fundo Partidário, os valores transferidos, públicos ou privados, incorporam a natureza jurídica pública e, nos termos da Lei dos Partidos Políticos, passam a ter destinação vinculada e específica à subsistência do Partido. 5. Nos termos do inciso XI, do art. 833 do CPC/2015, são impenhoráveis os recursos públicos do fundo partidário, vedação que se fundamenta na natureza pública e na finalidade vinculada daqueles recursos e que serve de garantia de que as atividades dos partidos não serão comprometidas por insuficiência financeira"* (STJ, 4ª Turma, REsp 1.891.644/DF, rel. Min. Luis Felipe Salomão, DJe 5.2.2021).

**107. Impenhorabilidade de recursos públicos do fundo partidário.** *"O art. 833, XI, do CPC/2015 impõe a impenhorabilidade absoluta das verbas públicas integrantes de fundos partidários destinadas ao financiamento eleitoral. 3. Uma vez reconhecida a natureza pública dos recursos destinados ao Fundo Especial de Financiamento de Campanha, criado pela Lei nº 13.488/2017, esse patrimônio passa a ser protegido de qualquer constrição judicial. 4. Os partidos políticos dispõem de orçamento próprio, oriundo de contribuições de seus filiados ou de doações de pessoas físicas, que são passíveis de penhora"* (STJ, 3ª Turma, REsp 1.800.265/MS, rel. Min. Ricardo Villas Bôas Cueva, DJe 23.9.2021).

**108. Impenhorabilidade do *jus sepulchri*, da sepultura e do sepulcro.** O direito à sepultura (e os seus corolários direitos a sepultar e a manter sepultado) é impenhorável. Trata-se de direito que decorre da cláusula geral da personalidade, inerente à dignidade da pessoa. Como direito da personalidade, é inalienável e, pois, impenhorável (CC, art. 11). A sepultura também é impenhorável, exatamente porque é nela que será exercido o *jus sepulchri*. A questão é mais simples quando se trata de sepultura já ocupada por um defunto. A sepultura, nesse caso, é impenhorável. A sepultura não ocupada em cemitério público também é impenhorável, por tratar-se de bem público. O jazigo não ocupado em cemitério particular pode, porém, ser penhorado, principalmente na execução do crédito relativo à

# LIVRO II · DO PROCESSO DE EXECUÇÃO     Art. 833

sua aquisição. Trata-se de bem comercializável, de algum valor econômico e que, por não estar ocupado, poderia ser penhorado sem ofensa à dignidade humana nem ao respeito aos mortos. O sepulcro é impenhorável, pois se incorpora à sepultura ocupada pelo corpo do defunto. Poderá ser penhorado, porém, na execução do crédito relativo à sua aquisição ou construção, bem como se de elevado valor (gárgulas de ouro que protegem o pórtico de um mausoléu, por exemplo).

**109. Penhora do saldo da conta vinculada do FGTS.** O patrimônio do FGTS é utilizado para investimentos em habitação, infraestrutura e saneamento. Por isso, os valores depositados no FGTS são indisponíveis: o titular do crédito não pode levantá-los quando bem entender. O saque do dinheiro depositado na conta vinculada do FGTS somente pode ser feito em situações tipicamente previstas na legislação. Indisponível, o crédito depositado na conta vinculada do FGTS é consequentemente impenhorável (art. 833, I). A penhora desses valores, com o posterior levantamento do dinheiro pelo exequente, configuraria hipótese atípica de saque do FGTS, o que não se revela adequado.

**110. (Im)penhorabilidade de valores provenientes do FGTS.** *"Esta Corte admite a penhora de verbas de natureza alimentar, bem como de valores decorrentes de FGTS, depositadas em conta-corrente somente nos casos de execução de alimentos. Nas demais execuções, as referidas verbas estão resguardadas pela impenhorabilidade"* (STJ, 1ª Turma, AgRg no REsp 1.570.755/PR, rel. Min. Napoleão Nunes Maia Filho, *DJe* 18.5.2016).

**111. Ressalva geral às impenhorabilidades.** As regras de impenhorabilidade não se aplicam na execução dos créditos fundada em negócio jurídico que serviu para a aquisição dos respectivos bens (art. 833, § 1º). Também não pode ser oponível a impenhorabilidade à execução de dívida relativa ao próprio bem, como as taxas condominiais e os impostos.

**112. Inversão do ônus da prova em exceção de pré-executividade que discute penhorabilidade.** *"Ao mesmo tempo em que busca facilitar a defesa do devedor, a exceção não pode colocar o credor em situação de desvantagem, atribuindo-lhe ônus deveras dificultosos, em detrimento das garantias processuais do contraditório e da ampla defesa. Assim, se o juiz inverter o ônus da prova no âmbito da exceção de pré-executividade, impondo ao excepto (exequente) o ônus de provar que a pequena propriedade rural não é trabalhada pela família, e se apenas lhe for possível se desincumbir desse encargo mediante dilação probatória, configurará cerceamento de defesa o acolhimento*

*da exceção sob o fundamento de que não é viável, nessa via, a produção de provas. Nesse caso, deverá o juiz rejeitar a exceção e a questão deverá ser debatida em sede de embargos à execução"* (STJ, 3ª Turma, REsp 1.940.297/MG, rel. Min. Nancy Andrighi, *DJe* 28.9.2021).

**113. Impenhorabilidade de recursos públicos destinados às IES consubstanciados no Certificado Financeiro do Tesouro – Série E (CFT-E).** *"3. O recebimento, pelas instituições de ensino superior, dos Certificados Financeiros do Tesouro? Série E (CFT-E) está condicionado à efetiva prestação de serviços educacionais aos alunos beneficiados pelo financiamento estudantil, sendo, inclusive, vedada a sua negociação com outras pessoas jurídicas de direito privado (art. 10, § 1º, da Lei 10.260/2001). 4. O intuito de fazer prevalecer o interesse coletivo em relação ao interesse particular justifica a previsão de impenhorabilidade dos recursos públicos recebidos por instituições privadas para aplicação compulsória em educação, prevista no art. 833, IX, do CPC/15. 5. Para efeitos de incidência do inciso IX do art. 833 do CPC/15, é imprescindível distinguir, de um lado, os Certificados Financeiros do Tesouro – Série E (CFT-E) repassados às Instituições de Ensino Superior (IES), e, de outro, os valores resultantes da recompra pelo FIES dos referidos títulos. 6. São impenhoráveis os recursos públicos destinados às instituições de ensino superior (IES), no âmbito do FIES, consubstanciados nos Certificados Financeiros do Tesouro – Série E (CFT-E). 7. São penhoráveis, por outro lado, os valores oriundos da recompra pelo FIES dos Certificados Financeiros do Tesouro – Série E (CFT-E), notadamente porque há disponibilidade plena sobre tais verbas"* (STJ, 3ª Turma, REsp 1.942.797/PR, rel. Min. Nancy Andrighi, *DJe* 28.9.2021).

**114. Impenhorabilidade de bem de família cedido por empréstimo.** *"Para efeitos da proteção da Lei 8.009/1990, de forma geral, é suficiente que o imóvel sirva de residência para a família do devedor, apenas podendo ser afastada quando verificada alguma das hipóteses do art. 3º da referida lei. 2. A linha hermenêutica traçada pelo Superior Tribunal de Justiça acerca da extensão do bem de família legal segue o movimento da despatrimonialização do Direito Civil, em observância aos princípios constitucionais da dignidade da pessoa humana e da solidariedade social, buscando sempre verificar a finalidade verdadeiramente dada ao imóvel. 3. O imóvel cedido aos sogros da proprietária, que, por sua vez, reside de aluguel em outro imóvel, não pode ser penhorado por se tratar de bem de família"* (STJ, 3ª Turma, REsp 1.851.893/MG, rel. Min. Marco Aurélio Bellizze, *DJe* 29.11.2021).

1277

**Art. 834.** Podem ser penhorados, à falta de outros bens, os frutos e os rendimentos dos bens inalienáveis.

▶ **I. Correspondência no CPC/1973.** *"Art. 650. Podem ser penhorados, à falta de outros bens, os frutos e rendimentos dos bens inalienáveis, salvo se destinados à satisfação de prestação alimentícia."*

## 🔣 LEGISLAÇÃO CORRELATA

**2. CC, art. 95.** *"Art. 95. Apesar de ainda não separados do bem principal, os frutos e produtos podem ser objeto de negócio jurídico."*

**3. CC, art. 1.215.** *"Art. 1.215. Os frutos naturais e industriais reputam-se colhidos e percebidos, logo que são separados; os civis reputam-se percebidos dia por dia."*

## 🗎 COMENTÁRIOS TEMÁTICOS

**4. Impenhorabilidade eventual ou sob condição.** Os bens inalienáveis são impenhoráveis e seus frutos e rendimentos também. Diante da falta ou da insuficiência de outros bens sobre os quais possa recair a penhora, os frutos e rendimentos dos bens impenhoráveis tornam-se penhoráveis. Há aí uma impenhorabilidade sob condição ou uma impenhorabilidade eventual. A penhora de frutos e rendimentos de bens impenhoráveis só será lícita se não houver outros bens sobre os quais possa recair a constrição judicial.

**Art. 835.** A penhora observará, preferencialmente, a seguinte ordem:

I – dinheiro, em espécie ou em depósito ou aplicação em instituição financeira;

II – títulos da dívida pública da União, dos Estados e do Distrito Federal com cotação em mercado;

III – títulos e valores mobiliários com cotação em mercado;

IV – veículos de via terrestre;

V – bens imóveis;

VI – bens móveis em geral;

VII – semoventes;

VIII – navios e aeronaves;

IX – ações e quotas de sociedades simples e empresárias;

X – percentual do faturamento de empresa devedora;

XI – pedras e metais preciosos;

XII – direitos aquisitivos derivados de promessa de compra e venda e de alienação fiduciária em garantia;

XIII – outros direitos.

§ 1º É prioritária a penhora em dinheiro, podendo o juiz, nas demais hipóteses, alterar a ordem prevista no *caput* de acordo com as circunstâncias do caso concreto.

§ 2º Para fins de substituição da penhora, equiparam-se a dinheiro a fiança bancária e o seguro garantia judicial, desde que em valor não inferior ao do débito constante da inicial, acrescido de trinta por cento.

§ 3º Na execução de crédito com garantia real, a penhora recairá sobre a coisa dada em garantia, e, se a coisa pertencer a terceiro garantidor, este também será intimado da penhora.

▶ **I. Correspondência no CPC/1973.** *"Art. 655. A penhora observará, preferencialmente, a seguinte ordem: I – dinheiro, em espécie ou em depósito ou aplicação em instituição financeira; II – veículos de via terrestre; III – bens móveis em geral; IV – bens imóveis; V – navios e aeronaves; VI – ações e quotas de sociedades empresárias; VII – percentual do faturamento de empresa devedora; VIII – pedras e metais preciosos; IX – títulos da dívida pública da União, Estados e Distrito Federal com cotação em mercado; X – títulos e valores mobiliários com cotação em mercado; XI – outros direitos. § 1º Na execução de crédito com garantia hipotecária, pignoratícia ou anticrética, a penhora recairá, preferencialmente, sobre a coisa dada em garantia; se a coisa pertencer a terceiro garantidor, será também esse intimado da penhora. § 2º Recaindo a penhora em bens imóveis, será intimado também o cônjuge do executado."*

## 🔣 LEGISLAÇÃO CORRELATA

**2. CC, art. 1.026.** *"Art. 1.026. O credor particular de sócio pode, na insuficiência de outros bens do devedor, fazer recair a execução sobre o que a este couber nos lucros da sociedade, ou na parte que lhe tocar em liquidação."*

**3. Lei 6.830/1980, art. 11.** *"A penhora ou arresto de bens obedecerá à seguinte ordem: I – dinheiro; II – título da dívida pública, bem como título de crédito, que tenham cotação em bolsa; III – pedras e metais preciosos; IV – imóveis; V – navios e aeronaves; VI – veículos; VII – móveis ou semoventes; e VIII – direitos e ações. § 1º Excepcionalmente, a penhora poderá recair sobre estabelecimento comercial, industrial ou agrícola, bem como em plantações ou edifícios em construção. § 2º A penhora efetuada em dinheiro será convertida no depósito de que trata o inciso I do artigo 9º. § 3º O Juiz ordenará a remoção do bem penhorado para depósito judicial, particular ou*

**LIVRO II · DO PROCESSO DE EXECUÇÃO** — **Art. 835**

*da Fazenda Pública exequente, sempre que esta o requerer, em qualquer fase do processo."*

**4. Lei 6.830/1980, art. 15, I.** *"Art. 15. Em qualquer fase do processo, será deferida pelo Juiz: I – ao executado, a substituição da penhora por depósito em dinheiro, fiança bancária ou seguro garantia."*

## ⚖ JURISPRUDÊNCIA, ENUNCIADOS E SÚMULAS SELECIONADOS

- **5. Tema/Repetitivo 578 STJ.** *"Em princípio, nos termos do art. 9º, III, da Lei 6.830/1980, cumpre ao executado nomear bens à penhora, observada a ordem legal. É dele o ônus de comprovar a imperiosa necessidade de afastá-la, e, para que essa providência seja adotada, mostra-se insuficiente a mera invocação genérica do art. 620 do CPC."*

- **6. Tema/Repetitivo 769 STJ.** *"I – A necessidade de esgotamento das diligências administrativas como requisito para penhora do faturamento foi afastada após a reforma do CPC/1973 pela Lei 11.382/2006; II – No regime do CPC/2015, a penhora do faturamento, listada em décimo lugar na ordem preferencial de bens passíveis de constrição judicial, poderá ser deferida após a demonstração da inexistência dos bens classificados em posição superior, ou, alternativamente, se houver constatação, pelo juiz, de que tais bens são de difícil alienação; finalmente, a constrição judicial sobre o faturamento empresarial poderá ocorrer sem a observância da ordem de classificação estabelecida em lei, se a autoridade judicial, conforme as circunstâncias do caso concreto, assim o entender (art. 835, § 1º, do CPC/2015), justificando-a por decisão devidamente fundamentada; III – A penhora de faturamento não pode ser equiparada à constrição sobre dinheiro; IV – Na aplicação do princípio da menor onerosidade: (art. 805 e parágrafo único do CPC/2015) (art. 620, do CPC/1973): a) a autoridade judicial deverá estabelecer percentual que não inviabilize o prosseguimento das atividades empresariais; e b) a decisão deve se reportar aos elementos probatórios concretos trazidos pelo devedor, não sendo lícito à autoridade judicial empregar o referido princípio em abstrato ou com base em simples alegações genéricas do executado."*

- **7. Tema/Repetitivo 913 STJ.** *"I – A cota de fundo de investimento não se subsume à ordem de preferência legal disposta no inciso I do art. 655 do CPC/73 (ou no inciso I do art. 835 do*

*NCPC). II – A recusa da nomeação à penhora de cotas de fundo de investimento, reputada legítima a partir das particularidades de cada caso concreto, não encerra, em· si, excessiva onerosidade ao devedor, violação do recolhimento dos depósitos compulsórios e voluntários do Banco Central do Brasil ou afronta à impenhorabilidade das reservas obrigatórias."*

- **8. Súmula STJ, 417.** *"Na execução civil, a penhora de dinheiro na ordem de nomeação de bens não tem caráter absoluto."*

- **9. Súmula TST, 417.** *"I – Não fere direito líquido e certo do impetrante o ato judicial que determina penhora em dinheiro do executado para garantir crédito exequendo, pois é prioritária e obedece à gradação prevista no art. 835 do CPC de 2015 (art. 655 do CPC de 1973). II – Havendo discordância do credor, em execução definitiva, não tem o executado direito líquido e certo a que os valores penhorados em dinheiro fiquem depositados no próprio banco, ainda que atenda aos requisitos do art. 840, I, do CPC de 2015 (art. 666, I, do CPC de 1973)."*

- **10. Enunciado 751 do FPPC.** *"Admite-se, na execução e no cumprimento de sentença, sem necessidade de esgotamento de outras medidas, a utilização da ferramenta de aperfeiçoamento do SISBAJUD para reiteração automática de ordem de bloqueio de ativos financeiros ('Teimosinha')."*

## ▣ COMENTÁRIOS TEMÁTICOS

**11. Ordem preferencial de bens.** A ordem de bens penhoráveis é preferencial, e não impositiva, podendo ser alterada diante das circunstâncias do caso. A ordem leva em conta a maior facilidade de conversão do bem em dinheiro e a menor onerosidade da execução (art. 805).

**12. Relatividade da ordem de bens.** *"A gradação legal estabelecida no art. 835 do CPC/2015, estruturado de acordo com o grau de aptidão satisfativa do bem penhorável, embora seja a regra, não tem caráter absoluto, podendo ser flexibilizada, em atenção às particularidades do caso concreto, sopesando-se, necessariamente, a potencialidade de satisfação do crédito, na medida em que a execução se processa segundo os interesses do credor (art. 797), bem como a forma menos gravosa ao devedor (art. 805)"* (STJ, 3ª Turma, AgInt no AREsp 1.729.775/MG, rel. Min. Nancy Andrighi, DJe 10.3.2021).

**13. Inobservância da ordem de bens diante da menor onerosidade da execução.** *"Com base no princípio da menor onerosidade do executado,* *a jurisprudência desta Corte permite a inobservância da regra de prioridade de penhora, quando, com base nas provas dos autos, verifique-se que a constrição do bem prioritário possa causar prejuízo excessivo ao devedor"* (STJ, 4ª Turma, AgInt no REsp 1.574.205/MG, rel. Min. Marco Buzzi, *DJe* 28.5.2020).

**14. Prioridade do dinheiro.** A penhora de dinheiro é prioritária: a penhora deve recair preferencialmente sobre dinheiro, que pode ser em espécie ou em depósito ou aplicação financeira.

**15. Relatividade da prioridade da penhora de dinheiro.** A prioridade da penhora de dinheiro não é absoluta, pois o exequente pode escolher outro bem a ser penhorado; além disso, pode haver negócio processual que que defina previamente o bem a ser penhorado: há negócio típico, no caso do art. 835, § 3º (créditos com garantia real) ou atípico (art. 190). Também pode o executado oferecer fiança bancária ou seguro garantia judicial, em valor 30% superior ao crédito: o dinheiro é equiparado a essas 2 garantias para fins de penhora.

**16. Penhora de dinheiro e ausência de onerosidade excessiva.** *"A penhora em dinheiro, por si só, não revela excessiva onerosidade, competindo ao devedor o ônus de comprovar in concreto que a indisponibilidade dos recursos financeiros põe em risco a sua subsistência e indicar outras garantias igualmente eficazes para a satisfação do crédito, o que, no caso, não ocorreu"* (STJ, 1ª Turma, AgInt nos EDcl no AREsp 1.017.788/RJ, rel. Min. Gurgel de Faria, *DJe* 20.10.2020).

**17. "Teimosinha".** *"O Conselho Nacional de Justiça, com a arquitetura de sistema mais moderno do SISBAJUD, permitiu 'a reiteração automática de ordens de bloqueio (conhecida como teimosinha), e a partir da emissão da ordem de penhora on-line de valores, o magistrado poderá registrar a quantidade de vezes que a mesma ordem terá que ser reiterada no SISBAJUD até o bloqueio do valor necessário para o seu total cumprimento.' 2. A modalidade 'teimosinha' tenciona aumentar a efetividade das decisões judiciais e aperfeiçoar a prestação jurisdicional, notadamente no âmbito das execuções, e não é revestida, por si só, de qualquer ilegalidade, porque busca dar concretude aos arts. 797, caput, e 835, I, do CPC, os quais estabelecem, respectivamente, que a execução se desenvolve em benefício do exequente, e que a penhora em dinheiro é prioritária na busca pela satisfação do crédito. 3. A medida deve ser avaliada em cada caso concreto, porque pode haver meios menos gravosos ao devedor de satisfação do crédito (art. 805 do CPC), mas não se pode concluir que a ferramenta é, à primeira vista, ilegal"* (STJ, 1ª Turma, REsp 2.034.208/RS, rel. Min. Gurgel de Faria, *DJe* de 31.1.2023).

**18. Legalidade da "teimosinha".** *"Deve ser reformado o acórdão que indefere o uso da ferramenta denominada 'teimosinha' para pesquisa e bloqueio de bens do devedor, porquanto seu uso confere maior celeridade na busca de ativos financeiros e efetividade na demanda executória."* (STJ, 2ª Turma, REsp 2.121.333/SP, rel. Min. Afrânio Vilela, *DJe* 14.6.2024). *"Ambas as Turmas da Primeira Seção do STJ adotam a compreensão no sentido da legalidade da modalidade de reiteração programada de bloqueio via Sisbajud, denominada 'teimosinha', devendo ser avaliada sua utilização em cada caso concreto, à luz do art. 805 do CPC/2015 (princípio da menor onerosidade)"* (STJ, 1ª Turma, AgInt no REsp 2.134.527/RS, rel. Min. Gurgel de Faria, *DJe* 16.8.2024).

**19. Seguro-garantia.** *"O § 2º do art. 835 do CPC/2015, para fins de substituição da penhora, equiparou a dinheiro a fiança bancária e o seguro garantia judicial, desde que em valor não inferior ao do débito constante da inicial, acrescido de trinta por cento. 3. Em que pese a lei se referir a 'substituição', que pressupõe a anterior penhora de outro bem, o seguro-garantia judicial produz os mesmos efeitos jurídicos que o dinheiro, seja para fins de garantir o juízo, seja para possibilitar a substituição de outro bem objeto de anterior penhora, não podendo o exequente rejeitar a indicação, salvo por insuficiência, defeito formal ou inidoneidade da salvaguarda oferecida. 4. O seguro-garantia judicial, espécie de seguro de danos, garante o pagamento de valor correspondente aos depósitos judiciais que o tomador (potencial devedor) necessite realizar no trâmite de processos judiciais, incluídas multas e indenizações. A cobertura terá efeito depois de transitada em julgado a decisão ou o acordo judicial favorável ao segurado (potencial credor de obrigação pecuniária sub judice) e sua vigência deverá vigorar até a extinção das obrigações do tomador (Circular SUSEP 477/2013). 5. No cumprimento de sentença, a fiança bancária e o seguro-garantia judicial são as opções mais eficientes sob o prisma da análise econômica do direito, visto que reduzem os efeitos prejudiciais da penhora ao desonerar os ativos de sociedades empresárias submetidas ao processo de execução, além de assegurar, com eficiência equiparada ao dinheiro, que o exequente receberá a soma pretendida quando obter êxito ao final da demanda. 6. Por serem automaticamente conversíveis em dinheiro ao final do feito executivo, a fiança bancária e o seguro-garantia judicial acarretam a harmonização entre o princípio da máxima eficácia da execução para o* creder e o princípio da menor onerosidade para o executado, a aprimorar consideravelmente as bases do sistema de penhora judicial e a ordem de gradação legal de bens penhoráveis, conferindo maior proporcionalidade aos meios de satisfação do crédito ao exequente. 7. A idoneidade da apólice de seguro-garantia judicial deve ser aferida mediante verificação da conformidade de suas cláusulas às normas editadas pela autoridade competente, no caso, pela Superintendência de Seguros Privados – SUSEP, sob pena de desvirtuamento da verdadeira intenção do legislador ordinário. 8. A renovação da apólice, a princípio automática, somente não ocorrerá se não houver mais risco a ser coberto ou se apresentada nova garantia. Se não renovada a cobertura ou se o for extemporaneamente, caraterizado estará o sinistro, nos termos do Ofício 23/2019/SUSEP/D1CON/CGCOM/COSET, abrindo-se para o segurado a possibilidade de execução da apólice em face da seguradora. 9. Na hipótese de haver cláusula condicionando o sinistro ao trânsito em julgado para fins de execução da garantia (apólice), como forma de harmonizar o instituto com o ordenamento processual como um todo, admite-se a recusa da garantia ou da substituição da penhora, pelo juízo da execução, a partir das especificidades do caso, se a objeção do executado não se mostrar apta, a princípio, à desconstituição total ou parcial do título. 10. Julgada a impugnação, poderá o juiz determinar que a seguradora efetue o pagamento da indenização, ressalvada a possibilidade de atribuição de efeito suspensivo ao recurso interposto pelo tomador, nos moldes do art. 1.019, I, do Código de Processo Civil de 2015. 11. O fato de se sujeitarem os mercados de seguro a amplo controle e fiscalização por parte da SUSEP é suficiente, em regra, para atestar a idoneidade do seguro-garantia judicial, desde que apresentada a certidão de regularidade da sociedade seguradora perante a referida autarquia" (STJ, 3ª Turma, REsp 1.838.837/SP, rel. p/ ac. Min. Ricardo Villas Bôas Cueva, *DJe* 21.5.2020).

**20.** **Seguro garantia ou fiança bancária na execução fiscal.** Na execução fiscal, é possível a substituição da penhora de dinheiro por fiança bancária ou por seguro garantia, sem o acréscimo dos 30% (Lei 6.830/1980, art. 15, I). Nesse sentido: STJ, 2ª Turma, REsp 1.887.012/RJ, rel. Min. Francisco Falcão, *DJe* 18.8.2023.

**21.** **Exigência do trânsito em julgado para pagamento do seguro garantia na execução fiscal.** "*A exegese do art. 32, § 2º, da LEF revela carecer de finalidade o ato judicial que intima a seguradora a realizar o pagamento da indenização do seguro garantia judicial antes da ocorrência do* trânsito em julgado da sentença desfavorável ao devedor. 2. 'As garantias apresentadas na forma do II do caput deste artigo somente serão liquidadas, no todo ou parcialmente, após o trânsito em julgado da decisão de mérito em desfavor do contribuinte, vedada a sua liquidação antecipada' (art. 9º, § 7º, da LEF, introduzido pela Lei n. 14.689/2023). 3. Cuidando-se de regra processual, o último dispositivo indicado tem imediata aplicação aos processos em tramitação" (STJ, 1ª Turma, AgInt no AREsp 2.310.912/MG, rel. p/ ac. Min. Gurgel de Faria, *DJe* de 12.4.2024).

**22.** **Direito de retenção.** Quando o credor tiver exercido direito de retenção sobre um bem, é este que deve ser o penhorado (art. 793).

**23.** **Observância da ordem de bens.** A penhora feita sem a observância da ordem de bens e sem justificativa para isso deve ser substituída por outra penhora, a ser feita sobre o bem que prioritariamente deveria ter sido penhorado.

**24.** **Penhora sobre faturamento da empresa.** "*A jurisprudência desta Corte Superior é assente quanto à possibilidade de a penhora recair, em caráter excepcional, sobre o faturamento da empresa, desde que observadas, cumulativamente, as condições previstas na legislação processual e que o percentual fixado não torne inviável o exercício da atividade empresarial*" (STJ, 2ª Turma, AgInt no REsp 1.811.869/SC, rel. Min. Og Fernandes, *DJe* 26.11.2019).

**25.** **Penhora de bem dado em garantia real.** Os bens dados em garantia real podem ser penhorados. Na execução dos respectivos créditos, a penhora recairá preferencialmente sobre eles (art. 835, § 3º). Esses bens podem, ainda, ser penhorados na execução de outros créditos, por outros credores. A proteção do credor hipotecário é garantida pela ineficácia de eventual alienação do imóvel hipotecado penhorado, sem a sua prévia intimação. O titular do direito real de garantia poderá impugnar a penhora indevidamente feita sobre o bem hipotecado por meio dos embargos de terceiro (art. 674, IV).

**26.** **Substituição da garantia real (art. 835, § 3º) por fiança bancária ou seguro garantia.** "*Os direitos reais de garantia são direitos acessórios e conferem ao seu titular a prerrogativa de obter a satisfação da dívida mediante a excussão da coisa ofertada em garantia. Sua finalidade é pôr a salvo o credor de eventual e futura insolvência do devedor. O credor não tem direito à coisa propriamente dita, mas à sua excussão (art. 1.422 do CC/2002). Nesse sentido, o direito de sequela está voltado à transformação da coisa ofertada em garantia em dinheiro. 4. A constituição de*

**Art. 836**
CÓDIGO DE PROCESSO CIVIL COMENTADO – *Leonardo Carneiro da Cunha*

*garantia especial não derroga a garantia geral, na qual estão compreendidos todos os bens do devedor, presentes e futuros (art. 789 do CPC/2015). Em verdade, trata-se de um reforço estabelecido em benefício do credor. 5. A jurisprudência deste Tribunal Superior firmou-se no sentido de que a preferência estabelecida no art. 835, § 3º, do CPC/2015 é relativa, de modo que é possível deixar de aplicar essa norma em situações excepcionais*" (STJ, 3ª Turma, REsp 1.851.436/PR, rel. Min. Nancy Andrighi, *DJe* 11.2.2021).

**27. Possibilidade de a penhora recair sobre crédito futuro.** "*Penhora de crédito que pode recair sobre crédito futuro, desde que devidamente especificado na decisão que defere a penhora e na intimação a que se refere o art. 855, I, do CPC, com a indicação, ao menos, da relação contratual no bojo da qual surgirão os créditos penhorados*" (STJ, 3ª Turma, REsp 1.964.457/RJ, rel. Min. Paulo de Tarso Sanseverino, *DJe* 11.5.2022).

> **Art. 836.** Não se levará a efeito a penhora quando ficar evidente que o produto da execução dos bens encontrados será totalmente absorvido pelo pagamento das custas da execução.
>
> § 1º Quando não encontrar bens penhoráveis, independentemente de determinação judicial expressa, o oficial de justiça descreverá na certidão os bens que guarnecem a residência ou o estabelecimento do executado, quando este for pessoa jurídica.
>
> § 2º Elaborada a lista, o executado ou seu representante legal será nomeado depositário provisório de tais bens até ulterior determinação do juiz.

▶ **1. Correspondência no CPC/1973.** "*Art. 659. A penhora deverá incidir em tantos bens quantos bastem para o pagamento do principal atualizado, juros, custas e honorários advocatícios. (...) § 2º Não se levará a efeito a penhora, quando evidente que o produto da execução dos bens encontrados será totalmente absorvido pelo pagamento das custas da execução. § 3º No caso do parágrafo anterior e bem assim quando não encontrar quaisquer bens penhoráveis, o oficial descreverá na certidão os que guarnecem a residência ou o estabelecimento do devedor.*"

🖹 **COMENTÁRIOS TEMÁTICOS**

**2. Boa-fé e impedimento do abuso de direito.** Se o valor dos bens penhorados não for suficiente sequer para ressarcir as despesas que o credor teve com a execução, a penhora desses bens tornar-se-ia um ato inútil e o prosseguimento da execução, abusivo.

**3. Impenhorabilidade para impedir o exercício abusivo do direito do exequente.** É considerado impenhorável o bem cuja alienação for totalmente absorvida pelo pagamento das custas da execução. A penhora, nesse caso, revela-se inútil. Há, pois, uma impenhorabilidade como técnica para melhor tutelar a boa-fé no processo, impedindo o abuso do direito.

**4. Utilidade da penhora.** O legislador exige que a invasão patrimonial revele utilidade prática. Não há interesse-utilidade na realização ou manutenção de uma penhora, quando o produto da venda destes bens for totalmente absorvido com pagamento das custas da execução. A utilidade da penhora só pode, entretanto, ser aferida à luz do caso concreto. Se não for nítido que todo o valor da venda será tomado pelas despesas processuais, podendo-se vislumbrar pagamento de parte mínima do crédito, ela deve ser efetivada – e depois confirmada, se for o caso, no momento de renovação da avaliação (art. 874).

**5. Descrição na. certidão do oficial de justiça.** Se não encontrar mais bens penhoráveis, o oficial descreverá na certidão aqueles que guarnecem a residência ou o estabelecimento do devedor.

**6. Depósito provisório.** O executado ou seu representante fica, provisoriamente, como depositário da lista de bens constante da certidão do oficial de justiça, até que o juiz determine a penhora. Esse depósito é provisório. A penhora realiza-se com a apreensão e o depósito do bem (art. 839). Apreendido o bem do devedor ou do responsável, haverá seu desapossamento, devendo ser entregue a um depositário. Em regra, o executado não deve ser o depositário. Ele somente poderá ser o depositário em casos de difícil remoção do bem ou quando o exequente anuir (art. 840, § 2º).

**7. Penhora *on-line* de valor irrisório.** "*O STJ firmou entendimento de que não se pode obstar a penhora on-line pelo sistema BACENJUD a pretexto de que os valores bloqueados seriam irrisórios*" (STJ, 2ª Turma, REsp 1.421.482/PR, rel. Min. Eliana Calmon, *DJe* 18.12.2013). "*A jurisprudência pacífica do STJ é no sentido de que a irrisoriedade do valor em relação ao total da dívida executada não impede sua penhora via BacenJud*" (STJ, 2ª Turma, REsp 1.646.531/RJ, rel. Min. Herman Benjamin, *DJe* 27.4.2017). "*A jurisprudência pacífica do STJ é de que a irrisoriedade do valor penhorado (em dinheiro), comparado ao total da dívida executada, não impede a sua penhora via BacenJud, nem justifica o seu desbloqueio*" (STJ, 2ª Turma, REsp 1.703.313/AM, rel. Min. Herman Benjamin, *DJe* 19.12.2017).

# LIVRO II · DO PROCESSO DE EXECUÇÃO — Art. 838

## Subseção II
## Da Documentação da Penhora, de seu Registro e do Depósito

**Art. 837.** Obedecidas as normas de segurança instituídas sob critérios uniformes pelo Conselho Nacional de Justiça, a penhora de dinheiro e as averbações de penhoras de bens imóveis e móveis podem ser realizadas por meio eletrônico.

▶ **1. Correspondência no CPC/1973.** *"Art. 659. A penhora deverá incidir em tantos bens quantos bastem para o pagamento do principal atualizado, juros, custas e honorários advocatícios. (...) § 6º Obedecidas as normas de segurança que forem instituídas, sob critérios uniformes, pelos Tribunais, a penhora de numerário e as averbações de penhoras de bens imóveis e móveis podem ser realizadas por meios eletrônicos."*

### 🏛 LEGISLAÇÃO CORRELATA

**2. Res. 236/2016 CNJ, art. 35.** *"Art. 35. O CNJ celebrará convênios com entidades públicas e privadas, a fim de viabilizar a efetivação da penhora de dinheiro e as averbações de penhoras incidentes sobre bens imóveis e móveis por meio eletrônico, nos termos do art. 837 do Código de Processo Civil. § 1º Os convênios a que se refere o caput já celebrados por ocasião da vigência desta Resolução ficam por ela convalidados. § 2º Até que sejam definidas as normas de segurança sob critérios uniformes do CNJ, ficam reconhecidas as diretrizes adotadas junto a cada instituição conveniada."*

### 🖥 COMENTÁRIOS TEMÁTICOS

**3. Meio eletrônico.** A penhora de dinheiro e averbação de penhoras de imóveis ou móveis podem ser feitas por meio eletrônico, devendo-se observar a regulamentação do CNJ.

**4. SISBAJUD.** O SISBAJUD, que substituiu o BacenJud, é o sistema de envio de ordens judiciais de constrição de valores por via eletrônica, que se realiza mediante a indicação de conta única para penhora em dinheiro.

**5. RENAJUD.** O RENAJUD é um sistema on-line de restrição judicial de veículos criado pelo CNJ, que interliga o Judiciário ao DENATRAN. A ferramenta eletrônica permite consultas e envio, em tempo real, à base de dados do RENAVAM, de ordens judiciais de restrições de veículos, aí incluído o registro de penhora.

**6. INFOJUD.** O Programa INFOJUD (Sistema de Informações ao Judiciário) é resultado de uma parceria entre o CNJ e a Receita Federal do Brasil, consistindo num serviço oferecido unicamente aos juízes – e servidores por eles autorizados – que objetiva atender às solicitações feitas por estes à Receita Federal. A ferramenta está disponível apenas aos representantes do Poder Judiciário previamente cadastrados.

**Art. 838.** A penhora será realizada mediante auto ou termo, que conterá:

I – a indicação do dia, do mês, do ano e do lugar em que foi feita;

II – os nomes do exequente e do executado;

III – a descrição dos bens penhorados, com as suas características;

IV – a nomeação do depositário dos bens.

▶ **1. Correspondência no CPC/1973.** *"Art. 665. O auto de penhora conterá: I – a indicação do dia, mês, ano e lugar em que foi feita; II – os nomes do credor e do devedor; III – a descrição dos bens penhorados, com os seus característicos; IV – a nomeação do depositário dos bens."*

### 🖥 COMENTÁRIOS TEMÁTICOS

**2. Aperfeiçoamento da penhora.** A penhora se aperfeiçoa com apreensão e depósito do bem (art. 839).

**3. Termo ou auto de penhora.** A penhora do bem formaliza-se por termo ou auto.

**4. Termo.** O termo, que é redigido pelo escrivão ou chefe de secretaria, nos autos do processo, na sede do juízo, é utilizado quando o bem penhorado for indicado por uma das partes, mediante petição deferida pelo juiz. A penhora será realizada por termo nos autos, sempre que forem desnecessárias diligências externas para a busca do bem penhorado. É o que ocorre também nos casos de penhora à distância (art. 845, § 1º).

**5. Auto.** O auto é lavrado pelo oficial de justiça, quando a apreensão for realizada fora da sede do juízo.

**6. Requisitos.** O termo e o auto de penhora devem conter os requisitos exigidos pelo art. 838. A ausência de algum desses requisitos somente acarreta invalidade, se comprovado prejuízo efetivo a uma das partes.

**7. Penhora eletrônica de dinheiro ou aplicação financeira.** A penhora eletrônica de dinheiro ou aplicação financeira se aperfeiçoa independentemente de auto ou termo (art. 854, § 5º).

A penhora, nesse caso, decorre da conversão da ordem de indisponibilidade dos recursos financeiros, independentemente de termo.

**8. Penhora de imóveis.** A penhora de imóveis, independentemente de onde se localizem, será realizada por termo nos autos, quando apresentada certidão da respectiva matrícula (art. 845, § 1º).

**9. Penhora de veículos automotores.** A penhora de automóveis, independentemente de onde se localizem, será realizada por termo nos autos, quando apresentada certidão que ateste a sua existência.

---

**Art. 839.** Considerar-se-á feita a penhora mediante a apreensão e o depósito dos bens, lavrando-se um só auto se as diligências forem concluídas no mesmo dia.

Parágrafo único. Havendo mais de uma penhora, serão lavrados autos individuais.

---

▶ **1. Correspondência no CPC/1973.** *"Art. 664. Considerar-se-á feita a penhora mediante a apreensão e o depósito dos bens, lavrando-se um só auto se as diligências forem concluídas no mesmo dia. Parágrafo único. Havendo mais de uma penhora, lavrar-se-á para cada qual um auto."*

### 🗏 COMENTÁRIOS TEMÁTICOS

**2. Aperfeiçoamento da penhora.** A penhora considera-se aperfeiçoada com a apreensão e o depósito dos bens. Com a apreensão, opera-se a arrecadação do bem do executado, a fim de responder pela execução. Já o depósito decorre da apreensão, devendo efetivar-se na forma do art. 840. Tanto a apreensão como o depósito compõem a penhora, sendo elementos dela integrantes. Aliás, o termo ou auto de penhora deve conter a nomeação do depositário (art. 838, IV).

**3. O depósito como elemento integrante da penhora.** *"É cediço que o aperfeiçoamento formal da penhora depende da efetivação de depósito, de sorte que sem a nomeação de depositário e sua assinatura no auto, a penhora não resta formalizada"* (STJ, 1ª Turma, AgRg no REsp 1.189.997/RS, rel. Min. Luiz Fux, *DJe* 17.8.2010).

**4. Termo ou auto de penhora.** A apreensão formaliza-se por termo ou auto (art. 838).

**5. Único auto de penhora.** A penhora por oficial de justiça é formalizada em um auto. Se as diligências forem por ele concluídas em um só dia, lavrar-se-á um só auto de penhora.

**6. Vários autos de penhora.** Se não for possível o oficial de justiça concluir as diligências num único dia, por ser, por exemplo, grande o número de bens penhoráveis, será lavrado um auto por dia, documentando as atividades diárias de constrição.

**7. Relevância da lavratura de um auto por dia.** Essa é uma exigência importante, que se destina a aferir a ordem de preferência das penhoras.

**8. Mais de uma penhora na mesma execução.** Se o oficial de justiça cumprir diligência para realizar mais de uma penhora para garantir uma mesma execução (penhora de bens dos 2 devedores solidários executados ou de bens situados em locais distintos), não deve formalizar todas elas no mesmo auto. Havendo mais de uma penhora, deve lavrar para cada qual um auto. Deve ser lavrado um auto por penhora (art. 839, parágrafo único). Se, porém, o executado for só um, os bens estiverem situados no mesmo local e as penhoras puderem ser feitas no mesmo dia, lavra-se apenas um auto (art. 839, *caput*).

**9. Penhora eletrônica de ativos financeiros.** No caso da penhora eletrônica de dinheiro ou de aplicação financeira, ela se aperfeiçoa independentemente de auto ou termo; em tal hipótese, a penhora decorre da conversão da ordem de indisponibilidade dos recursos financeiros, independentemente de termo (art. 854, § 5º).

**10. Penhora de crédito.** No caso de crédito, como não há apreensão física desse bem imaterial, a penhora se aperfeiçoa diferentemente, com as intimações do executado e do terceiro devedor do executado (art. 855).

**11. Penhora de imóvel.** A penhora de imóvel se efetiva independentemente de sua averbação no registro imobiliário, que, porém, é importante, pois gera presunção absoluta de conhecimento desse ato por terceiro (art. 844).

---

**Art. 840.** Serão preferencialmente depositados:

I – as quantias em dinheiro, os papéis de crédito e as pedras e os metais preciosos, no Banco do Brasil, na Caixa Econômica Federal ou em banco do qual o Estado ou o Distrito Federal possua mais da metade do capital social integralizado, ou, na falta desses estabelecimentos, em qualquer instituição de crédito designada pelo juiz;

II – os móveis, os semoventes, os imóveis urbanos e os direitos aquisitivos sobre imóveis urbanos, em poder do depositário judicial;

III – os imóveis rurais, os direitos aquisitivos sobre imóveis rurais, as máquinas, os utensílios e os instrumentos necessários ou úteis à atividade

## LIVRO II · DO PROCESSO DE EXECUÇÃO — Art. 840

agrícola, mediante caução idônea, em poder do executado.

§ 1º No caso do inciso II do *caput*, se não houver depositário judicial, os bens ficarão em poder do exequente.

§ 2º Os bens poderão ser depositados em poder do executado nos casos de difícil remoção ou quando anuir o exequente.

§ 3º As joias, as pedras e os objetos preciosos deverão ser depositados com registro do valor estimado de resgate.

▶ **1. Correspondência no CPC/1973.** *"Art. 666. Os bens penhorados serão preferencialmente depositados: I – no Banco do Brasil, na Caixa Econômica Federal, ou em um banco, de que o Estado-Membro da União possua mais de metade do capital social integralizado; ou, em falta de tais estabelecimentos de crédito, ou agências suas no lugar, em qualquer estabelecimento de crédito, designado pelo juiz, as quantias em dinheiro, as pedras e os metais preciosos, bem como os papéis de crédito; II – em poder do depositário judicial, os móveis e os imóveis urbanos; III – em mãos de depositário particular, os demais bens. § 1º Com a expressa anuência do exequente ou nos casos de difícil remoção, os bens poderão ser depositados em poder do executado. § 2º As joias, pedras e objetos preciosos deverão ser depositados com registro do valor estimado de resgate. § 3º A prisão de depositário judicial infiel será decretada no próprio processo, independentemente de ação de depósito."*

### 📖 LEGISLAÇÃO CORRELATA

**2. Lei 6.830/1980, art. 32.** *"Os depósitos judiciais em dinheiro serão obrigatoriamente feitos: I – na Caixa Econômica Federal, de acordo com o Decreto-lei nº 1.737, de 20 de dezembro de 1979, quando relacionados com a execução fiscal proposta pela União ou suas autarquias; II – na Caixa Econômica ou no banco oficial da unidade federativa ou, à sua falta, na Caixa Econômica Federal, quando relacionados com execução fiscal proposta pelo Estado, Distrito Federal, Municípios e suas autarquias. § 1º Os depósitos de que trata este artigo estão sujeitos à atualização monetária, segundo os índices estabelecidos para os débitos tributários federais. § 2º Após o trânsito em julgado da decisão, o depósito, monetariamente atualizado, será devolvido ao depositante ou entregue à Fazenda Pública, mediante ordem do Juízo competente."*

### ⚖ JURISPRUDÊNCIA, ENUNCIADOS E SÚMULAS SELECIONADOS

- **3. ADI 5.492.** *"Declarada a inconstitucionalidade da expressão 'na falta desses estabelecimentos', do art. 840, inc. I, do CPC/2015 e conferir interpretação conforme ao preceito para que se entenda que poderá a administração do tribunal efetuar os depósitos judiciais (a) no Banco do Brasil, na Caixa Econômica Federal ou em banco do qual o Estado ou o Distrito Federal possua mais da metade do capital social integralizado, ou, (b) não aceitando o critério preferencial proposto pelo legislador e observada a realidade do caso concreto, os regramentos legais e os princípios constitucionais aplicáveis, realizar procedimento licitatório visando à escolha da proposta mais adequada para a administração dos recursos dos particulares"*

- **4. Súmula Vinculante STF, 25.** *"É ilícita a prisão civil de depositário infiel, qualquer que seja a modalidade do depósito."*

- **5. Tema/Repetitivo 220 STJ.** *"Descabe a prisão civil do depositário judicial infiel."*

- **6. Súmula STJ, 179.** *"O estabelecimento de crédito que recebe dinheiro, em depósito judicial, responde pelo pagamento da correção monetária relativa aos valores recolhidos."*

- **7. Súmula STJ, 185.** *"Nos depósitos judiciais, não incide o Imposto sobre Operações Financeiras."*

- **8. Súmula STJ, 271.** *"A correção monetária dos depósitos judiciais independe de ação específica contra o banco depositário."*

- **9. Súmula STJ, 319.** *"O encargo de depositário de bens penhorados pode ser expressamente recusado."*

- **10. Súmula STJ, 419.** *"Descabe a prisão civil do depositário judicial infiel."*

- **11. Súmula TST, 417.** *"I – Não fere direito líquido e certo do impetrante o ato judicial que determina penhora em dinheiro do executado para garantir crédito exequendo, pois é prioritária e obedece à gradação prevista no art. 835 do CPC de 2015 (art. 655 do CPC de 1973). II – Havendo discordância do credor, em execução definitiva, não tem o executado direito líquido e certo a que os valores penhorados em dinheiro fiquem depositados no próprio banco, ainda que atenda aos requisitos do art. 840, I, do CPC de 2015 (art. 666, I, do CPC de 1973)."*

## Comentários Temáticos

**12. Depósito.** A penhora realiza-se com a apreensão e o depósito do bem (art. 839). Significa que o depósito é elemento constitutivo da penhora, necessário para que ela produza efeitos. O depósito compõe a penhora, sendo elemento dela integrante.

**13. Depositário.** Apreendido o bem do devedor ou do responsável, haverá seu desapossamento, devendo ser entregue a um depositário. A este caberá guardar o bem, conservá-lo e, se for o caso, administrá-lo até sua expropriação.

**14. Escolha do depositário.** O art. 840 estabelece os critérios para a escolha do depositário judicial.

**15. Depósito de dinheiro.** Em todos os casos em que houver recolhimento de importância em dinheiro, esta será depositada em nome da parte ou do interessado, em conta especial movimentada pelo juiz, no Banco do Brasil, na Caixa Econômica Federal ou em banco do qual o Estado ou o Distrito Federal possua mais da metade do capital social integralizado, ou, na falta desses estabelecimentos, em qualquer instituição de crédito designada pelo juiz (arts. 840, I, e 1.058).

**16. Exequente como depositário: subsidiariedade.** O exequente só será depositário, caso não haja depositário judicial. Em outras palavras, o exequente é depositário subsidiário (art. 840, § 1º).

**17. Excepcionalidade de o executado ser o depositário.** Em regra, o executado não deve ser o depositário. Ele somente poderá ser o depositário em casos de difícil remoção do bem ou quando o exequente anuir (art. 840, § 2º). Até mesmo no caso de imóvel, o executado só será o depositário no caso do inciso III: imóveis rurais, com a exigência, porém, de uma caução idônea em favor do exequente.

**18. Escolha consensual do depositário.** É possível haver negócio processual de escolha do depositário (art. 190). As partes podem, por exemplo, convencionar que valores de aplicação financeira penhorados possam permanecer depositados em determinado fundo de investimento, em vez de serem transferidos para uma conta judicial num dos bancos previstos no inciso I do art. 840.

**19. Mais de uma penhora sobre o mesmo bem.** Recaindo mais de uma penhora sobre o mesmo bem, o mesmo depositário deve ser mantido nas constrições subsequentes. Não se deve nomear mais de um depositário para um mesmo bem.

**20. Funções do depositário.** O depositário é um auxiliar de justiça, que exerce função pública de guarda e conservação dos bens penhorados, contra extravio e deteriorações, até que se chegue à fase de expropriação. O depositário pode requerer medidas cautelares conservativas, independentemente de autorização judicial; cabe-lhe empregar medidas para preservar a posse, incidentalmente na execução. Não pode o depositário usar o bem em proveito próprio. Assim, por exemplo, se for penhorado um automóvel, não pode o depositário usá-lo em proveito próprio; seu uso depende de autorização do juiz e deve ser em benefício do credor ou da massa ativa. Cabe ao depositário receber e manter sob sua custódia os frutos advindos do bem, que aproveitam à massa ativa e à execução. Há casos em que o depositário assume também as funções de administrador. A natureza dos bens penhorados pode impor que eles continuem sendo explorados economicamente, como no caso de penhora de empresa comercial, industrial ou agrícola, de plantações ou de edifícios em construção. Nesses casos, o depositário passa a ser também administrador. Deixa de ser depositário comum (responsável por simples custódia e preservação) para ser depositário-administrador (que também gere o bem apreendido).

**21. Remuneração do depositário.** O depositário deve ser remunerado pelos serviços prestados. Se depositário judicial, receberá emolumentos já fixados no regimento de custas; se particular, o juiz deve fixar o valor de sua remuneração, considerando a situação dos bens, o tempo de serviço e as dificuldades de execução (art. 160).

**22. Despesas.** As despesas inerentes à guarda, conservação e administração dos bens devem ser indenizadas em separado.

**23. Responsabilidade do depositário infiel.** O depositário tem o dever de devolver o bem sob sua custódia, quando determinado pelo juízo, por ordem de entrega expedida no próprio processo executivo. Caso não o faça, será considerado depositário infiel, mas não pode ser civilmente preso por isso. O depositário pode responder civil e criminalmente por sua atuação na execução. O depositário pode praticar crime de apropriação indébita, se toma para si os bens sob sua guarda (CP, art. 168, § 1º, II). Sendo depositário o próprio devedor, pode incorrer na fraude do art. 179 do Código Penal. Em termos de responsabilidade civil, pode ser demandado em ação de depósito, prestação de contas ou de indenização.

**LIVRO II · DO PROCESSO DE EXECUÇÃO** **Art. 842**

**Art. 841.** Formalizada a penhora por qualquer dos meios legais, dela será imediatamente intimado o executado.

§ 1º A intimação da penhora será feita ao advogado do executado ou à sociedade de advogados a que aquele pertença.

§ 2º Se não houver constituído advogado nos autos, o executado será intimado pessoalmente, de preferência por via postal.

§ 3º O disposto no § 1º não se aplica aos casos de penhora realizada na presença do executado, que se reputa intimado.

§ 4º Considera-se realizada a intimação a que se refere o § 2º quando o executado houver mudado de endereço sem prévia comunicação ao juízo, observado o disposto no parágrafo único do art. 274.

▶ **1. Correspondência no CPC/1973.** *"Art. 652. O executado será citado para, no prazo de 3 (três) dias, efetuar o pagamento da dívida. (...) § 4º A intimação do executado far-se-á na pessoa de seu advogado; não o tendo, será intimado pessoalmente. § 5º Se não localizar o executado para intimá-lo da penhora, o oficial certificará detalhadamente as diligências realizadas, caso em que o juiz poderá dispensar a intimação ou determinará novas diligências."*

### ▣ COMENTÁRIOS TEMÁTICOS

**2. Intimação do executado.** Formalizada a penhora, o executado deverá ser intimado. A intimação será feita ao advogado ou sociedade de advogados que representa o executado.

**3. Intimação direta (art. 269, § 1º).** Como o executado deve ser intimado da penhora na pessoa de seu advogado, é possível que o advogado do exequente intime o do executado por via postal, juntando aos autos, em seguida cópia do ofício de intimação e do aviso de recebimento. Trata-se da chamada intimação direta (art. 269, § 1º).

**4. Intimação pessoal.** Se o executado não tiver advogado constituído nos autos, será intimado pessoalmente, preferencialmente por via postal. Nesse caso, a intimação será considerada válida, se feita no endereço informado nos autos.

**5. Mudança de endereço.** Se o executado tiver mudado de endereço, e não houver comunicado nos autos a mudança, será válida a intimação feita no antigo endereço, que é o que consta dos autos.

**6. Penhora presencial.** Feita a penhora na presença do executado, seu advogado não precisa

ser comunicado. De igual modo, se a penhora for feita por termo nos autos, assinado pelo executado, não há necessidade de sua intimação.

**7. Penhora de imóvel.** Feita a penhora de imóvel (ou de direito real sobre imóvel), o cônjuge do executado deverá ser também intimado, salvo se o regime de bens for o da separação absoluta (art. 842), sob pena de nulidade dos atos posteriores de expropriação.

**8. Intimação de terceiros.** Além do executado, outros sujeitos eventualmente devem ser também intimados da penhora (art. 799). Ao lado dos arts. 804 e 889, o art. 799 deve ser interpretado como um sistema de normas de proteção a alguns sujeitos, credores ou não. Nos casos descritos nesse bloco normativo (arts. 799, 804 e 889), embora o patrimônio do terceiro não seja diretamente atingido, é possível vislumbrar, em razão de alguma relação jurídica de direito material mantida entre esse terceiro e o executado, algum interesse em participar do processo. Presente algum desses fundamentos de proteção dos interesses do terceiro, o sujeito deve ser intimado a participar do processo. A ausência de intimação pode gerar a ineficácia do ato de alienação do bem penhorado em relação ao terceiro não intimado (art. 804), nas hipóteses em que a necessidade de intimação está expressamente prevista num dos dispositivos do bloco normativo (arts. 799, 804 e 889).

**9. Validade de intimação de penhora feita a advogado cuja procuração exclui expressamente poderes para essa finalidade.** *"O poder de receber intimação está incluso, na verdade, nos poderes gerais para o foro e não há previsão no art. 105 do CPC/15 quanto à possibilidade de o outorgante restringir tais poderes por meio de cláusula especial. Pelo contrário, com os poderes concedidos na procuração geral para o foro, entende-se que o procurador constituído pode praticar todo e qualquer ato do processo, exceto aqueles mencionados na parte final do art. 105 do CPC/15. Logo, todas as intimações ocorridas no curso do processo, inclusive a intimação da penhora, podem ser recebidas pelo patrono constituído nos autos"* (STJ, 3ª Turma, REsp 1.904.872/PR, rel. Min. Nancy Andrighi, *DJe* 28.9.2021).

**Art. 842.** Recaindo a penhora sobre bem imóvel ou direito real sobre imóvel, será intimado também o cônjuge do executado, salvo se forem casados em regime de separação absoluta de bens.

1287

# Art. 843 — CÓDIGO DE PROCESSO CIVIL COMENTADO – Leonardo Carneiro da Cunha

▶ **1. Correspondência no CPC/1973.** *"Art. 655. A penhora observará, preferencialmente, a seguinte ordem: (...) § 2º Recaindo a penhora em bens imóveis, será intimado também o cônjuge do executado."*

## 📖 LEGISLAÇÃO CORRELATA

**2. CC, art. 1.647.** *"Ressalvado o disposto no art. 1.648, nenhum dos cônjuges pode, sem autorização do outro, exceto no regime da separação absoluta: I – alienar ou gravar de ônus real os bens imóveis; II – pleitear, como autor ou réu, acerca desses bens ou direitos; III – prestar fiança ou aval; IV – fazer doação, não sendo remuneratória, de bens comuns, ou dos que possam integrar futura meação. Parágrafo único. São válidas as doações nupciais feitas aos filhos quando casarem ou estabelecerem economia separada.*

## ⚖ JURISPRUDÊNCIA, ENUNCIADOS E SÚMULAS SELECIONADOS

- **3. Súmula STJ, 134.** *"Embora intimado da penhora em imóvel do casal, o cônjuge do executado pode opor embargos de terceiro para defesa de sua meação".*

## 🗏 COMENTÁRIOS TEMÁTICOS

**4. Penhora de imóvel.** Feita a penhora do imóvel (ou direito real sobre imóvel), o cônjuge do executado deverá ser intimado, salvo se o casamento for em regime de separação absoluta (art. 842), sob pena de nulidade dos atos posteriores de expropriação. A penhora não é nula, mas os atos subsequentes podem sê-lo. Há necessidade de intimação do companheiro, se houver prova da união estável nos autos (art. 73, § 3º).

**5. Desnecessidade de intimação de ex-cônjuge casado sob o regime de separação convencional de bens.** *"2. É dispensável a intimação do ex-cônjuge casado sob o regime de separação convencional de bens da penhora sobre bem imóvel de propriedade particular, sobre o qual não tem direito de meação. 3. Na hipótese, não subsiste interesse jurídico do ex-cônjuge em defender o patrimônio a que não faz jus, devendo ser afastado eventual litisconsórcio passivo"* (STJ, 3ª Turma, REsp 1.367.343/DF, rel. Min. Ricardo Villas Bôas Cueva, *DJe* 19.12.2016).

**6. Participação do cônjuge ou companheiro do executado na execução.** Se ambos os cônjuges são obrigados no título executivo, a execução pode ser proposta contra eles, vindo a ser citados em litisconsórcio passivo. Ainda

que o cônjuge do executado não seja obrigado ou a execução não lhe tenha sido dirigida, recaindo a penhora sobre bem imóvel, ele deverá ser intimado da constrição, para formação de um litisconsórcio necessário ulterior. Isso ocorre porque a lei exige sua participação na fase expropriatória do bem. A regra deve ser respeitada ainda que a penhora só recaia sobre a quota-parte do executado.

**7. Defesa do cônjuge.** Intimado da penhora, o cônjuge poderá defender-se: *(a)* por embargos à execução ou impugnação ao cumprimento de sentença, se quiser atacar a dívida objeto da execução; ou *(b)* por embargos de terceiro, se quiser simplesmente proteger sua quota-parte.

> **Art. 843.** Tratando-se de penhora de bem indivisível, o equivalente à quota-parte do coproprietário ou do cônjuge alheio à execução recairá sobre o produto da alienação do bem.
>
> § 1º É reservada ao coproprietário ou ao cônjuge não executado a preferência na arrematação do bem em igualdade de condições.
>
> § 2º Não será levada a efeito expropriação por preço inferior ao da avaliação na qual o valor auferido seja incapaz de garantir, ao coproprietário ou ao cônjuge alheio à execução, o correspondente à sua quota-parte calculado sobre o valor da avaliação.

▶ **1. Correspondência no CPC/1973.** *"Art. 655-B. Tratando-se de penhora em bem indivisível, a meação do cônjuge alheio à execução recairá sobre o produto da alienação do bem."*

## 📖 LEGISLAÇÃO CORRELATA

**2. CC, art. 1.322.** *"Art. 1.322. Quando a coisa for indivisível, e os consortes não quiserem adjudicá-la a um só, indenizando os outros, será vendida e repartido o apurado, preferindo-se, na venda, em condições iguais de oferta, o condômino ao estranho, e entre os condôminos aquele que tiver na coisa benfeitorias mais valiosas, e, não as havendo, o de quinhão maior. Parágrafo único. Se nenhum dos condôminos tem benfeitorias na coisa comum e participam todos do condomínio em partes iguais, realizar-se-á licitação entre estranhos e, antes de adjudicada a coisa àquele que ofereceu maior lanço, proceder-se-á à licitação entre os condôminos, a fim de que a coisa seja adjudicada a quem afinal oferecer melhor lanço, preferindo, em condições iguais, o condômino ao estranho."*

**LIVRO II · DO PROCESSO DE EXECUÇÃO**  **Art. 844**

## ⚖ Jurisprudência, Enunciados e Súmulas Selecionados

- **3. Enunciado 329 do FPPC.** *"Na execução trabalhista deve ser preservada a quota parte de bem indivisível do coproprietário ou do cônjuge alheio à execução, sendo-lhe assegurado o direito de preferência na arrematação do bem em igualdade de condições."*
- **4. Enunciado 641 do FPPC.** *"O exequente deve providenciar a intimação do coproprietário no caso da penhora de bem imóvel indivisível ou de direito real sobre bem imóvel indivisível."*
- **5. Enunciado 154 da II Jornada-CJF.** *"O exequente deve providenciar a intimação do coproprietário no caso da penhora de bem indivisível ou de direito real sobre bem indivisível."*

## 🗐 Comentários Temáticos

**6. Penhora de bem indivisível.** Havendo penhora de bem indivisível, o bem será alienado e a quota-parte do cônjuge ou coproprietário se sub-roga no produto da alienação, valendo dizer que o equivalente à quota-parte do cônjuge ou coproprietário recairá sobre o produto da alienação do bem.

**7. Avaliação e garantia da quota-parte.** Para proteger o cônjuge ou coproprietário, não será levada a efeito expropriação por preço inferior ao da avaliação na qual o valor auferido seja incapaz de garantir ao cônjuge ou coproprietário alheio à execução, o correspondente à sua quota-parte calculado sobre o valor da avaliação.

**8. Preferência na arrematação.** O cônjuge ou coproprietário tem preferência para a arrematação do bem imóvel indivisível, em igualdade de condições.

**9. Alienação judicial de bem imóvel indivisível em regime de copropriedade.** *"Sob o novo quadro normativo, é autorizada a alienação judicial do bem indivisível, em sua integralidade, em qualquer hipótese de copropriedade. Ademais, resguarda-se ao coproprietário alheio à execução o direito de preferência na arrematação do bem ou, caso não o queira, a compensação financeira pela sua quota-parte, agora apurada segundo o valor da avaliação, não mais sobre o preço obtido na alienação judicial (art. 843 do CPC/15)"* (STJ, 3ª Turma, REsp 1.818.926/DF, rel. Min. Nancy Andrighi, *DJe* 15.4.2021).

---

**Art. 844.** Para presunção absoluta de conhecimento por terceiros, cabe ao exequente providenciar a averbação do arresto ou da penhora no registro competente, mediante apresentação de cópia do auto ou do termo, independentemente de mandado judicial.

---

▸ **1. Correspondência no CPC/1973.** *"Art. 659. A penhora deverá incidir em tantos bens quantos bastem para o pagamento do principal atualizado, juros, custas e honorários advocatícios. (...) § 4º A penhora de bens imóveis realizar-se-á mediante auto ou termo de penhora, cabendo ao exequente, sem prejuízo da imediata intimação do executado (art. 652, § 4º), providenciar, para presunção absoluta de conhecimento por terceiros, a respectiva averbação no ofício imobiliário, mediante a apresentação de certidão de inteiro teor do ato, independentemente de mandado judicial."*

## 🗐 Legislação Correlata

**2. Res. 236/2016 CNJ, art. 35.** *"Art. 35. O CNJ celebrará convênios com entidades públicas e privadas, a fim de viabilizar a efetivação da penhora de dinheiro e as averbações de penhoras incidentes sobre bens imóveis e móveis por meio eletrônico, nos termos do art. 837 do Código de Processo Civil. § 1º Os convênios a que se refere o caput já celebrados por ocasião da vigência desta Resolução ficam por ela convalidados. § 2º Até que sejam definidas as normas de segurança sob critérios uniformes do CNJ, ficam reconhecidas as diretrizes adotadas junto a cada instituição conveniada."*

## ⚖ Jurisprudência, Enunciados e Súmulas Selecionados

- **3. Tema/Repetitivo 243 STJ.** *"Para fins do art. 543-c do CPC, firma-se a seguinte orientação: 1.1. É indispensável citação válida para configuração da fraude de execução, ressalvada a hipótese prevista no § 3º do art. 615-A do CPC. 1.2. O reconhecimento da fraude de execução depende do registro da penhora do bem alienado ou da prova de má-fé do terceiro adquirente (Súmula 375/STJ). 1.3. A presunção de boa-fé é princípio geral de direito universalmente aceito, sendo milenar parêmia: a boa-fé se presume; a má-fé se prova. 1.4. Inexistindo registro da penhora na matrícula do imóvel, é do credor o ônus da prova de que o terceiro adquirente tinha conhecimento de demanda capaz de levar o alienante à insolvência, sob pena de torna-se letra morta o disposto no art. 659, § 4º, do CPC. 1.5. Conforme previsto no § 3º do art. 615-A do CPC, presume-se em fraude de execução a*

# Art. 845 | CÓDIGO DE PROCESSO CIVIL COMENTADO – Leonardo Carneiro da Cunha

alienação ou oneração de bens realizada após averbação referida no dispositivo."

- **4. Enunciado 149 da II Jornada-CJF.** *"A falta de averbação da pendência de processo ou da existência de hipoteca judiciária ou de constrição judicial sobre bem no registro de imóveis não impede que o exequente comprove a má-fé do terceiro que tenha adquirido a propriedade ou qualquer outro direito real sobre o bem."*

## 📃 COMENTÁRIOS TEMÁTICOS

**5. Averbação do arresto ou da penhora.** A averbação do arresto ou da penhora do bem pode ser feita no registro competente, não sendo um pressuposto para sua efetivação. É um pressuposto fático da presunção legal absoluta de que terceiros sabem da sua existência e, portanto, não podem alegar desconhecimento do arresto ou da penhora ou boa-fé na aquisição do bem arrestado ou penhorado.

**6. Presunção absoluta.** Feita a averbação do arresto ou da penhora, haverá presunção absoluta de ciência para todos, não sendo possível a quem quer que seja alegar desconhecimento ou boa-fé.

**7. Meio eletrônico.** A averbação do arresto ou da penhora pode ser feita por meio eletrônico (art. 837), devendo-se observar a regulamentação do CNJ.

## Subseção III
## Do Lugar de Realização da Penhora

> **Art. 845.** Efetuar-se-á a penhora onde se encontrem os bens, ainda que sob a posse, a detenção ou a guarda de terceiros.
>
> § 1º A penhora de imóveis, independentemente de onde se localizem, quando apresentada certidão da respectiva matrícula, e a penhora de veículos automotores, quando apresentada certidão que ateste a sua existência, serão realizadas por termo nos autos.
>
> § 2º Se o executado não tiver bens no foro do processo, não sendo possível a realização da penhora nos termos do § 1º, a execução será feita por carta, penhorando-se, avaliando-se e alienando-se os bens no foro da situação.

▶ **I. Correspondência no CPC/1973.** *"Art. 658. Se o devedor não tiver bens no foro da causa, far-se-á a execução por carta, penhorando-se, avaliando-se e alienando-se os bens no foro da situação (art. 747)." "Art. 659. A penhora deverá incidir em tantos bens quantos bastem para o* pagamento do principal atualizado, juros, custas e honorários advocatícios. § 1º Efetuar-se-á a penhora onde quer que se encontrem os bens, ainda que sob a posse, detenção ou guarda de terceiros. (...) § 4º A penhora de bens imóveis realizar-se-á mediante auto ou termo de penhora, cabendo ao exequente, sem prejuízo da imediata intimação do executado (art. 652, § 4º), providenciar, para presunção absoluta de conhecimento por terceiros, a respectiva averbação no ofício imobiliário, mediante a apresentação de certidão de inteiro teor do ato, independentemente de mandado judicial. § 5º Nos casos do § 4º, quando apresentada certidão da respectiva matrícula, a penhora de imóveis, independentemente de onde se localizem, será realizada por termo nos autos, do qual será intimado o executado, pessoalmente ou na pessoa de seu advogado, e por este ato constituído depositário."*

## 🗝 LEGISLAÇÃO CORRELATA

**2. Lei 9.096/1995, art. 15-A.** *"A responsabilidade, inclusive civil e trabalhista, cabe exclusivamente ao órgão partidário municipal, estadual ou nacional que tiver dado causa ao não cumprimento da obrigação, à violação de direito, a dano a outrem ou a qualquer ato ilícito, excluída a solidariedade de outros órgãos de direção partidária. Parágrafo único. O órgão nacional do partido político, quando responsável, somente poderá ser demandado judicialmente na circunscrição especial judiciária da sua sede, inclusive nas ações de natureza cível ou trabalhista."*

## ⚖ JURISPRUDÊNCIA, ENUNCIADOS E SÚMULAS SELECIONADOS

- **3. Súmula STJ, 46.** *"Na execução por carta, os embargos do devedor serão decididos no juízo deprecante, salvo se versarem unicamente vícios ou defeitos da penhora, avaliação ou alienação dos bens."*

## 📃 COMENTÁRIOS TEMÁTICOS

**4. Local da penhora.** Os bens devem ser penhorados em qualquer lugar, onde quer que estejam, mesmo que sob posse, detenção ou guarda de terceiros.

**5. Foro da execução.** Se os bens podem ser penhorados onde quer que estejam, há uma preferência daqueles que estão no foro da execução (art. 848, III).

**6. Execução por carta.** Caso o devedor não tenha bens no foro da causa, a execução deverá ser realizada por carta (art. 845, § 2º).

# LIVRO II · DO PROCESSO DE EXECUÇÃO — Art. 846

**7. Penhora por carta.** *"O art. 845, § 2º, do CPC/15, dispõe que, se o executado não tiver bens no foro do processo, a execução deve ser feita por carta, penhorando-se, avaliando-se e alienando-se os bens no foro da situação"* (STJ, 2ª Seção, CC 165.347/GO, rel. Min. Nancy Andrighi, *DJe* 17.6.2019).

**8. Bem fora do foro da execução e dispensa da carta.** A penhora de bem situado fora do foro da execução pode ser feita sem a expedição de carta precatória: *(a)* nos casos de bem imóvel ou veículo automotor, quando apresentada a certidão da matrícula do imóvel ou a certidão de existência do veículo, fazendo-se a penhora por termo nos autos; *(b)* na execução de crédito com garantia real (pignoratício, anticrético, hipotecário ou fiduciário), em que a penhora incidirá sobre a coisa em garantia, sendo efetivada no próprio juízo da execução, mesmo que a coisa esteja em foro diverso; *(c)* no caso de bem situado em comarca diversa, mas indicado à penhora pelo executado, que pode vir a assumir o encargo de depositário junto ao juízo da execução, podendo ser lavrado termo de penhora nos autos principais; *(d)* no caso de penhora eletrônica de dinheiro ou aplicação financeira, pois o bloqueio requisitado ao Banco Central pelo órgão jurisdicional atinge qualquer instituição financeira em qualquer comarca do país.

**9. Comarca contígua ou da mesma região metropolitana.** O oficial de justiça do juízo da execução pode realizar penhora fora da comarca em que está lotado, desde que o bem se encontre em comarca contígua ou da mesma região metropolitana (art. 255).

**10. Tempo da penhora.** A penhora por oficial de justiça, como todo ato processual externo (realizado fora da sede do juízo), realizar-se-á nos dias úteis, das 6 às 20 horas (art. 212). A penhora pode realizar-se no período de férias, onde houver, nos feriados ou nos dias úteis, fora do horário das 6 às 20 horas, respeitando-se o direito fundamental à inviolabilidade do domicílio (art. 212, § 2º). A penhora pode realizar-se em tais situações, independentemente de autorizado do juiz.

---

**Art. 846.** Se o executado fechar as portas da casa a fim de obstar a penhora dos bens, o oficial de justiça comunicará o fato ao juiz, solicitando-lhe ordem de arrombamento.

§ 1º Deferido o pedido, 2 (dois) oficiais de justiça cumprirão o mandado, arrombando cômodos e móveis em que se presuma estarem os bens, e lavrarão de tudo auto circunstanciado, que será assinado por 2 (duas) testemunhas presentes à diligência.

§ 2º Sempre que necessário, o juiz requisitará força policial, a fim de auxiliar os oficiais de justiça na penhora dos bens.

§ 3º Os oficiais de justiça lavrarão em duplicata o auto da ocorrência, entregando uma via ao escrivão ou ao chefe de secretaria, para ser juntada aos autos, e a outra à autoridade policial a quem couber a apuração criminal dos eventuais delitos de desobediência ou de resistência.

§ 4º Do auto da ocorrência constará o rol de testemunhas, com a respectiva qualificação.

▶ **1. Correspondência no CPC/1973.** *"Art. 660. Se o devedor fechar as portas da casa, a fim de obstar a penhora dos bens, o oficial de justiça comunicará o fato ao juiz, solicitando-lhe ordem de arrombamento." "Art. 661. Deferido o pedido mencionado no artigo antecedente, dois oficiais de justiça cumprirão o mandado, arrombando portas, móveis e gavetas, onde presumirem que se achem os bens, e lavrando de tudo auto circunstanciado, que será assinado por duas testemunhas, presentes à diligência." "Art. 662. Sempre que necessário, o juiz requisitará força policial, a fim de auxiliar os oficiais de justiça na penhora dos bens e na prisão de quem resistir à ordem." "Art. 663. Os oficiais de justiça lavrarão em duplicata o auto de resistência, entregando uma via ao escrivão do processo para ser junta aos autos e a outra à autoridade policial, a quem entregarão o preso. Parágrafo único. Do auto de resistência constará o rol de testemunhas, com a sua qualificação."*

## ⚖ LEGISLAÇÃO CORRELATA

**2. CF, art. 5º, XI.** *"Art. 5º (...) XI – a casa é asilo inviolável do indivíduo, ninguém nela podendo penetrar sem consentimento do morador, salvo em caso de flagrante delito ou desastre, ou para prestar socorro, ou, durante o dia, por determinação judicial."*

**3. CP, art. 329.** *"Art. 329. Opor-se à execução de ato legal, mediante violência ou ameaça a funcionário competente para executá-lo ou a quem lhe esteja prestando auxílio: Pena – detenção, de dois meses a dois anos. § 1º Se o ato, em razão da resistência, não se executa: Pena – reclusão, de um a três anos. § 2º As penas deste artigo são aplicáveis sem prejuízo das correspondentes à violência."*

**4. CP, art. 330.** *"Art. 330. Desobedecer a ordem legal de funcionário público: Pena – detenção, de quinze dias a seis meses, e multa."*

**5. Lei 9.099/1995, art. 61.** *"Art. 61. Consideram-se infrações penais de menor potencial ofensivo, para os efeitos desta Lei, as contravenções penais e os crimes a que a lei comine pena máxima não superior a 2 (dois) anos, cumulada ou não com multa."*

**6. Lei 9.099/1995, art. 69.** *"Art. 69. A autoridade policial que tomar conhecimento da ocorrência lavrará termo circunstanciado e o encaminhará imediatamente ao Juizado, com o autor do fato e a vítima, providenciando-se as requisições dos exames periciais necessários. Parágrafo único. Ao autor do fato que, após a lavratura do termo, for imediatamente encaminhado ao juizado ou assumir o compromisso de a ele comparecer, não se imporá prisão em flagrante, nem se exigirá fiança. Em caso de violência doméstica, o juiz poderá determinar, como medida de cautela, seu afastamento do lar, domicílio ou local de convivência com a vítima."*

### ▣ COMENTÁRIOS TEMÁTICOS

**7. Formalização da penhora.** A penhora por oficial de justiça é formalizada por um auto, que é o chamado auto de penhora.

**8. Resistência do executado.** Havendo resistência do executado, que impeça o oficial de justiça entrar em sua residência ou na sede da empresa, este deve comunicar o fato em juízo, solicitando ordem de arrombamento. Há, nesse caso, uma resistência presumida.

**9. Ordem de arrombamento.** Somente se autoriza o arrombamento se houver resistência. A resistência é um ilícito processual, que autoriza o arrombamento. Não pode haver ordem de arrombamento sem resistência. Há resistência presumida, quando o executado simplesmente impede o oficial de justiça entrar em sua residência ou sede da empresa.

**10. Diligência por dois oficiais de justiça.** Deferida a ordem de arrombamento, a diligência deve ser feita por dois oficiais de justiça, que arrombarão cômodos e móveis em que se presuma estarem os bens, lavrando auto circunstanciado ("auto de arrombamento") de todo ocorrido, a ser assinado por duas testemunhas presentes no ato. Não há vedação legal ao arrombamento de cofres e caixas-fortes (que são móveis), se for necessário, para encontrar bens ocultados. A ausência de testemunhas não obsta o arrombamento nem o torna defeituoso, se o ato tiver alcançado sua finalidade, sem causar prejuízo ao executado. A diligência pode ser acompanhada pelo exequente e seu advogado.

**11. Força policial.** Se necessário, pode-se requisitar força policial para ajudar no arrombamento e na prisão de quem resistir ao arrombamento (CP, art. 329).

**12. Auto da ocorrência.** Os oficiais de justiça lavrarão em duplicata o auto da ocorrência, entregando uma via ao escrivão ou chefe de secretaria, para ser juntada aos autos, e a outra à autoridade policial a quem couber a apuração criminal dos eventuais delitos de desobediência ou de resistência. Do auto da ocorrência constará o rol de testemunhas, com a respectiva qualificação.

**13. Prisão em flagrante.** Só poderá haver prisão em flagrante se, em razão da resistência, o ato não se executar (CP, art. 329, § 1º). A simples resistência, embora conduta criminosa, é considerada ilícito penal de menor potencial ofensivo e, com essa qualidade, não admite prisão em flagrante (Lei 9.099/1995, art. 69, parágrafo único). Consideram-se infrações penais de menor potencial ofensivo as contravenções penais e os crimes a que a lei comine pena máxima não superior a dois anos, cumulada ou não com multa (Lei 9.099/1995, art. 61). A simples resistência, por ter pena máxima prevista em abstrato de dois anos de detenção, é crime de menor potencial ofensivo. A resistência eficaz, que impede a execução do ato, é apenada com, no máximo, 3 anos de reclusão; não é, portanto, crime de menor potencial ofensivo e, assim, admite prisão em flagrante. No caso de crime de menor potencial ofensivo, a autoridade policial deverá lavrar termo circunstanciado do ocorrido e encaminhar o autor do fato ao Juizado; encaminha-se o autor do fato ao Juizado Especial Criminal competente (Lei 9.099/1995, art. 69).

**14. Autos diferentes.** Ao fim da diligência, podem ser lavrados até três autos diferentes: *(a)* de arrombamento (com descrição das coisas rompidas, lesadas e assinatura de duas testemunhas), *(b)* de resistência (se houver, caso dos §§ 2º a 4º do art. 846) e *(c)* de penhora (se encontrados os bens).

## Subseção IV
## Das Modificações da Penhora

**Art. 847.** O executado pode, no prazo de 10 (dez) dias contado da intimação da penhora, requerer a substituição do bem penhorado, desde que comprove que lhe será menos onerosa e não trará prejuízo ao exequente.

## LIVRO II · DO PROCESSO DE EXECUÇÃO — Art. 847

§ 1º O juiz só autorizará a substituição se o executado:

I – comprovar as respectivas matrículas e os registros por certidão do correspondente ofício, quanto aos bens imóveis;

II – descrever os bens móveis, com todas as suas propriedades e características, bem como o estado deles e o lugar onde se encontram;

III – descrever os semoventes, com indicação de espécie, de número, de marca ou sinal e do local onde se encontram;

IV – identificar os créditos, indicando quem seja o devedor, qual a origem da dívida, o título que a representa e a data do vencimento; e

V – atribuir, em qualquer caso, valor aos bens indicados à penhora, além de especificar os ônus e os encargos a que estejam sujeitos.

§ 2º Requerida a substituição do bem penhorado, o executado deve indicar onde se encontram os bens sujeitos à execução, exibir a prova de sua propriedade e a certidão negativa ou positiva de ônus, bem como abster-se de qualquer atitude que dificulte ou embarace a realização da penhora.

§ 3º O executado somente poderá oferecer bem imóvel em substituição caso o requeira com a expressa anuência do cônjuge, salvo se o regime for o de separação absoluta de bens.

§ 4º O juiz intimará o exequente para manifestar-se sobre o requerimento de substituição do bem penhorado.

▶ **1. Correspondência no CPC/1973.** *"Art. 668. O executado pode, no prazo de 10 (dez) dias após intimado da penhora, requerer a substituição do bem penhorado, desde que comprove cabalmente que a substituição não trará prejuízo algum ao exequente e será menos onerosa para ele devedor (art. 17, incisos IV e VI, e art. 620). Parágrafo único. Na hipótese prevista neste artigo, ao executado incumbe: I – quanto aos bens imóveis, indicar as respectivas matrículas e registros, situá-los e mencionar as divisas e confrontações; II – quanto aos móveis, particularizar o estado e o lugar em que se encontram; III – quanto aos semoventes, especificá-los, indicando o número de cabeças e o imóvel em que se encontram; IV – quanto aos créditos, identificar o devedor e qualificá-lo, descrevendo a origem da dívida, o título que a representa e a data do vencimento; e V – atribuir valor aos bens indicados à penhora." "Art. 656 (...) § 1º É dever do executado (art. 600), no prazo fixado pelo juiz, indicar onde se encontram os bens sujeitos à execução, exibir a prova de sua propriedade e, se for o caso, certidão negativa de ônus, bem*

*como abster-se de qualquer atitude que dificulte ou embarace a realização da penhora (art. 14, parágrafo único). (...) § 3º O executado somente poderá oferecer bem imóvel em substituição caso o requeira com a expressa anuência do cônjuge."*

### 🖳 LEGISLAÇÃO CORRELATA

**2. CC, art. 1.647.** *"Ressalvado o disposto no art. 1.648, nenhum dos cônjuges pode, sem autorização do outro, exceto no regime da separação absoluta: I – alienar ou gravar de ônus real os bens imóveis; II – pleitear, como autor ou réu, acerca desses bens ou direitos; III – prestar fiança ou aval; IV – fazer doação, não sendo remuneratória, de bens comuns, ou dos que possam integrar futura meação. Parágrafo único. São válidas as doações nupciais feitas aos filhos quando casarem ou estabelecerem economia separada.*

### ⚖ JURISPRUDÊNCIA, ENUNCIADOS E SÚMULAS SELECIONADOS

- **3. Tema/Repetitivo 120 do STJ.** *"A Fazenda Pública pode recusar a substituição do bem penhorado por precatório."*
- **4. Súmula STJ, 406.** *"A Fazenda Pública pode recusar a substituição do bem penhorado por precatório."*

### 🖾 COMENTÁRIOS TEMÁTICOS

**5. Modificações da penhora.** A penhora pode sofrer modificações, sobretudo após a avaliação. A modificação pode se dar por ampliação, redução, substituição ou renovação da penhora.

**6. Ampliação da penhora.** A ampliação da penhora pode ocorrer quando, após a avaliação, se verificar que os bens constritos são insuficientes para saldar o débito (art. 874, II).

**7. Redução da penhora.** A redução da penhora ocorre quando, após a avaliação, se perceber que o valor dos bens penhorados é consideravelmente superior ao crédito do exequente e seus acessórios (art. 874, I).

**8. Renovação da penhora.** A renovação da penhora ou segunda penhora é a realização de nova constrição na mesma execução, nas hipóteses do art. 851.

**9. Substituição da penhora.** A substituição da penhora é uma faculdade dada ao exequente ou ao executado de liberar o bem penhorado, colocando outro em seu lugar. O art. 847 prevê hipótese de substituição por iniciativa exclusiva do executado. Já o art. 848 prevê a substituição por iniciativa de qualquer das partes.

1293

**10. Impossibilidade de substituição de ofício.** A substituição da penhora não pode ser determinada de ofício pelo juiz, por ser uma faculdade das partes pedi-la.

**11. Substituição por iniciativa do executado.** O executado pode requerer, no prazo de 10 dias, contado de sua intimação da penhora, a substituição desta.

**12. Interesse processual.** O art. 847 prevê legitimidade para o executado requerer a substituição da penhora. É preciso, porém, ter também interesse processual para formular tal requerimento. Em uma execução proposta contra mais de um executado, é possível que a penhora tenha recaído apenas em bem de um deles. O executado que não teve bem seu penhorado não terá interesse de pedir a substituição da penhora.

**13. Pressupostos.** Para que possa haver a substituição da penhora a requerimento do executado, é preciso que se preencham dois pressupostos: *(a)* ausência de prejuízos ao exequente; *(b)* a execução tornar-se-á menos onerosa.

**14. Defeito da penhora.** Para requerer a substituição, o executado não precisa demonstrar qualquer defeito da penhora. Havendo defeito da penhora, o caso é de sua invalidade, procedendo-se a uma segunda penhora (art. 851, I).

**15. Cumulatividade.** Os requisitos para substituição da penhora são cumulativos; se só um deles estiver presente, não será possível haver a substituição. Deve haver a presença de ambos os requisitos.

**16. Ausência de prejuízo ao exequente.** A substituição da penhora só será deferida se o executado demonstrar que não haverá prejuízos ao exequente. Não se deve, então, aceitar a substituição do bem penhorado por outro cuja alienação seja difícil, lenta ou bastante onerosa, pois isso revela-se lesivo ao exequente.

**17. Presunção de ausência de prejuízo ao exequente.** Presume-se a ausência de prejuízo ao exequente quando for requerida a substituição do bem penhorado por dinheiro, fiança bancária ou seguro garantia (no caso da fiança e do seguro, é preciso acrescentar 30% no valor da execução – art. 848, parágrafo único).

**18. Execução menos onerosa.** A substituição da penhora requerida pelo executado (art. 847) deve proporcionar-lhe uma execução menos onerosa (art. 805). O bem penhorado pode ser, por exemplo, importante para a atividade do executado, sendo-lhe menos oneroso oferecer outro bem ou, até mesmo, dinheiro, fiança bancária ou seguro garantia.

**19. Pressupostos da substituição da penhora.** *"Ao interpretar as normas que regem a execução, deve-se extrair a maior efetividade possível ao procedimento executório. Tratando-se de pretensão de substituição de penhora, também é preciso avaliar se estão preenchidos os requisitos estabelecidos no art. 847, caput, do CPC/2015, a saber: (i) a substituição não deve prejudicar o exequente e (ii) deve ser menos onerosa ao executado. 7. O primeiro pressuposto está estritamente relacionado ao princípio da efetividade da execução. Especificamente quanto à substituição da penhora de bem dado em garantia real por fiança bancária, observa-se que o art. 835, § 2º, do CPC/2015 equipara a fiança bancária e o seguro garantia judicial a dinheiro, desde que em montante não inferior ao do débito executado, acrescido de 30%. Assim, por ser fiança bancária dotada de notória liquidez e automaticamente conversível em dinheiro, a finalidade à qual se volta a garantia real – transformação do bem em dinheiro – é, sem dúvidas, mais rapidamente atingida por essa via. 8. A transmutação do bem dado em garantia em dinheiro exige a realização de uma série de atos, além de reivindicar tempo e gastos. Não só, o resultado obtido com a venda do bem pode não ser suficiente para saldar a dívida, pois é possível que desde a constituição da garantia até a sua excussão o bem tenha sofrido desvalorização. Assim, a fiança bancária, em contraposição à garantia real, é mais favorável ao exequente, bem como prestigia o interesse público na razoável duração do processo (art. 5º, LXXVIII, da CF). 9. O segundo pressuposto, consistente na menor onerosidade ao executado, deve ser avaliado caso a caso, sendo seu o ônus de comprová-lo. 10. Na hipótese em julgamento, os bens penhorados guardam relação com a atuação da empresa recorrente. Essa circunstância revela que a fiança bancária será menos onerosa à parte executada do que a penhora dos bens dados em garantia real"* (STJ, 3ª Turma, REsp 1.851.436/PR, rel. Min. Nancy Andrighi, *DJe* 11.2.2021).

**20. Negócio processual.** A substituição da penhora pode ocorrer por convenção entre as partes, não sendo necessário, nesse caso, investigar o preenchimento dos requisitos exigidos no art. 847.

**21. Contraditório.** Requerida pelo executado a substituição da penhora, o exequente será intimado para manifestar-se. Em virtude do princípio da igualdade (art. 7º), o prazo para o exequente manifestar-se será, igualmente, de dez dias.

**22. Concordância.** Havendo concordância do exequente com o pedido do executado, o

**LIVRO II · DO PROCESSO DE EXECUÇÃO** **Art. 848**

juiz deverá deferir a substituição da penhora. A hipótese equivale à de um negócio processual, quando se estabelece o consenso entre as partes sobre a situação processual.

**23. Silêncio do exequente.** O silêncio do exequente pode ser interpretado como concordância com o requerimento do executado (CC, art. 111).

**24. Prazo.** O art. 847, diferentemente do art. 848, prevê um prazo de dez dias para o requerimento de substituição da penhora. Nas hipóteses do art. 848, tanto o exequente como o executado podem requerer a substituição da penhora. Na hipótese do art. 847, só o executado pode fazê-lo.

**25. Prazo para substituição da penhora** *versus* **prazo para impugnar bloqueio eletrônico.** O prazo de 10 dias previsto no art. 847 não se confunde com o prazo de cinco dias do § 3º do art. 854. Enquanto aquele serve para que o executado requeira a substituição da penhora, este destina-se à impugnação ao bloqueio eletrônico de dinheiro ou ativos financeiros, quando houver impenhorabilidade ou excesso.

**26. Preclusão.** O executado tem o prazo de dez dias, contado da intimação da penhora, para requerer a substituição do bem penhorado, demonstrando que a substituição não prejudica o exequente e torna a execução menos onerosa. Se, passado esse prazo, não houver mudança no contexto, terá havido preclusão. Caso, porém, sobrevenha algum fato que justifique a substituição, para tornar a execução menos onerosa ao executado e não cause prejuízo ao exequente, poderá aquele, então, requerê-la.

**27. Provas.** O executado, ao requerer a substituição da penhora, deve apresentar documentos que comprovem suas alegações e o preenchimento dos pressupostos do art. 847.

**28. Anuência do cônjuge.** Se o executado pedir a substituição do bem penhorado por um imóvel, deverá instruir seu requerimento com documento que ateste a expressa anuência de seu cônjuge.

**29. Novo termo.** Concedida a substituição do bem penhorado, será lavrado novo termo de penhora (art. 849).

---

**Art. 848.** As partes poderão requerer a substituição da penhora se:

I – ela não obedecer à ordem legal;

II – ela não incidir sobre os bens designados em lei, contrato ou ato judicial para o pagamento;

III – havendo bens no foro da execução, outros tiverem sido penhorados;

IV – havendo bens livres, ela tiver recaído sobre bens já penhorados ou objeto de gravame;

V – ela incidir sobre bens de baixa liquidez;

VI – fracassar a tentativa de alienação judicial do bem; ou

VII – o executado não indicar o valor dos bens ou omitir qualquer das indicações previstas em lei.

Parágrafo único. A penhora pode ser substituída por fiança bancária ou por seguro garantia judicial, em valor não inferior ao do débito constante da inicial, acrescido de trinta por cento.

▶ **1. Correspondência no CPC/1973.** *"Art. 656. A parte poderá requerer a substituição da penhora: I – se não obedecer à ordem legal; II – se não incidir sobre os bens designados em lei, contrato ou ato judicial para o pagamento; III – se, havendo bens no foro da execução, outros houverem sido penhorados; IV – se, havendo bens livres, a penhora houver recaído sobre bens já penhorados ou objeto de gravame; V – se incidir sobre bens de baixa liquidez; VI – se fracassar a tentativa de alienação judicial do bem; ou VII – se o devedor não indicar o valor dos bens ou omitir qualquer das indicações a que se referem os incisos I a IV do parágrafo único do art. 668 desta Lei. § 1º É dever do executado (art. 600), no prazo fixado pelo juiz, indicar onde se encontram os bens sujeitos à execução, exibir a prova de sua propriedade e, se for o caso, certidão negativa de ônus, bem como abster-se de qualquer atitude que dificulte ou embarace a realização da penhora (art. 14, parágrafo único). § 2º A penhora pode ser substituída por fiança bancária ou seguro garantia judicial, em valor não inferior ao do débito constante da inicial, mais 30% (trinta por cento). § 3º O executado somente poderá oferecer bem imóvel em substituição caso o requeira com a expressa anuência do cônjuge."*

### ⚖ JURISPRUDÊNCIA, ENUNCIADOS E SÚMULAS SELECIONADOS

- **2. Tema/Repetitivo 120 STJ.** *"A Fazenda Pública pode recusar a substituição do bem penhorado por precatório."*

- **3. Súmula STJ, 406.** *"A Fazenda Pública pode recusar a substituição do bem penhora por precatório."*

- **4. Enunciado 490 do FPPC.** *"São admissíveis os seguintes negócios processuais, entre outros: pacto de inexecução parcial ou total de multa coercitiva; pacto de alteração de ordem de penhora; pré-indicação de bem penhorável preferencial (art. 848, II); pré-fixação de indenização* *por dano processual prevista nos arts. 81, § 3º, 520, inc. I, 297, parágrafo único (cláusula penal processual); negócio de anuência prévia para aditamento ou alteração do pedido ou da causa de pedir até o saneamento (art. 329, inc. II)."*

## 🖹 Comentários Temáticos

**5. Substituição da penhora a requerimento de qualquer das partes.** O art. 848 prevê a substituição do bem penhorado a pedido de qualquer das partes, indicando as hipóteses em que se pode operar tal substituição.

**6. Prazo.** Não há prazo para se pedir a substituição da penhora nas hipóteses do art. 848.

**7. Efetividade da execução.** As hipóteses do art. 848 autorizam a substituição da penhora para que se confira maior efetividade à execução.

**8. Negócio processual.** A substituição do bem penhorado pode ser convencionada entre as partes, mediante negócio jurídico processual.

**9. Fiança bancária ou seguro garantia.** A penhora pode ser substituída por fiança bancária ou seguro garantia judicial, em valor não inferior ao do débito constante da petição inicial, mais 30%.

**10. Substituição da penhora na execução fiscal.** O regime de substituição de penhora, na execução fiscal, está previsto no art. 15 da Lei 6.830/1980. Segundo ali se estabelece, a substituição pode ser deferida ao executado ou à Fazenda Pública. As partes, exequente e executado, podem celebrar negócio jurídico processual para substituir a penhora. A Lei 13.988, de 2020, que trata da "transação tributária", prevê essa possibilidade em seu art. 11, III. Não havendo consenso ou celebração de negócio processual a esse respeito, a substituição da penhora será, em qualquer fase do processo de execução fiscal, deferida pelo juiz ao *executado* por depósito em dinheiro, fiança bancária ou seguro garantia, sendo deferida pelo juiz à Fazenda Pública a substituição dos bens penhorados por outros, independentemente da ordem enumerada no seu art. 11, bem como o reforço da penhora insuficiente. Na execução fiscal, pode o executado ter deferida em seu favor a substituição do bem penhorado por depósito em dinheiro ou fiança bancária. Pode, ainda, haver substituição do bem por *seguro garantia judicial.* Por ser equiparado a dinheiro, o seguro pode ser oferecido desde logo, não sendo necessário aguardar a penhora em dinheiro para que haja, depois, a substituição. O seguro pode ser oferecido desde logo ou servir para substituir dinheiro penhorado. Assim, pe-

nhorado dinheiro, é possível substituir tal penhora pela de fiança bancária ou de seguro garantia judicial, desde que em valor não inferior ao do débito. Nos termos do CPC, a única condição imposta é a fiança bancária ou o seguro garantia ter valor equivalente ao do débito, acrescido de 30%. Atendida essa exigência, é possível a substituição, pois a lei, nesse caso, equiparou a fiança bancária e o seguro garantia judicial a dinheiro. O art. 15, I, da Lei 6.830/1980 sempre previu a possibilidade de substituição da penhora por fiança bancária. Por força da Lei 13.043/2014, inseriu-se a previsão também no mesmo inciso I do art. 15 da Lei 6.830/1980 da possibilidade de substituição da penhora por seguro garantia. O CPC prevê essa substituição desde que haja acréscimo de 30% do valor na fiança ou na apólice do seguro. A exigência de 30% não deve ser feita na execução fiscal. O inciso I do art. 15 da Lei 6.830/1980 não prevê os 30%, não havendo essa exigência no âmbito da execução fiscal. A Lei 6.830/1980 prevê a possibilidade de substituição da penhora por dinheiro, fiança bancária ou seguro garantia, sem o acréscimo dos 30%, não devendo, portanto, ser tal acréscimo exigido no âmbito da execução fiscal.

**11. Substituição da penhora por fiança ou seguro na execução fiscal.** *"O STJ firmou entendimento recente no sentido de que a norma do art. 835, § 2º, do CPC/2015 (art. 656, § 2º, do CPC/1973), apesar de seu caráter subsidiário, possui aplicação nos processos de Execução Fiscal (REsp 1.564.097/ES, Rel. Ministro Herman Benjamin, Segunda Turma, julgado em 17.03.2016, DJe 24.05.2016). Nada obstante isso, 'o art. 656, § 2º, do CPC apenas estabelece a necessidade desse acréscimo nos casos em que há substituição da penhora. Trata-se, portanto, de uma norma mais gravosa para o executado, a qual, nesse ponto, não pode ser interpretada extensivamente.' (AgRg na MC 24.961/RJ, Rel. Ministra Diva Malerbi [Desembargadora convocada, TRF 3ª Região], Segunda Turma, julgado em 1º.12.2015, DJe 09.12.2015). No mesmo sentido: MC 24.721/RJ, Rel. Min. Humberto Martins, Segunda Turma, DJe 24.09.2015; AgRg na MC 24.099/RJ, Rel. Min. Regina Helena Costa, Primeira Turma, DJe 02.09.2015; AgRg na MC 24.283/RJ, Rel. Min. Sérgio Kukina, Primeira Turma, DJe 11.06.2015; AgRg no AgRg na MC 23.392/RJ, Rel. Min. Marga Tessler (Juíza Federal Convocada do TRF 4ª Região), Primeira Turma, DJe 13.02.2015. 3. A hipótese concreta não é de substituição de penhora, mas de garantia inicial prestada em Execução Fiscal, logo após a citação da parte devedora, razão pela qual, em tese, não se aplicaria o art. 835, § 2º, do CPC/2015, já que*

**LIVRO II · DO PROCESSO DE EXECUÇÃO** **Art. 851**

*este apenas estabelece a necessidade de acréscimo nos casos em que há substituição da penhora"* (STJ, 2ª Turma, REsp 1.841.110/SP, rel. Min. Herman Benjamin, *DJe* 19.12.2019).

---

**Art. 849.** Sempre que ocorrer a substituição dos bens inicialmente penhorados, será lavrado novo termo.

---

▶ **1. Correspondência no CPC/1973.** *"Art. 657. Ouvida em 3 (três) dias a parte contrária, se os bens inicialmente penhorados (art. 652) forem substituídos por outros, lavrar-se-á o respectivo termo. Parágrafo único. O juiz decidirá de plano quaisquer questões suscitadas."*

### 🗏 COMENTÁRIOS TEMÁTICOS

**2. Novo termo.** Havendo substituição do bem penhorado, deve ser lavrado um novo termo de penhora, que deve conter os requisitos exigidos pelo art. 838. A ausência de algum desses requisitos somente acarreta invalidade, se comprovado prejuízo efetivo a uma das partes.

**3. Penhora eletrônica de dinheiro ou aplicação financeira.** Se penhora for substituída por penhora eletrônica de dinheiro ou aplicação financeira, esta última se aperfeiçoa independentemente de auto ou termo (art. 854, § 5º). Nesse caso, não será necessário lavrar novo termo de penhora. A nova penhora decorrerá da conversão da ordem de indisponibilidade dos recursos financeiros, independentemente de termo.

---

**Art. 850.** Será admitida a redução ou a ampliação da penhora, bem como sua transferência para outros bens, se, no curso do processo, o valor de mercado dos bens penhorados sofrer alteração significativa.

---

▶ **1. Sem correspondência no CPC/1973.**

### 🗏 COMENTÁRIOS TEMÁTICOS

**2. Ampliação, redução ou modificação de bens penhorados.** A penhora pode ser ampliada quando, após a avaliação, se constatar que os bens são insuficientes para saldar a dívida (art. 874, II). Pode ser reduzida quando, após a avaliação, se perceber que o valor dos bens é consideravelmente superior ao crédito executado e seus acessórios (art. 874, I). A penhora pode, ainda, ser substituída em diversas hipóteses (art. 848).

**3. Modificação da penhora pela alteração superveniente do valor de mercado.** Além das hipóteses previstas no art. 874, a penhora pode

ser reduzida ou ampliada se o valor de mercado dos bens penhorados sofrer alteração significativa. A alteração significativa do valor de mercado também pode justificar a substituição do bem penhorado ou a transferência da penhora para outros bens.

---

**Art. 851.** Não se procede à segunda penhora, salvo se:

I – a primeira for anulada;

II – executados os bens, o produto da alienação não bastar para o pagamento do exequente;

III – o exequente desistir da primeira penhora, por serem litigiosos os bens ou por estarem submetidos a constrição judicial.

---

▶ **1. Correspondência no CPC/1973.** *"Art. 667. Não se procede à segunda penhora, salvo se: I – a primeira for anulada; II – executados os bens, o produto da alienação não bastar para o pagamento do credor; III – o credor desistir da primeira penhora, por serem litigiosos os bens, ou por estarem penhorados, arrestados ou onerados."*

### 🗏 COMENTÁRIOS TEMÁTICOS

**2. Segunda penhora.** A renovação da penhora ou segunda penhora é a realização de nova constrição na mesma execução, quando ocorrer uma das hipóteses mencionadas no art. 851. A primeira penhora deve ser desfeita, fazendo-se uma outra em seu lugar.

**3. Rol exemplificativo.** O rol do art. 851 não é taxativo. Além das hipóteses ali previstas, admite-se também a segunda penhora *(a)* em caso de perecimento, destruição ou subtração do bem originariamente penhorado; *(b)* quando o bem for de baixa liquidez, desistindo o exequente de sua penhora (arts. 775 e 848, V).

**4. Necessidade de desfazimento da primeira penhora e menor onerosidade.** *"(...), como sugere o nome, a substituição da penhora, que também possui expressa previsão legal, pressupõe o desfazimento da constrição judicial anterior, com a liberação do bem constrito, para, então, incidir sobre outro bem, indicado pelo credor ou devedor, nas hipóteses dos arts. 847 e 848 do CPC/2015. 5. Na espécie, procedeu-se a uma segunda penhora, que, em regra, não é admitida, sem que a anterior fosse anulada, considerada, por qualquer razão, inidônea ou mesmo reputada insuficiente, à revelia do que dispõe o art. 851 do CPC/2015. Ainda que se confira a esse rol o caráter meramente exemplificativo, outras situações que comportem a realização de uma segunda penho-*

1297

# Art. 852

*ra, devidamente sopesadas no caso concreto pelo magistrado, deverão importar, necessariamente, na insubsistência da anterior, providência, como visto, não observada no particular. 6. Conclui-se, assim, que essa segunda constrição, mantida a anterior, que recaiu sobre créditos (prestações periódicas) que os executados auferem em contrato de arrendamento rural, especificamente em 30% do correlato rendimento, refoge, a toda evidência, do princípio da menor onerosidade que deve nortear a execução"* (STJ, 3ª Turma, REsp 1.802.748/SP, rel. Min. Marco Aurélio Bellizze, *DJe* 26.8.2019).

---

**Art. 852.** O juiz determinará a alienação antecipada dos bens penhorados quando:

I – se tratar de veículos automotores, de pedras e metais preciosos e de outros bens móveis sujeitos à depreciação ou à deterioração;

II – houver manifesta vantagem.

---

▶ **1. Correspondência no CPC/1973.** *"Art. 670. O juiz autorizará a alienação antecipada dos bens penhorados quando: I – sujeitos a deterioração ou depreciação; II – houver manifesta vantagem. Parágrafo único. Quando uma das partes requerer a alienação antecipada dos bens penhorados, o juiz ouvirá sempre a outra antes de decidir."*

## ⚖ Jurisprudência, Enunciados e Súmulas Selecionados

• **2. Enunciado 740 do FPPC.** *"Nos termos do art. 852 do CPC, é admitida a alienação antecipada de bens em ação judicial pela prática de ato de improbidade administrativa."*

## 📖 Comentários Temáticos

**3. Cabimento.** A alienação antecipada é cabível tanto na execução fundada em título extrajudicial como no cumprimento de sentença.

**4. Penhora de dinheiro.** Não há que se falar em alienação antecipada do bem penhorado quando o que se penhorou foi dinheiro ou ativo financeiro. É que o dinheiro não é bem perecível nem se desvaloriza, já que, depositado, seu valor será devidamente atualizado, sendo essa, aliás, uma responsabilidade da instituição financeira depositária do dinheiro ou do ativo financeiro.

**5. Alienação antecipada.** Penhorado um bem, deverá ser expropriado para que o dinheiro seja entregue ao exequente. A alienação é, enfim, a etapa seguinte à penhora. É possível que o executado, porém, tenha oposto embargos à execução ou apresentado impugnação ao cumprimento de sentença e obtido efeito suspensivo para sobrestar o andamento da execução. Nesse caso, não haverá, enquanto perdurar o efeito suspensivo, alienação do bem penhorado. As hipóteses de alienação antecipada (art. 852) consistem, em verdade, na retirada ou revogação do efeito suspensivo concedido aos embargos ou à impugnação.

**6. Tutela provisória.** A alienação antecipada de bens é, na verdade, uma tutela provisória na execução: diante do risco de perecimento do bem ou da urgência da situação, o juiz afasta o efeito suspensivo concedido aos embargos à execução ou à impugnação ao cumprimento de sentença, permitindo já a alienação do bem penhorado.

**7. Ausência de efeito suspensivo.** Se não tiver havido concessão de efeito suspensivo aos embargos à execução ou à impugnação ao cumprimento de sentença, não há que se falar em alienação antecipada. Penhorado um bem e não tendo sido concedido efeito suspensivo, o procedimento passará à fase de expropriação de bens: será o momento da alienação, sendo irrelevante a condição do bem penhorado. Em outras palavras, será irrelevante haver a presença dos requisitos previstos no art. 852, pois já haverá mesmo a alienação do bem penhorado; já se terá chegado ao momento para tanto. Só se antecipa o que se fará mais adiante; se já se chegou ao momento do ato, não há o que antecipar.

**8. Alienação antecipada *versus* entrega do dinheiro.** A alienação antecipada do bem penhorado não implica a entrega do dinheiro ao exequente. Com determinação de alienação antecipada, afasta-se o efeito suspensivo dos embargos à execução ou da impugnação ao cumprimento de sentença e já se determina a expropriação do bem. Alienado o bem, o dinheiro será depositado em juízo, restaurando-se o efeito suspensivo que havia sido afastado. Somente depois, no momento próprio, caso se rejeitem os embargos ou a impugnação, é que haverá a entrega do dinheiro ao exequente.

**9. Avaliação.** Somente é possível haver a alienação antecipada de bem penhorado se tiver já havido sua avaliação. Sem que tenha havido avaliação, não é possível alienar o bem.

**10. Presunção absoluta de deterioração ou depreciação.** Os veículos automotores e as pedras e metais preciosos são bens cujo depósito e manutenção acarretam altos gastos e sofrem sofrer depreciação com o tempo. Por outro lado, são bens de grande solvabilidade ou de liquidez imediata, podendo ser vendidos com facilidade. Por isso, podem ser objeto de alienação anteci-

# LIVRO II · DO PROCESSO DE EXECUÇÃO

## Art. 853

pada, não sendo necessária a comprovação da deterioração ou da depreciação.

**11. Comprovação de deterioração ou depreciação.** Para os outros bens diversos de veículos automotores e de pedras e metais preciosos, exige-se a comprovação, no caso concreto, da deterioração ou depreciação.

**12. Condições de armazenamento do bem penhorável.** É importante analisar as condições de armazenamento do bem penhorável, pois, quanto mais precárias se revelarem, maior a rapidez com que pode ser deteriorado. Dependendo das particularidades do caso concreto, será melhor transferir o bem para local mais adequado do que promover a alienação antecipada. Se não houver possibilidade dessa transferência e não se vislumbrar outra alternativa, deve-se, então, optar pela alienação antecipada.

**13. Dever do depositário.** Se a guarda e a conservação dos bens apreendidos, com o depositário, os expuserem a risco (de deterioração ou depreciação) ou forem simplesmente onerosas e desvantajosas (o depósito é caro e absorve grande parte do valor dos bens), tal circunstância deve ser informada ao juízo, para que, se for o caso, seja determinada a alienação antecipada do bem. A manutenção dos bens com o depositário só trará prejuízos para as partes e para execução, devendo o juiz avaliar cuidadosamente a possibilidade de sua venda antecipada.

**14. Manifesta vantagem.** A alienação antecipada do bem penhorado pode ocorrer, quando ficar demonstrado que há grande vantagem de ser realizada por um valor substancialmente considerável, que dificilmente será alcançado em momento posterior. Quanto maior o valor obtido com a expropriação do bem penhorado maior será a vantagem para as partes e para o processo.

**15. Determinação de ofício ou a requerimento.** A alienação antecipada dos bens é medida que pode ser determinada de ofício pelo juiz, por provocação das partes ou do próprio depositário, garantindo-se, em qualquer caso, prévio contraditório (art. 853).

> **Art. 853.** Quando uma das partes requerer alguma das medidas previstas nesta Subseção, o juiz ouvirá sempre a outra, no prazo de 3 (três) dias, antes de decidir.
> Parágrafo único. O juiz decidirá de plano qualquer questão suscitada.

▶ **1. Correspondência no CPC/1973.** *"Art. 670. (...) Parágrafo único. Quando uma das partes requerer a alienação antecipada dos bens penhora-*dos, o juiz ouvirá sempre a outra antes de decidir." "Art. 657. (...) Parágrafo único. O juiz decidirá de plano quaisquer questões suscitadas."

### 📑 COMENTÁRIOS TEMÁTICOS

**2. Requerimento da parte e contraditório.** Se uma das partes requerer a substituição do bem penhorado, para ampliação ou redução da penhora, para a realização de uma segunda penhora ou para a alienação antecipada de bens, cabe ao juiz, antes de decidir, determinar a intimação da parte contrária, a fim de que ela, se quiser, possa manifestar-se no prazo de três dias.

**3. Decisão de ofício e contraditório.** O juiz pode, de ofício, determinar uma segunda penhora (art. 851) ou a alienação antecipada dos bens penhorados (art. 852). Nesses casos, mesmo sendo-lhe possível agir de ofício, deve observar o contraditório e determinar a intimação das partes para que se manifestem (art. 10).

**4. Intimação.** A intimação da parte deve efetivar-se na pessoa de seu advogado, por publicação na imprensa oficial ou por meio eletrônico. Caso o requerimento seja formulado pelo exequente e o executado ainda não tenha advogado constituído nos autos, será o executado intimado pessoalmente.

**5. Intimação direta (art. 269, § 1º).** Como a parte deve ser intimada na pessoa de seu advogado, é possível que o advogado da outra parte o intime por via postal, juntando aos autos, em seguida cópia do ofício de intimação e do aviso de recebimento. Trata-se da chamada intimação direta (art. 269, § 1º).

**6. Ampliação do prazo.** O prazo de 3 dias previsto no art. 853 pode ser ampliado por convenção das partes (art. 190) ou por decisão do órgão julgador (art. 139, VI).

**7. Prazo para manifestação do exequente em caso de pedido de substituição da penhora pelo executado (art. 847).** O art. 853 prevê prazo de três dias para a parte contrária manifestar-se sobre o requerimento de substituição do bem penhorado, para ampliação ou redução da penhora, para a realização de uma segunda penhora ou para a alienação antecipada de bens. Em todos esses casos, não há prazo para o pedido da parte; só há previsão de três dias para a resposta. O art. 857, porém, prevê prazo de dez dias para o executado pedir a substituição da penhora. Nesse caso, o prazo para o exequente se manifestar deve, em respeito ao princípio da isonomia, ser também de dez dias.

**Art. 854** CÓDIGO DE PROCESSO CIVIL COMENTADO – *Leonardo Carneiro da Cunha*

**8. Decisão e recurso.** Após o prazo para manifestação da parte contrária, o juiz decidirá o requerimento, cabendo de sua decisão agravo de instrumento (art. 1.015, parágrafo único). Caso se trate de processo de competência originária do tribunal, a decisão competirá ao relator (art. 932), cabendo de sua decisão agravo interno (art. 1.021).

## Subseção V
## Da Penhora de Dinheiro em Depósito ou em Aplicação Financeira

**Art. 854.** Para possibilitar a penhora de dinheiro em depósito ou em aplicação financeira, o juiz, a requerimento do exequente, sem dar ciência prévia do ato ao executado, determinará às instituições financeiras, por meio de sistema eletrônico gerido pela autoridade supervisora do sistema financeiro nacional, que torne indisponíveis ativos financeiros existentes em nome do executado, limitando-se a indisponibilidade ao valor indicado na execução.

§ 1º No prazo de 24 (vinte e quatro) horas a contar da resposta, de ofício, o juiz determinará o cancelamento de eventual indisponibilidade excessiva, o que deverá ser cumprido pela instituição financeira em igual prazo.

§ 2º Tornados indisponíveis os ativos financeiros do executado, este será intimado na pessoa de seu advogado ou, não o tendo, pessoalmente.

§ 3º Incumbe ao executado, no prazo de 5 (cinco) dias, comprovar que:

I – as quantias tornadas indisponíveis são impenhoráveis;

II – ainda remanesce indisponibilidade excessiva de ativos financeiros.

§ 4º Acolhida qualquer das arguições dos incisos I e II do § 3º, o juiz determinará o cancelamento de eventual indisponibilidade irregular ou excessiva, a ser cumprido pela instituição financeira em 24 (vinte e quatro) horas.

§ 5º Rejeitada ou não apresentada a manifestação do executado, converter-se-á a indisponibilidade em penhora, sem necessidade de lavratura de termo, devendo o juiz da execução determinar à instituição financeira depositária que, no prazo de 24 (vinte e quatro) horas, transfira o montante indisponível para conta vinculada ao juízo da execução.

§ 6º Realizado o pagamento da dívida por outro meio, o juiz determinará, imediatamente, por sistema eletrônico gerido pela autoridade supervisora do sistema financeiro nacional, a notificação da instituição financeira para que, em até 24 (vinte e quatro) horas, cancele a indisponibilidade.

§ 7º As transmissões das ordens de indisponibilidade, de seu cancelamento e de determinação de penhora previstas neste artigo far-se-ão por meio de sistema eletrônico gerido pela autoridade supervisora do sistema financeiro nacional.

§ 8º A instituição financeira será responsável pelos prejuízos causados ao executado em decorrência da indisponibilidade de ativos financeiros em valor superior ao indicado na execução ou pelo juiz, bem como na hipótese de não cancelamento da indisponibilidade no prazo de 24 (vinte e quatro) horas, quando assim determinar o juiz.

§ 9º Quando se tratar de execução contra partido político, o juiz, a requerimento do exequente, determinará às instituições financeiras, por meio de sistema eletrônico gerido por autoridade supervisora do sistema bancário, que tornem indisponíveis ativos financeiros somente em nome do órgão partidário que tenha contraído a dívida executada ou que tenha dado causa à violação de direito ou ao dano, ao qual cabe exclusivamente a responsabilidade pelos atos praticados, na forma da lei.

▶ **1. Correspondência no CPC/1973.** *"Art. 655-A. Para possibilitar a penhora de dinheiro em depósito ou aplicação financeira, o juiz, a requerimento do exequente, requisitará à autoridade supervisora do sistema bancário, preferencialmente por meio eletrônico, informações sobre a existência de ativos em nome do executado, podendo no mesmo ato determinar sua indisponibilidade, até o valor indicado na execução. § 1º As informações limitar-se-ão à existência ou não de depósito ou aplicação até o valor indicado na execução. § 2º Compete ao executado comprovar que as quantias depositadas em conta-corrente referem-se à hipótese do inciso IV do caput do art. 649 desta Lei ou que estão revestidas de outra forma de impenhorabilidade. § 3º Na penhora de percentual do faturamento da empresa executada, será nomeado depositário, com a atribuição de submeter à aprovação judicial a forma de efetivação da constrição, bem como de prestar contas mensalmente, entregando ao exequente as quantias recebidas, a fim de serem imputadas no pagamento da dívida. § 4º Quando se tratar de execução contra partido político, o juiz, a requerimento do exequente, requisitará à autoridade supervisora do sistema bancário, nos termos do que estabelece o caput deste artigo, informações* *sobre a existência de ativos tão somente em nome do órgão partidário que tenha contraído a dívida executada ou que tenha dado causa a violação de direito ou ao dano, ao qual cabe exclusivamente a responsabilidade pelos atos praticados, de acordo com o disposto no art. 15-A da Lei nº 9.096, de 19 de setembro de 1995."*

## ⚖ Legislação Correlata

**2. Lei 13.869/2019, art. 36.** *"Art. 36. Decretar, em processo judicial, a indisponibilidade de ativos financeiros em quantia que extrapole exacerbadamente o valor estimado para a satisfação da dívida da parte e, ante a demonstração, pela parte, da excessividade da medida, deixar de corrigi-la. Pena – detenção, de 1 (um) a 4 (quatro) anos, e multa."*

**3. Res. 527/2024 CNJ.** *"Disciplina o procedimento de cadastramento de conta única para efeito de constrição de ativos por meio do Sistema de Busca de Ativos do Poder Judiciário (Sisbajud) e dá outras providências."*

## ⚖ Jurisprudência, Enunciados e Súmulas Selecionados

- **4. Tema/Repetitivo 218 STJ.** *"A penhora on-line, antes da entrada em vigor da Lei n. 11.382/2006, configura-se como medida excepcional, cuja efetivação está condicionada à comprovação de que o credor tenha tomado todas as diligências no sentido de localizar bens livres e desembaraçados de titularidade do devedor."*
- **5. Tema/Repetitivo 219 STJ.** *"Após o advento da Lei n. 11.382/2006, o Juiz, ao decidir acerca da realização da penhora on-line, não pode mais exigir a prova, por parte do credor, de exaurimento de vias extrajudiciais na busca de bens a serem penhorados."*
- **6. Enunciado 540 do FPPC.** *"A disciplina procedimental para penhora de dinheiro prevista no art. 854 é aplicável ao procedimento de execução fiscal."*
- **7. Enunciado 541 do FPPC.** *"A responsabilidade que trata o art. 854, § 8º, é objetiva e as perdas e danos serão liquidadas de forma incidental, devendo ser imediatamente intimada a instituição financeira para preservação do contraditório."*
- **8. Enunciado 751 do FPPC.** *"Admite-se, na execução e no cumprimento de sentença, sem necessidade de esgotamento de outras medidas, a utilização da ferramenta de aperfeiçoamento*

*do SISBAJUD para reiteração automática de ordem de bloqueio de ativos financeiros ('Teimosinha')."*

- **9. Enunciado 70 do FNPP.** *"Em execução fiscal é cabível o arresto executivo do artigo 830 do CPC mediante indisponibilidade de valores e ativos financeiros."*
- **10. Enunciado 71 do FNPP.** *"Demonstrados os requisitos à concessão da tutela de urgência, admite-se o arresto cautelar de valores e ativos financeiros em sede de execução fiscal."*
- **11. Enunciado 211 da III Jornada-CJF.** *"Antes de apreciar a defesa do executado lastreada no §3º do art. 854 do CPC, salvo hipótese de rejeição liminar, o juiz deve intimar o exequente para se manifestar, em cinco dias, sob pena de ofensa ao contraditório."*
- **12. Enunciado 215 da III Jornada-CJF.** *"O requerimento de nova tentativa de penhora on-line de dinheiro do executado, via sistema SISBAJUD (Sistema de Busca de Ativos do Poder Judiciário), pode ser reiterado e independe de decurso mínimo de tempo da última tentativa."*
- **13. Enunciado 100 do FONAJE.** *"A penhora de valores depositados em banco poderá ser feita independentemente de a agência situar-se no Juízo da execução."*
- **14. Enunciado 112 do FONAJE.** *"A intimação da penhora e avaliação realizada na pessoa do executado dispensa a intimação do advogado. Sempre que possível o oficial de Justiça deve proceder a intimação do executado no mesmo momento da constrição judicial (art. 475, § 1º CPC)."*
- **15. Enunciado 140 do FONAJE.** *"O bloqueio on-line de numerário será considerado para todos os efeitos como penhora, dispensando-se a lavratura do termo e intimando-se o devedor da constrição."*

## ▤ Comentários Temáticos

**16. Bloqueio de ativos.** Para viabilizar a penhora de dinheiro ou de ativos financeiro, o órgão julgador pode determinar o seu bloqueio eletrônico. Esse bloqueio eletrônico é conhecido também como "penhora *on-line*". O bloqueio não é penhora; é uma medica que antecede a penhora.

**17. Desnecessidade de urgência.** Bloqueio eletrônico de dinheiro ou ativos financeiros não supõe urgência. É uma espécie de arresto sem urgência. Não é necessário demonstrar urgência ou risco de dano.

**18. Sigilo bancário.** O bloqueio *on-line* de dinheiro ou ativos financeiros não implica quebra de sigilo bancário. Não se buscam informações sobre a movimentação financeira do executado. Apenas se bloqueia dinheiro em depósito ou aplicação financeira eventualmente existente, sem qualquer preocupação com a origem dos recursos.

**19. Preferência da penhora de dinheiro ou ativos financeiros.** A penhora em dinheiro ou ativos financeiros é preferencial relativamente a outros bens penhoráveis (art. 835, § 1º). Na ordem preferencial, prevalece o dinheiro disponível, depositado ou mantido em aplicações financeiras.

**20. Desnecessidade de esgotamento de outras possibilidades.** Não é necessário o prévio exaurimento de tentativas de penhora em outros bens para que se determine a penhora *on-line*. É prioritária a penhora em dinheiro.

**21. SISBAJUD.** O sistema de busca de ativos do Poder Judiciário (SISBAJUD) permite o bloqueio *on-line* de qualquer ativo financeiro, como depósitos bancários, ações e investimentos em renda fixa e em renda variável.

**22. Cabimento na execução fiscal.** É possível o bloqueio de dinheiro ou ativos financeiros na execução fiscal.

**23. Aplicação do art. 854 ao arresto do art. 830.** *"Frustrada a tentativa de localização do devedor, é possível o arresto de seus bens na modalidade on-line, com base na aplicação analógica do art. 854 do CPC/15"* (STJ, 3ª Turma, REsp 1.822.034/SC, rel. Min. Nancy Andrighi, *DJe* 21.6.2021).

**24. Procedimento.** Na execução fundada em título extrajudicial, o executado será citado para pagar a dívida no prazo de 3 dias, contado da citação (art. 829). Somente depois de passado esse prazo é que se pode determinar a realização de penhora. Na execução fiscal, o executado é citado para, no prazo de 5 dias, pagar ou nomear bens à penhora (Lei 6.830/1980, art. 8º). No cumprimento de sentença, o executado é intimado para pagar em 15 dias (art. 523). A penhora, em todos esses casos, somente deve ocorrer depois de o executado ter a chance de pagar voluntariamente. Não é possível haver penhora (seja a tradicional, seja a *on-line*) antes mesmo de ser citado o executado (ou intimado, no cumprimento de sentença), pois este tem o direito de pagar no prazo previsto em lei para tanto. Somente depois, não havendo pagamento, é que poderá haver a penhora. Na verdade, se o executado não paga, cabe ao juiz determinar a penhora de bens.

**25. Necessidade de citação prévia.** *"A jurisprudência do STJ entende que somente após a citação válida do devedor é possível se operar o bloqueio de numerário em instituição bancária, por meio do sistema Bacenjud, sob pena de violação ao princípio do devido processo legal. (...) Na espécie, o Tribunal de origem entendeu que a juntada de procuração com poderes para receber citação teria o condão de convalidar a penhora via Bacenjud realizada antes do ato de citação da empresa. 3. Vê-se, portanto, que o entendimento adotado pelo Tribunal a quo destoa da jurisprudência do STJ quanto ao tema, motivo pelo qual não deve prevalecer. Assim, havendo a determinação de penhora antes da citação do executado, entende-se que houve violação ao devido processo legal, devendo ser mantida a decisão agravada que acolheu a tese de ilegalidade do bloqueio efetuado"* (STJ, 1ª Turma, AgInt no REsp 1.588.608/TO, rel. Min. Manoel Erhardt – Des. Conv. TRF5, *DJe* 4.6.2021).

**26. Excepcionalidade cautelar da penhora antes da citação.** *"A excepcional possibilidade de o ato de penhora ser determinado antes da citação é condicionada à comprovação dos requisitos próprios das medidas cautelares"* (STJ, 1ª Turma, AgInt no REsp 1.802.022/RS, rel. Min. Gurgel de Faria, *DJe* 20.9.2019).

**27. Requerimento.** Para que se determine o bloqueio de ativos, é preciso que haja requerimento do exequente. A penhora *on-line* não pode ser determinada de ofício, devendo ser requerida pelo exequente.

**28. Determinação do bloqueio.** Antes mesmo de ocorrer a penhora de dinheiro em depósito ou em aplicação financeira, o juiz, a requerimento do exequente, sem dar ciência prévia do ato ao executado, determinará o bloqueio dos valores a serem penhorados, tornando-os indisponíveis.

**29. Impossibilidade de penhora de ativos financeiros de terceiro, ainda que seja cônjuge do executado.** *"Não se admite a penhora de ativos financeiros da conta bancária pessoal de terceiro, não integrante da relação processual em que se formou o título executivo, pelo simples fato de ser cônjuge da parte executada com quem é casado sob o regime da comunhão parcial de bens. 3. O regime de bens adotado pelo casal não torna o cônjuge solidariamente responsável de forma automática por todas as obrigações contraídas pelo parceiro (por força das inúmeras exceções legais contidas nos arts. 1.659 a 1.666 do Código Civil) nem autoriza que seja desconsiderado o cumprimento das garantias processuais que ornamentam o devido processo* *legal, tais como o contraditório e a ampla defesa. 4. Revela-se medida extremamente gravosa impor a terceiro, que nem sequer participou do processo de conhecimento, o ônus de, ao ser surpreendido pela constrição de ativos financeiros bloqueados em sua conta-corrente pessoal, atravessar verdadeira saga processual por meio de embargos de terceiro na busca de realizar prova negativa de que o cônjuge devedor não utiliza sua conta-corrente para realizar movimentações financeiras ou ocultar patrimônio"* (STJ, 3ª Turma, REsp 1.869.720/DF, rel. p/ ac. Min. Ricardo Villas Bôas Cueva, *DJe* 14.5.2021).

**30. Indisponibilidade excessiva.** Havendo indisponibilidade excessiva, o juiz, de ofício, determinará, no prazo de 24 horas a contar da resposta da instituição financeira, seu cancelamento.

**31. Responsabilidade objetiva.** É objetiva a responsabilidade das instituições financeiras por bloqueio em valor superior ao determinado pelo órgão julgador ou por não ter procedido ao cancelamento no prazo de 24 horas.

**32. Impugnação do executado ao bloqueio de ativos.** Tornados indisponíveis os ativos financeiros do executado – e ainda antes de haver propriamente a penhora – este será intimado, na pessoa de seu advogado, ou, caso não o tenha, pessoalmente, para, no prazo de cinco dias, comprovar que *(a)* as quantias tornadas indisponíveis são impenhoráveis; ou *(b)* ainda permanece indisponibilidade excessiva de ativos financeiros.

**33. Contraditório.** Apresentada a impugnação do executado ao bloqueio de ativos, o exequente deve ser intimado para, no prazo de cinco dias (arts. 7º e 9º), sobre ela manifestar-se.

**34. Cognição do incidente.** A impugnação ofertada pelo executado ao bloqueio de ativos acarreta a formação de um incidente com cognição limitada: só se pode alegar impenhorabilidade dos valores bloqueados ou excesso da quantia bloqueada.

**35. Acolhimento da impugnação.** Acolhida qualquer uma das arguições contidas na impugnação, o juiz determinará o cancelamento da indisponibilidade irregular ou excessiva, a ser cumprido pela instituição financeira em 24 horas.

**36. Ausência de impugnação ou sua rejeição.** Se for rejeitada a manifestação do executado ou se ele não se manifestar no prazo de cinco dias, a indisponibilidade será convertida em penhora, sem necessidade de lavratura de termo, devendo o juiz determinar à instituição financeira depositária que, no prazo de 24 horas, transfira o montante indisponível para conta vinculada ao juízo da execução.

**37. Agravo de instrumento.** Da decisão que rejeitar a manifestação do executado cabe agravo de instrumento (art. 1.015, parágrafo único).

**38. Penhora e sua intimação.** Não apresentada impugnação ou rejeitada a que for apresentada, o bloqueio é convertido em penhora, sem necessidade de lavratura de termo. Embora não se lavre termo, é preciso que o executado seja intimado da penhora. A intimação da penhora é fundamental e produz vários efeitos, por exemplo, fazer iniciar o prazo de dez dias para que o executado requeira a substituição da penhora (art. 847) ou para que, na execução fiscal, tenha início o prazo para embargos à execução (Lei 6.830/1980, art. 16, III).

**39. Ciência inequívoca e prazo para embargos à execução fiscal.** *"Demonstrada ciência inequívoca do executado quanto à penhora on--line, é desnecessária sua intimação formal para que se tenha início o prazo para o ajuizamento dos embargos de execução"* (STJ, 1ª Turma, AgInt no REsp 1.756.662/SP, rel. Min. Regina Helena Costa, *DJe* 11.4.2019).

**40. Preclusão.** Mantida a rejeição, não é mais possível ao executado insurgir-se contra a penhora de dinheiro realizada, tendo a decisão se estabilizado. De igual modo, não havendo manifestação do executado, não lhe será mais possível questionar a penhora em dinheiro: terá havido preclusão temporal. Não questionada, no prazo de 5 dias, a indisponibilidade dos valores mantidos em depósito ou aplicação financeira, haverá sua conversão em penhora, operando-se a preclusão para se questionar o excesso da penhora ou a impenhorabilidade dos valores constritos. Não poderá, enfim, o executado alegar a impenhorabilidade dos valores bloqueados ou o excesso da quantia bloqueada em posteriores embargos à execução ou em ulterior impugnação ao cumprimento de sentença.

**41. Substituição da penhora.** Não impugnado bloqueio *on-line* ou rejeitada a impugnação apresentada, haverá preclusão quanto à sua realização, não se podendo mais alegar impenhorabilidade ou excesso. Isso, porém, não impede que o executado requeira substituição do bem penhorado (arts. 847 e 848).

**42. Bloqueio de ativos em execução contra partido político.** Quando se tratar de execução contra partido político, os ativos financeiros a serem bloqueados devem ser apenas aqueles mantidos em nome do órgão partidário que tenha contraído a dívida executada ou que tenha dado causa à violação de direito ou ao dano, ao qual cabe exclusivamente a responsabilida-

# Art. 855

CÓDIGO DE PROCESSO CIVIL COMENTADO – *Leonardo Carneiro da Cunha*

de pelos atos praticados, na forma da lei (Lei 9.096/1995, art. 15-A).

**43. Possibilidade de consulta ao CCS-Bacen nos procedimentos cíveis.** "*O Cadastro de Clientes do Sistema Financeiro Nacional (CCS) é um sistema de informações de natureza cadastral, que tem por objeto os relacionamentos mantidos pelas instituições participantes com os seus correntistas ou clientes, mas não congrega dados relativos a valor, movimentação financeira ou saldos de contas e aplicações. 5. Em suma, o mencionado cadastro contém as seguintes informações sobre o relacionamento dos clientes ou correntistas com as instituições do Sistema Financeiro Nacional: a) identificação do cliente e de seus representantes legais e procuradores; b) instituições financeiras em que o cliente mantém seus ativos ou investimentos; e c) datas de início e, se houver, de fim de relacionamento. 6. O CCS-Bacen, portanto, ostenta natureza meramente cadastral. Não implica constrição, mas sim subsídio à eventual constrição, e funciona como meio para o atingimento de um fim, que poderá ser a penhora de ativos financeiros por meio do BacenJud. 7. Em outras palavras, o acesso às informações do CCS serve como medida que poderá subsidiar futura constrição, alargando a margem de pesquisa por ativos. Não se mostra razoável, assim, permitir a realização de medida constritiva por meio do BacenJud e negar a pesquisa exploratória em cadastro meramente informativo, como é o caso do CCS. Precedente 8. Dessa forma, não há qualquer impedimento à consulta ao CCS-Bacen nos procedimentos cíveis, devendo ser considerado como apenas mais um mecanismo à disposição do credor na busca para satisfazer o seu crédito*" (STJ, 3ª Turma, REsp 1.938.665/SP, rel. Min. Nancy Andrighi, *DJe* 03.11.2021).

## Subseção VI
### Da Penhora de Créditos

**Art. 855.** Quando recair em crédito do executado, enquanto não ocorrer a hipótese prevista no art. 856, considerar-se-á feita a penhora pela intimação:

I – ao terceiro devedor para que não pague ao executado, seu credor;

II – ao executado, credor do terceiro, para que não pratique ato de disposição do crédito.

▶ **1. Correspondência no CPC/1973.** "*Art. 671. Quando a penhora recair em crédito do devedor, o oficial de justiça o penhorará. Enquanto não*

ocorrer a hipótese prevista no artigo seguinte, considerar-se-á feita a penhora pela intimação: I – ao terceiro devedor para que não pague ao seu credor; II – ao credor do terceiro para que não pratique ato de disposição do crédito.*"

### ▣ COMENTÁRIOS TEMÁTICOS

**2. Penhora de créditos.** O crédito que o executado tenha contra terceiros pode ser penhorado, desde que tenha caráter patrimonial e possa ser transferido ou cedido independentemente do consentimento destes. Essa é uma penhora especial, pois nela há a participação de um terceiro, estranho à execução. O terceiro é devedor do executado, que com ele tem relação jurídica diversa daquela existente entre o executado e o exequente.

**3. Penhora de mão própria.** É possível haver penhora de um direito do executado em face do exequente.

**4. Possibilidade da penhora de mão própria.** "*O acórdão recorrido está em consonância com o entendimento desta Corte ao consignar que a penhora de mão própria só é possível quando as partes forem simultaneamente credores e devedores em processos diversos*" (STJ, 4ª Turma, AgRg no AREsp 155.342/RJ, rel. Min. Luis Felipe Salomão, *DJe* 10.12.2014).

**5. Penhora de mão própria e compensação de créditos.** "*Embora a lei não trate expressamente da penhora de mão própria, consistente na possibilidade de a constrição recair sobre crédito que o executado possui frente ao próprio exequente, tal modalidade de penhora encontra viabilidade na dicção do art. 671, II, do CPC [de 1973], apenas com a peculiaridade de que o terceiro devedor, nesta hipótese, é o próprio exequente. A penhora de mão própria só é possível se ambos os créditos forem certos, líquidos e exigíveis, hipótese em que, mais do que a garantia do juízo, haverá a compensação 'ope legis', até o limite do crédito do executado frente ao exequente. Considerando que o crédito objeto de penhora de mão própria terá como resultado final sua compensação automática com o débito em execução, não há como deixar de incluí-lo em primeiro lugar, juntamente com o depósito em dinheiro, na ordem de gradação do art. 655 do CPC [de 1973], visto que esta segue o critério da liquidez, isto é, da maior facilidade do bem ser utilizado para quitação da dívida. Se a compensação opera-se automaticamente, dispensando até mesmo a necessidade de conversão em moeda, conclui-se que essa forma de garantia do juízo é a mais eficaz e célere, indo ao encontro dos princípios constitucionais da economia processual*"

# LIVRO II · DO PROCESSO DE EXECUÇÃO — Art. 856

*e da razoável duração do processo, bem como de realização da execução pelo modo menos gravoso para o devedor"* (STJ, 3ª Turma, REsp 829.583/RJ, rel. Min. Nancy Andrighi, *DJe* 30.9.2009).

**6. Penhora de precatório.** Os direitos do devedor contra terceiros são penhoráveis, desde que tenham caráter patrimonial e possam ser transferidos ou cedidos independentemente do consentimento do terceiro. O precatório insere--se nessa hipótese, pois se trata de uma ordem de pagamento, expedida pelo juiz da execução ao Presidente do respectivo Tribunal para que o inscreva e o encaminhe com a finalidade de o crédito ali inscrito ser incluído no orçamento público do exercício seguinte, a ser pago de acordo com a ordem cronológica das inscrições. O precatório constitui um crédito. Quando se penhora um precatório, o que se está a fazer é penhorar um crédito.

**7. Penhora de precatório do próprio exequente.** É possível haver penhora sobre o crédito representado por precatório judicial da própria exequente. Pode, enfim, ser objeto de penhora, na execução fiscal, o crédito decorrente de precatório expedido contra pessoa jurídica distinta da exequente.

**8. Penhorabilidade do precatório.** *"O crédito representado por precatório é bem penhorável, mesmo que a entidade dele devedora não seja a própria exequente"* (STJ, 1ª Seção, EREsp 881.014/RS, rel. Min. Castro Meira, *DJe* 17.3.2008).

**9. Efetivação da penhora de créditos.** A penhora de créditos efetiva-se com a simples intimação do devedor do executado, para que não pague ao seu credor, que é o executado. Também se efetiva a penhora de crédito com a intimação do executado, para que não pratique atos de disposição do crédito. A penhora se aperfeiçoa com a alegação do exequente da existência do crédito perante terceiro e a dupla intimação mencionada.

**10. Possibilidade de a penhora recair sobre crédito futuro.** *"Penhora de crédito que pode recair sobre crédito futuro, desde que devidamente especificado na decisão que defere a penhora e na intimação a que se refere o art. 855, I, do CPC, com a indicação, ao menos, da relação contratual no bojo da qual surgirão os créditos penhorados"* (STJ, 3ª Turma, REsp 1.964.457/RJ, rel. Min. Paulo de Tarso Sanseverino, *DJe* 11.5.2022).

---

**Art. 856.** A penhora de crédito representado por letra de câmbio, nota promissória, duplicata, cheque ou outros títulos far-se-á pela apreensão do documento, esteja ou não este em poder do executado.

§ 1º Se o título não for apreendido, mas o terceiro confessar a dívida, será este tido como depositário da importância.

§ 2º O terceiro só se exonerará da obrigação depositando em juízo a importância da dívida.

§ 3º Se o terceiro negar o débito em conluio com o executado, a quitação que este lhe der caracterizará fraude à execução.

§ 4º A requerimento do exequente, o juiz determinará o comparecimento, em audiência especialmente designada, do executado e do terceiro, a fim de lhes tomar os depoimentos.

▶ **1. Correspondência no CPC/1973.** *"Art. 672. A penhora de crédito, representada por letra de câmbio, nota promissória, duplicata, cheque ou outros títulos, far-se-á pela apreensão do documento, esteja ou não em poder do devedor. § 1º Se o título não for apreendido, mas o terceiro confessar a dívida, será havido como depositário da importância. § 2º O terceiro só se exonerará da obrigação, depositando em juízo a importância da dívida. § 3º Se o terceiro negar o débito em conluio com o devedor, a quitação, que este lhe der, considerar-se-á em fraude de execução. § 4º A requerimento do credor, o juiz determinará o comparecimento, em audiência especialmente designada, do devedor e do terceiro, a fim de lhes tomar os depoimentos."*

## ▣ COMENTÁRIOS TEMÁTICOS

**2. Penhora de crédito representado por título de crédito.** A penhora de créditos representados por letra de câmbio, nota promissória, cheque ou outros títulos será feita pela apreensão do documento, esteja ou não em mãos do executado.

**3. Depósito do documento apreendido.** Apreendido o título, deve ser depositado no Banco do Brasil, na CEF ou em banco do qual do Estado ou DF possua mais da metade do capital social integralizado ou, na falta desses estabelecimentos, em qualquer instituição de crédito designada pelo juiz (art. 840, I).

**4. Impossibilidade de apreensão do título.** Não sendo possível a apreensão do título, mas confessando o terceiro (devedor do executado) a dívida, considera-se penhorado o crédito. Nesse caso, o terceiro (devedor do executado) será o depositário da importância, que só se libertará da obrigação quando depositar em juízo a quantia devida.

1305

**5. Silêncio do terceiro.** Em vez de confessar expressamente a existência da dívida, o terceiro (devedor do executado) pode silenciar-se. O silêncio do terceiro intimado, nesse caso, não impede a penhora. Seu silêncio acarreta a presunção de existência do crédito e a penhora deve ser consumada.

**6. Ordem de preferência legal.** Os títulos de crédito podem assumir posição distinta na ordem de preferência legal. Os cotados em bolsa de valores gozam de maior preferência (art. 835, III) em relação aos que não têm cotação (art. 835, XIII). Daí a dificuldade na aceitação de penhora de debentures não negociáveis em bolsa, quando existem outros bens penhoráveis.

**7. Fraude à execução.** Se o executado e o terceiro (devedor do executado) negarem a existência do crédito, eventual quitação dada pelo executado (credor do terceiro) será considerada fraude à execução, sendo, então, ineficaz para o exequente e inoponível a ele. Suspeitando da ocorrência desse fato, o exequente pode requerer ao juízo a designação de uma audiência para coleta do depoimento de ambos, executado e terceiro.

**8. Procedimento.** A penhora de crédito, em que não tenha sido apreendido o respectivo título, segue o seguinte procedimento: *(a)* intimação do executado para que não pratique ato de disposição (art. 855, II); *(b)* intimação do terceiro (devedor do executado) para que não pague ao executado (art. 855, I); *(c)* intimado o terceiro (devedor do executado), se ele confessa o crédito, será automaticamente constituído seu depositário (art. 856, § 1º); *(d)* uma vez intimado, se o terceiro (devedor do executado) negar o débito juntamente com o executado, a quitação, que este lhe der, considerar-se-á em fraude de execução (art. 856, § 3º); além disso, como o débito foi negado, deverá o juiz, a requerimento do exequente, determinar o comparecimento, em audiência especialmente designada, do executado e do terceiro, a fim de lhes tomar os depoimentos e averiguar a regularidade do crédito (art. 856, § 4º). Nesse incidente, devem ser garantidos o contraditório, a ampla defesa e o direito fundamental à prova, em toda sua plenitude, encerrando-se com interlocutória agravável (art. 1.015, parágrafo único).

> **Art. 857.** Feita a penhora em direito e ação do executado, e não tendo ele oferecido embargos ou sendo estes rejeitados, o exequente ficará sub-rogado nos direitos do executado até a concorrência de seu crédito.
>
> § 1º O exequente pode preferir, em vez da sub-rogação, a alienação judicial do direito penhorado, caso em que declarará sua vontade no prazo de 10 (dez) dias contado da realização da penhora.
> § 2º A sub-rogação não impede o sub-rogado, se não receber o crédito do executado, de prosseguir na execução, nos mesmos autos, penhorando outros bens.

▶ **1. Correspondência no CPC/1973.** *"Art. 673. Feita a penhora em direito e ação do devedor, e não tendo este oferecido embargos, ou sendo estes rejeitados, o credor fica sub-rogado nos direitos do devedor até a concorrência do seu crédito. § 1º O credor pode preferir, em vez da sub-rogação, a alienação judicial do direito penhorado, caso em que declarará a sua vontade no prazo de 10 (dez) dias contados da realização da penhora. § 2º A sub-rogação não impede ao sub-rogado, se não receber o crédito do devedor, de prosseguir na execução, nos mesmos autos, penhorando outros bens do devedor."*

## ▣ COMENTÁRIOS TEMÁTICOS

**2. Penhora sobre direito e ação.** Recaindo penhora sobre direito e ação (art. 835, XIII) do executado, e não sendo oferecidos embargos (ou impugnação, no cumprimento da sentença) pelo executado (ou sendo eles rejeitados, com ou sem exame do mérito), o exequente ficará sub-rogado no direito penhorado, até o limite do seu crédito, o que o autoriza promover contra o terceiro a ação que tinha o seu devedor.

**3. Sub-rogação.** A sub-rogação não é necessária ou automática. O exequente pode preferir a alienação judicial do crédito penhorado. A sub-rogação pode oferecer inconvenientes ao exequente, que eventualmente pode não querer litigar contra o devedor do executado. O princípio da disponibilidade da execução e o direito fundamental à efetividade determinam que se verifique a vontade do exequente. De todo modo, essa sub-rogação não ocorre no plano do direito material: não há sucessão no crédito; o exequente não passa a ser o credor do terceiro, que é devedor do executado. O executado não fica liberado da dívida após a sub-rogação, que é *pro solvendo*, e não *pro soluto*. A sub-rogação opera-se no plano da legitimação *ad causam*: o credor exequente assume a legitimação extraordinária para cobrar o crédito pelo executado. Tanto é assim que, no caso em que o exequente não recebe o crédito do terceiro (devedor do executado) – ou o crédito recebido não promove satisfação integral, a sub-rogação não o impede

# LIVRO II · DO PROCESSO DE EXECUÇÃO — Art. 859

de prosseguir na execução, nos mesmos autos, penhorando outros bens do devedor executado.

**4. Preferência pela alienação.** O exequente pode preferir, em vez da sub-rogação, a alienação judicial do direito penhorado, caso em que declarará a sua vontade no prazo de 10 dias contados da realização da penhora.

> **Art. 858.** Quando a penhora recair sobre dívidas de dinheiro a juros, de direito a rendas ou de prestações periódicas, o exequente poderá levantar os juros, os rendimentos ou as prestações à medida que forem sendo depositados, abatendo-se do crédito as importâncias recebidas, conforme as regras de imputação do pagamento.

▶ **1. Correspondência no CPC/1973.** *"Art. 675. Quando a penhora recair sobre dívidas de dinheiro a juros, de direito a rendas, ou de prestações periódicas, o credor poderá levantar os juros, os rendimentos ou as prestações à medida que forem sendo depositadas, abatendo-se do crédito as importâncias recebidas, conforme as regras da imputação em pagamento."*

### ⚖ LEGISLAÇÃO CORRELATA

**2. CC, art. 352.** *"Art. 352. A pessoa obrigada por dois ou mais débitos da mesma natureza, a um só credor, tem o direito de indicar a qual deles oferece pagamento, se todos forem líquidos e vencidos."*

**3. CC, art. 353.** *"Art. 353. Não tendo o devedor declarado em qual das dívidas líquidas e vencidas quer imputar o pagamento, se aceitar a quitação de uma delas, não terá direito a reclamar contra a imputação feita pelo credor, salvo provando haver ele cometido violência ou dolo."*

**4. CC, art. 354.** *"Art. 354. Havendo capital e juros, o pagamento imputar-se-á primeiro nos juros vencidos, e depois no capital, salvo estipulação em contrário, ou se o credor passar a quitação por conta do capital."*

**5. CC, art. 355.** *"Art. 355. Se o devedor não fizer a indicação do art. 352, e a quitação for omissa quanto à imputação, esta se fará nas dívidas líquidas e vencidas em primeiro lugar. Se as dívidas forem todas líquidas e vencidas ao mesmo tempo, a imputação far-se-á na mais onerosa."*

### 🗉 COMENTÁRIOS TEMÁTICOS

**6. Penhora de frutos.** Na penhora sobre dívidas de dinheiro a juros, direito a renda ou direito a prestações periódicas, o exequente pode levantar os juros, rendimentos ou prestações à medida que forem depositados, abatendo-se do crédito os valores que forem recebidos, conforme as regras da imputação do pagamento (CC, arts. 352 a 355).

**7. Efetivação da penhora.** A penhora de frutos efetiva-se da mesma forma que a penhora do crédito principal: com a efetivação da dupla intimação prevista no art. 855, determinando-se ao devedor do executado que deposite tais valores em juízo.

> **Art. 859.** Recaindo a penhora sobre direito a prestação ou a restituição de coisa determinada, o executado será intimado para, no vencimento, depositá-la, correndo sobre ela a execução.

▶ **1. Correspondência no CPC/1973.** *"Art. 676. Recaindo a penhora sobre direito, que tenha por objeto prestação ou restituição de coisa determinada, o devedor será intimado para, no vencimento, depositá-la, correndo sobre ela a execução."*

### ⚖ JURISPRUDÊNCIA, ENUNCIADOS E SÚMULAS SELECIONADOS

- **2. Enunciado 643 do FPPC.** *"A intimação prevista no art. 859, para que seja efetuado o depósito de prestação ou restituição (em favor do executado), deve ser direcionada ao devedor do executado."*

### 🗉 COMENTÁRIOS TEMÁTICOS

**3. Penhora sobre entrega ou restituição de coisa determinada.** Penhorado direito a entrega ou restituição de coisa determinada, o terceiro (devedor do executado) será intimado para, no vencimento, depositar a coisa em juízo, transferindo-se para ela a penhora.

**4. Equívoco terminológico.** O art. 859 determina a intimação do executado, mas quem deve ser intimado é o terceiro (devedor do executado). O atual CPC, contrariamente ao de 1973, usa as expressões "exequente" e "executado", em vez de "credor" e "devedor", utilizadas no antigo Código. Comparando-se o texto do art. 859 do atual CPC com o do art. 676 do CPC revogado, vê-se que a única alteração foi a substituição do termo "devedor" por "executado". O CPC revogado referia-se, evidentemente, ao devedor da obrigação de entregar a coisa determinada, que é terceiro em relação ao processo; não se referia ao devedor executado. Assim, para que o dispositivo faça sentido e guarde coerência com todo o sistema de penhoras de crédito, deve-se

**Art. 860**  CÓDIGO DE PROCESSO CIVIL COMENTADO – *Leonardo Carneiro da Cunha*

entender que a intimação se dirige ao terceiro (devedor do executado), e não ao executado.

**5. Interpretação corretiva.** A determinação de intimação do executado, em vez do terceiro, revela uma incoerência sistêmica, caracterizando uma antinomia. Daí ser necessária a adoção, ou de uma *"interpretação corretiva"*, ou de uma *"interpretação ab-rogante"*. A propósito desses tipos de interpretação que resolvem antinomias, assim já se pronunciou o STF: *"A antinomia aparente é aquela que permite a conciliação entre os dispositivos antinômicos, ainda que pelo que se denomina 'interpretação corretiva', ao passo que a antinomia real é aquela que, de forma alguma, permite essa conciliação, daí decorrendo a necessidade de se adotar a chamada 'interpretação ab--rogante', pela qual ou o intérprete elimina uma das normas contraditórias (ab-rogação simples) ou elimina as duas normas contrárias (ab-rogação dupla). Dessas três soluções, a que deve ser preferida – só sendo afastável quando de forma alguma possa ser utilizada – é a interpretação corretiva, que conserva ambas as normas incompatíveis por meio de interpretação que se ajuste ao espírito da lei e que corrija a incompatibilidade, eliminando-a pela introdução de leve ou de parcial modificação no texto da lei"* (STF, 1ª Turma, HC 68.793/RJ, rel. p/ ac. Min. Moreira Alves, *DJ* 6.6.1997, p. 30.287). Cumpre, então, conferir uma interpretação corretiva ao art. 859, a fim de preservá-lo e ajustá-lo ao sistema atualmente em vigor. E há, efetivamente, a possibilidade de se conferir utilidade à regra, emprestando--lhe uma interpretação que a harmoniza com o sistema atual. Significa que a intimação deve dirigir-se ao terceiro (devedor do executado), e não ao executado.

**6. Depositário.** A penhora de créditos tem, em geral, como objeto uma coisa fungível (dinheiro). Na hipótese do art. 859, o objeto do crédito é uma coisa corpórea e determinada. Por isso, diferentemente do que prevê § 1º do art. 856, o terceiro (devedor do executado) não será o depositário da coisa; ele se exonera da obrigação, ao depositá-la em juízo, para que sobre ela recaia a penhora.

> **Art. 860.** Quando o direito estiver sendo pleiteado em juízo, a penhora que recair sobre ele será averbada, com destaque, nos autos pertinentes ao direito e na ação correspondente à penhora, a fim de que esta seja efetivada nos bens que forem adjudicados ou que vierem a caber ao executado.

▶ **1. Correspondência no CPC/1973.** *"Art. 674. Quando o direito estiver sendo pleiteado em juízo, averbar-se-á no rosto dos autos a penhora, que recair nele e na ação que lhe corresponder, a fim de se efetivar nos bens, que forem adjudicados ou vierem a caber ao devedor."*

## ⚖ Jurisprudência, Enunciados e Súmulas Selecionados

- **2. Enunciado 155 da II Jornada-CJF.** *"A penhora a que alude o art. 860 do CPC poderá recair sobre direito litigioso ainda não reconhecido por decisão transitada em julgado."*
- **3. Enunciado 212 da III Jornada-CJF.** *"É cabível a averbação de penhora no rosto dos autos de processo arbitral."*

## ▤ Comentários Temáticos

**4. Penhora sobre direito litigioso.** É possível a penhora de direito litigioso, ou seja, de direito que está sendo disputado pelo executado em outro processo contra um terceiro.

**5. Direito futuro e eventual.** O direito litigioso é futuro e eventual, porque se subordina a reconhecimento por decisão judicial transitada em julgado em outro processo. O exequente é um terceiro naquele processo em que se disputa o direito. O exequente, interessado em penhorar aquele direito, fica sujeito ao resultado daquele outro litígio para garantir seu crédito por meio da penhora.

**6. Penhora no rosto dos autos.** A penhora de bem litigioso é feita no rosto dos autos do processo em que se disputa o direito. A penhora no rosto dos autos consiste, na verdade, numa espécie de averbação ou de anotação: o oficial lavrará auto de penhora, intimando o escrivão ou chefe de secretaria do juízo onde tramita o processo em que o direito penhorado é litigioso, para que registre a penhora na capa dos autos; mesmo em autos eletrônicos, deve haver essa informação, anotação ou averbação.

**7. Formação do título executivo.** A prévia formação do título executivo não é requisito para que se realize a penhora no rosto dos autos. Basta que seja um direito disputado pelo executado em outro processo contra outra pessoa, natural ou jurídica.

**8. Ausência de apreensão e depósito.** A penhora de direito litigioso não acarreta a apreensão nem o depósito do bem, mas apenas sua afetação à futura expropriação, além de conferir a prioridade prevista no art. 797.

**LIVRO II · DO PROCESSO DE EXECUÇÃO**

**Art. 861**

**9. Penhora de direito litigioso na arbitragem.** *"Respeitadas as peculiaridades de cada jurisdição, é possível aplicar a regra do art. 674 do CPC/1973 (art. 860 do CPC/15), ao procedimento de arbitragem, a fim de permitir que o juiz oficie o árbitro para que este faça constar em sua decisão final, acaso favorável ao executado, a existência da ordem judicial de expropriação, ordem essa, por sua vez, que só será efetivada ao tempo e modo do cumprimento da sentença arbitral, no âmbito do qual deverá ser também resolvido eventual concurso especial de credores, nos termos do art. 613 do CPC/1973 (parágrafo único do art. 797 do CPC/15). 10. Entre as mencionadas peculiaridades, está a preservação da confidencialidade estipulada na arbitragem, à que alude a recorrente e da qual não descurou a Lei 9.307/1996, ao prever, no parágrafo único do art. 22-C, que o juízo estatal observará, nessas circunstâncias, o segredo de justiça"* (STJ, 3ª Turma, REsp 1.678.224/SP, rel. Min. Nancy Andrighi, *DJe* 9.5.2019).

**10. Efetivação da penhora.** Encerrado o processo em que se disputa o direito litigioso, a penhora se transfere, automaticamente, para o bem que for adjudicado ou que vier a caber ao executado.

## Subseção VII
## Da Penhora das Quotas ou das Ações de Sociedades Personificadas

**Art. 861.** Penhoradas as quotas ou as ações de sócio em sociedade simples ou empresária, o juiz assinará prazo razoável, não superior a 3 (três) meses, para que a sociedade:

I – apresente balanço especial, na forma da lei;

II – ofereça as quotas ou as ações aos demais sócios, observado o direito de preferência legal ou contratual;

III – não havendo interesse dos sócios na aquisição das ações, proceda à liquidação das quotas ou das ações, depositando em juízo o valor apurado, em dinheiro.

§ 1º Para evitar a liquidação das quotas ou das ações, a sociedade poderá adquiri-las sem redução do capital social e com utilização de reservas, para manutenção em tesouraria.

§ 2º O disposto no *caput* e no § 1º não se aplica à sociedade anônima de capital aberto, cujas ações serão adjudicadas ao exequente ou alienadas em bolsa de valores, conforme o caso.

§ 3º Para os fins da liquidação de que trata o inciso III do *caput*, o juiz poderá, a requerimento do exequente ou da sociedade, nomear administrador, que deverá submeter à aprovação judicial a forma de liquidação.

§ 4º O prazo previsto no *caput* poderá ser ampliado pelo juiz, se o pagamento das quotas ou das ações liquidadas:

I – superar o valor do saldo de lucros ou reservas, exceto a legal, e sem diminuição do capital social, ou por doação; ou

II – colocar em risco a estabilidade financeira da sociedade simples ou empresária.

§ 5º Caso não haja interesse dos demais sócios no exercício de direito de preferência, não ocorra a aquisição das quotas ou das ações pela sociedade e a liquidação do inciso III do *caput* seja excessivamente onerosa para a sociedade, o juiz poderá determinar o leilão judicial das quotas ou das ações.

▶ **1. Sem correspondência no CPC/1973.**

## 🗐 LEGISLAÇÃO CORRELATA

**2. CC, art. 1.026.** *"Art. 1.026. O credor particular de sócio pode, na insuficiência de outros bens do devedor, fazer recair a execução sobre o que a este couber nos lucros da sociedade, ou na parte que lhe tocar em liquidação. Parágrafo único. Se a sociedade não estiver dissolvida, pode o credor requerer a liquidação da quota do devedor, cujo valor, apurado na forma do art. 1.031, será depositado em dinheiro, no juízo da execução, até noventa dias após aquela liquidação."*

## 🗐 COMENTÁRIOS TEMÁTICOS

**3. Penhora de quotas sociais ou ações.** É possível a penhora de quotas sociais ou ações de sociedade empresária, devendo ser observado um procedimento para, de um lado, preservar a *affectio societatis* e a permanência da atividade empresarial e, de outro, garantir a tutela do crédito.

**4. Penhora eventual ou condicional.** As quotas sociais ou ações só são penhoráveis se não houver outros bens. Havendo outros bens, são impenhoráveis as quotas sociais ou ações. A penhora é, nesse caso, condicional ou eventual. Essa impenhorabilidade condicional ou eventual serve para minimizar o impacto da penhora na atividade empresarial, evitando que terceiros ingressem nos quadros sociais.

**5. Necessidade de esgotamento de outras possibilidades de penhora.** *"A penhora de quotas sociais depende do esgotamento dos esforços necessários para se descobrir outros bens ou direitos*

*penhoráveis"* (STJ, 4ª Turma, AgInt no AREsp 1.655.891/SP, rel. Min. Maria Isabel Gallotti, *DJe* 4.9.2020).

**6. Preferência dos sócios.** Feita a penhora de quota social ou de ação de sociedade anônima fechada realizada em favor de exequente alheio à sociedade, esta será intimada, ficando responsável por informar aos sócios a ocorrência da penhora, assegurando-se a estes a preferência. (art. 876, § 7º).

**7. Procedimento.** Penhoradas as quotas sociais ou ações, o juízo assinará prazo razoável, não superior a 3 meses, para que a sociedade (que não é a executada, mas será intimada por conta do art. 799, VII): I – apresente balanço especial, na forma da lei; II – ofereça as quotas ou as ações aos demais sócios, observado o direito de preferência legal ou contratual; III – não havendo interesse dos sócios na aquisição das ações, proceda à liquidação das quotas ou das ações, depositando em juízo o valor apurado, em dinheiro. Para evitar essa liquidação, a própria sociedade pode adquirir as quotas ou ações sem redução do capital social e com utilização de reservas, para manutenção em tesouraria.

**8. Leilão judicial.** Caso nenhum sócio queira adquirir a quota social ou a ação ou a sociedade não a liquide, as quotas ou ações irão a leilão judicial, hipótese excepcional.

**9. Penhora de quotas sociais de sociedade em recuperação judicial.** *"É possível, uma vez verificada a inexistência de outros bens passíveis de constrição, a penhora de quotas sociais de sócio por dívida particular por ele contraída sem que isso implique abalo na affectio societatis. Precedentes. 4. Não há vedação para a penhora de quotas sociais de sociedade empresária em recuperação judicial, já que não enseja, necessariamente, a liquidação da quota"* (STJ, 3ª Turma, REsp 1.803.250/SP, rel. p/ ac. Min. Ricardo Villas Bôas Cueva, *DJe* 1º.7.2020). *No mesmo sentido:* STJ, 4ª Turma, AgInt no AREsp 1.552.131/SP, rel. Min. Maria Isabel Gallotti, *DJe* 23.4.2021).

**10. Lucros ou dividendos.** O credor do sócio somente pode pedir a liquidação da quota do devedor se não houver lucros a distribuir. Se houver lucros ou dividendos, eles devem ser penhorados, não sendo lícito o pedido de liquidação da quota social. Não se trata de uma opção do exequente. É uma situação em que a aplicação do princípio da menor onerosidade da execução é fundamental. A liquidação parcial da sociedade, para a satisfação do crédito de um credor do sócio, é medida drástica, pois implica diminuição forçada do capital social de uma sociedade.

**11. Penhora de frutos e rendimentos.** É possível que as quotas ou ações produzam dividendos e não precisem ser alienadas para a satisfação do crédito a ser executado. Nesses casos, segue-se o procedimento da penhora de frutos e rendimentos (art. 867), antes da alienação. É sobretudo para isso que se exige a juntada do balanço especial a que se refere o inciso I do art. 861.

**12. Ações de S.A. de capital aberto.** Se a penhora recair sobre ações de sociedade anônima de capital aberto, elas serão adjudicadas ao exequente ou alienadas em bolsa de valores, conforme o caso.

## Subseção VIII
## Da Penhora de Empresa, de Outros Estabelecimentos e de Semoventes

**Art. 862.** Quando a penhora recair em estabelecimento comercial, industrial ou agrícola, bem como em semoventes, plantações ou edifícios em construção, o juiz nomeará administrador-depositário, determinando-lhe que apresente em 10 (dez) dias o plano de administração.

§ 1º Ouvidas as partes, o juiz decidirá.

§ 2º É lícito às partes ajustar a forma de administração e escolher o depositário, hipótese em que o juiz homologará por despacho a indicação.

§ 3º Em relação aos edifícios em construção sob regime de incorporação imobiliária, a penhora somente poderá recair sobre as unidades imobiliárias ainda não comercializadas pelo incorporador.

§ 4º Sendo necessário afastar o incorporador da administração da incorporação, será ela exercida pela comissão de representantes dos adquirentes ou, se se tratar de construção financiada, por empresa ou profissional indicado pela instituição fornecedora dos recursos para a obra, devendo ser ouvida, neste último caso, a comissão de representantes dos adquirentes.

▶ **1. Correspondência no CPC/1973.** *"Art. 677. Quando a penhora recair em estabelecimento comercial, industrial ou agrícola, bem como em semoventes, plantações ou edifício em construção, o juiz nomeará um depositário, determinando-lhe que apresente em 10 (dez) dias a forma de administração. § 1º Ouvidas as partes, o juiz decidirá. § 2º É lícito, porém, às partes ajustarem a forma de administração, escolhendo o depositário; caso em que o juiz homologará por despacho a indicação."*

**LIVRO II** · DO PROCESSO DE EXECUÇÃO  **Art. 863**

## ⛉ Legislação Correlata

**2. Lei 4.591/1964, art. 50.** *"Art. 50. Será designada no contrato de construção ou eleita em assembleia geral a ser realizada por iniciativa do incorporador no prazo de até 6 (seis) meses, contado da data do registro do memorial de incorporação, uma comissão de representantes composta por, no mínimo, 3 (três) membros escolhidos entre os adquirentes para representá-los perante o construtor ou, no caso previsto no art. 43 desta Lei, o incorporador, em tudo o que interessar ao bom andamento da incorporação e, em especial, perante terceiros, para praticar os atos resultantes da aplicação do disposto nos art. 31-A a art. 31-F desta Lei. § 1º Uma vez eleita a Comissão, cuja constituição se comprovará com a ata da assembléia, devidamente inscrita no Registro de Títulos e Documentos, esta ficará de pleno direito investida dos podêres necessários para exercer tôdas as atribuições e praticar todos os atos que esta Lei e o contrato de construção lhe deferirem, sem necessidade de instrumento especial outorgado pelos contratantes ou se fôr caso, pelos que se sub-rogarem nos direitos e obrigações dêstes. § 2º A assembléia geral poderá, pela maioria absoluta dos votos dos adquirentes, alterar a composição da Comissão de Representantes e revogar qualquer de suas decisões, ressalvados os direitos de terceiros quanto aos efeitos já produzidos. § 3º Respeitados os limites constantes desta Lei, o contrato poderá discriminar as atribuições da Comissão e deverá dispor sôbre os mandatos de seus membros, sua destituição e a forma de preenchimento das vagas eventuais, sendo lícita a estipulação de que o mandato conferido a qualquer membro, no caso de sub-rogação de seu contrato a terceiros, se tenha por transferido, de pleno direito, ao sub-rogatário, salvo se êste não o aceitar. § 4º Nas incorporações em que o número de contratantes de unidades fôr igual ou inferior a 3, a totalidade dêles exercerá, em conjunto as atribuições que esta Lei confere à Comissão, aplicando-se, no que couber, o disposto nos parágrafos anteriores."*

## ▤ Comentários Temáticos

**3. Estabelecimento empresarial.** O estabelecimento empresarial, que pode ser comercial, industrial ou agrícola, é uma universalidade de direito (CC, art. 91): é o conjunto de bens organizados pelo empresário, que estão economicamente vinculados entre si e funcionalmente afetados à atividade empresarial.

**4. Penhora de marca.** A penhora de marca da empresa equipara-se à do estabelecimento empresarial.

**5. Penhora de empresa e outros estabelecimentos.** Na penhora recair sobre estabelecimento comercial, industrial ou agrícola, bem como semoventes, plantações e edifícios em construção, o juiz nomeará um administrador-depositário (art. 862, CPC) para dar continuidade à atividade produtiva do bem penhorado – até mesmo em razão da função social da empresa. A ideia é evitar a paralisação da atividade empresarial, que poderia conduzir à sua ruína.

**6. Depositário-administrador.** O depositário-administrador deve ser pessoa de reputação ilibada, com disponibilidade e experiência no ramo do objeto da penhora. Nomeado e investido na função, o depositário-administrador deverá, em 10 dias, indicar a forma de administração.

**7. Plano de administração.** Após ouvir as partes sobre a proposta, o juiz deverá decidir, para aprovar ou não o plano de administração. Dessa decisão cabe agravo de instrumento (art. 1.015, parágrafo único).

**8. Prepostos do depositário-administrador.** O juiz pode nomear um ou mais prepostos, por indicação do depositário-administrador, para coadjuvá-lo na gestão (art. 160, parágrafo único).

**9. Penhora de edifícios em construção.** No caso de penhora de edifícios em construção, é preciso observar o disposto nos §§ 3º e 4º do art. 862, que têm o claro propósito de harmonizar o CPC com a Lei 4.591/1964.

**10. Escolha consensual do depositário-administrador e da forma de administração.** As partes podem celebrar negócio processual para escolher o depositário-administrador e definir a forma de administração. Neste caso, o juiz deve homologar o negócio para que produza efeitos legais, por decisão interlocutória.

> **Art. 863.** A penhora de empresa que funcione mediante concessão ou autorização far-se-á, conforme o valor do crédito, sobre a renda, sobre determinados bens ou sobre todo o patrimônio, e o juiz nomeará como depositário, de preferência, um de seus diretores.
>
> § 1º Quando a penhora recair sobre a renda ou sobre determinados bens, o administrador-depositário apresentará a forma de administração e o esquema de pagamento, observando-se, quanto ao mais, o disposto em relação ao regime de penhora de frutos e rendimentos de coisa móvel e imóvel.

1311

# Art. 864

§ 2º Recaindo a penhora sobre todo o patrimônio, prosseguirá a execução em seus ulteriores termos, ouvindo-se, antes da arrematação ou da adjudicação, o ente público que houver outorgado a concessão.

▶ **1. Correspondência no CPC/1973.** *"Art. 678. A penhora de empresa, que funcione mediante concessão ou autorização, far-se-á, conforme o valor do crédito, sobre a renda, sobre determinados bens ou sobre todo o patrimônio, nomeando o juiz como depositário, de preferência, um dos seus diretores. Parágrafo único. Quando a penhora recair sobre a renda, ou sobre determinados bens, o depositário apresentará a forma de administração e o esquema de pagamento observando-se, quanto ao mais, o disposto nos arts. 716 a 720; recaindo, porém, sobre todo o patrimônio, prosseguirá a execução os seus ulteriores termos, ouvindo-se, antes da arrematação ou da adjudicação, o poder público, que houver outorgado a concessão".*

## 🗏 COMENTÁRIOS TEMÁTICOS

**2. Depositário-administrador.** Tratando-se de penhora sobre empresa que preste serviço público, funcionando sob concessão ou autorização do Poder Público, serão apreendidos a renda, determinados bens ou todo o patrimônio – seguindo esta rígida ordem legal –, devendo o juiz nomear como depositário-administrador, preferentemente, um dos seus diretores. É o caso da penhora de empresas de luz, de água, de vias férreas etc.

**3. Preservação do serviço público.** A penhora não deve prejudicar o serviço público delegado.

**4. Penhora parcial.** Se a penhora for parcial, recaindo sobre renda e dados bens, o depositário deve apresentar plano de administração da empresa e forma de pagamento, na forma da penhora de frutos e rendimentos de coisa móvel ou imóvel.

**5. Penhora total.** Se a penhora for total, recaindo sobre todo o seu patrimônio, a execução seguirá normalmente, sendo obrigatória a oitiva do Poder Público concedente ou autorizante antes da expropriação. Deve ser ouvido o Poder Público para o caso de querer intervir na empresa, evitando sua paralisação; ou para o caso de revogação da concessão ou autorização, transferindo-a para outra empresa.

**6. Necessidade de oitiva do Poder Público.** Na concessão de serviços públicos, os bens vinculados à respectiva prestação revertem, finalizado o contrato, ao poder concedente, independentemente de serem preexistentes ou incorporados no curso da delegação. Em virtude do poder de encampação dos serviços da concessão e da reversão dos bens utilizados nesses serviços, o Poder Público pode impedir a alienação judicial do acervo penhorado da empresa concessionária. O interesse público prevalece sobre o interesse dos credores exequentes. Se, porém, ocorrer absorção do patrimônio da concessionária pelo Poder Público, este terá de responder pelas obrigações que o oneram, nos limites dos bens incorporados ao patrimônio público, sob pena de locupletamento do Poder Público em prejuízo dos credores da concessionária.

**Art. 864.** A penhora de navio ou de aeronave não obsta que continuem navegando ou operando até a alienação, mas o juiz, ao conceder a autorização para tanto, não permitirá que saiam do porto ou do aeroporto antes que o executado faça o seguro usual contra riscos.

▶ **1. Correspondência no CPC/1973.** *"Art. 679. A penhora sobre navio ou aeronave não obsta a que continue navegando ou operando até a alienação; mas o juiz, ao conceder a autorização para navegar ou operar, não permitirá que saia do porto ou aeroporto antes que o devedor faça o seguro usual contra riscos."*

## 🗏 COMENTÁRIOS TEMÁTICOS

**2. Penhora de navio ou aeronave.** É possível a penhora de navio ou aeronave, que, embora penhorado, pode operar normalmente.

**3. Seguro.** Para o juiz conceder autorização de operação do bem penhorado, deve exigir que o executado faça seguro usual contra riscos. A regra equilibra ambas as posições: protege o exequente, pois permite que esses bens de alto valor continuem produzindo; protege o executado, ao garantir o seguro.

**4. Seguro para outros bens.** A exigência do seguro pode ser estendida à penhora de outros bens móveis de grande valor, como guindastes, caminhões de transporte de combustível, locomotivas etc.

**Art. 865.** A penhora de que trata esta Subseção somente será determinada se não houver outro meio eficaz para a efetivação do crédito.

▶ **1. Sem correspondência no CPC/1973.**

## LIVRO II · DO PROCESSO DE EXECUÇÃO
### Art. 866

### ▣ Comentários Temáticos

**2. Penhora subsidiária.** A penhora sobre estabelecimento comercial, industrial ou agrícola, bem como semoventes, plantações e edifícios em construção é subsidiária: somente será determinada se não houver outro meio eficaz para a efetivação do crédito. Havendo outro meio, não se deve determinar essa penhora.

## Subseção IX
## Da Penhora de Percentual de Faturamento de Empresa

> **Art. 866.** Se o executado não tiver outros bens penhoráveis ou se, tendo-os, esses forem de difícil alienação ou insuficientes para saldar o crédito executado, o juiz poderá ordenar a penhora de percentual de faturamento de empresa.
>
> § 1º O juiz fixará percentual que propicie a satisfação do crédito exequendo em tempo razoável, mas que não torne inviável o exercício da atividade empresarial.
>
> § 2º O juiz nomeará administrador-depositário, o qual submeterá à aprovação judicial a forma de sua atuação e prestará contas mensalmente, entregando em juízo as quantias recebidas, com os respectivos balancetes mensais, a fim de serem imputadas no pagamento da dívida.
>
> § 3º Na penhora de percentual de faturamento de empresa, observar-se-á, no que couber, o disposto quanto ao regime de penhora de frutos e rendimentos de coisa móvel e imóvel.

▸ **1. Correspondência no CPC/1973.** *"Art. 655-A. (...) § 3º Na penhora de percentual do faturamento da empresa executada, será nomeado depositário, com a atribuição de submeter à aprovação judicial a forma de efetivação da constrição, bem como de prestar contas mensalmente, entregando ao exequente as quantias recebidas, a fim de serem imputadas no pagamento da dívida."*

### ▣ Comentários Temáticos

**2. Requisitos.** A penhora de percentual de faturamento depende da presença de 2 requisitos: *(a)* inexistência de outros bens penhoráveis ou, caso existam, sejam de difícil alienação ou insuficientes para saldar o crédito; *(b)* necessidade de fixação de um percentual que, simultaneamente, propicie a tutela do crédito e não torne inviável o exercício da atividade empresarial.

**3. Excepcionalidade da penhora de faturamento.** *"Possibilidade, em caráter excepcional,*

*da penhora incidente sobre o faturamento mensal da sociedade, desde que não comprometa o seu funcionamento"* (STJ, 4ª Turma, AgInt no REsp 1.878.740/SP, rel. Min. Luis Felipe Salomão, *DJe* 13.5.2021).

**4. Percentual do faturamento.** O juiz, ao determinar a penhora do faturamento da empresa, deve fixar percentual razoável que não inviabilize a atividade empresarial.

**5. Fixação de percentual que não inviabilize a atividade empresarial.** *"É firme a jurisprudência desta Corte quanto à possibilidade de a penhora recair sobre o faturamento da empresa, desde que observadas as medidas necessárias ao desempenho de suas atividades"* (STJ, 3ª Turma, AgInt no AREsp 1.466.151/RS, rel. Min. Marco Aurélio Bellizze, *DJe* 1º.9.2020).

**6. Medida excepcional.** O art. 835 prevê, expressamente, em seu inciso X, a penhora de percentual do faturamento da sociedade empresária devedora. A inserção da penhora de percentual de faturamento na 10ª posição da gradação legal confirma o entendimento de que tal penhora implica prejuízo ao funcionamento da empresa, somente podendo ser realizada quando não localizados outros bens penhoráveis, e em percentual que não inviabilize, estorve ou dificulte a atividade empresarial.

**7. Penhora eventual ou condicional.** A parcela do faturamento da pessoa jurídica empresária só é penhorável se não houver outros bens ou caso os que existam não possam responder satisfatoriamente pela execução. Significa que, havendo outros bens, é impenhorável o percentual de faturamento da empresa. A penhora de faturamento é, então, condicional ou eventual. Essa impenhorabilidade condicional ou eventual decorre do princípio da função social da empresa, em sua dimensão preservação da empresa, que é corolário da função social da propriedade. A regra é semelhante à da penhora de empresa ou estabelecimento empresarial (art. 865).

**8. Administrador-depositário.** Determinada a penhora de percentual do faturamento, o juiz nomeará administrador-depositário, que submeterá à aprovação judicial a forma de sua atuação e prestará contas mensalmente (ou em outro prazo, a ser definido caso a caso), entregando em juízo as quantias recebidas, com os respectivos balancetes mensais, a fim de serem imputadas no pagamento da dívida.

**9. Escolha consensual do administrador-depositário.** É possível que o depositário-administrador seja escolhido de comum acordo entre as partes (art. 190). Não se deve nomear

# Art. 867 | CÓDIGO DE PROCESSO CIVIL COMENTADO – *Leonardo Carneiro da Cunha*

pessoa que componha os quadros sociais ou funcionais do executado.

**10. Ofício à Junta Comercial.** O administrador-depositário exerce função equivalente à de um interventor. Por isso, é recomendável que o juízo expeça ofício à Junta Comercial ou ao cartório, informando e pedindo a respectiva averbação da nomeação do depositário, que terá sob sua responsabilidade parcela da receita da atividade empresarial.

**11. Disciplina conjunta.** Os arts. 867 a 869 regulam a penhora de frutos e rendimentos de coisa móvel ou imóvel, bem como a penhora de percentual de faturamento de empresa (art. 866, § 3º). Além de regularem a penhora, servem, igualmente, a disciplinar a apropriação dos rendimentos e frutos que foram penhorados (art. 825, III). É uma disciplina conjunta: regula-se a penhora e, de igual modo, o meio expropriatório, que é a apropriação dos rendimentos e frutos.

## Subseção X
## Da Penhora de Frutos e Rendimentos de Coisa Móvel ou Imóvel

**Art. 867.** O juiz pode ordenar a penhora de frutos e rendimentos de coisa móvel ou imóvel quando a considerar mais eficiente para o recebimento do crédito e menos gravosa ao executado.

▶ **1. Correspondência no CPC/1973.** *"Art. 716. O juiz pode conceder ao exequente o usufruto de móvel ou imóvel, quando o reputar menos gravoso ao executado e eficiente para o recebimento do crédito."*

⚖ **Jurisprudência, Enunciados e Súmulas Selecionados**

• **2. Enunciado 641 do FPPC.** *"O exequente deve providenciar a intimação do coproprietário no caso da penhora de bem imóvel indivisível ou de direito real sobre bem imóvel indivisível."*

▣ **Comentários Temáticos**

**3. Penhoras de rendimentos de empresa, estabelecimento ou outros bens.** Se o devedor dispõe de bens que produzem rendimentos, é preferível – por ser menos oneroso – que se atenda aos interesses do credor sem que o devedor seja despojado da sua propriedade. Em vez de ser expropriado bem do devedor, basta que se

atribuam ao credor, em caráter temporário, os rendimentos produzidos pelo bem. O devedor conservará, com essa restrição, o domínio do bem, que será restabelecido, em sua plenitude, quando da total satisfação do crédito. Assim, sem prejuízo para o credor, que irá receber o valor que lhe é devido, adota-se solução vantajosa para o devedor, impondo-lhe um menor sacrifício.

**4. Disciplina conjunta.** Os arts. 867 a 869 regulam a penhora de frutos e rendimentos de coisa móvel ou imóvel, bem como a penhora de percentual de faturamento de empresa (art. 866, § 3º). Além de regularem a penhora, servem, igualmente, a disciplinar a apropriação dos rendimentos e frutos que foram penhorados (art. 825, III). É uma disciplina conjunta: regula-se a penhora e, de igual modo, o meio expropriatório, que é a apropriação dos rendimentos e frutos.

**5. Requisitos.** Para que o juiz determine a penhora de frutos e rendimentos de coisa móvel ou imóvel, é preciso que a medida seja, a um só tempo, efetiva para o recebimento do crédito e menos gravosa para o executado. Aí estão, pois, os dois principais requisitos para o deferimento do usufruto judicial: *a)* a efetividade da medida e *b)* sua menor onerosidade.

**6. Determinação da penhora.** A penhora pode ser determinada pelo juiz de ofício ou a requerimento do exequente, ou do executado, ou de ambos. Antes de determiná-la de ofício ou a requerimento de uma das partes, o juiz deve instaurar o contraditório (art. 10), a não ser que a medida seja requerida conjuntamente por exequente e executado. A requerimento do exequente, o juiz poderá deferir a penhora, ainda que o executado não concorde. O juiz, depois de dar oportunidade de manifestação ao executado (art. 10), haverá de fundamentar sua decisão, demonstrando a razão pela qual a eventual discordância do executado não merece acolhimento.

**7. Momento.** A penhora de frutos e rendimentos de coisa móvel ou imóvel há de ser determinada até antes de realizada a alienação em leilão público. Realizada a alienação do bem, não é mais possível que haja a apropriação de frutos ou rendimentos. Assim, penhorado um bem e determinada a realização de leilão, se restar infrutífero o evento, não havendo arrematação, é possível, ainda, que se defira a apropriação de frutos ou rendimentos. Em outras palavras, não havendo arrematação, permite-se o deferimento da referida apropriação.

**8. Cabimento em qualquer execução.** A penhora de frutos e rendimentos é cabível, tanto no cumprimento da sentença, como na execu-

## LIVRO II · DO PROCESSO DE EXECUÇÃO — Art. 868

ção fundada em título extrajudicial. Também é cabível tanto na execução definitiva, como na execução provisória.

**9. Cabimento no cumprimento provisório da sentença.** A penhora de frutos e rendimentos importa alienação do domínio. O domínio dos frutos e rendimentos são apropriados pelo exequente, havendo aí uma alienação. (art. 825, III). O cumprimento provisório de sentença permite ato que impliquem alienação do domínio, desde que de prestada caução idônea (art. 520, IV). Poderá, então, o exequente passar a perceber os rendimentos do móvel ou imóvel, desde que preste caução. Alternativamente, em vez de ser prestada a caução, é possível que se determine, na execução provisória, que os rendimentos sejam depositados em juízo para que os valores sejam liberados com o superveniente trânsito em julgado: confirmada a sentença que condenou o executado, os valores devem ser levantados pelo exequente. Reformada ou anulada a sentença, retorna-se ao *status quo ante,* devendo os valores ser destinados ao executado, a quem se permitirá, ainda, liquidar os eventuais danos suportados com tal execução provisória e cobrar os valores em indenização contra o exequente, intentada nos próprios autos (art. 520, I e II).

**10. Cabimento na execução fiscal.** Essa forma de penhora e a consequente apropriação de rendimentos ou frutos são cabíveis na execução fiscal, consistindo num meio expropriatório plenamente adequado à satisfação do crédito inscrito em dívida ativa da Fazenda Pública.

---

**Art. 868.** Ordenada a penhora de frutos e rendimentos, o juiz nomeará administrador-depositário, que será investido de todos os poderes que concernem à administração do bem e à fruição de seus frutos e utilidades, perdendo o executado o direito de gozo do bem, até que o exequente seja pago do principal, dos juros, das custas e dos honorários advocatícios.

§ 1º A medida terá eficácia em relação a terceiros a partir da publicação da decisão que a conceda ou de sua averbação no ofício imobiliário, em caso de imóveis.

§ 2º O exequente providenciará a averbação no ofício imobiliário mediante a apresentação de certidão de inteiro teor do ato, independentemente de mandado judicial.

---

▶ **1. Correspondência no CPC/1973.** *"Art. 716. O juiz pode conceder ao exequente o usufruto de móvel ou imóvel, quando o reputar menos gravoso ao executado e eficiente para o recebimento do crédito." "Art. 717. Decretado o usufruto, perde o* executado o gozo do móvel ou imóvel, até que o exequente seja pago do principal, juros, custas e honorários advocatícios. Art. 718. O usufruto tem eficácia, assim em relação ao executado como a terceiros, a partir da publicação da decisão que o conceda." "Art. 719. Na sentença, o juiz nomeará administrador que será investido de todos os poderes que concernem ao usufrutuário. Parágrafo único. Pode ser administrador: I – o credor, consentindo o devedor; II – o devedor, consentindo o credor."

### 🗐 COMENTÁRIOS TEMÁTICOS

**2. Satisfação do crédito.** Privado do bem por certo prazo, mas conservando seu domínio, o executado satisfaz o crédito do exequente, a quem são atribuídos os rendimentos do bem penhorado, até o termo final, quando estará integralmente satisfeito o crédito.

**3. Penhora, apropriação e extinção da dívida.** A penhora antecede a apropriação dos frutos e rendimentos da coisa. Feita a penhora, a obrigação ainda não está extinta. Ordenada a penhora, perde o executado o uso e o gozo do móvel ou imóvel, até que o exequente seja pago do principal, juros, custas e honorários advocatícios. A penhora persiste até o pagamento integral da dívida. O exequente deve receber por inteiro tudo que lhe é devido, de sorte que a penhora apenas se desfaz após o pagamento de toda a dívida.

**4. Proteção possessória.** Embora perca o uso e o gozo do bem até a satisfação da execução, o executado não perde o direito à proteção possessória nem as pretensões reais que tenham o próprio bem por objeto. O executado pode, enfim, propor qualquer demanda judicial que se destina a proteger o bem.

**5. Nomeação de administrador-depositário.** Ao determinar a penhora, o juiz deve nomear administrador-depositário, que será investido de todos os poderes que concernem à administração do bem e à fruição de seus frutos e utilidades, perdendo o executado o direito de uso e de gozo do bem, até que o exequente seja pago do principal, dos juros, das custas e dos honorários advocatícios.

**6. Eficácia da penhora.** A penhora de frutos e rendimentos de coisa móvel será eficaz em relação a terceiro a partir da publicação da decisão que a determine; caso se trate de penhora sobre frutos e rendimentos de coisa imóvel, essa eficácia inicia a partir da averbação da decisão no ofício imobiliário, que pode ser providenciada pelo exequente pela simples apresentação de cer-

# Art. 869

tidão de inteiro teor do ato, independentemente de mandado judicial.

**7. Penhora temporária.** Determinada a penhora, perde o executado o gozo do móvel ou imóvel, até que o exequente seja pago do principal, juros, custas e honorários advocatícios. Essa penhora é, necessariamente, temporária. Se, após certo tempo, restar evidente não ser mais possível que essa penhora sirva para satisfazer o montante restante, o exequente, que já recebeu parte do seu crédito, terá a possibilidade de promover por outra forma a execução pelo saldo.

> **Art. 869.** O juiz poderá nomear administrador-depositário o exequente ou o executado, ouvida a parte contrária, e, não havendo acordo, nomeará profissional qualificado para o desempenho da função.
>
> § 1º O administrador submeterá à aprovação judicial a forma de administração e a de prestar contas periodicamente.
>
> § 2º Havendo discordância entre as partes ou entre essas e o administrador, o juiz decidirá a melhor forma de administração do bem.
>
> § 3º Se o imóvel estiver arrendado, o inquilino pagará o aluguel diretamente ao exequente, salvo se houver administrador.
>
> § 4º O exequente ou o administrador poderá celebrar locação do móvel ou do imóvel, ouvido o executado.
>
> § 5º As quantias recebidas pelo administrador serão entregues ao exequente, a fim de serem imputadas ao pagamento da dívida.
>
> § 6º O exequente dará ao executado, por termo nos autos, quitação das quantias recebidas.

▶ **1. Correspondência no CPC/1973.** *"Art. 719. (...) Parágrafo único. Pode ser administrador: I – o credor, consentindo o devedor; II – o devedor, consentindo o credor." "Art. 723. Se o imóvel estiver arrendado, o inquilino pagará o aluguel diretamente ao usufrutuário, salvo se houver administrador." "Art. 724. O exequente usufrutuário poderá celebrar locação do móvel ou imóvel, ouvido o executado. Parágrafo único. Havendo discordância, o juiz decidirá a melhor forma de exercício do usufruto."*

## ▣ COMENTÁRIOS TEMÁTICOS

**2. Administrador.** É possível o exequente ser o administrador, se assim concordar o executado e vice-versa, ou seja, é possível que o executado seja o administrador, caso o exequente assim concorde.

**3. Escolha consensual do administrador.** O exequente e o executado podem celebrar negócio processual de escolha do administrador. Nesse caso, o juiz nomeará o administrador que seja consensualmente escolhido entre as partes.

**4. Forma de administração do bem, decisão e cabimento de agravo de instrumento.** Cabe ao administrador submeter ao juiz a forma de administração do bem e a de prestação de contas. O juiz deverá consultar as partes. Havendo concordância, será deferida a forma proposta pelo administrador. Se houver divergência ou discordância, caberá ao juiz decidir a melhor forma de administrar o bem, em decisão impugnável por agravo de instrumento (art. 1.015, parágrafo único).

**5. Escolha consensual da administração do bem.** O exequente e o executado podem celebrar negócio processual de administração do bem e da forma de prestação de contas.

**6. Poderes do administrador.** O administrador atua com legitimação negocial e processual, podendo atuar, dentro dos limites de seus poderes, para celebrar contratos relativos ao bem e para defender o recebimento dos frutos e rendimentos.

**7. Arrendamento do imóvel.** Se o imóvel estiver arrendado, o arrendatário ou locatário haverá de pagar o aluguel diretamente ao exequente, salvo se houver administrador, a quem deverá ser destinado o pagamento dos aluguéis.

**8. Celebração de locação.** O administrador ou o exequente poderá celebrar locação do móvel ou imóvel, ouvido o executado.

**9. Imputação de pagamento e satisfação *pro solvendo*.** As quantias recebidas pelo administrador serão entregues ao exequente, a fim de serem imputadas ao pagamento da dívida. O exequente dará ao executado, por termo nos autos, quitação das quantias recebidas. Isso demonstra que a determinação dessa penhora se faz *pro solvendo*, e não *pro soluto*. Quer isso dizer que, determinada a penhora de frutos e rendimentos de coisa móvel ou imóvel, não está extinta a obrigação.

## Subseção XI
## Da Avaliação

> **Art. 870.** A avaliação será feita pelo oficial de justiça.
>
> Parágrafo único. Se forem necessários conhecimentos especializados e o valor da execução o

# LIVRO II · DO PROCESSO DE EXECUÇÃO — Art. 871

comportar, o juiz nomeará avaliador, fixando-lhe prazo não superior a 10 (dez) dias para entrega do laudo.

▶ **1. Correspondência no CPC/1973.** *"Art. 680. A avaliação será feita pelo oficial de justiça (art. 652), ressalvada a aceitação do valor estimado pelo executado (art. 668, parágrafo único, inciso V); caso sejam necessários conhecimentos especializados, o juiz nomeará avaliador, fixando-lhe prazo não superior a 10 (dez) dias para entrega do laudo."*

## ⊞ LEGISLAÇÃO CORRELATA

**2. CLT, art. 887.** *"Art. 887. A avaliação dos bens penhorados em virtude da execução de decisão condenatória, será feita por avaliador escolhido de comum acordo pelas partes, que perceberá as custas arbitradas pelo juiz, ou presidente do tribunal trabalhista, de conformidade com a tabela a ser expedida pelo Tribunal Superior do Trabalho. § 1º Não acordando as partes quanto à designação de avaliador, dentro de cinco dias após o despacho que o determinou a avaliação, será o avaliador designado livremente pelo juiz ou presidente do tribunal. § 2º Os servidores da Justiça do Trabalho não poderão ser escolhidos ou designados para servir de avaliador."*

## ▣ COMENTÁRIOS TEMÁTICOS

**3. Avaliação do bem penhorado.** O bem penhorado precisa ser avaliado. Sua expropriação depende de prévia avaliação.

**4. Oficial de justiça.** Cabe ao próprio oficial de justiça proceder à avaliação do bem penhorado. Uma de suas atribuições é, justamente, efetuar avaliações (art. 154, V).

**5. Vistoria e laudo.** Feita pelo oficial de justiça, a avaliação constará de vistoria e de laudo anexados ao auto de penhora (art. 872).

**6. Perito.** Caso a avaliação requeira conhecimentos técnicos especializados, o juiz designará um perito, fixando-lhe prazo não superior a dez dias para a entrega do laudo.

**7. Escolha consensual do perito.** As partes podem escolher consensualmente o perito para avaliar o bem penhorado (art. 471).

**8. Requisitos do laudo pericial.** Havendo perícia, o laudo deverá observar os requisitos exigidos pelo art. 872.

**9. Apresentação de estudo pelo exequente.** Se na comarca não houver especialista que possa avaliar o bem penhorado, o juiz pode, aplicando o art. 472, determinar a intimação do exequente para que apresente estudo ou parecer de um especialista sobre a avaliação do bem, com a indicação de seu valor.

**Art. 871.** Não se procederá à avaliação quando:

I – uma das partes aceitar a estimativa feita pela outra;

II – se tratar de títulos ou de mercadorias que tenham cotação em bolsa, comprovada por certidão ou publicação no órgão oficial;

III – se tratar de títulos da dívida pública, de ações de sociedades e de títulos de crédito negociáveis em bolsa, cujo valor será o da cotação oficial do dia, comprovada por certidão ou publicação no órgão oficial;

IV – se tratar de veículos automotores ou de outros bens cujo preço médio de mercado possa ser conhecido por meio de pesquisas realizadas por órgãos oficiais ou de anúncios de venda divulgados em meios de comunicação, caso em que caberá a quem fizer a nomeação o encargo de comprovar a cotação de mercado.

Parágrafo único. Ocorrendo a hipótese do inciso I deste artigo, a avaliação poderá ser realizada quando houver fundada dúvida do juiz quanto ao real valor do bem.

▶ **1. Correspondência no CPC/1973.** *"Art. 682. O valor dos títulos da dívida pública, das ações das sociedades e dos títulos de crédito negociáveis em bolsa será o da cotação oficial do dia, provada por certidão ou publicação no órgão oficial." "Art. 684. Não se procederá à avaliação se: I – o exequente aceitar a estimativa feita pelo executado (art. 668, parágrafo único, inciso V); II – se tratar de títulos ou de mercadorias, que tenham cotação em bolsa, comprovada por certidão ou publicação oficial."*

## ⊞ LEGISLAÇÃO CORRELATA

**2. CC, art. 1.484.** *"É lícito aos interessados fazer constar das escrituras o valor entre si ajustado dos imóveis hipotecados, o qual, devidamente atualizado, será a base para as arrematações, adjudicações e remições, dispensada a avaliação."*

## ⚖ JURISPRUDÊNCIA, ENUNCIADOS E SÚMULAS SELECIONADOS

• **3. Enunciado 156 da II Jornada-CJF.** *"O decurso de tempo entre a avaliação do bem penhorado e a sua alienação não importa, por si só, nova avaliação, a qual deve ser realizada se houver, nos autos, indícios de que houve majoração ou diminuição no valor."*

1317

# Art. 872 · CÓDIGO DE PROCESSO CIVIL COMENTADO – Leonardo Carneiro da Cunha

## ▣ Comentários Temáticos

**4. Casos de dispensa de avaliação.** O dispositivo trata das hipóteses em que se dispensa a avaliação do bem penhorado.

**5. Acordo das partes sobre o valor do bem.** Se há acordo das partes sobre o valor do bem, dispensa-se a avaliação. Esse negócio jurídico processual pode realizar-se durante o processo, seja por instrumento, seja pela simples aceitação da estimativa feita pela outra parte, ou mesmo antes do processo.

**6. Fundada dúvida do juiz.** Não obstante a existência de acordo das partes, a avaliação poderá ser realizada quando houver fundada dúvida do juiz quanto ao real valor do bem. O parágrafo único do art. 871 prevê regra de controle judicial do negócio jurídico processual sobre o valor do bem penhorado. A regra deve, porém, ser interpretada sistematicamente, levando em conta o conjunto de normas do CPC: negócios processuais são válidos *prima facie* e eficazes, *independentemente de prévia homologação judicial* (art. 200). A aplicação do parágrafo único do art. 871 pressupõe que o juiz identifique a existência de simulação ou fraude (art. 142) ou outra causa de nulidade do negócio (art. 190, parágrafo único). Fora dessas hipóteses, há de prevalecer o acordo processual, não importando se o juiz discorda do valor acordado pelas partes.

**7. Bem hipotecado.** No caso de bem hipotecado, os contratantes podem fixar, no instrumento da hipoteca, o valor para fins de alienação judicial, o que dispensa a avaliação (CC, art. 1.484). O valor acordado pode, porém, sofrer com a desvalorização da moeda; o valor da coisa sujeita-se às oscilações do mercado. Nessa hipótese, é possível que haja a necessidade de proceder-se à avaliação do bem em execução hipotecária.

**8. Títulos ou mercadorias com cotação em bolsa.** Não há necessidade de proceder à avaliação do valor dos títulos ou de mercadorias que tenham cotação em bolsa, de títulos da dívida pública, de ações das sociedades e dos títulos de crédito negociáveis em bolsa. Nesses casos, o valor será o da cotação oficial do dia, provada por certidão ou publicação no órgão oficial.

**9. Veículos automotores ou outros bens de valor conhecido.** Dispensa-se a avaliação do bem penhorado, quando se tratar de veículos automotores ou de outros bens cujo preço médio de mercado possa ser conhecido por meio de pesquisas realizadas por órgãos oficiais ou de anúncios de venda divulgados em meios de comunicação, caso em que caberá a quem fizer a nomeação o encargo de comprovar a cotação de mercado.

**10. Dinheiro e ativos financeiros.** Penhorado dinheiro ou ativo financeiro, não há avaliação. Não se avalia dinheiro ou ativo financeiro. Embora o art. 871 não mencione, não há avaliação em tal hipótese.

---

**Art. 872.** A avaliação realizada pelo oficial de justiça constará de vistoria e de laudo anexados ao auto de penhora ou, em caso de perícia realizada por avaliador, de laudo apresentado no prazo fixado pelo juiz, devendo-se, em qualquer hipótese, especificar:

I – os bens, com as suas características, e o estado em que se encontram;

II – o valor dos bens.

§ 1º Quando o imóvel for suscetível de cômoda divisão, a avaliação, tendo em conta o crédito reclamado, será realizada em partes, sugerindo-se, com a apresentação de memorial descritivo, os possíveis desmembramentos para alienação.

§ 2º Realizada a avaliação e, sendo o caso, apresentada a proposta de desmembramento, as partes serão ouvidas no prazo de 5 (cinco) dias.

▶ **1. Correspondência no CPC/1973.** *"Art. 681. O laudo da avaliação integrará o auto de penhora ou, em caso de perícia (art. 680), será apresentado no prazo fixado pelo juiz, devendo conter: I – a descrição dos bens, com os seus característicos, e a indicação do estado em que se encontram; II – o valor dos bens. Parágrafo único. Quando o imóvel for suscetível de cômoda divisão, o avaliador, tendo em conta o crédito reclamado, o avaliará em partes, sugerindo os possíveis desmembramentos."*

## ⊡ Legislação Correlata

**2. Lei 6.830/1980, art. 13.** *"Art. 13. O termo ou auto de penhora conterá, também, a avaliação dos bens penhorados, efetuada por quem o lavrar. § 1º Impugnada a avaliação, pelo executado, ou pela Fazenda Pública, antes de publicado o edital de leilão, o Juiz, ouvida a outra parte, nomeará avaliador oficial para proceder a nova avaliação dos bens penhorados. § 2º Se não houver, na Comarca, avaliador oficial ou este não puder apresentar o laudo de avaliação no prazo de 15 (quinze) dias, será nomeada pessoa ou entidade habilitada a critério do Juiz. § 3º Apresentado o laudo, o Juiz decidirá de plano sobre a avaliação."*

**LIVRO II · DO PROCESSO DE EXECUÇÃO** **Art. 874**

## ▣ COMENTÁRIOS TEMÁTICOS

**3. Vistoria e laudo do oficial de justiça.** Quando for feita pelo oficial de justiça, a avaliação constará de vistoria e de laudo anexados ao auto de penhora.

**4. Requisitos do laudo pericial.** Havendo perícia, o laudo deverá observar os seguintes requisitos: a) a descrição dos bens, com os seus característicos, e a indicação do estado em que se encontram; b) o valor dos bens.

**5. Regras da prova pericial.** Se houver perícia, devem ser aplicadas as regras da prova pericial. Assim, deverá o juiz ou o perito designar a data e o local da avaliação, dando ciência às partes para que possam acompanhá-la (art. 474), conferindo transparência à perícia, com o que se atende ao princípio do contraditório e, de resto, ao devido processo legal. Tratando-se de perícia complexa, ou seja, daquela que abrange mais de uma área do conhecimento, será nomeado mais de um perito, cada um de uma das áreas exigidas (art. 475).

**6. Imóvel divisível.** Quando o imóvel for suscetível de cômoda divisão, o avaliador, tendo em conta o crédito reclamado, deve avaliá-lo em partes, sugerindo os possíveis desmembramentos. As partes serão intimadas para opinarem, em cinco dias, sobre a proposta de desmembramento.

**7. Contraditório.** As partes devem ser intimadas da data e do local da avaliação, a fim de acompanhar a atuação do perito. Apresentado o laudo, as partes são intimadas para sobre ele manifestar-se. O juiz deve decidir sobre a avaliação. A decisão sobre a avaliação é impugnável por agravo de instrumento (art. 1.015, parágrafo único).

---

**Art. 873.** É admitida nova avaliação quando:

I – qualquer das partes arguir, fundamentadamente, a ocorrência de erro na avaliação ou dolo do avaliador;

II – se verificar, posteriormente à avaliação, que houve majoração ou diminuição no valor do bem;

III – o juiz tiver fundada dúvida sobre o valor atribuído ao bem na primeira avaliação.

Parágrafo único. Aplica-se o art. 480 à nova avaliação prevista no inciso III do *caput* deste artigo.

▶ **1. Correspondência no CPC/1973.** *"Art. 683. É admitida nova avaliação quando: I – qualquer das partes arguir, fundamentadamente, a ocorrência de erro na avaliação ou dolo do avaliador; II – se verificar, posteriormente à avaliação, que houve majoração ou diminuição no valor do bem; ou III – houver fundada dúvida sobre*

*o valor atribuído ao bem (art. 668, parágrafo único, inciso V)."*

## ⚖ JURISPRUDÊNCIA, ENUNCIADOS E SÚMULAS SELECIONADOS

• **2. Enunciado 156 da II Jornada-CJF.** *"O decurso de tempo entre a avaliação do bem penhorado e a sua alienação não importa, por si só, nova avaliação, a qual deve ser realizada se houver, nos autos, indícios de que houve majoração ou diminuição no valor."*

## ▣ COMENTÁRIOS TEMÁTICOS

**3. Hipóteses de nova avaliação.** O bem penhorado pode ser novamente avaliado em caso de invalidade, de revisão ou de dúvida do juiz sobre o valor atribuído ao bem.

**4. Invalidade.** A avaliação pode ser *invalidada* por erro na avaliação ou por dolo do avaliador. Nesse caso, haverá nova avaliação, em razão do desfazimento da primeira.

**5. Revisão.** A avaliação pode ser *revista*, quando se verificar que houve majoração ou diminuição do bem, por fato que lhe seja superveniente, desde que tal fato seja efetivamente afirmado e comprovado nos autos, não se admitindo reavaliação em razão do simples transcurso do tempo entre a avaliação e o momento da expropriação. Em tal hipótese, haverá nova avaliação, pela revisão da primeira ou por fato a ela superveniente.

**6. Fundada dúvida.** Admite-se nova avaliação no bem penhorado, quando houver fundada dúvida sobre o valor atribuído ao bem. Essa é uma hipótese semelhante à que permite uma segunda perícia. O art. 480, que cuida da segunda perícia, deve, aliás, ser aplicado à segunda avaliação. Nesse caso, a segunda avaliação não substitui a primeira, cabendo ao juiz apreciar uma e outra (art. 480, § 3º).

**7. Preclusão.** *"O pedido de reavaliação do bem penhorado deverá ser feito antes da sua adjudicação ou alienação, sendo inviável afastar o reconhecimento da ocorrência de preclusão quando já ultimado o ato expropriatório, isto é, após a arrematação"* (STJ, 3ª Turma, REsp 1.748.480/RS, rel. Min. Nancy Andrighi, *DJe* 16.5.2019).

---

**Art. 874.** Após a avaliação, o juiz poderá, a requerimento do interessado e ouvida a parte contrária, mandar:

I – reduzir a penhora aos bens suficientes ou transferi-la para outros, se o valor dos bens

1319

penhorados for consideravelmente superior ao crédito do exequente e dos acessórios;

II – ampliar a penhora ou transferi-la para outros bens mais valiosos, se o valor dos bens penhorados for inferior ao crédito do exequente.

▶ **1. Correspondência no CPC/1973.** *"Art. 685. Após a avaliação, poderá mandar o juiz, a requerimento do interessado e ouvida a parte contrária: I – reduzir a penhora aos bens suficientes, ou transferi-la para outros, que bastem à execução, se o valor dos penhorados for consideravelmente superior ao crédito do exequente e acessórios; II – ampliar a penhora, ou transferi-la para outros bens mais valiosos, se o valor dos penhorados for inferior ao referido crédito. Parágrafo único. Uma vez cumpridas essas providências, o juiz dará início aos atos de expropriação de bens."*

## ⚖ Jurisprudência, Enunciados e Súmulas Selecionados

• **2. Tema/Repetitivo 260 STJ.** *"O reforço da penhora não pode ser deferido ex officio, a teor dos artigos 15, II, da LEF e 685 do CPC [de 1973]."*

## ▤ Comentários Temáticos

**3. Reflexos da avaliação na penhora.** Feita a avaliação, pode-se perceber que a penhora é insuficiente ou excessiva. Sendo insuficiente, deve haver reforço de penhora, ampliando-a ou transferindo-a para outros bens mais valiosos. Caso a insuficiência seja tamanha, a ponto de o bem penhorado nem cobrir as custas da execução, a penhora deverá ser desfeita (art. 836). Se for excessiva, deverá ser reduzida ou, na falta de outros bens, mantida, com a entrega do excedente ao executado, depois da alienação do bem.

**4. Redução da penhora.** A redução da penhora ocorrerá quando, após a avaliação, tornar-se perceptível que o valor dos bens penhorados é consideravelmente superior ao crédito do exequente e seus acessórios. Daí poder o credor pleitear, por petição simples, o desfazimento de parte da penhora ou a sua substituição por outra de menor valor. Ouvida a parte contrária, em 3 dias (art. 853), o juiz apreciará seu requerimento.

**5. Excesso de penhora *versus* excesso de execução.** Não se deve confundir excesso de penhora com excesso de execução. O excesso de penhora é a apreensão e o depósito de bem de valor muito maior do que o crédito executado (e seus acessórios). Já o excesso de execução é

o pedido excessivo do exequente, que pode ser impugnado por embargos à execução ou impugnação ao cumprimento de sentença. É possível haver excesso de penhora sem que haja excesso de execução.

**6. Ampliação da penhora.** A ampliação da penhora pode ocorrer quando, após a avaliação, se constatar que os bens constritos são insuficientes para dar conta do débito (art. 874, II). Diante disso, pode o credor solicitar, por petição simples, a penhora de novos bens (reforço da penhora) ou a substituição dos já constritos por outros de mais valor. Ouvida a parte contrária, em 3 dias (art. 853), o juiz apreciará seu requerimento.

**Art. 875.** Realizadas a penhora e a avaliação, o juiz dará início aos atos de expropriação do bem.

▶ **1. Correspondência no CPC/1973.** *"Art. 685. (...) Parágrafo único. Uma vez cumpridas essas providências, o juiz dará início aos atos de expropriação de bens."*

## ▤ Comentários Temáticos

**2. Avaliação do bem penhorado.** A avaliação é ato processual de grande importância no procedimento executivo. É com base no valor alcançado pela avaliação que se fará a alienação do bem penhorado, por adjudicação ou alienação judicial, por iniciativa particular ou por hasta pública. Há diversas regras jurídicas que têm como pressuposto de incidência o valor da avaliação. O bem penhorado precisa ser avaliado.

**3. Expropriação do bem.** Somente depois de avaliado é que o bem penhorado pode ser expropriado. A expropriação consiste em *(a)* adjudicação; *(b)* alienação (que pode ser por iniciativa particular ou em leilão judicial eletrônico ou presencial – art. 879); *(c)* apropriação de frutos e rendimentos de empresa ou de estabelecimentos e de outros bens (art. 825).

## Seção IV
## Da Expropriação de Bens

## Subseção I
## Da Adjudicação

**Art. 876.** É lícito ao exequente, oferecendo preço não inferior ao da avaliação, requerer que lhe sejam adjudicados os bens penhorados.

# LIVRO II · DO PROCESSO DE EXECUÇÃO — Art. 876

§ 1º Requerida a adjudicação, o executado será intimado do pedido:

I – pelo Diário da Justiça, na pessoa de seu advogado constituído nos autos;

II – por carta com aviso de recebimento, quando representado pela Defensoria Pública ou quando não tiver procurador constituído nos autos;

III – por meio eletrônico, quando, sendo o caso do § 1º do art. 246, não tiver procurador constituído nos autos.

§ 2º Considera-se realizada a intimação quando o executado houver mudado de endereço sem prévia comunicação ao juízo, observado o disposto no art. 274, parágrafo único.

§ 3º Se o executado, citado por edital, não tiver procurador constituído nos autos, é dispensável a intimação prevista no § 1º.

§ 4º Se o valor do crédito for:

I – inferior ao dos bens, o requerente da adjudicação depositará de imediato a diferença, que ficará à disposição do executado;

II – superior ao dos bens, a execução prosseguirá pelo saldo remanescente.

§ 5º Idêntico direito pode ser exercido por aqueles indicados no art. 889, incisos II a VIII, pelos credores concorrentes que hajam penhorado o mesmo bem, pelo cônjuge, pelo companheiro, pelos descendentes ou pelos ascendentes do executado.

§ 6º Se houver mais de um pretendente, proceder-se-á à licitação entre eles, tendo preferência, em caso de igualdade de oferta, o cônjuge, o companheiro, o descendente ou o ascendente, nessa ordem.

§ 7º No caso de penhora de quota social ou de ação de sociedade anônima fechada realizada em favor de exequente alheio à sociedade, esta será intimada, ficando responsável por informar aos sócios a ocorrência da penhora, assegurando-se a estes a preferência.

▶ **1. Correspondência no CPC/1973.** *"Art. 685-A. É lícito ao exequente, oferecendo preço não inferior ao da avaliação, requerer lhe sejam adjudicados os bens penhorados. § 1º Se o valor do crédito for inferior ao dos bens, o adjudicante depositará de imediato a diferença, ficando esta à disposição do executado; se superior, a execução prosseguirá pelo saldo remanescente. § 2º Idêntico direito pode ser exercido pelo credor com garantia real, pelos credores concorrentes que hajam penhorado o mesmo bem, pelo cônjuge, pelos descendentes ou ascendentes do executado. § 3º Havendo mais de um pretendente, proceder-se-á entre eles à licitação; em* igualdade de oferta, terá preferência o cônjuge, descendente ou ascendente, nessa ordem. § 4º No caso de penhora de quota, procedida por exequente alheio à sociedade, esta será intimada, assegurando preferência aos sócios. § 5º Decididas eventuais questões, o juiz mandará lavrar o auto de adjudicação."*

## 📖 Legislação Correlata

**2. Lei 6.830/1980, art. 24.** *"Art. 24. A Fazenda Pública poderá adjudicar os bens penhorados: I – antes do leilão, pelo preço da avaliação, se a execução não for embargada ou se rejeitados os embargos; II – findo o leilão: a) se não houver licitante, pelo preço da avaliação; b) havendo licitantes, com preferência, em igualdade de condições com a melhor oferta, no prazo de 30 (trinta) dias. Parágrafo Único. Se o preço da avaliação ou o valor da melhor oferta for superior ao dos créditos da Fazenda Pública, a adjudicação somente será deferida pelo Juiz se a diferença for depositada, pela exequente, à ordem do Juízo, no prazo de 30 (trinta) dias."*

## ⚖ Jurisprudência, Enunciados e Súmulas Selecionados

- **3. Enunciado 15 da I Jornada-CJF.** *"Aplicam-se às entidades referidas no § 3º do art. 186 do CPC as regras sobre intimação pessoal das partes e suas testemunhas (art. 186, § 2º; art. 455, § 4º, IV; art. 513, § 2º, II e art. 876, § 1º, II, todos do CPC)."*

- **4. Enunciado 106 da I Jornada-CJF.** *"Na expropriação, a apropriação de frutos e rendimentos poderá ser priorizada em relação à adjudicação, se não prejudicar o exequente e for mais favorável ao executado."*

## 📄 Comentários Temáticos

**5. Técnica de expropriação.** A expropriação consiste em adjudicação, alienação e apropriação de frutos e rendimentos de empresa ou de estabelecimento e de outros bens (art. 825). A adjudicação é, portanto, técnica de expropriação de bem do executado, cuja titularidade é transferida forçadamente para o exequente ou para terceiro.

**6. Meio preferencial de expropriação.** A adjudicação é forma preferencial de pagamento ao credor. A adjudicação poderá ocorrer a qualquer momento depois de resolvidas as questões relacionadas à avaliação.

**7. Limite temporal.** O limite temporal máximo para a adjudicação, embora não esteja expresso no texto legal, é o início da hasta pública. Não havendo licitante na venda judicial, permite-se novo requerimento de adjudicação, com possibilidade, inclusive, de nova avaliação (art. 878).

**8. Ausência de preclusão.** *"Uma vez realizadas a penhora e a avaliação do bem, abre-se a possibilidade para o requerimento de adjudicação (art. 875 do CPC/2015). Além de o mecanismo expropriatório ser preferencial, a adjudicação propicia uma maior economia de recursos e viabiliza a satisfação do direito do exequente de forma mais célere. Assim, o requerimento de adjudicação não se sujeita a um prazo preclusivo, podendo ser formulado a qualquer tempo, desde que ainda não realizada a alienação do bem. Se tal faculdade for exercida após já iniciados os atos preparatórios à alienação, deverão ser atribuídas ao adjudicante as despesas a eles concernentes"* (STJ, 3ª Turma, REsp 2.041.861/SP, rel. Min. Nancy Andrighi, DJe 22.6.2023).

**9. Valor da avaliação.** A adjudicação do bem penhorado deve ser feita pelo preço da sua avaliação. Se o valor do crédito exequendo for superior ao valor do bem adjudicado, a execução prosseguirá pela diferença. Se o valor do crédito for inferior ao valor do bem adjudicado, o exequente deverá depositar em juízo a diferença, que ficará à disposição do interessado. Se o adjudicatário for terceiro não exequente, o preço será depositado integralmente e corresponderá ao valor da avaliação.

**10. Acordo entre as partes.** Exequente e executado podem celebrar um acordo, para que a adjudicação seja feita por valor inferior ao da avaliação.

**11. Forma de pagamento.** A adjudicação pode ser forma de pagamento ao exequente (art. 904, II), caso ele seja o adjudicatário: a obrigação executada é satisfeita com a transferência da coisa adjudicada ao patrimônio do exequente, no limite do valor da respectiva avaliação.

**12. Exercício de um direito de preferência.** Quando feita a terceiro não exequente, a adjudicação serve ao exercício de um direito de preferência que a lei lhe outorga; nesse caso, a satisfação do crédito do exequente ocorre com a entrega do dinheiro pago pelo terceiro (art. 904, I). Tem-se, assim, uma alienação judicial sem hasta pública, em que se garante um direito de preferência a certos sujeitos.

**13. Objeto.** A adjudicação pode realizar-se em qualquer bem. Se o bem pode ser penhorado, pode ser alienado e, se pode ser alienado, pode ser adjudicado. Se do bem se extraem frutos e rendimentos, não há alienação, não havendo igualmente adjudicação. Nesse caso, o que se aliena não é o bem, mas seus frutos e rendimentos (art. 825, III).

**14. Manifestação de vontade.** A adjudicação pressupõe manifestação de vontade de qualquer um dos que possuem legitimidade para requerê-la. Se o exequente a requerer, não irá receber dinheiro, mas outra coisa como pagamento da dívida. A adjudicação deve ser requerida por escrito ou oralmente.

**15. Poderes na procuração do advogado.** O advogado do exequente, para requerer a adjudicação, precisa dispor de poderes especiais contidos na procuração. A adjudicação é técnica de pagamento ao exequente. É necessário, por isso, que a seu advogado tenha sido outorgado poder especial para tanto (art. 105). Aliás, um dos poderes especiais exigidos pelo art. 105 é o de "receber e dar quitação". A satisfação do crédito faz-se pela adjudicação do bem penhorado (art. 904); é um recebimento. É preciso que haja poder especial na procuração. Esse mesmo poder deve ser exigido quando o legitimado a adjudicar não seja o exequente. É que se trata da aquisição de um bem, um negócio jurídico, para cuja celebração a simples outorga de "poderes gerais para o foro" revela-se insuficiente.

**16. Intimação do executado.** Requerida a adjudicação, o executado será intimado do pedido pelas formas indicadas no art. 876. Essa intimação tem duplo propósito: *a)* permitir que o executado possa discutir a validade da adjudicação; *b)* permitir que o executado dê ciência aos terceiros membros da sua família que têm legitimidade para adjudicar.

**17. Outras intimações.** Além de requerer a intimação do executado, o exequente deve requerer também a intimação, se for o caso, dos sujeitos indicados nos arts. 799, 804 e 889.

**18. Prazo para manifestação.** O prazo para o executado manifestar-se é de cinco dias (art. 877).

**19. Legitimidade para adjudicar.** Têm legitimidade para requerer a adjudicação: *a)* o credor-exequente; *b)* o credor-exequente concorrente que haja penhorado o mesmo bem; *c)* cônjuge, companheiro (incluída aqui a relação homoafetiva), descendente ou ascendente do executado; *d)* os sujeitos indicados no art. 889, II a VIII. A propósito, observa-se que há um conjunto normativo composto pelos arts. 799, 804 e 889, que se destina a proteger alguns sujeitos, credores ou não. Ao fazer menção aos incisos

II a VIII do art. 889, o art. 876, § 5º, refere-se, em verdade, a esse bloco normativo. São eles: *a)* o coproprietário de bem indivisível do qual tenha sido penhorada fração ideal (art. 876, § 5º, c/c art. 889, II); o art. 1.322 do Código Civil regulamenta o direito de preferência nesses casos; *b)* o condômino multiproprietário (CC, art. 1.358-B e seguintes) em caso de penhora da fração de tempo de outro multiproprietário, desde que tenha sido pactuado o direito de preferência no instrumento de instituição ou na convenção do condomínio (CC, art. 1.358-L, § 1º); *c)* o titular de usufruto, uso, habitação, enfiteuse, direito de superfície, concessão de uso especial para fins de moradia ou concessão de direito real de uso, quando a penhora recair sobre bem gravado com tais direitos reais (art. 876, § 5º, c/c art. 889, III); *d)* o titular de direito real de laje (CC, art. 1.225, XIII e art. 1.510-A e art. 1.510-D), quando a penhora recair sobre o direito de propriedade da construção-base; *e)* o proprietário do terreno submetido ao regime de direito de superfície, enfiteuse, concessão de uso especial para fins de moradia ou concessão de direito real de uso, quando a penhora recair sobre tais direitos reais (art. 876, § 5º, c/c art. 889, IV); *f)* o proprietário da construção-base, no imóvel em que há direito real de laje (CC, art. 1.225, XIII e art. 1.510-A e art. 1.510-D), quando a penhora recair sobre o direito real de laje; *g)* o credor pignoratício, hipotecário, anticrético ou fiduciário, quando a penhora recair sobre bens com tais gravames (art. 876, § 5º, c/c art. 889, V); *h)* o promitente comprador, quando a penhora recair sobre bem em relação ao qual haja promessa de compra e venda registrada (art. 876, § 5º, c/c art. 889, VI); pela mesma razão, o promitente cessionário (art. 804, § 1º), que, tanto quanto o promitente comprador, tem provável interesse na adjudicação do bem penhorado; *i)* o promitente vendedor, quando a penhora recair sobre direito aquisitivo derivado de promessa de compra e venda registrada (art. 876, § 5º, c/c art. 889, VII); *j)* a União, o Estado e o Município, no caso de penhora de bem tombado (art. 876, § 5º, c/c art. 889, VIII); a legitimidade para adjudicar é do ente público responsável pelo tombamento do bem; *k)* os sócios, no caso de penhora de quota social ou de ação de sociedade anônima fechada realizada em favor de exequente alheio à sociedade (art. 876, § 7º, c/c art. 799, VII); *l)* o locatário, no caso de penhora do imóvel rural, objeto de parceria ou de arrendamento, que tem direito de preferência para aquisição do bem (Lei 4.504/1964, art. 92); *m)* o possuidor do bem penhorado, a quem também se deve reco-

nhecer legitimidade para adjudicação do bem, em respeito à função social da posse (CC, art. 1.210; CPC, art. 674); *n)* o credor de obrigação *propter rem* em torno do bem penhorado, que tem direito de preferência sobre o produto da expropriação do bem (art. 908, § 1º);

**20. Concorrência entre os possíveis adjudicatários.** Sendo vários os legitimados a adjudicar, deve-se promover uma licitação. Quem oferecer maior valor, adjudica o bem. Se houver ofertas com idêntico valor, é preciso verificar se há alguma preferência legal. Em igualdade de oferta, tem preferência o cônjuge ou companheiro. Em seguida, o descendente e, por fim, o ascendente.

**21. Penhora de quota social ou de ação de sociedade anônima fechada.** É dos sócios ou acionistas a preferência para a aquisição ou adjudicação da quota social ou da ação da sociedade. Há aí uma norma especial, que confere preferência absoluta aos sócios em detrimento dos credores e dos familiares.

**22. Penhora de marca.** No caso de penhora de marca, os sócios têm legitimidade e preferência para adjudicá-la, pelas mesmas razões que se lhe conferem preferência para adjudicar quotas sociais ou ações da sociedade.

---

**Art. 877.** Transcorrido o prazo de 5 (cinco) dias, contado da última intimação, e decididas eventuais questões, o juiz ordenará a lavratura do auto de adjudicação.

§ 1º Considera-se perfeita e acabada a adjudicação com a lavratura e a assinatura do auto pelo juiz, pelo adjudicatário, pelo escrivão ou chefe de secretaria, e, se estiver presente, pelo executado, expedindo-se:

I – a carta de adjudicação e o mandado de imissão na posse, quando se tratar de bem imóvel;

II – a ordem de entrega ao adjudicatário, quando se tratar de bem móvel.

§ 2º A carta de adjudicação conterá a descrição do imóvel, com remissão à sua matrícula e aos seus registros, a cópia do auto de adjudicação e a prova de quitação do imposto de transmissão.

§ 3º No caso de penhora de bem hipotecado, o executado poderá remi-lo até a assinatura do auto de adjudicação, oferecendo preço igual ao da avaliação, se não tiver havido licitantes, ou ao do maior lance oferecido.

§ 4º Na hipótese de falência ou de insolvência do devedor hipotecário, o direito de remição previsto no § 3º será deferido à massa ou aos credores em concurso, não podendo o exequente recusar o preço da avaliação do imóvel.

**Art. 878** CÓDIGO DE PROCESSO CIVIL COMENTADO – *Leonardo Carneiro da Cunha*

▸ **1. Correspondência no CPC/1973.** *"Art. 685-A. (...) § 5º Decididas eventuais questões, o juiz mandará lavrar o auto de adjudicação."*

### 📇 LEGISLAÇÃO CORRELATA

**2. Lei 11.101/2005, art. 22, III, *m.*** *"Art. 22. Ao administrador judicial compete, sob a fiscalização do juiz e do Comitê, além de outros deveres que esta Lei lhe impõe: (...) III – na falência: (...) m) remir, em benefício da massa e mediante autorização judicial, bens apenhados, penhorados ou legalmente retidos."*

### 📑 JURISPRUDÊNCIA, ENUNCIADOS E SÚMULAS SELECIONADOS

- **3. Súmula TST, 399.** *"I – É incabível ação rescisória para impugnar decisão homologatória de adjudicação ou arrematação. II – A decisão homologatória de cálculos apenas comporta rescisão quando enfrentar as questões envolvidas na elaboração da conta de liquidação, quer solvendo a controvérsia das partes quer explicitando, de ofício, os motivos pelos quais acolheu os cálculos oferecidos por uma das partes ou pelo setor de cálculos, e não contestados pela outra."*
- **4. Enunciado 151 da II Jornada-CJF.** *"O executado pode remir a execução até a lavratura do auto de adjudicação ou de alienação (CPC, art. 826)."*

### 📋 COMENTÁRIOS TEMÁTICOS

**5. Auto de adjudicação.** Decididas todas as eventuais questões, o juiz mandará lavrar o auto de adjudicação.

**6. Agravo de instrumento.** Da decisão que manda lavrar o auto de adjudicação cabe agravo de instrumento (art. 1.015, parágrafo único).

**7. Realização da adjudicação.** A adjudicação considera-se perfeita e acabada com a lavratura e assinatura do auto pelo juiz, pelo adjudicatário, pelo escrivão e, se for presente, pelo executado, expedindo-se a respectiva carta e o mandado de imissão de posse, se bem imóvel, ou a ordem de entrega da coisa ao adjudicatário, se bem móvel.

**8. Carta de adjudicação.** A carta de adjudicação é documento imprescindível no caso de bem imóvel. Com ela, quem adjudicou o bem poderá proceder à transferência no registro imobiliário. A carta de adjudicação é um conjunto de documentos, assinado pelo juiz,

do qual deve constar "a descrição do imóvel, com remissão à sua matrícula e aos seus registros, a cópia do auto de adjudicação e a prova de quitação do imposto de transmissão" (art. 877, § 2º). Não há necessidade de expedição de carta de adjudicação no caso de bem móvel, cuja transferência se dá pela tradição da coisa. A expedição dessa carta, embora não seja necessária no caso de bem móvel, pode ser útil, para fins comprobatórios.

> **Art. 878.** Frustradas as tentativas de alienação do bem, será reaberta oportunidade para requerimento de adjudicação, caso em que também se poderá pleitear a realização de nova avaliação.

▸ **1. Sem correspondência no CPC/1973.**

### 📋 COMENTÁRIOS TEMÁTICOS

**2. Limite temporal.** O limite temporal máximo para a adjudicação, embora não esteja claro no texto legal, parece ser o início da hasta pública. Não havendo licitante na venda judicial, permite-se novo requerimento de adjudicação, com possibilidade, inclusive, de nova avaliação (art. 878).

**3. Valor da avaliação.** A adjudicação do bem penhorado deve ser feita pelo preço da sua avaliação (art. 876). Não alienado o bem, será reaberta oportunidade para requerimento de adjudicação. Nessa mesma oportunidade, pode-se pedir a realização de nova avaliação, a fim de que a adjudicação seja feita com base nela.

**4. Adjudicação por preço inferior à avaliação.** Se as tentativas de alienação do bem penhorado frustrarem-se, o exequente terá nova oportunidade para requerer a adjudicação. Nesse caso, estará comprovado que não há interessados pelos bem penhorado. A adjudicação, nessa nova oportunidade, poderá realizar-se por qualquer preço, desde que não seja vil. Se a alienação em hasta pública pode dar-se por qualquer preço, desde que não seja vil, e o exequente pode optar por participar da venda judicial, exatamente para pagar um valor menor, não há como impedir, nessa nova oportunidade, a adjudicação por preço inferior ao da avaliação. Seria o mesmo que o credor tivesse arrematado o bem penhorado por esse valor.

**5. Acordo entre as partes.** Em qualquer hipótese, exequente e executado podem celebrar um acordo, para que a adjudicação seja feita por valor inferior ao da avaliação.

# LIVRO II · DO PROCESSO DE EXECUÇÃO

**Art. 880**

## Subseção II
## Da Alienação

**Art. 879.** A alienação far-se-á:
I – por iniciativa particular;
II – em leilão judicial eletrônico ou presencial.

▶ **1. Correspondência no CPC/1973.** *"Art. 647. A expropriação consiste: (...) II – na alienação por iniciativa particular; III – na alienação em hasta pública; (...)"*

### ⚖ JURISPRUDÊNCIA, ENUNCIADOS E SÚMULAS SELECIONADOS

- **2. Enunciado 741 do FPPC.** *"A alienação de criptoativos por exchange é espécie de alienação por iniciativa particular."*

### 📖 COMENTÁRIOS TEMÁTICOS

**3. Alienação judicial.** Feita a penhora e não adjudicado o bem, é preciso convertê-lo forçadamente em dinheiro. Essa conversão coativa do bem penhorado em dinheiro dá-se pela sua alienação judicial, que pode ser feita por iniciativa particular ou por leilão judicial.

**4. Modalidades de alienação judicial.** Alienação é gênero do qual são espécies a alienação por iniciativa particular e a alienação em leilão judicial. O leilão judicial pode ser eletrônico ou presencial.

**5. Prioridade da adjudicação.** A alienação judicial é um meio de expropriação subsidiário, só se realizando quando não houver adjudicação. A adjudicação é prioritária.

**6. Prioridade da alienação por iniciativa particular.** Entre as modalidades de alienação, a por iniciativa particular é prioritária em detrimento da em leilão público.

**7. Alienação por iniciativa particular e alienação em leilão.** A alienação por iniciativa particular e a alienação em leilão assemelham-se bastante. São substancialmente idênticas; distinguem-se no procedimento, tanto que o CPC as regula em um mesmo capítulo.

**8. Negócio jurídico processual.** As partes podem convencionar regras procedimentais próprias para a alienação do bem penhorado (art. 190).

**Art. 880.** Não efetivada a adjudicação, o exequente poderá requerer a alienação por sua própria iniciativa ou por intermédio de corretor ou leiloeiro público credenciado perante o órgão judiciário.

§ 1º O juiz fixará o prazo em que a alienação deve ser efetivada, a forma de publicidade, o preço mínimo, as condições de pagamento, as garantias e, se for o caso, a comissão de corretagem.

§ 2º A alienação será formalizada por termo nos autos, com a assinatura do juiz, do exequente, do adquirente e, se estiver presente, do executado, expedindo-se:

I – a carta de alienação e o mandado de imissão na posse, quando se tratar de bem imóvel;

II – a ordem de entrega ao adquirente, quando se tratar de bem móvel.

§ 3º Os tribunais poderão editar disposições complementares sobre o procedimento da alienação prevista neste artigo, admitindo, quando for o caso, o concurso de meios eletrônicos, e dispor sobre o credenciamento dos corretores e leiloeiros públicos, os quais deverão estar em exercício profissional por não menos que 3 (três) anos.

§ 4º Nas localidades em que não houver corretor ou leiloeiro público credenciado nos termos do § 3º, a indicação será de livre escolha do exequente.

▶ **1. Correspondência no CPC/1973.** *"Art. 685-C. Não realizada a adjudicação dos bens penhorados, o exequente poderá requerer sejam eles alienados por sua própria iniciativa ou por intermédio de corretor credenciado perante a autoridade judiciária. § 1º O juiz fixará o prazo em que a alienação deve ser efetivada, a forma de publicidade, o preço mínimo (art. 680), as condições de pagamento e as garantias, bem como, se for o caso, a comissão de corretagem. § 2º A alienação será formalizada por termo nos autos, assinado pelo juiz, pelo exequente, pelo adquirente e, se for presente, pelo executado, expedindo-se carta de alienação do imóvel para o devido registro imobiliário, ou, se bem móvel, mandado de entrega ao adquirente. § 3º Os Tribunais poderão expedir provimentos detalhando o procedimento da alienação prevista neste artigo, inclusive com o concurso de meios eletrônicos, e dispondo sobre o credenciamento dos corretores, os quais deverão estar em exercício profissional por não menos de 5 (cinco) anos."*

### 🏛 LEGISLAÇÃO CORRELATA

**2. Lei 6.530/1978, art. 2º.** *"Art. 2º O exercício da profissão de Corretor de Imóveis será permitido ao possuidor de título de Técnico em Transações Imobiliárias."*

**3. Lei 6.830/1980, art. 23.** *"Art. 23. A alienação de quaisquer bens penhorados será feita em* *leilão público, no lugar designado pelo Juiz. § 1º A Fazenda Pública e o executado poderão requerer que os bens sejam leiloados englobadamente ou em lotes que indicarem. § 2º Cabe ao arrematante o pagamento da comissão do leiloeiro e demais despesas indicadas no edital."*

**4. Res. 236/2016 do CNJ.** *Regulamenta, no âmbito do Poder Judiciário, procedimentos relativos à alienação judicial por meio eletrônico, na forma preconizada pelo art. 882, § 1º, do novo Código de Processo Civil (Lei 13.105/2015).*

## ⚖ Jurisprudência, Enunciados e Súmulas Selecionados

- **5. Enunciado 192 do FPPC.** *"Alienação por iniciativa particular realizada por corretor ou leiloeiro não credenciado perante o órgão judiciário não invalida o negócio jurídico, salvo se o executado comprovar prejuízo."*
- **6. Enunciado 193 do FPPC.** *"Não justifica o adiamento do leilão, nem é causa de nulidade da arrematação, a falta de fixação, pelo juiz, do preço mínimo para a arrematação."*
- **7. Enunciado 741 do FPPC.** *"A alienação de criptoativos por exchange é espécie de alienação por iniciativa particular."*
- **8. Enunciado 46 do FNPP.** *"Na execução fiscal, a alienação por iniciativa particular poderá ser utilizada em detrimento do leilão público se for de interesse do exequente."*

## 📝 Comentários Temáticos

**9. Prioridade da alienação por iniciativa particular.** A alienação por iniciativa particular é prioritária. Não adjudicado o bem penhorado, o exequente já pode requerer a alienação por iniciativa particular.

**10. Escolha pela alienação por iniciativa particular.** Literalmente, o art. 880 estabelece que cabe ao exequente a escolha deste meio executivo, de sorte que não poderia o executado ou mesmo o órgão julgador lhe impor essa opção. Embora a letra do dispositivo atribua apenas ao exequente a legitimidade para requerer a alienação por iniciativa particular, deve-se admitir, em respeito ao princípio da isonomia e ao princípio da menor onerosidade da execução (art. 805), que o executado também a requeira, devendo o juiz deferi-la, desde que não haja prejuízo para o exequente ou desde que haja concordância deste último, quando então se estará diante de um negócio jurídico processual (art. 190). A questão há de ser resolvida *in concreto*, levando-se em conta que cabe ao órgão jurisdicional reprimir eventual abuso do direito processual pelo exequente, que, sem justo motivo, se negue a aceitar a prática deste meio de expropriação. Bem se poderia afirmar ser desnecessário ao executado requerer a alienação por iniciativa particular, bastando-lhe colocar o bem penhorado à venda, já que é o proprietário do bem. Impõe-se, contudo, ao executado obter a autorização judicial, para que não se considere ter a venda se operado em fraude à execução. Ademais, é possível que, feita a penhora, o bem seja subtraído da posse do executado, sendo entregue a depositário público ou particular, dificultando, senão impedindo, a venda feita por iniciativa particular do executado.

**11. Negócio processual.** As partes podem estabelecer, em convenção processual celebrada antes do processo, que a alienação por iniciativa particular seja o meio preferencial de expropriação, indicando, inclusive, o corretor ou leiloeiro que intermediará o negócio e a respectiva comissão de corretagem.

**12. Inadmissibilidade na execução fiscal.** Na execução fiscal, a alienação de quaisquer bens penhorados será feita em leilão público (Lei 6.830/1980, art. 23), não sendo, por isso, admissível a alienação por iniciativa particular.

**13. Simplicidade.** O procedimento da alienação por iniciativa particular é marcado pela simplicidade. O órgão jurisdicional deve ter a cautela de não complicar demais o procedimento da alienação particular, que se apresenta mais vantajosa do que o leilão judicial, exatamente pela cooptação do adquirente e pela dispensa de publicação dos editais. O juiz não deve estabelecer exigências publicitárias que onerem a execução.

**14. Objeto da alienação.** Qualquer bem pode ser alienado por iniciativa particular: móvel ou imóvel.

**15. Condições mínimas.** Cabe ao juiz definir as condições mínimas para a alienação: prazo para ser efetivada, forma de publicidade, preço mínimo, condições de pagamento, garantias e, se for o caso, a comissão de corretagem.

**16. Mudança das condições.** A alienação deverá ser feita de acordo com as diretrizes estabelecidas previamente pelo juiz. As peculiaridades do mercado e as vicissitudes de qualquer negociação podem impor, contudo, que a venda seja feita em desconformidade com o quanto estabelecido, desde que o juiz assim o permita em decisão posterior, contando com prévia concordância do exequente e do executado. É possível, de fato, que a alienação somente se concretize após o prazo fixado pelo juiz, ou que as condições de pagamento tenham sido negociadas diferentemente do que fora estabelecido na decisão judicial, ou, ainda, que o valor da venda seja um pouco inferior àquele fixado pelo magistrado. Em prol da efetividade, é preciso que se interpretem esses dispositivos com alguma flexibilidade, conferindo-se certa margem de negociação ao exequente ou corretor ou leiloeiro incumbido da realização do negócio para, então, autorizar a alienação por iniciativa particular por preço inferior ao fixado pelo juiz, ou com condições de pagamento e garantias diferentes das que foram estabelecidas ou, até mesmo, em prazo superior ao estipulado, desde que tanto o exequente quanto o executado concordem com tal flexibilização, chancelada por posterior decisão do juiz.

**17. Comissão de corretagem.** Ao designar corretor para intermediar a alienação por iniciativa particular, o juiz deve fixar o valor da comissão de corretagem, levando em conta os usos comerciais do local e o valor do bem. É conveniente que o exequente ajuste com o corretor sua remuneração, submetendo tal acerto ao crivo do juiz, somente sendo paga a comissão, se concretizada a venda; não efetivada a alienação, não deve o corretor perceber a comissão fixada pelo juiz.

**18. Busca por adquirentes.** A busca por adquirentes é feita pelo próprio exequente, sem a participação obrigatória do aparelho estatal. O exequente pode valer-se de corretor ou leiloeiro público credenciado no tribunal. De todo modo, a realização de alienação judicial por iniciativa particular por corretor ou leiloeiro não credenciado não implicará invalidade do ato, se não causar prejuízo ao executado.

**19. Escolha do profissional.** Não havendo profissional credenciado, a indicação do corretor ou leiloeiro será de livre escolha do exequente. Nesse caso, dá-se preferência à vontade da parte, diferentemente do que ocorre em relação à escolha do perito, cuja falta de profissionais cadastrados autoriza o órgão julgador a definir quem exercerá essas funções no processo (art. 156, § 5º).

**20. Normas complementares pelos tribunais.** Os tribunais poderão editar normas complementares sobre o procedimento de alienação por iniciativa particular. A ausência de regulamentação pelo respectivo tribunal não impede a realização de tal meio expropriatório, exatamente porque o art. 880 já tem plena eficácia, não se tratando de norma de eficácia contida ou dependente de regulamentação. A regulamentação tem finalidade *complementar*, agregando

ao referido dispositivo um maior detalhamento do procedimento a ser observado pelo órgão jurisdicional.

**21. Momento da alienação.** A alienação por iniciativa particular pode ocorrer tanto antes como depois de iniciado o procedimento de venda por leilão público, desde que ainda não realizada a arrematação.

**22. Formalização da alienação.** A alienação será formalizada por termo nos autos, com as assinaturas do juiz, do exequente, do adquirente e, caso esteja presente, do executado. A presença do executado não é necessária, visto tratar-se de medida executiva levada a efeito mesmo contra sua vontade.

**23. Carta de alienação.** Formalizada a alienação judicial, o juiz determinará a expedição de carta de alienação, caso se trate de bem imóvel. Esta carta é o conjunto organizado dos documentos indispensáveis para que se possa proceder à transferência do bem imóvel no registro imobiliário. A carta de alienação é o título formal da aquisição do bem.

**24. Elementos da carta de alienação.** A carta de alienação conterá (art. 901, § 2º): a descrição do imóvel, com remissão à sua matrícula e registros; a cópia do termo ou auto de alienação; a prova de pagamento do imposto de transmissão, além da indicação de existência de eventual ônus real ou gravame. A carta deve conter, ainda, a identificação e a qualificação pessoal do adquirente (Lei 6.015/1973, art. 176, § 1º, III, 2, *a* e *b*).

**25. Carta de alienação de bem móvel.** É possível cogitar a necessidade de expedição de carta de alienação de bem móvel, nos casos em que a transferência da propriedade precise ser registrada, como na arrematação de veículos ou de ações nominativas. De um modo geral, a carta de alienação de bem móvel serve apenas como documento; ela não é obrigatória, porque a transmissão da propriedade mobiliária dá-se em regra com a tradição (daí a possibilidade de expedição de ordem judicial para a entrega do bem).

**26. Assinatura do juiz.** A carta de alienação deve ser assinada pelo juiz.

---

**Art. 881.** A alienação far-se-á em leilão judicial se não efetivada a adjudicação ou a alienação por iniciativa particular.

§ 1º O leilão do bem penhorado será realizado por leiloeiro público.

§ 2º Ressalvados os casos de alienação a cargo de corretores de bolsa de valores, todos os demais bens serão alienados em leilão público.

**Art. 882**  CÓDIGO DE PROCESSO CIVIL COMENTADO – *Leonardo Carneiro da Cunha*

▶ **1. Correspondência no CPC/1973.** *"Art. 704. Ressalvados os casos de alienação de bens imóveis e aqueles de atribuição de corretores da Bolsa de Valores, todos os demais bens serão alienados em leilão público."*

### 📖 LEGISLAÇÃO CORRELATA

**2. Lei 6.830/1980, art. 23.** *"Art. 23. A alienação de quaisquer bens penhorados será feita em leilão público, no lugar designado pelo Juiz. § 1º A Fazenda Pública e o executado poderão requerer que os bens sejam leiloados englobadamente ou em lotes que indicarem. § 2º Cabe ao arrematante o pagamento da comissão do leiloeiro e demais despesas indicadas no edital."*

**3. Res. 236/2016 do CNJ, art. 1º.** *"Art. 1º Os leilões judiciais serão realizados exclusivamente por leiloeiros credenciados perante o órgão judiciário, conforme norma local (art. 880, caput e § 3º), e deverão atender aos requisitos da ampla publicidade, autenticidade e segurança, com observância das regras estabelecidas na legislação sobre certificação digital. Parágrafo único. As alienações particulares poderão ser realizadas por corretor ou leiloeiro público, conforme valor mínimo fixado pelo juiz."*

**4. Res. 236/2016 do CNJ, art. 10, parágrafo único.** *"Parágrafo único. Os leilões eletrônicos deverão ser realizados por leiloeiro credenciado e nomeado na forma desta Resolução ou, onde não houver leiloeiro público, pelo próprio Tribunal (art. 881, § 1º)."*

**5. Enunciado 741 do FPPC.** *"A alienação de criptoativos por exchange é espécie de alienação por iniciativa particular."*

### ⚖ JURISPRUDÊNCIA, ENUNCIADOS E SÚMULAS SELECIONADOS

• **6. Enunciado 79 do FONAJE.** *"Designar-se--á hasta pública única, se o bem penhorado não atingir valor superior a sessenta salários mínimos."*

### 🖳 COMENTÁRIOS TEMÁTICOS

**7. Caráter residual do leilão judicial.** O leilão judicial será designado, caso não tenha havido adjudicação nem tenha sido requerida a alienação por iniciativa particular. É, portanto, residual a designação do leilão judicial.

**8. Praça *versus* leilão.** A legislação anterior diferenciava as espécies de hasta pública: para a alienação de bens imóveis, era designada

praça. Para os móveis, leilão. Não há mais essa diferença. Essa distinção já não existia na execução fiscal: lá todos os bens penhorados eram alienados em leilão público (Lei 6.830/1980, art. 23). Na execução civil, a distinção não existe mais. Qualquer bem penhorado, seja imóvel, seja móvel, deve ser alienado em leilão judicial, caso não haja antes adjudicação ou alienação por iniciativa particular.

**9. Leiloeiro.** O leilão público deve ser conduzido por um leiloeiro.

**10. Leilão na bolsa de valores.** Se o bem penhorado for negociável em bolsa de valores, é nela que será realizado o leilão público, a ser conduzido por um corretor da própria bolsa de valores.

---

**Art. 882.** Não sendo possível a sua realização por meio eletrônico, o leilão será presencial.

§ 1º A alienação judicial por meio eletrônico será realizada, observando-se as garantias processuais das partes, de acordo com regulamentação específica do Conselho Nacional de Justiça.

§ 2º A alienação judicial por meio eletrônico deverá atender aos requisitos de ampla publicidade, autenticidade e segurança, com observância das regras estabelecidas na legislação sobre certificação digital.

§ 3º O leilão presencial será realizado no local designado pelo juiz.

---

▶ **1. Correspondência no CPC/1973.** *"Art. 689-A. O procedimento previsto nos arts. 686 a 689 poderá ser substituído, a requerimento do exequente, por alienação realizada por meio da rede mundial de computadores, com uso de páginas virtuais criadas pelos Tribunais ou por entidades públicas ou privadas em convênio com eles firmado. Parágrafo único. O Conselho da Justiça Federal e os Tribunais de Justiça, no âmbito das suas respectivas competências, regulamentarão esta modalidade de alienação, atendendo aos requisitos de ampla publicidade, autenticidade e segurança, com observância das regras estabelecidas na legislação sobre certificação digital."*

### 📖 LEGISLAÇÃO CORRELATA

**2. Res. 236/2016 do CNJ.** *Regulamenta, no âmbito do Poder Judiciário, procedimentos relativos à alienação judicial por meio eletrônico, na forma preconizada pelo art. 882, § 1º, do novo Código de Processo Civil (Lei 13.105/2015).*

**LIVRO II · DO PROCESSO DE EXECUÇÃO** **Art. 883**

## 🗐 COMENTÁRIOS TEMÁTICOS

**3. Modalidades de leilão judicial.** O leilão judicial pode ser eletrônico ou presencial.

**4. Prioridade do leilão eletrônico.** O leilão judicial deve ser feito preferencialmente por meio eletrônico e, não sendo isso possível, em lugar designado pelo juiz.

**5. Leilão eletrônico.** O leilão eletrônico será realizado de acordo com a regulamentação específica do CNJ. Ele deverá atender aos requisitos de ampla publicidade, autenticidade e segurança, com observância das regras estabelecidas na legislação sobre certificação digital.

**6. Local de realização do leilão eletrônico.** A alienação eletrônica pode ser conduzida por juízo diverso daquele onde se situa o bem penhorado, não sendo necessária a deprecação dos atos processuais próprios da alienação, cabendo ao juiz da execução, e não ao do foro da situação do bem, a sua prática.

**7. Desnecessidade de carta precatória para realização de leilão eletrônico.** *"..., considerando que a alienação eletrônica permite ao interessado participar do procedimento mediante um acesso simples à internet, sem necessidade de sua presença ao local da hasta, tem-se por justificada a recusa do cumprimento da Carta Precatória pelo Juízo deprecado, ora suscitante, visto que não há motivos para que a realização do ato de alienação judicial eletrônica seja praticada em Comarca diversa do Juízo da Execução"* (STJ, 1ª Seção, CC 147.746/SP, rel. Min. Napoleão Nunes Mais Filho, *DJe* 4.6.2020).

**8. Local de realização do leilão presencial.** Cabe ao juiz designar o local de realização do leilão presencial, preferencialmente onde estejam os bens penhorados (art. 884, II), desde que seja mais eficiente para a satisfação do crédito.

---

> **Art. 883.** Caberá ao juiz a designação do leiloeiro público, que poderá ser indicado pelo exequente.

▶ **1. Correspondência no CPC/1973.** *"Art. 706. O leiloeiro público será indicado pelo exequente."*

## 🗐 LEGISLAÇÃO CORRELATA

**2. Dec. 21.981/1932, art. 1º.** *"Art. 1º A profissão de leiloeiro será exercida mediante matrícula concedida pelas juntas Comerciais, do Distrito Federal, dos Estados e Território do Acre, de acordo com as disposições deste regulamento."*

**3. Dec. 21.981/1932, art. 2º.** *"Art. 2º Para ser leiloeiro, é necessário provar: a) ser cidadão brasileiro e estar no gozo dos direitos civis e po-*

*líticos; b) ser maior de vinte e cinco anos; c) ser domiciliado no lugar em que pretenda exercer a profissão, há mais de cinco anos; d) ter idoneidade, comprovada com apresentação de caderneta de identidade e de certidões negativas dos distribuidores, no Distrito Federal, da Justiça Federal e das Varas Criminais da Justiça local, ou de folhas corridas, passadas pelos cartórios dessas mesmas Justiças, e, nos Estados e no Território do Acre, pelos Cartórios da Justiça Federal e Local do distrito em que o candidato tiver o seu domicílio. Apresentará, também, o candidato, certidão negativa de ações ou execuções movidas contra ele no foro civil federal e local, correspondente ao seu domicílio e relativo ao último quinquênio."*

**4. Dec. 21.981/1932, art. 3º.** *"Art. 3º Não podem ser leiloeiros: a) os que não podem ser comerciantes; b) os que tiverem sido destituídos anteriormente dessa profissão, salvo se o houverem sido a pedido; c) os falidos não reabilitados e os reabilitados, quando a falência tiver sido qualificada como culposa ou fraudulenta."*

**5. Dec. 21.981/1932, art. 4º.** *"Art. 4º Os leiloeiros serão nomeados pelas Juntas Comerciais, de conformidade com as condições prescritas por este regulamento no art. 2º, e suas alíneas."*

**6. CLT, art. 888, § 3º.** *"§ 3º Não havendo licitante, e não requerendo o exequente a adjudicação dos bens penhorados, poderão os mesmos ser vendidos por leiloeiro nomeado pelo Juiz ou Presidente."*

**7. Res. 236/2016 do CNJ.** *Regulamenta, no âmbito do Poder Judiciário, procedimentos relativos à alienação judicial por meio eletrônico, na forma preconizada pelo art. 882, § 1º, do novo Código de Processo Civil (Lei 13.105/2015).*

## 🗐 COMENTÁRIOS TEMÁTICOS

**8. Designação do leiloeiro.** Cabe ao juiz designar o leiloeiro público. Nessa indicação, deve o juiz observar a distribuição alternada e equitativa das funções entre os leiloeiros públicos, caso haja mais de um, aplicando-se, por analogia, a regra já existente para a perícia (art. 157, § 2º).

**9. Indicação pelo exequente.** O exequente pode indicar o leiloeiro público. Essa indicação tem preferência. A indicação feita pelo exequente deve recair sobre profissionais que estão legalmente habilitados a exercer essa função.

**10. Ausência de leiloeiro.** Se não houver leiloeiro público na comarca, o leilão pode ser conduzido, a critério do juiz, por outro serventuário da justiça. Ainda no caso de não haver leiloeiro público na comarca, o exequente pode indicar profissional que possa cumprir essa função.

1329

**Art. 884** CÓDIGO DE PROCESSO CIVIL COMENTADO – *Leonardo Carneiro da Cunha*

**11. Negócio processual.** As partes podem escolher consensualmente o leiloeiro (art. 190).

**12. Recusa da indicação.** A indicação do leiloeiro pelo exequente ou a sua escolha por consenso das partes deve ser prestigiada pelo juiz, que somente pode rejeitar o leiloeiro indicado pelo exequente ou escolhido consensualmente pelas partes em casos extremos, de fraude ou simulação, mediante decisão devidamente fundamentada.

**13. Ainda a recusa da indicação.** *"O magistrado não está compelido a aceitar a escolha do leiloeiro indicado pela parte. O art. 883 do Código de Processo Civil não deixa dúvidas quanto à faculdade na designação do auxiliar da Justiça escolhido pelo particular"* (CNJ, PCA 0009485-53.2020.2.00.0000, rel. Cons. Candice Lavocat Galvão Jobim, j. 28.6.2021).

---

**Art. 884.** Incumbe ao leiloeiro público:

I – publicar o edital, anunciando a alienação;

II – realizar o leilão onde se encontrem os bens ou no lugar designado pelo juiz;

III – expor aos pretendentes os bens ou as amostras das mercadorias;

IV – receber e depositar, dentro de 1 (um) dia, à ordem do juiz, o produto da alienação;

V – prestar contas nos 2 (dois) dias subsequentes ao depósito.

Parágrafo único. O leiloeiro tem o direito de receber do arrematante a comissão estabelecida em lei ou arbitrada pelo juiz.

---

▶ **1. Correspondência no CPC.** *"Art. 705. Cumpre ao leiloeiro: I – publicar o edital, anunciando a alienação; II – realizar o leilão onde se encontrem os bens, ou no lugar designado pelo juiz; III – expor aos pretendentes os bens ou as amostras das mercadorias; IV – receber do arrematante a comissão estabelecida em lei ou arbitrada pelo juiz; V – receber e depositar, dentro em 24 (vinte e quatro) horas, à ordem do juiz, o produto da alienação; VI – prestar contas nas 48 (quarenta e oito) horas subsequentes ao depósito."*

### 🗒 LEGISLAÇÃO CORRELATA

**2. Dec. 21.981/1932, art. 24, parágrafo único.** *"Parágrafo único. Os compradores pagarão obrigatoriamente cinco por cento sobre quaisquer bens arrematados."*

**3. Res. 236/2016 do CNJ.** *Regulamenta, no âmbito do Poder Judiciário, procedimentos relativos à alienação judicial por meio eletrônico, na*

forma preconizada pelo art. 882, § 1º, do novo Código de Processo Civil (Lei 13.105/2015).

### 🗐 COMENTÁRIOS TEMÁTICOS

**4. Deveres do leiloeiro público.** Incumbe ao leiloeiro público: I – publicar o edital, anunciando a alienação; II – realizar o leilão onde se encontrem os bens ou no lugar designado pelo juiz; III – expor aos pretendentes os bens ou as amostras das mercadorias; IV – receber e depositar, dentro de 1 dia, à ordem do juiz, o produto da alienação; V – prestar contas nos 2 dias subsequentes ao depósito. Também lhe cabe observar as exigências feitas nos arts. 5º e 6º da Resolução 236/2016 do CNJ. Cabe ao leiloeiro, ainda, adotar providências para a ampla divulgação da alienação (art. 887).

**5. Prestação de contas.** As contas do leiloeiro serão prestadas em apenso aos autos do processo em que tiver sido nomeado (art. 553).

**6. Comissão do leiloeiro.** O leiloeiro tem o direito de receber do arrematante a comissão estabelecida em lei ou arbitrada pelo juiz. A comissão deve ser de, no mínimo, 5% (Decreto 21.981/1932, art. 24, parágrafo único). A comissão somente será devida se houver alienação e recairá sobre o preço da alienação, e não da avaliação do bem. Em caso de desistência do leilão pelo exequente (art. 775), o leiloeiro não fará jus à comissão.

---

**Art. 885.** O juiz da execução estabelecerá o preço mínimo, as condições de pagamento e as garantias que poderão ser prestadas pelo arrematante.

---

▶ **1. Correspondência no CPC/1973.** *"Art. 685-C. (...) § 1º O juiz fixará o prazo em que a alienação deve ser efetivada, a forma de publicidade, o preço mínimo (art. 680), as condições de pagamento e as garantias, bem como, se for o caso, a comissão de corretagem."*

### ⚖ JURISPRUDÊNCIA, ENUNCIADOS E SÚMULAS SELECIONADOS

• **2. Enunciado 193 do FPPC.** *"Não justifica o adiamento do leilão, nem é causa de nulidade da arrematação, a falta de fixação, pelo juiz, do preço mínimo para arrematação."*

### 🗐 COMENTÁRIOS TEMÁTICOS

**3. Ausência de estipulação de preço mínimo.** O juiz da execução deve estipular o preço mínimo para arrematação do bem penhorado. Se

**LIVRO II · DO PROCESSO DE EXECUÇÃO** **Art. 886**

não o fizer, não há invalidação da alienação. A consequência dessa sua omissão é a presunção de que a vileza do preço não será caracterizada pelo lance inferior ao preço mínimo (pois este não foi estipulado), mas pela oferta de valor inferior à metade da avaliação. O parâmetro para a vileza do preço não será o preço mínimo estipulado pelo juiz (já que não houve estipulação); será o valor da avaliação do bem (art. 891).

**4. Condições de pagamento.** Na arrematação, o pagamento deve ser, em regra, à vista (art. 892). O juiz pode, porém, autorizar o pagamento parcelado, estabelecendo previamente e fazendo constar do edital tal possibilidade.

---

**Art. 886.** O leilão será precedido de publicação de edital, que conterá:

I – a descrição do bem penhorado, com suas características, e, tratando-se de imóvel, sua situação e suas divisas, com remissão à matrícula e aos registros;

II – o valor pelo qual o bem foi avaliado, o preço mínimo pelo qual poderá ser alienado, as condições de pagamento e, se for o caso, a comissão do leiloeiro designado;

III – o lugar onde estiverem os móveis, os veículos e os semoventes e, tratando-se de créditos ou direitos, a identificação dos autos do processo em que foram penhorados;

IV – o sítio, na rede mundial de computadores, e o período em que se realizará o leilão, salvo se este se der de modo presencial, hipótese em que serão indicados o local, o dia e a hora de sua realização;

V – a indicação de local, dia e hora de segundo leilão presencial, para a hipótese de não haver interessado no primeiro;

VI – menção da existência de ônus, recurso ou processo pendente sobre os bens a serem leiloados.

Parágrafo único. No caso de títulos da dívida pública e de títulos negociados em bolsa, constará do edital o valor da última cotação.

---

▶ **1. Correspondência no CPC/1973.** *"Art. 686. Não requerida a adjudicação e não realizada a alienação particular do bem penhorado, será expedido o edital de hasta pública, que conterá: I – a descrição do bem penhorado, com suas características e, tratando-se de imóvel, a situação e divisas, com remissão à matrícula e aos registros; II – o valor do bem; III – o lugar onde estiverem os móveis, veículos e semoventes; e, sendo direito e ação, os autos do processo, em que foram penhorados; IV – o dia e a hora de realização da praça,*

*se bem imóvel, ou o local, dia e hora de realização do leilão, se bem móvel; V – menção da existência de ônus, recurso ou causa pendente sobre os bens a serem arrematados; VI – a comunicação de que, se o bem não alcançar lanço superior à importância da avaliação, seguir-se-á, em dia e hora que forem desde logo designados entre os dez e os vinte dias seguintes, a sua alienação pelo maior lanço (art. 692). § 1º No caso do art. 684, II, constará do edital o valor da última cotação anterior à expedição deste. (...)"*

### 🏛 LEGISLAÇÃO CORRELATA

**2. Res. 236/2016 do CNJ, art. 20.** *"Art. 20. O período para a realização da alienação judicial eletrônica (art. 886, IV) será sua duração definida pelo juiz da execução ou pelo leiloeiro, cuja publicação do edital deverá ser realizada com antecedência mínima de 5 (cinco) dias (art. 887, § 1º) da data do leilão".*

### ⚖ JURISPRUDÊNCIA, ENUNCIADOS E SÚMULAS SELECIONADOS

- **3. Enunciado 193 do FPPC.** *"Não justifica o adiamento do leilão, nem é causa de nulidade da arrematação, a falta de fixação, pelo juiz, do preço mínimo para arrematação."*
- **4. Enunciado 157 da II Jornada-CJF.** *"No leilão eletrônico, a proposta de pagamento parcelado (art. 895 do CPC), observado o valor mínimo fixado pelo juiz, deverá ser apresentada até o início do leilão, nos termos do art. 886, IV, do CPC."*

### 📖 COMENTÁRIOS TEMÁTICOS

**5. Convocação dos interessados.** A alienação é o ato que encerra o procedimento de expropriação do patrimônio do executado. O procedimento inicia-se com a penhora. Não adjudicado o bem, nem alienado por iniciativa particular, é preciso aliená-lo em leilão. Para tanto, o Estado convoca os interessados a oferecer as suas propostas de aquisição (*invitatio ad offerendum*).

**6. Edital.** O ato de convocação dos interessados se materializa no edital: haverá oferta pública do bem penhorado, já que ao Estado não é dado escolher o adquirente.

**7. Requisitos do edital.** O edital deve conter os requisitos relacionados no art. 886. No caso de títulos da dívida pública e de títulos negociados em bolsa, constará do edital o valor da última cotação.

**Art. 887** CÓDIGO DE PROCESSO CIVIL COMENTADO – *Leonardo Carneiro da Cunha*

**8. Condições de pagamento.** Na arrematação, o pagamento deve ser, em regra, à vista (art. 892). O juiz pode, porém, estabelecer a possibilidade de o pagamento ser parcelado (art. 885), fazendo constar do edital tal possibilidade.

**9. Respeito aos requisitos do edital.** O respeito aos requisitos do edital é fundamental. A falta de qualquer deles pode levar à invalidade da alienação, obviamente se disso resultar algum prejuízo àquele que se busca proteger com a exigência. Por exemplo, o desrespeito ao inciso VI do art. 886 pode levar ao desfazimento da arrematação, por invalidade, a requerimento do arrematante (art. 903, § 1º, I). É preciso mencionar no edital a existência de hipoteca, usufruto, contrato de aluguel, penhora, anticrese etc. que recaiam sobre o bem penhorado, além da existência de recurso ou ação em que se discuta o título executivo ou o bem penhorado.

> **Art. 887.** O leiloeiro público designado adotará providências para a ampla divulgação da alienação.
>
> § 1º A publicação do edital deverá ocorrer pelo menos 5 (cinco) dias antes da data marcada para o leilão.
>
> § 2º O edital será publicado na rede mundial de computadores, em sítio designado pelo juízo da execução, e conterá descrição detalhada e, sempre que possível, ilustrada dos bens, informando expressamente se o leilão se realizará de forma eletrônica ou presencial.
>
> § 3º Não sendo possível a publicação na rede mundial de computadores ou considerando o juiz, em atenção às condições da sede do juízo, que esse modo de divulgação é insuficiente ou inadequado, o edital será afixado em local de costume e publicado, em resumo, pelo menos uma vez em jornal de ampla circulação local.
>
> § 4º Atendendo ao valor dos bens e às condições da sede do juízo, o juiz poderá alterar a forma e a frequência da publicidade na imprensa, mandar publicar o edital em local de ampla circulação de pessoas e divulgar avisos em emissora de rádio ou televisão local, bem como em sítios distintos do indicado no § 2º.
>
> § 5º Os editais de leilão de imóveis e de veículos automotores serão publicados pela imprensa ou por outros meios de divulgação, preferencialmente na seção ou no local reservados à publicidade dos respectivos negócios.
>
> § 6º O juiz poderá determinar a reunião de publicações em listas referentes a mais de uma execução.

▶ **1. Correspondência no CPC/1973.** *"Art. 687. O edital será afixado no local do costume e publicado, em resumo, com antecedência mínima de 5 (cinco) dias, pelo menos uma vez em jornal de ampla circulação local. § 1º A publicação do edital será feita no órgão oficial, quando o credor for beneficiário da justiça gratuita. § 2º Atendendo ao valor dos bens e às condições da comarca, o juiz poderá alterar a forma e a frequência da publicidade na imprensa, mandar divulgar avisos em emissora local e adotar outras providências tendentes a mais ampla publicidade da alienação, inclusive recorrendo a meios eletrônicos de divulgação. § 3º Os editais de praça serão divulgados pela imprensa preferencialmente na seção ou local reservado à publicidade de negócios imobiliários. § 4º O juiz poderá determinar a reunião de publicações em listas referentes a mais de uma execução. (...)"*

🗐 **LEGISLAÇÃO CORRELATA**

**2. CLT, art. 888.** *"Art. 888. Concluída a avaliação, dentro de dez dias, contados da data da nomeação do avaliador, seguir-se-á a arrematação, que será anunciada por edital afixado na sede do juízo ou tribunal e publicado no jornal local, se houver, com a antecedência de vinte (20) dias."*

**3. Lei 6.830/1980, art. 22.** *"Art. 22. A arrematação será precedida de edital, afixado no local de costume, na sede do Juízo, e publicado em resumo, uma só vez, gratuitamente, como expediente judiciário, no órgão oficial. § 1º O prazo entre as datas de publicação do edital e do leilão não poderá ser superior a 30 (trinta), nem inferior a 10 (dez) dias. § 2º O representante judicial da Fazenda Pública, será intimado, pessoalmente, da realização do leilão, com a antecedência prevista no parágrafo anterior."*

**4. Res. 236/2016 do CNJ, art. 16.** *"Art. 16. Os bens penhorados serão oferecidos em site designado pelo juízo da execução (art. 887, § 2º), com descrição detalhada e preferencialmente por meio de recursos multimídia, para melhor aferição de suas características e de seu estado de conservação. Parágrafo único. Fica o leiloeiro autorizado a fotografar o bem e a visitá-lo, acompanhado ou não de interessados na arrematação."*

**5. Res. 236/2016 do CNJ, art. 17.** *"Art. 17. Os bens a serem alienados estarão em exposição nos locais indicados no site, com a descrição de cada lote, para visitação dos interessados, nos dias e horários determinados."*

**6. Res. 236/2016 do CNJ, art. 20.** *"Art. 20. O período para a realização da alienação judicial eletrônica (art. 886, IV) será sua duração defi-*

# LIVRO II · DO PROCESSO DE EXECUÇÃO — Art. 888

*nida pelo juiz da execução ou pelo leiloeiro, cuja publicação do edital deverá ser realizada com antecedência mínima de 5 (cinco) dias (art. 887, § 1º) da data do leilão".*

## ⚖ Jurisprudência, Enunciados e Súmulas Selecionados

- **7. Súmula STJ, 121.** *"Na execução fiscal o devedor deverá ser intimado, pessoalmente, do dia e hora da realização do leilão."*

## 🗐 Comentários Temáticos

**8. Dever de divulgação.** O leiloeiro tem o dever de adotar providências para ampla divulgação da alienação.

**9. Antecedência da publicação.** A publicação do edital deverá ocorrer pelo menos cinco dias antes da data marcada para o leilão.

**10. Publicação na rede mundial de computadores.** O edital será publicado na rede mundial de computadores, em sítio designado pelo juízo da execução, e conterá descrição detalhada e, sempre que possível, ilustrada dos bens, informando expressamente se o leilão se realizará de forma eletrônica ou presencial.

**11. Prioridade da publicação eletrônica.** A publicação do edital na rede mundial de computadores é prioritária, seja pelo custo mais baixo, seja pelo incomparável alcance.

**12. Publicação alternativa.** Não sendo possível a publicação na rede mundial de computadores ou considerando o juiz, em atenção às condições da sede do juízo, que esse modo de divulgação é insuficiente ou inadequado, o edital será afixado em local de costume e publicado, em resumo, pelo menos uma vez em jornal de ampla circulação local, caso exista na comarca.

**13. Alteração da forma e da frequência da publicidade.** Atendendo ao valor dos bens e às condições da sede do juízo, o juiz poderá alterar a forma e a frequência da publicidade na imprensa, mandar publicar o edital em local de ampla circulação de pessoas e divulgar avisos em emissora de rádio ou televisão local, bem como em outros sítios distintos da rede mundial de computadores. Nesse caso, o juiz estará a concretizar o princípio da adequação, ajustando o procedimento executivo às peculiaridades do caso. Pode o juiz, por exemplo, fazer a divulgação do leilão no coreto da praça mais frequentada da cidade, ou nos quadros do clube social, ou determinar que o apresentador da festa mais importante da cidade dê avisos neste sentido etc.

**14. Leilão de imóveis e de veículos automotores.** Os editais de leilão de imóveis e de veículos automotores serão publicados pela imprensa ou por outros meios de divulgação, preferencialmente na seção ou no local reservados à publicidade dos respectivos negócios.

**15. Reunião de publicações.** O juiz poderá determinar a reunião de publicações em listas referentes a mais de uma execução.

**16. Segundo leilão.** O edital já contará com a convocação para um segundo leilão, para o caso de não haver, no primeiro, oferta pelo preço da avaliação. Em qualquer dos dois, não se admite alienação por preço vil.

> **Art. 888.** Não se realizando o leilão por qualquer motivo, o juiz mandará publicar a transferência, observando-se o disposto no art. 887.
> Parágrafo único. O escrivão, o chefe de secretaria ou o leiloeiro que culposamente der causa à transferência responde pelas despesas da nova publicação, podendo o juiz aplicar-lhe a pena de suspensão por 5 (cinco) dias a 3 (três) meses, em procedimento administrativo regular.

▶ **1. Correspondência no CPC/1973.** *"Art. 688. Não se realizando, por motivo justo, a praça ou o leilão, o juiz mandará publicar pela imprensa local e no órgão oficial a transferência. Parágrafo único. O escrivão, o porteiro ou o leiloeiro, que culposamente der causa à transferência, responde pelas despesas da nova publicação, podendo o juiz aplicar-lhe a pena de suspensão por 5 (cinco) a 30 (trinta) dias."*

## 🗐 Comentários Temáticos

**2. Transferência do leilão.** Se, por qualquer razão, o leilão não se realizar, o juiz mandará publicar a transferência, observando as regras gerais de publicação do edital previstas no art. 887.

**3. Responsabilidade pelo adiamento do leilão.** O escrivão, o chefe de secretaria ou o leiloeiro responde pelas despesas da nova publicação, se tiver dado causa culposamente à transferência do leilão. A pena de suspensão prevista no parágrafo único do art. 888 depende de procedimento administrativo, em que se assegurem o contraditório e a ampla defesa.

**4. Corretor da bolsa de valores.** Não se aplicam as sanções do parágrafo único do art. 888, à míngua de expressa previsão, ao corretor da bolsa de valores.

1333

**Art. 889.** Serão cientificados da alienação judicial, com pelo menos 5 (cinco) dias de antecedência:

I – o executado, por meio de seu advogado ou, se não tiver procurador constituído nos autos, por carta registrada, mandado, edital ou outro meio idôneo;

II – o coproprietário de bem indivisível do qual tenha sido penhorada fração ideal;

III – o titular de usufruto, uso, habitação, enfiteuse, direito de superfície, concessão de uso especial para fins de moradia ou concessão de direito real de uso, quando a penhora recair sobre bem gravado com tais direitos reais;

IV – o proprietário do terreno submetido ao regime de direito de superfície, enfiteuse, concessão de uso especial para fins de moradia ou concessão de direito real de uso, quando a penhora recair sobre tais direitos reais;

V – o credor pignoratício, hipotecário, anticrético, fiduciário ou com penhora anteriormente averbada, quando a penhora recair sobre bens com tais gravames, caso não seja o credor, de qualquer modo, parte na execução;

VI – o promitente comprador, quando a penhora recair sobre bem em relação ao qual haja promessa de compra e venda registrada;

VII – o promitente vendedor, quando a penhora recair sobre direito aquisitivo derivado de promessa de compra e venda registrada;

VIII – a União, o Estado e o Município, no caso de alienação de bem tombado.

Parágrafo único. Se o executado for revel e não tiver advogado constituído, não constando dos autos seu endereço atual ou, ainda, não sendo ele encontrado no endereço constante do processo, a intimação considerar-se-á feita por meio do próprio edital de leilão.

▶ **1. Correspondência no CPC/1973.** *"Art. 687. (...) § 5º O executado terá ciência do dia, hora e local da alienação judicial por intermédio de seu advogado ou, se não tiver procurador constituído nos autos, por meio de mandado, carta registrada, edital ou outro meio idôneo." "Art. 698. Não se efetuará a adjudicação ou alienação de bem do executado sem que da execução seja cientificado, por qualquer modo idôneo e com pelo menos 10 (dez) dias de antecedência, o senhorio direto, o credor com garantia real ou com penhora anteriormente averbada, que não seja de qualquer modo parte na execução."*

### 🏛 LEGISLAÇÃO CORRELATA

**2. Lei 6.830/1980, art. 22, § 2º.** *"§ 2º O representante judicial da Fazenda Pública, será inti-*

*mado, pessoalmente, da realização do leilão, com a antecedência prevista no parágrafo anterior."*

### ⚖ JURISPRUDÊNCIA, ENUNCIADOS E SÚMULAS SELECIONADOS

- **3. Súmula STJ, 121.** *"Na execução fiscal o devedor deverá ser intimado, pessoalmente, do dia e hora da realização do leilão."*

- **4. Enunciado 447 do FPPC.** *"O exequente deve providenciar a intimação da União, Estados e Municípios no caso de penhora de bem tombado."*

- **5. Enunciado 641 do FPPC.** *"O exequente deve providenciar a intimação do coproprietário no caso da penhora de bem imóvel indivisível ou de direito real sobre bem imóvel indivisível."*

- **6. Enunciado 150 da II Jornada-CJF.** *"Aplicam-se ao direito de laje os arts. 791, 804 e 889, III, do CPC."*

### 📖 COMENTÁRIOS TEMÁTICOS

**7. Prazo para intimações.** As intimações devem ser realizadas com, pelo menos, 5 dias de antecedência da data do leilão.

**8. Aplicação à alienação por iniciativa particular.** O art. 889 também se aplica à alienação por iniciativa particular. Não há leilão na alienação por iniciativa particular. Logo, a intimação dos sujeitos mencionados no art. 889 deve ser verificada pelo juízo durante a organização do procedimento de alienação do bem (art. 880, § 1º). O que importa é que tais sujeitos sejam intimados antes da alienação, com tempo suficiente para que possam, eventualmente, intervir e defender seus próprios interesses.

**9. Executado.** O executado deve ser intimado por seu advogado ou, se não tiver procurador constituído nos autos, por carta registrada, mandado, edital ou outro meio idôneo. Se o executado for revel e não tiver advogado constituído, ou se não constar dos autos seu endereço atual ou, ainda, não sendo ele encontrado no endereço constante do processo, a intimação considerar-se-á feita por meio do próprio edital de leilão.

**10. Bloco normativo de proteção a terceiros interessados.** Há, no CPC, um bloco normativo formado pelos arts. 799, 804 e 889, que forma um sistema de normas de proteção a alguns sujeitos, credores ou não. A análise sobre quem deve ser intimado previamente à alienação judicial não deve restringir-se, portanto, ao art. 889; é preciso analisar todo esse bloco normativo. A consequência é que, além dos sujeitos indicados nos incisos do art. 889, outros há que, porque inseridos nesse sistema protetivo, também devem ser intimados previamente à alienação judicial.

**11. Coproprietário.** O coproprietário (cônjuge, inclusive) de bem indivisível do qual tenha sido penhorada fração ideal deve ser intimado previamente à alienação judicial (arts. 889, II, e 843).

**12. Condômino multiproprietário.** Deve ser intimado previamente à alienação judicial o condômino multiproprietário (CC, arts. 1.358-B e ss.) em caso de penhora da fração de tempo de outro multiproprietário, desde que tenha sido pactuado o direito de preferência no instrumento de instituição ou na convenção do condomínio (CC, art. 1.358-L, § 1º).

**13. Titular de usufruto, uso, habitação, enfiteuse, direito de superfície, concessão de uso.** O titular de usufruto, uso, habitação, enfiteuse, direito de superfície, concessão de uso especial para fins de moradia ou concessão de direito real de uso deve ser intimado previamente à alienação judicial, quando a penhora recair sobre bem gravado com tais direitos reais.

**14. Titular do direito real de laje.** O titular de direito real de laje (CC, arts. 1.225, XIII, 1.510-A e art. 1.510-D) deve ser intimado previamente à alienação judicial, quando a penhora recair sobre o direito de propriedade da construção-base; embora não tenha sido expressamente referido nos incisos do art. 889, ele foi referido no art. 799, inciso XI, e se encontra em situação jurídica semelhante à do titular de direito de superfície ou à do concessionário de direito de uso (art. 889, III).

**15. Proprietário de terreno submetido a regime de direito de superfície, enfiteuse, concessão de suo.** O proprietário do terreno submetido ao regime de direito de superfície, enfiteuse, concessão de uso especial para fins de moradia ou concessão de direito real de uso deve ser intimado previamente à alienação judicial, quando a penhora recair sobre tais direitos reais.

**16. Proprietário da construção-base.** O proprietário da construção-base, no imóvel em que há direito real de laje (CC, arts. 1.225, XIII, art. 1.510-A e 1.510-D) deve ser previamente intimado da alienação judicial, quando a penhora recair sobre o direito real de laje; a sua legitimidade decorre do art. 799, X, e também se fundamenta nas mesmas razões da legitimidade atribuída ao proprietário do terreno submetido ao regime de direito de superfície ou à concessão de direito de uso (art. 889, IV).

**17. Credor com garantia.** O credor pignoratício, hipotecário, anticrético, fiduciário ou com penhora anteriormente averbada deve ser intimado antes da alienação judicial, quando a penhora recair sobre bens com tais gravames, caso não seja o credor, de qualquer modo, parte na execução.

**18. Promitente comprador.** O promitente comprador deve ser intimado previamente à alienação judicial, quando a penhora recair sobre bem em relação ao qual haja promessa de compra e venda registrada; pela mesma razão, o promitente cessionário (art. 804, § 1º), que, tanto quanto o promitente comprador, tem provável interesse na adjudicação do bem penhorado.

**19. Promitente vendedor.** O promitente vendedor deve ser intimado previamente à alienação judicial, quando a penhora recair sobre direito aquisitivo derivado de promessa de compra e venda registrada; observe que a alienação judicial, no caso, seria do direito aquisitivo que foi objeto de penhora, não necessariamente do bem sobre o qual esse direito aquisitivo recai; pela mesma razão, tem legitimidade o promitente cedente (art. 804, § 3º).

**20. União, Estado, Município e outros entes públicos.** A União, o Estado e o Município devem ser previamente intimados da alienação judicial, no caso de alienação de bem tombado, ou ainda seus respectivos entes com competência para organização e proteção do patrimônio histórico, cultural, artístico, turístico e paisagístico (p. ex., no caso da União, o Instituto do Patrimônio Histórico e Artístico Nacional – Iphan); a intimação deve ser dirigida ao ente público responsável pelo tombamento do bem.

**21. Sócios.** Os sócios devem ser previamente intimados da alienação judicial, no caso de penhora de quota social ou de ação de sociedade anônima fechada realizada em favor de exequente alheio à sociedade (art. 799, VII).

**22. Locatário.** O locatário deve ser previamente intimado da alienação judicial, no caso de penhora do imóvel rural, objeto de parceria ou de arrendamento, que tem direito de preferência para aquisição do bem (Lei 4.504/1964, art. 92).

**23. Possuidor.** O possuidor do bem penhorado, que também deve ser intimado, se conhecida a sua existência, em respeito à função social da posse (CC, art. 1.210; CPC, art. 674).

**24. Credor de obrigação *propter rem*.** O credor de obrigação *propter rem* deve ser previamente intimado da alienação judicial. O CPC atual trouxe mudança na sistemática aplicável às obrigações *propter rem* em caso de alienação

# Art. 890

judicial de bens. O art. 908, § 1º, estabelece que tais créditos se sub-rogam no preço, ficando o arrematante livre. Logo, e considerando que o titular de crédito *propter rem* deve se habilitar para receber tais valores, tem-se por necessária a respectiva intimação quando da efetiva alienação judicial de bens vinculados a tal espécie de obrigações. Nesse particular, devem ser aplicados, por analogia, os arts. 799, I, 804, *caput*, e 889, V (que tratam do credor com garantia real).

**25. Consequência da ausência da intimação.** A ausência dessas intimações implica, em regra, a ineficácia da alienação.

**26. Embargos de terceiro.** O credor com garantia real que não tenha sido intimado do respectivo ato expropriatório tem legitimidade para opor embargos de terceiro para obstar a alienação judicial do objeto de direito real de garantia (art. 674, § 2º, IV).

---

**Art. 890.** Pode oferecer lance quem estiver na livre administração de seus bens, com exceção:

I – dos tutores, dos curadores, dos testamenteiros, dos administradores ou dos liquidantes, quanto aos bens confiados à sua guarda e à sua responsabilidade;

II – dos mandatários, quanto aos bens de cuja administração ou alienação estejam encarregados;

III – do juiz, do membro do Ministério Público e da Defensoria Pública, do escrivão, do chefe de secretaria e dos demais servidores e auxiliares da justiça, em relação aos bens e direitos objeto de alienação na localidade onde servirem ou a que se estender a sua autoridade;

IV – dos servidores públicos em geral, quanto aos bens ou aos direitos da pessoa jurídica a que servirem ou que estejam sob sua administração direta ou indireta;

V – dos leiloeiros e seus prepostos, quanto aos bens de cuja venda estejam encarregados;

VI – dos advogados de qualquer das partes.

---

▶ **1. Correspondência no CPC/1973.** "*Art. 690-A. É admitido a lançar todo aquele que estiver na livre administração de seus bens, com exceção: I – dos tutores, curadores, testamenteiros, administradores, síndicos ou liquidantes, quanto aos bens confiados a sua guarda e responsabilidade; II – dos mandatários, quanto aos bens de cuja administração ou alienação estejam encarregados; III – do juiz, membro do Ministério Público e da Defensoria Pública, escrivão e demais servidores e auxiliares da Justiça. Parágrafo único. O exequente, se vier a arrematar os bens, não estará obrigado a exibir o preço; mas, se o valor*

dos bens exceder o seu crédito, depositará, dentro de 3 (três) dias, a diferença, sob pena de ser tornada sem efeito a arrematação e, neste caso, os bens serão levados a nova praça ou leilão à custa do exequente.*"

## 🏛 LEGISLAÇÃO CORRELATA

**2. CC, art. 497.** "*Art. 497. Sob pena de nulidade, não podem ser comprados, ainda que em hasta pública: I – pelos tutores, curadores, testamenteiros e administradores, os bens confiados à sua guarda ou administração; II – pelos servidores públicos, em geral, os bens ou direitos da pessoa jurídica a que servirem, ou que estejam sob sua administração direta ou indireta; III – pelos juízes, secretários de tribunais, arbitradores, peritos e outros serventuários ou auxiliares da justiça, os bens ou direitos sobre que se litigar em tribunal, juízo ou conselho, no lugar onde servirem, ou a que se estender a sua autoridade; IV – pelos leiloeiros e seus prepostos, os bens de cuja venda estejam encarregados. Parágrafo único. As proibições deste artigo estendem-se à cessão de crédito.*"

**3. Res. 236/2016 do CNJ, art. 3º.** "*Art. 3º Na forma dos impedimentos elencados no art. 890 e incisos do Código de Processo Civil, os leiloeiros públicos, assim como seus respectivos prepostos, não poderão oferecer lances quanto aos bens de cuja venda estejam encarregados.*"

## 📖 COMENTÁRIOS TEMÁTICOS

**4. Legitimidade para adquirir bem penhorado em alienação judicial.** É ampla, em princípio, a legitimidade para adquirir o bem em alienação judicial. Todo aquele que estiver na livre administração de seu patrimônio pode adquirir bem penhorado em alienação judicial.

**5. Alienação por iniciativa particular.** O art. 890, embora mencione a alienação em leilão público, também se aplica à alienação por iniciativa particular.

**6. Exequente e legitimados a adjudicar.** O exequente e os legitimados a adjudicar o bem penhorado podem participar do leilão judicial, a fim de tentar adquirir o bem por um preço inferior ao da avaliação, desde que não seja vil. Se o exequente arrematar, deve ser observado o disposto no § 1º do art. 892.

**7. Incapaz.** O incapaz pode arrematar, desde que representado, se a aquisição do bem for manifestamente vantajosa para os seus interesses.

**8. Ilegitimidade para adquirir bem penhorado em alienação judicial.** Há sujeitos que não

LIVRO II · DO PROCESSO DE EXECUÇÃO — Art. 891

podem adquirir o bem em alienação judicial. Não obstante sejam capazes civilmente, não lhes é conferida legitimidade para, em certas situações, praticar o ato jurídico de arrematação.

**9. Razões da ilegitimidade.** As restrições à aquisição de bem penhorado em alienação judicial justificam-se por razões de ética profissional e de probidade administrativa. A disciplina serve, ainda, para preservar o patrimônio do executado, que poderia ser alienado por valor inferior ao devido.

**10. Depositário do bem penhorado.** Além daqueles relacionados no art. 890, o depositário do bem penhorado também não pode adquiri-lo em alienação judicial, subsumindo-se à hipótese do seu inciso I.

**11. Ilegitimidade do juiz, membro do Ministério Público ou da Defensoria Pública e auxiliares da justiça.** A restrição da legitimidade do juiz, membro do Ministério Público ou da Defensoria Pública, escrivão, administrador, depositário, avaliador, perito, oficial de justiça etc. refere-se apenas à aquisição que ocorra *"na localidade onde servirem ou a que se estender a sua autoridade"*. A ilegitimidade não se restringe aos processos em que atuaram ou podem vir a atuar, abarcando qualquer processo, desde que tramite na comarca onde sirvam ou até onde exerçam a sua autoridade.

**12. Arrematante e fiador que não pagaram o preço.** Também não podem arrematar, em uma segunda hasta pública, o arrematante e o seu fiador que, na primeira hasta, não pagaram o preço (art. 897).

**13. Interpretação extensiva.** O rol dos ilegítimos a adquirir o bem penhorado em alienação judicial deve ser interpretado extensivamente, a fim de se protegerem os mesmos bens jurídicos que se buscam resguardar com o art. 890.

**14. Ato simulado ou fim vedado por lei.** O juiz pode considerar ilegítima a aquisição do bem penhorado em alienação judicial, quando perceber que há uma simulação entre exequente e executado ou a aquisição destina-se a conseguir um fim vedado por lei (art. 142).

---

**Art. 891.** Não será aceito lance que ofereça preço vil.

Parágrafo único. Considera-se vil o preço inferior ao mínimo estipulado pelo juiz e constante do edital, e, não tendo sido fixado preço mínimo, considera-se vil o preço inferior a cinquenta por cento do valor da avaliação.

---

▶ **1. Correspondência no CPC/1973.** *"Art. 692. Não será aceito lanço que, em segunda praça ou leilão, ofereça preço vil. Parágrafo único. Será suspensa a arrematação logo que o produto da alienação dos bens bastar para o pagamento do credor."*

## ⚖ JURISPRUDÊNCIA, ENUNCIADOS E SÚMULAS SELECIONADOS

- **2. Enunciado 193 do FPPC.** *"Não justifica o adiamento do leilão, nem é causa de nulidade da arrematação, a falta de fixação, pelo juiz, do preço mínimo para arrematação."*

## 🖹 COMENTÁRIOS TEMÁTICOS

**3. Proibição da arrematação por preço vil.** Para qualquer modalidade de alienação judicial, o juiz deve definir, previamente, o preço mínimo do bem, as condições de pagamento e as garantias que podem ser prestadas pelo adquirente (arts. 880, § 1º, e 885). Não será aceito lance que ofereça preço vil.

**4. Definição de preço vil.** O preço vil é o irrisório para a aquisição do bem. É preço insuficiente, inferior, muito aquém ao valor do bem.

**5. Parâmetros para configuração do preço vil.** O juiz da execução estabelecerá o preço mínimo para a arrematação do bem (art. 885). É fundamental que haja a definição do preço mínimo pelo órgão julgador, pois a aquisição feita abaixo dele é considerada como vil. Essa é a função da estipulação do preço mínimo pelo órgão julgador: servir de base para a presunção de vileza do preço, caso a aquisição se dê por valor inferior ao mínimo estipulado. Se, por qualquer razão, o juiz não houver estipulado o preço mínimo, será vil o preço inferior a 50% do valor da avaliação. Tais parâmetros são irrelevantes para os casos (a) de expropriação de bem indivisível que tiver coproprietário ou cônjuge não responsável pela execução, quando a alienação será feita por valor não inferior ao de sua quota-parte (art. 843, § 2º) e (b) de leilão de bem imóvel de incapaz, cuja arrematação deve ser feita pelo equivalente a, no mínimo, 80% do valor da avaliação (art. 896).

**6. Irrelevância do valor do crédito.** Na aferição da vileza do preço, não importa que o produto da alienação seja suficiente para a satisfação do crédito. O preço vil nada tem a ver com o valor do crédito e sua satisfação. A configuração de preço vil decorre da comparação entre o valor do bem penhorado e o da

1337

# Art. 892 CÓDIGO DE PROCESSO CIVIL COMENTADO – *Leonardo Carneiro da Cunha*

arrematação, não sendo correto afirmar que a arrematação deixa de ser vil, porque o lance cobriu o crédito na execução.

**7. Caracterização do preço vil.** *"Orienta-se a jurisprudência do Superior Tribunal de Justiça no sentido de que o preço vil caracteriza-se pela arrematação do bem em valor inferior a menos da metade da avaliação"* (STJ, 2ª Turma, AgInt no AREsp 871.115/PR, rel. Min. Assusete Magalhães, *DJe* 8.6.2018); *"Acerca do tema, o entendimento do STJ é no sentido de que o preço vil só se caracteriza quando a arrematação dos bens for inferior a menos da metade da avaliação,"* (STJ, 2ª Turma, AREsp 1.655.146/SC, rel. Min. Herman Benjamin, *DJe* 7.8.2020).

**8. Ausência de estipulação de preço mínimo.** O juiz da execução deve estipular o preço mínimo para arrematação do bem penhorado (art. 885). Se não o fizer, não há invalidação da alienação. A consequência dessa sua omissão é a presunção de que a vileza do preço não será caracterizada pelo lance inferior ao preço mínimo (pois este não foi estipulado), mas pela oferta de valor inferior à metade da avaliação. O parâmetro para a vileza do preço não será o preço mínimo estipulado pelo juiz (já que não houve estipulação); será o valor da avaliação do bem (art. 891).

**9. Invalidade da alienação judicial.** A vileza do preço acarreta a invalidade da alienação judicial (art. 903, § 1º, I). Sendo o preço vil, haverá invalidade da alienação judicial.

**10. Atuação do juiz.** O juiz não deve reconhecer, de ofício, a vileza do preço, dependendo de provocação da parte. O juiz só decidirá sobre isso, *"se for provocado"* (art. 903, § 2º). Não pode, portanto, agir de ofício. Além disso, a proibição de venda por preço vil não é. um requisito de admissibilidade da execução, mas apenas de um ato executivo, servindo à proteção da parte, em ambiente marcado pela disponibilidade do direito. Daí não poder o juiz invalidar, de ofício, a alienação judicial por esse motivo. Aliás, é admissível a avaliação consensual do bem penhorado. Se as partes podem definir o valor do bem penhorado, podem também concordar com a alienação desse bem por valor inferior a essa mesma avaliação. Em outras palavras, o preço vil só pode ser reconhecido pelo juiz se houver provocação da parte. A decisão do juiz deve ser explícita e fundamentada.

**11. Recurso.** Da decisão do juiz que reconhecer ou não a vileza do preço cabe agravo de instrumento (art. 1.015, parágrafo único).

**Art. 892.** Salvo pronunciamento judicial em sentido diverso, o pagamento deverá ser realizado de imediato pelo arrematante, por depósito judicial ou por meio eletrônico.

§ 1º Se o exequente arrematar os bens e for o único credor, não estará obrigado a exibir o preço, mas, se o valor dos bens exceder ao seu crédito, depositará, dentro de 3 (três) dias, a diferença, sob pena de tornar-se sem efeito a arrematação, e, nesse caso, realizar-se-á novo leilão, à custa do exequente.

§ 2º Se houver mais de um pretendente, proceder-se-á entre eles à licitação, e, no caso de igualdade de oferta, terá preferência o cônjuge, o companheiro, o descendente ou o ascendente do executado, nessa ordem.

§ 3º No caso de leilão de bem tombado, a União, os Estados e os Municípios terão, nessa ordem, o direito de preferência na arrematação, em igualdade de oferta.

▶ **1. Correspondência no CPC/1973.** *"Art. 685-A. (...) § 3º Havendo mais de um pretendente, proceder-se-á entre eles à licitação; em igualdade de oferta, terá preferência o cônjuge, descendente ou ascendente, nessa ordem." "Art. 690. A arrematação far-se-á mediante o pagamento imediato do preço pelo arrematante ou, no prazo de até 15 (quinze) dias, mediante caução." "Art. 690-A. (...) Parágrafo único. O exequente, se vier a arrematar os bens, não estará obrigado a exibir o preço; mas, se o valor dos bens exceder o seu crédito, depositará, dentro de 3 (três) dias, a diferença, sob pena de ser tornada sem efeito a arrematação e, neste caso, os bens serão levados a nova praça ou leilão à custa do exequente."*

## ⚖ Jurisprudência, Enunciados e Súmulas Selecionados

- **2. Enunciado 47 do FNPP.** *"É possível a utilização de crédito bancário de financiamento imobiliário para quitação do valor remanescente da arrematação em leilão."*

## 📋 Comentários Temáticos

**3. Pagamento à vista e desnecessidade de caução.** O pagamento deve, em regra, ser feito à vista. Se o pagamento for à vista, não se exige caução. A caução é exigida na arrematação a prazo (art. 895, § 1º), se prevista no modo especial de pagamento determinado pelo juiz (arts. 880, § 1º, e 885) ou quando, durante o adiamento do leilão de bem de incapaz, algum pretendente as-

# LIVRO II · DO PROCESSO DE EXECUÇÃO — Art. 894

segurar que arrematará o imóvel pelo preço da avaliação (art. 896, § 1º).

**4. Possibilidade de pagamento parcelado.** O pagamento, em regra, há de ser à vista, mas o juiz pode determinar que se faça de forma parcelada (arts. 880, § 1º, e 885); o parcelamento depende de decisão judicial que o preveja. Também é possível que haja o parcelamento no caso do art. 895. Neste último caso, a possibilidade de parcelamento independe de decisão judicial; preenchidos os pressupostos legais, há o direito de pagar parceladamente o preço oferecido. Há, então, 2 possibilidades de pagamento parcelado: *a)* autorização judicial; *b)* preenchimento dos pressupostos do art. 895.

**5. Forma de pagamento.** O pagamento pode ser feito por depósito judicial ou por meio eletrônico (transferência eletrônica, cartão de crédito, cartão de débito, "pix" etc.).

**6. Exequente e legitimados a adjudicar.** O exequente e os legitimados a adjudicar o bem penhorado podem participar do leilão judicial, a fim de tentar adquirir o bem por um preço inferior ao da avaliação, desde que não seja vil. Se o exequente arrematar, deve ser observado o disposto no § 1º do art. 892.

**7. Concorrência.** Havendo mais de um pretendente, vence quem oferecer o maior valor. No caso de igualdade de oferta, terá preferência o cônjuge, o companheiro (o que inclui a relação homoafetiva), o descendente ou o ascendente do executado, nessa ordem.

**8. Preferências.** Os arts. 799, 804 e 889 estabelecem a necessidade de intimação de diversos sujeitos, com preferência para a aquisição ou adjudicação do bem penhorado. No caso de concorrência de ofertas, prevalece a de maior valor, mas, havendo igualdade entre elas, há de ser observada a preferência desses sujeitos.

**9. Preferência da União, dos Estados e dos Municípios.** No caso de leilão de bem tombado, há direito de preferência na arrematação, em igualdade de oferta, à União, aos Estados e aos Municípios, nessa ordem. Esse direito de preferência estende-se à alienação particular e à adjudicação. A preferência deve ser reconhecida ao ente que realizou o tombamento. A expressão "nessa ordem" há de ser aplicada nos casos em que o bem houver sido tombado por mais de um ente; nesses casos, o ente mais abrangente tem preferência em relação ao menos abrangente.

> **Art. 893.** Se o leilão for de diversos bens e houver mais de um lançador, terá preferência aquele que se propuser a arrematá-los todos, em conjunto, oferecendo, para os bens que não tiverem lance, preço igual ao da avaliação e, para os demais, preço igual ao do maior lance que, na tentativa de arrematação individualizada, tenha sido oferecido para eles.

▶ **1. Correspondência no CPC/1973.** *"Art. 691. Se a praça ou o leilão for de diversos bens e houver mais de um lançador, será preferido aquele que se propuser a arrematá-los englobadamente, oferecendo para os que não tiverem licitante preço igual ao da avaliação e para os demais o de maior lanço."*

## ▣ COMENTÁRIOS TEMÁTICOS

**2. Preferência.** O leilão pode envolver bens diversos. Nesse caso, se houver mais de um lançador, a preferência será do que se proponha a arrematar globalmente os bens.

**3. Arrematação global.** Na proposta de arrematação global, o lançador deve considerar os bens que foram arrematados e os que não foram. Se nenhum dos bens foi arrematado, a proposta deve considerar o valor de suas avaliações. Se todos tiverem sido arrematados, a proposta há de contemplar os valores obtidos com os lances dos arrematantes. Se há bens arrematados e outros, não, a proposta deve abranger os valores das avaliações dos bens não arrematados e os valores dos lances dos arrematantes.

**4. Exclusão do excedente da proposta de arrematação global.** Se o produto da alienação dos bens que receberam lance já for suficiente à satisfação integral do exequente e o ressarcimento das despesas da execução, o leilão deve encerrar-se (art. 899). Nesse caso, o objetivo da execução, que é a satisfação da dívida, estará atendido, devendo ser excluídos da proposta de arrematação global os bens que não tenham recebido lance e cujo valor supere o total do crédito executado.

> **Art. 894.** Quando o imóvel admitir cômoda divisão, o juiz, a requerimento do executado, ordenará a alienação judicial de parte dele, desde que suficiente para o pagamento do exequente e para a satisfação das despesas da execução.
>
> § 1º Não havendo lançador, far-se-á a alienação do imóvel em sua integridade.
>
> § 2º A alienação por partes deverá ser requerida a tempo de permitir a avaliação das glebas destacadas e sua inclusão no edital, e, nesse caso, caberá ao executado instruir o requerimento com planta e memorial descritivo subscritos por profissional habilitado.

**Art. 895** CÓDIGO DE PROCESSO CIVIL COMENTADO – *Leonardo Carneiro da Cunha*

▶ **1. Correspondência no CPC/1973.** *"Art. 702. Quando o imóvel admitir cômoda divisão, o juiz, a requerimento do devedor, ordenará a alienação judicial de parte dele, desde que suficiente para pagar o credor. Parágrafo único. Não havendo lançador, far-se-á a alienação do imóvel em sua integridade."*

### ▤ COMENTÁRIOS TEMÁTICOS

**2. Reserva de metade do valor obtido na alienação judicial.** *"3. Não se pode olvidar que embora a execução seja regida pelo princípio da menor onerosidade ao devedor, reveste-se de natureza satisfativa e deve levar a cabo o litígio. Destarte, com o fito de evitar a eternização do procedimento executório, decorrente da inevitável desestimulação da arrematação a vista da imposição de um condomínio forçado na hipótese de se levar à praça apenas a fração ideal do bem penhorado que não comporte cômoda divisão, assentou-se a orientação doutrinária e jurisprudencial no sentido de que, em casos tais, há de ser o bem alienado em sua totalidade, assegurando-se, todavia, ao cônjuge não executado a metade do produto da arrematação, protegendo-se, deste modo, a sua meação. 4. Conquanto seja legítima a pretensão da recorrente de ver assegurada a proteção de sua meação sobre cada bem de forma individualizada, importante garantir a efetividade do procedimento executório, pelo que, considerando-se que, in casu, recaiu a penhora sobre imóvel que não comporta cômoda divisão, há de se proceder a alienação do bem em hasta pública por inteiro reservando-se à mulher a metade do preço alcançado"* (STJ, 4ª Turma, REsp 708.143/MA, rel. Min. Jorge Scartezzini, *DJ* 26.2.2007, p. 596).

**3. Alienação de imóvel que permite cômoda divisão.** Quando o imóvel admitir cômoda divisão, o juiz, a requerimento do executado, ordenará a alienação judicial de parte dele, desde que suficiente para pagar o exequente e ressarcir as despesas da execução.

**4. Vedação da execução abusiva.** A regra concretiza o princípio que veda a execução abusiva (art. 805): se o exequente será satisfeito com a alienação de parte de imóvel, não há razão para aliená-lo integralmente.

**5. Avaliação.** Nesse caso de alienação de parte do bem penhorado, cabe ao avaliador do imóvel, tendo em conta o crédito reclamado, avaliá-lo em partes, sugerindo, com a apresentação de memorial descritivo, os possíveis desmembramentos (art. 872, § 1º). O executado não precisará apresentar memorial descritivo, se concordar com o que for apresentado pelo avaliador.

**6. Necessidade de requerimento.** A venda de parte do imóvel é direito do executado, que precisa ser exercido: a ordem do juiz, para que se faça alienação de parte do imóvel, depende da provocação do executado.

**7. Alienação do imóvel em sua integralidade.** Se não houver pretendente à aquisição de parte do imóvel, será alienado em sua integralidade.

---

**Art. 895.** O interessado em adquirir o bem penhorado em prestações poderá apresentar, por escrito:

I – até o início do primeiro leilão, proposta de aquisição do bem por valor não inferior ao da avaliação;

II – até o início do segundo leilão, proposta de aquisição do bem por valor que não seja considerado vil.

§ 1º A proposta conterá, em qualquer hipótese, oferta de pagamento de pelo menos vinte e cinco por cento do valor do lance à vista e o restante parcelado em até 30 (trinta) meses, garantido por caução idônea, quando se tratar de móveis, e por hipoteca do próprio bem, quando se tratar de imóveis.

§ 2º As propostas para aquisição em prestações indicarão o prazo, a modalidade, o indexador de correção monetária e as condições de pagamento do saldo.

§ 3º (VETADO).

§ 4º No caso de atraso no pagamento de qualquer das prestações, incidirá multa de dez por cento sobre a soma da parcela inadimplida com as parcelas vincendas.

§ 5º O inadimplemento autoriza o exequente a pedir a resolução da arrematação ou promover, em face do arrematante, a execução do valor devido, devendo ambos os pedidos ser formulados nos autos da execução em que se deu a arrematação.

§ 6º A apresentação da proposta prevista neste artigo não suspende o leilão.

§ 7º A proposta de pagamento do lance à vista sempre prevalecerá sobre as propostas de pagamento parcelado.

§ 8º Havendo mais de uma proposta de pagamento parcelado:

I – em diferentes condições, o juiz decidirá pela mais vantajosa, assim compreendida, sempre, a de maior valor;

II – em iguais condições, o juiz decidirá pela formulada em primeiro lugar.

1340

# LIVRO II · DO PROCESSO DE EXECUÇÃO — Art. 895

§ 9º No caso de arrematação a prazo, os pagamentos feitos pelo arrematante pertencerão ao exequente até o limite de seu crédito, e os subsequentes, ao executado.

▶ **1. Correspondência no CPC/1973.** *"Art. 690. (...) § 1º Tratando-se de bem imóvel, quem estiver interessado em adquiri-lo em prestações poderá apresentar por escrito sua proposta, nunca inferior à avaliação, com oferta de pelo menos 30% (trinta por cento) à vista, sendo o restante garantido por hipoteca sobre o próprio imóvel. § 2º As propostas para aquisição em prestações, que serão juntadas aos autos, indicarão o prazo, a modalidade e as condições de pagamento do saldo. § 3º O juiz decidirá por ocasião da praça, dando o bem por arrematado pelo apresentante do melhor lanço ou proposta mais conveniente. § 4º No caso de arrematação a prazo, os pagamentos feitos pelo arrematante pertencerão ao exequente até o limite de seu crédito, e os subsequentes ao executado."*

## ⚖ Jurisprudência, Enunciados e Súmulas Selecionados

- **2. Enunciado 330 do FPPC.** *"Na Justiça do trabalho, o juiz pode deferir a aquisição parcelada do bem penhorado em sede de execução, na forma do art. 895 e seus parágrafos."*
- **3. Enunciado 157 da II Jornada-CJF.** *"No leilão eletrônico, a proposta de pagamento parcelado (art. 895 do CPC), observado o valor mínimo fixado pelo juiz, deverá ser apresentada até o início do leilão, nos termos do art. 886, IV, do CPC."*
- **4. Enunciado 48 do FNPP.** *"É aplicável aos processos de execução fiscal a forma de aquisição de bem penhorado contida no § 1º do art. 895 do CPC/15."*

## ▤ Comentários Temáticos

**5. Teor do dispositivo vetado.** *"Art. 895. (...) § 3º As prestações, que poderão ser pagas por meio eletrônico, serão corrigidas mensalmente pelo índice oficial de atualização financeira, a ser informado, se for o caso, para a operadora do cartão de crédito."*

**6. Razões do veto.** *"O dispositivo institui correção monetária mensal por um índice oficial de preços, o que caracteriza indexação. Sua introdução potencializaria a memória inflacionária, culminando em uma indesejada inflação inercial."*

**7. Pagamento à vista.** O pagamento deve ser, em regra, à vista (art. 892).

**8. Possibilidade de pagamento parcelado.** Há 2 possibilidades de pagamento parcelado: *a)* autorização judicial (arts. 880, § 1º, e 885); b) preenchimento dos pressupostos do art. 895. No caso do art. 895, a possibilidade de pagamento parcelado independe da decisão judicial. Assim, preenchidos os pressupostos legais, há direito a pagar o preço dessa forma.

**9. Prioridade das propostas de pagamento à vista.** A proposta de pagamento do lance à vista sempre prevalecerá sobre as propostas de pagamento parcelado.

**10. Bem móvel ou imóvel.** O direito ao pagamento parcelado pode ter por objeto bem móvel ou imóvel.

**11. Garantias.** Se o bem for móvel, o pretendente deve oferecer uma caução. Sendo imóvel, haverá hipoteca do próprio bem.

**12. Destinatários das prestações.** No caso de arrematação a prazo, os pagamentos feitos pelo arrematante pertencerão ao exequente até o limite de seu crédito, e os subsequentes, ao executado.

**13. Pressupostos legais e regulação do parcelamento.** O interessado em adquirir o bem penhorado em prestações poderá apresentar, por escrito: I – até o início do primeiro leilão, proposta de aquisição do bem por valor não inferior ao da avaliação; II – até o início do segundo leilão, proposta de aquisição do bem por valor que não seja considerado vil. A disciplina normativa é minuciosa e autoexplicativa.

**14. Suspensão do leilão.** A apresentação da proposta não suspende o leilão.

**15. Concorrência de propostas.** Havendo mais de uma proposta de pagamento parcelado: I – em diferentes condições, o juiz decidirá pela mais vantajosa, assim compreendida, sempre, a de maior valor; II – em iguais condições, o juiz decidirá pela formulada em primeiro lugar.

**16. Dever de pagar o preço.** A alienação judicial gera para o adquirente e para o seu fiador, se houver, o dever de realizar o preço. Não pago o preço, o exequente pode pedir a resolução da alienação forçada (art. 903, § 1º, III), pleiteando novo leilão ou nova alienação por iniciativa particular. Pode o exequente, também, promover execução perante o adquirente e o seu fiador: a resolução é uma opção, não uma imposição, ao exequente.

**17. Perda da caução.** Se o arrematante ou seu fiador não pagar o preço no prazo estabelecido, o juiz impor-lhe-á, em favor do exequente, a perda da caução, voltando o bem a novo leilão, do qual não serão admitidos a participar o arrematante e o fiador remissos (art. 897).

# Art. 896

CÓDIGO DE PROCESSO CIVIL COMENTADO – *Leonardo Carneiro da Cunha*

**Art. 896.** Quando o imóvel de incapaz não alcançar em leilão pelo menos oitenta por cento do valor da avaliação, o juiz o confiará à guarda e à administração de depositário idôneo, adiando a alienação por prazo não superior a 1 (um) ano.

§ 1º Se, durante o adiamento, algum pretendente assegurar, mediante caução idônea, o preço da avaliação, o juiz ordenará a alienação em leilão.

§ 2º Se o pretendente à arrematação se arrepender, o juiz impor-lhe-á multa de vinte por cento sobre o valor da avaliação, em benefício do incapaz, valendo a decisão como título executivo.

§ 3º Sem prejuízo do disposto nos §§ 1º e 2º, o juiz poderá autorizar a locação do imóvel no prazo do adiamento.

§ 4º Findo o prazo do adiamento, o imóvel será submetido a novo leilão.

▶ **1. Correspondência no CPC/1973.** *"Art. 701. Quando o imóvel de incapaz não alcançar em praça pelo menos 80% (oitenta por cento) do valor da avaliação, o juiz o confiará à guarda e administração de depositário idôneo, adiando a alienação por prazo não superior a 1(um) ano. § 1º Se, durante o adiamento, algum pretendente assegurar, mediante caução idônea, o preço da avaliação, o juiz ordenará a alienação em praça. § 2º Se o pretendente à arrematação se arrepender, o juiz lhe imporá a multa de 20% (vinte por cento) sobre o valor da avaliação, em benefício do incapaz, valendo a decisão como título executivo. § 3º Sem prejuízo do disposto nos dois parágrafos antecedentes, o juiz poderá autorizar a locação do imóvel no prazo do adiamento. § 4º Findo o prazo do adiamento, o imóvel será alienado, na forma prevista no art. 686, VI."*

▣ **Comentários Temáticos**

**2. Princípio da adequação.** Em virtude do princípio da adequação, o legislador criou um procedimento diferenciado para alienação de imóvel de incapaz.

**3. Adiamento do leilão de imóvel de incapaz.** Se não se alcançar o valor de, pelo menos, 80% do valor da avaliação, o juiz o confiará à guarda e administração de depositário idôneo, adiando a alienação por prazo não superior a um ano.

**4. Prazo do adiamento.** O prazo de adiamento do leilão, que é de um ano, não precisa ser observado rigorosamente, sendo possível submeter o bem a nova hasta pública, se, por decisão fundamentada do juiz, ficar demonstrado que as condições do mercado recomendarem o negócio.

**5. Administração do bem.** O depositário funcionará como administrador, cabendo-lhe elaborar um plano de administração do imóvel, a ser submetido ao órgão jurisdicional (art. 862).

**6. Locação do imóvel.** No prazo do adiamento, o juiz poderá autorizar a locação do imóvel do incapaz.

**7. Pretendente e caução.** Durante o adiamento, algum pretendente pode assegurar que arrematará o imóvel, pelo preço da avaliação, prestando, imediatamente, caução idônea, que demonstre a firmeza da sua proposta. Feita a proposta e prestada a caução, o juiz ordenará a alienação em leilão.

**8. Intervenção do Ministério Público.** O Ministério Público deve intervir, por haver interesse de incapaz (art. 178, I).

**9. Arrependimento do pretendente.** O pretendente pode arrepender-se da proposta por ele apresentada e revogá-la, devendo arcar com uma multa de 20% sobre o valor da avaliação, montante que será revertido em benefício do incapaz. Trata-se de multa imposta pela revogação da proposta. A decisão que cominar a multa é título executivo.

**Art. 897.** Se o arrematante ou seu fiador não pagar o preço no prazo estabelecido, o juiz impor-lhe-á, em favor do exequente, a perda da caução, voltando os bens a novo leilão, do qual não serão admitidos a participar o arrematante e o fiador remissos.

▶ **1. Correspondência no CPC/1973.** *"Art. 695. Se o arrematante ou seu fiador não pagar o preço no prazo estabelecido, o juiz impor-lhe-á, em favor do exequente, a perda da caução, voltando os bens a nova praça ou leilão, dos quais não serão admitidos a participar o arrematante e o fiador remissos."*

⚖ **Jurisprudência, Enunciados e Súmulas Selecionados**

• **2. Enunciado 589 do FPPC.** *"O termo 'multa' constante no art. 898 refere-se à perda da caução prevista no art. 897."*

▣ **Comentários Temáticos**

**3. Sanção ao inadimplemento.** Se o arrematante ou seu fiador não pagar o preço no prazo estabelecido, o juiz aplicar-lhe-á 2 sanções: (*a*) perda da caução e (*b*) perda da legitimidade para arrematar o bem em novo leilão.

**4. Ato do juiz.** A decisão que aplicar as sanções é interlocutória, impugnável por agravo de instrumento (art. 1.015, parágrafo único).

# LIVRO II · DO PROCESSO DE EXECUÇÃO — Art. 901

**5. Caução.** A caução que se perde pelo inadimplemento é exigida na arrematação a prazo (art. 895, § 1º) ou quando prevista no modo especial de pagamento determinado pelo juiz (arts. 880, § 1º, e 885). Fora dessas hipóteses, não é comum a caução, pois a regra é o pagamento à vista (art. 892).

**6. Perda da legitimidade para arrematar.** Não podem arrematar, em uma segunda hasta pública, o arrematante e o seu fiador que, na primeira hasta, não pagaram o preço.

> **Art. 898.** O fiador do arrematante que pagar o valor do lance e a multa poderá requerer que a arrematação lhe seja transferida.

▶ **1. Correspondência no CPC/1973.** *"Art. 696. O fiador do arrematante, que pagar o valor do lanço e a multa, poderá requerer que a arrematação lhe seja transferida."*

### ⚖ Jurisprudência, Enunciados e Súmulas Selecionados

• **2. Enunciado 589 do FPPC.** *"O termo 'multa' constante no art. 898 refere-se à perda da caução prevista no art. 897."*

### ▣ Comentários Temáticos

**3. Sub-rogação.** Se o fiador do arrematante pagar o preço, sub-roga-se na posição de adquirente, de arrematante.

**4. Pedido expresso.** A transferência da arrematação para o fiador exige pedido expresso, não podendo ser automática. O pagamento – que é ato-fato – não contém manifestação de vontade relevante, que possa ser considerada. É preciso que ele peça expressamente que a arrematação lhe seja transferida.

> **Art. 899.** Será suspensa a arrematação logo que o produto da alienação dos bens for suficiente para o pagamento do credor e para a satisfação das despesas da execução.

▶ **1. Correspondência no CPC/1973.** *"Art. 692 (...) Parágrafo único. Será suspensa a arrematação logo que o produto da alienação dos bens bastar para o pagamento do credor."*

### ▣ Comentários Temáticos

**2. Encerramento do leilão.** Tão logo o produto da alienação dos bens baste à satisfação integral do exequente e o ressarcimento das despesas da execução, o leilão deve encerrar-se. Embora o dispositivo determine a *suspensão da arrematação,* o que há, na verdade, é o encerramento da hasta pública, e não da arrematação.

**3. Atendimento ao objetivo da execução.** O objetivo da execução é a satisfação do crédito. Alcançado esse objetivo, ultima-se a expropriação para que o dinheiro seja entregue ao exequente (art. 904, I).

**4. Penhora de bens remanescentes.** O encerramento do leilão não libera, desde logo, os bens remanescentes dos efeitos da penhora; é preciso aguardar efetiva satisfação do crédito, com a extinção da execução.

> **Art. 900.** O leilão prosseguirá no dia útil imediato, à mesma hora em que teve início, independentemente de novo edital, se for ultrapassado o horário de expediente forense.

▶ **1. Correspondência no CPC/1973.** *"Art. 689. Sobrevindo a noite, prosseguirá a praça ou o leilão no dia útil imediato, à mesma hora em que teve início, independentemente de novo edital."*

### ▣ Comentários Temáticos

**2. Suspensão do leilão.** O leilão deve respeitar o horário de expediente forense. Ultrapassado esse horário, o leilão prosseguirá no dia útil imediato, à mesma hora em que teve início, independentemente de novo edital.

> **Art. 901.** A arrematação constará de auto que será lavrado de imediato e poderá abranger bens penhorados em mais de uma execução, nele mencionadas as condições nas quais foi alienado o bem.
>
> § 1º A ordem de entrega do bem móvel ou a carta de arrematação do bem imóvel, com o respectivo mandado de imissão na posse, será expedida depois de efetuado o depósito ou prestadas as garantias pelo arrematante, bem como realizado o pagamento da comissão do leiloeiro e das demais despesas da execução.
>
> § 2º A carta de arrematação conterá a descrição do imóvel, com remissão à sua matrícula ou individuação e aos seus registros, a cópia do auto de arrematação e a prova de pagamento do imposto de transmissão, além da indicação da existência de eventual ônus real ou gravame.

▶ **1. Correspondência no CPC/1973.** *"Art. 693. A arrematação constará de auto que será lavrado de imediato, nele mencionadas as condições pelas quais foi alienado o bem." "Art. 703. A carta de*

# Art. 901

*arremataçāo conterá: I – a descriçāo do imóvel, com remissão à sua matrícula e registros; II – a cópia do auto de arremataçāo; e III – a prova de quitaçāo do imposto de transmissão. "Art. 707. Efetuado o leilão, lavrar-se-á o auto, que poderá abranger bens penhorados em mais de uma execuçāo, expedindo- se, se necessário, ordem judicial de entrega ao arrematante."*

### 🗒 LEGISLAÇĀO CORRELATA

**2. CC, art. 1.245.** *"Art. 1.245. Transfere-se entre vivos a propriedade mediante o registro do título translativo no Registro de Imóveis. § 1º Enquanto não se registrar o título translativo, o alienante continua a ser havido como dono do imóvel. § 2º Enquanto não se promover, por meio de ação própria, a decretação de invalidade do registro, e o respectivo cancelamento, o adquirente continua a ser havido como dono do imóvel."*

**3. Lei 6.015/1973, art. 167, I, item 26.** *"Art. 167. No Registro de Imóveis, além da matrícula, serão feitos. I – o registro: (...) 26) da arrematação e da adjudicação em hasta pública."*

**4. Lei 6.015/1973, art. 169.** *"Art. 169. Todos os atos enumerados no art. 167 desta Lei são obrigatórios e serão efetuados na serventia da situação do imóvel, observado o seguinte: I – as averbações serão efetuadas na matrícula ou à margem do registro a que se referirem, ainda que o imóvel tenha passado a pertencer a outra circunscrição, observado o disposto no inciso I do § 1º e no § 18 do art. 176 desta Lei; II – para o imóvel situado em duas ou mais circunscrições, serão abertas matrículas em ambas as serventias dos registros públicos; e III – (revogado); IV – aberta matrícula na serventia da situação do imóvel, o oficial comunicará o fato à serventia de origem, para o encerramento, de ofício, da matrícula anterior."*

**5. Lei 6.015/1973, art. 186.** *"Art. 186. O número de ordem determinará a prioridade do título, e esta a preferência dos direitos reais, ainda que apresentados pela mesma pessoa mais de um título simultaneamente."*

### 📃 COMENTÁRIOS TEMÁTICOS

**6. Perfazimento da arrematação.** É com o auto que a arrematação se perfaz. Sem ele, a arrematação ainda não existe. Por isso que o auto há de ser lavrado "de imediato", a fim de que se aperfeiçoe logo a arrematação.

**7. Remição da execução.** Se ainda não existe a arrematação, o executado pode remir a execução (art. 826) ou o bem hipotecado (art. 902).

**8. Auto de arrematação.** O auto de arrematação deve descrever o desenvolvimento do leilão, registrando a ocorrência de eventuais incidentes. Deve ser assinado pelo juiz, pelo arrematante e pelo leiloeiro (art. 903). Haverá um só auto, para todos os bens alienados, mesmo estando relacionados a processos diferentes.

**9. Recebimento de frutos pelo arrematante a partir da assinatura do auto.** *"Conforme a jurisprudência do Superior Tribunal de Justiça, o arrematante de imóvel tem o direito de receber os valores relativos ao aluguel a partir da lavratura do auto de arrematação, não sendo preciso esperar o registro no cartório do registro de imóveis"* (STJ, 3ª Turma, AgInt nos EDcl no REsp 1.724.168/DF, rel. Min. Paulo de Tarso Sanseverino, *DJe* 28.8.2020).

**10. Perda da condição de locador em decorrência da arrematação.** *"O ex-proprietário de imóvel arrematado é parte ilegítima para cobrar aluguéis a partir da lavratura do auto de arrematação, ocasião em que deixou de ter a posse direta ou indireta ou qualquer outro direito incidente sobre o bem"* (STJ, 3 Turma, AgInt no AREsp 1.169.522/DF, rel. Min. Ricardo Villas Bôas Cueva, *DJe* 15.10.2018).

**11. Carta de arrematação.** Formalizada a alienação judicial, o juiz determinará a expedição de carta de arrematação, caso se trate de bem imóvel. A carta é o conjunto organizado dos documentos indispensáveis para que se possa proceder à transferência do bem imóvel no registro imobiliário. A carta de arrematação é o título formal da aquisição do bem.

**12. Assinatura do juiz.** A carta deve ser assinada pelo juiz.

**13. Duas arrematações sobre o mesmo imóvel.** *"2. Havendo duas arrematações sobre o mesmo bem imóvel, a carta de arrematação que primeiro for registrada definirá qual será o Juízo competente para decidir eventuais demandas possessórias. Precedentes do STJ. (...) 4. Em analogia ao entendimento do STJ, que define a competência em função da carta que primeiramente tiver sido registrada, deve prevalecer, no caso concreto, a data da primeira prenotação, com base no art. 186 da Lei 6.015/1973"* (STJ, 1ª Seção, AgRg no CC 118.003/RJ, rel. Min. Herman Benjamin, *DJe* 8.3.2013).

**14. Ordem de entrega.** Em caso de bem móvel, expede-se ordem de entrega, em vez de carta de arrematação.

**15. Carta de arrematação para bem móvel.** Embora não seja necessária a carta de arrematação para bem móvel, é possível cogitar de

## LIVRO II · DO PROCESSO DE EXECUÇÃO — Art. 903

sua expedição em casos de registro, como nos veículos automotores, ações nominativas, entre outros. Nesses casos, a carta de arrematação de bem móvel serve apenas como documento, não sendo obrigatória, porque a transmissão da propriedade mobiliária faz-se com a tradição. Daí ser suficiente a ordem de entrega.

> **Art. 902.** No caso de leilão de bem hipotecado, o executado poderá remi-lo até a assinatura do auto de arrematação, oferecendo preço igual ao do maior lance oferecido.
>
> Parágrafo único. No caso de falência ou insolvência do devedor hipotecário, o direito de remição previsto no *caput* defere-se à massa ou aos credores em concurso, não podendo o exequente recusar o preço da avaliação do imóvel.

▶ **1. Correspondência no CPC/1973.** *"Art. 651. Antes de adjudicados ou alienados os bens, pode o executado, a todo tempo, remir a execução, pagando ou consignando a importância atualizada da dívida, mais juros, custas e honorários advocatícios.*

### ⚖ LEGISLAÇÃO CORRELATA

**2. CC, art. 1.430.** *"Art. 1.430. Quando, excutido o penhor, ou executada a hipoteca, o produto não bastar para pagamento da dívida e despesas judiciais, continuará o devedor obrigado pessoalmente pelo restante."*

**3. Lei 11.101/2005, art. 22.** *"Art. 22. Ao administrador judicial compete, sob a fiscalização do juiz e do Comitê, além de outros deveres que esta Lei lhe impõe: (...) III – na falência: (...) m) remir, em benefício da massa e mediante autorização judicial, bens apenhados, penhorados ou legalmente retidos."*

### 🖥 COMENTÁRIOS TEMÁTICOS

**4. Aperfeiçoamento da arrematação.** A arrematação se aperfeiçoa com a assinatura do respectivo auto. Enquanto não assinado, não existe a arrematação. Por isso, o executado pode, antes disso, remir o bem hipotecado.

**5. Remição do bem hipotecado.** Remir o bem executado é resgatá-lo, salvá-lo de uma transferência para o patrimônio do arrematante, o que não implica necessariamente a extinção da execução. Além de resgatar o bem, a remição impede sua alienação judicial. Por isso, deve ser feita até antes da assinatura do auto de arrematação.

**6. Falência ou insolvência do executado.** O direito de remir o bem hipoteca mantém-se mesmo sobrevindo falência ou insolvência do executado. Nessa hipótese, a massa ou os credores em concurso podem remir o bem hipotecado.

**7. Limite temporal.** Assinado o auto de arrematação, não será mais possível ao executado remir o bem hipotecado.

**8. Persistência da execução.** Feita a remição pelo executado, o bem será substituído pelo preço por ele pago. O bem ficará liberado, ficando, sem seu lugar, o dinheiro pago pelo executado. É possível, todavia, que o preço não seja suficiente para pagamento integral da dívida. Nesse caso, o devedor continuará obrigado e seus bens poderão ser penhorados (CC, art. 1.430).

> **Art. 903.** Qualquer que seja a modalidade de leilão, assinado o auto pelo juiz, pelo arrematante e pelo leiloeiro, a arrematação será considerada perfeita, acabada e irretratável, ainda que venham a ser julgados procedentes os embargos do executado ou a ação autônoma de que trata o § 4º deste artigo, assegurada a possibilidade de reparação pelos prejuízos sofridos.
>
> § 1º Ressalvadas outras situações previstas neste Código, a arrematação poderá, no entanto, ser:
>
> I – invalidada, quando realizada por preço vil ou com outro vício;
>
> II – considerada ineficaz, se não observado o disposto no art. 804;
>
> III – resolvida, se não for pago o preço ou se não for prestada a caução.
>
> § 2º O juiz decidirá acerca das situações referidas no § 1º, se for provocado em até 10 (dez) dias após o aperfeiçoamento da arrematação.
>
> § 3º Passado o prazo previsto no § 2º sem que tenha havido alegação de qualquer das situações previstas no § 1º, será expedida a carta de arrematação e, conforme o caso, a ordem de entrega ou mandado de imissão na posse.
>
> § 4º Após a expedição da carta de arrematação ou da ordem de entrega, a invalidação da arrematação poderá ser pleiteada por ação autônoma, em cujo processo o arrematante figurará como litisconsorte necessário.
>
> § 5º O arrematante poderá desistir da arrematação, sendo-lhe imediatamente devolvido o depósito que tiver feito:
>
> I – se provar, nos 10 (dez) dias seguintes, a existência de ônus real ou gravame não mencionado no edital;
>
> II – se, antes de expedida a carta de arrematação ou a ordem de entrega, o executado alegar alguma das situações previstas no § 1º;

III – uma vez citado para responder a ação autônoma de que trata o § 4º deste artigo, desde que apresente a desistência no prazo de que dispõe para responder a essa ação.

§ 6º Considera-se ato atentatório à dignidade da justiça a suscitação infundada de vício com o objetivo de ensejar a desistência do arrematante, devendo o suscitante ser condenado, sem prejuízo da responsabilidade por perdas e danos, ao pagamento de multa, a ser fixada pelo juiz e devida ao exequente, em montante não superior a vinte por cento do valor atualizado do bem.

▶ **1. Correspondência no CPC/1973.** *"Art. 694. Assinado o auto pelo juiz, pelo arrematante e pelo serventuário da justiça ou leiloeiro, a arrematação considerar-se-á perfeita, acabada e irretratável, ainda que venham a ser julgados procedentes os embargos do executado. § 1º A arrematação poderá, no entanto, ser tornada sem efeito: I – por vício de nulidade; II – se não for pago o preço ou se não for prestada a caução; III – quando o arrematante provar, nos 5 (cinco) dias seguintes, a existência de ônus real ou de gravame (art. 686, inciso V) não mencionado no edital; IV – a requerimento do arrematante, na hipótese de embargos à arrematação (art. 746, §§ 1º e 2º ); V – quando realizada por preço vil (art. 692); VI – nos casos previstos neste Código (art. 698). § 2º No caso de procedência dos embargos, o executado terá direito a haver do exequente o valor por este recebido como produto da arrematação; caso inferior ao valor do bem, haverá do exequente também a diferença."*

## ⚖ Jurisprudência, Enunciados e Súmulas Selecionados

- **2. Súmula TST, 399.** *"I – É incabível ação rescisória para impugnar decisão homologatória de adjudicação ou arrematação. II – A decisão homologatória de cálculos apenas comporta rescisão quando enfrentar as questões envolvidas na elaboração da conta de liquidação, quer solvendo a controvérsia das partes quer explicitando, de ofício, os motivos pelos quais acolheu os cálculos oferecidos por uma das partes ou pelo setor de cálculos, e não contestados pela outra."*
- **3. Enunciado 542 do FPPC.** *"Na hipótese de expropriação de bem por arrematante arrolado no art. 890, é possível o desfazimento da arrematação."*
- **4. Enunciado 644 do FPPC.** *"A ação autônoma referida no § 4º do art. 903 com base na alegação de preço vil não pode invalidar a arrematação."*

- **5. Enunciado 218 da III Jornada-CJF.** *"A decisão a que se refere o art. 903, § 2º, do CPC é interlocutória e impugnável por agravo de instrumento (art. 1.015, parágrafo único, do CPC)."*

## ▣ Comentários Temáticos

**6. Assinatura do auto de arrematação.** Devem constar do auto de arrematação as condições pelas quais foi alienado o bem (art. 901). Sem o auto, assinado pelo juiz, pelo arrematante e pelo leiloeiro, ainda não há arrematação *"perfeita e acabada"*. Assinado o auto de arrematação pelo juiz, pelo arrematante e pelo leiloeiro, a arrematação considerar-se-á perfeita, acabada e irretratável, ainda que venham a ser julgados procedentes os embargos do executado ou a ação autônoma de invalidação.

**7. Prestígio à segurança jurídica.** Ao tornar definitiva a arrematação, o art. 903 prestigia a segurança jurídica do arrematante e, com isso, estimula a aquisição do bem penhorado em leilão judicial. A arrematação é definitiva mesmo que venham a ser julgados procedentes os embargos do executado ou a ação de que trata o § 4º do art. 903. O executado, que porventura conseguir desfazer a arrematação, terá direito a ser indenizado pelos prejuízos sofridos.

**8. Aplicação à adjudicação e à alienação por iniciativa particular.** O art. 903 aplica-se igualmente à adjudicação e à alienação por iniciativa particular, prestigiando a segurança jurídica também nessas outras modalidades de alienação de bens penhorados.

**9. Ilegitimidade para arrematar.** Se o arrematante não tinha legitimidade para adquirir o bem penhorado (art. 890), não há como defender que a arrematação subsista, mesmo na procedência dos embargos ou da ação autônoma. Nessa hipótese, a regra de estabilidade da arrematação não se aplica e a procedência da ação autônoma levará à sua invalidação.

**10. (Des)necessidade de ação anulatória.** *"5. (...) esta Corte de Justiça consagra orientação de que a arrematação pode ser impugnada nos próprios autos da execução, mediante petição do interessado, ou invalidada, de ofício, caso haja nulidade. Todavia, após expedida a carta de arrematação com respectivo registro do título translativo no Registro de Imóveis, nos termos do art. 1.245 do CC/2002, a sua desconstituição somente pode ser pleiteada na via própria, ou seja, por meio de ação anulatória (CPC/1973, arts. 486 e 694; CPC/2015, art. 903, § 4º). 6. Na hipótese em exame, não houve o registro da carta de arrematação no cartório imobiliário, de maneira que*

# LIVRO II · DO PROCESSO DE EXECUÇÃO — Art. 903

*não há falar em necessidade de ajuizamento de ação anulatória para viabilizar a decretação da nulidade da arrematação"* (STJ, 4ª Turma, RMS 57.566/SC, rel. Min. Lázaro Guimarães – Des. Conv. TRF5, *DJe* 17.9.2018).

**11. Desfazimento da arrematação.** Há 3 hipóteses de desfazimento da arrematação: *(a)* resilição: desistência do arrematante; *b)* resolução: falta de pagamento do preço ou de prestação de caução pelo arrematante; *c)* invalidação: preço vil ou outro vício.

**12. Retorno ao estado anterior.** Em todos os casos de desfazimento da arrematação, os sujeitos devem retornar ao estado anterior à formação do vínculo.

**13. Desistência ou resilição unilateral da arrematação.** A desistência é uma revogação. Quando o arrematante desiste da arrematação, ele revoga o ato de arrematação. Por isso, a desistência não torna sem efeito a arrematação; é arrematação é extinta. É potestativo o direito à revogação.

**14. Hipóteses de desistência da arrematação.** O arrematante pode desistir da arrematação em 3 situações, sendo-lhe imediatamente devolvido o depósito que houver feito: *(a)* se provar, nos 10 dias seguintes, a existência de ônus real ou gravame não mencionado no edital; *(b)* se, antes de expedida a carta de arrematação ou a ordem de entrega, o executado alegar, nesse ínterim, que há vício (art. 903, § 1º, I), ineficácia (art. 903, § 1º, II) ou inadimplemento (art. 903, § 1º, III); *(c)* no prazo para responder a ação anulatória de que trata o § 4º do art. 903 (art. 903, § 5º, III); nesse último caso, o arrematante livra-se do ônus da sucumbência na ação autônoma.

**15. Litisconsórcio passivo necessário.** O arrematante é litisconsorte necessário na ação autônoma de invalidação da arrematação (art. 903, § 4º), ajuizada pelo executado ou por terceiro. Citado, o arrematante pode, no prazo de que dispõe para responder à demanda, desistir da arrematação; nesse caso, o arrematante livra-se do ônus da sucumbência na ação autônoma.

**16. Perda de objeto da ação autônoma.** Revogada a arrematação, a ação autônoma de invalidação contra ela perde o objeto.

**17. Invalidade da arrematação.** A arrematação pode ser invalidada quando realizada por preço vil ou outro vício, como a ilegitimidade do arrematante (art. 890) ou um defeito do procedimento executivo.

**18. Preço vil.** A vileza do preço compromete a perfeição da arrematação e permite a sua invalidação. Nessa hipótese, o órgão julgador, para preservar a arrematação, e com isso seguir a diretriz traçada pelo art. 903, em vez de a invalidar, deve revisá-la, promovendo o ajuste do preço, cujo complemento, se não for pago pelo arrematante, levaria à sua resolução. O princípio da preservação dos atos jurídicos processuais, marca do processo civil brasileiro, pode ser concretizado, nesse momento, dessa forma.

**19. Conceito de preço vil.** *"Precedentes desta Corte reconhecendo a possibilidade de, diante das peculiaridades do caso concreto, admitir a arrematação em valor menor ao equivalente aos 50% (cinquenta por cento) da avaliação do bem, sem caracterizar preço vil. (...) Interpretação em consonância com o conceito legal de 'preço vil' estatuído pelo parágrafo único, do art. 891 do novo CPC"* (STJ, 3ª Turma, REsp 1.648.020/MT, rel. Min. Paulo de Tarso Sanseverino, *DJe* 15.10.2018).

**20. Meio de requerer a invalidação.** A invalidade da arrematação pode ser requerida por petição simples, até 10 dias após o aperfeiçoamento do ato, ou por ação autônoma de invalidação, após o mencionado prazo, de que o arrematante fará parte como litisconsorte necessário do exequente. No primeiro caso, será preciso intimar o exequente e, se for o caso, o arrematante, para, em 10 dias, manifestar-se, caso queiram (art. 9º).

**21. Direito à indenização.** Na maior parte das vezes, o direito à invalidação exercido pela ação autônoma será convertido em direito à indenização, tendo em vista a regra de estabilidade prevista no art. 903. Em regra, assinado o auto de arrematação, esta considera-se perfeita e acabada, não podendo ser mais desfeita. Acolhida a ação anulatória de arrematação, a questão se resolve entre exequente e executado, não podendo mais atingir o arrematante. Este até pode ter de pagar mais, em caso de preço vil. O bem, porém, não sai mais de seu patrimônio, tendo a ele se incorporado, ressalvada a hipótese de defeito imputável ao arrematante, como nos casos de sua ilegitimidade (art. 890).

**22. Resolução da arrematação.** A arrematação pode extinguir-se por resolução, se não for pago o preço ou se não for prestada a caução. Extingue-se a arrematação em razão do descumprimento, pelo arrematante, de uma das prestações que lhe cabe: pagar o preço ou prestar a caução. Se o arrematante ou seu fiador não pagar o preço no prazo estabelecido, o juiz impor-lhe-á, em favor do exequente, a perda da caução, voltando os bens a novo leilão, do qual não serão admitidos a participar o arrematante e o fiador remissos (art. 897). Há 2 sanções ao inadimplemento: perda da caução e perda da legitimidade para arrematar o bem em novo leilão.

1347

A caução que se perde pelo inadimplemento é exigida na arrematação a prazo (art. 895, § 1º), ou quando prevista no modo especial de pagamento determinado pelo juiz (arts. 880, § 1º, e 885). Não é comum essa situação, pois a regra é o pagamento à vista (art. 892). Se o fiador do arrematante pagar o preço, sub-roga-se na posição de arrematante (art. 898).

**23. Ineficácia da arrematação por desrespeito ao art. 804.** O inciso II do § 1º do art. 903 determina que a arrematação será considerada ineficaz, caso não se observe o comando do art. 804, que impõe a intimação de alguns terceiros como condição de eficácia para a alienação de certos bens. Neste caso, há apenas ineficácia da arrematação, que não se desfaz. A arrematação não produzirá efeitos para os terceiros não cientificados, que não sofrerão qualquer prejuízo em virtude dela, se não forem devidamente cientificados. A propósito, cumpre observar que há um bloco normativo formado pelos arts. 799, 804 e 889, que devem ser interpretados como um sistema de normas de proteção a alguns sujeitos, credores ou não. Por isso, é necessário que o exequente requeira ou que o juiz determine de ofício a intimação dos sujeitos indicados nos arts. 799, 804 e 889. A ausência de intimação dos sujeitos indicados nesse bloco normativo (arts. 799, 804 e 889) implica a ineficácia da alienação judicial em relação a eles. As hipóteses descritas no bloco normativo não são restritivas: sempre que o terceiro se encaixar em um dos fundamentos de proteção que inspiram essas normas, deverá ser intimado para participar do processo.

## Seção V
## Da Satisfação do Crédito

**Art. 904.** A satisfação do crédito exequendo far-se-á:

I – pela entrega do dinheiro;

II – pela adjudicação dos bens penhorados.

▶ **1. Correspondência no CPC/1973.** "*Art. 708. O pagamento ao credor far-se-á: I – pela entrega do dinheiro; II – pela adjudicação dos bens penhorados; III – pelo usufruto de bem imóvel ou de empresa.*"

🗎 **COMENTÁRIOS TEMÁTICOS**

**2. Fase final da execução.** A fase final da execução por quantia certa é a satisfação do crédito.

**3. Formas de satisfação do crédito.** A satisfação do crédito concretiza-se pela entrega do dinheiro ou pela adjudicação dos bens penhorados.

**4. Forma prioritária.** A adjudicação do bem penhorado é a forma prioritária de pagamento ao credor, embora dependa de manifestação de vontade do exequente ou de algum outro legitimado a adjudicar. A adjudicação poderá ocorrer a qualquer momento depois de resolvidas as questões relacionadas à avaliação.

**5. Entrega do dinheiro.** A entrega do dinheiro ao exequente é a modalidade de pagamento mais simples, liberando o devedor da obrigação em relação à quantia que for levantada.

**Art. 905.** O juiz autorizará que o exequente levante, até a satisfação integral de seu crédito, o dinheiro depositado para segurar o juízo ou o produto dos bens alienados, bem como do faturamento de empresa ou de outros frutos e rendimentos de coisas ou empresas penhoradas, quando:

I – a execução for movida só a benefício do exequente singular, a quem, por força da penhora, cabe o direito de preferência sobre os bens penhorados e alienados;

II – não houver sobre os bens alienados outros privilégios ou preferências instituídos anteriormente à penhora.

Parágrafo único. Durante o plantão judiciário, veda-se a concessão de pedidos de levantamento de importância em dinheiro ou valores ou de liberação de bens apreendidos.

▶ **1. Correspondência no CPC/1973.** "*Art. 709. O juiz autorizará que o credor levante, até a satisfação integral de seu crédito, o dinheiro depositado para segurar o juízo ou o produto dos bens alienados quando: I – a execução for movida só a benefício do credor singular, a quem, por força da penhora, cabe o direito de preferência sobre os bens penhorados e alienados; II – não houver sobre os bens alienados qualquer outro privilégio ou preferência, instituído anteriormente à penhora. Parágrafo único. Ao receber o mandado de levantamento, o credor dará ao devedor, por termo nos autos, quitação da quantia paga.*"

🗎 **LEGISLAÇÃO CORRELATA**

**2. Res. 71/2009 do CNJ, art. 1º, § 3º.** "*Art. 1º O plantão judiciário, em primeiro e segundo graus de jurisdição, conforme a previsão regimental dos respectivos Tribunais ou juízos, destina-se exclusivamente ao exame das seguintes matérias: (...) §*

# LIVRO II · DO PROCESSO DE EXECUÇÃO — Art. 907

3º Durante o plantão, não serão apreciados pedidos de levantamento de importância em dinheiro ou valores nem liberação de bens apreendidos."

## ▣ COMENTÁRIOS TEMÁTICOS

**3. Entrega do dinheiro ao exequente.** O crédito será satisfeito com a entrega do dinheiro ao exequente. O dinheiro pode resultar: a) do simples levantamento do valor depositado, quando a penhora houver sido feita em dinheiro; b) da alienação judicial do bem penhorado, por adjudicação a terceiro, por alienação por iniciativa particular ou por alienação em hasta pública c) ou da expropriação de frutos ou rendimentos de coisas penhoradas.

**4. Execução singular e expedição de alvará.** Se a execução for singular ou individual, movida em benefício de um só exequente, a entrega do dinheiro é ato simples: o órgão jurisdicional expede um mandado de levantamento (alvará), a permitir o recebimento do dinheiro, que pode ser feito mediante transferência bancária para a conta-corrente do credor. A expedição de mandado de levantamento poderá ser substituída pela transferência eletrônica do valor depositado em conta vinculada ao juízo para outra indicada pelo exequente (art. 906, parágrafo único).

**5. Atribuição ou distribuição do dinheiro.** Se houver apenas um credor, a entrega do dinheiro será feita por atribuição ao exequente (art. 905). Havendo vários credores, a entrega do dinheiro far-se-á por distribuição (art. 908).

**6. Plantão judiciário.** Durante o plantão judiciário, veda-se a concessão de pedidos de levantamento de importância em dinheiro ou valores ou de liberação de bens apreendidos.

**7. Levantamento de dinheiro no cumprimento provisório da sentença.** No cumprimento provisório de sentença, o levantamento do dinheiro pressupõe caução idônea (art. 520, IV), ressalvadas as hipóteses do art. 521.

---

**Art. 906.** Ao receber o mandado de levantamento, o exequente dará ao executado, por termo nos autos, quitação da quantia paga.

Parágrafo único. A expedição de mandado de levantamento poderá ser substituída pela transferência eletrônica do valor depositado em conta vinculada ao juízo para outra indicada pelo exequente.

---

▶ **1. Correspondência no CPC/1973.** *"Art. 709. O juiz autorizará que o credor levante, até a satisfação integral de seu crédito, o dinheiro de-*positado para segurar o juízo ou o produto dos bens alienados quando: (...) Parágrafo único. Ao receber o mandado de levantamento, o credor dará ao devedor, por termo nos autos, quitação da quantia paga."

## ▤ LEGISLAÇÃO CORRELATA

**2. CC, art. 320, parágrafo único.** *"Parágrafo único. Ainda sem os requisitos estabelecidos neste artigo valerá a quitação, se de seus termos ou das circunstâncias resultar haver sido paga a dívida."*

## ▣ COMENTÁRIOS TEMÁTICOS

**3. Quitação.** Entregue o dinheiro, o credor dará quitação, por termo nos autos, da quantia paga.

**4. Poder especial na procuração do advogado.** O advogado, para receber o dinheiro em nome do seu cliente, precisa ter poder especial para receber e dar quitação (art. 105).

**5. Substituição do alvará por transferência eletrônica.** A expedição de mandado de levantamento poderá ser substituída pela transferência eletrônica do valor depositado em conta vinculada ao juízo para outra indicada pelo exequente.

**6. Quitação em caso de transferência eletrônica.** Sendo o pagamento feito por transferência bancária para a conta-corrente do exequente, serve como prova da quitação o comprovante de transferência, sendo desnecessária a presença do credor para dar quitação por termo nos autos (CC, art. 320, parágrafo único). A quitação deve ser obtida por termo nos autos, mas também por qualquer outro meio, se das circunstâncias resultar haver sido paga a dívida. E nem poderia ser diferente. Além do parágrafo único do art. 320 do CC, o princípio da boa-fé e o que veda o enriquecimento ilícito impõem que se aceite a quitação, mesmo quando feita por outro meio que não seja por termo nos autos.

---

**Art. 907.** Pago ao exequente o principal, os juros, as custas e os honorários, a importância que sobrar será restituída ao executado.

---

▶ **1. Correspondência no CPC/1973.** *"Art. 710. Estando o credor pago do principal, juros, custas e honorários, a importância que sobejar será restituída ao devedor."*

## ▤ LEGISLAÇÃO CORRELATA

**2. CC, art. 884.** *"Art. 884. Aquele que, sem justa causa, se enriquecer à custa de outrem, será obrigado a restituir o indevidamente auferido,*

1349

# Art. 908 — CÓDIGO DE PROCESSO CIVIL COMENTADO – Leonardo Carneiro da Cunha

feita a atualização dos valores monetários. Parágrafo único. Se o enriquecimento tiver por objeto coisa determinada, quem a recebeu é obrigado a restituí-la, e, se a coisa não mais subsistir, a restituição se fará pelo valor do bem na época em que foi exigido."

## ☐ COMENTÁRIOS TEMÁTICOS

**3. Pagamento integral.** Se a obrigação for integralmente satisfeita (principal, juros, custas e honorários), e não houver sobra, o procedimento executivo extingue-se por pagamento (art. 924, II), devendo o juiz proferir sentença (art. 925).

**4. Sobra e sua entrega ao executado.** Se porventura sobrar alguma quantia, após o pagamento integral da dívida (principal, juros, custas e honorários), será ela restituída ao executado.

**5. Pagamento parcial.** Se a obrigação não for integralmente satisfeita, o procedimento executivo prossegue, podendo o exequente requerer uma segunda penhora (art. 851, II).

> **Art. 908.** Havendo pluralidade de credores ou exequentes, o dinheiro lhes será distribuído e entregue consoante a ordem das respectivas preferências.
>
> § 1º No caso de adjudicação ou alienação, os créditos que recaem sobre o bem, inclusive os de natureza *propter rem*, sub-rogam-se sobre o respectivo preço, observada a ordem de preferência.
>
> § 2º Não havendo título legal à preferência, o dinheiro será distribuído entre os concorrentes, observando-se a anterioridade de cada penhora.

▶ **1. Correspondência no CPC/1973.** "*Art. 711. Concorrendo vários credores, o dinheiro ser-lhes-á distribuído e entregue consoante a ordem das respectivas prelações; não havendo título legal à preferência, receberá em primeiro lugar o credor que promoveu a execução, cabendo aos demais concorrentes direito sobre a importância restante, observada a anterioridade de cada penhora.*"

## 📖 LEGISLAÇÃO CORRELATA

**2. CC, art. 1.345.** "*Art. 1345. O adquirente de unidade responde pelos débitos do alienante, em relação ao condomínio, inclusive multas e juros moratórios.*"

**3. CDC, art. 99.** "*Art. 99. Em caso de concurso de créditos decorrentes de condenação prevista na Lei nº 7.347, de 24 de julho de 1985 e de indenizações pelos prejuízos individuais resultantes*

do mesmo evento danoso, estas terão preferência no pagamento. Parágrafo único. Para efeito do disposto neste artigo, a destinação da importância recolhida ao fundo criado pela Lei nº 7.347 de 24 de julho de 1985, ficará sustada enquanto pendentes de decisão de segundo grau as ações de indenização pelos danos individuais, salvo na hipótese de o patrimônio do devedor ser manifestamente suficiente para responder pela integralidade das dívidas.*"

**4. EOAB, art. 24.** "*Art. 24. A decisão judicial que fixar ou arbitrar honorários e o contrato escrito que os estipular são títulos executivos e constituem crédito privilegiado na falência, concordata, concurso de credores, insolvência civil e liquidação extrajudicial.*"

**5. CTN, art. 130.** "*Art. 130. Os créditos tributários relativos a impostos cujo fato gerador seja a propriedade, o domínio útil ou a posse de bens imóveis, e bem assim os relativos a taxas pela prestação de serviços referentes a tais bens, ou a contribuições de melhoria, sub-rogam-se na pessoa dos respectivos adquirentes, salvo quando conste do título a prova de sua quitação. Parágrafo único. No caso de arrematação em hasta pública, a sub-rogação ocorre sobre o respectivo preço.*"

**6. CTN, art. 186.** "*Art. 186. O crédito tributário prefere a qualquer outro, seja qual for sua natureza ou o tempo de sua constituição, ressalvados os créditos decorrentes da legislação do trabalho ou do acidente de trabalho. Parágrafo único. Na falência: I – o crédito tributário não prefere aos créditos extraconcursais ou às importâncias passíveis de restituição, nos termos da lei falimentar, nem aos créditos com garantia real, no limite do valor do bem gravado; II – a lei poderá estabelecer limites e condições para a preferência dos créditos decorrentes da legislação do trabalho; e III – a multa tributária prefere apenas aos créditos subordinados.*"

**7. Lei 6.830/1980, 29.** "*Art. 29. A cobrança judicial da Dívida Ativa da Fazenda Pública não é sujeita a concurso de credores ou habilitação em falência, concordata, liquidação, inventário ou arrolamento.*"

**8. ADPF 357.** "*Arguição de descumprimento de preceito fundamental julgada procedente para declarar não recepcionadas pela Constituição da República de 1988 as normas previstas no parágrafo único do art. 187 da Lei n. 5.172/1966 (Código Tributário Nacional) e no parágrafo único do art. 29 da Lei n. 6.830/1980 (Lei de Execuções Fiscais).*"

**LIVRO II · DO PROCESSO DE EXECUÇÃO** — **Art. 908**

## ⚖ Jurisprudência, Enunciados e Súmulas Selecionados

- **9. Tema/Repetitivo 393 STJ.** *"O crédito tributário de autarquia federal goza do direito de preferência em relação àquele de que seja titular a Fazenda Estadual, desde que a penhora recaia sobre o mesmo bem."*

- **10. Tema/Repetitivo 637 STJ.** *"I – os créditos resultantes de honorários advocatícios têm natureza alimentar e equiparam-se aos trabalhistas para efeito de habilitação em falência, seja pela regência do Decreto-lei n. 7.661/1945, seja pela forma prevista na Lei n. 11.101/2005, observado o limite de valor previsto no artigo 83, inciso I, do referido Diploma legal. II – são créditos extraconcursais os honorários de advogado resultantes de trabalhos prestados à massa falida, depois do decreto de falência, nos termos dos arts. 84 e 149 da Lei n. 11.101/2005."*

- **11. Súmula STJ, 270.** *"O protesto pela preferência de crédito, apresentado por ente federal em execução que tramita na Justiça Estadual, não desloca a competência para a Justiça Federal."*

- **12. Súmula STJ, 478.** *"Na execução de crédito relativo a cotas condominiais, este tem preferência sobre o hipotecário."*

- **13. Súmula STJ, 497.** *"Os créditos das autarquias federais preferem aos créditos da Fazenda estadual desde que coexistam penhoras sobre o mesmo bem."*

## 🗎 Comentários Temáticos

**14. Concurso de penhoras.** Havendo várias execuções com penhoras sobre o mesmo bem (concurso de penhoras), cada credor conservará seu título material de preferência (direito real de garantia ou privilégio).

**15. Ausência de preferência dos honorários de sucumbência sobre o crédito principal do cliente do advogado.** *"Os honorários advocatícios sucumbenciais constituem direito do advogado, possuem natureza alimentar e são considerados créditos privilegiados, equiparados aos créditos oriundos da legislação trabalhista para efeito de habilitação em falência, concordata, concurso de credores, insolvência civil e liquidação extrajudicial. Precedentes. 6. A despeito disso, é de particular relevância e especificidade a questão relacionada à possibilidade de o crédito decorrente dos honorários advocatícios sucumbenciais preferir o crédito titularizado pela parte vencedora e que foi representada, no processo, ainda que por determinado período, pela sociedade de advogados credora. 7. Não há concurso singular de credores entre o advogado titular da verba honorária sucumbencial e o seu cliente titular da condenação principal, uma vez que é elemento essencial do concurso a ausência de relação jurídica material entre os credores, exigindo-se, ao revés, que haja independência e autonomia entre as execuções até o momento em que um deles obtenha valor hábil a satisfazê-la, no todo ou em parte, quando os demais credores poderão ingressar no processo alheio e estabelecer concorrência com aquele que havia obtido êxito na perseguição do patrimônio do devedor. Doutrina. 8. De outro lado, não pode o advogado, que atuou na defesa dos interesses da parte vencedora, preferir ao crédito principal por ela obtido porque a relação de acessoriedade entre os honorários sucumbenciais e a condenação principal a ser recebida pela parte é determinante para que se reconheça que os honorários sucumbenciais, nessa específica hipótese em que há concorrência com a condenação principal, deverão, em verdade, seguir a sorte e a natureza do crédito titularizado pela parte vencedora. 9. Em suma, o crédito decorrente de honorários advocatícios sucumbenciais titularizado pelo advogado não é capaz de estabelecer relação de preferência ou de exclusão em relação ao crédito principal titularizado por seu cliente porque, segundo a máxima chiovendiana, o processo deve dar, na medida do possível, a quem tem um direito, tudo aquilo e exatamente aquilo que tem direito de conseguir, de modo que a parte, titular do direito material, não pode deixar de obter a satisfação de seu crédito em razão de crédito constituído por acessoriedade ao principal e titularizado por quem apenas a representou em juízo no processo em que reconhecido o direito. 10. Hipótese em que, inclusive, é inaplicável a regra do art. 908, § 2º, do CPC/15, pois a perseguição dos valores devidos pelo executado, que culminou com a penhora e posterior alienação judicial do bem cujo produto se disputa, iniciou-se conjuntamente pela vencedora e pelo advogado, tendo sido a penhora para a satisfação de ambos os créditos sido realizada na constância da atuação do recorrente como representante processual do recorrido"* (STJ, 3ª Turma, REsp 1.890.615/SP, rel. Min. Nancy Andrighi, DJe 19.8.2021).

**16. Pluralidade de penhoras como pressuposto para o concurso de preferências.** *"Essa Corte de Justiça entende ser pacífica a necessidade de pluralidade de penhoras sobre o mesmo bem para que seja instaurado o concurso de preferências. Precedentes: AgInt no REsp 1.436.772/PR, Rel. Min. Og Fernandes, DJe 18.09.2018; AgInt* *no REsp 1.318.181/PR, Rel. Min. Luis Felipe Salomão, DJe 24.08.2018"* (STJ, 1ª Turma, AgInt no REsp 1.603.324/SC, rel. Min. Napoleão Nunes Maia Filho, *DJe* 10.5.2019).

**17. Concurso de penhoras sem privilégio.** Se, no concurso de penhoras, não houver direito real de garantia sobre o bem nem algum crédito privilegiado, o exequente da primeira penhora tem preferência no recebimento do dinheiro resultante da expropriação do bem (arts. 797 e 908). O exequente com a segunda penhora só exercitará seu direito sobre o saldo que porventura houver após a satisfação do exequente da primeira penhora. Sucessivas penhoras sobre o mesmo bem não afetam o direito de preferência dos que anteriormente já obtiveram a constrição judicial (art. 797, parágrafo único).

**18. Ordem de distribuição do dinheiro.** O dinheiro será distribuído de acordo com a ordem cronológica das penhoras. É possível, por isso, que o exequente do processo em que se realizou a expropriação do bem seja o último a receber: basta que, havendo várias penhoras, a sua seja a última.

**19. Pressupostos da preferência pela penhora.** Para que haja preferência no recebimento do dinheiro, é preciso: *(a)* que haja uma pluralidade de execuções por quantia certa, *(b)* que o mesmo bem tenha sido penhorado em todas elas; *(c)* que a penhora tenha sido a primeira; *(d)* que o devedor seja solvente, pois, na insolvência, os critérios de preferência são outros; *(e)* que não haja credor com título legal de preferência.

**20. *Prior in tempore potior in iure*: anterioridade da penhora.** Os arts. 797 e 908 estabelecem que a penhora anterior prevalece sobre a posterior. Assim, diante da pluralidade de penhoras, e não havendo crédito privilegiado, o dinheiro deve ser distribuído entre os credores, observada a ordem cronológica das penhoras. O que importa é a ordem das penhoras, e não o estágio em que se encontram as execuções concorrentes (em fase de expropriação ou não).

**21. Irrelevância da averbação da penhora.** A preferência decorre da efetiva realização da penhora, sendo irrelevante a realização de averbação da existência da execução (art. 828). A averbação não é necessária para que haja preferência, destinando-se apenas a proteger o credor contra eventual fraude à execução. Se o credor da penhora posterior averbou a pendência da execução antes, mantém-se a preferência da primeira penhora.

**22. Arresto anterior.** Se houver arresto anterior, decorrente de tutela provisória concedida ou da pré-penhora (art. 830), posteriormente convertido em penhora, a preferência é contada da data em que o arresto foi efetivado. Em outras palavras, tanto o arresto executivo (art. 830) como o arresto cautelar (art. 301) incluem-se na expressão "penhora" dos arts. 797 e 908. A preferência, então, deve retroagir à data do arresto.

**23. Primeira penhora ou primeiro arresto.** O direito de preferência pressupõe que o credor tenha feito a primeira penhora ou o primeiro arresto sobre o bem.

**24. Preferência dos titulares de créditos *propter rem*.** Os titulares de créditos *propter rem* são considerados como titulares de preferência material, diante da previsão expressa de que tais créditos se sub-rogam no preço pago pela alienação. Logo, as dívidas condominiais e de IPTU – desde que vinculadas ao bem – também preferirão aos demais créditos no concurso.

> **Art. 909.** Os exequentes formularão as suas pretensões, que versarão unicamente sobre o direito de preferência e a anterioridade da penhora, e, apresentadas as razões, o juiz decidirá.

▶ **1. Correspondência no CPC/1973.** *"Art. 712. Os credores formularão as suas pretensões, requerendo as provas que irão produzir em audiência; mas a disputa entre eles versará unicamente sobre o direito de preferência e a anterioridade da penhora." "Art. 713. Findo o debate, o juiz decidirá."*

🗐 **LEGISLAÇÃO CORRELATA**

**2. CTN, art. 187.** *"Art. 187. A cobrança judicial do crédito tributário não é sujeita a concurso de credores ou habilitação em falência, recuperação judicial, concordata, inventário ou arrolamento."*

⚖ **JURISPRUDÊNCIA, ENUNCIADOS E SÚMULAS SELECIONADOS**

- **3. ADPF 357.** *"Arguição de descumprimento de preceito fundamental julgada procedente para declarar não recepcionadas pela Constituição da República de 1988 as normas previstas no parágrafo único do art. 187 da Lei n. 5.172/1966 (Código Tributário Nacional) e no parágrafo único do art. 29 da Lei n. 6.830/1980 (Lei de Execuções Fiscais)."*
- **4. Súmula STJ, 270.** *"O protesto pela preferência de crédito, apresentado por ente federal em execução que tramita na Justiça Estadual, não desloca a competência para a Justiça Federal."*

**LIVRO II** · DO PROCESSO DE EXECUÇÃO · **Art. 910**

## ⊟ Comentários Temáticos

**5. Concurso de preferências.** Quando houver mais de um credor com penhora (ou com direito real de garantia) sobre o mesmo bem, deve-se instaurar um concurso particular de preferências, para que se defina o destino do produto da venda.

**6. Natureza jurídica.** O concurso de preferências é incidente cognitivo do procedimento executivo, mais precisamente da fase de pagamento, do qual participam o exequente e os demais credores do executado, com penhora ou outro título legal de preferência sobre aquele mesmo bem.

**7. Intimação do executado.** O executado deve participar do incidente, cabendo ao juiz determinar sua intimação para que se manifeste sobre a pretensão de preferência dos credores concorrentes e permitindo-lhe, até mesmo, questionar a legitimidade do seu título ou de sua penhora. O executado tem interesse em que só se admitam, no concurso, credores legítimos.

**8. Objeto do incidente.** O objeto do incidente é estabelecer, por decisão interlocutória agravável (art. 1.015, parágrafo único), a ordem em que os credores receberão o dinheiro a que fazem jus. O concurso versará unicamente sobre o direito de preferência e a anterioridade da penhora.

**9. Insuficiência do dinheiro.** Se o dinheiro apurado não for suficiente para pagar a todos os credores: *i)* cabe a um dos credores pedir a suspensão do incidente, para instaurar execução por quantia certa contra devedor insolvente; ou *ii)* ir atrás de outros bens para saldar a dívida.

**10. Procedimento.** Iniciada a fase de expropriação do bem sobre o qual incidem diversas penhoras, o juiz deve determinar a intimação dos credores concorrentes ou com garantia real sobre o bem (art. 889). Feita a expropriação e iniciada a fase satisfativa, é hora de instaurar-se o concurso particular de preferência dos credores. O incidente só será instaurado por iniciativa de um desses credores interessados (com penhora sobre o bem, realizada em outra execução, ou com título legal de preferência), provavelmente já intimados, que devem apresentar um protesto de preferência. Feito o protesto e instaurado o incidente, os demais credores devem ser intimados para formular suas pretensões concorrentes de preferência. Quando todas as pretensões já tiverem sido deduzidas deve ser aberta a oportunidade de manifestações sobre elas. Em nome do contraditório, será determinada a intimação dos demais credores e do devedor comum – que deve ser feita na pessoa dos seus advogados – para falar na defesa de seus interesses. Em seguida, o juiz poderá determinar a produção de provas adicionais ou já julgar o incidente.

**11. Cognição limitada.** A cognição do juiz no incidente é limitada, só sendo possível que os credores suscitem e discutam o direito de preferência e a anterioridade da penhora.

**12. Competência para o concurso.** O incidente deve ser dirigido ao juízo em que está para ocorrer a primeira alienação. As execuções individuais devem ser reunidas no juízo da expropriação iminente e é ele o competente para processar e decidir o incidente de concurso particular de preferência. Se os processos correm perante juízos com competência absoluta distinta, não é possível a reunião das causas, devendo o juízo que detém o bem penhorado, promover sua expropriação e colocar o dinheiro à disposição do juízo da primeira penhora.

**13. Cooperação judiciária.** Os juízos dos processos em que foi penhorado o mesmo bem podem compartilhar sua competência e praticar atos conjuntos ou concertados (art. 69, § 2º).

## CAPÍTULO V
## DA EXECUÇÃO CONTRA A FAZENDA PÚBLICA

> **Art. 910.** Na execução fundada em título extrajudicial, a Fazenda Pública será citada para opor embargos em 30 (trinta) dias.
>
> § 1º Não opostos embargos ou transitada em julgado a decisão que os rejeitar, expedir-se-á precatório ou requisição de pequeno valor em favor do exequente, observando-se o disposto no art. 100 da Constituição Federal.
>
> § 2º Nos embargos, a Fazenda Pública poderá alegar qualquer matéria que lhe seria lícito deduzir como defesa no processo de conhecimento.
>
> § 3º Aplica-se a este Capítulo, no que couber, o disposto nos artigos 534 e 535.

▶ **1. Correspondência no CPC/1973.** *"Art. 730. Na execução por quantia certa contra a Fazenda Pública, citar-se-á a devedora para opor embargos em 10 (dez) dias; se esta não os opuser, no prazo legal, observar-se-ão as seguintes regras: I – o juiz requisitará o pagamento por intermédio do presidente do tribunal competente; II – far-se-á o pagamento na ordem de apresentação do precatório e à conta do respectivo crédito."*

## 🕮 Legislação Correlata

**2. CF, art. 100.** *"Art. 100. Os pagamentos devidos pelas Fazendas Públicas Federal, Estaduais, Distrital e Municipais, em virtude de sentença judiciária, far-se-ão exclusivamente na ordem cronológica de apresentação dos precatórios e à conta dos créditos respectivos, proibida a designação de casos ou de pessoas nas dotações orçamentárias e nos créditos adicionais abertos para este fim. § 1º Os débitos de natureza alimentícia compreendem aqueles decorrentes de salários, vencimentos, proventos, pensões e suas complementações, benefícios previdenciários e indenizações por morte ou por invalidez, fundadas em responsabilidade civil, em virtude de sentença judicial transitada em julgado, e serão pagos com preferência sobre todos os demais débitos, exceto sobre aqueles referidos no § 2º deste artigo. § 2º Os débitos de natureza alimentícia cujos titulares, originários ou por sucessão hereditária, tenham 60 (sessenta) anos de idade, ou sejam portadores de doença grave, ou pessoas com deficiência, assim definidos na forma da lei, serão pagos com preferência sobre todos os demais débitos, até o valor equivalente ao triplo fixado em lei para os fins do disposto no § 3º deste artigo, admitido o fracionamento para essa finalidade, sendo que o restante será pago na ordem cronológica de apresentação do precatório. § 3º O disposto no caput deste artigo relativamente à expedição de precatórios não se aplica aos pagamentos de obrigações definidas em leis como de pequeno valor que as Fazendas referidas devam fazer em virtude de sentença judicial transitada em julgado. § 4º Para os fins do disposto no § 3º, poderão ser fixados, por leis próprias, valores distintos às entidades de direito público, segundo as diferentes capacidades econômicas, sendo o mínimo igual ao valor do maior benefício do regime geral de previdência social. § 5º É obrigatória a inclusão no orçamento das entidades de direito público de verba necessária ao pagamento de seus débitos oriundos de sentenças transitadas em julgado constantes de precatórios judiciários apresentados até 2 de abril, fazendo-se o pagamento até o final do exercício seguinte, quando terão seus valores atualizados monetariamente. § 6º As dotações orçamentárias e os créditos abertos serão consignados diretamente ao Poder Judiciário, cabendo ao Presidente do Tribunal que proferir a decisão exequenda determinar o pagamento integral e autorizar, a requerimento do credor e exclusivamente para os casos de preterimento de seu direito de precedência ou de não alocação orçamentária do valor necessário à satisfação do seu dé-bito, o sequestro da quantia respectiva. § 7º O Presidente do Tribunal competente que, por ato comissivo ou omissivo, retardar ou tentar frustrar a liquidação regular de precatórios incorrerá em crime de responsabilidade e responderá, também, perante o Conselho Nacional de Justiça. § 8º É vedada a expedição de precatórios complementares ou suplementares de valor pago, bem como o fracionamento, repartição ou quebra do valor da execução para fins de enquadramento de parcela do total ao que dispõe o § 3º deste artigo. § 9º Sem que haja interrupção no pagamento do precatório e mediante comunicação da Fazenda Pública ao Tribunal, o valor correspondente aos eventuais débitos inscritos em dívida ativa contra o credor do requisitório e seus substituídos deverá ser depositado à conta do juízo responsável pela ação de cobrança, que decidirá pelo seu destino definitivo. § 10. Antes da expedição dos precatórios, o Tribunal solicitará à Fazenda Pública devedora, para resposta em até 30 (trinta) dias, sob pena de perda do direito de abatimento, informação sobre os débitos que preencham as condições estabelecidas no § 9º, para os fins nele previstos. § 11. É facultada ao credor, conforme estabelecido em lei do ente federativo devedor, com auto aplicabilidade para a União, a oferta de créditos líquidos e certos que originalmente lhe são próprios ou adquiridos de terceiros reconhecidos pelo ente federativo ou por decisão judicial transitada em julgado para: I – quitação de débitos parcelados ou débitos inscritos em dívida ativa do ente federativo devedor, inclusive em transação resolutiva de litígio, e, subsidiariamente, débitos com a administração autárquica e fundacional do mesmo ente; II – compra de imóveis públicos de propriedade do mesmo ente disponibilizados para venda; III – pagamento de outorga de delegações de serviços públicos e demais espécies de concessão negocial promovidas pelo mesmo ente; IV – aquisição, inclusive minoritária, de participação societária, disponibilizada para venda, do respectivo ente federativo; ou V – compra de direitos, disponibilizados para cessão, do respectivo ente federativo, inclusive, no caso da União, da antecipação de valores a serem recebidos a título do excedente em óleo em contratos de partilha de petróleo. § 12. A partir da promulgação desta Emenda Constitucional, a atualização de valores de requisitórios, após sua expedição, até o efetivo pagamento, independentemente de sua natureza, será feita pelo índice oficial de remuneração básica da caderneta de poupança, e, para fins de compensação da mora, incidirão juros simples no mesmo percentual de juros incidentes sobre a caderneta de poupança, ficando* excluída a incidência de juros compensatórios. § 13. O credor poderá ceder, total ou parcialmente, seus créditos em precatórios a terceiros, independentemente da concordância do devedor, não se aplicando ao cessionário o disposto nos §§ 2º e 3º. § 14. A cessão de precatórios, observado o disposto no § 9º deste artigo, somente produzirá efeitos após comunicação, por meio de petição protocolizada, ao Tribunal de origem e ao ente federativo devedor. § 15. Sem prejuízo do disposto neste artigo, lei complementar a esta Constituição Federal poderá estabelecer regime especial para pagamento de crédito de precatórios de Estados, Distrito Federal e Municípios, dispondo sobre vinculações à receita corrente líquida e forma e prazo de liquidação. § 16. A seu critério exclusivo e na forma de lei, a União poderá assumir débitos, oriundos de precatórios, de Estados, Distrito Federal e Municípios, refinanciando-os diretamente. § 17. A União, os Estados, o Distrito Federal e os Municípios aferirão mensalmente, em base anual, o comprometimento de suas respectivas receitas correntes líquidas com o pagamento de precatórios e obrigações de pequeno valor. § 18. Entende-se como receita corrente líquida, para os fins de que trata o § 17, o somatório das receitas tributárias, patrimoniais, industriais, agropecuárias, de contribuições e de serviços, de transferências correntes e outras receitas correntes, incluindo as oriundas do § 1º do art. 20 da Constituição Federal, verificado no período compreendido pelo segundo mês imediatamente anterior ao de referência e os 11 (onze) meses precedentes, excluídas as duplicidades, e deduzidas: I – na União, as parcelas entregues aos Estados, ao Distrito Federal e aos Municípios por determinação constitucional; II – nos Estados, as parcelas entregues aos Municípios por determinação constitucional; III – na União, nos Estados, no Distrito Federal e nos Municípios, a contribuição dos servidores para custeio de seu sistema de previdência e assistência social e as receitas provenientes da compensação financeira referida no § 9º do art. 201 da Constituição Federal. § 19. Caso o montante total de débitos decorrentes de condenações judiciais em precatórios e obrigações de pequeno valor, em período de 12 (doze) meses, ultrapasse a média do comprometimento percentual da receita corrente líquida nos 5 (cinco) anos imediatamente anteriores, a parcela que exceder esse percentual poderá ser financiada, excetuada dos limites de endividamento de que tratam os incisos VI e VII do art. 52 da Constituição Federal e de quaisquer outros limites de endividamento previstos, não se aplicando a esse financiamento a vedação de vinculação de receita prevista no inciso IV do art. 167 da Constituição Federal. § 20. Caso haja precatório com valor superior a 15% (quinze por cento) do montante dos precatórios apresentados nos termos do § 5º deste artigo, 15% (quinze por cento) do valor deste precatório serão pagos até o final do exercício seguinte e o restante em parcelas iguais nos cinco exercícios subsequentes, acrescidas de juros de mora e correção monetária, ou mediante acordos diretos, perante Juízos Auxiliares de Conciliação de Precatórios, com redução máxima de 40% (quarenta por cento) do valor do crédito atualizado, desde que em relação ao crédito não penda recurso ou defesa judicial e que sejam observados os requisitos definidos na regulamentação editada pelo ente federado. § 21. Ficam a União e os demais entes federativos, nos montantes que lhes são próprios, desde que aceito por ambas as partes, autorizados a utilizar valores objeto de sentenças transitadas em julgado devidos a pessoa jurídica de direito público para amortizar dívidas, vencidas ou vincendas: I – nos contratos de refinanciamento cujos créditos sejam detidos pelo ente federativo que figure como devedor na sentença de que trata o caput deste artigo; II – nos contratos em que houve prestação de garantia a outro ente federativo; III – nos parcelamentos de tributos ou de contribuições sociais; e IV – nas obrigações decorrentes do descumprimento de prestação de contas ou de desvio de recursos. § 22. A amortização de que trata o § 21 deste artigo: I – nas obrigações vencidas, será imputada primeiramente às parcelas mais antigas; II – nas obrigações vincendas, reduzirá uniformemente o valor de cada parcela devida, mantida a duração original do respectivo contrato ou parcelamento."

**3. ADCT, art. 101.** *"Art. 101. Os Estados, o Distrito Federal e os Municípios que, em 25 de março de 2015, se encontravam em mora no pagamento de seus precatórios quitarão, até 31 de dezembro de 2029, seus débitos vencidos e os que vencerão dentro desse período, atualizados pelo Índice Nacional de Preços ao Consumidor Amplo Especial (IPCA-E), ou por outro índice que venha a substituí-lo, depositando mensalmente em conta especial do Tribunal de Justiça local, sob única e exclusiva administração deste, 1/12 (um doze avos) do valor calculado percentualmente sobre suas receitas correntes líquidas apuradas no segundo mês anterior ao mês de pagamento, em percentual suficiente para a quitação de seus débitos e, ainda que variável, nunca inferior, em cada exercício, ao percentual praticado na data da entrada em vigor do regime especial a que se refere este artigo, em conformidade com plano* de pagamento a ser anualmente apresentado ao Tribunal de Justiça local. § 1º Entende-se como receita corrente líquida, para os fins de que trata este artigo, o somatório das receitas tributárias, patrimoniais, industriais, agropecuárias, de contribuições e de serviços, de transferências correntes e outras receitas correntes, incluindo as oriundas do § 1º do art. 20 da Constituição Federal, verificado no período compreendido pelo segundo mês imediatamente anterior ao de referência e os 11 (onze) meses precedentes, excluídas as duplicidades, e deduzidas: I – nos Estados, as parcelas entregues aos Municípios por determinação constitucional; II – nos Estados, no Distrito Federal e nos Municípios, a contribuição dos servidores para custeio de seu sistema de previdência e assistência social e as receitas provenientes da compensação financeira referida no § 9º do art. 201 da Constituição Federal. § 2º O débito de precatórios será pago com recursos orçamentários próprios provenientes das fontes de receita corrente líquida referidas no § 1º deste artigo e, adicionalmente, poderão ser utilizados recursos dos seguintes instrumentos: I – até 75% (setenta e cinco por cento) dos depósitos judiciais e dos depósitos administrativos em dinheiro referentes a processos judiciais ou administrativos, tributários ou não tributários, nos quais sejam parte os Estados, o Distrito Federal ou os Municípios, e as respectivas autarquias, fundações e empresas estatais dependentes, mediante a instituição de fundo garantidor em montante equivalente a 1/3 (um terço) dos recursos levantados, constituído pela parcela restante dos depósitos judiciais e remunerado pela taxa referencial do Sistema Especial de Liquidação e de Custódia (Selic) para títulos federais, nunca inferior aos índices e critérios aplicados aos depósitos levantados; II – até 30% (trinta por cento) dos demais depósitos judiciais da localidade sob jurisdição do respectivo Tribunal de Justiça, mediante a instituição de fundo garantidor em montante equivalente aos recursos levantados, constituído pela parcela restante dos depósitos judiciais e remunerado pela taxa referencial do Sistema Especial de Liquidação e de Custódia (Selic) para títulos federais, nunca inferior aos índices e critérios aplicados aos depósitos levantados, destinando-se: a) no caso do Distrito Federal, 100% (cem por cento) desses recursos ao próprio Distrito Federal; b) no caso dos Estados, 50% (cinquenta por cento) desses recursos ao próprio Estado e 50% (cinquenta por cento) aos respectivos Municípios, conforme a circunscrição judiciária onde estão depositados os recursos, e, se houver mais de um Município na mesma circunscrição judiciária, os recursos serão rateados entre os Municípios concorrentes, proporcionalmente às respectivas populações, utilizado como referência o último levantamento censitário ou a mais recente estimativa populacional da Fundação Instituto Brasileiro de Geografia e Estatística (IBGE); III – empréstimos, excetuados para esse fim os limites de endividamento de que tratam os incisos VI e VII do caput do art. 52 da Constituição Federal e quaisquer outros limites de endividamento previstos em lei, não se aplicando a esses empréstimos a vedação de vinculação de receita prevista no inciso IV do caput do art. 167 da Constituição Federal; IV – a totalidade dos depósitos em precatórios e requisições diretas de pagamento de obrigações de pequeno valor efetuados até 31 de dezembro de 2009 e ainda não levantados, com o cancelamento dos respectivos requisitórios e a baixa das obrigações, assegurada a revalidação dos requisitórios pelos juízos dos processos perante os Tribunais, a requerimento dos credores e após a oitiva da entidade devedora, mantidas a posição de ordem cronológica original e a remuneração de todo o período. § 3º Os recursos adicionais previstos nos incisos I, II e IV do § 2º deste artigo serão transferidos diretamente pela instituição financeira depositária para a conta especial referida no caput deste artigo, sob única e exclusiva administração do Tribunal de Justiça local, e essa transferência deverá ser realizada em até sessenta dias contados a partir da entrada em vigor deste parágrafo, sob pena de responsabilização pessoal do dirigente da instituição financeira por improbidade. § 4º (Revogado)."

**4. ADCT, art. 102.** *"Art. 102. Enquanto viger o regime especial previsto nesta Emenda Constitucional, pelo menos 50% (cinquenta por cento) dos recursos que, nos termos do art. 101 deste Ato das Disposições Constitucionais Transitórias, forem destinados ao pagamento dos precatórios em mora serão utilizados no pagamento segundo a ordem cronológica de apresentação, respeitadas as preferências dos créditos alimentares e, nessas, as relativas à idade, ao estado de saúde e à deficiência, nos termos do § 2º do art. 100 da Constituição Federal, sobre todos os demais créditos de todos os anos. § 1º A aplicação dos recursos remanescentes, por opção a ser exercida por Estados, Distrito Federal e Municípios, por ato do respectivo Poder Executivo, observada a ordem de preferência dos credores, poderá ser destinada ao pagamento mediante acordos diretos, perante Juízos Auxiliares de Conciliação de Precatórios, com redução máxima de 40% (quarenta por cento) do valor do crédito atualizado, desde que em relação ao crédito não penda recurso ou defesa judicial e que sejam observados os requisitos definidos na* *regulamentação editada pelo ente federado. § 2º Na vigência do regime especial previsto no art. 101 deste Ato das Disposições Constitucionais Transitórias, as preferências relativas à idade, ao estado de saúde e à deficiência serão atendidas até o valor equivalente ao quíntuplo fixado em lei para os fins do disposto no § 3º do art. 100 da Constituição Federal, admitido o fracionamento para essa finalidade, e o restante será pago em ordem cronológica de apresentação do precatório."*

**5.** **ADCT, art. 103.** *"Art. 103. Enquanto os Estados, o Distrito Federal e os Municípios estiverem efetuando o pagamento da parcela mensal devida como previsto no* caput *do art. 101 deste Ato das Disposições Constitucionais Transitórias, nem eles, nem as respectivas autarquias, fundações e empresas estatais dependentes poderão sofrer sequestro de valores, exceto no caso de não liberação tempestiva dos recursos. Parágrafo único. Na vigência do regime especial previsto no art. 101 deste Ato das Disposições Constitucionais Transitórias, ficam vedadas desapropriações pelos Estados, pelo Distrito Federal e pelos Municípios, cujos estoques de precatórios ainda pendentes de pagamento, incluídos os precatórios a pagar de suas entidades da administração indireta, sejam superiores a 70% (setenta por cento) das respectivas receitas correntes líquidas, excetuadas as desapropriações para fins de necessidade pública nas áreas de saúde, educação, segurança pública, transporte público, saneamento básico e habitação de interesse social."*

**6.** **ADCT, art. 104.** *"Art. 104. Se os recursos referidos no art. 101 deste Ato das Disposições Constitucionais Transitórias para o pagamento de precatórios não forem tempestivamente liberados, no todo ou em parte: I – o Presidente do Tribunal de Justiça local determinará o sequestro, até o limite do valor não liberado, das contas do ente federado inadimplente; II – o chefe do Poder Executivo do ente federado inadimplente responderá, na forma da legislação de responsabilidade fiscal e de improbidade administrativa; III – a União reterá os recursos referentes aos repasses ao Fundo de Participação dos Estados e do Distrito Federal e ao Fundo de Participação dos Municípios e os depositará na conta especial referida no art. 101 deste Ato das Disposições Constitucionais Transitórias, para utilização como nele previsto; IV – os Estados reterão os repasses previstos no parágrafo único do art. 158 da Constituição Federal e os depositarão na conta especial referida no art. 101 deste Ato das Disposições Constitucionais Transitórias, para utilização como nele previsto. Parágrafo único. Enquanto perdurar a omissão, o ente federado não poderá contrair empréstimo*

*externo ou interno, exceto para os fins previstos no § 2º do art. 101 deste Ato das Disposições Constitucionais Transitórias, e ficará impedido de receber transferências voluntárias."*

**7.** **ADCT, art. 105.** *"Art. 105. Enquanto viger o regime de pagamento de precatórios previsto no art. 101 deste Ato das Disposições Constitucionais Transitórias, é facultada aos credores de precatórios, próprios ou de terceiros, a compensação com débitos de natureza tributária ou de outra natureza que até 25 de março de 2015 tenham sido inscritos na dívida ativa dos Estados, do Distrito Federal ou dos Municípios, observados os requisitos definidos em lei própria do ente federado. § 1º Não se aplica às compensações referidas no* caput *deste artigo qualquer tipo de vinculação, como as transferências a outros entes e as destinadas à educação, à saúde e a outras finalidades. § 2º Os Estados, o Distrito Federal e os Municípios regulamentarão nas respectivas leis o disposto no* caput *deste artigo em até cento e vinte dias a partir de 1º de janeiro de 2018. § 3º Decorrido o prazo estabelecido no § 2º deste artigo sem a regulamentação nele prevista, ficam os credores de precatórios autorizados a exercer a faculdade a que se refere o* caput *deste artigo."*

**8.** **Lei 13.463/2017, art. 2º e § 1º.** *"Art. 2º Ficam cancelados os precatórios e as RPV federais expedidos e cujos valores não tenham sido levantados pelo credor e estejam depositados há mais de dois anos em instituição financeira oficial. § 1º. O cancelamento de que trata o* caput *deste artigo será operacionalizado mensalmente pela instituição financeira oficial depositária, mediante a transferência dos valores depositados para a Conta Única do Tesouro Nacional."*

**9.** **Lei 13.463/2017, art. 3º.** *"Cancelado o precatório ou a RPV, poderá ser expedido novo ofício requisitório, a requerimento do credor. Parágrafo único. O novo precatório ou a nova RPV conservará a ordem cronológica do requisitório anterior e a remuneração correspondente a todo o período."*

**10.** **Res. 303/ 2019 CNJ.** *"Dispõe sobre a gestão dos precatórios e respectivos procedimentos operacionais no âmbito do Poder Judiciário."*

### ⚖ Jurisprudência, Enunciados e Súmulas Selecionados

- **11.** **ADI 5755.** *"O Tribunal, por maioria, conheceu da ação direta e julgou procedente o pedido, para declarar a inconstitucionalidade material do art. 2º, caput e § 1º, da Lei nº 13.463/2017."*

- **12. Súmula Vinculante STF, 17.** *"Durante o período previsto no parágrafo 1º do artigo 100 da Constituição, não incidem juros de mora sobre os precatórios que nele sejam pagos."*

- **13. Súmula Vinculante STF, 47.** *"Os honorários advocatícios incluídos na condenação ou destacados do montante principal devido ao credor consubstanciam verba de natureza alimentar cuja satisfação ocorrerá com a expedição de precatório ou requisição de pequeno valor, observada ordem especial restrita aos créditos dessa natureza."*

- **14. Tema/Repercussão Geral 18 STF.** *"Os honorários advocatícios incluídos na condenação ou destacados do montante principal devido ao credor consubstanciam verba de natureza alimentar cuja satisfação ocorrerá com a expedição de precatório ou requisição de pequeno valor, observada ordem especial restrita aos créditos dessa natureza."*

- **15. Tema/Repercussão Geral 28 STF.** *"Surge constitucional expedição de precatório ou requisição de pequeno valor para pagamento da parte incontroversa e autônoma do pronunciamento judicial transitada em julgado observada a importância total executada para efeitos de dimensionamento como obrigação de pequeno valor."*

- **16. Tema/Repercussão Geral 45 STF.** *"A execução provisória de obrigação de fazer em face da Fazenda Pública não atrai o regime constitucional dos precatórios."*

- **17. Tema/Repercussão Geral 58 STF.** *"É vedado o fracionamento do valor de precatório em execução de sentença, com o objetivo de efetuar o pagamento das custas processuais por meio de requisição de pequeno valor (RPV)."*

- **18. Tema/Repercussão Geral 96 STF.** *"Incidem os juros da mora no período compreendido entre a data da realização dos cálculos e a da requisição ou do precatório."*

- **19. Tema/Repercussão Geral 112 STF.** *"É harmônica com a normatividade constitucional a previsão no artigo 86 do ADCT na dicção da EC 32/2002 de um regime de transição para tratar dos precatórios reputados de pequeno valor, já expedidos antes de sua promulgação."*

- **20. Tema/Repercussão Geral 132 STF.** *"O art. 78 do Ato das Disposições Constitucionais Transitórias possui a mesma mens legis que o art. 33 desse Ato, razão pela qual, uma vez calculado o precatório pelo valor real do débito, acrescido de juros legais, não há mais falar em incidência desses nas parcelas anuais, iguais e sucessivas em que é fracionado, desde que adimplidas a tempo e corrigidas monetariamente."*

- **21. Tema/Repercussão Geral 137 STF.** *"É compatível com a Constituição da República de 1988 a ampliação para 30 (trinta) dias do prazo de oposição de embargos à execução pela Fazenda Pública."*

- **22. Tema/Repercussão Geral 147 STF.** *"Durante o período previsto no parágrafo 1º do artigo 100 (redação original e redação da EC 30/2000) da Constituição, não incidem juros de mora sobre os precatórios que nele sejam pagos."*

- **23. Tema/Repercussão Geral 148 STF.** *"A interpretação do § 4º do art. 100, alterado e hoje § 8º do art. 100 da Constituição da República, permite o pagamento dos débitos em execução nos casos de litisconsórcio facultativo."*

- **24. Tema/Repercussão Geral 361 STF.** *"A cessão de crédito alimentício não implica a alteração da natureza."*

- **25. Tema/Repercussão Geral 411 STF.** *"É incompatível com a Constituição o reconhecimento às entidades paraestatais dos privilégios processuais concedidos à Fazenda Pública em execução de pagamento de quantia em dinheiro."*

- **26. Tema/Repercussão Geral 450 STF.** *"É devida correção monetária no período compreendido entre a data de elaboração do cálculo da requisição de pequeno valor – RPV e sua expedição para pagamento."*

- **27. Tema/Repercussão Geral 511 STF.** *"É constitucionalmente vedada a compensação unilateral de débitos em proveito exclusivo da Fazenda Pública ainda que os valores envolvidos não estejam sujeitos ao regime de precatórios, mas apenas à sistemática da requisição de pequeno valor."*

- **28. Tema/Repercussão Geral 521 STF.** *"O pagamento parcelado dos créditos não alimentares, na forma do art. 78 do ADCT, não caracteriza preterição indevida de precatórios alimentares, desde que os primeiros tenham sido inscritos em exercício anterior ao da apresentação dos segundos, uma vez que, ressalvados os créditos de que trata o art. 100, § 2º, da Constituição, o pagamento dos precatórios deve observar as seguintes diretrizes: (1) a divisão e a organização das classes ocorrem segundo o ano de inscrição; (2) inicia-se o pagamento pelo exercício mais antigo em que há débitos pendentes; (3) quitam-se primeiramente os créditos alimentares; depois, os não alimentares do mesmo ano; (4) passa-se, então, ao ano seguinte da ordem cronológica, repetindo-se o esquema de pagamento; e assim sucessivamente."*

**LIVRO II · DO PROCESSO DE EXECUÇÃO** **Art. 910**

- **29. Tema/Repercussão Geral 755 STF.** *"É vedado o fracionamento da execução pecuniária contra a Fazenda Pública para que uma parte seja paga antes do trânsito em julgado, por meio de Complemento Positivo, e outra depois do trânsito, mediante Precatório ou Requisição de Pequeno Valor."*
- **30. Tema/Repercussão Geral 792 STF.** *"Lei disciplinadora da submissão de crédito ao sistema de execução via precatório possui natureza material e processual, sendo inaplicável a situação jurídica constituída em data que a anteceda."*
- **31. Tema/Repercussão Geral 831 STF.** *"O pagamento dos valores devidos pela Fazenda Pública entre a data da impetração do mandado de segurança e a efetiva implementação da ordem concessiva deve observar o regime de precatórios previsto no artigo 100 da Constituição Federal."*
- **32. Tema/Repercussão Geral 877 STF.** *"Os pagamentos devidos, em razão de pronunciamento judicial, pelos Conselhos de Fiscalização não se submetem ao regime de precatórios."*
- **33. Tema/Repercussão Geral 1.037 STF.** *"O enunciado da Súmula Vinculante 17 não foi afetado pela superveniência da Emenda Constitucional 62/2009, de modo que não incidem juros de mora no período de que trata o § 5º do art. 100 da Constituição. Havendo o inadimplemento pelo ente público devedor, a fluência dos juros inicia-se após o 'período de graça'."*
- **34. Tema/Repercussão Geral 1.142 STF.** *"Os honorários advocatícios constituem crédito único e indivisível, de modo que o fracionamento da execução de honorários advocatícios sucumbenciais fixados em ação coletiva contra a Fazenda Pública, proporcionalmente às execuções individuais de cada beneficiário, viola o § 8º do artigo 100 da Constituição Federal."*
- **35. Tema/Repercussão Geral 1.317 STF.** *"A execução de créditos individuais e divisíveis decorrentes de título judicial coletivo, promovida por substituto processual, não caracteriza o fracionamento de precatório vedado pelo § 8º do art. 100 da Constituição."*
- **36. Tema/Repercussão Geral 1.335/STF.** *"1. Não incide a taxa SELIC, prevista no art. 3o da EC no 113/2021, no prazo constitucional de pagamento de precatórios do § 5º do art. 100 da Constituição. 2. Durante o denominado 'período de graça', os valores inscritos em precatório terão exclusivamente correção monetária, nos termos decididos na ADI 4.357-QO/DF e na ADI 4.425-QO/DF."*

- **37. Tema/Repercussão Geral 1.326/STF.** *"A iniciativa legislativa para definição de obrigações de pequeno valor para pagamento de condenação judicial não é reservada ao chefe do Poder Executivo."*
- **38. Súmula STF, 655.** *"A exceção prevista no art. 100, caput, da Constituição, em favor dos créditos de natureza alimentícia, não dispensa a expedição de precatório, limitando-se a isentá-los da observância da ordem cronológica dos precatórios decorrentes de condenações de outra natureza."*
- **39. Súmula STF, 733.** *"Não cabe recurso extraordinário contra decisão proferida no processamento de precatórios."*
- **40. Tema/Repetitivo 211 STJ.** *"Os juros compensatórios, em desapropriação, somente incidem até a data da expedição do precatório original (...), não havendo hipótese de cumulação de juros moratórios com juros compensatórios."*
- **41. Tema/Repetitivo 291 STJ.** *"Tese firmada no julgamento da QO no REsp n. 1.665.599/RS, na sessão da Corte Especial de 20.03.2019, nos termos da tese fixada no Tema 96 do STF: Incidem os juros da mora no período compreendido entre a data da realização dos cálculos e a da requisição ou do precatório."*
- **42. Tema/Repetitivo 292 STJ.** *"Incide correção monetária no período compreendido entre a elaboração dos cálculos e o efetivo pagamento da RPV, ressalvada a observância dos critérios de atualização porventura fixados na sentença de liquidação."*
- **43. Tema/Repetitivo 721 STJ.** *"A renúncia ao valor excedente ao previsto no art. 87 do ADCT, manifestada após a propositura da demanda executiva, não autoriza o arbitramento dos honorários, porquanto, à luz do princípio da causalidade, a Fazenda Pública não provocou a instauração da Execução, uma vez que se revela inicialmente impositiva a observância do art. 730 CPC, segundo a sistemática do pagamento de precatórios. Como não foram opostos Embargos à Execução, tem, portanto, plena aplicação o art. 1º-D da Lei 9.494/1997."*
- **44. Tema/Repetitivo 1141 STJ.** *"A pretensão de expedição de novo precatório ou requisição de pequeno valor, fundada nos arts. 2º e 3º da Lei 13.463/2017, sujeita-se à prescrição quinquenal prevista no art. 1º do Decreto 20.910/32 e tem, como termo inicial, a notificação do credor, na forma do § 4º do art. 2º da referida Lei 13.463/2017".*
- **45. Súmula STJ, 144.** *"Os créditos de natureza alimentícia gozam de preferência, desvincula-*

1359

*dos os precatórios da ordem cronológica dos créditos de natureza diversa".*

- **46. Súmula STJ, 279.** *"É cabível execução por título extrajudicial contra a Fazenda Pública."*
- **47. Súmula STJ, 311.** *"Os atos do presidente do tribunal que disponham sobre processamento e pagamento de precatório não têm caráter jurisdicional."*
- **48. Súmula STJ, 345.** *"São devidos os honorários advocatícios pela Fazenda Pública nas execuções individuais de sentença proferida em ações coletivas, ainda que não embargadas".*
- **49. Enunciado 240 do FPPC.** *"São devidos honorários nas execuções fundadas em título executivo extrajudicial contra a Fazenda Pública, a serem arbitrados na forma do § 3º do art. 85."*

## 🗐 COMENTÁRIOS TEMÁTICOS

**50. Execução contra a Fazenda Pública.** A execução contra a Fazenda Pública pode fundar-se em título judicial ou em título extrajudicial. Quando o título for judicial, há cumprimento de sentença contra a Fazenda Pública (arts. 534 e 535). Sendo extrajudicial, propõe-se a execução disciplinada no art. 910. Tanto numa como noutra, é necessário observar o regime de precatórios ou de requisição de pequeno valor – RPV, previsto no art. 100 da CF.

**51. Execução fundada em título extrajudicial.** Já houve muita discussão sobre o cabimento de execução fundada em título extrajudicial contra a Fazenda Pública. Tal discussão está superada. Não há mais dúvida quanto ao cabimento.

**52. Procedimento.** Quando a Fazenda Pública é executada, não se aplicam as regras de penhora e expropriação de bens, pois os bens públicos são impenhoráveis e inalienáveis. A execução contra a Fazenda Pública contém normas próprias. A citação não a convoca para pagar ou expor-se à penhora. A Fazenda Pública é citada para, em 30 dias, opor embargos. Não opostos os embargos ou transitada em julgado a decisão que os inadmitir ou rejeitar, deverá ser expedido precatório ou RPV, seguindo-se com a observância das normas contidas no art. 100 da CF/1988.

**53. Efeito suspensivo dos embargos à execução.** Opostos embargos pela Fazenda Pública, a execução suspende-se. Os embargos da Fazenda contêm efeito suspensivo automático. O § 1º do art. 919, que prevê a concessão de efeito suspensivo pelo juiz, a requerimento da parte, não se aplica à execução proposta contra a Fazenda Pública, porque: *(a)* o efeito suspensivo depende de penhora, depósito ou caução. A Fazenda Pública não se sujeita a penhora, depósito nem caução, não precisando garantir o juízo; *(b)* a expedição de precatório ou RPV depende do prévio trânsito em julgado (CF, art. 100, §§ 3º e 5º), de sorte que somente pode ser determinado o pagamento, se não houver mais qualquer discussão quanto ao valor executado. Logo, os embargos opostos pela Fazenda Pública devem ser recebidos no efeito suspensivo. Aliás, o § 1º do art. 910 estabelece que somente será expedido, ou precatório ou a RPV, se não forem opostos os embargos ou se já houver trânsito em julgado da decisão que os rejeitar. Enquanto não houver trânsito em julgado da decisão, não se expede precatório, nem RPV. O dispositivo alinha-se com o § 5º do art. 100 da CF, que exige trânsito em julgado. Daí os embargos terem efeito suspensivo.

**54. Embargos parciais.** Quando os embargos forem parciais, a execução prosseguirá quanto à parte não embargada (art. 919, § 3º). Tal regra aplica-se aos embargos opostos pela Fazenda Pública. Nesse caso, a execução deve prosseguir relativamente ao valor equivalente à parte incontroversa, expedindo-se, quanto a essa parte, o precatório. Em tal situação, não está havendo o fracionamento vedado no § 8º do art. 100 da CF, pois não se trata de intenção do exequente de repartir o valor para receber uma parte por RPV e outra, por precatório.

**55. Valor da causa nos embargos à execução opostos pela Fazenda Pública.** O valor da causa nos embargos à execução não deve coincidir, necessariamente, com o valor da execução ou do crédito cobrado. O valor da causa deve corresponder ao proveito econômico a ser auferido. Se os embargos se voltam contra a totalidade do crédito, uma vez acolhidos, o proveito econômico consiste em deixar de pagar tudo o que está sendo cobrado. Nesse caso, o valor da causa será o mesmo da execução. Caso seja alegado, nos embargos, excesso de execução, o valor da causa deve corresponder à diferença entre o que está sendo exigido e o que foi reconhecido pelo embargante.

**56. Rejeição liminar dos embargos.** Os embargos opostos pela Fazenda Pública podem ser rejeitados liminarmente nas hipóteses do art. 918, bem como na hipótese do § 3º do art. 917. Assim, serão rejeitados liminarmente os embargos quando intempestivos, nos casos de inépcia e de improcedência liminar, quando manifestamente infundados ou protelatórios, ou quando for alegado excesso de execução, sem que seja apontado o valor correto ou demonstrado em que consiste o excesso (não desincumbimento do ônus de opor a *exceptio declinatoria quanti*) – art. 917, § 4º, I.

**57. Decisão que rejeita os embargos.** O ato do juiz que rejeita liminarmente os embargos, indeferindo, desde logo, a petição inicial, é uma sentença. Logo, é cabível a apelação prevista no art. 331, sendo conferido ao juiz o poder de retratar-se.

**58. Conteúdo dos embargos.** Sendo a execução fundada em título extrajudicial, não há limitação cognitiva. A Fazenda Pública pode alegar toda e qualquer matéria. É nos embargos que a Fazenda Pública pode, inclusive, alegar incompetência absoluta ou relativa do juízo da execução (art. 917, V). A arguição de impedimento e de suspeição deve observar o disposto nos arts. 146 e 148.

**59. Alegação de excesso de execução (*exceptio declinatoria quanti*).** Quando a Fazenda Pública embargar alegando excesso de execução, deve indicar o valor que entende correto. A regra tem aplicação nos casos em que o valor da execução foi liquidado em fase própria ou, unilateralmente, pelo credor, por simples cálculos aritméticos. Em regra, a Fazenda Pública deve submeter-se ao ônus da declinação do valor. Nos casos, entretanto, em que se exige a dilação probatória para a verificação dos valores, a Fazenda Pública pode ter a certeza de que o valor é desproporcitado, mas não pode afirmar de pronto quanto deve, exatamente porque é necessária a produção de provas em audiência, como as provas pericial e testemunhal. Nesses casos (e não em todos os casos), não incide a exigência de a Fazenda Pública demonstrar o valor devido ou em que consistiria o excesso. Não há, nessas situações (e não em todas as situações), o ônus de demonstrar o valor que deveria ser executado. É que, rigorosamente, tais casos não constituem hipóteses de excesso de execução, revelando-se como situações de iliquidez da obrigação, afastando-se, portanto, o ônus da alegação, por parte do executado, do valor correto. À Fazenda caberá apontar a iliquidez da obrigação, indicando a necessidade de uma liquidação por arbitramento ou pelo procedimento comum.

**60. Procedimento dos embargos.** Recebidos os embargos opostos pela Fazenda Pública, a execução fica suspensa, devendo o juiz determinar a intimação do embargado para se manifestar no prazo de 15 dias. Em seguida, o juiz julgará imediatamente o pedido ou designará audiência. Encerrada a instrução, o juiz proferirá sentença.

**61. Inadmissão ou rejeição dos embargos: ausência de remessa necessária.** Inadmitidos ou rejeitados os embargos opostos pela Fazenda Pública, a sentença não está sujeita à remessa necessária.

**62. Inadmissão ou rejeição dos embargos: apelação.** A apelação interposta contra a sentença que extingue sem resolução do mérito ou rejeite os embargos não tem efeito suspensivo (art. 1.012, § 1º, III). Só que a expedição de precatório ou de RPV depende do prévio trânsito em julgado (CF, art. 100, §§ 3º e 5º), de modo que só pode ser determinado o pagamento se não houver qualquer discussão quanto ao valor executado. Por isso, a apelação contra sentença que extingue sem resolução do mérito ou julga improcedentes os embargos à execução contra a Fazenda Pública há de ser recebida no duplo efeito.

**63. Honorários de advogado na execução fundada em título extrajudicial contra a Fazenda Pública.** No cumprimento de sentença contra a Fazenda Pública que acarrete a expedição de precatório, não haverá condenação em honorários sucumbenciais, caso não haja impugnação (art. 85, § 7º). Essa regra aplica-se apenas ao cumprimento de sentença. Ainda que seja caso de precatório, haverá honorários na execução fundada em título extrajudicial que não seja embargada. Quando há um título executivo extrajudicial que imponha ao Poder Público o pagamento de quantia certa, já há previsão orçamentária e rubrica específica para pagamento. Ao firmar o contrato ou subscrever o documento que se encaixa na previsão do art. 784, a Fazenda Pública já assumiu a dívida. Se não paga no prazo ajustado, está a dar causa ao ajuizamento da execução. Em razão da causalidade, haverá honorários na execução fundada em título extrajudicial, ainda que não embargada e mesmo que seja necessária a expedição do precatório. Não se aplica, portanto, o § 7º do art. 85 nas execuções fundadas em título extrajudicial que não sejam embargadas.

**64. Possibilidade de expedição de precatório ou RPV quanto à parte incontroversa.** *"O Supremo Tribunal Federal declarou, em julgamento com repercussão geral, a constitucionalidade da expedição de precatório ou requisição de pequeno valor para pagamento da parte incontroversa e autônoma do pronunciamento judicial transitada em julgado, observada a importância total executada para efeitos de dimensionamento como obrigação de pequeno valor"* (STF, Tribunal Pleno, ADI 5.534, Rel. Min. Dias Toffoli, *DJe* 12.2.2021).

# CAPÍTULO VI
# DA EXECUÇÃO DE ALIMENTOS

**Art. 911.** Na execução fundada em título executivo extrajudicial que contenha obrigação alimentar, o juiz mandará citar o executado para, em 3 (três) dias, efetuar o pagamento das parcelas anteriores ao início da execução e das que se vencerem no seu curso, provar que o fez ou justificar a impossibilidade de fazê-lo.

Parágrafo único. Aplicam-se, no que couber, os §§ 2º a 7º do art. 528.

▶ **1. Sem correspondência no CPC/1973.**

## 🗐 Legislação Correlata

**2. CF, art. 5º, LXVII.** *"Art. 5º Todos são iguais perante a lei, sem distinção de qualquer natureza, garantindo-se aos brasileiros e aos estrangeiros residentes no País a inviolabilidade do direito à vida, à liberdade, à igualdade, à segurança e à propriedade, nos termos seguintes: (...) LXVII – não haverá prisão civil por dívida, salvo a do responsável pelo inadimplemento voluntário e inescusável de obrigação alimentícia e a do depositário infiel."*

**3. Decreto 9.176/2017, art. 1º.** *"Art. 1º Ficam promulgados a Convenção sobre a Cobrança Internacional de Alimentos para Crianças e Outros Membros da Família e o Protocolo sobre a Lei Aplicável às Obrigações de Prestar Alimentos, firmados em Haia, em 23 de novembro de 2007, anexos a este Decreto, com reserva ao Artigo 20, § 1º, alínea 'e', e ao Artigo 30, § 1º, com fundamento, respectivamente, no Artigo 20, § 2º, e no Artigo 30, § 8º, e realização da declaração que trata o Artigo 3º, § 2º, todos da Convenção."*

**4. Convenção sobre a cobrança internacional de alimentos para crianças e outros membros da família, art. 19.** *"Artigo 19 – Âmbito de aplicação do Capítulo. § 1º. O presente Capítulo aplicar-se-á às decisões proferidas por autoridade judicial ou administrativa em matéria de obrigação de prestar alimentos. O termo 'decisão' inclui também ajustes ou acordos celebrados perante ditas autoridades ou homologados por essas. Uma decisão poderá estabelecer método de ajuste automático por indexação e exigência de pagar atrasados, alimentos retroativos ou juros, bem como fixação de custos ou despesas. § 2º Se a decisão não se referir exclusivamente a obrigação de prestar alimentos, a aplicação do presente Capítulo limitar-se-á às partes da decisão relativas à obrigação de prestar alimentos. §*

*3º Para os fins do parágrafo 1º, 'autoridade administrativa' significa organismo público cujas decisões, em conformidade com a lei do Estado onde está estabelecido: a) possam ser objeto de recurso ou de revisão por autoridade judicial; e b) têm força e efeitos similares aos de decisão de autoridade judicial sobre a mesma matéria. § 4º O presente Capítulo também se aplica aos acordos em matéria de alimentos, em conformidade com o artigo 30. § 5º As disposições do presente Capítulo aplicar-se-ão aos pedidos de reconhecimento e execução apresentados diretamente à autoridade competente do Estado Requerido, em conformidade com o artigo 37."*

**5. Convenção sobre a cobrança internacional de alimentos para crianças e outros membros da família, art. 20.** *"Artigo 20 – Requisitos para reconhecimento e execução. § 1º Uma decisão proferida em um Estado Contratante ('o Estado de origem') será reconhecida e executada em outros Estados Contratantes se: a) o demandado tinha sua residência habitual no Estado de origem ao tempo em que se iniciaram os procedimentos; b) o demandado tiver se submetido à competência expressamente ou opondo-se quanto ao mérito sem impugnar essa competência na primeira oportunidade disponível; c) o credor tinha sua residência habitual no Estado de origem ao tempo em que se iniciaram os procedimentos; d) a criança para a qual se concedeu alimentos tinha sua residência habitual no Estado de origem ao tempo em que se iniciaram os procedimentos, desde que o demandado tenha vivido com a criança nesse Estado ou tenha residido nesse Estado e nele prestado alimentos para a criança; e) as partes tiverem acordado por escrito a competência, salvo em litígios sobre obrigações de prestar alimentos para crianças; ou f) a decisão tiver sido proferida por autoridade no exercício de sua competência sobre estado civil ou responsabilidade parental, salvo se dita competência tiver se baseada unicamente na nacionalidade de uma das partes. § 2º Um Estado Contratante poderá formular reserva, de acordo com o artigo 62, com relação ao parágrafo 1º, alíneas c, e, ou f. § 3º Um Estado Contratante que formule reserva de acordo com o parágrafo 2º reconhecerá e executará uma decisão se, em circunstâncias de fato semelhantes, sua lei outorgar ou tiver outorgado competência às suas autoridades para proferir essa decisão. § 4º Um Estado Contratante adotará todas as medidas necessárias para que se profira decisão em favor do credor quando não for possível o reconhecimento de decisão como consequência de reserva de acordo com o parágrafo 2º e se o devedor tiver sua residência habitual nesse Estado.*

**LIVRO II** · DO PROCESSO DE EXECUÇÃO  **Art. 911**

*O disposto na frase anterior não se aplicará aos pedidos diretos de reconhecimento e execução previstos no artigo 19, parágrafo 5º ou aos pedidos de alimentos referidos no artigo 2º, parágrafo 1º, alínea b. § 5º Uma decisão em favor de criança menor de 18 anos que não possa ser reconhecida somente em razão das reservas a que se referem o parágrafo 1º, alíneas c, e, ou f será aceita para reconhecer a legitimidade da criança a pleitear alimentos no Estado Requerido. § 6º Uma decisão só será reconhecida se surtir efeitos no Estado de origem e só será executada quando for executável no referido Estado.*

**6.** **Convenção sobre a cobrança internacional de alimentos para crianças e outros membros da família, art. 21.** *"Artigo 21 – Divisibilidade e reconhecimento e execução parcial. § 1º Se o Estado Requerido não puder reconhecer ou executar a totalidade da decisão, reconhecerá ou executará qualquer parte divisível da referida decisão que possa ser objeto de reconhecimento ou execução. § 2º Sempre será possível solicitar reconhecimento ou execução parcial de decisão."*

**7.** **Convenção sobre a cobrança internacional de alimentos para crianças e outros membros da família, art. 22.** *"Artigo 22 – Fundamentos para denegação do reconhecimento e da execução. Reconhecimento e execução de decisão poderão ser denegados se: a) o reconhecimento e a execução da decisão for manifestamente incompatível com a ordem pública do Estado Requerido; b) a decisão tiver sido obtida mediante fraude processual; c) estiver em curso perante autoridade do Estado Requerido procedimento entre as mesmas partes e com o mesmo objeto que tiver sido iniciado anteriormente; d) a decisão for incompatível com outra decisão proferida entre as mesmas partes e com o mesmo objeto, seja no Estado Requerido ou em outro Estado, desde que essa última decisão cumpra os requisitos necessários para seu reconhecimento e execução no Estado Requerido; e) no caso em que o demandado não tiver comparecido nem tiver sido representado no procedimento no Estado de origem: i) quando a lei do Estado de origem previr a comunicação desse ato processual, e o demandado não tiver sido devidamente comunicado nem tiver tido a oportunidade de ser ouvido; ou ii) quando a lei do Estado de origem não previr a comunicação desse ato processual, e o demandado não tiver sido devidamente comunicado da decisão nem tiver tido a oportunidade de recorrer quanto a questões de fato e de direito; ou f) a decisão tiver sido proferida em desacordo com o artigo 18."*

**8.** **Convenção sobre a cobrança internacional de alimentos para crianças e outros mem-**

**bros da família, art. 23.** *"Artigo 23 – Procedimento para um pedido de reconhecimento e execução § 1º Nos termos do disposto nesta Convenção, os procedimentos para reconhecimento e execução serão regidos pela lei do Estado Requerido. § 2º Quando pedido de reconhecimento e execução de decisão tiver sido feito por meio das Autoridades Centrais, em conformidade com o Capítulo III, a Autoridade Central Requerida prontamente: a) transmitirá o pedido à autoridade competente que, sem demora, declarará a decisão executável ou a registrará para sua execução; ou b) adotará essas medidas, se for a autoridade competente. § 3º Quando um pedido for apresentado diretamente a uma autoridade competente do Estado Requerido, de acordo com o artigo 19, parágrafo 5º, essa autoridade, sem demora, declarará a decisão executável ou registrá-la-á para execução. § 4º Uma declaração ou registro só poderá ser denegado pelas razões especificadas no artigo 22, alínea a. Nessa fase, demandante e demandado não poderão apresentar alegações. § 5º A comunicação dos atos processuais ao demandante e ao demandado, referente à declaração ou ao registro em conformidade com os parágrafos 2º e 3º, ou à denegação decidida de acordo com o parágrafo 4º, será prontamente realizada, e as partes poderão recorrer para alegar questões de fato e de direito. § 6º O recurso poderá ser apresentado dentro dos 30 dias seguintes à comunicação de ato processual prevista no parágrafo 5º. Se o recorrente não reside no Estado Contratante no qual se realizou ou se denegou a declaração ou o registro, o recurso poderá ser interposto dentro dos 60 dias seguintes à referida comunicação. § 7º O recurso poderá ser baseado somente: a) nos fundamentos para denegação de reconhecimento e execução previstos no artigo 22; b) nos requisitos para reconhecimento e execução previstos no artigo 20; c) na autenticidade ou integridade de documento transmitido de acordo com o artigo 25, parágrafo 1º, alíneas a, b ou d ou parágrafo 3º, alínea b. § 8º O recurso do demandado também poderá se fundamentar na satisfação do débito quando reconhecimento e execução se refiram a débitos vencidos. § 9º Demandante e demandado serão prontamente intimados da decisão sobre o recurso. § 10 Recurso ulterior, se permitido pela lei do Estado Requerido, não suspenderá a execução da decisão, salvo em circunstâncias excepcionais. § 11 A autoridade competente atuará rapidamente para proferir decisão sobre reconhecimento e execução, assim como para decidir sobre qualquer recurso."*

**9.** **Convenção sobre a cobrança internacional de alimentos para crianças e outros membros da família, art. 24.** *"Artigo 24 – Procedimen-*

1363

to alternativo para um pedido de reconhecimento e execução § 1º Não obstante o disposto no artigo 23, parágrafos 2º a 11, um Estado poderá declarar, de acordo com o artigo 63, que aplicará o procedimento de reconhecimento e execução previsto neste artigo. § 2º Quando pedido de reconhecimento e execução de decisão tiver sido feito por meio das Autoridades Centrais de acordo com o Capítulo III, a Autoridade Central Requerida prontamente: a) encaminhará o pedido à autoridade competente, que decidirá sobre o pedido de reconhecimento e execução; ou b) proferirá tal decisão, se for a autoridade competente. § 3º A autoridade competente proferirá decisão sobre reconhecimento e execução depois que o demandado tiver sido comunicado sobre o procedimento devida e prontamente e depois de que ambas as partes tiverem tido a oportunidade adequada de serem ouvidas. § 4º A autoridade competente poderá conhecer de ofício os fundamentos para a denegação de reconhecimento e execução previstos no artigo 22, alíneas a, c e d. A autoridade competente poderá conhecer qualquer dos fundamentos previstos nos artigos 20, 22 e 23, parágrafo 7º, alínea c se forem alegados pelo demandado ou se surgirem a partir da leitura dos documentos apresentados de acordo com o artigo 25. § 5º A denegação de reconhecimento e execução também poderá ser fundamentada na satisfação do débito, quando o reconhecimento e a execução se refiram a débitos vencidos. § 6º O recurso ulterior, se permitido pela lei do Estado Requerido, não suspenderá a execução da decisão, salvo em circunstâncias excepcionais. § 7º A autoridade competente atuará rapidamente para proferir uma decisão sobre reconhecimento e execução, assim como para decidir sobre qualquer recurso."

**10. Convenção sobre a cobrança internacional de alimentos para crianças e outros membros da família, art. 25.** "Artigo 25 – Documentos § 1º O pedido de reconhecimento e execução de acordo com os artigos 23 ou 24 será acompanhado dos seguintes documentos: a) texto completo da decisão; b) documento no qual conste que a decisão é executável no Estado de origem e, se a decisão emanou de uma autoridade administrativa, documento no qual se indique a observância dos requisitos previstos no artigo 19, parágrafo 3º, salvo se aquele Estado tiver declarado de acordo com o artigo 57 que as decisões de suas autoridades administrativas sempre cumprem tais requisitos; c) se o demandado não compareceu nem foi representado nos procedimentos no Estado de origem, documento que ateste, conforme o caso, que o demandado foi devidamente comunicado do ato processual e que teve oportunidade de ser ouvido ou que foi devidamente comunicado da decisão e que teve oportunidade de recorrer para alegar questões de fato e de direito; d) quando necessário, documento no qual se indique o montante dos valores atrasados e a data em que foram calculados; e) quando necessário, em caso de decisão que estabeleça o ajuste automático dos valores mediante indexação, documento que contenha a informação necessária para realizar os cálculos correspondentes; f) quando necessário, documento que indique a extensão do benefício de assistência jurídica gratuita recebida pelo demandante no Estado de origem. § 2º Em caso de recurso com fundamento no artigo 23, parágrafo 7º, alínea c, ou de pedido da autoridade competente do Estado Requerido, cópia completa do documento respectivo, certificada pela autoridade competente do Estado de origem, será prontamente fornecida: a) pela Autoridade Central do Estado Requerente, quando o pedido tiver sido realizado de acordo com o Capítulo III; b) pelo demandante, quando a solicitação tiver sido apresentada diretamente perante a autoridade competente do Estado Requerido. § 3º Um Estado Contratante poderá declarar, de acordo com o artigo 57: a) que o pedido deve ser acompanhado de cópia completa da decisão, certificada pela autoridade competente no Estado de origem; b) as circunstâncias nas quais aceitará, em vez do texto completo da decisão, resumo ou extrato da decisão, redigido pela autoridade competente do Estado de origem, o qual poderá ser apresentado mediante formulário recomendado e publicado pela Conferência da Haia de Direito Internacional Privado; ou c) que não exige documento que indique que se cumprem os requisitos previstos no artigo 19, parágrafo 3º."

## 🗏 Comentários Temáticos

**11. Execução de alimentos fundada em título executivo extrajudicial.** Os alimentos podem estar previstos em título executivo extrajudicial, a permitir uma execução nele fundada.

**12. Negócio processual.** O título extrajudicial que desencadeia a execução de alimentos é um daqueles previstos no art. 784, em especial os dos seus incisos II e III. O mais comum, certamente, é o "o instrumento de transação referendado pelo Ministério Público, pela Defensoria Pública, pela Advocacia Pública, pelos advogados dos transatores ou por conciliador ou mediador credenciado por tribunal". Em tal instrumento, é possível as partes inserirem cláusulas processuais (art. 190), a fim de moldarem o procedimento executivo. Podem, por exemplo, prever que: (i) em even-

**LIVRO II · DO PROCESSO DE EXECUÇÃO** **Art. 911**

tual e futura execução de alimentos legítimos e convencionados será constituído um capital com imóvel determinado cuja renda servirá para garantir o pagamento dos alimentos; *ii)* não será utilizada a prisão civil como medida de execução; *iii)* a prisão civil será possível para alimentos pretéritos; *iv)* um determinado bem será impenhorável para fins de execução dos alimentos.

**13. Aplicação da bipartição: cumprimento de sentença *versus* execução fundada em título extrajudicial.** A execução civil contém uma bipartição: se o título for judicial, o procedimento é o do cumprimento da sentença, sendo outro o procedimento se o título for extrajudicial. Essa distinção também existe para a obrigação alimentar. Quando o título for judicial, há cumprimento de sentença (arts. 528 e 533). Sendo extrajudicial, propõe-se a execução disciplinada nos arts. 911 a 913.

**14. Medidas executivas.** Na execução de título extrajudicial, admitem-se a prisão civil, o desconto em folha de pagamento e a expropriação.

**15. Protesto.** Sendo o título extrajudicial, não se aplicam os arts. 517 e 528, § 1º, excluída, pois, a previsão de protesto de um pronunciamento judicial. É possível, entretanto, protestar o título extrajudicial, como se faz normalmente.

**16. Processo autônomo.** A execução fundada em título extrajudicial provoca a instauração de um processo autônomo, iniciando-se por petição inicial. Admitida a petição inicial, cientifica-se o executado por citação, e não por intimação, devendo o juiz fixar, desde logo, os honorários advocatícios de 10% sobre o valor do crédito exigido (art. 827).

**17. Prazo para pagamento.** Citado, o executado é convocado para pagar o valor exigido no prazo de 3 dias, a contar o recebimento da citação (art. 231, § 3º).

**18. Pagamento integral e redução dos honorários.** Se o executado, uma vez citado, pagar as parcelas anteriores ao ajuizamento da execução e as que se vencerem em seu curso, terá o benefício da redução dos honorários advocatícios pela metade (art. 827, § 1º).

**19. Possibilidade de abatimento de prestação *in natura*.** *"Tratando-se de custeio direto de despesas de natureza alimentar, comprovadamente feitas em prol do beneficiário, possível o seu abatimento no cálculo da dívida, sob pena de obrigar o executado ao duplo pagamento da pensão, gerando enriquecimento indevido do credor.* (STJ, 3ª Turma, REsp 1.501.992/RJ, rel. Min. Paulo de Tarso Sanseverino, *DJe* 20.4.2018).

**20. Atitudes do executado.** Citado, o executado poderá pagar integralmente o valor exigido, provar que já o fez ou justificar a impossibilidade absoluta de fazê-lo.

**21. Embargos à execução.** A defesa do executado deve ser feita por meio de embargos à execução, em cujas razões poderá alegar questões processuais (ilegitimidade de parte, incompetência do juízo, inexigibilidade da obrigação, ausência de título executivo etc.) e provar que já pagou ou justificar a impossibilidade absoluta de fazê-lo.

**22. Prazo para embargos.** Os embargos devem ser ajuizados no prazo de até 15 dias, contado da juntada aos autos do comprovante de citação ou de um dos momentos descritos nos incisos do art. 231.

**23. Efeitos suspensivo aos embargos.** Os embargos à execução não têm efeito suspensivo automático (art. 919). O juiz pode, porém, atribuir-lhes efeito suspensivo (art. 919, § 1º). O eventual efeito suspensivo atribuído aos embargos à execução de alimentos não impede que, recaindo a penhora em dinheiro, o exequente levante mensalmente o valor da prestação alimentícia, nem impede o recebimento de valores decorrente de desconto em folha de pagamento. É, enfim, possível a concessão de efeito suspensivo aos embargos à execução de alimentos, desde que não tenha por objetivo impedir o levantamento de valores pagos ou depositados a título de alimentos (art. 913).

**24. Prosseguimento da execução.** Não havendo questão processual que cause a extinção do processo executivo, não provado o pagamento, nem acolhida a justificação do executado, o órgão jurisdicional determinará o prosseguimento da execução, com o emprego do meio executivo adequado e escolhido pelo exequente, que poderá se dar por coerção com prisão civil, por desconto ou por expropriação.

**25. Prisão civil.** Todo o regramento do cumprimento de sentença para prestação de alimentos, no tocante à prisão civil, aplica-se à execução fundada em título extrajudicial (art. 528, §§ 2º a 7º).

**26. Comprovação de fato novo: situação de penúria. Afastamento temporário da possibilidade de decretar prisão civil.** *"2. Valendo-se da justificativa, o devedor terá o direito de comprovar a sua situação de penúria, devendo o magistrado conferir oportunidade para seu desiderato, sob pena de cerceamento de defesa. Precedentes. 3. A justificativa deverá ser baseada em fato novo, isto é, que não tenha sido levado em consideração pelo* *juízo do processo de conhecimento no momento da definição do débito alimentar. 4. Outrossim, a impossibilidade do devedor deve ser apenas temporária; uma vez reconhecida, irá subtrair o risco momentâneo da prisão civil, não havendo falar, contudo, em exoneração da obrigação alimentícia ou redução do encargo, que só poderão ser analisados em ação própria. 5. Portanto, a justificativa afasta temporariamente a prisão, não impedindo, porém, que a execução prossiga em sua forma tradicional (patrimonial), com penhora e expropriação de bens, ou ainda, que fique suspensa até que o executado se restabeleça em situação condizente à viabilização do processo executivo, conciliando as circunstâncias de imprescindibilidade de subsistência do alimentando com a escassez superveniente de seu prestador, preservando a dignidade humana de ambos"* (STJ, 4ª Turma, REsp 1.185.040/SP, rel. Min. Luis Felipe Salomão, *DJe* 9.11.2015).

> **Art. 912.** Quando o executado for funcionário público, militar, diretor ou gerente de empresa, bem como empregado sujeito à legislação do trabalho, o exequente poderá requerer o desconto em folha de pagamento de pessoal da importância da prestação alimentícia.
>
> § 1º Ao despachar a inicial, o juiz oficiará à autoridade, à empresa ou ao empregador, determinando, sob pena de crime de desobediência, o desconto a partir da primeira remuneração posterior do executado, a contar do protocolo do ofício.
>
> § 2º O ofício conterá os nomes e o número de inscrição no Cadastro de Pessoas Físicas do exequente e do executado, a importância a ser descontada mensalmente, a conta na qual deve ser feito o depósito e, se for o caso, o tempo de sua duração.

▶ **1. Sem correspondência no CPC/1973.**

## 📖 Legislação Correlata

**2. Lei 5.478/1968, art. 22.** *"Art. 22. Constitui crime contra a administração da Justiça deixar o empregador ou funcionário público de prestar ao juízo competente as informações necessárias à instrução de processo ou execução de sentença ou acordo que fixe pensão alimentícia: Pena – Detenção de 6 (seis) meses a 1 (um) ano, sem prejuízo da pena acessória de suspensão do emprego de 30 (trinta) a 90 (noventa) dias. Parágrafo único. Nas mesmas penas incide quem, de qualquer modo, ajuda o devedor a eximir-se ao pagamento de pensão alimentícia judicialmente*

*acordada, fixada ou majorada, ou se recusa, ou procrastina a executar ordem de descontos em folhas de pagamento, expedida pelo juiz competente."*

## 🗨 Comentários Temáticos

**3. Execução por desconto em folha.** Na execução de alimentos fundada em título executivo extrajudicial, é cabível o desconto em folha de pagamento, aplicando-se toda a regulamentação contida no art. 529.

**4. Desconto de prestações pretéritas.** Independentemente do pagamento dos alimentos vincendos, os alimentos já vencidos e objeto de execução poderão ser descontados dos rendimentos ou rendas do executado parceladamente. Entretanto, a cada mês, a soma da prestação vincenda com a parcela da prestação vencida não pode ultrapassar 50% dos ganhos líquidos do executado, em respeito à sua subsistência digna (CF, art. 1º, IV).

**5. Desconto em folha de pagamento** após penhora de bens do devedor. *"3. Diferentemente do CPC/1973, em que vigorava o princípio da tipicidade dos meios executivos para a satisfação das obrigações de pagar quantia certa, o CPC/2015, ao estabelecer que a satisfação do direito é uma norma fundamental do processo civil e permitir que o juiz adote todas as medidas indutivas, coercitivas, mandamentais ou sub-rogatórias para assegurar o cumprimento da ordem judicial, conferiu ao magistrado um poder geral de efetivação de amplo espectro e que rompe com o dogma da tipicidade. 4. Respeitada a necessidade fundamentação adequada e que justifique a técnica adotada a partir de critérios objetivos de ponderação, razoabilidade e proporcionalidade, conformando os princípios da máxima efetividade da execução e da menor onerosidade do devedor, permite-se, a partir do CPC/2015, a adoção de técnicas de executivas apenas existentes em outras modalidades de execução, a criação de técnicas executivas mais apropriadas para cada situação concreta e a combinação de técnicas típicas e atípicas, sempre com o objetivo de conferir ao credor o bem da vida que a decisão judicial lhe atribuiu. 5. Na hipótese, pretende-se o adimplemento de obrigação de natureza alimentar devida pelo genitor há mais de 24 (vinte e quatro) anos, com valor nominal superior a um milhão e trezentos mil reais e que já foi objeto de sucessivas impugnações do devedor, sendo admissível o deferimento do desconto em folha de pagamento do débito, parceladamente e observado o limite de 10% sobre os subsídios líquidos do devedor, observando-se que, se adotada apenas essa modalidade executiva, a*

# LIVRO II · DO PROCESSO DE EXECUÇÃO    Art. 914

*dívida somente seria inteiramente quitada em 60 (sessenta) anos, motivo pelo qual se deve admitir a combinação da referida técnica sub-rogatória com a possibilidade de expropriação dos bens penhorados"* (STJ, 3ª Turma, REsp 1.733.697/RS, rel. Min. Nancy Andrighi, *DJe* 13.12.2018).

**6. Interesse de agir da fonte pagadora.** A autoridade, a empresa ou o empregador não tem interesse processual de se insurgir contra a determinação de desconto em folha de pagamento. Não há qualquer alteração na sua obrigação mensal. O valor a ser pago, mensalmente, é o mesmo; apenas parte do valor deve ser destinada ao exequente, ficando a outra parte ao executado, que é servidor, empregado ou integrante da folha de pagamento. O valor global, enfim, a ser pago mensalmente pela autoridade, pela empresa ou pelo empregador mantém-se o mesmo. Daí não haver interesse de se insurgir contra a determinação de desconto em folha.

**7. Crime.** O descumprimento da ordem de desconto ou do dever de prestar informações solicitadas pelo juízo é previsto como ilícito penal (Lei 5.478/1968, art. 22), enquadrando-se, igualmente, como ato atentatório à dignidade da justiça, punível na forma do art. 77, § 2º, e crime de desobediência (art. 529, § 1º).

> **Art. 913.** Não requerida a execução nos termos deste Capítulo, observar-se-á o disposto no art. 824 e seguintes, com a ressalva de que, recaindo a penhora em dinheiro, a concessão de efeito suspensivo aos embargos à execução não obsta a que o exequente levante mensalmente a importância da prestação.

▶ **1. Sem correspondência no CPC/1973.**

🗎 **COMENTÁRIOS TEMÁTICOS**

**2. Execução por expropriação.** Caso não opte pelo rito especial que permite a prisão civil, o credor pode promover a execução de alimentos por expropriação. Nesse caso, será observado o procedimento dos arts. 824 e seguintes, relativo à execução por quantia certa para título extrajudicial.

**3. Eleição do rito.** *"4. A eleição do rito de execução por dívida alimentar é de livre escolha do credor, tanto na hipótese de versar sobre título judicial, como extrajudicial (arts. 528, §§ 3º e 8º, e 911 do CPC/2015). 5. O procedimento executório relativo à coação pessoal exige que o crédito alimentar tenha prestação pecuniária limitada às últimas três prestações antecedentes ao ajuizamento da execução e às que se vencerem no*

*curso do processo (arts. 733 do CPC/1973 e 528, § 4º, do CPC/2015 e Súmula 309/STJ)"* (STJ, 3ª Turma, REsp 1.557.248/MS, rel. Min. Ricardo Villas Bôas Cueva, *DJe* 15.2.2018).

**4. Duplicidade de ritos.** O exequente pode executar as prestações vincendas e as 3 últimas vencidas mediante o procedimento de execução com pedido de prisão e desconto em folha de pagamento, optando, quanto às vencidas há mais tempo, pelos meios tradicionais de execução forçada (penhora, avaliação e expropriação de bens).

**5. Embargos à execução de alimentos.** Embora os embargos não tenham efeito suspensivo automático (art. 919), o juiz pode atribuir-lhes tal efeito (art. 919, § 1º), desde que não impeça o levantamento da quantia depositada a título de alimentos. Pode impedir, por exemplo, a prática de atos de expropriação voltados à satisfação de crédito relativo a custas e honorários, mas não em relação ao crédito principal, alimentar, destinado à sobrevivência do alimentando.

# TÍTULO III
# DOS EMBARGOS À EXECUÇÃO

> **Art. 914.** O executado, independentemente de penhora, depósito ou caução, poderá se opor à execução por meio de embargos.
>
> § 1º Os embargos à execução serão distribuídos por dependência, autuados em apartado e instruídos com cópias das peças processuais relevantes, que poderão ser declaradas autênticas pelo próprio advogado, sob sua responsabilidade pessoal.
>
> § 2º Na execução por carta, os embargos serão oferecidos no juízo deprecante ou no juízo deprecado, mas a competência para julgá-los é do juízo deprecante, salvo se versarem unicamente sobre vícios ou defeitos da penhora, da avaliação ou da alienação dos bens efetuadas no juízo deprecado.

▶ **1. Correspondência no CPC/1973.** *"Art. 736. O executado, independentemente de penhora, depósito ou caução, poderá opor-se à execução por meio de embargos. Parágrafo único. Os embargos à execução serão distribuídos por dependência, autuados em apartado e instruídos com cópias das peças processuais relevantes, que poderão ser declaradas autênticas pelo advogado, sob sua responsabilidade pessoal." "Art. 747. Na execução por carta, os embargos serão oferecidos no juízo deprecante ou no juízo deprecado, mas a compe-*

1367

*tência para julgá-los é do juízo deprecante, salvo se versarem unicamente vícios ou defeitos da penhora, avaliação ou alienação dos bens."*

## 📖 Legislação Correlata

**2. Lei 6.830/1980, art. 16.** *"O executado oferecerá embargos, no prazo de 30 (trinta) dias, contados: I – do depósito; II – da juntada da prova da fiança bancária ou do seguro garantia; III – da intimação da penhora. § 1º Não são admissíveis embargos do executado antes de garantida a execução. § 2º No prazo dos embargos, o executado deverá alegar toda matéria útil à defesa, requerer provas e juntar aos autos os documentos e rol de testemunhas, até três, ou, a critério do juiz, até o dobro desse limite. § 3º Não será admitida reconvenção, nem compensação, e as exceções, salvo as de suspeição, incompetência e impedimentos, serão arguidas como matéria preliminar e serão processadas e julgadas com os embargos."*

## ⚖ Jurisprudência, Enunciados e Súmulas Selecionados

- **3. Súmula STJ, 46.** *"Na execução por carta, os embargos do devedor serão decididos no juízo deprecante, salvo se versarem unicamente vícios ou defeitos da penhora, avaliação ou alienação dos bens."*

- **4. Súmula STJ, 196.** *"Ao executado que, citado por edital ou por hora certa, permanecer revel, será nomeado curador especial, com legitimidade para apresentação de embargos."*

- **5. Enunciado 543 do FPPC.** *"Em execução de título executivo extrajudicial, o juízo arbitral é o competente para conhecer das matérias de defesa abrangidas pela convenção de arbitragem."*

- **6. Enunciado 544 do FPPC.** *"Admite-se a celebração de convenção de arbitragem, ainda que a obrigação esteja representada em título executivo extrajudicial."*

- **7. Enunciado 117 do FONAJE.** *"É obrigatória a segurança do Juízo pela penhora para apresentação de embargos à execução de título judicial ou extrajudicial perante o Juizado Especial."*

## 🗐 Comentários Temáticos

**8. Defesa do executado.** Na execução, o executado pode defender-se por meio de embargos. Se tiver de alegar impedimento ou suspeição do juiz, deve valer-se de petição específica, nos termos dos arts. 146 e 148 (art. 917, § 7º). O executado pode, ainda, defender-se por meio de ações autônomas, igualmente chamadas pela doutrina de defesas heterotópicas. Também pode defender-se por meio da denominada "exceção de pré-executividade".

**9. Embargos à execução.** A defesa do executado deve ser exercida por meio de embargos, que ostentam a natureza jurídica de ação.

**10. Natureza jurídica.** Essencialmente, os embargos constituem uma defesa. O CPC, entretanto, atribui-lhe a forma de uma ação de conhecimento. Como os embargos assumem a *forma* de uma demanda, seu ajuizamento rende ensejo à formação de novo processo, que é de conhecimento. Assim, os embargos devem ser intentados por petição inicial, que atenda aos requisitos dos arts. 319 e 320. O executado passa a ser o autor dos embargos, sendo chamado de embargante. O embargado – réu nos embargos – é o exequente.

**11. Contraditório eventual.** O contraditório no procedimento executivo é *eventual*, pois depende da manifestação do executado, que não é chamado a juízo para defender-se, mas, sim, para cumprir a obrigação. Há, no processo de execução, a inversão do ônus de provocar o contraditório.

**12. Desnecessidade de garantia do juízo.** Para ajuizar embargos à execução, não é necessário que o exequente tenha um bem penhorado, nem efetue um depósito ou ofereça caução. É desnecessária, enfim, a garantia do juízo para a propositura de embargos à execução.

**13. Necessidade de garantia do juízo para os embargos à execução fiscal.** Nos termos do § 1º do art. 16 da Lei 6.830/1980, enquanto não garantida a execução, não poderão ser opostos os embargos à execução fiscal. Esse dispositivo não deve mais prevalecer, devendo-se aplicar a mesma regra da execução por quantia certa contra devedor solvente prevista no CPC: independentemente de penhora, depósito ou caução, o executado poderá opor-se à execução por meio de embargos. Os embargos, na execução fiscal, não dependem mais da garantia do juízo. Não é esse, porém, o entendimento do STJ. Para o STJ, é necessária a garantia do juízo para o oferecimento de embargos à execução fiscal.

**14. Garantia do juízo na execução fiscal.** *"Por força do art. 16, § 1º, da Lei 6.830/1980, é necessária a garantia da execução para a oposição de embargos à execução fiscal (v.g.: Primeira Seção, REsp 1.272.827/PE, repetitivo)"* (STJ, 1ª Turma, REsp 1.681.111/RS, rel. Min. Gurgel de Faria, *DJe* 24.5.2019).

**15. Dispensa da garantia do juízo em caso de hipossuficiência.** *"2. Em observância à ampla defesa e à garantia de acesso ao Poder Judiciário, tem-se mitigado a obrigatoriedade de garantia integral do crédito executado quando a parte executada, comprovadamente, for hipossuficiente (v.g.: Primeira Seção, REsp 1.127.815/SP, repetitivo) 3. Hipótese em que o Tribunal Regional Federal, após ponderar sobre o estado de hipossuficiência da parte executada, admitiu os embargos à execução fiscal sem qualquer garantia"* (STJ, 1ª Turma, REsp 1.681.111/RS, rel. Min. Gurgel de Faria, *DJe* 24.5.2019).

**16. Elementos.** Por ter forma de ação, é possível visualizar, nos embargos, os três elementos da demanda: partes, causa de pedir e pedido.

**17. Objeto.** Os embargos servem para impugnar o título executivo, a dívida exequenda ou o procedimento executivo. O embargante pode discutir a validade do título, a inexistência da dívida ou um defeito do procedimento executivo, por exemplo. Há quem defenda que os embargos à execução consistem numa ação declaratória, pois seu pedido imediato seria sempre declaratório. Por sua vez, há os que entendem serem os embargos uma ação constitutiva. E, finalmente, desponta o entendimento segundo o qual a sentença dos embargos tem conteúdo variável, podendo ser declaratória ou constitutiva, a depender do seu fundamento e dos termos do pedido formulado.

**18. Natureza condenatória.** Os embargos não ostentam a natureza de ação condenatória. O embargante – ressalvado o pedido relativo aos custos do processo e aos honorários de advogado – não postula a condenação do embargado. Se o executado tiver um crédito em face do exequente, ou o exige em outra demanda, ou alega, em seus embargos, a compensação, a fim de demonstrar a extinção da obrigação e requerer a declaração de inexistência de relação jurídica. Não é pelos embargos que o executado promove cobrança judicial de eventual crédito que tenha em face do exequente.

**19. Impossibilidade de pedido condenatório em embargos à execução.** *"É que os embargos à execução não ostentam natureza condenatória, por isso, caso o embargante entenda ser credor do exequente, deverá cobrar o débito noutra demanda, ou ainda, alegar, em sede dos embargos, a compensação, a fim de extinção da obrigação, conforme entendimento exarado na Primeira Seção"* (STJ, 2ª Turma, AREsp 1.649.926/BA, rel. Min. Herman Benjamin, *DJe* 7.8.2020).

**20. Impossibilidade de reconvenção em embargos à execução.** *"3. O processo de execução tem como finalidade a satisfação do crédito constituído, razão pela qual revela-se inviável a reconvenção, na medida que se admitida, ocasionaria o surgimento de uma relação instrumental cognitiva simultânea, o que inviabilizaria o prosseguimento da ação executiva. 4. Assim sendo, a reconvenção somente tem finalidade de ser utilizada em processos de conhecimento, haja vista que a mesma demanda dilação probatória exigindo sentença de mérito, o que vai de encontro com a fase de execução, na qual o título executivo já se encontra definido. 5. Em sede de embargos à execução fiscal há previsão legal (art. 16, § 3º, da Lei 6.830/1980) vedando a utilização da reconvenção. O fundamento dessa proibição é, unicamente, de natureza processual, a fim de não impor dificuldades para o curso da execução fiscal, haja vista que ela tem como base certidão de dívida líquida e certa. 6. Vale destacar que os embargos à execução não ostentam natureza condenatória, por isso, caso o embargante entenda ser credor do exequente, deverá cobrar o débito em outra demanda. 7. Entendimento em sentido contrário violaria o princípio da celeridade e criaria obstáculo para a satisfação do crédito, pois a ideia que norteia a reconvenção é o seu desenvolvimento de forma conjunta com a demanda inicial, o que não ocorreria ao se admitir a reconvenção em sede de embargos à execução, na medida que as demandas não teriam pontos de contato a justificar a sua reunião"* (STJ, 3ª Turma, REsp 1.528.049/RS, rel. Min. Mauro Campbell Marques, *DJe* 28.8.2015).

**21. Valor da causa.** A petição inicial dos embargos à execução deve conter valor da causa. O valor da causa nos embargos à execução não deve coincidir, necessariamente, com o valor da execução ou do crédito cobrado. Se os embargos se voltam contra a totalidade do crédito, uma vez acolhidos, o proveito econômico consiste em deixar de pagar tudo o que está sendo cobrado. Nesse caso, há a mencionada coincidência: o valor da causa dos embargos deve ser o mesmo da execução. Na hipótese de ser alegado, nos embargos, excesso de execução, o valor da causa não deve corresponder ao da totalidade do crédito executado, mas ao da diferença entre o que está sendo exigido e o que foi reconhecido pelo embargante. Se os embargos se restringirem a atacar a penhora, reputando-a incorreta, o valor da causa será o do bem penhorado. Se tiver por objeto o valor da avaliação, será a diferença entre ele e o atribuído ao bem pelo executado.

**22. Competência para processamento e julgamento.** Os embargos à execução serão julgados pelo juízo competente para a ação de execução (art. 61). Trata-se de competência funcional – absoluta, portanto. Eles devem ser distribuídos por dependência ao processo de execução e devem ser autuados em apartado.

**23. Competência no caso de execução por carta precatória.** Se o executado não tiver bens no foro da execução, ela será feita por carta precatória, penhorando-se, avaliando-se e alienando-se os bens no foro da situação (art. 845, § 2º), a menos que tenha sido feita por termo nos autos, à vista de certidões de propriedade de bens imóveis ou de veículos automotores (art. 845, § 1º). Nesse caso, os embargos serão oferecidos no juízo deprecante ou no juízo deprecado, mas a competência para julgá-los é do juízo deprecante, salvo se versarem unicamente sobre vícios ou defeitos da penhora, avaliação ou alienação de bens efetuadas no juízo deprecado. Os embargos, porém, não dependem mais da garantia do juízo. Citado o executado, e a juntada aos autos do comprovante de citação, já tem início o prazo de 15 dias para o oferecimento dos embargos. É possível que, nesse momento, ainda não tenha havido penhora ou, quando da penhora, já se tenha passado o prazo para embargos ou, até mesmo, estes já tenham sido julgados. Nessa hipótese, não há que se cogitar da competência do juízo deprecado para julgamento dos embargos. Aliás, os embargos nem irão versar sobre penhora, avaliação ou alienação, já que, em tal situação, não terá havido qualquer ato desse tipo. O art. 914, § 2º, cuida, então, de situação muito específica: se já tiver havido penhora e avaliação, ou mesmo a alienação de bens, o prazo de 15 dias úteis para ajuizamento dos embargos se conta a partir da juntada, nos autos da própria carta, do comprovante de citação (art. 915, § 2º, I) e a alegação eventualmente contida em tais embargos a respeito de vícios numa delas deverá ser examinada e resolvida pelo juízo deprecado. As demais questões ficarão a cargo do juízo deprecante.

**24. Competência em caso de convenção de arbitragem.** Quando o título executivo contiver convenção de arbitragem ou as partes tenham-na celebrado posteriormente, a competência para conhecer das matérias de defesa abrangidas pela convenção é do juízo arbitral. Será necessário, portanto, deflagrar arbitragem para discutir o assunto.

**25. Legitimidade ativa.** Os embargos à execução podem ser propostos pelo executado. Sendo o meio de defesa posto à sua disposição, é evidente a sua legitimidade para opor embargos à execução. Caso haja, na execução, litisconsórcio passivo, haverá mais de um executado. A cada um deles se confere legitimidade para opor embargos. Serão possíveis tantos embargos quantos forem os executados num processo, nada impedindo que sejam opostos embargos únicos, em litisconsórcio ativo por mais de um executado, desde que comum a defesa e a todos aproveite a alegação neles contida. O responsável patrimonial também pode opor embargos à execução. Ao Ministério Público também se confere legitimidade para opor embargos à execução; basta que esteja em uma situação que lhe confira legitimidade para a apresentação de defesa na execução.

**26. Embargos pelo cônjuge ou companheiro.** O cônjuge ou companheiro do executado também detém legitimidade para intentar os embargos à execução. Se figurar no título, o cônjuge ou companheiro será igualmente devedor, tendo contraído a obrigação, o que lhe confere legitimidade para opor embargos. Ainda que a execução não tenha sido intentada contra si, o cônjuge ou companheiro disporá de legitimidade para intentar os embargos, podendo discutir a dívida e o valor cobrado.

**27. Legitimidade passiva.** Os embargos devem ser propostos em face de quem figura no polo ativo do processo de execução. A legitimidade passiva para os embargos é do exequente. Independentemente de o exequente ter ou não legitimidade para propor a execução, ou de tal legitimidade ser ordinária ou extraordinária, os embargos devem ser intentados em face dele.

**28. Litisconsórcio passivo necessário nos embargos à execução.** Se a execução tiver sido proposta em litisconsórcio ativo, ainda que facultativo, haverá, nos embargos, litisconsórcio passivo necessário, caso o embargante pretenda opor uma defesa comum a todos os credores. Se a defesa for pessoal (compensação em face de um dos exequentes, por exemplo), a legitimidade passiva será exclusiva do credor contra o qual se opõe a defesa.

**29. Intervenção de terceiro.** Com exceção da assistência e eventualmente da intervenção do *amicus curiae*, não cabe, nos embargos, qualquer outra espécie de intervenção de terceiros.

---

**Art. 915.** Os embargos serão oferecidos no prazo de 15 (quinze) dias, contado, conforme o caso, na forma do art. 231.

§ 1º Quando houver mais de um executado, o prazo para cada um deles embargar conta-se a

# LIVRO II · DO PROCESSO DE EXECUÇÃO — Art. 915

partir da juntada do respectivo comprovante da citação, salvo no caso de cônjuges ou de companheiros, quando será contado a partir da juntada do último.

§ 2º Nas execuções por carta, o prazo para embargos será contado:

I – da juntada, na carta, da certificação da citação, quando versarem unicamente sobre vícios ou defeitos da penhora, da avaliação ou da alienação dos bens;

II – da juntada, nos autos de origem, do comunicado de que trata o § 4º deste artigo ou, não havendo este, da juntada da carta devidamente cumprida, quando versarem sobre questões diversas da prevista no inciso I deste parágrafo.

§ 3º Em relação ao prazo para oferecimento dos embargos à execução, não se aplica o disposto no art. 229.

§ 4º Nos atos de comunicação por carta precatória, rogatória ou de ordem, a realização da citação será imediatamente informada, por meio eletrônico, pelo juiz deprecado ao juiz deprecante.

▶ **1. Correspondência no CPC/1973.** *"Art. 738. Os embargos serão oferecidos no prazo de 15 (quinze) dias, contados da data da juntada aos autos do mandado de citação. § 1º Quando houver mais de um executado, o prazo para cada um deles embargar conta-se a partir da juntada do respectivo mandado citatório, salvo tratando-se de cônjuges. § 2º Nas execuções por carta precatória, a citação do executado será imediatamente comunicada pelo juiz deprecado ao juiz deprecante, inclusive por meios eletrônicos, contando-se o prazo para embargos a partir da juntada aos autos de tal comunicação. § 3º Aos embargos do executado não se aplica o disposto no art. 191 desta Lei."*

## ⚖ LEGISLAÇÃO CORRELATA

**2. Lei 6.830/1980, art. 16.** *"O executado oferecerá embargos, no prazo de 30 (trinta) dias, contados: I – do depósito; II – da juntada da prova da fiança bancária ou do seguro garantia; III – da intimação da penhora. § 1º Não são admissíveis embargos do executado antes de garantida a execução. § 2º No prazo dos embargos, o executado deverá alegar toda matéria útil à defesa, requerer provas e juntar aos autos os documentos e rol de testemunhas, até três, ou, a critério do juiz, até o dobro desse limite. § 3º Não será admitida reconvenção, nem compensação, e as exceções, salvo as de suspeição, incompetência e impedimentos, serão arguidas como matéria preliminar e serão processadas e julgadas com os embargos."*

## ⚖ JURISPRUDÊNCIA, ENUNCIADOS E SÚMULAS SELECIONADOS

- **3. Enunciado 20 da I Jornada-CJF.** *"Aplica-se o art. 219 do CPC na contagem do prazo para oposição de embargos à execução fiscal previsto no art. 16 da Lei n. 6.830/1980."*

## ▣ COMENTÁRIOS TEMÁTICOS

**4. Prazo para ajuizamento dos embargos.** O executado é citado para, no prazo de 3 dias, efetuar o pagamento da dívida (art. 829). Os embargos devem, independentemente de garantia do juízo, ser oferecidos no prazo de 15 dias, contados da juntada aos autos do comprovante de citação ou de um dos momentos descritos nos incisos do art. 231.

**5. Dias úteis.** É processual o prazo para propositura de embargos à execução. Logo, na sua contagem, computam-se apenas os dias úteis (art. 219). Embora os embargos à execução tenham natureza de ação, seu prazo de ajuizamento é processual, pois sua contagem é feita dentro do processo.

**6. Prazo em dobro.** Não se conta em dobro o prazo para ajuizamento dos embargos à execução. Ainda que haja mais de um executado, estando cada um representado por procurador diferente, de escritório diverso, o prazo é de 15 dias para cada um, não sendo contado em dobro.

**7. Comparecimento espontâneo.** Antes mesmo de ser citado, o executado pode comparecer aos autos do processo. Havendo comparecimento espontâneo, o prazo para oferecimento dos embargos já tem início a partir dali. O executado pode comparecer e, no mesmo ato, já apresentar seus embargos (art. 218, § 4º). Nesse caso, o executado perde o benefício, no caso de pagamento posterior, da redução pela metade dos honorários de advogado (art. 827, § 1º); perde, igualmente, a possibilidade de requerer o parcelamento a que alude o art. 916.

**8. Prazo para embargar em caso de litisconsórcio.** Na execução proposta contra mais de um executado, o prazo para cada um deles embargar conta-se a partir da juntada do respectivo comprovante de citação, valendo dizer que o prazo é individual. Quando, todavia, os executados forem cônjuges ou companheiros entre si, o prazo para embargos somente terá início a partir da juntada aos autos do último comprovante de citação devidamente cumprido.

**9. Prazo para embargar quando houver mais de um executado.** *"Havendo mais de um*

1371

devedor, corre, individualmente, o prazo para cada um deles embargar a execução, a partir da juntada do respectivo comprovante da citação, salvo no caso de cônjuges ou de companheiros, quando será contado a partir da juntada do último, nos termos do art. 915, § 1º, do CPC" (STJ, 4ª Turma, AgInt nos EDcl no AREsp 1.516.974/RS, rel. Min. Raul Araújo, *DJe* 31.3.2020).

**10. Prazo para embargos nas execuções por carta precatória.** Quando os embargos versarem *"unicamente sobre vícios ou defeitos da penhora, da avaliação ou da alienação dos bens"* efetuados no juízo deprecado (art. 845, § 2º), o prazo de 15 dias úteis se conta a partir da juntada, nos autos da própria carta, do comprovante de citação (art. 915, § 2º, I) – a competência para processar e julgar esses embargos é do juízo deprecado (art. 914, § 2º). Quando, por sua vez, os embargos versarem sobre outras questões, o prazo de 15 dias úteis se conta da juntada, nos autos do processo de origem, da informação encaminhada por meio eletrônico pelo juízo deprecado ao juízo deprecante, informando-lhe a realização da citação (art. 915, § 2º, II, e § 4º). Neste segundo caso, não há necessidade de aguardar o retorno da carta precatória ao juízo de origem (juízo deprecante) e sua respectiva juntada para que o prazo comece a fluir. O juízo deprecado precisa informar, por meio eletrônico, ao juízo deprecante a realização da citação; uma vez juntado aos autos do processo de origem esse comunicado, tem início o prazo para embargos.

**11. Prazo em caso de citação por edital.** Se o executado for citado por edital, o prazo para embargos somente terá início no dia útil seguinte ao fim da dilação assinada pelo juiz (art. 231, IV).

**12. Prazo para embargos à execução fiscal.** Na execução fiscal, os embargos serão apresentados no prazo de 30 dias, contados do depósito em direito, da juntada aos autos da prova da fiança bancária ou da intimação da penhora.

**13. Contagem do prazo na execução fiscal.** Na contagem do prazo de 30 dias para a oposição de embargos à execução fiscal, computam-se apenas os dias úteis (art. 219).

**14. Início do prazo para embargos à execução fiscal.** O prazo para embargos à execução fiscal somente tem início depois de formalizada a penhora e promovida a respectiva intimação ao executado. Assim, realizado o depósito em dinheiro, como garantia à execução fiscal, haverá de ser formalizado para, somente depois, haver a intimação do executado e, então, ter início o prazo para oposição dos embargos. No mesmo sentido, juntada aos autos a carta de fiança ban-

cária, é necessário que se formalize a penhora para, somente então, ser intimado o executado e, a partir daí, iniciar-se o prazo para oposição dos embargos. Feita a penhora de percentual de faturamento da empresa executada, deve ser reduzida a termo, intimando-se o executado para oferecer embargos.

**15. Termo inicial para prazo de embargos à execução fiscal em caso de depósito.** *"A jurisprudência do Superior Tribunal de Justiça é uníssona no sentido de que o termo a quo para a contagem do prazo para a interposição de embargos à execução fiscal é a data da intimação do depósito, sendo necessária inclusive a redução a termo da penhora realizada"* (STJ, 2ª Turma, AgInt no AREsp 1.133.574/SP, rel. Min. Francisco Falcão, *DJe* 21.5.2018).

**16. Penhora de imóvel de executado casado.** Se, na execução fiscal, o executado for casado e a penhora recair sobre imóvel, o prazo para embargar é contado a partir da intimação do cônjuge. Nesse sentido: *"A jurisprudência sólida do STJ é de que, recaindo a penhora sobre bem imóvel, o prazo para embargar, em se tratando de devedor casado, é contado a partir da intimação do cônjuge, o que não houve, segundo fixado no acórdão de origem"* (STJ, 2ª Turma, REsp 1.804.365/SP, Rel. Min. Herman Benjamin, *DJe* 18.6.2019).

**Art. 916.** No prazo para embargos, reconhecendo o crédito do exequente e comprovando o depósito de trinta por cento do valor em execução, acrescido de custas e de honorários de advogado, o executado poderá requerer que lhe seja permitido pagar o restante em até 6 (seis) parcelas mensais, acrescidas de correção monetária e de juros de um por cento ao mês.

§ 1º O exequente será intimado para manifestar-se sobre o preenchimento dos pressupostos do *caput*, e o juiz decidirá o requerimento em 5 (cinco) dias.

§ 2º Enquanto não apreciado o requerimento, o executado terá de depositar as parcelas vincendas, facultado ao exequente seu levantamento.

§ 3º Deferida a proposta, o exequente levantará a quantia depositada, e serão suspensos os atos executivos.

§ 4º Indeferida a proposta, seguir-se-ão os atos executivos, mantido o depósito, que será convertido em penhora.

§ 5º O não pagamento de qualquer das prestações acarretará cumulativamente:

I – o vencimento das prestações subsequentes e o prosseguimento do processo, com o imediato reinício dos atos executivos;

## LIVRO II · DO PROCESSO DE EXECUÇÃO — Art. 916

II – a imposição ao executado de multa de dez por cento sobre o valor das prestações não pagas.

§ 6º A opção pelo parcelamento de que trata este artigo importa renúncia ao direito de opor embargos.

§ 7º O disposto neste artigo não se aplica ao cumprimento da sentença.

▶ **1. Correspondência no CPC/1973.** *"Art. 745-A. No prazo para embargos, reconhecendo o crédito do exequente e comprovando o depósito de 30% (trinta por cento) do valor em execução, inclusive custas e honorários de advogado, poderá o executado requerer seja admitido a pagar o restante em até 6 (seis) parcelas mensais, acrescidas de correção monetária e juros de 1% (um por cento) ao mês. § 1º Sendo a proposta deferida pelo juiz, o exequente levantará a quantia depositada e serão suspensos os atos executivos; caso indeferida, seguir-se-ão os atos executivos, mantido o depósito. § 2º O não pagamento de qualquer das prestações implicará, de pleno direito, o vencimento das subsequentes e o prosseguimento do processo, com o imediato início dos atos executivos, imposta ao executado multa de 10% (dez por cento) sobre o valor das prestações não pagas e vedada a oposição de embargos."*

### ⚖ JURISPRUDÊNCIA, ENUNCIADOS E SÚMULAS SELECIONADOS

- **2. Enunciado 331 do FPPC.** *"O pagamento da dívida objeto de execução trabalhista fundada em título extrajudicial pode ser requerido pelo executado nos moldes do art. 916."*
- **3. Enunciado 737 do FPPC.** *"É admissível o negócio jurídico processual que autorize a aplicação do regime jurídico do art. 916 do CPC no cumprimento de sentença."*
- **4. Enunciado 45 do FNPP.** *"O pagamento parcelado é aplicável nas execuções fiscais de crédito tributário, mas não tem o condão de suspender a exigibilidade do crédito tributário."*

### ▣ COMENTÁRIOS TEMÁTICOS

**5. Regra de incentivo.** O dispositivo prevê um estímulo ao cumprimento espontâneo da obrigação: uma medida legal de coerção indireta pelo incentivo à realização do comportamento desejado (adimplemento), com a facilitação das condições para que a dívida seja adimplida.

**6. Direito potestativo do executado.** O executado tem direito ao parcelamento, desde que atendidos os pressupostos legais. Preenchidos os pressupostos legais, o juiz não pode indeferir o parcelamento.

**7. Inaplicabilidade ao cumprimento de sentença.** O executado, no cumprimento de sentença, não tem direito ao parcelamento. Ele pode propor um parcelamento, que deverá contar com a concordância do exequente. Se este não concordar, não será possível ao juiz deferir, pois não há o direito potestativo ao parcelamento na execução de título judicial; só na de título extrajudicial.

**8. Pressupostos para o parcelamento.** Os pressupostos para a configuração desse direito potestativo do executado são: *a)* vontade, manifestada pelo executado no prazo para os embargos; *b)* depósito imediato de, no mínimo, 30% do montante executado, acrescido de custas e honorários advocatícios; *c)* manifestação do exequente, em respeito ao contraditório; *d)* não ter o executado apresentado embargos à execução.

**9. Realização, e não requerimento do depósito.** O executado não deve requerer o depósito de 30%; ele deve efetuá-lo, comprovando-o. A comprovação do depósito é pressuposto para o deferimento do pedido de parcelamento. Não é o requerimento para que se autorize o depósito, mas, sim, o próprio depósito, feito previamente, que constitui um dos pressupostos para que seja autorizado o parcelamento da dívida.

**10. Depósito *versus* primeira parcela.** O depósito de 30% não se confunde com o pagamento da primeira parcela. O executado deve efetuar o depósito de 30% do montante da dívida, acrescido de custas e honorários, e requerer o parcelamento do restante (70%) em até seis parcelas. O depósito de 30% não está incluído no valor da primeira parcela, nem com ela se confunde.

**11. Custas e honorários advocatícios.** O depósito deve corresponder a 30% do montante objeto da execução, acrescido de custas e honorários de advogado. Há duas possibilidades de interpretação do dispositivo: *(i)* exige-se o depósito de 30% da dívida principal e de 100% das custas e honorários; ou *(ii)* exige-se o depósito de 30% de tudo, dívida principal mais custas e honorários. Tudo indica que a razão da regra é exigir que o depósito seja de 30% sobre o total, aí incluídos os honorários e as custas. Na dúvida, deve-se optar pela interpretação menos onerosa ao executado (art. 805). Ademais, as verbas de honorários e custas constituem parcelas acessórias, devendo seguir o principal, de sorte que os 30% incidem sobre todo o valor cobrado. Tome-se como exemplo uma execução de R$ 100.000,00, acrescida de honorários

1373

de R$ 10.000,00 e mais R$ 1.000,00 de custas, totalizando R$ 111.000,00. O executado, para beneficiar-se do parcelamento, deve depositar R$ 41.000,00 ou R$ 33.300,00? Se se entender que os 30% incidem apenas sobre o valor principal, devendo ser complementado com a integralidade de custas e honorários, o depósito seria de R$ 41.000,00, sendo R$ 30.000,00 equivalentes a 30% do total (R$ 100.000,00 x 30% = R$ 30.000,00) + os honorários (R$ 10.000,00) + as custas (R$ 1.000,00). Se, por outro lado, se entender que os 30% incidem sobre o total da execução (valor principal + custas + honorários), então o depósito seria de R$ 33.300,00, que correspondem a 30% do total de R$ 111.000,00. Nesse exemplo, deve-se entender o depósito há de ser de R$ 33.300,00 (30% de tudo), e não de R$ 41.000,00 (30% do valor principal + 100% de custas e honorários).

**12. Manifestação do exequente.** Efetuado o depósito e requerido o parcelamento, o exequente deve ser intimado para manifestar-se. Não é necessária a concordância do exequente. O exequente pode demonstrar ausência ou o não preenchimento de algum pressuposto. O que não pode é, pura e simplesmente, discordar. Se, contudo, o executado deixar de preencher algum pressuposto (requerer além do prazo, depositar valor inferior aos 30% exigidos ou requerer o parcelamento em mais de seis prestações), aí se impõe colher a concordância do exequente. Nesse caso, havendo concordância do exequente, não se terá mais o exercício de um direito potestativo do executado; haverá, isso sim, um acordo entre exequente e executado para que o valor seja pago parceladamente.

**13. Depósito das parcelas vincendas.** Enquanto não apreciado o requerimento, o executado deve depositar as parcelas vincendas, a cada período de 30 dias, contados desde a data do depósito inicial (de 30%).

**14. Deferimento do requerimento.** Deferido o requerimento do executado, o exequente levantará a quantia depositada, inclusive sucessivos depósitos já efetuados (art. 916, § 2º), e serão suspensos os atos executivos. Os valores depositados são incontroversos, o que justifica a possibilidade de o exequente levantá-los imediatamente.

**15. Indeferimento do requerimento.** Indeferido o requerimento do executado, seguem-se os atos executivos, mantido o depósito já realizado, que será convertido em penhora.

**16. Inadimplência e vencimento antecipado.** A falta de pagamento de qualquer parcela implica o vencimento antecipado de todas as demais, além de multa de 10% sobre o valor das prestações não pagas. Implica ainda o prosseguimento do processo, com o imediato reinício dos atos executivos.

**17. Desnecessidade de penhora.** Não há necessidade de prévia penhora para o exercício desse direito pelo executado, embora, se ela já tiver sido realizada, não será desfeita em razão do pedido de parcelamento. Deferido o parcelamento, ficarão suspensos os atos decisórios, mas não será desfeita a penhora. O desfazimento da penhora depende do adimplemento integral de todas as parcelas. Pagas todas as prestações, desfaz-se a penhora. Não havendo pagamento integral, a execução prossegue relativamente ao saldo, aproveitando-se a penhora anteriormente realizada.

**18. Desnecessidade de advogado.** Para requerer o parcelamento, o executado não precisa estar assistido por advogado, já que o pagamento da obrigação executada é ato de direito material, cuja prática dispensa a exigência de capacidade postulatória.

**19. Inviabilidade de ajuizamento de embargos à execução.** A opção do executado pelo requerimento do parcelamento constitui comportamento que impede ajuizamento de embargos à execução, para a discussão de qualquer fato ocorrido até aquele momento. A manifestação de vontade de parcelar a dívida implica renúncia ao direito de opor embargos. Trata-se de vedação que se relaciona à proibição do comportamento contraditório (*venire contra factum proprium*) e, portanto, está relacionada à proteção da boa-fé objetiva (art. 5º). A opção por valer-se do benefício do art. 916 implica preclusão lógica do direito de discutir a dívida e o procedimento executivo: se o executado aceitou a dívida, tanto que se dispôs a pagá-la, depositando no mínimo 30% do seu montante, não pode, em seguida, discuti-la, por tratar-se de conduta incompatível e contraditória com aquela anteriormente assumida.

**20. Fatos supervenientes.** A preclusão do direito de opor embargos à execução não alcança fatos supervenientes. Assim, concretizado o parcelamento, mas reiniciada, posteriormente, a execução por não terem sido pagas algumas prestações, é possível ao executado insurgir-se contra uma penhora inválida ou contra uma avaliação errônea, que venha a ser realizada após a retomada da execução, ou ainda contra a adjudicação ou a alienação judicial. A preclusão tampouco atinge questões que não se submetem a ela, por exemplo, a incompetência absoluta.

**LIVRO II • DO PROCESSO DE EXECUÇÃO**

**Art. 917**

**Art. 917.** Nos embargos à execução, o executado poderá alegar:

I – inexequibilidade do título ou inexigibilidade da obrigação;

II – penhora incorreta ou avaliação errônea;

III – excesso de execução ou cumulação indevida de execuções;

IV – retenção por benfeitorias necessárias ou úteis, nos casos de execução para entrega de coisa certa;

V – incompetência absoluta ou relativa do juízo da execução;

VI – qualquer matéria que lhe seria lícito deduzir como defesa em processo de conhecimento.

§ 1º A incorreção da penhora ou da avaliação poderá ser impugnada por simples petição, no prazo de 15 (quinze) dias, contado da ciência do ato.

§ 2º Há excesso de execução quando:

I – o exequente pleiteia quantia superior à do título;

II – ela recai sobre coisa diversa daquela declarada no título;

III – ela se processa de modo diferente do que foi determinado no título;

IV – o exequente, sem cumprir a prestação que lhe corresponde, exige o adimplemento da prestação do executado;

V – o exequente não prova que a condição se realizou.

§ 3º Quando alegar que o exequente, em excesso de execução, pleiteia quantia superior à do título, o embargante declarará na petição inicial o valor que entende correto, apresentando demonstrativo discriminado e atualizado de seu cálculo.

§ 4º Não apontado o valor correto ou não apresentado o demonstrativo, os embargos à execução:

I – serão liminarmente rejeitados, sem resolução de mérito, se o excesso de execução for o seu único fundamento;

II – serão processados, se houver outro fundamento, mas o juiz não examinará a alegação de excesso de execução.

§ 5º Nos embargos de retenção por benfeitorias, o exequente poderá requerer a compensação de seu valor com o dos frutos ou dos danos considerados devidos pelo executado, cumprindo ao juiz, para a apuração dos respectivos valores, nomear perito, observando-se, então, o art. 464.

§ 6º O exequente poderá a qualquer tempo ser imitido na posse da coisa, prestando caução ou depositando o valor devido pelas benfeitorias ou resultante da compensação.

§ 7º A arguição de impedimento e suspeição observará o disposto nos arts. 146 e 148.

▶ **1. Correspondência no CPC/1973.** *"Art. 745. Nos embargos, poderá o executado alegar: I – nulidade da execução, por não ser executivo o título apresentado; II – penhora incorreta ou avaliação errônea; III – excesso de execução ou cumulação indevida de execuções; IV – retenção por benfeitorias necessárias ou úteis, nos casos de título para entrega de coisa certa (art. 621); V – qualquer matéria que lhe seria lícito deduzir como defesa em processo de conhecimento. § 1º Nos embargos de retenção por benfeitorias, poderá o exequente requerer a compensação de seu valor com o dos frutos ou danos considerados devidos pelo executado, cumprindo ao juiz, para a apuração dos respectivos valores, nomear perito, fixando-lhe breve prazo para entrega do laudo. § 2º O exequente poderá, a qualquer tempo, ser imitido na posse da coisa, prestando caução ou depositando o valor devido pelas benfeitorias ou resultante da compensação." "Art. 739-A. (...) § 5º Quando o excesso de execução for fundamento dos embargos, o embargante deverá declarar na petição inicial o valor que entende correto, apresentando memória do cálculo, sob pena de rejeição liminar dos embargos ou de não conhecimento desse fundamento." (...) "Art. 743. Há excesso de execução: I – quando o credor pleiteia quantia superior à do título; II – quando recai sobre coisa diversa daquela declarada no título; III – quando se processa de modo diferente do que foi determinado na sentença; IV – quando o credor, sem cumprir a prestação que lhe corresponde, exige o adimplemento da do devedor (art. 582); V – se o credor não prova que a condição se realizou."*

⚖ **LEGISLAÇÃO CORRELATA**

**2. CC, art. 1.219.** *"Art. 1.219. O possuidor de boa-fé tem direito à indenização das benfeitorias necessárias e úteis, bem como, quanto às voluptuárias, se não lhe forem pagas, a levantá-las, quando o puder sem detrimento da coisa, e poderá exercer o direito de retenção pelo valor das benfeitorias necessárias e úteis."*

⚖ **JURISPRUDÊNCIA, ENUNCIADOS E SÚMULAS SELECIONADOS**

- **3. Tema/Repetitivo 81 STJ.** *"É admissível, em embargos à execução, compensar os valores de imposto de renda retidos indevidamente na fonte com os valores restituídos apurados na declaração anual."*

- **4. Tema/Repetitivo 176 STJ.** *"Tendo sido a sentença exequenda prolatada anteriormente à entrada em vigor do Novo Código Civil, fixado* juros de 6% ao ano, correto o entendimento do Tribunal de origem ao determinar a incidência de juros de 6% ao ano até 11 de janeiro de 2003 e, a partir de então, da taxa a que alude o art. 406 do Novo CC, conclusão que não caracteriza qualquer violação à coisa julgada."

- **5. Tema/Repetitivo 288 STJ.** "É admissível o ajuizamento de novos embargos de devedor, ainda que nas hipóteses de reforço ou substituição da penhora, quando a discussão adstringir-se aos aspectos formais do novo ato constritivo."

- **6. Súmula STJ, 394.** "É admissível, em embargos à execução, compensar os valores de imposto de renda retidos indevidamente na fonte com os valores restituídos apurados na declaração anual."

- **7. Enunciado 590 do FPPC.** "Na impugnação ao cumprimento de sentença e nos embargos à execução, o executado que alegar excesso de execução deverá elaborar demonstrativo de débito em conformidade com os incisos do art. 524 e do parágrafo único do art. 798, respectivamente."

- **8. Enunciado 55 da ENFAM.** "Às hipóteses de rejeição liminar a que se referem os arts. 525, § 5º, 535, § 2º, e 917 do CPC/2015 (excesso de execução) não se aplicam os arts. 9º e 10 desse código."

- **9. Enunciado 12 da I Jornada de Prevenção e Solução Extrajudicial de Litígios-CJF.** "A existência de cláusula compromissória não obsta a execução de título executivo extrajudicial, reservando-se à arbitragem o julgamento das matérias previstas no art. 917, incs. I e VI, do CPC/2015."

### 🗏 COMENTÁRIOS TEMÁTICOS

**10. Cognição ampla e exauriente** *secundum eventum defensionis.* A cognição do juiz no procedimento de execução de título extrajudicial não fica limitada a determinadas matérias; o executado tem a possibilidade de, ao provocar a jurisdição para analisar as suas razões de defesa, deduzir qualquer matéria. O procedimento de execução de título extrajudicial é estruturado em cognição ampla e exauriente *secundum eventum defensionis:* a cognição dependerá da provocação do executado, que pode alegar qualquer matéria em sua defesa.

**11. Âmbito da matéria de defesa que pode ser levantada nos embargos à execução.** "Na linha da jurisprudência do STJ, permite-se a discussão em embargos à execução, de toda matéria de defesa, a qual poderia ser objeto de processo de conhecimento, sendo possível em embargos à execução rever toda a relação contratual existente entre as partes, não havendo no art. 745 do Código de Processo Civil comando impeditivo (reproduzido no art. 917 do NCPC)" (STJ, 3ª Turma, AgInt no REsp 1702354/PR, Rel. Min. Moura Ribeiro, *DJe* 26.8.2020).

**12. Cognição limitada nos casos de título cambial.** Nas execuções fundadas em título cambial, a cognição é limitada. Haja vista as peculiaridades próprias dos títulos de crédito, são, em regra, irrelevantes os detalhes da relação de direito material ou da obrigação subjacente ao título. Assim, não pode o executado opor ao exequente-endossatário exceções pessoais que porventura tenha em face do endossante. O executado não pode apresentar exceções que não digam respeito ao exequente. Embora o art. 917, VI, permita que os embargos à execução versem sobre toda e qualquer matéria, há, nesse caso, em razão de uma peculiar característica do direito material, uma exceção à regra: uma limitação do objeto cognitivo. A cognição, em tais hipóteses, é limitada, mas não deixa de ser exauriente.

**13. Conteúdo dos embargos.** O executado pode alegar qualquer matéria em seu favor, não havendo restrições legais.

**14. Defeitos na penhora ou na avaliação.** Na execução fundada em título extrajudicial, os embargos não dependem de penhora. Assim, é possível que a penhora e a avaliação somente ocorram após a oposição dos embargos. Nesse caso, eventual incorreção da penhora ou da avaliação pode ser impugnada por simples petição, no prazo de 15 dias, contado da ciência do ato (art. 917, § 1º) – se a penhora ou a avaliação foram realizadas pelo juízo deprecado, numa execução por carta, a competência para apreciar o argumento será daquele juízo (art. 914, § 2º).

**15. Alegação de excesso de execução** (*exceptio declinatória quanti*). Se o executado alegar que o credor pleiteia quantia superior à do título, deverá indicar, na petição inicial de seus embargos, o valor que entende correto, apresentando demonstrativo discriminado e atualizado de seu cálculo, segundo os mesmos parâmetros do art. 798, parágrafo único. É ônus do embargante. A falta de indicação do valor correto ou a ausência de demonstrativo discriminado e atualizado de seu cálculo implicará a rejeição liminar dos embargos, se este for o seu único fundamento (art. 917, § 4º, I) ou o não conhecimento desse fundamento, caso os embargos tragam outros

**LIVRO II · DO PROCESSO DE EXECUÇÃO**

**Art. 918**

fundamentos (art. 917, § 4º, II). Trata-se de exigência de oposição da *exceptio declinatoria quanti*, caso o objeto dos embargos seja a discussão do valor da dívida.

**16. Embargos de retenção por benfeitorias.** Na execução para a entrega de coisa, pode o executado, se de boa-fé, exercer o seu direito de retenção pelo valor das benfeitorias por meio dos embargos, que, no caso, recebem o nome de *embargos de retenção por benfeitorias necessárias ou úteis* (art. 917, IV; CC, art. 1.219). Nos embargos de retenção, o exequente pode exercer o contradireito da compensação do valor das benfeitorias com o dos frutos ou danos considerados, pelo órgão jurisdicional, devidos pelo embargante (art. 917, § 5º). O "encontro de contas" será apurado nos embargos, inclusive mediante prova pericial (art. 917, § 5º). O § 6º do art. 917 confere ao exequente, ainda, o direito de ser imitido na posse da coisa, não obstante o direito de retenção do executado, desde que preste caução ou deposite o valor devido pelas benfeitorias ou resultante da compensação. Trata-se de um contradireito do exequente, exceção da exceção (defesa da defesa), semelhante ao previsto no § 10 do art. 525. O direito de retenção não pode ser exercido na execução de título judicial. O possuidor deve exercer o seu direito de retenção na contestação na fase de conhecimento (trata-se de exceção substancial e, pois, uma defesa), tal como determina o § 2º do art. 538. O crédito devido em razão das benfeitorias poderá ser cobrado por ação autônoma, mas o direito de retenção não mais poderá ser exercido.

**17. Arguição de impedimento e de suspeição.** Se tiver de alegar impedimento ou suspeição do juiz, o executado deve valer-se de petição específica (arts. 146 e 148). Não é possível alegar essa matéria nos embargos à execução, mesmo porque eventual discordância manifestada pelo juiz cuja parcialidade se denuncia ensejará o envio ao tribunal da petição que suscita o incidente, para julgamento do seu mérito.

---

**Art. 918.** O juiz rejeitará liminarmente os embargos:

I – quando intempestivos;

II – nos casos de indeferimento da petição inicial e de improcedência liminar do pedido;

III – manifestamente protelatórios.

Parágrafo único. Considera-se conduta atentatória à dignidade da justiça o oferecimento de embargos manifestamente protelatórios.

---

▶ **1. Correspondência no CPC/1973.** *"Art. 739. O juiz rejeitará liminarmente os embargos: I – quando intempestivos; II – quando inepta a petição (art. 295); ou III – quando manifestamente protelatórios."*

⚖ **Jurisprudência, Enunciados e Súmulas Selecionados**

- **2. Enunciado 545 do FPPC.** *"Aplicam-se à impugnação ao cumprimento de sentença, no que couber, as hipóteses previstas nos incisos I e III do art. 918 e no seu parágrafo único."*

- **3. Enunciado 586 do FPPC.** *"O oferecimento de impugnação manifestamente protelatória é ato atentatório à dignidade da justiça que enseja a aplicação da multa prevista no parágrafo único do art. 774 do CPC."*

- **4. Enunciado 94 da I Jornada-CJF.** *"Aplica-se o procedimento do art. 920 do CPC à impugnação ao cumprimento de sentença, com possibilidade de rejeição liminar nas hipóteses dos arts. 525, § 5º, e 918 do CPC."*

- **5. Enunciado 50 da ENFAM.** *"O oferecimento de impugnação manifestamente protelatória ao cumprimento de sentença será considerado conduta atentatória à dignidade da Justiça (art. 918, III, parágrafo único, do CPC/2015), ensejando a aplicação da multa prevista no art. 774, parágrafo único."*

📖 **Comentários Temáticos**

**6. Hipóteses de rejeição liminar.** Os embargos à execução podem ser rejeitados liminarmente nas hipóteses do art. 918, bem como na do § 3º do art. 917. Assim, serão rejeitados liminarmente os embargos quando intempestivos, nos casos de inépcia e de improcedência liminar, quando manifestamente infundados ou protelatórios, ou quando for alegado excesso de execução, sem que seja apontado o valor correto ou demonstrado em que consiste o excesso (não desincumbimento do ônus de opor a *exceptio declinatoria quanti*) – art. 917, § 4º, I.

**7. Embargos intempestivos.** Se os embargos forem intempestivos, deverá o juiz rejeitá-los liminarmente. Embora intempestivos, os embargos podem veicular matéria que pode ser examinada de ofício pelo órgão julgador ou que poderia ser alegada a qualquer momento. Nesses casos, os embargos, porque intempestivos, devem ser inadmitidos, mas a alegação de tais matérias deve ser examinada pelo juiz.

1377

# Art. 919

CÓDIGO DE PROCESSO CIVIL COMENTADO – *Leonardo Carneiro da Cunha*

**8. Indeferimento da petição inicial.** Os embargos à execução podem ser rejeitados liminarmente, se estiver presente uma das hipóteses de indeferimento da petição inicial (art. 330). Havendo algum defeito na petição inicial dos embargos, o juiz deve determinar a intimação do embargante, conferindo-lhe a oportunidade de emendá-la (art. 321).

**9. Improcedência liminar.** O art. 332 prevê os casos de improcedência liminar do pedido. Em tais hipóteses, o juiz, antes mesmo de mandar citar o demandado, julga improcedente o pedido. Nos embargos à execução, é possível ao juiz proferir sentença de improcedência liminar do pedido, se presente uma das hipóteses previstas no art. 332. Assim, é possível, por exemplo, que o executado, em seus embargos, invoque argumentação jurídica já rechaçada em precedente obrigatório firmado no julgamento de recurso repetitivo ou defenda tese contrária a entendimento consolidado na súmula vinculante do STF. Em casos assim, o juiz já pode julgar liminarmente improcedente o pedido formulado nos embargos à execução, sem nem mesmo precisar determinar a intimação do exequente para responder aos embargos. Após editado enunciado de súmula ou firmada a tese jurídica pelo tribunal no julgamento de casos repetitivos ou no julgamento de IAC, se forem opostos embargos à execução cujo fundamento contrarie o referido enunciado ou a mencionada tese, o juiz julgará liminarmente improcedente o pedido independentemente da oitiva prévia do exequente, desde que não haja necessidade de produção de provas a respeito dos fatos alegados pelo embargante.

**10. Embargos manifestamente protelatórios.** O juiz deve rejeitar liminarmente os embargos à execução, quando forem manifestamente protelatórios. A hipótese é tratada como conduta atentatória à dignidade da justiça (art. 918, parágrafo único), impondo-se ao embargante a multa prevista no parágrafo único do art. 774. A rejeição dos embargos por serem manifestamente protelatórios constitui julgamento do mérito. O juiz indefere a petição inicial por improcedência *prima facie*. Tal rejeição liminar é feita por sentença. E essa é uma sentença de mérito, apta produzir coisa julgada material, exatamente porque o juiz, nesse caso, está a julgar improcedente o pedido.

**11. Sentença e recurso.** O ato do juiz que rejeita liminarmente os embargos, indeferindo, desde logo, a petição inicial, é uma sentença. Logo, é cabível a apelação prevista no art. 331, sendo conferido ao juiz o poder de retratar-se.

---

**Art. 919.** Os embargos à execução não terão efeito suspensivo.

§ 1º O juiz poderá, a requerimento do embargante, atribuir efeito suspensivo aos embargos quando verificados os requisitos para a concessão da tutela provisória e desde que a execução já esteja garantida por penhora, depósito ou caução suficientes.

§ 2º Cessando as circunstâncias que a motivaram, a decisão relativa aos efeitos dos embargos poderá, a requerimento da parte, ser modificada ou revogada a qualquer tempo, em decisão fundamentada.

§ 3º Quando o efeito suspensivo atribuído aos embargos disser respeito apenas a parte do objeto da execução, esta prosseguirá quanto à parte restante.

§ 4º A concessão de efeito suspensivo aos embargos oferecidos por um dos executados não suspenderá a execução contra os que não embargaram quando o respectivo fundamento disser respeito exclusivamente ao embargante.

§ 5º A concessão de efeito suspensivo não impedirá a efetivação dos atos de substituição, de reforço ou de redução da penhora e de avaliação dos bens.

▶ **I. Correspondência no CPC/1973.** *"Art. 739-A. Os embargos do executado não terão efeito suspensivo. § 1º O juiz poderá, a requerimento do embargante, atribuir efeito suspensivo aos embargos quando, sendo relevantes seus fundamentos, o prosseguimento da execução manifestamente possa causar ao executado grave dano de difícil ou incerta reparação, e desde que a execução já esteja garantida por penhora, depósito ou caução suficientes. § 2º A decisão relativa aos efeitos dos embargos poderá, a requerimento da parte, ser modificada ou revogada a qualquer tempo, em decisão fundamentada, cessando as circunstâncias que a motivaram. § 3º Quando o efeito suspensivo atribuído aos embargos disser respeito apenas a parte do objeto da execução, essa prosseguirá quanto à parte restante. § 4º A concessão de efeito suspensivo aos embargos oferecidos por um dos executados não suspenderá a execução contra os que não embargaram, quando o respectivo fundamento disser respeito exclusivamente ao embargante. § 5º Quando o excesso de execução for fundamento dos embargos, o embargante deverá declarar na petição inicial o valor que entende correto, apresentando memória do cálculo, sob pena de rejeição liminar dos embargos ou de não conhecimento desse fundamento. § 6º A concessão de efeito suspensivo não impedirá a efetivação dos atos de penhora e de avaliação dos bens."*

## LIVRO II · DO PROCESSO DE EXECUÇÃO — Art. 919

### ⚖ Jurisprudência, Enunciados e Súmulas Selecionados

- **2. ADI 5165 STF.** *"O entendimento de que os embargos à execução não têm efeito suspensivo, previsto no artigo 739-A do Código de Processo Civil de 1973 e no artigo 919 do CPC de 2015, pode ser aplicado às execuções fiscais, sem ofensa a qualquer princípio constitucional."*

- **3. Tema/Repetitivo 526 STJ.** *"A atribuição de efeitos suspensivos aos embargos do devedor" fica condicionada "ao cumprimento de três requisitos: apresentação de garantia; verificação pelo juiz da relevância da fundamentação (fumus boni juris) e perigo de dano irreparável ou de difícil reparação (periculum in mora)."*

- **4. Enunciado 80 do FPPC.** *"A tutela provisória a que se referem o § 1º do art. 919 e o art. 969 pode ser de urgência ou de evidência."*

- **5. Enunciado 531 do FPPC.** *"Permite-se, presentes os pressupostos do §6º do art. 525 ou do §1º do art. 919 do CPC, a concessão de efeito suspensivo à simples petição em que se alega fato superveniente ao término do prazo de oferecimento da impugnação ao cumprimento de sentença ou dos embargos à execução, respectivamente."*

- **6. Enunciado 546 do FPPC.** *"O efeito suspensivo dos embargos à execução e da impugnação ao cumprimento de sentença pode ser requerido e deferido a qualquer momento do seu trâmite, observados os pressupostos legais."*

- **7. Enunciado 547 do FPPC.** *"O efeito suspensivo dos embargos à execução e da impugnação ao cumprimento de sentença pode ser parcial, limitando-se ao impedimento ou à suspensão de um único ou de apenas alguns atos executivos."*

- **8. Enunciado 681 do FPPC.** *"Cabe sustentação oral no julgamento do agravo de instrumento interposto contra decisão que versa sobre efeito suspensivo em embargos à execução ou em impugnação ao cumprimento de sentença."*

- **9. Enunciado 743 do FPPC.** *"Cabe agravo de instrumento contra a decisão que indefere o pedido de efeito suspensivo a embargos à execução, nos termos dos incisos I e X do art. 1.015, do CPC."*

- **10. Enunciado 71 da I Jornada-CJF.** *"É cabível o recurso de agravo de instrumento contra a decisão que indefere o pedido de atribuição de efeito suspensivo a Embargos à Execução, nos termos do art. 1.015, X, do CPC."*

- **11. Enunciado 56 do FNPP.** *"A expedição de requisitório do valor controvertido fica condicionada ao trânsito em julgado da decisão dos embargos à execução ou da impugnação ao cumprimento de sentença opostos pela Fazenda Pública."*

- **12. Enunciado 72 do FNPP.** *"A ordem de suspensão dos processos, em razão da afetação para julgamento de casos repetitivos, acarreta a suspensão da discussão do tema controvertido, mas não a paralisação total da execução fiscal."*

### 🖹 Comentários Temáticos

**13. Efeitos dos embargos.** O ajuizamento dos embargos não suspende automaticamente a execução. O juiz pode, entretanto, atribuir efeito suspensivo aos embargos, desde que presentes alguns pressupostos exigidos legalmente.

**14. Pressupostos para a atribuição de efeito suspensivo aos embargos à execução.** A atribuição pelo juiz de efeito suspensivo aos embargos depende da satisfação cumulativa dos seguintes pressupostos: *(i)* requerimento do embargante; *(ii)* presença dos pressupostos para a concessão da tutela provisória, seja ela de urgência ou de evidência; e *(iii)* a execução deve estar garantida por penhora (no caso de execução para pagamento de quantia), depósito (no caso de execução para entrega de coisa) ou caução (no caso de execução de obrigações de fazer ou de não fazer).

**15. Efeito suspensivo a embargos à execução. A possibilidade de se admitir exceção de pré-executividade não afasta exigência de garantia do juízo como requisito para o efeito suspensivo.** *"4. O art. 919, § 1º, do CPC/2015 prevê que o juiz poderá atribuir efeito suspensivo aos embargos à execução quando presentes, cumulativamente, os seguintes requisitos: (a) requerimento do embargante; (b) relevância da argumentação; (c) risco de dano grave de difícil ou incerta reparação; e (d) garantia do juízo. Precedentes. 5. A relevância e a possibilidade de a matéria arguida ser apreciada em sede de exceção de pré-executividade não retira o requisito expressamente previsto para a concessão de efeito suspensivo dos embargos à execução"* (STJ, 3ª Turma, REsp 1.772.516/SP, rel. Min. Nancy Andrighi, *DJe* 11.5.2020).

**16. Dispensa do depósito da coisa.** Na execução para entrega de coisa, dispensa-se o depósito, se os embargos tiverem por objeto o direito de retenção do embargante (art. 917, IV). Se o direito material assegura ao executado a retenção da coisa (manutenção da posse) até que lhe seja ressarcido o valor das benfeitorias indenizáveis, não faz sentido exigir-se do executado o depósito da coisa, nem mesmo como pressuposto para atribuição de efeito suspensivo aos seus embargos, sob pena de esvaziar-se por completo o contradireito que a lei material lhe confere. Nesses casos, a concessão do efeito suspensivo depende apenas da satisfação dos demais pressupostos do art. 919, § 1º.

**17. Efeito suspensivo parcial.** O efeito suspensivo pode ser atribuído aos embargos apenas em parte. Nesse caso, a execução prosseguirá quanto à outra parte. Isso pode ocorrer em 2 hipóteses: a) quando os embargos impugnarem apenas parte do crédito ou da execução, vindo a ser concedido o pretendido efeito suspensivo pelo juiz; b) quando os embargos atacarem toda a execução, mas o juiz somente conceder o efeito suspensivo em relação a uma parte.

**18. Efeito suspensivo em caso de litisconsórcio.** A concessão de efeito suspensivo aos embargos oferecidos por um dos executados não suspende a execução contra os que não embargaram, quando o respectivo fundamento disser respeito exclusivamente ao embargante. Havendo fundamento comum, que aproveite a todos os executados, o efeito suspensivo beneficia todos.

**19. Substituição do efeito suspensivo por caução.** Atribuído efeito suspensivo, o exequente pode requerer o prosseguimento da execução, oferecendo e prestando caução suficiente e idônea a ser arbitrada pelo juiz (art. 525, § 10). Não é necessária a propositura de uma demanda cautelar para que seja prestada a caução; esta se presta nos próprios autos, devendo ser suficiente e idônea, real ou fidejussória. Embora o art. 525, § 10, trate da impugnação ao cumprimento da sentença, tal dispositivo aplica-se igualmente aos embargos à execução fundada em título extrajudicial (art. 771, parágrafo único).

**20. Modificação ou revogação da decisão.** A decisão que atribui efeito suspensivo aos embargos é decisão que concede tutela provisória. Por isso, é possível, a requerimento da parte, ser modificada ou revogada, a qualquer tempo, em decisão fundamentada que demonstre a alteração da situação que motivou a suspensão.

**21. Recurso.** Cabe agravo de instrumento tanto da decisão que atribui efeito suspensivo aos embargos à execução (art. 1.015, X) como da que o indefere (art. 1.015, I).

**22. Cabimento de agravo de instrumento da decisão que indefere o efeito suspensivo aos embargos à execução.** *"A decisão que versa sobre a concessão de efeito suspensivo aos embargos à execução de título extrajudicial é uma decisão interlocutória que versa sobre tutela provisória, como*

*reconhece o art. 919, § 1º, do CPC/2015, motivo pelo qual a interposição imediata do agravo de instrumento em face da decisão que indefere a concessão do efeito suspensivo é admissível com base no art. 1.015, I, do CPC/2015, tornando inadequado o uso de interpretação extensiva ou analogia sobre a hipótese de cabimento prevista no art. 1.015, X, do CPC/2015"* (STJ, 3ª Turma, REsp 1.745.358/SP, rel. Min. Nancy Andrighi, *DJe* 1º.3.2019).

**23. Cabimento de agravo de instrumento contra a decisão que versa sobre a concessão de efeito suspensivo aos embargos à execução de título extrajudicial.** *"A jurisprudência desta Corte caminha no sentido de que a decisão que versa sobre a concessão de efeito suspensivo aos embargos à execução de título extrajudicial é uma decisão interlocutória que versa sobre tutela provisória, como reconhece o art. 919, § 1º, do CPC/2015, motivo pelo qual a interposição imediata do agravo de instrumento em face da decisão que indefere a concessão do efeito suspensivo é admissível com base no art. 1.015, I, do CPC/2015"* (STJ, 4ª Turma, AgInt no REsp 1847449/SP, Rel. Min. Raul Araújo, *DJe* 15.6.2020).

**24. Substituição, reforço ou redução da penhora e da avaliação de bens.** O executado pode, até 10 dias após a intimação da penhora, requerer a substituição do bem penhorado, desde que comprove que lhe será menos onerosa e não trará prejuízo ao exequente (art. 847). É admitida nova avaliação nos casos do art. 873. Tais situações – que autorizam a substituição do bem penhorado ou a realização de nova avaliação – podem ocorrer após a concessão do efeito suspensivo (art. 919, § 5º).

---

**Art. 920.** Recebidos os embargos:

I – o exequente será ouvido no prazo de 15 (quinze) dias;

II – a seguir, o juiz julgará imediatamente o pedido ou designará audiência;

III – encerrada a instrução, o juiz proferirá sentença.

---

▶ **1. Correspondência no CPC/1973.** *"Art. 740. Recebidos os embargos, será o exequente ouvido no prazo de 15 (quinze) dias; a seguir, o juiz julgará imediatamente o pedido (art. 330) ou designará audiência de conciliação, instrução e julgamento, proferindo sentença no prazo de 10 (dez) dias. Parágrafo único. No caso de embargos manifestamente protelatórios, o juiz imporá, em favor do exequente, multa ao embargante em valor não superior a 20% (vinte por cento) do valor em execução."*

**LIVRO II** · DO PROCESSO DE EXECUÇÃO **Art. 921**

## 🏛 LEGISLAÇÃO CORRELATA

**2. Lei 6.830/1980, art. 17.** *"Art. 17. Recebidos os embargos, o Juiz mandará intimar a Fazenda, para impugná-los no prazo de 30 (trinta) dias, designando, em seguida, audiência de instrução e julgamento. Parágrafo único. Não se realizará audiência, se os embargos versarem sobre matéria de direito, ou, sendo de direito e de fato, a prova for exclusivamente documental, caso em que o Juiz proferirá a sentença no prazo de 30 (trinta) dias."*

## ⚖ JURISPRUDÊNCIA, ENUNCIADOS E SÚMULAS SELECIONADOS

- **3. Súmula STJ, 317.** *"É definitiva a execução de título extrajudicial, ainda que pendente apelação contra sentença que julgue improcedentes os embargos."*
- **4. Enunciado 94 da I Jornada-CJF.** *"Aplica-se o procedimento do art. 920 do CPC à impugnação ao cumprimento de sentença, com possibilidade de rejeição liminar nas hipóteses dos arts. 525, § 5º, e 918 do CPC."*
- **5. Enunciado 158 da II Jornada-CJF.** *"A sentença de rejeição dos embargos à execução opostos pela Fazenda Pública não está sujeita à remessa necessária."*

## 🖥 COMENTÁRIOS TEMÁTICOS

**6. Procedimento.** Recebidos os embargos, será o exequente intimado para, no prazo de 15 dias, manifestar-se sobre as alegações do embargante. Não há previsão de designação de audiência de conciliação, tal como no procedimento comum (art. 334). Nada impede, porém, que o juiz a designe, se entender que há possibilidade de autocomposição (arts. 3º, § 3º, e 139, V). Após a manifestação do embargado, o juiz deve verificar se é o caso de colher a manifestação do embargante (arts. 350 e 351). Depois disso, julgará imediatamente o pedido ou designará audiência de conciliação, instrução e julgamento. Aplicam-se aqui as regras de direito probatório do procedimento comum.

**7. Encerramento por sentença.** O procedimento dos embargos à execução encerra-se por sentença.

**8. Recursos.** Os embargos à execução são julgados por sentença, da qual cabe apelação (art. 1.009). Acolhidos os embargos, a apelação tem efeito suspensivo (art. 1.012). Rejeitados que sejam, com ou sem exame do mérito, a apelação não tem efeito suspensivo (art. 1.012, § 1º,

III), de sorte que a sentença começa a produzir efeitos imediatamente após a sua publicação.

**9. Prosseguimento da execução depois do julgamento dos embargos.** *"..., julgados improcedentes os embargos, a execução que iniciou com caráter definitivo prosseguirá como definitiva, mesmo que o embargante interponha recurso de apelação, cujo efeito é apenas devolutivo"* (STJ, 3ª Turma, AgRg no Ag 1.268.923/SP, rel. Min. Sidnei Beneti, *DJe* 1º.7.2010).

**10. Honorários de sucumbência.** A sucumbência nos embargos à execução dá ensejo à condenação do sucumbente ao pagamento de honorários ao advogado do vencedor (art. 85, § 1º). Se o vencedor for o embargado, os honorários inicialmente fixados em 10% do montante exigido (art. 827) serão majorados para até 20% (art. 827, § 2º), e será acrescido no valor do débito principal, para todos os efeitos legais (art. 85, § 13). Se vencedor o embargante, além excluir a verba fixada inicialmente (art. 827), o juiz condenará o embargado a pagar ao advogado do embargante os honorários.

# TÍTULO IV
## DA SUSPENSÃO E DA EXTINÇÃO DO PROCESSO DE EXECUÇÃO

## CAPÍTULO I
### DA SUSPENSÃO DO PROCESSO DE EXECUÇÃO

**Art. 921.** Suspende-se a execução:

I – nas hipóteses dos arts. 313 e 315, no que couber;

II – no todo ou em parte, quando recebidos com efeito suspensivo os embargos à execução;

III – quando não for localizado o executado ou bens penhoráveis;

IV – se a alienação dos bens penhorados não se realizar por falta de licitantes e o exequente, em 15 (quinze) dias, não requerer a adjudicação nem indicar outros bens penhoráveis;

V – quando concedido o parcelamento de que trata o art. 916.

§ 1º Na hipótese do inciso III, o juiz suspenderá a execução pelo prazo de 1 (um) ano, durante o qual se suspenderá a prescrição.

§ 2º Decorrido o prazo máximo de 1 (um) ano sem que seja localizado o executado ou que sejam encontrados bens penhoráveis, o juiz ordenará o arquivamento dos autos.

§ 3º Os autos serão desarquivados para prosseguimento da execução se a qualquer tempo forem encontrados bens penhoráveis.

§ 4º O termo inicial da prescrição no curso do processo será a ciência da primeira tentativa infrutífera de localização do devedor ou de bens penhoráveis, e será suspensa, por uma única vez, pelo prazo máximo previsto no § 1º deste artigo.

§ 4º-A. A efetiva citação, intimação do devedor ou constrição de bens penhoráveis interrompe o prazo de prescrição, que não corre pelo tempo necessário à citação e à intimação do devedor, bem como para as formalidades da constrição patrimonial, se necessária, desde que o credor cumpra os prazos previstos na lei processual ou fixados pelo juiz.

§ 5º O juiz, depois de ouvidas as partes, no prazo de 15 (quinze) dias, poderá, de ofício, reconhecer a prescrição no curso do processo e extingui-lo, sem ônus para as partes.

§ 6º A alegação de nulidade quanto ao procedimento previsto neste artigo somente será conhecida caso demonstrada a ocorrência de efetivo prejuízo, que será presumido apenas em caso de inexistência da intimação de que trata o § 4º deste artigo.

§ 7º Aplica-se o disposto neste artigo ao cumprimento de sentença de que trata o art. 523 deste Código.

▶ **1. Correspondência no CPC/1973.** *"Art. 791. Suspende-se a execução: I – no todo ou em parte, quando recebidos com efeito suspensivo os embargos à execução (art. 739-A); II – nas hipóteses previstas no art. 265, I a III; III – quando o devedor não possuir bens penhoráveis."*

## 📖 Legislação Correlata

**2. CC, art. 206-A.** *"Art. 206-A. A prescrição intercorrente observará o mesmo prazo de prescrição da pretensão, observadas as causas de impedimento, de suspensão e de interrupção da prescrição previstas neste Código e observado o disposto no art. 921 da Lei nº 13.105, de 16 de março de 2015 (Código de Processo Civil)."*

**3. LC 109/2001, art. 49, I.** *"Art. 49. A decretação da liquidação extrajudicial produzirá, de imediato, os seguintes efeitos: I – suspensão das ações e execuções iniciadas sobre direitos e interesses relativos ao acervo da entidade liquidanda."*

**4. Lei 6.024/1974, art. 18, a.** *"Art. 18. A decretação da liquidação extrajudicial produzirá, de imediato, os seguintes efeitos: a) suspensão das ações e execuções iniciadas sobre direitos e*

*interesses relativos ao acervo da entidade liquidanda, não podendo ser intentadas quaisquer outras, enquanto durar a liquidação."*

**5. Lei 6.830/1980, art. 40.** *"O Juiz suspenderá o curso da execução, enquanto não for localizado o devedor ou encontrados bens sobre os quais possa recair a penhora, e, nesses casos, não correrá o prazo de prescrição. § 1º Suspenso o curso da execução, será aberta vista dos autos ao representante judicial da Fazenda Pública. § 2º Decorrido o prazo máximo de 1 (um) ano, sem que seja localizado o devedor ou encontrados bens penhoráveis, o Juiz ordenará o arquivamento dos autos. § 3º Encontrados que sejam, a qualquer tempo, o devedor ou os bens, serão desarquivados os autos para prosseguimento da execução. § 4º Se da decisão que ordenar o arquivamento tiver decorrido o prazo prescricional, o juiz, depois de ouvida a Fazenda Pública, poderá, de ofício, reconhecer a prescrição intercorrente e decretá-la de imediato. § 5º A manifestação prévia da Fazenda Pública prevista no § 4º deste artigo será dispensada no caso de cobranças judiciais cujo valor seja inferior ao mínimo fixado por ato do Ministro de Estado da Fazenda."*

**6. Lei 9.656/1998, art. 24-D.** *"Art. 24-D. Aplica-se à liquidação extrajudicial das operadoras de planos privados de assistência à saúde e ao disposto nos arts. 24-A e 35-I, no que couber com os preceitos desta Lei, o disposto na Lei nº 6.024, de 13 de março de 1974, no Decreto-lei nº 7.661, de 21 de junho de 1945, no Decreto-lei nº 41, de 18 de novembro de 1966, e no Decreto-lei nº 73, de 21 de novembro de 1966, conforme o que dispuser a ANS."*

**7. Lei 11.101/2005, art. 6º, II.** *"Art. 6º A decretação da falência ou o deferimento do processamento da recuperação judicial implica: (...) II – suspensão das execuções ajuizadas contra o devedor, inclusive daquelas dos credores particulares do sócio solidário, relativas a créditos ou obrigações sujeitos à recuperação judicial ou à falência."*

## ⚖ Jurisprudência, Enunciados e Súmulas Selecionados

• **8. Súmula STF, 150.** *"Prescreve a execução no mesmo prazo de prescrição da ação."*

• **9. Súmula STF, 264.** *"Verifica-se a prescrição intercorrente pela paralisação da ação rescisória por mais de cinco anos."*

• **10. Tema/IAC 1 STJ.** *"1.1. Incide a prescrição intercorrente, nas causas regidas pelo CPC/1973, quando o exequente permanece* *inerte por prazo superior ao de prescrição do direito material vindicado, conforme interpretação extraída do art. 202, parágrafo único, do Código Civil de 2002. 1.2. O termo inicial do prazo prescricional, na vigência do CPC/1973, conta-se do fim do prazo judicial de suspensão do processo ou, inexistindo prazo fixado, do transcurso de 1 (um) ano (aplicação analógica do art. 40, § 2º, da Lei 6.830/1980). 1.3. O termo inicial do art. 1.056 do CPC/2015 tem incidência apenas nas hipóteses em que o processo se encontrava suspenso na data da entrada em vigor da novel lei processual, uma vez que não se pode extrair interpretação que viabilize o reinício ou a reabertura de prazo prescricional ocorridos na vigência do revogado CPC/1973 (aplicação irretroativa da norma processual). 1.4. O contraditório é princípio que deve ser respeitado em todas as manifestações do Poder Judiciário, que deve zelar pela sua observância, inclusive nas hipóteses de declaração de ofício da prescrição intercorrente, devendo o credor ser previamente intimado para opor algum fato impeditivo à incidência da prescrição."*

- **11. Tema/Repercussão Geral 390 STF.** *"É constitucional o art. 40 da Lei nº 6.830/1980 (Lei de Execuções Fiscais LEF), tendo natureza processual o prazo de 1 (um) ano de suspensão da execução fiscal. Após o decurso desse prazo, inicia-se automaticamente a contagem do prazo prescricional tributário de 5 (cinco) anos."*

- **12. Tema/Repetitivo 566 STJ.** *"O prazo de 1 (um) ano de suspensão do processo e do respectivo prazo prescricional previsto no art. 40, §§ 1º e 2º da Lei n. 6.830/80 – LEF tem início automaticamente na data da ciência da Fazenda Pública a respeito da não localização do devedor ou da inexistência de bens penhoráveis no endereço fornecido, havendo, sem prejuízo dessa contagem automática, o dever de o magistrado declarar ter ocorrido a suspensão da execução."*

- **13. Tema/Repetitivo 567 STJ.** *"Havendo ou não petição da Fazenda Pública e havendo ou não pronunciamento judicial nesse sentido, findo o prazo de 1 (um) ano de suspensão inicia-se automaticamente o prazo prescricional aplicável."*

- **14. Tema/Repetitivo 568 STJ.** *"A efetiva constrição patrimonial e a efetiva citação (ainda que por edital) são aptas a interromper o curso da prescrição intercorrente, não bastando para tal o mero peticionamento em juízo, requerendo, v.g., a feitura da penhora sobre ativos financeiros ou sobre outros bens."*

- **15. Tema/Repetitivo 569 STJ.** *"Havendo ou não petição da Fazenda Pública e havendo ou não pronunciamento judicial nesse sentido, findo o prazo de 1 (um) ano de suspensão inicia-se automaticamente o prazo prescricional aplicável."*

- **16. Tema/Repetitivo 570 STJ.** *"A Fazenda Pública, em sua primeira oportunidade de falar nos autos (art. 245 do CPC/73, correspondente ao art. 278 do CPC/2015), ao alegar nulidade pela falta de qualquer intimação dentro do procedimento do art. 40 da LEF, deverá demonstrar o prejuízo que sofreu (exceto a falta da intimação que constitui o termo inicial – 4.1, onde o prejuízo é presumido), por exemplo, deverá demonstrar a ocorrência de qualquer causa interruptiva da prescrição."*

- **17. Tema/Repetitivo 571 STJ.** *"A Fazenda Pública, em sua primeira oportunidade de falar nos autos (art. 245 do CPC/73, correspondente ao art. 278 do CPC/2015), ao alegar nulidade pela falta de qualquer intimação dentro do procedimento do art. 40 da LEF, deverá demonstrar o prejuízo que sofreu (exceto a falta da intimação que constitui o termo inicial – 4.1, onde o prejuízo é presumido), por exemplo, deverá demonstrar a ocorrência de qualquer causa interruptiva da prescrição."*

- **18. Súmula STJ, 518.** *"A recuperação judicial do devedor principal não impede o prosseguimento das ações e execuções ajuizadas contra terceiros devedores solidários ou coobrigados em geral, por garantia cambial, real ou fidejussória."*

- **19. Súmula STJ, 314.** *"Em execução fiscal, não localizados bens penhoráveis, suspende-se o processo por um ano, findo o qual se inicia o prazo da prescrição quinquenal intercorrente."*

- **20. Enunciado 194 do FPPC.** *"A prescrição intercorrente pode ser reconhecida no procedimento de cumprimento de sentença."*

- **21. Enunciado 196 do FPPC.** *"O prazo da prescrição intercorrente é o mesmo da ação."*

- **22. Enunciado 452 do FPPC.** *"Durante a suspensão do processo prevista no art. 982 não corre o prazo de prescrição intercorrente."*

- **23. Enunciado 548 do FPPC.** *"O simples desarquivamento dos autos é insuficiente para interromper a prescrição."*

- **24. Enunciado 213 da III Jornada-CJF.** *"A citação ficta do executado não configura causa de suspensão da execução pela sua não localização, prevista no art. 921, inciso III, do CPC."*

## ☐ COMENTÁRIOS TEMÁTICOS

**25. Hipóteses de suspensão da execução.** O processo de conhecimento suspende-se nas hipóteses previstas no art. 313. A execução também sofre seus momentos de crise, podendo ser suspensa. Não são, entretanto, todos os casos do art. 313 que acarretam a suspensão da execução. As causas suspensivas da execução estão relacionadas no art. 921.

**26. Outras hipóteses de suspensão da execução.** Além das hipóteses relacionadas no art. 921, há outras causas suspensivas da execução: *(a)* a atribuição de efeito suspensivo à impugnação ao cumprimento de sentença (CPC, art. 525, § 6º); *(b)* o recebimento dos embargos de terceiro (CPC, art. 678); *(c)* a instauração do incidente de desconsideração da personalidade jurídica (CPC, art. 134, § 3º); *(d)* a decretação da liquidação extrajudicial de entidade de previdência complementar (LC 109/2001, art. 49, I); *(e)* a decretação da liquidação extrajudicial de instituição financeira (Lei 6.024/1974, art. 18, *a*); *(f)* a não localização do devedor ou de bens penhoráveis na execução fiscal (Lei 6.830/1980, art. 40); *(g)* a decretação da liquidação extrajudicial das operadoras de planos privados de assistência à saúde (Lei 9.656/1998, art. 24-D); *(h)* a decretação da falência ou o deferimento do processamento da recuperação judicial (Lei 11.101/2005, art. 6º, II).

**27. Suspensão da execução, não só na liquidação extrajudicial, mas também na intervenção.** "*A despeito de a LC 109/2001 referir-se expressamente que haverá, nas hipóteses de liquidação extrajudicial, a suspensão das ações e execuções iniciadas sobre direitos e interesses relativos ao acervo da entidade liquidanda (art. 49, I), mister reconhecer que tal efeito deve ser estendido, também, às hipóteses de intervenção*" (STJ, 3ª Turma, REsp 1.796.664/RS, rel. Min. Nancy Andrighi, *DJe* 22.11.2019).

**28. Suspensão da execução e atos de construção.** A suspensão da execução não suspende, não desfaz, não desconstitui, nem atinge a penhora ou constrição de bens.

**29. Suspensão da execução e manutenção da penhora.** "*A suspensão da execução decretada nos termos do art. 18, a, da Lei 6.024/1974, não tem como consequência lógica a desconstituição da penhora já perfectibilizada*" (STJ, 3ª Turma, AgInt no AREsp 1.294.374/DF, rel. Min. Marco Aurélio Bellizze, *DJe* 24.8.2018).

**30. Suspensão da execução não atinge penhora.** "*É firme a orientação do Superior Tribunal de Justiça no sentido de que suspen*der a execução em virtude da decretação de liquidação extrajudicial não acarreta, necessariamente, o levantamento de valores objetos de penhora*" (STJ, 3ª Turma, AgInt no AREsp 1.367.010/PR, rel. Min. Ricardo Villas Bôas Cueva, *DJe* 21.5.2019).

**31. Falta de bens penhoráveis.** É o patrimônio do executado que se sujeita à execução. Sem bens a serem penhorados, não há como dar prosseguimento à execução. A ausência de bens penhoráveis causa a suspensão da execução.

**32. Falta de bens penhoráveis nos Juizados.** Nos Juizados Especiais Cíveis, na execução de título extrajudicial, não havendo bens, a execução deve ser extinta, e não apenas suspensa (Lei 9.099/1995, art. 53, § 4º).

**33. Bens penhoráveis insuficientes.** A execução suspende-se não somente quando faltarem bens penhoráveis, mas também quando os que existirem forem insuficientes para que se efetive uma penhora útil (art. 836).

**34. Falsa suspensão da execução.** A suspensão do processo impede o juiz de praticar atos no processo (art. 923). Quando se suspende o processo pela falta de bens penhoráveis, não se impede a prática de atos processuais. Na verdade, a paralisação da execução pela falta ou insuficiência de bens penhoráveis constitui uma falsa suspensão, pois, durante esse período, não é vedado ao juiz nem ao exequente praticar atos no processo. Muito pelo contrário: deve o exequente prosseguir na busca de bens penhoráveis, requerendo, até mesmo, que o juiz requisite informações à Receita Federal, ao sistema bancário, à Junta Comercial, à Secretaria da Fazenda etc. Não há, nessa situação, uma suspensão do processo por determinação judicial; o procedimento deixa de prosseguir em direção aos atos de expropriação, em razão da impossibilidade de prática de um ato a ela indispensável que é a penhora. Mas a discussão em torno do título executivo e da própria execução pode continuar, pois não depende da penhora. O executado, aliás, já poderá ter oferecido a impugnação ou os embargos à execução, que não pressupõem prévia penhora; assim, mesmo não sendo encontrados bens, vários atos processuais podem ser praticados, principalmente aqueles relacionados ao processamento dos embargos à execução ou da impugnação.

**35. Duração da suspensão em caso de falta de bens penhoráveis.** A suspensão do processo, nessa hipótese, deverá durar no máximo 1 ano, durante o qual também ficará suspenso o curso do prazo prescricional (art. 921, § 1º).

**36. Arquivamento dos autos e prescrição intercorrente.** Ultrapassado o período de 1 ano, sem que se tenham encontrado bens penhoráveis, o juiz ordenará o arquivamento dos autos (art. 921, § 2º) e, não havendo manifestação do exequente, começa a correr o prazo de prescrição intercorrente (art. 921, § 4º), que poderá inclusive ser reconhecida de ofício pelo juiz, observado o dever de consulta (art. 921, § 5º).

**37. Desarquivamento dos atos e prosseguimento da execução.** Encontrado algum bem penhorável, os autos poderão ser desarquivados para prosseguimento da execução (art. 921, § 3º). Não basta, porém, desarquivar os autos para que o prazo de prescrição se interrompa; é preciso tomar atitudes que demonstrem a diligência do credor.

**38. Ausência de licitantes na alienação judicial.** A execução suspende-se quando a alienação judicial do bem penhorado frustrar-se por falta de licitantes e o exequente não tenha requerido a adjudicação do bem, nem indicado outros bens a serem penhorados (art. 921, IV). Além dessas duas atitudes (requerimento de adjudicação e indicação de outros bens), o exequente pode praticar outros atos que impeçam a suspensão da execução, como o pedido de nova hasta pública do mesmo bem ou o pedido de satisfação do crédito pelo recebimento dos frutos ou rendimentos da coisa penhorada.

**39. Prescrição intercorrente.** Suspende-se a execução pela ausência de localização de bens penhoráveis do executado. Não encontrados bens do executado, o processo é suspenso e arquivado pelo prazo máximo de 1 ano. Vindo a ser encontrados bens passíveis de penhora, os autos são desarquivados para prosseguimento da execução. Decorrido o prazo de suspensão, sem manifestação do credor, inicia-se automaticamente a contagem da prescrição intercorrente, cuja fluência é obstada, caso se encontrem bens penhoráveis. Não vindo a ser penhorados bens do executado, a prescrição se consuma. Não basta que o exequente indique bens aleatoriamente ou postule medidas infrutíferas. A prescrição intercorrente é obstada apenas com a efetiva constrição patrimonial. Não é admissível uma busca eterna de bens do executado. O exequente tem o ônus processual de impulsionar a execução, promovendo os atos que lhe cabem para que se obtenha a satisfação do crédito executado. Não havendo pedido ou se os pedidos se revelarem inúteis, continua a fluir a prescrição intercorrente.

**40. Reconhecimento da prescrição intercorrente e ausência de honorários.** *"A jurisprudência desta Corte pacificou-se em relação à aplicação do princípio da causalidade para o arbitramento de honorários advocatícios quando da extinção do processo em razão do reconhecimento da prescrição intercorrente (art. 85, § 10, do CPC/15). 4. Todavia, após a alteração promovida pela Lei 14.195/2021, publicada em 26.08.2021, faz-se necessário rever tal posicionamento, uma vez que o § 5º do art. 921 do CPC/15 dispõe expressamente que não serão imputados quaisquer ônus às partes quando reconhecida referida prescrição. 5. Nas hipóteses em que extinto o processo com resolução do mérito, em razão do reconhecimento da prescrição intercorrente, é de ser reconhecida a ausência de ônus às partes, a importar condenação nenhuma em custas e honorários sucumbenciais. 6. A legislação que versa sobre honorários advocatícios possui natureza híbrida (material-processual), de modo que o marco temporal para a aplicação das novas regras sucumbenciais deve ser a data de prolação da sentença (ou ato jurisdicional equivalente, quando diante de processo de competência originária de Tribunal). 7. Hipótese em que a sentença extinguiu o processo em 04.10.2021, ante o reconhecimento da prescrição intercorrente, e o executado/recorrente foi condenado ao pagamento de honorários sucumbenciais, quando do julgamento da apelação do exequente/recorrido"* (STJ, 3ª Turma, REsp 2.025.303/DF, rel. Min. Nancy Andrighi, *DJe* 11.11.2022).

**41. Ausência de prescrição intercorrente durante a suspensão do processo para habilitação dos sucessores do executado falecido.** *"Inexiste prescrição intercorrente para habilitação dos sucessores na ação em decorrência da morte do autor originário, por ausência de previsão legal quanto ao prazo para a realização do ato"* (STJ, 2ª Turma, REsp 1.830.518/PE, rel. Min. Og Fernandes, *DJe* 27.4.2021).

**42. Falência, recuperação judicial e suspensão da execução.** Sobrevindo a decretação da falência ou de recuperação judicial, estarão suspensas as execuções individuais propostas em face do devedor insolvente, inclusive as execuções propostas pelos credores particulares do sócio solidário (Lei 11.101/2005, art. 6º, II). Terá prosseguimento no juízo no qual se estiver processando a ação que demandar quantia ilíquida (Lei 11.101/2005, art. 6º, § 1º). Nesse caso, os credores devem habilitar-se na falência ou na recuperação judicial, a fim de receberem seus créditos. Somente não serão suspensas a ação que demanda quantia ilíquida, a ação trabalhista até a fixação do valor devido e a execução fiscal (Lei 11.101/2005, art. 6º, §§ 1º, 2º e 7º-B, art. 52, III, art. 99, V).

**43. Ação rescisória e suspensão do cumprimento de sentença.** A ação rescisória não suspende a eficácia da decisão rescindenda, que poderá, assim, ser executada. O art. 969 permite, todavia, a concessão de tutela provisória que suspenda o procedimento executivo, na pendência da ação rescisória.

**Art. 922.** Convindo as partes, o juiz declarará suspensa a execução durante o prazo concedido pelo exequente para que o executado cumpra voluntariamente a obrigação.

Parágrafo único. Findo o prazo sem cumprimento da obrigação, o processo retomará o seu curso.

▶ **1. Correspondência no CPC/1973.** *"Art. 792. Convindo as partes, o juiz declarará suspensa a execução durante o prazo concedido pelo credor, para que o devedor cumpra voluntariamente a obrigação. Parágrafo único. Findo o prazo sem cumprimento da obrigação, o processo retomará o seu curso."*

### ⊟ COMENTÁRIOS TEMÁTICOS

**2. Suspensão convencional da execução.** O procedimento executivo suspende-se pela convenção das partes (art. 313, II).

**3. Duração da suspensão convencional.** A suspensão convencional da execução não poderia exceder 6 meses (art. 313, § 4º). Essa conclusão, que resulta da interpretação literal do art. 921, I, com o art. 313, II, § 4º, não se harmoniza com o art. 922. Se, pela disciplina do art. 313, a suspensão pela convenção das partes submete-se a um prazo de 6 meses, o art. 922 estabelece que, sendo conveniente para as partes, o juiz suspenderá a execução durante o prazo concedido pelo credor para que o devedor cumpra voluntariamente a obrigação. Findo esse prazo sem cumprimento da obrigação, o processo retomará seu curso. Enquanto a suspensão do procedimento pelo art. 313, II (aplicável à execução por força do art. 921, I) sujeita-se a um prazo máximo de 6 meses, não há prazo para a suspensão convencional da execução senão aquele que for fixado pelo exequente para o cumprimento voluntário da obrigação pelo executado (art. 922), podendo esse prazo ser, até mesmo, superior a 6 meses. Assim, o § 4º do art. 313 não se aplica à execução, em razão do art. 922, que não estabele-

ce limite temporal ao acordo de suspensão do processo de execução.

**Art. 923.** Suspensa a execução, não serão praticados atos processuais, podendo o juiz, entretanto, salvo no caso de arguição de impedimento ou de suspeição, ordenar providências urgentes.

▶ **1. Correspondência no CPC/1973.** *"Art. 793. Suspensa a execução, é defeso praticar quaisquer atos processuais. O juiz poderá, entretanto, ordenar providências cautelares urgentes."*

### ⊟ COMENTÁRIOS TEMÁTICOS

**2. Suspensão *versus* paralisação do processo.** A suspensão do procedimento consiste numa situação meramente instrumental, de transição ou passageira, destinada a permanecer durante um período mais ou menos largo, tendo referência ao processo em si mesmo, sem ocasionar sua extinção. As meras paralisações do procedimento não se confundem com as hipóteses de suspensão. O fato de o procedimento estar paralisado não quer dizer que esteja suspenso.

**3. Proibição da prática de atos processuais durante a suspensão.** Havendo suspensão do procedimento, não se deve praticar atos processuais (CPC, art. 314), ressalvadas as hipóteses de urgência. Em casos de meras paralisações, não se veda a prática de atos processuais. O procedimento somente estará suspenso nas hipóteses previstas em lei.

**4. Suspensão da execução e atos de construção.** A suspensão da execução não suspende, não desfaz, não desconstitui, nem atinge a penhora ou constrição de bens. A suspensão impede a prática de atos processuais, inclusive o desfazimento de atos anteriormente praticados.

**5. Possibilidade da prática de atos na falta de bens penhoráveis.** Quando se suspende o processo pela falta de bens penhoráveis, não se impede a prática de atos processuais. A paralisação da execução pela falta ou insuficiência de bens penhoráveis não impede o juiz nem o exequente de praticar atos no processo. O exequente deve prosseguir na busca de bens penhoráveis, requerendo que o juiz requisite informações à Receita Federal, ao sistema bancário, à Junta Comercial, à Secretaria da Fazenda etc. O procedimento deixa de prosseguir em direção aos atos de expropriação, em razão da impossibilidade de prática de um ato a ela indispensável que é a penhora, mas a discussão em torno do título executivo e da própria execução pode continuar, pois não depende da penhora. O executado, aliás, já poderá ter oferecido a impugnação ou os embargos à execução, que não pressupõem prévia penhora; assim, mesmo não sendo encontrados bens, vários atos processuais podem ser praticados, principalmente aqueles relacionados ao processamento dos embargos à execução ou da impugnação.

## CAPÍTULO II
## DA EXTINÇÃO DO PROCESSO DE EXECUÇÃO

**Art. 924.** Extingue-se a execução quando:

I – a petição inicial for indeferida;

II – a obrigação for satisfeita;

III – o executado obtiver, por qualquer outro meio, a extinção total da dívida;

IV – o exequente renunciar ao crédito;

V – ocorrer a prescrição intercorrente.

▶ **1. Correspondência no CPC/1973.** *"Art. 794. Extingue-se a execução quando: I – o devedor satisfaz a obrigação; II – o devedor obtém, por transação ou por qualquer outro meio, a remissão total da dívida; III – o credor renunciar ao crédito."*

### ⚖ Legislação Correlata

**2. CC, art. 206-A.** *"Art. 206-A. A prescrição intercorrente observará o mesmo prazo de prescrição da pretensão, observadas as causas de impedimento, de suspensão e de interrupção da prescrição previstas neste Código e observado o disposto no art. 921 da Lei nº 13.105, de 15 de março de 2015 (Código de Processo Civil)."*

**3. CC, art. 385.** *"Art. 385. A remissão da dívida, aceita pelo devedor, extingue a obrigação, mas sem prejuízo de terceiro".*

**4. CC, art. 388.** *"Art. 388. A remissão concedida a um dos co-devedores extingue a dívida na parte a ele correspondente; de modo que, ainda reservando o credor a solidariedade contra os outros, já lhes não pode cobrar o débito sem dedução da parte remitida."*

**5. Lei 9.099/1995, art. 53, § 4º.** *"§ 4º Não encontrado o devedor ou inexistindo bens penhoráveis, o processo será imediatamente extinto, devolvendo-se os documentos ao autor".*

### ⚖ Jurisprudência, Enunciados e Súmulas Selecionados

- **6. Tema/Repercussão Geral 1184 STF.** *"1. É legítima a extinção de execução fiscal de baixo valor pela ausência de interesse de agir tendo em vista o princípio constitucional da eficiência administrativa, respeitada a competência constitucional de cada ente federado. 2. O ajuizamento da execução fiscal dependerá da prévia adoção das seguintes providências: a) tentativa de conciliação ou adoção de solução administrativa; e b) protesto do título, salvo por motivo de eficiência administrativa, comprovando-se a inadequação da medida. 3. O trâmite de ações de execução fiscal não impede os entes federados de pedirem a suspensão do processo para a adoção das medidas previstas no item 2, devendo, nesse caso, o juiz ser comunicado do prazo para as providências cabíveis."*

- **7. Tema/IAC 1 STJ.** *"1.1. Incide a prescrição intercorrente, nas causas regidas pelo CPC/73, quando o exequente permanece inerte por prazo superior ao de prescrição do direito material vindicado, conforme interpretação extraída do art. 202, parágrafo único, do Código Civil de 2002. 1.2. O termo inicial do prazo prescricional, na vigência do CPC/1973, conta-se do fim do prazo judicial de suspensão do processo ou, inexistindo prazo fixado, do transcurso de 1 (um) ano (aplicação analógica do art. 40, § 2º, da Lei 6.830/1980). 1.3. O termo inicial do art. 1.056 do CPC/2015 tem incidência apenas nas hipóteses em que o processo se encontrava suspenso na data da entrada em vigor da novel lei processual, uma vez que não se pode extrair interpretação que viabilize o reinício ou a reabertura de prazo prescricional ocorridos na vigência do revogado CPC/1973 (aplicação irretroativa da norma processual). 1.4. O contraditório é princípio que deve ser respeitado em todas as manifestações do Poder Judiciário, que deve zelar pela sua observância, inclusive nas hipóteses de declaração de ofício da prescrição intercorrente, devendo o credor ser previamente intimado para opor algum fato impeditivo à incidência da prescrição."*

- **8. Súmula STF, 150.** *"Prescreve a execução no mesmo prazo de prescrição da ação."*

- **9. Súmula STF, 264.** *"Verifica-se a prescrição intercorrente pela paralisação da ação rescisória por mais de cinco anos."*

- **10. Tema/Repetitivo 289 STJ.** *"A renúncia ao crédito exequendo remanescente, com a consequente extinção do processo satisfativo, recla-*

**Art. 924** CÓDIGO DE PROCESSO CIVIL COMENTADO – *Leonardo Carneiro da Cunha*

*ma prévia intimação, vedada a presunção de renúncia tácita."*

- **11. Tema/Repetitivo 515 STJ.** *"No âmbito do Direito Privado, é de cinco anos o prazo prescricional para ajuizamento da execução individual em pedido de cumprimento de sentença proferida em Ação Civil Pública."*

- **12. Tema/Repetitivo 677 STJ.** *"Na fase de execução, o depósito judicial do montante (integral ou parcial) da condenação extingue a obrigação do devedor, nos limites da quantia depositada."*

- **13. Tema/Repetitivo 1.193 STJ.** *"O arquivamento das execuções fiscais cujo valor seja inferior ao novo piso fixado no caput do art. 8º da Lei 12.541/2011, previsto no § 2º do artigo referido (acrescentado pela Lei 14.195/2021), o qual constitui norma de natureza processual, que deve ser aplicada de imediato, alcança os executivos fiscais em curso, ressalvados os casos em que concretizada a penhora."*

- **14. Tema/Repetitivo 1.253 STJ.** *"A extinção do cumprimento de sentença coletiva proposto pelo legitimado extraordinário, por prescrição intercorrente, não impede a execução individual do mesmo título."*

- **15. Súmula STJ, 452.** *"A extinção das ações de pequeno valor é faculdade da Administração Federal, vedada a atuação judicial de ofício."*

- **16. Súmula TST, 114.** *"É inaplicável na Justiça do Trabalho a prescrição intercorrente."*

- **17. Enunciado 151 da II Jornada-CJF.** *"O executado pode remir a execução até a lavratura do auto de adjudicação ou de alienação (CPC, art. 826)."*

- **18. Enunciado 216 da III Jornada-CJF.** *"Na hipótese de o acolhimento da impugnação acarretar a extinção do cumprimento de sentença, a natureza jurídica da decisão é sentença e o recurso cabível é apelação; caso o acolhimento não impedir a continuidade dos atos executivos, trata-se de decisão interlocutória sujeita a agravo de instrumento (art. 1.015, parágrafo único, do CPC)."*

### ▣ COMENTÁRIOS TEMÁTICOS

**19. Admissibilidade e mérito do procedimento executivo.** O procedimento executado submete-se ao juízo sobre a admissibilidade e, igualmente, ao juízo sobre o mérito. Cabe ao órgão jurisdicional verificar o preenchimento dos pressupostos processuais, como a existência de título executivo, a competência, o pagamento de custas etc. De igual modo, cabe

ao órgão jurisdicional examinar o mérito da execução. O mérito da execução é a efetivação, a realização, a satisfação de um direito a uma prestação (de fazer, não fazer ou dar) certificado em um título executivo. Essa é a pretensão executiva.

**20. Acolhimento do mérito na execução.** Há, na execução, um pedido a ser atendido. Logo, há mérito. Na execução, o pedido (ou o mérito) é a satisfação do credor. O mérito, na execução, é atendido com a satisfação do crédito.

**21. Extinção sem ou com resolução do mérito.** O procedimento executivo pode ser extinto com ou sem solução de mérito. A execução pode ser extinta por abandono, por desistência, por ilegitimidade de parte, por haver litispendência ou coisa julgada, enfim, as hipóteses do art. 485 aplicam-se à execução. Nesses casos, haverá extinção do processo executivo sem resolução. Nas hipóteses dos incisos II a V do art. 924, a execução é extinta com resolução do mérito. São hipóteses que se equivalem às do art. 487. O juiz irá, por sentença, declarar extinta a execução, por ter sido o crédito satisfeito de alguma forma, por haver renúncia ao crédito ou por haver prescrição da pretensão executiva.

**22. Remição da execução.** Até a lavratura do auto de adjudicação, o executado pode remir a execução (art. 826). A remição da execução impede a adjudicação. Nesse caso, a execução é extinta, porque houve pagamento (art. 924, II). Remir a execução é pagar integralmente a dívida pecuniária executada, o que leva à extinção do processo executivo (art. 924, II).

**23. Extinção e contraditório.** A execução pode ser extinta de ofício pelo órgão jurisdicional, em razão da inadmissibilidade do procedimento executivo ou pelo reconhecimento da prescrição ou pagamento. Em todos esses casos, deve o órgão julgador observar o comando do art. 10, que, ao vedar a decisão-surpresa, lhe impõe o dever de consultar as partes acerca da questão que pode levar à extinção do procedimento executivo.

**24. Sanação de defeitos.** Constatada a existência de algum defeito sanável, o órgão julgador deve determinar a intimação do exequente para corrigi-lo, em 15 dias, sob pena de indeferimento da petição inicial (art. 801).

**25. Indeferimento da petição inicial.** No cumprimento de sentença para pagar quantia certa, o requerimento inicial deve atender aos requisitos previstos no art. 524. Se o cumprimento de sentença pagar quantia certa for contra a Fazenda Pública, o requerimento há de atender aos

LIVRO II · DO PROCESSO DE EXECUÇÃO **Art. 925**

requisitos previstos no art. 534. Faltando algum desses requisitos, o órgão julgador deve determinar a intimação do exequente para corrigir o requerimento, sob pena de indeferimento e extinção do cumprimento de sentença. Não corrigido o vício, haverá indeferimento. O indeferimento da petição inicial ou do requerimento inicial é causa, portanto, de extinção, respectivamente, da execução ou do cumprimento de sentença.

**26. Prescrição intercorrente.** A prescrição intercorrente é causa de extinção da execução (art. 924, V). A prescrição intercorrente, em regra, ocorre em duas hipóteses: *(a)* pela inércia do exequente; ou, *(b)* pela ausência de localização de bens penhoráveis; em ambos os casos, por prazo superior à prescrição da pretensão exercida. No caso de inércia do exequente, a prescrição intercorrente tem seu curso iniciado do último ato do processo judicial, quando se caracteriza a inércia (CC, art. 202, parágrafo único). Desse modo, em caso de processo executivo, cujo despacho citatório interrompeu a prescrição, quando se caracterizar a inércia do exequente, recomeça a correr a prescrição. Por outro lado, a prescrição intercorrente também se opera por ausência de localização de bens penhoráveis do executado (art. 921, III e §§ 1º a 7º). Assim, não encontrados bens do executado, o processo é suspenso e arquivado pelo prazo máximo de um ano. Caso sejam encontrados bens passíveis de penhora, os autos são desarquivados para prosseguimento da execução. Decorrido o prazo de suspensão, sem manifestação do exequente, inicia-se automaticamente a contagem da prescrição intercorrente, cuja fluência é obstada, caso se encontrem bens penhoráveis que lhe pertençam. Caso não sejam penhorados bens do executado, a prescrição se consuma. Não basta, portanto, que o exequente indique bens aleatoriamente ou postule medidas infrutíferas. A prescrição intercorrente é obstada apenas com a efetiva constrição patrimonial. Não é admissível uma busca eterna de bens do devedor. Desse modo, o exequente tem o ônus processual de impulsionar a execução, promovendo os atos que lhe cabem para que se obtenha a satisfação do crédito executado. Não havendo pedido ou se os pedidos se revelarem inúteis, continua a fluir a prescrição intercorrente.

> **Art. 925.** A extinção só produz efeito quando declarada por sentença.

▶ **1. Correspondência no CPC/1973.** *"Art. 795. A extinção só produz efeito quando declarada por sentença."*

 COMENTÁRIOS TEMÁTICOS

**2. Cognição na execução.** No âmbito da execução, o juiz exerce atividade cognitiva. A execução extingue-se por uma das hipóteses previstas no art. 924. Para extinguir a execução, o juiz terá de examinar se houve a ocorrência de alguma delas e declarar expressamente.

**3. Satisfação da obrigação.** Na execução, o exequente pede que seja satisfeito seu crédito; satisfeito o crédito foi acolhido. Assim, por exemplo, na execução para pagamento de quantia certa, o acolhimento do pedido consiste na expropriação de bens do executado, com a consequente entrega do dinheiro ao exequente, satisfazendo-se assim seu crédito e sua própria pretensão. O que o exequente pretende é ter seu crédito satisfeito. É isso que ele pede. Satisfeito o crédito do exequente, restou acolhido o seu pedido. Enfim, o *mérito*, na execução, é *atendido* com a satisfação do crédito.

**4. Necessidade de sentença.** A extinção da execução há de ser declarada por sentença. A extinção da execução somente produz efeito se reconhecida por sentença.

**5. Sentença meramente declaratória.** Na execução, o mérito não é atendido pela sentença. Ele é acolhido antes da sentença. Tal acolhimento é realizado, na execução por quantia certa, pela adjudicação ou pela entrega do dinheiro ao credor (art. 904). Satisfeito o crédito do exequente, o juiz irá extinguir a execução por sentença. E tal sentença irá, apenas, declarar que o mérito já foi atendido e que o crédito já foi satisfeito, estando extinta a obrigação. Na execução, o que extingue a obrigação é o pagamento; a sentença só declara a extinção.

**6. Conteúdo declaratório da sentença que extingue a execução.** *"A sentença que extingue a execução tem conteúdo declaratório (art. 795 do CPC*[-1973]*), nela ficando reconhecida a ocorrência do fato jurídico que deu causa ao encerramento da execução"* (STJ, 4ª Turma, REsp 691.785/RJ, rel. Min. Raul Araújo, *DJe* 20.10.2010).

**7. Extinção parcial.** A execução pode ser extinta parcialmente, com a satisfação, o reconhecimento, a transação de parte da obrigação. Nesse caso, extingue-se parte do processo de execução, prosseguindo-se quanto à outra parte. A decisão que extingue parcialmente a execução é uma interlocutória, e não uma sentença.

**8. Casos de execução originária em tribunal.** A execução pode processar-se em tribunal; nesse caso, a extinção da execução não será resultado de uma sentença, mas de um acórdão ou de decisão de relator.

**Art. 925** CÓDIGO DE PROCESSO CIVIL COMENTADO – *Leonardo Carneiro da Cunha*

**9. Recurso cabível.** Se a execução tramitou na primeira instância, sua extinção dá-se por sentença, dela cabendo apelação. Se a extinção foi parcial, sua declaração dá-se por decisão interlocutória, da qual cabe agravo de instrumento. Em tribunal, se a extinção operar por decisão do relator, cabe agravo interno; operando-se por acórdão, recurso especial ou extraordinário.

**10. Cabimento de agravo de instrumento contra a decisão que indefere o pedido de expedição de requisitório complementar.** *"A redação do art. 795 do CPC/1973 (repristinado no dispositivo do art. 925 do CPC/2015) é de uma clareza solar ao dispor que 'a extinção só produz efeito quando declarada por sentença'. Dessa forma, se o juiz não 'declara' através de um ato judicial típico denominado 'sentença', não se pode dizer, por simples inferência, tenha havido extinção da execução. (...) No caso dos autos, além de não haver qualquer menção a uma das hipóteses de extinção do feito executivo, sequer se mencionou que, ainda assim, fora prolatada uma sentença extintiva da execução. (...) O aresto recorrido violou os arts. 794 e 795 do CPC/1973 ao enquadrar o decisório em tais dispositivos legais, por mera inferência, deixando, portanto, de conhecer da postulação legítima oposta pela recorrente a título de agravo de instrumento"* (STJ, 2ª Turma, REsp 1.393.824/PR, rel. Min. Og Fernandes, *DJe* 13.12.2017).

**11. Coisa julgada.** Na execução, o juiz, ao proferir sentença, declara extinta a obrigação, quando ocorre uma das hipóteses previstas no art. 924, II a IV, ou extingue o processo de execução sem extinção da dívida, quando se concretiza um dos casos relacionados nos outros incisos do art. 924 ou no art. 485 do CPC. Enfim, há, na execução, extinção *normal*, quando se alcança a satisfação do crédito, e a extinção *anormal* (crise do procedimento), sempre que tal resultado não for alcançado. A extinção *normal* da execução ocorre na hipótese de satisfação do crédito (art. 924, II). Nessa hipótese do inciso II do art. 924, estão abrangidos tanto os casos em que o devedor cumpre espontaneamente a obrigação como aqueles em que a satisfação é obtida por expropriação de bens, sem a colaboração do devedor. Os incisos II, III e IV do art. 924 correspondem aos incisos I e III, *b* e *c*, do art. 487, sendo inegável que há, em todos esses casos, exame do mérito do procedimento. A obrigação é extinta, vindo a ser igualmente extinto o processo. Nos casos do art. 924, II a IV, a sentença de extinção do procedimento executivo contém declaração de extinção da própria obrigação, fazendo coisa julgada, sujeita à ação rescisória (art. 966).

**12. Ação rescisória contra sentença que extingue a execução.** *"A sentença que extingue o processo de execução em razão do cumprimento da obrigação, por alcançar o conteúdo material do direito assegurado no processo de conhecimento pode ser desconstituída por via da rescisória"* (STJ, 6ª Turma, REsp 147.735/SP, rel. Min. Vicente Leal, *DJ* 12.6.2000, p. 139).

**13. Cabimento de rescisória contra sentença que extingue a execução.** *"A decisão que extingue execução pelo pagamento, reveste-se de conteúdo material, sendo, portanto, atacável pela ação rescisória"* (STJ, 6ª Turma, REsp 238.059/RN, rel. Min. Fernando Gonçalves, *DJ* 10.4.2000, p. 144).

**14. Sonegação de bens, direitos e rendimentos na falência.** O art. 159-A da Lei 11.101, de 2005, dispõe que *"A sentença que declarar extintas as obrigações do falido, nos termos do art. 159 desta Lei, somente poderá ser rescindida por ação rescisória, na forma prevista na Lei nº 13.105, de 16 de março de 2015 (Código de Processo Civil), a pedido de qualquer credor, caso se verifique que o falido tenha sonegado bens, direitos ou rendimentos de qualquer espécie anteriores à data do requerimento a que se refere o art. 159 desta Lei."* A disposição consagra o entendimento do STJ, segundo o qual a sentença que declara extinta a execução faz coisa julgada, por igualmente declarar a extinção da obrigação, somente podendo ser desfeita por ação rescisória. Há, no dispositivo, a previsão de uma nova hipótese de ação rescisória. Além dos incisos e do § 5º do art. 966, do § 15 do art. 525 e do § 8º do art. 535, todos do CPC, o dispositivo acrescenta uma nova hipótese de ação rescisória. Trata-se de uma causa de pedir específica, uma hipótese nova, autônoma, como se fosse um novo inciso ao art. 966 do CPC. A sonegação de bens, direitos e rendimentos é causa de rescisão da sentença que declara extintas as obrigações do falido. A previsão normativa utiliza a expressão "somente" para afirmar que apenas a ação rescisória é o instrumento adequado para desfazimento da decisão declaratória de extinção das obrigações do falido. Tal expressão não exclui, evidentemente, outras hipóteses de rescisória, como o impedimento, a incompetência absoluta e todas as demais previstas no art. 966 e em outros dispositivos do CPC.

LIVRO III

# DOS PROCESSOS NOS TRIBUNAIS E DOS MEIOS DE IMPUGNAÇÃO DAS DECISÕES JUDICIAIS

# TÍTULO I
## DA ORDEM DOS PROCESSOS E DOS PROCESSOS DE COMPETÊNCIA ORIGINÁRIA DOS TRIBUNAIS

## CAPÍTULO I
### DISPOSIÇÕES GERAIS

**Art. 926.** Os tribunais devem uniformizar sua jurisprudência e mantê-la estável, íntegra e coerente.

§ 1º Na forma estabelecida e segundo os pressupostos fixados no regimento interno, os tribunais editarão enunciados de súmula correspondentes a sua jurisprudência dominante.

§ 2º Ao editar enunciados de súmula, os tribunais devem ater-se às circunstâncias fáticas dos precedentes que motivaram sua criação.

▶ **1. Sem correspondência no CPC/1973.**

### 📑 LEGISLAÇÃO CORRELATA

**2. CF, art. 103-A.** *"Art. 103-A. O Supremo Tribunal Federal poderá, de ofício ou por provocação, mediante decisão de dois terços dos seus membros, após reiteradas decisões sobre matéria constitucional, aprovar súmula que, a partir de sua publicação na imprensa oficial, terá efeito vinculante em relação aos demais órgãos do Poder Judiciário e à administração pública direta e indireta, nas esferas federal, estadual e municipal, bem como proceder à sua revisão ou cancelamento, na forma estabelecida em lei. § 1º A súmula terá por objetivo a validade, a interpretação e a eficácia de normas determinadas, acerca das quais haja controvérsia atual entre órgãos judiciários ou entre esses e a administração pública que acarrete grave insegurança jurídica e relevante multiplicação de processos sobre questão idêntica. § 2º Sem prejuízo do que vier a ser estabelecido em lei, a aprovação, revisão ou cancelamento de súmula poderá ser provocada por aqueles que podem propor a ação direta de inconstitucionalidade. § 3º Do ato administrativo ou decisão judicial que contrariar a súmula aplicável ou que indevidamente a aplicar, caberá reclamação ao Supremo Tribunal Federal que, julgando-a procedente, anulará o ato administrativo ou cassará a decisão judicial reclamada, e determinará que outra seja proferida com ou sem a aplicação da súmula, conforme o caso."*

**3. Lei 11.417/2006, art. 2º.** *"Art. 2º O Supremo Tribunal Federal poderá, de ofício ou por provocação, após reiteradas decisões sobre matéria constitucional, editar enunciado de súmula que, a partir de sua publicação na imprensa oficial, terá efeito vinculante em relação aos demais órgãos do Poder Judiciário e à administração pública direta e indireta, nas esferas federal, estadual e municipal, bem como proceder à sua revisão ou cancelamento, na forma prevista nesta Lei. § 1º O enunciado da súmula terá por objeto a validade, a interpretação e a eficácia de normas determinadas, acerca das quais haja, entre órgãos judiciários ou entre esses e a administração pública, controvérsia atual que acarrete grave insegurança jurídica e relevante multiplicação de processos sobre idêntica questão. § 2º O Procurador-Geral da República, nas propostas que não houver formulado, manifestar-se-á previamente à edição, revisão ou cancelamento de enunciado de súmula vinculante. § 3º A edição, a revisão e o cancelamento de enunciado de súmula com efeito vinculante dependerão de decisão tomada por 2/3 (dois terços) dos membros do Supremo Tribunal Federal, em sessão plenária."*

**4. RISTJ, art. 122.** *"Art. 122. A jurisprudência firmada pelo Tribunal será compendiada na Súmula do Superior Tribunal de Justiça. § 1º Poderão ser inscritos na súmula os enunciados correspondentes às decisões firmadas por unanimidade dos membros componentes da Corte Especial ou da Seção, em um caso, por maioria absoluta em pelo menos dois julgamentos concordantes. § 2º A inclusão da matéria objeto de julgamento na Súmula da Jurisprudência do Tribunal será deliberada pela Corte Especial ou pela Seção, por maioria absoluta dos seus membros. § 3º Se a Seção entender que a matéria a ser sumulada é comum às Seções, remeterá o feito à Corte Especial."*

**5. Recomendação 134/2022 CNJ.** *Dispõe sobre o tratamento dos precedentes no Direito brasileiro.*

### ⚖ JURISPRUDÊNCIA, ENUNCIADOS E SÚMULAS SELECIONADOS

- **6. Enunciado 166 do FPPC.** *"A aplicação dos enunciados das súmulas deve ser realizada a partir dos precedentes que os formaram e dos que os aplicaram posteriormente."*
- **7. Enunciado 167 do FPPC.** *"Os tribunais regionais do trabalho estão vinculados aos enunciados de suas próprias súmulas e aos seus precedentes em incidente de assunção de*

**LIVRO III** · DOS PROCESSOS NOS TRIBUNAIS E DOS MEIOS DE IMPUGNAÇÃO DAS DECISÕES JUDICIAIS — **Art. 926**

competência ou de resolução de demandas repetitivas."

- **8.** **Enunciado 314 do FPPC.** *"As decisões judiciais devem respeitar os precedentes do Supremo Tribunal Federal, em matéria constitucional, e do Superior Tribunal de Justiça, em matéria infraconstitucional federal."*

- **9.** **Enunciado 316 do FPPC.** *"A estabilidade da jurisprudência do tribunal depende também da observância de seus próprios precedentes, inclusive por seus órgãos fracionários."*

- **10.** **Enunciado 323 do FPPC.** *"A formação dos precedentes observará os princípios da legalidade, da segurança jurídica, da proteção da confiança e da isonomia."*

- **11.** **Enunciado 380 do FPPC.** *"A expressão "ordenamento jurídico", empregada pelo Código de Processo Civil, contempla os precedentes vinculantes."*

- **12.** **Enunciado 393 do FPPC.** *"É cabível a intervenção de amicus curiae no procedimento de edição, revisão e cancelamento de enunciados de súmula pelos tribunais."*

- **13.** **Enunciado 431 do FPPC.** *"O julgador, que aderir aos fundamentos do voto-vencedor do relator, há de seguir, por coerência, o precedente que ajudou a construir no julgamento da mesma questão em processos subsequentes, salvo se demonstrar a existência de distinção ou superação."*

- **14.** **Enunciado 453 do FPPC.** *"A estabilidade a que se refere o caput do art. 926 consiste no dever de os tribunais observarem os próprios precedentes."*

- **15.** **Enunciado 454 do FPPC.** *"Uma das dimensões da coerência a que se refere o caput do art. 926 consiste em os tribunais não ignorarem seus próprios precedentes (dever de autorreferência)."*

- **16.** **Enunciado 455 do FPPC.** *"Uma das dimensões do dever de coerência significa o dever de não contradição, ou seja, o dever de os tribunais não decidirem casos análogos contrariamente às decisões anteriores, salvo distinção ou superação."*

- **17.** **Enunciado 456 do FPPC.** *"Uma das dimensões do dever de integridade consiste em os tribunais decidirem em conformidade com a unidade do ordenamento jurídico."*

- **18.** **Enunciado 457 do FPPC.** *"Uma das dimensões do dever de integridade previsto no caput do art. 926 consiste na observância das técnicas de distinção e superação dos precedentes, sempre que necessário para adequar esse entendimento à interpretação contemporânea do ordenamento jurídico."*

- **19.** **Enunciado 458 do FPPC.** *"Para a aplicação, de ofício, de precedente vinculante, o órgão julgador deve intimar previamente as partes para que se manifestem sobre ele."*

- **20.** **Enunciado 607 do FPPC.** *"A decisão em recursos especial ou extraordinário repetitivos e a edição de enunciado de súmula pelo STJ ou STF obrigam os tribunais de segunda instância a rever suas decisões em incidente de resolução de demandas repetitivas, incidente de assunção de competência e enunciados de súmula em sentido diverso, nos termos do art. 986."*

- **21.** **Enunciado 703 do FPPC.** *"É admissível a reclamação contra acórdão de órgão fracionário que viole entendimento vinculante do próprio tribunal."*

- **22.** **Enunciado 20 do FNPP.** *"A Fazenda Pública tem legitimidade para propor a edição, revisão ou cancelamento de enunciado de súmula de jurisprudência dominante relacionado às matérias de seu interesse."*

- **23.** **Enunciado 8 da ENFAM.** *"Os enunciados das súmulas devem reproduzir os fundamentos determinantes do precedente."*

- **24.** **Enunciado 1 da I Jornada de Prevenção e Solução Extrajudicial de Litígios-CJF.** *"A sentença arbitral não está sujeita à ação rescisória."*

### 🗐 COMENTÁRIOS TEMÁTICOS

**25.** **Dever de tutelar a segurança jurídica.** O dispositivo estabelece o dever de os tribunais tutelarem a segurança jurídica, uniformizando sua jurisprudência e mantendo-a estável, íntegra e coerente. O dispositivo torna inadmissível que qualquer tribunal sustente mais de uma orientação simultaneamente.

**26.** **Dever de uniformidade jurisprudencial.** É possível que haja diferença *temporal* de entendimento jurisprudencial assumido, mas não deve o mesmo tribunal sustentar, *ao mesmo tempo*, posições distintas. O tribunal deve manter-se atento a eventuais dissidências internas, assumindo a responsabilidade de uniformizar sua orientação. Deve, enfim, cumprir o *dever de uniformizar* seu entendimento jurisprudencial.

**27.** **Dever de estabilidade jurisprudencial.** Os tribunais podem, evidentemente, modificar sua orientação jurisprudencial. As mudanças, entretanto, precisam ser adequadamente justificadas. Atenta contra a segurança jurídica a excessiva variação de entendimentos assumidos

1393

pelos precedentes. O tribunal há de respeitar seu próprio entendimento, evitando modificações constantes e sem fundamentação adequada. O dispositivo estabelece, desse modo, o *dever de estabilidade,* impondo ao tribunal que seja rigoroso com a realização de mudança de entendimento.

**28. Dever de integridade da jurisprudência.** Os entendimentos manifestados pelos tribunais devem ser coerentes, não se admitindo que assumam posições inconsistentes, nem conflitivas. Os precedentes atuais devem ser fruto de um diálogo constante com aqueles construídos anteriormente, mediante autorreferência, sem inconsistências injustificadas entre eles. A integridade da jurisprudência deve ser *geográfica* e *histórica*: não se deve tratar a mesma situação jurídica de maneira injustificadamente diferente por órgãos de diversos locais; é preciso que haja uma razão geográfica ou regional para isso. Não havendo qualquer justificativa, não se pode deixar de respeitar a integridade. Ademais, os precedentes firmados anteriormente devem ser seguidos, a não ser que haja uma justificativa, devidamente demonstrada por fundamentação adequada, para a mudança e o rompimento com o que já foi construído por precedentes anteriores.

**29. Dever de coerência jurisprudencial.** Os precedentes editados pelos tribunais devem ser compreendidos como produto da atividade do Poder Judiciário. E este é um só. A jurisprudência há de ser coerente, e não fruto de decisões particularizadas para cada jurisdicionado. Os tribunais precisam considerar o que já decidiram a respeito de cada assunto, devendo justificar qualquer dissenso, seja o *interno* (relativo ao próprio órgão prolator do precedente em sentido contrário), seja o *externo* (quando o precedente tiver sido editado por outro órgão julgador). Em outras palavras, o que consta dos precedentes precisa ser compreendido como uma orientação ou discurso do Poder Judiciário para toda a sociedade. E esta orientação ou discurso há de ser coerente, de sorte que as alterações, mudanças ou desvios sejam efetiva e substancialmente justificados, em prol da coerência.

**30. Dever de autorreferência.** Do dever de coerência jurisprudencial decorre o de autorreferência. Exige-se dos tribunais o dever de autorreferência como específico dever de fundamentação. O tribunal deve dialogar com os precedentes existentes, sejam os seus próprios, sejam os de outros tribunais, sobretudo os superiores, a eles se referindo para acompanhá-los, ou para deles dissentir. Neste último caso, é preciso desincumbir-se do excessivo ônus argumentativo, demonstrando as razões pelas quais o caso concreto desvia-se do precedente e o motivo pelo qual este não se aplica.

**31. Deveres de integridade e coerência e adoção dos fundamentos determinantes do precedente em casos similares.** *"O CPC/2015 estabelece em seu art. 926 que é dever dos tribunais uniformizar a sua jurisprudência e mantê-la estável, íntegra e coerente. A integridade e coerência da jurisprudência exigem que os efeitos vinculante e persuasivo dos fundamentos determinantes (arts. 489, § 1º, V; 927, § 1º; 979, § 2º; 1.038, § 3º) sejam empregados para além dos processos que enfrentam a mesma questão, abarcando também processos que enfrentam questões outras, mas onde os mesmos fundamentos determinantes possam ser aplicados. Tal o caso dos presentes autos"* (STJ, 2ª Turma, REsp 1.714.361/SP, rel. Min. Mauro Campbell Marques, *DJe* 17.10.2019).

**32. Atendimento à isonomia e à segurança jurídica.** O art. 926 estabelece que devem os tribunais uniformizar sua jurisprudência e mantê-la estável, íntegra e coerente. Em virtude de vários dispositivos contidos no CPC, a atividade jurisdicional deve orientar-se pela necessidade de adoção de mecanismos de uniformização de jurisprudência, com vistas ao atendimento das exigências de isonomia e de segurança jurídica.

**33. Divergência jurisprudência e isonomia.** Não se tolera mais a possibilidade de os órgãos jurisdicionais, diante de situações concretas similares, conferirem resultados díspares. A divergência jurisprudencial atenta contra o princípio da isonomia. É preciso que casos iguais tenham idêntica solução jurídica. Nesse sentido, firmado entendimento jurisprudencial sobre determinado tema, os casos que envolvam tal assunto devem seguir esse mesmo entendimento.

**34. Segurança jurídica e confiança legítima.** A obediência aos precedentes e a uniformização da jurisprudência prestam-se a concretizar, ainda, a segurança jurídica, garantindo previsibilidade e evitando a existência de decisões divergentes para situações semelhantes, sendo certo que decisões divergentes não atingem a finalidade de aplacar os conflitos de que se originaram as demandas. Casos iguais devem ter, necessariamente, decisões iguais, sob pena de se instaurar um estado de incerteza. O respeito aos precedentes assegura a segurança jurídica, conferindo credibilidade ao Poder Judiciário e permitindo que os jurisdicionados pautem suas condutas levando em conta as orientações jurisprudenciais já firmadas. Em outras palavras, o respeito aos precedentes estratifica a *confiança legítima:* os jurisdicionados passam a confiar nas decisões proferidas pelo Judiciário, acreditando

**LIVRO III** · DOS PROCESSOS NOS TRIBUNAIS E DOS MEIOS DE IMPUGNAÇÃO DAS DECISÕES JUDICIAIS **Art. 927**

que os casos similares terão o mesmo tratamento e as soluções serão idênticas para situações iguais.

**35. Edição de súmulas.** O § 1º do art. 926 prevê o dever de edição de súmulas, que não são precedentes judiciais. Para a edição de súmula, é preciso observar um procedimento específico e distinto do processo judicial, que é o meio pelo qual se produzem precedentes. O precedente é elemento integrante da hipótese fática da norma que prevê a edição de súmulas. Não se devem confundir os institutos.

**36. Aplicação de súmula *versus* aplicação de precedente.** A aplicação de súmula é feita de forma diversa da aplicação de precedente. A aplicação de um precedente exige leitura atenta da fundamentação, com argumentação analítica relativa aos fatos relevantes para a *ratio decidendi*. Já a súmula é aplicada a partir da simples invocação de seu texto. A edição de súmula tem por finalidade reduzir a complexidade na aplicação dos precedentes, acarretando, uma redução na racionalidade da operação e, consequentemente, a prática de generalizações inadequadas.

**37. Circunstâncias fáticas.** Ao editar enunciados de súmulas, os tribunais devem ater-se às circunstâncias fáticas dos precedentes que motivaram sua criação (art. 926, § 2º). Com isso, há uma tentativa normativa de compatibilizar o instituto dos precedentes com o das súmulas. A súmula, que é um instituto de aplicação simplificada e generalizada, deve ser editada a partir de circunstâncias fáticas que identificam a *ratio decidendi* dos precedentes que lhe deram origem.

**38. Requisito de validade.** A súmula só será válida se decorrer das circunstâncias fáticas dos precedentes que lhe deram origem. O § 2º do art. 926 estabelece um dever para os tribunais de redigirem os enunciados da súmula de sua jurisprudência em conformidade com as *rationes decidendi* dos precedentes que autorizaram sua edição. Não havendo tal correspondência, o enunciado da súmula será inválido, devendo ser instaurado procedimento para seu cancelamento no tribunal.

**39. Conflito de normas.** Se o enunciado da súmula estiver em desacordo com os precedentes que lhe deram origem, estes é que devem prevalecer. Nesse caso, cabe ao órgão julgador aplicar o precedente, e não o enunciado da súmula.

**Art. 927.** Os juízes e os tribunais observarão:

I – as decisões do Supremo Tribunal Federal em controle concentrado de constitucionalidade;

II – os enunciados de súmula vinculante;

III – os acórdãos em incidente de assunção de competência ou de resolução de demandas repetitivas e em julgamento de recursos extraordinário e especial repetitivos;

IV – os enunciados das súmulas do Supremo Tribunal Federal em matéria constitucional e do Superior Tribunal de Justiça em matéria infraconstitucional;

V – a orientação do plenário ou do órgão especial aos quais estiverem vinculados.

§ 1º Os juízes e os tribunais observarão o disposto no art. 10 e no art. 489, § 1º, quando decidirem com fundamento neste artigo.

§ 2º A alteração de tese jurídica adotada em enunciado de súmula ou em julgamento de casos repetitivos poderá ser precedida de audiências públicas e da participação de pessoas, órgãos ou entidades que possam contribuir para a rediscussão da tese.

§ 3º Na hipótese de alteração de jurisprudência dominante do Supremo Tribunal Federal e dos tribunais superiores ou daquela oriunda de julgamento de casos repetitivos, pode haver modulação dos efeitos da alteração no interesse social e no da segurança jurídica.

§ 4º A modificação de enunciado de súmula, de jurisprudência pacificada ou de tese adotada em julgamento de casos repetitivos observará a necessidade de fundamentação adequada e específica, considerando os princípios da segurança jurídica, da proteção da confiança e da isonomia.

§ 5º Os tribunais darão publicidade a seus precedentes, organizando-os por questão jurídica decidida e divulgando-os, preferencialmente, na rede mundial de computadores.

▶ **1. Sem correspondência no CPC/1973.**

## 🗟 LEGISLAÇÃO CORRELATA

**2. CF, art. 102, § 2º.** *"§ 2º As decisões definitivas de mérito, proferidas pelo Supremo Tribunal Federal, nas ações diretas de inconstitucionalidade e nas ações declaratórias de constitucionalidade produzirão eficácia contra todos e efeito vinculante, relativamente aos demais órgãos do Poder Judiciário e à administração pública direta e indireta, nas esferas federal, estadual e municipal."*

**3. CF, art. 103-A.** *"Art. 103-A. O Supremo Tribunal Federal poderá, de ofício ou por provocação, mediante decisão de dois terços dos seus membros, após reiteradas decisões sobre matéria constitucional, aprovar súmula que, a partir de sua publicação na imprensa oficial, terá efeito vinculante em relação aos demais órgãos do Po-*

1395

der Judiciário e à administração pública direta e indireta, nas esferas federal, estadual e municipal, bem como proceder à sua revisão ou cancelamento, na forma estabelecida em lei. § 1º A súmula terá por objetivo a validade, a interpretação e a eficácia de normas determinadas, acerca das quais haja controvérsia atual entre órgãos judiciários ou entre esses e a administração pública que acarrete grave insegurança jurídica e relevante multiplicação de processos sobre questão idêntica. § 2º Sem prejuízo do que vier a ser estabelecido em lei, a aprovação, revisão ou cancelamento de súmula poderá ser provocada por aqueles que podem propor a ação direta de inconstitucionalidade. § 3º Do ato administrativo ou decisão judicial que contrariar a súmula aplicável ou que indevidamente a aplicar, caberá reclamação ao Supremo Tribunal Federal que, julgando-a procedente, anulará o ato administrativo ou cassará a decisão judicial reclamada, e determinará que outra seja proferida com ou sem a aplicação da súmula, conforme o caso."

**4. LINDB, art. 23.** "Art. 23. A decisão administrativa, controladora ou judicial que estabelecer interpretação ou orientação nova sobre norma de conteúdo indeterminado, impondo novo dever ou novo condicionamento de direito, deverá prever regime de transição quando indispensável para que o novo dever ou condicionamento de direito seja cumprido de modo proporcional, equânime e eficiente e sem prejuízo aos interesses gerais."

**5. Lei 9.868/1999, art. 28, parágrafo único.** "Art. 28. (...) Parágrafo único. A declaração de constitucionalidade ou de inconstitucionalidade, inclusive a interpretação conforme a Constituição e a declaração parcial de inconstitucionalidade sem redução de texto, têm eficácia contra todos e efeito vinculante em relação aos órgãos do Poder Judiciário e à Administração Pública federal, estadual e municipal."

**6. Lei 9.882/1999, art. 10, § 3º.** "Art. 10. (...) § 3º A decisão terá eficácia contra todos e efeito vinculante relativamente aos demais órgãos do Poder Público."

**7. Lei 11.417/2006, art. 2º.** "Art. 2º O Supremo Tribunal Federal poderá, de ofício ou por provocação, após reiteradas decisões sobre matéria constitucional, editar enunciado de súmula que, a partir de sua publicação na imprensa oficial, terá efeito vinculante em relação aos demais órgãos do Poder Judiciário e à administração pública direta e indireta, nas esferas federal, estadual e municipal, bem como proceder à sua revisão ou cancelamento, na forma prevista nesta Lei. § 1º O enunciado da súmula terá por objeto a validade, a interpretação e a eficácia de normas

determinadas, acerca das quais haja, entre órgãos judiciários ou entre esses e a administração pública, controvérsia atual que acarrete grave insegurança jurídica e relevante multiplicação de processos sobre idêntica questão. § 2º O Procurador-Geral da República, nas propostas que não houver formulado, manifestar-se-á previamente à edição, revisão ou cancelamento de enunciado de súmula vinculante. § 3º A edição, a revisão e o cancelamento de enunciado de súmula com efeito vinculante dependerão de decisão tomada por 2/3 (dois terços) dos membros do Supremo Tribunal Federal, em sessão plenária."

**8. Lei 13.988/2020, art. 20, II, *a* e *b*.** "Art. 20. São vedadas: (...) II – a oferta de transação por adesão nas hipóteses: a) previstas no art. 19 da Lei nº 1.0522, de 19 de julho de 2002, quando o ato ou a jurisprudência for em sentido integralmente desfavorável à Fazenda Nacional; e b) de precedentes persuasivos, nos moldes dos incisos I, II, II e IV do caput do art. 927 da Lei nº 13.105, de 16 de março de 2015 (Código de Processo Civil), quando integralmente favorável à Fazenda Nacional."

**9. RISTJ, art. 121-A.** "Art. 121-A. Os acórdãos proferidos em julgamento de incidente de assunção de competência e de recursos especiais repetitivos bem como os enunciados de súmulas do Superior Tribunal de Justiça constituem, segundo o art. 927 do Código de Processo Civil, precedentes qualificados de estrita observância pelos Juízes e Tribunais. § 1º Os incidentes de assunção de competência e os processos afetados para julgamento sob o rito dos recursos especiais repetitivos serão organizados e divulgados por meio de enunciados de temas com numeração sequencial, contendo o registro da matéria a ser decidida e, após o julgamento, a tese firmada e seus fundamentos determinantes. § 2º Os precedentes qualificados deverão ser divulgados na internet, de forma sistematizada, com a indicação precisa das informações relacionadas a todas as fases percorridas de seu procedimento."

**10. Res. 444/2022 CNJ.** "Institui o Banco Nacional de Precedentes (BNP) para consulta e divulgação por órgãos e pelo público em geral de precedentes judiciais, com ênfase nos pronunciamentos judiciais listados no art. 927 do Código de Processo Civil em todas as suas fases processuais."

**11. Recomendação 134/2022 CNJ, art. 47.** "Art. 47. Recomenda-se que o tribunal leve em consideração preferencialmente o momento da conduta da parte e a orientação jurisprudencial firme existente à época, para fixar parâmetros da eficácia temporal do novo precedente."

**LIVRO III · DOS PROCESSOS NOS TRIBUNAIS E DOS MEIOS DE IMPUGNAÇÃO DAS DECISÕES JUDICIAIS** **Art. 927**

**12.** **Recomendação 134/2022 CNJ, art. 48.** *"Art. 48. Recomenda-se que os tribunais analisem a pertinência da realização de audiências públicas e/ou de oitiva de amici curiae para fixação de modulação, quando necessária, da tese fixada."*

## ⚖ Jurisprudência, Enunciados e Súmulas Selecionados

- **13.** **Enunciado 2 do FPPC.** *"Para a formação do precedente, somente podem ser usados argumentos submetidos ao contraditório."*
- **14.** **Enunciado 55 do FPPC.** *"Pelos pressupostos do § 3º do art. 927, a modificação do precedente tem, como regra, eficácia temporal prospectiva. No entanto, pode haver modulação temporal, no caso concreto."*
- **15.** **Enunciado 146 do FPPC.** *"Na aplicação do inciso I do art. 332, o juiz observará o inciso IV do caput do art. 927."*
- **16.** **Enunciado 168 do FPPC.** *"Os fundamentos determinantes do julgamento de ação de controle concentrado de constitucionalidade realizado pelo STF caracterizam a ratio decidendi do precedente e possuem efeito vinculante para todos os órgãos jurisdicionais."*
- **17.** **Enunciado 169 do FPPC.** *"Os órgãos do Poder Judiciário devem obrigatoriamente seguir os seus próprios precedentes, sem prejuízo do disposto nos § 9º do art. 1.037 e § 4º do art. 927."*
- **18.** **Enunciado 170 do FPPC.** *"As decisões e precedentes previstos nos incisos do caput do art. 927 são vinculantes aos órgãos jurisdicionais a eles submetidos."*
- **19.** **Enunciado 171 do FPPC.** *"Os juízes e tribunais regionais do trabalho estão vinculados aos precedentes do TST em incidente de assunção de competência em matéria infraconstitucional relativa ao direito e ao processo do trabalho, bem como às suas súmulas."*
- **20.** **Enunciado 172 do FPPC.** *"A decisão que aplica precedentes, com a ressalva de entendimento do julgador, não é contraditória."*
- **21.** **Enunciado 173 do FPPC.** *"Cada fundamento determinante adotado na decisão capaz de resolver de forma suficiente a questão jurídica induz os efeitos de precedente vinculante, nos termos do Código de Processo Civil."*
- **22.** **Enunciado 174 do FPPC.** *"A realização da distinção compete a qualquer órgão jurisdicional, independentemente da origem do precedente invocado."*
- **23.** **Enunciado 175 do FPPC.** *"O relator deverá fundamentar a decisão que inadmitir a*

*participação de pessoas, órgãos ou entidades e deverá justificar a não realização de audiências públicas."*

- **24.** **Enunciado 306 do FPPC.** *"O precedente vinculante não será seguido quando o juiz ou tribunal distinguir o caso sob julgamento, demonstrando, fundamentadamente, tratar-se de situação particularizada por hipótese fática distinta, a impor solução jurídica diversa."*
- **25.** **Enunciado 314 do FPPC.** *"As decisões judiciais devem respeitar os precedentes do Supremo Tribunal Federal, em matéria constitucional, e do Superior Tribunal de Justiça, em matéria infraconstitucional federal."*
- **26.** **Enunciado 315 do FPPC.** *"Nem todas as decisões formam precedentes vinculantes."*
- **27.** **Enunciado 317 do FPPC.** *"O efeito vinculante do precedente decorre da adoção dos mesmos fundamentos determinantes pela maioria dos membros do colegiado, cujo entendimento tenha ou não sido sumulado."*
- **28.** **Enunciado 318 do FPPC.** *"Os fundamentos prescindíveis para o alcance do resultado fixado no dispositivo da decisão (obiter dicta), ainda que nela presentes, não possuem efeito de precedente vinculante."*
- **29.** **Enunciado 319 do FPPC.** *"Os fundamentos não adotados ou referendados pela maioria dos membros do órgão julgador não possuem efeito de precedente vinculante."*
- **30.** **Enunciado 320 do FPPC.** *"Os tribunais poderão sinalizar aos jurisdicionados sobre a possibilidade de mudança de entendimento da corte, com a eventual superação ou a criação de exceções ao precedente para casos futuros."*
- **31.** **Enunciado 321 do FPPC.** *"A modificação do entendimento sedimentado poderá ser realizada nos termos da Lei nº 11.417, de 19 de dezembro de 2006, quando se tratar de enunciado de súmula vinculante; do regimento interno dos tribunais, quando se tratar de enunciado de súmula ou jurisprudência dominante; e, incidentalmente, no julgamento de recurso, na remessa necessária ou causa de competência originária do tribunal."*
- **32.** **Enunciado 322 do FPPC.** *"A modificação de precedente vinculante poderá fundar-se, entre outros motivos, na revogação ou modificação da lei em que ele se baseou, ou em alteração econômica, política, cultural ou social referente à matéria decidida."*
- **33.** **Enunciado 323 do FPPC.** *"A formação dos precedentes observará os princípios da legalidade, da segurança jurídica, da proteção da confiança e da isonomia."*

- **34. Enunciado 324 do FPPC.** *"Lei nova, incompatível com o precedente judicial, é fato que acarreta a não aplicação do precedente por qualquer juiz ou tribunal, ressalvado o reconhecimento de sua inconstitucionalidade, a realização de interpretação conforme ou a pronúncia de nulidade sem redução de texto."*

- **35. Enunciado 325 do FPPC.** *"A modificação de entendimento sedimentado pelos tribunais trabalhistas deve observar a sistemática prevista no art. 927, devendo se desincumbir do ônus argumentativo mediante fundamentação adequada e específica, modulando, quando necessário, os efeitos da decisão que supera o entendimento anterior."*

- **36. Enunciado 326 do FPPC.** *"O órgão jurisdicional trabalhista pode afastar a aplicação do precedente vinculante quando houver distinção entre o caso sob julgamento e o paradigma, desde que demonstre, fundamentadamente, tratar-se de situação particularizada por hipótese fática distinta, a impor solução jurídica diversa."*

- **37. Enunciado 380 do FPPC.** *"A expressão "ordenamento jurídico", empregada pelo Código de Processo Civil, contempla os precedentes vinculantes."*

- **38. Enunciado 393 do FPPC.** *"É cabível a intervenção de amicus curiae no procedimento de edição, revisão e cancelamento de enunciados de súmula pelos tribunais."*

- **39. Enunciado 431 do FPPC.** *"O julgador, que aderir aos fundamentos do voto-vencedor do relator, há de seguir, por coerência, o precedente que ajudou a construir no julgamento da mesma questão em processos subsequentes, salvo se demonstrar a existência de distinção ou superação."*

- **40. Enunciado 433 do FPPC.** *"Cabe à Administração Pública dar publicidade às suas orientações vinculantes, preferencialmente pela rede mundial de computadores."*

- **41. Enunciado 458 do FPPC.** *"Para a aplicação, de ofício, de precedente vinculante, o órgão julgador deve intimar previamente as partes para que se manifestem sobre ele."*

- **42. Enunciado 459 do FPPC.** *"As normas sobre fundamentação adequada quanto à distinção e superação e sobre a observância somente dos argumentos submetidos ao contraditório são aplicáveis a todo o microssistema de formação dos precedentes."*

- **43. Enunciado 460 do FPPC.** *"O microssistema de aplicação e formação dos precedentes deverá respeitar as técnicas de ampliação do contraditório para amadurecimento da tese, como a realização de audiências públicas prévias e participação de amicus curiae."*

- **44. Enunciado 461 do FPPC.** *"O disposto no § 2º do art. 927 aplica-se ao incidente de assunção de competência."*

- **45. Enunciado 549 do FPPC.** *"O rol do art. 927 e os precedentes da Turma Nacional de Uniformização dos Juizados Especiais Federais deverão ser observados no âmbito dos Juizados Especiais."*

- **46. Enunciado 558 do FPPC.** *"Caberá reclamação contra decisão que contrarie acórdão proferido no julgamento dos incidentes de resolução de demandas repetitivas ou de assunção de competência para o tribunal cujo precedente foi desrespeitado, ainda que este não possua competência para julgar o recurso contra a decisão impugnada."*

- **47. Enunciado 591 do FPPC.** *"O tribunal dará ampla publicidade ao acórdão que decidiu pela instauração do incidente de arguição de inconstitucionalidade, incidente de assunção de competência ou incidente de resolução de demandas repetitivas, cabendo, entre outras medidas, sua publicação em seção específica no órgão oficial e indicação clara na página do tribunal na rede mundial de computadores."*

- **48. Enunciado 608 do FPPC.** *"O acórdão que revisar ou superar a tese indicará os parâmetros temporais relativos à eficácia da decisão revisora."*

- **49. Enunciado 659 do FPPC.** *"O relator do julgamento de casos repetitivos e do incidente de assunção de competência tem o dever de zelar pelo equilíbrio do contraditório, por exemplo solicitando a participação, na condição de amicus curiae, de pessoas, órgãos ou entidades capazes de sustentar diferentes pontos de vista."*

- **50. Enunciado 659 do FPPC.** *"O relator do julgamento de casos repetitivos e do incidente de assunção de competência tem o dever de zelar pelo equilíbrio do contraditório, por exemplo solicitando a participação, na condição de amicus curiae, de pessoas, órgãos ou entidades capazes de sustentar diferentes pontos de vista."*

- **51. Enunciado 752 do FPPC.** *"O julgamento de recurso extraordinário sob a sistemática da repercussão geral ou de recurso especial sob o regime dos repetitivos deve conter manifestação sobre a modulação dos efeitos, seja para afastá-la seja para aplicá-la, delineando com precisão, nessa última hipótese, o seu alcance."*

**LIVRO III · DOS PROCESSOS NOS TRIBUNAIS E DOS MEIOS DE IMPUGNAÇÃO DAS DECISÕES JUDICIAIS** **Art. 927**

- **52.** **Enunciado 758 do FPPC.** *"Nos processos de controle concentrado de constitucionalidade, a modulação de efeitos deve ser apreciada independentemente da oposição de embargos de declaração."*
- **53.** **Enunciado 59 da I Jornada-CJF.** *"Não é exigível identidade absoluta entre casos para a aplicação de um precedente, seja ele vinculante ou não, bastando que ambos possam compartilhar os mesmos fundamentos determinantes."*
- **54.** **Enunciado 208 da III Jornada-CJF.** *"A orientação contida no acórdão de mérito dos embargos de divergência se enquadra no comando do art. 927, inciso V, do CPC se este for proferido pelo Plenário do Supremo Tribunal Federal, pelas seções ou pela Corte Especial do Superior Tribunal de Justiça."*
- **55.** **Enunciado 21 do FNPP.** *"Na decisão que supera precedente, é cabível a modulação de efeitos em favor da Fazenda Pública, inclusive em matéria tributária."*
- **56.** **Enunciado 22 do FNPP.** *"A existência de precedente formado em recurso especial ou extraordinário repetitivos ou de súmula do STF ou STJ, em matéria constitucional e infraconstitucional respectivamente, autoriza a não interposição de recurso pela Fazenda Pública ainda que não haja súmula administrativa ou orientação normativa expressa no âmbito do respectivo órgão da Advocacia Pública."*
- **57.** **Enunciado 23 do FNPP.** *"A existência de pronunciamento elencado no art. 927 não impede que o órgão da Advocacia Pública oriente a continuidade da discussão judicial da tese até o esgotamento das instâncias ou para arguir superação ou distinção."*
- **58.** **Enunciado 26 do FNPP.** *"Cabe à Advocacia Pública orientar formalmente os órgãos da Administração sobre os pronunciamentos previstos no art. 927, com a finalidade de prevenir litigiosidade e promover isonomia, segurança jurídica e eficiência."*
- **59.** **Enunciado 59 do FNPP.** *"O acórdão proferido em recurso extraordinário com repercussão geral reconhecida se equipara, para todos os fins, ao acórdão proferido em recurso extraordinário repetitivo."*
- **60.** **Enunciado 7 da ENFAM.** *"O acórdão, cujos fundamentos não tenham sido explicitamente adotados como razões de decidir, não constitui precedente vinculante."*
- **61.** **Enunciado 8 da ENFAM.** *"Os enunciados das súmulas devem reproduzir os fundamentos determinantes do precedente."*

- **62.** **Enunciado 11 da ENFAM.** *"Os precedentes a que se referem os incisos V e VI do § 1º do art. 489 do CPC/2015 são apenas os mencionados no art. 927 e no inciso IV do art. 332."*

### 🔲 Comentários Temáticos

**63.** **Conteúdo do dispositivo.** O art. 927 regulamenta o modo de cumprimento específico do dispositivo anterior. Enquanto o art. 926 estabelece os deveres de uniformização, estabilidade, integridade e coerência, que concretizam a segurança jurídica nos atos jurisdicionais, o art. 927 dita as formas como tais deveres hão de ser cumpridos concretamente.

**64.** **Rol exemplificativo.** As formas estabelecidas no art. 927 não são exaustivas, mas sim exemplificativas. Se, concretamente, as formas previstas no art. 927 forem suficientes, não será preciso recorrer a outras para o cumprimento dos deveres fixados no art. 926. Diversamente, se tais deveres não forem atendidos, é imperioso que se recorra ao art. 926 para obtenção da solução adequada.

**65.** **Abrangência da expressão "jurisprudência dominante".** *"À falta de baliza normativo-conceitual específica, tem-se que a locução 'jurisprudência dominante', para fins do manejo de pedido de uniformização de interpretação de lei federal (PUIL), deve abranger não apenas as hipóteses previstas no art. 927, III, do CPC, mas também os acórdãos do STJ proferidos em embargos de divergência e nos próprios pedidos de uniformização de lei federal por ele decididos, como proposto no alentado voto-vista da Ministra Regina Helena Costa, unanimemente acatado por este Colegiado"* (STJ, 1ª Seção, PUIL 825/RS, rel. Min. Sérgio Kukina, *DJe* 5.6.2023).

**66.** **Decisões do STF em controle de constitucionalidade.** As decisões tomadas pelo STF no controle de constitucionalidade, bem como os precedentes que decorrem dessas decisões, devem ser observadas pelo próprio STF e pelos demais órgãos jurisdicionais brasileiros.

**67.** **Súmulas do STF e do STJ.** Os enunciados da súmula do STF que tratam de matéria constitucional e os do STJ que tratem de direito infraconstitucional são obrigatórios, cabendo ao aplicador observar a conformidade do enunciado à *ratio decidendi* dos precedentes que lhes deram origem (art. 926, § 2º). Se houver divergência, deve prevalecer o precedente em detrimento da súmula.

**68.** **Precedentes qualificados.** O julgamento de casos repetitivos (art. 928) e o de incidente de assunção de competência (art. 947) acarretam a formação de precedentes qualificados, que devem ser observados, seguidos e aplicados pelo próprio tribunal e pelos órgãos a ele subordinados.

**69. Força vinculante dos precedentes qualificados.** *"O art. 927, III, do CPC/2015 imprime força vinculante às decisões emanadas do STJ e do STF proferidas em "incidente de assunção de competência ou de resolução de demandas repetitivas e em julgamento de recursos extraordinário e especial repetitivos", razão pela qual este Sodalício tem considerado manifestamente inadmissível o agravo interno interposto contra decisum fundado em precedentes qualificados, aplicando-se, nesta hipótese, a multa processual prevista no art. 1.021, § 4º, do Codex"* (STJ, 1ª Turma, AgInt no AREsp 1.894.193/MG, rel. Min. Sérgio Kukina, DJe 25.11.2022).

**70. Pleno ou órgão especial.** Os órgãos julgadores devem observar as teses assumidas pelo pleno ou órgão especial do tribunal aos quais estejam vinculados. Quer isso dizer que os juízes estão vinculados aos plenos ou órgãos especiais do tribunal intermediário do qual façam parte, bem como ao pleno do STF e à corte especial do STJ.

**71. Precedentes das seções do STJ.** O STJ é dividido em 6 turmas, cujas competências são definidas pela matéria. As 1ª e 2ª turmas julgam direito público; as 3ª e 4ª, direito privado; as 5ª e 6ª, direito penal. A 1ª Seção congrega as 1ª e 2ª Turmas, enquanto a 2ª, as 3ª e 4ª Turmas. Por sua vez, a 3ª Seção abrange as 5ª e 6ª Turmas. Um precedente da 1ª Seção em matéria tributária, por exemplo, equivale a um precedente de um pleno ou órgão especial, pois é o órgão de maior composição nessa matéria. Um precedente da 2ª Seção em caso de propriedade industrial, por exemplo, equivale a um precedente de um pleno ou órgão especial, pois é o órgão máximo nessa matéria. Por isso, o inciso V do art. 927 deve aplicar-se também para os precedentes emitidos pelas seções do STJ.

**72. Precedentes dos tribunais de justiça.** Os tribunais de justiça têm a incumbência de determinar o direito local, mediante seus precedentes do plenário ou órgão especial. Tais tribunais são soberanos na interpretação da legislação local, não cabendo recurso especial nem recurso extraordinário nesses casos.

**73. Contraditório na aplicação dos precedentes.** Os juízes e tribunais devem observar os arts. 10 e 489, § 1º, quando decidirem com base em precedentes judiciais. Para decidir com base em precedente, o juiz ou tribunal deve determinar a intimação das partes para se manifestarem sobre sua aplicação ao caso, se ainda não tiverem debatido sobre isso. Esse contraditório é necessário para permitir que as partes contribuam com o convencimento do juiz e, igualmente, para evitar decisão surpresa.

**74. Fundamentação.** A aplicação de precedentes exige fundamentação adequada, devendo o julgador, ao aplicar o precedente, identificar seus fundamentos determinantes e demonstrar que o caso sob julgamento se ajuste àqueles fundamentos. Se não o fizer, será nula sua decisão (art. 489, § 1º, V). Caso o julgador decida deixar de seguir o precedente, deverá exercer o ônus argumentativo adequado e demonstrar a existência de distinção no caso em julgamento ou a superação do entendimento. Não o fazendo, será nula sua decisão (art. 489, § 1º, VI).

**75. Ampla participação.** A formação, a modificação e a superação de precedente reclamam ampla participação, devendo ser precedidas de audiências públicas e da atuação de pessoas, órgãos ou entidades que possam contribuir com o convencimento do tribunal que irá julgar o caso e discutir ou rediscutir a tese do precedente.

**76. Superação prospectiva.** A superação dos precedentes deve considerar a segurança jurídica, que incide para proteger a confiança legítima. Por isso, é importante estabelecer regras de transição ou modulação de efeitos da mudança de entendimento. Daí o § 3º do art. 927 prever a superação prospectiva do precedente.

**77. *Overruling* vertical.** *"Em casos onde a alteração da jurisprudência do Superior Tribunal de Justiça – STJ deriva de adequação a julgado posterior proferido pelo Supremo Tribunal Federal – STF (overruling vertical) a modulação de efeitos deve seguir a mesma solução dada também pelo STF, sob pena de permanecer a situação que se quer evitar de duplicidade de soluções judiciais para uma mesma questão, a fomentar insegurança jurídica (os Tribunais inferiores não saberão qual posicionamento seguir para o período), ineficiência da prestação jurisdicional (pois a parte prejudicada irá interpor recurso extraordinário/especial para afastar ou garantir a modulação) e desigualdade no tratamento dos jurisdicionados (pois o processo sofrerá solução diferente de acordo com o tribunal destinatário do recurso final). Ou seja, se o STF decidiu pela modulação, solução idêntica há que ser adotada pelo STJ. Se o STF decidiu pela impossibilidade de modulação, do mesmo modo a impossibilidade há que ser acatada pelo STJ. Nesse sentido, a própria decisão sobre a modulação (positiva ou negativa)*

**LIVRO III ·** DOS PROCESSOS NOS TRIBUNAIS E DOS MEIOS DE IMPUGNAÇÃO DAS DECISÕES JUDICIAIS **Art. 928**

*vincula posto que também dotada de repercussão geral, tudo também com o escopo de se evitar a litigância temerária. Mas se o STF simplesmente não se manifestou a respeito da modulação, resta a possibilidade de o STJ modular os efeitos de seu novo posicionamento, sendo que essa mesma modulação poderá ser objeto de recurso ao STF, a fim de que a jurisprudência das duas Cortes Superiores seja ali uniformizada"* (STJ, 2ª Turma, REsp 1.570.531/CE, rel. Min. Mauro Campbell Marques, *DJe* 10.02.2020).

**78. Modulação de efeitos.** *"A modulação de efeitos do art. 927, § 3º, do CPC/2015 deve ser utilizada com parcimônia, de forma excepcional e em hipóteses específicas, em que o entendimento superado tiver sido efetivamente capaz de gerar uma expectativa legítima de atuação nos jurisdicionados e, ainda, o exigir o interesse social envolvido"* (STJ, 3ª Turma, REsp 1.721.716. rel. Min. Nancy Andrighi, *DJe* 17.12.2019).

**79. Publicidade.** Os tribunais devem dar publicidade a seus precedentes (art. 927, § 5º). A publicidade é requisito de eficácia do precedente judicial. A cognoscibilidade do Direito é requisito essencial do princípio da segurança jurídica e para a concretização do Estado de Direito, sendo imprescindível que todos conheçam as decisões proferidas pelos tribunais.

---

**Art. 928.** Para os fins deste Código, considera-se julgamento de casos repetitivos a decisão proferida em:

I – incidente de resolução de demandas repetitivas;

II – recursos especial e extraordinário repetitivos.

Parágrafo único. O julgamento de casos repetitivos tem por objeto questão de direito material ou processual.

---

▶ **1. Sem correspondência no CPC/1973.**

## 🏛 LEGISLAÇÃO CORRELATA

**2. CLT, art. 896-B.** *"Art. 896-B. Aplicam-se ao recurso de revista, no que couber, as normas da Lei nº 5.869, de 11 de janeiro de 1973 (Código de Processo Civil), relativas ao julgamento dos recursos extraordinário e especial repetitivos."*

## ⚖ JURISPRUDÊNCIA, ENUNCIADOS E SÚMULAS SELECIONADOS

- **3. Enunciado 88 do FPPC.** *"Não existe limitação de matérias de direito passíveis de gerar a instauração do incidente de resolução de de-*

*mandas repetitivas e, por isso, não é admissível qualquer interpretação que, por tal fundamento, restrinja seu cabimento."*

- **4. Enunciado 327 do FPPC.** *"Os precedentes vinculantes podem ter por objeto questão de direito material ou processual."*

- **5. Enunciado 345 do FPPC.** *"O incidente de resolução de demandas repetitivas e o julgamento dos recursos extraordinários e especiais repetitivos formam um microssistema de solução de casos repetitivos, cujas normas de regência se complementam reciprocamente e devem ser interpretadas conjuntamente."*

- **6. Enunciado 346 do FPPC.** *"A Lei nº 13.015, de 21 de julho de 2014, compõe o microssistema de solução de casos repetitivos."*

- **7. Enunciado 347 do FPPC.** *"Aplica-se ao processo do trabalho o incidente de resolução de demandas repetitivas, devendo ser instaurado quando houver efetiva repetição de processos que contenham controvérsia sobre a mesma questão de direito".*

- **8. Enunciado 480 do FPPC.** *"Aplica-se no âmbito dos juizados especiais a suspensão dos processos em trâmite no território nacional, que versem sobre a questão submetida ao regime de julgamento de recursos especiais e extraordinários repetitivos, determinada com base no art. 1.037, II."*

- **9. Enunciado 659 do FPPC.** *"O relator do julgamento de casos repetitivos e do incidente de assunção de competência tem o dever de zelar pelo equilíbrio do contraditório, por exemplo solicitando a participação, na condição de amicus curiae, de pessoas, órgãos ou entidades capazes de sustentar diferentes pontos de vista."*

- **10. Enunciado 72 do FNPP.** *"A ordem de suspensão dos processos, em razão da afetação para julgamento de casos repetitivos, acarreta a suspensão da discussão do tema controvertido, mas não a paralisação total da execução fiscal."*

## 🖥 COMENTÁRIOS TEMÁTICOS

**11. O julgamento de casos repetitivos.** Considera-se julgamento de casos repetitivos a decisão proferida em *a)* incidente de resolução de demandas repetitivas – IRDR; e, *b)* recursos especial e extraordinário repetitivos. O julgamento de casos repetitivos tem por objeto questão de direito material ou processual. É possível que haja mais de um tema a ser solucionado. Não há, enfim, limitação. Também é exemplo de julgamento de casos repetitivos os recursos de revista repetitivos, regulados pela Lei 13.015/2014.

1401

**12. Sistemas de resolução de causas repetitivas.** Há dois sistemas de resolução de causas repetitivas: *a)* o da causa-piloto e *b)* o da causa-modelo. No sistema da causa-piloto, o órgão jurisdicional seleciona um caso para julgar, fixando a tese a ser seguida nos demais. Já na causa-modelo, instaura-se um incidente apenas para fixar a tese a ser seguida, não havendo a escolha de uma causa a ser julgada.

**13. A opção brasileira.** No sistema brasileiro, os recursos especial e extraordinário repetitivos são processados e julgados como *causa-piloto*. Escolhem-se uns recursos para exame e julgamento (art. 1.036). Os recursos afetados para análise devem ser julgados no prazo de um ano, tendo preferência sobre os demais, ressalvado o *habeas corpus* (art. 1.037, § 4º). Julgados os recursos paradigmas, decidem-se as causas neles contidas (*causas-piloto*) e, ao mesmo tempo, fixa-se a tese a ser aplicada a todos os demais processos que ficaram sobrestados. Forma-se, além disso, um precedente obrigatório a ser seguido pelos juízes e tribunais em casos que contenham a mesma questão repetitiva, de direito processual ou de direito material. O tribunal, no IRDR, julga a causa e fixa o entendimento a ser aplicável aos demais casos repetitivos. Trata-se, então, também, de uma causa-piloto, e não de uma causa-modelo. O incidente há de ser instaurado no caso que esteja em curso no tribunal. Se não houvesse caso em trâmite no tribunal, não se teria um incidente, mas um processo originário, com transferência ao tribunal de parte da cognição que deveria ser realizada pelos juízes de primeira instância. Não é possível ao legislador ordinário criar competências originárias para os tribunais. As competências dos TRFs estão estabelecidas no art. 108 da CF, cabendo às Constituições Estaduais fixar as competências dos tribunais de justiça (CF, art. 125, § 1º). O legislador ordinário pode – e foi isso que fez o CPC – criar incidentes processuais para causas originárias e recursais que tramitem nos tribunais, mas não lhe cabe criar competências originárias para os tribunais. É também por isso que não se permite a instauração do IRDR sem que haja causa tramitando no tribunal.

**14. Microssistema de julgamento de casos repetitivos e sua dupla função.** O objetivo do IRDR e dos recursos repetitivos é conferir tratamento prioritário, adequado e racional às questões repetitivas. Tais instrumentos destinam-se a *gerir e decidir os casos repetitivos*. Além de gerir os casos repetitivos, o IRDR e os recursos repetitivos também se destinam a *formar precedentes*

*obrigatórios*, que vinculam o próprio tribunal, seus órgãos e os juízos a ele subordinados.

**15. Microssistemas compostos pelo julgamento de casos repetitivos.** O IRDR e os recursos especial e extraordinário repetitivos compõem dois microssistemas, cada um deles relacionado a uma de suas duas funções. Eles integram o microssistema de gestão e julgamento de casos repetitivos e pertencem ao microssistema de formação concentrada de precedentes obrigatórios. O julgamento de casos repetitivos é gênero de incidentes que possuem natureza híbrida: servem para gerir e julgar casos repetitivos e, também, para formar precedentes obrigatórios. Por isso, esses incidentes pertencem a *dois* microssistemas: o de gestão e julgamento de casos repetitivos e o de formação concentrada de precedentes obrigatórios. Esses microssistemas são compostos pelas normas do CPC e, igualmente, pelas normas da CLT que foram inseridas pela Lei 13.015/2014, a respeito de julgamento de casos repetitivos.

**16. Microssistema de formação concentrada de precedentes obrigatórios.** O microssistema de formação e aplicação de precedentes obrigatórios é formado pelo IRDR, pelos recursos repetitivos e, ainda, pelo incidente de assunção de competência – IAC. A formação de precedentes é o objetivo desse microssistema. Formado o precedente obrigatório, tanto no IAC como no julgamento de casos repetitivos, os juízes e tribunais devem observá-lo, proferindo julgamento de improcedência liminar (art. 332, II e III), dispensando a remessa necessária (art. 496, § 4º, II e III), autorizando a tutela provisória de evidência (art. 311, II) e conferindo-se ao relator o poder de decidir monocraticamente (art. 932, IV, *b* e *c*, V, *b* e *c*; art. 955, parágrafo único, II). Cabe reclamação para garantir a observância de precedente proferido em julgamento de casos repetitivos ou em incidente de assunção de competência (art. 988, IV, e § 5º, II), sendo considerada omissa a decisão que deixar de se manifestar sobre tese firmada em julgamento de casos repetitivos ou em incidente de assunção de competência (art. 1.022, parágrafo único, I).

**17. Núcleo do microssistema de formação concentrada de precedentes obrigatórios.** O microssistema de formação concentrada de precedentes obrigatórios contém normas que determinam a ampliação da cognição e da participação, qualificando o debate para a formação do precedente, a fundamentação reforçada e a ampla publicidade. Essas normas compõem o núcleo desse microssistema. Além das normas relativas à *formação* do precedente, o referido

# LIVRO III · DOS PROCESSOS NOS TRIBUNAIS E DOS MEIOS DE IMPUGNAÇÃO DAS DECISÕES JUDICIAIS

## Art. 929

microssistema compõe-se também das normas concernentes à *aplicação* do precedente. Todas essas normas aplicam-se aos instrumentos que integram esse microssistema.

**18. Microssistema de gestão e julgamento de casos repetitivos.** O microssistema de gestão e julgamento de casos repetitivos não é integrado pelo IAC, compondo-se pelo IRDR e pelos recursos repetitivos, com a finalidade de escolher, ao menos, dois processos para discussão e decisão, paralisando-se os demais que ficam à espera da decisão paradigma.

**19. Natureza híbrida do julgamento de casos repetitivos.** A percepção de que há um microssistema, com natureza híbrida, é importante. Os instrumentos que formam o microssistema de gestão e julgamento de casos repetitivos são regidos por normas comuns, que se intercomunicam, garantindo, assim, unidade e coerência. Para a gestão dos casos repetitivos e a formação de precedentes obrigatórios, devem ser aplicadas as normas que compõem esses microssistemas, como normas que se complementam e se interpretam conjuntamente.

**20. Microssistema de julgamento de casos repetitivos e o processo do trabalho.** O microssistema de julgamento de casos repetitivos é composto por normas contidas no CPC e, igualmente, por normas contidas na CLT. Há, a propósito, regramento detalhado sobre o recurso de revista repetitivo no âmbito do Tribunal Superior do Trabalho. A CLT trata do recurso de revista repetitivo. Embora a CLT não trate do IRDR, este é aplicável no âmbito da Justiça do Trabalho. Isso porque o processo do trabalho é regido por normas que integram o microssistema de julgamento de casos repetitivos. Além do mais, o art. 15 do CPC dispõe que as normas do processo civil regulam, subsidiária e supletivamente, o processo do trabalho. O IRDR é aplicável, portanto, ao processo do trabalho.

## CAPÍTULO II
## DA ORDEM DOS PROCESSOS NO TRIBUNAL

> **Art. 929.** Os autos serão registrados no protocolo do tribunal no dia de sua entrada, cabendo à secretaria ordená-los, com imediata distribuição. Parágrafo único. A critério do tribunal, os serviços de protocolo poderão ser descentralizados, mediante delegação a ofícios de justiça de primeiro grau.

▶ **1. Correspondência no CPC/1973.** *"Art. 547. Os autos remetidos ao tribunal serão registrados no protocolo no dia de sua entrada, cabendo à secretaria verificar-lhes a numeração das folhas e ordená-los para distribuição. Parágrafo único. Os serviços de protocolo poderão, a critério do tribunal, ser descentralizados, mediante delegação a ofícios de justiça de primeiro grau."*

## 🏛 LEGISLAÇÃO CORRELATA

**2. CF, art. 93, XV.** *"Art. 93. Lei complementar, de iniciativa do Supremo Tribunal Federal, disporá sobre o Estatuto da Magistratura, observados os seguintes princípios: (...) XV – a distribuição de processos será imediata, em todos os graus de jurisdição."*

## 🗐 COMENTÁRIOS TEMÁTICOS

**3. Protocolo.** O protocolo é livro oficial, que todo tribunal tem. O protocolo pode ser eletrônico ou não. Sua principal função é a de autenticar a data de apresentação dos autos ou petições, sendo permitida, a partir de então, a obtenção de certidões ou, se for o caso, de recibo da entrada dos autos ou da petição.

**4. Descentralização dos serviços de protocolo.** A critério do tribunal, os serviços de protocolo poderão ser descentralizados, facilitando o acesso dos jurisdicionados, sobretudo daqueles que estão em comarcas mais distantes de sua sede.

**5. Tribunais superiores.** A regra da descentralização dos serviços de protocolo aplica-se também aos tribunais superiores (STF, Pleno, AI 476.260 AgR-SP, rel. Min. Carlos Britto, *DJ* 16.06.006; STJ, Corte Especial, AgRg no Ag 792.846-SP, rel. Min. Luiz Fux, *DJe* 03.11.2008).

**6. Câmaras Regionais.** Além de descentralizar os serviços de protocolo, o tribunal, a fim de assegurar o pleno acesso do jurisdicionado à justiça em todas as fases do processo, pode implementar funcionamento descentralizado. Por isso, aos Tribunais Regionais Federais, aos Tribunais Regionais do Trabalho e aos Tribunais de Justiça se faculta a possibilidade de constituírem Câmaras regionais (CF, arts. 107, § 3º; 115, § 2º; 125, § 6º).

**7. Registro.** O registro deve ser feito no mesmo dia da apresentação da petição ou da chegada dos autos ao tribunal. Além da finalidade estatística, fiscal, histórica, administrativa e processual, o registro tem por objetivo garantir a publicidade dos atos processuais (CF, arts. 5º, LX, e 93, IX; CPC, art. 11).

1403

**Art. 930** CÓDIGO DE PROCESSO CIVIL COMENTADO – *Leonardo Carneiro da Cunha*

**8. Distribuição.** Registrados os autos, cabe à secretaria ordená-los para distribuição imediata. A distribuição de processos no tribunal será imediata (CF, art. 93, XV).

**9. Protocolo, registro e distribuição: concomitância.** O registro deve ser feito no mesmo dia da apresentação da petição ou da chegada dos autos no tribunal. A distribuição há de ser imediata. Logo, tais atos coincidem no momento de sua realização: protocolo, registro e distribuição devem ser feitos imediatamente, no mesmo momento.

---

**Art. 930.** Far-se-á a distribuição de acordo com o regimento interno do tribunal, observando-se a alternatividade, o sorteio eletrônico e a publicidade.

Parágrafo único. O primeiro recurso protocolado no tribunal tornará prevento o relator para eventual recurso subsequente interposto no mesmo processo ou em processo conexo.

---

▶ **1. Correspondência no CPC/1973.** *"Art. 548. Far-se-á a distribuição de acordo com o regimento interno do tribunal, observando-se os princípios da publicidade, da alternatividade e do sorteio."*

### 🔲 LEGISLAÇÃO CORRELATA

**2. RISTF, art. 69.** *"Art. 69. A distribuição da ação ou do recurso gera prevenção para todos os processos a eles vinculados por conexão ou continência. § 1º O conhecimento excepcional de processo por outro Ministro que não o prevento prorroga-lhe a competência nos termos do § 6º do art. 67. § 2º Não se caracterizará prevenção, se o Relator, sem ter apreciado liminar, nem o mérito da causa, não conhecer do pedido, declinar da competência, ou homologar pedido de desistência por decisão transitada em julgado."*

**3. RISTJ, art. 71.** *"Art. 71. A distribuição da ação, do recurso ou do incidente torna preventa a competência do relator para todos os feitos posteriores referentes ao mesmo processo ou a processo conexo, inclusive na fase de cumprimento de decisão; a distribuição do inquérito e da sindicância, bem como a realizada para efeito da concessão de fiança ou de decretação de prisão preventiva ou de qualquer diligência anterior à denúncia ou queixa, prevenirá a da ação penal. § 1º Se o relator deixar o Tribunal ou transferir-se da Seção, a prevenção será do órgão julgador. § 2º Vencido o relator, a prevenção referir-se-á ao Ministro designado para lavrar o acórdão. § 3º Se o recurso tiver subido por decisão do relator no agravo de instrumento, ser-lhe-á distribuído ou*

*ao seu sucessor. § 4º A prevenção, se não reconhecida, de ofício, poderá ser arguida por qualquer das partes ou pelo órgão do Ministério Público, até o início do julgamento. § 5º Observar-se-á a regra da distribuição por prevenção de processo para o Presidente de Seção e para as hipóteses previstas no art. 70, §§ 5º e 6º. § 6º Há prevenção nas ações e nos recursos decorrentes do mesmo procedimento policial investigatório, ainda que derivados de inquéritos diversos."*

### ⚖ JURISPRUDÊNCIA, ENUNCIADOS E SÚMULAS SELECIONADOS

• **4. Súmula STJ, 235.** *"A conexão não determina a reunião dos processos, se um deles já foi julgado."*

### 🔲 COMENTÁRIOS TEMÁTICOS

**5. Obrigatoriedade da distribuição.** A distribuição é obrigatória. O regimento interno do tribunal não pode dispensar a distribuição.

**6. Atributos da distribuição.** A distribuição deve observar a alternatividade, o sorteio eletrônico e a publicidade, devendo ser feita de acordo com o regimento interno do tribunal. A distribuição deve ser *alternada* entre os membros do tribunal, "obedecendo-se rigorosa igualdade" (art. 285), para que haja equânime divisão de trabalho. O *sorteio eletrônico* é o modo de proceder à distribuição, em razão do seu caráter aleatório. A publicidade da distribuição decorre da exigência constitucional de publicidade na atividade jurisdicional. É com a publicidade que se permite às partes, seus procuradores e outros interessados conhecerem o órgão julgador e o relator, de modo que possam fiscalizar a distribuição e, até mesmo, corrigir eventual erro. Esses três atributos da distribuição, em tribunal, são mera repetição dos atributos *gerais* da distribuição, impostos pelo art. 285.

**7. Relevância da distribuição.** Por ser o tribunal um órgão colegiado, a distribuição é um ato relevante, pois é por meio dela que se define o órgão julgador do caso submetido ao exame do tribunal, bem como o seu relator.

**8. Natureza jurídica da distribuição.** A distribuição é um ato administrativo que produz consequências jurídicas processuais.

**9. Prevenção em tribunal.** O que torna o juízo prevento é o registro ou a distribuição (art. 59). Nos tribunais, o *protocolo* é o marco definidor da prevenção (art. 930, parágrafo único). Nos tribunais, o protocolo, o registro e a distribuição

1404

**LIVRO III · DOS PROCESSOS NOS TRIBUNAIS E DOS MEIOS DE IMPUGNAÇÃO DAS DECISÕES JUDICIAIS** | **Art. 930**

coincidem, devendo tudo ser imediato. Embora o registro e a distribuição do recurso devam ser imediatos, é possível, em descumprimento à exigência constitucional (CF, art. 93, XV), que ocorram em momento posterior. Assim, o primeiro recurso protocolizado tornará prevento o relator, independentemente da ordem do registro e distribuição, que tenham ocorrido tardiamente. Poderia parecer esdrúxulo tornar prevento um juízo que ainda não se sabe qual, pois não realizada a distribuição, mas se isso ocorrer e a distribuição for bem depois do protocolo, deverá haver uma retroação e fixar a prevenção do relator a partir do protocolo. Com o protocolo, já se sabe que o relator (e o órgão respectivo) para quem for distribuído ficará prevento.

**9.1. Aplicação da regra em outras hipóteses previstas no CPC.** A regra de prevenção em tribunal foi reproduzida em outras disposições: (a) relator para quem foi distribuído o requerimento de atribuição de efeito suspensivo à apelação, ao recurso extraordinário e ao recurso especial fica prevento para julgá-lo (art. 1.012, § 3º, I; art. 1.029, § 5º, I); (b) havendo mais de uma afetação para julgamento como recurso repetitivo, o relator que primeiro tiver proferido a decisão de afetação fica prevento (art. 1.037, § 3º).

**9.2. Outras hipóteses em regimento interno.** O regimento interno do tribunal poderá criar outras regras de prevenção, desde que observadas as normas fundamentais do processo civil, sobretudo o princípio do juiz natural.

**10. Incompetência absoluta impede prevenção.** A prevenção *pressupõe* competência absoluta. Não se deve considerar prevento um órgão absolutamente incompetente. A prevenção é critério de fixação de competência entre mais de um órgão igualmente competente. Não se pode, por exemplo, dizer que um relator de uma Câmara Criminal seja prevento para o julgamento em uma Câmara Cível, ou que o relator de uma Câmara de Direito Público seja prevento para casos de uma Câmara Cível. A prevenção, nesse exemplo, pressupõe que os relatores sejam ambos de Câmaras Cíveis. Se há incompetência absoluta, não há prevenção. Só pode haver prevenção, se houver competência absoluta.

**11. A competência absoluta como pressuposto da prevenção.** "*A prevenção não é critério de determinação da competência e, sim, de fixação da competência. A sua aplicação pressupõe que os dois juízos envolvidos sejam igualmente competentes, o que não se dá na espécie presente*" (STJ, 2ª Seção, CC 29.684/RJ, rel. Min. Barros Monteiro, *DJ* 11.12.2000).

**12. Irrecorribilidade do ato que reconhece a prevenção.** "*É irrecorrível o despacho que acolhe a prevenção, haja vista tratar-se de ato meramente ordinatório e inexistir conteúdo decisório apto a causar gravame às partes*" (STJ, 3ª Turma, AgRg no AREsp 519.715/PR, rel. Min. Ricardo Villas Bôas Cueva, *DJe* 18.02.2015). No mesmo sentido: STJ, 5ª Turma, AgRg na PET no REsp 1.638.467/DF, rel. Min. Jorge Mussi, *DJe* 16.11.2018.

**13. Duração da prevenção.** A prevenção tem duração diferente quando aplicável entre ações de competência originária ou quando aplicável entre recursos.

**13.1. Duração da prevenção em ações de competência originária.** Nas ações de competência originária, a conexão somente acarreta a reunião de processos enquanto não houver julgamento final. Se ambas as causas tramitam paralelamente, a reunião entre elas se impõe, sob pena de nulidade por incompetência. Se, porém, uma das causas foi distribuída no tribunal quando a outra já havia sido julgada, não há mais como reuni-las. Havendo julgamento de uma das causas, é irrelevante a prevenção, pois não pode mais haver a reunião (CPC, art. 55, § 1º; Súmula STJ, 235).

**13.2. Duração da prevenção em recursos.** Relativamente aos recursos, o relator permanece *prevento*, mesmo na hipótese de o primeiro recurso já ter sido julgado ou de não ter sido ele admitido.

**14. Conexão de causas em tribunal.** É possível conexão de causas que tramitam em tribunal; a conexão pode existir entre ações de competência originária do tribunal, recursos e incidentes. A conexão é fenômeno processual que pode acontecer em qualquer instância. Quanto à conexão entre as ações de competência originária, aplicam-se as regras previstas nos arts. 55 e seguintes. No tocante a recursos, o parágrafo único do art. 930 prevê que o primeiro deles tornará prevento o relator para os demais, interpostos no mesmo processo ou em processo conexo. O protocolo do primeiro recurso no tribunal – a data do protocolo é a data do registro (art. 929) – torna *prevento* o respectivo relator para futuro recurso proveniente do *mesmo processo* ou em *processo conexo*. A regra estende-se à fase de execução.

**15. Prevenção para mandado de segurança contra ato judicial.** O art. 930 aplica-se à distribuição de *mandado de segurança contra ato judicial*. Assim, impetrado mandado de segurança contra ato judicial, o seu relator ficará prevento para o processamento de recursos ou outros mandados de segurança provenientes do mesmo processo.

**16. Prevenção para ação rescisória.** A regra de prevenção por conexão não se aplica à ação rescisória. O relator do recurso, interposto no processo em se que proferiu a decisão rescindenda, não fica prevento para a futura ação rescisória. A ação rescisória não é recurso, nem funciona como sucedâneo recursal. É ação autônoma de impugnação, que ataca a coisa julgada. Logo, não deve ser distribuída por prevenção ao relator dos recursos interpostos no processo originário ou de agravos relativos à fase de cumprimento de sentença. Aliás, o parágrafo único do art. 971 dispõe que "a escolha de relator recairá, sempre que possível, em juiz que não haja participado do julgamento rescindendo". O próprio Código estabelece que a escolha do relator há de recair em juiz que não tenha participado do julgamento, confirmando a ausência de prevenção. Observe-se, porém, que o dispositivo contém uma ressalva, ao utilizar a expressão "sempre que possível", em respeito à regulação dos regimentos internos de cada tribunais, pois, a depender do tamanho ou da organização do tribunal, pode não ser possível evitar a coincidência de relatoria entre o caso originário e a ação rescisória. De todo modo, sempre que possível, há de ser evitada a coincidência, não havendo prevenção.

> **Art. 931.** Distribuídos, os autos serão imediatamente conclusos ao relator, que, em 30 (trinta) dias, depois de elaborar o voto, restitui-los-á, com relatório, à secretaria.

▸ **1. Correspondência no CPC/1973.** "*Art. 549. Distribuídos, os autos subirão, no prazo de 48 (quarenta e oito) horas, à conclusão do relator, que, depois de estudá-los, os restituirá à secretaria com o seu 'visto'. Parágrafo único. O relator fará nos autos uma exposição dos pontos controvertidos sobre que versar o recurso.*"

### ⚖ JURISPRUDÊNCIA, ENUNCIADOS E SÚMULAS SELECIONADOS

• **2. Enunciado 522 do FPPC.** "*O relatório nos julgamentos colegiados tem função preparatória e deverá indicar as questões de fato e de direito relevantes para o julgamento e já submetidas ao contraditório.*"

### ▣ COMENTÁRIOS TEMÁTICOS

**3. Encaminhamento dos autos ao relator para lançamento do relatório e elaboração do voto.** Distribuída a causa, os autos são encaminhados ao relator, que deverá estudar o caso submetido ao crivo do tribunal. Feito o estudo do caso, o relator apresentará o relatório e elaborará seu voto. O relatório é lançado aos autos, mas o voto somente deve ser lido e divulgado na sessão de julgamento. Apresentado o relatório, os autos serão encaminhados à secretaria, que, então, os encaminhará ao presidente do órgão, a fim de que designe dia para julgamento, mandado publicar a pauta no órgão oficial, sendo igualmente afixada na entrada da sala em que se realizar a sessão de julgamento (arts. 934 e 935, § 2º). Às partes será permitida vista dos autos em cartório após a publicação da pauta de julgamento (art. 935, § 1º).

**4. Publicidade do relatório.** Elaborado o relatório, este deve ser juntado aos autos. A juntada do relatório lhe dá publicidade, permitindo que as partes conheçam as questões reputadas relevantes pelo relator e solicitem, se for o caso, ajustes antes da sessão de julgamento. A juntada do relatório aos autos autoriza, ainda, que se dispense a sua leitura na sessão de julgamento, pois as partes já conhecerão seu conteúdo, providência que contribui para a duração razoável do processo.

**5. Vinculação do relator.** Lançado o relatório aos autos, o relator fica vinculado à causa, devendo participar do julgamento, ainda que venha a ser removido para outra câmara ou turma. Nessa hipótese, não há modificação de competência; o caso não se desloca para a nova câmara ou turma da qual passou a fazer parte o relator. Continua o caso afeto à câmara ou turma originária, devendo o relator, que lançou o relatório nos autos, fazer parte do julgamento.

> **Art. 932.** Incumbe ao relator:
>
> I – dirigir e ordenar o processo no tribunal, inclusive em relação à produção de prova, bem como, quando for o caso, homologar autocomposição das partes;
>
> II – apreciar o pedido de tutela provisória nos recursos e nos processos de competência originária do tribunal;
>
> III – não conhecer de recurso inadmissível, prejudicado ou que não tenha impugnado especificamente os fundamentos da decisão recorrida;
>
> IV – negar provimento a recurso que for contrário a:
>
> a) súmula do Supremo Tribunal Federal, do Superior Tribunal de Justiça ou do próprio tribunal;
>
> b) acórdão proferido pelo Supremo Tribunal Federal ou pelo Superior Tribunal de Justiça em julgamento de recursos repetitivos;

**LIVRO III · DOS PROCESSOS NOS TRIBUNAIS E DOS MEIOS DE IMPUGNAÇÃO DAS DECISÕES JUDICIAIS** **Art. 932**

c) entendimento firmado em incidente de resolução de demandas repetitivas ou de assunção de competência;

V – depois de facultada a apresentação de contrarrazões, dar provimento ao recurso se a decisão recorrida for contrária a:

a) súmula do Supremo Tribunal Federal, do Superior Tribunal de Justiça ou do próprio tribunal;

b) acórdão proferido pelo Supremo Tribunal Federal ou pelo Superior Tribunal de Justiça em julgamento de recursos repetitivos;

c) entendimento firmado em incidente de resolução de demandas repetitivas ou de assunção de competência;

VI – decidir o incidente de desconsideração da personalidade jurídica, quando este for instaurado originariamente perante o tribunal;

VII – determinar a intimação do Ministério Público, quando for o caso;

VIII – exercer outras atribuições estabelecidas no regimento interno do tribunal.

Parágrafo único. Antes de considerar inadmissível o recurso, o relator concederá o prazo de 5 (cinco) dias ao recorrente para que seja sanado vício ou complementada a documentação exigível.

▶ **1. Correspondência no CPC/1973.** *"Art. 557. O relator negará seguimento a recurso manifestamente inadmissível, improcedente, prejudicado ou em confronto com súmula ou com jurisprudência dominante do respectivo tribunal, do Supremo Tribunal Federal, ou de Tribunal Superior. § 1º-A. Se a decisão recorrida estiver em manifesto confronto com súmula ou com jurisprudência dominante do Supremo Tribunal Federal, ou de Tribunal Superior, o relator poderá dar provimento ao recurso. § 1º Da decisão caberá agravo, no prazo de cinco dias, ao órgão competente para o julgamento do recurso, e, se não houver retratação, o relator apresentará o processo em mesa, proferindo voto; provido o agravo, o recurso terá seguimento. § 2º Quando manifestamente inadmissível ou infundado o agravo, o tribunal condenará o agravante a pagar ao agravado multa entre um e dez por cento do valor corrigido da causa, ficando a interposição de qualquer outro recurso condicionada ao depósito do respectivo valor."*

🔲 **LEGISLAÇÃO CORRELATA**

**2. Lei 9.868/1999, art. 4º.** *"Art. 4º A petição inicial inepta, não fundamentada e a manifestamente improcedente serão liminarmente indeferidas pelo relator."*

**3. Lei 9.868/1999, art. 12-C.** *"Art. 12-C. A petição inicial inepta, não fundamentada, e a manifestamente improcedente serão liminarmente indeferidas pelo relator."*

**4. Lei 9.868/1999, art. 15.** *"Art. 15. A petição inicial inepta, não fundamentada e a manifestamente improcedente serão liminarmente indeferidas pelo relator."*

**5. Lei 9.882/1999, art. 4º.** *"Art. 4º A petição inicial será indeferida liminarmente, pelo relator, quando não for o caso de arguição de descumprimento de preceito fundamental, falar algum dos requisitos prescritos nesta Lei ou for inepta."*

**6. Lei 9.882/1999, art. 5º, §§ 1º e 2º.** *"§ 1º Em caso de extrema urgência ou perigo de lesão grave, ou ainda, em período de recesso, poderá o relator conceder a liminar, ad referendum do Tribunal Pleno". "§ 2º O relator poderá ouvir os órgãos ou autoridades responsáveis pelo ato questionado, bem como o Advogado-Geral da União ou o Procurador-Geral da República, no prazo comum de cinco dias".*

**7. Lei 13.300/2016, art. 6º.** *"Art. 6º A petição inicial será desde logo indeferida quando a impetração for manifestamente incabível ou manifestamente improcedente".*

**8. RISTF, art. 161, parágrafo único.** *"Parágrafo único. O Relator poderá julgar a reclamação quando a matéria for objeto de jurisprudência consolidada no Tribunal."*

**9. IN 39/2016 do TST, art. 10.** *"Aplicam-se ao Processo do Trabalho as normas do parágrafo único do art. 932 do CPC, §§ 1º a 4º do art. 938 e §§ 2º e 7º do art. 1.007."*

**10. Res. 591/2024 CNJ, art. 12.** *"Art. 12. Nas ações de competência originária dos tribunais, as decisões monocráticas que concederem tutelas provisórias, tanto cautelares quanto antecipadas, deverão ser submetidas a referendo do órgão colegiado, incluindo-se os respectivos processos na primeira sessão de julgamento possível."*

⚖ **JURISPRUDÊNCIA, ENUNCIADOS E SÚMULAS SELECIONADOS**

• **11. Tema/Repercussão Geral 294 STF.** *"Cabe o julgamento monocrático no âmbito dos Juizados Especiais, desde que possível sua revisão pelo Órgão Colegiado."*

• **12. Tema/Repetitivo 194 STJ.** *"Opostos embargos declaratórios de decisão colegiada, o relator poderá negar seguimento monocraticamente, com base no* caput *do artigo 557 do CPC."*

1407

- **13. Tema/Repetitivo 434 STJ.** "*O agravo interposto contra decisão monocrática do Tribunal de origem, com o objetivo de exaurir a instância recursal ordinária, a fim de permitir a interposição de recurso especial e do extraordinário, não é manifestamente inadmissível ou infundado, o que torna inaplicável a multa prevista no art. 557, § 2º, do Código de Processo Civil.*"

- **14. Súmula STJ, 253.** "*O art. 557 do CPC, que autoriza o relator a decidir o recurso, alcança o reexame necessário.*"

- **15. Súmula STJ, 568.** "*O relator, monocraticamente e no Superior Tribunal de Justiça, poderá dar ou negar provimento ao recurso quando houver entendimento dominante acerca do tema.*"

- **16. Enunciado Administrativo 5 STJ.** "*Nos recursos tempestivos interpostos com fundamento no CPC/1973 (relativos a decisões publicadas até 17 de março de 2016), não caberá a abertura de prazo prevista no art. 932, parágrafo único, c/c o art. 1.029, § 3º, do novo CPC.*"

- **17. Enunciado Administrativo 6 STJ.** "*Nos recursos tempestivos interpostos com fundamento no CPC/2015 (relativos a decisões publicadas a partir de 18 de março de 2016), somente será concedido o prazo previsto no art. 932, parágrafo único, c/c o art. 1.029, § 3º, do novo CPC para que a parte sane vício estritamente formal.*"

- **18. Súmula TST, 23.** "*Não se conhece de recurso de revista ou de embargos, se a decisão recorrida resolver determinado item do pedido por diversos fundamentos e a jurisprudência transcrita não abranger a todos.*"

- **19. Súmula TST, 385.** "*I – Incumbe à parte o ônus de provar, quando da interposição do recurso, a existência de feriado local que autorize a prorrogação do prazo recursal (art. 1.003, § 6º, do CPC de 2015). No caso de o recorrente alegar a existência de feriado local e não o comprovar no momento da interposição do recurso, cumpre ao relator conceder o prazo de 5 (cinco) dias para que seja sanado o vício (art. 932, parágrafo único, do CPC de 2015), sob pena de não conhecimento se da comprovação depender a tempestividade recursal; II – Na hipótese de feriado forense, incumbirá à autoridade que proferir a decisão de admissibilidade certificar o expediente nos autos; III – Admite-se a reconsideração da análise da tempestividade do recurso, mediante prova documental superveniente, em agravo de instrumento, agravo interno, agravo regimental, ou embargos de declaração, desde que, em momento anterior, não tenha havido a concessão de prazo para a comprovação da ausência de expediente forense.*"

- **20. Súmula TST, 395.** "*I – Válido é o instrumento de mandato com prazo determinado que contém cláusula estabelecendo a prevalência dos poderes para atuar até o final da demanda (§ 4º do art. 105 do CPC de 2015). II – Se há previsão, no instrumento de mandato, de prazo para sua juntada, o mandato só tem validade se anexado ao processo o respectivo instrumento no aludido prazo. III – São válidos os atos praticados pelo substabelecido, ainda que não haja, no mandato, poderes expressos para substabelecer (art. 667, e parágrafos, do Código Civil de 2002). IV – Configura-se a irregularidade de representação se o substabelecimento é anterior à outorga passada ao substabelecente. V – Verificada a irregularidade de representação nas hipóteses dos itens II e IV, deve o juiz suspender o processo e designar prazo razoável para que seja sanado o vício, ainda que em instância recursal (art. 76 do CPC de 2015).*"

- **21. Súmula TST, 422.** "*I – Cabem embargos de declaração da decisão monocrática do relator prevista no art. 932 do CPC de 2015 (art. 557 do CPC de 1973), se a parte pretende tão somente juízo integrativo retificador da decisão e, não, modificação do julgado. II – Se a parte postular a revisão no mérito da decisão monocrática, cumpre ao relator converter os embargos de declaração em agravo, em face dos princípios da fungibilidade e celeridade processual, submetendo-o ao pronunciamento do Colegiado, após a intimação do recorrente para, no prazo de 5 (cinco) dias, complementar as razões recursais, de modo a ajustá-las às exigências do art. 1.021, § 1º, do CPC de 2015.*"

- **22. Súmula TST, 435.** "*Aplica-se subsidiariamente ao processo do trabalho o art. 932 do CPC de 2015 (art. 557 do CPC de 1973).*"

- **23. Súmula TST, 456.** "*I – É inválido o instrumento de mandato firmado em nome de pessoa jurídica que não contenha, pelo menos, o nome do outorgante e do signatário da procuração, pois estes dados constituem elementos que os individualizam. II – Verificada a irregularidade de representação da parte na instância originária, o juiz designará prazo de 5 (cinco) dias para que seja sanado o vício. Descumprida a determinação, extinguirá o processo, sem resolução de mérito, se a providência couber ao reclamante, ou considerará revel o reclamado, se a providência lhe couber (art. 76, § 1º, do CPC de 2015). III – Caso a irregularidade de representação da parte seja constatada em fase*"

# LIVRO III · DOS PROCESSOS NOS TRIBUNAIS E DOS MEIOS DE IMPUGNAÇÃO DAS DECISÕES JUDICIAIS — Art. 932

*recursal, o relator designará prazo de 5 (cinco) dias para que seja sanado o vício. Descumprida a determinação, o relator não conhecerá do recurso, se a providência couber ao recorrente, ou determinará o desentranhamento das contrarrazões, se a providência couber ao recorrido (art. 76, § 2º, do CPC de2015)."*

- **24. Enunciado 81 do FPPC.** *"Por não haver prejuízo ao contraditório, é dispensável a oitiva do recorrido antes do provimento monocrático do recurso, quando a decisão recorrida: (a) indeferir liminarmente a justiça gratuita; ou (b) alterar liminarmente o valor da causa."*
- **25. Enunciado 82 do FPPC.** *"É dever do relator, e não faculdade, conceder o prazo ao recorrente para sanar o vício ou complementar a documentação exigível, antes de inadmitir qualquer recurso, inclusive os excepcionais."*
- **26. Enunciado 83 do FPPC.** *"Fica superado o enunciado 115 da súmula do STJ após a entrada em vigor do CPC ('Na instância especial é inexistente recurso interposto por advogado sem procuração nos autos')."*
- **27. Enunciado 197 do FPPC.** *"Aplica-se o disposto no parágrafo único do art. 932 aos vícios sanáveis de todos os recursos, inclusive dos recursos excepcionais."*
- **28. Enunciado 462 do FPPC.** *"É nula, por usurpação de competência funcional do órgão colegiado, a decisão do relator que julgar monocraticamente o mérito do recurso, sem demonstrar o alinhamento de seu pronunciamento judicial com um dos padrões decisórios descritos no art. 932."*
- **29. Enunciado 463 do FPPC.** *"O parágrafo único do art. 932 e o art. 933 devem ser aplicados aos recursos interpostos antes da entrada em vigor do CPC/2015 e ainda pendentes de julgamento."*
- **30. Enunciado 464 do FPPC.** *"A decisão unipessoal (monocrática) do relator em Turma Recursal é impugnável por agravo interno."*
- **31. Enunciado 550 do FPPC.** *"A inexistência de repercussão geral da questão constitucional discutida no recurso extraordinário é vício insanável, não se aplicando o dever de prevenção de que trata o parágrafo único do art. 932, sem prejuízo do disposto no art. 1.033."*
- **32. Enunciado 551 do FPPC.** *"Cabe ao relator, antes de não conhecer do recurso por intempestividade, conceder o prazo de cinco dias úteis para que o recorrente prove qualquer causa de prorrogação, suspensão ou interrupção do prazo recursal a justificar a tempestividade do recurso."*

- **33. Enunciado 592 do FPPC.** *"Aplica-se o inciso V do art. 932 ao agravo de instrumento."*
- **34. Enunciado 593 do FPPC.** *"Antes de inadmitir o recurso especial ou recurso extraordinário, cabe ao presidente ou vice-presidente do tribunal recorrido conceder o prazo de cinco dias ao recorrente para que seja sanado o vício ou complementada a documentação exigível, nos termos do parágrafo único do art. 932."*
- **35. Enunciado 645 do FPPC.** *"Ao relator se conferem os poderes e os deveres do art. 139."*
- **36. Enunciado 646 do FPPC.** *"Constatada a necessidade de produção de prova em grau de recurso, o relator tem o dever de conversão do julgamento em diligência."*
- **37. Enunciado 647 do FPPC.** *"A tutela provisória pode ser concedida pelo relator liminarmente ou após justificação prévia."*
- **38. Enunciado 648 do FPPC.** *"Viola o disposto no art. 932 a previsão em regimento interno de tribunal que estabeleça a possibilidade de julgamento monocrático de recurso ou ação de competência originária com base em 'jurisprudência dominante' ou 'entendimento dominante'."*
- **39. Enunciado 664 do FPPC.** *"O Presidente ou Vice-Presidente do Tribunal de origem tem competência para homologar acordo celebrado antes da publicação da decisão de admissão do recurso especial ou extraordinário."*
- **40. Enunciado 666 do FPPC.** *"O processo coletivo não deve ser extinto por falta de legitimidade quando um legitimado adequado assumir o polo ativo ou passivo da demanda."*
- **41. Enunciado 755 do FPPC.** *"É cabível a produção de prova no controle concentrado de constitucionalidade."*
- **42. Enunciado 66 da I Jornada-CJF.** *"Admite-se a correção da falta de comprovação do feriado local ou da suspensão do expediente forense, posteriormente à interposição do recurso, com fundamento no art. 932, parágrafo único, do CPC."*
- **43. Enunciado 73 da I Jornada-CJF.** *"Admite-se a correção da falta de comprovação do feriado local ou da suspensão do expediente forense, posteriormente à interposição do recurso, com fundamento no art. 932, parágrafo único, do CPC."*
- **44. Enunciado 168 da III Jornada-CJF.** *"Salvo nos casos de competência originária dos tribunais, o incidente de desconsideração da personalidade jurídica deve ser instaurado em primeiro grau."*

**45. Enunciado 90 do FNPP.** *"A Turma Recursal pode complementar os atos de instrução realizados pelo juiz do Juizado Especial se entender insuficiente a instrução probatória realizada."*

**46. Enunciado 102 do FONAJE.** *"O relator, nas Turmas Recursais Cíveis, em decisão monocrática, poderá negar seguimento a recurso manifestamente inadmissível, improcedente, prejudicado ou em desacordo com Súmula ou jurisprudência dominante das Turmas Recursais ou da Turma de Uniformização ou ainda de Tribunal Superior, cabendo recurso interno para a Turma Recursal, no prazo de cinco dias."*

**47. Enunciado 103 do FONAJE.** *"O relator, nas Turmas Recursais Cíveis, em decisão monocrática, poderá dar provimento a recurso se a decisão estiver em manifesto confronto com Súmula do Tribunal Superior ou Jurisprudência dominante do próprio juizado, cabendo recurso interno para a Turma Recursal, no prazo de 5 dias."*

## ▣ COMENTÁRIOS TEMÁTICOS

**48. Relator.** Os tribunais são estruturados para emitir decisões colegiadas, com vistas a obter, com maior grau de probabilidade, o acerto e a justiça do julgamento final. Os membros dos tribunais devem, portanto, atuar em órgão colegiado. Pelas mais variadas razões, não é possível que todos os casos submetidos ao crivo do tribunal sejam analisados, pessoalmente, por todos os seus membros. Por isso, os tribunais são divididos em órgãos fracionários, devendo cada caso ser atribuído a um de seus membros, que é o relator, a quem se incumbe a tarefa de examinar os autos e a controvérsia ali deduzida.

**49. Atribuições do relator.** Cabe ao relator estudar o caso, firmar seu entendimento para, então, elaborar o relatório e levar o caso a julgamento, a fim de, na correspondente sessão, expor os detalhes aos seus pares, emitindo seu voto. Ao relator compete também determinar a realização de diligências, a correção de vícios, a instrução do feito e a apreciação do requerimento de tutela provisória.

**50. Poderes do relator.** Para que possa cumprir a sua função, ao relator atribui-se uma série de poderes. Há poderes de toda natureza: ordenação e gestão do processo, instrutório e decisório. Esses poderes estão espalhados ao longo do Código, em diversos dispositivos. O art. 932 é o mais importante, pois nele se concentra boa parte desses poderes. Mas o art. 932 não exaure os poderes do relator, convindo

lembrar do art. 139, que cuida dos poderes do juiz, aplicáveis ao relator.

**51. Poderes ordinatórios.** Cabe ao relator dirigir e ordenar o processo no tribunal, aí se incluindo *(a)* a incumbência de determinar a intimação do Ministério Público, quando for o caso (art. 932, VII); *(b)* o poder de delimitação dos poderes processuais do *amicus curiae* (art. 138, § 2º); *(c)* o dever de assegurar às partes igualdade de tratamento (art. 139, I); *(d)* o dever de zelar pela duração razoável do processo (art. 139, II); *(e)* o dever de prevenir ou reprimir qualquer ato contrário à dignidade da justiça e indeferir postulações meramente protelatórias (art. 139, III); *(f)* o dever de promover, a qualquer tempo, a autocomposição, preferencialmente com auxílio de conciliadores e mediadores judiciais (art. 139, V); *(g)* o poder de dilatar os prazos processuais e alterar a ordem de produção dos meios de prova, adequando-os às necessidades do conflito de modo a conferir maior efetividade à tutela do direito (art. 139, VI), sendo certo que a dilação de prazo somente pode ser determinada antes do encerramento do prazo regular (art. 139, parágrafo único); *(h)* exercer o poder de polícia, requisitando, quando necessário, força policial, além da segurança interna dos fóruns e tribunais (art. 139, VII); *(i)* quando se deparar com diversas demandas individuais repetitivas, o dever de oficiar o Ministério Público, a Defensoria Pública e, na medida do possível, outros legitimados a que se referem o art. 5º da Lei 7.347/1985 e o art. 82 da Lei 8.078/1990, para, se for o caso, promover a propositura da ação coletiva respectiva (art. 139, X).

**52. Dever geral de correção de defeitos processuais em tribunal.** Em virtude dos princípios da primazia da decisão de mérito (art. 4º) e da cooperação (art. 6º), os tribunais têm o dever de proceder à intimação da parte para que corrija defeito processual sanável, que impeça o exame do mérito (art. 938). Tal dever é aplicável no âmbito recursal, cabendo ao relator cumpri-lo (art. 932, parágrafo único).

**53. Poder instrutório.** Cabe ao relator presidir a instrução do processo que tramita em tribunal. O relator pode determinar, a qualquer tempo, o comparecimento pessoal das partes, para inquiri-las sobre os fatos da causa, hipótese em que não incidirá a pena de confesso (art. 139, VIII). É o que se chama de interrogatório informal, inconfundível com o depoimento pessoal.

**54. Poderes decisórios.** Ao relator cabe homologar, ou não, a autocomposição das partes, sempre que o processo estiver no tribunal. A ele também cabe homologar a autocomposição

**LIVRO III** · DOS PROCESSOS NOS TRIBUNAIS E DOS MEIOS DE IMPUGNAÇÃO DAS DECISÕES JUDICIAIS **Art. 932**

quando ela for celebrada após a sentença: com a prolação da sentença, o juiz de primeira instância já não poderia homologar esse negócio jurídico. A homologação da autocomposição, na instância recursal, implica extinção do procedimento recursal *com* resolução do mérito (art. 487, III). A autocomposição, no caso, abrange os objetos litigiosos dos procedimentos principal e recursal. Também cabe ao relator examinar o requerimento de tutela provisória. Ainda cabe ao relator decidir o requerimento de concessão do benefício da gratuidade da justiça formulado no próprio recurso ou durante o procedimento em tribunal. Também lhe cabe decidir o pedido de revogação do benefício por ele mesmo concedido.

**55. Juízo de admissibilidade dos recursos.** O relator exerce o juízo de admissibilidade dos recursos, deixando de conhecê-los quando forem inadmissíveis ou prejudicados. Recurso prejudicado é o recurso que se torna inadmissível por fato superveniente à sua interposição. Constatada a ocorrência de fato superveniente durante o procedimento de um recurso, aplica-se o disposto no art. 933: o relator intimará as partes para que se manifestem no prazo de cinco dias.

**56. Dever geral de prevenção.** Antes de considerar inadmissível o recurso, o relator concederá o prazo de cinco dias ao recorrente para que seja sanado vício ou complementada a documentação exigível. O recurso defeituoso não pode deixar de ser conhecido, sem que antes seja determinada a correção do defeito. O dever de prevenção aplica-se a qualquer recurso. A regra pressupõe que o defeito seja sanável (art. 932, parágrafo único). A regra não se aplica a defeito insanável, por exemplo, a intempestividade do recurso. Também não permite a complementação das razões recursais nem a formulação de pedido recursal que não fora formulado originariamente. Nesses casos, a boa-fé processual impede que se permita esse tipo de fracionamento da elaboração da demanda recursal.

**57. Juízo de mérito dos recursos.** O relator pode julgar, sozinho, os recursos, apenas em hipóteses específicas, todas elas relacionadas ao sistema de precedentes obrigatórios (art. 927). O relator não pode julgar sozinho o recurso quando bem entender, ou em hipóteses atípicas como de "manifesta procedência" ou "evidente improcedência". O julgamento unipessoal de mérito, pelo relator, deve ser considerado como hipótese excepcional, que foge à regra da colegialidade das decisões em tribunal. O relator pode *negar* ou *dar* provimento ao recurso.

**57.1. Negativa de provimento imediata.** Para *negar* provimento ao recurso, não há necessidade de intimar previamente o recorrido, da mesma forma que é possível a improcedência liminar do pedido sem que haja prévia citação do réu (art. 332).

**57.2. Provimento imediato do recurso.** Para *dar* provimento, é preciso que o relator estabeleça o contraditório prévio com o recorrido. Embora não possa *dar* provimento ao recurso, sozinho, sem ouvir o recorrido, concebe-se a concessão de tutela provisória recursal antes da ouvida do recorrido. Quando se tratar de apelação, de recurso especial e de recurso extraordinário, o relator já recebe o caso com o contraditório prévio estabelecido, de modo que já pode dar provimento ao recurso, desde que estejam presentes os requisitos para tanto. Tratando-se, porém, de agravo de instrumento, o relator recebe o recurso sem que tenha havido ainda oportunidade de contrarrazões para o recorrido. Para dar provimento imediato ao recurso, é preciso, antes, determinar a intimação do agravado para, querendo, ofertar suas contrarrazões.

**58. Remessa necessária.** As regras do art. 932 aplicam-se ao processamento e julgamento da remessa necessária.

**59. Poderes do relator em ações originárias.** O relator pode indeferir a petição inicial (art. 330) ou julgar liminarmente improcedente o pedido (art. 332) em causas de competência originária. Ambas as decisões poderão ser parciais: o relator poderá indeferir *parcialmente* a petição inicial e julgar liminarmente improcedente apenas um ou alguns dos pedidos cumulados.

**60. Agravo interno.** Das decisões do relator cabe agravo interno (art. 1.021). O relator pode optar por levar a questão ao colegiado, em vez de decidir sozinho. Ao fazê-lo, elimina o cabimento do agravo interno: se decisão já for tomada pelo colegiado, este já se manifestou, não sendo cabível o agravo interno.

**61. Impossibilidade de arbitramento de honorários recursais em caso de desistência do recurso.** *"Segundo entendimento da Corte Especial do STJ, é devida a majoração da verba honorária sucumbencial, na forma do art. 85, § 11, do Código Fux, quando estiverem presentes os seguintes requisitos, simultaneamente: (i) decisão recorrida publicada a partir de 18.03.2016, quando entrou em vigor o novo Código de Processo Civil; (ii) recurso não conhecido integralmente ou desprovido, monocraticamente, ou pelo órgão colegiado competente; (iii) condenação em honorários advocatícios desde a origem no feito*

1411

em que interposto o recurso; (iv) não terem sido atingidos na origem os limites previstos nos §§ 2º e 3º do art. 85 do Código Fux; (v) não é exigível a comprovação de trabalho adicional do Advogado do recorrido no grau recursal, tratando apenas de critério de quantificação da verba. Precedente: AgInt nos EAREsp. 762.075/MT, Rel. Min. Felix Fischer, Rel. p/ Acórdão Min. Herman Benjamin, DJe 07.03.2019. 2. No presente caso, ainda que o Recurso Especial tenha sido interposto já na vigência do novo Código de Processo Civil, não houve o seu julgamento nesta instância superior, visto que apresentado pedido de desistência pela parte recorrente, devidamente homologado por esta Relatoria (fls. 384). Logo, não há falar em fixação de honorários recursais, nos termos do art. 85, § 11 do Código Fux" (STJ, 1ª Turma, AgInt nos EDcl no REsp 1.774.402/RJ, rel. Min. Napoleão Nunes Maia Filho, DJe 14.12.2020).

---

**Art. 933.** Se o relator constatar a ocorrência de fato superveniente à decisão recorrida ou a existência de questão apreciável de ofício ainda não examinada que devam ser considerados no julgamento do recurso, intimará as partes para que se manifestem no prazo de 5 (cinco) dias.

§ 1º Se a constatação ocorrer durante a sessão de julgamento, esse será imediatamente suspenso a fim de que as partes se manifestem especificamente.

§ 2º Se a constatação se der em vista dos autos, deverá o juiz que a solicitou encaminhá-los ao relator, que tomará as providências previstas no *caput* e, em seguida, solicitará a inclusão do feito em pauta para prosseguimento do julgamento, com submissão integral da nova questão aos julgadores.

---

▶ **1. Sem correspondência no CPC/1973.**

### ⚖ Jurisprudência, Enunciados e Súmulas Selecionados

- **2. Tema/Repetitivo 995 STJ.** *"É possível a reafirmação da DER (Data de Entrada do Requerimento) para o momento em que implementados os requisitos para a concessão do benefício, mesmo que isso se dê no interstício entre o ajuizamento da ação e a entrega da prestação jurisdicional nas instâncias ordinárias, nos termos dos arts. 493 e 933 do CPC/2015, observada a causa de pedir."*
- **3. Súmula TST, 394.** *"O art. 493 do CPC de 2015 (art. 462 do CPC de 1973), que admite a invocação de fato constitutivo, modificativo ou*

extintivo do direito, superveniente à propositura da ação, é aplicável de ofício aos processos em curso em qualquer instância trabalhista. Cumpre ao juiz ou tribunal ouvir as partes sobre o fato novo antes de decidir."
- **4. Enunciado 463 do FPPC.** *"O parágrafo único do art. 932 e o art. 933 devem ser aplicados aos recursos interpostos antes da entrada em vigor do CPC/2015 e ainda pendentes de julgamento."*
- **5. Enunciado 522 do FPPC.** *"O relatório nos julgamentos colegiados tem função preparatória e deverá indicar as questões de fato e de direito relevantes para o julgamento e já submetidas ao contraditório."*
- **6. Enunciado 594 do FPPC.** *"O art. 933 incide no controle concentrado-abstrato de constitucionalidade."*
- **7. Enunciado 595 do FPPC.** *"No curso do julgamento, o advogado poderá pedir a palavra, pela ordem, para indicar que determinada questão suscitada na sessão não foi submetida ao prévio contraditório, requerendo a aplicação do § 1º do art. 933."*
- **8. Enunciado 614 do FPPC.** *"Não tendo havido prévia intimação do embargado para apresentar contrarrazões aos embargos de declaração, se surgir divergência capaz de acarretar o acolhimento com atribuição de efeito modificativo do recurso durante a sessão de julgamento, esse será imediatamente suspenso para que seja o embargado intimado a manifestar-se no prazo do § 2º do art. 1.023."*
- **9. Enunciado 645 do FPPC.** *"Ao relator se conferem os poderes e os deveres do art. 139."*
- **10. Enunciado 60 da I Jornada-CJF.** *"É direito das partes a manifestação por escrito, no prazo de cinco dias, sobre fato superveniente ou questão de ofício na hipótese do art. 933, § 1º, do CPC, ressalvada a concordância expressa com a forma oral em sessão."*

### ▣ Comentários Temáticos

**11. Proibição de decisão-surpresa em tribunal.** A regra do art. 10, que proíbe a decisão surpresa, é uma das normas fundamentais do processo civil brasileiro, decorrendo dos princípios do contraditório e da cooperação. A regra aplica-se a qualquer instância jurisdicional, devendo incidir também nos tribunais. O art. 933 confirma sua aplicação nos tribunais, detalhando o procedimento a ser neles adotado.

**11.1. Fatos supervenientes.** O art. 933 aplica-se ao exame de fatos supervenientes (arts.

# LIVRO III · DOS PROCESSOS NOS TRIBUNAIS E DOS MEIOS DE IMPUGNAÇÃO DAS DECISÕES JUDICIAIS — Art. 933

342 e 493), cuja submissão ao contraditório é inescapável. O tribunal deve levar em conta, no momento do julgamento, os fatos supervenientes. E, para poder decidir com base neles, há de conferir oportunidade às partes para que se manifestem a seu respeito.

**11.2. Questões cognoscíveis de ofício.** Há questões não invocadas pelas partes, mas que o tribunal deve conhecer de ofício. Ao delas conhecer de ofício, o tribunal precisa submetê-las ao contraditório, aplicando-se o disposto no art. 933.

**12. Aplicação do art. 933.** O dispositivo deve ser aplicado independentemente de requerimento, tanto em relação a fatos supervenientes como em relação a questões cognoscíveis de ofício. Não havendo aplicação da regra, o advogado da parte, presente à sessão de julgamento, pode pedir seja aplicado o disposto no art. 933.

**13. Dispensa da aplicação do art. 933.** Os advogados das partes, presentes à sessão de julgamento, podem dispensar a aplicação do art. 933 e já se manifestarem, oralmente, na própria sessão. Nesse caso, há um negócio jurídico processo quanto ao momento para manifestação.

**14. Ausência de aplicação do art. 933 e suas consequências.** Não havendo dispensa pelos advogados das partes presentes à sessão de julgamento, o art. 933 deve ser aplicado. A ausência de sua aplicação acarreta nulidade do julgamento, salvo se não houver prejuízo concreto e efetivamente justificado para a parte. Se o julgamento foi contrário à parte e levou em conta fato superveniente ou questão relevante a respeito da qual não lhe foi dada oportunidade para manifestação, há evidente prejuízo, a implicar anulação do julgamento.

**15. Precedente do STJ sobre os arts. 10 e 933.** *"(...) 2. O art. 10 do CPC/2015 estabelece que o juiz não pode decidir, em grau algum de jurisdição, com base em fundamento a respeito do qual não se tenha dado às partes oportunidade de se manifestar, ainda que se trate de matéria sobre a qual deva decidir de ofício. 3. Trata-se de proibição da chamada decisão surpresa, também conhecida como decisão de terceira via, contra julgado que rompe com o modelo de processo cooperativo instituído pelo Código de 2015 para trazer questão aventada pelo juízo e não ventilada nem pelo autor nem pelo réu. 4. A partir do CPC/2015 mostra-se vedada decisão que inova o litígio e adota fundamento de fato ou de direito sem anterior oportunização de contraditório prévio, mesmo nas matérias de ordem pública que dispensam provocação das partes. Somente*
argumentos e fundamentos submetidos à manifestação precedente das partes podem ser aplicados pelo julgador, devendo este intimar os interessados para que se pronunciem previamente sobre questão não debatida que pode eventualmente ser objeto de deliberação judicial. 5. O novo sistema processual impôs aos julgadores e partes um procedimento permanentemente interacional, dialético e dialógico, em que a colaboração dos sujeitos processuais na formação da decisão jurisdicional é a pedra de toque do novo CPC. 6. A proibição de decisão surpresa, com obediência ao princípio do contraditório, assegura às partes o direito de serem ouvidas de maneira antecipada sobre todas as questões relevantes do processo, ainda que passíveis de conhecimento de ofício pelo magistrado. O contraditório se manifesta pela bilateralidade do binômio ciência/influência. Um sem o outro esvazia o princípio. A inovação do art. 10 do CPC/2015 está em tornar objetivamente obrigatória a intimação das partes para que se manifestem previamente à decisão judicial. E a consequência da inobservância do dispositivo é a nulidade da decisão surpresa, ou decisão de terceira via, na medida em que fere a característica fundamental do novo modelo de processualística pautado na colaboração entre as partes e no diálogo com o julgador. 7. O processo judicial contemporâneo não se faz com protagonismos e protagonistas, mas com equilíbrio na atuação das partes e do juiz de forma a que o feito seja conduzido cooperativamente pelos sujeitos processuais principais. A cooperação processual, cujo dever de consulta é uma das suas manifestações, é traço característico do CPC/2015. Encontra-se refletida no art. 10, bem como em diversos outros dispositivos espraiados pelo Código. 8. Em atenção à moderna concepção de cooperação processual, as partes têm o direito à legítima confiança de que o resultado do processo será alcançado mediante fundamento previamente conhecido e debatido por elas. Haverá afronta à colaboração e ao necessário diálogo no processo, com violação ao dever judicial de consulta e contraditório, se omitida às partes a possibilidade de se pronunciarem anteriormente 'sobre tudo que pode servir de ponto de apoio para a decisão da causa, inclusive quanto àquelas questões que o juiz pode apreciar de ofício'* (MARINONI, Luiz Guilherme; ARENHART, Sérgio Cruz; MITIDIERO, Daniel. Novo Código de Processo Civil comentado. São Paulo: Editora Revista dos Tribunais, 2015, p. 209). *9. Não se ignora que a aplicação desse novo paradigma decisório enfrenta resistências e causa desconforto nos operadores acostumados à sistemática anterior. Nenhuma dúvida, todavia, quanto à*

responsabilidade dos tribunais em assegurar-lhe efetividade não só como mecanismo de aperfeiçoamento da jurisdição, como de democratização do processo e de legitimação decisória. 10. Cabe ao magistrado ser sensível às circunstâncias do caso concreto e, prevendo a possibilidade de utilização de fundamento não debatido, permitir a manifestação das partes antes da decisão judicial, sob pena de violação ao art. 10 do CPC/2015 e a todo o plexo estruturante do sistema processual cooperativo. Tal necessidade de abrir oitiva das partes previamente à prolação da decisão judicial, mesmo quando passível de atuação de ofício, não é nova no direito processual brasileiro. Colhem-se exemplos no art. 40, § 4º, da LEF, e nos Embargos de Declaração com efeitos infringentes. 11. Nada há de heterodoxo ou atípico no contraditório dinâmico e preventivo exigido pelo CPC/2015. Na eventual hipótese de adoção de fundamento ignorado e imprevisível, a decisão judicial não pode se dar com preterição da ciência prévia das partes. A negativa de efetividade ao art. 10 c/c art. 933 do CPC/2015 implica error in procedendo e nulidade do julgado, devendo a intimação antecedente ser procedida na instância de origem para permitir a participação dos titulares do direito discutido em juízo na formação do convencimento do julgador e, principalmente, assegurar a necessária correlação ou congruência entre o âmbito do diálogo desenvolvido pelos sujeitos processuais e o conteúdo da decisão prolatada. (...)" (STJ, 2ª Turma, REsp 1.676.027/PR, rel. Min. Herman Benjamin, *DJe* 11.10.2017).

> **Art. 934.** Em seguida, os autos serão apresentados ao presidente, que designará dia para julgamento, ordenando, em todas as hipóteses previstas neste Livro, a publicação da pauta no órgão oficial.

▶ **1. Correspondência no CPC/1973.** "Art. 552. Os autos serão, em seguida, apresentados ao presidente, que designará dia para julgamento, mandado publicar a pauta no órgão oficial."

### 🏛 LEGISLAÇÃO CORRELATA

**2. Lei 12.016/2009, art. 20.** "Art. 20. Os processos de mandado de segurança e os respectivos recursos terão prioridade sobre todos os atos judiciais, salvo habeas corpus. § 1º Na instância superior, deverão ser levados a julgamento na primeira sessão que se seguir à data em que forem conclusos ao relator. § 2º O prazo para a conclusão dos autos não poderá exceder de 5 (cinco) dias."

**3. Res. 591/2024 CNJ, art. 10.** "Art. 10. Em caso de excepcional urgência, o presidente do órgão julgador poderá convocar sessão virtual extraordinária, com prazos fixados no respectivo ato convocatório. § 1º. O relator solicitará ao presidente do colegiado a convocação de sessão virtual extraordinária indicando a excepcional urgência do caso. § 2º. Os prazos previstos nos arts. 4º e 5º, § 1º, não se aplicam à sessão virtual extraordinária, devendo o ato convocatório fixar o seu período de início e término. § 3º. Convocada a sessão, o processo será apresentado em mesa, gerando andamento processual com a informação do período da sessão. § 4º. O advogado e o procurador que desejarem realizar sustentação oral por meio eletrônico, quando cabível, deverão encaminhá-la até o início da sessão virtual extraordinária."

### ⚖ JURISPRUDÊNCIA, ENUNCIADOS E SÚMULAS SELECIONADOS

- **4. Enunciado 649 do FPPC.** "A retomada do julgamento após devolução de pedido de vista depende de inclusão em nova pauta, a ser publicada com antecedência mínima de cinco dias, ressalvada a hipótese de o magistrado que requereu a vista declarar que levará o processo na sessão seguinte."

### 📋 COMENTÁRIOS TEMÁTICOS

**5. Nulidade do julgamento sem prévia inclusão em pauta.** "Padece de nulidade o acórdão proferido no recurso ordinário em mandado de segurança na hipótese em que a Coordenadoria da Turma certifica que o julgamento do feito não foi incluído em pauta, emergindo o prejuízo a partir do resultado do julgamento do recurso pelo Colegiado" (STJ, 5ª Turma, EDcl no RMS 55.589/PR, rel. Min. Felix Fischer, *DJe* 1º.08.2018).

**6. Necessidade de se incluir agravo interno em pauta, sob pena de nulidade.** "A exigência de prévia inclusão em pauta do recurso de agravo interno constitui importante inovação introduzida pelo vigente estatuto processual civil. A inobservância dessa essencial formalidade implicará nulidade (ou ineficácia, segundo alguns autores) do ato de julgamento. Inteligência do art. 934 e do art. 1.021, § 2º, ambos do CPC. Magistério da doutrina" (STF, 2ª Turma, ARE 748.206 AgR-QO, rel. Min. Celso de Mello, *DJe* 08.05.2017).

**LIVRO III ·** DOS PROCESSOS NOS TRIBUNAIS E DOS MEIOS DE IMPUGNAÇÃO DAS DECISÕES JUDICIAIS — **Art. 935**

**Art. 935.** Entre a data de publicação da pauta e a da sessão de julgamento decorrerá, pelo menos, o prazo de 5 (cinco) dias, incluindo-se em nova pauta os processos que não tenham sido julgados, salvo aqueles cujo julgamento tiver sido expressamente adiado para a primeira sessão seguinte.

§ 1º Às partes será permitida vista dos autos em cartório após a publicação da pauta de julgamento.

§ 2º Afixar-se-á a pauta na entrada da sala em que se realizar a sessão de julgamento.

▶ **1. Correspondência no CPC/1973.** *"Art. 552. (...). § 1º Entre a data da publicação da pauta e a sessão de julgamento mediará, pelo menos, o espaço de 48 (quarenta e oito) horas. § 2º Afixar-se-á a pauta na entrada da sala em que se realizar a sessão de julgamento. § 3º Salvo caso de força maior, participará do julgamento do recurso o juiz que houver lançado o 'visto' nos autos."*

### 🏛 Legislação Correlata

**2. Res. 591/2024 CNJ, art. 4º.** *"Art. 4º. Para inclusão de um processo para julgamento em sessão virtual jurisdicional, deve-se respeitar o prazo de 5 (cinco) dias úteis entre a data da publicação da pauta no DJe e o início do julgamento, nos termos do art. 935 do Código de Processo Civil. Parágrafo único. A inclusão em pauta também deverá ser divulgada no sítio eletrônico do Tribunal."*

### ⚖ Jurisprudência, Enunciados e Súmulas Selecionados

- **3. Súmula STJ, 117.** *"A inobservância do prazo de 48 horas, entre a publicação de pauta e o julgamento sem a presença das partes, acarreta nulidade."*
- **4. Enunciado 84 do FPPC.** *"A ausência de publicação da pauta gera nulidade do acórdão que decidiu o recurso, ainda que não haja previsão de sustentação oral, ressalvada, apenas, a hipótese do § 1º do art. 1.024, na qual a publicação da pauta é dispensável."*
- **5. Enunciado 198 do FPPC.** *"Identificada a ausência ou a irregularidade de publicação da pauta, antes de encerrado o julgamento, incumbe ao órgão julgador determinar sua correção, procedendo a nova publicação."*
- **6. Enunciado 649 do FPPC.** *"A retomada do julgamento após devolução de pedido de vista depende de inclusão em nova pauta, a ser publicada com antecedência mínima de cinco dias, ressalvada a hipótese de o magistrado que requereu a vista declarar que levará o processo na sessão seguinte."*
- **7. Enunciado 650 do FPPC.** *"Os embargos de declaração, se não submetidos a julgamento na primeira sessão subsequente à sua oposição, deverão ser incluídos em pauta."*

### 🗐 Comentários Temáticos

**8. Forma de contagem do prazo.** O prazo de cinco dias previsto no art. 935 é um prazo *entre* a data da publicação da pauta e a data do julgamento. Significa que não se computam no prazo, nem o dia da publicação da pauta, nem o dia da data do julgamento. É um prazo que medeia dois marcos; é um prazo fixado *entre* dois marcos: o dia da publicação da pauta e o dia da sessão de julgamento.

**9. Contagem em dias úteis.** Na contagem do prazo de cinco dias previsto no art. 935, computam-se apenas os dias úteis. Por ser um prazo processual, aplica-se o art. 219.

**10. Descumprimento do prazo.** Não observado o prazo de cindo dias previsto no art. 935, haverá nulidade do julgamento, a não ser que a parte tenha comparecido e tenha havido julgamento sem lhe causar prejuízo.

**11. Decretação da nulidade.** A nulidade do julgamento não é automática, nem pode ser proclamada de ofício. É preciso que a parte alegue. Proferido o julgamento sem que tenha havido respeito ao prazo de cinco dias do art. 935, cabe à parte prejudicada opor embargos de declaração para obter sua anulação ou, então, o prequestionamento da matéria, a fim de erigir a questão ao crivo do STJ mediante a interposição de recurso especial. Na verdade, nessa hipótese, a parte, nos embargos de declaração, deve alegar que houve omissão na aplicação do art. 935, requerendo seja suprida, com a anulação do julgamento para que seja proferido outro, desta feita com a inclusão em pauta e a consequente publicação no prazo ali previsto.

**12. Ausência de inclusão em pauta. Omissão reconhecida em embargos de declaração. Anulação para novo julgamento.** *"1. A reapresentação de recurso retirado por indicação do relator depende de nova inclusão em pauta (art. 935 do CPC/2015). 2. Realizado o julgamento sem a observância do referido dispositivo, está evidenciada a existência de omissão do acórdão embargado, relativo ao preenchimento do citado pressuposto de validade,*

1415

*cuja integração importa no reconhecimento de sua nulidade. 3. Embargos de declaração acolhidos, para anular o acórdão embargado e determinar a realização de novo julgamento do agravo interno, mediante oportuna inclusão em pauta"* (STJ, 1ª Seção, EDcl no AgInt nos EREsp 1.505.296/SP, rel. Min. Gurgel de Faria, *DJe* 23.03.2017).

**13. Aproveitamento do ato e sanação do vício.** Em vez de acolher os embargos de declaração para anular o julgamento e determinar a renovação de todos os atos processuais anteriores, é lícito ao tribunal, aplicando o § 1º do art. 938, determinar que os embargos de declaração sejam incluídos em pauta, obedecida a antecedência de cinco dias, renovando o julgamento que estava viciado. Nessa renovação de julgamento, deve haver o respeito ao art. 935, garantindo, assim, sua publicidade e respeitando-se, dessa forma, o contraditório, com a faculdade de o advogado apresentar sustentação oral. Assim, o vício será sanado, com a renovação do julgamento, feita nos embargos declaratórios. Nesse sentido: STJ, 5ª Turma, REsp 76.352/SP, rel. Min. Edson Vidigal, *DJ* 02.05.2000.

**14. Nulidade do julgamento por ausência de intimação da parte quanto à inclusão do recurso em pauta.** *"4. É nulo o julgamento de recurso perante o Tribunal na hipótese em que uma das partes, após regularizar a sua representação processual, não foi previamente intimada da inclusão do processo em pauta e, em razão disso, teve suprimido o seu direito de sustentar oralmente as razões recursais. Precedentes de todas as Turmas do Superior Tribunal de Justiça. 5. O vício decorrente da ausência de intimação do patrono da parte para a sessão de julgamento e, consequentemente, da inviabilização de sua sustentação oral em hipótese prevista em lei não é mera formalidade dispensável e não é suscetível de convalidação pela simples republicação do acórdão com a correta intimação, mas, ao revés, é dever dos julgadores, imposto de forma cogente a todos os Tribunais, em observância aos princípios constitucionais do contraditório, da ampla defesa e do devido processo legal"* (STJ, 3ª Turma, REsp 1.931.097/SP, rel. Min. Nancy Andrighi, *DJe* 16.08.2021).

**15. Retirado o processo da pauta para atender a pedido de sustentação oral, nova inclusão deve ser publicada.** *"Ocorrendo retirada de processo da pauta com finalidade de atendimento a pedido de sustentação oral, afigura-se legítima a expectativa de que, uma vez definida a nova data do julgamento, seja publicada nova pauta sob pena de cerceamento da participação da parte no julgamento"* (STJ, 3ª Turma, REsp 2.163.764/RJ, rel. Ministra Nancy Andrighi, *DJe* 17.10.2024).

> **Art. 936.** Ressalvadas as preferências legais e regimentais, os recursos, a remessa necessária e os processos de competência originária serão julgados na seguinte ordem:
>
> I – aqueles nos quais houver sustentação oral, observada a ordem dos requerimentos;
>
> II – os requerimentos de preferência apresentados até o início da sessão de julgamento;
>
> III – aqueles cujo julgamento tenha iniciado em sessão anterior; e
>
> IV – os demais casos.

▶ **1. Correspondência no CPC/1973.** *"Art. 562. Preferirá aos demais o recurso cujo julgamento tenha sido iniciado."*

## 🗐 LEGISLAÇÃO CORRELATA

**2. EOAB, art. 7º-A, III.** *"Art. 7º-A. São direitos da advogada: (...) III – gestante, lactante, adotante ou que der à luz, preferência na ordem das sustentações orais e das audiências a serem realizadas a cada dia, mediante comprovação de sua condição."*

**3. Lei 9.507/1997, art. 19.** *"Art. 19. Os processos de habeas data terão prioridade sobre todos os atos judiciais, exceto habeas-corpus e mandado de segurança. Na instância superior, deverão ser levados a julgamento na primeira sessão que se seguir à data em que, feita a distribuição, forem conclusos ao relator. Parágrafo único. O prazo para a conclusão não poderá exceder de vinte e quatro horas, a contar da distribuição."*

**4. Lei 10.741/2003, art. 71, *caput*, e § 5º.** *"Art. 71. É assegurada prioridade na tramitação dos processos e procedimentos e na execução dos atos e diligências judiciais em que figure como parte ou interveniente pessoa com idade igual ou superior a 60 (sessenta) anos, em qualquer instância. (...) § 5º Dentre os processos de pessoas idosas, dar-se-á prioridade especial aos das maiores de 80 (oitenta) anos."*

**5. Lei 12.016/2009, art. 7º, § 4º.** *"§ 4º Deferida a medida liminar, o processo terá prioridade para julgamento."*

**6. Lei 12.016/2009, art. 20.** *"Art. 20. Os processos de mandado de segurança e os respectivos recursos terão prioridade sobre todos os atos judiciais, salvo habeas corpus."*

**LIVRO III ·** DOS PROCESSOS NOS TRIBUNAIS E DOS MEIOS DE IMPUGNAÇÃO DAS DECISÕES JUDICIAIS **Art. 937**

## 🖻 COMENTÁRIOS TEMÁTICOS

**7. Ordem de julgamento.** Na sessão de julgamento, primeiro devem ser julgados os processos com preferências legais e regimentais. Depois, os que têm pedido de sustentação oral. Em seguida, os requerimentos de preferência sem sustentação oral para, então, virem os que tiveram julgamento iniciado em sessão anterior e, enfim, os demais casos.

**8. Preferência para os casos com sustentação oral.** O advogado que desejar fazer sustentação oral pode requerer seja-lhe conferida preferência na mesma sessão (art. 937, § 2º). A preferência respeitará a ordem dos requerimentos, ressalvadas as preferências legais e regimentais.

**9. Preferências legais.** A sustentação oral a ser feita pela advogada gestante, lactante, adotante ou que der à luz (EOAB, art. 7º-A, III). O julgamento do IRDR (art. 980), o do recurso extraordinário com repercussão geral reconhecida (art. 1.035, § 9º), o dos recursos afetados como repetitivos (arts. 1.037, § 4º, e 1.038, § 2º) terão preferência sobre os demais processos, ressalvados os que envolvam réu preso e os pedidos de *habeas corpus*. O julgamento do mandado de segurança e dos recursos nele interpostos terão prioridade sobre os demais processos, salvo *habeas corpus* (Lei 12.016/2009, art. 20). O julgamento do *habeas data* terá prioridade sobre todos os atos judiciais, ressalvamos *habeas corpus* e mandado de segurança (Lei 9.507/1997, art. 19). Os julgamentos de processos que tenham idosos como parte ou interessado terão prioridade (Lei 10.741/2003, art. 71; CPC, art. 1.048, I), tendo prioridade especial aqueles de pessoas idosas acima de 80 anos (Lei 10.741/2003, art. 71, § 5º), os de pessoas portadoras de doença grave (art. 1.048, I), os dos regulados pelo ECA (art. 1.048, II) e os que tenham como parte a vítima de violência doméstica e familiar (art. 1.048, III).

---

**Art. 937.** Na sessão de julgamento, depois da exposição da causa pelo relator, o presidente dará a palavra, sucessivamente, ao recorrente, ao recorrido e, nos casos de sua intervenção, ao membro do Ministério Público, pelo prazo improrrogável de 15 (quinze) minutos para cada um, a fim de sustentarem suas razões, nas seguintes hipóteses, nos termos da parte final do *caput* do art. 1.021:

I – no recurso de apelação;

II – no recurso ordinário;

III – no recurso especial;

IV – no recurso extraordinário;

V – nos embargos de divergência;

VI – na ação rescisória, no mandado de segurança e na reclamação;

VII – (VETADO);

VIII – no agravo de instrumento interposto contra decisões interlocutórias que versem sobre tutelas provisórias de urgência ou da evidência;

IX – em outras hipóteses previstas em lei ou no regimento interno do tribunal.

§ 1º A sustentação oral no incidente de resolução de demandas repetitivas observará o disposto no art. 984, no que couber.

§ 2º O procurador que desejar proferir sustentação oral poderá requerer, até o início da sessão, que o processo seja julgado em primeiro lugar, sem prejuízo das preferências legais.

§ 3º Nos processos de competência originária previstos no inciso VI, caberá sustentação oral no agravo interno interposto contra decisão de relator que o extinga.

§ 4º É permitido ao advogado com domicílio profissional em cidade diversa daquela onde está sediado o tribunal realizar sustentação oral por meio de videoconferência ou outro recurso tecnológico de transmissão de sons e imagens em tempo real, desde que o requeira até o dia anterior ao da sessão.

▶ **1. Correspondência no CPC/1973.** *"Art. 554. Na sessão de julgamento, depois de feita a exposição da causa pelo relator, o presidente, se o recurso não for de embargos de declaração ou de agravo de instrumento, dará a palavra, sucessivamente, ao recorrente e ao recorrido, pelo prazo improrrogável de 15 (quinze) minutos para cada um, a fim de sustentarem as razões do recurso." "Art. 565. Desejando proferir sustentação oral, poderão os advogados requerer que na sessão imediata seja o feito julgado em primeiro lugar, sem prejuízo das preferências legais. Parágrafo único. Se tiverem subscrito o requerimento os advogados de todos os interessados, a preferência será concedida para a própria sessão."*

**2. Teor do dispositivo vetado.** *"Art. 937. (...) VII – no agravo interno originário de recurso de apelação, de recurso ordinário, de recurso especial ou de recurso extraordinário."*

**3. Razões do veto.** *"A previsão de sustentação oral para todos os casos de agravo interno resultaria em perda de celeridade processual, princípio norteador do novo Código, provocando ainda sobrecarga nos Tribunais."*

## 🔲 Legislação Correlata

**4. RISTF, art. 131.** *"Art. 131. Nos julgamentos, o Presidente do Plenário ou da Turma, feito o relatório, dará a palavra, sucessivamente, ao autor, recorrente, peticionário ou impetrante, e ao réu, recorrido ou impetrado, para sustentação oral. § 1º. O assistente somente poderá produzir sustentação oral quando já admitido. § 2º. Não haverá sustentação oral nos julgamentos de agravo, embargos declaratórios, arguição de suspeição e medida cautelar. § 3º. Admitida a intervenção de terceiros no processo de controle concentrado de constitucionalidade, fica-lhes facultado produzir sustentação oral, aplicando-se, quando for o caso, a regra do § 2º do art. 132 deste Regimento. § 4º. No julgamento conjunto de causas ou recursos sobre questão idêntica, a sustentação oral por mais de um advogado obedecerá ao disposto no § 2º do art. 132. § 5º. Os advogados e procuradores que desejarem realizar sustentação oral por videoconferência, nas sessões presenciais de julgamento do Plenário e das Turmas, deverão inscrever-se, utilizando o formulário eletrônico disponibilizado no sítio eletrônico do Supremo Tribunal Federal até 48 horas antes do dia da sessão."*

**5. EOAB, art. 7º, X.** *"Art. 7º São direitos do advogado: (...) X – usar da palavra, pela ordem, em qualquer tribunal judicial ou administrativo, órgão de deliberação coletiva da administração pública ou comissão parlamentar de inquérito, mediante intervenção pontual e sumária, para esclarecer equívoco ou dúvida surgida em relação a fatos, a documentos ou a afirmações que influam na decisão."*

**6. EOAB, art. 7º, § 2º-B.** *"§ 2º-B. Poderá o advogado realizar a sustentação oral no recurso interposto contra a decisão monocrática de relator que julgar o mérito ou não conhecer dos seguintes recursos ou ações: I – recurso de apelação; II – recurso ordinário; III – recurso especial; IV – recurso extraordinário; V – embargos de divergência; VI – ação rescisória, mandado de segurança, reclamação, habeas corpus e outras ações de competência originária."*

**7. Lei 12.016/2009, art. 16.** *"Nos casos de competência originária dos tribunais, caberá ao relator a instrução do processo, sendo assegurada a defesa oral na sessão do julgamento do mérito ou do pedido liminar."*

**8. Res. 591/2024 CNJ, art. 8º.** *"Art. 8º Não serão julgados em ambiente virtual os processos com pedido de destaque feito: I – por qualquer membro do órgão colegiado; II – por qualquer das partes ou pelo representante do Ministério Público, desde que requerido até 48 (quarenta e oito) horas antes do início da sessão e deferido pelo relator. § 1º. Nos casos previstos neste artigo, o processo será encaminhado ao órgão colegiado competente para julgamento presencial, com publicação de nova pauta. § 2º. Nos casos de destaque, o julgamento será reiniciado em sessão presencial, franqueada a possibilidade de sustentação oral quando cabível. § 3º. O disposto no parágrafo anterior não prejudica o voto já proferido por membro do colegiado que posteriormente deixe o cargo ou o órgão, que será computado, sem possibilidade de modificação."*

**9. Res. 591/2024 CNJ, art. 9º.** *"Art. 9º. Nas hipóteses de cabimento de sustentação oral, fica facultado aos advogados e demais habilitados nos autos encaminhar as respectivas sustentações por meio eletrônico após a publicação da pauta e até 48 (quarenta e oito) horas antes de iniciado o julgamento em ambiente virtual ou prazo inferior que venha a ser definido em ato da Presidência do Tribunal."*

## ⚖ Jurisprudência, Enunciados e Súmulas Selecionados

- **10. ADI 1.127.** *"VII – A sustentação oral pelo advogado, após o voto do Relator, afronta o devido processo legal, além de poder causar tumulto processual, uma vez que o contraditório se estabelece entre as partes."*

- **11. ADI 1.105.** *"I – A sustentação oral pelo advogado, após o voto do Relator, afronta o devido processo legal, além de poder causar tumulto processual, uma vez que o contraditório se estabelece entre as partes."*

- **12. Enunciado 596 do FPPC.** *"Será assegurado às partes o direito de sustentar oralmente no julgamento de agravo de instrumento que verse sobre tutela provisória e que esteja pendente de julgamento por ocasião da entrada em vigor do CPC de 2015, ainda que o recurso tenha sido interposto na vigência do CPC de 1973."*

- **13. Enunciado 651 do FPPC.** *"É admissível sustentação oral na sessão de julgamento designada para o juízo de admissibilidade do incidente de resolução de demandas repetitivas ou do incidente de assunção de competência, sendo legitimados os mesmos sujeitos indicados nos arts. 984 e 947, § 1º."*

- **14. Enunciado 681 do FPPC.** *"Cabe sustentação oral no julgamento do agravo de instrumento interposto contra decisão que versa sobre efeito suspensivo em embargos à execução ou em impugnação ao cumprimento de sentença."*

**LIVRO III** · DOS PROCESSOS NOS TRIBUNAIS E DOS MEIOS DE IMPUGNAÇÃO DAS DECISÕES JUDICIAIS — **Art. 937**

- **15. Enunciado 61 da I Jornada-CJF.** *"Deve ser franqueado às partes sustentar oralmente as suas razões, na forma e pelo prazo previsto no art. 937, caput, do CPC, no agravo de instrumento que impugne decisão de resolução parcial de mérito (art. 356, § 5º, do CPC)."*

- **16. Enunciado 192 da III Jornada-CJF.** *"É admissível sustentação oral no agravo interposto contra a decisão do presidente em suspensão de segurança, de liminar, de sentença e de medidas congêneres propostas pelo Poder Público."*

- **17. Enunciado 55 do FNPP.** *"É cabível a sustentação oral pelas pessoas jurídicas de direito público quando intervierem na forma do art. 5º, parágrafo único, da Lei nº 9.469/97."*

- **18. Enunciado 36 da ENFAM.** *"A regra do art. 190 do CPC/2015 não autoriza às partes a celebração de negócios jurídicos processuais atípicos que afetem poderes e deveres do juiz, tais como os que: a) limitem seus poderes de instrução ou de sanção à litigância ímproba; b) subtraiam do Estado/juiz o controle da legitimidade das partes ou do ingresso de amicus curiae; c) introduzam novas hipóteses de recorribilidade, de rescisória ou de sustentação oral não previstas em lei; d) estipulem o julgamento do conflito com base em lei diversa da nacional vigente; e e) estabeleçam prioridade de julgamento não prevista em lei."*

- **19. Enunciado 41 da ENFAM.** *"Por compor a estrutura do julgamento, a ampliação do prazo de sustentação oral não pode ser objeto de negócio jurídico entre as partes."*

### 🗐 COMENTÁRIOS TEMÁTICOS

**20. A sustentação oral como concretização do princípio do contraditório.** No julgamento a ser proferido pelo tribunal, as partes podem sustentar *oralmente* as razões de seus recursos ou ações originárias, contribuindo para a reflexão dos julgadores, ao mesmo tempo em que tentam convencê-los do acerto de suas respectivas teses, com o que se contribui para uma decisão mais aprimorada. Tanto o recorrente ou autor quanto o recorrido ou réu podem, por seus advogados, apresentar sustentação oral. A sustentação oral é manifestação do contraditório, devendo ser assegurada às partes sua produção na sessão de julgamento nos órgãos colegiados. Aos terceiros intervenientes também se confere esse direito. De igual modo, ao Ministério Público deve ser assegurada a possibilidade de produzir sustentação oral, seja quando ele atua como parte, seja quando atua como fiscal da ordem jurídica.

**21. Hipóteses em que se admite a sustentação oral.** A sustentação oral é admitida na apelação, no recurso ordinário, no recurso especial, no recurso extraordinário, nos embargos de divergência, na ação rescisória, no mandado de segurança, na reclamação, no agravo de instrumento interposto contra decisões interlocutórias que versem sobre tutela provisória de urgência ou de evidência, bem como em outras hipóteses previstas em lei ou no regimento interno do tribunal. A decisão que concede, modifica ou revoga o efeito suspensivo em embargos à execução ou em impugnação ao cumprimento de sentença é uma decisão que versa sobre tutela provisória. Logo, no agravo de instrumento contra tal decisão, admite-se sustentação oral.

**22. Sustentação oral em mandado de segurança.** Nos casos de mandado de segurança impetrado originariamente em tribunal, é assegurada defesa oral na sessão do julgamento do mérito ou do pedido liminar. Se é possível no julgamento da liminar, não há dúvida de que cabe também no do agravo interno que versa sobre a liminar. Há, na realidade, uma coerência sistêmica: é possível sustentação oral em qualquer agravo (de instrumento ou interno) que verse sobre tutela provisória.

**23. Sustentação oral pelo recorrido que não apresentou contrarrazões.** O recorrido pode, ainda que não tenha ofertado contrarrazões, formular sustentação oral. A falta de razões ou de contrarrazões não é impeditivo para a formulação de sustentação oral.

**24. Sustentação oral em remessa necessária.** É admissível a sustentação oral em remessa necessária. Embora a remessa necessária não contenha razões, é possível a sustentação oral em seu julgamento. O art. 936, ao tratar da ordem de julgamento, menciona a remessa necessária, a ser julgada prioritariamente, ressalvadas as preferências legais e regimentais, quando houver sustentação oral, observada a ordem dos requerimentos. O dispositivo refere-se à remessa necessária, sem qualquer ressalva. A sustentação oral concretiza os princípios do contraditório e da ampla defesa, sendo permitida para viabilizar o debate no julgamento, com que se confere à parte mais um meio para exercer seu direito de influência, contribuindo com o convencimento dos julgadores. A sustentação oral concretiza, igualmente, o princípio da cooperação, inserindo a parte, por seu advogado, no debate a ser travado pelos membros do órgão julgador.

**25. Hipóteses em que não se admite sustentação oral.** Não se admite sustentação oral em embargos de declaração, em agravo interno

1419

(ressalvada a hipótese do § 3º do art. 937) e em agravo de instrumento (ressalvados os casos dos incisos I e II do art. 1.015: art. 937, VIII, e art. 942, § 3º, II).

**26. Sustentação oral no agravo de instrumento.** O art. 937, VIII, prevê sustentação oral no agravo de instrumento interposto contra decisão interlocutória que versa sobre tutela provisória, mas não prevê expressamente a sustentação oral em agravo de instrumento interposto contra decisão que trate do mérito. Embora não haja previsão expressa da sustentação oral em agravo de instrumento interposto contra decisão de mérito, parece claro que ela sempre é possível em casos em que se examina o mérito. Em muitos casos, a decisão será passível de apelação ou de agravo, a depender de uma previsão legal específica. Enfim, há situações em que é apenas circunstancial a decisão de mérito ser atacada por agravo de instrumento ou por apelação. Seria anti-isonômico admitir, nesses casos, a sustentação oral na apelação, mas não a aceitar no agravo de instrumento. Veja-se, por exemplo, a decisão que decreta a falência. A falência é decretada por uma sentença. Se bem que seja uma sentença, o recurso cabível, por expressa disposição legal, é o agravo de instrumento (Lei 11.101/2005, art. 100). Da sentença que indefere o pedido de falência cabe, diversamente, apelação. Não é razoável permitir que haja sustentação oral no caso do indeferimento da falência, mas não a admitir no caso de decretação da falência. Desatende à isonomia essa distinção, que não é razoável. Além disso, há decisões interlocutórias apeláveis (art. 1.009, § 1º); a apelação permite sustentação oral; as decisões interlocutórias apeláveis são exatamente aquelas menos relevantes; seria, então, absolutamente incoerente que o sistema permitisse a sustentação oral em apelação contra decisão interlocutória e não permitisse sustentação oral em agravo de instrumento contra decisão de mérito. O disposto no art. 937, VIII, merece interpretação extensiva para permitir a sustentação oral no agravo de instrumento interposto contra a decisão que decreta a falência. De igual modo, deve-se admitir a sustentação oral em agravo de instrumento interposto contra decisão parcial de mérito. Não há diferença no regime jurídico, nesse ponto, entre a apelação e o agravo de instrumento. Julgado integralmente o pedido ao final, caberá apelação e, em seu julgamento, sustentação oral. Se, todavia, o julgamento do mérito for "fatiado", cabe agravo de instrumento, não se admitindo a sustentação oral. Não há razoabilidade na distinção. Na verdade, o regime

jurídico da apelação aplica-se aos agravos contra decisão parcial de mérito. Não é sem razão, aliás, que se aplica ao agravo de instrumento a regra da ampliação da composição do colegiado prevista no art. 942, quando houver reforma da decisão que julgar parcialmente o mérito.

**27. Agravo de instrumento contra tutela provisória e necessidade de se facultar ao advogado a sustentação oral.** *"Consoante art. 937, VIII, do CPC/2015, tratando-se de agravo de instrumento interposto contra decisão interlocutória que versa sobre tutela provisória de urgência ou de evidência – como na hipótese dos autos –, incumbe ao Presidente da sessão de julgamento, antes da prolação dos votos, conceder a palavra aos advogados que tenham interesse em sustentar oralmente. 4. Cuida-se de dever imposto, de forma cogente, a todos os tribunais, em observância aos princípios constitucionais do contraditório e da ampla defesa. 5. Quando o indeferimento do pedido de retirada de pauta virtual formulado adequadamente ocorrer no próprio acórdão que apreciar o recurso, e tiver como efeito inviabilizar a sustentação oral da parte que ficou vencida, há violação da norma legal precitada"* (STJ, 3ª Turma, REsp 1.903.730/RS, rel. Min. Nancy Andrighi, *DJe* 11.06.2021).

**28. O momento para a apresentação da sustentação oral.** A sustentação oral será apresentada após a exposição da causa pelo relator, ou seja, após o relatório, mas antes do voto do relator. Encerrada a leitura do relatório, será dada a palavra a cada um dos advogados pelo prazo sucessivo de quinze minutos.

**29. Sustentação oral por litisconsortes com advogados distintos, integrantes de diferentes escritórios.** Caso haja mais de um recorrente ou mais de um recorrido, cada um com advogados distintos, integrantes de diferentes escritórios de advocacia, deve-se dar-lhes prazo em dobro para se manifestar (art. 229); esse tempo deve ser dividido por igual entre os dois ou mais advogados, a não ser que eles ajustem outra divisão. O § 2º do art. 229 afasta a regra do prazo em dobro quando o processo tramite em autos eletrônicos. A exceção contida nesse § 2º aplica-se às manifestações escritas das partes, pois não há dificuldade de acesso aos autos, disponíveis que estão a todos em tempo integral, em simples consulta ao sistema de dados em que tramita processo. As partes podem, então, praticar os respectivos atos independentemente uma da outra. Daí o motivo da exceção contida no § 2º do art. 229. Não é razoável, porém, e não atende à ampla defesa, aplicar a exceção aos atos orais, pois não é possível a prática conjunta ou a

**LIVRO III ·** DOS PROCESSOS NOS TRIBUNAIS E DOS MEIOS DE IMPUGNAÇÃO DAS DECISÕES JUDICIAIS **Art. 937**

um só tempo do mesmo ato, no mesmo prazo, pelos advogados das partes.

**30. Extensão do prazo para sustentação oral.** A complexidade da causa autoriza que o tribunal estenda o tempo da sustentação oral (art. 139, VI) – foi, aliás, o que aconteceu no processo da AP 470 ("Mensalão"), em que o STF aumentou o prazo para o Procurador-Geral da República fazer a sustentação oral da denúncia.

**31. Sustentação oral pelo Ministério Público.** Se a causa exigir intervenção obrigatória do Ministério Público, encartando-se em uma das hipóteses do art. 178, deverá o órgão do *parquet* ter direito a sustentação oral, também por quinze minutos, após as partes. É que o Ministério Público, quando atua como fiscal da ordem jurídica, tem sempre a oportunidade de manifestar-se depois das partes (art. 179), podendo, então, apresentar sustentação oral na sessão de julgamento, após a sustentação das partes.

**32. Forma.** O advogado poderá apresentar sua sustentação oral sentado ou de pé (EOAB, art. 7º, XII).

**33. A publicidade como meio de viabilizar a sustentação oral.** Designado dia para julgamento da causa no tribunal, deverá ser publicada a respectiva pauta no órgão oficial. Entre a data da publicação da publicação da pauta e a sessão de julgamento deve mediar, pelo menos, o interstício de cinco dias (art. 935). Esse é um prazo processual, devendo, então, na sua contagem, ser computados apenas os dias úteis (art. 219). A finalidade dessa publicação, com certa antecedência, consiste em avisar aos interessados do julgamento, conferindo publicidade ao ato processual. Com isso, permite-se que os advogados possam comparecer à sessão de julgamento não apenas para assisti-la, mas, sobretudo, para apresentar, cada um, sua sustentação oral.

**34. Requerimento de sustentação oral.** Os advogados que desejarem fazer a sustentação oral podem requerer seja-lhes conferida preferência na mesma sessão. A preferência respeitará a ordem dos requerimentos, ressalvadas as preferências legais e regimentais (art. 936). Essa preferência – que não afasta nem se sobrepõe às preferências legais – pode ser requerida oralmente ou por escrito, até o início da sessão. Pretendendo apresentar sustentação oral, não tendo apresentado requerimento por escrito, basta ao advogado fazer-se presente na sessão de julgamento, requerendo, oralmente, seja-lhe conferida preferência, vindo a, após a leitura do relatório, realizar sua sustentação oral.

**35. Sustentação oral no incidente de resolução de demandas repetitivas.** A sustentação oral no incidente de resolução de demandas repetitivas deve observar o disposto no art. 984.

**36. Sustentação oral por videoconferência.** A sustentação oral é direito do advogado e resulta da concretização dos princípios do contraditório e da ampla defesa. Mesmo o advogado que tenha dificuldade de se deslocar ao tribunal, por manter domicílio profissional em cidade diversa ou distante da sede do tribunal, tem direito de formular sustentação oral. Para esses casos, o advogado pode realizar sustentação oral por meio de videoconferência ou outro recurso tecnológico de transmissão de sons e imagens em tempo real. A sustentação oral, para realizar-se por um desses meios, deve ser requerida pelo advogado interessado até o dia anterior ao da sessão, a fim de que se possa deixar o equipamento pronto para ser utilizado por ocasião do julgamento.

**37. Negócios processuais sobre sustentação oral.** As partes podem negociar a diminuição do prazo da sustentação oral, bem como a divisão do prazo entre mais de um advogado. É possível que haja negócio processual entre o órgão julgador e os advogados para que se dispense, na sessão de julgamento, a leitura do relatório do caso sob julgamento, com a finalidade de agilizar o julgamento, diminuindo o tempo despendido na discussão e na solução da causa. É igualmente possível negociar a dispensa da sustentação oral diante do anúncio prévio do resultado do julgamento, ou seja, quando comparece para a sustentação oral apenas o advogado de uma das partes, e quando o resultado é-lhe favorável, o tribunal já lhe antecipa o resultado, indagando-lhe se não quer dispensar a sustentação oral. Aceita a oferta pelo advogado, tem-se um negócio processual atípico: o tribunal, invertendo a ordem do julgamento, já antecipa o resultado, a fim de ter a dispensa de um ato (a sustentação oral), com vistas a economizar tempo e agilizar a sessão destinada a análise de diversos casos. O advogado pode, na sessão de julgamento, delegar a sustentação oral a outro advogado que não esteja habilitado nos autos, celebrando perante o órgão julgador um substabelecimento oral. Também é possível haver um negócio processual atípico para inverter a ordem de preferência de julgamentos. O advogado que tenha, por exemplo, um compromisso anterior ou um problema para chegar a tempo do início do julgamento, pode negociar com o tribunal e com o advogado da parte contrária para que a sustentação oral seja realizada no final da sessão de julgamento, adaptando o caso à sua realidade daquele dia.

1421

Seria, nesse caso, uma prioridade às avessas ou ao contrário, transferindo o julgamento do caso – e, pois, a sustentação oral – para o final da sessão.

**38. Sustentação oral *versus* esclarecimento de fato.** A sustentação oral não se confunde com o simples esclarecimento de fato. Ao advogado se permite, em qualquer momento do julgamento, usar da palavra, pela ordem, para esclarecer fatos ou dúvida surgida na sessão (EOAB, art. 7º, X). A sustentação oral deve ser apresentada após o relatório, mas antes do voto do relator. O simples esclarecimento de fato não encontra esse limite: pode ser feito a qualquer momento, durante o julgamento. A sustentação oral deve ser requerida previamente, antes de iniciado o julgamento da causa. Diversamente, o mero esclarecimento de fato pode ser feito durante o julgamento, independentemente de qualquer requerimento que anteceda o início das discussões entre os julgadores. Enquanto a sustentação oral sofre limitações, não cabendo no julgamento de alguns recursos, o simples esclarecimento de fato cabe em qualquer caso, não havendo ressalva. Independentemente da sustentação oral, o advogado pode, no julgamento de qualquer recurso ou ação, esclarecer equívoco ou dúvida surgida em relação a fatos, documentos ou afirmações que influam no julgamento.

**39. Indeferimento de pedido de retirada de pauta virtual e violação ao contraditório.** *"Quando o indeferimento do pedido de retirada de pauta virtual formulado adequadamente ocorrer no próprio acórdão que apreciar o recurso, e tiver como efeito inviabilizar a sustentação oral da parte que ficou vencida, há violação da norma legal precitada"* (STJ, 3ª Turma, REsp 1.903.730/RS, rel. Min. Nancy Andrighi, *DJe* 11.06.2021).

---

**Art. 938.** A questão preliminar suscitada no julgamento será decidida antes do mérito, deste não se conhecendo caso seja incompatível com a decisão.

§ 1º Constatada a ocorrência de vício sanável, inclusive aquele que possa ser conhecido de ofício, o relator determinará a realização ou a renovação do ato processual, no próprio tribunal ou em primeiro grau de jurisdição, intimadas as partes.

§ 2º Cumprida a diligência de que trata o § 1º, o relator, sempre que possível, prosseguirá no julgamento do recurso.

§ 3º Reconhecida a necessidade de produção de prova, o relator converterá o julgamento em diligência, que se realizará no tribunal ou em primeiro grau de jurisdição, decidindo-se o recurso após a conclusão da instrução.

§ 4º Quando não determinadas pelo relator, as providências indicadas nos §§ 1º e 3º poderão ser determinadas pelo órgão competente para julgamento do recurso.

▶ **1. Correspondência no CPC/1973.** *"Art. 515 (...) § 4º Constatando a ocorrência de nulidade sanável, o tribunal poderá determinar a realização ou renovação do ato processual, intimadas as partes; cumprida a diligência, sempre que possível prosseguirá o julgamento da apelação." "Art. 560. Qualquer questão preliminar suscitada no julgamento será decidida antes do mérito, deste não se conhecendo se incompatível com a decisão daquela. Parágrafo único. Versando a preliminar sobre nulidade suprível, o tribunal, havendo necessidade, converterá o julgamento em diligência, ordenando a remessa dos autos ao juiz, a fim de ser sanado o vício."*

🗒 **Legislação Correlata**

**2. IN 39/2016 do TST, art. 10.** *"Aplicam-se ao Processo do Trabalho as normas do parágrafo único do art. 932 do CPC, §§ 1º a 4º do art. 938 e §§ 2º e 7º do art. 1007."*

⚖ **Jurisprudência, Enunciados e Súmulas Selecionados**

• **3. Enunciado Administrativo 6 STJ.** *"Nos recursos tempestivos interpostos com fundamento no CPC/2015 (relativos a decisões publicadas a partir de 18 de março de 2016), somente será concedido o prazo previsto no art. 932, parágrafo único, c/c o art. 1.029, § 3º, do novo CPC para que a parte sane vício estritamente formal."*

• **4. Enunciado 82 do FPPC.** *"É dever do relator, e não faculdade, conceder o prazo ao recorrente para sanar o vício ou complementar a documentação exigível, antes de inadmitir qualquer recurso, inclusive os excepcionais."*

• **5. Enunciado 199 do FPPC.** *"No processo do trabalho, constatada a ocorrência de vício sanável, inclusive aquele que possa ser conhecido de ofício pelo órgão jurisdicional, o relator determinará a realização ou a renovação do ato processual, no próprio tribunal ou em primeiro grau, intimadas as partes; cumprida a diligência, sempre que possível, prosseguirá no julgamento do recurso."*

• **6. Enunciado 332 do FPPC.** *"Considera-se vício sanável, tipificado no art. 938, § 1º, a*

**LIVRO III · DOS PROCESSOS NOS TRIBUNAIS E DOS MEIOS DE IMPUGNAÇÃO DAS DECISÕES JUDICIAIS** · **Art. 939**

apresentação da procuração e da guia de custas ou depósito recursal em cópia, cumprindo ao relator assinalar prazo para a parte renovar o ato processual com a juntada dos originais."

- **7. Enunciado 333 do FPPC.** *"Em se tratando de guia de custas e depósito recursal inseridos no sistema eletrônico, estando o arquivo corrompido, impedido de ser executado ou de ser lido, deverá o relator assegurar a possibilidade de sanar o vício, nos termos do art. 938, § 1º."*
- **8. Enunciado 645 do FPPC.** *"Ao relator se conferem os poderes e os deveres do art. 139."*
- **9. Enunciado 646 do FPPC.** *"Constatada a necessidade de produção de prova em grau de recurso, o relator tem o dever de conversão do julgamento em diligência."*
- **10. Enunciado 647 do FPPC.** *"A tutela provisória pode ser concedida pelo relator liminarmente ou após justificação prévia."*
- **11. Enunciado 652 do FPPC.** *"Cada questão preliminar suscitada será objeto de votação específica no julgamento."*
- **12. Enunciado 657 do FPPC.** *"O relator, antes de considerar inadmissível o incidente de resolução de demandas repetitivas, oportunizará a correção de vícios ou a complementação de informações."*

### 🖳 COMENTÁRIOS TEMÁTICOS

**13. Questões preliminares *versus* questões de mérito.** As questões preliminares são aquelas que visam a impedir o exame do mérito. O tribunal deve, em primeiro lugar, decidir sobre as questões preliminares, só avançando para o mérito, se aquelas forem rejeitadas. Acolhida uma preliminar, inviabiliza-se o exame do mérito. Rejeitadas as preliminares, será, então, julgado o mérito.

**14. Impossibilidade de se acolher preliminar e se julgar o mérito.** *"4. Acolhimento da preliminar de carência de ação pelo colegiado, tendo, contudo, avançado no julgamento para apreciar as demais questões suscitadas no agravo interno, gerando assim prejuízo processual aos demais litisconsortes. 5. Nos termos do art. 560 do CPC/1973: 'qualquer questão preliminar suscitada no julgamento será decidida antes do mérito, deste não se conhecendo se incompatível com a decisão daquela'. 6. Incompatibilidade entre o acolhimento da preliminar de carência de ação e o julgamento das demais questões suscitadas no agravo interno interposto na origem. 7. Nulidade parcial do acórdão do agravo interno, preservando-se tão somente o capítulo da carência de* ação em relação ao litisconsorte então agravante. *8. Prejudicialidade das demais questões suscitadas nos recursos especiais"* (STJ, 3ª Turma, REsp 1.622.513/RJ, rel. Min. Paulo de Tarso Sanseverino, *DJe* 14.12.2018).

**15. Concretização de princípios processuais.** O art. 938 e seus parágrafos concretizam dois princípios do processo civil brasileiro: primazia da decisão de mérito (art. 4º) e cooperação (art. 6º).

**16. O dever geral de correção de defeitos processuais em tribunal.** O tribunal tem o dever, em qualquer processo que esteja sob sua jurisdição, em competência originária ou recursal, de proceder à intimação da parte para que corrija defeito processual sanável, que impeça o exame do mérito.

**17. Defeitos sanáveis.** Ao tribunal cabe determinar a correção de vícios sanáveis. Não há como corrigir intempestividade ou falta de interesse recursal, por exemplo.

**18. Sanação apenas de vícios formais.** *"Não há que se falar em aplicação do princípio da primazia da decisão de mérito, consagrado no CPC/2015, notadamente em seus arts. 4º, 6º, 139, IX, 932, parágrafo único, e 938, uma vez que, nos termos do Enunciado Normativo 6 do STJ 'nos recursos tempestivos interpostos com fundamento no CPC/2015 (relativos a decisões publicadas a partir de 18 de março de 2016), somente será concedido o prazo previsto no art. 932, parágrafo único c/c o art. 1.029, § 3º, do novo CPC para que a parte sane vício estritamente formal, o que não é o caso dos autos'"* (STJ, 1ª Seção, AgInt nos EDv nos EREsp 1.776.720/SC, rel. Min. Assusete Magalhães, *DJe* 09.12.2019).

> **Art. 939.** Se a preliminar for rejeitada ou se a apreciação do mérito for com ela compatível, seguir-se-ão a discussão e o julgamento da matéria principal, sobre a qual deverão se pronunciar os juízes vencidos na preliminar.

▶ **1. Correspondência no CPC/1973.** *"Art. 561. Rejeitada a preliminar, ou se com ela for compatível a apreciação do mérito, seguir-se-ão a discussão e julgamento da matéria principal, pronunciando-se sobre esta os juízes vencidos na preliminar."*

### ⚖ JURISPRUDÊNCIA, ENUNCIADOS E SÚMULAS SELECIONADOS

- **2. Enunciado 652 do FPPC.** *"Cada questão preliminar suscitada será objeto de votação específica no julgamento."*

## COMENTÁRIOS TEMÁTICOS

**3. Juízo de admissibilidade e juízo de mérito.** O juízo de admissibilidade e o juízo de mérito devem ser bem delimitados no julgamento. O mérito do recurso não se confunde, necessariamente, com o mérito da ação. O mérito do recurso decorre da alegação de *error in procedente* ou de *error in iudicando* e, respectivamente, do pedido de anulação ou de reforma da decisão recorrida. Já seu juízo de admissibilidade consiste nos requisitos necessários e suficientes ao conhecimento do recurso (cabimento, legitimidade, interesse, tempestividade, preparo etc.).

**4. Votação própria para o juízo de admissibilidade e para o juízo de mérito.** O relator deve, primeiramente, expor a sua conclusão sobre a admissibilidade, que será apreciada pelo colegiado. Superada a admissibilidade, o relator exporá a sua conclusão a respeito de cada um dos pedidos formulados pelo demandante (recorrente, autor da ação, requerente da instauração do incidente etc.). Haverá uma votação para cada questão de admissibilidade e uma para cada pedido.

**5. Cumulação de questões preliminares e de questões de mérito.** É possível que a ação, o recurso ou o incidente a ser julgado pelo tribunal contenha mais de uma questão de admissibilidade e mais de um pedido. Cada questão deve ser objeto de votação própria. Imagine-se, por exemplo, uma apelação em que se pretenda a reforma de um capítulo da sentença e a invalidação de outro; o apelado suscitou que a apelação era intempestiva e que o recorrente era parte ilegítima. No julgamento dessa apelação, o tribunal poderá proferir até quatro decisões, que redundarão em um acórdão com quatro capítulos (podendo haver ainda um quinto capítulo sobre a verba da sucumbência): *i)* sobre a tempestividade do recurso; *ii)* superada a primeira questão preliminar, sobre a legitimidade do recorrente; *iii)* sobre o pedido de invalidação; *iv)* sobre o pedido de reforma.

**6. Voto vencido na admissibilidade e votação no mérito.** O julgador que proferiu voto vencido na admissibilidade também deve votar no juízo de mérito. É possível, então que o julgamento na admissibilidade não seja unânime (2x1), mas seja unânime no mérito (3x0) Esse procedimento deve ser observado com rigor, para que se possa verificar quando há divergência parcial. A divergência parcial ocorre, exatamente, quando o colegiado profere acórdão em que há um capítulo (de mérito ou de admissibilidade) unânime e outro(s) não unânime(s). É importante, também, para permitir à parte vencida, se assim o desejar, interpor um recurso parcial contra o acórdão, impugnando apenas um(ns) capítulo(s) que poderia(m) ter sido impugnado(s).

**7. Decisões plurais e ausência de *ratio decidendi*.** É possível que o órgão julgador chegue a um resultado unânime, mas com fundamentações díspares. Não há maioria em torno do fundamento que deva ser utilizado. Nesse caso, a decisão não formará precedente, ou porque não se sabe qual foi a *ratio decidendi*, ou simplesmente porque não houve *ratio decidendi*. As decisões plurais – exatamente aquelas em que há pluralidade de fundamentos determinantes, sem que haja maioria em relação a qualquer deles – são, porém, uma realidade inexorável no funcionamento de um tribunal, porque não há como impor um consenso em relação ao fundamento.

**8. Colheita de votos quanto à fundamentação.** Para facilitar a identificação dos fundamentos e a configuração da *ratio decidendi*, é preciso que haja colheita de votos também em relação ao fundamento determinante adotado pelo tribunal. Cada julgador expõe a sua conclusão e a sua fundamentação, mas a contagem dos votos deve iniciar-se pela conclusão; definido o resultado do julgamento, passa-se à definição de qual é o seu fundamento determinante. Esse método é o mais adequado ao sistema de precedentes obrigatórios, além de ser, também do ponto de vista pragmático, mais simples. Pode ser que, ainda assim, não se chegue a um fundamento determinante majoritário – afinal, não há como impor o consenso e, além do mais, todos podem estar de acordo que o recurso seja provido, divergindo apenas no fundamento. Mas, o método de votação pode levar mais facilmente a que se esse consenso se estabeleça.

---

**Art. 940.** O relator ou outro juiz que não se considerar habilitado a proferir imediatamente seu voto poderá solicitar vista pelo prazo máximo de 10 (dez) dias, após o qual o recurso será reincluído em pauta para julgamento na sessão seguinte à data da devolução.

§ 1º Se os autos não forem devolvidos tempestivamente ou se não for solicitada pelo juiz prorrogação de prazo de no máximo mais 10 (dez) dias, o presidente do órgão fracionário os requisitará para julgamento do recurso na sessão ordinária subsequente, com publicação da pauta em que for incluído.

§ 2º Quando requisitar os autos na forma do § 1º, se aquele que fez o pedido de vista ainda

**LIVRO III ·** DOS PROCESSOS NOS TRIBUNAIS E DOS MEIOS DE IMPUGNAÇÃO DAS DECISÕES JUDICIAIS **Art. 940**

não se sentir habilitado a votar, o presidente convocará substituto para proferir voto, na forma estabelecida no regimento interno do tribunal.

▶ **1. Correspondência no CPC/1973.** *"Art. 555 (...) § 2º Não se considerando habilitado a proferir imediatamente seu voto, a qualquer juiz é facultado pedir vista do processo, devendo devolvê-lo no prazo de 10 (dez) dias, contados da data em que o recebeu; o julgamento prosseguirá na 1ª (primeira) sessão ordinária subsequente à devolução, dispensada nova publicação em pauta. § 3º No caso do § 2º deste artigo, não devolvidos os autos no prazo, nem solicitada expressamente sua prorrogação pelo juiz, o presidente do órgão julgador requisitará o processo e reabrirá o julgamento na sessão ordinária subsequente, com publicação em pauta."*

### 🏛 LEGISLAÇÃO CORRELATA

**2. Res. 202/2015 do CNJ, art. 1º e parágrafos.** *"Art. 1º. Nos processos judiciais e administrativos apregoados em sessões colegiadas, quando um dos julgadores não se considerar habilitado a proferir imediatamente seu voto, poderá solicitar vista pelo prazo máximo de 10 (dez) dias, prorrogável por igual período, mediante pedido devidamente justificado, após o qual o processo será reincluído em pauta para julgamento na sessão seguinte. § 1º Se o processo judicial ou administrativo não for devolvido tempestivamente, ou se o vistor deixar de solicitar prorrogação de prazo, o presidente do órgão correspondente fará a requisição para julgamento na sessão subsequente, com publicação na pauta em que houver a inclusão. § 2º Ocorrida a requisição na forma do § 1º, se aquele que fez o pedido de vista ainda não se sentir habilitado a votar, o presidente convocará substituto para proferir voto, na forma estabelecida no regimento interno do tribunal ou conselho."*

**3. Res. 591/2024 CNJ, art. 7º.** *"Art. 7º Os processos objeto de pedido de vista feito em ambiente eletrônico poderão, a critério do vistor, ser devolvidos para prosseguimento do julgamento em sessão virtual ou presencial. § 1º Na devolução de pedido de vista em sessão de julgamento eletrônico, o vistor deverá inserir o voto no ambiente virtual para divulgação pública no início da sessão. § 2º Na devolução de pedido de vista em sessão presencial, o julgamento será retomado com o voto do vistor. § 3º Os processos em que houver pedido de vista deverão ser devolvidos para retomada do julgamento com a maior brevidade possível, não ultrapassando a primeira sessão subsequente ao término do prazo de vista, sendo vedada a devo-* lução da vista na mesma sessão virtual em que solicitada. § 4º Retomada a sessão com o voto-vista, os votos já proferidos poderão ser modificados, salvo no caso de voto já proferido por membro do colegiado que posteriormente deixe de compor o órgão, que será computado, sem possibilidade de modificação."*

### ⚖ JURISPRUDÊNCIA, ENUNCIADOS E SÚMULAS SELECIONADOS

- **4. Enunciado 649 do FPPC.** *"A retomada do julgamento após devolução de pedido de vista depende de inclusão em nova pauta, a ser publicada com antecedência mínima de cinco dias, ressalvada a hipótese de o magistrado que requereu a vista declarar que levará o processo na sessão seguinte."*

### 🗒 COMENTÁRIOS TEMÁTICOS

**5. Pedido de vista.** O pedido de vista possibilita a qualquer um dos integrantes, inclusive o relator, do órgão julgador, que se considere inabilitado a proferir seu voto de imediato, uma oportunidade de melhor examinar os autos, a fim de esclarecer-se acerca de determinada questão. A vista pode ser em mesa, realizada imediatamente, com breve suspensão do julgamento, ou em gabinete, quando a sessão é suspensa, por até dez dias.

**6. Não devolução tempestiva dos autos.** Se os autos não forem devolvidos tempestivamente ou se não for solicitada pelo julgador prorrogação de prazo de no máximo mais dez dias, o presidente do órgão fracionário os requisitará para julgamento do recurso na sessão ordinária subsequente, com publicação da pauta em que for incluído. Nesse caso, quando requisitar os autos, se aquele que fez o pedido de vista ainda não se sentir habilitado a votar, o presidente convocará substituto para proferir voto, na forma estabelecida no regimento interno do tribunal.

**7. Juiz natural.** Não devolvidos os autos no prazo, nem solicitada expressamente sua prorrogação pelo julgador, o presidente do órgão requisitará o processo e reabrirá o julgamento na sessão ordinária subsequente, com publicação em pauta. O julgamento prosseguirá, e o julgador terá de proferir o seu voto na sessão. Se, ainda assim, aquele que pediu vista não se sentir habilitado a votar, será convocado um outro julgador para proferir voto. Não se permite ao tribunal a escolha aleatória do julgador substituto, que deverá ser designado para proferir voto. A se admitir uma escolha aleatória,

1425

restaria ofendida a garantia do juiz natural. A garantia do juiz natural impõe a presença de um sistema de designação automática dos juízes ou, então, a prefixação de critérios gerais e abstratos de substituição, que o tribunal ou Chefe do Poder Judiciário deve utilizar, na ausência ou impedimento de magistrados. Enfim, além da pré-constituição externa, o juiz natural exige uma pré-constituição interna, adotando-se critérios prefixados, que podem, por exemplo, ser divulgados em tabelas anuais ou bienais. Decorre do juiz natural a necessidade de se prefixar não apenas o órgão, estabelecendo sua competência, mas igualmente indicar qual será o julgador que estará incumbido do julgamento, segundo critérios objetivos e predeterminados, e não em razão de critérios subjetivos do tribunal.

**8. Propósito da regra.** Impedir a protelação indevida do término do processo. Ao descumprir a determinação legal, o julgador acaba por prejudicar a formação do convencimento dos demais membros do órgão julgador, além de poder, com isso, alterar a composição do colegiado que afinal julgará a causa – a demora pode levar a que o processo seja devolvido quando já se tenha aposentado um dos membros do colegiado.

**9. Gravidade do descumprimento da regra e sua sanção.** A importância do prazo para a vista dos autos por um dos julgadores é tão grande que, como raramente se vê, o enunciado impõe ao seu desrespeito uma importante e severa sanção: não devolvidos os autos no prazo, nem solicitada expressamente sua prorrogação pelo julgador, o presidente do órgão requisitará o processo e reabrirá o julgamento na sessão ordinária subsequente, com publicação em pauta. O julgamento prosseguirá, e o julgador terá de proferir o seu voto na sessão.

> **Art. 941.** Proferidos os votos, o presidente anunciará o resultado do julgamento, designando para redigir o acórdão o relator ou, se vencido este, o autor do primeiro voto vencedor.
>
> § 1º O voto poderá ser alterado até o momento da proclamação do resultado pelo presidente, salvo aquele já proferido por juiz afastado ou substituído.
>
> § 2º No julgamento de apelação ou de agravo de instrumento, a decisão será tomada, no órgão colegiado, pelo voto de 3 (três) juízes.
>
> § 3º O voto vencido será necessariamente declarado e considerado parte integrante do acórdão para todos os fins legais, inclusive de pré-questionamento.

▶ **1. Correspondência no CPC/1973.** *"Art. 555. No julgamento de apelação ou de agravo, a decisão será tomada, na câmara ou turma, pelo voto de 3 (três) juízes." "Art. 556. Proferidos os votos, o presidente anunciará o resultado do julgamento, designando para redigir o acórdão o relator, ou, se este for vencido, o autor do primeiro voto vencedor."*

### 🏛 Legislação Correlata

**2. CPP, art. 615.** *"Art. 615. O tribunal decidirá por maioria de votos. § 1º. Em todos os julgamentos em matéria penal ou processual penal em órgãos colegiados, havendo empate, prevalecerá a decisão mais favorável ao indivíduo imputado, proclamando-se de imediato esse resultado, ainda que, nas hipóteses de vaga aberta a ser preenchida, de impedimento, de suspeição ou de ausência, tenha sido o julgamento tomado sem a totalidade dos integrantes do colegiado. § 2º. O acórdão será apresentado à conferência na primeira sessão seguinte à do julgamento, ou no prazo de duas sessões, pelo juiz incumbido de lavrá-lo."*

**3. Lei 8.038/1990, art. 41-A.** *"Art. 41-A. A decisão de Turma, no Supremo Tribunal Federal e no Superior Tribunal de Justiça, será tomada pelo voto da maioria absoluta de seus membros. Parágrafo único. Em todos os julgamentos em matéria penal ou processual penal em órgãos colegiados, havendo empate, prevalecerá a decisão mais favorável ao indivíduo imputado, proclamando-se de imediato esse resultado, ainda que, nas hipóteses de vaga aberta a ser preenchida, de impedimento, de suspeição ou de ausência, tenha sido o julgamento tomado sem a totalidade dos integrantes do colegiado."*

**4. Res. 591/2024 CNJ, art. 5º.** *"Art. 5º O relator deverá inserir a ementa, o relatório e o voto no ambiente virtual para divulgação pública no início da sessão de julgamento. § 1º. Iniciado o julgamento, os membros do órgão colegiado terão até 6 (seis) dias úteis para se manifestar. § 2º. Os votos dos demais julgadores serão divulgados publicamente em tempo real, à medida que forem proferidos, durante a sessão de julgamento, no sítio eletrônico do Tribunal. § 3º. O membro do órgão colegiado que não participar da sessão de julgamento terá sua ausência registrada na ata respectiva. § 4º. O membro do órgão colegiado que não se pronunciar no prazo previsto no § 1º terá sua não participação registrada na ata do julgamento. § 5º. O início da sessão de julgamento definirá a composição do órgão julgador. § 6º. Os votos serão computados na ordem cronológica das manifestações. § 7º. Não alcançado o quó-*

**LIVRO III** · DOS PROCESSOS NOS TRIBUNAIS E DOS MEIOS DE IMPUGNAÇÃO DAS DECISÕES JUDICIAIS **Art. 941**

*rum de votação previsto em lei ou no regimento local, o julgamento será suspenso e retomado na sessão virtual imediatamente subsequente, a fim de que sejam colhidos os votos dos membros do órgão colegiado ausentes. § 8º. O disposto no parágrafo anterior também se aplica aos casos de empate na votação, ressalvada previsão legal em sentido contrário."*

**5. Res. 591/2024 CNJ, art. 6º.** *"Art. 6º As opções de voto serão, no mínimo, as seguintes: I – acompanho o relator; II – acompanho o relator com ressalva de entendimento; III – divirjo do relator; ou IV – acompanho a divergência. § 1º. Caso haja manifestação escrita do membro do órgão colegiado, deverá ser juntada no próprio sistema. § 2º. Deverão constar as opções de pedido de vista e de destaque do processo, assim entendidos: I – pedido de vista: manifestação de membro do colegiado para melhor análise do caso, com retirada do processo da sessão de julgamento em curso e continuidade em sessão posterior; II – pedido de destaque: manifestação de membro do colegiado para retirada do processo da sessão virtual em curso e reinício do julgamento em sessão presencial posterior."*

## ⚖ Jurisprudência, Enunciados e Súmulas Selecionados

- **6. Tema/Repercussão Geral 170 STF.** *"Não viola o postulado constitucional do juiz natural o julgamento de apelação por órgão composto majoritariamente por juízes convocados, autorizado no âmbito da Justiça Federal pela Lei 9.788/1999."*
- **7. Súmula STJ, 320.** *"A questão federal somente ventilada no voto vencido não atende ao requisito do prequestionamento."*
- **8. Súmula TST, 297.** *"I. Diz-se prequestionada a matéria ou questão quando na decisão impugnada haja sido adotada, explicitamente, tese a respeito. II. Incumbe à parte interessada, desde que a matéria haja sido invocada no recurso principal, opor embargos declaratórios objetivando o pronunciamento sobre o tema, sob pena de preclusão. III. Considera-se prequestionada a questão jurídica invocada no recurso principal sobre a qual se omite o Tribunal de pronunciar tese, não obstante opostos embargos de declaração."*
- **9. Enunciado 200 do FPPC.** *"Fica superado o enunciado 320 da súmula do STJ ('A questão federal somente ventilada no voto vencido não atende ao requisito do prequestionamento')."*

- **10. Enunciado 597 do FPPC.** *"Ainda que o resultado do julgamento seja unânime, é obrigatória a inclusão no acórdão dos fundamentos empregados por todos os julgadores para dar base à decisão."*
- **11. Enunciado 598 do FPPC.** *"Cabem embargos de declaração para suprir a omissão do acórdão que, embora convergente na conclusão, deixe de declarar os fundamentos divergentes."*
- **12. Enunciado 653 do FPPC.** *"Divergindo os julgadores quanto às razões de decidir, mas convergindo na conclusão, caberá ao magistrado que primeiro deduziu o fundamento determinante vencedor redigir o acórdão."*
- **13. Enunciado 186 da III Jornada-CJF.** *"Na hipótese de julgamento de recurso não unânime, o acórdão somente poderá ser publicado com a integralidade dos votos (vencedor e vencido) e seus respectivos fundamentos, sob pena de nova publicação."*
- **14. Enunciado 187 da III Jornada-CJF.** *"É vedada a revisão pelo julgador substituto do voto proferido pelo substituído, no julgamento estendido previsto no art. 942 do CPC."*
- **15. Enunciado 188 da III Jornada-CJF.** *"Os votos proferidos nos julgamentos virtuais dos tribunais devem ser publicizados em tempo real, à medida que forem sendo disponibilizados pelos julgadores."*
- **16. Enunciado 194 da III Jornada-CJF.** *"Havendo dispersão quantitativa ou qualitativa de votos, caberá ao órgão colegiado definir o critério de desempate da votação em questão de ordem quando não houver previsão em regimento interno."*

## 📄 Comentários Temáticos

**17. Colegialidade da decisão do tribunal.** Os julgamentos, nos tribunais, devem, em princípio, ser realizados de forma colegiada; os seus órgãos julgadores são, essencialmente, colegiados.

**18. Voto e julgamento.** Na sessão de julgamento, cada membro profere seu voto. O voto consiste na manifestação dada pelo julgador do órgão colegiado. A reunião dos votos acarreta o julgamento pelo tribunal. O julgamento colegiado consiste na conjunção dos votos proferidos pelos membros do órgão julgador.

**19. Julgamento e acórdão.** O acórdão é o julgamento proferido pelos tribunais (art. 204). Formalmente, o *julgamento* difere do *acórdão*. O *julgamento* antecede o *acórdão*. Colhidos os votos dos integrantes do órgão julgador, haverá o *julgamento*, que será, posteriormente, reduzido

1427

a escrito, recebendo, então, a denominação de *acórdão*. Em outras palavras, *acórdão* é a materialização do *julgamento*, consistindo na redução a escrito da solução dada pelos integrantes do colegiado. O termo *acórdão* deriva de *"acordar"*, verbo que significa *resolver de comum acordo, concordar, chegar a um acordo*. O *acórdão* nada mais é do que a *concordância* de várias pessoas sobre determinada questão. Acórdão deveria ser, rigorosamente, o conjunto dos votos vencedores. O voto vencido deve, porém, ser declarado e é considerado, para todos os efeitos legais, parte integrante do acórdão. Logo, o *acórdão* compõe-se da *totalidade* dos votos, vencedores e vencidos.

**20. Importância do relatório no acórdão.** O relatório, nos acórdãos, exerce importante papel de identificação do caso, com a delimitação das questões fáticas que lhe dizem respeito. Essa identificação é fundamental em um sistema de precedentes, para que possa ser compreendido o contexto fático em que determinado entendimento foi firmado.

**21. Proclamação do resultado.** Cabe ao presidente do órgão julgador proclamar o resultado do julgamento, após a colheita de votos.

**21.1. Modificação de voto.** Não é possível, em julgamento colegiado, a alteração de voto após a proclamação do resultado. Enquanto não for proclamado o resultado, qualquer julgador pode alterar o voto já proferido, a não ser que esteja afastado e, então, substituído por outro julgador; o substituto não pode alterar o voto do substituído. Com a proclamação do resultado, encerra-se a atividade jurisdicional de conhecimento, somente podendo o órgão jurisdicional alterar a decisão por meio de embargos de declaração ou para corrigir-lhe erro material ou erro de cálculo (art. 494).

**21.2. Proclamação incorreta.** Havendo proclamação incorreta do resultado, a retificação pode ser feita na própria sessão de julgamento, por provocação de qualquer um dos julgadores ou dos advogados presentes. A proclamação incorreta do resultado é hipótese de contradição, podendo ser eliminada por meio de embargos de declaração.

**21.3. Julgamento e publicação do resultado.** Proferido o julgamento colegiado, o resultado é divulgado aos advogados e às partes pelo órgão oficial. É o que se chama, na praxe forense, de publicação da *resenha de julgamento*. Nesse momento, ainda não existe acórdão. Apenas foi anunciado o resultado final do julgamento. Os autos irão para o relator ou para quem proferiu o primeiro voto vencedor, a fim de que seja lavrado o acórdão.

**21.4. Lavratura do acórdão.** Proferido o julgamento, é necessário que se lavre o acórdão. A lavratura do acórdão concretiza a garantia constitucional da motivação dos julgados (STF, 1ª Turma, RE 540.995/RJ, rel. Min. Menezes Direito, *DJe* 02.05.2008). *Lavrar o acórdão* significa *escrever, redigir* o acórdão.

**21.5. Quem lavra o acórdão.** Essa, normalmente, é uma tarefa atribuída ao relator, a não ser quando este fique vencido. É do relator a atribuição de redigir, escrever, lavrar o acórdão. Se, contudo, tiver proferido voto vencido, caberá ao julgador que conduziu o julgamento ou abriu a dissidência lavrar o acórdão. A dissidência pode dizer respeito tanto ao fundamento determinante (*ratio decidendi*) quanto à conclusão. Se um dos julgadores discordou da conclusão apresentada pelo relator, e esse seu entendimento prevaleceu, será ele, e não o relator, quem deve lavrar o acórdão. De igual modo, se um dos julgadores concordar com o relator quanto à conclusão, mas se valha de fundamento diverso que seja vencedor, será ele, e não o relator, quem irá lavrar o acórdão.

**22. Voto vencido.** O acórdão é, rigorosamente, composto pelos votos vencedores, ou seja, por aqueles que estão de comum acordo quanto à solução a ser dada ao caso. O voto vencido deve, porém, ser expressamente declarado e compõe o acórdão para todos os fins legais, incluindo o prequestionamento. Pode haver mais de um voto vencido; havendo, todos devem ser juntados e passam a fazer parte do acórdão.

**23. Falta de juntada do voto vencido. Nulidade.** *"4. A razão de ser do § 3º do art. 941 do CPC/2015 está ligada, sobretudo, à exigência de fundamentação, inerente a todas as decisões judiciais, nos termos do art. 93, IX, da Constituição Federal e, em consequência, à observância do direito fundamental ao devido processo legal, na medida em que, na perspectiva endoprocessual, a norma garante às partes o conhecimento integral do debate prévio ao julgamento, permitindo o exercício pleno da ampla defesa, e, na perspectiva extraprocessual, confere à sociedade o poder de controlar a atividade jurisdicional, assegurando a independência e a imparcialidade do órgão julgador. 5. A inobservância da regra do § 3º do art. 941 do CPC/2015 constitui vício de atividade ou erro de procedimento (error in procedendo), porquanto não diz respeito ao teor do julgamento em si, mas à condução do procedimento de lavratura e publicação do acórdão, já que este representa a materialização do respectivo julgamento. 5. Hipótese em que há nulidade do acórdão, por não*

# LIVRO III · DOS PROCESSOS NOS TRIBUNAIS E DOS MEIOS DE IMPUGNAÇÃO DAS DECISÕES JUDICIAIS — Art. 942

*conter a totalidade dos votos declarados, mas não do julgamento, pois o resultado proclamado reflete, com exatidão, a conjunção dos votos proferidos pelos membros do colegiado"* (STJ, 3ª Turma, REsp 1.729.143/PR, rel. Min. Nancy Andrighi, *DJe* 15.02.2019).

**24.** **A importância do voto vencido e sua função no sistema de precedentes.** Ao se incorporar ao acórdão, o voto vencido agrega a argumentação e as teses contrárias àquela que restou vencedora; isso ajuda no desenvolvimento judicial do Direito, ao estabelecer uma pauta a partir da qual se poderá identificar, no futuro, a viabilidade de superação do precedente (art. 489, § 1º, VI, e art. 927, §§ 2º, 3º e 4º). O *voto vencido*, por isso, funciona como uma importante diretriz na interpretação da *ratio decidendi*: ao se conhecer qual posição se considerou como *vencida*, fica mais fácil compreender, pelo confronto e pelo contraste, qual tese acabou prevalecendo no tribunal. Por isso, o *voto vencido*, embora seja um *obiter dictum*, contribui para a compreensão da *ratio decidendi*. O voto vencido mantém a questão em debate, estimulando a comunidade jurídica a discuti-la. A inclusão do *voto vencido* no acórdão ratifica a necessidade de o acórdão do julgamento de casos repetitivos reproduzir a íntegra de todos os argumentos contrários e favoráveis à tese discutida (arts. 984, § 2º, e 1.038, § 3º).

---

**Art. 942.** Quando o resultado da apelação for não unânime, o julgamento terá prosseguimento em sessão a ser designada com a presença de outros julgadores, que serão convocados nos termos previamente definidos no regimento interno, em número suficiente para garantir a possibilidade de inversão do resultado inicial, assegurado às partes e a eventuais terceiros o direito de sustentar oralmente suas razões perante os novos julgadores.

§ 1º Sendo possível, o prosseguimento do julgamento dar-se-á na mesma sessão, colhendo-se os votos de outros julgadores que porventura componham o órgão colegiado.

§ 2º Os julgadores que já tiverem votado poderão rever seus votos por ocasião do prosseguimento do julgamento.

§ 3º A técnica de julgamento prevista neste artigo aplica-se, igualmente, ao julgamento não unânime proferido em:

I – ação rescisória, quando o resultado for a rescisão da sentença, devendo, nesse caso, seu prosseguimento ocorrer em órgão de maior composição previsto no regimento interno;

II – agravo de instrumento, quando houver reforma da decisão que julgar parcialmente o mérito.

§ 4º Não se aplica o disposto neste artigo ao julgamento:

I – do incidente de assunção de competência e ao de resolução de demandas repetitivas;

II – da remessa necessária;

III – não unânime proferido, nos tribunais, pelo plenário ou pela corte especial.

▶ **1.** Sem correspondência no CPC/1973.

## ⚖ JURISPRUDÊNCIA, ENUNCIADOS E SÚMULAS SELECIONADOS

- **2.** **Enunciado 466 do FPPC.** *"A técnica do art. 942 não se aplica aos embargos infringentes pendentes ao tempo do início da vigência do CPC, cujo julgamento deverá ocorrer nos termos dos arts. 530 e seguintes do CPC de 1973."*

- **3.** **Enunciado 552 do FPPC.** *"Não se aplica a técnica de ampliação do colegiado em caso de julgamento não unânime no âmbito dos Juizados Especiais."*

- **4.** **Enunciado 599 do FPPC.** *"A revisão do voto, após a ampliação do colegiado, não afasta a aplicação da técnica de julgamento do art. 942."*

- **5.** **Enunciado 682 do FPPC.** *"É assegurado o direito à sustentação oral para o colegiado ampliado pela aplicação da técnica do art. 942, ainda que não tenha sido realizada perante o órgão originário."*

- **6.** **Enunciado 683 do FPPC.** *"A continuidade do julgamento de recurso de apelação ou de agravo de instrumento pela aplicação do art. 942 exige o quórum mínimo de cinco julgadores."*

- **7.** **Enunciado 684 do FPPC.** *"Ofende o juiz natural a convocação de julgadores no caso do art. 942, ou no de qualquer substituição, sem critério objetivo estabelecido previamente em ato normativo."*

- **8.** **Enunciado 700 do FPPC.** *"O julgamento dos embargos de declaração contra o acórdão proferido pelo colegiado ampliado será feito pelo mesmo órgão com colegiado ampliado."*

- **9.** **Enunciado 62 da I Jornada-CJF.** *"Aplica-se a técnica prevista no art. 942 do CPC no julgamento de recurso de apelação interposto em mandado de segurança."*

- **10.** **Enunciado 63 da I Jornada-CJF.** *"A técnica de que trata o art. 942, § 3º, I, do CPC aplica-se à hipótese de rescisão parcial do julgado."*

- **11. Enunciado 137 da II Jornada-CJF.** *"Se o recurso do qual se originou a decisão embargada comportou a aplicação da técnica do art. 942 do CPC, os declaratórios eventualmente opostos serão julgados com a composição ampliada."*
- **12. Enunciado 187 da III Jornada-CJF.** *"É vedada a revisão pelo julgador substituto do voto proferido pelo substituído, no julgamento estendido previsto no art. 942 do CPC."*
- **13. Enunciado 190 da III Jornada-CJF.** *"No caso de serem acolhidos, por maioria e com efeitos infringentes, os embargos de declaração opostos contra acórdão que julgou unanimemente a apelação, o julgamento deverá ter prosseguimento nos termos do art. 942 do CPC."*
- **14. Enunciado 193 da III Jornada-CJF.** *"A técnica de ampliação do colegiado é aplicável a qualquer hipótese de divergência no julgamento da apelação, seja no juízo de admissibilidade ou no de mérito."*
- **15. Enunciado 24 do FNPP.** *"Aplica-se ao mandado de segurança a técnica de julgamentos não unânimes dos recursos previstos no art. 942 do CPC."*

## ▣ COMENTÁRIOS TEMÁTICOS

**16. Natureza jurídica da ampliação do colegiado.** Não se trata de recurso, pois a regra incide antes de haver encerramento do julgamento. Colhidos os votos e não havendo unanimidade, prossegue-se o julgamento, na mesma ou em outra sessão, com mais outros julgadores, para que se tenha, aí sim, o resultado final, com a lavratura do acórdão. No caso do art. 942, não há encerramento, mas prosseguimento do julgamento. Por não haver natureza recursal nesse procedimento, não é possível que haja embargos de declaração entre a apuração do resultado por maioria e seu prosseguimento em nova sessão com ampliação do número de julgadores. É uma técnica de ampliação do colegiado para julgamento, estabelecendo a suspensão da sessão de julgamento quando o resultado não for unânime e determinando que se prossiga, com mais outros membros, em nova designação.

**17. Técnica de julgamento, e não uma espécie recursal.** *"Conforme entendimento do STJ, o art. 942 do CPC/2015 não estabelece nova espécie recursal, mas técnica de julgamento, a ser aplicada de ofício, independentemente de requerimento das partes, com o objetivo de aprofundar a discussão a respeito de controvérsia, de natureza fática ou jurídica, acerca da qual houve dissidência"* (STJ, 2ª Turma, REsp 1.846.670/PR, rel. Min. Her-

man Benjamin, *DJe* 19.12.2019). *"A técnica de ampliação do colegiado, prevista no art. 942 do CPC/2015, tem por finalidade aprofundar as discussões relativas à controvérsia recursal, seja ela fática ou jurídica, sobre a qual houve dissidência. Cuida-se de técnica de julgamento, e não de modalidade de recursal, conforme depreende-se do rol de recursos enumerados no art. 994 do CPC/2015, razão pela qual a sua aplicação é automática, obrigatória e independente da provocação das partes. Precedentes: REsp 1.846.670/PR, Relator Ministro Herman Benjamin, Segunda Turma, julgado em 17.12.2019, DJe 19.12.2019; e REsp 1.762.236/SP, Relator Ministro Marco Aurélio Bellizze, Relator p/ Acórdão Ministro Ricardo Villas Bôas Cueva, Terceira Turma, julgado em 19.02.2019, DJe 15.03.2019"* (STJ, 2ª Turma, REsp 1.868.072/RS, rel. Min. Francisco Falcão, *DJe* 10.05.2021).

**18. Desnecessidade de lavratura de acórdão.** Colhidos os votos e apurada a falta de unanimidade, o presidente do órgão julgador determina a convocação de mais dois julgadores para que o julgamento tenha prosseguimento na mesma ou em outra sessão. Não há, aí, lavratura de acórdão, pois o julgamento não se encerrou ainda. O julgamento é interrompido para que prossiga com a composição ampliada.

**19. Ampliação do colegiado nos casos regidos pelo ECA.** *"1. Esta Corte Superior possui entendimento de que, segundo o art. 198 do ECA, nos procedimentos afetos à Justiça da Infância e da Juventude, inclusive os relativos à execução das medidas socioeducativas, deve ser adotado o sistema do Código de Processo Civil. 2. Assim, admite-se a aplicação do art. 942 do CPC/2015 aos procedimentos relativos ao ECA, como no caso destes autos, em que o julgamento da apelação foi por maioria. Na hipótese, a sistemática do Código de Processo Civil prevê a adoção da nova técnica de complementação de julgamento, com a tomada de outros votos em sessão subsequente ou na mesma sessão"* (STJ, 5ª Turma, AgRg no REsp 1.763.919/RJ, rel. Min. Ribeiro Dantas, *DJe* 15.02.2019).

**20. Inaplicabilidade no julgamento de recurso especial.** *"1. A técnica de julgamento não unânime, prevista no art. 942 do CPC/2015, consiste em instrumento de ampliação de debate, sem constituir em nova medida recursal, como se verifica do rol de recursos previsto no art. 994 do Código de Processo Civil/2015. 2. As hipóteses de cabimento elegíveis pelo legislador circunscrevem-se a situações específicas: apelação, ação rescisória e agravo de instrumento, com vista ao aprofundamento da reflexão a ser feita em cada caso concreto, antes de encerrado o julgamento, com um quorum aumentado de julgadores, em*

**LIVRO III** · DOS PROCESSOS NOS TRIBUNAIS E DOS MEIOS DE IMPUGNAÇÃO DAS DECISÕES JUDICIAIS · **Art. 942**

*substituição aos antigos embargos infringentes, sendo certo que não se admite sua adoção no âmbito de recurso especial"* (STJ, 1ª Turma, AgInt na PET no REsp 1.739.403/PR, rel. Min. Gurgel de Faria, *DJe* 19.12.2019).

**21. Hipótese de incidência da regra.** O que faz incidir a regra decorrente do art. 942 é a votação não unânime. Se retomado o julgamento com a presença dos novos julgadores, aquele que proferiu o voto vencido pode alterar seu voto. Isso, porém, não afasta a regra, nem acarreta a "desconvocação" dos novos julgadores. Computada a divergência, deve haver a convocação dos demais julgadores, somente podendo prosseguir o julgamento com a presença conjunta de todos eles. Na apelação e no agravo de instrumento, a decisão será tomada, no órgão colegiado, pelo voto de três julgadores (art. 941, § 2º); nesse caso, só se instala o julgamento com o quórum mínimo de três. Havendo divergência, convocam-se, pelo menos, mais dois, totalizando um colegiado de, no mínimo, cinco membros.

**22. Sustentação oral.** Ampliado o colegiado, com a presença dos demais julgadores, as partes podem renovar sua sustentação oral. A sustentação oral poderá ser feita na ampliação, ainda que não sido realizada no início do julgamento, com a composição originária. A falta de sustentação oral no início do julgamento não afasta a sustentação oral na ampliação do colegiado.

**23. Ampliação do colegiado em julgamento virtual.** *"A superveniente necessidade, no curso do julgamento, de convocação de novos julgadores em virtude de a votação da Apelação não ser unânime (art. 942, caput, do CPC/2015) deve observar o rito inicialmente adotado, que no caso foi o julgamento virtual, quando o prosseguimento do julgamento der-se na mesma sessão, conforme hipótese do § 1º do precitado dispositivo legal"* (STJ, 2ª Turma, REsp 1.811.599/SP, rel. Min. Herman Benjamin, *DJe* 19.12.2019).

**24. Ausência de limitação no exame do caso pelo colegiado ampliado.** Por não ser um recurso, a ampliação do julgamento não tem "efeito devolutivo". Os novos julgadores, convocados para que o julgamento tenha prosseguimento, não estão limitados a decidir sobre o ponto divergente. O julgamento está em aberto, não se tendo encerrado. Quem já votou pode alterar seu voto e quem foi convocado pode decidir sobre tudo que está pendente de deliberação definitiva. Se o julgador que já proferiu o voto afastar-se ou for substituído, não poderá ter seu voto alterado (art. 941, § 1º). O julgamento não se encerrou e irá prosseguir com uma composição ampliada. Todos os julgadores devem exa-

minar os pontos controvertidos e apreciar toda a controvérsia, para que, então, se possa encerrar o julgamento. Haverá ampliação da composição e, igualmente, ampliação do debate, com um resultado mais maduro, fruto de discussão que contou com mais outros julgadores. Quando se constata que o resultado até o terceiro voto não foi unânime, o julgamento terá prosseguimento em outra sessão, desta vez com a presença de mais outros julgadores. O julgamento não se terá encerrado. Logo, não se anuncia o resultado. Apenas se anuncia o resultado parcial com a suspensão do julgamento e designação de nova sessão para prosseguimento.

**25. Amplitude da discussão na ampliação do colegiado.** *"O art. 942 do CPC/2015 não configura uma nova espécie recursal, mas, sim, uma técnica de julgamento, a ser aplicada de ofício, independentemente de requerimento das partes, com o objetivo de aprofundar a discussão a respeito de controvérsia, de natureza fática ou jurídica, acerca da qual houve dissidência. 7. Constatada a ausência de unanimidade no resultado da apelação, é obrigatória a aplicação do art. 942 do CPC/2015, sendo que o julgamento não se encerra até o pronunciamento pelo colegiado estendido, ou seja, inexiste a lavratura de acórdão parcial de mérito. 8. Os novos julgadores convocados não ficam restritos aos capítulos ou pontos sobre os quais houve inicialmente divergência, cabendo-lhes a apreciação da integralidade do recurso. 9. O prosseguimento do julgamento com quórum ampliado em caso de divergência tem por objetivo a qualificação do debate, assegurando-se oportunidade para a análise aprofundada das teses jurídicas contrapostas e das questões fáticas controvertidas, com vistas a criar e manter uma jurisprudência uniforme, estável, íntegra e coerente. 10. Conforme expressamente autorizado pelo art. 942, § 2º, do CPC/2015, os julgadores que já tenham votado podem modificar o seu posicionamento"* (STJ, 3ª Turma, REsp 1.771.815/SP, rel. Min. Ricardo Villas Bôas Cueva, *DJe* 21.11.2018).

**26. Exame de todas as questões pela composição ampliada.** *"(...) a incidência da técnica de julgamento ampliado do art. 942 do CPC/2015 não limita os julgadores convocados à análise apenas a matéria decidida de forma não unânime pelo quórum original, deve, pois, ser apreciado todo o conteúdo da apelação. Precedentes desta e. Terceira Turma. 6. Hipótese em que, ante o julgamento não unânime da apelação, houve a ampliação do quórum na forma do art. 942 do CPC/2015. Entretanto, na continuação do julgamento foi excluído o tema sobre o qual o colegiado original havia sido unânime, limitando-se os novos* *julgadores ao exame apenas da matéria em que houve divergência. 7. Assim, impõe-se o retorno dos autos à origem, para que seja proferido novo julgamento, no qual deverão ser analisadas todas as alegações suscitadas nas razões das apelações interpostas"* (STJ, 3ª Turma, REsp 1.934.178/DF, rel. Min. Nancy Andrighi, *DJe* 16.09.2021).

**27. Observância do juiz natural.** O regimento interno do tribunal deve estabelecer critérios prévios e objetivos para a convocação dos julgadores que irão complementar o julgamento iniciado, mas ainda não concluído totalmente. Essa definição prévia é fundamental e atende às exigências do princípio do juiz natural. A existência da divergência é fato que leva à mudança de composição do órgão julgador.

**28. Necessidade de convocação de todos os demais julgadores.** *"Constitui ofensa ao art. 942 do CPC/2015 a dispensa do quinto julgador, integrante necessário do quórum ampliado, sob o argumento de que já teria sido atingida a maioria sem possibilidade de inversão do resultado"* (STJ, 3ª Turma, REsp 1.890.473/MS, rel. Min. Ricardo Villas Bôas Cueva, *DJe* 20.08.2021).

**29. Ampliação do julgamento na apelação.** Na apelação, não importa o conteúdo do julgamento; se ele não for unânime, amplia-se o colegiado, com a convocação de mais dois julgadores para que se tenha prosseguimento. Se apelação for inadmitida por maioria de votos, se for desprovida por maioria de votos ou se for provida por maioria de votos, haverá incidência da regra. Basta que o julgamento seja não unânime.

**30. Ampliação do colegiado quando a divergência for sobre questão de admissibilidade da apelação.** *"O art. 942 do CPC não determina a ampliação do julgamento apenas em relação às questões de mérito. 6. Na apelação, a técnica de ampliação do colegiado deve ser aplicada a qualquer julgamento não unânime, incluindo as questões preliminares relativas ao juízo de admissibilidade do recurso"* (STJ, 3ª Turma, REsp 1.798.705/SC, rel. Min. Paulo de Tarso Sanseverino, *DJe* 28.10.2019).

**31. Ampliação do colegiado no agravo de instrumento.** A ampliação do colegiado ocorre no julgamento não unânime proferido em agravo de instrumento, quando houver reforma da decisão que julgar parcialmente o mérito. Logo, no julgamento do agravo de instrumento, não se amplia o colegiado: (a) se o julgamento for unânime; (b) se o agravo não for admitido, ainda que por maioria de votos; (c) se o agravo for admitido e desprovido, ainda que por maioria de votos; (d) se o agravo for admitido e provido

para anular a decisão, ainda que por maioria de votos; (e) se o agravo for admitido e provido para reformar uma decisão que não trate do mérito, ainda que por maioria de votos.

**32. Conceito de mérito.** Julgar o mérito é julgar o pedido. Se o agravo de instrumento ataca decisão que acolhe ou rejeita um pedido ou parte de um pedido, vindo a ser provido por maioria de votos, deve haver a ampliação do colegiado.

**33. Ampliação do colegiado em agravo de instrumento contra decisão parcial de mérito.** *"É pacífico o entendimento no Superior Tribunal de Justiça segundo o qual se admite a técnica do julgamento ampliado, em agravo de instrumento, prevista no art. 942, § 3º, II, do NCPC, quando houver reforma da decisão agravada, por maioria de votos, que tenha julgado parcialmente o mérito"* (STJ, 1ª Turma, AgInt no REsp 1.971.363/PE, rel. Min. Regina Helena Costa, *DJe* 28.9.2023).

**34. Ampliação do colegiado no julgamento no julgamento de agravo de instrumento em execução ou no cumprimento de sentença.** Na execução e no cumprimento de sentença, o mérito é a satisfação da obrigação. Assim, qualquer decisão que se relacione com a satisfação ou o cumprimento da obrigação é de mérito, devendo ampliar-se o colegiado se o agravo de instrumento for provido para desfazer uma decisão com esse conteúdo.

**35. Inaplicabilidade da ampliação do colegiado no julgamento de agravo de instrumento em execução ou cumprimento de sentença.** *"As hipóteses de ampliação do quórum para o julgamento do órgão colegiado são restritas, incidindo apenas em caso de pronunciamento não unânime em apelação, em ação rescisória ou em agravo de instrumento, sendo que, quanto a este último, tão somente quando houver reforma da decisão que julgar parcialmente o mérito (§ 3º, II, do art. 942 do CPC/2015). Especificamente no que se refere ao agravo de instrumento, a interpretação restritiva do dispositivo impõe concluir que a regra se dirige apenas às ações de conhecimento, não se aplicando ao processo de execução e, por extensão, ao cumprimento de sentença, como no caso"* (STJ, 4ª Turma, AgInt no AREsp 1.233.242/RS, rel. Min. Lázaro Guimarães – Des. Conv. TRF5, *DJe* 24.09.2018). No mesmo sentido: STJ, 4ª Turma, AgInt no REsp 1.828.365/PR, rel. Min. Luis Felipe Salomão, *DJe* 10.03.2020).

**36. Ampliação do colegiado no julgamento de agravo de instrumento no IDPJ.** *"O julgamento de agravo de instrumento que, por maioria, reforma decisão proferida em incidente de desconsideração (direta ou inversa) da personalidade*

**LIVRO III · DOS PROCESSOS NOS TRIBUNAIS E DOS MEIOS DE IMPUGNAÇÃO DAS DECISÕES JUDICIAIS**   Art. 942

jurídica inclui-se na regra legal de aplicação da técnica de ampliação do colegiado prevista no art. 942, § 3º, II, do Código de Processo Civil de 2015, por se tratar de decisão de mérito" (STJ, 3ª Turma, REsp 2.120.429/SP, rel. Min. Ricardo Villas Bôas Cueva, *DJe* 10.4.2024).

**37. Ampliação do julgamento em embargos de declaração.** Se os embargos de declaração, opostos contra julgamento unânime de apelação ou de agravo de instrumento, forem acolhidos para, por maioria de votos, alterar o resultado ali obtido, deverá ser interrompido o julgamento e ser promovida a convocação de mais dois julgadores para dar-lhe prosseguimento. Enfim, julgados os embargos de declaração, de modo a eliminar a unanimidade da apelação decidida, há de se ampliar o colegiado para prosseguir com o julgamento dos embargos. A ampliação do colegiado somente ocorre se o julgamento dos embargos de declaração for não unânime e implicar alteração do resultado do julgamento anterior. Se o órgão julgador decidir, por maioria de votos, sobre a admissibilidade dos embargos de declaração, não há ampliação do colegiado. De igual modo, se o órgão julgador rejeitar os embargos por maioria ou os acolher apenas para esclarecer uma obscuridade, suprir uma omissão, eliminar uma contradição ou corrigir um erro material, sem alterar o resultado anterior, ainda que por maioria de votos, não há ampliação do colegiado. No caso do agravo de instrumento, a convocação de outros julgadores somente ocorrerá se os embargos de declaração forem acolhidos para modificar o julgamento originário e, consequentemente, alterar a decisão parcial de mérito então proferida pelo juízo de primeira instância. Nesses casos, o julgamento terá se alterado, deixando de haver unanimidade e atraindo a incidência do disposto no art. 942.

**38. Ampliação do julgamento em embargos de declaração na apelação.** "*O procedimento do art. 942 do CPC/2015 aplica-se nos embargos de declaração opostos ao acórdão de apelação quando o voto vencido nascido apenas nos embargos for suficiente a alterar o resultado primitivo da apelação, independentemente do desfecho não unânime dos declaratórios (se rejeitados ou se acolhidos, com ou sem efeito modificativo), em razão do efeito integrativo deste recurso*" (STJ, 3ª Turma, REsp 1786158/PR, rel. p/ ac. Min. Marco Aurélio Bellizze, *DJe* 1º.9.2020).

**39. Ampliação do colegiado em embargos de declaração.** "*A decisão agravada está apoiada na jurisprudência atualmente consolidada no âmbito da Segunda Seção do Superior Tribunal de Justiça, no sentido de que deve ser aplicada a* técnica de julgamento ampliado nos embargos de declaração toda vez que o voto divergente possua aptidão para alterar o resultado unânime do acórdão de apelação*" (STJ, 3ª Turma, AgInt nos EDcl no REsp 1.856.141/AM, rel. Min. Ricardo Villas Bôas Cueva, *DJe* 22.11.2021).

**40. Ampliação do julgamento em embargos de declaração em agravo de instrumento.** "*Segundo lições doutrinárias, em se tratando de aclaratórios opostos a acórdão que julga agravo de instrumento, a convocação de outros julgadores para compor o colegiado ampliado (técnica de julgamento prevista no art. 942 do CPC/2015) somente ocorrerá se os embargos de declaração forem acolhidos para modificar o julgamento originário do magistrado de primeiro grau que houver proferido decisão parcial de mérito*" (STJ, 3ª Turma, REsp 1.841.584/SP, rel. Min. Ricardo Villas Bôas Cueva, *DJe* 13.12.2019).

**41. Ampliação do julgamento no agravo interno em apelação ou em agravo de instrumento.** O relator pode, nos termos do art. 932, IV e V, negar seguimento ou já dar provimento a recurso, em decisão isolada. Dessa decisão cabe agravo interno, a ser julgado pelo colegiado competente para decidir a apelação ou o agravo de instrumento. Se, ao examinar o agravo interno em apelação, o órgão fracionário proferir julgamento não unânime, haverá a convocação de mais dois julgadores, para prosseguimento. Nesse caso, a apelação está sendo julgada no agravo interno, atraindo a incidência do referido dispositivo. Essa hipótese equivale à do enunciado 316 da Súmula do STJ. Embora se esteja julgando o agravo interno, é na realidade a apelação que está sendo examinada e decidida. Para que se aplique o art. 942 em tal hipótese, é preciso que a divergência, verificada no julgamento do agravo interno, diga respeito à própria apelação. Se, no agravo interno, houver julgamento, por maioria de votos, sobre a admissibilidade ou o mérito da apelação, deve ser aplicado o art. 942, convocando-se mais dois julgadores. Caso, porém, o julgamento, por maioria de votos, se refira à admissibilidade do agravo interno, não se chegando a examinar a apelação, não se aplica o art. 942. Se, por exemplo, for decidido, por maioria de votos, ser intempestivo o agravo interno ou não ter o agravante impugnado especificamente o fundamento da decisão agravada, não incide o art. 942. Nesse caso, a divergência não se relaciona com o julgamento da apelação, mas com o da admissibilidade do próprio agravo interno. Quando o agravo interno for interposto contra a decisão do relator que julga o agravo de instrumento, a aplicação do art. 942 somente se

1433

dará se o julgamento for por maioria de votos para alterar a decisão de mérito proferida pelo juízo de primeira instância. Julgado o agravo de instrumento no agravo interno, com a reforma, por maioria de votos, da decisão de mérito do juízo de primeiro grau, devem ser convocados mais dois julgadores para que se prossiga o julgamento, com a composição ampliada.

**42. Ampliação do julgamento na ação rescisória.** A regra do art. 942 também se aplica ao julgamento não unânime proferido em ação rescisória, quando o resultado for a rescisão da sentença. Ainda que a rescisão seja parcial, aplica-se a regra ao julgamento não unânime de procedência da ação rescisória. O art. 942, no tocante à ação rescisória, só se aplica quando houver divergência quanto ao juízo rescindente. Acolhida, por maioria de votos, a ação rescisória para desconstituir a coisa julgada, já incide o disposto no art. 942. Antes mesmo de se iniciar o julgamento do juízo rescisório, o art. 942 tem sua incidência atraída. O que faz com que a regra de ampliação do julgamento seja aplicada é o julgamento não unânime do juízo rescindente. Se o tribunal rescinde a decisão por unanimidade, não incide o art. 942. Na hipótese de o tribunal acolher, por unanimidade, a ação rescisória e desconstituir a coisa julgada para, então, prosseguir e rejulgar a causa (juízo rescisório) por maioria de votos, não incide a regra do art. 942. O que tem de ser por maioria de votos não é o julgamento do juízo rescisório (rejulgamento da causa), mas o do juízo rescindente (desfazimento da coisa julgada). No caso da apelação e do agravo de instrumento contra decisão de mérito, outros julgadores são convocados para participar do julgamento. Não é isso que ocorre na ação rescisória. Nesta, não há convocação de novos julgadores. Há, em vez disso, uma transferência de competência: a ação rescisória, acolhida por maioria de votos, terá seu julgamento interrompido para que prossiga em órgão de maior composição previsto no regimento interno. O julgamento transfere-se ao órgão de maior composição, que assume a competência do caso e deve prosseguir até o final julgamento, anunciando o resultado e lavrando o acórdão. Se a maioria for registrada no julgamento do juízo rescindente, o órgão de maior composição vai decidir e, se mantida a rescisão, prosseguir no julgamento para proferir o juízo rescisório, rejulgando a causa originária. O julgamento será único. O órgão de maior composição assume a competência e deve exercê-la até o final do julgamento. Em muitos tribunais, a ação rescisória já é julgada por ór-

gão de maior composição, e não por turma ou câmara de três membros. Nesse caso, não incide a regra decorrente do art. 942. Tal regra só incide quando se tratar de ação rescisória destinada a rescindir *sentença*, e não acórdão. Se a rescisão for de acórdão, não incide o disposto no art. 942. Em vários tribunais, a ação rescisória que ataca sentença é julgada por câmara ou turma de três membros, a exemplo do que ocorre na apelação e no agravo de instrumento contra decisão de mérito. É nessa hipótese que se aplica o art. 942, havendo, em vez da simples convocação de mais dois julgadores, a transferência do julgamento para órgão de maior composição indicado pelo regimento interno do tribunal. Há, nessa situação, uma assunção de competência pelo órgão de maior composição, que passa a ser responsável pela análise da ação rescisória. Se, porém, a ação rescisória já for, desde logo, julgada pelo órgão de maior composição, não haverá a incidência do art. 942, mesmo que o resultado seja não unânime. É comum, em alguns tribunais, haver casos em que a ação rescisória é julgada pelo plenário ou pelo órgão especial. Nesses casos, também não se aplica a regra do art. 942, não havendo a transferência do julgamento para outro órgão de maior composição para prosseguimento do julgamento, justamente porque o julgamento já se realizou pelo órgão de maior composição.

**43. Embargos de declaração contra acórdão proferido por órgão com composição ampliada.** Proferido o julgamento com composição ampliada, é possível que sejam opostos embargos de declaração. Nesse caso, os embargos serão julgados por sua composição ampliada. Os embargos de declaração devem ser julgados pelo órgão que proferiu o acórdão embargado. Cabe ao órgão julgador, com a composição ampliada, examinar os embargos para inadmiti-los, rejeitá-los ou acolhê-los. Se resolver acolhê-los, deverá suprir a omissão, esclarecer a obscuridade, eliminar a contradição ou corrigir o erro material apontado pela parte embargante. Enfim, opostos embargos de declaração nesse caso, deve haver nova convocação dos julgadores que não compõem originariamente a turma julgadora para que, com a composição ampliada, possam apreciá-los e julgá-los.

**44. Ampliação do colegiado em mandado de segurança.** Não são admissíveis embargos infringentes no processo de mandado de segurança (Lei 12.016/2009, art. 25). Não há mais previsão do recurso de embargos infringentes. Em seu lugar, há a ampliação do órgão julgador em caso de divergência, que não tem natureza recursal. O art. 25 da Lei 12.016, de 2009, per-

**LIVRO III ·** DOS PROCESSOS NOS TRIBUNAIS E DOS MEIOS DE IMPUGNAÇÃO DAS DECISÕES JUDICIAIS **Art. 943**

deu sua eficácia normativa, pois não há mais embargos infringentes no sistema processual civil brasileiro. O instituto do art. 942 não tem natureza recursal, sendo uma etapa necessária do julgamento da apelação, quando verificada maioria de votos entre os membros do colegiado. A regra aplica-se ao julgamento da apelação em mandado de segurança, não havendo qualquer dispositivo que a afaste ou impeça sua incidência.

**45. Aplicação da técnica no mandado de segurança.** *"A técnica de ampliação do colegiado prevista no art. 942 do CPC/2015 também tem aplicação para julgamento não unânime de apelação interposta em sede de mandado de segurança"* (STJ, 1ª Turma, REsp 1.817.633/RS, rel. Min. Gurgel de Faria, *DJe* 11.10.2019). *"(...) a técnica de ampliação do colegiado, prevista no art. 942 do CPC/2015, aplica-se também ao julgamento de apelação que resultou não unânime interposta contra sentença proferida em mandado de segurança"* (STJ, 2ª Turma, REsp 1.868.072/RS, rel. Min. Francisco Falcão, *DJe* 10.05.2021).

**46. Inaplicabilidade ao recurso ordinário.** O art. 942 aplica-se à apelação em mandado de segurança, mas não se aplica ao julgamento do recurso ordinário em mandado de segurança. Ele compõe o procedimento da apelação, estabelecendo que deve haver a convocação de outros julgadores para complementar o julgamento quando o resultado da apelação tiver sido concluído por maioria de votos. É preciso, porém, observar que a decisão, no julgamento da apelação, será tomada, no órgão colegiado, pelo voto de três julgadores (art. 941, § 2º). Não sendo unânime o resultado, convocam-se mais dois para ter prosseguimento o julgamento, a fim de se garantir a possibilidade de inversão do resultado. O recurso ordinário, por sua vez, é julgado no STJ ou no STF, por uma turma de cinco ministros. O julgamento por cinco membros já antecipa a própria técnica prevista no art. 942, que amplia, na apelação, o julgamento de três para cinco membros quando não houver unanimidade. O disposto no art. 942 aplica-se, enfim, ao julgamento não unânime proferido em apelação no mandado de segurança, não se aplicando no julgamento do recurso ordinário em mandado de segurança.

**47. Casos em que não se aplica a ampliação da composição.** Não se aplica o disposto no art. 942 ao julgamento do incidente de assunção de competência e ao de resolução de demandas repetitivas, nem ao da remessa necessária, nem ao julgamento não unânime proferido, nos tribunais, pelo plenário ou pela corte especial. A regra também não se aplica aos embargos infringentes opostos ao tempo do CPC/1973 e ainda pendentes de julgamento. De igual modo, a técnica não se aplica ao recurso ordinário constitucional. A técnica *também não se aplica* no julgamento do recurso inominado dos Juizados Especiais.

**48. Julgamento de tutela provisória.** O art. 942 aplica-se apenas nos casos de julgamento definitivo. Por isso, não incide no julgamento do agravo de instrumento que verse sobre tutela provisória. De igual modo, também não incide se, no âmbito da apelação, houver concessão de tutela provisória, seja de urgência, seja de evidência. Isso vale para os acórdãos de tutela provisória em ações de competência originária, mesmo na ação rescisória: também não se aplica o art. 942.

**49. Ampliação da composição só quando o resultado não for unânime.** A regra do art. 942 somente se aplica quando o *resultado* não for unânime. Se o resultado for unânime, não se aplica a regra, mesmo que haja divergência na fundamentação. A aplicação da regra depende de divergência no *resultado*, e não na fundamentação.

**50. Inaplicabilidade nos casos em que a ação rescisória for julgada pelo órgão de maior composição do Tribunal.** *"Se o regimento interno do Tribunal de 2º grau contiver previsão no sentido de que as ações rescisórias dos acórdãos serão de competência dos órgãos fracionários de maior composição a que se refere o art. 942, § 3º, I, do CPC/2015, não deverá haver ampliação do quórum de deliberação, técnica restrita, pois, às ações rescisórias de sentença"* (STJ, 3ª Turma, REsp 1.942.682/RS, rel. Min. Nancy Andrighi, *DJe* 1º.10.2021).

**51. Ampliação indevida do colegiado e decote dos votos excedentes.** *"Reconhecido que o julgamento ampliado se deu em confronto com a lei, devem ser anulados os votos proferidos na modalidade ampliada para prevalecer somente aqueles votos proferidos pelo Desembargador Relator e Primeiro Vogal, que o acompanhou, que entenderam, por maioria, em negar provimento ao agravo de instrumento"* (STJ, 3ª Turma, REsp 1.960.580/MT, rel. Min. Moura Ribeiro, *DJe* 13.10.2021).

---

**Art. 943.** Os votos, os acórdãos e os demais atos processuais podem ser registrados em documento eletrônico inviolável e assinados eletronicamente, na forma da lei, devendo ser impressos para juntada aos autos do processo quando este não for eletrônico.

§ 1º Todo acórdão conterá ementa.

§ 2º Lavrado o acórdão, sua ementa será publicada no órgão oficial no prazo de 10 (dez) dias.

**Art. 943** CÓDIGO DE PROCESSO CIVIL COMENTADO – *Leonardo Carneiro da Cunha*

▶ **1. Correspondência no CPC/1973.** *"Art. 556. (...) Parágrafo único. Os votos, acórdãos e demais atos processuais podem ser registrados em arquivo eletrônico inviolável e assinados eletronicamente, na forma da lei, devendo ser impressos para juntada aos autos do processo quando este não for eletrônico." "Art. 563. Todo acórdão conterá ementa." "Art. 564. Lavrado o acórdão, serão as suas conclusões publicadas no órgão oficial dentro de 10 (dez) dias."*

🖳 **Legislação Correlata**

**2. Recomendação 154/2024 CNJ, art. 1º.** *"Art. 1º. Recomendar que as ementas de acórdãos dos tribunais observem a seguinte estrutura e divisão: Cabeçalho (ou Indexação); I. Caso em exame; II. Questão em discussão; III. Razões de decidir; IV. Dispositivo e tese. Ao final, devem ser mencionadas a legislação relevante citada e a jurisprudência relevante citada."*

**3. Recomendação 154/2024 CNJ, art. 2º.** *"Art. 2º. O cabeçalho deverá conter as seguintes informações sequenciais, preferencialmente com máximo de quatro linhas e formatação em fonte com efeito versalete: área do direito; tipo de ação; tema geral; algum complemento necessário; e solução do caso."*

**4. Recomendação 154/2024 CNJ, art. 3º.** *"Art. 3º. Os demais itens que comporão a ementa deverão observar a seguinte configuração: I – caso em exame, contendo a sumária descrição da hipótese (fatos relevantes e pedido); II – questão em discussão, contendo breve relato da questão ou questões controvertidas objeto da apreciação judicial; III – razões de decidir, contendo a solução proposta e sucinta motivação; e IV – Dispositivo e tese, contendo a conclusão do julgamento (provimento do recurso, desprovimento do recurso) e tese, quando seja o caso. § 1º. Ao final, a ementa deverá fazer remissão à legislação e à jurisprudência que foram citadas no texto e consideradas relevantes para a solução do caso. § 2º. A citação de jurisprudência deve conter menção aos seguintes elementos: tribunal prolator, classe da ação, número do processo, relator, unidade do tribunal e data do julgamento."*

⚖ **Jurisprudência, Enunciados e Súmulas Selecionados**

• **5. Enunciado 597 do FPPC.** *"Ainda que o resultado do julgamento seja unânime, é obrigatória a inclusão no acórdão dos fundamentos empregados por todos os julgadores para dar base à decisão."*

• **6. Enunciado 654 do FPPC.** *"Erro material identificado na ementa, inclusive decorrente de divergência com o acórdão, é corrigível a qualquer tempo, de ofício ou mediante requerimento."*

🗎 **Comentários Temáticos**

**7. Voto, julgamento e acórdão: distinções.** Os julgamentos, nos tribunais, devem, em princípio, ser realizados de forma colegiada. Na sessão de julgamento, cada membro profere seu voto. O voto consiste na manifestação dada pelo julgador do órgão colegiado. A reunião dos votos acarreta o julgamento pelo tribunal. O julgamento colegiado consiste na conjunção dos votos proferidos pelos membros do órgão julgador. O acórdão é o julgamento proferido pelos tribunais (art. 204). Formalmente, o *julgamento* difere do *acórdão*. O *julgamento* antecede o *acórdão*. Colhidos os votos dos integrantes do órgão julgador, haverá o *julgamento*, que será, posteriormente, reduzido a escrito, recebendo, então, a denominação de *acórdão*. Em outras palavras, *acórdão* é a materialização do *julgamento*, consistindo na redução a escrito da solução dada pelos integrantes do colegiado. O voto vencido será necessariamente declarado e considerado parte integrante do acórdão para todos os fins legais, inclusive de prequestionamento (art. 941, § 3º).

**8. Lavratura do acórdão.** *Lavrar o acórdão* significa *escrever, redigir* o acórdão. Essa, normalmente, é uma tarefa atribuída ao relator, a não ser quando este fique vencido na conclusão ou na fundamentação (art. 941).

**9. Ementa.** Além de relatório, fundamentação e dispositivo, o acórdão deve, igualmente, conter ementa (art. 943, § 1º). Não é possível que o regimento interno de qualquer tribunal dispense algum desses elementos. A necessidade de que os acórdãos contenham ementa tem por escopo o aperfeiçoamento da divulgação dos precedentes e da jurisprudência dos tribunais. A utilidade da ementa consiste em facilitar a documentação ordenada da jurisprudência do tribunal – facilitando, assim, o cumprimento do comando do § 5º do art. 927. A ementa deve refletir tanto quanto possível, e de maneira bem objetiva, o entendimento do tribunal a respeito das questões de fato e de direito debatidas no julgamento que originou o acórdão, contendo, ademais, os fundamentos determinantes da decisão. A ementa é, enfim, o resumo do julgamento. A ementa não é o acórdão nem com ele se confunde. Trata-se, apenas, de resumo do que ficou decidido no julgamento pelo tribunal.

1436

# LIVRO III · DOS PROCESSOS NOS TRIBUNAIS E DOS MEIOS DE IMPUGNAÇÃO DAS DECISÕES JUDICIAIS — Art. 944

**9.1. Divergência entre ementa e conteúdo do acórdão.** Em eventual divergência entre o conteúdo do acórdão e o da ementa, há de prevalecer o daquele em detrimento do desta. O acórdão deve vir com ementa, mas esta não constitui elemento essencial daquele. *Acórdão* é a documentação do julgamento; *ementa* é o resumo do julgamento. A ementa é, essencialmente, algo que sucede o julgamento, e o resume. Ao lavrar o acórdão, o julgador deve atentar para esse dever: é preciso que o acórdão traga esse resumo.

**9.2. Embargos de declaração para corrigir ou aperfeiçoar a ementa.** São cabíveis embargos de declaração para suprir omissão, eliminar contradição, corrigir erro material ou esclarecer obscuridade contida na ementa. Se houver contradição entre a ementa e o conteúdo do acórdão, também cabem embargos de declaração para eliminá-la.

**9.3. Ausência de ementa no acórdão.** Lavrado um acórdão sem ementa, qualquer uma das partes pode valer-se de embargos de declaração, com vistas a obter a supressão da omissão, para que passe o acórdão a conter a ementa. A falta de ementa não traz, contudo, nulidade ao julgamento, nem contamina o acórdão. A *ementa* sucede o julgamento; como se trata de algo posterior ao julgamento, que já ocorreu, a sua falta não pode acarretar a nulidade: não há invalidade por algo que aconteça depois da prática do ato. A ausência de ementa pode comprometer a validade da intimação do julgamento, dificultando a percepção do conteúdo do acórdão ou, até mesmo, causando a falsa impressão de que ainda não se tenha iniciado o prazo para a interposição de eventual recurso cabível na espécie. A ementa permite que as partes já saibam, desde logo, as razões que serviram de esteio para que o tribunal chegasse àquela conclusão, facilitando a atividade de seus advogados para a interposição de recursos cabíveis. Se, mesmo sem ementa, está claro o conteúdo do acórdão, não há razão para decretar sua nulidade. Não contendo ementa o acórdão, poderá haver alguma dúvida quanto à sua lavratura, no momento da intimação da parte, mediante publicação no órgão oficial. Nesse caso, nula será a intimação, e não o acórdão. Possível invalidade da intimação não se confunde com invalidade da decisão.

**9.4. Lavratura do acórdão e publicação de sua ementa.** Lavrado o acórdão, sua ementa será publicada no órgão oficial dentro de dez dias (art. 943, 2º). Dessa publicação conta-se o prazo para a interposição de quaisquer recursos (art. 1.003). A publicação da ementa constitui a intimação do acórdão, iniciando-se, a partir de então, o prazo para a interposição de recursos eventualmente cabíveis. As partes e seus advogados só serão considerados efetivamente intimados quando da publicação, no órgão oficial, do acórdão, e não do resultado do julgamento, cuja previsão está no art. 941.

**10. Registro eletrônico e juntada.** Os votos, os acórdãos e os demais atos processuais podem ser registrados em documento eletrônico inviolável e assinados eletronicamente, na forma da lei, devendo ser impressos para juntada aos autos do processo quando este não for eletrônico.

> **Art. 944.** Não publicado o acórdão no prazo de 30 (trinta) dias, contado da data da sessão de julgamento, as notas taquigráficas o substituirão, para todos os fins legais, independentemente de revisão.
>
> Parágrafo único. No caso do *caput*, o presidente do tribunal lavrará, de imediato, as conclusões e a ementa e mandará publicar o acórdão.

▶ **1. Sem correspondência no CPC/1973.**

## 🗃 LEGISLAÇÃO CORRELATA

**2. Lei 12.016/2009, art. 17.** *"Art. 17. Nas decisões proferidas em mandado de segurança e nos respectivos recursos, quando não publicado, no prazo de 30 (trinta) dias, contado da data do julgamento, o acórdão será substituído pelas respectivas notas taquigráficas, independentemente de revisão."*

## ▤ COMENTÁRIOS TEMÁTICOS

**3. Duração razoável do processo.** O art. 944 concretiza o princípio da duração razoável do processo, ao prever que, não publicado o acórdão no prazo de trinta dias, contado da data da sessão de julgamento, as notas taquigráficas o substituirão, para todos os fins legais, independentemente de revisão. No caso de não publicação do acórdão no prazo de trinta dias, o presidente lavrará, de imediato, as conclusões e a ementa e mandará publicar o acórdão.

**4. "Presidente do tribunal".** O dispositivo utiliza a expressão "presidente do tribunal". No contexto do texto normativo, "presidente do tribunal" é o presidente do órgão colegiado que proferiu a decisão. Não se deve adotar interpretação que atente contra a lógica do razoável e que impacte na política judiciária e administrativa do tribunal, subtraindo-lhe a *eficiência* que deve orientar a administração pública *de qualquer dos*

Poderes (CF, art. 37). A prevalecer entendimento contrário, o presidente do tribunal teria sua atividade congestionada, devendo examinar e mandar publicar notas taquigráficas de acórdãos não lavrados, em trinta dias, dos mais diversos órgãos fracionários do tribunal, não sendo essa interpretação razoável. Não se devem interpretar os textos normativos de modo a dar-lhes um sentido fora do razoável ou desconectado com a realidade. É evidente que o art. 944, ao se referir a "presidente do tribunal", está a mencionar o presidente do órgão julgador, do órgão fracionário que julgou o caso submetido a seu crivo. A norma decorrente do no art. 944 consagra o princípio constitucional da razoável duração do processo, a fim de eliminar, ou ao menos reduzir, a burocracia judicial e o desperdício de tempo no processo. Assim, não publicado o acórdão no prazo de trinta dias da sessão de julgamento, as notas taquigráficas o substituirão para todos os fins legais, *independentemente de revisão*, cabendo ao presidente do órgão fracionário competente para o julgamento determinar sua publicação. Cada órgão fracionário do tribunal tem seu presidente. Atribuir essa competência ao presidente do tribunal é afastar a autoridade do presidente do órgão fracionário, eliminando sua importância e a necessidade e conveniência do fracionamento do tribunal em órgãos diversos.

### Art. 945. (Revogado pela Lei nº 13.256, de 2016)

▶ **1. Sem correspondência no CPC/1973.**

**2. Teor do dispositivo revogado.** *"Art. 945. A critério do órgão julgador, o julgamento dos recursos e dos processos de competência originária que não admitem sustentação oral poderá realizar-se por meio eletrônico. § 1º O relator cientificará as partes, pelo Diário da Justiça, de que o julgamento se fará por meio eletrônico. § 2º Qualquer das partes poderá, no prazo de 5 (cinco) dias, apresentar memoriais ou discordâncias do julgamento por meio eletrônico. § 3º A discordância não necessita de motivação, sendo apta a determinar o julgamento em sessão presencial. § 4º Caso surja alguma divergência entre os integrantes do órgão julgador durante o julgamento eletrônico, este ficará imediatamente suspenso, devendo a causa ser apreciada em sessão presencial."*

### 🗒 Legislação Correlata

**3. RISTF, art. 21-B.** *"Art. 21-B. Todos os processos de competência do Tribunal poderão, a critério do relator ou do ministro vistor com a concordância do relator, ser submetidos a julgamento em listas de processos em ambiente presencial ou eletrônico, observadas as respectivas competências das Turmas ou do Plenário. § 1º Serão julgados preferencialmente em ambiente eletrônico os seguintes processos: I – agravos internos, agravos regimentais e embargos de declaração; II – medidas cautelares em ações de controle concentrado; III – referendo de medidas cautelares e de tutelas provisórias; IV – demais classes processuais, inclusive recursos com repercussão geral reconhecida, cuja matéria discutida tenha jurisprudência dominante no âmbito do STF. § 2º Nas hipóteses de cabimento de sustentação oral previstas neste regimento interno, fica facultado à Procuradoria-Geral da República, à Advocacia-Geral da União, à Defensoria Pública da União, aos advogados e demais habilitados nos autos encaminhar as respectivas sustentações por meio eletrônico após a publicação da pauta e até 48 horas antes de iniciado o julgamento em ambiente virtual. § 3º No caso de pedido de destaque feito por qualquer ministro, o relator encaminhará o processo ao órgão colegiado competente para julgamento presencial, com publicação de nova pauta. § 4º Em caso de excepcional urgência, o Presidente do Supremo Tribunal Federal e os Presidentes das Turmas poderão convocar sessão virtual extraordinária, com prazos fixados no respectivo ato convocatório. § 5º Ato do Presidente do Tribunal regulamentará os procedimentos das sessões virtuais."*

**4. RISTJ, arts. 184-A a 184-H.** *"Art. 184-A. Ficam criados órgãos julgadores virtuais correspondentes à Corte Especial, às Seções e às Turmas do Superior Tribunal de Justiça, com a finalidade de julgamento eletrônico de recursos. Parágrafo único. Os seguintes recursos podem ser submetidos ao julgamento virtual: I – Embargos de Declaração; II – Agravo Interno; III – Agravo Regimental. Art. 184-B. As sessões virtuais devem estar disponíveis para acesso às partes, a seus advogados, aos defensores públicos e aos membros do Ministério Público na página do Superior Tribunal de Justiça na internet, mediante identificação eletrônica. § 1º As sustentações orais e os memoriais podem ser encaminhados por meio eletrônico, após a publicação da pauta em até 48 horas antes de iniciado o julgamento em ambiente virtual, observado o disposto nos arts. 159, 160 e 184-A, parágrafo único. Transcorrido o prazo previsto no parágrafo único do art. 184-D, será franqueado o acesso às sustentações orais e memoriais, com exceção dos processos sigilosos, aos quais só as partes, seus respectivos advogados e o Ministério Público terão acesso. Art. 184-C. As sessões virtuais contemplarão as seguintes etapas: I – inclusão do processo, pelo relator, na platafor-*

# LIVRO III · DOS PROCESSOS NOS TRIBUNAIS E DOS MEIOS DE IMPUGNAÇÃO DAS DECISÕES JUDICIAIS · Art. 947

*ma eletrônica para julgamento; II – publicação da pauta no Diário da Justiça eletrônico com a informação da inclusão do processo; III – início das sessões virtuais, que coincidirá, preferencialmente, com as sessões ordinárias dos respectivos órgãos colegiados, restringindo-se, no caso das Turmas, às sessões ordinárias de terça-feira; IV – fim do julgamento, que corresponderá ao sétimo dia corrido do início do julgamento. Art. 184-D. O relator no julgamento virtual incluirá os dados do processo na plataforma eletrônica do STJ com a indicação do Órgão Julgador, acompanhados do relatório e do voto do processo. Parágrafo único. A pauta será publicada no Diário da Justiça eletrônico cinco dias úteis antes do início da sessão de julgamento virtual, prazo no qual: I – é facultado aos integrantes do Órgão Julgador expressar a não concordância com o julgamento virtual; II – as partes, por meio de advogado devidamente constituído, bem como o Ministério Público e os defensores públicos poderão apresentar memoriais e, de forma fundamentada, manifestar oposição ao julgamento virtual ou solicitar sustentação oral, observado o disposto no art. 159. Art. 184-E. Transcorrido o prazo previsto no parágrafo único do art. 184-D, de maneira automática, será liberada a consulta ao relatório e voto do relator aos Ministros integrantes do respectivo Órgão Julgador que decidirão, no prazo de sete dias corridos, os processos incluídos na sessão de julgamento eletrônico. Art. 184-F. Somente serão computados os votos expressamente manifestados. § 1º (Revogado pela Emenda Regimental n. 39, de 2021). § 2º O processo será excluído da pauta de julgamento virtual nas hipóteses em que, no prazo do parágrafo único do art. 184-D, qualquer integrante do Órgão Julgador expresse não concordância com o julgamento virtual. § 3º Aplicam-se ao julgamento virtual, no que couber, as disposições dos arts. 55 e 103, § 6º e § 4º Não alcançado o quórum na votação, o julgamento será suspenso e incluído na sessão virtual imediatamente subsequente. Art. 184-G. Findo o prazo de sete dias corridos de que trata o art. 184-E, o sistema contará os votos e lançará, de forma automatizada, na plataforma eletrônica, o resultado do julgamento. Art. 184-H. Caberá às Coordenadorias dos Órgãos Julgadores a finalização dos acórdãos relativos aos processos julgados em sessões virtuais, disponibilizando- os, lavrados, para assinatura dos Ministros."*

> ▶ **1. Correspondência no CPC/1973.** *"Art. 559. A apelação não será incluída em pauta antes do agravo de instrumento interposto no mesmo processo. Parágrafo único. Se ambos os recursos houverem de ser julgados na mesma sessão, terá precedência o agravo."*

## 🗏 COMENTÁRIOS TEMÁTICOS

**2. Agravo de instrumento e apelação no mesmo processo.** Durante o curso do processo, o juiz profere despachos (art. 203, § 3º), decisões interlocutórias (art. 203, § 2º) e sentença (art. 203, § 1º). Os despachos são irrecorríveis (art. 1.001). As decisões interlocutórias podem ser agraváveis (art. 1.015) ou não agraváveis (art. 1.009, § 1º). A sentença é, em regra, apelável (art. 1.009, *caput*). Interposto um agravo de instrumento, o relator ficará prevento para a apelação que venha a ser interposta no mesmo processo. (art. 930, parágrafo único).

**3. Precedência do julgamento do agravo de instrumento.** Interposto, no mesmo processo, um agravo de instrumento e, depois, uma apelação, aquele há de ser julgado antes desta. Se ambos houverem de ser julgados na mesma sessão, o agravo de instrumento tem precedência em relação à apelação.

## CAPÍTULO III
## DO INCIDENTE
## DE ASSUNÇÃO DE COMPETÊNCIA

**Art. 947.** É admissível a assunção de competência quando o julgamento de recurso, de remessa necessária ou de processo de competência originária envolver relevante questão de direito, com grande repercussão social, sem repetição em múltiplos processos.

§ 1º Ocorrendo a hipótese de assunção de competência, o relator proporá, de ofício ou a requerimento da parte, do Ministério Público ou da Defensoria Pública, que seja o recurso, a remessa necessária ou o processo de competência originária julgado pelo órgão colegiado que o regimento indicar.

§ 2º O órgão colegiado julgará o recurso, a remessa necessária ou o processo de competência originária se reconhecer interesse público na assunção de competência.

§ 3º O acórdão proferido em assunção de competência vinculará todos os juízes e órgãos fracionários, exceto se houver revisão de tese.

---

**Art. 946.** O agravo de instrumento será julgado antes da apelação interposta no mesmo processo. Parágrafo único. Se ambos os recursos de que trata o *caput* houverem de ser julgados na mesma sessão, terá precedência o agravo de instrumento.

§ 4º Aplica-se o disposto neste artigo quando ocorrer relevante questão de direito a respeito da qual seja conveniente a prevenção ou a composição de divergência entre câmaras ou turmas do tribunal.

▶ **1. Correspondência no CPC/1973.** *"Art. 555, § 1º Ocorrendo relevante questão de direito, que faça conveniente prevenir ou compor divergência entre câmaras ou turmas do tribunal, poderá o relator propor seja o recurso julgado pelo órgão colegiado que o regimento indicar; reconhecendo o interesse público na assunção de competência, esse órgão colegiado julgará o recurso."*

## ⚖ Legislação Correlata

**2. Recomendação 134/2022 CNJ, art. 12.** *"Art. 12. Recomenda-se que os acórdãos proferidos no julgamento do incidente de assunção de competência, de resolução de demandas repetitivas e no julgamento de recursos extraordinário e especial repetitivos contenham: I – indicação de todos os fundamentos suscitados, favoráveis e contrários à tese jurídica discutida; II – delimitação dos dispositivos normativos relevantes relacionados à questão jurídica; III – identificação das circunstâncias fáticas subjacentes à controvérsia, em torno da questão jurídica; IV – enunciação da tese jurídica firmada pelo órgão julgador em destaque, evitando a utilização de sinônimos de expressões técnicas ou em desuso."*

**3. Recomendação 134/2022 CNJ, art. 21.** *"Art. 21. Recomenda-se que desdobramentos com potencial de repetição possam ser suscitados e julgados mediante o Incidente de Assunção de Competência, julgados em colegiados de uniformização e eventuais recursos indicados como relevantes."*

**4. Recomendação 134/2022 CNJ, art. 33.** *"Art. 33. Recomenda-se que o precedente produzido no IRDR ou no IAC seja aplicado com efeito vinculativo no âmbito do respectivo tribunal, em sentido horizontal e vertical. § 1º. Se não houver a interposição ou julgamento de recurso especial ou extraordinário, bem como a superação indireta da tese a partir de jurisprudência firmada por tribunal superior, recomenda-se que a observância da tese esteja limitada aos órgãos judiciais na área do respectivo tribunal de justiça ou tribunal regional, inclusive aos concernentes juizados especiais. § 2º. A tese fixada poderá, naturalmente, ter efeito persuasivo em relação aos juízes situados fora da área de jurisdição do tribunal que tenha julgado o incidente."*

## ⚖ Jurisprudência, Enunciados e Súmulas Selecionados

- **5. Enunciado 167 do FPPC.** *"Os tribunais regionais do trabalho estão vinculados aos enunciados de suas próprias súmulas e aos seus precedentes em incidente de assunção de competência ou de resolução de demandas repetitivas."*

- **6. Enunciado 171 do FPPC.** *"Os juízes e tribunais regionais do trabalho estão vinculados aos precedentes do TST em incidente de assunção de competência em matéria infraconstitucional relativa ao direito e ao processo do trabalho, bem como às suas súmulas."*

- **7. Enunciado 201 do FPPC.** *"Aplicam-se ao incidente de assunção de competência as regras previstas nos arts. 983 e 984."*

- **8. Enunciado 202 do FPPC.** *"O órgão colegiado a que se refere o § 1º do art. 947 deve atender aos mesmos requisitos previstos pelo art. 978."*

- **9. Enunciado 334 do FPPC.** *"Por força da expressão 'sem repetição em múltiplos processos', não cabe o incidente de assunção de competência quando couber julgamento de casos repetitivos."*

- **10. Enunciado 335 do FPPC.** *"O incidente de assunção de competência aplica-se ao processo do trabalho."*

- **11. Enunciado 461 do FPPC.** *"O disposto no § 2º do art. 927 aplica-se ao incidente de assunção de competência."*

- **12. Enunciado 467 do FPPC.** *"O Ministério Público deve ser obrigatoriamente intimado no incidente de assunção de competência."*

- **13. Enunciado 468 do FPPC.** *"O incidente de assunção de competência aplica-se em qualquer tribunal."*

- **14. Enunciado 469 do FPPC.** *"A 'grande repercussão social', pressuposto para a instauração do incidente de assunção de competência, abrange, dentre outras, repercussão jurídica, econômica ou política."*

- **15. Enunciado 558 do FPPC.** *"Caberá reclamação contra decisão que contrarie acórdão proferido no julgamento dos incidentes de resolução de demandas repetitivas ou de assunção de competência para o tribunal cujo precedente foi desrespeitado, ainda que este não possua competência para julgar o recurso contra a decisão impugnada."*

- **16. Enunciado 600 do FPPC.** *"O incidente de assunção de competência pode ter por objeto a solução de relevante questão de direito material ou processual."*

**LIVRO III ·** DOS PROCESSOS NOS TRIBUNAIS E DOS MEIOS DE IMPUGNAÇÃO DAS DECISÕES JUDICIAIS · **Art. 947**

- **17.** **Enunciado 651 do FPPC.** *"É admissível sustentação oral na sessão de julgamento designada para o juízo de admissibilidade do incidente de resolução de demandas repetitivas ou do incidente de assunção de competência, sendo legitimados os mesmos sujeitos indicados nos arts. 984 e 947, § 1º."*

- **18.** **Enunciado 655 do FPPC.** *"Desde que presentes os requisitos de cabimento, os incidentes de uniformização de jurisprudência pendentes de julgamento na vigência do CPC/2015 deverão ser processados conforme as regras do incidente de resolução de demandas repetitivas ou do incidente de assunção de competência, especialmente as atinentes ao contraditório."*

- **19.** **Enunciado 701 do FPPC.** *"O pedido de revisão da tese jurídica firmada no incidente de assunção de competência pode ser feito pelas partes."*

- **20.** **Enunciado 702 do FPPC.** *"É possível a conversão de incidente de assunção de competência em incidente de resolução de demandas repetitivas e vice-versa, garantida a adequação do procedimento."*

- **21.** **Enunciado 65 da I Jornada-CJF.** *"A desistência do recurso pela parte não impede a análise da questão objeto do incidente de assunção de competência."*

- **22.** **Enunciado 135 da II Jornada-CJF.** *"É admissível a concessão de tutela da evidência fundada em tese firmada em incidente de assunção de competência."*

- **23.** **Enunciado 136 da II Jornada-CJF.** *"A caução exigível em cumprimento provisório de sentença poderá ser dispensada se o julgado a ser cumprido estiver em consonância com tese firmada em incidente de assunção de competência."*

- **24.** **Enunciado 141 da II Jornada-CJF.** *"É possível a conversão de Incidente de Assunção de Competência em Incidente de Resolução de Demandas Repetitivas, se demonstrada a efetiva repetição de processos em que se discute a mesma questão de direito."*

- **25.** **Enunciado 205 da III Jornada-CJF.** *"A fundamentação da superação de tese firmada em recurso repetitivo deve apontar, expressamente, os critérios autorizadores da superação de precedentes: incongruência social ou inconsistência sistêmica."*

## 🗐 COMENTÁRIOS TEMÁTICOS

**26. Instrumento destinado a concretizar a tutela da segurança jurídica.** A atividade jurisdicional deve orientar-se pela necessidade de adoção de mecanismos de uniformização de jurisprudência, com vistas ao atendimento das exigências de isonomia e de segurança jurídica. A uniformização da jurisprudência presta-se a concretizar, ainda, a segurança jurídica, garantindo previsibilidade e evitando a existência de decisões divergentes para situações semelhantes, sendo certo que decisões divergentes não atingem a finalidade de aplacar os conflitos de que se originaram as demandas. O respeito aos precedentes assegura a segurança jurídica, conferindo credibilidade ao Poder Judiciário e permitindo que os jurisdicionados pautem suas condutas levando em conta as orientações jurisprudenciais já firmadas. O respeito aos precedentes estratifica a *confiança legítima*: os jurisdicionais passam a confiar nas decisões proferidas pelo Judiciário, acreditando que os casos similares terão o mesmo tratamento e as soluções serão idênticas para situações iguais. Se é certo que os tribunais devem tutelar a segurança jurídica, uniformizando sua jurisprudência, o art. 947, ao prever o incidente de assunção de competência, põe à sua disposição mecanismo destinado a prevenir e a corrigir divergência jurisprudencial, contribuindo para que os tribunais cumpram o dever de uniformidade jurisprudencial.

**27. Competência e cabimento.** O incidente de assunção de competência pode ser instaurado em *qualquer tribunal*, inclusive nos *tribunais superiores*. Enquanto não julgada a causa ou o recurso, é possível haver a instauração do incidente de assunção de competência, cujo julgamento produz um precedente obrigatório a ser seguido pelo tribunal e pelos juízos a ele vinculados. O incidente de assunção de competência é admissível em *qualquer causa* que tramite no tribunal. Também é admissível o incidente de assunção de competência nos tribunais do trabalho, tanto regionais, como no superior.

**28. Objetivos.** O grande objetivo do incidente de assunção de competência é assegurar a segurança jurídica. Para isso, há três objetivos específicos que reforçam esse seu grande objetivo.

**28.1. Deslocamento de competência.** A assunção de competência tem por finalidade provocar o julgamento de caso relevante por órgão colegiado de maior composição. Há um deslocamento de competência no âmbito interno do tribunal. O caso, que deveria ser julgado por uma câmara ou turma, é afetado a outro órgão de maior composição, a ser indicado pelo regimento do tribunal, que passa a assumir a competência para julgar o caso. Ao julgá-lo, o órgão define o entendimento da corte.

1441

**28.2. Prevenir ou compor divergência interna.** Também constitui finalidade específica do incidente de assunção de competência prevenir ou compor divergência interna no tribunal. Se já há uma divergência interna na jurisprudência do tribunal, deve ser instaurado o incidente de assunção de competência. Nesse ponto, tal incidente funciona como instrumento a ser utilizado pelo tribunal para o cumprimento do dever de uniformizar sua jurisprudência, dever esse que lhe é imposto pelo art. 926. De igual modo, e com a mesma finalidade de cumprir com o dever de uniformizar seu entendimento, o tribunal deve instaurar o incidente de assunção de competência quando se revelar possível o dissenso entre suas câmaras ou turmas. Assim, e com a finalidade de prevenir a divergência, o tribunal deve instaurar o incidente de assunção de competência.

**28.3. Formação de precedente obrigatório.** Ainda constitui objetivo do incidente de assunção de competência a formação de precedente obrigatório, que vincula o próprio tribunal, seus órgãos e os juízes a ele subordinados. Afetado o caso a órgão de maior composição indicado pelo regimento interno, a decisão por ele tomada *"vinculará todos os juízes e órgãos fracionários, exceto se houver revisão de tese"* (art. 947, § 3º).

**29. Microssistema de formação concentrada de precedentes obrigatórios.** Os tribunais têm o dever de uniformizar sua jurisprudência e mantê-la estável, íntegra e coerente (art. 926). Por essas razões, juízes e tribunais devem observar *"os acórdãos em incidente de assunção de competência ou de resolução de demandas repetitivas e em julgamento de recursos extraordinário e especial repetitivos"* (art. 927, III). O incidente de assunção de competência tem na formação de precedente obrigatório um de seus objetivos. Esse também é um dos objetivos do incidente de resolução de demandas repetitivas e dos recursos repetitivos. Formado o precedente obrigatório, tanto no incidente de assunção de competência como no julgamento de casos repetitivos, os juízes e tribunais devem observá-lo, proferindo julgamento de improcedência liminar (art. 332, II e III), dispensando a remessa necessária (art. 496, § 4º, II e III) e conferindo-se ao relator o poder de decidir sozinho (art. 932, IV, *b e c*, V, *b e c*; art. 955, parágrafo único, II). Cabe reclamação para garantir a observância de precedente proferido em julgamento de casos repetitivos ou em incidente de assunção de competência (art. 988, IV), sendo considerada omissa a decisão que deixe de se manifestar sobre tese firmada em julgamento de casos repetitivos ou em incidente de assunção

de competência (art. 1.022, parágrafo único, I). Há uma unidade e coerência sistêmicas entre o incidente de assunção de competência e o julgamento de casos repetitivos (art. 928). Em outras palavras, existe um *microssistema de formação concentrada de precedentes obrigatórios,* formado pelo incidente de assunção de competência e pelo julgamento de casos repetitivos. Suas respectivas normas intercomunicam-se e formam um microssistema, garantindo-se, assim, unidade e coerência. O incidente de assunção de competência *não* pertence ao microssistema de gestão e julgamento de casos repetitivos (art. 928). Por isso, apenas as normas que dizem respeito à função de formação e aplicação de precedentes obrigatórios devem aplicar-se ao incidente de assunção de competência; as normas relativas à gestão e julgamento de casos repetitivos (como a paralisação de processos a espera da decisão paradigma) não se lhe aplicam.

**29.1. Aplicação do núcleo desse microssistema.** O microssistema de formação concentrada de precedentes obrigatórios contém normas que determinam a ampliação da cognição, com qualificação do debate para a formação do precedente, com a exigência de fundamentação reforçada e de ampla publicidade. Essas normas compõem o núcleo desse microssistema. Além das normas relativas à *formação* do precedente, o referido microssistema compõe-se também das normas concernentes à *aplicação* do precedente. Todas essas normas aplicam-se aos instrumentos que integram esse microssistema, incidindo no incidente de assunção de competência.

**29.2. Aplicação das normas relativas à formação do precedente.** Para formação do precedente obrigatório, aplicam-se as normas que exigem a ampliação da cognição e da publicidade, com qualificação do debate e dever de fundamentação reforçada.

**29.2.1. Participação de *amici curiae*.** O art. 983 – inserido no capítulo relativo ao incidente de resolução de demandas repetitivas – determina que o relator ouvirá as partes e os demais interessados, os chamados *amici curiae*. Cada *amicus curiae* deve contribuir com sua experiência, seus estudos, documentos, materiais, dados, informações, enfim, com material que amplie a qualidade do debate e permita um melhor aprofundamento do assunto pelo tribunal. Essa mesma previsão é repetida no art. 1.038, I, segundo o qual o relator do recurso selecionado para julgamento, no âmbito dos recursos repetitivos, poderá solicitar ou admitir manifestação de pessoas, órgãos ou entidades com interesse na controvérsia, considerando a relevância da

# LIVRO III · DOS PROCESSOS NOS TRIBUNAIS E DOS MEIOS DE IMPUGNAÇÃO DAS DECISÕES JUDICIAIS — Art. 947

matéria e consoante dispuser o regimento interno. A exemplo do que ocorre no julgamento de casos repetitivos, o relator, no incidente de assunção de competência, deve solicitar ou admitir a manifestação de *amici curiae*. É preciso aplicar a regra do microssistema (de formação concentrada de precedentes obrigatórios) ao incidente de assunção de competência.

**29.2.2. Audiências públicas.** Além da participação de *amici curiae*, o relator poderá designar audiências públicas para colher depoimentos de pessoas com experiência e conhecimento na matéria a ser discutida no incidente de assunção de competência. A assunção de competência tem, como um de seus objetivos, a formação de um precedente. Para a formação de precedente, é preciso ampliar a cognição e ter um debate de qualidade. A designação de audiências públicas está prevista nos arts. 983, § 1º, e 1.038, II. Tais dispositivos referem-se, respectivamente, ao processamento do incidente de resolução de demandas repetitivas e dos recursos repetitivos. Embora não mencionem expressamente o incidente de assunção de competência, devem a este ser aplicados, por formarem todos eles o microssistema de formação concentrada de precedentes obrigatórios.

**29.2.3. Dever de motivar reforçado.** Os arts. 984, § 2º, e 1.038, § 3º, estabelecem que o conteúdo do acórdão deve abranger a análise de todos os fundamentos da tese jurídica discutida, sejam favoráveis ou contrários. É preciso que haja fundamentação reforçada, com a criação de um precedente de qualidade. O tribunal, ao julgar o incidente de formação concentrada de precedentes obrigatórios, deve apresentar, no acórdão, de forma separada e destacada, uma espécie de índice ou sumário com todos os argumentos enfrentados pelo tribunal, separados de acordo com a relação com a tese discutida: favoráveis e contrários a ela. Assim, o acórdão de incidentes desse tipo deve ser escrito de um modo a que se destaquem as suas três partes fundamentais: a) a lista dos argumentos examinados; b) a tese firmada; c) o julgamento do caso. Os referidos dispositivos não mencionam o incidente de assunção de competência, não havendo, no capítulo a ele destinado, texto normativo que reproduza a exigência de motivação reforçada. Sem embargo disso, tal imposição aplica-se igualmente ao incidente de assunção de competência, pois se trata de norma inserida no âmbito do microssistema de formação concentrada de precedentes obrigatórios, do qual ele faz parte.

**29.2.4. Intervenção do Ministério Público.** Para qualificar o debate na formação do precedente, é obrigatória a intervenção do Ministério Público (arts. 976, § 2º, e 1.038, III). Embora o incidente de assunção de competência também seja um procedimento de formação concentrada de precedente obrigatório, o legislador silenciou sobre a necessidade de participação do Ministério Público. Esse silêncio deve ser suprido por uma interpretação *microssistemática*: a participação do Ministério Público é obrigatória no incidente de assunção de competência, pois essa é a (correta) opção do microssistema de formação concentrada de precedentes obrigatórios brasileiro. Não faria sentido excluir essa participação no incidente de assunção de competência, quando ela é exigida em outros procedimentos aptos à produção de precedentes igualmente obrigatórios. Além disso, no incidente de assunção de competência, há, sempre, como pressuposto, a discussão de relevante questão de direito, *com grande repercussão social* (art. 947). A existência de interesse social é causa de intervenção do Ministério Público (art. 178, I). Ou seja: é ínsita ao incidente de assunção de competência a relevância social que justifica a participação obrigatória do Ministério Público. Por uma ou por outra razão, é obrigatória a intimação do Ministério Público no incidente de assunção de competência.

**29.2.5. Publicidade.** Os instrumentos processuais destinados à formação concentrada de precedentes obrigatórios devem ser conduzidos de modo a viabilizar a mais ampla discussão, com decisão que contenha motivação reforçada. Para que se viabilize essa ampla discussão, é preciso que se confira ampla publicidade à instauração e ao julgamento do mecanismo destinado à formação do precedente. Isso ocorre no incidente de resolução de demandas repetitivas (art. 979, §§ 1º, 2º e 3º), cujas regras devem aplicar-se igualmente aos recursos repetitivos e ao incidente de assunção de competência. A instauração e o julgamento do incidente de assunção de competência devem ser sucedidos da mais ampla divulgação e publicidade.

**29.2.6. Regras sobre superação.** Firmado o precedente, este deve ser seguido pelos juízos sucessivos que estejam vinculados ao respectivo tribunal. Se, posteriormente, houver necessidade de alterar o entendimento firmado no precedente ou de superar o precedente, aquele mesmo tribunal poderá, adotando o mesmo procedimento, rever a tese jurídica firmada no incidente. A revisão do entendimento adotado pelo tribunal pode fazer-se do mesmo modo, ou seja, pelo

1443

incidente de assunção de competência, de ofício ou a requerimento da parte, do Ministério Público ou da Defensoria Pública. Aplica-se, no particular, o texto do art. 986, com as devidas adaptações. A alteração da tese jurídica adotada no incidente de assunção de competência, que deve observar a necessidade de fundamentação adequada e específica, considerando os princípios da segurança jurídica, da proteção da confiança e da isonomia, poderá ser precedida de audiências públicas e da participação de pessoas, órgãos ou entidades que ofereçam condições de contribuir para a rediscussão da tese, podendo haver modulação dos efeitos da alteração no interesse social e no da segurança jurídica. Enfim, ao incidente de assunção de competência aplicam-se os §§ 2º, 3º e 4º do art. 927.

**29.3. Incidência das normas relativas à aplicação do precedente.** Julgado o caso pelo incidente de assunção de competência, além de ser decidido o recurso, a remessa necessária ou o processo originário, será fixado o precedente. Estabelecido o entendimento do tribunal, o precedente firmado haverá de ser aplicado, rendendo ensejo às consequências dessa sua aplicação e atraindo a adoção de algumas regras.

**29.3.1. Reclamação.** Se algum juízo vinculado ao tribunal não observar a tese adotada pela decisão proferida no incidente, caberá reclamação para garantir sua observância (art. 988, IV).

**29.3.2. Improcedência liminar do pedido.** Após firmada a tese jurídica pelo tribunal no julgamento do incidente, se for proposta alguma demanda cujo fundamento a contrarie, o juiz julgará liminarmente improcedente o pedido independentemente da citação do réu, desde que não haja necessidade de produção de provas a respeito dos fatos alegados pelo autor (art. 332, III).

**29.3.3. Tutela de evidência.** A tutela de evidência será concedida, independentemente da demonstração de perigo da demora da prestação da tutela jurisdicional, quando, entre outras hipóteses, as alegações de fato puderem ser comprovadas apenas documentalmente e houver tese firmada em julgamento de casos repetitivos ou em súmula vinculante (prestigia-se aqui a importância e a força dos precedentes judiciais). Em tal hipótese (art. 311, II), a tutela antecipada pode ser concedida liminarmente, ou seja, *inaudita altera parte* (art. 311, parágrafo único). Embora o dispositivo não se refira a precedente firmado em incidente de assunção de competência, não há razão para interpretá-lo restritivamente e permitir a tutela de evidência apenas para precedentes firmados em julgamento de casos

repetitivos. Há um microssistema de formação concentrada de precedentes obrigatórios, de maneira que é cabível a tutela de evidência quando a pretensão do autor estiver respaldada em precedente firmado no julgamento de incidente de assunção de competência. O juiz pode conceder a tutela de evidência, inclusive liminarmente.

**29.3.4. Afastamento do efeito suspensivo da apelação.** Concedida a tutela de evidência e vindo ela a ser confirmada na sentença, ou quando sua concessão se der na própria sentença, a apelação não terá efeito suspensivo, permitindo-se o seu cumprimento provisório (art. 1.012, § 1º, V).

**29.3.5. Dispensa da remessa necessária.** A sentença que se apoie na tese jurídica firmada pelo tribunal no julgamento do incidente não estará sujeita à remessa necessária, ainda que proferida contra a Fazenda Pública (CPC, 496, § 4º, III).

**29.3.6. Dispensa de caução na execução provisória.** Na execução provisória, a caução será dispensada quando a sentença houver sido proferida com base em precedente firmado em julgamento de casos repetitivos (art. 521, IV). Considerando o *microssistema de formação concentrada de precedentes obrigatórios*, também deve ser dispensada a caução na execução provisória quando a sentença fundar-se em precedente firmado no incidente de assunção de competência.

**29.3.7. Decisão unipessoal do relator.** Nos tribunais, os julgamentos serão proferidos isoladamente pelo relator, a quem se permite negar seguimento ao recurso quando fundado em argumento contrário à tese firmada no referido incidente (art. 932, IV, *c*). Poderá, por outro lado, o relator dar provimento imediato ao recurso quando este fundar-se exatamente na tese jurídica firmada no incidente de assunção de competência (art. 932, V, *c*).

**30. Pressupostos.** Para a instauração do incidente de assunção de competência. É preciso haver *relevante questão de direito*. O julgamento do recurso, da remessa necessária ou da ação originária tem de envolver relevante questão de direito que mereça ter sua cognição ampliada, com contraditório mais qualificado e fundamentação reforçada, a fim de firmar um precedente sobre o tema, prevenindo ou eliminando divergência jurisprudencial. A questão de direito envolvida no caso, além de relevante, pode ser de direito material ou de direito processual. Não há restrição de matéria. Qualquer questão de direito que seja relevante, independentemente do tema, pode

**LIVRO III · DOS PROCESSOS NOS TRIBUNAIS E DOS MEIOS DE IMPUGNAÇÃO DAS DECISÕES JUDICIAIS** — **Art. 947**

ensejar a instauração do incidente de assunção de competência, transferindo o julgamento para um órgão de maior composição que, ao julgar o caso, irá firmar precedente obrigatório. Não basta, porém, que a questão seja relevante. É preciso, ainda, haver *grande repercussão social.* O termo é indeterminado, concretizando-se a partir dos elementos do caso, mas é possível utilizar como parâmetro ou diretriz o art. 1.035, § 1º, que trata da repercussão geral, devendo-se considerar a existência de questões relevantes do ponto de vista econômico, político, social ou jurídico que ultrapassem os interesses subjetivos do processo.

**30.1. Pressuposto negativo.** Não cabe o incidente de assunção de competência se houver repetição da discussão em múltiplos processos. A existência de múltiplos processos convoca a instauração de instrumentos destinados ao julgamento de causas repetitivas, que compreendem o incidente de resolução de demandas repetitivas e os recursos repetitivos. Havendo múltiplos processos repetitivos, não cabe o incidente de assunção de competência. Este é cabível para questões relevantes, de grande repercussão social, em processo específico ou em processos que tramitem em pouca quantidade.

**30.2. Assunção de competência *versus* IRDR.** Para que se instaure o incidente de resolução de demandas repetitivas, é preciso que haja (a) efetiva repetição de processos que contenham controvérsia sobre a mesma questão unicamente de direito; e, (b) risco de ofensa à isonomia e à segurança jurídica. Por outro lado, se houver múltiplos processos, não cabe a assunção de competência. Há situações que podem estar entre as duas hipóteses, acarretando eventuais dúvidas sobre o cabimento do incidente de assunção de competência. Imagine-se, por exemplo, que haja cinco ou dez processos sobre o mesmo tema. Todos foram julgados no mesmo sentido. Rigorosamente, há aí casos repetitivos, mas não há a existência de "múltiplos processos". Por terem sido todos julgados no mesmo sentido, também não há risco de ofensa à isonomia, nem à segurança jurídica, mas a questão pode ser relevante, de grande repercussão social. Nesse caso, não caberá o incidente de resolução de demandas repetitivas (por não haver risco à isonomia, nem à segurança jurídica), mas é possível que se instaure a assunção de competência, por ser conveniente prevenir qualquer possível divergência futura.

**31. Legitimidade.** O relator, antes ou durante o julgamento do recurso, da remessa necessária ou do processo de competência originária, pode propor, de ofício, a assunção de competência.

Enquanto examina o caso, e antes mesmo de pedir inclusão em pauta para julgamento, o relator pode verificar a presença dos pressupostos para a assunção de competência e decidir que ela deve ser instaurada, requerendo a inclusão do processo na pauta do órgão de maior composição, indicado pelo regimento interno, a fim de que assuma a competência para julgamento do caso. O relator deve participar do julgamento. Este órgão de maior composição irá, preliminarmente, por ocasião do próprio julgamento, avaliar a proposta do relator e concordar ou não com a presença dos pressupostos previstos no art. 947 para, então, assumir ou não a competência para julgamento do caso. Em vez de assim proceder, o relator poderá, ao examinar o recurso, a remessa necessária ou o processo de competência originária, pedir sua inclusão em pauta no órgão fracionário competente para o julgamento e, lá durante o julgamento, desde que antes de sua conclusão, o colegiado decidir pela transferência da competência para o órgão de maior composição, indicado pelo regimento interno para formação de precedente obrigatório. Assim decidido pelo colegiado, será instaurado o incidente de assunção de competência, sendo o caso incluído na pauta do órgão de maior composição, que poderá assumir ou não a competência para o julgamento do caso, ao reconhecer ou não o preenchimento dos pressupostos previstos no art. 947. Além do relator ou do colegiado, a assunção de competência pode ser instaurada por provocação de qualquer uma das partes da causa pendente no tribunal. Também podem requerer a instauração da assunção de competência o Ministério Público ou a Defensoria Pública. A legitimidade do Ministério Público ou da Defensoria Pública está relacionada ao pressuposto da "grande repercussão social". Se não houver "grande repercussão social", além de não caber a assunção de competência, não haverá igualdade legitimidade para requerer sua instauração. No tocante especificamente à Defensoria Pública, sua legitimidade relaciona-se com sua função típica, definida constitucionalmente, havendo necessidade de o caso envolver interesses de necessitados ou versar sobre tema que a eles esteja relacionado. É preciso, em resumo, que haja a chamada *legitimidade adequada* ou *representação adequada.* O relator ou o órgão colegiado deve propor a assunção de competência ao presidente do órgão indicado pelo regimento interno, pedindo-lhe a inclusão em pauta para julgamento. É por petição que a parte, o Ministério Público ou a Defensoria Pública deve requerer a assunção de competência. A petição será dirigida ao relator do recurso, da remessa necessária ou do processo de competência originária, que deverá examinar se estão presentes os pressupostos previstos no art. 947 e, então, pedir ou não a inclusão do caso na pauta de julgamento do órgão indicado pelo regimento interno do tribunal.

**32. Competência.** O incidente de assunção de competência provoca a transferência da competência. O recurso, a remessa necessária ou o processo de competência originária, que seria julgado por um órgão fracionário, passará, em razão da assunção de competência, a ser julgado por um órgão de maior composição, indicado pelo regimento interno. Tal órgão pode ser o plenário, a corte especial, uma seção, um grupo de câmaras, enfim, um órgão, de maior composição, indicado pelo regimento interno do tribunal. Cabe ao tribunal elaborar seus regimentos internos, dispondo sobre a competência e o funcionamento dos respectivos órgãos jurisdicionais e administrativos (CF, art. 96, I, *a*). Por isso, o órgão que deve passar a julgar o caso, em virtude da assunção de competência, deve estar previsto no regimento interno. O tribunal, ao indicar o órgão que irá assumir a competência do caso para efeito de firmar precedente obrigatório, deve observar o disposto no art. 978, ou seja, deve indicar o mesmo órgão responsável pela uniformização de jurisprudência do tribunal. O relator deve manter-se o mesmo. Afetado o julgamento ao órgão indicado pelo regimento, não se altera o relator. Ainda que ele não componha o órgão indicado pelo regimento, deve participar do julgamento, mantendo a função de relator. E, se houver outro caso a ser afetado ao órgão indicado pelo regimento, o relator mantém-se prevento, aplicando-se o disposto no § 3º do art. 1.037.

**33. Ordem cronológica para julgamento e aplicação ao incidente de assunção de competência.** Os tribunais devem observar a ordem cronológica de conclusão para proferir acórdãos (art. 12). Tal regra, que concretiza os princípios da igualdade, da impessoalidade e da duração razoável do processo, comporta exceções relacionadas no § 2º do próprio art. 12, entre as quais merece destaque a do *"julgamento de recursos repetitivos ou de incidente de resolução de demandas repetitivas"* (inciso III). O julgamento de incidente de resolução de demandas repetitivas contém em si uma assunção de competência, justamente porque o órgão indicado pelo tribunal para julgá-lo deve, igualmente, julgar o recurso, a remessa necessária ou o processo de competência originária (art. 978, parágrafo único). No caso do julgamento de casos repetitivos, é preciso que

se confira agilidade e prioridade na resolução da questão e na fixação do precedente, pois todos os processos que contenham a mesma discussão ficam sobrestados enquanto não se define a tese a ser-lhes aplicada. Trata-se, enfim, de exceção que se ajusta ao microssistema de gestão e julgamento de casos repetitivos. Não é exceção que se amolde ao microssistema de formação concentrada de precedentes obrigatórios. É por isso o incidente de assunção de competência não está inserido na exceção prevista no § 2º do art. 12, não devendo ser ali considerado inserido. O julgamento da assunção de competência será feito pelo órgão indicado pelo regimento interno, incluindo-se na sua pauta, com observância da ordem cronológica de conclusão.

**34. Recursos.** A decisão que julga o incidente de assunção de competência é um acórdão. Esse acórdão é recorrível. Sempre será possível a oposição de embargos de declaração. Caso tenha sido proferido por Tribunal de Justiça ou Tribunal Regional Federal, caberá, ainda, recurso especial ou extraordinário; caso tenha sido proferido pelo Superior Tribunal de Justiça, caberá recurso extraordinário; se proferido pelo Supremo Tribunal Federal, caberão apenas embargos de declaração. Caso tenha sido proferido por Tribunal Regional do Trabalho, caberão recurso ordinário ou recurso de revista, para o Tribunal Superior do Trabalho, a depender da causa que tenha sido julgada; caso o julgamento tenha sido proferido pelo Tribunal Superior do Trabalho, caberá recurso extraordinário, uma vez preenchida uma de suas hipóteses de cabimento. O art. 987, com exceção da parte que determina o efeito suspensivo automático aos recursos especiais e extraordinário, aplica-se ao julgamento de incidente de assunção de competência. Do julgamento da assunção de competência cabem recursos especial e extraordinário, presumindo-se a repercussão geral da questão constitucional eventualmente discutida. Julgado o recurso, a tese adotada pelo STF ou pelo STJ terá aplicação em todo território nacional a todos os processos individuais ou coletivos que versem sobre idêntica questão de direito. O recurso especial ou extraordinário, na assunção de competência, não tem efeito suspensivo automático, por ser regra peculiar ao microssistema de gestão e julgamento de casos repetitivos, não se aplicando ao julgamento do incidente de assunção de competência. As demais regras previstas no art. 987 ajustam-se ao microssistema de formação concentrada de precedentes obrigatórios. Estas, aí sim, incidem no caso de assunção de competência. Por essa mesma razão, não se aplica ao

**LIVRO III · DOS PROCESSOS NOS TRIBUNAIS E DOS MEIOS DE IMPUGNAÇÃO DAS DECISÕES JUDICIAIS** **Art. 948**

incidente de assunção de competência o disposto no § 3º do art. 982, não sendo possível haver a suspensão nacional de processos que tratem do mesmo tema, já que esta é uma regra direcionada à gestão e julgamento de casos repetitivos, não se aplicado à assunção de competência.

## CAPÍTULO IV
## DO INCIDENTE DE ARGUIÇÃO DE INCONSTITUCIONALIDADE

**Art. 948.** Arguida, em controle difuso, a inconstitucionalidade de lei ou de ato normativo do poder público, o relator, após ouvir o Ministério Público e as partes, submeterá a questão à turma ou à câmara à qual competir o conhecimento do processo.

▶ **1. Correspondência no CPC/1973.** *"Art. 480. Arguida a inconstitucionalidade de lei ou de ato normativo do poder público, o relator, ouvido o Ministério Público, submeterá a questão à turma ou câmara, a que tocar o conhecimento do processo."*

### 🏛 Legislação Correlata

**2. CF, art. 97.** *"Somente pelo voto da maioria absoluta de seus membros ou dos membros do respectivo órgão especial poderão os tribunais declarar a inconstitucionalidade de lei ou ato normativo do Poder Público."*

### ⚖ Jurisprudência, Enunciados e Súmulas Selecionados

- **3. Súmula Vinculante STF, 10.** *"Viola a cláusula de reserva de plenário (CF, artigo 97) a decisão de órgão fracionário de tribunal que, embora não declare expressamente a inconstitucionalidade de lei ou ato normativo do Poder Público, afasta sua incidência, no todo ou em parte."*
- **4. Tema/Repercussão Geral 484 do STF.** *"1) Tribunais de Justiça podem exercer controle abstrato de constitucionalidade de leis municipais utilizando como parâmetro normas da Constituição Federal, desde que se trate de normas de reprodução obrigatória pelos Estados;"*
- **5. Tema/Repercussão Geral 739 STF.** *"É nula a decisão de órgão fracionário que se recusa a aplicar o art. 94, II, da Lei 9.472/1997, sem observar a cláusula de reserva de Plenário (CF, art. 97), observado o art. 949 do Código de Processo Civil."*

### ▤ Comentários Temáticos

**6. Presunção de constitucionalidade das leis.** As leis presumem-se constitucionais.

**7. Inércia argumentativa e reforçado ônus argumentativo.** O julgador, ao seguir uma presunção, não precisa justificá-la ou fundamentá-la. Assim, as leis presumem-se constitucionais. Não é necessário que o juiz, toda vez que aplique uma lei, afirme sua constitucionalidade ou a justifique. Eis aí o que se chama de *inércia argumentativa*. Se, entretanto, a norma for, a seu juízo, inconstitucional, deverá, então, demonstrar, justificar e fundamentar a inconstitucionalidade. Há, enfim, um forte ônus argumentativo para que se quebre a presunção de constitucionalidade.

**8. A regra do *full bench*.** Para afastar a presunção de constitucionalidade, os tribunais somente podem proclamar a inconstitucionalidade de qualquer lei pelo voto da maioria absoluta de seus membros ou dos membros do respectivo órgão especial. A quebra da presunção de constitucionalidade depende de um *quórum* qualificado. Para o reconhecimento da inconstitucionalidade no âmbito dos tribunais, é preciso observar a regra de *reserva de plenário* ou regra do *full bench* (CF, art. 97).

**9. Inaplicabilidade do *full bench* nos Juizados Especiais Cíveis.** *"O princípio da reserva de plenário não se aplica no âmbito dos juizados de pequenas causas (art. 24, X, da Constituição Federal) e dos juizados especiais em geral (art. 98, I, da CF/1988), que, pela configuração atribuída pelo legislador, não funcionam, na esfera recursal, sob o regime de plenário ou de órgão especial"* (STF, Pleno, ARE 868.457 RG, rel. Min. Teori Zavascki, *DJe* 27.04.2015).

**10. Regra do *full bench* e decisão fundada em cognição sumária.** A regra da reserva de plenário não se aplica aos casos de decisão fundada em cognição sumária. Se o tribunal, ao examinar, por exemplo, o pedido de tutela provisória, afastar a eficácia de uma lei, com fundamento em sua provável inconstitucionalidade, não há ainda uma decisão sobre a inconstitucionalidade da lei, mas apenas a antecipação dos efeitos de futuro reconhecimento incidental de tal inconstitucionalidade. Como não se concebe uma inconstitucionalidade provisória, não há necessidade de o órgão especial ou do pleno examinar a questão em situações como essa.

**11. Regra de competência funcional.** A cláusula de reserva de plenário (CF, art. 97) é uma regra de competência funcional para reconhecimento de inconstitucionalidade de lei. Sua inobservância implica incompetência absoluta.

1447

**12. Incidente de arguição de inconstitucionalidade em tribunal.** É o meio processual previsto para regulamentar a exigência constitucional de reserva de plenário (CF, art. 97). Esse incidente serve ao controle *difuso de constitucionalidade* e aplica-se em todos os tribunais brasileiros. O incidente pode, ainda, ser suscitado em qualquer causa que tramite em tribunal (de sua competência originária, remessa necessária ou recurso).

**13. Natureza jurídica.** O incidente de arguição de inconstitucionalidade não é recurso nem ação autônoma de impugnação nem outro meio de impugnação atípico de decisão judicial. É, na verdade, uma etapa no processo de criação da decisão, e não da sua impugnação.

**14. Legitimidade.** O Ministério Público (seja como parte, assistente ou fiscal da ordem jurídica), qualquer das partes e qualquer julgador têm legitimidade para suscitar o incidente.

**15. Momento para suscitação.** É possível suscitar o incidente até o final do julgamento, mesmo em sustentação oral, antes de o presidente do órgão colegiado proclamar o resultado.

**16. Descabimento do incidente para declaração da constitucionalidade.** O incidente só é cabível para que se proclame a *in*constitucionalidade. Se o tribunal resolve afastar a alegação de inconstitucionalidade ou declarar a constitucionalidade da norma, não se faz necessária a instauração do incidente. Isso porque as normas presumem-se constitucionais. Se o tribunal afirma a constitucionalidade da lei ou afasta a alegação de inconstitucionalidade, prevalece a presunção de constitucionalidade, não sendo necessária a instauração do incidente. O incidente há de ser instaurado para que o plenário ou órgão especial, elidindo a presunção de constitucionalidade das normas, proclame a inconstitucionalidade.

**17. Intervenção do Ministério Público.** O Ministério Público deverá necessariamente intervir no incidente de arguição de inconstitucionalidade. A intervenção do Ministério Público, nesses casos, segue o padrão do microssistema de formação de precedentes obrigatórios: sua intervenção é indispensável para a construção de norma jurídica ou formação de precedente. Além disso, o reconhecimento da inconstitucionalidade de uma lei quebra a presunção de constitucionalidade, consistindo numa situação de abalo na segurança jurídica, a impor a intervenção ministerial.

**18. Afastamento da aplicação da lei e a regra do *full bench*.** Quando a decisão do tribunal deixa de aplicar alguma norma, está, em verdade, a afastar sua incidência. Acontece que a aplicação da lei vigente somente pode deixar de ser feita pelo Judiciário em razão de sua inconstitucionalidade ou incompatibilidade com o texto constitucional vigente. O Judiciário somente se abstém de aplicar uma norma legal em vigor, quando reconhece algum vício de inconstitucionalidade ou caso ela não tenha sido recepcionada pela Constituição atual. Ao assim proceder, o tribunal deve submeter a questão ao crivo do plenário ou órgão especial para que seja, formalmente, reconhecida a inconstitucionalidade. Não somente o reconhecimento expresso da inconstitucionalidade, mas também o simples afastamento da incidência da norma, no todo ou em parte, devem submeter-se à exigência do art. 97 da CF.

**19. Cabimento de reclamação.** Se, eventualmente, não for cumprido o comando inserto no enunciado 10 da Súmula Vinculante do STF, caberá o manejo da reclamação constitucional para que a Corte Suprema anule a decisão reclamada e imponha a obediência à cláusula de reserva de plenário.

> **Art. 949.** Se a arguição for:
>
> I – rejeitada, prosseguirá o julgamento;
>
> II – acolhida, a questão será submetida ao plenário do tribunal ou ao seu órgão especial, onde houver.
>
> Parágrafo único. Os órgãos fracionários dos tribunais não submeterão ao plenário ou ao órgão especial a arguição de inconstitucionalidade quando já houver pronunciamento destes ou do plenário do Supremo Tribunal Federal sobre a questão.

▶ **1. Correspondência no CPC/1973.** *"Art. 481. Se a alegação for rejeitada, prosseguirá o julgamento; se for acolhida, será lavrado o acórdão, a fim de ser submetida a questão ao tribunal pleno. Parágrafo único. Os órgãos fracionários dos tribunais não submeterão ao plenário, ou ao órgão especial, a arguição de inconstitucionalidade, quando já houver pronunciamento destes ou do plenário do Supremo Tribunal Federal sobre a questão."*

### LEGISLAÇÃO CORRELATA

**2. CF, art. 93, XI.** *"XI – nos tribunais com número superior a vinte e cinco julgadores, poderá ser constituído órgão especial, com o mínimo de onze e o máximo de vinte e cinco membros, para o exercício das atribuições administrativas e jurisdicionais delegadas da competência do tribunal pleno, provendo-se metade das vagas por antiguidade e a outra metade por eleição pelo tribunal pleno."*

# LIVRO III · DOS PROCESSOS NOS TRIBUNAIS E DOS MEIOS DE IMPUGNAÇÃO DAS DECISÕES JUDICIAIS — Art. 949

## ⚖ Jurisprudência, Enunciados e Súmulas Selecionados

- **3. Súmula Vinculante STF, 10.** *"Viola a cláusula de reserva de plenário (CF, artigo 97) a decisão de órgão fracionário de tribunal que, embora não declare expressamente a inconstitucionalidade de lei ou ato normativo do Poder Público, afasta sua incidência, no todo ou em parte."*

- **4. Tema/Repercussão Geral 93, STF.** *"Viola a cláusula de reserva de plenário (CF, art. 97) a decisão de órgão fracionário de Tribunal que, embora não declare expressamente a inconstitucionalidade de lei ou ato normativo do poder público, afasta sua incidência, no todo ou em parte."*

- **5. Tema/Repercussão Geral 856, STF.** *"I – É desnecessária a submissão à regra de reserva de plenário quando a decisão judicial estiver fundada em jurisprudência do Plenário ou em Súmula deste Supremo Tribunal Federal."*

## 🖥 Comentários Temáticos

**6. Casos em que se dispensa a instauração do incidente.** Um órgão fracionário do tribunal, cuja composição seja reduzida, não tem competência para reconhecer, *incidenter tantum*, a inconstitucionalidade de uma lei (e, muito menos, o relator, em decisão isolada). Uma vez suscitada essa questão, deverá esse órgão remeter os autos ao plenário ou órgão especial. Essa remessa é desnecessária em três hipóteses: *a)* quando o órgão fracionário *rejeitar* a alegação de inconstitucionalidade, pois o *quorum* privilegiado é exigido apenas para o reconhecimento da *inconstitucionalidade* da lei, e não da sua *constitucionalidade*, que, aliás, é presumida; *b)* quando questão já tiver sido resolvida anteriormente pelo plenário ou órgão especial mesmo tribunal ou pelo plenário STF; *c)* quando a causa já estiver tramitando no próprio órgão especial ou plenário do tribunal.

**7. Divisão da competência funcional.** O incidente de arguição de inconstitucionalidade tem por função transferir, a outro do mesmo tribunal, a competência funcional para a análise de determinada questão de direito *incidental* (a inconstitucionalidade da norma), havida como relevante para o julgamento da causa. Normalmente, o exame das questões incidentes é da competência do juízo que examinará a questão principal. Suscitado e admitido o incidente de arguição de inconstitucionalidade, pelo órgão fracionário, ocorre uma divisão da competência: um órgão julgador fica com a competência para julgar a questão principal e as demais questões a respeito das quais não foi suscitado qualquer incidente, e outro fica com a competência para julgar a inconstitucionalidade da norma. Após a decisão do incidente, a causa volta ao órgão julgador originário, que deve ultimar o julgamento, resolvendo as demais questões incidentes e decidindo a questão principal.

**8. Julgamento subjetivamente complexo.** Num caso em que se instaura um incidente de arguição de inconstitucionalidade, a decisão final será produto do trabalho de dois órgãos julgadores: o órgão originário, que ficou responsável pela decisão da questão principal e de algumas questões incidentes, e o órgão especial ou o plenário, que resolveu a questão de direito objeto do incidente que fora suscitado. É um exemplo de julgamento *subjetivamente complexo*.

**9. Plenário ou órgão especial?** A inconstitucionalidade deve ser examinada pelo plenário do tribunal. Nos tribunais com mais de vinte e cinco membros, é possível a criação de um órgão especial, que desempenhe as funções do plenário. Sendo assim, não deve o órgão especial ser considerado órgão fracionário, mas órgão pleno. Logo, nos tribunais onde haja órgão especial, a arguição de inconstitucionalidade é por ele julgada, e não pelo plenário.

**10. Objeto do incidente.** A arguição de inconstitucionalidade só pode ter por objeto uma *questão incidente*. Essa questão incidente tem de ser uma *questão de direito* (a inconstitucionalidade da norma). Além disso, a questão de direito incidente tem de ser relevante para o julgamento da questão principal.

**11. Vinculação do órgão fracionário.** O órgão originário fica vinculado à solução que foi dada à arguição de inconstitucionalidade. A decisão tomada pelo plenário ou pelo órgão especial relativamente à questão incidente (inconstitucionalidade ou não da lei) incorpora-se no julgamento do recurso ou da causa, como premissa a ser seguida pelo órgão fracionário.

**12. Decisão do incidente e coisa julgada.** A resolução da inconstitucionalidade consiste no julgamento de uma questão prejudicial incidental. Tal questão não fica submetida à coisa julgada *erga omnes*, já que, embora se trate de prejudicial incidental, o tribunal não tem competência para resolvê-la como questão principal (art. 503, § 1º, III).

**13. Decisão do incidente proferida pelo Plenário do STF ou de TJ.** Quando o incidente de arguição de inconstitucionalidade é julgado pelo plenário do STF, é preciso lembrar que este

1449

**Art. 950**

é competente também para julgar ações diretas de controle de constitucionalidade (art. 102, I, *a*). De igual modo, quando o incidente de arguição de inconstitucionalidade é julgado pelo plenário ou órgão especial de um tribunal de justiça, recorde-se que este tem também competência originária para julgar ações diretas de inconstitucionalidade de leis locais contestadas em face da respectiva Constituição Estadual (CF, art. 125, § 2º). Isso, porém, não é suficiente para que haja coisa julgada da questão prejudicial incidental. É que, no âmbito do controle difuso, não haverá contraditório efeito e adequado para uma coisa julgada *erga omnes*.

> **Art. 950.** Remetida cópia do acórdão a todos os juízes, o presidente do tribunal designará a sessão de julgamento.
>
> § 1º As pessoas jurídicas de direito público responsáveis pela edição do ato questionado poderão manifestar-se no incidente de inconstitucionalidade se assim o requererem, observados os prazos e as condições previstos no regimento interno do tribunal.
>
> § 2º A parte legitimada à propositura das ações previstas no art. 103 da Constituição Federal poderá manifestar-se, por escrito, sobre a questão constitucional objeto de apreciação, no prazo previsto pelo regimento interno, sendo-lhe assegurado o direito de apresentar memoriais ou de requerer a juntada de documentos.
>
> § 3º Considerando a relevância da matéria e a representatividade dos postulantes, o relator poderá admitir, por despacho irrecorrível, a manifestação de outros órgãos ou entidades.

▶ **1. Correspondência no CPC/1973.** *"Art. 482. Remetida a cópia do acórdão a todos os juízes, o presidente do tribunal designará a sessão de julgamento. § 1º O Ministério Público e as pessoas jurídicas de direito público responsáveis pela edição do ato questionado, se assim o requererem, poderão manifestar-se no incidente de inconstitucionalidade, observados os prazos e condições fixados no Regimento Interno do Tribunal. § 2º Os titulares do direito de propositura referidos no art. 103 da Constituição poderão manifestar-se, por escrito, sobre a questão constitucional objeto de apreciação pelo órgão especial ou pelo Pleno do Tribunal, no prazo fixado em Regimento, sendo-lhes assegurado o direito de apresentar memoriais ou de pedir a juntada de documentos. § 3º O relator, considerando a relevância da matéria e a representatividade dos postulantes, poderá admitir, por despacho irrecorrível, a manifestação de outros órgãos ou entidades."*

⚖ **Jurisprudência, Enunciados e Súmulas Selecionados**

- **2. Súmula STF, 513.** *"A decisão que enseja a interposição de recurso ordinário ou extraordinário não é a do plenário, que resolve o incidente de inconstitucionalidade, mas a do órgão (Câmaras, Grupos ou Turmas) que completa o julgamento do feito."*

- **3. Enunciado 591 do FPPC.** *"O tribunal dará ampla publicidade ao acórdão que decidiu pela instauração do incidente de arguição de inconstitucionalidade, incidente de assunção de competência ou incidente de resolução de demandas repetitivas, cabendo, entre outras medidas, sua publicação em seção específica no órgão oficial e indicação clara na página do tribunal na rede mundial de computadores."*

- **4. Enunciado 601 do FPPC.** *"Instaurado o incidente de arguição de inconstitucionalidade, as pessoas jurídicas de direito público responsáveis pela edição do ato normativo questionado deverão ser intimadas para que tenham ciência do teor do acórdão do órgão fracionário que o instaurou."*

🖹 **Comentários Temáticos**

**5. Incidente de formação concentrada de precedente obrigatório.** A arguição de inconstitucionalidade, embora seja um instrumento processual típico do controle difuso, consiste num incidente destinado a formar um padrão decisório para outros casos em que surja a mesma questão. A decisão sobre a constitucionalidade da lei é precedente obrigatório, tendo eficácia vinculativa para o tribunal e para os juízes a ele vinculados (art. 927, V). O incidente de arguição de inconstitucionalidade é, assim, um procedimento de formação concentrada de precedente obrigatório, além de ser instrumento de concretização da regra constitucional do *full bench*.

**6. Aplicação das normas relativas à formação do precedente.** O incidente de arguição de inconstitucionalidade forma um precedente obrigatório (art. 927, V). Por isso, integra o microssistema de formação concentrada de precedentes obrigatórios, aplicando-se as normas que exigem a ampliação da cognição e da publicidade, com qualificação do debate e dever de fundamentação reforçada.

**6.1. Participação de *amici curiae*.** No incidente de arguição de inconstitucionalidade, o relator deve determinar a intimação de interessados, bem como de legitimados à propositura

**LIVRO III** · DOS PROCESSOS NOS TRIBUNAIS E DOS MEIOS DE IMPUGNAÇÃO DAS DECISÕES JUDICIAIS **Art. 951**

de ação direta de inconstitucionalidade, para que se manifestem e contribuam com o debate em torno da inconstitucionalidade a ser examinada. Devem, enfim, ser convocados *amici curiae* a participarem da discussão a ser travada pelo plenário ou pelo órgão especial do tribunal. Cada *amicus curiae* deve contribuir com sua experiência, seus estudos, documentos, materiais, dados, informações, enfim, com material que amplie a qualidade do debate e permita um melhor aprofundamento do assunto pelo tribunal.

**6.2. Audiências públicas.** Além da participação de *amici curiae*, o relator poderá designar audiências públicas para colher depoimentos de pessoas com experiência e conhecimento na matéria a ser discutida no incidente de arguição de inconstitucionalidade. A arguição de inconstitucionalidade também se destina à formação de um precedente. Para a formação de precedente, é preciso ampliar a cognição e ter um debate de qualidade.

**6.3. Dever de motivar reforçado.** As leis presumem-se constitucionais. Para elidir essa presunção, é preciso desincumbir-se de forte ônus argumentativo. O incidente de inconstitucionalidade destina-se à proclamação de uma inconstitucionalidade e, igualmente, à formação de um precedente. Por isso mesmo, o conteúdo do acórdão deve abranger a análise de todos os fundamentos relativos à constitucionalidade ou inconstitucionalidade da lei discutida, sejam favoráveis ou contrários. É preciso que haja fundamentação reforçada, com a criação de um precedente de qualidade.

**6.4. Publicidade.** O incidente de arguição de inconstitucionalidade deve ser conduzido de modo a viabilizar a mais ampla discussão, com decisão que contenha motivação reforçada. Para que se viabilize essa ampla discussão, é preciso que se confira ampla publicidade à sua instauração e ao seu julgamento. A instauração e o julgamento do incidente de arguição de inconstitucionalidade devem ser sucedidos da mais ampla divulgação e publicidade.

**7. Cabimento de recurso extraordinário.** A decisão proferida pelo plenário ou órgão especial do tribunal, que proclama a inconstitucionalidade de lei, é irrecorrível. Ela apenas resolve um incidente, não julgando a causa. A decisão recorrível é a do órgão fracionário, proferida depois que o plenário ou órgão especial proclama a inconstitucionalidade. É ela que julga a causa. O recurso extraordinário cabe do acórdão que julga a causa (CF, art. 102, III), e não do que julga o incidente (Súmula STF, 513).

**8. Cabimento de recurso extraordinário quando descumprida a regra do *full bench*.** Reconhecida, pelo tribunal, a inconstitucionalidade de lei ou ato normativo do Poder Público sem a obediência à cláusula de reserva de plenário prevista no art. 97 da CF, cabe a interposição de recurso extraordinário, no qual se deve alegar como violado esse dispositivo constitucional. Antes, porém, se faz necessária a oposição de embargos de declaração, destinados a suprir a omissão quanto à aplicação do referido art. 97. No julgamento dos referidos embargos, o tribunal poderá, suprindo a omissão, anular o acórdão para atender a exigência constitucional, remetendo o caso ao plenário ou órgão especial. Se já houver julgamento anterior pelo plenário ou órgão especial do próprio tribunal ou pelo plenário do STF, poderão ser acolhidos os embargos para suprir a omissão quanto à juntada ou referência ou transcrição do precedente (art. 949, parágrafo único). Poderá, ainda, o tribunal entender que não se aplica, ao caso, o art. 97 da CF, deixando explícita a razão pela qual não o fez incidir na espécie. Com isso, estará prequestionado o dispositivo, podendo ser interposto recurso extraordinário por ofensa ao disposto no art. 97 da CF.

**9. Cabimento de recurso extraordinário quando cumprida a regra do *full bench*.** Se o tribunal, aplicando a regra do art. 97 da CF, reconhecer, por seu plenário ou órgão especial, a inconstitucionalidade da norma, deverá o caso voltar para julgamento pelo órgão fracionário. Julgado o caso pelo órgão fracionário, caberá recurso extraordinário com fundamento no art. 102, III, *b*, da CF. O recurso extraordinário fundado na letra *b* do inciso III do art. 102 da CF pressupõe tenha sido adotado o procedimento previsto nos arts. 948 a 950 do CPC.

## CAPÍTULO V
## DO CONFLITO DE COMPETÊNCIA

> **Art. 951.** O conflito de competência pode ser suscitado por qualquer das partes, pelo Ministério Público ou pelo juiz.
>
> Parágrafo único. O Ministério Público somente será ouvido nos conflitos de competência relativos aos processos previstos no art. 178, mas terá qualidade de parte nos conflitos que suscitar.

▶ **1. Correspondência no CPC/1973.** *"Art. 116. O conflito pode ser suscitado por qualquer das partes, pelo Ministério Público ou pelo juiz. Pa-*

1451

# Art. 951 · CÓDIGO DE PROCESSO CIVIL COMENTADO – *Leonardo Carneiro da Cunha*

rágrafo único. O Ministério Público será ouvido em todos os conflitos de competência; mas terá qualidade de parte naqueles que suscitar."

### 🏛 LEGISLAÇÃO CORRELATA

**2. CF, art. 102, I, o.** "Art. 102. Compete ao Supremo Tribunal Federal, precipuamente, a guarda da Constituição, cabendo-lhe: I – processar e julgar, originariamente: (...) o) os conflitos de competência entre o Superior Tribunal de Justiça e quaisquer tribunais, entre Tribunais Superiores, ou entre estes e qualquer outro tribunal."

**3. CF, art. 105, I, d.** "Art. 105. Compete ao Superior Tribunal de Justiça: I – processa e julgar, originariamente: (...) d) os conflitos de competência entre quaisquer tribunais, ressalvado o disposto no art. 102, I, 'o', bem como entre tribunal e juízes a ele não vinculados e entre juízes vinculados a tribunais diversos."

**4. CF, art. 108, I, e.** "Art. 108. Compete aos Tribunais Regionais Federais: I – processor e julgar, originariamente: (...) e) os conflitos de competência entre juízes federais vinculados ao Tribunal."

**5. CF, art. 114, V.** "Art. 114. Compete à Justiça do Trabalho processar e julgar: (...) V – os conflitos de competência entre órgãos com jurisdição trabalhista, ressalvado o disposto no art. 102, I, o."

**6. Código Eleitoral, art. 22, I, b.** "Art. 22. Compete ao Tribunal Superior: I – Processar e julgar originariamente: (...) b) os conflitos de jurisdição entre Tribunais Regionais e juízes eleitorais de Estados diferentes."

**7. Código Eleitoral, art. 29, I, b.** "Art. 29. Compete aos Tribunais Regionais: I – processar e julgar, originariamente: (...) b) os conflitos de jurisdição entre juízes eleitorais do respectivo Estado."

**8. CPPM, art. 114.** "Art. 114. O conflito será suscitado perante o Superior Tribunal Militar pelos auditores ou os Conselhos de Justiça, sob a forma de representação, e pelas partes interessadas, sob a de requerimento, fundamentados e acompanhados dos documentos comprobatórios. Quando negativo o conflito, poderá ser suscitado nos próprios autos do processo. Parágrafo único. O conflito suscitado pelo Superior Tribunal Militar será regulado no seu Regimento Interno."

### ⚖ JURISPRUDÊNCIA, ENUNCIADOS E SÚMULAS SELECIONADOS

- **9. Tema/Repercussão Geral 128 STF.** "Cabe ao respectivo Tribunal Regional Federal dirimir conflitos de competência entre Juizado Especial e Juízo Federal de primeira instância que pertençam a uma mesma Seção Judiciária."
- **10. Súmula STJ, 3.** "Compete ao Tribunal Regional Federal dirimir conflito de competência verificado, na respectiva Região, entre Juiz Federal e Juiz Estadual investido de jurisdição federal."
- **11. Súmula STJ, 59.** "Não há conflito de competência se já existe sentença com trânsito em julgado, proferida por um dos juízos conflitantes."
- **12. Súmula STJ, 180.** "Na lide trabalhista, compete ao Tribunal Regional do Trabalho dirimir conflito de competência verificado, na respectiva região, entre Juiz Estadual e Junta de Conciliação e Julgamento."
- **13. Súmula STJ, 225.** "Compete ao Tribunal Regional do Trabalho apreciar recurso contra sentença proferida por órgão de primeiro grau da Justiça Trabalhista, ainda que para declarar-lhe a nulidade em virtude de incompetência."
- **14. Súmula STJ, 236.** "Não compete ao Superior Tribunal de Justiça dirimir conflitos de competência entre juízes trabalhistas vinculados a Tribunais Regionais do Trabalho diversos."
- **15. Súmula STJ, 428.** "Compete ao Tribunal Regional Federal decidir os conflitos de competência entre juizado especial federal e juízo federal da mesma seção judiciária."
- **16. Enunciado 91 do FONAJE.** "O conflito de competência entre juízes de Juizados Especiais vinculados à mesma Turma Recursal será decidido por esta. Inexistindo tal vinculação, será decidido pela Turma Recursal para a qual for distribuído."

### 📄 COMENTÁRIOS TEMÁTICOS

**17. Conflito de competência.** Quando dois ou mais juízes se pretendam competentes para a mesma causa, ou quando dois ou mais juízes se afirmem incompetentes para a mesma causa, há um conflito de competência. É instrumento que decorre da necessidade de se garantir a observância das regras sobre competência, a fim de que não ocorra sua violação ou para que, havendo violação, esta seja corrigida.

**18. Conflito de competência preventivo.** Não é possível conflito de competência preventivo ou antes de existir o processo em curso. Só é possível haver conflito de competência depois de instaurado o processo. Antes disso, o conflito é virtual, potencial, não existindo ainda.

**LIVRO III** · DOS PROCESSOS NOS TRIBUNAIS E DOS MEIOS DE IMPUGNAÇÃO DAS DECISÕES JUDICIAIS **Art. 951**

**19. Conflito de competência depois de julgada a causa.** Não é possível conflito de competência depois de julgada a causa, tendo o juízo já exaurido sua função. O conflito não é meio hábil para reforma da sentença. De igual modo, não cabe o conflito se já transitada em julgado a sentença ou uma delas. Se já houve trânsito em julgado, e há incompetência absoluta, é possível que caiba ação rescisória (art. 966, II), mas não conflito de competência.

**20. Espécies de conflito de competência.** O conflito de competência pode ser positivo ou negativo. Será positivo quando dois ou mais juízes se declaram competentes. Será negativo quando dois ou mais juízes se consideram incompetentes, atribuindo um ao outro a competência.

**21. Hipóteses de conflito de competência.** As hipóteses de conflito de competência, positivo e negativo, estão previstas no art. 66. Também há conflito de competência quando entre dois ou mais juízes surge controvérsia acerca da reunião ou separação de processos (art. 66, III). Se um juiz entende que outro é prevento ou que as causas devem ser reunidas por conexão ou por continência, mas o outro discorda, há, então, conflito de competência.

**22. Conflito de competência nos casos de compartilhamento de competências.** É possível haver as polêmicas ou discordâncias quanto ao compartilhamento de competências entre juízes por atos concertados. O § 2º do art. 69 prevê a possibilidade de os juízos compartilharem competências por atos concertados. O conflito de competência pode ser um instrumento de controle dos atos concertados que compartilham competências entre juízes.

**23. Objeto do conflito de competência.** *"O conflito positivo de competência ocorre não apenas quando dois ou mais Juízos se declaram competentes para o julgamento da mesma causa, mas também quando proferem decisões incompatíveis entre si acerca do mesmo objeto"* (STJ, 2ª Seção, CC 168.000/AL, rel. Min. Ricardo Villas Bôas Cueva, j. 11.12.2019, *DJe* 16.12.2019).

**24. Conflito de competência entre juízo estatal e juízo arbitral.** O juízo arbitral exerce, segundo entendimento prevalecente, jurisdição. Pode haver conflito de competência entre juízo arbitral e juízo estatal. Nesse caso, o conflito há de ser resolvido pelo STJ. Realmente, segundo entendimento ali firmado, *"a atividade desenvolvida no âmbito da arbitragem tem natureza jurisdicional, sendo possível a existência de conflito de competência entre juízo estatal e câmara arbitral"* (STJ, 2ª Seção, CC 111.230/DF, rel. Min. Nancy Andrighi, *DJe* 03.04.2014). No mesmo sentido: STJ, 1ª Seção, AgInt no CC 156.133/BA, rel. Min. Gurgel de Faria, *DJe* 21.09.2018. É, enfim, ponto incontroverso que *"(...), compete ao Superior Tribunal de Justiça dirimir conflito de competência entre Juízo arbitral e órgão jurisdicional estatal, partindo-se, naturalmente, do pressuposto de que a atividade desenvolvida no âmbito da arbitragem possui natureza jurisdicional"* (STJ, 2ª Seção, CC 150.830/PA, rel. Min. Marco Aurélio Bellizze, *DJe* 16.10.2018). Ainda nesse sentido: *"A jurisprudência desta Corte se firmou no sentido de que é possível, diante da conclusão de que a atividade arbitral tem natureza jurisdicional, que exista conflito de competência entre Juízo arbitral e órgão do Poder Judiciário, cabendo ao Superior Tribunal de Justiça seu julgamento"* (STJ, 2ª Seção, CC 148.932-RJ, rel. Min. Ricardo Villas Bôas Cueva, *DJe* 1º.02.2018).

**25. Conflito entre Câmaras Arbitrais diversas.** *"Em se tratando da interpretação de cláusula de compromisso arbitral constante de contrato de compra e venda, o conflito de competência supostamente ocorrido entre câmaras de arbitragem deve ser dirimido no Juízo de primeiro grau, por envolver incidente que não se insere na competência do Superior Tribunal de Justiça, conforme os pressupostos e alcance do art. 105, I, alínea 'd', da Constituição Federal"* (STJ, 2ª Seção, CC 113.260-SP, rel. Min. Nancy Andrighi, *DJe* 07.04.2011).

**26. Competência para processar e julgar o conflito de competência.** O conflito de competência deve ser processado e julgado por tribunal. Não existe conflito de competência que se processe e seja julgado em primeira instância. Sempre é um tribunal que deve processar e julgar um conflito de competência. Quando o conflito se instaura entre juízos vinculados ao mesmo tribunal, será esse tribunal que irá processar e julgar o conflito de competência. O conflito de competência entre juízes do trabalho vinculados ao mesmo TRT é por este julgado. Ao TST cabe julgar os conflitos de competência entre juízes do trabalho vinculados a TRTs diversos. O conflito de competência entre juízes eleitorais vinculados a TREs diversos é julgado pelo TSE. Ao respectivo TRE cabe julgar os conflitos entre juízes eleitorais a ele vinculados. O conflito entre auditores ou conselhos de justiça militares é julgado pelo STM. Se os juízos estiverem vinculados a tribunais diversos, o conflito há de ser julgado pelo Superior Tribunal de Justiça (CF, art. 105, I, *d*). Ao Supremo Tribunal Federal cabe processar e julgar o conflito de competência entre tribunais superiores ou entre um deles e qualquer outro órgão jurisdicional (CF, art. 102, I, *o*).

1453

**27. Competência do STJ para dirimir conflito de competência entre tribunais arbitrais.** "*Competência do STJ para dirimir conflito de competência entre Tribunais arbitrais. Compete ao Superior Tribunal de Justiça, em atenção à função constitucional que lhe é atribuída no art. 105, I, d, da Carta Magna, conhecer e julgar o conflito de competência estabelecido entre Tribunais Arbitrais, que ostentam natureza jurisdicional, ainda que vinculados à mesma Câmara de Arbitragem, sobretudo se a solução interna para o impasse criado não é objeto de disciplina regulamentar. 1.1 Estabelecida a natureza jurisdicional da arbitragem, tem-se que a Segunda Seção do Superior Tribunal de Justiça, a partir do leading case – CC 111.230/DF – passou a reconhecer que o Tribunal arbitral se insere, indiscutivelmente, na expressão 'quaisquer tribunais', constante no art. 105, I, d, da Constituição Federal. Segundo a compreensão adotada pela Segunda Seção, a redação constitucional não pressupõe que o conflito de competência perante o STJ dê-se apenas entre órgãos judicantes pertencentes necessariamente ao Poder Judiciário, podendo ser integrado também por Tribunal arbitral. 1.2 Não há como se admitir a subsistência de deliberações jurisdicionais exaradas por Tribunais arbitrais que se excluam mutuamente, como se houvesse um vácuo no ordenamento jurídico, negando-se às partes a definição do órgão (arbitral) efetivamente competente para resolver a causa posta em julgamento, conferindo-lhes instrumento processual eficaz a esse propósito, em manifesto agravamento da insegurança jurídica*" (STJ, 2ª Seção, CC 182.702-DF, rel. Min. Marco Aurélio Bellizze, *DJe* 30.06.2022).

**28. Legitimidade para suscitar o conflito de competência.** O conflito de competência pode ser suscitado por qualquer uma das partes do processo, pelo Ministério Público ou por um dos juízes em conflito. Quando o Ministério Público suscitá-lo, ele será parte no conflito de competência, e não fiscal da ordem jurídica.

**29. Ilegitimidade do autor para suscitar o conflito.** "*Não é possível à própria parte autora das ações suscitar conflito de competência por ausência de interesse processual*" (STJ, 2ª Seção, AgInt no CC 156.222/PR, rel. Min. Nancy Andrighi, *DJe* 16.05.2019).

**30. Legitimidade do autor para suscitar o conflito em caso de competência absoluta.** Tratando-se de competência absoluta, é evidente que há o interesse de *qualquer* das partes para suscitar o conflito, pois todas elas têm interesse de ver o caso ser julgado pelo juízo *absolutamente* competente, até mesmo para evitar o risco de futura ação rescisória (art. 966, II).

**31. Intervenção do Ministério Público.** A participação do Ministério Público no processo civil, como fiscal da ordem jurídica, somente se justifica nos casos em que há interesse público, social ou individual indisponível em discussão (CF, art. 127). No conflito de competência, a intimação obrigatória do Ministério Público apenas se justifica se a causa subsumir-se a uma das hipóteses gerais de intervenção (art. 951, parágrafo único). No CPC/1973, havia dispositivo que expressamente impunha a participação do Ministério Público em *todos* os conflitos de competência (CPC/1973, art. 116, parágrafo único). No atual CPC, o Ministério Público só intervém em conflito de competência, se o caso se enquadrar numa das hipóteses previstas no seu art. 178.

**32. Suficiência da intimação.** Em qualquer caso de intervenção obrigatória do Ministério Público, é suficiente sua intimação, não sendo necessária sua manifestação. O STF, ao julgar a ADI 1.936, reafirmou seu entendimento segundo o qual a falta de manifestação do Ministério Público, nos casos em que deve intervir, não acarreta a nulidade do processo, desde que tenha havido sua regular intimação. De acordo com o STF, para se atender à exigência normativa de sua intervenção, basta a intimação do Ministério Público, sendo prescindível seu pronunciamento expresso.

---

**Art. 952.** Não pode suscitar conflito a parte que, no processo, arguiu incompetência relativa.
Parágrafo único. O conflito de competência não obsta, porém, a que a parte que não o arguiu suscite a incompetência.

---

▶ **1. Correspondência no CPC/1973.** "*Art. 117. Não pode suscitar conflito a parte que, no processo, ofereceu exceção de incompetência. Parágrafo único. O conflito de competência não obsta, porém, a que a parte, que o não suscitou, ofereça exceção declinatória do foro.*"

### 🗏 COMENTÁRIOS TEMÁTICOS

**2. Legitimidade de qualquer das partes para suscitar o conflito.** Por terem interesse que o processo tramite no juízo competente, *qualquer* das partes pode suscitá-lo. É irrelevante que haja, anteriormente, alegado incompetência absoluta (art. 337, II) e conexão (CPC, 337, VIII). Pela contestação ou por qualquer outro meio – já que essas matérias não são alcançadas pela preclusão (arts. 337, § 5º, e 342, II) –, a parte suscita a incompetência do juízo ou pede a reunião

**LIVRO III** · DOS PROCESSOS NOS TRIBUNAIS E DOS MEIOS DE IMPUGNAÇÃO DAS DECISÕES JUDICIAIS **Art. 953**

ou separação de causas. O juiz pode acolher a alegação, mas o outro juiz, para quem for encaminhados os autos, pode discordar, surgindo aí um conflito de competência.

**3.** **Proibição da suscitação apenas em caso de competência relativa.** Tanto a incompetência absoluta como a relativa são alegadas em preliminar de contestação. A exceção de incompetência relativa integra a contestação, sendo uma de suas preliminares (art. 337, II). O art. 952 incide apenas no caso de ter sido alegada incompetência *relativa*, não alcançando as alegações de incompetência absoluta e de conexão. Se a parte suscita a incompetência relativa do foro, é porque entende que o processo há de tramitar em outro foro, que entende ser o competente. A parte que apresentou exceção de incompetência entende que o foro por onde tramita o processo é incompetente, sendo competente o que indicou em sua exceção. Não há, ainda, conflito de competência. Enquanto não houver resolução acerca da exceção, o réu não pode suscitar o conflito.

**4.** **Proibição do uso *simultâneo* do conflito e da arguição de incompetência relativa; permissão do uso *sucessivo* dos instrumentos.** Excepcionado o foro e rejeitada a exceção, não há conflito, não podendo o réu suscitá-lo. Se for acolhida a exceção e o juízo declinado aceita a causa, não há também conflito, pois as decisões judiciais convergem no mesmo sentido. Não havendo aceitação pelo juízo declinado, este irá, então, suscitar o conflito. Nesse caso, poderá a parte também suscitar o conflito. O art. 952 impede a *convivência* da exceção e do conflito, suscitados pela mesma parte, e não o uso *sucessivo* da exceção e do conflito. O réu pode excepcionar o foro e ver acolhida sua exceção, com a remessa dos autos ao juízo competente, mas vir, posteriormente, a surgir um conflito entre este e *qualquer outro* juízo. Nessa hipótese, é evidente que a parte que excepcionou a competência pode suscitar o conflito. O oferecimento da exceção de incompetência não impede a suscitação do conflito de competência quando o objeto deste for distinto do daquela.

**5.** **Vedação à suscitação do conflito de competência.** A parte que alega incompetência relativa, não pode suscitar conflito de competência. Alegada a incompetência relativa, a parte deve aguardar a decisão do juízo. Se este rejeitar sua alegação de incompetência relativa, cabe à parte interpor recurso, e não suscitar conflito de competência. O conflito de competência não deve ser utilizado como sucedâneo de recurso.

**6.** **Vedação ao *venire contra factum proprium.*** O dispositivo impede conduta contraditória da parte, consistente na suscitação de conflito de competência depois de ter alegado incompetência relativa do juízo quanto àquele mesmo objeto. A finalidade é vetar o uso simultâneo de ambos os meios de controle de competência.

**7.** **Utilização como sucedâneo recursal.** *"Não é cabível a utilização de conflito de competência como sucedâneo recursal".* (STJ, 2ª Seção, AgInt no CC 156.222/PR, rel. Min. Nancy Andrighi, *DJe* 16.05.2019). No mesmo sentido: STJ, Corte Especial, QO na Pet no CC 140.456/RS, rel. Min. Jorge Mussi, *DJe* 05.11.2018.

**8.** **Inaplicabilidade da vedação.** A vedação prevista no art. 952 só se aplica à parte que alegou a incompetência relativa. A parte que alegou a incompetência relativa não pode suscitar o conflito. Tal vedação, porém, não se aplica se surgir posterior conflito de competência com objeto distinto da alegação de incompetência relativa feita pela parte. Nesse caso, não há impedimento à suscitação do conflito. Além disso, o conflito de competência não impede que a parte que não o suscitou alegue a incompetência relativa.

> **Art. 953.** O conflito será suscitado ao tribunal:
> I – pelo juiz, por ofício;
> II – pela parte e pelo Ministério Público, por petição.
> Parágrafo único. O ofício e a petição serão instruídos com os documentos necessários à prova do conflito.

▶ **1. Correspondência no CPC/1973.** *"Art. 118. O conflito será suscitado ao presidente do tribunal: I – pelo juiz, por ofício; II – pela parte e pelo Ministério Público, por petição. Parágrafo único. O ofício e a petição serão instruídos com os documentos necessários à prova do conflito."*

⚖ **JURISPRUDÊNCIA, ENUNCIADOS E SÚMULAS SELECIONADOS**

- **2. Súmula TST, 420.** *"Não se configura conflito de competência entre Tribunal Regional do Trabalho e Vara do Trabalho a ele vinculada."*

▦ **COMENTÁRIOS TEMÁTICOS**

**3.** **Forma de suscitação.** O conflito pode ser suscitado por petição ou por ofício. Se for suscitado pelo juiz, este deve fazê-lo por meio de ofício dirigido ao tribunal competente para processar e julgar o conflito. À parte ou ao Ministério Público cabe fazê-lo por meio de petição.

1455

**4. Manutenção dos autos na origem.** A suscitação do conflito de competência não provoca a remessa dos autos ao tribunal competente para processá-lo e julgá-lo. Os autos mantêm-se na origem, devendo o ofício (quando a suscitação for do juiz) ou a petição (quando suscitado pela parte ou pelo Ministério Público) ser instruída com os documentos necessários e suficientes à compreensão da controvérsia.

> **Art. 954.** Após a distribuição, o relator determinará a oitiva dos juízes em conflito ou, se um deles for suscitante, apenas do suscitado.
>
> Parágrafo único. No prazo designado pelo relator, incumbirá ao juiz ou aos juízes prestar as informações.

▸ **1. Correspondência no CPC/1973.** *"Art. 119. Após a distribuição, o relator mandará ouvir os juízes em conflito, ou apenas o suscitado, se um deles for o suscitante; dentro do prazo assinado pelo relator, caberá ao juiz ou juízes prestar as informações."*

## ▣ COMENTÁRIOS TEMÁTICOS

**2. Prestação de informações.** Se o conflito for suscitado por um dos juízes, o relator deve determinar ao(s) outro(s) que preste(m) informações. Sendo suscitado pela parte ou pelo Ministério Público, ambos os juízes devem ser ouvidos, cabendo-lhes prestar suas informações ao relator, a fim de fornecer-lhe elementos que contribuam para o julgamento do conflito de competência. As informações devem ser prestadas no prazo fixado pelo relator.

**3. Dispensa das informações.** Estando o conflito devidamente instruído, é possível dispensar a solicitação de informações ao(s) juiz(es). Não é obrigatória a determinação de oitiva dos juízes em conflito. A suficiência de elementos para compreensão da controvérsia e para julgamento do conflito de competência dispensa a solicitação de informações aos juízes em conflito.

**4. Intimação das partes e observância do contraditório.** Os juízes podem ser ouvidos para esclarecerem detalhes do processo e da disputa nele contida. É fundamental que as partes também sejam ouvidas em prol do contraditório (arts. 9º e 10).

> **Art. 955.** O relator poderá, de ofício ou a requerimento de qualquer das partes, determinar, quando o conflito for positivo, o sobrestamento do processo e, nesse caso, bem como no de conflito negativo, designará um dos juízes para resolver, em caráter provisório, as medidas urgentes.
>
> Parágrafo único. O relator poderá julgar de plano o conflito de competência quando sua decisão se fundar em:
>
> I – súmula do Supremo Tribunal Federal, do Superior Tribunal de Justiça ou do próprio tribunal;
>
> II – tese firmada em julgamento de casos repetitivos ou em incidente de assunção de competência.

▸ **1. Correspondência no CPC/1973.** *"Art. 120. Poderá o relator, de ofício, ou a requerimento de qualquer das partes, determinar, quando o conflito for positivo, seja sobrestado o processo, mas, neste caso, bem como no de conflito negativo, designará um dos juízes para resolver, em caráter provisório, as medidas urgentes. Parágrafo único. Havendo jurisprudência dominante do tribunal sobre a questão suscitada, o relator poderá decidir de plano o conflito de competência, cabendo agravo, no prazo de cinco dias, contado da intimação da decisão às partes, para o órgão recursal competente."*

## ▣ COMENTÁRIOS TEMÁTICOS

**2. Designação para medidas urgentes.** O conflito de competência é suscitado por ofício ou por petição, que se faz acompanhar de documentos necessários à compreensão da controvérsia (art. 953). Os autos não são remetidos ao tribunal que irá julgar o conflito; ficam perante o juízo suscitante ou no juízo onde estão a tramitar. Ao receber o conflito, o relator deve designar um dos juízes em conflito para responder pelas questões urgentes, enquanto não definida a competência.

**3. Tutela provisória no conflito de competência.** No conflito positivo de competência, o relator pode determinar o sobrestamento do processo e designar um dos juízos para resolver, em caráter provisório, as medidas urgentes. A determinação de sobrestamento do processo é uma tutela provisória concedida no conflito de competência, tendo natureza cautelar, pois serve para garantir o resultado útil do próprio conflito de competência. Além de determinar o sobrestamento do processo, o relator do conflito positivo de competência pode conceder alguma tutela provisória relativa ao próprio conflito, a fim de lhe garantir o resultado útil. É possível que, no conflito de competência, haja alguma situação que mereça acautelamento, a fim de lhe garantir o resultado útil. Nesse caso, o relator pode conceder a tutela provisória para assegurar o resultado do próprio conflito. A hipótese

# LIVRO III · DOS PROCESSOS NOS TRIBUNAIS E DOS MEIOS DE IMPUGNAÇÃO DAS DECISÕES JUDICIAIS — Art. 957

difere da existência de perigo a ser tutelado por um dos juízos em conflito. Se há um risco de dano em relação ao mérito da discussão travada no processo originário, no qual os juízos disputam a competência, a tutela provisória será examinada por um dos juízes, designado pelo relator do conflito de competência. Se, porém, o que está em risco é o resultado útil do próprio conflito de competência, aí será do relator a atribuição de conceder a tutela provisória. A cautelar contém *referibilidade*, relacionando-se com a necessidade de se assegurar resultado útil do mérito ou da decisão final. Se a tutela cautelar tiver *referibilidade* com o resultado do conflito de competência, caberá ao relator examiná-la. Diversamente, se a *referibilidade* for com o resultado da demanda principal, a cautelar será, então, examinada pelo juízo designado pelo relator do conflito. Havendo, enfim, risco ao resultado útil do próprio conflito de competência, será possível o seu relator conceder uma tutela provisória.

**4. Julgamento monocrático.** O conflito de competência, que sempre é julgado por um tribunal, deve, em princípio, sujeitar-se à colegialidade. É o órgão colegiado indicado pelo regimento interno do tribunal que deve julgar o conflito de competência. Caso, porém, já haja súmula ou precedente obrigatório que defina qual o órgão competente, o relator do conflito pode decidi-lo desde logo, em decisão monocrática, sem precisar submeter a questão ao colegiado.

**5. Cabimento de agravo interno.** Da decisão que julga o conflito monocraticamente cabe agravo interno (art. 1.021).

> **Art. 956.** Decorrido o prazo designado pelo relator, será ouvido o Ministério Público, no prazo de 5 (cinco) dias, ainda que as informações não tenham sido prestadas, e, em seguida, o conflito irá a julgamento.

▶ **1. Correspondência no CPC/1973.** *"Art. 121. Decorrido o prazo, com informações ou sem elas, será ouvido, em 5 (cinco) dias, o Ministério Público; em seguida o relator apresentará o conflito em sessão de julgamento."*

## 📖 COMENTÁRIOS TEMÁTICOS

**2. Intimação do Ministério Público.** Decorrido o prazo para prestação de informações do(s) juiz(es), o Ministério Público deverá ser intimado, apenas se a causa subsumir-se a uma das hipóteses gerais de intervenção (art. 951, parágrafo único). O Ministério Público só in-

tervém em conflito de competência, se o caso se enquadrar numa das hipóteses do art. 178.

**3. Necessidade de intimação.** Sendo caso de intervenção obrigatória do Ministério Público, é suficiente sua intimação, não sendo necessária sua manifestação. Ao julgar a ADI 1.936, o STF reafirmou seu entendimento segundo o qual a falta de manifestação do Ministério Público, nos casos em que deve intervir, não acarreta a nulidade do processo, desde que tenha havido sua regular intimação. De acordo com o STF, para se atender à exigência normativa de sua intervenção, basta a intimação do Ministério Público, sendo prescindível seu pronunciamento expresso.

**4. Julgamento do conflito.** Se não for caso de intervenção do Ministério Público, o relator já submete o conflito a julgamento logo após ultrapassado o prazo para as informações do(s) juiz(es). Sendo caso de intervenção do Ministério Público, após decorrido o prazo para sua manifestação, com ou sem ela, o conflito será levado a julgamento.

> **Art. 957.** Ao decidir o conflito, o tribunal declarará qual o juízo competente, pronunciando-se também sobre a validade dos atos do juízo incompetente.
>
> Parágrafo único. Os autos do processo em que se manifestou o conflito serão remetidos ao juiz declarado competente.

▶ **1. Correspondência no CPC/1973.** *"Art. 122. Ao decidir o conflito, o tribunal declarará qual o juiz competente, pronunciando-se também sobre a validade dos atos do juiz incompetente. Parágrafo único. Os autos do processo, em que se manifestou o conflito, serão remetidos ao juiz declarado competente."*

## ⚖️ LEGISLAÇÃO CORRELATA

**2. LINDB, art. 21.** *"Art. 21. A decisão que, nas esferas administrativa, controladora ou judicial, decretar a invalidação de ato, contrato, ajuste, processo ou norma administrativa deverá indicar de modo expresso suas consequências jurídicas e administrativas. Parágrafo único. A decisão a que se refere o caput deste artigo deverá, quando for o caso, indicar as condições para que a regularização ocorra de modo proporcional e equânime e sem prejuízo aos interesses gerais, não se podendo impor aos sujeitos atingidos ônus ou perdas que, em função das peculiaridades do caso, sejam anormais ou excessivos."*

1457

## COMENTÁRIOS TEMÁTICOS

**3. Julgamento.** O tribunal deve decidir qual o juízo competente, determinando que os autos do processo sejam a ele remetidos ou, se já estiverem com ele, que lá se mantenham.

**4. Impossibilidade de o tribunal, no conflito, decidir sobre o mérito da controvérsia.** Ao julgar o conflito de competência, não está o tribunal *"(...) autorizado a imiscuir-se no mérito da demanda para examinar fatos e provas, antecipando indevido juízo de valor quanto ao próprio objeto da ação originadora do conflito de competência"* (STJ, 1ª Seção, AgRg no CC 144.175/MG, rel. Min. Sérgio Kukina, *DJe* 08.11.2016).

**5. Validade dos atos e *translatio iudicii*.** Decidido qual o juízo competente, cabe ao tribunal pronunciar-se sobre a validade dos atos processuais até então praticados. O § 4º do art. 64 assim dispõe: *"salvo decisão judicial em sentido contrário, conservar-se-ão os efeitos das decisões proferidas pelo juízo incompetente, até que outra seja proferida, se for o caso, pelo juízo competente"*. Ou seja: reconhecida a incompetência, os autos devem ser remetidos ao juízo competente, com o aproveitamento de *todos* os atos processuais, aí incluídos os decisórios, salvo se houver decisão em sentido contrário. Está, enfim, previsto o aproveitamento dos atos processuais, encampando-se a ideia da *translatio iudicii*. Em virtude da *translatio iudicii*, não somente devem ser aproveitados os atos praticados no processo pelo juízo incompetente, como também devem ser preservados os efeitos materiais e processuais da demanda. A *translatio iudicii*, que decorre dos princípios da efetividade, da duração razoável do processo, da eficiência e do aproveitamento dos atos processuais, contém o fundamento para que se preservem os efeitos materiais e processuais da demanda. É a partir dela que se pode, num conflito de competência, declarar a validade de todos os atos praticados pelo juízo incompetente, aproveitando-se tudo quanto foi praticado. O julgamento do conflito de competência não provoca, necessariamente, a invalidade de atos processuais. Os atos praticados pelo juízo incompetente podem ser aproveitados. Só haverá invalidade, se o tribunal a proclamar expressamente. O § 4º do art. 64 também se aplica aqui. Eis a razão pela qual o art. 957 exige que o tribunal se manifeste sobre a validade dos atos processuais praticados.

**6. Competência do tribunal para invalidar os atos processuais.** Ao julgar o conflito de competência, cabe ao tribunal pronunciar-se sobre a validade dos atos processuais até então praticados. O tribunal, ao decidir qual o juízo competente, pode invalidar atos processuais. Tal atribuição é conferida ao tribunal no julgamento do conflito de competência. O ideal é preservar ao máximo os atos praticados, em razão da *translatio iudicii*. Não sendo possível preservá-los, cabe ao tribunal pronunciar expressamente a invalidade dos atos que não possam ser aproveitados.

---

**Art. 958.** No conflito que envolva órgãos fracionários dos tribunais, desembargadores e juízes em exercício no tribunal, observar-se-á o que dispuser o regimento interno do tribunal.

---

▶ **1. Correspondência no CPC/1973.** *"Art. 123. No conflito entre turmas, seções, câmaras, Conselho Superior da Magistratura, juízes de segundo grau e desembargadores, observar-se-á o que dispuser a respeito o regimento interno do tribunal."*

## LEGISLAÇÃO CORRELATA

**2. CF, art. 96, I, a.** *"Art. 96. Compete privativamente: I – aos tribunais: a) eleger seus órgãos diretivos e elaborar seus regimentos internos, com observância das normas de processo e das garantias processuais das partes, dispondo sobre a competência e o funcionamento dos respectivos órgãos jurisdicionais e administrativos."*

## COMENTÁRIOS TEMÁTICOS

**3. Importância dos regimentos internos dos tribunais.** Os tribunais, mediante seus regimentos internos, disciplinam o funcionamento de seus órgãos, com a distribuição de competência a cada um deles. As competências funcional e material dos órgãos internos dos tribunais devem ser distribuídas em seus regimentos internos. As competências material e funcional *do tribunal* são estabelecidas pela legislação (em sentido amplo); o regimento interno *distribui* essas competências do tribunal internamente.

**4. Conflito de competência entre órgãos dos tribunais.** É possível que haja conflito de competência entre órgãos dos tribunais. A competência de tais órgãos é estabelecida nos respectivos regimentos internos. Aos regimentos internos também cabe definir os órgãos que devem processar e julgar os conflitos de competência. Havendo conflito de competência entre órgãos do tribunal, seu processamento e julgamento

**LIVRO III · DOS PROCESSOS NOS TRIBUNAIS E DOS MEIOS DE IMPUGNAÇÃO DAS DECISÕES JUDICIAIS** · **Art. 960**

hão de ser feitos por órgão indicado pelo seu próprio regimento interno.

> **Art. 959.** O regimento interno do tribunal regulará o processo e o julgamento do conflito de atribuições entre autoridade judiciária e autoridade administrativa.

▶ **1. Correspondência no CPC/1973.** *"Art. 124. Os regimentos internos dos tribunais regularão o processo e julgamento do conflito de atribuições entre autoridade judiciária e autoridade administrativa."*

### 🔠 Legislação Correlata

**2. CF, art. 96, I, a.** *"Art. 96. Compete privativamente: I – aos tribunais: a) eleger seus órgãos diretivos e elaborar seus regimentos internos, com observância das normas de processo e das garantias processuais das partes, dispondo sobre a competência e o funcionamento dos respectivos órgãos jurisdicionais e administrativos."*

### 📧 Comentários Temáticos

**3. Conflito de jurisdição, conflito de competência e conflito de atribuições.** O conflito de jurisdição instala-se no âmbito internacional, entre Estados soberanos diversos. O conflito de competência pode surgir entre autoridades no exercício da atividade jurisdicional. O conflito atribuições surge entre autoridades administrativas ou entre autoridades administrativas e jurisdicionais.

**4. Conflito de atribuições.** *"O conflito de atribuições ocorre quando autoridades de dois poderes diferentes, no desempenho de atividades administrativas, se julgam competentes para a edição de ato administrativo análogo"* (STJ, 1ª Seção, CAt 16/RO, rel. Min. Antonio de Padua Ribeiro, *DJ* 16.12.1991, p. 18.487). *"1. Há Conflito de Atribuições quando integrantes de Poderes distintos, atuando na incerteza dos seus limites, se arrogam do direito de conhecer e decidir a mesma questão. 2. A prática de atos judiciais, próprios do Juiz em sua plena jurisdição, não configura invasão às atribuições da autoridade administrativa"* (STJ, 3ª Seção, CAt 83/RJ, rel. p/ ac. Min. Edson Vidigal, *DJ* 17.4.2000, p. 41).

**5. Julgamento de conflito de atribuições.** Além do conflito de competência, o tribunal também pode julgar conflito de atribuições, observando as regras previstas em seu regimento interno.

## CAPÍTULO VI
## DA HOMOLOGAÇÃO DE DECISÃO ESTRANGEIRA E DA CONCESSÃO DO *EXEQUATUR* À CARTA ROGATÓRIA

> **Art. 960.** A homologação de decisão estrangeira será requerida por ação de homologação de decisão estrangeira, salvo disposição especial em sentido contrário prevista em tratado.
>
> § 1º A decisão interlocutória estrangeira poderá ser executada no Brasil por meio de carta rogatória.
>
> § 2º A homologação obedecerá ao que dispuserem os tratados em vigor no Brasil e o Regimento Interno do Superior Tribunal de Justiça.
>
> § 3º A homologação de decisão arbitral estrangeira obedecerá ao disposto em tratado e em lei, aplicando-se, subsidiariamente, as disposições deste Capítulo.

▶ **1. Correspondência no CPC/1973.** *"Art. 483. A sentença proferida por tribunal estrangeiro não terá eficácia no Brasil senão depois de homologada pelo Supremo Tribunal Federal. Parágrafo único. A homologação obedecerá ao que dispuser o Regimento Interno do Supremo Tribunal Federal."*

### 🔠 Legislação Correlata

**2. CF, art. 105, I, i.** *"Art. 105. Compete ao Superior Tribunal de Justiça: (...) i) a homologação de sentenças estrangeiras e a concessão de exequatur às cartas rogatórias;*

**3. LINDB, art. 15.** *"Art. 15. Será executada no Brasil a sentença proferida no estrangeiro, que reúna os seguintes requisitos: a) haver sido proferida por juiz competente; b) terem sido as partes citadas ou haver-se legalmente verificado à revelia; c) ter passado em julgado e estar revestida das formalidades necessárias para a execução no lugar em que foi proferida; d) estar traduzida por intérprete autorizado; e) ter sido homologada pelo Supremo Tribunal Federal."*

**4. LINDB, art. 16.** *"Art. 16. Quando, nos termos dos artigos precedentes, se houver de aplicar a lei estrangeira, ter-se-á em vista a disposição desta, sem considerar-se qualquer remissão por ela feita a outra lei."*

**5. LINDB, art. 17.** *"Art. 17. As leis, atos e sentenças de outro país, bem como quaisquer declarações de vontade, não terão eficácia no Brasil, quando ofenderem a soberania nacional, a ordem pública e os bons costumes."*

**Art. 960** CÓDIGO DE PROCESSO CIVIL COMENTADO – *Leonardo Carneiro da Cunha*

**6. Lei 9.307/1996, art. 35.** *"Art. 35. Para ser reconhecida ou executada no Brasil, a sentença arbitral estrangeira está sujeita, unicamente, à homologação do Superior Tribunal de Justiça."*

**7. RISTJ, art. 216-A.** *"É atribuição do Presidente do Tribunal homologar decisão estrangeira, ressalvado o disposto no art. 216-K. § 1º Serão homologados os provimentos não judiciais que, pela lei brasileira, tiverem natureza de sentença. § 2º As decisões estrangeiras poderão ser homologadas parcialmente."*

**8. RISTJ, art. 216-B.** *"Art. 216-B. A decisão estrangeira não terá eficácia no Brasil sem a prévia homologação do Superior Tribunal de Justiça."*

**9. RISTJ, art. 216-C.** *"Art. 216-C. A homologação da decisão estrangeira será proposta pela parte requerente, devendo a petição inicial conter os requisitos indicados na lei processual, bem como os previstos no art. 216-D, e ser instruída com o original ou cópia autenticada da decisão homologanda e de outros documentos indispensáveis, devidamente traduzidos por tradutor oficial ou juramentado no Brasil e chancelados pela autoridade consular brasileira competente, quando for o caso."*

**10. RISTJ, art. 216-D.** *"Art. 216-D. A decisão estrangeira deverá: I – ter sido proferida por autoridade competente; II – conter elementos que comprovem terem sido as partes regularmente citadas ou ter sido legalmente verificada a revelia; III – ter transitado em julgado."*

**11. RISTJ, art. 216-E.** *"Art. 216-E. Se a petição inicial não preencher os requisitos exigidos nos artigos anteriores ou apresentar defeitos ou irregularidades que dificultem o julgamento do mérito, o Presidente assinará prazo razoável para que o requerente a emende ou complete. Parágrafo único. Após a intimação, se o requerente ou o seu procurador não promover, no prazo assinalado, ato ou diligência que lhe for determinada no curso do processo, será este arquivado pelo Presidente."*

**12. RISTJ, art. 216-F.** *"Art. 216-F. Não será homologada a decisão estrangeira que ofender a soberania nacional, a dignidade da pessoa humana e/ou a ordem pública."*

**13. RISTJ, art. 216-G.** *"Art. 216-G. Admitir-se-á a tutela provisória nos procedimentos de homologação de decisão estrangeira."*

**14. RISTJ, art. 216-H.** *"Art. 216-H. A parte interessada será citada para, no prazo de quinze dias, contestar o pedido. Parágrafo único. A defesa somente poderá versar sobre a inteligência da decisão alienígena e a observância dos requisitos indicados nos arts. 216-C, 216-D e 216-F."*

**15. RISTJ, art. 216-I.** *"Art. 216-I. Revel ou incapaz o requerido, dar-se-lhe-á curador especial, que será pessoalmente notificado."*

**16. RISTJ, art. 216-J.** *"Art. 216-J. Apresentada contestação, serão admitidas réplica e tréplica em cinco dias."*

**17. RISTJ, art. 216-K.** *"Art. 216-K. Contestado o pedido, o processo será distribuído para julgamento pela Corte Especial, cabendo ao relator os demais atos relativos ao andamento e à instrução do processo. Parágrafo único. O relator poderá decidir monocraticamente nas hipóteses em que já houver jurisprudência consolidada da Corte Especial a respeito do tema."*

**18. RISTJ, art. 216-L.** *"Art. 216-L. O Ministério Público terá vista dos autos pelo prazo de quinze dias, podendo impugnar o pedido."*

**19. RISTJ, art. 216-M.** *"Art. 216-M. Das decisões do Presidente ou do relator caberá agravo."*

**20. RISTJ, art. 216-N.** *"Art. 216-N. A decisão estrangeira homologada será executada por carta de sentença no Juízo Federal competente."*

## ⚖ JURISPRUDÊNCIA, ENUNCIADOS E SÚMULAS SELECIONADOS

- **21. Súmula STF, 381.** *"Não se homologa sentença de divórcio obtida, por procuração, em país de que os cônjuges não eram nacionais."*
- **22. Enunciado 85 do FPPC.** *"Deve prevalecer a regra de direito mais favorável na homologação de sentença arbitral estrangeira em razão do princípio da máxima eficácia."*
- **23. Enunciado 86 do FPPC.** *"Na aplicação do art. 964 considerar-se-á o disposto no § 3º do art. 960."*

## 🖹 COMENTÁRIOS TEMÁTICOS

**24. Homologação de sentença estrangeira.** A sentença estrangeira, nos casos de competência internacional concorrente (arts. 21 e 22), deve ser homologada pelo STJ, desde que atendidos os requisitos exigidos pelo art. 963.

**25. Decisões estrangeiras.** Devem ser homologadas não apenas sentenças estatais estrangeiras, mas também sentenças arbitrais estrangeiras, sejam elas parciais ou totais.

**26. Fontes normativas.** A homologação de decisão estrangeira deve observar o que estabelecerem os tratados de que o Brasil seja signatário, a Constituição, a LINDB, o Regimento Interno do STJ, o CPC e outros diplomas internos que tratarem do tema.

1460

**LIVRO III · DOS PROCESSOS NOS TRIBUNAIS E DOS MEIOS DE IMPUGNAÇÃO DAS DECISÕES JUDICIAIS** **Art. 960**

**27. Execução da sentença estrangeira.** A sentença estrangeira somente pode ser executada no Brasil depois de homologada pelo STJ (art. 515, VIII). Homologada a sentença estrangeira pelo STJ, sua execução deve ser processada perante um juiz federal de primeira instância (CF, art. 109, X).

**28. Título extrajudicial estrangeiro.** Os títulos executivos extrajudiciais estrangeiros não dependem de homologação do STJ para serem executados, tendo eficácia executiva quando satisfeitos os requisitos de sua formação exigidos pela lei do lugar de sua celebração (art. 784, §§ 2º e 3º).

**29. Ação de homologação de sentença estrangeira.** Destina-se a atribuir eficácia interna a uma decisão proferida por um órgão jurisdicional de outro país. É julgada pelo STJ, cuja cognição restringe-se ao exame dos requisitos previstos no art. 963.

**30. Desnecessidade de juntada da petição inicial que inaugurou o processo estrangeiro e da chancela consular.** *"A chancela da autoridade consular brasileira ou o apostilamento fica dispensado, conforme prevê o Acordo de Cooperação em Matéria Civil firmado entre as Repúblicas Francesa e Brasileira, promulgado por intermédio do Decreto 3.598/2000. III – Em razão do juízo meramente delibatório emitido por esta Corte, a legislação de regência não exige a juntada da petição inicial que inaugurou o processo estrangeiro"* (STJ, Corte Especial, HDE 1.250/EX, rel. Min. Francisco Falcão, *DJe* 26.02.2020).

**31. Desnecessidade de autenticação consular da decisão objeto de homologação.** *"Conforme dispõe a Convenção sobre a Eliminação da Exigência de Legalização de Documentos Públicos Estrangeiros (Convenção de Haia), promulgada pelo Decreto 8.660/2016, são considerados documentos públicos os atos notariais (art. 1º, c), sendo dispensada a formalidade pela qual os agentes diplomáticos ou consulares do país no qual o documento deve produzir efeitos atestam a autenticidade da assinatura, a função ou o cargo exercidos pelo signatário do documento e, quando do cabível, a autenticidade do selo ou carimbo aposto no documento (art. 2º), sendo suficiente para tal finalidade a aposição de apostila, emitida pela autoridade competente do Estado no qual o documento é originado (art. 3º), atendendo-se, portanto, o requisito previsto no art. 37, I da Lei 9.307/1996, sendo desnecessário, no presente caso, a autenticação consular da decisão objeto da homologação. 4. Conforme já decidiu esta Corte Especial, o conceito de documento público para fins de aplicação da Convenção de Haia, deve ser*

*interpretado de maneira ampla e abrangente, o que assegura o reconhecimento da autenticidade, de maneira simplificada, a um maior número possível de documentos, sendo o apostilamento meio hábil para a comprovação da autenticidade da assinatura, selo ou carimbo oficiais do Estado de origem apostos no documento legal estrangeiro"* (STJ, Corte Especial, HDE 1.940/EX, rel. Min. Napoleão Nunes Maia Filho, *DJe* 17.02.2020).

**32. Legitimidade ativa.** Todos que possam ser alcançados pelos efeitos da decisão estrangeira no território nacional têm legitimidade para postular sua homologação pelo STJ.

**33. Legitimidade passiva.** É de quem deva ser alcançado pelos efeitos da decisão estrangeira.

**34. Litisconsórcio.** No processo de homologação de sentença estrangeira, aplicam-se as regras sobre litisconsórcio da legislação brasileira. É possível, então, haver litisconsórcio ativo, passivo ou misto, facultativo ou necessário, simples ou unitário, tudo a depender das circunstâncias e detalhes do caso.

**35. Valor da causa em homologação de sentença estrangeira condenatória.** *"O valor da causa, em homologação de sentença estrangeira condenatória, é o da condenação por esta imposta"* (STJ, Corte Especial, SEC 14.385/EX, rel. Min. Nancy Andrighi, *DJe* 21.08.2018).

**36. Competência.** É do STJ a competência para processar e julgar o processo de homologação de sentença estrangeira (CF, art. 105, I, i). Internamente, a competência para a homologação é do Presidente do STJ, se não houver contestação. Contestado o pedido, haverá distribuição a um relator, entre os integrantes da Corte Especial do STJ.

**37. Citação.** Admitida a petição inicial, a parte contrária é citada para, querendo, contestar o pedido de homologação. O prazo para contestar é de 15 dias, computando-se, na sua contagem, apenas os dias úteis (art. 219).

**38. Ministério Público.** Deve intervir no processo de homologação de sentença estrangeira como fiscal da ordem jurídica e, nessa condição, terá vista dos autos depois das partes, deve ser intimado de todos os atos do processo, podendo produzir provas e requerer as medidas processuais pertinentes e recorrer (art. 179).

**39. Honorários advocatícios.** *"Em demandas de Homologação de Decisão Estrangeira, aplica-se, na fixação de honorários advocatícios sucumbenciais, o disposto no parágrafo 8º do art. 85 do CPC/2015. 4. Valor fixado sem olvidar do valor da condenação estampada na sentença estrangeira, mas também levando-se em considera-*

1461

ção que o processo tramitou de forma eletrônica, sem necessidade de comparecimento a Brasília e foi extinto sem apreciação do mérito por falta de prova de representação processual regular da *Autora*" (STJ, Corte Especial, AgInt nos EDcl na SEC 15.883/EX, rel. Min. Benedito Gonçalves, *DJe* 13.08.2019).

**40. Descabimento da fixação de honorários sucumbenciais.** *"A ausência de litigiosidade na ação de homologação de sentença estrangeira afasta a condenação da parte requerida em honorários advocatícios sucumbenciais"* (STJ, Corte Especial, AgInt nos EDcl na HDE 2.568/EX, rel. Min. João Otávio de Noronha, *DJe* 13.12.2019).

**41. Carta rogatória.** A decisão interlocutória estrangeira pode ser executada no Brasil por meio de carta rogatória, constituindo título executivo judicial (art. 515, IX), mas é preciso que o STJ conceda o *exequatur*. Ressalvada alguma previsão em tratado internacional ou em disposição legal interna, qualquer decisão estrangeira só produz efeitos no território nacional, depois de autorização do STJ.

---

**Art. 961.** A decisão estrangeira somente terá eficácia no Brasil após a homologação de sentença estrangeira ou a concessão do *exequatur* às cartas rogatórias, salvo disposição em sentido contrário de lei ou tratado.

§ 1º É passível de homologação a decisão judicial definitiva, bem como a decisão não judicial que, pela lei brasileira, teria natureza jurisdicional.

§ 2º A decisão estrangeira poderá ser homologada parcialmente.

§ 3º A autoridade judiciária brasileira poderá deferir pedidos de urgência e realizar atos de execução provisória no processo de homologação de decisão estrangeira.

§ 4º Haverá homologação de decisão estrangeira para fins de execução fiscal quando prevista em tratado ou em promessa de reciprocidade apresentada à autoridade brasileira.

§ 5º A sentença estrangeira de divórcio consensual produz efeitos no Brasil, independentemente de homologação pelo Superior Tribunal de Justiça.

§ 6º Na hipótese do § 5º, competirá a qualquer juiz examinar a validade da decisão, em caráter principal ou incidental, quando essa questão for suscitada em processo de sua competência.

▶ **1. Correspondência no CPC/1973.** *"Art. 483. A sentença proferida por tribunal estrangeiro não terá eficácia no Brasil senão depois de homologada pelo Supremo Tribunal Federal. Parágrafo único.*

*A homologação obedecerá ao que dispuser o Regimento Interno do Supremo Tribunal Federal."*

## 🏛 Legislação Correlata

**2. CF, art. 105, I, i.** *"Art. 105. Compete ao Superior Tribunal de Justiça: (...) i) a homologação de sentenças estrangeiras e a concessão de exequatur às cartas rogatórias."*

**3. LINDB, art. 15.** *"Art. 15. Será executada no Brasil a sentença proferida no estrangeiro, que reúna os seguintes requisitos: a) haver sido proferida por juiz competente; b) terem sido os partes citadas ou haver-se legalmente verificado à revelia; c) ter passado em julgado e estar revestida das formalidades necessárias para a execução no lugar em que foi proferida; d) estar traduzida por intérprete autorizado; e) ter sido homologada pelo Supremo Tribunal Federal."*

**4. LINDB, art. 17.** *"Art. 17. As leis, atos e sentenças de outro país, bem como quaisquer declarações de vontade, não terão eficácia no Brasil, quando ofenderem a soberania nacional, a ordem pública e os bons costumes."*

**5. Dec. 2.428/1997, art. 1º.** *"Art. 1º A Convenção Interamericana sobre Obrigação Alimentar concluída em Montevidéu, em 15 de julho de 1989, apenas por cópia ao presente Decreto, deverá ser cumprida tão inteiramente como nela se contém."*

**6. Convenção Interamericana sobre Obrigação Alimentar, art. 13.** *"Artigo 13. A verificação dos requisitos acima indicados caberá diretamente ao juiz a quem corresponda conhecer da execução, o qual atuará de forma sumária, com audiência da parte obrigada, mediante citação pessoal e com vista do Ministério Público, sem examinar o fundo da questão. Quando a decisão for apelável, o recurso não suspenderá as medidas cautelares, nem a cobrança e execução que estiverem em vigor."*

**7. Dec. 7.107/2010, art. 1º.** *"Art. 1º O Acordo entre o Governo da República Federativa do Brasil e a Santa Sé relativo ao Estatuto Jurídico da Igreja Católica no Brasil, firmado na Cidade do Vaticano, em 13 de novembro de 2008, apenso por cópia ao presente Decreto, será executado e cumprido tão inteiramente como nele se contém."*

**8. Acordo entre a República Federativa do Brasil e a Santa Sé relativo ao Estatuto Jurídico da Igreja Católica no Brasil, art. 12, § 1º.** *"§ 1º A homologação das sentenças eclesiásticas em matéria matrimonial, confirmadas pelo órgão de controle superior da Santa Sé, será efetuada nos termos da legislação brasileira sobre homologação de sentenças estrangeiras."*

**LIVRO III ·** DOS PROCESSOS NOS TRIBUNAIS E DOS MEIOS DE IMPUGNAÇÃO DAS DECISÕES JUDICIAIS | Art. 961

**9. RISTJ, art. 216-C.** *"Art. 216-C. A homologação da decisão estrangeira será proposta pela parte requerente, devendo a petição inicial conter os requisitos indicados na lei processual, bem como os previstos no art. 216-D, e ser instruída com o original ou cópia autenticada da decisão homologanda e de outros documentos indispensáveis, devidamente traduzidos por tradutor oficial ou juramentado no Brasil e chancelados pela autoridade consular brasileira competente, quando for o caso."*

**10. RISTJ, art. 216-G.** *"Art. 216-G. Admitir-se-á a tutela provisória nos procedimentos de homologação de decisão estrangeira."*

**11. Prov. 53/2016 do CNJ, art. 1º.** *"Art. 1º A averbação direta no assento de casamento da sentença estrangeira de divórcio consensual simples ou puro, bem como da decisão não judicial de divórcio, que pela lei brasileira tem natureza jurisdicional, deverá ser realizada perante o Oficial de Registro Civil das Pessoas Naturais a partir de 18 de março de 2016. § 1º A averbação direta de que trata o* caput *desse artigo independe de prévia homologação da sentença estrangeira pelo Superior Tribunal de Justiça e/ou de prévia manifestação de qualquer outra autoridade judicial brasileira. § 2º A averbação direta dispensa a assistência de advogado ou defensor público. § 3º A averbação da sentença estrangeira de divórcio consensual, que, além da dissolução do matrimônio, envolva disposição sobre guarda de filhos, alimentos e/ou partilha de bens – aqui denominado divórcio consensual qualificado – dependerá de prévia homologação pelo Superior Tribunal de Justiça."*

## ⚖ JURISPRUDÊNCIA, ENUNCIADOS E SÚMULAS SELECIONADOS

- **12. Enunciado 553 do FPPC.** *"A sentença arbitral parcial estrangeira submete-se ao regime de homologação."*

## 🗐 COMENTÁRIOS TEMÁTICOS

**13. Homologação de sentença estrangeira.** Para produzir efeitos no Brasil, a sentença estrangeira precisa ser homologada pelo STJ. Homologar é tornar o ato, que se examina, semelhante ao que devia ser. Ser homólogo é ter a mesma natureza ou a mesma razão de ser; é mais do que ser análogo. Quando o STJ homologa uma sentença estrangeira, torna-a semelhante à uma sentença nacional. A decisão estrangeira passa a ter a mesma razão de ser da nacional, produzindo efeitos no território brasileiro.

**14. Finalidade.** A finalidade do processo de homologação de sentença estrangeira não é adicionar-lhe qualquer eficácia, mas apenas internalizar seus efeitos no território brasileiro.

**15. Eficácia da sentença estrangeira.** *"A homologação pelo Superior Tribunal de Justiça é apenas uma fase para que a sentença estrangeira tenha eficácia no Brasil"* (STJ, Corte Especial, AgInt nos EDcl na SEC 15.883/EX, rel. Min. Benedito Gonçalves, *DJe* 13.08.2019).

**16. Juízo de delibação.** O STJ, no processo de homologação de sentença estrangeira, não examina o mérito da decisão a ser homologada, restringindo-se a realizar apenas um juízo de delibação, destinado apenas à análise dos requisitos exigidos no art. 15 da LINDB e no art. 216-F do RISTJ.

**17. Decisão estrangeira.** Não se homologa apenas sentença estrangeira, mas qualquer outra decisão que não seja sentença, desde que proferida por autoridade judicial estrangeira ou por autoridade não judicial, mas que, pela lei brasileira, tenha natureza jurisdicional.

**18. Sentença arbitral.** A sentença arbitral estrangeira também deve, para produzir efeitos no Brasil, ser homologada pelo STJ.

**19. Sentença eclesiástica.** A sentença eclesiástica de anulação de matrimonio, confirmada pelo órgão de controle superior da Santa Sé, também deve ser homologada pelo STJ para que produz efeitos no Brasil.

**20. Homologação de sentenças eclesiásticas em matéria matrimonial.** *"O art. 12 do Decreto Legislativo 698/2009, bem como o art. 12 do Decreto Federal 7.107/2010 (ambos com a mesma redação) dispõem que a homologação de sentenças eclesiásticas em matéria matrimonial será realizada nos termos da legislação brasileira atinente a matéria, de modo que, confirmadas pelo órgão superior de controle da Santa Sé são consideradas sentenças estrangeiras e deverão ser homologadas de acordo com a legislação brasileira vigente. Arguição de inconstitucionalidade que se rejeita"* (STJ, Corte Especial, SEC 11.962/EX, rel. Min. Felix Fischer, *DJe* 25.11.2015).

**21. Sentença estrangeira que decreta falência.** *"Em sede de juízo delibatório, não se discute o mérito da sentença estrangeira que decretou a quebra da empresa, tampouco a questão de fundo do feito antecedente à falência. 2. A homologação do provimento alienígena ofenderia a ordem pública na medida em que frustraria o objetivo da recuperação judicial ao qual submetida a empresa requerida. 3. A validação de sentença de quebra de empresa que representa quase que a totalidade* das ações da empresa aqui sediada desrespeitaria o disposto no art. 3º da Lei 11.101/2005, ofendendo, por conseguinte, a soberania nacional" (STJ, Corte Especial, SEC 11.277/EX, rel. Min. Maria Thereza de Assis Moura, *DJe* 1º.07.2016).

**22. Conteúdo da decisão estrangeira.** Não importa o conteúdo da decisão estrangeira, podendo ser de procedência ou de improcedência, ou declaratória, condenatória, constitutiva, mandamental ou executiva. Também pode ser de jurisdição contenciosa ou de jurisdição voluntária. Toda decisão, preenchidos os requisitos, pode ser homologada pelo STJ, a fim de produzir efeitos no território nacional.

**23. Decisão interlocutória.** A decisão interlocutória estrangeira, depois de concedido o *exequatur* em carta rogatória, produz efeitos no Brasil.

**24. Homologação parcial.** A decisão estrangeira pode ser homologada parcialmente. Apenas um de seus capítulos pode ser homologado, quando (*a*) a parte interessada assim o requerer; (*b*) apenas parte da decisão pode ser homologada, porque o restante não atende aos requisitos necessários à homologação; (*c*) for desnecessária a homologação de outra parte (divórcio consensual, por exemplo).

**25. Decisões estrangerias não sujeitas à homologação.** Os tratados internacionais ou lei interna podem dispensar a homologação da decisão estrangeira. É o caso da sentença estrangeria de divórcio consensual e da sentença estrangeira condenatória de alimentos, que não precisam ser homologadas pelo STJ

**26. Divórcio consensual.** A decisão estrangeira de divórcio consensual não precisa ser homologada pelo STJ, podendo qualquer órgão jurisdicional brasileiro examinar, de modo incidental ou principal, sua validade (art. 961, § 5º).

**27. Divórcio consensual. Interesse de agir. Questão intertemporal.** "*Embora o pedido de homologação não tenha sido materialmente contestado, a competência da Corte Especial deve ser mantida diante da preliminar levantada pelo Ministério Público Federal, segundo a qual, após a vigência do CPC de 2015, o pedido de homologação, no STJ, de divórcio consensual realizado no estrangeiro não seria mais necessário. 3. No caso concreto, uma vez requerida a homologação em período anterior à vigência do NCPC, vislumbro interesse de agir e proveito às partes no exame da homologação, sobretudo diante do § 6º do art. 961 do CPC de 2015, que prevê a possibilidade de qualquer juiz examinar a validade da decisão proferida no exterior 4. Tal entendimento não* implica reconhecer a presença de interesse de agir de pedidos de homologação de decisões estrangeiras sobre divórcios consensuais formulados após o advento do novo CPC*" (STJ, Corte Especial, SEC 13.571/EX, rel. Min. Herman Benjamin, *DJe* 03.05.2017).

**28. Sentença estrangeira de alimentos.** A decisão estrangeira que condena em alimentos não precisa ser homologada pelo STJ, de acordo com o art. 13 da Convenção Interamericana sobre Obrigação Alimentar. Sua execução faz-se diretamente perante o juízo brasileiro competente.

**29. Honorários fixados por equidade na homologação de sentença estrangeira.** "*Em pedido de homologação de decisão estrangeira, contestado pela própria parte requerida, a verba honorária sucumbencial deve ser estabelecida por apreciação equitativa, nos termos do § 8º do art. 85 do CPC de 2015, com observância dos critérios dos incisos do § 2º do mesmo art. 85. Dentre os critérios legais indicados, a serem atendidos pelo julgador, apenas o constante do inciso III refere imediatamente à causa em que proferida a decisão, sendo, assim, fator endoprocessual, dotado de aspecto objetivo prevalente, enquanto os demais critérios são de avaliação preponderantemente subjetiva (incisos I e IV) ou até exógena ao processo (inciso II). 7. Desse modo, ao arbitrar, por apreciação equitativa, os honorários advocatícios sucumbenciais, não pode o julgador deixar de atentar para a natureza e a importância da causa, levando em consideração a natureza, existencial ou patrimonial, da relação jurídica subjacente nela discutida, objeto do acertamento buscado na decisão estrangeira a ser homologada. Com isso, obterá também parâmetro acerca da importância da causa. 8. Por relação jurídica de natureza existencial, deve-se entender aquelas nas quais os aspectos de ordem moral, em regra, superam os de cunho material. Por isso, a importância da causa para as partes não estará propriamente em expressões econômicas nela acaso envolvidas, mas sobretudo nos valores existenciais emergentes. Já a relação jurídica de natureza patrimonial refere, comumente, a objetivos econômicos e financeiros relacionados com o propósito das partes de auferir lucro, característico dos empresários e das empresas atuantes nas atividades econômicas de produção ou circulação de bens e serviços. Para estes sujeitos, a importância de uma ação judicial é, em regra, proporcional aos valores envolvidos na disputa, ficando os aspectos morais num plano secundário, inferior ou até irrelevante. 9. Assim, o estabelecimento, por equidade, de honorários advocatícios sucumbenciais nas homologações de decisão estrangeira contestada, conforme a natu-*

**LIVRO III · DOS PROCESSOS NOS TRIBUNAIS E DOS MEIOS DE IMPUGNAÇÃO DAS DECISÕES JUDICIAIS**  **Art. 962**

*reza predominante da relação jurídica considera-da, observará: a) nas causas de cunho existencial, poderão ser fixados sem maiores incursões nos eventuais valores apenas reflexamente debatidos, por não estar a causa diretamente relacionada a valores monetários, mas sobretudo morais; b) nas causas de índole patrimonial, serão fixados levando em conta, entre outros critérios, os valores envolvidos no litígio, por serem estes indicativos objetivos e inegáveis da importância da causa para os litigantes. 10. Não se confunda, porém, a utilização do valor da causa como mero critério para arbitramento, minimamente objetivo, de ho-norários sucumbenciais por equidade, conforme o discutido § 8º do art. 85, com a adoção do valor da causa como base de cálculo para apuração, aí sim inteiramente objetiva, dos honorários de su-cumbência, de acordo com a previsão do § 2º do mesmo art. 85 do CPC. São coisas bem diferentes. 11. Na espécie, tem-se relação jurídica de natureza patrimonial, de maneira que a fixação da verba honorária, por equidade, nesta demanda, deve levar em consideração o vultoso valor econômico atribuído à causa, decorrente da natureza desta e indicativo da importância da demanda para ambos os litigantes"* (STJ, Corte Especial, HDE 1.809/EX, rel. Min. Raul Araújo, *DJe* 14.06.2021).

**30. Recursos cabíveis.** Cabem recursos no processo de homologação de sentença estran-geira. De todas as decisões cabem embargos de declaração. Das decisões do Presidente do STJ ou do relator na Corte Especial cabe agravo in-terno. Se houver prequestionamento de matéria constitucional e repercussão geral, cabe recurso extraordinário do acórdão que homologar ou não a decisão estrangeira.

**31. Técnica do julgamento ampliado.** No processo de homologação de decisão estrangeira, não se aplica a técnica do julgamento ampliado, pois, além de não haver previsão no art. 942, o julgamento já é feito pela Corte Especial do STJ.

---

**Art. 962.** É passível de execução a decisão estrangeira concessiva de medida de urgência.

§ 1º A execução no Brasil de decisão interlocutória estrangeira concessiva de medida de urgência dar-se-á por carta rogatória.

§ 2º A medida de urgência concedida sem au-diência do réu poderá ser executada, desde que garantido o contraditório em momento posterior.

§ 3º O juízo sobre a urgência da medida com-pete exclusivamente à autoridade jurisdicional prolatora da decisão estrangeira.

§ 4º Quando dispensada a homologação para que a sentença estrangeira produza efeitos

---

no Brasil, a decisão concessiva de medida de urgência dependerá, para produzir efeitos, de ter sua validade expressamente reconhecida pelo juiz competente para dar-lhe cumprimen-to, dispensada a homologação pelo Superior Tribunal de Justiça.

▶ **1. Sem correspondência no CPC/1973.**

### 🔠 Legislação Correlata

**2. Dec. 2.626/1998, art. 1º.** *"Art. 1º O Proto-colo de Medidas Cautelares, concluído em Ouro Preto, em 16 de dezembro de 1994, será executado e cumprido tão inteiramente como nele se contém."*

**3. Protocolo de Medidas Cautelares, art. 19.** *"Artigo 19. A carta rogatória relativa ao cumpri-mento de uma medida cautelar será transmitida pela via diplomática ou consular, por intermé-dio da respectiva Autoridade Central ou das partes interessadas. Quando a transmissão for efetuada pela via diplomática ou consular, ou por intermédio das autoridades centrais, não se exigirá o requisito da legalização. Quando a car-ta rogatória for encaminhada por intermédio da parte interessada, deverá ser legalizada perante os agentes diplomáticos ou consulares do Estado requerido, salvo se, entre os Estados requerente e requerido, haja sido suprimido o requisito da le-galização ou substituído por outra formalidade. Os Juízes ou Tribunais das zonas fronteiriças dos Estados-Partes poderão transmitir-se, de forma direta, os 'exhortos' ou cartas rogatórias previstos neste Protocolo, sem necessidade de legalização. Não será aplicado no cumprimento das medidas cautelares o procedimento homologatório das sentenças estrangeiras."*

### 🗐 Comentários Temáticos

**4. Decisão estrangeira que concede medida de urgência.** Pode ser executada no Brasil, de-vendo ser efetivada por meio de carta rogatória.

**5. Juízo sobre a medida de urgência.** Cabe exclusivamente à autoridade estrangeira, sendo vedado ao STJ qualquer exame ou interferência no mérito do provimento.

**6. Medida liminar.** O provimento de urgência concedido liminarmente só poderá ser efetiva-do se garantido o contraditório no processo em que proferido. O contraditório diferido deve ser exercido no processo estrangeiro, não cabendo à autoridade brasileira efetivá-lo. É preciso, enfim, que se assegure que o contraditório será exerci-do, para que se possa, então, dar cumprimento à medida de urgência no Brasil.

**7. Dispensa do *exequatur*.** Há casos em que a decisão estrangeira não precisa ser homologada pelo STJ (por exemplo: decretação de divórcio consensual, conforme art. 961, § 5º, ou em casos previstos em tratados internacionais ou em acordos bilaterais). Nesses mesmos casos, dispensa-se a concessão de *exequatur* para que a tutela de urgência seja executada no Brasil, cabendo ao órgão judicial brasileiro competente examinar sua validade (art. 961, § 6º).

> **Art. 963.** Constituem requisitos indispensáveis à homologação da decisão:
>
> I – ser proferida por autoridade competente;
>
> II – ser precedida de citação regular, ainda que verificada a revelia;
>
> III – ser eficaz no país em que foi proferida;
>
> IV – não ofender a coisa julgada brasileira;
>
> V – estar acompanhada de tradução oficial, salvo disposição que a dispense prevista em tratado;
>
> VI – não conter manifesta ofensa à ordem pública.
>
> Parágrafo único. Para a concessão do exequatur às cartas rogatórias, observar-se-ão os pressupostos previstos no *caput* deste artigo e no art. 962, § 2º.

▶ **1. Sem correspondência no CPC/1973.**

### 🔠 Legislação Correlata

**2. LINDB, art. 15.** "*Art. 15. Será executada no Brasil a sentença proferida no estrangeiro, que reúna os seguintes requisitos: a) haver sido proferida por juiz competente; b) terem sido os partes citadas ou haver-se legalmente verificado à revelia; c) ter passado em julgado e estar revestida das formalidades necessárias para a execução no lugar em que foi proferida; d) estar traduzida por intérprete autorizado; e) ter sido homologada pelo Supremo Tribunal Federal.*"

**3. LINDB, art. 17.** "*Art. 17. As leis, atos e sentenças de outro país, bem como quaisquer declarações de vontade, não terão eficácia no Brasil, quando ofenderem a soberania nacional, a ordem pública e os bons costumes.*"

**4. Lei 9.307/1996, art. 36.** "*Art. 36. Aplica-se à homologação para reconhecimento ou execução de sentença arbitral estrangeira, no que couber, o disposto nos arts. 483 e 484 do Código de Processo Civil.*"

**5. Lei 9.307/1996, art. 37.** "*Art. 37. A homologação de sentença arbitral estrangeira será requerida pela parte interessada, devendo a petição inicial conter as indicações da lei processual, conforme o art. 282 do Código de Processo Civil, e*

*ser instruída, necessariamente, com: I – o original da sentença arbitral ou uma cópia devidamente certificada, autenticada pelo consulado brasileiro e acompanhada de tradução oficial; II – o original da convenção de arbitragem ou cópia devidamente certificada, acompanhada de tradução oficial.*"

**6. Lei 9.307/1996, art. 38.** "*Art. 38. Somente poderá ser negada a homologação para o reconhecimento ou execução de sentença arbitral estrangeira, quando o réu demonstrar que: I – as partes na convenção de arbitragem eram incapazes; II – a convenção de arbitragem não era válida segundo a lei à qual as partes a submeteram, ou, na falta de indicação, em virtude da lei do país onde a sentença arbitral foi proferida; III – não foi notificado da designação do árbitro ou do procedimento de arbitragem, ou tenha sido violado o princípio do contraditório, impossibilitando a ampla defesa; IV – a sentença arbitral foi proferida fora dos limites da convenção de arbitragem, e não foi possível separar a parte excedente daquela submetida à arbitragem; V – a instituição da arbitragem não está de acordo com o compromisso arbitral ou cláusula compromissória; VI – a sentença arbitral não se tenha, ainda, tornado obrigatória para as partes, tenha sido anulada, ou, ainda, tenha sido suspensa por órgão judicial do país onde a sentença arbitral for prolatada.*"

**7. Lei 9.307/1996, art. 39.** "*Art. 39. A homologação para o reconhecimento ou a execução da sentença arbitral estrangeira também será denegada se o Superior Tribunal de Justiça constatar que: I – segundo a lei brasileira, o objeto do litígio não é suscetível de ser resolvido por arbitragem; II – a decisão ofende a ordem pública nacional. Parágrafo único. Não será considerada ofensa à ordem pública nacional a efetivação da citação da parte residente ou domiciliada no Brasil, nos moldes da convenção de arbitragem ou da lei processual do país onde se realizou a arbitragem, admitindo-se, inclusive, a citação postal com prova inequívoca de recebimento, desde que assegure à parte brasileira tempo hábil para o exercício do direito de defesa.*"

**8. Lei 9.307/1996, art. 40.** "*Art. 40. A denegação da homologação para reconhecimento ou execução de sentença arbitral estrangeira por vícios formais, não obsta que a parte interessada renove o pedido, uma vez sanados os vícios apresentados.*"

### 🗒 Comentários Temáticos

**9. Requisitos para a homologação.** A decisão estrangeira só deve ser homologada se estiverem presentes os requisitos para tanto exigidos pela

**LIVRO III · DOS PROCESSOS NOS TRIBUNAIS E DOS MEIOS DE IMPUGNAÇÃO DAS DECISÕES JUDICIAIS** **Art. 963**

legislação brasileira ou por tratado do qual o Brasil seja signatário.

**10. Autoridade competente.** Para que se homologue a decisão estrangeira, é preciso que ela tenha sido proferida por autoridade competente. O que cabe ao STJ investigar não é a observância das regras de competência no ordenamento estrangeiro, mas se a decisão foi proferida por órgão que exerça jurisdição. É **preciso que o órgão estrangeiro tenha o poder de julgar, sendo um órgão constituído regularmente, e não um tribunal de exceção.** Se a competência, para o caso, for exclusiva da jurisdição brasileira (art. 23), não será possível homologar a decisão estrangeira.

**11. Citação regular.** É indispensável, para que se homologue a decisão estrangeira, que tenha havido citação regular do réu. Não se exige sua participação efetiva, sendo suficiente que tenha havido sua citação válida. A revelia não impede a homologação, desde que realizada citação regular. A citação de brasileiro residente no Brasil deve ter ocorrido por carta rogatória, sob pena de irregularidade e impossibilidade de se homologar a decisão estrangeira.

**12. Invalidade da citação por edital.** *"A citação de brasileiro residente no Brasil deve ocorrer por carta rogatória, sendo inválida a citação por edital ocorrida no estrangeiro. Precedentes: SEC 14.849/EX, Rel. Ministra Nancy Andrighi, Corte Especial, julgado em 07.03.2018, DJe 23.03.2018; SEC 12.130/EX, Rel. Ministro Humberto Martins, Corte Especial, julgado em 19.10.2016, DJe 26.10.2016; SEC 10.154/EX, Rel. Ministra Laurita Vaz, Corte Especial, julgado em 1º.07.2014, DJe 06.08.2014). II – Homologação de decisão estrangeira indeferida"* (STJ, Corte Especial, HDE 855/EX, rel. Min. Francisco Falcão, *DJe* 12.12.2018).

**13. Comparecimento espontâneo.** Se a citação, no processo estrangeiro, tiver sido irregular, mas o réu tiver comparecido espontaneamente, a exigência estará atendida e será possível homologar a decisão estrangeira.

**14. Necessidade da carta rogatória.** *"1. 'A citação de pessoa domiciliada no Brasil para responder a processo judicial no exterior deve se realizar necessariamente por meio de carta rogatória, sendo inadmissível a sua realização por outras modalidades. Precedentes: SEC 3.383/US, Corte Especial, Rel. Min. Teori Albino Zavascki, DJe de 02.09.2010; SEC 684/US, Corte Especial, Rel. Min. Castro Meira, DJe de 16.08.2010; SEC 1.483/LU, Corte Especial, Rel. Min. Ari Pargendler, DJe de 29.04.2010; SEC 4.611/FR, Corte Especial, Rel. Min. João Otávio de Noronha, DJe*

*de 22.04.2010; SEC 477/US, Corte Especial, Rel. Min. Hamilton Carvalhido, DJe de 26.11.2009; SEC 2.493/DE, Corte Especial, Rel. Min. Arnaldo Esteves Lima, DJe de 25.06.2009' (SEC 7.193/EX, Rel. Ministro Felix Fischer, Corte Especial, DJe 10.05.2012). 2. Se os requeridos são citados no processo estrangeiro de forma diversa, mas comparecem, não há nulidade, uma vez que o ato alcança o seu objetivo, mas não é o caso sob exame, onde os réus brasileiros nunca compareceram no processo que teve curso em Israel"* (STJ, Corte Especial, SEC 5.420/EX, rel. Min. Herman Benjamin, *DJe* 30.11.2016).

**15. Processo arbitral estrangeiro.** Em processos arbitrais, a citação não precisa efetivar-se por carta rogatória, sendo realizada pela forma prevista no regulamento da câmara arbitral ou pelo modo convencionado entre as partes. Basta ao STJ, em tal caso, verificar se a forma prevista foi observada.

**16. Decisão eficaz e desnecessidade de trânsito em julgado.** Para que se homologue a decisão estrangeira, não é necessário que se comprove seu trânsito em julgado. O art. 963, III, exige apenas que ela tenha aptidão para produzir efeitos desde logo. Tal dispositivo revogou o art. 15, *c*, da LINDB e superou a Súmula 420 do STF, que exigiam o trânsito em julgado da sentença estrangeira para que ela pudesse ser homologada. Se a decisão já produz efeitos imediatos no país onde proferida ou se foi impugnada por recurso desprovido de efeito suspensivo, pode ser homologada pelo STJ, não sendo necessário o trânsito em julgado. É do requerente o ônus de provar a eficácia imediata da decisão estrangeira.

**17. Respeito à coisa julgada brasileira.** A pendência de causa no Brasil não impede a homologação de sentença estrangeira, a não ser que se trata de hipótese de competência exclusiva da justiça brasileira, ou seja, a não ser que se trate de um dos casos previstos no art. 23 (art. 964). Se, porém, já tiver a causa, no Brasil, sido julgada, não poderá haver a homologação. A ocorrência de coisa julgada de sentença nacional impede a homologação de sentença estrangeira.

**18. Tradução oficial.** A decisão estrangeira, para ser homologada, precisa estar traduzida oficialmente para o português, pois a língua portuguesa é o idioma oficial da República Federativa do Brasil (CF, art. 13). A sentença ou decisão estrangeira deve vir acompanhada de versão para a língua portuguesa tramitada por via diplomática ou pela autoridade central, ou firmada por tradutor juramentado. O art. 41 estabelece presunção de autenticidade a documento, quando for encaminhado ao Estado brasileiro

1467

por autoridade central estrangeira ou pela via diplomática. Se o Estado estrangeiro for exigente e não presumir autênticos os documentos brasileiros, reclamando a respectiva notarização, o Estado brasileiro poderá ser igualmente exigente, aplicando o princípio da reciprocidade.

**19. Dispensa da reciprocidade para homologação de sentença estrangeira.** O ordenamento brasileiro, no tocante à homologação de sentença estrangeira, adota, tradicionalmente, o sistema da delibação, valendo dizer que não se examina o mérito da sentença estrangeira; presentes os requisitos formais, ela deve ser homologada. Não se aplica o regime de reciprocidade para homologação de sentença estrangeira (art. 26, § 2º): ainda que não tenha havido homologação de sentença brasileira no Estado estrangeiro, a sentença lá proferida será aqui homologada, se preenchidos os requisitos formais para sua homologação.

**20. Ordem pública.** Não se homologa decisão estrangeira que atente contra as normas fundamentais que regem o Estado brasileiro. É preciso, em outras palavras, resguardar a ordem pública nacional.

**21. Requisitos para a homologação da decisão estrangeira.** *"Nos termos dos arts. 15 e 17 da Lei de Introdução às Normas do Direito Brasileiro; 963 do Código de Processo Civil/2015; e 216-C, 216-D e 216-F do Regimento Interno do Superior Tribunal de Justiça, que, atualmente, disciplinam o procedimento de homologação de sentença estrangeira, constituem requisitos indispensáveis ao deferimento da homologação os seguintes: (i) instrução da petição inicial com o original ou cópia autenticada da decisão homologanda e de outros documentos indispensáveis, devidamente traduzidos por tradutor oficial ou juramentado no Brasil e chancelados pela autoridade consular brasileira; (ii) haver sido a sentença proferida por autoridade competente; (iii) terem as partes sido regularmente citadas ou haver-se legalmente verificado a revelia; (iv) ter a sentença transitado em julgado; (v) não ofender a soberania, a dignidade da pessoa humana e/ou ordem pública"* (STJ, Corte Especial, SEC 15.513/EX, rel. Ministro Og Fernandes, DJe 27.02.2019).

**22. Exame do mérito.** *"Preenchidos os requisitos legais, impõe-se a homologação da sentença estrangeira, não cabendo ao Superior Tribunal de Justiça o exame de matéria pertinente ao mérito, salvo para, dentro de estreitos limites, verificar eventual ofensa à ordem pública e à soberania nacional, o que não é o caso"* (STJ, Corte Especial, HDE 410/EX, rel. Min. Benedito Gonçalves, DJe 26.11.2019).

**23. Ato meramente formal e mero juízo de delibação.** *"A homologação de decisão estrangeira é ato meramente formal, por meio do qual esta Corte exerce tão somente um juízo de delibação, não adentrando o mérito da disputa original, tampouco averiguando eventual injustiça do decisum alienígena. A homologação tem como única e exclusiva finalidade transportar para o ordenamento pátrio, se cumpridos todos os requisitos formais exigidos pela legislação brasileira, a decisão prolatada no exterior, nos exatos termos em que proferida"* (STJ, Corte Especial, HDE 4.289/EX, rel. Min. Raul Araújo, DJe 23.08.2021).

**24. Tutela provisória deferida por juízo brasileiro.** *"O fato de existir uma decisão liminar do Judiciário Brasileiro regulando de forma diversa da sentença estrangeira os alimentos e a guarda de menor não importa, só por si, em ofensa à soberania da jurisdição nacional, o que impediria o deferimento do exequatur à decisão estrangeira. Precedentes. 5. A execução da sentença estrangeira no país, entretanto, deverá observar a prudente ponderação da Relatora Ministra Maria Thereza de Assis Moura, na SEC 14914-EX, aprovada à unanimidade pela Corte Especial: 'Como os provimentos jurisdicionais que versam sobre guarda de menores, direito de visita, alimentos, são desprovidos de definitividade, podendo ser revisto em caso de modificação do estado de fato, tem-se que a sentença estrangeira homologada, quanto a esses pontos, será confrontada, pelo juízo da execução, com as decisões proferidas pelo Poder Judiciário brasileiro'"* (STJ, Corte Especial, HDE 3.014/EX, rel. Ministro Og Fernandes, DJe 20.10.2020).

**25. Irrelevância da incapacidade de pagamento para a homologação.** *"A falta de condições de pagar as prestações vencidas não inibe a possibilidade de validação da sentença estrangeira, que, uma vez homologada, se fará título executivo hábil. Eventual incapacidade de pagar o crédito deverá ser discutido em sede de execução. Precedente. 4. Ademais, a homologação da sentença estrangeira não inibe a ação revisional de alimentos. eventual maioridade do alimentando não impede a homologação da sentença estrangeira"* (STJ, Corte Especial, AgInt na HDE 2.745/EX, rel. Min. Mauro Campbell Marques, DJe 07.02.2020).

**26. Irrelevância de a parte estar em recuperação judicial.** *"É irrelevante para o exame do pedido de homologação de decisão estrangeira o fato de a sociedade empresária requerida encontrar-se submetida a processo de recuperação judicial no Brasil. Afinal, somente após a eventual homologação será possível à requerente deduzir qualquer pretensão executiva perante o Judiciá-*

# LIVRO III · DOS PROCESSOS NOS TRIBUNAIS E DOS MEIOS DE IMPUGNAÇÃO DAS DECISÕES JUDICIAIS — Art. 965

*rio brasileiro. E, nessa outra fase procedimental, é que eventualmente poderão incidir os ditames da Lei 11.101/2005, caso venha a ser o crédito submetido ao processo do juízo recuperacional"* (STJ, Corte Especial, HDE 1.809/EX, rel. Min. Raul Araújo, *DJe* 14.06.2021).

> **Art. 964.** Não será homologada a decisão estrangeira na hipótese de competência exclusiva da autoridade judiciária brasileira.
>
> Parágrafo único. O dispositivo também se aplica à concessão do *exequatur* à carta rogatória.

▶ **1. Sem correspondência no CPC/1973.**

## 🏛 LEGISLAÇÃO CORRELATA

**2. Enunciado 86 do FPPC.** *"Na aplicação do art. 964 considerar-se-á o disposto no § 3º do art. 960."*

## 📃 COMENTÁRIOS TEMÁTICOS

**3. Disposição de bem imóvel localizado no Brasil.** *"Títulos judiciais estrangeiros em que se discutem titularidade de bem imóvel não podem ser homologados nos termos das disposições normativas brasileiras"* (STJ, Corte Especial, AgInt na SEC 12.300/EX, rel. Min. Mauro Campbell Marques, *DJe* 11.09.2018).

**4. Casos de competência exclusiva da justiça brasileira.** Os casos previstos no art. 23 só podem ser apreciados e julgados pela justiça brasileira; são casos de sua competência exclusiva.

**5. Competência exclusiva da justiça brasileira e impossibilidade de homologação da sentença estrangeira.** Proferida sentença estrangeira num dos casos relacionados no art. 23, será ineficaz, não produzindo qualquer efeito no território brasileiro. Não será possível homologar a sentença estrangeira, pois só a justiça brasileira tem competência para processar e julgar aqueles casos. Os juízos e tribunais estrangeiros não têm competência; logo, não é possível homologar a sentença estrangeira, pois proferida por autoridade incompetente (art. 963, I).

**6. Elemento da soberania nacional.** Nos casos de competência internacional exclusiva (art. 23), há um elemento em comum: as demandas dizem respeito a imóveis situados no Brasil. Os imóveis situados no Brasil integram o território nacional e o território é um dos elementos da soberania. Por isso, não é possível que juízos ou tribunais estrangeiros tratem de elemento da soberania nacional, não podendo decidir acerca de bens situados no território brasileiro.

**7. Competência exclusiva da justiça brasileira e ressalva para autocomposições.** *"No caso, a partilha de bens imóveis situados no Brasil, em decorrência de divórcio ou separação judicial, é competência exclusiva da Justiça brasileira, nos termos do art. 23, III, do Código de Processo Civil. Nada obstante, a jurisprudência pátria admite que a Justiça estrangeira ratifique acordos firmados pelas partes, independente do imóvel localizar-se em território brasileiro. Contudo, tal entendimento não pode se aplicar à situação em exame, em que não houve acordo, inclusive porque o réu, devidamente citado, não compareceu ao processo estrangeiro. 4. Assim, a partilha decretada no estrangeiro é válida tão somente em relação ao imóvel adquirido no Brasil em data anterior ao casamento, não havendo como homologar a partilha do imóvel cuja aquisição se deu já na constância do casamento e nem, tampouco, cabe discutir a partilha dos bens situados no estrangeiro. 5. Pedido de homologação de sentença estrangeira deferido parcialmente"* (STJ, Corte Especial, SEC 15.639/EX, Rel. Ministro Og Fernandes, *DJe* 09.10.2017).

**8. Homologação quando haja acordo sobre imóveis situados no Brasil que não viole as normas de direito interno.** *"A jurisprudência do Superior Tribunal de Justiça, não obstante o disposto no art. 89, I, do CPC de 1973 (atual art. 23, I e III, do CPC de 2015) e no art. 12, § 1º, da LINDB, autoriza a homologação de sentença estrangeira que, decretando o divórcio, convalida acordo celebrado pelos ex-cônjuges quanto à partilha de bens imóveis situados no Brasil, que não viole as regras de direito interno brasileiro"* (STJ, Corte Especial, SEC 11.795/EX, rel. Min. Raul Araújo, *DJe* 16.08.2019).

**9. Carta rogatória.** Não se deve conceder o *exequatur* à carta rogatória que diga respeito a processo com objeto de competência exclusiva da justiça brasileira (art. 23).

> **Art. 965.** O cumprimento de decisão estrangeira far-se-á perante o juízo federal competente, a requerimento da parte, conforme as normas estabelecidas para o cumprimento de decisão nacional.
>
> Parágrafo único. O pedido de execução deverá ser instruído com cópia autenticada da decisão homologatória ou do *exequatur*, conforme o caso.

▶ **1. Correspondência no CPC/1973.** *"Art. 484. A execução far-se-á por carta de sentença extraída dos autos da homologação e obedecerá às regras estabelecidas para a execução da sentença nacional da mesma natureza."*

1469

# Art. 965

## LEGISLAÇÃO CORRELATA

**2. CF, art. 109, X.** *"Art. 109. Aos juízes federais compete processar e julgar: (...) X – os crimes de ingresso ou permanência irregular de estrangeiro, a execução de carta rogatória, após o 'exequatur', e de sentença estrangeira, após a homologação, as causas referentes à nacionalidade, inclusive a respectiva opção, e à naturalização."*

**3. RISTJ, art. 216-N.** *"Art. 216-N. A decisão estrangeira homologada será executada por carta de sentença no Juízo Federal competente."*

**4. RISTJ, art. 216-V.** *"Art. 216-V. Após a concessão do exequatur, a carta rogatória será remetida ao Juízo Federal competente para cumprimento. § 1º Das decisões proferidas pelo Juiz Federal competente no cumprimento da carta rogatória caberão embargos, que poderão ser opostos pela parte interessada ou pelo Ministério Público Federal no prazo de dez dias, julgando-os o Presidente deste Tribunal. § 2º Os embargos de que trata o parágrafo anterior poderão versar sobre qualquer ato referente ao cumprimento da carta rogatória, exceto sobre a própria concessão da medida ou o seu mérito."*

**5. RISTJ, art. 216-W.** *"Art. 216-W. Da decisão que julgar os embargos cabe agravo.*

*Parágrafo único. O Presidente ou o relator do agravo, quando possível, poderá ordenar diretamente o atendimento à medida solicitada."*

**6. RISTJ, art. 216-X.** *"Art. 216-X. Cumprida a carta rogatória ou verificada a impossibilidade de seu cumprimento, será devolvida ao Presidente deste Tribunal no prazo de dez dias, e ele a remeterá, em igual prazo, por meio do Ministério da Justiça ou do Ministério das Relações Exteriores, à autoridade estrangeira de origem."*

## JURISPRUDÊNCIA, ENUNCIADOS E SÚMULAS SELECIONADOS

• **7. Enunciado 85 do FPPC.** *"Deve prevalecer a regra de direito mais favorável na homologação de sentença arbitral estrangeira em razão do princípio da máxima eficácia."*

## COMENTÁRIOS TEMÁTICOS

**8. Sentença estrangeira.** Pode ser estatal ou arbitral. É, em qualquer caso, estrangeira, devendo ser homologada pelo STJ e executada por um juízo federal de primeira instância (CF, art. 109, X).

**9. Competência para a execução de sentença estrangeira.** Homologada a sentença estrangei-ra pelo STJ, sua execução deve ser processada perante um juízo federal de primeira instância (CF, art. 109, X).

**10. Competência para a execução de sentença arbitral estrangeira.** A sentença arbitral estrangeira deve ser homologada pelo STJ e executada por um juízo federal de primeira instância (CF, art. 109, X). Diversamente, se a sentença arbitral for nacional, não precisa ser homologada e deverá ser executada perante um juiz estadual, segundo as normas de competência para a execução de título judicial.

**11. Competência funcional.** A competência do juízo federal de primeira instância para a execução de sentença estrangeira é funcional e, portanto, absoluta.

**12. Impossibilidade de competência federal delegada.** A execução de sentença estrangeira é feita perante a Justiça Federal, não podendo ser atribuída à Justiça Estadual. Não é possível, nesse caso, a delegação de competência federal a juízos estaduais, pois não há lei que a preveja. Além disso, a lei somente pode prever a competência federal delegada para casos de demandas previdenciárias (CF, art. 109, § 3º).

**13. Competência territorial.** À execução de sentença estrangeira, seja ela arbitral, seja ela estatal, aplicam-se as regras de competência territorial do CPC (art. 516, III), inclusive no que diz respeito à prevalência do foro do domicílio do réu como regra geral (art. 46).

**14. Escolha de foros concorrentes.** Na execução de sentença estrangeira, aplica-se o benefício da escolha de foros concorrentes (art. 516, parágrafo único).

**15. Procedimento.** O cumprimento de decisão estrangeira deve ser processado perante o juízo federal competente, a requerimento da parte, conforme as normas nacionais. Logo, mesmo a sentença sendo estrangeira, o procedimento a ser aplicado é o brasileiro, tal como disciplinado no CPC ou em lei específica que eventualmente incida no caso concreto.

**16. Cumprimento de carta rogatória após a concessão do *exequatur*.** Concedido o *exequatur*, a carta rogatória será, independentemente de requerimento do interessado, remetida ao juízo federal de primeira instância competente para processamento do seu cumprimento (RISTJ, art. 216-V). Das decisões proferidas pelo juízo federal no cumprimento da carta rogatória, cabem embargos, a serem opostos pela parte interessada ou pelo Ministério Público, no prazo de 10 dias (RISTJ, art. 216-V, § 1º). A cognição dos embargos é ampla, podendo ser alegada

**LIVRO III** · DOS PROCESSOS NOS TRIBUNAIS E DOS MEIOS DE IMPUGNAÇÃO DAS DECISÕES JUDICIAIS **Art. 966**

qualquer matéria, exceto sobre a concessão da medida ou o seu mérito (RISTJ, art. 216-V, § 2º). Os embargos serão apreciados e julgados pelo Presidente do STJ, cabendo agravo interno de sua decisão (RISTJ, art. 216-W), o qual será distribuído a um dos ministros da Corte Especial. No âmbito dos embargos, cabe tutela provisória, a ser concedida pelo Presidente do STJ ou pelo relator (RISTJ, art. 216-W, parágrafo único). Cumprida a rogatória ou verificada sua impossibilidade de cumprimento, os autos serão devolvidos ao Presidente do STJ, que, por sua vez, determinará sua remessa à autoridade estrangeira de origem (RISTJ, art. 216-X).

## CAPÍTULO VII
## DA AÇÃO RESCISÓRIA

**Art. 966.** A decisão de mérito, transitada em julgado, pode ser rescindida quando:

I – se verificar que foi proferida por força de prevaricação, concussão ou corrupção do juiz;

II – for proferida por juiz impedido ou por juízo absolutamente incompetente;

III – resultar de dolo ou coação da parte vencedora em detrimento da parte vencida ou, ainda, de simulação ou colusão entre as partes, a fim de fraudar a lei;

IV – ofender a coisa julgada;

V – violar manifestamente norma jurídica;

VI – for fundada em prova cuja falsidade tenha sido apurada em processo criminal ou venha a ser demonstrada na própria ação rescisória;

VII – obtiver o autor, posteriormente ao trânsito em julgado, prova nova cuja existência ignorava ou de que não pôde fazer uso, capaz, por si só, de lhe assegurar pronunciamento favorável;

VIII – for fundada em erro de fato verificável do exame dos autos.

§ 1º Há erro de fato quando a decisão rescindenda admitir fato inexistente ou quando considerar inexistente fato efetivamente ocorrido, sendo indispensável, em ambos os casos, que o fato não represente ponto controvertido sobre o qual o juiz deveria ter se pronunciado.

§ 2º Nas hipóteses previstas nos incisos do *caput*, será rescindível a decisão transitada em julgado que, embora não seja de mérito, impeça:

I – nova propositura da demanda; ou

II – admissibilidade do recurso correspondente.

§ 3º A ação rescisória pode ter por objeto apenas 1 (um) capítulo da decisão.

§ 4º Os atos de disposição de direitos, praticados pelas partes ou por outros participantes do processo e homologados pelo juízo, bem como os atos homologatórios praticados no curso da execução, estão sujeitos à anulação, nos termos da lei.

§ 5º Cabe ação rescisória, com fundamento no inciso V do *caput* deste artigo, contra decisão baseada em enunciado de súmula ou acórdão proferido em julgamento de casos repetitivos que não tenha considerado a existência de distinção entre a questão discutida no processo e o padrão decisório que lhe deu fundamento.

§ 6º Quando a ação rescisória fundar-se na hipótese do § 5º deste artigo, caberá ao autor, sob pena de inépcia, demonstrar, fundamentadamente, tratar-se de situação particularizada por hipótese fática distinta ou de questão jurídica não examinada, a impor outra solução jurídica.

▶ **1. Correspondência no CPC/1973.** *"Art. 485. A sentença de mérito, transitada em julgado, pode ser rescindida quando: I – se verificar que foi dada por prevaricação, concussão ou corrupção do juiz; II – proferida por juiz impedido ou absolutamente incompetente; III – resultar de dolo da parte vencedora em detrimento da parte vencida, ou de colusão entre as partes, a fim de fraudar a lei; IV – ofender a coisa julgada; V – violar literal disposição de lei; VI – se fundar em prova, cuja falsidade tenha sido apurada em processo criminal ou seja provada na própria ação rescisória; VII – depois da sentença, o autor obtiver documento novo, cuja existência ignorava, ou de que não pôde fazer uso, capaz, por si só, de lhe assegurar pronunciamento favorável; VIII – houver fundamento para invalidar confissão, desistência ou transação, em que se baseou a sentença; IX – fundada em erro de fato, resultante de atos ou de documentos da causa; § 1º Há erro, quando a sentença admitir um fato inexistente, ou quando considerar inexistente um fato efetivamente ocorrido. § 2º É indispensável, num como noutro caso, que não tenha havido controvérsia, nem pronunciamento judicial sobre o fato." "Art. 486. Os atos judiciais, que não dependem de sentença, ou em que esta for meramente homologatória, podem ser rescindidos, como os atos jurídicos em geral, nos termos da lei civil."*

## 🔲 LEGISLAÇÃO CORRELATA

**2. CLT, art. 836.** *"Art. 836. É vedado aos órgãos da Justiça do Trabalho conhecer de questões já decididas, excetuados os casos expressamente previstos neste Título e a ação rescisória, que será*

1471

*admitida na forma do disposto no Capítulo IV do Título IX da Lei nº 5.869, de 11 de janeiro de 1973 – Código de Processo Civil, sujeita ao depósito prévio de 20% (vinte por cento) do valor da causa, salvo prova de miserabilidade jurídica do autor."*

**3. CPP, art. 621.** *"Art. 621. A revisão dos processos findos será admitida: I – quando a sentença condenatória for contrária ao texto expresso da lei penal ou à evidência dos autos; II – quando a sentença condenatória se fundar em depoimentos, exames ou documentos comprovadamente falsos; III – quando, após a sentença, se descobrirem novas provas de inocência do condenado ou de circunstância que determine ou autorize diminuição especial da pena."*

**4. Lei 9.099/1995, art. 59.** *"Art. 59. Não se admitirá ação rescisória nas causas sujeitas ao procedimento instituído por esta Lei."*

**5. Lei 9.307/1996, art. 33.** *"Art. 33. A parte interessada poderá pleitear ao órgão do Poder Judiciário competente a declaração de nulidade da sentença arbitral, nos casos previstos nesta Lei. § 1º A demanda para a declaração de nulidade da sentença arbitral, parcial ou final, seguirá as regras do procedimento comum, previstas na Lei nº 5.869, de 11 de janeiro de 1973 (Código de Processo Civil), e deverá ser proposta no prazo de até 90 (noventa) dias após o recebimento da notificação da respectiva sentença, parcial ou final, ou da decisão do pedido de esclarecimentos. § 2º A sentença que julgar procedente o pedido declarará a nulidade da sentença arbitral, nos casos do art. 32, e determinará, se for o caso, que o árbitro ou o tribunal profira nova sentença arbitral. § 3º A decretação da nulidade da sentença arbitral também poderá ser requerida na impugnação ao cumprimento da sentença, nos termos dos arts. 525 e seguintes do Código de Processo Civil, se houver execução judicial. § 4º A parte interessada poderá ingressar em juízo para requerer a prolação de sentença arbitral complementar, se o árbitro não decidir todos os pedidos submetidos à arbitragem."*

**6. Lei 9.868/1999, art. 26.** *"Art. 26. A decisão que declara a constitucionalidade ou a inconstitucionalidade da lei ou do ato normativo em ação direta ou em ação declaratória é irrecorrível, ressalvada a interposição de embargos declaratórios, não podendo, igualmente, ser objeto de ação rescisória."*

**7. Lei 9.882/1999, art. 12.** *"Art. 12. A decisão que julgar procedente ou improcedente o pedido de arguição de descumprimento de preceito fundamental é irrecorrível, não podendo ser objeto de ação rescisória."*

**8. Lei 11.101/2005, art. 159-A.** *"Art. 159-A. A sentença que declarar extintas as obrigações do falido, nos termos do art. 159 desta Lei, somente poderá ser rescindida por ação rescisória, na forma prevista na Lei nº 13.105, de 16 de março de 2015 (Código de Processo Civil), a pedido de qualquer credor, caso se verifique que o falido tenha sonegado bens, direitos ou rendimentos de qualquer espécie anteriores à data do requerimento a que se refere o art. 159 desta Lei. Parágrafo único. O direito à rescisão de que trata o caput deste artigo extinguir-se-á no prazo de 2 (dois) anos, contado da data do trânsito em julgado da sentença de que trata o art. 159 desta Lei."*

## ⚖ Jurisprudência, Enunciados e Súmulas Selecionados

- **9. Tema/Repercussão Geral 136 STF.** *"Não cabe ação rescisória quando o julgado estiver em harmonia com o entendimento firmado pelo Plenário do Supremo à época da formalização do acórdão rescindendo, ainda que ocorra posterior superação do precedente."*

- **10. Tema/Repercussão Geral 733 STF.** *"A decisão do Supremo Tribunal Federal declarando a constitucionalidade ou a inconstitucionalidade de preceito normativo não produz a automática reforma ou rescisão das decisões anteriores que tenham adotado entendimento diferente. Para que tal ocorra, será indispensável a interposição de recurso próprio ou, se for o caso, a propositura de ação rescisória própria, nos termos do art. 485 do CPC, observado o respectivo prazo decadencial (art. 495)."*

- **11. Tema/Repercussão Geral 775 STF.** *"Compete ao Tribunal Regional Federal processar ação rescisória proposta pela União com o objetivo de desconstituir sentença transitada em julgado proferida por juiz estadual, quando afeta interesses de órgão federal."*

- **12. Tema/Repercussão Geral 1338 STF:** *"Cabe ação rescisória para adequação de julgado à modulação temporal dos efeitos da tese de repercussão geral fixada no julgamento do RE 574.706 (Tema 69/RG)"*

- **13. Súmula STF, 249.** *"É competente o Supremo Tribunal Federal para a ação rescisória, quando, embora não tendo conhecido do recurso extraordinário, ou havendo negado provimento ao agravo, tiver apreciado a questão federal controvertida."*

- **14. Súmula STF, 252.** *"Na ação rescisória, não estão impedidos juízes que participaram do julgamento rescindendo."*

**LIVRO III · DOS PROCESSOS NOS TRIBUNAIS E DOS MEIOS DE IMPUGNAÇÃO DAS DECISÕES JUDICIAIS** | **Art. 966**

- **15. Súmula STF, 343.** *"Não cabe ação rescisória por ofensa a literal disposição de lei, quando a decisão rescindenda se tiver baseado em texto legal de interpretação controvertida nos tribunais."*

- **16. Súmula STF, 514.** *"Admite-se ação rescisória contra sentença transitada em julgado, ainda que contra ela não se tenha esgotado todos os recursos."*

- **17. Súmula STF, 515.** *"A competência para a ação rescisória não é do Supremo Tribunal Federal, quando a questão federal, apreciada no recurso extraordinário ou no agravo de instrumento, seja diversa da que foi suscitada no pedido rescisório."*

- **18. Tema/Repercussão Geral 733, STF.** *"A decisão do Supremo Tribunal Federal declarando a constitucionalidade ou a inconstitucionalidade de preceito normativo não produz a automática reforma ou rescisão das decisões anteriores que tenham adotado entendimento diferente. Para que tal ocorra, será indispensável a interposição de recurso próprio ou, se for o caso, a propositura de ação rescisória própria, nos termos do art. 485 do CPC, observado o respectivo prazo decadencial (CPC, art. 495)."*

- **19. Tema/Repetitivo 239 STJ.** *"A Súmula 343, do Supremo Tribunal Federal, cristalizou o entendimento de que não cabe ação rescisória por ofensa a literal disposição de lei, quando a decisão rescindenda se tiver baseado em texto legal de interpretação controvertida nos tribunais. A ação rescisória resta cabível, se, à época do julgamento cessara a divergência, hipótese em que o julgado divergente, ao revés de afrontar a jurisprudência, viola a lei que confere fundamento jurídico ao pedido."*

- **20. Tema/Repetitivo 586 STJ.** *"Em sede de ação rescisória, microfilmes de cheques nominais emitidos por empresa de consórcio configuram documentos novos, nos termos do art. 485, VII, do CPC, aptos a respaldar o pedido rescisório por comprovarem que a restituição das parcelas pagas pelo consorciado desistente já havia ocorrido antes do julgamento do processo originário."*

- **21. Súmula STJ, 175.** *"Descabe o depósito prévio nas ações rescisórias propostas pelo INSS."*

- **22. Súmula STJ, 401.** *"O prazo decadencial da ação rescisória só se inicia quando não for cabível qualquer recurso do último pronunciamento judicial."*

- **23. Súmula TST, 83.** *"I – Não procede pedido formulado na ação rescisória por violação literal de lei se a decisão rescindenda estiver baseada em texto legal infraconstitucional de interpretação controvertida nos Tribunais. II – O marco divisor quanto a ser, ou não, controvertida, nos Tribunais, a interpretação dos dispositivos legais citados na ação rescisória é a data da inclusão, na Orientação Jurisprudencial do TST, da matéria discutida."*

- **24. Súmula TST, 158.** *"Da decisão de Tribunal Regional do Trabalho, em ação rescisória, é cabível recurso ordinário para o Tribunal Superior do Trabalho, em face da organização judiciária trabalhista."*

- **25. Súmula TST, 192.** *"I – Se não houver o conhecimento de recurso de revista ou de embargos, a competência para julgar ação que vise a rescindir a decisão de mérito é do Tribunal Regional do Trabalho, ressalvado o disposto no item II. II – Acórdão rescindendo do Tribunal Superior do Trabalho que não conhece de recurso de embargos ou de revista, analisando arguição de violação de dispositivo de lei material ou decidindo em consonância com súmula de direito material ou com iterativa, notória e atual jurisprudência de direito material da Seção de Dissídios Individuais (Súmula nº 333), examina o mérito da causa, cabendo ação rescisória da competência do Tribunal Superior do Trabalho. III – Sob a égide do art. 512 do CPC de 1973, é juridicamente impossível o pedido explícito de desconstituição de sentença quando substituída por acórdão do Tribunal Regional ou superveniente sentença homologatória de acordo que puser fim ao litígio. IV – Na vigência do CPC de 1973, é manifesta a impossibilidade jurídica do pedido de rescisão de julgado proferido em agravo de instrumento que, limitando-se a aferir o eventual desacerto do juízo negativo de admissibilidade do recurso de revista, não substitui o acórdão regional, na forma do art. 512 do CPC. V – A decisão proferida pela SBDI, em agravo regimental, calcada na Súmula nº 333, substitui acórdão de Turma do TST, porque emite juízo de mérito, comportando, em tese, o corte rescisório."*

- **26. Súmula TST, 259.** *"Só por ação rescisória é impugnável o termo de conciliação previsto no parágrafo único do art. 831 da CLT."*

- **27. Súmula TST, 298.** *"I – A conclusão acerca da ocorrência de violação literal a disposição de lei pressupõe pronunciamento explícito, na sentença rescindenda, sobre a matéria veiculada. II – O pronunciamento explícito exigido em ação rescisória diz respeito à matéria e ao enfoque específico da tese debatida na ação, e não, necessariamente, ao dispositivo legal tido por violado. Basta que o conteúdo da norma* reputada violada haja sido abordado na decisão rescindenda para que se considere preenchido o pressuposto. III – Para efeito de ação rescisória, considera-se pronunciada explicitamente a matéria tratada na sentença quando, examinando remessa de ofício, o Tribunal simplesmente a confirma. IV – A sentença meramente homologatória, que silencia sobre os motivos de convencimento do juiz, não se mostra rescindível, por ausência de pronunciamento explícito. V – Não é absoluta a exigência de pronunciamento explícito na ação rescisória, ainda que esta tenha por fundamento violação de dispositivo de lei. Assim, prescindível o pronunciamento explícito quando o vício nasce no próprio julgamento, como se dá com a sentença 'extra, citra e ultra petita'."

- **28. Súmula TST, 397.** *"Não procede ação rescisória calcada em ofensa à coisa julgada perpetrada por decisão proferida em ação de cumprimento, em face de a sentença normativa, na qual se louvava, ter sido modificada em grau de recurso, porque em dissídio coletivo somente se consubstancia coisa julgada formal. Assim, os meios processuais aptos a atacarem a execução da cláusula reformada são a exceção de pré-executividade e o mandado de segurança, no caso de descumprimento do art. 514 do CPC de 2015 (art. 572 do CPC de 1973)."*

- **29. Súmula TST, 398.** *"Na ação rescisória, o que se ataca é a decisão, ato oficial do Estado, acobertado pelo manto da coisa julgada. Assim, e considerando que a coisa julgada envolve questão de ordem pública, a revelia não produz confissão na ação rescisória."*

- **30. Súmula TST, 399.** *"I – É incabível ação rescisória para impugnar decisão homologatória de adjudicação ou arrematação. II – A decisão homologatória de cálculos apenas comporta rescisão quando enfrentar as questões envolvidas na elaboração da conta de liquidação, quer solvendo a controvérsia das partes quer explicitando, de ofício, os motivos pelos quais acolheu os cálculos oferecidos por uma das partes ou pelo setor de cálculos, e não contestados pela outra."*

- **31. Súmula TST, 400.** *"Em se tratando de rescisória de rescisória, o vício apontado deve nascer na decisão rescindenda, não se admitindo a rediscussão do acerto do julgamento da rescisória anterior. Assim, não procede rescisória calcada no inciso V do art. 966 do CPC de 2015 (art. 485, V, do CPC de 1973) para discussão, por má aplicação da mesma norma jurídica, tida por violada na rescisória anterior,* bem como para arguição de questões inerentes à ação rescisória primitiva."

- **32. Súmula TST, 401.** *"Os descontos previdenciários e fiscais devem ser efetuados pelo juízo executório, ainda que a sentença exequenda tenha sido omissa sobre a questão, dado o caráter de ordem pública ostentado pela norma que os disciplina. A ofensa à coisa julgada somente poderá ser caracterizada na hipótese de o título exequendo, expressamente, afastar a dedução dos valores a título de imposto de renda e de contribuição previdenciária."*

- **33. Súmula TST, 402.** *"I – Sob a vigência do CPC de 2015 (art. 966, inciso VII), para efeito de ação rescisória, considera-se prova nova a cronologicamente velha, já existente ao tempo do trânsito em julgado da decisão rescindenda, mas ignorada pelo interessado ou de impossível utilização, à época, no processo. II – Não é prova nova apta a viabilizar a desconstituição de julgado: a) sentença normativa proferida ou transitada em julgado posteriormente à sentença rescindenda; b) sentença normativa preexistente à sentença rescindenda, mas não exibida no processo principal, em virtude de negligência da parte, quando podia e deveria louvar-se de documento já existente e não ignorado quando emitida a decisão rescindenda."*

- **34. Súmula TST, 403.** *"I – Não caracteriza dolo processual, previsto no art. 485, III, do CPC [de 1973], o simples fato de a parte vencedora haver silenciado a respeito de fatos contrários a ela, porque o procedimento, por si só, não constitui ardil do qual resulte cerceamento de defesa e, em consequência, desvie o juiz de uma sentença não condizente com a verdade. II – Se a decisão rescindenda é homologatória de acordo, não há parte vencedora ou vencida, razão pela qual não é possível a sua desconstituição calcada no inciso III do art. 485 do CPC [de 1973] (dolo da parte vencedora em detrimento da vencida), pois constitui fundamento de rescindibilidade que supõe solução jurisdicional para a lide."*

- **35. Súmula TST, 404.** *"O art. 485, VIII, do CPC de 1973, ao tratar do fundamento para invalidar a confissão como hipótese de rescindibilidade da decisão judicial, referia-se à confissão real, fruto de erro, dolo ou coação, e não à confissão ficta resultante de revelia."*

- **36. Súmula TST, 406.** *"I – O litisconsórcio, na ação rescisória, é necessário em relação ao polo passivo da demanda, porque supõe uma comunidade de direitos ou de obrigações que não admite solução díspar para os litisconsor-*

**LIVRO III** · DOS PROCESSOS NOS TRIBUNAIS E DOS MEIOS DE IMPUGNAÇÃO DAS DECISÕES JUDICIAIS — **Art. 966**

tes, em face da indivisibilidade do objeto. Já em relação ao polo ativo, o litisconsórcio é facultativo, uma vez que a aglutinação de autores se faz por conveniência e não pela necessidade decorrente da natureza do litígio, pois não se pode condicionar o exercício do direito individual de um dos litigantes no processo originário à anuência dos demais para retomar a lide. II – O Sindicato, substituto processual e autor da reclamação trabalhista, em cujos autos fora proferida a decisão rescindenda, possui legitimidade para figurar como réu na ação rescisória, sendo descabida a exigência de citação de todos os empregados substituídos, porquanto inexistente litisconsórcio passivo necessário."

- **37.** **Súmula TST, 408.** *"Não padece de inépcia a petição inicial de ação rescisória apenas porque omite a subsunção do fundamento de rescindibilidade no art. 966 do CPC de 2015 (art. 485 do CPC de 1973) ou o capitula erroneamente em um de seus incisos. Contanto que não se afaste dos fatos e fundamentos invocados como causa de pedir, ao Tribunal é lícito emprestar-lhes a adequada qualificação jurídica ('iura novit curia'). No entanto, fundando-se a ação rescisória no art. 966, inciso V, do CPC de 2015 (art. 485, inciso V, do CPC de 1973), é indispensável expressa indicação, na petição inicial da ação rescisória, da norma jurídica manifestamente violada (dispositivo legal violado sob o CPC de 1973), por se tratar de causa de pedir da rescisória, não se aplicando, no caso, o princípio 'iura novit curia'."*

- **38.** **Súmula TST, 410.** *"A ação rescisória calcada em violação de lei não admite reexame de fatos e provas do processo que originou a decisão rescindenda."*

- **39.** **Súmula TST, 411.** *"Se a decisão recorrida, em agravo regimental, aprecia a matéria na fundamentação, sob o enfoque das Súmulas nºs 83 do TST e 343 do STF, constitui sentença de mérito, ainda que haja resultado no indeferimento da petição inicial e na extinção do processo sem julgamento do mérito. Sujeita-se, assim, à reforma pelo TST, a decisão do Tribunal que, invocando controvérsia na interpretação da lei, indefere a petição inicial de ação rescisória."*

- **40.** **Súmula TST, 412.** *"Sob a égide do CPC de 1973, pode uma questão processual ser objeto de rescisão desde que consista em pressuposto de validade de uma sentença de mérito."*

- **41.** **Súmula TST, 413.** *"É incabível ação rescisória, por violação do art. 896, 'a', da CLT, contra decisão transitada em julgado sob a égide*

do CPC de 1973 que não conhece de recurso de revista, com base em divergência jurisprudencial, pois não se cuidava de sentença de mérito (art. 485 do CPC de 1973)."

- **42.** **Súmula TST, 425.** *"O jus postulandi das partes, estabelecido no art. 791 da CLT, limita-se às Varas do Trabalho e aos Tribunais Regionais do Trabalho, não alcançando a ação rescisória, a ação cautelar, o mandado de segurança e os recursos de competência do Tribunal Superior do Trabalho."*

- **43.** **Enunciado 137 do FPPC.** *"Contra sentença transitada em julgado que resolve partilha, ainda que homologatória, cabe ação rescisória."*

- **44.** **Enunciado 138 do FPPC.** *"A partilha amigável extrajudicial e a partilha amigável judicial homologada por decisão ainda não transitada em julgado são impugnáveis por ação anulatória."*

- **45.** **Enunciado 203 do FPPC.** *"Não se admite ação rescisória de sentença arbitral."*

- **46.** **Enunciado 336 do FPPC.** *"Cabe ação rescisória contra decisão interlocutória de mérito."*

- **47.** **Enunciado 337 do FPPC.** *"A competência para processar a ação rescisória contra capítulo de decisão deverá considerar o órgão jurisdicional que proferiu o capítulo rescindendo."*

- **48.** **Enunciado 338 do FPPC.** *"Cabe ação rescisória para desconstituir a coisa julgada formada sobre a resolução expressa da questão prejudicial incidental."*

- **49.** **Enunciado 554 do FPPC.** *"Na ação rescisória fundada em violação ao efeito positivo da coisa julgada, haverá o rejulgamento da causa após a desconstituição da decisão rescindenda."*

- **50.** **Enunciado 555 do FPPC.** *"Nos casos em que tanto a decisão de inadmissibilidade do recurso quanto a decisão recorrida apresentem vícios rescisórios, ambas serão rescindíveis, ainda que proferidas por órgãos jurisdicionais diversos."*

- **51.** **Enunciado 602 do FPPC.** *"A prova nova apta a embasar ação rescisória pode ser produzida ou documentada por meio do procedimento de produção antecipada de provas."*

- **52.** **Enunciado 656 do FPPC.** *"A expressão 'prova nova' do inciso VII do art. 966 do CPC/2015 engloba todas as provas típicas e atípicas."*

- **53.** **Enunciado 196 da III Jornada-CJF.** *"O tribunal não deve acolher ação rescisória com base em causa de pedir diversa daquela indicada na petição inicial."*

# Art. 966 · CÓDIGO DE PROCESSO CIVIL COMENTADO – *Leonardo Carneiro da Cunha*

- **54. Enunciado 206 da III Jornada-CJF.** *"Admite-se a propositura de ação rescisória fundada em acórdão proferido em julgamento de Incidente de Assunção de Competência (IAC) (art. 966, inciso V, e § 5º, CPC)."*

- **55. Enunciado 27 da ENFAM.** *"Não é cabível ação rescisória contra decisão estabilizada na forma do art. 304 do CPC/2015."*

- **56. Enunciado 36 da ENFAM.** *"A regra do art. 190 do CPC/2015 não autoriza às partes a celebração de negócios jurídicos processuais atípicos que afetem poderes e deveres do juiz, tais como os que: a) limitem seus poderes de instrução ou de sanção à litigância ímproba; b) subtraiam do Estado/juiz o controle da legitimidade das partes ou do ingresso de amicus curiae; c) introduzam novas hipóteses de recorribilidade, de rescisória ou de sustentação oral não previstas em lei; d) estipulem o julgamento do conflito com base em lei diversa da nacional vigente; e e) estabeleçam prioridade de julgamento não prevista em lei."*

## COMENTÁRIOS TEMÁTICOS

**57. Conceito e natureza jurídica.** A ação rescisória é a *ação autônoma de impugnação*, que tem por objetivos a desconstituição de decisão judicial transitada em julgado e, eventualmente, o rejulgamento da causa. Ela não é recurso, exatamente porque dá origem a um novo processo para impugnar a decisão judicial. A ação rescisória pressupõe a coisa julgada, diferentemente do recurso, que impede o trânsito em julgado e mantém o estado de litispendência ou de pendência do processo. O pedido de rescisão é sempre *desconstitutivo*; o pedido de rejulgamento assume a natureza que a causa originária, que se pretende rejulgada, tiver: declaratório, constitutivo, condenatório.

**58. Pressupostos específicos para a ação rescisória.** Além da observância dos pressupostos processuais gerais de validade (como o interesse, a legitimidade e a competência, por exemplo), para que se admita a ação rescisória são necessários: *a)* uma decisão judicial rescindível; *b)* o enquadramento da situação em uma das hipóteses de rescindibilidade, que estão relacionadas no art. 966, no § 15 do art. 525, no § 8º do art. 535 ou no art. 658.

**59. Decisão rescindível.** A ação rescisória cabe contra decisão de mérito transitada em julgado. Permite-se o ajuizamento de ação rescisória contra *qualquer* tipo decisão de mérito, seja ela interlocutória, sentença, decisão de membro de tribunal ou acórdão. Não importa a espécie de decisão: tendo transitado em julgado, é rescindível.

**60. Incidentes processuais.** É possível cogitar *coisa julgada* decorrente de decisões proferidas em *incidentes processuais*. O incidente processual é procedimento que também tem o seu *objeto litigioso* (mérito), que, uma vez resolvido em *cognição exauriente*, pode dar ensejo à coisa julgada. Exatamente por isso, é possível conceber ação rescisória de decisão proferida em incidente processual. Assim, é possível admitir, *por exemplo*, ação rescisória de decisão em conflito de competência, que é incidente com *mérito* próprio (conflito entre órgãos jurisdicionais em torno da competência para julgar uma ou mais de uma causa), distinto do mérito principal, certamente, mas nem por isso menos habilitado à produção da coisa julgada material. Não se pode esquecer que a competência, embora normalmente uma questão preliminar processual, pode também ser uma questão de mérito. Há incidentes em que se discutem questões que, embora de natureza processual, se tornam estáveis, imutáveis e indiscutíveis. Tais questões podem repetir-se em outro processo, mas não poderão ser revistas por causa da coisa julgada que se forma. O mérito do incidente é julgado e produz coisa julgada. Tome-se como exemplo o caso do incidente de suspeição ou impedimento. Há coisa julgada sobre a (im)parcialidade do juiz, não podendo, em outro processo, diante do mesmo juiz e da mesma causa de suspeição ou impedimento, haver solução diversa sobre a (im)parcialidade. Nesse caso, será cabível ação rescisória para desconstituir a decisão que reconheceu ou não a suspeição ou o impedimento do juiz.

**61. Ação rescisória contra decisões parciais.** É possível ação rescisória contra decisões parciais. O CPC permite a prolação de decisões parciais: aquelas que dizem respeito a apenas parcela do objeto litigioso. Há previsão expressa de julgamento antecipado parcial do mérito (art. 356), de homologação de autocomposição parcial e de reconhecimento de decadência ou prescrição de um dos pedidos cumulados (art. 354, parágrafo único). O CPC também permite a delimitação voluntária do objeto do recurso. O recurso pode direcionar-se contra apenas parte da decisão. Admite-se recurso parcial (art. 1.002). Há, enfim, a possibilidade de serem proferidas, ao longo do processo, várias decisões que possuem aptidão para tornarem-se indiscutíveis pela coisa julgada. Um mesmo processo poderá produzir tantas coisas julgadas quantas tenham sido as decisões proferidas e que possuam essa aptidão. Obviamente, cada decisão resolve uma

**LIVRO III · DOS PROCESSOS NOS TRIBUNAIS E DOS MEIOS DE IMPUGNAÇÃO DAS DECISÕES JUDICIAIS** Art. 966

determinada questão: não se trata de várias decisões sobre a mesma questão, mas de decisões diversas, cada uma a respeito de uma questão própria. Contra cada uma é possível, em tese, uma rescisória própria.

**62. Rescisória de questão prejudicial incidental.** A coisa julgada pode estender-se à questão prejudicial incidental (art. 503, § 1º). Apesar de sujeita-se a um regime jurídico diferenciado, a coisa julgada relativa à prejudicial incidental pode ser controlada pelos mesmos instrumentos previstos para a coisa julgada relativa à questão principal. Caberá, então, ação rescisória para desfazer a resolução da questão prejudicial incidental que tenha sido acobertada pela coisa julgada por força do § 1º do art. 503. Essa ação rescisória tem por pressuposto o fato de que *há coisa julgada sobre a resolução da prejudicial incidental*. Assim, na petição inicial, o autor terá de demonstrar o preenchimento dos pressupostos dos §§ 1º e 2º do art. 503; é que, não preenchidos esses pressupostos, não há coisa julgada e, portanto, não haverá o que ser rescindido. A ação rescisória não se destina a demonstrar que deixaram de ser preenchidos os referidos pressupostos; ao contrário, é preciso que eles estejam preenchidos para que se configure a coisa julgada e, então, caiba a ação rescisória.

**63. Tutela provisória estabilizada.** A decisão que concede tutela provisória, estabilizada nos termos do art. 304, não se torna indiscutível pela coisa julgada. O instrumento de controle da decisão que concede a tutela provisória, nesse caso, é a ação a que se refere o § 2º do art. 304. Essa ação serve para desfazer, reformando ou invalidando, ou revisar a decisão que concedeu a tutela provisória. Não se trata da ação rescisória. A única semelhança com a ação rescisória é o prazo: 2 anos. Passado o prazo de 2 anos para o ajuizamento da ação prevista no § 2º do art. 304, não caberá mais nada; não caberá ação rescisória, nem mesmo depois do decurso do prazo para o ajuizamento daquela ação.

**64. Sentença arbitral.** A sentença arbitral não pode ser objeto de ação rescisória. A sentença arbitral pode ser invalidada, por meio da ação prevista no art. 33 da Lei 9.307/1996.

**65. Sentença proferida por Juizado Especial.** A sentença proferida em Juizado Especial Cível, Federal ou da Fazenda Pública não pode ser objeto de ação rescisória.

**66. Decisões nas ações de controle de constitucionalidade.** Não cabe ação rescisória de decisão proferida em ação direta de inconstitucionalidade, ação declaratória de constitucionalidade e na arguição de descumprimento de preceito fundamental.

**67. Decisão de inadmissibilidade.** A ação rescisória é cabível contra decisão de mérito. Também pode ser utilizada contra decisão que não tenha examinado o mérito. O § 2º do art. 966 permite ação rescisória contra decisão *que não é de mérito*, desde que tenha transitado em julgado. O § 2º do art. 966 possui dois incisos, ambos dizendo respeito à decisão rescindenda que não é de mérito.

**68. Decisão de inadmissibilidade que impede a repropositura da demanda.** O inciso I do § 2º do art. 966 cuida das decisões que não são de mérito (relacionadas no art. 485, CPC) e que impedem nova proposição da demanda. Essas decisões são aquelas previstas no § 1º do art. 486. As sentenças do art. 485, por não versarem sobre o mérito da causa, não impedem a renovação da demanda (art. 486, *caput*), com os mesmos elementos (partes, causa de pedir e pedido) em que apresentada primeiramente. A existência de coisa julgada ou de perempção é defeito que não tem como ser corrigido. A extinção do processo por inadmissibilidade pressupõe a existência de um defeito processual que não foi corrigido. Para a repropositura da demanda, é preciso que o defeito que deu causa à extinção do processo tenha sido sanado. Não sendo possível saná-lo, a decisão de inadmissibilidade torna-se estável, passando a ser indiscutível a solução da questão processual que levou à extinção do processo. Essa estabilidade extrapola o âmbito do processo em que a decisão foi proferida. Reproposta a demanda, o juiz do segundo processo fica vinculado à decisão sobre a questão processual: se o defeito não for corrigido, a nova demanda não será examinada. Nesse caso, será admissível ação rescisória, desde que indicada alguma das hipóteses contidas nos incisos do art. 966.

**69. Decisões de inadmissibilidade que impedem o conhecimento de recurso.** Cabe ação rescisória contra decisão de inadmissibilidade de recurso (art. 966, § 2º, II). Imagine-se uma demanda proposta contra um município que não seja capital do Estado, vindo este a ser condenado por sentença em valor inferior a cem salários mínimos. Nesse caso, não há remessa necessária, de acordo com o inciso III do § 3º do art. 496. De todo modo, o município interpôs recurso de apelação; o relator negou seguimento à apelação, pela falta de preparo – inexigível, como se sabe, do município. Considerando que o município tenha perdido o prazo para a interposição do agravo interno, o que fazer contra a ilegalidade

1477

contida na decisão que, reconhecendo deserção em seu recurso de apelação, lhe negou seguimento? Cabe ação rescisória contra a decisão do relator que negou seguimento ao recurso de apelação. No exemplo dado, a ação rescisória não é proposta contra a sentença proferida pelo juiz, mas contra a decisão do relator que, indevidamente, inadmitiu o recurso interposto. É possível que não haja qualquer razão para rescindir a sentença, mas haverá motivo para desconstituir a decisão do relator. Nesse caso, o objetivo da ação rescisória é desfazer a decisão que inadmitiu o recurso e permitir o conhecimento e julgamento deste pelo próprio tribunal. Não se deve desconsiderar a hipótese de, num exemplo como esse, haver também motivo para a rescisão da sentença. Se for o caso, a parte poderá ajuizar ação rescisória para desconstituir a sentença, ou pode ajuizar a ação rescisória para desconstituir a decisão do relator ou, ainda, pode, cumulativamente, pedir ambas as providências: a desconstituição da decisão do relator com o subsequente conhecimento e julgamento do recurso ou, na hipótese de não lograr êxito, a desconstituição da sentença. Haverá, aí, uma cumulação imprópria de pedidos na ação rescisória em ordem subsidiária, de modo que o segundo pedido somente será apreciado se não puder ser acolhido o primeiro (art. 326).

**70. Decisão que aplica sanção processual.** Cabe ação rescisória da decisão que aplica uma sanção processual, inclusive daquela que condena a parte em litigância de má-fé. A decisão, nesses casos, é de mérito – independentemente de a decisão decorrer do acolhimento de requerimento da parte ou ter sido por atuação *ex officio* do juiz. Há definição quanto à existência de um dever jurídico decorrente da prática de um ato ilícito processual; é decisão condenatória, apta a ser executada pelo procedimento do cumprimento da sentença. Como decisão judicial que certifica uma relação jurídica, tem aptidão para a coisa julgada e, portanto, pode ser objeto de ação rescisória.

**71. Decisão sobre as verbas da sucumbência.** É cabível a ação rescisória apenas para modificar a decisão de mérito na parte concernente aos honorários advocatícios. A condenação ao pagamento de honorários de advogado constitui um pedido implícito, decorrendo da causalidade. Como pedido, ainda que implícito, qualifica-se como parte integrante do mérito, inserindo-se, até mesmo, nos limites objetivos do regime comum da coisa julgada (art. 503, *caput*). A parte da sentença que trata dos honorários advocatícios consiste num capítulo de mérito dependen-

te da decisão judicial. Não há dúvidas de que a parte do julgado que trata dos honorários de sucumbência constitui um capítulo de mérito, ainda que conste de uma sentença sem exame de mérito. Neste último caso, haverá capítulos heterogêneos: um processual, que se refere à extinção do processo sem resolução do mérito; outro de mérito, relativo aos honorários de advogado. A verba de sucumbência é definida na decisão judicial, sujeitando-se à coisa julgada. Há, aqui, uma condenação, apta a ser executada por meio de um cumprimento da sentença. O capítulo da sentença que fixa honorários de sucumbência tem aptidão para tornar-se imutável e indiscutível, sendo passível, desse modo, de ação rescisória.

**72. Decisões que homologam autocomposição.** A decisão que homologa a autocomposição, uma vez transitada em julgado, é rescindível, pois é uma decisão de mérito (art. 487, III). *Qualquer decisão de mérito é rescindível.* Aliás, a decisão homologatória é título executivo judicial (art. 515, II). Nessa condição, o executado basicamente somente pode opor-se ao cumprimento de sentença alegando uma das matérias do § 1º do art. 525. Sendo-lhe vedado suscitar pontos que deveriam ser enfrentados na fase de conhecimento, só lhe restará alegar matérias pertinentes à própria execução ou fatos supervenientes à decisão homologatória. Essa regra revela, claramente, a existência da eficácia preclusiva da coisa julgada nesse caso (art. 508). Daí o cabimento da ação rescisória para desconstituí-la. Assim, é rescindível a decisão que homologa transação, reconhecimento da procedência do pedido e renúncia ao direito sobre o que se funda a ação.

**73. Decisão que homologa partilha amigável.** A partilha, que pode ser amigável e feita em serventia extrajudicial, é, como qualquer negócio jurídico, anulável. Se for extrajudicial ou, tendo sido decidida ou homologada pelo juiz, a respectiva decisão ainda não tiver transitado em julgado, cabe ação anulatória da partilha, nos mesmos casos e prazos previstos para os negócios jurídicos em geral (arts. 657, *caput*, e 966, § 4º). Se a partilha for decidida ou homologada pelo juiz, e a respectiva decisão transitou em julgado, o caso é de ação rescisória da sentença que a homologou (arts. 658 e 966).

**74. A ação rescisória e a ação "anulatória" do § 4º do art. 966.** Decisão judicial transitada em julgado pode ser rescindida por ação rescisória, seja ela de mérito (art. 966, *caput*), seja ela decisão que não tenha examinado o mérito (art. 966, § 2º). A regra também se aplica às decisões que homologam a autocomposição. Atos

**LIVRO III** · DOS PROCESSOS NOS TRIBUNAIS E DOS MEIOS DE IMPUGNAÇÃO DAS DECISÕES JUDICIAIS | **Art. 966**

processuais praticados pelas partes ou por auxiliares da justiça não são aptos a tornarem-se indiscutíveis pela coisa julgada. São, porém, atos jurídicos e, nessa qualidade, podem ser invalidados. A invalidação desses atos jurídicos costuma ser requerida e decretada nos próprios autos do processo em que o ato foi praticado, incidentalmente. Mas nada impede que se proponha ação com esse propósito. O § 4º do art. 966 cuida da invalidação dos atos processuais praticados pelas partes ou pelos auxiliares da justiça. *Ele não cuida da invalidação de atos decisórios.* O *caput* do art. 966 é claro: decisão jurisdicional de mérito é alvo de ação rescisória. O § 2º do mesmo art. 966 também é bem claro: decisão jurisdicional que não é de mérito também é objeto da ação rescisória. Assim, ao § 4º do art. 966 sobrou o regramento da ação de invalidação de atos processuais não decisórios: os atos das partes ou dos auxiliares da justiça. Por causa disso, o § 4º do art. 966 está mal posicionado no CPC. Como nada tem a ver com a ação rescisória, não deveria estar no capítulo a ela dedicado. Dispositivo sobre a invalidação de atos não jurisdicionais deveria estar no capítulo do CPC dedicado às invalidades processuais.

**75. Jurisdição voluntária.** Tradicionalmente, diz-se que as sentenças proferidas em procedimnto de jurisdição voluntária não se tornam indiscutíveis pela coisa julgada e, por isso, não poderiam ser alvo de uma ação rescisória. Embora essa seja a orientação predominante, é preciso perceber que as sentenças proferidas nos procedimentos de jurisdição voluntária também são aptas à coisa julgada, tornando-se imutáveis e indiscutíveis. No procedimento de jurisdição voluntária, há pedido, existindo, portanto, mérito. A sentença que o acolhe está a resolver o mérito, encaixando-se na hipótese do art. 487, I. A sentença de mérito, proferida em procedimento de jurisdição voluntária, torna-se imutável e indiscutível, produzindo coisa julgada. Desse modo, transitada em julgado uma sentença num procedimento de jurisdição voluntária, cabe ação rescisória com a finalidade de desconstituir a coisa julgada que se produzir, em razão de alguma das hipóteses previstas no art. 966.

**76.** **Decisão que julga a liquidação de sentença.** A liquidação da sentença, que pode ser por arbitramento (art. 510) ou pelo procedimento comum (art. 511), inicia-se por uma nova demanda, em que o credor ou devedor formula um pedido (art. 509), consistente na apuração e fixação do valor a ser executado ou objeto de cumprimento. A liquidação, embora seja uma simples fase do processo, inicia-se por

nova demanda e tem objeto próprio, com novo contraditório a ele relacionado. Há, em outras palavras, um mérito próprio na liquidação que deve ser examinado e decidido. A liquidação é, ao final, resolvida por decisão de mérito, que produz coisa julgada. Não poderá mais o juiz, durante a fase posterior de cumprimento da sentença, rever o *quantum debeatur* estabelecido na decisão que julgou a liquidação. Se o fizer, caberá, inclusive, ação rescisória por ofensa ao *efeito positivo* da coisa julgada (art. 966, IV). Julgada a liquidação e sobrevindo o trânsito em julgado da decisão, somente por ação rescisória pode o valor ser revisto, a não ser que haja algum erro material, que não se torne imutável nem indiscutível. A decisão de liquidação produz, enfim, coisa julgada, tornando-se imutável e indiscutível. Se configurada uma das hipóteses do art. 966, poderá ser desconstituída por ação rescisória.

**77.** **Decisão que extingue a execução.** Tal como ocorre em qualquer tipo de processo, há, na execução, juízo de admissibilidade e juízo de mérito. O juiz pode inadmitir a demanda e extinguir a execução *sem* extinção da dívida, ou pode reconhecer sua satisfação por qualquer outro meio. Pode, até mesmo, acolhendo algum argumento apresentado pelo executado, extinguir a execução por já ter havido pagamento, ou por não existir relação jurídica entre as partes ou por ser indevida a execução. O juiz, ao proferir sentença, pode declarar extinta a obrigação, quando ocorrer uma das hipóteses previstas nos incisos II, III e IV art. 924, ou reconhecer a prescrição intercorrente, ou acolher algum argumento apresentado pelo executado e considerar que a obrigação já estava previamente extinta, ou, até mesmo, extinguir o processo de execução *sem* extinção da dívida, quando se concretiza a hipótese do inciso I do art. 924 ou qualquer dos casos relacionados nos incisos do art. 487. Na hipótese do inciso II do art. 924, estão abrangidos tanto os casos em que o devedor cumpre espontaneamente a obrigação como aqueles em que a satisfação é obtida por expropriação de bens, sem a colaboração do devedor. Os incisos II, III, IV e V do art. 924 correspondem aos incisos I, II e III do art. 487, sendo inegável que há, em todos esses casos, atendimento do mérito. A obrigação é extinta, vindo a ser igualmente extinto o processo. Nesses casos, a sentença de extinção do processo de execução contém comando de extinção da própria relação de direito material havida entre as partes, fazendo, bem por isso, coisa julgada, sujeita, portanto, à ação rescisória. Também quando o juiz, acolhendo a defesa do executado, reconhece, por exemplo, não haver

1479

obrigação a ser satisfeita ou já ter sido anterior-mente extinta, declara a extinção da obrigação e, de resto, do próprio processo. Nesses casos, também a sentença faz coisa julgada, sendo passível de ação rescisória.

**78. Sentença que extingue a execução.** *"A sentença que extingue o processo de execução em razão do cumprimento da obrigação, por alcançar o conteúdo material do direito assegurado no processo de conhecimento pode ser desconstituída por via da rescisória"* (STJ, 6ª Turma, REsp 147.735/SP, rel. Min. Vicente Leal, *DJ* 12.06.2000, p. 139).

**79. Cabimento de rescisória contra sentença que extingue a execução.** *"A decisão que extingue execução pelo pagamento, reveste-se de conteúdo material, sendo, portanto atacável pela ação rescisória"* (STJ, 6ª Turma, REsp 238.059/RN, rel. Min. Fernando Gonçalves, *DJ* 10.04.2000, p. 144).

**80. Rescisória de rescisória.** A decisão em ação rescisória pode estar contaminada com algum dos vícios que dão ensejo ao seu ajuizamento. Assim, admite-se a possibilidade de uma ação rescisória contra decisão que julgou anterior ação rescisória; ação rescisória de ação rescisória, portanto.

**81. Simples reiteração de rescisória anterior.** *"Já decidiu a Corte que não cabe rescisória de ação rescisória quando simples reiteração da anterior"* (STJ, 3ª Turma, REsp 122.413/GO, rel. Min. Carlos Alberto Menezes Direito, *DJ* 09.10.2000, p. 140).

**82. Cabimento de rescisória de rescisória.** *"É possível, em tese, rescisória de rescisória, desde que o acórdão da primeira tenha decidido o mérito da causa"* (STJ, 1ª Seção, EDcl nos EDcl no AgRg na AR 3.577/PE, rel. Min. Benedito Gonçalves, *DJe* 04.05.2009).

**83. Rescisória parcial (art. 966, § 3º).** Cabe ação rescisória contra apenas um ou alguns capítulos da decisão rescindenda. É o que se chama de *ação rescisória parcial.* A ação rescisória de apenas um capítulo também repercute na competência. A competência para processar a ação rescisória contra capítulo de decisão deverá considerar o órgão jurisdicional que proferiu o capítulo rescindendo.

**84. Desnecessidade de esgotamento prévio das instâncias recursais.** *"Na esteira da Súmula 514/STF, o Superior Tribunal de Justiça firmou seu entendimento no sentido de que, para a propositura de rescisória, não é necessário o esgotamento de todos os recursos cabíveis"* (STJ, 2ª Seção, AR 4.848/RS, rel. Min. Nancy Andrighi, *DJe* 10.12.2013). *"O Superior Tribunal de Justiça firmou o entendimento de que, para a propositura da ação rescisória, não é necessário o esgotamento de todos os recursos cabíveis"* (STJ, 2ª Seção, AR 5.593/RS, rel. p/ ac. Min. Luis Felipe Salomão, *DJe* 15.10.2019).

**85. Querela nullitatis.** No direito processual civil brasileiro, uma decisão judicial *existente* pode ser invalidada mesmo após o prazo da *ação rescisória.* É o caso da decisão proferida em desfavor do réu, *em processo que correu à sua revelia,* quer porque não fora citado, quer porque o fora de maneira defeituosa (art. 525, § 1º, I, e art. 535, I). Nesses casos, a decisão judicial está contaminada por *vício transrescisório.* O meio de impugnação previsto para tais decisões é a ação de nulidade denominada *querela nullitatis,* que se distingue da *ação rescisória* não só pela hipótese de cabimento, mais restrita, mas também por não estar sujeita a prazo e dever ser proposta perante o juízo que proferiu a decisão (e não necessariamente em tribunal, como é caso da *ação rescisória*). Ambas, porém, são ações constitutivas. A *querela nullitatis* serve, exclusivamente, à invalidação da sentença, nesses casos previstos; a sua sobrevivência, no direito brasileiro, restringe-se a tais casos.

**86. Hipóteses de rescindibilidade.** Não se admite ação rescisória, sem que se alegue ou se demonstre a ocorrência de uma das hipóteses previstas no art. 966. Há, ainda, as hipóteses de cabimento de ação rescisória para a sentença que julga partilha (CPC, art. 658) e para a que considera extintas as obrigações do falido (Lei 11.101/2005, art. 159-A).

**87. Sonegação de bens, direitos e rendimentos na falência.** O art. 159-A da Lei 11.101, de 2005, dispõe que *"A sentença que declarar extintas as obrigações do falido, nos termos do art. 159 desta Lei, somente poderá ser rescindida por ação rescisória, na forma prevista na Lei nº 13.105, de 16 de março de 2015 (Código de Processo Civil), a pedido de qualquer credor, caso se verifique que o falido tenha sonegado bens, direitos ou rendimentos de qualquer espécie anteriores à data do requerimento a que se refere o art. 159 desta Lei."* A disposição consagra o entendimento do STJ, segundo o qual a sentença que declara extinta a execução faz coisa julgada, por igualmente declarar a extinção da obrigação, somente podendo ser desfeita por ação rescisória. Há, no dispositivo, a previsão de uma nova hipótese de ação rescisória. Além dos incisos e do § 5º do art. 966 e do § 15 do art. 525 e do § 8º do art. 535, todos do CPC, o dispositivo acrescenta uma nova hipótese de ação rescisória. Trata-se de uma causa de pedir específica, uma hipótese nova, autônoma, como se fosse um novo inciso

# LIVRO III · DOS PROCESSOS NOS TRIBUNAIS E DOS MEIOS DE IMPUGNAÇÃO DAS DECISÕES JUDICIAIS — Art. 966

ao art. 966 do CPC. A sonegação de bens, diretos e rendimentos é causa de rescisão da sentença que declara extintas as obrigações do falido. A previsão normativa utiliza a expressão "somente" para afirmar que apenas a ação rescisória é o instrumento adequado para desfazimento da decisão declaratória de extinção das obrigações do falido. Tal expressão não exclui, evidentemente, outras hipóteses de rescisória, como o impedimento, a incompetência absoluta e todas as demais previstas no art. 966 e em outros dispositivos do CPC.

**88. Rol taxativo.** O elenco de hipóteses do art. 966 é *taxativo, ao qual se acrescem outras hipóteses previstas em lei federal (CF, art. 22, I)*.

**89. Interpretação extensiva. Embora seja taxativo, o rol de hipóteses de cabimento de ação rescisória comporta** interpretação extensiva. Há vários exemplos, no sistema brasileiro, de interpretação extensiva de listas taxativas. O STJ entende que, embora taxativa em sua enumeração, a lista de serviços tributáveis admite interpretação extensiva, dentro de cada item, para permitir a incidência do ISS sobre serviços correlatos àqueles previstos expressamente. No âmbito do processo penal, também se entende que a taxatividade não é incompatível com a interpretação extensiva. As hipóteses de cabimento do recurso em sentido estrito são taxativas, mas se admite interpretação extensiva, *desde que a situação a que se busca enquadrar tenha similitude com as hipóteses do art. 581 do CPP*. O inciso VIII do art. 485 do CPC/1973 previa a ação rescisória para o caso de haver razão para invalidar confissão, desistência ou transação em que se baseava a sentença rescindenda. Nada obstante isso, a doutrina estendia essa hipótese de cabimento para os casos de *reconhecimento da procedência do pedido*, não previsto expressamente, além de corrigir a referência à desistência, que deveria ser lida como *renúncia ao direito sobre o que se funda a ação*. O entendimento era unânime. Às situações descritas no inciso VIII foram adicionadas aquelas outras que não estavam expressamente mencionadas, que receberiam o mesmo tratamento. São situações semelhantes, que se aproximam e merecem a mesma solução normativa. Tudo está a demonstrar, portanto, que a taxatividade admite interpretação extensiva. Enfim, o que importa verificar é que a ação rescisória somente se revela cabível se houver sido afirmada uma das hipóteses de rescindibilidade típicas previstas em lei.

**90. A causa de pedir na ação rescisória.** Cada uma das hipóteses previstas no art. 966 corresponde a uma causa de pedir suficiente para fundamentar a rescisão do julgado. Cada causa de pedir, na ação rescisória, não corresponde a cada inciso do art. 966, mas a cada fundamento. Veja, por exemplo, que o inciso II prevê dois fundamentos diversos: a incompetência absoluta e o impedimento. Cada fundamento desses, embora esteja num único inciso do art. 966, acarreta uma causa de pedir própria. Essa constatação é importante, pois, sendo causa de pedir e, portanto, uma questão de fato, o tribunal não pode rescindir a decisão por fundamento não invocado, em razão da regra da congruência (art. 141 e art. 492). Cada causa de pedir identificada nos incisos do art. 966 diz respeito ao pedido rescindente. Se o caso comporta também o pedido rescisório, ou seja, se se pede também um novo julgamento, a causa de pedir será a mesma da demanda originária. É importante repetir: os fundamentos do art. 966 constituem causa de pedir para o juízo rescindente; para o juízo rescisório, a causa de pedir coincide com a da demanda originária.

**91. Indicação errônea da hipótese de rescindibilidade.** A indicação errônea de um por outro dos incisos do art. 966 não deve prejudicar o autor, nem vincula o órgão julgador. Este pode examinar o pedido – e eventualmente acolhê-lo –, desde que se baseie na narração do fato constante da inicial e caso cumpra o dever de consulta previsto no art. 10. No entanto, fundando-se a ação rescisória no inciso V, é indispensável expressa indicação, na petição inicial da ação rescisória, da norma jurídica manifestamente violada, por se tratar de causa de pedir da rescisória, não se aplicando, no caso, o princípio *iura novit curia*.

**92. Decisão produto de prevaricação, concussão ou corrupção.** A decisão, transitada em julgado, pode ser rescindida quando se verificar que foi dada por prevaricação, concussão ou corrupção do juiz (art. 966, I). Em outras palavras, cabível será a rescisória, se o juiz tiver praticado uma conduta criminal típica, cometendo o crime de prevaricação, concussão ou corrupção. Todos esses são crimes praticados contra a Administração Pública, enquadrando-se no Título XI, da Parte Especial do Código Penal. Tal título é dividido em três capítulos, destacando-se o Dos Crimes praticados por *funcionário público* contra a Administração em geral (Capítulo I), o Dos Crimes praticados por *particulares* contra a Administração em geral (Capítulo II) e o Dos Crimes praticados contra a administração da Justiça (Capítulo III). Se o juiz profere a sentença em razão de prevaricação, concussão ou corrupção, há defeito passível de nulidade, que,

1481

com o trânsito em julgado, passa a dar ensejo à rescindibilidade. Para que seja possível a ação rescisória, o juiz terá que se enquadrar no tipo penal correspondente a um daqueles citados crimes. A ação rescisória, nesses casos, somente será cabível, se estiver configurada a prática dos referidos crimes, tal como definidos no Código Penal. A exegese ampliativa, que recomenda não dever o intérprete ater-se ao texto de direito penal, não deve ser perfilhada. E isso porque os termos *prevaricação, concussão* ou *corrupção* não são conceitos vagos nem contêm termos juridicamente indeterminados. São os arts. 316, 317 e 319 do Código Penal que fornecem o conceito de tais figuras criminais. Outras hipóteses assemelhadas poderiam confundir-se com casos de suspeição, e o texto normativo afastou expressamente a possibilidade de ação rescisória em casos de suspeição; a ação cabe em casos de impedimento, mas não nos de suspeição. As definições de prevaricação, concussão e corrupção passiva são, pois, definições normativas, contidas nos arts. 316, 317 e 319, todos do Código Penal. A prevaricação consiste em "retardar ou deixar de praticar, indevidamente, ato de ofício, ou praticá-lo contra disposição expressa de lei, para satisfazer interesse ou sentimento pessoal" (CP, art. 319). A concussão, por sua vez, identifica-se com o "exigir, para si ou para outrem, direta ou indiretamente, ainda que fora da função ou antes de assumi-la, mas em razão dela, vantagem indevida" (CP, art. 316). E, ainda, a corrupção passiva, que consiste em: "solicitar ou receber, para si ou para outrem, direta ou indiretamente, ainda que fora da função ou antes de assumi-la, mas em razão dela, vantagem indevida, ou aceitar promessa de tal vantagem" (CP, art. 317). Para que caiba a ação rescisória fundada no inciso I do art. 966, não é necessário que haja prévia condenação criminal do magistrado, nem se exige a existência de ação penal em curso. A prática do crime pode ser demonstrada e comprovada nos próprios autos da ação rescisória. Evidentemente, se houver prévia condenação criminal do juiz, já se terá a comprovação da prática de um dos referidos crimes, vinculando-se, em certa medida, o órgão julgador da ação rescisória (eficácia positiva da sentença penal condenatória). Caso, porém, se trate de sentença penal absolutória, somente terá eficácia no processo civil, se decidir pela ausência do fato ou da autoria. Nessa hipótese, a ação rescisória receberá os influxos da sentença penal, devendo ser rejeitado o pedido de rescisão. Se, por outro lado, a absolvição tenha por fundamento a falta de provas ou a extinção da punibilidade por prescrição, morte ou outro motivo, não há repercussão para a ação rescisória, podendo, inclusive, ser julgado procedente ou improcedente o pedido rescindente.

**93. Decisão colegiada.** É rescindível não somente a sentença proferida por juiz em prevaricação, concussão ou corrupção, mas também a decisão exarada por órgão colegiado, desde que *um* dos julgadores tenha praticado qualquer um dos mencionados crimes. Neste último caso, a rescisória somente se revela cabível, se o voto houver concorrido para o resultado ou para a formação da maioria. Não basta que o julgador tenha participado do julgamento, sendo necessário que seu voto seja um dos vencedores. Em se tratando de voto vencido, não há consequência para o julgamento, não devendo ser admitida a rescisória. Tendo o voto contaminado sido um dos vencedores, não deve subsistir o julgado, devendo-se acolher a rescisória. Por outro lado, sendo o relator o juiz corrompido e vindo este a, no relatório, induzir os demais membros a erro, deverá ser acolhida a rescisória, ainda que o relator tenha proferido voto vencido. Na verdade, o pedido rescindente deve ser acolhido, se o voto do julgador corrompido tiver repercussão prática na conclusão ou no resultado do julgamento.

**94. Impedimento do juiz.** É rescindível a sentença proferida por juiz impedido. O juiz é impedido nas hipóteses descritas nos arts. 144 e 147. O impedimento do juiz acarreta a falta de pressuposto processual de validade. A suspeição do juiz não constitui motivo para ação rescisória. O que gera o direito à rescisão é o impedimento do juiz. Para que seja acolhida a ação rescisória, é preciso que o juiz tenha proferido a decisão rescindenda, e não simplesmente participado do processo ou nele atuado. É irrelevante, para o cabimento da ação rescisória, que tenha havido ou não arguição de impedimento no curso do processo originário.

**95. Decisão colegiada.** É rescindível também o acórdão, se um dos julgadores tenha proferido voto, não obstante estar impedido. A rescisória é apenas cabível, se o voto tiver concorrido para o resultado ou para a formação da maioria. Não é suficiente que o julgador tenha participado do julgamento; exige-se que seu voto seja um dos vencedores. Se proferiu voto vencido, não se deve ter como contaminado o julgamento por seu impedimento, devendo ser rejeitada eventual rescisória. O voto vencido constitui parte integrante do acórdão (art. 941, § 3º). O impedimento do prolator do voto vencido pode repercutir em outras questões, mas não é relevante para o acolhimento da ação rescisória, pois não há relação de causa e efeito entre o vício e o resultado do julgamento, que se estabilizou com a coisa julgada.

**96. Incompetência absoluta do juízo.** Há direito à rescisão de decisão judicial proferida por juízo absolutamente incompetente. Não há direito à rescisão em razão de incompetência relativa.

**97. Impossibilidade de rejulgamento da causa.** *"Em nome do princípio da economia processual, em regra, a competência para o rejulgamento da causa, em etapa subsequente à desconstituição do julgado, é do mesmo órgão julgador que proferiu o juízo rescindente, não havendo espaço para se falar em supressão de instância. A regra cede, contudo, nos casos em que o pronto rejulgamento da causa pelo mesmo órgão julgador é incompatível com a solução dada ao caso, como, por exemplo, nas hipóteses de reconhecimento da incompetência absoluta ou nos casos de declaração de nulidade de algum ato jurídico que precisa ser renovado"* (STJ, 3ª Turma, REsp 1.982.586/SP, rel. Min. Ricardo Villas Bôas Cueva, *DJe* 31.03.2022).

**98. Possibilidade de pedido de rejulgamento da causa.** Normalmente, a ação rescisória fundada em incompetência absoluta não contém pedido de rejulgamento, pois haveria repetição do vício que deu origem à ação rescisória. Se, porém, o tribunal competente para julgar a rescisória tiver competência para o rejulgamento (o que normalmente ocorre quando o objeto da rescisória é uma sentença), será cabível o *iudicium rescissorium*. Assim, por exemplo, se o objeto da ação rescisória é uma sentença proferida por um juízo de uma vara cível, com o fundamento de que deveria ter sido proferida por um juízo de uma vara de família, nada impede que o tribunal, rescindindo a decisão, rejulgue a causa, pois as causas de família também são da sua competência.

**99. Falta de interesse de agir.** Não se admite a rescisória quando o vício de incompetência absoluta tenha sido suprido no processo originário. Assim, imagine-se, por exemplo, uma ação de divórcio, na qual foi proferida sentença pelo juízo da vara cível, e não pelo da vara de família, mas tal sentença de mérito tenha sido substituída por acórdão do tribunal, sem que este tenha se apercebido do vício. Em outras palavras, julgada a causa pelo juízo da vara cível, e não pelo da vara de família, o tribunal, em grau de apelação, mantém a sentença, sem perceber o vício de incompetência. Em tal hipótese, o acórdão, que substituiu a sentença, constitui a última decisão de mérito, a que transitou em julgado; e tal acórdão restou proferido por órgão competente, que foi o tribunal. Se a rescisória, nesse caso, for ajuizada com fundamento na incompetência absoluta (art. 966, II), será o próprio tribunal que irá, no juízo rescisório, julgar a causa. Se já julgou antes, proferindo o acórdão rescindendo, falta interesse processual para um novo julgamento, além de não se vislumbrar a presença de prejuízo. Ademais, falta, em verdade, a própria incompetência absoluta, pois a decisão de mérito transitada em julgado foi o acórdão do tribunal que, aliás, era absolutamente competente. Tal conclusão não ocorre se, nesse mesmo exemplo, o tribunal tiver Turma ou Câmara privativa de direito de família. Nessa hipótese, julgado o caso por uma Turma ou Câmara Cível, e não pela Turma ou Câmara de Família, aí sim caberia a rescisória por incompetência absoluta. Pode-se, enfim, concluir que, sendo o tribunal competente e tendo havido substituição da decisão de primeira instância, não há mais o vício de incompetência absoluta que inquinara a sentença, revelando-se incabível a rescisória.

**100. Rescisória por incompetência absoluta, princípio da boa-fé processual e regramento da incompetência no CPC.** O § 4º do art. 64 dispõe que *"salvo decisão judicial em sentido contrário, conservar-se-ão os efeitos de decisão proferida pelo juízo incompetente até que outra seja proferida, se for o caso, pelo juízo competente"*. Ou seja: o CPC aposta na preservação da eficácia da decisão proferida por juízo incompetente, absoluta ou relativamente. Em compensação, um tanto incoerentemente, o art. 966, II, autoriza a rescisão da decisão judicial proferida por juízo absolutamente incompetente. Ou seja: o CPC autoriza a desconstituição da coisa julgada em razão da incompetência absoluta. Há incoerência dos textos. É preciso, então, construir uma interpretação dos textos normativos que dê coerência às normas jurídicas deles decorrentes. É preciso que essa interpretação esteja em consonância com as normas fundamentais do processo civil, que articulam as diversas normas processuais, funcionando como uma espécie de guia hermenêutico. As normas fundamentais que servem como guia, nesse caso, são os princípios da boa-fé processual (art. 5º) e da cooperação (art. 6º). Assim, o direito à rescisão, no caso do inciso II do art. 966, pressupõe que a parte tenha alegado, no processo originário, a incompetência absoluta – e tenha sido vencida na alegação. O silêncio da parte, que deixou para suscitar a incompetência apenas como causa de pedir da ação rescisória, é conduta contrária à boa-fé processual. O dever de prevenção – dever de apontar defeitos que comprometam a validade do processo – é conteúdo eficacial do princípio da cooperação. Facilitar a rescisão da decisão judicial por uma questão formal, sobretudo relacionada à incompetência, vai de encontro também à ideia de preservação dos atos processuais encampada pelo § 4º do art. 64. Se a parte houver sido revel no processo originário, e não tenha intervindo posteriormente antes do trânsito em julgado, também poderá propor a ação rescisória com base na incompetência absoluta, já que, por não ter apresentado qualquer manifestação, não é possível falar em quebra da boa-fé objetiva. Havendo atuação da parte, se ela deixar de alegar a incompetência, não poderá propor ação rescisória fundada nesse motivo, em virtude da aplicação dos princípios da boa-fé e da cooperação, bem como da regra de preservação dos atos processuais. Tais normas incidem para impedir a alegação de incompetência na ação rescisória. Por outro lado, não se pode retirar a vigência do inciso II do art. 966, negando a possibilidade de rescisão da decisão por incompetência absoluta. Para que os dispositivos possam conviver, e assim o sistema processual brasileiro ganhe em coerência, nem se pode considerar que em qualquer caso a decisão proferida por juízo absolutamente incompetente seja rescindível – o que tornaria ineficaz, em termos práticos, o comando do § 4º do art. 64 –, nem se pode considerar que a decisão proferida por juízo absolutamente incompetente não mais possa ser rescindida – o que seria simplesmente negar vigência a parte do inciso II do art. 966. Significa, então, que a ação rescisória fundada em incompetência absoluta só deve ser acolhida se a parte, no curso do processo originário, tenha alegado essa incompetência, ou tenha sido revel ausente durante toda a litispendência anterior, restando vencida em qualquer caso. Se o processo tenha tramitado até o trânsito em julgado sem que tenha havido qualquer alegação de incompetência do juízo, nada obstante a presença da parte, não é possível acolher-se rescisória por tal fundamento, sob pena de se admitir conduta anticooperativa e contrária à boa-fé processual.

**101. Dolo ou coação da parte vencedora em detrimento da parte vencida.** É possível rescindir decisão judicial que resulte de dolo ou coação da parte vencedora em detrimento da parte vencida. Cabe a ação rescisória, se o dolo processual decorreu não somente de conduta praticada pela parte vencedora, mas também de conduta praticada por seu advogado ou representante legal. Se houver litisconsórcio, o dolo de um deles é suficiente para a rescisão da sentença. Tratando-se de litisconsórcio simples, a rescisão alcança apenas o capítulo da sentença dedicado ao litisconsorte que praticou a conduta dolosa. Essa hipótese de ação rescisória é um claro desdobramento do princípio da boa-fé processual (art. 5º), que, entre outros efeitos, impede a conduta processual dolosa – de que a coação é, também, um exemplo. A rescisória, nesse caso, relaciona-se com ato da parte, e não com ato do juiz; o dolo ou a coação, em outras palavras, não atua nem se revela na conduta do órgão julgador. Enfim, a rescisória é cabível em razão do dolo ou da coação da parte vencedora que prejudica a parte vencida e induza o juiz a erro. A coação e o dolo também podem ser dirigidos ao juiz. Imagine uma coação para que o juiz profira a sentença com certo conteúdo: a coação é, nesse caso, comportamento em detrimento da parte vencida e dela resulta a sentença – exatamente o que exige a primeira parte do inciso III do art. 966. Nem todo comportamento doloso rende ensejo ao cabimento da ação rescisória. É preciso que haja nexo de causalidade entre a conduta da parte vencedora e a decisão rescindenda. É preciso, para que se acolha a rescisória, que se reconheça o dolo e, mais precisamente, que se demonstre que ele foi a razão determinante do resultado a que chegou o juiz. O mesmo ocorre com a coação.

**102. Simulação ou colusão das partes.** É possível rescindir a decisão quando ela resultar de simulação ou de colusão entre as partes a fim de fraudar a lei. São distintas as figuras da *simulação* e da *fraude à lei*. Ambos, no caso, são comportamentos ilícitos praticados pelas partes, mesmo que beneficiem apenas uma delas. Mas *processo simulado* não é a mesma coisa que *processo fraudulento*, embora, também no primeiro caso, *possa* haver a finalidade de violar a lei. Basicamente, o propósito da simulação é lesar terceiros; na fraude à lei, infringir a ordem jurídica. Nada obstante as diferenças conceituais, na prática pode ser bem difícil o enquadramento do comportamento em uma ou outra figura. Esse problema é de pouca importância, pois sempre será possível ao autor da ação rescisória formular uma cumulação alternativa de pedidos rescisórios: ou se rescinde a decisão em razão da simulação, ou se a rescinde em razão da fraude à lei. Ainda que não se formalize uma cumulação alternativa de pedidos, é possível que o tribunal acolha uma rescisória por fraude à lei, embora o autor tenha alegado simulação, ou vice-versa. Desde que se atenha à narração dos fatos e garanta o contraditório, o tribunal pode alterar a qualificação jurídica. Não é outro motivo, aliás,

**LIVRO III** · DOS PROCESSOS NOS TRIBUNAIS E DOS MEIOS DE IMPUGNAÇÃO DAS DECISÕES JUDICIAIS **Art. 966**

que as hipóteses estão relacionadas no mesmo inciso III do art. 966.

**103. Transação fraudulenta ou simulada.** Há resolução do mérito quando o juiz homologa transação celebrada entre as partes para pôr fim ao conflito (art. 487, III, *b*), daí se formando coisa julgada. É possível que a transação seja fraudulenta ou simulada. Nesse caso, o que é fraudulento ou simulado não é o processo, mas a transação celebrada pelas partes e homologada pelo juiz. Também cabe, em tal hipótese, a ação rescisória fundada no inciso III do art. 966. Não se combate esse vício pela ação anulatória mencionada no § 4º do art. 966, mas pela ação rescisória, pois, uma vez homologada a transação, tem-se decisão de mérito, que se tornou imutável e indiscutível, somente podendo ser desfeita e revista pela ação rescisória. É a ação rescisória o meio adequado para combater a coisa julgada.

**104. Ofensa à coisa julgada.** É possível rescindir decisão judicial que tenha ofendido a coisa julgada (art. 966, IV). O prestígio e a proteção que o ordenamento jurídico conferem à coisa julgada justifica esta hipótese de rescindibilidade. A ofensa à coisa julgada pode dar-se tanto em relação ao efeito negativo (proibição de nova decisão) quanto ao efeito positivo (imposição de levar em consideração a coisa julgada como questão prejudicial). A violação ao efeito negativo da coisa julgada é mais comum e de mais simples constatação. A decisão rescindenda resolveu novamente questão já decidida. Repetiu-se ação anteriormente já julgada. Nesse caso, acolhida a ação rescisória, haverá apenas o juízo rescindente, não devendo o tribunal rejulgar a demanda, pois estaria ofendendo novamente a coisa julgada, se assim o fizesse, desconsiderando seu efeito negativo. A ofensa ao efeito positivo da coisa julgada opera-se de modo bem diferente e, por isso, nesse caso, admite-se o pedido de rejulgamento. Imagine-se, por exemplo, que, na liquidação, o juiz extrapole o quanto for determinado na sentença liquidanda; ou, em uma ação de alimentos, o juiz julgue improcedente a demanda, por entender inexistente o vínculo de parentesco, não obstante o autor tenha fundado o seu pedido em coisa julgada advinda de uma ação de investigação de paternidade. Em ambos os casos, coisa julgada foi ofendida em sua eficácia positiva. Na rescisória, poderá o tribunal, rescindida a decisão, avançar e proferir o julgamento rescisório, agora respeitando a coisa julgada anteriormente ofendida.

**105. Conflito entre coisas julgadas.** Em um conflito de coisas julgadas (uma segunda decisão violou a coisa julgada de uma primeira), e não sendo rescindida a decisão posterior, com base no inciso IV do art. 966, qual das duas deve prevalecer? A segunda deve prevalecer, não só como homenagem ao princípio da segurança jurídica, mas também pelo fato de que, se a decisão tem força de lei entre as partes (art. 503), *lei posterior revoga a anterior,* não obstante a segunda lei pudesse ter sido rescindida; como não o foi, fica imutável pela coisa julgada e, assim, deve prevalecer. Prevalece a segunda coisa julgada, exatamente porque a segunda sentença não é inexistente: foi proferida num processo que existiu, não obstante com um defeito formal (desrespeito a um requisito processual de validade: ausência de coisa julgada anterior), que dá ensejo à sua rescisão, no prazo de dois anos. Fosse inexistente a segunda sentença, não haveria razão para se propor ação rescisória por ofensa à coisa julgada (art. 966, IV), faltando, aliás, interesse de agir na sua propositura, mercê da falta de necessidade.

**106. Prevalência da 2ª coisa julgada.** *"No conflito entre sentenças, prevalece aquela que por último transitou em julgado, enquanto não desconstituída mediante Ação Rescisória"* (STJ, 2ª Turma, REsp 598.148/SP, rel. Min. Herman Benjamin, *DJe* 31.08.2009). *No mesmo sentido:* STJ, Corte Especial, EAREsp 600.811/SP, rel. Min. Og Fernandes, *DJe* 07.02.2020; STJ, 4ª Turma, AgInt no AREsp 2.090.902/SP, rel. Min. Marco Buzzi, *DJe* 04.11.2022; STJ, 1ª Turma AgInt no REsp 1.942.558/ES, rel. Min. Sérgio Kukina, *DJe* 15.12.2022.

**107. Manifesta violação a norma jurídica.** Admite-se a rescisão de decisão judicial que viole *manifestamente* uma norma jurídica. A norma jurídica violada pode ser processual ou material, de direito público ou privado. A ação rescisória serve, enfim, para corrigir um *error in procedendo* ou um *error in judicando*. A violação manifesta a norma jurídica é a causa de pedir da ação rescisória. Assim, é preciso que o autor aponte expressamente qual a norma que reputa violada, não podendo o tribunal suprir a omissão; caso o faça, estaria violando a regra da congruência (art. 492).

**108. Cabimento de rescisória para discutir verba honorária fixada em desacordo com o CPC.** *"Não cabe ação rescisória para discutir exclusivamente a irrisoriedade ou a exorbitância de verba honorária. No entanto, a ação rescisória é cabível para discutir o regramento objetivo da fixação da verba honorária, notadamente quando o acórdão rescindendo indevidamente aplica os limites percentuais do art. 20, § 3º, do CPC/1973, ao § 4º, do mesmo artigo"* (STJ, 2ª Turma, REsp

1485

1.860.119/SP, rel. Min. Mauro Campbell Marques, *DJe* 11.11.2022).

**109. Violação a precedente obrigatório.** No caso de violação a precedente obrigatório, deve-se indicar o número do processo que lhe deu origem. É possível, de igual modo, indicar o texto normativo que foi objeto de interpretação pelo precedente. A *ratio decidendi* pode ser regra geral que concretiza um princípio. Imagine-se, por exemplo, a regra que considera ilícito um comportamento contraditório (*venire contra factum proprium*), como concretização do princípio da boa-fé processual (art. 5º). Se tal regra não tiver sido observada na decisão rescindenda, haverá violação à norma do precedente, bem como ao princípio da boa-fé processual, a partir do qual se construiu a aludida regra. Nesse caso, é possível invocar a norma do precedente, bem como o texto do art. 5º do CPC.

**110. Violação à súmula.** Quando há violação a súmula ou a súmula vinculante, o que há, na verdade, é violação ao precedente que lhe deu origem ou à norma jurídica construída a partir de um texto normativo. Isso porque o enunciado da súmula divulga, resume e consolida uma interpretação dada a um dispositivo legal ou constitucional. E é essa interpretação que constitui a *norma* jurídica, e não o texto constante da *letra* do dispositivo. Se, por exemplo, um enunciado da súmula vinculante do STF confere determinada interpretação ao dispositivo contido no art. *x* da CF, o julgado que tenha decidido diferente terá violado a norma extraída do art. *x* da CF. O que restou violado foi a norma daí extraída. Na ação rescisória, indica-se que a violação foi ao art. *x* da CF.

**111. Violação a enunciado de súmula.** "*A rescisória por manifesta violação de norma jurídica (art. 966, V, do CPC/2015) sofreu modificação de redação em relação à previsão homóloga do art. 485, V, do CPC/1973, deixando claro a possibilidade da rescisória contra decisão que ofende direito em tese, ou seja, o correto sentido da norma jurídica, assim considerada não apenas aquela positivada, mas também os princípios gerais do direito que a informam. 8. O cabimento da rescisória por violação de norma jurídica, com fundamento no inciso V do art. 966 do CPC/2015 não abrange, de modo amplo, contudo, a alegação de violação ao enunciado de súmula ou de tese firmada no julgamento de recursos repetitivos, cujo cabimento é submetido às regras específicas dos §§ 5º e 6º do mencionado dispositivo autorizativo. 9. A rescisória fundada na alegação de violação a enunciado de súmula ou de acórdão proferido em julgamento de casos repetitivos é,* pois, admitida na hipótese expressamente limitada e restrita da circunstância de a decisão rescindenda não ter considerado a existência de distinção entre a questão discutida no processo e o padrão decisório que lhe deu fundamento, sendo exigido, ademais, que o acórdão rescindendo tenha decidido com fundamento em enunciado de súmula ou precedente proferido sob o rito dos repetitivos*" (STJ, 2ª Seção, AR 6.166/GO, rel. Min. Nancy Andrighi, *DJe* 11.10.2022).

**112. Princípio da legalidade.** A clássica concepção sobre a separação de poderes fez consolidar os princípios da legalidade e da reserva da lei, expressões que possuem, cada vez mais, um sentido diferente do seu significado originário. A legalidade determina que as situações jurídicas sejam estabelecidas mediante a lei, principal fonte do direito por muito tempo. Atualmente, é mais adequado utilizar a expressão *juridicidade*, em vez de *legalidade*. A lei não é *a* fonte do Direito, mas apenas *uma* delas. O Direito deve ser compreendido a partir do *ordenamento jurídico*, tendo a Constituição como a principal fonte. A expressão "princípio da constitucionalidade" também é mais adequada do que "princípio da legalidade". Considerando que o ordenamento se compõe da Constituição, das leis, de negócios jurídicos, de atos infralegais, o mais adequado mesmo seria o termo "princípio da juridicidade". Nesse mesmo sentido, não é mais cabível ação rescisória por violação à "literal disposição da lei", mas por violação à "norma jurídica". Quando o art. 8º alude a "princípio da legalidade", está a exigir, em verdade, que o juiz julgue em conformidade com o Direito, com o ordenamento jurídico, com o sistema normativo aplicável ao caso, devendo realizar o controle de constitucionalidade, e não aplicar lei inconstitucional. A observância ao princípio da legalidade não significa que a interpretação do texto normativo deva ser literal. Muitas vezes, a interpretação literal é a menos adequada ou a que não satisfaz a situação. Aliás, o art. 8º, ao determinar que o juiz atenda aos fins sociais e às exigências do bem comum, observando a proporcionalidade e a razoabilidade, impõe a interpretação teleológica ou finalística. Ademais, há normas sem texto; texto e norma não se confundem. Aplicar o princípio da legalidade não é seguir literalmente o texto normativo, mas aplicar o ordenamento jurídico, considerando todo o sistema, tudo demonstrado em decisão devidamente fundamentada (art. 489, § 1º). O princípio da legalidade também se escora na segurança jurídica, conferindo maior *previsibilidade* para casos que possam subsumir-se à norma previamente estabelecida, afastando

# LIVRO III · DOS PROCESSOS NOS TRIBUNAIS E DOS MEIOS DE IMPUGNAÇÃO DAS DECISÕES JUDICIAIS

**Art. 966**

arbitrariedades ou decisões tomadas ao exclusivo sabor de contingências ou vicissitudes pessoais do julgador. A segurança jurídica pressupõe a existência de uma regulamentação prévia, gerando certeza e previsibilidade. O juiz respeita o "princípio da legalidade" quando observa os precedentes judiciais e a jurisprudência dos tribunais. Os órgãos jurisdicionais têm o dever de decidir sempre levando em consideração os precedentes relacionados com a questão jurídica posta a julgamento, caso existam (art. 926). Deve haver o que se chama de *autorreferência*, que consiste num *dever específico de fundamentação*, a exigir dos órgãos jurisdicionais o diálogo com os precedentes que tratem do mesmo problema jurídico. Daí a exigência feita pelo art. 489, § 1º, V e VI.

**113.** **Texto *versus* norma jurídica.** No contexto da atual metodologia jurídica, texto normativo e norma jurídica não se confundem. Há textos dos quais se constroem normas; há textos que não geram qualquer norma; há norma sem texto; há norma que se constrói a partir da conjugação de diversos textos. A norma não se confunde com o texto. Ela é, na verdade, resultado da interpretação que se faz do texto ou do enunciado normativo. A *interpretação* é o ato ou a atividade que consiste na determinação daquilo que terá sido compreendido de um ato de comunicação. A finalidade da interpretação é obter o *significado*, que, por sua vez, é o que se compreende de um ato de comunicação. Interpreta-se para ter-se o *significado* do ato. Obtido o *significado* do ato, tem-se a sua *compreensão*. Além disso, norma é gênero do qual há duas espécies: os princípios e as regras. As normas resultam de diversas fontes: a lei, a Constituição, um ato infralegal (como uma portaria, uma resolução, uma instrução normativa etc.), um costume, um negócio jurídico, um precedente judicial etc. A norma pode ser construída a partir de cada uma dessas fontes ou de mais de uma delas. Todas essas fontes são objeto de interpretação, a partir da qual se constrói a norma jurídica. O texto de uma lei, da Constituição, de um ato infralegal, de um negócio jurídico ou de uma decisão judicial é objeto de interpretação, devendo-se extrair dele o sentido da norma. Da interpretação das fontes extraem-se ou constroem-se normas jurídicas. Quando se diz que uma norma foi violada, o que se violou foi a interpretação dada à fonte do direito utilizada no caso.

**114.** **Normas individuais e gerais: o sentido do termo "norma jurídica" no inciso V.** As normas podem ter caráter individual ou geral.

Quando estabelece uma conduta única, individualmente certa para uma ou várias pessoas, a norma é individual. Se, porém, dirige-se a um número indeterminado de ações ou omissões de uma única pessoa, de várias pessoas determinadas, de uma determinada categoria de pessoas ou de pessoas indeterminadas, aí a norma é geral. O que faz a norma ser geral ou individual não é a identificação ou qualidade de seu destinatário, mas a conduta prevista: se geral, indefinida ou abstrata, a norma é geral; se individual, particular, específica, concreta ou definida, a norma é individual. Um decreto estadual que cria uma pensão especial para determinada pessoa é uma norma individual; já o que fixa critérios para a verificação dos requisitos para a concessão de pensão a quem se enquadre naquela hipótese é uma norma geral. Um negócio jurídico celebrado entre duas partes é uma norma individual, mas os dispositivos que estabelecem pressupostos e requisitos para a celebração de negócios jurídicos são fontes de normas gerais. Enfim, a norma geral é abstrata, enquanto a individual é concreta. A distinção é importante. A ação rescisória, fundada no inciso V, é cabível quando houver *manifesta violação à norma jurídica*. O termo "norma jurídica" está aí como "norma geral", e não como "norma individual". Não respeitada uma norma individual, caberão os mecanismos de controle adequados, manifestados em demandas judiciais. Se o órgão julgador, ao decidir um caso, não observa uma norma geral e sobrevém o trânsito em julgado, cabe ação rescisória. O inciso V refere-se a *normas gerais*. A rescisória é cabível quando houver violação a uma *norma geral*. A violação a normas individuais não jurisdicionais somente admite rescisória caso implique violação a norma geral. No caso de norma individual jurisdicional decorrente de uma decisão transitada em julgado, se o órgão julgador a violar, caberá ação rescisória por ofensa à coisa julgada, sendo proposta com fundamento no inciso IV do art. 966. Também é cabível ação rescisória por violação manifesta a precedente obrigatório. A regra do precedente consiste em sua *ratio decidendi*, que é a norma geral. É a violação a esta que enseja ação rescisória; se não for atendida a regra individual da decisão, a solução particular dada ao caso, o comando final que consta da parte dispositiva, já não cabe ação rescisória; neste último caso, o que cabe é a reclamação (art. 988, II). É verdade que cabe reclamação para garantir a observância de precedente proferido em julgamento de casos repetitivos ou em incidente de assunção de competência (art. 988, IV, § 5º, II), mas ape-

1487

nas enquanto não houver trânsito em julgado, pois é inadmissível a reclamação contra decisão transitada em julgado (art. 988, § 5º, I). O meio adequado para desconstituir a coisa julgada é a ação rescisória; e se a decisão transitada em julgado viola manifestamente a norma geral do precedente, contida na sua *ratio decidendi*, o que cabe mesmo é a ação rescisória, e não a reclamação. Enfim, a ação rescisória fundada no inciso V cabe quando a norma jurídica manifestamente violada for geral, e não individual. O termo "norma jurídica" ali mencionado refere-se à norma geral.

**115. Manifesta violação.** O termo *manifesta*, contido no inciso V, significa *evidente, clara*. Logo, cabe a ação rescisória quando a alegada violação à norma jurídica puder ser demonstrada com a prova pré-constituída juntada pelo autor. Se a alegação de violação puder ser comprovada pela prova juntada aos autos com a petição inicial, cabe a ação rescisória com base no inciso V; se houver necessidade de dilação probatória, então essa rescisória é inadmissível. Se a decisão rescindenda tiver conferido uma interpretação sem qualquer razoabilidade ao texto normativo, haverá manifesta violação à norma jurídica. Também há manifesta violação à norma jurídica quando se conferir uma interpretação incoerente e sem integridade com o ordenamento jurídico. Se a decisão tratou o caso de modo desigual a casos semelhantes, sem haver ou ser demonstrada qualquer distinção, haverá manifesta violação à norma jurídica. É preciso que a interpretação conferida pela decisão seja coerente. Texto e norma não se confundem, mas o texto ou enunciado normativo tem uma importante função de servir de limite mínimo, a partir do qual se constrói a norma jurídica. Se a decisão atenta contra esse limite mínimo, sendo proferida *contra legem*, desatendendo o próprio texto, sem qualquer razoabilidade, haverá também "manifesta violação" à norma jurídica.

**116. Desnecessidade de prequestionamento.** *"A jurisprudência unânime desta Corte estabelece que a ação rescisória não está sujeita ao requisito do prequestionamento para que seja admitida, seja em razão da falta de previsão legal para tanto, bem como da própria natureza jurídica do instituto e em razão de tratar-se de ação originária e não de recurso"* (STJ, 2ª Seção, AgRg na AR 4.459/DF, rel. p/ ac. Min. Maria Isabel Gallotti, *DJe* 1º.2.2016).

**117. Dispositivo de lei não discutido na ação originária.** *"Não se pode admitir ação rescisória fundada em dispositivo de lei não discutido na ação originária. Tal proceder implicaria rejulgamento da causa com base em fundamento não arguido no momento oportuno, o que não é permitido, sob pena de se romper com o devido processo legal"* (STJ, 2ª Seção, AR 4.878/DF, rel. Min. Moura Ribeiro, *DJe* 7.6.2018).

**118. Súmula 343/STF.** A Súmula 343 do STF prescreve que *"não cabe ação rescisória por ofensa a literal disposição de lei, quando a decisão rescindenda se tiver baseado em texto legal de interpretação controvertida nos tribunais"*. Esse enunciado ainda deve ser aplicado, mas com algumas ponderações. Se houver divergência na interpretação do Direito *entre* tribunais, sem que exista, ao tempo da prolação da decisão rescindenda, precedente vinculante do STF ou STJ sobre o tema, não há direito à rescisão, pois não se configura a *manifesta* violação de norma jurídica. Se houver *d*ivergência na interpretação do Direito *entre* tribunais, sem que exista, ao tempo da prolação da decisão rescindenda, precedente vinculante do STF ou STJ sobre o tema, mas, após o trânsito em julgado, sobrevém precedente obrigatório do tribunal superior, há, observado o prazo da ação rescisória, direito à rescisão, com base nesse novo precedente, para concretizar o princípio da unidade do Direito e a igualdade. Se houver *d*ivergência na interpretação do Direito *entre* tribunais e, ao tempo da prolação da decisão rescindenda, também houver precedente vinculante do STF ou do STJ sobre o tema, que tenha sido contrariado pela decisão rescindenda, há direito à rescisão, pois se configura a *manifesta* violação de norma jurídica. Se houver divergência na interpretação do Direito *entre* tribunais e também houver, ao tempo da prolação da decisão rescindenda, precedente vinculante do STF ou STJ, mas, após o trânsito em julgado, sobrevém novo precedente do tribunal superior, alterando o seu entendimento, não há direito à rescisão, fundado nesse novo precedente, tendo em vista a segurança jurídica. Se houver divergência na interpretação do Direito *entre órgãos fracionários no mesmo tribunal* que proferiu a decisão rescindenda, não havendo precedente vinculante, nem mesmo do respectivo tribunal, é possível vislumbrar 2 situações: *(a)* o tribunal veio a consolidar a sua orientação, em precedente obrigatório, após o trânsito em julgado da decisão rescindenda: observado o prazo da ação rescisória, há direito à rescisão, com base nesse precedente, para concretizar a igualdade e o comando do art. 926; *(b)* o tribunal permaneceu em dissenso, mesmo após o trânsito em julgado da decisão rescindenda: embora aparentemente seja caso típico de aplicação da súmula 343 do STF, a situação merece novo enfoque a

# LIVRO III · DOS PROCESSOS NOS TRIBUNAIS E DOS MEIOS DE IMPUGNAÇÃO DAS DECISÕES JUDICIAIS · Art. 966

partir do art. 926, que impõe aos tribunais o dever de uniformizar a sua jurisprudência; caso fique claro que o tribunal, instado a fazer isso, não o fez, é possível cogitar a ação rescisória por violação ao art. 926. Enfim, enquanto não houver posição de tribunal superior, é inevitável a existência de interpretação divergente *entre* os tribunais. Além de inevitável, a divergência *entre* os tribunais é até salutar para a melhor formação do precedente pelo tribunal superior. Enquanto se mantém a divergência *entre* os tribunais sem que haja a definição da questão de direito pelo tribunal superior, ainda é aplicável o enunciado 343 da súmula do STF. A solução é outra quando a divergência é *dentro do mesmo tribunal*. Nesse caso, incide o art. 926.

**119. Entendimento jurisprudencial à época do julgamento rescindindo.** *"Não cabe ação rescisória quando o julgado estiver em harmonia com o entendimento firmado pelo Plenário do Supremo à época da formalização do acórdão rescindindo, ainda que ocorra posterior superação do precedente. Precedente: RE 590.809, de relatoria do Ministro Marco Aurélio, Tribunal Pleno, DJe 24.11.2014. Súmula 343 do STF. 2. A modificação posterior da diretriz jurisprudencial do STF não autoriza, sob esse fundamento, o ajuizamento de ação rescisória para desfazer acórdão que aplicara a firme jurisprudência até então vigente no próprio Tribunal"* (STF, Pleno, AR 2.297, rel. Min. Edson Fachin, *DJe* 21.5.2021).

**120. Inaplicabilidade da Súmula 343/STF.** *"A limitação do cabimento da ação rescisória em matéria constitucional cingiu-se a duas hipóteses específicas, quais sejam, (i) quando o acórdão rescindindo estiver em conformidade com jurisprudência do Plenário desta Casa à época, mesmo que posteriormente alterada e (ii) quando a matéria seja controvertida no âmbito deste Supremo Tribunal Federal. Precedentes. 4. Para efeito de aplicação da Súmula 343/STF em matéria constitucional indispensável perquirir (i) se a matéria era controvertida neste STF e (ii) se a decisão rescindenda estava em consonância com o entendimento deste Tribunal à época. Assim, caso a resposta para ambos os questionamentos seja negativa, inaplicável o entendimento sumulado e, portanto, cabível, em tese, a rescisória. Precedentes. 5. Consolidada jurisprudência desta Corte no sentido da inaplicabilidade da Súmula 343/STF quando a matéria versada nos autos for de índole constitucional, mesmo que a decisão objeto da rescisória tenha sido fundamentada em interpretação controvertida em outros Tribunais judiciários ou anterior à orientação fixada pelo Supremo Tribunal Federal, ressalvadas as hipó-*

*teses acima explicitadas. 6. No caso em análise, à época em que prolatado o acórdão rescindindo, não havia, no âmbito do Supremo Tribunal Federal, qualquer pronunciamento quanto à matéria de fundo, sendo certo que, em momento posterior ao trânsito em julgado de referida decisão, esta Casa manifestou-se, pela primeira vez, quanto à mesma controvérsia, a evidenciar o cabimento da ação rescisória in casu"* (STF, 1ª Turma, ARE 1.332.413 AgR-segundo, rel. Min. Rosa Weber, *DJe* 24.6.2022).

**121. Violação manifesta à norma jurídica e direito à distinção.** O dever de coerência (art. 926) impõe o dever de autorreferência, que é o dever de dialogar com os precedentes anteriores, até mesmo para superá-los ou para fazer a adequada distinção. Se a decisão não segue o precedente sem fazer qualquer distinção, irá conter uma manifesta violação à correspondente norma jurídica. Cabe ação rescisória, nos termos do inciso V, contra decisão baseada em súmula ou acórdão de julgamento de casos repetitivos, que não tenha considerado a distinção entre questão discutida no processo e o padrão decisório que lhe deu fundamento (art. 966, § 5º). A regra aplica-se, por extensão, à decisão baseada em acórdão de assunção de competência, que também não tenha observado a distinção. Nesse caso, cabe ao autor da rescisória demonstrar, sob pena de inépcia, que se trata de situação particularizada por hipótese fática distinta ou questão jurídica não examinada, a exigir a adoção de outra solução jurídica (art. 966, § 6º).

**122. O inciso V do art. 966 *versus* o § 15 do art. 525 e o § 8º do art. 535.** A hipótese de cabimento da rescisória prevista no inciso V do art. 966 não se confunde com a prevista no § 15 do art. 525 e no § 8º do art. 535. Os pressupostos e a contagem do prazo para exercício do direito à rescisão são diversos. Se o órgão jurisdicional decide contrariamente a entendimento já firmado pelo STF, será possível ao executado, no posterior cumprimento de sentença, apresentar impugnação para invocar a inexigibilidade do título (art. 525, § 12, e art. 535, § 5º). Nesse caso, a alegação tem por finalidade obstar o cumprimento da sentença, encobrindo a pretensão executiva. A impugnação não visa desfazer ou rescindir a decisão sob cumprimento; destina-se apenas a reconhecer sua ineficácia, sua inexigibilidade, impedindo que se prossiga com o cumprimento da sentença. Para desfazer ou rescindir a decisão, é preciso ajuizar a ação rescisória. Em tal hipótese, a rescisória teria por fundamento o inciso V do art. 966, pois terá havido manifesta violação a norma jurídica: o órgão julga-

1489

dor decidiu contrariando a norma construída pelo STF ao interpretar o correspondente texto ou enunciado constitucional. Se a desarmonia entre a decisão rescindenda e a orientação do STF for congênita, caberá ação rescisória com fundamento no inciso V do art. 966. A decisão, além de rescindível, certifica obrigação considerada inexigível, sendo possível, na impugnação ao cumprimento da sentença, alegar essa inexigibilidade (art. 525, §§ 12 e 14, e art. 535, §§ 5º e 7º). Só que a impugnação se restringe a obter o reconhecimento da inexigibilidade e a impedir o cumprimento da sentença; não desfaz ou rescinde a decisão, nem permite a repetição de valores já pagos em razão da decisão proferida pelo órgão julgador. Se se pretende efetivamente desfazer ou rescindir a coisa julgada, aí será necessário o ajuizamento de ação rescisória, que terá por fundamento o inciso V do art. 966. A distinção é importante. A impugnação apenas reconhece a inexigibilidade e impede o cumprimento da sentença, não tendo o condão de desfazê-la, nem de permitir que haja, por exemplo, a repetição do que já foi pago voluntariamente. Se o executado pretende receber o que pagou voluntariamente, terá de ajuizar ação rescisória para desfazer ou rescindir a decisão exequenda e, então, repetir o valor pago. Se, porém, a desarmonia entre a decisão e o entendimento do STF vier a ocorrer *depois* da coisa julgada, aí a ação rescisória não terá fundamento no inciso V do art. 966. Isso porque, nesse caso, quando fora proferida a decisão, não existia ainda pronunciamento do STF. Logo, não houve *manifesta violação* a norma jurídica. O órgão julgador não contrariou entendimento do STF, inexistente à época da decisão. Na hipótese de o STF vir a proferir decisão contrária *após* o trânsito em julgado da decisão rescindenda, a rescisória terá por fundamento o § 15 do art. 525 ou o § 8º do art. 535. A hipótese é diversa. Não se confundem, pois, as hipóteses do inciso V do art. 966 com a do § 15 do art. 525 ou o § 8º do art. 535. Na *primeira* hipótese, a desarmonia entre a decisão rescindenda e o entendimento do STF há de ser congênita ou anterior ao trânsito em julgado. Na *segunda*, há de ser posterior. Ainda na segunda hipótese, não caberá a rescisória se o STF tiver modulado os efeitos de seu julgado em atenção à segurança jurídica. A hipótese do inciso V do art. 966 difere, ainda, da do § 15 do seu art. 525 ou o § 8º do seu art. 535 na contagem do prazo. Enquanto a rescisória do inciso V do art. 966 tem seu prazo contado a partir do trânsito em julgado da última decisão proferida no processo,

a deste último tem seu prazo contado do trânsito em julgado da decisão proferida pelo STF.

**123. Prova falsa.** Permite-se a rescisão de sentença fundada em prova cuja falsidade tenha sido apurada em processo criminal ou tenha sido provada na própria ação rescisória. Somente cabe a rescisão caso a decisão se funde apenas na prova falsa. Se a decisão rescindenda funda-se em outra prova, além daquela que se reputa falsa, não há o direito à rescisão, pois, afinal, a decisão pode manter-se com base em outro lastro probatório. Somente cabe a rescisão em razão da prova falsa se ela for a "base" que sustenta a decisão rescindenda. Essa hipótese de ação rescisória diz respeito a qualquer prova. Sendo falsa uma prova documental, testemunhal, pericial, confissão (confissão com erro de fato, por exemplo), enfim, sendo falsa qualquer prova produzida, cabe a ação rescisória. A falsidade da prova pode ser material ou ideológica – isso aplica-se apenas à prova documental, obviamente. Essa falsidade deve ter sido apurada em processo criminal ou demonstrada na própria rescisória. Não obstante a literalidade da regra, também se deve admitir a ação rescisória, quando a falsidade tiver sido apurada em ação declaratória civil (art. 19, II). Todavia, se a sentença proferida na ação declaratória de autenticidade houver declarado autêntico o documento, fica excluída a possibilidade de rescisão com base nesse fundamento, em razão da eficácia positiva da coisa julgada declaratória.

**124. Decisão lastreada em prova ilícita que não seja falsa.** A CF veda a obtenção de provas por meios ilícitos. Prova ilícita é prova nula. Decisão lastreada em prova ilícita é decisão sem motivação idônea e, por isso, pode ser invalidada – ou rescindida, caso tenha transitado em julgado. O fundamento da rescisória, nesse caso, é o art. 966, V, porque terá havido ofensa manifesta a norma jurídica.

**125. Prova nova.** Cabe ação rescisória quando o autor, depois do trânsito em julgado, obtiver prova nova, capaz de por si só alterar o resultado da decisão rescindenda. Cabe a rescisória quando o autor obtiver, depois do trânsito em julgado, qualquer prova nova. É anticooperativo reabrir toda a discussão para que a parte, somente depois do trânsito em julgado, produza uma prova nova, constituída posteriormente para desfazer a decisão que se construiu num ambiente adequado e legítimo. É por isso que o termo "*prova nova*" deve ser entendido como prova anteriormente existente, mas somente acessível após o trânsito em julgado. O termo *prova nova* não se refere ao momento da formação da prova. Ape-

**LIVRO III** · DOS PROCESSOS NOS TRIBUNAIS E DOS MEIOS DE IMPUGNAÇÃO DAS DECISÕES JUDICIAIS — **Art. 966**

nas se considera como *prova nova* aquela que o autor não tenha tido condições de produzir no processo originário por motivos alheios à sua vontade e à sua disponibilidade, seja porque a desconhecia, seja por não lhe ser acessível durante o processo originário. E caberá ao autor da ação rescisória comprovar tal impossibilidade de produção anterior da prova.

**126. Sentido da expressão "prova nova".** A *prova nova* é aquela estranha à causa, ou seja, aquela ainda não pertencente à causa. A prova nova não é aquela constituída, formada ou produzida posteriormente; é a que não foi apresentada no curso do processo originário, destinada a provar fato já ocorrido. *Prova nova*, em outras palavras, é aquela que já existia antes do trânsito em julgado, mas não foi apresentada ou produzida oportunamente no processo originário. A prova não existente ou que não poderia ser produzida durante o curso do processo originário não possibilita a desconstituição do julgado. Tanto isso é verdade que o art. 975, § 2º, ao estabelecer o prazo para a ação rescisória por prova nova, indica como marco para o início de sua contagem a "descoberta", e não a "produção" ou "constituição", da prova nova. A prova já existia e foi "descoberta", começando a correr, a partir de então, o prazo para o ajuizamento da ação rescisória. Não é prova nova aquela já produzida no processo originário, mas que não foi apreciada pelo órgão julgador. A omissão judicial quanto à prova produzida não é motivo para a ação rescisória fundada no inciso VII, podendo, na verdade, fundamentar a ação rescisória por manifesta violação à norma jurídica (art. 966, V).

**127. Prova nova e aposentadoria rural.** No caso de aposentadorias rurais, o STJ admite a prova documental que, mesmo existente antes ou quando ainda em curso o processo originário e ainda que acessível ao trabalhador rural e dele conhecida, pode ser utilizada para ajuizamento da ação rescisória, que, nesse caso, deve ser admitida e, até mesmo, acolhida.

**128. Aposentadoria rural.** *"O documento novo apto a aparelhar a ação rescisória, fundada no art. 485, VII, do CPC/1973 ou 966, VII, do CPC/2015, é aquele que, já existente à época da decisão rescindenda, era ignorado pelo autor ou do qual não pôde fazer uso, capaz de assegurar, por si só, a procedência do pedido. III – Em se tratando de trabalhadores rurais, deve ser mitigado o rigor conceitual impingido ao 'documento novo', pois não se pode desconsiderar as precárias condições de vida que envolvem o universo social desses trabalhadores"* (STJ, 1ª Seção, AR 6.081/PR, rel. Min. Regina Helena Costa, *DJe* 30.05.2022).

**129. Absolvição posterior.** Transitada em julgado sentença condenatória de reparação civil, a superveniente sentença penal absolutória não se enquadra no conceito de prova nova. A prova nova a que se refere o art. 966, VII, caracteriza-se por ser antiga, existente ao tempo do processo originário, mas somente conhecida ou acessível à parte após o momento próprio para ali produzi-la. Enfim, a prova nova não é aquela constituída após o trânsito em julgado. O adjetivo *novo* diz respeito ao conhecimento e ao acesso da parte à prova. A situação é mesma na hipótese inversa: julgado improcedente o pedido na ação civil, sobrevém, após seu trânsito em julgado, sentença penal condenatória. Esta, de igual modo, não se encaixa no conceito de prova nova, descabendo a ação rescisória fundada no art. 966, VII.

**130. Comprovação do momento da descoberta da prova nova.** Cumpre ao autor da rescisória demonstrar o *momento* em que obteve a prova nova ou o *momento* em que se tornou possível produzi-la. O momento, enfim, da "descoberta" da prova nova. É que a prova nova deve ser obtida "posteriormente ao trânsito em julgado". Se ainda era possível à parte produzir a prova no processo originário, e não o fez, não caberá a rescisória. Esta somente será cabível, se a prova foi obtida ou se tornou possível em momento a partir do qual não se permitia mais produzi-la no processo originário. Se a prova foi obtida depois da sentença e se trata, por exemplo, de um documento, a parte poderia, na apelação, demonstrando a existência de força maior que impediu sua produção em momento anterior (art. 1.014), fazer juntar a prova documental aos autos do processo. Nesse caso, não se revela cabível a rescisória. Caso fosse lícito à parte produzir a prova em qualquer momento do processo originário, e desde que ainda possível ao órgão jurisdicional levar em conta a prova antes da ocorrência do trânsito em julgado, não se admitirá a ação rescisória. O momento da descoberta da prova deve ser a partir do instante em que não se possa mais produzi-la ou a partir do momento em que não possa mais ser apreciada no processo originário. A rescisória, fundada em prova nova, só deve ser admitida, se o autor, quando parte na demanda originária, ignorava a sua existência ou não pôde fazer uso dela durante o trâmite do processo originário. A ação rescisória, nesse caso, não serve para obter-se o reexame da prova. A rescisão da decisão está condicionada ao desconhecimento ou à falta de acesso de prova indispensável para a solução da causa. Enfim, a parte, para valer-se da ação rescisória fundada em prova nova, deve demonstrar que não conhecia tal prova durante o processo originário ou, se a conhecia, a ela não teve acesso. A prova nova deve ser pré-constituída, não se admitindo a rescisória quando a prova possa ser constituída no curso da própria rescisória, sob pena de se dar origem a uma espécie de coisa julgada *secundum eventum probationis*. A prova nova é aquela que não pôde ser produzida no curso do processo originário, ainda que não lhe seja contemporânea.

**131. Indicação da prova nova.** A ação rescisória, no caso do inciso VII, deverá ser intentada por petição inicial que venha acompanhada do documento novo ou da indicação da prova nova a que alude o referido dispositivo. Não se permite seja a rescisória intentada, sem a indicação da prova nova e a demonstração do momento de sua descoberta ou da possibilidade de sua produção. Isso porque um dos requisitos da rescisória, nesse caso, é a comprovação de que o autor da rescisória só teve acesso à prova, "posteriormente ao trânsito em julgado". Ora, se ainda não teve acesso à prova, não lhe cabe, por enquanto, propor a ação rescisória.

**132. Referência a fatos controvertidos no processo originário.** Para que se admita a ação rescisória fundada no inciso VII, a prova nova deve referir-se a fatos controvertidos no processo originário. Se o fato não foi alegado nem objeto de controvérsia no processo, não cabe a rescisória. E nem poderia ser diferente, visto que os fatos não alegados oportunamente no processo originário são alcançados pelo efeito preclusivo da coisa julgada, graças à aplicação da eficácia preclusiva da coisa julgada (art. 508).

**133. Réu revel.** Se é preciso, para o cabimento da rescisória fundada em prova nova, que o fato tenha sido alegado no processo originário, não há dúvidas de que ao revel – o qual, justamente por ser revel, não alegou qualquer fato – não se franqueia a possibilidade de valer-se da ação rescisória, com fundamento no art. 966, VII. Não se nega que o revel possa intentar ação rescisória; a ele é conferida essa possibilidade. O que se revela impossível é que sua rescisória tenha fundamento no inciso VII do art. 966, pois a prova nova deve dizer respeito a fato alegado e o revel, por razões óbvias, não alegou qualquer fato no processo originário.

**134. Suficiência da prova nova para alterar a conclusão do julgado rescindendo.** A prova nova, que enseja a propositura da ação rescisória, há de ser suficiente para modificar a conclusão a que se chegou na decisão rescindenda. É preciso que a prova nova, necessariamente e sozinha, gere um pronunciamento favorável ao autor da rescisória. O pronunciamento a ser obtido, com a prova, deve ser favorável, ainda que parcial.

**135. Erro de fato.** É possível rescindir decisão judicial fundada em erro de fato. Há erro de fato quando a decisão rescindenda admitir fato inexistente ou quando considerar inexistente fato efetivamente ocorrido. O erro de fato constitui um erro de percepção, e não de um critério interpretativo do juiz. A configuração dessa hipótese de rescindibilidade exige a conjugação de vários pressupostos: *(a)* é preciso que a decisão seja fundada no erro de fato, isto é, que sem o erro de fato a conclusão do juiz houvesse de ser diferente; *(b)* o erro de fato deve ser apurável mediante o simples exame dos documentos e das demais peças dos autos, não se admitindo, na rescisória, a produção de quaisquer outras provas tendentes a demonstrar que não existia o fato admitido pelo juiz, ou que ocorrera o fato por ele considerado inexistente; *(c)* o fato sobre o qual recaiu o erro não pode ser ponto controvertido; ou seja, é preciso que em relação ao fato *não tenha havido controvérsia* – se se trata de ponto controvertido sobre o qual o juiz deveria ter se pronunciado, não se admite a rescisão da decisão.

---

**Art. 967.** Têm legitimidade para propor a ação rescisória:

I – quem foi parte no processo ou o seu sucessor a título universal ou singular;

II – o terceiro juridicamente interessado;

III – o Ministério Público:

se não foi ouvido no processo em que lhe era obrigatória a intervenção;

quando a decisão rescindenda é o efeito de simulação ou de colusão das partes, a fim de fraudar a lei;

em outros casos em que se imponha sua atuação;

IV – aquele que não foi ouvido no processo em que lhe era obrigatória a intervenção.

Parágrafo único. Nas hipóteses do art. 178, o Ministério Público será intimado para intervir como fiscal da ordem jurídica quando não for parte.

---

▶ **1. Correspondência no CPC/1973.** *"Art. 487. Tem legitimidade para propor a ação: I – quem foi parte no processo ou o seu sucessor a título universal ou singular; II – o terceiro juridicamente interessado; III – o Ministério Público: a) se não foi ouvido no processo, em que lhe era obrigatória a intervenção; b) quando a sentença é o efeito de colusão das partes, a fim de fraudar a lei."*

# LIVRO III • DOS PROCESSOS NOS TRIBUNAIS E DOS MEIOS DE IMPUGNAÇÃO DAS DECISÕES JUDICIAIS — Art. 967

## ⚖ LEGISLAÇÃO CORRELATA

**2. CPP, art. 623.** *"Art. 623. A revisão poderá ser pedida pelo próprio réu ou por procurador legalmente habilitado ou, no caso de morte do réu, pelo cônjuge, ascendente, descendente ou irmão."*

**3. Lei 6.385/1976, art. 31.** *"Nos processos judiciários que tenham por objetivo matéria incluída na competência da Comissão de Valores Mobiliários, será esta sempre intimada para, querendo, oferecer parecer ou prestar esclarecimentos, no prazo de quinze dias a contar da intimação. § 1º A intimação far-se-á, logo após a contestação, por mandado ou por carta com aviso de recebimento, conforme a Comissão tenha, ou não, sede ou representação na comarca em que tenha sido proposta a ação. § 2º Se a Comissão oferecer parecer ou prestar esclarecimentos, será intimada de todos os atos processuais subsequentes, pelo jornal oficial que publica expedientes forense ou por carta com aviso de recebimento, nos termos do parágrafo anterior. § 3º A comissão é atribuída a legitimidade para interpor recursos, quando as partes não o fizerem. § 4º O prazo para os efeitos do parágrafo anterior começará a correr, independentemente de nova intimação, no dia imediato àquele em que findar o das partes."*

**4. Lei 12.529/2011, art. 118.** *"Nos processos judiciais em que se discuta a aplicação desta Lei, o Cade deverá ser intimado para, querendo, intervir no feito na qualidade de assistente."*

## ⚖ JURISPRUDÊNCIA, ENUNCIADOS E SÚMULAS SELECIONADOS

- **5. Súmula TST, 406.** *"I – O litisconsórcio, na ação rescisória, é necessário em relação ao polo passivo da demanda, porque supõe uma comunidade de direitos ou de obrigações que não admite solução díspar para os litisconsortes, em face da indivisibilidade do objeto. Já em relação ao polo ativo, o litisconsórcio é facultativo, uma vez que a aglutinação de autores se faz por conveniência e não pela necessidade decorrente da natureza do litígio, pois não se pode condicionar o exercício do direito individual de um dos litigantes no processo originário à anuência dos demais para retomar a lide. II – O Sindicato, substituto processual e autor da reclamação trabalhista, em cujos autos fora proferida a decisão rescindenda, possui legitimidade para figurar como réu na ação rescisória, sendo descabida a exigência de citação de todos os empregados substituídos, porquanto inexistente litisconsórcio passivo necessário."*

- **6. Súmula TST, 407.** *"A legitimidade 'ad causam' do Ministério Público para propor ação rescisória, ainda que não tenha sido parte no processo que deu origem à decisão rescindenda, não está limitada às alíneas 'a', 'b' e 'c' do inciso III do art. 967 do CPC de 2015 (art. 487, III, 'a' e 'b', do CPC de 1973), uma vez que traduzem hipóteses meramente exemplificativas."*

- **7. Enunciado 339 do FPPC.** *"O CADE e a CVM, caso não tenham sido intimados, quando obrigatório, para participar do processo (art. 118, Lei n. 12.529/2011; art. 31, Lei n. 6.385/1976), têm legitimidade para propor ação rescisória contra a decisão ali proferida, nos termos do inciso IV do art. 967."*

## 📖 COMENTÁRIOS TEMÁTICOS

**8. Legitimidade ativa.** Tem legitimidade para propor a ação rescisória quem foi parte no processo originário ou seu sucessor a título universal ou singular. Assim, pode propor a rescisória o espólio, o herdeiro ou o legatário da parte do processo originário. Ainda que a parte tenha sido revel no processo originário, é-lhe conferida legitimidade para propor a ação rescisória.

**9. Terceiro juridicamente interessado.** Também pode propor a ação rescisória o terceiro juridicamente interessado. A decisão faz coisa julgada às partes entre as quais é proferida, não prejudicando terceiros (art. 506). O terceiro, diante disso, não teria, em princípio, legitimidade para intentar ação rescisória, já que a coisa julgada não lhe prejudica. Só que há casos em que o terceiro sofre os efeitos principais da sentença: *(a)* nos casos de substituição processual, em que o substituído, apesar de não ter figurado como parte na demanda, terá sua esfera de direitos alcançada pelos efeitos da coisa julgada; *(b)* no processo de dissolução parcial de sociedade: se todos os sócios forem citados, a sociedade não será citada, mas fica submetida à coisa julgada (art. 601, parágrafo único) – há uma legitimação extraordinária passiva conjunta de todos os sócios, em defesa dos interesses da sociedade; *(c)* há também o caso da alienação da coisa ou do direito litigioso, caso em que a sentença transitada em julgado *atingirá* não só as partes originárias do processo, mas também o *terceiro que seja adquirente ou cessionário do direito ou coisa litigiosa* (art. 109, § 3º), pois há, aí, uma legitimação extraordinária superveniente, sendo o alienante ou cedente a parte substituta, e o adquirente ou cessionário, o terceiro substituído. Esse fenômeno somente ocorrerá se o terceiro adquirente não suceder o alienante; se o tercei-

1493

ro ingressar no processo no lugar do cedente ou intervier na qualidade de assistente (art. 109, § 2º), a coisa julgada se lhe estende normalmente, sem qualquer particularidade, tendo em vista que, dessa forma, o terceiro transformar-se-ia em parte; *(d)* tem-se, ainda, coisa julgada *ultra partes* nos casos de legitimação concorrente: o colegitimado para ingressar com uma ação (titular de legitimação concorrente), que poderia ter sido parte no processo, na qualidade de litisconsorte unitário facultativo ativo, mas não foi, ficará vinculado aos efeitos da coisa julgada produzida pela decisão proferida na causa; *(e)* também há coisa julgada *ultra partes* na hipótese de decisão favorável a um dos credores solidários, que se estende aos demais (CC, art. 274). Além desses casos, em que o terceiro sofre os efeitos principais da decisão judicial, há outros em que terceiros sofrem os efeitos *reflexos* da sentença: *a)* o sublocatário, no caso de sentença de despejo do locatário; *b)* o servidor público, no caso de sentença condenatória do ente público, em razão de ato praticado por esse servidor; *c)* o terceiro lesado por uma decisão que tenha sido fruto de processo simulado ou fraudulento etc. O terceiro juridicamente interessado é, portanto, aquele que sofreu efeitos *principais* ou *reflexos* da decisão transitada em julgado. Por isso, é legitimado a propor a ação rescisória dessa decisão. Caso o terceiro tenha feito parte do processo originário, sua legitimidade decorre do inciso I do art. 967, e não do inciso II – se interveio no processo originário, foi parte. Terceiro juridicamente interessado é aquele que *não participou do processo originário.*

**10. Ministério Público.** O Ministério Público pode propor a ação rescisória na condição de fiscal da ordem jurídica (art. 967, III) – se o Ministério Público houver sido parte no processo originário, sua legitimidade decorre dessa condição (art. 967, I). Como fiscal da ordem jurídica, o Ministério Público tem legitimidade para propor a ação rescisória: *a)* se não foi ouvido no processo, em que lhe era obrigatória a intervenção (art. 967, III, *a*); *b)* quando a sentença é o efeito de simulação ou colusão das partes, a fim de fraudar a lei (art. 967, III, *b*); *c)* em outros casos em que se imponha a sua atuação (art. 967, III, *c*).

**11. Aquele que não foi ouvido no processo em que lhe era obrigatória a intervenção.** Pode propor ação rescisória aquele "que não foi ouvido no processo em que era obrigatória a sua intervenção". Confere-se legitimidade ativa para a ação rescisória aos entes (distintos do Ministério Público fiscal da lei, inciso III, e das partes, inciso

I), cuja intervenção era obrigatória no processo originário. É o caso, por exemplo, da Comissão de Valores Mobiliários, cuja intervenção é obrigatória nos processos em que se discutam matéria de sua competência (Lei 6.385/1976, art. 31), e do Conselho Administrativo de Defesa Econômica, cuja intervenção é obrigatória nos processos em que se discuta matéria de sua competência (Lei 12.529/2011, art. 118). O ente que poderia ter sido *amicus curiae* tem legitimidade para propor ação rescisória. O inciso IV do art. 967 *não* se aplica ao litisconsorte necessário não citado. O litisconsorte necessário não citado tem de valer-se da *querela nullitatis (art. 525, § 1º, I; art. 535, I)*: é que a falta de citação não é caso de ação rescisória, mas, sim, de *querela nullitatis*. A falta de citação que gera decisão contrária ao não citado não é caso de rescindibilidade, mas, sim, de *nulidade*, cuja decretação se pede pela *querela nullitatis*.

**12. Legitimidade passiva.** Deve ser citado, na ação rescisória, *todo aquele que se beneficia da decisão que se busca rescindir*. Normalmente, cita-se a outra parte, ou o seu sucessor – note que, havendo sucessor, o réu da rescisória será alguém que *não fez parte do processo originário*. No caso de rescisória fundada em simulação ou colusão (art. 966, III), citam-se os simuladores ou fraudadores. Esse litisconsórcio é necessário e unitário (art. 114). Caso tenha havido legitimação extraordinária no processo originário, ela subsiste para a ação rescisória. Obviamente, não será réu da ação rescisória aquele que, tendo sido excluído do processo originário, nada tiver a ver com a decisão que se busca rescindir. Se o objeto da ação rescisória disser respeito a algum ou a alguns dos participantes do processo originário, somente esses devem ser citados como litisconsortes necessários, e não todos. Essa hipótese é muito frequente em situações em que houve litisconsórcio facultativo simples, e ação rescisória versa sobre o capítulo da sentença que envolve apenas um ou alguns dos litisconsortes. A consagração expressa da ação rescisória de capítulo da sentença (art. 966, § 3º) torna muito importante a discussão sobre a legitimidade passiva na ação rescisória.

**13. Rescisória contra honorários de sucumbência.** A ação rescisória pode ter por alvo o capítulo da decisão relativo aos honorários advocatícios. O réu da ação rescisória, que tenha esse único objeto, não será a parte do processo originário, mas, tão somente, o(s) seu(s) advogado(s) ou a sociedade de advogados (art. 85, § 15). Porque a ação rescisória trata *exclusivamente* de interesse apenas do advogado ou da sociedade

**LIVRO III · DOS PROCESSOS NOS TRIBUNAIS E DOS MEIOS DE IMPUGNAÇÃO DAS DECISÕES JUDICIAIS** | Art. 968

de advogado, e não mais do seu cliente ou representado, torna-se prescindível a participação deste como réu da ação rescisória.

**14. Legitimidade ativa em ação rescisória contra honorários de sucumbência.** *"A ação rescisória que visa desconstituir especificamente capítulo próprio do julgado que fixou honorários advocatícios para aumentar o valor referido deve ser ajuizada pelo advogado que representou a parte vencedora na ação de origem, e não por sociedade de advogados, sob pena de ilegitimidade. No caso, a procuração foi outorgada individualmente a cada um dos advogados; por sua vez, a ação rescisória foi ajuizada por sociedade de advogados, em nome próprio. Como o ator não é titular da relação jurídica controvertida na ação rescisória, fica evidenciada a ausência de legitimidade, de modo que o processo deve ser extinto sem resolução do mérito"* (STJ, 2ª Seção, AR 6.105/SP, rel. p/ ac. Luis Felipe Salomão, *DJe* 11.10.2022).

**15. Legitimidade passiva em ação rescisória que discute honorários advocatícios.** *"Ação rescisória proposta contra a autora de ação ordinária e contra seus advogados, buscando o autor desta rescisória que os respectivos honorários advocatícios, arbitrados em percentual sobre o valor da causa, incidam sobre o valor da condenação. 2. Cuidando a presente rescisória tão somente da base de cálculo da verba honorária sucumbencial, com caráter autônomo e incorporada ao patrimônio dos advogados, a autora da ação ordinária não tem legitimidade para figurar no polo passivo deste feito"* (STJ, 2ª Seção, AR 5.958/TO, rel. p/ ac. Min. Antonio Carlos Ferreira, *DJe* 10.11.2021); *"Quando o ponto do julgado que se pretende rescindir diz respeito tão somente aos honorários de sucumbência pertencentes ao Advogado, a legitimidade passiva da ação rescisória deve limitar-se ao escritório de advocacia, sendo parte ilegítima seu cliente que figurou no acórdão rescindendo"* (STJ, 2ª Turma, REsp 1.860.119/SP, rel. Min. Mauro Campbell Marques, *DJe* 11.11.2022).

**16. Correção das legitimidades ativa e passiva.** Na ação rescisória, é possível corrigir o polo ativo, mas tal correção deve ser realizada até o escoamento do prazo para o seu ajuizamento. Já passado o prazo, consolida-se a decadência e extingue-se o direito à rescisão, não podendo ser proposta a demanda. É que a propositura da ação por um sujeito considerado parte ilegítima não poderia obstar a decadência para aquele que não havia proposto a ação. A correção do polo ativo, quando já ultrapassado o prazo para ajuizamento da ação rescisória, seria medida inócua,

por isso não admitida. Aplica-se no âmbito da ação rescisória o disposto no art. 338. Assim, alegada ilegitimidade passiva pelo réu, o autor pode requerer a substituição dele pelo réu legítimo ou, ainda, formar um litisconsórcio passivo. Para que se aplique o art. 338 na ação rescisória, também é preciso, porém, observar se houve ou não escoamento do prazo em relação àquele que não fora originariamente demandado. Enfim, a correção do polo ativo ou passivo na ação rescisória deve sempre atentar para o possível escoamento do prazo para sua propositura.

**17. Correção do polo ativo da ação rescisória.** *"No âmbito da ação rescisória, a correção no polo ativo deve ser realizada, obrigatoriamente, até o escoamento do prazo bienal para o ajuizamento da ação rescisória, sob pena de operar-se a decadência"* (STJ, 2ª Seção, AR 6.105/SP, rel. p/ ac. Min. Luis Felipe Salomão, *DJe* 11.10.2022).

**18. Intervenção do Ministério Público.** Na ação rescisória, a intimação obrigatória do Ministério Público apenas se justifica se a causa subsumir-se a uma das hipóteses gerais de intervenção, previstas no art. 178. A intervenção ministerial não é obrigatória em qualquer ação rescisória; o Ministério Público somente será intimado para participar da ação rescisória, como fiscal da ordem jurídica, nos casos do art. 178.

---

**Art. 968.** A petição inicial será elaborada com observância dos requisitos essenciais do art. 319, devendo o autor:

I – cumular ao pedido de rescisão, se for o caso, o de novo julgamento do processo;

II – depositar a importância de cinco por cento sobre o valor da causa, que se converterá em multa caso a ação seja, por unanimidade de votos, declarada inadmissível ou improcedente.

§ 1º Não se aplica o disposto no inciso II à União, aos Estados, ao Distrito Federal, aos Municípios, às suas respectivas autarquias e fundações de direito público, ao Ministério Público, à Defensoria Pública e aos que tenham obtido o benefício de gratuidade da justiça.

§ 2º O depósito previsto no inciso II do *caput* deste artigo não será superior a 1.000 (mil) salários-mínimos.

§ 3º Além dos casos previstos no art. 330, a petição inicial será indeferida quando não efetuado o depósito exigido pelo inciso II do *caput* deste artigo.

§ 4º Aplica-se à ação rescisória o disposto no art. 332.

§ 5º Reconhecida a incompetência do tribunal para julgar a ação rescisória, o autor será intimado para emendar a petição inicial, a fim de adequar o objeto da ação rescisória, quando a decisão apontada como rescindenda:

I – não tiver apreciado o mérito e não se enquadrar na situação prevista no § 2º do art. 966;

II – tiver sido substituída por decisão posterior.

§ 6º Na hipótese do § 5º, após a emenda da petição inicial, será permitido ao réu complementar os fundamentos de defesa, e, em seguida, os autos serão remetidos ao tribunal competente.

▶ **1. Correspondência no CPC/1973.** *"Art. 488. A petição inicial será elaborada com observância dos requisitos essenciais do art. 282, devendo o autor: I – cumular ao pedido de rescisão, se for o caso, o de novo julgamento da causa; II – depositar a importância de 5% (cinco por cento) sobre o valor da causa, a título de multa, caso a ação seja, por unanimidade de votos, declarada inadmissível, ou improcedente. Parágrafo único. Não se aplica o disposto no nº II à União, ao Estado, ao Município e ao Ministério Público." "Art. 490. Será indeferida a petição inicial: I – nos casos previstos no art. 295; II – quando não efetuado o depósito, exigido pelo art. 488, II."*

## 🗔 Legislação Correlata

**2. CLT, art. 836.** *"Art. 836. É vedado aos órgãos da Justiça do Trabalho conhecer de questões já decididas, exceto dos casos expressamente previstos neste Título e a ação rescisória, que será admitida na forma do disposto no Capítulo IV do Título IX da Lei nº 5.869, de 11 de janeiro de 1973 – Código de Processo Civil, sujeita ao depósito prévio de 20% (vinte por cento) do valor da causa, salvo prova de miserabilidade jurídica do autor."*

**3. Lei 9.028/1995, art. 24-A.** *"Art. 24-A. A União, suas autarquias e fundações, são isentas de custas e emolumentos e demais taxas judiciárias, bem como de depósito prévio e multa em ação rescisória, em quaisquer foros e instâncias. Parágrafo único. Aplica-se o disposto neste artigo a todos os processos administrativos e judiciais em que for parte o Fundo de Garantia do Tempo de Serviço – FGTS –, seja no polo ativo ou passivo, extensiva a isenção à pessoa jurídica que o representar em Juízo ou fora dele."*

**4. Instrução Normativa 31/2007 do TST, art. 2º.** *"Art. 2º. O valor da causa da ação rescisória que visa desconstituir decisão da fase de conhecimento corresponderá: I – no caso de improcedência, ao valor dado à causa do processo originário ou aquele que for fixado pelo Juiz; II – no caso de procedência, total ou parcial, ao respectivo valor arbitrado à condenação."*

## ⚖ Jurisprudência, Enunciados e Súmulas Selecionados

- **5. Tema/Repercussão Geral 775 STF.** *"Compete ao Tribunal Regional Federal processar ação rescisória proposta pela União com o objetivo de desconstituir sentença transitada em julgado proferida por juiz estadual, quando afeta interesses de órgão federal."*

- **6. Súmula STJ, 175.** *"Descabe o depósito prévio nas ações rescisórias propostas pelo INSS."*

- **7. Súmula TST, 299.** *"I – É indispensável ao processamento da ação rescisória a prova do trânsito em julgado da decisão rescindenda. II – Verificando o relator que a parte interessada não juntou à inicial o documento comprobatório, abrirá prazo de 15 (quinze) dias para que o faça (art. 321 do CPC de 2015), sob pena de indeferimento. III – A comprovação do trânsito em julgado da decisão rescindenda é pressuposto processual indispensável ao tempo do ajuizamento da ação rescisória. Eventual trânsito em julgado posterior ao ajuizamento da ação rescisória não reabilita a ação proposta, na medida em que o ordenamento jurídico não contempla a ação rescisória preventiva. IV – O pretenso vício de intimação, posterior à decisão que se pretende rescindir, se efetivamente ocorrido, não permite a formação da coisa julgada material. Assim, a ação rescisória deve ser julgada extinta, sem julgamento do mérito, por carência de ação, por inexistir decisão transitada em julgado a ser rescindida."*

- **8. Súmula TST, 411.** *"Se a decisão recorrida, em agravo regimental, aprecia a matéria na fundamentação, sob o enfoque das Súmulas nºs 83 do TST e 343 do STF, constitui sentença de mérito, ainda que haja resultado no indeferimento da petição inicial e na extinção do processo sem julgamento do mérito. Sujeita-se, assim, à reforma pelo TST, a decisão do Tribunal que, invocando controvérsia na interpretação da lei, indefere a petição inicial de ação rescisória."*

- **9. Enunciado 284 do FPPC.** *"Aplica-se à ação rescisória o disposto no art. 321, ainda que o vício seja a indicação incorreta da decisão rescindenda."*

- **10. Enunciado 488 do FPPC.** *"No mandado de segurança, havendo equivocada indicação da autoridade coatora, o impetrante deve ser intimado para emendar a petição inicial e, caso haja alteração de competência, o juiz remeterá os autos ao juízo competente."*

**LIVRO III** · DOS PROCESSOS NOS TRIBUNAIS E DOS MEIOS DE IMPUGNAÇÃO DAS DECISÕES JUDICIAIS — **Art. 968**

- **11. Enunciado 603 do FPPC.** *"Não se converterá em multa o depósito inicial efetuado pelo autor, caso a extinção da ação rescisória se dê por decisão do relator transitada em julgado."*

## 📋 COMENTÁRIOS TEMÁTICOS

**12. Competência para processar e julgar a ação rescisória.** A ação rescisória é de competência originária de tribunal, não devendo ser ajuizada perante juízo de primeira instância. A regra de competência para processamento e julgamento da ação rescisória é a seguinte: os tribunais julgam as ações rescisórias de seus *próprios* julgados e dos julgados dos juízes a ele vinculados.

**13. Competência do STF.** Compete ao STF processar e julgar as ações rescisórias de seus próprios julgados (CF, art. 102, I, *j*).

**14. Competência do STJ.** Ao STJ cabe processar e julgar as ações rescisórias de seus julgados (CF, art. 105, I, *e*).

**15. Competência do TRF.** Os Tribunais Regionais Federais processam e julgam, originariamente, as ações rescisórias de seus próprios julgados ou de sentenças de juízes federais ou estaduais investidos de jurisdição federal (CF, art. 108, I, *b*). O STF, ao julgar o tema 775 de repercussão geral, firmou a seguinte tese: *"Compete ao Tribunal Regional Federal processar ação rescisória proposta pela União com o objetivo de desconstituir sentença transitada em julgado proferida por juiz estadual, quando afeta interesses de órgão federal"*. Esse entendimento estende ao TRF a aplicação do inciso I do art. 109 da CF, que regula a competência dos juízes federais. Assim, a presença da União – e de empresas públicas federais e autarquias federais – em causas de competência originária de tribunal é causa suficiente para tornar o TRF como competente. A tese, além de ser literalmente contrária ao texto constitucional, viola gravemente o pacto federativo, pois um tribunal federal pode ser competente para rescindir uma decisão de um juízo estadual. Na realidade, o TRF somente pode julgar rescisória de seus julgados ou de sentenças de juízes federais ou juízes estaduais investidos de jurisdição federal. A competência prevista no art. 109, I, da CF dirige-se aos juízes federais de primeira instância. A competência dos TRFs, prevista no art. 108 da CF, define-se por critérios diversos, decorrentes da *origem* da decisão atacada, e não de quem figura como parte. O entendimento do STF é equivocado. Mas, pela sua força vinculativa, a decisão do STF não poderá ser ignorada.

**16. Competência do TJ.** Os tribunais de justiça têm competência originária para processar e julgar as ações rescisórias de seus próprios julgados ou de sentenças proferidas por juízes a eles vinculados, estando, normalmente, tal competência definida em cada Constituição Estadual (CF, art. 125, § 1º).

**17. Regra de competência.** A decisão proferida por juízes de primeira instância pode ser desconstituída, igualmente, por ação rescisória, que deve ser processada e julgada pelo tribunal ao qual está vinculado o juízo que a proferiu. Assim, proferida a decisão por um juiz federal, a ação rescisória será processada e julgada pelo TRF ao qual esteja vinculado o juiz. Por sua vez, a ação rescisória contra decisão de juiz estadual será processada e julgada perante o respectivo tribunal de justiça. No caso de sentença proferida por juiz estadual investido de jurisdição federal (CF, 109, § 3º), a competência será do TRF da respectiva região.

**18. Rescisória contra sentença.** Proferida uma sentença, e não havendo recurso de apelação, é a própria sentença que transita em julgado, devendo a ação rescisória ser proposta junto ao tribunal ao qual o juízo está vinculado. Caso haja apelação, mas esta não seja conhecida, não é o acórdão do tribunal que transita em julgado. É que, não conhecido o recurso, não se opera o efeito substitutivo (art. 1.008), restando incólume a sentença proferida pelo juízo de primeira instância. Nesse caso, é a própria sentença que transita em julgado.

**19. Rescisória contra acórdão.** Se o recurso for conhecido, há os seguintes resultados possíveis: a) não provido; b) provido, para reformar a decisão recorrida; c) provido, para anular a decisão recorrida. Nas hipóteses *a* e *b*, opera-se o efeito substitutivo (art. 1.008). Conhecido o recurso, e não sendo ele provido, o acórdão do tribunal substitui a decisão recorrida. De igual modo, se o recurso for conhecido para, diante de um *error in iudicando*, reformar a decisão recorrida, será produzido o efeito substitutivo. Diante do efeito substitutivo, se não houver outros recursos ou se os que forem intentados não vierem a ser conhecidos, é o acórdão proferido pelo tribunal que transita em julgado. Nesse caso, a ação rescisória deve ser ajuizada no próprio tribunal que proferiu o acórdão. Já na hipótese posta sob *c*, não se produz o efeito substitutivo. É que, naquele caso, a decisão recorrida foi anulada, mercê da existência de um *error in procedendo*. Não há efeito substitutivo, mas sim efeito rescindente, devendo os autos retornar ao juízo originário para que ali seja proferida outra

1497

decisão. Há casos em que o tribunal decreta a invalidade da decisão, mas, ainda assim, avança e julga o mérito (art. 1.013, § 3º, II e IV). Nesses casos, por ter o tribunal avançado e julgado o mérito, produz-se o efeito substitutivo (art. 1.008), e não o efeito rescindente decorrente da proclamação de uma anulação. Operado o efeito substitutivo, a decisão recorrida já foi substituída pelo acórdão, vindo este a transitar em julgado, se não houver outros recursos ou se os que vierem a ser interpostos não forem conhecidos. Ainda nas hipóteses *a* e *b*, se contra o acórdão proferido pelo tribunal for interposto recurso especial, e este vier a ser conhecido (e não provido ou provido para reformar o acórdão recorrido), é a decisão exarada pelo STJ que irá transitar em julgado, devendo a rescisória voltar-se contra tal decisão e ser ajuizada no próprio STJ. Da mesma forma, se contra o acórdão do tribunal local for interposto recurso extraordinário, e este vier a ser conhecido (e não provido ou provido para reformar o acórdão recorrido), opera-se o efeito substitutivo, devendo a rescisória rebelar-se contra a decisão proferida pelo STF, ao qual competirá processá-la e julgá-la.

**20. Negativa de seguimento a recurso especial ou extraordinário.** O recurso especial ou extraordinário é interposto perante o próprio tribunal local, cujo presidente ou vice-presidente, ao negar-lhe seguimento por já haver decisão em recurso repetitivo ou com repercussão geral, está a julgar o seu *mérito*, encerrando a discussão e aplicando aquele entendimento ao caso (arts. 1.030, I, e 1.040, I). Essa decisão substitui o acórdão recorrido (art. 1.008), sendo passível de ação rescisória (art. 966, § 5º). Dessa decisão do presidente ou vice-presidente do tribunal local cabe agravo interno para o plenário ou órgão especial (a depender do respectivo regimento interno), a fim de ser exercido o juízo de distinção, quando a hipótese tenha alguma peculiaridade que afaste o precedente obrigatório firmado no julgamento do caso repetitivo. Julgado o agravo interno, o acórdão proferido substitui a decisão recorrida (art. 1.008). Com o seu trânsito em julgado, a coisa julgada recai sobre tal acórdão do plenário ou órgão especial que julga o agravo interno. A ação rescisória, no caso, deve atacar tal acórdão do plenário ou órgão especial (art. 966, § 5º). O § 5º do art. 966 é claro ao afirmar que cabe ação rescisória contra decisão que aplica equivocadamente ou deixa de aplicar tese firmada em julgamento de caso repetitivo; ou seja, é uma decisão de mérito apta a ser desfeita por ação rescisória.

**21. Competência para julgar rescisória contra decisão de juiz federal proferida nas causas internacionais do inciso II do art. 109 da CF.** Ao STJ cabe processar e julgar as ações rescisórias de seus julgados. Há, no entanto, uma situação interessante que é digna de nota. As causas entre Estado estrangeiro ou organismo internacional e Município ou pessoa domiciliada ou residente no Brasil são processadas e julgadas, em primeiro grau de jurisdição, pela primeira instância da Justiça Federal (CF, art. 109, II). Da decisão proferida em tais causas cabe recurso ordinário para o STJ; a causa, enfim, não passa pelo TRF, de forma que o segundo grau de jurisdição é exercido pelo STJ. Interposto recurso ordinário em causa dessa espécie, se o STJ dele conhecer, é o acórdão que transita em julgado, cabendo a rescisória perante o próprio STJ. O curioso, em casos da espécie, é quando o recurso ordinário interposto não for conhecido ou não for interposto. A ação rescisória, no particular, é proposta em que tribunal? No TRF ou no STJ? A questão é interessante, porque, quando transita em julgado a sentença (e não o acórdão), a rescisória é cabível perante o tribunal ao qual o juiz está vinculado (geralmente, o juiz federal está vinculado ao respectivo TRF). Só que, nesses casos, ele está vinculado ao STJ. Por outro lado, o art. 105, I, *e*, da CF dispõe que compete ao STJ processar e julgar as rescisórias de *seus* julgados. Não há previsão constitucional para o STJ julgar ação rescisória contra sentença de primeira instância. Estando, contudo, o juiz a ele vinculado, deve a rescisória ser proposta no STJ. Noutros termos, a rescisória ataca a sentença, mas será proposta no STJ, em razão da vinculação do juiz, em causas desse tipo, àquele tribunal superior.

**22. Ação rescisória de capítulo da decisão.** É possível que a rescisória seja parcial, atacando apenas um ou alguns capítulos de um acórdão. Nesse caso, a rescisória deve ser processada e julgada perante o tribunal que julgou o respectivo capítulo. Assim, por exemplo, se foi proposta uma demanda originária, postulando X, Y e Z, imagine-se que o juiz de primeira instância rejeitou os três pedidos, vindo a parte a recorrer para insistir apenas nos pedidos X e Y. Transitou em julgado a decisão no tocante ao pedido Z. Julgado o caso pelo tribunal, suponha-se que o recurso especial interposto volta-se apenas em relação a X. Transitou em julgado a decisão do tribunal quanto a Y. Em seguida, o STJ conhece do recurso especial e o julga em relação a X. Nesse caso, a rescisória será proposta perante o tribunal local quanto a Y e Z, devendo haver outra rescisória, ajuizada perante o STJ, para tratar de X. Sendo os capítulos independentes, cada rescisória será ajuizada no respectivo tribunal. Se, entretanto, houver relação de dependência entre os capítulos, de forma que Y e Z sejam dependentes ou acessórios de X, a rescisória será proposta apenas no STJ, onde transitou em julgado o capítulo principal, a qual, sendo procedente, abrangerá os capítulos dependentes.

**23. Incompetência, primazia da decisão de mérito e o § 5º do art. 968.** O CPC contém importante regra decorrente do § 5º do art. 968. Seu exame pressupõe que se conheçam duas situações: *(a)* o autor indica *corretamente* a decisão rescindenda e propõe a ação rescisória perante tribunal incompetente. A hipótese se subsume à regra de reconhecimento da incompetência: o tribunal reconhecerá a sua incompetência e remeterá os autos ao tribunal competente; *(b)* o autor indica *incorretamente* a decisão rescindenda. Há duas possibilidades de "indicação incorreta": *(i)* decisão não é rescindível. Nesse caso, *não há incompetência do tribunal.* Ou o pedido será julgado improcedente, pois não há direito à rescisão, ou o processo será extinto sem exame do mérito, pela ausência de interesse; *(ii)* a decisão rescindível *não* é a que foi apontada, mas outra, que a substituiu. Essa é a conhecida situação de o autor indicar para rescindir acórdão de Tribunal de Justiça, que fora substituído por decisão de tribunal superior. O Tribunal de Justiça percebe o erro, determina a emenda da petição inicial, para que o autor indique corretamente a decisão rescindenda, e remete os autos ao tribunal superior competente. É disso que cuida o art. 968, § 5º, II – regra, que reforça o princípio da primazia da decisão de mérito (art. 4º) e evita a consumação da decadência, caso o autor tivesse de ajuizar outra ação rescisória perante o tribunal competente. O inciso I do § 5º do art. 968 traz outra situação em que a providência acima poderia ser aplicada: quando a decisão rescindenda "não tiver apreciado o mérito e não se enquadrar na situação prevista no § 2º do art. 966". É possível ação rescisória de decisão que não examina o mérito (art. 966, § 2º). O inciso I do § 5º do art. 968 cuida, assim, de uma situação em que se proponha rescisória contra decisão que não tenha examinado o mérito *e* que não seja rescindível. Só haveria 4 exemplos: decisão que extingue o processo por abandono pelo autor, por abandono pelas partes, pela homologação da desistência ou em razão da morte do autor associada à intransmissibilidade do direito. Nos 3 primeiros casos, não cabe rescisória, porque o autor pode simplesmente repropor a demanda; no último, não cabe rescisória, porque não há mais o que ser feito, já que o direito é intransmissível e o autor morreu. Num sistema em que a decisão sem exame de mérito é rescindível, a regra não tem aplicação.

**24. Petição inicial.** A ação rescisória, como qualquer outra demanda, é intentada por meio de uma petição inicial, que, além de observar os requisitos exigidos no art. 319, deve estar acompanhada dos documentos indispensáveis a sua propositura (art. 968, *caput*). Como no processo da ação rescisória não há previsão de audiência preliminar de mediação ou conciliação, não há necessidade de o autor informar, na petição inicial, a opção pela realização dessa audiência (art. 319, VII)

**25. Procuração.** O advogado que subscrever a petição inicial da ação rescisória deve juntar procuração outorgada originariamente para esse processo; não se admite cópia da procuração utilizada no processo no qual proferida a decisão rescindenda.

**26. Poderes específicos.** O STF exige que haja, na procuração, poderes específicos para o ajuizamento da ação rescisória, o que desborda da previsão contida no art. 105 e não parece correto. Na verdade, o STF entende, que não é suficiente a cópia da procuração utilizada no processo originário, pois não há ali manifestação de vontade que expresse o interesse na propositura de ação rescisória. Não se deve exigir poderes especiais para propor a ação rescisória, mas também não é suficiente a simples cópia da procuração originária, outorgada para o processo no qual fora proferida a decisão rescindenda.

**27. Procuração própria com poderes específicos.** *"A ação rescisória, por se tratar de demanda de caráter excepcional (uma vez que tem por escopo a desconstituição de decisão já acobertada pelo manto da coisa julgada), há de ser postulada por representante processual devidamente amparado por mandado judicial que lhe confira poderes específicos para tanto. 2. Em se tratando de ação autônoma, o mandato originário não se estende à proposição de ação rescisória. Os efeitos das procurações outorgadas se exaurem com o encerramento definitivo daquele processo. 3. Exigência que não constitui formalismo extremo, mas cautela que, além de condizente com a natureza especial e autônoma da ação rescisória, visa resguardar os interesses dos próprios autores"* (STF, Pleno, AR 2.196 AgR, rel. Min. Dias Toffoli, *DJe* 03.09.2010). No mesmo sentido: STF, 1ª Turma, AR 2.129 AgR-AgR, rel. Min. Luiz Fux, *DJe* 09.02.2015.

**28. Procuração original.** *"A jurisprudência desta Corte firmou-se no sentido de não admitir a juntada de cópia do instrumento de mandato conferido ao causídico na ação anterior, em que foi prolatada a decisão rescindenda, para a representação processual do autor na rescisória"* (STJ, 4ª Turma, AgRg nos EDcl no REsp 1.197.927/MG, rel. Min. Raul Araújo, *DJe* 16.09.2015). *"A jurisprudência desta Corte Superior e do Supremo Tribunal Federal é pacífica no sentido de que a ação rescisória reclama a juntada de procuração específica e atualizada, não sendo suficiente a apresentação da cópia do instrumento outorgado na ação originária"* (STJ, 3ª Seção, AgRg na AR 3.255/SP, rel. Min. Jorge Mussi, *DJe* 28.02.2018).

**29. Documentos indispensáveis à propositura da demanda.** A *cópia da decisão rescindenda* e a *certidão de seu trânsito em julgado são documentos indispensáveis à propositura da ação rescisória*. A ausência de alguma dessas cópias acarreta a inadmissibilidade da demanda, sendo imprescindível, contudo, que o relator, antes de indeferir a petição inicial ou de extinguir o processo sem resolução do mérito, determine a intimação da parte autora para que a emende, fazendo juntar aos autos a cópia ausente (art. 321).

**30. Inépcia da petição inicial.** Os casos de inépcia aplicam-se à ação rescisória (art. 330, § 1º). O art. 968, I, impõe, sempre que for o caso, que o autor cumule ao pedido de rescisão o pedido de rejulgamento. Nem sempre é possível, porém, o pedido de rejulgamento em ação rescisória; mas, quando for possível, a não formulação do pedido rescisório implica inépcia da petição inicial, por ausência de pedido (art. 330, § 1º, I, c/c art. 968, I). Também é imprescindível, sob pena de inépcia, que o autor da ação rescisória afirme uma das hipóteses de rescindibilidade. A ação rescisória é uma ação típica; sem que ao menos haja alegação de uma das hipóteses de rescindibilidade na petição inicial, falta-lhe causa de pedir e, por isso, há inépcia (art. 330, § 1º, I, c/c art. 968, § 3º). Também é caso de inépcia a falta de demonstração da distinção, no caso de ação rescisória por má aplicação do precedente obrigatório (art. 966, § 6º).

**31. Emenda.** O indeferimento da petição inicial da ação rescisória deve ser precedido da prévia intimação do autor para regularizar o defeito da petição inicial, caso seja ele sanável (art. 321).

**32. Improcedência liminar.** Aplica-se, no processo da ação rescisória, o art. 332, que regula a improcedência liminar do pedido. Assim, pode o *relator* julgar liminarmente improcedente a ação rescisória (art. 937, § 3º), no caso de de-

cadência do direito à rescisão (art. 332, § 1º, c/c art. 975). A improcedência liminar do pedido poderá ser também um *acórdão*.

**33. Depósito obrigatório.** O autor da ação rescisória tem de depositar "a importância de cinco por cento sobre o valor da causa, que se converterá em multa caso a ação seja, por unanimidade de votos, declarada inadmissível ou improcedente" (art. 968, II). O depósito serve como contraestímulo à propositura de ações rescisórias temerárias.

**34. Multa em favor do réu.** O depósito será convertido em multa em favor do réu no caso de decisão unânime, inadmitindo ou julgando improcedente a ação rescisória. Não reverterá ao réu o valor depositado, caso o relator não admita ou julgue liminarmente improcedente o pedido, e contra essa decisão não tenha sido interposto o agravo interno. A reversão do valor depositado pressupõe decisão *colegiada* unânime desfavorável ao autor. Havendo decisão colegiada, a existência de um voto divergente basta para que o valor depositado seja devolvido ao autor.

**35. Improcedência do juízo rescindente.** A improcedência que se exige para se converter o depósito em multa é quanto ao juízo rescindente (*iudicium rescindens*), não quanto ao juízo de rejulgamento (*iudicium rescissorium*).

**36. Trânsito em julgado.** Somente com o trânsito em julgado da decisão unânime que inadmitiu ou julgou improcedente a rescisória é que surge o dever de pagar a multa – e o correspectivo direito do réu de recebê-la. Eventual interposição de recurso pelo autor contra a decisão unânime que lhe é desfavorável pode alterar esse resultado, anulando-o ou substituindo-o, de modo que somente após o trânsito em julgado é possível saber se estarão preenchidos os pressupostos de fato para o surgimento do dever de pagar a multa.

**37. Desistência ou renúncia.** A decisão colegiada unânime com aptidão para converter o depósito em multa é aquela que inadmite a rescisória ou que a julga improcedente. A decisão que homologa a desistência ou a renúncia não faz nascer o dever de pagar multa.

**38. Dispensa do depósito.** A exigência de depósito *não* se aplica à União, aos Estados, ao Distrito Federal, aos Municípios, às suas respectivas autarquias e fundações de direito público, ao Ministério Público, à Defensoria Pública e aos que tenham obtido o benefício de gratuidade da justiça (art. 968, § 1º). Esse benefício é estendido à Caixa Econômica Federal, quando atua em juízo representando os interesses do

**LIVRO III · DOS PROCESSOS NOS TRIBUNAIS E DOS MEIOS DE IMPUGNAÇÃO DAS DECISÕES JUDICIAIS** **Art. 968**

FGTS, na forma do parágrafo único do art. 24-A da Lei 9.028/1995.

**39. Dispensa de depósito prévio e aplicação da multa.** *"A dispensa, por força do deferimento parcial do benefício da gratuidade de justiça, do recolhimento prévio do depósito de 5% (cinco por cento) sobre o valor da causa – concebido como condição de procedibilidade ao ajuizamento da ação rescisória –, não exime o autor da ação de responder pela sanção processual prevista no inciso II do art. 968 do CPC/2015, na eventualidade de vir esta pretensão rescisória a ser julgada improcedente ou inadmissível, por unanimidade de votos"* (AR 6.311/SP, rel. Min. Marco Aurélio Bellizze, *DJe* 03.12.2021).

**40. Limite máximo.** O depósito obrigatório sujeita-se a um teto de mil salários mínimos.

**41. Direito intertemporal.** O CPC/1973 não previa um teto para o depósito obrigatório. Há, então, uma interessante questão de direito intertemporal a ser destacada. É possível, em virtude da superveniência do CPC/2015, o autor de ação rescisória ajuizada na vigência do CPC/1973 levantar o depósito judicial já efetuado, na parte em que exceda o teto de 1.000 salários mínimos estabelecido pelo novo regramento? A norma que impõe a realização do depósito prévio tem caráter processual, uma vez que estabelece requisito de admissibilidade específico do procedimento da ação rescisória. Ao efetuar o depósito prévio, nos termos do art. 488, II, do CPC/1973, a parte autora *satisfez* esse requisito de admissibilidade específico. Só que, pelo regramento novo, esse mesmo requisito de admissibilidade considera-se satisfeito pelo depósito de quantia limitada a 1.000 salários mínimos. A norma jurídica processual nova *aplica-se imediatamente* aos processos pendentes. Se o legislador considera que esse é o valor máximo necessário para que se diga admissível a ação rescisória ajuizada na vigência do CPC/2015, não há razão para que exija, como requisito de admissibilidade, a manutenção de depósito acima desse limite apenas porque uma determinada rescisória foi ajuizada na vigência do CPC/1973. Exigir a manutenção em depósito da quantia que excede a esse limite é impor ao autor que permaneça observando requisito de admissibilidade não mais exigido pela legislação processual. Pior do que isso: é privá-lo de parcela do seu patrimônio *sem* observância do devido processo legal (CF, art. 5º, LIV), uma vez que o novo regramento limita o depósito exigível do autor da demanda. Nada há que justifique a manutenção de depósito em valor superior ao atualmente exigido pela legislação. Nem mesmo a função, que o depósito obrigatório também

tem, de *garantir* o pagamento de eventual multa por abuso do direito de demandar justifica isso.

**42. Falta do depósito.** Não realizado o depósito, a petição inicial há de ser indeferida, caso o autor não venha a fazê-lo, uma vez intimado nos termos do art. 321 (art. 968, § 3º). É uma hipótese de indeferimento da petição inicial peculiar à ação rescisória.

**43. Valor máximo da multa.** O CPC, ao limitar o depósito a 1.000 salários mínimos, limita também a própria multa, já que a expressão pecuniária desta deve ser equivalente à expressão pecuniária do próprio depósito.

**44. Depósito no processo do trabalho.** No processo do trabalho, o depósito deve ser no montante de 20% do valor da causa, e não de 5% como está determinado no CPC (CLT, art. 836). O limite de 1.000 salários mínimos aplica-se a qualquer tipo de processo, no âmbito de qualquer órgão jurisdicional. Logo, aplica-se ao processo do trabalho. O art. 15 do CPC reforça a aplicação da regra ao processo do trabalho.

**45. Valor da causa.** Sendo a rescisória uma demanda, deve ser proposta por meio de petição inicial, que contenha os requisitos previstos no art. 319. Entre tais requisitos, insere-se o valor da causa. O valor da causa, nas ações rescisórias, equivale ao da ação originária. O valor atribuído à causa para a ação rescisória corresponde ao valor da causa da ação originária, corrigido monetariamente. Na verdade, o valor da causa constitui, em essência, o benefício perseguido pelo autor ou que poderá ser auferido por ele. Rescindida a decisão, o benefício a ser auferido corresponde, em princípio, ao valor da causa da ação originária. Poderá, contudo, a parte demandada, em impugnação ao valor da causa, demonstrar que o proveito econômico a ser auferido pelo autor supera tal montante. Nesse caso, o valor da causa da ação rescisória será superior ao valor da causa da ação originária. Se a ação rescisória for proposta, quando já promovida a liquidação do julgado, em que se demonstra que o benefício a ser auferido pelo interessado é bem superior ao valor da causa da ação originária, deve, então, o valor da causa da ação rescisória ser equivalente ao montante liquidado, e não ao valor da causa da ação originária. Se a ação rescisória envolver apenas um ou alguns capítulos da decisão rescindenda, o valor da causa corresponderá ao proveito econômico que se possa obter com a rescisão de apenas esse capítulo.

**46. Valor da causa na ação rescisória.** *"Esta Corte tem o entendimento de que, em regra, o valor atribuído à causa na ação rescisória deve* *correligir ao da ação originária, corrigido monetariamente, sendo certo que, havendo discrepância entre o valor perseguido na ação originária e o benefício econômico a ser auferido com a procedência do pedido rescisório, a regra deve ser ressalvada"* (STJ, 1ª Seção, AgInt na AR 6.281/SC, rel. Min. Gurgel de Faria, *DJe* 24.08.2021).

**47. Matéria de sentença rescindenda debatida apenas nas instâncias ordinárias e competência do STJ para processar rescisória.** *"Ocorrendo o debate de parte das matérias contidas na sentença rescindenda apenas nas instâncias ordinárias, mas que estejam interligadas por prejudicialidade com as demais temáticas debatidas por este Tribunal Superior, ressai competente o STJ para o julgamento da ação rescisória de quaisquer das matérias contidas na sentença (em acepção ampla), a fim de se preservar a sua competência absoluta estabelecida na Carta Magna (art. 105, I, e)"* (STJ, 2ª Seção, AgInt na AR 5.705/DF, rel. p/ o ac. Min. Marco Aurélio Bellizze, *DJe* de 15.12.2021).

---

**Art. 969.** A propositura da ação rescisória não impede o cumprimento da decisão rescindenda, ressalvada a concessão de tutela provisória.

---

▶ **1. Correspondência no CPC/1973.** *"Art. 489. O ajuizamento da ação rescisória não impede o cumprimento da sentença ou acórdão rescindendo, ressalvada a concessão, caso imprescindíveis e sob os pressupostos previstos em lei, de medidas de natureza cautelar ou antecipatória de tutela."*

## ⚖ Jurisprudência, Enunciados e Súmulas Selecionados

- **2. Súmula TST, 405.** *"Ação rescisória. Tutela provisória. Em face do que dispõem a MP 1.984-22/2000 e o art. 969 do CPC de 2015, é cabível o pedido de tutela provisória formulado na petição inicial de ação rescisória ou na fase recursal, visando a suspender a execução da decisão rescindenda."*

- **3. Enunciado 80 do FPPC.** *"A tutela provisória a que se referem o § 1º do art. 919 e o art. 969 pode ser de urgência ou de evidência."*

- **4. Enunciado 421 do FPPC.** *"Não cabe estabilização de tutela antecipada em ação rescisória."*

- **5. Enunciado 43 da I Jornada-CJF.** *"Não ocorre a estabilização da tutela antecipada requerida em caráter antecedente, quando deferida em ação rescisória."*

## 🗏 Comentários Temáticos

**6. Suspensão da execução da decisão rescindenda.** O simples ajuizamento da ação rescisória não tem aptidão para suspender ou paralisar a execução da decisão rescindenda. O ajuizamento da ação rescisória não impede que a decisão rescindenda produza efeitos. Mesmo nos casos em que a decisão rescindenda não se sujeite a cumprimento de sentença, a simples propositura da ação rescisória não suspende a sua eficácia.

**7. Ajuizamento da ação rescisória e ausência de suspensão.** *"O mero ajuizamento da ação rescisória, sem o deferimento de antecipação de tutela, não obsta os efeitos da coisa julgada, ensejando a propositura da execução e sua tramitação, consoante art. 489 do Código de Processo Civil. Portanto, não há suspensão do prazo prescricional da pretensão executória"* (STJ, 1ª Turma, AgRg no AREsp 227.767/RS, rel. Min. Regina Helena Costa, *DJe* 19.12.2016).

**8. Tutela provisória na ação rescisória.** Admite-se a concessão de tutela provisória no processo da ação rescisória. A tutela provisória pode servir exatamente para determinar a suspensão da execução da decisão rescindenda. Seria, assim, a antecipação dos efeitos da decisão rescindente.

**9. A ação rescisória como defesa heterotópica do executado.** A ação rescisória é um instrumento à disposição do executado. Nesse sentido, compõe o panorama de "defesa do executado por ações autônomas" ou "defesa heterotópica do executado": em vez de apresentar a sua reação à execução por meio de impugnação (art. 525), o executado vale-se da ação rescisória, para questionar o próprio título executivo judicial. A impugnação não suspende automaticamente o cumprimento da sentença; nesse ponto, assemelha-se à ação rescisória. Para que a impugnação suspenda o cumprimento de sentença, é preciso que estejam presentes os pressupostos para a concessão da tutela provisória de urgência (fundamentação relevante e perigo de dano) – também aqui, há semelhança com a ação rescisória. O efeito suspensivo da impugnação pressupõe garantia do juízo da execução com penhora, depósito ou caução; não há disposição semelhante no regramento da ação rescisória.

**10. Garantia do juízo como requisito para suspender a execução.** Se para a impugnação, cujos fundamentos costumam relacionar-se apenas à execução, sem questionar o título executivo (ressalvadas as hipóteses do art. 525, § 1º, I, e § 12, bem como do art. 535, I e § 5º), há neces-

# LIVRO III · DOS PROCESSOS NOS TRIBUNAIS E DOS MEIOS DE IMPUGNAÇÃO DAS DECISÕES JUDICIAIS — Art. 970

sidade de garantia do juízo para que o cumprimento seja suspenso, tanto mais se justifica essa exigência na ação rescisória, instrumento que deve ser considerado como excepcional, já que visa a desconstituir a coisa julgada. Aplica-se, no caso da tutela provisória em ação rescisória para a suspensão do cumprimento da decisão rescindenda, o disposto no § 1º do art. 300, permitindo ao tribunal exigir essa garantia.

**11. Tutela provisória destinada a impedir a execução da decisão rescindenda.** Acolhida a ação rescisória, a consequência natural é desfazer a coisa julgada. Da mesma forma que ocorre com a anulabilidade, a ação rescisória tem também eficácia retroativa. O art. 776 confere ao executado o direito de ser ressarcido, caso decisão judicial reconheça a inexistência da obrigação que foi objeto da execução. Isso pode acontecer com a ação rescisória: rescindido o título executivo judicial, a obrigação executada desaparece e, daí, surge para o executado o direito de ser indenizado pelo exequente. A relação entre o art. 776 e a ação rescisória é bem estreita. Aliás, a concessão de efeito suspensivo à ação rescisória, como forma de impedir a execução da decisão rescindenda, serve, exatamente, para evitar a incidência do art. 776, impedindo que o executado, uma vez vitorioso na rescisória, tenha de trilhar o caminho da repetição de indébito ou da ação de indenização.

**12. Estabilização da tutela provisória.** O procedimento do art. 303 é incompatível com a ação rescisória. Logo, não há estabilização de tutela provisória concedida na ação rescisória (art. 304). Não se concebe como uma estabilização mais precária e mais fraca possa prevalecer contra a coisa julgada.

**13. Tutela provisória de evidência na ação rescisória.** A tutela provisória pode fundar-se na urgência ou na evidência (art. 294). Não há dúvida de que cabe a tutela de urgência na ação rescisória. A tutela de evidência é concedida independentemente da demonstração de perigo de dano ou de risco de resultado útil do processo (art. 311). São aplicáveis à ação rescisória as hipóteses do art. 311. É possível haver a presença de tais requisitos, independentemente da urgência, na ação rescisória. A coisa julgada deve ser desfeita se procedente alguma alegação que represente uma das causas de pedir constantes das situações descritas no art. 966. No caso do inciso I do art. 311, a conduta do réu, sua revelia, sua atividade protelatória ou seu abuso do direito de defesa são fatores irrelevantes para contribuir com a procedência do pedido rescindente formulado na ação rescisória, mas são os requisitos para a concessão da tutela provisória de evidência. Logo, é possível que caracterize evidência apta a justificar a concessão de tutela provisória na ação rescisória. As observações concernentes ao inciso I aplicam-se igualmente ao IV. A falta de dúvida razoável apresentada pelo réu da ação rescisória não é suficiente para acolher a ação rescisória, mas é justificativa apta a caracterizar evidência para que se possa conceder a tutela provisória de evidência. Já o inciso III prevê a tutela de evidência para a hipótese de ação de depósito, podendo ensejar a tutela provisória de evidência na ação rescisória, se esta versar sobre ação de depósito. É hipótese mais rara ou restrita, mas não impossível de ocorrer. Também não há qualquer óbice à aplicação do inciso II do art. 311 à ação rescisória, sobretudo no caso de manifesta violação a norma jurídica (art. 966, V). Se a decisão rescindenda viola manifestamente precedente obrigatório, cabe ação rescisória, sendo possível a concessão de tutela provisória de evidência para sobrestar o seu cumprimento ou suspender seus efeitos. Nesse caso, caberá a ação rescisória, sendo muito provável seu acolhimento, não sendo razoável dizer que só cabe tutela provisória de urgência, a exigir a demonstração de risco de dano ou de inutilidade do resultado. A tutela de evidência é, enfim, possível na ação rescisória, mas não para antecipar a desconstituição da coisa julgada; a tutela provisória deve ser admitida apenas para sobrestar o cumprimento da decisão rescindenda ou para suspender seus efeitos.

> **Art. 970.** O relator ordenará a citação do réu, designando-lhe prazo nunca inferior a 15 (quinze) dias nem superior a 30 (trinta) dias para, querendo, apresentar resposta, ao fim do qual, com ou sem contestação, observar-se-á, no que couber, o procedimento comum.

▶ **1. Correspondência no CPC/1973.** *"Art. 491. O relator mandará citar o réu, assinando-lhe prazo nunca inferior a 15 (quinze) dias nem superior a 30 (trinta) para responder aos termos da ação. Findo o prazo com ou sem resposta, observar-se-á no que couber o disposto no Livro I, Título VIII, Capítulos IV e V."*

## 🗏 COMENTÁRIOS TEMÁTICOS

**2. Prazo de resposta do réu.** Não há prazo legal para a resposta do réu na ação rescisória. O prazo é judicial, ou seja, deve ser fixado pelo relator. Cabe ao relator determinar o prazo, entre o mínimo de quinze e o máximo de trinta dias.

1503

**3. Contagem em dias úteis.** Na contagem do prazo para resposta do réu na ação rescisória, devem ser computados apenas os dias úteis (art. 219).

**4. Prazo em dobro.** À Fazenda Pública (art. 183), ao Ministério Público (art. 180), àqueles acompanhados por defensor público ou por advogado de escritório de prática jurídica de faculdade de Direito reconhecida (art. 186) e aos litisconsortes com advogados distintos (art. 229), os limites são dobrados: o prazo deve ser fixado entre trinta e sessenta dias.

**5. Revelia na ação rescisória.** O réu revel é aquele que não contesta tempestivamente uma demanda contra ele dirigida. Não vindo o réu, na ação rescisória, a apresentar contestação, será revel. É possível, pois, haver revelia em ação rescisória.

**6. Efeitos da revelia na ação rescisória.** O efeito material da revelia consiste na presunção de veracidade das alegações de fato feitas pelo autor (art. 344). Por sua vez, o efeito processual identifica-se com a dispensa de intimação do réu que não tenha patrono dos autos, cujo prazo se inicia com a publicação da decisão (art. 346). A revelia na ação rescisória *não* produz seu efeito material, de maneira que, sendo revel o réu na ação rescisória, não haverá presunção de veracidade das afirmações de fato feitas pelo autor. A autoridade da coisa julgada não pode ser desfeita com uma simples presunção que, aliás, é relativa. Sabe-se que a presunção de veracidade gerada pela revelia não é automática. Uma simples presunção não poderia ter o condão de afastar a autoridade da coisa julgada. Embora haja revelia na ação rescisória, ela não produz o efeito material previsto no art. 344. Em relação ao efeito processual da revelia, não há óbice para a sua produção no processo da ação rescisória.

**7. Efeito material da revelia na ação rescisória.** *"A revelia, na ação rescisória, não produz os efeitos da confissão (art. 319 do CPC[de 1973]) já que o judicium rescindens é indisponível, não se podendo presumir verdadeiras as alegações que conduziriam à rescisão. Deve o feito ser normalmente instruído para se chegar a uma resolução judicial do que proposto na rescisória"* (STJ, 3ª Turma, REsp 1.260.772/MG, rel. Min. João Otávio de Noronha, *DJe* 16.03.2015).

**8. Audiência preliminar de mediação ou conciliação.** No procedimento da ação rescisória, não há previsão da audiência de mediação ou conciliação prevista no art. 334. O réu é citado para apresentar resposta, não para comparecer a essa audiência. A previsão do art. 970 é bem clara nesse sentido.

**9. A autocomposição em ação rescisória.** É possível autocomposição no processo da ação rescisória em relação ao juízo rescisório: rescindida a decisão, a causa será rejulgada. Se a causa a ser julgada comporta autocomposição, nada impede que ela se realize no processo da ação rescisória. Quanto ao juízo rescindente, não é possível haver uma rescisão negociada da decisão judicial. As partes não podem desfazer, negocialmente, um ato estatal; não podem desfazer consensualmente uma declaração judicial. É, porém, possível haver renúncia ao direito à rescisão da decisão, à semelhança do que pode ser feito com o direito ao recurso. Trata-se de autocomposição lícita, sendo o direito disponível. A parte abdica do direito potestativo material à rescisão da decisão.

**10. Reconvenção na ação rescisória.** O réu, na ação rescisória, pode propor uma reconvenção. A reconvenção deve, todavia, ser também ser uma ação rescisória, devendo buscar a rescisão do mesmo julgado que já é objeto do pedido de rescisão originário. Isso ocorre quando se pretende a rescisão de uma decisão em que autor e réu tenham sido vencidos e vencedores em parte: o autor da rescisória pede que se desfaça a parte que lhe foi desfavorável e o réu., em reconvenção, pede a rescisão do capítulo em que ficara vencido. Para que a reconvenção na ação rescisória seja admissível, é preciso que ainda haja prazo para o exercício do direito potestativo à rescisão. Se, ao ser apresentada a reconvenção pelo réu, já não houver mais prazo para o ajuizamento da rescisória, não deve ser admitida a reconvenção.

> **Art. 971.** Na ação rescisória, devolvidos os autos pelo relator, a secretaria do tribunal expedirá cópias do relatório e as distribuirá entre os juízes que compuserem o órgão competente para o julgamento.
>
> Parágrafo único. A escolha de relator recairá, sempre que possível, em juiz que não haja participado do julgamento rescindendo.

▶ **1. Correspondência no CPC/1973.** *"Art. 553. Nos embargos infringentes e na ação rescisória, devolvidos os autos pelo relator, a secretaria do tribunal expedirá cópias autenticadas do relatório e as distribuirá entre os juízes que compuserem o tribunal competente para o julgamento."*

## 📖 LEGISLAÇÃO CORRELATA

**2. CPP, art. 625.** *"Art. 625. O requerimento será distribuído a um relator e a um revisor, devendo*

# LIVRO III · DOS PROCESSOS NOS TRIBUNAIS E DOS MEIOS DE IMPUGNAÇÃO DAS DECISÕES JUDICIAIS — Art. 972

*funcionar como relator um desembargador que não tenha pronunciado decisão em qualquer fase do processo. § 1º O requerimento será instruído com a certidão de haver passado em julgado a sentença condenatória e com as peças necessárias à comprovação dos fatos arguidos. § 2º O relator poderá determinar que se apensem os autos originais, se daí não advier dificuldade à execução normal da sentença. § 3º Se o relator julgar insuficientemente instruído o pedido e inconveniente ao interesse da justiça que se apensem os autos originais, indeferi-lo-á in limine, dando recurso para as câmaras reunidas ou para o tribunal, conforme o caso. § 4º Interposto o recurso por petição e independentemente de termo, o relator apresentará o processo em mesa para o julgamento e o relatará, sem tomar parte na discussão. § 5º Se o requerimento não for indeferido in limine, abrir-se-á vista dos autos ao procurador-geral, que dará parecer no prazo de dez dias. Em seguida, examinados os autos, sucessivamente, em igual prazo, pelo relator e revisor, julgar-se-á o pedido na sessão que o presidente designar."*

## ⚖ JURISPRUDÊNCIA, ENUNCIADOS E SÚMULAS SELECIONADOS

- **3. Súmula STF, 72.** *"No julgamento de questão constitucional, vinculada a decisão do Tribunal Superior Eleitoral, não estão impedidos os Ministros do Supremo Tribunal Federal que ali tenham funcionado no mesmo processo, ou no processo originário."*

- **4. Súmula STF, 252.** *"Na ação rescisória, não estão impedidos juízes que participaram do julgamento rescindendo."*

## 📖 COMENTÁRIOS TEMÁTICOS

**5. Escolha do relator.** A ação rescisória é de competência originária de tribunal, não devendo ser ajuizada perante juízo de primeira instância. Tal como ocorre em qualquer caso que tramite em tribunal, a ação rescisória terá um relator, que será escolhido por sorteio, mediante distribuição.

**6. Ausência de prevenção.** O relator de um recurso fica prevento para julgar os demais recursos interpostos no mesmo processo ou naqueles em que haja conexão (art. 930, parágrafo único). Essa regra não se aplica à ação rescisória. O relator do recurso, interposto no processo em que se proferiu a decisão rescindenda, não fica prevento para a futura ação rescisória. A ação rescisória não é recurso. Logo, não deve ser distribuída por prevenção ao relator dos

recursos interpostos no processo originário ou de agravos relativos à fase de cumprimento de sentença. O próprio art. 971 estabelece que a escolha do relator há de recair em juiz que não tenha participado do julgamento, confirmando a ausência de prevenção. Observe-se, porém, que o dispositivo contém uma ressalva, ao utilizar a expressão "sempre que possível", em respeito à regulação dos regimentos internos dos tribunais, pois, a depender do tamanho ou da organização do tribunal, pode não ser possível evitar a coincidência de relatoria entre o caso originário e a ação rescisória. De todo modo, sempre que possível, há de ser evitada a coincidência, não havendo prevenção.

**7. Membros do órgão julgador da ação rescisória.** No julgamento, os membros do órgão indicado pelo regimento deverão proferir seus votos. Não estão impedidos os juízes que participaram do julgamento rescindendo, mas a escolha do relator recairá, sempre que possível, em juiz que não haja participado do julgamento rescindendo.

**8. Julgamento da ação rescisória.** A ação rescisória é julgada por órgão colegiado. O relatório do relator deve ser disponibilizado aos demais membros do órgão julgador. Concluído o relatório, o processo irá a julgamento. Cabe sustentação oral em julgamento de ação rescisória (art. 937, VI).

> **Art. 972.** Se os fatos alegados pelas partes dependerem de prova, o relator poderá delegar a competência ao órgão que proferiu a decisão rescindenda, fixando prazo de 1 (um) a 3 (três) meses para a devolução dos autos.

▶ **1. Correspondência no CPC/1973.** *"Art. 492. Se os fatos alegados pelas partes dependerem de prova, o relator delegará a competência ao juiz de direito da comarca onde deva ser produzida, fixando prazo de 45 (quarenta e cinco) a 90 (noventa) dias para a devolução dos autos."*

## ⚖ JURISPRUDÊNCIA, ENUNCIADOS E SÚMULAS SELECIONADOS

- **2. Enunciado 340 do FPPC.** *"Observadas as regras de distribuição, o relator pode delegar a colheita de provas para juízo distinto do que proferiu a decisão rescindenda."*

## 📖 COMENTÁRIOS TEMÁTICOS

**3. Produção de provas na ação rescisória.** É possível a produção de provas em ação resci-

1505

**Art. 973** CÓDIGO DE PROCESSO CIVIL COMENTADO – *Leonardo Carneiro da Cunha*

sória. A prova pode ser produzida no próprio tribunal ou sua produção pode ser delegada a um outro juízo. Embora o art. 972 mencione apenas o juízo que proferiu a decisão rescindenda, não há qualquer impedimento a que o tribunal expeça carta de ordem a outro juízo; observadas as regras de distribuição, o relator pode delegar a colheita de provas para juízo distinto do que proferiu a decisão rescindenda.

**4. Decisões na ação rescisória.** Delegada a produção de provas a um juiz de primeira instância, esse irá colhê-las, não proferindo decisões que prejudiquem as partes. As decisões, na ação rescisória, devem ser tomadas pelo tribunal ou por algum membro seu. Não deve o juiz de primeira instância – a quem se delegou poder instrutório, e não decisório – indeferir provas ou proferir decisões. Surgindo um incidente ou questão, deve ser apresentada ao relator, no tribunal. O relator deve decidir, cabendo contra a sua decisão agravo interno. A competência para processar e julgar ação rescisória é constitucionalmente definida como competência originária dos tribunais. Caso o juiz delegatário do poder instrutório profira decisões, caberá reclamação ao tribunal, em razão da usurpação de competência do tribunal. Ao tribunal cabe cassar a decisão do juiz, devendo a questão ser enfrentada pelo relator.

**5. Colheita de provas pelo relator ou tribunal.** O relator pode colher a prova oral em seu gabinete ou designar diligência para uma inspeção judicial ou, ainda, determinar a realização de perícia (art. 932, I). A prova oral pode ser colhida em sessão do órgão colegiado, hipótese que dificilmente ocorrerá, tendo em vista o acúmulo de serviço nos tribunais, mas que certamente daria aos juízes melhores condições para valorar a prova produzida, pois a imediação na colheita das provas, muito importante em provas orais, estaria preservada.

> **Art. 973.** Concluída a instrução, será aberta vista ao autor e ao réu para razões finais, sucessivamente, pelo prazo de 10 (dez) dias.
> Parágrafo único. Em seguida, os autos serão conclusos ao relator, procedendo-se ao julgamento pelo órgão competente.

▶ **1. Correspondência no CPC/1973.** "*Art. 493. Concluída a instrução, será aberta vista, sucessivamente, ao autor e ao réu, pelo prazo de 10 (dez) dias, para razões finais. Em seguida, os autos subirão ao relator, procedendo-se ao julgamento: I – no Supremo Tribunal Federal e no Superior Tribunal de Justiça, na forma dos seus regimen-*

*tos internos; II – nos Estados, conforme dispuser a norma de Organização Judiciária.*"

## ⚖ JURISPRUDÊNCIA, ENUNCIADOS E SÚMULAS SELECIONADOS

• **2. Súmula STF, 252.** "*Na ação rescisória, não estão impedidos juízes que participaram do julgamento rescindendo.*"

## 📖 COMENTÁRIOS TEMÁTICOS

**3. Finalidade das razões finais.** Em qualquer processo, seja ele civil, penal, trabalhista, eleitoral, seja ele judicial ou arbitral, a produção da prova documental é feita na fase postulatória: as partes juntam os documentos e já se manifestam sobre eles. Havendo necessidade de instrução probatória, com prova pericial ou oral, as partes somente terão oportunidade de se manifestar sobre a prova pericial ou oral produzida depois. E esse momento é o das alegações ou razões finais. As alegações ou razões finais destinam-se, portanto, à manifestação das partes sobre as provas pericial ou oral que foram produzidas na instrução.

**4. Desnecessidade das razões finais.** Se não houver fase instrutória, por a prova documental já ser suficiente ou por ser a discussão apenas de direito, não há momento para razões ou alegações finais. O art. 364 somente prevê alegações finais depois de encerrada a fase instrutória. O art. 973 também prevê as razões finais, "concluída a instrução". Não há alegações ou razões finais quando não há instrução. Se o caso é de julgamento antecipado do mérito, é desnecessária a fase instrutória, não havendo razões ou alegações finais. Essa é a regra geral, aplicável a qualquer processo. Somente há alegações finais quando as provas são orais, periciais, deponenciais ou produzidas na fase instrutória ou em audiência de instrução e julgamento. Não é diferente na ação rescisória.

**5. Prescindibilidade das razões finais.** "*Na ação rescisória, como nas demais demandas, inexistindo produção de prova no curso da demanda, sendo o processo julgado de forma antecipada, não há necessidade de abrir-se prazo para que as partes apresentem razões finais ou memoriais, conforme decidiu a Seção*" (STJ, 1ª Seção, EDcl na AR 729/PB, rel. Min. Eliana Calmon, DJ 12.11.2001, p. 122).

**6. Negócio processual para razões finais.** Se o caso não exigir prova pericial ou oral, sendo suficiente a prova documental, não há necessidade de razões finais. É possível que as partes

1506

# LIVRO III · DOS PROCESSOS NOS TRIBUNAIS E DOS MEIOS DE IMPUGNAÇÃO DAS DECISÕES JUDICIAIS — Art. 974

convencionem pela conveniência de apresentação de razões finais, mesmo sem ser necessária a produção de provas pericial, testemunhal ou deponencial. Se, por um lado, poderia haver ofensa à duração razoável do processo, a convenção reforça o contraditório e amplia o debate, sendo possível haver negócio processual com essa finalidade.

**7. Ausência de razões finais não invalida julgamento.** *"O acórdão proferido em ação rescisória, sem prévia oportunidade às partes para as razões finais, não induz a nulidade do processo, se o defeito deixou de ser arguido a tempo, isto é, até a sustentação oral na sessão de julgamento"* (STJ, 3ª Turma, REsp 589.970/CE, rel. Min. Ari Pargendler, *DJ* 29.05.2006, p. 230).

> **Art. 974.** Julgando procedente o pedido, o tribunal rescindirá a decisão, proferirá, se for o caso, novo julgamento e determinará a restituição do depósito a que se refere o inciso II do art. 968.
> Parágrafo único. Considerando, por unanimidade, inadmissível ou improcedente o pedido, o tribunal determinará a reversão, em favor do réu, da importância do depósito, sem prejuízo do disposto no § 2º do art. 82.

▶ **1. Correspondência no CPC/1973.** *"Art. 494. Julgando procedente a ação, o tribunal rescindirá a sentença, proferirá, se for o caso, novo julgamento e determinará a restituição do depósito; declarando inadmissível ou improcedente a ação, a importância do depósito reverterá a favor do réu, sem prejuízo do disposto no art. 20."*

## 🏛 LEGISLAÇÃO CORRELATA

**2. CPP, art. 626.** *"Art. 626. Julgando procedente a revisão, o tribunal poderá alterar a classificação da infração, absolver o réu, modificar a pena ou anular o processo. Parágrafo único. De qualquer maneira, não poderá ser agravada a pena imposta pela decisão revista."*

**3. LINDB, art. 23.** *"Art. 23. A decisão administrativa, controladora ou judicial que estabelecer interpretação ou orientação nova sobre norma de conteúdo indeterminado, impondo novo dever ou novo condicionamento de direito, deverá prever regime de transição quando indispensável para que o novo dever ou condicionamento de direito seja cumprido de modo proporcional, equânime e eficiente e sem prejuízo aos interesses gerais."*

**4. LINDB, art. 24.** *"Art. 24. A revisão, nas esferas administrativa, controladora ou judicial, quanto à validade de ato, contrato, ajuste, processo ou norma administrativa cuja produção já se*

*houver completado levará em conta as orientações gerais da época, sendo vedado que, com base em mudança posterior de orientação geral, se declarem inválidas situações plenamente constituídas. Parágrafo único. Consideram-se orientações gerais as interpretações e especificações contidas em atos públicos de caráter geral ou em jurisprudência judicial ou administrativa majoritária, e ainda as adotadas por prática administrativa reiterada e de amplo conhecimento público."*

## 🗐 COMENTÁRIOS TEMÁTICOS

**5. Juízos rescindente e rescisório. Juízos rescindente e rescisório.** No processo da ação rescisória, o tribunal é provocado a exercer, no mínimo, dois juízos: a) o juízo de admissibilidade sobre o processo da ação rescisória; b) o juízo de mérito quanto ao pedido de rescisão da decisão. Esse segundo juízo é chamado *juízo rescindente* ou *iudicium rescindens*. Em alguns casos, há necessidade de o tribunal proceder a um terceiro juízo: o juízo de rejulgamento da causa (juízo rescisório ou *iudicium rescissorium*). Esse terceiro juízo é subdividido em dois. Significa, então, que há, na realidade, quatro juízos exercidos na ação rescisória. O juízo *"rescindens"* decorre do pedido, formulado pelo autor da ação rescisória, para que seja desconstituída a decisão transitada em julgado. O juízo *"rescindens"* está sempre presente em *todas* as hipóteses de ação rescisória. Pelo juízo *"rescissorium"*, o tribunal, na ação rescisória, promove um novo julgamento da causa. O exercício do juízo *"rescissorium"* depende do prévio acolhimento do juízo *"rescindens"*. O *iudicium rescindens* é preliminar ao *iudicium rescissorium*. Mas nem sempre há juízo rescisório. Por isso o art. 968, I, prescreve que o autor cumulará o pedido de rejulgamento "se for o caso"; por isso, também, o art. 974 determina que apenas se for o caso o tribunal procederá a novo julgamento, caso rescinda a decisão. Acolhido o pedido de rescisão, o tribunal passa a examinar o pedido de rejulgamento; a causa originária é rejulgada. E aí o tribunal vai, realmente, rejulgá-la, exercendo os dois juízos que normalmente existem em qualquer demanda: o de admissibilidade e o de mérito. No juízo de rejulgamento, o tribunal deve examinar se a causa originária é admissível. Não sendo, extingue o processo originário sem resolução de mérito. Sendo, julga o pedido originário, para acolhê-lo ou para rejeitá-lo.

**6. Julgamento da ação rescisória.** Há, na ação rescisória, quatro juízos: dois quanto ao pedido de rescisão e outros dois quanto ao pedido de rejulgamento. No exame do pedido de

1507

rescisão, o tribunal analisa, em primeiro lugar, se a rescisória é admissível, se é tempestiva, se houve trânsito em julgado, se há uma das hipóteses do art. 966 mencionada na petição inicial etc. Não sendo admissível a ação rescisória, o processo há de ser extinto sem resolução do mérito. Diversamente, se for admissível a rescisória, o tribunal passa a examinar o pedido de rescisão para, então, desconstituir ou não a decisão. Rejeitado o pedido de rescisão, encerra-se a atividade do tribunal.

**7. Procedência do pedido rescindente.** Acolhido o pedido de rescisão, está desfeita a coisa julgada. Nesse caso, o tribunal passa a rejulgar a causa, começando por examinar a admissibilidade da demanda originária. Se não for admissível, o processo originário é extinto sem resolução do mérito. Em tal hipótese, a coisa julgada foi desfeita para extinguir o processo originário sem resolução do mérito. Se, porém, a causa originária for admitida, então o tribunal irá rejulgar o pedido originário, acolhendo-o ou rejeitando-o.

**8. Rejulgamento da causa originária.** O acolhimento da ação rescisória implica o desfazimento da coisa julgada, podendo, a depender da hipótese, haver novo julgamento. Se o caso exigir novo julgamento, não deve o tribunal apenas desfazer a coisa julgada e determinar ao juízo originário que rejulgue a causa. A ação rescisória não é uma ação anulatória. O tribunal não anula a decisão rescindenda. Ele desfaz a coisa julgada e, no mesmo julgamento, reexamina a causa originária e a rejulga. O acolhimento do juízo rescindente numa ação rescisória cassa, desfaz, rescinde a coisa julgada, não restaurando nada. Faz desaparecer o que existia. Daí por que, na sequência, deve ser exercido o juízo rescisório.

**9. Eficácia temporal do julgamento rescindente.** O acolhimento do pedido rescindente é constitutivo negativo: desfaz-se a coisa julgada. A partir daí, passa-se ao julgamento do pedido rescisório, com o rejulgamento da causa. O princípio da segurança jurídica pode impor a modulação temporal dos efeitos do acórdão que rescinde decisão transitada em julgado. A modulação temporal é técnica que pode ser aplicada em qualquer decisão judicial que quebre alguma estabilidade jurídica (LINDB, art. 23) e, especialmente, no julgamento da ação rescisória que desconstituiu a coisa julgada.

**10. Recursos na ação rescisória.** No processo da ação rescisória, há 2 tipos de decisão judicial: decisão do relator e o acórdão. Contra qualquer decisão de relator cabe agravo interno para o órgão colegiado competente para o julgamento da própria ação rescisória. Contra o acórdão que jul-

ga a rescisória cabem recurso especial ou recurso extraordinário. Tendo em vista a possibilidade de interposição de recurso especial ou recurso extraordinário, também cabem no processo da ação rescisória os *embargos de divergência* e o *agravo em recurso especial ou extraordinário*. Em relação aos recursos especial e extraordinário, é importante observar que devem versar sobre questão que tenha surgido durante o processo da ação rescisória, e que tenha sido enfrentada pelo tribunal recorrido (prequestionamento). Os embargos de declaração também são admissíveis no processo da ação rescisória.

**11. Cabimento de recurso especial contra acórdão proferido em ação rescisória.** "*Segundo orientação definida pela eg. Corte Especial, é viável o recurso especial interposto contra acórdão proferido em ação rescisória, fundada no art. 485, V, do CPC/1973 (CPC/2015, art. 966, V), quando o especial ataca o próprio mérito, insurgindo-se diretamente contra os fundamentos do aresto rescindendo, sem limitar-se aos pressupostos de admissibilidade da rescisória*" (STJ, Corte Especial, EREsp 1.434.604/PR, rel. Min. Raul Araújo, *DJe* 13.10.2021).

**12. Recurso especial contra acórdão em ação rescisória (art. 966, V) para se insurgir contra o mérito do acórdão rescindendo.** "*Segundo orientação definida pela eg. Corte Especial, é viável o recurso especial interposto contra acórdão proferido em ação rescisória, fundada no art. 485, V, do CPC/1973 (CPC/2015, art. 966, V), quando o especial ataca o próprio mérito, insurgindo-se diretamente contra os fundamentos do aresto rescindendo, sem limitar-se aos pressupostos de admissibilidade da rescisória. Precedente: EREsp 1.421.628/MG, Rel. Min. Laurita Vaz, DJe de 11.12.2014. 2. Tal entendimento mostra-se correto, pois se há, no acórdão recorrido, apreciação da alegação do promovente da rescisória de violação à literal disposição de lei, o mérito do recurso especial contra tal acórdão, que julgou a ação rescisória, confunde-se com os próprios fundamentos para a propositura da rescisória. 3. No caso concreto, na parte em que o especial foi interposto com base em violação aos arts. 3º, 6º, 43, 47, 267, IV e VI, 295, II, 462 e 1.055, todos do CPC/1973, e art. 524 do Código Civil, é cabível o conhecimento do recurso especial para analisar as teses de mérito trazidas na ação rescisória, tais como as relativas à possibilidade jurídica do pedido da ação reivindicatória, baseada em norma revogada (Decreto 591/1915), e à legitimidade ativa da União para propositura da ação reivindicatória*" (STJ, Corte Especial, EREsp 1.434.604/PR, rel. Min. Raul Araújo, *DJe* 13.10.2021).

**LIVRO III** · DOS PROCESSOS NOS TRIBUNAIS E DOS MEIOS DE IMPUGNAÇÃO DAS DECISÕES JUDICIAIS  **Art. 974**

**13. Depósito obrigatório e sua conversão em multa.** O depósito, feito pelo autor com sua petição inicial (art. 968, II), reverterá em favor do réu apenas no caso de decisão unânime, inadmitindo ou julgando improcedente a ação rescisória.

**14. Reversão do depósito multa só em caso de decisão colegiada.** Não reverterá ao réu o valor depositado, caso o relator não admita ou julgue liminarmente improcedente o pedido, e contra essa decisão não tenha sido interposto o agravo interno. A reversão do valor depositado pressupõe decisão colegiada unânime desfavorável ao autor. Havendo decisão colegiada, a existência de um voto divergente basta para que o valor depositado seja devolvido ao autor.

**15. Decisão colegiada unânime de inadmissibilidade ou improcedência.** A decisão colegiada unânime com aptidão para fazer nascer o dever do autor ao pagamento da multa é aquela que inadmite a rescisória ou que a julga improcedente. A decisão que homologa a desistência ou a renúncia não faz nascer o dever de pagar multa. Por outro lado, a improcedência que se exige para fazer nascer o dever de pagar a multa é quanto ao juízo rescindente (*iudicium rescindens*), não quanto ao juízo de rejulgamento (*iudicium rescissorium*).

**16. Necessidade de trânsito em julgado para conversão do depósito em multa.** Somente com o trânsito em julgado da decisão colegiada que inadmite ou julga improcedente a ação rescisória é que surge o dever de pagar a multa – e o correspectivo direito do réu de recebê-la. A interposição de recurso, pelo autor, contra a decisão unânime que lhe é desfavorável pode alterar esse resultado, anulando-o ou substituindo-o, de modo que somente após o trânsito em julgado é possível saber se estarão preenchidos os pressupostos de fato para o surgimento do dever de pagar a multa.

**17. Destino do depósito e necessidade de se aguardar o desfecho do processo.** *"Nos termos do parágrafo único do art. 974 do CPC, a conversão em multa do depósito do art. 488, II, do CPC/1973 (atual 968, II) pressupõe ser a rescisória julgada improcedente ou inadmissível por unanimidade, razão pela qual a decisão quanto ao destino do depósito somente poderá ser tomada após a conclusão do julgamento"* (STJ, 1ª Seção, AR 3.667/DF, rel. Min. Humberto Martins, *DJe* 23.05.2016).

**18. Conversão do depósito em multa e natureza sancionatória desta.** *"O depósito previsto no inciso II do art. 488 do CPC de 1973 – vigente à época da propositura da ação – e mantido no novel Código de Processo Civil no art. 968, II –, por se reverter em multa a favor do réu nas hipóteses em que a ação rescisória é julgada inadmissível ou improcedente por unanimidade de votos, ostenta nítido caráter sancionatório e tem por escopo desestimular o ajuizamento temerário de ações rescisórias, constituindo instrumento repressivo ao abuso no exercício do direito de ação. Assim, a concessão da gratuidade de justiça não exonera o autor do pagamento dessa quantia ao réu, consoante expressa previsão no parágrafo 4º do art. 98 do CPC de 2015"* (STJ, 2ª Seção, AR 4.522/RS, rel. Min. Luis Felipe Salomão, *DJe* 02.08.2017).

**19. Ausência de juízo rescisório quando reconhecida incompetência absoluta ou proclamada nulidade de ato processual.** *"Em nome do princípio da economia processual, em regra, a competência para o rejulgamento da causa, em etapa subsequente à desconstituição do julgado, é do mesmo órgão julgador que proferiu o juízo rescindente, não havendo espaço para se falar em supressão de instância. A regra cede, contudo, nos casos em que o pronto rejulgamento da causa pelo mesmo órgão julgador é incompatível com a solução dada ao caso, como, por exemplo, nas hipóteses de reconhecimento da incompetência absoluta ou nos casos de declaração de nulidade de algum ato jurídico que precisa ser renovado. 7. No caso de verificação de nulidade de ato processual gerador de cerceamento de defesa, impõem-se o retorno dos autos para correção do vício e o posterior prosseguimento regular do processo, sob pena de o Tribunal incorrer no mesmo erro que ensejou a rescisão do julgado"* (STJ, 3ª Turma, REsp 1.982.586/SP, rel. Min. Ricardo Villas Bôas Cueva, *DJe* 31.03.2022).

**20. Execução na ação rescisória.** Julgada a ação rescisória, haverá execução do acórdão que acolheu o pedido rescisório. É possível, ainda, haver execução do capítulo relativo aos honorários advocatícios de sucumbência, seja no caso de rejeição, seja no caso de acolhimento do pedido formulado na ação rescisória. À execução na ação rescisória aplicam-se as regras do cumprimento da sentença (arts. 513 e ss.). O cumprimento da sentença, na ação rescisória, deve processar-se perante o próprio tribunal que julgou a rescisória. É que, sendo a rescisória uma ação de competência originária de tribunal, cabe a este processar o consequente cumprimento da sentença (art. 516, I). A competência, nesse caso, é funcional e, portanto, absoluta. Processada e julgada a causa, originariamente, em tribunal, o cumprimento ou a execução do julgado processar-se-á ali mesmo, no tribunal. No AgRg na Ação Rescisória 974-RN, a 3ª Seção do STJ entendeu que não tinha competência para a execução do julgado. Segundo ali se decidiu, numa interpretação mais preocupada com os aspectos práticos do problema (volume de causas para o STJ executar), a competência seria do juízo de primeira instância, e não do próprio STJ. A decisão não se sustenta. A competência para a execução do julgado proferido na ação rescisória é, como visto, do próprio tribunal, não podendo ser transferida para outro juízo, exatamente porque se trata de competência funcional e, portanto, absoluta. O volume de causas ou o excesso de demandas não pode ser utilizado como justificativa para modificação da competência. A competência absoluta, como se sabe, não se modifica, nem se transfere, nem se prorroga, nem se derroga. Em suma, a execução do julgado proferido na ação rescisória deve ser processada com base nas regras próprias do cumprimento da sentença, devendo tal processamento operar-se no próprio tribunal que julgou a rescisória.

> **Art. 975.** O direito à rescisão se extingue em 2 (dois) anos contados do trânsito em julgado da última decisão proferida no processo.
>
> § 1º Prorroga-se até o primeiro dia útil imediatamente subsequente o prazo a que se refere o *caput*, quando expirar durante férias forenses, recesso, feriados ou em dia em que não houver expediente forense.
>
> § 2º Se fundada a ação no inciso VII do art. 966, o termo inicial do prazo será a data de descoberta da prova nova, observado o prazo máximo de 5 (cinco) anos, contado do trânsito em julgado da última decisão proferida no processo.
>
> § 3º Nas hipóteses de simulação ou de colusão das partes, o prazo começa a contar, para o terceiro prejudicado e para o Ministério Público, que não interveio no processo, a partir do momento em que têm ciência da simulação ou da colusão.

▶ **1. Correspondência no CPC/1973.** *"Art. 495. O direito de propor ação rescisória se extingue em 2 (dois) anos, contados do trânsito em julgado da decisão."*

## 🏛 Legislação Correlata

**2. CPP, art. 622.** *"Art. 622. A revisão poderá ser requerida em qualquer tempo, antes da extinção da pena ou após. Parágrafo único. Não será admissível a reiteração do pedido, salvo se fundado em novas provas."*

**3. Lei 6.739/1979, art. 8º-C.** *"Art. 8º-C. É de oito anos, contados do trânsito em julgado da decisão, o prazo para ajuizamento de ação rescisória relativa a processos que digam respeito a transferência de terras públicas rurais."*

**4. Lei 11.101/2005, art. 159-A, parágrafo único.** *"Parágrafo único. O direito à rescisão de que trata o caput deste artigo extinguir-se-á no prazo de 2 (dois) anos, contado da data do trânsito em julgado da sentença de que trata o art. 159 desta Lei."*

## ⚖ Jurisprudência, Enunciados e Súmulas Selecionados

- **5. Tema/Repercussão Geral 733 STF.** *"A decisão do Supremo Tribunal Federal declarando a constitucionalidade ou a inconstitucionalidade de preceito normativo não produz a automática reforma ou rescisão das decisões anteriores que tenham adotado entendimento diferente. Para que tal ocorra, será indispensável a interposição de recurso próprio ou, se for o caso, a propositura de ação rescisória própria, nos termos do art. 485 do CPC, observado o respectivo prazo decadencial (art. 495)."*

- **6. Tema/Repetitivo 552 STJ.** *"O termo final do prazo para o ajuizamento da ação rescisória, embora decadencial, prorroga-se para o primeiro dia útil subsequente, se recair em dia de não funcionamento da secretaria do Juízo competente."*

- **7. Súmula STJ, 401.** *"O prazo decadencial da ação rescisória só se inicia quando não for cabível qualquer recurso do último pronunciamento judicial."*

- **8. Súmula TST, 100.** *"Ação rescisória. Decadência. I – O prazo de decadência, na ação rescisória, conta-se do dia imediatamente subsequente ao trânsito em julgado da última decisão proferida na causa, seja de mérito ou não. II – Havendo recurso parcial no processo principal, o trânsito em julgado dá-se em momentos e em tribunais diferentes, contando-se o prazo decadencial para a ação rescisória do trânsito em julgado de cada decisão, salvo se o recurso tratar de preliminar ou prejudicial que possa tornar insubsistente a decisão recorrida, hipótese em que flui a decadência a partir do trânsito em julgado da decisão que julgar o recurso parcial. III – Salvo se houver dúvida razoável, a interposição de recurso intempestivo ou a interposição de recurso incabível não protrai o termo inicial do prazo decadencial. IV – O juízo rescindente não está adstrito à*

**LIVRO III** · DOS PROCESSOS NOS TRIBUNAIS E DOS MEIOS DE IMPUGNAÇÃO DAS DECISÕES JUDICIAIS · **Art. 975**

*certidão de trânsito em julgado juntada com a ação rescisória, podendo formar sua convicção através de outros elementos dos autos quanto à antecipação ou postergação do 'dies a quo' do prazo decadencial. V – O acordo homologado judicialmente tem força de decisão irrecorrível, na forma do art. 831 da CLT. Assim sendo, o termo conciliatório transita em julgado na data da sua homologação judicial. VI – Na hipótese de colusão das partes, o prazo decadencial da ação rescisória somente começa a fluir para o Ministério Público, que não interveio no processo principal, a partir do momento em que tem ciência da fraude. VII – Não ofende o princípio do duplo grau de jurisdição a decisão do TST que, após afastar a decadência em sede de recurso ordinário, aprecia desde logo a lide, se a causa versar questão exclusivamente de direito e estiver em condições de imediato julgamento. VIII – A exceção de incompetência, ainda que oposta no prazo recursal, sem ter sido aviado o recurso próprio, não tem o condão de afastar a consumação da coisa julgada e, assim, postergar o termo inicial do prazo decadencial para a ação rescisória. IX – Prorroga-se até o primeiro dia útil, imediatamente subsequente, o prazo decadencial para ajuizamento de ação rescisória quando expira em férias forenses, feriados, finais de semana ou em dia em que não houver expediente forense. Aplicação do art. 775 da CLT. X – Conta-se o prazo decadencial da ação rescisória, após o decurso do prazo legal previsto para a interposição do recurso extraordinário, apenas quando esgotadas todas as vias recursais ordinárias."*

- **9. Enunciado 341 do FPPC.** *"O prazo para ajuizamento de ação rescisória é estabelecido pela data do trânsito em julgado da decisão rescindenda, de modo que não se aplicam as regras dos §§ 2 º e 3º do art. 975 do CPC à coisa julgada constituída antes de sua vigência."*

### 🗐 COMENTÁRIOS TEMÁTICOS

**10. Prazo para ajuizamento da ação rescisória.** A ação rescisória deve ser ajuizada no prazo de 2 anos, contado do trânsito em julgado da decisão.

**11. Prazo especial: ação rescisória relativa a processos que digam respeito a transferência de terras públicas rurais (Lei 6.739/1979, art. 8º-C).** Há uma hipótese especial de prazo para a ação rescisória prevista no art. 8º-C da Lei 6.739/1979: *"É de oito anos, contados do trânsito em julgado da decisão, o prazo para ajuizamento de ação rescisória relativa a processos que*

*digam respeito a transferência de terras públicas rurais". A regra considera o grave problema de grilagem de terras públicas, situação reconhecidamente complicada no Brasil, desde o século XIX. À primeira vista, a regra poderia ser tachada de inconstitucional, por ampliar demasiadamente o prazo da rescisória, atentando contra a coisa julgada e a segurança jurídica. Restaria ofendido, nessa situação, o devido processo legal substancial, por conter norma sem razoabilidade. Aliás, o STF, ao julgar as ADIs 1.753 e 1.910, considerou abusivo e inconstitucional o aumento do prazo da ação rescisória para 4 e 5 anos em favor da Fazenda Pública, não tolerando aumento de prazo que culmine no retardamento da execução, do cumprimento ou da efetivação da decisão transitada em julgado. Tais precedentes consideraram inconstitucional o aumento do prazo para o ajuizamento de qualquer ação rescisória, por ser evidente o abuso normativo. No caso do art. 8º-C da Lei 6.739/1979, há uma peculiaridade: a regra se destina a casos específicos de transferência de terras públicas rurais, permitindo a revisão de decisões que consolidaram grilagens ou transferências ilegais de bens públicos. A regra não majora, indistintamente, o prazo para ajuizamento da ação rescisória, mas só para esses casos específicos de transferência de terras públicas rurais. O art. 8º-C da Lei 6.739/1979 não se revela atentatório à razoabilidade, não sendo inconstitucional. Na hipótese do art. 8º-C da Lei 6.739/1979, desponta justificável no sistema a fixação de prazo diferenciado para ação rescisória contra decisão transitada em julgado que trate de transferência de terras públicas rurais. Há grave problema de grilagem de terras públicas no Brasil, sendo plenamente legítima a finalidade escolhida pelo legislador de salvaguardar os bens públicos, em atendimento ao princípio da adequação, a impor que o processo se ajuste às peculiaridades do direito invocado, com o alcance dos fins colimados pelo legislador.*

**12. Natureza jurídica do prazo.** A ação rescisória é uma ação desconstitutiva ou constitutiva negativa. Seu ajuizamento decorre do exercício, pela parte autora, de um direito potestativo à desconstituição da coisa julgada. O prazo de seu ajuizamento é, portanto, decadencial. Após o prazo, caduca o direito à rescisão. O prazo é de direito material, e não processual.

**13. Prazo contra absolutamente incapaz.** *"A interpretação sistemática dos arts. 3º, 198, inciso I, 207 e 208 do Código Civil/2002 revela que os prazos decadenciais, nos quais se inclui o prazo para a propositura da ação rescisória, não correm contra os absolutamente incapazes"* (STJ, 3ª Turma, REsp 1.403.256/MG, rel. Min. Ricardo Villas Bôas Cueva, *DJe* 10.10.2014).

1511

**14. Matéria cognoscível de ofício.** O prazo para propositura de ação rescisória é decadencial e está previsto em lei. Por isso, a sua consumação pode ser conhecida de ofício pelo órgão julgador (CC, art. 210). Assim, ao relator é conferido o poder de julgar liminarmente improcedente a ação rescisória, quando ajuizada além do biênio previsto no referido dispositivo legal (arts. 332, § 1º, e art. 937, § 3º). Não indeferida a petição inicial, a questão não será acobertada pela preclusão, podendo, ainda, o relator constatar a decadência e extinguir o processo, após a fase postulatória. Em qualquer caso, da decisão do relator que, reconhecendo a decadência, extinguir o processo, caberá agravo interno para o colegiado competente para o julgamento da ação rescisória (art. 1.021). Caso o relator não extinga o processo, por decisão isolada, poderá a decadência ser reconhecida no julgamento pelo colegiado.

**15. Extinção com resolução do mérito.** Reconhecida a ocorrência da decadência, o órgão julgador deverá extinguir o processo com resolução do mérito (art. 487, II). Nesse caso, a decisão reconhecerá a inexistência do direito à rescisão.

**16. Prorrogação do prazo para ajuizamento de ação rescisória.** Quando expirar em férias forenses, recesso, feriado ou em dia em que não tiver havido expediente forense, o prazo para ajuizamento da ação rescisória prorroga-se até o primeiro dia útil imediatamente subsequente.

**17. Prazo para a Fazenda Pública.** A Fazenda Pública não dispõe de prazo em dobro para propor ação rescisória.

**18. A ação rescisória e a coisa julgada parcial.** É possível propor, imediatamente após o respectivo trânsito em julgado, a ação rescisória de coisa julgada parcial. Se há coisa julgada parcial, há possibilidade de execução definitiva desta decisão (art. 356, § 2º); se o credor não promover a execução dentro do prazo prescricional, sua pretensão será encoberta pela prescrição.

**19. Contagem do prazo.** O prazo para a propositura da ação rescisória somente tem início a partir do trânsito em julgado da última decisão proferida no processo originário. Se a decisão for parcial de mérito, é do trânsito em julgado da última decisão relativa a esse capítulo. Se o mérito foi julgado totalmente, sem qualquer fracionamento, será, então, do trânsito em julgado da última decisão proferida no processo originário.

**20. Contagem do prazo e a coisa julgada parcial.** O prazo decadencial para o exercício do direito à rescisão da decisão termina após 2 anos do respectivo trânsito em julgado. Trata-se de prazo de *direito material*, e não prazo processual. Cabe ação rescisória de decisões parciais. Então, é possível propor, *imediatamente após o respectivo trânsito em julgado*, a ação rescisória de coisa julgada parcial. Se há coisa julgada parcial, há possibilidade de execução definitiva desta decisão (art. 356, § 2º); se o credor não promover a execução dentro do prazo prescricional, sua pretensão será encoberta pela prescrição. A coisa julgada parcial faz disparar, em desfavor do credor, o início do prazo prescricional, fazendo também disparar, em desfavor do devedor, o início do prazo decadencial para propor a ação rescisória.

**21. Prazo para a ação rescisória e juízo de inadmissibilidade do recurso.** O prazo para ajuizamento da ação rescisória tem início a partir do trânsito em julgado da decisão rescindenda. Se a última decisão proferida for de inadmissibilidade do recurso, o prazo para a ação rescisória conta-se do respectivo trânsito em julgado, ressalvadas duas exceções (intempestividade e manifesto descabimento; nesses dois casos, o prazo para a ação rescisória já se teria iniciado desde a data em que a decisão transitou em julgado, pelo decurso do prazo, ou desde a data que o recurso manifestamente incabível foi ajuizado.) Essa é a orientação consagrada no enunciado 100, III, da Súmula do TST. Caso não fosse assim, dever-se-ia aceitar o ajuizamento de ação rescisória condicional, que seria intentada, para evitar a consumação de decadência, e ficaria na pendência de ser ou não admitido o recurso interposto. É que, a não ser assim, a parte iria, não raras vezes, deparar-se com situações, no mínimo, esdrúxulas. Imagine-se que, interposto o recurso, e ultrapassado tempo superior a dois anos, sobreviesse decisão do tribunal declarando inadmissível o recurso. A se considerar que o trânsito em julgado se operou antes da interposição do recurso, não haveria mais prazo para o ajuizamento da ação rescisória.

**22. Termo inicial da ação rescisória e juízo de inadmissibilidade do recurso.** *"Enquanto não estiver definitivamente decidida a questão acerca da admissibilidade de recurso interposto nos autos, cujo resultado terá influência direta na ocorrência ou não do trânsito em julgado, o prazo decadencial da ação rescisória não se inicia, sob pena de se causar insegurança jurídica, salvo comprovada má-fé"* (STJ, 3ª Turma, REsp 1.887.912/GO, rel. Min. Marco Aurélio Bellizze, *DJe* 24.09.2021).

**23. Contagem do prazo na ação rescisória por prova nova.** No caso de ação rescisória fundada em prova nova (art. 966, VII), o ter-

**LIVRO III · DOS PROCESSOS NOS TRIBUNAIS E DOS MEIOS DE IMPUGNAÇÃO DAS DECISÕES JUDICIAIS** · **Art. 976**

mo inicial da contagem do prazo é a data da descoberta da prova nova. Caberá ao autor da ação rescisória o ônus da prova da data em que descobriu a prova nova. O prazo para a ação rescisória fundada em prova falsa é de dois anos, mas ele deve ser contado após a descoberta da prova, e não do trânsito em julgado; só que, uma vez passados cinco anos do trânsito em julgado, ainda que prova nova seja descoberta, já não será mais possível rescindir a decisão.

**24.** **Contagem do prazo na ação rescisória em razão de simulação ou fraude à lei.** No caso de ação rescisória fundada em prova de simulação ou fraude à lei (art. 966, III), o legislador estabeleceu outro termo inicial da contagem do prazo, caso a ação rescisória seja ajuizada por terceiro prejudicado ou pelo Ministério Público que não interveio no processo: data da ciência da simulação ou da fraude. O dispositivo inspirou-se no inciso VI do enunciado 100 da Súmula do TST. Caberá ao autor da ação rescisória o ônus da prova da data em que descobriu a simulação ou fraude. Embora o § 3º do art. 975 apenas mencione o terceiro prejudicado e o Ministério Público, a regra deve estender-se, por idêntica razão, àquele que deveria ter sido intimado do processo, mas não foi (art. 967, IV). Também se aplica aqui a regra do § 2º do art. 975:o prazo para a ação rescisória é de dois anos, mas ele deve ser contado após a descoberta da fraude ou da simulação, e não do trânsito em julgado; só que, uma vez passados cinco anos do trânsito em julgado, ainda que o ilícito seja descoberto, já não será mais possível rescindir a decisão.

**25.** **Contagem do prazo de ação rescisória no caso de decisão que contrarie entendimento do STF sobre a constitucionalidade de lei ou ato normativo.** No caso de a decisão rescindenda estar em desarmonia com a orientação do STF em tema de jurisdição constitucional, o prazo para o ajuizamento da rescisória conta-se a partir do trânsito em julgado daquela decisão do STF. Há, aqui, uma regra especial para o início da contagem do prazo: em vez de começar a fluir da data em que a decisão rescindenda transitou em julgado, o prazo começa a correr da data em que a decisão paradigma transitou em julgado. A decisão do STF deve ter sido proferida *após* o trânsito em julgado da decisão rescindenda. A desarmonia entre a decisão rescindenda e o STF revela-se, assim, depois da coisa julgada. Se essa desarmonia for *congênita* – a decisão rescindenda transitou em julgado já em dissonância com a orientação do STF –, o caso é mais simples e dispensa ação rescisória: a obrigação reconhecida na sentença é considerada inexigível, sendo

possível que, em impugnação ao cumprimento de sentença, alegar essa inexigibilidade (art. 525, §§ 12 a 15, e art. 535, §§ 5º a 8º). O STF poderá modular os efeitos no tempo da *decisão paradigma*, como forma de concretização do princípio da segurança jurídica (art. 525, § 13, e art. 535, § 6º). Nesse caso, somente caberá ação rescisória se a decisão rescindenda houver transitado em julgado no período abrangido pela modulação. Caso a modulação empreste à decisão paradigma apenas efeitos *ex nunc* ou *futuros*, a decisão anteriormente transitada em julgado *não poderá ser objeto de ação rescisória*, se o fundamento for a desarmonia entre o quanto nela decidido e a decisão paradigma do STF.

**26.** **Direito transitório.** O disposto no art. 525, §§ 14 e 15, e no art. 535, §§ 7º e 8º, aplica-se às decisões transitadas em julgado após a entrada em vigor deste Código, e, às decisões transitadas em julgado anteriormente, aplica-se o disposto no art. 475-L, § 1º, e no art. 741, parágrafo único, da Lei 5.869/1973.

**27.** **Termo inicial do prazo para ajuizamento de rescisória quando há insurgência da parte contra a inadmissão de seu recurso.** *"Enquanto não estiver definitivamente decidida a questão acerca da admissibilidade de recurso interposto nos autos, cujo resultado terá influência direta na ocorrência ou não do trânsito em julgado, o prazo decadencial da ação rescisória não se inicia, sob pena de se causar insegurança jurídica, salvo comprovada má-fé"* (STJ, 3ª Turma, REsp 1.887.912/GO, rel. Min. Marco Aurélio Bellizze, *DJe* 24.09.2021).

## CAPÍTULO VIII
## DO INCIDENTE DE RESOLUÇÃO DE DEMANDAS REPETITIVAS

**Art. 976.** É cabível a instauração do incidente de resolução de demandas repetitivas quando houver, simultaneamente:

I – efetiva repetição de processos que contenham controvérsia sobre a mesma questão unicamente de direito;

II – risco de ofensa à isonomia e à segurança jurídica.

§ 1º A desistência ou o abandono do processo não impede o exame de mérito do incidente.

§ 2º Se não for o requerente, o Ministério Público intervirá obrigatoriamente no incidente e deverá assumir sua titularidade em caso de desistência ou de abandono.

1513

**Art. 976** CÓDIGO DE PROCESSO CIVIL COMENTADO – *Leonardo Carneiro da Cunha*

§ 3º A inadmissão do incidente de resolução de demandas repetitivas por ausência de qualquer de seus pressupostos de admissibilidade não impede que, uma vez satisfeito o requisito, seja o incidente novamente suscitado.

§ 4º É incabível o incidente de resolução de demandas repetitivas quando um dos tribunais superiores, no âmbito de sua respectiva competência, já tiver afetado recurso para definição de tese sobre questão de direito material ou processual repetitiva.

§ 5º Não serão exigidas custas processuais no incidente de resolução de demandas repetitivas.

▶ **1.** Sem correspondência no CPC/1973.

### 🏛 Legislação Correlata

**2. IN 39/2016 do TST, art. 8º.** "*Aplicam-se ao Processo do Trabalho as normas dos arts. 976 a 986 do CPC que regem o incidente de resolução de demandas repetitivas (IRDR). § 1º. Admitido o incidente, o relator suspenderá o julgamento dos processos pendentes, individuais ou coletivos, que tramitam na Região, no tocante ao tema objeto de IRDR, sem prejuízo da instrução integral das causas e do julgamento dos eventuais pedidos distintos e cumulativos igualmente deduzidos em tais processos, inclusive, se for o caso, do julgamento antecipado parcial do mérito. § 2º. Do julgamento do mérito do incidente caberá recurso de revista para o Tribunal Superior do Trabalho, dotado de efeito meramente devolutivo, nos termos dos arts. 896 e 899 da CLT. § 3º. Apreciado o mérito do recurso, a tese jurídica adotada pelo Tribunal Superior do Trabalho será aplicada no território nacional a todos os processos, individuais ou coletivos, que versem sobre idêntica questão de direito.*"

**3. Recomendação 134/2022 CNJ.** *Dispõe sobre o tratamento dos precedentes no Direito brasileiro.*

### ⚖ Jurisprudência, Enunciados e Súmulas Selecionados

- **4.** Enunciado 87 do FPPC. "*A instauração do incidente de resolução de demandas repetitivas não pressupõe a existência de grande quantidade de processos versando sobre a mesma questão, mas preponderantemente o risco de quebra da isonomia e de ofensa à segurança jurídica.*"
- **5.** Enunciado 88 do FPPC. "*Não existe limitação de matérias de direito passíveis de gerar a instauração do incidente de resolução de demandas repetitivas e, por isso, não é admissível*

qualquer interpretação que, por tal fundamento, restrinja seu cabimento.*"

- **6.** Enunciado 89 do FPPC. "*Havendo apresentação de mais de um pedido de instauração do incidente de resolução de demandas repetitivas perante o mesmo tribunal todos deverão ser apensados e processados conjuntamente; os que forem oferecidos posteriormente à decisão de admissão serão apensados e sobrestados, cabendo ao órgão julgador considerar as razões neles apresentadas.*"
- **7.** Enunciado 90 do FPPC. "*É admissível a instauração de mais de um incidente de resolução de demandas repetitivas versando sobre a mesma questão de direito perante tribunais de 2º grau diferentes.*"
- **8.** Enunciado 167 do FPPC. "*Os tribunais regionais do trabalho estão vinculados aos enunciados de suas próprias súmulas e aos seus precedentes em incidente de assunção de competência ou de resolução de demandas repetitivas.*"
- **9.** Enunciado 342 do FPPC. "*O incidente de resolução de demandas repetitivas aplica-se a recurso, a remessa necessária ou a qualquer causa de competência originária.*"
- **10.** Enunciado 343 do FPPC. "*O incidente de resolução de demandas repetitivas compete a tribunal de justiça ou tribunal regional.*"
- **11.** Enunciado 345 do FPPC. "*O incidente de resolução de demandas repetitivas e o julgamento dos recursos extraordinários e especiais repetitivos formam um microssistema de solução de casos repetitivos, cujas normas de regência se complementam reciprocamente e devem ser interpretadas conjuntamente.*"
- **12.** Enunciado 346 do FPPC. "*A Lei nº 13.015, de 21 de julho de 2014, compõe o microssistema de solução de casos repetitivos.*"
- **13.** Enunciado 347 do FPPC. "*Aplica-se ao processo do trabalho o incidente de resolução de demandas repetitivas, devendo ser instaurado quando houver efetiva repetição de processos que contenham controvérsia sobre a mesma questão de direito.*"
- **14.** Enunciado 363 do FPPC. "*O procedimento do incidente de resolução de demandas repetitivas aplica-se às causas repetitivas de competência originária dos tribunais superiores, como a reclamação e o conflito de competência, e aos recursos ordinários a eles dirigidos.*"
- **15.** Enunciado 467 do FPPC. "*O Ministério Público deve ser obrigatoriamente intimado no incidente de assunção de competência.*"

**LIVRO III** · DOS PROCESSOS NOS TRIBUNAIS E DOS MEIOS DE IMPUGNAÇÃO DAS DECISÕES JUDICIAIS **Art. 976**

- **16.** **Enunciado 604 do FPPC.** *"É cabível recurso especial ou extraordinário ainda que tenha ocorrido a desistência ou abandono da causa que deu origem ao incidente."*

- **17.** **Enunciado 651 do FPPC.** *"É admissível sustentação oral na sessão de julgamento designada para o juízo de admissibilidade do incidente de resolução de demandas repetitivas ou do incidente de assunção de competência, sendo legitimados os mesmos sujeitos indicados nos arts. 984 e 947, § 1º."*

- **18.** **Enunciado 655 do FPPC.** *"Desde que presentes os requisitos de cabimento, os incidentes de uniformização de jurisprudência pendentes de julgamento na vigência do CPC/2015 deverão ser processados conforme as regras do incidente de resolução de demandas repetitivas ou do incidente de assunção de competência, especialmente as atinentes ao contraditório."*

- **19.** **Enunciado 657 do FPPC.** *"O relator, antes de considerar inadmissível o incidente de resolução de demandas repetitivas, oportunizará a correção de vícios ou a complementação de informações."*

- **20.** **Enunciado 702 do FPPC.** *"É possível a conversão de incidente de assunção de competência em incidente de resolução de demandas repetitivas e vice-versa, garantida a adequação do procedimento."*

- **21.** **Enunciado 126 da II Jornada-CJF.** *"O juiz pode resolver parcialmente o mérito, em relação à matéria não afetada para julgamento, nos processos suspensos em razão de recursos repetitivos, repercussão geral, incidente de resolução de demandas repetitivas ou incidente de assunção de competência."*

- **22.** **Enunciado 141 da II Jornada-CJF.** *"É possível a conversão de Incidente de Assunção de Competência em Incidente de Resolução de Demandas Repetitivas, se demonstrada a efetiva repetição de processos em que se discute a mesma questão de direito."*

- **23.** **Enunciado 143 da II Jornada-CJF.** *"O pedido de revisão da tese jurídica firmada no incidente de resolução de demandas repetitivas pode ser feita pelas partes, nos termos do art. 977, II, do CPC/2015."*

- **24.** **Enunciado 21 da ENFAM.** *"O IRDR pode ser suscitado com base em demandas repetitivas em curso nos juizados especiais."*

- **25.** **Enunciado 22 da ENFAM.** *"A instauração do IRDR não pressupõe a existência de processo pendente no respectivo tribunal."*

- **26.** **Enunciado 44 da ENFAM.** *"Admite-se o IRDR nos juizados especiais, que deverá ser julgado por órgão colegiado de uniformização do próprio sistema."*

### 🗐 COMENTÁRIOS TEMÁTICOS

**27. Requisitos de admissibilidade.** O IRDR somente é cabível, se (a) houver efetiva repetição de processos e risco de ofensa à isonomia e à segurança jurídica, (b) a questão for unicamente de direito e (c) houver causa pendente no tribunal.

**28. Cumulatividade dos requisitos.** Os requisitos para admissibilidade do IRDR são cumulativos. A ausência de qualquer um deles inviabiliza a instauração do IRDR. Deve o tribunal, no entanto, dar a oportunidade para a correção dos defeitos, antes de considerar o incidente inadmissível.

**29. Características do IRDR.** Os requisitos de admissibilidade do IRDR denotam: (a) o caráter não preventivo do IRDR, (b) a restrição do seu objeto à questão unicamente de direito, não sendo cabível para questões de fato e (c) a necessidade de pendência de julgamento de causa repetitiva no tribunal competente.

**30. Efetiva repetição.** É preciso que haja efetiva repetição de processos. Não é necessária a existência de uma grande quantidade de processos; basta que haja uma repetição efetiva. Os processos com efetiva repetição não devem necessariamente versar sobre um direito individual homogêneo. Ainda que os casos sejam heterogêneos, é possível haver um IRDR para definir questão jurídica que seja comum a diversos processos, sejam eles individuais, sejam eles coletivos.

**31. Questões de fato repetitivas.** Não cabe IRDR para definição de questões de fato; apenas para questões de direito. A repetição de questões de fato não viabiliza a instauração do IRDR, mas permite que haja atos concertados entre juízes cooperantes, consistentes na centralização de processos repetitivos (art. 69, § 2º, VI).

**32. Inadmissibilidade de IRDR preventivo.** Para que se instaure o IRDR, é preciso que haja *efetiva* repetição de processos. Não cabe IRDR preventivo.

**33. Risco de ofensa à isonomia e à segurança jurídica.** Para que se admita o IRDR, deve haver risco de ofensa à isonomia e à segurança jurídica. Esse requisito reforça a vocação do IRDR para formação de precedentes, aliando-se ao disposto no art. 926.

**34. Causa pendente no tribunal.** Para que se instaure o IRDR, é preciso que haja causa pendente no tribunal. O IRDR é instaurado a partir de um caso que esteja no tribunal, seja um processo originário, seja um recurso (inclusive a remessa necessária). Somente cabe o IRDR enquanto pendente causa de competência do tribunal. A causa de competência do tribunal pode ser recursal ou originária. Caberá o IRDR, se estiver pendente de julgamento no tribunal uma apelação, um agravo de instrumento, uma ação rescisória, um mandado de segurança, enfim, uma causa recursal ou originária. Se já encerrado o julgamento, não cabe mais o IRDR. Os interessados poderão suscitar o IRDR em outra causa pendente, mas não naquela que já foi julgada.

**35. Requisito negativo.** Não cabe o IRDR quando já afetado, no tribunal superior, recurso representativo da controvérsia para definição de tese sobre questão de direito material ou processual repetitiva. Se um dos tribunais superiores, no âmbito de sua competência, já tiver afetado recurso repetitivo, não se admite mais a instauração do IRDR sobre aquela mesma questão. Se não cabe o IRDR quando já afetado recurso representativo da controvérsia em tribunal superior, também não deve caber quando o tribunal superior tiver já fixado a tese no julgamento de algum recurso paradigma, em procedimento repetitivo.

**36. Preferência do recurso repetitivo sobre o IRDR.** Há uma preferência do recurso repetitivo sobre o IRDR, exatamente porque, julgado o recurso representativo da controvérsia, a tese fixada será aplicada em âmbito nacional, abrangendo, até mesmo, o tribunal que poderia instaurar o IRDR.

**37. Casos em que cabe o IRDR.** O IRDR é cabível para fixar a tese, de questão de direito material ou processual, em processo de conhecimento ou em processo de execução, seja o procedimento comum ou especial. Em qualquer processo, é possível, enfim, a suscitação do IRDR. Estando em curso no tribunal um processo originário ou um recurso (inclusive a remessa necessária), é possível haver a instauração do IRDR, desde que presentes os requisitos previstos no art. 976. Não há restrição quanto ao tipo de demanda ou de recurso.

**38. Momento da instauração.** O IRDR é um incidente. Julgada a causa, não cabe mais o IRDR. É possível, entretanto, que o tribunal tenha sido omisso no exame de uma questão de direito, que seja exatamente a que deve ser examinada em IRDR, pois discutida em vários processos. Nessa hipótese, ainda pendente de exame a questão, poderá ser suscitado, em embargos de declaração, o IRDR. Não há prazo para instauração do IRDR. É preciso que haja efetiva repetição de processos e esteja a causa pendente no tribunal. Até antes de iniciados os votos, pode o relator ou o colegiado suscitar o IRDR, por ofício. A parte, o Ministério Público ou a Defensoria Pública pode, enquanto não iniciada a votação, suscitar a instauração do IRDR, por petição. A instauração do IRDR pode ser suscitada em sustentação oral, pois, nesse caso, ainda não se iniciou a votação pelos julgadores.

**39. Competência para admitir o IRDR.** A análise da presença dos requisitos de admissibilidade deve ser feita pelo órgão colegiado competente para julgar o IRDR. O juízo de admissibilidade é realizado pelo órgão colegiado, não cabendo ao relator fazê-lo isoladamente (art. 981).

**40. Irrecorribilidade da decisão que não admite o IRDR.** O órgão colegiado do tribunal pode admitir ou não o IRDR. A decisão que admite ou que rejeita o IRDR é irrecorrível, ressalvados os embargos de declaração.

**41. Possibilidade de reposição do IRDR não admitido.** O juízo negativo de admissibilidade do IRDR não obsta que, uma vez satisfeito o requisito ausente, seja o incidente novamente suscitado. Se o IRDR for inadmitido por faltar algum requisito, basta suscitá-lo novamente quando da superveniência de fato que faça preencher o requisito ausente.

**42. Confronto entre o IRDR e o IAC.** O IRDR, cujos requisitos de admissibilidade estão previstos no art. 976, não se confunde com o IAC (art. 947). Não cabe o IAC se houver repetição da discussão *em múltiplos processos*. A existência de múltiplos processos convoca a instauração de instrumentos destinados ao julgamento de causas repetitivas, que compreendem o IRDR e os recursos repetitivos. Havendo *múltiplos processos* em que se discuta a mesma questão, não cabe o IAC. Este é cabível para questões relevantes, de grande repercussão social, em processo específico ou em processos que tramitem em pouca quantidade.

**43. Fungibilidade entre IRDR e IAC.** Tanto o IRDR como o IAC servem à formação de precedentes obrigatórios. Por isso, há fungibilidade entre eles. Se o órgão julgador entender que não é caso de IAC, por existirem diversos processos em que se discuta a mesma questão de direito, admitirá que se instaure o IRDR, uma vez preenchidos os demais pressupostos; se, por

**LIVRO III · DOS PROCESSOS NOS TRIBUNAIS E DOS MEIOS DE IMPUGNAÇÃO DAS DECISÕES JUDICIAIS** — **Art. 977**

outro lado, entender que não é caso de IRDR, por não existir risco de ofensa à isonomia ou à segurança jurídica, admitirá que se instaure o IAC, uma vez constatada a relevância da questão discutida.

**44. Desistência ou abandono.** A desistência ou o abandono da causa pendente no tribunal não impede o exame, nem o julgamento do IRDR. A parte pode desistir de sua causa, recursal ou originária, mas o IRDR, já instaurado, prosseguirá e será julgado.

**45. Raridade da hipótese de desistência ou abandono.** Devem ser selecionados, ao menos, dois casos para julgamento por amostragem (art. 1.036, §§ 2º e 5º). Se bem que os §§ 2º e 5º do art. 1.036 refiram-se a recursos repetitivos, essa regra – que exige a escolha de, pelo menos, dois casos a serem julgados – aplica-se igualmente ao IRDR, em razão da existência do microssistema de gestão e julgamento de casos repetitivos. Assim, se houver desistência de um dos casos, o outro há de prosseguir, devendo ser processado e julgado, mantendo-se, assim, o sistema de causa-piloto. Se, todavia, houver desistência dos dois ou mais casos, ou seja, se for formalizada a desistência em todos eles, ter-se-á, então, o prosseguimento do incidente para que apenas se emita a fixação da tese, passando o Ministério Público a assumir sua titularidade.

**46. Intervenção do Ministério Público.** Nos casos em que não for o requerente, o Ministério Público intervirá obrigatoriamente no julgamento de casos repetitivos. A participação do Ministério Público nesses casos é corretamente obrigatória: de um lado, amplia-se a cognição, qualificando o debate para a formação do precedente, de outro, garante-se a fiscalização na criação de uma norma jurídica de origem jurisdicional, que será de observância obrigatória pelo próprio tribunal e por todos os juízes a ele vinculados. A construção do precedente deve pautar-se na ampliação do debate e na motivação qualificada. Para qualificar o debate na formação do precedente, é obrigatória a intervenção do Ministério Público. A função de fiscal da ordem jurídica é, basicamente, para isso. A existência de interesse social é causa de intervenção do Ministério Público (art. 178, I). Daí a razão de ser obrigatória a intimação do Ministério Público.

**47. Assunção da titularidade pelo Ministério Público em caso de desistência ou abandono.** Além de ter legitimidade para suscitá-lo (art. 977, III), o Ministério Público deve assumir a titularidade de requerente nas hipóteses em que houver desistência ou abandono pelo suscitante,

podendo manifestar-se após sua admissão, após a manifestação dos outros sujeitos e em sustentação oral (art. 984, II, *a*).

**48. Custas.** O IRDR não se submete ao recolhimento de custas. A ausência de custas não alcança o recurso especial ou extraordinário interposto do acórdão que julgar o IRDR, a não ser que venham a ser expressamente dispensadas as custas em enunciado normativo expresso. Tanto no recurso especial como no extraordinário há previsão de custas.

**49. Instauração de IRDR no Superior Tribunal de Justiça.** *"A instauração de incidente de resolução de demandas repetitivas diretamente no Superior Tribunal de Justiça é cabível apenas nos casos de competência recursal ordinária e de competência originária e desde que preenchidos os requisitos do art. 976 do CPC"*. (STJ, Corte Especial, AgInt na Pet 11.838/MS, rel. p/ ac. Min. João Otávio de Noronha, *DJe* 10.9.2019).

> **Art. 977.** O pedido de instauração do incidente será dirigido ao presidente de tribunal:
>
> I – pelo juiz ou relator, por ofício;
>
> II – pelas partes, por petição;
>
> III – pelo Ministério Público ou pela Defensoria Pública, por petição.
>
> Parágrafo único. O ofício ou a petição será instruído com os documentos necessários à demonstração do preenchimento dos pressupostos para a instauração do incidente.

▶ **1. Sem correspondência no CPC/1973.**

### ⚖ JURISPRUDÊNCIA, ENUNCIADOS E SÚMULAS SELECIONADOS

- **2. Enunciado 605 do FPPC.** *"Os juízes e as partes com processos no Juizado Especial podem suscitar a instauração do incidente de resolução de demandas repetitivas."*

- **3. Enunciado 658 do FPPC.** *"O dever de comunicação previsto no inciso X do art. 139 não impede nem condiciona que o juiz suscite a instauração de incidente de resolução de demandas repetitivas nos termos do inciso I do art. 977."*

- **4. Enunciado 701 do FPPC.** *"O pedido de revisão da tese jurídica firmada no incidente de assunção de competência pode ser feito pelas partes."*

- **5. Enunciado 143 da II Jornada-CJF.** *"O pedido de revisão da tese jurídica firmada no incidente de resolução de demandas repetitivas* *pode ser feita pelas partes, nos termos do art. 977, II, do CPC/2015."*

- **6. Enunciado 20 do FNPP.** *"A Fazenda Pública tem legitimidade para propor a edição, revisão ou cancelamento de enunciado de súmula de jurisprudência dominante relacionado às matérias de seu interesse."*

- **7. Enunciado 25 do FNPP.** *"A modificação redacional dos arts. 977 e 986 do projeto aprovado pelo Congresso Nacional não afeta a legitimidade da Fazenda Pública para propor a revisão da tese no julgamento de casos repetitivos."*

## 🗐 COMENTÁRIOS TEMÁTICOS

**8. Legitimidade do juiz.** O IRDR pode ser suscitado, de ofício, pelo juiz de uma das causas repetitivas ou pelo relator do processo que se encontra no tribunal. Não é necessário que haja requerimento: é possível que seja instaurado de ofício. Ao juiz confere-se legitimidade para suscitar o IRDR, mas não a qualquer juiz. Deve ser um juiz que tenha sob sua presidência uma causa que apresente uma questão de direito repetitiva, que merece ser submetida a um IRDR. É preciso, porém, que haja uma causa pendente no tribunal (art. 978). O juiz pode requerer ao tribunal, então, que suscite, numa das causas ali pendentes, o IRDR. Pode, até mesmo, ser um juiz de juizado, que não terá um processo seu apreciado pelo tribunal, mas este pode, em IRDR, definir a tese relativa a uma questão de direito que esteja sendo discutida em causas repetitivas, inclusive no âmbito dos Juizados Especiais.

**9. Legitimidade do juiz para instauração de IRDR em tribunal superior.** É possível haver IRDR em tribunal superior. Nesse caso, é possível que o IRDR seja suscitado por juiz, se houver, no tribunal superior, algum processo pendente que verse sobre a mesma questão jurídica a ser examinada pelo juiz. Tome-se o exemplo de diversos conflitos de competência suscitados no STJ entre juízos estaduais e trabalhistas. Determinado juiz, que se depare com situação análoga, pode requerer ao STJ a instauração do IRDR para que se defina a questão, evitando a reiteração de tantos conflitos de competência.

**10. Dever do art. 139, X, *versus* legitimidade do art. 977, I.** O dever do art. 139, X, é compatível com a legitimidade do art. 977, I: o julgador pode cumprir o dever e provocar a instauração do incidente de resolução de demandas repetitivas. O juiz somente pode provocar a instauração do IRDR caso haja algum processo no tribunal de onde o incidente possa ser gerado; assim, tendo conhecimento da repetição, que se revela ainda apenas em primeira instância, cabe ao julgar apenas cumprir o seu dever previsto no art. 139, X.

**11. Espécies de processo coletivo.** O processo coletivo brasileiro possui duas espécies: a) ações coletivas; b) julgamento de casos repetitivos. Ambas as técnicas possuem distinções e similaridades que permitem falar em um devido processo coletivo para a tutela dos grupos e das situações jurídicas ativas e passivas coletivas.

**12. Legitimidade do relator.** O relator de alguma causa repetitiva no tribunal também pode requerer a instauração do IRDR. A ele cabe requerer, mas a admissão do IRDR há de ser feita pelo colegiado competente, pois não é possível que o IRDR seja admitido por decisão isolada do relator; exige-se decisão colegiada (art. 981).

**13. Legitimidade do colegiado.** Embora o art. 977 mencione apenas o juiz ou o relator, nada impede que o próprio colegiado suscite o IRDR, a ser encaminhado ao órgão competente para admiti-lo. Se o relator pode suscitar, o colegiado, com muito mais razão, também pode.

**14. Legitimidade das partes.** O IRDR pode ser instaurado por provocação de qualquer uma das partes da causa pendente no tribunal ou de qualquer outro processo em que a questão se repita, mesmo que pendente no Juizado Especial. Para que o legitimado possa pedir a instauração do incidente, é preciso ser parte num processo que verse sobre tema que repercuta para diversas outras causas repetitivas. Deve, enfim, haver pertinência subjetiva da parte com a tese jurídica a ser fixada pelo tribunal.

**15. Poderes especiais na procuração.** Para requerer a instauração do IRDR, o advogado precisa de poder especial; os "poderes gerais para o foro" não autorizam esse requerimento; os efeitos da decisão do IRDR, que transcendem o caso para o qual o advogado fora constituído, impõem esse cuidado na verificação dos limites outorgados à representação judicial.

**16. Legitimidade do Ministério Público.** Também pode requerer a instauração do IRDR o Ministério Público, que poderia, até mesmo, em vez de requerer a instauração do IRDR, ajuizar ação civil pública para resolução coletiva da questão. A legitimidade do Ministério Público para requerer o IRDR deve, na mesma linha da legitimidade para o ajuizamento de ação civil pública, ser aferida concretamente, somente sendo reconhecida se transparecer, no caso, relevante interesse social. O Ministério Público pode suscitar o IRDR na condição de parte, ou na sua condição institucional sem que seja parte em

# LIVRO III · DOS PROCESSOS NOS TRIBUNAIS E DOS MEIOS DE IMPUGNAÇÃO DAS DECISÕES JUDICIAIS — Art. 978

algum processo repetitivo em que se discuta a questão jurídica a ser examinada pelo tribunal.

**17. Legitimidade da Defensoria Pública.** A Defensoria Pública tem, de igual modo, legitimidade para requerer a instauração do IRDR. Essa sua legitimidade deve relacionar-se com sua função típica, definida constitucionalmente, havendo necessidade de o caso envolver interesses de necessitados ou versar sobre tema que a eles esteja relacionado. Para suscitar o IRDR, a Defensoria Pública pode estar representando alguém em demanda que contenha a questão repetitiva ou na sua condição institucional, de *custos vulnerabilis*.

**18. Forma de requerimento ou suscitação.** O juiz ou o relator deve requerer o IRDR ao presidente do tribunal por ofício. É por petição que a parte, o Ministério Público ou a Defensoria Pública deve requerer o IRDR. O ofício ou a petição será instruído com os documentos necessários à demonstração da necessidade de instauração do incidente. As alegações devem fundar-se em prova documental, não sendo cabível outro tipo de prova para a demonstração da necessidade de ser admitido o incidente.

> **Art. 978.** O julgamento do incidente caberá ao órgão indicado pelo regimento interno dentre aqueles responsáveis pela uniformização de jurisprudência do tribunal.
>
> Parágrafo único. O órgão colegiado incumbido de julgar o incidente e de fixar a tese jurídica julgará igualmente o recurso, a remessa necessária ou o processo de competência originária de onde se originou o incidente.

▶ **1. Sem correspondência no CPC/1973.**

## ⚖ LEGISLAÇÃO CORRELATA

**2. CF, art. 96, I.** *"Art. 96. Compete privativamente: I – aos tribunais: a) eleger seus órgãos diretivos e elaborar seus regimentos internos, com observância das normas de processo e das garantias processuais das partes, dispondo sobre a competência e o funcionamento dos respectivos órgãos jurisdicionais e administrativos."*

## ⚖ JURISPRUDÊNCIA, ENUNCIADOS E SÚMULAS SELECIONADOS

- **3. Enunciado 202 do FPPC.** *"O órgão colegiado a que se refere o § 1º do art. 947 deve atender aos mesmos requisitos previstos pelo art. 978."*
- **4. Enunciado 344 do FPPC.** *"A instauração do incidente pressupõe a existência de processo pendente no respectivo tribunal."*

## ▤ COMENTÁRIOS TEMÁTICOS

**5. Natureza jurídica.** O IRDR é, como seu próprio nome indica, um incidente. Trata-se de um incidente, instaurado num processo de competência originária ou em recurso (inclusive na remessa necessária). Sendo o IRDR um incidente, é preciso que haja um caso tramitando no tribunal. O incidente há de ser instaurado no caso que esteja em curso no tribunal. Se não houver caso em trâmite no tribunal, não se terá um incidente, mas um processo originário. E não é possível ao legislador ordinário criar competências originárias para os tribunais. As competências do STF e do STJ estão previstas, respectivamente, no art. 102 e no art. 105 da CF, as dos TRFs estão estabelecidas no art. 108 da CF, cabendo às Constituições Estaduais fixar as competências dos tribunais de justiça (CF, art. 125, § 1º). O legislador ordinário pode – e foi isso que fez o CPC – criar incidentes processuais para causas originárias e recursais que tramitem nos tribunais, mas não lhe cabe criar competências originárias para os tribunais. É também por isso que não se permite a instauração do IRDR sem que haja causa tramitando no tribunal.

**6. Causa-piloto.** O tribunal, no IRDR, julga a causa e fixa o entendimento a ser aplicável aos demais casos repetitivos. Trata-se, então, de uma causa-piloto, e não de uma causa-modelo. Não é possível que o IRDR seja instaurado sem que haja causa pendente no tribunal. Sendo o IRDR um incidente, é preciso que haja um caso tramitando no tribunal. O incidente há de ser instaurado no caso que esteja em curso no tribunal. Se não houvesse caso em trâmite no tribunal, não se teria um incidente, mas um processo originário, com transferência ao tribunal de parte da cognição que deveria ser realizada pelos juízos de primeira instância. Não é possível ao legislador ordinário criar competências originárias para os tribunais.

**7. Transferência de competência.** Instaurado o incidente, transfere-se a outro órgão do mesmo tribunal a competência funcional para julgar o caso e, igualmente, fixar o seu entendimento a respeito de uma questão jurídica que se revela comum em diversos processos. Essa transferência não ocorrerá quando o órgão colegiado do tribunal, competente para o julgamento do IRDR, também tiver competência para o julgamento da causa de competência originária ou do recurso. Em tribunais menores, isso será mais frequente. Há, no IRDR, a transferência de competência a outro órgão do tribunal para fixar a tese a ser aplicada a diversos processos e, ao mesmo tem-

1519

po, a transferência do julgamento de pelos menos dois casos: esse órgão do tribunal, que passa a ter competência para fixar o entendimento aplicável a diversos casos, passa a ter competência para julgar os casos que lhe deram origem.

**8. Competência para o julgamento do IRDR.** O IRDR pode ser suscitado perante tribunal de justiça ou tribunal regional federal (no âmbito trabalhista, em tribunal regional do trabalho; no âmbito eleitoral, em tribunal regional eleitoral).

**9. Inadmissibilidade do IRDR nos Juizados.** Nos Juizados Especiais Federais e nos Juizados Especiais da Fazenda Pública, há o pedido de uniformização de interpretação de lei federal, não sendo cabível o IRDR.

**10. IRDR em tribunal superior.** Não há nada que impeça a instauração de IRDR em tribunal superior. É bem verdade que, no STJ, há o recurso especial repetitivo e, no STF, há o recurso extraordinário repetitivo e o recurso extraordinário com repercussão geral reconhecida, mas é possível haver IRDR em causas originárias e em recursos ordinários no âmbito dos tribunais superiores. O IRDR é cabível em tribunal superior. As referências a remessa necessária e ao cabimento de recursos extraordinário e especial nos textos normativos não constituem elementos linguísticos suficientes para denotar a exclusividade do incidente em tribunal de justiça e em tribunal regional federal. Imagine-se, por exemplo, o ajuizamento de múltiplos conflitos de competência entre diversos juízos estaduais e do trabalho que digam respeito a questões relacionadas com processos de recuperação judicial. É possível instaurar um IRDR, selecionando dois ou mais deles, com o sobrestamento dos demais, para que seja discutida e definida a questão, com a fixação da tese a ser seguida obrigatoriamente em todo o território nacional. O mesmo pode acontecer com diversos recursos ordinários repetitivos em mandado de segurança que tramitem no STJ. Não há qualquer vedação ao ajuizamento de um IRDR em tais hipóteses.

**11. Admissibilidade do IRDR em tribunal superior.** *"A instauração de incidente de resolução de demandas repetitivas diretamente no Superior Tribunal de Justiça é cabível apenas nos casos de competência recursal ordinária e de competência originária e desde que preenchidos os requisitos do art. 976 do CPC"* (STJ, Corte Especial, AgInt na Pet 11.838/MS, rel. p/ ac. Min. João Otávio de Noronha, *DJe* 10.9.2019).

**12. Órgão competente.** A indicação do órgão competente para julgar o IRDR deve constar do regimento interno de cada tribunal. O órgão indicado pelo regimento interno deve ser o mesmo destinado ao julgamento do incidente de assunção de competência. Se não for o mesmo órgão, deve, ao menos, atender aos mesmos requisitos para sua definição pelo regimento interno. Compete privativamente aos tribunais elaborar seus regimentos internos, dispondo sobre a competência e o funcionamento dos respectivos órgãos jurisdicionais e administrativos (CF, art. 96, I). Cabe aos tribunais fixar seus órgãos e suas respectivas competências internas, não devendo o legislador imiscuir-se nesse assunto. É comum que órgãos especiais ou órgãos de maior composição, destinados a editar enunciados de súmula ou a uniformizar a jurisprudência, nos tribunais onde há, sejam compostos, em maioria ou em quantidade considerável, por membros que integram diferentes câmaras, turmas ou órgãos que examinam assuntos díspares entre si. Órgãos especiais têm, muitas vezes, membros de câmaras, turmas ou órgãos criminais. O regimento, sempre que possível, deve indicar, para julgamento do IRDR, órgão que tenha, em sua composição majoritária, desembargadores que componham turmas ou câmaras com competência para o julgamento da matéria discutida no incidente. É conveniente, enfim, que o órgão que deve definir a *ratio decidendi* – a orientar o futuro julgamento de diversos processos – seja composto por julgadores que tenham afinidade com o tema.

**13. Arguição de inconstitucionalidade.** Se o tribunal, ao julgar o IRDR, tiver de apreciar a inconstitucionalidade de lei ou tratado, deverá adotar o procedimento previsto nos art. 948 a 950 e encaminhar a questão ao plenário ou corte especial. Em tal hipótese, deve ser observada a regra de reserva de plenário: somente o plenário ou o órgão especial é que pode decretar, incidentemente, a inconstitucionalidade de lei ou tratado (CF, art. 97). Se, pelo regimento interno do tribunal, o órgão competente para julgar o IRDR for o plenário ou o órgão especial, o exame da inconstitucionalidade já pode ser feito ali mesmo no julgamento do IRDR, atendendo-se, assim, a cláusula de reserva de plenário.

---

**Art. 979.** A instauração e o julgamento do incidente serão sucedidos da mais ampla e específica divulgação e publicidade, por meio de registro eletrônico no Conselho Nacional de Justiça.

§ 1º Os tribunais manterão banco eletrônico de dados atualizados com informações específicas sobre questões de direito submetidas ao incidente, comunicando-o imediatamente ao Conselho Nacional de Justiça para inclusão no cadastro.

# LIVRO III · DOS PROCESSOS NOS TRIBUNAIS E DOS MEIOS DE IMPUGNAÇÃO DAS DECISÕES JUDICIAIS — Art. 980

§ 2º Para possibilitar a identificação dos processos abrangidos pela decisão do incidente, o registro eletrônico das teses jurídicas constantes do cadastro conterá, no mínimo, os fundamentos determinantes da decisão e os dispositivos normativos a ela relacionados.

§ 3º Aplica-se o disposto neste artigo ao julgamento de recursos repetitivos e da repercussão geral em recurso extraordinário.

▶ **1. Sem correspondência no CPC/1973.**

### ⚖ JURISPRUDÊNCIA, ENUNCIADOS E SÚMULAS SELECIONADOS

• **2. Enunciado 591 do FPPC.** *"O tribunal dará ampla publicidade ao acórdão que decidiu pela instauração do incidente de arguição de inconstitucionalidade, incidente de assunção de competência ou incidente de resolução de demandas repetitivas, cabendo, entre outras medidas, sua publicação em seção específica no órgão oficial e indicação clara na página do tribunal na rede mundial de computadores."*

### 🗏 COMENTÁRIOS TEMÁTICOS

**3. Divulgação e publicidade.** O art. 979 concretiza o princípio da publicidade, estabelecendo o dever de os tribunais manterem banco de dados atualizados com informações específicas sobre questões de direito submetidas ao IRDR. O dispositivo estabelece o dever de os tribunais comunicarem imediatamente ao CNJ para inclusão das informações relativas ao IRDR em cadastro próprio e específico.

**4. Conteúdo da divulgação.** A instauração e o julgamento do IRDR devem ser amplamente divulgados e anunciados. A simples instauração já deve ser divulgada e anunciada. Antes mesmo da admissibilidade do IRDR, já é preciso que haja divulgação e publicidade. Uma vez instaurado o IRDR, e ainda antes de ser admitido, impõe-se sua divulgação e publicidade, a fim de que todos os interessados possam participar da decisão de admissibilidade do IRDR, com apresentação, inclusive, de sustentação oral.

**5. Cadastro nacional de IRDRs.** O CNJ deve manter um cadastro nacional de IRDRs, com o fim de permitir que todos tenham amplo acesso às informações relevantes relacionadas com a existência e o estado de tais incidentes. A divulgação e a publicidade dessas informações são fundamentais para (a) permitir que os juízos tenham conhecimento do IRDR; (b) viabilizar a intervenção de partes de outros processos e

de *amici curiae*, que queiram contribuir com a discussão, oferecendo elementos técnicos e argumentos para a formação da tese jurídica a ser aplicada nas sucessivas causas repetitivas.

**6. Alterações no cadastro nacional.** O cadastro nacional deve ser alterado sempre que haja movimentação importante no IRDR, tais como a delimitação do seu objeto, a admissão de *amicus curiae* e outros dados relevantes, que aproximem mais os interessados da tese em discussão.

**7. Outras formas de divulgação e publicidade.** A divulgação e a publicidade do IRDR devem ser feitas, pelo menos, pelo cadastro gerido pelo CNJ, a partir das informações contidas no banco de dados mantido pelo tribunal. Além desse modo, é possível que haja outras formas de divulgação e publicidade. O banco de dados mantido no tribunal e o cadastro do CNJ são meios exemplificativos, e não exaustivos. É possível, a depender da relevância e da repercussão do caso, que o tribunal amplie essa divulgação, valendo-se também de outros meios para dar publicidade ao IRDR.

---

**Art. 980.** O incidente será julgado no prazo de 1 (um) ano e terá preferência sobre os demais feitos, ressalvados os que envolvam réu preso e os pedidos de *habeas corpus*.

Parágrafo único. Superado o prazo previsto no *caput*, cessa a suspensão dos processos prevista no art. 982, salvo decisão fundamentada do relator em sentido contrário.

---

▶ **1. Sem correspondência no CPC/1973.**

### ⚖ JURISPRUDÊNCIA, ENUNCIADOS E SÚMULAS SELECIONADOS

• **2. Enunciado 452 do FPPC.** *"Durante a suspensão do processo prevista no art. 982 não corre o prazo de prescrição intercorrente."*

### 🗏 COMENTÁRIOS TEMÁTICOS

**3. Prazo para julgamento.** Admitido o IRDR, este deve ser julgado no prazo de um ano.

**4. Cessação da suspensão dos processos.** Superado o prazo de um ano sem que o IRDR seja julgado, cessa a suspensão dos processos, ressalvada a existência de decisão fundamentada do relator em sentido contrário.

**5. Prioridade de julgamento.** O IRDR e os recursos representativos da controvérsia têm preferência sobre os demais processos, ressalvados os que envolvam réu e os pedidos de *habeas corpus*.

**6. Exclusão da ordem cronológica de julgamento (art. 12, § 2º, III).** O juiz e o tribunal devem, preferencialmente, julgar de acordo com a ordem cronológica de conclusão para sentença e para acórdãos (art. 12). Adotada a ordem cronológica como meio de gestão, o julgamento do IRDR e dos recursos repetitivos está excluído da ordem cronológica de conclusão, tendo preferência na pauta do órgão competente para julgá-lo (art. 12, § 2º, III).

> **Art. 981.** Após a distribuição, o órgão colegiado competente para julgar o incidente procederá ao seu juízo de admissibilidade, considerando a presença dos pressupostos do art. 976.

▶ **1. Sem correspondência no CPC/1973.**

### ⚖ Jurisprudência, Enunciados e Súmulas Selecionados

- **2. Enunciado 91 do FPPC.** *"Cabe ao órgão colegiado realizar o juízo de admissibilidade do incidente de resolução de demandas repetitivas, sendo vedada a decisão monocrática."*
- **3. Enunciado 556 do FPPC.** *"É irrecorrível a decisão do órgão colegiado que, em sede de juízo de admissibilidade, rejeita a instauração do incidente de resolução de demandas repetitivas, salvo o cabimento dos embargos de declaração."*

### 🖳 Comentários Temáticos

**4. Competência para admitir o IRDR.** A análise da presença dos requisitos de admissibilidade previstos no art. 976 deve ser feita pelo órgão colegiado competente para julgar o IRDR. O juízo de admissibilidade é realizado pelo órgão colegiado, não cabendo ao relator fazê-lo isoladamente.

**5. Irrecorribilidade da decisão sobre admissibilidade do IRDR.** O órgão colegiado do tribunal pode admitir ou não o IRDR. A decisão que admite ou que rejeita o IRDR é irrecorrível, ressalvados os embargos de declaração. O juízo de admissibilidade é do órgão colegiado do tribunal. Como a decisão não é do relator, não cabe agravo interno, pois este é um recurso cabível apenas contra decisão isolada do relator (art. 1.021). Não cabe agravo interno de decisão colegiada.

**6. Possibilidade de repropositura do IRDR não admitido.** O juízo negativo de admissibilidade do IRDR não obsta a que, uma vez satisfeito o requisito ausente, seja o incidente novamente suscitado (art. 976, § 3º). Se o IRDR for inadmitido por faltar algum requisito, basta suscitá-lo novamente quando da superveniência de fato que faça preencher o requisito ausente.

**7. Sustentação oral no juízo de admissibilidade do IRDR.** A decisão de admissibilidade do IRDR é tão importante quanto a decisão que o julga. Há previsão expressa de sustentação oral na sessão de julgamento do IRDR (art. 984, II), não o havendo em relação ao juízo de admissibilidade. É preciso permitir a sustentação oral na decisão de admissibilidade. Não é sem razão, aliás, que o art. 979 prevê que a simples *instauração* do IRDR deve ser divulgada e publicada. Antes mesmo de ser admitido o incidente, ou seja, sua simples instauração já deve ser objeto de divulgação e publicação, a fim de anunciar a todos os interessados e, até mesmo, viabilizar o acompanhamento da sessão de julgamento da admissibilidade, na qual poderá haver a realização de sustentação oral.

> **Art. 982.** Admitido o incidente, o relator:
>
> I – suspenderá os processos pendentes, individuais ou coletivos, que tramitam no Estado ou na região, conforme o caso;
>
> II – poderá requisitar informações a órgãos em cujo juízo tramita processo no qual se discute o objeto do incidente, que as prestarão no prazo de 15 (quinze) dias;
>
> III – intimará o Ministério Público para, querendo, manifestar-se no prazo de 15 (quinze) dias.
>
> § 1º A suspensão será comunicada aos órgãos jurisdicionais competentes.
>
> § 2º Durante a suspensão, o pedido de tutela de urgência deverá ser dirigido ao juízo onde tramita o processo suspenso.
>
> § 3º Visando à garantia da segurança jurídica, qualquer legitimado mencionado no art. 977, incisos II e III, poderá requerer, ao tribunal competente para conhecer do recurso extraordinário ou especial, a suspensão de todos os processos individuais ou coletivos em curso no território nacional que versem sobre a questão objeto do incidente já instaurado.
>
> § 4º Independentemente dos limites da competência territorial, a parte no processo em curso no qual se discuta a mesma questão objeto do incidente é legitimada para requerer a providência prevista no § 3º deste artigo.
>
> § 5º Cessa a suspensão a que se refere o inciso I do *caput* deste artigo se não for interposto recurso especial ou recurso extraordinário contra a decisão proferida no incidente.

▶ **1. Sem correspondência no CPC/1973.**

**LIVRO III** · DOS PROCESSOS NOS TRIBUNAIS E DOS MEIOS DE IMPUGNAÇÃO DAS DECISÕES JUDICIAIS **Art. 982**

## 🔖 LEGISLAÇÃO CORRELATA

**2. RISTJ, art. 271-A.** *"Art. 271-A. Poderá o Presidente do Tribunal, a requerimento do Ministério Público, da Defensoria Pública ou das partes de incidente de resolução de demandas repetitivas em tramitação, considerando razões de segurança jurídica ou de excepcional interesse social, suspender, em decisão fundamentada, todos os processos individuais ou coletivos em curso no território nacional que versem sobre a questão objeto do incidente. § 1º A parte de processo em curso em localidade de competência territorial diversa daquela em que tramita o incidente de resolução de demandas repetitivas deverá comprovar a inadmissão do incidente no Tribunal com jurisdição sobre o estado ou região em que tramite a sua demanda. § 2º O Presidente poderá ouvir, no prazo de cinco dias, o relator do incidente no Tribunal de origem e o Ministério Público Federal. § 3º A suspensão vigorará até o trânsito em julgado da decisão proferida no incidente de resolução de demandas repetitivas."*

## ⚖️ JURISPRUDÊNCIA, ENUNCIADOS E SÚMULAS SELECIONADOS

- **3. Enunciado 92 do FPPC.** *"A suspensão de processos prevista neste dispositivo é consequência da admissão do incidente de resolução de demandas repetitivas e não depende da demonstração dos requisitos para a tutela de urgência."*
- **4. Enunciado 93 do FPPC.** *"Admitido o incidente de resolução de demandas repetitivas, também devem ficar suspensos os processos que versem sobre a mesma questão objeto do incidente e que tramitem perante os juizados especiais no mesmo estado ou região."*
- **5. Enunciado 94 do FPPC.** *"A parte que tiver o seu processo suspenso nos termos do inciso I do art. 982 poderá interpor recurso especial ou extraordinário contra o acórdão que julgar o incidente de resolução de demandas repetitivas."*
- **6. Enunciado 95 do FPPC.** *"A suspensão de processos na forma deste dispositivo depende apenas da demonstração da existência de múltiplos processos versando sobre a mesma questão de direito em tramitação em mais de um estado ou região."*
- **7. Enunciado 205 do FPPC.** *"Havendo cumulação de pedidos simples, a aplicação do art. 982, I e § 3º, poderá provocar apenas a suspensão parcial do processo, não impedindo o prosseguimento em relação ao pedido não abran-*

gido pela tese a ser firmada no incidente de resolução de demandas repetitivas."*
- **8. Enunciado 452 do FPPC.** *"Durante a suspensão do processo prevista no art. 982 não corre o prazo de prescrição intercorrente."*
- **9. Enunciado 467 do FPPC.** *"O Ministério Público deve ser obrigatoriamente intimado no incidente de assunção de competência."*
- **10. Enunciado 471 do FPPC.** *"Aplica-se no âmbito dos juizados especiais a suspensão prevista no art. 982, § 3º."*
- **11. Enunciado 481 do FPPC.** *"O disposto nos §§ 9º a 13 do art. 1.037 aplica-se, no que couber, ao incidente de resolução de demandas repetitivas."*
- **12. Enunciado 557 do FPPC.** *"O agravo de instrumento previsto no art. 1.037, § 13, I, também é cabível contra a decisão prevista no art. 982, inc. I."*
- **13. Enunciado 606 do FPPC.** *"Deve haver congruência entre a questão objeto da decisão que admite o incidente de resolução de demandas repetitivas e a decisão final que fixa a tese."*
- **14. Enunciado 619 do FPPC.** *"O processo coletivo deverá respeitar as técnicas de ampliação do contraditório, como a realização de audiências públicas, a participação de amicus curiae e outros meios de participação."*
- **15. Enunciado 41 da I Jornada-CJF.** *"Nos processos sobrestados por força do regime repetitivo, é possível a apreciação e a efetivação de tutela provisória de urgência, cuja competência será do órgão jurisdicional onde estiverem os autos."*
- **16. Enunciado 107 da I Jornada-CJF.** *"Não se aplica a suspensão do art. 982, I, do CPC ao cumprimento de sentença anteriormente transitada em julgado e que tenha decidido questão objeto de posterior incidente de resolução de demandas repetitivas."*
- **17. Enunciado 140 da II Jornada-CJF.** *"A suspensão de processos pendentes, individuais ou coletivos, que tramitam no Estado ou na região prevista no art. 982, I, do CPC não é decorrência automática e necessária da admissão do IRDR, competindo ao relator ou ao colegiado decidir acerca da sua conveniência."*
- **18. Enunciado 142 da II Jornada-CJF.** *"Determinada a suspensão decorrente da admissão do IRDR (art. 982, I), a alegação de distinção entre a questão jurídica versada em uma demanda em curso e aquela a ser julgada no incidente será veiculada por meio do requerimento previsto no art. 1.037, § 10."*

1523

- **19. Enunciado 57 do FNPP.** *"A sistemática dos §§ 9º a 13 do art. 1.037 do CPC também se aplica às hipóteses em que o juiz ou o relator indefere o pedido de suspensão do processo formulado com base nos arts. 982, I, e 1.037, II, do CPC."*
- **20. Enunciado 58 do FNPP.** *"A decisão que descumpre a determinação de suspensão do processo de que tratam os arts. 982, I, e 1.037, II, do CPC configura hipótese de cabimento de reclamação para garantir a autoridade da decisão do Tribunal."*
- **21. Enunciado 60 do FNPP.** *"O agravo fundado no art. 1.015, I, do CPC se enquadra no conceito de atos urgentes praticáveis no curso da suspensão processual."*
- **22. Enunciado 72 do FNPP.** *"A ordem de suspensão dos processos, em razão da afetação para julgamento de casos repetitivos, acarreta a suspensão da discussão do tema controvertido, mas não a paralisação total da execução fiscal."*

## COMENTÁRIOS TEMÁTICOS

**23. Suspensão dos processos.** Admitido o IRDR, suspendem-se os processos pendentes, individuais ou coletivos, em que se discute a mesma questão, que estejam tramitando no âmbito da competência territorial do tribunal. Faz parte do microssistema de gestão de casos repetitivos suspender todos os processos para que se concentre a discussão no próprio IRDR, repercutindo o resultado de modo uniforme, com o que se garantem eficiência e racionalidade no processamento e julgamento de todos eles.

**24. Abrangência da suspensão.** Se for um tribunal de justiça, suspendem todos os processos em curso no Estado. Sendo um tribunal regional federal, suspendem-se os processos que tramitam em toda a região. Admitido o IRDR num tribunal superior, suspendem-se os processos pendentes em todo o território nacional.

**25. Suspensão dos processos nos Juizados Especiais.** O art. 985, I, determina que a tese fixada em IRDR se aplica aos processos pendentes nos juizados especiais. Embora não haja previsão expressa no CPC, é evidente que os processos dos juizados devem ser suspensos com a admissão do IRDR. Não faz sentido aplicar a decisão proferida em IRDR sem que se suspendam antes os processos pendentes. A suspensão dos processos é regra integrante do microssistema de gestão e julgamento de casos repetitivos. Se a decisão proferida no IRDR há de ser aplicada aos processos pendentes nos jui-

zados é porque estes integram o microssistema de gestão e julgamento de casos repetitivos e, sendo assim, devem também ser atingidos pela suspensão decorrente de sua admissão.

**26. Requisito para a suspensão dos processos.** Para que os processos sejam suspensos, não basta a instauração do IRDR; é preciso que ele seja admitido. Não é necessária concessão de uma tutela de urgência para que se suspendam os processos em curso. Basta que o IRDR seja admitido para que haja a suspensão. Admitido o IRDR, todos os processos que versem sobre aquela questão jurídica repetitiva devem ser suspensos, inclusive os que tramitam no âmbito dos Juizados Especiais.

**27. Decisão do relator.** Admitido o IRDR, suspendem-se os processos. Cabe ao relator do IRDR declarar a suspensão e comunicá-la, por ofício, aos juízes diretores dos fóruns de cada comarca ou seção judiciária.

**28. Tutela provisória no incidente: interpretação provisória, em vez de suspensão dos processos.** Especificamente em relação ao incidente que tenha por objeto questão de direito processual, será bem frequente a hipótese de a questão de direito repetitiva dizer respeito a processos bastante heterogêneos. Por causa disso, em tais casos, a suspensão dos processos pendentes, efeito da admissibilidade do julgamento de casos repetitivos, pode revelar-se bem inadequada. Em casos assim, após a admissibilidade, o órgão julgador pode conceder uma espécie de tutela provisória, conferindo uma "interpretação provisória da questão de direito processual", que valerá enquanto não resolvido definitivamente o incidente. Caso essa interpretação venha a confirmar-se ao final, não haverá nenhum problema – com a vantagem de os processos não haverem sido sobrestados; caso a interpretação não se confirme ao final, o órgão julgador, na decisão do incidente, fará a modulação dos efeitos da decisão, para preservar os atos praticados com base na "interpretação provisória". A lógica é semelhante à da tutela de urgência nos processos de controle concentrado de constitucionalidade, que também são espécies de processo objetivo. Outra solução seria, também em tutela provisória, determinar aos órgãos julgadores que, enquanto pendente o incidente, esta ou aquela interpretação deva ser aceita, sem definir uma delas, em razão, por exemplo, de ainda não haver maturidade sobre o tema. É o que pode acontecer nos casos de dúvida quanto ao cabimento de algum recurso. Em casos assim, o tribunal cuidará de, na decisão final do incidente, pre-

**LIVRO III** · DOS PROCESSOS NOS TRIBUNAIS E DOS MEIOS DE IMPUGNAÇÃO DAS DECISÕES JUDICIAIS **Art. 982**

servar os atos jurídicos praticados com base em uma das interpretações provisoriamente aceitas.

**29.** **Aplicação dos §§ 8º a 13 do art. 1.037 ao IRDR.** Em virtude do microssistema de gestão e julgamento de casos repetitivos, aplica-se o § 8º do art. 1.037 ao IRDR, de modo que, admitido o incidente e comunicada aos juízos a suspensão dos processos, as partes deverão ser intimadas da suspensão de seus processos. É fundamental que haja essa intimação para que a parte possa ter conhecimento da admissão do IRDR e, então, participar, caso queira, da discussão ali travada ou exercer o direito de distinção, com a demonstração de que a questão a ser resolvida em seu caso é outra e o requerimento do prosseguimento de seu processo (art. 1.037, § 9º). O requerimento para prosseguimento do processo diante da distinção deve ser dirigido ao juízo onde tramita o processo suspenso. Se o processo estiver em curso em tribunal, o requerimento deve ser dirigido ao relator (art. 1.037, § 10). A outra parte deve ser ouvida (art. 1.037, § 11). Reconhecida a distinção nos casos em que o processo estiver sobrestado em primeiro grau, no tribunal de origem ou no tribunal superior, o próprio juiz ou relator dará prosseguimento ao processo (art. 1.037, § 12, I).

**30. Procedimento de distinção.** *"O procedimento de alegação de distinção* (distinguishing) *entre a questão debatida no processo e a questão submetida ao julgamento sob o rito dos recursos repetitivos, previsto no art. 1.037, §§ 9º a 13, do novo CPC, aplica-se também ao incidente de resolução de demandas repetitivas – IRDR"* (STJ, 3ª Turma, REsp 1.846.109/SP, rel. Min. Nancy Andrighi, *DJe* 13.12.2019).

**31. Etapas do procedimento de distinção.** *"Examinado detalhadamente o procedimento de distinção previsto no art. 1.037, §§ 9º a 13, constata-se que o legislador estabeleceu detalhado procedimento para essa finalidade, dividido em cinco etapas: (i) intimação da decisão de suspensão; (ii) requerimento da parte, demonstrando a distinção entre a questão debatida no processo e àquela submetida ao julgamento repetitivo, endereçada ao juiz em 1º grau; (iii) abertura de contraditório, a fim de que a parte adversa se manifeste sobre a matéria em 05 dias; (iv) prolação de decisão interlocutória resolvendo o requerimento; (v) cabimento do agravo de instrumento em face da decisão que resolve o requerimento"* (STJ, 3ª Turma, REsp 1.846.109/SP, rel. Min. Nancy Andrighi, *DJe* 13.12.2019).

**32. Irrecorribilidade da decisão que determina o sobrestamento.** A decisão que determina

o sobrestamento é irrecorrível; não é dela que a parte deve recorrer.

**33. Requerimento de afastamento da suspensão.** Se o caso for distinto, a parte deve, a qualquer momento, por simples petição, requerer que seu processo prossiga, por conter peculiaridade que o afasta da suspensão. A distinção se exerce por simples requerimento, cabendo agravo da decisão que acolhe ou rejeita tal requerimento.

**34. Recorribilidade da decisão sobre o pedido de afastamento da suspensão.** Cabe agravo de instrumento da decisão do juiz que concede ou nega o pedido de prosseguimento do processo diante da distinção (art. 1.037, § 13, I); se a decisão for de relator, cabe agravo interno (art. 1.037, § 13, II).

**35. Cabimento do agravo de instrumento.** *"(...) 8. Considerando que a decisão interlocutória que resolve o pedido de distinção em relação a matéria submetida ao rito dos recursos repetitivos é impugnável imediatamente por agravo de instrumento (art. 1.037, § 13, I, do novo CPC), é igualmente cabível o referido recurso contra a decisão interlocutória que resolve o pedido de distinção em relação a matéria objeto de IRDR. 9. O sistema recursal instituído pelo novo CPC prevê que, em regra, todas as decisões interlocutórias serão impugnáveis, seja imediatamente por agravo de instrumento, seja posteriormente por apelação ou contrarrazões, sendo certo que o Código estabeleceu que determinadas interlocutórias seriam irrecorríveis somente em seis específicas hipóteses, textualmente identificadas em lei. 10. A decisão interlocutória que versa sobre a distinção entre a questão debatida no processo e a questão submetida ao IRDR é impugnável imediatamente também porque, se indeferido o requerimento de distinção e mantida a suspensão do processo, essa questão jamais poderia ser submetida ao Tribunal se devolvida apenas em apelação ou em contrarrazões quando já escoado o prazo de suspensão"* (STJ, 3ª Turma, REsp 1.846.109/SP, rel. Min. Nancy Andrighi, *DJe* 13.12.2019).

**36. Suspensão parcial.** Nos processos em que há cumulação simples de pedidos, caracterizada quando cada pedido é independente (art. 327), a suspensão pode ser parcial, prosseguindo-se o processo quanto ao pedido que não tem relação com a questão de direito repetitiva a ser decidida no IRDR.

**37. Problema ou inutilidade da suspensão parcial.** A suspensão parcial do processo pode revelar-se problemática ou, até mesmo, inútil, quando, por exemplo, for necessária instrução probatória que repercuta em todos os pedidos. Nesse caso, para evitar prática inútil de atos processuais, e em atenção aos princípios da eficiência e da duração razoável do processo, que orientam a construção de regras que evitem desperdício processual, não se deve suspender o processo, determinando-se a realização da atividade instrutória, que servirá para o pedido não alcançado pelo IRDR.

**38. Requerimento de suspensão.** Admitido o IRDR, todos os processos que versem sobre aquela questão de direito repetitiva deverão ser suspensos. Se eventualmente algum processo não for suspenso, qualquer uma das partes ou qualquer interessado pode requerer ao juiz da causa que suspenda seu processo, até ser julgado o IRDR e definida a tese pelo tribunal.

**39. Início, duração e término do período de suspensão.** Os processos repetitivos ficam suspensos enquanto não for julgado o IRDR. O prazo para julgamento é de um ano, findo o qual cessa a suspensão dos processos (art. 980). Esse prazo de um ano pode, todavia, ser prorrogado por decisão fundamentada do relator (art. 980, parágrafo único). Tal prazo tem início com a publicação da decisão do relator que declara a suspensão dos processos. Admitido o IRDR, suspendem-se os processos, cabendo ao relator declarar a suspensão e comunicá-la, por ofício, aos juízes diretores dos fóruns de cada comarca ou seção judiciaria. O prazo de um ano para o julgamento do IRDR tem início a partir da publicação o despacho do relator que declara a suspensão. A suspensão cessa automaticamente com o término do prazo de um ano, a não ser que haja decisão em sentido contrário do relator. É preciso que o relator decida fundamentadamente e anuncie antes do término do prazo, pois a cessação da suspensão é automática e decorre da previsão legal.

**40. Manutenção da suspensão diante da interposição de recurso especial ou extraordinário.** *"Interposto REsp ou RE contra o acórdão que julgou o IRDR, a suspensão dos processos só cessará com o julgamento dos referidos recursos, não sendo necessário, entretanto, aguardar o trânsito em julgado (REsp 1.869.867/SC, Rel. Ministro Og Fernandes, Segunda Turma, DJe 03/05/2021)"* (STJ, 1ª Turma, REsp 1.976.792/RS, rel. Min. Gurgel de Faria, *DJe* 20.6.2023).

**41. Competência para a concessão da tutela de urgência.** O IRDR provoca a suspensão dos processos repetitivos pendentes. E, durante a suspensão dos processos, não é possível aos respectivos juízes praticarem quaisquer atos, salvo quando houver urgência (art. 314). Se houver uma urgência, o pedido de tutela provisória deve ser dirigido ao juízo onde tramita o processo suspenso.

**42. Suspensão nacional dos processos.** A parte de qualquer processo que verse sobre a questão de direito discutida no IRDR, independentemente dos limites territoriais da competência do tribunal, pode requerer ao STF ou ao STJ a suspensão de todos os processos individuais ou coletivos em curso no território nacional que versem sobre a mesma questão objeto do incidente já instaurado. Instaurado, por exemplo, um IRDR no TJSP, a parte de qualquer processo que tramite no próprio Estado de São Paulo e que verse sobre aquele tema discutido no incidente, pode requerer ao tribunal superior a extensão da suspensão a todos os processos no território nacional. Não é necessário, todavia, que haja respeito ao limite territorial da competência do tribunal. A legitimidade para tal requerimento independe dos limites da competência territorial do tribunal. Se, por exemplo, há um IRDR instaurado no TJRJ a respeito do assunto *x*, a parte de um processo que verse esse tema *x* em Aracaju pode requerer ao STF (se a matéria for constitucional) ou ao STJ (se a matéria for infraconstitucional) que suspenda todos os processos no território nacional que tratem desse tema. O objetivo é garantir segurança jurídica e a isonomia. Julgado o IRDR, provavelmente será interposto recurso extraordinário ou recurso especial, cuja solução será estendida a todo o território nacional. Assim, o STF ou o STJ já suspende, preventivamente, todos os processos em curso no território nacional que versem sobre aquele tema, a fim de que, futuramente, possam receber a aplicação da tese a ser por ele firmada.

**43. Duração da suspensão nacional.** Determinada a suspensão nacional pelo STF ou pelo STJ, sua duração encerra-se com o escoamento do prazo para interposição do recurso extraordinário ou do recurso especial. Se for interposto recurso especial ou extraordinário do acórdão que julgar o IRDR, a suspensão se mantém, pois tais recursos têm, nesse caso, efeito suspensivo automático (art. 987, § 1º). Não interposto recurso especial ou extraordinário, cessa a suspensão dos processos, aplicando-se a tese fixada no IRDR.

**44. Suspensão nacional para o TST.** A regra da suspensão nacional de processos também se aplica no âmbito da Justiça do Trabalho, podendo-se requerê-la ao TST, sobretudo porque há ali a previsão de recursos de revista repetitivos (CLT, art. 896-C, § 3º).

**LIVRO III ·** DOS PROCESSOS NOS TRIBUNAIS E DOS MEIOS DE IMPUGNAÇÃO DAS DECISÕES JUDICIAIS **Art. 983**

> **Art. 983.** O relator ouvirá as partes e os demais interessados, inclusive pessoas, órgãos e entidades com interesse na controvérsia, que, no prazo comum de 15 (quinze) dias, poderão requerer a juntada de documentos, bem como as diligências necessárias para a elucidação da questão de direito controvertida, e, em seguida, manifestar-se-á o Ministério Público, no mesmo prazo.
>
> § 1º Para instruir o incidente, o relator poderá designar data para, em audiência pública, ouvir depoimentos de pessoas com experiência e conhecimento na matéria.
>
> § 2º Concluídas as diligências, o relator solicitará dia para o julgamento do incidente.

▸ **1.** Sem correspondência no CPC/1973.

## ⚖ Legislação Correlata

**2.** **Recomendação 134/2022 CNJ, art. 32.** *"Art. 32. No sistema de processos paralelos adotado no Brasil, trabalha-se, por um lado, dentro de uma lógica de precedente, com o respectivo efeito vinculativo, e, por outro, com a possibilidade de participação e influência por parte dos interessados, bem como ainda com a intervenção necessária do Ministério Público. Parágrafo único. A oportunidade de manifestação das partes e interessados, especialmente considerados os titulares de direitos que possam ser afetados pelo efeito vinculativo do precedente, deve ser considerado ponto fundamental para a legitimação do procedimento modelo estabelecido no ordenamento brasileiro."*

## ⚖ Jurisprudência, Enunciados e Súmulas Selecionados

- **3.** **Enunciado 201 do FPPC.** *"Aplicam-se ao incidente de assunção de competência as regras previstas nos arts. 983 e 984."*
- **4.** **Enunciado 467 do FPPC.** *"O Ministério Público deve ser obrigatoriamente intimado no incidente de assunção de competência."*
- **5.** **Enunciado 619 do FPPC.** *"O processo coletivo deverá respeitar as técnicas de ampliação do contraditório, como a realização de audiências públicas, a participação de* amicus curiae *e outros meios de participação."*
- **6.** **Enunciado 659 do FPPC.** *"O relator do julgamento de casos repetitivos e do incidente de assunção de competência tem o dever de zelar pelo equilíbrio do contraditório, por exemplo solicitando a participação, na condição de* amicus curiae, *de pessoas, órgãos ou entidades capazes de sustentar diferentes pontos de vista."*
- **7.** **Enunciado 753 do FPPC.** *"Ao designar audiência pública em tema afetado sob a sistemática da repercussão geral e dos casos repetitivos, o relator deverá observar a capacidade de contribuição argumentativa das pessoas e entidades interessadas e assegurar a participação de pessoas ou de entidades que defendam diferentes opiniões relativas à matéria objeto da audiência pública."*
- **8.** **Enunciado 20 do FNPP.** *"A Fazenda Pública tem legitimidade para propor a edição, revisão ou cancelamento de enunciado de súmula de jurisprudência dominante relacionado às matérias de seu interesse."*

## ▤ Comentários Temáticos

**9.** **Procedimento do IRDR.** Admitido o IRDR e suspensos todos os processos pendentes, poderá o relator requisitar informações, não apenas ao juiz (ou relator) do processo ou recurso originário, mas também ao juiz ou relator de qualquer uma das causas em que se discuta a questão de direito. O relator deve determinar a intimação (a) das *partes* do processo pendente no tribunal (aquele que deu origem à instauração do IRDR); (b) dos *demais interessados*, que são as partes dos processos repetitivos suspensos; (c) dos *amici curiae*, que são pessoas, órgãos e entidades com interesse na controvérsia (art. 138); (d) do Ministério Público, que funciona no IRDR, quando não o tiver suscitado, como fiscal da ordem jurídica (art. 976, § 2º).

**10.** **Contraditório.** O contraditório não se restringe a questões de fato; também alcança questões de direito (art. 10). Daí haver instrução no IRDR, para a qualificação do debate em torno da questão de direito, além de aprofundamento nos fatos comuns que dizem respeito à questão jurídica objeto do incidente.

**11.** **Documentos e diligências.** Todos os sujeitos que são intimados a participar das discussões no IRDR podem requerer a juntada de documentos e a realização de diligências necessárias à elucidação da questão jurídica a ser apreciada pelo tribunal.

**12.** **Audiência pública.** O relator poderá designar audiência pública para colher depoimentos de pessoas com experiência e conhecimento na matéria, ampliando o debate e concretizando o contraditório.

**13.** **Inclusão em pauta do IRDR para julgamento.** Cumpridas todas as etapas previstas no art. 983, o relator solicitará inclusão do IRDR na pauta de julgamento do órgão competente

1527

# Art. 984 · CÓDIGO DE PROCESSO CIVIL COMENTADO – *Leonardo Carneiro da Cunha*

para apreciá-lo. Os autos serão apresentados ao presidente do órgão que designará dia para julgamento, ordenando a publicação da pauta (art. 934). Entre a data de publicação da pauta e da sessão de julgamento decorrerá, pelo menos, o prazo de cinco dias (art. 935), sendo certo que tal prazo deve ser contado em dias úteis (art. 219).

> **Art. 984.** No julgamento do incidente, observar-se-á a seguinte ordem:
>
> I – o relator fará a exposição do objeto do incidente;
>
> II – poderão sustentar suas razões, sucessivamente:
>
> o autor e o réu do processo originário e o Ministério Público, pelo prazo de 30 (trinta) minutos;
>
> os demais interessados, no prazo de 30 (trinta) minutos, divididos entre todos, sendo exigida inscrição com 2 (dois) dias de antecedência.
>
> § 1º Considerando o número de inscritos, o prazo poderá ser ampliado.
>
> § 2º O conteúdo do acórdão abrangerá a análise de todos os fundamentos suscitados concernentes à tese jurídica discutida, sejam favoráveis ou contrários.

▶ **1. Sem correspondência no CPC/1973.**

## ⚖ Jurisprudência, Enunciados e Súmulas Selecionados

- **2. Enunciado 201 do FPPC.** *"Aplicam-se ao incidente de assunção de competência as regras previstas nos arts. 983 e 984."*
- **3. Enunciado 305 do FPPC.** *"No julgamento de casos repetitivos, o tribunal deverá enfrentar todos os argumentos contrários e favoráveis à tese jurídica discutida, inclusive os suscitados pelos interessados."*
- **4. Enunciado 467 do FPPC.** *"O Ministério Público deve ser obrigatoriamente intimado no incidente de assunção de competência."*
- **5. Enunciado 585 do FPPC.** *"Não se considera fundamentada a decisão que, ao fixar tese em recurso especial ou extraordinário repetitivo, não abranger a análise de todos os fundamentos, favoráveis ou contrários, à tese jurídica discutida."*
- **6. Enunciado 651 do FPPC.** *"É admissível sustentação oral na sessão de julgamento designada para o juízo de admissibilidade do incidente de resolução de demandas repetitivas ou do incidente de assunção de competência, sendo legitimados os mesmos sujeitos indicados nos arts. 984 e 947, § 1º."*

## ▣ Comentários Temáticos

**7. Sustentação oral.** No julgamento do IRDR, a sustentação oral observará o disposto no art. 984, ou seja, o relator fará a exposição do objeto do incidente, daí se seguindo as sustentações orais do autor e do réu do processo originário e do Ministério Público, pelo prazo de trinta minutos. Também podem apresentar sustentação oral os demais interessados, no prazo de trinta minutos, dividido entre todos, sendo exigida inscrição com dois dias de antecedência.

**8. Ampliação do prazo de sustentação oral.** O colegiado, diante da complexidade das discussões ou do número de interessados ou de *amici curiae*, pode ampliar o tempo para a sustentação oral. A ampliação somente pode ser determinada antes de encerrado o tempo (art. 139, parágrafo único).

**9. Manifestação do Ministério Público.** Quando atua como fiscal da ordem jurídica, o Ministério Público sempre se manifesta após as partes e interessados (arts. 171, I, 364 e 937). No julgamento do IRDR, a previsão é a de que ele se manifeste após as partes, mas antes dos interessados e dos *amici curiae*. Numa interpretação sistemática, deve-se, considerando as funções do Ministério Público como fiscal da ordem jurídica, entender que sua sustentação oral há de ser apresentada por último.

**10. Negócio jurídico sobre a sustentação oral.** Independentemente de haver decisão aumentado ou não o tempo para sustentação oral, é possível a celebração de negócio jurídico para modificar o tempo da sustentação oral (art. 190). Também é possível haver negócio plurilateral, celebrado entre as partes, os interessados, os *amici curiae*, o Ministério Público e o órgão julgador, para modificar a ordem das sustentações orais (art. 190).

**11. Fundamentação da decisão.** Na decisão do IRDR, todos os argumentos contrários e favoráveis à tese jurídica discutida haverão de ser enfrentados. A inclusão dos argumentos contrários à tese (e que, por isso, foram *vencidos*) ajuda a compreender o precedente firmado, além de dar-lhe ainda mais legitimidade. Essa exigência facilita a análise sobre a necessidade ou não de superação da tese, em razão de argumento novo. Exige-se que o processo de formação do precedente se dê nesses termos, ainda, porque, na interpretação e na aplicação dessa decisão a casos futuros e similares, bastará que o órgão julgador verifique se é ou não caso de distinção ou superação (arts. 489, § 1º, V e VI, 927, § 1º); se for, o precedente não será aplicado; se não

**LIVRO III · DOS PROCESSOS NOS TRIBUNAIS E DOS MEIOS DE IMPUGNAÇÃO DAS DECISÕES JUDICIAIS** **Art. 985**

for, o precedente será aplicado e a fundamentação originária do julgamento do incidente se incorporará automaticamente à própria decisão que o invoca, sem a necessidade de repeti-la ou reelaborá-la, razão pela qual não será exigível a observância ao art. 489, § 1º, IV. Essa é uma das facetas da *inércia argumentativa* própria de um sistema de precedentes.

**12. Elementos do acórdão do IRDR.** O acórdão que julga o IRDR, como qualquer outro, deve conter relatório, fundamentação e dispositivo. O relatório do acórdão do julgamento de casos repetitivos deve ser tão mais minucioso e completo quanto possível. O histórico dos debates em torno do assunto e a identificação precisa do caso – descrição do substrato fático sobre o qual incidirá a norma do precedente que está sendo construída – são imprescindíveis. Além disso, é preciso que do relatório conste uma espécie de lista, sumário ou índice de todos os argumentos, contrários e favoráveis à tese jurídica discutida, examinados pelo tribunal. Essa lista deve ser apresentada de modo claro e didático, para que funcione como um verdadeiro guia de consulta. Em relação à fundamentação e ao dispositivo, é preciso lembrar que, no julgamento de casos repetitivos, há dois núcleos decisórios: *a)* a definição da tese jurídica que deve ser aplicada aos processos pendentes e aos futuros; *b)* a solução do caso-piloto. A percepção de que há esses dois núcleos decisórios é relevante, para que se possa compreender o interesse na interposição de eventual recurso contra essa decisão. Cada núcleo decisório deve ser apresentado separadamente, com o destaque da respectiva fundamentação e do respectivo dispositivo. No primeiro núcleo decisório, o tribunal definirá a tese jurídica aplicável, apresentando as razões do seu convencimento – com o enfrentamento de todos os argumentos contrários e favoráveis (art. 489, § 1º, IV). O dispositivo deste núcleo decisório deve ser apresentado em forma de enunciado normativo, numa linguagem direta, clara e acessível. No segundo núcleo decisório, o tribunal decidirá o caso-piloto, demonstrando de que modo o caso se subsume à tese jurídica ali mesmo criada (art. 489, § 1º, V). É possível que, em razão de abandono ou desistência do caso-piloto, o tribunal se limite a fixar a tese jurídica. Nessa hipótese, o acórdão do incidente de julgamento de casos repetitivos terá apenas um núcleo decisório.

**13. Colheita de votos.** No julgamento do IRDR, há dois núcleos decisórios: *a)* a definição da tese jurídica que deve ser aplicada aos processos pendentes e aos futuros; *b)* a solução do caso-piloto. A colheita dos votos dos membros

do colegiado deve observar a existência desses dois núcleos decisórios. Colhem-se os votos separadamente, tanto para a solução do caso, como para a definição da tese jurídica a ser definida.

> **Art. 985.** Julgado o incidente, a tese jurídica será aplicada:
>
> I – a todos os processos individuais ou coletivos que versem sobre idêntica questão de direito e que tramitem na área de jurisdição do respectivo tribunal, inclusive àqueles que tramitem nos juizados especiais do respectivo Estado ou região;
>
> II – aos casos futuros que versem idêntica questão de direito e que venham a tramitar no território de competência do tribunal, salvo revisão na forma do art. 986.
>
> § 1º Não observada a tese adotada no incidente, caberá reclamação.
>
> § 2º Se o incidente tiver por objeto questão relativa a prestação de serviço concedido, permitido ou autorizado, o resultado do julgamento será comunicado ao órgão, ao ente ou à agência reguladora competente para fiscalização da efetiva aplicação, por parte dos entes sujeitos a regulação, da tese adotada.

▶ **1. Sem correspondência no CPC/1973.**

⚖ **Jurisprudência, Enunciados e Súmulas Selecionados**

- **2. ADI 5.492.** *"Declarada a constitucionalidade do art. 985, § 2º, da Lei nº 13.105, de 16 de março de 2015 (Código de Processo Civil)".*
- **3. Enunciado 472 do FPPC.** *"Aplica-se o inciso I do art. 985 ao julgamento de recursos repetitivos e ao incidente de assunção de competência."*
- **4. Enunciado 480 do FPPC.** *"Aplica-se no âmbito dos juizados especiais a suspensão dos processos em trâmite no território nacional, que versem sobre a questão submetida ao regime de julgamento de recursos especiais e extraordinários repetitivos, determinada com base no art. 1.037, II."*
- **5. Enunciado 524 do FPPC.** *O art. 489, § 1º, IV, não obriga o órgão julgador a enfrentar os fundamentos jurídicos deduzidos no processo e já enfrentados na formação da decisão paradigma, sendo necessário demonstrar a correlação fática e jurídica entre o caso concreto e aquele já apreciado.*
- **6. Enunciado 605 do FPPC.** *"Os juízes e as partes com processos no Juizado Especial podem suscitar a instauração do incidente de resolução de demandas repetitivas."*

1529

- **7. Enunciado 606 do FPPC.** *"Deve haver congruência entre a questão objeto da decisão que admite o incidente de resolução de demandas repetitivas e a decisão final que fixa a tese."*
- **8. Enunciado 26 do FNPP.** *"Cabe à Advocacia Pública orientar formalmente os órgãos da Administração sobre os pronunciamentos previstos no art. 927, com a finalidade de prevenir litigiosidade e promover isonomia, segurança jurídica e eficiência."*
- **9. Enunciado 20 da ENFAM.** *"O pedido fundado em tese aprovada em IRDR deverá ser julgado procedente, respeitados o contraditório e a ampla defesa, salvo se for o caso de distinção ou se houver superação do entendimento pelo tribunal competente."*

### COMENTÁRIOS TEMÁTICOS

**10. Dupla função do IRDR.** O objetivo do IRDR é conferir tratamento prioritário, adequado e racional às questões repetitivas. Tais instrumentos destinam-se a gerir e decidir os casos repetitivos. Além de gerir os casos repetitivos, o IRDR também se destina a formar precedentes obrigatórios, que vinculam o próprio tribunal, seus órgãos e os juízos a ele subordinados. Essa dupla função é facilmente visualizada no art. 985.

**11. Formação e aplicação do precedente obrigatório.** O julgamento do IRDR acarreta a formação de precedente obrigatório. Formado o precedente obrigatório, os juízos e tribunais devem observá-lo, proferindo julgamento de improcedência liminar (art. 332, II e III), dispensando a remessa necessária (art. 496, § 4º, II e III), autorizando a tutela provisória de evidência (art. 311, II) e conferindo-se ao relator o poder de decidir monocraticamente (art. 932, IV, *b* e *c*, V, *b* e *c*; art. 955, parágrafo único, II). Cabe reclamação para garantir a observância de precedente proferido em julgamento de casos repetitivos, sendo considerada omissa a decisão que deixar de se manifestar sobre tese firmada em julgamento de casos repetitivos ou em incidente de assunção de competência (art. 1.022, parágrafo único).

**12. Incorporação decisão ao julgamento dos processos pendentes, sobrestados ou não.** A tese jurídica (*ratio decidendi*) definida no julgamento de casos repetitivos será aplicada a todos os processos pendentes, tenham ou não sido suspensos (o processo pendente pode não estar suspenso, quer porque o prazo para o julgamento do IRDR se esvaiu, quer porque houve um lapso do órgão julgador, que não percebera que o processo era um daqueles cujo andamento poderia ter sido suspenso).

**13. Eficácia da decisão para processos futuros.** O julgamento do IRDR fixa a tese jurídica a ser aplicada em casos futuros semelhantes. Forma-se, assim, um precedente obrigatório.

**14. Cabimento de reclamação e de ação rescisória.** Se algum juízo não aplicar a tese jurídica adotada, caberá reclamação para o tribunal competente (art. 988, IV). É possível, por outro lado, que o juiz aplique, equivocadamente, a tese firmada a caso distinto, que não permita sua aplicação. Nessa hipótese, também cabe a reclamação, a fim de afastar a aplicação indevida da tese jurídica (art. 988, § 4º). Este caso também autoriza o ajuizamento de ação rescisória (art. 966, § 5º).

**15. IRDR e Juizados Especiais.** O regime jurídico dos Juizados e sua estrutura são bem diversos do regime e da estrutura da Justiça Comum. Das decisões proferidas pelos juízes dos juizados não cabe recurso para o tribunal de justiça ou para o tribunal regional federal respectivo. Cabe, isto sim, recurso para turma recursal composta por juízes de primeira instância. Não obstante a distinções entre os Juizados e a Justiça Comum, julgado o IRDR, a tese jurídica será aplicada a todos os processos que versem sobre idêntica questão de direito, inclusive aos que tramitem nos juizados especiais do respectivo Estado ou região. A tese fixada no IRDR deve ser aplicada também aos processos que tramitam nos juizados especiais.

**16. Comunicação ao órgão, ente ou agência reguladora, no caso de questão relacionada à prestação de serviço objeto de concessão, permissão ou autorização.** Se a questão repetitiva decidida disser respeito a prestação de serviço concedido, permitido ou autorizado, o resultado do julgamento será comunicado ao órgão, ao ente ou à agência reguladora competente para fiscalização da efetiva aplicação, por parte dos entes sujeitos a regulação, da tese adotada. Essa é uma regra integrante do microssistema de gestão e julgamento de casos repetitivos, sendo bem relevante, justamente porque muitas questões repetitivas dizem respeito à prestação de serviços sujeitos ao controle regulatório. A regra tem por finalidade eliminar um dos problemas da litigiosidade de massa, que é o da falta de diálogos institucionais entre os órgãos de controle e os agentes responsáveis pela fiscalização do cumprimento de direitos.

**LIVRO III · DOS PROCESSOS NOS TRIBUNAIS E DOS MEIOS DE IMPUGNAÇÃO DAS DECISÕES JUDICIAIS** — Art. 986

**Art. 986.** A revisão da tese jurídica firmada no incidente far-se-á pelo mesmo tribunal, de ofício ou mediante requerimento dos legitimados mencionados no art. 977, inciso III.

▶ **1. Sem correspondência no CPC/1973.**

## ⚖ LEGISLAÇÃO CORRELATA

**2. LINDB, art. 23.** *"Art. 23. A decisão administrativa, controladora ou judicial que estabelecer interpretação ou orientação nova sobre norma de conteúdo indeterminado, impondo novo dever ou novo condicionamento de direito, deverá prever regime de transição quando indispensável para que o novo dever ou condicionamento de direito seja cumprido de modo proporcional, equânime e eficiente e sem prejuízo aos interesses gerais."*

**3. LINDB, art. 24.** *"A revisão, nas esferas administrativa, controladora ou judicial, quanto à validade de ato, contrato, ajuste, processo ou norma administrativa cuja produção já se houver completado levará em conta as orientações gerais da época, sendo vedado que, com base em mudança posterior de orientação geral, se declarem inválidas situações plenamente constituídas. Parágrafo único. Consideram-se orientações gerais as interpretações e especificações contidas em atos públicos de caráter geral ou em jurisprudência judicial ou administrativa majoritária, e ainda as adotadas por prática administrativa reiterada e de amplo conhecimento público."*

## ⚖ JURISPRUDÊNCIA, ENUNCIADOS E SÚMULAS SELECIONADOS

- **4. Enunciado 473 do FPPC.** *"A possibilidade de o tribunal revisar de ofício a tese jurídica do incidente de resolução de demandas repetitivas autoriza as partes a requerê-la."*

- **5. Enunciado 607 do FPPC.** *"A decisão em recursos especial ou extraordinário repetitivos e a edição de enunciado de súmula pelo STJ ou STF obrigam os tribunais de segunda instância a rever suas decisões em incidente de resolução de demandas repetitivas, incidente de assunção de competência e enunciados de súmula em sentido diverso, nos termos do art. 986."*

- **6. Enunciado 608 do FPPC.** *"O acórdão que revisar ou superar a tese indicará os parâmetros temporais relativos à eficácia da decisão revisora."*

- **7. Enunciado 701 do FPPC.** *"O pedido de revisão da tese jurídica firmada no incidente de assunção de competência pode ser feito pelas partes."*

- **8. Enunciado 143 da II Jornada-CJF.** *"O pedido de revisão da tese jurídica firmada no incidente de resolução de demandas repetitivas pode ser feita pelas partes, nos termos do art. 977, II, do CPC/2015."*

- **9. Enunciado 205 da III Jornada-CJF.** *"A fundamentação da superação de tese firmada em recurso repetitivo deve apontar, expressamente, os critérios autorizadores da superação de precedentes: incongruência social ou inconsistência sistêmica."*

- **10. Enunciado 23 do FNPP.** *"A existência de pronunciamento elencado no art. 927 não impede que o órgão da Advocacia Pública oriente a continuidade da discussão judicial da tese até o esgotamento das instâncias ou para arguir superação ou distinção."*

- **11. Enunciado 25 do FNPP.** *"A modificação redacional dos arts. 977 e 986 do projeto aprovado pelo Congresso Nacional não afeta a legitimidade da Fazenda Pública para propor a revisão da tese no julgamento de casos repetitivos."*

## 🗐 COMENTÁRIOS TEMÁTICOS

**12. Procedimento para revisão da tese jurídica.** A tese firmada no julgamento de casos repetitivos pode ser objeto de revisão. A modificação do entendimento somente poderá realizar-se incidentalmente no julgamento de recurso ou causa de competência originária do tribunal. A revisão da tese, exatamente por redundar na formação de outro precedente obrigatório, deve ocorrer após a instauração de um novo IRDR. Novo precedente obrigatório, neste caso, deve ser formado da mesma maneira pela qual o precedente obrigatório a ser revogado foi formado.

**13. Aplicação aos recursos repetitivos.** O art. 986 cuida do tema em relação ao IRDR, mas é aplicável, em razão do microssistema de formação concentrada de precedentes obrigatórios, ao julgamento dos recursos repetitivos e ao incidente de assunção de competência.

**14. Legitimidade para requerer a revisão.** O tribunal que o julgou, de ofício, e os legitimados a suscitar o IRDR poderão pleitear a revisão do entendimento firmado. Qualquer uma das partes pode requerer a revisão do entendimento. O Ministério Público, a Defensoria Pública e qualquer outro legitimado também podem requerer a revisão do entendimento.

**15. Órgão julgador.** Deferido o requerimento, o órgão colegiado do tribunal que, nos termos do seu regimento interno, fixou a tese a ser rediscutida tem preferência para revisá-la.

1531

**16. Requisitos para a revisão.** Não é suficiente, para modificar o entendimento, o simples requerimento. É preciso demonstrar a necessidade de revisão da tese firmada em razão, entre outras alegações, (a) da revogação ou modificação da norma em que se fundou a decisão ou (b) da alteração econômica, política ou social referente à matéria decidida.

**17. Audiências públicas.** A decisão sobre a modificação do entendimento firmado poderá ser precedida de audiências públicas e da participação de pessoas, órgãos ou entidades que possam contribuir para a rediscussão da tese (art. 927, § 2º; LINDB, art. 29).

**18. Fundamentação adequada.** A modificação do entendimento deve observar a necessidade de fundamentação adequada e específica, considerando os princípios da segurança jurídica, da proteção da confiança e da isonomia (art. 927, § 4º).

**19. Modulação de efeitos.** Na hipótese de alteração da tese, o tribunal pode modular os efeitos da decisão que vier a superar o entendimento anterior, limitando sua retroatividade ou lhe atribuindo efeitos prospectivos (art. 927, § 3º).

**20. Regime de transição.** A simples modulação de efeitos pode ser insuficiente para garantir a segurança jurídica. Assim, é possível que o tribunal preveja regime de transição para que o novo entendimento seja adotado de modo proporcional, equânime e eficiente e sem prejuízo aos interesses gerais (LINDB, art. 23).

> **Art. 987.** Do julgamento do mérito do incidente caberá recurso extraordinário ou especial, conforme o caso.
>
> § 1º O recurso tem efeito suspensivo, presumindo-se a repercussão geral de questão constitucional eventualmente discutida.
>
> § 2º Apreciado o mérito do recurso, a tese jurídica adotada pelo Supremo Tribunal Federal ou pelo Superior Tribunal de Justiça será aplicada no território nacional a todos os processos individuais ou coletivos que versem sobre idêntica questão de direito.

▶ **1. Sem correspondência no CPC/1973.**

⚖ **JURISPRUDÊNCIA, ENUNCIADOS E SÚMULAS SELECIONADOS**

- **2. Enunciado 94 do FPPC.** *"A parte que tiver o seu processo suspenso nos termos do inciso I do art. 982 poderá interpor recurso especial ou ex-*traordinário contra o acórdão que julgar o incidente de resolução de demandas repetitivas."*

- **3. Enunciado 348 do FPPC.** *"Os interessados serão intimados da suspensão de seus processos individuais, podendo requerer o prosseguimento ao juiz ou tribunal onde tramitarem, demonstrando a distinção entre a questão a ser decidida e aquela a ser julgada no incidente de resolução de demandas repetitivas, ou nos recursos repetitivos."*

- **4. Enunciado 363 do FPPC.** *"O procedimento do incidente de resolução de demandas repetitivas a aplica-se às causas repetitivas de competência originária dos tribunais superiores, como a reclamação e o conflito de competência, e aos recursos ordinários a eles dirigidos."*

- **5. Enunciado 604 do FPPC.** *"É cabível recurso especial ou extraordinário ainda que tenha ocorrido a desistência ou abandono da causa que deu origem ao incidente."*

- **6. Enunciado 660 do FPPC.** *"O recurso especial ou extraordinário interposto contra o julgamento do mérito do incidente de resolução de demandas repetitivas, ainda que único, submete-se ao regime dos recursos repetitivos."*

🗐 **COMENTÁRIOS TEMÁTICOS**

**7. Recursos no IRDR.** Do acórdão que julga o IRDR, cabem embargos de declaração, recurso especial e recurso extraordinário. Tais recursos podem ser interpostos por qualquer das partes, pelo Ministério Público, por uma das partes que teve seu processo suspenso ou por um *amicus curiae* (art. 138, § 3º).

**8. Irrecorribilidade da decisão que inadmite o IRDR.** O art. 987 prevê o cabimento do recurso especial ou extraordinário contra o julgamento *do mérito* do incidente. Não é possível recorrer da decisão que *inadmite* o incidente, porque não há "causa decidida", pressuposto constitucional indispensável aos recursos excepcionais. A previsão CPC apenas reforça o texto constitucional. Caso houvesse "causa decidida", o CPC não poderia impedir a recorribilidade excepcional, cuja previsão é constitucional. Ainda que coubesse o recurso extraordinário, seria bastante difícil a demonstração do interesse recursal, pois a inadmissibilidade do incidente não obsta a que se renove sua suscitação, quando surgir o requisito que faltava (art. 976, § 3º). Ademais, o alto grau de exigência na admissibilidade dos recursos especial e extraordinário impede que os tribunais superiores, para deles conhecer, examine fatos e provas (súmulas STF,

**LIVRO III** · DOS PROCESSOS NOS TRIBUNAIS E DOS MEIOS DE IMPUGNAÇÃO DAS DECISÕES JUDICIAIS · **Art. 988**

279; Súmula STJ, 7). Verificar se o incidente de resolução de demandas repetitivas preenche ou não os pressupostos legais para sua instauração exige, muitas vezes, reexame de fatos e provas, não identificados nos elementos do acórdão do tribunal de origem.

**9. Irrecorribilidade da decisão que admite o IRDR.** Também não cabe recurso da decisão que *admite* o incidente de resolução de demandas repetitivas. Também aqui não há "causa decidida" apta a dar ensejo a recurso extraordinário ou especial.

**10. Efeito suspensivo automático.** Quando interposto contra acórdão que julga o IRDR, os recursos extraordinário e especial têm efeito suspensivo automático.

**11. Duração do efeito suspensivo até o julgamento RE ou REsp, e não até o seu trânsito em julgado.** *"(...), interposto REsp ou RE contra o acórdão que julgou o IRDR, a suspensão dos processos só cessará com o julgamento dos referidos recursos, não sendo necessário, entretanto, aguardar o trânsito em julgado. O raciocínio, no ponto, é idêntico ao aplicado pela jurisprudência do STF e do STJ ao RE com repercussão geral e aos recursos repetitivos, pois o julgamento do REsp ou RE contra acórdão de IRDR é impugnável apenas por embargos de declaração, os quais, como visto, não impedem a imediata aplicação da tese firmada"* (STJ, 2ª Turma, REsp 1.869.867/SC, rel. Min. Og Fernandes, *DJe* 03.05.2021).

**12. Repercussão geral.** Quando interposto contra acórdão em IRDR, o recurso extraordinário tem repercussão geral presumida. Trata-se de presunção legal absoluta, não admitindo prova em contrário. Basta, então, ao recorrente simplesmente alegar que se trata de recurso extraordinário em IRDR, o que é suficiente para demonstrar a presença de repercussão geral.

**13. Legitimidade para interposição do recurso especial ou extraordinário contra acórdão em IRDR.** Qualquer pessoa que seja parte em algum processo, em qualquer lugar do território nacional, que verse sobre aquela questão jurídica, poderá interpor recurso especial ou extraordinário. O recurso especial ou extraordinário é, em tal hipótese, um instrumento coletivo de defesa de uma interpretação a ser dada a uma questão jurídica. É razoável considerar que a legitimidade para interpor o recurso especial ou extraordinário, tal como sói ocorrer no ambiente do processo coletivo, é concorrente e disjuntiva. Todos os legitimados são considerados como a mesma pessoa. Assim, interposto um recurso especial ou extraordi-

nário, não é possível mais haver a interposição de outro, sob pena de caracterizar-se uma litispendência. Todos os interessados podem atuar e participar da discussão travada no recurso especial ou extraordinário, mas não será possível haver a confluência ou concorrência de mais de um recurso especial ou extraordinário contra o mesmo acórdão para que o tribunal superior revise a interpretação definida pelo tribunal que julgou o IRDR.

## CAPÍTULO IX
## DA RECLAMAÇÃO

**Art. 988.** Caberá reclamação da parte interessada ou do Ministério Público para:

I – preservar a competência do tribunal;

II – garantir a autoridade das decisões do tribunal;

III – garantir a observância de enunciado de súmula vinculante e de decisão do Supremo Tribunal Federal em controle concentrado de constitucionalidade;

IV – garantir a observância de acórdão proferido em julgamento de incidente de resolução de demandas repetitivas ou de incidente de assunção de competência;

§ 1º A reclamação pode ser proposta perante qualquer tribunal, e seu julgamento compete ao órgão jurisdicional cuja competência se busca preservar ou cuja autoridade se pretenda garantir.

§ 2º A reclamação deverá ser instruída com prova documental e dirigida ao presidente do tribunal.

§ 3º Assim que recebida, a reclamação será autuada e distribuída ao relator do processo principal, sempre que possível.

§ 4º As hipóteses dos incisos III e IV compreendem a aplicação indevida da tese jurídica e sua não aplicação aos casos que a ela correspondam.

§ 5º É inadmissível a reclamação:

I – proposta após o trânsito em julgado da decisão reclamada;

II – proposta para garantir a observância de acórdão de recurso extraordinário com repercussão geral reconhecida ou de acórdão proferido em julgamento de recursos extraordinário ou especial repetitivos, quando não esgotadas as instâncias ordinárias.

§ 6º A inadmissibilidade ou o julgamento do recurso interposto contra a decisão proferida pelo órgão reclamado não prejudica a reclamação.

▶ **1. Sem correspondência no CPC/1973.**

# Art. 988

CÓDIGO DE PROCESSO CIVIL COMENTADO – *Leonardo Carneiro da Cunha*

## 🔖 LEGISLAÇÃO CORRELATA

**2. CF, art. 102, I, l.** *"Art. 102. Compete ao Supremo Tribunal Federal, precipuamente, a guarda da Constituição, cabendo-lhe: I – processar e julgar, originariamente: (...) l) a reclamação para a preservação de sua competência e garantia da autoridade de suas decisões."*

**3. CF, art. 105, I, f.** *"Art. 105. Compete ao Superior Tribunal de Justiça: I – processar e julgar, originariamente: (...) f) a reclamação para a preservação de sua competência e garantia da autoridade de suas decisões."*

**4. CF, art. 111-A, § 3º.** *"§ 3º Compete ao Tribunal Superior do Trabalho processar e julgar, originariamente, a reclamação para a preservação de sua competência e garantia da autoridade de suas decisões."*

**5. CPPM, art. 584.** *"Art. 584. O Superior Tribunal Militar poderá admitir reclamação do procurador-geral ou da defesa, a fim de preservar a integridade de sua competência ou assegurar a autoridade do seu julgado."*

**6. CPPM, art. 586, § 1º.** *"Art. 586. A reclamação, em qualquer dos casos previstos no artigo anterior, deverá ser instruída com prova documental dos requisitos para a sua admissão. § 1º A reclamação, quando haja relator do processo principal, será a este distribuída, incumbindo-lhe requisitar informações da autoridade, que as prestará dentro em quarenta e oito horas. Far-se-á a distribuição por sorteio, se não estiver em exercício o relator do processo principal."*

**7. Lei 11.417/2006, art. 7º.** *"Art. 7º Da decisão judicial ou do ato administrativo que contrariar enunciado de súmula vinculante, negar-lhe vigência ou aplicá-lo indevidamente caberá reclamação ao Supremo Tribunal Federal, sem prejuízo dos recursos ou outros meios admissíveis de impugnação. § 1º Contra omissão ou ato da administração pública, o uso da reclamação só será admitido após esgotamento das vias administrativas. § 2º Ao julgar procedente a reclamação, o Supremo Tribunal Federal anulará o ato administrativo ou cassará a decisão judicial impugnada, determinando que outra seja proferida com ou sem aplicação da súmula, conforme o caso."*

**8. RITNU, arts. 40 e 41.** *"Art. 40. Para preservar a competência da Turma Nacional de Uniformização ou garantir a autoridade das suas decisões, caberá reclamação da parte interessada ou do Ministério Público, no prazo de 15 (quinze) dias, a contar da intimação da decisão nos autos de origem." "Art. 41. Não cabe reclamação, sendo a inicial desde logo indeferida,*

*quando: I – se pretender a garantia da autoridade de decisão proferida em processo em que a reclamante não tenha sido parte; II – impugnar decisões proferidas pelo Presidente da Turma Nacional ou pelo magistrado responsável pelo juízo preliminar de admissibilidade nos casos do arts. 14 e 15 deste Regimento."*

**9. Res. 3/2016 do STJ, art. 1º.** *"Art. 1º Caberá às Câmaras Reunidas ou à Seção Especializada dos Tribunais de Justiça a competência para processar e julgar as Reclamações destinadas a dirimir divergência entre acórdão prolatado por Turma Recursal Estadual e o Distrito Federal e a jurisprudência do Superior Tribunal de Justiça, consolidada em incidente de assunção de competência e de resolução de demandas repetitivas, em julgamento de recurso especial repetitivo e em enunciados das Súmulas do STJ, bem como para garantir a observância de precedentes."*

## ⚖ JURISPRUDÊNCIA, ENUNCIADOS E SÚMULAS SELECIONADOS

- **10. Súmula STF, 727.** *"Não pode o magistrado deixar de encaminhar ao Supremo Tribunal Federal o agravo de instrumento interposto da decisão que não admite recurso extraordinário, ainda que referente a causa instaurada no âmbito dos Juizados Especiais."*

- **11. Súmula STF, 734.** *"Não cabe reclamação quando já houver transitado em julgado o ato judicial que se alega tenha desrespeitado decisão do Supremo Tribunal Federal."*

- **12. Enunciado 168 do FPPC.** *"Os fundamentos determinantes do julgamento de ação de controle concentrado de constitucionalidade realizado pelo STF caracterizam a ratio decidendi do precedente e possuem efeito vinculante para todos os órgãos jurisdicionais."*

- **13. Enunciado 207 do FPPC.** *"Cabe reclamação, por usurpação da competência do tribunal de justiça ou tribunal regional federal, contra a decisão de juiz de 1º grau que inadmitir recurso de apelação."*

- **14. Enunciado 208 do FPPC.** *"Cabe reclamação, por usurpação da competência do Superior Tribunal de Justiça, contra a decisão de juiz de 1º grau que inadmitir recurso ordinário, no caso do art. 1.027, II, 'b'."*

- **15. Enunciado 209 do FPPC.** *"Cabe reclamação, por usurpação da competência do Superior Tribunal de Justiça, contra a decisão de presidente ou vice-presidente do tribunal de 2º grau que inadmitir recurso ordinário interposto com fundamento no art. 1.027, II, 'a'."*

**LIVRO III ·** DOS PROCESSOS NOS TRIBUNAIS E DOS MEIOS DE IMPUGNAÇÃO DAS DECISÕES JUDICIAIS — **Art. 988**

- **16.** **Enunciado 210 do FPPC.** *"Cabe reclamação, por usurpação da competência do Supremo Tribunal Federal, contra a decisão de presidente ou vice-presidente de tribunal superior que inadmitir recurso ordinário interposto com fundamento no art. 1.027, I."*

- **17.** **Enunciado 350 do FPPC.** *"Cabe reclamação, na Justiça do Trabalho, da parte interessada ou do Ministério Público, nas hipóteses previstas no art. 988, visando a preservar a competência do tribunal e garantir a autoridade das suas decisões e do precedente firmado em julgamento de casos repetitivos."*

- **18.** **Enunciado 558 do FPPC.** *"Caberá reclamação contra decisão que contrarie acórdão proferido no julgamento dos incidentes de resolução de demandas repetitivas ou de assunção de competência para o tribunal cujo precedente foi desrespeitado, ainda que este não possua competência para julgar o recurso contra a decisão impugnada."*

- **19.** **Enunciado 661 do FPPC.** *"É cabível a fixação de honorários advocatícios na reclamação, atendidos os critérios legais."*

- **20.** **Enunciado 685 do FPPC.** *"Cabe reclamação, por usurpação de competência do Tribunal Superior, contra decisão do tribunal local que não admite agravo em recurso especial ou em recurso extraordinário."*

- **21.** **Enunciado 703 do FPPC.** *"É admissível a reclamação contra acórdão de órgão fracionário que viole entendimento vinculante do próprio tribunal."*

- **22.** **Enunciado 704 do FPPC.** *"Cabe reclamação baseada nos fundamentos determinantes da decisão vinculante."*

- **23.** **Enunciado 138 da II Jornada-CJF.** *"É cabível reclamação contra acórdão que aplicou indevidamente tese jurídica firmada em acórdão proferido em julgamento de recursos extraordinário ou especial repetitivos, após o esgotamento das instâncias ordinárias, por analogia ao quanto previsto no art. 988, § 4º, do CPC."*

- **24.** **Enunciado 198 da III Jornada-CJF.** *"Caberá reclamação às Cortes superiores, nos termos do art. 988, inciso I, do CPC, quando o presidente de tribunal analisar pedido de suspensão de liminar deferida por um de seus pares ou por órgão fracionário do próprio tribunal."*

- **25.** **Enunciado 27 do FNPP.** *"Cabe reclamação contra a decisão proferida no agravo interno interposto contra a decisão do presidente ou vice-presidente do tribunal recorrido que negar seguimento ao recurso especial ou extraordinário fundado na aplicação de entendimento firmado em repercussão geral ou recurso repetitivo para demonstração de distinção."*

- **26.** **Enunciado 58 do FNPP.** *"A decisão que descumpre a determinação de suspensão do processo de que tratam os arts. 982, I, e 1.037, II, do CPC configura hipótese de cabimento de reclamação para garantir a autoridade da decisão do Tribunal."*

- **27.** **Enunciado 59 do FNPP.** *"O acórdão proferido em recurso extraordinário com repercussão geral reconhecida se equipara, para todos os fins, ao acórdão proferido em recurso extraordinário repetitivo."*

## 🗐 COMENTÁRIOS TEMÁTICOS

**28.** **O papel dos regimentos internos dos tribunais.** Os regimentos internos dos tribunais tratam da reclamação, disciplinando seu procedimento e estabelecendo as competências de seus órgãos. Cabe aos tribunais estabelecer se a reclamação será julgada por uma turma, por uma câmara, por uma seção, por um grupo de câmaras, pelo plenário ou pelo órgão especial, se houver (CF, art. 96, I, *a*).

**29.** **Natureza jurídica.** A reclamação é uma ação, não tendo natureza de recurso nem de incidente processual. Nesse sentido: *"A Reclamação constitucional prevista nos arts. 102, I, l, e 105, I, f, da CF/1988 tem por objetivo resguardar as competências dos Tribunais e preservar a autoridade de suas decisões. Possui natureza jurídica de ação, somente podendo ser utilizada em casos expressamente autorizados na legislação processual"* (STJ, 1ª Seção, Rcl 35.437/RJ, rel. Min. Herman Benjamin, *DJe* 17.12.2018).

**30.** **Requisitos da petição inicial e capacidade postulatória.** A reclamação é uma ação. Sua propositura exige, portanto, *capacidade postulatória*. Não há qualquer norma jurídica que confira tal capacidade às pessoas em geral para a propositura da reclamação. É preciso, portanto, que a parte esteja representada por advogado devidamente constituído. Reclamações podem ser subscritas por membros do Ministério Público ou defensores públicos, que também possuem capacidade postulatória. Exatamente porque é uma ação, a reclamação deve ser proposta por petição inicial que preencha os requisitos do art. 319, com exceção daquele previsto em seu inciso VII, haja vista não haver, em seu procedimento, audiência de conciliação ou de mediação. A prova produzida na reclamação é a documental pré-constituída, não sendo possível haver dilação probatória. Por esse motivo, basta ao reclaman-

1535

**Art. 988** CÓDIGO DE PROCESSO CIVIL COMENTADO – *Leonardo Carneiro da Cunha*

te indicar os documentos que acompanham sua petição inicial.

**31. Audiência de conciliação ou de mediação.** O procedimento da reclamação é especial, afastando-se do procedimento comum previsto no CPC, que está estruturado de modo a ter, em sua fase postulatória, uma audiência de mediação ou de conciliação. Embora não haja previsão dessa audiência para a reclamação, é possível designá-la, a fim de tentar obter a autocomposição entre as partes (art. 139, V).

**32. Decisão apta a formar coisa julgada.** A decisão proferida na reclamação produz coisa julgada. Assim, julgada uma reclamação, não poderá haver a repropositura de idêntica reclamação, devido ao óbice da coisa julgada. A decisão proferida na reclamação é alcançada pela coisa julgada, somente podendo ser desfeita mediante o ajuizamento de ação rescisória.

**33. Custas e honorários advocatícios na reclamação.** Por ser a reclamação uma ação, o reclamante tem de antecipar o pagamento das custas para seu ajuizamento. Ao final, o vencido há de ser condenado nos honorários do advogado da parte vencedora.

**34. Cabimento de honorários de sucumbência na reclamação.** *"A colenda Primeira Turma desta Suprema Corte, no julgamento da Rcl 24.417 AgR, Rel. Min. Roberto Barroso, concluiu pela possibilidade da fixação de honorários advocatícios nas reclamações ajuizadas na vigência do Código de Processo Civil de 2015, haja vista a instituição de contraditório prévio à decisão final, previsto no art. 989, III, do mencionado diploma legal. 2. O colegiado também estabeleceu que o cumprimento da condenação em honorários deverá ser realizado nos autos do processo de origem, quando se tratar de impugnação de decisão judicial"* (STF, 1ª Turma, Rcl 31.296 ED, rel. Min. Alexandre de Moraes, *DJe* 25.09.2019).

**35. Não cabimento de honorários de sucumbência na reclamação.** *"Não é cabível a condenação em honorários em ações de natureza constitucional, que visam a tutelar relevantes interesses sociais. Com mais razão esse entendimento se aplica à reclamação, que é ação de natureza constitucional destinada a preservar a competência do próprio Supremo Tribunal Federal e para garantia da autoridade de suas decisões, salvo em comprovada má-fé"* (STF, 2ª Turma, Rcl 26.405 AgR-ED, rel. Min. Edson Fachin, *DJe* 04.03.2020).

**36. Cabimento da reclamação em todos os tribunais.** A reclamação pode ser proposta perante qualquer tribunal.

**37. Cabimento da reclamação contra decisão do próprio tribunal.** Os tribunais têm o dever de uniformizar a própria jurisprudência, cabendo-lhes igualmente mantê-la estável, íntegra e coerente (art. 926). Tais deveres acarretam um outro dever: o de autorreferência. Cabe aos tribunais dialogar com os próprios precedentes, seguindo-os ou deixando, fundamentadamente, de segui-los. Devem, de todo modo, referir aos próprios precedentes, enfrentando-os. Se os tribunais deixam de seguir seus próprios precedentes, sobretudo aqueles firmados em julgamento de casos repetitivos (art. 927, III) e aqueles oriundos do seu plenário ou de seu órgão especial (art. 927, V), estão, além de descumprir os deveres impostos pelo art. 926, desatendendo ao disposto no próprio art. 927, que estabelece que os juízes e tribunais *observarão* os precedentes firmados em casos repetitivos e os emitidos por seu próprio plenário ou órgão especial. Nesses casos, havendo o descumprimento, cabe a reclamação.

**38. Reclamação e decisão transitada em julgado.** É inadmissível a reclamação proposta após o trânsito em julgado da decisão. Na verdade, não cabe a reclamação como meio de desfazer, reformar, cassar, modificar decisão transitada em julgado, pois, nesse caso, estaria fazendo as vezes de uma ação rescisória. É óbvio, contudo, que, se a decisão que estiver sendo desrespeitada transitara em julgado, cabe a reclamação. Ajuizada a tempo a reclamação, o superveniente trânsito em julgado não a torna inadmissível, pois, nessa hipótese, não se está a utilizá-la como sucedâneo de ação rescisória.

**39. Efeito obstativo.** Se a decisão reclamada tiver sido impugnada por recurso, a inadmissibilidade ou o julgamento dele não a prejudica. A reclamação tem, assim, efeito obstativo, impedindo o trânsito em julgado. Não há como entender de modo diverso. Interpretação diferente geraria uma contradição: caso o trânsito julgado sobreviesse, a reclamação perderia o objeto.

**40. Reclamação e superveniência do trânsito em julgado da decisão reclamada.** *"Reclamação: subsistência à coisa julgada formada na sua pendência. Ajuizada a reclamação antes do trânsito em julgado da decisão reclamada, e não suspenso liminarmente o processo principal, a eficácia de tudo quanto nele se decidir ulteriormente, incluído o eventual trânsito em julgado do provimento que se tacha de contrário à autoridade de acórdão do STF, será desconstituído pela procedência da reclamação"* (STF, Pleno, Rcl 509, rel. Min. Sepúlveda Pertence, *DJ* 04.08.2000, p. 6). No mesmo sentido: STF, Pleno, Rcl 8.934 ED, rel. Min.

1536

**LIVRO III** · DOS PROCESSOS NOS TRIBUNAIS E DOS MEIOS DE IMPUGNAÇÃO DAS DECISÕES JUDICIAIS · **Art. 988**

Ricardo Lewandowski, *DJe* 1º.02.2012). Também no mesmo sentido: STF, 1ª Turma, Rcl 16.021 AgR, rel. Min. Marco Aurélio, *DJe* 17.12.2014.

**41. Demanda típica.** A reclamação é uma demanda típica, somente podendo ser utilizada em hipóteses previamente determinadas pelo legislador.

**42. Causas de pedir e regra da congruência.** Cada uma das hipóteses previstas no art. 988 corresponde a uma causa de pedir suficiente para fundamentar a reclamação. A cada fundamento típico corresponde uma possível causa de pedir. Cada causa de pedir, na reclamação, não corresponde a cada inciso do art. 988, mas, sim, a cada fundamento. Veja, por exemplo, que o inciso III prevê dois fundamentos diversos: a) a inobservância de enunciado de súmula vinculante; e, b) a inobservância de decisão do STF em controle concentrado de constitucionalidade. Cada fundamento é uma causa de pedir. E cada causa de pedir é uma questão de fato. Sendo assim, o tribunal não pode cassar a decisão reclamada ou avocar os autos por fundamento não invocado, em razão da regra da congruência (arts. 141 e 492).

**43. Indicação errônea do respectivo inciso.** A indicação errônea de um por outro dos incisos do art. 988 não deve prejudicar o autor, nem vincula o órgão julgador. Este pode examinar o pedido – e eventualmente acolhê-lo –, desde que se baseie na narração do fato constante da petição inicial e caso cumpra o dever de consulta previsto no art. 10.

**44. Inadmissibilidade da reclamação contra decisão que nega seguimento a recurso extraordinário.** *"Esta Corte assentou o entendimento no sentido de que não cabe reclamação ou qualquer recurso ao Supremo da decisão do Juízo de origem que, com base em precedente produzido sob a sistemática da repercussão geral, nega a admissão de recurso extraordinário"* (STF, 1ª Turma, Rcl 22.924 AgR, rel. Min. Edson Fachin, *DJe* 29.04.2016).

**45. Reclamação para preservação de competência do tribunal.** A reclamação tem por uma de suas finalidades a preservação da competência do tribunal. Nesse caso, não serve a reclamação como meio de eliminar conflito de competência de juízos inferiores, nem de resguardar a competência de um juízo de primeira instância, estabelecida pela prevenção, ou burlada por indevida distribuição por dependência. A reclamação cabe para preservar a competência *do tribunal,* e não de um órgão que lhe seja hierarquicamente inferior.

**46. Usurpação de competência pelo simplesmente processamento da causa.** Devendo a demanda ser instaurada no tribunal superior, seu simples processamento em outro juízo implica usurpação de competência, a ensejar o cabimento da reclamação. Impetrado, por exemplo, mandado de segurança contra o Presidente da República perante um juízo federal de primeira instância, haverá usurpação de competência do STF, pois ali deveria ser ele impetrado (CF, art. 102, I, *d*). Cabível, nesse caso, a reclamação para o STF, a fim de que seja preservada sua competência.

**47. Usurpação de competência pela prática de ato privativo do tribunal.** É cabível a reclamação contra ato de juiz de primeira instância, que suspende o processamento da execução, em razão da pendência de ação rescisória. Em tal hipótese, somente o tribunal ao qual competir processar e julgar a rescisória poderia determinar a suspensão do procedimento executivo, com suporte no art. 969.

**48. Reclamação para preservar competência usurpada pela demora na remessa dos autos.** É possível ajuizar a reclamação quando o órgão inferior demora excessiva ou injustificadamente na remessa do recurso para o tribunal destinatário. A demora no envio equivale a uma usurpação de competência, sendo cabível a reclamação.

**49. Usurpação de competência por falta de remessa dos autos ao tribunal.** *"Considerando que o pedido de uniformização de jurisprudência foi endereçado ao STJ, a não remessa dos autos a esta Colenda Corte implica usurpação de competência do STJ"* (STJ, 1ª Seção, Rcl 28.630/RO, rel. Min. Napoleão Nunes Maia Filho, *DJe* 22.06.2018).

**50. Inadmissibilidade de reclamação para atacar tutela provisória concedida por juízo de primeira instância.** *"Incabível a reclamação visando a preservação da competência do STJ na hipótese em que o Juízo Federal de primeira instância deferiu a antecipação de tutela para suspender os efeitos de decisão contra ato de Ministro de Estado, pois, como não há competência originária do STJ para julgar referidas ações ordinárias, não se pode falar em usurpação, mas de aparente proibição de concessão de liminar, nos termos do art. 1º, §1º, da Lei 8.437/1992, questão essa que deve ser impugnada pelas vias recursais ordinárias"* (STJ, 1ª Seção, AgInt na Rcl 41.889/DF, rel. Min. Regina Helena Costa, *DJe* 23.9.2022).

**51. Reclamação contra decisão de primeira instância que inadmite apelação.** A apelação,

1537

interposta por petição dirigida ao juízo de primeiro grau, deve ser processada e encaminhada ao tribunal, independentemente do exame de sua admissibilidade (art. 1.010, § 3º). O exame de admissibilidade de tal recurso é privativo do tribunal, não devendo o juízo de primeira instância deixar de encaminhar os autos para o tribunal, ainda que manifestamente inadmissível o recurso. Caso o juiz deixe de encaminhar ao tribunal a apelação interposta da sentença proferida, caberá reclamação, com vistas à preservação da competência do tribunal.

**52. Reclamação contra decisão que inadmite agravo em recurso especial ou extraordinário.** Inadmitido recurso especial ou extraordinário, cabe o agravo previsto no art. 1.042. O presidente ou vice-presidente do tribunal de origem pode exercer a retratação e admitir o recurso especial ou extraordinário que fora inadmitido. Não exercida a retratação, deverá determinar a remessa dos autos ao tribunal superior respectivo. Ainda que o agravo seja manifestamente inadmissível, não poderá inadmiti-lo (Súmula STF, 727). Essa é uma competência privativa do tribunal superior. Se, porém, o presidente ou vice-presidente do tribunal de origem inadmitir o agravo em recurso especial ou em recurso extraordinário, estará a usurpar competência do respectivo tribunal superior, cabendo reclamação.

**53. Flexibilização da Súmula 727 STF.** "*1. Inexiste usurpação de competência desta Suprema Corte na decisão que não conhece agravo em recurso extraordinário (artigo 1.042 do CPC/2015) interposto contra decisão que aplicou a sistemática da repercussão geral, passível de impugnação apenas por agravo interno (artigo 1.030, § 2º, do CPC/2015). 2. Hipótese de manifesto descabimento do agravo em recurso extraordinário interposto pelo reclamante, a afastar a incidência da Súmula 727 do STF*" (STF, 1ª Turma, Rcl 24.885 AgR, rel. Min. Luiz Fux, *DJe* 09.08.2017). No mesmo sentido: "*O Supremo Tribunal Federal tem decidido pela flexibilização do enunciado da Súmula 727/STF nos casos de recursos manifestamente incabíveis, permitindo aos tribunais que não encaminhem à Corte Maior recursos inegavelmente errôneos, sem que isso importe em usurpação de sua competência*" (STJ, Corte Especial, AgRg no RO no RHC 115.240/PR, rel. Min. João Otávio de Noronha, *DJe* 09.03.2020). Ainda no mesmo sentido: "*O Supremo Tribunal Federal tem decidido pela flexibilização de sua Súmula n. 727 nos casos de recursos manifestamente incabíveis, permitindo aos tribunais que não encaminhem ao próprio STF recursos que configurem evidente erro grosseiro, sem que isso importe em usurpação*

*de sua competência*" (STJ, Corte Especial, AgRg no RO no AgRg no RHC 141.534/RS, rel. Min. Humberto Martins, *DJe* 25.6.2021).

**54. Reclamação para garantir a autoridade da decisão.** A hipótese de cabimento da reclamação para *garantir a autoridade da decisão do tribunal* abrange (a) a observância de decisão proferida pelo STF em controle concentrado de constitucionalidade e (b) a observância de precedente obrigatório.

**55. Autoridade da decisão e outros processos diversos.** "*De fato, 'assegurar a autoridade de suas decisões' quer dizer não permitir o descumprimento de ordem direta emanada por este Superior Tribunal de Justiça em seus julgados, o que não se confunde com a pretensão de trazer diretamente a esta Corte questões diversas decorrentes de desdobramentos da lide em outro processo*" (STJ, Corte Especial, AgRg na Rcl 29.329/MS, rel. Min. Laurita Vaz, *DJe* 03.08.2016).

**56. Garantia da autoridade da decisão.** A reclamação destinada a impor a autoridade do julgado pressupõe um processo prévio em que fora proferida a decisão que se busca garantir. Desobedecida alguma decisão do tribunal, cabe a reclamação para obter seu cumprimento.

**57. Reclamação para garantir a parte dispositiva da decisão.** A parte da decisão desobedecida é o dispositivo. É a parte que vincula os sujeitos processuais. Sem vinculação, não há desobediência. O dispositivo contém a norma jurídica concreta do julgado, que se torna imutável e indiscutível pela coisa julgada (art. 503).

**58. Reclamação para garantir a questão prejudicial decidida incidentalmente.** A autoridade da coisa julgada pode recair sobre a questão prejudicial decidida incidentalmente (art. 503, §§ 1º e 2º). Nesse caso, essa questão passará a gozar de autoridade, cogência e vinculação sobre os sujeitos processuais. Havendo desobediência à autoridade dessa questão, caberá reclamação.

**59. Reclamação *versus* cumprimento de sentença.** Proferida decisão final que imponha o cumprimento de obrigação a uma das partes, confirmando ou reformando decisão anterior, é a decisão final, proferida pelo tribunal, que produzirá coisa julgada, por ter substituído a decisão anterior (art. 1.008). Sua desobediência acarreta a propositura de cumprimento de sentença, de não de reclamação. Se, todavia, for o juízo de primeiro grau que recusar cumprimento ao acórdão, deixando de impor a ordem à parte vencida, aí sim caberá a reclamação ao tribunal por afronta à autoridade de seu julgado.

1538

**LIVRO III · DOS PROCESSOS NOS TRIBUNAIS E DOS MEIOS DE IMPUGNAÇÃO DAS DECISÕES JUDICIAIS** **Art. 988**

**60. Reclamação contra ato que desrespeita súmula vinculante.** O STF pode, de ofício ou por provocação, mediante decisão de dois terços dos seus membros, após reiteradas decisões sobre matéria constitucional, aprovar súmula com efeito vinculante em relação aos órgãos do Poder Judiciário e à Administração Pública, direta e indireta, nas esferas federal, estadual e municipal (CF, art. 103-A). Do ato administrativo ou decisão judicial que contrariar súmula vinculante ou que a aplique indevidamente, cabe reclamação ao Supremo Tribunal Federal. Julgada procedente a reclamação, o STF anulará o ato administrativo ou cassará a decisão judicial reclamada, determinando que outra seja proferida com ou sem a aplicação da súmula, conforme o caso. A reclamação é cabível, se a súmula vinculante não for atendida por órgão jurisdicional ou administrativo. Se algum órgão legislativo, desconsiderando o conteúdo de determinada súmula vinculante, elabora lei ou norma com conteúdo que afronta a interpretação dada pelo STF, retratada no enunciado sumular, contra tal lei não cabe intentar uma reclamação ao STF, mas sim uma Ação Direta de Inconstitucionalidade.

**61. Reclamação para garantir a observância de decisão proferida em controle concentrado de constitucionalidade.** Julgada uma Ação Direta de Inconstitucionalidade ou uma Ação Declaratória de Constitucionalidade ou, ainda, uma Arguição de Descumprimento de Preceito Fundamental, sua decisão produz efeitos vinculantes contra todos. A reclamação é cabível, se a decisão proferida num processo formado por uma dessas ações de controle concentrado/abstrato de constitucionalidade não for atendida por órgão jurisdicional ou administrativo. Se algum órgão legislativo, desconsiderando o conteúdo da decisão, elabora lei ou norma com conteúdo que afronta a interpretação dada pelo STF, contra tal lei não cabe intentar uma reclamação ao STF, mas sim uma Ação Direta de Inconstitucionalidade. O legislador pode, no exercício de sua atividade legiferante, editar norma que contrarie o entendimento do STF. O efeito vinculante das decisões proferidas no controle concentrado de constitucionalidade (CF, art. 102, § 2º) não alcança os órgãos do Poder Legislativo.

**62. Descabimento da reclamação por ofensa aos fundamentos da decisão.** *"A reclamação não é meio hábil a chegar-se a verdadeira uniformização de jurisprudência, evocando-se pronunciamento a envolver partes diversas. Reclamação – objeto. A reclamação pressupõe tenha sido usurpada a competência do Supremo ou desrespeitada decisão proferida, sendo imprópria* quando o objeto é a uniformização de julgados presente o princípio da transcendência"* (STF, 1ª Turma, Rcl 27.433 AgR, rel. Min. Marco Aurélio, *DJe* 13.10.2017).

**63. Controle concentrado de constitucionalidade e ausência de efeito vinculante ao legislador.** *"A eficácia vinculante dos acórdãos proferidos em controle concentrado de constitucionalidade abrange apenas o objeto na ação e não se estende ao legislador"* (STF, 1ª Turma, Rcl 19.541 AgR, rel. Min. Roberto Barroso, *DJe* 21.06.2016).

**64. Abrangência da vinculação.** A decisão de ADI, ADC ou ADPF, além de decidir a questão objetiva que lhe foi submetida, torna-se precedente, estabelecendo a norma geral para casos futuros semelhantes. Quando o STF afirma, por exemplo, que uma lei estadual é inconstitucional, ele não só cria a regra do caso, como também produz um precedente, para que, em casos futuros, que digam respeito a outras leis estaduais, este mesmo entendimento seja observado. Se um órgão jurisdicional considerar como constitucional uma lei estadual análoga àquela que o STF considerou inconstitucional, caberá reclamação, em razão do desrespeito ao precedente nascido de uma decisão em controle concentrado. A reclamação, nesse caso, serve para fazer valer a *ratio decidendi* do precedente (fundamentação) adotada pelo STF, em um processo de controle concentrado de constitucionalidade. A previsão de reclamação, nesse caso, ajusta-se ao disposto no art. 927, I, segundo o qual os juízes e tribunais devem observar as decisões do Supremo Tribunal Federal em controle concentrado de constitucional. A conjugação do art. 927, I, com o art. 988 reforça a eficácia formalmente vinculante dos precedentes do STF em casos de controle concentrado de constitucionalidade – e não apenas dos comandos dessas decisões.

**65. Conteúdo do acórdão e cabimento da reclamação.** Um acórdão de ADI, ADC e ADPF contém duas partes diversas, assim como qualquer decisão judicial: *a)* a parte dispositiva, que soluciona a questão e que diz respeito ao ato normativo cuja (in)constitucionalidade foi proclamada; *b)* a fundamentação, que gera o precedente. Quanto à parte dispositiva, há coisa julgada, insuscetível, no caso de ADI, ADC e ADPF, de ação rescisória. O desrespeito a essa coisa julgada pode ser causa de pedir da reclamação. Já em relação à fundamentação, há eficácia vinculativa do precedente. Ambas as eficácias submetem todos; o desrespeito a qualquer dessas partes da decisão autoriza a reclamação. Não se deve, enfim, confundir a coisa julgada da ADI, ADC e ADPF com os precedentes por elas gerados.

1539

**66. Reclamação para garantir a observância de precedente proferido em IRDR ou em IAC.** O incidente de resolução de demandas repetitivas, o julgamento dos recursos repetitivos e o incidente de assunção de competência têm um objetivo comum: formar precedente obrigatório. Firmado o precedente obrigatório, os juízos e tribunais devem segui-lo, aplicando a tese adotada pelo precedente nos casos sucessivos. Não observado o precedente obrigatório, cabe reclamação. É possível que o precedente obrigatório tenha sido firmado e próprio tribunal deixe de observá-lo. Nesse caso, cabe reclamação contra decisão do próprio tribunal. A reclamação é cabível quando não observado o precedente obrigatório. Deve, então, já ter havido o julgamento do IRDR ou do IAC, existindo já o precedente obrigatório. Não cabe a reclamação contra a decisão que sobrestou indevidamente o recurso ou a ação da parte ou do interessado, nem contra a decisão que deixou de sobrestar indevidamente o recurso ou a ação.

**67. Inadmissibilidade da reclamação enquanto suspensa a decisão do IRDR pela interposição do recurso especial ou extraordinário.** *"A decisão que não aplica de imediato o comando do IRDR desafiado por apelo especial não ofende a autoridade daquele, uma vez que os efeitos do incidente se encontram suspensos enquanto não julgado o recurso excepcional (art. 982, § 5º, do CPC), ou seja, não havendo IRDR com força obrigatória em vigor, não se estaria diante de nenhuma das hipóteses de reclamação (art. 988 do CPC). 3. Embora haja decisões do STJ no sentido de não ser necessário aguardar o trânsito em julgado de matéria firmada em IRDR para sua aplicação, esse entendimento é mais adequado nos casos em que a coisa julgada só não se formou porque pendente o exame de embargos de declaração ou petição autônoma, mas não nas hipóteses em que pendente o julgamento do próprio recurso excepcional (art. 982, § 5º, do CPC). 4. Hipótese em que não cabe reclamação contra decisão que determina o sobrestamento do feito enquanto pendente de julgamento o recurso especial interposto em face do acórdão que julga Incidente de Resolução de Demanda Repetitiva (IRDR)"* (STJ, 1ª Turma, REsp 1.976.792/RS, rel. Min. Gurgel de Faria, *DJe* 20.6.2023).

**68. Necessidade de decisão expressa e caso de embargos de declaração.** Para que caiba a reclamação em caso de inobservância de precedente firmado em IRDR ou IAC, é preciso que o órgão jurisdicional deixe, expressamente, de seguir o precedente. Se o órgão julgador simplesmente não segue o precedente na decisão, se ele simplesmente silencia, omite-se, nada diz sobre o precedente, não cabe a reclamação. Em outras palavras, não cabe reclamação por omissão. Se o juiz simplesmente se omite, cabem embargos de declaração. É considerada omissa a decisão que deixar de se manifestar sobre tese firmada em julgamento de casos repetitivos ou em incidente de assunção de competência (art. 1.022, parágrafo único, I).

**69. Inadmissibilidade de reclamação contra decisão de sobrestamento.** *"É incabível o ajuizamento de reclamação contra decisão que defere ou indefere o sobrestamento de feito em razão do processamento de pedido de uniformização ou de recurso especial repetitivo"* (STJ, 2ª Seção, AgInt na Rcl 43.353/SC, rel. Min. João Otávio de Noronha, *DJe* 22.6.2023).

**70. Reclamação para garantir a observância de precedente proferido em recurso repetitivo.** É cabível a reclamação para garantir a observância de acórdão proferido em recurso extraordinário com repercussão geral reconhecida ou em recurso repetitivo, mas somente depois de esgotadas as instâncias ordinárias. O presidente ou vice-presidente do tribunal local pode negar seguimento a recurso extraordinário ou a recurso especial interposto contra acórdão que esteja em conformidade com entendimento do STF ou do STJ, respectivamente, exarado no regime de julgamento de recursos repetitivos (art. 1.030, I, *b*). Nesse caso, o controle da decisão do presidente ou vice-presidente será feito no próprio tribunal local, normalmente pelo pleno ou órgão especial, conforme o regimento interno do tribunal indicar, por meio de agravo interno. Esse agravo interno cumprirá o papel de servir como veículo do direito à distinção: o recorrente poderá demonstrar que seu caso é distinto, a justificar a não aplicação dos precedentes obrigatórios referidos no inciso I do art. 1.030. Não provido o agravo interno, ao recorrente caberá reclamação para o STF ou STJ (art. 988, § 5º, II): o agravo interno terá exaurido as instâncias ordinárias de impugnação da decisão e, com isso, terá sido preenchido o pressuposto da reclamação para o STF ou STJ.

**71. Admissibilidade da reclamação para garantir observância de acórdão de recurso extraordinário repetitivo ou com repercussão geral reconhecida.** *"A reclamação prevista no art. 988, § 5º, II, do Código de Processo Civil de 2015 destina-se a garantir a observância de acórdão de recurso extraordinário com repercussão geral reconhecida ou de acórdão proferido em julgamento de recurso extraordinário repetitivo"* (STF,

**LIVRO III · DOS PROCESSOS NOS TRIBUNAIS E DOS MEIOS DE IMPUGNAÇÃO DAS DECISÕES JUDICIAIS** **Art. 988**

1ª Turma, Rcl 30.967 AgR, rel. Min. Alexandre de Moraes, *DJe* 13.02.2019).

**72. Cabimento da reclamação com fundamenta em tese de repercussão geral apenas contra decisão judicial, e não contra decisão ou ato administrativo.** *"A aderência estrita do objeto do ato reclamado ao conteúdo das decisões paradigmas é requisito de admissibilidade da reclamação constitucional. 2. A reclamação com fundamento em tese de repercussão geral somente tem cabimento contra ato jurisdicional, uma vez que a sistemática é instituto processual inerente à atividade fim do Poder Judiciário (art. 102, § 3º, da CF/1988), exsurgindo como um instrumento de racionalização da Justiça"* (STF, 2ª Turma, Rcl 14.129 AgR, rel. p/ ac. Min. Dias Toffoli, *DJe* 19.4.2018).

**73. Inadmissibilidade da reclamação para corrigir equívocos na aplicação da repercussão geral.** *"O Supremo Tribunal Federal tem entendimento pacífico no sentido do não cabimento da reclamação ajuizada com o escopo de corrigir eventuais equívocos na aplicação do instituto da repercussão geral, à exceção de evidente teratologia, o que não se vislumbra no caso. 2. A reclamação constitucional é ação direcionada para a tutela específica da competência e autoridade das decisões proferidas por este Supremo Tribunal Federal, pelo que não se consubstancia como sucedâneo recursal ou ação rescisória"* (STF, 2ª Turma, Rcl 55.774 AgR, rel. Min. André Mendonça, *DJe* 23.6.2023).

**74. Inadmissibilidade da reclamação para observar precedente firmado em recurso especial repetitivo.** *"Consoante definido pela Corte Especial na Rcl 36.476/SP, não é cabível o ajuizamento de reclamação com vistas ao controle da aplicação, no caso concreto, de tese firmada pelo STJ em recurso especial repetitivo"* (STJ, 2ª Seção, AgInt na Rcl 37.420/SP, rel. Min. Nancy Andrighi, *DJe* 2.4.2020). *"Segundo a jurisprudência sedimentada na Corte Especial do STJ, não é cabível o ajuizamento de reclamação para que este Tribunal Superior analise suposta violação a tese firmada em recurso especial repetitivo"* (STJ, 2ª Seção, AgInt na Rcl 41.550/SP, rel. Min. Marco Aurélio Bellizze, *DJe* 14.6.2021).

**75. Inadmissibilidade da reclamação contra acórdão que julga agravo interno contra negativa de seguimento de recurso especial.** *"A jurisprudência do STJ não admite a utilização da Reclamação contra decisão de Tribunal de segunda instância que aprecia Agravo Interno (art. 1.030, § 2º, do CPC/2015) em que se nega a subida do Recurso Especial por aplicação de tese fixada sob o rito dos recursos repetitivos*

*(art. 1.030, I, 'b', do CPC/2015) (AgInt na Rcl n. 36.475/SP, Ministro Herman Benjamin, Primeira Seção, DJe 18/10/2019)."* (STJ, 3ª Seção, AgRg na Rcl 44.663/PR, rel. Min. Sebastião Reis Júnior, *DJe* 2.5.2023).

**76. Inadmissibilidade para preservar a jurisprudência do STJ.** *"A reclamação não é via adequada para preservar a jurisprudência do STJ, mas sim a autoridade de suas decisões tomadas no próprio caso concreto, envolvendo as partes postas no litígio do qual oriundo a reclamação"* (STJ, 1ª Seção, AgRg na Rcl 22.221/MG, rel. Min. Sérgio Kukina, *DJe* 3.5.2018).

**77. Reclamação contra decisões em Juizados Especiais Cíveis. Resolução 03/2016 do STJ.** O STJ editou a Resolução 3/2016 para estabelecer que cabe aos tribunais de justiça julgar as reclamações destinadas a eliminar divergência entre acórdão de Turma Recursal de juizado especial cível e a jurisprudência do STJ, consolidada em IAC e IRDR, em julgamento de recurso especial repetitivo e em enunciados das Súmulas do STJ, bem como para garantir a observância de precedentes. Tal resolução tem o deliberado intuito de diminuir o fluxo de reclamações para o STJ, desobstruindo o congestionamento que o grande número delas tem causado na rotina do tribunal. Há, nitidamente, uma delegação de competência para os tribunais de justiça. A inconstitucionalidade dessa resolução é flagrante. É do STJ a competência para julgar reclamação constitucional destinada a garantir a autoridade de suas decisões. Não é possível delegar essa competência a tribunais de justiça, pois se trata de competência absoluta, inderrogável e improrrogável. Nem lei, nem resolução, nem qualquer outro ato administrativo ou normativo pode alterar a competência fixada constitucionalmente para o STJ.

**78. Esgotamento prévio de instâncias ordinárias.** É possível exigir-se esgotamento prévio de instâncias, mas isso não afasta o cabimento da reclamação. É o que ocorre, por exemplo, no caso de reclamação contra decisão administrativa que não observa o enunciado de súmula vinculante. Nesse caso, é preciso que haja, antes, o esgotamento das instâncias administrativas (Lei 11.417/2006, art. 7º, § 1º). De igual modo, é o que ocorre com a reclamação destinada a impor observância de acórdão proferido em recurso extraordinário com repercussão geral reconhecida ou em recurso repetitivo. Nessa hipótese, é preciso que haja o esgotamento prévio das instâncias ordinárias. Em tais situações, a reclamação é cabível, mas exige, para sua admissibilidade, o esgotamento prévio da instância ordinária.

1541

**79. A reclamação como instrumento para realização da distinção.** A reclamação é cabível, não apenas nos casos em que os precedentes e a súmula vinculante não sejam observados, mas também quando houver aplicação indevida da tese jurídica neles contida. Se o caso corresponde à razão de decidir do precedente, este deve ser aplicado. Havendo uma distinção que afaste o precedente, este deverá deixar de ser aplicado. Os juízes e tribunais devem dialogar com os precedentes e exercer o dever de autorreferência, aplicando-os quando for o caso e afastando-os nas hipóteses em que houver uma distinção ou uma peculiaridade que imponha tratamento diferenciado. A reclamação constitui instrumento para impor o exercício do dever de autorreferência, constituindo, nesse sentido, mecanismo para realização de distinção, afastando-se, assim, a aplicação do precedente (art. 988, § 4º).

**80. A reclamação como instrumento para interpretação da decisão do tribunal.** As decisões judiciais são passíveis de interpretação (art. 489, § 3º). A reclamação pode consistir num instrumento de interpretação de decisões proferidas pelo tribunal. Ajuizada a reclamação, pode o tribunal, interpretando a decisão tida como desrespeitada, rejeitá-la. Ao fazê-lo, o tribunal interpreta sua própria decisão, melhor explicitando o sentido e o alcance de sua fundamentação e do quanto foi decidido.

**81. Legitimidade ativa.** A reclamação pode ser ajuizada pelo Ministério Público ou por quem seja parte ou assistente num processo prévio. Na reclamação para garantia da observância de decisão em controle concentrado de constitucionalidade, todos aqueles que se afirmem atingidos por decisão contrária à decisão em controle abstrato têm legitimidade ativa. De igual modo, têm legitimidade ativa todos aqueles que se afirmem atingidos por ato contrário a enunciado de súmula vinculante. É possível haver, na reclamação, litisconsórcio ativo facultativo, desde que presente alguma das hipóteses previstas no art. 113.

**82. Processo documental (prova pré-constituída).** Instruída com prova documental, a reclamação, dirigida ao presidente do tribunal, deve ser autuada e distribuída ao relator da causa principal, sempre que possível. O procedimento assemelha-se ao do mandado de segurança. A petição inicial deve vir acompanhada da prova documental pré-constituída, não se admitindo a produção de provas casuais ao longo do procedimento. A reclamação, tal qual o mandado de segurança, possui procedimento sumário ou abreviado. Entre os documentos que devem instruir a reclamação está a cópia da decisão ou do ato proferido pela autoridade reclamada. Se a reclamação ataca uma omissão, não há decisão a instruir. Caso a reclamação tenha sido proposta para garantir a autoridade de decisão proferida pelo tribunal, também se faz necessária a juntada de cópia dela. Ajuizada para preservar a competência do tribunal, cabe ao reclamante juntar cópia de elementos dos autos do processo e de atividade que está a usurpar aquela competência. No caso de a reclamação ser ajuizada por inobservância de acórdão proferido em recurso extraordinário com repercussão geral reconhecida ou em recursos repetitivos, ou contra decisão administrativa que não observou enunciado de súmula vinculante, faz-se necessária a comprovação de que houve o esgotamento prévio das instâncias ordinárias.

**83. Exibição de documento.** É possível que a prova documental não esteja à disposição do reclamante, encontrando-se em algum órgão público ou mantida com a própria autoridade reclamada, não tendo sido possível ao reclamante ter acesso a ela. Nesse caso, o relator, a pedido do reclamante, deve determinar ao referido órgão ou à própria autoridade reclamada a exibição ou entrega da prova documental. O que não pode é a ausência de algum documento impedir o acesso à via da reclamação.

**84. Prevenção do relator.** A reclamação será distribuída ao relator da causa principal, sempre que possível. Há casos em que não haverá prevenção, quando, por exemplo, o juiz de primeira instância inadmite uma apelação sem que tenha havido, naquele processo, qualquer recurso ainda interposto ao tribunal. Nesse caso, a reclamação ajuizada no tribunal será distribuída livremente, não havendo prevenção. É por isso que o § 3º do art. 988 usa a expressão "sempre que possível". Havendo, porém, prevenção ou sendo possível identificar o relator da causa principal, é a ela que deve ser distribuída a reclamação. O regimento interno do tribunal pode atribuir o julgamento da reclamação a órgão diverso do julgamento da causa, podendo, também por isso, inviabilizar a prevenção, se, por exemplo, o relator não integrar aquele órgão competente para o julgamento da reclamação. Com essas ressalvas, a reclamação deve ser proposta para o mesmo relator da causa principal.

**85. Ausência de prevenção de relator no STJ para reclamação.** *"Não há prevenção do Ministro Relator de recurso especial repetitivo para processar e julgar reclamação, em que se alega o descumprimento do respectivo decisum pelo Tribunal de origem, diante do caráter objetivo do*

**LIVRO III · DOS PROCESSOS NOS TRIBUNAIS E DOS MEIOS DE IMPUGNAÇÃO DAS DECISÕES JUDICIAIS** — **Art. 988**

*feito, não se aplicando, nessa hipótese, o disposto no parágrafo único do art. 187 do RISTJ"* (STJ, 2ª Seção, AgInt na Rcl 41.550/SP, rel. Min. Marco Aurélio Bellizze, *DJe* 14.06.2021).

**86. Prazo para ajuizamento da reclamação.** Enquanto não houver trânsito em julgado da decisão reclamada, é possível ajuizar a reclamação. Não cabe reclamação para desfazer decisão transitada em julgado, pois ela não é sucedâneo de ação rescisória.

**87. Prazo para ajuizamento da reclamação contra ato administrativo.** Quando ajuizada contra ato administrativo, a reclamação se submete ao prazo de decadência para demandas destinadas a desfazer ou anular atos administrativos.

**88. Relação entre recurso e reclamação.** Contra uma mesma decisão é possível ser interposto um recurso e proposta uma reclamação. A reclamação não fica prejudicada com o julgamento do recurso interposto contra a decisão reclamada. Se o recurso for inadmitido ou conhecido, mas não provido, o seu julgamento, efetivamente, não prejudica a reclamação. Se, entretanto, o recurso for conhecido e provido, seja para anular a decisão recorrida, seja para reformá-la, estará prejudicado o exame da reclamação. Se a decisão for reformada, terá sido substituída pela decisão do tribunal, subtraindo da reclamação o indispensável interesse de agir. Se houver anulação da decisão, esta deixou de existir, prejudicando o exame de mérito da reclamação.

**89. Reclamação repetitiva.** É possível aplicar à reclamação a técnica de processamento e julgamento de casos repetitivos. Havendo várias reclamações ou vários casos sobre o mesmo tema, deve ser adotado o procedimento próprio dos casos repetitivos, escolhendo-se uma ou duas reclamações para análise e julgamento, sobrestando-se os demais casos, aos quais se aplicará o resultado a que se chegar no julgamento daqueles escolhidos para julgamento por amostragem. Deve-se adotar o procedimento do IRDR.

**90. Reclamação contra decisão que versa sobre sobrestamento.** *"É incabível o ajuizamento de reclamação contra decisão que defere ou indefere o sobrestamento do feito em razão de processamento de pedido de uniformização ou recurso especial repetitivo"* (STJ, 1ª Seção, AgInt na Rcl 31.193/SC, rel. Min. Regina Helena Costa, *DJe* 20.10.2021).

**91. Afronta à autoridade de decisão.** *"O propósito da presente reclamação é definir se a sentença que extinguiu o processo sem resolução de mérito ao fundamento de que deveria ser respeitada a coisa julgada formada em anterior ação investigatória de paternidade afrontou a autoridade de decisão proferida por esta Corte por ocasião do julgamento do REsp 1.632.750/SP, por meio da qual se determinou a apuração de eventual fraude no exame de DNA realizado na primeira ação investigatória e a realização de novo exame de DNA para a apuração de eventual existência de vínculo biológico entre as partes. 2. Tendo o acórdão desta Corte concluído que o documento apresentado pela parte configurava prova indiciária da alegada fraude ocorrida em anterior exame de DNA e, em razão disso, determinado a reabertura da fase instrutória, não pode a sentença, valendo-se apenas daquele documento, extrair conclusão diversa, no sentido de não ser ele suficiente para a comprovação da fraude, sob pena de afronta à autoridade da decisão proferida pelo Superior Tribunal de Justiça. 3. Determinado, pelo acórdão desta Corte, que fosse realizado novo exame de DNA para apuração da existência de vínculo biológico entre as partes, não pode a sentença, somente com base na ausência das pessoas que deveriam fornecer o material biológico, concluir pelo restabelecimento da coisa julgada que se formou na primeira ação investigatória (e que foi afastada por esta Corte), nem tampouco concluir pela inaplicabilidade da presunção contida na Súmula 301/STJ, sem que sejam empreendidos todas as providências necessárias para a adequada e exauriente elucidação da matéria fática. Aliás, é preciso enfatizar que maior do que o direito de ter um pai é o direito de saber quem é o pai"* (STJ, 2ª Seção, Rcl 37.521/SP, rel. Min. Nancy Andrighi, *DJe* 05.06.2020).

**92. Desnecessidade de juízo de retratação para cabimento de Reclamação.** *"O argumento de que a Reclamação seria cabível apenas após o juízo de retratação previsto no art. 1.030, II, do CPC, não prospera. O referido dispositivo tem aplicação quando 'o acórdão recorrido divergir do entendimento do Supremo Tribunal Federal ou do Superior Tribunal de Justiça exarado, conforme o caso, nos regimes de repercussão geral ou de recursos repetitivos'. In casu, as reclamantes alegam descumprimento da decisão proferida pelo STJ no caso concreto, não de precedente vinculante. Não haveria oportunidade de retratação"* (STJ, 1ª Seção, Rcl 41.894/SP, rel. Min. Herman Benjamin, *DJe* 16.12.2021).

**93. Descabimento de Reclamação para controle de aplicação de entendimento firmado pelo STJ em recurso especial repetitivo.** *"2. Em sua redação original, o art. 988, IV, do CPC/2015 previa o cabimento de reclamação para garantir a observância de precedente proferido em julgamento de 'casos repetitivos', os quais, conforme*

1543

# Art. 989 CÓDIGO DE PROCESSO CIVIL COMENTADO – *Leonardo Carneiro da Cunha*

*o disposto no art. 928 do Código, abrangem o incidente de resolução de demandas repetitivas (IRDR) e os recursos especial e extraordinário repetitivos. 3. Todavia, ainda no período de* vacatio legis *do CPC/2015, o art. 988, IV, foi modificado pela Lei 13.256/2016: a anterior previsão de reclamação para garantir a observância de precedente oriundo de 'casos repetitivos' foi excluída, passando a constar, nas hipóteses de cabimento, apenas o precedente oriundo de IRDR, que é espécie daquele. 4. Houve, portanto, a supressão do cabimento da reclamação para a observância de acórdão proferido em recursos especial e extraordinário repetitivos, em que pese a mesma Lei 13.256/2016, paradoxalmente, tenha acrescentado um pressuposto de admissibilidade – consistente no esgotamento das instâncias ordinárias – à hipótese que acabara de excluir. 5. Sob um aspecto topológico, à luz do disposto no art. 11 da LC 95/1998, não há coerência e lógica em se afirmar que o parágrafo 5º, II, do art. 988 do CPC, com a redação dada pela Lei 13.256/2016, veicularia uma nova hipótese de cabimento da reclamação. Estas hipóteses foram elencadas pelos incisos do* caput, *sendo que, por outro lado, o parágrafo se inicia, ele próprio, anunciando que trataria de situações de inadmissibilidade da reclamação. 6. De outro turno, a investigação do contexto jurídico-político em que editada a Lei 13.256/2016 revela que, dentre outras questões, a norma efetivamente visou ao fim da reclamação dirigida ao STJ e ao STF para o controle da aplicação dos acórdãos sobre questões repetitivas, tratando-se de opção de política judiciária para desafogar os trabalhos nas Cortes de superposição. 7. Outrossim, a admissão da reclamação na hipótese em comento atenta contra a finalidade da instituição do regime dos recursos especiais repetitivos, que surgiu como mecanismo de racionalização da prestação jurisdicional do STJ, perante o fenômeno social da massificação dos litígios. 8. Nesse regime, o STJ se desincumbe de seu múnus constitucional definindo, por uma vez, mediante julgamento por amostragem, a interpretação da Lei federal que deve ser obrigatoriamente observada pelas instâncias ordinárias. Uma vez uniformizado o direito, é dos juízes e Tribunais locais a incumbência de aplicação individualizada da tese jurídica em cada caso concreto. 9. Em tal sistemática, a aplicação em concreto do precedente não está imune à revisão, que se dá na via recursal ordinária, até eventualmente culminar no julgamento, no âmbito do Tribunal local, do agravo interno de que trata o art. 1.030, § 2º, do CPC/2015" (STJ, Corte Especial, Rcl 36.476/SP, rel. Min. Nancy Andrighi,* DJe *6.3.2020).*

> **Art. 989.** Ao despachar a reclamação, o relator:
> I – requisitará informações da autoridade a quem for imputada a prática do ato impugnado, que as prestará no prazo de 10 (dez) dias;
> II – se necessário, ordenará a suspensão do processo ou do ato impugnado para evitar dano irreparável;
> III – determinará a citação do beneficiário da decisão impugnada, que terá prazo de 15 (quinze) dias para apresentar a sua contestação.

▶ **1. Sem correspondência no CPC/1973.**

## 📖 LEGISLAÇÃO CORRELATA

**2. CPPM, art. 586, § 2º.** *"§ 2º Em face da prova, poderá ser ordenada a suspensão do curso do processo, ou a imediata remessa dos autos ao Tribunal."*

**3. Enunciado 742 do FPPC.** *"A procedência de reclamação exige contraditório prévio."*

## ⚖ JURISPRUDÊNCIA, ENUNCIADOS E SÚMULAS SELECIONADOS

* **4. Enunciado 64 da I Jornada-CJF.** *"Ao despachar a reclamação, deferida a suspensão do ato impugnado, o relator pode conceder tutela provisória satisfativa correspondente à decisão originária cuja autoridade foi violada."*

## 🖥 COMENTÁRIOS TEMÁTICOS

**5. Indeferimento da petição inicial ou julgamento de improcedência liminar do pedido pelo relator.** Estando a petição inicial defeituosa ou havendo algum vício sanável, o relator não deve indeferir imediatamente a petição inicial. Cumpre-lhe, antes, conferir oportunidade ao reclamante para que possa emendá-la ou complementá-la (art. 321). Se, intimado o reclamante, este não corrigir o vício, aí deverá ser indeferida a petição inicial da reclamação pelo relator. O relator também deve indeferir a petição inicial quando não for caso de reclamação, ou quando esta for utilizada como sucedâneo de ação rescisória, destinando-se a desfazer coisa julgada (art. 988, § 5º, I), ou, ainda, quando não comprovado o esgotamento prévio das instâncias no caso de decisão administrativa que não tenha observado enunciado de súmula vinculante (Lei 11.417/2006, art. 7º, § 1º) ou no caso de inobservância de decisão proferida em recurso repetitivo ou de precedente firmado em recurso extraordinário com repercussão geral reconhecida (art. 988, § 5º, II). À reclamação aplica-se o disposto

# LIVRO III · DOS PROCESSOS NOS TRIBUNAIS E DOS MEIOS DE IMPUGNAÇÃO DAS DECISÕES JUDICIAIS — Art. 990

no art. 332. Assim, quando o pedido formulado na reclamação contrariar enunciado de súmula do STF ou do STJ, ou acórdão proferido em julgamento de casos repetitivos, ou enunciado de súmula de tribunal de justiça sobre direito local, o relator julgá-lo-á liminarmente improcedente.

**6. Agravo interno.** Da decisão do relator que indefira a petição inicial, julgue liminarmente improcedente o pedido ou, por qualquer outro motivo, extinga a reclamação cabe agravo interno (art. 1.021). O agravo interno contra as decisões do relator que extingam a reclamação permite a sustentação oral (art. 937, § 3º).

**7. Autoridade reclamada.** A reclamação pode ter por causa ato ou omissão praticado por qualquer pessoa, órgão ou ente que descumpra decisão do tribunal ou usurpe a sua competência. O descumprimento da decisão do tribunal ou a usurpação de sua competência pode ser imputado a um órgão do Poder Judiciário, Legislativo ou Executivo. A competência do tribunal pode, por exemplo, ser usurpada por uma autoridade judiciária, ou legislativa, ou executiva. Tal autoridade não será, porém, o sujeito passivo da reclamação.

**8. Prestação de informações.** A autoridade, o órgão, a entidade ou a pessoa que descumpra a decisão do tribunal ou usurpe sua competência prestará informações no processo da reclamação, na qualidade de *fonte de prova.*

**9. Legitimidade passiva.** O réu da reclamação é o beneficiário do ato reclamado, e não a autoridade que descumpre a decisão do tribunal ou usurpa sua competência. Assim como quando se interpõe um recurso, o juiz não é o recorrido; quando se ajuíza uma ação rescisória, o órgão judicial que proferiu a decisão rescindenda não é o réu, na reclamação, a autoridade reclamada não é o réu. O réu da reclamação será o beneficiário do ato reclamado.

**10. Contraditório.** É preciso assegurar o contraditório ao beneficiário do ato impugnado, justamente porque há o risco de decisão contrária a seu interesse (art. 9º); ele é, enfim, o réu da reclamação.

**11. Citação do beneficiário.** O beneficiário do ato reclamado, réu na reclamação, há de ser citado para, querendo, apresentar sua defesa em favor da manutenção do ato reclamado. Se a parte adversária ao reclamante for o beneficiário direto do ato impugnado, deve ser ela ré na ação de reclamação, sob pena de nulidade da decisão eventualmente proferida sem o respeito à garantia do contraditório.

**12. Prazo para contestação.** O beneficiário da decisão impugnada, que é o réu da reclamação, tem prazo de quinze dias para apresentar a sua contestação, sendo certo que, na sua contagem, só se computam os dias úteis (art. 219).

**13. Reclamação desrespeito a súmula vinculante.** A reclamação por desrespeito a enunciado de súmula vinculante pode ser intentada contra autoridade judiciária ou administrativa, não cabendo contra o legislador na sua função legiferante. Isso porque a súmula vinculante obriga o Poder Judiciário e o Poder Executivo, não obrigando os órgãos do Poder Legislativo na sua atividade típica de legislar. Cabível a reclamação, o réu, porém, será o beneficiário do ato impugnado, e não a autoridade judiciária ou administrativa que desrespeitou a súmula vinculante. A autoridade não se defende na reclamação; apenas presta informações.

**14. Tutela provisória na reclamação.** É possível, na reclamação, a concessão de tutela provisória. O relator, ao despachar a reclamação, ordenará, se necessário, a suspensão do processo ou do ato impugnado para evitar dano irreparável. Presentes os pressupostos para a concessão da tutela provisória de urgência, o relator deve concedê-la, determinando a suspensão do processo ou do ato impugnado. É possível ao relator deferir, na reclamação, tutela provisória com eficácia correspondente à da decisão desrespeitada. Também é possível a tutela de evidência na reclamação, sobretudo nas hipóteses do inciso II do art. 311, até porque a reclamação precisa de prova pré-constituída, o que contribui para a concessão de tutela de evidência.

**15. Agravo interno.** Da decisão do relator que defira ou indefira a tutela provisória cabe agravo interno (art. 1.021).

> **Art. 990.** Qualquer interessado poderá impugnar o pedido do reclamante.

▶ **1. Sem correspondência no CPC/1973.**

## 🏛 LEGISLAÇÃO CORRELATA

**2. CPPM, art. 586, § 3º.** *"Art. 586, § 3º. Qualquer dos interessados poderá impugnar por escrito o pedido do reclamante".*

## 📋 COMENTÁRIOS TEMÁTICOS

**3. Intervenção do interessado.** Qualquer terceiro interessado poderá impugnar o pedido do reclamante. É possível haver, na reclamação, intervenção de terceiro. Qualquer um que tenha interesse jurídico na manutenção ou no desfazimento da decisão reclamada pode intervir no processo da reclamação, na qualidade de assistente. "Interessado", aqui, não é o beneficiário do ato impugnado, que é réu; interessado aqui é quem, sendo terceiro no processo da reclamação, tem interesse jurídico na discussão.

> **Art. 991.** Na reclamação que não houver formulado, o Ministério Público terá vista do processo por 5 (cinco) dias, após o decurso do prazo para informações e para o oferecimento da contestação pelo beneficiário do ato impugnado.

▶ **1. Sem correspondência no CPC/1973.**

## 🏛 Legislação Correlata

**2. CF, art. 127.** *"Art. 127. O Ministério Público é instituição permanente, essencial à função jurisdicional do Estado, incumbindo-lhe a defesa da ordem jurídica, do regime democrático e dos interesses sociais e individuais indisponíveis."*

**3. CPPM, art. 586, § 4º.** *"Art. 586, § 4º Salvo quando por ele requerida, o procurador-geral será ouvido, no prazo de três dias, sobre a reclamação".*

## 📄 Comentários Temáticos

**4. Intervenção do Ministério Público na reclamação.** O Ministério Público não intervém em *qualquer* reclamação, mas apenas nos casos previstos no art. 178. Se a reclamação não se subsume em uma das hipóteses do art. 178, o Ministério Público não será intimado a intervir. A circunstância de a reclamação poder ser utilizada para garantir a autoridade de precedente obrigatório não transforma o seu objeto litigioso em um caso de interesse público, social ou individual indisponível. Precedente obrigatório é norma jurídica; reclamação para garantir a sua autoridade é ação para fazer valer uma determinada norma jurídica. Rigorosamente, esse é o objeto de *qualquer ação*: concretizar o Direito. Se o Ministério Público fosse obrigado a intervir na reclamação, em razão desse fundamento, seria obrigado a intervir em qualquer ação, com muito mais razão se a ação tivesse por objetivo efetivar norma constitucional ou legal. A reclamação constitui, nesse sentido, um meio de controle da *aplicação* do precedente. A intervenção do Ministério Público é obrigatória na *formação* do precedente. A dogmática dos precedentes exige que se os analise sob duas perspectivas: na sua *formação* e na sua *aplicação*. Para formar um precedente, é imperiosa a amplitude do debate, fazendo com que se imponha a intervenção do Ministério Público. É por isso que se impõe a

intervenção do Ministério Público no incidente de resolução de demandas repetitivas (art. 976, § 2º) e, igualmente, no incidente de assunção de competência (Enunciado 467 do FPPC), mecanismos destinados à formação de precedentes obrigatórios. Já a aplicação do precedente equivale à aplicação de uma norma, não atraindo a exigência de intervenção obrigatória do Ministério Público. Só é obrigatória a intimação do Ministério Público em reclamação, se estiver presente uma das hipóteses do art. 178. Não é, portanto, em toda e qualquer reclamação que deve haver intervenção do Ministério Público como fiscal da ordem jurídica; só nos casos em que se impõe sua intervenção.

**5. Suficiência da intimação.** Em qualquer caso de intervenção obrigatória do Ministério Público, é suficiente sua intimação, não sendo necessária sua manifestação. O STF, ao julgar a ADI 1.936, reafirmou seu entendimento segundo o qual a falta de manifestação do Ministério Público, nos casos em que deve intervir, não acarreta a nulidade do processo, desde que tenha havido sua regular intimação. De acordo com o STF, para se atender à exigência normativa de sua intervenção, basta a intimação do Ministério Público, sendo prescindível seu pronunciamento expresso.

**6. Vista dos autos.** Nos casos em que deve intervir, o Ministério Público terá vista dos autos da reclamação por cinco dias. Tal prazo é improrrogável, valendo dizer que, escoado o lapso temporal de cinco dias, com ou sem parecer, os autos serão conclusos ao relator.

**7. Prazo.** O prazo de cinco dias é específico para o Ministério Público na reclamação. Por isso, não é computado em dobro (art. 180, § 2º). Por ser um prazo processual, só se computam, na sua contagem, os dias úteis (art. 219).

**8. Reclamação do Ministério Público estadual no STF.** *"'O Ministério Público estadual detém legitimidade ativa autônoma para propor reclamação constitucional perante o Supremo Tribunal Federal' (Rcl 7.358, rel. Min. Ellen Gracie)"* (STF, 1ª Turma, Rcl 11.055 ED, rel. Min. Roberto Barroso, DJe 19.11.2014).

**9. Legitimidade do Ministério Público estadual para atuar nos tribunais superiores.** *"O Plenário do Supremo Tribunal Federal, na QO no RE 593.727/MG, Rel. Min. Cezar Peluso, 21.06.2012, em inequívoca evolução jurisprudencial, proclamou a legitimidade do Ministério Público Estadual para atuar diretamente no âmbito da Corte Constitucional nos processos em que figurar como parte e estabeleceu, entre outras,*

**LIVRO III · DOS PROCESSOS NOS TRIBUNAIS E DOS MEIOS DE IMPUGNAÇÃO DAS DECISÕES JUDICIAIS** — **Art. 992**

*as seguintes premissas (Informativo 671/STF): a) em matéria de regras gerais e diretrizes, o PGR poderia desempenhar no Supremo Tribunal Federal dois papéis simultâneos, o de fiscal da lei e o de parte; b) nas hipóteses que o Ministério Público da União (MPU) figurar como parte no processo, por qualquer dos seus ramos, somente o Procurador-Geral da República (PGR) poderia oficiar perante o Supremo Tribunal Federal, o qual encarnaria os interesses confiados pela lei e pela constituição ao referido órgão; c) nos demais casos, o Ministério Público Federal exerceria, evidentemente, a função de fiscal da lei e, nessa última condição, a sua manifestação não poderia pré-excluir a das partes, sob pena de ofensa ao contraditório; d) A Lei Complementar federal 75/1993 somente teria incidência no âmbito do Ministério Público da União (MPU), sob pena de cassar-se a autonomia dos Ministérios Públicos estaduais que estariam na dependência, para promover e defender interesse em juízo, da aprovação do Ministério Público Federal; e) a Constituição Federal distinguiu 'a Lei Orgânica do MPU (LC 75/1993) – típica lei federal –, da Lei Orgânica Nacional (Lei 8.625/1993), que se aplicaria em matéria de regras gerais e diretrizes, a todos os Ministérios Públicos estaduais'; f) a Resolução 469/2011 do Supremo Tribunal Federal determina a intimação pessoal do Ministério Público estadual nos processos em que figurar como parte; g) não existiria subordinação jurídico-institucional que submetesse o Ministério Público dos estados à chefia do Ministério Público da União (MPU), instituição que a Constituição teria definido como chefe o Procurador-Geral da República (PGR); h) não são raras as hipóteses em que seriam possíveis situações processuais que estabelecessem posições antagônicas entre o Ministério Público da União e o Ministério Público estadual e, em diversos momentos, o parquet federal, por meio do Procurador-Geral da República (PGR), teria se manifestado de maneira contrária ao recurso interposto pelo parquet estadual; i) a privação do titular do Parquet Estadual para figurar na causa e expor as razões de sua tese consubstanciaria exclusão de um dos sujeitos da relação processual; j) a tese firmada pelo Supremo Tribunal Federal 'denotaria constructo que a própria práxis demonstrara necessário, uma vez que existiriam órgãos autônomos os quais traduziriam pretensões realmente independentes, de modo que poderia ocorrer eventual cúmulo de argumentos'. 2. Recentemente, o Pretório Excelso reafirmou que 'Os Ministérios Públicos estaduais não estão vinculados nem subordinados, no plano processual, administrativo e/ou institucional, à Chefia do Ministério Público da União, o que lhes confere ampla possibilidade de atuação autônoma nos processos em que forem partes, inclusive perante os Tribunais Superiores' (excerto da ementa da ACO 2.351 AgR, Relator(a): Min. Luiz Fux, Primeira Turma, julgado em 10.02.2015, acórdão eletrônico DJe-042 divulg. 04.03.2015 public. 05.03.2015). 3. A Corte Especial deste Tribunal Superior também reformulou seu entendimento no julgamento do EREsp 1.327.573/RJ, Corte Especial, Rel. Min. Ari Pargendler, Rel. p/ Acórdão Ministra Nancy Andrighi, DJe de 27.02.2015. No mesmo sentido, a orientação pacífica desta Corte Superior: EREsp 1201491/RJ, Corte Especial, Rel. Min. Benedito Gonçalves, DJe de 12.06.2015; EDcl nos EDcl no RHC 34.498/RS, 5ª Turma, Rel. Min. Jorge Mussi, DJe de 03.02.2015; AgRg no REsp 1323236/RN, 2ª Turma, Rel. Min. Herman Benjamin, DJe de 28.11.2014; AgRg nos EREsp 1256973/RS, 3ª Seção, Rel. Min. Laurita Vaz, Rel. p/ Acórdão Min. Rogerio Schietti Cruz, DJe de 06.11.2014; AgRg nos EDcl no REsp 1.262.864/BA, 3ª Turma, Rel. Min. Paulo de Tarso Sanseverino, DJe de 22.05.2014; EDcl no AgRg no REsp 1380585/DF, 6ª Turma, Rel. Min. Assusete Magalhães, DJe de 11.03.2014; EDcl no AgRg no REsp 1326532/DF, 6ª Turma, Rel. Min. Sebastião Reis Júnior, DJe de 13.12.2013; EDcl no AgRg no AgRg no AREsp 194.892/RJ, Rel. Ministro Mauro Campbell Marques, Primeira Seção, julgado em 12.06.2013, DJe de 1º.07.2013. 4. O Ministério Público Estadual, nos processos em que figurar como parte e que tramitam no Superior Tribunal de Justiça, possui legitimidade para exercer todos os meios inerentes à defesa de sua pretensão. A função de fiscal da lei no âmbito deste Tribunal Superior será exercida exclusivamente pelo Ministério Público Federal, por meio dos Subprocuradores-Gerais da República designados pelo Procurador-Geral da República" (STJ, Corte Especial, EREsp 1.236.822/PR, rel. Min. Mauro Campbell Marques, DJe 05.02.2016).*

> **Art. 992.** Julgando procedente a reclamação, o tribunal cassará a decisão exorbitante de seu julgado ou determinará medida adequada à solução da controvérsia.

▶ **1. Sem correspondência no CPC/1973.**

🏛 **LEGISLAÇÃO CORRELATA**

**2. CPPM, art. 585.** *"Art. 585. Ao Tribunal competirá, se necessário: a) avocar o conhecimento do processo em que se verifique a manifesta usurpação de sua competência, ou desrespeito* *de decisão que haja proferido; b) determinar lhe sejam enviados os autos de recurso para ele interposto e cuja remessa esteja sendo indevidamente retardada."*

## ⚖ Jurisprudência, Enunciados e Súmulas Selecionados

- **3. Enunciado 661 do FPPC.** *"É cabível a fixação de honorários advocatícios na reclamação, atendidos os critérios legais."*

## 🗐 Comentários Temáticos

**4. Decisão que julga a reclamação.** Assim como ocorre em qualquer ação, o processo formado pelo ajuizamento da reclamação provoca o exercício do juízo de admissibilidade e do juízo de mérito. A reclamação pode ser inadmitida, mediante uma decisão que a extinga sem resolução do mérito. Diversamente, a reclamação pode ser admitida para, então, ser acolhida ou rejeitada. A rejeição da reclamação se dá por uma decisão de improcedência, de eficácia declaratória. Por sua vez, ao acolher a reclamação, o tribunal cassa a decisão exorbitante de seu julgado ou determina medida adequada à solução da controvérsia.

**5. Decisão que acolhe a reclamação para preservação de competência.** Na reclamação para preservação de competência, há reconhecimento da usurpação da competência, desfazendo-se ou cassando-se o eventual ato decisório que tenha sido praticado pelo órgão reclamado. É possível, a depender da hipótese, haver avocação dos autos pelo tribunal.

**6. Validade dos atos e *translatio iudicii*.** Acolhida a reclamação para reconhecer a usurpação de competência, o tribunal pode cassar a decisão ou cassá-la e também avocar os autos. Avocados os autos, cabe ao tribunal pronunciar-se sobre a validade dos atos processuais até então praticados. O § 4º do art. 64 assim dispõe: *"salvo decisão judicial em sentido contrário, conservar-se-ão os efeitos das decisões proferidas pelo juízo incompetente, até que outra seja proferida, se for o caso, pelo juízo competente".* Ou seja: reconhecida a incompetência do juízo reclamado, os autos podem ser avocados pelo tribunal superior, com o aproveitamento de *todos* os atos processuais, aí incluídos os decisórios, salvo se houver decisão em sentido contrário. Está, enfim, previsto o aproveitamento dos atos processuais, encampando-se a ideia da *translatio iudicii*. Em virtude da *translatio iudicii*, não somente devem ser aproveitados os atos praticados no processo pelo juízo incompetente, como também devem ser preservados os efeitos materiais e processuais da demanda. A *translatio iudicii*, que decorre dos princípios da efetividade, da duração razoável do processo, da eficiência e do aproveitamento dos atos processuais, contém o fundamento para que se preservem os efeitos materiais e processuais da demanda. É a partir dela que se pode, numa avocação dos autos pelo tribunal, declarar a validade de todos os atos praticados pelo juízo incompetente, aproveitando-se tudo quanto foi praticado. A *translatio iudicii* constitui fundamento para manter os efeitos substanciais e processuais da demanda, servindo como elemento de estabilização e de aproveitamento dos atos praticados no processo. O acolhimento da reclamação por usurpação de competência não provoca, necessariamente, a invalidade de atos processuais. Os atos praticados pelo juízo incompetente podem ser aproveitados. Só haverá invalidade, se o tribunal a proclamar expressamente. O § 4º do art. 64 também se aplica aqui. É por isso que o art. 992 estabelece que o tribunal, ao acolher a reclamação, *"determinará a medida adequada à solução da controvérsia".* Aproveitar os atos praticados pode ser o mais adequado ao caso.

**7. Decisão que acolhe a reclamação para garantir a autoridade da decisão.** Na reclamação para garantir a autoridade da decisão do tribunal, há o reconhecimento da inobservância, com desfazimento ou cassação da decisão, podendo, a depender da hipótese, haver ordem para a prolação de outra decisão.

**8. Julgamento por maioria de votos.** Julgada a reclamação por maioria de votos, não se aplica o disposto no art. 942, devendo ser encerrado logo o julgamento, sem a convocação de outros julgadores para prosseguimento do julgamento.

**9. Honorários de sucumbência.** *"Quando angularizada a relação processual instaurada pelo ajuizamento da reclamação, é cabível a fixação de honorários de sucumbência, na linha do entendimento do Supremo Tribunal Federal (Rcl 24.417 AgR/SP e Rcl 24.464 AgR/RS) e da jurisprudência deste Tribunal Superior"* (STJ, 2ª Seção, EDcl na DESIS no AgInt na Rcl 37.445/DF, rel. Min. Luis Felipe Salomão, *DJe* 18.02.2020).

> **Art. 993.** O presidente do tribunal determinará o imediato cumprimento da decisão, lavrando-se o acórdão posteriormente.

▶ **1. Sem correspondência no CPC/1973.**

**LIVRO III · DOS PROCESSOS NOS TRIBUNAIS E DOS MEIOS DE IMPUGNAÇÃO DAS DECISÕES JUDICIAIS** | **Art. 994**

## ⚖ Legislação Correlata

**2. CPPM, art. 587, parágrafo único.** *"Art. 587. (...) Parágrafo único. O presidente do Tribunal determinará o imediato cumprimento da decisão, lavrando-se depois o respectivo acórdão".*

## ▣ Comentários Temáticos

**3. Eficácia imediata.** Acolhida a reclamação, o seu resulta produz efeitos imediatos, devendo ser imediatamente cumprido, antes mesmo da lavratura do acórdão. Qualquer recurso a ser interposto não tem efeito suspensivo automático, não obstando o cumprimento imediato da decisão do tribunal que acolhe a reclamação.

**4. Posterior lavratura do acórdão.** A eficácia imediata da decisão de procedência da reclamação não dispensa a lavratura de acórdão. O julgamento antecede o acórdão. O acórdão documenta o julgamento proferido. O acolhimento da reclamação produz efeitos imediatos, mas deve ser lavrado o acórdão contendo ementa, assinatura, os requisitos do art. 489 e todos os demais requisitos legalmente exigidos.

**5. Recursos na reclamação.** A reclamação é uma ação originária de tribunal, não sendo ajuizada perante juízes de primeira instância. Logo, não cabem apelação, nem agravo de instrumento, pois estes são recursos interpostos contra decisões proferidas por juízes de primeira instância. Das decisões proferidas em reclamação cabem embargos de declaração. Contra as decisões proferidas pelo relator cabe agravo interno (art. 1.021). Quando julgada a reclamação por tribunal de segunda instância, cabe recurso especial ou recurso extraordinário, ou ambos, a depender da matéria prequestionada; contra os acórdãos proferidos por tribunais superiores cabe, se for o caso, o recurso extraordinário.

## TÍTULO II
## DOS RECURSOS

## CAPÍTULO I
## DISPOSIÇÕES GERAIS

**Art. 994.** São cabíveis os seguintes recursos:

I – apelação;

II – agravo de instrumento;

III – agravo interno;

IV – embargos de declaração;

V – recurso ordinário;

VI – recurso especial;

VII – recurso extraordinário;

VIII – agravo em recurso especial ou extraordinário;

IX – embargos de divergência.

▶ **1. Correspondência no CPC/1973.** *"Art. 496. São cabíveis os seguintes recursos: I – apelação; II – agravo; III – embargos infringentes; IV – embargos de declaração; V – recurso ordinário; VI – recurso especial; VII – recurso extraordinário; VIII – embargos de divergência em recurso especial e em recurso extraordinário."*

## ⚖ Legislação Correlata

**2. Lei 6.830/1980, art. 34.** *"Art. 34. Das sentenças de primeira instância proferidas em execuções de valor igual ou inferior a 50 (cinquenta) Obrigações Reajustáveis do Tesouro Nacional – ORTN, só se admitirão embargos infringentes e de declaração. § 1º. Para os efeitos deste artigo considerar-se-á o valor da dívida monetariamente atualizado e acrescido de multa e juros de mora e de mais encargos legais, na data da distribuição. § 2º. Os embargos infringentes, instruídos, ou não, com documentos novos, serão deduzidos, no prazo de 10 (dez) dias perante o mesmo Juízo, em petição fundamentada. § 3º. Ouvido o embargado, no prazo de 10 (dez) dias, serão os autos conclusos ao Juiz, que, dentro de 20 (vinte) dias, os rejeitará ou reformará a sentença."*

**3. Lei 9.099/1995, art.** 41. *"Art. 41. Da sentença, excetuada a homologatória de conciliação ou laudo arbitral, caberá recurso para o próprio Juizado. § 1º. O recurso será julgado por uma turma composta por três Juízes togados, em exercício no primeiro grau de jurisdição, reunidos na sede do Juizado. § 2º. No recurso, as partes serão obrigatoriamente representadas por advogado."*

## ▣ Comentários Temáticos

**4. Recurso.** É o meio de impugnação da decisão judicial, utilizado dentro do mesmo processo em que é proferida. Pelo recurso, prolonga-se o curso (a litispendência) do processo.

**5. Regra da taxatividade.** A regra da taxatividade consiste na exigência de que a enumeração dos recursos seja taxativamente prevista em lei. O rol legal dos recursos é *numerus clausus*. Só há os recursos legalmente previstos. Não se admite a criação de recurso pelo regimento interno do tribunal. Só lei federal pode criar um recurso, não podendo assim o fazer uma lei estadual.

1549

Também não se admite a criação de recurso por negócio processual.

**6. Impossibilidade de criação de recurso por lei estadual.** *"Mostra-se insubsistente, sob o ângulo constitucional, norma local que implique criação de recurso. Esta ocorre no âmbito da competência para legislar sobre direito processual, não estando abrangida pela competência concorrente do inciso XI do artigo 24 da Constituição Federal"* (STF, 2ª Turma, AI 210.068 AgR, rel. Min. Marco Aurélio, j. 28.08.1998, *DJ* 30.10.1998, p. 7).

**7. Cabimento.** O cabimento é requisito de admissibilidade dos recursos, que se desdobra em dois elementos: a previsão legal do recurso e sua adequação.

**7.1. Previsão legal.** O recurso somente é cabível se estiver previsto em lei, atendendo à regra da taxatividade.

**7.2. Adequação.** O recurso deve ser adequado a combater aquele tipo de decisão.

**8. Princípio da fungibilidade dos recursos.** O princípio da fungibilidade recursal decorre dos princípios da boa-fé processual, da primazia da decisão de mérito e da instrumentalidade das formas. O princípio fungibilidade permite a conversão de um recurso em outro, no caso de equívoco da parte, desde que não haja erro grosseiro ou não tenha precluído o prazo para a interposição. Trata-se de aplicação específica do princípio da instrumentalidade das formas. Pela fungibilidade, também é possível o simples aproveitamento do recurso erroneamente interposto. De um modo geral, deve aceitar-se um recurso pelo outro sempre que não houver má-fé ou outro comportamento contrário à boa-fé objetiva. Seguindo a tradição do direito brasileiro, a doutrina apresenta dois parâmetros para a avaliação do comportamento do recorrente que errou no manejo do recurso: "dúvida objetiva" e ausência de "erro grosseiro".

**8.1. Observância do prazo.** Para aplicação da fungibilidade, exige-se também a *observância do prazo*: o recurso interposto há de respeitar o prazo daquele que deveria ter sido interposto.

**8.2. Erro grosseiro.** *"A jurisprudência do STJ é pacífica no sentido de que constitui erro grosseiro a interposição de recurso equivocado, quando o recurso correto para impugnar determinada decisão judicial encontra suas hipóteses de cabimento delineadas claramente na legislação"* (STJ, 1ª Turma, AgInt no AREsp 1.481.918/SP, rel. Min. Sérgio Kukina, *DJe* 05.12.2019).

**9. Erro induzido pelo juiz e aplicação da fungibilidade.** *"Segundo a jurisprudência desta Corte, é possível relevar o equívoco na interposição do recurso quando o jurisdicionado for induzido a erro pelo magistrado, aplicando-se o princípio da fungibilidade recursal. Precedentes. 2.1. Uma vez que o magistrado de piso proferiu decisão intitulada 'sentença', fazendo referência até mesmo ao 'trânsito em julgado' do ato jurisdicional, é cabível admitir o recurso de apelação como o competente agravo de instrumento"* (STJ, 4ª Turma, EDcl no AgInt no AREsp 1.593.214/SP, rel. Min. Marco Buzzi, *DJe* 16.12.2020).

**10. Regra da unicidade, unirrecorribilidade ou singularidade.** Não é possível a utilização simultânea de dois recursos contra a mesma decisão; para cada caso, há um recurso adequado e somente um. A interposição de mais de um recurso contra uma decisão implica inadmissibilidade do recurso interposto por último. Essa regra comporta uma exceção: a interposição simultânea de recursos especial e extraordinário contra o mesmo acórdão.

**11. Recurso de fundamentação livre.** É aquele em que o recorrente está livre para, nas suas razões, deduzir qualquer tipo de crítica em relação à decisão, sem que isso tenha qualquer influência na sua admissibilidade. A causa de pedir recursal não está delimitada pela lei, podendo o recorrente impugnar a decisão alegando qualquer vício. É o caso da apelação, do agravo de instrumento e do recurso ordinário.

**12. Recurso de fundamentação vinculada.** É aquele limitado pela lei. O recorrente só pode deduzir o tipo de crítica previsto em lei. O recurso caracteriza-se por ter fundamentação típica. A fundamentação do recurso deve encaixara-se num dos tipos legais. O recurso não pode ser utilizado para veicular qualquer espécie de crítica à decisão recorrida. É o caso dos embargos de declaração, do recurso especial, do recurso extraordinário e dos embargos de divergência.

---

**Art. 995.** Os recursos não impedem a eficácia da decisão, salvo disposição legal ou decisão judicial em sentido diverso.

Parágrafo único. A eficácia da decisão recorrida poderá ser suspensa por decisão do relator, se da imediata produção de seus efeitos houver risco de dano grave, de difícil ou impossível reparação, e ficar demonstrada a probabilidade de provimento do recurso.

▶ **1. Correspondência no CPC/1973.** *"Art. 497. O recurso extraordinário e o recurso especial não impedem a execução da sentença; a interposição do agravo de instrumento não obsta o andamento do processo, ressalvado o disposto no art. 558 desta Lei." "Art. 558. O relator poderá, a requerimento*

# LIVRO III · DOS PROCESSOS NOS TRIBUNAIS E DOS MEIOS DE IMPUGNAÇÃO DAS DECISÕES JUDICIAIS — Art. 995

*do agravante, nos casos de prisão civil, adjudica-ção, remição de bens, levantamento de dinheiro sem caução idônea e em outros casos dos quais possa resultar lesão grave e de difícil reparação, sendo relevante a fundamentação, suspender o cumprimento da decisão até o pronunciamento definitivo da turma ou câmara."*

## ⚖ LEGISLAÇÃO CORRELATA

**2. Lei 8.437/1992, art. 3º.** *"Art. 3º O recurso voluntário ou ex officio, interposto contra senten-ça em processo cautelar, proferida contra pessoa jurídica de direito público ou seus agentes, que importe em outorga ou adição de vencimentos ou de reclassificação funcional, terá efeito suspensivo."*

**3. Lei 12.016/2009, art. 15.** *"Art. 15. Quando, a requerimento de pessoa jurídica de direito pú-blico interessada ou do Ministério Público e para evitar grave lesão à ordem, à saúde, à segurança e à economia públicas, o presidente do tribunal ao qual couber o conhecimento do respectivo re-curso suspender, em decisão fundamentada, a execução da liminar e da sentença, dessa decisão caberá agravo, sem efeito suspensivo, no prazo de 5 (cinco) dias, que será levado a julgamento na sessão seguinte à sua interposição."*

## ⚖ JURISPRUDÊNCIA, ENUNCIADOS E SÚMULAS SELECIONADOS

- **4. Súmula TST, 279.** *"A cassação de efeito suspensivo concedido a recurso interposto de sentença normativa retroage à data do despa-cho que o deferiu."*
- **5. Enunciado 423 do FPPC.** *"Cabe tutela de evidência recursal."*
- **6. Enunciado 465 do FPPC.** *"A concessão do efeito suspensivo ao recurso inominado cabe exclusivamente ao relator na turma recursal."*
- **7. Enunciado 559 do FPPC.** *"O efeito sus-pensivo ope legis do recurso de apelação não obsta a eficácia das decisões interlocutórias nele impugnadas."*
- **8. Enunciado 609 do FPPC.** *"O pedido de antecipação da tutela recursal ou de concessão de efeito suspensivo a qualquer recurso poderá ser formulado por simples petição ou nas ra-zões recursais."*

## 📃 COMENTÁRIOS TEMÁTICOS

**9. Eficácia imediata das decisões.** As deci-sões, no processo civil, brasileiro produzem, em regra, efeitos imediatos.

**10. Efeito suspensivo.** O efeito suspensivo é aquele que provoca o impedimento da pro-dução imediata dos efeitos da decisão que se quer impugnar.

**11. Efeito suspensivo automático.** Há os re-cursos que possuem efeito suspensivo automá-tico, por determinação legal. É o que acontece com a apelação (art. 1.012) e o recurso especial ou extraordinário interposto contra decisão que julga incidente de resolução de demandas repeti-tivas (art. 987, § 1º). Também é o que ocorre com a apelação interposta contra sentença proferida contra o Poder Público ou seus agentes que im-porte outorga ou adição de vencimentos ou de reclassificação funcional (Lei 8.437/1992, art. 3º).

**12. Efeito decorrente da mera recorribilida-de do ato.** O efeito suspensivo automático não decorre da interposição do recurso, mas de sua mera recorribilidade. Havendo recurso previsto em lei, dotado de efeito suspensivo, para aquele tipo de ato judicial, esse, quando proferido, já é lançado aos autos com sua executoriedade adiada ou suspensa, perdurando essa suspensão até, pelo menos, o escoamento do prazo para interposição do recurso. Havendo recurso, a suspensividade é confirmada, estendendo-se até seu julgamento pelo tribunal. Não sendo interposto o recurso, opera-se o trânsito em julgado, passando-se, en-tão, o ato judicial a produzir efeitos e a conter executoriedade.

**13. Requerimento de efeito suspensivo.** A regra geral é a de que o recurso não possui efeito suspensivo automático. Cabe recorrente pedir o efeito suspensivo ao relator do recurso, demonstrando o preenchimento dos pressupos-tos legais. O pedido pode fundar-se na urgência ou na evidência. O efeito suspensivo concedido pelo relator será, então, uma tutela de urgência ou uma tutela de evidência.

**14. Agravo interno.** Da decisão do relator que concede ou nega o efeito suspensivo cabe agravo interno (art. 1.021).

**15. Generalidade do efeito suspensivo.** No sistema processual brasileiro, todo recurso pode ter efeito suspensivo. Alguns têm efeito suspen-sivo automático, já previsto em lei; os demais podem ter o efeito suspensivo, caso o relator, a requerimento da parte interessada, resolva de-feri-lo, em razão de uma urgência ou de uma evidência fundamentadamente justificada.

**16. Efeito suspensivo apenas em relação a um capítulo da decisão.** Se a decisão contiver mais de um capítulo, é possível que o recurso tenha efeito suspensivo em relação a um e não tenha em relação a outro. Basta pensar no caso de

1551

**Art. 996** CÓDIGO DE PROCESSO CIVIL COMENTADO – *Leonardo Carneiro da Cunha*

sentença que confirma tutela provisória parcial (art. 1.012, § 1º, V); nesse caso, em relação à parte da sentença em que houve tutela provisória (art. 1.013, § 5º), a apelação não terá efeito suspensivo automático; em relação a outra parte, terá. Poderá, de todo modo, ser requerida ao relator a concessão de efeito suspensivo ao capítulo dele desprovido, desde que demonstrada a urgência ou a evidência que a justifique.

> **Art. 996.** O recurso pode ser interposto pela parte vencida, pelo terceiro prejudicado e pelo Ministério Público, como parte ou como fiscal da ordem jurídica.
>
> Parágrafo único. Cumpre ao terceiro demonstrar a possibilidade de decisão sobre a relação jurídica submetida à apreciação judicial atingir direito de que se afirme titular ou que possa discutir em juízo como substituto processual.

▶ **1. Correspondência no CPC/1973.** "*Art. 499. O recurso pode ser interposto pela parte vencida, pelo terceiro prejudicado e pelo Ministério Público. § 1º Cumpre ao terceiro demonstrar o nexo de interdependência entre o seu interesse de intervir e a relação jurídica submetida à apreciação judicial. § 2º O Ministério Público tem legitimidade para recorrer assim no processo em que é parte, como naqueles em que oficiou como fiscal da lei.*"

### ⚖ Legislação Correlata

**2. Lei 6.385/1976, art. 31, § 3º.** "*Art. 31. Nos processos judiciários que tenham por objeto matéria incluída na competência da Comissão de Valores Mobiliários, será esta sempre intimada para, querendo, oferecer parecer ou prestar esclarecimentos, no prazo de quinze dias a contar da intimação. (...) § 3º À comissão é atribuída legitimidade para interpor recursos, quando as partes não o fizerem.*"

**3. Lei 9.469/1997, art. 5º, parágrafo único.** "*Parágrafo único. As pessoas jurídicas de direito público poderão, nas causas cuja decisão possa ter reflexos, ainda que indiretos, de natureza econômica, intervir, independentemente da demonstração de interesse jurídico, para esclarecer questões de fato e de direito, podendo juntar documentos e memoriais reputados úteis ao exame da matéria e, se for o caso, recorrer, hipótese em que, para fins de deslocamento de competência, serão consideradas partes.*"

**4. Lei 12.529/2011, art. 118.** "*Nos processos judiciais em que se discuta a aplicação desta Lei, o Cade deverá ser intimado para, querendo, intervir no feito na qualidade de assistente.*"

### ⚖ Jurisprudência, Enunciados e Súmulas Selecionados

- **5. Tema/Repetitivo 236 STJ.** "*Em processo de execução, o terceiro afetado pela constrição judicial de seus bens poderá opor embargos de terceiro à execução ou interpor recurso contra a decisão constritiva, na condição de terceiro prejudicado.*"
- **6. Súmula STJ, 99.** "*O Ministério Público tem legitimidade para recorrer no processo em que oficiou como fiscal da lei, ainda que não haja recurso da parte.*"
- **7. Súmula STJ, 202.** "*A impetração de segurança por terceiro, contra ato judicial, não se condiciona à interposição de recurso.*"
- **8. Súmula STJ, 226.** "*O Ministério Público tem legitimidade para recorrer na ação de acidente do trabalho, ainda que o segurado esteja assistido por advogado.*"
- **9. Súmula STJ, 318.** "*Formulado pedido certo e determinado, somente o autor tem interesse recursal em arguir o vício da sentença ilíquida.*"
- **10. Enunciado 391 do FPPC.** "*O amicus curiae pode recorrer da decisão que julgar recursos repetitivos.*"

### ▣ Comentários Temáticos

**11. Legitimidade recursal.** Têm legitimidade para interpor recurso a parte vencida, o terceiro interessado e o Ministério Público, como parte ou como fiscal da ordem jurídica.

**12. Legitimidade da parte.** A parte vencida tem legitimidade para recorrer. Não só o autor como o réu, haja ou não litisconsórcio, podem recorrer. Também tem legitimidade para recorrer o terceiro interveniente que, com sua intervenção, se tornou parte. Assim, o assistente (simples ou litisconsorcial), o denunciado, o chamado recorrem na qualidade de parte, pois adquiriram essa qualidade pela intervenção de terceiro. Na expressão "parte vencida" deve também ser incluído aquele sujeito processual que é parte apenas de alguns incidentes, como é o caso do juiz, na arguição de suspeição ou de impedimento (art. 146, § 5º), e o terceiro desobediente, no caso da aplicação da multa do § 2º do art. 77.

**13. Recurso do assistente simples.** O assistente pode suprir omissão do assistido e interpor recurso em seu lugar (art. 121, parágrafo único). É possível que apenas o assistente simples recorra. Na verdade, é exatamente esse o seu papel: ajudar o assistido. Pode acontecer de o assistido perder o prazo do recurso; o recurso

1552

# LIVRO III · DOS PROCESSOS NOS TRIBUNAIS E DOS MEIOS DE IMPUGNAÇÃO DAS DECISÕES JUDICIAIS

## Art. 996

do assistente estará lá para evitar a preclusão. Se o assistido expressamente tiver manifestado a vontade de não recorrer, renunciando ao recurso ou desistindo do recurso já interposto, o recurso do assistente não poderá, efetivamente, ser conhecido, pois a atuação do assistente simples fica vinculada à manifestação de vontade do assistido (art. 122).

**14. Ilegitimidade recursal do terceiro que teve pedido de assistência antes indeferido.** *"Não possui o peticionário legitimidade para interpor recurso como terceiro prejudicado, tendo em vista ter transitado em julgado o indeferimento do seu pedido de intervenção de terceiro, na modalidade assistência simples, em razão da ausência de potencial prejuízo jurídico na controvérsia"* (STJ, 4ª Turma, AgInt no REsp 1.499.075/RJ, rel. Min. Antonio Carlos Ferreira, *DJe* 20.08.2019).

**15. Legitimidade do *amicus curiae*.** Como regra, o *amicus curiae* não pode recorrer (art. 138, § 1º). Há, porém, ao menos, duas exceções: garante-se a ele o direito de opor embargos de declaração (art. 138, § 1º, *fine*) e o de recorrer da decisão que julgar o incidente de resolução de demandas repetitivas (art. 138, § 3º; arts. 976 e ss.). Em razão da existência de um microssistema de julgamento de casos repetitivos (art. 928), a permissão de interposição de recursos deve estender-se, também, ao julgamento de *recursos especiais ou extraordinários repetitivos*. Embora o STF e o STJ não admitam, pode o *amicus curiae* recorrer da decisão que não admita sua intervenção.

**16. Irrecorribilidade da decisão que inadmite a intervenção do *amicus curiae*.** *"9. O legislador expressamente restringiu a recorribilidade do amicus curiae às hipóteses de oposição de embargos de declaração e da decisão que julgar o incidente de resolução de demandas repetitivas, conforme explicita o artigo 138 do CPC/2015, ponderados os riscos e custos processuais. 10. É que o amicus curiae não se agrega à relação processual, por isso não exsurge para ele uma expectativa de resultado ou mesmo uma lesividade jurídica a ensejar a recorribilidade da denegação de seu ingresso. O status de amicus encerra-se no momento em que se esgota – ou se afere inexistir – sua potencialidade de contribuição ou sugestão (COVEY, Frank. Amicus Curiae: Friend of The Court. 9 DePaul Law Review, n. 30. 1959, p. 30). 11. A irrecorribilidade da decisão do Relator que denega o ingresso de terceiro na condição de amicus curiae em processo subjetivo impede a cognoscibilidade do recurso sub examine, máxime porque a possibilidade de impugnação de decisão negativa em controle subjetivo encontra óbice (i) na própria* ratio essendi *da participação do colaborador da Corte; e (ii) na vontade democrática exposta na legislação processual que disciplina a matéria"* (STF, Pleno, RE 602.584 AgR, rel. Min. Marco Aurélio, rel. p/ acórdão Min. Luiz Fux, j. 17.10.2018, *DJe*-065 divulg. 19.03.2020 public. 20.03.2020). *"(...) a leitura do art. 138 do CPC/2015, não deixa dúvida de que a decisão unipessoal que verse sobre a admissibilidade do* amicus curiae *não é impugnável por agravo interno, seja porque o* caput *expressamente a coloca como uma decisão irrecorrível, seja porque o § 1º expressamente diz que a intervenção não autoriza a interposição de recursos, ressalvada a oposição de embargos de declaração ou a interposição de recurso contra a decisão que julgar o IRDR"* (STJ, Corte Especial, Questão de Ordem no REsp 1.696.396/MT, rel. Min. Nancy Andrighi, j. 1º.8.2018).

**17. Recurso de terceiro.** Aquele que não é parte nem participa do processo é terceiro. O recurso de terceiro é uma modalidade de intervenção de terceiro; o terceiro, com o recurso, passa a fazer parte do processo. Cumpre ao terceiro demonstrar a possibilidade de a decisão sobre a relação jurídica submetida à apreciação judicial atingir direito de que se afirme titular ou que possa discutir em juízo como substituto processual. Assim, é terceiro e pode recorrer o substituído contra decisão proferida em processo conduzido pelo substituto processual (art. 18). Também pode recorrer o terceiro que poderia ter sido assistente simples, mas não foi, permanecendo, até então, como sujeito estranho ao processo. Ainda pode recorrer o terceiro, legitimado extraordinário, que está autorizado a discutir em juízo direito de que não é titular. O litisconsorte necessário não citado também poderá recorrer.

**18. Terceiro *juridicamente interessado*.** A legitimidade para recorrer é do terceiro *juridicamente* interessado. O terceiro prejudicado há de afirmar-se titular ou da mesma relação jurídica discutida ou de uma relação jurídica conexa com aquela deduzida em juízo, ou, ainda, ser um legitimado extraordinário. O litisconsorte necessário não citado também poderá recorrer.

**19. Interesse atual.** *"O interesse processual de terceiro em recorrer deve ser atual"* (STJ, 4ª Turma, AgInt no AREsp 1.118.329/MG, rel. Min. Luis Felipe Salomão, *DJe* 23.05.2019).

**20. Legitimidade recursal do Ministério Público.** O Ministério Público pode recorrer na qualidade de parte ou de fiscal da ordem jurídica. A legitimação recursal como fiscal da ordem jurídica é concorrente com a das partes, mas é primária, ou seja, independe do comportamento delas.

1553

**Art. 997**  CÓDIGO DE PROCESSO CIVIL COMENTADO – *Leonardo Carneiro da Cunha*

**21. Recurso da Fazenda Pública com fundamento no parágrafo único do art. 5º da Lei 9.469/1997.** A Fazenda Pública, quando intervém com fundamento no parágrafo único do art. 5º da Lei 9.469/1997, pode recorrer, quando, então, adquire a condição de parte e passa a poder praticar todos os atos no âmbito recursal.

---

**Art. 997.** Cada parte interporá o recurso independentemente, no prazo e com observância das exigências legais.

§ 1º Sendo vencidos autor e réu, ao recurso interposto por qualquer deles poderá aderir o outro.

§ 2º O recurso adesivo fica subordinado ao recurso independente, sendo-lhe aplicáveis as mesmas regras deste quanto aos requisitos de admissibilidade e julgamento no tribunal, salvo disposição legal diversa, observado, ainda, o seguinte:

I – será dirigido ao órgão perante o qual o recurso independente fora interposto, no prazo de que a parte dispõe para responder;

II – será admissível na apelação, no recurso extraordinário e no recurso especial;

III – não será conhecido, se houver desistência do recurso principal ou se for ele considerado inadmissível.

---

▶ **1. Correspondência no CPC/1973.** *"Art. 500. Cada parte interporá o recurso, independentemente, no prazo e observadas as exigências legais. Sendo, porém, vencidos autor e réu, ao recurso interposto por qualquer deles poderá aderir a outra parte. O recurso adesivo fica subordinado ao recurso principal e se rege pelas disposições seguintes: I – será interposto perante a autoridade competente para admitir o recurso principal, no prazo de que a parte dispõe para responder; II – será admissível na apelação, nos embargos infringentes, no recurso extraordinário e no recurso especial; III – não será conhecido, se houver desistência do recurso principal, ou se for ele declarado inadmissível ou deserto. Parágrafo único. Ao recurso adesivo se aplicam as mesmas regras do recurso independente, quanto às condições de admissibilidade, preparo e julgamento no tribunal superior."*

🔲 **LEGISLAÇÃO CORRELATA**

**2. ECA, art. 198, I.** *"Art. 198. Nos procedimentos afetos à Justiça da Infância e da Juventude, inclusive os relativos à execução das medidas socioeducativas, adotar-se-á o sistema recursal da Lei nº 5.869, de 11 de janeiro de 1973 (Código de Processo Civil), com as seguintes adaptações: I – os recursos serão interpostos independentemente de preparo."*

⚖ **JURISPRUDÊNCIA, ENUNCIADOS E SÚMULAS SELECIONADOS**

• **3. Tema/Repetitivo 459 STJ.** *"O recurso adesivo pode ser interposto pelo autor da demanda indenizatória, julgada procedente, quando arbitrado, a título de danos morais, valor inferior ao que era almejado, uma vez configurado o interesse recursal do demandante em ver majorada a condenação, hipótese caracterizadora de sucumbência material."*

• **4. Súmula TST, 283.** *"O recurso adesivo é compatível com o processo do trabalho e cabe, no prazo de 8 (oito) dias, nas hipóteses de interposição de recurso ordinário, de agravo de petição, de revista e de embargos, sendo desnecessário que a matéria nele veiculada esteja relacionada com a do recurso interposto pela parte contrária."*

• **5. Enunciado 88 do FONAJE.** *"Não cabe recurso adesivo em sede de Juizado Especial, por falta de expressa previsão legal."*

🔲 **COMENTÁRIOS TEMÁTICOS**

**6. Forma de interposição dos recursos.** Os recursos são, em regra, interpostos de forma principal. Cada parte interpõe o seu recurso.

**7. Recurso adesivo.** O recurso adesivo não é uma espécie de recurso, mas uma forma de interposição de recurso. O recurso pode ser interposto de forma *independente* e de forma *adesiva*. O recurso adesivo é exatamente o mesmo recurso que poderia ter sido interposto autonomamente, diferenciando-se apenas pela técnica de interposição.

**8. Recurso adesivo como recurso contraposto.** Recurso adesivo é o recurso contraposto ao da parte contrária, por aquela que se dispunha a não impugnar a decisão, e só veio a impugná-la porque o fizera o outro litigante. Já o recurso independente é aquele interposto autonomamente por qualquer das partes, sem qualquer relação com o comportamento do adversário.

**9. Sucumbência recíproca.** Somente é possível recurso adesivo em caso de sucumbência recíproca: ambos os litigantes são, em parte, vencedores e vencidos. Nesses casos, publicada a decisão, embora ambos pudessem ter recorrido de forma independente, um deles espera o comportamento do outro, para só então recorrer.

**LIVRO III · DOS PROCESSOS NOS TRIBUNAIS E DOS MEIOS DE IMPUGNAÇÃO DAS DECISÕES JUDICIAIS** **Art. 997**

**10. Capítulos diversos.** Para que cabia o recurso adesivo, a sucumbência recíproca não precisa ocorrer no mesmo capítulo da sentença. É possível que o recurso principal ataque um capítulo e o adesivo, outro.

**11. Recurso adesivo para majorar honorários de sucumbência.** *"A jurisprudência do STJ está consolidada no sentido da possibilidade de manejar Recurso Adesivo em Apelação na hipótese em que se pretende apenas a majoração da verba honorária estipulada em sentença"* (STJ, 2ª Turma, AgInt no REsp 1.710.637/GO, rel. Min. Herman Benjamin, *DJe* 23.11.2018).

**12. Pressupostos e requisitos.** São pressupostos para o recurso adesivo: decisão em que houve sucumbência recíproca, o recurso de uma parte e o silêncio da outra (aquela que pretende interpor o recurso adesivo). São requisitos para que o recurso adesivo seja conhecido: o conhecimento do recurso principal e os demais requisitos de admissibilidade exigidos para o próprio recurso cuja interposição é adesiva.

**13. Inadmissibilidade do recurso adesivo quando a parte já tiver interposto recurso principal.** *"Ante a ocorrência da preclusão consumativa, é inadmissível o recurso adesivo quando a parte já tiver interposto apelo autônomo"* (STJ, 5ª Turma, AgRg no REsp 1.270.488/RS, rel. Min. Marilza Maynard (Des. Conv. TJSE), *DJe* 03.04.2013).

**14. Recurso adesivo por quem já recorreu e desistiu.** Se a parte recorrer de forma principal, e desiste do recurso, não pode interpor novo recurso na forma adesiva. A desistência do recurso impede que a parte desistente recorra de novo, ainda que dentro do mesmo prazo. Terá havido preclusão consumativa.

**15. Recurso adesivo por quem já recorreu parcialmente.** Se a parte recorrer parcialmente, não poderá, ao ser intimada para apresentar contrarrazões ao recurso da outra parte, recorrer adesivamente para impugnar a parcela da decisão que não fora impugnada no seu recurso independente. Parcial ou total, não importa, houve já recurso da parte. O recurso adesivo não serve para complementação de recurso já interposto. Terá havido preclusão consumativa.

**16. Recurso adesivo por quem já recorreu intempestivamente.** Se parte recorrer intempestivamente, não poderá interpor novo recurso de forma adesiva. É pressuposto do recurso adesivo que a parte não tenha recorrido. Bem ou mal formulado, tempestivo ou não, pouco importa, houve recurso. Houve preclusão temporal. O recurso adesivo não serve para salvar recurso interposto de forma equivocada. Se a parte perder o prazo para o recurso principal, é melhor que não recorra e aguarde o prazo para a interposição do recurso na forma adesiva.

**17. Razão de ser do recurso adesivo.** Nos casos de sucumbência recíproca, uma das partes, embora não totalmente satisfeita, pode sentir-se inclinada a conformar-se com o julgamento. Se, entretanto, não interpuser o recurso no prazo comum, sujeita-se a ver prosseguir o processo, em virtude da interposição de recurso pela parte contrária, talvez no último instante do prazo. Esse efeito surpresa acarreta-lhe dupla frustração: a) deixou de recorrer por achar que o encerramento imediato do processo era compensação bastante para deixar de perseguir integral satisfação de sua pretensão, e, no entanto, a compensação lhe escapara; b) poderia não dispor de meio idôneo para retificar a posição primitiva. É possível imaginar que ambas as partes não quisessem recorrer, sob condição de que a outra parte observasse comportamento idêntico, mas recorrem, para evitar esta situação. Subsistiria sempre no espírito da parte o receio de que a outra parte viesse a recorrer no momento derradeiro. Sem o recurso adesivo, pois, havia o favorecimento ao prolongamento do processo, talvez desnecessário e nem sequer verdadeiramente querido pelas partes. O recurso adesivo visa evitar, portanto, a interposição precipitada do recurso pelo parcialmente vencido, graças à certeza de que terá nova oportunidade de impugnar a decisão. Ambas as partes se veem incentivadas a abster-se de impugnar a decisão, pois, recorrendo imediatamente, poderiam provocar a reação de um adversário em princípio disposto a conservar-se inerte. É um contraestímulo ao recurso.

**18. Sentença totalmente improcedente.** Não se admite recurso adesivo pelo réu contra sentença que julga totalmente improcedente pedido do autor, pela absoluta falta de interesse. Não é possível, nesse caso, o recurso adesivo pelo réu, nem mesmo para tentar melhorar a fundamentação do julgado. Se o juiz rejeitou alguma preliminar suscitada na contestação, mas julgou improcedente o pedido do autor, o réu não tem interesse no recurso adesivo para tratar da preliminar rejeitada. A apelação do autor devolverá ao tribunal todos os fundamentos que o réu tenha levantado no processo (art. 1.013, §§ 1º e 2º), sem que ele precise, para tanto, recorrer adesivamente.

**19. Devolução de questões de admissibilidade suscitada pelo vencedor na primeira instância.** *"Se a ação é julgada improcedente com base em um dos fundamentos apresentados na* *contestação, havendo apelação da parte vencida, não está o vencedor obrigado a recorrer, mesmo que adesivamente, para que o tribunal conheça dos demais argumentos de defesa, pois a apelação devolve ao tribunal todos os fundamentos*" (STJ, 4ª Turma, REsp 1.119.837/PR, rel. Min. João Otávio de Noronha, *DJe* 19.11.2009). "*É firme o entendimento desta Corte de que as questões preliminares veiculadas na contestação e afastadas pela sentença de improcedência da ação devem ser enfrentadas no segundo grau, independentemente da interposição de apelação pelo réu, que careceria de interesse para tanto*" (STJ, 3ª Turma, AgRg no REsp 1.175.328/PR, rel. Min. Ricardo Villas Bôas Cueva, *DJe* 26.09.2014).

**20. Recurso adesivo em remessa necessária.** Não se admite recurso adesivo pelo particular em remessa necessária, pois ele não espera o comportamento da Fazenda Pública, na expectativa de inércia, a fim de obter logo o trânsito em julgado. Em razão da remessa necessária, os autos seguirão, forçosamente, para o tribunal, não havendo possibilidade de um imediato trânsito em julgado. Não cabe recurso adesivo à remessa necessária, por não haver recurso voluntário interposto. É preciso que o Poder Público recorra, para que a outra parte possa aderir ao seu recurso.

**21. Casos em que se admite o recurso adesivo.** Nem todos os recursos podem ser interpostos adesivamente. Apenas é possível a interposição adesiva da apelação, do recurso especial e do recurso extraordinário. Também se admite recurso ordinário constitucional na forma adesiva, quando fizer as vezes de recurso de apelação (art. 1.027, II, *b*), no caso de ações propostas por Município ou pessoa residente no Brasil em face de Estado estrangeiro ou de organismo internacional (CF, art. 109, II). Não se permite a interposição adesiva no recurso ordinário em mandado de segurança.

**22. Recurso ordinário adesivo.** Não é possível haver recurso ordinário adesivo. Realmente, "*não é cabível recurso adesivo no recurso ordinário em mandado de segurança*" (STJ, 5ª Turma, RMS 18.515/SE, rel. Min. Laurita Vaz, *DJe* 30.11.2009).

**23. Embargos de divergência adesivos.** Não cabem embargos de divergência adesivos.

**24. Recurso adesivo nos Juizados Especiais.** Não se tem admitido recurso inominado adesivo. No âmbito dos Juizados, cabe o recurso extraordinário adesivo, mas não se tem admitido, repita-se, o recurso inominado adesivo. Esse entendimento não é correto. Parte-se da falsa premissa de que o recurso adesivo é instituto

que atenta contra a razoável duração do processo e contra a economia processual, o que é exatamente o contrário. O recurso adesivo é técnica que conspira em favor da duração razoável do processo e da economia processual. O órgão recursal irá examinar, a um só tempo, mais de uma pretensão recursal. O recurso adesivo estimula a ausência de recurso, pois a parte deixa de recorrer de forma independente, só recorrendo se houver recurso da parte contrária.

**25. Prazo.** O prazo para a interposição do recurso adesivo é o de que dispõe a parte para apresentar contrarrazões ao recurso principal (o recurso independente que fora interposto pela outra parte). A parte não precisa apresentar contrarrazões e recorrer; pode tomar ambas as atitudes, nenhuma ou apenas uma delas. Convém que a parte elabore peças distintas para cada uma dessas atitudes; mas, desde que se contenham todos os elementos indispensáveis à interposição do recurso, nada impede que se apresente única peça, com as contrarrazões e o recurso. O prazo para o recurso adesivo é o prazo de que a parte dispõe para apresentar suas contrarrazões ao recurso principal. Se o recorrente principal tem benefício do prazo e dobro (estiver, por exemplo, sob o patrocínio da Defensoria Pública ou for Ministério Público ou Fazenda Pública), o recorrente adesivo não o terá necessariamente.

**26. Recurso adesivo de terceiro.** O terceiro pode interpor recurso adesivo. Nesse sentido, o terceiro, que poderia ter sido assistente litisconsorcial, mas não foi, pode interpor recurso adesivo.

**27. Recurso adesivo do Ministério Público.** O Ministério Público, quando atua na condição de parte, pode interpor recurso adesivo.

**28. Requisitos de admissibilidade.** O recurso adesivo deve obedecer a todos os requisitos de admissibilidade exigidos para os respectivos recursos, inclusive o preparo. Se o recurso for objetivamente dispensado do preparo (apelação em causas do ECA, por exemplo), o recurso adesivo também o será. Se o recurso exigir preparo, mas o recorrente principal, por circunstâncias pessoais (for beneficiário da justiça gratuita, por exemplo), estiver liberado de fazê-lo, o recorrente adesivo não terá, por isso, esse benefício. Nesse caso, as exigências para o recurso independente e para o recurso adesivo são as mesmas, mas o recorrente principal, por características personalíssimas, está dispensado do preparo. Tais circunstâncias, que são personalíssimas e justamente por isso, não se transferem para o recorrente adesivo. O recurso adesivo se submete aos mesmos requisitos de admissibilidade do

# LIVRO III • DOS PROCESSOS NOS TRIBUNAIS E DOS MEIOS DE IMPUGNAÇÃO DAS DECISÕES JUDICIAIS — Art. 997

recurso principal. Assim, se o recurso principal depender do prequestionamento, o adesivo também dependerá. Somente se permite a interposição de recurso adesivo, se a parte pudesse ter interposto recurso principal, ou seja, apenas se pode aderir a recurso que se poderia interpor. Impetrado mandado de segurança originário em tribunal de justiça, vindo a ser concedida uma parte da segurança e denegada a outra, não cabe, a despeito da sucumbência recíproca, recurso adesivo. É que ao impetrante se franqueia a interposição de recurso ordinário, enquanto o impetrado deve interpor recurso especial ou extraordinário. Enfim, cada uma das partes dispõe de um recurso diferente, não podendo uma aderir ao recurso da outra.

**29.** **O recurso adesivo como espécie de recurso subordinado.** O recurso adesivo é um recurso *subordinado* à admissibilidade do recurso principal. Caso o recorrente principal desista de seu recurso ou esse não seja admissível, o recurso adesivo torna-se inadmissível. O recurso adesivo só é conhecido se o recurso principal for conhecido. Inadmitido o recurso principal, o recorrente adesivo não tem interesse de impugnar a decisão de inadmissibilidade. Assim, por exemplo, interposto recurso especial e recurso especial adesivo, se o principal for inadmitido pelo Presidente ou Vice-Presidente do tribunal de origem, só o recorrente principal é quem pode interpor agravo em recurso especial. Não é possível ao recorrente adesivo interpor agravo adesivo, pois não existe interposição adesiva no agravo; além disso, não há interesse recursal do recorrente adesivo. É que provido o agravo em recurso especial, serão admitidos os recursos principal e adesivo. Este último só não será admitido se lhe faltar um requisito próprio e específico. Mas, estando os requisitos do adesivo presentes, a admissibilidade do principal implica também a admissibilidade do adesivo. O mérito do *recurso adesivo* somente pode ser analisado se o recurso principal for conhecido. Isso porque quem se valeu do recurso adesivo inicialmente havia aceitado a decisão, que lhe satisfazia, e somente recorreu porque a outra parte interpôs seu recurso (por isso, cabe recurso adesivo a reexame necessário). Se o recurso dessa outra parte não for conhecido, não haveria interesse recursal do aderente que justificasse o exame do seu recurso.

**30.** **Recurso adesivo condicionado.** O recurso adesivo pode ser condicionado: somente será examinado se o recurso principal for acolhido. É possível ocorrer isso entre o recurso especial e o recurso extraordinário. Imagine-se que a parte

fundamenta o seu pedido em questão constitucional e, igualmente, em questão federal. O tribunal acolhe o pedido, mas rejeita o fundamento constitucional. A parte vencida poderá interpor recurso especial (para discutir a questão federal, que foi acolhida). Nessa situação, a parte vencedora não tem interesse na interposição do recurso extraordinário para o STF (para discutir a questão constitucional, que foi rejeitada), na medida em que, vitoriosa na questão principal, não pode recorrer para discutir simples fundamento. Sucede que há um problema para a parte vencedora: sem poder recorrer extraordinariamente, ela pode sofrer um grave prejuízo se o recurso especial da outra parte for provido: é que, em tal circunstância, não poderá rediscutir a questão constitucional, que ficara preclusa. Para evitar esse risco, é possível a interposição de *recurso extraordinário ou especial adesivo cruzado* (porque é recurso extraordinário adesivo a recurso especial, ou vice-versa), sob condição de somente ser processado se o recurso *independente* for *acolhido*.

**31.** **Interesse recursal da parte demandante na interposição, na origem, de recurso adesivo contra sentença de improcedência, que fora objeto de apelação pela parte demandada para impugnar o valor dos honorários advocatícios.** *"Consoante o art. 997 do CPC, são requisitos para o cabimento do recurso interposto na forma adesiva a interposição do recurso principal e a existência de sucumbência recíproca (material), esta entendida como a existência de interesse recursal da parte em obter no mundo dos fatos tudo aquilo que poderia ter conseguido com o processo. 1.3. No caso, inobstante a improcedência do pedido formulado na petição inicial, a parte demandada possuía interesse recursal em postular a majoração dos honorários advocatícios sucumbenciais arbitrados em valor alegadamente aquém do previsto em lei. 1.4. Destarte, uma vez admitida a interposição da apelação principal, tem direito a parte autora de se valer do recurso adesivo, não estando obrigada a interpor a apelação de forma independente"* (STJ, 3ª Turma, REsp 1.854.670/SP, rel. Min. Paulo de Tarso Sanseverino, *DJe* 13.5.2022).

**32.** **Renúncia ao prazo recursal e possibilidade recurso adesivo.** *"A renúncia expressa ao prazo para interposição do recurso principal não pode ser estendida, de forma presumida e automática, ao prazo recursal do recurso adesivo, porquanto se trata de um direito exercitável somente após a intimação para contrarrazões ao recurso da parte contrária"* (STJ, 3ª Turma, REsp 1.899.732/PR, rel. Min. Marco Aurélio Bellizze, *DJe* 20.3.2023).

# Art. 998

**Art. 998.** O recorrente poderá, a qualquer tempo, sem a anuência do recorrido ou dos litisconsortes, desistir do recurso.

Parágrafo único. A desistência do recurso não impede a análise de questão cuja repercussão geral já tenha sido reconhecida e daquela objeto de julgamento de recursos extraordinários ou especiais repetitivos.

▶ **1. Correspondência no CPC/1973.** "*Art. 501. O recorrente poderá, a qualquer tempo, sem a anuência do recorrido ou dos litisconsortes, desistir do recurso.*"

## 🗄 Legislação Correlata

**2. CC, art. 114.** "*Art. 114. Os negócios jurídicos benéficos e a renúncia interpretam-se estritamente.*"

**3. CC, art. 662.** "*Art. 662. Os atos praticados por quem não tenha mandato, ou o tenha sem poderes suficientes, são ineficazes em relação àquele em cujo nome foram praticados, salvo se este os ratificar. Parágrafo único. A ratificação há de ser expressa, ou resultar de ato inequívoco, e retroagirá à data do ato.*"

**4. Lei 10.522/2002, art. 19.** "*Art. 19. Fica a Procuradoria-Geral da Fazenda Nacional dispensada de contestar, de oferecer contrarrazões e de interpor recursos, e fica autorizada a desistir de recursos já interpostos, desde que inexista outro fundamento relevante, na hipótese em que a ação ou a decisão judicial ou administrativa versar sobre: I – matérias de que trata o art. 18; II – tema que seja objeto de parecer, vigente e aprovado, pelo Procurador-Geral da Fazenda Nacional, que conclua no mesmo sentido do pleito do particular; III – (VETADO). IV – tema sobre o qual exista súmula ou parecer do Advogado-Geral da União que conclua no mesmo sentido do pleito do particular; V – tema fundado em dispositivo legal que tenha sido declarado inconstitucional pelo Supremo Tribunal Federal em sede de controle difuso e tenha tido sua execução suspensa por resolução do Senado Federal, ou tema sobre o qual exista enunciado de súmula vinculante ou que tenha sido definido pelo Supremo Tribunal Federal em sentido desfavorável à Fazenda Nacional em sede de controle concentrado de constitucionalidade; VI – tema decidido pelo Supremo Tribunal Federal, em matéria constitucional, ou pelo Superior Tribunal de Justiça, pelo Tribunal Superior do Trabalho, pelo Tribunal Superior Eleitoral ou pela Turma Nacional de Uniformização de Jurisprudência, no âmbito de suas competências, quando: a) for definido em sede de repercussão geral ou recurso repetitivo; ou b) não houver viabilidade de reversão da tese firmada em sentido desfavorável à Fazenda Nacional, conforme critérios definidos em ato do Procurador-Geral da Fazenda Nacional; e VII – tema que seja objeto de súmula da administração tributária federal de que trata o art. 18-A desta Lei.*"

**5. Lei 10.522/2002, art. 19-C.** "*Art. 19-C. A Procuradoria-Geral da Fazenda Nacional poderá dispensar a prática de atos processuais, inclusive poderá desistir de recursos interpostos, e autorizar a realização de acordos em fase de cumprimento de sentença, a fim de atender a critérios de racionalidade, de economicidade e de eficiência.*"

## ⚖ Jurisprudência, Enunciados e Súmulas Selecionados

- **6. Enunciado 213 do FPPC.** "*No caso do art. 998, parágrafo único, o resultado do julgamento não se aplica ao recurso de que se desistiu.*"

- **7. Enunciado 352 do FPPC.** "*É permitida a desistência do recurso de revista repetitivo, mesmo quando eleito como representativo da controvérsia, sem necessidade de anuência da parte adversa ou dos litisconsortes; a desistência, contudo, não impede a análise da questão jurídica objeto de julgamento do recurso repetitivo.*"

## 📋 Comentários Temáticos

**8. Desistência e sua natureza jurídica.** O recurso é uma demanda e, nessa qualidade, pode ser revogado pelo recorrente. A revogação do recurso chama-se *desistência*. Etimologicamente, revogar é retirar, suprimir, eliminar a voz anteriormente emitida, ou seja, quando se *re-voga*, retira-se a *voz* anterior, revoga-se o ato. A desistência é, pois, negócio jurídico unilateral. Desiste-se do recurso. A desistência não é um pedido; não se pede desistência. Simplesmente se desiste, ou seja, se revoga o ato jurídico, que, no caso, é um recurso. Por ser a revogação de um ato, a desistência pressupõe recurso já interposto; não é possível desistir de um recurso que não foi interposto ainda. Não se pode revogar o que ainda não existe. Se o recurso ainda não foi interposto, e o interessado manifesta vontade de não o interpor, o caso é de renúncia.

**9. Desistência do recurso como negócio unilateral.** A desistência do recurso é um negócio jurídico que independe da concordância da parte contrária, ou seja, é um negócio jurídico processual unilateral. Também não depende da

# LIVRO III · DOS PROCESSOS NOS TRIBUNAIS E DOS MEIOS DE IMPUGNAÇÃO DAS DECISÕES JUDICIAIS — Art. 998

concordância dos demais litisconsortes, a não ser que o litisconsórcio seja unitário.

**10. Eficácia objetiva.** Com a desistência, revoga-se o recurso e extingue-se o procedimento recursal. A desistência é, então, causa de extinção do recurso, a não ser que tenha sido parcial: só a parte objeto da desistência está extinta, devendo o procedimento recursal prosseguir na outra parte.

**11. Eficácia subjetiva.** A desistência é conduta determinante (determina resultado desfavorável a quem a pratica) e, como tal, somente produz efeitos em relação ao recorrente. Por isso, a desistência de um recorrente não atinge seus litisconsortes. Em caso de litisconsórcio unitário, a desistência do recurso somente é eficaz se todos os litisconsortes desistirem.

**12. Fato impeditivo do poder de recorrer.** A desistência impede uma nova interposição do recurso de que se desistiu, mesmo se ainda dentro do prazo. Interposto o recurso, e tendo havido desistência, não é possível ser novamente interposto. A desistência do recurso impede a renovação de sua interposição. A desistência é fato impeditivo que, uma vez verificado, implica inadmissibilidade do procedimento recursal. A desistência não extingue o procedimento recursal por inadmissibilidade, mas, uma vez interposto novamente o recurso revogado, esse *novo* procedimento recursal, e não o primeiro, será inadmissível.

**13. Desistência total e desistência parcial.** A desistência do recurso pode ser parcial ou total, ou seja, o recorrente pode desistir de todo o recurso ou só de parte dele, revogando toda a demanda recursal ou apenas uma parcela dela.

**14. Poderes especiais na procuração.** O poder de desistir do recurso é especial e deve constar expressamente da procuração outorgada ao advogado (art. 105). A desistência manifestada sem esse poder especial é ineficaz em relação à parte.

**15. Ineficácia da desistência manifestada sem poderes na procuração.** Manifestada desistência por advogado sem poder especial para desistir na procuração a desistência é ineficaz, podendo a parte ratificá-la expressamente, o que irá retroagir à data do ato de desistência (CC, arts. 692 e 662).

**16. Momento para desistência.** A desistência do recurso pode ocorrer até o início do julgamento, ou seja, até antes da prolação do voto do relator.

**17. Impossibilidade de desistência após julgamento do recurso.** *"O pedido de desistência do recurso é possível somente antes de seu julgamento".* (STJ, 2ª Turma, DESIS no REsp 1.795.534/SP, rel. Min. Herman Benjamin, *DJe* 13.09.2019).

**18. Impossibilidade de se indeferir desistência.** A desistência não se pede. Não há pedido de desistência. Simplesmente se desiste, ou seja, se revoga a demanda recursal. Se a desistência for manifestada depois do julgamento do recurso, será ineficaz, pois não se pode desistir de um recurso já julgado. Não é possível revogar um recurso que já foi decidido.

**19. Forma de desistência do recurso.** O recorrente pode desistir por escrito ou em sustentação oral. É possível apresentar uma petição, desistindo do recurso, ou fazê-lo no início da sessão de julgamento, na sustentação oral, ou em manifestação formalizada antes de ser proferido o voto do relator.

**20. Desistência do recurso: eficácia imediata.** Contrariamente à desistência da ação (art. 200, parágrafo único), a desistência do recurso não depende de homologação judicial. Manifestada desistência do recurso, seus efeitos são produzidos imediatamente. A desistência consiste na revogação do ato praticado anteriormente. Desistir do recurso é revogar a manifestação de vontade estratificada no ato de interposição do recurso. Com a desistência do recurso, o tribunal não pode mais julgá-lo, por deixar de existir.

**21. Interpretação restritiva.** Assim como a renúncia e o negócio bilateral benéfico, a desistência é um de disposição. Ao desistir do recurso, a parte revoga o ato por meio do qual recorreu, abrindo mão do seu direito ao julgamento postulado. Sua interpretação, por isso mesmo, há de ser restritiva (CC, art. 114).

**22. Desistência do recurso em IRDR.** Instaurado IRDR, a desistência do correspondente recurso não impede o exame do mérito do incidente (art. 976, § 1º).

**23. Desistência de recurso repetitivo.** Havendo desistência do recurso escolhido para julgamento por amostragem, o tribunal deverá, ainda assim, fixar a tese a ser aplicada a todos os demais que ficaram sobrestados aguardando a definição do entendimento pelo tribunal superior. O § 1º do art. 976 também se aplica aos recursos repetitivos, por se inserir no microssistema de julgamento de casos repetitivos (art. 928). O § 1º do art. 976 refere-se à desistência e ao abandono. O parágrafo único do art. 998 reproduz a regra em relação aos recursos repetitivos, mas menciona apenas a desistência, não se referindo ao abandono do recurso. Talvez por ser difícil imaginar uma hipótese em que o recurso não seja admitido por abandono, não há menção, no parágrafo único do art. 998, a abandono, havendo referência apenas à desistência. Embora seja difícil imaginar uma hipótese de abandono no recurso, é certo que, caso se concretize um abandono, há de se aplicar, nos recursos repetitivos, a regra contida no § 1º do art. 976 no que diz respeito ao abandono. Essa aplicação é fruto da integração de normas que compõem o microssistema de gestão e julgamento de casos repetitivos (art. 928).

**24. Desistência do recurso e repercussão geral.** A desistência do recurso não impede análise da repercussão geral já reconhecida pelo STF.

**25. Honorários recursais.** A desistência do recurso implica majoração de honorários de sucumbência ao recorrente desistente (arts. 85, § 11, e 90). Terá havido causalidade: o recurso foi interposto, dando causa a uma nova etapa procedimental, com nova atividade jurisdicional. É preciso, porém, que tenha havido condenação em honorários na decisão recorrida. A desistência implica extinção do procedimento recursal, com aumento dos honorários já impostos pelo juízo que proferiu a decisão recorrida. Nesse ponto, há uma semelhança entre a desistência do processo e a desistência do recurso: quem desiste arca com os custos da desistência, aí incluídos os honorários de sucumbência.

**26. Impossibilidade de arbitramento de honorários recursais em caso de desistência do recurso.** *"Segundo entendimento da Corte Especial do STJ, é devida a majoração da verba honorária sucumbencial, na forma do art. 85, § 11, do Código Fux, quando estiverem presentes os seguintes requisitos, simultaneamente: (i) decisão recorrida publicada a partir de 18.03.2016, quando entrou em vigor o novo Código de Processo Civil; (ii) recurso não conhecido integralmente ou desprovido, monocraticamente, ou pelo órgão colegiado competente; (iii) condenação em honorários advocatícios desde a origem no feito em que interposto o recurso; (iv) não terem sido atingidos na origem os limites previstos nos §§ 2º e 3º do art. 85 do Código Fux; (v) não é exigível a comprovação de trabalho adicional do Advogado do recorrido no grau recursal, tratando apenas de critério de quantificação da verba. Precedente: AgInt nos EAREsp 762.075/MT, Rel. Min. Felix Fischer, Rel. p/ Acórdão Min. Herman Benjamin, DJe 07.03.2019. 2. No presente caso, ainda que o Recurso Especial tenha sido interposto já na vigência do novo Código de Processo Civil, não houve o seu julgamento nesta instância superior, visto que apresentado pedido de desistência pela parte recorrente, devidamente homologado por* esta Relatoria (fls. 384). Logo, não há falar em fixação de honorários recursais, nos termos do art. 85, § 11, do Código Fux"* (STJ, 1ª Turma, AgInt nos EDcl no REsp 1.774.402/RJ, rel. Min. Napoleão Nunes Maia Filho, *DJe* 14.12.2020).

> **Art. 999.** A renúncia ao direito de recorrer independe da aceitação da outra parte.

▶ **1. Correspondência no CPC/1973.** *"Art. 502. A renúncia ao direito de recorrer independe da aceitação da outra parte."*

## 🗏 LEGISLAÇÃO CORRELATA

**2. CC, art. 114.** *"Art. 114. Os negócios jurídicos benéficos e a renúncia interpretam-se estritamente."*

**3. CC, art. 662.** *"Art. 662. Os atos praticados por quem não tenha mandato, ou o tenha sem poderes suficientes, são ineficazes em relação àquele em cujo nome foram praticados, salvo se este os ratificar. Parágrafo único. A ratificação há de ser expressa, ou resultar de ato inequívoco, e retroagirá à data do ato."*

## ▣ COMENTÁRIOS TEMÁTICOS

**4. Conceito e natureza jurídica da renúncia.** A renúncia é negócio jurídico unilateral por meio do qual o sujeito dispõe de uma situação jurídica. Com a renúncia, o titular do direito o extingue; deliberadamente o elimina. Pode-se dizer que o oposto à renúncia é o protesto pelo qual se declara querer conservar um direito. A renúncia produz o efeito de eliminação deliberada do próprio direito. A renúncia é pura e simplesmente extintiva do direito do renunciante, e nada mais que isso. Qualquer vantagem que outro sujeito eventualmente venha a auferir, não terá causa na renúncia, mas em outro título. Por meio da renúncia, o sujeito abdica de seu direito.

**5. Renúncia ao recurso.** A renúncia ao recurso é um negócio jurídico processual unilateral mediante o qual o sujeito abdica do direito ao recurso. Com a renúncia, o direito ao recurso é extinto. A parte elimina deliberadamente o recurso a que teria direito. Manifestada a renúncia ao recurso, a parte não pode mais dele se valer.

**6. Abrangência da renúncia.** A renúncia ao recurso extingue apenas o direito de interpor aquele recurso específico. Ao renunciar ao recurso, o sujeito declara pretender a extinção daquele direito, e a produção *apenas* desse efeito. Não integra a renúncia qualquer efeito de sub-

**LIVRO III** · DOS PROCESSOS NOS TRIBUNAIS E DOS MEIOS DE IMPUGNAÇÃO DAS DECISÕES JUDICIAIS · **Art. 1.000**

sequente *aquisição* do direito por outra pessoa, nem também o *benefício* de outra pessoa.

**7. Eficácia imediata.** A renúncia, uma vez praticada, produz efeitos *imediatos* no processo, gerando a pronta e instante extinção do direito ao recurso (art. 200), não sendo, em regra, necessária homologação judicial.

**8. Poderes especiais na procuração.** O poder de renunciar o recurso é especial e deve constar expressamente da procuração outorgada ao advogado (art. 105). A renúncia manifestada sem esse poder especial é ineficaz em relação à parte.

**9. Ineficácia da renúncia manifestada sem poderes na procuração.** Manifestada renúncia por advogado sem poder especial para desistir na procuração a renúncia é ineficaz, podendo a parte ratificá-la expressamente, o que irá retroagir à data do ato de renúncia (CC, arts. 692 e 662).

**10. Eficácia subjetiva.** A renúncia somente produz efeitos em relação ao recorrente. Por isso, a renúncia de um recorrente não atinge seus litisconsortes. Em caso de litisconsórcio unitário, a renúncia ao recurso somente é eficaz se todos os litisconsortes anuírem com a renúncia.

**11. Interpretação restritiva.** A renúncia é um ato de disposição, sendo interpretada restritivamente (CC, art. 114). A renúncia ao recurso também se interpreta restritivamente. Interpretar restritivamente a renúncia significa interpretar, na dúvida, em favor do declarante. Escolhe-se, pois, o sentido que promova a menor disposição da esfera jurídica do agente.

**12. Fato extintivo do poder de recorrer.** A renúncia extingue o poder de recorrer. A renúncia extingue o procedimento recursal por inadmissibilidade, pois, ao recorrer, a parte se vale de um direito de que não dispõe, pois esse direito foi extinto pela própria renúncia.

**13. Momento da renúncia.** A renúncia deve ser praticada antes da interposição do recurso. Se o recurso já foi interposto, não há mais possibilidade de renúncia, pois o direito ao recurso existe, não tendo sido extinto. Se o recurso foi interposto, a parte pode dele desistir, mas não pode renunciá-lo, pois o direito ao recurso existe e foi regularmente exercido. Geralmente, a renúncia é praticada depois de proferida a decisão, quando, então, surge o direito ao recurso. Sendo a renúncia um negócio jurídico, o sujeito pode condicioná-la, renunciando a um direito ainda não existente. Logo, a parte pode já renunciar ao recurso antes mesmo de ser proferida a decisão, ressalvada, entretanto, a existência de eventual *error in procedendo,* que implica o pedido recursal de anulação da decisão.

**14. Renúncia ao recurso *versus* aceitação da decisão.** Não se confunde a renúncia com a aceitação ou aquiescência à decisão, embora ambas sejam negócios processuais unilaterais e importem inadmissibilidade de recurso eventualmente interposto. A aceitação é o ato por que alguém manifesta a vontade de conformar-se com a decisão proferida. Pode ser expressa ou tácita. A aceitação tácita consiste na prática, sem reserva alguma, de um ato incompatível com a vontade de recorrer (art. 1.000, parágrafo único).

**15. Preclusão lógica.** A renúncia ao recurso implica preclusão lógica do direito de recorrer.

> **Art. 1.000.** A parte que aceitar expressa ou tacitamente a decisão não poderá recorrer.
>
> Parágrafo único. Considera-se aceitação tácita a prática, sem nenhuma reserva, de ato incompatível com a vontade de recorrer.

▶ **1. Correspondência no CPC/1973.** *"Art. 503. A parte, que aceitar expressa ou tacitamente a sentença ou a decisão, não poderá recorrer. Parágrafo único. Considera-se aceitação tácita a prática, sem reserva alguma, de um ato incompatível com a vontade de recorrer."*

### ⚖ Jurisprudência, Enunciados e Súmulas Selecionados

• **2. Tema/Repetitivo 506 STJ.** *"Hipótese de ocorrência da preclusão lógica a que se refere o legislador no art. 503 do CPC, segundo o qual 'A parte, que aceitar expressa ou tacitamente a sentença ou a decisão, não poderá recorrer'. Isso porque, apesar da expressa postulação de arbitramento dos honorários na inicial da execução de sentença, não houve pronunciamento do magistrado por ocasião do despacho citatório, sobrevindo petição dos recorridos em momento posterior à citação apenas para postular a retenção do valor dos honorários contratuais, sem reiteração da verba de sucumbência. (...) Ainda que não se trate propriamente de ação autônoma, por compreensão extensiva, incide o enunciado da Súmula 453/STJ quando a parte exequente reitera o pedido formulado na inicial da execução – a fim de arbitrar os honorários advocatícios sucumbenciais – após o pagamento da execução e o consequente arquivamento do feito."*

### 📖 Comentários Temáticos

**3. Aquiescência à decisão.** A aquiescência ou aceitação é o ato por que alguém manifesta a vontade de conformar-se com a decisão proferida.

1561

# Art. 1.001

CÓDIGO DE PROCESSO CIVIL COMENTADO – *Leonardo Carneiro da Cunha*

**4. Aceitação expressa ou tácita.** A aceitação pode ser expressa ou tácita.

**5. Aceitação tácita.** A aceitação tácita consiste na prática, sem reserva alguma, de um ato incompatível com a vontade de recorrer. Assim, por exemplo, o réu é condenado ao pagamento de quantia certa e, logo em seguida, pede prazo para cumprir a obrigação ou realiza o cumprimento espontâneo de sentença ainda não exequível.

**6. Dever de cumprimento de ordem judicial.** Não se configura como aceitação o cumprimento forçado de uma tutela provisória. Cumprir uma ordem judicial, decorrente da concessão de uma tutela provisória, não impede o direito de interpor o recurso adequado (agravo de instrumento; CPC, art. 1.015, I), justamente porque a parte tem o dever de cumprir, com exatidão, as decisões judiciais, finais ou provisórias, e não criar embaraços à sua efetivação (art. 77, IV).

**7. Depósito no cumprimento provisório da sentença.** Não é aceitação tácita o depósito do valor na execução provisória, para o fim de evitar a multa (art. 520, § 3º).

**8. Aceitação em caso de litisconsórcio unitário.** Havendo litisconsórcio unitário, para que a aceitação seja eficaz, todos os litisconsortes unitários devem comportar-se nesse sentido.

**9. Momento da aceitação.** A aquiescência pode ocorrer antes ou depois do recurso interposto.

**10. Aceitação superveniente e extinção do recurso.** *"A aceitação tácita pode se dar antes ou depois da interposição do recurso, implicando, nesta última hipótese, em extinção do procedimento recursal (preclusão lógica do direito de recorrer)"* (STJ, 3ª Turma, AgRg no REsp 746.092/RJ, rel. Min. Paulo Furtado – Des. Conv. TJBA, *DJe* 4.6.2009).

**11. Aquiescência por terceiro.** O terceiro também pode aquiescer com a decisão, não podendo, em razão disso, recorrer.

**12. Preclusão lógica.** A aceitação implica *preclusão lógica* do direito de recorrer.

---

**Art. 1.001.** Dos despachos não cabe recurso.

▶ **1. Correspondência no CPC/1973.** *"Art. 504. Dos despachos não cabe recurso."*

### 🗐 Legislação Correlata

**2. CF, art. 93, XIV.** *"Art. 93. Lei complementar, de iniciativa do Supremo Tribunal Federal, disporá sobre o Estado da Magistratura, observados os seguintes princípios: (...) XIV – os servi-*

*dores receberão delegação para a prática de atos de administração e atos de mero expediente sem caráter decisório."*

### ▣ Comentários Temáticos

**3. Pronunciamentos do juiz.** O art. 203 define os pronunciamentos do juiz. O legislador editou definições legislativas, já antecipando o significado que se deve atribuir a cada pronunciamento do juiz e estabelecendo o que é sentença, o que é decisão interlocutória, o que é despacho e o que são atos meramente ordinatórios.

**4. Importância das definições dos pronunciamentos do juiz.** A importância da definição dos pronunciamentos do juiz relaciona-se com o cabimento do recurso adequado. Da sentença cabe apelação (art. 1.009). De algumas decisões interlocutórias cabe agravo de instrumento (art. 1.015). As decisões interlocutórias que não são passíveis de agravo de instrumento devem ser impugnadas na apelação pelo vencido ou, nas contrarrazões da apelação, pelo vencedor (art. 1.009, § 1º). Já os despachos são irrecorríveis (art. 1.001), não sendo igualmente recorríveis os atos meramente ordinatórios.

**5. Definição de despacho.** Todos os pronunciamentos do juiz praticados no curso do procedimento que não possuem carga decisória e, portanto, são insuscetíveis de causar gravame a qualquer das partes são despachos. Limitam-se a impulsionar o procedimento, praticáveis de ofício ou em razão de requerimento (art. 203, § 3º).

**6. Atos meramente ordinatórios.** Os atos meramente ordinatórios caracterizam-se pelo seu automatismo, sendo, por isso mesmo, confiados à secretaria judiciária; livra-se o juiz da atividade puramente burocrática, aliviando-o do expediente mecânico de alguns atos (art. 203, § 4º).

**7. Irrecorribilidade dos despachos.** Os despachos, atos não decisórios, são irrecorríveis. Também são irrecorríveis os atos praticados pelo escrivão ou chefe de secretaria por conta de delegação do magistrado (CF, art. 93, XIV; CPC, art. 152, VI, e art. 203, § 4º): tais atos podem ser revistos pelo próprio magistrado, a partir de provocação feita nos autos, sem maiores formalidades.

**8. Cabimento de embargos de declaração.** Os despachos são irrecorríveis, mas são passíveis de embargos de declaração. Os embargos de declaração são cabíveis contra *qualquer* decisão judicial (art. 1.022). Os embargos de declaração cabem de *qualquer* pronunciamento judicial, mesmo quando a lei o qualifique como *irrecorrível*.

**LIVRO III · DOS PROCESSOS NOS TRIBUNAIS E DOS MEIOS DE IMPUGNAÇÃO DAS DECISÕES JUDICIAIS** | **Art. 1.003**

**Art. 1.002.** A decisão pode ser impugnada no todo ou em parte.

▶ **1. Correspondência no CPC/1973.** *"Art. 505. A sentença pode ser impugnada no todo ou em parte."*

### 🖹 COMENTÁRIOS TEMÁTICOS

**2. Capítulos de sentença.** Quando a decisão contém mais de uma resolução ou quando resolve mais de uma pretensão, diz-se que cada parte dessa constitui um *capítulo de sentença*. Costuma-se utilizar o termo *sentença,* mas toda decisão pode conter capítulos diversos. Os *capítulos de sentença* são frequentemente mencionados quando do estudo dos recursos, mercê da forte influência que exercem sobre tal matéria. É difícil haver uma sentença que só contenha uma única decisão. A simples condenação do vencido ao pagamento dos custos financeiros do processo já demonstra que, ao decisório da sentença, agregou-se outra decisão. Há casos, ainda, em que a sentença decide sobre *pedidos cumulados,* contendo duas ou mais disposições, cada uma destinada à resolução de uma das prestações cumuladas.

**3. Diversos tipos de capítulos.** Os capítulos de sentença podem versar sobre o mérito, ou seja, sobre o pedido formulado pela parte, podem versar sobre matéria processual ou podem igualmente versar tanto sobre matéria processual como sobre o mérito. Os capítulos de sentença podem, ainda, ser independentes, dependentes ou condicionantes. Os capítulos independentes são aqueles que podem logicamente subsistir se o outro tiver sido negado; cada trecho bem poderia ter sido objeto de ações autônomas diversas, não dependendo o acolhimento de um do acolhimento do outro. Já os capítulos dependentes estão presentes quando há uma relação de prejudicialidade ou de subordinação, tal como sucede com os juros, que constituem uma obrigação acessória, dependendo sempre do acolhimento do principal. Assim, se o juiz rejeita o principal, está, automaticamente, rejeitando também os juros, embora a eles nada tenha mencionado. A condenação nos ônus da sucumbência consiste, igualmente, num capítulo dependente, decorrendo da derrota de uma das partes. Assim, caso o recurso seja provido, e não haja qualquer referência a custas e honorários, entende-se que estão, automaticamente, invertidos os sucumbenciais.

**4. Objeto composto ou decomponível.** Os capítulos de sentença podem, ainda, ser objeto de uma cisão quantitativa, quando o objeto litigioso do processo é composto ou decomponível. O objeto composto é decorrente de uma cumulação de pretensões, quando, por exemplo, se pleiteiam danos morais e danos materiais, ou resolução contratual e ressarcimento, ou, ainda, quando há cumulação superveniente, decorrente da formulação de reconvenção pelo réu ou da denunciação à lide. Por seu turno, o objeto será decomponível quando, embora única a pretensão, englobar coisa ou bem suscetível de contagem, medição, pesagem ou todas aquelas sujeitas a quantificação. Assim, postulada a condenação do réu ao pagamento de 100, caso o juiz defira apenas 70, rejeitará 30. Nessa hipótese, haverá, além do capítulo processual, dois capítulos de mérito: um relativo aos 70 e outro concernente aos 30.

**5. Recurso total.** *Recurso total* é aquele que abrange todo o conteúdo impugnável da decisão recorrida. Se o recorrente não especificar a parte em que impugna a decisão, o recurso deve ser interpretado como total.

**6. Recurso parcial.** *Recurso parcial* é aquele que, em virtude de limitação voluntária, não compreende a totalidade do conteúdo impugnável da decisão. O recorrente decide impugnar apenas uma parcela ou um capítulo da decisão.

**7. Capítulo impugnado e preclusão.** O capítulo não impugnado fica acobertado pela preclusão. Assim, o tribunal, ao julgar o recurso parcial, não poderá adentrar o exame de qualquer aspecto relacionado ao capítulo não impugnado, nem mesmo para constatar a ausência de um "pressuposto processual". Ao recorrente "arrependido" da opção somente restará a ação rescisória.

**8. Capítulos acessórios.** Os capítulos acessórios reputam-se incluídos no pedido recursal. Assim, na hipótese de o recorrente impugnar o capítulo principal, os capítulos assessórios estarão incluídos, mesmo que haja silêncio a respeito deles (por exemplo: se a parte recorre do montante principal, este recurso abrange os capítulos relacionados aos juros, à correção monetária e às verbas da sucumbência).

**Art. 1.003.** O prazo para interposição de recurso conta-se da data em que os advogados, a sociedade de advogados, a Advocacia Pública, a Defensoria Pública ou o Ministério Público são intimados da decisão.

§ 1º Os sujeitos previstos no *caput* considerar-se-ão intimados em audiência quando nesta for proferida a decisão.

§ 2º Aplica-se o disposto no art. 231, incisos I a VI, ao prazo de interposição de recurso pelo réu contra decisão proferida anteriormente à citação.

# Art. 1.003

§ 3º No prazo para interposição de recurso, a petição será protocolada em cartório ou conforme as normas de organização judiciária, ressalvado o disposto em regra especial.

§ 4º Para aferição da tempestividade do recurso remetido pelo correio, será considerada como data de interposição a data de postagem.

§ 5º Excetuados os embargos de declaração, o prazo para interpor os recursos e para responder-lhes é de 15 (quinze) dias.

§ 6º O recorrente comprovará a ocorrência de feriado local no ato de interposição do recurso, e, se não o fizer, o tribunal determinará a correção do vício formal, ou poderá desconsiderá-lo caso a informação já conste do processo eletrônico.

▶ **1. Correspondência no CPC/1973.** *"Art. 242. O prazo para a interposição de recurso conta-se da data, em que os advogados são intimados da decisão, da sentença ou do acórdão. § 1º Reputam-se intimados na audiência, quando nesta é publicada a decisão ou a sentença. § 2º Havendo antecipação da audiência, o juiz, de ofício ou a requerimento da parte, mandará intimar pessoalmente os advogados para ciência da nova designação." "Art. 506. O prazo para a interposição do recurso, aplicável em todos os casos o disposto no art. 184 e seus parágrafos, contar-se-á da data: I – da leitura da sentença em audiência; II – da intimação às partes, quando a sentença não for proferida em audiência; III – da publicação do dispositivo do acórdão no órgão oficial." "Art. 508. Na apelação, nos embargos infringentes, no recurso ordinário, no recurso especial, no recurso extraordinário e nos embargos de divergência, o prazo para interpor e para responder é de 15 (quinze) dias."*

## 🏛 Legislação Correlata

**2. ECA, art. 198, II.** *"Art. 198. Nos procedimentos afetos à Justiça da Infância e da Juventude, inclusive os relativos à execução das medidas socioeducativas, adotar-se-á o sistema recursal da Lei nº 5.869, de 11 de janeiro de 1973 (Código de Processo Civil), com as seguintes adaptações: (...) II – em todos os recursos, salvo nos embargos de declaração, o prazo para o Ministério Público e para a defesa será sempre de 10 (dez) dias."*

**3. Decreto-lei 779/1969, art. 1º, III.** *"Art. 1º Nos processos perante a Justiça do Trabalho, constituem privilégio da União, dos Estados, do Distrito Federal, dos Municípios e das autarquias ou fundações de direito público federais, estaduais ou municipais que não explorem atividade econômica: (...) III – o prazo em dobro para recurso."*

**4. Lei 9.099/1995, art. 42.** *"Art. 42. O recurso será interposto no prazo de dez dias, contados da ciência da sentença, por petição escrita, da qual constarão as razões e o pedido do recorrente."*

**5. Lei 13.300/2016, art. 6º, parágrafo único.** *"Parágrafo único. Da decisão de relator que indeferir a petição inicial, caberá agravo, em 5 (cinco) dias, para o órgão colegiado competente para o julgamento da impetração."*

## ⚖ Jurisprudência, Enunciados e Súmulas Selecionados

- **6. Súmula STF, 320.** *"A apelação despachada pelo juiz no prazo legal não fica prejudicada pela demora da juntada, por culpa do cartório."*

- **7. Súmula STF, 392.** *"O prazo para recorrer de acórdão concessivo de segurança conta-se da publicação oficial de suas conclusões, e não da anterior ciência à autoridade para cumprimento da decisão."*

- **8. Súmula STF, 425.** *"O agravo despachado no prazo legal não fica prejudicado pela demora da juntada, por culpa do cartório; nem o agravo entregue em cartório no prazo legal, embora despachado tardiamente."*

- **9. Súmula STF, 428.** *"Não fica prejudicada a apelação entregue em cartório no prazo legal, embora despachada tardiamente."*

- **10. Súmula STF, 728.** *"É de três dias o prazo para a interposição de recurso extraordinário contra decisão do Tribunal Superior Eleitoral, contado, quando for o caso, a partir da publicação do acórdão, na própria sessão de julgamento, nos termos do art. 12 da Lei 6.055/74, que não foi revogado pela Lei 8.950/94."*

- **11. Súmula STJ, 25.** *"Nas ações da Lei de falências o prazo para a interposição de recurso conta-se da intimação da parte."*

- **12. Súmula STJ, 116.** *"A Fazenda Pública e o Ministério Público têm prazo em dobro para interpor agravo regimental no Superior Tribunal de Justiça."*

- **13. Súmula TST, 385.** *"I – Incumbe à parte o ônus de provar, quando da interposição do recurso, a existência de feriado local que autorize a prorrogação do prazo recursal (art. 1.003, § 6º, do CPC de 2015). No caso de o recorrente alegar a existência de feriado local e não o comprovar no momento da interposição do recurso, cumpre ao relator conceder o prazo de 5 (cinco) dias para que seja sanado o vício (art. 932, parágrafo único, do CPC de 2015), sob pena de não conhecimento se da comprovação depender a tempestividade*

**LIVRO III ·** DOS PROCESSOS NOS TRIBUNAIS E DOS MEIOS DE IMPUGNAÇÃO DAS DECISÕES JUDICIAIS **Art. 1.003**

recursal; II – Na hipótese de feriado forense, incumbirá à autoridade que proferir a decisão de admissibilidade certificar o expediente nos autos; III – Admite-se a reconsideração da análise da tempestividade do recurso, mediante prova documental superveniente, em agravo de instrumento, agravo interno, agravo regimental, ou embargos de declaração, desde que, em momento anterior, não tenha havido a concessão de prazo para a comprovação da ausência de expediente forense."

- **14. Enunciado 22 do FPPC.** *"O Tribunal não poderá julgar extemporâneo ou intempestivo recurso, na instância ordinária ou na extraordinária, interposto antes da abertura do prazo."*

- **15. Enunciado 96 do FPPC.** *"Fica superado o enunciado 216 da súmula do STJ após a entrada em vigor do CPC ('A tempestividade de recurso interposto no Superior Tribunal de Justiça é aferida pelo registro no protocolo da Secretaria e não pela data da entrega na agência do correio')."*

- **16. Enunciado 551 do FPPC.** *"Cabe ao relator, antes de não conhecer do recurso por intempestividade, conceder o prazo de cinco dias úteis para que o recorrente prove qualquer causa de prorrogação, suspensão ou interrupção do prazo recursal a justificar a tempestividade do recurso."*

- **17. Enunciado 66 do I Jornada-CJF.** *"Admite-se a correção da falta de comprovação do feriado local ou da suspensão do expediente forense, posteriormente à interposição do recurso, com fundamento no art. 932, parágrafo único, do CPC."*

- **18. Enunciado 46 da ENFAM.** *"O § 5º do art. 1.003 do CPC/2015 (prazo recursal de 15 dias) não se aplica ao sistema de juizados especiais."*

## 🗒 COMENTÁRIOS TEMÁTICOS

**19. Tempestividade.** O recurso deve ser interposto dentro do prazo fixado em lei. Ressalvado o prazo para os embargos de declaração, os recursos previstos no CPC sujeitam-se ao prazo de quinze dias.

**20. Prazo em dobro.** O Ministério Público (art. 180), a Fazenda Pública (art. 183) e a Defensoria Pública (art. 186) dispõem de prazo em dobro para recorrer. O benefício estende-se àquele que esteja sendo patrocinado por núcleo de prática jurídica de instituição de ensino superior (pública ou privada) ou por entidade que presta serviço de assistência judiciária, em convênio com a Defensoria Pública. De igual modo, os litisconsortes que tiverem diferentes procuradores, de escritórios de advocacia distintos, têm prazos contados em dobro para todas as suas manifestações, em qualquer juízo ou tribunal, independentemente de requerimento (art. 229), a não ser que o processo seja eletrônico (art. 229, § 2º) ou que apenas um deles seja sucumbente (Súmula STF, 641).

**21. Prazo em dobro para recurso de terceiro.** Os sujeitos que se beneficiam da regra do prazo em dobro dela se valem também quando interpuser o recurso como terceiro.

**22. Prazo criado especificamente. Ausência da dobra.** O Ministério Público, a Fazenda Pública e a Defensoria Pública não se beneficiam da prerrogativa da dobra quando houver prazo criado especificamente para um desses entes (arts. 180, § 2º, 183, § 2º, e 186, § 4º). Nas causas reguladas pelo ECA, o prazo do Ministério Público é expressamente fixado em dez dias (ECA, art. 198, II). Também não incide a regra do prazo em dobro no âmbito dos Juizados Especiais Federais (Lei 10.259/2001, art. 9º) e nos Juizados Estaduais da Fazenda Pública (Lei 12.153/2009, art. 7º).

**23. Inaplicabilidade da prerrogativa de prazo em dobro.** *"Não se reconhece à Fazenda Pública nem ao Ministério Público a prerrogativa da contagem de prazo em dobro para recorrer (art. 183 do CPC) na hipótese prevista no § 3º do art. 4º da Lei 8.437/1992. 2. A Lei 8.437/1992 traz medida própria dos entes públicos, de modo que os prazos nela previstos devem ser contados de forma simples, inclusive para a Advocacia Pública"* (STJ, Corte Especial, AgInt no AgInt na PET na SLS 2.572/DF, rel. Min. Humberto Martins, *DJe* 07.02.2022).

**24. Contagem dos prazos.** Os prazos para interposição de recursos são processuais e contados em dias. Na sua contagem, computam-se apenas os dias úteis (art. 219). Na contagem dos prazos em dias, exclui-se o do início e se inclui o do final. O primeiro e o último dias devem ser úteis. Caso não sejam, a contagem deve ser iniciada ou encerrada no primeiro dia útil seguinte. Os prazos têm início da data da intimação (arts. 230 e 231) e são contados a partir do primeiro dia útil subsequente (art. 224, § 3º). Nos processos eletrônicos, considera-se como data da publicação o primeiro dia útil seguinte ao da disponibilização da informação no Diário da Justiça eletrônico (art. 224, § 2º). Nesse mesmo sentido, é o art. 4º da Lei 11.419/2006.

**25. Dia do começo do prazo *versus* contagem do prazo.** O dia do começo do prazo não

# Art. 1.003 — CÓDIGO DE PROCESSO CIVIL COMENTADO – Leonardo Carneiro da Cunha

é o primeiro dia do prazo, pois "os prazos serão contados excluindo o dia do começo e incluindo o dia do vencimento" (art. 224).

**26. Termo inicial do prazo recursal.** O termo inicial do prazo recursal é o da intimação da decisão. A intimação deve vir acompanhada do conteúdo da decisão; não basta a intimação com o mero resultado do julgamento, desacompanhada da íntegra do que se decidiu. A intimação da decisão pode ser feita na pessoa do advogado ou da sociedade de advogados, ou dos defensores públicos e dos membros do Ministério Público. A regra aplica-se igualmente ao revel, que é intimado por meio de veiculação da decisão no Diário de Justiça (art. 346). O prazo fluirá da intimação, mas o dia do começo é o previsto em uma das hipóteses relacionadas no art. 231.

**27. Processo eletrônico.** No processo eletrônico, as intimações e remessas que viabilizem o acesso à íntegra do processo correspondente serão consideradas vista pessoal do interessado para todos os efeitos legais, sendo, inclusive, considerado dia do começo do prazo (art. 231, VIII). Ainda que não tenha sido intimada a parte, é possível praticar o ato, antecipando-se à intimação e, até mesmo, ao termo final do prazo (art. 218, § 4º).

**28. Decisão proferida liminarmente.** Se a decisão recorrida for proferida liminarmente, o réu ainda não se encontra nos autos e, por isso, seu advogado não pode ser intimado. Assim, nesses casos, aplica-se o disposto nos incisos I a VI do art. 231, para a contagem do prazo para o réu recorrer dessa decisão.

**29. Ciência inequívoca.** A ciência inequívoca do advogado da parte equivale à intimação. Mesmo sem ter havido ainda intimação, o advogado tem direito de retirar os autos do cartório ou da secretaria pelo prazo legal, sempre que neles lhe couber falar por determinação do juiz (art. 107, III). Nesse caso, o termo inicial para a prática do ato é o dia da carga (art. 231, VIII), que se faz por assinatura em livro ou documento próprio (art. 107, § 1º).

**30. Decisão proferida em audiência.** Se a decisão houver sido proferida em audiência, os sujeitos serão considerados intimados ali mesmo, na audiência.

**31. Recurso interposto antes da intimação.** Recurso interposto *antes* do início do prazo é tempestivo (art. 218, § 4º).

**32. Intimação dos entes públicos.** A intimação da União, Estados, Municípios e de suas respectivas autarquias e fundações será realizada perante o órgão de Advocacia Pública responsável pela sua representação judicial (art. 269, § 3º).

**33. Intimação pessoal.** A intimação da Advocacia Pública, da Defensoria Pública e do Ministério Público será pessoal; considera-se pessoal a intimação feita por carga, remessa ou meio eletrônico (art. 183, § 1º, art. 180, art. 186, § 1º). O meio preferencial é o eletrônico (art. 270, parágrafo único). Também é preferencial a intimação eletrônica nos demais casos (art. 270).

**34. Recurso de terceiro.** O prazo para o recurso do terceiro é o mesmo de que dispõe a parte, iniciando-se no mesmo momento, inclusive: a data da intimação. Exatamente porque é terceiro, ele não é intimado; o prazo para o seu recurso conta-se da data em que a parte foi intimada.

**35. Publicação no Diário da Justiça.** Em razão da exigência de publicidade (CF, art. 93, IX; CPC, arts. 8º, 11 e 189), os pronunciamentos judiciais devem ser veiculados no Diário da Justiça eletrônico, permitindo o conhecimento geral das decisões tomadas e o registro do entendimento firmado pelos órgãos jurisdicionais. A publicação da decisão no Diário da Justiça eletrônico pode ter por finalidade também a intimação das partes (art. 231, VII e art. 272). Ainda que a intimação seja eletrônica (que é o meio preferencial – art. 270) ou se realize por qualquer outro meio relacionado no art. 231, é preciso que haja a veiculação da decisão no Diário da Justiça eletrônico, a fim de cumprir com as exigências da publicidade.

**36. Aferição da tempestividade.** A tempestividade do recurso é aferida pela *data do protocolo*. O protocolo pode ser em cartório ou nos protocolos descentralizados (art. 929, parágrafo único). Os serviços de protocolo descentralizado servem, inclusive, para a interposição de recursos dirigidos aos tribunais superiores.

**37. Processo eletrônico.** Caso se trate de processo em autos eletrônicos, é preciso observar, para aferição da tempestividade, a hora do local onde esteja o tribunal ao qual o recurso é dirigido (art. 213, parágrafo único).

**38. Interposição nos correios.** Para aferição da tempestividade do recurso remetido pelo correio, será considerada como data de interposição a data de postagem.

**39. Interposição em protocolo diverso.** Se o recurso for apresentado em protocolo diverso, somente vindo a ser apresentado depois do prazo em protocolo correto, deverá ser tido como tempestivo. O que importa é que tenha, dentro do prazo, sido apresentado, ainda que em juízo ou em foro diverso. A interposição do recurso é um ato jurídico, que depende de manifestação de vontade. A vontade foi manifestada dentro do

**LIVRO III** · DOS PROCESSOS NOS TRIBUNAIS E DOS MEIOS DE IMPUGNAÇÃO DAS DECISÕES JUDICIAIS    **Art. 1.003**

prazo, sendo uma mera irregularidade a apresentação perante um protocolo diverso daquele destinado à apresentação do recurso cabível.

**40. Intempestividade do recurso interposto em juízo diverso, ainda que dentro do prazo.** *"A jurisprudência do STJ tem o entendimento que a tempestividade é aferida na data do protocolo no juízo ou tribunal correto, não aproveitando à parte recorrente a circunstância de haver protocolado o recurso dentro do prazo, mas em juízo diverso, se o equívoco somente é corrigido após o decurso do prazo"* (STJ, 2ª Turma, AgRg no AREsp 738.093/SP, rel. Min. Herman Benjamin, *DJe* 10.10.2016).

**41. Dúvida sobre a tempestividade.** Caso haja dúvida, deve o relator determinar ao recorrente que junte a comprovação da tempestividade do recurso (art. 932, parágrafo único).

**42. Entendimento originário do STJ.** Considerou inaplicável o parágrafo único do art. 932, no caso de o recorrente não ter comprovado a ocorrência de feriado local no ato de interposição do recurso; para o STJ não seria possível a regularização posterior.

**43. Alteração na redação do § 6º do art. 1.003.** A Lei 14.939/2024 alterou a redação do dispositivo.

**44. *Overriding* quanto ao § 6º do art. 1.003.** A mudança legislativa impacta diretamente no entendimento do STJ, ocorrendo o fenômeno chamado *overriding*: a mudança de orientação jurisprudencial a partir da mudança legislativa; o legislador atuou para alterar entendimento jurisprudencial. A partir de agora, se o recorrente alegar a existência de feriado, mas não o comprovar, o órgão julgador deve determinar sua intimação para corrigir o vício e apresentar a comprovação da ocorrência do feriado.

**45. Direito intertemporal.** A mudança no § 6º do art. 1.003 deve ser aplicada imediatamente aos processos em curso. A admissibilidade do recurso rege-se pela lei em vigor ao tempo da decisão. Se a lei nova tratar do cabimento ou da admissibilidade do recurso, ela somente incide ao processo pendente se a decisão recorrida ainda não tiver sido proferida. Se já publicada pelo juízo de primeira instância ou se, no tribunal, já anunciado o julgamento, aplica-se a lei antiga. Por isso, não é possível aplicar a lei nova para convalidar ato consumado sem algum dos requisitos exigidos pela lei vigente à época da sua prática. *Não é esse, porém, o caso do § 6º do art. 1.003. O dispositivo* não criou requisito de admissibilidade, nem eliminou exigência para a prática de ato

processual. O que ele estabelece é a oportunidade para correção de vícios, evitando a inadmissibilidade do recurso. As regras que permitem a correção de vícios hão de ser aplicadas imediatamente, pois não atingem ato jurídico perfeito, nem direito adquirido. A correção do ato evita a extinção do processo ou a inadmissibilidade do recurso. O órgão julgador, ao decidir, já aplica a nova lei, permitindo que sejam sanados os vícios verificados em atos anteriormente praticados. Enfim, a mudança legislativa aplica-se imediatamente aos processos em curso, a permitir que os tribunais intimem os recorrentes para que comprovem a ocorrência de feriados locais, com o objetivo de se aferir a tempestividade dos recursos.

**46. Comprovação do feriado local por outros elementos.** Se o recorrente não comprova o feriado, não precisará ser intimado para fazê-lo se houver elementos já contidos nos autos que atestem a existência do feriado. É possível, até mesmo, que o PJe ou o sistema eletrônico adotado pelo tribunal já tenha considerado o feriado e até indicado o prazo considerando-o. Nesse caso, também não será necessária a intimação do recorrente para comprovar o feriado.

**47. Insuficiência de indicação de *link* para comprovar tempestividade.** *"A jurisprudência deste Tribunal é no sentido de que a mera remissão a link de site do Tribunal de origem nas razões recursais é insuficiente para comprovar a tempestividade do recurso. Nesse sentido: AgInt no REsp 1752192/MG, Rel. Ministro Marco Buzzi, Quarta Turma, julgado em 18.10.2018, DJe 29.10.2018; AgInt no AREsp 1687712/SP, relator Ministro Sérgio Kukina, Primeira Turma, DJe de 17.11.2020; AgInt no REsp 1.665.945/MG, Rel. Ministro Herman Benjamin, Segunda Turma, DJe 19.12.2017; AgInt no REsp 1799162/AL, relator Ministro Francisco Falcão, Segunda Turma, DJe de 26.11.2019"* (STJ, 2ª Turma, AgInt nos EDcl no REsp 1.893.371/RJ, rel. Min. Mauro Campbell Marques, *DJe* 11.11.2021).

**48. Insuficiência de remissão a link para comprovação da tempestividade do recurso.** *"A jurisprudência deste Tribunal é no sentido de que a mera remissão a link de site do Tribunal de origem nas razões recursais é insuficiente para comprovar a tempestividade do recurso"* (STJ, 2ª Turma, AgInt nos EDcl no REsp 1.893.371/RJ, rel. Min. Mauro Campbell Marques, *DJe* 11.11.2021).

**49. Comprovação do feriado por juntada do calendário divulgado pelo site do tribunal.** *"O eg. Supremo Tribunal Federal, reformando acórdão deste Tribunal Superior no julgamento do MS 23.896/AM, reconheceu a idoneidade do*

1567

**Art. 1.004** CÓDIGO DE PROCESSO CIVIL COMENTADO – *Leonardo Carneiro da Cunha*

calendário judicial do Tribunal de origem, divulgado no site oficial na internet e juntado aos autos pela parte, como meio de comprovação da tempestividade recursal (RMS 36.114/AM, Primeira Turma, Rel. Min. MARCO AURÉLIO; Julgamento: 22/10/2019; Publicação: 12/12/2019)"* (STJ, Corte Especial, EAREsp 1.927.268/RJ, rel. Min. Raul Araújo, *DJe* 15.5.2023).

**50. Calendário do tribunal.** *"O Plenário desta Corte manifestou-se pela idoneidade de calendário obtido junto ao portal eletrônico de Tribunal de Justiça como meio de prova da ocorrência do feriado local (RMS 31.139)"* (STF, 2ª Turma, RMS 38.684 AgR/DF, rel. Min. Nunes Marques, *DJe* 17.5.2023).

**51. Juntada de calendário do próprio tribunal.** *"..., recente jurisprudência desta Corte Superior é no sentido de que os feriados locais podem ser comprovados mediante a juntada de calendário do próprio tribunal, o que foi devidamente atendido pela parte, conforme fls. 662/663. (EAREsp 1.927.268, relator p/acórdão Ministro Raul Araújo, Corte Especial, julgado em 19/4/2023; ainda não publicado no DJe)"* (STJ, 2ª Turma, EDcl no AgInt no AREsp 2.214.995/MS, rel. Min. Francisco Falcão, *DJe* 18.4.2024).

---

**Art. 1.004.** Se, durante o prazo para a interposição do recurso, sobrevier o falecimento da parte ou de seu advogado ou ocorrer motivo de força maior que suspenda o curso do processo, será tal prazo restituído em proveito da parte, do herdeiro ou do sucessor, contra quem começará a correr novamente depois da intimação.

---

▶ **1. Correspondência no CPC/1973.** *"Art. 507. Se, durante o prazo para a interposição do recurso, sobrevier o falecimento da parte ou de seu advogado, ou ocorrer motivo de força maior, que suspenda o curso do processo, será tal prazo restituído em proveito da parte, do herdeiro ou do sucessor, contra quem começará a correr novamente depois da intimação."*

### 🖹 COMENTÁRIOS TEMÁTICOS

**2. Suspensão e interrupção do prazo para recorrer.** Em hipóteses expressamente previstas em lei, o curso do prazo de interposição do recurso pode ser interrompido ou suspenso. Quando há interrupção, restitui-se à parte o prazo por inteiro, desconsiderando o lapso temporal já decorrido. Já no caso de suspensão, a parte terá o restante do prazo que faltava antes do evento suspensivo, não lhe sendo restituído o período já consumido.

**3. Pedido de reconsideração e suspensão ou interrupção do prazo.** O prazo para interposição do recurso não se suspende nem se interrompe com a apresentação de pedido de reconsideração pela parte ou por terceiro interessado.

**4. Pedido de reconsideração.** *"O pedido de reconsideração não suspende ou interrompe o prazo para interposição do recurso cabível"* (STJ, 4ª Turma, AgInt no REsp 1.784.510/SP, rel. Min. Maria Isabel Gallotti, *DJe* 16.12.2019). *"Consoante o entendimento desta Corte, o simples pedido de reconsideração não suspende ou interrompe o prazo para a interposição do recurso próprio"* (STJ, 1ª Seção, AgInt no RCD no MS 23.382/DF, rel. Min. Gurgel de Faria, *DJe* 04.09.2019).

**5. Casos de suspensão.** Os prazos estão suspensos de 20 de dezembro a 20 de janeiro (art. 220). Além dessa hipótese, o prazo se suspende por obstáculo criado em detrimento da parte. Os prazos também se suspendem nas mesmas hipóteses de suspensão do processo (art. 313). Não é, porém, sempre que a suspensão do processo acarreta suspensão do prazo.

**6. Suspensão dos prazos durante execução de programa para promover a autocomposição.** Suspendem-se os prazos durante a execução de programa instituído pelo Poder Judiciário para promover a autocomposição, incumbindo aos tribunais especificar, com antecedência, a duração dos trabalhos (art. 221, parágrafo único).

**7. Suspensão do processo, mas interrupção ou restituição do prazo.** A morte da parte ou de seu advogado suspende o processo (art. 313, I) e, normalmente, o prazo processual (art. 221), mas, se o prazo for para interposição de recurso, ele é interrompido, e não suspenso (art. 1.004). Ocorrendo motivo de força maior, o processo é suspenso (art. 313, VI), mas essa não é causa de suspensão do prazo. O evento de força maior caracteriza-se como *justa causa*, a justificar a fixação de um novo prazo pelo juiz para a prática do ato (art. 223, § 2º), sendo motivo para interromper o prazo recursal (art. 1.004), podendo ainda acarretar sua prorrogação por período superior a dois meses, quando a força maior for causada por calamidade pública (art. 222, § 2º).

**8. Obstáculo em desfavor da parte, no processo eletrônico.** No âmbito do processo eletrônico, problemas técnicos do sistema não constituem obstáculo apto a acarretar a suspensão do processo. Na verdade, problemas técnicos do sistema caracterizam-se como *justa causa* a impedir a preclusão prevista no art. 223 (art. 197, parágrafo único). Nessa hipótese, não have-

**LIVRO III ·** DOS PROCESSOS NOS TRIBUNAIS E DOS MEIOS DE IMPUGNAÇÃO DAS DECISÕES JUDICIAIS **Art. 1.005**

rá suspensão do prazo, mas sua restituição para que a parte possa praticá-lo.

**9. Dilatação do prazo pelo juiz.** O juiz pode, a fim de adequar o processo às necessidades do conflito, de modo a conferir maior efetividade à tutela do direito, dilatar o prazo de interposição do recurso (art. 139, VI), desde que o faça antes de seu encerramento (art. 139, parágrafo único).

**10. Negócio processual para suspensão do prazo.** As partes podem, mediante negócio processual, suspender prazo para recorrer, ampliar prazo para recorrer e, até mesmo, reduzir prazos recursais, que são peremptórios (art. 222, § 1º).

**11. Casos de interrupção.** O prazo de interposição do recurso é interrompido em caso de falecimento da parte ou de seu advogado (art. 1004), quando ocorrer evento de força maior (art. 1004) e na oposição de embargos de declaração, por qualquer das partes (art. 1.026). A interposição de embargos de divergência no STJ interrompe, para ambas as partes, o prazo para a interposição de recurso extraordinário (art. 1.044, § 1º).

**12. Momento da interrupção.** A interrupção do prazo de interposição do recurso ocorre com a morte da parte ou de seu advogado, com o evento de força maior, com a oposição dos embargos de declaração e com a interposição dos embargos de divergência. Tal interrupção se opera nesses momentos, e não quando do posterior reconhecimento pelo órgão julgador. O ato judicial que reconhece ter havido a interrupção é *meramente declaratório* e deve sempre *retroagir* ao momento do óbito, do evento de força maior, da oposição dos embargos de declaração ou da interposição dos embargos de divergência.

**13. Reinício da fluência.** Havendo falecimento da parte, o prazo de recurso estará interrompido e será realizada a sucessão pelo espólio ou pelos herdeiros. Concluída a sucessão, o prazo terá reinício a partir da intimação de seu advogado. Se a interrupção do prazo decorreu da morte do advogado, cabe à parte nomear outro no prazo de quinze dias (art. 313, § 3º). Nomeado novo advogado, o prazo para recorrer terá reinício depois de sua intimação. Escoado o prazo sem constituição de novo advogado, reinicia-se, assim mesmo, a fluência do prazo para recorrer. Opostos embargos de declaração, interrompe-se o prazo para outros recursos, por qualquer das partes, que se reiniciará a partir da intimação da decisão que os julgar. A interposição dos embargos de divergência no STJ interrompe o prazo para recurso extraordinário, que terá seu reinício depois da intimação da decisão que julgar os embargos.

**14. Eficácia subjetiva.** Havendo a morte de qualquer das partes, mesmo daquela que não teria interesse de recorrer, o processo estará suspenso (art. 313, I) e o prazo para recorrer estará, de igual modo, suspenso (art. 221), até que haja a habilitação do seu espólio ou dos seus herdeiros. É que, durante a suspensão do processo, não se podem praticar atos processuais (art. 314). Se quem faleceu foi a parte que teria interesse de recorrer, o prazo de interposição do recurso estará interrompido (art. 1.004). No mesmo sentido, se um dos litisconsortes faleceu, de qualquer dos polos da relação processual, o processo estará suspenso, suspendendo-se igualmente os prazos para todos e interrompendo o prazo para a parte que tem interesse de recorrer.

**15. Restituição do prazo para recorrer.** Um evento alheio à vontade do advogado e que o impediu de interpor o recurso caracteriza-se como *justa causa*, a justificar a fixação de um novo prazo pelo juiz para a prática do ato (art. 223, § 2º). Decorrido o prazo para sua interposição, extingue-se o direito ao recurso (art. 223, *caput*). Havendo, porém, justa causa comprovada, pode-se restituir o prazo recursal já escoado.

> **Art. 1.005.** O recurso interposto por um dos litisconsortes a todos aproveita, salvo se distintos ou opostos os seus interesses.
> Parágrafo único. Havendo solidariedade passiva, o recurso interposto por um devedor aproveitará aos outros quando as defesas opostas ao credor lhes forem comuns.

▶ **1. Correspondência no CPC/1973.** *"Art. 509. O recurso interposto por um dos litisconsortes a todos aproveita, salvo se distintos ou opostos os seus interesses. Parágrafo único. Havendo solidariedade passiva, o recurso interposto por um devedor aproveitará aos outros, quando as defesas opostas ao credor lhes forem comuns."*

⚖ **JURISPRUDÊNCIA, ENUNCIADOS E SÚMULAS SELECIONADOS**

- **2. Enunciado 234 do FPPC.** *"A decisão de improcedência na ação proposta pelo credor beneficia todos os devedores solidários, mesmo os que não foram partes no processo, exceto se fundada em defesa pessoal."*

▤ **COMENTÁRIOS TEMÁTICOS**

**3. Personalidade do recurso.** Em regra, a interposição do recurso produz efeitos apenas para o recorrente.

**Art. 1.006** CÓDIGO DE PROCESSO CIVIL COMENTADO – *Leonardo Carneiro da Cunha*

**4. Recurso e litisconsórcio.** Os litisconsortes são considerados, em suas relações com a parte adversa, como litigantes distintos. Os atos e omissões de um não prejudicam nem beneficiam os demais. No litisconsórcio unitário, os atos e omissões de um não prejudicam os outros, mas podem beneficiá-los (art. 117). O recurso interposto por um dos litisconsortes a todos aproveita, salvo se distintos ou opostos os seus interesses. A regra somente se aplica ao litisconsórcio unitário; no caso de litisconsórcio simples, não há a extensão desse efeito. No litisconsórcio simples, aplica-se a regra da *personalidade do recurso*: sua interposição produz efeitos apenas para o recorrente. No litisconsórcio unitário, o recurso interposto por apenas um dos litisconsortes a todos aproveita. Há, aí, uma extensão subjetiva dos efeitos do recurso aos litisconsortes omissos, em razão da uniformidade na disciplina da situação litigiosa.

**5. Litisconsórcio unitário.** *"Tratando-se a hipótese dos autos de litisconsórcio unitário, em que há uma relação jurídica única ou incindível e a necessidade de uniformidade de decisão para todos os litisconsortes, aplica-se a regra geral prevista no art. 1.005 do CPC, que dispõe que 'o recurso interposto por um dos litisconsortes a todos aproveita, salvo se distintos ou opostos a seus interesses'"* (STJ, 4ª Turma, AgInt no REsp 1.795.855/RS, rel. Min. Luis Felipe Salomão, *DJe* 07.06.2021).

**6. Extensão subjetiva e desistência do recurso.** A interposição tempestiva de recurso por qualquer dos litisconsortes unitários é eficaz para todos os outros, inclusive para aqueles que tenham desistido de recurso interposto.

**7. Extensão subjetiva e inadmissibilidade do recurso.** O recurso tempestivamente interposto por qualquer dos litisconsortes unitários é eficaz para todos os outros, inclusive para aqueles que tenham interposto recurso inadmissível.

**8. Extensão subjetiva aos litisconsortes do recorrido.** O art. 1.005 somente prevê a extensão subjetiva do recurso aos litisconsortes do recorrente, nada dispondo sobre tal eficácia aos litisconsortes do recorrido. Se o recurso for interposto só contra um litisconsorte, e o litisconsórcio for simples, a decisão recorrida já transitou em julgado em relação aos litisconsortes que não figuram como recorridos no recurso; o resultado do recurso não lhes produz efeitos. Sendo, porém, unitário o litisconsórcio, a interposição do recurso produz efeitos relativamente a todos os litisconsortes, que se sujeitarão ao resultado do procedimento recursal. Dá-se, enfim, entre os recorridos, a extensão subjetiva dos efeitos do recurso.

**9. Interdependência de litisconsortes.** *"O princípio da interdependência entre litisconsortes, ainda que unitário, não autoriza que os atos prejudiciais de um dos consortes prejudique os demais"* (STJ, Corte Especial, 1.091.710/PR, rel. Min. Luiz Fux, *DJe* 25.03.2011).

**10. Recurso e solidariedade passiva.** O recurso interposto por um devedor solidário estende os seus efeitos aos demais, quando tratar de defesa comum: isso ocorrerá mesmo não sendo unitário o litisconsórcio, pois a solidariedade pode implicar litisconsórcio unitário ou simples, a depender da divisibilidade ou não do bem jurídico envolvido (CC, arts. 257 a 263).

**11. Outras hipóteses de extensão subjetiva de efeitos do recurso.** Há outros casos em que o recurso interposto por uma parte produz efeitos em relação a outra. O recurso interposto por assistente simples é eficaz em relação ao assistido (art. 121, parágrafo único). Os embargos de declaração interpostos por uma das partes interrompem o prazo para a interposição de outro recurso para ambas as partes, e não apenas para aquela que embargou (art. 1.026). A interposição de embargos de divergência no STJ interrompe, para ambas as partes, o prazo para a interposição de recurso extraordinário (art. 1.044, § 1º).

> **Art. 1.006.** Certificado o trânsito em julgado, com menção expressa da data de sua ocorrência, o escrivão ou o chefe de secretaria, independentemente de despacho, providenciará a baixa dos autos ao juízo de origem, no prazo de 5 (cinco) dias.

▶ **1. Correspondência no CPC/1973.** *"Art. 510. Transitado em julgado o acórdão, o escrivão, ou secretário, independentemente de despacho, providenciará a baixa dos autos ao juízo de origem, no prazo de 5 (cinco) dias."*

## 🗐 COMENTÁRIOS TEMÁTICOS

**2. Regra relativa à ordem dos processos nos tribunais.** O dispositivo trata de tema relativo à *ordem dos processos nos tribunais*. Seria preferível que estivesse contido no respectivo capítulo. Contém regra que disciplina atribuição da secretaria dos tribunais.

**3. Atribuição do escrivão ou chefe de secretaria.** O escrivão ou chefe de secretaria é um auxiliar da justiça (art. 149), cabendo-lhe praticar os atos previstos no art. 152. Também lhe incumbe, quando atua em tribunal, providenciar, após certificado o trânsito em julgado,

# LIVRO III · DOS PROCESSOS NOS TRIBUNAIS E DOS MEIOS DE IMPUGNAÇÃO DAS DECISÕES JUDICIAIS · Art. 1.007

a baixa dos autos e remessa ao juízo de origem. Deverá fazê-lo por termo de remessa (art. 208), do qual devem constar sua data e assinatura.

**4. Desnecessidade de despacho.** A providência do escrivão ou chefe de secretária não depende de despacho. É um dever que a lei lhe atribui. Cabe-lhe providenciar a baixa dos autos ao juízo de origem no prazo de cinco dias, a contar do trânsito em julgado da decisão. Tal prazo, por ser processual, é contado apenas em dias úteis (art. 219).

**5. Interposição de recurso ou formulação de requerimento.** Se, antes de ser providenciada a baixa dos autos ao juízo de origem, alguma das partes interpuser recurso (ainda que intempestivo) ou formular qualquer requerimento, o escrivão ou chefe de secretaria não poderá promover a baixa dos autos sem antes encaminhá-los à autoridade judicial competente para exame do recurso ou do requerimento.

**6. Retardamento ou omissão no cumprimento do dever.** É dever do escrivão ou chefe de secretaria providenciar a baixa dos autos ao juízo de origem. A omissão ou o retardamento no cumprimento desse dever caracteriza falta funcional, podendo dar ensejo à instauração de procedimento administrativo (art. 233).

---

**Art. 1.007.** No ato de interposição do recurso, o recorrente comprovará, quando exigido pela legislação pertinente, o respectivo preparo, inclusive porte de remessa e de retorno, sob pena de deserção.

§ 1º São dispensados de preparo, inclusive porte de remessa e de retorno, os recursos interpostos pelo Ministério Público, pela União, pelo Distrito Federal, pelos Estados, pelos Municípios, e respectivas autarquias, e pelos que gozam de isenção legal.

§ 2º A insuficiência no valor do preparo, inclusive porte de remessa e de retorno, implicará deserção se o recorrente, intimado na pessoa de seu advogado, não vier a supri-lo no prazo de 5 (cinco) dias.

§ 3º É dispensado o recolhimento do porte de remessa e de retorno no processo em autos eletrônicos.

§ 4º O recorrente que não comprovar, no ato de interposição do recurso, o recolhimento do preparo, inclusive porte de remessa e de retorno, será intimado, na pessoa de seu advogado, para realizar o recolhimento em dobro, sob pena de deserção.

§ 5º É vedada a complementação se houver insuficiência parcial do preparo, inclusive porte de

remessa e de retorno, no recolhimento realizado na forma do § 4º.

§ 6º Provando o recorrente justo impedimento, o relator relevará a pena de deserção, por decisão irrecorrível, fixando-lhe prazo de 5 (cinco) dias para efetuar o preparo.

§ 7º O equívoco no preenchimento da guia de custas não implicará a aplicação da pena de deserção, cabendo ao relator, na hipótese de dúvida quanto ao recolhimento, intimar o recorrente para sanar o vício no prazo de 5 (cinco) dias.

▶ **1. Correspondência no CPC/1973.** *"Art. 511. No ato de interposição do recurso, o recorrente comprovará, quando exigido pela legislação pertinente, o respectivo preparo, inclusive porte de remessa e de retorno, sob pena de deserção. § 1º São dispensados de preparo os recursos interpostos pelo Ministério Público, pela União, pelos Estados e Municípios e respectivas autarquias, e pelos que gozam de isenção legal. § 2º A insuficiência no valor do preparo implicará deserção, se o recorrente, intimado, não vier a supri-lo no prazo de cinco dias." "Art. 519. Provando o apelante justo impedimento, o juiz relevará a pena de deserção, fixando-lhe prazo para efetuar o preparo. Parágrafo único. A decisão referida neste artigo será irrecorrível, cabendo ao tribunal apreciar-lhe a legitimidade."*

## ⚖ LEGISLAÇÃO CORRELATA

**2. CLT, art. 789, § 1º.** *"§ 1º As custas serão pagas pelo vencido, após o trânsito em julgado da decisão. No caso de recurso, as custas serão pagas e comprovado o recolhimento dentro do prazo recursal."*

**3. CLT, art. 790-A.** *"Art. 790-A. São isentos do pagamento de custas, além dos beneficiários de justiça gratuita: I – a União, os Estados, o Distrito Federal, os Municípios e respectivas autarquias e fundações públicas federais, estaduais ou municipais que não explorem atividade econômica; II – o Ministério Público do Trabalho. Parágrafo único. A isenção prevista neste artigo não alcança as entidades fiscalizadoras do exercício profissional, nem exime as pessoas jurídicas referidas no inciso I da obrigação de reembolsar as despesas judiciais realizadas pela parte vencedora."*

**4. ECA, art. 198, I.** *"Art. 198. Nos procedimentos afetos à Justiça da Infância e da Juventude, inclusive os relativos à execução das medidas socioeducativas, adotar-se-á o sistema recursal da Lei nº 5.869, de 11 de janeiro de 1973 (Código de Processo Civil), com as seguintes adaptações: I – os recursos serão interpostos independentemente de preparo."*

1571

**Art. 1.007** — CÓDIGO DE PROCESSO CIVIL COMENTADO – *Leonardo Carneiro da Cunha*

**5. Lei 4.717/1965, art. 10.** *"As partes só pagarão custas e preparo a final."*

**6. Lei 7.347/1985, art. 18.** *"Nas ações de que trata esta lei, não haverá adiantamento de custas, emolumentos, honorários periciais e quaisquer outras despesas, nem condenação da associação autora, salvo comprovada má-fé, em honorários de advogado, custas e despesas processuais."*

**7. Lei 9.099/1995, art. 42, § 1º.** *"Art. 42. O recurso será interposto no prazo de dez dias, contados da ciência da sentença, por petição escrita, da qual constarão as razões e o pedido do recorrente. § 1º O preparo será feito, independentemente de intimação, nas quarenta e oito horas seguintes à interposição, sob pena de deserção."*

**8. Lei 9.289/1996, art. 14, I e II.** *"Art. 14. O pagamento das custas e contribuições devidas nos feitos e nos recursos que se processam nos próprios autos efetua-se da seguinte forma: I – o autor ou requerente pagará metade das custas e contribuições tabeladas, por ocasião da distribuição do feito, ou, não havendo distribuição, logo após o despacho da inicial; II – aquele que recorrer da sentença adiantará a outra metade das custas, comprovando o adiantamento no ato de interposição do recurso, sob pena de deserção, observado o disposto nos §§ 1º a 7º do art. 1.007 do Código de Processo Civil."*

**9. Lei 9.494/1997, art. 1º-A.** *"Art. 1º-A. Estão dispensadas de depósito prévio, para interposição de recurso, as pessoas jurídicas de direito público federais, estaduais, distritais e municipais."*

**10. Lei 9.507/1997, art. 21.** *"Art. 21. São gratuitos o procedimento administrativo para acesso a informações e retificações de dados e para anotação de justificação, bem como a ação de habeas data."*

**11. IN 39/2016 do TST, art. 10.** *"Aplicam-se ao Processo do Trabalho as normas do parágrafo único do art. 932 do CPC, §§ 1º a 4º do art. 938 e §§ 2º e 7º do art. 1007. Parágrafo único. A insuficiência no valor do preparo do recurso, no Processo do Trabalho, para os efeitos do § 2º do art. 1007 do CPC, concerne unicamente às custas processuais, não ao depósito recursal."*

## ⚖ JURISPRUDÊNCIA, ENUNCIADOS E SÚMULAS SELECIONADOS

- **12. Tema/Repercussão Geral 679, STF.** *"Surge incompatível com a Constituição Federal exigência de depósito prévio como condição de admissibilidade do recurso extraordinário, no que não recepcionada a previsão constante do § 1º do artigo 899 da Consolidação das Leis do Trabalho, sendo inconstitucional a contida na cabeça do artigo 40 da Lei nº 8.177 e, por arrastamento, no inciso II da Instrução Normativa nº 3/1993 do Tribunal Superior do Trabalho."*

- **13. Tema/Repetitivo 16 STJ.** *"O INSS não está obrigado a efetuar depósito prévio do preparo por gozar das prerrogativas e privilégios da Fazenda Pública."*

- **14. Tema/Repetitivo 413 STJ.** *"Admite-se que o preparo seja efetuado no primeiro dia útil subsequente, quando a interposição do recurso ocorrer após o encerramento do expediente bancário."*

- **15. Tema/Repetitivo 625 STJ.** *"O benefício da isenção do preparo, conferido aos entes públicos previstos no art. 4º, caput, da Lei 9.289/1996, é inaplicável aos Conselhos de Fiscalização Profissional."*

- **16. Tema/Repetitivo 1001 STJ.** *"A teor dos arts. 27 e 511, § 1º, do revogado CPC/73 (arts. 91 e 1.007, § 1º, do vigente CPC/2015), o Instituto Nacional do Seguro Social – INSS, nos recursos de competência dos Tribunais de Justiça, está dispensado do prévio pagamento do porte de remessa e de retorno, enquanto parcela integrante do preparo, devendo recolher o respectivo valor somente ao final da demanda, acaso vencido."*

- **17. Súmula 178, STJ.** *"O INSS não goza de isenção do pagamento de custas e emolumentos, nas ações acidentárias e de benefícios, propostas na Justiça Estadual."*

- **18. Súmula 483, STJ.** *"O INSS não está obrigado a efetuar depósito prévio do preparo por gozar das prerrogativas e privilégios da Fazenda Pública."*

- **19. Súmula 484, STJ.** *"Admite-se que o preparo seja efetuado no primeiro dia útil subsequente, quando a interposição do recurso ocorrer após o encerramento do expediente bancário."*

- **20. Súmula TST, 53.** *"O prazo para pagamento das custas, no caso de recurso, é contado da intimação do cálculo."*

- **21. Súmula TST, 86.** *"Não ocorre deserção de recurso da massa falida por falta de pagamento de custas ou de depósito do valor da condenação. Esse privilégio, todavia, não se aplica à empresa em liquidação extrajudicial."*

- **22. Súmula TST, 99.** *"Havendo recurso ordinário em sede de rescisória, o depósito recursal só é exigível quando for julgado procedente o pedido e imposta condenação em pecúnia, devendo este ser efetuado no prazo recursal, no limite e nos termos da legislação vigente, sob pena de deserção."*

**LIVRO III · DOS PROCESSOS NOS TRIBUNAIS E DOS MEIOS DE IMPUGNAÇÃO DAS DECISÕES JUDICIAIS** **Art. 1.007**

- **23. Súmula TST, 128.** *"I – É ônus da parte recorrente efetuar o depósito legal, integralmente, em relação a cada novo recurso interposto, sob pena de deserção. Atingido o valor da condenação, nenhum depósito mais é exigido para qualquer recurso. III – Havendo condenação solidária de duas ou mais empresas, o depósito recursal efetuado por uma delas aproveita as demais, quando a empresa que efetuou o depósito não pleiteia sua exclusão da lide."*
- **24. Súmula TST, 161.** *"Se não há condenação a pagamento em pecúnia, descabe o depósito de que tratam os §§ 1º e 2º do art. 899 da CLT."*
- **25. Súmula TST, 170.** *"Os privilégios e isenções no foro da Justiça do Trabalho não abrangem as sociedades de economia mista, ainda que gozassem desses benefícios anteriormente ao Decreto-lei nº 779, de 21.08.1969."*
- **26. Súmula TST, 245.** *"O depósito recursal deve ser feito e comprovado no prazo alusivo ao recurso. A interposição antecipada deste não prejudica a dilação legal."*
- **27. Súmula TST, 426.** *"Nos dissídios individuais o depósito recursal será efetivado mediante a utilização da Guia de Recolhimento do FGTS e Informações à Previdência Social – GFIP, nos termos dos §§ 4º e 5º do art. 899 da CLT, admitido o depósito judicial, realizado na sede do juízo e à disposição deste, na hipótese de relação de trabalho não submetida ao regime do FGTS."*
- **28. Enunciado 97 do FPPC.** *"Nos casos previstos no § 4º do art. 1.007 do CPC, é de cinco dias o prazo para efetuar o preparo."*
- **29. Enunciado 98 do FPPC.** *"O disposto nos §§ 2º e 4º do art. 1.007 do CPC aplica-se aos Juizados Especiais."*
- **30. Enunciado 106 do FPPC.** *"Não se pode reconhecer a deserção do recurso, em processo trabalhista, quando houver recolhimento insuficiente das custas e do depósito recursal, ainda que ínfima a diferença, cabendo ao juiz determinar a sua complementação."*
- **31. Enunciado 215 do FPPC.** *"Fica superado o enunciado 187 da súmula do STJ ('É deserto o recurso interposto para o Superior Tribunal de Justiça, quando o recorrente não recolhe, na origem, a importância das despesas de remessa e retorno dos autos')."*
- **32. Enunciado 353 do FPPC.** *"No processo do trabalho, o equívoco no preenchimento da guia de custas ou de depósito recursal não implicará a aplicação da pena de deserção, cabendo ao relator, na hipótese de dúvida quanto ao*

recolhimento, intimar o recorrente para sanar o vício no prazo de cinco dias."*
- **33. Enunciado 610 do FPPC.** *"Quando reconhecido o justo impedimento de que trata o § 6º do art. 1.007, a parte será intimada para realizar o recolhimento do preparo de forma simples, e não em dobro."*
- **34. Enunciado 80 do FONAJE.** *"O recurso Inominado será julgado deserto quando não houver o recolhimento integral do preparo e sua respectiva comprovação pela parte, no prazo de 48 horas, não admitida a complementação intempestiva (art. 42, § 1º, da Lei 9.099/1995)."*
- **35. Enunciado 168 do FONAJE.** *"Não se aplica aos recursos dos Juizados Especiais o disposto no artigo 1.007 do CPC 2015."*

### 🖹 COMENTÁRIOS TEMÁTICOS

**36. Preparo nos recursos.** O preparo consiste no adiantamento das despesas relativas ao processamento do recurso. O preparo compreende as custas ou taxa judiciária e o porte de remessa e de retorno, que são as despesas postais com o envio e o retorno dos autos. Não há porte de remessa e de retorno nos processos que tramitam em autos eletrônicos.

**37. Requisito de admissibilidade recursal.** O preparo é um requisito de admissibilidade recursal, quando exigido pela legislação pertinente. É, então, requisito apenas de alguns recursos.

**38. Comprovação.** O preparo deve ser comprovado no momento da interposição do recurso: o recorrente deve juntar a respectiva guia de recolhimento, se assim o exigir a legislação pertinente.

**39. Deserção.** Não efetuado o preparo, poderá ocorrer a deserção. À sanção para a falta de preparo oportuno dá-se o nome de deserção. A deserção é causa objetiva de inadmissibilidade. É irrelevante indagar ou investigar qual a vontade do omisso.

**40. Preparo nos Juizados Especiais Cíveis.** No sistema dos Juizados Especiais Cíveis, o preparo do recurso interposto contra a sentença pode ser comprovado em até quarenta e oito horas após a sua interposição (Lei 9.099/1995, art. 42, § 1º).

**41. Recurso de terceiro.** O recurso de terceiro também se submete à exigência do preparo.

**42. Preparo e inadmissibilidade do recurso.** Se o recurso não for conhecido, não há devolução do valor do preparo. As custas ou taxas judiciárias são pagas pelo serviço prestado ou posto à disposição da parte. Não importa se o recurso foi inadmitido ou admitido e provido ou não provido. O preparo não tem relação com o resultado ou com o conteúdo do ato a ser praticado pelo órgão jurisdicional.

**43. Preparo e não interposição do recurso.** Se a parte efetuou o preparo, mas não veio posteriormente a interpor o recurso, terá direito à devolução do quanto pagou. É que, nesse caso, o ato processual não foi praticado. Não interposto o recurso, não houve fato gerador para as custas ou taxas. A parte pode requerer a devolução do que pagou à Corregedoria-Geral da justiça ou ao órgão equivalente do tribunal que seja responsável pela gestão das custas ou taxas judiciárias.

**44. Problemas relacionados ao preparo.** É possível haver três tipos de problemas relacionados com esse requisito de admissibilidade recursal: a) falta na comprovação do preparo (equívocos no preenchimento da guia de custas ou defeito na sua cópia); b) ausência do preparo; c) preparo insuficiente. Em nenhum desses casos, autoriza-se a inadmissibilidade imediato do recurso. Em todos esses casos, o relator deve intimar o recorrente para que corrija o defeito. A deserção somente pode ser reconhecida, se o recorrente, embora intimado para corrigir o defeito, não o fizer.

**45. Preparo insuficiente.** A insuficiência no valor do preparo implicará deserção apenas se o recorrente, intimado, não vier a supri-lo no prazo de cinco dias. Preparo insuficiente é preparo feito; preparo que não foi feito não pode ser adjetivado. Insuficiente é o preparo feito a menor, qualquer que seja o valor. A deserção, por insuficiência do preparo, é sanção de inadmissibilidade que somente pode ser aplicada após a intimação do recorrente para que proceda à complementação.

**46. Ausência de preparo.** No caso de recurso sem preparo, o relator intimará o recorrente para que o realize em dobro, sob pena de deserção. Como não há prazo previsto, vale a regra geral do prazo de cinco dias (art. 218, § 3º), salvo se outro for determinado pelo julgador. O legislador impôs uma multa de cem por cento do valor do preparo como sanção substituta à inadmissibilidade imediata do recurso. É importante registrar a natureza dessa dobra do valor: multa; por isso, caso o recorrente seja vencedor, esse valor não entrará no monte "despesas da sucumbência", que deve ser suportado pelo vencido. Multas não são despesas processuais. Caso recolha valor menor do que o dobro, após ser intimado, o recorrente não terá direito à complementação prevista no § 2º do art. 1.007. Ou o recorrente recolhe o valor dobrado ou o recurso não será conhecido. Se não fosse assim, o recorrente teria

três oportunidades de fazer o preparo, em óbvio incentivo ao abuso processual.

**47. Ausência ou insuficiência do preparo em recurso especial.** "*O entendimento desta Corte é no sentido de que o recurso especial deve ser reconhecido deserto se, após a intimação nos termos do art. 1.007, § 4º, do CPC/2015, a parte não comprovar o pagamento ou não o efetuar em dobro*" (STJ, 3ª Turma, AgInt no AREsp 1.501.169/SP, rel. Min. Paulo de Tarso Sanseverino, *DJe* 13.12.2019).

**48. Preparo efetuado, mas não comprovado.** O § 4º do art. 1.007 trata da hipótese de *ausência de preparo*, não contemplando o caso em que o recorrente efetuou o preparo, mas não o comprovou no momento da interposição do recurso. Em tal caso, não é necessário haver recolhimento em dobro, bastando ao recorrente simplesmente comprovar que já realizou o preparo. Tal hipótese é, enfim, de comprovação no prazo de cinco dias, e não de novo recolhimento em dobro; não se trata de *ausência* de preparo, mas de falta de comprovação do que já foi realizado. Cabe ao recorrente simplesmente demonstrar que o preparo já havia sido feito, mas ainda não comprovado.

**49. Necessidade de comprovação do pagamento, e não do simples agendamento.** "*A jurisprudência desta Corte Superior firmou-se no sentido de que a juntada de comprovante de agendamento bancário não é documento apto a comprovar que o preparo foi devidamente recolhido*" (STJ, 1ª Turma, AgInt no AREsp 1.806.437/SP, rel. Min. Benedito Gonçalves, *DJe* 23.06.2021).

**50. Preparo efetuado, mas não comprovado, equivale à ausência de preparo.** "*A falta de comprovação do preparo no ato da interposição do recurso não gera a sua imediata deserção, que só ocorrerá depois de conferida ao interessado a oportunidade de providenciar o recolhimento em dobro ou, alternativamente, comprovar o status de hipossuficiência financeira, nos termos da Lei 1.060/1950, consoante o art. 1.007, § 4º, do novo estatuto processual*" (STJ, 1ª Turma, AgInt no AREsp 1.492.283/PR, rel. Min. Gurgel de Faria, *DJe* 20.02.2020). "*Não demonstrado o recolhimento do preparo no ato de interposição do recurso e intimado para efetuar o recolhimento em dobro, se a parte recorrente não o comprova, o recurso especial não deve ser admitido em virtude da sua deserção*" (STJ, 3ª Turma, AgInt nos EDcl no AREsp 1.432.212/PE, rel. Min. Moura Ribeiro, *DJe* 27.11.2019).

**51. Ausência de juntado do comprovante do pagamento do preparo. Intimação para pagamento em dobro. Atendimento, se comprovar**

# LIVRO III · DOS PROCESSOS NOS TRIBUNAIS E DOS MEIOS DE IMPUGNAÇÃO DAS DECISÕES JUDICIAIS — Art. 1.007

**pagamento anterior e recolhimento da complementação devida.** *"Não havendo a demonstração do recolhimento do preparo no ato de interposição do recurso, por meio de documento idôneo, a parte é intimada para efetuar o recolhimento em dobro ou a comprovar o efetivo pagamento, com a complementação devida, uma vez que devido em dobro, tudo nos termos do § 4º do art. 1.007 do CPC/2015. 3. Na espécie, a agravante, após intimação para saneamento da ausência de comprovação do preparo, apresentou o comprovante de pagamento do anterior recolhimento simples das custas, mas não comprovou a complementação do referido preparo, devido em dobro"* (STJ, 1ª Turma, AgInt no AREsp 1.806.437/SP, rel. Min. Benedito Gonçalves, *DJe* 23.06.2021).

**52. Ausência de correspondência entre o código de barras da guia de recolhimento e o comprovante de pagamento do preparo.** *"Consolidado nesta Corte o entendimento de que a 'ausência de correspondência entre o código de barras da guia de recolhimento e o comprovante de pagamento enseja irregularidade no preparo do recurso especial, e, portanto, sua deserção' (AgInt no REsp 1.811.652/PA, Rel. Ministro Francisco Falcão, Segunda Turma, julgado em 17.12.2019, DJe 19.12.2019). 2. A falta de comprovação do preparo no ato da interposição do recurso não gera a sua imediata deserção, que só ocorrerá depois de conferida ao interessado a oportunidade de providenciar o recolhimento em dobro, consoante o art. 1.007, § 4º, do novo estatuto processual. 3. Hipótese em que, constatada a irregularidade e devidamente intimado, o recorrente deixou de efetuar o recolhimento em dobro, o que torna inafastável a incidência da Súmula 187 desta Corte. 4. Ao contrário do alegado, não se aplica à hipótese o art. 1.007, § 7º, do CPC/2015, pois não se trata de equívoco no preenchimento da guia de custas, o que levaria à intimação do recorrente para sanar o vício em cinco dias, mas, sim, 'de ausência de código de barras no comprovante de pagamento do preparo apresentado quando da interposição do recurso especial, levando à incidência do § 4º do mesmo artigo, ou seja, a intimação para recolhimento do preparo em dobro (...)' (AgInt no AREsp 1.353.063/SP, Rel. Ministro Luis Felipe Salomão, Quarta Turma, julgado em 07.10.2019, DJe 15.10.2019)"* (STJ, 1ª Turma, AgInt no AREsp 1.757.402/DF, rel. Min. Gurgel de Faria, *DJe* 29.06.2021).

**53. Irrecorribilidade do ato que determina intimação do recorrente para recolher o preparo.** *"O despacho que determina a intimação da parte recorrente para realizar o recolhimento do preparo nos moldes do art. 1.007, § 4º, Código de Processo Civil/2015, não é ato decisório passível de ser atacado por meio de recurso, já que a sua natureza jurídica é de mero impulso oficial, e não de decisão, a teor do que dispõe o art. 1.001 do NCPC,* in verbis: *'Dos despachos não cabe recurso'"* (STJ, 4ª Turma, AgInt no AREsp 1.330.266/SP, rel. Min. Maria Isabel Gallotti, *DJe* 08.04.2019).

**54. Relevação da deserção.** A deserção pode ser relevada, quando o recorrente provar o justo impedimento (greve bancária, enchente, dúvida escusável quanto à exigência de preparo para a interposição do recurso, como acontece, p. ex., em alguns tribunais, que exigem o preparo para o agravo interno, que não o possui etc.). Nesse caso, o relator concederá o prazo de cinco dias para fazer o preparo. O preparo, aqui, será feito no valor original, sem a multa do § 4º A decisão que releva a deserção é irrecorrível; a irrecorribilidade decorre da absoluta falta de interesse, porquanto qualquer objeção que porventura se possa fazer será objeto de exame no julgamento final do recurso.

**55. Sujeitos dispensados do preparo.** Estão dispensados de preparo, inclusive porte de remessa e retorno, os recursos interpostos pelo Ministério Público, pela União, pelo Distrito Federal, pelos Estados, pelos Municípios e respectivas autarquias. Também estão dispensados do preparo os beneficiários da justiça gratuita (arts. 98, § 1º, VIII, e 1.007, § 1º).

**56. Gratuidade da justiça.** O pedido de gratuidade da justiça pode ser formulado no próprio recurso (art. 99). Nesse caso, o recorrente estará dispensado de comprovar o recolhimento do preparo, incumbindo ao relator apreciar o requerimento e, se indeferi-lo, fixar prazo para realização do recolhimento (art. 99, § 7º). A decisão que concede o benefício da gratuidade é eficaz em todas as instâncias, sem necessidade de renovação do requerimento a cada novo recurso que venha a ser interposto. Em outras palavras, a decisão permanece até a sua revogação por outra em sentido contrário.

**57. Eficácia da decisão que defere a gratuidade.** *"A jurisprudência deste Superior Tribunal dispõe no sentido de que, uma vez concedida a gratuidade da justiça, tal benesse conserva-se em todas as instâncias e para todos os atos do processo, salvo se expressamente revogada"* (STJ, 3ª Turma, AgInt no AREsp 1.137.758/SP, rel. Min. Marco Aurélio Bellizze, *DJe* 08.05.2020).

**58. Irretroatividade da decisão que defere a gratuidade.** *"A jurisprudência desta Corte é pacífica no sentido de que o benefício da gratuidade judiciária não tem efeito retroativo, de*

1575

**Art. 1.008** CÓDIGO DE PROCESSO CIVIL COMENTADO – *Leonardo Carneiro da Cunha*

modo que a sua concessão posterior à interposição do recurso não tem o condão de isentar a parte do recolhimento do respectivo preparo" (STJ, 3ª Turma, AgInt nos EDcl no AREsp 1.490.706/SP, rel. Min. Nancy Andrighi, *DJe* 05.12.2019). *No mesmo sentido:* STJ, 4ª Turma, AgInt no AREsp 1.191.581/MS, rel. Min. Antonio Carlos Ferreira, *DJe* 24.04.2020.

**59. Recurso que versa sobre honorários de sucumbência em caso de gratuidade da justiça.** "*Nos termos do art. 99, § 5º, do CPC/2015, o recurso que verse exclusivamente sobre valor de honorários de sucumbência fixados em favor do advogado de beneficiário da justiça gratuita estará sujeito a preparo, salvo se o próprio advogado demonstrar que tem direito à gratuidade. Assim, constatada a inexistência do recolhimento do preparo recursal, caberá ao relator intimar o interessado para que faça seu recolhimento, em dobro, ou demonstre que também faz jus ao benefício*" (STJ, 3ª Turma, AgInt no AREsp 1.398.425/SP, rel. Min. Marco Aurélio Bellizze, *DJe* 22.03.2019). "*Sendo pessoal o direito à gratuidade da justiça, 'o recurso que verse exclusivamente sobre valor de honorários de sucumbência fixados em favor do advogado de beneficiário estará sujeito a preparo, salvo se o próprio advogado demonstrar que tem direito à gratuidade' (art. 99, §§ 4º 5º e 6º do CPC/2015)*" (STJ, 4ª Turma, AgInt no AREsp 1.330.266/SP, rel. Min. Maria Isabel Gallotti, *DJe* 08.04.2019).

**60. Recursos que dispensam o preparo.** Há recursos que dispensam preparo: *embargos infringentes de alçada* (Lei 6.830/1980, art. 34), *agravo em recurso especial ou extraordinário* (art. 1.042, § 2º), os *recursos no ECA* (ECA, art. 198, I), o *agravo interno* e os *embargos de declaração* (art. 1.023).

**61. Juízo de admissibilidade.** "*Nos termos do art. 1.010, § 3º, do CPC/2015, com a interposição da apelação – e após o prazo para apresentação de contrarrazões e apelação adesiva – os autos serão remetidos ao tribunal competente pelo juiz, independentemente do juízo de admissibilidade. 5. A intimação da parte recorrida para a complementação do preparo, ainda em primeira instância, foi equívoco praticado pelo julgador, não podendo, portanto, a parte ser prejudicada quando a competência para fazê-lo era do TJ/RJ. 6. Recurso especial conhecido e não provido*" (STJ, 3ª Turma, REsp 1.946.615/RJ, rel. Min. Nancy Andrighi, *DJe* 1º.10.2021).

**62. Ausência do número do código de barras na guia de pagamento.** "*A ausência do número do código de barras na guia de pagamento apresentada após a oportunidade de recolhimento em dobro do preparo, na forma art. 1.007, § 4º, do*

*CPC/2015, leva à deserção do recurso*" (STJ, 2ª Turma, AgInt no RMS 66.869/PA, rel. Min. Og Fernandes, *DJe* 27.10.2021).

> **Art. 1.008.** O julgamento proferido pelo tribunal substituirá a decisão impugnada no que tiver sido objeto de recurso.

▶ **1. Correspondência no CPC/1973.** "*Art. 512. O julgamento proferido pelo tribunal substituirá a sentença ou a decisão recorrida no que tiver sido objeto de recurso.*"

### 🗒 COMENTÁRIOS TEMÁTICOS

**2. Juízo de admissibilidade e juízo de mérito dos recursos.** Os recursos submetem-se a requisitos de admissibilidade. Faltando algum deles, o recurso não é conhecido. Preenchidos todos os requisitos, o recurso é conhecido. O juízo de admissibilidade do recurso acarreta uma decisão que dele se conhece ou dele não se conhece. Quando o recurso é conhecido, ele pode ser provido ou não provido. Nesse caso, haverá juízo de mérito do recurso.

**3. Julgamento substitutivo.** Conhecido, mas não provido, ou conhecido e provido para reformar a decisão, o recurso produz o efeito substitutivo a que alude o art. 1.008. *Julgamento substitutivo* é o que, acolhendo ou não *error in iudicando*, ou não acolhendo *error in procedendo*, opera a substituição da decisão recorrida pela decisão que julgou o recurso. Só se pode falar de julgamento substitutivo se o recurso for conhecido. Eventual ação rescisória deve dirigir-se contra a última decisão (a que substituiu por último).

**4. Julgamento rescindente.** Se o recurso for conhecido e provido para invalidar a decisão, será produzido o efeito rescindente. O efeito substitutivo mencionado no art. 1.008 não se aplica em caso de invalidação da decisão recorrida; somente se aplica quando o recurso for conhecido, e não provido, ou quando for conhecido e provido para reformar a decisão recorrida. *Julgamento rescindente* é o que, acolhendo a alegação de *error in procedendo*, invalida a decisão recorrida.

## CAPÍTULO II
## DA APELAÇÃO

> **Art. 1.009.** Da sentença cabe apelação.
>
> § 1º As questões resolvidas na fase de conhecimento, se a decisão a seu respeito não comportar agravo de instrumento, não são cobertas pela

**LIVRO III** · DOS PROCESSOS NOS TRIBUNAIS E DOS MEIOS DE IMPUGNAÇÃO DAS DECISÕES JUDICIAIS | **Art. 1.009**

preclusão e devem ser suscitadas em preliminar de apelação, eventualmente interposta contra a decisão final, ou nas contrarrazões.

§ 2º Se as questões referidas no § 1º forem suscitadas em contrarrazões, o recorrente será intimado para, em 15 (quinze) dias, manifestar-se a respeito delas.

§ 3º O disposto no *caput* deste artigo aplica-se mesmo quando as questões mencionadas no art. 1.015 integrarem capítulo da sentença.

▶ **1. Correspondência no CPC/1973.** *"Art. 513. Da sentença caberá apelação (arts. 267 e 269)."*

## ⚖ Legislação Correlata

**2. Lei 6.830/1980, art. 34.** *"Art. 34. Das sentenças de primeira instância proferidas em execuções de valor igual ou inferior a 50 (cinquenta) Obrigações Reajustáveis do Tesouro Nacional – ORTN, só se admitirão embargos infringentes e de declaração. § 1º Para os efeitos deste artigo considerar-se-á o valor da dívida monetariamente atualizado e acrescido de multa e juros de mora e demais encargos legais, na data da distribuição. § 2º Os embargos infringentes, instruídos, ou não, com documentos novos, serão deduzidos, no prazo de 10 (dez) dias perante o mesmo Juízo, em petição fundamentada. § 3º Ouvido o embargado, no prazo de 10 (dez) dias, serão os autos conclusos ao Juiz, que, dentro de 20 (vinte) dias, os rejeitará ou reformará a sentença".*

**3. ECA, art. 198, II.** *"Art. 198. Nos procedimentos afetos à Justiça da Infância e da Juventude, inclusive os relativos à execução das medidas socioeducativas, adotar-se-á o sistema recursal da Lei nº 5.869, de 11 de janeiro de 1973 (Código de Processo Civil), com as seguintes adaptações: (...) II – em todos os recursos, salvo nos embargos de declaração, o prazo para o Ministério Público e para a defesa será sempre de 10 (dez) dias."*

**4. Lei 11.101/2005, art. 100.** *"Art. 100. Da decisão que decreta a falência cabe agravo, e da sentença que julga a improcedência do pedido cabe apelação."*

## ⚖ Jurisprudência, Enunciados e Súmulas Selecionados

• **5. Tema/Repercussão Geral 408 STF.** *"É compatível com a Constituição o art. 34 da Lei 6.830/1980, que afirma incabível apelação em casos de execução fiscal cujo valor seja inferior a 50 ORTN."*

• **6. Tema/IAC 3 STJ.** *"Não é cabível mandado de segurança contra decisão proferida em execução fiscal no contexto do art. 34 da Lei 6.830/80."*

• **7. Tema/Repetitivo 395 STJ.** *"Adota-se como valor de alçada para o cabimento de apelação em sede de execução fiscal o valor de R$ 328,27 (trezentos e vinte e oito reais e vinte e sete centavos), corrigido pelo IPCA-E a partir de janeiro de 2001, valor esse que deve ser observado à data da propositura da execução."*

• **8. Enunciado 351 do FPPC.** *"O regime da recorribilidade das interlocutórias do CPC aplica-se ao procedimento do mandado de segurança."*

• **9. Enunciado 354 do FPPC.** *"O art. 1.009, § 1º, não se aplica às decisões publicadas em cartório ou disponibilizadas nos autos eletrônicos antes da entrada em vigor do CPC."*

• **10. Enunciado 355 do FPPC.** *"Se, no mesmo processo, houver questões resolvidas na fase de conhecimento em relação às quais foi interposto agravo retido na vigência do CPC/1973, e questões resolvidas na fase de conhecimento em relação às quais não se operou a preclusão por força do art. 1.009, § 1º, do CPC, aplicar-se-á ao recurso de apelação o art. 523, § 1º, do CPC/1973 em relação àquelas, e o art. 1.009, § 1º, do CPC em relação a estas."*

• **11. Enunciado 390 do FPPC.** *"Resolvida a desconsideração da personalidade jurídica na sentença, caberá apelação."*

• **12. Enunciado 559 do FPPC.** *"O efeito suspensivo ope legis do recurso de apelação não obsta a eficácia das decisões interlocutórias nele impugnadas."*

• **13. Enunciado 611 do FPPC.** *"Na hipótese de decisão parcial com fundamento no art. 485 ou no art. 487, as questões exclusivamente a ela relacionadas e resolvidas anteriormente, quando não recorríveis de imediato, devem ser impugnadas em preliminar do agravo de instrumento ou nas contrarrazões."*

• **14. Enunciado 662 do FPPC.** *"É admissível impugnar, na apelação, exclusivamente a decisão interlocutória não agravável."*

• **15. Enunciado 67 da I Jornada-CJF.** *"Há interesse recursal no pleito da parte para impugnar a multa do art. 334, § 8º, do CPC por meio de apelação, embora tenha sido vitoriosa na demanda."*

• **16. Enunciado 93 da I Jornada-CJF.** *"Da decisão que julga a impugnação ao cumprimento de sentença cabe apelação, se extinguir o processo, ou agravo de instrumento, se não o fizer."*

• **17. Enunciado 189 da III Jornada-CJF.** *"Apesar da dicção do art. 1.009, § 1º, do CPC, as de-*

**Art. 1.009** CÓDIGO DE PROCESSO CIVIL COMENTADO – *Leonardo Carneiro da Cunha*

cisões não agraváveis estão sujeitas à preclusão, que ocorrerá quando não houver impugnação em apelação ou em contrarrazões de apelação (preclusão diferida)."

- **18. Enunciado 195 da III Jornada-CJF.** *"Se o agravo de instrumento for inadmitido quando impugnada decisão interlocutória com base no Tema Repetitivo 988 do STJ (taxatividade mitigada), caberá a impugnação da mesma decisão interlocutória em preliminar de apelação ou contrarrazões."*

- **19. Enunciado 197 da III Jornada-CJF.** *"Para a comprovação de feriado local, é suficiente a juntada do calendário do tribunal de origem."*

- **20. Enunciado 216 da III Jornada-CJF.** *"Na hipótese de o acolhimento da impugnação acarretar a extinção do cumprimento de sentença, a natureza jurídica da decisão é sentença e o recurso cabível é apelação; caso o acolhimento não impedir a continuidade dos atos executivos, trata-se de decisão interlocutória sujeita a agravo de instrumento (art. 1.015, parágrafo único, do CPC)."*

### 🗎 COMENTÁRIOS TEMÁTICOS

**21. Cabimento.** A apelação é o recurso cabível contra a sentença e as decisões interlocutórias não impugnáveis por agravo de instrumento. A apelação pode ser interposta contra toda e qualquer sentença, tenha ou não sido apreciado o mérito, em jurisdição contenciosa ou voluntária, em processo de conhecimento ou de execução.

**22. Apelação contra decisão que extingue o cumprimento de sentença.** *"Conforme o entendimento desta Corte, o recurso cabível da decisão que extingue o cumprimento de sentença é a apelação"* (STJ, 4ª Turma, AgInt no AREsp 1.446.810/MG, rel. Min. Antonio Carlos Ferreira, j. 26.08.2019, *DJe* 02.09.2019). *"A jurisprudência desta Corte tem entendimento pacífico no sentido de que a apelação é o recurso cabível contra a decisão que põe fim ao cumprimento de sentença."* (STJ, 4ª Turma, AgInt no AREsp 1.824.436/SP, rel. Min. Maria Isabel Gallotti, *DJe* 25.11.2021).

**23. Sentença e decisão interlocutória.** Sentença é a decisão do juiz singular que encerra uma fase do procedimento (art. 203, § 1º). Decisão interlocutória é a decisão do juiz singular que *não encerra* o procedimento na instância. Ambas podem ter por conteúdo uma das situações previstas nos arts. 485 ou 487. Se, por acaso, tiver por conteúdo uma das hipóteses dos arts. 485 ou 487, a decisão interlocutória será uma

decisão parcial impugnável por agravo de instrumento (art. 354, parágrafo único, e art. 1.015, II).

**24. Embargos infringentes de alçada.** Das sentenças proferidas em execução fiscal de valor igual ou inferior a cinquenta ORTNs, só se admitirão embargos infringentes de alçada ou embargos de declaração (Lei 6.830/1980, art. 34). Os embargos infringentes são julgados pelo próprio juízo prolator da sentença e deve ser interposto no prazo de dez dias, sem necessidade do preparo.

**25. Interposição de apelação no lugar dos embargos infringentes de alçada.** *"(...) IV. O art. 34 da Lei 6.830/1980 é expresso ao determinar que, 'das sentenças de primeira instância proferidas em execuções de valor igual ou inferior a 50 (cinquenta) Obrigações Reajustáveis do Tesouro Nacional – ORTN, só se admitirão embargos infringentes e de declaração'. Já o § 2º do referido dispositivo legal estipula que 'os embargos infringentes, instruídos, ou não, com documentos novos, serão deduzidos, no prazo de 10 (dez) dias perante o mesmo Juízo, em petição fundamentada'. V. Inviável, portanto, a incidência do princípio da fungibilidade recursal, no caso, pois existe disposição legal expressa, acerca do recurso cabível, o que afasta a possibilidade de dúvida objetiva sobre qual recurso deveria ter sido interposto. Ademais, a questão relacionada ao não cabimento de Apelação, nas Execuções Fiscais de valor inferior a 50 ORTNs, encontra-se pacificada, na jurisprudência do Superior Tribunal de Justiça, o que evidencia a existência de erro grosseiro, na hipótese. (...)"* (STJ, 2ª Turma, AgRg no REsp 1.461.742/RS, rel. Min. Assusete Magalhães, *DJe* 1º.07.2015). No mesmo sentido: STJ, 2ª Turma, AgRg no AREsp 727.807/RJ, rel. Min. Herman Benjamin, *DJe* 19.05.2016.

**26. Sentença que decreta a falência.** A falência é decretada por uma sentença (Lei 11.101/2005, art. 99), dela cabendo agravo de instrumento (Lei 11.101/2005, art. 100). Da sentença que rejeita o pedido de falência cabe apelação (Lei 11.101/2005, art. 100).

**27. Decisão que julga a fase de liquidação de sentença.** A liquidação da sentença, que pode ser por arbitramento (art. 510) ou pelo procedimento comum (art. 511), inicia-se por uma nova demanda, em que o credor ou devedor formula um pedido (art. 509), consistente na apuração e fixação do valor a ser executado ou objeto de cumprimento. A liquidação, seja ela uma simples fase do processo, seja ela processo autônomo, tem objeto próprio, com novo contraditório a ele relacionado A decisão que resolve a liquidação é sentença, dela cabendo apelação.

1578

# LIVRO III · DOS PROCESSOS NOS TRIBUNAIS E DOS MEIOS DE IMPUGNAÇÃO DAS DECISÕES JUDICIAIS — Art. 1.009

Ao acolher ou rejeitar o pedido, o juiz profere sentença, encerrando a fase de conhecimento. Ainda que seja ilíquida a decisão, esta será uma sentença. Não é sem razão, aliás, que o art. 354 dispõe que, "ocorrendo qualquer das hipóteses previstas nos arts. 485 e 487, incisos II e III, o juiz proferirá *sentença*". E seu art. 509 afirma que haverá liquidação quando a *sentença* condenar ao pagamento de quantia ilíquida. A iliquidez não transforma a sentença em decisão interlocutória. Será, de um jeito ou de outro, uma sentença. A liquidação pelo procedimento comum dá origem a *outro* procedimento comum, não sendo uma continuação do *mesmo* procedimento comum. A sentença ilíquida é sentença do mesmo jeito; não muda sua natureza. Dela cabe apelação. O § 1º do art. 203 refere-se ao encerramento da fase de conhecimento. A liquidação é outra fase, também de conhecimento, encerrando-se por nova sentença, da qual cabe apelação. Das decisões interlocutórias proferidas na liquidação cabe agravo de instrumento: todas as interlocutórias proferidas na fase de liquidação – ou, se for o caso, no processo de liquidação – são agraváveis.

**28.** **Apelação contra decisão interlocutória.** Na fase de conhecimento, há decisões agravável e decisões não agraváveis. As decisões agraváveis sujeitam-se à preclusão, caso não se interponha o recurso. Aquelas não agraváveis, por sua vez, não se sujeitam à imediata preclusão. Elas são impugnadas na apelação (ou nas contrarrazões de apelação), sob pena de preclusão. Essa sistemática restringe-se à fase de conhecimento, não se aplicando às fases de liquidação e de cumprimento da sentença, nem ao processo de execução de título extrajudicial. Nesses casos, toda e qualquer decisão interlocutória é passível de agravo de instrumento. Também cabe agravo de instrumento contra qualquer decisão interlocutória proferida em processo de inventário.

**29.** **Impugnação das decisões interlocutórias não agraváveis pela parte vencida.** A parte *vencida* na sentença pode apelar. A apelação servirá para impugnar a sentença *e* as decisões interlocutórias *não agraváveis* desfavoráveis ao apelante. A apelação pode atacar só a sentença ou só uma interlocutória não agravável ou tanto a sentença como interlocutórias não agraváveis. Neste último caso, haverá aí uma cumulação de pedidos recursais. À cumulação de pedidos recursais aplica-se o regramento geral da cumulação de pedidos (art. 327). Há dois pedidos: um formulado contra a decisão interlocutória e outro, contra a sentença. Esta cumulação de pedidos recursais é *imprópria: acolhido o pedido formulado contra a decisão interlocutória*

*não agravável*, a sentença e vários atos que lhe precederam serão desfeitos, tornando inócuo o pedido recursal formulado contra ela. Se a parte vencida recorrer apenas contra a sentença, haverá *preclusão* da decisão interlocutória não agravável.

**30.** **Impugnação das decisões interlocutórias não agraváveis pela parte vencedora.** A decisão interlocutória não agravável também pode ser impugnada pela parte vencedora. Nesse caso, as contrarrazões veiculam um recurso do apelado. Elas consistem num instrumento por meio do qual o apelado poderá recorrer contra uma interlocutória não agravável. Assim, as contrarrazões, nesse caso, tornam-se instrumento de dois atos jurídicos processuais: *(a)* a resposta à apelação da parte adversária; *(b)* o recurso contra as decisões interlocutórias não agraváveis proferidas ao longo do procedimento. Este *recurso* é uma *apelação* do vencedor.

**31.** **A apelação do vencedor como espécie de recurso subordinado.** A apelação do vencedor é um recurso *subordinado*. Ela seguirá o destino da apelação do vencido. Caso o vencido desista da apelação interposta ou essa não seja admissível, a apelação do vencedor perde o sentido: por ter sido o vencedor, o interesse recursal somente existe se a apelação do vencido for adiante.

**32.** **A apelação do vencedor como espécie de recurso condicionado.** Além de subordinada, a apelação do vencedor é condicionada. Isso significa que somente será examinada se a *apelação do vencido* for acolhida.

**33.** **Interposição de apelação autônoma pelo vencedor: aplicação da instrumentalidade das formas.** O *vencedor* interpõe sua apelação nas contrarrazões da apelação, mas é possível, embora incorreto, que se antecipe e já interponha sua apelação, sem aguardar a oportunidade das contrarrazões. Se o *vencedor* recorreu de apenas uma interlocutória não agravável, não poderá depois, nas contrarrazões à apelação do *vencido*, recorrer de outras interlocutórias não agraváveis; terá havido preclusão consumativa. A apelação já foi interposta, devendo ser, inclusive, exigido preparo. O problema aqui é só de rótulo. A apelação do *vencedor* deveria ser veiculada nas contrarrazões, mas ele antecipou-se ao momento, valendo-se de uma apelação autônoma. Já foi interposto o recurso, não sendo necessária sua ratificação posterior. Só que esse recurso do *vencedor* é subordinado e dependente. É preciso que haja a apelação da parte *vencida*. Caso o *vencedor* se antecipe e recorra contra alguma interlocutória não agravável, e não sobrevenha a apelação da parte *vencida*, faltará interesse recursal ao *vencedor*, devendo ser inadmitido o

**Art. 1.010**

CÓDIGO DE PROCESSO CIVIL COMENTADO – *Leonardo Carneiro da Cunha*

seu recurso. Diversamente, sobrevindo o recurso do *vencido*, a ele se subordina o recurso do *vencedor*, que passa a desfrutar da admissibilidade que não tinha.

**34. Prazo.** A apelação deve ser interposta no prazo de quinze dias, devendo, na contagem do prazo, ser contados apenas os úteis (art. 219). Na apelação interposta segundo o procedimento do Estatuto da Criança e do Adolescente, o prazo é de dez dias (ECA, art. 198, II).

**35. Prazo em dobro.** O Ministério Público (art. 180), a Fazenda Pública (art. 183) e a Defensoria Pública (art. 186) dispõem de prazo em dobro para interpor apelação. De igual modo, os litisconsortes que tiverem diferentes procuradores, de escritórios de advocacia distintos, têm prazos contados em dobro para todas as suas manifestações, em qualquer juízo ou tribunal, independentemente de requerimento (art. 229), a não ser que o processo seja eletrônico (art. 229, § 2º) ou que apenas um deles seja sucumbente (Súmula STF, 641).

**36. Regularidade formal.** A apelação é interposta por meio de petição escrita dirigida ao juízo de primeira instância que proferiu a sentença. Não se admite a interposição oral da apelação. A apelação pode ser interposta por petição única ou por petição de interposição que contenha, separadamente, as razões recursais. Neste último caso, é imprescindível que ambas sejam apresentadas ao mesmo tempo. A petição deve vir subscrita por advogado habilitado nos autos. A petição da apelação deve ter o conteúdo exigido pelo art. 1.010.

**37. Inadmissibilidade de agravo de instrumento contra tutela provisória concedida na sentença.** *"Segundo a jurisprudência pacificada desta Corte, é descabido o recurso de agravo de instrumento para impugnar sentença na qual tenham sido antecipados os efeitos da tutela"* (STJ, 3ª Turma, AgInt no AREsp 860.913/SP, rel. Min. Marco Aurélio Bellizze, *DJe* 03.02.2017).

**38. Cabimento de apelação contra tutela provisória concedida na sentença.** *"(...) há muito o Superior Tribunal de Justiça havia sedimentado a orientação de que a apelação é o recurso cabível contra a sentença em que se decide acerca da antecipação dos efeitos da tutela jurisdicional. Inaplicável ao caso, portanto, o princípio da fungibilidade"* (STJ, 1ª Turma, AgRg no REsp 1.157.463/BA, rel. Min. Sérgio Kukina, *DJe* 19.04.2013). *"(...) pacífico entendimento jurisprudencial no sentido de ser a Apelação o recurso cabível contra sentença, ainda que parte do dispositivo trate de concessão ou revogação*

*de tutela antecipada"* (STJ, 2ª Turma, AgRg no AREsp 394.257/SP, rel. Min. Herman Benjamin, *DJe* 27.03.2014).

**39. Irrecorribilidade do pronunciamento de conversão do mandado monitório em executivo.** *"O ato judicial de conversão do mandado monitório em executivo, ante a ausência de pagamento pelo devedor e a não oposição de embargos monitórios, não possui conteúdo decisório. Portanto incabível o recurso de apelação diante da sua irrecorribilidade"* (STJ, 3ª Turma, AgInt no AREsp 1.614.229/SP, rel. Min. Moura Ribeiro, *DJe* 1º.07.2020).

> **Art. 1.010.** A apelação, interposta por petição dirigida ao juízo de primeiro grau, conterá:
>
> I – os nomes e a qualificação das partes;
>
> II – a exposição do fato e do direito;
>
> III – as razões do pedido de reforma ou de decretação de nulidade;
>
> IV – o pedido de nova decisão.
>
> § 1º O apelado será intimado para apresentar contrarrazões no prazo de 15 (quinze) dias.
>
> § 2º Se o apelado interpuser apelação adesiva, o juiz intimará o apelante para apresentar contrarrazões.
>
> § 3º Após as formalidades previstas nos §§ 1º e 2º, os autos serão remetidos ao tribunal pelo juiz, independentemente de juízo de admissibilidade.

▶ **1. Correspondência no CPC/1973.** *"Art. 514. A apelação, interposta por petição dirigida ao juiz, conterá: I – os nomes e a qualificação das partes; II – os fundamentos de fato e de direito; III – o pedido de nova decisão. Parágrafo único (revogado)."*

⚖ **JURISPRUDÊNCIA, ENUNCIADOS E SÚMULAS SELECIONADOS**

- **2. Enunciado 99 do FPPC.** *"O órgão a quo não fará juízo de admissibilidade da apelação."*
- **3. Enunciado 207 do FPPC.** *"Cabe reclamação, por usurpação da competência do tribunal de justiça ou tribunal regional federal, contra a decisão de juiz de 1º grau que inadmitir recurso de apelação."*
- **4. Enunciado 293 do FPPC.** *"O juízo de retratação, quando permitido, somente poderá ser exercido se a apelação for tempestiva."*
- **5. Enunciado 356 do FPPC.** *"Aplica-se a regra do art. 1.010, § 3º, às apelações pendentes de admissibilidade ao tempo da entrada em vigor do CPC, de modo que o exame da admissibi-*

**LIVRO III ·** DOS PROCESSOS NOS TRIBUNAIS E DOS MEIOS DE IMPUGNAÇÃO DAS DECISÕES JUDICIAIS **Art. 1.010**

*lidade destes recursos competirá ao Tribunal de 2º grau."*

- **6. Enunciado 474 do FPPC.** *"O recurso inominado interposto contra sentença proferida nos juizados especiais será remetido à respectiva turma recursal independentemente de juízo de admissibilidade."*

- **7. Enunciado 68 da I Jornada-CJF.** *"A intempestividade da apelação desautoriza o órgão a quo a proferir juízo positivo de retratação".*

- **8. Enunciado 166 do FONAJE.** *"Nos Juizados Especiais Cíveis, o juízo prévio de admissibilidade do recurso será feito em primeiro grau."*

### 🗐 COMENTÁRIOS TEMÁTICOS

**9. Conteúdo da petição de apelação.** O art. 1.010 fixa o conteúdo da petição da apelação, estabelecendo que devem constar os nomes do apelante e do apelado, com suas respectivas qualificações. O objetivo da norma é delimitar subjetivamente o recurso, pois haverá oportunidades em que nem todos os litigantes de primeira instância sejam abrangidos pelo recurso, como também pode acontecer que terceiro ingresse no processo, interpondo apelação. A apelação tem de conter, ainda, a exposição do fato e do direito aplicável e as razões que justificam o pedido recursal, que hão de ser apresentadas juntamente com a petição de interposição, não havendo chance para juntada ou complementação posterior.

**10. Interposição por "cota nos autos".** Não se permite a interposição de apelação por "cota nos autos", nem por referência a alguma outra peça anteriormente oferecida, de forma que não se admite apelação cujas razões se restrinjam a reportar-se à petição inicial, à contestação ou à outra peça apresentada. A apelação deve "dialogar" com a sentença apelada: é preciso combater os pontos da decisão, e não simplesmente reiterar manifestações anteriores (art. 932, III).

**11. Recurso de fundamentação livre.** A apelação é um recurso de fundamentação livre. É possível formular qualquer espécie de crítica à sentença.

**12. Pedido de nova decisão.** A apelação deve conter o pedido de nova decisão. Ao se demonstrar um *error in procedendo,* deve o apelante requerer a anulação da sentença. Demonstrando, diversamente, um *error in iudicando,* deverá requerer sua reforma. Demonstrados os dois tipos de erros, é possível cumular pedidos recursais.

**13. Pedido de integração da decisão.** Embora o art. 1.010, IV, mencione apenas em pedido de reforma ou de invalidação, é possível cogitar

apelação para pedir a *integração* da decisão. Caso a sentença seja *citra petita,* por não ter examinado um pedido, cabem embargos de declaração; caso os embargos não sejam acolhidos, é possível apelar e pedir ao tribunal que proceda à integração da decisão, tal como, aliás, autoriza o inciso III do § 3º do art. 1.013.

**14. Delimitação do efeito devolutivo.** O pedido serve para delimitar a extensão do efeito devolutivo, fixando o que é que o tribunal pode apreciar.

**15. Procedimento da apelação perante o juízo *a quo.*** A apelação deve ser interposta por petição escrita perante o juízo de primeira instância que proferiu a sentença recorrida. O apelado será intimado para apresentar contrarrazões, no prazo de quinze dias; se, nas contrarrazões, o apelado recorre de alguma interlocutória não agravável, o apelante deverá ser intimado para apresentar suas contrarrazões no prazo de quinze dias (art. 1.009, § 2º).

**16. Apelação adesiva.** Se houver apelação adesiva, o apelante originário será intimado para apresentar as respectivas contrarrazões, no prazo de quinze dias.

**17. Ausência de juízo provisório de admissibilidade.** Ultimado o procedimento da apelação perante o juízo *a quo,* os autos serão remetidos ao tribunal, *independentemente do juízo de admissibilidade.*

**18. Casos de intervenção obrigatória do Ministério Público.** Justamente porque o magistrado de primeiro grau não exerce o juízo de admissibilidade da apelação, não é necessária a intimação do Ministério Público de primeira instância, que atua como *fiscal da ordem jurídica,* para manifestar-se sobre a admissibilidade da apelação interposta nos processos em que foi chamado a intervir; caberá ao órgão do Ministério Público que atua em tribunal manifestar-se sobre a apelação.

**19. Reclamação.** Cabe reclamação, por usurpação de competência, caso o juiz de primeira instância não receba a apelação (art. 988, I).

**20. Juízo de retratação.** Em alguns casos, a apelação permite o juízo de retratação (CPC, art. 331; art. 332, § 3º; art. 485, § 7º; ECA, art. 198, VII). O juízo *a quo* não tem competência para proceder ao juízo de admissibilidade da apelação, mas também não pode retratar-se, caso a apelação seja, por exemplo, intempestiva (estaria, neste caso, revendo uma decisão transitada em julgado). Diante de apelação intempestiva, o juiz deve limitar-se a remeter a apelação ao

1581

# Art. 1.011

**CÓDIGO DE PROCESSO CIVIL COMENTADO** – *Leonardo Carneiro da Cunha*

tribunal, a quem compete decidir sobre a admissibilidade do recurso.

**21. Juízo de admissibilidade.** *"Nos termos do art. 1.010, § 3º, do CPC/2015, com a interposição da apelação – e após o prazo para apresentação de contrarrazões e apelação adesiva – os autos serão remetidos ao tribunal competente pelo juiz, independentemente do juízo de admissibilidade. 5. A intimação da parte recorrida para a complementação do preparo, ainda em primeira instância, foi equívoco praticado pelo julgador, não podendo, portanto, a parte ser prejudicada quando a competência para fazê-lo era do TJRJ. 6. Recurso especial conhecido e não provido"* (STJ, 3ª Turma, REsp 1.946.615/RJ, rel. Min. Nancy Andrighi, *DJe* 1º.10.2021).

---

**Art. 1.011.** Recebido o recurso de apelação no tribunal e distribuído imediatamente, o relator:

I – decidi-lo-á monocraticamente apenas nas hipóteses do art. 932, incisos III a V;

II – se não for o caso de decisão monocrática, elaborará seu voto para julgamento do recurso pelo órgão colegiado.

---

▶ **1. Sem correspondência no CPC/1973.**

### 🗟 LEGISLAÇÃO CORRELATA

**2. CF, art. 93, XV.** *"Lei complementar, de iniciativa do Supremo Tribunal Federal, disporá sobre o Estatuto da Magistratura, observados os seguintes princípios: (...) XV – a distribuição de processos será imediata, em todos os graus de jurisdição."*

### ⚖ JURISPRUDÊNCIA, ENUNCIADOS E SÚMULAS SELECIONADOS

• **3. Enunciado 463 do FPPC.** *"O parágrafo único do art. 932 e o art. 933 devem ser aplicados aos recursos interpostos antes da entrada em vigor do CPC/2015 e ainda pendentes de julgamento."*

### 🗏 COMENTÁRIOS TEMÁTICOS

**4. Distribuição imediata.** A distribuição da apelação, assim como a de que qualquer recurso, incidente ou ação em tribunal, deve ser imediata, tal como determinam o art. 93, XV, da CF e o art. 929 do CPC. Assim, recebida a apelação no tribunal, já deve ser distribuída.

**5. Procedimento da apelação no tribunal.** O procedimento da apelação no tribunal tem duas fases distintas: uma perante o relator, a quem se atribui a função de praticar todos os atos até a sessão de julgamento, e a outra, perante o colegiado, que tem por finalidade o debate e o julgamento do caso.

**6. A colegialidade como regra.** As decisões nos tribunais devem ser, em princípio, colegiadas. No julgamento da apelação, a decisão será tomada pelo voto de três julgadores (art. 941, § 2º). Se o julgamento for por maioria de votos, qualquer que seja o resultado, deverão ser convocados mais dois julgadores para prosseguir no julgamento (art. 942).

**7. Julgamento por decisão isolada do relator.** O relator pode deixar de conhecer da apelação, quando ela for inadmissível ou estiver prejudicada (art. 932, III). A apelação será *inadmissível* se não preencher algum requisito de admissibilidade, quando, por exemplo, for intempestiva, ou deserta, ou não contiver impugnação específica contra o fundamento da sentença. Será *prejudicada* quando se tornar inadmissível por fato superveniente à sua interposição. Nesse caso, o relator deverá determinar a intimação das partes para que se manifestem em cinco dias (art. 933). Seja como for, antes de proclamar a inadmissibilidade da apelação, o relator concederá prazo de cinco dias ao apelante para que seja sanado o vício ou complementada a documentação exigível (art. 932, parágrafo único). Sendo admissível a apelação, e não estando prejudicada, o relator poderá julgá-la desde logo, se houver súmula ou precedente obrigatório a respeito do tema objeto da apelação (art. 932, IV e V).

**8. Agravo interno.** Da decisão do relator que inadmitir ou julgar prejudicada a apelação (art. 932, III) cabe agravo interno para o órgão julgador (art. 1.021). Também cabe agravo interno (art. 1.021) da decisão do relator que já julgar a apelação, por haver súmula ou precedente obrigatório a respeito do tema objeto da apelação (art. 932, IV e V).

**9. Outras regras relativas ao procedimento da apelação no tribunal.** A apelação tem relator; não tem revisor. Para ser julgada pelo colegiado, deve ser incluída em pauta, observada a antecedência de cinco dias entre a publicação da pauta e a sessão de julgamento (art. 935). No julgamento da apelação, permite-se sustentação oral (art. 937, I). Constatada a ocorrência de fato superveniente à decisão apelada ou a existência de questão cognoscível de ofício, as partes serão intimadas para que se manifestem em cinco dias (art. 933). O agravo de instrumento, interposto no mesmo processo, tem precedência em relação à apelação, se ambos houverem de ser julgados na mesma sessão (art. 946, parágrafo único).

1582

**LIVRO III** · DOS PROCESSOS NOS TRIBUNAIS E DOS MEIOS DE IMPUGNAÇÃO DAS DECISÕES JUDICIAIS **Art. 1.012**

**Art. 1.012.** A apelação terá efeito suspensivo.

§ 1º Além de outras hipóteses previstas em lei, começa a produzir efeitos imediatamente após a sua publicação a sentença que:

I – homologa divisão ou demarcação de terras;

II – condena a pagar alimentos;

III – extingue sem resolução do mérito ou julga improcedentes os embargos do executado;

IV – julga procedente o pedido de instituição de arbitragem;

V – confirma, concede ou revoga tutela provisória;

VI – decreta a interdição.

§ 2º Nos casos do § 1º, o apelado poderá promover o pedido de cumprimento provisório depois de publicada a sentença.

§ 3º O pedido de concessão de efeito suspensivo nas hipóteses do § 1º poderá ser formulado por requerimento dirigido ao:

I – tribunal, no período compreendido entre a interposição da apelação e sua distribuição, ficando o relator designado para seu exame prevento para julgá-la;

II – relator, se já distribuída a apelação.

§ 4º Nas hipóteses do § 1º, a eficácia da sentença poderá ser suspensa pelo relator se o apelante demonstrar a probabilidade de provimento do recurso ou se, sendo relevante a fundamentação, houver risco de dano grave ou de difícil reparação.

▶ **1. Correspondência no CPC/1973.** *"Art. 520. A apelação será recebida em seu efeito devolutivo e suspensivo. Será, no entanto, recebida só no efeito devolutivo, quando interposta de sentença que: I – homologar a divisão ou a demarcação; II – condenar à prestação de alimentos; III – (revogado); IV – decidir o processo cautelar; V – rejeitar liminarmente embargos à execução ou julgá-los improcedentes; VI – julgar procedente o pedido de instituição de arbitragem. VII – confirmar a antecipação dos efeitos da tutela."*

⚖ **Legislação Correlata**

**2. Lei 4.717/1965, art. 19, *caput*, parte final.** *"Art. 19. A sentença que concluir pela carência ou pela improcedência da ação está sujeita ao duplo grau de jurisdição, não produzindo efeito senão depois de confirmada pelo tribunal; da que julgar a ação procedente caberá apelação, com efeito suspensivo."*

**3. Lei 7.347/1985, art. 14.** *"O juiz poderá conferir efeito suspensivo aos recursos, para evitar dano irreparável à parte."*

**4. ECA, arts. 199, 199-A e 199-B.** *"Art. 199. Contra as decisões proferidas com base no art.*

*149 caberá recurso de apelação." "Art. 199-A. A sentença que deferir a adoção produz efeito desde logo, embora sujeita a apelação, que será recebida exclusivamente no efeito devolutivo, salvo se se tratar de adoção internacional ou se houver perigo de dano irreparável ou de difícil reparação ao adotando." "Art. 199-B. A sentença que destituir ambos ou qualquer dos genitores do poder familiar fica sujeita a apelação, que deverá ser recebida apenas no efeito devolutivo."*

**5. Lei 8.245/1991, art. 58, V.** *"Ressalvados os casos previstos no parágrafo único do art. 1º, nas ações de despejo, consignação em pagamento de aluguel e acessório da locação, revisionais de aluguel e renovatórias de locação, observar-se-á o seguinte: (...) V – os recursos interpostos contra as sentenças terão efeito somente devolutivo."*

**6. Lei 9.507/1997, art. 15, parágrafo único.** *"Da sentença que conceder ou negar o habeas data cabe apelação. Parágrafo único. Quando a sentença conceder o habeas data, o recurso terá efeito meramente devolutivo."*

**7. Lei 12.016/2009, art. 14, § 3º.** *"A sentença que conceder o mandado de segurança pode ser executada provisoriamente, salvo nos casos em que for vedada a concessão da medida liminar."*

⚖ **Jurisprudência, Enunciados e Súmulas Selecionados**

- **8. Súmula STF, 405.** *"Denegado o mandado de segurança pela sentença, ou no julgamento do agravo, dele interposto, fica sem efeito a liminar concedida, retroagindo os efeitos da decisão contrária."*

- **9. Súmula STJ, 317.** *"É definitiva a execução de título extrajudicial, ainda que pendente apelação contra sentença que julgue improcedentes os embargos."*

- **10. Súmula STJ, 331.** *"A apelação interposta contra sentença que julga embargos à arrematação tem efeito meramente devolutivo."*

- **11. Enunciado 217 do FPPC.** *"A apelação contra o capítulo da sentença que concede, confirma ou revoga a tutela antecipada da evidência ou de urgência não terá efeito suspensivo automático."*

- **12. Enunciado 423 do FPPC.** *"Cabe tutela de evidência recursal."*

- **13. Enunciado 465 do FPPC.** *"A concessão do efeito suspensivo ao recurso inominado cabe exclusivamente ao relator na turma recursal."*

- **14. Enunciado 559 do FPPC.** *"O efeito suspensivo ope legis do recurso de apelação não* *obsta a eficácia das decisões interlocutórias nele impugnadas."*

- **15. Enunciado 39 da I Jornada-CJF.** *"Cassada ou modificada a tutela de urgência na sentença, a parte poderá, além de interpor recurso, pleitear o respectivo restabelecimento na instância superior, na petição de recurso ou em via autônoma."*

- **16. Enunciado 134 da II Jornada-CJF.** *"A apelação contra a sentença que julga improcedentes os embargos ao mandado monitório não é dotada de efeito suspensivo automático (art. 702, § 4º, e 1.012, § 1º, V, CPC)."*

- **17. Enunciado 144 da II Jornada-CJF.** *"No caso de apelação, o deferimento de tutela provisória em sentença retira-lhe o efeito suspensivo referente ao capítulo atingido pela tutela."*

## COMENTÁRIOS TEMÁTICOS

**18. Efeito suspensivo: regra geral.** A apelação produz, via de regra, o efeito suspensivo. O efeito suspensivo automático aplica-se apenas à apelação interposta contra a sentença. A apelação contra as decisões interlocutórias não agraváveis não possui efeito suspensivo automático; essas decisões interlocutórias não poderiam permanecer ineficazes até o julgamento da apelação.

**19. Efeito suspensivo e hipoteca judiciária.** Mesmo que tenha efeito suspensivo, a apelação não impede a constituição de hipoteca judiciária (art. 495, § 1º, III).

**20. Efeito suspensivo e liquidação de sentença.** Ainda que tenha efeito suspensivo, a apelação não impede a liquidação da sentença (art. 512). Liquidar a sentença não implica qualquer invasão na esfera jurídica ou patrimonial do vencido, não sendo a liquidação alcançada pelo efeito suspensivo da apelação.

**21. Capítulos de sentença.** A apelação pode ter efeito suspensivo em relação a um capítulo, tendo só o devolutivo em relação a outro. Um dos capítulos da sentença pode se enquadrar numa das hipóteses legais de ausência de efeito suspensivo automática da apelação.

**22. Efeito decorrente da recorribilidade.** O efeito suspensivo não decorre da interposição da apelação, mas da simples recorribilidade da sentença. Assim, proferida a sentença, não pode produzir efeitos. Se o caso for um daqueles em que não há efeito suspensivo automática, a sentença já produz efeitos imediatos, podendo ser instaurado, desde logo, o seu cumprimento provisório.

**23. Hipóteses em que a apelação não tem efeito suspensivo automático.** A regra geral é a do efeito suspensivo automático para a apelação. Há, porém, casos expressamente previstos em lei, em que não há tal efeito suspensivo.

**23.1. Apelação contra sentença que homologar divisão ou demarcação de terras.** Não há efeito suspensivo automática na apelação interposta contra a sentença que homologar a demarcação ou a divisão de terras. A ação de demarcação (arts. 574 a 587) difere da de divisão (arts. 588 a 598). Em qualquer uma delas, a apelação não tem efeito suspensivo automático. Ambas podem ser cumuladas e julgadas por uma mesma sentença. Nesse caso, também a apelação não tem efeito suspensivo automático. É irrelevante o uso da conjunção *ou* pelo inciso I do § 1º do art. 1.012. Tradicionalmente, entende-se que a falta de efeito suspensivo nesse caso se justifica pelo grau de certeza da sentença, proferida num procedimento com prova altamente técnica. A falta de efeito suspensivo permite que tais sentenças sejam aptas, mesmo na pendência da apelação, a serem levadas a registro imobiliário. Trata-se, enfim, de uma hipótese em que sentenças constitutivas podem produzir efeitos imediatos, ainda que na pendência de recurso.

**23.2. Apelação contra sentença que condena a pagar alimentos.** A apelação interposta contra a sentença que condena ao pagamento de alimentos não tem efeito suspensivo automático, pois a impossibilidade de execução imediata imporia ao autor prejuízos graves e irreparáveis. O efeito suspensivo poderia, até mesmo, tornar inócua qualquer execução posterior. Não há efeito suspensivo na apelação interposta contra sentença que condena, que majora ou que reduz os alimentos, bem como na que exonera o devedor dessa obrigação. A ausência de efeito suspensivo só se aplica aos casos da ação *típica* de alimentos, não se estendendo para casos de outras verbas de natureza alimentar. Realmente, a falta de efeito suspensivo automático *"(...) só se aplica em ação originária que envolve a cobrança de alimentos, ou seja, a típica ação de alimentos"* (STJ, 6ª Turma, REsp 238.736/CE, rel. Min. Hamilton Carvalhido, j. 14.03.2000, *DJ* 1º.08.2000, p. 361).

**23.3. Ausência de efeito suspensivo para ação típica de alimentos.** *"O recurso de apelação interposto contra sentença que decida pedido revisional de alimentos, seja para majorar, diminuir ou exonerar o alimentante do encargo, deve ser recebido apenas no efeito devolutivo"* (STJ, 3ª Turma, AgRg no Ag 1.336.639/SP, rel. Min. Ricardo Villas Bôas Cueva, *DJe* 09.08.2012). *"A*

**LIVRO III** · DOS PROCESSOS NOS TRIBUNAIS E DOS MEIOS DE IMPUGNAÇÃO DAS DECISÕES JUDICIAIS **Art. 1.012**

*condenação aos alimentos fixados em sentença de ação de investigação de paternidade pode ser executada de imediato, pois a apelação que contra ela se insurge é de ser recebida no efeito meramente devolutivo"* (STJ, 4ª Turma, REsp 595.746/SP, rel. Min. Aldir Passarinho Junior, *DJe* 15.12.2010). *"A jurisprudência da Seção de Direito Privado pacificou-se no sentido de atribuir efeito devolutivo à apelação não importando se houve redução ou majoração dos alimentos"* (STJ, 2ª Seção, AgRg nos EREsp 1.138.898/PR, rel. Min. João Otávio de Noronha, *DJe* 02.06.2011).

**23.4. Apelação contra sentença que extingue sem resolução de mérito ou julga improcedentes os embargos do executado.** Na execução fundada em título extrajudicial, a defesa do executado é feita por embargos (arts. 914 a 920). A execução fundada em título extrajudicial é uma execução definitiva. Inadmitidos ou rejeitados os embargos à execução, a presunção de certeza, liquidez e exigibilidade da obrigação representada no título reforçam-se ainda mais. A execução, que é definitiva, há de prosseguir, não havendo razão para que a apelação tenha efeito suspensivo automático. A execução definitiva não deve ser transformada em execução provisória (Súmula STJ, 317).

**23.5. Embargos à execução proposta contra a Fazenda Pública.** Quando se tratar de execução fundada em título extrajudicial contra a Fazenda Pública (art. 910), não se aplica o disposto no inciso III do § 1º do art. 1.012, devendo a apelação ter efeito suspensivo. Isso porque a expedição de precatório ou de requisição de pequeno valor pressupõe o trânsito em julgado (CF, art. 100, §§ 3º e 5º). De nada adianta receber a apelação apenas no efeito devolutivo, pois não se pode prosseguir na execução sem que haja o trânsito em julgado da sentença que rejeite os embargos opostos pela Fazenda Pública (art. 910, § 1º).

**23.6. Apelação contra a sentença que rejeita os embargos à ação monitória.** Na ação monitória, os embargos suspendem a eficácia da decisão que determinou a expedição do mandado para cumprimento da obrigação. Tal suspensão mantém-se até o julgamento em primeiro grau de jurisdição (art. 702, § 4º). Assim, rejeitados os embargos, a apelação não tem efeito suspensivo automático. Acolhidos que sejam os embargos monitórios, a apelação terá efeito suspensivo automático.

**23.7. Apelação contra sentença que julgar procedente o pedido de instituição de arbitragem.** As partes interessadas podem submeter a solução de seus litígios ao juízo arbitral mediante convenção de arbitragem, assim entendida a

cláusula compromissória e o compromisso arbitral. Em outras palavras, a convenção de arbitragem é o gênero, do qual há duas espécies: a cláusula compromissória e o compromisso arbitral. A cláusula compromissória é *"a convenção através da qual as partes em um contrato comprometem-se a submeter à arbitragem os litígios que possam vir a surgir, relativamente a tal contrato"* (Lei 9.307/1996, art. 4º). Já o compromisso arbitral *"é a convenção através da qual as partes submetem um litígio à arbitragem de uma ou mais pessoas, podendo ser judicial ou extrajudicial"* (Lei 9.307/1996, art. 9º). As partes podem, na cláusula compromissória, já estabelecer as regras necessárias e suficientes para a instituição da arbitragem, ou simplesmente reportar-se às regras de algum órgão arbitral institucional ou entidade especializada, de maneira que, sobrevindo a controvérsia, é possível a instituição imediata da arbitragem. É o que se chama de cláusula compromissória *cheia*. No caso de a cláusula compromissória ser *vazia*, isto é, caso não haja acordo prévio sobre a forma de instituir a arbitragem, a parte interessada manifestará à outra parte sua intenção de dar início à arbitragem, por via postal ou por outro meio idôneo de comunicação, convocando-a para firmar o compromisso arbitral. Não comparecendo a parte convocada ou, comparecendo, recusar--se a firmar o compromisso arbitral, faculta-se à outra parte a propositura de demanda judicial perante o Poder Judiciário para que o juiz estatal determine a sua celebração (Lei 9.307/1996, art. 7º). A sentença que julgar procedente esse pedido produz efeitos imediatamente. A apelação não tem efeito suspensivo automático. A arbitragem já pode ser instaurada. A regra prestigia a arbitragem e evita demora injustificada para sua instauração.

**23.8. Apelação que confirma, concede ou revoga a tutela provisória.** A sentença pode confirmar, conceder ou revogar uma tutela provisória, seja de urgência, seja de evidência. A apelação só não tem efeito suspensivo relativamente ao capítulo que versa sobre a tutela provisória. Se houver outro capítulo diverso na sentença, e não estando ele previsto numa das hipóteses do § 1º do art. 1.012, a apelação, em relação a ele, terá efeito suspensivo automático. Se o juiz concede, ao longo do procedimento, uma tutela provisória, esta já deve ser cumprida imediatamente. A confirmação da tutela provisória na sentença não pode ser obstada por um efeito suspensivo da apelação; a sentença, na verdade, *ratifica* o que já havia sido concedido anteriormente. É por isso que a apelação não tem efeito suspensivo

## Art. 1.012
**CÓDIGO DE PROCESSO CIVIL COMENTADO** – *Leonardo Carneiro da Cunha*

quanto ao capítulo da sentença que confirma a tutela provisória. O juiz, diante da urgência ou da evidência, pode conceder a tutela provisória na sentença. Nesse caso, a apelação também não tem efeito suspensivo. Na verdade, ao conceder a tutela provisória na sentença, o juiz vale-se de uma técnica destinada a afastar o efeito suspensivo automático da apelação. A tutela provisória de evidência pode ser concedida quando o pedido estiver lastreado em precedente obrigatório (art. 311, II) ou quando o pedido se fundar em prova documental, contra a qual o réu não oponha contraprova documental séria (art. 311, IV). No primeiro caso, a sentença que estiver em conformidade com precedente obrigatório já pode produzir efeitos imediatos; no segundo caso, a aplicação da regra torna imediatamente eficaz a sentença de procedência proferida em julgamento antecipado do mérito (art. 355). A apelação também não terá efeito suspensivo automático, no caso de a sentença *revogar* a tutela provisória. A revogação da tutela provisória deve produzir efeitos imediatamente, pois a sentença, que negou o direito em cognição exauriente, deve prevalecer sobre a decisão que concedeu a tutela fundada em cognição sumária. Nesse sentido, consagra-se o entendimento já sedimentado no enunciado 405 da súmula do STF. De igual modo, não há efeito suspensivo automático na apelação contra a sentença que *modificar* a tutela provisória: a modificação produzirá efeitos imediatamente, ainda que haja apelação.

**23.9. Apelação contra sentença que decreta a interdição.** A sentença de interdição produz efeitos imediatamente. A eficácia imediata da sentença de interdição não retira a capacidade processual do interditando. Assim, o agora interdito tem capacidade processual para, por exemplo, recorrer da sentença. Para tal ato, ele não precisa estar representado pelo curador que acabou de lhe ser designado.

**23.10. Manutenção dos poderes do advogado após a sentença que decreta a interdição.** "(...) *1. A sentença de interdição tem natureza constitutiva, pois não se limita a declarar uma incapacidade preexistente, mas também a constituir uma nova situação jurídica de sujeição do interdito à curatela, com efeitos ex nunc. 2. Outorga de poderes aos advogados subscritores do recurso de apelação que permanece hígida, enquanto não for objeto de ação específica na qual fique cabalmente demonstrada sua nulidade pela incapacidade do mandante à época da realização do negócio jurídico de outorga do mandato. 3. Interdição do mandante que acarreta automaticamente a extinção do mandato, inclusive*

*o judicial, nos termos do art. 682, II, do CC. 4. Inaplicabilidade do referido dispositivo legal ao mandato outorgado pelo interditando para atuação de seus advogados na ação de interdição, sob pena de cerceamento de seu direito de defesa no processo de interdição. (...)"* (STJ, 3ª Turma, REsp 1.251.728/PE, rel. Min. Paulo de Tarso Sanseverino, *DJe* 23.05.2013).

**23.11. Outras hipóteses previstas em lei.** Além daquelas relacionadas no § 1º do art. 1.012, há outras hipóteses, legalmente previstas, de apelação sem efeito suspensivo automático. Assim, por exemplo: a) Lei de ação civil pública (Lei 7.347/1985, art. 14); b) sentença que concede o mandado de segurança (Lei 12.016/2009, art. 14, § 3º); c) sentença em ações de despejo (Lei 8.245/1991, art. 58, V); d) sentença que conceder o *habeas data* (Lei 9.507/1997, art. 15, parágrafo único); e) sentença que deferir adoção, salvo se se tratar de adoção internacional ou se houver perigo de dano irreparável ou de difícil reparação ao adotando (ECA, art. 199-A) e a sentença que destituir ambos ou qualquer dos genitores do poder familiar (ECA, art. 199-B).

**24. Submissão ao regime jurídico do cumprimento provisório da sentença.** Nos casos em que a apelação não tem efeito suspensivo automático, já é possível iniciar-se a execução provisória. Não é necessário aguardar eventual apelação. A sentença já produz efeitos imediatos. A execução provisória depende de requerimento e corre por conta e risco do exequente. A determinação de cumprimento provisório de decisão judicial submete-se à responsabilização *objetiva* do seu beneficiário. O exequente responderá, *objetivamente*, pelos prejuízos causados ao executado, se porventura o seu título for cassado ou alterado. É o que dita o art. 520, I. A responsabilidade é objetiva, ou seja, independe de culpa, dolo ou de qualquer intenção ou elemento subjetivo.

**25. Modo para requerer efeito suspensivo à apelação.** Nos casos em que a apelação não tem efeito suspensivo, o interessado pode requerer que se agregue tal efeito ao seu recurso. O juiz de primeira instância não tem competência para exercer o juízo de admissibilidade da apelação. Por isso mesmo, também não tem competência para agregar efeito suspensivo à apelação. Logo, o requerimento de atribuição de efeito suspensivo à apelação deve ser dirigido ao tribunal. Caso a apelação ainda não tenha chegado ao tribunal, o requerimento de atribuição de efeito suspensivo deve ser formulado em petição autônoma, que será livremente distribuída entre os órgãos do tribunal competentes para o julgamento da

1586

# LIVRO III · DOS PROCESSOS NOS TRIBUNAIS E DOS MEIOS DE IMPUGNAÇÃO DAS DECISÕES JUDICIAIS — Art. 1.013

apelação; se já houver algum relator prevento (art. 930, parágrafo único), o requerimento será dirigido a ele; de todo modo, o relator a quem coube o exame desse requerimento autônomo de concessão de efeito suspensivo fica prevento para a apelação. Caso a apelação já tenha sido distribuída, o requerimento de concessão de efeito suspensivo será formulado em petição simples, incidental aos autos da apelação, dirigida ao relator. O efeito suspensivo postulado pelo interessado pode fundar-se na urgência ou na evidência.

---

**Art. 1.013.** A apelação devolverá ao tribunal o conhecimento da matéria impugnada.

§ 1º Serão, porém, objeto de apreciação e julgamento pelo tribunal todas as questões suscitadas e discutidas no processo, ainda que não tenham sido solucionadas, desde que relativas ao capítulo impugnado.

§ 2º Quando o pedido ou a defesa tiver mais de um fundamento e o juiz acolher apenas um deles, a apelação devolverá ao tribunal o conhecimento dos demais.

§ 3º Se o processo estiver em condições de imediato julgamento, o tribunal deve decidir desde logo o mérito quando:

I – reformar sentença fundada no art. 485;

II – decretar a nulidade da sentença por não ser ela congruente com os limites do pedido ou da causa de pedir;

III – constatar a omissão no exame de um dos pedidos, hipótese em que poderá julgá-lo;

IV – decretar a nulidade de sentença por falta de fundamentação.

§ 4º Quando reformar sentença que reconheça a decadência ou a prescrição, o tribunal, se possível, julgará o mérito, examinando as demais questões, sem determinar o retorno do processo ao juízo de primeiro grau.

§ 5º O capítulo da sentença que confirma, concede ou revoga a tutela provisória é impugnável na apelação.

▶ **1. Correspondência no CPC/1973.** *"Art. 515. A apelação devolverá ao tribunal o conhecimento da matéria impugnada. § 1º Serão, porém, objeto de apreciação e julgamento pelo tribunal todas as questões suscitadas e discutidas no processo, ainda que a sentença não as tenha julgado por inteiro. § 2º Quando o pedido ou a defesa tiver mais de um fundamento e o juiz acolher apenas um deles, a apelação devolverá ao tribunal o conhecimento dos demais. § 3º Nos casos de extinção do processo sem julgamento do mérito (art.*

267), *o tribunal pode julgar desde logo a lide, se a causa versar questão exclusivamente de direito e estiver em condições de imediato julgamento. § 4º Constatando a ocorrência de nulidade sanável, o tribunal poderá determinar a realização ou renovação do ato processual, intimadas as partes; cumprida a diligência, sempre que possível prosseguirá o julgamento da apelação."*

## 🏛 LEGISLAÇÃO CORRELATA

**2. ECA, art. 198, VII.** *"Art. 198. Nos procedimentos afetos à Justiça da Infância e da Juventude, inclusive os relativos à execução das medidas socioeducativas, adotar-se-á o sistema recursal da Lei nº 5.869, de 11 de janeiro de 1973 (Código de Processo Civil), com as seguintes adaptações: (...) VII – antes de determinar a remessa dos autos à superior instância, no caso de apelação, ou do instrumento, no caso de agravo, a autoridade judiciária proferirá despacho fundamentado, mantendo ou reformando a decisão, no prazo de cinco dias."*

## ⚖ JURISPRUDÊNCIA, ENUNCIADOS E SÚMULAS SELECIONADOS

- **3. Tema/Repetitivo 230 STJ.** *"O recurso de apelação devolve, em profundidade, o conhecimento da matéria impugnada, ainda que não resolvida pela sentença, nos termos dos parágrafos 1º e 2º do art. 515 do CPC, aplicável a regra iura novit curia. Consequentemente, o Tribunal a quo pode se manifestar acerca da base de cálculo e do regime da semestralidade do PIS, máxime em face da declaração de inconstitucionalidade dos Decretos-lei n. 2.445/88 e 2.249/88."*

- **4. Súmula STJ, 381.** *"Nos contratos bancários, é vedado ao julgador conhecer, de ofício, da abusividade das cláusulas."*

- **5. Súmula TST, 153.** *"Não se conhece de prescrição não arguida na instância ordinária."*

- **6. Súmula TST, 393.** *"I – O efeito devolutivo em profundidade do recurso ordinário, que se extrai do § 1º do art. 1.013 do CPC de 2015 (art. 515, § 1º, do CPC de 1973), transfere ao Tribunal a apreciação dos fundamentos da inicial ou da defesa, não examinados pela sentença, ainda que não renovados em contrarrazões, desde que relativos ao capítulo impugnado. II – Se o processo estiver em condições, o tribunal, ao julgar o recurso ordinário, deverá decidir desde logo o mérito da causa, nos termos do § 3º do art. 1.013 do CPC de 2015, inclusive quando*

1587

**Art. 1.013** CÓDIGO DE PROCESSO CIVIL COMENTADO – *Leonardo Carneiro da Cunha*

constatar a omissão da sentença no exame de um dos pedidos."

- **7. Enunciado 100 do FPPC.** *"Não é dado ao tribunal conhecer de matérias vinculadas ao pedido transitado em julgado pela ausência de impugnação."*

- **8. Enunciado 102 do FPPC.** *"O pedido subsidiário ou alternativo não apreciado pelo juiz é devolvido ao tribunal com a apelação."*

- **9. Enunciado 307 do FPPC.** *"Reconhecida a insuficiência da sua fundamentação, o tribunal decretará a nulidade da sentença e, preenchidos os pressupostos do § 3º do art. 1.013, decidirá desde logo o mérito da causa."*

- **10. Enunciado 357 do FPPC.** *"Aplicam-se ao recurso ordinário os arts. 1.013 e 1.014."*

- **11. Enunciado 705 do FPPC.** *"Aplicam-se os §§ 3º e 4º do art. 1.013 ao agravo de instrumento interposto contra decisão parcial de mérito."*

- **12. Enunciado 160 do FONAJE.** *"Nas hipóteses do artigo 515, § 3º, do CPC, e quando reconhecida a prescrição na sentença, a turma recursal, dando provimento ao recurso, poderá julgar de imediato o mérito, independentemente de requerimento expresso do recorrente."*

### ▣ Comentários Temáticos

**13. Efeito devolutivo.** A apelação, como qualquer outro recurso, produz o efeito devolutivo. Por força do efeito devolutivo, são transferidas ao órgão *ad quem* as questões suscitadas pelas partes no processo, com o objetivo de serem reexaminadas. O efeito devolutivo pode ser analisado em relação à sua *profundidade* e à sua *extensão*.

**14. Extensão do efeito devolutivo.** Quanto à *extensão*, o grau de devolutividade é definido pelo recorrente no pedido recursal. Ao formular o pedido de nova decisão, o recorrente delimita a *extensão* da devolutividade, a fim de que o tribunal possa julgar o recurso. O recorrente definirá o capítulo da decisão apelada que ele pretende seja reexaminado pelo tribunal (*tantum devolutum quantum appellatum*). Nesse sentido, sendo, por exemplo, requerida pelo apelante apenas a reforma *parcial* do julgado, o tribunal não poderá conceder-lhe a reforma total, ainda que lhe pareça ser a melhor solução. Ao deduzir seu pedido de nova decisão, o recorrente fixou a *extensão* do efeito devolutivo, postulando ao tribunal apenas a reforma parcial. Desse modo, o tribunal somente lhe poderá outorgar o que foi exatamente requerido ou menos do que isso. Não poderá conceder-lhe mais do que foi pedi-

do. É à extensão do efeito devolutivo da apelação que se refere o *caput* do art. 1.013.

**15. Ainda a extensão do efeito devolutivo.** "O efeito devolutivo da apelação define o que deverá ser analisado pelo órgão recursal. O 'tamanho' dessa devolução se definirá por duas variáveis: sua extensão e sua profundidade. A extensão do efeito devolutivo é exatamente a medida daquilo que se submete, por força do recurso, ao julgamento do órgão ad quem. 3. No âmbito da devolução, o tribunal poderá apreciar todas as questões suscitadas e discutidas no processo, ainda que não tenham sido solucionadas pela sentença recorrida, mas a extensão do que será analisado é definida pelo pedido do recorrente. Em seu julgamento, o acórdão deverá limitar-se a acolher ou rejeitar o que lhe for requerido pelo apelante, para que não haja ofensa aos princípios da disponibilidade da tutela jurisdicional e o da adstrição do julgamento ao pedido. 4. O diploma processual civil de 2015 é suficientemente claro ao estabelecer que 'a apelação devolverá ao tribunal o conhecimento da matéria impugnada', cabendo ao órgão ad quem apreciar e julgar 'todas as questões suscitadas e discutidas no processo, ainda que não tenham sido solucionadas, desde que relativas ao capítulo impugnado' (§ 1º do art. 1.013 do CPC/2015). 5. Sobre o capítulo não impugnado pelo adversário do apelante, podendo a reforma eventualmente significar prejuízo ao recorrente, incide a coisa julgada. Assim, não há pensar-se em reformatio in pejus, já que qualquer providência dessa natureza esbarraria na res iudicata"* (STJ, 4ª Turma, REsp 1.909.451/SP, rel. Min. Luis Felipe Salomão, *DJe* 13.04.2021).

**16. Profundidade do efeito devolutivo.** A profundidade do efeito devolutivo consiste em determinar qual o material fático e jurídico com o qual o tribunal poderá trabalhar. Tanto as questões suscitadas e discutidas no processo – mesmo que não decididas por inteiro – como as questões anteriores à sentença – ainda não decididas – poderão ser ventiladas no recurso do apelante, possibilitando ao tribunal sua análise. É o que se depreende das regras decorrentes dos §§ 1º e 2º do art. 1.013. A devolução permitida pelo § 1º do art. 1.013 refere-se a questões suscitadas e discutidas no processo, ainda que não tenham sido solucionadas. É por isso, por exemplo, que "quando reformar sentença que reconheça a decadência ou a prescrição, o tribunal, se possível, julgará o mérito, examinando as demais questões, sem determinar o retorno do processo ao juízo de primeiro grau" (art. 1.013, § 4º). Somente subirão com a apelação as questões relacionadas ao *capítulo impugnado*

**LIVRO III** · DOS PROCESSOS NOS TRIBUNAIS E DOS MEIOS DE IMPUGNAÇÃO DAS DECISÕES JUDICIAIS **Art. 1.013**

(art. 1.013, § 1º). É por isso, também, que o art. 1.008 determina que somente haverá substituição da decisão recorrida pela decisão do recurso nos limites do que foi impugnado. Assim, tendo o apelante, por exemplo, postulado apenas a reforma *parcial* do julgado, o tribunal, não ultrapassando esse limite de extensão, poderá analisar todo e qualquer fundamento, provas e demais elementos contidos nos autos, ainda que não examinados na sentença recorrida. Enfim, poderá o tribunal, em *profundidade*, analisar todo o material constante dos autos, limitando--se, sempre, à *extensão* fixada pelo recorrente.

**17. Profundidade do efeito devolutivo e preclusão.** Se determinado fundamento tiver sido examinado pelo juízo *a quo*, deverá o apelante impugnar a solução judicial no seu recurso, sob pena de preclusão. O § 2º do art. 1.013 cuida de *questões não decididas*. As *questões decididas* devem ser impugnadas.

**18. Profundidade do efeito devolutivo e questão de admissibilidade.** A profundidade do efeito devolutivo abrange também as questões relativas à admissibilidade do procedimento, que ainda não tenham sido suscitadas, *relativas ao capítulo impugnado* (art. 485, § 3º).

**19. Amplitude do efeito devolutivo.** *"A apelação possui efeito devolutivo amplo, e a limitação quanto à 'matéria impugnada', a que alude o art. 1.013, caput, do CPC, não implica, por óbvio, restrição aos fundamentos jurídicos de que pode lançar mão o órgão* ad quem, *mesmo porque cabe a ele apreciar e julgar todas as questões suscitadas e discutidas no processo, ainda que não tenham sido previamente solucionadas"* (STJ, 3ª Turma, REsp 1.949.317/TO, rel. Min. Nancy Andrighi, *DJe* 12.11.2021).

**20. Devolução de questões de admissibilidade suscitada pelo vencedor na primeira instância.** *"Se a ação é julgada improcedente com base em um dos fundamentos apresentados na contestação, havendo apelação da parte vencida, não está o vencedor obrigado a recorrer, mesmo que adesivamente, para que o tribunal conheça dos demais argumentos de defesa, pois a apelação devolve ao tribunal todos os fundamentos"* (STJ, 4ª Turma, REsp 1.119.837/PR, rel. Min. João Otávio de Noronha, *DJe* 19.11.2009). *"É firme o entendimento desta Corte de que as questões preliminares veiculadas na contestação e afastadas pela sentença de improcedência da ação devem ser enfrentadas no segundo grau, independentemente da interposição de apelação pelo réu, que careceria de interesse para tanto"* (STJ, 3ª Turma, AgRg no REsp 1.175.328/PR, rel. Min. Ricardo Villas Bôas Cueva, *DJe* 26.09.2014).

**21. Questão prejudicial incidental resolvida e efeito devolutivo da apelação.** O § 1º do art. 503 estende a coisa julgada à solução da questão prejudicial incidental, observados alguns pressupostos. Há, portanto, a possibilidade de a coisa julgada abranger questão resolvida na fundamentação da decisão. Cabe ao apelante impugnar a resolução da questão prejudicial incidental; se não o fizer, haverá coisa julgada. Embora se trate de questão resolvida na fundamentação, o interesse recursal existe, na medida em que essa questão pode tornar-se indiscutível pela coisa julgada.

**22. Acordo de organização do processo (art. 357, § 2º) e profundidade do efeito devolutivo da apelação.** O § 2º do art. 357 permite que as partes levem ao juiz, para homologação, uma organização consensual do processo. Nesse caso, há um *negócio bilateral*, em que as partes chegam a um consenso em torno dos limites do seu dissenso. Ou seja: as partes concordam que controvertem sobre tais ou quais pontos. Além disso, as partes delimitam consensualmente as questões jurídicas que reputam fundamentais para a solução do mérito. Homologado, o acordo se estabiliza e vincula as partes e o juiz, nos exatos termos em que vincula a decisão de saneamento e organização do processo proferida solitariamente pelo julgador. Essa vinculação estende-se a todos os graus de jurisdição e *limita* a profundidade do efeito devolutivo de futura apelação: somente as questões ali referidas serão devolvidas ao tribunal, caso seja interposta apelação. O acordo de organização do processo é, portanto, um limitador da profundidade do efeito devolutivo da apelação.

**23. Apelação nos casos de improcedência liminar do pedido.** Proferida a sentença com base no art. 332 (improcedência liminar do pedido) e interposta a apelação, poderá o juiz retratar-se, modificando sua sentença (art. 332, § 3º). Mantida que seja a sentença pelo próprio juiz e recebida a apelação, o réu será citado para responder ao recurso, no prazo de quinze dias (art. 332, § 4º). O objetivo da participação do réu é permitir que o tribunal possa, eventualmente, modificar a sentença e julgar contrariamente ao demandado. Se o réu não fosse citado para acompanhar o recurso, não poderia o tribunal eventualmente julgar desfavoravelmente a ele, sob pena de ofender o princípio do contraditório. O art. 332 somente terá aplicação nas causas que dispensam a fase instrutória (art. 332, *caput*) – ou seja, em casos em que seria possível o julgamento antecipado do mérito (art. 355, I).

1589

**24. Efeito de retratação.** A apelação, geralmente, não permite a retratação do juízo que proferiu a sentença. Isso porque, publicada a sentença, o juiz não pode, em regra, mais alterá-la (art. 494). Tal regra – conhecida como *inalterabilidade da sentença* – comporta exceções, algumas das quais decorrem da interposição de apelação. Eis as exceções relativas ao recurso de apelação: a) apelação contra sentença que indefere a petição inicial (art. 331); b) apelação contra sentença que julga liminarmente improcedente o pedido (art. 332, § 3º); c) apelação contra sentença que extingue o processo sem resolução do mérito (art. 485, § 7º); d) apelação contra sentença proferida nas causas que digam respeito a direitos de criança ou adolescente (ECA, art. 198, VII). Em todos esses casos, uma vez interposta a apelação, o juiz pode retratar-se e modificar sua própria sentença. É preciso, porém, que a apelação seja admissível, preenchendo os requisitos de admissibilidade.

**25. Julgamento do mérito diretamente pelo tribunal (regra da causa madura).** Estando a causa "madura", nos casos mencionados no § 3º do art. 1.013, não deve o tribunal determinar a devolução dos autos, para que o juiz profira nova sentença: o tribunal deve, ele mesmo, prosseguir e julgar o mérito da causa. A regra é, na verdade, consagradora dos princípios da primazia da decisão de mérito (art. 4º) e da duração razoável do processo (CF, art. 5º, LXXVIII; CPC, art. 4º). Para a aplicação do dispositivo, exige-se que o processo esteja "em condições de imediato julgamento". Isso significa que o processo tem de estar pronto: réu citado e provas produzidas; somente falta a decisão sobre o mérito. Para que o tribunal já julgue o mérito, é preciso que o apelante requeira isso expressamente nas razões de sua apelação. Há, então, três pressupostos para a aplicação da regra da causa madura: *a)* requerimento do apelante; *b)* provimento da apelação; *c)* processo em condições de imediato julgamento.

**26. Causa madura.** *"Ao tribunal será permitido julgar o recurso, decidindo, desde logo, o mérito da causa, sem necessidade de requisitar ao juízo de primeiro grau manifestação acerca das questões. Considera-se o processo em condições de imediato julgamento apenas se ambas as partes tiveram oportunidade adequada de debater a questão de mérito que será analisada pelo tribunal"* (STJ, 4ª Turma, REsp 1.909.451/SP, rel. Min. Luis Felipe Salomão, *DJe* 13.04.2021).

**27. Aplicação da regra da causa madura e direito de defesa.** *"Não há violação ao direito de defesa da parte quando a Corte de origem,* entendendo ser desnecessária a produção de novas provas e considerando estar a causa pronta para julgamento, julga imediatamente o pedido na apelação, em respeito ao princípio da celeridade processual"* (STJ, 4ª Turma, AgRg no AREsp 592.728/RJ, rel. Min. Raul Araújo, *DJe* 03.08.2016).

**28. Julgamento parcial do mérito pelo tribunal em apelação.** *"(...) o julgador apenas poderá valer-se dessa técnica, caso haja cumulação de pedidos e estes sejam autônomos e independentes ou, tendo sido deduzido um único pedido, esse seja decomponível. Além disso, é imprescindível que se esteja diante de uma das situações descritas no art. 356 do CPC/2015. Presentes tais requisitos, não há óbice para que os tribunais apliquem a técnica do julgamento antecipado parcial do mérito. Tal possibilidade encontra alicerce na teoria da causa madura, no fato de que a anulação dos atos processuais é a ultima ratio, no confinamento da nulidade (art. 281 do CPC/2015, segunda parte) e em princípios que orientam o processo civil, nomeadamente, da razoável duração do processo, da eficiência e da economia processual"* (STJ, 3ª Turma, REsp 1.845.542/PR, rel. Min. Nancy Andrighi, *DJe* 14.05.2021).

**29. Inadmissibilidade de agravo de instrumento contra tutela provisória concedida na sentença.** *"Segundo a jurisprudência pacificada desta Corte, é descabido o recurso de agravo de instrumento para impugnar sentença na qual tenham sido antecipados os efeitos da tutela"* (STJ, 3ª Turma, AgInt no AREsp 860.913/SP, rel. Min. Marco Aurélio Bellizze, *DJe* 03.02.2017).

**30. Cabimento de apelação contra tutela provisória concedida na sentença.** *"(...) há muito o Superior Tribunal de Justiça havia sedimentado a orientação de que a apelação é o recurso cabível contra a sentença em que se decide acerca da antecipação dos efeitos da tutela jurisdicional. Inaplicável ao caso, portanto, o princípio da fungibilidade"* (STJ, 1ª Turma, AgRg no REsp 1.157.463/BA, rel. Min. Sérgio Kukina, *DJe* 19.04.2013). *"(...) pacífico entendimento jurisprudencial no sentido de ser a Apelação o recurso cabível contra sentença, ainda que parte do dispositivo trate de concessão ou revogação de tutela antecipada"* (STJ, 2ª Turma, AgRg no AREsp 394.257/SP, rel. Min. Herman Benjamin, *DJe* 27.03.2014).

---

**Art. 1.014.** As questões de fato não propostas no juízo inferior poderão ser suscitadas na apelação, se a parte provar que deixou de fazê-lo por motivo de força maior.

**LIVRO III ·** DOS PROCESSOS NOS TRIBUNAIS E DOS MEIOS DE IMPUGNAÇÃO DAS DECISÕES JUDICIAIS  **Art. 1.014**

▶ **1. Correspondência no CPC/1973.** *"Art. 517. As questões de fato, não propostas no juízo inferior, poderão ser suscitadas na apelação, se a parte provar que deixou de fazê-lo por motivo de força maior."*

## ⚖ JURISPRUDÊNCIA, ENUNCIADOS E SÚMULAS SELECIONADOS

- **2. Enunciado 357 do FPPC.** *"Aplicam-se ao recurso ordinário os arts. 1.013 e 1.014."*

## 📖 COMENTÁRIOS TEMÁTICOS

**3. Decisão atual.** O julgamento final do processo deve ser *atual*. A decisão final deve refletir o momento em que é proferida. Daí ser necessário que o tribunal leve em conta os fatos existentes no momento da prolação de sua decisão final (art. 493). A observância dos fatos supervenientes deve ser feita não só pelo juiz de primeira instância, mas também pelo tribunal. Os fatos supervenientes devem ser considerados, até mesmo, de ofício pelo tribunal, cabendo impor observância ao contraditório (art. 933).

**4. Alegação nova de fato antigo.** O art. 1.014 permite que o apelante ou o apelado suscite questões de fato no procedimento da apelação, desde que prove que deixou de fazê-lo por motivo de força maior. A regra serve às questões de fato insuscetíveis de apreciação de ofício, invocadas apenas no juízo de apelação por pessoa que já era parte no procedimento de primeiro grau. A regra se refere a *alegação nova de fatos velhos*. São fatos que poderiam ter sido alegados em primeira instância, mas não o foram por justa razão.

**5. Alegação de fato novo em apelação.** *Fatos novos*, compreendidos como aqueles supervenientes à decisão apelada, podem ser suscitados na apelação, conforme dispõem os arts. 342, I, e 493. Os §§ 1º e 2º do art. 933 ratificam a possibilidade de alegação de fatos supervenientes no procedimento da apelação.

**6. Documento novo.** A regra não proíbe a juntada de documento novo referente a alegação de fato já formulada, desde que se demonstre que ele não pôde ter sido juntado antes (art. 435, parágrafo único).

**7. Juntada de documentos com a apelação.** *"É possível a juntada a posteriori de documentos com a apelação, desde que tais documentos sejam acerca de fatos já alegados ou para contrapor-se a outros fatos que foram produzidos nos autos, nos termos do art. 435 do CPC/2015"* (STJ, 4ª Turma, AgInt no AREsp 1.471.855/SP, rel. Min. Maria Isabel Gallotti, *DJe* 17.03.2020).

**8. Fato antigo, documento novo e fator surpresa.** *"1. É admissível a juntada de documentos novos, inclusive na fase recursal, desde que não se trate de documento indispensável à propositura da ação, inexista má-fé na sua ocultação e seja observado o princípio do contraditório (art. 435 do CPC/2015). 2. O conteúdo da alegada prova nova, tardiamente comunicada ao Poder Judiciário, foi objeto de ampla discussão, qual seja, a condição de bem de família de imóvel penhorado e, por isso, não corresponde a um fato superveniente sobre o qual esteja pendente apreciação judicial. 3. A utilização de prova surpresa é vedada no sistema pátrio (arts. 10 e 933 do Código de Processo Civil de 2015) por permitir burla ou incentivar a fraude processual. 4. Há preclusão consumativa quando à parte é conferida oportunidade para instruir o feito com provas indispensáveis acerca de fatos já conhecidos do autor e ocorridos anteriormente à propositura da ação e esta se queda silente"* (STJ, 3ª Turma, REsp 1.721.700/SC, rel. Min. Ricardo Villas Bôas Cueva, *DJe* 11.05.2018).

**9. Efeito devolutivo.** O art. 1.014 não trata do efeito devolutivo da apelação, pois não se refere a questões já submetidas ao juízo de primeira instância, aludindo, em verdade, a pontos inéditos, ainda não submetidos, naquele processo, ao conhecimento do órgão jurisdicional. O dispositivo permite a alegação de novo fundamento de fato, desde que demonstrado um motivo de força maior.

**10. Boa-fé processual.** A regra do art. 1.014 tem por finalidade obstar a deslealdade processual, coibindo o intuito de ocultação e o desiderato de surpreender a parte contrária, com alegações de fato que não foram, oportunamente, apresentadas. O dispositivo concretiza o princípio da boa-fé processual (art. 5º), somente permitindo a inovação, na apelação, em matéria de fato, se efetivamente restar comprovado um motivo de força maior. A prova da nova alegação pode ser feita por documentos. Nesse caso, impõe-se instaurar o contraditório, intimando-se a parte contrária para sobre eles pronunciar-se em quinze dias (art. 437, § 1º). Se a prova for feita por outro meio, poderá ser produzida ou colhida no próprio tribunal, pelo relator (art. 932, I), o qual poderá, alternativamente, delegar a um juízo de primeira instância a tarefa, aplicando-se analogicamente o art. 972.

**11. Questões de direito só invocadas na apelação.** Há questões de direito que podem ser suscitadas, pela primeira vez, em grau de apelação. São aquelas que comportam apreciação a qualquer momento, seja qual for o grau de

1591

# Art. 1.015 · CÓDIGO DE PROCESSO CIVIL COMENTADO – *Leonardo Carneiro da Cunha*

jurisdição, e independentemente de provocação da parte (art. 485, § 3º).

**12. Aplicação a recurso das partes, e não a recurso de terceiro.** O art. 1.014 aplica-se apenas às partes, não devendo incidir no recurso de terceiro, pois, não tendo participado do processo, não poderia, antes, ter suscitado qualquer questão de fato perante o órgão de primeira instância. Como o dispositivo decorre da boa-fé objetiva, e considerando que esta consiste numa avaliação comportamental, não há qualquer contradição ou comportamento indevido do terceiro que, prejudicado com a decisão, recorre, alegando fundamento de fato ainda não invocado.

## CAPÍTULO III
## DO AGRAVO DE INSTRUMENTO

**Art. 1.015.** Cabe agravo de instrumento contra as decisões interlocutórias que versarem sobre:

I – tutelas provisórias;

II – mérito do processo;

III – rejeição da alegação de convenção de arbitragem;

IV – incidente de desconsideração da personalidade jurídica;

V – rejeição do pedido de gratuidade da justiça ou acolhimento do pedido de sua revogação;

VI – exibição ou posse de documento ou coisa;

VII – exclusão de litisconsorte;

VIII – rejeição do pedido de limitação do litisconsórcio;

IX – admissão ou inadmissão de intervenção de terceiros;

X – concessão, modificação ou revogação do efeito suspensivo aos embargos à execução;

XI – redistribuição do ônus da prova nos termos do art. 373, § 1º ;

XII – (vetado);

XIII – outros casos expressamente referidos em lei.

Parágrafo único. Também caberá agravo de instrumento contra decisões interlocutórias proferidas na fase de liquidação de sentença ou de cumprimento de sentença, no processo de execução e no processo de inventário.

▶ **1. Correspondência no CPC/1973.** *"Art. 522. Das decisões interlocutórias caberá agravo, no prazo de 10 (dez) dias, na forma retida, salvo quando se tratar de decisão suscetível de causar à parte lesão grave e de difícil reparação, bem como nos casos de inadmissão da apelação e nos* relativos aos efeitos em que a apelação é recebida, quando será admitida a sua interposição por instrumento. Parágrafo único. O agravo retido independe de preparo."*

**2. Teor do dispositivo vetado.** *"Art. 1.015. (...) XII – conversão da ação individual em ação coletiva."*

**3. Razões do veto.** *"Da forma como foi redigido, o dispositivo poderia levar à conversão de ação individual em ação coletiva de maneira pouco criteriosa, inclusive em detrimento do interesse das partes. O tema exige disciplina própria para garantir a plena eficácia do instituto. Além disso, o novo Código já contempla mecanismos para tratar demandas repetitivas."*

### 🏛 Legislação Correlata

**4. Lei 4.717/1965, art. 19, § 1º.** *"Das decisões interlocutórias cabe agravo de instrumento".*

**5. Lei 7.347/1985, art. 12.** *"Art. 12. Poderá o juiz conceder mandado liminar, com ou sem justificação prévia, em decisão sujeita a agravo."*

**6. Lei 8.429/1992, art. 17, § 10.** *"§ 10. Da decisão que receber a petição inicial, caberá agravo de instrumento."*

**7. Lei 11.101/2005, art.100.** *"Art. 100. Da decisão que decreta a falência cabe agravo, e da sentença que julga a improcedência do pedido cabe apelação."*

**8. Lei 11.101/2005, art. 189, § 1º, II.** *"Art. 189. Aplica-se, no que couber, aos procedimentos previstos nesta Lei, o disposto na Lei nº 13.105, de 16 de março de 2015 (Código de Processo Civil), desde que não seja incompatível com os princípios desta Lei. § 1º Para todos os fins do disposto nesta Lei: (...) II – as decisões proferidas nos processos a que se refere esta Lei serão passíveis de agravo de instrumento, exceto nas hipóteses em que esta Lei previr de forma diversa."*

**9. Lei 12.016/2009, art. 7º, § 1º.** *"Art. 7º (...) § 1o Da decisão do juiz de primeiro grau que conceder ou denegar a liminar caberá agravo de instrumento, observado o disposto na Lei nº 5.869, de 11 de janeiro de 1973 – Código de Processo Civil."*

### ⚖ Jurisprudência, Enunciados e Súmulas Selecionados

• **10. Tema/Repetitivo 133 STJ.** *"A autenticação de cópias do Agravo de Instrumento do artigo 522, do CPC [de 1973], resulta como diligência não prevista em lei, em face do acesso imediato aos autos principais, propiciado na*

**LIVRO III** · DOS PROCESSOS NOS TRIBUNAIS E DOS MEIOS DE IMPUGNAÇÃO DAS DECISÕES JUDICIAIS    **Art. 1.015**

instância local. A referida providência somente se impõe diante da impugnação específica da parte adversa."

- **11. Tema/Repetitivo 136 STJ.** "É cabível a interposição de agravo de instrumento contra decisão de magistrado de primeira instância que indefere ou concede liminar em mandado de segurança."
- **12. Tema/Repetitivo 462 STJ.** "No agravo do artigo 522 do CPC, entendendo o Julgador ausente peças necessárias para a compreensão da controvérsia, deverá ser indicado quais são elas, para que o recorrente complemente o instrumento."
- **13. Tema/Repetitivo 988 STJ.** "O rol do art. 1.015 do CPC é de taxatividade mitigada, por isso admite a interposição de agravo de instrumento quando verificada a urgência decorrente da inutilidade do julgamento da questão no recurso de apelação."
- **14. Tema/Repetitivo 1.022 STJ.** "É cabível agravo de instrumento contra todas as decisões interlocutórias proferidas nos processos de recuperação judicial e nos processos de falência, por força do art. 1.015, parágrafo único, CPC."
- **15. Súmula STJ, 118.** "O agravo de instrumento é o recurso cabível da decisão que homologa a atualização do cálculo da liquidação."
- **16. Súmula TST, 214.** "Na Justiça do Trabalho, nos termos do art. 893, § 1º, da CLT, as decisões interlocutórias não ensejam recurso imediato, salvo nas hipóteses de decisão: a) de Tribunal Regional do Trabalho contrária à Súmula ou Orientação Jurisprudencial do Tribunal Superior do Trabalho; b) suscetível de impugnação mediante recurso para o mesmo Tribunal; c) que acolhe exceção de incompetência territorial, com a remessa dos autos para Tribunal Regional distinto daquele a que se vincula o juízo excepcionado, consoante o disposto no art. 799, § 2º, da CLT."
- **17. Enunciado 29 do FPPC.** "É agravável o pronunciamento judicial que postergar a análise do pedido de tutela provisória ou condicionar sua apreciação ao pagamento de custas ou a qualquer outra exigência."
- **18. Enunciado 103 do FPPC.** "A decisão parcial proferida no curso do processo com fundamento no art. 487, I, sujeita-se a recurso de agravo de instrumento."
- **19. Enunciado 154 do FPPC.** "É cabível agravo de instrumento contra ato decisório que indefere parcialmente a petição inicial ou a reconvenção."

- **20. Enunciado 177 do FPPC.** "A decisão interlocutória que julga procedente o pedido para condenar o réu a prestar contas, por ser de mérito, é recorrível por agravo de instrumento."
- **21. Enunciado 351 do FPPC.** "O regime da recorribilidade das interlocutórias do CPC aplica-se ao procedimento do mandado de segurança."
- **22. Enunciado 390 do FPPC.** "Resolvida a desconsideração da personalidade jurídica na sentença, caberá apelação."
- **23. Enunciado 435 do FPPC.** "Cabe agravo de instrumento contra a decisão do juiz que, diante do reconhecimento de competência pelo juízo arbitral, se recusar a extinguir o processo judicial sem resolução de mérito."
- **24. Enunciado 560 do FPPC.** "As decisões de que tratam os arts. 22, 23 e 24 da Lei 11.340/2006 (Lei Maria da Penha), quando enquadradas nas hipóteses do inciso I, do art. 1.015, podem desafiar agravo de instrumento."
- **25. Enunciado 611 do FPPC.** "Na hipótese de decisão parcial com fundamento no art. 485 ou no art. 487, as questões exclusivamente a ela relacionadas e resolvidas anteriormente, quando não recorríveis de imediato, devem ser impugnadas em preliminar do agravo de instrumento ou nas contrarrazões."
- **26. Enunciado 612 do FPPC.** "Cabe agravo de instrumento contra decisão interlocutória que, apreciando pedido de concessão integral da gratuidade da Justiça, defere a redução percentual ou o parcelamento de despesas processuais."
- **27. Enunciado 681 do FPPC.** "Cabe sustentação oral no julgamento do agravo de instrumento interposto contra decisão que versa sobre efeito suspensivo em embargos à execução ou em impugnação ao cumprimento de sentença."
- **28. Enunciado 693 do FPPC.** "Cabe agravo de instrumento contra a decisão interlocutória que converte o rito da tutela provisória de urgência requerida em caráter antecedente."
- **29. Enunciado 706 do FPPC.** "É cabível a interposição de agravo de instrumento contra as decisões interlocutórias proferidas após a decretação da falência ou o deferimento da recuperação judicial."
- **30. Enunciado 743 do FPPC.** "Cabe agravo de instrumento contra a decisão que indefere o pedido de efeito suspensivo a embargos à execução, nos termos dos incisos I e X do art. 1.015, do CPC."
- **31. Enunciado 69 da I Jornada-CJF.** "A hipótese do art. 1.015, parágrafo único, do CPC abrange os processos concursais, de falência e recuperação."

1593

# Art. 1.015 CÓDIGO DE PROCESSO CIVIL COMENTADO – *Leonardo Carneiro da Cunha*

- **32.** **Enunciado 70 da I Jornada-CJF.** *"É agravável o pronunciamento judicial que postergar a análise de pedido de tutela provisória ou condicioná-la a qualquer exigência."*

- **33.** **Enunciado 71 da I Jornada-CJF.** *"É cabível o recurso de agravo de instrumento contra a decisão que indefere o pedido de atribuição de efeito suspensivo a Embargos à Execução, nos termos do art. 1.015, X, do CPC."*

- **34.** **Enunciado 72 da I Jornada-CJF.** *"É admissível a interposição de agravo de instrumento tanto para a decisão interlocutória que rejeita a inversão do ônus da prova, como para a que a defere."*

- **35.** **Enunciado 93 da I Jornada-CJF.** *"Da decisão que julga a impugnação ao cumprimento de sentença cabe apelação, se extinguir o processo, ou agravo de instrumento, se não o fizer."*

- **36.** **Enunciado 145 da II Jornada-CJF.** *"O recurso cabível contra a decisão que julga a liquidação de sentença é o Agravo de Instrumento."*

- **37.** **Enunciado 191 da III Jornada-CJF.** *"Cabe recurso em face de decisão que defere ou indefere pedido de tutela provisória no rito dos Juizados Especiais da Fazenda Pública no âmbito dos Estados, do Distrito Federal, dos Territórios e dos Municípios, regido pela Lei n. 12.153/2009."*

- **38.** **Enunciado 195 da III Jornada-CJF.** *"Se o agravo de instrumento for inadmitido quando impugnada decisão interlocutória com base no Tema Repetitivo 988 do STJ (taxatividade mitigada), caberá a impugnação da mesma decisão interlocutória em preliminar de apelação ou contrarrazões."*

- **39.** **Enunciado 200 da III Jornada-CJF.** *"Cabe agravo de instrumento da decisão interlocutória que determinar a emenda da petição inicial da ação monitória, para adequação ao procedimento comum, por ser decisão interlocutória de indeferimento de tutela da evidência."*

- **40.** **Enunciado 216 da III Jornada-CJF.** *"Na hipótese de o acolhimento da impugnação acarretar a extinção do cumprimento de sentença, a natureza jurídica da decisão é sentença e o recurso cabível é apelação; caso o acolhimento não impedir a continuidade dos atos executivos, trata-se de decisão interlocutória sujeita a agravo de instrumento (art. 1.015, parágrafo único, do CPC)."*

- **41.** **Enunciado 218 da III Jornada-CJF.** *"A decisão a que se refere o art. 903, § 2º, do CPC é interlocutória e impugnável por agravo de instrumento (art. 1.015, parágrafo único, do CPC)."*

- **42.** **Enunciado 60 do FNPP.** *"O agravo fundado no art. 1.015, I, do CPC se enquadra no conceito de atos urgentes praticáveis no curso da suspensão processual."*

- **43.** **Enunciado 15 do FONAJE.** *"Nos Juizados Especiais não é cabível o recurso de agravo, exceto nas hipóteses dos artigos 544 e 557 do CPC."*

## 🔲 COMENTÁRIOS TEMÁTICOS

**44. Cabimento.** O agravo de instrumento é o recurso cabível contra decisão interlocutória.

**45. Recurso contra decisões de primeira instância.** *"O agravo previsto no art. 1015 do CPC é voltado para combater decisões interlocutórias proferidas em primeiro grau de jurisdição, e as hipóteses em que cabível o agravo para o STJ são somente as mencionadas nos arts. 1.027, § 1º, e 1.042 do Código de Processo Civil"* (STJ, 4ª Turma, AgInt no Ag 1.434.099/PR, rel. Min. Luis Felipe Salomão, *DJe* 25.10.2019).

**46. Decisões interlocutórias agraváveis.** Só são agraváveis as decisões previstas no art. 1.015 e em outro dispositivo de lei federal. Esse regime, porém, restringe-se à fase de conhecimento. São agraváveis todas as decisões interlocutórias proferidas na fase de liquidação de sentença ou de cumprimento de sentença, no processo de execução e no processo de inventário.

**47. Decisões interlocutórias não agraváveis.** As decisões interlocutórias, proferidas na fase de conhecimento, que não estão relacionadas no art. 1.015, nem na legislação extravagante, não são agraváveis; não cabe agravo de instrumento de tais decisões. Sua impugnação faz-se na apelação ou nas contrarrazões de apelação (art. 1.009, § 1º).

**48. Decisão que decreta a falência.** A decisão que decreta a falência, não obstante seja uma sentença (Lei 11.101/2005, art. 99), é agravável (Lei 11.101/2005, art. 100).

**49. Decisão que julga a fase de liquidação de sentença.** A liquidação da sentença, que pode ser por arbitramento (art. 510) ou pelo procedimento comum (art. 511), inicia-se por uma nova demanda, em que o credor ou devedor formula um pedido (art. 509), consistente na apuração e fixação do valor a ser executado ou objeto de cumprimento. A liquidação, seja ela uma simples fase do processo, seja ela processo autônomo, tem objeto próprio, com novo contraditório a ele relacionado A decisão que resolve a liquidação é sentença, dela cabendo apelação. Ao acolher ou rejeitar o pedido, o juiz profere sentença, encerrando a fase de conhecimento. Ainda que

**LIVRO III** • DOS PROCESSOS NOS TRIBUNAIS E DOS MEIOS DE IMPUGNAÇÃO DAS DECISÕES JUDICIAIS    **Art. 1.015**

seja ilíquida a decisão, esta será uma sentença. Não é sem razão, aliás, que o art. 354 do CPC dispõe que, "ocorrendo qualquer das hipóteses previstas nos arts. 485 e 487, incisos II e III, o juiz proferirá *sentença*". E seu art. 509 afirma que haverá liquidação quando a *sentença* condenar ao pagamento de quantia ilíquida. A iliquidez não transforma a sentença em decisão interlocutória. Será, de um jeito ou de outro, uma sentença. A liquidação pelo procedimento comum dá origem a *outro* procedimento comum, não sendo uma continuação do *mesmo* procedimento comum. A sentença ilíquida é sentença do mesmo jeito; não muda sua natureza. Dela cabe apelação. O § 1º do art. 203 refere-se ao encerramento da fase de conhecimento. A liquidação é outra fase, também de conhecimento, encerrando-se por nova sentença, da qual cabe apelação. Das decisões interlocutórias proferidas na liquidação cabe agravo de instrumento: todas as interlocutórias proferidas na fase de liquidação – ou, se for o caso, no processo de liquidação – são agraváveis.

**50. Julgamento da liquidação de sentença – cabimento de apelação.** *"De acordo com a pacífica jurisprudência do STJ, inclusive na vigência do CPC/2015, é apelável, e não agravável, a decisão que julga a liquidação sentença sem, contudo, extinguir a fase de seu cumprimento. Além disso, em regra, não há falar em incidência do princípio da fungibilidade recursal, uma vez que a interposição da apelação, no lugar do agravo de instrumento, constitui erro inescusável"* (STJ, 4ª Turma, AgInt no REsp 1.888.035/SP, rel. Min. Antonio Carlos Ferreira, *DJe* 14.6.2021).

**51. Julgamento da liquidação de sentença – inadmissibilidade de apelação.** *"É inadmissível a interposição de apelação em face da decisão interlocutória que encerra a fase de liquidação de sentença, sem pôr fim ao processo executivo, não se admitindo a aplicação do princípio da fungibilidade à espécie"* (STJ, 4ª Turma, AgInt no AREsp 2.091.457/DF, rel. Min. Raul Araújo, *DJe* 21.10.2022).

**52. Inadmissibilidade de apelação contra decisão que julga liquidação de sentença e inaplicabilidade da fungibilidade.** *"Não é possível a aplicação do princípio da fungibilidade, diante de interposição de apelação contra decisão que encerrou a fase de liquidação por arbitramento e tornou líquida a sentença, na medida em que a decisão impugnada não pôs fim ao processo"* (STJ, 4ª Turma, AgInt no AREsp 1.899.268/PR, rel. Min. Raul Araújo, *DJe* 4.10.2022).

**53. Taxatividade das hipóteses de agravo de instrumento na fase de conhecimento.** O elenco do art. 1.015 é *taxativo*. As decisões inter-locutórias agraváveis, na fase de conhecimento, sujeitam-se a uma *taxatividade legal*. Somente são impugnadas por agravo de instrumento as decisões interlocutórias relacionadas no referido dispositivo. Para que determinada decisão seja enquadrada como agravável, é preciso que integre o catálogo de decisões passíveis de agravo de instrumento. Somente a lei pode criar hipóteses de decisões agraváveis na fase de conhecimento.

**54. Negócio processual.** Não cabe convenção processual que crie modalidade de decisão interlocutória agravável.

**55. Taxatividade e interpretação extensiva.** As hipóteses de agravo de instrumento estão previstas em rol taxativo. A *taxatividade* não é, porém, incompatível com a interpretação extensiva. Embora taxativas as hipóteses de decisões agraváveis, é possível interpretação extensiva de cada um dos seus tipos. No sistema brasileiro, há vários exemplos de enumeração taxativa que comporta interpretação extensiva. O STJ entende que, apesar de taxativa em sua enumeração, a lista de serviços tributáveis admite interpretação extensiva, dentro de cada item, para permitir a incidência do ISS sobre serviços correlatos àqueles previstos expressamente (Súmula STJ, 424). No processo penal, também se entende que a taxatividade não é incompatível com a interpretação extensiva. As hipóteses de cabimento do recurso em sentido estrito são taxativas, mas se admite interpretação extensiva (STJ, 3ª Seção, EREsp 1.630.121/RN, rel. Min. Reynaldo Soares da Fonseca, *DJe* 11.12.2018; STJ, 6ª Turma, AgRg nos EDcl no REsp 1.706.412/SP, rel. Min. Antonio Saldanha Palheiro, *DJe* 21.06.2019). Sob a égide do CPC/1973, as hipóteses de cabimento da ação rescisória eram taxativas, mas o inciso VIII do seu art. 485 sempre comportou interpretação extensiva: a doutrina estendia essa hipótese de cabimento para o caso de *reconhecimento da procedência do pedido*, não previsto expressamente, além de corrigir a referência à desistência, que deveria ser lida como *renúncia ao direito sobre o que se funda a ação*. Esse entendimento sempre foi unânime. A taxatividade admite, enfim, interpretação extensiva. Esses exemplos confirmam a possibilidade de interpretação extensiva de listas taxativas. A interpretação extensiva opera por comparações e isonomizações, não por encaixes e subsunções. As hipóteses de agravo de instrumento são taxativas e estão previstas no art. 1.015, mas algumas de suas hipóteses admitem interpretação extensiva.

**56. Hipóteses típicas.** As decisões agraváveis, na fase de conhecimento, estão relacionadas no art. 1.015. Na fase de liquidação, na de cumpri-

**Art. 1.015** CÓDIGO DE PROCESSO CIVIL COMENTADO – *Leonardo Carneiro da Cunha*

mento da sentença, no processo de execução e no inventário e partilha, todas as decisões interlocutórias são agraváveis. A lista contida no art. 1.015 diz respeito apenas à fase de conhecimento.

**57. Tutela provisória.** A decisão que defere, indefere, revoga, modifica ou suspende a efetivação de tutela provisória sujeita-se a agravo de instrumento. A tutela provisória pode ser de urgência ou de evidência. Em todos esses casos, é possível atacar a decisão interlocutória imediatamente. Daí a razão de caber agravo de instrumento da decisão que versa sobre tutela provisória. Não permitir o recurso nesse caso seria negar o acesso ao duplo grau de jurisdição, impedindo que uma ameaça ou lesão pudesse ser controlada, com eficiência e efetividade, pelo tribunal. A decisão do juiz de, sem justificativa, postergar a análise do pedido de tutela provisória para após a contestação ou para outro momento equivale a uma decisão que indefere o pedido de tutela provisória, dele cabendo agravo de instrumento. De igual modo, se o juiz condiciona a apreciação da tutela provisória a alguma exigência não prevista em lei, está, em verdade, a negar o pedido de tutela provisória, sendo cabível agravo de instrumento.

**58. Tutela provisória concedida na sentença.** A tutela provisória pode ser concedida na sentença, com a finalidade de afastar o efeito suspensivo da apelação (art. 1.012, § 1º, V). Nesse caso, a tutela provisória não deve ser passível de agravo de instrumento, mas de apelação (art. 1.009, § 3º). O capítulo da sentença que confirma, concede ou revoga a tutela provisória é impugnável na apelação (art. 1.013, § 5º), não sendo caso de agravo de instrumento.

**59. Conversão da tutela cautelar em tutela satisfativa.** A tutela provisória de urgência, cautelar ou satisfativa, pode ser concedida em caráter antecedente ou incidental (art. 294, parágrafo único). A tutela provisória satisfativa requerida em caráter antecedente regula-se pelo disposto nos arts. 303 e 304, enquanto a cautelar requerida em caráter antecedente é regulada pelas disposições dos arts. 305 a 310. É possível que a parte peça a cautelar em caráter antecedente, mas o juiz entenda que o caso não é de cautelar, e sim de tutela satisfativa. Nessa hipótese, haverá uma conversão, devendo o juiz observar o disposto no art. 303 (art. 305, parágrafo único). A decisão do juiz que determina a conversão da tutela cautelar antecedente em tutela satisfativa antecedente é uma decisão que versa sobre a tutela provisória, sendo passível de agravo de instrumento.

**60. Decisão de mérito.** No curso do procedimento, é possível haver decisões de mérito. O juiz pode, por exemplo, rejeitar a alegação de prescrição ou de decadência, determinando a instrução probatória. De decisões assim cabe agravo de instrumento. O juiz pode decidir parcialmente o mérito, numa das hipóteses previstas no art. 356. Tal pronunciamento, por não extinguir o processo, é uma decisão interlocutória, que pode já acarretar uma execução imediata, independentemente de caução (art. 356, § 2º). Conquanto seja uma decisão interlocutória, há resolução parcial do mérito, apta a formar coisa julgada. Tal decisão é passível de agravo de instrumento. Também é decisão parcial de mérito, impugnável por agravo de instrumento, a que homologa a renúncia parcial, a transação parcial ou reconhecimento de um dos pedidos cumulados (art. 487, III). Toda decisão que trate do mérito – e não seja rigorosamente uma sentença – poderá ser atacada por agravo de instrumento. Se o agravo de instrumento não for interposto, haverá coisa julgada. Não será possível impugnar a decisão interlocutória de mérito ou a decisão parcial de mérito na apelação a ser interposta da sentença que ainda será proferida.

**61. Agravo de instrumento contra decisão que acolhe ou rejeita prescrição.** *"1. Segundo o CPC/2015, nas interlocutórias em que haja algum provimento de mérito, caberá o recurso de agravo de instrumento para impugná-las (art. 1.015, II). 2. No atual sistema processual, nem toda decisão de mérito deve ser tida por sentença, já que nem sempre os provimentos com o conteúdo dos arts. 485 e 487 do CPC terão como consequência o fim do processo (extinção da fase cognitiva do procedimento comum ou da execução). 3. As decisões interlocutórias que versem sobre o mérito da causa não podem ser tidas como sentenças, pois, à luz do novel diploma, só haverá sentença quando se constatar, cumulativamente: I) o conteúdo previsto nos arts. 485 e 487 do CPC; e II) o fim da fase de cognição do procedimento comum ou da execução (art. 203, § 1º). 4. O novo Código considerou como de mérito o provimento que decide sobre a prescrição ou a decadência (art. 487, II, do CPC), tornando a decisão definitiva e revestida do manto da coisa julgada. 5. Caso a prescrição seja decidida por interlocutória, como ocorre na espécie, o provimento deverá ser impugnado via agravo de instrumento. Já se a questão for definida apenas no âmbito da sentença, pondo fim ao processo ou a capítulo da sentença, caberá apelação nos termos do art. 1.009 do CPC"* (STJ, 4ª Turma, REsp 1.778.237/RS, rel. Min. Luis Felipe Salomão, DJe 28.03.2019). *"3. O CPC/2015 colocou fim às*

**LIVRO III** · DOS PROCESSOS NOS TRIBUNAIS E DOS MEIOS DE IMPUGNAÇÃO DAS DECISÕES JUDICIAIS **Art. 1.015**

*discussões que existiam no CPC/1973 acerca da existência de conteúdo meritório nas decisões que afastam a alegação de prescrição e de decadência, estabelecendo o art. 487, II, do novo Código, que haverá resolução de mérito quando se decidir sobre a ocorrência da prescrição ou da decadência, o que abrange tanto o reconhecimento, quanto a rejeição da alegação. 4. Embora a ocorrência ou não da prescrição ou da decadência possam ser apreciadas somente na sentença, não há óbice para que essas questões sejam examinadas por intermédio de decisões interlocutórias, hipótese em que caberá agravo de instrumento com base no art. 1.015, II, do CPC/2015, sob pena de formação de coisa julgada material sobre a questão"* (STJ, 3ª Turma, REsp 1.738.756/MG, rel. Min. Nancy Andrighi, *DJe* 22.02.2019).

**62.** **Decisão que aplica multa processual.** É possível que, durante o processo, o juiz profira decisão impondo multa à parte. Há várias multas que podem ser impostas ao longo do processo: multa pelo descumprimento de deveres processuais (art. 77, § 2º), multa pela ausência injustificada em audiência de conciliação ou mediação (art. 334, § 8º), multa pela litigância de má-fé (art. 81), multa pela não devolução dos autos (art. 234, § 1º), multa pelo requerimento doloso de citação por edital em casos não autorizados para sua realização (art. 258). Em todos esses casos, há uma condenação imposta à parte, ampliando o mérito do processo. A hipótese subsume-se no inciso II do art. 1.015, sendo cabível agravo de instrumento. A decisão proferida nesses casos é fruto de um incidente instaurado, que acarreta a condenação da parte numa multa. Está-se, portanto, diante de uma decisão de mérito. Cabível, portanto, o agravo de instrumento. Se, contudo, a multa é imposta na sentença, aí caberá apelação, pois será um capítulo dela (art. 1.009, § 3º).

**63.** **Decisão que aplica a multa do art. 334, § 8º.** *"A decisão cominatória da multa do art. 334, § 8º, do CPC, à parte que deixa de comparecer à audiência de conciliação, sem apresentar justificativa adequada, não é agravável, não se inserindo na hipótese prevista no art. 1.015, inciso II, do CPC, podendo ser, no futuro, objeto de recurso de apelação, na forma do art. 1.009, § 1º, do CPC"* (STJ, REsp 1.762.957/MG, rel. Min. Paulo de Tarso Sanseverino, *DJe* 18.03.2020).

**64.** **Decisão que indefere uma das partes em produção antecipada de prova.** A decisão que indefere a produção de prova não consta do rol do art. 1.015. É, por isso, impugnável apenas na apelação (art. 1.009, § 1º). Há, porém, duas situações peculiares, em que uma decisão que

indefere a produção de prova é impugnável por agravo de instrumento. (a) decisão sobre o pedido de exibição de documento ou coisa. Por expressa previsão legal, decisão interlocutória que indeferir a produção desse meio de prova é agravável (art. 1.015, VI); (b) se o requerente postular a produção antecipada de mais de uma prova em cumulação de pedidos, e o juiz não admitir por decisão interlocutória a produção de uma delas, caberá agravo de instrumento. Esta será uma decisão interlocutória de mérito, a desafiar o recurso de agravo de instrumento. É possível ainda que algum interessado requeira a produção de qualquer outra prova no mesmo procedimento, desde que relacionada ao mesmo fato (art. 382, § 3º). Se o juiz inadmitir a produção dessa outra prova por decisão interlocutória, caberá agravo de instrumento, pois se terá aí uma decisão de mérito.

**65.** **Decisão que rejeita alegação de convenção de arbitragem.** As partes interessadas podem submeter a solução de seus litígios ao juízo arbitral mediante convenção de arbitragem, assim entendida a cláusula compromissória ou o compromisso arbitral. A convenção de arbitragem é o gênero, do qual há duas espécies: a cláusula compromissória e o compromisso arbitral. Qualquer decisão sobre alegação de convenção de arbitragem é impugnável, quer seja ela acolhida (apelação), quer tenha sido ela rejeitada (agravo de instrumento). A decisão que rejeita a alegação de convenção de arbitragem é uma situação singular em que se decide, na verdade, sobre competência. A decisão sobre a convenção de arbitragem contém características da decisão sobre competência. Em virtude da convenção de arbitragem, transfere-se o litígio para a competência do árbitro. É este quem deve examinar a disputa entre as partes. Se o juiz rejeita a alegação de convenção de arbitragem, está decidindo sobre sua competência para julgar o caso. Se a acolhe, entende que o árbitro é o competente. É, inegavelmente, uma decisão sobre competência.

**66.** **Decisão que versa sobre competência.** A decisão relativa à convenção de arbitragem é uma decisão que trata de competência. Se a decisão que rejeita a alegação de convenção de arbitragem é agravável, também deve ser agravável a que trata de uma competência, relativa ou absoluta. O foro de eleição é um exemplo de negócio jurídico processual; a convenção de arbitragem, também. Ambos, à sua maneira, são negócios que dizem respeito à competência do órgão jurisdicional. Embora taxativas as hipóteses de agravo de instrumento, aquela indicada no inciso III do art. 1.015 comporta

1597

interpretação extensiva para incluir a decisão que versa sobre competência. Comparando-se as hipóteses, chega-se à conclusão de que elas se equiparam. Não há razão para que a alegação de incompetência tenha um tratamento não isonômico. A alegação de convenção de arbitragem e a alegação de incompetência são situações que se identificam e se assemelham. Por se assemelharem muito, devem ter o mesmo tratamento. Em razão do princípio da igualdade (art. 7º), ambas não podem, nesse ponto, ser tratadas diferentemente. A alegação de convenção de arbitragem e a alegação de incompetência têm por objetivo, substancialmente, afastar o juízo da causa. Ambas são formas de fazer valer em juízo o direito fundamental ao juiz natural – juiz competente e imparcial.

**67. Decisão que nega eficácia a negócio jurídico processual.** A convenção de arbitragem é um negócio processual. A decisão que a rejeita é decisão que nega eficácia a um negócio processual. A eleição de foro também é um negócio processual. A decisão que nega eficácia a uma cláusula de eleição de foro é impugnável por agravo de instrumento, em razão da interpretação extensiva. Pode-se ampliar essa interpretação a todas as decisões que negam eficácia ou não homologam negócio jurídico processual. Assim, por exemplo, se o juiz se negar a homologar a desistência da ação, será cabível agravo de instrumento, e não mandado de segurança para que se possa ter a extinção do processo sem resolução do mérito. Tome-se, ainda, o exemplo de as partes convencionarem sobre a suspensão do processo. O juiz, a despeito disso, não suspende o processo. Nada justifica que essa decisão não seja recorrível imediatamente: ela é, substancialmente, uma decisão que nega eficácia a um negócio processual, exatamente a mesma situação da decisão que rejeita alegação de convenção de arbitragem. A interpretação extensiva impõe-se, também aqui. São todas decisões que se assemelham e se identificam, devendo ter o mesmo tratamento. Em razão do princípio da igualdade (art. 7º), elas não podem, nesse ponto, ser tratadas diferentemente.

**68. Decisão do juízo arbitral sobre sua competência.** Quando, a despeito de haver uma convenção de arbitragem, for proposta uma demanda judicial, o réu pode, em preliminar de sua contestação, alegar a existência da convenção. Se o juiz acolher a alegação, o processo será extinto sem resolução do mérito, cabendo da sentença o recurso de apelação. Diversamente, se o juiz rejeita a alegação de convenção de arbitragem, cabe agravo de instrumento (art. 1.015, III). A

extinção do processo ocorre quando o juiz acolher a alegação de convenção de arbitragem, mas pode também ocorrer quando o juízo arbitral reconhecer sua competência (art. 485, VII). Ao árbitro se confere o poder de reconhecer a própria competência, em razão da regra da *competência-competência*. Reconhecida a competência pelo árbitro, o juiz não tem alternativa: deve extinguir o processo sem resolução do mérito. Se, não obstante o árbitro ter reconhecido sua competência, o juiz negue-se a extinguir o processo, caberá dessa sua decisão agravo de instrumento (art. 1.015, III). A previsão do cabimento de agravo de instrumento da decisão que rejeita a alegação de convenção de arbitragem deve abranger também a hipótese de decisão que se nega a extinguir o processo, mesmo diante do reconhecimento de competência pelo juízo arbitral. As situações equivalem-se. O juiz, nos dois casos, recusa a competência do árbitro e afirma a sua, sendo cabível o agravo de instrumento.

**69. Decisão que resolve o incidente de desconsideração da personalidade jurídica.** O incidente de desconsideração da personalidade jurídica, instaurado a pedido da parte ou do Ministério Público (arts. 133 a 137) suspende o processo (art. 134, § 2º) e é resolvido por decisão interlocutória (art. 136, CPC). Da decisão que resolve o incidente cabe agravo de instrumento. Se a desconsideração da personalidade jurídica for requerida na própria petição inicial, ficará dispensada a instauração do incidente e não haverá suspensão do processo. Nesse caso, há um litisconsórcio eventual, formado entre a pessoa jurídica e o sócio, que se responsabiliza, se realizada a desconsideração (art. 134, § 2º). A desconsideração será decidida na própria sentença, cabendo apelação. Só é agravável a desconsideração da personalidade jurídica resolvida em decisão interlocutória, quando houver o respectivo incidente.

**70. Decisão sobre gratuidade da justiça.** A parte ou o interessado que não disponha de recursos para custear as despesas do processo pode pedir o deferimento da gratuidade da justiça (arts. 98 e 99). Se o juiz indeferir o pedido cabe agravo de instrumento. Deferido o pedido, a parte contrária pode oferecer impugnação, sem suspensão do processo (art. 100). Se o juiz acolhe a impugnação para revogar a gratuidade, caberá agravo de instrumento, a não ser que a questão seja revolvida na sentença, contra a qual caberá apelação. O art. 98, § 5º, permite a concessão modulada do benefício da gratuidade: em relação a algum ato ou apenas reduzindo o percentual da despesa a ser adiantada. Assim, também

**LIVRO III · DOS PROCESSOS NOS TRIBUNAIS E DOS MEIOS DE IMPUGNAÇÃO DAS DECISÕES JUDICIAIS** | **Art. 1.015**

é agravável a decisão que: *(a)* defere benefício modulado, quando a parte o pleiteou integralmente – situação que se equipara à decisão de indeferimento; *(b)* converte o benefício integral em modulado, de ofício ou mediante provocação da parte ou de terceiro – situação que se equipara à decisão de revogação. Em ambos os casos, a decisão que modula o benefício pode ser impugnada por agravo de instrumento *pelo beneficiário*; não, porém, pelo impugnante, se a decisão decorre de impugnação sua. A regra confere ao *beneficiário* uma impugnação imediata.

**71.** **Decisão sobre exibição ou posse de documento ou coisa.** A exibição de documento ou coisa pode ser requerida contra a parte contrária ou contra um terceiro. Quando requerida contra a parte contrária (arts. 396 a 400), haverá um *incidente processual*, a ser resolvido por decisão interlocutória, da qual cabe agravo de instrumento. Se requerida contra um terceiro, tem-se um *processo incidente*, a ser encerrado por sentença, da qual cabe apelação, e não agravo de instrumento. É possível, porém, que o juiz determine, de ofício, ao terceiro que exiba o documento ou a coisa. Nesse caso, não se deflagra um novo processo, mas apenas um incidente processual, sendo, então, cabível agravo de instrumento.

**72.** **Decisão que exclui litisconsorte.** O ato do juiz que exclui um litisconsorte é uma decisão interlocutória, podendo ser atacada por agravo de instrumento. Aguardar a sentença conspiraria contra o princípio da duração razoável do processo e contra o princípio da eficiência, protraindo para momento posterior uma questão que precisa ser controlada desde logo. O eventual provimento da apelação teria o condão de desfazer todos os atos processuais posteriores à exclusão do litisconsorte para que ele pudesse participar efetivamente do contraditório, o que, também por isso, atentaria contra os princípios da eficiência e da duração razoável do processo. A exclusão de um litisconsorte faz-se, portanto, por decisão interlocutória agravável. Não sendo interposto, desde logo, o agravo de instrumento, a questão sujeita-se à preclusão, não podendo mais ser questionada, nem constar da apelação a ser interposta contra a futura sentença.

**72.1.** **Decisão que rejeita exclusão de litisconsorte.** *"4. A decisão interlocutória que rejeita excluir o litisconsorte, mantendo no processo a parte alegadamente ilegítima, todavia, não é capaz de tornar nula ou ineficaz a sentença de mérito, podendo a questão ser reexaminada, sem grande prejuízo, por ocasião do julgamento do recurso de apelação. 5. Por mais que o conceito de 'versar sobre' previsto no art. 1.015,* caput, *do CPC/2015*

*seja abrangente, não se pode incluir no cabimento do agravo de instrumento uma hipótese ontologicamente distinta daquela expressamente prevista pelo legislador, especialmente quando a distinção está teoricamente justificada pelas diferentes consequências jurídicas causadas pela decisão que exclui o litisconsorte e pela decisão que rejeita excluir o litisconsorte"* (STJ, REsp 1.724.453/SP, rel. Min. Nancy Andrighi, *DJe* 22.03.2019).

**72.2.** **Decisão que rejeita pedido de limitação do litisconsórcio.** A presença de muitos litisconsortes no mesmo polo da relação processual caracteriza o chamado litisconsórcio multitudinário (nomenclatura relacionada a uma multidão de litisconsortes). Algumas vezes, impõe-se limitar o litisconsórcio multitudinário, mais propriamente quando o excessivo *número de litigantes* comprometer a rápida solução do litígio ou dificultar a defesa (art. 113, § 1º). Tal limitação somente pode ser feita se o litisconsórcio for facultativo e simples; sendo necessário ou unitário, não se pode limitar o número de litisconsortes. Em situações como essa, a parte pode pedir ao juiz que limite o número de litisconsortes. Ao assim fazer, o juiz assegura às partes igualdade de tratamento e zela pela duração razoável do processo (art. 139, I e II). O pedido de limitação do litisconsórcio deve ser feito no prazo para manifestação ou resposta, que o interrompe, só tendo início novamente quando da intimação da decisão que o solucionar (art. 113, § 2º). Em vez de limitar o número de litisconsortes, o juiz pode, para não prejudicar a defesa, ampliar os prazos para o réu (art. 139, VI), sem prejuízo da possibilidade de desmembramento ou limitação de litisconsortes na fase de cumprimento da sentença. Se essa ampliação de prazo for suficiente para garantir o direito de defesa, o réu não terá interesse de agravar da decisão que indeferiu seu pedido de limitação de litisconsortes. A limitação do litisconsórcio não *é causa de extinção do processo*, acarretando apenas o seu desmembramento. Se o juiz indefere o pedido de limitação, cabe agravo de instrumento, a fim de que o tribunal possa, desde logo, rever a decisão e verificar se, de fato, é necessária a limitação, observando se não há dificuldade à defesa ou à duração razoável do processo. Não seria razoável vedar o agravo de instrumento nesse caso, pois de nada adiantaria deixar a impugnação para a sentença, quando já ultimados todos os atos processuais, com o prejuízo para a defesa ou para a duração do processo. Somente é agravável a decisão que *rejeita* o requerimento de limitação do litisconsórcio ativo. A decisão que *acolhe* esse requerimento *não* é agravável,

1599

**72.3. Decisão que admite ou inadmite intervenção de terceiros.** A admissão ou inadmissão de uma intervenção de terceiros, quando feita por juiz em decisão interlocutória, enseja agravo de instrumento, sendo questão que há de ser submetida, desde logo, à revisão do tribunal, não sendo útil, nem razoável deixar uma eventual impugnação para a apelação, quando já ultimados todos os atos processuais com ou sem a presença do terceiro. As intervenções de terceiro não se limitam àquelas previstas no Título III do Livro III da Parte Geral do CPC. Há outras intervenções de terceiro espalhadas no CPC, por exemplo, as previstas nos seus arts. 338, 339, 343, §§ 3º e 4º, e 382, § 1º. Há, ainda, intervenções de terceiro previstas em legislação extravagante, de que serve de exemplo aquelas disciplinadas pelo art. 5º da Lei 9.469/1997. É, pois, agravável a decisão que admite ou inadmite uma intervenção de terceiro.

**72.4. Cabimento de agravo de instrumento contra decisão do juiz federal que admite a intervenção do ente federal, e não contra a decisão do juiz estadual que determinada a remessa dos autos à Justiça Federal.** *"A Corte Especial, por ocasião de julgamento de recurso especial repetitivo, consolidou o entendimento de que o rol do art. 1.015 do CPC de 2015 é de taxatividade mitigada, por isso admite a interposição de agravo de instrumento quando verificada a urgência decorrente da inutilidade do julgamento da questão no recurso de apelação (REsp 1.704.520/MT, Rel. Ministra Nancy Andrighi, Corte Especial, DJe 19.12.2018). Exegese aplicável independentemente da data em que foi proferida a decisão interlocutória agravada. 2. Nada obstante, na forma da jurisprudência pacificada e sumulada desta Corte Superior (Súmula 150/STJ) a análise do interesse jurídico e, assim, a admissão ou não da intervenção por ente federal no processo somente pode ser realizada pela Justiça Federal. 3. Assim, a decisão interlocutória objeto do agravo de instrumento apenas se pauta na declinação da competência para que a Justiça competente analise o interesse da CEF. Uma vez analisado o pedido de intervenção pela Justiça Federal, aí sim haverá a concreção do inciso IX do art. 1.015 do CPC e não no presente momento"* (STJ, 4ª Turma, AgInt no REsp 1.755.016/PR, rel. Min. Luis Felipe Salomão, DJe 1º.07.2021).

**72.5. Intervenção do *amicus curiae*.** O juiz pode, considerando a relevância da matéria, a especificidade do tema objeto da demanda ou a repercussão social da controvérsia, solicitar ou admitir a participação de pessoa natural ou jurídica, órgão ou entidade especializada, com representatividade adequada (art. 138). A intervenção do *amicus curiae* é uma intervenção de terceiro. Embora seja recorrível a decisão que admita ou inadmita uma intervenção de terceiros, o disposto no art. 1.015, IX, não se aplica ao caso de *admissão* da intervenção do *amicus curiae*. É irrecorrível a decisão do juiz que *admite* a participação do *amicus curiae* (art. 138). Essa decisão é irrecorrível, seja por agravo de instrumento, seja por apelação. Há, aqui, caso de *decisão interlocutória irrecorrível*. É irrecorrível a decisão que *admite* a participação do *amicus curiae*, sendo, *a contrario sensu*, admissível o recurso contra a decisão que a *inadmite*. O dispositivo prevê a irrecorribilidade apenas contra a *admissão* do amigo da corte, e não quanto à sua *rejeição*. Daí ser recorrível a decisão que *inadmite* a participação do *amicus*. No entanto, o STF, em sede de repercussão geral, se manifestou em sentido contrário, pela irrecorribilidade também da decisão que inadmitir a intervenção do *amicus curiae*.

**72.6. Recorribilidade da decisão que inadmite a intervenção do *amicus curiae*.** *"1. A jurisprudência do Supremo Tribunal Federal é firme no sentido de que a parte deve impugnar, na petição de agravo regimental, todos os fundamentos da decisão agravada. 2. Ademais, a atividade do amicus curiae possui natureza meramente colaborativa, pelo que inexiste direito subjetivo de terceiro de atuar como amigo da Corte. O relator, no exercício de seus poderes, pode admitir o amigo da corte ou não, observando os critérios legais e jurisprudenciais e, ainda, a conveniência da intervenção para a instrução do feito. 3. Consoante disposto nos arts. 138, caput, do CPC e 21, inciso XVIII, do Regimento Interno desta Corte, em hipótese de acolhimento do pedido de ingresso de amicus curiae na lide, tal decisão seria irrecorrível, podendo, contudo, ser objeto de agravo a decisão que indefere tal pleito"* (STF, Pleno, RE 817.338 AgR-segundo, rel. Min. Dias Toffoli, DJe 24.08.2018).

**72.7. Irrecorribilidade da decisão que inadmite a intervenção do *amicus curiae*.** *"9. O legislador expressamente restringiu a recorribilidade do amicus curiae às hipóteses de oposição de embargos de declaração e da decisão que julgar o incidente de resolução de demandas repetitivas, conforme explicita o art. 138 do CPC/2015, ponderados os riscos e custos processuais. 10. É que o amicus curiae não se agrega à relação processual, por isso não exsurge para ele uma expectativa de resultado ou mesmo uma lesividade jurídica*

**LIVRO III ·** DOS PROCESSOS NOS TRIBUNAIS E DOS MEIOS DE IMPUGNAÇÃO DAS DECISÕES JUDICIAIS **Art. 1.015**

a ensejar a recorribilidade da denegação de seu ingresso. O status de amicus encerra-se no momento em que se esgota – ou se afere inexistir – sua potencialidade de contribuição ou sugestão (COVEY, Frank. Amicus Curiae: Friend of The Court. 9 DePaul Law Review, n. 30. 1959, p. 30). 11. A irrecorribilidade da decisão do Relator que denega o ingresso de terceiro na condição de amicus curiae em processo subjetivo impede a cognoscibilidade do recurso sub examine, máxime porque a possibilidade de impugnação de decisão negativa em controle subjetivo encontra óbice (i) na própria ratio essendi da participação do colaborador da Corte; e (ii) na vontade democrática exposta na legislação processual que disciplina a matéria" (STF, Pleno, RE 602.584 AgR, rel. p/ ac. Min. Luiz Fux, DJe 20.3.2020). "(...) a leitura do art. 138 do CPC/2015, não deixa dúvida de que a decisão unipessoal que verse sobre a admissibilidade do amicus curiae não é impugnável por agravo interno, seja porque o caput expressamente a coloca como uma decisão irrecorrível, seja porque o § 1º expressamente diz que a intervenção não autoriza a interposição de recursos, ressalvada a oposição de embargos de declaração ou a interposição de recurso contra a decisão que julgar o IRDR" (STJ, Corte Especial, Questão de Ordem no REsp 1.696.396/MT, rel. Min. Nancy Andrighi, j. 1º.8.2018).

**72.8. Decisão que concede, modifica ou revoga o efeito suspensivo aos embargos à execução.** Na execução fundada em título extrajudicial, a decisão do juiz que concede, modifica ou revoga o efeito suspensivo outorgado aos embargos já seria agravável, em virtude do disposto no inciso I do art. 1.015, justamente porque tal decisão é, a bem da verdade, uma tutela provisória. De todo modo, o legislador foi explícito aqui: cabe agravo de instrumento da decisão do juiz que concede, modifica ou revoga o efeito suspensivo aos embargos à execução. A regra também se aplica à decisão que não concede o efeito suspensivo: também ela é decisão sobre tutela provisória e, nesse ponto, agravável nos termos do inciso I do art. 1.015. Da decisão do juiz que, no cumprimento da sentença, concede, modifica ou revoga o efeito suspensivo outorgado à impugnação cabe agravo de instrumento (art. 1.015, parágrafo único).

**72.9. Decisão que indefere o efeito suspensivo aos embargos à execução.** "A decisão que versa sobre a concessão de efeito suspensivo aos embargos à execução de título extrajudicial é uma decisão interlocutória que versa sobre tutela provisória, como reconhece o art. 919, § 1º, do CPC/2015, motivo pelo qual a interposição

imediata do agravo de instrumento em face da decisão que indefere a concessão do efeito suspensivo é admissível com base no art. 1.015, I, do CPC/2015" (STJ, 3ª Turma, REsp 1.745.358/ SP, rel. Min. Nancy Andrighi, DJe 1º.3.2019).

**72.10. Decisão sobre a redistribuição do ônus da prova.** A decisão do juiz que, com base no § 1º do art. 373, redistribui o ônus da prova é passível de agravo de instrumento. A decisão é agravável, não podendo deixar para ser impugnada somente na apelação. É que o juiz, ao redistribuir o ônus da prova, deve dar à parte oportunidade de se desincumbir do ônus que lhe foi atribuído. Se a parte discorda da decisão, tem de ter condições de impugnação imediata, sob pena de inutilidade do recurso interposto somente depois da sentença. Também é agravável a decisão que não redistribui o ônus da prova. O agravo é cabível contra a decisão que versa sobre a redistribuição do ônus da prova, o que abrange ambas as situações. Cabe agravo de instrumento da decisão que versa sobre a inversão do ônus da prova em causas de consumo (CDC, art. 6º, VIII). Enfim, qualquer decisão que altere a regra do ônus estático da prova, independentemente de seu fundamento ou de sua base normativa, é passível de agravo de instrumento.

**72.11. Cabimento do agravo de instrumento contra qualquer decisão que altere o ônus da prova.** "4. A hipótese de cabimento prevista no art. 1.015, XI, do CPC/2015, deve ser interpretada conjuntamente com o art. 373, § 1º, do mesmo Código, que contempla duas regras jurídicas distintas, ambas criadas para excepcionar à regra geral: a primeira diz respeito à atribuição do ônus da prova, pelo juiz, em hipóteses previstas em lei, de que é exemplo a inversão do ônus da prova prevista no art. 6º, VIII, do CDC; a segunda diz respeito à teoria da distribuição dinâmica do ônus da prova, incidente a partir de peculiaridades da causa que se relacionem com a impossibilidade ou com a excessiva dificuldade de se desvencilhar do ônus estaticamente distribuído ou, ainda, com a maior facilidade de obtenção da prova do fato contrário, sendo ambas impugnáveis de imediato por agravo de instrumento" (STJ, 3ª Turma, REsp 1.831.257/ SC, rel. Min. Nancy Andrighi, DJe 22.11.2019).

**72.12. Cabimento de agravo de instrumento contra decisão que define o direito aplicável, com reflexos do ônus da prova.** "O art. 1.015, XI, do CPC/2015 estabelece ser cabível agravo de instrumento contra decisão interlocutória que verse sobre 'redistribuição do ônus da prova nos termos do art. 371, § 1º'. Destarte, é agravável a decisão que defere, rejeita ou mesmo determina, de ofício, a inversão do ônus probatório. Assim,

1601

a simples definição do ordenamento jurídico aplicável à controvérsia é amplamente modificável por ocasião do julgamento do recurso interposto contra a sentença de mérito. Por outro lado, se a definição da legislação incidente à hipótese interferir na distribuição do ônus da prova, contra essa decisão caberá agravo de instrumento, com base no art. 1.015, XI, do CPC/2015. 5. A urgência também justifica a impugnação imediata da decisão interlocutória que decide pela aplicação de lei estrangeira à dilação probatória. Isso porque, se a incidência da legislação estrangeira somente puder ser impugnada em sede de apelação, será necessária a renovação da fase instrutória, o que, a toda evidência, vai de encontro à ideia de que o processo não deve retroceder, mas caminhar para frente" (STJ, 3ª Turma, REsp 1.923.716/DF, rel. Min. Nancy Andrighi, *DJe* 30.8.2021).

**72.13. Outros casos previstos em lei.** Além das hipóteses relacionadas no art. 1.015, é possível a criação, por lei federal, de outras hipóteses de decisões agraváveis. Não é necessário que hipóteses novas de agravo de instrumento estejam previstas no Código de Processo Civil; qualquer lei federal pode criar novas hipóteses de decisões agraváveis. É o caso do agravo de instrumento contra decisão que recebe a petição inicial de ação de improbidade administrativa (Lei 8.429/1992, art. 17, § 10). O próprio Código pode criar outras hipóteses, previstas em dispositivos diversos, separados do seu art. 1.015. O parágrafo único do art. 354, por exemplo, prevê outras hipóteses de agravo de instrumento. Qualquer decisão interlocutória que tenha por conteúdo uma das situações descritas no art. 485 ou no art. 487 é impugnável por agravo de instrumento. Decisões interlocutórias baseadas no art. 485, de um modo geral, não estão no rol do art. 1.015, mas são agraváveis por força do parágrafo único do art. 354. O art. 1.037, § 13, I, prevê o agravo de instrumento contra decisão interlocutória que resolver o requerimento de distinção, no caso de sobrestamento do processo em razão de recursos repetitivos nos tribunais superiores. A regra aplica-se à suspensão decorrente do incidente de resolução de demandas repetitivas, tendo em vista o microssistema de julgamento de casos repetitivos (art. 928).

**73. Inadmissibilidade do agravo de instrumento contra decisão que defere prova testemunhal ou pericial.** "*Consoante dispõe o art. 356, caput, I e II, e § 5º, do CPC/2015, o juiz decidirá parcialmente o mérito quando um ou mais dos pedidos formulados ou parcela deles mostrarem-se incontroversos ou estiver em condições de imediato julgamento, nos termos do art.* 355, sendo a decisão proferida com base neste artigo impugnável por agravo de instrumento. 3. No caso, conforme asseverou o acórdão recorrido, a decisão do Juízo singular não ingressou no mérito, justamente porque entendeu pela necessidade de dilação probatória, deferindo as provas testemunhal e pericial. Logo, não havendo questão incontroversa que possibilitasse a prolação de decisão de mérito, inviável se falar, por conseguinte, na impugnação do referido decisum por meio de agravo de instrumento, por não estar configurada a hipótese do art. 1.015, II, do CPC/2015*" (STJ, 3ª Turma, AgInt no AREsp 1.411.485/SP, rel. Min. Marco Aurélio Bellizze, *DJe* 6.8.2019).

**74. A atipicidade do cabimento do agravo de instrumento contra decisões interlocutórias proferidas na fase de liquidação, cumprimento de sentença, execução e no processo de inventário e partilha.** A lista taxativa de decisões agraváveis do *caput* do art. 1.015 aplica-se apenas à fase de conhecimento. Na fase de liquidação de sentença, na de cumprimento de sentença, no processo de execução e no processo de inventário e partilha, toda e qualquer decisão interlocutória é agravável. Em todos esses casos, não há limitação: todas as decisões interlocutórias proferidas nesses ambientes são agraváveis, cabendo examinar, concretamente, se há interesse recursal.

**75. Cabimento de agravo de instrumento contra decisão que indefere a designação da audiência de conciliação ou mediação.** "*A decisão interlocutória que indefere a designação da audiência de conciliação pretendida pelas partes é suscetível de impugnação imediata, na medida em que será inócuo e inútil reconhecer, apenas no julgamento da apelação, que as partes fariam jus à audiência de conciliação ou à sessão de mediação previstas, na forma do art. 334 do CPC, para acontecer no início do processo. 3. A decisão judicial que, a requerimento do réu, indefere o pedido de designação da audiência de conciliação prevista no art. 334, caput, do CPC, ao fundamento de dificuldade de pauta, proferida após a publicação do acórdão que fixou a tese da taxatividade mitigada, somente é impugnável por agravo de instrumento e não por mandado de segurança*" (STJ, 3ª Turma, RMS 63.202/MG, rel. p/ ac. Min. Nancy Andrighi, *DJe* 18.12.2020).

**76. A recorribilidade das decisões interlocutórias na ação popular.** Na ação popular, todas as decisões interlocutórias são impugnáveis por agravo de instrumento (Lei 4.717/1965, art. 19, § 1º), ou seja, são agraváveis todas as decisões interlocutórias proferidas no processo da ação popular. A regra pode estender-se às ações civis públicas que tiverem conteúdo de ação popular.

**LIVRO III** · DOS PROCESSOS NOS TRIBUNAIS E DOS MEIOS DE IMPUGNAÇÃO DAS DECISÕES JUDICIAIS · **Art. 1.016**

**77. Cabimento do agravo de instrumento contra decisão sobre competência.** *"O rol do art. 1.015 do CPC é de taxatividade mitigada, por isso admite a interposição de agravo de instrumento quando verificada a urgência decorrente da inutilidade do julgamento da questão no recurso de apelação (REsp Repetitivo 1.704.520/MT, Rel. Ministra Nancy Andrighi, Corte Especial, julgado em 05.12.2018, DJe 19.12.2018). 2. Nessa linha, é cabível o agravo de instrumento para impugnar decisão que define a competência, que é o caso dos autos"* (STJ, Corte Especial, EREsp 1.730.436/SP, rel. Min. Laurita Vaz, *DJe* 3.9.2021).

**78. Ausência de perda de interesse no agravo de instrumento diante da superveniente sentença de mérito.** *"Não há que se falar em perda superveniente do objeto (ou da utilidade ou do interesse no julgamento) do agravo de instrumento que impugna decisões interlocutórias que versam sobre prescrição quando sobrevém sentença de mérito que é objeto de apelação, na medida em que se trata de questão que antecede, logicamente, o mérito da causa, máxime porque a prescrição tem aptidão para fulminar, total ou parcialmente, a pretensão deduzida pelo autor, de modo a obstar o julgamento do pedido ou, ao menos, a direcionar o modo pelo qual o pedido deverá ser julgado"* (STJ, 3ª Turma, REsp 1.921.166/RJ, rel. Min. Nancy Andrighi, *DJe* 08.10.2021).

**79. Descabimento de agravo de instrumento contra decisão relativa ao custeio de honorários periciais.** *"Cumpre destacar que a conclusão adotada na origem está em consonância com a jurisprudência desta Corte Superior, no sentido de que as pretensões voltadas contra a atribuição de encargos referentes ao custeio da prova não são passíveis de discussão pela via do agravo de instrumento, circunstância que atrai a aplicação da Súmula 83/STJ (AREsp 1.584.425/RS, Relatora Ministra Maria Isabel Gallotti, publicada em 21.11.2019)"* (STJ, 4ª Turma, AgInt no REsp 1.846.088/RJ, rel. Min. Antonio Carlos Ferreira, *DJe* 9.12.2020).

**80. Descabimento de mandado de segurança contra adiantamento de honorários periciais.** *"IV. A jurisprudência do STJ é assente no sentido de que o Mandado de Segurança contra ato judicial é medida excepcional, admissível somente nas hipóteses em que se verifica de plano decisão teratológica, ilegal ou abusiva, contra a qual não caiba recurso com efeito suspensivo. V. No caso, ainda que o ato judicial tido como coator não seja impugnável mediante Agravo de Instrumento, em consonância com o previsto no art. 1.015 do CPC/2015, as questões decididas na fase de conhecimento que não comportarem o* referido recurso não são cobertas pela preclusão e devem ser suscitadas em preliminar de apelação ou nas contrarrazões, na forma do art. 1.009, § 1º, do CPC/2015. VI. A tese firmada, em sede de recurso representativo da controvérsia, no sentido de que 'o rol do art. 1.015 do CPC é de taxatividade mitigada, por isso admite a interposição de agravo de instrumento quando verificada a urgência decorrente da inutilidade do julgamento da questão no recurso de apelação' (STJ, REsp 1.696.396/MT, Rel. Ministra Nancy Andrighi, Corte Especial, DJe de 19.12.2018), não altera o entendimento expendido, na decisão agravada, uma vez que, no presente caso, não se verifica prejuízo, pelo reexame da questão no recurso de apelação. Indemonstrada, na hipótese, decisão judicial teratológica ou flagrantemente ilegal"* (STJ, 2ª Turma, AgInt no RMS 61.596/MS, rel. Min. Assusete Magalhães, *DJe* 22.9.2020).

> **Art. 1.016.** O agravo de instrumento será dirigido diretamente ao tribunal competente, por meio de petição com os seguintes requisitos:
>
> I – os nomes das partes;
>
> II – a exposição do fato e do direito;
>
> III – as razões do pedido de reforma ou de invalidação da decisão e o próprio pedido;
>
> IV – o nome e o endereço completo dos advogados constantes do processo.

▶ **1. Correspondência no CPC/1973.** *"Art. 524. O agravo de instrumento será dirigido diretamente ao tribunal competente, através de petição com os seguintes requisitos: I – a exposição do fato e do direito; II – as razões do pedido de reforma da decisão; III – o nome e o endereço completo dos advogados, constantes do processo."*

### 🗐 COMENTÁRIOS TEMÁTICOS

**2. Interposição.** O agravo de instrumento deve ser interposto diretamente no tribunal, e não perante o juízo de primeira instância.

**3. Interposição na primeira instância.** *"A interposição de agravo de instrumento perante juízo de primeira instância configura erro inescusável, tornando inaplicável o princípio da instrumentalidade das formas"* (STJ, 3ª Turma, AgInt no AREsp 1.531.784/RJ, rel. Min. Moura Ribeiro, *DJe* 20.2.2020).

**4. Prazo.** O agravo de instrumento deve ser interposto no prazo de quinze dias por meio de petição escrita dirigida ao próprio tribunal que irá examiná-lo. Na contagem do prazo, só se computam os dias úteis (art. 219). Os acom-

1603

panhados por defensor público (art. 186), a Fazenda Pública (art. 183, CPC) e o Ministério Público (art. 180, CPC) dispõem de prazo em dobro. Os litisconsortes com procuradores diferentes, de escritórios de advocacia distintos, também dispõem de prazo em dobro (art. 229).

**5. Prazo em processo que tramita em autos eletrônicos.** No caso de autos eletrônicos, não se aplica o prazo em dobro para os litisconsortes com procuradores diferentes, de escritórios de advocacia distintos (art. 229, § 2º).

**6. Regularidade formal.** O agravante precisa delimitar subjetivamente o recurso e indicar quem são o recorrente e o recorrido, ou se há mais de um em cada lado. Daí o inciso I exigir a indicação dos nomes das partes; não exige a qualificação, pois esta já se encontra nos autos. Se o recurso for interposto por um terceiro interessado, ele deve fazer constar, além de seu nome, sua qualificação e endereço; ao lado disso, deverá indicar os nomes das partes. O agravo de instrumento deve conter, ainda, a exposição do fato e do direito aplicável e as razões que justificam o pedido recursal (art. 1.016, II e III), que hão de ser apresentadas juntamente com a petição de interposição, não havendo chance para juntada ou complementação posterior (não se aplica, no particular, o parágrafo único do art. 932). É indispensável a presença desses requisitos, que decorrem do princípio da cooperação e do contraditório. As razões do agravo de instrumento devem combater a fundamentação da decisão e demonstrar seu desacerto; devem, enfim, "dialogar" com a decisão agravada. Não é suficiente reiterar manifestações anteriores. Aliás, o art. 932, III, reputa *inadmissível* recurso que não tenha impugnado especificadamente os fundamentos da decisão recorrida.

**7. Exigência de dialeticidade.** *"Em razão do princípio da dialeticidade, deve a parte agravante demonstrar, de modo fundamentado, o desacerto da decisão agravada"* (STJ, 4ª Turma, AgInt no AREsp 1.200.737/PR, rel. Min. Marco Buzzi, *DJe* 26.9.2019).

**8. Interpretação do pedido recursal e atendimento à exigência de dialeticidade.** *"Os pedidos formulados na demanda devem ser interpretados pelo método lógico-sistemático, bem como a própria causa de pedir, extraindo-se da peça tudo que a parte pretende obter. Esse entendimento é aplicável à petição inicial, à contestação e aos recursos. Os argumentos da inicial do agravo de instrumento foram compatíveis com a decisão de primeiro grau agravada, sendo possível colher de suas razões o inconformismo e o interesse na reforma. Desse modo, não ocorreu ofensa ao prin-*

*cípio da dialeticidade recursal"* (STJ, 4ª Turma, AgInt no AREsp 1.553.187/SP, rel. Min. Antonio Carlos Ferreira, *DJe* 18.2.2020).

**9. Recurso de fundamentação livre.** O agravo de instrumento, assim como a apelação, é um recurso de fundamentação livre. O agravante pode formular qualquer espécie de crítica à decisão recorrida.

**10. Coerência entre fundamento e pedido.** O agravo de instrumento tem de conter o pedido de nova decisão. Se demonstrar um *error in procedendo*, cabe ao agravante requerer a anulação da decisão. Diversamente, se demonstrar um *error in iudicando*, requererá sua reforma. Demonstrando os dois tipos de erros, poderá cumular o pedido de invalidação ao de reforma.

**11. Dispensa do nome e endereço dos advogados.** *"É prescindível a indicação do nome e endereço completos dos advogados na petição de agravo de instrumento quando, por outros documentos, for possível obter a informação"* (STJ, 3ª Turma, AgRg no AREsp 756.404/PR, rel. Min. João Otávio de Noronha, *DJe* 1º.12.2015).

**12. Ausência de prejuízo e falta de indicação dos nomes dos advogados.** *"O STJ entende que, se por outros documentos existentes no instrumento for possível identificar os advogados das partes, é prescindível a indicação de seus nomes na petição recursal. Ademais, no presente caso, houve apresentação de contrarrazões ao recurso, de modo que não se verifica prejuízo à defesa, sem o qual não se decreta nulidade processual"* (STJ, 2ª Turma, AgInt no REsp 1.609.675/RJ, rel. Min. Herman Benjamin, *DJe* 11.10.2016).

---

**Art. 1.017.** A petição de agravo de instrumento será instruída:

I – obrigatoriamente, com cópias da petição inicial, da contestação, da petição que ensejou a decisão agravada, da própria decisão agravada, da certidão da respectiva intimação ou outro documento oficial que comprove a tempestividade e das procurações outorgadas aos advogados do agravante e do agravado;

II – com declaração de inexistência de qualquer dos documentos referidos no inciso I, feita pelo advogado do agravante, sob pena de sua responsabilidade pessoal;

III – facultativamente, com outras peças que o agravante reputar úteis.

§ 1º Acompanhará a petição o comprovante do pagamento das respectivas custas e do porte de retorno, quando devidos, conforme tabela publicada pelos tribunais.

**LIVRO III ·** DOS PROCESSOS NOS TRIBUNAIS E DOS MEIOS DE IMPUGNAÇÃO DAS DECISÕES JUDICIAIS · **Art. 1.017**

§ 2º No prazo do recurso, o agravo será interposto por:

I – protocolo realizado diretamente no tribunal competente para julgá-lo;

II – protocolo realizado na própria comarca, seção ou subseção judiciárias;

III – postagem, sob registro, com aviso de recebimento;

IV – transmissão de dados tipo fac-símile, nos termos da lei;

V – outra forma prevista em lei.

§ 3º Na falta da cópia de qualquer peça ou no caso de algum outro vício que comprometa a admissibilidade do agravo de instrumento, deve o relator aplicar o disposto no art. 932, parágrafo único.

§ 4º Se o recurso for interposto por sistema de transmissão de dados tipo fac-símile ou similar, as peças devem ser juntadas no momento de protocolo da petição original.

§ 5º Sendo eletrônicos os autos do processo, dispensam-se as peças referidas nos incisos I e II do *caput*, facultando-se ao agravante anexar outros documentos que entender úteis para a compreensão da controvérsia.

▶ **1. Correspondência no CPC/1973.** *"Art. 525. A petição de agravo de instrumento será instruída: I – obrigatoriamente, com cópias da decisão agravada, da certidão da respectiva intimação e das procurações outorgadas aos advogados do agravante e do agravado; II – facultativamente, com outras peças que o agravante entender úteis. § 1º Acompanhará a petição o comprovante do pagamento das respectivas custas e do porte de retorno, quando devidos, conforme tabela que será publicada pelos tribunais. § 2º No prazo do recurso, a petição será protocolada no tribunal, ou postada no correio sob registro com aviso de recebimento, ou, ainda, interposta por outra forma prevista na lei local."*

## ⌨ Legislação Correlata

**2. Lei 9.800/1999, art. 1º.** *"Art. 1º É permitida às partes a utilização de sistema de transmissão de dados e imagens tipo fac-símile ou outro similar, para a prática de atos processuais que dependam de petição escrita".*

## ⚖ Jurisprudência, Enunciados e Súmulas Selecionados

- **3. Tema/Repetitivo 462 STJ.** *"No agravo do artigo 522 do CPC [de 1973], entendendo o Julgador ausente peças necessárias para a compreensão da controvérsia, deverá ser indicado quais são elas, para que o recorrente complemente o instrumento."*

- **4. Tema/Repetitivo 651 STJ.** *"Considerando a prerrogativa que possui a Fazenda Nacional de ser intimada das decisões, por meio da concessão de vista pessoal e, em atenção ao princípio da instrumentalidade das formas, pode a certidão de concessão de vistas dos autos ser considerada elemento suficiente à demonstração da tempestividade do agravo de instrumento, substituindo a certidão de intimação legalmente prevista."*

- **5. Tema/Repetitivo 697 STJ.** *"A ausência da cópia da certidão de intimação da decisão agravada não é óbice ao conhecimento do Agravo de Instrumento quando, por outros meios inequívocos, for possível aferir a tempestividade do recurso, em atendimento ao princípio da instrumentalidade das formas."*

- **6. Súmula STJ, 223.** *"A certidão de intimação do acórdão recorrido constitui peça obrigatória do instrumento de agravo."*

- **7. Súmula TST, 387.** *"I – A Lei nº 9.800, de 26.05.1999, é aplicável somente a recursos interpostos após o início de sua vigência. II – A contagem do quinquídio para apresentação dos originais de recurso interposto por intermédio de fac-símile começa a fluir do dia subsequente ao término do prazo recursal, nos termos do art. 2º da Lei nº 9.800, de 26.05.1999, e não do dia seguinte à interposição do recurso, se esta se deu antes do termo final do prazo. III – Não se tratando a juntada dos originais de ato que dependa de notificação, pois a parte, ao interpor o recurso, já tem ciência de seu ônus processual, não se aplica a regra do art. 224 do CPC de 2015 (art. 184 do CPC de 1973) quanto ao 'dies a quo', podendo coincidir com sábado, domingo ou feriado. IV – A autorização para utilização do fac-símile, constante do art. 1º da Lei nº 9.800, de 26.05.1999, somente alcança as hipóteses em que o documento é dirigido diretamente ao órgão jurisdicional, não se aplicando à transmissão ocorrida entre particulares."*

- **8. Enunciado 73 da I Jornada-CJF.** *"Para efeito de não conhecimento do agravo de instrumento por força da regra prevista no § 3º do art. 1.018 do CPC, deve o juiz, previamente, atender ao art. 932, parágrafo único, e art. 1.017, § 3º, do CPC, intimando o agravante para sanar o vício ou complementar a documentação exigível."*

1605

## COMENTÁRIOS TEMÁTICOS

**9. Agravo de instrumento em autos eletrônicos.** Interposto agravo de instrumento em processo que tramite em autos eletrônicos, não há mais qualquer exigência. O agravante deve atender apenas aos requisitos previstos no art. 1.016, sendo-lhe franqueada a possibilidade de fazer juntar cópias ou documentos que repute úteis para a análise a ser feita pelo tribunal. Sendo eletrônicos os autos do agravo, não é preciso juntar qualquer cópia de peças neles contidas, pois são acessíveis pela parte agravada.

**10. Agravo de instrumento em autos de papel.** Quando o agravo de instrumento for interposto em processo que tramite em autos de papel, será preciso instruí-lo com cópias de peças processuais, expressamente relacionadas no art. 1.017.

**11. Cópias obrigatórias.** A petição do agravo de instrumento será instruída, obrigatoriamente, com cópias: *a)* da petição inicial; *b)* da contestação; *c)* da petição que ensejou a decisão agravada; *d)* da decisão agravada; *e)* da certidão da respectiva intimação e *f)* das procurações outorgadas aos advogados do agravante e do agravado. É indiferente a ordem das peças obrigatórias, podendo formar o instrumento em sequência desordenada. O importante é que todas as peças constem do instrumento do agravo, permitindo a exata compreensão da controvérsia.

**12. Inexistência de algumas cópias obrigatórias.** É possível que algumas das peças não seja, concretamente, obrigatória. Imagine-se, por exemplo, que o autor, em sua petição inicial, requer uma tutela provisória, vindo o juiz a negar o requerimento. O agravo de instrumento é, então, interposto contra essa decisão que indeferiu o pedido de tutela provisória. Nesse caso, não haverá, ainda, contestação apresentada e a "petição que ensejou a decisão agravada" coincide com a própria petição inicial. Num exemplo como esse, deverá ser juntada a petição inicial, não havendo contestação nem "petição que ensejou a decisão agravada". Em hipóteses como essa, caberá ao advogado do agravante declarar a inexistência de tais peças.

**13. Cópia da decisão agravada.** É obrigatória para viabilizar ao tribunal o acesso ao teor do ato judicial combatido pelo recurso. Sem essa cópia, o tribunal não tem como analisar a conclusão a que chegou o juiz para, então, verificar se houve algum equívoco no entendimento por ele manifestado.

**14. Certidão da respectiva intimação.** Tem por finalidade permitir a aferição da tempestividade do agravo de instrumento. A certidão pode ser dispensada quando houver "outro documento oficial que comprove a tempestividade" (art. 1.017, I). É possível, até mesmo, que não se junte a certidão ou qualquer outro documento que comprove a tempestividade. Quando for evidente que o agravo foi interposto dentro do prazo, dispensa-se qualquer comprovação. Assim, quando, por exemplo, houver entre a decisão e o agravo de instrumento prazo inferior a quinze dias (ou inferior a trinta dias nas hipóteses em que o prazo é contado em dobro), não será necessária a certidão.

**15. Ausência da certidão da respectiva intimação.** *"A Corte Especial deste Tribunal Superior adotou entendimento no sentido de que a ausência da cópia da certidão de intimação da decisão agravada não é óbice ao conhecimento do agravo de instrumento, quando, por outros meios inequívocos, for possível aferir a tempestividade do recurso, em atendimento ao princípio da instrumentalidade das formas"* (STJ, 1ª Turma, AgInt nos EDcl no AREsp 1.086.019/MG, rel. Min. Sérgio Kukina, *DJe* 18.11.2019).

**16. Cópia das procurações.** As cópias das procurações outorgadas aos advogados do agravante e do agravado servem para constatar a regularidade de suas representações judiciais. Exige-se só a procuração. Se a parte for pessoa jurídica, não se deve exigir cópia do respectivo contrato social para que reste comprovado se a pessoa que outorgou a procuração efetivamente disponha de poderes para tanto.

**17. Dispensa de procuração.** *"No ato de interposição do agravo de instrumento, não há necessidade de juntar procuração da parte que integrou o feito após o transcurso do prazo recursal"* (STJ, 4ª Turma, AgInt no AREsp 387.885/MG, rel. Min. Raul Araújo, *DJe* 3.3.2020).

**18. Desnecessidade de autenticação das cópias obrigatórias.** As cópias obrigatórias não precisam estar autenticadas por oficial público. Basta que o advogado as declare autenticas, sob sua responsabilidade pessoal (art. 425, IV).

**19. Ausência de cópias obrigatórias. Intimação para regularização. Consequências.** A ausência de qualquer cópia obrigatória acarreta a inadmissibilidade do agravo de instrumento. Não é possível, porém, ao relator ou ao tribunal inadmitir o recurso, sem que seja, antes, conferida oportunidade ao agravante para regularizar o seu instrumento e trazer a cópia que falta. Verificando a ausência de alguma peça obrigatória, o relator deve determinar a intimação do agravante para que regularize o defeito. Intimado

**LIVRO III ·** DOS PROCESSOS NOS TRIBUNAIS E DOS MEIOS DE IMPUGNAÇÃO DAS DECISÕES JUDICIAIS **Art. 1.018**

para apresentar a cópia que falta, o agravante poderá, por seu advogado, declarar que não há, nos autos do processo, aquela cópia (art. 1.017, II) ou, caso haja, trazê-la e suprir a ausência. Corrigido o vício, o agravo de instrumento há de ter sequência regular no seu procedimento. Se, porém, o agravante não trouxer a cópia, nem apresentar declaração de sua inexistência nos autos, o agravo de instrumento será, então, inadmitido, dele não conhecendo o tribunal.

**20. Modos de interposição do agravo de instrumento.** O agravo de instrumento, no processo que tramita em autos de papel, pode ser interposto por um dos modos previstos no § 2º do art. 1.017: poderá ser protocolado diretamente no tribunal competente para julgá-lo; na própria comarca, seção ou subseção judiciárias; por postagem, sob registro, com aviso de recebimento; por transmissão de dados tipo fac-símile, nos termos da lei; e, por outra forma prevista em lei. A forma mais tradicional é o protocolo diretamente no tribunal competente. A parte interpõe o agravo junto ao próprio tribunal e, no prazo de três dias, requer a juntada, aos autos do processo, de cópia da petição do recurso, do comprovante de sua interposição e da relação dos documentos que o instruíram (art. 1.018).

**21. Protocolo descentralizado.** O protocolo pode ser realizado na própria comarca, seção ou subseção judiciária, justamente porque "os serviços de protocolo poderão ser descentralizados, mediante delegação a ofícios de justiça de primeiro grau" (art. 929, parágrafo único).

**22. Interposição por via postal.** O agravo de instrumento pode ser interposto por via postal, com aviso de recebimento. Nesse caso, considera-se a data da postagem, ou seja, considera-se como data de interposição a da postagem (art. 1.003, § 4º).

**23. Interposição por *fac-símile*.** É possível que o agravo de instrumento seja interposto por meio de *fac-símile*, nos termos da Lei 9.800/1999. Nessa hipótese, devem ser antecipadas por *fac-símile* apenas as razões do recurso, não sendo necessário já transmitir, junto com as razões recursais.

---

**Art. 1.018.** O agravante poderá requerer a juntada, aos autos do processo, de cópia da petição do agravo de instrumento, do comprovante de sua interposição e da relação dos documentos que instruíram o recurso.

§ 1º Se o juiz comunicar que reformou inteiramente a decisão, o relator considerará prejudicado o agravo de instrumento.

§ 2º Não sendo eletrônicos os autos, o agravante tomará a providência prevista no *caput*, no prazo de 3 (três) dias a contar da interposição do agravo de instrumento.

§ 3º O descumprimento da exigência de que trata o § 2º, desde que arguido e provado pelo agravado, importa inadmissibilidade do agravo de instrumento.

▶ **1. Correspondência no CPC/1973.** *"Art. 526. O agravante, no prazo de 3 (três) dias, requererá juntada, aos autos do processo de cópia da petição do agravo de instrumento e do comprovante de sua interposição, assim como a relação dos documentos que instruíram o recurso. Parágrafo único. O não cumprimento do disposto neste artigo, desde que arguido e provado pelo agravado, importa inadmissibilidade do agravo."*

### ⚖ JURISPRUDÊNCIA, ENUNCIADOS E SÚMULAS SELECIONADOS

- **2. Tema/Repetitivo 284 STJ.** *"O descumprimento das providências enumeradas no* caput *do art. 526 do CPC [de 1973], adotáveis no prazo de três dias, somente enseja as consequências dispostas em seu parágrafo único se o agravado suscitar a questão formal no momento processual oportuno, sob pena de preclusão."*
- **3. Enunciado 663 do FPPC.** *"A providência prevista no* caput *do art. 1.018 somente pode prejudicar o conhecimento do agravo de instrumento quando os autos do recurso não forem eletrônicos."*
- **4. Enunciado 73 da I Jornada-CJF.** *"Para efeito de não conhecimento do agravo de instrumento por força da regra prevista no § 3º do art. 1.018 do CPC, deve o juiz, previamente, atender ao art. 932, parágrafo único, e art. 1.017, § 3º, do CPC, intimando o agravante para sanar o vício ou complementar a documentação exigível."*

### 🖹 COMENTÁRIOS TEMÁTICOS

**5. Conteúdo da regra.** Interposto o agravo de instrumento junto ao próprio tribunal, o agravante deve, no prazo de três dias, requerer a juntada, aos autos do processo, de cópia da petição do recurso, do comprovante de sua interposição e da relação dos documentos que o instruíram. A regra refere-se à *relação* de documentos, e não aos documentos em si. Não é necessário juntar os documentos, mas apenas a relação dos que instruíram o agravo.

1607

**6. Inaplicabilidade da regra para o agravo de instrumento em autos eletrônicos.** Interposto agravo de instrumento em processo que tramite em autos eletrônicos, não há mais qualquer exigência. No caso de autos eletrônicos, o agravante não precisa apresentar o requerimento a que alude o art. 1.018. Sua ausência não implica inadmissibilidade do recurso, pois todos os elementos já se encontram disponíveis na tela para o juiz e para as partes, não havendo dificuldade de acesso para o agravado.

**7. Requisito de admissibilidade do agravo de instrumento.** O requerimento de juntada de cópia da petição do agravo de instrumento é um requisito de admissibilidade que não pode ser conhecido de ofício pelo tribunal. Esse requisito somente pode ser conhecido se houver provocação do agravado. Há uma distribuição de *ônus* entre o agravante e o agravado: o primeiro deve apresentar a petição; apresentada a peça, não haverá possibilidade de consequência que lhe seja prejudicial; se não o fizer, o agravado passa a ter o *ônus* de alegar e comprovar a ausência do ajuizamento da petição.

**8. Interesses resguardados pela regra.** Esta exigência calca-se em dois interesses: a) do agravante: ensejar um juízo de retratação do magistrado *a quo*; b) do agravado: proporcionar o imediato conhecimento dos termos do agravo, sem a necessidade do deslocamento ao tribunal (aqui, a preocupação é maior com os advogados que atuam em comarcas do interior, distantes da sede do tribunal). Protegem-se, assim, com esta formalidade, interesses estritamente particulares. Não há nenhuma justificativa de ordem pública a ensejar esta providência, nem mesmo a de dar ao magistrado *a quo* a ciência do recurso interposto contra a sua decisão. É por isso que essa exigência não se aplica ao agravo de instrumento que tramita em autos eletrônicos. Sendo o processo eletrônico, não há qualquer dificuldade de o agravado ter acesso aos elementos contidos nos autos, bastando acessá-los pela tela do sistema posto à disposição.

**9. Processo não eletrônico na primeira instância, mas eletrônico no tribunal.** É possível que o processo, na primeira instância, ainda tramite em autos de papel, e o agravo de instrumento já seja eletrônico. Nesse caso, como o processo, na primeira instância, ainda não é eletrônico, deve ser aplicada a exigência contida no art. 1.018.

**10. Dispensa da regra só se o processo for eletrônico em ambas as instâncias.** *"(...) 2. A finalidade dos parágrafos do art. 1.018 do NCPC, é a de possibilitar que o juiz de primeiro grau exerça juízo de retratação sobre suas decisões interlocutórias e o exercício do contraditório da parte adversária, impondo que necessariamente eles tenham efetivo e incontroverso conhecimento do manejo do agravo de instrumento. 3. A melhor interpretação do alcance da norma contida no § 2º do art. 1.018 do NCPC, considerando-se a possibilidade de ainda se ter autos físicos em algumas Comarcas e Tribunais pátrios, parece ser a de que, se ambos tramitarem na forma eletrônica, na primeira instância e no TJ, não terá o agravante a obrigação de juntar a cópia do inconformismo na origem"* (STJ, 3ª Turma, REsp 1.708.609/PR, rel. Min. Moura Ribeiro, *DJe* 24.8.2018). No mesmo sentido: *"Apenas se ambos os processos tramitarem na forma eletrônica (autos originários e autos do agravo de instrumento), o agravante não terá a obrigação de juntar a cópia do inconformismo na origem"* (STJ, 2ª Turma, REsp 1.753.502/PR, rel. Min. Francisco Falcão, *DJe* 13.12.2018).

**11. Prazo para arguição pelo agravado.** Como não se trata de questão que possa ser conhecida de ofício, o descumprimento do ônus do art. 1.018 enquadra-se na hipótese normativa do *caput* do art. 278. Assim, o agravado deve alegá-lo nas contrarrazões – normalmente o primeiro momento que lhe cabe falar nos autos –, sob pena de preclusão (Tema/Repetitivo 284 STJ).

**12. Meios de comprovação.** O agravado pode comprovar a falta de apresentação da petição pelo agravante por certidão ou por qualquer outro meio idôneo. Nesse sentido: *"Nos termos da jurisprudência desta Corte, a comprovação de negativa de exigência do previsto no art. 526 do Código de Processo Civil/1973 (art. 1.018, § 2º, do Código de Processo Civil/2015) pode ser realizada por outros meios que não a certidão cartorária"* (STJ, 4ª Turma, AgInt nos EDcl no AREsp 1.270.271/RS, rel. Min. Maria Isabel Gallotti, *DJe* 23.10.2018).

**13. Necessidade de prejuízo.** A simples alegação e comprovação do agravado quanto à ausência do requerimento a que alude o art. 1.018 não conduz, necessariamente, à inadmissibilidade do agravo de instrumento. Como se trata de requisito formal criado com o objetivo de favorecer o agravado, quando o seu desrespeito não gerar prejuízo (art. 277) – no caso, a dificuldade de acesso ao conteúdo do agravo –, não será possível considerar-se inadmissível o agravo de instrumento interposto.

**14. Ausência de prejuízo.** *"(...), tendo a agravada apresentado contrarrazões ao agravo de instrumento e exercido seu direito de defesa, não há que se falar na inadmissibilidade do agravo de instrumento pelo descumprimento da exigência*

**LIVRO III ·** DOS PROCESSOS NOS TRIBUNAIS E DOS MEIOS DE IMPUGNAÇÃO DAS DECISÕES JUDICIAIS

**Art. 1.019**

*do art. 1.018, §§ 2º e 3º, do CPC/2015"* (STJ, 4ª Turma, AgInt no REsp 1.727.899/DF, rel. Min. Raul Araújo, *DJe* 25.4.2019). No mesmo sentido: *"1. A ausência de prejuízo à parte agravada impede a penalidade prevista no art. 526, parágrafo único, do CPC/1973. Precedentes. 2. Hipótese em que o juiz de primeiro grau teve pleno e imediato conhecimento do manejo do agravo em decorrência de tutela recursal deferida na instância revisora. Por sua vez, o agravado apresentou contraminuta, afastando o prejuízo ao exercício do direito de defesa"* (STJ, 2ª Turma, AgInt nos EDcl no REsp 1.771.868/SP, rel. Min. Og Fernandes, *DJe* 16.8.2019).

**15. Arguição pelo Ministério Público.** Quando intervém em causas que envolvam interesse de incapaz (art. 178, II), o Ministério Público poderá, em sua manifestação, suprir o silêncio do agravado-incapaz, desde que tenha provas do não cumprimento do art. 1.018. Nas demais hipóteses em que atua na condição de fiscal da ordem jurídica, não pode o Ministério Público suprir o silêncio do agravado, pois a sua atuação, no caso, é imparcial, *supra partes*.

**16. Inviabilidade de correção da falta de apresentação da petição.** *"(...) 2. Nos termos do art. 1018, § 3º, do CPC, deixando o agravante de cumprir a exigência de que trata o § 2º do referido normativo, deve o agravo de instrumento ser inadmitido. Precedentes do STJ. 3. Os vícios passíveis de correção e a complementação da documentação exigível (arts. 932, parágrafo único, 1.017, § 3º, do CPC/2015) dizem respeito às providências que seriam realizadas de ofício pelo Relator, referentes a equívocos na formação do próprio recurso. Precedentes do STJ"* (STJ, 3ª Turma, AgInt no REsp 1.841.305/PR, rel. Min. Nancy Andrighi, *DJe* 12.2.2020).

---

**Art. 1.019.** Recebido o agravo de instrumento no tribunal e distribuído imediatamente, se não for o caso de aplicação do art. 932, incisos III e IV, o relator, no prazo de 5 (cinco) dias:

I – poderá atribuir efeito suspensivo ao recurso ou deferir, em antecipação de tutela, total ou parcialmente, a pretensão recursal, comunicando ao juiz sua decisão;

II – ordenará a intimação do agravado pessoalmente, por carta com aviso de recebimento, quando não tiver procurador constituído, ou pelo Diário da Justiça ou por carta com aviso de recebimento dirigida ao seu advogado, para que responda no prazo de 15 (quinze) dias, facultando-lhe juntar a documentação que entender necessária ao julgamento do recurso;

III – determinará a intimação do Ministério Público, preferencialmente por meio eletrônico, quando for o caso de sua intervenção, para que se manifeste no prazo de 15 (quinze) dias.

▸ **1. Correspondência no CPC/1973.** *"Art. 527. Recebido o agravo de instrumento no tribunal, e distribuído incontinenti, o relator: I – negar-lhe-á seguimento, liminarmente, nos casos do art. 557; II – converterá o agravo de instrumento em agravo retido, salvo quando se tratar de decisão suscetível de causar à parte lesão grave e de difícil reparação, bem como nos casos de inadmissão da apelação e nos relativos aos efeitos em que a apelação é recebida, mandando remeter os autos ao juiz da causa; III – poderá atribuir efeito suspensivo ao recurso (art. 558), ou deferir, em antecipação de tutela, total ou parcialmente, a pretensão recursal, comunicando ao juiz sua decisão; IV – poderá requisitar informações ao juiz da causa, que as prestará no prazo de 10 (dez) dias; V – mandará intimar o agravado, na mesma oportunidade, por ofício dirigido ao seu advogado, sob registro e com aviso de recebimento, para que responda no prazo de 10 (dez) dias (art. 525, § 2º), facultando-lhe juntar a documentação que entender conveniente, sendo que, nas comarcas sede de tribunal e naquelas em que o expediente forense for divulgado no diário oficial, a intimação far-se-á mediante publicação no órgão oficial; VI – ultimadas as providências referidas nos incisos III a V do caput deste artigo, mandará ouvir o Ministério Público, se for o caso, para que se pronuncie no prazo de 10 (dez) dias. Parágrafo único. A decisão liminar, proferida nos casos dos incisos II e III do caput deste artigo, somente é passível de reforma no momento do julgamento do agravo, salvo se o próprio relator a reconsiderar."*

### 🗐 LEGISLAÇÃO CORRELATA

**2. CF, art. 93, XV.** *"Lei complementar, de iniciativa do Supremo Tribunal Federal, disporá sobre o Estatuto da Magistratura, observados os seguintes princípios: (...) XV – a distribuição de processos será imediata, em todos os graus de jurisdição".*

### ⚖ JURISPRUDÊNCIA, ENUNCIADOS E SÚMULAS SELECIONADOS

- **3. Temas/Repetitivos 376 e 377 STJ.** *"A intimação da parte agravada para resposta é procedimento natural de preservação do princípio do contraditório, nos termos do art. 527, V, do CPC [de 1973]. (...) A dispensa do referido ato* *processual ocorre tão somente quando o relator nega seguimento ao agravo (art. 527, I), uma vez que essa decisão beneficia o agravado, razão pela qual conclui-se que a intimação para a apresentação de contrarrazões é condição de validade da decisão que causa prejuízo ao recorrente.*

- **4. Enunciado 423 do FPPC.** *"Cabe tutela de evidência recursal".*
- **5. Enunciado 592 do FPPC.** *"Aplica-se o inciso V do art. 932 ao agravo de instrumento."*

### 🗐 Comentários Temáticos

**6. Distribuição imediata.** A distribuição do agravo de instrumento, assim como a de que qualquer recurso, incidente ou ação em tribunal, deve ser imediata, tal como determinam o art. 93, XV, da CF e o art. 929 do CPC. Assim, recebido agravo no tribunal, já deve ser distribuído.

**7. Procedimento do agravo de instrumento no tribunal.** O procedimento do agravo de instrumento no tribunal tem duas fases distintas: uma perante o relator, a quem se atribui a função de praticar todos os atos até a sessão de julgamento, e a outra, perante o colegiado, que tem por finalidade o debate e o julgamento do caso.

**8. A colegialidade como regra.** As decisões nos tribunais devem ser, em princípio, colegiadas. No julgamento do agravo de instrumento, a decisão será tomada pelo voto de três julgadores (art. 941, § 2º). Se o julgamento for por maioria de votos para reformar decisão de mérito, deverão ser convocados mais dois julgadores para prosseguir no julgamento (art. 942).

**9. Ausência de efeito suspensivo automático.** O agravo de instrumento não tem efeito suspensivo automático, mas o relator poderá concedê-lo, em razão da urgência ou da evidência. Se o relator não o conceder, não haverá efeito suspensivo.

**10. Hipótese de efeito suspensivo automático.** O agravo de instrumento da decisão que indefere a gratuidade ou acolhe o pedido de sua revogação contém efeito suspensivo automático. O agravo de instrumento é, em regra, desprovido de efeito suspensivo automático. Se o relator não o conceder, não haverá efeito suspensivo. O agravo interposto da decisão que indefere a gratuidade ou acolhe o pedido de sua revogação tem, porém, efeito suspensivo automático. É que o § 1º do art. 101 estabelece que "o recorrente estará dispensado do recolhimento de custas até decisão do relator sobre a questão, preliminarmente ao julgamento do recurso". E, nos termos do seu § 2º, "confirmada a denegação ou a revogação

da gratuidade, o relator ou o órgão colegiado determinará ao recorrente o recolhimento das custas processuais, no prazo de cinco dias, sob pena de não conhecimento do recurso. Assim, enquanto não decidida a questão pelo relator, o agravante estará dispensado do recolhimento das custas processuais.

**11. Julgamento por decisão isolada do relator.** Recebidos os autos pelo relator, este deverá adotar o roteiro estabelecido no art. 1.019.

**11.1. Juízo de admissibilidade.** O primeiro exame a ser feito pelo relator consiste em verificar se o agravo é admissível ou não (art. 932, III). Se houver alguma inadmissibilidade ou faltar alguma cópia obrigatória (art. 1.017, I), deverá intimar o agravante para que este regularize o defeito (art. 932, parágrafo único; art. 1.017, § 3º). Não regularizado, irá inadmitir o recurso, dele não conhecendo. Regularizado que seja o vício, deve dar-lhe processamento regular.

**11.2. Negativa de provimento.** Verificada a admissibilidade do agravo, o relator observará se é caso de aplicação do IV do art. 932. Havendo súmula ou precedente obrigatório contra a pretensão do agravante, o relator já pode negar provimento ao agravo de instrumento.

**11.3. Apreciação do pedido de efeito suspensivo ou de tutela antecipada recursal.** Não sendo caso de inadmissão ou de negativa imediata de provimento, o relator apreciará o eventual pedido de efeito suspensivo ou de tutela antecipada recursal, que pode fundar-se na urgência ou na evidência. Tal pedido será deferido ou indeferido pelo relator. O agravo de instrumento não tem efeito suspensivo automático. Cabe ao recorrente pedir que o relator atribua esse efeito. O efeito suspensivo que se atribua ao agravo de instrumento impede a produção de efeitos pela decisão agravada, mas não impede o prosseguimento do processo em primeira instância. Não se trata de suspensão do processo: é suspensão dos efeitos da decisão.

**11.4. Intimação para contrarrazões.** Admitido o agravo de instrumento, não sendo caso de negativa de provimento imediato e apreciado o eventual pedido de efeito suspensivo ou de tutela antecipada recursal, o relator irá, então, oportunizar o contraditório, determinando a intimação do agravado para responder ao recurso, no prazo de quinze dias, em cuja contagem só se computam os dias úteis (art. 219). Ao agravado é facultado juntar a documentação que entender necessária ou útil ao julgamento do recurso.

**11.5. Meios de intimação do agravado.** O agravado será intimado na pessoa de seu advoga-

**LIVRO III** • DOS PROCESSOS NOS TRIBUNAIS E DOS MEIOS DE IMPUGNAÇÃO DAS DECISÕES JUDICIAIS **Art. 1.021**

do pelo Diário da Justiça ou por carta com aviso de recebimento, ou, sendo o processo eletrônico, mediante o meio eletrônico adequado nos termos da lei. Se o agravado não tiver ainda advogado constituído nos autos, será pessoalmente intimado por carta com aviso de recebimento.

**11.6. Intervenção do Ministério Público.** Ultrapassado o prazo para apresentação de contrarrazões, o relator, com ou sem elas, determinará, se o caso se enquadrar numa das hipóteses do art. 178, a intimação do Ministério Público, preferencialmente por meio eletrônico, para que se manifeste no prazo de quinze dias.

**11.7. Provimento imediato por decisão isolada do relator.** Em vez de ser resolvido por decisão colegiada, o agravo de instrumento pode ser solucionado por decisão singular do relator. Além de o relator poder inadmiti-lo ou já lhe negar provimento, nas hipóteses dos incisos III e IV do art. 932, poderá já lhe dar provimento imediato, sem precisar levar o caso ao colegiado. Nos termos do inciso V do art. 932, havendo súmula vinculante ou precedente obrigatório que respalde a pretensão recursal, poderá o relator dar imediato provimento ao agravo de instrumento. Para que o relator dê imediato provimento ao agravo de instrumento, deve, antes, viabilizar o contraditório. A aplicação do inciso IV art. 932 do CPC, pode, no agravo de instrumento, ocorrer antes de que se instaure o contraditório. No caso de se lhe *dar provimento,* é necessário instaurar-se, previamente, o contraditório, a fim de que o agravado possa ter a oportunidade de demonstrar que o caso não se enquadra na hipótese a que se refere a súmula ou o precedente. Aliás, o próprio inciso V do art. 932 afirma que pode o relator, "depois de facultada a apresentação de contrarrazões", dar provimento ao recurso.

**12. Agravo interno.** Da decisão que inadmite (art. 932, III) ou já nega provimento ao agravo de instrumento (art. 932, IV) cabe agravo interno, cuja disciplina está regulada no art. 1.021. Da decisão que deferir ou indeferir o efeito suspensivo ou a tutela antecipada recursal cabe agravo interno, nos termos do art. 1.021. Da decisão que já lhe dá provimento cabe agravo interno, nos termos do art. 1.021.

---

**Art. 1.020.** O relator solicitará dia para julgamento em prazo não superior a 1 (um) mês da intimação do agravado.

---

▶ **1. Correspondência no CPC/1973.** *"Art. 528. Em prazo não superior a 30 (trinta) dias da intimação do agravado, o relator pedirá dia para julgamento."*

## ▣ COMENTÁRIOS TEMÁTICOS

**2. Julgamento do agravo de instrumento.** Ultimado todo o procedimento previsto no art. 1.019, o recurso será levado a julgamento pelo colegiado competente. O relator solicitará ao presidente do órgão julgador dia para julgamento em prazo não superior a um mês da intimação do agravado, devendo ser incluído em pauta, observada a antecedência de cinco dias entre a publicação da pauta e a sessão de julgamento (art. 935). No julgamento do agravo de instrumento, a decisão será tomada, no órgão colegiado, pelo voto de três julgadores (art. 941, § 2º). Constatada a ocorrência de fato superveniente à decisão agravada ou a existência de questão cognoscível de ofício, as partes serão intimadas para que se manifestem em cinco dias (art. 933). O agravo de instrumento, interposto no mesmo processo, tem precedência em relação à apelação, se ambos houverem de ser julgados na mesma sessão (art. 946, parágrafo único).

**3. Superveniência da sentença e ausência de perda de objeto do agravo de instrumento.** *"A superveniência de sentença no processo principal não conduz, necessariamente, à perda do objeto do Agravo de Instrumento contra decisão interlocutória do mesmo processo, devendo-se considerar em cada caso, o teor da decisão interlocutória agravada e o conteúdo da sentença superveniente para o fim de se verificar a prejudicialidade"* (STJ, 2ª Turma, AgInt no REsp 1.618.788/SP, rel. Min. Og Fernandes, *DJe* de 1º.7.2021).

## CAPÍTULO IV
## DO AGRAVO INTERNO

---

**Art. 1.021.** Contra decisão proferida pelo relator caberá agravo interno para o respectivo órgão colegiado, observadas, quanto ao processamento, as regras do regimento interno do tribunal.

§ 1º Na petição de agravo interno, o recorrente impugnará especificamente os fundamentos da decisão agravada.

§ 2º O agravo será dirigido ao relator, que intimará o agravado para manifestar-se sobre o recurso no prazo de 15 (quinze) dias, ao final do qual, não havendo retratação, o relator levá-lo-á a julgamento pelo órgão colegiado, com inclusão em pauta.

§ 3º É vedado ao relator limitar-se à reprodução dos fundamentos da decisão agravada para julgar improcedente o agravo interno.

1611

# Art. 1.021

§ 4º Quando o agravo interno for declarado manifestamente inadmissível ou improcedente em votação unânime, o órgão colegiado, em decisão fundamentada, condenará o agravante a pagar ao agravado multa fixada entre um e cinco por cento do valor atualizado da causa.

§ 5º A interposição de qualquer outro recurso está condicionada ao depósito prévio do valor da multa prevista no § 4º, à exceção da Fazenda Pública e do beneficiário de gratuidade da justiça, que farão o pagamento ao final.

▶ **1. Correspondência no CPC/1973.** "Art. 545. *Da decisão do relator que não conhecer do agravo, negar-lhe provimento ou decidir, desde logo, o recurso não admitido na origem, caberá agravo, no prazo de 5 (cinco) dias, ao órgão competente, observado o disposto nos §§ 1 o e 2 o do art. 557. Art. 557. O relator negará seguimento a recurso manifestamente inadmissível, improcedente, prejudicado ou em confronto com súmula ou com jurisprudência dominante do respectivo tribunal, do Supremo Tribunal Federal, ou de Tribunal Superior. § 1º-A. Se a decisão recorrida estiver em manifesto confronto com súmula ou com jurisprudência dominante do Supremo Tribunal Federal, ou de Tribunal Superior, o relator poderá dar provimento ao recurso. § 1º Da decisão caberá agravo, no prazo de cinco dias, ao órgão competente para o julgamento do recurso, e, se não houver retratação, o relator apresentará o processo em mesa, proferindo voto; provido o agravo, o recurso terá seguimento. § 2º Quando manifestamente inadmissível ou infundado o agravo, o tribunal condenará o agravante a pagar ao agravado multa entre um e dez por cento do valor corrigido da causa, ficando a interposição de qualquer outro recurso condicionada ao depósito do respectivo valor.*"

## 🏛 Legislação Correlata

**2. Lei 8.038/1990, art. 39.** "*Art. 39. Da decisão do Presidente do Tribunal, de Seção, de Turma ou de Relator que causar gravame à parte, caberá agravo para o órgão especial, Seção ou Turma, conforme o caso, no prazo de 5 (cinco) dias.*"

**3. Lei 12.016/2009, art. 10, § 1º.** "*Art. 10. (...) § 1º Do indeferimento da inicial pelo juiz de primeiro grau caberá apelação e, quando a competência para o julgamento do mandado de segurança couber originariamente a um dos tribunais, do ato do relator caberá agravo para o órgão competente do tribunal que integre.*"

**4. Lei 12.016/2009, art. 16, parágrafo único.** "*Art. 16. (...) Parágrafo único. Da decisão do re-*

*lator que conceder ou denegar a medida liminar caberá agravo ao órgão competente do tribunal que integre.*"

**5. Lei 13.300/2016, art. 6º, parágrafo único.** "*Parágrafo único. Da decisão de relator que indeferir a petição inicial, caberá agravo, em 5 (cinco) dias, para o órgão colegiado competente para o julgamento da impetração*".

## ⚖ Jurisprudência, Enunciados e Súmulas Selecionados

- **6. Tema/Repetitivo 434 STJ.** "*O agravo interposto contra decisão monocrática do Tribunal de origem, com o objetivo de exaurir a instância recursal ordinária, a fim de permitir a interposição de recurso especial e do extraordinário, não é manifestamente inadmissível ou infundado, o que torna inaplicável a multa prevista no art. 557, § 2º, do Código de Processo Civil.*"

- **7. Súmula STJ, 116.** "*A Fazenda Pública e o Ministério Público têm prazo em dobro para interpor agravo regimental no Superior Tribunal de Justiça.*"

- **8. Súmula STJ, 182.** "*É inviável o agravo do art. 545 do CPC que deixa de atacar especificamente os fundamentos da decisão agravada.*"

- **9. Súmula TST, 421.** "*I – Cabem embargos de declaração da decisão monocrática do relator prevista no art. 932 do CPC de 2015 (art. 557 do CPC de 1973), se a parte pretende tão somente juízo integrativo retificador da decisão e, não, modificação do julgado. II – Se a parte postular a revisão no mérito da decisão monocrática, cumpre ao relator converter os embargos de declaração em agravo, em face dos princípios da fungibilidade e celeridade processual, submetendo-o ao pronunciamento do Colegiado, após a intimação do recorrente para, no prazo de 5 (cinco) dias, complementar as razões recursais, de modo a ajustá-las às exigências do art. 1.021, § 1º, do CPC de 2015.*"

- **10. Enunciado 142 do FPPC.** "*Da decisão monocrática do relator que concede ou nega o efeito suspensivo ao agravo de instrumento ou que concede, nega, modifica ou revoga, no todo ou em parte, a tutela provisória nos casos de competência originária ou recursal, cabe agravo interno nos termos do art. 1.021 do CPC.*"

- **11. Enunciado 358 do FPPC.** "*A aplicação da multa prevista no art. 1.021, § 4º, exige manifesta inadmissibilidade ou manifesta improcedência.*"

- **12. Enunciado 359 do FPPC.** "*A aplicação da multa prevista no art. 1.021, § 4º, exige que a*

**LIVRO III** • DOS PROCESSOS NOS TRIBUNAIS E DOS MEIOS DE IMPUGNAÇÃO DAS DECISÕES JUDICIAIS **Art. 1.021**

*manifesta inadmissibilidade seja declarada por unanimidade."*

- **13. Enunciado 464 do FPPC.** *"A decisão unipessoal (monocrática) do relator em Turma Recursal é impugnável por agravo interno."*

- **14. Enunciado 613 do FPPC.** *"A interposição do agravo interno prolonga a dispensa provisória de adiantamento de despesa processual de que trata o § 7º do art. 99, sendo desnecessário postular a tutela provisória recursal."*

- **15. Enunciado 74 do I Jornada- CJF.** *"O termo "manifestamente" previsto no § 4º do art. 1.021 do CPC se refere tanto à improcedência quanto à inadmissibilidade do agravo."*

- **16. Enunciado 77 I Jornada-CJF.** *"Para impugnar decisão que obsta trânsito a recurso excepcional e que contenha simultaneamente fundamento relacionado à sistemática dos recursos repetitivos ou da repercussão geral (art. 1.030, I, do CPC) e fundamento relacionado à análise dos pressupostos de admissibilidade recursais (art. 1.030, V, do CPC), a parte sucumbente deve interpor, simultaneamente, agravo interno (art. 1.021 do CPC) caso queira impugnar a parte relativa aos recursos repetitivos ou repercussão geral e agravo em recurso especial/extraordinário (art. 1.042 do CPC) caso queira impugnar a parte relativa aos fundamentos de inadmissão por ausência dos pressupostos recursais."*

- **17. Enunciado 124 do FNPP.** *"Aplica-se o prazo em dobro para os recursos utilizados pela Fazenda Pública nas suspensões de liminares coletivas".*

- **18. Enunciado 15 do FONAJE.** *"Nos Juizados Especiais não é cabível o recurso de agravo, exceto nas hipóteses dos artigos 544 e 557 do CPC."*

- **19. Enunciado 102 do FONAJE.** *"O relator, nas Turmas Recursais Cíveis, em decisão monocrática, poderá negar seguimento a recurso manifestamente inadmissível, improcedente, prejudicado ou em desacordo com Súmula ou jurisprudência dominante das Turmas Recursais ou da Turma de Uniformização ou ainda de Tribunal Superior, cabendo recurso interno para a Turma Recursal, no prazo de cinco dias."*

- **20. Enunciado 103 do FONAJE.** *"O relator, nas Turmas Recursais Cíveis, em decisão monocrática, poderá dar provimento a recurso se a decisão estiver em manifesto confronto com Súmula do Tribunal Superior ou Jurisprudência dominante do próprio juizado, cabendo recurso interno para a Turma Recursal, no prazo de 5 dias."*

## COMENTÁRIOS TEMÁTICOS

**21. Cabimento.** O agravo interno é o recurso cabível contra as decisões proferidas pelo relator em tribunal. Também é cabível o agravo interno contra decisões proferidas pelo Presidente ou Vice-Presidente do tribunal. Deve-se admitir, igualmente, o agravo interno contra decisões de relator em Turma Recursal dos Juizados Especiais.

**22. Decisões do presidente ou vice-presidente do tribunal.** É cabível agravo interno contra decisão proferida por presidente ou vice-presidente de tribunal, nos seguintes casos: *a)* nos tribunais superiores (Lei 8.038/1990, art. 39); *b)* quando negar seguimento a recurso extraordinário que trate de controvérsia a que o STF tenha negado a repercussão geral (art. 1.030, I, *a*, § 2º); *c)* quando negar seguimento a recurso extraordinário ou a recurso especial interposto contra acórdão em conformidade com precedente de repercussão geral ou de recurso especial repetitivo (art. 1.030, I, *a* e *b*, § 2º); *d)* quando sobrestar o recurso que versar sobre controvérsia de natureza repetitiva ainda não decidida por tribunal superior (art. 1.030, III, § 2º); *e)* quando indeferir o requerimento a que alude o § 6º do art. 1.035 (art. 1.035, § 7º); *f)* quando indeferir o requerimento a que se refere o § 2º do art. 1.036 (art. 1.036, § 3º); *g)* qualquer "outra decisão unipessoal" proferida em tribunal, além da do relator (art. 1.070).

**23. Prazo.** O agravo interno deve ser interposto no prazo de quinze dias. Tradicionalmente, o prazo previsto, em várias leis, para o agravo interno era de *cinco dias*, mas o art. 1.070 estabeleceu uma regra geral uniformizadora: é de quinze dias o prazo para a interposição de qualquer agravo, previsto em lei ou em regimento interno de tribunal, contra decisão de relator ou outra decisão unipessoal proferida em tribunal.

**23.1. Prazo para o agravo interno previsto no art. 39 da Lei 8.038/1990.** O prazo de 5 (cinco) dias ali previsto passou a ser de 15 (quinze) dias, por força do art. 1.070 do CPC.

**23.2. Prazo de cinco dias no processo penal.** *"1. Em matéria penal ou processual penal, o agravo regimental, cabível contra a decisão monocrática proferida nos Tribunais Superiores, tem disciplina específica nos arts. 39 da Lei 8.038/1990, 258 do RISTJ e 798 do Código de Processo Penal, não seguindo as disposições do Código de Processo Civil de 2015, relativamente à alteração do prazo para 15 dias e à contagem em dias úteis. 2. É intempestivo o agravo regimental em matéria penal ou processual penal interposto*

1613

*fora do prazo legal de 5 dias contínuos*" (STJ, 3ª Seção, AgRg nos EREsp 1.563.167/SC, rel. Min. Sebastião Reis Júnior, *DJe* 17.3.2020).

**23.3.** **Prazo para o agravo interno no mandado de injunção.** Indeferida a petição inicial do mandado de injunção, cabe agravo interno. O parágrafo único do art. 6º da Lei 13.300/2016 fixa o prazo de cinco dias para esse agravo interno, destoando de todo o resto do ordenamento jurídico em vigor. O art. 1.021 passou a disciplinar o agravo interno, sendo de quinze dias o seu prazo (art. 1.003, § 5º). O art. 1.070 uniformizou o prazo de quinze dias para qualquer agravo interno. A Lei 13.300/2016, em evidente desatualização com o sistema processual, previu o prazo tradicional de cinco dias para o agravo interno. Embora o art. 14 da lei do mandado de injunção preveja a aplicação do CPC, é bem de ver que há dispositivo expresso, no parágrafo único de seu art. 6º, que estabelece o prazo de cinco dias. Logo, o prazo para esse específico agravo interno é de cinco dias, mas, na sua contagem, computam-se apenas os dias úteis (art. 219).

**23.4. Prazos em dobro.** O Ministério Público (art. 180), a Fazenda Pública (art. 183) e a Defensoria Pública (art. 186) dispõem de prazo em dobro para interpor agravo interno. De igual modo, os litisconsortes que tiverem diferentes procuradores, de escritórios de advocacia distintos, têm prazos contados em dobro para todas as suas manifestações, em qualquer juízo ou tribunal, independentemente de requerimento (art. 229), a não ser que o processo seja eletrônico (art. 229, § 2º) ou que apenas um deles seja sucumbente (Súmula STF, 641).

**23.5. Prazo do agravo interno interposto pela Fazenda Pública em suspensão de segurança.** Indeferido o pedido de suspensão em mandado de segurança, o prazo do agravo interno será de quinze dias. Segundo o STF, não se aplica, nesse caso, a prerrogativa do prazo em dobro. Até mesmo o prazo para a Defensoria Pública, segundo o STF, não se aplica em dobro para a interposição de agravo interno em suspensão de segurança. A Presidência e, igualmente, a Corte Especial do STJ discordam do STF, entendendo ser em dobro o prazo para a Fazenda Pública interpor agravo interno na suspensão de segurança. Por sua vez, a 1ª Seção do STJ, que reúne suas 1ª e 2ª Turmas, adota o mesmo entendimento do STF, afastando o prazo em dobro para a interposição de agravo interno em suspensão de segurança. O tema merece análise um pouco mais detida. Muitos dos precedentes firmados pelo STF e pelo STJ decorrem de julgamentos que aplicaram disposições contidas no CPC/1973. O atual CPC unificou o regime dos agravos internos, prevendo, em seu art. 1.070, que todos eles, previstos em lei ou em regimento interno de tribunal, submetem-se ao prazo de quinze dias. Quer isso dizer que o prazo para agravo interno previsto na Lei 8.437/1992, e o previsto na Lei 12.016/2009, passaram a ser de quinze dias. Não prevalece mais o argumento contido nos precedentes do STF, segundo o qual o prazo para agravo interno em suspensão de segurança estaria previsto em lei específica, sendo uma lei especial, não atingida pela lei geral. O CPC regula, generalizadamente, o prazo para todos os agravos internos. Nesse sentido, o seu art. 183 estabelece que a Fazenda Pública goza de prazo em dobro para *todas* as suas manifestações, ressalvadas as hipóteses em que há prazo específico para determinado ato processual, a exemplo do prazo para impugnação ao cumprimento de sentença, que é específico de trinta dias (art. 535). O prazo para agravo interno interposto contra a decisão do presidente do tribunal na suspensão de segurança não é específico, pois se trata de recurso que pode ser interposto independentemente do resultado, não sendo um recurso que possa ser interposto apenas pela Fazenda Pública. É possível que a suspensão de segurança seja ajuizada pelo Ministério Público contra uma decisão que favoreça um ente público, ou é possível uma suspensão de segurança em processo instaurado por um ente público contra outro ente público. Qualquer um poderia recorrer, não havendo prazo específico para o ente público, nem para o Ministério Público. Também é possível que o pedido de suspensão seja ajuizado por uma pessoa jurídica de direito privado, que exerça, por delegação, atividade pública ou que atue em colaboração com o Poder Público. Nesse caso, cabe o agravo interno, que não é específico apenas para a Fazenda Pública. Como, nesse exemplo, a pessoa jurídica de direito privado não goza da prerrogativa de prazo diferenciado, não haverá contagem em dobro do prazo para recorrer. O prazo em dobro é uma prerrogativa da Fazenda Pública, aplicável em qualquer caso. Não decorre da circunstância de ser ou não uma suspensão de segurança, mas de o recorrente ser uma pessoa jurídica de direito público. O Ministério Público, ao recorrer, também goza do prazo em dobro. Se o particular estiver representado pela Defensoria Pública, esta também poderá interpor o agravo interno, em suspensão de segurança, no prazo em dobro.

**23.6. Entendimento do STF: inaplicabilidade do prazo em dobro no agravo interno interposto pela Fazenda Pública em suspensão de**

**LIVRO III • DOS PROCESSOS NOS TRIBUNAIS E DOS MEIOS DE IMPUGNAÇÃO DAS DECISÕES JUDICIAIS** **Art. 1.021**

**segurança.** STF, Pleno, SS 2.198 AgR-AgR, rel. Min. Maurício Corrêa, *DJ* 02.4.2004, p. 26. STF, Pleno, STA 71 AgR-AgR, rel. Min. Cezar Peluso, *DJe* 30.4.2012. STF, Pleno, SS 4.390 AgR-quinto, rel. Min. Cármen Lúcia, *DJe* 27.2.2018.

**23.7. Entendimento do STF: inaplicabilidade do prazo em dobro no agravo interno interposto pela Defensoria Pública em suspensão de segurança.** STF, Pleno, STA 115 AgR-AgR, rel. Min. Cármen Lúcia, *DJe* 2.3.2018.

**23.8. Entendimento do STJ: prazo em dobro no agravo interno interposto pela Fazenda Pública em suspensão de segurança.** STJ, Corte Especial, AgRg na SLS 1.445/PI, rel. p/ ac. Min. Presidente STJ, *DJe* 9.3.2012. STJ, Corte Especial, AgRg no AgRg na SLS 1.955/DF, rel. Min. Francisco Falcão, *DJe* 29.4.2015. STJ, Corte Especial, AgInt na SS 2.902/RS, rel. Min. Laurita Vaz, *DJe* 20.2.2018.

**23.9. Entendimento do STJ: inaplicabilidade do prazo em dobro no agravo interno interposto pela Fazenda Pública em suspensão de segurança.** STJ, 2ª Turma, REsp 1.331.730/RS, rel. Min. Herman Benjamin, *DJe* 23.5.2013. STJ, 1ª Turma, AgInt no AREsp 280.749/RN, rel. Min. Gurgel de Faria, *DJe* 6.2.2017. STJ, 1ª Turma, AgInt no REsp 1.754.306/CE, rel. Min. Benedito Gonçalves, *DJe* 2.8.2019.

**24. Dispensa de preparo.** O agravo interno dispensa o preparo. Sua interposição é feita por uma simples petição na causa que tramita no tribunal, não havendo fato gerador ou motivo que justifique a cobrança de custas no agravo interno.

**25. Regularidade formal.** Nas razões do agravo interno, o recorrente impugnará especificadamente os fundamentos da decisão agravada. Tal exigência concretiza o princípio da boa-fé e o do contraditório: de um lado, evita a mera repetição de peças processuais, sem especificar as razões pelas quais a decisão não convenceu a parte recorrente; de outro, garante o contraditório, pois permite que o recorrido possa elaborar as suas contrarrazões, no mesmo prazo de quinze dias. A exigência de impugnação específica é reforçada nos casos em que o agravo interno for interposto contra a decisão do relator que aplica precedente (art. 932, IV e V). Isso porque, em tais casos, não é suficiente ao agravante apenas reproduzir as razões de seu recurso ou da petição apresentada. É preciso que demonstre uma distinção ou a impossibilidade de aplicação do precedente.

**26. Contrarrazões.** No agravo interno, deve haver oportunidade para contrarrazões da parte contrária.

**27. Procedimento.** O agravo interno é dirigido ao relator, que poderá retratar-se; antes de retratar-se, terá de dar a oportunidade à parte agravada para apresentar suas contrarrazões. Após oportunizar o contraditório, o relator levará o recurso para ser julgado pelo órgão colegiado, *com inclusão em pauta.* Interposto o agravo interno, há dois caminhos possíveis: ou o relator retrata-se, podendo fazê-lo por decisão isolada, ou o leva a julgamento pelo colegiado, no qual poderá ser mantida ou reformada a decisão do relator. Quando o relator incluir o agravo interno em pauta, isso não quer dizer que seu voto já será contrário ao agravante. Ele pode retratar-se em decisão isolada, mas pode levar para julgamento do colegiado um voto favorável ao agravante. De todo modo, se for para julgar contrariamente ao agravante, não poderá fazê-lo por decisão isolada. Sua decisão isolada somente poderá ser proferida no caso de retratar-se.

**28. Necessidade de se incluir agravo interno em pauta, sob pena de nulidade.** *"A exigência de prévia inclusão em pauta do recurso de agravo interno constitui importante inovação introduzida pelo vigente estatuto processual civil. A inobservância dessa essencial formalidade implicará nulidade (ou ineficácia, segundo alguns autores) do ato de julgamento. Inteligência do art. 934 e do art. 1.021, § 2º, ambos do CPC. Magistério da doutrina"* (STF, 2ª Turma, ARE 748.206 AgR-QO, rel. Min. Celso de Mello, *DJe* 8.5.2017).

**29. Sustentação oral.** Cabe sustentação oral no julgamento do agravo interno interposto contra decisões de relator que extingam processos de competência originária de tribunal, como a ação rescisória, o mandado de segurança e a reclamação (art. 937, § 3º). No caso de agravo interno contra decisão de relator proferida em julgamento de recurso (inclusive remessa necessária), não se permite a sustentação oral.

**30. Julgamento.** O órgão colegiado não pode rejeitar o agravo interno, com fundamentação que se limite a reproduzir os fundamentos da decisão agravada. É preciso enfrentar os argumentos do agravante. Se este deve impugnar especificadamente os fundamentos da decisão agravada, o tribunal deve, por sua vez, enfrentar a impugnação específica do recorrente.

**31. Ordem cronológica de conclusão.** O julgamento do agravo interno está excluído da regra fundamental de observância da ordem cronológica de conclusão (art. 12, § 2º, VI).

**32. Agravo interno manifestamente inadmissível ou manifestamente improcedente.** Se o órgão colegiado considerar, por unanimidade,

1615

o agravo interno *manifestamente inadmissível* ou *manifestamente* improcedente, condenará o agravante ao pagamento de multa entre um e cinco por cento do valor da causa, condicionada a interposição de novo recurso ao respectivo depósito. A multa não é automática; é preciso examinar cada caso, sendo necessário haver, em decisão fundamentada, por votação unânime, reconhecimento do caráter *manifestamente* inadmissível ou *manifestamente* improcedente. O beneficiário da gratuidade da justiça e a Fazenda Pública estão, porém, dispensados desse depósito prévio.

**33. Conversão de embargos de declaração em agravo interno.** Opostos embargos de declaração, e caso entenda que o recurso cabível é o agravo interno, o órgão julgador conhecerá deles como se fossem agravo interno, desde que determine previamente a intimação do recorrente para, no prazo de cinco dias, complementar as razões recursais, de modo a ajustá-las às exigências do art. 1.021, § 1º, que exige impugnação especificada da decisão agravada pelo recorrente. A regra concretiza os princípios da boa-fé, o da cooperação e o do contraditório, constituindo mais uma hipótese de vedação à decisão-surpresa.

**34. Ausência de honorários recursais no agravo interno.** *"A Corte Especial deste Superior Tribunal assentou entendimento segundo o qual não cabe a fixação de honorários recursais em razão do desprovimento de Agravo Interno, uma vez que referida insurgência não inaugura novo grau recursal"* (STJ, 1ª Turma, EDcl no AgInt no AREsp 1.411.220/RJ, rel. Min. Sérgio Kukina, *DJe* 02.09.2019).

**35. Agravo interno contra decisão fundamentada em precedente vinculante. Manifesta improcedência. Aplicação de multa prevista no § 4º do art. 1.021 do CPC.** *"Em regra, descabe a imposição da multa prevista no art. 1.021, § 4º, do Código de Processo Civil de 2015 em razão do mero improvimento do Agravo Interno em votação unânime, sendo necessária a configuração da manifesta improcedência do recurso a autorizar sua aplicação. V Considera-se manifestamente improcedente e enseja a aplicação da multa prevista no art. 1.021, § 4º, do Código de Processo Civil de 2015 nos casos em que o Agravo Interno foi interposto contra decisão fundamentada em precedente julgado sob o regime da Repercussão Geral ou sob o rito dos Recursos Repetitivos (Súmulas ns. 83 e 568/STJ)"* (STJ, 1ª Turma, AgInt nos EDcl no REsp 1.664.205/SP, rel. Min. Regina Helena Costa, *DJe* 1º.7.2021).

**36. Multa e necessidade de manifesta inadmissibilidade ou improcedência.** *"A multa prevista no art. 1.021, § 4º, do CPC não decorre do mero desprovimento do agravo interno em votação unânime, sendo necessária a configuração da manifesta inadmissibilidade ou da improcedência do recurso para autorizar sua imposição. 3. A litigância de má-fé, passível de ensejar a aplicação de multa e indenização, configura-se quando houver insistência injustificável da parte na utilização e reiteração indevida de recursos manifestamente protelatórios"* (STJ, 4ª Turma, AgInt no AREsp 2.222.582/PB, rel. Min. João Otávio de Noronha, *DJe* 29.3.2023).

**37. Necessidade de recolhimento prévio da multa.** *"Nos termos do § 5º do art. 1021, a interposição de qualquer recurso está condicionada ao depósito prévio do valor da multa prevista no § 4º, à exceção da Fazenda Pública e ao beneficiário da justiça gratuita que farão o pagamento ao final"* (STJ, 3ª Turma, EDcl no AgInt no AREsp 1.861.997/SP, rel. Min. Nancy Andrighi, *DJe* 1º.12.2021).

## CAPÍTULO V
## DOS EMBARGOS DE DECLARAÇÃO

> **Art. 1.022.** Cabem embargos de declaração contra qualquer decisão judicial para:
>
> I – esclarecer obscuridade ou eliminar contradição;
>
> II – suprir omissão de ponto ou questão sobre o qual devia se pronunciar o juiz de ofício ou a requerimento;
>
> III – corrigir erro material.
>
> Parágrafo único. Considera-se omissa a decisão que:
>
> I – deixe de se manifestar sobre tese firmada em julgamento de casos repetitivos ou em incidente de assunção de competência aplicável ao caso sob julgamento;
>
> II – incorra em qualquer das condutas descritas no art. 489, § 1º.

▶ **1. Correspondência no CPC/1973.** *"Art. 535. Cabem embargos de declaração quando: I – houver, na sentença ou no acórdão, obscuridade ou contradição; II – for omitido ponto sobre o qual devia pronunciar-se o juiz ou tribunal."*

## 📖 LEGISLAÇÃO CORRELATA

**2. Lei 9.099/1995, art. 48.** *"Art. 48. Caberão embargos de declaração contra sentença ou acór-*

**LIVRO III ·** DOS PROCESSOS NOS TRIBUNAIS E DOS MEIOS DE IMPUGNAÇÃO DAS DECISÕES JUDICIAIS — **Art. 1.022**

dão nos casos previstos no Código de Processo Civil. Parágrafo único. Os erros materiais podem ser corrigidos de ofício."

**3.** **CLT, art. 897-A.** *"Art. 897-A. Caberão embargos de declaração da sentença ou acórdão, no prazo de cinco dias, devendo seu julgamento ocorrer na primeira audiência ou sessão subsequente a sua apresentação, registrado na certidão, admitido efeito modificativo da decisão nos casos de omissão e contradição no julgado e manifesto equívoco no exame dos pressupostos extrínsecos do recurso. § 1º Os erros materiais poderão ser corrigidos de ofício ou a requerimento de qualquer das partes."*

**4. Código Eleitoral, art. 275.** *"São admissíveis embargos de declaração nas hipóteses previstas no Código de Processo Civil."*

**5.** **IN 39/2016 do TST, art. 9º.** *"Art. 9º. O cabimento dos embargos de declaração no Processo do Trabalho, para impugnar qualquer decisão judicial, rege-se pelo art. 897-A da CLT e, supletivamente pelo Código de Processo Civil (arts. 1022 a 1025; §§ 2º, 3º e 4º do art. 1026), excetuada a garantia de prazo em dobro para litisconsortes (§ 1º do art. 1023). Parágrafo único. A omissão para fins do prequestionamento ficto a que alude o art. 1025 do CPC dá-se no caso de o Tribunal Regional do Trabalho, mesmo instado mediante embargos de declaração, recusar-se a emitir tese sobre questão jurídica pertinente, na forma da Súmula nº 297, item III, do Tribunal Superior do Trabalho."*

**6.** **Recomendação 134/2022 CNJ, art. 46.** *"Art. 46. Recomenda-se que na própria decisão que altera orientação jurisprudencial pacificada anterior ou adotada em precedente vinculante haja manifestação expressa sobre a modulação dos efeitos da nova orientação, sob pena de que a decisão possa ser tida por omissa, e considerada, portanto, embargável de declaração."*

## ⚖ JURISPRUDÊNCIA, ENUNCIADOS E SÚMULAS SELECIONADOS

- **7. Súmula STF, 317.** *"São improcedentes os embargos declaratórios, quando não pedida a declaração do julgado anterior, em que se verificou a omissão."*
- **8. Súmula STJ, 98.** *"Embargos de declaração manifestados com notório propósito de prequestionamento não têm caráter protelatório."*
- **9. Súmula STJ, 211.** *"Inadmissível recurso especial quanto à questão que, a despeito da oposição de embargos declaratórios, não foi apreciada pelo Tribunal a quo."*

- **10. Súmula TST, 184.** *"Ocorre preclusão se não forem opostos embargos declaratórios para suprir omissão apontada em recurso de revista ou de embargos."*
- **11. Súmula TST, 421.** *"I – Cabem embargos de declaração da decisão monocrática do relator prevista no art. 932 do CPC de 2015 (art. 557 do CPC de 1973), se a parte pretende tão somente juízo integrativo retificador da decisão e, não, modificação do julgado. II – Se a parte postular a revisão no mérito da decisão monocrática, cumpre ao relator converter os embargos de declaração em agravo, em face dos princípios da fungibilidade e celeridade processual, submetendo-o ao pronunciamento do Colegiado, após a intimação do recorrente para, no prazo de 5 (cinco) dias, complementar as razões recursais, de modo a ajustá-las às exigências do art. 1.021, § 1º, do CPC de 2015."*
- **12. Enunciado 309 do FPPC.** *"O disposto no § 1º do art. 489 do CPC é aplicável no âmbito dos Juizados Especiais."*
- **13. Enunciado 360 do FPPC.** *"A não oposição de embargos de declaração em caso de erro material na decisão não impede sua correção a qualquer tempo."*
- **14. Enunciado 453 do FPPC.** *"A estabilidade a que se refere o caput do art. 926 consiste no dever de os tribunais observarem os próprios precedentes."*
- **15. Enunciado 454 do FPPC.** *"Uma das dimensões da coerência a que se refere o caput do art. 926 consiste em os tribunais não ignorarem seus próprios precedentes (dever de autorreferência)."*
- **16. Enunciado 475 do FPPC.** *"Cabem embargos de declaração contra decisão interlocutória no âmbito dos juizados especiais."*
- **17. Enunciado 561 do FPPC.** *"A decisão que julgar procedente ou improcedente o pedido em arguição de descumprimento de preceito fundamental é impugnável por embargos de declaração, aplicando-se por analogia o art. 26 da Lei nº 9.868/1999."*
- **18. Enunciado 562 do FPPC.** *"Considera-se omissa a decisão que não justifica o objeto e os critérios de ponderação do conflito entre normas".*
- **19. Enunciado 598 do FPPC.** *"Cabem embargos de declaração para suprir a omissão do acórdão que, embora convergente na conclusão, deixe de declarar os fundamentos divergentes."*
- **20. Enunciado 700 do FPPC.** *"O julgamento dos embargos de declaração contra o acórdão*

*proferido pelo colegiado ampliado será feito pelo mesmo órgão com colegiado ampliado."*

- **21. Enunciado 75 da I Jornada-CJF.** *"Cabem embargos declaratórios contra decisão que não admite recurso especial ou extraordinário, no tribunal de origem ou no tribunal superior, com a consequente interrupção do prazo recursal."*

- **22. Enunciado 76 da I Jornada-CJF.** *"É considerada omissa, para efeitos do cabimento dos embargos de declaração, a decisão que, na superação de precedente, não se manifesta sobre a modulação de efeitos."*

- **23. Enunciado 159 do FONAJE.** *"Não existe omissão a sanar por meio de embargos de declaração quando o acórdão não enfrenta todas as questões arguidas pelas partes, desde que uma delas tenha sido suficiente para o julgamento do recurso."*

## ▣ COMENTÁRIOS TEMÁTICOS

**24. Cabimento.** Os embargos de declaração são cabíveis quando se afirmar que há, na decisão, obscuridade, contradição ou omissão ou erro material. Os casos previstos para manifestação dos embargos declaratórios são *específicos*, de modo que somente são admissíveis quando se apontar a existência de erro material, obscuridade, contradição ou omissão em questão (ponto controvertido) sobre a qual deveria o juiz ou o tribunal pronunciar-se necessariamente. Os embargos de declaração são, por isso, espécie de recurso de *fundamentação vinculada*.

**25. Obscuridade.** A decisão é *obscura* quando for ininteligível, seja por estar mal-redigida, seja por ter sido escrita à mão com letra ilegível, seja por ter sido escrita com passagens em língua estrangeira ou dialeto incompreensível. Um dos requisitos da decisão judicial é a clareza; quando esse requisito não é atendido, cabem embargos de declaração para buscar esse esclarecimento. A obscuridade é a qualidade do texto de difícil ou impossível compreensão. É obscuro o texto dúbio, que careça de elementos que o organize e lhe confira harmonia interpretativa. O obscuro é o antônimo de claro. A decisão obscura é aquela que não ostenta clareza. A decisão que não é clara desatende à exigência constitucional da fundamentação. Quando o juiz ou tribunal não é preciso, não é claro, não fundamenta adequadamente, está a proferir decisão obscura, que merece ser esclarecida. A decisão obscura não atende ao dever de cooperação (art. 6º), mais precisamente ao dever de esclarecimento.

**26. Contradição.** Não é devidamente fundamentada a decisão que contenha contradição. Toda e qualquer decisão deve conter coerência interna, sendo congruente. Se a conclusão não decorre logicamente da fundamentação, a decisão é contraditória, devendo ser eliminada a contradição. Os embargos de declaração não são cabíveis para corrigir uma contradição entre a decisão e alguma prova, argumento ou elemento contido em outras peças constantes dos autos do processo. Não cabem, em outras palavras, embargos de declaração para eliminação de *contradição externa*. A contradição que rende ensejo a embargos de declaração é a *interna*, aquela havida entre trechos da decisão embargada.

**27. Contradição deve ser interna.** *"A contradição que autoriza a oposição dos embargos é interna ao julgado atacado, e não entre ele e outros precedentes, ou com o entendimento da parte"* (STJ, Corte Especial, EDcl no AgInt nos EAREsp 498.082/SC, rel. Min. Paulo de Tarso Sanseverino, DJe 13.3.2020). Igualmente: *"apenas a contradição interna, entre os fundamentos e o dispositivo do julgado, autoriza os embargos de declaração, por prejudicar sua coerência lógica, não a contrariedade entre a prestação jurisdicional e o entendimento sustentado pela parte"* (STJ, 6ª Turma, EDcl no AgInt no RHC 83.405/MS, rel. Min. Rogerio Schietti Cruz, DJe 19.2.2018).

**28. Erro material.** O pronunciamento judicial pode conter inexatidões materiais ou erros de cálculo. Tais inexatidões ou erros são denominados de *erro material*. Quando isso ocorre, o juiz pode, de ofício ou a requerimento da parte, alterar sua decisão para corrigir essas inexatidões (art. 494). A alteração da decisão para corrigir erros de cálculo ou inexatidões materiais não implica a possibilidade de o juiz proferir *nova* decisão ou proceder a um rejulgamento da causa. O que se permite é que o juiz possa corrigir evidentes e inequívocos enganos involuntários ou inconscientes, retratados em discrepâncias entre o que se quis afirmar e o que restou consignado no texto da decisão. De igual modo, o juiz pode corrigir um erro material identificado em sua decisão por meio de embargos de declaração. Não opostos embargos de declaração, o erro material pode ser corrigido a qualquer momento. A coisa julgada não alcança o erro material. Tradicionalmente, o Superior Tribunal de Justiça entende que se considera erro material a adoção de premissa equivocada na decisão judicial. Nesse caso, cabem embargos de declaração para corrigir a decisão e, até mesmo, modificá-la, eliminando a premissa equivocada.

**LIVRO III** · DOS PROCESSOS NOS TRIBUNAIS E DOS MEIOS DE IMPUGNAÇÃO DAS DECISÕES JUDICIAIS **Art. 1.022**

**29. Erro material e sua correção e a qualquer tempo.** *"A jurisprudência desta e. Corte superior é uníssona no sentido de que tão somente o erro material pode ser corrigido a qualquer tempo, enquanto os erros sobre os critérios do cálculo, inclusive, no que concerne juros moratórios e correção monetária sujeitam-se à preclusão"* (STJ, 1ª Turma, AgInt no REsp 1.830.905/SC, rel. Min. Benedito Gonçalves, *DJe* 11.3.2020).

**30. Correção de premissa equivocada.** *"Nos termos da jurisprudência do STJ admite-se embargos de declaração com efeitos infringentes, em caráter excepcional, para a correção de premissa equivocada, com base em erro de fato, sobre a qual tenha se fundado o acórdão embargado, quando tal for decisivo para o resultado do julgamento"* (STJ, 4ª Turma, EDcl no AgInt no REsp 1.832.646/PR, rel. Min. Marco Buzzi, *DJe* 19.3.2020).

**31. Omissão.** A decisão deve apreciar as questões, ou seja, os pontos controvertidos. O juiz tem uma posição de diálogo e deve enfrentar as questões de fato e de direito. As partes têm o direito de influenciar e de participar do convencimento do juiz. Este, por sua vez, tem o dever de respeitar o contraditório (art. 9º) e de consultá-las, ainda quando se depare com questão que deva ser conhecida de ofício (art. 10). Se as partes têm o direito de participar do convencimento do juiz e este tem o dever de consultá-las, é certo que o juiz deve enfrentar as alegações apresentadas (art. 489, § 1º). De nada adianta o juiz exercer o dever de consulta, se não tiver de fundamentar a respeito das questões de fato e de direito contidas no processo. O contraditório seria meramente formal, não havendo a efetiva garantia conferida constitucionalmente. Ao órgão julgador não se franqueia escolher o que deve ou não apreciar em sua decisão. Cabe-lhe examinar os pontos controvertidos de fato e os de direito. Se não o fizer, haverá omissão, sanável por embargos de declaração.

**32. Omissão sobre pedido de tutela jurisdicional.** Se a parte formula um pedido, mas o órgão jurisdicional não o examina, há omissão. Por isso, considera-se omissa a decisão que não se manifestar sobre um pedido de tutela jurisdicional.

**33. Omissão sobre questão cognoscível de ofício.** A falta de manifestação sobre questão cognoscível de ofício configura omissão, que pode ser sanada no julgamento de embargos de declaração. Considera-se, enfim, omissa a decisão que não se manifestar sobre questões apreciáveis de ofício pelo magistrado, tenham ou não tenham sido suscitadas pela parte.

**34. Ausência dos elementos da decisão.** A sentença, a decisão interlocutória (aí incluída a decisão parcial de mérito) e o acórdão devem conter, conjuntamente, os elementos previstos no art. 489. A ausência de algum elemento da sentença e de qualquer decisão judicial pode ser suprida por embargos de declaração. Cabem embargos de declaração quando houver omissão de ponto ou questão sobre o qual devia se pronunciar o órgão julgador (art. 1.022, II). A ausência de relatório, de fundamentos ou de dispositivo é uma omissão que pode ser suprida por embargos de declaração. Se a decisão não tem fundamento, é nula. Tal nulidade pode ser sanada pelos embargos de declaração. Se o relatório, a fundamentação ou o dispositivo estiver incompleto, cabem embargos para que se complementem e se cumpra a exigência do art. 489.

**35. Presunção de omissão: ausência de manifestação sobre o julgamento de casos repetitivos ou de assunção de competência (art. 1.022, parágrafo único, I).** Os tribunais devem respeitar e seguir a própria jurisprudência. Quando julgar qualquer caso, o tribunal deve dialogar com outros precedentes que proferiu, a fim de segui-los ou de realizar uma distinção. Esse diálogo com decisões anteriores é fundamental, servindo para que se cumpram os deveres de integridade e coerência (art. 926). Daí há também o dever de autorreferência, no sentido de que é necessário o estabelecimento do diálogo. Esse tipo de postura do tribunal facilita a necessária previsibilidade, inerente a qualquer sistema baseado em precedentes. Os embargos de declaração constituem instrumento destinado a provocar o tribunal a exercer seu dever de autorreferência. Se o tribunal julga determinado caso, mas não dialoga com precedente firmado em julgamento de casos repetitivos ou em incidente de assunção de competência, seja para aplicá-lo ao caso, seja para realizar a distinção, não terá cumprido o dever de autorreferência. Há, então, uma omissão, a ser suprida por embargos de declaração. No caso, há uma presunção legal absoluta de omissão. Os embargos de declaração são cabíveis e devem ser acolhidos para que a omissão seja suprida. O tribunal deve suprir a omissão para referir-se ao precedente e com ele dialogar.

**36. Presunção de omissão: violação do § 1º do art. 489 (art. 1.022, parágrafo único, II).** O inciso II do parágrafo único do art. 1.022 considera omissa a decisão que incorra em qualquer das condutas descritas no § 1º do art. 489. Os embargos de declaração, nessa hipótese, funcionam como técnica de correção da fundamentação da decisão. A decisão é considerada omissa, não apenas quando descumpre o disposto no § 1º do art. 489, mas também quando não atende ao comando de seu § 2º. Se o órgão jurisdicional, ao proferir sua decisão, deparar-se com um conflito de normas, deverá solucioná-lo nos seus fundamentos, demonstrando a razão pela qual há de prevalecer uma norma em detrimento de outra. Se não o fizer, haverá omissão, a ser sanada por embargos de declaração. Os embargos de declaração permitem que se supra omissão, a fim de complementar a fundamentação, evitando proclamação de nulidade da decisão.

**37.** **Decisão *ultra* e *extra petita*.** A prolação de decisão *ultra* ou *extra petita* equipara-se à decisão que incorre em erro material. Daí serem cabíveis embargos de declaração.

**38. Adequação do julgamento a precedente obrigatório.** São cabíveis embargos de declaração, com efeitos infringentes, para que a decisão embargada seja reajustada de acordo com a jurisprudência firmada em teses que o Supremo Tribunal Federal e o Superior Tribunal de Justiça adotarem. (STF, 1ª Turma, Rcl 15.724 AgR-ED/PR, red. p/ o ac. Min. Alexandre de Moraes, *DJe* 18.6.2020).

**39.** **Decisões embargáveis.** Os embargos de declaração são cabíveis contra *qualquer* decisão judicial. Os embargos de declaração cabem de *qualquer* pronunciamento judicial, mesmo quando a lei o qualifique como *irrecorrível*.

**40. Embargos de declaração contra decisão que julga anteriores embargos.** Os embargos são cabíveis contra decisão que julga anteriores embargos de declaração. Em duas hipóteses, cabem novos embargos de declaração: (a) quando o vício alegado nos anteriores embargos persiste, sem ter sido corrigido; (b) quando da decisão que julga os anteriores embargos surgem novos vícios. Tome-se o seguinte exemplo: a decisão deixou de apreciar determinada questão, sendo, então, opostos embargos de declaração, que foram rejeitados genericamente, persistindo a omissão. Nesse caso, cabem novos embargos, pois o vício persiste. É possível, ainda no mesmo exemplo, que os embargos sejam acolhidos para suprir a omissão alegada. Mas, ao suprir a omissão, o órgão jurisdicional foi contraditório. A decisão que julgou os embargos tem um vício que não havia na decisão originária: há uma contradição. O órgão jurisdicional supriu a omissão, mas, ao fazê-lo, foi contraditório. Cabem, então, novos embargos para eliminar a contradição que surgiu no julgamento dos anteriores embargos.

**41. Embargos de declaração contra decisão proferida em processo administrativo.** O processo administrativo, da mesma forma que o judicial, deve sujeitar-se ao devido processo legal, garantindo-se às partes o contraditório e a ampla defesa (CF, art. 5º, LV). A exigência de decisão fundamentada é um corolário do contraditório e do próprio devido processo legal. De nada adianta garantir à parte ou ao interessado o direito de influência e de participar do convencimento do julgador, do intérprete ou aplicador da norma se não se exigir, de outro lado, o dever de fundamentação. Uma decisão administrativa que seja omissa, obscura, contraditória ou incorra em erro material não é uma decisão devidamente fundamentada, não se respeitando o contraditório e, de resto, o devido processo legal. O instrumento adequado para suprir uma omissão, esclarecer uma obscuridade, eliminar uma contradição ou corrigir um erro material é o recurso de embargos de declaração. Tal recurso deve ser admitido no âmbito do processo administrativo, por força das garantias constitucionais do processo, igualmente aplicáveis ao processo administrativo.

**42. Embargos de declaração contra decisão que inadmite recurso especial.** *"A jurisprudência dessa Corte é firme no sentido de que não são cabíveis embargos de declaração contra decisão que inadmite o recurso especial, de forma que sua oposição não interrompe o prazo para interposição do agravo em recurso especial"* (STJ, 2ª Turma, AgInt no AREsp 1.521.581/SP, rel. Min. Mauro Campbell Marques, *DJe* 12.12.2019).

**43. Embargos de declaração contra decisão que inadmite recurso extraordinário.** *"Os embargos de declaração opostos contra decisão em que o Presidente do Tribunal de origem não admite o recurso extraordinário, por serem incabíveis, não suspendem ou interrompem o prazo para a interposição do agravo"* (STF, 1ª Turma, ARE 685.997 ED, rel. Min. Dias Toffolli, *DJe* 27.4.2018).

**44. Admissibilidade do agravo em recurso especial logo após a oposição de embargos de declaração contra a mesma decisão.** *"Hipótese em que, seguidamente à oposição dos embargos de declaração, a recorrente interpôs o agravo em recurso especial ainda dentro do prazo legal, razão pela qual deve ser reformado o acórdão embargado para afastar a preclusão consumativa e, por conseguinte, determinar o retorno dos autos à Segunda Turma, a fim de prosseguir no julgamento do recurso"* (STJ, Corte Especial, EAREsp 2.039.129/SP, rel. Min. Nancy Andrighi, *DJe* 27.6.2023.)

**LIVRO III ·** DOS PROCESSOS NOS TRIBUNAIS E DOS MEIOS DE IMPUGNAÇÃO DAS DECISÕES JUDICIAIS — **Art. 1.023**

**Art. 1.023.** Os embargos serão opostos, no prazo de 5 (cinco) dias, em petição dirigida ao juiz, com indicação do erro, obscuridade, contradição ou omissão, e não se sujeitam a preparo.

§ 1º Aplica-se aos embargos de declaração o art. 229.

§ 2º O juiz intimará o embargado para, querendo, manifestar-se, no prazo de 5 (cinco) dias, sobre os embargos opostos, caso seu eventual acolhimento implique a modificação da decisão embargada.

▶ **1. Correspondência no CPC/1973.** *"Art. 536. Os embargos serão opostos, no prazo de 5 (cinco) dias, em petição dirigida ao juiz ou relator, com indicação do ponto obscuro, contraditório ou omisso, não estando sujeitos a preparo."*

## ⚏ Legislação Correlata

**2. Lei 9.099/1995, art. 49.** *"Art. 49. Os embargos de declaração serão interpostos por escrito ou oralmente, no prazo de cinco dias, contados da ciência da decisão".*

**3. CLT, art. 897-A, § 2º.** *"Art. 897-A. Caberão embargos de declaração da sentença ou acórdão, no prazo de cinco dias, devendo seu julgamento ocorrer na primeira audiência ou sessão subsequente a sua apresentação, registrado na certidão, admitido efeito modificativo da decisão nos casos de omissão e contradição no julgado e manifesto equívoco no exame dos pressupostos extrínsecos do recurso. (...) § 2º Eventual efeito modificativo dos embargos de declaração somente poderá ocorrer em virtude da correção de vício na decisão embargada e desde que ouvida a parte contrária, no prazo de 5 (cinco) dias."*

**4. Código Eleitoral, art. 275, §§ 1º e 2º.** *"§ 1º Os embargos de declaração serão opostos no prazo de 3 (três) dias, contado da data de publicação da decisão embargada, em petição dirigida ao juiz ou relator, com a indicação doo ponto que lhes deu causa. § 2º Os embargos de declaração não estão sujeitos a preparo."*

## ⚖ Jurisprudência, Enunciados e Súmulas Selecionados

- **5. Súmula STF, 641.** *"Não se conta em dobro o prazo para recorrer, quando só um dos litisconsortes haja sucumbido".*
- **6. Enunciado 614 do FPPC.** *"Não tendo havido prévia intimação do embargado para apresentar contrarrazões aos embargos de declaração, se surgir divergência capaz de acarretar o acolhimento com atribuição de efeito modifica-*

*tivo do recurso durante a sessão de julgamento, esse será imediatamente suspenso para que seja o embargado intimado a manifestar-se no prazo do § 2º do art. 1.023."*

## ▣ Comentários Temáticos

**7. Dispensa de preparo.** O art. 1.023 dispensa, expressamente, o preparo para a oposição dos embargos de declaração. O STF entende que as custas judiciais ostentam a natureza de tributo, mais especificamente de taxa, servindo para remunerar o serviço judicial. Além de remunerar o serviço judicial, as custas cobrem as despesas com autuação e com os deslocamentos presenciais ou virtuais dos autos de um órgão a outro. Por isso, não há preparo nos embargos de declaração: não geram nova autuação, sendo dirigidos ao *mesmo* órgão julgador. Não há *fato gerador* para o pagamento de custas, sendo desnecessário o preparo. A hipótese não é de isenção, mas de não incidência tributária.

**8. Prazo.** Os embargos de declaração devem ser opostos no prazo de cinco dias, a contar da intimação da decisão embargada. Na contagem do prazo, computam-se apenas os dias úteis (art. 219). No processo eleitoral, o prazo é de três dias.

**9. Prazo em dobro.** O Ministério Público (art. 180), a Fazenda Pública (art. 183) e a Defensoria Pública (art. 186) dispõem de prazo em dobro para opor embargos de declaração. De igual modo, os litisconsortes que tiverem diferentes procuradores, de escritórios de advocacia distintos, têm prazos contados em dobro para todas as suas manifestações, em qualquer juízo ou tribunal, independentemente de requerimento (art. 229), a não ser que o processo seja eletrônico (art. 229, § 2º) ou que apenas um deles seja sucumbente (Súmula STF, 641).

**10. Embargos de declaração e preclusão.** A ausência de embargos de declaração acarreta preclusão para que se possa fazer uso desse tipo de recurso. A alegação da omissão, da contradição, da obscuridade ou do erro material contido na decisão pode ser feita em outro recurso, a depender da configuração de seu efeito devolutivo. O efeito devolutivo da apelação – e, de resto, do agravo de instrumento – segue a disciplina do art. 1.013, cujo § 3º traça as diretrizes do chamado efeito devolutivo de argumentação livre, permitindo ao tribunal que complemente a análise feita pelo juízo inferior. O inciso III do § 3º do art. 1.013, aliás, expressamente prevê a possibilidade de a apelação pedir a *integração* da decisão omissa. Já no recurso especial e no recurso extraordinário, é necessário haver prequestio-

1621

namento. Nesse caso, os embargos de declaração precisam ser opostos previamente, a fim de que haja a supressão da omissão, a eliminação da contradição, o esclarecimento da obscuridade ou a correção do erro material. Se, todavia, o recurso especial ou extraordinário vier a ser admitido, o tribunal superior julgará o processo, aplicando o direito (art. 1.034) e, aí, esses vícios podem ser examinados. É possível, ainda, que o tribunal superior desconsidere vício formal e admita o recurso (art. 1.029, § 3º), caso em que irá julgar o processo e aplicar o direito, podendo examinar os vícios de omissão, obscuridade, contradição ou erro material existentes na decisão recorrida.

**11. Regularidade formal dos embargos de declaração.** Os embargos de declaração devem ser opostos por petição escrita, dirigida ao próprio órgão prolator da decisão embargada, contendo o pedido de complementação do julgado. É preciso que o embargante, nas razões de seus embargos, indique expressamente qual o ponto omisso, qual a contradição, a obscuridade ou o erro material. A falta de indicação da omissão, da contradição, da obscuridade ou do erro material inviabiliza sejam os embargos de declaração conhecidos pelo órgão julgador, por desatendimento à regra da dialeticidade. Nos Juizados Especiais Cíveis, os embargos podem ser opostos oralmente (Lei 9.099/1995, art. 49).

**12. Efeito modificativo.** A finalidade dos embargos é suprir uma omissão, eliminar uma contradição, esclarecer uma obscuridade ou corrigir um erro material. Consequentemente, é possível que o órgão jurisdicional, ao suprir a omissão, ao eliminar a contradição, ao esclarecer a obscuridade ou corrigir o erro material, termine por alterar a decisão. Enfim, do julgamento dos embargos pode advir alteração da decisão embargada. Nesse caso, diz-se que os embargos têm efeitos modificativos ou infringentes.

**13. Necessidade de contrarrazões.** Quando os embargos puderem ter efeito modificativo, é necessário observar o contraditório, com a intimação da parte embargada para apresentar contrarrazões. A parte contrária deve ter a oportunidade de participar do convencimento do juiz ou tribunal, não vindo a ser apanhada de surpresa.

**14. Nulidade em caso de desrespeito ao contraditório.** Se os embargos forem julgados, acolhidos e acarretarem a modificação da decisão anterior sem que a parte contrária seja intimada, haverá violação expressa ao comando do § 2º do art. 1.023, com a sanção de nulidade da decisão. No recurso a ser interposto, deve ser postulada a anulação da decisão que acolheu os embargos.

**Art. 1.024.** O juiz julgará os embargos em 5 (cinco) dias.

§ 1º Nos tribunais, o relator apresentará os embargos em mesa na sessão subsequente, proferindo voto, e, não havendo julgamento nessa sessão, será o recurso incluído em pauta automaticamente.

§ 2º Quando os embargos de declaração forem opostos contra decisão de relator ou outra decisão unipessoal proferida em tribunal, o órgão prolator da decisão embargada decidi-los-á monocraticamente.

§ 3º O órgão julgador conhecerá dos embargos de declaração como agravo interno se entender ser este o recurso cabível, desde que determine previamente a intimação do recorrente para, no prazo de 5 (cinco) dias, complementar as razões recursais, de modo a ajustá-las às exigências do art. 1.021, § 1º.

§ 4º Caso o acolhimento dos embargos de declaração implique modificação da decisão embargada, o embargado que já tiver interposto outro recurso contra a decisão originária tem o direito de complementar ou alterar suas razões, nos exatos limites da modificação, no prazo de 15 (quinze) dias, contado da intimação da decisão dos embargos de declaração.

§ 5º Se os embargos de declaração forem rejeitados ou não alterarem a conclusão do julgamento anterior, o recurso interposto pela outra parte antes da publicação do julgamento dos embargos de declaração será processado e julgado independentemente de ratificação.

▶ **1. Correspondência no CPC/1973.** *"Art. 537. O juiz julgará os embargos em 5 (cinco) dias; nos tribunais, o relator apresentará os embargos em mesa na sessão subsequente, proferindo voto."*

## ⚖ JURISPRUDÊNCIA, ENUNCIADOS E SÚMULAS SELECIONADOS

- **2. Tema/Repetitivo 194 STJ.** *"Opostos embargos declaratórios de decisão colegiada, o relator poderá negar seguimento monocraticamente, com base no* caput *do artigo 557 do CPC* [de 1973]."

- **3. Súmula STJ, 579.** *"Não é necessário ratificar o recurso especial interposto na pendência do julgamento dos embargos de declaração, quando inalterado o resultado anterior."*

- **4. Súmula TST, 278.** *"A natureza da omissão suprida pelo julgamento de embargos declaratórios pode ocasionar efeito modificativo no julgado."*

**LIVRO III** · DOS PROCESSOS NOS TRIBUNAIS E DOS MEIOS DE IMPUGNAÇÃO DAS DECISÕES JUDICIAIS   **Art. 1.024**

- **5. Enunciado 23 do FPPC.** *"Fica superado o enunciado 418 da súmula do STJ após a entrada em vigor do CPC ('É inadmissível o recurso especial interposto antes da publicação do acórdão dos embargos de declaração, sem posterior ratificação')."*

- **6. Enunciado 84 do FPPC.** *"A ausência de publicação da pauta gera nulidade do acórdão que decidiu o recurso, ainda que não haja previsão de sustentação oral, ressalvada, apenas, a hipótese do § 1º do art. 1.024, na qual a publicação da pauta é dispensável."*

- **7. Enunciado 104 do FPPC.** *"O princípio da fungibilidade recursal é compatível com o CPC e alcança todos os recursos, sendo aplicável de ofício."*

- **8. Enunciado 650 do FPPC.** *"Os embargos de declaração, se não submetidos a julgamento na primeira sessão subsequente à sua oposição, deverão ser incluídos em pauta."*

- **9. Enunciado 137 da II Jornada-CJF.** *"Se o recurso do qual se originou a decisão embargada comportou a aplicação da técnica do art. 942 do CPC, os declaratórios eventualmente opostos serão julgados com a composição ampliada".*

- **10. Enunciado 199 da III Jornada-CJF.** *"Nos tribunais, os embargos de declaração poderão ser apresentados em mesa na primeira sessão subsequente ao seu protocolo, ressalvando-se regra regimental distinta (CPC, art. 1.024, §1º)."*

### 🗐 COMENTÁRIOS TEMÁTICOS

**11. Natureza da decisão que julga os embargos de declaração.** Os embargos de declaração devem ser apreciados e julgados pelo *mesmo* órgão que proferiu a decisão embargada. Ao apreciar os embargos, o órgão julgador deverá julgá-los em decisão que tenha a *mesma* natureza do ato judicial embargado. Assim, se os embargos forem opostos contra sentença, serão julgados por meio de *outra* sentença. Se, por sua vez, forem opostos contra acórdão, haverão de ser julgados por *novo* acórdão.

**12. Possibilidade de a decisão que julga os embargos ter natureza diversa da decisão embargada.** Em regra, a decisão que julga os embargos tem a mesma natureza da decisão embargada, mas é possível que não ocorra isso no caso concreto. Imagine, por exemplo, que o juiz rejeita a alegação de prescrição em decisão de saneamento. Houve, aí, uma decisão interlocutória. Imagine, ainda, que a parte opõe embargos de declaração, em razão de uma omissão, contradição ou erro material. Imagine, finalmente, que

o juiz acolhe os embargos e lhes confere efeito modificativo para reconhecer a prescrição e extinguir o processo com resolução do mérito. A decisão interlocutória, em razão do julgamento dos embargos, transformou-se numa sentença. Abstraídas hipóteses como essa, o comum é a decisão que julga os embargos ter a mesma natureza da decisão embargada.

**13. Competência.** A competência para julgar os embargos (tanto para o exame de admissibilidade como para o de mérito) é do mesmo *juízo* ou *órgão jurisdicional* que proferiu a decisão embargada. A competência para julgar os embargos de declaração não se dirige à pessoa do juiz. É irrelevante que o juiz que proferiu a decisão embargada não esteja mais em exercício no juízo competente. Os embargos serão julgados pelo mesmo juízo que proferiu a decisão embargada, embora o juiz possa não ser o mesmo. No caso do julgamento com composição ampliada, formada em razão do disposto no art. 942, os embargos de declaração opostos contra o acórdão devem ser julgados pelo órgão com a composição ampliada, e não pelo órgão com a composição reduzida, originária. O julgamento realizou-se pelo órgão com a composição ampliada e é essa composição ampliada que deve ser novamente formada para julgar os embargos de declaração.

**14. Inclusão em pauta.** Os embargos de declaração não são incluídos em pauta, nem admitem sustentação oral. Quando opostos contra acórdão, o relator deve apresentá-los em mesa na sessão subsequente, proferindo voto. Se os embargos não forem levados na sessão subsequente, aí deverá haver a inclusão em pauta automaticamente. O advogado não pode ficar indefinidamente à espera, sem saber exatamente quando os embargos de declaração serão levados a julgamento. Se não for possível seu julgamento na sessão subsequente, deve haver, então, a inclusão em pauta, evitando-se prejuízo, indefinições e surpresas. A regra concretiza o princípio da cooperação e o da boa-fé, além de preservar o contraditório, permitindo que a parte e seu advogado possam saber a data do julgamento, fazendo-se presente para acompanhá-lo e, se for o caso, apresentar algum esclarecimento de fato.

**15. Conversão em agravo interno.** Caso entenda que o recurso cabível é o agravo interno, e não os embargos de declaração, o órgão julgador conhecerá destes como se fossem agravo interno, desde que determine previamente a intimação do recorrente para, no prazo de cinco dias, complementar as razões recursais, de modo a ajustá-las às exigências do art. 1.021, § 1º, que exige impugnação especificada da deci-

1623

são agravada pelo recorrente. A regra concretiza os princípios da boa-fé, o da cooperação e o do contraditório, constituindo mais uma hipótese de vedação à decisão-surpresa.

**16. Complementaridade do recurso já interposto.** O recorrente poderá complementar a fundamentação de seu recurso já interposto, se houver alteração ou integração da decisão, em virtude de acolhimento de embargos de declaração. Não poderá interpor novo recurso, a menos que a decisão modificativa ou integrativa altere a natureza do pronunciamento judicial. Assim, se não tiver havido modificação no julgado, mas simples esclarecimento, não será cabível qualquer modificação em recurso eventualmente interposto. Há aí uma regra que concretiza o princípio do contraditório, garantindo ao recorrente o direito ao aditamento do recurso já interposto, para que possa impugnar a decisão em seus termos mais atuais, após ter sido alterada pelo acolhimento dos embargos de declaração anteriormente opostos. Se o provimento dos embargos de declaração implicar modificação do julgado, pode a parte, que interpusera o recurso, aditá-lo, para impugnar a parcela da decisão que foi modificada. E só. Não é o caso de interpor outro recurso; não pode recorrer de novo. Poderá, em novo prazo de quinze dias, ajustar, alterar ou aditar o recurso já interposto, e não interpor novo recurso ou recorrer novamente. A preclusão a impede.

**17. Desnecessidade de ratificação.** Opostos embargos de declaração por uma parte, o prazo para a interposição de outro recurso, por qualquer das partes, interrompeu-se. Quem, porém, já interpôs seu recurso, não poderá fazê-lo novamente, não obstante a reabertura do prazo a partir do julgamento dos declaratórios. Isso porque já praticou o ato processual, caracterizando a chamada preclusão consumativa. Vale ressalvar, apenas, a hipótese de, nos embargos de declaração, haver modificação da decisão, sendo, então, possível à parte que já recorreu aditar seu recurso relativamente ao trecho da decisão embargada que veio a ser alterado. Não havendo, todavia, modificação no julgamento dos embargos de declaração, a parte que já recorreu não pode aditar ou renovar seu recurso. Numa situação dessas, julgados os embargos de declaração, o recurso já interposto há de ser processado regularmente, não havendo qualquer iniciativa a ser tomada pela parte recorrente. Não é necessária qualquer ratificação, confirmação ou renovação do recurso já interposto. Se a parte já interpôs seu recurso, já manifestou seu interesse, não sendo adequado exigir uma posterior ratificação apenas porque houve julgamento de embargos de declaração.

**18. Ausência de honorários recursais nos embargos de declaração.** O julgamento de embargos de declaração não acarreta condenação em honorários recursais (art. 85, § 11). Isso porque: *"A majoração de honorários advocatícios prevista no art. 85, § 11, do Código de Processo Civil de 2015 tem aplicação quando houver a instauração de novo grau de recurso, e não a cada recurso interposto no mesmo grau de jurisdição"* (STJ, 4ª Turma, EDcl no AgInt no AREsp 722.872/CE, rel. Min. Maria Isabel Gallotti, *DJe* 2.4.2020).

> **Art. 1.025.** Consideram-se incluídos no acórdão os elementos que o embargante suscitou, para fins de pré-questionamento, ainda que os embargos de declaração sejam inadmitidos ou rejeitados, caso o tribunal superior considere existentes erro, omissão, contradição ou obscuridade.

▶ **1. Sem correspondência no CPC/1973.**

🗒 **LEGISLAÇÃO CORRELATA**

**2. IN 39/2016 do TST, art. 9º.** *"Art. 9º O cabimento dos embargos de declaração no Processo do Trabalho, para impugnar qualquer decisão judicial, rege-se pelo art. 897-A da CLT e, supletivamente pelo Código de Processo Civil (arts. 1022 a 1025; §§ 2º, 3º e 4º do art. 1026), excetuada a garantia de prazo em dobro para litisconsortes (§ 1º do art. 1023). Parágrafo único. A omissão para fins do prequestionamento ficto a que alude o art. 1025 do CPC dá-se no caso de o Tribunal Regional do Trabalho, mesmo instado mediante embargos de declaração, recusar-se a emitir tese sobre questão jurídica pertinente, na forma da Súmula nº 297, item III, do Tribunal Superior do Trabalho."*

⚖ **JURISPRUDÊNCIA, ENUNCIADOS E SÚMULAS SELECIONADOS**

- **3. Súmula STF, 356.** *"O ponto omisso da decisão, sobre o qual não foram opostos embargos declaratórios, não pode ser objeto de recurso extraordinário, por faltar o requisito do prequestionamento."*
- **4. Súmula do STJ, 98.** *"Embargos de declaração manifestados com notório propósito de prequestionamento não tem caráter protelatório."*
- **5. Súmula do STJ, 211.** *"Inadmissível recurso especial quanto à questão que, a despeito da oposição de embargos declaratórios, não foi apreciada pelo Tribunal a quo."*

**LIVRO III · DOS PROCESSOS NOS TRIBUNAIS E DOS MEIOS DE IMPUGNAÇÃO DAS DECISÕES JUDICIAIS** **Art. 1.025**

- **6. Súmula TST, 297.** *"I. Diz-se prequestionada a matéria ou questão quando na decisão impugnada haja sido adotada, explicitamente, tese a respeito. II. Incumbe à parte interessada, desde que a matéria haja sido invocada no recurso principal, opor embargos declaratórios objetivando o pronunciamento sobre o tema, sob pena de preclusão. III. Considera-se prequestionada a questão jurídica invocada no recurso principal sobre a qual se omite o Tribunal de pronunciar tese, não obstante opostos embargos de declaração."*

- **7. Enunciado 125 do FONAJE.** *"Nos juizados especiais, não são cabíveis embargos declaratórios contra acórdão ou súmula na hipótese do art. 46 da Lei nº 9.099/1995, com finalidade exclusiva de prequestionamento, para fins de interposição de recurso extraordinário."*

### 🖿 COMENTÁRIOS TEMÁTICOS

**8. Prequestionamento ficto.** Para que caiba o recurso especial ou extraordinário, é preciso que a matéria tenha sido examinada no acórdão recorrido. Em outras palavras, é preciso que haja prequestionamento. Não é necessário que haja expressa menção ao número do artigo ou do dispositivo legal; basta que a matéria contida no dispositivo tenha sido objeto de debate e julgamento pela decisão. Não tendo a matéria sido tratada no acórdão, haverá, então, *omissão*, sendo cabíveis os embargos de declaração, com vistas a suprir a omissão e, assim, obter-se o prequestionamento. Os embargos cabem para suprir a omissão. Suprida a omissão, obtém-se, por consequência, o prequestionamento. Opostos os embargos de declaração, e, ainda assim, não havendo apreciação da matéria pelo tribunal, não haveria, a princípio, prequestionamento. Se a matéria tiver sido suscitada previamente ou se se tratar de questão cognoscível de ofício, mas o tribunal não a tiver apreciado, a parte pode opor embargos de declaração para que seja suprida a omissão. Ainda que os embargos sejam rejeitados ou inadmitidos, considera-se caracterizado o prequestionamento. Para isso, é preciso que o tribunal superior considere existente a omissão. A mesma situação ocorre nos casos de contradição, obscuridade ou erro material. Aliás, é possível que o tribunal de origem profira julgamento partindo de premissa falsa, em manifesto erro material. Se, mesmo instado a corrigir o erro material por embargos de declaração, nele persistir, ter-se-á caracterizado o prequestionamento. É necessário, entretanto, que o tribunal superior considere que, efeti-

vamente, houve o erro material, a fim de se ter como configurado o prequestionamento. O art. 1.025 considera existente o prequestionamento com a simples oposição dos embargos de declaração, mesmo que a questão não seja apreciada pelo tribunal de origem. É o que se chama de *prequestionamento ficto*.

**9. Necessidade de alegar ofensa ao art. 1.022.** *"A admissão de prequestionamento ficto (art. 1.025 do CPC/2015), em recurso especial, exige que no mesmo recurso seja indicada violação ao art. 1.022 do CPC/2015, para que se possibilite ao Órgão julgador verificar a existência do vício inquinado ao acórdão, que uma vez constatado, poderá dar ensejo à supressão de grau facultada pelo dispositivo de lei"* (STJ, 1ª Turma, AgInt no REsp 1.842.200/ES, rel. Min. Regina Helena Costa, *DJe* 12.3.2020). No mesmo sentido: *"(...) o prequestionamento ficto, previsto no art. 1.025 do CPC/2015, só é admissível quando, após a oposição de embargos declaratórios na origem, o recorrente suscitar a violação ao art. 1.022 do mesmo diploma, porquanto somente dessa forma é que o órgão julgador poderá verificar a existência do vício"* (STJ, 3ª Turma, AgInt nos EDcl no REsp 1.670.884/RJ, rel. Min. Marco Aurélio Bellizze, *DJe* 13.3.2020). *"Permite-se o excepcional prequestionamento ficto quando indicada violação ao art. 1022 do CPC de forma a possibilitar ao STJ verificar a existência de vício no acórdão impugnado em sede especial e, consequentemente, ensejar a excepcional supressão de grau facultada pelo art. 1025 do CPC"* (STJ, 3ª Turma, REsp 2.163.764/RJ, rel. Min. Nancy Andrighi, *DJe* 17.10.2024).

**10. Superação do enunciado 211 da súmula do STJ.** Diante do disposto no art. 1.025, está superado o enunciado 211 da súmula do STJ. O art. 1.025 considera existente o prequestionamento com a simples oposição dos embargos de declaração, mesmo que a questão não seja apreciada pelo tribunal de origem. O texto normativo dispõe em sentido contrário ao do enunciado 211 da Súmula do STJ, que fica, portanto, superado.

**11. Possibilidade de supressão de omissão e de eliminação de contradição pelo STJ no julgamento do recurso especial.** *"É admissível a eliminação da contradição existente no acórdão recorrido no âmbito de recurso especial se a pretensão recursal se fundar na violação aos arts. 1.022, I, e 1.025, ambos do CPC/2015, e se ficar evidenciado, desde logo, qual é o fundamento inconciliável com a matéria devolvida na apelação. (...). É admissível a supressão de omissão existente no acórdão recorrido no âmbito de recurso especial se a pretensão recursal se fundar*

## Art. 1.026 — CÓDIGO DE PROCESSO CIVIL COMENTADO – Leonardo Carneiro da Cunha

na violação aos arts. 1.022, II, e 1.025, ambos do CPC/2015, e se ficar evidenciada a possibilidade de correção imediata do vício, que consiste em modificar o dispositivo do acórdão recorrido de 'não conhecer do recurso' para 'negar provimento ao recurso'" (STJ, 3ª Turma, REsp 1.928.906/CE, rel. Min. Nancy Andrighi, *DJe* 9.8.2021).

> **Art. 1.026.** Os embargos de declaração não possuem efeito suspensivo e interrompem o prazo para a interposição de recurso.
>
> § 1º A eficácia da decisão monocrática ou colegiada poderá ser suspensa pelo respectivo juiz ou relator se demonstrada a probabilidade de provimento do recurso ou, sendo relevante a fundamentação, se houver risco de dano grave ou de difícil reparação.
>
> § 2º Quando manifestamente protelatórios os embargos de declaração, o juiz ou o tribunal, em decisão fundamentada, condenará o embargante a pagar ao embargado multa não excedente a dois por cento sobre o valor atualizado da causa.
>
> § 3º Na reiteração de embargos de declaração manifestamente protelatórios, a multa será elevada a até dez por cento sobre o valor atualizado da causa, e a interposição de qualquer recurso ficará condicionada ao depósito prévio do valor da multa, à exceção da Fazenda Pública e do beneficiário de gratuidade da justiça, que a recolherão ao final.
>
> § 4º Não serão admitidos novos embargos de declaração se os 2 (dois) anteriores houverem sido considerados protelatórios.

▶ **1. Correspondência no CPC/1973.** *"Art. 538. Os embargos de declaração interrompem o prazo para a interposição de outros recursos, por qualquer das partes. Parágrafo único. Quando manifestamente protelatórios os embargos, o juiz ou o tribunal, declarando que o são, condenará o embargante a pagar ao embargado multa não excedente de 1% (um por cento) sobre o valor da causa. Na reiteração de embargos protelatórios, a multa é elevada a até 10% (dez por cento), ficando condicionada a interposição de qualquer outro recurso ao depósito do valor respectivo."*

🗐 **LEGISLAÇÃO CORRELATA**

**2. Lei 9.099/1995, art. 50.** *"Art. 50. Os embargos de declaração interrompem o prazo para a interposição de recurso."*

**3. CLT, art. 897-A, § 3º.** *"Os embargos de declaração interrompem o prazo para interposição de outros recursos, por qualquer das partes, salvo*

quando intempestivos, irregular a representação da parte ou ausente a sua assinatura."

**4. Código Eleitoral, art. 275, §§ 5º, 6º e 7º.** *"§ 5º Os embargos de declaração interrompem o prazo para a interposição de recurso. § 6º Quando manifestamente protelatórios os embargos de declaração, o juiz ou o tribunal, em decisão fundamentada, condenará o embargante a pagar ao embargado multa não excedente a 2 (dois) salários-mínimos. § 7º Na reiteração de embargos de declaração manifestamente protelatórios, a multa será elevada a até 10 (dez) salários-mínimos."*

**5. Recomendação 134/2022 CNJ, art. 44.** *"Art. 44. Recomenda-se que os embargos de declaração em que se pede a manifestação do tribunal sobre modulação sejam recebidos com efeito suspensivo."*

⚖ **JURISPRUDÊNCIA, ENUNCIADOS E SÚMULAS SELECIONADOS**

- **6. Tema/Repetitivo 507 STJ.** *"A multa prevista no artigo 538, parágrafo único, do Código de Processo Civil tem caráter eminentemente administrativo – punindo conduta que ofende a dignidade do tribunal e a função pública do processo –, sendo possível sua cumulação com a sanção prevista nos artigos 17, VII e 18, § 2º, do Código de Processo Civil, de natureza reparatória."*

- **7. Tema/Repetitivo 698 STJ.** *"Caracterizam-se como protelatórios os embargos de declaração que visam rediscutir matéria já apreciada e decidida pela Corte de origem em conformidade com súmula do STJ ou STF ou, ainda, precedente julgado pelo rito dos artigos 543-C e 543-B, do CPC."*

- **8. Súmula STJ, 98.** *"Embargos de declaração manifestados com notório propósito de prequestionamento não têm caráter protelatório."*

- **9. Enunciado 218 do FPPC.** *"A inexistência de efeito suspensivo dos embargos de declaração não autoriza o cumprimento provisório da sentença nos casos em que a apelação tenha efeito suspensivo."*

- **10. Enunciado 361 do FPPC.** *"Na hipótese do art. 1.026, § 4º, não cabem embargos de declaração e, caso opostos, não produzirão qualquer efeito."*

- **11. Enunciado 423 do FPPC.** *"Cabe tutela de evidência recursal."*

- **12. Enunciado 477 do FPPC.** *"Publicada em cartório ou inserida nos autos eletrônicos a decisão que julga embargos de declaração sob a vigência do CPC de 2015, computar-se-ão*

# LIVRO III • DOS PROCESSOS NOS TRIBUNAIS E DOS MEIOS DE IMPUGNAÇÃO DAS DECISÕES JUDICIAIS — Art. 1.026

apenas os dias úteis no prazo para o recurso subsequente, ainda que a decisão embargada tenha sido proferida ao tempo do CPC de 1973, tendo em vista a interrupção do prazo prevista no art. 1.026."

- **13. Enunciado 563 do FPPC.** *"Os embargos de declaração no âmbito do Supremo Tribunal Federal interrompem o prazo para a interposição de outros recursos."*

## 🗐 COMENTÁRIOS TEMÁTICOS

**14. Efeito de interromper o prazo para outros recursos.** A oposição dos embargos de declaração interrompe o prazo para a interposição de outros recursos cabíveis contra a mesma decisão. Com a oposição dos embargos de declaração, o prazo se interrompe para ambas as partes, para o Ministério Público e para terceiros. Qualquer recurso, a ser interposto por qualquer legitimado ou interessado, tem seu prazo interrompido com a oposição dos embargos de declaração.

**15. Embargos intempestivos.** Os embargos de declaração intempestivos não interrompem o prazo para outros recursos.

**16. Embargos manifestamente inadmissíveis.** *"São manifestamente inadmissíveis os embargos quando exprimem apenas o inconformismo da parte embargante com o resultado do julgamento, sem lograr êxito em demonstrar a presença de um dos vícios previstos no art. 1.022 do CPC"* (STF, 2ª Turma, Rcl 36.727 AgR-ED, rel. Min. Ricardo Lewandowski, *DJe* 12.3.2020). *"A oposição de embargos de declaração manifestamente inadmissíveis, por ausência de indicação de qualquer vício previsto no art. 1.022 do CPC/15, não interrompe o prazo para interposição de recursos subsequentes"* (STJ, 4ª Turma, AgInt nos EDcl no AREsp 2.410.475/SP, rel. Min. Marco Buzzi, *DJe* 18.3.2024).

**17. Interrupção do prazo para embargos de declaração pela parte contrária.** A parte que opôs embargos de declaração não poderá mais intentar novos embargos contra a decisão originariamente embargada. Poderia, isto sim, opor novos embargos contra a decisão que julgou os primeiros declaratórios, se desta advierem vícios que ensejem o manejo de novos embargos. Da decisão originariamente embargada, contudo, não poderá mais opor embargos, em razão da *preclusão*. De igual modo, a parte contrária – que não opôs embargos no prazo legal – *também não* poderá, somente depois do julgamento daqueles embargos, pretender corrigir vícios da decisão já embargada.

**18. Efeito suspensivo.** Os embargos de declaração não possuem efeito suspensivo. Os embargos de declaração são cabíveis contra *todo e qualquer* pronunciamento judicial, podendo ser opostos contra sentença, decisão interlocutória, acórdão, decisão singular de relator e até despacho. O efeito suspensivo automático resulta da mera recorribilidade do ato, não decorrendo da interposição do recurso nem de sua aceitação ou de seu recebimento pelo juiz ou tribunal. A apelação tem, em regra, efeito suspensivo automático (art. 1.012), mas há casos em que não tem (art. 1.012, § 1º). Nessas hipóteses em que a apelação não tem efeito suspensivo, é natural que os embargos de declaração também não o tenham. Nesses casos, viabiliza-se o cumprimento provisório da sentença (art. 520), não obstado pela oposição de embargos de declaração. Por idêntica razão, na hipótese em que o recurso extraordinário e o recurso especial possuem efeito suspensivo automático (art. 987, § 1º), os embargos de declaração também produzirão efeito suspensivo automático. Em tais situações, não é preciso pedir que se agregue aos embargos de declaração efeito suspensivo; já há efeito suspensivo.

**19. Requerimento de efeito suspensivo.** É possível a atribuição judicial de efeito suspensivo aos embargos de declaração. Cabe ao *juiz*, se os embargos forem opostos contra decisão sua, ou ao *relator*, se opostos contra decisão sua ou do colegiado a que pertença, o exame do requerimento de concessão do efeito suspensivo; há necessidade de requerimento, não podendo ser concedido de ofício, pois se trata de hipótese de concessão de tutela provisória.

**20. Embargos de declaração protelatórios.** Opostos tempestivamente os embargos de declaração, fica interrompido o prazo para a interposição do recurso. Por causa disso, os embargos de declaração revelam-se como o recurso mais propenso a estimular o intuito de procrastinação. Assim, na intenção de obter mais tempo, de dispor de um maior prazo ou até mesmo de protelar o andamento do processo, poderia a parte lançar mão dos embargos de declaração, pois seu ajuizamento tempestivo tem o condão de interromper o prazo para recurso a ser interposto.

**21. Admissibilidade de embargos protelatórios.** Os embargos de declaração não se tornam inadmissíveis por serem protelatórios. O caráter protelatório não impede sejam os embargos conhecidos e julgados, nem afasta o efeito interruptivo produzido com seu ajuizamento. Os embargos de declaração, ainda que protelatórios, interrompem o prazo para a interposição do recurso cabível no caso.

**22.** **Consequência da protelação.** Opostos embargos manifestamente protelatórios, há uma conduta ilícita da parte, a caracterizar abuso do direito de recorrer, expondo-a a uma sanção. Considera-se litigante de má-fé aquele que interpuser recurso com intuito manifestamente protelatório (art. 80, VII), incumbindo ao juiz prevenir ou reprimir tal tipo de conduta (art. 139, III). A repressão à parte que interpõe recurso com intuito meramente protelatório é ser condenada a uma multa (art. 1.026, § 2º).

**23.** **Fundamentação.** O caráter protelatório dos embargos deve ser reconhecido por decisão fundamentada. Não basta simplesmente dizer que os embargos são manifestamente protelatórios, ou se limitar à indicação, à reprodução ou à paráfrase do dispositivo sem explicar sua relação com o caso. É preciso, enfim, demonstrar as razões pelas quais os embargos são protelatórios.

**24.** **Multa e sua imposição de ofício.** A imposição da multa não depende de provocação da parte, devendo ser imposta de ofício pelo juiz ou tribunal.

**25.** **Multa e seu valor.** Opostos embargos protelatórios, deve o juiz ou tribunal, declarando fundamentadamente que o são, condenar o embargante a pagar ao embargado multa não excedente de dois por cento sobre o valor atualizado da causa. Se, porém, o valor da causa for irrisório ou simbólico, não haverá efetividade na multa, não servindo para reprimir a conduta protelatória ou abusiva. Nesse caso, há de ser aplicado o disposto no art. 81, § 2º, devendo a multa ser fixada em até dez vezes o salário mínimo. A multa imposta à parte que opõe embargos de declaração manifestamente protelatórios está prevista no § 2º do art. 1.026, e não no art. 81. A diferença entre os dispositivos está nos percentuais aplicados. Os §§ do art. 81 são plenamente compatíveis com os embargos de declaração manifestamente protelatórios, não sendo afastados pela disciplina do art. 1.026, que, a propósito, não trata disso. São, portanto, conciliáveis os dispositivos.

**26.** **Arbitramento da multa em caso de valor da causa irrisório.** *"Fixado o valor da causa em um mil reais, o percentual a incidir sobre esse quantum não atingirá o escopo pretendido no preceito sancionador, pelo que cabível o arbitramento daquela multa em R$ 2.000,00 (dois mil reais)"* (STJ, 1ª Turma, EDcl no AgInt no AREsp 1.268.706/MG, rel. Min. Gurgel de Faria, *DJe* 5.11.2018).

**27.** **Na reiteração, elevação da multa, condicionado novo recurso ao depósito da multa.** Opostos embargos manifestamente protelatórios, o juiz ou tribunal deve condenar o embargante numa multa de até 2% sobre o valor atualizado da causa. Opostos novos embargos que também venham a ser tidos como protelatórios, aquela multa de até 2% passa para até 10%, ficando a interposição de qualquer outro recurso condicionada ao depósito prévio do respectivo valor. A multa de até 10% – fixada apenas na *reiteração* de embargos protelatórios – passa a constituir *requisito de admissibilidade* de *qualquer outro* recurso que venha a ser intentado pela parte, mesmo que esse recurso não se sujeite, normalmente, a preparo.

**28.** **Exceção: beneficiário da gratuidade e a Fazenda Pública.** Caso o embargante seja beneficiário da justiça gratuita ou a Fazenda Pública, não deixam de ser condenados. Condenado ao pagamento da multa de 10% na reiteração de embargos protelatórios, o beneficiário da gratuidade ou a Fazenda Pública não se submetem à exigência de depositar o respectivo valor para que possa interpor qualquer outro recurso.

**29.** **Não permissão de terceiros embargos, após os dois primeiros terem sido considerados protelatórios.** Não é possível ao interessado opor, por três vezes sucessivas, embargos de declaração abusivos ou protelatórios. A segunda oposição abusiva gera a perda do direito de embargar pela terceira vez (é uma preclusão por ato ilícito). Não são cabíveis, nesse caso, terceiros embargos de declaração. E, se forem opostos, não produzem qualquer efeito, nem mesmo o de interromper o prazo para a interposição de recurso. Não se tolera a oposição reiterada de embargos de declaração protelatórios, pois consiste em ardil que se destina a impedir indefinidamente o trânsito em julgado da decisão, conspirando contra a cooperação, a boa-fé processual e a duração razoável do processo.

**30.** **Embargos de declaração com finalidade de prequestionamento não têm caráter protelatório.** Quando opostos para suprir uma omissão que impede a configuração de um prequestionamento, os embargos de declaração não têm caráter protelatório. Não podem ser assim considerados, pois a parte interessada utilizou-se de mecanismo destinado a viabilizar o recurso especial ou extraordinário que pretende interpor. É isso, aliás, que expressa o enunciado 98 da súmula do STJ. Para que o tribunal afaste a aplicação de tal enunciado da Súmula do STJ, tem de exercer forte ônus argumentativo e fundamentar, demonstrando, precisamente, as ra-

**LIVRO III ·** DOS PROCESSOS NOS TRIBUNAIS E DOS MEIOS DE IMPUGNAÇÃO DAS DECISÕES JUDICIAIS **Art. 1.027**

zões pelas quais os embargos de declaração não teriam intuito de obtenção de prequestionamento e seriam, portanto, protelatórios. Os embargos de declaração com finalidade de obter o prequestionamento não têm intuito protelatório, a não ser que o juízo ou tribunal, em decisão devidamente fundamentada, demonstre o contrário. O disposto no § 1º do art. 489 reforça a necessidade de a fundamentação ser reforçada nesse sentido.

## CAPÍTULO VI
## DOS RECURSOS PARA O SUPREMO TRIBUNAL FEDERAL E PARA O SUPERIOR TRIBUNAL DE JUSTIÇA

### Seção I
### Do Recurso Ordinário

**Art. 1.027.** Serão julgados em recurso ordinário: I – pelo Supremo Tribunal Federal, os mandados de segurança, os habeas data e os mandados de injunção decididos em única instância pelos tribunais superiores, quando denegatória a decisão; II – pelo Superior Tribunal de Justiça:

a) os mandados de segurança decididos em única instância pelos tribunais regionais federais ou pelos tribunais de justiça dos Estados e do Distrito Federal e Territórios, quando denegatória a decisão;

b) os processos em que forem partes, de um lado, Estado estrangeiro ou organismo internacional e, de outro, Município ou pessoa residente ou domiciliada no País.

§ 1º Nos processos referidos no inciso II, alínea 'b', contra as decisões interlocutórias caberá agravo de instrumento dirigido ao Superior Tribunal de Justiça, nas hipóteses do art. 1.015.

§ 2º Aplica-se ao recurso ordinário o disposto nos arts. 1.013, § 3º, e 1.029, § 5º.

▶ **1. Correspondência no CPC/1973.** "*Art. 539. Serão julgados em recurso ordinário: I – pelo Supremo Tribunal Federal, os mandados de segurança, os habeas data e os mandados de injunção decididos em única instância pelos Tribunais superiores, quando denegatória a decisão; II – pelo Superior Tribunal de Justiça: a) os mandados de segurança decididos em única instância pelos Tribunais Regionais Federais ou pelos Tribunais dos Estados e do Distrito Federal e Territórios, quando denegatória a decisão; b) as causas em que forem partes, de um lado, Estado estrangeiro ou organismo internacional e, do outro, Município ou pessoa*

*residente ou domiciliada no País. Parágrafo único. Nas causas referidas no inciso II, alínea b, caberá agravo das decisões interlocutórias.*"

### 🏛 LEGISLAÇÃO CORRELATA

**2. CF, art. 102, II.** "*Art. 102. Compete ao Supremo Tribunal Federal, precipuamente, a guarda da Constituição, cabendo-lhe: (...) II – julgar, em recurso ordinário: a) o habeas corpus, o mandado de segurança, o habeas data e o mandado de injunção decididos em única instância pelos Tribunais Superiores, se denegatória a decisão; b) o crime político.*"

**3. CF, art. 105, II.** "*Art. 105. Compete ao Superior Tribunal de Justiça: (...) II – julgar, em recurso ordinário: a) os habeas corpus decididos em única ou última instância pelos Tribunais Regionais Federais ou pelos tribunais dos Estados, do Distrito Federal e Territórios, quando a decisão for denegatória; b) os mandados de segurança decididos em única instância pelos Tribunais Regionais Federais ou pelos tribunais dos Estados, do Distrito Federal e Territórios, quando denegatória a decisão; c) as causas em que forem partes Estado estrangeiro ou organismo internacional, de um lado, e, do outro, Município ou pessoa residente ou domiciliada no País.*"

### ⚖ JURISPRUDÊNCIA, ENUNCIADOS E SÚMULAS SELECIONADOS

- **4. Súmula STF, 272.** "*Não se admite como recurso ordinário, recurso extraordinário de decisão denegatória de mandado de segurança.*
- **5. Súmula STF, 299.** "*O recurso ordinário e o extraordinário interpostos no mesmo processo de mandado de segurança, ou de 'habeas corpus', serão julgados conjuntamente pelo Tribunal Pleno.*"
- **6. Súmula 513, STF.** "*A decisão que enseja a interposição de recurso ordinário ou extraordinário não é a do plenário, que resolve o incidente de inconstitucionalidade, mas a do órgão (Câmaras, Grupos ou Turmas) que completa o julgamento do feito.*"
- **7. Tema/IAC 3 STJ.** "*Não é cabível mandado de segurança contra decisão proferida em execução fiscal no contexto do art. 34 da Lei 6.830/80*".
- **8. Súmula TST, 201.** "*Da decisão de Tribunal Regional do Trabalho em mandado de segurança cabe recurso ordinário, no prazo de 8 (oito) dias, para o Tribunal Superior do Trabalho, e igual dilação para o recorrido e interessados apresentarem razões de contrariedade.*"

**Art. 1.027** CÓDIGO DE PROCESSO CIVIL COMENTADO – *Leonardo Carneiro da Cunha*

- **9. Enunciado 208 da FPPC.** *"Cabe reclamação, por usurpação da competência do Superior Tribunal de Justiça, contra a decisão de juiz de 1º grau que inadmitir recurso ordinário, no caso do art. 1.027, II, 'b'."*
- **10. Enunciado 209 da FPPC.** *"Cabe reclamação, por usurpação da competência do Superior Tribunal de Justiça, contra a decisão de presidente ou vice-presidente do tribunal de 2º grau que inadmitir recurso ordinário interposto com fundamento no art. 1.027, II, 'a'."*
- **11. Enunciado 210 da FPPC.** *"Cabe reclamação, por usurpação da competência do Supremo Tribunal Federal, contra a decisão de presidente ou vice-presidente de tribunal superior que inadmitir recurso ordinário interposto com fundamento no art. 1.027, I."*
- **12. Enunciado 357 da FPPC.** *"Aplicam-se ao recurso ordinário os arts. 1.013 e 1.014."*
- **13. Enunciado 124 do FONAJE.** *"Das decisões proferidas pelas Turmas Recursais em mandado de segurança não cabe recurso ordinário."*

### 🖩 COMENTÁRIOS TEMÁTICOS

**14. Hipóteses de cabimento.** O recurso ordinário é dirigido ao STF e ao STJ, em hipóteses previstas na Constituição Federal. Cabe recurso ordinário para o STF, nas hipóteses previstas no inciso II do art. 102 da CF. Já o inciso II do art. 105 da CF relaciona as hipóteses de cabimento do recurso ordinário para o STJ. O recurso ordinário é cabível no âmbito do processo penal e, igualmente, no âmbito do processo civil. Cabe recurso ordinário para o STF e para o STJ em casos de *habeas corpus*. Essas são hipóteses de cabimento do recurso ordinário no processo penal. No processo civil, seu cabimento se dá em outras hipóteses, que estão exatamente nos referidos dispositivos constitucionais. O art. 1.027 reproduz as hipóteses de cabimento do recurso ordinário para o STF e para o STJ no âmbito do processo civil.

**15. Cabimento contra decisão interlocutória.** Se interposto contra decisão interlocutória agravável proferida por juiz federal, nas causas internacionais, o recurso ordinário constitucional observará o procedimento do agravo de instrumento (art. 1.027, § 1º).

**16. Regime jurídico.** O recurso ordinário sujeita-se a regime jurídico próprio, embora a ele se apliquem algumas regras da apelação ou do agravo de instrumento, na hipótese do § 1º do art. 1.027. Embora seja um recurso destinado a tribunais superiores, é ordinário, e não

excepcional. Na hipótese prevista no art. 1.027, inciso II, *b*, aplicam-se, quanto aos requisitos de admissibilidade e ao procedimento, as disposições relativas à apelação (art. 1.028).

**17. Recurso *secundum eventum litis.*** Com exceção da hipótese prevista na letra *b* do inciso II do art. 1.027, o recurso ordinário só pode ser interposto pelo impetrante. É um recurso destinado apenas uma das partes. Ele apenas é cabível se for denegada a ordem, ou seja, se o processo for extinto sem resolução do mérito ou ser julgado improcedente o pedido; é, enfim, um recurso *secundum eventum litis*. Concedida a ordem, não cabe recurso ordinário, mas especial para o STJ ou extraordinário para o STF. Se for concedida a ordem em parte, do capítulo denegatório cabe recurso ordinário, cabendo especial ou extraordinário do capítulo concessivo. No caso do art. 1.027, II, *b*, cabe recurso ordinário por qualquer das partes, independentemente de qual seja o resultado.

**18. Recurso ordinário adesivo.** Não é possível haver recurso ordinário adesivo. Realmente, *"não é cabível recurso adesivo no recurso ordinário em mandado de segurança"* (STJ, 5ª Turma, RMS 18.515/SE, rel. Min. Laurita Vaz, *DJe* 30.11.2009).

**19. Regularidade formal (dialeticidade).** *"O recurso ordinário em mandado de segurança, como espécie recursal que é, reclama, para sua admissibilidade, a fiel observância do princípio da dialeticidade, impondo-se à parte recorrente o ônus de expor, com precisão e clareza, os erros – de procedimento ou de aplicação do direito – que justificam a reforma do acórdão recorrido, não bastando, para isso, a simples insatisfação com a denegação da ordem"* (STJ, 1ª Turma, AgInt no RMS 47.395/MG, rel. Min. Sérgio Kukina, *DJe* 06.12.2016). No mesmo sentido: *"A jurisprudência do Superior Tribunal de Justiça entende que padece de irregularidade formal o Recurso Ordinário em Mandado de Segurança em que o recorrente descumpre seu ônus de impugnar especificamente os fundamentos do acórdão recorrido, deixando de atender ao princípio da dialeticidade"* (STJ, 2ª Turma, AgRg no RMS 44.887/SP, rel. Min. Herman Benjamin, *DJe* 11.11.2015).

**20. Causa madura.** *"Inaplicável a regra da causa madura aos Recursos Ordinários em Mandado de Segurança"* (STJ, 2ª Turma, RMS 59.378/CE, rel. Min. Herman Benjamin, *DJe* 11.10.2019). No mesmo sentido: STF, 2ª Turma, RMS 32.199, rel. Min. Teori Zavascki, *DJe* 3.8.2015.

**21. Efeito suspensivo.** O recurso ordinário tem efeito suspensivo automático (art. 995). Embora não tenha efeito suspensivo automático, ao

**LIVRO III ·** DOS PROCESSOS NOS TRIBUNAIS E DOS MEIOS DE IMPUGNAÇÃO DAS DECISÕES JUDICIAIS — Art. 1.027

recurso ordinário é possível haver a agregação de tal efeito, aplicando-se o disposto no § 3º do art. 1.012. A previsão de efeito suspensivo automático do art. 1.012 não se aplica ao recurso ordinário, mas o processamento do pedido de efeito suspensivo, previsto no seu § 3º, a ele se aplica. É que o recurso ordinário, a exemplo da apelação, não passa pelo duplo juízo de admissibilidade. Sua admissibilidade é examinada apenas pelo tribunal *ad quem*, não havendo juízo provisório de admissibilidade a ser exercido pelo tribunal *a quo*. Daí não lhe ser aplicável o disposto no § 5º do art. 1.029, não havendo competência do órgão *a quo* para examinar o pedido de efeito suspensivo antes do exercício do juízo de admissibilidade. A regra é a mesma da apelação: interposto o recurso, o pedido de efeito suspensivo já é apresentado ao tribunal superior ou, se já houve distribuição, ao relator do recurso. Se o recorrente pretende agregar ao seu recurso ordinário o efeito suspensivo, poderá formular requerimento dirigido ao tribunal superior respectivo, no período compreendido entre a interposição do recurso e sua distribuição, ficando o relator designado para seu exame prevento para julgá-lo. Se o recurso ordinário já tiver sido distribuído no tribunal superior, o pedido de concessão de efeito suspensivo há de ser dirigido ao seu relator.

**22. Recurso ordinário repetitivo.** É possível que o recurso ordinário constitucional seja um recurso repetitivo. Embora o CPC somente se refira aos recursos especial e extraordinário repetitivos, o regime do julgamento de casos repetitivos pode ser aplicado a qualquer outro recurso, incidente ou demanda judicial.

**23. Recurso ordinário contra decisão monocrática.** *"A jurisprudência da Corte é pacífica no sentido de que não cabe recurso ordinário contra decisão monocrática do relator que julga o mandado de segurança na origem, sob pena de indevida supressão de instância, sendo inaplicável o princípio da fungibilidade"* (STJ, 1ª Turma, AgInt nos EDcl no RMS 60.891/MA, rel. Min. Benedito Gonçalves, *DJe* 25.3.2020).

**24. Recurso ordinário contra decisão monocrática em mandado de segurança impetrado no STF.** *"Não cabe recurso ordinário contra decisão monocrática proferida em mandado de segurança impetrado originariamente no STF (CF/1988, art. 102, II, a). O recurso cabível seria o agravo interno (art. 1.021 do CPC). Em se tratando de erro grosseiro, é inaplicável o princípio da fungibilidade recursal"* (STF, 1ª Turma, MS 36.051 AgR, rel. Min. Roberto Barroso, *DJe* 3.9.2019).

**25. Recurso ordinário contra decisão que inadmite mandado de segurança no STF.** *"Esta Corte firmou o entendimento no sentido de não caber a interposição de recurso ordinário contra decisão do STF que negou seguimento a mandado de segurança. Inaplicabilidade do princípio da fungibilidade recursal ante a ocorrência de erro grosseiro"* (STF, 2ª Turma, MS 35.684 PetA-AgR, rel. Min. Ricardo Lewandowski, *DJe* 10.6.2019).

**26. Recurso ordinário contra acórdão em recurso ordinário.** *A interposição de recurso ordinário contra acórdão que nega provimento a recurso ordinário em* habeas corpus *não se enquadra em nenhuma das hipóteses taxativamente previstas no art. 102, inciso II, alínea 'a', da Constituição Federal, a evidenciar a ocorrência de erro grosseiro, o que impede a aplicação do princípio da fungibilidade recursal e possibilita seja negado trânsito ao recurso pelo Superior Tribunal de Justiça"* (STJ, Corte Especial, AgRg no RO no RHC 115.240/PR, rel. Min. João Otávio de Noronha, *DJe* 9.3.2020).

**27. Recurso ordinário contra acórdão em apelação em mandado de segurança.** *"É firme o posicionamento do STJ de que não cabe Recurso em Mandado de Segurança contra acórdão do Tribunal proferido em Apelação em Mandado de Segurança, configurando erro grosseiro a interposição equivocada, o que inviabiliza a aplicação do princípio da fungibilidade recursal"* (STJ, 2ª Turma, RMS 56.526/MG, rel. Min. Herman Benjamin, *DJe* 23.11.2018).

**28. Recurso ordinário contra acórdão em ação rescisória.** *"O art. 105, II, b, da Constituição Federal prevê que compete a esta Corte Superior o julgamento de recursos ordinários em hipóteses específicas. No caso dos autos, verifica-se que o recurso ordinário foi interposto contra acórdão do Tribunal Regional Federal da 4ª Região, proferido em ação rescisória. Tal decisão, como cediço, deveria ter sido impugnada, em tese, por recurso especial. O recurso ordinário não pode ser conhecido"* (STJ, 2ª Turma, AgInt no Ag 1.433.945/PR, rel. Min. Francisco Falcão, *DJe* 23.8.2019).

**29. Interposição de apelação no lugar do recurso ordinário.** *"O recurso cabível contra decisão denegatória de mandado de segurança decidido em única instância pelos Tribunais Regionais Federais ou pelos Tribunais dos Estados, do Distrito Federal e Territórios é o recurso ordinário previsto no art. 105, II, 'b', da Constituição Federal, configurando erro grosseiro a interposição de apelação, sendo incabível o princípio da fungibilidade"* (STJ, 4ª Turma, AgInt no RMS 61.652/RJ, rel. Min. Raul Araújo, *DJe* 18.12.2019).

1631

**30. Interposição de apelação no lugar do recurso ordinário.** "*1. Segundo consta expressamente dos arts. 105, II, "c", da CF, 539 do CPC/1973 e 1.027, II, "b", do CPC/2015, a sentença proferida em demanda na qual figure como partes, de um lado, Estado estrangeiro ou organismo internacional e, de outro, Município ou pessoa residente ou domiciliada no Brasil deve ser impugnada mediante recurso ordinário dirigido ao STJ, sendo incabível a apelação. 2. A interposição de recurso de apelação no presente caso, contrariando a expressa previsão legal e constitucional, caracteriza erro grosseiro, que impede a aplicação do princípio da fungibilidade recursal*" (STJ, 4ª Turma, AgInt no RO 233/SP, rel. Min. Antonio Carlos Ferreira, *DJe* 28.10.2021).

**31. Interposição de recurso extraordinário no lugar do ordinário.** "*1. As decisões denegatórias de mandado de segurança, quando proferidas em instância originária pelos Tribunais Superiores, admitem, exclusivamente, impugnação por intermédio de recurso ordinário (art. 102, II, "a", da CRFB/1988), que ativará a inafastável competência recursal ordinária desta Corte Constitucional. 2. A interposição de recurso extraordinário em face de decisão denegatória de mandado de segurança originário configura flagrante erro grosseiro na escolha do instrumento (Súmula STF 272), tornando incabível aplicar o princípio da fungibilidade para recebê-lo como recurso ordinário em mandado de segurança*" (STF, 1ª Turma, RMS 35.628 AgR, rel. Min. Luiz Fux, *DJe* 29.11.2018).

**32. Interposição de recurso especial no lugar do ordinário.** "*A jurisprudência do STJ é de que constitui erro grosseiro interpor Recurso Especial, em vez de Recurso Ordinário, contra acórdão que denega Mandado de Segurança em única instância, à luz do art. 105, II, b, da CF*" (STJ, 2ª Turma, REsp 1.721.082/DF, rel. Min. Herman Benjamin, *DJe* 23.11.2018).

**33. Interposição de recurso ordinário no lugar do especial.** "*A jurisprudência desta Corte é firme no sentido de que a interposição de recurso ordinário, quando cabível o recurso especial, constitui-se erro inescusável e grosseiro, sendo impossível a aplicação do princípio da fungibilidade recursal*" (STJ, 4ª Turma, AgInt no RMS 59.641/SP, rel. Min. Marco Buzzi, *DJe* 25.3.2020).

**34. Recurso ordinário da parte denegatória e recurso especial da parte concessiva.** "*1. O recurso em mandado de segurança somente pode ser manejado pelo impetrante em relação aos capítulos denegatórios de seu pedido. Concedida em parte a segurança, poderá ele, e somente ele, insurgir-se pela via recursal ordinária. Exegese*

dos arts. 105, II, 'b' da Constituição Federal e 18 da Lei 12.016/2009, conforme interpretados por esta Corte e pela melhor doutrina. 2. Na hipótese de concessão parcial da segurança, o recurso manejável pelo impetrado será o especial ou o extraordinário, conforme suas respectivas hipóteses de cabimento, na medida em que somente se insurgirá, por óbvio, em relação aos capítulos concessivos*" (STJ, 2ª Turma, AgInt no RMS 46.642/SP, rel. Min. Og Fernandes, *DJe* 20.9.2019).

**35. Interposição de recurso especial configura erro grosseiro.** "*Conforme jurisprudência do STJ, constitui erro grosseiro a interposição de recurso ordinário, em vez de recurso especial, contra acórdão de apelação e remessa necessária em mandado de segurança, sendo inaplicável o princípio da fungibilidade*" (STJ, 2ª Turma, AgInt no RMS 66.869/PA, rel. Min. Og Fernandes, *DJe* 27.10.2021).

**36. Recurso ordinário contra decisão monocrática em mandado de segurança.** "*Não cabe recurso ordinário com fundamento no art. 105, inciso II, alínea "b", da CF/1988, contra decisão monocrática, sob pena de supressão de instância*" (STJ, 3ª Turma, AgInt no RMS 68.139/DF, rel. Min. Nancy Andrighi, *DJe* 12.5.2022).

---

**Art. 1.028.** Ao recurso mencionado no art. 1.027, inciso II, alínea 'b', aplicam-se, quanto aos requisitos de admissibilidade e ao procedimento, as disposições relativas à apelação e o Regimento Interno do Superior Tribunal de Justiça.

§ 1º Na hipótese do art. 1.027, § 1º aplicam-se as disposições relativas ao agravo de instrumento e o Regimento Interno do Superior Tribunal de Justiça.

§ 2º O recurso previsto no art. 1.027, incisos I e II, alínea 'a', deve ser interposto perante o tribunal de origem, cabendo ao seu presidente ou vice-presidente determinar a intimação do recorrido para, em 15 (quinze) dias, apresentar as contrarrazões.

§ 3º Findo o prazo referido no § 2º, os autos serão remetidos ao respectivo tribunal superior, independentemente de juízo de admissibilidade.

▶ **I. Correspondência no CPC/1973.** "*Art. 540. Aos recursos mencionados no artigo anterior aplica-se, quanto aos requisitos de admissibilidade e ao procedimento no juízo de origem, o disposto nos Capítulos II e III deste Título, observando-se, no Supremo Tribunal Federal e no Superior Tribunal de Justiça, o disposto nos seus regimentos internos.*"

# LIVRO III · DOS PROCESSOS NOS TRIBUNAIS E DOS MEIOS DE IMPUGNAÇÃO DAS DECISÕES JUDICIAIS — Art. 1.029

## ⚖ Jurisprudência, Enunciados e Súmulas Selecionados

- **2. Enunciado 209 do FPPC.** *"Cabe reclamação, por usurpação da competência do Superior Tribunal de Justiça, contra a decisão de presidente ou vice-presidente do tribunal de 2º grau que inadmitir recurso ordinário interposto com fundamento no art. 1.027, II, 'a'."*

- **3. Enunciado 210 do FPPC.** *"Cabe reclamação, por usurpação da competência do Supremo Tribunal Federal, contra a decisão de presidente ou vice-presidente de tribunal superior que inadmitir recurso ordinário interposto com fundamento no art. 1.027, I."*

## 🗏 Comentários Temáticos

**4. Prazo.** O recurso ordinário submete-se ao prazo de quinze dias. As contrarrazões também se submetem ao prazo de quinze dais (art. 1.003, § 5º). Tais prazos são contados apenas em dias úteis (art. 219).

**5. Interposição.** O recurso ordinário pode ser interposto contra acórdão proferido por tribunal (CF, arts. 102, II, *a*, e 105, II, *b*; CPC, art. 1.027, I, II, *a*), ou pode ser interposto contra decisão interlocutória ou sentença proferida por juiz federal de primeira instância (CF, art. 105, II, *c*; CPC, art. 1.027, II, *b*). Quando impugna acórdão, o recurso ordinário deve ser interposto perante o presidente ou vice-presidente do tribunal que o proferiu, que não irá exercer qualquer juízo de admissibilidade. A ele caberá determinar a intimação do recorrido para, em quinze dias, apresentar as contrarrazões (art. 1.028, § 2º).

**6. Ausência de juízo provisório de admissibilidade.** Decorrido o prazo, com ou sem contrarrazões, cabe ao presidente ou vice-presidente do tribunal de origem encaminhar os autos ao STJ para processamento e julgamento do recurso. Ao recurso ordinário aplicam-se as regras da apelação, não se conferindo ao presidente ou vice-presidente do tribunal de origem competência para exercer o juízo de admissibilidade.

**7. Reclamação.** Se o presidente ou vice-presidente do tribunal de origem inadmitir o recurso ordinário, usurpará competência do STJ, podendo ser proposta uma reclamação para preservar a competência do tribunal superior (art. 988, I).

**8. Quando interposto contra sentença (CF, art. 109, II).** No caso de combater sentença, o recurso ordinário submete-se às regras da apelação quanto aos requisitos de admissibilidade e ao procedimento. O juiz que profere a sentença também não exerce admissibilidade da apelação, restringindo-se a processá-la e a encaminhá-la ao tribunal respectivo (art. 1.010, § 3º). Assim, o recurso ordinário interposto contra sentença deve ser interposto perante o juízo que a proferiu, que irá determinar a intimação do recorrido para, querendo, apresentar contrarrazões. Decorrido o prazo, com ou sem elas, o juiz encaminhará os autos ao STJ para julgamento do recurso ordinário.

**9. Quando interposto contra decisão interlocutória.** Se interposto contra decisão interlocutória agravável proferida por juiz federal, nas causas internacionais, o recurso ordinário constitucional observará o procedimento do agravo de instrumento (art. 1.027, § 1º).

**10. Composição do colegiado.** O recurso ordinário é julgado por uma turma do STF ou do STJ, composta por cinco membros. Nesse ponto, diferencia-se da apelação, cujo julgamento é feito por um colegiado de apenas três membros (art. 941, § 1º).

**11. Ampliação do colegiado.** O tribunal superior, ao apreciar o recurso ordinário, poderá julgá-lo por maioria ou por unanimidade de votos. Se o julgamento for por maioria, não se aplica o disposto no art. 942, dispositivo aplicável exclusivamente em apelação, ação rescisória e agravo de instrumento. Nem mesmo no recurso ordinário interposto nas causas internacionais previstas no inciso II do art. 109 da CF se aplica o art. 942. O recurso ordinário é apreciado num colegiado composto por cinco membros, não se se encaixando na hipótese prevista no referido art. 942.

**12. Ausência de revisor.** O recurso ordinário, assim como os demais recursos, não tem revisor; tem apenas relator.

## Seção II
### Do Recurso Extraordinário e do Recurso Especial

### Subseção I
### Disposições Gerais

**Art. 1.029.** O recurso extraordinário e o recurso especial, nos casos previstos na Constituição Federal, serão interpostos perante o presidente ou o vice-presidente do tribunal recorrido, em petições distintas que conterão:

I – a exposição do fato e do direito;

II – a demonstração do cabimento do recurso interposto;

**Art. 1.029**

III – as razões do pedido de reforma ou de invalidação da decisão recorrida.

§ 1º Quando o recurso fundar-se em dissídio jurisprudencial, o recorrente fará a prova da divergência com a certidão, cópia ou citação do repositório de jurisprudência, oficial ou credenciado, inclusive em mídia eletrônica, em que houver sido publicado o acórdão divergente, ou ainda com a reprodução de julgado disponível na rede mundial de computadores, com indicação da respectiva fonte, devendo-se, em qualquer caso, mencionar as circunstâncias que identifiquem ou assemelhem os casos confrontados.

§ 2º (revogado).

§ 3º O Supremo Tribunal Federal ou o Superior Tribunal de Justiça poderá desconsiderar vício formal de recurso tempestivo ou determinar sua correção, desde que não o repute grave.

§ 4º Quando, por ocasião do processamento do incidente de resolução de demandas repetitivas, o presidente do Supremo Tribunal Federal ou do Superior Tribunal de Justiça receber requerimento de suspensão de processos em que se discuta questão federal constitucional ou infraconstitucional, poderá, considerando razões de segurança jurídica ou de excepcional interesse social, estender a suspensão a todo o território nacional, até ulterior decisão do recurso extraordinário ou do recurso especial a ser interposto.

§ 5º O pedido de concessão de efeito suspensivo a recurso extraordinário ou a recurso especial poderá ser formulado por requerimento dirigido:

I – ao tribunal superior respectivo, no período compreendido entre a publicação da decisão de admissão do recurso e sua distribuição, ficando o relator designado para seu exame prevento para julgá-lo;

II – ao relator, se já distribuído o recurso;

III – ao presidente ou ao vice-presidente do tribunal recorrido, no período compreendido entre a interposição do recurso e a publicação da decisão de admissão do recurso, assim como no caso de o recurso ter sido sobrestado, nos termos do art. 1.037.

▶ **1. Correspondência no CPC/1973.** *"Art. 541. O recurso extraordinário e o recurso especial, nos casos previstos na Constituição Federal, serão interpostos perante o presidente ou o vice-presidente do tribunal recorrido, em petições distintas, que conterão: I – a exposição do fato e do direito; II – a demonstração do cabimento do recurso interposto; III – as razões do pedido de reforma da decisão recorrida. Parágrafo único. Quando o recurso fundar-se em dissídio jurisprudencial, o recorrente fará a prova da divergência mediante certidão, cópia autenticada ou pela citação do repositório de jurisprudência, oficial ou credenciado, inclusive em mídia eletrônica, em que tiver sido publicada a decisão divergente, ou ainda pela reprodução de julgado disponível na Internet, com indicação da respectiva fonte, mencionando, em qualquer caso, as circunstâncias que identifiquem ou assemelhem os casos confrontados."*

### 🏛 LEGISLAÇÃO CORRELATA

**2. CF, art. 102, III.** *"Art. 102. Compete ao Supremo Tribunal Federal, precipuamente, a guarda da Constituição, cabendo-lhe: (...) III – julgar, mediante recurso extraordinário, as causas decididas em única ou última instância, quando a decisão recorrida: a) contrariar dispositivo desta Constituição; b) declarar a inconstitucionalidade de tratado ou lei federal; c) julgar válida lei ou ato de governo local contestado em face desta Constituição; d) julgar válida lei local contestada em face de lei federal."*

**3. CF, art. 102, § 3º.** *"§ 3º No recurso extraordinário o recorrente deverá demonstrar a repercussão geral das questões constitucionais discutidas no caso, nos termos da lei, a fim de que o Tribunal examine a admissão do recurso, somente podendo recusá-lo pela manifestação de dois terços de seus membros."*

**4. CF, art. 105, III.** *"Art. 105. Compete ao Superior Tribunal de Justiça: (...) III – julgar, em recurso especial, as causas decididas, em única ou última instância, pelos Tribunais Regionais Federais ou pelos tribunais dos Estados, do Distrito Federal e Territórios, quando a decisão recorrida: a) contrariar tratado ou lei federal, ou negar-lhes vigência; b) julgar válido ato de governo local contestado em face de lei federal; der à lei federal interpretação divergente da que lhe haja atribuído outro tribunal."*

**5. CF, art. 105, §§ 2º e 3º.** *"§ 2º No recurso especial, o recorrente deve demonstrar a relevância das questões de direito federal infraconstitucional discutidas no caso, nos termos da lei, a fim de que a admissão do recurso seja examinada pelo Tribunal, o qual somente pode dele não conhecer com base nesse motivo pela manifestação de 2/3 (dois terços) dos membros do órgão competente para o julgamento." "§ 3º Haverá a relevância de que trata o § 2º deste artigo nos seguintes casos: I – ações penais; II – ações de improbidade administrativa; III – ações cujo valor da causa ultrapasse 500 (quinhentos) salários mínimos; IV – ações que possam gerar inelegibilidade; V – hipóteses em que o acórdão recorrido contrariar*

**LIVRO III ·** DOS PROCESSOS NOS TRIBUNAIS E DOS MEIOS DE IMPUGNAÇÃO DAS DECISÕES JUDICIAIS **Art. 1.029**

*jurisprudência dominante do Superior Tribunal de Justiça; VI – outras hipóteses previstas em lei."*

**6. CLT, art. 896, § 11.** *"§ 11. Quando o recurso tempestivo contiver defeito formal que não se repute grave, o Tribunal Superior do Trabalho poderá desconsiderar o vício ou mandar saná-lo, julgando o mérito."*

**7. Lei 12.016/2009, art. 18.** *"Art. 18. Das decisões em mandado de segurança proferidas em única instância pelos tribunais cabe recurso especial e extraordinário, nos casos legalmente previstos, e recurso ordinário, quando a ordem for denegada."*

### ⚖ Jurisprudência, Enunciados e Súmulas Selecionados

- **8. Tema/Repercussão Geral 679 STF.** *"Surge incompatível com a Constituição Federal exigência de depósito prévio como condição de admissibilidade do recurso extraordinário, no que não recepcionada a previsão constante do § 1º do artigo 899 da Consolidação das Leis do Trabalho, sendo inconstitucional a contida na cabeça do artigo 40 da Lei nº 8.177/1991 e, por arrastamento, no inciso II da Instrução Normativa nº 3/1993 do Tribunal Superior do Trabalho."*

- **9. Súmula STF, 272.** *"Não se admite como recurso ordinário, recurso extraordinário de decisão denegatória de mandado de segurança."*

- **10. Súmula STF, 279.** *"Para simples reexame de prova não cabe recurso extraordinário."*

- **11. Súmula STF, 280.** *"Por ofensa a direito local não cabe recurso extraordinário."*

- **12. Súmula STF, 281.** *"É inadmissível o recurso extraordinário, quando couber na justiça de origem, recurso ordinário da decisão impugnada."*

- **13. Súmula STF, 282.** *"É inadmissível o recurso extraordinário, quando não ventilada, na decisão recorrida, a questão federal suscitada."*

- **14. Súmula STF, 283.** *"É inadmissível o recurso extraordinário, quando a decisão recorrida assenta em mais de um fundamento suficiente e o recurso não abrange todos eles."*

- **15. Súmula STF, 284.** *"É inadmissível o recurso extraordinário, quando a deficiência na sua fundamentação não permitir a exata compreensão da controvérsia."*

- **16. Súmula STF, 287.** *"Nega-se provimento ao agravo, quando a deficiência na sua fundamentação, ou na do recurso extraordinário, não permitir a exata compreensão da controvérsia."*

- **17. Súmula STF, 292.** *"Interposto o recurso extraordinário por mais de um dos fundamentos indicados no art. 101 [atualmente, 102], III, da Constituição, a admissão apenas por um deles não prejudica o seu conhecimento por qualquer dos outros".*

- **18. Súmula STF, 299.** *"O recurso ordinário e o extraordinário interpostos no mesmo processo de mandado de segurança, ou de habeas corpus, serão julgados conjuntamente pelo Tribunal Pleno."*

- **19. Súmula STF, 322.** *"Não terá seguimento pedido ou recurso dirigido ao Supremo Tribunal Federal, quando manifestamente incabível, ou apresentado fora do prazo, ou quando for evidente a incompetência do Tribunal."*

- **20. Súmula STF, 325.** *"As emendas ao regimento do Supremo Tribunal Federal, sobre julgamento de questão constitucional, aplicam-se aos pedidos ajuizados e aos recursos interpostos anteriormente à sua aprovação."*

- **21. Súmula STF, 356.** *"O ponto omisso da decisão, sobre o qual não foram opostos embargos declaratórios, não pode ser objeto de recurso extraordinário, por faltar o requisito do prequestionamento."*

- **22. Súmula STF, 399.** *"Não cabe recurso extraordinário, por violação de lei federal, quando a ofensa alegada for a regimento de tribunal."*

- **23. Súmula STF, 454.** *"Simples interpretação de cláusulas contratuais não dá lugar a recurso extraordinário."*

- **24. Súmula STF, 456.** *"O Supremo Tribunal Federal, conhecendo do recurso extraordinário, julgará a causa, aplicando o direito à espécie."*

- **25. Súmula STF, 505.** *"Salvo quando contrariarem a Constituição, não cabe recurso para o Supremo Tribunal Federal, de quaisquer decisões da Justiça do Trabalho, inclusive dos presidentes de seus Tribunais."*

- **26. Súmula STF, 513.** *"A decisão que enseja a interposição de recurso ordinário ou extraordinário não é a do plenário, que resolve o incidente de inconstitucionalidade, mas a do órgão (câmaras, grupos ou turmas) que completa o julgamento do feito."*

- **27. Súmula STF, 528.** *"Se a decisão contiver partes autônomas, a admissão parcial, pelo Presidente do Tribunal a quo, de recurso extraordinário que, sobre qualquer delas se manifestar, não limitará a apreciação de todas pelo Supremo Tribunal Federal, independentemente de interposição de agravo de instrumento."*

- **28. Súmula STF, 634.** *"Não compete ao Supremo Tribunal Federal conceder medida cautelar*

1635

*para dar efeito suspensivo a recurso extraor-dinário que ainda não foi objeto de juízo de admissibilidade na origem."*

- **29. Súmula STF, 635.** *"Cabe ao presidente do tribunal de origem decidir o pedido de medida cautelar em recurso extraordinário ainda pen-dente do seu juízo de admissibilidade."*

- **30. Súmula STF, 636.** *"Não cabe recurso ex-traordinário por contrariedade ao princípio constitucional da legalidade, quando a sua verificação pressuponha rever a interpretação dada a normas infraconstitucionais pela deci-são recorrida."*

- **31. Súmula STF, 637.** *"Não cabe recurso ex-traordinário contra acórdão de tribunal de jus-tiça que defere pedido de intervenção estadual em município."*

- **32. Súmula STF, 638.** *"A controvérsia sobre a incidência, ou não, de correção monetária em operações de crédito rural é de natureza infraconstitucional, não viabilizando recurso extraordinário."*

- **33. Súmula STF, 640.** *"É cabível recurso ex-traordinário contra decisão proferida por juiz de primeiro grau nas causas de alçada, ou por turma recursal de juizado especial cível e criminal."*

- **34. Súmula STF, 728.** *"É de três dias o prazo para a interposição de recurso extraordinário contra decisão do Tribunal Superior Eleitoral, contado, quando for o caso, a partir da publi-cação do acórdão, na própria sessão de julga-mento, nos termos do art. 12 da Lei 6.055/74, que não foi revogado pela Lei 8.950/94."*

- **35. Súmula STF, 733.** *"Não cabe recurso ex-traordinário contra decisão proferida no pro-cessamento de precatórios."*

- **36. Súmula STF, 735.** *"Não cabe recurso ex-traordinário contra acórdão que defere medi-da liminar."*

- **37. Súmula STJ, 5.** *"A simples interpretação de cláusula contratual não enseja recurso especial."*

- **38. Súmula STJ, 7.** *"A pretensão de simples reexame de prova não enseja recurso especial."*

- **39. Súmula STJ, 13.** *"A divergência entre jul-gados do mesmo tribunal não enseja recurso especial."*

- **40. Súmula STJ, 83.** *"Não se conhece do recur-so especial pela divergência, quando a orien-tação do tribunal se firmou no mesmo sentido da decisão recorrida."*

- **41. Súmula STJ, 86.** *"Cabe recurso especial contra acórdão proferido no julgamento de agravo de instrumento."*

- **42. Súmula STJ, 115.** *"Na instância especial é inexistente recurso interposto por advogado sem procuração nos autos."*

- **43. Súmula STJ, 126.** *"É inadmissível recurso especial, quando o acórdão recorrido assenta em fundamentos constitucional e infracons-titucional, qualquer deles suficiente, por si só, para mantê-lo, e a parte vencida não manifesta recurso extraordinário."*

- **44. Súmula STJ, 203.** *"Não cabe recurso es-pecial contra decisão proferida por órgão de segundo grau dos Juizados Especiais".*

- **45. Súmula STJ, 207.** *"É inadmissível recurso especial quando cabíveis embargos infringen-tes contra acórdão proferido no Tribunal de origem."*

- **46. Súmula STJ, 211.** *"Inadmissível recurso especial quanto à questão que, a despeito da oposição de embargos declaratórios, não foi apreciada pelo Tribunal a quo."*

- **47. Súmula STJ, 518.** *"Para fins do art. 105, III, a, da Constituição Federal, não é cabível recurso especial fundado em alegada violação de enunciado de súmula."*

- **48. Súmula STJ, 579.** *"Não é necessário ratifi-car o recurso especial interposto na pendência do julgamento dos embargos de declaração, quando inalterado o resultado anterior."*

- **49. Enunciado Administrativo 6 STJ.** *"Nos recursos tempestivos interpostos com funda-mento no CPC/2015 (relativos a decisões pu-blicadas a partir de 18 de março de 2016), so-mente será concedido o prazo previsto no art. 932, parágrafo único, c/c o art. 1.029, § 3º, do novo CPC para que a parte sane vício estrita-mente formal."*

- **50. Enunciado Administrativo 8 STJ.** *"A in-dicação no recurso especial dos fundamentos de relevância da questão de direito federal in-fraconstitucional somente será exigida em re-cursos interpostos contra acórdãos publicados após a data de entrada em vigor da lei regula-mentadora prevista no art. 105, § 2º, da Cons-tituição Federal."*

- **51. Súmula TST, 23.** *"Não se conhece de re-curso de revista ou de embargos, se a decisão recorrida resolver determinado item do pedido por diversos fundamentos e a jurisprudência transcrita não abranger a todos."*

- **52. Súmula TST, 126.** *"Incabível o recurso de revista ou de embargos (arts. 896 e 894, "b", da CLT) para reexame de fatos e provas."*

- **53. Súmula TST, 218.** *"É incabível recurso de revista interposto de acórdão regional prolata-do em agravo de instrumento."*

**LIVRO III · DOS PROCESSOS NOS TRIBUNAIS E DOS MEIOS DE IMPUGNAÇÃO DAS DECISÕES JUDICIAIS** — **Art. 1.029**

- **54. Súmula TST, 333.** *"Não ensejam recurso de revista decisões superadas por iterativa, notória e atual jurisprudência do Tribunal Superior do Trabalho."*
- **55. Súmula TST, 337.** *"I – Para comprovação da divergência justificadora do recurso, é necessário que o recorrente. a) Junte certidão ou cópia autenticada do acórdão paradigma ou cite a fonte oficial ou o repositório autorizado em que foi publicado; e b) Transcreva, nas razões recursais, as ementas e/ou trechos dos acórdãos trazidos à configuração do dissídio, demonstrando o conflito de teses que justifique o conhecimento do recurso, ainda que os acórdãos já se encontrem nos autos ou venham a ser juntados com o recurso. II – A concessão de registro de publicação como repositório autorizado de jurisprudência do TST torna válidas todas as suas edições anteriores. III – A mera indicação da data de publicação, em fonte oficial, de aresto paradigma é inválida para comprovação de divergência jurisprudencial, nos termos do item I, "a", desta súmula, quando a parte pretende demonstrar o conflito de teses mediante a transcrição de trechos que integram a fundamentação do acórdão divergente, uma vez que só se publicam o dispositivo e a ementa dos acórdãos. IV – É válida para a comprovação da divergência jurisprudencial justificadora do recurso a indicação de aresto extraído de repositório oficial na internet, desde que o recorrente: a) transcreva o trecho divergente; b) aponte o sítio de onde foi extraído; e. c) decline o número do processo, o órgão prolator do acórdão e a data da respectiva publicação no Diário Eletrônico da Justiça do Trabalho. V – A existência do código de autenticidade na cópia, em formato pdf, do inteiro teor do aresto paradigma, juntada aos autos, torna-a equivalente ao documento original e também supre a ausência de indicação da fonte oficial de publicação."*
- **56. Súmula TST, 414.** *"I – A tutela provisória concedida na sentença não comporta impugnação pela via do mandado de segurança, por ser impugnável mediante recurso ordinário. É admissível a obtenção de efeito suspensivo ao recurso ordinário mediante requerimento dirigido ao tribunal, ao relator ou ao presidente ou ao vice-presidente do tribunal recorrido, por aplicação subsidiária ao processo do trabalho do artigo 1.029, § 5º, do CPC de 2015. II – No caso de a tutela provisória haver sido concedida ou indeferida antes da sentença, cabe mandado de segurança, em face da inexistência de recurso próprio. III – A superveniência da sentença,*

nos autos originários, faz perder o objeto do mandado de segurança que impugnava a concessão ou o indeferimento da tutela provisória."*
- **57. Súmula TST, 433.** *"A admissibilidade do recurso de embargos contra acórdão de Turma em Recurso de Revista em fase de execução, publicado na vigência da Lei nº 11.496, de 26.06.2007, condiciona-se à demonstração de divergência jurisprudencial entre Turmas ou destas e a Seção Especializada em Dissídios Individuais do Tribunal Superior do Trabalho em relação à interpretação de dispositivo constitucional."*
- **58. Súmula TST, 442.** *"Nas causas sujeitas ao procedimento sumaríssimo, a admissibilidade de recurso de revista está limitada à demonstração de violação direta a dispositivo da Constituição Federal ou contrariedade a Súmula do Tribunal Superior do Trabalho, não se admitindo o recurso por contrariedade a Orientação Jurisprudencial deste Tribunal (Livro II, Título II, Capítulo III, do RITST), ante a ausência de previsão no art. 896, § 6º, da CLT."*
- **59. Súmula TST, 458.** *"Em causas sujeitas ao procedimento sumaríssimo, em que pese a limitação imposta no art. 896, § 6º, da CLT à interposição de recurso de revista, admitem-se os embargos interpostos na vigência da Lei nº 11.496, de 22.06.2007, que conferiu nova redação ao art. 894 da CLT, quando demonstrada a divergência jurisprudencial entre Turmas do TST, fundada em interpretações diversas acerca da aplicação de mesmo dispositivo constitucional ou de matéria sumulada."*
- **60. Súmula TST, 459.** *"O conhecimento do recurso de revista, quanto à preliminar de nulidade, por negativa de prestação jurisdicional, supõe indicação de violação do art. 832 da CLT, do art. 489 do CPC de 2015 (art. 458 do CPC de 1973) ou do art. 93, IX, da CF/1988."*
- **61. Enunciado 83 da FPPC.** *"Fica superado o enunciado 115 da súmula do STJ após a entrada em vigor do CPC ('Na instância especial é inexistente recurso interposto por advogado sem procuração nos autos')."*
- **62. Enunciado 197 do FPPC.** *"Aplica-se o disposto no parágrafo único do art. 932 aos vícios sanáveis de todos os recursos, inclusive dos recursos excepcionais."*
- **63. Enunciado 219 do FPPC.** *"O § 3º do art. 1.029 do CPC pode ser aplicado pelo relator ou pelo órgão colegiado."*
- **64. Enunciado 220 do FPPC.** *"O Supremo Tribunal Federal ou o Superior Tribunal de Justiça inadmitirá o recurso extraordinário ou*

1637

o recurso especial quando o recorrente não sanar o vício formal de cuja falta foi intimado para corrigir."

- **65. Enunciado 423 do FPPC.** *"Cabe tutela de evidência recursal."*

- **66. Enunciado 550 da FPPC.** *"A inexistência de repercussão geral da questão constitucional discutida no recurso extraordinário é vício insanável, não se aplicando o dever de prevenção de que trata o parágrafo único do art. 932, sem prejuízo do disposto no art. 1.033."*

- **67. Enunciado 664 da FPPC.** *"O Presidente ou Vice-Presidente do Tribunal de origem tem competência para homologar acordo celebrado antes da publicação da decisão de admissão do recurso especial ou extraordinário."*

- **68. Enunciado 747 do FPPC.** *"O pedido de concessão de efeito suspensivo a recurso extraordinário ou recurso especial poderá ser formulado por requerimento dirigido ao tribunal superior quando o pedido de mesmo conteúdo tiver sido analisado pelo presidente ou pelo vice-presidente do tribunal local."*

- **69. Enunciado 203 da III Jornada-CJF.** *"A interposição de Recursos Especial e Extraordinário não exige protocolo simultâneo, desde que observado o prazo legal."*

- **70. Enunciado 63 do FONAJE.** *"Contra decisões das Turmas Recursais são cabíveis somente os embargos declaratórios e o Recurso Extraordinário."*

## 🗐 Comentários Temáticos

**71. Recursos excepcionais.** O recurso excepcional é gênero do qual são espécies o recurso extraordinário para o STF (CF, art. 102, III), o recurso especial para o STJ (CF, art. 105, III), o recurso de revista para o TST (CLT, art. 896) e o recurso especial para o TSE (Código Eleitoral, art. 276, I). Esses recursos têm um regime jurídico comum, com diversas características semelhantes.

**72. Efeito devolutivo restrito. Recursos de fundamentação vinculada.** Os recursos excepcionais são exemplos de recursos de fundamentação vinculada. Suas hipóteses de cabimento estão expressamente tipificadas, servindo à impugnação da resolução de questões de direito; não se admite sua interposição para reexame de prova ou de fatos. São recursos de estrito direito.

**73. Recursos excepcionais e reexame de prova.** Não é possível a interposição de recursos excepcionais para revisão de matéria de fato ou com o objetivo de o tribunal superior reexami-

nar prova. É possível, porém, a interposição de recurso especial por violação às normas do direito probatório, entre as quais se incluem as que decorrem do CPC e do CC que disciplinam a matéria, notadamente quando tratam da admissibilidade e da valoração da prova. Também é possível recurso extraordinário para discutir a utilização de prova ilícita, que é vedada constitucionalmente.

**74. Recurso especial e valoração da prova.** *"A errônea valoração da prova que enseja a incursão desta Corte na questão é a de direito, ou seja, quando decorre de má aplicação de regra ou princípio no campo probatório e não para que se colham novas conclusões sobre os elementos informativos do processo"* (STJ, 4ª Turma, AgInt no AREsp 970.049/RO, rel. Min. Maria Isabel Gallotti, *DJe* 9.5.2017).

**75. Recurso excepcional e os conceitos jurídicos indeterminados.** É possível o controle, por meio de recursos excepcionais, da aplicação de *conceitos jurídicos indeterminados* e das *cláusulas gerais*. Não é possível pretender reexaminar os fatos, mas, sim, discutir se *aquele fato* examinado pelo tribunal recorrido subsume-se ao tipo normativo – trata-se de questão de direito, apta a ser objeto de um recurso excepcional. Assim, interposto o recurso com base nos fatos descritos no acórdão recorrido, é possível questionar a interpretação dada pelo tribunal de origem ao termo indeterminado contido no texto normativo. É possível, num recurso excepcional, examinar o que seja "prova escrita" (conceito indeterminado) apta a ensejar ação monitória. Exatamente por isso, o STJ, em julgamento de recursos especiais, considerou que "o contrato de abertura de crédito em conta-corrente, acompanhado do demonstrativo de débito, constitui documento hábil para o ajuizamento de ação monitória" (Súmula STJ, 247) e, bem assim, que o cheque prescrito é prova escrita apta a viabilizar a ação monitória (Súmula STJ, 299). Também é por isso que o STJ examina o que sejam "móveis que guarnecem a casa", para caracterizar o que se seja "bem de família" (Lei 8.009/1990, art. 1º, parágrafo único): REsp 1.301.467/MS, por exemplo. É possível, de igual modo, imaginar o controle da aplicação de *cláusula geral*, tais como a boa-fé (art. 5º), a de negociação processual (art. 190), o poder geral de cautela (art. 301) etc. O STJ pode, por exemplo, ao interpretar a extensão do § 1º do art. 536, que prevê uma cláusula geral de efetivação das decisões judiciais, entenda não ser lícita a fixação de multa horária ou de prisão civil como meio inominado de coerção indireta. Desde que não se pretenda alterar a descrição dos fatos feita no acórdão do tribunal de origem, cabe o recurso para que se reveja a interpretação dada ao dispositivo aplicável ao caso.

**76. Recursos excepcionais e interpretação de cláusula contratual.** Não se admite recurso excepcional que verse sobre interpretação de cláusula contratual. A atividade interpretativa dos contratos é guiada legalmente. As normas sobre interpretação, exatamente porque normas, são impostas, e não meramente sugeridas (CC, arts. 112 a 114). As normas sobre interpretação dos negócios jurídicos vinculam o intérprete, diminuindo as incertezas provenientes do uso da linguagem. Por isso, ao se deparar com uma manifestação volitiva, ele não pode escolher o significado que lhe parecer melhor: deve optar pelo sentido ditado pela norma incidente, sob pena de, não o fazendo, violá-la e ensejar o cabimento de recurso especial. Não cabe recurso especial por simples interpretação da cláusula contratual. O que viabiliza a interposição do recurso é a ofensa a uma norma legal interpretativa, e não à disposição negocial. Ou seja, pressupõe-se um dissenso entre as partes quanto ao sentido do instrumento negocial, a ser dirimido mediante a aplicação de uma norma jurídica federal. O desrespeito ao contrato, por si só, não enseja recurso especial. Nada impede, também, que haja norma de interpretação do negócio prevista no próprio negócio – espécie de negócio de acertamento. Nesse caso, violação a essa norma não dá ensejo a recurso especial, exatamente por se tratar de norma negocial e, não, norma federal. Não cabe recurso especial por ter sido supostamente violada determinada cláusula do contrato, mas é admissível por haver violação a disposição de lei federal que trate da interpretação de negócio jurídico. É preciso, então, que se indique o dispositivo de lei federal que foi violado, e não dada cláusula contratual. Se se interpuser recurso especial por alegada violação a uma cláusula contratual, e não a um dispositivo de lei federal, aí sim há de se inadmitir o recurso. Diversamente, alegada violação a dispositivo de lei federal que trate da interpretação de negócio jurídico, a questão é de direito, e não de fato, sendo admissível o recurso.

**77. Prequestionamento.** Para que o recurso excepcional seja conhecido, é preciso que haja o prequestionamento. Considera-se prequestionamento o enfrentamento, pelo tribunal recorrido, no acórdão impugnado, da questão de direito que é objeto do recurso excepcional. O propósito é evidente: o tribunal superior, ao julgar um recurso excepcional, somente deve decidir questão que tenha sido enfrentada pelo órgão julgador recorrido.

**78. Prequestionamento expresso.** Quando o tribunal examina a questão com menção expressa ao dispositivo normativo cuja interpretação é objeto do recurso, há o chamado *prequestionamento expresso.*

**79. Prequestionamento implícito.** Se o tribunal examinar a questão sem menção expressa a um dispositivo normativo, há o chamado *prequestionamento implícito.* Em ouras palavras, *"O prequestionamento implícito ocorre quando, embora ausente a citação expressa ao dispositivo legal, a matéria nele disciplinada – e no seu preciso termo – é abordada no provimento jurisdicional"* (STJ, 2ª Turma, AgInt no AREsp 1.599.311/MS, rel. Min. Herman Benjamin, *DJe* 5.5.2020).

**80. Suficiência do prequestionamento implícito.** *"Esta Corte tem o entendimento no sentido de que o prequestionamento implícito ocorre quando há o efetivo debate da matéria, embora não haja expressa menção aos dispositivos violados, situação não verificada nos presentes autos"* (STJ, 5ª Turma, AgRg no AREsp 1.637.872/SE, rel. Min. Felix Fischer, *DJe* 18.5.2020).

**81. Prequestionamento, fundamento determinante e *obiter dictum*.** A matéria prequestionada é a que constitui fundamento determinante; seja o fundamento determinante vencedor, seja o fundamento determinante do voto vencido. Não configuram prequestionamento as considerações laterais, irrelevantes, que não constituam fundamento do acórdão. Considerações dispensáveis, feitas apenas para registro de uma opinião pessoal, não integram a fundamentação do acórdão, não configurando prequestionamento. São, na realidade, *obiter dicta.*

**82. Prequestionamento ficto.** Se o tribunal local não examina a questão, não há prequestionamento. A continuidade da omissão não pode prejudicar a parte que alegou a questão e a reiterou nos embargos de declaração; assim, a oposição de embargos de declaração, em tal situação, é suficiente para o preenchimento do requisito do prequestionamento, mesmo que o tribunal recorrido se mantivesse omisso. É o que se convencionou chamar de prequestionamento *ficto* e se consagrou no art. 1.025.

**83. Prequestionamento e voto vencido.** Se a questão está tratada apenas no voto vencido, há prequestionamento. É que o voto vencido passa a fazer parte do acórdão, inclusive para fim de prequestionamento (art. 941, § 3º). O voto vencido somente é considerado como parte integrante do acórdão, inclusive para fim de prequestionamento, se contiver fundamento suficiente a dar solução ao caso. As alegações contidas

**Art. 1.029** CÓDIGO DE PROCESSO CIVIL COMENTADO – *Leonardo Carneiro da Cunha*

no voto vencido, feitas à margem da discussão travada no caso, sem que tenham sido submetidas ao contraditório ou que não sirvam para fundamentar a solução da controvérsia posta a julgamento por serem os *obiter dicta* do voto vencido, são irrelevantes para a configuração do prequestionamento.

**84. Necessidade de esgotamento prévio das instâncias ordinárias.** Os recursos excepcionais são cabíveis de decisões que tenham julgado a causa em *última* ou *única* instância. Logo, enquanto houver possibilidade de recurso na instância de origem, ainda não houve decisão de *última* ou *única* instância. É necessário o prévio esgotamento das instâncias ordinárias para que se possa intentar os recursos extraordinário e especial (Súmula STF, 281). Desse modo, proferida, por exemplo, uma decisão isolada pelo relator, não é possível interpor, desde logo, o recurso especial ou extraordinário, pois ainda não se esgotou a instância ordinária, já que cabe o agravo interno.

**85. Inadmissibilidade de recurso especial contra decisão monocrática.** *"Não se conhece do recurso especial interposto em face de decisão monocrática. Inexistência do exaurimento obrigatório das instâncias ordinárias. Incidência da Súmula 281 do STF, por analogia"* (STJ, 3ª Turma, AgInt nos EDcl no AREsp 1.740.443/SP, rel. Min. Moura Ribeiro, *DJe* 7.6.2021).

**86. Inadmissibilidade de recurso especial contra decisão monocrática que julga embargos de declaração, por ausência de esgotamento das instâncias ordinárias.** *"É incabível a interposição de recurso especial contra decisão monocrática que julga embargos de declaração, opostos na origem, porquanto necessário o exaurimento de instância. Incidência da Súmula 281/ STF. Ressalta-se que o julgamento monocrático dos embargos de declaração opostos contra decisão colegiada não é suficiente para caracterizar o esgotamento das instâncias ordinárias para fins de interposição de recurso especial"* (STJ, 5ª Turma, AgRg no REsp 1.910.991/PR, rel. Min. Joel Ilan Paciornik, *DJe* 22.6.2021).

**87. Ausência de esgotamento das instâncias ordinárias pela falta de interposição do agravo interno.** *"É pacífico o entendimento do Superior Tribunal de Justiça no sentido da não cognoscibilidade do recurso especial interposto contra a decisão monocrática proferida em apelação, mesmo que tenham sido opostos embargos de declaração julgados pelo colegiado. II – Os embargos de declaração têm o condão de aperfeiçoar a decisão monocrática quando presentes as máculas do art. 1.022 do CPC/2015, saneando a decisão, sem no entanto ter o desiderato de enfrentar os fundamentos ali apresentados. Assim, após o referido saneamento, impõe-se a interposição de agravo interno visando exaurir a instância e viabilizar a interposição de recurso para as Cortes Superiores"* (STJ, 2ª Turma, AgInt no AREsp 1.344.777/MA, rel. Min. Francisco Falcão, *DJe* 18.11.2020). No mesmo sentido: *"Segundo entendimento desta Corte, 'quando o órgão colegiado aprecia embargos de declaração opostos contra decisão monocrática, em verdade, não examina a controvérsia, mas apenas afere a presença, ou não, de um dos vícios indicados no art. 535, I e II, do CPC. Por conseguinte, o fato de existir decisão colegiada não impede nem inibe a subsequente interposição de agravo regimental, este sim, apto a levar ao órgão coletivo o exame da questão controvertida' (STJ, AgRg no REsp 1.231.070/ES, Rel. Ministro CASTRO MEIRA, CORTE ESPECIAL, DJe de 10/10/2012). V. Nesse contexto, 'o julgamento colegiado dos embargos declaratórios opostos à decisão monocrática não acarreta o exaurimento da instância para efeito de interposição de recurso especial. Aplicação analógica da Súmula 281 do STF' (STJ, AgInt nos EDcl no AREsp 1.144.980/GO, Rel. Ministro PAULO DE TARSO SANSEVERINO, TERCEIRA TURMA, DJe de 01/08/2018)"* (STJ, 2ª Turma, REsp 1.908.703/BA, rel. Min. Assusete Magalhães, *DJe* 31.8.2021).

**88. Recursos excepcionais contra provimentos de urgência.** O STF e o STJ têm competência para, em recurso extraordinário e em recurso especial, respectivamente, julgar as *causas* decididas em *única* ou *última* instância, quando a decisão recorrida, além de outras hipóteses, violar norma constitucional (no caso do recurso extraordinário) ou de lei federal (no caso do recurso especial). O termo *causa* compreende qualquer questão resolvida, ainda que mediante decisão interlocutória, ou seja, cabem recursos excepcionais não somente do julgamento final da demanda, como também da resolução de qualquer incidente no processo. Sem embargo disso, o STF, pelo enunciado 735 de sua súmula, consolidou o entendimento segundo o qual "não cabe recurso extraordinário contra acórdão que defere medida liminar". A razão do entendimento repousa na circunstância de o julgamento assim proferido decorrer de um juízo de cognição sumária, sendo provisório. O recurso extraordinário estaria a reclamar providência definitiva para instaurar o contencioso constitucional. Na verdade, continua sendo cabível o recurso extraordinário contra decisão interlocutória. Somente não cabe o recurso extraordi-

1640

# LIVRO III · DOS PROCESSOS NOS TRIBUNAIS E DOS MEIOS DE IMPUGNAÇÃO DAS DECISÕES JUDICIAIS — Art. 1.029

nário se o provimento for provisório, fundado em mera probabilidade ou verossimilhança; enfim, se se tratar de provimento decorrente de cognição sumária. A inviabilidade do extraordinário, porém, não resulta do argumento que vem fundamentando os precedentes que deram origem ao enunciado 735 da súmula do STF. O fato de a decisão ser provisória e estar fundada em cognição sumária não a afasta do conceito de *causa* encartado no art. 102, III, da CF. Na verdade, o recurso extraordinário revelar-se-ia incabível na espécie, porque envolve reexame de fatos ou provas. Além disso, é *reflexa* ou *indireta* a alegada violação a dispositivo constitucional. É possível, porém, imaginar o cabimento de recurso extraordinário contra esse tipo de acórdão, fato que contraria o enunciado da súmula: pense-se no caso de acórdão que violasse regra de competência prevista na Constituição. Nesse caso, a despeito de tratar-se de acórdão sobre medida liminar, há possibilidade de utilização do recurso extraordinário para o STF. O STJ segue, em princípio, o entendimento do STF e aplica o enunciado 735 de sua súmula. Não se pode, porém, afastar, de modo absoluto, o cabimento do recurso especial contra provimentos de urgência, sendo cabível quando impossível a medida ou em razão da violação a alguma regra que vede ou restrinja sua concessão.

**89. Aplicação da Súmula STF, 735, pelo STJ.** *"O STJ, em sintonia com o disposto no enunciado da Súmula 735 do STF, entende que, em regra, descabe Recurso Especial para reexaminar decisão que defere ou indefere liminar ou antecipação de tutela, em razão da natureza precária da decisão, sujeita à modificação a qualquer tempo, devendo ser confirmada ou revogada pela sentença de mérito. Apenas violação direta ao dispositivo legal que disciplina o deferimento da medida autorizaria o cabimento do Recurso Especial, no qual não é possível decidir a respeito da interpretação dos preceitos legais relativos ao mérito da causa"* (STJ, 2ª Turma, AgInt no AREsp 1.602.281/ES, rel. Min. Herman Benjamin, *DJe* 26.5.2020). No mesmo sentido: *"Esta Corte de Justiça só admite a mitigação da Súmula 735/STF nas hipóteses em que a concessão da medida liminar e o deferimento da antecipação de tutela caracterizarem ofensa direta à lei federal que regulamenta tais medidas, e não quando a solução do problema depender da interpretação das normas concernentes ao mérito da demanda"* (STJ, 1ª Turma, AgInt no AREsp 1.976.672/GO, rel. Min. Paulo Sérgio Domingues, *DJe* 3.11.2023).

**90. Primazia da decisão do mérito do recurso extraordinário ou especial.** O art. 4º

consagra o princípio da primazia da decisão de mérito: a decisão de mérito é sempre preferencial a uma decisão de inadmissibilidade. O parágrafo único do art. 932, ao imputar ao relator o *dever geral de prevenção*, de modo a evitar o juízo de inadmissibilidade recursal, é regra que concretiza o princípio da primazia da decisão de mérito em âmbito recursal. Reafirmando ainda mais esse princípio, o § 3º do art. 1.029 prevê uma regra específica para os recursos especial e extraordinário.

**91. Desconsiderar vício formal ou determinar sua correção.** O STF ou o STJ pode *desconsiderar* vício formal de recurso tempestivo, desde que não o repute grave. O STF ou o STJ pode *determinar a correção* de vício formal de recurso tempestivo, desde que não o repute grave (art. 1.029, § 3º). Os comandos normativos dirigem-se ao relator e ao órgão colegiado. Ambos os comandos têm dois pressupostos comuns: *a)* o recurso há de ser tempestivo; *b)* o defeito a ser corrigido ou ignorado não pode ser grave.

**92. Desconsideração de vício formal.** O tribunal superior pode simplesmente desconsiderar o defeito no recurso especial ou extraordinário, não havendo sequer a necessidade de determinar ao recorrente a correção. Se o defeito pode ser corrigido, não há razão para o STF ou STJ não determinar a sua correção. Assim, a utilidade prática da desconsideração do defeito, referida no § 3º do art. 1.029, parece estar exatamente na possibilidade de o tribunal superior *ignorar* defeitos insanáveis, desde que não os repute graves. A regra atribui esses poderes apenas aos *tribunais superiores*. O Presidente ou Vice-Presidente do tribunal recorrido não pode aplicar o dispositivo, ao fazer o juízo de admissibilidade do recurso extraordinário ou especial. Assim, inadmitido o recurso pelo Presidente ou Vice-Presidente do tribunal de origem, ao recorrente cabe interpor agravo para que o tribunal superior ou entenda presente o requisito de admissibilidade cuja ausência fora proclamada no juízo *provisório* de admissibilidade, ou, ainda que concorde com o Presidente ou Vice-Presidente do tribunal de origem, haja por bem suplantar a ausência do requisito de admissibilidade e conhecer do recurso. Com a repartição do duplo juízo de admissibilidade, o § 3º do art. 1.029 será aplicado, na verdade, quase sempre, quando da análise do agravo em recurso especial ou extraordinário.

**93. Correção de vícios e vícios passíveis de correção.** O defeito não se considera grave, quando puder ser corrigido: defeitos relativos à representação processual, ausência de assinatura do advogado etc. Nem todo defeito de um

**Art. 1.029** CÓDIGO DE PROCESSO CIVIL COMENTADO – *Leonardo Carneiro da Cunha*

recurso pode ser corrigido; o que puder sê-lo, autoriza o STF ou STJ a, antes de inadmitir o recurso, determinar a correção do defeito. A correção desse tipo de defeito já pode ser determinada pelo próprio Presidente ou Vice-presidente do tribunal local, ao fazer o primeiro juízo de admissibilidade.

**94. Impossibilidade de se permitir ao recorrente complementar a fundamentação de recurso mal fundamentado.** *"Esta Corte, ao interpretar o previsto no art. 932, parágrafo único, do CPC/2015 (o qual traz disposição similar ao § 3º do art. 1.029 do mesmo Código de Ritos), firmou o entendimento de que este dispositivo só se aplica para os casos de regularização de vício estritamente formal, não se prestando para complementar a fundamentação de recurso já interposto"* (STJ, 4ª Turma, AgInt nos EDcl no AREsp 1.605.852/SP, rel. Min. Luis Felipe Salomão, *DJe* 13.5.2020).

**95. Ausência de impugnação não é vício estritamente formal.** *"A ausência de impugnação de fundamento da decisão agravada, por sua gravidade, não é vício passível de desconsideração na forma do § 3º do art. 1.029 do CPC/2015, nem de abertura de prazo para correção nos termos do parágrafo único do art. 932 do CPC/2015, uma vez que esta Corte interpretou os referidos dispositivos para possibilitar a correção somente de vícios formais, não sendo esse o caso dos autos"* (STJ, 2ª Turma, AgInt nos EDcl no AREsp 1.037.512/SP, rel. Min. Mauro Campbell Marques, *DJe* 14.6.2017).

**96. Recurso especial por dissídio jurisprudencial e divergência notória.** *"A existência de dissídio notório autoriza a mitigação das exigências de natureza formal para o conhecimento do recurso especial interposto com base na alínea 'c'"* (STJ, 3ª Turma, AgRg nos EDcl no REsp 1.257.530/RJ, rel. p/ ac. Min. João Otávio de Noronha, *DJe* 10.2.2014). **No mesmo sentido:** STJ, 4ª Turma, AgRg no REsp 1.258.645/SC, rel. Min. Marco Buzzi, *DJe* 23.5.2017; STJ, 4ª Turma, EDcl no AgInt nos EDcl no AREsp 1.320.884/PR, rel. Min. Raul Araújo, *DJe* 19.6.2019; STJ, 3ª Turma, AgInt no REsp 1.878.338/SP, rel. Min. Paulo de Tarso Sanseverino, *DJe* 4.3.2021.

**97. Ausência de efeito suspensivo automático.** O recurso extraordinário e o recurso especial não têm efeito suspensivo automático (art. 995). Permitem, por isso, o cumprimento provisório da decisão recorrida.

**98. Efeito suspensivo automático.** Em regra, os recursos especial e extraordinário não têm efeito suspensivo automático. Há, porém, casos

em que o possuem: quando interpostos contra decisão que julga o incidente de resolução de demandas repetitivas (art. 987, § 1º). A legislação brasileira proíbe a concessão de provimento de urgência contra a Fazenda Pública em alguns casos. Nesses casos, além de não ser possível a concessão da medida liminar, não se possibilita a execução provisória, devendo-se aguardar o trânsito em julgado da sentença, tendo efeito suspensivo a apelação contra esta interposta. Como é necessário aguardar o trânsito em julgado, todos recursos têm efeito suspensivo, inclusive aqueles destinados aos tribunais superiores.

**99. Concessão de efeito suspensivo a recurso especial.** *"A concessão de efeito suspensivo a recurso especial ou a agravo em recurso especial exige a demonstração do fumus boni iuris e do periculum in mora, sem os quais não se pode acolher esse pedido incidental"* (STJ, 3ª Turma, AgInt no TP 2.646/MG, rel. Min. Marco Aurélio Bellizze, *DJe* 19.5.2020). *"De acordo com o art. 1.029, § 5º, do CPC/2015, no período compreendido entre a interposição do recurso e a publicação da decisão de sua admissão, compete ao presidente ou vice-presidente do tribunal local a análise do pedido de concessão de efeito suspensivo ao recurso especial"* (STJ, 4ª Turma, AgInt no TP 2.623/SP, rel. Min. Antonio Carlos Ferreira, *DJe* 21.5.2020).

**100. Competência para a concessão da tutela de urgência em casos de sobrestamento de recursos repetitivos.** Os recursos repetitivos provocam a suspensão dos processos repetitivos pendentes. E, durante a suspensão dos processos, não é possível aos respectivos juízes praticarem quaisquer atos, salvo quando houver urgência (art. 314). Se houver uma urgência, o pedido de tutela provisória deve ser dirigido ao juízo onde tramita o processo suspenso. Instaurado o incidente de julgamento de recursos extraordinários ou especiais repetitivos, os demais processos em que a questão está sendo discutida ficarão sobrestados. É bem verdade que, no tocante aos recursos especiais e extraordinários sobrestados, não há, enquanto perdurar o sobrestamento, o exercício do juízo de admissibilidade no tribunal local. Assim, a tutela provisória haveria de ser proposta perante o Presidente ou Vice-Presidente do tribunal de origem. E é exatamente isso que está disposto no inciso III do § 5º do art. 1.029: o pedido de tutela de urgência deve ser dirigido ao presidente ou vice-presidente do tribunal recorrido, no caso de o recurso ter sido sobrestado.

**101. Competência do STJ ou STF para a concessão da tutela de urgência em casos de recurso especial ou extraordinário pendentes**

1642

**LIVRO III · DOS PROCESSOS NOS TRIBUNAIS E DOS MEIOS DE IMPUGNAÇÃO DAS DECISÕES JUDICIAIS** **Art. 1.029**

de juízo de admissibilidade. *"2. No caso, o pedido de atribuição de efeito suspensivo foi dirigido diretamente ao Superior Tribunal de Justiça, mas o recurso especial ainda não foi submetido ao juízo prévio de admissibilidade pela Corte de origem, o que configura descumprimento do rito previsto na norma processual supramencionada. 3. Acrescente-se que não foi apresentada qualquer justificativa hábil a flexibilizar a aplicação do disposto no art. 1.029, § 5º, III, do CPC, uma vez que não está evidenciada a existência de teratologia no aresto impugnado, tampouco se demonstrou o risco de ineficácia do provimento jurisdicional, caso o pedido de tutela de urgência tivesse sido submetido à análise do tribunal recorrido, órgão jurisdicional competente"* (STJ, 2ª Turma, AgInt no TP 3.190/SP, rel. Min. Og Fernandes, *DJe* 3.8.2021).

**102.** **Julgamento colegiado de aclaratórios contra monocrática e exaurimento de instância.** *"O julgamento colegiado dos embargos declaratórios opostos à decisão monocrática não acarreta o exaurimento da instância para efeito de interposição de recurso especial. Aplicação analógica da Súmula 281 do STF"* (STJ, AgInt nos EDcl no AREsp 1.144.980/GO, rel. Min. Paulo de Tarso Sanseverino, *DJe* 1º.8.2018).

**103.** **Primazia do julgamento de mérito nos Tribunais Superiores.** *"Nos termos de precedente turmário, entretanto, em que vencida esta Relatora, é possível superar a análise dos pressupostos extrínsecos de admissibilidade dos recursos para enfrentar questões de fundo, em relação às quais exista tese de repercussão geral firmada por esta Suprema Corte, em observância ao princípio da primazia da solução de mérito (art. 4º do CPC)"* (STF, 1ª Turma, Rcl 37.643 AgR-segundo, rel. Min. Rosa Weber, *DJe* 06.12.2021).

**104.** **Relevância das questões de direito federal em recurso especial.** A EC 125/2022, acrescentou os §§ 2º e 3º ao art. 105 da CF, para prever *"a relevância das questões de direito federal infraconstitucional discutidas no caso"* como requisito de admissibilidade do recurso especial. O § 2º do art. 105 da CF tem a seguinte redação: *"No recurso especial, o recorrente deve demonstrar a relevância das questões de direito federal infraconstitucional discutidas no caso, nos termos da lei, a fim de que a admissão do recurso seja examinada pelo Tribunal, o qual somente pode dele não conhecer com base nesse motivo pela manifestação de 2/3 (dois terços) dos membros do órgão competente para o julgamento"*. Já o § 3º do art. 105 da CF prevê casos de presunção *absoluta* de relevância das questões de direito federal infraconstitucional.

**105.** **Norma constitucional de eficácia limitada.** O novo requisito de admissibilidade do recurso especial depende de regulamentação legal, pois o § 2º do art. 105 da CF dispõe que o recorrente deve demonstrar a relevância *"nos termos da lei"*. Logo, enquanto não for regulamentado *por lei* o dispositivo, não poderá ser exigido tal requisito de admissibilidade, até porque não se sabe, ainda, quais são as exatas exigências legais. Isso significa que a simples regulamentação do tema no Regimento Interno do STJ não é suficiente para tornar eficaz o comando constitucional – embora muito se reconheça a importância do papel que esse mesmo regimento terá na disciplina da matéria. Enquanto não sobrevier a lei regulamentadora, não é possível exigir a relevância da questão federal. É uma típica norma constitucional de eficácia limitada, porque dependente de complementação infraconstitucional.

**106.** **Hipóteses de presunção absoluta da relevância da questão federal no recurso especial.** O § 3º do art. 105 da CF prevê casos em que há presunção *absoluta* de relevância: ações penais e de improbidade administrativa, ações cujo valor da causa ultrapasse 500 (quinhentos) salários mínimos, ações que possam gerar inelegibilidade, hipóteses em que o acórdão recorrido contrariar jurisprudência dominante do Superior Tribunal de Justiça; a lei poderá ainda prever outras hipóteses. A presunção é *absoluta*: nesses casos, a discussão sobre a existência ou não de relevância da questão é, com o perdão do trocadilho, *irrelevante*. Este é, aliás, o papel das presunções absolutas. O texto constitucional é bem claro e impede interpretação em sentido diverso: "Haverá a relevância". Não é dogmaticamente aceitável dizer, onde a Constituição diz "haverá a relevância", que "poderá não haver a relevância". Qualquer questão federal pode ser considerada relevante ou não, sem limitação de matéria. A questão a ser considerada relevante pela turma pode ser de Direito material ou de Direito processual. A lei a ser editada não pode limitar – ou previamente excluir – determinadas matérias da relevância, sob pena de manifesta inconstitucionalidade, não somente por atentar contra o acesso à justiça, mas também por impedir que o STJ exerça sua função constitucional de conferir sentido e interpretar toda a legislação federal.

**107.** **Ausência de presunção de irrelevância.** O fato de haver uma lista constitucional de hipóteses em que se presume a relevância não significa que haja uma *implícita* presunção de *irrelevância* de questões que estejam fora desta

1643

**Art. 1.029** CÓDIGO DE PROCESSO CIVIL COMENTADO – *Leonardo Carneiro da Cunha*

lista – não há presunções constitucionais ou legais implícitas. Um exemplo para ilustrar: um caso cujo valor seja *inferior* a quinhentos salários mínimos pode dar ensejo a um recurso especial com relevante questão de direito federal.

**108. Outras hipóteses de presunção absoluta.** A lei regulamentar poderá criar outras hipóteses de presunção *absoluta* de relevância (CF, art. 105, § 3º, VI). O legislador poderá valer-se dos mais variados critérios para ampliar essa lista. Aliás, o § 3º do art. 105 da CF já se valeu de critérios distintos: por exemplo, ao garantir a presunção de relevância nas ações penais e de improbidade administrativa, o critério adotado foi a matéria debatida, que pode envolver restrição de direitos fundamentais; ao garantir a presunção de relevância nas ações cujo valor da causa supere 500 salários mínimos, o critério adotado foi econômico. Assim, a lei regulamentadora poderá garantir a presunção de relevância pelo critério temático, por exemplo, quando a demanda envolver direitos da personalidade, ressarcimento ao Erário e tutela da criança e do adolescente.

**109. Jurisprudência dominante.** Para que haja relevância da questão federal, basta que exista, no STJ, "jurisprudência dominante" que respalde a pretensão do recorrente (CF, art. 105, § 3º, V). A adoção do termo "jurisprudência dominante" revela que não se exige *necessariamente* a demonstração de precedente obrigatório, embora seja evidente que precedentes obrigatórios estejam necessariamente inseridos dentro do tipo "jurisprudência dominante". Ou seja: a CF ampliou a presunção de relevância nesses casos, dando claro indicativo do prestígio que dá ao papel uniformizador do STJ. Nesse mesmo sentido, deverá ser considerada relevante a questão federal quando o recurso especial for interposto contra acórdão que tenha sido proferido em julgamento de casos repetitivos (CPC, art. 987, § 1º). No entanto, se a decisão recorrida estiver *de acordo* com a jurisprudência dominante do STJ, não significa que falte ao recurso especial relevância da questão federal. Estando a decisão de que se recorra em conflito com a jurisprudência do STJ, há presunção absoluta de relevância da questão federal. Se, ao contrário, a decisão recorrida estiver de acordo com o entendimento do Tribunal Superior, não quer isso dizer que falte relevância. Em tal hipótese, o recorrente deve demonstrar a existência da relevância, provocando a manifestação do STJ, que poderá, até mesmo, modificar seu entendimento, seja porque o contexto do momento impõe a mudança da orientação anteriormente firmada (superação),

seja porque o caso contém peculiaridade que exige o afastamento ou a não aplicação do entendimento já assentado (distinção).

**110. A relevância da questão federal no recurso especial *versus* a repercussão geral no recurso extraordinário.** A relevância da questão federal no recurso especial *difere* da repercussão geral no recurso extraordinário. A repercussão geral não se confunde com a antiga "arguição de relevância" do recurso extraordinário, que existia ao tempo da CF/1969. A mudança do termo "relevância" para "repercussão geral" não é casual: não dá para dizer que uma questão constitucional seja irrelevante; se constitucional, por definição é relevante. Daí o termo "repercussão geral", que aponta para a necessidade de a questão constitucional, que é sempre relevante, ter algum impacto mais geral, para além do recorrente. Mas é possível imaginar que questões legais – de Direito federal – podem ser mais ou menos relevantes – e, por causa disso, é inevitável dizer que há maior espaço de valoração aqui, para o STJ. Exatamente por conta dessa diferença é que a EC 125/2022 se antecipou ao legislador e já trouxe uma lista de casos de relevância presumida, limitando, desde logo, esse "maior espaço de valoração" dado ao STJ.

**111. A relevância da questão federal no recurso especial *versus* a transcendência no recurso de revista.** A relevância da questão federal em recurso especial também difere da transcendência no recurso de revista (CLT, art. 896-A). A começar pelo nome, a "transcendência" aproxima-se muito mais da "repercussão geral", em sua dimensão mais objetiva. No TST, poderá o relator, monocraticamente, inadmitir o recurso de revista que não demonstrar transcendência (CLT, art. 896-A, § 2º). É um requisito de admissibilidade examinável, desde logo, pelo próprio relator. A relevância da questão federal no recurso especial, por sua vez, não é assim: não pode, desde logo, ser examinada, monocraticamente, pelo relator, devendo ser objeto de análise colegiada, e somente poderá ser afastada por quórum qualificado de 2/3 de seus membros. O recurso de revista pode veicular matéria constitucional. Se, em determinado tema, o STF já tiver decidido com eficácia *erga omnes* ou já tiver reconhecido a presença de repercussão geral dessa questão constitucional, o TST, por decisão monocrática ou colegiada, não poderá considerar ausente a transcendência do recurso de revista que tenha essa questão constitucional por objeto.

**112. Direito intertemporal.** O recurso especial passará a ter, depois de regulamentação expressa em lei, um requisito de admissibilidade

**LIVRO III** · DOS PROCESSOS NOS TRIBUNAIS E DOS MEIOS DE IMPUGNAÇÃO DAS DECISÕES JUDICIAIS

**Art. 1.030**

previsto no § 2º do art. 105 da CF. No recurso especial, o recorrente terá de demonstrar, nos termos da lei, a relevância das questões de direito federal discutidas no caso. Embora o requisito dependa de regulamentação legal, o art. 2º da EC 125/2022, enuncia que ele será exigido *"nos recursos especiais interpostos após a entrada em vigor desta Emenda Constitucional, ocasião em que a parte poderá atualizar o valor da causa para os fins de que trata o inciso III do § 3º do referido artigo"*. É preciso conferir uma interpretação corretiva ao art. 2º da EC 125/2022, a fim de preservá-lo e ajustá-lo ao sistema atualmente em vigor. E há, efetivamente, a possibilidade de se conferir utilidade à regra, emprestando-lhe uma interpretação que a harmoniza com o sistema atual. De acordo com o § 2º do art. 105 da CF, é necessário haver regulamentação da relevância da questão federal. O art. 2º da Emenda prevê que a exigência se aplica aos recursos interpostos depois de sua vigência. O dispositivo há de ser lido da seguinte forma: o novo requisito de admissibilidade deve aplicar-se aos recursos interpostos depois do início de vigência da lei que o regulamentar. Não é possível exigir o novo requisito de admissibilidade antes de sua regulamentação. Aliás, o STJ editou, já em 2022, o enunciado administrativo 8, com o seguinte teor: *"A indicação, no recurso especial, dos fundamentos de relevância da questão de direito federal infraconstitucional somente será exigida em recursos interpostos contra acórdãos publicados após a data de entrada em vigor da lei regulamentadora prevista no artigo 105, parágrafo 2º, da Constituição Federal."* O direito ao recurso surge com a prolação da decisão. Sendo assim, a nova exigência deve ser feita, não a partir dos recursos interpostos depois do início de vigência da lei regulamentadora, mas dos acórdãos proferidos a partir de então. Não é constitucional, por implicar inaceitável retroatividade, exigir o novo requisito para casos em que o acórdão foi proferido antes do início de vigência a lei regulamentadora, embora o recurso seja interposto depois dela. Enfim, a exigência deve somente passar a ser feita para os casos nos quais as decisões recorríveis forem proferidas depois do início de vigência da lei que venha a regulamentar a relevância da questão federal.

**Art. 1.030.** Recebida a petição do recurso pela secretaria do tribunal, o recorrido será intimado para apresentar contrarrazões no prazo de 15 (quinze) dias, findo o qual os autos serão con-

clusos ao presidente ou ao vice-presidente do tribunal recorrido, que deverá:

I – negar seguimento:

a) a recurso extraordinário que discuta questão constitucional à qual o Supremo Tribunal Federal não tenha reconhecido a existência de repercussão geral ou a recurso extraordinário interposto contra acórdão que esteja em conformidade com entendimento do Supremo Tribunal Federal exarado no regime de repercussão geral;

b) a recurso extraordinário ou a recurso especial interposto contra acórdão que esteja em conformidade com entendimento do Supremo Tribunal Federal ou do Superior Tribunal de Justiça, respectivamente, exarado no regime de julgamento de recursos repetitivos;

II – encaminhar o processo ao órgão julgador para realização do juízo de retratação, se o acórdão recorrido divergir do entendimento do Supremo Tribunal Federal ou do Superior Tribunal de Justiça exarado, conforme o caso, nos regimes de repercussão geral ou de recursos repetitivos;

III – sobrestar o recurso que versar sobre controvérsia de caráter repetitivo ainda não decidida pelo Supremo Tribunal Federal ou pelo Superior Tribunal de Justiça, conforme se trate de matéria constitucional ou infraconstitucional;

IV – selecionar o recurso como representativo de controvérsia constitucional ou infraconstitucional, nos termos do § 6º do art. 1.036;

V – realizar o juízo de admissibilidade e, se positivo, remeter o feito ao Supremo Tribunal Federal ou ao Superior Tribunal de Justiça, desde que:

a) o recurso ainda não tenha sido submetido ao regime de repercussão geral ou de julgamento de recursos repetitivos;

b) o recurso tenha sido selecionado como representativo da controvérsia; ou

c) o tribunal recorrido tenha refutado o juízo de retratação.

§ 1º Da decisão de inadmissibilidade proferida com fundamento no inciso V caberá agravo ao tribunal superior, nos termos do art. 1.042.

§ 2º Da decisão proferida com fundamento nos incisos I e III caberá agravo interno, nos termos do art. 1.021.

▶ **1. Correspondência no CPC/1973.** *"Art. 542. Recebida a petição pela secretaria do tribunal, será intimado o recorrido, abrindo-se-lhe vista, para apresentar contra-razões. § 1º Findo esse prazo, serão os autos conclusos para admissão ou não do recurso, no prazo de 15 (quinze) dias, em decisão fundamentada. § 2º Os recursos extraordinário e especial serão recebidos no efeito devolutivo. § 3º*

1645

# Art. 1.030

CÓDIGO DE PROCESSO CIVIL COMENTADO – *Leonardo Carneiro da Cunha*

*O recurso extraordinário, ou o recurso especial, quando interpostos contra decisão interlocutória em processo de conhecimento, cautelar, ou embargos à execução ficará retido nos autos e somente será processado se o reiterar a parte, no prazo para a interposição do recurso contra a decisão final, ou para as contra-razões."*

## ⚖ Jurisprudência, Enunciados e Súmulas Selecionados

- **2. Súmula STF, 322.** *"Não terá seguimento pedido ou recurso dirigido ao Supremo Tribunal Federal, quando manifestamente incabível, ou apresentado fora do prazo, ou quando for evidente a incompetência do Tribunal."*

- **3. Súmula STF, 727.** *"Não pode o magistrado deixar de encaminhar ao Supremo Tribunal Federal o agravo de instrumento interposto da decisão que não admite recurso extraordinário, ainda que referente a causa instaurada no âmbito dos Juizados Especiais."*

- **4. Súmula STJ, 123.** *"A decisão que admite, ou não, o recurso especial deve ser fundamentada, com o exame dos seus pressupostos gerais e constitucionais."*

- **5. Súmula TST, 266.** *"A admissibilidade do recurso de revista interposto de acórdão proferido em agravo de petição, na liquidação de sentença ou em processo incidente na execução, inclusive os embargos de terceiro, depende de demonstração inequívoca de violência direta à Constituição Federal."*

- **6. Enunciado 593 do FPPC.** *"Antes de inadmitir o recurso especial ou recurso extraordinário, cabe ao presidente ou vice-presidente do tribunal recorrido conceder o prazo de cinco dias ao recorrente para que seja sanado o vício ou complementada a documentação exigível, nos termos do parágrafo único do art. 932."*

- **7. Enunciado 665 do FPPC.** *"A negativa de seguimento ou sobrestamento de recurso especial ou extraordinário, ao fundamento de que a questão de direito já foi ou está selecionada para julgamento de recursos sob o rito dos repetitivos, não pode ser feita via carimbo ou outra forma automatizada nem por pessoa não investida no cargo de magistrado."*

- **8. Enunciado 77 da I Jornada-CJF.** *"Para impugnar decisão que obsta trânsito a recurso excepcional e que contenha simultaneamente fundamento relacionado à sistemática dos recursos repetitivos ou da repercussão geral (art. 1.030, I, do CPC) e fundamento relacionado à análise dos pressupostos de admissibilidade re-*

*cursais (art. 1.030, V, do CPC), a parte sucumbente deve interpor, simultaneamente, agravo interno (art. 1.021 do CPC) caso queira impugnar a parte relativa aos recursos repetitivos ou repercussão geral e agravo em recurso especial/ extraordinário (art. 1.042 do CPC) caso queira impugnar a parte relativa aos fundamentos de inadmissão por ausência dos pressupostos recursais."*

- **9. Enunciado 78 da I Jornada-CJF.** *"A suspensão do recurso prevista no art. 1.030, III, do CPC deve se dar apenas em relação ao capítulo da decisão afetada pelo repetitivo, devendo o recurso ter seguimento em relação ao remanescente da controvérsia, salvo se a questão repetitiva for prejudicial à solução das demais matérias."*

- **10. Enunciado 139 da II Jornada-CJF.** *"A ausência de retratação do órgão julgador, na hipótese prevista no art. 1.030, II, do CPC, dispensa a ratificação expressa para que haja o juízo de admissibilidade e a eventual remessa do recurso extraordinário ou especial ao tribunal superior competente, na forma dos arts. 1.030, V, 'c', e 1.041 do CPC."*

- **11. Enunciado 27 do FNPP.** *"Cabe reclamação contra a decisão proferida no agravo interno interposto contra a decisão do presidente ou vice-presidente do tribunal recorrido que negar seguimento ao recurso especial ou extraordinário fundado na aplicação de entendimento firmado em repercussão geral ou recurso repetitivo para demonstração de distinção."*

- **12. Enunciado 84 do FONAJE.** *"Compete ao Presidente da Turma Recursal o juízo de admissibilidade do Recurso Extraordinário, salvo disposição em contrário."*

## ▤ Comentários Temáticos

**13. Duplo juízo de admissibilidade.** Os recursos extraordinário e especial submetem-se a duplo juízo de admissibilidade. O presidente ou vice-presidente do tribunal de origem exerce o juízo provisório de admissibilidade, enquanto o tribunal superior, o definitivo. Se o juízo provisório for positivo, os autos seguem para os tribunais superiores, primeiro para o STJ; depois, para o STF (art. 1.031), salvo se a questão constitucional for prejudicial (art. 1.031, § 2º). Admitido o recurso no tribunal local, o juízo provisório ali exercido não vincula o tribunal superior, que detém o juízo definitivo de sua admissibilidade. Sendo negativo o juízo provisório, cabe agravo em recurso extraordinário ou em recurso especial (art. 1.042).

**LIVRO III** · DOS PROCESSOS NOS TRIBUNAIS E DOS MEIOS DE IMPUGNAÇÃO DAS DECISÕES JUDICIAIS   **Art. 1.030**

**14. Procedimento dos recursos extraordinário e especial no tribunal local.** Interposto o recurso especial ou extraordinário perante o presidente ou vice-presidente do tribunal de origem, a parte contrária será, imediatamente, intimada para oferecer contrarrazões, em quinze dias. Após as contrarrazões, caberá ao presidente ou vice-presidente do tribunal local proceder ao juízo de admissibilidade do recurso. Será, então, exercido o juízo provisório de admissibilidade. No tribunal superior, é exercido o juízo *definitivo* de admissibilidade.

**15. Inadmissibilidade de embargos de declaração.** *"Consoante jurisprudência desta Corte Superior, os Embargos de Declaração oferecidos contra decisão de juízo prévio de admissibilidade do Recurso Especial são manifestamente incabíveis. Excepcionalmente, apenas nos casos em que a decisão de inadmissibilidade do Recurso Especial é genérica, a ponto de inviabilizar a interposição de Agravo, é que é cabível a oposição dos Embargos de Declaração. Precedentes: AgInt no AREsp 1.550.218/SP, Rel. Min. Marco Aurélio Bellizze, DJe 20.03.2020; AgInt no AREsp 1.494.246/RJ, Rel. Min. Herman Benjamin, DJe 18.10.2019"* (STJ, 1ª Turma, AgInt no AREsp 1.529.119/SP, rel. Min. Napoleão Nunes Maia Filho, *DJe* 17.6.2020). *"O agravo é o único recurso cabível contra a decisão que não admite o recurso especial, sendo que a oposição de declaratórios não interrompe o prazo para a interposição de agravo em recurso especial"* (STJ, 3ª Turma, AgInt no AREsp 1.942.027/MG, rel. Min. Ricardo Villas Bôas Cueva, *DJe* 25.5.2022).

**16. Inadmissibilidade *versus* negativa de seguimento.** O presidente ou vice-presidente do tribunal de origem, ao exercer o juízo de admissibilidade do recurso extraordinário ou especial, pode inadmiti-lo. Nesse caso, estará a exercer o juízo negativo de admissibilidade. Em vez de o inadmitir, poderá negar-lhe seguimento. O art. 1.030 é complexo, pois trata, a um só tempo, de diversas situações heterogêneas. Há hipóteses, como dito, de juízo de admissibilidade, mas há outras em que o presidente ou vice-presidente do tribunal local exerce juízo de mérito e já julga o recurso excepcional. É o que ocorre quando o recurso tem seu seguimento negado. A negativa de seguimento pode ocorrer quando (a) o recurso extraordinário tratar de controvérsia a que o STF tenha negado repercussão geral; (b) o recurso extraordinário for interposto contra decisão que esteja conforme com entendimento do STF manifestado em regime de repercussão geral; (c) o recurso extraordinário ou especial tiver sido interposto contra acórdão que esteja,

respectivamente, em conformidade com entendimento do STF ou do STJ, manifestado no regimento do julgamento recursos repetitivos. Das três hipóteses duas delas são próprias ao recurso extraordinário, sendo a terceiro comum a ambos os recursos.

**17. Agravo em recurso extraordinário ou em recurso especial *versus* agravo interno.** Da decisão do presidente ou vice-presidente que inadmite o recurso extraordinário ou especial cabe agravo em recurso extraordinário ou em recurso especial (art. 1.042). Por sua vez, quando o recurso tiver seu seguimento negado em razão de repercussão geral ou do julgamento de recurso repetitivo, o controle da decisão do presidente ou vice-presidente será feito no próprio tribunal local, normalmente pelo plenário ou órgão especial, conforme o regimento interno do tribunal indicar. Esse agravo interno cumprirá o papel de servir como veículo do direito à distinção: o recorrente poderá demonstrar que seu caso é distinto, a justificar a não aplicação dos precedentes obrigatórios referidos no inciso I do art. 1.030.

**18. Negativa de seguimento com fundamento em precedente firmado em recurso repetitivo. Cabimento de agravo interno.** *"Consoante o disposto no art. 1.030, § 2º, do CPC/2015, é cabível agravo interno contra a decisão do presidente ou vice-presidente do tribunal recorrido que nega seguimento a recurso especial. 2. Na linha da jurisprudência desta Corte, 'compete ao Tribunal de origem, ao apreciar o agravo interno, verificar eventual* distinguishing *entre o paradigma julgado em sede de recurso repetitivo e o caso concreto' (AgInt no AREsp 902.987/SP, Rel. Ministro Mauro Campbell Marques, Segunda Turma, julgado em 25.10.2016, DJe 07.11.2016)"* (STJ, 3ª Turma, EDcl no AgInt no AREsp 1.469.506/PE, rel. Min. Marco Aurélio Bellizze, *DJe* 30.3.2020).

**19. Erro grosseiro.** *"Consoante a jurisprudência firmada no STJ, constitui erro grosseiro a interposição do recurso de agravo em recurso especial de decisão de inadmissibilidade fundamentada em entendimento firmado pela sistemática de recursos repetitivos. Precedente (AgInt no AREsp 1.416.343/SP, Segunda Turma, Rel. Min. Assusete Magalhães, julgado em 23.05.2019, DJe 30.05.2019)"* (STJ, 2ª Turma, AgInt no AREsp 1.509.834/BA, rel. Min. Og Fernandes, *DJe* 23.3.2020). *"(...) 3. Conforme determinação expressa contida no art. 1.030, I, 'b' e § 2º, c/c 1.042, caput, do CPC/2015, é cabível agravo interno contra decisão na origem que nega seguimento ao recurso especial com base em recurso repetitivo. 4. A interposição de agravo em recurso especial constitui erro grosseiro, porquanto* *inexiste dúvida objetiva, ante a expressa previsão legal do recurso adequado. (...)"* (STJ, 3ª Turma, AgInt no AREsp 1.539.749/ES, rel. Min. Nancy Andrighi, *DJe* 12.2.2020).

**20. Erro grosseiro. Prazo recursal não interrompido. Trânsito em julgado.** *"Conforme previsão do art. 1.030, § 2º, do Estatuto Processual Civil, é cabível agravo interno/regimental contra a decisão que negar seguimento a recurso extraordinário que discuta questão constitucional na qual o Supremo Tribunal Federal não tenha reconhecido a existência de repercussão geral ou interposto contra acórdão que esteja em conformidade com entendimento do Excelso Pretório exarado no regime de repercussão geral. 2. A interposição de agravo em recurso extraordinário em face de decisão que negou seguimento ao recurso extraordinário, nos termos do art. 1.030, inciso I, alínea 'a', do Código de Processo Civil, evidencia a ocorrência de erro grosseiro, a impossibilitar a aplicação do princípio da fungibilidade recursal ao caso. 3. Tratando-se de recurso manifestamente incabível, que não suspende nem interrompe o prazo para a interposição de outro recurso, verifica-se a ocorrência do trânsito em julgado da decisão que negou seguimento ao recurso extraordinário"* (STJ, Corte Especial, ARE no ARE no RE nos EDcl no AgInt no RMS 49.681/GO, rel. Min. Maria Thereza de Assis Moura, *DJe* 17.2.2020).

**21. Interposição simultânea do agravo do art. 1.042 e do agravo interno.** Se o recurso for em parte inadmitido e, em outra parte, tiver seu seguimento negado pela aplicação de entendimento consagrado em julgamento de recurso repetitivo, cabe à parte interpor o agravo do art. 1.042 contra o capítulo relativo à inadmissibilidade e interpor agravo interno contra o capítulo concernente à aplicação da tese fixada no julgamento do recurso representativo da controvérsia, no âmbito dos recursos repetitivos (art. 1.030, §§ 1º e 2º).

**22. Exceção à regra da singularidade ou unirrecorribilidade.** *"Conforme a jurisprudência dos Tribunais Superiores, a decisão de natureza híbrida, que em parte nega seguimento e, parcialmente, inadmite recurso extraordinário, enseja a interposição simultânea de agravo interno e agravo em recurso extraordinário. Exceção ao princípio da unirrecorribilidade que se agasalha na interpretação dos §§ 1º e 2º do art. 1.030 do Código de Processo Civil"* (STJ, Corte Especial, AgInt no RE no AgInt nos EAREsp 1.291.021/SP, rel. Min. Jorge Mussi, *DJe* 24.6.2021).

**23. Flexibilização da súmula 727 STF. Rejeição de reclamação.** *"1. Inexiste usurpação de competência desta Suprema Corte na decisão que não conhece agravo em recurso extraordinário (art. 1.042 do CPC/2015) interposto contra decisão que aplicou a sistemática da repercussão geral, passível de impugnação apenas por agravo interno (art. 1.030, § 2º, do CPC/2015). 2. Hipótese de manifesto descabimento do agravo em recurso extraordinário interposto pelo reclamante, a afastar a incidência da Súmula 727 do STF. Precedentes: Rcl 24.145 AgR, Rel. Min. Edson Fachin, Primeira Turma, DJe de 25.10.2016, Rcl 24.365 AgR, Rel. Min. Roberto Barroso, Primeira Turma, DJe de 25.08.2016, e Rcl 12.122 AgR, Rel. Min. Gilmar Mendes, Pleno, DJe de 24.10.2013"* (STF, 1ª Turma, Rcl 24.885 AgR, rel. Min. Luiz Fux, *DJe* 9.8.2017). No mesmo sentido: *"O Supremo Tribunal Federal tem decidido pela flexibilização do enunciado da Súmula 727/STF nos casos de recursos manifestamente incabíveis, permitindo aos tribunais que não encaminhem à Corte Maior recursos inegavelmente errôneos, sem que isso importe em usurpação de sua competência"* (STJ, Corte Especial, AgRg no RO no RHC 115.240/PR, rel. Min. João Otávio de Noronha, *DJe* 9.3.2020). Ainda no mesmo sentido: *"O Supremo Tribunal Federal tem decidido pela flexibilização de sua Súmula n. 727 nos casos de recursos manifestamente incabíveis, permitindo aos tribunais que não encaminhem ao próprio STF recursos que configurem evidente erro grosseiro, sem que isso importe em usurpação de sua competência"* (STJ, Corte Especial, AgRg no RO no AgRg no RHC 141.534/RS, rel. Min. Humberto Martins, *DJe* 25.6.2021).

**24. Novo recurso especial ou extraordinário.** Contra o acórdão que julgar o agravo interno no tribunal de origem cabem embargos de declaração, e *não* novo recurso extraordinário ou especial.

**25. Inadmissibilidade de novo recurso especial depois do julgamento do agravo interno.** *"É inadmissível a interposição de novo especial contra acórdão que, no julgamento de agravo regimental, manteve a decisão de negativa de seguimento de recurso especial anterior, por considerar que o entendimento da origem está de acordo com a orientação firmada no julgamento de repetitivo"* (STJ, 4ª Turma, AgInt no AREsp 1.533.942/SP, rel. Min. Antonio Carlos Ferreira, *DJe* 20.2.2020).

**26. Agravo em recurso especial ou em recurso extraordinário.** Do acórdão que julgar o agravo interno no tribunal local não cabe agravo em recurso extraordinário ou em recurso especial (art. 1.042). Negado seguimento ao recurso,

**LIVRO III · DOS PROCESSOS NOS TRIBUNAIS E DOS MEIOS DE IMPUGNAÇÃO DAS DECISÕES JUDICIAIS** — **Art. 1.030**

cabe agravo interno, e não o agravo do art. 1.042. Do julgamento do agravo interno também não cabe o agravo do art. 1.042.

**27. Reclamação constitucional.** Não provido o agravo interno, o recorrente poderá ajuizar reclamação para o STF ou STJ (art. 988, § 5º, II); o agravo interno terá exaurido as instâncias ordinárias de impugnação da decisão e, com isso, terá sido preenchido o pressuposto da reclamação para o STF ou STJ previsto nesse caso.

**28. Admissibilidade da reclamação para garantir observância de acórdão de recurso extraordinário repetitivo ou com repercussão geral reconhecida.** *"A reclamação prevista no art. 988, § 5º, II, do Código de Processo Civil de 2015 destina-se a garantir a observância de acórdão de recurso extraordinário com repercussão geral reconhecida ou de acórdão proferido em julgamento de recurso extraordinário repetitivo"* (STF, 1ª Turma, Rcl 30.967 AgR, rel. Min. Alexandre de Moraes, *DJe* 13.2.2019).

**29. Inadmissibilidade da reclamação para observar precedente firmado em recurso especial repetitivo.** *"Consoante definido pela Corte Especial na Rcl 36.476/SP, não é cabível o ajuizamento de reclamação com vistas ao controle da aplicação, no caso concreto, de tese firmada pelo STJ em recurso especial repetitivo"* (STJ, 2ª Seção, AgInt na Rcl 37.420/SP, rel. Min. Nancy Andrighi, *DJe* 2.4.2020).

**30. Sobrestamento do recurso.** Versando o recurso sobre tese já submetida ao regime do julgamento dos casos repetitivos, cabe ao Presidente ou Vice-Presidente do tribunal local sobrestar o recurso, e não o encaminhar ao tribunal superior. Contra essa decisão de sobrestamento, cabe agravo interno, que será instrumento importante para o exercício do direito à distinção: o recorrente poderá demonstrar que o seu caso é distinto e que, por isso, o recurso não pode ficar à espera da decisão do tribunal superior sobre a questão repetitiva.

**31. Escolha do recurso como representativo da controvérsia.** Se a questão ainda não foi submetida ao tribunal superior, para a fixação da tese, somente o recurso extraordinário ou especial, que tenha sido escolhido como representativo da controvérsia, deve ser encaminhado ao tribunal superior – os demais devem ficar sobrestados no tribunal local. Por isso, o art. 1.030, IV, determina que o presidente ou vice-presidente do tribunal local faça essa seleção do recurso representativo da controvérsia. É importante registrar: "Somente

podem ser selecionados recursos admissíveis que contenham abrangente argumentação e discussão a respeito da questão a ser decidida" (art. 1.036, § 6º).

**32. Juízo de retratação.** Se o recurso extraordinário ou especial for interposto contra acórdão que tenha divergido de precedente de repercussão geral ou de recurso especial repetitivo, cabe ao presidente ou vice-presidente do tribunal local, antes de remetê-lo ao tribunal superior, encaminhar o processo ao órgão que proferiu o acórdão recorrido, para que proceda ao juízo de retratação. Somente na hipótese de o órgão julgador não se ter retratado, é que o recurso extraordinário ou especial admissível deve ser encaminhado ao tribunal superior.

**33. Situações possíveis.** Diante de um recurso extraordinário ou especial, o presidente ou vice-presidente do tribunal local depara-se com as seguintes situações: *a)* determina a correção do defeito sanável (art. 932, parágrafo único) – não seja sanado o defeito, inadmite o recurso, daí cabendo o agravo do art. 1.042; *b)* não admite o recurso, daí cabendo o agravo do art. 1.042; *c)* admite o recurso, que seguirá, então, ao tribunal superior; *d)* devolve o recurso ao órgão prolator da decisão recorrida para que se retrate, pois o recurso está em conformidade com tese firmada em precedente obrigatório do tribunal superior; caso não haja retratação, o recurso será encaminhado ao tribunal superior respectivo; *e)* sobrestá o processamento do recurso na origem, à espera da decisão do tribunal superior, a ser proferida em recurso com questão de direito já afetada, para definição de precedente obrigatório; *f)* seleciona dois recursos representativos da controvérsia a respeito de questão de direito repetitiva, encaminha-os ao tribunal superior respectivo e sobrestá o processamento dos demais.

**34. Aplicação dos arts. 1.032 e 1.033.** Ao presidente ou vice-presidente do tribunal de origem não cabe aplicar a regra do livre trânsito entre os recursos excepcionais. Essa é uma competência dos tribunais superiores. Assim, se o presidente ou vice-presidente do tribunal de origem inadmitir, por exemplo, um recurso especial, ao argumento de que a matéria é constitucional, cabe à parte interpor o agravo do art. 1.042 e, em suas razões, querer ao tribunal superior que aplique a regra de conversão.

**35. Primazia do julgamento de mérito nos Tribunais Superiores.** *"Nos termos de precedente turmário, entretanto, em que vencida esta Relatora, é possível superar a análise dos pressupostos extrínsecos de admissibilidade dos recursos para*

# Art. 1.031

**CÓDIGO DE PROCESSO CIVIL COMENTADO** – *Leonardo Carneiro da Cunha*

*enfrentar questões de fundo, em relação às quais exista tese de repercussão geral firmada por esta Suprema Corte, em observância ao princípio da primazia da solução de mérito (art. 4º do CPC)"* (STF, 1ª Turma, Rcl 37.643 AgR-segundo, rel. Min. Rosa Weber, *DJe* 06.12.2021).

**36. Erro grosseiro.** *"Nos termos do art. 1.030, § 2º, do CPC/2015, é cabível o agravo interno contra a decisão que nega seguimento ao recurso especial interposto contra acórdão que esteja em conformidade com entendimento do STJ ou do STF exarado sob o regime de julgamento de recursos repetitivos. 2. Havendo previsão legal expressa, a interposição de agravo em recurso especial nesse caso configura erro grosseiro, o que torna inviável a aplicação do princípio da fungibilidade recursal"* (STJ, 1ª Turma, AgInt no AREsp 1.801.420/PE, rel. Min. Gurgel de Faria, *DJe* 25.5.2021).

> **Art. 1.031.** Na hipótese de interposição conjunta de recurso extraordinário e recurso especial, os autos serão remetidos ao Superior Tribunal de Justiça.
>
> § 1º Concluído o julgamento do recurso especial, os autos serão remetidos ao Supremo Tribunal Federal para apreciação do recurso extraordinário, se este não estiver prejudicado.
>
> § 2º Se o relator do recurso especial considerar prejudicial o recurso extraordinário, em decisão irrecorrível, sobrestará o julgamento e remeterá os autos ao Supremo Tribunal Federal.
>
> § 3º Na hipótese do § 2º, se o relator do recurso extraordinário, em decisão irrecorrível, rejeitar a prejudicialidade, devolverá os autos ao Superior Tribunal de Justiça para o julgamento do recurso especial.

▶ **1. Correspondência no CPC/1973.** *"Art. 543. Admitidos ambos os recursos, os autos serão remetidos ao Superior Tribunal de Justiça. § 1º Concluído o julgamento do recurso especial, serão os autos remetidos ao Supremo Tribunal Federal, para apreciação do recurso extraordinário, se este não estiver prejudicado. § 2º Na hipótese de o relator do recurso especial considerar que o recurso extraordinário é prejudicial àquele, em decisão irrecorrível sobrestará o seu julgamento e remeterá os autos ao Supremo Tribunal Federal, para o julgamento do recurso extraordinário. § 3º No caso do parágrafo anterior, se o relator do recurso extraordinário, em decisão irrecorrível, não o considerar prejudicial, devolverá os autos ao Superior Tribunal de Justiça, para o julgamento do recurso especial."*

## ⚖ JURISPRUDÊNCIA, ENUNCIADOS E SÚMULAS SELECIONADOS

- **2. Súmula STF, 283.** *"É inadmissível o recurso extraordinário, quando a decisão recorrida assenta em mais de um fundamento suficiente e o recurso não abrange todos eles."*
- **3. Súmula STJ, 126.** *"É inadmissível recurso especial, quando o acórdão recorrido assenta em fundamentos constitucional e infraconstitucional, qualquer deles suficiente, por si só, para mantê-lo, e a parte vencida não manifesta recurso extraordinário."*
- **4. Enunciado 203 da III Jornada-CJF.** *"A interposição de Recursos Especial e Extraordinário não exige protocolo simultâneo, desde que observado o prazo legal."*

## ▣ COMENTÁRIOS TEMÁTICOS

**5. Mais de um fundamento autônomo.** A decisão judicial pode conter mais de um fundamento autônomo. Fundamento autônomo é aquele que é suficiente para, por si só, sustentar a decisão. Nesse caso, o recorrente tem de impugnar todos eles, sob pena de não conhecimento do recurso, em razão de sua inutilidade: questão decidida, e não impugnada, sujeita-se à preclusão; se apenas um dos fundamentos for impugnado, a decisão, mesmo que o recurso venha a ser acolhido, permanecerá sustentada pelo fundamento não impugnado (Súmula STF, 283).

**6. Fundamentos autônomos: um constitucional e outro legal.** O acórdão pode ter mais de um capítulo, um com fundamento autônomo constitucional; outro, infraconstitucional. Se o interessado pretende recorrer, terá de interpor, conjuntamente, recursos extraordinário e especial. É possível, ainda, que um mesmo capítulo do acórdão tenha por fundamento matéria constitucional e matéria legal. Nesse caso, se qualquer desses fundamentos for suficiente para sustentar a decisão, hão de ser interpostos recurso extraordinário contra a parte constitucional e recurso especial contra a parte infraconstitucional da fundamentação. Se deixar de ser interposto um desses recursos, o outro que venha a ser intentado não será admitido, por inutilidade, pois, ainda que vitorioso o recorrente, o recurso nada lhe aproveitaria, já que a decisão permaneceria intacta com base no outro fundamento (Súmula STJ, 126).

**7. Fundamentos autônomos: *ratio decidendi* e *obiter dictum*.** Apenas se exige a interposição dos recursos extraordinário e especial contra o

# LIVRO III · DOS PROCESSOS NOS TRIBUNAIS E DOS MEIOS DE IMPUGNAÇÃO DAS DECISÕES JUDICIAIS — Art. 1.031

mesmo acórdão, caso o fundamento constitucional e o infraconstitucional confiram, cada um, sustentáculo *autônomo* ao acórdão. Se o fundamento constitucional for utilizado *de passagem*, sem constituir um fundamento autônomo, poderá ser apenas interposto o recurso especial, deixando de ser interposto o extraordinário, já que não estará o acórdão sendo sustentado, *autonomamente*, por aquele fundamento constitucional. Se um dos fundamentos constar do acórdão como *obiter dictum,* utilizado como reforço da motivação principal, sem se situar como motivo autônomo que dê sustentação ao acórdão, não será necessária a interposição conjunta dos recursos especial e extraordinário. A interposição conjunta somente deve ser exigida se ambos os fundamentos (constitucional e infraconstitucional) figurarem como *rationes decidendi* do julgado, sendo autônomos. Se um fundamento for autônomo (consistindo numa *ratio decidendi*) e o outro figurar como *obiter dictum,* não será necessária a interposição conjunta, devendo-se interpor apenas o recurso relativo ao fundamento que constituiu a *ratio decidendi* do julgado.

**8. Fundamento contido no voto vencido.** Fundamento que só conste do voto vencido não é autônomo; é um *obiter dictum.* Não é suficiente para dar sustentação ao acórdão. Por isso, o fundamento utilizado pelo voto vencido não precisa ser atacado pelo recurso. Assim, se os votos vencedores estão respaldados em fundamento constitucional, e o vencido, em fundamento infraconstitucional, ou vice-versa, não é caso de interposição conjunta de recursos extraordinário e especial.

**9. Interposição conjunta de recursos especial e extraordinário.** Em caso de mais de um fundamento autônomo, um constitucional e outro legal, os recursos extraordinário e especial serão interpostos perante o presidente ou vice-presidente do tribunal recorrido, em petições distintas. Admitidos ambos os recursos, os autos seguirão para o STJ e, depois da decisão sobre o recurso especial, ao STF, caso o recurso extraordinário não tenha ficado prejudicado.

**10. Momento da interposição conjunta.** No caso dos recursos especial e extraordinário, quando se afigurar a hipótese em que ambos devam ser interpostos, há que se atentar para o *prazo comum* de quinze dias, não devendo, necessariamente, tal interposição ser *simultânea*, por falta de exigência expressa nesse sentido. Desse modo, interposto o recurso extraordinário, por exemplo, no décimo dia, haverá, ainda, mais cinco dias para que se interponha o recurso especial.

**11. Substitutividade compartilhada.** Havendo fundamentos autônomos, um constitucional e outro infraconstitucional, não basta a interposição conjunta dos recursos extraordinário e especial contra ambos os fundamentos, nem é suficiente a admissão de ambos; os recursos só terão utilidade com os seus provimentos, ou seja, ambos os fundamentos precisam ser desfeitos. Se o recurso especial não for provido, de nada adiantará o recurso extraordinário, cujo eventual provimento será inútil, já que a decisão se manteria incólume, tendo em vista o fundamento legal suficiente que foi preservado. Nesse caso, após o julgamento do especial, o recurso extraordinário encaminhado ao STF não deve ser admitido. Provido o recurso especial, que fora julgado primeiramente, não se pode, ainda, considerar reformado o acórdão recorrido, pois apenas um dos seus fundamentos terá sido afastado. Somente com o provimento do recurso extraordinário é que se poderá considerar como reformado o acórdão recorrido: aí, ambos os fundamentos suficientes para sustentá-lo foram derrubados. Provido o primeiro recurso, a consequência deve ser a remessa ao outro tribunal superior, para que se examine o segundo. Enfim, somente o provimento de ambos os recursos é que tem a aptidão de reformar o acórdão recorrido. Está-se diante de um caso de *substitutividade compartilhada.*

**12. Repercussão geral do recurso extraordinário e fundamentos autônomos.** Se o acórdão se funda em dois fundamentos suficientes, ambos de ordem constitucional, mas o STF reconhece que apenas em relação a um deles há repercussão geral, a decisão recorrida ficará intacta. Mesmo que um dos fundamentos do recurso possua repercussão geral, a preservação do outro fundamento autônomo mantém a decisão, conferindo-lhe sustentação: mesmo que prosseguisse apenas em relação ao fundamento com repercussão geral, o recurso extraordinário seria inútil. Com a repercussão geral, algumas situações de contrariedade à Constituição, mesmo que prequestionadas, não são examinadas pelo STF em recurso extraordinário. Assim, à parte resta a ação rescisória. De igual modo, se for interposto recurso especial do fundamento autônomo infraconstitucional e recurso extraordinário, do constitucional, e, nesse caso, o STF não reconhece a repercussão geral, o recurso especial é inadmissível. Se não há repercussão geral da questão constitucional e essa constitui fundamento autônomo do acór-

1651

dão recorrido, o recurso extraordinário não preenche um de seus requisitos, não devendo ser conhecido (Súmula STJ, 126). Ainda que provido o recurso especial, o acórdão recorrido manter-se-á íntegro e hígido, sustentado pelo fundamento constitucional. Tal situação merece ser ressalvada relativamente a casos em que a matéria tratada no recurso extraordinário não seja constitucional: nos casos de ofensa reflexa ou indireta, a questão é legal, e não constitucional. Cabe, apenas, o recurso especial, não sendo hipótese de recurso extraordinário. O STF tem entendido que, nos casos de ofensa reflexa ou indireta à norma constitucional, não cabe o recurso extraordinário, não havendo repercussão geral. A hipótese, na verdade, não é de falta de repercussão geral, pois a matéria não é constitucional, segundo o próprio STF. Nesses casos, cabe ao STF determinar a conversão do recurso extraordinário em especial (art. 1.033).

**13. Processamento dos recursos extraordinários interpostos conjuntamente.** Os recursos especial e extraordinário devem ser interpostos, no prazo de quinze dias, perante o Presidente ou Vice-Presidente do tribunal de origem. Recebida a petição pela secretaria do tribunal, será intimado o recorrido, abrindo-se-lhe vista para apresentar contrarrazões no prazo de quinze dias. Os autos serão remetidos ao STJ para julgamento do recurso especial. Concluído o julgamento do recurso especial, serão os autos remetidos ao STF, para apreciação do recurso extraordinário, se este não estiver prejudicado. Se o recurso extraordinário for prejudicial ao especial, o relator deste deverá remeter os autos ao STF para julgamento. Caso o STF não aceite esse juízo sobre a prejudicialidade do extraordinário em relação ao especial, devolverá os autos ao STJ, para decisão sobre o recurso especial.

**14. Juízo de admissibilidade implícito no julgamento do recurso especial.** *"A Corte Especial deste Tribunal já se manifestou no sentido de que o juízo de admissibilidade do especial pode ser realizado de forma implícita, sem necessidade de exposição de motivos. Assim, o exame de mérito recursal já traduz o entendimento de que foram atendidos os requisitos extrínsecos e intrínsecos de sua admissibilidade, inexistindo necessidade de pronunciamento explícito pelo julgador a esse respeito. (EREsp 1.119.820/PI, relator Ministro Mauro Campbell Marques, Corte Especial, DJe 19/12/2014). No mesmo sentido: AgInt no REsp 1.865.084/MG, relator Ministro Raul Araújo, Quarta Turma, julgado em 10/8/2020, DJe 26/8/2020; AgRg no REsp 1.429.300/SC, relator Ministro Humberto Martins, Segunda Tur-*ma, *DJe 25 /6/2015; AgRg no Ag 1.421.517/AL, relatora Ministra Assusete Magalhães, Segunda Turma, DJe 3/4/2014.)"* (STJ, 2ª Turma, AgInt no REsp 1.721.801/CE, rel. Min. Francisco Falcão, DJe 26.4.2023).

**15. Prejudicialidade do recurso extraordinário.** O recurso extraordinário será prioritário em relação ao recurso especial, quando o julgamento deste depender da definição da constitucionalidade da norma de direito federal tida como violada. Questionada, no recurso especial, a aplicação de lei federal que, no recurso extraordinário, é apontada como inconstitucional, o julgamento daquele apelo depende do prévio desfecho deste. Nessa hipótese, o relator do recurso especial, em decisão irrecorrível, sobrestará o seu julgamento e remeterá os autos ao STF, para o julgamento do recurso extraordinário. Se o relator do recurso extraordinário, também em decisão irrecorrível, não o considerar prioritário, irá, então, devolver os autos ao STJ, para julgamento do recurso especial.

**16. Faculdade do relator de sobrestar o recurso especial.** *"(...), o sobrestamento do Recurso Especial e remessa dos autos ao STF, é uma faculdade do Relator, quando considerar prejudicial o Recurso Extraordinário em relação ao Especial"* (STJ, 1ª Turma, AgInt no REsp 1.873.961/ SC, rel. Min. Napoleão Nunes Maia Filho, *DJe* 17.11.2020). *"A previsão inserta no § 2º do art. 1.031 do CPC, a prever o sobrestamento do especial até pronunciamento da Suprema Corte em recurso extraordinário, constitui faculdade do Relator, quando verificada a prejudicialidade deste em detrimento daquele. 2. A situação dos autos repele a aplicação do referido dispositivo, porquanto o apelo especial, tal como consignado no julgado embargado, não ultrapassa a barreira do conhecimento, considerada a constitucionalidade da discussão"* (STJ, 2ª Turma, EDcl no AgInt no REsp 1.297.548/DF, rel. Min. Og Fernandes, DJe 1º.3.2021).

**17. Prejudicialidade do extraordinário e multiplicidade de recursos.** *"Nos termos do § 2º do art. 1.031 do CPC/2015: 'Se o relator do recurso especial considerar prejudicial o recurso extraordinário, em decisão irrecorrível, sobrestará o julgamento e remeterá os autos ao Supremo Tribunal Federal.' IV – A disposição processual acima deve ser interpretada em conjunto com o art. 1.036 do CPC/2015, que estabelece que, quando houver multiplicidade de recursos extraordinários com fundamento em idêntica controvérsia, a análise da repercussão geral será processada nos termos do Regimento Interno do Supremo Tribunal Federal, cabendo ao Tribunal de origem selecionar um*

**LIVRO III · DOS PROCESSOS NOS TRIBUNAIS E DOS MEIOS DE IMPUGNAÇÃO DAS DECISÕES JUDICIAIS** **Art. 1.032**

*ou mais recursos representativos da controvérsia e encaminhá-los ao Supremo Tribunal Federal, sobrestando os demais até o pronunciamento definitivo da Suprema Corte. Julgado o mérito do recurso extraordinário, com repercussão geral reconhecida, os recursos extraordinários sobrestados serão apreciados pelos Tribunais, Turmas de Uniformização ou Turmas Recursais, que poderão declará-los prejudicados ou retratar-se. V – Tendo em vista as disposições contidas nos arts. 1.036 a 1.041 do CPC/2015, impõe-se a adoção do entendimento firmado pela Segunda Turma do STJ, no sentido de que não há óbice para que o Ministro Relator, levando em consideração razões de economia processual, aprecie o recurso especial apenas quando exaurida a competência do Tribunal de origem. Desse modo, se há, nos autos, recurso extraordinário pendente de julgamento, em que tratada a questão com repercussão geral reconhecida no âmbito do STF (caso dos autos), é possível ao Ministro Relator, no STJ, determinar que o recurso especial seja apreciado apenas após exercido o juízo de retratação ou declarado prejudicado o recurso extraordinário, na forma do art. 1.039 do CPC/2015*" (STJ, 2ª Turma, AgInt na PET no REsp 1.651.545/RJ, rel. Min. Francisco Falcão, *DJe* 6.3.2020).

> **Art. 1.032.** Se o relator, no Superior Tribunal de Justiça, entender que o recurso especial versa sobre questão constitucional, deverá conceder prazo de 15 (quinze) dias para que o recorrente demonstre a existência de repercussão geral e se manifeste sobre a questão constitucional.
>
> Parágrafo único. Cumprida a diligência de que trata o *caput*, o relator remeterá o recurso ao Supremo Tribunal Federal, que, em juízo de admissibilidade, poderá devolvê-lo ao Superior Tribunal de Justiça.

▶ **1.** Sem correspondência no CPC/1973.

⚖ **JURISPRUDÊNCIA, ENUNCIADOS E SÚMULAS SELECIONADOS**

- **2. Enunciado 564 do FPPC.** *"Os arts. 1.032 e 1.033 devem ser aplicados aos recursos interpostos antes da entrada em vigor do CPC de 2015 e ainda pendentes de julgamento."*

- **3. Enunciado 565 do FPPC.** *"Na hipótese de conversão de recurso extraordinário em recurso especial ou vice-versa, após a manifestação do recorrente, o recorrido será intimado para, no prazo do* caput *do art. 1.032, complementar suas contrarrazões."*

- **4. Enunciado 566 do FPPC.** *"Na hipótese de conversão do recurso extraordinário em recurso especial, nos termos do art. 1.033, cabe ao relator conceder o prazo do* caput *do art. 1.032 para que o recorrente adapte seu recurso e se manifeste sobre a questão infraconstitucional."*

- **5. Enunciado 79 da I Jornada-CJF.** *"Na hipótese do art. 1.032 do CPC, cabe ao relator, após possibilitar que o recorrente adite o seu recurso para inclusão de preliminar sustentando a existência de repercussão geral, oportunizar ao recorrido que, igualmente, adite suas contrarrazões para sustentar a inexistência da repercussão."*

▣ **COMENTÁRIOS TEMÁTICOS**

**6. Conversão do recurso especial em recurso extraordinário.** Caso o relator entenda que o recurso especial versa sobre questão constitucional, em vez de o inadmitir, deve determinar sua conversão em recurso extraordinário. Nesse caso, cabe ao relator conceder prazo de quinze dias para que o recorrente demonstre a existência de repercussão geral e se manifeste sobre a questão constitucional.

**7. Concretização dos princípios da fungibilidade dos recursos, da primazia da decisão de mérito e da cooperação.** A regra que prevê a conversão do recurso especial em extraordinário concretiza o princípio da fungibilidade dos recursos, bem como o da primazia da decisão de mérito e, bem ainda, o da cooperação. Em vez de levar à extinção do procedimento recursal sem exame do mérito, o fato de o recurso especial versar sobre questão constitucional leva à conversão dele em extraordinário, com a remessa dos autos ao STF.

**8. Livre trânsito dos recursos excepcionais.** A regra do art. 1.032 é inversa à do art. 1.033. Enquanto uma permite a conversão do recurso especial em extraordinário, a outra prevê a conversão do extraordinário em especial. Ambas as regras estabelecem o livre trânsito de recursos entre o STF e o STJ.

**9. Procedimento para conversão.** Observando que o recurso especial versa sobre questão constitucional, o relator deve conceder prazo de quinze dias para que o recorrente demonstre a existência de repercussão geral e se manifeste sobre a questão constitucional. Cumprida a diligência, o relator determinará a intimação do recorrido para que complemente suas contrarrazões. Em seguida, determinará a remessa ao STF que, em juízo de admissibilidade, poderá devolvê-lo ao STJ. Se o STF entender que a

# Art. 1.033 — CÓDIGO DE PROCESSO CIVIL COMENTADO – *Leonardo Carneiro da Cunha*

questão é mesmo constitucional, irá exercer a admissibilidade do recurso, examinando os demais requisitos, para admiti-lo ou não. Admitido o recurso, o STF irá julgar seu mérito.

**10. Decisão final do STF sobre a possibilidade de conversão do recurso.** Se o STF, em juízo de admissibilidade, entender que a questão discutida não é constitucional, irá, então, determinar a devolução do recurso ao STJ para julgá-lo como especial. Nesse caso, terá o STJ de examinar o recurso. Não se há conflito de competência entre o STF e qualquer outro órgão do Poder Judiciário brasileiro. Suas decisões preponderam sempre em relação a qualquer outro órgão julgador brasileiro.

**11. Recurso extraordinário interposto contra acórdão do STJ e inaplicabilidade do art. 1.032.** *"Não incide, na espécie, o art. 1.032 do CPC/2015, uma vez que se trata de recurso extraordinário manejado contra acórdão do Superior Tribunal de Justiça que conheceu e negou provimento ao recurso especial do ora agravante. O dispositivo processual somente incide quando o relator, no Superior Tribunal de Justiça, entender que o recurso especial versa sobre questão constitucional, o que não ocorreu na espécie"* (STF, 1ª Turma, ARE 1.289.488 AgR, rel. Min. Rosa Weber, *DJe* 26.5.2021).

**12. Recurso especial com fundamento infraconstitucional.** *"Com relação à aplicação do art. 1.032 do CPC, a jurisprudência desta Corte Superior está no sentido de que o dispositivo somente é aplicável quando há um equívoco quanto à escolha do recurso cabível. Tal não é o caso dos autos, uma vez que o acórdão recorrido tem fundamento constitucional e o recurso especial versa sobre matéria infraconstitucional"* (STJ, 2ª Turma, AgInt no AREsp 1.800.650/RS, rel. Min. Mauro Campbell Marques, *DJe* 19.08.2021). *"Inaplicabilidade do art. 1.032 do CPC no caso, pois tal dispositivo não autoriza a conversão em recurso extraordinário de recurso especial que invoque, em suas razões, violação à legislação infraconstitucional. Somente seria cabível a utilização do princípio da fungibilidade recursal nos casos em que o apelo nobre versasse sobre questão constitucional e restasse caracterizado um equívoco da parte na escolha do recurso cabível"* (STJ, 1ª Turma, AgInt no AREsp 1.517.895/MG, rel. Min. Sérgio Kukina, *DJe* 16.12.2021).

**13. Recursos especial e extraordinário interpostos conjuntamente.** *"Interposto o recurso extraordinário contra acórdão do tribunal de segundo grau, é inaplicável o comando normativo contido no art. 1.032 do Código de Processo Civil de 2015, segundo entendimento do Superior*

*Tribunal de Justiça"* (STJ, Corte Especial, EDcl no AgInt no RE no AgRg nos EDcl no AgRg no REsp 1.515.688/DF, rel. Min. Laurita Vaz, *DJe* 7.8.2018). *"Na hipótese dos autos, a ora agravante já interpôs Recurso Extraordinário, admitido, na origem, que aborda a matéria em debate, o que afasta a aplicação do art. 1.032 do CPC/2015, vigente à época da interposição do presente Recurso Especial"* (STJ, 2ª Turma, AgInt no REsp 1.875.869/SC, rel. Min. Assusete Magalhães, *DJe* 18.10.2021).

---

**Art. 1.033.** Se o Supremo Tribunal Federal considerar como reflexa a ofensa à Constituição afirmada no recurso extraordinário, por pressupor a revisão da interpretação de lei federal ou de tratado, remetê-lo-á ao Superior Tribunal de Justiça para julgamento como recurso especial.

▶ **1. Sem correspondência no CPC/1973.**

⚖ **JURISPRUDÊNCIA, ENUNCIADOS E SÚMULAS SELECIONADOS**

- **2. Súmula STF, 636.** *"Não cabe recurso extraordinário por contrariedade ao princípio constitucional da legalidade, quando a sua verificação pressuponha rever a interpretação dada a normas infraconstitucionais pela decisão recorrida."*

- **3. Enunciado 550 do FPPC.** *"A inexistência de repercussão geral da questão constitucional discutida no recurso extraordinário é vício insanável, não se aplicando o dever de prevenção de que trata o parágrafo único do art. 932, sem prejuízo do disposto no art. 1.033."*

- **4. Enunciado 564 do FPPC.** *"Os arts. 1.032 e 1.033 devem ser aplicados aos recursos interpostos antes da entrada em vigor do CPC de 2015 e ainda pendentes de julgamento."*

- **5. Enunciado 565 do FPPC.** *"Na hipótese de conversão de recurso extraordinário em recurso especial ou vice-versa, após a manifestação do recorrente, o recorrido será intimado para, no prazo do caput do art. 1.032, complementar suas contrarrazões."*

- **6. Enunciado 566 do FPPC.** *"Na hipótese de conversão do recurso extraordinário em recurso especial, nos termos do art. 1.033, cabe ao relator conceder o prazo do caput do art. 1.032 para que o recorrente adapte seu recurso e se manifeste sobre a questão infraconstitucional."*

- **7. Enunciado 80 da I Jornada-CJF.** *"Não cabe recurso extraordinário por contrariedade ao princípio constitucional da legalidade, quando*

**LIVRO III** · DOS PROCESSOS NOS TRIBUNAIS E DOS MEIOS DE IMPUGNAÇÃO DAS DECISÕES JUDICIAIS | **Art. 1.033**

*a sua verificação pressuponha rever a interpretação dada a normas infraconstitucionais pela decisão recorrida."* ·

## 🗐 COMENTÁRIOS TEMÁTICOS

**8.** **Remessa dos autos pelo STF ao STJ.** *"Remetidos os autos ao STF para julgamento do recurso extraordinário, a Suprema Corte, em observância ao disposto no art. 1.033 do CPC/2015, determinou o retorno a este STJ, asseverando que 'O Plenário deste Supremo Tribunal Federal, em sessão realizada por meio eletrônico, no exame do RE 1.029.608/RS, Relator o Ministro Edson Fachin, concluiu pela ausência da repercussão geral da matéria versada nesse feito, por não se tratar de matéria constitucional'"* (STJ, 1ª Turma, REsp 1.672.911/SC, rel. Min. Sérgio Kukina, DJe 4.2.2019).

**9.** **Remessa dos autos pelo STF ao STJ.** *"Uma vez firmada a jurisprudência da Corte no sentido da natureza infraconstitucional da controvérsia e tendo o Superior Tribunal de Justiça não conhecido do recurso especial interposto simultaneamente ao extraordinário, sob o argumento de se tratar de matéria constitucional, é viável a aplicação da regra do art. 1.033, do Código de Processo Civil, desde que não remanesça outro óbice que impeça a sua aplicação. 2. Embargos declaratórios providos para manter o acórdão recorrido e determinar a remessa dos autos ao Superior Tribunal de Justiça, nos termos do art. 1.033 do CPC"* (STF, 2ª Turma, ARE 1.290.731, rel. Min. Edson Fachin, DJe 17.9.2021).

**10.** **O problema da ofensa reflexa.** Para que caiba recurso extraordinário com base na letra *a* do inciso III do art. 102 da CF, é preciso que se alegue contrariedade a dispositivo constitucional. A contrariedade deve ser direta e frontal, não cabendo recurso extraordinário, por ofensa indireta ou reflexa. Se, para demonstrar a contrariedade a dispositivo constitucional, for preciso, antes, demonstrar a ofensa à norma infraconstitucional, então foi essa que se contrariou, e não aquela. Não cabe, portanto, o recurso extraordinário, cabendo, isto sim, o recurso especial para o STJ.

**11.** **Conversão do recurso extraordinário em recurso especial.** Sendo caso de ofensa indireta ou reflexa à disposição constitucional, caberá ao relator, à semelhança da regra decorrente do art. 1.032, determinar a intimação do recorrente para que adapte o seu recurso e se manifeste sobre a questão infraconstitucional; após isso, determinará a intimação do recorrido, para que complemente as suas contrarrazões.

**12.** **Recurso extraordinário e matéria infraconstitucional.** *"Uma vez firmada a jurisprudência da Corte no sentido da natureza infraconstitucional da controvérsia e tendo o Superior Tribunal de Justiça não conhecido do recurso especial interposto simultaneamente ao extraordinário, sob o argumento de se tratar de matéria constitucional, é viável a aplicação da regra do art. 1.033, do Código de Processo Civil, desde que não remanesça outro óbice que impeça a sua aplicação"* (STF, 2ª Turma, ARE 1.290.731 AgR-ED, rel. Min. Edson Fachin, DJe 17.9.2021).

**13.** **Consagração dos princípios da cooperação e da primazia da decisão de mérito.** A conversão do recurso extraordinário em especial, em razão de a ofensa à Constituição ser reflexa ou indireta, concretiza os princípios da cooperação e da primazia da decisão do mérito. Em vez de levar à extinção do procedimento recursal sem exame do mérito, a ofensa reflexa leva à conversão do recurso extraordinário em recurso especial, com a remessa dos autos ao STJ.

**14.** **Livre trânsito dos recursos excepcionais.** A regra do art. 1.033 é inversa à do art. 1.032. Enquanto uma permite a conversão do recurso especial em extraordinário, a outra prevê a conversão do extraordinário em especial. Ambas as regras estabelecem o livre trânsito de recursos entre o STF e o STJ.

**15.** **Óbices processuais e inaplicabilidade do art. 1.033.** *"Não se aplica o art. 1.033 do CPC/2015 ao caso, ante a existência de outros óbices processuais ao conhecimento do apelo extremo, a ausência de ofensa direta à Constituição e o anterior julgamento de recurso especial interposto na causa"* (STF, Pleno, ARE 1.232.040 AgR, rel. Min. Dias Toffoli, DJe 15.9.2020).

**16.** **Inaplicabilidade da conversão. Recurso extraordinário interposto contra acórdão de turma recursal de Juizado, do TST, STM ou TSE.** Interposto recurso extraordinário contra acórdão de turma recursal de Juizado, do TST, do STM ou do TSE, se o STF entender que a ofensa é reflexa ou indireta, não poderá determinar sua conversão em recurso especial. É que não cabe recurso especial para o STJ em todas essas situações. Nesses casos, não há como converter o extraordinário em especial, sendo caso de proclamação de sua inadmissibilidade.

**17.** **Conversão do recurso e preclusão.** A regra de conversão do recurso extraordinário em especial não serve para dar nova chance de impugnação a capítulo não recorrido. Não há nova possibilidade de interposição de recurso,

1655

# Art. 1.034

mas, apenas, a transformação de um recurso já interposto em outro, tido como o recurso cabível. Se, por acaso, o recorrente já houver interposto um recurso especial, o recurso extraordinário convertido amplia o objeto do recurso especial já interposto, que passa a ser composto, também, pela alegação de ofensa reflexa à Constituição.

**18. Conversão do recurso e dúvida ou erro grosseiro.** A aplicação da regra não exige que se demonstre a existência de dúvida em torno do cabimento do recurso extraordinário em tais situações. Nada há, no texto normativo, que imponha esse ônus ao recorrente. Além disso, a regra pressupõe que o STF reconheça que a discussão posta no recurso envolve análise do direito infraconstitucional, sendo isso o suficiente para que o recurso seja transformado em especial, pois cabe ao STF dar a última palavra sobre o assunto. A exigência de "dúvida objetiva" ou de "inexistência de erro grosseiro", própria à concretização do princípio da fungibilidade, não se aplica aqui. Ela se justifica como pressuposto de incidência de uma norma aberta como o princípio da fungibilidade, que exige ser ponderado com o princípio da boa-fé, por exemplo. De modo mais simples, o legislador, no art. 1.033, criou uma regra de fungibilidade, cujos pressupostos de aplicação são mais singelos e cuja compatibilização com a boa-fé processual já teria sido previamente feita. Exigir a "inexistência de erro grosseiro", na aplicação do art. 1.033, é criar um obstáculo à aplicação de uma regra que veio para superar um obstáculo. Uma exigência que ultrapassa o limite do texto normativo, portanto. A regra, enfim, tem nítido propósito de evitar discussões entre os tribunais superiores em torno da competência para julgar determinado recurso.

**19. Repercussão geral e ofensa reflexa à Constituição.** A repercussão geral é um atributo da questão constitucional discutida no recurso extraordinário. Assim, antes de examinar se há ou não repercussão geral, o STF examinará os requisitos gerais de admissibilidade do recurso extraordinário: cabimento, tempestividade, legitimidade recursal etc. O STF tem entendido que, nos casos de ofensa reflexa ou indireta à norma constitucional, não há repercussão geral a autorizar o não conhecimento do recurso extraordinário. A hipótese, na verdade, não é de falta de repercussão geral, pois a matéria não é constitucional, segundo o próprio STF. O caso é de descabimento do recurso extraordinário, pura e simplesmente. Essa análise é, inclusive, anterior à que se faz

sobre a existência de repercussão geral. Se a questão discutida no recurso extraordinário não é constitucional, nem há que se indagar sobre se ela tem ou não repercussão geral. Não faz qualquer sentido dogmático afirmar que a ofensa à legislação infraconstitucional não teria repercussão geral. É que a repercussão geral é qualidade de uma questão constitucional. Nesses casos, cabe, na realidade, ao STF determinar a conversão do recurso extraordinário em recurso especial.

**20. Direito intertemporal.** *"O art. 1.033/ NCPC só incidirá nos recursos extraordinários interpostos contra acórdãos publicados após a data de início de sua vigência, qual seja, 18 de março de 2016, o que não ocorre no caso em tela"* (STF, 2ª Turma, ARE 8.691.58 AgR-segundo-ED, rel. Min. Dias Toffoli, *DJe* 07.03.2018). *"Interposto o extraordinário na vigência do Código de Processo Civil de 1973, impróprio é acionar o disposto no art. 1.033 do Código em vigor"* (STF, 1ª Turma, ARE 990378 AgR, rel. Min. Marco Aurélio, *DJe* 28.6.2018).

**21. Aplicação do art. 1.033 a recursos interpostos na vigência do CPC/1973.** Se o recurso foi interposto sob a vigência do CPC/1973, o STF não admite a conversão do recurso extraordinário em especial, não sendo aplicável o art. 1.033. Esse entendimento não é correto e contraria o sistema de isolamento dos atos processuais (CPC, arts. 14 e 1.046). Os vícios devem ser eliminados, afastados, suplantados para que se exame o mérito e se resolva o conflito havido entre as partes. O princípio da primazia do julgamento do mérito e todas as regras que o concretizam devem ser aplicados imediatamente aos processos em curso. Se o ato processual, praticado sob a vigência do Código revogado, não preencheu algum requisito, há de ser corrigido, sanado, consertado, com base nas normas contidas no atual Código. As regras que permitem a correção de vícios hão de ser aplicadas imediatamente, pois não atingem ato jurídico perfeito, nem direito adquirido.

---

**Art. 1.034.** Admitido o recurso extraordinário ou o recurso especial, o Supremo Tribunal Federal ou o Superior Tribunal de Justiça julgará o processo, aplicando o direito.

Parágrafo único. Admitido o recurso extraordinário ou o recurso especial por um fundamento, devolve-se ao tribunal superior o conhecimento dos demais fundamentos para a solução do capítulo impugnado.

▶ **1. Sem correspondência no CPC/1973.**

**LIVRO III ·** DOS PROCESSOS NOS TRIBUNAIS E DOS MEIOS DE IMPUGNAÇÃO DAS DECISÕES JUDICIAIS **Art. 1.034**

## ⚖ LEGISLAÇÃO CORRELATA

**2. CC, art. 193.** *"Art. 193. A prescrição pode ser alegada em qualquer grau de jurisdição, pela parte a quem aproveita."*

**3. CC, art. 210.** *"Art. 210. Deve o juiz, de ofício, conhecer da decadência, quando estabelecida em lei."*

**4. CC, art. 211.** *"Art. 211. Se a decadência for convencional, a parte a quem aproveita pode alegá-la em qualquer grau de jurisdição, mas o juiz não pode suprir a alegação."*

**5. IN 39/2016 do TST, art. 12.** *"Aplica-se ao Processo do Trabalho o parágrafo único do art. 1034 do CPC. Assim, admitido o recurso de revista por um fundamento, devolve-se ao Tribunal Superior do Trabalho o conhecimento dos demais fundamentos para a solução apenas do capítulo impugnado."*

## ⚒ JURISPRUDÊNCIA, ENUNCIADOS E SÚMULAS SELECIONADOS

- **6. Súmula STF, 292.** *"Interposto o recurso extraordinário por mais de um dos fundamentos indicados no art. 101, III da Constituição, a admissão apenas por um deles não prejudica o seu conhecimento por qualquer dos outros."*
- **7. Súmula STF, 456.** *"O Supremo Tribunal Federal, conhecendo do recurso extraordinário, julgará a causa, aplicando o direito à espécie."*
- **8. Súmula STF, 528** *"Se a decisão contiver partes autônomas, a admissão parcial, pelo residente do tribunal a quo, de recurso extraordinário que, sobre qualquer delas se manifestar, não limitará a apreciação de todas pelo Supremo Tribunal Federal, independentemente de interposição de agravo de instrumento."*

## 🗐 COMENTÁRIOS TEMÁTICOS

**9. O julgamento da causa pelo STF e pelo STF.** Admitido o recurso extraordinário ou o recurso especial, o STF ou o STJ passa, respectivamente, a examinar o mérito do recurso e, então, rejulga a causa.

**10. Julgamento da causa e prequestionamento.** Com o juízo positivo de admissibilidade do recurso excepcional, a jurisdição do tribunal superior é aberta. Assim, poderá o STF ou o STJ analisar matéria que não foi examinada na instância de origem, pois o prequestionamento diz respeito apenas ao juízo de admissibilidade. Somente cabe recurso especial ou extraordinário, se for previamente questionada pelo tri-

bunal recorrido determinada questão jurídica. Todavia, uma vez conhecido o recurso especial ou extraordinário, e iniciado o rejulgamento da causa, poderá o tribunal superior examinar todas as matérias que possam ser conhecidas a qualquer tempo, inclusive a prescrição, a decadência e as questões de que trata o § 3º do art. 485 do CPC.

**11. Julgamento da causa depois de admitido o recurso.** *"O requisito do prequestionamento diz respeito apenas à fase de conhecimento do recurso especial. A orientação da Súmula 456 do STF ('O Supremo Tribunal Federal, conhecendo do recurso extraordinário, julgará a causa, aplicando o Direito à espécie') foi incorporada como texto legal expresso pelo art. 1034 do novo CPC, segundo o qual 'Admitido o recurso extraordinário ou o recurso especial, o Supremo Tribunal Federal ou o Superior Tribunal de Justiça julgará o processo, aplicando o direito'"* (STJ, 4ª Turma, EDcl no REsp 1.280.825/RJ, rel. Min. Maria Isabel Gallotti, *DJe* 1º.8.2017).

**12. Exame de matérias cognoscíveis de ofício ou que podem ser alegadas a qualquer tempo.** Ao rejulgar a causa, o STF ou o STJ pode conhecer, de ofício ou por provocação, de todas as matérias que podem ser alegadas a qualquer tempo (CPC, art. 485, § 3º; CC, arts. 193, 210 e 211), bem como de todos os fundamentos suscitados e discutidos no processo, relacionados ao capítulo decisório objeto do recurso especial, mesmo que não tenham sido enfrentados no acórdão recorrido.

**13. Julgamento da causa e contraditório.** Admitido o recurso especial ou extraordinário, o STJ ou o STF julga a causa, podendo examinar as questões cognoscíveis de ofício e aquelas contidas no processo, mas precisa instaurar o contraditório a seu respeito (arts. 10 e 933), a fim de evitar decisão-surpresa e ausência de oportunidade para que as partes exerçam seu poder de influência e seu direito de participar da construção da decisão.

**14. Extensão e profundidade do efeito devolutivo nos recursos especial e extraordinário.** O juízo de rejulgamento da causa é diferente do juízo de admissibilidade do recurso extraordinário ou especial: para que se admita o recurso, é indispensável o prequestionamento, mas, uma vez admitido, no juízo de rejulgamento não há qualquer limitação cognitiva, a não ser a limitação horizontal estabelecida pelo recorrente (extensão do efeito devolutivo). Conhecido o recurso excepcional, a profundidade do seu efeito devolutivo não tem qualquer peculiaridade. Nada há de especial no *julgamento* de um recurso

# Art. 1.035

especial ou extraordinário; o "excepcional" em um recurso especial ou extraordinário está em seu juízo de admissibilidade, tendo em vista as suas estritas hipóteses de cabimento.

**15. Julgamento do recurso por motivo diverso.** *"É possível a aplicação do direito à espécie, sendo autorizado ao julgador adotar fundamento diverso do invocado pelo recorrente, a teor dos arts. 1.034 do CPC/2015 e 255, § 5º, do RISTJ, bem como da Súmula 456/STF"* (STJ, 3ª Turma, AgInt no REsp 1.625.823/SP, rel. Min. Ricardo Villas Bôas Cueva, DJe 10.12.2018).

**16. Concretização da primazia do julgamento do mérito.** O disposto no art. 1.034 consagra o princípio da primazia da decisão de mérito (art. 4º). Nesse sentido: *"É possível a aplicação do direito à espécie, sendo autorizado ao julgador adotar fundamento diverso do invocado pelo recorrente, a teor dos arts. 1.034 do CPC/2015 e 255, § 5º, do RISTJ, bem como da Súmula 456/STF, os quais procuram dar efetividade à prestação jurisdicional sem deixar de atentar para o devido processo legal, coadunando-se com a nova tendência de primazia das decisões de mérito, adotada no art. 4º do CPC/2015"* (STJ, 3ª Turma, AgInt no AREsp 178.910/MG, rel. Min. Ricardo Villas Bôas Cueva, DJe 25.6.2018).

**17. Cortes de revisão, e não de cassação.** Os tribunais superiores, no sistema brasileiro, não são cortes de cassação. Os arts. 102, III, e 105, III, da CF confirmam que o STF e o STJ, em recurso extraordinário e em recurso especial, respectivamente, julgam a causa. Os tribunais superiores, no sistema brasileiro, ao darem provimento a recurso interposto contra acórdão que contenha *error in iudicando*, devem reformá-lo e substituí-lo, nos limites da impugnação. O recurso especial ou extraordinário não é um recurso de cassação, nem o STF e o STJ são cortes de cassação. Não há, enfim, cassação no sistema brasileiro. A cassação é a conjugação da corte de cassação com o recurso de cassação. A função do STF e do STJ, ao julgar o recurso extraordinário ou o recurso especial, não se restringe a cassar a decisão recorrida; cabe-lhes, ao reconhecer, respectivamente, a violação à disposição da Constituição ou de lei federal, dar provimento ao recurso extraordinário ou especial e, ali mesmo, já julgar a causa, dando solução à disputa havida entre as partes.

**18. Súmula STF, 283. Súmula STJ, 126. Confirmação de que o STF e o STJ não são cortes de cassação.** Quando a decisão tem mais de um fundamento autônomo, ou seja, mais de um fundamento suficiente para, por si só, sustentar a decisão, o recorrente tem de impugnar todos eles, sob pena de não conhecimento do recurso (Súmula STF, 283; Súmula STJ, 126). A consagração desse entendimento confirma a tese de que o recurso extraordinário e o recurso especial não são, no Brasil, recursos meramente objetivos, desvinculados do interesse subjetivo de solução da causa. Caso se destinassem *apenas* à proteção do direito objetivo, a impugnação de qualquer dos fundamentos já seria suficiente para justificar um pronunciamento do STF ou do STJ. Embora seja inegável a tendência de objetivação dos recursos excepcionais, não se pode deixar de reconhecer o interesse subjetivo de solução da causa. Por essa razão, o STF e o STJ quando julgam, respectivamente, o recurso extraordinário e o recurso especial, resolvem o litígio, não constituindo cortes de cassação, mas tribunais que julgam a causa.

**19. Natureza revisional, e não de cassação.** *"1. O entendimento firmado no Enunciado Sumular 456/STF, atualmente reproduzido no art. 1.034, caput, do Código de Processo Civil/2015, expõe que a atuação do Superior Tribunal de Justiça, no julgamento do recurso especial, tem natureza revisional e não de mera cassação, o que implica a possibilidade de aplicar o direito à espécie, inclusive apreciando argumentos que, embora invocados pelas partes nas instâncias ordinárias, não foram ali debatidos. 2. Não há dúvida de que a aplicabilidade do referido enunciado fica restrita à hipótese na qual, reconhecida a existência de ilegalidade (violação do dispositivo), como no presente caso, cabe ao Tribunal Superior a análise de outros argumentos, veiculados pelas partes, para o julgamento adequado da demanda. No entanto, o Superior Tribunal de Justiça encontra limite no rejulgamento da causa e, quanto à questão, exige apreciação de matéria fático-probatória, ocasião em que determina o retorno dos autos à origem"* (STJ, 6ª Turma, AgRg no AREsp 1.260.833/AM, rel. Min. Sebastião Reis Júnior, DJe 24.9.2018).

---

**Art. 1.035.** O Supremo Tribunal Federal, em decisão irrecorrível, não conhecerá do recurso extraordinário quando a questão constitucional nele versada não tiver repercussão geral, nos termos deste artigo.

§ 1º Para efeito de repercussão geral, será considerada a existência ou não de questões relevantes do ponto de vista econômico, político, social ou jurídico que ultrapassem os interesses subjetivos do processo.

**LIVRO III** · DOS PROCESSOS NOS TRIBUNAIS E DOS MEIOS DE IMPUGNAÇÃO DAS DECISÕES JUDICIAIS **Art. 1.035**

§ 2º O recorrente deverá demonstrar a existência de repercussão geral para apreciação exclusiva pelo Supremo Tribunal Federal.

§ 3º Haverá repercussão geral sempre que o recurso impugnar acórdão que:

I – contrarie súmula ou jurisprudência dominante do Supremo Tribunal Federal;

II – (revogado);

III – tenha reconhecido a inconstitucionalidade de tratado ou de lei federal, nos termos do art. 97 da Constituição Federal .

§ 4º O relator poderá admitir, na análise da repercussão geral, a manifestação de terceiros, subscrita por procurador habilitado, nos termos do Regimento Interno do Supremo Tribunal Federal.

§ 5º Reconhecida a repercussão geral, o relator no Supremo Tribunal Federal determinará a suspensão do processamento de todos os processos pendentes, individuais ou coletivos, que versem sobre a questão e tramitem no território nacional.

§ 6º O interessado pode requerer, ao presidente ou ao vice-presidente do tribunal de origem, que exclua da decisão de sobrestamento e inadmita o recurso extraordinário que tenha sido interposto intempestivamente, tendo o recorrente o prazo de 5 (cinco) dias para manifestar-se sobre esse requerimento.

§ 7º Da decisão que indeferir o requerimento referido no § 6º ou que aplicar entendimento firmado em regime de repercussão geral ou em julgamento de recursos repetitivos caberá agravo interno.

§ 8º Negada a repercussão geral, o presidente ou o vice-presidente do tribunal de origem negará seguimento aos recursos extraordinários sobrestados na origem que versem sobre matéria idêntica.

§ 9º O recurso que tiver a repercussão geral reconhecida deverá ser julgado no prazo de 1 (um) ano e terá preferência sobre os demais feitos, ressalvados os que envolvam réu preso e os pedidos de habeas corpus.

§ 10. (revogado).

§ 11. A súmula da decisão sobre a repercussão geral constará de ata, que será publicada no diário oficial e valerá como acórdão.

▶ **1. Correspondência no CPC/1973.** *"Art. 543-A. O Supremo Tribunal Federal, em decisão irrecorrível, não conhecerá do recurso extraordinário, quando a questão constitucional nele versada não oferecer repercussão geral, nos termos deste artigo. § 1º Para efeito da repercussão geral, será considerada a existência, ou não, de questões relevantes*

*do ponto de vista econômico, político, social ou jurídico, que ultrapassem os interesses subjetivos da causa. § 2º O recorrente deverá demonstrar, em preliminar do recurso, para apreciação exclusiva do Supremo Tribunal Federal, a existência da repercussão geral. § 3º Haverá repercussão geral sempre que o recurso impugnar decisão contrária a súmula ou jurisprudência dominante do Tribunal. § 4º Se a Turma decidir pela existência da repercussão geral por, no mínimo, 4 (quatro) votos, ficará dispensada a remessa do recurso ao Plenário. § 5º Negada a existência da repercussão geral, a decisão valerá para todos os recursos sobre matéria idêntica, que serão indeferidos liminarmente, salvo revisão da tese, tudo nos termos do Regimento Interno do Supremo Tribunal Federal. § 6º O Relator poderá admitir, na análise da repercussão geral, a manifestação de terceiros, subscrita por procurador habilitado, nos termos do Regimento Interno do Supremo Tribunal Federal. § 7º A Súmula da decisão sobre a repercussão geral constará de ata, que será publicada no Diário Oficial e valerá como acórdão."*

### 🔲 LEGISLAÇÃO CORRELATA

**2. CF, art. 102, § 3º.** *"No recurso extraordinário o recorrente deverá demonstrar a repercussão geral das questões constitucionais discutidas no caso, nos termos da lei, a fim de que o Tribunal examine a admissão do recurso, somente podendo recusá-lo pela manifestação de dois terços de seus membros."*

**3. LINDB, art. 20.** *"Art. 20. Nas esferas administrativa, controladora e judicial, não se decidirá com base em valores jurídicos abstratos sem que sejam consideradas as consequências práticas da decisão. Parágrafo único. A motivação demonstrará a necessidade e a adequação da medida imposta ou da invalidação de ato, contrato, ajuste, processo ou norma administrativa, inclusive em face das possíveis alternativas."*

**4. RISTF, art. 322.** *"Art. 322. O Tribunal recusará recurso extraordinário cuja questão constitucional não oferecer repercussão geral, nos termos deste capítulo. Parágrafo único. Para efeito da repercussão geral, será considerada a existência ou não, de questões que, relevantes do ponto de vista econômico, político, social ou jurídico, ultrapassem os interesses subjetivos das partes."*

**5. RISTF, art. 323.** *"Art. 323. Quando não for caso de inadmissibilidade do recurso por outra razão, o(a) Relator(a) ou o Presidente submeterá, por meio eletrônico, aos demais ministros, cópia de sua manifestação sobre a existência, ou não, repercussão geral. § 1º Nos processos em que o*

*Presidente atuar como relator, sendo reconheci-
da a existência de repercussão geral, seguir-se-á
livre distribuição para o julgamento de mérito.
§ 2º Tal procedimento não terá lugar, quando o
recurso versar questão cuja repercussão já houver sido reconhecida pelo Tribunal, ou quando
impugnar decisão contrária a súmula ou a jurisprudência dominante, casos em que se presume
a existência de repercussão geral. § 3º Mediante decisão irrecorrível, poderá o(a) Relator(a)
admitir de ofício ou a requerimento, em prazo
que fixar, a manifestação de terceiros, subscrita
por procurador habilitado, sobre a questão da
repercussão geral.”*

**6. RISTF, art. 323-A.** *“Art. 323-A. O julgamento de mérito de questões com repercussão geral,
nos casos de reafirmação de jurisprudência dominante da Corte, também poderá ser realizado
por meio eletrônico.”*

**7. RISTF, art. 324.** *“Art. 324. Recebida a manifestação do(a) Relator(a), os demais ministros
encaminhar-lhe-ão, também por meio eletrônico,
no prazo comum de 20 (vinte) dias, manifestação
sobre a questão da repercussão geral. § 1º Somente
será analisada a repercussão geral da questão se
a maioria absoluta dos ministros reconhecerem a
existência de matéria constitucional. § 2º A decisão da maioria absoluta dos ministros no sentido
da natureza infraconstitucional da matéria terá
os mesmos efeitos da ausência de repercussão
geral, autorizando a negativa de seguimento aos
recursos extraordinários sobrestados na origem
que versem sobre matéria idêntica. § 3º O ministro que não se manifestar no prazo previsto
no caput terá sua não participação registrada na
ata do julgamento. § 4º Não alcançado o quórum
necessário para o reconhecimento da natureza
infraconstitucional da questão ou da existência,
ou não, de repercussão geral, o julgamento será
suspenso e automaticamente retomado na sessão
em meio eletrônico imediatamente seguinte, com
a coleta das manifestações dos ministros ausentes.
§ 5º No julgamento realizado por meio eletrônico,
se vencido o relator, redigirá o acórdão o ministro
sorteado dentre aqueles que dele divergiram ou
não se manifestaram, a quem competirá relatar
o caso para o exame do mérito ou de eventuais
incidentes processuais.”*

**8. RISTF, art. 325.** *“Art. 325. O(A) Relator(a)
juntará cópia das manifestações aos autos, quando
não se tratar de processo informatizado, e, uma vez
definida a existência da repercussão geral, julgará
o recurso ou pedirá dia para seu julgamento, após
vista ao Procurador-Geral, se necessária; negada
a existência, formalizará e subscreverá decisão de
recusa do recurso. Parágrafo único. O teor da de-*

*cisão preliminar sobre a existência da repercussão
geral, que deve integrar a decisão monocrática ou
o acórdão, constará sempre das publicações dos
julgamentos no Diário Oficial, com menção clara
à matéria do recurso.”*

**9. RISTF, art. 325-A.** *“Art. 325-A. Reconhecida da repercussão geral, serão distribuídos ou
redistribuídos ao relator do recurso paradigma,
por prevenção, os processos relacionados ao mesmo tema.”*

**10. RISTF, art. 326.** *“Art. 326. Toda decisão
de inexistência de repercussão geral é irrecorrível
e, valendo para todos os recursos sobre questão
idêntica, deve ser comunicada, pelo(a) Relator(a),
à Presidência do Tribunal, para os fins do artigo
subsequente e do art. 329. § 1º Poderá o relator
negar repercussão geral com eficácia apenas para
o caso concreto. § 2º Se houver recurso, a decisão
do relator de restringir a eficácia da ausência de
repercussão geral ao caso concreto deverá ser
confirmada por dois terços dos ministros para
prevalecer. § 3º Caso a proposta do relator não
seja confirmada por dois terços dos ministros, o
feito será redistribuído, na forma do art. 324, §
5º, deste Regimento Interno, sem que isso implique reconhecimento automático da repercussão
geral da questão constitucional discutida no caso.
§ 4º Na hipótese do § 3º, o novo relator sorteado prosseguirá no exame de admissibilidade do
recurso, na forma dos arts. 323 e 324 deste Regimento Interno.”*

**11. RISTF, art. 327.** *“Art. 327. A Presidência
do Tribunal recusará recursos que não apresentem
preliminar formal e fundamentada de repercussão geral, bem como aqueles cuja matéria carecer
de repercussão geral, segundo precedente do Tribunal, salvo se a tese sido revista ou estiver em
procedimento de revisão. § 1º Igual competência
exercerá o(a) Relator(a) sorteado, quando o recurso não tiver sido liminarmente recusado pela
Presidência. § 2º Da decisão que recusar recurso,
nos termos deste artigo, caberá agravo.”*

## ⚖ JURISPRUDÊNCIA, ENUNCIADOS E SÚMULAS SELECIONADOS

- **12. Enunciado 224 do FPPC.** *“A existência
de repercussão geral terá de ser demonstrada de forma fundamentada, sendo dispensável sua alegação em preliminar ou em tópico
específico.”*

- **13. Enunciado 550 do FPPC.** *“A inexistência
de repercussão geral da questão constitucional
discutida no recurso extraordinário é vício insanável, não se aplicando o dever de prevenção*

**LIVRO III** · DOS PROCESSOS NOS TRIBUNAIS E DOS MEIOS DE IMPUGNAÇÃO DAS DECISÕES JUDICIAIS **Art. 1.035**

de que trata o parágrafo único do art. 932, sem prejuízo do disposto no art. 1.033."

- **14. Enunciado 126 da II Jornada-CJF.** *"O juiz pode resolver parcialmente o mérito, em relação à matéria não afetada para julgamento, nos processos suspensos em razão de recursos repetitivos, repercussão geral, incidente de resolução de demandas repetitivas ou incidente de assunção de competência."*
- **15. Enunciado 59 da FNPP.** *"O acórdão proferido em recurso extraordinário com repercussão geral reconhecida se equipara, para todos os fins, ao acórdão proferido em recurso extraordinário repetitivo."*

### 🗐 COMENTÁRIOS TEMÁTICOS

**16. Repercussão geral como requisito de admissibilidade.** No âmbito do recurso extraordinário, o recorrente, além de ter de fundamentar o seu recurso em uma das hipóteses do art. 102, III, da CF, terá, também, de demonstrar o preenchimento desse outro requisito.

**17. Necessidade de demonstração pelo recorrente.** Cabe ao recorrente, nas razões de seu recurso extraordinário, afirmar a existência de repercussão geral. Se, nas razões do recurso, não houver demonstração de repercussão geral, não cabe o recurso, podendo não ser admitido, inclusive, pelo Presidente ou Vice do tribunal local. Este último não estará dizendo que não há repercussão geral; estará, apenas, observando o descumprimento de um requisito de admissibilidade relacionado à regularidade formal.

**18. Repercussão geral e demais requisitos de admissibilidade.** A análise da repercussão geral pressupõe que o recurso extraordinário tenha preenchido os demais requisitos gerais de admissibilidade de um recurso (tempestividade, legitimidade recursal, interesse etc.). O reconhecimento da existência de repercussão geral não gera a preclusão da possibilidade de proceder-se ao juízo de admissibilidade do recurso extraordinário. Mesmo havendo repercussão geral, o recurso deve ser tempestivo, cabível e preencher os demais requisitos de admissibilidade.

**19. Presunção de repercussão geral.** Interposto o recurso extraordinário com item ou tópico em que se afirme a repercussão geral, passa a haver uma presunção: presume-se que haja repercussão geral, somente cabendo ao plenário do STF (por 2/3 de seus membros) deixar de conhecer do recurso extraordinário por falta de repercussão geral.

**20. Hipóteses de presunção legal absoluta de repercussão geral.** Haverá repercussão geral quando o acórdão recorrido contrariar súmula ou jurisprudência dominante do STF ou quando tenha reconhecido a inconstitucionalidade de tratado ou de lei federal (CF, art. 97). Também há presunção legal absoluta de repercussão geral do recurso extraordinário quando este for interposto contra acórdão proferido em julgamento de casos repetitivos (art. 987, § 1º). Diversamente, se a decisão recorrida estiver de acordo com a jurisprudência ou a súmula do STF, não significa que falte ao recurso extraordinário repercussão geral. Nesse caso, deve o recorrente demonstrar a existência de repercussão geral, provocando a manifestação do STF, que poderá, até mesmo, modificar seu entendimento, seja porque o contexto do momento impõe a mudança da orientação anteriormente firmada (superação), seja porque o caso contém peculiaridade que exige o afastamento ou a não aplicação do entendimento já assentado (distinção).

**21. Quórum qualificado.** O *quórum* qualificado é para considerar que a questão *não* tem repercussão geral.

**22. Competência privativa do STF.** Somente o STF, por seu plenário, poderá dizer que não há repercussão geral, não podendo o Presidente ou Vice-Presidente do tribunal local fazer essa análise. É da apreciação exclusiva do STF dizer que não há repercussão geral.

**23. Irrecorribilidade.** A decisão do plenário do STF sobre a existência ou não de repercussão geral é irrecorrível. Admite-se, porém, a oposição de embargos de declaração.

**24. Exame por uma das turmas do STF.** É possível que a turma do STF conheça do recurso, por reputar geral a questão discutida, sem necessidade de remeter os autos ao plenário, desde que haja no mínimo quatro votos a favor da repercussão geral (se são onze ministros, e oito é o mínimo de votos para negar a existência de repercussão geral, é correto dispensar a remessa ao plenário se quatro ministros já admitem o recurso extraordinário); não é permitido à turma, porém, considerar que o recurso, por esse motivo, é inadmissível.

**25. Prazo para julgamento.** O recurso que tiver a repercussão geral reconhecida deverá ser julgado no prazo de um ano e terá preferência sobre os demais processos, ressalvados os que envolvam réu preso e os pedidos de *habeas corpus*.

**26. Repercussão geral, julgamento de casos repetitivos e incidente de assunção de competência.** Nem sempre se devem fundir as técnicas

1661

**da repercussão geral e do julgamento de casos repetitivos.** É certo que a existência de recursos repetitivos sobre matéria constitucional aponta a existência de repercussão geral (art. 987, § 1º). É, porém, possível haver repercussão geral sem que haja repetição. Eis alguns exemplos: a) o recurso extraordinário que discuta o direito de a parte sustentar oralmente em um julgamento, sem que se depare com a imagem de Jesus crucificado ao fundo do salão de sessões; b) recurso extraordinário que discuta o direito de um transgênero de ser preso em penitenciária feminina; c) recurso extraordinário em que se discuta a extensão do conceito de direito adquirido; d) recurso extraordinário em que alguém pretenda que de sua certidão de nascimento não conste, do item dedicado ao gênero, nem masculino nem feminino etc. Em todos esses casos, dificilmente haverá recursos extraordinários repetitivos, mas a análise da repercussão geral se impõe. Em tais situações, uma vez reconhecida a repercussão geral, caberá à turma do STF uma de duas opções: a) julgar o recurso; b) entender que, pela relevância do tema, o caso deve ser afetado ao plenário, observado o procedimento do incidente de assunção de competência (art. 947), hipótese que resultará em precedente vinculante. Assim, é preciso perceber as três situações possíveis: a) recursos extraordinários repetitivos: a análise da repercussão geral será feita no contexto do julgamento dos recursos extraordinários repetitivos; b) recurso extraordinário não repetitivo julgado pela turma: reconhecida a repercussão geral, a turma julgará o recurso; c) recurso extraordinário não repetitivo julgado pelo plenário: reconhecida a repercussão geral, a turma pode afetar o caso para julgamento pelo plenário, instaurando o incidente de assunção de competência.

**27. Repercussão geral, ofensa reflexa à Constituição e julgamento de casos repetitivos sobre questão processual.** A repercussão geral é um atributo da questão constitucional discutida no recurso extraordinário. Assim, antes de examinar se há ou não repercussão geral, o STF examinará os requisitos gerais de admissibilidade do recurso extraordinário: cabimento, tempestividade, legitimidade recursal etc. O STF tem entendido que, nos casos de ofensa reflexa ou indireta à norma constitucional, não há repercussão geral, a autorizar o não conhecimento do recurso extraordinário. A hipótese, na verdade, não é de falta de repercussão geral, pois a matéria não é constitucional, segundo o próprio STF. O caso é de descabimento do recurso extraordinário, pura e simplesmente. Essa análise

é, inclusive, anterior à que se faz sobre a existência de repercussão geral. Se a questão discutida no recurso extraordinário não é constitucional, nem há que se indagar sobre se ela tem ou não repercussão geral. Se a ofensa é indireta ou reflexa, cabe ao STF determinar a conversão do recurso extraordinário, nesses casos, em recurso especial (art. 1.033).

**28. Eficácia vinculante do precedente em repercussão geral.** O pronunciamento do plenário do STF sobre a repercussão geral de determinada questão vincula os demais órgãos do tribunal e dispensa, inclusive, que se remeta o tema a um novo exame do plenário, em recurso extraordinário que verse sobre a questão cuja amplitude da repercussão já tenha sido examinada, haja ou não enunciado sumulado a respeito. O precedente obrigatório é do plenário do STF (reconhecendo ou negando); reconhecida a repercussão geral pela turma do STF (turma não pode negar repercussão geral, lembre-se), não há precedente vinculante. Nesses casos, e apenas nesses (pois a competência para decidir sobre a ausência de repercussão geral é do plenário do STF), admitir-se-á o juízo de inadmissibilidade do recurso extraordinário, pela ausência de repercussão geral, por decisão do presidente ou vice-presidente do tribunal de origem (art. 1.030, I), ou por decisão de relator (art. 932, III) ou por acórdão de turma do STF. Também será dispensada nova manifestação do plenário se o tema já foi decidido em ação de controle concentrado de constitucionalidade: no caso, incide o efeito positivo da coisa julgada do processo de controle concentrado.

**29. Intervenção de *amicus curiae* e suspensão dos processos pendentes.** Para que se possa compreender os §§ 4º e 5º do art. 1.035, é importante destacar as seguintes premissas: *a)* somente o pleno do STF pode negar a existência de repercussão geral; *b)* uma turma do STF pode reconhecer a existência de repercussão geral; *c)* nem todo recurso extraordinário será julgado pelo pleno do STF; *d)* somente as decisões do pleno do STF sobre a repercussão geral são consideradas precedentes obrigatórios; *e)* a repercussão geral pode ser examinada pelas técnicas do julgamento dos casos repetitivos ou do incidente de assunção de competência. O § 4º do art. 1.025 prevê a possibilidade de intervenção de *amicus curiae*. A regra justifica-se como uma forma de qualificar o debate em torno da questão. Relaciona-se, portanto, com a formação de um precedente obrigatório. Por causa disso, a norma somente se aplica aos casos em que a repercussão geral será examinada pelo plenário

**LIVRO III •** DOS PROCESSOS NOS TRIBUNAIS E DOS MEIOS DE IMPUGNAÇÃO DAS DECISÕES JUDICIAIS | **Art. 1.036**

do STF, o que nem sempre acontece. Já o § 5º autoriza o relator, no STF, uma vez reconhecida a repercussão geral, a suspender o processamento de todos os processos pendentes que versam sobre a questão e tramitem no território nacional. A regra aplica-se exclusivamente aos casos em que a repercussão geral será julgada pela técnica dos recursos extraordinários repetitivos. A suspensão dos processos pendentes, à espera da solução do caso-piloto, é, aliás, a técnica nuclear o microssistema de gestão e julgamento de casos repetitivos. A regra não se aplica quando o recurso extraordinário for julgado por uma turma, cuja decisão não tem força para servir como modelo para a solução dos casos pendentes ou futuros. A regra também não se aplica quando o recurso extraordinário for julgado em incidente de assunção de competência, que pressupõe não haver casos repetitivos pendentes (art. 947).

**30. Suspensão não automática.** *"A suspensão de processamento prevista no § 5º do art. 1.035 do CPC não é consequência automática e necessária do reconhecimento da repercussão geral realizada com fulcro no* caput *do mesmo dispositivo, sendo da discricionariedade do relator do recurso extraordinário paradigma determiná-la ou modulá-la"* (STF, Pleno, RE 966.177 RG-QO, rel. Luiz Fux, *DJe* 1º.2.2019).

**31. Suspensão dependente de determinação do relator.** *"Não se desconhece a finalidade da repercussão geral – instituto voltado à uniformização de jurisprudência e à preservação da segurança jurídica. Contudo, haja vista a redação do art. 1.035, § 5º, do CPC/2015, entendo que o citado dispositivo estabelece apenas orientação para o relator, mas não imposição de sobrestamento. Caso a lei quisesse injungir a suspensão automática, bastaria prever que o reconhecimento da repercussão geral impusesse a paralisação do trâmite de todos os processos pendentes relativos à matéria, no território nacional; ou ainda, dispor que o relator obrigatoriamente determinasse a suspensão, o que não ocorreu"* (STJ, Corte Especial, REsp 1.202.071/SP, rel. Min. Herman Benjamin, *DJe* 3.6.2019).

**32. Requerimento de exclusão do processo da ordem de sobrestamento.** Determinada a suspensão dos processos pendentes, o interessado pode requerer, ao presidente ou ao vice-presidente do tribunal de origem, que exclua da decisão de sobrestamento e inadmita o recurso extraordinário que tenha sido interposto intempestivamente. Feito esse requerimento, o recorrente será intimado para, em cinco dias, manifestar-se. A regra tem um propósito claro: evitar que um recurso intempestivo possa obsta-

culizar o reconhecimento do trânsito em julgado. Como a intempestividade não há como ser corrigida, não há razão para suspender o processo nesse caso, pois o trânsito em julgado da decisão já se operou. Da decisão que indeferir esse requerimento, cabe agravo interno. A decisão que acolher esse requerimento é, rigorosamente, uma decisão de inadmissibilidade do recurso extraordinário, contra a qual se pode interpor o agravo do art. 1.042.

## Subseção II
## Do Julgamento dos Recursos Extraordinário e Especial Repetitivos

**Art. 1.036.** Sempre que houver multiplicidade de recursos extraordinários ou especiais com fundamento em idêntica questão de direito, haverá afetação para julgamento de acordo com as disposições desta Subseção, observado o disposto no Regimento Interno do Supremo Tribunal Federal e no do Superior Tribunal de Justiça.

§ 1º O presidente ou o vice-presidente de tribunal de justiça ou de tribunal regional federal selecionará 2 (dois) ou mais recursos representativos da controvérsia, que serão encaminhados ao Supremo Tribunal Federal ou ao Superior Tribunal de Justiça para fins de afetação, determinando a suspensão do trâmite de todos os processos pendentes, individuais ou coletivos, que tramitem no Estado ou na região, conforme o caso.

§ 2º O interessado pode requerer, ao presidente ou ao vice-presidente, que exclua da decisão de sobrestamento e inadmita o recurso especial ou o recurso extraordinário que tenha sido interposto intempestivamente, tendo o recorrente o prazo de 5 (cinco) dias para manifestar-se sobre esse requerimento.

§ 3º Da decisão que indeferir o requerimento referido no § 2º caberá apenas agravo interno.

§ 4º A escolha feita pelo presidente ou vice-presidente do tribunal de justiça ou do tribunal regional federal não vinculará o relator no tribunal superior, que poderá selecionar outros recursos representativos da controvérsia.

§ 5º O relator em tribunal superior também poderá selecionar 2 (dois) ou mais recursos representativos da controvérsia para julgamento da questão de direito independentemente da iniciativa do presidente ou do vice-presidente do tribunal de origem.

1663

# Art. 1.036  CÓDIGO DE PROCESSO CIVIL COMENTADO – *Leonardo Carneiro da Cunha*

§ 6º Somente podem ser selecionados recursos admissíveis que contenham abrangente argumentação e discussão a respeito da questão a ser decidida.

▶ **1. Correspondência no CPC/1973.** *"Art. 543-B. Quando houver multiplicidade de recursos com fundamento em idêntica controvérsia, a análise da repercussão geral será processada nos termos do Regimento Interno do Supremo Tribunal Federal, observado o disposto neste artigo. § 1º Caberá ao Tribunal de origem selecionar um ou mais recursos representativos da controvérsia e encaminhá-los ao Supremo Tribunal Federal, sobrestando os demais até o pronunciamento definitivo da Corte. § 2º Negada a existência de repercussão geral, os recursos sobrestados considerar-se-ão automaticamente não admitidos. § 3º Julgado o mérito do recurso extraordinário, os recursos sobrestados serão apreciados pelos Tribunais, Turmas de Uniformização ou Turmas Recursais, que poderão declará-los prejudicados ou retratar-se. § 4º Mantida a decisão e admitido o recurso, poderá o Supremo Tribunal Federal, nos termos do Regimento Interno, cassar ou reformar, liminarmente, o acórdão contrário à orientação firmada. § 5º O Regimento Interno do Supremo Tribunal Federal disporá sobre as atribuições dos Ministros, das Turmas e de outros órgãos, na análise da repercussão geral."* "Art. 543-C. Quando houver multiplicidade de recursos com fundamento em idêntica questão de direito, o recurso especial será processado nos termos deste artigo. § 1º Caberá ao presidente do tribunal de origem admitir um ou mais recursos representativos da controvérsia, os quais serão encaminhados ao Superior Tribunal de Justiça, ficando suspensos os demais recursos especiais até o pronunciamento definitivo do Superior Tribunal de Justiça. § 2º Não adotada a providência descrita no § 1º deste artigo, o relator no Superior Tribunal de Justiça, ao identificar que sobre a controvérsia já existe jurisprudência dominante ou que a matéria já está afeta ao colegiado, poderá determinar a suspensão, nos tribunais de segunda instância, dos recursos nos quais a controvérsia esteja estabelecida. § 3º O relator poderá solicitar informações, a serem prestadas no prazo de quinze dias, aos tribunais federais ou estaduais a respeito da controvérsia. § 4º O relator, conforme dispuser o regimento interno do Superior Tribunal de Justiça e considerando a relevância da matéria, poderá admitir manifestação de pessoas, órgãos ou entidades com interesse na controvérsia. § 5º Recebidas as informações e, se for o caso, após cumprido o disposto no § 4º deste artigo, terá vista o Ministério Público pelo prazo de quinze dias. § 6º Transcorrido o prazo para o Ministério Público e remetida cópia do relatório aos demais Ministros, o processo será incluído em pauta na seção ou na Corte Especial, devendo ser julgado com preferência sobre os demais feitos, ressalvados os que envolvam réu preso e os pedidos de* habeas corpus*. § 7º Publicado o acórdão do Superior Tribunal de Justiça, os recursos especiais sobrestados na origem: I – terão seguimento denegado na hipótese de o acórdão recorrido coincidir com a orientação do Superior Tribunal de Justiça; ou II – serão novamente examinados pelo tribunal de origem na hipótese de o acórdão recorrido divergir da orientação do Superior Tribunal de Justiça. § 8º Na hipótese prevista no inciso II do § 7º deste artigo, mantida a decisão divergente pelo tribunal de origem, far-se-á o exame de admissibilidade do recurso especial. § 9º O Superior Tribunal de Justiça e os tribunais de segunda instância regulamentarão, no âmbito de suas competências, os procedimentos relativos ao processamento e julgamento do recurso especial nos casos previstos neste artigo."*

## 🗄 LEGISLAÇÃO CORRELATA

**2. CLT, art. 896-B.** *"Art. 896-B. Aplicam-se ao recurso de revista, no que couber, as normas da Lei nº 5.869, de 11 de janeiro de 1973 (Código de Processo Civil), relativas ao julgamento dos recursos extraordinário e especial repetitivos."*

**3. CLT, art. 896-C.** *"Art. 896-C. Quando houver multiplicidade de recursos de revista fundados em idêntica questão de direito, a questão poderá ser afetada à Seção Especializada em Dissídios Individuais ou ao Tribunal Pleno, por decisão da maioria simples de seus membros, mediante requerimento de um dos Ministros que compõem a Seção Especializada, considerando a relevância da matéria ou a existência de entendimentos divergentes entre os Ministros dessa Seção ou das Turmas do Tribunal. § 1º O Presidente da Turma ou da Seção Especializada, por indicação dos relatores, afetará um ou mais recursos representativos da controvérsia para julgamento pela Seção Especializada em Dissídios Individuais ou pelo Tribunal Pleno, sob o rito dos recursos repetitivos. § 2º O Presidente da Turma ou da Seção Especializada que afetar processo para julgamento sob o rito dos recursos repetitivos deverá expedir comunicação aos demais Presidentes de Turma ou de Seção Especializada, que poderão afetar outros processos sobre a questão para julgamento conjunto, a fim de conferir ao órgão julgador visão global da questão. § 3º O Presidente do Tribunal Superior do Trabalho oficiará os Presi-*

**LIVRO III ·** DOS PROCESSOS NOS TRIBUNAIS E DOS MEIOS DE IMPUGNAÇÃO DAS DECISÕES JUDICIAIS · **Art. 1.036**

dentes dos Tribunais Regionais do Trabalho para que suspendam os recursos interpostos em casos idênticos aos afetados como recursos repetitivos, até o pronunciamento definitivo do Tribunal Superior do Trabalho. § 4º Caberá ao Presidente do Tribunal de origem admitir um ou mais recursos representativos da controvérsia, os quais serão encaminhados ao Tribunal Superior do Trabalho, ficando suspensos os demais recursos de revista até o pronunciamento definitivo do Tribunal Superior do Trabalho. § 5º O relator no Tribunal Superior do Trabalho poderá determinar a suspensão dos recursos de revista ou de embargos que tenham como objeto controvérsia idêntica à do recurso afetado como repetitivo. § 6º O recurso repetitivo será distribuído a um dos Ministros membros da Seção Especializada ou do Tribunal Pleno e a um Ministro revisor. § 7º O relator poderá solicitar, aos Tribunais Regionais do Trabalho, informações a respeito da controvérsia, a serem prestadas no prazo de 15 (quinze) dias. § 8º O relator poderá admitir manifestação de pessoa, órgão ou entidade com interesse na controvérsia, inclusive como assistente simples, na forma da Lei nº 5.869, de 11 de janeiro de 1973 (Código de Processo Civil). § 9º Recebidas as informações e, se for o caso, após cumprido o disposto no § 7º deste artigo, terá vista o Ministério Público pelo prazo de 15 (quinze) dias. § 10. Transcorrido o prazo para o Ministério Público e remetida cópia do relatório aos demais Ministros, o processo será incluído em pauta na Seção Especializada ou no Tribunal Pleno, devendo ser julgado com preferência sobre os demais feitos. § 11. Publicado o acórdão do Tribunal Superior do Trabalho, os recursos de revista sobrestados na origem: I – terão seguimento denegado na hipótese de o acórdão recorrido coincidir com a orientação a respeito da matéria no Tribunal Superior do Trabalho; ou II – serão novamente examinados pelo Tribunal de origem na hipótese de o acórdão recorrido divergir da orientação do Tribunal Superior do Trabalho a respeito da matéria. § 12. Na hipótese prevista no inciso II do § 11 deste artigo, mantida a decisão divergente pelo Tribunal de origem, far-se-á o exame de admissibilidade do recurso de revista. § 13. Caso a questão afetada e julgada sob o rito dos recursos repetitivos também contenha questão constitucional, a decisão proferida pelo Tribunal Pleno não obstará o conhecimento de eventuais recursos extraordinários sobre a questão constitucional. § 14. Aos recursos extraordinários interpostos perante o Tribunal Superior do Trabalho será aplicado o procedimento previsto no art. 543-B da Lei nº 5.869, de 11 de janeiro de 1973 (Código de Processo Civil), cabendo ao Presidente

do Tribunal Superior do Trabalho selecionar um ou mais recursos representativos da controvérsia e encaminhá-los ao Supremo Tribunal Federal, sobrestando os demais até o pronunciamento definitivo da Corte, na forma do § 1º do art. 543-B da Lei nº 5.869, de 11 de janeiro de 1973 (Código de Processo Civil). § 15. O Presidente do Tribunal Superior do Trabalho poderá oficiar os Tribunais Regionais do Trabalho e os Presidentes das Turmas e da Seção Especializada do Tribunal para que suspendam os processos idênticos aos selecionados como recursos representativos da controvérsia e encaminhados ao Supremo Tribunal Federal, até o seu pronunciamento definitivo. § 16. A decisão firmada em recurso repetitivo não será aplicada aos casos em que se demonstrar que a situação de fato ou de direito é distinta das presentes no processo julgado sob o rito dos recursos repetitivos. § 17. Caberá revisão da decisão firmada em julgamento de recursos repetitivos quando se alterar a situação econômica, social ou jurídica, caso em que será respeitada a segurança jurídica das relações firmadas sob a égide da decisão anterior, podendo o Tribunal Superior do Trabalho modular os efeitos da decisão que a tenha alterado."

**4. RISTF, art. 326-A.** "Art. 326-A. Os recursos indicados como representativos de controvérsia constitucional pelas instâncias de origem e os feitos julgados no Superior Tribunal de Justiça sob a sistemática de recursos repetitivos serão registrados previamente ao Presidente, que poderá afetar o tema diretamente ao Plenário Virtual, na forma do art. 323 do regimento interno, distribuindo-se o feito por sorteio, em caso de reconhecimento da repercussão geral, a um dos ministros que tenham se manifestado nesse sentido. § 1º Caso os recursos representativos de controvérsia constitucional ou os feitos julgados no STJ sob a sistemática de recursos repetitivos não recebam proposta de afetação pelo Presidente e sejam distribuídos, poderá o relator proceder na forma do art. 326, caput e parágrafos. § 2º A decisão proferida nos processos mencionados no § 1º será comunicada à instância de origem e ao Superior Tribunal de Justiça, respectivamente, inclusive para os fins do art. 1.037, § 1º, do Código de Processo Civil."

**5. RISTJ, art. 11, XVI.** "Art. 11. Compete à Corte Especial processar e julgar: (...) XVI – o recurso especial repetitivo."

**6. RISTJ, art. 12, XVI.** "Art. 12. Compete às Seções processar e julgar: (...) X – o recurso especial repetitivo."

**7. RISTJ, art. 21-E, VIII.** "Art. 21-E. São atribuições do Presidente antes da distribuição: (...) VIII – determinar a devolução ao Tribunal de origem dos recursos fundados em controvér-

1665

# Art. 1.036 CÓDIGO DE PROCESSO CIVIL COMENTADO – *Leonardo Carneiro da Cunha*

sia idêntica àquela já submetida ao rito de julgamento de casos repetitivos para adoção das medidas cabíveis."

**8. RISTJ, art. 34, XXIV.** *"Art. 34. São atribuições do relator: (...) XXIV – determinar a devolução ao Tribunal de origem dos recursos especiais fundados em controvérsia idêntica àquela já submetida ao rito de julgamento de casos repetitivos para adoção das medidas cabíveis."*

**9. RISTJ, art. 256.** *"Art. 256. Havendo multiplicidade de recursos especiais com fundamento em idêntica questão de direito, caberá ao presidente ou ao vice-presidente dos Tribunais de origem (Tribunal de Justiça ou Tribunal Regional Federal), conforme o caso, admitir dois ou mais recursos especiais representativos da controvérsia, que serão encaminhados ao Superior Tribunal de Justiça, ficando os demais processos, individuais ou coletivos, suspensos até o pronunciamento do STJ. § 1º Os recursos especiais representativos da controvérsia serão selecionados pelo Tribunal de origem, que deverá levar em consideração o preenchimento dos requisitos de admissibilidade e, preferencialmente: I – a maior diversidade de fundamentos constantes do acórdão e dos argumentos no recurso especial; II – a questão de mérito que puder tornar prejudicadas outras questões suscitadas no recurso; III – a divergência, se existente, entre órgãos julgadores do Tribunal de origem, caso em que deverá ser observada a representação de todas as teses em confronto. § 2º O Tribunal de origem, no juízo de admissibilidade: I – delimitará a questão de direito a ser processada e julgada sob o rito do recurso especial repetitivo, com a indicação dos respectivos códigos de assuntos da Tabela Processual Unificada do Conselho Nacional de Justiça; II – informará, objetivamente, a situação fática específica na qual surgiu a controvérsia; III – indicará, precisamente, os dispositivos legais em que se fundou o acórdão recorrido; IV – informará a quantidade de processos que ficarão suspensos na origem com a mesma questão de direito em tramitação no STJ; V – informará se outros recursos especiais representativos da mesma controvérsia estão sendo remetidos conjuntamente, destacando, na decisão de admissibilidade de cada um deles, os números dos demais; VI – explicitará, na parte dispositiva, que o recurso especial foi admitido como representativo da controvérsia."*

**10. RISTJ, art. 256-A.** *"Art. 256-A. No Superior Tribunal de Justiça, os recursos especiais encaminhados pelos Tribunais de origem como representativos da controvérsia deverão receber identificação própria no sistema informatizado*

e, após as etapas de atuação e classificação, ser registrados ao Presidente do STJ."

**11. RISTJ, art. 256-B.** *"Art. 256-B. Compete ao Presidente do STJ: I – oficiar ao presidente ou ao vice-presidente do Tribunal de origem, conforme o caso, para complementar informações do recurso especial representativo da controvérsia; II – abrir vista dos autos ao Ministério Público Federal para que, no prazo improrrogável de quinze dias, manifeste-se exclusivamente a respeito dos pressupostos de admissibilidade do recurso especial como representativo da controvérsia."*

**12. RISTJ, art. 256-C.** *"Art. 256-C. Com ou sem o parecer do Ministério Público Federal, o processo será concluso ao Presidente do STJ para que, no prazo de vinte dias, em despacho irrecorrível, decida se o recurso especial representativo da controvérsia preenche os requisitos do art. 256 deste Regimento."*

**13. RISTJ, art. 256-D.** *"Art. 256-D. Caso o Presidente do STJ admita o recurso especial, determinará a distribuição dos autos nos seguintes termos: I – por dependência, para os recursos especiais representativos da controvérsia que contiverem a mesma questão de direito; II – de forma livre, mediante sorteio automático, para as demais hipóteses. Parágrafo único. O Superior Tribunal de Justiça manterá, em sua página na internet, em destaque, relação dos recursos especiais representativos da controvérsia aptos, com a respectiva descrição da questão de direito e com o número sequencial correspondente à controvérsia."*

**14. RISTJ, art. 256-E.** *"Art. 256-E. Compete ao relator do recurso especial representativo da controvérsia, no prazo máximo de sessenta dias úteis a contar da data de conclusão do processo, reexaminar a admissibilidade do recurso representativo da controvérsia a fim de: I – rejeitar, de forma fundamentada, a indicação do recurso especial como representativo da controvérsia devido à ausência dos pressupostos recursais genéricos ou específicos e ao não cumprimento dos requisitos regimentais, observado o disposto no art. 256-F deste Regimento; II – propor à Corte Especial ou à Seção a afetação do recurso especial representativo da controvérsia para julgamento sob o rito dos recursos repetitivos, nos termos do Código de Processo Civil e da Seção II deste Capítulo."*

**15. RISTJ, art. 256-F.** *"Art. 256-F. Caso o relator inadmita o recurso especial como representativo da controvérsia devido à ausência dos pressupostos recursais genéricos ou específicos ou ao não cumprimento dos requisitos previstos neste Regimento, indicará recursos especiais existentes em seu acervo em substituição ao re-*

**LIVRO III** · DOS PROCESSOS NOS TRIBUNAIS E DOS MEIOS DE IMPUGNAÇÃO DAS DECISÕES JUDICIAIS **Art. 1.036**

curso inadmitido ou determinará a comunicação ao presidente ou vice-presidente do Tribunal de origem para que remeta ao STJ, em substituição, dois ou mais recursos especiais aptos que tratem da mesma questão de direito.§ 1º Será inadmitido na origem recurso especial que apresente o mesmo óbice de admissibilidade reconhecido pelo Presidente do STJ ou pelo relator no julgamento de recurso representativo de idêntica questão de direito. § 2º Os recursos especiais aptos encaminhados pelo Tribunal de origem em substituição, nos termos do caput deste artigo, seguirão, no STJ, o mesmo procedimento do recurso representativo da controvérsia. § 3º Os recursos anteriormente suspensos nos Tribunais de origem permanecerão nessa condição, contendo a indicação do número sequencial da controvérsia de que trata o parágrafo único do art. 256-D deste Regimento. § 4º Caso o relator inadmita o recurso especial representativo da controvérsia porque a matéria não é apta a julgamento repetitivo ou porque não caracterizada a multiplicidade de recursos capaz de ensejar a afetação do processo para julgamento pelo sistema dos recursos repetitivos à Seção ou à Corte Especial, os processos suspensos em todo o território nacional retomarão seu curso normal."

**16.** RISTJ, art. 256-G. "Art. 256-G. Não adotadas as providências previstas nos incisos I e II do art. 256-E deste Regimento no prazo estabelecido no seu caput, presumir-se-á que o recurso especial representativo da controvérsia teve sua indicação rejeitada pelo relator. § 1º A rejeição, expressa ou presumida, do recurso especial representativo da controvérsia será comunicada aos Ministros do STJ e aos presidentes ou vice-presidentes dos Tribunais de origem. § 2º Os processos suspensos em todo o território nacional em razão de recurso especial representativo da controvérsia rejeitado retomarão seu curso normal."

**17.** RISTJ, art. 256-H. "Art. 256-H. Os recursos especiais interpostos em julgamento de mérito do incidente de resolução de demandas repetitivas serão processados nos termos desta Seção, não se aplicando a presunção prevista no art. 256-G deste Regimento."

**18.** Prov. 128/2008 da OAB, art. 2º. "Art. 2º Caberá intervenção da OAB nos seguintes casos: I – quando o acórdão recorrido versar sobre a dignidade, independência, prerrogativas e valorização da advocacia ou sobre interesses coletivos ou individuais dos advogados (Art. 54, II e III, da Lei nº 8.906/04); II – quando o acórdão recorrido versar sobre matéria de competência legal da Ordem dos Advogados do Brasil, em especial: a) defesa da Constituição, da ordem jurídica do Estado Democrático de Direito, dos direitos huma-

nos, da justiça social, da boa aplicação das leis, da rápida administração da justiça e do aperfeiçoamento da cultura e das instituições jurídicas (art. 44, I, da Lei nº 8.905/94); b) representação, defesa, seleção e disciplina dos advogados em toda a República Federativa do Brasil (art. 44, II, da Lei nº 8.906/94)."

**19.** Prov. 128/2008 da OAB, art. 3º. "Art. 3º Compete à Diretoria identificar a presença, em cada caso, dos critérios estabelecidos no art. 2º deste Provimento, bem como a linha de atuação, de modo a viabilizar a manifestação do Conselho Federal."

**20.** Recomendação 134/2022 CNJ. Dispõe sobre o tratamento dos precedentes no Direito brasileiro.

### ⚖ JURISPRUDÊNCIA, ENUNCIADOS E SÚMULAS SELECIONADOS

- **21.** Enunciado 345 do FPPC. "O incidente de resolução de demandas repetitivas e o julgamento dos recursos extraordinários e especiais repetitivos formam um microssistema de solução de casos repetitivos, cujas normas de regência se complementam reciprocamente e devem ser interpretadas conjuntamente."

- **22.** Enunciado 364 do FPPC. "O sobrestamento da causa em primeira instância não ocorrerá caso se mostre necessária a produção de provas para efeito de distinção de precedentes."

- **23.** Enunciado 615 do FPPC. "Na escolha dos casos paradigmas, devem ser preferidas, como representativas da controvérsia, demandas coletivas às individuais, observados os requisitos do art. 1.036, especialmente do respectivo § 6º."

- **24.** Enunciado 660 do FPPC. "O recurso especial ou extraordinário interposto contra o julgamento do mérito do incidente de resolução de demandas repetitivas, ainda que único, submete-se ao regime dos recursos repetitivos."

- **25.** Enunciado 754 do FPPC. "Compete à Presidência ou à Vice-presidência do tribunal local delimitar a abrangência de suspensão de processos na decisão que admite o recurso como representativo da controvérsia."

- **26.** Enunciado 204 da III Jornada-CJF. "A afetação de um Recurso Extraordinário ou Especial como repetitivo não pressupõe a existência de decisões conflitantes sobre a questão de direito material ou processual submetida a julgamento."

- **27.** Enunciado 23 da ENFAM. "É obrigatória a determinação de suspensão dos processos pendentes, individuais e coletivos, em trâmite

1667

nos Estados ou regiões, nos termos do § 1º do art. 1.036 do CPC/2015, bem como nos termos do art. 1.037 do mesmo código."

## ▣ Comentários Temáticos

**28. Causa-piloto.** No sistema brasileiro, os recursos especial e extraordinário repetitivos são processados e julgados como *causa-piloto*. Escolhem-se uns recursos para exame e julgamento. Os recursos afetados para análise devem ser julgados no prazo de um ano, tendo preferência sobre os demais, ressalvado o *habeas corpus* (art. 1.037, § 4º). Julgados os recursos paradigmas, decidem-se as causas neles contidas (*causas-piloto*) e, ao mesmo tempo, fixa-se a tese a ser aplicada a todos os demais processos que ficaram sobrestados. Forma-se, além disso, um precedente obrigatório a ser seguido pelos juízos e tribunais em casos que contenham a mesma questão repetitiva, de direito processual ou de direito material.

**29. Seleção do caso representativo.** A seleção do caso representativo da controvérsia é muito importante, pois impacta nas conclusões que o tribunal pode extrair a respeito da questão repetitiva. Uma seleção mal feita poderá levar a uma cognição de menor qualidade, reduzindo o potencial de influência do contraditório no incidente e repercutindo na própria atuação das partes, dos interessados e dos *amici curiae*. O tribunal deve selecionar mais de um processo repetitivo: devem ser selecionados dois ou mais casos representativos da controvérsia (art. 1.036, §§ 1º e 5º). É preciso, ainda, escolher processos que sejam admissíveis e contenham *argumentação abrangente* (art. 1.036, § 6º). A expressão *argumentação abrangente* é ampla e vaga, podendo ser interpretada no sentido de uma maior quantidade de argumentos que viabilize uma boa discussão sobre o tema, com amplitude do contraditório, pluralidade de ideias e representatividade dos sujeitos do processo originário. Assim, deve ser selecionado um caso que contenha a maior quantidade de argumentos, em que haja a maior qualidade na argumentação, com clareza, logicidade e concisão, e que apresente contra-argumentação também de boa qualidade; não é recomendável, também, escolher casos em que houve restrições à cognição ou à instrução, legais ou convencionais.

**30. Representatividade dos casos selecionados.** O tribunal deve selecionar os casos em que as partes possam ter uma boa *representatividade*, não do grupo ou classe de pessoas que tenham interesse na solução do caso, mas da discussão da questão a ser resolvida.

**31. Legitimidade para provocar a instauração do incidente.** O incidente de julgamento de recurso extraordinário ou especial repetitivo pode ser provocado pelo presidente ou vice-presidente do tribunal de justiça ou tribunal regional federal, selecionando dois ou mais recursos representativos da controvérsia e os remetendo ao tribunal superior. A regra também se aplica ao STJ. É que cabe recurso extraordinário contra decisão de última instância proferida pelo STJ; havendo a repetição de recursos extraordinários nesse caso, cabe aplicação da regra. O relator, no tribunal superior, também pode instaurar o incidente, independentemente de provocação do presidente ou vice-presidente do tribunal local (art. 1.036, § 5).

**32. Ausência de vinculação.** A escolha feita pelo presidente ou vice-presidente do tribunal de justiça ou do tribunal regional federal não vinculará o relator no tribunal superior, que poderá selecionar outros recursos representativos da controvérsia (art. 1.036, § 4º). Essa não vinculação também significa que o relator, no tribunal superior, pode simplesmente entender que não é caso de instaurar o incidente, ao menos não naquele momento. Se isso acontecer, o relator comunicará o fato ao presidente ou ao vice-presidente que os houver enviado, para que seja revogada a decisão de suspensão referida no art. 1.036, § 1º.

**33. Requerimento.** Qualquer uma das partes, terceiros, Ministério Público ou Defensoria Pública podem requerer a instauração do incidente de julgamento de recursos repetitivos.

**34. Procedimento de afetação.** O procedimento de afetação dos recursos repetitivos pode ser dividido em 2 etapas: *a)* decisão de seleção de dois ou mais recursos pelo presidente ou vice-presidente do tribunal de origem; e, *b)* decisão de afetação pelo relator no tribunal superior. É possível, porém, que o procedimento seja único, quando o relator, no tribunal superior, concentra as duas etapas, selecionando os recursos e afetando-os para discussão e decisão.

**35. Recurso intempestivo e afastamento do sobrestamento.** *"(...), a intempestividade é móvel bastante para retirar um processo do sistema da repercussão geral, bem como do repetitivo"* (STJ, 1ª Turma, EDcl no AgInt no AREsp 1.312.188/MT, rel. Min. Napoleão Nunes Maia Filho, *DJe* 13.9.2019).

**LIVRO III ·** DOS PROCESSOS NOS TRIBUNAIS E DOS MEIOS DE IMPUGNAÇÃO DAS DECISÕES JUDICIAIS **Art. 1.037**

**Art. 1.037.** Selecionados os recursos, o relator, no tribunal superior, constatando a presença do pressuposto do *caput* do art. 1.036, proferirá decisão de afetação, na qual:

I – identificará com precisão a questão a ser submetida a julgamento;

II – determinará a suspensão do processamento de todos os processos pendentes, individuais ou coletivos, que versem sobre a questão e tramitem no território nacional;

III – poderá requisitar aos presidentes ou aos vice-presidentes dos tribunais de justiça ou dos tribunais regionais federais a remessa de um recurso representativo da controvérsia.

§ 1º Se, após receber os recursos selecionados pelo presidente ou pelo vice-presidente de tribunal de justiça ou de tribunal regional federal, não se proceder à afetação, o relator, no tribunal superior, comunicará o fato ao presidente ou ao vice-presidente que os houver enviado, para que seja revogada a decisão de suspensão referida no art. 1.036, § 1º.

§ 2º (revogado).

§ 3º Havendo mais de uma afetação, será prevento o relator que primeiro tiver proferido a decisão a que se refere o inciso I do *caput* .

§ 4º Os recursos afetados deverão ser julgados no prazo de 1 (um) ano e terão preferência sobre os demais feitos, ressalvados os que envolvam réu preso e os pedidos de habeas corpus.

§ 5º (revogado).

§ 6º Ocorrendo a hipótese do § 5º, é permitido a outro relator do respectivo tribunal superior afetar 2 (dois) ou mais recursos representativos da controvérsia na forma do art. 1.036.

§ 7º Quando os recursos requisitados na forma do inciso III do *caput* contiverem outras questões além daquela que é objeto da afetação, caberá ao tribunal decidir esta em primeiro lugar e depois as demais, em acórdão específico para cada processo.

§ 8º As partes deverão ser intimadas da decisão de suspensão de seu processo, a ser proferida pelo respectivo juiz ou relator quando informado da decisão a que se refere o inciso II do *caput*.

§ 9º Demonstrando distinção entre a questão a ser decidida no processo e aquela a ser julgada no recurso especial ou extraordinário afetado, a parte poderá requerer o prosseguimento do seu processo.

§ 10. O requerimento a que se refere o § 9º será dirigido:

I – ao juiz, se o processo sobrestado estiver em primeiro grau;

II – ao relator, se o processo sobrestado estiver no tribunal de origem;

III – ao relator do acórdão recorrido, se for sobrestado recurso especial ou recurso extraordinário no tribunal de origem;

IV – ao relator, no tribunal superior, de recurso especial ou de recurso extraordinário cujo processamento houver sido sobrestado.

§ 11. A outra parte deverá ser ouvida sobre o requerimento a que se refere o § 9º, no prazo de 5 (cinco) dias.

§ 12. Reconhecida a distinção no caso:

I – dos incisos I, II e IV do § 10, o próprio juiz ou relator dará prosseguimento ao processo;

II – do inciso III do § 10, o relator comunicará a decisão ao presidente ou ao vice-presidente que houver determinado o sobrestamento, para que o recurso especial ou o recurso extraordinário seja encaminhado ao respectivo tribunal superior, na forma do art. 1.030, parágrafo único.

§ 13. Da decisão que resolver o requerimento a que se refere o § 9º caberá:

I – agravo de instrumento, se o processo estiver em primeiro grau;

II – agravo interno, se a decisão for de relator.

▶ **1. Sem correspondência no CPC/1973.**

## 🔲 LEGISLAÇÃO CORRELATA

**2. CLT, art. 896-C, § 5º.** *"§ 5º O relator no Tribunal Superior do Trabalho poderá determinar a suspensão dos recursos de revista ou de embargos que tenham como objeto controvérsia idêntica à do recurso afetado como repetitivo."*

**3. CLT, art. 896-C, § 6º.** *"§ 6º O recurso repetitivo será distribuído a um dos Ministros membros da Seção Especializada ou do Tribunal Pleno e a um Ministro revisor."*

**4. RISTJ, art. 256-I.** *"Art. 256-I. O recurso especial representativo da controvérsia apto, bem como o recurso especial distribuído cuja multiplicidade de processos com idêntica questão de direito seja reconhecida pelo relator, nos termos do art. 1.037 do Código de Processo Civil, será submetido pela Seção ou pela Corte Especial, conforme o caso, ao rito dos recursos repetitivos para julgamento, observadas as regras previstas no Capítulo II-B do Título IX da Parte I do Regimento Interno. Parágrafo único. O Superior Tribunal de Justiça manterá, em sua página na internet, em destaque, relação dos recursos especiais afetados, com a respectiva descrição da questão de direito e com o número sequencial correspondente ao tema afetado."*

**Art. 1.037** CÓDIGO DE PROCESSO CIVIL COMENTADO – *Leonardo Carneiro da Cunha*

**5. RISTJ, art. 256-J.** *"Art. 256-J. O relator poderá solicitar informações aos Tribunais de origem a respeito da questão afetada e autorizar, em decisão irrecorrível, ante a relevância da matéria, a manifestação escrita de pessoas naturais ou jurídicas, órgãos ou entidades especializadas, com representatividade adequada, a serem prestadas no prazo improrrogável de quinze dias."*

**6. RISTJ, art. 256-K.** *"Art. 256-K. A fim de instruir o procedimento, pode o relator, nos termos dos arts. 185 e 186 deste Regimento, fixar data para ouvir pessoas ou entidades com experiência e conhecimento na matéria em audiência pública."*

**7. RISTJ, art. 256-L.** *"Art. 256-L. Publicada a decisão de afetação, os demais recursos especiais em tramitação no STJ fundados em idêntica questão de direito: I – se já distribuídos, serão devolvidos ao Tribunal de origem, para nele permanecerem suspensos, por meio de decisão fundamentada do relator; II – se ainda não distribuídos, serão devolvidos ao Tribunal de origem por decisão fundamentada do Presidente do STJ."*

**8. RISTJ, art. 256-M.** *"Art. 256-M. Após a publicação da decisão de afetação, será concedida vista dos autos ao Ministério Público Federal pelo prazo de quinze dias. Parágrafo único. Com ou sem o parecer do Ministério Público Federal, o processo será concluso ao relator para elaboração do voto."*

**9. Recomendação 134/2022 CNJ.** *Dispõe sobre o tratamento dos precedentes no Direito brasileiro.*

### ⚖ JURISPRUDÊNCIA, ENUNCIADOS E SÚMULAS SELECIONADOS

- **10. Enunciado 169 do FPPC.** *"Os órgãos do Poder Judiciário devem obrigatoriamente seguir os seus próprios precedentes, sem prejuízo do disposto nos § 9º do art. 1.037 e § 4º do art. 927."*
- **11. Enunciado 174 do FPPC.** *"A realização da distinção compete a qualquer órgão jurisdicional, independentemente da origem do precedente invocado."*
- **12. Enunciado 348 do FPPC.** *"Os interessados serão intimados da suspensão de seus processos individuais, podendo requerer o prosseguimento ao juiz ou tribunal onde tramitarem, demonstrando a distinção entre a questão a ser decidida e aquela a ser julgada no incidente de resolução de demandas repetitivas, ou nos recursos repetitivos."*
- **13. Enunciado 364 do FPPC.** *"O sobrestamento da causa em primeira instância não ocorrerá*

caso se mostre necessária a produção de provas para efeito de distinção de precedentes".*
- **14. Enunciado 480 do FPPC.** *"Aplica-se no âmbito dos juizados especiais a suspensão dos processos em trâmite no território nacional, que versem sobre a questão submetida ao regime de julgamento de recursos especiais e extraordinários repetitivos, determinada com base no art. 1.037, II."*
- **15. Enunciado 481 do FPPC.** *"O disposto nos §§ 9º a 13 do art. 1.037 aplica-se, no que couber, ao incidente de resolução de demandas repetitivas."*
- **16. Enunciado 557 do FPPC.** *"O agravo de instrumento previsto no art. 1.037, § 13, I, também é cabível contra a decisão prevista no art. 982, inc. I."*
- **17. Enunciado 23 da ENFAM.** *"É obrigatória a determinação de suspensão dos processos pendentes, individuais e coletivos, em trâmite nos Estados ou regiões, nos termos do § 1º do art. 1.036 do CPC/2015, bem como nos termos do art. 1.037 do mesmo código."*
- **18. Enunciado 41 da I Jornada-CJF.** *"Nos processos sobrestados por força do regime repetitivo, é possível a apreciação e a efetivação de tutela provisória de urgência, cuja competência será do órgão jurisdicional onde estiverem os autos."*
- **19. Enunciado 81 da I Jornada-CJF.** *"A devolução dos autos pelo Superior Tribunal de Justiça ou Supremo Tribunal Federal ao tribunal de origem depende de decisão fundamentada, contra a qual cabe agravo na forma do art. 1.037, § 13, II, do CPC."*
- **20. Enunciado 126 da II Jornada-CJF.** *"O juiz pode resolver parcialmente o mérito, em relação à matéria não afetada para julgamento, nos processos suspensos em razão de recursos repetitivos, repercussão geral, incidente de resolução de demandas repetitivas ou incidente de assunção de competência."*
- **21. Enunciado 142 da II Jornada-CJF.** *"Determinada a suspensão decorrente da admissão do IRDR (art. 982, I), a alegação de distinção entre a questão jurídica versada em uma demanda em curso e aquela a ser julgada no incidente será veiculada por meio do requerimento previsto no art. 1.037, § 10."*
- **22. Enunciado 57 do FNPP.** *"A sistemática dos §§ 9º a 13 do art. 1.037 do CPC também se aplica às hipóteses em que o juiz ou o relator indefere o pedido de suspensão do processo formulado com base nos arts. 982, I, e 1.037, II, do CPC."*

**LIVRO III · DOS PROCESSOS NOS TRIBUNAIS E DOS MEIOS DE IMPUGNAÇÃO DAS DECISÕES JUDICIAIS** **Art. 1.037**

- **23.** **Enunciado 58 do FNPP.** *"A decisão que descumpre a determinação de suspensão do processo de que tratam os arts. 982, I, e 1.037, II, do CPC configura hipótese de cabimento de reclamação para garantir a autoridade da decisão do Tribunal."*
- **24.** **Enunciado 59 do FNPP.** *"O acórdão proferido em recurso extraordinário com repercussão geral reconhecida se equipara, para todos os fins, ao acórdão proferido em recurso extraordinário repetitivo."*
- **25.** **Enunciado 60 do FNPP.** *"O agravo fundado no art. 1.015, I, do CPC se enquadra no conceito de atos urgentes praticáveis no curso da suspensão processual."*
- **26.** **Enunciado 72 do FNPP.** *"A ordem de suspensão dos processos, em razão da afetação para julgamento de casos repetitivos, acarreta a suspensão da discussão do tema controvertido, mas não a paralisação total da execução fiscal."*
- **27.** **Enunciado 24 da ENFAM.** *"O prazo de um ano previsto no art. 1.037 do CPC/2015 deverá ser aplicado aos processos já afetados antes da vigência dessa norma, com o seu cômputo integral a partir da entrada em vigor do novo estatuto processual."*

### 📖 COMENTÁRIOS TEMÁTICOS

**28.** **Afetação de recursos.** Selecionados os recursos paradigmas, o relator, no tribunal superior, constatando a presença dos pressupostos específicos para a instauração do incidente de julgamento de recursos repetitivos, proferirá decisão de afetação. Afetado o recurso representativo da controvérsia, o relator deve identificar precisamente a questão a ser submetida a julgamento.

**29.** **Congruência e contraditório.** Na decisão de afetação, será identificada, com precisão, a questão a ser submetida a julgamento. Tal identificação é muito importante. Ao fixá-la, o tribunal define o tema sobre o qual o debate recairá. O tribunal não pode decidir fora do que foi delimitado, sob pena de violar a regra da congruência, a regra que proíbe decisão surpresa (art. 10) e o princípio do contraditório.

**30.** **Poderes do relator.** O relator é o competente para instaurar o incidente de julgamento do recurso extraordinário ou especial repetitivo, afetando os recursos escolhidos como representativos da controvérsia. Na decisão de afetação, o relator: *(a)* identificará com precisão a questão a ser submetida a julgamento (art. 1.037, I); *(b)* determinará a suspensão do pro-

cessamento de todos os processos pendentes, individuais ou coletivos, que versem sobre a questão e tramitem no território nacional (art. 1.037, II); *(c)* poderá requisitar aos presidentes ou aos vice-presidentes dos tribunais de justiça ou dos tribunais regionais federais a remessa de um recurso representativo da controvérsia (art. 1.037, III). O relator poderá, ainda: *(d)* solicitar ou admitir manifestação de pessoas, órgãos ou entidades com interesse na controvérsia (*amici curiae*), considerando a relevância da matéria e consoante dispuser o regimento interno (art. 1.038, I); *(e)* fixar data para, em audiência pública, ouvir depoimentos de pessoas com experiência e conhecimento na matéria, com a finalidade de instruir o procedimento (art. 1.038, II); *(f)* requisitar informações aos tribunais inferiores a respeito da controvérsia e, cumprida a diligência, intimará o Ministério Público para manifestar-se (art. 1.038, III).

**31.** **Prevenção do relator que primeiro tiver afetado.** O relator que primeiro tiver afetado o recurso representativo da controvérsia fica prevento para os demais que foram afetados para julgamento por amostragem.

**32.** **Suspensão dos processos.** Afetado o recurso repetitivo, suspendem-se os processos pendentes, individuais ou coletivos, em que se discute a mesma questão, devendo ser comunicada aos juízos a suspensão dos processos; as partes também deverão ser intimadas da suspensão de seus processos. É fundamental que haja essa intimação para que a parte possa ter conhecimento da afetação e, então, participar, caso queira, da discussão ali travada ou exercer o direito de distinção, com a demonstração de que a questão a ser resolvida em seu caso é outra e o requerimento do prosseguimento de seu processo (art. 1.037, § 9º).

**33.** **Repercussão geral reconhecida e possibilidade de suspensão dos processos em todo território nacional.** *"A repercussão geral que implica o sobrestamento de ações penais, quando determinado este pelo relator com fundamento no art. 1.035, § 5º, do CPC, susta o curso da prescrição da pretensão punitiva dos crimes objeto dos processos suspensos, o que perdura até o julgamento definitivo do recurso extraordinário paradigma pelo Supremo Tribunal Federal. 2. A suspensão de processamento prevista no § 5º do art. 1.035 do CPC não é consequência automática e necessária do reconhecimento da repercussão geral realizada com fulcro no* caput *do mesmo dispositivo, sendo da discricionariedade do relator do recurso extraordinário paradigma determiná-la*

1671

**Art. 1.037** CÓDIGO DE PROCESSO CIVIL COMENTADO – *Leonardo Carneiro da Cunha*

*ou modulá-la. 3. Aplica-se o § 5º do art. 1.035 do CPC aos processos penais, uma vez que o recurso extraordinário, independentemente da natureza do processo originário, possui índole essencialmente constitucional, sendo esta, em consequência, a natureza do instituto da repercussão geral àquele aplicável"* (STF, Pleno, RE 966.177 RG-QO, rel. Luiz Fux, *DJe* 1º.2.2019).

**34.** **Ausência de sobrestamento automático dos processos com repercussão geral reconhecida.** *"Não se desconhece a finalidade da repercussão geral – instituto voltado à uniformização de jurisprudência e à preservação da segurança jurídica. Contudo, haja vista a redação do art. 1.035, § 5º, do CPC/2015, entendo que o citado dispositivo estabelece apenas orientação para o relator, mas não imposição de sobrestamento. Caso a lei quisesse injungir a suspensão automática, bastaria prever que o reconhecimento da repercussão geral impusesse a paralisação do trâmite de todos os processos pendentes relativos à matéria, no território nacional; ou ainda, dispor que o relator obrigatoriamente determinasse a suspensão, o que não ocorreu"* (STJ, Corte Especial, REsp 1.202.071/SP, rel. Min. Herman Benjamin, *DJe* 3.6.2019).

**35.** **Indicação de repetitivo pela Comissão Gestora de Precedentes do STJ não gera suspensão automática de processos.** *"Deve ser rejeitado o pleito de suspensão do processo, fundamentado no simples fato de a Comissão Gestora de Precedentes ter selecionado como representativos da controvérsia os Recursos Especiais 2.2.078.485/PE; 2.078.993/PE; 2.078.989/PE e 2.079.113/PE, pois tal circunstância não importa na suspensão automática dos recursos em trâmite no Superior Tribunal de Justiça, ante a ausência de previsão legal nesse sentido"* (STJ, 2ª Turma, EDcl no AgInt no REsp 2.027.768/PE, rel. Min. Teodoro Silva Santos, *DJe* de 9.4.2024).

**36.** **Irrecorribilidade da decisão que determinar o retorno dos autos à origem.** *"A jurisprudência desta Corte é firme no sentido de não ser cabível agravo interno contra decisão que determina o retorno dos autos à origem a fim de que seja observada a sistemática do recurso especial repetitivo, por ausência de conteúdo decisório e de prejuízo às partes"* (STJ, 2ª Turma, AgInt no REsp 1.911.267/SP, rel. Min. Og Fernandes, *DJe* 21.6.2021).

**37.** **Desistência do recurso afetado.** A desistência do recurso afetado para julgamento por amostragem ou com repercussão geral já reconhecida pelo STF não impede a fixação da tese a ser aplicada a todos os demais que ficaram sobrestados aguardando a definição do entendimento pelo tribunal superior (art. 998, parágrafo único).

**38.** **Exercício do direito à distinção e revogação da suspensão indevida.** A parte pode requerer o prosseguimento do seu processo, desde que demonstre que a distinção do seu caso torna indevida a suspensão decorrente da afetação do recurso repetitivo. Nessa hipótese, a parte deve demonstrar fundamentadamente que seu caso versa sobre situação particularizada por hipótese fática distinta ou questão jurídica não abrangida pelo objeto do incidente, a impor solução jurídica diversa (art. 1.037, § 9º).

**39.** **Prazo para o direito à distinção.** Não há prazo para que a parte, demonstrando a distinção, peça o prosseguimento de seu processo. Para obter o regular processamento da sua demanda, a parte pode demonstrar a distinção de seu caso até a efetiva aplicação da tese jurídica ao caso concreto.

**40.** **Requerimento para prosseguimento do processo.** O requerimento para prosseguimento do processo diante da distinção deve ser dirigido ao juízo onde tramita o processo suspenso. Se o processo estiver em curso em tribunal, o requerimento deve ser dirigido ao relator (art. 1.037, § 10). A outra parte deve ser ouvida (art. 1.037, § 11).

**41.** **Suspensão do processo e direito à distinção.** A suspensão do processo não impede que se exercite o direito à distinção. Reconhecida a distinção, o juiz ou relator dará prosseguimento ao processo.

**42.** **Irrecorribilidade da decisão que determina o sobrestamento.** A decisão que determina o sobrestamento é irrecorrível; não é dela que a parte deve recorrer. Se o caso for distinto, a parte deve, a qualquer momento, por simples petição, requerer que seu processo prossiga, por conter peculiaridade que o afasta da suspensão. A distinção se exerce por simples requerimento, cabendo agravo interno da decisão que acolhe ou rejeita tal requerimento.

**43.** **Devolução dos autos, irrecorribilidade e possibilidade de pedir distinção na origem.** *"Conforme a jurisprudência do STJ, havendo o reconhecimento de repercussão geral, ou afetação para julgamento como repetitivo de recurso especial, é de rigor a devolução dos autos ao Tribunal de origem para que se aguarde o julgamento da matéria paradigma. Esta decisão é irrecorrível, por não gerar nenhum prejuízo para a parte. Eventual argumentação de distinguishing também pode ser formulada no juízo a quo"* (STJ, 3ª

**LIVRO III · DOS PROCESSOS NOS TRIBUNAIS E DOS MEIOS DE IMPUGNAÇÃO DAS DECISÕES JUDICIAIS** **Art. 1.038**

Turma, AgInt no REsp 1.916.576/SP, rel. Min. Nancy Andrighi, *DJe* 8.6.2021).

**44. Prosseguimento do processo.** Reconhecida a distinção nos casos em que o processo estiver sobrestado em primeiro grau, no tribunal de origem ou no tribunal superior, o próprio juiz ou relator dará prosseguimento ao processo (art. 1.037, § 12, I). No caso de recurso especial ou extraordinário sobrestado no tribunal de origem, o relator do acórdão recorrido comunicará a decisão ao presidente ou ao vice-presidente que houver determinado o sobrestamento, para que o recurso especial ou o recurso extraordinário seja submetido ao juízo de admissibilidade (art. 1.037, § 12, II).

**45. Recurso da decisão sobre o prosseguimento do processo.** Cabe agravo de instrumento da decisão do juiz que concede ou nega o pedido de prosseguimento do processo diante da distinção (art. 1.037, § 13, I); se a decisão for de relator, cabe agravo interno (art. 1.037, § 13, II).

**46. Prazo para julgamento.** Os recursos afetados para julgamento devem ser julgados no prazo de 1 ano. Superado esse prazo de 1 ano sem que o recurso representativo da controvérsia seja julgado, cessa a suspensão dos processos, ressalvada a existência de decisão fundamentada do relator em sentido contrário (art. 980, parágrafo único).

**47. Prioridade de julgamento.** Os recursos representativos da controvérsia têm preferência sobre os demais processos, ressalvados os que envolvam réu e os pedidos de *habeas corpus.*

**48. Exclusão da ordem cronológica de julgamento.** O juiz e o tribunal devem, preferencialmente, julgar de acordo com a ordem cronológica de conclusão para sentença e para acórdãos, respectivamente (art. 12). Nada impede, porém, que o juiz ou o tribunal valha-se de outros meios de gestão, expressa e previamente estabelecidos e anunciados. Não estabelecido, nem anunciado, expressa e previamente, outro meio de gestão, cabe-lhe, preferencialmente, decidir atendendo à ordem cronológica de conclusão. Adotada a ordem cronológica como meio de gestão, o julgamento dos recursos repetitivos está excluído da ordem cronológica de conclusão, tendo preferência na pauta do órgão competente para julgá-lo (art. 12, § 2º, III).

**49. Competência para a concessão de tutela de urgência.** No caso dos repetitivos, uma vez selecionados os recursos a serem examinados e julgados, o relator, no tribunal superior, pode determinar a suspensão do processamento de todos os processos pendentes, individuais ou coletivos, que versem sobre a questão e tramitem no território nacional (art. 1.037, II). Durante a suspensão dos processos, não é possível aos respectivos juízes praticarem quaisquer atos, salvo quando houver urgência (art. 314). É possível, então, haver apreciação de pedido de tutela de urgência durante a suspensão dos processos. A interposição do recurso especial ou extraordinário não impede a execução provisória do julgado (art. 995). Se, todavia, a execução provisória puder causar lesão grave ou de difícil reparação ao recorrente, este pode requerer tutela provisória destinada a dar efeito suspensivo ao recurso excepcional (art. 995, parágrafo único). A medida somente pode ser ajuizada no tribunal superior, se já admitido o recurso; enquanto não admitido o recurso, a medida deve ser intentada perante o presidente ou vice-presidente do tribunal local (art. 1.029, § 5º). Instaurado o incidente de julgamento de recursos repetitivos, os demais processos em que a questão está sendo discutida poderão ficar sobrestados. Não há, enquanto perdurar o sobrestamento, exercício do juízo de admissibilidade no tribunal local dos recursos sobrestados. Assim, a tutela provisória há de ser proposta perante o Presidente ou Vice-Presidente do tribunal de origem. Enfim, o pedido de tutela de urgência deve ser dirigido ao presidente ou vice-presidente do tribunal recorrido, no caso de o recurso ter sido sobrestado.

---

**Art. 1.038.** O relator poderá:

I – solicitar ou admitir manifestação de pessoas, órgãos ou entidades com interesse na controvérsia, considerando a relevância da matéria e consoante dispuser o regimento interno;

II – fixar data para, em audiência pública, ouvir depoimentos de pessoas com experiência e conhecimento na matéria, com a finalidade de instruir o procedimento;

III – requisitar informações aos tribunais inferiores a respeito da controvérsia e, cumprida a diligência, intimará o Ministério Público para manifestar-se.

§ 1º No caso do inciso III, os prazos respectivos são de 15 (quinze) dias, e os atos serão praticados, sempre que possível, por meio eletrônico.

§ 2º Transcorrido o prazo para o Ministério Público e remetida cópia do relatório aos demais ministros, haverá inclusão em pauta, devendo ocorrer o julgamento com preferência sobre os demais feitos, ressalvados os que envolvam réu preso e os pedidos de *habeas corpus.*

**Art. 1.038** CÓDIGO DE PROCESSO CIVIL COMENTADO – *Leonardo Carneiro da Cunha*

§ 3º O conteúdo do acórdão abrangerá a análise dos fundamentos relevantes da tese jurídica discutida.

▶ **1. Correspondência no CPC/1973.** *"Art. 543-C. Quando houver multiplicidade de recursos com fundamento em idêntica questão de direito, o recurso especial será processado nos termos deste artigo. § 1º Caberá ao presidente do tribunal de origem admitir um ou mais recursos representativos da controvérsia, os quais serão encaminhados ao Superior Tribunal de Justiça, ficando suspensos os demais recursos especiais até o pronunciamento definitivo do Superior Tribunal de Justiça. § 2º Não adotada a providência descrita no § 1º deste artigo, o relator no Superior Tribunal de Justiça, ao identificar que sobre a controvérsia já existe jurisprudência dominante ou que a matéria já está afeta ao colegiado, poderá determinar a suspensão, nos tribunais de segunda instância, dos recursos nos quais a controvérsia esteja estabelecida. § 3º O relator poderá solicitar informações, a serem prestadas no prazo de quinze dias, aos tribunais federais ou estaduais a respeito da controvérsia. § 4º O relator, conforme dispuser o regimento interno do Superior Tribunal de Justiça e considerando a relevância da matéria, poderá admitir manifestação de pessoas, órgãos ou entidades com interesse na controvérsia. § 5º Recebidas as informações e, se for o caso, após cumprido o disposto no § 4º deste artigo, terá vista o Ministério Público pelo prazo de quinze dias. § 6º Transcorrido o prazo para o Ministério Público e remetida cópia do relatório aos demais Ministros, o processo será incluído em pauta na seção ou na Corte Especial, devendo ser julgado com preferência sobre os demais feitos, ressalvados os que envolvam réu preso e os pedidos de habeas corpus. § 7º Publicado o acórdão do Superior Tribunal de Justiça, os recursos especiais sobrestados na origem: I – terão seguimento denegado na hipótese de o acórdão recorrido coincidir com a orientação do Superior Tribunal de Justiça; ou II – serão novamente examinados pelo tribunal de origem na hipótese de o acórdão recorrido divergir da orientação do Superior Tribunal de Justiça. § 8º Na hipótese prevista no inciso II do § 7º deste artigo, mantida a decisão divergente pelo tribunal de origem, far-se-á o exame de admissibilidade do recurso especial. § 9º O Superior Tribunal de Justiça e os tribunais de segunda instância regulamentarão, no âmbito de suas competências, os procedimentos relativos ao processamento e julgamento do recurso especial nos casos previstos neste artigo."*

🔖 **LEGISLAÇÃO CORRELATA**

**2. CLT, art. 896-C, § 7º.** *"§ 7º O relator poderá solicitar, aos Tribunais Regionais do Trabalho, informações a respeito da controvérsia, a serem prestadas no prazo de 15 (quinze) dias."*

**3. CLT, art. 896-C, § 8º.** *"§ 8º O relator poderá admitir manifestação de pessoa, órgão ou entidade com interesse na controvérsia, inclusive como assistente simples, na forma da Lei nº 5.869, de 11 de janeiro de 1973 (Código de Processo Civil)."*

**4. CLT, art. 896-C, § 9º.** *"§ 9º Recebidas as informações e, se for o caso, após cumprido o disposto no § 7º deste artigo, terá vista o Ministério Público pelo prazo de 15 (quinze) dias."*

**5. CLT, art. 896-C, § 10.** *"§ 10. Transcorrido o prazo para o Ministério Público e remetida cópia do relatório aos demais Ministros, o processo será incluído em pauta na Seção Especializada ou no Tribunal Pleno, devendo ser julgado com preferência sobre os demais feitos."*

**6. RISTJ, art. 104-A.** *"Art. 104-A. Os acórdãos proferidos em julgamento de incidente de assunção de competência e de recursos especiais repetitivos deverão, nos termos do § 3º do art. 1.038, c/c art. 984, § 2º, do Código de Processo Civil, conter: I – os fundamentos relevantes da questão jurídica discutida, favoráveis ou contrários, entendidos esses como a conclusão dos argumentos deduzidos no processo capazes de, em tese, respectivamente, confirmar ou infirmar a conclusão adotada pelo órgão julgador; II – a definição dos fundamentos determinantes do julgado; III – a tese jurídica firmada pelo órgão julgador, em destaque; IV – a solução dada ao caso concreto pelo órgão julgador. § 1º Para definição dos fundamentos determinantes do julgado, o processo poderá ter etapas diferentes de deliberação, caso o órgão julgador, mesmo com votos convergentes, tenha adotado fundamentos diversos para a solução da causa. § 2º O Presidente do órgão julgador, identificando que o(s) fundamento(s) determinante(s) para o julgamento da causa não possui(em) a adesão da maioria dos votos dos Ministros, convocará, na mesma sessão de julgamento, nova etapa de deliberação, que contemplará apenas a definição do(s) fundamento(s) determinante(s)."*

**7. RISTJ, art. 256-J.** *"Art. 256-J. O relator poderá solicitar informações aos Tribunais de origem a respeito da questão afetada e autorizar, em decisão irrecorrível, ante a relevância da matéria, a manifestação escrita de pessoas naturais ou jurídicas, órgãos ou entidades especializadas, com representatividade adequa-*

**LIVRO III ·** DOS PROCESSOS NOS TRIBUNAIS E DOS MEIOS DE IMPUGNAÇÃO DAS DECISÕES JUDICIAIS — **Art. 1.038**

da, a serem prestadas no prazo improrrogável de quinze dias."

**8. RISTJ, art. 256-K.** *"Art. 256-K. A fim de instruir o procedimento, pode o relator, nos termos dos arts. 185 e 186 deste Regimento, fixar data para ouvir pessoas ou entidades com experiência e conhecimento na matéria em audiência pública."*

**9. RISTJ, art. 256-Q.** *"Art. 256-Q. No julgamento de mérito do tema repetitivo, o relator ou o Ministro relator para acórdão delimitará objetivamente a tese firmada pelo órgão julgador. § 1º Alterada a tese firmada no julgamento de recurso interposto contra o acórdão citado no caput, proceder-se-á à nova delimitação com os fundamentos determinantes da tese. § 2º A decisão de que trata o § 1º deste artigo será objeto de comunicação aos Ministros do órgão julgador, ao Presidente do STJ e aos presidentes ou vice-presidentes dos Tribunais de origem. § 3º O acórdão deverá ser redigido nos termos do art. 104-A deste Regimento."*

**10. Recomendação 134/2022 CNJ, art. 32.** *"Art. 32. No sistema de processos paralelos adotado no Brasil, trabalha-se, por um lado, dentro de uma lógica de precedente, com o respectivo efeito vinculativo, e, por outro, com a possibilidade de participação e influência por parte dos interessados, bem como ainda com a intervenção necessária do Ministério Público. Parágrafo único. A oportunidade de manifestação das partes e interessados, especialmente considerados os titulares de direitos que possam ser afetados pelo efeito vinculativo do precedente, deve ser considerado ponto fundamental para a legitimação do procedimento modelo estabelecido no ordenamento brasileiro."*

### ⚖ Jurisprudência, Enunciados e Súmulas Selecionados

- **11. Enunciado 305 do FPPC.** *"No julgamento de casos repetitivos, o tribunal deverá enfrentar todos os argumentos contrários e favoráveis à tese jurídica discutida, inclusive os suscitados pelos interessados."*

- **12. Enunciado 585 do FPPC.** *"Não se considera fundamentada a decisão que, ao fixar tese em recurso especial ou extraordinário repetitivo, não abranger a análise de todos os fundamentos, favoráveis ou contrários, à tese jurídica discutida."*

- **13. Enunciado 659 do FPPC.** *"O relator do julgamento de casos repetitivos e do incidente de assunção de competência tem o dever de ze-*

lar pelo equilíbrio do contraditório, por exemplo solicitando a participação, na condição de amicus curiae, de pessoas, órgãos ou entidades capazes de sustentar diferentes pontos de vista."*

- **14. Enunciado 753 do FPPC.** *"Ao designar audiência pública em tema afetado sob a sistemática da repercussão geral e dos casos repetitivos, o relator deverá observar a capacidade de contribuição argumentativa das pessoas e entidades interessadas e assegurar a participação de pessoas ou de entidades que defendam diferentes opiniões relativas à matéria objeto da audiência pública."*

- **15. Enunciado 82 da I Jornada-CJF.** *"Quando houver pluralidade de pedidos de admissão de amicus curiae, o relator deve observar, como critério para definição daqueles que serão admitidos, o equilíbrio na representatividade dos diversos interesses jurídicos contrapostos no litígio, velando, assim, pelo respeito à amplitude do contraditório, paridade de tratamento e isonomia entre todos os potencialmente atingidos pela decisão."*

- **16. Enunciado 202 da III Jornada-CJF.** *"No microssistema de julgamento de causas repetitivas, o controle da legitimidade para intervenção deve ocorrer a partir da análise: a) da contribuição argumentativa; b) da representatividade dos membros do grupo; e c) do grau de interesse na controvérsia."*

- **17. Enunciado 20 do FNPP.** *"A Fazenda Pública tem legitimidade para propor a edição, revisão ou cancelamento de enunciado de súmula de jurisprudência dominante relacionado às matérias de seu interesse."*

### 🗎 Comentários Temáticos

**18. Ampla participação.** Os recursos repetitivos também se destinam a formar precedentes obrigatórios. Por isso, devem contar com ampla participação de interessados, inclusive pessoas, órgãos e entidades com interesse na controvérsia. Todos devem participar, com a finalidade de ampliar a qualidade do debate, permitindo que a questão de direito seja mais bem compreendida, com a apresentação de diversos pontos de vista e variegados argumentos a serem objeto de reflexão pelos julgadores. É por isso que o relator do recurso selecionado para julgamento, no âmbito dos recursos repetitivos, poderá solicitar ou admitir manifestação de pessoas, órgãos ou entidades com interesse na controvérsia, considerando a relevância da matéria e consoante dispuser o regimento interno. O relator pode solicitar ou admitir a participação

1675

de pessoa natural ou jurídica, órgão ou entidade especializada, com representatividade adequada, para manifestar-se no prazo de quinze dias (art. 138).

**19. Audiências públicas.** Além da participação de *amici curiae*, o relator poderá designar audiências públicas para colher depoimentos de pessoas com experiência e conhecimento na matéria a ser discutida no incidente de assunção de competência. Para a formação de precedente, é preciso ampliar a cognição e ter um debate de qualidade.

**20. Intervenção do Ministério Público.** Nos casos em que não for o requerente, o Ministério Público intervirá obrigatoriamente no julgamento de casos repetitivos (art. 976, § 2º, e art. 1.038, III). A participação do Ministério Público nesses casos é corretamente obrigatória: de um lado, amplia-se a cognição, qualificando o debate para a formação do precedente, de outro, garante-se a fiscalização na criação de uma norma jurídica de origem jurisdicional, que será de observância obrigatória pelo próprio tribunal e por todos os juízes a ele vinculados. Em qualquer caso de intervenção obrigatória do Ministério Público, é suficiente sua intimação, não sendo necessária sua manifestação. O STF, ao julgar a ADIn 1.936-0, reafirmou seu entendimento segundo o qual a falta de manifestação do Ministério Público, nos casos em que deve intervir, não acarreta a nulidade do processo, desde que tenha havido sua regular intimação. De acordo com o STF, para se atender à exigência normativa de sua intervenção, basta a intimação do Ministério Público, sendo prescindível seu pronunciamento expresso.

**21. Calendário processual (art. 191).** Nos instrumentos de gestão e julgamento de casos repetitivos, é possível haver calendário processual, a ser celebrado entre o órgão julgador (representado pelo relator), as partes, os interessados, os *amici curiae* e o Ministério Público. É possível, até mesmo, a designação de uma audiência para celebração do calendário. O calendário pode ser muito útil para o agendamento de audiências públicas e manifestações sucessivas das partes, encurtando o tempo de duração do processamento do recurso repetitivo, conferindo-lhe a prioridade imposta pela lei.

**22. Inclusão em pauta para julgamento.** Transcorrido o prazo para o Ministério Público e remetida cópia do relatório aos demais ministros, haverá inclusão em pauta, devendo ocorrer o julgamento com preferência sobre os demais casos, ressalvados os que envolvam réu preso e os pedidos de *habeas corpus* (art. 1.038, § 2º).

**23. Conteúdo do acórdão.** Os acórdãos proferidos em recursos repetitivos devem conter os fundamentos relevantes da questão jurídica discutida, com exame dos argumentos deduzidos no processo, favoráveis ou contrários à tese adotada pelo órgão julgador, explicitando a definição dos fundamentos determinantes do julgado e, em destaque, a tese jurídica firmado pelo órgão julgador.

> **Art. 1.039.** Decididos os recursos afetados, os órgãos colegiados declararão prejudicados os demais recursos versando sobre idêntica controvérsia ou os decidirão aplicando a tese firmada. Parágrafo único. Negada a existência de repercussão geral no recurso extraordinário afetado, serão considerados automaticamente inadmitidos os recursos extraordinários cujo processamento tenha sido sobrestado.

▶ **1. Correspondência no CPC/1973.** *"Art. 543-B. Quando houver multiplicidade de recursos com fundamento em idêntica controvérsia, a análise da repercussão geral será processada nos termos do Regimento Interno do Supremo Tribunal Federal, observado o disposto neste artigo. § 1º Caberá ao Tribunal de origem selecionar um ou mais recursos representativos da controvérsia e encaminhá-los ao Supremo Tribunal Federal, sobrestando os demais até o pronunciamento definitivo da Corte. § 2º Negada a existência de repercussão geral, os recursos sobrestados considerar-se-ão automaticamente não admitidos. § 3º Julgado o mérito do recurso extraordinário, os recursos sobrestados serão apreciados pelos Tribunais, Turmas de Uniformização ou Turmas Recursais, que poderão declará-los prejudicados ou retratar-se. § 4º Mantida a decisão e admitido o recurso, poderá o Supremo Tribunal Federal, nos termos do Regimento Interno, cassar ou reformar, liminarmente, o acórdão contrário à orientação firmada. § 5º O Regimento Interno do Supremo Tribunal Federal disporá sobre as atribuições dos Ministros, das Turmas e de outros órgãos, na análise da repercussão geral."*

🗔 **COMENTÁRIOS TEMÁTICOS**

**2. Eficácia da decisão para processos pendentes.** O julgamento de casos repetitivos fixa a tese jurídica a ser aplicada nos processos pendentes, cumprindo-se uma de suas importantes funções, que é a de formar precedentes obrigatórios, que vinculam o próprio tribunal, seus órgãos e os juízes a ele subordinados.

**LIVRO III · DOS PROCESSOS NOS TRIBUNAIS E DOS MEIOS DE IMPUGNAÇÃO DAS DECISÕES JUDICIAIS   Art. 1.040**

**3. Reexame da matéria pelos tribunais de origem.** *"Diante do julgamento da controvérsia em repercussão geral, Tema 1.011, o presente recurso especial não comporta solução no âmbito desta Corte Superior. Isso porque, o reconhecimento de repercussão geral orienta o sobrestamento dos feitos e autoriza o reexame da matéria pelos tribunais de origem, que poderão declarar os recursos prejudicados ou se retratar, conforme o caso, nos termos dos arts. 1.039 e 1.040 do Código de Processo Civil de 2015"* (STJ, 3ª Turma, EDcl no AgInt no REsp 1.850.026/SP, rel. Min. Ricardo Villas Bôas Cueva, *DJe* 17.6.2021).

---

**Art. 1.040.** Publicado o acórdão paradigma:

I – o presidente ou o vice-presidente do tribunal de origem negará seguimento aos recursos especiais ou extraordinários sobrestados na origem, se o acórdão recorrido coincidir com a orientação do tribunal superior;

II – o órgão que proferiu o acórdão recorrido, na origem, reexaminará o processo de competência originária, a remessa necessária ou o recurso anteriormente julgado, se o acórdão recorrido contrariar a orientação do tribunal superior;

III – os processos suspensos em primeiro e segundo graus de jurisdição retomarão o curso para julgamento e aplicação da tese firmada pelo tribunal superior;

IV – se os recursos versarem sobre questão relativa a prestação de serviço público objeto de concessão, permissão ou autorização, o resultado do julgamento será comunicado ao órgão, ao ente ou à agência reguladora competente para fiscalização da efetiva aplicação, por parte dos entes sujeitos a regulação, da tese adotada.

§ 1º A parte poderá desistir da ação em curso no primeiro grau de jurisdição, antes de proferida a sentença, se a questão nela discutida for idêntica à resolvida pelo recurso representativo da controvérsia.

§ 2º Se a desistência ocorrer antes de oferecida contestação, a parte ficará isenta do pagamento de custas e de honorários de sucumbência.

§ 3º A desistência apresentada nos termos do § 1º independe de consentimento do réu, ainda que apresentada contestação.

---

▶ **1. Correspondência no CPC/1973.** *"Art. 543-C. Quando houver multiplicidade de recursos com fundamento em idêntica questão de direito, o recurso especial será processado nos termos deste artigo. § 1º Caberá ao presidente do tribunal de origem admitir um ou mais recursos*

*representativos da controvérsia, os quais serão encaminhados ao Superior Tribunal de Justiça, ficando suspensos os demais recursos especiais até o pronunciamento definitivo do Superior Tribunal de Justiça. § 2º Não adotada a providência descrita no § 1º deste artigo, o relator no Superior Tribunal de Justiça, ao identificar que sobre a controvérsia já existe jurisprudência dominante ou que a matéria já está afeta ao colegiado, poderá determinar a suspensão, nos tribunais de segunda instância, dos recursos nos quais a controvérsia esteja estabelecida. § 3º O relator poderá solicitar informações, a serem prestadas no prazo de quinze dias, aos tribunais federais ou estaduais a respeito da controvérsia. § 4º O relator, conforme dispuser o regimento interno do Superior Tribunal de Justiça e considerando a relevância da matéria, poderá admitir manifestação de pessoas, órgãos ou entidades com interesse na controvérsia. § 5º Recebidas as informações e, se for o caso, após cumprido o disposto no § 4º deste artigo, terá vista o Ministério Público pelo prazo de quinze dias. § 6º Transcorrido o prazo para o Ministério Público e remetida cópia do relatório aos demais Ministros, o processo será incluído em pauta na seção ou na Corte Especial, devendo ser julgado com preferência sobre os demais feitos, ressalvados os que envolvam réu preso e os pedidos de habeas corpus. § 7º Publicado o acórdão do Superior Tribunal de Justiça, os recursos especiais sobrestados na origem: I – terão seguimento denegado na hipótese de o acórdão recorrido coincidir com a orientação do Superior Tribunal de Justiça; ou II – serão novamente examinados pelo tribunal de origem na hipótese de o acórdão recorrido divergir da orientação do Superior Tribunal de Justiça. § 8º Na hipótese prevista no inciso II do § 7º deste artigo, mantida a decisão divergente pelo tribunal de origem, far-se-á o exame de admissibilidade do recurso especial. § 9º O Superior Tribunal de Justiça e os tribunais de segunda instância regulamentarão, no âmbito de suas competências, os procedimentos relativos ao processamento e julgamento do recurso especial nos casos previstos neste artigo."*

🔲 **LEGISLAÇÃO CORRELATA**

**2. CLT, art. 896-C, § 11.** *"§ 11. Publicado o acórdão do Tribunal Superior do Trabalho, os recursos de revista sobrestados na origem: I – terão seguimento denegado na hipótese de o acórdão recorrido coincidir com a orientação a respeito da matéria no Tribunal Superior do Trabalho; ou II – serão novamente examinados pelo Tribu-*

1677

nal de origem na hipótese de o acórdão recorrido divergir da orientação do Tribunal Superior do Trabalho a respeito da matéria."

**3. CLT, art. 896-C, § 12.** *"§ 12. Na hipótese prevista no inciso II do § 11 deste artigo, mantida a decisão divergente pelo Tribunal de origem, far-se-á o exame de admissibilidade do recurso de revista."*

**4. RISTJ, art. 256-L.** *"Art. 256-L. Publicada a decisão de afetação, os demais recursos especiais em tramitação no STJ fundados em idêntica questão de direito: I – se já distribuídos, serão devolvidos ao Tribunal de origem, para nele permanecerem suspensos, por meio de decisão fundamentada do relator; II – se ainda não distribuídos, serão devolvidos ao Tribunal de origem por decisão fundamentada do Presidente do STJ."*

**5. RISTJ, art. 256-R.** *"Art. 256-R. O acórdão proferido no julgamento do recurso especial repetitivo gerará as seguintes consequências nos demais recursos especiais fundados em idêntica questão de direito: I – se já distribuídos e não devolvidos à origem por trazerem outras questões além da afetada, serão julgados pelo relator, observada a tese firmada no julgamento de mérito do respectivo tema; II – se ainda não distribuídos e não devolvidos à origem, serão julgados pelo Presidente do STJ; III – se suspensos nas instâncias de origem, aplicam-se os arts. 1.040 e 1.041 do Código de Processo Civil. Parágrafo único. O disposto no inciso III aplica-se a todos os processos que tratem de idêntica questão de direito, mesmo que não tenham sido objeto de suspensão."*

**6. Recomendação 134/2022 CNJ, art. 43.** *"Art. 43. Não obstante a literalidade dos arts. 985, caput (IRDR) e 1.040, caput (repetitivos) do CPC/2015, no que diz respeito à eficácia do acórdão enquanto precedente, recomenda-se aos tribunais, em razão de uma interpretação lógica e sistemática, que deem efeito suspensivo aos recursos interpostos dessas decisões, para que não se corra grave risco de ofensa a isonomia."*

## ⚖ JURISPRUDÊNCIA, ENUNCIADOS E SÚMULAS SELECIONADOS

- **7. Enunciado 482 do FPPC.** *"Aplica-se o art. 1.040, I, aos recursos extraordinários interpostos nas turmas ou colégios recursais dos juizados especiais cíveis, federais e da fazenda pública."*
- **8. ADI 5.492.** *"Declarada a constitucionalidade do art. 1.040, inc. IV, da Lei nº 13.105, de 16 de março de 2015 (Código de Processo Civil)".*

- **9. Enunciado 22 do FNPP.** *"A existência de precedente formado em recurso especial ou extraordinário repetitivos ou de súmula do STF ou STJ, em matéria constitucional e infraconstitucional respectivamente, autoriza a não interposição de recurso pela Fazenda Pública ainda que não haja súmula administrativa ou orientação normativa expressa no âmbito do respectivo órgão da Advocacia Pública."*
- **10. Enunciado 26 do FNPP.** *"Cabe à Advocacia Pública orientar formalmente os órgãos da Administração sobre os pronunciamentos previstos no art. 927, com a finalidade de prevenir litigiosidade e promover isonomia, segurança jurídica e eficiência."*
- **11. Enunciado 59 do FNPP.** *"O acórdão proferido em recurso extraordinário com repercussão geral reconhecida se equipara, para todos os fins, ao acórdão proferido em recurso extraordinário repetitivo."*

## ▣ COMENTÁRIOS TEMÁTICOS

**12. O julgamento de casos repetitivos e sua dupla função.** O IRDR e os recursos repetitivos destinam-se a gerir e decidir os casos repetitivos. Além de gerir os casos repetitivos, também se destinam a formar precedentes obrigatórios, que vinculam o próprio tribunal, seus órgãos e os juízos a ele subordinados. Essa dupla função está bem definida no art. 1.040: em seu inciso I, está registrada a função de formar precedente obrigatório e, no III, a de gerir e julgar casos repetitivos pendentes.

**13. Aplicação do precedente obrigatório.** Formado o precedente obrigatório, os juízes e tribunais devem observá-lo, proferindo julgamento de improcedência liminar (art. 332, II e III), dispensando a remessa necessária (art. 496, § 4º, II e III), autorizando a tutela provisória de evidência (art. 311, II) e conferindo-se ao relator o poder de decidir monocraticamente (art. 932, IV, *b* e *c*, V, *b* e *c*; art. 955, parágrafo único, II). Cabe reclamação para garantir a observância de precedente proferido em julgamento de casos repetitivos ou em incidente de assunção de competência (art. 988, IV, e § 5º, II), sendo considerada omissa a decisão que deixar de se manifestar sobre tese firmada em julgamento de casos repetitivos ou em incidente de assunção de competência (art. 1.022, parágrafo único, I).

**14. Desnecessidade de trânsito em julgado do acórdão paradigma.** *"Retira-se o sobrestamento anteriormente determinado nos autos, devendo ser imediatamente aplicada a posição*

**LIVRO III · DOS PROCESSOS NOS TRIBUNAIS E DOS MEIOS DE IMPUGNAÇÃO DAS DECISÕES JUDICIAIS** | **Art. 1.040**

tomada sob a sistemática da repercussão geral. 'É do entendimento do Supremo Tribunal Federal que, decidido o mérito da questão, na sistemática da repercussão geral, autorizado está o julgamento das causas que tratarem de idêntico assunto, independentemente do trânsito em julgado do paradigma' (AgInt no RE no AgRg no REsp 1.411.245/SP, Rel. Ministra Maria Thereza de Assis Moura, Corte Especial, DJe 13.12.2019)" (STJ, 2ª Turma, REsp 1.785.364/CE, rel. Min. Herman Benjamin, *DJe 1º.12.2020*).

**15. Aplicação da tese fixada no paradigma antes mesmo do seu trânsito em julgado.** *"A existência de decisão de mérito julgada sob a sistemática da repercussão geral autoriza o julgamento imediato de causas que versarem sobre o mesmo tema, independente do trânsito em julgado do paradigma"* (STF, 1ª Turma, RE 1.112.500 AgR, rel. Min. Roberto Barroso, *DJe 13.8.2018*).

**16. Agravo interno da decisão que nega seguimento a recurso especial ou extraordinário.** Da decisão que nega seguimento a recurso especial ou extraordinário (art. 1.040, I) cabe agravo interno para o próprio tribunal de origem (art. 1.030, § 2º), e não agravo em recurso extraordinário ou especial. O agravo em recurso extraordinário ou especial (art. 1.042) só cabe da decisão que inadmite o recurso especial ou extraordinário (art. 1.030, V), e não da que lhe nega seguimento (arts. 1.030, I, e 1.040, I).

**17. Negativa de seguimento a recurso especial.** *"Não cabe agravo em recurso especial contra a decisão que nega seguimento a apelo extremo com fundamento no art. 1.040, I, do CPC/2015 e tampouco contra o agravo interno julgado pelo Tribunal de origem"* (STJ, 1ª Turma, AgInt no AREsp 1.337.633/RJ, rel. Min. Gurgel de Faria, *DJe 29.6.2021*).

**18. Retratação ou conformação ao precedente obrigatório.** Formado o precedente obrigatório, o tribunal de segunda instância que tenha proferido acórdão em sentido divergente terá de retratar-se. Nesse caso, o recurso especial ou extraordinário que tenha ficado sobrestado será devolvido ao órgão que origem para proceder ao juízo de conformação e ajustar-se ao entendimento do tribunal superior, a não ser que demonstre a existência de distinção no caso que afaste o precedente.

**19. Irrecorribilidade da determinação de remessa dos autos ao tribunal de origem para a retratação ou conformação.** *"O ato judicial que determina o sobrestamento e o retorno dos autos à Corte de origem, a fim de que exerça o juízo de retratação/conformação (arts. 1.040 e*

*1.041 do CPC/2015), não possui carga decisória e, por isso, constitui provimento irrecorrível (AgInt no AgInt no REsp n. 1.832.670/SP, relator Ministro Sérgio Kukina, Primeira Turma, DJe de 14/11/2022)"* (STJ, 2ª Turma, AgInt no AgInt no AREsp 2.208.198/AM, rel. Min. Mauro Campbell Marques, *DJe 18.5.2023*).

**20. Comunicação ao órgão, ente ou agência reguladora, no caso de questão relacionada à prestação de serviço objeto de concessão, permissão ou autorização.** Se a questão repetitiva decidida disser respeito à prestação de serviço concedido, permitido ou autorizado, o resultado do julgamento será comunicado ao órgão, ao ente ou à agência reguladora competente para fiscalização da efetiva aplicação, por parte dos entes sujeitos a regulação, da tese adotada. Essa é uma regra integrante do microssistema de gestão e julgamento de casos repetitivos, sendo bem relevante, justamente porque muitas questões repetitivas dizem respeito à prestação de serviços sujeitos ao controle regulatório. A regra tem por finalidade eliminar um dos problemas da litigiosidade de massa, que é o da falta de diálogos institucionais entre os órgãos de controle e os agentes responsáveis pela fiscalização do cumprimento de direitos.

**21. Estímulo à desistência do processo, antes de proferida a sentença.** Julgado o caso paradigma e fixada a tese pelo tribunal, a parte que teve seu processo suspenso ainda na primeira instância é estimulada a desistir da ação antes de proferida a sentença. A desistência, apresentada antes da contestação, dispensa o autor do pagamento de custas e honorários de sucumbência. Normalmente, enquanto não apresentada contestação, o autor pode, unilateralmente, desistir da ação. A partir de tal momento, ou seja, depois da contestação do réu, o autor somente pode desistir da ação, se contar com a concordância daquele (art. 485, § 4º). Julgado o caso paradigma e fixada a tese jurídica pelo tribunal, os autores dos processos sobrestados em primeira instância podem, antes de proferida a sentença, desistir sem que seja necessária a concordância do réu, ainda que este tenha apresentado contestação oportunamente. Há, enfim, um estímulo à desistência.

**22. Incorporação da decisão ao julgamento dos processos pendentes, sobrestados ou não.** Publicado o acórdão paradigma, a tese jurídica fixada (*ratio decidendi*) será a aplicada a todos os processos que versem sobre a questão idêntica de direito, tenham ou não sido suspensos.

**23. Fundamentação na aplicação do acórdão paradigma.** O órgão julgador competente

1679

para decidir o processo pendente levará em consideração a tese jurídica, que se incorporará à sua decisão como o fundamento determinante. Caberá a esse órgão julgador apenas expor as razões pelas quais o caso que lhe foi submetido se subsume à tese jurídica definida pelo tribunal (art. 489, § 1º, V). Não há necessidade de esse órgão julgador enfrentar todos os argumentos contrários e favoráveis à tese jurídica, pois eles já foram examinados pelo tribunal no acórdão do incidente de julgamento de casos repetitivos. O que lhe cabe é apenas identificar seus fundamentos determinantes e demonstrar que o caso sob julgamento a eles se ajusta.

**24. Eficácia da decisão para processos futuros.** O julgamento de casos repetitivos fixa a tese jurídica a ser aplicada em casos futuros semelhantes (arts. 985, II, e 1.040, I). Forma-se, assim, um precedente obrigatório.

**25. Reclamação.** Se algum juízo não aplicar a tese jurídica adotada, caberá reclamação para o tribunal competente (art. 988, IV). É possível, por outro lado, que o juiz aplique, equivocadamente, a tese firmada a caso distinto, que não permita sua aplicação. Nessa hipótese, também cabe a reclamação, a fim de afastar a aplicação indevida da tese jurídica (art. 988, § 4º).

**26. Descabimento da reclamação.** "*Segundo entendimento consagrado nesta Corte Superior, a decisão mediante a qual o recurso especial tem seguimento negado com fundamento no art. 543-C, § 7º, do Código de Processo Civil de 1973, está sujeita tão somente ao agravo interno no tribunal de origem. IV – In casu, incabível o ajuizamento de reclamação para discutir eventual equívoco na aplicação de tese firmada em recurso repetitivo ao caso concreto pelos tribunais de justiças e regionais*" (STJ, 1ª Seção, AgInt na Rcl 41.197/PE, rel. Min. Regina Helena Costa, *DJe* 1º.7.2021).

**27. Ação rescisória.** Se o tribunal local ou o juízo de primeira instância aplicar, equivocadamente, a tese firmada a caso distinto, será cabível ação rescisória (art. 966, § 5º).

**28. Improcedência liminar.** Após firmada a tese jurídica, se for proposta alguma demanda cujo fundamento a contrarie, o juiz julgará liminarmente improcedente o pedido independentemente da citação do réu, desde que não haja necessidade de produção de provas a respeito dos fatos alegados pelo autor (art. 332, II e III). Nesse caso, o juiz deve, na sua sentença, sob pena de nulidade, indicar os fundamentos determinantes do julgamento proferido e demonstrar que o caso sob julgamento se ajusta

àqueles fundamentos (art. 489, § 1º, V), merecendo, por causa disso, a improcedência liminar. Não há ofensa ao contraditório nessa hipótese, pois o julgamento é de improcedência e beneficia o réu. O julgamento de improcedência deverá ser comunicado ao réu, para que tenha ciência do desfecho do processo.

**29. Tutela provisória de evidência.** Depois de firmada a tese jurídica, o juiz deverá, nas demandas nela fundadas, conceder a tutela provisória de evidência, se as alegações de fato puderem ser comprovadas apenas documentalmente (art. 311, II). Nesse caso, a tutela provisória de evidência pode ser concedida liminarmente (art. 311, parágrafo único).

**30. Fixação de honorários na hipótese de desistência da ação após a citação do réu, mas antes de sua contestação.** "*3. O art. 1.040, § 2º, do CPC/2015, que trata de hipótese específica de desistência do autor antes da contestação sem pagamento de honorários advocatícios, somente se aplica dentro do microssistema do recurso especial repetitivo. 4. O autor responde pelo pagamento de honorários advocatícios se o pedido de desistência tiver sido protocolizado após a ocorrência da citação, ainda que em data anterior ao oferecimento da contestação*" (STJ, 3ª Turma, REsp 1.819.876/SP, rel. Min. Ricardo Villas Bôas Cueva, *DJe* 08.10.2021).

**31. Ausência de juízo de retratação e interposição de novo recurso especial.** "*Desnecessidade de interposição de um segundo recurso especial na hipótese de não retratação do acórdão recorrido, devendo o recurso já interposto ascender a esta Corte Superior 'ex vi legis'. 4. Possibilidade, contudo, de complementação das razões do recurso especial, com o fim exclusivo de impugnar eventuais novos fundamentos agregados ao acórdão recorrido. Doutrina sobre o princípio da complementariedade recursal. 5. Conhecimento do segundo recurso especial como aditamento às razões do primeiro recurso. 6. Nos termos da Súmula 528/STF: 'Se a decisão contiver partes autônomas, a admissão parcial, pelo presidente do tribunal a quo, de recurso extraordinário que, sobre qualquer delas se manifestar, não limitará a apreciação de todas pelo supremo tribunal federal, independentemente de interposição de agravo de instrumento'. 6. Aplicação da referida súmula ao caso concreto para se conhecer do primeiro recurso e de seu aditamento, não obstante a inadmissibilidade do segundo recurso especial pelo Tribunal de origem e não obstante a ausência de interposição de agravo contra essa decisão*" (STJ, 3ª Turma, REsp 1.946.242/RJ, rel. Min. Paulo de Tarso Sanseverino, *DJe* 16.12.2021).

**LIVRO III** · DOS PROCESSOS NOS TRIBUNAIS E DOS MEIOS DE IMPUGNAÇÃO DAS DECISÕES JUDICIAIS **Art. 1.041**

**Art. 1.041.** Mantido o acórdão divergente pelo tribunal de origem, o recurso especial ou extraordinário será remetido ao respectivo tribunal superior, na forma do art. 1.036, § 1º.

§ 1º Realizado o juízo de retratação, com alteração do acórdão divergente, o tribunal de origem, se for o caso, decidirá as demais questões ainda não decididas cujo enfrentamento se tornou necessário em decorrência da alteração.

§ 2º Quando ocorrer a hipótese do inciso II do *caput* do art. 1.040 e o recurso versar sobre outras questões, caberá ao presidente ou ao vice-presidente do tribunal recorrido, depois do reexame pelo órgão de origem e independentemente de ratificação do recurso, sendo positivo o juízo de admissibilidade, determinar a remessa do recurso ao tribunal superior para julgamento das demais questões.

▶ **1. Correspondência no CPC/1973.** *"Art. 543-C. Quando houver multiplicidade de recursos com fundamento em idêntica questão de direito, o recurso especial será processado nos termos deste artigo. § 1º Caberá ao presidente do tribunal de origem admitir um ou mais recursos representativos da controvérsia, os quais serão encaminhados ao Superior Tribunal de Justiça, ficando suspensos os demais recursos especiais até o pronunciamento definitivo do Superior Tribunal de Justiça. § 2º Não adotada a providência descrita no § 1º deste artigo, o relator no Superior Tribunal de Justiça, ao identificar que sobre a controvérsia já existe jurisprudência dominante ou que a matéria já está afeta ao colegiado, poderá determinar a suspensão, nos tribunais de segunda instância, dos recursos nos quais a controvérsia esteja estabelecida. § 3º O relator poderá solicitar informações, a serem prestadas no prazo de quinze dias, aos tribunais federais ou estaduais a respeito da controvérsia. § 4º O relator, conforme dispuser o regimento interno do Superior Tribunal de Justiça e considerando a relevância da matéria, poderá admitir manifestação de pessoas, órgãos ou entidades com interesse na controvérsia. § 5º Recebidas as informações e, se for o caso, após cumprido o disposto no § 4º deste artigo, terá vista o Ministério Público pelo prazo de quinze dias. § 6º Transcorrido o prazo para o Ministério Público e remetida cópia do relatório aos demais Ministros, o processo será incluído em pauta na seção ou na Corte Especial, devendo ser julgado com preferência sobre os demais feitos, ressalvados os que envolvam réu preso e os pedidos de habeas corpus. § 7º Publicado o acórdão do Superior Tribunal de Justiça, os recursos especiais sobrestados na origem: I – terão seguimen-*

*to denegado na hipótese de o acórdão recorrido coincidir com a orientação do Superior Tribunal de Justiça; ou II – serão novamente examinados pelo tribunal de origem na hipótese de o acórdão recorrido divergir da orientação do Superior Tribunal de Justiça. § 8º Na hipótese prevista no inciso II do § 7º deste artigo, mantida a decisão divergente pelo tribunal de origem, far-se-á o exame de admissibilidade do recurso especial. § 9º O Superior Tribunal de Justiça e os tribunais de segunda instância regulamentarão, no âmbito de suas competências, os procedimentos relativos ao processamento e julgamento do recurso especial nos casos previstos neste artigo."*

⚖️ **LEGISLAÇÃO CORRELATA**

**2. RISTJ, art. 256-R.** *"Art. 256-R. O acórdão proferido no julgamento do recurso especial repetitivo gerará as seguintes consequências nos demais recursos especiais fundados em idêntica questão de direito: I – se já distribuídos e não devolvidos à origem por trazerem outras questões além da afetada, serão julgados pelo relator, observada a tese firmada no julgamento de mérito do respetivo tema; II – se ainda não distribuídos e não devolvidos à origem, serão julgados pelo Presidente do STJ; III – se suspensos nas instâncias de origem, aplicam-se os arts. 1.040 e 1.041 do Código de Processo Civil. Parágrafo único. O disposto no inciso III aplica-se a todos os processos que tratem de idêntica questão de direito, mesmo que não tenham sido objeto de suspensão."*

**3. Recomendação 134/2022 CNJ, art. 40.** *"Art. 40. Recomenda-se que, para se efetuar uma interpretação sistemática e teleológica coerente da previsão insculpida no art. 1.041 do CPC/2015, a possibilidade de manutenção do acórdão pelo tribunal a quo mencionada pelo dispositivo somente seja tida por autorizada quando houver: I – o reconhecimento da distinção entre o caso concreto e a tese firmada pelo tribunal superior; ou II – a superação da tese, em razão da formulação ou acolhimento de fundamentos jurídicos não enfrentados pelo tribunal superior quando do julgamento da questão de direito."*

⚖ **JURISPRUDÊNCIA, ENUNCIADOS E SÚMULAS SELECIONADOS**

• **4. Enunciado 139 da II Jornada-CJF.** *"A ausência de retratação do órgão julgador, na hipótese prevista no art. 1030, II, do CPC, dispensa a ratificação expressa para que haja o juízo de*

# Art. 1.042 — CÓDIGO DE PROCESSO CIVIL COMENTADO – *Leonardo Carneiro da Cunha*

*admissibilidade e a eventual remessa do recurso extraordinário ou especial ao tribunal superior competente, na forma dos arts. 1.030, V, "c", e 1.041 do CPC."*

- **5. Enunciado 59 do FNPP.** *"O acórdão proferido em recurso extraordinário com repercussão geral reconhecida se equipara, para todos os fins, ao acórdão proferido em recurso extraordinário repetitivo."*

## 📖 COMENTÁRIOS TEMÁTICOS

**6. Retratação do órgão recorrido em razão do julgamento do recurso repetitivo.** Publicado o acórdão que julgou o recurso extraordinário ou especial repetitivo, *"o órgão que proferiu o acórdão recorrido, na origem, reexaminará o processo de competência originária, a remessa necessária ou o recurso anteriormente julgado, se o acórdão recorrido contrariar a orientação do tribunal superior"* (arts. 1.030, II, e 1.040, II). Esses recursos têm, portanto, o peculiar efeito de retratação, permitindo que o órgão que proferiu a decisão recorrida reconsidere a sua decisão, adequando o seu entendimento àquele firmado pelo tribunal superior.

**7. Inadmissibilidade de novo recurso depois de exercida a retratação.** *"Não cabimento de novo recurso extraordinário contra decisão em juízo de retratação, nos termos do § 1º do art. 1.041 do Código de Processo Civil. 1. Compete à Presidência do Tribunal de origem aplicar aos recursos sobrestados o entendimento proferido pelo Supremo Tribunal Federal em repercussão geral (art. 1.030, inciso I, do CPC) ou encaminhar o processo ao órgão julgador para realizar o juízo de retratação (art. 1.030, inciso II, do CPC). 2. Não é cabível novo recurso extraordinário ou qualquer outro instrumento processual dirigido ao Supremo Tribunal Federal contra decisão do tribunal de origem quanto à vinculação do feito a tema da sistemática da repercussão geral"* (STF, 1ª Turma, ARE 1.370.036/RS, rel. Min. Dias Toffoli, *DJe* 5.5.2022).

**8. Decisão das demais questões.** Realizado o juízo de retratação, com alteração do acórdão divergente, o tribunal de origem, se for o caso, decidirá as demais questões ainda não decididas cujo enfrentamento se tornou necessário em decorrência da alteração. É possível que o recurso sobrestado verse não somente sobre a questão repetitiva, mas também sobre outras questões. Nesse caso, o tribunal de origem vai reexaminar apenas a questão repetitiva para exercer ou não a retratação. Se a questão repetitiva for prévia às demais e, com a retratação, tudo se alterou,

o recurso terá seu objeto atendido, não havendo mais razão para prosseguir. Se, porém, houver a retratação, mas a solução das demais questões se mantiver, o recurso interposto – e que estava até então sobrestado – será submetido ao juízo provisório de admissibilidade, independentemente de ratificação pelo recorrente. Admitido o recurso, será encaminhado ao STF ou ao STJ para apreciação das demais questões. Não admitido, caberá agravo (art. 1.042). Para melhor compreender a hipótese, suponha-se a seguinte situação: o acórdão examinou as questões $x$, $y$ e $z$. O recurso foi interposto atacando $x$, $y$ e $z$, mas $x$ é uma questão repetitiva. Por isso, o recurso ficou sobrestado. Fixado o paradigma em favor do recorrente, o recurso volta para a turma para rejulgamento da questão $x$. Rejulgada a questão $x$ (com retratação), podem $y$ e $z$ também ser alteradas, mas podem não ser, pois podem ser questões independentes. O recurso, então, vai prosseguir, pois a turma manteve $y$ e $z$. Vai submeter-se ao juízo de admissibilidade e, caso este seja positivo, vai para o tribunal superior examinar aquelas questões que estavam fora do repetitivo. O recurso já fora interposto e ficara sobrestado; não é caso de um novo recurso.

**9. Ação rescisória.** No caso de haver retratação que não considere a existência de distinção entre a questão discutida no processo e a tese que fundamentou o acórdão, admite-se ação rescisória (art. 966, § 5º), cabendo ao autor, sob pena de inépcia da sua petição inicial, demonstrar, fundamentadamente, tratar-se de situação particularizada por hipótese fática distinta ou de questão jurídica não examinada, a impor outra solução (art. 966, § 6º). O recurso especial ou extraordinário será cabível quando não tiver havido retratação. Havendo retratação, o direito à distinção deve ser exercido pela ação rescisória.

## Seção III

## Do Agravo em Recurso Especial e em Recurso Extraordinário

> **Art. 1.042.** Cabe agravo contra decisão do presidente ou do vice-presidente do tribunal recorrido que inadmitir recurso extraordinário ou recurso especial, salvo quando fundada na aplicação de entendimento firmado em regime de repercussão geral ou em julgamento de recursos repetitivos.
>
> I – (Revogado pela Lei nº 13.256, de 2016)
>
> II – (Revogado pela Lei nº 13.256, de 2016)
>
> III – (Revogado pela Lei nº 13.256, de 2016)

**LIVRO III** · DOS PROCESSOS NOS TRIBUNAIS E DOS MEIOS DE IMPUGNAÇÃO DAS DECISÕES JUDICIAIS    **Art. 1.042**

§ 1º (Revogado pela Lei nº 13.256, de 2016)

§ 2º A petição de agravo será dirigida ao presidente ou ao vice-presidente do tribunal de origem e independe do pagamento de custas e despesas postais, aplicando-se a ela o regime de repercussão geral e de recursos repetitivos, inclusive quanto à possibilidade de sobrestamento e do juízo de retratação.

§ 3º O agravado será intimado, de imediato, para oferecer resposta no prazo de 15 (quinze) dias.

§ 4º Após o prazo de resposta, não havendo retratação, o agravo será remetido ao tribunal superior competente.

§ 5º O agravo poderá ser julgado, conforme o caso, conjuntamente com o recurso especial ou extraordinário, assegurada, neste caso, sustentação oral, observando-se, ainda, o disposto no regimento interno do tribunal respectivo.

§ 6º Na hipótese de interposição conjunta de recursos extraordinário e especial, o agravante deverá interpor um agravo para cada recurso não admitido.

§ 7º Havendo apenas um agravo, o recurso será remetido ao tribunal competente, e, havendo interposição conjunta, os autos serão remetidos ao Superior Tribunal de Justiça.

§ 8º Concluído o julgamento do agravo pelo Superior Tribunal de Justiça e, se for o caso, do recurso especial, independentemente de pedido, os autos serão remetidos ao Supremo Tribunal Federal para apreciação do agravo a ele dirigido, salvo se estiver prejudicado.

▶ **1. Correspondência no CPC/1973.** *"Art. 544. Não admitido o recurso extraordinário ou o recurso especial, caberá agravo nos próprios autos, no prazo de 10 (dez) dias. § 1º O agravante deverá interpor um agravo para cada recurso não admitido. § 2º A petição de agravo será dirigida à presidência do tribunal de origem, não dependendo do pagamento de custas e despesas postais. O agravado será intimado, de imediato, para no prazo de 10 (dez) dias oferecer resposta, podendo instruí-la com cópias das peças que entender conveniente. Em seguida, subirá o agravo ao tribunal superior, onde será processado na forma regimental. § 3º O agravado será intimado, de imediato, para no prazo de 10 (dez) dias oferecer resposta. Em seguida, os autos serão remetidos à superior instância, observando-se o disposto no art. 543 deste Código e, no que couber, na Lei nº 11.672, de 8 de maio de 2008. § 4º No Supremo Tribunal Federal e no Superior Tribunal de Justiça, o julgamento do agravo obedecerá ao disposto no respectivo regimento interno, podendo o relator: I – não conhecer do agravo manifestamente inadmissível*

*ou que não tenha atacado especificamente os fundamentos da decisão agravada; II – conhecer do agravo para: a) negar-lhe provimento, se correta a decisão que não admitiu o recurso; b) negar seguimento ao recurso manifestamente inadmissível, prejudicado ou em confronto com súmula ou jurisprudência dominante no tribunal; c) dar provimento ao recurso, se o acórdão recorrido estiver em confronto com súmula ou jurisprudência dominante no tribunal." "Art. 545. Da decisão do relator que não conhecer do agravo, negar-lhe provimento ou decidir, desde logo, o recurso não admitido na origem, caberá agravo, no prazo de 5 (cinco) dias, ao órgão competente, observado o disposto nos §§ 1º e 2º do art. 557."*

⚖ **Jurisprudência, Enunciados e Súmulas Selecionados**

- **2. Súmula STF, 287.** *"Nega-se provimento ao agravo, quando a deficiência na sua fundamentação, ou na do recurso extraordinário, não permitir a exata compreensão da controvérsia."*

- **3. Súmula STF, 292.** *"Interposto o recurso extraordinário por mais de um dos fundamentos indicados no art. 101 [atualmente, 102], III, da Constituição, a admissão apenas por um deles não prejudica o seu conhecimento por qualquer dos outros".*

- **4. Súmula STF, 528.** *"Se a decisão contiver partes autônomas, a admissão parcial, pelo Presidente do Tribunal a quo, de recurso extraordinário que, sobre qualquer delas se manifestar, não limitará a apreciação de todas pelo Supremo Tribunal Federal, independentemente de interposição de agravo de instrumento".*

- **5. Súmula STF, 727.** *"Não pode o magistrado deixar de encaminhar ao Supremo Tribunal Federal o agravo de instrumento interposto da decisão que não admite recurso extraordinário, ainda que referente a causa instaurada no âmbito dos Juizados Especiais."*

- **6. Súmula STJ, 182.** *"É inviável o agravo do art. 545 do CPC [de 1973] que deixa de atacar especificamente os fundamentos da decisão agravada".*

- **7. Enunciado 225 do FPPC.** *"O agravo em recurso especial ou extraordinário será interposto nos próprios autos."*

- **8. Enunciado 228 do FPPC.** *"Fica superado o enunciado 639 da súmula do STF após a entrada em vigor do CPC ('Aplica-se a súmula 288 quando não constarem do traslado do agravo de instrumento as cópias das peças necessárias à verificação da tempestividade do*

1683

# Art. 1.042

**CÓDIGO DE PROCESSO CIVIL COMENTADO** – *Leonardo Carneiro da Cunha*

*recurso extraordinário não admitido pela decisão agravada')."*

- **9. Enunciado 229 do FPPC.** *"Fica superado o enunciado 288 da súmula do STF após a entrada em vigor do CPC ('Nega-se provimento a agravo para subida de recurso extraordinário, quando faltar no traslado o despacho agravado, a decisão recorrida, a petição de recurso extraordinário ou qualquer peça essencial à compreensão da controvérsia').*

- **10. Enunciado 685 do FPPC.** *"Cabe reclamação, por usurpação de competência do Tribunal Superior, contra decisão do tribunal local que não admite agravo em recurso especial ou em recurso extraordinário."*

- **11. Enunciado 77 da I Jornada-CJF.** *"Para impugnar decisão que obsta trânsito a recurso excepcional e que contenha simultaneamente fundamento relacionado à sistemática dos recursos repetitivos ou da repercussão geral (art. 1.030, I, do CPC) e fundamento relacionado à análise dos pressupostos de admissibilidade recursais (art. 1.030, V, do CPC), a parte sucumbente deve interpor, simultaneamente, agravo interno (art. 1.021 do CPC) caso queira impugnar a parte relativa aos recursos repetitivos ou repercussão geral e agravo em recurso especial/extraordinário (art. 1.042 do CPC) caso queira impugnar a parte relativa aos fundamentos de inadmissão por ausência dos pressupostos recursais."*

- **12. Enunciado 27 do FNPP.** *"Cabe reclamação contra a decisão proferida no agravo interno interposto contra a decisão do presidente ou vice-presidente do tribunal recorrido que negar seguimento ao recurso especial ou extraordinário fundado na aplicação de entendimento firmado em repercussão geral ou recurso repetitivo para demonstração de distinção."*

- **13. Enunciado 15 do FONAJE.** *"Nos Juizados Especiais não é cabível o recurso de agravo, exceto nas hipóteses dos artigos 544 e 557 do CPC."*

## 🖹 COMENTÁRIOS TEMÁTICOS

**14. Duplo juízo de admissibilidade dos recursos especial e extraordinário.** Diferentemente dos demais recursos, o especial e o extraordinário se submetem a um *duplo juízo* de admissibilidade. Cabe ao Presidente ou Vice-Presidente do tribunal local proceder ao juízo *provisório* de admissibilidade do recurso (art. 1.030, V). No tribunal superior, é exercido o juízo *definitivo* de admissibilidade. Admitido

que seja o recurso pelo presidente ou vice-presidente do tribunal local, o recurso especial ou extraordinário segue para o tribunal superior que irá rever o juízo de admissibilidade até então exercido provisoriamente. Inadmitido, poderá ser interposto agravo para o tribunal superior.

**15. Cabimento.** O agravo em recurso especial ou extraordinário é um dos recursos cabíveis no processo civil (art. 994, VIII). Inadmitido o recurso especial ou extraordinário, cabe agravo para o STJ ou para o STF, respectivamente. O agravo em recurso especial ou extraordinário é cabível contra a decisão que, em juízo provisório de admissibilidade, inadmite o recurso especial ou extraordinário. Se ambos os recursos forem inadmitidos, deve o interessado interpor um agravo para cada recurso não admitido.

**16. Cabimento no processo penal.** O agravo em recurso especial ou extraordinário também é cabível no âmbito do processo penal. Inadmitido recurso especial ou extraordinário em processo penal, cabe agravo para o STJ ou STF, respectivamente.

**17. Inaplicabilidade do prazo em dobro.** *"Cumpre esclarecer que, mesmo nos termos do art. 229 do Código de Processo Civil de 2015, persiste o entendimento de que o prazo em dobro previsto no art. 191 do CPC não se aplica para o Agravo interposto contra a decisão que nega seguimento a Recurso Especial, ainda que haja litisconsortes com procuradores diversos, porquanto apenas o recorrente tem interesse e legitimidade para recorrer"* (STJ, 2ª Turma, AgInt no AREsp 1.715.626/RN, rel. Min. Herman Benjamin, *DJe* 17.2.2021).

**18. Agravo em recurso especial ou extraordinário *versus* agravo interno.** O recurso especial ou extraordinário pode ter seu seguimento negado pelo presidente ou vice-presidente do tribunal de origem em razão da aplicação de precedente de recurso repetitivo ou de repercussão geral. Nesse caso, não cabe agravo em recurso especial ou em recurso extraordinário a ser encaminhado, respectivamente, para o STJ ou para o STF. O que cabe, em tal hipótese, é agravo interno para o plenário ou para o órgão especial do próprio tribunal de origem, a fim de que se faça a distinção para deixar de aplicar o precedente ao caso.

**19. Erro grosseiro.** *"A interposição de Agravo em Recurso Especial contra decisão que nega seguimento ao Recurso Especial com base em recurso repetitivo constitui erro grosseiro ante a expressa previsão legal do recurso adequado, conforme previsto no art. 1.030, I, "b" e § 2º, c/c o art. 1.042, caput, do CPC/2015"* (STJ, 2ª Turma,

**LIVRO III · DOS PROCESSOS NOS TRIBUNAIS E DOS MEIOS DE IMPUGNAÇÃO DAS DECISÕES JUDICIAIS** **Art. 1.042**

AgInt no AREsp 1783535/SP, rel. Min. Herman Benjamin, *DJe* 1º.7.2021).

**20. Agravo em recurso especial ou extraordinário com fundamento em mais de uma hipótese de admissibilidade.** É possível que o recurso especial ou extraordinário tenha fundamento em mais de uma hipótese de admissibilidade. Nesse caso, não é raro ocorrer a situação de o recurso ser admitido por um fundamento, e não ser pelo outro. Em hipóteses assim, não é cabível o agravo em recurso especial. Não se revela necessária nem útil a interposição do agravo nessa hipótese. É que os autos já seguirão, normalmente, para o tribunal superior, diante da admissibilidade parcial. Além do mais, a solução da questão não preclui: o presidente ou vice-presidente do tribunal de origem exerce juízo provisório de admissibilidade; o que ele decide não vincula o tribunal superior, que pode, no juízo *definitivo* de admissibilidade, rever a questão, admitindo o recurso pelo fundamento não aceito na origem.

**21. Impugnação específica de todos os fundamentos da decisão agravada.** "*2. A decisão que não admite o recurso especial tem como escopo exclusivo a apreciação dos pressupostos de admissibilidade recursal. Seu dispositivo é único, ainda quando a fundamentação permita concluir pela presença de uma ou de várias causas impeditivas do julgamento do mérito recursal, uma vez que registra, de forma unívoca, apenas a inadmissão do recurso. Não há, pois, capítulos autônomos nesta decisão. 3. A decomposição do provimento judicial em unidades autônomas tem como parâmetro inafastável a sua parte dispositiva, e não a fundamentação como um elemento autônomo em si mesmo, ressoando inequívoco, portanto, que a decisão agravada é incindível e, assim, deve ser impugnada em sua integralidade, nos exatos termos das disposições legais e regimentais*" (STJ, Corte Especial, EAREsp 746.775/PR, rel. p/ ac. Min. Luis Felipe Salomão, *DJe* 30.11.2018).

**22. Interposição simultânea do agravo do art. 1.042 e do agravo interno.** Se o recurso for em parte inadmitido e, em outra parte, tiver seu seguimento negado pela aplicação de entendimento consagrado em julgamento de recurso repetitivo, cabe à parte interpor o agravo do art. 1.042 contra o capítulo relativo à inadmissibilidade e interpor agravo interno contra o capítulo concernente à aplicação da tese fixada no julgamento do recurso representativo da controvérsia, no âmbito dos recursos repetitivos (art. 1.030, §§ 1º e 2º).

**23. Dispensa de preparo.** O agravo em recurso especial ou extraordinário não se sujeita a preparo. Por se tratar se recurso interposto nos próprios autos, à semelhança do agravo retido e dos embargos de declaração, o preparo não se justifica.

**24. Prazo.** O agravo será interposto no prazo de quinze dias.

**25. Interposição.** O agravo será interposto por petição escrita dirigida ao presidente ou vice-presidente do tribunal de origem.

**26. Interposição em juizados.** Quando interposto recurso extraordinário contra acórdão de Juizado, ao presidente da turma recursal compete exercer o juízo provisório de admissibilidade. Inadmitido o recurso extraordinário, cabe agravo a ele dirigido que irá, então, encaminhar ao STF. Não há interposição de agravo em recurso especial nos Juizados, pois não cabe recurso especial "*contra decisão proferida por órgão de segundo grau dos Juizados Especiais*" (Súmula STJ, 203), mas o extraordinário cabe (Súmula STF, 640).

**27. Interposição em casos de alçada na execução fiscal.** É possível que o recurso extraordinário seja interposto contra sentença de primeira instância, quando contra essa não couber recurso para o tribunal de segunda instância (Lei 6.830/1980, art. 34). Nesse caso, o recurso extraordinário é interposto perante o próprio juízo de primeira instância, a quem se confere o juízo provisório de admissibilidade. Inadmitido o recurso, cabe o agravo em recurso extraordinário, a ser interposto perante o juízo de primeira instância, que o encaminhará ao STF.

**28. Contrarrazões.** Interposto o agravo, o recorrido será intimado para apresentar suas contrarrazões no prazo de quinze dias.

**29. Juízo de retratação.** Interposto o agravo em recurso especial ou extraordinário e decorrido o prazo de resposta, com ou sem ela, o presidente ou vice-presidente do tribunal de origem irá apreciá-lo para exercer ou não a retratação. Exercida a retratação, o recurso, que fora inadmitido, passa a ser admitido e segue para o tribunal superior. Não exercida a retratação, a decisão de inadmissibilidade mantém-se, com a remessa dos autos ao tribunal superior para exame do agravo.

**30. Processamento.** O agravo em recurso especial ou extraordinário não é processado por instrumento. Diferentemente do agravo de instrumento, o agravo em recurso especial ou extraordinário deve ser processado nos próprios autos do processo em que foi proferida a decisão agravada. Interposto o agravo e ultrapassado o prazo para contrarrazões, apresentadas ou não, e não havendo retratação, os autos devem ser encaminhados ao STJ ou STF, conforme o caso. O presidente ou vice-presidente do tribunal de origem não pode inadmitir o agravo, ainda que ele seja manifestamente inadmissível; não há juízo provisório de admissibilidade no agravo. O tribunal local irá apenas processá-lo e encaminhá-lo ao tribunal superior.

**31. Reclamação.** Se o presidente ou vice-presidente do tribunal de origem inadmitir o agravo em recurso especial ou em recurso extraordinário, estará a usurpar competência de tribunal superior, sendo cabível reclamação para preservar a competência (art. 988, I).

**32. Reclamação por usurpação de competência.** *"A competência para o julgamento do agravo previsto no art. 1.042 do CPC é do tribunal superior para o qual é dirigido. 2. Diversamente do que ocorre com os recursos especial e extraordinário, esse agravo não está sujeito a juízo de prelibação pela Corte a quo (art. 1.042, § 4º, do CPC). 3. Hipótese em que, embora correta a assertiva contida na decisão reclamada, de que o aresto proferido em agravo interno, nos termos do art. 1.030, § 2º, do CPC, não desafia novos recursos, não compete ao Tribunal de origem decidir sobre o cabimento do agravo em recurso especial interposto no processo, mas a este Superior Tribunal de Justiça, pois não há como confundir cabimento do recurso com a competência para o seu julgamento"* (STJ, 1ª Seção, Rcl 41.574/SP, rel. Min. Gurgel de Faria, *DJe* 1º.7.2021).

**33. Flexibilização da súmula 727 STF.** *"Inexiste usurpação de competência desta Suprema Corte na decisão que não conhece agravo em recurso extraordinário (art. 1.042 do CPC/2015) interposto contra decisão que aplicou a sistemática da repercussão geral, passível de impugnação apenas por agravo interno (art. 1.030, § 2º, do CPC/2015). 2. Hipótese de manifesto descabimento do agravo em recurso extraordinário interposto pelo reclamante, a afastar a incidência da Súmula 727 do STF"* (STF, 1ª Turma, Rcl 24.885 AgR, rel. Min. Luiz Fux, *DJe* 9.8.2017). No mesmo sentido: *"O Supremo Tribunal Federal tem decidido pela flexibilização do enunciado da Súmula 727/STF nos casos de recursos manifestamente incabíveis, permitindo aos tribunais que não encaminhem à Corte Maior recursos inegavelmente errôneos, sem que isso importe em usurpação de sua competência"* (STJ, Corte Especial, AgRg no RO no RHC 115.240/PR, rel. Min. João Otávio de Noronha, *DJe* 09.03.2020). Ainda no mesmo sentido: *"O Supremo Tribunal Federal tem decidido pela flexibilização de sua Súmula n. 727 nos casos de recursos manifestamente incabíveis, permitindo aos tribunais que não encaminhem ao próprio STF*

*recursos que configurem evidente erro grosseiro, sem que isso importe em usurpação de sua competência"* (STJ, Corte Especial, AgRg no RO no AgRg no RHC 141.534/RS, rel. Min. Humberto Martins, *DJe* 25.6.2021).

**34. Julgamento.** Nos tribunais superiores, o agravo em recurso especial ou extraordinário é julgado pelo relator, cabendo da decisão deste agravo um agravo interno para a turma. O relator pode inadmitir o agravo, ou dele conhecer para negar-lhe provimento, ou dele conhecer e dar-lhe provimento para determinar o processamento do recurso especial ou extraordinário, ou dele conhecer para já dar provimento ao recurso especial ou extraordinário, se o acórdão recorrido estiver em conflito com súmula do tribunal, com acórdão proferido pelo STF ou STJ em julgamento de recursos repetitivos ou com entendimento firmado em incidente de assunção de competência. Também pode o relator determinar a conversão do agravo em recurso extraordinário ou especial. Nesse caso, o ato que determina a conversão é irrecorrível, salvo na hipótese em que o agravo possua algum vício referente aos seus pressupostos de admissibilidade.

**35. Interposição conjunta de recursos extraordinário e especial.** Se forem interpostos conjuntamente os recursos especial e extraordinário e ambos forem inadmitidos, cabem dois agravos: um contra a inadmissão do recurso especial e outro contra a inadmissão do recurso extraordinário. Nesse caso, os autos seguem para o STJ, a fim de julgar o agravo em recurso especial. Concluído o julgamento do agravo pelo STJ e, se for o caso, do recurso especial, os autos serão, independentemente de pedido, remetidos ao STF para apreciação do agravo a ele dirigido, salvo se estiver prejudicado. Havendo apenas um agravo, os autos serão encaminhados ao tribunal competente para julgá-lo. Inadmitido só um dos recursos, caberá apenas um agravo.

**36. Embargos de declaração contra decisão que inadmite recurso especial.** *"A jurisprudência dessa Corte é firme no sentido de que não são cabíveis embargos de declaração contra decisão que inadmite o recurso especial, de forma que sua oposição não interrompe o prazo para interposição do agravo em recurso especial"* (STJ, 2ª Turma, AgInt no AREsp 1.521.581/SP, rel. Min. Mauro Campbell Marques, *DJe* 12.12.2019). *"O único recurso cabível contra a decisão que nega seguimento ao recurso especial é o agravo, previsto no art. 1.042 do CPC/2015. Dessa forma, a oposição de embargos de declaração revela erro*

**LIVRO III · DOS PROCESSOS NOS TRIBUNAIS E DOS MEIOS DE IMPUGNAÇÃO DAS DECISÕES JUDICIAIS**  **Art. 1.043**

*grosseiro, motivo pelo qual não tem o condão de interromper o prazo para interposição do agravo em recurso especial"* (STJ, 3ª Turma, AgInt no AREsp 1.722.977/AM, rel. Min. Nancy Andrighi, *DJe* 21.10.2020).

**37.** **Embargos de declaração contra decisão que inadmite recurso extraordinário.** *"Os embargos de declaração opostos contra decisão em que o Presidente do Tribunal de origem não admite o recurso extraordinário, por serem incabíveis, não suspendem ou interrompem o prazo para a interposição do agravo"* (STF, 1ª Turma, ARE 685.997 ED, rel. Min. Dias Toffolli, *DJe* 27.4.2018).

## Seção IV
## Dos Embargos de Divergência

**Art. 1.043.** É embargável o acórdão de órgão fracionário que:

I – em recurso extraordinário ou em recurso especial, divergir do julgamento de qualquer outro órgão do mesmo tribunal, sendo os acórdãos, embargado e paradigma, de mérito;

II – (revogado);

III – em recurso extraordinário ou em recurso especial, divergir do julgamento de qualquer outro órgão do mesmo tribunal, sendo um acórdão de mérito e outro que não tenha conhecido do recurso, embora tenha apreciado a controvérsia;

IV – (revogado);

§ 1º Poderão ser confrontadas teses jurídicas contidas em julgamentos de recursos e de ações de competência originária.

§ 2º A divergência que autoriza a interposição de embargos de divergência pode verificar-se na aplicação do direito material ou do direito processual.

§ 3º Cabem embargos de divergência quando o acórdão paradigma for da mesma turma que proferiu a decisão embargada, desde que sua composição tenha sofrido alteração em mais da metade de seus membros.

§ 4º O recorrente provará a divergência com certidão, cópia ou citação de repositório oficial ou credenciado de jurisprudência, inclusive em mídia eletrônica, onde foi publicado o acórdão divergente, ou com a reprodução de julgado disponível na rede mundial de computadores, indicando a respectiva fonte, e mencionará as circunstâncias que identificam ou assemelham os casos confrontados.

§ 5º (revogado).

▶ **1. Correspondência no CPC/1973.** *"Art. 546. É embargável a decisão da turma que: I – em recurso especial, divergir do julgamento de outra turma, da seção ou do órgão especial; II – em recurso extraordinário, divergir do julgamento da outra turma ou do plenário."*

⚖ **JURISPRUDÊNCIA, ENUNCIADOS E SÚMULAS SELECIONADOS**

- **2. Súmula STF, 247.** *"O relator não admitirá os embargos da Lei n. 623, de 19.02.1949, nem deles conhecerá o Supremo Tribunal Federal, quando houver jurisprudência firme do Plenário no mesmo sentido da decisão embargada."*

- **3. Súmula STF, 290.** *"Nos embargos da L. 623, de 19.2.49, a prova de divergência far-se-á por certidão, ou mediante indicação do Diário da Justiça ou de repertório de jurisprudência autorizado, que a tenha publicado, com a transcrição do trecho que configure a divergência, mencionadas as circunstâncias que identifiquem ou assemelhem os casos confrontados."*

- **4. Súmula STF, 300.** *"São incabíveis os embargos da L. 623, de 19.2.49, contra provimento de agravo para subida de recurso extraordinário."*

- **5. Súmula STF, 353.** *"São incabíveis os embargos da Lei 623, de 19.2.1949, com fundamento em divergência entre decisões da mesma Turma do Supremo Tribunal Federal."*

- **6. Súmula STF, 598.** *"Nos embargos de divergência não servem como padrão de discordância os mesmos paradigmas invocados para demonstrá-la mas repelidos como não dissidentes no julgamento do recurso extraordinário."*

- **7. Súmula STJ, 158.** *"Não se presta a justificar embargos de divergência o dissídio com acórdão de Turma ou Seção que não mais tenha competência para a matéria neles versada."*

- **8. Súmula STJ, 168.** *"Não cabem embargos de divergência, quando a jurisprudência do Tribunal se firmou no mesmo sentido do acórdão embargado."*

- **9. Súmula STJ, 315.** *"Não cabem embargos de divergência no âmbito do agravo de instrumento que não admite recurso especial."*

- **10. Súmula STJ, 316.** *"Cabem embargos de divergência contra acórdão que, em agravo regimental, decide recurso especial."*

- **11. Súmula STJ, 420.** *"Incabível, em embargos de divergência, discutir o valor de indenização por danos morais."*

- **12. Súmula TST, 433.** *"A admissibilidade do recurso de embargos contra acórdão de Turma em Recurso de Revista em fase de execução,* *publicado na vigência da Lei nº 11.496, de 26.06.2007, condiciona-se à demonstração de divergência jurisprudencial entre Turmas ou destas e a Seção Especializada em Dissídios Individuais do Tribunal Superior do Trabalho em relação à interpretação de dispositivo constitucional."*

- **13. Súmula TST, 458.** *"Em causas sujeitas ao procedimento sumaríssimo, em que pese a limitação imposta no art. 896, § 6º, da CLT à interposição de recurso de revista, admitem-se os embargos interpostos na vigência da Lei nº 11.496, de 22.06.2007, que conferiu nova redação ao art. 894 da CLT, quando demonstrada a divergência jurisprudencial entre Turmas do TST, fundada em interpretações diversas acerca da aplicação de mesmo dispositivo constitucional ou de matéria sumulada."*

- **14. Enunciado 230 do FPPC.** *"Cabem embargos de divergência contra acórdão que, em agravo interno ou agravo em recurso especial ou extraordinário, decide recurso especial ou extraordinário."*

- **15. Enunciado 232 do FPPC.** *"Fica superado o enunciado 353 da súmula do STF após a entrada em vigor do CPC ('São incabíveis os embargos da Lei 623, de 19.02.49, com fundamento em divergência entre decisões da mesma turma do Supremo Tribunal Federal')."*

- **16. Enunciado 744 do FPPC.** *"A similitude fática necessária para o conhecimento de embargos de divergência deve ser juridicamente relevante para a solução da questão, não se exigindo identidade fática absoluta entre os acórdãos embargado e paradigma."*

### ▣ COMENTÁRIOS TEMÁTICOS

**17. Conceito e objetivo dos embargos de divergência.** Os embargos de divergência são um recurso (art. 994, IX), com a finalidade de uniformizar a jurisprudência interna do STF ou do STJ. Seu objetivo é eliminar um conflito de entendimento na jurisprudência *interna* do tribunal superior. É, assim, uma técnica de concretização do dever de uniformidade previsto no \art. 926. A necessidade de uniformização da jurisprudência ainda é mais acentuada no âmbito do STF e do STJ, por serem tribunais que têm a função de firmar, respectivamente, a interpretação definitiva ao texto constitucional e às disposições da legislação infraconstitucional para todo o território nacional. Os embargos de divergência ostentam relevância nesse cenário, contribuindo para que os tribunais superiores cumpram o dever de uniformidade jurispru-

dencial. Obtida a uniformização, atende-se ao segundo objetivo dos embargos de divergência: reformar ou anular o acórdão embargado. Assim, providos os embargos de divergência, ao tempo em que se obtém a alteração do acórdão embargado, alcança-se seu objetivo mediato, que é a uniformização da jurisprudência *interna* do tribunal superior, firmando o entendimento a ser seguido pela própria Corte e pelos juízos e tribunais a ela vinculados.

**18. Características dos embargos de divergência.** *"Os embargos de divergência ostentam característica de recurso de fundamentação vinculada, a teor do que dispõem os arts. 1.043 e 1.044 do CPC, os quais exigem, como pressuposto indispensável, a demonstração de divergência jurisprudencial entre os órgãos fracionários. Tem por finalidade precípua dirimir dissídio decorrente da interpretação da legislação federal existente entre julgados proferidos nesta Corte Superior, não servindo para nova discussão acerca da utilização ou não de regra técnica de admissibilidade ou conhecimento do recurso especial, ocorrida no caso concreto e devidamente chancelada pelo respectivo órgão fracionário"* (STJ, Corte Especial, AgInt nos EAREsp 1.297.987/SP, rel. Min. Jorge Mussi, *DJe* 13.03.2020).

**19. Finalidade dos embargos de divergência.** *"Os embargos de divergência objetivam a resolução interna de dissenso pretoriano existente entre órgãos colegiados, a fim de que o Tribunal uniformize, internamente, a sua interpretação"* (STJ, 3ª Seção, AgRg nos EREsp 1.704.979/MS, rel. Min. Sebastião Reis Júnior, *DJe* 19.2.2020).

**20. Hipóteses de cabimento.** Os embargos de divergência não são cabíveis em quaisquer tribunais, mas apenas no âmbito do STF e do STJ. Cabem contra julgamento de órgão fracionário. Composto de onze ministros, o STF tem, além do plenário, duas turmas. Os julgamentos são proferidos, ou por uma turma, ou pelo plenário. No STF, os órgãos fracionários são as duas turmas. Logo, no STF, os embargos de divergência cabem do julgamento de *turma*. Por sua vez, o STJ mantém, em sua organização, turmas, seções e uma corte especial. A corte especial desempenha as funções que seriam do plenário. É que, tendo o STJ trinta e três ministros, ou seja, mais de vinte e cinco membros, está autorizado, pelo art. 93, XI, da CF, a criar um órgão especial, que desempenha as funções do plenário. Sendo assim, não deve a corte especial ser considerada órgão fracionário, mas órgão pleno. Logo, no STJ, os embargos de divergência são cabíveis de acórdãos proferidos por *turmas* ou por *seções*. Para que caibam embargos de divergência, é

# LIVRO III · DOS PROCESSOS NOS TRIBUNAIS E DOS MEIOS DE IMPUGNAÇÃO DAS DECISÕES JUDICIAIS

**Art. 1.043**

preciso que o julgamento tenha sido proferido por turma (no caso do STF) ou por turma ou seção (no caso do STJ). O julgamento pode ter sido proferido em recurso extraordinário ou em recurso especial. Os embargos de divergência contêm, então, dois pressupostos objetivos de cabimento: *a)* julgamento proferido por órgão fracionário do STF ou STJ; *b)* em recurso especial ou em recurso extraordinário.

**21. Julgamento do agravo interno em recurso especial ou extraordinário.** É possível que o relator tenha julgado, em decisão unipessoal, o recurso especial ou o recurso extraordinário, daí se seguindo um agravo interno. Mantida a decisão do relator no acórdão que julgou o agravo interno, cabem os embargos de divergência.

**22. Inadmissibilidade contra acórdão em recurso ordinário.** "*Este Superior Tribunal de Justiça possui jurisprudência consolidada pelo descabimento da interposição de embargos de divergência contra acórdão prolatado em sede de recurso ordinário em mandado de segurança*" (STJ, 1ª Seção, AgInt nos EDv na Pet 11.801/MG, rel. Min. Sérgio Kukina, *DJe* 19.6.2019).

**23. Resumo dos requisitos para cabimento dos embargos de divergência.** Para que caibam os embargos de divergência, é preciso que tenha havido: (a) acórdão, não sendo possível interpor embargos de divergência contra decisão isolada de relator; (b) acórdão proferido por órgão fracionário: turma no STF; turma ou seção no STJ; (c) o acórdão tenha decidido um recurso especial ou um recurso extraordinário.

**24. Acórdão recorrido e acórdão paradigma.** O acórdão embargado é denominado *acórdão recorrido*. Em suas razões, o embargante há de demonstrar que há outro acórdão, do próprio tribunal, que adotou entendimento contrário ao do acórdão recorrido, postulando a reforma ou invalidação do julgado para que seja adotado aquele entendimento manifestado no outro acórdão. Esse outro acórdão, indicado nas razões dos embargos, é denominado *acórdão paradigma*.

**25. Cabimento só contra acórdão.** Os embargos de divergência somente são cabíveis contra acórdão. Não serve decisão unipessoal; somente acórdão serve como decisão paradigma.

**26. Inadmissibilidade dos embargos de divergência fundados em decisão monocrática paradigma.** "*A jurisprudência desta Corte Especial firmou a orientação de que decisão monocrática não pode ser adotada como paradigma para fins de comprovação da divergência*" (STJ, Corte Especial, AgInt nos EAREsp 1.297.987/SP, rel. Min. Jorge Mussi, *DJe* 13.3.2020).

**27. Irrelevância do *quórum* de votação.** Para que caibam os embargos de divergência, não se exige ausência de unanimidade no julgamento do recurso. Ainda que tenha sido unânime, caberão os embargos se o acórdão divergir de outro acórdão já proferido por outro órgão do tribunal.

**28. Divergência com outros órgãos do tribunal.** Os embargos de divergência cabem quando a decisão da *turma* estiver divergindo da decisão tomada por outra *turma*, por *seção* ou pela *Corte Especial*, ou quando a decisão da *seção* estiver divergindo da decisão tomada por outra *seção* ou pela *Corte Especial* (no caso do STJ) ou quando a decisão da *turma* estiver divergindo da outra *turma* ou do *Plenário* (no caso do STF).

**29. Divergência com o mesmo órgão do tribunal.** Admitem-se os embargos de divergência, no STJ, quando a decisão da *turma* estiver divergindo da decisão tomada pela *mesma turma (no caso de alteração de mais da metade de sua composição)*, ou quando a decisão da *seção* estiver divergindo da decisão tomada pela *mesma seção (no caso de alteração de mais da metade de sua composição)* ou, no caso do STF, quando a decisão da *turma* estiver divergindo da *mesma turma (no caso de alteração de mais da metade de sua composição)*.

**30. Divergência entre julgamentos de recursos e de ações.** Poderão ser confrontadas teses jurídicas contidas em julgamentos de recursos e de ações de competência originária. O acórdão recorrido deve ser oriundo do julgamento de um recurso especial, mas o paradigma pode ser do julgamento de um conflito de competência, de uma ação rescisória, de um mandado de segurança originário, de um recurso em mandado de segurança. Toda e qualquer divergência interna a respeito de questão federal, seja ela constitucional (STF), seja ela infraconstitucional (STJ), abre oportunidade aos embargos de divergência. Isso porque cabe ao STF e ao STJ definir, respectivamente, o sentido do direito constitucional e do direito infraconstitucional e os embargos de divergência constituem meio adequado a aprofundar a discussão para a afirmação e o desenvolvimento do direito, eliminando a divergência ali instalada.

**31. Inviabilidade dos embargos de divergência quando o acórdão paradigma tiver sido proferido no julgamento de ações constitucionais.** "*A jurisprudência desta Corte consolidou-se no sentido de que, mesmo sob a vigência do CPC/2015, não se admite como paradigma, em embargos de divergência, acórdão proferido em ações que possuem natureza de garantia constitucional como habeas corpus, recurso ordinário* em *habeas corpus, mandado de segurança, recurso ordinário em mandado de segurança, habeas data e mandado de injunção"* (STJ, 1ª Seção, RCD nos EREsp 1.185.404/AM, rel. Min. Mauro Campbell Marques, *DJe* 13.3.2019). No mesmo sentido: STJ, Corte Especial, AgInt nos EREsp 1.626.315/DF, rel. Min. Raul Araújo, *DJe* 19.12.2019.

**32. Matéria objeto da divergência.** A divergência que autoriza a interposição dos embargos de divergência pode verificar-se na aplicação do direito material ou do direito processual.

**33. Inadmissibilidade de embargos de divergência para tratar de requisito de admissibilidade de recurso especial.** *"A possibilidade de oposição de embargos de divergência contra acórdão que discuta requisito de admissibilidade de recurso especial não é viabilizada pelo § 2º do art. 1.043 do CPC. Isso porque a redação do art. 1.043, § 2º, do CPC ('A divergência que autoriza a interposição de embargos de divergência pode verificar-se na aplicação do direito material ou do direito processual.') refere-se à possibilidade do cabimento de embargos de divergência contra acórdão que, ao julgar recurso especial, tenha apreciado controvérsia que consista na aplicação do direito material ou do direito processual. Tal não autoriza a conclusão, entretanto, de que seria possível a oposição de embargos de divergência contra acórdão que não conheceu de recurso especial em virtude da ausência de requisito de admissibilidade"* (STJ, Corte Especial, AgInt nos EREsp 1.848.832/RO, *DJe* 25.8.2021).

**34. Divergência sobre valor de *astreintes*.** *"O confronto de soluções adotadas entre acórdãos da Corte na consideração acerca do valor das astreintes não consubstancia, em regra, tese jurídica apta a configurar dissídio pretoriano que viabilize a via dos embargos de divergência. Normalmente, cuida-se de questão peculiar a cada decisum, no exame de cada caso, segundo avaliação pelo órgão julgador das peculiaridades e circunstâncias específicas"* (STJ, Corte Especial, AgInt nos EAREsp 925.874/AC, rel. Min. Raul Araújo, *DJe* 22.11.2019).

**35. Similitude fática.** Para que caibam os embargos de divergência, é preciso que haja similitude fática entre o caso-a-ser-julgado e o caso-paradigma. Nesse sentido, não cabem embargos de divergência, quando o acórdão embargado trata do mérito e o paradigma, da inadmissibilidade do recurso especial. Os acórdãos devem ter resultado do mesmo grau de cognição horizontal. Se um acórdão tratou de questões de admissibilidade e o outro enfrentou o mérito, não cabem os embargos. Se o acórdão paradigma versou sobre o juízo de admissibili-

dade e o acórdão recorrido tratou do mérito da questão, não há identidade entre os casos, não sendo cabíveis os embargos de divergência. É possível, porém, que o acórdão paradigma não tenha conhecido do recurso, mas tenha examinado o mérito. Nesse caso, serão cabíveis os embargos de divergência.

**36. Divergência entre as razões de decidir.** A divergência, apta a autorizar os embargos de divergência, deve estar entre as razões de decidir do acórdão recorrido e as do acórdão paradigma.

**37. Divergência e *obiter dictum*.** O simples *obiter dictum* contido no acórdão embargado não é suficiente para permitir os embargos de divergência.

**38. *Obiter dictum*.** *"Nos termos da jurisprudência desta Corte de Justiça, o fundamento de mérito contido no acórdão embargado, mas proferido em obiter dictum, não caracteriza a divergência jurisprudencial, para o fim de autorizar a interposição de embargos de divergência."* (STJ, Corte Especial, AgInt nos EREsp 1.264.848/RS, rel. Min. Raul Araújo, *DJe* 11.12.2019; *"O argumento proferido em obiter dictum sobre o mérito no acórdão embargado, por tratar-se apenas de reforço de argumentação, não tem o condão de caracterizar a divergência jurisprudencial"* (STJ, 3ª Seção, AgRg nos EAREsp 1.219.729/SP, rel. Min. Jorge Mussi, *DJe* 4.8.2020). No mesmo sentido: STJ, 2ª Seção, AgInt nos EREsp 1.909.143/RN, rel. Min. Nancy Andrighi, *DJe* 18.2.2022; STJ, 1ª Seção, REsp 1.695.521/RS, rel. Min. Benedito Gonçalves, *DJe* 1º.6.2023.

**39. Similitude fática quando a divergência for em matéria processual.** A similitude fática não deve ser exigida quando a divergência alegada estiver relacionada com o direito processual, bastando que a matéria processual seja idêntica. Não se exige a similitude fática entre os respectivos objetos litigiosos, mas é imprescindível a semelhança entre as situações fáticas em que a norma processual, sobre cuja aplicação se diverge, está sendo aplicada. Nesse sentido: *"O cabimento dos embargos de divergência pressupõe a existência de discrepância de entendimentos entre Turmas do STJ a respeito da mesma questão de direito federal. Tratando-se de divergência a propósito de regra de direito processual não se exige haja identidade de questões de direito material decididas nos acórdãos em confronto. O que interessa para ensejar o cabimento dos embargos de divergência em matéria processual é que a mesma questão processual, em conjuntura semelhante, tenha recebido tratamento divergente"* (STJ, 2ª Seção, EREsp 1.080.694/RJ, rel. Min. Maria Isabel Gallotti, *DJe* 27.06.2013). No

# LIVRO III · DOS PROCESSOS NOS TRIBUNAIS E DOS MEIOS DE IMPUGNAÇÃO DAS DECISÕES JUDICIAIS — Art. 1.044

mesmo sentido: STJ, 2ª Seção, AgInt nos EDcl nos EAREsp 1.212.282/MG, rel. Min. Antonio Carlos Ferreira, *DJe* 20.9.2019.

**40. Comprovação da divergência.** *"É requisito indispensável para a comprovação ou configuração da alegada divergência jurisprudencial a adoção pela parte recorrente, na petição dos embargos de divergência, de uma das seguintes providências, quanto aos paradigmas indicados: (a) a juntada de certidões; (b) apresentação de cópias do inteiro teor dos acórdãos apontados; (c) a citação do repositório oficial, autorizado ou credenciado nos quais eles se achem publicados, inclusive em mídia eletrônica; e (d) a reprodução de julgado disponível na rede mundial de computadores, com a indicação da respectiva fonte na Internet"* (STJ, Corte Especial, AgInt nos EDcl nos EDv nos EAREsp 1.181.624/SP, rel. Min. Jorge Mussi, *DJe* 17.12.2019).

**41. Necessidade de a divergência ser atual.** A divergência, para que se possam interpor os embargos, há de ser *atual*. Se a divergência já está ultrapassada, não cabem mais os embargos de divergência.

**42. Embargos de divergência fundados em acórdão da mesma turma.** *"A oposição de embargos de divergência fundado em acórdão paradigma da mesma turma que proferiu a decisão embargada somente é admitida quando houver a alteração de mais da metade dos seus membros (art. 1.043, § 3º, do CPC), o que não ocorreu"* (STJ, 2ª Seção, AgInt nos EAREsp 2.095.061/SP, rel. Min. Moura Ribeiro, *DJe* 1º.6.2023).

**43. Inadmissibilidade dos embargos de divergência quando o acórdão paradigma é de órgão que não detém mais competência material.** *"Não são cabíveis embargos de divergência cujo paradigma foi proferido por órgão fracionário que não mais detém a competência para julgar a matéria em desate"* (STJ, Corte Especial, AgInt nos EREsp 1.327.910/RJ, rel. Min. Maria Thereza de Assis Moura, *DJe* 28.10.2019).

**44. Confronto analítico.** Somente serão admitidos os embargos de divergência, se houver o confronto analítico entre o acórdão recorrido e o acórdão paradigma. É preciso, na análise dos embargos de divergência, que o órgão jurisdicional possa cotejar o caso que foi submetido à sua apreciação com as particularidades do precedente com o qual está havendo a divergência. As hipóteses julgadas no acórdão recorrido e no acórdão paradigma devem conter similitude, a exemplo do que sucede no recurso especial interposto pela divergência jurisprudencial (CF/1988, art. 105, III, *c*; CPC, art. 1.029, § 1º).

**45. Insuficiência de transcrição de ementas.** *"Nos embargos de divergência, para apreciação e comprovação do dissídio pretoriano, não basta a transcrição de ementas e excertos dos julgados, deve-se, no entanto, expor as circunstâncias que identificam os casos confrontados, impondo-se a absoluta similitude fática entre o acórdão embargado e os paradigmas com tratamento jurídico diverso"* (STJ, 3ª Seção, AgRg nos EAREsp 1.374.826/SC, rel. Min. Antonio Saldanha Palheiro, *DJe* 26.2.2020).

**46. Divergência notória.** *"(...), ainda que a divergência fosse notória, esta Corte tem entendimento de que não há dispensa do cotejo analítico, a fim de demonstrar a divergência entre os arestos confrontados"* (STJ, Corte Especial, AgInt nos EAREsp 261.239/MT, rel. Min. Humberto Martins, *DJe* 30.8.2016). No mesmo sentido: *"A alegação de divergência notória não dispensa o cotejamento entre os acórdãos confrontados, não sendo suficiente ao seu reconhecimento a simples referência aos acórdãos apontados como paradigmas, sem sequer a sua transcrição para cotejamento"* (STJ, Corte Especial, EDcl no AgRg nos EAg 1.354.512/SP, rel. Min. Raul Araújo, *DJe* 21.10.2016).

---

**Art. 1.044.** No recurso de embargos de divergência, será observado o procedimento estabelecido no regimento interno do respectivo tribunal superior.

§ 1º A interposição de embargos de divergência no Superior Tribunal de Justiça interrompe o prazo para interposição de recurso extraordinário por qualquer das partes.

§ 2º Se os embargos de divergência forem desprovidos ou não alterarem a conclusão do julgamento anterior, o recurso extraordinário interposto pela outra parte antes da publicação do julgamento dos embargos de divergência será processado e julgado independentemente de ratificação.

---

▶ **1. Correspondência no CPC/1973.** *"Art. 546. (...). Parágrafo único. Observar-se-á, no recurso de embargos, o procedimento estabelecido no regimento interno."*

## ⚖ JURISPRUDÊNCIA, ENUNCIADOS E SÚMULAS SELECIONADOS

- **2. Enunciado 83 da I Jornada-CJF.** *"Caso os embargos de divergência impliquem alteração das conclusões do julgamento anterior, o recorrido que já tiver interposto o recurso extraordi-*

# Art. 1.044

**CÓDIGO DE PROCESSO CIVIL COMENTADO** – *Leonardo Carneiro da Cunha*

*nário terá o direito de complementar ou alterar suas razões, nos exatos limites da modificação, no prazo de quinze dias, contados da intimação da decisão dos embargos de divergência."*

## 🖳 COMENTÁRIOS TEMÁTICOS

**3. Prazo.** Os embargos de divergência devem ser interpostos no prazo de quinze dias, sendo igualmente de quinze dias o prazo para responder-lhes (art. 1.003, § 5º). O Ministério Público, a Fazenda Pública e a Defensoria Pública dispõem de prazo em dobro tanto para embargar como para responder aos embargos (arts. 180, 183 e 186). Os litisconsortes com procuradores diferentes, que integrem escritórios de advocacia distintos, também dispõem de prazo em dobro (art. 229), a não ser quando o processo tramitar em autos eletrônicos (CPC, 229, § 2º). Se apenas um dos litisconsortes for sucumbente, não haverá prazo em dobro para interpor os embargos de divergência (Súmula STF, 641). Nos prazos em dias, computam-se apenas os úteis (art. 219).

**4. Procedimento.** O procedimento dos embargos de divergência há de ser estabelecido no regimento interno do respectivo tribunal superior.

**4.1. Procedimento no STF.** No STF, os embargos de divergência estão disciplinados nos arts. 330 a 336 do seu regimento interno. Opostos os embargos perante a Secretaria do STF, serão juntados aos autos independentemente de despacho. O relator determinará a intimação do embargado para apresentar suas contrarrazões. Ultrapassado o prazo, com ou sem as contrarrazões, o relator irá admitir ou não os embargos de divergência. Inadmitidos os embargos, caberá agravo interno. Admitidos os embargos, será feita a distribuição, sendo julgados pelo plenário.

**4.2. Previsão do agravo interno no regimento do STF.** Da decisão do relator que inadmite os embargos de divergência cabe agravo interno. O regimento do STF prevê o prazo de cinco dias para o agravo interno. Embora o regimento do STF refira-se a cinco dias, o prazo para o agravo interno passou a ser de quinze dias (art. 1.070). Interposto o agravo interno, a parte contrária será intimada para responder-lhe também no prazo de quinze dias (art. 1.021, § 2º).

**4.3. Procedimento no STJ.** O regimento interno do STJ dispõe sobre o procedimento dos embargos de divergência em seus arts. 266, 266-A, 266-B, 266-C, 266-D e 267. Ali se prevê que os embargos de divergência serão juntados aos autos independentemente de despacho e

sua oposição interrompe o prazo para recurso extraordinário. Interpostos os embargos, não se deve, desde logo, intimar a parte contrária para apresentação de contrarrazões. Será, imediatamente, sorteado relator para os embargos. O relator poderá valer dos poderes decisórios previstos no art. 932, III, IV e V, já examinados no capítulo sobre a ordem do processo nos tribunais. Caso não os admita, contra essa decisão caberá agravo interno (art. 1.021). Admitidos os embargos de divergência, será intimado o embargado para apresentar contrarrazões em quinze dias. Se for o caso, o Ministério Público terá vista dos autos. Enquanto o regimento do STF é silente a esse respeito, o do STJ prevê um prazo de vinte dias para a manifestação do Ministério Público. Tal prazo foi revogado pelo art. 178 do CPC, que passou a prever o prazo de trinta dias para as manifestações do Ministério Público. Impugnados ou não os embargos, serão os autos conclusos ao relator, que pedirá a inclusão do feito na pauta de julgamento.

**5. Efeito suspensivo.** Os embargos de divergência não possuem efeito suspensivo automático (art. 995). O relator pode, porém, concedê-lo, se o embargante requerer e houver risco de difícil ou impossível reparação, demonstrada a probabilidade de provimento do recurso (art. 995, parágrafo único, e art. 299, parágrafo único).

**6. Embargos de divergência adesivos.** Não cabem embargos de divergência adesivos.

**7. Sustentação oral.** Cabe sustentação oral (art. 937, V).

**8. Preparo.** Os embargos de divergência exigem o preparo, tanto quando cabíveis contra acórdão proferido no STJ como quando interpostos contra acórdão de julgamento de recurso extraordinário.

**9. Julgamento da causa.** Uma vez conhecidos os embargos de divergência, o tribunal deverá julgar a causa, aplicando o direito à espécie.

**10. Proibição de decisão surpresa.** O art. 933 aplica-se ao julgamento dos embargos de divergência: conhecida questão nova, ainda não submetida ao contraditório, deverá o relator intimar as partes, antes de decidir a respeito, para que se manifestem.

**11. Interrupção do prazo para interposição de recurso extraordinário.** É possível que o STJ decida o caso, apoiado em fundamento constitucional. Nessa hipótese, é admissível, em tese, recurso extraordinário. Se, porém, a decisão for contrária à conclusão manifestada em outro julgado de outro órgão do próprio STJ, caberão embargos de divergência. Os embargos de di-

**LIVRO III** · DOS PROCESSOS NOS TRIBUNAIS E DOS MEIOS DE IMPUGNAÇÃO DAS DECISÕES JUDICIAIS **Art. 1.044**

vergência, uma vez interpostos, interrompem o prazo para a interposição de recurso extraordinário por qualquer das partes. Se contra o acórdão proferido pelo STJ uma parte interpuser recurso extraordinário e a outra, embargos de divergência, estes irão interromper o prazo para a interposição do recurso extraordinário, o qual, em tal exemplo, já terá, entretanto, sido interposto. Num caso como esse, se os embargos de divergência forem desprovidos ou não alterarem a conclusão do acórdão recorrido, o recurso interposto pela outra parte será processado e julgado independentemente de ratificação ou qualquer ato de confirmação a ser praticado pelo recorrente.

**12.** **Honorários recursais nos embargos de divergência.** *"Esta Corte, recentemente, passou a considerar devida a fixação de honorários advocatícios recursais no caso de interposição de embargos de divergência, por inaugurar nova via recursal, de competência de órgão julgador diverso. Precedentes: AgInt nos EDv nos EAREsp 425.767/RJ, Rel. Min. Felix Fisher, Corte Especial, DJe 02.08.2019; AgInt nos EDv nos EAREsp 873.208/SP, Rel. Min. Raul Araújo, Corte Especial, DJe 14.06.2019; AgInt nos EAREsp 724.082/RS, Rel. Min. Francisco Falcão, Corte Especial, DJe 23.05.2019"* (STJ, 1ª Seção, EDcl nos EAREsp 1.069.681/RS, rel. Min. Benedito Gonçalves, *DJe* 2.4.2020).

LIVRO COMPLEMENTAR

# DISPOSIÇÕES FINAIS E TRANSITÓRIAS

# Art. 1.045

**Art. 1.045.** Este Código entra em vigor após decorrido 1 (um) ano da data de sua publicação oficial.

▶ **1. Correspondência no CPC/1973.** "*Art. 1.220. Este Código entrará em vigor no dia 1º de janeiro de 1974, revogadas as disposições em contrário*".

## 🔤 LEGISLAÇÃO CORRELATA

**2. LINDB, art. 1º.** "*Art. 1º Salvo disposição contrária, a lei começa a vigorar em todo o país quarenta e cinco dias depois de oficialmente publicada. § 1º Nos Estados, estrangeiros, a obrigatoriedade da lei brasileira, quando admitida, se inicia três meses depois de oficialmente publicada. § 2º (Revogado pela Lei 12.036/2009). § 3º Se, antes de entrar a lei em vigor, ocorrer nova publicação de seu texto, destinada a correção, o prazo deste artigo e dos parágrafos anteriores começará a correr da nova publicação. § 4º As correções a texto de lei já em vigor consideram-se lei nova.*"

**3. LC 95/1998, art. 8º.** "*Art. 8º A vigência da lei será indicada de forma expressa e de modo a contemplar prazo razoável para que dela se tenha amplo conhecimento, reservada a cláusula 'entra em vigor na data de sua publicação' para as leis de pequena repercussão. § 1º A contagem do prazo para entrada em vigor das leis que estabeleçam período de vacância far-se-á com a inclusão da data da publicação e do último dia do prazo, entrando em vigor no dia subsequente à sua consumação integral. § 2º As leis que estabeleçam período de vacância deverão utilizar a cláusula 'esta lei entra em vigor após decorridos (o número de) dias de sua publicação oficial.*"

**4. Lei 810/1949, art. 1º.** "*Art. 1º Considera-se ano o período de doze meses contado do dia do início ao dia e mês correspondentes do ano seguinte.*"

## ⚖ JURISPRUDÊNCIA, ENUNCIADOS E SÚMULAS SELECIONADOS

• **5. Enunciado Administrativo 1 STJ.** "*O Plenário do STJ, em sessão administrativa em que se interpretou o art. 1.045 do novo Código de Processo Civil, decidiu, por unanimidade, que o Código de Processo Civil aprovado pela Lei n. 13.105/2015, entrará em vigor no dia 18 de março de 2016.*"

## 📖 COMENTÁRIOS TEMÁTICOS

**6. Cláusula de vigência.** O art. 1.045 contém cláusula de vigência, determinando quando o CPC entra em vigor e passa, então, a produzir efeitos no mundo jurídico. Se não houvesse expressa menção, o CPC entraria em vigor 45 dias após sua publicação (LINDB, art. 1º).

**7. *Vacatio legis.*** O art. 1.045 estabeleceu uma *vacatio legis* de 1 ano. Assim, mesmo aprovado e publicado no Diário Oficial em 17 de março de 2015, o CPC não entrou imediatamente em vigor, somente tendo início sua vigência 1 ano depois da data de sua publicação no Diário Oficial.

**8. Início de vigência do CPC/2015.** O art. 1.045 prevê que o prazo de vacância será de 1 ano a partir da publicação oficial do CPC, que foi realizada no dia 17 de março de 2015. A *vacatio legis* é de 1 ano. O prazo é de 1 ano, e não de 365 dias. A contagem do prazo de vacância leva em conta tanto o dia da publicação como o último dia do prazo, entrando em vigor um dia após o prazo de vacância estabelecido no texto normativo, que, no CPC/2015 foi de um ano (LC 95/1998, art. 8º, § 1º). Assim, o prazo teve início no dia 17 de março de 2015, data da publicação, e, contado 1 ano a partir daquele momento, com a inclusão do último dia do prazo, tem-se o fim do prazo no dia 17 de março de 2016. Como o § 1º do art. 8º da LC 95/1998 determina que o texto normativo entra em vigor no dia subsequente à consumação integral do prazo de vacância, o CPC/2015 entrou em vigor no dia 18 de março de 2016. Em vez disso, poder-se-ia contar o prazo de 365 dias. Isso teria por base o texto normativo do § 2º do art. 8º da LC 95/1998, o qual dispõe que "*as leis que estabeleçam período de vacância deverão utilizar a cláusula 'esta lei entra em vigor após decorridos (o número de) dias de sua publicação oficial*". Esse entendimento foi utilizado pelo STJ, ao interpretar o prazo de vigência do Código Civil de 2002. O art. 2.044, do referido texto normativo indica que "*este Código entrará em vigor 1 (um) ano após a sua publicação*", tendo o Código Civil sido publicado no dia 11 de janeiro de 2002. Utilizada a primeira forma de contagem, ele deveria entrar em vigor no dia 12 de janeiro de 2003. Ocorre que o STJ não adotou essa lógica e realizou uma contagem que teve por base um prazo de 365 dias. Portanto, para o tribunal, o Código Civil de 2002 entrou em vigor no dia 11 de janeiro de 2003 (STJ, 3ª T., REsp 1.125.276/RJ, Rel. Min. Nancy Andrighi, *DJe* 7.3.2012). Para verificar esse prazo, veja-se a contagem dos 365 dias entre 2002 e 2003: 21 dias em janeiro, 28 dias em fevereiro, 31 dias em março, 30 em abril, 31 em maio, 30 em junho, 31 em julho, 31 em agosto, 30 em setembro, 31 em outubro, 30 em novembro, 31 em dezembro e 10 dias em janeiro de 2003. O termo final da contagem seria o dia 10 de janeiro, seguindo a regra de contagem

**LIVRO COMPLEMENTAR · DISPOSIÇÕES FINAIS E TRANSITÓRIAS** **Art. 1.046**

do § 1º do art. 8º, tem-se o dia 11 como o dia de início de vigência do Código Civil de 2002. Se utilizada essa forma de raciocínio, o CPC/2015, tendo sido publicado no dia 17 de março de 2015, seguiria a seguinte lógica de contagem do prazo de vacância e posterior entrada em vigor: 15 dias em março (inclusão do dia da publicação); 30 em abril; 31 em maio; 30 em junho; 31 em julho; 31 em agosto; 30 em setembro; 31 em outubro; 30 em novembro; 31 em dezembro; e 31 em janeiro (2016); 29 em fevereiro (2016); 15 em março (2016 – inclusão do último dia de prazo). O termo final do prazo de 365 dias seria o dia 15 de março. Como o § 1º do art. 8º da LC 95/1998 determina que o texto normativo entra em vigor um dia após findo o prazo de vacância, o CPC entraria em vigor no dia 16 de março. A questão deve ser resolvida de forma simples, por meio da observação do § 2º da LC 95/1998, que dispõe que *as leis que estabeleçam período de vacância deverão utilizar a cláusula 'esta lei entra em vigor após decorridos (o número de) dias de sua publicação oficial'.* É preciso perceber que esse texto normativo realiza uma indicação. Na verdade, o texto normativo contém um exemplo de como deve ser redigida a cláusula de vigência. No exemplo dado, valeu-se do prazo em dias, mas não impôs o prazo em dias. Nada veda que o prazo seja anual, até porque o *caput* do art. 8º estabelece que a vigência da lei será *"indicada de forma expressa e de modo a contemplar prazo razoável para que dela se tenha amplo conhecimento".* Não há qualquer indicativo de alguma espécie de sanção pela não utilização do prazo em dias, ou mesmo da aptidão de transformar um prazo estabelecido em anos em dias. O art. 1.045 determina *expressamente* que a contagem da vacância do texto normativo é de 1 ano após sua publicação oficial. E o fez atendendo ao disposto no art. 8º da LC 95/1998, ou seja, indicou *expressamente* o prazo, optando pelo período de 1 ano como o mais adequado à realidade das situações ali previstas. Não há qualquer autorização no ordenamento jurídico para que essa contagem de um prazo em ano seja transformada em dias, por mais que se entenda que a lei que trata da redação de textos normativos faça essa recomendação. Ainda que se entenda que a lei recomenda que o prazo de vacância seja estabelecido em dias, há de se reforçar que o art. 18 da LC 95/1998 assim enuncia: *"Eventual inexatidão formal de norma elaborada mediante processo legislativo regular não constitui escusa válida para o seu descumprimento".* Assim, mesmo que o legislador do CPC/2015 não tenha seguido a orientação de redação do texto normativo, não há motivos para que haja recusa

de cumprir suas previsões. Se um determinado legislador, como o fez o do CPC/2015, optar por fixar o prazo de vacância em anos, assim ele deve ser contado, não se podendo realizar sua transformação em um prazo de 365 dias. Tal modificação é relevante ao ponto de modificar a entrada em vigor de um determinado texto normativo. Não se trata de uma discussão meramente teórica, mas de grande importância prática. Por conta disso, o posicionamento do STJ em relação ao Código Civil de 2002 não deve ser aplicado ao CPC de 2015. E nem foi: o STJ entendeu que o CPC entrou em vigor no dia 18 de março de 2016.

**9. Data do início de vigência do CPC.** *"Observando o disposto na Lei 810/1.949 c/c Lei Complementar 95/1.998, a vigência do novo Código de Processo Civil, instituído pela Lei 13.105, de 16 de março de 2015, iniciou-se em 18 de março de 2016 (Enunciado Administrativo 1, aprovado pelo Plenário do Superior Tribunal de Justiça em 02.03.2016)"* (STJ, 4ª Turma, RCD no REsp 1.567.742/DF, rel. Min. Luis Felipe Salomão, DJe 6.5.2016).

---

**Art. 1.046.** Ao entrar em vigor este Código, suas disposições se aplicarão desde logo aos processos pendentes, ficando revogada a Lei nº 5.869, de 11 de janeiro de 1973.

§ 1º As disposições da Lei nº 5.869, de 11 de janeiro de 1973, relativas ao procedimento sumário e aos procedimentos especiais que forem revogadas aplicar-se-ão às ações propostas e não sentenciadas até o início da vigência deste Código.

§ 2º Permanecem em vigor as disposições especiais dos procedimentos regulados em outras leis, aos quais se aplicará supletivamente este Código.

§ 3º Os processos mencionados no art. 1.218 da Lei nº 5.869, de 11 de janeiro de 1973, cujo procedimento ainda não tenha sido incorporado por lei submetem-se ao procedimento comum previsto neste Código.

§ 4º As remissões a disposições do Código de Processo Civil revogado, existentes em outras leis, passam a referir-se às que lhes são correspondentes neste Código.

§ 5º A primeira lista de processos para julgamento em ordem cronológica observará a antiguidade da distribuição entre os já conclusos na data da entrada em vigor deste Código.

---

▶ **1. Correspondência no CPC/1973.** *"Art. 1.211. Este Código regerá o processo civil em todo o território brasileiro. Ao entrar em vigor, suas disposições aplicar-se-ão desde logo aos processos pendentes."*

## Art. 1.046 · CÓDIGO DE PROCESSO CIVIL COMENTADO – *Leonardo Carneiro da Cunha*

### ⚖ JURISPRUDÊNCIA, ENUNCIADOS E SÚMULAS SELECIONADOS

- **2. Enunciado Administrativo 2 STJ.** *"Aos recursos interpostos com fundamento no CPC/1973 (relativos a decisões publicadas até 17 de março de 2016) devem ser exigidos os requisitos de admissibilidade na forma nele prevista, com as interpretações dadas, até então, pela jurisprudência do Superior Tribunal de Justiça."*

- **3. Enunciado Administrativo 3 STJ.** *"Aos recursos interpostos com fundamento no CPC/2015 (relativos a decisões publicadas a partir de 18 de março de 2016) serão exigidos os requisitos de admissibilidade recursal na forma do novo CPC."*

- **4. Enunciado Administrativo 4 STJ.** *"Nos feitos de competência civil originária e recursal do STJ, os atos processuais que vierem a ser praticados por julgadores, partes, Ministério Público, procuradores, serventuários e auxiliares da Justiça a partir de 18 de março de 2016, deverão observar os novos procedimentos trazidos pelo CPC/2015, sem prejuízo do disposto em legislação processual especial."*

- **5. Enunciado Administrativo 5 STJ.** *"Nos recursos tempestivos interpostos com fundamento no CPC/1973 (relativos a decisões publicadas até 17 de março de 2016), não caberá a abertura de prazo prevista no art. 932, parágrafo único, c/c o art. 1.029, § 3º, do novo CPC."*

- **6. Enunciado Administrativo 6 STJ.** *"Nos recursos tempestivos interpostos com fundamento no CPC/2015 (relativos a decisões publicadas a partir de 18 de março de 2016), somente será concedido o prazo previsto no art. 932, parágrafo único, c/c o art. 1.029, § 3º, do novo CPC para que a parte sane vício estritamente formal."*

- **7. Enunciado Administrativo 7 STJ.** *"Somente nos recursos interpostos contra decisão publicada a partir de 18 de março de 2016, será possível o arbitramento de honorários sucumbenciais recursais, na forma do art. 85, § 11, do novo CPC."*

- **8. Súmula STF, 325.** *"As emendas ao regimento do Supremo Tribunal Federal, sobre julgamento de questão constitucional, aplicam-se aos pedidos ajuizados e aos recursos interpostos anteriormente à sua aprovação."*

- **9. Enunciado 267 do FPPC.** *"Os prazos processuais iniciados antes da vigência do CPC serão integralmente regulados pelo regime revogado."*

- **10. Enunciado 268 do FPPC.** *"A regra de contagem de prazos em dias úteis só se aplica aos prazos iniciados após a vigência do Novo Código."*

- **11. Enunciado 275 do FPPC.** *"Nos processos que tramitam eletronicamente, a regra do art. 229, § 2º, não se aplica aos prazos já iniciados no regime anterior."*

- **12. Enunciado 295 do FPPC.** *"As regras sobre intervalo mínimo entre as audiências do CPC só se aplicam aos processos em que o ato for designado após sua vigência."*

- **13. Enunciado 308 do FPPC.** *"Aplica-se o art. 489, § 1º, a todos os processos pendentes de decisão ao tempo da entrada em vigor do CPC, ainda que conclusos os autos antes da sua vigência."*

- **14. Enunciado 311 do FPPC.** *"A regra sobre remessa necessária é aquela vigente ao tempo da publicação em cartório ou disponibilização nos autos eletrônicos da sentença ou, ainda, quando da prolação da sentença em audiência, de modo que a limitação de seu cabimento no CPC não prejudica as remessas determinadas no regime do art. 475 do CPC/1973."*

- **15. Enunciado 341 do FPPC.** *"O prazo para ajuizamento de ação rescisória é estabelecido pela data do trânsito em julgado da decisão rescindenda, de modo que não se aplicam as regras dos §§ 2 º e 3º do art. 975 do CPC à coisa julgada constituída antes de sua vigência."*

- **16. Enunciado 354 do FPPC.** *"O art. 1.009, § 1º, não se aplica às decisões publicadas em cartório ou disponibilizadas nos autos eletrônicos antes da entrada em vigor do CPC."*

- **17. Enunciado 355 do FPPC.** *"Se, no mesmo processo, houver questões resolvidas na fase de conhecimento em relação às quais foi interposto agravo retido na vigência do CPC/1973, e questões resolvidas na fase de conhecimento em relação às quais não se operou a preclusão por força do art. 1.009, § 1º, do CPC, aplicar-se-á ao recurso de apelação o art. 523, § 1º, do CPC/1973 em relação àquelas, e o art. 1.009, § 1º, do CPC em relação a estas."*

- **18. Enunciado 356 do FPPC.** *"Aplica-se a regra do art. 1.010, § 3º, às apelações pendentes de admissibilidade ao tempo da entrada em vigor do CPC, de modo que o exame da admissibilidade destes recursos competirá ao Tribunal de 2º grau."*

- **19. Enunciado 449 do FPPC.** *"O art. 806 do CPC de 1973 aplica-se às cautelares propostas antes da entrada em vigor do CPC de 2015."*

**LIVRO COMPLEMENTAR · DISPOSIÇÕES FINAIS E TRANSITÓRIAS** **Art. 1.046**

- **20.** **Enunciado 525 do FPPC.** *"Após a entrada em vigor do CPC/2015, o juiz deve intimar o executado para apresentar impugnação ao cumprimento de sentença, em quinze dias, ainda que sem depósito, penhora ou caução, caso tenha transcorrido o prazo para cumprimento espontâneo da obrigação na vigência do CPC/1973 e não tenha àquele tempo garantido o juízo."*
- **21.** **Enunciado 567 do FPPC.** *"Invalidado o ato processual praticado à luz do CPC de 1973, a sua repetição observará o regramento do CPC/2015, salvo nos casos de incidência do art. 1047 do CPC/2015 e no que refere às disposições revogadas relativas ao procedimento sumário, aos procedimentos especiais e às cautelares."*
- **22.** **Enunciado 568 do FPPC.** *"As disposições do CPC/1973 relativas aos procedimentos cautelares que forem revogadas aplicar-se-ão às ações propostas e não sentenciadas até o início da vigência do CPC/2015."*
- **23.** **Enunciado 116 da II Jornada-CJF.** *"Aplica-se o art. 219 do CPC na contagem dos prazos processuais previstos na Lei n. 6.830/1980."*

### ▣ Comentários Temáticos

**24. Sistemas de direito intertemporal no processo.** As normas processuais têm incidência imediata, o que não se confunde com aplicação retroativa. Esta não se admite. A lei não prejudicará o direito adquirido, o ato jurídico perfeito e a coisa julgada (CF, art. 5º, XXXVI). As normas processuais provêm para o futuro, disciplinando atos processuais que irão ser realizados. Aplica-se o princípio *tempus regit actum*. Os atos processuais já realizados, bem como os seus efeitos, na conformidade da lei anterior, permanecem eficazes. Uma lei nova não se aplica a processos findos, sendo igualmente certa sua aplicação aos processos instaurados em sua vigência, ou seja, aos processos a serem iniciados quando já em vigor a lei. A nova lei processual tem *eficácia imediata*, não atingindo *atos processuais* já praticados, mas incidindo sobre aqueles que ainda haverão de ser realizados. Toda a problemática está na incidência da lei nova aos processos pendentes. A respeito desse tema, existem 3 sistemas que disciplinam a aplicação da lei processual no tempo.

**25. Sistema da unidade processual.** O processo é integrado por um conjunto de atos destinados a uma finalidade, que é a obtenção da sentença de mérito. Pelo sistema da unidade processual, o processo deve ser regido, integral-

mente, por uma só lei. Assim, iniciado o processo, irá regê-lo a lei em vigor no momento da propositura, não sofrendo a incidência de qualquer lei superveniente. O sistema da unidade processual caracteriza-se por ser o processo regido pela lei do momento em que foi proposta a demanda e ir assim até o final, ou seja, qualquer lei superveniente não atinge o processo em curso.

**26. Sistema das fases processuais.** O processo é dividido em fases, mais ou menos separadas ou concentradas. Cada fase pode ser considerada isoladamente, como uma unidade processual. Tais fases são a postulatória, a instrutória, a decisória, a recursal e a de cumprimento da sentença. A lei regula toda uma fase. Cada fase é regida pela lei em vigor no momento em que ela teve início. Esse é o sistema das fases processuais, no qual se consideram as fases do processo (postulatória, instrutória, decisória, recursal e cumprimento da sentença) e cada uma constitui uma unidade processual. Nesse caso, sobrevindo uma nova lei, ela só incide a partir da próxima fase; a fase em curso mantém-se regida pela lei antiga. Desse modo, iniciada a fase postulatória, esta seria regulada pela lei então vigente, não vindo a ser atingida por leis supervenientes, que somente incidiram, naquele processo, a partir do início da nova fase. Assim, por exemplo, instaurado processo sob a vigência da lei $x$, a superveniência da lei $y$ não altera a forma da contestação a ser apresentada, pois esta insere-se na fase postulatória. É preciso aguardar o encerramento da fase postulatória para que se faça incidir a nova lei.

**27. Sistema do isolamento dos atos processuais.** O sistema do isolamento dos atos processuais considera cada ato processual isoladamente, devendo ser regido pela lei em vigor no momento de sua prática. Isoladamente considerado, o ato processual deve sempre ser praticado de acordo com a lei em vigor ao tempo de sua realização. Por esse sistema, não se consideram as fases do processo, mas cada ato isoladamente. Não importa em que fase se encontre o processo. O ato deve atender aos termos da lei em vigor no momento de sua prática. Pelo sistema do isolamento dos atos processuais, não é possível a lei nova retroagir para alcançar ato já praticado ou efeito dele decorrente; a lei nova só alcança os próximos atos a serem praticados no processo.

**28. Direito intertemporal no Código de Processo Civil de 2015.** O CPC/2015, ao tratar da sua aplicação no tempo, mais propriamente nos arts. 14 e 1.046, adotou o sistema do isolamento dos atos processuais. Logo, cada ato deve ser considerado isoladamente, aplicando-se, para cada

# Art. 1.046 — CÓDIGO DE PROCESSO CIVIL COMENTADO – Leonardo Carneiro da Cunha

um, a lei em vigor no momento de sua prática. Há, porém, alguns dispositivos específicos que excepcionam a adoção do sistema do isolamento dos atos processuais para alguns temas específicos. Em alguns casos, foi adotado o sistema da unidade processual ou das fases. A preocupação, nesses casos, foi com a proteção do contraditório e da segurança jurídica, tutelando a confiança legítima das partes. Mesmo não havendo direito adquirido, o legislador tutela a confiança, com o que preservou a segurança jurídica e resguardou o contraditório.

**29.** ***Tempus regit actum* e isolamento dos atos processuais.** *"Tanto o CPC/1973 (art. 1.211) quanto o CPC/2015 (art. 1.046, 'caput') adotaram, com fundamento no princípio geral do 'tempus regit actum', o chamado 'sistema do isolamento dos atos processuais' como critério de orientação de direito intertemporal, de maneira que nada obstante a lei processual nova incida sobre os feitos ainda em curso, não poderá retroagir para alcançar os atos processuais praticados sob a égide do regime anterior, mas apenas sobre aqueles que daí em diante advierem"* (STJ, 2ª Turma, REsp 1.741.502/AM, rel. Min. Mauro Campbell Marques, *DJe* 27.6.2018).

**30. Procedimento sumário pendente.** O CPC/2015 revogou o procedimento sumário. Nos termos do § 1º do seu art. 1.046, as normas do CPC/1973 relativas ao procedimento sumário continuam aplicáveis aos processos, submetidos àquele rito, que estejam pendentes, ou seja, aos processos instaurados e ainda não sentenciados até antes do início de vigência do CPC/2015. dotou-se, no tocante aos procedimentos sumários pendentes, o *sistema de unidade do processo*. O § 1º do art. 1.046 prevê uma regra de ultratividade do CPC/1973. O procedimento sumário, pendente quando da entrada em vigor do CPC/2015, deve reger-se pelas normas contidas no CPC/1973 até a sentença. As normas do CPC revogado têm sua eficácia postergada em relação aos procedimentos sumários instaurados e ainda não sentenciados até o início de vigência do novo Código. Não há direito adquirido a procedimento, nem é adotado, no CPC/2015, o sistema de unidade do processo. Mas, por questão de organização judiciária e melhor gestão dos processos pendentes, e para evitar tumultos procedimentais, manteve-se o regramento anterior relativamente aos procedimentos sumários pendentes. Para que se mantenha o regramento do Código revogado, não é necessário que já tenha havido despacho inicial ou realização de citação; basta que a demanda tenha sido proposta, com a

distribuição da petição inicial até antes do início de vigência do novo Código.

**31. Procedimento sumário previsto em leis esparsas.** A manutenção do procedimento sumário relaciona-se tanto com os casos previstos no art. 275 do CPC/1973 como com os mencionados em leis extravagantes. Na verdade, o procedimento sumário foi suprimido pelo CPC/2015. Nos termos do parágrafo único do seu art. 1.049, *"Na hipótese de a lei remeter ao procedimento sumário, será observado o procedimento comum previsto neste Código, com as modificações previstas na própria lei especial, se houver"*. Assim, por exemplo, a ação revisional de aluguel, prevista no art. 68 da Lei 8.245, de 1991, e a ação de adjudicação compulsória, prevista no art. 22 do Decreto-lei 58, de 1937, são reguladas pelo procedimento sumário. Com o CPC/2015, passaram a sujeitar-se ao procedimento comum, nele regulado. Mas, as ações propostas antes do início de vigência do CPC/2015, e que se submetem ao procedimento sumário, continuam assim até a sentença. As demandas submetidas ao procedimento sumário, seja por se encaixarem em qualquer uma das hipóteses do art. 275 do CPC/1973, seja por estarem assim previstas em lei específica, se propostas antes do início de vigência do novo Código, mantêm-se sujeitas ao procedimento sumário até a sentença. Em suma, demandas sujeitas ao procedimento sumário do CPC/1973 já propostas, e ainda não sentenciadas, continuarão a ser processadas por aquele mesmo rito sumário.

**32. Procedimento sumário em primeira instância.** O CPC/1973 somente se aplica quanto ao procedimento em primeira instância e até a prolação da sentença. O CPC/1973 regula os procedimentos sumários pendentes apenas na fase de conhecimento. O cumprimento da sentença é regido pelo CPC/2015. De igual modo, os recursos a serem interpostos contra as decisões proferidas nos procedimentos sumários pendentes são regidos pelo CPC/2015. O que o § 1º do art. 1.046 fez foi "congelar" as peculiaridades do procedimento sumário perante o juízo de primeira instância, até a prolação da sentença. O que não for específico do procedimento sumário e estiver regulado no atual Código deve ser aplicado. Não há um sistema recursal específico para o procedimento sumário; não há um cumprimento de sentença específico para o procedimento sumário. Logo, não houve "congelamento" do procedimento de cumprimento de sentença, nem do procedimento recursal, ou das hipóteses em que são cabíveis os recursos. O cumprimento de sentença, quando o pro-

**LIVRO COMPLEMENTAR** · DISPOSIÇÕES FINAIS E TRANSITÓRIAS     **Art. 1.046**

cedimento for sumário, será regido pelo atual CPC. De igual modo, as normas do CPC/2015 aplicam-se imediatamente em matéria recursal. Assim, proferida uma decisão interlocutória, somente caberá agravo de instrumento, se a decisão estiver prevista numa das hipóteses do art. 1.015 do CPC/2015, ressalvado o entendimento do STJ quanto à taxatividade mitigada. Não é o caso de entender cabível agravo retido ou de considerar recorríveis todas as interlocutórias, tal como dispunha o Código revogado.

**33. Procedimentos especiais pendentes.** Alguns procedimentos especiais regulados pelo CPC/1973 deixaram de existir no CPC/2015. Com efeito, o atual Código não disciplina mais o procedimento das ações de prestação de contas (não há mais o procedimento especial da ação de oferecer as contas; o da de exigir as contas foi mantido), de depósito, de anulação e substituição de títulos ao portador, de nunciação de obra nova, de usucapião de terras particulares e vendas a crédito com reserva de domínio. Tais ações são, a partir do CPC/2015, submetidas ao procedimento comum, não tendo mais um procedimento especial para cada uma delas. Tanto isso é verdade que o § 1º do seu art. 47, ao tratar da competência territorial, menciona a ação de nunciação de obra nova. A ação de nunciação de obra nova continua a existir; apenas não há mais um procedimento especial para que ela seja por meio dele exercida. A ação de nunciação de obra nova, no atual Código, submete-se ao procedimento comum. De igual modo, as outras ações mencionadas (ação para oferecer contas, ação de depósito, de anulação e substituição de títulos ao portador, de usucapião de terras particulares e de vendas a crédito com reserva de domínio) continuam a existir, mas não estão mais sujeitas a um procedimento específico, próprio, típico; submetem-se, todas elas, ao procedimento comum do novo Código. Se, porém, qualquer uma dessas ações já tiver sido proposta durante a vigência do Código revogado, submete-se ao respectivo procedimento especial ali previsto. As normas do CPC/1973 relativas aos referidos procedimentos especiais continuam aplicáveis aos processos, submetidos àqueles ritos, que estejam pendentes, ou seja, aos processos instaurados e ainda não sentenciados até antes do início de vigência do CPC/2015. As normas do antigo CPC têm sua eficácia postergada em relação aos procedimentos especiais revogados, mas instaurados e ainda não sentenciados até o início de vigência do novo Código. Para isso, não é necessário que já tenha havido despacho inicial ou realização de citação; basta que a de-

manda tenha sido proposta, com a distribuição da petição inicial até antes do início de vigência do novo Código. Enfim, demandas sujeitas a procedimento especial previsto no CPC/1973, mas revogado no CPC/2015, que tenham sido propostas, e ainda não sentenciadas, continuarão a ser processadas por aqueles ritos especiais do antigo Código.

**34. Procedimentos especiais em primeira instância.** O Código revogado apenas incide relativamente ao procedimento em primeira instância e até a prolação da sentença. O CPC/1973 disciplina os procedimentos especiais revogados pendentes apenas na fase de conhecimento. O cumprimento da sentença e os recursos a serem interpostos são regidos pelo CPC/2015. O que o § 1º do art. 1.046 fez foi "congelar" os detalhes dos revogados procedimentos especiais perante o juízo de primeira instância, até a prolação da sentença. Não houve "congelamento" do procedimento de cumprimento de sentença, nem do procedimento recursal, ou das hipóteses em que são cabíveis os recursos. Os procedimentos especiais revogados pendentes de sentença continuam sendo regidos pelo CPC/1973. Os procedimentos especiais previstos no Código revogado e mantidos no atual Código passam a ser regulados pelas novas regras, que incidem imediatamente, respeitados os atos jurídicos perfeitos e os direitos adquiridos processuais. Aplica-se, enfim, o sistema isolamento dos atos processuais. De igual modo, os procedimentos especiais previstos em leis extravagantes que não foram revogados continuam a ser regulados por suas respectivas leis, com a aplicação subsidiária do atual Código.

**35. Processos cautelares pendentes.** O CPC/1973, em seu Livro III, tratava da cautelar como um processo autônomo. A regra do art. 1.046, § 1º, aplica-se também aos processos cautelares já iniciados previamente e ainda pendentes de sentença. O procedimento específico para cautelares equivale a um procedimento especial. Se os procedimentos especiais revogados que estavam pendentes devem seguir com a disciplina prevista no Código revogado, os procedimentos cautelares também. O CPC/2015 aboliu a necessidade de um processo cautelar autônomo para a obtenção da tutela de segurança, de garantia ou de conservação. Os processos cautelares pendentes formaram, antes do início de vigência do atual CPC, uma relação processual própria; o processo deve caminhar até a sentença, a fim de ser extinto. Na verdade, é preciso verificar como se encontrava o processo cautelar quando do início de vigência do CPC/2015. Se a cautelar

1701

for antecedente e o juiz já concedera a medida liminar, tendo já iniciado o prazo para a propositura da ação principal (CPC/1973, art. 806), o superveniente início de vigência do CPC/2015 não pode atingir o processo em curso: a parte há de propor sua demanda principal. Se, porém, antes de ter início a vigência do atual Código, o prazo a que se refere o art. 806 do CPC/1973 ainda não tiver tido início, poderá ser utilizada a regra do art. 308 do CPC/2015, cabendo ao requerente da demanda cautelar, em vez de propor uma demanda principal, simplesmente formular um aditamento à petição inicial para inserir o pedido satisfativo, que seria veiculado naquela demanda principal exigida no Código revogado.

**36. Cumprimento da sentença contra a Fazenda Pública.** No CPC/2015, a execução contra a Fazenda Pública pode fundar-se em título judicial ou em título extrajudicial. Quando o título for judicial, há cumprimento de sentença contra a Fazenda Pública (arts. 534 e 535). Sendo extrajudicial, propõe-se a execução disciplinada no art. 910. Tanto numa como noutra, é necessário observar o regime de precatórios ou de requisição de pequeno valor – RPV –, previsto no art. 100 da Constituição. O cumprimento de sentença constitui uma fase do processo. O processo, que é um só, divide-se em duas fases: a de acertamento e a de cumprimento. Antes, porém, quando ainda estava vigente o CPC/1973, a execução fundada em título judicial contra a Fazenda Pública fazia-se do mesmo modo que a execução fundada em título extrajudicial: ela era citada para, em 30 dias, apresentar embargos. Depois de todo o procedimento dos embargos, expedia-se o precatório ou a requisição de pequeno valor. Se, ao ter início a vigência do CPC/2015, a Fazenda Pública já tiver sido executada e citada para opor embargos, foi instaurado um processo autônomo, com formação e complementação da relação processual. Iniciado o processo e formada a relação processual, o processo há de prosseguir até o final, encerrando-se por sentença. Nesse caso, aplica-se aqui a mesma regra prevista no § 1º do art. 1.046 do CPC/2015 para os procedimentos especiais: devem prosseguir até a sentença com a disciplina prevista no CPC/1973. Afinal, a execução contra a Fazenda Pública é, rigorosamente, um procedimento especial. É um procedimento especial de execução, mas é um procedimento especial. A razão que justifica o § 1º do art. 1.046 encontra-se igualmente aqui presente. Nesse caso, a Fazenda Pública, tendo sido citada para oferecer embargos, deverá fazê-lo no prazo de 30 dias, apoiando-se no art. 730 do CPC/1973.

Caso, entretanto, tenha sido ajuizada, ainda sob a vigência do CPC/1973, a execução contra a Fazenda Pública, mas ainda não tenha havido sua citação, poderá o exequente ajustar sua petição inicial, transformando-a no requerimento a que alude o art. 534 do CPC/2015 para que, então, seja instaurado, não uma execução contra a Fazenda Pública, mas um cumprimento de sentença. Nesse caso, a Fazenda Pública não será citada, mas intimada; não irá opor embargos à execução, mas impugnação ao cumprimento da sentença, sujeitando-se ao disposto no art. 535 do CPC/2015.

**37. Submissão de procedimentos especiais ao procedimento comum.** O art. 1.218 do CPC/1973 mantinha em vigor alguns procedimentos especiais regulados pelo CPC/1939. O § 3º do art. 1.046 do CPC/2015 determina que todas essas causas, cujo procedimento ainda esteja em vigor, porque ainda não foi incorporado por lei ou pelo Código, passam a tramitar pelo procedimento comum. A regra é de aplicação bem restrita, pois praticamente todos aqueles procedimentos foram regulados por lei superveniente – a grande utilidade do art. 1.218 do CPC/1973 era a referência ao procedimento de dissolução e liquidação de sociedades, que foi parcialmente incorporado ao CPC/2015. O § 3º do art. 1.046 serve para alguns procedimentos relacionados ao direito marítimo, os quais, curiosamente, estão em desuso há muitos anos. Também serve para o procedimento de dissolução *total* da sociedade – apenas o procedimento de dissolução *parcial* foi incorporado ao CPC/2015. O CPC/1939 cuidava também da dissolução *total*.

**38. Procedimentos especiais da legislação extravagante.** Há, na legislação extravagante, outros procedimentos distintos do procedimento comum previsto no CPC. Esses procedimentos permanecem em vigor, servindo o Código como lei supletiva (art. 1.046, § 2º). Há os procedimentos especiais da ação de alimentos (Lei 5.478/1968), do mandado de segurança (Lei 12.016/2009), do *habeas data* (Lei 9.507/1997), da usucapião especial rural (Lei 6.969/1981), da usucapião especial urbana (Lei 10.257/2001), das ações locatícias (Lei 8.245/1991) etc. Há, ainda, o procedimento dos Juizados Especiais Cíveis (Leis 9.099/1995, 10.259/2001 e 12.153/2009), e os procedimentos para a tutela coletiva: ação popular (Lei 4.717/1965), ação civil pública (Lei 7.347/1985), Código de Defesa do Consumidor (Lei 8.078/1990) ADI, ADC e ADPF (Leis 9.868 e 9.882/1999) etc.

**39. Remissões ao CPC na legislação extravagante.** O CPC/1973 é referido em diversas leis extravagantes. Para não ter que corrigir a refe-

**LIVRO COMPLEMENTAR · DISPOSIÇÕES FINAIS E TRANSITÓRIAS** **Art. 1.046**

rência em cada uma dessas leis, o § 4º do art. 1.046 determina que as remissões aos CPC/1973 devem ser consideradas como remissões aos dispositivos correspondentes no CPC/2015. Assim, por exemplo, o § 2º do art. 5º da Lei 6.969/1981 – procedimento de usucapião especial rural – refere-se ao art. 232 do CPC/1973 (requisitos da citação por edital), que corresponde ao art. 257 do CPC/2015; o art. 37 da Lei 9.307/1996 (Lei de Arbitragem), o art. 8º da Lei 9.507/1997 (Lei do *Habeas Data*) e o art. 71 da Lei 8.245/1991 referem-se ao art. 282 do CPC/1973 (requisitos da petição inicial), que corresponde ao art. 319 do CPC/2015; o art. 36 da Lei 9.307/1996 remete aos arts. 483-484 do CPC/1973, que cuidam da homologação de sentença estrangeira – o CPC/2015 trata o assunto nos arts. 960-965; o art. 22, §§ 3º e 4º, da Lei 11.340/2006 (Lei Maria da Penha) estabelece que "para garantir a efetividade das medidas protetivas de urgência, poderá o juiz requisitar, a qualquer momento, auxílio da força policial" (§ 3º), bem como que se aplicam às medidas que obrigam o ofensor, no que couber, o disposto no *caput* e nos §§ 5º e 6º do art. 461 do CPC/1973 (§ 4º) – as referências aos dispositivos do CPC/1973 devem hoje ser lidas como referências ao art. 536, *caput* e § 1º, do CPC/2015; o § 5º do art. 6º da Lei 12.016/2009 (lei do mandado de segurança) menciona o art. 267 do CPC/1973 (hipótese de extinção do processo sem resolução do mérito), que corresponde ao art. 485 do CPC/2015; a referência que o art. 101, II, CDC, faz ao art. 80 do CPC/1973 deve ser compreendida como ao art. 132 do CPC/2015; os arts. 59, § 1º, e 161, § 6º, ambos da Lei 11.101/2005, remetem ao inciso III do art. 584 do CPC/1973; essa remissão deve ser lida como se feita ao inciso II do art. 515 do CPC/2015; o art. 896-B da CLT determina que se apliquem, ao processamento dos recursos de revista repetitivos, as disposições do CPC/1973 – o mesmo acontece no art. 19 da Lei 10.522/2002: o CPC/2015 cuida do tema nos arts. 1.036-1.041.

**40. Honorários de sucumbência.** *"Em homenagem à natureza processual material e com o escopo de preservar os princípios do direito adquirido, da segurança jurídica e da não surpresa, as normas sobre honorários advocatícios de sucumbência não devem ser alcançadas pela lei processual nova. 2. A sentença (ou o ato jurisdicional equivalente, na competência originária dos tribunais), como ato processual que qualifica o nascedouro do direito à percepção dos honorários advocatícios, deve ser considerada o marco temporal para a aplicação das regras fixadas pelo* CPC/2015. *3. Assim, se o capítulo acessório da sentença, referente aos honorários sucumbenciais, foi prolatado em consonância com o CPC/1973, serão aplicadas essas regras até o trânsito em julgado. Por outro lado, nos casos de sentença proferida a partir do dia 18.03.2016, as normas do novel diploma processual relativas a honorários sucumbenciais é que serão utilizadas. 4. No caso concreto, a sentença fixou os honorários em consonância com o CPC/1973. Dessa forma, não obstante o fato de o Tribunal de origem ter reformado a sentença já sob a égide do CPC/2015, incidem, quanto aos honorários, as regras do diploma processual anterior"* (STJ, Corte Especial, EAREsp 1.255.986/PR, rel. Min. Luis Felipe Salomão, *DJe* 6.5.2019).

**41. Ainda honorários de sucumbência.** *"No tocante ao direito intertemporal (art. 1.046 do CPC/2015), o Superior Tribunal de Justiça firmou a compreensão de que 'a regra processual aplicável, no que tange à condenação em honorários advocatícios sucumbenciais, é aquela vigente na data da prolatação da sentença. Logo, no caso, mostra-se inviável qualquer análise da fixação dos honorários com fundamento no CPC de 2015'. Nesse sentido: AgInt no REsp 1.741.941/PR, Rel. Ministro Og Fernandes, Segunda Turma, julgado em 09.10.2018, DJe 15.10.2018; REsp 1.767.726/PB, Rel. Ministro Herman Benjamin, Segunda Turma, julgado em 13.11.2018, DJe 17.12.2018)"* (STJ, 2ª Turma, AgInt nos EDcl nos EDcl no AREsp 1.205.950/RJ, rel. Min. Francisco Falcão, *DJe* 23.8.2019).

**42. Direito intertemporal e prazo para impugnação ao cumprimento de sentença.** *"Nos termos do art. 475-J do CPC/1973, o prazo para impugnação ao cumprimento de sentença somente era contado a partir da intimação do auto de penhora e avaliação. 3. Por sua vez, nos termos do art. 525 do CPC/2015: 'Transcorrido o prazo previsto no art. 523 sem o pagamento voluntário, inicia-se o prazo de 15 (quinze) dias para que o executado, independentemente de penhora ou nova intimação, apresente, nos próprios autos, sua impugnação'. 4. Descabimento da aplicação da norma do art. 525 do CPC/2015 ao caso dos autos, pois o novo marco temporal do prazo (fim do prazo para pagamento voluntário) ocorreu na vigência do CPC/1973, o que conduziria a uma indevida aplicação retroativa do CPC/2015. 5. Inviabilidade, por sua vez, de aplicação do CPC/1973 ao caso dos autos, pois a impugnação, sendo fato futuro, deveria ser regida pela lei nova ('tempus regit actum'). 6. Existência de conexidade entre os prazos para pagamento voluntário e para impugnação ao cumprimento de*

1703

# Art. 1.047

*sentença, tanto na vigência do CPC/1973 quanto na vigência do CPC/2015, fato que impede a simples aplicação da técnica do isolamento dos atos processuais na espécie. Doutrina sobre o tema. 7. Necessidade de compatibilização das leis aplicáveis mediante a exigência de intimação específica para impugnação ao cumprimento de sentença em hipóteses como a dos autos. 8. Aplicação ao caso do Enunciado 525 do Fórum Permanente de Processualistas Civil, assim redigido: 'Após a entrada em vigor do CPC/2015, o juiz deve intimar o executado para apresentar impugnação ao cumprimento de sentença, em quinze dias, ainda que sem depósito, penhora ou caução, caso tenha transcorrido o prazo para cumprimento espontâneo da obrigação na vigência do CPC/1973 e não tenha àquele tempo garantido o juízo'" (STJ, 3ª Turma, REsp 1.833.935/RJ, rel. Min. Paulo de Tarso Sanseverino, DJe 11.5.2020).*

> **Art. 1.047.** As disposições de direito probatório adotadas neste Código aplicam-se apenas às provas requeridas ou determinadas de ofício a partir da data de início de sua vigência.

▶ **1. Sem correspondência no CPC/1973.**

## ⚖ Jurisprudência, Enunciados e Súmulas Selecionados

- **2. Enunciado 366 do FPPC.** *"O protesto genérico por provas, realizado na petição inicial ou na contestação ofertada antes da vigência do CPC, não implica requerimento de prova para fins do art. 1.047."*

- **3. Enunciado 567 do FPPC.** *"Invalidado o ato processual praticado à luz do CPC de 1973, a sua repetição observará o regramento do CPC/2015, salvo nos casos de incidência do art. 1047 do CPC/2015 e no que refere às disposições revogadas relativas ao procedimento sumário, aos procedimentos especiais e às cautelares."*

- **4. Enunciado 569 do FPPC.** *"O art. 1.047 não impede convenções processuais em matéria probatória, ainda que relativas a provas requeridas ou determinadas sob vigência do CPC/1973."*

## 🗐 Comentários Temáticos

**5. Normas sobre provas.** As provas judiciárias são disciplinadas tanto por normas de direito material como por normas de direito processual. A natureza da norma é definida em virtude do papel que desempenha. O direito material ocupa-se da essência das provas, indicando seu valor, seu objeto, sua admissibilidade e suas consequências, pois esses são aspectos que consistem em objeto da decisão. Por sua vez, as normas que tratam do modo, do lugar e do tempo da produção da prova, são processuais, pois regulam o seu procedimento.

**6. Normas materiais e normas processuais sobre a prova.** As normas que tratam da determinação das provas, da indicação do seu valor e de suas condições de admissibilidade são materiais, sendo processuais as que estabelecem o modo de constituir a prova e de produzi-la em juízo. As disposições relativas à essência das provas, à sua admissibilidade, aos seus efeitos, às pessoas que devem ministrá-las são materiais, enquanto as relativas ao modo, tempo e lugar de sua constituição e produção são processuais.

**7. Normas heterotópicas.** Há, em diplomas de direito processual, normas sobre admissibilidade das provas, seu valor, seus efeitos e sobre pessoas que devem ministrá-las. Por sua vez, há, em diplomas de direito material, normas sobre o modo, o tempo e lugar de sua constituição e produção. Não é por estar num diploma de direito processual que a norma será processual, nem por estar num diploma material que a norma será material. Não é estranho, inclusive, haver normas processuais em diplomas de direito material e, de outro lado, normas materiais em diplomas processuais (chamadas pela doutrina de *normas heterotópicas*).

**8. Direito intertemporal sobre provas.** O art. 1.047 contém um dispositivo que trata do direito intertemporal no âmbito probatório. O marco temporal, definido em tal dispositivo, é o requerimento ou a determinação de ofício da produção da prova. Nos seus termos, as disposições de direito probatório do atual Código não se aplicam aos processos em curso que já tiveram prova requerida ou determinada de ofício pelo juiz. As disposições do atual Código somente se aplicam a partir do requerimento de produção de prova feito depois do início de sua vigência, ou a partir da determinação de ofício de sua realização que tenha sido emitida depois do início de sua vigência.

**9. Crítica ao dispositivo.** De acordo com o art. 1.047, se a parte tiver requerido determinada prova ainda na vigência do Código revogado, a sua produção, o modo, o lugar e o tempo não serão regulados pelo atual Código. Assim, por exemplo, se parte tiver requerido prova testemunhal ainda na vigência do CPC/1973, mas o testemunho só venha a ser colhido já na vigência do CPC/2015, a parte não poderá fazer perguntas

**LIVRO COMPLEMENTAR · DISPOSIÇÕES FINAIS E TRANSITÓRIAS** **Art. 1.048**

diretamente à testemunha (CPC/2015, art. 459), devendo, nesse ponto, aplicar o CPC/1973 e requerer ao juiz para que este, então, formule sua pergunta (CPC/1973, art. 416). Tal situação pode acarretar um problema de falta de igualdade no processo. Imagine que o requerimento acima mencionado foi feito pelo autor, ainda sob a vigência do Código revogado. Imagine-se que, em momento seguinte, o réu, agora já sob a vigência do atual Código, também requer a produção de prova testemunhal. A se aplicar o disposto no referido art. 1.047, a oitiva da testemunha requerida pelo autor seguirá a regra do art. 416 do CPC/1973 e a requerida pelo réu, a do art. 459 do CPC/2015, causando uma assimetria e distorção no procedimento de produção da prova testemunhal. Enfim, imagine-se uma prova requerida ainda na vigência do CPC/1973, mas que venha a ser produzida depois do início de vigência do CPC/2015. Aplicada a regra do art. 1.047 do CPC/2015 em sua literalidade, toda a fase de produção de prova terá de ser feita de acordo com as normas do Código revogado, enquanto as outras provas do mesmo processo, requeridas posteriormente, já sob a vigência do CPC/2015, serão processadas nos termos das normas contidas neste último. Seguindo-se literalmente o disposto no art. 1.047, se a parte requereu a produção de prova exclusivamente testemunhal em caso relativo a contrato de alto valor já na vigência do novo Código, será possível sua realização, pois seriam aplicáveis suas disposições, que não reproduzem a proibição contida no art. 401 do CPC/1973. Tal proibição também constava do art. 227 do Código Civil, que foi expressamente revogado pelo art. 1.072, II, do CPC/2015. Esta última interpretação não poderá ser adotada, sob pena de haver inadmissível retroatividade. É que o art. 401 do CPC/1973 e o art. 227 do Código Civil tratavam da admissibilidade da prova testemunhal, consistindo numa norma de direito material. Logo, deve ser aplicada a lei do momento da celebração do negócio jurídico. Aplicar, nesse exemplo ora aventado, o atual CPC equivale a retroagir sua incidência para alcançar ato jurídico perfeito e alterar seus efeitos. É inconstitucional, portanto, essa aplicação, por atentar contra o disposto no art. 5º, XXXVI, da CF.

**10. O real sentido do dispositivo.** O art. 1.047 destina-se a proteger a parte – preservando as expectativas processuais relacionadas à produção da prova – e, assim, concretizar o contraditório e a segurança jurídica, que são princípios que balizam ou orientam a regra. Não é possível aplicar uma restrição à proposição e à admissibilidade de uma prova que não existia no CPC/1973 a um processo em que a parte já a tenha requerido ou o juiz a tenha determinado de ofício. Requerida a prova ou determinada sua produção de ofício pelo juiz surge para as partes a expectativa de que a prova será produzida, não podendo qualquer restrição, vedação ou inadmissibilidade superveniente alcançá-las. Esse é o sentido que se deve construir a partir da conjugação do art. 1.047 do CPC/2015, com o disposto nos seus arts. 14 e 1.046, bem como com o disposto no art. 5º, XXXVI, da CF. As regras sobre a produção da prova aplicam-se imediatamente, mesmo em relação às provas que foram requeridas ou determinadas de ofício, antes do início de vigência do atual Código. Somente não se aplicam as regras proibitivas, restritivas ou que tornem inadmissíveis as provas já requeridas ou determinadas de ofício pelo juiz. O art. 1.047 é de difícil compreensão, não sendo possível imaginar uma hipótese em que ele tenha de fato incidência. Tal dispositivo há de ser lido em conjunto com os arts. 14 e 1.046 do mesmo CPC/2015, bem como com o art. 5º, XXXVI, da CF. É regra que se destina a impedir a aplicação de restrições e proibições de provas em casos em que já houve requerimento ou determinação de ofício da realização da prova. No mais, o dispositivo revela-se inútil e inoperante. Sua aplicação deve pautar-se na finalidade a ser alcançada, que é a de concretizar o contraditório e a segurança jurídica, protegendo a confiança.

> **Art. 1.048.** Terão prioridade de tramitação, em qualquer juízo ou tribunal, os procedimentos judiciais:
>
> I – em que figure como parte ou interessado pessoa com idade igual ou superior a 60 (sessenta) anos ou portadora de doença grave, assim compreendida qualquer das enumeradas no art. 6º, inciso XIV, da Lei nº 7.713, de 22 de dezembro de 1988;
>
> II – regulados pela Lei nº 8.069, de 13 de julho de 1990 (Estatuto da Criança e do Adolescente);
>
> III – em que figure como parte a vítima de violência doméstica e familiar, nos termos da Lei nº 11.340, de 7 de agosto de 2006 (Lei Maria da Penha);
>
> IV – em que se discuta a aplicação do disposto nas normas gerais de licitação e contratação a que se refere o inciso XXVII do *caput* do art. 22 da Constituição Federal.
>
> § 1º A pessoa interessada na obtenção do benefício, juntando prova de sua condição, deverá requerê-lo à autoridade judiciária competente

# Art. 1.048

**CÓDIGO DE PROCESSO CIVIL COMENTADO** – *Leonardo Carneiro da Cunha*

para decidir o feito, que determinará ao cartório do juízo as providências a serem cumpridas.

§ 2º Deferida a prioridade, os autos receberão identificação própria que evidencie o regime de tramitação prioritária.

§ 3º Concedida a prioridade, essa não cessará com a morte do beneficiado, estendendo-se em favor do cônjuge supérstite ou do companheiro em união estável.

§ 4º A tramitação prioritária independe de deferimento pelo órgão jurisdicional e deverá ser imediatamente concedida diante da prova da condição de beneficiário.

▶ **1. Correspondência no CPC/1973.** *"Art. 1.211-A. Os procedimentos judiciais em que figure como parte ou interessado pessoa com idade igual ou superior a 60 (sessenta) anos, ou portadora de doença grave, terão prioridade de tramitação em todas as instâncias." "Art. 1.211-B. A pessoa interessada na obtenção do benefício, juntando prova de sua condição, deverá requerê-lo à autoridade judiciária competente para decidir o feito, que determinará ao cartório do juízo as providências a serem cumpridas. § 1º Deferida a prioridade, os autos receberão identificação própria que evidencie o regime de tramitação prioritária." "Art. 1.211-C. Concedida a prioridade, essa não cessará com a morte do beneficiado, estendendo-se em favor do cônjuge supérstite, companheiro ou companheira, em união estável."*

## 🔏 LEGISLAÇÃO CORRELATA

**2. CPP, art. 394-A.** *"Art. 394-A. Os processos que apurem a prática de crime hediondo ou violência contra a mulher terão prioridade de tramitação em todas as instâncias."*

**3. EOAB, art. 7º-A, III.** *"Art. 7º-A. São direitos da advogada: (...) III – gestante, lactante, adotante ou que der à luz, preferência na ordem das sustentações orais e das audiências a serem realizadas a cada dia, mediante comprovação de sua condição."*

**4. Lei 7.713/1988, art. 6º, XIV.** *"Art. 6º Ficam isentos do imposto de renda os seguinte rendimentos percebidos por pessoas físicas: (...) XIV – os proventos de aposentadoria ou reforma motivada por acidente em serviço e os percebidos pelos portadores de moléstia profissional, tuberculose ativa, alienação mental, esclerose múltipla, neoplasia maligna, cegueira, hanseníase, paralisia irreversível e incapacitante, cardiopatia grave, doença de Parkinson, espondiloartrose anquilosante, nefropatia grave, hepatopatia grave, estados avançados da doença de Paget (osteíte deformante), contami-*

nação por radiação, síndrome da imunodeficiência adquirida, com base em conclusão da medicina especializada, mesmo que a doença tenha sido contraída depois da aposentadoria ou reforma."

**5. Lei 9.507/1997, art. 19.** *"Art. 19. Os processos de habeas data terão prioridade sobre todos os atos judiciais, exceto habeas-corpus e mandado de segurança. Na instância superior, deverão ser levados a julgamento na primeira sessão que se seguir à data em que, feita a distribuição, forem conclusos ao relator. Parágrafo único. O prazo para a conclusão não poderá exceder de vinte e quatro horas, a contar da distribuição."*

**6. Lei 10.741/2003, art. 71, *caput*, e § 5º.** *"Art. 71. É assegurada prioridade na tramitação dos processos e procedimentos e na execução dos atos e diligências judiciais em que figure como parte ou interveniente pessoa com idade igual ou superior a 60 (sessenta) anos, em qualquer instância. (...) § 5º Dentre os processos de pessoas idosas, dar-se-á prioridade especial aos das maiores de 80 (oitenta) anos."*

**7. Lei 12.016/2009, art. 7º, § 4º.** *"§ 4º Deferida a medida liminar, o processo terá prioridade para julgamento."*

**8. Lei 12.016/2009, art. 20.** *"Art. 20. Os processos de mandado de segurança e os respectivos recursos terão prioridade sobre todos os atos judiciais, salvo habeas corpus".*

**9. Lei 13.146/2015, art. 9º, VII, e § 1º.** *"Art. 9º A pessoa com deficiência tem direito a receber atendimento prioritário, sobretudo com a finalidade de: (...) VII – tramitação processual e procedimentos judiciais e administrativos em que for parte ou interessada, em todos os atos e diligências. § 1º Os direitos previstos neste artigo são extensivos ao acompanhante da pessoa com deficiência ou ao seu atendente pessoal, exceto quanto ao disposto nos incisos VI e VII deste artigo."*

**10. Lei 14.238/2021, art. 4º, § 2º, IV.** *"Art. 4º São direitos fundamentais da pessoa com câncer: V – prioridade; (...) § 2º Entende-se por direito à prioridade, previsto no inciso V do caput deste artigo, as seguintes garantias concedidas à pessoa com câncer clinicamente ativo, respeitadas e conciliadas as normas que garantem o mesmo direito aos idosos, às gestantes e às pessoas com deficiência. (...) IV – prioridade na tramitação dos processos judiciais e administrativos."*

**11. Res. 408/2009 do STF, art. 1º.** *"Art. 1º No âmbito do Supremo Tribunal Federal dar-se-á prioridade na tramitação, no processamento, no julgamento e nos demais procedimentos dos feitos judiciais em que figure como parte ou intervenien-*

1706

LIVRO COMPLEMENTAR · DISPOSIÇÕES FINAIS E TRANSITÓRIAS    **Art. 1.048**

*te pessoa com idade igual ou superior a sessenta anos ou que seja portadora de doença grave."*

**12. Res. 408/2009 do STF, art. 2º.** *"Art. 2º Para obter a prioridade de que trata o artigo anterior, o interessado deverá requerer o benefício ao Presidente do Tribunal ou ao Relator do feito, conforme o caso, fazendo juntar à petição prova de sua condição."*

**13. Res. 408/2009 do STF, art. 3º.** *"Art. 3º Para fins de cumprimento do disposto no art. 1º, os processos com pedido de prioridade na forma desta Resolução serão identificados por meio de etiqueta afixada na capa dos autos."*

**14. Res. 303/2019 do CNJ, art. 11.** *"Art. 11. Para os fins do disposto nesta Seção, considera-se: I – idoso, o exequente ou beneficiário que conte com sessenta anos de idade ou mais, antes ou após a expedição do ofício precatório; II – portador de doença grave, o beneficiário acometido de moléstia indicada no inciso XIV do art. 6º da Lei nº 7.713, de 22 de dezembro de 1988, com a redação dada pela Lei nº 11.052, de 29 de dezembro de 2004, ou portador de doença considerada grave a partir de conclusão da medicina especializada, mesmo que a doença tenha sido contraída após o início do processo; e III – pessoa com deficiência, o beneficiário assim definido pela Lei nº 13.146, de 6 de julho de 2015."*

**15. Res. 425/2021 do CNJ, art. 4º.** *"Art. 4º Os tribunais deverão viabilizar atendimento prioritário, desburocratizado e humanizado às pessoas em situação de rua, mantendo em suas unidades equipe especializada de atendimento, exclusiva ou não, preferencialmente multidisciplinar. § 1º A equipe de atendimento será adequada às características dessa população, suas demandas e necessidades, com capacitação sistemática para atuação na garantia dos direitos humanos das pessoas em situação de rua, devendo ser observada a atuação articulada com órgãos gestores das políticas de assistência social. § 2º Será conferido especial atendimento às pessoas referidas no inciso II do art. 1º, a fim de favorecer a eliminação das barreiras de sua condição. § 3º Nos atendimentos à mulher em situação de rua será garantido o livre exercício da maternidade, amamentação, além da atenção à criança que esteja sob os seus cuidados."*

**16. Res. 425/2021 do CNJ, art. 8º.** *"Art. 8º Os órgãos judiciais e administrativos, quando do processamento de ações judiciais e procedimentos extrajudiciais afetos aos direitos e garantias das pessoas em situação de rua, zelarão pela prioridade, celeridade, inclusão, humanização e desburocratização desses processos, inclusive por meio da adoção das seguintes estratégias: (...). §*

*1º Recomenda-se a priorização da produção da prova oral, sobretudo o depoimento da pessoa em situação de rua, a fim de assegurar o exercício do seu direito, de forma a evitar a extinção sem julgamento de mérito por abandono do processo. § 2º Os sistemas processuais incluirão, no cadastro de parte ou de processo, o campo 'pessoa em situação de rua'."*

**17. Rec. 123/2022 do CNJ, art. 1º, II.** *"Art. 1º Recomendar aos órgãos do Poder Judiciário: (...) II – a priorização do julgamento dos processos em tramitação relativos à reparação material e imaterial das vítimas de violações a direitos humanos determinadas pela Corte Interamericana de Direitos Humanos em condenações envolvendo o Estado brasileiro que estejam pendentes de cumprimento integral."*

### ▣ COMENTÁRIOS TEMÁTICOS

**18. Prioridades de tramitação.** Conceitualmente, a prioridade consiste na qualidade do que está em primazia ou em primeiro lugar, despontando como uma preferência dada a alguém ou algo com preterição de outrem ou outra coisa. A prioridade de tramitação de processos implica dar preferência ao seu andamento em detrimento de outros. O sistema positivo brasileiro já estabelecia prioridade na tramitação de processos de mandado de segurança e de *habeas corpus*. A prioridade decorria da natureza da ação ou do tipo de procedimento adotado. Atualmente, há diversos tipos de prioridade, que decorrem da idade da parte ou do interveniente, da condição de saúde da parte ou do interveniente, do tipo de ação ou procedimento, da lei aplicável ou do tipo de norma que regula o caso. Enquanto a prioridade decorrente da natureza da ação ou do tipo de procedimento é automática e independente de qualquer providência específica, a prioridade de tramitação resultante da idade da parte ou do interveniente, de sua condição de saúde ou de outro detalhe subjetivo depende de prévio requerimento expresso, o qual, uma vez acolhido, irá fazer valer as regras de prioridade.

**19. Prioridade da pessoa idosa.** O art. 71 da Lei 10.741/2003 (Estatuto da Pessoa Idosa) estabelece que terão prioridade na tramitação de processos judiciais e administrativos aquelas pessoas com idade igual ou superior a 60 anos. De igual modo, o art. 1.048 do CPC confere prioridade de tramitação aos processos em que figure como parte ou interveniente pessoa de idade igual ou superior a 60 anos. Tal prioridade somente se materializa caso haja expresso requerimento da parte ou do interveniente interessado e desde

1707

**Art. 1.048** CÓDIGO DE PROCESSO CIVIL COMENTADO – *Leonardo Carneiro da Cunha*

que esteja presente a comprovação da referida idade ou da grave doença (CPC, art. 1.048, § 1º).

**20. Prioridade de tramitação em todas as instâncias.** *"A prioridade de tramitação nos casos em que figurem como parte os maiores de sessenta anos abrange todas as instâncias recursais [art. 71 da Lei 10.741/03]"* (STF, Pleno, MS 27.096 AgR, rel. Min. Eros Grau, *DJe* 16.10.2009).

**21. Prioridade da parte, e não do advogado.** *"A prioridade na tramitação processual não alcança o causídico que não figura como parte ou interveniente, e nem está a executar honorários decorrentes de sucumbência definitivamente fixada"* (STJ, 4ª Turma, AgRg no REsp 285.812/ES, rel. Min. Aldir Passarinho Junior, DJ 1º.8.2005, p. 461).

**22. Prioridade de tramitação para os maiores de 80 anos de idade.** As pessoas com idade superior a 80 anos têm prioridade especial, de acordo com a Lei 13.466/2017, que assim previu, mediante a inclusão do § 5º ao art. 71 da Lei 10.741/2003.

**23. Prioridade de tramitação para os portadores de doença grave.** A prioridade de tramitação também pode ser concedida a pessoa portadora de doença grave, assim compreendida qualquer uma das enumeradas no art. 6º, XIV, da Lei 7.713/1988 (CPC, art. 1.048, I).

**24. Prioridade de tramitação para pessoas com deficiência.** A Lei 13.146/2015 prevê, em seu art. 9º, VII, que a pessoa com deficiência tem o direito de receber atendimento prioritário na tramitação de processos judiciais e administrativos em que for parte ou interessada. A pessoa com câncer também tem o direito de prioridade na tramitação de processos judiciais e administrativos (Lei 14.238/2021, art. 4º, V, § 2º, IV).

**25. Requisitos para a concessão de prioridade.** Além da idade, da doença ou da deficiência, para a concessão da preferência, é preciso ser *parte* ou *interveniente*. O conceito de parte é estritamente processual, de tal sorte que a sua qualidade apresenta-se abstraída de todas as circunstâncias e vicissitudes externas à relação processual. Para que alguém seja considerada parte, é prescindível a verificação de sua legitimidade ou de sua postura no exercício de direitos, poderes, faculdades e ônus processuais. Para se beneficiar da prioridade, basta ser parte, ou seja, basta propor a demanda ou ser citado para o processo. Enfim, basta ser autor ou réu, não importando sua legitimidade para a causa. A qualidade de parte não está jungida à sua legitimidade *ad causam*, sendo igualmente irrelevante sua conduta no processo. Mesmo que a parte seja

ilegítima ou que se mantenha inerte, caracterizando a contumácia ou a revelia, a prioridade poderá ser concedida, sendo bastante o requerimento e a comprovação da idade, da doença ou da deficiência. Poderá a prioridade ser, ainda, conferida, quando a pessoa idosa, o doente ou a pessoa com deficiência não seja parte, mas se apresente como *interveniente* no processo. Assim, havendo *denunciação da lide* a uma pessoa com idade igual ou superior a 60 anos, com doença grave ou com deficiência, poderá ser conferida a prioridade de tramitação, caso haja expresso requerimento, acompanhado da inequívoca comprovação da idade, da doença ou da deficiência. De igual modo, haverá a prioridade de tramitação do processo, caso haja *chamamento ao processo* de pessoa idosa, doente ou deficiente, e desde que se formule o requerimento com a indispensável comprovação da idade, da doença ou da deficiência. De igual modo, havendo assistente, seja simples, seja litisconsorcial, com idade igual ou superior a 60 anos, com doença grave ou com deficiência, poderá requerer prioridade de tramitação do processo.

**26. Requerimento e deferimento.** O requerimento de prioridade, com consequente deferimento pelo juiz, só se aplica aos casos do inciso I do art. 1.048. Nas demais hipóteses, a prioridade é automática, não dependendo de requerimento nem de comprovação. Em outras palavras, os §§ do art. 1.048 somente se aplicam à hipótese de seu inciso I.

**27. Precatórios judiciais.** Os créditos de natureza alimentícia cujos titulares sejam portadores de doença grave, definida em lei, ou tenham 60 ou mais anos de idade na data da expedição do precatório, serão pagos com preferência sobre todos os demais créditos, inclusive sobre os alimentares (CF, art. 100, § 2º). A prioridade constitucional não alcança as pessoas idosas com idade superior a 80 anos. O Estatuto da Pessoa Idosa, no § 5º de seu art. 71, confere prioridade especial aos maiores de 80 anos, mas tal prioridade não alcança os precatórios, pois é necessária, para tanto, previsão constitucional. A Constituição prevê prioridade, na tramitação de precatórios, para quem tenha idade igual ou superior a 60 anos, não a prevendo para os maiores de 80 anos de idade. Logo, a prioridade especial dos maiores de 80 anos não alcança os precatórios. Quanto às pessoas com deficiência, a EC 94/2016 estendeu-lhes a prioridade prevista no § 2º do art. 100 da Constituição. Em relação ao portador de doença grave e às pessoas com deficiência, sua prioridade depende de regulamentação legal; somente se enquadra como doença

**LIVRO COMPLEMENTAR · DISPOSIÇÕES FINAIS E TRANSITÓRIAS** **Art. 1.048**

grave aquela assim definida expressamente em lei; considera-se pessoa com deficiência "aquela que tem impedimento de longo prazo de natureza física, mental, intelectual ou sensorial, o qual, em interação com uma ou mais barreiras, pode obstruir sua participação plena e efetiva na sociedade em igualdade de condições com as demais pessoas" (Lei 13.146/2015, art. 2º). O CNJ, no tocante aos portadores de doença grave, editou a Resolução 303/2019, que, em seu art. 11, II, que considera "portador de doença grave, o beneficiário acometido de moléstia indicada no inciso XIV do art. 6º da Lei 7.713, de 22 de dezembro de 1998, com a redação dada pela Lei 11.052, de 29 de dezembro de 2004, ou portador de doença considerada grave a partir de conclusão da medicina especializada, mesmo que a doença tenha sido contraída após o início do processo". Na interpretação sugerida pelo CNJ, a doença grave, que pode ser comprovada a qualquer momento, é uma daquelas previstas na legislação do Imposto de Renda ou alguma que seja apontada por conclusão da medicina especializada. Há uma prioridade que se põe acima dos próprios créditos alimentares. A maior prioridade é a de créditos alimentares de pessoas idosas, de portadores de doença grave ou de pessoas com deficiência. Para que o crédito ostente a maior das prioridades, é preciso que haja a presença de 2 requisitos: (a) ter natureza alimentícia; e (b) ser seu titular uma pessoa idosa, portador de doença grave ou pessoa com deficiência. Tal prioridade limita-se, todavia, a um valor. Não basta o crédito ser alimentar e seu titular ser uma pessoa idosa, um portador de doença grave ou uma pessoa com deficiência. A prioridade somente existe até o valor equivalente ao triplo do limite fixado em lei para a dispensa do precatório. O montante que ultrapassar tal limite será pago na ordem cronológica de apresentação dos precatórios alimentares.

**28. Ilegitimidade da pessoa jurídica exequente requerer prioridade em favor da pessoa idosa executada.** *"Cinge-se a controvérsia a definir quem legitimamente pode postular a prioridade de tramitação do feito atribuída por lei ao idoso. 3. A prioridade na tramitação do feito é garantida à pessoa com idade igual ou superior a 60 (sessenta) anos que figura como parte ou interveniente na relação processual (arts. 71 da Lei 10.471/2003 e 1.048 do CPC/2015). 4. A pessoa idosa é a parte legítima para requerer a prioridade de tramitação do processo, devendo, para tanto, fazer prova da sua idade. 5. Na hipótese dos autos, a exequente – pessoa jurídica – postula a prioridade na tramitação da execução de título*

*extrajudicial pelo fato de um dos executados ser pessoa idosa, faltando-lhe, portanto, legitimidade e interesse para formular o referido pedido"* (STJ, 3ª Turma, REsp 1.801.884/SP, rel. Min. Ricardo Villas Bôas Cueva, *DJe* 30.5.2019).

**29. Processo regulado pelo ECA.** O processo regido pelas disposições do ECA também desfruta de prioridade de tramitação. Nesse caso, não é necessário qualquer requerimento. A prioridade é automática, sendo suficiente a aplicação das normas do ECA para reger o procedimento. Tal prioridade aplica-se a todas as instâncias em que o processo tramitar.

**30. Parte vítima de violência doméstica.** Se, no processo, figure parte que seja vítima de violência doméstica, há prioridade de tramitação, devendo o caso ser resolvido com maior brevidade para evitar revitimizações e recrudescimento de angústia e de sofrimento, já decorrentes da violência sofrida. A prioridade, nesse caso, não depende de requerimento, resultando da simples condição de a parte ser vítima de violência doméstica. É preciso, porém, que o processo diga respeito à violência doméstica pela parte sofrida, não alcançando outros casos que não tenham relação com a violência doméstica por ela sofrida.

**31. Licitações e contratos administrativos.** Nos processos em que se discuta a aplicação das normas gerais de licitação e contratos administrativos, há prioridade de tramitação. A prioridade não depende de requerimento e consequente deferimento pelo juiz, mas da simples situação de se tratar de processo em que se discute a aplicação de normas gerais de licitação e contratação administrativa.

**32. Preferências legais.** *É prioritária a sustentação oral a ser feita pela advogada gestante, lactante, adotante ou que der à luz ou a audiência de que ela participe (EOAB, art. 7º-A, III). O julgamento do IRDR (CPC, art. 980), o do recurso extraordinário com repercussão geral reconhecida (CPC, art. 1.035, § 9º), o dos recursos afetados como repetitivos (CPC, arts. 1.037, § 4º, e 1.038, § 2º) terão preferência sobre os demais processos, ressalvados os que envolvam réu preso e os pedidos de habeas corpus.* O julgamento do mandado de segurança e dos recursos nele interpostos terão prioridade sobre os demais processos, salvo *habeas corpus* (Lei 12.016/2009, art. 20). O julgamento do *habeas data* terá prioridade sobre todos os atos judiciais, ressalvamos *habeas corpus* e mandado de segurança (Lei 9.507/1997, art. 19). Os julgamentos de processos que tenham pessoas idosas como parte ou interessado terão prioridade (Lei 10.741/2003, art. 71; CPC, art. 1.048, I), tendo prioridade especial aqueles de pessoas

# Art. 1.049 | CÓDIGO DE PROCESSO CIVIL COMENTADO – *Leonardo Carneiro da Cunha*

idosas acima de 80 anos (Lei 10.741/2003, art. 71, § 5º), os de pessoas portadoras de doença grave (CPC, art. 1.048, I), os dos regulados pelo ECA (CPC, art. 1.048, II), os que tenham como parte a vítima de violência doméstica e familiar (CPC, art. 1.048, III) e os que discutam a aplicação de normas gerais de licitação e contratação com entes integrantes da Administração Pública (CPC, art. 1.048, IV).

> **Art. 1.049.** Sempre que a lei remeter a procedimento previsto na lei processual sem especificá-lo, será observado o procedimento comum previsto neste Código.
>
> Parágrafo único. Na hipótese de a lei remeter ao procedimento sumário, será observado o procedimento comum previsto neste Código, com as modificações previstas na própria lei especial, se houver.

▶ **1. Sem correspondência no CPC/1973.**

### 🏛 LEGISLAÇÃO CORRELATA

**2. Decreto-lei 58/1937, art. 16.** *"Art. 16. Recusando-se os comprometentes a outorgar a escritura definitiva no caso do artigo 15, o compromissário poderá propor, para o cumprimento da obrigação, ação de adjudicação compulsória, que tomará o rito sumaríssimo."*

**3. Lei 4.886/1965, art. 39.** *"Art. 39. Para julgamento das controvérsias que surgirem entre representante e representado é competente a Justiça Comum e o foro do domicílio do representante, aplicando-se o procedimento sumaríssimo previsto no art. 275 do Código de Processo Civil, ressalvada a competência do Juizado de Pequenas Causas."*

**4. Lei 6.969/1981, art. 5º.** *"Art. 5º Adotar-se-á, na ação de usucapião especial, o procedimento sumaríssimo, assegurada a preferência à sua instrução e julgamento."*

**5. Lei 10.257/2001, art. 14.** *"Art. 14. Na ação judicial de usucapião especial de imóvel urbano, o rito processual a ser observado é o sumário."*

**6. Lei 6.383/1976, art. 20.** *"Art. 20. No processo discriminatório judicial será observado o procedimento sumaríssimo de que trata o Código de Processo Civil."*

### ⚖ JURISPRUDÊNCIA, ENUNCIADOS E SÚMULAS SELECIONADOS

• **7. Enunciado 570 do FPPC.** *"As ações revisionais de aluguel ajuizadas após a entrada em vigor do Código de Processo Civil deverão tra-*

*mitar pelo procedimento comum, aplicando-se, com as adaptações procedimentais que se façam necessárias, as disposições dos artigos 68 a 70 da Lei 8.245/1991."*

### 🖹 COMENTÁRIOS TEMÁTICOS

**8. Procedimento comum como procedimento padrão.** Toda vez que uma lei fizer referência a um procedimento judicial, sem o especificar, deverá ser considerada como feita ao procedimento comum, regulado pelo CPC. Assim, o procedimento comum passa a ser o procedimento padrão, sempre que não houver previsão em sentido contrário.

**9. Procedimento comum como sucessor do procedimento sumário.** Não há mais o procedimento sumário previsto no CPC/1973. O atual CPC o eliminou. Só que o procedimento sumário está mencionado em diversas leis (por exemplo: Decreto-lei 58/1937, art. 16; Lei 4.886/1965, art. 39). Com a sua extinção, o art. 1.049 considerou essas remissões como feitas ao procedimento comum, ressalvadas as especificidades previstas na lei especial.

**10. Incorporação de técnicas especiais.** O parágrafo único do art. 1.049 está em consonância com o § 2º do art. 327, a permitir que se incorporem ao procedimento comum técnicas de procedimentos especiais que com ele não sejam incompatíveis. Assim, por exemplo: *(a)* o procedimento para o reconhecimento da usucapião especial rural é regulado pela Lei 6.969/1981, que remete ao procedimento sumário (art. 5º), mas esse procedimento possui especialidades que ficam preservadas, como a tutela provisória possessória, embutida em procedimento de natureza petitória, prevista no § 1º do seu art. 5º; *(b)* o procedimento para discriminação de terras devolutas é regulado pela Lei 6.383/1976, cujo art. 20 remete ao procedimento sumário, mas a ação discriminatória tem a peculiaridade de exigir que a petição inicial venha acompanhada do memorial descritivo da área, exigência específica que se mantém; *(c)* o procedimento da ação de revisão de aluguel é regulado pela Lei 8.245/1991, cujo art. 68 remete ao procedimento sumário, mas a ação revisional tem suas peculiaridades, tais como um especial requisito da petição inicial (art. 68, I) e a possibilidade de uma tutela provisória de evidência (art. 68, II), exigências especiais que se mantêm.

> **Art. 1.050.** A União, os Estados, o Distrito Federal, os Municípios, suas respectivas entidades da administração indireta, o Ministério Público,

**LIVRO COMPLEMENTAR · DISPOSIÇÕES FINAIS E TRANSITÓRIAS** **Art. 1.051**

a Defensoria Pública e a Advocacia Pública, no prazo de 30 (trinta) dias a contar da data da entrada em vigor deste Código, deverão se cadastrar perante a administração do tribunal no qual atuem para cumprimento do disposto nos arts. 246, § 2º, e 270, parágrafo único.

▶ **1.** Sem correspondência CPC/1973.

## 🏛 LEGISLAÇÃO CORRELATA

**2. Res. 455/2022 do CNJ, art. 16.** *"Art. 16. O cadastro no Domicílio Judicial Eletrônico é obrigatório para a União, para os Estados, para o Distrito Federal, para os Municípios, para as entidades da administração indireta e para as empresas públicas e privadas, para efeitos de recebimento de citações e intimações, conforme disposto no art. 246, caput e § 1º, do CPC/2015, com a alteração realizada pela Lei nº 14.195/2021. § 1º Para os fins deste artigo, haverá compartilhamento de banco de dados cadastrais de órgãos governamentais com o órgão do Poder Judiciário, nos termos da legislação aplicável ao tratamento de dados pessoais (Lei nº 13.709/2018). § 2º As pessoas físicas, nos termos do art. 77, VII, do CPC, poderão realizar cadastro no Domicílio Judicial Eletrônico para efetuar consultas públicas, bem como para o recebimento de citações e intimações, por meio: I – do Sistema de Login Único da PDPJ-Br, via autenticação no serviço 'gov.br' do Poder Executivo Federal, com nível de conta prata ou ouro; e II – de autenticação com uso de certificado digital. § 3º O disposto no caput aplica-se ao Ministério Público, à Defensoria Pública e à Advocacia Pública, conforme disposições do art. 1.050 do CPC, inclusive para o recebimento de intimações, nos moldes do art. 270, caput e § 1º, do CPC."*

## 📖 COMENTÁRIOS TEMÁTICOS

**3. Obrigatoriedade do cadastro pela Fazenda Pública.** A Fazenda Pública é obrigada a manter cadastro nos sistemas de processo em autos eletrônicos, para recebimento de citações e intimações, as quais serão efetuadas preferencialmente por esse meio (arts. 246, § 2º, e 1.050). Não feito o cadastro, a intimação será realizada pelo Diário da Justiça, perdendo a Fazenda o direito à intimação pessoal.

**4. Perda da prerrogativa de intimação pessoal pela falta de cadastro.** *"uma vez descumpridas as disposições do art. 1.050 c/c art. 246, §§ 1º e 2º, ambos do CPC/2015, não aproveita ao ente público a prerrogativa processual da intimação pessoal"* (STJ, Corte Especial, AgInt no

RE no AgInt no AREsp 1.304.601/CE, rel. Min. Maria Thereza de Assis Moura, *DJe* 30.9.2019; STJ, 2ª Turma, AgInt no AREsp 1.001.265/MG, rel. Min. Herman Benjamin· *DJe* 16.10.2017).

**Art. 1.051.** As empresas públicas e privadas devem cumprir o disposto no art. 246, § 1º, no prazo de 30 (trinta) dias, a contar da data de inscrição do ato constitutivo da pessoa jurídica, perante o juízo onde tenham sede ou filial.
Parágrafo único. O disposto no *caput* não se aplica às microempresas e às empresas de pequeno porte.

▶ **1.** Sem correspondência no CPC/1973.

## 🏛 LEGISLAÇÃO CORRELATA

**2. Res. 455/2022 do CNJ, art. 16.** *"Art. 17. O disposto no art. 16 não se aplica às microempresas e às empresas de pequeno porte que possuírem endereço eletrônico cadastrado no sistema integrado da Rede Nacional para a Simplificação do Registro e da Legalização de Empresas e Negócios (Redesim), nos termos previstos no § 5º do art. 246 do CPC/2015. § 1º O endereço eletrônico previamente cadastrado na Redesim pelas microempresas e pelas empresas de pequeno porte será aproveitado para os fins a que alude o artigo 15. § 2º As microempresas e as empresas de pequeno porte que não possuírem cadastro no sistema integrado da Redesim ficam sujeitas ao cumprimento do disposto no artigo 16."*

## 📖 COMENTÁRIOS TEMÁTICOS

**3. Obrigatoriedade de cadastro pelas empresas públicas e privadas.** A citação de empresas, públicas ou privadas, deve ser feita, preferencialmente, por meio eletrônico. A todas elas cabe, aliás, manter cadastro nos sistemas de processo em autos eletrônicos, para efeito de citações e intimações, as quais serão efetuadas preferencialmente por esse meio (CPC, art. 246, § 1º). É por isso que devem cadastrar-se, no prazo de trinta dias a contar da data da entrada em vigor do CPC, perante administração do tribunal (CPC, art. 1.050). Aliás, é dever das partes informar e manter atualizados seus dados cadastrais perante os órgãos do Poder Judiciário (art. 77, VII).

**4. Microempresas e empresas de pequeno porte.** As microempresas e empresas de pequeno porte estavam, inicialmente, liberadas da exigência, mas devem possuir endereço eletrônico cadastrado no sistema integrado da Rede Nacional para a Simplificação do Registro e da

1711

**Art. 1.052** CÓDIGO DE PROCESSO CIVIL COMENTADO – *Leonardo Carneiro da Cunha*

Legalização de Empresas e Negócios – Redesim (art. 246, § 5º), que deve ser compartilhado com o Poder Judiciário (art. 246, § 6º). Se a microempresa ou pequena empresa não estiver cadastrada no Redesim, deverá, então, manter cadastro no sistema eletrônico do Judiciário para receber citações eletrônicas (art. 246, § 5º), cabendo-lhes informar e manter atualizados os dados cadastrais da Administração Tributária ou, não os tendo, perante os órgãos do Poder Judiciário (art. 77, VII).

> **Art. 1.052.** Até a edição de lei específica, as execuções contra devedor insolvente, em curso ou que venham a ser propostas, permanecem reguladas pelo Livro II, Título IV, da Lei nº 5.869, de 11 de janeiro de 1973.

▶ **1. Sem correspondência no CPC/1973.**

🔲 **LEGISLAÇÃO CORRELATA**

**2. Disposições do CPC/1973 que tratam da insolvência civil.** A execução contra devedor insolvente é regulada pelos arts. 748 a 786-A do CPC/1973.

**3. CPC/1973, art. 748.** *"Art. 748. Dá-se a insolvência toda vez que as dívidas excederem à importância dos bens do devedor."*

**4. CPC/1973, art. 749.** *"Art. 749. Se o devedor for casado e o outro cônjuge, assumindo a responsabilidade por dívidas, não possuir bens próprios que bastem ao pagamento de todos os credores, poderá ser declarada, nos autos do mesmo processo, a insolvência de ambos."*

**5. CPC/1973, art. 750.** *"Art. 750. Presume-se a insolvência quando: I – o devedor não possuir outros bens livres e desembaraçados para nomear à penhora; II – forem arrestados bens do devedor, com fundamento no art. 813, I, II e III."*

**6. CPC/1973, art. 751.** *"Art. 751. A declaração de insolvência do devedor produz: I – o vencimento antecipado das suas dívidas; II – a arrecadação de todos os seus bens suscetíveis de penhora, quer os atuais, quer os adquiridos no curso do processo; III – a execução por concurso universal dos seus credores."*

**7. CPC/1973, art. 752.** *"Art. 752. Declarada a insolvência, o devedor perde o direito de administrar os seus bens e de dispor deles, até a liquidação total da massa."*

**8. CPC/1973, art. 753.** *"Art. 753. A declaração de insolvência pode ser requerida: I – por qualquer credor quirografário; II – pelo devedor; III – pelo inventariante do espólio do devedor."*

**9. CPC/1973, art. 754.** *"Art. 754. O credor requererá a declaração de insolvência do devedor, instruindo o pedido com título executivo judicial ou extrajudicial (art. 586)."*

**10. CPC/1973, art. 755.** *"Art. 755. O devedor será citado para, no prazo de 10 (dez) dias, opor embargos; se os não oferecer, o juiz proferirá, em 10 (dez) dias, a sentença."*

**11. CPC/1973, art. 756.** *"Art. 756. Nos embargos pode o devedor alegar: I – que não paga por ocorrer alguma das causas enumeradas nos arts. 741, 742 e 745, conforme o pedido de insolvência se funde em título judicial ou extrajudicial; II – que o seu ativo é superior ao passivo."*

**12. CPC/1973, art. 757.** *"Art. 757. O devedor ilidirá o pedido de insolvência se, no prazo para opor embargos, depositar a importância do crédito, para lhe discutir a legitimidade ou o valor."*

**13. CPC/1973, art. 758.** *"Art. 758. Não havendo provas a produzir, o juiz dará a sentença em 10 (dez) dias; havendo-as, designará audiência de instrução e julgamento."*

**14. CPC/1973, art. 759.** *"Art. 759. É lícito ao devedor ou ao seu espólio, a todo tempo, requerer a declaração de insolvência."*

**15. CPC/1973, art. 760.** *"Art. 760. A petição, dirigida ao juiz da comarca em que o devedor tem o seu domicílio, conterá: I – a relação nominal de todos os credores, com a indicação do domicílio de cada um, bem como da importância e da natureza dos respectivos créditos; II – a individuação de todos os bens, com a estimativa do valor de cada um; III – o relatório do estado patrimonial, com a exposição das causas que determinaram a insolvência."*

**16. CPC/1973, art. 761.** *"Art. 761. Na sentença, que declarar a insolvência, o juiz: I – nomeará, dentre os maiores credores, um administrador da massa; II – mandará expedir edital, convocando os credores para que apresentem, no prazo de 20 (vinte) dias, a declaração do crédito, acompanhada do respectivo título."*

**17. CPC/1973, art. 762.** *"Art. 762. Ao juízo da insolvência concorrerão todos os credores do devedor comum. § 1º As execuções movidas por credores individuais serão remetidas ao juízo da insolvência. § 2º Havendo, em alguma execução, dia designado para a praça ou o leilão, far-se-á a arrematação, entrando para a massa o produto dos bens."*

**18. CPC/1973, art. 763.** *"Art. 763. A massa dos bens do devedor insolvente ficará sob a custódia e responsabilidade de um administrador, que exercerá as suas atribuições, sob a direção e superintendência do juiz."*

**LIVRO COMPLEMENTAR · DISPOSIÇÕES FINAIS E TRANSITÓRIAS** **Art. 1.052**

**19.** CPC/1973, art. 764. *"Art. 764. Nomeado o administrador, o escrivão o intimará a assinar, dentro de 24 (vinte e quatro) horas, termo de compromisso de desempenhar bem e fielmente o cargo."*

**20.** CPC/1973, art. 765. *"Art. 765. Ao assinar o termo, o administrador entregará a declaração de crédito, acompanhada do título executivo. Não o tendo em seu poder, juntá-lo-á no prazo fixado pelo art. 761, II."*

**21.** CPC/1973, art. 766. *"Art. 766. Cumpre ao administrador: I – arrecadar todos os bens do devedor, onde quer que estejam, requerendo para esse fim as medidas judiciais necessárias; II – representar a massa, ativa e passivamente, contratando advogado, cujos honorários serão previamente ajustados e submetidos à aprovação judicial; III – praticar todos os atos conservatórios de direitos e de ações, bem como promover a cobrança das dívidas ativas; IV – alienar em praça ou em leilão, com autorização judicial, os bens da massa."*

**22.** CPC/1973, art. 767. *"Art. 767. O administrador terá direito a uma remuneração, que o juiz arbitrará, atendendo à sua diligência, ao trabalho, à responsabilidade da função e à importância da massa."*

**23.** CPC/1973, art. 768. *"Art. 768. Findo o prazo, a que se refere o nº II do art. 761, o escrivão, dentro de 5 (cinco) dias, ordenará todas as declarações, autuando cada uma com o seu respectivo título. Em seguida intimará, por edital, todos os credores para, no prazo de 20 (vinte) dias, que lhes é comum, alegarem as suas preferências, bem como a nulidade, simulação, fraude, ou falsidade de dívidas e contratos. Parágrafo único. No prazo, a que se refere este artigo, o devedor poderá impugnar quaisquer créditos."*

**24.** CPC/1973, art. 769. *"Art. 769. Não havendo impugnações, o escrivão remeterá os autos ao contador, que organizará o quadro geral dos credores, observando, quanto à classificação dos créditos e dos títulos legais de preferência, o que dispõe a lei civil. Parágrafo único. Se concorrerem aos bens apenas credores quirografários, o contador organizará o quadro, relacionando-os em ordem alfabética."*

**25.** CPC/1973, art. 770. *"Art. 770. Se, quando for organizado o quadro geral dos credores, os bens da massa já tiverem sido alienados, o contador indicará a percentagem, que caberá a cada credor no rateio."*

**26.** CPC/1973, art. 771. *"Art. 771. Ouvidos todos os interessados, no prazo de 10 (dez) dias, sobre o quadro geral dos credores, o juiz proferirá sentença."*

**27.** CPC/1973, art. 772. *"Art. 772. Havendo impugnação pelo credor ou pelo devedor, o juiz deferirá, quando necessário, a produção de provas e em seguida proferirá sentença. § 1º Se for necessária prova oral, o juiz designará audiência de instrução e julgamento. § 2º Transitada em julgado a sentença, observar-se-á o que dispõem os três artigos antecedentes."*

**28.** CPC/1973, art. 773. *"Art. 773. Se os bens não foram alienados antes da organização do quadro geral, o juiz determinará a alienação em praça ou em leilão, destinando-se o produto ao pagamento dos credores."*

**29.** CPC/1973, art. 774. *"Art. 774. Liquidada a massa sem que tenha sido efetuado o pagamento integral a todos os credores, o devedor insolvente continua obrigado pelo saldo."*

**30.** CPC/1973, art. 775. *"Art. 775. Pelo pagamento dos saldos respondem os bens penhoráveis que o devedor adquirir, até que se lhe declare a extinção das obrigações."*

**31.** CPC/1973, art. 776. *"Art. 776. Os bens do devedor poderão ser arrecadados nos autos do mesmo processo, a requerimento de qualquer credor incluído no quadro geral, a que se refere o art. 769, procedendo-se à sua alienação e à distribuição do respectivo produto aos credores, na proporção dos seus saldos."*

**32.** CPC/1973, art. 777. *"Art. 777. A prescrição das obrigações, interrompida com a instauração do concurso universal de credores, recomeça a correr no dia em que passar em julgado a sentença que encerrar o processo de insolvência."*

**33.** CPC/1973, art. 778. *"Art. 778. Consideram-se extintas todas as obrigações do devedor, decorrido o prazo de 5 (cinco) anos, contados da data do encerramento do processo de insolvência."*

**34.** CPC/1973, art. 779. *"Art. 779. É lícito ao devedor requerer ao juízo da insolvência a extinção das obrigações; o juiz mandará publicar edital, com o prazo de 30 (trinta) dias, no órgão oficial e em outro jornal de grande circulação."*

**35.** CPC/1973, art. 780. *"Art. 780. No prazo estabelecido no artigo antecedente, qualquer credor poderá opor-se ao pedido, alegando que: I – não transcorreram 5 (cinco) anos da data do encerramento da insolvência; II – o devedor adquiriu bens, sujeitos à arrecadação (art. 776)."*

**36.** CPC/1973, art. 781. *"Art. 781. Ouvido o devedor no prazo de 10 (dez) dias, o juiz proferirá sentença; havendo provas a produzir, o juiz designará audiência de instrução e julgamento."*

**37.** CPC/1973, art. 782. *"Art. 782. A sentença, que declarar extintas as obrigações, será publicada*

1713

por edital, ficando o devedor habilitado a praticar todos os atos da vida civil."

**38.** CPC/1973, art. 783. "*Art. 783. O devedor insolvente poderá, depois da aprovação do quadro a que se refere o art. 769, acordar com os seus credores, propondo-lhes a forma de pagamento. Ouvidos os credores, se não houver oposição, o juiz aprovará a proposta por sentença.*"

**39.** CPC/1973, art. 784. "*Art. 784. Ao credor retardatário é assegurado o direito de disputar, por ação direta, antes do rateio final, a prelação ou a cota proporcional ao seu crédito.*"

**40.** CPC/1973, art. 785. "*Art. 785. O devedor, que caiu em estado de insolvência sem culpa sua, pode requerer ao juiz, se a massa o comportar, que lhe arbitre uma pensão, até a alienação dos bens. Ouvidos os credores, o juiz decidirá.*"

**41.** CPC/1973, art. 786. "*Art. 786. As disposições deste Título aplicam-se às sociedades civis, qualquer que seja a sua forma.*"

**42.** CPC/1973, art. 786-A. "*Art. 786-A. Os editais referidos neste Título também serão publicados, quando for o caso, nos órgãos oficiais dos Estados em que o devedor tenha filiais ou representantes.*"

**43.** CC, art. 965. "*Art. 965. Goza de privilégio geral, na ordem seguinte, sobre os bens do devedor: I – o crédito por despesa de seu funeral, feito segundo a condição do morto e o costume do lugar; II – o crédito por custas judiciais, ou por despesas com a arrecadação e liquidação da massa; III – o crédito por despesas com o luto do cônjuge sobrevivo e dos filhos do devedor falecido, se foram moderadas; IV – o crédito por despesas com a doença de que faleceu o devedor, no semestre anterior à sua morte; V – o crédito pelos gastos necessários à mantença do devedor falecido e sua família, no trimestre anterior ao falecimento; VI – o crédito pelos impostos devidos à Fazenda Pública, no ano corrente e no anterior; VII – o crédito pelos salários dos empregados do serviço doméstico do devedor, nos seus derradeiros seis meses de vida; VIII – os demais créditos de privilégio geral.*"

**44.** CDC, art. 104-A. "*Art. 104-A. A requerimento do consumidor superendividado pessoa natural, o juiz poderá instaurar processo de repactuação de dívidas, com vistas à realização de audiência conciliatória, presidida por ele ou por conciliador credenciado no juízo, com a presença de todos os credores de dívidas previstas no art. 54-A deste Código, na qual o consumidor apresentará proposta de plano de pagamento com prazo máximo de 5 (cinco) anos, preservados o mínimo existencial, nos termos da regulamen-*tação, e as garantias e as formas de pagamento originalmente pactuadas. § 1º Excluem-se do processo de repactuação as dívidas, ainda que decorrentes de relações de consumo, oriundas de contratos celebrados dolosamente sem o propósito de realizar pagamento, bem como as dívidas provenientes de contratos de crédito com garantia real, de financiamentos imobiliários e de crédito rural. § 2º O não comparecimento injustificado de qualquer credor, ou de seu procurador com poderes especiais e plenos para transigir, à audiência de conciliação de que trata o caput deste artigo acarretará a suspensão da exigibilidade do débito e a interrupção dos encargos da mora, bem como a sujeição compulsória ao plano de pagamento da dívida se o montante devido ao credor ausente for certo e conhecido pelo consumidor, devendo o pagamento a esse credor ser estipulado para ocorrer apenas após o pagamento aos credores presentes à audiência conciliatória. § 3º No caso de conciliação, com qualquer credor, a sentença judicial que homologar o acordo descreverá o plano de pagamento da dívida e terá eficácia de título executivo e força de coisa julgada. § 4º Constarão do plano de pagamento referido no § 3º deste artigo: I – medidas de dilação dos prazos de pagamento e de redução dos encargos da dívida ou da remuneração do fornecedor, entre outras destinadas a facilitar o pagamento da dívida; II – referência à suspensão ou à extinção das ações judiciais em curso; III – data a partir da qual será providenciada a exclusão do consumidor de bancos de dados e de cadastros de inadimplentes; IV – condicionamento de seus efeitos à abstenção, pelo consumidor, de condutas que importem no agravamento de sua situação de superendividamento. § 5º O pedido do consumidor a que se refere o caput deste artigo não importará em declaração de insolvência civil e poderá ser repetido somente após decorrido o prazo de 2 (dois) anos, contado da liquidação das obrigações previstas no plano de pagamento homologado, sem prejuízo de eventual repactuação.*"

**45.** CDC, art. 104-B. "*Art. 104-B. Se não houver êxito na conciliação em relação a quaisquer credores, o juiz, a pedido do consumidor, instaurará processo por superendividamento para revisão e integração dos contratos e repactuação das dívidas remanescentes mediante plano judicial compulsório e procederá à citação de todos os credores cujos créditos não tenham integrado o acordo porventura celebrado. § 1º Serão considerados no processo por superendividamento, se for o caso, os documentos e as informações prestadas em audiência. § 2º No prazo de 15*

**LIVRO COMPLEMENTAR · DISPOSIÇÕES FINAIS E TRANSITÓRIAS** **Art. 1.052**

(quinze) dias, os credores citados juntarão documentos e as razões da negativa de aceder ao plano voluntário ou de renegociar. § 3º O juiz poderá nomear administrador, desde que isso não onere as partes, o qual, no prazo de até 30 (trinta) dias, após cumpridas as diligências eventualmente necessárias, apresentará plano de pagamento que contemple medidas de temporização ou de atenuação dos encargos. § 4º O plano judicial compulsório assegurará aos credores, no mínimo, o valor do principal devido, corrigido monetariamente por índices oficiais de preço, e preverá a liquidação total da dívida, após a quitação do plano de pagamento consensual previsto no art. 104-A deste Código, em, no máximo, 5 (cinco) anos, sendo que a primeira parcela será devida no prazo máximo de 180 (cento e oitenta) dias, contado de sua homologação judicial, e o restante do saldo será devido em parcelas mensais iguais e sucessivas.

**46. CDC, art. 104-C.** "*Art. 104-C. Compete concorrente e facultativamente aos órgãos públicos integrantes do Sistema Nacional de Defesa do Consumidor a fase conciliatória e preventiva do processo de repactuação de dívidas, nos moldes do art. 104-A deste Código, no que couber, com possibilidade de o processo ser regulado por convênios específicos celebrados entre os referidos órgãos e as instituições credoras ou suas associações. § 1º Em caso de conciliação administrativa para prevenir o superendividamento do consumidor pessoa natural, os órgãos públicos poderão promover, nas reclamações individuais, audiência global de conciliação com todos os credores e, em todos os casos, facilitar a elaboração de plano de pagamento, preservado o mínimo existencial, nos termos da regulamentação, sob a supervisão desses órgãos, sem prejuízo das demais atividades de reeducação financeira cabíveis. § 2º O acordo firmado perante os órgãos públicos de defesa do consumidor, em caso de superendividamento do consumidor pessoa natural, incluirá a data a partir da qual será providenciada a exclusão do consumidor de bancos de dados e de cadastros de inadimplentes, bem como o condicionamento de seus efeitos à abstenção, pelo consumidor, de condutas que importem no agravamento de sua situação de superendividamento, especialmente a de contrair novas dívidas.*"

**47. EOAB, art. 24.** "*Art. 24. A decisão judicial que fixar ou arbitrar honorários e o contrato escrito que os estipular são títulos executivos e constituem crédito privilegiado na falência, concordata, concurso de credores, insolvência civil e liquidação extrajudicial.*"

**48. CLT, art. 449.** "*Art. 449. Os direitos oriundos da existência do contrato de trabalho subsistirão em caso de falência, concordata ou dissolução da empresa. § 1º Na falência constituirão créditos privilegiados a totalidade dos salários devidos ao empregado e a totalidade das indenizações a que tiver direito. § 2º Havendo concordata na falência, será facultado aos contratantes tornar sem efeito a rescisão do contrato de trabalho e consequente indenização, desde que o empregador pague, no mínimo, a metade dos salários que seriam devidos ao empregado durante o interregno.*"

**49. Lei 6.766/1979, art. 30.** "*Art. 30. A sentença declaratória de falência ou da insolvência de qualquer das partes não rescindirá os contratos de compromisso de compra e venda ou de promessa de cessão que tenham por objeto a área loteada ou lotes da mesma. Se a falência ou insolvência for do proprietário da área loteada ou do titular de direito sobre ela, incumbirá ao síndico ou ao administrador dar cumprimento aos referidos contratos; se do adquirente do lote, seus direitos serão levados à praça.*"

**50. Decreto 11.150/2022, art. 6º.** "*Art. 6º No âmbito da conciliação administrativa ou judicial das situações de superendividamento em dívidas de consumo, a repactuação preservará as garantias e as formas de pagamento originariamente pactuadas, nos termos do disposto no caput do art. 104-A da Lei nº 8.078, de 1990. Parágrafo único. Excluem-se do processo de repactuação de que trata o caput: I – as dívidas oriundas de contratos celebrados dolosamente sem o propósito de realizar pagamento, ainda que decorrentes de relações de consumo; e II – as dívidas provenientes de contratos de crédito com garantia real, de financiamentos imobiliários e de crédito rural.*"

**51. Decreto 11.150/2022, art. 7º.** "*O disposto neste Decreto não se aplica para fins de concessão de benefícios da assistência social.*"

### ⚖ JURISPRUDÊNCIA, ENUNCIADOS E SÚMULAS SELECIONADOS

- **52. Súmula STJ, 480.** "*O juízo da recuperação judicial não é competente para decidir sobre a constrição de bens não abrangidos pelo plano de recuperação da empresa.*"
- **53. Súmula STJ, 581.** "*A recuperação judicial do devedor principal não impede o prosseguimento das ações e execuções ajuizadas contra terceiros devedores solidários ou coobrigados em geral, por garantia cambial, real ou fidejussória.*"

# Art. 1.053

## ☰ COMENTÁRIOS TEMÁTICOS

**54. Insolvência civil e manutenção do CPC/1973.** O CPC/2015 manteve em vigor a execução contra devedor insolvente do CPC/1973 até a edição de lei específica que passe a regular o tema. O CPC/1973 regulava, nos seus arts. 748 a 786-A, a execução por quantia certa contra devedor insolvente, também conhecida como ação de insolvência civil, cujo principal intuito é realizar o ativo de devedor *não empresário*, em estado de insolvência, e rateá-lo entre todos os seus credores.

**55. Regra da *par conditio creditorum*.** A insolvência civil consiste numa execução, por meio da qual se busca todo o ativo do devedor suscetível de penhora, a fim de pagar a totalidade de seus credores. O procedimento funda-se na regra da *par conditio creditorium*, ou seja, no tratamento igualitário dos credores perante os ativos do devedor. A regra aplica-se apenas aos credores quirografários, que não contam com garantias reais ou privilégios legais, garantindo-lhes a participação igualitária e equânime no rateio do patrimônio (deficitário) do devedor.

**56. Devedor não empresário.** A insolvência civil é procedimento destinado a executar o devedor insolvente não empresário, que não exerce atividade empresarial ou econômica organizada.

**57. Falência.** Para o devedor empresário ou para as sociedades empresárias, não se aplica o procedimento da insolvência civil, mas o da falência, regulado pela Lei 11.101/2005.

**58. Procedimento.** Os arts. 748 a 786-A do CPC/1973 regulam o procedimento destinado a executar, coletivamente, os ativos do devedor civil insolvente, no intuito de adimplir o maior número possível de credores, respeitada a ordem de preferências. Tal procedimento não foi alterado pelo CPC/2015, porque o tema encontra-se, atualmente, relacionado com o direito do consumidor.

**59. Superendividamento de consumidores.** A grande maioria das pessoas insolventes, que se submetem à ação de insolvência, são consumidores atingidos pelo superendividamento; são pessoas cujo patrimônio deixou de ser suficiente para saldar suas dívidas, em virtude do exagero de consumismo, merecendo proteção legal pelas normas consumeristas. A propósito, devem ser aplicadas as regras do CDC e do Decreto 11.150/2022, que regulam o superendividamento dos consumidores.

---

**Art. 1.053.** Os atos processuais praticados por meio eletrônico até a transição definitiva para certificação digital ficam convalidados, ainda que não tenham observado os requisitos mínimos estabelecidos por este Código, desde que tenham atingido sua finalidade e não tenha havido prejuízo à defesa de qualquer das partes.

▶ **I. Sem correspondência no CPC/1973.**

## ☰ COMENTÁRIOS TEMÁTICOS

**2. Prática eletrônica "na forma da lei".** A prática eletrônica dos atos processuais há de ser feita na forma da lei. A informatização do processo judicial já está regulada pela Lei 11.419/2006, cujos dispositivos devem ser aplicados conjuntamente às normas contidas no Código de Processo Civil.

**3. Autos do processo.** Os *autos* podem ser total ou parcialmente digitais, permitindo que abranjam tanto *atos* representados por papel como atos representados por arquivos digitais.

**4. Atos processuais total ou parcialmente eletrônicos.** O processo pode ser todo eletrônico ou pode tramitar em autos de papel, tendo neles a prática de alguns atos eletrônicos, como intimações e demais comunicações processuais, por exemplo. A prática eletrônica de atos processuais não existe apenas no processo eletrônico. É possível, num processo não eletrônico, a prática de processuais eletrônicos. A Lei 11.419/2006 já previa as intimações eletrônicas, que podem ser realizadas em processos eletrônicos ou não. Seu art. 8º já estabelecia que os autos podem ser, total ou parcialmente, eletrônicos. A prática eletrônica de atos processuais deve ser feita, preferencialmente, pela rede mundial de computadores – Internet.

**5. Normas sobre atos eletrônicos.** Os atos processuais eletrônicos devem ser praticados com a devida certificação digital e observar normas fundamentais previstas na legislação própria, entre as quais as mencionadas nos arts. 194 e 195.

**6. Convalidação de atos.** Os atos que não tenham observado os requisitos estabelecidos no CPC ficam convalidados, desde que tenham atingido sua finalidade e não tenham causado prejuízo à defesa de qualquer das partes. A previsão do art. 1.053 confirma o regime de invalidades do CPC, que estabelece a desnecessidade de invalidação de atos que atinjam sua finalidade (art. 277) e não causem prejuízo à defesa (art. 283).

LIVRO COMPLEMENTAR · DISPOSIÇÕES FINAIS E TRANSITÓRIAS **Art. 1.054**

> **Art. 1.054.** O disposto no art. 503, § 1º, somente se aplica aos processos iniciados após a vigência deste Código, aplicando-se aos anteriores o disposto nos arts. 5º, 325 e 470 da Lei nº 5.869, de 11 de janeiro de 1973.

▶ **1. Sem correspondência no CPC/1973.**

## 🔖 Legislação Correlata

**2. CPC/1973, art. 5º.** *"Art. 5º Se, no curso do processo, se tornar litigiosa relação jurídica de cuja existência ou inexistência depender o julgamento da lide, qualquer das partes poderá requerer que o juiz a declare por sentença."*

**3. CPC/1973, art. 325.** *"Art. 325. Contestando o réu o direito que constitui fundamento do pedido, o autor poderá requerer, no prazo de 10 (dez) dias, que sobre ele o juiz profira sentença incidente, se da declaração da existência ou da inexistência do direito depender, no todo ou em parte, o julgamento da lide (art. 5º)."*

**4. CPC/1973, art. 470.** *"Art. 470. Faz, todavia, coisa julgada a resolução da questão prejudicial, se a parte o requerer (arts. 5º e 325), o juiz for competente em razão da matéria e constituir pressuposto necessário para o julgamento da lide."*

## ⚖ Jurisprudência, Enunciados e Súmulas Selecionados

- **5. Enunciado 367 do FPPC.** *"Para fins de interpretação do art. 1.054, entende-se como início do processo a data do protocolo da petição inicial."*

## 📖 Comentários Temáticos

**6. Limites objetivos da coisa julgada no CPC/1973.** No sistema do CPC/1973, a coisa julgada somente alcançava a questão principal, não atingindo a questão prejudicial, decidida incidentemente. A questão prejudicial pode ser principal ou incidental. A questão prejudicial é principal quando compõe o próprio pedido da parte. Assim, por exemplo, se a parte pede reconhecimento da paternidade e alimentos, o reconhecimento da paternidade é questão prejudicial principal, sendo alcançada, no regime do CPC/1973, pela coisa julgada. Se, porém, a paternidade, para manter o mesmo exemplo, funciona como fundamento para o pedido de alimentos, tem-se aí uma questão prejudicial incidental. Nesse caso, não haveria, no regime do CPC/1973, coisa julgada (CPC/1973, art. 469, III). Para que houvesse, no CPC/1973, coisa jul-

gada sobre a questão prejudicial, esta deveria ser principal, e não incidental. Se a questão prejudicial fosse incidental, não haveria coisa julgada sobre ela (CPC/1973, art. 469, III). Era possível, porém, transformar a questão prejudicial de incidental para principal, a fim de que sobre ela pudesse incidir a coisa julgada. Essa transformação da questão prejudicial incidental em questão prejudicial principal era feita pelo ajuizamento da ação declaratória incidental (CPC/1973, art. 470), podendo qualquer das partes ajuizá-la (CPC/1973, art. 5º). Apresentada contestação, ao autor cabia propô-la no prazo de 10 (dez) dias (CPC/1973, art. 325), sendo franqueada ao réu a possibilidade de ajuizá-la por meio de reconvenção.

**7. Duplo regime de coisa julgada no CPC/2015.** A coisa julgada, no regime do CPC/2015, recai sobre a questão principal expressamente decidida (CPC, art. 503). A coisa julgada, no CPC de 1973, não recaía sobre a questão prejudicial decidida incidentemente no processo (CPC/1973, art. 469, III). O CPC/2015, por sua vez, no § 1º de seu art. 503, estende a coisa julgada à solução da questão prejudicial incidental. Há a possibilidade de a coisa julgada abranger questão resolvida na *fundamentação* da decisão. A coisa julgada pode estender-se, à solução da questão prejudicial incidental que tenha sido *expressamente* decidida na fundamentação da sentença. Para isso, é preciso que se preencham os requisitos previstos nos §§ 1º e 2º do art. 503. O CPC/2015 instituiu dois regimes jurídicos de coisa julgada: a) o regime comum, aplicável à coisa julgada relativa às questões principais; b) o regime especial, aplicável à coisa julgada das questões prejudiciais incidentais. O regime diferenciado caracteriza-se pela exigência de preenchimento de alguns pressupostos específicos, previstos nos §§ do art. 503 do CPC.

**8. A previsão do art. 1.054.** O art. 503, § 1º, do atual CPC até que poderia ter aplicação aos processos em curso. O CPC/2015 resolveu, porém, adotar, no tocante à coisa julgada sobre as questões prejudicais decididas incidentemente, o sistema da *unidade processual,* restringindo a aplicação da nova regra apenas a processos futuros, instaurados depois de seu início de vigência. A solução adotada revela-se prudente, evitando questionamentos a respeito da surpresa na adoção de novo regime de coisa julgada para questões prejudiciais decididas incidentemente no processo em curso. Também se evitam, com a adoção da regra prevista no art. 1.054, questionamentos sobre a efetividade e profundidade do contraditório exercido sem a ciência prévia das partes quanto à repercussão do julgamento e

# Art. 1.055

**CÓDIGO DE PROCESSO CIVIL COMENTADO –** *Leonardo Carneiro da Cunha*

da coisa julgada em questão prejudicial decidida incidentemente. Não há mais, no atual Código, ação declaratória incidental proposta pelo autor. A este cabe ou formular o pedido expresso (para que se produza a coisa julgada sobre a questão prejudicial principal – art. 503, *caput*) ou estimular o contraditório prévio e efetivo (para que se produza a coisa julgada sobre a questão prejudicial incidental – art. 503, §§ 1º e 2º). A ação declaratória incidental persiste, porém, em duas hipóteses: (a) o réu pode ajuizá-la mediante reconvenção; (b) qualquer das partes pode ajuizá-la no caso de falsidade de documento (CPC, art. 430, parágrafo único). As novas regras, advindas com o CPC/2015, somente se aplicam aos processos instaurados a partir do início de sua vigência. Aos processos em curso, já instaurados antes, aplica-se o regime do CPC/1973. Assim, se o processo fora instaurado ainda sob a vigência do Código revogado, aplicam-se-lhe os seus arts. 5º, 325 e 470, de modo que não haverá coisa julgada sobre a questão prejudicial decidida incidentemente no processo. Para que se produza a coisa julgada, será necessário transformá-la em questão principal, com o ajuizamento de ação declaratória incidental.

---

## Art. 1.055. (Vetado)

▶ **1. Correspondência no CPC/1973.** *"Art. 285-B (...) § 2º O devedor ou arrendatário não se exime da obrigação de pagamento dos tributos, multas e taxas incidentes sobre os bens vinculados e de outros encargos previstos em contrato, exceto se a obrigação de pagar não for de sua responsabilidade, conforme contrato, ou for objeto de suspensão em medida liminar, em medida cautelar ou antecipação dos efeitos da tutela."*

### ▣ COMENTÁRIOS TEMÁTICOS

**2. Teor do dispositivo vetado.** *"Art. 1.055. O devedor ou arrendatário não se exime da obrigação de pagamento dos tributos, das multas e das taxas incidentes sobre os bens vinculados e de outros encargos previstos em contrato, exceto se a obrigação de pagar não for de sua responsabilidade, conforme contrato, ou for objeto de suspensão em tutela provisória".*

**3. Razões de veto.** *"Ao converter em artigo autônomo o § 2º do art. 285-B do Código de Processo Civil de 1973, as hipóteses de sua aplicação, hoje restritas, ficariam imprecisas e ensejariam interpretações equivocadas, tais como possibilitar a transferência de responsabilidade tributária por meio de contrato."*

---

**Art. 1.056.** Considerar-se-á como termo inicial do prazo da prescrição prevista no art. 924, inciso V, inclusive para as execuções em curso, a data de vigência deste Código.

▶ **1. Sem correspondência no CPC/1973.**

### ▣ LEGISLAÇÃO CORRELATA

**2. Lei 6.830/1980, art. 40.** *"Art. 40. O Juiz suspenderá o curso da execução, enquanto não for localizado o devedor ou encontrados bens sobre os quais possa recair a penhora, e, nesses casos, não correrá o prazo de prescrição. § 1º Suspenso o curso da execução, será aberta vista dos autos ao representante judicial da Fazenda Pública. § 2º Decorrido o prazo máximo de 1 (um) ano, sem que seja localizado o devedor ou encontrados bens penhoráveis, o Juiz ordenará o arquivamento dos autos. § 3º Encontrados que sejam, a qualquer tempo, o devedor ou os bens, serão desarquivados os autos para prosseguimento da execução. § 4º Se da decisão que ordenar o arquivamento tiver decorrido o prazo prescricional, o juiz, depois de ouvida a Fazenda Pública, poderá, de ofício, reconhecer a prescrição intercorrente e decretá-la de imediato. § 5º A manifestação prévia da Fazenda Pública prevista no § 4º deste artigo será dispensada no caso de cobranças judiciais cujo valor seja inferior ao mínimo fixado por ato do Ministro de Estado da Fazenda."*

### ⚖ JURISPRUDÊNCIA, ENUNCIADOS E SÚMULAS SELECIONADOS

● **3. Tema/IAC 1 STJ.** *"1.1. Incide a prescrição intercorrente, nas causas regidas pelo CPC/1973, quando o exequente permanece inerte por prazo superior ao de prescrição do direito material vindicado, conforme interpretação extraída do art. 202, parágrafo único, do Código Civil de 2002. 1.2. O termo inicial do prazo prescricional, na vigência do CPC/1973, conta-se do fim do prazo judicial de suspensão do processo ou, inexistindo prazo fixado, do transcurso de 1 (um) ano (aplicação analógica do art. 40, § 2º, da Lei 6.830/1980). 1.3. O termo inicial do art. 1.056 do CPC/2015 tem incidência apenas nas hipóteses em que o processo se encontrava suspenso na data da entrada em vigor da novel lei processual, uma vez que não se pode extrair interpretação que viabilize o reinício ou a reabertura de prazo prescricional ocorridos na vigência do revogado CPC/1973 (aplicação irretroativa da norma processual). 1.4. O contraditório é princípio que deve ser respeitado em todas as manifestações do Poder*

**LIVRO COMPLEMENTAR · DISPOSIÇÕES FINAIS E TRANSITÓRIAS** **Art. 1.057**

*Judiciário, que deve zelar pela sua observância, inclusive nas hipóteses de declaração de ofício da prescrição intercorrente, devendo o credor ser previamente intimado para opor algum fato impeditivo à incidência da prescrição."*

### 📖 COMENTÁRIOS TEMÁTICOS

**4. Incidência do art. 1.056.** Ao interpretar o art. 1.056, o STJ, no item 1.3 da tese fixada no IAC 1, concluiu que a data de vigência do atual CPC somente é aplicável aos processos em curso nos quais o prazo prescricional ainda não tenha iniciado, por não haver fundamentação legal que ampare o reinício de sua contagem. O art. 1.056 somente incide nos casos em que não se tenha ainda iniciado o prazo de 1 ano de suspensão do processo.

**5. Termo inicial do prazo de prescrição intercorrente nos processos anteriores ao CPC/2015.** *"Conforme consolidado pela 2ª Seção do STJ no IAC no REsp 1.604.412/SC – com a ressalva do entendimento pessoal desta Relatora quanto ao tema -, incide a prescrição intercorrente, nos processos regidos pelo CPC/1973, quando o exequente permanece inerte por prazo superior ao de prescrição do direito vindicado. 3. O termo inicial do prazo prescricional, na vigência do CPC/1973, conta-se do fim do prazo judicial de suspensão do processo ou, inexistindo prazo fixado, do transcurso de 1 (um) ano (aplicação analógica do art. 40, § 2º, da Lei 6.830/1980)"* (STJ, 3ª Turma, AgInt no AREsp 1.791.790/SP, rel. Min. Nancy Andrighi, *DJe* 19.8.2021).

**6. Contagem da prescrição intercorrente e seu termo inicial.** *"Incide a prescrição intercorrente, nas causas regidas pelo CPC/1973, quando o exequente permanece inerte por prazo superior ao de prescrição do direito material vindicado, conforme interpretação extraída do art. 202, parágrafo único, do Código Civil de 2002, sendo que: a) O termo inicial do prazo prescricional, na vigência do CPC/1973, conta-se do fim do prazo judicial de suspensão do processo ou, inexistindo prazo fixado, do transcurso de um ano (aplicação analógica do art. 40, § 2º, da Lei 6.830/1980); b) O termo inicial do art. 1.056 do CPC/2015 tem incidência apenas nas hipóteses em que o processo se encontrava suspenso na data da entrada em vigor da novel lei processual, uma vez que não se pode extrair interpretação que viabilize o reinício ou a reabertura de prazo prescricional ocorridos na vigência do revogado CPC/1973 (aplicação irretroativa da norma processual)"* (STJ, 4ª Turma, AgInt no REsp 1.475.013/SP, rel. Min. Maria Isabel Gallotti, *DJe* 29.10.2020).

---

**Art. 1.057.** O disposto no art. 525, §§ 14 e 15, e no art. 535, §§ 7º e 8º, aplica-se às decisões transitadas em julgado após a entrada em vigor deste Código, e, às decisões transitadas em julgado anteriormente, aplica-se o disposto no art. 475-L, § 1º, e no art. 741, parágrafo único, da Lei nº 5.869, de 11 de janeiro de 1973.

▶ **1. Sem correspondência no CPC/1973.**

### 📖 LEGISLAÇÃO CORRELATA

**2. CPC/1973, art. 475-L.** *"Art. 475-L. A impugnação somente poderá versar sobre: I – falta ou nulidade da citação, se o processo correu à revelia; II – inexigibilidade do título; III – penhora incorreta ou avaliação errônea; IV – ilegitimidade das partes; V – excesso de execução; VI – qualquer causa impeditiva, modificativa ou extintiva da obrigação, como pagamento, novação, compensação, transação ou prescrição, desde que superveniente à sentença. § 1º Para efeito do disposto no inciso II do caput deste artigo, considera-se também inexigível o título judicial fundado em lei ou ato normativo declarados inconstitucionais pelo Supremo Tribunal Federal, ou fundado em aplicação ou interpretação da lei ou ato normativo tidas pelo Supremo Tribunal Federal como incompatíveis com a Constituição Federal. § 2º Quando o executado alegar que o exequente, em excesso de execução, pleiteia quantia superior à resultante da sentença, cumprir-lhe-á declarar de imediato o valor que entende correto, sob pena de rejeição liminar dessa impugnação."*

**3. CPC/1973, art. 741.** *"Art. 741. Na execução contra a Fazenda Pública, os embargos só poderão versar sobre: I – falta ou nulidade da citação, se o processo correu à revelia; II – inexigibilidade do título; III – ilegitimidade das partes; IV – cumulação indevida de execuções; V – excesso de execução; VI – qualquer causa impeditiva, modificativa ou extintiva da obrigação, como pagamento, novação, compensação, transação ou prescrição, desde que superveniente à sentença; VII – incompetência do juízo da execução, bem como suspeição ou impedimento do juiz. Parágrafo único. Para efeito do disposto no inciso II do caput deste artigo, considera-se também inexigível o título judicial fundado em lei ou ato normativo declarados inconstitucionais pelo Supremo Tribunal Federal, ou fundado em aplicação ou interpretação da lei ou ato normativo tidas pelo Supremo Tribunal Federal como incompatíveis com a Constituição Federal."*

# Art. 1.057

## ⚖ JURISPRUDÊNCIA, ENUNCIADOS E SÚMULAS SELECIONADOS

- **4. Enunciado 341 do FPPC.** *"O prazo para ajuizamento de ação rescisória é estabelecido pela data do trânsito em julgado da decisão rescindenda, de modo que não se aplicam as regras dos §§ 2º e 3º do art. 975 da CPC à coisa julgada constituída antes de sua vigência."*

## 📖 COMENTÁRIOS TEMÁTICOS

**5. Meios de impugnação à coisa julgada.** A coisa julgada, no direito brasileiro, pode ser impugnada, basicamente, por 3 meios: *(a)* a ação rescisória (que é o meio mais comum e amplo); *(b)* a *querela nullitatis* (art. 525, § 1º, I; art. 535, I); e, *(c)* a impugnação de decisão judicial prevista no § 12 do art. 525 e no § 5º do art. 535.

**6. Direito intertemporal e ação rescisória.** A possibilidade de rescindir decisão rege-se pela lei vigente ao tempo de seu trânsito em julgado. É com o trânsito em julgado que nasce o direito à rescisão e, consequentemente, à pretensão e à ação de rescisão de decisão judicial.

**7. Marco temporal para regras sobre ação rescisória.** *"O Superior Tribunal de Justiça já se manifestou que, nas ações rescisórias, 'o marco temporal – para a incidência das regras de direito processual –, deve ser a data do trânsito em julgado da decisão rescindenda, momento em que se inicia a repercussão dos efeitos processuais da pretensão à rescisão do julgado, como sói o prazo e os pressupostos para o seu ajuizamento' (AR 5.931/SP, Relator Ministro Paulo de Tarso Sanseverino – Ratificação de voto; Segunda Seção, DJe 21.06.2018). 2. No julgamento do REsp 1.112.864/MG, submetido ao rito do art. 543-C do CPC/1973, esta Corte de Justiça firmou a compreensão de que o termo a quo para o ajuizamento da ação rescisória coincide com a data do trânsito em julgado da decisão rescindenda, que, por sua vez, dá-se no dia imediatamente subsequente ao último dia do prazo para o recurso em tese cabível (Súmula 401 do STJ). 3. Não se aplica à espécie o disposto no art. 535, III, §§ 5º e 8º, do CPC/2015, que excepciona o termo inicial da contagem do prazo da ação rescisória ao trânsito em julgado da decisão proferida pelo Supremo Tribunal Federal em controle de constitucionalidade concentrado ou difuso, em face do disposto no art. 1.057 do Novo Estatuto Processual. 4. Hipótese em que o aresto rescindendo transitou em julgado em 04.01.2012, na vigência do CPC/1973, tendo sido a presente ação rescisória protocolada em 24.05.2019, quando já superado* havia muito o prazo de 2 (dois) anos previsto no art. 495 do CPC/1973. 5. O reconhecimento da constitucionalidade do art. 15-A do Decreto-lei 3.365/1941, no julgamento do mérito da ADI 2.332/DF (17.05.2018), ocorreu em data posterior ao trânsito em julgado do aresto objeto da presente ação desconstitutiva, quando já exaurido o prazo decadencial para o aviamento desta, não sendo possível a pretendida prorrogação, sob pena de criar grave insegurança jurídica"* (STJ, 1ª Seção, AgInt na AR 6.482/PE, rel. Min. Gurgel de Faria, *DJe* 23.9.2020).

**8. *Decisão do STF posterior à coisa julgada.*** *Se o* STF trata da constitucionalidade da lei ou ato normativo que fundamentou a sentença exequenda *após* o seu trânsito em julgado, cabe ação rescisória (art. 525, § 15; art. 535, § 8º). Se essa desarmonia é *congênita* – a decisão rescindenda transitou em julgado *já* em dissonância com a orientação do STF –, o caso é mais simples e dispensa ação rescisória: a obrigação reconhecida na sentença é considerada inexigível, sendo possível que, em impugnação ao cumprimento de sentença, alegar essa inexigibilidade (art. 525, §§ 12 e 14, e art. 535, §§ 5º e 7º).

**9. *Termo inicial do prazo para a ação rescisória.*** O prazo para o ajuizamento da ação rescisória conta-se a partir do trânsito em julgado da decisão do STF. Há, aqui, uma *regra especial* para o início da contagem do prazo: em vez de começar a fluir da data em que a *decisão rescindenda* transitou em julgado, o prazo começa a correr da data em que a *decisão paradigma* transitou em julgado.

**10. *Modulação dos efeitos da decisão paradigma proferida pelo STF.*** O STF poderá modular os efeitos no tempo da *decisão paradigma*, como forma de concretização do princípio da segurança jurídica (art. 525, § 13, e art. 535, § 6º).

**11. *Direito transitório.*** O CPC/1973 não regulava expressamente essas situações. Limitava-se a dizer que a decisão judicial, nas hipóteses mencionadas, era inexigível e, por isso, poderia ser objeto de impugnação ao cumprimento da sentença (art. 475-L, § 1º, e art. 741, parágrafo único). Não havia previsão expressa da distinção de regramento, em relação ao instrumento de controle da decisão judicial, conforme a decisão do STF tivesse sido anterior ou posterior à coisa julgada. Para essa novidade do atual CPC/2015, há uma regra de direito transitório: o art. 525, §§ 14 e 15, e o art. 535, §§ 7º e 8º, aplicam-se às decisões transitadas em julgado após a entrada em vigor deste Código, e, às decisões transitadas em julgado anteriormente, aplica-se o art. 475-L, § 1º, e no art. 741, parágrafo único, do

**LIVRO COMPLEMENTAR · DISPOSIÇÕES FINAIS E TRANSITÓRIAS**   **Art. 1.058**

CPC/1973. O art. 1.057 do atual CPC apenas se refere aos parágrafos que cuidam do modo de controle da decisão judicial (se por impugnação ou se por ação rescisória); não se refere ao tipo de decisão paradigma (controle de constitucionalidade difuso ou concentrado, § 12, art. 525; § 5º, art. 535) nem à possibilidade de modulação (§ 13, art. 525; § 6º, art. 535). Isso significa que essas duas normas podem aplicar-se mesmo às decisões judiciais que tenham transitado em julgado *antes* da vigência do CPC/2015. Os dispositivos do CPC/1973 se aplicavam apenas aos casos em que a decisão paradigma do STF fosse anterior à coisa julgada; sendo-lhe posterior, o caso seria de ação rescisória. Nesse ponto, o CPC/2015 apenas deixou mais claro o entendimento que já se tinha a respeito do assunto. Seu art. 1.057 não cuida desse ponto, tendo em vista que aqui não há novidade. Se a decisão houver transitado em julgado anteriormente à vigência do CPC/2015 e a decisão paradigma do STF lhe for superveniente, caberá ação rescisória. Mas há, realmente, um ponto em que o CPC/2015 *inova*: o modo de contagem do prazo dessa ação rescisória. Em vez de adotar a regra geral e tradicional de transcurso do prazo a partir do trânsito em julgado da decisão rescindenda, opta-se por uma regra *especial*, em que a fluência do prazo se inicia apenas após o trânsito em julgado da decisão paradigma do STF. Essa regra especial de contagem do prazo para a ação rescisória aplica-se apenas às decisões transitadas em julgado posteriormente ao início da vigência do CPC/2015. É disso que cuida o seu art. 1.057.

**12. Ação rescisória contra decisão transitada em julgado antes do entendimento firmado pelo STF.** *"A sentença do Supremo Tribunal Federal que afirma a constitucionalidade ou a inconstitucionalidade de preceito normativo gera, no plano do ordenamento jurídico, a consequência (= eficácia normativa) de manter ou excluir a referida norma do sistema de direito. 2. Dessa sentença decorre também o efeito vinculante, consistente em atribuir ao julgado uma qualificada força impositiva e obrigatória em relação a supervenientes atos administrativos ou judiciais (= eficácia executiva ou instrumental), que, para viabilizar-se, tem como instrumento próprio, embora não único, o da reclamação prevista no art. 102, I, 'l', da Carta Constitucional. 3. A eficácia executiva, por decorrer da sentença (e não da vigência da norma examinada), tem como termo inicial a data da publicação do acórdão do Supremo no Diário Oficial (art. 28 da Lei 9.868/1999). É, consequentemente, eficácia que atinge atos administrativos e decisões judiciais supervenientes*

*a essa publicação, não os pretéritos, ainda que formados com suporte em norma posteriormente declarada inconstitucional. 4. Afirma-se, portanto, como tese de repercussão geral que a decisão do Supremo Tribunal Federal declarando a constitucionalidade ou a inconstitucionalidade de preceito normativo não produz a automática reforma ou rescisão das sentenças anteriores que tenham adotado entendimento diferente; para que tal ocorra, será indispensável a interposição do recurso próprio ou, se for o caso, a propositura da ação rescisória própria, nos termos do art. 485, V, do CPC, observado o respectivo prazo decadencial (CPC, art. 495). Ressalva-se desse entendimento, quanto à indispensabilidade da ação rescisória, a questão relacionada à execução de efeitos futuros da sentença proferida em caso concreto sobre relações jurídicas de trato continuado. 5. No caso, mais de dois anos se passaram entre o trânsito em julgado da sentença no caso concreto reconhecendo, incidentalmente, a constitucionalidade do artigo 9º da Medida Provisória 2.164-41 (que acrescentou o artigo 29-C na Lei 8.036/1990) e a superveniente decisão do STF que, em controle concentrado, declarou a inconstitucionalidade daquele preceito normativo, a significar, portanto, que aquela sentença é insuscetível de rescisão"* (STF, Pleno, RE 730.462, rel. Min. Teori Zavascki, *DJe* 9.9.2015).

---

**Art. 1.058.** Em todos os casos em que houver recolhimento de importância em dinheiro, esta será depositada em nome da parte ou do interessado, em conta especial movimentada por ordem do juiz, nos termos do art. 840, inciso I.

---

▶ **1. Correspondência no CPC/1973.** *"Art. 1.219. Em todos os casos em que houver recolhimento de importância em dinheiro, esta será depositada em nome da parte ou do interessado, em conta especial movimentada por ordem do juiz."*

🗐 **COMENTÁRIOS TEMÁTICOS**

**2. Penhora e depósito de bens.** A penhora realiza-se com a apreensão e o depósito do bem (art. 839). O depósito é elemento constitutivo da penhora, necessário para que ela produza efeitos. O depósito compõe a penhora, sendo elemento dela integrante.

**3. Depositário.** Apreendido o bem do devedor ou do responsável, haverá seu desapossamento, devendo ser entregue a um depositário. A este caberá guardar o bem, conservá-lo e, se for o caso, administrá-lo até sua expropriação.

# Art. 1.059

**CÓDIGO DE PROCESSO CIVIL COMENTADO** – *Leonardo Carneiro da Cunha*

**4. Escolha do depositário.** O art. 840 estabelece os critérios para a escolha do depositário judicial.

**5. Depósito de dinheiro.** Em todos os casos em que houver recolhimento de importância em dinheiro, esta será depositada em nome da parte ou do interessado, em conta especial movimentada pelo juiz, no Banco do Brasil, na Caixa Econômica Federal ou em banco do qual o Estado ou o Distrito Federal possua mais da metade do capital social integralizado, ou, na falta desses estabelecimentos, em qualquer instituição de crédito designada pelo juiz (arts. 840, I, e 1.058).

> **Art. 1.059.** À tutela provisória requerida contra a Fazenda Pública aplica-se o disposto nos arts. 1º a 4º da Lei nº 8.437, de 30 de junho de 1992, e no art. 7º, § 2º, da Lei nº 12.016, de 7 de agosto de 2009.

▶ **1. Sem correspondência no CPC/1973.**

## 📖 LEGISLAÇÃO CORRELATA

**2. Lei 8.437/1992, art. 1º.** *"Art. 1º Não será cabível medida liminar contra atos do Poder Público, no procedimento cautelar ou em quaisquer outras ações de natureza cautelar ou preventiva, toda vez que providência semelhante não puder ser concedida em ações de mandado de segurança, em virtude de vedação legal. § 1º Não será cabível, no juízo de primeiro grau, medida cautelar inominada ou a sua liminar, quando impugnado ato de autoridade sujeita, na via de mandado de segurança, à competência originária de tribunal. § 2º O disposto no parágrafo anterior não se aplica aos processos de ação popular e de ação civil pública. § 3º Não será cabível medida liminar que esgote, no todo ou em qualquer parte, o objeto da ação. § 4º Nos casos em que cabível medida liminar, sem prejuízo da comunicação ao dirigente do órgão ou entidade, o respectivo representante judicial dela será imediatamente intimado. § 5º Não será cabível medida liminar que defira compensação de créditos tributários ou previdenciários."*

**3. Lei 8.437/1992, art. 2º.** *"Art. 2º No mandado de segurança coletivo e na ação civil pública, a liminar será concedida, quando cabível, após a audiência do representante judicial da pessoa jurídica de direito público, que deverá se pronunciar no prazo de setenta e duas horas."*

**4. Lei 8.437/1992, art. 3º.** *"Art. 3º O recurso voluntário ou ex officio, interposto contra sentença em processo cautelar, proferida contra pessoa jurídica de direito público ou seus agentes, que importe em outorga ou adição de vencimentos ou de reclassificação funcional, terá efeito suspensivo."*

**5. Lei 8.437/1992, art. 4º.** *"Art. 4º Compete ao presidente do tribunal, ao qual couber o conhecimento do respectivo recurso, suspender, em despacho fundamentado, a execução da liminar nas ações movidas contra o Poder Público ou seus agentes, a requerimento do Ministério Público ou da pessoa jurídica de direito público interessada, em caso de manifesto interesse público ou de flagrante ilegitimidade, e para evitar grave lesão à ordem, à saúde, à segurança e à economia públicas. § 1º Aplica-se o disposto neste artigo à sentença proferida em processo de ação cautelar inominada, no processo de ação popular e na ação civil pública, enquanto não transitada em julgado. § 2º O Presidente do Tribunal poderá ouvir o autor e o Ministério Público, em setenta e duas horas. § 3º Do despacho que conceder ou negar a suspensão, caberá agravo, no prazo de cinco dias, que será levado a julgamento na sessão seguinte a sua interposição. § 4º Se do julgamento do agravo de que trata o § 3º resultar a manutenção ou o restabelecimento da decisão que se pretende suspender, caberá novo pedido de suspensão ao Presidente do Tribunal competente para conhecer de eventual recurso especial ou extraordinário. § 5º É cabível também o pedido de suspensão a que se refere o § 4º, quando negado provimento a agravo de instrumento interposto contra a liminar a que se refere este artigo. § 6º A interposição do agravo de instrumento contra liminar concedida nas ações movidas contra o Poder Público e seus agentes não prejudica nem condiciona o julgamento do pedido de suspensão a que se refere este artigo. § 7º O Presidente do Tribunal poderá conferir ao pedido efeito suspensivo liminar, se constatar, em juízo prévio, a plausibilidade do direito invocado e a urgência na concessão da medida. § 8º As liminares cujo objeto seja idêntico poderão ser suspensas em uma única decisão, podendo o Presidente do Tribunal estender os efeitos da suspensão a liminares supervenientes, mediante simples aditamento do pedido original. § 9º A suspensão deferida pelo Presidente do Tribunal vigorará até o trânsito em julgado da decisão de mérito na ação principal."*

**6. Lei 9.494/1997, art. 1º.** *"Art. 1º Aplica-se à tutela antecipada prevista nos arts. 273 e 461 do Código de Processo Civil o disposto nos arts. 5º e seu parágrafo único e 7º da Lei nº 4.348, de 26 de junho de 1964, no art. 1º e seu § 4º da Lei nº 5.021, de 9 de junho de 1966, e nos arts. 1º, 3º e 4º da Lei nº 8.437, de 30 de junho de 1992."*

**LIVRO COMPLEMENTAR · DISPOSIÇÕES FINAIS E TRANSITÓRIAS** **Art. 1.059**

**7.** **Lei 12.016/2009, art. 7º, § 2º.** *"§ 2º Não será concedida medida liminar que tenha por objeto a compensação de créditos tributários, a entrega de mercadorias e bens provenientes do exterior, a reclassificação ou equiparação de servidores públicos e a concessão de aumento ou a extensão de vantagens ou pagamento de qualquer natureza."*

## ⚖ Jurisprudência, Enunciados e Súmulas Selecionados

- **8. ADI 4296.** *"Ação julgada parcialmente procedente, apenas para declarar a inconstitucionalidade dos arts. 7º, § 2º, e 22, § 2º, da Lei 12.016/2009, reconhecendo-se a constitucionalidade dos arts. 1º, § 2º; 7º, III; 23 e 25 dessa mesma lei."*
- **9. Súmula STF, 70.** *"É inadmissível a interdição de estabelecimento como meio coercitivo para cobrança de tributo."*
- **10. Súmula STF, 323.** *"É inadmissível a apreensão de mercadorias como meio coercitivo para pagamento de tributos."*
- **11. Súmula STF, 547.** *"Não é lícito à autoridade proibir que o contribuinte em débito adquira estampilhas, despache mercadorias nas alfândegas e exerça suas atividades profissionais."*
- **12. Enunciado 35 do FPPC.** *"As vedações à concessão de tutela provisória contra a Fazenda Pública limitam-se às tutelas de urgência."*
- **13. Enunciado 13 do FNPP.** *"Aplica-se a sistemática da tutela da evidência ao processo de mandado de segurança, observadas as limitações do art. 1.059 do CPC."*
- **14. Enunciado 14 do FNPP.** *"Não é cabível concessão de tutela provisória de evidência contra a Fazenda Pública nas hipóteses mencionadas no art. 1.059, CPC."*

## 🖵 Comentários Temáticos

**15.** **Tutela de urgência contra a Fazenda Pública.** A tutela de urgência, seja a cautelar, seja a satisfativa, é cabível contra a Fazenda Pública. A legislação veda a tutela de urgência contra a Fazenda Pública em várias hipóteses. Nas hipóteses não alcançadas pelas vedações legais, é plenamente possível a concessão de tutela de urgência contra a Fazenda Pública. Cabível, portanto, com as ressalvas das hipóteses previstas em diversos dispositivos legais, a tutela de urgência contra a Fazenda Pública.

**16.** **Hipóteses vedadas em lei.** A legislação brasileira proíbe a concessão de provimento de urgência contra a Fazenda Pública em alguns casos.

**17.** **Lei do mandado de segurança.** A Lei 12.016/2009, que regulamenta o procedimento do mandado de segurança, veda a concessão de liminar nas hipóteses previstas no § 2º do seu art. 7º, que está assim redigido: "Não será concedida medida liminar que tenha por objeto a compensação de créditos tributários, a entrega de mercadorias e bens provenientes do exterior, a reclassificação ou equiparação de servidores públicos e a concessão de aumento ou a extensão de vantagens ou pagamento de qualquer natureza".

**18.** **ADI 4.296.** Ao julgar a ADI 4.296/DF, o STF proclamou a inconstitucionalidade do § 2º do art. 7º da Lei 12.016/2009, por considerar que *"a cautelaridade do mandado de segurança é ínsita à proteção constitucional ao direito líquido e certo e encontra assento na própria Constituição Federal. Em vista disso, não será possível a edição de lei ou ato normativo que vede a concessão de medida liminar na via mandamental, sob pena de violação à garantia de pleno acesso à jurisdição e à própria defesa do direito líquido e certo protegida pela Constituição. Proibições legais que representam óbices absolutos ao poder geral de cautela"*. Nesses casos, além de não ser possível a concessão da medida liminar, não se possibilitava a execução provisória, devendo-se aguardar o trânsito em julgado da sentença, tendo efeito suspensivo a apelação contra esta interposta, tal como determina o § 3º do art. 14 da mencionada Lei 12.016/2009: "A sentença que conceder o mandado de segurança pode ser executada provisoriamente, salvo nos casos em que for vedada a concessão da medida liminar". Diante da proclamação de inconstitucionalidade pelo STF, ficou sem eficácia a previsão do § 3º do art. 14 da Lei 12.016/2009, já que não há mais vedação à concessão de medida liminar no mandado de segurança. Logo, caberá sempre execução provisória. Todas essas vedações são antigas no ordenamento jurídico brasileiro. A vedação à concessão de liminar que vise à liberação de bens e mercadorias de procedência estrangeira já constava da Lei 2.770/1956. Por sua vez, a restrição à concessão de liminares objetivando a reclassificação ou equiparação de servidores públicos ou à concessão de aumento ou extensão de vantagens estava prevista nas Leis 4.348/1964 e 5.021/1966. Embora esses impedimentos fossem antigos e sua constitucionalidade tivesse sido, sucessivamente, afirmada pelo STF, este, como se viu, resolveu, no julgamento

1723

da ADI 4.296/DF, proclamar a inconstitucionalidade do § 2º do art. 7º da Lei 12.016/2009. Quer isso dizer que não basta ao juiz invocar a vedação e indeferir a liminar. Terá de exercer ônus argumentativo mais forte para afirmar que não há perigo de dano ou que a medida se revela irreversível ou que há perigo de dano inverso para o Poder Público e, então, indeferir a medida. A decisão do STF restringiu-se ao mandado de segurança, afirmando que a proteção constitucional ao direito líquido e certo e a garantia de amplo acesso à justiça justificariam a proclamação da inconstitucionalidade. Essas vedações – consideradas inconstitucionais pelo STF para o mandado de segurança – estão igualmente previstas para as providências liminares concedidas em ações cautelares.

**19. Ações cautelares.** O art. 3º da Lei 8.437/1992 determina, no caso de a cautelar importar em outorga ou adição de vencimentos ou de reclassificação funcional, que o recurso de apelação e, até mesmo, o reexame necessário contenham *efeito suspensivo*, obstando o cumprimento imediato da medida. Também é expressamente vedada, pela Lei 8.437/1992, a concessão de liminares em ações cautelares quando impugnado ato de autoridade sujeita, na via de mandado de segurança, à competência originária de tribunal (art. 1º, § 1º).

**20. Ação popular e ação civil pública.** A restrição contida no § 1º do art. 1º da Lei 8.437/1992 *não* se aplica aos processos de ação popular e de ação civil pública, nos termos do § 2º daquele mesmo art. 1º. Tais ações – que detêm igualmente previsão constitucional – podem provocar a concessão de provimentos liminares ou de urgência, mesmo que o ato impugnado seja de autoridade sujeita, na via de mandado de segurança, à competência originária de tribunal.

**21. Esgotamento do objeto da ação.** De acordo com o § 3º do art. 1º da Lei 8.437/1992, "não será cabível medida liminar que esgote, no todo ou em qualquer parte, o objeto da ação".

**22. Saque ou movimentação do FGTS.** Segundo o disposto no art. 29-B da Lei 8.036/1990, "Não será cabível medida liminar em mandado de segurança, no procedimento cautelar ou em quaisquer outras ações de natureza cautelar ou preventiva, nem a tutela antecipada prevista nos arts. 273 e 461 do Código de Processo Civil que impliquem saque ou movimentação da conta vinculada do trabalhador no FGTS". Tal disposição não teve sua constitucionalidade questionada no STF, nem este proclamou sua inconstitucionalidade.

**23. Compensação de créditos tributários ou previdenciários.** Não é possível medida que defira compensação de créditos tributários ou previdenciários (Lei 8.437/1992, art. 1º, § 5º).

**24. Vedação da tutela de urgência contra a Fazenda Pública.** Não é cabível provimento de urgência contra a Fazenda Pública nos seguintes casos: *(a)* quando tiver por finalidade a reclassificação ou equiparação de servidores públicos, ou a concessão de aumento ou extensão de vantagens, exatamente porque o recurso de apelação e o reexame necessário têm efeito suspensivo (Lei 8.437/1992, art. 3º); *(b)* quando impugnado, na primeira instância, ato de autoridade sujeita, na via do mandado de segurança, à competência originária do tribunal (Lei 8.437/1992, art. 1º, § 1º); *(c)* quando a medida esgotar, no todo ou em parte, o objeto da ação (Lei 8.437/1992, art. 1º, § 3º); *(d)* para compensação de créditos tributários ou previdenciários (Lei 8.437/1992, art. 1º, § 5º); *(e)* para saque ou movimentação da conta vinculada do trabalhador no FGTS (Lei 8.036/1990, art. 29-B). Tais regras são reforçadas pelo art. 2º-B da Lei 9.494/1997: *"Art. 2º-B. A sentença que tenha por objeto a liberação de recurso, inclusão em folha de pagamento, reclassificação, equiparação, concessão de aumento ou extensão de vantagens a servidores da União, dos Estados, do Distrito Federal e dos Municípios, inclusive de suas autarquias e fundações, somente poderá ser executada após seu trânsito em julgado."*

**25. ADC 4.** O STF, ao julgar a ADC 4, afirmou a constitucionalidade do art. 1º da Lei 9.494/1997.

**26. Interpretação restritiva da ADC 4.** Embora tenha reconhecido a constitucionalidade das restrições e vedações à concessão da tutela antecipada contra o Poder Público, o STF confere interpretação restritiva ao referido dispositivo, diminuindo seu âmbito de abrangência para negar reclamações constitucionais em algumas hipóteses em que lhe parece cabível a medida antecipatória, mesmo para determinar o pagamento de soma em dinheiro. Segundo entendimento manifestado pelo STF, é possível a concessão de tutela antecipada para que seja efetuado pagamento de parcela indenizatória (STF, Pleno, Rcl-AgR 5.174/ES, Rel. Min. Cezar Peluso, *DJe* 6.2.2009). Se a tutela antecipada não é concedida para impor pagamento de vantagem, mas tal pagamento será realizado como *consequência* da medida antecipatória, a hipótese não se encaixa na proibição do art. 1º da Lei 9.494/1997, não havendo ofensa à decisão proferida na ADC 4. Assim, por exemplo, é possível a tutela antecipa-

LIVRO COMPLEMENTAR · DISPOSIÇÕES FINAIS E TRANSITÓRIAS

**Art. 1.059**

da para impor a nomeação e a posse de candidato aprovado em concurso público. É verdade que, uma vez empossado, o candidato passa a ostentar a condição de servidor público, vindo a perceber remuneração, com inclusão em folha de pagamento. Como os efeitos financeiros constituem uma consequência *secundária* da decisão, a hipótese não se encaixa nas vedações do art. 1º da Lei 9.494/1997, não arrostando o quanto decidido na ADC 4 (STF, Pleno, Rcl-AgR 5.983/PI, Rel. Min. Cezar Peluso, *DJe* 5.2.2009). Tome-se, ainda, como exemplo a hipótese de tutela antecipada que determine a reintegração de servidor ao seu cargo. Como *consequência* da decisão, haverá inclusão em folha de pessoal, com dispêndio para pagamento de vencimentos futuros. É possível a tutela antecipada, não havendo ofensa à decisão do STF, proferida na ADC 4 (STF, Pleno, Rcl-AgR 6.468/SE, Rel. Min. Cezar Peluso, *DJe* 5.2.2009). De igual modo, a concessão de tutela antecipada para assegurar a nomeação de candidato aprovado em concurso público, sem concessão de efeito financeiro pretérito, não atenta contra a decisão proferida na ADC 4 (STF, Pleno, Rcl 7.402 AgR, Rel. Min. Ricardo Lewandowski, *DJe* 9.2.2011). A decisão concessiva de tutela antecipada *que se apoie em entendimento já consolidado no STF* também não ofende o julgamento da ADC 4. Nesse caso, cumpre privilegiar a uniformidade de entendimento, pondo-se em relevo a autoridade da Suprema Corte e a normatividade do próprio texto constitucional. Se a Corte Suprema já firmou determinada orientação, deve a Administração Pública segui-la. E, se não o fizer, caberá tutela antecipada, mesmo nas hipóteses previstas no art. 1º da Lei 9.494, de 1997, não havendo afronta ao julgado proferido na ADC 4 (STF, Pleno, Rcl-AgR 5.163/CE, Rel. Min. Cezar Peluso, *DJe* 6.2.2009).

**27.** **Conteúdo do art. 1.059.** Todas as vedações aqui mencionadas são reafirmadas no art. 1.059 do CPC, segundo o qual "À tutela provisória requerida contra a Fazenda Pública aplica-se o disposto nos arts. 1º a 4º da Lei nº 8.437, de 30 de junho de 1992, e no art. 7º, § 2º, da Lei nº 12.016, de 7 de agosto de 2009".

**28.** **Constitucionalidade das restrições ou vedações.** Os dispositivos não estão, rigorosamente, a vedar ou restringir a concessão de tutela de urgência: os casos ali previstos retratam, em verdade, hipóteses em que não se fazem presentes os requisitos para a sua concessão, ou porque esta seria irreversível, ou porque ausente o *periculum in mora*. O legislador, em exame prévio, já descartou a possibilidade de concessão do provimento de urgência para situações em que não se revela presente o risco de dano de grave lesão ou de difícil reparação. Se o servidor público, por exemplo, pretende obter vantagem que agregue valores a seus vencimentos, não há, evidentemente, qualquer *periculum in mora*. Os demais casos não são igualmente admitidos, ou porque ausente a situação de perigo, ou porque a medida se revela irreversível. Caso, por exemplo, o servidor público tenha suprimida uma vantagem de sua remuneração, aí caberá a medida de urgência, pois não se trata de *concessão*, mas de *restauração* ou *recomposição* de vantagem, havendo risco de dano irreparável ou de difícil reparação. A vedação para concessão de tutela de urgência destinada à liberação de bens e mercadorias justifica-se, em princípio, pelo risco de irreversibilidade da medida, pois o desembaraço antecipado das mercadorias pode impedir eventual cominação do perdimento. Se, em princípio, houver aparente conduta criminosa ou risco para a população, para o meio ambiente, para a saúde, enfim, para o interesse público, sendo possivelmente irreversível o provimento, há de prevalecer a vedação legal. Diversamente, se não houver nada disso; se, na realidade, a apreensão da mercadoria consistir num meio coercitivo indireto de cobrança de tributo, deve, então, ser possível a concessão da medida liminar. É que, devido um tributo, cabe ao ente fazendário constituir o crédito mediante lançamento tributário e promover a cobrança judicial, servindo-se da execução fiscal, não lhe sendo legítimo impor medidas restritivas ao contribuinte como forma indireta de cobrança, nem apreender bens ou mercadorias. Se, concreta e excepcionalmente, estiver demonstrado pela parte autora o grave risco de dano, deverá, afastando-se a vedação legal, ser concedida a medida, em prol da efetividade e da inafastabilidade da tutela jurisdicional. Não demonstrada a situação de excepcionalidade, impõe-se rejeitar o pedido de concessão de provimento de urgência, mercê das prescrições legais que impedem seu deferimento. Não há inconstitucionalidade na vedação. Nas hipóteses previstas em lei, não é possível, em princípio, haver a tutela de urgência contra a Fazenda Pública. Pode, porém, o juiz, demonstrando fundamentadamente, que a hipótese reclama uma regra de exceção, afastar a norma e conceder a medida. O certo, portanto, é que tais restrições reclamam exegese restritiva, somente sendo vedada a concessão da tutela de urgência nos casos expressamente indicados no dispositivo legal.

1725

**Art. 1.060.** O inciso II do art. 14 da Lei nº 9.289, de 4 de julho de 1996, passa a vigorar com a seguinte redação:

"Art. 14. ................................................................

II – aquele que recorrer da sentença adiantará a outra metade das custas, comprovando o adiantamento no ato de interposição do recurso, sob pena de deserção, observado o disposto nos §§ 1º a 7º do art. 1.007 do Código de Processo Civil;

................................................................" (NR)

▸ **1. Sem correspondência no CPC/1973.**

## ▣ COMENTÁRIOS TEMÁTICOS

**2. Preparo.** O *preparo* consiste no adiantamento das despesas relativas ao processamento do recurso. O preparo há de ser comprovado no momento da sua interposição (art. 1.007) – anexando-se à peça recursal a respectiva guia de recolhimento –, se assim o exigir a legislação pertinente, inclusive quanto ao pagamento do porte de remessa e de retorno.

**3. Deserção.** *Não efetuado o preparo pelo recorrente, ocorre deserção, que é uma* causa objetiva de inadmissibilidade do recurso, sendo desnecessária qualquer indagação quanto à vontade do omisso.

**4. Justiça Federal.** No âmbito da Justiça Federal, a Lei 9.289/1996 previa, em seu art. 14, II, que o preparo haveria de ser comprovado no prazo de 5 dias da interposição do recurso. O art. 1.060 do CPC alterou o dispositivo, para passar a seguir o regramento geral contido no próprio CPC. Assim, não há mais regramento especial sobre o tema no âmbito da Justiça Federal.

**Art. 1.061.** O § 3º do art. 33 da Lei nº 9.307, de 23 de setembro de 1996 (Lei de Arbitragem), passa a vigorar com a seguinte redação:

"Art. 33. ................................................................

................................................................

§ 3º A decretação da nulidade da sentença arbitral também poderá ser requerida na impugnação ao cumprimento da sentença, nos termos dos arts. 525 e seguintes do Código de Processo Civil, se houver execução judicial." (NR)

▸ **1. Sem correspondência no CPC/1973.**

## ▣ COMENTÁRIOS TEMÁTICOS

**2. Alteração legislativa.** O art. 1.061 confere nova redação ao § 3º do art. 33 da Lei 9.307/1996, que dispõe sobre a arbitragem.

**3. Redação originária.** O § 3º do art. 33 da Lei 9.307/1996, em sua redação originária, assim dispunha: "*§ 3º A decretação da nulidade da sentença arbitral também poderá ser arguida mediante ação de embargos do devedor, conforme o art. 741 e seguintes do Código de Processo Civil, se houver execução judicial.*"

**4. Conteúdo da modificação.** No atual CPC, a execução fundada em título judicial processa-se pelo cumprimento de sentença, podendo o executado defender-se por impugnação, e não por embargos à execução. Para ajustar o § 3º do art. 33 da Lei de Arbitragem ao sistema contido no atual CPC, seu texto foi alterado, a fim de substituir a menção a "embargos do devedor", então regulados pelos arts. 741 e seguintes do CPC/1973, para "impugnação ao cumprimento de sentença", disciplinada nos arts. 525 e seguintes do atual CPC.

**5. Sentença arbitral e sua execução.** A sentença arbitral é título executivo judicial (art. 515, VII), podendo lastrear um cumprimento de sentença, para o qual o executado será citado no juízo cível competente (art. 515, § 1º).

**6. Impugnação ao cumprimento de sentença.** No cumprimento de sentença arbitral, o executado defende-se por meio de impugnação (art. 525).

**7. Conteúdo da impugnação ao cumprimento de sentença.** Na impugnação ao cumprimento de sentença, o executado não pode alegar qualquer matéria em sua defesa. O conteúdo da impugnação é limitado, somente podendo ser invocadas as matérias relacionadas no § 1º do art. 525. Apresentada a impugnação, instaura-se atividade cognitiva que permite ampla (mas limitada pelas questões que podem ser alegadas) instrução probatória.

**8. Anulação da sentença arbitral.** A sentença arbitral não pode ter seu mérito reexaminado pelo Judiciário, mas este pode anulá-la nas hipóteses previstas no art. 32 da Lei de Arbitragem. A ação anulatória pode ser proposta no prazo de até 90 dias após o recebimento da notificação da respectiva sentença, parcial ou final, ou da decisão do pedido de esclarecimentos (Lei 9.307/1996, art. 33, § 1º).

**9. Anulação da sentença arbitral por impugnação ao cumprimento de sentença.** Na impugnação ao cumprimento de sentença arbitral, o executado, além das matérias previstas no § 1º do art. 525, pode pleitear a nulidade da sentença, com fundamento numa das matérias contidas no art. 32 da Lei de Arbitragem, desde que não haja transcorrido o prazo de 90 dias previsto no § 1º

**LIVRO COMPLEMENTAR · DISPOSIÇÕES FINAIS E TRANSITÓRIAS** **Art. 1.063**

daquele mesmo art. 32 da Lei de Arbitragem. Se esse prazo decadencial já transcorreu, não há mais, pela impugnação, como invalidar a sentença arbitral. A impugnação, nesse caso, somente poderá versar sobre as matérias do § 1º do art. 525.

**10. Prazo decadencial.** O prazo de 90 dias destina-se ao cumprimento do direito potestativo de invalidação, sem por ação autônoma, seja por impugnação ao cumprimento da sentença arbitral. É por isso que a previsão do uso da impugnação está no § 3º do art. 33 da Lei 9.307/1996. Não fosse assim, ficaria esvaziada a previsão de prazo para a invalidação da sentença arbitral sujeita a cumprimento de sentença.

**11. Submissão da impugnação ao prazo decadencial de 90 dias.** *"A declaração de nulidade da sentença arbitral pode ser pleiteada, judicialmente, por duas vias: (i) ação declaratória de nulidade de sentença arbitral (art. 33, § 1º, da Lei 9.307/1996) ou (ii) impugnação ao cumprimento de sentença arbitral (art. 33, § 3º, da Lei 9.307/1996). 4. Se a declaração de invalidade for requerida por meio de ação própria, há também a imposição de prazo decadencial. Esse prazo, nos termos do art. 33, § 1º, da Lei de Arbitragem, é de 90 (noventa) dias. Sua aplicação, reitera-se, é restrita ao direito de obter a declaração de nulidade devido à ocorrência de qualquer dos vícios taxativamente elencados no art. 32 da referida norma. 5. Assim, embora a nulidade possa ser suscitada em sede de impugnação ao cumprimento de sentença arbitral, se a execução for ajuizada após o decurso do prazo decadencial da ação de nulidade, a defesa da parte executada fica limitada às matérias especificadas pelo art. 525, § 1º, do CPC, sendo vedada a invocação de nulidade da sentença com base nas matérias definidas no art. 32 da Lei 9.307/1996"* (STJ, 3ª Turma, REsp 1.900.136/SP, rel. Min. Nancy Andrighi, DJe 15.4.2021). No mesmo sentido: STJ, 3ª Turma, REsp 1.928.951/TO, rel. Min. Nancy Andrighi, DJe 18.2.2022).

**12. *Querela nullitatis* e não submissão ao prazo de 90 dias.** *"Se a declaração de nulidade com fundamento nas hipóteses taxativas previstas no art. 32 da Lei de Arbitragem for pleiteada por meio de ação própria, impõe-se o respeito ao prazo decadencial de 90 (noventa) dias, contado do recebimento da notificação da respectiva sentença, parcial ou final, ou da decisão do pedido de esclarecimentos. 4. Escoado o prazo de 90 (noventa) dias para o ajuizamento da ação de nulidade, não poderá a parte suscitar as hipóteses de nulidade previstas no art. 32 da Lei de Arbitragem pela via da impugnação, pois o poder formativo já haverá sido fulminado pela decadência. 5. A arguição das matérias defensivas típicas da impugnação*

*ao cumprimento de sentença previstas no § 1º do art. 525 do CPC – entre elas a falta ou nulidade da citação – não se submete ao prazo decadencial de 90 (noventa) dias previsto no § 1º do art. 33 Lei 9.307/1996"* (STJ, 3ª Turma, REsp 2.001.912/GO, rel. Min. Nancy Andrighi, DJe 23.6.2022).

---

**Art. 1.062.** O incidente de desconsideração da personalidade jurídica aplica-se ao processo de competência dos juizados especiais.

▶ **1. Sem correspondência no CPC/1973.**

### 🔟 LEGISLAÇÃO CORRELATA

**2. Lei 9.099/1995, art. 10.** *"Art. 10. Não se admitirá, no processo, qualquer forma de intervenção de terceiro nem de assistência. Admitir-se-á o litisconsórcio."*

### ▣ COMENTÁRIOS TEMÁTICOS

**3. Intervenção de terceiros nos Juizados.** Não se admite qualquer tipo de intervenção de terceiros nos Juizados Especiais, cíveis, federais ou da Fazenda Pública.

**4. Admissibilidade do IDPJ.** Embora não seja possível qualquer tipo de intervenção de terceiros nos Juizados, a desconsideração da personalidade jurídica, a ser proclamada pelo juiz do Juizado, depende da instauração prévia do IDPJ. O IDPJ aplica-se aos Juizados, abrindo-se exceção à regra que veda as intervenções de terceiro em seu âmbito. Somente se proclama a desconsideração da personalidade jurídica pelo respectivo incidente, ainda que se trate de processo que tramite nos Juizados Especiais. É por meio do IDPJ que se garante o contraditório, assegurando-se o devido processo legal.

**5. Regra de exceção.** O art. 1.062 contém uma regra de exceção ao sistema dos juizados especiais. A Lei 9.099/1995, em seu art. 10, contém a regra geral de que não se admite intervenção de terceiros no âmbito dos juizados. Tal regra é excepcionada pelo CPC, que determina ser cabível, nos juizados, o IDPJ. Para que o juiz, no juizado, desconsidere a personalidade jurídica, é preciso que se instaure o incidente respectivo.

---

**Art. 1.063.** Os juizados especiais cíveis previstos na Lei nº 9.099, de 26 de setembro de 1995, continuam competentes para o processamento e julgamento das causas previstas no inciso II do art. 275 da Lei nº 5.869, de 11 de janeiro de 1973.

▶ **1. Sem correspondência no CPC/1973.**

# Art. 1.064

CÓDIGO DE PROCESSO CIVIL COMENTADO – *Leonardo Carneiro da Cunha*

## 🗒 Legislação Correlata

**2. CPC/1973, art. 275.** *"Art. 275. Observar-se-á o procedimento sumário: I – nas causas cujo valor não exceda a 60 (sessenta) vezes o valor do salário mínimo; II – nas causas, qualquer que seja o valor; a) de arrendamento rural e de parceria agrícola; b) de cobrança ao condômino de quaisquer quantias devidas ao condomínio; c) de ressarcimento por danos em prédio urbano ou rústico; d) de ressarcimento por danos causados em acidente de veículo de via terrestre; e) de cobrança de seguro, relativamente aos danos causados em acidente de veículo, ressalvados os casos de processo de execução; f) de cobrança de honorários dos profissionais liberais, ressalvado o disposto em legislação especial; g) que versem sobre revogação de doação; h) nos demais casos previstos em lei. Parágrafo único. Este procedimento não será observado nas ações relativas ao estado e à capacidade das pessoas."*

**3. Lei 9.099/1995, art. 3º, II.** *"Art. 3º O Juizado Especial Cível tem competência para conciliação, processo e julgamento das causas cíveis de menor complexidade, assim consideradas: (...) II – as enumeradas no art. 275, inciso II, do Código de Processo Civil."*

## ⚖ Jurisprudência, Enunciados e Súmulas Selecionados

- **4. Enunciado 9 do FONAJE.** *"O condomínio residencial poderá propor ação no Juizado Especial, nas hipóteses do art. 275, inciso II, item b, do Código de Processo Civil."*
- **5. Enunciado 58 do FONAJE.** *"As causas cíveis enumeradas no art. 275, II, do CPC admitem condenação superior a 40 salários mínimos e sua respectiva execução, no próprio Juizado."*

## 🖥 Comentários Temáticos

**6. Procedimentos no CPC/1973.** No CPC/1973, havia um procedimento *comum*, que se subdividia em *ordinário* e *sumário*. Ao procedimento *comum* contrapunham-se os procedimentos *especiais*, que podiam ser de jurisdição contenciosa ou de jurisdição voluntária.

**7. Procedimento sumário no CPC/1973.** O procedimento sumário, no CPC/1973, era observado pelo valor da causa ou pela matéria. Se o valor da causa fosse de até 60 salários mínimos, seria observado o procedimento sumário (CPC/1973, art. 275, I). Nas causas de qualquer valor, que versassem sobre os temas relacionados no inciso II do seu art. 275, o procedimento seria sumário.

**8. Competência dos Juizados Especiais Cíveis.** O Juizado Especial Cível tem competência para conciliação, processo e julgamento das causas cíveis de menor complexidade, assim consideradas quando o valor da causa não exceder a 40 salários mínimos. Também tem competência para a ação de despejo para uso próprio, bem como para as ações possessórias sobre bens imóveis de valor não excedente a 40 salários mínimos.

**9. Causas do art. 275, II, do CPC/1973.** O Juizado Especial Cível também tem competência para as causas enumeradas no art. 275, II, do CPC/1973.

**10. Manutenção da competência.** O art. 1.063 do CPC/2015 manteve a previsão. Para que o art. 3º, II, da Lei 9.099/1995 não se tornasse inócuo, manteve-se sua previsão, de forma que o Juizado continua competente para as causas enumeradas no art. 275, II, do CPC/1973.

**11. Competência dos Juizados para ação de reparação de danos por acidente de veículo.** *"Nos termos do art. 3º, II, da Lei nº 9.099/97, conjugado com o art. 275, II, d, do CPC, cabe aos Juizados Especiais Cíveis julgar as demandas de ressarcimento por danos causados em acidente de veículo de via terrestre, qualquer que seja o valor da causa"* (STJ, 3ª Turma, RMS 46.955/GO, rel. Min. Moura Ribeiro, *DJe* 17.8.2015).

> **Art. 1.064.** O *caput* do art. 48 da Lei nº 9.099, de 26 de setembro de 1995, passa a vigorar com a seguinte redação:
>
> "Art. 48. Caberão embargos de declaração contra sentença ou acórdão nos casos previstos no Código de Processo Civil.
>
> ........................................................................" (NR)

▶ **1. Sem correspondência no CPC/1973.**

## ⚖ Jurisprudência, Enunciados e Súmulas Selecionados

- **2. Enunciado 475 do FPPC.** *"Cabem embargos de declaração contra decisão interlocutória no âmbito dos juizados especiais."*

## 🖥 Comentários Temáticos

**3. Fim da previsão dos embargos em caso de dúvida nos Juizados.** O art. 48 da Lei 9.099/1995 dispunha que cabiam embargos de declaração quando, na sentença ou acórdão, houvesse obs-

**LIVRO COMPLEMENTAR · DISPOSIÇÕES FINAIS E TRANSITÓRIAS** **Art. 1.066**

curidade, contradição, omissão ou dúvida. Originariamente, o CPC/1973 previa o cabimento dos embargos de declaração quando houvesse "dúvida" na decisão. Com o advento da Lei 8.950/1994, tal hipótese foi suprimida, mantendo-se a previsão para os embargos em casos de omissão, obscuridade ou contradição. Isso porque decisão não *tem* dúvida; decisão *gera* dúvida. A atecnia foi corrigida, embora, no âmbito dos Juizados Especiais, tenha permanecido a referência ao cabimento de embargos de declaração na hipótese de dúvida. Essa desarmonia legislativa deve-se ao fato (que não justifica, mas explica) de que o projeto, que se tornaria a Lei dos Juizados Especiais (Lei 9.099/1995), tramitava no Congresso Nacional desde antes da mudança do CPC/1973 em dezembro de 1994 – e repetia o texto da Lei 7.244/1984, que cuidava dos antigos Juizados de Pequenas Causas. Assim, tomava-se em consideração o CPC/1973 pré-reforma, que admitia o cabimento dos embargos de declaração quando houvesse dúvida. O atual CPC eliminou essa desarmonia legislativa. Seu art. 1.064 alterou o art. 48 da Lei 9.099/1995, de modo que os embargos de declaração, nos Juizados Especiais, passam a ser regidos pelo disposto no art. 1.022 do CPC, sendo cabíveis para esclarecer obscuridade ou eliminar contradição, para suprir omissão de ponto ou questão sobre o qual devia se pronunciar o órgão jurisdicional de ofício ou a requerimento, bem como para corrigir erro material. Seu parágrafo único explicita hipóteses que devem ser consideradas como de decisão omissa. Tudo isso passa a ser aplicável aos Juizados Especiais, cujas decisões devem ser devidamente fundamentadas, sendo nulas se configurada uma das hipóteses previstas no § 1º do art. 489 do CPC.

---

**Art. 1.065.** O art. 50 da Lei nº 9.099, de 26 de setembro de 1995, passa a vigorar com a seguinte redação:

"Art. 50. Os embargos de declaração interrompem o prazo para a interposição de recurso." (NR)

▶ **1. Sem correspondência no CPC/1973.**

## ⚖ JURISPRUDÊNCIA, ENUNCIADOS E SÚMULAS SELECIONADOS

• **2. Enunciado 483 do FPPC.** *"Os embargos de declaração no sistema dos juizados especiais interrompem o prazo para a interposição de recursos e propositura de reclamação constitucional para o Superior Tribunal de Justiça."*

## 🗎 COMENTÁRIOS TEMÁTICOS

**3. Interrupção do prazo dos embargos de declaração nos Juizados.** A oposição de embargos de declaração *interrompe* o prazo para a interposição de outros recursos cabíveis contra a mesma decisão (art. 1.026). No âmbito dos Juizados Especiais, os embargos de declaração opostos contra sentença *suspendiam* o prazo para a interposição do outro recurso (recurso inominado), conforme o art. 50 da Lei 9.099/1995. Se opostos contra acórdão da turma recursal, os embargos de declaração sempre tiveram o mesmo efeito interruptivo previsto no CPC, de acordo com o entendimento do STF. A previsão do efeito *suspensivo* era apenas para os embargos opostos contra a *sentença*. O atual CPC uniformizou o regime jurídico dos embargos de declaração, de maneira que, no âmbito dos Juizados Especiais, seu ajuizamento *interrompe* o prazo para interposição de outros recursos. O art. 1.065 do CPC alterou o art. 50 da Lei 9.099/1995, para deixar efetivamente previsto o efeito interruptivo.

---

**Art. 1.066.** O art. 83 da Lei nº 9.099, de 26 de setembro de 1995, passa a vigorar com a seguinte redação:

"Art. 83. Cabem embargos de declaração quando, em sentença ou acórdão, houver obscuridade, contradição ou omissão.

........................................................................

§ 2º Os embargos de declaração interrompem o prazo para a interposição de recurso.

...................................................." (NR)

▶ **1. Sem correspondência no CPC/1973.**

## 🗎 COMENTÁRIOS TEMÁTICOS

**2. Juizados Especiais Criminais.** A Lei 9.099/1995 trata não apenas dos Juizados Especiais Cíveis, mas também dos Criminais, que são providos por juízes togados ou togados e leigos, com competência para a conciliação, o julgamento e a execução das infrações penais de menor potencial ofensivo.

**3. Embargos de declaração nos Juizados Criminais.** Nos Juizados Especiais Criminais, cabem embargos de declaração da sentença ou do acórdão. O art. 1.066 do CPC alterou o art. 83 da Lei 9.099/1995, uniformizando as regras relativas aos embargos de declaração. Então, nos Juizados Criminais, cabem embargos de declaração nas mesmas hipóteses do CPC, ou seja, quando, em sentença ou acórdão, houver obscuridade, contradição ou omissão.

**Art. 1.067** CÓDIGO DE PROCESSO CIVIL COMENTADO – *Leonardo Carneiro da Cunha*

**4. Prazo.** Nos Juizados Especiais Criminais, os embargos de declaração são opostos no prazo de 5 dias, contados da ciência da decisão.

**5. Efeito interruptivo.** Os embargos de declaração, nos Juizados Especiais Criminais, interrompem o prazo para a interposição do recurso cabível contra a sentença ou o acórdão.

**6. Erro material.** O erro material, nos Juizados Especiais Criminais, pode ser corrigido pelo próprio juiz que proferiu a sentença ou pela turma recursal que prolatou o acórdão.

---

**Art. 1.067.** O art. 275 da Lei nº 4.737, de 15 de julho de 1965 (Código Eleitoral), passa a vigorar com a seguinte redação:

"Art. 275. São admissíveis embargos de declaração nas hipóteses previstas no Código de Processo Civil.

§ 1º Os embargos de declaração serão opostos no prazo de 3 (três) dias, contado da data de publicação da decisão embargada, em petição dirigida ao juiz ou relator, com a indicação do ponto que lhes deu causa.

§ 2º Os embargos de declaração não estão sujeitos a preparo.

§ 3º O juiz julgará os embargos em 5 (cinco) dias.

§ 4º Nos tribunais:

I – o relator apresentará os embargos em mesa na sessão subsequente, proferindo voto;

II – não havendo julgamento na sessão referida no inciso I, será o recurso incluído em pauta;

III – vencido o relator, outro será designado para lavrar o acórdão.

§ 5º Os embargos de declaração interrompem o prazo para a interposição de recurso.

§ 6º Quando manifestamente protelatórios os embargos de declaração, o juiz ou o tribunal, em decisão fundamentada, condenará o embargante a pagar ao embargado multa não excedente a 2 (dois) salários-mínimos.

§ 7º Na reiteração de embargos de declaração manifestamente protelatórios, a multa será elevada a até 10 (dez) salários-mínimos." (NR)

▶ **1. Sem correspondência no CPC/1973.**

---

▣ **COMENTÁRIOS TEMÁTICOS**

**2. Embargos de declaração no processo eleitoral.** No processo eleitoral, os embargos de declaração são cabíveis nas mesmas hipóteses prevista no CPC, devendo ser opostos ao juiz prolator da decisão ou ao relator do acórdão embargado.

**3. Prazo de 3 dias.** Os embargos de declaração submetem-se ao prazo de 5 dias (art. 1.023). No processo eleitoral, os embargos de declaração sujeitam-se, porém, ao prazo de 3 dias, contado da data de publicação da decisão embargada.

**4. Efeito interruptivo.** Os embargos de declaração, no processo eleitoral, apenas *suspendiam* o prazo para outros recursos. Se fossem protelatórios, não produziam tal efeito suspensivo. O art. 275, § 4º, do Código Eleitoral dispunha que "os embargos de declaração suspendem o prazo para a interposição de outros recursos, salvo se manifestamente protelatórios e assim declarados na decisão que os rejeitar". O art. 1.067 do CPC modificou o art. 275 do Código Eleitoral, reformulando toda a disciplina dos embargos de declaração no processo eleitoral. Ainda que protelatórios, os embargos interrompem o prazo para a interposição de recurso. Se os embargos de declaração forem protelatórios, o embargante será punido com multa, mas os embargos não deixam de interromper o prazo para a interposição de recurso.

**5. Embargos de declaração protelatórios no processo eleitoral.** O art. 275 do Código Eleitoral foi alterado pelo art. 1.067 do CPC. No processo eleitoral, os embargos de declaração, oponíveis no prazo de 3 dias, são admissíveis nas hipóteses previstas no CPC. Se os embargos de declaração forem manifestamente protelatórios, o embargante será condenado numa multa de até 2 salários mínimos. Enquanto no processo civil a multa é de até 2% do valor atualizado da causa, no processo eleitoral é de até 2 salários mínimos. Reiterados embargos de declaração protelatórios, a multa, no processo eleitoral, que era de até 2 salários mínimos, há de ser majorada para até 10 salários mínimos. Tal aumento, no processo civil, é de até 10% sobre o valor atualizado da causa; no processo eleitoral, é, como visto, de até 10 salários mínimos.

**6. Terceiros embargos de declaração no processo eleitoral.** No processo eleitoral, não se admitem terceiros embargos de declaração depois de terem sido opostos 2 protelatórios. A oposição de segundos embargos protelatórios suprime da parte o direito a terceiros embargos de declaração. Aplica-se ao processo eleitoral o § 4º do art. 1.026 do CPC, por força da regra contida no art. 15 do próprio CPC.

---

**Art. 1.068.** O art. 274 e o *caput* do art. 2.027 da Lei nº 10.406, de 10 de janeiro de 2002 (Código Civil), passam a vigorar com a seguinte redação:

# LIVRO COMPLEMENTAR · DISPOSIÇÕES FINAIS E TRANSITÓRIAS

## Art. 1.068

"Art. 274. O julgamento contrário a um dos credores solidários não atinge os demais, mas o julgamento favorável aproveita-lhes, sem prejuízo de exceção pessoal que o devedor tenha direito de invocar em relação a qualquer deles." (NR)

"Art. 2.027. A partilha é anulável pelos vícios e defeitos que invalidam, em geral, os negócios jurídicos.

.................................................................." (NR)

▶ **1.** Sem correspondência no CPC/1973.

## 🏛 LEGISLAÇÃO CORRELATA

**2.** **Redação anterior do art. 274 do CC.** *"Art. 274. O julgamento contrário a um dos credores solidários não atinge os demais; o julgamento favorável aproveita-lhes, a menos que se funde em exceção pessoal ao credor que o obteve."*

**3.** **Redação anterior do art. 2.027 do CC.** *"Art. 2.027. A partilha, uma vez feita e julgada, só é anulável pelos vícios e defeitos que invalidam, em geral, os negócios jurídicos."*

**4.** **CC, art. 273.** *"Art. 273. A um dos credores solidários não pode o devedor opor as exceções pessoais oponíveis aos outros."*

## ⚖ JURISPRUDÊNCIA, ENUNCIADOS E SÚMULAS SELECIONADOS

- **5.** **Enunciado 137 do FPPC.** *"Contra sentença transitada em julgado que resolve partilha, ainda que homologatória, cabe ação rescisória."*
- **6.** **Enunciado 138 do FPPC.** *"A partilha amigável extrajudicial e a partilha amigável judicial homologada por decisão ainda não transitada em julgado são impugnáveis por ação anulatória."*
- **7.** **Enunciado 234 do FPPC.** *"A decisão de improcedência na ação proposta pelo credor beneficia todos os devedores solidários, mesmo os que não foram partes no processo, exceto se fundada em defesa pessoal."*

## 🖥 COMENTÁRIOS TEMÁTICOS

**8.** **Solidariedade ativa e extensão *ultra partes* da coisa julgada.** O art. 274 do CC estabelece a extensão *ultra partes* da coisa julgada aos credores solidários que não participaram do processo.

**9.** **Extensão *secundum eventum litis* da coisa julgada.** Os credores que não participaram do processo podem ser beneficiados com a coisa julgada, mas não podem ser prejudicados. A coisa julgada é *pro et contra*, produzindo-se tanto na procedência como na improcedência, mas sua extensão aos demais credores é *secundum eventum litis*, ou seja, só pode beneficiá-los; jamais os prejudicar.

**10.** **Resumo da regra.** Se um dos credores propõe uma demanda e perde, o resultado – qualquer que seja o fundamento – não atinge os demais credores solidários. Se, porém, ele ganha, a decisão beneficia os demais credores, a não ser que o devedor tenha exceção pessoal contra algum credor que não participou do processo.

**11.** **Exceções comuns e exceções pessoais.** Há exceção comum, quando qualquer devedor pode apresentá-la ou quando o devedor puder fazê-lo contra qualquer credor. Já a exceção pessoal é a que apenas um devedor pode apresentá-la, ou só contra um credor ela pode ser apresentada.

**12.** **Acolhimento da exceção pessoal.** Acolhida exceção pessoal apresentada pelo devedor, o julgamento lhe é favorável, sendo desfavorável ao credor. Não há julgamento favorável ao credor fundada em exceção pessoal apresentada pelo devedor; quando se acolhe defesa, julga-se improcedente o pedido do credor. Por isso, alterou-se a redação do art. 274 do CC, já que sua parte final não fazia sentido lógico.

**13.** **Rejeição da exceção pessoal.** Rejeitada a exceção pessoal contra o credor que promoveu a demanda, e não havendo exceções comuns, ou rejeitada a exceção comum, o julgamento é favorável ao credor, beneficiando os demais credores, a não ser que o devedor possa, em relação a estes, opor alguma exceção pessoal.

**14.** **Obrigação solidária divisível e obrigação solidária indivisível.** A obrigação solidária pode ser divisível ou indivisível. O art. 274 do CC somente incide nos casos de obrigação solidária divisível. Quando for indivisível, a decisão, favorável ou desfavorável ao credor que propôs a demanda, alcança todos os demais credores, haja vista a indivisibilidade do objeto litigioso. Sendo indivisível a obrigação, não há exceções pessoais; todas são comuns.

**15.** **Anulação da partilha amigável.** A partilha, que pode ser amigável e feita em serventia extrajudicial, é, como qualquer negócio jurídico, anulável. Se for extrajudicial ou, tendo sido decidida ou homologada pelo juiz, a respectiva decisão ainda não tiver transitado em julgado, cabe ação anulatória da partilha, nos mesmos casos e prazos previstos para os negócios jurídicos em geral (arts. 657, *caput*, e 966, § 4º).

**16.** **Ação rescisória.** Se a partilha for decidida ou homologada pelo juiz, e a respectiva decisão transitou em julgado, o caso é de ação rescisória da sentença que a homologou (arts. 658 e 966).

# Art. 1.069

**Art. 1.069.** O Conselho Nacional de Justiça promoverá, periodicamente, pesquisas estatísticas para avaliação da efetividade das normas previstas neste Código.

▸ **1. Sem correspondência no CPC/1973.**

## 🗎 COMENTÁRIOS TEMÁTICOS

**2. Relembrando as funções do CNJ.** Criado com a EC 45/2004, o CNJ é órgão integrante do Poder Judiciário (CF, art. 92, I-A), embora não exerça atividade jurisdicional. Ao CNJ cabe o controle da atuação administrativa e financeira do Poder Judiciário e do cumprimento dos deveres funcionais dos juízes (CF, art. 103-B, § 4º). Diante das atribuições relacionadas no § 4º do art. 103-B da Constituição, o CNJ, assim que foi constituído, era considerado um órgão com funções disciplinares.

**3. Atribuições do CNJ.** É possível verificar que o CNJ tem atribuições primárias e secundárias. São primárias, as atribuições de *(a)* exercer um controle da atuação administrativa do Poder Judiciário; *(b)* exercer um controle da atuação financeira desse mesmo poder; e, *(c)* verificar o cumprimento pelos magistrados de seus deveres funcionais. Por sua vez, são secundárias as atribuições de *(a)* zelar pela autonomia do Judiciário; *(b)* zelar pela observância do art. 37 da Constituição e apreciar, de ofício ou mediante provocação, a legalidade dos atos administrativos praticados por membros ou órgãos do Poder Judiciário, podendo desconstituí-los, revê-los ou fixar prazo para que se adotem as providências necessárias ao cumprimento da lei, sem prejuízo da competência do tribunal de contas; *(c)* elaborar semestralmente relatório estatístico sobre processos e sentenças prolatadas, por unidade da Federação, nos diferentes órgãos do Poder Judiciário; *(d)* elaborar relatório anual, propondo as providências que julgar necessárias, sobre a situação do Poder Judiciário no país; *(e)* representar ao Ministério Público, no caso de crime contra a Administração Pública ou de abuso de autoridade; *(f)* rever, de ofício ou mediante provocação, os processos disciplinares de juízes e membros dos tribunais julgados há menos de um ano; *(g)* avocar processos disciplinares em curso, determinar a remoção, a disponibilidade ou a aposentadoria com subsídios ou proventos proporcionais ao tempo de serviço, bem como aplicar outras sanções administrativas.

**4. Órgão de controle.** O CNJ é um órgão de controle, não apenas dos órgãos jurisdicionais da União, mas de toda a Justiça brasileira. Não cabe ao CNJ a revisão de atos jurisdicionais. Suas atribuições são administrativas, financeiras e disciplinares.

**5. ADI 3.367.** O STF, ao julgar a ADI 3.367, reconheceu a constitucionalidade da criação do CNJ, concluindo ser um órgão de "aprimoramento do autogoverno do Judiciário".

**6. ADC 12.** Ao julgar a ADC 12, o STF reconheceu o exercício da competência normativa do CNJ.

**7. Coordenação e planejamento.** A partir do julgamento da ADI 3.367 e da ADC 12 pelo STF, o CNJ passou a desempenhar um papel muito importante no sistema da justiça brasileira. Como órgão de coordenação e planejamento do sistema judiciário, o CNJ exerce importante função para a concretização da boa administração da justiça no Brasil.

**8. Laboratórios de inovação.** Os tribunais devem observar a política de criação de laboratórios de inovação (Res. CNJ 395/2021, arts. 4º e 5º), cabendo ao próprio CNJ criar também seu laboratório de inovação (Res. CNJ 395/2021, arts. 6º a 8º).

**9. Compartilhamento de boas práticas.** Aos órgãos do Poder Judiciário cabe atuar em colaboração, realizando trabalho em rede de inovação, com compartilhamento de boas práticas (Res. 395/2021 CNJ, art. 3º, IV).

**10. Boas práticas.** As boas práticas na administração da justiça consistem em ações ou comportamentos ou arranjos institucionais, de cariz inovador, ajustados às particularidades de um caso ou às especificidades de uma determinada espécie de demanda. O CNJ deve estimular a adoção de boas práticas e realizar, até mesmo, estudos para exame de potenciais impactos na implantação de uma prática inovadora.

**11. Pesquisas estatísticas.** Ao CNJ cabe a realização periódica de pesquisas estatísticas para avaliação da efetividade das normas processuais.

**12. Princípio da eficiência.** A previsão de realização periódica de pesquisas estatísticas pelo CNJ reforça a aplicação do princípio da eficiência.

**13. Atuação conjunta.** Diante da necessidade de eficiência administrativa, os diversos entes públicos podem compartilhar suas expertises e suas capacidades institucionais para melhor atuar em prol do interesse público. Não é sem razão, aliás, que a Lei 14.210/2021, acrescentou o Capítulo XI-A à Lei 9.784/1999, para dispor sobre a decisão coordenada no âmbito da administração pública federal. A atuação conjunta e a decisão coordenada são concretizações

**LIVRO COMPLEMENTAR · DISPOSIÇÕES FINAIS E TRANSITÓRIAS** **Art. 1.070**

do princípio da eficácia. Em razão do regime democrático, a atuação administrativa insere-se âmbito da consensualidade. A consensualidade, presente no processo decisório e na fase executiva, caracteriza a *Administração Pública dialógica*, num estágio ainda mais avançado que o da *Administração Pública gerencial*.

**14. Diagnósticos e propostas de medidas legislativas.** As pesquisas periódicas do CNJ sobre a aplicação do CPC destinam-se a diagnosticar o cenário de disputas judiciais e a buscar identificar medidas legislativas a serem adotadas com vistas a trazer melhorias ao sistema de justiça brasileiro, concretizando o princípio da eficiência e a ideia de Administração Pública dialógica.

**15. Importância do CNJ.** Tais medidas e previsões normativas reforçam a importância do CNJ na definição, execução e articulação de políticas relacionadas com o sistema de justiça brasileiro. Também reforçam a importante função do CNJ de um verdadeiro laboratório, observatório e divulgador de boas práticas judiciais brasileiras.

> **Art. 1.070.** É de 15 (quinze) dias o prazo para a interposição de qualquer agravo, previsto em lei ou em regimento interno de tribunal, contra decisão de relator ou contra decisão unipessoal proferida em tribunal.

▶ **1. Sem correspondência no CPC/1973.**

## 📖 LEGISLAÇÃO CORRELATA

**2. Lei 8.038/1990, art. 39.** *"Art. 39. Da decisão do Presidente do Tribunal, de Seção, de Turma ou de Relator que causar gravame à parte, caberá agravo para o órgão especial, Seção ou Turma, conforme o caso, no prazo de cinco dias."*

**3. Lei 8.437/1992, art. 4º, § 3º.** *"Art. 4º Compete ao presidente do tribunal, ao qual couber o conhecimento do respectivo recurso, suspender, em despacho fundamentado, a execução da liminar nas ações movidas contra o Poder Público ou seus agentes, a requerimento do Ministério Público ou da pessoa jurídica de direito público interessada, em caso de manifesto interesse público ou de flagrante ilegitimidade, e para evitar grave lesão à ordem, à saúde, à segurança e à economia públicas. (...) § 3º Do despacho que conceder ou negar a suspensão, caberá agravo, no prazo de cinco dias, que será levado a julgamento na sessão seguinte a sua interposição."*

**4. RISTF, art. 317.** *"Art. 317. Ressalvadas as exceções previstas neste Regimento, caberá agravo regimental, no prazo de cinco dias de decisão*

do Presidente do Tribunal, de Presidente de Turma ou do Relator, que causar prejuízo ao direito da parte. § 1º A petição conterá, sob pena de rejeição liminar, as razões do pedido de reforma da decisão agravada. § 2º O agravo regimental será protocolado e, sem qualquer outra formalidade, submetido ao prolator do despacho, que poderá reconsiderar o seu ato ou submeter o agravo ao julgamento do Plenário ou da Turma, a quem caiba a competência, computando-se também o seu voto. § 3º Provido o agravo, o Plenário ou a Turma determinará o que for de direito. § 4º O agravo regimental não terá efeito suspensivo. § 5º O agravo interno poderá, a critério do Relator, ser submetido a julgamento por meio eletrônico, observada a respectiva competência da Turma ou do Plenário."*

**5. RISTJ, art. 259.** *"Art. 259. Contra decisão proferida por Ministro caberá agravo interno para que o respectivo órgão colegiado sobre ela se pronuncie, confirmando-a ou reformando-a. "§ 1º O órgão do Tribunal competente para conhecer do agravo é o que seria competente para o julgamento do pedido ou recurso. § 2º Na petição de agravo interno, o recorrente impugnará especificadamente os fundamentos da decisão agravada. § 3º O agravo será dirigido ao relator, que intimará o agravado para manifestar-se sobre o recurso no prazo de quinze dias, ao final do qual, não havendo retratação, o relator levá-lo-á a julgamento pelo órgão colegiado, com inclusão em pauta. § 4º Quando o agravo interno for declarado manifestamente inadmissível ou improcedente em votação unânime, o órgão colegiado, em decisão fundamentada, condenará o agravante a pagar ao agravado multa fixada entre 1% e 5% do valor atualizado da causa. § 5º A interposição de qualquer outro recurso está condicionada ao depósito prévio do valor da multa prevista no § 4º, à exceção da Fazenda Pública e do beneficiário de gratuidade da justiça, que farão o pagamento ao final. § 6º O agravo interno será submetido ao prolator da decisão, que poderá reconsiderá-la ou submeter o agravo ao julgamento do Corte Especial, da Seção ou da Turma, conforme o caso, computando-se também o seu voto. § 7º Se a decisão agravada for do Presidente da Corte Especial ou da Seção, o julgamento será presidido por seu substituto, que votará no caso de empate."*

## ⚖ JURISPRUDÊNCIA, ENUNCIADOS E SÚMULAS SELECIONADOS

• **6. Enunciado 58 da I Jornada-CJF.** *"O prazo para interposição do agravo previsto na Lei n. 8.437/92 é de quinze dias, conforme o disposto no art. 1.070 do CPC."*

1733

**Art. 1.070** CÓDIGO DE PROCESSO CIVIL COMENTADO – *Leonardo Carneiro da Cunha*

### 🔲 Comentários Temáticos

**7. Prazo.** O agravo interno deve ser interposto no prazo de 15 dias. Tradicionalmente, o prazo previsto, em várias leis, para o agravo interno era de *5 dias*, mas o art. 1.070 estabeleceu uma regra geral uniformizadora: é de 15 dias o prazo para a interposição de qualquer agravo, previsto em lei ou em regimento interno de tribunal, contra decisão de relator ou outra decisão unipessoal proferida em tribunal.

**8. Prazo para o agravo interno previsto no art. 39 da Lei 8.038º/1990.** O prazo de 5 (cinco) dias ali previsto passou a ser de 15 (quinze) dias, por força do art. 1.070 do CPC.

**9. Prazo de cinco dias no processo penal.** "*1. Em matéria penal ou processual penal, o agravo regimental, cabível contra a decisão monocrática proferida nos Tribunais Superiores, tem disciplina específica nos arts. 39 da Lei 8.038/1990, 258 do RISTJ e 798 do Código de Processo Penal, não seguindo as disposições do Código de Processo Civil de 2015, relativamente à alteração do prazo para 15 dias e à contagem em dias úteis. 2. É intempestivo o agravo regimental em matéria penal ou processual penal interposto fora do prazo legal de 5 dias contínuos*" (STJ, 3ª Seção, AgRg nos EREsp 1.563.167/SC, rel. Min. Sebastião Reis Júnior, *DJe* 17.3.2020).

**10. Prazo para o agravo interno no mandado de injunção.** Indeferida a petição inicial do mandado de injunção, cabe agravo interno. O parágrafo único do art. 6º da Lei 13.300/2016 fixa o prazo de 5 dias para esse agravo interno, destoando de todo o resto do ordenamento jurídico em vigor. O art. 1.021 passou a disciplinar o agravo interno, sendo de 15 dias o seu prazo (CPC, art. 1.003, § 5º). O art. 1.070 uniformizou o prazo de 15 dias para qualquer agravo interno. A Lei 13.300/2016, em evidente desatualização com o sistema processual, previu o prazo tradicional de 5 dias para o agravo interno. Embora o art. 14 da lei do mandado de injunção preveja a aplicação do CPC, é bem de ver que há dispositivo expresso, no parágrafo único de seu art. 6º, que estabelece o prazo de 5 dias. Logo, o prazo para esse específico agravo interno é de 5 dias, mas, na sua contagem, computam-se apenas os dias úteis (CPC, art. 219).

**11. Prazos em dobro.** O Ministério Público (CPC, art. 180), a Fazenda Pública (CPC, art. 183) e a Defensoria Pública (CPC, art. 186) dispõem de prazo em dobro para interpor agravo interno. De igual modo, os litisconsortes que tiverem diferentes procuradores, de escritórios de advocacia distintos, têm prazos contados em dobro para todas as suas manifestações, em qualquer juízo ou tribunal, independentemente de requerimento (CPC, art. 229), a não ser que o processo seja eletrônico (CPC, art. 229, § 2º) ou que apenas um deles seja sucumbente (Súmula STF, 641).

**12. Prazo do agravo interno interposto pela Fazenda Pública em suspensão de segurança.** *Indeferido* o pedido de suspensão em mandado de segurança, o prazo do agravo interno será de 15 dias. Segundo o STF, não se aplica, nesse caso, a prerrogativa do prazo em dobro. Até mesmo o prazo para a Defensoria Pública, segundo o STF, não se aplica em dobro para a interposição de agravo interno em suspensão de segurança. A Presidência e, igualmente, a Corte Especial do STJ discordam do STF, entendendo ser em dobro o prazo para a Fazenda Pública interpor agravo interno na suspensão de segurança. Por sua vez, a 1ª Seção do STJ, que reúne suas 1ª e 2ª Turmas, adota o mesmo entendimento do STF, afastando o prazo em dobro para a interposição de agravo interno em suspensão de segurança. O tema merece análise um pouco mais detida. Muitos dos precedentes firmados pelo STF e pelo STJ decorrem de julgamentos que aplicaram disposições contidas no CPC/1973. O atual CPC unificou o regime dos agravos internos, prevendo, em seu art. 1.070, que todos eles, previstos em lei ou em regimento interno de tribunal, submetem-se ao prazo de 15 dias. Quer isso dizer que o prazo para agravo interno previsto na Lei 8.437/1992, e o previsto na Lei 12.016/2009, passaram a ser de 15 dias. Não prevalece mais o argumento contido nos precedentes do STF, segundo o qual o prazo para agravo interno em suspensão de segurança estaria previsto em lei específica, sendo uma lei especial, não atingida pela lei geral. O CPC regula, generalizadamente, o prazo para todos os agravos internos. Nesse sentido, o seu art. 183 estabelece que a Fazenda Pública goza de prazo em dobro para *todas* as suas manifestações, ressalvadas as hipóteses em que há prazo específico para determinado ato processual, a exemplo do prazo para impugnação ao cumprimento de sentença, que é específico de 30 dias (CPC, art. 535). O prazo para agravo interno interposto contra a decisão do presidente do tribunal na suspensão de segurança não é específico, pois se trata de recurso que pode ser interposto independentemente do resultado, não sendo um recurso que possa ser interposto apenas pela Fazenda Pública. É possível que a suspensão de segurança seja ajuizada pelo Ministério Público contra uma decisão que favoreça um ente público, ou é possível uma suspensão de segurança em processo instaurado por um ente público contra outro ente público. Qualquer um poderia recorrer, não havendo prazo específico para o ente público, nem para o Ministério Público. Também é possível que o pedido de suspensão seja ajuizado por uma pessoa jurídica de direito privado, que exerça, por delegação, atividade pública ou que atue em colaboração com o Poder Público. Nesse caso, cabe o agravo interno, que não é específico apenas para a Fazenda Pública. Como, nesse exemplo, a pessoa jurídica de direito privado não goza da prerrogativa de prazo diferenciado, não haverá contagem em dobro do prazo para recorrer. O prazo em dobro é uma prerrogativa da Fazenda Pública, aplicável em qualquer caso. Não decorre da circunstância de ser ou não uma suspensão de segurança, mas de o recorrente ser uma pessoa jurídica de direito público. O Ministério Público, ao recorrer, também goza do prazo em dobro. Se o particular estiver representado pela Defensoria Pública, esta também poderá interpor o agravo interno, em suspensão de segurança, no prazo em dobro.

**13. Entendimento do STF: inaplicabilidade do prazo em dobro no agravo interno interposto pela Fazenda Pública em suspensão de segurança.** STF, Pleno, SS 2.198 AgR-AgR, rel. Min. Maurício Corrêa, *DJ* 2.4.2004, p. 26. STF, Pleno, STA 71 AgR-AgR, rel. Min. Cezar Peluso, *DJe* 30.4.2012. STF, Pleno, SS 4.390 AgR-quinto, rel. Min. Cármen Lúcia, *DJe* 27.2.2018.

**14. Entendimento do STF: inaplicabilidade do prazo em dobro no agravo interno interposto pela Defensoria Pública em suspensão de segurança.** STF, Pleno, STA 115 AgR-AgR, rel. Min. Cármen Lúcia, *DJe* 2.3.2018.

**15. Entendimento do STJ: inaplicabilidade do prazo em dobro no agravo interno interposto pela Fazenda Pública em suspensão de segurança.** STJ, 2ª Turma, REsp 1.331.730/RS, rel. Min. Herman Benjamin, *DJe* 23.5.2013. STJ, 1ª Turma, AgInt no AREsp 280.749/RN, rel. Min. Gurgel de Faria, *DJe* 06.2.2017. STJ, 1ª Turma, AgInt no REsp 1.754.306/CE, rel. Min. Benedito Gonçalves, *DJe* 2.8.2019.

**16. Entendimento do STJ: prazo em dobro no agravo interno interposto pela Fazenda Pública em suspensão de segurança.** STJ, Corte Especial, AgRg na SLS 1.445/PI, rel. p/ ac. Min. Presidente STJ, *DJe* 9.3.2012. STJ, Corte Especial, AgRg no AgRg na SLS 1.955/DF, rel. Min. Francisco Falcão, *DJe* 29.4.2015. STJ, Corte Especial, AgInt na SS 2.902/RS, rel. Min. Laurita Vaz, *DJe* 20.2.2018.

**17. Prazo em dobro para a Fazenda Pública.** *"O prazo para interposição de agravo interno – e das contrarrazões a esse recurso – contra decisão que defere ou indefere a suspensão de liminar ou de segurança é de 15 dias, contando-se em dobro o prazo quando interposto pela Fazenda Pública. Exegese do entendimento firmado no voto vencedor do Ministro Og Fernandes no AgInt no AgInt na Pet na SLS 2.572/DF"* (STJ, Corte Especial, AgInt na SLS 3.071/SP, rel. Min. Humberto Martins, *DJe* 26.5.2022).

**18. Inaplicabilidade do art. 1.070 ao processo penal.** *"A analogia constitui meio de integração do direito, de modo que a aplicação, no processo penal, de regras contidas no Código de Processo Civil pressupõe a existência de lacuna normativa. 2. Inexistência de lacuna, tendo em vista que o art. 798 do Código de Processo Penal estabelece a continuidade da contagem de prazos processuais, afastando-se, inclusive pelo Princípio da Especialidade, a possibilidade de incidência analógica de regra processual civil que computa tão somente dias úteis para essa finalidade. 3. Questão de ordem resolvida, por maioria, no sentido de que a contagem de prazo no contexto de reclamações, na hipótese do ato impugnado ter sido produzido em processo ou procedimento de natureza penal, submete-se ao art. 798 do CPP, o que acarreta, por razões de intempestividade, a inviabilidade de admissão do pedido de reconsideração como agravo regimental"* (STF, Pleno, Rcl 25.638 Rcon-QO, rel. p/ ac. Min. Edson Fachin, *DJe* 10.3.2020).

**Art. 1.071.** O Capítulo III do Título V da Lei nº 6.015, de 31 de dezembro de 1973 (Lei de Registros Públicos), passa a vigorar acrescida do seguinte art. 216-A:

"Art. 216-A. Sem prejuízo da via jurisdicional, é admitido o pedido de reconhecimento extrajudicial de usucapião, que será processado diretamente perante o cartório do registro de imóveis da comarca em que estiver situado o imóvel usucapiendo, a requerimento do interessado, representado por advogado, instruído com:

I – ata notarial lavrada pelo tabelião, atestando o tempo de posse do requerente e seus antecessores, conforme o caso e suas circunstâncias;

II – planta e memorial descritivo assinado por profissional legalmente habilitado, com prova de anotação de responsabilidade técnica no respectivo conselho de fiscalização profissional, e pelos titulares de direitos reais e de outros direitos registrados ou averbados na matrícula do imóvel usucapiendo e na matrícula dos imóveis confinantes;

III – certidões negativas dos distribuidores da comarca da situação do imóvel e do domicílio do requerente;

# Art. 1.071

**CÓDIGO DE PROCESSO CIVIL COMENTADO** – *Leonardo Carneiro da Cunha*

IV – justo título ou quaisquer outros documentos que demonstrem a origem, a continuidade, a natureza e o tempo da posse, tais como o pagamento dos impostos e das taxas que incidirem sobre o imóvel.

§ 1º O pedido será autuado pelo registrador, prorrogando-se o prazo da prenotação até o acolhimento ou a rejeição do pedido.

§ 2º Se a planta não contiver a assinatura de qualquer um dos titulares de direitos reais e de outros direitos registrados ou averbados na matrícula do imóvel usucapiendo e na matrícula dos imóveis confinantes, esse será notificado pelo registrador competente, pessoalmente ou pelo correio com aviso de recebimento, para manifestar seu consentimento expresso em 15 (quinze) dias, interpretado o seu silêncio como discordância.

§ 3º O oficial de registro de imóveis dará ciência à União, ao Estado, ao Distrito Federal e ao Município, pessoalmente, por intermédio do oficial de registro de títulos e documentos, ou pelo correio com aviso de recebimento, para que se manifestem, em 15 (quinze) dias, sobre o pedido.

§ 4º O oficial de registro de imóveis promoverá a publicação de edital em jornal de grande circulação, onde houver, para a ciência de terceiros eventualmente interessados, que poderão se manifestar em 15 (quinze) dias.

§ 5º Para a elucidação de qualquer ponto de dúvida, poderão ser solicitadas ou realizadas diligências pelo oficial de registro de imóveis.

§ 6º Transcorrido o prazo de que trata o § 4º deste artigo, sem pendência de diligências na forma do § 5º deste artigo e achando-se em ordem a documentação, com inclusão da concordância expressa dos titulares de direitos reais e de outros direitos registrados ou averbados na matrícula do imóvel usucapiendo e na matrícula dos imóveis confinantes, o oficial de registro de imóveis registrará a aquisição do imóvel com as descrições apresentadas, sendo permitida a abertura de matrícula, se for o caso.

§ 7º Em qualquer caso, é lícito ao interessado suscitar o procedimento de dúvida, nos termos desta Lei.

§ 8º Ao final das diligências, se a documentação não estiver em ordem, o oficial de registro de imóveis rejeitará o pedido.

§ 9º A rejeição do pedido extrajudicial não impede o ajuizamento de ação de usucapião.

§ 10. Em caso de impugnação do pedido de reconhecimento extrajudicial de usucapião, apresentada por qualquer um dos titulares de direito reais e de outros direitos registrados ou

averbados na matrícula do imóvel usucapiendo e na matrícula dos imóveis confinantes, por algum dos entes públicos ou por algum terceiro interessado, o oficial de registro de imóveis remeterá os autos ao juízo competente da comarca da situação do imóvel, cabendo ao requerente emendar a petição inicial para adequá-la ao procedimento comum."

▶ **1. Sem correspondência no CPC/1973.**

## 🔠 LEGISLAÇÃO CORRELATA

**2. CF, art. 183.** *"Art. 183. Aquele que possuir como sua área urbana de até duzentos e cinquenta metros quadrados, por cinco anos, ininterruptamente e sem oposição, utilizando-a para sua moradia ou de sua família, adquirir-lhe-á o domínio, desde que não seja proprietário de outro imóvel urbano ou rural. § 1º O título de domínio e a concessão de uso serão conferidos ao homem ou à mulher, ou a ambos, independentemente do estado civil. § 2º Esse direito não será reconhecido ao mesmo possuidor mais de uma vez. § 3º Os imóveis públicos não serão adquiridos por usucapião."*

## 🗲 JURISPRUDÊNCIA, ENUNCIADOS E SÚMULAS SELECIONADOS

- **3. Tema/Repercussão Geral 815 STF.** *"Preenchidos os requisitos do art. 183 da Constituição Federal, o reconhecimento do direito à usucapião especial urbana não pode ser obstado por legislação infraconstitucional que estabeleça módulos urbanos na respectiva área em que situado o imóvel (dimensão do lote)."*

- **4. Enunciado 25 do FPPC.** *"A inexistência de procedimento judicial especial para a ação de usucapião e de regulamentação da usucapião extrajudicial não implica vedação da ação, que remanesce no sistema legal, para qual devem ser observadas as peculiaridades que lhe são próprias, especialmente a necessidade de citação dos confinantes e a ciência da União, do Estado, do Distrito Federal e do Município."*

- **5. Enunciado 368 do FPPC.** *"A impugnação ao reconhecimento extrajudicial da usucapião necessita ser feita mediante representação por advogado."*

## 🗐 COMENTÁRIOS TEMÁTICOS

**6. Usucapião extrajudicial.** O usucapião extrajudicial será requerido pelo interessado ao registrador de imóveis da situação do bem, cabendo-lhe conduzir o procedimento administrativo

**LIVRO COMPLEMENTAR** · DISPOSIÇÕES FINAIS E TRANSITÓRIAS — Art. 1.071

que levará a registro o usucapião, desde que provados os seus requisitos legais e não haja litígio.

**7. Escolha ou faculdade da parte.** Não havendo conflito ou litígio, cabe à parte interessada escolher a via extrajudicial ou optar por deduzir seu pedido em juízo.

**8. Interesse de agir na ação de usucapião.** *"Controvérsia acerca da exigência de prévio pedido de usucapião na via extrajudicial para se evidenciar interesse processual no ajuizamento de ação com o mesmo objeto. 2. Nos termos do art. 216-A da Lei 6.015/1973: 'Sem prejuízo da via jurisdicional, é admitido o pedido de reconhecimento extrajudicial de usucapião, que será processado diretamente perante o cartório do registro de imóveis da comarca em que estiver situado o imóvel usucapiendo [...]'. 3. Existência de interesse jurídico no ajuizamento direto de ação de usucapião, independentemente de prévio pedido na via extrajudicial. 4. Exegese do art. 216-A da Lei 6.015/1973, em âmbito doutrinário. 5. Determinação de retorno dos autos ao juízo de origem para que prossiga a ação de usucapião"* (STJ, 3ª Turma, REsp 1.824.133/RJ, rel. Min. Paulo de Tarso Sanseverino, *DJe* 14.2.2020).

**9. Ausência de litígio.** A usucapião extrajudicial pressupõe ausência de litígio, somente sendo admissível se houver consenso entre os envolvidos no processo de formação da matrícula.

**10. Procedimento extrajudicial.** A usucapião extrajudicial deve ser requerida pelo interessante perante o registrador de imóveis da situação do bem, a quem compete conduzir o procedimento administrativo que levará ao registro da usucapião. O procedimento tem início pelo requerimento do usucapiente, devendo o interessado estar representado por advogado.

**11. Documentos.** Com o requerimento, deve ser apresentada a prova documental pré-constituída da posse prolongada pelo tempo exigido para a usucapião invocada, bem como as certidões negativas de distribuição, que comprovem a natureza mansa e pacífica da posse. Também deve haver prova do pagamento de tributos e taxas e de outras prestações que evidenciem a posse, como contratos de prestação de serviço no imóvel, além de correspondências endereçadas ao imóvel em nome do usucapiente.

**12. Ata notarial.** O requerimento também pode ser instruído com ata notarial, por meio da qual o tabelião atesta fato com o qual travou contato por meio de seus sentidos. Assim, para lavrar a ata notarial que deve instruir a usucapião extrajudicial, o notário deve deslocar-se até o imóvel e lá verificar a exteriorização da posse, diante das circunstâncias do caso.

**13. Escritura declaratória.** Além da ata notarial, o requerimento de usucapião extrajudicial pode ser instruído com escritura declaratória. Em outras palavras, uma testemunha da posse do requerente pode comparecer ao tabelionato e declarar, sob as penas da lei, os fatos que presenciou, lavrando-se daí escritura declaratória, que poderá ser apresentada ao oficial de registro de imóveis.

**14. Planta do imóvel.** O requerimento de usucapião extrajudicial deve ser acompanhado de planta do imóvel, com memorial descritivo e anotação de responsabilidade técnica, que é a prova de que a planta e o memorial foram elaborados por profissional habilitado perante o respectivo conselho profissional.

**15. Assinaturas.** É na planta do imóvel que os confinantes e os titulares de direitos sobre o imóvel usucapiendo assinam em manifestam sua concordância com o pedido de usucapião, caracterizando-se, assim, o consenso para que seja feito extrajudicialmente.

**16. Prenotação.** Recebido o requerimento devidamente instruído, o oficial de registro promoverá a prenotação no livro de protocolo e o autuará. Faltando algum documento, deve formular nota devolutiva, a ser entregue ao requerente, para que supra a omissão.

**17. Notificações.** Se algum interessado não tiver assinado a planta do imóvel, o oficial de registro deve realizar sua notificação para que se manifeste em 15 dias. Também deve notificar a Fazenda Pública, municipal, estadual e federal, para apresentação de eventuais impugnações em igual prazo de 15 dias.

**18. Impugnação da Fazenda Pública.** Consiste na alegação de ser público o imóvel, sendo, portanto, inusucapível.

**19. Edital.** Ultrapassado o prazo de eventuais impugnações da Fazenda Pública, o oficial de registro deverá providenciar a publicação de edital em jornal de grande circulação, às expensas do requerente, para dar ciência a terceiros, os quais podem, em 30 dias, impugnar o pedido.

**20. Impugnação de terceiros.** Podem apresentar impugnações contrárias à consumação da usucapião.

**21. Confinantes ou titulares de direitos reais sobre o imóvel.** Uma vez notificados, podem impugnar o pedido de usucapião ou com ele concordar, oferecendo a anuência que faltava na planta do imóvel.

**22. Manifestações.** As manifestações devem ser deduzidas por escrito e protocolizadas perante a serventia extrajudicial.

**23. Remessa ao juízo competente.** Se qualquer dos interessados apresentar impugnação,

# Art. 1.072

**CÓDIGO DE PROCESSO CIVIL COMENTADO** – *Leonardo Carneiro da Cunha*

o registrador deve remeter os autos ao juízo competente, para apreciação.

**24. Omissão e ausência de anuência.** Se o confinante ou o titular de direitos reais sobre o imóvel não se manifestar, não se presume sua anuência. A concordância deles há de ser expressa, não se admitindo anuência tácita.

**25. Decisão do registrador.** Ao final do procedimento, o registrador poderá realizar o registro da aquisição do direito real na matrícula.

**26. Abertura de matrícula.** Se o imóvel não for matriculado, o registrador efetuará a abertura de matrícula e, então, o seu registro.

**27. Rejeição do pedido.** Na hipótese de o registrador rejeitar o pedido do requerente, terá de fundamentar sua decisão, com os motivos pelos quais não foram atendidos os requisitos legais. A decisão que negar o pedido de usucapião extrajudicial não impede o ingresso em juízo de ação de usucapião.

---

**Art. 1.072.** Revogam-se:

I – o art. 22 do Decreto-lei nº 25, de 30 de novembro de 1937;

II – os arts. 227, *caput*, 229, 230, 456, 1.482, 1.483 e 1.768 a 1.773 da Lei nº 10.406, de 10 de janeiro de 2002 (Código Civil);

III – os arts. 2º, 3º, 4º, 6º, 7º, 11, 12 e 17 da Lei nº 1.060, de 5 de fevereiro de 1950;

IV – os arts. 13 a 18, 26 a 29 e 38 da Lei nº 8.038, de 28 de maio de 1990;

V – os arts. 16 a 18 da Lei nº 5.478, de 15 de julho de 1968; e

VI – o art. 98, § 4º, da Lei nº 12.529, de 30 de novembro de 2011.

Brasília, 16 de março de 2015; 194º da Independência e 127º da República.

DILMA ROUSSEFF

---

► **1. Sem correspondência no CPC/1973.**

## ⚖ JURISPRUDÊNCIA, ENUNCIADOS E SÚMULAS SELECIONADOS

- **2. Enunciado 120 do FPPC.** *"A ausência de denunciação da lide gera apenas a preclusão do direito de a parte promovê-la, sendo possível ação autônoma de regresso."*

- **3. Enunciado 447 do FPPC.** *"O exequente deve providenciar a intimação da União, Estados e Municípios no caso de penhora de bem tombado."*

- **4. Enunciado 484 do FPPC.** *"A revogação dos arts. 16 a 18 da Lei de Alimentos, que tratam*

*da gradação dos meios de satisfação do direito do credor, não implica supressão da possibilidade de penhora sobre créditos originários de aluguéis de prédios ou de quaisquer outros rendimentos do devedor."*

## ▣ COMENTÁRIOS TEMÁTICOS

**5. Revogação do art. 22 do Decreto-lei 25/1937.** O art. 22 do Decreto-lei 25/1937 assim dispunha: *"Art. 22. Em face da alienação onerosa de bens tombados, pertencentes a pessoas naturais ou a pessoas jurídicas de direito privado, a União, os Estados e os municípios terão, nesta ordem, o direito de preferência. § 1º Tal alienação não será permitida, sem que previamente sejam os bens oferecidos, pelo mesmo preço, à União, bem como ao Estado e ao município em que se encontrarem. O proprietário deverá notificar os titulares do direito de preferência a usá-lo, dentro de trinta dias, sob pena de perdê-lo. § 2º É nula alienação realizada com violação do disposto no parágrafo anterior, ficando qualquer dos titulares do direito de preferência habilitado a sequestrar a coisa e a impor a multa de vinte por cento do seu valor ao transmitente e ao adquirente, que serão por ela solidariamente responsáveis. A nulidade será pronunciada, na forma da lei, pelo juiz que conceder o sequestro, o qual só será levantado depois de pagar a multa e se qualquer dos titulares do direito de preferência não tiver adquirido a coisa no prazo de trinta dias. § 3º O direito de preferência não inibe o proprietário de gravar livremente a coisa tombada, de penhor, anticrese ou hipoteca. § 4º Nenhuma venda judicial de bens tombados se poderá realizar sem que, previamente, os titulares do direito de preferência sejam disso notificados judicialmente, não podendo os editais de praça ser expedidos, sob pena de nulidade, antes de feita a notificação. § 5º Aos titulares do direito de preferência assistirá o direito de remissão, se dela não lançarem mão, até a assinatura do auto de arrematação ou até a sentença de adjudicação, as pessoas que, na forma da lei, tiverem a faculdade de remir. § 6º O direito de remissão por parte da União, bem como do Estado e do município em que os bens se encontrarem, poderá ser exercido, dentro de cinco dias a partir da assinatura do auto do arrematação ou da sentença de adjudicação, não se podendo extrair a carta, enquanto não se esgotar este prazo, salvo se o arrematante ou o adjudicante for qualquer dos titulares do direito de preferência."* O direito de preferência relativo a bem tombado a que se referia o art. 22 do Decreto-lei 25/1937 passou a ser disciplinado nos arts. 889, VIII, e 892, § 3º, ambos do CPC.

**LIVRO COMPLEMENTAR · DISPOSIÇÕES FINAIS E TRANSITÓRIAS** **Art. 1.072**

**6.** **Revogação do art. 227 do CC.** O art. 227 do CC assim dispunha: *"Art. 227. Salvo os casos expressos, a prova exclusivamente testemunhal só se admite nos negócios jurídicos cujo valor não ultrapasse o décuplo do maior salário mínimo vigente no País ao tempo em que foram celebrados."* O art. 227 do CC foi revogado, por ir de encontro ao art. 442 do CPC, segundo o qual *"a prova testemunhal é sempre admissível, não dispondo a lei de modo diverso"*.

**7.** **Revogação do art. 229 do CC.** O art. 229 do CC assim dispunha: *"Art. 229. Ninguém pode ser obrigado a depor sobre fato: I – a cujo respeito, por estado ou profissão, deva guardar segredo; II – a que não possa responder sem desonra própria, de seu cônjuge, parente em grau sucessível, ou amigo íntimo; III – que o exponha, ou às pessoas referidas no inciso antecedente, a perigo de vida, de demanda, ou de dano patrimonial imediato."* Tal disposição foi incorporada ao art. 388 do CPC, vindo o art. 229 do CC a ser revogado. A disposição do art. 229 do CC foi revogada, mas o texto normativo mantém-se no ordenamento jurídico brasileiro, passando a constar do art. 388 do CPC.

**8.** **Revogação do art. 230 do CC.** O art. 230 do CC assim dispunha: *"Art. 230. As presunções, que não as legais, não se admitem nos casos em que a lei exclui a prova testemunhal."* A disposição do art. 230 do CC foi revogada pelo fato de que vai de encontro ao disposto nos arts. 442 e 446 do CPC.

**9.** **Revogação do art. 456 do CC.** O art. 456 do CC assim dispunha: *"Art. 456. Para poder exercitar o direito que da evicção lhe resulta, o adquirente notificará do litígio o alienante imediato, ou qualquer dos anteriores, quando e como lhe determinarem as leis do processo. Parágrafo único. Não atendendo o alienante à denunciação da lide, e sendo manifesta a procedência da evicção, pode o adquirente deixar de oferecer contestação, ou usar de recursos."* A disposição do art. 456 do CC foi revogada pelo fato de que vai de encontro ao disposto nos arts. 125 e 128 do CPC.

**10.** **Revogação do art. 1.482 do CC.** O art. 1.482 do CC assim dispunha: *"Art. 1.482. Realizada a praça, o executado poderá, até a assinatura do auto de arrematação ou até que seja publicada a sentença de adjudicação, remir o imóvel hipotecado, oferecendo preço igual ao da avaliação, se não tiver havido licitantes, ou ao do maior lance oferecido. Igual direito caberá ao cônjuge, aos descendentes ou ascendentes do executado."*

**11.** **Revogação do art. 1.483 do CC.** *"Art. 1.483. No caso de falência, ou insolvência, do de-*

*vedor hipotecário, o direito de remição defere-se à massa, ou aos credores em concurso, não podendo o credor recusar o preço da avaliação do imóvel."*

**12.** **Revogação do art. 1.768 do CC.** O art. 1.768 do CC assim dispunha: *"Art. 1.768. O processo que define os termos da curatela deve ser promovido: I – pelos pais ou tutores; II – pelo cônjuge, ou por qualquer parente; III – pelo Ministério Público. IV – pela própria pessoa."* Tal dispositivo foi incorporado pelo art. 747 do CPC.

**13.** **Revogação do art. 1.769 do CC.** O art. 1.769 do CC assim dispunha: *"Art. 1.769. O Ministério Público somente promoverá o processo que define os termos da curatela: I – nos casos de deficiência mental ou intelectual; II – se não existir ou não promover a interdição alguma das pessoas designadas nos incisos I e II do artigo antecedente; III – se, existindo, forem menores ou incapazes as pessoas mencionadas no inciso II."* Tal dispositivo foi incorporado pelo art. 748 do CPC.

**14.** **Revogação do art. 1.770 do CC.** O art. 1.770 do CC assim dispunha: *"Art. 1.770. Nos casos em que a interdição for promovida pelo Ministério Público, o juiz nomeará defensor ao suposto incapaz; nos demais casos o Ministério Público será o defensor."*

**15.** **Revogação do art. 1.771 do CC.** O art. 1.771 do CC assim dispunha: *"Art. 1.771. Antes de se pronunciar acerca dos termos da curatela, o juiz, que deverá ser assistido por equipe multidisciplinar, entrevistará pessoalmente o interditando."* Tal dispositivo foi incorporado pelo art. 753 do CPC.

**16.** **Revogação do art. 1.772 do CC.** O art. 1.772 do CC assim dispunha: *"Art. 1.772. O juiz determinará, segundo as potencialidades da pessoa, os limites da curatela, circunscritos às restrições constantes do art. 1.782, e indicará curador. Parágrafo único. Para a escolha do curador, o juiz levará em conta a vontade e as preferências do interditando, a ausência de conflito de interesses e de influência indevida, a proporcionalidade e a adequação às circunstâncias da pessoa."* Tal dispositivo foi incorporado pelo art. 755 do CPC.

**17.** **Revogação do art. 1.773 do CC.** O art. 1.773 do CC assim dispunha: *"Art. 1.773. A sentença que declara a interdição produz efeitos desde logo, embora sujeita a recurso."* Tal dispositivo foi incorporado pelo art. 755 do CPC.

**18.** **Revogação dos arts. 2º, 3º, 4º, 6º, 7º, 11, 12 e 17 da Lei 1.060/1950.** Os arts. 2º, 3º, 4º, 6º, 7º, 11, 12 e 17 da Lei 1.060/1950 assim dispunham: *"Art. 2º Gozarão dos benefícios desta Lei os nacionais ou estrangeiros residentes no país, que necessitarem recorrer à Justiça penal,*

1739

civil, militar ou do trabalho. Art. 3º A assistência judiciária compreende as seguintes isenções: I – das taxas judiciárias e dos selos; II – dos emolumentos e custas devidos aos Juízes, órgãos do Ministério Público e serventuários da justiça; III – das despesas com as publicações indispensáveis no jornal encarregado da divulgação dos atos oficiais; V – das indenizações devidas às testemunhas que, quando empregados, receberão do empregador salário integral, como se em serviço estivessem, ressalvado o direito regressivo contra o poder público federal, no Distrito Federal e nos Territórios; ou contra o poder público estadual, nos Estados; V – dos honorários de advogado e peritos. VI – das despesas com a realização do exame de código genético – DNA que for requisitado pela autoridade judiciária nas ações de investigação de paternidade ou maternidade. VII – dos depósitos previstos em lei para interposição de recurso, ajuizamento de ação e demais atos processuais inerentes ao exercício da ampla defesa e do contraditório. Parágrafo único. A publicação de edital em jornal encarregado da divulgação de atos oficiais, na forma do inciso III, dispensa a publicação em outro jornal. Art. 4º A parte gozará dos benefícios da assistência judiciária, mediante simples afirmação, na própria petição inicial, de que não está em condições de pagar as custas do processo e os honorários de advogado, sem prejuízo próprio ou de sua família. Art. 6º O pedido, quando formulado no curso da ação, não a suspenderá, podendo o juiz, em face das provas, conceder ou denegar de plano o benefício de assistência. A petição, neste caso, será autuada em separado, apensando-se os respectivos autos aos da causa principal, depois de resolvido o incidente. Art. 7º A parte contrária poderá, em qualquer fase da lide, requerer a revogação dos benefícios de assistência, desde que prove a inexistência ou o desaparecimento dos requisitos essenciais à sua concessão. Parágrafo único. Tal requerimento não suspenderá o curso da ação e se processará pela forma estabelecida no final do artigo 6º desta Lei. Art. 11. Os honorários de advogados e peritos, as custas do processo, as taxas e selos judiciários serão pagos pelo vencido, quando o beneficiário de assistência for vencedor na causa. Art. 12. A parte beneficiada pela isenção do pagamento das custas ficará obrigada a pagá-las, desde que possa fazê-lo, sem prejuízo do sustento próprio ou da família, se dentro de cinco anos, a contar da sentença final, o assistido não puder satisfazer tal pagamento, a obrigação ficará prescrita. Art. 17. Caberá apelação das decisões proferidas em consequência da aplicação desta lei; a apelação será recebida somente no efeito devolutivo quando

a sentença conceder o pedido." Tais dispositivos foram incorporados aos arts. 98 ao 102 do CPC.

**19. Revogação dos arts. 13 a 18, 26 a 29 e 38 da Lei 8.038/1990.** Os arts. 13 a 18, 26 a 29 e 38 da Lei 8.038/1990 assim dispunham: "*Art. 13. Para preservar a competência do Tribunal ou garantir a autoridade das suas decisões, caberá reclamação da parte interessada ou do Ministério Público. Parágrafo único. A reclamação, dirigida ao Presidente do Tribunal, instruída com prova documental, será autuada e distribuída ao relator da causa principal, sempre que possível. Art. 14. Ao despachar a reclamação, o relator: I – requisitará informações da autoridade a quem for imputada a prática do ato impugnado, que as prestará no prazo de dez dias; II – ordenará, se necessário, para evitar dano irreparável, a suspensão do processo ou do ato impugnado. Art. 15. Qualquer interessado poderá impugnar o pedido do reclamante. Art. 16. O Ministério Público, nas reclamações que não houver formulado, terá vista do processo, por cinco dias, após o decurso do prazo para informações. Art. 17. Julgando procedente a reclamação, o Tribunal cassará a decisão exorbitante de seu julgado ou determinará medida adequada à preservação de sua competência. Art. 18. O Presidente determinará o imediato cumprimento da decisão, lavrando-se o acórdão posteriormente. Art. 26. Os recurso extraordinário e especial, nos casos previstos na Constituição Federal, serão interpostos no prazo comum de quinze dias, perante o Presidente do Tribunal recorrido, em petições distintas que conterão: I – exposição do fato e do direito; II – a demonstração do cabimento do recurso interposto; III – as razões do pedido de reforma da decisão recorrida. Parágrafo único – Quando o recurso se fundar em dissídio entre a interpretação da lei federal adotada pelo julgado recorrido e a que lhe haja dado outro Tribunal, o recorrente fará a prova da divergência mediante certidão, ou indicação do número e da página do jornal oficial, ou do repertório autorizado de jurisprudência, que o houver publicado. Art. 27. Recebida a petição pela Secretaria do Tribunal e aí protocolada, será intimado o recorrido, abrindo-se-lhe vista pelo prazo de quinze dias para apresentar contra-razões. § 1º Findo esse prazo, serão os autos conclusos para admissão ou não do recurso, no prazo de cinco dias. § 2º Os recursos extraordinário e especial serão recebidos no efeito devolutivo. § 3º Admitidos os recursos, os autos serão imediatamente remetidos ao Superior Tribunal de Justiça. § 4º Concluído o julgamento do recurso especial, serão os autos remetidos ao Supremo Tribunal Federal para apreciação do recurso extraordinário, se este não estiver prejudicado. § 5º Na hipótese de o re-*

*lator do recurso especial considerar que o recurso extraordinário é prejudicial daquele em decisão irrecorrível, sobrestará o seu julgamento e remeterá os autos ao Supremo Tribunal Federal, para julgar o extraordinário. § 6º No caso de parágrafo anterior, se o relator do recurso extraordinário, em despacho irrecorrível, não o considerar prejudicial, devolverá os autos ao Superior Tribunal de Justiça, para o julgamento do recurso especial. Art. 28. Denegado o recurso extraordinário ou o recurso especial, caberá agravo de instrumento, no prazo de cinco dias, para o Supremo Tribunal Federal ou para o Superior Tribunal de Justiça, conforme o caso. § 1º Cada agravo de instrumento será instruído com as peças que forem indicadas pelo agravante e pelo agravado, dele constando, obrigatoriamente, além das mencionadas no parágrafo único do art. 523 do Código de Processo Civil, o acórdão recorrido, a petição de interposição do recurso e as contra-razões, se houver. § 2º Distribuído o agravo de instrumento, o relator proferirá decisão. § 3º Na hipótese de provimento, se o instrumento contiver os elementos necessários ao julgamento do mérito do recurso especial, o relator determinará, desde logo, sua inclusão em pauta, observando-se, daí por diante, o procedimento relativo àqueles recursos, admitida a sustentação oral. § 4º O disposto no parágrafo anterior aplica-se também ao agravo de instrumento contra denegação de recurso extraordinário, salvo quando, na mesma causa, houver recurso especial admitido e que deva ser julgado em primeiro lugar. § 5º Da decisão do relator que negar seguimento ou provimento ao agravo de instrumento, caberá agravo para o órgão julgador no prazo de cinco dias. Art. 29. É embargável, no prazo de quinze dias, a decisão da turma que, em recurso especial, divergir do julgamento de outra turma, da seção ou do órgão especial, observando-se o procedimento estabelecido no regimento interno. Art. 38. O Relator, no Supremo Tribunal Federal ou no Superior Tribunal de Justiça, decidirá o pedido ou o recurso que haja perdido seu objeto, bem como negará seguimento a pedido ou recurso manifestamente intempestivo, incabível ou, improcedente ou ainda, que contrariar, nas questões predominantemente de direito, Súmula do respectivo Tribunal.”* Tais dispositivos foram incorporados aos arts.932, 988 ao 993 e 1.029 ao 1.044, todos do CPC.

**20. Agravo interno em matéria penal no STF.** Nos agravos internos interpostos contra decisões monocráticas proferidas em reclamações e em recursos de natureza criminal em trâmite perante o STF, aplica-se o prazo de 5 dias previsto no art. 39 da Lei 8.038/1990, e a contagem é feita em dias corridos, conforme o art. 798 do CPP.

**21. Prazo em reclamação em matéria criminal no STF.** *“A analogia constitui meio de integração do direito, de modo que a aplicação, no processo penal, de regras contidas no Código de Processo Civil pressupõe a existência de lacuna normativa. 2. Inexistência de lacuna, tendo em vista que o art. 798 do Código de Processo Penal estabelece a continuidade da contagem de prazos processuais, afastando-se, inclusive pelo Princípio da Especialidade, a possibilidade de incidência analógica de regra processual civil que computa tão somente dias úteis para essa finalidade. 3. Questão de ordem resolvida, por maioria, no sentido de que a contagem de prazo no contexto de reclamações, na hipótese do ato impugnado ter sido produzido em processo ou procedimento de natureza penal, submete-se ao art. 798 do CPP, o que acarreta, por razões de intempestividade, a inviabilidade de admissão do pedido de reconsideração como agravo regimental”* (STF, Pleno, Rcl 25638 Rcon-QO, rel. p/ ac. Min. Edson Fachin, *DJe* 10.3.2020).

**22. Revogação dos arts. 16 a 18 da Lei 5.478/1968.** Os 16 a 18 da Lei 5.478/1968 assim dispunham: *“Art. 16. Na execução da sentença ou do acordo nas ações de alimentos será observado o disposto no artigo 734 e seu parágrafo único do Código de Processo Civil. Art. 17. Quando não for possível a efetivação executiva da sentença ou do acordo mediante desconto em folha, poderão ser as prestações cobradas de alugueres de prédios ou de quaisquer outros rendimentos do devedor, que serão recebidos diretamente pelo alimentando ou por depositário nomeado pelo juiz. Art. 18. Se, ainda assim, não for possível a satisfação do débito, poderá o credor requerer a execução da sentença na forma dos artigos 732, 733 e 735 do Código de Processo Civil.”* Tais dispositivos foram incorporados aos arts. 528 ao 533 do CPC.

**23. Revogação do art. 98, § 4º, da Lei 12.529/2011.** O art. 98, § 4º, da Lei 12.529/2011 assim dispunha: *“Art. 98. O oferecimento de embargos ou o ajuizamento de qualquer outra ação que vise à desconstituição do título executivo não suspenderá a execução, se não for garantido o juízo no valor das multas aplicadas, para que se garanta o cumprimento da decisão final proferida nos autos, inclusive no que tange a multas diárias. (...) § 4º Na ação que tenha por objeto decisão do Cade, o autor deverá deduzir todas as questões de fato e de direito, sob pena de preclusão consumativa, reputando-se deduzidas todas as alegações que poderia deduzir em favor do acolhimento do pedido, não podendo o mesmo pedido ser deduzido sob diferentes causas de pedir em ações distintas, salvo em relação a fatos supervenientes.”*

# POSFÁCIO

Sinto-me honrado com o convite de escrever este posfácio do *Código de Processo Civil Comentado* do Professor da Universidade Federal de Pernambuco, Leonardo Carneiro da Cunha, especialmente por ter tido a oportunidade de conhecer, em primeira mão, uma obra que com certeza se transformará em referência para os operadores do Direito brasileiro, em especial para aqueles que estudam ou trabalham na processualística civil.

Este livro apresenta uma experiência diferenciada ao leitor, por primar pela completude da análise de cada um dos incisos e artigos do Código de Processo Civil, proporcionando ao leitor uma compreensão mais clara e precisa – tanto do texto legal quanto de sua inserção dentro do panorama jurídico brasileiro.

Em primeiro lugar, deve-se evidenciar que o autor, após a citação de cada artigo, elenca sua correspondência (ou ausência de) no CPC/1973, na Constituição Federal brasileira de 1988, em diversos normativos (tratados, leis, decretos...), em julgados constitucionais de controle concentrado, em súmulas dos Tribunais Superiores, em teses fixadas em julgamento de recursos repetitivos e repercussão geral e em enunciados das Jornadas de Processo Civil do Conselho da Justiça Federal.

Além disso, o autor traz diversos comentários embasados na mais recente e autorizada jurisprudência e precedentes judiciais dos Tribunais Superiores. Assim sendo, seja o leitor um jurista experiente, ou um jovem estudante, tenho certeza de que a presente obra lhe servirá nas mais diversas tarefas, seja no cotidiano da operação do Direito, seja em uma pesquisa acadêmica, ou ainda em estudos avançados dentro de quaisquer dos temas do processo civil. A precisão e o preciosismo do autor são admiráveis e inovadores em comparação com as demais obras deste tipo no Brasil.

Depois de mais de sete anos da entrada em vigor da Lei 13.105/2015, estamos diante de uma obra madura, atualizada e com profundidade de pesquisa, sendo ao mesmo tempo adequada para consultas de toda a comunidade jurídica. Nesse aspecto, devemos destacar que o autor – Leonardo Carneiro da Cunha – é um professor nato, capaz de dialogar, com autoridade e facilidade de compreensão, com um público diversificado, da graduação ao doutorado, da advocacia à magistratura, dos iniciantes na temática aos que detêm nela maior domínio.

Exatamente por isso, este livro, em si, equivale a um dos mais completos cursos que se poderia ter sobre a processualística civil brasileira, tamanhos o conhecimento do autor e a qualidade do seu texto. Desse modo, recomendo fortemente a leitura deste livro a todos aqueles que buscam aprofundar seus conhecimentos no campo do processo civil e parabenizo o autor pelo excelente trabalho e pela contribuição valiosa que oferece à comunidade jurídica. Não tenho dúvida alguma de que este, assim como seus livros anteriores, tornar-se-á um marco, um clássico do Direito brasileiro – lido e relido inúmeras vezes por todos aqueles que tiverem a boa fortuna de o ter.

Brasília, março de 2023.

**Mauro Campbell Marques**
Ministro do Superior Tribunal de Justiça

# REFERÊNCIAS BIBLIOGRÁFICAS

ALLORIO, Enrico. *Problemas de derecho procesal*. Trad. Santiago Sentis Melendo. Buenos Aires: Ediciones Juridicas América-Europa, 1963. t. 1.

ALMEIDA, Diogo Assumpção Rezende. *A contratualização do processo das convenções processuais no processo civil*. São Paulo: LTr, 2015.

ALVIM NETO, José Manuel de Arruda. *Manual de direito processual civil*. 10. ed. São Paulo: RT, 2006. v. 2.

ALVIM, Teresa Arruda. *Omissão judicial e embargos de declaração*. 5. ed. São Paulo: RT, 2020.

ANDRADE, José Carlos Vieira de. *Os direitos fundamentais na Constituição Portuguesa de 1976*. 3. ed. Coimbra: Almedina, 2004.

APRIGLIANO, Ricardo de Carvalho. *A apelação e seus efeitos*. 2. ed. São Paulo: Atlas, 2007.

ARAGÃO, Egas Moniz de. *Sentença e coisa julgada*. Rio de Janeiro: Aide, 1992.

ARAÚJO, Taís Santos de. *Tutela provisória contra o Poder Público*: após e de acordo com a ADI 4.296/DF. Londrina: Thoth, 2024.

ASSIS, Araken de. *Cumulação de ações*. 5. ed. São Paulo: RT, 2019.

ASSIS, Araken de. *Manual dos recursos*. 9. ed. São Paulo: RT, 2017.

ASSIS, Araken de. *Processo civil brasileiro*: parte geral: fundamentos e distribuição de conflitos. 2. ed. São Paulo: RT, 2016. v. I.

ASSIS, Araken de. *Processo civil brasileiro*: parte geral: institutos fundamentais. 2. ed. São Paulo: RT, 2016. v. II, t. I.

ASSIS, Araken de. *Processo civil brasileiro*: parte geral: institutos fundamentais. 2. ed. São Paulo: RT, 2016. v. II, t. II.

ASSIS, Araken de. *Processo civil brasileiro*: parte especial: procedimento comum. 2. ed. São Paulo: RT, 2016. v. III.

ASTONE, Francesco. *Venire contra factum proprium*. Napoli: Jovene, 2006.

ATAÍDE JR., Jaldemiro Rodrigues de. O princípio da inércia argumentativa diante de um sistema de precedentes em formação no direito brasileiro. *Revista de Processo*, São Paulo, v. 229, mar. 2014.

ÁVILA, Humberto. Moralidade, razoabilidade e eficiência na atividade administrativa. *Revista Eletrônica de Direito do Estado*, Salvador, n, 4, out./nov./dez. 2005.

ÁVILA, Humberto. *Teoria dos princípios*: da definição à aplicação dos princípios jurídicos. 13. ed. São Paulo: Malheiros, 2012.

AZEVEDO, Gustavo. *Reclamação constitucional no direito processual civil*. Rio de Janeiro: Forense, 2018.

BARBI, Celso Agrícola. *Comentários ao Código de Processo Civil*. 8. ed. Rio de Janeiro: Forense, 1993. v. I.

BARIONI, Rodrigo. *Comentários ao Código de Processo Civil*: da ação de consignação em pagamento até da ação de dissolução parcial de sociedade – arts. 539 a 609. José Roberto F. Gouveia; Luis Guilherme A. Bondioli; João Francisco N. da Fonseca (coord.). São Paulo: Saraiva, 2020. v. XI.

BARREIROS, Lorena Miranda. *Fundamentos constitucionais do princípio da cooperação processual*. Salvador: JusPodivm, 2013.

BARROS, Suzana de Toledo. *O princípio da proporcionalidade e o controle de constitucionalidade das leis restritivas de direitos fundamentais*. Brasília: Brasília Jurídica, 1996.

BONDIOLI, Luiz Guilherme Aidar. *Comentários ao Código de Processo Civil*: dos recursos – arts. 994 a 1.044. José Roberto F. Gouveia; Luis Guilherme A. Bondioli; João Francisco N. da Fonseca (coord.). São Paulo: Saraiva, 2016. v. XX.

BOTELHO, Guilherme. *Direito ao processo qualificado*: o processo civil na perspectiva do Estado Constitucional. Porto Alegre: Livraria do Advogado, 2010.

BRAGA, Paula Sarno. Competência adequada. *Revista de processo*. São Paulo: RT, n. 219, maio-2013.

BUENO, Cassio Scarpinella. Amicus curiae *no processo civil brasileiro*: um terceiro enigmático. São Paulo: Saraiva, 2006.

BUENO, Cassio Scarpinella. *Código de Processo Civil interpretado*. Antonio Carlos Marcato (coord.). São Paulo: Atlas, 2004.

BUENO, Cassio Scarpinella. *Partes e terceiros no processo civil brasileiro*. 2. ed. São Paulo: Saraiva, 2006.

CABRAL, Antonio do Passo. *Coisa julgada e preclusões dinâmicas*: entre continuidade, mudança e transição de posições processuais estáveis. 3. ed. Salvador: JusPodivm, 2019.

CABRAL, Antonio do Passo. *Convenções processuais*: teoria geral dos negócios jurídicos processuais. 3. ed. Salvador: JusPodivm, 2020.

CABRAL, Antonio do Passo. Il principio del contraddittorio como diritto d'ifluenza e dovere dibattito. *Rivista di Diritto Processuale*, anno LX, n. 2, apr./giug. 2005.

CABRAL, Antonio do Passo. *Juiz natural e eficiência processual*: flexibilização, delegação e coordenação de competências no processo civil. São Paulo: RT, 2021.

CABRAL, Antonio do Passo. *Nulidades no processo moderno*. 2. ed. Rio de Janeiro: Forense, 2010.

CABRAL, Antonio do Passo Cabral. O contraditório como dever e a boa-fé processual objetiva. *Revista de Processo*, São Paulo, v. 126, ago. 2005.

CÂMARA, Alexandre Freitas. *Lições de direito processual civil*. 8. ed. Rio de Janeiro: Lumen Juris, 2003. v. I.

CÂMARA, Alexandre Freitas. *Manual de direito processual civil*. Barueri: Atlas, 2022.

CÂMARA, Alexandre Freitas. Mediação e conciliação na Res. 125 do CNJ e no projeto de Código de Processo Civil. *O processo em perspectiva*: jornadas brasileiras de direito processual. São Paulo: RT, 2013.

CAMPOS, Eduardo Luiz Cavalcanti. *O princípio da eficiência no processo civil brasileiro*. Rio de Janeiro: Forense, 2018.

CAMPOS, Maria Gabriela. *O compartilhamento de competências no processo civil*: um estudo do sistema de competências sob o paradigma da cooperação nacional. Salvador: JusPodivm, 2020.

CARMONA, Carlos Alberto. *Arbitragem e processo*: um comentário à Lei n. 9.307/96. 2. ed. São Paulo: Atlas, 2004.

CARNELUTTI, Francesco. *Estudios de derecho procesal*. Trad. Santiago Sentis Melendo. Buenos Aires: Ediciones Jurídicas Europa-América, 1952. v. 1.

CARNELUTTI, Francesco. *Instituições do processo civil*. Trad. Adrian Sotero de Witt Batista. Campinas: Servanda, 1999. v. 1.

CARVALHO, Fabiano. *Comentários ao Código de Processo Civil*: da ordem dos processos e dos processos de competência originária dos tribunais – arts. 926 993. José Roberto F. Gouveia; Luis Guilherme A. Bondioli; João Francisco N. da Fonseca (coord.). São Paulo: Saraiva, 2022. v. XIX.

# REFERÊNCIAS BIBLIOGRÁFICAS

CASTRO, Carlos Roberto de Siqueira. *O devido processo legal e a razoabilidade das leis na nova Constituição do Brasil*. 2. ed. Rio de Janeiro: Forense, 1989.

CHIOVENDA, Giuseppe. *Instituições de direito processual civil*. Trad. J. Guimarães Menegale. São Paulo: Livraria acadêmica – Saraiva & Cia Editores, 1942. v. 1.

CINTRA, Lia Carolina Batista. *Intervenção de terceiro por ordem do juiz*: a intervenção *iussu iudicis* no processo civil. São Paulo: RT, 2017.

COMOGLIO, Luigi Paolo. *Etica e tecnica del "giusto processo"*. Torino: Giappichelli, 2004.

CORDEIRO, António Manuel da Rocha e Menezes. *Da boa fé no direito civil*. Coimbra: Almedina, 2001.

CORDEIRO, António Manuel da Rocha e Menezes. *Litigância de má-fé, abuso do direito de acção e culpa "in agendo"*. Coimbra: Almedina, 2006.

COSTA, José Rubens. Fato superveniente. *Revista dos Tribunais*, São Paulo, v. 796, fev. 2002.

COSTA, Marília Siqueira da. *Convenções processuais sobre intervenção de terceiros*. Salvador: JusPodivm, 2018.

CRUZ E TUCCI, José Rogério. *Comentários ao Código de Processo Civil*: procedimento comum (disposições gerais até da audiência de instrução e julgamento) – arts. 318 a 368. José Roberto F. Gouveia; Luis Guilherme A. Bondioli; João Francisco N. da Fonseca (coord.). São Paulo: Saraiva, 2016. v. VII.

CRUZ E TUCCI, José Rogério. *Comentários ao Código de Processo Civil*. 2. ed. Luiz Guilherme Marinoni (dir.); Sérgio Cruz Arenhart; Daniel Mitidiero (coord.). São Paulo: RT, 2018. v. VIII.

CUNHA, Leonardo Carneiro da. *A atendibilidade dos fatos supervenientes no processo civil*: uma análise comparativa entre o sistema português e o brasileiro. Coimbra: Almedina, 2012.

CUNHA, Leonardo Carneiro da. *A Fazenda Pública em juízo*. 19. ed. Rio de Janeiro: Forense, 2022.

CUNHA, Leonardo Carneiro da. *Direito intertemporal e o novo Código de Processo Civil*. Rio de Janeiro: Forense, 2016.

CUNHA, Leonardo Carneiro da. *Discursos e pareceres*. Salvador: JusPodivm, 2019.

CUNHA, Leonardo Carneiro da. *Jurisdição e competência*. 2. ed. São Paulo: RT, 2013.

DIDIER JR., Fredie. *Cooperação judiciária nacional*: esboço de uma teoria para o direito brasileiro (arts. 67-69, CPC). 2. ed. Salvador: JusPodivm, 2021.

DIDIER JR., Fredie. *Curso de direito processual civil*. 24. ed. Salvador: JusPodivm, 2022. v. 1.

DIDIER JR., Fredie. *Ensaio sobre os negócios jurídicos processuais*. 3. ed. Salvador: JusPodivm, 2023.

DIDIER JR., Fredie. *Fundamentos do princípio da cooperação no direito processual civil português*. Coimbra: Coimbra Editora, 2010.

DIDIER JR., Fredie. *Sobre a teoria geral do processo, essa desconhecida*. 6. ed. Salvador: JusPodivm, 2021.

DIDIER JR., Fredie. Sobre dois importantes, e esquecidos, princípios do processo: adequação e adaptabilidade do procedimento. *Gênesis – Revista de Direito Processual Civil*, Curitiba, v. 21, p. 530-541, 2001.

DIDIER JR., Fredie; CABRAL, Antonio do Passo; CUNHA, Leonardo Carneiro da. *Por uma nova teoria dos procedimentos especiais*: dos procedimentos às técnicas. 2. ed. Salvador: Judpodivm, 2021.

DIDIER JR., Fredie; CUNHA, Leonardo Carneiro da. *Curso de direito processual civil*. 19. ed. Salvador: JusPodivm, 2022. v. 3.

DIDIER JR., Fredie; CUNHA, Leonardo Carneiro da; OLIVEIRA, Rafael Alexandria de; BRAGA, Paula Sarno. *Curso de direito processual civil*. 12. ed. Salvador: JusPodivm, 2022. v. 5.

DIDIER JR., Fredie; OLIVEIRA, Rafael Alexandria; BRAGA, Paula Sarno. *Curso de direito processual civil*. 17. ed. Salvador: JusPodivm, 2022. v. 2.

DIDIER JR., Fredie; ZANETI JR., Hermes. *Curso de direito processual civil*. 16. ed. Salvador: JusPodivm, 2022. v. 4.

DINAMARCO, Cândido Rangel. *Capítulos de sentença*. São Paulo: Malheiros, 2002.

DINAMARCO, Cândido Rangel. *Execução civil*. 5. ed. São Paulo: Malheiros, 1997.

DINAMARCO, Cândido Rangel. *Instituições de direito processual civil*. 10. ed. São Paulo: Malheiros, 2020. v. I.

DINAMARCO, Pedro da Silva. Honorários de sucumbência no Superior Tribunal de Justiça. *Linhas mestras do processo civil*: comemoração dos 30 anos de vigência do CPC. Hélio Rubens Batista Ribeiro Costa, José Horácio Halfeld Rezende Ribeiro e Pedro da Silva Dinamarco (coord.). São Paulo: Atlas, 2004.

EID, Eli Pierre. *Impugnação das decisões judiciais*: reconstrução da relação entre recursos e ações autônomas de impugnação. Salvador: JusPodivm, 2022.

EID, Eli Pierre. *Litisconsórcio unitário*. São Paulo: RT, 2016.

FABRÍCIO, Adroaldo Furtado. *Comentários ao Código de Processo Civil*. 7. ed. Rio de Janeiro: Forense, 1995. v. 8, t. 3.

FACCI, Lucio Picanço. *Administração Pública e segurança jurídica*: a tutela da confiança nas relações jurídico-administrativas. Porto Alegre: Fabris, 2015.

FIGUEIRA JR., Joel Dias. *Comentários ao Código de Processo Civil*. São Paulo: RT, 2001. v. 4, t. 2.

GAJARDONI. Fernando da Fonseca. *Flexibilização procedimental*: um novo enfoque para o estudo do procedimento em matéria processual de acordo com as recentes reformas do CPC. São Paulo: Atlas, 2008.

GERALDES, António Santos Abrantes. *Temas da reforma do processo civil*. 2. ed. Coimbra: Almedina, 2006. v. 1.

GODINHO, Robson Renault. *Comentários ao Código de Processo Civil*: dos procedimentos de jurisdição voluntária – arts. 719 a 770. José Roberto F. Gouveia; Luis Guilherme A. Bondioli; João Francisco N. da Fonseca (coord.). São Paulo: Saraiva, 2018. v. XX.

GODINHO, Robson Renault. *Negócios processuais sobre o ônus da prova no novo Código de Processo Civil*. São Paulo: RT, 2015.

GONÇALVES, Carlos Roberto. *Comentários ao Código Civil brasileiro*. Arruda Alvim; Thereza Alvim (coord.). Rio de Janeiro: Forense, 2003. v. 3.

GONÇALVES, Tiago Figueiredo. *Consignação em pagamento*: aspectos de direito processual e material. Curitiba: Juruá, 2013.

GREGÓRIO, Ricardo Algarve. *Comentários ao Código Civil*: artigo por artigo. Carlos Eduardo Nicoletti Camillo; Glauber Moreno Talavera; Jorge Shiguemitsu Fujita; Luiz Antonio Scavone Jr. (coord.). São Paulo: RT, 2006.

GUERRA, Marcelo Lima. *Execução indireta*. São Paulo: RT, 1998.

HESSE, Konrad. *Elementos de direito constitucional da República Federal da Alemanha*. Trad. Luís Afonso Heck. Porto Alegre: Fabris, 1998.

JATAHY, Vera Maria Barrera. *Do conflito de atribuições*. Rio de Janeiro: Forense, 2003.

JORGE, Flávio Cheim. *Teoria geral dos recursos cíveis*. 8. ed. São Paulo: RT, 2017.

JÚDICE, Mônica Pimenta. *O direito marítimo no Código de Processo Civil*. Salvador: JusPodivm, 2015.

JUENGER, Friedrich K. Forum non conveniens – who needs it? *Abuse of procedural rights*: comparative standards of procedural fairness. Michele Taruffo (coord.). Boston: Kluwer Law International, 1999.

KEMMERICH, Clóvis Juarez. *Sentença obscura e trânsito em julgado*. Porto Alegre: Livraria do Advogado, 2013.

# REFERÊNCIAS BIBLIOGRÁFICAS

LACERDA, Galeno. *Comentários ao Código de Processo Civil*. 5. ed. Rio de Janeiro: Forense, 1993. v. 8, t. 1.

LACERDA, Galeno. O Código e o formalismo processual. *Revista da Associação de Juízes do Rio Grande do Sul,* Porto Alegre, v. 28.

LEITE, Clarisse Frechiani Lara. Assinatura eletrônica. *Revista de processo*. São Paulo: RT, n. 345, nov. 2023.

LEITE, Clarisse Frechiani Lara. *Comentários ao Código de Processo Civil*: da prova documental – arts. 405 a 441. José Roberto F. Gouveia; Luis Guilherme A. Bondioli; João Francisco N. da Fonseca (coord.). São Paulo: Saraiva, 2020. v. VIII.

LEONEL, Ricardo Barros. *Causa de pedir e pedido*: o direito superveniente. São Paulo: Método, 2006.

LESSA NETO, João Luiz. *Produção autônoma de provas e processo comparado:* Brasil, Estados Unidos e Inglaterra. Londrina: Thoth, 2021.

LINS, Artur Orlando. *A primazia do julgamento de mérito no processo civil brasileiro*: fundamentos, concretização e limites dogmáticos. Salvador: JusPodivm, 2019.

LOPES, João Batista. *Ação declaratória*. 6. ed. São Paulo: RT, 2009.

LOPES, João Batista. *A prova no direito processual civil*. São Paulo: RT, 2000.

LUCON, Paulo Henrique dos Santos. *Relação entre demandas*. Brasília: Gazeta Jurídica, 2016.

MACÊDO, Lucas Buril de. A concretização direta da cláusula geral do devido processo legal processual no Supremo Tribunal Federal e no Superior Tribunal de Justiça. *Revista de Processo*, São Paulo, v. 216, fev. 2013.

MACÊDO, Lucas Buril de. *Objeto dos recursos cíveis*. Salvador: JusPodivm, 2019.

MACÊDO, Lucas Buril de. *Precedentes judiciais e o direito processual civil*. 4. ed. Salvador: JusPodivm, 2022.

MACÊDO, Lucas Buril de; PEIXOTO, Ravi Medeiros. *Ônus da prova e sua dinamização*. 2. ed. Salvador: JusPodivm, 2016.

MARCATO, Antonio Carlos. *Ação de consignação em pagamento*. São Paulo: RT, 1985.

MARINONI, Luiz Guilherme. *A ética dos precedentes*. 4. ed. São Paulo: RT, 2019.

MARINONI, Luiz Guilherme. *A zona de penumbra entre o STJ e o STF*: a função das Cortes Supremas e a delimitação do objeto dos recursos especial e extraordinário. São Paulo: RT, 2019.

MARTINS-COSTA, Judith. *Comentários ao Código Civil*. Rio de Janeiro: Forense, 2003. v. 5, t. 1.

MATTOS, Sérgio Luís Wetzel de. *Devido processo legal e proteção de direitos*. Porto Alegre: Livraria do Advogado, 2009.

MAZZEI, Rodrigo. *Comentários ao Código de Processo Civil*: do inventário e da partilha. São Paulo: Saraiva, 2023.

MAZZEI, Rodrigo. *Embargos de declaração*: recurso de saneamento com função constitucional. Londrina: Thoth, 2021.

MEDINA, José Miguel Garcia. *Código de Processo Civil comentado*. 8. ed. São Paulo: Thomson Reuters Brasil, 2022.

MENDONÇA, Luís Correia de. O vírus autoritário. *Julgar*. Lisboa, n. 1, 2007.

MENDONÇA NETO, Delosmar Domingos; NASCIMENTO, Vinicius Pereira. O instituto da produção antecipada de provas e o contraditório moderno à luz da nova sistemática processual civil. *Revista de Processo,* São Paulo, v. 286, dez. 2018.

MESQUITA, Miguel. *Revista de Legislação e de Jurisprudência – RLJ,* Coimbra, ano 143º, n. 3.983, nov./dez. 2013.

MINAMI, Marcos Youji. *Da vedação ao non factibile*: uma introdução às medidas executivas atípicas. Salvador: JusPodivm, 2019.

MITIDIERO, Daniel. *Colaboração no processo civil*: pressupostos sociais, lógicos e éticos. São Paulo: RT, 2009.

MOREIRA, José Carlos Barbosa. A competência como questão preliminar e como questão de mérito. *Temas de direito processual*: 4ª série. São Paulo: Saraiva, 1989.

MOREIRA, José Carlos Barbosa. *Comentários ao Código de Processo Civil*. 10. ed. Rio de Janeiro: Forense, 2002. v. V.

MOREIRA, José Carlos Barbosa. *O novo processo civil brasileiro*. 25. ed. Rio de Janeiro: Forense, 2007.

NERY, Carmen Lígia. *Decisão judicial e discricionariedade*: a sentença determinativa no processo civil. São Paulo: RT, 2014.

NEVES, Daniel Amorim Assumpção. *Novo Código de Processo Civil comentado*. Salvador: JusPodivm, 2016.

NOBRE JÚNIOR, Edilson Pereira. *O princípio da boa-fé e sua aplicação no direito administrativo brasileiro*. Porto Alegre: Fabris, 2002.

NOGUEIRA, Pedro Henrique Pedrosa. *Negócios jurídicos processuais*. 5. ed. Salvador: JusPodivm, 2013.

NOGUEIRA, Pedro Henrique Pedrosa. *Sentenças condicionais*. Pontes de Miranda e o direito processual. Fredie Didier Jr.; Roberto Campos Gouveia Filho; Pedro Henrique Pedrosa Nogueira (coord.). Salvador: JusPodivm, 2013.

NUNES, Cleucio Santos. *Curso de direito processo tributário*. São Paulo: Dialética, 2010.

NUNES, Dierle José Coelho. Precedentes, padronização decisória preventiva e coletivização – paradoxos do sistema jurídico brasileiro: uma abordagem constitucional democrática. *Direito jurisprudencial*. Teresa Arruda Alvim Wambier (coord.). São Paulo: RT, 2012.

NUNES, Dierle José Coelho. *Processo jurisdicional democrático*. Curitiba: Juruá, 2008.

PEIXOTO, Ravi. A quem pertencem os honorários advocatícios dos advogados públicos? Uma crítica ao posicionamento do STJ. *Revista de processo*. São Paulo: RT, n. 345, nov-2023.

PEIXOTO, Ravi. Rumo à construção de um processo cooperativo. *Revista de Processo*, São Paulo, v. 219, maio 2013.

PEIXOTO, Ravi. *Superação do precedente e modulação de efeitos*. 5. ed. Salvador: JusPodivm, 2022.

PEIXOTO, Ravi. *Standards probatórios no direito processual brasileiro*. Salvador: JusPodivm, 2021.

PIMENTEL, Wellington Moreira. *Comentários ao Código de Processo Civil*. São Paulo: RT, 1975. v. 3.

PEREIRA, Rafael Caselli. *A multa judicial (astreinte) e o CPC/2015*: visão teórica, prática e jurisprudencial. 3. ed. Porto Alegre: Livraria do Advogado, 2021.

PONTES DE MIRANDA, Francisco Cavalcanti. *Comentários ao Código de Processo Civil*. Rio de Janeiro: Forense, 1974. t. 5.

PONTES DE MIRANDA, Francisco Cavalcanti. *Tratado de direito privado*. 3. ed. São Paulo: RT, 1984. t. XXIV.

PORTO, Sérgio Gilberto. *Comentários ao Código de Processo Civil*. São Paulo: RT, 2000. v. 6.

RAMOS, Vitor de Paula. *Ônus da prova no processo civil*: do ônus ao dever de provar. 2. ed. São Paulo: RT, 2018.

RAMOS, Vitor de Paula. *Prova documental*: do documento aos documentos: do suporte à informação. Salvador: JusPodivm, 2021.

RAMOS, Vitor de Paula. *Prova testemunhal*: do subjetivismo ao objetivismo, do isolamento científico ao diálogo com a psicologia e a epistemologia. 2. ed. Salvador: JusPodivm, 2021.

ROCHA, José de Moura. Anotações sobre a consignação em pagamento. *Revista de Processo*, São Paulo, n. 32, out./dez. 1983.

ROCHA, José de Moura. *Estudos sobre processo civil*. Recife: Editora UFPE, 1982.

## REFERÊNCIAS BIBLIOGRÁFICAS

ROCHA, José de Moura. Há "poder de polícia" no art. 445 do Código de Processo Civil. *Revista de Processo,* São Paulo, n. 6, abr./jun. 1977.

ROSA, Alexandre Morais da. *Guia do processo penal conforme a teoria dos jogos.* 4. ed. Florianópolis: Empório do Direito, 2017.

ROSENVALD, Nelson. *Dignidade humana e boa-fé no Código Civil.* São Paulo: Saraiva, 2005.

SANTOS, Gustavo Ferreira. *O princípio da proporcionalidade na jurisprudência do Supremo Tribunal Federal*: limites e possibilidades. Rio de Janeiro: Lumen Juris, 2004.

SANTOS, Moacyr Amaral. *Comentários ao Código de Processo Civil.* Rio de Janeiro: Forense, 1976. v. 4.

SANTOS, Moacyr Amaral. *Primeiras linhas de direito processual civil.* 24. ed. Atual. Maria Beatriz Amaral Santos Köhnen, São Paulo: Saraiva, 2008. v. 2.

SANTOS, Moacyr Amaral. *Prova judiciária no cível e comercial*: parte geral. 2. ed. São Paulo: Max Limonad, 1952. v. 1.

SANTOS, Moacyr Amaral. *Prova judiciária no cível e comercial*: parte geral. 2. ed. São Paulo: Max Limonad, 1953. v. 2.

SANTOS, Moacyr Amaral. *Prova judiciária no cível e comercial*: parte geral. 2. ed. São Paulo: Max Limonad, 1954. v. 4.

SANTOS, Silas Silva. *Litisconsórcio eventual, alternativo e sucessivo.* São Paulo: Atlas, 2013.

SARMENTO, Daniel. *A ponderação de interesses na Constituição Federal.* Rio de Janeiro: Lumen Juris, 2000.

SCALZILLI, João Pedro. *Confusão patrimonial no direito societário e no direito falimentar.* 2. ed. São Paulo: Almedina, 2020.

SICA, Heitor Vitor Mendonça. *Comentários ao Código de Processo Civil.* 2. ed. Luiz Guilherme Marinoni (dir.); Sérgio Cruz Arenhart; Daniel Mitidiero (coord.). São Paulo: RT, 2018. v. X.

SICA, Heitor Vitor Mendonça. *O direito de defesa no processo civil brasileiro*: um estudo sobre a posição do réu. São Paulo: Atlas, 2011.

SICA, Heitor Vitor Mendonça. *Preclusão processual civil.* 2. ed. São Paulo: Atlas, 2008.

SILVA, Clóvis V. do Couto e. *A obrigação como processo.* Rio de Janeiro: Editora FGV, 2007.

SILVA, Clóvis do Couto e. *Comentários ao Código de Processo Civil.* São Paulo: RT, 1977, v. 9, t. 1.

SILVA, Jorge Cesa Ferreira da. *Adimplemento e extinção as obrigações.* São Paulo: RT, 2007.

SILVA, Paula Costa e. *Acto e processo.* Coimbra: Coimbra Editora, 2003.

SILVA, Paula Costa e. O processo e as situações jurídicas processuais. *Teoria do processo*: panorama doutrinário mundial. Fredie Didier Jr.; Eduardo Ferreira Jordão. Salvador: JusPodivm, 2008.

SILVA, Ricardo Alexandre da; LAMY, Eduardo. *Comentários ao Código de Processo Civil.* 2. ed. Luiz Guilherme Marinoni (dir.); Sérgio Cruz Arenhart; Daniel Mitidiero (coord.). São Paulo: RT, 2018. v. IX.

SILVA, Rinaldo Mouzalas de Souza e. *Autotutela privada no direito brasileiro.* Londrina: Thoth, 2024.

SILVA, Viviani Ghizoni; SILVA, Philipe Benoni Melo e; ROSA, Alexandre Morais da. *Fishing expedition e encontro fortuito na busca e apreensão.* Florianópolis: Emais, 2019.

SIQUEIRA, Thiago Ferreira. *A responsabilidade patrimonial no novo sistema processual civil.* São Paulo: RT, 2016.

SIQUEIRA, Thiago Ferreira. *Limites objetivos da coisa julgada*: objeto do processo e questões prejudiciais. Salvador: JusPodivm, 2020.

SOUSA, Miguel Teixeira de. *Estudos sobre o novo processo civil.* 2. ed. Lisboa: Lex, 1997.

SZKLAROWSKY, Leon Frejda. A arbitragem: uma visão crítica. *Revista de Processo,* São Paulo, v. 212, out. 2012.

TALAMINI, Eduardo. *Coisa julgada e sua revisão*. São Paulo: RT, 2005.

TALAMINI, Eduardo. Comentários ao art. 382. *Comentários ao novo Código de Processo Civil*. Antonio do Passo Cabral; Ronaldo Cramer (coord.). 2. ed. Rio de Janeiro: Forense, 2016.

TALAMINI, Eduardo. Prova emprestada no processo civil e penal. *Revista de Processo*, São Paulo, n. 91, jul./set. 1998.

TALAMINI, Eduardo. *Tutela relativa aos deveres de fazer e de não fazer e sua extensão aos deveres de entrega de coisa*. 2. ed. São Paulo: RT, 2003.

TARUFFO, Michele. Orality and writing as factors of efficiency in civil litigation. *Oralidad y escritura en un processo civil eficiente*. Federico Carpi; Manuel Ortells (coord.). Valencia: Universidad di Valencia, 2008.

TAVARES JÚNIOR, Eraldo Ramos. Juizados especiais, precedente judicial e a importância do relatório: uma homenagem a esse desprestigiado elemento da sentença. *Revista de Processo*, São Paulo, ago. 2013.

TEMER, Sofia. *Incidente de resolução de demandas repetitivas*. 4. ed. Salvador: JusPodivm, 2020.

TEMER, Sofia. *Participação no processo civil*: repensando litisconsórcio, intervenção de terceiros e outras formas de atuação. Salvador: JusPodivm, 2020.

TERCEIRO NETO, João Otávio. *Interpretação dos atos processuais*. Rio de Janeiro: Forense, 2019.

THEORODO JÚNIOR, Humberto. *Curso de direito processual civil*. 56. ed. Rio de Janeiro: Forense, 2015, v. I.

TROCKER, Nicolò. *Processo civile e costituzione*: problemi di diritto tedesco e italiano. Milano: Giuffrè, 1974.

VALENÇA FILHO, Clávio de Melo. *Poder Judiciário e sentença arbitral*. Curitiba: Juruá, 2002.

VALLADÃO, Haroldo. *Comentários ao Código de Processo Civil*: arts. 1.211 a 1.220. São Paulo: RT, 1974, v. 13.

VASCONCELOS, Pedro Pais. *Contratos atípicos*. Coimbra: Almedina, 1995.

VICENZI, Brunela Vieira de. *A boa-fé no processo civil*. São Paulo: Atlas, 2003.

WAMBIER, Luiz Rodrigues. *Liquidação da sentença civil individual e coletiva*. 4. ed. São Paulo: RT, 2009.

WAMBIER, Teresa Arruda Alvim. A influência do contraditório na convicção do juiz: fundamentação de sentença e de acórdão. *Revista de Processo*, São Paulo, n. 168, 2009.

WATANABE, Kazuo. Política judiciária nacional de tratamento adequado dos conflitos de interesses: utilização dos meios alternativos de resolução de controvérsias. *O processo em perspectiva*: jornadas brasileiras de direito processual. São Paulo: RT, 2013.

YARSHELL, Flávio Luiz; PEREIRA, Guilherme Setoguti J.; RODRIGUES, Viviane Siqueira. *Comentários ao Código de Processo Civil*. 2. ed. Luiz Guilherme Marinoni (dir.); Sérgio Cruz Arenhart; Daniel Mitidiero (coord.). São Paulo: RT, 2018, v. V.

ZANETI JR., Hermes. *Comentários ao Código de Processo Civil*. 2. ed. Luiz Guilherme Marinoni (dir.); Sérgio Cruz Arenhart; Daniel Mitidiero (coord.). São Paulo: RT, 2018. v. XIV.

ZANETI JR., Hermes. *O valor vinculante dos precedentes*: teoria dos precedentes normativos formalmente vinculantes. 4. ed. Salvador: JusPodivm, 2019.

ZAVASCKI, Teori Albino. *Comentário ao Código de Processo Civil*. São Paulo: RT, 2000, v. 8.

ZAVASCKI, Teori Albino. *Processo coletivo*: tutela de direitos coletivos e tutela coletiva de direitos. 2. ed. São Paulo: RT, 2007.

ZAVASCKI, Teori Albino. *Título executivo e liquidação*. São Paulo: RT, 1999.